W0041711

Toussaint
Kostenrecht

Beck'sche Kurz-Kommentare

Band 2

Kostenrecht

GKG, RVG, FamGKG, GNotKG, GvKostG, JVEG sowie Kostenvorschriften für einzelne Verfahrensarten und sonstige kostenrechtliche Vorschriften

Herausgegeben und bearbeitet von

Dr. Guido Toussaint
Rechtsanwalt beim BGH, Karlsruhe
Notar a. D.

sowie bearbeitet von

Martin Benner LL. M./M. A./MPA
Dipl.-Rpfl., Leipzig

Dr. Oliver Elzer
Richter am Kammergericht, Berlin
Richter am Anwaltsgerichtshof Berlin

Yu-Jin Embacher
Rechtsanwältin, München

Jörg Felix
Dipl.-Rpfl., Lehrbeauftragter
an der HWR Berlin

Holger Kawell
Dipl.-Rpfl., Bezirksrevisor, Düsseldorf

Prof. Dr. Ralph Schmitt
Rechtsanwalt beim BGH, Karlsruhe
Professor an der Hochschule Pforzheim

Anja Uhl
Notarin, Naumburg/Saale

Christine Weber
Dipl.-Rpfl., Bezirksrevisorin,
Münster

Joachim Volpert
Dipl.-Rpfl., Bezirksrevisor, Düsseldorf

Dr. Ezra Zivier
Richter am Kammergericht, Berlin

53. Auflage 2023

Zitiervorschlag: Toussaint/*Bearbeiter* GKG § … Rn. …

www.beck.de

ISBN 978 3 406 79707 1

Wilhelmstraße 9, 80801 München
Satz, Druck und Bindung: Druckerei C.H. Beck Nördlingen
(Adresse wie Verlag)
Umschlag: Fotosatz Amann GmbH & Co.KG, Memmingen

Gedruckt auf säurefreiem, alterungsbeständigem Papier
(hergestellt aus chlorfrei gebleichtem Zellstoff)

Vorwort

Die vorliegende Auflage bringt den Kommentar auf den Rechtsstand Ende Januar 2023. Zu berücksichtigen war (neben im Übrigen nur kleineren Gesetzesänderungen) insbesondere die mit Wirkung vom 1.1.2023 erfolgte Neufassung des Vormünder- und Betreuervergütungsgesetzes (VBVG). Seit der Vorauflage ist außerdem das RVG (unter Vereinheitlichung der Normenzitate im Gesetzestext) neu bekanntgemacht worden (am 15.3.2022, BGBl. I 610). Bei der Vorbereitung dieser Auflage waren ferner einige kostenrechtliche Änderungen und Ergänzungen in Folge der Umsetzung der Verbandsklagen-RL (EU) 2020/1828 v. 25.11.2020, ABl. EU L 409/1, erwartet worden; da sich indessen die Umsetzung (die an sich bis zum 25.12.2022 hätte erfolgen müssen, anzuwenden sollen die Neuregelungen ab dem 25.6.2023 sein) durch ein neues Verbandsklagenrichtlinienumsetzungsgesetz (VRUG) zuletzt verzögert hat, können in dieser Auflage die erwarteten Neuregelungen nur auf der Grundlage des Referentenentwurfs (Stand 16.2.2023) dargestellt und kurz erläutert werden.

Die Neufassung des VBVG machte auch dessen Neukommentierung (die bereits vorab auf beck-online DIE DATENBANK zur Verfügung gestellt werden konnte) erforderlich. Ebenfalls neu kommentiert worden ist der für die Praxis wichtige § 11 RVG (Festsetzung der Vergütung). Neu aufgenommen worden in den Kommentar sind weitere Gebührensatzungen der BNotK. Dies geschah auf freundlichen Hinweis aus der Praxis (Sikora DNotZ 2022, 799). Solche Hinweise (auch auf etwaige Fehler) sind den Autorinnen und Autoren stets willkommen und werden immer Anlass zur Überprüfung und Verbesserung des Werks sein.

Ausgeschieden aus dem Kreis der Kommentatoren ist Frau Richterin am OLG aD Eva Marquardt, der mein besonderer Dank für ihre seit der 49. Auflage dieses Werks geleistete Arbeit und ihr großes Engagement gilt. Den bisher von ihr bearbeiteten Bereich hat Herr Richter am Kammergericht Dr. Oliver Elzer zusätzlich übernommen.

Zu gedenken ist Herrn Dr. Dr. Peter Hartmann. Herr Hartmann hatte seit der 14. Auflage an diesem Kommentar mitgewirkt und ihn nach dem Tode seines Begründers, Herrn Dr. Adolf Baumbach, im Jahre 1973 zunächst gemeinsam mit Herrn Dr. Jan Albers und seit der 34. Auflage 2004 bis zur 48. Auflage 2018 alleine fortgeführt. Mit dieser langjährigen und beeindruckenden Arbeit hat Herr Hartmann den Kommentar maßgeblich geprägt. Herr Hartmann ist am 25.1.2023 im Alter von 88 Jahren verstorben. Ehre seinem Andenken.

Karlsruhe, im Februar 2023 — Dr. Guido Toussaint

Vorwort

Inhaltsverzeichnis

Inhalt

Im Einzelnen haben bearbeitet

1. Kapitel. Verfahrensübergreifende Vorschriften

I. Gerichtskostengesetz (GKG)

§§ 1–5b GKG .... *Toussaint*
§§ 6–18 GKG .... *Elzer*
§§ 19–38 GKG .... *Toussaint*
§§ 39–56 GKG .... *Elzer*
§ 57 GKG .... *Toussaint*
§§ 58–60 GKG .... *Elzer*
§§ 61–73 GKG, Kostenverzeichnis .... *Toussaint*

II. Rechtsanwaltsvergütungsgesetz (RVG)

§§ 1–62 RVG .... *Toussaint*
Vergütungsverzeichnis ....
VV 1000–1010 .... *Uhl*
VV 2100–3518 .... *Toussaint*
VV 4100–5200 .... *Felix*
VV 6100–7008 .... *Schmitt*

2. Kapitel. Vorschriften für einzelne Verfahrensarten

I. Verfassungsgerichtliche Verfahren .... *Toussaint*

II. Bürgerliche Streitigkeiten .... *Elzer*

III. Gesetz über Gerichtskosten in Familiensachen (FamGKG)

Kostenverzeichnis .... *Zivier*

III. Gerichts- und Notarkostengesetz (GNotKG)

§§ 1–28 GNotKG .... *Zivier*
§§ 29–31 GNotKG .... *Uhl*
§§ 32–41 GNotKG .... *Zivier*
§§ 42–54 GNotKG .... *Kawell*
§§ 55–62 GNotKG .... *Zivier*
§§ 63–68 GNotKG .... *Benner*
§§ 69–71 GNotKG .... *Kawell*
§§ 72–76 GNotKG .... *Toussaint*
§§ 77–84 GNotKG .... *Zivier*
§§ 85–131 GNotKG .... *Uhl*
§§ 132–136 GNotKG .... *Zivier*

Kostenverzeichnis
KV 11100–13630 .... *Benner*
KV 14100–14530 .... *Kawell*
KV 15110–16224 .... *Toussaint*
KV 17000–17006 .... *Kawell*
KV 18000–19200 .... *Benner*
KV 21100–26003 .... *Uhl*
KV 31000–31017 .... *Benner*
KV 32000–32016 .... *Uhl*

V. Verfahren in Landwirtschaftssachen – XI. Dienst- und berufsrechtliche Verfahren .... *Toussaint*

Bearbeiter

XII. Zwangsvollstreckungs- und Insolvenzverfahren

1. ZPO .... *Uhl*
2. Mobiliarvollstreckung (GvKostG, KV, DB-GvKostG) .... *Uhl*
3. Zwangsverwaltung .... *Toussaint*
4. Insolvenzverfahren

§§ 4a–65 InsO .... *Embacher*
§ 182 InsO .... *Elzer*
§ 269g InsO .... *Toussaint*
InsVV .... *Embacher*

3. Kapitel. Sonstige kostenrechtliche Vorschriften

I. Sonstiges Verfahrenskostenrecht

1. EGGVG

§ 30 EGGVG .... *Zivier*
§ 30a EGGVG .... *Toussaint*
2. VGG .... *Elzer*

II. Sonstiges Vergütungsrecht

1. RDG, 2. RDGEG .... *Toussaint*
3. VBVG–6. StPO .... *Felix*
7. ThUG .... *Toussaint*

III. Entschädigung von Verfahrensbeteiligten (JVEG, GVG, Reiseentschädigungen) .... *Weber*

IV. Justizverwaltungskosten

1. JVKostG .... *Volpert*
2. Sonstige Registergebühren ....
   a) HRegGebV .... *Zivier*
   b) TrGebV, c) Gebührensatzungen der BRAK .... *Uhl*
3. Verfahren vor sonstigen Schlichtungsstellen des Bundes .... *Toussaint*
4. Hinterlegungssachen .... *Toussaint*
5. Einlieferungssachen .... *Benner*

V. Beitreibung von Kosten

1. JBeitrG .... *Volpert*
2. EBAO .... *Toussaint*

VI. Sonstige Verwaltungsverfügungen, VII. Kostenausgleichsvereinbarung .... *Benner*

Sachregister .... *Lang-Lendorff*

Ausgeschiedene Bearbeiter

Dr. Jan Albers, Senatspräsident am Hamburgischen Oberverwaltungsgericht .... 16.–33. Aufl.
Dr. Adolf Baumbach, Senatspräsident beim Kammergericht a. D. .... 1.–9. Aufl.
Dr. Dr. Peter Hartmann, Richter am Amtsgericht Lübeck a. D. .... 16.–48. Aufl.
Andrea Laube, M. A., Richterin am Landgericht Frankfurt (Oder) .... 49. Aufl.
Dr. Wolfgang Lauterbach, Oberlandesgerichtsrat am Hanseatischen Oberlandesgericht, Hamburg .... 10.–16. Aufl.
Eva Marquardt, Richterin am Brandenburgischen OLG a. D., Brandenburg a. d. H. .... 49.–52. Aufl.

Abkürzungsverzeichnis

aA	anderer Ansicht
Abk.	Abkommen
ABl.	Amtsblatt
abzgl.	abzüglich
aE	am Ende
AEUV	Vertrag über die Arbeitsweise der Europäischen Union
aF	alte Fassung
AFG	Arbeitsförderungsgesetz
AG	Amtsgericht, Ausführungsgesetz
AGB	Allgemeine Geschäftsbedingungen
AGS	Anwaltsgebühren Spezial (Jahr und Seite)
AktG	Aktiengesetz, Aktiengesellschaft
allg./allgA/allgM	allgemein/allgemeine Ansicht/allgemeine Meinung
AmtlMitt	Amtliche Mitteilungen
AnfG	Anfechtungsgesetz
Anh.	Anhang
Anl.	Anlage
Anm.	Anmerkung
AnwBl	Anwaltsblatt (Jahr und Seite)
AO	Abgabenordnung
ArbG	Arbeitsgericht
ArbGG	Arbeitsgerichtsgesetz
Art.	Artikel (mehrere Artikel)
ASR	Anwältin im Sozialrecht
Aufl.	Auflage
AUG	Auslandsunterhaltsgesetz
ausf.	ausführlich
AV	Allgemeine Verfügung
AVAG	Anerkennungs- und Vollstreckungsausführungsgesetz
BAföG	Bundesausbildungsförderungsgesetz
BAG	Bundesarbeitsgericht
BAnz.	elektronischer Bundesanzeiger
BauGB	Baugesetzbuch
BauR	Baurecht (Jahr und Seite)
BaWüVBl	Baden-Württembergisches Verwaltungsblatt (Jahr und Seite)
Bay.	Bayern
BayObLG/BayOblGZ	Bayerisches Oberstes Landesgericht/Sammlung seiner Entscheidungen in Zivilsachen (Jahr und Seite)
BB	Betriebs-Berater (Jahr und Seite)
Bbg.	Brandenburg
BBesG	Bundesbesoldungsgesetz
BBG	Bundesbeamtengesetz
Bd.	Band
BDG	Bundesdisziplinargesetz
BDiG	Bundesdisziplinargericht
begl.	beglaubigt
Bek.	Bekanntmachung
Bekl.	Beklagter
BerHG	Beratungshilfegesetz
Beschl.	Beschluss
BetrVG	Betriebsverfassungsgesetz
BeurkG	Beurkundungsgesetz
BFH/BFHE	Bundesfinanzhof/Entscheidungen des BFH (Band und Seite)

Abkürzungen

BGB	Bürgerliches Gesetzbuch
BGBl.	Bundesgesetzblatt (Teil, Jahr und Seite)
BGesundhBl	Bundesgesundheitsblatt (Band und Seite)
BGH	Bundesgerichtshof
BGH GrZS	Bundesgerichtshof, Großer Senat in Zivilsachen
BGHSt	Bundesgerichtshof, Entscheidungen in Strafsachen (Band und Seite)
BGH VGrS	Bundesgerichtshof, Vereinigte Große Senate
BGHZ	Entscheidungssammlung des Bundesgerichtshofs in Zivilsachen (Band, Seite)
BinnSchVerfG	Gesetz über das gerichtliche Verfahren in Binnenschiffahrtssachen
BKGG	Bundeskindergeldgesetz
Bln	Berlin
BMF	Bundesminister(ium) der Finanzen
BMJV	Bundesminister(ium) der Justiz und für Verbraucherschutz
BNotO	Bundesnotarordnung
BORA	Berufsordnung für Rechtsanwälte
BPersVG	Bundespersonalvertretungsgesetz
BR	Bundesrat
BRAGO	Bundesrechtsanwaltsgebührenordnung
BRAO	Bundesrechtsanwaltsordnung
Brem.	Bremen
BRRG	Beamtenrechtsrahmengesetz
Brüssel Ia-VO	Verordnung (EU) 1215/2012 des Rates usw über die gerichtliche Zuständigkeit und die Anerkennung und Vollstreckung von Entscheidungen in Zivil- und Handelssachen
BSeuchG	Bundesseuchengesetz
BSG	Bundessozialgericht
BSHG	Bundessozialhilfegesetz
BStBl.	Bundessteuerblatt (Jahr, Teil und Seite)
BT	Bundestag
BVFG	Gesetz über die Angelegenheiten der Vertriebenen und Flüchtlinge (BundesvertriebenenG)
BVerfG	Bundesverfassungsgericht
BVerfGE	Entscheidungen des Bundesverfassungsgerichts (Band und Seite)
BVerfGG	Gesetz über das Bundesverfassungsgericht
BVerwG	Bundesverwaltungsgericht
BVerwGE	Entscheidungen des Bundesverwaltungsgerichts (Band und Seite)
BW	Baden-Württemberg
BZRG	Bundeszentralregistergesetz
ca.	circa
CCBE	Conseil des barreaux européens (Rat der Europäischen Anwaltschaften)
DB	Der Betrieb (Jahr und Seite)
DB-GvKostG	Durchführungsbestimmungen zum Gerichtsvollzieherkostengesetz
DB-PKH	Durchführungsbestimmungen zur Prozess- und Verfahrenskostenhilfe sowie zur Stundung der Kosten des Insolvenzverfahrens
DDR	Deutsche Demokratische Republik
ders./dies.	derselbe/dieselbe/-n
DesignG	Gesetz über den rechtlichen Schutz von Design
DGVZ	Deutsche Gerichtsvollzieher-Zeitung (Jahr und Seite)

Diss.	Dissertation
DNotZ	Deutsche Notar-Zeitschrift (Jahr und Seite)
DÖD	Der öffentliche Dienst (Jahr und Seite)
DÖV	Die öffentliche Verwaltung (Jahr und Seite)
DRiG	Deutsches Richtergesetz
DRiZ	Deutsche Richterzeitung (Jahr und Seite)
DS	Der Sachverständige (Jahr und Seite)
DStR	Deutsches Steuerrecht (Jahr und Seite)
DtZ	Deutsch-Deutsche Rechts-Zeitschrift (Jahr und Seite)
DV	Deutsche Verwaltung (Jahr und Seite)
DVBl	Deutsches Verwaltungsblatt (Jahr und Seite)
DVO	Durchführungsverordnung
EBAO	Einforderungs- und Beitreibungsordnung
EFG	Entscheidungen der Finanzgerichte (Jahr und Seite)
EG	Einführungsgesetz
EGMR	Europäischer Gerichtshof für die Menschenrechte
Einf.	Einführung
Einl.	Einleitung
eKFV	Verordnung über die Teilnahme von Elektrokleinstfahrzeugen am Straßenverkehr (Elektrokleinstfahrzeuge-Verordnung)
EMRK	Europäische Menschenrechtskonvention
ENeuOG	Eisenbahnneuordnungsgesetz
EnWG	Energiewirtschaftsgesetz
ErbbauRG	Gesetz über das Erbbaurecht
Erl.	Erlass
ERVV	Elektronischer-Rechtsverkehrs-Verordnung
ESÜ	Übereinkommen über den internationalen Schutz von Erwachsenen
EStG	Einkommensteuergesetz
EU	Europäische Union
EUGewSchVG	EU-Gewaltschutzverfahrensgesetz
EuGH	Gerichtshof der Europäischen Union
EuGVVO	siehe Brüssel Ia-VO
EuKoPfVO	Verordnung (EU) Nr. 655/2014
EuKoPfVODG	Gesetz zur Durchführung der Verordnung (EU) Nr. 655/2014
EuRAG	Gesetz über die Tätigkeit europäischer Rechtsanwälte in Deutschland
EU-VSchDG	EU-Verbraucherschutzdurchführungsgesetz
EuZW	Europäische Zeitschrift für Wirtschaftsrecht (Jahr und Seite)
EV	Einigungsvertrag
eV	eingetragener Verein
EVG	Einigungsvertragsgesetz
EWIV	Europäische wirtschaftliche Interessenvereinigung
Fam (-G)	Familie (-ngericht)
FamFG	Gesetz über das Verfahren in Familiensachen und in den Angelegenheiten der freiwilligen Gerichtsbarkeit
FamGKG	Gesetz über Gerichtskosten in Familiensachen
FamRZ	Zeitschrift für das gesamte Familienrecht (Jahr und Seite)
f./ff.	folgende
FG	Finanzgericht, Freiwillige Gerichtsbarkeit
FGG	Reichsgesetz über die freiwillige Gerichtsbarkeit
FGG-RG	Gesetz zur Reform des Verfahrens in Familiensachen und in den Angelegenheiten der freiwilligen Gerichtsbarkeit
FGO	Finanzgerichtsordnung

Abkürzungen

FinA .... Finanzamt
Fn. .... Fußnote
FPR .... Familie/Partnerschaft/Recht (Jahr – bis 2013 – und Seite)
FoVo .... Forderung und Vollstreckung (Jahr und Seite)

G .... Gesetz, Gesellschaft
GBl. .... Gesetzblatt
GBO .... Grundbuchordnung
GBV .... Grundbuchverfügung
Geb. .... Gebühr(en)
GebrMG .... Gebrauchsmustergesetz
GenG .... Gesetz betr. die Erwerbs- und Wirtschaftsgenossenschaften
GewO .... Gewerbeordnung
GG .... Grundgesetz für die Bundesrepublik Deutschland
ggf. .... gegebenenfalls
ggü. .... gegenüber
GKG .... Gerichtskostengesetz
GmbHG .... Gesetz betreffend die Gesellschaften mit beschränkter Haftung
GmS .... Gemeinsamer Senat der obersten Gerichtshöfe des Bundes
GNotKG .... Gerichts- und Notarkostengesetz
GOÄ .... Gebührenordnung für Ärzte
GPatG .... Gemeinschaftspatentgesetz
grds. .... grundsätzlich
Grdz. .... Grundzüge
GRUR .... Gewerblicher Rechtsschutz und Urheberrecht (Jahr und Seite)
GRUR-RR .... Gewerblicher Rechtsschutz und Urheberrecht. Rechtsprechungs-Report (Jahr und Seite)
GrZS, GSZ .... Großer Zivilsenat
GüKG .... Güterkraftverkehrsgesetz
GV .... Gebührenverzeichnis
GVBl. .... Gesetz- und Verordnungsblatt
GVG .... Gerichtsverfassungsgesetz
GVGA .... Geschäftsanweisung für Gerichtsvollzieher
GvKostG .... Gerichtsvollzieherkostengesetz
GVO .... Gerichtsvollzieherordnung
GWB .... Gesetz gegen Wettbewerbsbeschränkungen

HaagUnterhÜbk ...... Haager Unterhaltsübereinkommen
Hess. .... Hessen
Hmb. .... Hamburg
HmbJVBl .... Hamburgisches Justizverwaltungsblatt (Jahr und Seite)
HansJVBl .... Hanseatisches Justizverwaltungsblatt (Jahr und Seite)
HdB .... Handbuch
HEntmAbk .... Haager Abkommen über die Entmündigung, siehe nun ESÜ
HGB .... Handelsgesetzbuch
HöfeVfO .... Verfahrensordnung für Höfesachen
HRegGebVO .... Handelsregistergebührenverordnung
Hrsg./hrsg. .... Herausgeber/herausgegeben
Hs. .... Halbsatz
HZPrAbk .... Haager Abkommen über den Zivilprozeß vom 17.7.1905
HZPrÜbk .... Haager Übereinkommen über den Zivilprozeß vom 1.3.1954

idF .... in der Fassung
idR .... in der Regel

idS .... in diesem Sinne
iE .... im Einzelnen
iErg .... im Ergebnis
ImmoWertV .... Immobilienwertermittlungsverordnung
insbes. .... insbesondere
insges. .... ingesamt
InsO .... Insolvenzordnung
InsVV .... Insolvenzrechtliche Vergütungsverordnung
IntErbRVG .... Internationales Erbrechtsverfahrensgesetz
IntFamRVG .... Internationales Familienrechtsverfahrensgesetz
IRG .... Gesetz über die internationale Rechtshilfe in Strafsachen
IStGHG .... Gesetz über die Zusammenarbeit mit dem Internationalen Strafgerichtshof
iÜ .... im Übrigen
iVm .... in Verbindung mit

JA .... Jugendamt, auch Juristische Arbeitsblätter (Jahr und Seite)
jew. .... jeweils
JurBüro .... Das juristische Büro (Jahr und bis 1991 Spalte, seit 1992 Seite)
JBeitrG .... Justizbeitreibungsgesetz
JBl. .... Justizblatt
JGG .... Jugendgerichtsgesetz
JKomG .... Justizkommunikationsgesetz
JMBl. .... Justizministerialblatt
JR .... Juristische Rundschau (Jahr und Seite)
JuS .... Juristische Schulung (Jahr und Seite)
Justiz .... Die Justiz, Amtsblatt des Justizministeriums Baden-Württemberg (Jahr und Seite)
JustVA .... Justizverwaltungsabkommen
JVBl .... Justizverwaltungsblatt
JVEG .... Justizvergütungs- und -entschädigungsgesetz
JVKostG .... Justizverwaltungskostengesetz
JZ .... Juristenzeitung (Jahr und Seite)

KapMuG .... Kapitalanleger-Musterverfahrensgesetz
KfB .... Kammer für Baulandsachen
KfH .... Kammer für Handelssachen
KG .... Kammergericht, Kommanditgesellschaft
KGaA .... Kommanditgesellschaft auf Aktien
KindRG .... Kindschaftsrechtsreformgesetz
KindUG .... Kindsunterhaltsgesetz
KostRÄG 2021 .... Kostenrechtsänderungsgesetz 2021
KostREuroUG .... Gesetz zur Umstellung des Kostenrechts und der Steuerberatergebührenverordnung auf Euro
KostRMoG .... Kostenrechtsmodernisierungsgesetz
KostVfg .... Kostenverfügung
krit. .... kritisch
KSpG .... Kohlendioxid-Speicherungsgesetz
KTS .... Konkurs-, Treuhand- und Schiedsgerichtswesen (Jahr und Seite)
KV .... Kostenverzeichnis
KWG .... Gesetz über das Kreditwesen

LAG .... Landesarbeitsgericht; Lastenausgleichsgesetz
LG .... Landgericht
LKV .... Landes und Kommunalverwaltung (Jahr und Seite)
LPachtVG .... Landpachtverkehrsgesetz

Abkürzungen

LPartG	Lebenspartnerschaftsgesetz
Ls.	Leitsatz
LSA	Sachsen-Anhalt
LSG	Landessozialgericht
LuftfzRG	Gesetz über Rechte an Luftfahrzeugen
LuftVG	Luftverkehrsgesetz
LVerwG	Landesverwaltungsgericht
LwVG	Gesetz über das gerichtliche Verfahren in Landwirtschaftssachen
mablAnm	mit ablehnender Anmerkung
mAnm	mit Anmerkung
MDR	Monatsschrift für Deutsches Recht (Jahr und Seite)
MedR	Medizinrecht (Jahr und Seite)
MinBl	Ministerialblatt
MittBayNot	Mitteilungen des Bayerischen Notarvereins (Jahr und Seite)
mkritAnm	mit kritischer Anmerkung
MRK	Menschenrechtskonvention
mwN	mit weiteren Nachweisen
MWSt	Mehrwertsteuer
MV	Mecklenburg-Vorpommern
mzustAnm	mit zustimmender Anmerkung
Nds.	Niedersachsen
Nds. Rpfl.	Niedersächsische Rechtspflege (Jahr und Seite)
NEhelG	Gesetz über die rechtliche Stellung der nichtehelichen Kinder
nF	neue Fassung, neue Folge
NJ	Neue Justiz (Jahr und Seite)
NJW	Neue Juristische Wochenschrift (Jahr und Seite)
NJWE-FER	NJW-Entscheidungsdienst Familien- und Erbrecht (Jahr und Seite)
NJW-RR	NJW-Rechtsprechungs-Report (Jahr und Seite)
Nov.	Novelle
NRW	Nordrhein-Westfalen
NVersZ	Neue Zeitschrift für Versicherung und Recht (Jahr und Seite)
NVwZ	Neue Zeitschrift für Verwaltungsrecht (Jahr und Seite)
NVwZ-RR	NVwZ-Rechtsprechungs-Report (Jahr und Seite)
NWVBl	Nordrhein-Westfälische Verwaltungsblätter (Jahr und Seite)
NZFam	Neue Zeitschrift für Familienrecht (Jahr – seit 2014 – und Seite)
NZM	Neue Zeitschrift für Miet- und Wohnungsrecht (Jahr und Seite)
NZS	Neue Zeitschrift für Sozialrecht (Jahr und Seite)
OHG	Offene Handelsgesellschaft
OLG	Oberlandesgericht
OLGR	OLG-Rechtsprechung (Jahr und Seite)
OLGZ	Entscheidungen der Oberlandesgerichte in Zivilsachen (Jahr und Seite)
OVG	Oberverwaltungsgericht
OWiG	Gesetz über Ordnungswidrigkeiten
PAO	Patentanwaltsordnung
PatG	Patentgericht, Patentgesetz
PatKostG	Patentkostengesetz
PKH	Prozesskostenhilfe

PostStruktG	Poststrukturgesetz
PostVerfG	Postverfassungsgesetz
ProdHaftG	Gesetz über die Haftung für fehlerhafte Produkte (Produkthaftungsgesetz)
Proz, proz	Prozess-, prozessual, prozessrechtlich
ProzBev	Prozessbevollmächtigter
PStG	Personenstandsgesetz
RdA	Recht der Arbeit (Jahr und Seite)
RdErl.	Runderlass
RDG	Rechtsdienstleistungsgesetz
RDGEG	Einführungsgesetz zum Rechtsdienstleistungsgesetz
RdL	Recht der Landwirtschaft (Jahr und Seite)
Reg	Regierung, Register
RegBl.	Regierungsblatt
Rev	Revision
RG	Reichsgericht
RGBl.	Reichsgesetzblatt
RhPf	Rheinland-Pfalz
RhSchiffG	Rheinschiffahrtsgericht
RJM	Reichsminister der Justiz; auch allgemeine Verfügung desselben
Rn.	Randnummer
Rpfleger	Rechtspfleger
RpflAnpG	Rechtspflege-Anpassungsgesetz
Rpfleger	Der Deutsche Rechtspfleger (Jahr und Seite)
RpflEntlG	Gesetz zur Entlastung der Rechtspflege
RPflG	Rechtspflegergesetz
Rspr.	Rechtsprechung
RVG	Rechtsanwaltsvergütungsgesetz
RVG-Letter	Monatsinformation zum anwaltlichen Vergütungsrecht, 2004
S., s.	Satz, Seite, siehe
Saarl	Saarland
SachenRÄndG	Sachenrechtsänderungsgesetz
Sachs.	Sachsen
SchiedsVfG	Schiedsverfahrens-Neuregelungsgesetz
SchiffG	Schiffahrtsgericht
SchlAnh	Schlussanhang
SchlH	Schleswig-Holstein
SchlHA	Schleswig-Holsteinische Anzeigen (Jahr und Seite)
SchrAG	Schriftgutaufbewahrungsgesetz
SchwBG	Schwerbehindertengesetz
SE	Societas Europaea (Europäische Gesellschaft)
SeemO	Seemannsordnung
SG	Sozialgericht
SGB	Sozialgesetzbuch (mit Angabe des jeweiligen Buches, zB: X)
SGG	Sozialgerichtsgesetz
sog.	sogenannt
SpruchG	Spruchverfahrensgesetz
SRV	Schutzschriftenregisterverordnung
st./stRspr	ständig/ständige Rechtsprechung
StA	Standesamt, Staatsanwalt(schaft)
StB	Der Steuerberater (Jahr und Seite)
StBerG	Steuerberatergesetz
StBVV	Steuerberatervergütungsverordnung
StGB	Strafgesetzbuch

Abkürzungen

StHG .... Staatshaftungsgesetz
StPO .... Strafprozessordnung
Str., str. .... Streit, streitig
StraFo .... Strafverteidiger Forum (Jahr und Seite)
StrEG .... Gesetz über die Entschädigung für Strafverfolgungsmaßnahmen
StrRehaG .... Strafrechtliches Rehabilitierungsgesetz
StrWK .... Streitwertkatalog
StS .... Strafsenat
StVG .... Straßenverkehrsgesetz
StVO .... Straßenverkehrsordnung
StVollzG .... Strafvollzugsgesetz
StVZO .... Straßenverkehrs-Zulassungs-Ordnung
SVertO .... Schiffahrtsrechtliche Verteilungsordnung

Tab. .... Tabelle
ThUG .... Therapieunterbringungsgesetz
Thür. .... Thüringen
TSG .... Transsexuellengesetz
TÜV .... Technischer Überwachungsverein

ua .... unter anderem
Üb. .... Übersicht
Übk. .... Übereinkommen
UKlaG .... Unterlassungsklagengesetz
unstr. .... unstrittig
UmweltHG .... Umwelthaftungsgesetz
umstr. .... umstritten
UrhG .... Urheberrechtsgesetz
USG .... Unterhaltssicherungsgesetz
UStG .... Umsatzsteuergesetz (Mehrwertsteuer)
UWG .... Gesetz gegen den unlauteren Wettbewerb

v. .... vom
vAw .... von Amts wegen
VBVG .... Vormünder- und Betreuervergütungsgesetz
VereinhG .... Gesetz zur Wiederherstellung der Rechtseinheit
Verf. .... Verfahren, Verfassung
VerfBev .... Verfahrensbevollmächtigter
VersAusglG .... Versorgungsausgleichsgesetz
VersR .... Versicherungsrecht (Jahr und Seite)
Verw. .... Verwaltung
Vfg. .... Verfügung
VG .... Verwaltungsgericht
VGG .... Verwertungsgesellschaftengesetz
VGH .... Verwaltungsgerichtshof
vgl., Vgl. .... vergleiche, Vergleich
VGrS .... Vereinigte Große Senate
VKH .... Verfahrenskostenhilfe
VO .... Verordnung
VOBl .... Verordnungsblatt
VollstrVergV .... Vollstreckungsvergütungsverordnung
Vorb. .... Vorbemerkung
VSBG .... Verbraucherstreitbeilegungsgesetz
VSchDG .... EG-Verbraucherschutzdurchsetzungsgesetz (jetzt EU-VSchDG)
VV .... Vergütungsverzeichnis zum Rechtsanwaltsvergütungsgesetz
VVG .... Gesetz über den Versicherungsvertrag

VwGO .... Verwaltungsgerichtsordnung
VwVfG .... Verwaltungsverfahrensgesetz
VwVG .... Verwaltungs-Vollstreckungsgesetz
VwZG .... Verwaltungszustellungsgesetz
VZOG .... Vermögenszuordnungsgesetz

WAG .... Wertausgleichsgesetz
WBO .... Wehrbeschwerdeordnung
WDO .... Wehrdisziplinarordnung
WEG .... Wohnungseigentumsgesetz
WM .... Wertpapiermitteilungen (Jahr und Seite)
WG .... Wechselgesetz
WiStG .... Wirtschaftsstrafgesetz 1954
WuM .... Wohnungswirtschaft und Mietrecht (Jahr und Seite)
WPflG .... Wehrpflichtgesetz
WPO .... Wirtschaftsprüferordnung
WpÜG .... Wertpapiererwerbs- und Übernahmegesetz
WRegG .... Wettbewerbsregistergesetz
WRP .... Wettbewerb in Recht und Praxis (Jahr und Seite)

Ziff. .... Ziffer
zit. .... zitiert
ZahlVGJG .... Gesetz über den Zahlungsverkehr mit Gerichten und Justizbehörden
zB .... zum Beispiel
ZDG .... Zivildienstgesetz
ZIP .... Zeitschrift für Wirtschaftsrecht (Jahr und Seite)
ZivK .... Zivilkammer
ZivProz, zivproz ...... Zivilprozess, zivilprozessual
ZK .... Zivilkammer
ZMR .... Zeitschrift für Miet- und Raumrecht (Jahr und Seite)
ZPO .... Zivilprozessordnung
ZRHO .... Rechtshilfeordnung in Zivilsachen
ZRP .... Zeitschrift für Rechtspolitik (Jahr und Seite)
ZS .... Zivilsenat
ZSchG .... Zeugenschutzgesetz
ZSEG .... Gesetz über die Entschädigung von Zeugen und Sachverständigen
ZSW .... Zeitschrift für das gesamte Sachverständigenwesen (Jahr und Seite)
zul. .... zuletzt
zust. .... zustimmend
ZVertrR .... Zeitschrift für Vertriebsrecht (Jahr und Seite)
ZVG .... Zwangsversteigerungsgesetz
ZwV .... Zwangsvollstreckung
ZwVwV .... Zwangsverwalterverordnung
ZZP .... Zeitschrift für Zivilprozess

Literaturverzeichnis

Anders/Gehle	Anders/Gehle, ZPO, 80. Aufl. 2022
Anders/Gehle Assessorexamen ZivilR	Anders/Gehle, Das Assessorexamen im Zivilrecht, 15. Aufl. 2022
AnwK RVG	Schneider/Volpert, AnwaltKommentar RVG, 9. Aufl. 2021
Asberger/Dörndorfer/ Hellstab	Asberger/Dörndorfer/Hellstab, Die Kostenfestsetzung, Handbuch, 24. Aufl. 2021
Bayerlein SV-HdB	Bayerlein, Praxishandbuch Sachverständigenrecht, 5. Aufl. 2015
Bayerlein/Bleutge/ Roeßner SV-HdB	Bayerlein/Bleutge/Roeßner, Praxishandbuch Sachverständigenrecht, 6. Aufl. 2021
BeckOK KostR	Dörndorfer/Wendtland/Gerlach/Diehn, BeckOK Kostenrecht, 40. Ed. 2023
BeckOK RVG	von Seltmann, BeckOK RVG, 58. Ed. 2022
BeckOK Strafvollzug Bund	Graf, BeckOK Strafvollzugsrecht Bund, 22. Ed. 2022
BeckOK UrhR	Ahlberg/Götting/Lauber-Rönsberg, BeckOK Urheberrecht, 36. Ed. 2022
BeckOK ZPO	Vorwerk/Wolf, BeckOK ZPO, 47. Ed. 2022
Beutling Anwaltsvergütung	Beutling, Anwaltsvergütung in Verwaltungssachen, 1. Aufl. 2004
Binz/Dörndorfer/ Zimmermann	Binz/Dörndorfer/Zimmermann, GKG, FamGKG, JVEG, 5. Aufl. 2021
Bischof/Jungbauer/ Bräuer/Hellstab/ Klipstein/Klüsener/ Kerber	Bischof/Jungbauer/Bräuer/Hellstab/Klipstein/Klüsener/ Kerber, RVG – Kommentar, 9. Aufl. 2021
Bormann/Diehn/ Sommerfeldt	Bormann/Diehn/Sommerfeldt, GNotKG, 4. Aufl. 2021
Burhoff/Volpert RVG	Burhoff/Volpert, RVG Straf- und Bußgeldsachen, 6. Aufl. 2021
Diemer/Schatz/ Sonnen	Diemer/Schatz/Sonnen, Heidelberger Kommentar Jugendgerichtsgesetz, 8. Aufl. 2020
Dörndorfer ProzKostenHilfeR	Dörndorfer, Prozesskosten-, Verfahrenskosten- und Beratungshilfe für Anfänger, 7. Aufl. 2019
Dreier/Schulze	Dreier/Schulze, Urheberrechtsgesetz, 7. Aufl. 2022
Eichmann/Jestaedt/ Fink/Meiser	Eichmann/Jestaedt/Fink/Meiser, Designgesetz, Gemeinschaftsgeschmacksmusterverordnung, 6. Aufl. 2019
Ernst LwVG	Ernst, Gesetz über das gerichtliche Verfahren in Landwirtschaftssachen (LwVG), 9. Aufl. 2019
Fölsch Neues FamFG	Fölsch, Das neue FamFG in Familiensachen, 2. Aufl. 2009
Gercke/Julius/ Temming/Zöller	Gercke/Julius/Temming/Zöller, Heidelberger Kommentar Strafprozessordnung, 6. Aufl. 2018

Literatur

Germelmann/Matthes/ Prütting	Germelmann/Matthes/Prütting, Arbeitsgerichtsgesetz, 10. Aufl. 2022
Gerold/Schmidt	Gerold/Schmidt, RVG-Kommentar, 25. Aufl. 2021
Graeber/Graeber	Graeber/Graeber, InsVV – Kommentar zur Insolvenzrechtlichen Vergütungsverordnung, 3. Aufl. 2019
Grüneberg	Grüneberg, Bürgerliches Gesetzbuch, 82. Aufl. 2023
Haarmeyer/Mock InsVV	Haarmeyer/Mock, Insolvenzrechtliche Vergütungsverordnung, 6. Aufl. 2019
HambKommInsR	Schmidt, Hamburger Kommentar zum Insolvenzrecht, 9. Aufl. 2021
Harte-Bavendamm/ Henning-Bodewig	Harte-Bavendamm/Henning-Bodewig, UWG, 5. Aufl. 2021
Hartung/Schons/ Enders	Hartung/Schons/Enders, Rechtsanwaltsvergütungsgesetz, 3. Aufl. 2017
HK-FamGKG	Schneider/Volpert/Fölsch, FamGKG, 3. Aufl. 2019
HK-GNotKG	Fackelmann/Heinemann, GNotKG Gerichts- und Notarkostengesetz, 1. Aufl. 2013
HK-RVG	Mayer/Kroiß, Rechtsanwaltsvergütungsgesetz, 8. Aufl. 2021
HK-ZV	Kindl/Meller-Hannich, Gesamtes Recht der Zwangsvollstreckung, 4. Aufl. 2021
Ingerl/Rohnke	Ingerl/Rohnke, Markengesetz: MarkenG, 3. Aufl. 2010
Jahnke/Pflüger	Jahnke/Pflüger, JVEG, 28. Aufl. 2021
KK-StPO	Hannich, Karlsruher Kommentar zur Strafprozessordnung: StPO, 8. Aufl. 2019
v. König ZivilProzR ..	Baronin von König, Zivilprozess- und Kostenrecht, 3. Aufl. 2017
Korintenberg	Korintenberg, Gerichts- und Notarkostengesetz: GNotKG, 22. Aufl. 2022
Kreuzer Notariats- und Gerichtskosten	Kreuzer, Notariats- und Gerichtskosten bei der Hofübergabe, 1. Aufl. 1987
Lange/Wulff/ Lüdtke-Handjery LandpachtR	Lange/Wulff/Lüdtke-Handjery, Landpachtrecht, 4. Aufl. 1997
Lappe JustizKostR	Lappe, Justizkostenrecht, 2. Aufl. 1995
Leipold/Tsambikakis/ Zöller	Leipold/Tsambikakis/Zöller, AnwaltKommentar StGB, 3. Aufl. 2020
Löwe/Rosenberg	Löwe/Rosenberg, Die Strafprozessordnung und das Gerichtsverfassungsgesetz: StPO, 27. Aufl. 2017 ff.
Lüdtke-Handjery/ v. Jeinsen	Lüdtke-Handjery/von Jeinsen, HöfeO, 11. Aufl. 2015
Madert Anwalts- gebühren Zivilsachen ..	Madert, Anwaltsgebühren in Zivilsachen, 4. Aufl. 2000
Madert Rechtsanwalts- vergütung	Madert, Anwaltsgebühren in Straf- und Bußgeldsachen, 5. Aufl. 2004
Madert/Hellstab Anwaltsvergütung	Madert/Hellstab, Anwaltsvergütung in Verwaltungs-, Sozial- und Steuersachen, 3. Aufl. 2006

Madert/v. Seltmann Gegenstandswert	Madert/von Seltmann, Der Gegenstandswert in bürgerlichen Rechtsangelegenheiten, 5. Aufl. 2008
Markl/Meyer	Markl/Meyer, Gerichtskostengesetz, 5. Aufl. 2002
Meyer GKG/FamGKG 2020	Meyer, GKG/FamGKG 2020, 17. Aufl. 2019
Meyer/Höver/Bach/Oberlack	Meyer/Höver/Bach/Oberlack, JVEG – Die Vergütung und Entschädigung von Sachverständigen, Zeugen, Dritten und von ehrenamtlichen Richtern, 27. Aufl. 2017
MüKoAktG	Goette/Habersack/Kalss, Münchener Kommentar zum Aktiengesetz, 5. Aufl. 2019 ff.
MüKoBGB	Säcker/Rixecker/Oetker/Limperg, Münchener Kommentar zum Bürgerlichen Gesetzbuch, 9. Aufl. 2021 ff.
MüKoStPO	Knauer/Kudlich/Schneider, Münchener Kommentar zur Strafprozessordnung: StPO, 1. Aufl. 2014 ff.
MüKoZPO	Krüger/Rauscher, Münchener Kommentar zur ZPO, 6. Aufl. 2020 ff.
Musielak/Voit	Musielak/Voit, Zivilprozessordnung: ZPO, 18. Aufl. 2021
Mutschler KostR ÖffR	Mutschler, Kostenrecht in öffentlich-rechtlichen Streitigkeiten, 1. Aufl. 2003
NK-GK	Schneider/Volpert/Fölsch, Gesamtes Kostenrecht, 3. Aufl. 2021
NK-NachfolgeR	Kroiß/Horn/Solomon, Nachfolgerecht, 2. Aufl. 2019
Oestreich/Hellstab/Trenkle	Oestreich/Hellstab/Trenkle, GKG-FamGKG – Kommentar zum Gerichtskostengesetz und zum Gesetz über Gerichtskosten in Familiensachen, 1. Aufl. 1993
Prütting/Gehrlein	Prütting/Gehrlein, ZPO, 14. Aufl. 2022
Prütting/Helms	Prütting/Helms, FamFG, 6. Aufl. 2022
Prütting/Wegen/Weinreich	Prütting/Wegen/Weinreich, BGB Kommentar, 17. Aufl. 2022
Riedel/Sußbauer	Riedel/Sußbauer, Rechtsanwaltsvergütungsgesetz: RVG, 10. Aufl. 2015
Rosenberg/Schwab/Gottwald ZivilProzR	Rosenberg/Schwab/Gottwald, Zivilprozessrecht, 18. Aufl. 2018
Schaefer Neues KostR	Schaefer, Das neue Kostenrecht in Arbeitssachen, 1. Aufl. 2004
Scherer Grundlagen KostR	Scherer, Grundlagen des Kostenrechts – RVG, 18. Aufl. 2018
Schneider/Herget	Schneider/Herget, Streitwert-Kommentar für Zivilprozess und FamFG-Verfahren, 14. Aufl. 2015
Schneider/Kurpat	Schneider/Kurpat, Streitwert-Kommentar für Zivilprozess und FamFG-Verfahren, 15. Aufl. 2021
Schneider/Volpert	Schneider/Volpert, AnwaltKommentar RVG, 9. Aufl. 2021
Schröder-Kay	Schröder-Kay, Das Kostenwesen der Gerichtsvollzieher, 14. Aufl. 2019
Stein/Jonas	Stein/Jonas, Kommentar zur Zivilprozessordnung, 23. Aufl. 2014 ff.
Stephan/Riedel	Stephan/Riedel, Insolvenzrechtliche Vergütungsverordnung (InsVV), 2. Aufl. 2021
Stöber	Stöber, Zwangsversteigerungsgesetz: ZVG, 22. Aufl. 2019
Thomas/Putzo	Thomas/Putzo, ZPO, 42. Aufl. 2021

Literatur

Tiedtke/Diehn Notarkosten	Tiedtke/Diehn, Notarkosten im Grundstücksrecht, 3. Aufl. 2011
Ulrich Der gerichtliche Sachverständige-HdB	Ulrich, Der gerichtliche Sachverständige, 12. Aufl. 2007
Wellmann SV	Wellmann, Der Sachverständige in der Praxis, 7. Aufl. 2004
Wieczorek/Schütze ...	Wieczorek/Schütze, ZPO: Zivilprozessordnung, 5. Aufl. 2019 ff.
Winterstein	Winterstein, Gerichtsvollzieherkostenrecht, 19. Aufl. 2021
Zimmermann ZPO ...	Zimmermann, Zivilprozessordnung: ZPO, 10. Aufl. 2015
Zöller	Zöller, Zivilprozessordnung: ZPO, 34. Aufl. 2022

1. Kapitel. Verfahrensübergreifende Vorschriften

I. Gerichtskostengesetz (GKG)

In der Fassung der Bekanntmachung vom 27.2.2014 (BGBl. I 154)
FNA 360-7
Zuletzt geändert durch Art. 4 G zur Durchführung des Haager Übereinkommens über die Anerkennung und Vollstreckung ausländischer Entscheidungen in Zivil- und Handelssachen und zur Änd. weiterer Vorschriften vom 7.11.2022 (BGBl. I 1982)

Das Gesetz zur Umsetzung der Richtlinie (EU) 2020/1828 über Verbandsklagen zum Schutz der Kollektivinteressen der Verbraucher und zur Aufhebung der Richtlinie 2009/22/EG (Verbandsklagenrichtlinienumsetzungsgesetz – **VRUG**) lag bei Drucklegung lediglich als Referentenentwurf (Bearbeitungsstand 16.2.2023) vor. Die in seinem Art. 27 geplanten Einfügungen und Änderungen des GKG sind bereits in Grundzügen eingearbeitet.[1]

Inhaltsübersicht

[1] → Vor § 1 Rn. 17a.

Abschnitt 9. Schluss- und Übergangsvorschriften

Vorbemerkung zu § 1

Schrifttum: Binz/Dörndorfer/Zimmermann, GKG, FamGKG, JVEG, 5. Aufl. 2021; Dörndorfer, Prozesskosten-, Verfahrenskosten und Beratungshilfe für Anfänger, 7. Aufl. 2020; Dörndorfer/Wendtland/Gerlach/Diehn, BeckOK Kostenrecht, 40. Ed. 1.1.2023; Meyer, GKG/FamGKG 2020, 17. Aufl. 2020; Oestreich/Hellstab/Schneider, GKG – FamGKG, 4. Aufl. 2022; Schaller, Kostenrecht – Strafsachen, 23. Aufl. 2021; Schneider/Volpert/Fölsch, Gesamtes Kostenrecht (NK-GK), 3. Aufl. 2021; Weigelt, Kostenrecht – Zivilsachen GKG, 25. Aufl. 2022.

Übersicht

I. Historische Grundlagen des GKG. 1. Rechtslage vor dem GKG. Nach der **Reichsgründung im Jahre 1871** waren Gerichtsorganisation und Ausgestaltung der gerichtlichen Verfahren zunächst noch Sache der **Bundesstaaten.** Lediglich für Handelssachen bestand als gemeinsamer oberster Gerichtshof das zunächst für die Staaten des Norddeutschen Bundes errichtete Bundes-Oberhandelsgericht in Leipzig (Gesetz, betr. die Errichtung eines obersten Gerichtshofes für Handelssachen – BOHG-G vom 12.6.1869, BGBl. 201; durch Gesetz vom 14.6.1871, RGBl. 315, ist es außerdem als oberster Gerichtshof für das Reichsland Elsaß-Lothringen an die Stelle der Cour de Cassation in Paris getreten), das Ende 1871 den Namen **Reichs-Oberhandelsgericht (ROHG)** angenommen hat (Plenarbeschl. v. 2.9.1871, BOHGE 2, 448). 1

Dementsprechend wurden auch die **Gerichtskosten** (weiterhin) ausschließlich durch Gesetze der Bundesstaaten geregelt (zB prGKG v. 18.5.1851, GS 622, neugefasst 1895 und 1922, oder bayGKG v. 25.6.1870, bayGBl. Sp. 25), die auch für die Kosten des Verfahrens vor dem ROHG maßgeblich waren (§ 22 BOHG-G; vgl. iÜ die Instruktion, betr. die Einziehung und Verrechnung der für die Geschäfte des Bundes-Oberhandelsgerichts in Ansatz kommenden Kosten, v. 4.8.1870, RZBl. 1873, 97). 2

2. Schaffung des GKG. Art. 4 Nr. 13 RVerf. 1871 hatte allerdings – wie zuvor bereits die gleichlautende Vorschrift der Verfassung des Norddeutschen Bundes – das gerichtliche Verfahren für Obligationen-, Straf-, Handels- und Wechselrecht zum Gegenstand der **gemeinsamen (Reichs-)Gesetzgebung** gemacht, was durch die sog. Lex Miquel-Lasker vom 20.12.1873 (RGBl. 379) auf das gesamte bürgerliche Recht ausgedehnt wurde. Aufbauend auf bereits im Norddeutschen Bund begonnenen Vorarbeiten zur ZPO wurde 1877 mit Wirkung zum **1.10.1879** durch die vier zwischen dem 7.2. und 5.3.1877 verkündeten sog. **„Reichsjustizgesetze“** (GVG, 3

ZPO, StPO, KO) eine reichseinheitliche Gerichtsorganisation und ein gemeinsames Verfahrensrecht für (streitige) Zivil-, Straf- und Konkurssachen geschaffen (die freiwillige Gerichtsbarkeit wurde erst durch das FGG vom 17.5.1898, RGBl. 189, vereinheitlicht).

4 Während der Beratung der Reichsjustizgesetze im Reichstag kam die Erkenntnis auf, dass die Vereinheitlichung des Justizwesens auch **eine reichsrechtliche Regelung des Kostenrechts** erfordert (vgl. den Antrag der Abg. Miquel u. a. v. 16.12.1876, Vhdlg. d. RT [2. Leg.-Per., IV. Session 1876, Anlagen], Bd. 43, Anl. 138, 876, und die Diskussion hierüber bei der dritten Lesung von ZPO und EGZPO am 21.12.1876, Vhdlg. d. RT [2. Leg.-Per., IV. Session 1876], Bd. 42, 999 f. = Hahn/Stegemann, Mat. z. ZPO, Bd. 2, 2. Aufl. 1881, S. 1227 ff.). In der Folge wurde durch § 2 EGZPO aF (aufgehoben durch 1. BMJBerG v. 19.4.2006, BGBl. I 866) bestimmt, dass das Kostenwesen in bürgerlichen Rechtsstreitigkeiten für den ganzen Umfang des Reichs durch eine Gebührenordnung geregelt wird, und dass das GVG (dessen Inkrafttreten wiederum Voraussetzung für das Inkrafttreten der übrigen Reichsjustizgesetze war, § 1 EGZPO aF, § 1 EGStPO aF, § 1 EGKO aF) gleichzeitig mit dieser Gebührenordnung in Kraft gesetzt werden soll (§ 1 EGGVG aF).

5 Am 7.3.1878 (also gut ein Jahr nach der Verkündung der Reichsjustizgesetze) wurde dem Reichstag der Regierungsentwurf eines **Gerichtskostengesetzes** (sowie auch einer Gebührenordnung für Gerichtsvollzieher und einer Gebührenordnung für Zeugen und Sachverständige) nebst Motiven (Vhdlg. d. RT [3. Leg.-Per., II. Session 1878, Anlagen], Bd. 49, Anl. 76, 564 ff.) zugeleitet, der in dessen Sitzung vom 13.3.1878 beraten und dem XI. Ausschuss überwiesen wurde (Vhdlg. d. RT [3. Leg.-Per., II. Session 1878], Bd. 47, 509 ff.). Dieser erstattete einen Bericht (Vhdlg. d. RT [3. Leg.-Per., II. Session 1878, Anlagen], Bd. 50, Anl. 228, 1453 ff.), über den der Reichstag in seiner Sitzung am 16.5.1878 beraten hat (Vhdlg. d. RT [3. Leg.-Per., II. Session 1878], Bd. 48, 1344 ff.). In der Sitzung vom 21.5.1878 hat der Reichstag dann den Entwurf mit den vom XI. Ausschuss vorgeschlagenen Änderungen in dritter Lesung angenommen (Vhdlg. d. RT [3. Leg.-Per., II. Session 1878], Bd. 48, 1476 ff.). Am **16.6.1878** ist das GKG schließlich mit der Regelung, gleichzeitig mit dem bereits 1877 verkündeten GVG in Kraft zu treten (§ 102 GKG 1878), ausgefertigt und anschließend veröffentlicht worden (RGBl. 1878, 141). Dass es bis zum Inkrafttreten aber Gesetze am 1.10.1879 noch rund $15^1/_2$ Monate dauerte, lag an der Bemühung, nun auch noch die Rechtsanwaltsvergütung reichsrechtlich zu regeln; die RAGebO wurde erst am 1.7.1879 ausgefertigt, → RVG Vor § 1 Rn. 2.

6 Für die Kosten des Verfahrens vor dem RG wurde das GKG ergänzt durch die auf eine in § 98 III GKG 1878 enthaltene Ermächtigungsgrundlage gestützte **RGGebFrhV** vom 24.12.1883 (→ § 2 Rn. 24; vgl. außerdem die Dienstweisung für die Einziehung und Verrechnung der für die Geschäfte des Reichsgerichts in Ansatz kommenden Kosten vom 8.7.1879, RZBl. 473; Neufassung vom 13.3.1913, RZBl. 399). Zum Verhältnis der einzelnen Bundesstaaten untereinander vgl. die Anweisung, betr. den zum Zwecke der Einziehung von Gerichtskosten unter den Bundesstaaten zu leistenden Beistand, vom 23.4.1880 (RZBl. 278).

7 **3. Ausdehnung des Anwendungsbereichs.** In seiner ursprünglichen Fassung beschränkte sich der Anwendungsbereich des GKG auf Verfahren vor den **ordentlichen Gerichten** nach der ZPO, der StPO und der KO (§ 1 GKG 1878; im Laufe der Zeit wurde die Regelung auf alle weiteren streitigen und insolvenzrechtlichen Verfahren vor den ordentlichen Gerichten erweitert, vgl. jetzt § 1 I). Ausgenommen waren damit Verfahren der freiwilligen Gerichtsbarkeit (→ Rn. 3 aE; für diese wurden die Kosten erst mit der KostO vom 25.11.1935, RGBl. I 1371, vereinheitlicht) sowie Verfahren vor nur auf Ebene der Bundesstaaten bestehenden, noch in die Verwaltung eingegliederten Verwaltungs- und Finanzgerichten. Mit der Schaffung weiterer unabhängiger Gerichtsbarkeiten wurde der Anwendungsbereich des GKG allmählich erweitert.

8 Die **Verwaltungsgerichtsbarkeit** war zunächst in den Bundesstaaten entstanden, nach Kriegsende durch das Kontrollratsgesetz Nr. 36 vom 31.10.1946 (ABl. KontrollR S. 183), wiedererrichtet und in den süddeutschen Ländern durch Ländergeset-

ze, in Norddeutschland hingegen durch die Verordnung Nr. 165 über die Verwaltungsgerichtsbarkeit in der britischen Zone vom 15.9.1948 (VOBl. brZ 203) ausgestaltet; das BVerwG wurde durch das Gesetz über das BVerwG vom 23.9.1952 (BGBl. I 625) eingerichtet. Die Kosten wurden nach den jeweiligen landesrechtlichen Bestimmungen bzw. im Verfahren vor dem BVerwG gem. § 73 II Gesetz über das BVerwG in entspr. Anwendung des GKG erhoben. Daran änderte auch zunächst die Schaffung der VwGO im Jahre 1960 nichts (§ 189 VwGO 1960). Der Beginn einer einheitlichen **Finanzgerichtsbarkeit** war zunächst die mit der RAO vom 13.12.1919 (RGBl. 1993) erfolgte Schaffung von den Landesfinanzämtern angegliederten Finanzgerichten (§§ 14 ff. RAO) und einem Reichsfinanzhof (§§ 32 ff. RAO); die hierfür zu erhebenden Kosten waren in §§ 289 ff. RAO geregelt. Nach Kriegsende wurde in den Ländern der britischen Zone durch Verordnung Nr. 175 (VOBl. brZ 1948 385) eine von den Finanzverwaltungsbehörden getrennte unabhängige Finanzgerichtsbarkeit eingeführt, während die übrigen Länder an die Regelungen der RAO anknüpften. Der BFH wurde durch das Gesetz über den BFH vom 29.6.1950 (BGBl. I 257) errichtet, nach dessen § 2 die Verfahrensvorschriften der RAO (auch betr. der Kosten) übergangsweise anwendbar blieben. Mit der bundeseinheitlichen Regelung der Finanzgerichtsbarkeit durch die FGO vom 6.10.1965 (BGBl. I 1477) verblieb es hinsichtlich der Kosten – anders als in der Verwaltungsgerichtsbarkeit – nicht bei den bisherigen Regelungen; vielmehr ordnete § 140 I FGO 1965 allgemein die sinngemäße Anwendung des GKG an. Mit der Neufassung von § 1 im Jahre **1975** (durch das KostRÄndG 1975, → Rn. 15) wurden sowohl Verfahren vor den Gerichten der Verwaltungsgerichtsbarkeit nach der VwGO (§ 1 I Buchst. b GKG 1975, jetzt § 1 II Nr. 1) als auch Verfahren vor den Gerichten der Finanzgerichtsbarkeit nach der FGO (§ 1 I Buchst. c GKG 1975, jetzt § 1 II Nr. 2) unmittelbar in den **Anwendungsbereich des GKG** einbezogen und damit das Gerichtskostenrecht der streitigen Zivil-, der Verwaltungs- und der Finanzgerichtsbarkeit vereinheitlicht.

Die **Sozialgerichtsbarkeit** ist mit dem SGG vom 3.9.1953 (BGBl. I 1239) ge- 9
schaffen worden (zuvor gab es lediglich Schiedsverfahren innerhalb der Versicherungsträger bzw. beim Reichsversicherungsamt oder den späteren Landesversicherungsämtern). Die in Verfahren nach dem SGG zu erhebenden Kosten waren zunächst ausschließlich in den §§ 183 ff. SGG geregelt. Im Jahre **2001** wurden mit dem 6. SGGÄndG (→ Rn. 15) bestimmte Verfahren (→ SGG § 197a Rn. 1) durch § 197a SGG hiervon ausgenommen und in den Anwendungsbereich des GKG überführt, vgl. jetzt § 1 II Nr. 3.

Die **Arbeitsgerichtsbarkeit** ist bereits 1926 – u. a. aus den früheren Gewerbe- 10
und Kaufmannsgerichten – durch das ArbGG vom 23.12.1926 (RGBl. I 507) geschaffen worden. Auch das ArbGG enthielt zunächst eine eigenständige Regelung der zu erhebenden Kosten (§ 12 ArbGG aF), die nur lückenfüllend auf das GKG verwies (außerdem § 1 III GKG 1975). Mit dem KostRMoG (→ Rn. 16) ist **2004** auch die Arbeitsgerichtsbarkeit – unter Überführung der kostenrechtlichen Sonderregelungen des ArbGG in das GKG – vollständig in den Anwendungsbereich des GKG eingeschlossen worden, § 1 II Nr. 4 (→ ArbGG § 12a Rn. 3 f.).

Über die Gerichtsbarkeit hinaus wurde der Anwendungsbereich des GKG durch 11
das OWiGÄndG vom 7.7.1986 (BGBl. I 977) auf die **Staatsanwaltschaft** und damit auf eine Behörde ausgedehnt. Dies betraf dem Gesetzeswortlaut nach zunächst nur Verfahren nach dem OWiG (§ 1 I Buchst. d idF des OWiGÄndG), stand im Zusammenhang mit der – auf Vorschlag des Bundesrates erfolgten (vgl. Stellungnahme des Bundesrates zum RegE BT-Drs. 10/2652, 8 ff.; Beschlussempfehlung des Vermittlungsausschusses BT-Drs. 10/5492) – Einführung der sog. kostenrechtlichen Halterhaftung (§ 25a StVG) und betraf nach der Vorstellung des Gesetzgebers (nur) die zugleich hierfür geschaffene Möglichkeit, eine Kostenentscheidung auch durch die Staatsanwaltschaft zu treffen (vgl. jetzt § 19 III, KV 4302). Dabei war dem Gesetzgeber allerdings zunächst entgangen, dass die Staatsanwaltschaft in bestimmten Fällen – zunächst nur nach § 5 KostVfg 1969 und nach erstmaliger gesetzlicher Regelung der Zuständigkeit für den **Kostenansatz** durch das KostRÄndG 1975 (→ Rn. 15) nach § 4 II 1 GKG 1975 (jetzt § 19 II 1, 2) – auch für den Ansatz der Kosten des gerichtlichen Verfahrens zuständig ist. Die hierfür notwendige generelle Erstreckung des Anwendungsbereichs des GKG auf die Staatsanwaltschaft für Verfahren nach

StPO, JGG und OWiG entsprach (ungeachtet der Einschränkung im Gesetzeswortlaut auf das OWiG) zunächst dem allg. Normverständnis (vgl. nur 25. Aufl. 1993, § 1 Rn. 7) und wurde durch entspr. Erweiterung des damaligen § 1 I Buchst. d aF mit dem KostRÄndG 1994 (→ Rn. 15) „klargestellt" (vgl. Begr. RegE BT-Drs. 12/6962, 58).

12 **Eingeschränkt** hingegen wurde der Anwendungsbereich des GKG mit der Reform des Verfahrens in Familiensachen durch das FamFG zum 1.9.2009. Der Zusammenfassung der zuvor in ZPO, FGG, HausratsVO und weiteren Gesetzen enthaltenen gesetzlichen Regelungen für familiengerichtliche Verfahren wurde ein einheitliches, für diese Verfahren an die Stelle der bisher geltenden Vorschriften des GKG bzw. der seinerzeit noch geltenden KostO tretendes Kostenrecht im FamGKG an die Seite gestellt (vgl. § 1 FamGKG). Seither richtet sich die kostenmäßige Behandlung von **Familienstreitsachen** nicht mehr nach dem GKG, sondern nach dem FamGKG.

13 **4. Größere Änderungen des GKG.** Änderungen von Verfahrensvorschriften ziehen häufig Folgeänderungen des GKG nach sich (insbes. bei Gebührentatbeständen). Aber auch das GKG selbst war in seiner über 120jährigen Geschichte mehrfach Gegenstand größerer struktureller Änderungen.

14 Bereits während des Gesetzgebungsverfahrens kam Kritik an den vielfach als zu hoch angesehenen Gebühren auf, die in den dem Inkrafttreten folgenden Jahren lauter wurde. Auch wenn letztlich die Kritik – wie im Kostenrecht nicht selten – kaum empirisch zu belegen war, führte sie bereits 1881 zu einer umfassenden Revision der im GKG geregelten Gebühren durch das **KostRÄndG 1881** (Gesetz, betr. die Abänderung von Bestimmungen des GKG und der Gebührenordnung für Gerichtsvollzieher, vom 29.6.1881, RGBl. 178; RegE Vhdlg. d. RT [4. Leg.-Per., IV. Session 1881, Anlagen], Bd. 49, Anl. 93, 521 ff.; Bericht der XVI. Kommission Vhdlg. d. RT [4. Leg.-Per., IV. Session 1881, Anlagen], Bd. 50, Anl. 133, 774 ff.). Weitere bedeutendere Änderungen des GKG bis zum Ende des 2. Weltkrieges erfolgten durch

– das **GKGÄndG 1922** (Gesetz zur Änderung des GKG v. 21.12.1922, RGBl. 1923 I 1; RegE Vhdlg. d. RT [I. Wahlper. 1920/24, Anlagen], Bd. 375, Anl. 5301; Bericht 22. (Rechts-)Ausschuss Vhdlg. d. RT [I. Wahlper. 1920/24, Anlagen], Bd. 376, Anl. 5433), mit dem (neben einer inflationsbedingten allg. Gebührenerhöhung) durch eine auf wesentliche Vereinfachung des Geschäftsbetriebs und bessere Erfassung der Gebühren hinzielende Umgestaltung des gesamten Gerichtskostenwesens die Verminderung der für die Rechtspflege aus allgemeinen Staatsmitteln benötigten Zuschüsse erreicht werden sollte (vgl. Begr. RegE, S. 12);
– das **KostRÄndG 1927** (Gesetz über die Gerichtskosten und die Gebühren der Rechtsanwälte v. 28.1.1927, RGBl. I 53; RegE Vhdlg. d. RT [III. Wahlper. 1924/28, Anlagen], Bd. 408, Anl. 2314; Bericht 13. (Rechtspflege-)Ausschuss Vhdlg. d. RT [III. Wahlper. 1924/28, Anlagen], Bd. 411, Anl. 2722), mit dem außer einer Abmilderung der nach der Einführung der RM zunächst erfolgten überproportionalen Gebührenerhöhung für hohe Streitwerte weitere Änderungen für die Bemessung einzelner Gebühren und zur Klarstellung bei der Gesetzesanwendung in der Praxis aufgetretener Zweifel erfolgten (vgl. Begr. RegE, S. 4),
– und die **AnpassungsVO** (VO zur Anpassung des GKG an die KostO und über die Aufhebung landesrechtlicher Kostenvorschriften vom 27.3.1936, RGBl. I 319, → § 2 Rn. 4).

15 Nach 1949 erfolgte zunächst eine Anpassung an Änderungen der Verfahrensgesetze und eine Bereinigung von kriegsbedingten Sonderregelungen durch Art. 7 **REinhG** (Gesetz zur Wiederherstellung der Rechtseinheit auf dem Gebiete der Gerichtsverfassung, der bürgerlichen Rechtspflege, des Strafverfahrens und des Kostenrechts v. 12.9.1950, BGBl. I 455 (502); RegE BT-Drs. 1/530; Bericht Ausschuss für Rechtswesen und Verfassungsrecht BT-Drs. 1/4054). Weitere bedeutsame Änderungen erfolgten durch

– das **KostRÄndG 1952** (Gesetz über Maßnahmen auf dem Gebiete des Kostenrechts v. 7.8.1952, BGBl. I 401; RegE BT-Drs. 1/3336; Bericht Ausschuss für

Rechtswesen und Verfassungsrecht BT-Drs. 1/3581), mit dem eine Anpassung von Gebührensätzen und Wertvorschriften vorgenommen wurde;
- das **KostRÄndG 1957** (Gesetz zur Änderung und Ergänzung kostenrechtlicher Vorschriften v. 26.7.1957, BGBl. I 861; RegE BT-Drs. 2/2545; Bericht Ausschuss für Rechtswesen und Verfassungsrecht BT-Drs. 2/3378), mit dem eine umfassende Reform des Gebühren- und Kostenwesens durch Vereinfachung (wie etwa der Angleichung der Gebührenstaffeln in den verschiedenen Kostengesetzen und dem Wegfall von Postgebühren) erreicht werden sollte;
- das **KostRÄndG 1975** (Gesetz zur Änderung des GKG, des GvKostG, der BRAGO und anderer Vorschriften v. 20.8.1975, BGBl. I 2189; RegE BT-Drs. 7/2016; Beschlussempfehlung und Bericht Rechtsausschuss BT-Drs. 7/3243; Antrag Vermittlungsausschuss BT-Drs. 7/3803), mit dem das Kostenrecht u. a. durch Erstreckung des Anwendungsbereichs des GKG auf verwaltungs- und finanzgerichtliche Verfahren (→ Rn. 8), Wegfall von Gebührentatbeständen, Einführung von Festgebühren für Massengeschäfte und Einführung des Kostenverzeichnisses vereinfacht werden sollte;
- das **KostRÄndG 1994** (Gesetz zur Änderung von Kostengesetzen und anderen Gesetzen v. 24.6.1994, BGBl. I 1325, ber. S. 2591, 3471; RegE BT-Drs. 12/6962; Beschlussempfehlung und Bericht Rechtsausschuss BT-Drs. 12/7657), mit dem neben einer Gebührenerhöhung zur Vereinfachung des Kostenrechts eine strukturelle Überarbeitung des GKG (u. a. durch Einführung eines Pauschalgebührensystems für die I. Instanz unter Abschaffung der Entscheidungsgebühren insoweit und durch Vereinheitlichung der Verfahren über Erinnerungen und Beschwerden) erfolgte, und
- das **6. SGGÄndG** (Sechste Gesetz zur Änderung des Sozialgerichtsgesetzes v. 17.8.2001, BGBl. I 2144; RegE BT-Drs. 14/5943; Beschlussempfehlung und Bericht Ausschuss für Arbeit und Sozialordnung BT-Drs. 14/6335; → Rn. 9).

Mit dem **KostRMoG** (Gesetz zur Modernisierung des Kostenrechts v. 5.5.2004, BGBl. I 718; RegE BT-Drs. 15/1971; Stellungnahme BRat und Gegenäußerung BReg BT-Drs. 15/240; Beschlussempfehlung und Bericht Rechtsausschuss BT-Drs. 15/2487) wurden dann – wie idR bei allen vorangegangenen größeren Änderungsvorhaben zur Vereinfachung des Kostenrechts – umfangreiche strukturelle Änderungen des Gerichtskostenrechts (Ausdehnung des 1994 für die I. Instanz eingeführten Pauschalgebührensystems, Einstellung der bislang im ArbGG enthaltenen Sonderregelungen, → Rn. 10, Umstellung bestimmter Wertgebühren auf Festgebühren, Angleichung des Aufbaus aller Kostengesetze) vorgenommen und das GKG vollständig neugefasst. Diese Neufassung wurde seither u. a. geändert durch 16
- das **Anhörungsrügengesetz** (Gesetz über die Rechtsbehelfe bei Verletzung des Anspruchs auf rechtliches Gehör v. 9.12.2004, BGBl. I 3220; RegE BT-Drs. 15/3706; Beschlussempfehlung und Bericht Rechtsausschuss BT-Drs. 15/4061), mit dem u. a. § 69a, KV 3900, 4500 eingefügt wurde;
- das **JKomG** (Gesetz über die Verwendung elektronischer Kommunikationsformen in der Justiz v. 22.3.2005, BGBl. I 837, ber. S. 2022; RegE BT-Drs. 15/4067; Beschlussempfehlung und Bericht Rechtsausschuss BT-Drs. 15/4952; → § 5a Rn. 2);
- das **2. JuMoG** (Zweites Gesetz zur Modernisierung der Justiz v. 22.12.2006, BGBl. I 3416; RegE BT-Drs. 16/3038; Beschlussempfehlung und Bericht Rechtsausschuss BT-Drs. 16/3640), mit dem u. a. durch kleinere Änderungen im Kostenrecht (zB Klarstellung zum anzuwendenden Verfahrensrecht in kostenrechtlichen Rechtsbehelfsverfahren, kostenrechtliche Privilegierung von Antragsrücknahmen in Verfahren, in denen Festgebühren vorgesehen sind, Einführung einer Pauschale für Zustellungsauslagen an Stelle des Ansatzes der tatsächlichen Kosten) die praktischen Abläufe bei den Gerichten verbessert sowie Unklarheiten und Unstimmigkeiten des geltenden Rechts beseitigt werden sollten;
- das **Gesetz zur Einführung einer Rechtsbehelfsbelehrung im Zivilprozess** und zur Änderung anderer Vorschriften v. 5.12.2012 (BGBl. I 2418, geänd. durch Art. 41 2. KostRMoG v. 23.7.2013, BGBl. I 2586 (2708); RegE BT-Drs. 17/

10490; Beschlussempfehlung und Bericht Rechtsausschuss BT-Drs. 17/11385; → § 5b Rn. 1);
- das **2. KostRMoG** (Zweites Gesetz zur Modernisierung des Kostenrechts v. 23.7.2013, BGBl. I 2586; RegE BT-Drs. 17/11471; Beschlussempfehlung und Bericht Rechtsausschuss BT-Drs. 17/13537), mit dem in erster Linie die 2004 mit dem (1.) KostRModG begonnene Neustrukturierung des Kostenrechts durch Ablösung der KostO fortgesetzt werden sollte, aber neben einer Gebührenanhebung auch kleinere strukturelle Änderungen im GKG erfolgten;
- das **WEMoG** (Gesetz zur Förderung der Elektromobilität und zur Modernisierung des Wohnungseigentumsgesetzes und zur Änderung von kosten- und grundbuchrechtlichen Vorschriften v. 16.10.2020, BGBl. I 2187 (2195 f.); RegE BT-Drs. 19/18791; Beschlussempfehlung und Bericht Rechtsausschuss BT-Drs. 19/22634), mit dem die meisten prozessualen Besonderheiten bei Wohnungseigentumssachen beseitigt wurden und als Folge die bisherige besondere Streitwertregelung für solche Sachen (§ 49a aF) durch eine Sonderregelung nur noch für Beschlussklagen iSd § 44 WEG (§ 49 nF) ersetzt und außerdem KV 9020 eingefügt wurden;
- das **KostRÄG 2021** (Gesetz zur Änderung des Justizkosten- und des Rechtsanwaltsvergütungsrechts und zur Änderung des Gesetzes zur Abmilderung der Folgen der COVID-19-Pandemie im Zivil-, Insolvenz- und Strafverfahrensrecht v. 21.12.2020 (BGBl. I 3229); RegE BT-Drs. 19/23484, Beschlussempfehlung und Bericht Rechtsausschuss BT-Drs. 19/24740), mit dem die Gebühren linear um 10 % erhöht und außerdem weitere Änderungen in den §§ 14 Nr. 3, 41 V 1, 58 I, KV 1641, 8100, 8401, 9000, 9003, 9005 vorgenommen wurden,
- und das **SanInsFoG** (Gesetz zur Fortentwicklung des Sanierungs- und Insolvenzrechts v. 22.12.2020, BGBl. I 3256; RegE BT-Drs. 19/24181, Beschlussempfehlung und Bericht Rechtsausschuss BT-Drs. 19/25303, 19/25353), mit dem die §§ 13a, 25a und ein neuer Hauptabschn. 5 in Teil 2 des KV (KV 2510–2520) eingefügt sowie KV 2500 aF [jetzt KV 2600 nF), 9017 geändert wurden.

17 Seit Redaktionsschluss der Vorauflage ist das GKG bis Anfang 2023 nur durch Art. 4 **Gesetz zur Durchführung des Haager Übereinkommens vom 2.7.2019 über die Anerkennung und Vollstreckung ausländischer Entscheidungen in Zivil- und Handelssachen** v. 7.11.2022 (BGBl. I 1982 (1983)) geändert worden (Ergänzung der Regelungen in § 22 III sowie in KV 1513, 8401); diese Änderungen treten nach Art. 6 des Gesetzes aber erst an dem Tag in Kraft, an dem das Haager Übereinkommen vom 2.7.2019 nach seinem Art. 28 für die EU mit Ausnahme des Königreiches Dänemark in Kraft tritt.

17a Voraussichtlich mit Wirkung zum 25.6.2023 (vgl. Art. 24 I Verbandsklagen-RL) sollen mit dem **Verbandsklagenrichtlinienumsetzungsgesetz (VRUG)** neue Regelungen für die Verfahren nach dem künftigen Verbaucherrechtedurchsetzungsgesetz (**VDuG,** = Art. 1 VRUG) eingefügt (§§ 1 I 1 Nr. 17a, 9 II nF, 26a, 59a, KV 1660) bzw. bestehende Regelungen ergänzt (§ 48 I 2, 3, KV 1213 Anm. S. 2) werden (vgl. RefE VRUG, Stand 16.2.2023). Die voraussichtlichen Änderungen durch **Art. 27 VRUG** werden (auf der Grundlage des bis Redaktionsschluss nur vorliegenden Referententwurfs mit Stand 16.2.2023) in der Kommentierung bereits berücksichtigt.

18 **5. Neubekanntmachungen.** Seit der erstmaligen Veröffentlichung des GKG im Jahre 1878 (hier: **GKG 1878,** RGBl. 1878, 141) ist das GKG zunächst fünfmal neu bekannt gemacht worden: 1898 (nach dem KostRÄndG 1881, → Rn. 14, zusammen mit den Reichsjustizgesetzen nach deren Anpassung an das BGB, hier: **GKG 1898,** RGBl. 1898, 659), 1922 (nach dem GKGÄndG 1922, → Rn. 14, hier: **GKG 1922,** RGBl. 1923 I 12), 1927 (nach dem KostRÄndG 1927, → Rn. 14, hier: **GKG 1927,** RGBl. 1927 I 152), 1957 (nach dem KostRÄndG 1957, → Rn. 15, hier: **GKG 1957,** BGBl. 1957 I 941) und 1975 (nach dem KostRÄndG 1975, → Rn. 15, hier: **GKG 1975,** BGBl. 1975 I 3047). 2004 erfolgte dann mit dem KostRMoG, → Rn. 16, eine vollständige Neufassung des GKG (hier: **GKG 2004,** BGBl. 2004 I 718), die bislang einmal, 2014, neu bekannt gemacht wurde (auf der Grundlage von § 70a, → § 70a Rn. 1, nach dem 2. KostRMoG, → Rn. 16, hier: **GKG 2014,** BGBl. 2014 I 154).

II. Rechtliche Grundlagen des Gerichtskostenrechts. 1. Zweck. Gerichtskosten dienen der **Deckung des Finanzbedarfs der Justiz.** Mit der Heranziehung der im GKG bestimmten Kostenschuldner sollen diejenigen zu dieser Bedarfsdeckung beitragen, die die staatlichen Justizeinrichtungen benutzen, von ihrer Nutzung Vorteile erlangen oder durch ihre Handlungen oder Unterlassungen mittelbar dazu Anlass geben, dass Justizorgane tätig werden; hierdurch soll zugleich mittelbar erreicht werden, dass die Justiz maßvoll und verantwortlich in Anspruch genommen wird (vgl. Begr. RegE GKG Vhdlg. d. RT [3. Leg.-Per., II. Session 1878, Anlagen], Bd. 49, Anl. 76, 564 (573)). 19

2. Rechtsnatur von Gerichtskosten. Die gesetzlichen Kostenvorschriften begründen eine Pflicht des Kostenschuldners gegenüber dem Staat und sind daher dem **öffentlichen Recht** zuzuordnen (vgl. etwa BSGE 3, 83 (85), insoweit ohne Abdr. in NJW 1957, 808). Als öffentlich-rechtliche Geldleistung gehören die Gerichtskosten zu den sog. **Abgaben** und dort zu den sog. **Gebühren** (im abgaben-, nicht kostenrechtlichen Sinne), die (anders als die von einer Gegenleistung unabhängigen, der Deckung des allgemeinen Finanzbedarfs dienenden Steuern) als **Gegenleistung** für die individuell zurechenbare Leistung der Justizorgane (und nicht wie Beiträge als Aufwendungsersatz für die bloße Inanspruchnahmemöglichkeit von öffentliche Einrichtungen oder Leistungen) erhoben werden (vgl. allg. die Begriffsdefinition etwa bei BVerfGE 149, 222 = NJW 2018, 3223 Rn. 55, oder in § 4 II KAG NRW; § 4 II KAGBbg). 20

Die Vorschriften des GKG (wie die anderer Justiz-Kostengesetze) begründen ein (öffentlich-rechtliches) Rechtsverhältnis zwischen dem Staat bzw. seiner Justizkasse und dem Kostenschuldner. Wie allg. im Abgabenrecht sind bei diesem Rechtsverhältnis (Kostenrechts- oder Kostenpflichtverhaltnis iwS) das Kostenrechts oder Kostenpflichtverhältnis ieS und das sog. Kostenschuldverhältnis zu unterscheiden (vgl. etwa zum Steuerrecht BFHE 92, 43). Das (allg.) **Kostenrechts- oder Kostenpflichtverhältnis ieS** ergibt sich aus im Gesetz begründeten nichtvermögensrechtlichen Rechten und Pflichten (zB Wertangabe nach § 61). Die vermögensrechtlichen Rechte und Pflichten sind dagegen Inhalt des **Kostenschuldverhältnisses,** das das Bestehen einer Kostenschuld voraussetzt. Gesetzliche Regelungen des Kostenschuldverhältnisses sind zB die Vorschriften zur Verjährung und Verzinsung (§ 5) oder zur Fälligkeit (§§ 6 ff.) der Kostenschuld, aber auch zur Möglichkeit des Abhängigmachens der gerichtlichen Tätigkeit von der Kostenzahlung (§§ 10 ff.). 21

3. Verfassungsrechtliche Grenzen. Dass der Staat Gebühren für die Inanspruchnahme von Gerichten erheben darf, ist selbstverständlich (BVerfGE 10, 264 (268) = NJW 1960, 331; BVerfGE 85, 337 (346) = NJW 1992, 1673). Bei der Regelung der Gebührenerhebung hat der Gesetzgeber auch grds. einen weiten Gestaltungsraum (BVerfGE 50, 217 (226) = NJW 1979, 1345; BVerfGE 80, 103 (107) = NJW 1989, 1985, und allg. BVerfGE 91, 207 (223) = NVwZ 1995, 368 (369)). Die gesetzliche Ausgestaltung muss aber sowohl den allg. verfassungsrechtlichen Grundsätzen für Gebührenregelungen (→ Rn. 23 ff.) genügen als auch der Bedeutung des Justizgewährungsanspruchs (→ Rn. 27 f.) Rechnung tragen (BVerfGE 85, 337 (346) = NJW 1992, 1673). Soweit die Regeln des GKG zur Streitwertbemessung auch für die Anwaltsvergütung maßgeblich sind (§ 23 I RVG), ist darüber hinaus die Berufsausübungsfreiheit (Art. 12 I GG) der Rechtsanwälte zu beachten (→ Rn. 29). 22

a) Allgemeine Grenzen. Zu den vom Gesetzgeber bei der Ausgestaltung des Gerichtskostenrechts zu wahrenden allg. Grundsätzen gehören insbes. das **Gleichheitsgebot** (Art. 3 I GG), das **Sozialstaatsprinzip** (Art. 20 I GG) und das im Rechtsstaatsprinzip (Art. 20 III GG) verankerte **Bestimmtheitsgebot** (vgl. etwa BVerfGE 80, 103 (106 f.) = NJW 1989, 1985). 23

Für die Erhebung von Gebühren (im abgabenrechtlichen Sinne) im Besonderen folgt aufgrund ihrer Zweckbestimmung (→ Rn. 20) aus dem Gleichheitsgebot das (durch das Sozialstaatsprinzip modifizierte) **Äquivalenz- oder Kostendeckungsprinzip.** Danach müssen zwar die Gebühren nicht den tatsächlichen Kosten der in Anspruch genommenen staatlichen Leistung entsprechen und werden durch diese auch weder nach oben noch nach unten begrenzt (BVerfGE 50, 217 (226) = NJW 1979, 1345; BVerfGE 97, 332 (345) = NJW 1998, 2128 (2130)). Gebühren für 24 staatliche Leistungen dürfen aber nicht völlig unabhängig von den Kosten der gebührenpflichtigen Staatsleistung festgesetzt werden und die Verknüpfung zwischen Kosten und Gebühren muss sachgerecht sein (BVerfGE 50, 217 (227) = NJW 1979, 1345 (1345 f.); BVerfGE 85, 337 (346) = NJW 1992, 1673). Die Höhe von Gerichtsgebühren pauschalierend überwiegend an den Streitwert zu knüpfen, ist danach verfassungsrechtlich unbedenklich (BVerfGE 11, 139 (143); 85, 337 (346) = NJW 1992, 1673; außerdem BVerfG NJWE-FER 1997, 162 (163); WM 2007, 712 (715; insoweit ohne Abdr. in NVwZ 2007, 197); NJW 2007, 2032 Rn. 8). Neben der Kostendeckung darf der Gesetzgeber allerdings im Grundsatz mit den Gebühren auch noch andere Zwecke verfolgen (zB der leichtfertigen Erhebung von Rechtsbehelfen entgegenzuwirken, vgl. BVerfGE 50, 217 (230 f.) = NJW 1979, 1345 (1346)).

25 Zu beachten bleibt aber stets der **Verhältnismäßigkeitsgrundsatz (ieS),** nach dem die dem Einzelnen auferlegte (konkrete) Gebühr nicht außer Verhältnis zu den mit der Gebührenregelung verfolgten Zwecken stehen darf (BVerfGE 50, 217 (227) = NJW 1979, 1345; BVerfGE 80, 103 (107) = NJW 1989, 1985; BVerfGE 85, 337 (346) = NJW 1992, 1673).

26 Das der Vorhersehbarkeit der Regelungsfolgen für den Normadressaten dienende **Bestimmtheitsgebot** schließt allg. nicht die Verwendung unbestimmter Rechtsbegriffe (wie etwa in § 48 II) aus (die – umgekehrt – zur Ermöglichung von Einzelfallgerechtigkeit sogar erforderlich sein können) und verlangt nicht, die für die Gebührenhöhe maßgeblichen Streitwerte im Einzelnen gesetzlich vorzuschreiben (BVerfGE 80, 103 (108) = NJW 1989, 1985).

27 **b) Justizgewährungsanspruch.** Gerichtskosten im Besonderen berühren darüber hinaus den aus dem Rechtsstaatsprinzip folgenden Justizgewährungsanspruch, der das Recht auf Zugang zu den Gerichten und eine grds. umfassende tatsächliche und rechtliche Prüfung des Streitgegenstandes sowie eine verbindliche Entscheidung durch den Richter umfasst (vgl. allg. BVerfGE 54, 277 (291) = NJW 1981, 39 (41)). Dieser schließt allerdings eine gesetzliche Ausgestaltung von Voraussetzungen und Bedingungen des Zugangs und damit insbes. die Erhebung von Gerichtskosten an sich nicht aus (BVerfGE 85, 337 (345 f.) = NJW 1992, 1673).

28 Den Zugang ausgestaltende Vorschriften dürfen diesen aber weder tatsächlich unmöglich machen noch in unzumutbarer, aus Sachgründen nicht mehr zu rechtfertigender Weise erschweren; Gerichtskosten dürfen sich nicht tatsächlich so auswirken, dass der Rechtsschutz von der wirtschaftlichen Leistungsfähigkeit abhängt (BVerfGE 50, 217 (231) = NJW 1979, 1345 (1346); BVerfGE 85, 337 (347) = NJW 1992, 1673). Daher dürfen Gerichtskosten insbes. **nicht außer Verhältnis zu dem wirtschaftlichen Wert** stehen, den das Verfahren **für den Kostenschuldner** hat (BVerfGE 85, 337 (347) = NJW 1992, 1673). Da allerdings das fiskalische Interesse an angemessenen Gebühren zu berücksichtigen bleibt, verpflichtet dies den Staat bei geringfügigem wirtschaftlichem Interesse des Einzelnen nicht zur praktisch kostenlosen Zurverfügungstellung der Gerichte; unzumutbar erschwert wird der Zugang zu den Gerichten aber dann, wenn es nicht nur um geringfügige Gebührenbeträge geht und (!) schon das Gebührenrisiko für eine Instanz das wirtschaftliche Interesse eines Beteiligten an dem Verfahren erreicht oder gar übersteigt (BVerfGE 85, 337 (348) = NJW 1992, 1673 (1674)).

29 **c) Berufsausübungsfreiheit.** Regelungen des GKG zur Bemessung des Streitwerts bzw. deren Auslegung haben, wenn sie (insbes. nach § 23 I RVG) auch für die Berechnung der Anwaltsvergütung maßgeblich sind, für Rechtsanwälte objektiv eine berufsregelnde Tendenz (BVerfGK 6, 130 = NJW 2005, 2980) und müssen sich daher darüber hinaus am Maßstab der Berufsausübungsfreiheit der Rechtsanwälte messen lassen (vgl. allg. BVerfGE 80, 103 (108) = NJW 1989, 1985 (1986); BVerfGE 83, 1 (13 ff.) = NJW 1991, 555). So können insbes. fiskalische Belange zur Rechtfertigung einer Reduzierung des Streitwerts nicht (nochmals) herangezogen werden, wenn ihnen bereits umfassend durch die Reduzierung der Vergütungssätze der im Wege der PKH beigeordneten Rechtsanwälte (§ 49 RVG) Rechnung getragen ist (BVerfGK 6, 130 = NJW 2005, 2980).

30 **4. Anwendung der Vorschriften des GKG.** Die Erhebung von Gerichtskosten berührt den Schutzbereich des Grundrechts des Kostenschuldners aus Art. 2 I GG,

das ihn auch davor schützt, mit einem finanziellen Nachteil belastet zu werden, der nicht in der verfassungsmäßigen Ordnung begründet ist (BVerfG NZS 2011, 18 Rn. 10). Dies erfordert, dass Kostentatbestand und -höhe in einer den verfassungsrechtlichen Anforderungen genügenden Weise vom Gesetzgeber durch entspr. (Eingriffs-)**Normen** geregelt sind. Gerichtskosten können daher nur im Rahmen der im Kostenverzeichnis geregelten Tatbestände erhoben werden. Fehlt es an einem Kostentatbestand, können im Grundsatz auch keine Kosten erhoben werden (vgl. etwa → § 69a Rn. 11).

Zur verfassungsmäßigen Ordnung gehören allerdings nicht nur die vom Normgeber gesetzten verfassungsmäßigen Vorschriften, sondern auch deren Auslegung und die im Wege zulässiger Rechtsfortbildung gewonnenen Entscheidungen. Daher ist verfassungsrechtlich weder eine **Auslegung** der Kostenvorschriften noch die Schließung ggf. vorhandener gesetzlicher Lücken im Wege der **richterlichen Rechtsfortbildung** von vornherein ausgeschlossen; diese werden indessen durch Art. 20 II, III GG begrenzt und müssen daher den allg. anerkannten Methoden der Gesetzesauslegung und -fortbildung entsprechen (BVerfG NZS 2011, 18 Rn. 10). Bei der Auslegung sind überdies die auch für den Kostengesetzgeber geltenden verfassungsrechtlichen Grenzen (→ Rn. 22 ff.) zu beachten. **31**

Abschnitt 1. Allgemeine Vorschriften

Geltungsbereich

1 **I [1] Für Verfahren vor den ordentlichen Gerichten**

1. nach der Zivilprozessordnung, einschließlich des Mahnverfahrens nach § 113 Absatz 2 des Gesetzes über das Verfahren in Familiensachen und in den Angelegenheiten der freiwilligen Gerichtsbarkeit und der Verfahren nach dem Gesetz über das Verfahren in Familiensachen und in den Angelegenheiten der freiwilligen Gerichtsbarkeit, soweit das Vollstreckungs- oder Arrestgericht zuständig ist;
2. nach der Insolvenzordnung und dem Einführungsgesetz zur Insolvenzordnung;
3. nach der Schifffahrtsrechtlichen Verteilungsordnung;
3a. nach dem Unternehmensstabilisierungs- und -restrukturierungsgesetz;
4. nach dem Gesetz über die Zwangsversteigerung und die Zwangsverwaltung;
5. nach der Strafprozessordnung;
6. nach dem Jugendgerichtsgesetz;
7. nach dem Gesetz über Ordnungswidrigkeiten;
8. nach dem Strafvollzugsgesetz, auch in Verbindung mit § 92 des Jugendgerichtsgesetzes;
9. nach dem Gesetz gegen Wettbewerbsbeschränkungen;
9a. nach dem Agrarorganisationen-und-Lieferketten-Gesetz;
10. nach dem Wertpapiererwerbs- und Übernahmegesetz, soweit dort nichts anderes bestimmt ist;
11. nach dem Wertpapierhandelsgesetz;
12. nach dem Anerkennungs- und Vollstreckungsausführungsgesetz;
13. nach dem Auslandsunterhaltsgesetz, soweit das Vollstreckungsgericht zuständig ist;
14. für Rechtsmittelverfahren vor dem Bundesgerichtshof nach dem Patentgesetz, dem Gebrauchsmustergesetz, dem Markengesetz, dem Designgesetz, dem Halbleiterschutzgesetz und dem Sortenschutzgesetz (Rechtsmittelverfahren des gewerblichen Rechtsschutzes);
15. nach dem Energiewirtschaftsgesetz;
16. nach dem Kapitalanleger-Musterverfahrensgesetz;
17. nach dem EU-Verbraucherschutzdurchführungsgesetz;
[geplante Fassung durch das VRUG:
17a. nach dem Verbraucherrechtedurchsetzungsgesetz;]
18. nach Abschnitt 2 Unterabschnitt 2 des Neunten Teils des Gesetzes über die internationale Rechtshilfe in Strafsachen;
19. nach dem Kohlendioxid-Speicherungsgesetz;
20. nach Abschnitt 3 des Internationalen Erbrechtsverfahrensgesetzes vom 29. Juni 2015 (BGBl. I S. 1042);
21. nach dem Zahlungskontengesetz und
22. nach dem Wettbewerbsregistergesetz

werden Kosten (Gebühren und Auslagen) nur nach diesem Gesetz erhoben. [2] Satz 1 Nummer 1, 6 und 12 gilt nicht in Verfahren, in denen Kosten nach dem Gesetz über Gerichtskosten in Familiensachen zu erheben sind.

II Dieses Gesetz ist ferner anzuwenden für Verfahren

1. vor den Gerichten der Verwaltungsgerichtsbarkeit nach der Verwaltungsgerichtsordnung;
2. vor den Gerichten der Finanzgerichtsbarkeit nach der Finanzgerichtsordnung;

3. vor den Gerichten der Sozialgerichtsbarkeit nach dem Sozialgerichtsgesetz, soweit nach diesem Gesetz das Gerichtskostengesetz anzuwenden ist;
4. vor den Gerichten für Arbeitssachen nach dem Arbeitsgerichtsgesetz und
5. vor den Staatsanwaltschaften nach der Strafprozessordnung, dem Jugendgerichtsgesetz und dem Gesetz über Ordnungswidrigkeiten.

III Dieses Gesetz gilt auch für Verfahren nach
1. der Verordnung (EG) Nr. 861/2007 des Europäischen Parlaments und des Rates vom 11. Juli 2007 zur Einführung eines europäischen Verfahrens für geringfügige Forderungen,
2. der Verordnung (EG) Nr. 1896/2006 des Europäischen Parlaments und des Rates vom 12. Dezember 2006 zur Einführung eines Europäischen Mahnverfahrens,
3. der Verordnung (EU) Nr. 1215/2012 des Europäischen Parlaments und des Rates vom 12. Dezember 2012 über die gerichtliche Zuständigkeit und die Anerkennung und Vollstreckung von Entscheidungen in Zivil- und Handelssachen,
4. der Verordnung (EU) Nr. 655/2014 des Europäischen Parlaments und des Rates vom 15. Mai 2014 zur Einführung eines Verfahrens für einen Europäischen Beschluss zur vorläufigen Kontenpfändung im Hinblick auf die Erleichterung der grenzüberschreitenden Eintreibung von Forderungen in Zivil- und Handelssachen, wenn nicht das Familiengericht zuständig ist und
5. der Verordnung (EU) 2015/848 des Europäischen Parlaments und des Rates vom 20. Mai 2015 über Insolvenzverfahren.

IV Kosten nach diesem Gesetz werden auch erhoben für Verfahren über eine Beschwerde, die mit einem der in den Absätzen 1 bis 3 genannten Verfahren im Zusammenhang steht.

V Die Vorschriften dieses Gesetzes über die Erinnerung und die Beschwerde gehen den Regelungen der für das zugrunde liegende Verfahren geltenden Verfahrensvorschriften vor.

Übersicht

1 **A. Normzweck, Übersicht.** § 1 enthält, gleichsam als Einführung in die Materie, zunächst – in I 1 aE – eine Klammerdefinition des Begriffs „Kosten" (→ Rn. 2 ff.). Sein eigentliches Regelungsziel ist indessen – in I–IV – die (unübersichtliche) Beschreibung des Anwendungsbereichs des GKG (→ Rn. 6 ff.). Schließlich enthält § 1 noch – in V – eine (klarstellende) Regelung des für Erinnerungs- und Beschwerdeverfahren nach dem GKG geltenden Verfahrensrechts (→ Rn. 46).

2 **B. Kostenbegriff (I 1 aE).** Der Begriff der „Kosten" umfasst nach der Definition in I 1 aE (wie nach § 1 I 1 FamGKG, § 1 I GNotKG, § 1 I JVKostG, § 1 I GvKostG, § 1 II Nr. 2 PatKostG und zahlreichen Verwaltungsvorschriften, vgl. nur § 80 I 1 GWB oder § 19 I 1 VwVG) Gebühren und Auslagen.

3 **I. Gebühren.** Gebühren sind Kosten, die als Gegenleistung für eine bestimmte gerichtliche Tätigkeit erhoben werden (vgl. zum abgabenrechtlichen Gebührenbegriff auch → Vor § 1 Rn. 20). Gebührentatbestände und -höhe sind in den Teilen 1–8 des KV geregelt. Das GKG ist im Laufe der Zeit (vgl. → Vor § 1 Rn. 15 f.) weitgehend auf ein System sog. **Pauschgebühren** (oder Pauschalgebühren) übergegangen, bei denen nicht einzelne Verfahrenshandlungen, sondern das gesamte Verfahren einer Instanz (mit einer – sich ggf. ermäßigenden – Verfahrensgebühr) unabhängig vom konkreten Tätigkeitsanfall pauschal abgerechnet wird.

4 Nach der Ermittlung der Gebührenhöhe können im GKG die **Wertgebühr** (die vom Streitwert abhängig ist, nach § 3 I gesetzlicher Regelfall) und die **Festgebühr** (in Höhe eines festen Betrages, zB KV 1255; gelegentlich – aber irreführend – ebenfalls als „Pauschgebühr" bezeichnet) unterschieden werden (das RVG kennt außerdem noch die Rahmengebühr und die Satzrahmengebühr).

5 **II. Auslagen.** Auslagen sind Aufwendungen des Kostengläubigers, die durch ein kostenpflichtiges Verfahren entstanden sind. Welche Auslagen der Kostenschuldner zu erstatten hat, ist in Teil 9 des KV geregelt. Aus diesen Regelungen ergibt sich auch, dass die Auslagen teilweise in der konkret angefallenen Höhe (so etwa nach KV 9001, 9004, 9005), teilweise aber zur Vereinfachung der Abrechnung auch lediglich in Höhe einer Pauschale (so etwa nach KV 9000, 9002, 9003) zu erstatten sind.

6 **C. Anwendungsbereich des GKG (I–IV).** Konnte § 1 GKG 1878 die Geltung des GKG für alle rechtsprechende Tätigkeit der Gerichte, die nicht der freiwilligen Gerichtsbarkeit zuzurechnen war, noch abstrakt beschreiben als die „vor die ordentlichen Gerichte gehörigen Rechtssachen, auf welche die Civilprozeßordnung, die Strafprozeßordnung oder die Konkursordnung Anwendung findet", sah sich der spätere Gesetzgeber veranlasst, die historisch vorgegebene (Positiv-)Formulierung nicht nur um die später in den Anwendungsbereich aufgenommenen weiteren Gerichtsbarkeiten (→ Vor § 1 Rn. 7 ff.) zu erweitern, sondern auch durch sukzessive Aufnahme weiterer neugeschaffener Verfahrensregelungen (den Anfang machte 1927 die VglO, vgl. § 99 VglO v. 5.7.1927, RGBl. I 139 (151)) fortzuschreiben (statt den Anwendungsbereich des GKG anders, etwa durch Negativabgrenzung oder schlicht – wie tlw. in I 2 auch geschehen – durch ein Spezialitätsverhältnis, zu definieren). Dies führte zu einer höchst unübersichtlichen, teilweise unklaren und auch fehleranfälligen (vgl. → Rn. 20, 23) Fassung der Vorschrift.

7 **I. Ordentliche Gerichtsbarkeit (I, III).** Nach I, III gilt das GKG zunächst für die näher bezeichneten Verfahren vor den sog. ordentlichen Gerichten.

8 **1. Betroffene Gerichte. a) Ordentliche Gerichte.** Die ordentliche Gerichtsbarkeit wird nach § 12 GVG ausgeübt durch **AG, LG, OLG** und **BGH.** Abschließend ist diese Regelung indessen nicht, da durch Bundesrecht zur Ausübung der ordentlichen Gerichtsbarkeit weitere besondere Gerichte eingerichtet werden können. Solche weiteren (besonderen) ordentlichen Gerichte sind das nach §§ 8, 9 EGGVG iVm Gesetz zur Errichtung des BayObLG vom 12.7.2018 (BayGVBl. 545) zum 15.9.2018 (wieder-)errichtete **BayObLG** (vgl. Kissel/Mayer GVG § 12 Rn. 10; BeckOK GVG/Gerhold GVG § 12 Rn. 7) und das nach Art. 96 I GG errichtete **BPatG** (vgl. BGHZ 128, 280 (293 f.) = NJW 1995, 1901 (1905); für Verfahren vor dem BPatG gilt allerdings das GKG gleichwohl nicht, → Rn. 26).

9 **b) Spezialspruchkörper.** In die in § 12 GVG genannten Gerichte eingegliederte, aufgrund besonderer gesetzlicher Vorschriften errichteter Spezialspruchkörper sind

ebenfalls Teil der ordentlichen Gerichtsbarkeit (vgl. allg. Kissel/Mayer GVG § 12 Rn. 10; BeckOK GVG/Gerhold GVG § 12 Rn. 8; MüKoZPO/Zimmermann GVG § 14 Rn. 3).

Hierzu gehören die nach §§ 23b, 28 GVG bei den AG gebildeten **Familiengerichte** (allerdings werden in Familiensachen Kosten nicht nach dem GKG, sondern dem FamGKG erhoben, → Rn. 22) und **Schöffengerichte,** die Tätigkeit der AG als **Landwirtschaftsgerichte** nach § 2 I LwVG (allerdings werden nur in streitigen Landwirtschaftssachen Kosten nach dem GKG erhoben, → Rn. 15, 23), die **Jugendgerichte** nach §§ 33 ff. JGG, die nach §§ 91, 94 GWB bei den OLG und dem BGH gebildeten **Kartellsenate,** die nach § 220 I BauGB bei den LG eingerichteten **Kammern für Baulandsachen** und nach § 229 I BauGB bei den OLG eingerichteten **Senate für Baulandsachen** sowie die LG, OLG und der BGH als **Entschädigungsgerichte** nach § 208 I BEG (für das Verfahren besteht allerdings nach § 225 I BEG sachliche Kostenfreiheit, → § 2 Rn. 39). 10

Auch hierzu gehören die **Schifffahrtsgerichte,** und zwar sowohl die AG und OLG als Schifffahrts- bzw. Schifffahrtsobergericht nach § 4 I BinSchVerfG als auch die nach § 14 GVG als besondere Gerichte zugelassenen und durch die §§ 14 ff. BinSchVerfG iVm der Rev. Rheinschifffahrtsakte (Neubek. BGBl. 1969 II 597) bzw. §§ 18a ff. BinSchVerfG iVm dem Moselvertrag (BGBl. 1956 II 1838) bei den AG bzw. OLG eingerichteten Rhein- bzw. Moselschifffahrts(ober)gerichte (vgl. BGHZ 45, 237 (240) mwN = NJW 1966, 1511 (1512); für Verfahren vor den Rhein- und Moselschifffahrtsgerichten besteht allerdings sachliche Kostenfreiheit, → § 2 Rn. 40). 11

c) Dienst- und Berufsgerichte. Ebenfalls nur in die in § 12 GVG genannten Gerichte eingegliederte Spezialspruchkörper sind die durch zahlreiche Berufsordnungen für berufsrechtliche Angelegenheiten eingerichteten Dienst- und Berufsgerichte (vgl. Kissel/Mayer GVG § 14 Rn. 16 und zum Dienstgericht des Bundes § 61 IV DRiG sowie BGH – Dienstgericht des Bundes NJW-RR 2006, 1003 Rn. 6). 12

Hierzu gehören die für Richter eingerichteten (Richter-)Dienstgerichte (für Richter im Bundesdienst ein besonderer Senat des BGH als Dienstgericht des Bundes, § 61 I DRiG, und für Richter im Landesdienst die nach § 77 I DRiG in den Ländern bei den LG und OLG zu bildenden Dienstgerichte und Dienstgerichtshöfe, vgl. etwa § 62 BWLRiStAG, Art. 52 BayRiStAG, § 66 LRiStaG NRW; zur Disziplinargerichtsbarkeit der Beamten → Rn. 33 f.) und die nach §§ 92, 100, 106 BRAO errichteten Anwaltsgerichte, Anwaltsgerichtshöfe bei den OLG sowie der Senat für Anwaltssachen beim BGH, Senate für Notarsachen bei den OLG und dem BGH als Disziplinargerichte nach § 99 BNotO, sowie die nach §§ 85, 86, 90 PAO, §§ 72 ff. WPO und §§ 95 ff. StBerG errichteten Kammern bzw. Senate für Patentanwalts-, Wirtschaftsprüfer- und Steuerberatersachen bei den LG, OLG bzw. dem BGH. 13

Für die Verfahren vor diesen Dienst- und Berufsgerichten gilt indessen das GKG nicht (→ Rn. 28 f.). 14

2. Betroffene Verfahren. a) Nach der ZPO (I 1 Nr. 1, III). Das GKG gilt nicht für alle Verfahren vor den ordentlichen Gerichten, sondern nur für die in den in I 1, III abschließend aufgelisteten Verfahren. Betroffen sind danach vor allem Verfahren nach der ZPO (I 1 Nr. 1), also alle Verfahren in bürgerlichen Rechtsstreitigkeiten, für die es keine besondere, vorrangigen Verfahrensordnung gibt (und damit auch etwa Schifffahrtssachen, vgl. § 2 I BinSchGerG). IÜ genügt, dass in anderen Vorschriften über Sonderregelungen hinaus vollständig (und nicht nur für Einzelfragen wie zB PKH, OLG München MDR 1987, 856) auf die ZPO verwiesen wird. Dies ist etwa in § 221 I BauGB für Baulandsachen (mit einer Sonderregelung in § 221 IV BauGB für die Gerichtskosten), in § 48 I LwVG für streitige Landwirtschaftssachen und in § 209 I BEG in Verfahren vor den Entschädigungsgerichten (dort besteht aber sachliche Kostenfreiheit, → § 2 Rn. 39) der Fall; zu Verweisungen im FamFG auf die ZPO aber → Rn. 24 f. 15

Das GKG gilt dann zum einen für das **Erkenntnisverfahren** (hierzu KV Teil 1), und zwar auch dann, wenn das ordentliche Gericht als Mahngericht für eine Forderung tätig wird, für die das streitige Verfahren nach anderen Verfahrensvorschriften zu führen ist (zB nach § 182a SGG für der Sozialgerichtsbarkeit zugewiesene Ansprüche, → SGG Vor § 183 Rn. 1, und auch in dem in I 1 Nr. 1 ausdrücklich 16 erwähnten Mahnverfahren in Familiensachen, § 113 II FamFG). Zum anderen ist auch das **Zwangsvollstreckungsverfahren** (hierzu KV Teil 2) erfasst, wobei es wiederum unerheblich ist, ob diesem ein nach der ZPO geführtes Erkenntnisverfahren zugrunde liegt (also auch dann, wenn das AG als Vollstreckungsgericht wegen eines nach dem ArbGG, → ArbGG § 12a Rn. 6, dem SGG, → SGG Vor § 183 Rn. 1, oder dem FamFG, vgl. die ausdrückliche Erwähnung in I 1 Nr. 1, ergangenen Titels tätig wird).

17 In den Anwendungsbereich des GKG sind auch die in III 1–4 aufgezählten **unionsrechtlichen Verfahren** – Verfahren wegen geringfügiger Forderungen nach der EG-BagatellVO (iVm §§ 1097 ff. ZPO, vgl. § 12 II Nr. 2, IV 2, KV 1211 Nr. 1 Buchst. 3), Mahnverfahren nach der EG-MahnverfahrensVO (iVm §§ 1087 ff. ZPO, vgl. §§ 12 IV 1, 22 I 3, KV 1110, 1210 Anm. I 2, Vorb. 8, 8100, 8210 Anm. I 2), Anerkennungs- und Vollstreckungsverfahren nach der Brüssel Ia-VO (iVm §§ 1110 ff. ZPO; vgl. KV 1510 ff.) und Verfahren zur grenzüberschreitenden vorläufigen Kontenpfändung nach der EuKtPVO (iVm §§ 946 ff. ZPO; vgl. KV 1410 ff.) – eingeschlossen.

18 **b) Nach weiteren Verfahrensvorschriften (I 1 Nr. 2–22).** Anzuwenden ist das GKG ferner in Verfahren nach der **InsO** (einschl. EGInsO, I 1 Nr. 2, und – nach III Nr. 5 – der EuInsVO; vgl. KV 2310 ff.), der **SVertO** (I 1 Nr. 3; vgl. KV 2410 ff.), dem **ZVG** (I 1 Nr. 4, vgl. KV 2210 ff.) und dem **AVAG** (I 1 Nr. 12). Außerdem ist es anzuwenden in Verfahren nach der **StPO** (I 1 Nr. 5; KV Teil 3), dem **JGG** (I 1 Nr. 6), dem **OWiG** (I 1 Nr. 7; vgl. KV Teil 4), dem **StVollzG** (I 1 Nr. 8) und dem **IRG** (I 1 Nr. 18).

19 Schließlich nennt I 1 noch Verfahren nach dem **StaRUG** (I 1 Nr. 3a; vgl. KV 2510 ff.), dem **GWB** (I 1 Nr. 9; vgl. KV Vorb. 1.2.2. Nr. 1, KV 1230 ff., 1240 ff., 1630, 1631), dem **AgrarOLkG** (I 1 Nr. 9a, vgl. KV 1700), dem **WpÜG** (I 1 Nr. 10, zu der – inzwischen redaktionell fehlerhaften – Einschränkung → Rn. 23; vgl. KV Vorb. 1.2.2. Nr. 2, KV 1632), dem **WpHG** (I 1 Nr. 11; vgl. KV Vorb. 1.2.2. Nr. 3, KV 1632), dem **AUG** (I 1 Nr. 12, soweit das Vollstreckungsgericht zuständig ist); **Rechtsmittelverfahren des gewerblichen Rechtsschutzes** vor dem BGH (I 1 Nr. 14; zum Begriff → PatKostG Vor § 1 Rn. 2 und zu den Kosten → PatKostG Vor § 1 Rn. 5; zu den erstinstanzlichen Verfahren vor dem BPatG → Rn. 26), sowie Verfahren nach dem **EnWG** (I 1 Nr. 15; vgl. KV Vorb. 1.2.2. Nr. 4, KV 1230 ff., 1240 ff.), dem **KapMuG** (I 1 Nr. 16), dem **EU-VSchDG** (I 1 Nr. 17; vgl. KV Vorb. 1.2.2. Nr. 5, KV 1230 ff., 1240 ff.), dem **KSpG** (I 1 Nr. 19; vgl. KV Vorb. 1.2.2. Nr. 6, KV 1230 ff., 1240 ff.), dem **IntErbRVG** (I 1 Nr. 20), dem **ZKG** (I 1 Nr. 21), dem **WRegG** (I 1 Nr. 22) und künftig nach dem geplanten **VDuG** (I 1 Nr. 17a; vgl. KV 1660), → Vor § 1 Rn. 17a.

20 **c) Weitere Verfahren.** Unvollständig ist die Aufzählung insoweit, als das KV auch Gebühren für besondere Verfahren nach dem **AktG** und dem **UmwG** (KV 1640–1644, vgl. außerdem § 53 I Nr. 4) sowie für das Sanierungs- und Reorganisationsverfahren nach dem (inzwischen allerdings aufgehobenen, → § 23a Rn. 1) **KredReorgG** (KV 1650–1653, vgl. außerdem §§ 6 I 1 Nr. 2, 23a, 53a) vorsieht, diese Verfahren in § 1 aber keine Erwähnung finden. Zur teilw. entspr. Anwendung des GKG in berufsrechtlichen Verfahren → Rn. 29.

21 **3. Nicht erfasste Verfahren und Tätigkeiten. a) Verfahren nach FamFG.** Nicht in den Anwendungsbereich des GKG fallen alle Verfahren nach dem FamFG.

22 Dies betrifft zum einen Verfahren in **Familiensachen** iSd § 111 FamFG (zu den früher in der ZPO geregelten Familienstreitsachen iSd § 112 FamFG → Rn. 25). Für diese werden Kosten nach dem **FamGKG** erhoben (vgl. § 1 FamGKG).

23 Zum anderen betrifft dies (durch Bundesgesetz den Gerichten zugewiesene) Angelegenheiten der **freiwilligen Gerichtsbarkeit** (§ 1 FamFG). Wie bei der ZPO (→ Rn. 15) genügt auch hier, dass für ein Verfahren in anderen Vorschriften über Sonderregelungen hinaus vollständig auf das FamFG verwiesen wird. Dies ist etwa in § 9 LwVG für Landwirtschaftssachen der freiwilligen Gerichtsbarkeit und in § 39b I WpÜG für das Verfahren zum Ausschluss von Aktionären (§§ 39a, 39b WpÜG) der Fall (soweit I 1 Nr. 10 deshalb für Verfahren nach dem WpÜG einen Vorbehalt für abweichende Regelungen im WpÜG enthält, bezog sich dies auf § 39b VI I WpÜG

aF, nach dem für diese Verfahren die KostO galt; inzwischen ist diese Regelung durch die ausdrückliche Aufnahme der Verfahren in den Anwendungsbereich des GNotKG, § 1 II Nr. 6 GNotKG abgelöst worden, vgl. Begr. RegE 2. KostRMoG BT-Drs. 17/11471, 287, was für das GKG bislang übersehen worden ist). Kosten werden in Angelegenheiten der freiwilligen Gerichtsbarkeit nach dem **GNotKG** (vgl. § 1 GNotKG) erhoben.

b) Vorrang des FamGKG. Darüber hinaus ist das FamGKG nach I 2 als spezielleres Gesetz vorrangig gegenüber dem GKG für Familiensachen, die nicht nach dem FamFG, sondern nach der ZPO, dem JGG oder dem AVAG geführt werden, aber gleichwohl in den Anwendungsbereich des FamGKG aufgenommen sind. 24

Dies betrifft u. a. Familienstreitsachen iSd § 112 FamFG, das familienrechtliche Zwangsvollstreckungsverfahren und bestimmte Beschwerdeverfahren (zu diesen vgl. § 1 I 2 FamGKG), für die das FamFG auf die ZPO verweist (vgl. § 113 I 2 FamFG, § 95 I FamFG und etwa §§ 7 V 2, 6 II, 21 II, 33 III 5, 35 V, 42 III 2, 76 II, 87 II, 284 III 2, 355 I, 372 I, 480 II, 482 III FamFG). 25

c) Erstinstanzliche Verfahren des gewerblichen Rechtsschutzes. Verfahren nach dem PatG, dem GebrMG, dem MarkenG, dem DesignG, dem HalblSchG und dem SortSchG fallen nach **I 1 Nr. 14** nur in den Anwendungsbereich des GKG, soweit es um Rechtsmittelverfahren vor dem BGH geht. Für die erstinstanzlichen Verfahren vor dem **BPatG** gilt daher das GKG nicht. Kosten für diese Verfahren werden nach dem PatKostG, → PatKostG Vor § 1 Rn. 4, erhoben; nur für die Erhebung von Auslagen verweist § 1 I 2 PatKostG auf das GKG. 26

d) Dienst- und berufsrechtliche Verfahren. Nicht in den Anwendungsbereich des GKG fallen auch die besonderen ordentlichen Gerichten (→ Rn. 12 ff.) zugewiesenen dienst- und berufsrechtlichen Verfahren nach dem DRiG, der BNotO, der BRAO, der PAO, der WPO und dem StBerG, die nur ergänzend auf BDG, VwGO, StPO und GVG verweisen. 27

Für Verfahren vor dem **(Richter-)Dienstgericht des Bundes** verweist § 63 III 2 DRiG auf die kostenrechtlichen Bestimmungen der BDO (→ Rn. 34, → DRiG § 63 Rn. 1). Für die **(Richter-)Dienstgerichte der Länder** können nach § 83 S. 2 DRiG (nur) für Disziplinarsachen landesrechtliche Kostenregelungen geschaffen werden (→ DRiG § 63 Rn. 2). 28

Die **übrigen Berufsordnungen** enthalten jeweils eigenständige Kostenregelungen. Für verwaltungsrechtliche Berufssachen verweisen § 193 BRAO (→ BRAO § 194 Rn. 1 ff.), § 146 PAO, (→ PAO § 145 Rn. 1) und § 111f BNotO (→ BNotO § 111g Rn. 1), auf jeweils eigene Gebührenverzeichnisse und iÜ auf die für Kosten in Verfahren vor der Verwaltungsgerichtsbarkeit geltenden Vorschriften des GKG (verwaltungsrechtliche Berufssachen nach WPO und StBerG fallen in die Zuständigkeit der Verwaltungs- bzw. Finanzgerichtsbarkeit, so dass das GKG nach II Nr. 1, 2 Anwendung findet). Für disziplinarrechtliche Verfahren verweisen § 195 BRAO (→ BRAO § 199 Rn. 1), § 148 PAO (→ PAO § 145 Rn. 1), § 122 WPO (→ WPO § 124 Rn. 1 ff.) und § 146 StBerG (→ StBerG § 146 Rn. 1 f.), ebenfalls auf eigene Gebührenverzeichnisse und iÜ auf die für Kosten in Strafsachen geltenden Vorschriften des GKG (disziplinarrechtliche Verfahren der Notare richten sich nach dem BDG, so dass insoweit für die Kosten § 78 BDG, → BDG § 78 Rn. 1 ff., entspr. gilt). 29

e) Weitere gerichtliche Verfahren, Justizverwaltungsangelegenheiten. Das GKG gilt ferner nicht für Verfahren nach dem **StrRehaG** (Verfahren ist nach § 14 I StrRehaG kostenfrei) und nach dem (im Beitrittsgebiet fortgeltenden) **SchadErsVorZahlG** für die Gewährung einer staatlichen Vorauszahlung an Bürger, denen durch eine Straftat ein Schaden zugefügt wurde (das Verfahren ist nach § 12 VI SchadErsVorZahlG kostenfrei). 30

Da das GKG nur für (gerichtliche) Verfahren gilt, fallen außerdem alle Justizverwaltungsangelegenheiten, auch soweit sie den Gerichten als Justizbehörde zugewiesen sind (zB Erteilung von Register-, Grundbuchauszügen, Apostillen) nicht in den Anwendungsbereich des GKG. Kosten werden insoweit nach dem **JVKostG** (→ JVKostG § 1 Rn. 1 ff.) und den **Justizkostengesetzen der Länder** erhoben. 31

II. Weitere Gerichtsbarkeiten, Staatsanwaltschaft (II). Der zunächst nur die ordentliche Gerichtsbarkeit erfassende Anwendungsbereich des GKG ist im Laufe der 32

Zeit auf die weiteren in Art. 95 I GG genannten Gerichtsbarkeiten sowie die Staatsanwaltschaft ausgedehnt worden (→ Vor § 1 Rn. 7 ff.).

33 **1. Verwaltungsgerichtsbarkeit (II Nr. 1).** Gerichte der in II Nr. 1 genannten Verwaltungsgerichtsbarkeit sind zunächst nach § 2 VwGO **VG, OVG** (bzw. in Baden-Württemberg, Bayern und Hessen **VGH**) und **BVerwG.** Hinzukommen als besondere Verwaltungsgerichte die Disziplinar- und Wehrdienstgerichte (vgl. BVerwGE 13, 150 (152); OVG Nordrhein-Westfalen NJW 1967, 2076). Für die Disziplinargerichtsbarkeit über Beamte (zu Richtern → Rn. 13) gibt es die von Art. 96 IV GG ermöglichten Bundesgerichte nicht (mehr); sie ist heute der Verwaltungsgerichtsbarkeit übertragen, wobei gem. § 45 I BDG bei VG und OVG besondere **Kammern bzw. Senate für Disziplinarsachen** einzurichten sind. Für die Wehrdienstdisziplinar- und -beschwerdesachen sind auf der Grundlage von Art. 96 IV GG durch §§ 69 ff. WDO (erstinstanzliche) **Truppendienstgerichte** als Bundesgerichte errichtet; für Rechtsbehelfe sind die nach § 80 WDO bei dem BVerwG gebildeten **Wehrdienstsenate** zuständig. Ebenfalls ein besonderes Gericht der Verwaltungsgerichtsbarkeit ist das nach § 138 I FlurbG in jedem Bundesland (als Senat des OVG/VGH) einzurichtende **Flurbereinigungsgericht.**

34 In den Anwendungsbereich des GKG fallen allerdings nur die nach der **VwGO** geführten Verfahren (vgl. hierzu Teil 5 des KV). Nach der VwGO (mit Besonderheiten) geführt werden dabei – ohne dass dies ausdrücklich ausgesprochen wird – auch Verfahren nach dem AsylG und dem FlurbG, doch ist jeweils das GKG nicht anzuwenden, weil im Verfahren nach dem AsylG sachliche Kostenfreiheit besteht, → § 2 Rn. 39, und das FlurbG in § 147 I FlurbG eine eigenständige (vorrangige) Kostenregelung enthält. In den nach BDG, WDO und WBO geführten Verfahren vor den Gerichten der Disziplinar- und Wehrdienstgerichtsbarkeit werden hingegen keine Kosten nach dem GKG erhoben. Für Verfahren nach dem **BDG** enthält § 78 BDG eine eigenständige Kostenregelung (mit GV, → BDG § 78 Rn. 1 ff.). Verfahren nach **WDO** und **WBO** sind gebührenfrei (§ 137 I WDO, → WDO § 137 Rn. 1, § 20 IV WBO, → WDO § 137 Rn. 2); Auslagen werden gem. § 137 II WDO, § 20 IV WBO erhoben, u. a. soweit sie nach dem GKG zu erheben wären.

35 **2. Finanzgerichtsbarkeit (II Nr. 2).** Gerichte der Finanzgerichtsbarkeit sind nach § 2 FGO FG und BFH. In den Verfahren nach der FGO (und damit wohl in sämtlichen Verfahren) sind die Kosten nach dem GKG zu erheben (vgl. Teil 6 des KV).

36 **3. Sozialgerichtsbarkeit (II Nr. 3).** In Verfahren vor den Gerichten der Sozialgerichtsbarkeit (§ 2 SGG: SG, LSG, BSG) nach dem SGG sind gem. II Nr. 3 nur dann Kosten nach dem GKG zu erheben, soweit nach „diesem" Gesetz das GKG anzuwenden ist. Mit „diesem" Gesetz ist nicht das (vorliegende) GKG, sondern das (im Gesetzestext vorgenannte) SGG gemeint. Das SGG regelt in § 197a SGG, in welchen Verfahren (ausnahmsweise, im Einzelnen → SGG § 197a Rn. 1 ff.) Gebühren nach dem GKG erhoben werden (vgl. Teil 7 des KV). In allen anderen Verfahren werden Kosten ausschließlich nach den besonderen Vorschriften in den §§ 193–197b SGG erhoben (→ SGG Vor § 183 Rn. 5).

37 **4. Arbeitsgerichtbarkeit (II Nr. 4).** Schließlich gilt das GKG (vgl. Teil 8 des KV) noch für Verfahren vor den Gerichten der Arbeitsgerichtsbarkeit (§ 1 ArbGG: ArbG, LAG, BAG) nach dem ArbGG (im Einzelnen → ArbGG § 12a Rn. 3 ff.).

38 **5. Staatsanwaltschaft (II Nr. 5).** Über die Gerichtsbarkeit hinaus greift die in II Nr. 5 geregelte Erstreckung des GKG-Anwendungsbereichs auf die Staatsanwaltschaft (insbes. soweit diese nach § 19 II GKG für den Ansatz der Verfahrenskosten zuständig ist, → Vor § 1 Rn. 11) und damit auf eine **Behörde.**

39 **III. Beschwerdeverfahren (IV).** Die Regelungstechnik der I–III, die einzelnen Verfahrensvorschriften aufzulisten, bringt die Gefahr von Lücken oder Unklarheiten mit sich. Dies gilt insbes. dann, wenn im Zusammenhang mit einem der in den I–III genannten Verfahren ein Beschwerdeverfahren geführt wird, für das selbst andere Verfahrensvorschriften gelten. Für solche in die Verfahren nach den in I–III genannten Verfahrensvorschriften „eingebettete" Beschwerdeverfahren hat der Gesetzgeber des 2. JuMoG (→ Vor § 1 Rn. 16, zunächst als § 1 S. 2 aF) zur „Klarstellung"

geregelt, dass ebenfalls Kosten nach dem GKG erhoben werden (Begr. RegE BT-Drs. 16/3038, 50). Im Blick hatte der Gesetzgeber dabei beispielhaft die Beschwerdeverfahren bei Ablehnung der Rechtshilfe nach § 159 GVG, gegen Ordnungsmittel wegen Ungebühr nach § 181 GVG und gegen die Wertfestsetzung nach § 33 RVG, doch betrifft dies auch Beschwerdeverfahren nach dem GKG (wo dies allerdings wegen der dort geltenden sachlichen Gebührenfreiheit, → § 2 Rn. 38, nur für Auslagen von Bedeutung ist).

Der „Zusammenhang" ist dann auch für die zu erhebenden Kosten maßgeblich, dh etwa für ein Beschwerdeverfahren nach § 33 RVG fallen Kosten, wenn es ein Verfahren nach der ZPO betrifft, nach KV 1812, und wenn es ein Verfahren nach der VwGO betrifft, nach KV 5502 an (was allerdings im Ergebnis keinen Unterschied macht). **40**

IV. Andere Gerichtsbarkeiten, Behörden. Für Tätigkeiten anderer Gerichte und Behörden als der in I, II Aufgezählten gilt das GKG (unabhängig vom Verfahren) generell **nicht.** **41**

Nicht zu den ordentlichen Gerichten (Kissel/Mayer GVG § 12 Rn. 17; BeckOK GVG/Gerhold GVG § 12 Rn. 17) und auch nicht zu den in II Nr. 1–4 aufgezählten Gerichtsbarkeiten gehören vor allem das **BVerfG** sowie die **Landesverfassungsgerichte,** die selbständige Verfassungsorgane sind (vgl. Art. 93, 94 GG und Art. 99 GG iVm etwa mit Art. 68 BWVerf, Art. 60–69 BayVerf, Art. 75, 76 LVerf NRW). Die Kostenerhebung in Verfahren vor den Verfassungsgerichten richtet sich daher nicht nach dem GKG (vgl. BVerfGE 13, 289 (290)), sondern ausschließlich nach den deren Gerichtsverfassung und Verfahren regelnden gesetzlichen Grundlagen. Nach diesen sind die Verfahren im Grundsatz kostenfrei (vgl. § 34 I BVerfGG, → BVerfGG § 34 Rn. 1, und entspr. landesrechtliche Vorschriften, → LVerfG (Landesverfassungsgerichtsgesetze, in diesem Werk abgedruckt)). **42**

Zu keiner der in I, II Nr. 1–4 aufgezählten Gerichtsbarkeiten gehört auch der nach Art. 95 III GG und dem RsprEinhG errichtete – als besonderes bundesrechtliches Rechtsprechungsorgan über diesen stehende – **Gemeinsame Senat der obersten Gerichtshöfe** (Kissel/Mayer GVG § 12 Rn. 11; BeckOK GVG/Gerhold GVG § 12 Rn. 16). Für das Vorlegungsverfahren können daher keine Kosten nach dem GKG erhoben werden; es ist nach § 17 I RsprEinhG kostenfrei. **43**

Nicht von der Geltung des GKG erfasst werden außerdem aufgrund internationaler Übereinkommen errichtete **(supranationale) Gerichte,** auch wenn sie (wie etwa der ISGH in Hamburg) ihren Sitz im räumlichen Anwendungsbereich des GKG haben. Schließlich gilt das GKG nicht für **nichtstaatliche Gerichte** wie etwa Kirchengerichte oder die Vereins- bzw. Verbandsgerichtsbarkeit (zB Sportgerichte, Parteischiedsgerichte). **44**

Schließlich fallen **andere Behörden** als die in II Nr. 5 genannte Staatsanwaltschaft nicht in den Anwendungsbereich des GKG. Dies gilt auch für Behörden, die Verfahren nach den in I aufgeführten Vorschriften (zB OWiG oder GWB) führen, sowie für Gerichte, soweit sie nicht als Rechtsprechungsorgan, sondern als Justizverwaltungsbehörde handeln (→ Rn. 31). **45**

D. Kostenrechtliche Rechtsbehelfsverfahren (V). Für das Verfahren der Erinnerung und Beschwerde in Kostensachen enthielt das GKG zunächst nur punktuelle Regelungen von Einzelfragen. Mit dem KostRÄndG 1994 (→ Vor § 1 Rn. 15) kam es zu einer weitgehenden Vereinheitlichung der Verfahren (vgl. Begr. RegE BT-Drs. 12/6962, 52 f., 58 f.). Schließlich erfolgte durch das KostMoG (→ Vor § 1 Rn. 16) zur (weiteren) Vereinfachung eine „Abkoppelung" der kostenrechtlichen Rechtsbehelfsverfahren von den Verfahrensordnungen der Hauptsacheverfahren durch einheitliche Regelungen der Rechtsmittelzuständigkeit, der Eröffnung der Beschwerde auch gegen den Kostenansatz des Rechtsmittelgerichts und der Schaffung einer weiteren Beschwerde (vgl. Begr. RegE BT-Drs. 15/1971, 156 f.). Dies machte in der Folge eine Klarstellung des Verhältnisses zwischen den Verfahrensvorschriften des GKG und denen des Hauptsacheverfahrens durch die Einfügung von V (und dementspr. § 1 III RVG) durch das 2. KostMoG erforderlich (vgl. Begr. RegE BT-Drs. 17/11471, 154, 243). **46**

47 V bestimmt das Verhältnis der Verfahrensvorschriften dahingehend, dass die des GKG (§§ 66 ff.) denen des Hauptsacheverfahrens vorgehen. Hieraus folgt zweierlei:

48 Zum einen sind auch kostenrechtliche Rechtsbehelfsverfahren im Ausgangspunkt nicht etwa verfahrensrechtlich eigenständige Verfahren, sondern solche nach **der für das Hauptsacheverfahren geltenden Verfahrensordnung** (mit Besonderheiten). Eine Beschwerde nach § 66 II ist also, wenn sie in einem Hauptsacheverfahren nach der ZPO erhoben wird, eine Beschwerde iSd §§ 567 ff. ZPO, und wenn sie in einem Hauptsacheverfahren nach der VwGO erhoben wird, eine Beschwerde iSd §§ 146 ff. VwGO.

49 Zum anderen sind aber nicht etwa diese **Verfahrensvorschriften** (so aber noch BGH – Dienstgericht des Bundes, NJW-RR 2006, 1003 Rn. 2), sondern die **des GKG** die **spezielleren** und damit vorrangig, verdrängen also abweichende Regelungen des für das Hauptsacheverfahrens geltenden Rechts. So ist etwa nach § 66 VI 1 (ggf. iVm §§ 67 I 2, 68 I 5, 69 S. 2) auch dann durch den Einzelrichter zu entscheiden, wenn es – wie bei den obersten Bundesgerichten – nach der Verfahrensordnung des Hauptsacheverfahrens keinen institutionellen Einzelrichter gibt (→ § 66 Rn. 67; die früher abweichende Rspr. des BGH und des BFH war konkreter Anlass für die Schaffung von V).

E. ABC der Gerichte

50 **Amtsgericht (AG):** Ordentliches Gericht iSd I 1, → Rn. 8. (Nur) in den in I 1 Nr. 1–22 aufgeführten Verfahren werden Kosten nach dem GKG erhoben, → Rn. 15 ff.; iÜ → „Familiengericht", → „Landwirtschaftsgericht", → „Schifffahrtsgericht"; zu Angelegenheiten der freiwilligen Gerichtsbarkeit → Rn. 23.

Anwaltsgericht: (Besonderes) ordentliches Gericht iSd I 1 für berufsrechtliche Angelegenheiten der Rechtsanwälte, → Rn. 13; Kosten werden aber nicht nach dem GKG, sondern nach der BRAO erhoben, → Rn. 29.

Anwaltsgerichtshof (AGH): Bei den OLG eingerichtetes (besonderes) ordentliches Gericht iSd I 1 für berufsrechtliche Angelegenheiten der Rechtsanwälte, → Rn. 13; Kosten werden aber nicht nach dem GKG, sondern nach der BRAO erhoben, → Rn. 29.

Arbeitsgericht (ArbG): GKG anwendbar nach II Nr. 4, → Rn. 37.

Bayerisches Oberstes Landesgericht (BayObLG): Ordentliches Gericht iSd I 1, → Rn. 8. (Nur) in den in I 1 Nr. 1–22 aufgeführten Verfahren werden Kosten nach dem GKG erhoben, → Rn. 15 ff.

Bundesarbeitsgericht (BAG): GKG anwendbar nach II Nr. 4, → Rn. 37.

Bundesfinanzhof (BFH): GKG anwendbar nach II Nr. 4, → Rn. 35.

Bundesgerichtshof (BGH): Ordentliches Gericht iSd I 1, → Rn. 8. (Nur) in den in I 1 Nr. 1–22 aufgeführten Verfahren werden Kosten nach dem GKG erhoben, → Rn. 15 ff.; iÜ → „Senat für Anwaltssachen", → „Senat für Notarsachen", → „Senat für Patentanwaltssachen", → „Senat für Steuerberatersachen", → „Senat für Wirtschaftsprüfersachen", → „(Richter-)Dienstgericht des Bundes".

Bundespatentgericht (BPatG): Nach Art. 96 I GG errichtetes Bundesgericht, (besonderes) ordentliches Gericht iSd I, → Rn. 8; für Verfahren vor dem BPatG (nach PatG, GebrMG, MarkenG, DesignG, HalblSchG, SortSchG) werden Kosten nicht nach dem GKG erhoben (I Nr. 14 betrifft nur den BGH), sondern nach dem PatKostG, → Rn. 26.

Bundessozialgericht (BSG): In Verfahren nach dem SGG ist das GKG gem. II Nr. 3 anwendbar, soweit dies in § 197a SGG vorgesehen ist; sonst werden Kosten nach den §§ 193–197b SGG erhoben, → Rn. 36.

Bundesverfassungsgericht (BVerfG): Gehört zu keiner der in I, II genannten Gerichtsbarkeiten, so dass keine Kosten nach dem GKG erhoben werden; das Verfahren ist im Grundsatz kostenfrei, → Rn. 41.

Bundesverwaltungsgericht (BVerwG): In Verfahren nach der VwGO (also nicht: BDG, WDO, WBO, → Rn. 34) sind nach II Nr. 1 Kosten nach dem GKG zu erheben, → Rn. 33.

Dienstgericht: → „(Richter-)Dienstgericht des Bundes", → „(Richter-)Dienstgerichte der Länder".

Disziplinargerichte: → „Kammer für Disziplinarsachen", → „Senat für Disziplinarsachen".

Entschädigungsgerichte: Verfahren der LG, OLG und des BGH in Entschädigungssachen nach dem BEG; das Verfahren ist kostenfrei, → Rn. 10.

Familiengericht: Spezialspruchkörper des AG und damit ordentliches Gericht iSd II 1, → Rn. 10; Kosten in Familiensachen (= Verfahren nach dem FamFG) werden aber nicht nach dem GKG, sondern nach dem FamGKG erhoben, → Rn. 22.

Finanzgericht (FG): GKG anwendbar nach II Nr. 4, → Rn. 35.

Flurbereinigungsgericht: Besonderes, als Senat des OVG/VGH eingerichtetes besonderes Gericht der Verwaltungsgerichtsbarkeit, → Rn. 33, für das aber die Kosten in § 147 I FlurbG besonders geregelt sind, → Rn. 34.

Gemeinsamer Senat der obersten Gerichtshöfe: Gehört zu keiner der in I, II genannten Gerichtsbarkeiten, so dass keine Kosten nach dem GKG erhoben werden; das Verfahren ist kostenfrei, → Rn. 43.

Jugendgericht: Spezialspruchkörper des AG, → Rn. 10; Kosten (für Verfahren nach der JGG) werden gem. I 1 Nr. 1 nach dem GKG (Teil 3 des KV) erhoben, → Rn. 18.

Kammer für Baulandsachen: Spezialspruchkörper des LG für Baulandsachen, Teil der ordentlichen Gerichtsbarkeit iSd I 1, → Rn. 10; in den Verfahren nach dem BauGB (iVm ZPO) sind gem. I 1 Nr. 1 Kosten nach dem GKG zu erheben, → Rn. 15.

Kammer für Disziplinarsachen: Besonderer Spruchkörper des VG als Disziplinargericht für Beamte, Teil der Verwaltungsgerichtsbarkeit iSd II Nr. 1, → Rn. 33; für die Verfahren werden Kosten nicht nach dem GKG, sondern dem BDG erhoben, → Rn. 34.

Kammer für Patentanwaltssachen: Spezialspruchkörper der LG für berufsrechtliche Angelegenheiten der Patentanwälte, Teil der ordentlichen Gerichtsbarkeit iSd I 1, → Rn. 13; Kosten werden aber nicht nach dem GKG, sondern nach der PAO erhoben, → Rn. 29.

Kammer für Steuerberatersachen: Spezialspruchkörper der LG für berufsrechtliche Angelegenheiten der Steuerberater, Teil der ordentlichen Gerichtsbarkeit iSd I 1, → Rn. 13; Kosten werden aber nicht nach dem GKG, sondern nach dem StBerG erhoben, → Rn. 29.

Kammer für Wirtschaftsprüfersachen: Spezialspruchkörper der LG für berufsrechtliche Angelegenheiten der Wirtschaftsprüfer, Teil der ordentlichen Gerichtsbarkeit iSd I 1, → Rn. 13; Kosten werden aber nicht nach dem GKG, sondern nach der WPO erhoben, → Rn. 29.

Kartellsenat: Spezialspruchkörper von OLG und BGH, Teil der ordentlichen Gerichtsbarkeit iSd I 1, → Rn. 10; in den Verfahren nach dem GWB sind gem. I 1 Nr. 9 Kosten nach dem GKG zu erheben, → Rn. 19.

Landesarbeitsgericht (LAG): GKG anwendbar nach II Nr. 4, → Rn. 37.

Landessozialgericht (LSG): In Verfahren nach dem SGG ist das GKG gem. II Nr. 3 anwendbar, soweit dies in § 197a SGG vorgesehen ist; sonst werden Kosten nach den §§ 193–197b SGG erhoben, → Rn. 36.

Landesverfassungsgerichte: Gehören zu keiner der in I, II genannten Gerichtsbarkeiten, so dass keine Kosten nach dem GKG erhoben werden; das Verfahren ist im Grundsatz kostenfrei, → Rn. 42.

Landgericht (LG): Ordentliches Gericht iSd I 1, → Rn. 8. (Nur) in den in I 1 Nr. 1–22 aufgeführten Verfahren werden Kosten nach dem GKG erhoben, → Rn. 15 ff.; iÜ → „Anwaltsgericht", → „Kammer für Baulandsachen", → „Kammer für Patentanwaltssachen", → „Kammer für Steuerberatersachen", → „Kammer für Wirtschaftsprüfersachen", → „(Richter-)Dienstgerichte der Länder".

Landwirtschaftsgericht: Spezialspruchkörper des AG für Landwirtschaftssachen; Teil der ordentlichen Gerichtsbarkeit iSd I 1, → Rn. 10; in den streitigen Landwirtschaftssachen (nach der ZPO) werden Kosten gem. I 1 Nr. 1 nach dem GKG, → Rn. 15, in Landwirtschaftssachen der freiwilligen Gerichtsbarkeit dagegen nach dem FamGKG, → Rn. 23, erhoben.

Moselschifffahrtsgericht: Besonderes → „Schifffahrtsgericht" nach dem Moselvertrag; das Verfahren ist kostenfrei, → Rn. 11.

Oberlandesgericht (OLG): Ordentliches Gericht iSd I 1, → Rn. 8. (Nur) in den in I 1 Nr. 1–22 aufgeführten Verfahren werden Kosten nach dem GKG erhoben, → Rn. 15 ff.; iÜ → „Anwaltsgerichtshof", → „Senat für Baulandsachen", → „Senat für Baulandsachen", → „Senat für Patentanwaltssachen", → „Senat für Steuerberatersachen", → „Senat für Wirtschaftsprüfersachen".

Oberverwaltungsgericht (OVG): In Verfahren nach der VwGO (also nicht: BDG, WDO, WBO, → Rn. 34) sind nach II Nr. 1 Kosten nach dem GKG zu erheben, → Rn. 33.

(Richter-)Dienstgericht des Bundes: Disziplinargericht für Richter, besonderer Senat des BGH, Teil der ordentlichen Gerichtsbarkeit iSd I 1, → Rn. 13; für die Verfahren werden Kosten nach § 63 III 2 DRiG iVm § 78 BDG erhoben, → Rn. 28.

(Richter-)Dienstgerichte der Länder: Disziplinargerichte für Richter, (besondere) ordentliche Gerichte iSd I 1 beim LG (Dienstgericht) und OLG (Dienstgerichtshof), → Rn. 13; für die Verfahren können landesrechtliche Kostenregelungen geschaffen werden, → Rn. 28.

Rheinschifffahrtsgericht: Besonderes → „Schifffahrtsgericht" nach der Rev. Rheinschifffahrtakte; das Verfahren ist kostenfrei, → Rn. 11.

Schifffahrtsgericht: Spezialspruchkörper bei AG und OLG (Schifffahrtsobergericht); besonderes ordentliches Gericht iSd I 1, → Rn. 11. In Verfahren nach dem BinSchGerG (iVm ZPO) sind nach I 1 Nr. 1 Kosten nach dem GKG zu erheben, → Rn. 15.

Schöffengericht: Spezialspruchkörper des AG, → Rn. 10; Kosten (für Verfahren nach der StPO) werden gem. I 1 Nr. 1 nach dem GKG (Teil 3 des KV) erhoben, → Rn. 18.

Senat für Anwaltssachen: Spezialspruchkörper des BGH für berufsrechtliche Angelegenheiten der Rechtsanwälte, Teil der ordentlichen Gerichtsbarkeit iSd I 1, → Rn. 13; Kosten werden aber nicht nach dem GKG, sondern nach der BRAO erhoben, → Rn. 29.

Senat für Baulandsachen: Spezialspruchkörper des OLG für Baulandsachen, Teil der ordentlichen Gerichtsbarkeit iSd I 1, → Rn. 10; in den Verfahren nach dem BauGB (iVm ZPO) sind gem. I 1 Nr. 1 Kosten nach dem GKG zu erheben, → Rn. 15.

Senat für Disziplinarsachen: Besonderer Spruchkörper des OVG als Disziplinargericht für Beamte, Teil der Verwaltungsgerichtsbarkeit iSd II Nr. 1, → Rn. 32; für die Verfahren werden Kosten nicht nach dem GKG, sondern dem BDG erhoben, → Rn. 34.

Senat für Notarsachen: Disziplinargerichte für Notare bei OLG und BGH für Notarsachen, Teil der ordentlichen Gerichtsbarkeit iSd I 1, → Rn. 13; Kosten werden aber nicht nach dem GKG, sondern in Verwaltungssachen nach der BNotO und in Disziplinarsachen nach dem BDG erhoben, → Rn. 29.

Senat für Patentanwaltssachen: Spezialspruchkörper der OLG und des BGH für berufsrechtliche Angelegenheiten der Patentanwälte, Teil der ordentlichen Gerichtsbarkeit iSd I 1, → Rn. 13; Kosten werden aber nicht nach dem GKG, sondern nach der PAO erhoben, → Rn. 29.

Senat für Steuerberatersachen: Spezialspruchkörper der OLG und des BGH für berufsrechtliche Angelegenheiten der Steuerberater, Teil der ordentlichen Gerichtsbarkeit iSd I 1, → Rn. 13; Kosten werden aber nicht nach dem GKG, sondern nach dem StBerG erhoben, → Rn. 29.

Senat für Wirtschaftsprüfersachen: Spezialspruchkörper der OLG und des BGH für berufsrechtliche Angelegenheiten der Wirtschaftsprüfer, Teil der ordentlichen Gerichtsbarkeit iSd I 1, → Rn. 13; Kosten werden aber nicht nach dem GKG, sondern nach der WPO erhoben, → Rn. 29.

Sozialgericht (SG): In Verfahren nach dem SGG ist das GKG gem. II Nr. 3 anwendbar, soweit dies in § 197a SGG vorgesehen ist; sonst werden Kosten nach den §§ 193–197b SGG erhoben, → Rn. 36.

Truppendienstgericht: Bundesgericht für Verfahren nach WDO und WBO, besonderes Verwaltungsgericht iSd II Nr. 1, → Rn. 33; die Verfahren sind gebührenfrei, → Rn. 34.

Verwaltungsgericht (VG): In Verfahren nach der VwGO (also nicht: BDG, WDO, WBO, → Rn. 34) sind nach II Nr. 1 Kosten nach dem GKG zu erheben, → Rn. 33.
Verwaltungsgerichtshof (VGH): → „Oberverwaltungsgericht".
Wehrdienstgerichte: → „Truppendienstgericht", → „Wehrdienstsenat".
Wehrdienstsenat: Besonderer Spruchkörper des BVerwG für Rechtsmittel gegen Entscheidungen der → „Truppendienstgerichte", Teil der Verwaltungsgerichtsbarkeit iSd II Nr. 1, → Rn. 33; die Verfahren sind gebührenfrei, → Rn. 34.

Kostenfreiheit

2 **I 1 In Verfahren vor den ordentlichen Gerichten und den Gerichten der Finanz- und Sozialgerichtsbarkeit sind von der Zahlung der Kosten befreit der Bund und die Länder sowie die nach Haushaltsplänen des Bundes oder eines Landes verwalteten öffentlichen Anstalten und Kassen. 2 In Verfahren der Zwangsvollstreckung wegen öffentlich-rechtlicher Geldforderungen ist maßgebend, wer ohne Berücksichtigung des § 252 der Abgabenordnung oder entsprechender Vorschriften Gläubiger der Forderung ist.**

II Für Verfahren vor den Gerichten für Arbeitssachen nach § 2a Absatz 1, § 103 Absatz 3, § 108 Absatz 3 und § 109 des Arbeitsgerichtsgesetzes sowie nach den §§ 122 und 126 der Insolvenzordnung werden Kosten nicht erhoben.

III 1 Sonstige bundesrechtliche Vorschriften, durch die für Verfahren vor den ordentlichen Gerichten und den Gerichten der Finanz- und Sozialgerichtsbarkeit eine sachliche oder persönliche Befreiung von Kosten gewährt ist, bleiben unberührt. 2 Landesrechtliche Vorschriften, die für diese Verfahren in weiteren Fällen eine sachliche oder persönliche Befreiung von Kosten gewähren, bleiben unberührt.

IV 1 Vor den Gerichten der Verwaltungsgerichtsbarkeit und den Gerichten für Arbeitssachen finden bundesrechtliche oder landesrechtliche Vorschriften über persönliche Kostenfreiheit keine Anwendung. 2 Vorschriften über sachliche Kostenfreiheit bleiben unberührt.

V 1 Soweit jemandem, der von Kosten befreit ist, Kosten des Verfahrens auferlegt werden, sind Kosten nicht zu erheben; bereits erhobene Kosten sind zurückzuzahlen. 2 Das Gleiche gilt, soweit eine von der Zahlung der Kosten befreite Partei Kosten des Verfahrens übernimmt.

Schrifttum: Bach, Vom (Un)Sinn der Regelung in § 2 III 1 GKG, JurBüro 1990, 1093; Bosse, Zu den Voraussetzungen der Gerichtsgebührenbefreiung von Kommunen im Zivilprozess, KommJur 2015, 203; Corcilius/Schneider, Die Verbürgung der Gegenseitigkeit als Voraussetzung für eine Gerichtsgebührenfreiheit nach den landesrechtlichen Justizkostengesetzen, JurBüro 2018, 2; Risse/Keilmann, Die Gerichtskostenfreiheit für den Bund und die Länder ist verfassungswidrig, RuP 2020, 480; Steenbuck, Die Kostenfreiheit der Investitionsbank Sachsen-Anhalt, NJ 2007, 538; Strnischa, Zur Frage der Gerichtskostenfreiheit nach § 188 Satz 2 VwGO bei Streitigkeiten aus dem Grundsicherungsgesetz, BayVBl 2004, 233; Zimmermann, Zur Gebührenbefreiung der Kommunen nach dem Thüringer Justizkostengesetz, KKZ 2015, 133.

Übersicht

1 **A. Normzweck, Übersicht.** § 2 regelt (ohne klare Konzeption) die Kostenfreiheit in Verfahren, für die nach § 1 Kosten (= Gebühren und Auslagen, § 1 I 1 aE) nach dem GKG zu erheben sind. Diese kennt zwei (nur in der Begrifflichkeit ähnliche) Ausprägungen, nämlich die persönliche (→ Rn. 2 ff.) und die sachliche Kostenfreiheit (→ Rn. 6 f.).

2 **I. Zweck der persönlichen Kostenfreiheit.** Die in I, III 1 Fall 2, III 2 Fall 2, IV 1 und V geregelte sog. persönliche Kostenfreiheit (→ Rn. 8 ff.) ist die Befreiung bestimmter (nach I oder gem. III durch weiteres Bundes- oder auch Landesrecht kostenprivilegierter) Prozessparteien von den (iÜ für jedermann anfallenden) Kosten. Das mit ihr verfolgte Ziel hat sich im Laufe der Zeit geändert.

3 **Ursprünglich** sah das GKG eine beschränkte (nicht die Auslagen erfassende) Gebührenfreiheit des Reichs vor den Gerichten der Länder (zu Lasten deren Fiskus) und umgekehrt der Länder vor dem RG (zu Lasten des Reichsfiskus) vor; die Regelung einer weitergehenden Gebührenfreiheit sollte für Verfahren vor dem RG dem Verordnungsgeber (vgl. die frühere RGGebFrhV, → Rn. 24) und für Verfahren vor den Gerichten der Länder dem jeweiligen Landesgesetzgeber überlassen bleiben (vgl. § 98 GKG 1878, § 90 GKG 1922/1927). Zweck dieser Regelung waren einerseits die Schaffung einer gesetzlichen Grundlage für das zuvor vom Reich (als „Kostgänger der Länder", das es bis zur Reichsfinanzreform von 1919 war) idR nur tatsächlich (oder aufgrund vereinzelter landesrechtlicher Regelungen) gegenüber den Ländern in Anspruch genommene **Gebührenprivileg,** andererseits die Schaffung einer gewissen **Kompensation** für die Länder (vgl. Begr. RegE § 90 GKG Vhdlg. d. RT [3. Leg.-Per., II. Session 1878, Anlagen], Bd. 49, Anl. 76, 564 (610)).

4 Der heutige Inhalt des I 1, der nunmehr eine generelle Befreiung (nach redaktioneller Änderung durch das KostRÄndG 1952) des Bundes und der Länder vorsieht, beruht auf der Änderung des damaligen § 90 GKG 1927 im Jahre **1936** durch die AnpassungsVO (→ Vor § 1 Rn. 14). Diese Änderung zog die kostenrechtliche Konsequenz aus der sog. „Gleichschaltung" der Länder durch das Gesetz über den Neuaufbau des Reichs vom 30.1.1934 (RGBl. I 75) und die anschließende sog. **„Verreichlichung" der Justiz** (durch drei Gesetze zur Überleitung der Rechtspflege auf das Reich vom 16.2.1934, RGBl. I 91, vom 5.12.1934, RGBl. I 1214, und vom 24.1.1935, RGBl. I 68), die zur Übernahme aller Einnahmen und Ausgaben für die Landesjustizverwaltungen durch das Reich zum 1.4.1935 gem. § 2 3. ÜberleitungsG führte. Seit dieser Änderung war Zweck der Befreiung nicht mehr eine Privilegierung des Reichs gegenüber den Ländern, sondern die Umsetzung des Grundsatzes, dass Zahlung von einer Reichskasse in eine andere nicht stattzufinden habe (vgl. RAGE 13, 245 = JW 1934, 711; OLG Frankfurt a. M. HRR 1938, Nr. 114). Auch heute noch wird regelmäßig der Zweck der persönlichen Kostenfreiheit darin gesehen, zur **Verwaltungsvereinfachung** diejenigen Körperschaften von den Gerichtskosten zu befreien, die als Träger der Justizhoheit ohnehin selbst den Aufwand für die Errichtung und Unterhaltung der Gerichtsorganisation zu tragen haben (vgl. etwa BFHE 113, 496 (499); BGH ZIP 2009, 685 Rn. 10; NJW-RR 1998, 1533; NVwZ-RR 2014, 943 Rn. 10; OLG Hamm BeckRS 2011, 140991 Rn. 3 mwN; Begr. RegE 6. SGGÄndG BT-Drs. 14/5943, 29).

Das Institut der persönlichen Kostenfreiheit iSd I (anderes mag für die auf anderen Erwägungen beruhenden Kostenbefreiungen iSd III, → Rn. 23 f., → Rn. 25 ff., gelten) ist indessen heute **überholt** (Risse/Keilmann RuP 2020, 480, halten es weitergehend als Verstoß gegen den Grundsatz der Waffengleichheit im Zivilprozess für verfassungwidrig, ähnlich auch Binz/Dörndorfer/Zimmermann/Zimmermann Rn. 1; NK-GK/Volpert/Köpl Rn. 3). Die Gründe für seine Einführung im Jahre 1878 hatten sich bereits durch die Reichsfinanzreform von 1919 erledigt. Seine Umgestaltung im Jahre 1936 zur Verwaltungsvereinfachung (keine Zahlungen „linke Tasche, rechte Tasche") hat mit der Rückkehr zur bundesstaatlichen Ordnung nach 1945 weitgehend (nämlich nur dann nicht, wenn es um das Verhältnis zum jeweils eigenen Justizfiskus geht) die Grundlage verloren. Anlässlich des KostRÄndG 1975 ist erwogen worden, die persönliche Kostenfreiheit für den Fiskus insgesamt abzuschaffen, doch ist es letztlich (im Wesentlichen, → Rn. 9) bei der überkommenen Regelung geblieben (vgl. BT-Drs. 7/2016, 67; 7/3243, 4). 5

II. Zweck der sachlichen Kostenfreiheit. Die in II, III 1 Fall 1, III 2 Fall 1 und IV 2 geregelte sog. sachliche Kostenfreiheit (→ Rn. 35 ff.) ist keine Privilegierung bestimmter Personen, sondern die für jede Partei geltende generelle, (anders als etwa nach § 21) nicht von besonderen Voraussetzungen im Einzelfall abhängende Nichterhebung von (im Allgemeinen anfallenden) Kosten nach dem GKG (gem. II oder nach III aufgrund sonstiger bundesrechtlicher oder auch landesrechtlicher Vorschriften) für bestimmte Verfahren. Die sachliche Kostenfreiheit ist abzugrenzen von der Nichtgeltung des GKG für das Verfahren nach Maßgabe des § 1, was aber im Einzelfall nicht immer einfach (und im Ergebnis auch bedeutungslos) ist. 6

Eine solche sachliche Kostenfreiheit ist in § 2 GKG in **II** nur für die dort genannten kollektivrechtlichen Verfahren vor den Gerichten für Arbeitssachen geregelt. Hierbei handelt es sich um eine Übernahme der zuvor in § 12 V ArbGG aF enthaltenen Regelung durch das KostRMoG (vgl. Begr. RegE BT-Drs. 15/1971, 151). Sie wurde ursprünglich damit begründet, dass es in solchen Verfahren im Allgemeinen an einem geeigneten Kostenschuldner fehle (vgl. Begr. RegE § 12 ArbGG 1926 Vhdlg. d. RT [III. Wahlper. 1924], Bd. 407, Aktenstück Nr. 2065, 49). 7

B. Persönliche Kostenfreiheit. I. Anwendungsbereich. Eine persönliche Kostenfreiheit (gleich auf welcher Grundlage) erstreckt sich gem. I 1, III 1 Fall 2, III 2 nur auf Verfahren vor den **ordentlichen Gerichten** (iSd § 1 I 1), auf Verfahren vor den **Finanzgerichten** (iSd § 1 II Nr. 2) und auf Verfahren vor den **Sozialgerichten** (iSd § 1 II Nr. 3, mithin nur dann, wenn dort überhaupt das GKG anzuwenden ist, → § 1 Rn. 35; iÜ gelten die §§ 183, 184 SGG, → SGG § 183 Rn. 1 ff.). Vor den **Verwaltungsgerichten** und den **Arbeitsgerichten** ist demgegenüber nach IV 1 eine persönliche Kostenfreiheit **ausgeschlossen** (wiederum unabhängig davon, auf welcher Grundlage sie gewährt wird, vgl. etwa für die Arbeitsgerichtsbarkeit zu § 64 III 2 SGB X LAG Berlin-Brandenburg JurBüro 2021, 483; LAG Baden-Württemberg BeckRS 2021, 20263). 8

Diese gesetzliche Differenzierung beruht nicht auf kostenrechtlichen Besonderheiten der jeweiligen Gerichtszweige. Vielmehr wurde die Ausdehnung der ursprünglich nur für die **ordentliche Gerichtsbarkeit** (und seit ihrer Schaffung im Jahre 1926 für die Arbeitsgerichtsbarkeit in Urteilsverfahren aufgrund Verweisung im ArbGG auf das GKG) geltenden persönlichen Kostenfreiheit auf Verfahren vor der **Verwaltungsgerichtsbarkeit** bei Schaffung der VwGO abgelehnt (zunächst in § 163 I VwGO 1960 und nach Ausdehnung des Anwendungsbereichs des GKG auf die Verwaltungsgerichtsbarkeit durch das KostRÄndG 1975, → Vor § 1 Rn. 8, in III 1), um hierdurch bei der Einlegung von Rechtsmitteln durch Behörden eine größere Sorgfalt zu erreichen (vgl. Begr. Rechtsausschuss zu § 160a RegE VwGO BT-Drs. 3/1094, 14). Mit der Begründung, dass dies in Widerspruch zu dem Ziel der Befreiung, unnötige Zahlungen innerhalb desselben Fiskus zu vermeiden, stehe, wurde bei Schaffung der FGO wenige Jahre später demgegenüber die Kostenfreiheit (zunächst gem. § 140 I FGO 1965 durch entspr. und seit dem KostRÄndG 1975 unmittelbare Anwendung des GKG, → Vor § 1 Rn. 8) auf Verfahren vor den **Finanzgerichten** ausgedehnt (vgl. Begr. RegE § 133 FGO BT-Drs. 4/1446, 59). Als anlässlich des KostRÄndG 1975 erwogen wurde, im Hinblick auf Chancengleichheit 9 und dem Bestreben, die öffentliche Hand vor der Erhebung einer Klage oder der Einlegung eines Rechtsmittels zu sorgfältiger Prüfung der Erfolgsaussicht zu veranlassen, die persönliche Kostenfreiheit für den Fiskus insgesamt abzuschaffen (→ Rn. 5), ist im Ergebnis nur (auf Vorschlag des Rechtsausschusses) die **Arbeitsgerichtsbarkeit** herausgenommen worden. Bei der (partiellen) Einbeziehung der **Sozialgerichtsbarkeit** in den Anwendungsbereich des GKG (durch das 6. SGGÄndG von 2001, → Vor § 1 Rn. 9) wurde die Kostenfreiheit dann aber wieder unter Verweis auf die hiermit beabsichtigte Verwaltungsvereinfachung auch auf die Verfahren vor den Sozialgerichten ausgedehnt, soweit auf diese das GKG anzuwenden ist. Letztlich hat der Gesetzgeber über die Jahre zwischen den Prinzipien der Chancengleichheit und Verantwortlichkeit einerseits und der (aufgrund der bundesstaatlichen Justizverwaltung nur noch partiell zu erreichenden, → Rn. 5) Verwaltungsvereinfachung andererseits geschwankt, ohne insoweit eine konsequente Entscheidung getroffen zu haben (vgl. auch Bach JurBüro 1990, 1093).

10 **II. Voraussetzungen.** Persönliche Kostenfreiheit wird gewährt durch **I** (→ Rn. 11 ff.) und iÜ durch nach III 1 Fall 2 vom GKG unberührt bleibende **sonstige bundesrechtliche Vorschriften** (→ Rn. 23 f.) sowie nach III 2 Fall 2 ebenfalls unberührt bleibende **landesrechtliche Vorschriften** (→ Rn. 25 ff.).

11 **1. Nach GKG (I). a) Gebietskörperschaften.** Nach I 1 von den Kosten befreit sind der **Bund** und die **Länder.** Mit den Begriffen „Bund" und „Ländern" sind jedenfalls die jeweiligen Gebietskörperschaften als juristische Personen des öffentlichen Rechts gemeint (unabhängig davon, durch welche Bundes- bzw. Landesbehörde – zB Minister, Regierungspräsident, Gerichtspräsident – als ihr Organ sie im Einzelfall im Rechtsstreit vertreten werden; vgl. etwa BGH NZM 2009, 451 Rn. 2). Ausländische Staaten werden von I 1 nicht erfasst (BGH WM 2019, 1652 Rn. 3, vgl. für diese aber III 2 Fall 2 iVm § 8 Nr. 1 BremJKostG).

12 Hingegen genießen **Gemeinden** keine bundesrechtliche Kostenbefreiung (wohl aber idR eine Gebührenbefreiung aufgrund Landesrechts, → Rn. 30, die allerdings nicht für Verfahren vor Bundesgerichten und vor Gerichten anderer Länder nur unter weiteren Voraussetzungen gilt). Soweit Länder (als sog. Stadtstaat) in ihrer Gesamtheit – wie Hamburg (Art. 4 I Hmb Verf) und Berlin (Art. 1 1 BlnVerf; Bremen besteht demgegenüber aus zwei Gemeinden, Art. 143 BremVerf, vgl. zur Folge für die Kostenfreiheit BGHZ 13, 207 (208)) – zugleich Gemeinde sind, besteht die Kostenfreiheit umfassend (es ist also nicht etwa, wie aber noch zB BGHZ 3, 148 = NJW 1951, 889 (Ls.) und BGH LM § 90 GKG Nr. 2 angenommen haben, zwischen kostenfreien Landes- und kostenpflichtigen Gemeindeangelegenheiten zu unterscheiden, vgl. zur Freien und Hansestadt Hamburg BGHZ 13, 207 = NJW 1954, 1038 (Ls.), und zum Land Berlin BGHZ 14, 305 = NJW 1954, 1488 (Ls.)).

13 **b) Nach Haushaltsplänen verwaltete Einrichtungen.** Aufgrund des auf die fiskalischen Wirkungen zielenden Zwecks der Norm geht es allerdings nicht um die Kostenfreiheit einer bestimmten Person, sondern des jeweiligen (Bundes- oder Landes-)**Fiskus.** Es bestand daher auch unter der Geltung der ursprünglichen (nur das Reich und die Länder nennenden) Regelung im GKG 1878/1898/1922/1927 (→ Rn. 3) im Wesentlichen Einigkeit darüber, dass auch selbst parteifähige Organe des Reichs oder der Länder unter die Kostenbefreiung dann fallen, wenn ihr Vermögen letztlich Teil des Reichs- bzw. Landesvermögens ist (vgl. etwa RG JW 1926, 2112; RAGE 13, 245 = JW 1934, 711). Die spätere Aufnahme der (nach redaktioneller Änderung durch das KostRÄndG 1952) „nach Haushaltsplänen des Bundes oder eines Landes verwalteten öffentlichen Anstalten und Kassen" in den Gesetzeswortlaut (durch die AnpassungsVO → Rn. 4, in Übernahme des Wortlauts von § 10 I KostO 1935, der sich wiederum an die Formulierung in § 8 Nr. 1 prGKG 1922 anlehnte) diente daher nur der Klarstellung und Präzisierung (RG JW 1936, 2142). Mehr oder weniger gleichlautende Formulierungen enthalten heute die Kostenbefreiungsvorschriften in § 2 I FamGKG, § 2 I 1 GNotKG, § 2 I GvKostG und § 2 I JVKostG, die alle einheitlich auszulegen sind.

14 Der Begriff der **„öffentlichen Anstalten und Kassen"** iSd I 1 ist weit zu verstehen und umfasst unabhängig von ihrer rechtlichen Organisation jede öffentliche Einrichtung (die, unabhängig von der Verwendung des Begriffs „Anstalt", auch eine

Körperschaft des öffentlichen Rechts sein kann), die nach der einschlägigen Prozessordnung im eigenen Namen (unmittelbar, also nicht als bloße Vertretungsbehörde) klagen oder verklagt werden kann.

Eine solche Einrichtung ist nach I 1 nur dann wie der Bund oder ein Land kostenbefreit, wenn sie „**nach Haushaltsplänen** des Bundes oder eines Landes **verwaltet [...]**" wird, die Kosten also dem betreffenden Landes- oder Bundesfiskus unmittelbar zur Last fallen. Es kommt danach auf eine rein haushaltsmäßige Betrachtung an. Erforderlich ist, dass die **gesamten Einnahmen oder Ausgaben** der Einrichtung unmittelbar in den Haushaltsplan des Bundes oder eines Landes aufzunehmen sind; es genügt mithin nicht, dass lediglich aus dem Haushalt bzw. an den Haushalt erfolgende Zuführungen bzw. Ablieferungen an die bzw. von der Einrichtung (zB nach § 26 I, II BHO) im Haushalt auszuweisen sind oder der eigene Haushalts- oder Wirtschaftsplan der Einrichtung (zB nach § 26 III BHO) dem Haushaltsplan der kostenbefreiten Gebietskörperschaft beizufügen ist (stRspr, vgl. nur BVerwGE 138, 316 = NVwZ 2011, 493 Rn. 14; BGH VersR 1956, 242; NZM 2009, 451 Rn. 2, jew. mwN). Ob eine Verwaltung nach den Haushaltsplänen des Bundes oder eines Landes in diesem Sinne vorliegt, ist jeweils im Einzelfall auf der Grundlage des aktuell geltenden Haushaltsrechts und der Finanzverfassung der Einrichtung zu prüfen. **15**

Im Bereich des **Bundes** erfolgt eine Verwaltung nach dem Bundeshaushaltsplan jedenfalls bei den Einrichtungen der **unmittelbaren Bundesverwaltung** (Art. 87 I GG), deren Rechtsträger die Gebietskörperschaft Bund ist (vgl. BFHE 113, 496). Da solche Behörden nicht rechtsfähig sind, ist dies allerdings vor den Gerichten der ordentlichen Gerichtsbarkeit im Hinblick auf § 50 I ZPO ohne Bedeutung, weil dort nur der (durch die Behörde vertretene) Bund (als Rechtsträger der Behörde) parteifähig ist. Anders ist dies hingegen vor den Finanzgerichten und tlw. auch den Sozialgerichten, weil nach § 63 I FGO die Klage unmittelbar gegen die Behörde, also idR das Finanzamt, zu richten ist (vgl. etwa BFHE 102, 236), und nach § 70 Nr. 3 SGG Behörden selbst beteiligungsfähig sind, sofern das Landesrecht (wie zB in § 17 GerStrukGAG MV, § 2 RhPfAGSGG) dies bestimmt (die Behörden handeln dann in Prozessstandschaft für ihren Rechtsträger). **16**

Einrichtungen des Bundes, **die nicht der unmittelbaren Bundesverwaltung zuzurechnen** sind, werden demgegenüber regelmäßig nicht nach dem Bundeshaushaltsplan verwaltet und genießen daher – soweit sie parteifähig sind – auch **keine Kostenfreiheit.** Bei **Sondervermögen** (= rechtlich unselbständige abgesonderte Teile des Bundesvermögens, die durch Gesetz oder auf Grund eines Gesetzes entstanden und zur Erfüllung einzelner Aufgaben des Bundes bestimmt sind) sind gem. § 26 II BHO in den Haushaltsplan nur Zuführungen oder Abführungen, nicht aber sämtliche Einnahmen und Ausgaben aufzunehmen (gleichwohl hat aber der BGH – allerdings eher aus historischen Gründen – das [nach § 4 I BEZNG parteifähige] Sondervermögen „Bundeseisenbahnvermögen" als nach I 1 kostenbefreit angesehen, BGH NJW-RR 1998, 1533). Die Einnahmen und Ausgaben juristischer Personen des öffentlichen Rechts (namentlich **Anstalten** und **Körperschaften** des öffentlichen Rechts) sind ebenfalls nicht in den Haushaltsplan, sondern nur in eine dem Haushaltsplan als Anlage beizufügenden Übersicht aufzunehmen; nicht nach I 1 kostenbefreit sind daher etwa die Kreditanstalt für Wiederaufbau (OLG Naumburg NJOZ 2012, 1170; OLG Koblenz NJW-RR 2012, 1468; OLG Köln JurBüro 2014, 380; aA LG München I NJOZ 2013, 556), die Bundesanstalt für vereinigungsbedingte Sonderaufgaben (BGH VIZ 1997, 310; OLG München VIZ 1998, 695 [unter Aufgabe seiner früheren gegenteiligen Rspr.]), die Bundesanstalt für Immobilienaufgaben (BGH NZM 2009, 451) oder der Deutschlandfunk (vgl. OLG Köln JurBüro 1987, 560; die Entscheidung ist allerdings überholt, weil der DLF inzwischen nicht mehr Anstalt, sondern Körperschaft ist). Bei (erwerbswirtschaftlich ausgerichteten) **Bundesbetrieben** als rechtlich unselbständigen abgesonderten Teile der Bundesverwaltung kommt es nach § 26 I BHO darauf an, ob ein Wirtschaften nach Einnahmen und Ausgaben des Haushaltsplanes zweckmäßig ist oder nicht; ist dies nicht der Fall, sind (mit der Folge, dass keine Kostenfreiheit besteht) im Haushaltsplan nur Zuführungen und Ablieferungen sowie ein Wirtschaftsplan als Anlage aufzunehmen. **17**

18 Im Bereich der **Länder** gilt Entsprechendes. Einrichtungen der **unmittelbaren Landesverwaltung** (Landesregierung, Landesministerien und den ihnen nachgeordneten Behörden und Einrichtungen) werden nach dem Haushaltsplan des Landes verwaltet und fallen unter I 1 (mit den oben, → Rn. 16, beschriebenen Wirkungen). Für **sonstige Einrichtungen** der Länder gelten die Regelungen der jeweiligen Landeshaushaltsordnung (vgl. etwa § 26 LHO NRW). Daher sind **Anstalten** (vgl. zB die Deutsche Klassenlotterie Berlin, BGH NJW-RR 2009, 862; die Investitionsbank Sachsen-Anhalt, LG Stendal BeckRS 2007, 15013; Steenbuck NJ 2007, 538) und **Körperschaften** der Länder (zB staatliche Hochschulen, vgl. BVerwGE 138, 316 = NVwZ 2011, 493 [zu einer brandenburgischen Hochschule]; LSG Niedersachsen-Bremen BeckRS 2010, 67246 [zu einer niedersächsischen Hochschule], anders OLG Schleswig JurBüro 1995, 209 [zu einer schleswig-holsteinischen Hochschule], oder Studentenwerke, vgl. OLG Hamm BeckRS 2011, 140991 [Studentenwerk in Nordrhein-Westfalen]; OLG Karlsruhe BeckRS 2014, 4216 [Studentenwerk in Baden-Württemberg]; KG BeckRS 2014, 123375 [Studentenwerk Berlin]) regelmäßig nicht nach I 1 kostenbefreit.

19 Gleiches gilt regelmäßig für **unselbständige Landesbetriebe** (vgl. etwa OLG Dresden JurBüro 2016, 587 [Sächsischer Staatsbetrieb „Sächsisches Immobilien- und Baumanagement"]; LG Stendal BeckRS 2011, 3056 [Landesbetrieb Bau Sachsen-Anhalt]; OLG Hamm DGVZ 2009, 18 [Landesbetrieb Straßenbau NRW]; OLG Köln OLG-Report Köln 2005, 90 = BeckRS 2004, 11625 [Bau- und Liegenschaftsbetrieb NRW]; OLG Rostock OLG-Report Rostock 2008, 675 = BeckRS 2008, 10427 [Betrieb für Bau und Liegenschaften Mecklenburg-Vorpommern]; KG VersR 1989, 816 [Krankenhausbetriebe des Landes Berlin]; BGH Rpfleger 1982, 81; KG Rpfleger 1982, 487 [Eigenbetriebe des Landes Berlin; BVG und BSR, um die es in den Entscheidungen ging, sind inzwischen allerdings keine Eigenbetriebe mehr, sondern Anstalten des öffentlichen Rechts]; OLG München NJOZ 2006, 2048 [unselbständige staatliche Eigenbetriebe iSd Art. 26 I BayHO, hier: Staatliches Hofbräuhaus in München]; OLG Bremen NJW-RR 1999, 1517 [als Eigenbetriebe geführte Zentralkrankenhäuser der Stadtgemeinde Bremen]; anders LG Kiel SchlHA 2012, 74 [Landesbetrieb Straßenbau und Verkehr Schleswig-Holstein]). **Nicht als nach I 1 kostenbefreit** wurden auch etwa das Landesförderinstitut Mecklenburg-Vorpommern (LG Stralsund DGVZ 2011, 33) und das vom Wissenschaftsministerium verwaltete rechtlich unselbständige Sondervermögen „Studienfonds des Landes Baden-Württemberg" (LG Ulm BeckRS 2017, 140081) angesehen.

20 Nicht nach I 1 (aber ggf. nach § 64 III 2 SGB X, → Rn. 23) kostenbefreit sind außerdem die **Bundesagentur für Arbeit** (OLG Düsseldorf OLG-Report Düsseldorf 2005, 484 = BeckRS 2005, 30358284; OLG München NJW-RR 2005, 1230; KG FamRZ 2009, 1854), ein Jobcenter (OLG Hamm BeckRS 2014, 22430) sowie regelmäßig die (als rechtsfähige Körperschaften des öffentlichen Rechts mit Selbstverwaltung organisierten, § 29 I SGB IV) **Träger der Sozialversicherung,** also Krankenkassen, Pflegekassen, die Deutsche Rentenversicherung, Berufsgenossenschaften, Gemeindeunfallversicherungsverbände, Unfallkassen, die Deutsche Rentenversicherung Knappschaft-Bahn-See sowie die Sozialversicherung für Landwirtschaft, Forsten und Gartenbau (vgl. OLG Düsseldorf BeckRS 2012, 23816, und außerdem BGH VersR 1978, 762 [zu einem Gemeindeunfallversicherungsverband]).

21 **c) Parteistellung.** Persönliche Kostenfreiheit setzt regelmäßig voraus, dass der Kostenbefreite auch selbst (unmittelbarer) Kostenschuldner ist, weshalb er grds. (im formellen Sinne) Partei des Verfahrens sein muss (BeckOK KostR/Dörndorfer Rn. 2). Eine nicht selbst kostenbefreite Partei kann sich daher nicht darauf berufen, dass sie das Verfahren im wirtschaftlichen Interesse (und ggf. auf Kosten) eines Kostenbefreiten führt (BGH NZM 2009, 451 Rn. 5 ff.).

22 Eine Ausnahme von diesem Grundsatz gilt gem. I 2 im **Zwangsvollstreckungsverfahren.** Danach kommt es dort nicht auf die formelle Parteistellung, sondern stets auf die materielle Berechtigung an der zu vollstreckenden Forderung an (und zwar auch im Anwendungsbereich des § 252 AO, nach dem im Vollstreckungsverfahren die Körperschaft als Gläubigerin der zu vollstreckenden Ansprüche gilt, der die Vollstreckungsbehörde angehört, vgl. Begr. RegE Art. 2 I GvKostRNeuOG BT-Drs. 14/3432, 33, 24). Dies ist von Bedeutung, wenn der Gläubiger (zB nach § 4 VwVG)

einen Dritten mit der Zwangsvollstreckung beauftragt; Kostenfreiheit tritt dann nur ein, wenn der Gläubiger kostenbefreit ist.

2. Nach sonstigem Bundesrecht (III 1 Fall 2). Über die Regelung in I hinaus sind bundesrechtlich nach **§ 64 III 2 SGB X** Träger der Eingliederungshilfe, der Sozialhilfe, der Grundsicherung für Arbeitsuchende, der Leistungen nach dem Asylbewerberleistungsgesetz, der Jugendhilfe und der Sozialen Entschädigung in Verfahren nach ZPO und FamFG sowie in Verfahren vor Gerichten der Sozial- und Finanzgerichtsbarkeit persönlich kostenbefreit (vgl. hierzu LSG Bayern BeckRS 2021, 2779). Erforderlich ist allerdings, dass das Verfahren einen engen sachlichen Zusammenhang mit ihrer gesetzlichen Tätigkeit als Leistungsträger hat (BGH NJW-RR 2006, 717; BSG NZS 2018, 791 mAnm Lange). Nach **§ 17 III BDBOSG** ist außerdem die Bundesanstalt für den Digitalfunk der Behörden und Organisationen mit Sicherheitsaufgaben persönlich kostenbefreit. 23

Kirchen und andere Religionsgemeinschaften genießen hingegen bundesrechtlich keine Kostenfreiheit (mehr; wohl aber idR nach Landesrecht, → Rn. 30). Die (auf der Grundlage der früher im GKG enthaltenen Ermächtigungsgrundlage, → Rn. 3, erlassene) **RGGebFrhV** (VO betr. die Gebühren in dem Verfahren vor dem Reichsgericht v. 24.12.1883, RGBl. 1884 I 1), die unter bestimmten Voraussetzungen (u. a.) Kirchen (nur) vor dem RG und nachfolgend dem BGH (vgl. BGH NJW-RR 2007, 644; NJW-RR 2011, 934; Schmidt-Räntsch ZfIR 2006, 360) gewährte, ist durch Art. 45 Nr. 2 2. KostRMoG zum Ablauf des 31.7.2013 ersatzlos aufgehoben worden. Ob sich eine Kostenbefreiung als (negative) Staatsleistung iSd **Art. 138 I WRV** über Art. 140 GG ergibt (was der Gesetzgeber des 1975 aufgehobenen § 163 II VwGO angenommen hatte, vgl. Begr. Rechtsausschuss zu § 160a VwGO-E BT-Drs. 3/1094, 14, aber zweifelhaft ist, BVerfG NVwZ 2001, 318 mHinw auf BVerfGE 19, 1 (13 ff.) = NJW 1965, 1427 (1429); BVerwG NVwZ 1996, 786; Begr. RegE KostRÄndG 1975, BT-Drs. 7/2016, 67), kann jedenfalls für Verfahren vor den Bundesgerichten dahinstehen, da Art. 138 I WRV (iVm Art. 140 GG) nur Staatsleistungen der Länder erfasst (BVerfG NVwZ 2001, 318; BVerwG NVwZ 1996, 786; NVwZ 1996, 787; BFHE 184, 237 = NVwZ 1998, 882; BGH NJW-RR 2007, 644 Rn. 12). 24

3. Nach Landesrecht (III 2 Fall 2). a) Allgemeine Befreiungsvorschriften. III 2 Fall 2 eröffnet den Ländern die Möglichkeit, über die durch Bundesrecht gewährten hinaus weitere persönliche Befreiungen landesrechtlich zu regeln. In fast allen Bundesländern gibt es heute allgemeine Befreiungsvorschriften: 25

Baden-Württemberg: §§ 7, 8 BWLJKG idF v. 15.1.1993 (BWGBl. 109, ber. 244), zuletzt geändert durch Art. 12 Gesetz v. 3.2.2021 (BWGBl. 53, 54). 26

Bayern: → Rn. 27.

Berlin: § 66 JustG Bln v. 22.1.2021 (BlnGVBl. 75), zuletzt geändert durch Art. 2 Gesetz v. 14.9.2021 (BlnGVBl. 1076).

Brandenburg: §§ 6, 7 JKGBbg v. 3.6.1994 (GVBl. I 172), zuletzt geändert durch Art. 2 Gesetz v. 29.6.2018 (BbgGVBl. I 27).

Bremen: § 8 BremJKostG idF der Bek. v. 4.8.1992 (Brem.GBl. 257), zuletzt geändert durch Gesetz v. 14.12.2021 (Brem.GBl. 928).

Hamburg: §§ 11, 13 HmbJKostG v. 18.10.1957 (HmbBL I 34–a), zuletzt geändert durch Gesetz v. 3.9.2014 (HmbGVBl. 418).

Hessen: §§ 7, 9 HJKostG v. 15.5.1958 (HessGVBl. 60), zuletzt geändert durch Art. 7 Gesetz v. 3.5.2018 (HessGVBl. 82).

Mecklenburg-Vorpommern: § 7 LJKG M-V v. 7.10.1993 (GVOBl. M-V 843), zuletzt geändert durch Art. 1 Gesetz v. 11.11.2015 (GVOBl. M-V 462).

Niedersachsen: §§ 108, 110 NJG v. 16.12.2014 (Nds. GVBl. 436), zuletzt geändert durch Art. 4 Gesetz v. 22.9.2022 (Nds. GVBl. 593).

Nordrhein-Westfalen: § 122 JustG NRW v. 26.1.2010 (GV. NRW. 30), zuletzt geändert durch Art. 7 Gesetz v. 13.4.2022 (GV. NRW 543).

Rheinland-Pfalz: § 1 RhPfJGebBefrG v. 5.10.1990 (RhPfGVBl. 281), zuletzt geändert durch Art. 4 Gesetz v. 2.3.2017 (RhPfGVBl. 21).

Saarland: § 4 SJKostG v. 30.6.1971 (SaarlABl. 473), zuletzt geändert durch Gesetz v. 12.2.2014 (SaarlABl. I 146).

Sachsen → Rn. 27.

Sachsen-Anhalt: § 7 JKostG LSA v. 23.8.1993 (GVBl. LSA 449), zuletzt geändert durch Art. 11 Gesetz v. 8.3.2021 (GVBl. LSA 88, 91).

Schleswig-Holstein: § 84 LJG SH v. 17.4.2018 (SchlHGVOBl. 231, ber. SchlHGVOBl. 441), zuletzt geändert durch Art. 1 Gesetz v. 17.3.2022 (SchlHGVOBl. 301).

Thüringen: § 6 ThürJKostG v. 28.10.2013 (ThürGVBl. 295), zuletzt geändert durch Art. 5 Gesetz v. 2.7.2016 (ThürGVBl. 226).

27 Eine Ausnahme bilden insoweit nur **Bayern** (vgl. Art. 9 BayLJKostG idF der Bek. v. 19.5.2005, BayGVBl. 159, zuletzt geändert am 24.7.2017, BayGVBl. 397) und **Sachsen** (vgl. § 69 SächsJG v. 24.11.2000, SächsGVBl. 2000, 482; 2001, 704, zuletzt geändert durch Art. 15 Gesetz v. 11.5.2019, SächsGVBl. 358), wo allgemeine Gerichtsgebührenbefreiungen nur für Verfahren nach dem **GNotKG** geregelt sind.

28 **b) Gemeinsame Grundsätze.** Die in → Rn. 26 aufgeführten allgemeinen Befreiungsvorschriften gewähren alle (wie ursprünglich auch das GKG → Rn. 3) nur eine **Gebührenfreiheit,** befreien also nur von der Zahlung der Gerichtsgebühren, nicht aber auch der Auslagen (so ausdrücklich § 66 IV JustG Bln, § 7 II JKGBbg, § 7 IV LJKG M-V, § 7 III JKostG LSA, § 6 IV ThürJKostG).

29 Sie sehen ferner mit Ausnahme der Regelung Bremens eine Gebührenbefreiung ausdrücklich nur für Verfahren vor den **ordentlichen Gerichten** und damit insbes. nicht in den von III 2 Fall 2 auch erfassten Verfahren vor den Gerichten der Finanz- und Sozialgerichtsbarkeit vor. Sie gelten überdies nur vor den **Gerichten des jeweiligen Landes.** Auf die durch die Vorschriften eines Landes gewährte Gebührenbefreiung kann sich mithin eine Partei weder vor den Bundesgerichten (BGH MDR 1972, 308; JurBüro 1990, 1464; NJW-RR 1998, 1222; NJW-RR 2007, 644 Rn. 4; NJW-RR 2011, 934 Rn. 3; BFHE 184, 237 = NVwZ 1998, 882) noch vor den Gerichten eines anderen Landes (LG Würzburg JurBüro 1987, 728; vgl. auch AG Bonn DGVZ 2007, 95) berufen.

30 Nach Landesrecht befreit sind regelmäßig **Kirchen** und andere Religions- und Weltanschauungsgemeinschaften, soweit sie als juristische Personen des öffentlichen Rechts konstituiert sind (so in Baden-Württemberg, § 7 I Nr. 1 BWLJKG; Berlin, § 66 I Nr. 1 JustG Bln; Brandenburg, § 6 I Nr. 1 JKGBbg; Hamburg, § 11 I Nr. 1 HmbJKostG; Mecklenburg-Vorpommern, § 7 I Nr. 1 LJKG M-V; Niedersachsen, § 108 I Nr. 1 NJG; Nordrhein-Westfalen, § 122 I Nr. 1 JustG NRW; Rheinland-Pfalz, § 1 I Nr. 1 RhPfGebBefrG; Saarland, § 4 I Nr. 1 SJKostG; Sachsen-Anhalt, § 7 Nr. 1 JKostG LSA; Schleswig-Holstein, § 84 I LJG SH, und Thüringen, § 6 I Nr. 1 ThürJKostG), **Gemeinden** und Gemeindeverbände, soweit die Angelegenheit nicht ihre wirtschaftlichen Unternehmen (vgl. hierzu etwa OLG Naumburg BeckRS 2018, 36695; OLG Karlsruhe Justiz 2022, 23) betrifft (so in Baden-Württemberg, § 7 I Nr. 2 BWLJKG; Berlin, § 66 I Nr. 2 JustG Bln; Brandenburg, § 6 I Nr. 2 JKGBbg; Bremen, § 8 Nr. 2 BremJKostG; Mecklenburg-Vorpommern, § 7 I Nr. 2 LJKG M-V; Niedersachsen, § 108 I Nr. 2 NJG; Nordrhein-Westfalen, § 122 I Nr. 2 JustG NRW; Rheinland-Pfalz, § 1 I Nr. 2 RhPfGebBefrG; Saarland, § 4 I Nr. 2 SJKostG; Sachsen-Anhalt, § 7 Nr. 2 JKostG LSA, und Thüringen, § 6 I Nr. 2 ThürJKostG; vgl. hierzu auch Bosse KommJur 2015, 203; Zimmermann KKZ 2015, 133; die Gebührenfreiheit gilt nur für die Gemeinde selbst und nicht auch für eigenständige juristische Personen, vgl. LG Stuttgart BeckRS 2019, 47751; OLG Stuttgart BeckRS 2020, 21744 [Anstalt des öffentlichen Rechts]; BGH MDR 2010, 949 [GmbH]), sowie **staatliche Hochschulen** (so in Baden-Württemberg, § 7 I Nr. 5 BWLJKG; Berlin, § 66 I Nr. 3 JustG Bln; Brandenburg, § 6 I Nr. 3 JKGBbg; Hamburg, § 11 I Nr. 2 HmbJKostG; Mecklenburg-Vorpommern, § 7 I Nr. 3 LJKG M-V; Niedersachsen, § 108 I Nr. 3 NJG; Nordrhein-Westfalen, § 122 I Nr. 3 JustG NRW; Rheinland-Pfalz, § 1 I Nr. 3 RhPfGebBefrG; Saarland, § 4 I Nr. 3 SJKostG; Sachsen-Anhalt, § 7 Nr. 3 JKostG LSA, und Thüringen, § 6 I Nr. 3 ThürJKostG), gelegentlich auch **Wohlfahrtsverbände** (so in Baden-Württemberg, § 7 I Nr. 4 BWLJKG; Sachsen-Anhalt, § 7 Nr. 4 JKostG LSA, und Thüringen, § 6 I Nr. 4 ThürJKostG) und **gemeinnützige oder mildtätige Organisationen** (so in Berlin, § 66 II JustG Bln; Hamburg, § 11 II HmbJKostG; Hessen, § 7 I HJKostG, und Thüringen, § 6 I Nr. 5 ThürJKostG; für bestimmte Fonds auch in Niedersachsen, § 108 I Nr. 4 NJG).

Nach den landesrechtlichen Vorschriften ist meist nicht erforderlich, dass die Gebührenfreiheit in Anspruch nehmende Einrichtung auch ihren Sitz in dem betreffenden Bundesland hat, so dass auch **landesfremden Einrichtungen** Gebührenfreiheit gewährt wird (Corcilius/Schneider JurBüro 2018, 2 (5)). Anders ist dies aber in Brandenburg (§ 7 II JKGBbg), Hessen (§ 7 II HJKostG), Mecklenburg-Vorpommern (§ 7 V LJKG M-V), Sachsen-Anhalt (§ 7 II JKostG LSA) und Thüringen (§ 6 II ThürJKostG). Dort kommen landesfremde Einrichtungen nur in den Genuss der Gebührenfreiheit, wenn die **Gegenseitigkeit verbürgt** ist. Von einer solchen Verbürgung der Gegenseitigkeit ist dann auszugehen, wenn das eigene Landesrecht im gleichen Umfang Gebührenfreiheit gewährt (Corcilius/Schneider JurBüro 2018, 2 (4); in Bremen wird unter der Voraussetzung der Verbürgung von Gegenseitigkeit überhaupt nur den Gemeinden anderer Bundesländer, nicht aber den beiden bremischen Gemeinden Gebührenfreiheit gewährt, § 8 Nr. 2 BremJKostG). 31

III. Rechtsfolgen (V). 1. Für den Kostenbefreiten. Die persönliche Kostenfreiheit verhindert nicht das Entstehen der gesetzlichen Gerichtskosten (BGH ZIP 2009, 685 Rn. 10). Eine **kosten- oder (nur) gebührenbefreite Partei** darf aber als Kosten- bzw. Gebührenschuldner von der Justizkasse hierfür nicht in Anspruch genommen werden; Kosten (bzw. Gebühren) dürfen von ihr nicht erhoben werden. Dies gilt nach V 1 zum einen dann, wenn dem Kostenbefreiten die Kosten des Verfahrens auferlegt wurden, er also **Entscheidungsschuldner** iSd § 29 Nr. 1 ist (dies schließt aber die Einziehung eines nach § 59 RVG auf die Justizkasse übergegangenen Vergütungsanspruchs nicht aus, vgl. BGH NJW 1965, 538), und nach V 2 zum anderen, wenn er (im Verfahren) die Kosten durch Erklärung oder Vergleich als **Übernahmeschuldner** iSd § 29 Nr. 2 übernommen hat. Darüber hinaus schließt die Kosten- bzw. Gebührenfreiheit aber auch die Inanspruchnahme aufgrund **gesetzlicher Haftung** (§ 29 Nr. 3), als **Zweitschuldner** (§ 31 II) oder aus der **Antragstellerhaftung** iSd § 22 aus. Von der Kostenvorauszahlung eines Kosten- bzw. Gebührenbefreiten darf eine gerichtliche Handlung nicht nach §§ 12, 13 abhängig gemacht werden, § 14 Nr. 2. Ein Kostenvorschuss darf von ihm nicht erhoben werden (vgl. § 20 VI KostVfg). 32

2. Für einen Mithaftenden. Haftet neben dem Kosten- bzw. Gebührenbefreiten ein nicht kosten- oder gebührenbefreiten **Streitgenosse** gegenüber der Justizkasse als Gesamtschuldner, darf sich dies weder zu Lasten des Befreiten noch zu Lasten des Streitgenossen auswirken. Soweit der Streitgenosse gegen den Befreiten einen Ausgleichsanspruch nach § 426 BGB haben würde, können daher Kosten auch von ihm nicht erhoben werden (BGHZ 17, 9 = NJW 1955, 908; OLG Köln MDR 1978, 678; KG MDR 2007, 986; BeckOK KostR/Dörndorfer Rn. 14). 33

3. Für einen Erstattungspflichtigen. Ist der Kosten- bzw. Gebührenbefreite nach Prozessrecht einem nicht befreiten **Prozessgegner** erstattungspflichtig, darf sich dies ebenfalls weder zum Nachteil des Befreiten noch dem des Gegners auswirken. Vom erstattungsberechtigten Gegner verauslagte Gerichtskosten können daher nicht gegen den Befreiten festgesetzt werden. Sie sind dem nicht befreiten Erstattungsberechtigten aber von der Justizkasse (ggf. auf Erinnerung nach § 66) zurückzuerstatten (BGH NJW 2003, 1322 (1324)); die Rückzahlungsverpflichtung entsteht mit Erlass der Kostenentscheidung unabhängig von deren Rechtskraft (KG NZBau 2013, 643). 34

C. Sachliche Kostenfreiheit. I. Anwendungsbereich. Anders als die persönliche Kostenfreiheit (→ Rn. 8) kann eine sachliche Kostenfreiheit auch für Verfahren vor den Verwaltungs- und Arbeitsgerichten geregelt werden, vgl. IV 2. 35

II. Voraussetzungen. Sachliche Kostenfreiheit besteht nach **II** (→ Rn. 37) und iÜ nach gem. III 1 Fall 1 unberührt bleibenden **sonstigen bundesrechtlichen Vorschriften** (→ Rn. 38 ff.) sowie nach gem. III 2 Fall 1 ebenfalls unberührt bleibenden **landesrechtlichen Vorschriften** (→ Rn. 41). 36

1. Nach § 2 GKG (II). Sachlich kostenfrei sind gem. II bestimmte Verfahren vor den Arbeitsgerichten, nämlich die **kollektivrechtlichen Streitigkeiten** im Beschlussverfahren nach § 2a I ArbGG und nach §§ 122, 126 InsO sowie gerichtliche 37

Entscheidungen in arbeitsrechtlichen **Schiedssachen** (§§ 103 III, 108 III, 109 ArbGG).

38 **2. Nach sonstigem Bundesrecht (III 1 Fall 1).** Darüber hinaus besteht bundesrechtlich sachliche Kostenfreiheit nach **§ 11 IV RPflG** für das Verfahren der Erinnerung gegen Entscheidungen des Rechtspflegers. Nur (sachliche) Gebührenfreiheit besteht in den kostenrechtlichen Rechtsbehelfsverfahren (**§ 66 VIII 1,** ggf. iVm §§ 67 I 2, 69 S. 2, → § 66 Rn. 72 ff.; **§ 68 III 1; § 56 II 2 RVG;** § 4 VIII 1 JVEG) sowie nach **§§ 11 II 4, 33 IX 1 RVG** für Festsetzungsverfahren nach dem RVG.

39 Sachliche Kostenfreiheit besteht außerdem nach **§ 225 I BEG** für das Verfahren nach dem BEG, nach **§ 188 S. 2 VwGO** (vgl. hierzu etwa OVG Lüneburg Nds. Rpfl. 2021, 323) in Angelegenheiten der Fürsorge (außer Angelegenheiten der Sozialhilfe, des Asylbewerberleistungsgesetzes, der Jugendhilfe, der Schwerbehindertenfürsorge und der Ausbildungsförderung sowie Erstattungsstreitigkeiten zwischen Sozialleistungsträgern), und nach **§ 83b AsylG** in Streitigkeiten nach dem AsylG.

40 Nach **Art. 39 Rev. Rheinschifffahrtsakte** (Neubek. BGBl. 1969 II 597) besteht sachliche Kostenfreiheit (vgl. BGHZ 62, 174 (177) = NJW 1974, 1287) in Rheinschifffahrtsangelegenheiten (völkerrechtliche Verträge, die sich auf Gegenstände der Bundesgesetzgebung beziehen und durch Zustimmungsgesetz nach Art. 59 II 1 GG in innerstaatliches Recht übernommen worden sind, haben den Rang eines einfachen Bundesgesetzes, vgl. nur BVerfGE 141, 1 = NJW 2016, 1295 Rn. 43 ff.). Nach **Art. 34 III Moselvertrag** (BGBl. 1956 II 1838) gilt diese Regelung entspr. für Moselschifffahrtsangelegenheiten (vgl. etwa OLG Köln – Moselschifffahrtsobergericht – HmbSchRZ 2011, 261).

41 **3. Nach Landesrecht (III 2 Fall 1).** Eine allgemeine landesrechtliche Regelung sachlicher Gerichtskosten enthält etwa § 7 HJKostG, nach dem die ordentlichen Gerichte u. a. keine Gebühren für Geschäfte erheben, die auf Ersuchen von Gerichten des Bundes oder eines Landes vorgenommen werden.

42 **III. Rechtsfolgen.** Soweit sachliche Kostenfreiheit besteht, dürfen die ansonsten in Verfahren vor dem jeweiligen Gericht nach dem KV anfallenden Gebühren und Auslagen von keinem in Betracht kommenden Kostenschuldner erhoben werden.

D. „ABC"

43 **Anstalt des öffentlichen Rechts:** IdR keine persönliche Kostenfreiheit nach I (→ Rn. 17, 18).

Arbeitsgerichtsbarkeit: In Verfahren vor den Arbeitsgerichten gibt es keine persönliche Kostenfreiheit (→ Rn. 8), sondern nur sachliche Kostenfreiheit nach Maßgabe von II (→ Rn. 37).

Bau- und Liegenschaftsbetrieb NRW: Keine persönliche Kostenfreiheit nach I (OLG Köln OLG-Report Köln 2005, 90 = BeckRS 2004, 11625; → Rn. 19).

Berliner Stadtreinigungsbetriebe (BSR): Keine persönliche Kostenfreiheit nach I (KG Rpfleger 1982, 487; → Rn. 19; die BSR ist allerdings kein Eigenbetrieb mehr, sondern eine Anstalt des öffentlichen Rechts).

Berliner Verkehrsbetriebe (BVG): Keine persönliche Kostenfreiheit nach I (BGH Rpfleger 1982, 81; → Rn. 19; die BVG ist allerdings kein Eigenbetrieb mehr, sondern eine Anstalt des öffentlichen Rechts).

Berufsgenossenschaft: → „Träger der Sozialversicherung".

Betrieb für Bau und Liegenschaften Mecklenburg-Vorpommern: Keine persönliche Kostenfreiheit nach I (OLG Rostock OLG-Report Rostock 2008, 675 = BeckRS 2008, 10427; → Rn. 19).

Bund: Die Gebietskörperschaft Bundesrepublik Deutschland (→ Rn. 11) sowie ihre nach dem Bundeshaushaltsplan unmittelbar verwalteten Organe (→ Rn. 13 ff.) genießen vor den ordentlichen Gerichten sowie den Finanz- und Sozialgerichten nach I persönliche Kostenfreiheit.

Bundesagentur für Arbeit: Keine persönliche Kostenfreiheit nach I (OLG Düsseldorf OLG-Report Düsseldorf 2005, 484 = BeckRS 2005, 30358284; OLG München NJW-RR 2005, 1230; KG FamRZ 2009, 1854; → Rn. 20), aber ggf. nach § 64 III 2 SGB X (→ Rn. 23).

Bundesanstalt für Immobilienaufgaben: Keine persönliche Kostenfreiheit nach I (BGH NZM 2009, 451; → Rn. 17).

Bundesanstalt für vereinigungsbedingte Sonderaufgaben: Keine persönliche Kostenfreiheit nach I (BGH VIZ 1997, 310; OLG München VIZ 1998, 695; → Rn. 17).

Bundesbetrieb: Nach § 26 I BHO kommt es für eine persönliche Kostenfreiheit nach I darauf an, ob ein Wirtschaften nach Einnahmen und Ausgaben des Haushaltsplanes zweckmäßig ist oder nicht; ist dies der Fall, besteht Kostenfreiheit nach I; anderenfalls sind im Haushaltsplan nur Zuführungen und Ablieferungen sowie ein Wirtschaftsplan als Anlage aufzunehmen und es besteht keine Kostenfreiheit (→ Rn. 17).

Bundeseisenbahnvermögen: Persönliche Kostenfreiheit nach I vor den ordentlichen Gerichten sowie den Finanz- und Sozialgerichten (BGH NJW-RR 1998, 1533, → Rn. 17).

Deutsche Klassenlotterie Berlin: Keine persönliche Kostenfreiheit nach I (BGH NJW-RR 2009, 862; → Rn. 18).

Deutsche Rentenversicherung Knappschaft-Bahn-See: → „Träger der Sozialversicherung".

Deutsche Rentenversicherung: → „Träger der Sozialversicherung".

Deutschlandfunk: Keine persönliche Kostenfreiheit nach I (→ Rn. 16).

Eigenbetrieb der Stadtgemeinde Bremen: Keine persönliche Kostenfreiheit nach I (OLG Bremen NJW-RR 1999, 1517; → Rn. 19).

Eigenbetrieb des Landes Bayern: Keine persönliche Kostenfreiheit nach I (OLG München NJOZ 2006, 2048; → Rn. 19).

Eigenbetrieb des Landes Berlin: Keine persönliche Kostenfreiheit nach I (BGH Rpfleger 1982, 81; KG Rpfleger 1982, 487; → Rn. 19).

Einrichtung der unmittelbaren Bundesverwaltung (Art. 87 I GG): Persönliche Kostenfreiheit nach I (soweit ausnahmsweise rechts- und parteifähig) vor den ordentlichen Gerichten sowie den Finanz- und (soweit dort nach Landesrecht beteiligungsfähig) den Sozialgerichten (→ Rn. 16).

Finanzamt: Persönliche Kostenfreiheit nach I vor den Finanzgerichten (→ Rn. 16).

Finanzgerichtbarkeit: In Verfahren vor den Finanzgerichten genießen gem. I der Bund, die Länder (→ Rn. 11) und die nach Haushaltsplänen verwalteten Einrichtungen (→ Rn. 13 ff.) sowie gem. § 64 III 2 SGB X die Träger von Sozialleistungen (→ Rn. 23) persönliche Kostenfreiheit.

Gemeinde: Nach Bundesrecht genießen die Gemeinden keine persönliche Kostenfreiheit (→ Rn. 12), wohl aber idR vor den ordentlichen Gerichten nach landesrechtlichen Vorschriften Gebührenfreiheit (→ Rn. 30), auf die sie sich aber vor Bundesgerichten nicht berufen können (→ Rn. 29).

Gemeindeunfallversicherungsverband: → „Träger der Sozialversicherung".

Hochschule: Staatliche Hochschulen genießen idR keine persönliche Kostenfreiheit nach I (→ Rn. 18), vielfach aber persönliche Gebührenfreiheit nach landesrechtlichen Vorschriften vor den ordentlichen Gerichten (→ Rn. 30), auf die sie sich aber vor Bundesgerichten nicht berufen können (→ Rn. 29).

Investitionsbank Sachsen-Anhalt: Keine persönliche Kostenfreiheit nach I (LG Stendal BeckRS 2007, 15013; Steenbuck NJ 2007, 538; → Rn. 18).

Jobcenter: Keine persönliche Kostenfreiheit nach I (OLG Hamm BeckRS 2014, 22430; → Rn. 18, aber ggf. nach § 64 III 2 SGB X (→ Rn. 23).

Kirche: Kirchen, Religions- und Weltanschauungsgemeinschaften genießen bundesrechtlich keine persönliche Kostenfreiheit (→ Rn. 24), wohl aber idR, wenn sie als juristische Personen des öffentlichen Rechts konstituiert sind, Gebührenfreiheit vor den ordentlichen Gerichten nach landesrechtlichen Vorschriften (→ Rn. 30), auf die sie sich aber vor Bundesgerichten nicht berufen können (→ Rn. 29).

Körperschaft des öffentlichen Rechts: IdR keine persönliche Kostenfreiheit nach I (→ Rn. 17, 18).

Krankenhausbetriebe des Landes Berlin: Keine persönliche Kostenfreiheit nach I (KG VersR 1989, 816; → Rn. 19).

Krankenkasse: → „Träger der Sozialversicherung".

Kreditanstalt für Wiederaufbau: Keine persönliche Kostenfreiheit nach I (OLG Naumburg, NJOZ 2012, 1170; OLG Koblenz NJW-RR 2012, 1468; OLG Köln JurBüro 2014, 380; aA LG München I JurBüro 2013, 40; → Rn. 17).

Land: Die Bundesländer als Gebietskörperschaften (→ Rn. 11) sowie ihre nach dem jeweiligen Landeshaushaltsplan unmittelbar verwalteten Organe (→ Rn. 13 ff.) genießen vor den ordentlichen Gerichten sowie den Finanz- und Sozialgerichten nach I persönliche Kostenfreiheit.

Landesbetrieb Bau Sachsen-Anhalt: Keine persönliche Kostenfreiheit nach I (LG Stendal BeckRS 2011, 3056; → Rn. 19).

Landesbetrieb Straßenbau NRW: Keine persönliche Kostenfreiheit nach I (OLG Hamm DGVZ 2009, 18; → Rn. 19).

Landesbetrieb Straßenbau und Verkehr Schleswig-Holstein: Persönliche Kostenfreiheit nach I (LG Kiel SchlHA 2012, 74, fragl.; → Rn. 19).

Landesbetrieb: IdR keine persönliche Kostenfreiheit nach I (→ Rn. 19).

Landesförderinstitut Mecklenburg-Vorpommern: Keine persönliche Kostenfreiheit nach I (LG Stralsund DGVZ 2011, 33; → Rn. 19).

Moselschifffahrtsangelegenheiten: In Verfahren vor den Moselschifffahrtsgerichten nach dem Moselvertrag (iVm §§ 18a ff. BinSchGerG) besteht sachliche Kostenfreiheit nach III 1, IV 2 iVm Art. 34 III Moselvertrag, Art. 39 Rev. Rheinschifffahrtsakte (→ Rn. 40).

Nach Haushaltsplänen verwaltete öffentliche Anstalt oder Kasse (I 1): Jede öffentliche Einrichtung, deren gesamte Einnahmen und Ausgaben nach den haushaltsrechtlichen Bestimmungen unmittelbar in den Haushaltsplan des Bundes oder eines Landes aufzunehmen sind (→ Rn. 15).

Ordentliche Gerichtsbarkeit: In Verfahren vor ordentlichen Gerichten genießen gem. I der Bund, die Länder (→ Rn. 11) und die nach Haushaltsplänen verwalteten Einrichtungen (→ Rn. 13 ff.), gem. § 64 III 2 SGB X die Träger von Sozialleistungen (→ Rn. 22) und nach landesrechtlichen Regelungen meist Kirchen, Gemeinden und Hochschulen (→ Rn. 30) persönliche Kostenfreiheit.

Pflegekasse: → „Träger der Sozialversicherung".

Rechtsbehelfe, kostenrechtliche: Im Erinnerungs- und Beschwerdeverfahren nach GKG, JVEG und RVG besteht (sachliche) Gebührenfreiheit (§ 66 VIII 1, ggf. iVm §§ 67 I 2, 69 S. 2, § 68 III 1; § 56 II 2 RVG; § 4 VIII 1JVEG, → Rn. 38).

Rechtspflegererinnerung: Im Verfahren über die Rechtspflegererinnerung besteht sachliche Kostenfreiheit nach § 11 IV RPflG (→ Rn. 38).

Religionsgemeinschaft: → „Kirche".

Rheinschifffahrtsangelegenheiten: In Verfahren vor den Rheinschifffahrtsgerichten nach der Rev. Rheinschifffahrtsakte (iVm §§ 14 ff. BinSchGerG) besteht sachliche Kostenfreiheit nach III 1, IV 2 iVm Art. 39 Rev. Rheinschifffahrtsakte (→ Rn. 40).

Sächsisches Immobilien- und Baumanagement: Keine persönliche Kostenfreiheit nach I (OLG Dresden JurBüro 2016, 587; → Rn. 19).

Sondervermögen: IdR keine persönliche Kostenfreiheit nach I (→ Rn. 17).

Sozialgerichtsbarkeit: In Verfahren vor den Sozialgerichten, für die das GKG gilt (iÜ gelten die §§ 183, 184 SGG, → Rn. 8), genießen gem. I der Bund, die Länder (→ Rn. 11) und die nach Haushaltsplänen verwalteten Einrichtungen (→ Rn. 13 ff.) sowie gem. § 64 III 2 SGB X die Träger von Sozialleistungen (→ Rn. 23) persönliche Kostenfreiheit.

Sozialversicherung für Landwirtschaft, Forsten und Gartenbau: → „Träger der Sozialversicherung".

Staatliches Hofbräuhaus in München: Keine persönliche Kostenfreiheit nach I (OLG München NJOZ 2006, 2048; → Rn. 19).

Studentenwerk: IdR keine persönliche Kostenfreiheit nach I (→ Rn. 19).

Studienfonds des Landes Baden-Württemberg: Keine persönliche Kostenfreiheit nach I (LG Ulm BeckRS 2017, 140081; → Rn. 19).

Träger der Sozialversicherung: Keine persönliche Kostenfreiheit nach I (→ Rn. 20), aber ggf. nach § 64 III 2 SGB X (→ Rn. 23).

Unfallkasse: → „Träger der Sozialversicherung".

Verwaltungsgerichtsbarkeit: In Verfahren vor den Verwaltungsgerichten gibt es keine persönliche Kostenfreiheit (→ Rn. 8), sondern nur sachliche Kostenfreiheit nach Maßgabe von II (→ Rn. 37).

Weltanschauungsgemeinschaft: → „Kirche".

Höhe der Kosten

3 **I Die Gebühren richten sich nach dem Wert des Streitgegenstands (Streitwert), soweit nichts anderes bestimmt ist.**

II Kosten werden nach dem Kostenverzeichnis der Anlage 1 zu diesem Gesetz erhoben.

I. Normzweck. Die Vorschrift ist (wie die parallelen Vorschriften § 3 FamGKG, 1
§ 3 GNotKG, § 4 JVKostG, § 9 GvKostG sowie – für die anwaltliche Vergütung – § 2 RVG) die Grundnorm für den Anfall von **Kosten** (= Gebühren und Auslagen, § 1 I 1) nach dem GKG. **II** verweist für die (seit dem KostRÄndG 1975, → Vor § 1 Rn. 15, zur Vereinfachung aus dem Gesetzestext „ausgelagerten") Kostentatbestände auf die Anlage I zum GKG (Kostenverzeichnis – KV). **I** stellt für die Höhe der **Gebühren** den Grundsatz der Abhängigkeit vom Wert des Streitgegenstandes (und nicht etwa vom Aufwand des Gerichts) auf. Hierdurch soll ein angemessenes Verhältnis zwischen Gebührenhöhe und dem mit der ersuchten gerichtlichen Tätigkeit verfolgten Zweck, Rechtsschutz in einer bestimmten Angelegenheit zu erhalten, erreicht werden (vgl. Begr. RegE GKG 1878 Vhdlg. d. RT [3. Leg.-Per., II. Session 1878, Anlagen], Bd. 49, Anl. 76, 564 ff. (576 f.)). Eine solche Wertabhängigkeit der Gebühren ist verfassungsrechtlich unbedenklich (→ Vor § 1 Rn. 24).

II. Verweisung auf Kostenverzeichnis (II). Da die Erhebung von Gerichts- 2
kosten in das Grundrecht des Kostenschuldners aus Art. 2 I GG eingreift, muss diese in der verfassungsmäßigen Ordnung begründet sein (→ Vor § 1 Rn. 30). II verweist für die **Kostentatbestände** auf das als Anlage I dem Gesetz beigefügte Kostenverzeichnis und macht dieses damit zum Inhalt der gesetzlichen Kostenregelungen.

III. Grundsatz der Wertabhängigkeit(I). 1. Wertgebühren. Die verfassungs- 3
rechtlichen Anforderungen an die Erhebung von Gerichtskosten (→ Rn. 2) betreffen nicht nur den Kostentatbestand, sondern auch die Höhe der Kosten, die daher ebenfalls einer ausreichenden normativen Bestimmung bedarf. Für Gebühren bestimmt I, dass ihre Höhe sich regelmäßig – als sog. Wertgebühren – nach dem **Streitwert** richtet. Dieser (kostenrechtliche) Streitwert ist nach der Legaldefinition in I der Wert des Streitgegenstandes (damit unterscheidet er sich insbes. vom prozessualen Beschwerdewert, der für die Statthaftigkeit von Rechtsmitteln etwa nach §§ 511 II Nr. 1, 544 II Nr. 1, 567 II ZPO relevant ist, bei dem es auf den Wert des Beschwerdegegenstands ankommt).

Der **Streitgegenstand** (= Gegenstand eines gerichtlichen Verfahrens) wird nach 4
dem heute wohl allg. anerkannten sog. zweigliedrigen Streitgegenstandsbegriff durch den konkret gestellten Antrag (Klageantrag) und den ihm zugrunde liegenden Lebenssachverhalt (Klagegrund) bestimmt (vgl. nur BGHZ 199, 159 = NZG 2014, 110 Rn. 16; BAG NZA 2020, 248 Rn. 45; BVerwGE 156, 229 = NVwZ-RR 2017, 635 Rn. 17; BSGE 125, 120 = NZS 2018, 862 Rn. 10, jew. mwN). Für die Ermittlung des Streitwertes kommt es dabei vor allem auf den Antrag des Klägers bzw. – im Rechtsmittelverfahren – des Rechtsmittelführers an.

Der **Wert** des Streitgegenstands wird für den (kostenrechtlichen) Streitwert (nor- 5
mativ) nach den Vorschriften des Abschnitts 7 (§§ 39–65) ermittelt. Maßgeblich sind damit zunächst allein die Vorschriften des GKG; prozessrechtliche Wertvorschriften (wie insbes. die §§ 3 ff. ZPO) können nur herangezogen werden, soweit das GKG auf diese (wie insbes. in § 48 I 1) verweist. Damit unterscheidet sich der (Kosten-)Streitwert des GKG von dem prozessrechtlichen Wert des Streitgegenstandes, auf den es etwa als (Zuständigkeits-)Streitwert nach § 23 Nr. 1 GVG ankommt, der allein nach prozessrechtlichen Wertvorschriften (ohne Rückgriffsmöglichkeit auf das GKG) zu bestimmen ist (vgl. etwa § 2 ZPO).

2. Andere Gebühren. Der (ursprünglich ohnehin nur bürgerliche Rechtsstreitig- 6
keiten erfassende) Grundsatz der Wertabhängigkeit der Gebühren gilt allerdings nicht uneingeschränkt, sondern nur soweit (durch das GKG und damit im Rahmen der verfassungsmäßigen Ordnung) nichts **anderes bestimmt** ist. In diesem Sinne anderes bestimmt ist in allen Fällen, in denen das Gesetz eine (wertunabhängige) **Festgebühr** (vgl. etwa KV 1255, 1256, 1510, 1511 ff.) vorsieht.

Verweisungen

4 **[I] Verweist ein erstinstanzliches Gericht oder ein Rechtsmittelgericht ein Verfahren an ein erstinstanzliches Gericht desselben oder eines anderen Zweiges der Gerichtsbarkeit, ist das frühere erstinstanzliche Verfahren als Teil des Verfahrens vor dem übernehmenden Gericht zu behandeln.**

[II] [1] Mehrkosten, die durch Anrufung eines Gerichts entstehen, zu dem der Rechtsweg nicht gegeben oder das für das Verfahren nicht zuständig ist, werden nur dann erhoben, wenn die Anrufung auf verschuldeter Unkenntnis der tatsächlichen oder rechtlichen Verhältnisse beruht. [2] Die Entscheidung trifft das Gericht, an das verwiesen worden ist.

Übersicht

1 **A. Normzweck.** Wird ein Verfahren vor einem Gericht eingeleitet, dann aber wegen anfänglicher oder nachträglich eintretender Unzuständigkeit des erstinstanzlich angerufenen Gerichts an ein anderes Gericht verwiesen, würden ohne besondere Regelung für dieses Verfahren bei jedem der beiden befassten Gerichte nach den insoweit jeweils geltenden Kostenvorschriften Kosten anfallen. Damit die Partei durch die Verweisung hinsichtlich der Kosten weder besser noch schlechter gestellt wird, als wenn das übernehmende Gericht von Anfang an mit der Sache befasst gewesen wäre (vgl. OLG Frankfurt NJW-RR 2018, 254 Rn. 18 mwN), fasst **I** beide Verfahren zu einer kostenrechtlichen Einheit zusammen. **II** schließt überdies (in erster Linie für den Fall der Verweisung erst in der Rechtsmittelinstanz) die Erhebung etwaiger durch die Anrufung des unzuständigen Gerichts entstandener Mehrkosten aus, soweit die Verkennung der Unzuständigkeit nicht verschuldet war. Entspr. – für verfahrensrechtliche Besonderheiten des FamFG ergänzte – Regelungen enthalten § 6 FamGKG und § 5 GNotKG sowie – für den Fall der Rechtswegverweisung – § 17b II GVG. Vorgängerregelungen des heutigen § 4 waren §§ 30, 31 GKG 1878/1898, § 27 GKG 1922/1927, § 33 GKG 1957 und § 9 GKG 1975.

2 **B. Anwendungsvoraussetzung.** Die Anwendung der Vorschrift setzt voraus, dass eine Verweisung vorliegt (→ Rn. 3 ff.), die das Verfahren an ein (im kostenrechtlichen Sinne anderes) erstinstanzliches Gericht überträgt (→ Rn. 18 ff.) und durch oder an ein Gericht erfolgt, bei dem das Verfahren in den Anwendungsbereich des GKG fällt (→ Rn. 21).

3 **I. Verweisung. 1. Allgemeines.** Eine Verweisung ist nach den einzelnen Verfahrensordnungen eine förmliche Entscheidung des Gerichts, mit dem das Verfahren einem anderen Gericht mit idR für dieses bindender Wirkung übertragen wird (zur Teilverweisung → Rn. 17). Sie ist in den Verfahrensordnungen für zwei Fälle vorgesehen:

4 Zum einen gibt es für den Fall der **örtlichen** oder **sachlichen Unzuständigkeit** des (erstinstanzlich; die Einlegung eines Rechtsmittels bei einem unzuständigen Ge-

richt kann demgegenüber nicht durch Verweisung geheilt werden, vgl. BGH NJW-RR 1997, 55) zunächst angerufenen Gerichts die Verweisung an das innerhalb der Gerichtsbarkeit örtlich bzw. sachlich zuständige Gericht (vgl. §§ 281, 506 ZPO, § 17a VI GVG, § 3 FamFG, § 270 StPO sowie die auch für diesen Fall auf die entspr. Anwendung der §§ 17–17b GVG verweisenden Vorschriften § 48 ArbGG, § 83 VwGO, § 98 SGG, § 70 FGO).

Beispiele: Hierunter fallen etwa die Verweisung des Verfahrens vom örtlich unzuständigen VG A. an das örtliche zuständige VG B. (§ 83 I VwGO iVm § 17a II GVG) oder vom sachlich unzuständigen LG A. an das sachlich zuständige AG A. (§ 281 ZPO), aber auch (vgl. § 13 GVG) von der sachlich unzuständigen Streitabteilung des AG an das Familiengericht oder die FG-Abteilung desselben AG (§ 17a VI GVG iVm § 17a II GVG). 5

Das Gesetz bezeichnet auch die Übertragung eines Verfahrens zwischen einer Zivilkammer und einer KfH als Verweisung (§§ 97–99 GVG), doch bedarf es hier wegen kostenmäßiger Identität des Verfahrens vor und nach Verweisung keines Rückgriffs auf § 4 (auch → Rn. 13). 6

Zum anderen gibt es für den Fall der **Unzulässigkeit des zum angerufenen Gericht beschrittenen Rechtswegs** die Verweisung an das zuständige Gericht des zulässigen Rechtswegs (§§ 17a, 17b GVG, ggf. iVm § 48 ArbGG, § 83 VwGO, § 98 SGG, § 70 FGO), für die allerdings § 17b II GVG gilt. 7

Beispiele: Solche Fälle sind etwa die Verweisung vom LG A. an das ArbG A. (zur Rechtswegfrage → ArbGG §§ 11a–12a Rn. 1) oder vom SG A. an das VG B. 8

2. Sonderfälle. a) Abgabe. Von der Verweisung verfahrensrechtlich zu unterscheiden ist die sog. Abgabe des Verfahrens. Sie fällt auch **nicht** unter den Begriff der Verweisung iSd I (aA etwa NK-GK/N. Schneider Rn. 2, 8; BeckOK KostR/Dörndorfer Rn. 3; Binz/Dörndorfer/Zimmermann/Zimmermann Rn. 8). Dass I nicht etwa einen eigenen, vom verfahrensrechtlichen abweichenden kostenrechtlichen Begriff der Verweisung verwendet, ergibt sich schon daraus, dass der Gesetzgeber des FamGKG (und nachfolgend auch der des GNotKG) es für erforderlich gehalten hat, in der Parallelvorschrift zu § 4 den Fall der Abgabe in der freiwilligen Gerichtsbarkeit (§ 4 FamFG; zu Familiensachen vgl. außerdem §§ 123, 153, 202, 233, 263, 268 FamFG, die allerdings auf die entspr. Anwendung von § 281 ZPO verweisen) in § 6 I 2 FamGKG (ebenso in § 5 I 2 GNotKG) ausdrücklich zu regeln (vgl. Begr. RegE § 6 FamGKG BT-Drs. 16/6308, 301). Zu fragen ist daher nur, ob ggf. eine **analoge Anwendung** (hierzu allg. → Vor § 1 Rn. 31) des § 4 auf eine Abgabe wegen einer bestehenden Regelungslücke in Betracht kommt. Hierfür ist indessen zu differenzieren: 9

Die Verfahrensordnungen kennen den Begriff der Abgabe vor allem für das **Mahnverfahren** (vgl. §§ 696 I, 698, 700 III, 1090 II ZPO, § 46a IV ArbGG, § 182a I 3 SGG), der dort die nach Widerspruch oder Einspruch erfolgende Überleitung vom Mahnverfahren in das streitige Verfahren durch Übertragung an das insoweit als zuständig bezeichnete Gericht bezeichnet. Für diesen Fall sieht das GKG allerdings eine Anrechnung der Gebühr für das Mahnverfahren auf die Gebühr für das streitige Verfahren vor (KV 1210 Anm. I, 8210 Anm. I). Die Frage des Verhältnisses zwischen den Kosten beider Verfahren ist mithin ausdrücklich (und abweichend von § 4) geregelt, so dass für diesen Fall eine (analoge) Anwendung des § 4 ausgeschlossen ist (übersehen etwa von OLG Köln NJOZ 2013, 446 (447); Meyer Rn. 2; BeckOK KostR/Dörndorfer Rn. 3; Binz/Dörndorfer/Zimmermann/Zimmermann Rn. 8). 10

Für die in der **StPO** genannten Fälle einer Abgabe ist § 4 jedenfalls bedeutungslos. Soweit nach § 348 III StPO ein Revisionsverfahren an ein anderes Revisionsgericht abgegeben werden kann, ist die weitere Tatbestandsvoraussetzung der Übertragung an ein (anderes) Gericht erster Instanz (→ Rn. 18) nicht erfüllt. Soweit nach § 462a I 3, V 2 StPO das Verfahren über sog. Nachtragsentscheidungen von der Strafvollstreckungskammer an das Gericht des ersten Rechtszuges oder umgekehrt abgegeben werden kann, fallen für diese Verfahren keine Gerichtsgebühren an, sondern nur ggf. Auslagen; die insoweit anfallenden Kosten sind solche der Vollstre- 11 ckung und gehören daher gem. § 464a I 2 StPO zu den Kosten des Strafverfahrens (OLG Braunschweig BeckRS 2014, 20153; OLG Karlsruhe RVGreport 2020, 112).

12 Unter den gesetzlich geregelten Fällen einer Abgabe erweist sich nur die nach **§ 12 LwVG** erfolgende Abgabe eines Verfahrens von einem für Landwirtschaftssachen zuständigen Gericht an das Prozessgericht bzw. umgekehrt als problematisch. § 12 III LwVG aF sah für diesen Fall noch eine dem I entspr. Regelung vor, doch wurde diese Regelung vom Gesetzgeber des GNotKG im Hinblick auf die inhaltlich identische Regelung in § 5 I GNotKG gestrichen (Begr. RegE BT-Drs. 17/11471, 285). Wenn damit eine solche Abgabe zwar von § 5 I 2 GNotKG erfasst wird, fehlt aber nunmehr die regelungstechnisch notwendige (→ Rn. 25) Entsprechung im GKG. Da dies offenkundig vom Gesetzgeber übersehen worden ist, handelt es sich um eine mit der Streichung des § 12 III LwVG aF nachträglich entstandene Lücke, die im Anwendungsbereich des GKG durch eine **analoge Anwendung** des I geschlossen werden muss.

13 Auf gesetzlich nicht besonders geregelte Fälle einer sog. **formlosen Abgabe** wird regelmäßig auch eine analoge Anwendung des § 4 nicht in Betracht kommen. Dies gilt jedenfalls für Fälle, in denen das Verfahren vor und nach Abgabe auch ohne Anwendung des § 4 eine kostenrechtliche Einheit bildet, wie dies insbes. bei einer Abgabe des Verfahrens an einen anderen, nach dem Geschäftsverteilungsplan zuständigen Spruchkörper desselben Gerichts der Fall ist (vgl. NK-GK/N. Schneider Rn. 17). Gibt ein erstinstanzliches Gericht noch vor Eintritt der Rechtshängigkeit auf Wunsch des Klägers das Verfahren an ein anderes Gericht ab (vgl. nur BGH GuT 2013, 150 = BeckRS 2011, 21282 Rn. 13), betätigt sich also gleichsam als Bote des Klägers, besteht, soweit vor dem zunächst angerufenen Gericht überhaupt Kosten angefallen sind, jedenfalls kein Bedürfnis für eine analoge Anwendung des § 4, weil ein solcher Fall kostenrechtlich nicht anders behandelt werden kann, als wenn der Kläger von vornherein – etwa aus Unsicherheit über die Zuständigkeit – Verfahren bei beiden Gerichten anhängig gemacht hätte.

14 Entspr. gilt für den Fall, dass ein Rechtsmittelgericht ein Rechtsmittelverfahren auf Wunsch des Rechtsmittelführers (zB bei Einlegung einer Berufung in einer WEG-Sache bei dem dem erstinstanzlich entscheidenden AG unmittelbar übergeordneten LG statt bei dem nach § 72 II GVG zuständigen LG am Sitz des OLG) oder auch von Amts wegen (zB bei einer vom Vorderrichter zugelassenen, im Gesetz aber nicht vorgesehenen Rechtsbeschwerde an den BGH, die in eine in die Zuständigkeit des OLG fallende weitere Beschwerde umzudeuten ist, vgl. etwa BGH RVGReport 2019, 199; auch zur Frage der in einem solchen Fall aber in Betracht kommenden Niederschlagung der Kosten des Rechtsbeschwerdeverfahrens nach § 21) an das für das Rechtsmittel tatsächlich zuständige Rechtsmittelgericht abgibt; hier scheidet eine analoge Anwendung des § 4 überdies auch deshalb aus, weil die Vorschrift nur die erstinstanzliche Zuständigkeit betrifft (→ Rn. 18).

15 **b) Zurückverweisung.** Auch die in einer kassatorischen Rechtsmittelentscheidung erfolgende Zurückverweisung des Verfahrens an ein Gericht des unteren Rechtszugs (vgl. etwa §§ 538 II, 563 I ZPO; §§ 130 II, 144 III VwGO; §§ 159, 170 II SGG; §§ 126 III, 127 FGO, sog. „Vertikalverweisung") ist **keine** Verweisung iSd I. Dies ergibt sich schon daraus, dass deren kostenrechtlichen Folgen in § 37 besonders geregelt sind.

16 **c) Verfahrenstrennung.** Die kostenrechtliche Behandlung der Trennung eines Verfahrens in mehrere selbständige Verfahren (zB nach § 145 ZPO, § 93 VwGO, § 113 I SGG, § 73 I FGO) ist im GKG nicht besonders geregelt (OLG Düsseldorf NJW 2017, 2629 Rn. 16). Eine entspr. Anwendung des § 4 scheidet aus, weil mit der Trennung selbständige Verfahren entstehen, für die auch die Kosten gesondert anfallen (vgl. BFH/NV 2016, 1057 Rn. 11; FG Düsseldorf StB 1997, 279 = BeckRS 1996, 30947847 mwN; OLG Bremen AGS 2013, 462; KG BeckRS 2010, 13349 mwN). Besonderheiten ergeben sich nur insoweit, als die weitere Tätigkeit des Gerichts nicht davon abhängig gemacht werden darf, dass eine allein infolge der Trennung verbleibende Gebührenforderung beglichen wird (OLG Bremen AGS 2013, 462), und als sowohl vor der Verfahrenstrennung gezahlte Kosten (OLG Nürnberg OLG-Report Nürnberg 2005, 262 = BeckRS 2005, 925; LG Essen JurBüro 2012, 152) als auch vor der Verfahrenstrennung angefallene, alle Verfahrensteile

betreffende Auslagen (OLG Düsseldorf NJW 2017, 2629 mAnm Pantze) anteilig auf die mit der Trennung entstandenen Verfahren zu verteilen sind. Auch → § 6 Rn. 38.

17 Auch der **Teilverweisung** eines Rechtsstreits liegt zunächst eine Verfahrenstrennung zugrunde, auf die die Verweisung eines der durch die Trennung entstandenen selbständigen Verfahrens folgt. Für die kostenrechtliche Behandlung gelten daher im Ausgangspunkt die vorstehend dargestellten Grundsätze für die Verfahrenstrennung (OLG München NJW-RR 1996, 1279) und für den verwiesenen Teil sodann die Regeln des § 4 (NK-GK/N. Schneider Rn. 40).

18 **II. An erstinstanzliches Gericht.** Erfasst ist nach I nur eine Verweisung an ein (anderes) erstinstanzliches Gericht desselben oder eines anderen Zweiges der Gerichtsbarkeit; die Zuständigkeit des Rechtsmittelgerichts ist eine Frage der Zulässigkeit des Rechtsmittels (vgl. BGH NJW-RR 1997, 55; eine Verweisung analog § 281 ZPO kommt nur ausnahmsweise in Betracht, vgl. BGH NJW 2010, 1818 Rn. 11) und ein Wechsel des Rechtsweges in höherer Instanz ist ausgeschlossen. Welches Gericht erstinstanzliches Gericht ist, ist nach der für das Zielgericht maßgeblichen Verfahrensordnung zu beurteilen (so können etwa ein OLG nach §§ 118, 120–120b, 201 I 1 GVG, § 129 I VGG, ein OVG nach § 48 VwGO, § 173 S. 2 VwGO iVm § 201 I 1 GVG, der BGH nach § 201 I 2 GVG und das BVerwG nach § 50 VwGO, § 173 S. 2 VwGO iVm § 201 I 2 GVG erstinstanzlich zuständig sein).

19 Unerheblich ist dagegen, ob die Verweisung sofort durch das zunächst angerufene (unzuständige) **erstinstanzliche Gericht** (sog. „Horizontalverweisung") oder erst in der Rechtsmittelinstanz **durch das Rechtsmittelgericht** (nach Aufhebung der angefochtenen Entscheidung des unzuständigen Gerichts, sog. „Diagonalverweisung") erfolgt. In der Rechtsmittelinstanz wird dies allerdings nur in Betracht kommen, soweit dort nicht gem. bzw. entspr. § 17a V GVG eine Bindung an eine vorangegangene Zuständigkeitsentscheidung besteht oder die Rüge der fehlenden örtlichen oder sachlichen Zuständigkeit nach §§ 513 II, 545 II ZPO ausgeschlossen ist. Dies ist außer im Falle des § 355 StPO insbes. dann der Fall, wenn die Verweisung erst auf eine Beschwerde nach § 17a IV 3, 4 GVG erfolgt oder eine heute nach § 17a III 2 GVG (ggf. iVm § 48 ArbGG, § 83 VwGO, § 98 SGG oder § 70 FGO) bei Zuständigkeitsrüge gebotene Vorabentscheidung unterlassen worden ist (vgl. nur BGHZ 119, 246 = NJW 1993, 470).

20 **Beispiel:** Ein (vor Einfügung der §§ 17a, 17b GVG) beim LG anhängig gemachtes, ein Recht auf Sand- und Kiesabbau betreffendes Verfahren zwischen Bund und Land, das zunächst in der Berufungsinstanz vom OLG nach Aufhebung des erstinstanzlichen Urteils und Erklärung der Klage im ordentlichen Rechtsweg als unzulässig an ein VG verwiesen worden war, ist in der Revisionsinstanz vom BGH (BGH MDR 1987, 648) unter Zurückweisung der Revision an das nach § 50 I Nr. 1 VwGO erstinstanzlich zuständige BVerwG (dort: BVerwGE 85, 223 = NVwZ-RR 1991, 13) verwiesen worden (zur kostenrechtlichen Behandlung BVerwG Rpfleger 1992, 132 mAnm Hellstab, zur Vorläufernorm § 9 GKG 1975).

21 **III. Aus oder in den Anwendungsbereich des GKG.** Schließlich muss der Anwendungsbereich des GKG (§ 1) berührt sein, indem die kostenrechtliche Behandlung des Verfahrens jedenfalls entweder beim verweisenden Gericht oder bei dem Gericht, an das verwiesen worden ist, dem GKG unterliegt (vgl. Begr. RegE KostRÄndG 1975, BT-Drs. 7/2016, 69, zur Vorläufernorm § 9 GKG 1975), → Rn. 23 ff.

22 **C. Kostenrechtliche Folgen. I. Kostenrechtliche Einheit (I).** Das Verfahren vor dem zunächst angerufenen erstinstanzlichen Gericht und das Verfahren vor dem übernehmenden erstinstanzlichen Gericht sind nach I kostenrechtlich nicht als selbständige Verfahren zu behandeln, sondern zu einer kostenrechtlichen Einheit zusammenzufassen. Dabei wird das frühere Verfahren kostenrechtlich Teil des späteren Verfahrens, so dass sich die kostenrechtliche Behandlung insgesamt nach den für das Verfahren vor dem übernehmenden Gericht maßgeblichen Kostenvorschriften richtet.

23 **1. Anwendung des GKG.** Unproblematisch ist dies, wenn beide Verfahren in den Anwendungsbereich des GKG fallen (also etwa bei einer Verweisung von einem AG an ein LG oder ein VG als erstinstanzliches Gericht).

24 Wird aus dem Anwendungsbereich des GKG **herausverwiesen** (also zB von der Streitabteilung eines AG an das Familiengericht oder die freiwillige Gerichtsbarkeit), folgt aus I zunächst, dass keine Kosten (mehr) nach dem GKG zu erheben sind; für die weiteren Folgen verweist I auf das für das Verfahren vor dem übernehmenden Gericht geltende Kostenrecht (also in den genannten Beispielfällen nach den mit I inhaltlich identischen Vorschriften § 6 I FamGKG bzw. § 5 I GNotKG; vgl. Begr. RegE KostRÄndG 1975, BT-Drs. 7/2016, 69, zur Vorläufernorm § 9 GKG 1975).

25 Wird umgekehrt in den Anwendungsbereich des GKG **hineinverwiesen,** behandelt I nur die Kostenerhebung nach dem GKG; dass für das Verfahren vor dem verweisenden Gericht keine Kosten (mehr) anfallen, muss sich aus dem insoweit anwendbaren Kostenrecht (also wiederum etwa § 6 I FamGKG oder § 5 I GNotKG) ergeben. Fraglich ist die kostenrechtliche Behandlung, wenn für das Verfahren vor dem verweisenden Gericht eine dem I entspr. gesetzliche Regelung fehlt, wie dies bei den (für sozialgerichtliche Verfahren unter Beteiligung nach § 183 SGG Kostenprivilegierter maßgeblichen, → SGG Vor § 183 Rn. 5) §§ 183–197b SGG der Fall ist (zu § 12 LwVG → Rn. 12); soweit für den Fall der Verweisung von einem SG etwa an ein VG ein Entfallen der Pauschgebühr nach § 184 SGG angenommen wird (vgl. etwa SG Karlsruhe BeckRS 2015, 72502 mwN), genügt zur Begründung jedenfalls nicht der bloße Hinweis auf das GKG.

26 **2. Bedeutung.** Die in I angeordnete Behandlung des Verfahrens vor dem angerufenen erstinstanzlichen Gericht als Teil des Verfahrens vor dem übernehmenden Gericht bedeutet, dass sich nach der Verweisung die kostenrechtliche Behandlung beider Verfahren **insgesamt** nur noch **nach den für das Verfahren vor dem übernehmenden Gericht maßgeblichen Kostenvorschriften** richtet. Das erstinstanzliche (→ Rn. 18) Verfahren wird mithin so behandelt, als ob es von Anfang an vor dem übernehmenden Gericht anhängig gewesen wäre (BVerwG AGS 2018, 505 mAnm Hansens RVGReport 2018, 394; Hellstab Rpfleger 1992, 132 (133), zur Vorgängerregelung § 9 GKG 1975). Für dieses fällt nur **eine Verfahrensgebühr** – nach den für das Verfahren vor dem übernehmenden Gericht (auch, wenn dort das Verfahren nicht mehr betrieben wird, KG JurBüro 1970, 168 (169), zur Vorgängerregelung § 33 GKG 1957) – an.

27 **Beispiele:** Wird ein Verfahren vom LG an das ArbG verwiesen, wird nunmehr anstelle der 3,0 Verfahrensgebühr nach VV 1210 die 2,0 Verfahrensgebühr nach VV 8210 geschuldet; wird ein Verfahren vom VG an das nach § 50 I VwGO erstinstanzlich zuständige BVerwG verwiesen, wird anstelle der 3,0 Verfahrensgebühr nach VV 5110 die 5,0 Verfahrensgebühr nach VV 5114 geschuldet, die Differenz ist ggf. nachzuerheben (vgl. Hansens RVGReport 2018, 394 (395)).

28 Ob und in welcher Höhe Auslagen für das Verfahren vor dem zunächst angerufenen Gericht anfallen und bereits vor der Verweisung Gebührentatbestände verwirklicht sind, richtet sich allein nach den für das Verfahren vor dem übernehmenden Gericht geltenden Vorschriften (vgl. Begr. RegE KostRÄndG 1975, BT-Drs. 7/2016, 69, zur Vorläufernorm § 9 GKG 1975.

29 **Beispiele:** Eine vor der Verweisung durchgeführte mündliche Verhandlung schließt, wenn die Klage nach der Verweisung zurückgenommen wird, eine Ermäßigung der mit der Verweisung angefallenen Verfahrensgebühr für das Verfahren vor dem übernehmenden Gericht nach VV 1211, 5111, 6111, 7111, 8211 aus (vgl. KG AP § 276 ZPO Nr. 3, zur Vorläufernorm § 27 GKG 1922/1927; OLG München Rpfleger 1981, 124, zur Vorläufernorm § 9 GKG 1975); ein nach Verweisung vom LG an das ArbG geschlossener Vergleich lässt die Verfahrensgebühr insgesamt nach VV 8210 Anm. II entfallen (LAG Hamm JVBl. 1966, 212, aA ArbG Karlsruhe AP § 12 ArbGG 1953 Nr. 1, beide zur Vorläufernorm § 33 GKG 1957).

30 Bereits für das Verfahren vor dem zunächst angerufenen Gericht **gezahlte Kosten** sind **anzurechnen** auf die Kosten des Verfahrens vor dem übernehmenden Gericht. Gilt für das Verfahren vor dem übernehmenden Gericht eine **Vorauszahlungspflicht** nach § 12 I, kann das übernehmende Gericht nach Maßgabe dieser Vorschrift jedenfalls dann die Vornahme weiterer gerichtlicher Handlungen von einer Zahlung der Verfahrensgebühr abhängig machen, wenn vor dem zunächst angerufenen Ge-

richt keine Vorauszahlungspflicht bestand (also etwa bei einer Verweisung an AG oder LG vom ArbG, OLG Köln NJOZ 2013, 446; OLG Brandenburg NJW-RR 1999, 291 (292), aA für den Fall, dass vor dem ArbG bereits eine mündliche Verhandlung stattgefunden hat, OLG Frankfurt a. M. MDR 1960, 508, vom VG, OLG Dresden NJOZ 2003, 2573 (2574 f.), oder vom SG, AG Elmshorn AGS 2010, 385)). Hat hingegen das zunächst angerufene Gericht trotz dort bestehender Vorauszahlungspflicht die Klage zugestellt, ist das übernehmende Gericht an diese Ermessensausübung gebunden und kann die Vornahme weiterer gerichtlicher Handlungen nicht ohne weiteres von einer Zahlung abhängig machen (OLG München NJW-RR 1989, 64).

3. Verfahren. Für das kostenrechtliche Verfahren (einschließlich der Rechtsbehelfe) gilt nach der Verweisung, dass für die Erhebung und Beitreibung der Kosten allein das übernehmende Gericht zuständig ist, vgl. § 6 I KostVfg (in diesem Werk abgedruckt → KostVfg § 1 Rn. 1). Für den Ausgleich der Kosten haben Bund und Länder die „Vereinbarung über den Ausgleich der Kosten" (in diesem Werk abgedruckt → Kostenausgleich) getroffen. Nach deren Abschnitt I Nr. 1 und 2 werden alle noch nicht angesetzten bzw. beigetriebenen Kosten nach der Verweisung nur noch bei dem übernehmenden Gericht angesetzt bzw. beigetrieben. Sind Kosten zurückzuzahlen, ist deren Rückzahlung nach Abschnitt I Nr. 3 der Vereinbarung ebenfalls von dem übernehmenden Gericht anzuordnen, und zwar auch dann (aus eigenen Haushaltsmitteln), wenn die Zahlung an das zunächst angerufene Gericht erfolgt ist; nach Abschnitt IV Nr. 2 der Vereinbarung haben Bund und Länder auf Erstattung solcher Beträge verzichtet. 31

II. Mehrkosten (II). 1. Anfall. Eine Sonderregelung enthält II (wie § 6 III FamGKG, § 5 II GNotKG) für die Mehrkosten, die vor der Verweisung **durch die Anrufung des unzuständigen Gerichts** entstanden sind. Zusätzliche Gerichtskosten vor der Verweisung können anfallen, wenn die Verweisung (ausnahmsweise) **erst in der Rechtsmittelinstanz** (auch im Beschwerdeverfahren nach § 17a IV 3, 4 GVG, Binz/Dörndorfer/Zimmermann/Zimmermann Rn. 16) erfolgt (→ Rn. 19); (nur) diesen Fall hatte auch der Gesetzgeber im Blick (vgl. Begr. RegE KostRÄndG 1975, BT-Drs. 7/2016, 70, zur Vorläufernorm § 9 GKG 1975). In einem solchen Fall ist nach I nur das Verfahren vor dem zunächst angerufenen erstinstanzlichen Gericht Teil des Verfahrens vor dem übernehmenden Gericht; die **Kosten der Rechtsmittelinstanz** bleiben dagegen von I unberührt und fallen daher zusätzlich an. 32

2. Erhebung. Die Erhebung solcher Mehrkosten wird durch II 1 **eingeschränkt:** Sie sind nur dann zu erheben, wenn die Anrufung des unzuständigen Gerichts auf einer verschuldeten Unkenntnis der tatsächlichen oder rechtlichen Verhältnisse beruhte. (Positive) Voraussetzung für die Erhebung der Mehrkosten ist mithin die **gerichtliche Feststellung eines entspr. Verschuldens** des Klägers bzw. Antragstellers (vgl. Begr. Rechtsausschuss zur Vorläufernorm § 9 GKG 1975, BT-Drs. 7/3243, 4; der RegE sah noch eine Nichterhebung nur bei festgestelltem fehlendem Verschulden vor, vgl. BT-Drs. 7/2016, 5, 70). 33

Ob ein solches Verschulden aber überhaupt in Betracht kommt, ist vor dem Hintergrund der heute beschränkten Möglichkeit einer Verweisung in der Rechtsmittelinstanz fraglich. Der vom historischen Gesetzgeber hierfür angeführte Fall, dass der Kläger trotz Hinweises auf die Unzulässigkeit des zum LG beschrittenen Rechtsweges erst nach Abweisung der Klage als unzulässig vor dem OLG Verweisung an das VG beantragt (Begr. RegE KostRÄndG 1975, BT-Drs. 7/2016, 70, zur Vorläufernorm § 9 GKG 1975), ist heute wegen § 17a II GVG (Verweisung von Amts wegen) ausgeschlossen. Da heute eine Verweisung in der Rechtsmittelinstanz nur in Betracht kommen wird, wenn das erstinstanzliche Gericht seine Zuständigkeit zunächst bejaht hat (und entweder die nach § 17a III 2 GVG gebotene Vorabentscheidung der Beschwerde nach § 17a IV 3, 4 GVG nicht standgehalten hat oder eine Vorabentscheidung entgegen § 17a III 2 GVG unterblieben ist, → Rn. 19), wird allein aufgrund der Zuständigkeitsrüge des Gegners ein Verschulden des Klägers bzw. Antragstellers kaum zu bejahen sein. 34

3. Verfahren. Die **Entscheidung** über die (ausnahmsweise) Erhebung der Mehrkosten trifft nicht, wie nach § 21 II 1 das Gericht, um dessen Kosten es geht (also das 35

Rechtsmittelgericht), sondern nach II 2 das **übernehmende Gericht.** Diese (etwas befremdliche) Regelung beruht auf dem gesetzgeberischen Gedanken, dass dieses Gericht „meist" besser als das verweisende Gericht imstande sei, die Frage des Verschuldens zu beurteilen (Begr. RegE KostRÄndG 1975, BT-Drs. 7/2016, 70, zur Vorläufernorm § 9 GKG 1975). Die Entscheidung ist ein eigenständiger Beschluss, der in Ermangelung einer besonderen Regelung im GKG nach den Regelungen der für das zugrundeliegende Verfahren geltenden Verfahrensvorschriften anfechtbar ist (vgl. § 1 V; aA – Beschwerde analog § 66 II – Meyer Rn. 17; NK-GK/N. Schneider Rn. 36; BeckOK KostR/Dörndorfer Rn. 8; Binz/Dörndorfer/Zimmermann/Zimmermann Rn. 18).

Verjährung, Verzinsung

5 **I 1 Ansprüche auf Zahlung von Kosten verjähren in vier Jahren nach Ablauf des Kalenderjahrs, in dem das Verfahren durch rechtskräftige Entscheidung über die Kosten, durch Vergleich oder in sonstiger Weise beendet ist. 2 Für die Ansprüche auf Zahlung von Auslagen des erstinstanzlichen Musterverfahrens nach dem Kapitalanleger-Musterverfahrensgesetz beginnt die Frist frühestens mit dem rechtskräftigen Abschluss des Musterverfahrens.**

II 1 Ansprüche auf Rückerstattung von Kosten verjähren in vier Jahren nach Ablauf des Kalenderjahrs, in dem die Zahlung erfolgt ist. 2 Die Verjährung beginnt jedoch nicht vor dem in Absatz 1 bezeichneten Zeitpunkt. 3 Durch Einlegung eines Rechtsbehelfs mit dem Ziel der Rückerstattung wird die Verjährung wie durch Klageerhebung gehemmt.

III 1 Auf die Verjährung sind die Vorschriften des Bürgerlichen Gesetzbuchs anzuwenden; die Verjährung wird nicht von Amts wegen berücksichtigt. 2 Die Verjährung der Ansprüche auf Zahlung von Kosten beginnt auch durch die Aufforderung zur Zahlung oder durch eine dem Schuldner mitgeteilte Stundung erneut. 3 Ist der Aufenthalt des Kostenschuldners unbekannt, genügt die Zustellung durch Aufgabe zur Post unter seiner letzten bekannten Anschrift. 4 Bei Kostenbeträgen unter 25 Euro beginnt die Verjährung weder erneut noch wird sie gehemmt.

IV Ansprüche auf Zahlung und Rückerstattung von Kosten werden vorbehaltlich der nach Nummer 9018 des Kostenverzeichnisses für das erstinstanzliche Musterverfahren nach dem Kapitalanleger-Musterverfahrensgesetz geltenden Regelung nicht verzinst.

Schrifttum: Baller, Verjährung von Gerichtskosten in der Sozialgerichtsbarkeit, WzS 1965, 321; Hornung, Änderungen des Verjährungsrechts in den Justizkostengesetzen, Rpfleger 2002, 604.

Übersicht

A. Normzweck, Übersicht. Die Vorschrift betrifft (wie auch etwa die §§ 6 ff.) das Kostenschuldverhältnis (→ Vor § 1 Rn. 21) zwischen Staatskasse und Kostenschuldner in Bezug auf kostenrechtliche Ansprüche. Da diese öffentlich-rechtlicher Natur sind (→ Vor § 1 Rn. 20), kann für das Kostenschuldverhältnis nicht ohne weiteres auf schuldrechtliche Regeln des Zivilrechts zurückgegriffen werden. Zwei – nicht in Zusammenhang stehende – Fragen behandelt § 5, nämlich zum einen in **I–III** die **Verjährung** kostenrechtlicher Ansprüche (→ Rn. 4 ff.) und zum anderen in **IV** ihre **Verzinsung** (→ Rn. 32). 1

Verjährung ist die teils sanktionierende, teils an die Vermutung des Nichtbestehens des Rechts anknüpfende Rechtsfolge der Untätigkeit des Gläubigers bei der Verfolgung seines Rechts und dient letztlich dem Rechtsfrieden. Auch öffentlich-rechtliche Ansprüche unterliegen regelmäßig einer solchen Verjährung (vgl. nur BVerwGE 97, 1 (6) = NJW 1995, 1913 (1914) mwN). Allerdings fehlen im öffentlichen Recht allgemeine Verjährungsregelungen; soweit keine öffentlich-rechtlichen Spezialregelungen vorhanden sind, ist zur Lückenfüllung im Wege der Analogie die (idR zivilrechtliche) Verjährungsregelung heranzuziehen, die sich nach dem Gesamtzusammenhang der für den jeweiligen Anspruch maßgebenden Rechtsvorschriften und der Interessenlage als sachnächste erweist (vgl. nur BVerwGE 158, 199 = NVwZ 2017, 969 Rn. 13 mwN). Ursprünglich enthielt das GKG keine besondere Verjährungsregelung; für kostenrechtliche Ansprüche der Länder oder gegen diese galten ggf. vorhandene landesrechtliche Vorschriften (zB in Preußen für Kostenansprüche §§ 13, 115 prGKG 1927 und für Rückerstattungsansprüche Art. 8 § 1 prAGBGB iVm Art. 104 EGBGB, vgl. KG JW 1937, 2248), für solche in Bezug auf das Reich die dreißigjährige Regelverjährung nach § 195 BGB aF (RGZ 148, 129; JW 1936, 3309). Heute enthalten I–III Sondervorschriften für die Verjährung kostenrechtlicher Ansprüche, die allerdings tlw. (in III 1) ebenfalls auf das BGB verweisen. Sie sind mit der AnpassungsVO v. 27.3.1936 (→ § 2 Rn. 4) in geringfügig modifizierter Form aus der KostO (§ 16 KostO 1935/§ 17 KostO 1957) in das GKG übernommen worden. Weitgehend identische Regelungen enthalten § 7 I–III FamGKG, § 6 I–III GNotKG, § 2 III, IV JVEG, § 5 I–III JVKostG und § 8 I–III GvKostG. 2

Verzinsung ist die Begründung einer gewinn- und umsatzabhängigen, laufzeitabhängigen, in Geld oder anderen vertretbaren Sachen zu entrichtenden Vergütung für die Möglichkeit des Gebrauchs eines Kapitals als eine materiell akzessorisch und formell selbständig neben die zu verzinsende Hauptschuld tretende Zinsschuld. Einen allgemeinen Grundsatz, dass eine öffentlich-rechtliche Geldschuld zu verzinsen ist, gibt es nicht; sowohl für Ansprüche der öffentlichen Hand gegen einen Bürger als auch für Ansprüche des Bürgers gegen die öffentliche Hand bedarf es insoweit einer ausdrücklichen gesetzlichen Grundlage (vgl. nur BVerwG DÖV 1979, 761 = BeckRS 1979, 903 mwN). Gleichwohl hatte 1998 das BayObLG angenommen, dass ein Anspruch auf Rückerstattung von Kosten (nach der KostO) von der Staatskasse (als Rückgewähr eines rechtsgrundlos erlangten Vorteils nach bereicherungsrechtlichen Grundsätzen) zu verzinsen sei (BayObLGZ 1998, 340 = NJW 1999, 1194 = NotBZ 1999, 83 mAnm Lappe). Dies hat der Gesetzgeber zum Anlass genommen, mit dem ERJuKoG vom 10.12.2001 (BGBl. I 3422) durch die Einfügung von IV eine Verzinsungspflicht für Ansprüche auf Zahlung und Rückerstattung von Gerichtskosten grundsätzlich auszuschließen (vgl. Begr. RegE BT-Drs. 14/6855, 23 f., 25). Entsprechende Regelungen enthalten § 7 IV FamGKG, § 6 IV GNotKG, § 5 IV JVKostG und § 8 IV GvKostG. 3

B. Verjährung (I–III). I. Anwendungsbereich. I–III betreffen nur das (öffentliche-rechtliche) Rechtsverhältnis zwischen dem Kostenschuldner und der Staatskasse. Sie erfassen dann aber sowohl einen Anspruch der Staatskasse auf Zahlung von Kosten (= Gebühren und Auslagen, I 1 1) als auch einen gezahlte Kosten betreffenden Rückerstattungsanspruch des Kostenschuldners. 4

Nicht unter die I–III fällt ein **prozessualer Kostenerstattungsanspruch** der obsiegenden gegen die unterliegende Partei; dieser unterliegt den allgemeinen schuldrechtlichen Regeln des Zivilrechts und damit vor rechtskräftiger Titulierung gem. § 195 BGB der regelmäßigen Verjährung von drei Jahren und nach Rechtskraft der Kostenentscheidung gem. § 197 I Nr. 3 BGB einer dreißigjährigen Verjährung (vgl. 5

nur BGH NJW 2006, 1962 Rn. 6 ff. mwN, und außerdem OLG Hamm NJW 2019, 3163 mAnm Toussaint; Stamm NJW 2019, 3473; 2020, 873). Auch ein nach **§ 59 I 1 RVG** mit der Befriedigung des Rechtsanwalts durch die Staatskasse auf diese (ohne Änderung seiner Rechtsnatur) übergegangener Vergütungsanspruch eines im Wege der Prozess- bzw. Verfahrenskostenhilfe beigeordneten Rechtsanwalts gegen die Partei oder (etwa gem. § 126 I ZPO) einen ersatzpflichtigen Gegner fällt nicht unter I–III (zu § 130 BRAGO aF unter begründungsloser Gleichsetzung mit dem unmittelbar der Staatskasse zustehenden Kostenanspruch aA BGH NJW-RR 1997, 831); für den Anspruch gegen die Partei gilt dann die dreijährige Verjährung des § 195 BGB (VGH Hessen NJW 2018, 2281 mAnm Hansens RVGreport 2018, 253) und für den Anspruch gegen den Gegner wegen des Erfordernisses einer anderweitigen Kostengrundentscheidung mit deren Rechtskraft die dreißigjährige Verjährung des § 198 I Nr. 3 BGB (VG Berlin BeckRS 2012, 49145).

6 **II. Voraussetzungen der Verjährung.** Verjährung eines kostenrechtlichen Anspruchs tritt ein, wenn der Lauf der Verjährung begonnen hat (→ Rn. 7 ff.) und die Verjährungsfrist abgelaufen ist (→ Rn. 18), und zwar auch unter Berücksichtigung etwaiger Einwirkungen auf den Fristablauf (→ Rn. 19 ff.).

7 **1. Beginn der Verjährung. a) Allgemeine Voraussetzungen.** Da die Verjährung an die Untätigkeit des Gläubigers anknüpft (→ Rn. 2), setzt Verjährung regelmäßig voraus, dass der Gläubiger seinen Anspruch überhaupt geltend machen kann. Allgemeine **objektive Voraussetzung** des Verjährungsbeginns (vgl. § 199 I Nr. 1, III 1 Nr. 1, IIIa, IV BGB; soweit § 199 II, III 1 Nr. 2 BGB Ansprüche unabhängig von ihrer Entstehung bzw. Fälligkeit verjähren lässt, soll dies zum Schutz des Schuldners der Anspruchsdurchsetzung ein endgültiges, leicht feststellbares Ende setzen und begründet eher eine gesetzliche Ausschluss- als eine Verjährungsfrist) ist deshalb, dass der Anspruch **entstanden** ist, dass also der vom Gesetz zu seiner Entstehung geforderte Tatbestand vollständig verwirklicht ist, auch wenn der Gläubiger in diesem Zeitpunkt die Leistung noch nicht verlangen kann (vgl. allg. nur BGH NJW 2001, 1724 mwN), und dass er **fällig** geworden ist, dass also der Gläubiger die ihm geschuldete Leistung auch verlangen kann (vgl. allg. nur BGH NZG 2011, 1388 Rn. 51 mwN). Dies gilt – als ungeschriebenes Tatbestandsmerkmal – auch für die Verjährung nach I–III (NK-GK/N. Schneider Rn. 11; aA unter Hinweis auf den Wortlaut etwa VGH Bayern BeckRS 2013, 59892; OLG Karlsruhe Rpfleger 1988, 427; Meyer Rn. 7), weil ein rechtlich nicht durchsetzbarer Anspruch ohne besondere Rechtfertigung nicht verjähren kann.

8 Anders als § 199 I Nr. 2 BGB kennen I–III **keine** zusätzlich erforderlichen **subjektiven Voraussetzungen** des Verjährungsbeginns. Die Verjährung nach GKG beginnt daher in jedem Falle unabhängig von der Kenntnis (oder grob fahrlässigen Unkenntnis) des Gläubigers von den anspruchsbegründenden Umständen und der Person des Schuldners.

9 **b) Ansprüche auf Zahlung von Kosten, I.** Ein Anspruch der Staatskasse auf Zahlung von Kosten ist entstanden, wenn der einschlägige Kostentatbestand vollständig verwirklicht ist, und fällig, wenn die in §§ 6–9 im Einzelnen geregelten Fälligkeitsvoraussetzungen eingetreten sind (anfänglich hinausgeschoben wird die Fälligkeit insbes. für künftig entstehende Gerichtskosten durch Gewährung von Prozess- bzw. Verfahrenskostenhilfe, vgl. § 122 Nr. 1 Buchst. a ZPO und iErg BGH NJW-RR 1997, 831; zu Leistungsverweigerungsrechten des Schuldners → Rn. 21 f.). Eines **Kostenansatzes** bedarf es für den Verjährungsbeginn **nicht** (vgl. BGH AGS 2020, 16 (17); vielmehr tritt die Fälligkeit nach den gesetzlichen Vorschriften der Kosten unabhängig von ihrem Ansatz ein, die Fälligkeit ist also – umgekehrt – Voraussetzung für den Kostenansatz, und der Kostengläubiger kann es nicht in der Hand haben, den Verjährungsbeginn durch verspäteten Ansatz der (unmittelbar aus dem Gesetz folgenden) Kosten den Verjährungsbeginn herauszuschieben.

10 Üblicherweise beginnt die Verjährung mit der Fälligkeit des Anspruchs ohne weitere objektive Voraussetzungen. I 1 weicht für Ansprüche der Staatskasse (zu deren Gunsten) von diesem Grundsatz ab und schiebt den Verjährungsbeginn hinaus auf den Zeitpunkt, „in dem das Verfahren … beendet" ist, verlangt also als objektive Voraussetzung (zusätzlich) die **Beendigung des Verfahrens.** „Verfahren" in diesem

Sinne ist jedes (kostenrechtlich selbständiges) Verfahren, für das eigene Kosten erhoben werden (vgl. KG JW 1937, 2475), so dass es auf die Beendigung des Verfahrens ankommt, um dessen Kosten es geht. Da es auf die Beendigung des Verfahrens insgesamt ankommt, beginnt die Verjährung für die in den einzelnen Instanzen entstanden Kosten einheitlich und nicht bereits am Ende einer Instanz. Soweit Verfahrensabschnitte zwar verfahrensrechtlich selbständig sind, aber kostenrechtlich eine Einheit bilden (wie zB Verfahren über Grund- und Endurteil, Verfahren über Vorbehaltsurteil und Nachverfahren), kommt es für I 1 auf die Beendigung des letzten Verfahrensabschnitts an.

I 1 nennt **drei Formen der Verfahrensbeendigung.** Für deren Verständnis ist die Befriedungsfunktion der Verjährung zu beachten, so dass in jedem denkbaren Fall die Verjährung jedenfalls irgendwann beginnen muss, ohne dass dies von zusätzlichen Handlungen des Gläubigers – hier der Staatskasse – abhängt. Danach gilt Folgendes: **11**

(1.) Die als I 1 Fall 1 zunächst genannte Beendigung des Verfahrens „durch rechtskräftige Entscheidung über die Kosten" ist missverständlich formuliert, weil ein Verfahren nicht allein durch Kostenentscheidung beendet werden kann. Gemeint ist vielmehr die Beendigung des Verfahrens durch **Rechtskraft der verfahrensabschließenden Entscheidung** über den Streitgegenstand (ggf. auch durch Prozessurteil), die auch eine **Kostenentscheidung enthält** (und damit abschließend den Entscheidungsschuldner iSd § 29 Nr. 1 festlegt). Erfasst wird hierdurch der Regelfall der Verfahrensbeendigung durch Schlussentscheidung, nicht aber insbes. isolierte Kostenentscheidungen (zu diesen → Rn. 14). **12**

(2.) Beendigung des Verfahrens durch Vergleich iSd I 1 Fall 2 erfordert den Eintritt der **Wirksamkeit eines Prozessvergleichs.** Dieser muss das Verfahren insgesamt beenden, weil es bei einem Vergleich über Teile des Rechtsstreits keine aussonderbaren Kosten gäbe, deren Verjährung bereits beginnen könnte. Ob der Vergleich eine Kostenregelung enthält oder nicht, ist (anders als im vorgenannten Fall) unerheblich. Daher beginnt die Verjährung insbes. auch dann mit Wirksamkeit des Prozessvergleichs, wenn dieser eine sog. negative Kostenregelung enthält, die die Entscheidung über die Kosten dem Gericht überlässt, denn es kann nach Beendigung des die Kosten auslösenden Verfahrens nicht mehr in der Hand der Justiz liegen, den Lauf der Verjährung auszulösen. **13**

(3.) Eine Beendigung in „sonstiger Weise" iSd I 1 Fall 3 liegt insbes. bei **Rücknahme** der Klage oder des Rechtsmittels (vgl. § 9 II Nr. 2) und bei **übereinstimmenden Erledigungserklärungen** mit Wirksamkeit der jeweiligen Prozesshandlungen, aber auch etwa beim (kostenrechtlich selbständigen, vgl. KV 1610 ff.) selbständigen Beweisverfahren iSd §§ 485 ff. ZPO durch Beendigung der Beweisaufnahme vor (dass dessen Kosten verfahrensrechtlich zu den Kosten des ggf. anschließenden Hauptsacheverfahrens gehört, ist insoweit wegen der kostenrechtlichen Selbständigkeit, vgl. KV 1610 ff., unerheblich). Auch hier muss das Verfahren insgesamt beendet sein. Auf den Erlass einer (isolierten) Kostenentscheidung (zB nach §§ 91a I, 269 IV, 516 III 2 ZPO) kommt es aus den bereits zum Vergleich genannten Gründen nicht an (vgl. auch LSG Nordrhein-Westfalen JurBüro 2019, 373). **14**

Nicht ausdrücklich in I 1 geregelt ist die Behandlung einer **faktischen Beendigung** des Verfahrens etwa durch Ruhen, Nichtbetreiben, Unterbrechung oder Aussetzung ohne absehbares Ende (wie dies zB bei einer Unterbrechung des Verfahrens nach § 240 ZPO wegen der Eröffnung des Insolvenzverfahrens über das Vermögen einer Partei nicht selten der Fall ist). Der Zweck der Verjährung gebietet auch in einem solchen Fall, die Verjährung jedenfalls irgendwann einsetzen zu lassen. Da dieser Zeitpunkt allerdings aus Gründen der Rechtssicherheit hinreichend bestimmt sein muss, bietet sich ein Rückgriff auf die in § 9 I Nr. 3, 4 ausgedrückte gesetzliche Wertung an und einen Beginn der Verjährung **nach sechs Monaten** (und damit einen – ansonsten ohnehin üblichen, → Rn. 10 – Gleichlauf von Fälligkeit und Verjährungsbeginn) anzunehmen (so iErg OLG Schleswig JurBüro 1994, 680; aA OLG Nürnberg JurBüro 1981, 1230; OLG Karlsruhe Justiz 2013, 70 = BeckRS 2012, 21045; OLG Köln JurBüro 2015, 37). **15**

Besonderes gilt nach **I 2** für das **erstinstanzliche KapMuG-Musterverfahren** (vor dem OLG, § 6 I KapMuG). Für dieses werden keine gesonderten Gebühren erhoben (es gilt nach KV Vorb. 1.2.1 als Teil des ersten Rechtszugs des zugrundelie- **16** genden, durch das Musterverfahren unterbrochenen Prozessverfahrens; anderes gilt für das Rechtsbeschwerdeverfahren gegen einen Musterentscheid, für die insoweit anfallenden Gebühren, KV 1821, 1822, gelten die allg. Regelung des I 1). Erhoben werden aber **Auslagen** (insbes. für eine etwaige Beweisaufnahme, KV 9005, sowie Dokumenten- und Zustellungspauschalen, vgl. KV 9000 Anm. I 2, KV 9002 Anm. S. 2), und zwar anteilig auf die zugrundeliegenden Prozessverfahren verteilt (KV 9018). Eine gerichtliche Kostenentscheidung ergeht nicht im Musterverfahren, sondern erst in den zugrundeliegenden Prozessverfahren, als deren Teil das Musterverfahren gilt. Die nach KV 9018 anteilig geschuldeten Auslagen werden nach § 9 I 2 aber nicht (erst oder ggf. auch schon) mit dieser Kostenentscheidung, sondern mit dem rechtskräftigen Abschluss des Musterverfahrens fällig (um zu verhindern, dass durch Rücknahme einer dem Musterverfahren zugrundeliegenden Hauptsacheklage vor dem Abschluss des erstinstanzlichen Musterverfahrens dessen Auslagen fällig werden, bevor diese – nach Abschluss des Musterverfahrens – abschließend beziffert werden können, was aufwändige Nachberechnungen erforderlich machen würde, vgl. Begr. RegE 1. KapMuG BT-Drs. 15/5091, 34 f.). Hieran knüpft I 2 an und lässt die Verjährung „frühestens" mit dem rechtskräftigen Abschluss des Musterverfahrens beginnen (damit die volle Verjährungsfrist erhalten bleibt, vgl. Begr. RegE 1. KapMuG BT-Drs. 15/5091, 34). Daher müssen in diesem Falle für den Beginn der Verjährung die Voraussetzungen nach I 1 und I 2 **kumulativ** vorliegen.

17 **c) Ansprüche auf Rückerstattung von Kosten, II.** Ein Anspruch gegen die Staatskasse auf Rückerstattung gezahlter Kosten entsteht regelmäßig bereits mit der Zahlung (OLG Hamm BeckRS 1991, 7987; KG JW 1937, 2248) und wird nach dem Rechtsgedanken des § 271 I BGB auch sofort fällig. Soweit nach II 1 Voraussetzung für den Beginn der Verjährung ist, dass die **Zahlung erfolgt** ist, entspricht dies folglich bereits den allgemeinen Grundsätzen. Allerdings beginnt nach II 2 die Verjährung „nicht vor" Eintritt der in I für den Kostenanspruch genannten Voraussetzungen (also der **Beendigung des Verfahrens,** → Rn. 10 ff.), so dass für den Verjährungsbeginn die Tatbestände des I und des II 1 **kumulativ** vorliegen müssen.

18 **2. Dauer der Verjährung (I 1, II 1).** Die Verjährungsfrist für alle kostenrechtlichen Ansprüche beträgt nach I 1, II 1 (wie nach § 13 I prGKG 1922, → Rn. 2) einheitlich **vier Jahre.** Sie ist allerdings (wie heute in § 199 I BGB) als sog. **Ultimoverjährung** ausgestaltet, beginnt also nicht bereits mit Eintritt der objektiven Voraussetzungen für den Verjährungsbeginn, sondern aufgeschoben mit Ablauf des Kalenderjahres, in dem die Voraussetzungen eingetreten sind. Da das Kalenderjahr am 31.12. um 24 Uhr abläuft, beginnt die Frist mithin am folgenden 1.1. um 0 Uhr. Sie endet – soweit auf den Fristlauf nicht eingewirkt wurde (→ Rn. 19 ff.) – nach Verstreichen voller vier Jahre, daher mit Ablauf des letzten Tages des darauf folgenden vierten Jahres (also am vierten nachfolgenden 31.12. um 24 Uhr).

19 **3. Einwirkung auf den Lauf der Verjährung (III). a) Allgemeines.** Die Verjährung ist als rechtliche Konsequenz einer Versäumung der Rechtsverfolgung durch den Gläubiger nur gerechtfertigt, soweit dem Gläubiger eine Rechtsverfolgung rechtlich und tatsächlich überhaupt möglich ist, und gegenstandslos, sobald der Gläubiger seine Rechte (rechtzeitig) geltend macht. Umstände, die eine Anspruchsdurchsetzung unmöglich oder untunlich machen, sowie Rechtsverfolgungsmaßnahmen des Gläubigers wirken daher auf den (Fort-)Lauf der Verjährung ein. Für die Verjährung kostenrechtlicher Ansprüche verweist III 1 insoweit auf die Vorschriften des BGB **(§§ 203–213 BGB);** kostenrechtliche Sonderregelungen enthalten **II 3** und **III 2–4.** Sind mehrere Kostenschuldner vorhanden, sind diese Einwirkungen **für jeden Schuldner gesondert** zu prüfen (OLG Naumburg AGS 2011, 497; NK-GK/N. Schneider Rn. 12).

20 **b) Hemmung der Verjährung.** Die in III 1 iVm §§ 203–208 BGB und in II 3 genannten Umstände führen zur Hemmung der Verjährung, dh der Zeitraum, während dessen die Verjährung gehemmt ist, wird in die Verjährungsfrist nicht eingerechnet (III 1 iVm § 209 BGB, die Verjährung wird also „angehalten" und läuft nach Ende der Hemmung weiter). Die im BGB genannten Hemmungstatbestände dürften für kostenrechtliche Ansprüche im Wesentlichen ohne Bedeutung sein. Für solche sind vielmehr vor allem drei Konstellationen von praktischer Relevanz:

Nach § 31 II hat der **Zweitschuldner** von Kosten ein Leistungsverweigerungsrecht bis zum erfolglosen Abschluss einer (nicht von vornherein aussichtslos erscheinenden) Zwangsvollstreckung gegen den Entscheidungs- bzw. Übernahmeschuldner iSd § 29 Nr. 1, 2. Da nach § 202 I BGB aF die Verjährung u. a. dann gehemmt war, wenn der „Verpflichtete aus einem anderen Grunde vorübergehend zur Verweigerung der Leistung berechtigt" war, wurde für die Rechtslage vor dem SchuldRModG angenommen, dass im Verhältnis zum Zweitschuldner die Verjährung solange gehemmt ist (vgl. etwa OLG Schleswig JurBüro 1984, 1699; OLG Naumburg AGS 2011, 497). Die heutige Regelung des § 205 BGB beschränkt indessen die Hemmungswirkung auf Leistungsverweigerungsrechte „auf Grund einer Vereinbarung mit dem Gläubiger"; ein gesetzliches Leistungsverweigerungsrecht führt folglich heute nicht mehr zu einer Hemmung der Verjährung (auch eine entspr. Anwendung des § 205 BGB scheidet insoweit aus, BGH NZI 2018, 154 Rn. 11 ff.; BGHZ 224, 40 = NJW 2020, 395 Rn. 29). Daher ist der Annahme einer Hemmung der Verjährung im Verhältnis zum Zweitschuldner inzwischen die rechtliche Grundlage entzogen (so auch OLG Celle JurBüro 2008, 324). Will man nicht einen Aufschub der Fälligkeit annehmen (so OLG Düsseldorf BeckRS 2010, 4544; OLG Celle JurBüro 2012, 538; NK-GK/N. Schneider Rn. 12; BeckOK KostR/Dörndorfer Rn. 1; jurisPK-BGB/Lakkis BGB § 214 Rn. 47), bleibt der Staatskasse nur, durch (iÜ sinnfreie) Maßnahmen iSd III 2 (→ Rn. 25) gegenüber dem Zweitschuldner (ggf. regelmäßig) die Verjährung neu beginnen zu lassen. 21

Ähnlich dürfte sich die Rechtslage darstellen für **bei Bewilligung von Prozess- bzw. Verfahrenskostenhilfe rückständige Gerichtskosten,** die ab Bewilligung gegen die arme Partei grds. nicht mehr geltend gemacht werden können (§ 122 Nr. 1 Buchst. a ZPO, auch → Rn. 9). 22

Schließlich wird ein kostenrechtlicher **Rückerstattungsanspruch** gegen die Staatskasse nach der kostenrechtlichen Sonderregelung des II 3 auch durch die **Einlegung eines Rechtsbehelfs** gehemmt, mit dem das Ziel der Rückerstattung erreicht werden soll. 23

c) Neubeginn der Verjährung. Die in III 1 iVm § 212 BGB und in III 2, 3 genannten Umstände führen zum Neubeginn der Verjährung, dh zu einem Abbruch (bzw. nach der – allerdings irreführenden – Terminologie des BGB vor der Schuldrechtsmodernisierung zu einer „Unterbrechung") des Laufs der bisherigen Verjährungsfrist und einem neuen Beginn der (vollen) Verjährungsfrist. Für kostenrechtliche Ansprüche kann ein solcher Neubeginn der Verjährung insbes. durch **Vollstreckungsmaßnahmen** (III 1 iVm § 212 I Nr. 2 BGB; vgl. LG Frankfurt a. M. JurBüro 2020, 199), aber auch schon durch **Zahlungsaufforderung** (III 2 Fall 1) oder **Stundungsmitteilung** (III 2 Fall 2, vgl. hierzu die landesrechtlichen Vorschriften über Stundung von Gerichtskosten (allgemein hierzu → Stundung, Niederschlagung und Erlass von Gerichtskosten und anderen Justizverwaltungsabgaben Rn. 1); zum Kostenvorbehalt nach § 24 V vgl. LG Aurich RVGreport 2018, 268; VG München BeckRS 1996, 14494) herbeigeführt werden. 24

Sowohl eine **Aufforderung zur Zahlung** iSd III 2 Fall 1 als auch die **Mitteilung einer (einseitigen, kostenrechtlichen) Stundung** wirken auf die Verjährung regelmäßig nicht bereits mit Absendung (aA LG Frankfurt a. M. JurBüro 2020, 199, das die von ihm aaO zit. Entscheidung missversteht), sondern erst mit ihrem **Zugang** beim Schuldner ein (BGHZ 224, 20 = NJW 2020, 1364 Rn. 48; OLG Brandenburg AGS 2021, 413 mAnm Burhoff; OLG Saarbrücken BeckRS 2010, 13184; 2011, 20787; OLG Koblenz Rpfleger 1984, 434; 1988, 428; LSG Nordrhein-Westfalen JurBüro 2019, 373; FG Bremen EFG 1998, 141), der in die Darlegungs- und Beweislast des Gläubigers fällt (OLG Koblenz Rpfleger 1984, 434; OLG Saarbrücken BeckRS 2010, 13184; 2011, 20787; OLG Brandenburg AGS 2021, 413 mAnm Burhoff). Anderes gilt nach III 3 aber dann, wenn der Aufenthalt des Schuldners unbekannt ist. Dies ist bereits dann der Fall, wenn Mitteilungen der Post oder andere Erkenntnisse vor Ort vorliegen, dass der Schuldner an der Wohnadresse unbekannt ist; nicht erforderlich ist insbes., dass der Schuldner sich nach unbekannt abgemeldet hat oder von Amts wegen abgemeldet worden ist (FG Sachsen BeckRS 2015, 94283; FG Hamburg NJOZ 2011, 1412 (1413)). Dann genügt die Zustellung durch Aufgabe zur Post unter der letzten bekannten Anschrift des Schuldners; mangels abweichender 25

Regelung (wie etwa in § 184 II 1 ZPO) wirkt dann bereits die **Aufgabe zur Post** auf die Verjährung ein. Zugang oder ggf. Aufgabe zur Post bewirken nach III 2 einen Neubeginn der Verjährung (mit dem SchuldRModG wurde die Vorschrift durch Ersetzung des Begriffs „Unterbrechung" durch Neubeginn zwar redaktionell an das neue Verjährungsrecht angepasst, aber übersehen, dass nach den Grundsätzen des neuen Verjährungsrechts jedenfalls für die den Rechtsverfolgungsmaßnahmen zuzurechnende Zahlungsaufforderung wohl nur noch eine Hemmung der Verjährung in Betracht gekommen wäre; überdies macht es seither noch weniger Sinn, einer einseitigen Stundung nach III 2 Fall 2 eine weitergehende verjährungsrechtliche Wirkung zu geben als einer nach III 1 iVm § 202 I BGB aF, § 205 BGB nF die Verjährung nur hemmenden zweiseitig vereinbarten Stundung).

26 IÜ führt nach III 1 iVm § 212 I Nr. 2 BGB jede **Vollstreckungshandlung** des Gerichts oder der Behörde (zB des Vollziehungsbeamten, § 6 III JBeitrG) zum Neubeginn der Verjährung. Maßgeblich sind hierfür zwei Zeitpunkte: Zum einen lässt der **Eingang des Antrags** auf Vornahme der Vollstreckungshandlung an das insoweit zuständige Vollstreckungsorgan (unabhängig von der Dauer der anschließenden Bearbeitung, FG Hamburg NJOZ 2011, 1412 (1413)) neu beginnen, zum anderen die Vornahme der Vollstreckungshandlung, dh das **Wirksamwerden** (allgM, zum GKG etwa BVerwG BeckRS 1996, 31298665) der konkreten Vollstreckungsmaßnahme (zB Pfändung). Unerheblich ist insbes., dass entgegen § 5 II JBeitrG keine vorherige (ihrerseits nach III 2 zum Neubeginn der Verjährung führende) Zahlungsaufforderung erfolgt ist (FG Sachsen BeckRS 2015, 94283; FG Hamburg NJOZ 2011, 1412 (1413); OLG Saarbrücken BeckRS 2010, 13184; 2011, 20787). Wird der Antrag zurückgewiesen oder zurückgenommen oder wird die Vollstreckungsmaßahme auf Antrag des Gläubigers oder wegen Mangels der gesetzlichen Voraussetzungen aufgehoben, gilt der Neubeginn der Verjährung als von vornherein nicht eingetreten (III 1 iVm § 212 II, III BGB). Reagiert der Schuldner auf eine Vollstreckungsandrohung mit einer Vollstreckungsabwehrklage, führt auch deren Erhebung in entspr. Anwendung des § 212 I Nr. 2 BGB zum Neubeginn der Verjährung (BGHZ 122, 287 (295) = NJW 1993, 1847).

27 Eine **Aufrechnung** ist zwar funktionell die „Selbstvollstreckung" der zur Aufrechnung gestellten (Aktiv-)Forderung, hat aber keine Auswirkung auf deren Verjährung (allgM, vgl. zum Kostenanspruch nach GKG LG Frankfurt a. M. JurBüro 2020, 199; anders die Prozessaufrechnung, vgl. § 204 I Nr. 5 BGB). Allerdings ist die unbedingt erklärte Aufrechnung idR ein Anerkenntnis der (Passiv-)Forderung, gegen die aufgerechnet wird, so dass deren Verjährung nach § 212 I Nr. 1 BGB neu beginnt (vgl. allg. BGHZ 107, 395 (398) = NJW 1989, 2469; 2012, 3633 (3634)).

28 Zugang der Zahlungsaufforderung oder Stundungsmitteilung, Eingang des Vollstreckungsantrags, Wirksamwerden der Vollstreckungsmaßnahme usw. führen zur verjährungsrechtlichen Bedeutungslosigkeit der bis zu diesem Zeitpunkt bereits verstrichenen Zeit (vgl. § 217 BGB aF). Die Verjährung **beginnt** dann neu (nach dem sog. Grundsatz der Zivilkomputation, vgl. § 187 I BGB) **um 0 Uhr des folgenden Tages** (allgM, vgl. zu § 5 etwa FG Sachsen BeckRS 2015, 94283: FG Hamburg NJOZ 2011, 1412 (1413); LG Frankfurt a. M. JurBüro 2020, 199). Die neubegonnene Verjährung beginnt damit unterjährig und ist anders als die ursprüngliche (→ Rn. 18) keine Ultimoverjährung. Die Verjährungsfrist beträgt wiederum vier Jahre (OVG Sachsen-Anhalt NVwZ-RR 2019, 623 Rn. 5). Diese endet um 24 Uhr des Tages des darauffolgenden vierten Jahres mit demselben Datum des Tages, an dem der zur Neubeginn der Verjährung führende Tatbestand eingetreten ist (vgl. § 188 II BGB; ist also etwa die Zahlungsaufforderung am 11.3.2021 zugegangen, läuft die am 12.3.2021 neubegonnene Verjährungsfrist mit Ablauf des 11.3.2025 ab). Diese neubegonnene Verjährung kann jederzeit durch entspr. Maßnahmen erneut unterbrochen werden.

29 **d) Kleinbeträge (III 4).** Für Kleinbeträge unter 25 Euro (auch verbleibende Restbeträge) schließt III 4 Hemmung oder Neubeginn der Verjährung generell aus. Zwar nicht aus dem Wortlaut, wohl aber aus dem systematischen Zusammenhang mit III 2, 3 ergibt sich, dass dies **nur für Ansprüche der Staatskasse** auf Zahlung von Kosten gilt (insoweit zweifelsfrei die ursprüngliche Fassung nach der AnpassungsVO 1936, → Rn. 2) und damit nicht für Ansprüche gegen die Staatskasse auf Rück-

erstattung gezahlter Kosten (aA Hornung Rpfleger 2002, 605 (607)). Die von III 4 erfassten Ansprüche verjähren daher ab Verjährungsbeginn unaufhaltsam innerhalb von vier Jahren, wenn sie innerhalb dieses Zeitraums nicht tatsächlich erfüllt werden.

III. Rechtsfolgen der Verjährung. Nach Eintritt der Verjährung ist der Schuldner nach III 1 iVm § 214 I BGB berechtigt, die Leistung zu verweigern. Die Verjährung begründet mithin ein dauerndes **Leistungsverweigerungsrecht** des Schuldners. Auf dieses muss sich der Schuldner – als **Einrede** – grds. berufen. Die Staatskasse als auf Rückerstattung genommene Schuldnerin muss allerdings insoweit ein Entschließungsermessen ausüben (vgl. allg. BSGE 118, 213 Rn. 33); Einzelheiten hierzu sind in § 31 KostVfg geregelt. Ein durch Verjährung begründetes Leistungsverweigerungsrecht des Schuldners einer Kostenforderung hat die Staatskasse, wie III 1 Hs. 2 klarstellt, nicht von Amts wegen zu berücksichtigen (dass iÜ die öffentliche Hand aufgrund des Rechtsstaatsprinzips die Verjährung ihrer Ansprüche von Amts wegen berücksichtigen müsse, nimmt etwa Dörr DÖV 1984, 12 (16 f.), an; offengelassen von BSG NJW 1992, 1588 (1589)). Der Schuldner einer Kostenforderung kann die Verjährung auch mit der **Erinnerung** geltend machen (BVerfG BeckRS 2008, 142771 Rn. 5; OLG Brandenburg NJW-RR 2018, 1470 Rn. 9). 30

IV. Exkurs: Verwirkung. Auch kostenrechtliche Ansprüche können im Einzelfall der (von Amts wegen zu berücksichtigenden) Verwirkung unterliegen (BFH/NV 2014, 867 Rn. 24; OLG Saarbrücken NJW-RR 2019, 958 Rn. 9). Außer dem auch die Grundlage der Verjährung bildenden Zeitmoment muss hier aber nach allg. Grundsätzen ein sog. Umstandsmoment hinzutreten, dh zum einen ein Verhalten des Gläubigers, das den Schuldner berechtigterweise darauf vertrauen lässt, nicht mehr in Anspruch genommen zu werden, zum anderen eine hierauf gestützte Vertrauensdisposition des Schuldners, die für ihn die Erfüllung des Anspruchs wegen der damit verbundenen Nachteile billigerweise nicht mehr zumutbar erscheinen lassen (BFH/NV 2014, 867 Rn. 23 mwN). Dies wird im Kostenrecht nur ganz ausnahmsweise in Betracht kommen. 31

C. Verzinsung (IV). Eine Verzinsung sowohl der Kostenansprüche der Staatskasse als auch der gegen sie gerichteten Rückerstattungsansprüche wird von IV ausgeschlossen. Dies gilt für Zinsen aufgrund jeglicher Rechtsgrundlage, so dass insbes. Zinsen aus Verzug, als Schadensersatz, aber auch als Prozesszinsen ausscheiden. Ausgenommen sind nur die nach der ausdrücklichen Regelung in KV 9018 Anm. I zu verzinsenden Auslagen, die im erstinstanzlichen Musterverfahren entstehen (hierzu iÜ → Rn. 16). 32

Elektronische Akte, elektronisches Dokument

5a In Verfahren nach diesem Gesetz sind die verfahrensrechtlichen Vorschriften über die elektronische Akte und über das elektronische Dokument anzuwenden, die für das dem kostenrechtlichen Verfahren zugrunde liegende Verfahren gelten.

Schrifttum: Bacher, Der elektronische Rechtsverkehr im Zivilprozess, NJW 2015, 2753; ders., Die Verordnung zum elektronischen Rechtsverkehr, MDR 2019, 1; Bruns, Schriftsätze und elektronischer Rechtsverkehr, ZMR 2021, 566; Kranz/Hildebrandt/Müller, Anforderungen an die qualifizierte elektronische Signatur in gerichtlichen Dokumenten, NVwZ 2019, 1495; Möller, Der digitale Postausgang, NJW 2021, 2179; Müller, Neue Rechtsbegriffe im Zustellungsrecht, NJW 2017, 2713; Ulrich/Schmieder, Die elektronische Einreichung in der Praxis, NJW 2019, 113; Schultzky, Aktive Nutzungspflicht und Ausbau des elektronischen Rechtsverkehrs, MDR 2022, 201; Wagner, Das elektronische Dokument im Zivilprozess, JuS 2016, 29.

I. Normzweck, Übersicht. Mit dem Ziel, das Privatrecht den Entwicklungen des modernen Rechtsverkehrs anzupassen, wurde 2001 durch das Gesetz zur Anpassung der Formvorschriften des Privatrechts und anderer Vorschriften an den modernen Rechtsgeschäftsverkehr v. 13.7.2001 (BGBl. I 1542) zunächst u. a. § 130a ZPO, § 46b ArbGG aF (jetzt § 46c ArbGG), § 108a SGG aF (jetzt § 65a SGG), § 86a VwGO aF (jetzt § 55a VwGO) und § 77a FGO aF (jetzt § 52a FGO) geschaffen, die seither das 1

elektronische Dokument als modifizierte Schriftform für Schriftsätze in den jeweiligen Verfahrensarten zulassen. Durch das JKomG (→ Vor § 1 Rn. 16) wurde dies ergänzt durch Regelungen über **gerichtliche elektronische Dokumente** (§ 130b ZPO, § 46d ArbGG, § 65a III SGG, § 55a III VwGO, § 52a III FGO) und zur **elektronischen Führung von Prozessakten** (§§ 298, 298a ZPO, § 46e ArbGG, § 65b SGG, § 55b VwGO, § 52b FGO). Ihren bisherigen Abschluss fand diese Modernisierung der gerichtlichen Kommunikation und Aktenführung mit dem Gesetz zur Förderung des elektronischen Rechtsverkehrs mit den Gerichten v. 10.10.2013 (BGBl. I 3786) das nun noch die Einführung **elektronischer Formulare** ermöglichte (u. a. § 130c ZPO, § 14a FamFG, § 46f ArbGG, § 65c SGG, § 55c VwGO, § 52c FGO) und für Rechtsanwälte (auch dann, wenn kein Vertretungszwang besteht, die Partei selbst mithin Schriftsätze auf konventionellem Wege einreichen kann!, vgl. OLG Frankfurt a. M. NJW 2022, 3371 mAnm Toussaint FD-ZVR 2022, 451337), Behörden und juristische Personen des öffentlichen Rechts seit dem 1.1.2022 eine **Nutzungspflicht** elektronischer Übermittlungswege einführte (u. a. § 130d ZPO, § 14b FamFG, § 46g ArbGG, § 65d SGG, § 55d VwGO, § 52d FGO).

2 Auf kostenrechtliche Verfahren nach dem **GKG** wurde diese Entwicklung zunächst dadurch erstreckt, dass 2001 (nur) für das **Erinnerungs- und Beschwerdeverfahren** in § 5 aF (heute § 66) die entspr. Anwendung von § 130a ZPO (also auch dann, wenn sich das Hauptsacheverfahren etwa nach der VwGO richtete) angeordnet wurde. Mit dem JKomG wurde die weitgehende Abkopplung der kostenrechtlichen Verfahrensvorschriften von denen des jeweiligen Hauptsacheverfahrens durch das KostRMoG (→ § 1 Rn. 45) zum Anlass genommen, im GKG (sowie zugleich in der KostO, dem GvKostG, dem JVEG und dem RVG) den Verweis (nunmehr) in § 66 auf die ZPO durch eine **eigenständige,** seither für **alle Verfahren nach dem GKG** geltende (inhaltlich an §§ 130a, 130b, 298a ZPO orientierte) Vorschrift abzulösen (vgl. Begr. RegE § 5a GKG BT-Drs. 15/4067, 56). § 5a aF enthielt (in I aF) bereits eine inhaltlich mit der heutigen Gesetzesfassung identische Verweisung auf die Vorschriften für das Verfahren, in dem die Kosten anfallen, darüber hinaus (in II, III aF) aber noch weitere Regelungen. 2014 wurde § 5a dann durch das 2. KostRMoG auf eine **bloße Verweisung** auf die für das Hauptsacheverfahren geltende Verfahrensordnung reduziert um sicherzustellen, dass für die kostenrechtlichen Verfahren **die gleichen Grundsätze wie für das Verfahren zur Hauptsache** gelten (Begr 2. KostRMoG BT-Drs. 17/11471, 155 f., 243). Aus demselben Grund erhielten zugleich § 7 GNotKG und § 8 FamGKG einen identischen sowie § 5 IV GvKostG, § 4b JVEG und § 12b RVG einen an die jeweiligen Besonderheiten angepassten Wortlaut.

3 **II. Verfahren nach diesem Gesetz.** § 5a gilt für alle Verfahren nach dem GKG. Er gilt daher (anders als früher der Verweis in § 66 V 1 aF auf § 130a ZPO) nicht nur für die Rechtsbehelfsverfahren nach dem GKG (§§ 66–69a), sondern auch etwa für Verfahren betreffend die Erhebung von Vorschüssen, den Kostenansatz und Nachforderungen sowie die Wertangabe nach § 61.

4 **III. Anzuwendende Vorschriften. 1. Grundsatz.** Für diese Verfahren verweist § 5a auf die für das jeweilige **Hauptsacheverfahren** geltenden verfahrensrechtlichen Vorschriften. Geht es also etwa um Kosten für ein Verfahren vor den ordentlichen Gerichten nach der ZPO (§ 1 I Nr. 1 Fall 1), sind die Vorschriften der ZPO über die elektronische Akte und über das elektronische Dokument (u. a. §§ 130a–130d, §§ 298, 298a ZPO) anzuwenden. Elektronische Kommunikation und Aktenführung richten sich damit für Hauptsache- und Kostenverfahren stets nach denselben rechtlichen Regeln.

5 **2. Elektronisches Dokument.** Auch in Verfahren nach dem GKG können (bzw. bei Bestehen einer Nutzungspflicht, → Rn. 1, müssen) daher Anträge und Erklärungen außer in Schriftform oder ggf. durch Erklärung zu Protokoll der Geschäftsstelle (vgl. § 66 V 1) als **elektronische Dokumente** bei Gericht eingereicht werden. Dieses genügt der ansonsten verfahrensrechtlichen Schriftform nach den einzelnen Verfahrensordnungen dann, wenn es für die Bearbeitung durch das Gericht **geeignet** ist und – als Unterschriftsersatz – mit einer den Verfahrensvorschriften genügenden **(elektronischen) Signatur** der Person, die das Dokument verantwortet, versehen ist

(das Fehlen einer Signatur kann allerdings ausnahmsweise unschädlich sein, wenn aufgrund anderer Umstände zweifelsfrei der Verfasser ebenso feststeht wie der Umstand, dass dieser die Verantwortung für den Inhalt des Dokuments übernommen hat, vgl. BAG NJW 2020, 3476 Rn. 19 mAnm Toussaint ArbRAktuell 2020, 619).

a) Eignung zur Bearbeitung. Die technischen Rahmenbedingungen für die Eignung zur Bearbeitung durch das Gericht ergeben sich aus der auf der Grundlage von § 130a II 1 ZPO u. a. erlassenen Verordnung über die technischen Rahmenbedingungen des elektronischen Rechtsverkehrs und über das besondere elektronische Behördenpostfach (Elektronischer-Rechtsverkehr-Verordnung – **ERVV**) vom 24.11.2017 (BGBl. I 3803, zuletzt geändert durch Art. 6 Gesetz vom 5.10.2021, BGBl. I 4607). Nach § 2 I ERVV ist das elektronische Dokument im Dateiformat PDF oder, wenn bildliche Darstellungen im Dateiformat PDF nicht verlustfrei wiedergegeben werden können, zusätzlich im Dateiformat TIFF zu übermitteln. Die anfänglich geltende Anforderung, dass dies in druckbarer, kopierbarer und, soweit technisch möglich (dh bei Texten), durchsuchbarer Form geschehen musste (vgl. hierzu allg. etwa BAG NJW 2020, 1694 mAnm Toussaint FD-ZVR 2020, 429320), gilt seit dem 1.1.2022 nicht mehr (vgl. BAG NJW 2022, 1832 mAnm Toussaint FD-ZVR 2022, 449086). 6

Die weiteren technischen Anforderungen an die zur Übermittlung geeigneten Dateien sind nach § 5 I ERVV von der Bundesregierung im Bundesanzeiger und auf der Internetseite www.justiz.de bekanntzumachen (vgl. zuletzt die – an die Stelle aller bisherigen Bekanntmachungen tretende – 2. ERVB 2022 v. 10.2.2022, BAnz AT 18.2.2022 B2). Die 2. ERVB 2022 nennt in Nr. 1 als zulässige Dateiformate PDF einschließlich PDF 2.0, PDF/A-1, PDF/A-2, PDF/UA sowie TIFF Version 6. Dabei „soll" der Dokumenteninhalt orts- und systemunabhängig darstellbar sein (was insbesondere bei PDF/A-Dateien der Fall ist), doch führt die Nichteinhaltung dieser Anforderung nicht zur Formunwirksamkeit (vgl. BAG NJW 2022, 1832). Bei den Dateinamen dürfen (ungeachtet der offenbar zumindest teilweise in der Justiz bestehenden technischen Probleme) auch Umlaute verwendet werden (so ausdrücklich Nr. 6 Buchst. c) 2. ERVB; vgl. auch BGH GRUR 2020, 980 Rn. 16; NJW 2022, 1820 Rn. 15 mAnm Toussaint FD-ZVR 2022, 448703). 7

b) Elektronische Signatur. Eine **elektronische Signatur** sind nach der Legaldefinition in Art. 3 Nr. 10 eIDAS-VO (VO (EU) Nr. 910/2014 über elektronische Identifizierung und Vertrauensdienste für elektronische Transaktionen im Binnenmarkt und zur Aufhebung der Richtlinie 1999/93/EG vom 23.7.2014, ABl. 2014 L 257, 73; ber. ABl. 2015 L 23, 19, und ABl. 2016 L 155, 44) Daten in elektronischer Form, die anderen elektronischen Daten (= Dokument) beigefügt oder logisch mit ihnen verbunden werden und die der Unterzeichner zum Unterzeichnen verwendet. 8

Eine Signatur in diesem Sinne kann auch in der Einfügung des Namens am Ende des Textes des Dokuments bestehen (vgl. Begr. RegE Gesetz zur Förderung des elektronischen Rechtsverkehrs mit den Gerichten BT-Drs. 17/12634, 25; BAG NJW 2020, 3476 Rn. 15 mwN). Eine solche (mindestens notwendige, vgl. BAG NJW 2020, 3476 Rn. 13 ff.) sog. **einfache Signatur** genügt allerdings nach den Verfahrensvorschriften nur, wenn das Dokument **auf einem sicheren Übermittlungsweg** eingereicht wird (§ 130a III 1 Fall 2 ZPO, § 46c III 1 Fall 2 ArbGG, § 65 III 1 Fall 2 SGG, § 55a III 1 Fall 2 VwGO, § 52a III 1 Fall 2 FGO); letzteres ist insbes. bei der Übermittlung aus einem besonderen elektronischen Anwaltspostfach (**beA,** § 31a BRAO) an die elektronischen Poststelle des Gerichts der Fall (§ 130a IV Nr. 2 ZPO, § 46c IV Nr. 2 ArbGG, § 65 IV Nr. 2 SGG, § 55a IV Nr. 2 VwGO, § 52a IV Nr. 2 FGO). Voraussetzung ist dann (anders als bei Verwendung einer qualifizierten elektronischen Signatur, BAG NJW 2020, 258) allerdings, dass die das Dokument signierende und damit verantwortende Person mit der des tatsächlichen Versenders (= Inhaber des beA-Postfachs) übereinstimmt (BVerwG NVwZ 2022, 649; BGH NJW 2021, 390 Rn. 30; NJW 2022, 2415 Rn. 10; BSG NJW 2022, 1334; BAG NJW 2020, 2351 mwN auch zur Gegenansicht). 9

Ansonsten bedarf es einer sog. **qualifizierten elektronischen Signatur** (§ 130a III 1 Fall 1 ZPO, § 46c III 1 Fall 1 ArbGG, § 65 III 1 Fall 1 SGG, § 55a III 1 Fall 1 VwGO, § 52a III 1 Fall 1 FGO, vgl. BVerwG NVwZ 2020, 1125 (Ls.); BSG MMR 2021, 803 Rn. 7), des Dokumentes selbst (und nicht lediglich des 10

Inhaltsdatencontainers, BSG BeckRS 2020, 24903 Rn. 3 mwN; anders im Anwendungsbereich, → PatKostG Vor § 1 Rn. 1 ff., der BGH/BPatGERVV, vgl. BGH GRUR 2022, 1174 mAnm Toussaint FD-ZVR 2022, 449776). Hierbei handelt es sich um eine sog. fortgeschrittene elektronische Signatur (= eine den Anforderungen des Art. 26 eIDAS-VO genügende elektronische Signatur, Art. 3 Nr. 11 eIDAS-VO), die – als zusätzliche Anforderungen (vgl. BGH NJW 2022, 2415 mAnm Elzer FD-ZVR 2022, 448978) – von einer qualifizierten elektronischen Signaturerstellungseinheit erstellt wurde und auf einem qualifizierten Zertifikat für elektronische Signaturen beruht (Art. 3 Nr. 12 eIDAS-VO).

11 **3. Übermittlung durch E-Mail. a) Im Text der E-Mail.** Die Einreichung von Anträgen oder Erklärungen im Text einer E-Mail genügt im kostenrechtlichen Verfahren weder der etwa in § 66 V 1 verlangten Schriftform noch den Formerfordernissen eines elektronischen Dokuments (BGH NJW-RR 2015, 1209; OVG Münster NVwZ 2013, 1630 (Ls.) = BeckRS 2013, 52409; VGH München RVGreport 2008, 359 = BeckRS 2008, 27940; VG Arnsberg RPfleger 2014, 31).

12 **b) In angehängter Datei.** Auch die Übersendung als angehängte separate (insbes. PDF-)Datei mit einer eingescannten Unterschrift (und damit einer einfachen Signatur, → Rn. 9) durch (einfache, nicht auf sicherem Übermittlungsweg versandte) E-Mail genügt jedenfalls **nicht** den Formerfordernissen eines **elektronischen Dokuments** (vgl. allg. etwa BSGE 122, 71 = NJW 2017, 1197 Rn. 14; BGH NJW 2019, 2096 Rn. 8 ff., jew. mwN; BVerwGE 169, 228 Rn. 12).

13 Davon ist aber die Frage zu unterscheiden, ob und unter welchen Voraussetzungen die einer solchen E-Mail angehängte Datei die verfahrensrechtliche **Schriftform** (vgl. § 130 Nr. 6 ZPO) wahren kann. Für diese verfahrensrechtliche Schriftform ist nicht § 126 BGB maßgeblich; vielmehr kommt es allein darauf an, dass den mit ihr verfolgten Zwecken Genüge getan ist, dass also der Inhalt der Erklärung, die abgegeben werden soll, und die Person, von der sie ausgeht, hinreichend zuverlässig aus dem Schriftstück entnommen werden können, und dass feststeht, dass das Schriftstück mit Wissen und Willen des Berechtigten dem Gericht zugeleitet worden und kein bloßer Entwurf ist (GmS-OGB BGHZ 75, 340 (348 f.) = NJW 1980, 172 (174); BGHZ 144, 160 (162) = NJW 2000, 2340 (2341)). Von dem grundsätzlichen Erfordernis der eigenhändigen Unterschrift kann daher dann abgesehen werden, wenn eine Unterschrift auf Grund der technischen Besonderheiten des Übermittlungswegs nicht möglich war.

14 Nach (bisheriger) Auffassung des **BGH** genügt daher (bislang) der **Ausdruck** eines im Original eigenhändig unterzeichneten, eingescannten und im Anhang einer E-Mail als PDF-Datei übersandten Schriftsatzes – jedenfalls, wenn dies nach vorheriger Rücksprache mit der Geschäftsstelle erfolgte – dem Schriftformerfordernis (BGH NJW 2015, 1527 Rn. 10 mwN; NJW 2019, 2096 Rn. 12; FamRZ 2020, 847 Rn. 16; NJW 2021, 390 Rn. 7 ff., BeckRS 2021, 20825 Rn. 2; zust. **BAG** NZA 2013, 983 Rn. 12; zur Fristwahrung genügt eine solche E-Mail folglich – anders als ein bereits als solches die Schriftform wahrendes, vgl. § 130 Nr. 6 ZPO, Telefax – nicht bereits mit vollständiger Aufzeichnung bei Gericht. sondern nur, wenn sie auch tatsächlich vor Fristablauf ausgedruckt worden ist). **BSG** und **BFH** sehen demgegenüber eine E-Mail generell als elektronisches Dokument an, für das die insoweit geltenden Vorschriften abschließend sind (vgl. BSGE 122, 71 = NJW 2017, 1197 Rn. 15 ff.; BeckRS 2020, 3738 Rn. 3; 2020, 20975 Rn. 4 mwN; BFHE 234, 118 = NJW 2012, 334 Rn. 21 ff.; früher auch BGH NJW-RR 2009, 357 Rn. 9; zum GKG ebenso OVG Münster NVwZ 2013, 1630 (Ls.) = BeckRS 2013, 52409). Auch das **BVerwG** hat sich entspr. geäußert (vgl. BVerwG BeckRS 2017, 142144 Rn. 18), in jüngerer Zeit aber offengelassen, ob dem BGH zu folgen sei (BVerwGE 169, 228 Rn. 13).

Rechtsbehelfsbelehrung

5b Jede Kostenrechnung und jede anfechtbare Entscheidung hat eine Belehrung über den statthaften Rechtsbehelf sowie über die Stelle, bei der dieser Rechtsbehelf einzulegen ist, über deren Sitz und über die einzuhaltende Form und Frist zu enthalten.

Schrifttum: H. Schneider, Die Rechtsbehelfsbelehrung in den kostenrechtlichen Verfahren, AGS 2014, 106; Volpert, Rechtsbehelfsbelehrungen gem. § 12c RVG und § 5b GKG in den strafrechtlichen Kostenverfahren, StRR 2014, 244; ders., Rechtsbehelfsbelehrungen gem. § 5b GKG und § 12c RVG in den verkehrsrechtlichen Kostenverfahren, VRR 2014, 244.

I. Normzweck, Übersicht. Von Verfassungs wegen (insbes. Art. 19 IV 1 GG) ist eine Rechtsbehelfsbelehrung nur dann geboten, wenn sie zum Ausgleich unzumutbarer Schwierigkeiten erforderlich ist, die die Ausgestaltung eines Rechtsbehelfs andernfalls mit sich brächte (BVerfGE 93, 99 (108) = NJW 1995, 3173 (3174); BGHZ 180, 199 = NJW-RR 2009, 890 Rn. 14). Auch wenn dies im Grundsatz für die Rechtsbehelfe der ZPO nicht gilt (BVerfGE 93, 99 (108) = NJW 1995, 3173 (3174)), hat der Gesetzgeber zum 1.1.2014 – zur Erleichterung der Orientierung der Bürgerinnen und Bürger im gerichtlichen Instanzenzug sowie zur Vermeidung unzulässiger Rechtsmittel (vgl. Begr. RegE BT-Drs. 17/10490, 11) – mit dem Gesetz zur Einführung einer Rechtsbehelfsbelehrung im Zivilprozess und zur Änderung anderer Vorschriften (→ Vor § 1 Rn. 16) im gesamten Zivilprozess eine Rechtsbehelfsbelehrung (§ 232 ZPO) eingeführt. Bei dieser Gelegenheit wurde zugleich auch im Kostenrecht eine generelle Rechtsbehelfsbelehrungspflicht eingeführt, um den Rechtsschutz für die Beteiligten „noch wirkungsvoller" zu gestalten (Begr. RegE BT-Drs. 17/10490, 22). Außer § 5b sehen eine solche Pflicht seither die weitgehend gleichlautenden Vorschriften § 8a FamGKG, § 3a GvKostG, § 4c JVEG, § 12c RVG sowie § 7a GNotKG vor. 1

II. Rechtsbehelfsbelehrungspflicht. 1. Voraussetzung. Betroffen ist nach § 5b jede Kostenrechnung und jede anfechtbare Entscheidung. Eine **Kostenrechnung** ist die für eine bestimmte Sache an einen Kostenschuldner gerichtete Aufstellung der einzelnen Kostenansätze (§§ 19, 20 sowie die Erhebung von Vorschüssen nach §§ 15 ff.) und ggf. bereits geleisteter Kosten unter Angabe der maßgeblichen Vorschriften und Ausweis des Gesamtbetrages (vgl. § 24 KostVfg). Da der Kostenansatz ein Justizverwaltungsakt ist, der den Regelungen der Verwaltungsverfahrensgesetze des Bundes und der Länder unterliegt, soweit die Kostengesetze keine Regelungen über das Verfahren und die Form enthalten (vgl. BVerwG NVwZ 2020, 891 Rn. 5 mwN), ist § 5b insoweit eine gegenüber den Rechtsbehelfsbelehrungsvorschriften der Verwaltungsverfahrensgesetze vorrangige Vorschrift. 2

Entscheidung ist jede auf der Grundlage des **GKG** getroffene Anordnung der im Einzelfall zuständigen Stelle, unabhängig davon, ob diese im Beschlusswege oder auf sonstige Weise ergeht (vgl. Begr. RegE BT-Drs. 17/10490, 22). Hierunter fallen etwa der (ausdrückliche) Beschluss, die Tätigkeit des Gerichts von einer Vorauszahlung nach den §§ 10 ff. abhängig zu machen (vgl. § 67), die Auferlegung einer Verzögerungsgebühr nach § 38, die Erhebung von Mehrkosten nach § 4 II, die Nichterhebung von Kosten nach § 21, eine Wertfestsetzung nach §§ 63 ff. und die Rechtsbehelfsentscheidungen nach §§ 66 ff. (vgl. Volpert StRR 2014, 244 (246); ders. VRR 2014, 244; H. Schneider AGS 2014, 106). Für solche Entscheidungen besteht eine Belehrungspflicht aber nur, wenn sie auch (selbständig) **anfechtbar** sind. Maßgeblich sind wiederum die nach dem **GKG** gegebenen, mithin aus den §§ 66 ff. folgenden (ordentliche) Anfechtungsmöglichkeiten. Fehlt es an einer solchen, bedarf es keiner Rechtsbehelfsbelehrung, doch kann auch ein Hinweis auf die Unanfechtbarkeit erfolgen. Ist eine Entscheidung (wie etwa richtigerweise im Falle des § 4 II, → § 4 Rn. 29) nicht nach den Sondervorschriften des GKG, sondern nach den allgemeinen Regelungen der für das zugrundeliegende Verfahren geltenden Verfahrensvorschriften anfechtbar, sind auch diese Verfahrensvorschriften allein maßgeblich für eine etwa bestehende Rechtsbehelfsbelehrungspflicht. 3

Da die Belehrungspflicht „jede" Kostenrechnung bzw. anfechtbare Entscheidung erfasst, gilt sie für diese **ausnahmslos.** Insbes. besteht diese generelle Pflicht – anders als nach § 232 S. 2 ZPO – unabhängig davon, ob eine anwaltliche Vertretung (wie nach § 67 I 3) erforderlich ist oder nicht (Begr. RegE BT-Drs. 17/10490, 11). 4

2. Inhalt. Besteht eine Belehrungspflicht, umfasst sie die in § 5b genannten (Mindest-)Angaben (ein bloßer Verweis auf die gesetzlichen Bestimmungen genügt nicht, VGH Baden-Württemberg NVwZ 2020, 1055 Rn. 16). Anzugeben ist daher zu- 5 nächst der (im Einzelfall nach den einschlägigen gesetzlichen Vorschriften) **statthafte Rechtsbehelf** durch dessen Benennung („Erinnerung", „Beschwerde"). Soweit die Statthaftigkeit davon abhängt, dass entweder der Beschwerdewert eine Wertgrenze übersteigt oder der Rechtsbehelf zugelassen ist, genügt der Hinweis hierauf. Zu belehren ist iÜ nur über die allgemein vorgesehenen Rechtsbehelfe, nicht aber über außerordentliche Rechtsbehelfe wie etwa die Anhörungsrüge nach § 69a oder eine Gegenvorstellung (Volpert StRR 2014, 244 (246); ders. VRR 2014, 244).

6 Ferner ist die **„Stelle"** (dh ein **Gericht,** zB das nach § 66 I zuständige Gericht, der „iudex a quo" nach § 66 II oder das Beschwerdegericht nach § 66 IV, aber auch eine **Behörde** wie zB die Staatsanwaltschaft nach § 66 V 4) zu benennen, bei der der Rechtsbehelf nach den gesetzlichen Vorschriften einzulegen ist, und zwar durch Angabe ihrer Bezeichnung und ihres Sitzes (= vollständige Postanschrift, VGH Baden-Württemberg NVwZ 2020, 1055 Rn. 16; weitere Angaben wie etwa Telefaxnummer, vgl. – zu § 356 I AO – BFH BFH/NV 2017, 603, oder E-Mail-Adresse werden von § 5b nicht verlangt).

7 Schließlich sind noch die nach den einschlägigen Vorschriften für die Einlegung des Rechtsbehelfs einzuhaltende **Form** und (soweit fristgebunden) **Frist** anzugeben. Zu der anzugebenden Form gehört auch eine Belehrung über einen ggf. (zB nach § 67 I 3) bestehenden Anwaltszwang (vgl. – zu § 39 FamFG – BGH NJW 2011, 2887 Rn. 6 mwN). Die Frist ist nicht konkret zu berechnen, sondern in Übereinstimmung mit dem Gesetzeswortlaut abstrakt zu beschreiben (vgl. BVerfGE 31, 388 (390) = NJW 1971, 2217).

8 **Weitere Angaben** werden vom Gesetz nicht vorgeschrieben. Insbes. müssen Selbstverständlichkeiten (wie zB die Verwendung der deutschen Sprache, vgl. – zu § 58 I VwGO – BVerwG BeckRS 2019, 4554, oder die Möglichkeit elektronischer Kommunikation nach Maßgabe von § 5a, vgl. – zu § 356 I AO – BFHE 239, 25 = DStR 2013, 256) nicht ausgeführt werden. Erfolgen allerdings Angaben in der Rechtsbehelfsbelehrung, die nicht zwingend gesetzlich vorgeschrieben sind, müssen auch diese richtig, vollständig und unmissverständlich sein (vgl. – zu § 356 I AO – BFHE 243, 158 = DStRE 2014, 295 Rn. 19 mwN). Eine Auflistung weiterer verfahrensrechtlicher Einzelheiten führt jedenfalls dann zur Unrichtigkeit der Rechtsbehelfsbelehrung, wenn hierdurch der – unzutreffende – Eindruck erweckt wird, diese sei abschließend und vollständig (vgl. – zu § 58 I VwGO – BVerwG DVBl 2002, 1553).

9 Eine besondere Herausforderung besteht, wenn eine nach § 5b belehrungspflichtige Entscheidung räumlich zusammengefasst wird mit einer nicht belehrungspflichtigen Entscheidung. Dies ist etwa dann der Fall, wenn in einem zivilrechtlichen Anwaltsprozess im Urteil (das als solches nach § 232 S. 2 ZPO keine Rechtsbehelfsbelehrung enthalten muss) zugleich eine Wertfestsetzung nach § 63 II erfolgt, für die § 5b eine Rechtsbehelfsbelehrung vorschreibt. Hier muss in der Belehrung deutlich gemacht werden, dass sie nur die Wertfestsetzung betrifft.

10 **3. Form.** Die Rechtsbehelfsbelehrung muss nach § 5b in der Kostenrechnung bzw. Entscheidung **enthalten** sein. Sie muss daher zeitgleich, räumlich verbunden und in der Form erfolgen, die für die Kostenrechnung bzw. die Entscheidung vorgeschrieben ist.

11 **III. Folgen eines Verstoßes.** Fehlt eine nach § 5b erforderliche Rechtsbehelfsbelehrung oder ist sie unrichtig, hat dies (anders als etwa nach § 9 V 3 ArbGG, § 58 II 1 VwGO, § 66 I SGG, § 55 I FGO) keine Auswirkung auf den Lauf einer ggf. bestehenden Rechtsbehelfsfrist. Vielmehr hat der Gesetzgeber (wie bei § 233 S. 2 ZPO, § 17 II FamFG) mit **§ 68 II 2** die sog. **„Wiedereinsetzungslösung"** gewählt, nach der bei fristgebundenen Rechtsbehelfen im Falle einer Fristversäumung eine unterbliebene oder fehlerhafte Rechtsbehelfsbelehrung zur Vermutung des Fehlens des Verschuldens der Partei bzw. ihres Verfahrensbevollmächtigten als Voraussetzung für eine Wiedereinsetzung in den vorigen Stand führt.

12 Weitergehende Folgen hat auch eine fehlerhafte Rechtsbehelfsbelehrung im Grundsatz nicht. Wird über einen Rechtsbehelf belehrt, der im Gesetz für Fälle der vorliegenden Art nicht vorgesehen ist, wird dieser mangels entspr. Rechtsmacht (vgl. etwa BGH NJW-RR 2011, 142, zur Zulassung einer im Gesetz nicht vorgesehenen

Rechtsbeschwerde in einer Festsetzungssache) des Belehrenden nicht etwa statthaft. Wird über einen Rechtsbehelf belehrt, der der Zulassung durch das Gericht bedarf, liegt allein hierin keine (konkludente) Zulassung (eine Rechtsbehelfsbelehrung ist idR nur Wissenserklärung und bringt als solche keinen Zulassungswillen zum Ausdruck, BGH NJW-RR 2014, 639 Rn. 8; BeckRS 2017, 130983 Rn. 14; 2018, 18299 Rn. 5). Soweit aber eine fehlerhafte Rechtsbelehrung bei der Entstehung von Gerichtskosten mit ursächlich geworden ist, kommt eine Niederschlagung der Kosten nach § 21 in Betracht (vgl. BGH BeckRS 2020, 34816).

Abschnitt 2. Fälligkeit

Fälligkeit der Gebühren im Allgemeinen

6 **I 1 In folgenden Verfahren wird die Verfahrensgebühr mit der Einreichung der Klage-, Antrags-, Einspruchs- oder Rechtsmittelschrift oder mit der Abgabe der entsprechenden Erklärung zu Protokoll fällig:**

1. in bürgerlichen Rechtsstreitigkeiten,
2. in Sanierungs- und Reorganisationsverfahren nach dem Kreditinstitute-Reorganisationsgesetz,
3. in Insolvenzverfahren und in schifffahrtsrechtlichen Verteilungsverfahren,
3a. in Verfahren nach dem Unternehmensstabilisierungs- und restrukturierungsgesetz,
4. in Rechtsmittelverfahren des gewerblichen Rechtsschutzes und
5. in Prozessverfahren vor den Gerichten der Verwaltungs-, Finanz- und Sozialgerichtsbarkeit.

2 Im Verfahren über ein Rechtsmittel, das vom Rechtsmittelgericht zugelassen worden ist, wird die Verfahrensgebühr mit der Zulassung fällig.

II Soweit die Gebühr eine Entscheidung oder sonstige gerichtliche Handlung voraussetzt, wird sie mit dieser fällig.

III In Verfahren vor den Gerichten für Arbeitssachen bestimmt sich die Fälligkeit der Kosten nach § 9.

Schrifttum: *Roloff,* Das moderne Kostenrecht im arbeitsgerichtlichen Verfahren, NZA 2007, 900.

Übersicht

A. Grundlagen. I. Überblick. Die Bestimmung leitet den 2. Abschnitt „Fälligkeit" (§§ 6–9) ein. Dieser Abschnitt hat die Aufgabe, sämtliche Vorschriften, die die Fälligkeit der Gebühren und Auslagen regeln, zusammenfassen (BT-Drs. 15/1971, 152). 1

II. Entstehung eines Kostenanspruchs. Ein Anspruch auf Erfüllung einer Kostenschuld (Gebühren und/oder Auslagen) gegen einen Kostenschuldner (§§ 22–29) entsteht mit der **Erfüllung** der **Voraussetzungen** des entsprechenden Gebühren- oder Auslagentatbestandes. Dieser Zeitpunkt fällt bei Gebühren häufig, aber nicht immer (vgl. §§ 9 II, III) mit der Fälligkeit (→ Rn. 3 ff.) zusammen. Bei Auslagen ist es hingegen nur selten der Fall, zB nach § 9 III. Die Einzelheiten bestimmt auch das Kostenverzeichnis. Nach KV 1210 entsteht, soweit wegen desselben Streitgegenstands ein Mahnverfahren oder Europäisches Mahnverfahren vorausgegangen ist, bspw die Gebühr für das Verfahren im Allgemeinen **mit dem Eingang der Akten** bei dem Gericht, an das der Rechtsstreit nach Erhebung des Widerspruchs oder Einlegung des Einspruchs abgegeben wird. 2

III. Fälligkeit eines Kostenanspruchs. 1. Gebühren. Wann ein Anspruch auf Gebühren fällig wird, bestimmen §§ 6–9. Für die Fälligkeit knüpft das GKG an verschiedene Zeitpunkte an, zB die Einreichung einer Erklärung oder die Entscheidung über einen Antrag. 3

2. Auslagen. Wann ein Anspruch auf Auslagen fällig wird, bestimmt § 9 II und für die Dokumentenpauschale sowie die Auslagen für die Versendung von Akten § 9 III. 4

3. Vorschuss. Auf noch nicht fällige Gebühren und Auslagen kann das Gericht zuweilen (vgl. § 10) ein Vorschuss verlangen (dazu → § 10 Rn. 6). 5

4. Fälligkeitsfolgen. Ist ein Kostenanspruch fällig, ist die Staatskasse berechtigt, diesen **geltend** zu machen: Die Fälligkeit, bewirkt die Einziehbarkeit. Mit Eintritt der Fälligkeit ist der zuständige Bedienstete (idR der Kostenbeamte) verpflichtet, die Kosten anzusetzen (§ 15 I 1 KostVfg; → Rn. 7). Ein fällig gewordener Kostenanspruch kann im Laufe des Verfahrens entfallen (§ 30), aber nicht mehr „nichtfällig" werden. Auch die Anfechtung eines Kostenansatzes hat nach § 66 VII 1 auf die einmal eingetretene Fälligkeit keinen Einfluss. Eine aufschiebende Wirkung kann auf Antrag durch das Gericht, nicht aber durch den Kostenbeamten angeordnet werden (§ 66 VII 2). Auch andere Rechtsbehelfe lassen eine bereits entstandene Fälligkeit bis zu einer anderweitigen Entscheidung nicht entfallen, auch nicht die Verfassungsbeschwerde oder Restitutionsklage (BGH NJW-RR 2018, 1466 Rn. 5). 6

IV. Geltendmachung eines Kostenanspruchs. Der zuständige Bedienstete (idR der Kostenbeamte) setzt die Gebühren und Auslagen **alsbald nach deren Fälligkeit** an (§§ 1, 2 I, 15 KostVfg, § 19; → Rn. 5). Der **Kostenansatz** besteht in der Aufstellung der Kostenrechnung und Feststellung des Gebührenschuldners (§ 4 I KostVfg). Die Kostenrechnung muss eine Rechtsbehelfsbelehrung entsprechend § 5b enthalten. Ohne diese Belehrung ist bei einer Fristversäumnis idR Wiedereinsetzung in den vorigen Stand zu gewähren (§ 68 II 2). § 1 ZahlVGJG ermächtigt die Landesregierungen, durch Rechtsverordnung die unbare Zahlungsweise vorzugeben. Vor der Vollstreckung soll der Kostenbeamte den Schuldner zur Zahlung innerhalb einer Frist von 2 Wochen schriftlich auffordern und, wenn dieser von seinen Rechtsbehel- 7 fen keinen Gebrauch gemacht hat, nach fruchtlosem Ablauf der Frist mahnen (§§ 1 I 1 Nr. 4, 5 JBeitrG). Die **Beitreibung** erfolgt nach der Mahnung durch die Vollstreckungsbehörde (§§ 2, 4, 6, 7 JBeitrG).

8 **B. Fälligkeit der Gebühren im Allgemeinen. I. Normgeschichte und Normzweck.** § 6 war bis zum Jahr 2004 in § 61 I, II GKG aF und bis zum Jahr 1975 in § 74 GKG aF verortet. Er hat seine **heutige** Form durch das KostRMoG v. 5.5.2004 (BGBl. I 718) gefunden. Neu war zB die frühzeitige Fälligkeit der Verfahrensgebühr auch für die Prozessverfahren vor den Gerichten der Verwaltungs-, Finanz- und Sozialgerichtsbarkeit (s. auch BT-Drs. 15/1971, 152). § 6 III entspricht gemeinsam mit § 9 II dem § 12 IV 1 ArbGG aF. Art. 5 Nr. 24 des Gesetzes zur Überarbeitung des Lebenspartnerschaftsrechts v. 15.12.2004 (BGBl. I 3396) hat in dem ursprünglichen § 6 I Nr. 1 Buchst. b mWv 1.1.2005 die Angabe „§ 661 Abs. 1 Nr. 1 bis 4 und 6 der Zivilprozessordnung" durch die Angabe „§ 661 Abs. 1 Nr. 1 bis 3, 3d, 4 und 6 der Zivilprozessordnung" ersetzt. Diese Änderung ist mittlerweile **bedeutungslos.** Art. 47 Nr. 3 des Gesetzes zur Reform des Verfahrens in Familiensachen und in den Angelegenheiten der freiwilligen Gerichtsbarkeit (FGG-Reformgesetz – FGG-RG) v. 17.12.2008 (BGBl. I 2586) hat mWv 1.9.2009 § 6 I 1 Nr. 1 seine **heutige** Form gegeben und § 6 II aufgehoben (die bisherigen Absätze III, IV wurden dadurch die Absätze 2 und 3). Wegen der Etablierung des FamGKG konnten Regelungen, die sich auf Ehesachen, bestimmte Familiensachen und Lebenspartnerschaftssachen bezogen, **gestrichen** werden (BT-Drs. 16/6308, 333). Art. 9 Nr. 2 Gesetz zur Restrukturierung und geordneten Abwicklung von Kreditinstituten, zur Errichtung eines Restrukturierungsfonds für Kreditinstitute und zur Verlängerung der Verjährungsfrist der aktienrechtlichen Organhaftung (Restrukturierungsgesetz) v. 9.12.2010 (BGBl. I 1900) hat mWv 1.1.2011 § 6 I 1 Nr. 2 ins Gesetz **eingefügt** (die bisherigen Nr. 2–4 wurden dadurch die Nr. 3–5). Durch die Änderung sollte es erreicht werden, dass die jeweilige Gebühr für das Sanierungs- und das Reorganisationsverfahren mit Eingang des jeweiligen Antrags der Bundesanstalt für Finanzdienstleistungen fällig wird (BT-Drs. 17/3024, 83). Art. 3 Nr. 5 Zweites Gesetz zur Modernisierung des Kostenrechts (2. Kostenrechtsmodernisierungsgesetz – 2. KostRMoG) v. 23.7.2013 (BGBl. I 2586) hat mWv 1.8.2013 den heutigen § 6 I 2 eingefügt. Zur Begründung wurde angegeben, die Fälligkeit der gerichtlichen Verfahrensgebühr für ein Rechtsmittelverfahren im Falle der Zulassung des Rechtsmittels durch das Rechtsmittelgericht sei **bisher nicht ausdrücklich** geregelt gewesen (BT-Drs. 7/11471, 243). § 6 I 1 Nr. 3a ist durch Art. 11 Nr. 3 Gesetz zur Fortentwicklung des Sanierungs- und Insolvenzrechts (Sanierungs- und Insolvenzrechtsfortentwicklungsgesetz – SanInsFoG) v. 22.12.2020 (BGBl. I 3256) mWv 1.1.2021 ins Gesetz eingefügt worden, um die allgemeine Fälligkeitsregelung des § 6 I auf die Verfahren nach dem StaRUG, in denen Verfahrensgebühren entstehen, zu erweitern (BT-Drs. 19/24181, 218). **Parallelnormen** sind §§ 9–11 FamGKG und §§ 8, 9 GNotKG.

9 § 6 I–II haben den **Zweck,** für die ihnen unterfallenden Verfahren den Zeitpunkt zu bestimmen, **wann** die ihnen unterfallenden GKG-Gebühren fällig werden. Ist der Anwendungsbereich **nicht** eröffnet, ist der Zeitpunkt nach § 9 zu ermitteln. Die Fälligkeit der Auslagen bestimmen § 9 II, III.

10 § 6 III stellt klar, dass **arbeitsgerichtliche Verfahren** zum Schutz der Arbeitnehmer von § 6 I –II ausgenommen sind. Sämtliche Kosten werden dort daher **ausschließlich** nach § 9 II, III fällig (→ Rn. 74).

11 **II. Anwendungsbereich und Tatbestandsvoraussetzungen (I, II). 1. Erfasste Kosten. a) I 1, 2.** § 6 I 1, 2 erfassen die **Verfahrensgebühren** (= Verfahren im Allgemeinen, zB KV 1210). Für die anderen Gebühren regeln §§ 6 II, 7, 8 und im Übrigen § 9 I, II die Fälligkeit. Die Höhe der Gebühr bestimmt das Kostenverzeichnis iVm §§ 39 ff.

12 **b) II.** § 6 II ist auf sämtliche Gebühren anwendbar, die eine Entscheidung oder sonstige gerichtliche Handlung **voraussetzen.** Dies kann auch eine Verfahrensgebühr sein. Die Höhe der Gebühr bestimmt das Kostenverzeichnis iVm §§ 39 ff.

13 **c) Auslagen.** Für Auslagen gelten stets § 9 II, III.

14 **2. Erfasste Parteiprozesshandlungen. a) I 1. aa) Klage-, Antrags-, Einspruchs- oder Rechtsmittelschrift. (1) Grundsätze.** § 6 I 1 erfasst einerseits Kla-

ge- (zB § 253 I ZPO, § 64 I FGO, § 92 SGG, § 81 I 1 VwGO), Antrags- (zB § 920 I ZPO, § 123 VwGO), Einspruchs- oder Rechtsmittelschriften (zB § 519 ZPO). Einer Klageschrift stehen Schriftsätze, mit der eine **Widerklage** eingereicht wird, gleich (OLG München MDR 2003, 1077). „Schrift" iSv § 6 I 1 ist **jedes Schriftstück,** in dem die entsprechende Absicht zum Ausdruck kommt (s. auch OLG Celle AGS 2012, 574 = BeckRS 2012, 21217; AGS 2009, 341 = BeckRS 2009, 3100; OLG Köln ZInsO 2009, 2411 (2412) = BeckRS 2009, 29562). Dies kann auch ein Mahnantrag (BGH NJW 2011, 1594 Rn. 10) oder der Antrag auf Durchführung des streitigen Verfahrens nach Widerspruch gegen einen Mahnbescheid sein. An einem entsprechenden Schriftstück fehlt es, wenn nur ein **Entwurf** eingereicht wird. Eine **konkludente Handlung** kann hingegen genügen. So kann im Mahnverfahren die Einzahlung der zweiten Gerichtskostenhälfte nach Widerspruch als ein verfahrenseinleitender Antrag auf Abgabe des Verfahrens an das Streitgericht gewertet werden (LG München Rpfleger 2005, 701). Und in einer widerspruchsfreien Beteiligung an einem begonnenen Verfahrensabschnitt kann ein stillschweigender zugehöriger Antrag liegen, zB bei der Beteiligung der Hauptpartei am Rechtsmittel eines Nebenintervenienten, sofern sich die Hauptpartei nicht ausdrücklich von dem Rechtsmittel distanziert (OLG München NJW-RR 2019, 512). Zur Wirksamkeit der jeweiligen Parteiprozesshandlung → Rn. 24 ff.

(2) Antrag auf Gewährung von Prozesskostenhilfe. Reicht der Kläger **zusammen** mit einem Antrag auf **Gewährung von Prozesskostenhilfe** einen Klageschriftsatz oder einen Antrag ein, fehlt es an einer Parteiprozesshandlung iSv I 1, sofern der Schriftsatz hinreichend deutlich als **Entwurf** gekennzeichnet ist (BGH NJW-RR 2019, 1081 Rn. 6). So kann es zB liegen, wenn gebeten wird, „vorab" über die Gewährung von Prozesskostenhilfe zu entscheiden, oder durch einen sonstigen klarstellenden Hinweis, dass eine Klageerhebung noch nicht beabsichtigt ist (s. auch BGH NJW-RR 2019, 1081 Rn. 6; NJW-RR 2005, 1015). **15**

(3) Doppelanträge. Wird eine Klage oder ein Antrag versehentlich doppelt eingereicht, zB von einer Privatpartei per Fax und zugleich per Post, geht die hM von **2 Einreichungen** aus (was eine doppelte Verfahrensgebühr auslöst), sofern sich eine Verfahrensidentität nicht aufdrängt, zB durch Zusätze wie „Zweitschrift" oder „vorab per Fax" (OLG Frankfurt a. M. NJW-RR 2017, 448 Rn. 5; NJ 2017, 155 = BeckRS 2016, 113656 Rn. 5; aA OLG München MDR 2001, 896 = BeckRS 2001, 04823). **16**

Dies soll auch gelten, wenn eine Klage ohne Bezugnahme oder Hinweis auf die bereits erfolgte PKH-Bewilligung eingereicht wird (OLG Koblenz MDR 2011, 1135 = BeckRS 2011, 19422). Teilt ein Gericht auf Nachfrage mit, ihm liege zB keine Klage vor, soll eine erneute Verfahrensgebühr allerdings nicht anfallen (OLG Koblenz BeckRS 2012, 10813). **17**

Stellungnahme. Die hM überzeugt **nicht.** Es liegt nach einer Auslegung immer nur **eine** Einreichung vor. Auch wenn eine Partei versehentlich mehrfach ein Rechtsmittel einlegt, liegt nur ein Rechtsmittel vor (BGH NJW 2021, 2121 Rn. 10). **18**

(4) Hilfsanträge/Klageänderungen/Klageerweiterungen. Einer „Klageschrift" stehen Schriftsätze, mit denen ein Hilfsantrag oder eine Klageerweiterung angekündigt werden, oder Schriftsätze, die eine Klageänderung enthalten, gleich (s. auch OLG Düsseldorf NJOZ 2001, 639 (640)). **19**

bb) Erklärung zu Protokoll. Andererseits erfasst I 1 die **Erklärung** einer Klage, eines Antrags, eines Einspruchs oder eines Rechtsmittels **zu Protokoll** (s. auch § 129a I ZPO). **20**

Verfahrenseinleitende Protokollerklärungen sind zB vorstellbar im selbständigen Beweisverfahren (§ 486 I ZPO), in Beschwerdeverfahren in den Fällen des § 569 III ZPO, in Arrest- und einstweiligen Verfügungsverfahren (§§ 920 III, 936 ZPO), in Prozessverfahren erster Instanz vor den Verwaltungs-, Finanz- und Sozialgerichten (§ 81 I 2 VwGO, § 64 I FGO, § 90 SGG) sowie im sozialgerichtlichen Berufungsverfahren (§§ 145 I, 151 I SGG). **21**

b) I 2. I 2 erfasst nur Rechtsmittelschriften oder entsprechende Erklärungen zu Protokoll. Rechtsmittelschrift ist der Schriftsatz, mit dem das betreffende Rechtsmittel eingelegt wird. Zur Wirksamkeit der Parteiprozesshandlung → Rn. 24 ff. **22**

c) II. II erfasst sämtliche Parteiprozesshandlungen (zum Begriff BeckOK ZPO/Elzer ZPO § 300 Rn. 84), bei der eine Gebühr, die nicht I unterfallen darf, eine **23**

gerichtliche Entscheidung oder **sonstige gerichtliche Handlung** voraussetzt. Eine gerichtliche Entscheidung ist ein Urteil, ein Beschluss oder eine Verfügung. Eine gerichtliche Handlung ist jedes Tun, für das das Kostenverzeichnis Gebühren vorsieht. Zur Wirksamkeit der jeweiligen Parteiprozesshandlung → Rn. 24 ff. Zur Wirksamkeit des gerichtlichen Tuns → Rn. 67.

24 **d) Statthaftigkeit, Zulässigkeit und Begründetheit.** Auf die Zulässigkeit und/oder Begründetheit (allerdings zur Entstehung s. auch BGH BeckRS 2011, 879 Rn. 2; OLG Köln AGS 2009, 597 = BeckRS 2009, 29562) oder einen förmlichen Sachantrag kommt es **nicht** an.

25 Voraussetzung für die Entstehung der Verfahrensgebühr ist allerdings, dass das Verfahren einleitende Schriftstück und dessen Einreichung **wirksam** sind. Daran fehlt es zB, wenn eine Klageschrift **nicht** bzw. von einer prozessunfähigen Person (OLG Stuttgart NJW-RR 2011, 718) oder bei Anwaltszwang nicht von einem Rechtsanwalt **unterzeichnet** wurde. Denn eine ohne Postulationsfähigkeit von einem Beteiligten selbst bei Gericht eingereichte Erklärung ist unwirksam und löst keine Rechtsfolgen im Verfahren und damit auch keine Gebühr aus (OLG Brandenburg AGS 2017, 225 = BeckRS 2016, 15707 Rn. 15 zu § 9 I FamGKG; aA OLG Frankfurt NJW-RR 2021, 1006 Rn. 16; OLG Celle AGS 2009, 341 = BeckRS 2009, 03100).

26 **3. Erfasste Verfahren. a) Überblick.** Welche Verfahren unter § 6 fallen, ergibt sich nicht nur, aber vor allem aus der Struktur des Kostenverzeichnisses (s. auch BT-Drs. 15/1971, 152) sowie aus der abstrakten Aufzählung in § 6 I Nr. 1–5. Bei der Anwendung sind allerdings **Spezialvorschriften** zu beachten, zB § 9 I oder § 6 III.

27 **b) Bürgerliche Rechtsstreitigkeiten (I 1 Nr. 1). aa) Überblick.** Bürgerliche Rechtsstreitigkeiten iSv I 1 Nr. 1 sind solche, in der sich rechtlich gleichgeordnete Parteien maßgeblich über Rechtsverhältnisse und Rechtsfolgen des Privatrechts streiten, also solche Normen, die nicht überwiegend der Gesamtheit dienen und für jedermann gelten (im Einzelnen → § 48 Rn. 2). Zu den bürgerlichen Streitigkeiten gehören zB alle zivilgerichtlichen Verfahren, in denen eine Verfahrensgebühr entsteht, dh neben der zivilgerichtlichen Klage auch Mahnverfahren (KV 1100), selbständige Beweisverfahren (KV 1610), Verfahren des einstweiligen Rechtsschutzes (KV 1410) sowie Vollstreckungsverfahren (KV 1510).

28 Bürgerliche Rechtsstreitigkeiten sind ferner solche Rechtsstreitigkeiten, die **verfahrensmäßig** wie eine bürgerliche Rechtsstreitigkeit behandelt worden sind und gem. § 1 in den Geltungsbereich des GKG fallen (→ § 48 Rn. 2). Weder die Zulässigkeit des Rechtswegs nach §§ 17a ff. GVG ist also erheblich, noch die Ordnungsmäßigkeit des Vorganges, der die Gebühr zum Entstehen bringt.

29 Allerdings sind stets die Regelungen des § 1 1 Nr. 1, 2, III, IV und Sonderzuweisungen (→ Rn. 30) bzw. Ausnahmen (→ Rn. 31) zu beachten, die dazu führen können, dass Bürgerliche Rechtsstreitigkeiten **nicht** I 1 Nr. 1 unterfallen.

30 **bb) Sonderzuweisungen.** I 1 Nr. 1 gilt durch Sonderzuweisung zu den Zivilgerichten auch in folgenden Verfahren:

Amtshaftung, § 40 II 1 VwGO.

Arbeitnehmererfindungen. Rechtsstreitigkeiten über Erfindungen von Arbeitnehmern nach den Vorschriften für Patentstreitsachen (OLG Düsseldorf NJW-RR 2000, 368) verweisen § 39 I ArbNErfG, § 143 PatG in die Zuständigkeit der Landgerichte. Für Streitigkeiten um die Vergütung für eine Arbeitnehmererfindung sind dagegen die Arbeitsgerichte zuständig, § 39 II ArbNErfG, mit den Bestimmungen für das arbeitsgerichtliche Verfahren, → Rn. 69 ff.

Aufopferung, § 40 II 1 VwGO.

Baulandsachen, §§ 219, 221 BauGB.

Designstreitsachen, § 52 DesignG.

Kennzeichenstreitsachen, § 140 MarkenG.

Gebrauchsmusterstreitsachen, § 27 GebrMG.

Patentstreitsachen, § 143 I PatG.

Sortenschutzstreitsachen, § 38 SortSchG.

Topographiestreitsachen, §§ 9, 11 II HalblSchG iVm § 27 GebrMG.

cc) Ausnahmen. Durch spezialgesetzliche Regelungen sind als Ausnahmen zB folgende, eigentlich bürgerliche Streitigkeiten ganz oder teilweise von I 1 Nr. 1 **ausgenommen:** 31

– **Adhäsionsverfahren.** Die Kosten eines **Adhäsionsverfahrens** (§ 402 StPO) sind als bürgerliche Streitigkeit innerhalb eines Strafverfahrens Teil der Kosten des Strafverfahrens (§ 472a StPO, → § 8 Rn. 4). 32
– **Arbeitsgerichte.** In Verfahren vor den Arbeitsgerichten bestimmt sich die Fälligkeit der Kosten ausschließlich gem. § 6 III nach § 9, **soweit** nicht in arbeitsrechtlichen Streitigkeiten die Zivilgerichte zuständig sind (→ Rn. 69 ff.).
– **Familiengerichtliche Verfahren.** Für die in § 1 I FamGKG genannten familiengerichtliche Verfahren (§ 111 FamFG) einschließlich der Vollstreckungsverfahren durch das Familiengericht sowie Verfahren der freiwilligen Gerichtsbarkeit gilt das FamGKG (§ 1 I 2). Ist in Familiensachen dagegen das **Vollstreckungs- oder Arrestgericht** zuständig, richten sich die Gebühren nach dem GKG, § 120 FamFG mit der Maßgabe des § 119 FamFG, §§ 764, 919 ZPO, § 1 I 1 Nr. 1. Dies gilt auch für Mahnverfahren in Familienstreitsachen (§ 113 II FamFG, § 1 I 3 FamGKG, § 1 I Nr. 1; → Rn. 54).
– **Gerichts- und Notarkostengesetz.** Bürgerliche Streitigkeiten, die dem GNotKG nach dessen § 1 unterfallen.

c) Sanierungs- und Reorganisationsverfahren (I 1 Nr. 2). Sanierungs- und Reorganisationsverfahren iSv I 1 Nr. 2 sind Verfahren nach dem Kreditinstitute-Reorganisationsgesetz, für die das Oberlandesgericht zuständig ist und mit Maßgaben die ZPO gilt (§ 1 II KredReorgG). Betroffen sind die Gebühren nach KV 1650 und KV 1652. 33

Das Kreditinstitute-Reorganisationsgesetz ist durch Art. 12 Risikoreduzierungsgesetz mWv 29.12.2020 aufgehoben worden, (BGBl. I 2773), so dass es keine Neuverfahren mehr gibt (→ § 23a Rn. 1; auch → § 53a). 34

d) Insolvenz- und schiffahrtsrechtliche Verteilungsverfahren (I 1 Nr. 3). aa) Insolvenzverfahren. Insolvenzverfahren iSv § 6 I 1 Nr. 3 sind solche nach § 1 1 Nr. 2 (→ § 1 Rn. 18; auch → § 58 Rn. 2). Auf Grund dieser frühen Fälligkeit muss eine vorläufige Berechnung vorgenommen und diese möglicherweise später korrigiert werden (→ § 58 GKG Rn. 7). Die fälligen Kosten können dem Insolvenzschuldner nach § 4a I 1 InsO bis zur Erteilung der Restschuldbefreiung gestundet werden, soweit sein Vermögen voraussichtlich nicht ausreichen wird, um diese Kosten zu decken. Der Kostenschuldner bestimmt sich nach §§ 23, 24. 35

bb) Schifffahrtsrechtliche Verteilungsverfahren. Schifffahrtsrechtliche Verteilungsverfahren iSv I 1 Nr. 3 sind solche, die nach der Schifffahrtsrechtlichen Verteilungsordnung (SVertO) den Zivilgerichten zugewiesen sind (→ § 1 Rn. 18; auch → § 59 Rn. 2) und für die mit Maßgaben die ZPO gilt (§§ 2, 3 I 1 SVertO). Der Kostenschuldner ergibt sich aus §§ 25, 33. 36

e) Unternehmensstabilisierungs- und -restrukturierungsverfahren (I 1 Nr. 3a). aa) Überblick. Unternehmensstabilisierungs- und -restrukturierungsverfahren iSv I 1 Nr. 3a sind Verfahren nach dem Gesetz über den Stabilisierungs- und Restrukturierungsrahmen für Unternehmen – StaRUG – v. 22.12.2020 (BGBl. I 3256) vor dem Restrukturierungsgericht (§§ 34, 35 StaRUG, § 19b ZPO) iSv § 1 1 Nr. 3a (→ § 1 Rn. 19). 37

bb) Bestellung eines Restrukturierungsbeauftragten oder Sanierungsmoderators. Die Gebühr für die Bestellung eines Restrukturierungsbeauftragten oder Sanierungsmoderators (KV 2513, 2514) setzt eine Entscheidung des Gerichts voraus (§§ 73, 77, 94 StaRUG). Sie wird daher nach § 6 II fällig (→ Rn. 65 ff.). Kostenschuldner ist grds. der antragstellende Schuldner, sofern nicht Gläubiger die Bestellung eines fakultativen Restrukturierungsbeauftragten beantragen (§ 25a, → § 13a Rn. 16). 38

f) Rechtsmittelverfahren des gewerblichen Rechtsschutzes (I 1 Nr. 4). aa) Anerkennung der Rechte. Rechtsmittelverfahren des gewerblichen Rechtsschutzes iSv § 6 I 1 Nr. 4 sind solche iSv § 1 Nr. 14 (→ § 1 Rn. 19; auch → § 51 Rn. 2 ff.). Für sie gilt das GVG (→ PatKostG Vor § 1 Rn. 2). Es handelt sich um Verfahren über die Anerkennung der Rechte. Ansprüche aus diesen Rechten sind bereits erstinstanzlich den Landgerichten zugewiesen (→ PatKostG Vor § 1 Rn. 3). 39

40 Für die der Rechtsbeschwerde vorgehenden Verfahren vor dem **Deutschen Patent- und Markenamt** sowie dem **Bundespatentgericht** werden Gebühren nach dem Patentkostengesetz erhoben (§ 1 I PatKostG, §§ 56, 66 MarkenG, § 23 DesignG, §§ 4, 18, 21 GebrMG, §§ 3, 4 IV HalblSchG, → PatKostG Vor § 1 Rn. 1).

41 In **Sortenschutzsachen** besteht die Besonderheit, dass zunächst das Bundessortenamt zuständig ist (§ 16 II SortSchG), das für seine Tätigkeit Gebühren auf der Grundlage einer Gebührenordnung nach § 33 SortSchG erhebt. Für die Beschwerden ist das Bundespatentgericht zuständig mit Gebühren nach dem PatentKostG (§ 34 SortSchG) und Auslagen nach dem GKG (§ 1 I 2 PatKostG). Für die Rechtsbeschwerde gegen einen Beschluss des Bundespatentgerichts ist auch in Sortenschutzsachen der BGH zuständig (§ 35 I SortSchG) und die Gebühren und Auslagen richten sich nach dem GKG.

42 **bb) Ansprüche aus diesen Rechten.** Streitigkeiten über **Ansprüche aus diesen Rechten,** wie Patenstreitsachen, weist das Gesetz erstinstanzlich ausschließlich den Landgerichten und dort der Zivilkammer zu (§ 52 DesignG, § 140 MarkenG, § 27 GebrMG, § 143 I PatG, § 38 SortSchG, §§ 9, 11 II HalblSchG iVm § 27 GebrMG). Für sie gilt bereits von Beginn des Verfahrens an das GKG und die Verfahrensgebühr wird nach § 6 I 1 Nr. 1 fällig (→ Rn. 30; → PatKostG Vor § 1 Rn. 3).

43 **g) Verwaltungs-, Finanz-, und Sozialgerichtsbarkeit (I 1 Nr. 5). aa) Gerichte.** Gerichte der Verwaltungs-, Finanz- und Sozialgerichtsbarkeit iSv § 6 I 1 Nr. 5 sind solche iSv § 1 II Nr. 1, Nr. 2 oder Nr. 3 (→ § 1 Rn. 33–Rn. 36; auch → § 52 Rn. 4). Für die Verfahren vor den **Sozialgerichten** ergeben sich Besonderheiten, da in großem Umfang **Kostenfreiheit** nach § 183 SGG besteht, zB für Versicherte, Leistungsempfänger und behinderte Menschen. Gehört einer der Hauptbeteiligten zu den nach § 183 SGG privilegierten Personen, entsteht für den Nichtprivilegierten mit Rechtshängigkeit eine Pauschgebühr nach § 184 SGG, wobei die Rechtshängigkeit bereits mit Eingang bei Gericht eintritt (§ 94 SGG). Gehört keine der Parteien zu den Privilegierten nach § 183 SGG oder handelt es sich um ein Verfahren wegen überlanger Gerichtsverfahren, werden die Kosten nach dem GKG erhoben (§ 197a I SGG, → SGG § 197a Rn. 1; s. auch Lange/Prodan NZS 2022, 606).

44 **bb) Prozessverfahren.** Der Begriff „Prozessverfahren" erschließt sich aus dem KV (auch → Rn. 20). Gemeint sind folgende Gebühren:

45
- **Verfahrensgebühren in Verfahren vor den Gerichten der Verwaltungsgerichtsbarkeit:** KV 5110, KV 5112, KV 5114, KV 5122, KV 5130.
- **Verfahrensgebühren in Verfahren vor den Gerichten der Finanzgerichtsbarkeit:** KV 6110, KV 6112, KV 6120.
- **Verfahrensgebühren in Verfahren vor den Gerichten der Sozialgerichtsbarkeit:** KV 7110, KV 7112, KV 7114. KV 7120, KV 7130.

46 **III. Rechtsfolge: Eintritt der Fälligkeit (I, II). 1. Überblick.** Ist der Anwendungsbereich eröffnet (→ Rn. 11 ff.), wird eine Verfahrensgebühr nach § 6 I 1 **grds.** bereits mit der **Einreichung** (→ Rn. 48 ff.) der Klage-, Antrags-, Einspruchs- oder Rechtsmittelschrift oder mit der **Abgabe** der entsprechenden Erklärung zu Protokoll fällig.

47 Etwas anderes gilt einerseits in Verfahren über ein Rechtsmittel, das vom **Rechtsmittelgericht zugelassen** worden ist. Die Verfahrensgebühr wird dort nach I 2 erst mit der Zulassung fällig (→ Rn. 61 ff.). Und etwas anderes gilt andererseits, soweit eine Gebühr eine Entscheidung oder sonstige gerichtliche Handlung **voraussetzt** (→ Rn. 65 ff.). Die Gebühr wird dort nach § 6 II mit der Entscheidung oder sonstige gerichtliche Handlung fällig.

48 **2. Einreichung/Abgabe. a) Einreichung. aa) Überblick.** Grds. wird eine Verfahrensgebühr nach I 1 fällig, **sobald** die Klage-, Antrags-, Einspruchs- oder Rechtsmittelschrift bei Gericht **eingereicht wird** oder eine entsprechende Erklärung zum **Protokoll** vorliegt. Es reicht aus, dass das entsprechende Schriftstück (körperlich) in den Herrschaftsbereich des Gerichts gelangt.

49 **bb) Zeitpunkt.** Eine **schriftliche** Klage-, Antrags-, Einspruchs- oder Rechtsmittelschrift (→ Rn. 14 ff.) gilt in demjenigen Zeitpunkt als eingereicht, in dem das

Dokument schriftlich bei der Posteingangsstelle eines Gerichts eingeht (BGH NJW 2011, 1594 Rn. 10). Es kommt also **nicht** auf den meist späteren Zeitpunkt der Zustellung an (OLG Köln NJOZ 2012, 1426; OLG Celle AGS 2012, 574 = BeckRS 2012, 21217; AGS 2009, 341 = BeckRS 2009, 3100). Es ist **unerheblich,** ob der Antrag bei dem zuständigen Gericht oder der zuständigen Geschäftsstelle eingeht und das Annahmegericht die Vorgänge unverzüglich oder vorwerfbar zu spät an das zuständige Gericht weiterleitet. Eine „Einreichung" liegt allerdings nicht vor, wenn der Kläger mit einem noch vor Einreichung der Klageschrift bei dem Gericht eingegangenen Schriftsatz darum bittet, die versehentlich an das unzuständige Gericht adressierte und auf den Postweg gebrachte Klage nicht einzutragen (OLG Celle AGS 2012, 574 = BeckRS 2012, 21217).

Ein **elektronisches** Dokument ist eingegangen, sobald es auf der für den Empfang bestimmten Einrichtung des Gerichts **gespeichert** ist (§ 130a V 1 ZPO, § 52a V 1, § 65a V 1 SGG, § 55a V 1 VwGO). 50

Ein zu **Protokoll** des Urkundsbeamten erklärter Antrag ist eingegangen, sobald der Antragsteller den Antrag nach seiner vollständigen Aufnahme unterschrieben übergibt. 51

cc) Einlegung einer Berufung oder Revision. Bei der Einlegung einer Berufung oder Revision reicht die Einreichung der Rechtsmittelschrift – unabhängig davon, ob auch eine Rechtsmittelbegründung folgt und ob bzw. wann ein förmlicher Antrag eingeht. 52

dd) Mahnverfahren. Im Mahnverfahren nach §§ 688 ff. ZPO wird eine ½ Gebühr (KV 1100) mit **Eingang des Antrags auf Erlass eines Mahnbescheides** fällig (BGH NJW 2011, 1594 Rn. 10). Die übrigen Gebühren entstehen unter Anrechnung der 1 Gebühr mit dem **Akteneingang** bei dem Streitgericht in dem Umfang des streitigen Verfahrens (§ 696 I 4 ZPO, KV 1210 Anm. 1). Wird der Widerspruch gegen den Mahnbescheid zurückgenommen, endet damit das Mahnverfahren, und es entsteht eine ermäßigte Gebühr nach KV 1211. 53

In **Familienstreitsachen** (§ 112 FamFG) sind die Vorschriften der ZPO über das Mahnverfahren **entsprechend** anwendbar (§ 113 II FamFG). Für sie gilt das GKG (§ 2 I Nr. 1). Bei einem Widerspruch gegen den Mahnbescheid soll das Verfahren erst an das Familiengericht abgegeben werden, nachdem die Verfahrensgebühr eingegangen ist (§ 12 III 4). 54

In **verwaltungs-** und **finanzgerichtlichen Verfahren** sind Mahnsachen nicht vorgesehen. Wegen der grundsätzlichen Unterschiede der beiden Verfahrensarten, insbes. des Untersuchungsgrundsatzes, sind §§ 688 ZPO auch nicht nach § 173 VwGO, § 155 FGO sinngemäß anwendbar. 55

Aufopferungs- und Amtshaftungsansprüche weist § 40 II VwGO allerdings den Zivilgerichten zu (→ Rn. 30), so dass für sie die ZPO einschließlich der Vorschriften für das Mahnverfahren gelten. 56

Auch in den Verfahren vor den **Sozialgerichten** sind die Vorschriften über das Mahnverfahren grds. nicht anwendbar (§§ 202, 103, 106 SGG). Allerdings enthält das SGG selbst eine Ausnahme. Beitragsansprüche von Unternehmen der privaten Pflegeversicherung können nämlich unter den Voraussetzungen des § 182a I SGG vor dem Amtsgericht nach den Vorschriften der ZPO im Mahnverfahren geltend gemacht werden (→ SGG Vor § 183 Rn. 1). Bis zum Eingang der Akten beim Sozialgericht gelten ZPO und GKG. Gebührenfreiheiten nach dem SGG bleiben auch im Rahmen des GKG erhalten (§ 2 III 1 GKG). Mit Eingang der Akten bei dem Sozialgericht wird das Verfahren nach dem SGG fortgeführt (§ 182a II SGG). Gebühren nach dem GKG sind auf die Verfahrensgebühr nach § 184 II SGG anzurechnen (§ 184 I 3 SGG). 57

ee) Verfahrenstrennung. Bei einer Verfahrenstrennung fällt die Verfahrensgebühr in **jedem** der neuen, eigenständigen Verfahren an (BFH BeckRS 2008, 25014308; OVG Münster NJW 2011, 871; KG GWR 2010, 304459). Eine Kostenverrechnung aus dem Ursprungs- auf die abgetrennten Verfahren soll nicht anteilig, sondern nur in Höhe eines etwaigen Überschusses erfolgen, falls im Ursprungsverfahren niedrigere Kosten anfallen als eingezahlt (KG GWR 2010, 304459). 58

Der weitere Fortgang der abgetrennten Verfahren kann nicht von der Vorauszahlung der Verfahrensgebühr abhängig gemacht werden, falls die Klage bereits 59 zugestellt ist (§ 12; N. Schneider AGS 2017, 313 (315)). Das Zurückbehaltungsrecht ist mit der Klagezustellung verbraucht.

60 **ff) Verfahrensverbindung.** Eine Verbindung mehrerer Prozesse (§ 147 ZPO) wirkt für die Zukunft und lässt bereits entstandene Gebührenansprüche **unberührt.**

61 **3. Ausnahmen. a) Rechtsmittel, das vom Rechtsmittelgericht zugelassen wird (I 2). aa) Überblick.** Im Verfahren über ein Rechtsmittel, das vom Rechtsmittelgericht zugelassen worden ist, wird die Verfahrensgebühr nach I 2 erst mit der Zulassung fällig.

62 **bb) Anwendungsbereich und Tatbestandsvoraussetzung.** Das Rechtsmittel muss vom **Rechtsmittelgericht** zugelassen werden. Unerheblich ist, ob die Zulassungsentscheidung auf entsprechenden Antrag oder aufgrund einer Nichtzulassungsbeschwerde notwendig wird. Von § 6 I 2 werden damit insbes. die Zulassung des Rechtsmittels auf die Nichtzulassungsbeschwerde hin sowie die Zulassung der Sprungrevision erfasst (§§ 544 VI, 566 VII ZPO, §§ 124a V, 139 II VwGO, § 116 FGO, §§ 139 II, 145 V, 160a IV 4 SGG).

63 Die Gebühren für **ohne Weiteres** oder durch **Zulassung des Vorderrichters** zulässige Rechtsmittel werden hingegen nach I 1 fällig, die für zulassungsbedürftige, aber nicht zugelassene Rechtsmittel nach II.

64 **cc) Rechtsfolgen.** Ist der Anwendungsbereich eröffnet (→ Rn. 62 f.), wird die Verfahrensgebühr (→ Rn. 11) nach § 6 I 2 mit der Zulassung rückwirkend auf den Zeitpunkt der Einreichung des Zulassungsantrages bzw. der Einlegung der Nichtzulassungsbeschwerde fällig. Dies gilt auch im **sozialgerichtlichen Verfahren** für KV 7130). Sollten sich die Beteiligten anderweitig einigen, müssen sie auf eine Gebührenermäßigung nach KV 7131, 7132 hinzuwirken. Wird das angefochtene Urteil auf eine erfolgreiche Nichtzulassungsbeschwerde wegen einer Gehörsverletzung **ohne Durchführung eines Revisionsverfahrens** aufgehoben und der Rechtsstreit an das Vordergericht zurückverwiesen, kann die Verfahrensgebühr für das Revisionsverfahren nicht entstehen (BGH NJW-RR 2007, 1148 Rn. 6; BeckRS 2007, 9183 Rn. 5).

65 **b) Gebühr setzt Entscheidung oder sonstige gerichtliche Handlung voraus (II). aa) Überblick.** Soweit die Gebühr eine Entscheidung oder sonstige gerichtliche Handlung voraussetzt („Aktgebühr"), wird die Gebühr mit **dieser** fällig.

66 **bb) Anwendungsbereich und Tatbestandsvoraussetzungen.** Eine Gebühr muss eine Entscheidung oder eine sonstige Handlung des Gerichts voraussetzen. Dies ist zB bei der **Verzögerungsgebühr** nach § 38 S. 1 (s. KV 1901, 5601, 6600, 7601, 8700), den Gebühren für das Verfahren über eine **Gehörsrüge** (KV 1700, 2500, 2600, 5400, 6400, 7400) sowie bei den Gebühren KV 2412–2441 in Verfahren nach der **SVertO** der Fall. Ferner bei den Gebühren, die mit der **Nichtzulassungsentscheidung** eines zulassungsbedürftigen Rechtsmittels entstehen (ZPO: KV 1240, 1242: ZVG: KV 2240–2243; VwGO: KV 5120, 5500; FGO: KV 6500, 6502; SGG: KV 7500, 7502).

67 Die Entscheidung oder eine sonstige Handlung des Gerichts muss außerdem **wirksam** sein (auch → Rn. 25). Sie muss mithin unter Berücksichtigung der entsprechenden verfahrensrechtlichen Vorschriften vor allem von dem zuständigen Organ vorgenommen oder erlassen worden sein.

68 **cc) Rechtsfolge.** Ist der Anwendungsbereich eröffnet (→ Rn. 66 f.), wird die Gebühr (→ Rn. 12) nach II erst mit der Entscheidung oder sonstigen gerichtliche Handlung fällig. Gemeint ist der Erlass einer Entscheidung (BGH ZfS 2021, 345 = BeckRS 2020, 39402 Rn. 5) bzw. die Handlung als solche. Die Zustellung der Entscheidung ist zur Herbeiführung der Fälligkeit nicht erforderlich (BGH ZfS 2021, 345 = BeckRS 2020, 39402 Rn. 5).

69 **IV. Verfahren vor den Arbeitsgerichten (III). 1. Überblick.** § 6 III geht auf einen Vorschlag des Bundesrates zurück (BT-Drs. 15/2403, 8). Er betrifft die Gebühren nach KV 8100–8700 sowie sämtliche Auslagen.

70 **2. Anwendungsbereich. a) Überblick.** III ist auf **sämtliche** Verfahren vor den Arbeitsgerichten iSv § 1 II Nr. 4 anwendbar (im Einzelnen → ArbGG § 12a Rn. 3 ff.). Die Zuständigkeit der Arbeitsgerichte ergibt sich aus §§ 2–4 ArbGG (→ ArbGG § 12a Rn. 1). Dazu gehören auch Streitigkeiten in unmittelbarem rechtlichem oder wirt-

schaftlichem Zusammenhang mit arbeitsrechtlichen Streitigkeiten, sofern nicht ein anderes Gericht ausschließlich zuständig ist (§ 2 III ArbGG). Durch Sonderzuweisung sind die Arbeitsgerichte ferner zuständig in bürgerliche Streitigkeiten um eine Vergütung für Arbeitnehmererfindungen, technische Verbesserungsvorschläge oder für Urheberrechte (§ 2 IIa ArbGG, § 39 II ArbErfG, § 104 S. 2 UrhG, → Rn. 30). Die Arbeitsgerichte bleiben nach **Beendigung des Arbeitsverhältnisses** für arbeitsrechtliche Streitigkeiten zuständig (BAG NZA-RR 2016, 548 Rn. 8).

Ist in einem arbeitsrechtlichen Verfahren ausnahmsweise das **ordentliche Gericht** 71 sachlich zuständig, wie meist bei einer Zwangsvollstreckung nach § 62 II ArbGG oder bei Erfinder- wie Urheberrechtsstreitigkeiten **außerhalb** des Vergütungsanspruchs nach § 104 S. 1 UrhG bzw. § 39 I ArbErfG iVm § 143, richtet sich die Fälligkeit der Gebühren nach § 6 I, II (→ Rn. 30).

b) Verweisungen. Bei einer Verweisung vom Arbeits- an das Zivilgericht (→ § 11 72 Rn. 9) wird die Verfahrensgebühr mit dem Eingang nach I 1 Nr. 1 fällig. Das Gericht kann in diesem Fall selbst dann, wenn die Klage bereits zugestellt wurde und/oder ein Termin stattgefunden hat, das weitere Verfahren von der Vorauszahlung der Verfahrensgebühr abhängig machen (→ § 11 Rn. 9). Bei einer Verweisung vom Zivil- an das Arbeitsgericht gilt III (auch → § 11 Rn. 10).

c) Mahnverfahren. Für Mahnverfahren vor den Arbeitsgerichten gelten die Re- 73 gelungen der ZPO mit der Maßgabe der §§ 46a, 46b ArbGG. Gebührenrechtlich richtet sich das Verfahren nach § 6 III und KV 8100, 8210 mit den Anmerkungen dazu. Bis zum Erlass eines Mahnbescheides ist das Verfahren gerichtsgebührenfrei. Erst bei einem Antrag auf Erlass eines Vollstreckungsbescheides entsteht eine Gebühr nach KV 8100. Bei einem Antrag auf Abgabe an das Streitgericht nach Widerspruch entsteht die Verfahrensgebühr nach KV 8210, auf die eine Gebühr nach KV 8100 angerechnet wird (Anm. 1 zu KV 8210). Eine Vorauszahlungspflicht besteht nicht, da die Regelungen in §§ 10–18 grds. nicht in Verfahren vor dem Arbeitsgericht anwendbar sind (§ 11).

3. Fälligkeit. a) Grundsatz. Die Gebühren und Auslagen in Verfahren vor den 74 Arbeitsgerichten werden in sämtlichen Instanzen gem. § 6 III grds. **nach § 9 II** fällig (auch → § 9 Rn. 13). Abweichend davon werden die Dokumentenpauschale sowie die Auslagen für die Versendung von Akten sofort mit ihrer Entstehung fällig werden (§ 9 III).

b) Verfahren wegen überlanger Gerichtsverfahren. Sonderregelungen gelten 75 für Verfahren wegen überlanger Gerichtsverfahren vor dem LAG nach §§ 198–201 GVG, § 9 Abs. 2 S. 2 ArbGG, § 11 S. 2, KV 8212. Auch hier werden die Gebühren erst mit Beendigung des Verfahrens fällig, es gilt jedoch einheitlich für alle diese Verfahren die Vorauszahlungspflicht wie für bürgerliche Streitigkeiten (§§ 11 S. 2, 12, 12a). Mangels Fälligkeit ist die Vorauszahlung ein Vorschuss (→ § 10 Rn. 6).

4. Gebührenfreiheit. Über die Privilegierung aus §§ 6 III, 9 II hinaus besteht im 76 arbeitsgerichtlichen Verfahren in größerem Umfang Gebührenfreiheit. In Angelegenheiten der **Mitbestimmung** nach § 2a I ArbGG, **Schiedsverfahren,** Verfahren nach §§ 122, 126 **InsO** oder **Beschlussverfahren** werden keine Gebühren erhoben (§ 2 II, → ArbGG § 12a Rn. 5). Im Falle eines das Verfahren beendenden **Vergleichs** (KV Vorb. 8) oder sonstiger **Beendigung** ohne streitige Verhandlung, Versäumnisurteil oder Kostenentscheidung entfällt die Verfahrensgebühr (KV 8210 Anm. 2).

5. Kostenschuldner. Für die Kosten des arbeitsgerichtlichen Verfahrens haften in 77 **erster Linie** der Entscheidungs- und Übernahmeschuldner (§ 29 Nr. 1 und 2). Eine gesamtschuldnerische Haftung nach § 31 I zwischen Antragsschuldner und Schuldner nach § 29 Nr. 1 gibt es im arbeitsgerichtlichen Verfahren nicht (§ 22 II, → ArbGG § 12a Rn. 4). Da die Gebühren grundsätzlich erst am Ende des Verfahrens fällig werden (§ 9 II) steht fest, wer für die Kosten einzutreten hat. Nur ausnahmsweise haftet der Antragsschuldner, wenn die Zwangsvollstreckung in das bewegliche Vermögen des Schuldners nach § 29 Nr. 1, 2, erfolglos geblieben ist oder aussichtslos erscheint (§§ 22 II, § 31 II).

Zwangsversteigerung und Zwangsverwaltung

7 **I 1 Die Gebühren für die Entscheidung über den Antrag auf Anordnung der Zwangsversteigerung und über den Beitritt werden mit der Entscheidung fällig. 2 Die Gebühr für die Erteilung des Zuschlags wird mit dessen Verkündung und, wenn der Zuschlag von dem Beschwerdegericht erteilt wird, mit der Zustellung des Beschlusses an den Ersteher fällig. 3 Im Übrigen werden die Gebühren im ersten Rechtszug im Verteilungstermin und, wenn das Verfahren vorher aufgehoben wird, mit der Aufhebung fällig.**

II 1 Absatz 1 Satz 1 gilt im Verfahren der Zwangsverwaltung entsprechend. 2 Die Jahresgebühr wird jeweils mit Ablauf eines Kalenderjahres, die letzte Jahresgebühr mit der Aufhebung des Verfahrens fällig.

Schrifttum: Schneider/Thiel, Kosten in der Teilungsversteigerung, NZFam 2018, 64; Storz/Kiderlen, Praxis des Zwangsversteigerungsverfahrens.

1 **I. Normgeschichte und Normzweck.** § 7, der bis zum Jahr 2004 in § 62 GKG aF und bis zum Jahr 1975 in § 107 GKG aF verortet war, hat seine **heutige** Form durch das KostRMoG v. 5.5.2004 (BGBl. I 718) gefunden. Art. 16 Nr. 3 Zweites Gesetz zur Modernisierung der Justiz (2. Justizmodernisierungsgesetz) v. 2.12.2006 hat § 7 II 2 mWv 31.12.2006 geändert. Seitdem wird die Jahresgebühr jeweils für das **Kalenderjahr** erhoben werden und nicht mehr jedes Jahr beginnend mit dem Tag der Beschlagnahme. Damit sollte ein Gleichlauf mit der Rechnungslegung des Zwangsverwalters nach § 14 II 1 ZvVwV erreicht werden (BT-Drs. 16/3038, 50). Außerdem meinte man, der gerichtliche Kostenansatz würde dadurch **erleichtert** und Nachfragen bei Zwangsverwaltern nach zeitanteiligen Einkünften würden **entfallen** (BT-Drs. 16/3038, 50). Die Regelung hat den **Zweck,** den **Zeitpunkt** zu bestimmen, wann für **einzelne** Handlungen der Zwangsversteigerung und -verwaltung die entsprechenden Gebühren (zum Begriff → § 1 Rn. 3) fällig werden.

2 **II. Zwangsversteigerung (I). 1. Überblick.** Die Gebühren für die Zwangsversteigerung sind in KV 2210–2216 geregelt. KV 2210 ist eine Pauschalgebühr. Die Höhe der anderen Gebühren ist nach § 54 zu bestimmen. Sind mehrere Gegenstände betroffen, ist nach § 54 IV der Gesamtwert maßgebend. Den **Kostenschuldner** bestimmt § 26. Nach § 15 I ist spätestens bei der Bestimmung des Zwangsversteigerungstermins ein Vorschuss in Höhe des Doppelten einer Gebühr für die Abhaltung des Versteigerungstermins zu erheben (→ § 15 Rn. 3). KV 2210 wird bei **jedem** Antragsteller gesondert erhoben, sofern sie nicht Gesamtgläubiger bzw. Gesamthandsgläubiger sind oder eine Gemeinschaft an Miteigentümern als ein Antragsteller anzusehen ist (KV Vorb. 2.2). Im Übrigen haften mehrere Kostenschuldner als Gesamtschuldner (§ 31 I). Sind unter den Voraussetzungen des § 109 I ZVG Kosten dem Versteigerungserlös zu entnehmen, wird der Kostenschuldner insoweit entlastet.

3 **2. Anordnung der Zwangsversteigerung, KV 2210 (I 1 Fall 1).** Die Gebühr KV 2210 für die Entscheidung über den Antrag auf Anordnung der Zwangsversteigerung gem. § 15 ZVG wird nach § 7 I 1 Fall 1 mit der **Entscheidung** fällig. Entscheidung idS ist der Beschluss nach § 764 III ZPO. Die Entscheidung ist in dem Zeitpunkt **erlassen,** in dem das Gericht sich seiner in einer der Verkündung vergleichbaren Weise entäußert hat (BGH NJW 2017, 3239 Rn. 3; NZM 2017, 147 Rn. 12; NJW-RR 2004, 1575 unter II 2a). Dieser Zeitpunkt ist nicht die Übergabe an die Geschäftsstelle (BGH NJW 2017, 3239 Rn. 3). Zu einem Erlass bedarf es vielmehr der **Hinausgabe aus dem inneren Geschäftsbetrieb** (BGH NJW 2017, 3239 Rn. 3). Dies ist der Zeitpunkt, zu dem die Entscheidung die Geschäftsstelle mit der unmittelbaren Zweckbestimmung verlassen hat, den Parteien bekannt gegeben zu werden (BGH NJW 2017, 3239 Rn. 3; NZM 2017, 147 Rn. 12). Für die Entstehung der Gebühr Gebühr KV 2210 ist das Ergebnis der Entscheidung unerheblich. Es ist also egal, ob das Gericht den Versteigerungsantrag zurückweist oder ihm stattgibt und die Entscheidung des Gerichts bereits formell rechtskräftig ist. Wird der Antrag vor der Entscheidung zurückgenommen, entsteht Gebühr KV 2210 nicht.

4 **3. Beitritt zur Zwangsversteigerung, KV 2210 (I 1 Fall 2).** Die Gebühr KV 2210 für den Beitritt zur Zwangsversteigerung (§ 27 ZVG) wird nach I 1 Fall 2 **mit**

der Entscheidung fällig. Entscheidung idS auch ist der Beschluss nach § 764 III ZPO (→ Rn. 3). Für die Entstehung der Gebühr Gebühr KV 2210 ist das Ergebnis der Entscheidung unerheblich. Es ist also egal, ob das Gericht den Versteigerungsantrag zurückweist oder ihm stattgibt und die Entscheidung des Gerichts bereits formell rechtskräftig ist. Wird der Antrag vor der Entscheidung zurückgenommen, entsteht Gebühr KV 2210 nicht.

4. Erteilung des Zuschlags, KV 2214 (I 2). Die Gebühr für die Erteilung des Zuschlags KV 2214 wird gem. I 2 grds. mit **Verkündung des Zuschlags** (§ 87 I ZVG; § 329 I ZPO) fällig, unabhängig davon, ob die Beteiligten anwesend sind und wann der Zuschlagsbeschluss rechtskräftig wird. Wird der Zuschlag allerdings erst von dem Beschwerdegericht erteilt, wird die Gebühr KV 2214 erst mit der Zustellung des Beschlusses an den Ersteher fällig (§§ 103, 104 ZVG). Wird der Zuschlagsbeschluss aufgehoben, entfällt die Gebühr. 5

5. Andere Gebühren im ersten Rechtszug (I 3). a) Tatbestandsvoraussetzungen. aa) Betroffene Gebühren. I 3 betrifft die **anderen** Gebühren der Zwangsversteigerung im ersten Rechtszug. Dies sind: 6

– die Verfahrensgebühr (KV 2211, 2212);
– die Versteigerungsterminsgebühr (KV 2213);
– die Verteilungsverfahrensgebühr (KV 2215, 2216).

bb) Erster Rechtszug. I 3 ist nur im **ersten** Rechtszug anwendbar, also beim AG als Vollstreckungsgericht. Wendet sich ein Beteiligter gegen den Zuschlag im Wege der Beschwerde nach §§ 95 ff. ZVG, ist § 6 II anwendbar (→ Rn. 16). 7

b) Rechtsfolge. aa) Grundsatz. Die Fälligkeit der Gebühren KV 2211–2213, 2215 und 2216 tritt grds. „im" Verteilungstermin (§ 105 I ZVG) ein, also mit seinem **Aufruf.** Die bloße Terminbestimmung nach § 105 I ZVG ist demgegenüber zunächst noch unerheblich. 8

bb) Aufhebung des Verteilungstermins (I 3 Fall 2). Wird das Verfahren bereits vor einem Verteilungstermin (→ Rn. 8) **aufgehoben,** gibt es mithin keinen Verteilungstermin an dem angeknüpft werden könnte, werden die Gebühren mit dem Beschluss, der die Aufhebung nach § 32 ZVG bestimmt, fällig. Für den Erlass dieser Entscheidung gilt → Rn. 3 entsprechend. Wird das Verfahren vor einem Verteilungstermin **eingestellt,** ist § 7 I 3 Fall 2 entsprechend anzuwenden. 9

cc) Außergerichtliche Einigung. Die Verteilung des Versteigerungserlöses durch das Gericht findet nach § 143 ZVG **nicht** statt, wenn durch öffentliche oder öffentlich beglaubigte Urkunden nachgewiesen wird, dass sich die Beteiligten über die Verteilung des Erlöses **geeinigt** haben. Ist bereits ein Verteilungstermin **anberaumt,** ist er in diesem Falle entsprechend § 105 IV ZVG durch Beschluss aufzuheben. Die Fälligkeit bestimmt sich dann nach I 3 Fall 2 (→ Rn. 9). Ist noch **kein Verteilungstermin** anberaumt, ist für die Fälligkeit hingegen an den Eingang des Nachweises iSv § 143 ZVG iVm § 9 II Nr. 2 anzuknüpfen. 10

dd) Außergerichtliche Befriedigung der Berechtigten. Weist gem. § 144 I 1 ZVG der Ersteher oder im Falle des § 69 III ZVG der für mithaftend erklärte Bürge durch öffentliche oder öffentlich beglaubigte Urkunden nach, dass er diejenigen Berechtigten, deren Ansprüche durch das Gebot gedeckt sind, **befriedigt** hat oder dass er von ihnen als alleiniger Schuldner **angenommen** ist, findet – vorbehaltlich § 144 II ZVG – auch kein Verteilungstermin statt. Ist bereits ein Verteilungstermin **anberaumt,** ist er in diesem Falle entsprechend § 105 IV ZVG durch Beschluss aufzuheben. Die Fälligkeit bestimmt sich dann nach § 7 I 3 Fall 2 (→ Rn. 9). Ist noch **kein Verteilungstermin** anberaumt, ist für die Fälligkeit hingegen § 144 I 2 ZVG iVm § 9 II Nr. 2 anzuknüpfen. Sie tritt also ein, wenn nach der Benachrichtigung und Aufforderung keine Erinnerungen binnen zwei Wochen geltend gemacht werden. 11

III. Zwangsverwaltungsverfahren (II). 1. Überblick. Die Gebühren für das Zwangsverwaltungsverfahren sind in KV 2220 und KV 2221 geregelt. KV 2210 ist eine Pauschalgebühr. Die **Höhe** der KV 2221 ist nach § 55 zu bestimmen. Den **Kostenschuldner** bestimmt § 26. Der Antragsteller hat gem. § 15 II jährlich einen angemessenen Gebührenvorschuss zu zahlen (→ § 15 Rn. 6). 12

13 **2. Anordnung des Zwangsverwaltungsverfahrens, KV 2220 (II 1, I 1 Fall 1).** Die Gebühr KV 2220 für die Entscheidung über den Antrag auf Anordnung der Zwangsverwaltung gem. §§ 15, 146 ZVG wird nach § 7 II 1, I 1 Fall 1 mit der **Entscheidung** fällig. Entscheidung idS ist der Beschluss nach § 764 III ZPO (→ Rn. 3). Es ist also egal, ob das Gericht den Versteigerungsantrag zurückweist oder ihm stattgibt und die Entscheidung des Gerichts bereits formell rechtskräftig ist.

14 **3. Beitritt zur Zwangsverwaltung, KV 2220 (II 1, I 1 Fall 2).** Die Gebühr KV 2220 für den Beitritt zur Zwangsverwaltung (§§ 27, 146 ZVG) wird nach § 7 II 1, I 1 Fall 2 **mit der Entscheidung** fällig. „Entscheidung" idS ist der Beschluss nach § 764 III ZPO (→ Rn. 3). Für die Entstehung der Gebühr ist das Ergebnis der Entscheidung unerheblich, ob das Gericht den Versteigerungsantrag zurückweist oder ihm stattgibt und die Entscheidung des Gerichts bereits formell rechtskräftig ist. Wird der Antrag vor der Entscheidung zurückgenommen, entsteht keine Gebühr.

15 **4. Jahresgebühr, KV 2221 (II 2).** Die Jahresgebühr KV 2221 wird gem. § 7 II 2 **jeweils** mit Ablauf eines Kalenderjahres fällig, und zwar auch für das Jahr, in das die Beschlagnahme fällt oder das Verfahren aufgehoben (auch → Rn. 1). Die **letzte** Jahresgebühr wird mit der Aufhebung des Verfahrens fällig (§ 161 I ZVG).

16 **IV. Beschwerde- und Rechtsbeschwerdeverfahren.** Die Gebühren nach KV 2240–2243 werden, wie § 7 I 3 zeigt, nach § 6 II mit der **Beschwerdeentscheidung** fällig. Wird die Beschwerde nur teilweise verworfen oder zurückgewiesen, steht es nach KV 2240, 2242 im billigen Ermessen des Gerichts (→ § 10 Rn. 10), die Gebühr auf die Hälfte zu ermäßigen oder sie nicht zu erheben. Für eine begründete Beschwerde fallen keine Gebühren an.

17 **V. Anwendungsbereich nicht eröffnet. 1. Gebühren.** Ist der Anwendungsbereich **nicht** eröffnet (→ Rn. 3 ff.), ist der Fälligkeitszeitpunkt für die Gebühren (zum Begriff → § 1 Rn. 3) nach §§ 9 II, III zu ermitteln.

18 **2. Auslagen.** Auch die Fälligkeit der **Auslagen** (zum Begriff → § 1 Rn. 5) bestimmen § 9 II, III.

Strafsachen, Bußgeldsachen

8 **[1]In Strafsachen werden die Kosten, die dem verurteilten Beschuldigten zur Last fallen, erst mit der Rechtskraft des Urteils fällig. [2]Dies gilt in gerichtlichen Verfahren nach dem Gesetz über Ordnungswidrigkeiten entsprechend.**

1 **I. Normgeschichte und Normzweck.** § 8 war bis zum Jahr 2004 in § 63 II GKG aF und bis zum Jahr 1975 in § 109 II GKG aF verortet. Er hat seine heutige Stellung mit **unveränderten** Inhalt durch das KostRMoG v. 5.5.2004 (BGBl. I 718) gefunden.

2 Die Regelung hat den **Zweck,** den Zeitpunkt zu bestimmen, wann die Kosten (zum Begriff → § 1 Rn. 2) in Strafsachen sowie im gerichtlichen Verfahren nach dem Gesetz über Ordnungswidrigkeiten fällig werden, **soweit** die dem verurteilten Beschuldigten zur Last fallen. Da der Zeitpunkt sehr spät liegt – Rechtskraft – wird der Beschuldigte hinsichtlich der Fälligkeit der Kosten in Strafsachen (KV 3110 ff.) und in gerichtlichen Verfahren nach dem Gesetz über Ordnungswidrigkeiten (KV 4110 ff.) **privilegiert, soweit** er die Kosten zu tragen hat. § 8 ist insoweit Ausdruck der **Unschuldsvermutung:** Die Kosten sollen erst fällig werden, nachdem der Beschuldigte rechtskräftig zur Kostentragung verurteilt ist und feststeht, dass er der Täter war.

3 **II. Tatbestandsvoraussetzungen/Anwendungsbereich. 1. Überblick.** § 8 ist originär in Strafsachen anwendbar, wenn die Kosten dem **verurteilten Beschuldigten** zur Last fallen. In gerichtlichen Verfahren nach dem OWiG gilt das nach § 8 S. 2 entsprechend.

4 **2. Erfasste Verfahren/Gebühren. a) Strafsachen.** Was iSv S. 1 „Strafsachen" bzw. die erfassten Gebühren sind, ergibt sich aus KV Teil 3. Es sind: Strafsachen und gerichtliche Verfahren nach dem Strafvollzugsgesetz, auch iVm § 92 JGG, sowie

Verfahren nach dem Gesetz über die internationale Rechtshilfe in Strafsachen. Voraussetzung ist aber, dass der **Beschuldigte** die Gebühren zu tragen hat. **Übersicht:**

- **Offizialverfahren (KV Teil 3 Hauptabschnitt 1) und Sonstige Beschwerden (KV Teil 3 Hauptabschnitt 6):** S. 1 erfasst KV 3110 bis 3200 bzw. KV 3600 bis 3602, soweit der Beschuldigte die Kosten zu tragen hat. Der Begriff erfasst auch solche Verfahren, bei denen der Beschuldigte **bereits verurteilt** ist, da das Gesetz nicht unterscheidet und der Begriff „Beschuldigter" jedes Verständnis zulässt (aA BeckOK KostR/Toussaint Rn. 101, Rn. 10.3 und Rn. 10.4 für KV 3140, 3141, 3340, 3341, 3450, 3451, 3531, 3600 bis 3602 und KV 3420 sowie für Gebühren, die im Kostenfestsetzungsverfahren anfallen, da dort kein Beschuldigter vorhanden sei).
- **Klageerzwingungsverfahren, unwahre Anzeige und Zurücknahme des Strafantrags (KV Teil 3 Hauptabschnitt 2):** S. 1 erfasst **nicht** KV 3200. Die entsprechende Gebühr kann nur dem Antragsteller, dem Anzeigenden, dem Angeklagten oder Nebenbeteiligten auferlegt werden.
- **Privatklage (KV Teil 3 Hauptabschnitt 3):** S. 1 erfasst KV 3310–3341, soweit der Beschuldigte die Kosten zu tragen hat.
- **Einziehungsverfahren (KV Teil 3 Hauptabschnitt 4):** S. 1 erfasst KV 3430–3451, soweit der Beschuldigte die Kosten als Beschuldigter zu tragen hat. Dies ist der Sache nach auch im Abschnitt 5. Wiederaufnahmeverfahren bei KV 3450, 3451 der Fall (aA BeckOK KostR/Toussaint Rn. 10.1). Der Begriff erfasst auch solche Verfahren, bei denen der Beschuldigte **bereits verurteilt** ist, da das Gesetz nicht unterscheidet und der Begriff „Beschuldigter" jedes Verständnis zulässt.
- **Nebenklage (KV Teil 3 Hauptabschnitt 5):** S. 1 erfasst **nicht** KV 3510–3531. Die entsprechenden Gebühren werden nach KV Vorb. 3.5 nur erhoben, wenn dem Nebenkläger die Kosten auferlegt worden sind.
- Entschädigungsverfahren (KV Teil 3 Hauptabschnitt 7): S. 1 erfasst KV 3700.
- **Gerichtliche Verfahren nach dem Strafvollzugsgesetz (KV Teil 3 Hauptabschnitt 8):** S. 1 erfasst KV 3810–3830, soweit der Beschuldigte die Kosten als Beschuldigter zu tragen hat. Dies ist der Sache nach der Fall (NK-GK/Norbert Schneider Rn. 8; aA BeckOK KostR/Toussaint Rn. 10.2), auch wenn § 8 Ausfluss der Unschuldsvermutung ist (→ Rn. 2), die nach einer rechtskräftigen Verurteilung nicht mehr gilt.
- **Anhörungsrüge (KV Teil 3 Hauptabschnitt 9 Abschnitt 2):** S. 1 erfasst KV 3920, soweit der Beschuldigte die Kosten als Beschuldigter zu tragen hat (aA BeckOK KostR/Toussaint Rn. 10.2).

b) Verfahren nach dem Gesetz über Ordnungswidrigkeiten (S. 2). Was iSv S. 2 Verfahren „nach dem Gesetz über Ordnungswidrigkeiten" sind, ergibt sich aus KV Teil 4 Verfahren nach dem Gesetz über Ordnungswidrigkeiten. Voraussetzung ist aber, dass der Betroffene die Gebühren zu tragen hat. Übersicht: 5

- **Bußgeldverfahren (KV Teil 4 Hauptabschnitt 1) und sonstige Beschwerden (KV Teil 4 Hauptabschnitt 4).** S. 2 erfasst KV 4110 bis 4131 bzw. KV 4400 und 4401, soweit der Betroffene die Kosten zu tragen hat. Der Begriff „Beschuldigter" nach S. 1, S. 2 erfasst auch solche Verfahren, bei denen der Betroffene **bereits verurteilt** ist, da das Gesetz nicht unterscheidet und der Begriff „Beschuldigter" jedes Verständnis zulässt (aA BeckOK KostR/Toussaint Rn. 10.1, Rn. 10.3 und Rn. 10.4 für KV 4111, 4112, 4400, 4401, 4210, 4130, 4131 und 4303 und für Gebühren, die im Kostenfestsetzungsverfahren anfallen, da dort kein Betroffener vorhanden sei).
- **Einziehungsverfahren (KV Teil 4 Hauptabschnitt 2):** S. 2 erfasst KV 4210 bis 4231, soweit der Betroffene die Kosten zu tragen hat.
- **Anhörungsrüge (KV Teil 4 Hauptabschnitt 5):** S. 2 erfasst KV 3920, soweit der Beschuldigte die Kosten als Beschuldigter zu tragen hat (aA BeckOK KostR/Toussaint Rn. 10.2).

3. Verurteilter. a) Beschuldigter. aa) Begriff. Ein „Beschuldigter" ist eine strafmündige Person, der die Begehung einer Straftat vorgeworfen wird (s. auch § 157 6

StPO). Kein „Beschuldigter" sind mithin zB Zeugen und Sachverständige, der Anzeigende (§§ 469, 470 StPO), der Staat oder der Privat- (§ 471 StPO), der Neben- (§§ 472, 472b StPO) oder der Rechtsmittelkläger iSd § 473 StPO. Die Fälligkeit der Kosten richtet sich für diesen Kreis nach § 9 II.

7 Erhebt der Beschuldigte **Widerklage** (§ 388 StPO) und beantragt er die Bestrafung des Privatklägers, ist er kein „Beschuldigter" iSv S. 1. Es fallen für ihn Gebühren wie für den Privatkläger an (KV Vorb. 3.3) und werden nach § 9 II fällig.

8 **bb) Verurteilung.** Der „Beschuldigte" ist iSv S. 1 „verurteilt", wenn gegen ihn nach § 260 I StPO ein Urteil oder ein Strafbefehl ergeht (s. auch § 29 Nr. 1). Einer **Verurteilung** wird in § 465 I 2 StPO **gleichgestellt,** soweit das Gericht den Angeklagten (= der Beschuldigte, gegen den die Eröffnung des Hauptverfahrens beschlossen ist) mit einem Strafvorbehalt verwarnt (§ 59 StGB), von Strafe absieht (§ 60 StGB), auf eine Maßregel der Besserung und Sicherung erkennt (§ 61 StGB) oder einen Strafbefehl erlässt (§ 410 III StPO). Unter § 8 S. 1 fällt ferner eine Kostenverurteilung trotz Straffreierklärung (§ 468 StPO).

9 **b) Betroffener.** Für den Betroffenen nach dem Gesetz über Ordnungswidrigkeiten gelten → Rn. 6 ff. entsprechend. Hier kann die Entscheidung ein Bußgeldbescheid (§ 65 OWiG), nach § 72 I 1 OWiG aber auch ein Beschluss oder ein Urteil (§ 71 OWiG) sein.

10 **III. Rechtsfolge. 1. Grundsatz. a) Überblick.** Sind sämtliche Tatbestandsvoraussetzungen erfüllt (→ Rn. 3 ff.), werden die **Kosten** (→ Rn. 11; s. auch § 465 I StPO, § 46 I OWiG, § 29 Nr. 1) nach § 8 S. 1 mit der formellen Rechtskraft (→ Rn. 12 ff.) der Entscheidung fällig. Auf die Entstehung der Kosten kommt es nicht an. Mehrere wegen derselben Tat Verurteilte haften hinsichtlich der Kosten gesamtschuldnerisch (§ 466 StPO; s. auch § 33).

11 **b) Kosten.** Kosten sind die Gebühren KV 3110–3700, 4110–4500 **und** Auslagen iSd § 464a I a StPO. Zu den Kosten gehören auch die Kosten der Privat- (§ 471 I StPO) und Nebenklage (§ 471 I StPO), die Kosten des Adhäsionsverfahrens (§ 472a StPO; → Rn. 4) sowie die Kosten des gerichtlichen Ordnungswidrigkeitenverfahrens.

12 **c) Rechtskraft. aa) Überblick.** Rechtskraft tritt ein, **sobald** die Entscheidung von keinem rechtsmittelberechtigten Verfahrensbeteiligten mehr mit einem ordentlichen Rechtsmittel angefochten werden kann. Sie kann sich – als Teilrechtskraft – auf einen von mehreren Angeklagten, auf eine von mehreren Taten oder auf eine der verhängten Strafen beschränken.

13 **bb) Sofortige Beschwerde.** Ficht ein Beteiligter die Entscheidung über die Kosten nach § 464 III StPO gesondert mit der **sofortigen Beschwerde** an, tritt deren Fälligkeit mit der Wirksamkeit einer Beschwerderücknahme oder mit der Rechtskraft der Beschwerdeentscheidung ein. Die Fälligkeit nicht angefochtener Kosten richtet sich nach der **Teilrechtskraft.** Anderenfalls könnte der Kostenschuldner durch Anfechtung eines kleinen Teils der Kostenentscheidung die Fälligkeit insgesamt verzögern.

14 **2. Kosten ohne Verurteilung.** Werden dem **Beschuldigten** in einem Strafverfahren **Kosten** auferlegt, **ohne** dass es zu einer **Verurteilung** (→ Rn. 8) kommt, werden die Kosten werden nach § 9 II fällig. Dies betrifft ua:

15 – eine Einstellung des Verfahrens,
– einen Freispruch,
– die Entscheidung über die Rechtmäßigkeit einer Ermittlungsmaßnahme (§ 473a StPO),
– Kosten, die das Gericht einem freigesprochenen oder außer Verfolgung gesetzten Angeklagten auferlegt (§§ 467 II–IV, 468 StPO),
– das Verfahren nach dem IRG und § 62 OWiG.

16 **IV. Anwendungsbereich nicht eröffnet.** Ist der Anwendungsbereich **nicht** eröffnet (→ Rn. 3 ff.), zB für einen Antragsteller im Klageerzwingungsverfahren, den Anzeigenden, einen Beschwerdeführer, einen Einziehungsbeteiligten, einen Neben-, Privat- oder Widerkläger, einen Sachverständigen oder einen Zeugen, ist der Fälligkeitszeitpunkt nach §§ 9 II, III zu ermitteln.

Fälligkeit der Gebühren in sonstigen Fällen, Fälligkeit der Auslagen

9 **I 1 Die Gebühr für die Anmeldung eines Anspruchs zum Musterverfahren nach dem Kapitalanleger-Musterverfahrensgesetz wird mit Einreichung der Anmeldungserklärung fällig. 2 Die Auslagen des Musterverfahrens nach dem Kapitalanleger-Musterverfahrensgesetz werden mit dem rechtskräftigen Abschluss des Musterverfahrens fällig.**

[geplante Fassung durch das VRUG:]

II Die Gebühr für das Umsetzungsverfahren nach dem Verbraucherrechtedurchsetzungsgesetz wird mit dessen Eröffnung fällig.

II Im Übrigen werden die Gebühren und die Auslagen fällig, wenn

1. eine unbedingte Entscheidung über die Kosten ergangen ist,

2. das Verfahren oder der Rechtszug durch Vergleich oder Zurücknahme beendet ist,

3. das Verfahren sechs Monate ruht oder sechs Monate nicht betrieben worden ist,

4. das Verfahren sechs Monate unterbrochen oder sechs Monate ausgesetzt war oder

5. das Verfahren durch anderweitige Erledigung beendet ist.

III Die Dokumentenpauschale sowie die Auslagen für die Versendung von Akten werden sofort nach ihrer Entstehung fällig.

Übersicht

I. Normgeschichte und Normzweck. II, III waren bis zum Jahr 2004 teilweise 1
in §§ 63 I, 64 I 1 GKG aF und bis zum Jahr 1975 in §§ 109 I, 110 I GKG aF verortet. Die Bestimmung fand ihre jetzige Stellung mit einem **veränderten** Inhalt durch das

KostRMoG v. 5.5.2004 (BGBl. I 718). Die deutlich elaborierte Fassung von § 9 II geht dabei auf einen Vorschlag des Bundesrates zurück (BT-Drs. 15/2403, 8). Er hatte ua angeregt, die Fälle der Verfahrensunterbrechung und -aussetzung mit denen des Ruhens und Nichtbetreibens gleichzustellen und die in § 9 II erfassten Fallgruppen zur **Verbesserung der Übersichtlichkeit und Lesbarkeit** durch Nummerierung zu gliedern (BT-Drs. 15/2403, 8; auch → Rn. 12). Art. 14 Nr. 3 Gesetz über die Verwendung elektronischer Kommunikationsformen in der Justiz (Justizkommunikationsgesetz – JKomG) v. 22.3.2005 (BGBl. I 837) hat mWv 1.4.2005 in § 9 II die Wörter „und die Auslagen für die Versendung" durch die Wörter „sowie die Auslagen für die Versendung und die elektronische Übermittlung" **ersetzt.** Art. 4 Gesetz zur Einführung von Kapitalanleger-Musterverfahren v. 16.8.2005 (BGBl. I 2437) hat mWv 1.11.2005 den heutigen § 9 I 2 ins GKG **eingefügt.** Das Gesetz zur Reform des Kapitalanleger-Musterverfahrensgesetzes und zur Änderung anderer Vorschriften v. 19.10.2012 (BGBl. I 2182), mit dem die Anmeldung eines Anspruchs zum Musterverfahren geschaffen wurde, hat mWv 1.11.2012 hingegen den heutigen § 9 I 1 ins GKG **eingefügt.** Als Vorbild diente die Regelung des § 6 I Nr. 1 (BT-Drs. 17/10160, 27). Art. 3 Nr. 6 Zweites Gesetzes zur Modernisierung des Kostenrechts (2. Kostenrechtsmodernisierungsgesetz – 2. KostRMoG) v. 23.7.2013 (BGBl. I 2586) hat mWv 1.8.2013 in § 9 III die Wörter „und die elektronische Übermittlung" dann wieder **gestrichen.** Zur Begründung wurde angegeben, es solle ausschließlich die **Dokumentenpauschale** anfallen (BT-Drs. 7/11471, 243). Nach dem geplanten **Art. 27 Nr. 3 VRUG** sollen die Absätze 2 und 3 zu den Absätzen 3 und 4 werden, → Vor § 1 Rn. 17a.

2 I sind **Sondervorschriften** für das KapMuG. Diese sind notwendig, da es sich bei der Anmeldung um keine eigenständige Klage handelt, so dass keine Verfahrensgebühr entsteht und § 6 nicht greift. Vielmehr wird einem bereits laufenden Klageverfahren beigetreten, dem Musterverfahren nach § 10 I KapMuG. Die Regelungen dienen ua dem Kosteninteresse der Justizkasse.

3 Die **Auffangbestimmung** in II, „im Übrigen", hat die Aufgabe, die Fälligkeit zu bestimmen, **soweit** die Fälligkeit der Gebühren und / oder Auslagen **nicht** durch andere gesetzliche Regelungen, namentlich §§ 6–8, 17, abweichend geregelt ist (FG Rheinland-Pfalz DStRE 2013, 118; auch → Rn. 13). Die Regelungen dienen ua dem Kosteninteresse der Justizkasse.

4 § 9 III ist eine **Sonderregelung** für die Herstellung und Überlassung von Dokumenten sowie die Versendung von Akten. Sie ist notwendig vor dem Hintergrund, dass der Antragsteller iSd Dokumentenpauschale nicht der Antragsteller des Verfahrens sein muss (auch → Rn. 34). Die Regelung dient ua dem Kosteninteresse der Justizkasse.

5 **II. Musterverfahren nach KapMuG (I). 1. Gebühren für die Anmeldung (I 1). a) Anwendungsbereich/Tatbestandsvoraussetzungen. aa) Überblick.** Das Verfahren nach dem KapMuG ist grds. eine **bürgerliche** Rechtsstreitigkeit iSv § 6 I 1 Nr. 1 (→ § 6 Rn. 27). § 9 I 1 trifft für dieses Verfahren als **Spezialvorschrift** Anordnungen für eine Anmeldung iSv § 10 II 1 KapMuG. Das erstinstanzliche Musterverfahren selbst gilt nach KV Vorb. 1.2.1. als Teil des ersten Rechtszugs des Prozessverfahrens und **kennt keinen** Gebührentatbestand.

6 **bb) Rechtsbeschwerde.** Auf die Gebühr KV 1821 für die **Rechtsbeschwerde** nach § 20 I 1 KapMuG ist § 9 I 1 **nicht** anwendbar. Die Fälligkeit richtet sich hier nach § 6 I 1 (→ § 6 Rn. 46). Die Verfahrensgebühr wird also mit **Einreichung** der **Beschwerdeschrift** fällig. Kostenschuldner sind der Beschwerdeführer und ihm Beigetretene (§ 22 IV 3). Für den Gebührenstreitwert gelten § 51a II–IV. Die Kostenverteilung richtet sich nach § 26 I KapMuG.

7 **b) Rechtsfolgen. aa) Überblick.** Ist der Anwendungsbereich eröffnet und liegen die Tatbestandsvoraussetzungen vor (→ Rn. 5), wird die Gebühr für die Anmeldung eines Anspruchs zum Musterverfahren KV 1902 iHv 0,5 nach § 9 I 1 bereits mit **Einreichung** der **Anmeldungserklärung** fällig. Die Anmeldungserklärung ist idS „eingereicht", wenn ein den inhaltlichen Anforderungen des § 10 III KapMuG entsprechender Schriftsatz in den Verfügungsbereich des OLG gelangt, bei dem das Musterverfahren anhängig ist.

bb) Weiteres. Die Gebühr wird nach KV 1210 Anm. II auf eine Gebühr nach KV 1210 für das Verfahren im Allgemeinen **angerechnet,** wenn ein Kläger wegen **desselben Streitgegenstands** einen Anspruch zum Musterverfahren angemeldet hat. Der Gebührenstreitwert richtet sich nach § 51a I. Kostenschuldner ist der Beitretende (§ 22 IV 2). 8

2. Auslagen (I 2). a) Anwendungsbereich/Tatbestandsvoraussetzungen. I 2 ist auf die **Auslagen** eines Musterverfahrens nach dem KapMuG anwendbar. Zum Begriff der Auslagen → § 1 Rn. 5. Der Zweck beruht auf folgenden Überlegungen: Die auf die einzelnen Hauptsacheverfahren entfallende Kostenquote steht erst **nach** dem rechtskräftigen Abschluss des Musterverfahrens fest. Um zu **verhindern,** dass durch Rücknahme der Hauptsacheklage die Auslagen des erstinstanzlichen Musterverfahrens fällig werden, bevor diese abschließend beziffert werden können, sieht die Regelung eine abweichende Regelung zur Fälligkeit der Auslagen des Musterverfahrens vor (BT-Drs. 15/5091, 34/35). 9

b) Rechtsfolgen. aa) Überblick. Ist der Anwendungsbereich eröffnet und liegen die Tatbestandsvoraussetzungen vor (→ Rn. 9), werden die Auslagen KV 9018 nach § 9 I 2 erst mit dem **rechtskräftigen Abschluss** des Musterverfahrens fällig. Ein solcher „Abschluss" liegt vor, wenn die Frist der Rechtsbeschwerde iSv § 20 I 1 abgelaufen, die rechtzeitig eingelegte Rechtsbeschwerde gegen den Musterentscheid (§ 16 I 1 KapMuG) erfolglos geblieben ist oder nach Zurückverweisung auf eine erfolgreiche Rechtsbeschwerde eine nicht mehr angefochtene bzw. vom Rechtsbeschwerdegericht bestätigte Entscheidung ergangen ist. 10

bb) Weiteres. Die Auslagen werden grds. grundsätzlich **anteilig** entsprechend der Höhe der Forderungen nach den in KV 9018 Anm. 3 genannten Prüfsteinen verteilt. Nimmt der Kläger oder ein Beigeladener innerhalb eines Monats nach Zustellung des Aussetzungsbeschlusses nach § 8 KapMuG seine Klage in der Hauptsache zurück, werden bei ihm keine Auslagen erhoben (§ 8 III Nr. 2 KapMuG, KV 9018 Anm. 2 und 3 S. 2). 11

III. Gebühren und Auslagen im Allgemeinen (II). 1. Anwendungsbereich, Zweck und Allgemeines. Wie ausgeführt (→ Rn. 1), ist § 9 II ua aus § 63 I GKG aF erwachsen. Dieser lautete: *„Im übrigen werden die Gebühren sowie die Auslagen fällig, sobald eine unbedingte Entscheidung über die Kosten ergangen ist (= Nr. 1) oder das Verfahren oder die Instanz durch Vergleich, Zurücknahme (Nr. 2) oder anderweitige Erledigung (= Nr. 5) beendigt ist".* Die **heutige Aufgliederung** sowie die Nr. 3 und 4 stammen aus dem Jahr 2004 (→ Rn. 1). Die Nr. 3 wurde dabei an § 12 IV 1 Fall 2 ArbGG aF **angelehnt** („Kosten werden erst fällig, wenn das Verfahren in dem jeweiligen Rechtszug beendet ist, sechs Monate geruht hat oder sechs Monate von den Parteien nicht betrieben worden ist."), der aufgehoben wurde. Die Nr. 4 soll klären, dass eine kostenrechtliche Unterscheidung zwischen dem vom Gericht angeordneten Ruhen des Verfahrens und der kraft Gesetzes eintretenden Unterbrechung **nicht gerechtfertigt** wäre und um die Fälle der Verfahrensunterbrechung und -aussetzung mit denen des Ruhens und Nichtbetreibens gleichzustellen (BT-Drs. 15/2403, 9). **Parallelnormen** sind § 11 I FamGKG und § 9 I GNotKG. 12

II Nr. 1–5 bestimmen für ihren jeweiligen Anwendungsbereich, wann die Gebühren und die Auslagen fällig (→ § 6 Rn. 3) werden. Die Bestimmungen sind jeweils anwendbar, **solange keine andere** Bestimmung, nämlich §§ 6–8 oder § 9 I, III, eine andere Fälligkeit anordnet (auch → Rn. 3). II Nr. 1–Nr. 5 gelten damit nicht nur, aber insbes. für die meisten Auslagen sowie für die Kosten der Verfahren vor den **Arbeitsgerichten,** deren Fälligkeit sich gem. § 6 III **generell** nach § 9 II richtet (→ § 6 Rn. 74). Anders als in den übrigen bürgerlichen Rechtsstreitigkeiten ist die Fälligkeit hier also in der Regel bis zur Beendigung der Instanz oder des gesamten Verfahrens **aufgeschoben.** Für die **Fälligkeit** führen die Nr. 1–5 unterschiedliche Tatbestände auf, die das Verfahren beenden oder die einer Beendigung gleichgestellt werden. Bei der Prüfung ist **absteigend** von der Nr. 1 bis zur Nr. 5 zu gehen, die die allgemeinste Norm und der Auffangtatbestand ist. 13

2. Kostenentscheidung (II Nr. 1). a) Überblick. Ist der Anwendungsbereich eröffnet (→ Rn. 15 ff.), werden die Gebühren und die Auslagen gem. § 9 II Nr. 1 14

primär fällig, wenn eine „unbedingte Entscheidung" (→ Rn. 14) über die Kosten „ergangen" (→ Rn. 15) ist.

15 **b) Unbedingte Entscheidung.** Eine unbedingte Entscheidung ist, wie vor allem § 29 Nr. 1 zeigt, eine **einschränkungslose** gericht- oder staatsanwaltschaftliche Entscheidung mit der einer Person die Kosten des Verfahrens **auferlegt** werden. Diese Kostenentscheidung muss weder die Instanz beenden noch, anders als nach § 8 S. 1, rechtskräftig (VGH Mannheim NJW 2002, 1516) oder vollstreckbar sein. Beispielsweise Kostenentscheidungen in einem Versäumnisurteil, Vollstreckungsbescheid, Vorbehalts- oder Teilurteil genügen. Die Kostenentscheidung muss auch nicht Teil einer Entscheidung in der Hauptsache sein. Eine isolierte Kostenentscheidung genügt, zB eine Entscheidung nach § 91a ZPO, § 193 I 3 SGG, § 138 I FGO, § 470 StPO oder eine Kostenentscheidung zu Lasten des freigesprochenen Angeklagte, §§ 467 II–IV, 468 StPO.

16 **c) Ergehen.** Eine Entscheidung ist iSv II Nr. 1 „ergangen", sobald sie nach den jeweiligen prozessrechtlichen Bestimmungen **wirksam** geworden ist, dh regelmäßig mit ihrer Verkündung oder ggf. deren Zustellung an Verkündungs statt.

17 **d) Weiteres.** Die Einstellung der Zwangsvollstreckung, eine **Verfassungs**- (BGH NJW-RR 2018, 1466 Rn. 5; BFH/NV 2006, 561 = BeckRS 2005, 25009030) oder eine **Restitutionsklage** (BGH NJW-RR 2018, 1466 Rn. 6; BFH/NV 2004, 1539 = BeckRS 2004, 25006840) haben keine aufschiebende Wirkung und keinen Ausfluss auf die bereits eingetretene Fälligkeit. Hierdurch wird der Kostenschuldner nicht unangemessen benachteiligt. Sollte die Verfassungsbeschwerde oder die Restitutionsklage Erfolg haben, würde nach § 30 die auf diesen Entscheidungen beruhende Zahlungspflicht erlöschen und wären bereits gezahlte Kosten zurückzuerstatten (BGH NJW-RR 2018, 1466 Rn. 7).

18 **3. Vergleich oder Zurücknahme (II Nr. 2). a) Überblick.** Ist der Anwendungsbereich eröffnet (→ Rn. 19 ff.), werden die Gebühren und die Auslagen gem. II Nr. 2 **auch dann** fällig, das Verfahren oder der Rechtszug durch gerichtlichen Vergleich (→ Rn. 19), oder Zurücknahme (→ Rn. 21) beendet (→ Rn. 23) ist. Vergleich oder Zurücknahme kommen damit in Bezug auf die Fälligkeit der Kosten einer Kostenentscheidung der Sache nach gleich.

19 **b) Vergleich. aa) Gerichtlicher.** Das Verfahren endet mit dem Abschluss eines **gerichtlichen** Vergleichs durch Protokollierung oder der gerichtlichen Feststellung nach § 278 VI ZPO, § 106 VwGO, § 101 I SGG, §§ 83a, 46 II, 80 II iVm § 278 VI ZPO. Nicht ausreichend ist ein bloßer Zwischenvergleich (→ Rn. 23). Bei einem Widerrufsvergleich tritt die Fälligkeit mit dem **Ablauf** der Widerrufsfrist ein. Der Vergleich muss keine **Kostenregelung** enthalten. Fehlt eine Einigung über die Kostentragung, gelten nämlich die jeweiligen gesetzlichen Regelungen (§ 98 ZPO, § 160 VwGO, § 195 SGG, § 29 Nr. 2), dh die Kosten werden gegeneinander aufgehoben bzw. jeder trägt seine Kosten selbst. Ansonsten hat die Kostenregelung des Vergleichs allerdings Vorrang. Vor dem **Arbeitsgericht** gilt die Besonderheit, dass bei einem Vergleich die Gerichtskosten der jeweiligen Instanz entfallen (KV Vorb. 8). Im **Strafverfahren** ist ein gerichtlicher Vergleich im Bereich der Privatklage denkbar. Privat- und Widerkläger können sich auf gegenseitige Ehrerklärungen, die Rücknahme ihrer Klagen, die Rücknahme des Strafantrags (§§ 391, 388 StPO, § 77d StGB) oder Schadensersatzzahlungen sowie die Kostenverteilung einigen. Der Vergleich ist in der Verhandlung zu Protokoll bei gleichzeitiger Anwesenheit zu erklären (s. auch BeckOK StPO/Valerius StPO § 391 Rn. 7). Im **Adhäsionsverfahren** ist ein Vergleich über die vermögensrechtlichen Ansprüche möglich, wobei dann keine Gebühren für den zivilrechtlichen Teil des Strafverfahrens anfallen. Die Gebühr KV 3700 entsteht nur im Falle eines stattgebenden Urteils.

20 **bb) Außergerichtlicher.** Ein außergerichtlicher Vergleich muss für eine Beendigung des Verfahrens nach II Nr. 2 als gerichtlicher Vergleich in das Verfahren **eingeführt** werden, zB gerichtlich protokolliert oder durch Beschluss festgestellt werden (§ 278 VI ZPO). Der Kläger kann die Klage oder der Kläger oder der Beklagte kann ein Rechtsmittel aufgrund des Vergleichs aber auch zurücknehmen. Ferner kann eine Klage oder ein Rechtsmittel übereinstimmend für erledigt erklärt werden.

c) Zurücknahme. Auch die Rücknahme der Klage, des Antrags oder eines Rechtmittels führt zur Fälligkeit der Kosten und beendet das Verfahren unabhängig davon, ob das Gericht über die Kosten entscheidet, sofern die Rücknahme **wirksam** ist (§§ 269 III, 516 ZPO, §§ 370, 391 I StPO, § 155 II VwGO, §§ 92 I, 126 I VwGO, § 144 FGO, § 102 SGG). Bis zur mündlichen Verhandlung ist die Klagerücknahme idR ohne Einwilligung des Gegners zulässig, danach idR nur noch mit dessen Einwilligung, die teilweise nach fruchtlosem Fristablauf fingiert wird (§ 269 I, II ZPO, § 92 I 3 VwGO, § 72 I FGO). Hierher gehören auch die gesetzlichen **Rücknahmefiktionen,** wenn nämlich der Kläger das Verfahren trotz Aufforderung und Belehrung des Gerichts länger nicht betreibt. **Beispiele** für Rücknahmefiktionen sind: 21

ZPO: §§ 697 II 2, 695 S. 2 ZPO Anspruchsbegründung nach vorangegangenem Mahnverfahren bleibt trotz Belehrung hinter dem Mahnantrag zurück, Rücknahmefiktion für den überschießenden Teil;

VwGO: § 92 II VwGO Kläger betreibt erstinstanzliches Verfahren trotz Aufforderung länger als 2 Monate nicht, Klagerücknahme;

VwGO: § 126 II VwGO Berufungskläger betreibt Berufung trotz Aufforderung länger als drei Monate nicht, Berufungsrücknahme;

SGG: § 102 II SGG Kläger betreibt das Verfahren trotz Aufforderung länger als drei Monate nicht, Klagerücknahme;

StPO: § 391 II StPO Nichterscheinen des Privatklägers, Klagerücknahme.

Im Falle einer **gerichtlichen Kostenentscheidung** nach Rücknahme oder Vergleich gilt vorrangig § 9 II Nr. 1, §§ 269 IV, 516 III 2 ZPO, §§ 92 III 1, 126 III 2 VwGO, § 102 III 1 SGG, § 144 FGO. 22

d) Beendigung. Das Verfahren oder der Rechtszug müssen durch Vergleich oder Zurücknahme **vollständig** beendet werden. Eine Teil-Klagerücknahme oder ein Teilvergleich genügen also nicht. 23

4. Ruhen/Nichtbetreiben des Verfahrens (II Nr. 3). a) Überblick. Ist der Anwendungsbereich eröffnet (→ Rn. 25 ff.), werden die Gebühren und die Auslagen gem. § 9 II Nr. 3 fällig, wenn das Verfahren 6 Monate ruht (→ Rn. 25), oder 6 Monate von den Parteien nicht betrieben worden ist (→ Rn. 26). Zum Zweck → Rn. 12. 24

b) Ruhen. Ein Verfahren ruht, wenn das **Gericht** das Ruhen anordnet, zB nach §§ 251, 251a III ZPO, § 173 VwGO, § 155 FGO, § 202 SGG oder §§ 54 V 1, 46 ArbGG. Grund und Anlass der Anordnung sind unerheblich. 25

c) Nichtbetreiben. Ein Verfahren wird entsprechend § 204 II 3 BGB **nicht betrieben** und **ruht faktisch,** wenn die **Parteien** die zur Förderung des Verfahrens notwendigen Handlungen **nicht vornehmen** und das Verfahren dadurch für **mindestens 6 Monate** in Stillstand gerät. So liegt es nicht, wenn der Stillstand des Verfahrens nicht auf einer Untätigkeit der Parteien beruht, weil die Verfahrensleitung ausschließlich beim Gericht lag, das für den Fortgang des Prozesses Sorge zu tragen hatte (s. auch BGH NJW-RR 2005, 606 (6079; NJW 1983, 2496; NJW 2000, 132). Greifen die Parteien ein Verfahren mehr als 6 Monate nach dem Stillstand **wieder** auf, bleibt es gleichwohl bei der Fälligkeit der Kosten. Zu beachten ist, dass einige Verfahrensordnung eine **Rücknahmefiktion** vorsehen, wenn die Parteien trotz gerichtlicher Aufforderung das Verfahren innerhalb der gesetzlichen Fristen nicht weiterbetreiben (→ Rn. 21). Die Rücknahme als weitergehende Maßnahme, die das Verfahren endgültig beendet, ist gegenüber dem Nichtbetreiben **vorrangig.** 26

5. Unterbrechung oder Aussetzung (II Nr. 4). a) Überblick. Ist der Anwendungsbereich eröffnet (→ Rn. 28 f.), werden die Gebühren und die Auslagen gem. II Nr. 4 auch dann fällig, wenn das Verfahren 6 Monate unterbrochen (→ Rn. 28) oder 6 Monate ausgesetzt (→ Rn. 29) war. Zum Zweck → Rn. 12. 27

b) Unterbrechung. Als Unterbrechungstatbestände kommen insbes. der Tod der Partei oder ihres Anwaltes sowie Eröffnung des Insolvenzverfahren über das Vermögen einer Partei in Betracht (§§ 239–245 ZPO, § 173 VwGO, § 155 FGO, § 202 SGG, § 46 ArbGG). Die Frist beginnt mit dem jeweiligen Ereignis zu laufen unabhängig von der Kenntnis der Beteiligten. 28

29 **c) Aussetzung.** Die Aussetzung des Verfahrens ist eine gerichtliche Entscheidung durch Beschluss. Sie wird zumeist angeordnet, weil ein anderes Verfahren vorgreiflich ist und dessen Ausgang abgewartet werden soll, aber auch andere Gründe sind denkbar (§§ 148, 246, 247 ZPO, §§ 94, 173 VwGO, §§ 74, 155 FGO, § 114 SGG, §§ 97 V, 98 VI, 46 ArbGG). Die 6-Monats-Frist bis zur Fälligkeit der Kosten beginnt zu laufen, sobald der Beschluss durch Verkündung oder Mitteilung an die Parteien (§ 329 ZPO) wirksam wird.

30 **6. Anderweitige Erledigung (II Nr. 5). a) Überblick.** Ist der Anwendungsbereich eröffnet (→ Rn. 31 ff.), werden die Gebühren und die Auslagen gem. § 9 II Nr. 5 auch dann fällig, wenn das **gesamte Verfahren** durch anderweitige Erledigung beendet ist. Eine bloße **Beendigung der Instanz** reicht nicht.

31 **b) Anderweitige Erledigung.** Eine „anderweitige Erledigung" des Verfahrens (→ Rn. 30) liegt vor, wenn kein Fall von II Nr. 1–4 vorliegt. Unstreitige Fälle der anderweitigen Erledigung sind zB:

Einstellung des Strafverfahrens wegen Verhandlungsunfähigkeit oder Tod des Angeklagten und/oder Tod des Privatklägers (§§ 206a I, 260 III, 393 I, 471 II StPO). Gleichermaßen können sonstige Verfahrenshindernisse oder eine Gesetzesänderung zu einer Einstellung des Verfahrens führen (§§ 206a, 207 StPO). Die gerichtliche Entscheidung, die eine Einstellung des Verfahrens feststellt (§ 260 III StPO), muss eine Kostenentscheidung enthalten (§ 464 I StPO). Im Fall einer Kostenentscheidung werden die Kosten nach II Nr. 1 fällig.

Ende des selbständigen Beweisverfahrens ohne Kostenentscheidung (§ 494a II ZPO; OLG Saarbrücken NZBau 2017, 731 Rn. 10), unabhängig davon, ob das Ergebnis des Beweisverfahrens in einem späteren Hauptverfahren benutzt wird. Bei dem selbständigen Beweisverfahren handelt es sich um ein eigenständiges Verfahren, dessen Gebühren (KV 1610) nicht auf die Gebühren im Hauptsacheverfahren angerechnet werden. Der Antragsteller trägt die Kosten, sofern das Gericht diese im Hauptsacheverfahren nicht anderweitig verteilt.

Erledigung in der Hauptsache bei übereinstimmenden Erledigungserklärungen iSd § 91a I ZPO, § 161 II VwGO, § 138 FGO, § 202 SGG, § 83a II ArbGG. IdR wird dann allerdings eine Kostenentscheidung ergehen, so dass ein Fall der Nr. 1 vorliegt. Eine einseitige Erledigungserklärung reicht nicht aus, sofern nicht durch eine gesetzliche Erledigungsfiktion (§ 138 III FGO, § 161 II 2 VwGO, § 83a III ArbGG) von einer übereinstimmenden Erledigung auszugehen ist.

Rücknahme des Widerspruchs gegen einen Mahnbescheid oder keine Beantragung eines Vollstreckungsbescheides binnen 6 Monaten, obwohl kein Widerspruch eingegangen ist (§ 701 ZPO).

32 Streitig ist, ob auch die **Zurückverweisung** eines Verfahrens in die erste oder Berufungsinstanz **ohne Kostenentscheidung** auch als eine anderweitige Erledigung anzusehen ist. Der Wortlaut spricht dagegen, weil nur die Instanz, **nicht** aber das **Verfahren** beendet ist, Nr. 5 ausdrücklich von der Verfahrensbeendigung spricht und der Gesetzgeber in II Nr. 1 zwischen Verfahren und Rechtszug differenziert. Die wohl hM (gestützt auf OLG Celle NJOZ 2013, 1034 = BeckRS 2013, 6566, welches aber die Gesetzesänderung gegenüber § 63 I GKG aF missachtet) weitet gleichwohl den Anwendungsbereich teleologisch aus (oder nimmt ein Redaktionsversehen an) und lässt die Zurückverweisung ohne Kostenentscheidung unter § 9 II Nr. 5 fallen.

33 **Stellungnahme.** Eine teleologische Ausweitung für die Zurückverweisung ohne Kostenentscheidung ist **abzulehnen.** Bei der GKG-Auslegung ist stets zu berücksichtigen, dass das Kostenrecht vom Kostenbeamten anzuwenden und zu vollziehen ist. Der Wortlaut des II sollte daher, wenn überhaupt, nur in engen Grenzen überschritten werden. Nach II Nr. 5 geht es aber um die Beendigung des **Verfahrens,** nicht die Beendigung einer Instanz (→ Rn. 30). Hauptanwendungsfall für eine teleologische Ausweitung wäre im Übrigen das arbeitsgerichtliche Verfahren (→ Rn. 13), in dem die Kosten grds. erst mit **Abschluss** des Verfahrens fällig werden (II Nr. 1) und es keine Vorauszahlungspflichten gibt (§ 11). Die Kosten im arbeitsgerichtlichen Verfahren von einem erfolgreichen Rechtsmittelkläger noch vor Abschluss des Verfahrens einzufordern, wäre mithin **systemwidrig.** Für ein bloßes Redaktionsver-

sehen ist nichts erkennbar. Es bestand mittlerweile lange Gelegenheit, § 9 II Nr. 5 neu zu fassen.

IV. Dokumentenpauschale, Aktenversendung (III). 1. Anwendungsbereich, Zweck und Allgemeines. III ist auf die Auslagen nach KV 9000 (Dokumentenpauschale) und KV 9003 (Aktenversendung; s. auch BT-Drs. 12/6962, 67) in **sämtlichen** Verfahren anwendbar. Dies gilt für die Dokumentenpauschale seit dem Jahr 1878, für die Aktenversendung aufgrund von Art. 1 Nr. 32 Gesetz zur Änderung von Kostengesetzen und anderen Gesetzen (Kostenrechtsänderungsgesetz 1994 – KostRÄndG 1994) v. 24.6.1994 (BGBl. I 1325) seit dem 1.7.1994. Als Grund gab der Gesetzgeber an, es ginge um eine „möglichst unbürokratische Kostenerhebung, wie sie bereits für Schreibauslagen" existiere (BT-Drs. 12/6962, 67). Der **tatsächlich** verfolgte Zweck liegt aber wohl eher darin, dass diese Auslagen **auch nach** der Rücknahme eines Antrages bestehen bleiben sollen (auch → Rn. 3). **Parallelnormen** sind § 11 II FamGKG und § 9 II GNotKG. 34

2. Rechtsfolge. a) Überblick. Ist der Anwendungsbereich eröffnet (→ Rn. 34), werden die Gebühren und die Auslagen gem. III sofort nach ihrer **Entstehung** fällig. „Entstehung" meint, dass der vom Gesetz zur Entstehung verlangte Tatbestand vollständig verwirklicht ist (→ § 6 Rn. 2; → Rn. 37; → Rn. 38). Die Zahlungspflicht bleibt **bestehen,** wenn der Antragsteller seinen Antrag danach **zurücknimmt** ist (→ Rn. 34). 35

Die Herstellung und Überlassung von Dokumenten auf Antrag sowie die Versendung von Akten können nach § 17 II von der vorherigen Zahlung eines die Auslagen deckenden Vorschusses abhängig gemacht werden (→ § 17 Rn. 18 ff.). Trotz Fälligkeit sind die Kosten nach § 15 II 1 KostVfg in der Regel erst bei **Beendigung des Rechtszuges** anzusetzen, wenn kein Verlust für die Staatskasse zu befürchten ist. 36

b) KV 9000. Bei KV 9000 ist der vom Gesetz zur Entstehung verlangte Tatbestand vollständig verwirklicht, wenn Ausfertigungen, Kopien und Ausdrucke bis zur Größe von DIN A3 auf Antrag **angefertigt** oder auf Antrag per Telefax **übermittelt** worden oder **angefertigt** worden sind, weil die Partei oder ein Beteiligter es unterlassen hat, die erforderliche Zahl von Mehrfertigungen beizufügen, oder elektronisch gespeicherte Dateien **überlassen** oder zum **Abruf bereitgestellt** sind. 37

c) KV 9003. Bei KV 9003 ist der vom Gesetz zur Entstehung verlangte Tatbestand vollständig verwirklicht, wenn die Akte **versandt** worden ist. 38

Abschnitt 3. Vorschuss und Vorauszahlung

Grundsatz für die Abhängigmachung

10 In weiterem Umfang als die Prozessordnungen und dieses Gesetz es gestatten, darf die Tätigkeit der Gerichte von der Sicherstellung oder Zahlung der Kosten nicht abhängig gemacht werden.

Übersicht

1 **A. Grundlagen. I. Überblick.** Die Bestimmung leitet den 3. Abschnitt „Vorschuss und Vorauszahlung" (§§ 10–18) ein. Dieser Abschnitt hat die Aufgabe, die Vorschriften, die Bestimmungen über Vorauszahlungen (→ Rn. 2 ff.) und Vorschüsse (→ Rn. 6 ff.) enthalten, **zusammenzufassen** (s. auch BT-Drs. 15/1971, 152).

2 **II. Vorauszahlung (Abhängigmachung). 1. Begriff.** Eine Zahlung auf Kosten (= nach § 1 I 1: Gebühren und Auslagen) ist iSd GKG dann eine „Vorauszahlung", wenn die Zahlung geleistet werden muss, damit eine gerichtliche Handlung vorgenommen wird. Eine Pflicht zur Vorauszahlung macht mithin eine Tätigkeit von einer Zahlung abhängig (Abhängigmachung), wirkt wie ein **Zurückbehaltungsrecht,** sichert so den Kostenanspruch der Staatskasse (s. auch § 20 I KostVfg) und beugt einer missbräuchlichen Inanspruchnahme der Gerichte vor. Erfolgt keine Zahlung oder Sicherstellung der geforderten Kosten, nimmt das Gericht die Zustellung oder die beantragte Handlung **nicht** vor.

2. Beispiele. Beispiele für Vorschriften, die eine Vorauszahlung **anordnen** oder in das **Ermessen** des Gerichts (→ Rn. 10) stellen, sind §§ 12 I 1, 2, III, IV 1, V, VI, 12a S. 1, 13, 13a I, II, 17 I 2, II. Ausnahmen zu den Vorschriften bestimmt § 14. 3

3. Verfahren. Bestimmungen, **auf welche Art und Weise** eine Vorauszahlung angefordert wird, treffen §§ 20, 22–26 KostVfg. Soweit eine gesetzliche Vorschrift die Abhängigmachung der Vornahme des Geschäfts von der Vorauszahlung der Kosten gestattet, hat der Kostenbeamte gem. § 20 III Hs. 1 KostVfg die Entscheidung des Richters (Rechtspflegers) einzuholen. Etwas anderes dies gilt in den Fällen der §§ 12, 12a, 13, 13a. In diesen Fällen ordnet der Kostenbeamte selbständig an. Der Eingang ist aber gem. § 20 II 2 KostVfg zunächst dem Richter (Rechtspfleger) vorzulegen, wenn sich daraus ergibt, dass die Erledigung der Sache ohne Vorauszahlung angestrebt wird. Dies ist nach § 14 Nr. 3 der Fall oder wenn nach dem Ermessen des Gerichts von einer Vorauszahlung Abstand genommen werden soll. Der Kostenbeamte stellt im Übrigen selbst fest, wer Kostenschuldner ist (§ 7 I KostVfg) und entscheidet, welchen von mehreren Gesamtschuldnern er in Anspruch nimmt (§ 8 IV KostVfg). Bei **Nichtzahlung** wird die Akte weggelegt, nachdem das Verfahren sechs Monate nicht betrieben wurde, und es werden verringerte Gebühren nach KV 1211 beigetrieben. Zu den Einzelheiten siehe die Kommentierung zur KostVfg. 4

4. Rechtsmittel. Gegen einen förmlichen Beschluss, mit dem das Gericht seine Tätigkeit von der vorherigen Zahlung der Kosten abhängig macht, ist die Rechtspflegererinnerung nach § 11 RPflG oder – wenn der Richter entschieden hat – nach § 67 stets (also wertunabhängig) die Beschwerde statthaft. Bei der Anordnung der Vorauszahlungspflicht nach einer **Verfahrensordnung** bestimmt sich der Rechtsbehelf nach dieser. Unter Umständen ist kein Rechtsbehelf gegeben, wie zB beim Auslagenvorschuss für Zeugen nach § 379 ZPO. 5

III. Vorschuss. 1. Begriff. Eine Zahlung auf Kosten (= nach § 1 I 1: Gebühren und Auslagen) ist iSd GKG dann ein „Vorschuss", wenn die Zahlung geleistet werden muss, obwohl die Kosten ggf. noch nicht entstanden, jedenfalls **noch nicht fällig** (→ § 6 Rn. 3 ff.) sind. 6

2. Beispiele. Beispiele für Vorschriften, die eine Vorschussanforderung anordnen oder in das Ermessen des Gerichts (→ Rn. 10) stellen, sind §§ 15 I, II, 16 I 1, II 1, 17 I 1, III. 7

3. Verfahren. Bestimmungen, wie der Vorschuss angefordert wird, treffen §§ 20, 22–26 KostVfg. Zu den Einzelheiten siehe die Kommentierung zur KostVfg. 8

4. Rechtsmittel. Über Erinnerungen des Kostenschuldners und der Staatskasse gegen den GKG-Kostenansatz entscheidet nach § 66 I 1 das Gericht, bei dem die Kosten angesetzt sind. Sind die Kosten bei der Staatsanwaltschaft angesetzt, ist das Gericht des ersten Rechtszugs zuständig (§ 66 I 2). War das Verfahren im ersten Rechtszug bei mehreren Gerichten anhängig, ist das Gericht, bei dem es zuletzt anhängig war, auch insoweit zuständig, als Kosten bei den anderen Gerichten angesetzt worden sind (§ 66 I 3). Soweit sich die Erinnerung gegen den Ansatz der Auslagen des erstinstanzlichen Musterverfahrens nach dem Kapitalanleger-Musterverfahrensgesetz richtet, entscheidet hierüber das für die Durchführung des Musterverfahrens zuständige Oberlandesgericht (§ 66 I 4). Gegen die Entscheidung über die Erinnerung findet nach § 66 II 1 die Beschwerde statt, wenn der Wert des Beschwerdegegenstands 200 Euro übersteigt. Die Beschwerde ist auch zulässig, wenn sie das Gericht, das die angefochtene Entscheidung erlassen hat, wegen der grundsätzlichen Bedeutung der zur Entscheidung stehenden Frage in dem Beschluss zulässt (§ 66 II 2). Bei der Anordnung eines Vorschusses nach den **Verfahrensordnungen** bestimmt sich der Rechtsbehelf nach der jeweiligen Verfahrensordnung. 9

IV. Ermessen. Der 3. Abschnitt räumt den Gerichten an vielen Stellen ein **Ermessen** ein, zB in §§ 12 I 1, 17 I 2, nicht aber in § 14 Nr. 3, der eine **gebundene** Entscheidung ist. Insoweit gelten die Ausführungen zu → ZPO § 3 Rn. 9 ff. entsprechend. Der Begriff „Ermessen" meint, dass das Gesetz grds. keine Prüfsteine vorgibt, sondern die Frage, ob eine Vorauszahlung (→ Rn. 2) oder ein Vorschuss (→ Rn. 6) verlangt werden, im Einzelfall nach den gebotenen Prüfsteinen objektiv zu ermitteln ist. Das Ermessen ist stets „pflichtgemäß" auszuüben (→ ZPO § 3 Rn. 9). 10

Damit ist gemeint, dass das Gericht zwar verfahrensmäßig freier gestellt ist als zB bei der freien Beweiswürdigung nach § 286 ZPO oder der Schätzung nach § 287 ZPO. In der Sache selbst muss die Lösung aber unter Beachtung der allgemeinen Grundsätze nach objektiven Gesichtspunkten gefunden werden. Bei der Ermessensausübung darf es **nicht zu einem Ermessensfehlgebrauch** kommen. Jedes Gericht ist daher gehalten, die Grenze seines Ermessens nicht zu überschreiten oder von seinem Ermessen nicht in einer den Zwecken nicht entsprechenden Weise Gebrauch zu machen. Aus diesem Grunde muss jedes Gericht **alle maßgeblichen bekannten Tatsachen** berücksichtigen und stets den ernsthaften Versuch unternehmen, sämtliche erheblichen Tatsachen unter Ausübung seiner Aufklärungspflicht festzustellen. Macht das Gericht von seinem Ermessen keinen Gebrauch, macht das das Handeln regelmäßig rechtswidrig und anfechtbar, aber (anders als die Verletzung von „Muss-Vorschriften") nicht nichtig (s. auch BayObLGZ 1961, 189 (193)).

11 **B. Grundsatz der Abhängigkeit. I. Normgeschichte und Normzweck.** § 10, der bis zum Jahr 2004 § 3 GKG aF war, hat seinen **heutigen,** systematisch besseren **Platz** durch das KostRMoG v. 5.5.2004 (BGBl. I 718) gefunden. Der Wortlaut ist seit 1878 **nahezu unverändert.** Vor allem seine ursprüngliche Überschrift „Sicherstellung und Vorauszahlung" ist durch Art. 3 Nr. 7 Zweites Gesetzes zur Modernisierung des Kostenrechts (2. Kostenrechtsmodernisierungsgesetz – 2. KostRMoG) v. 23.7.2013 (BGBl. I 2586) mWv 1.8.2013 als „aussagekräftiger" (BT-Drs. 17/11471, 243) an die von § 12 GNotKG angepasst worden. Parallelnormen sind § 12 FamGKG und § 12 GNotKG. Sein Zweck besteht einerseits darin, die Garantien des Art. 19 IV 1 GG abzusichern. Das Kostenrecht darf einem Rechtsweg nicht im Wege stehen. Nur dann, wenn die Prozessordnungen und das GKG es **ausdrücklich** gestatten, darf daher die Tätigkeit der Gerichte von der Sicherstellung oder Zahlung der Kosten abhängig gemacht werden. Analogien sind, was auch aus § 1 I 1 folgt (s. auch OLG Karlsruhe Rpfleger 1989, 172), daher **nicht vorstellbar** (s. auch OLG Bremen AGS 2013, 462 = NJOZ 2014, 1036 (1037); NK-GK/Volpert Rn. 1). Andererseits sichert § 10 Bund und Ländern **im begründeten Einzelfall** (= es fehlt leider ein allgemeines Prinzip), die Tätigkeit ihrer Gerichte von der Sicherstellung oder Zahlung der Kosten abhängig zu machen (→ Rn. 2). Hierdurch wird die Anrufung der Gerichte auch für einen Unbemittelten, der sich durch die öffentliche Gewalt in seinem Recht verletzt fühlt, allerdings **nicht unbillig erschwert,** weil er bei Erhalt von Prozesskostenhilfe gem. § 122 I Nr. 1 Buchstabe a) ZPO von der Vorschusspflicht befreit wird, was § 14 Nr. 1 aufzeigt (vgl. auch BVerfG NVwZ 2015, 296 Rn. 13; NJW 1960, 331). Es ist mit der Garantie eines wirksamen Rechtsschutzes (Art. 19 IV GG) allerdings **unvereinbar,** eine Sicherstellung oder Zahlung der Kosten bei einem Verfahrensbeteiligten anzufordern, über dessen nicht offensichtlich aussichtslosen Antrag auf Prozesskostenhilfe **noch nicht** entschieden worden ist (BVerfG NVwZ 2015, 296 Rn. 13). Für § 14 Nr. 3 kann nichts anderes gelten.

12 **II. Anwendungsbereich.** § 10 gilt für sämtliche GKG-Verfahren (→ § 1). Das FamGKG und das GNotKG haben hingegen **eigenständige** Regelungen. Der stets unverändert gebliebene Wortlaut des § 10 ist daher heute mittlerweile zu weit geraten und **teleologisch** zu reduzieren. § 10 will nur regeln, was für das GKG, nicht was allgemein gilt.

13 **III. Tatbestandsvoraussetzungen für eine Abhängigmachung. 1. GKG. a) Überblick.** Das Gesetz macht die Tätigkeit der Gerichte an **keiner** Stelle zwingend von einer Sicherstellung (→ Rn. 26) oder Zahlung (→ Rn. 27) abhängig. Stets handelt es sich **einerseits** um Soll-Vorschriften (auch → Rn. 26). Die Rechtsfolge ist bei einer Soll-Vorschrift aber nicht zwingend, sondern lediglich der Regelfall. Andererseits besteht jedenfalls bei §§ 12, 12a, 13 der Zwang, auf Antrag bei Vorliegen der Tatbestandsvoraussetzungen **Ausnahmen** von der Abhängigmachung anzuordnen (auch → § 14 Rn. 27).

14 **b) Soll- und Kann-Vorschriften.** Das GKG sieht es in folgenden Konstellationen als **Regelfall** bzw. als Möglichkeit (§ 17 II) an, Handlungen von einer Zahlung abhängig zu machen:

15 – **Abgabe an das für das streitige Verfahren als zuständig bezeichnete Gericht.** Im Mahnverfahren soll auf Antrag des Antragstellers nach Erhebung des

Widerspruchs die Sache an das für das streitige Verfahren als zuständig bezeichnete Gericht nach § 12 III 3 erst abgegeben werden, wenn die Gebühr für das Verfahren im Allgemeinen gezahlt ist; dies gilt entsprechend für das Verfahren nach Erlass eines Vollstreckungsbescheids unter Vorbehalt der Ausführung der Rechte des Beklagten. § 12 III 3 gilt gem. § 12 III 4 auch für die nach FamGKG zu zahlende Gebühr für das Verfahren im Allgemeinen.

- **Antrag auf Abnahme der eidesstattlichen Versicherung.** Über den Antrag auf Abnahme der eidesstattlichen Versicherung soll nach § 12 V erst nach Zahlung der dafür vorgesehenen Gebühr entschieden werden.
- **Auslagen.** Das Gericht soll nach § 17 I 2 die Vornahme einer Handlung mit der Auslagen verbunden sind von der vorherigen Zahlung abhängig machen.
- **Erlass eines Mahnbescheides.** Der Mahnbescheid soll nach § 12 III 1 erst nach Zahlung der dafür vorgesehenen Gebühr erlassen werden. Wird der Mahnbescheid maschinell erstellt, gilt dies gem. § 12 III 2 erst für den Erlass des Vollstreckungsbescheids. § 12 III 1 gilt nach § 12 IV 1 im Europäischen Mahnverfahren entsprechend. Wird ein europäisches Verfahren für geringfügige Forderungen ohne Anwendung der Vorschriften der Verordnung (EG) Nr. 861/2007 fortgeführt, soll vor Zahlung der Gebühr für das Verfahren im Allgemeinen keine gerichtliche Handlung vorgenommen werden, § 12 IV 2.
- **Eröffnung.** Über den Antrag auf Eröffnung des Verteilungsverfahrens nach der Schifffahrtsrechtlichen Verteilungsordnung soll nach § 13 erst nach Zahlung der dafür vorgesehenen Gebühr und der Auslagen für die öffentliche Bekanntmachung entschieden werden.
- **Gerichtliche Handlung.** Wird der Klageantrag erweitert, soll nach § 12 I 2 in bürgerlichen Rechtsstreitigkeiten vor Zahlung der Gebühr für das Verfahren im Allgemeinen keine gerichtliche Handlung vorgenommen werden; dies gilt auch in der Rechtsmittelinstanz. In Verfahren wegen überlanger Gerichtsverfahren und strafrechtlicher Ermittlungsverfahren gilt dies nach § 12a S. 1 entsprechend.
- **Herstellung und Überlassung von Dokumenten.** Die Herstellung und Überlassung von Dokumenten auf Antrag sowie die Versendung von Akten kann nach § 17 II von der vorherigen Zahlung eines die Auslagen deckenden Vorschusses abhängig gemacht werden.
- **Inanspruchnahme eines Instruments des Stabilisierungs- und Restrukturierungsrahmens.** Über den Antrag auf Inanspruchnahme eines Instruments des Stabilisierungs- und Restrukturierungsrahmens soll nach § 13a I erst nach Zahlung der Gebühr für das Verfahren entschieden werden. Dies gilt nach § 13a II entsprechend für den Antrag auf Bestellung eines Restrukturierungsbeauftragten oder eines Sanierungsmoderators.
- **Zustellung.** In bürgerlichen Rechtsstreitigkeiten soll die Klage nach § 12 I 1 erst nach Zahlung der Gebühr für das Verfahren im Allgemeinen zugestellt werden. In Verfahren wegen überlanger Gerichtsverfahren und strafrechtlicher Ermittlungsverfahren gilt dies nach § 12a S. 1 entsprechend.
- **Zwangsvollstreckung.** Über Anträge auf Erteilung einer weiteren vollstreckbaren Ausfertigung (§ 733 ZPO) und über Anträge auf gerichtliche Handlungen der Zwangsvollstreckung gem. §§ 829 I, 835, 839, 846–848, 857, 858, 886–888 ZPO oder § 890 ZPO soll nach § 12 VI 1 erst nach Zahlung der Gebühr für das Verfahren und der Auslagen für die Zustellung entschieden werden. Dies gilt gem. § 12 VI 2 nicht bei elektronischen Anträgen auf gerichtliche Handlungen der Zwangsvollstreckung gem. § 829a ZPO.

2. Prozessordnungen. a) Überblick. Die Prozessordnungen enthalten verschie- 16
dene Regelungen zur Möglichkeit einer Abhängigmachung. Ordnet eine Prozessordnung die Möglichkeit einer Abhängigmachung an, ist **vorab** zu prüfen, ob der Tatbestand auch im Lichte der Verfassung eine Abhängigmachung erlaubt. Denn aus § 10 bzw. den ihm ausgedrückten Rechtsgedanken folgt, dass Bund und Länder grds. verpflichtet, **ohne** vorherige Zahlung oder Sicherstellung der Gerichtskosten Rechtsschutz zu gewähren (auch → Rn. 11). Die Zahlung oder Sicherstellung müssen die **Ausnahme** bilden und immer die Belange des Rechtsuchenden beachten. Die gesetzliche Ausgestaltung muss sowohl den allg. verfassungsrechtlichen Grundsätzen

für Gebührenregelungen (→ Einführung zum GKG Rn. 23 ff.) genügen als auch der Bedeutung des Justizgewährungsanspruchs (→ Einführung zum GKG Rn. 27 f.) Rechnung tragen (→ Einführung zum GKG Rn. 22). Das GKG gewährleistet diesen Schutz grds. durch seinen § 14 Nr. 3. In den Prozessordnungen muss sich dieses Gebot einerseits **in der Norm selbst** und andererseits in einer **ermessensfehlerfreien Ausübung** niederschlagen (auch → Rn. 10).

17 **b) Zeugen und Sachverständige (SGG, SVertO, VwGO, ZPO).** Das Gericht **kann** im zivilgerichtlichen Verfahren die Ladung eines Zeugen sowie die Beauftragung eines Sachverständigen auf Antrag der Partei von einer Vorschusszahlung abhängig machen (§§ 379, 273, III 2, 402 ZPO). Diese Regelungen gelten durch Verweisung auch in Verfahren nach der VwGO und der SVertO (§ 98 VwGO, § 3 I SVertO).

18 Für die gutachterliche **Anhörung eines Arztes** auf Antrag enthält § 109 I 2 SGG eine Sonderregelung für das **sozialgerichtlichen Verfahren.** Beantragt ein Versicherter, behinderter Mensch, Versorgungsberechtigter oder Hinterbliebener die gutachterliche Anhörung eines bestimmten Arztes, kann das Gericht dessen Anhörung davon abhängig machen, dass der Antragsteller die Kosten vorschießt.

19 Im Falle einer **Beweisaufnahme** von Amts wegen richtet sich die Vorschusspflicht nach § 17 III. Dies gilt für eine Beweisaufnahme nach § 144 ZPO und in allen Verfahren, in denen der Untersuchungsgrundsatz gilt und das Gericht den Sachverhalt von Amts wegen zu ermitteln hat (§ 86 I VwGO, § 76 I FGO, § 103 SGG, → § 17 Rn. 27 ff.). Eine **Vorauszahlungspflicht** ist hier aber **nicht** vorgesehen (→ § 17 Rn. 39).

20 **c) Bestellung eines Restrukturierungsbeauftragten von Amts wegen.** Bestellt das Restrukturierungsgericht **von Amts wegen** ein Restrukturierungsbeauftragten (§ 73 StaRUG), **soll** es nach § 81 V 2 StaRUG **auch** über jeden Antrag des Schuldners auf Inanspruchnahme eines Instruments des Stabilisierungs- und Restrukturierungsrahmens erst nach Zahlung der Gebühr für die Bestellung nach KV 2513 **und** eines Vorschusses auf dessen Auslagen nach KV 9017 entscheiden. Dadurch soll der Kostenersatzanspruch der öffentlichen Hand gegen den Schuldner geschützt werden (BT-Drs. 19/24181, 177). Die Einzelheiten des Auslagenersatzes bestimmt das JVEG, was aus § 81 VII StaRUG folgt.

21 **d) Schifffahrtsrechtliche Verteilungsordnung.** Gem. § 32 II SVertO **soll** das Gericht die Eröffnung des Verteilungsverfahrens **zusätzlich** von der Einzahlung eines **angemessenen Vorschusses** auf die von dem Antragsteller nach § 31 I SVertO zu tragenden Kosten abhängig machen, mithin auf die Vergütung und die Auslagen des Sachwalters und die von dem Sachwalter aufgewandten Kosten der Verwaltung und Verwertung von Sicherheiten.

22 **e) Strafverfahren.** Durch Beschluss des Gerichts **kann** dem Antragsteller eines Klageerzwingungsverfahren nach § 176 I 1 StPO vor der Entscheidung über den Antrag die Leistung einer Sicherheit für die Kosten auferlegt werden, die durch das Verfahren über den Antrag voraussichtlich der Staatskasse und dem Beschuldigten erwachsen. Vor Zahlung des in § 16 I genannten Vorschusses **soll** nach § 379a II StPO außerdem bei der Privatklage keine gerichtliche Handlung vorgenommen werden, es sei denn, dass glaubhaft gemacht wird, dass die Verzögerung dem Privatkläger einen nicht oder nur schwer zu ersetzenden Nachteil bringen würde. Für Rechtmittel gilt dies nach § 390 IV StPO entsprechend.

23 **3. Andere Gesetze. a) Überblick.** In weiterem Umfang als die Prozessordnungen und das GKG es gestatten, darf die Tätigkeit der Gerichte von der Sicherstellung oder Zahlung der Kosten nach § 10 **nicht** abhängig gemacht werden.

24 **b) § 13 I 1 JVEG.** Soweit daher zB nach § 13 I 1 JVEG der Sachverständige, Dolmetscher oder Übersetzer unter den dortigen Voraussetzungen vom Gericht grds. erst herangezogen wird, wenn ein ausreichender Betrag für die gesamte Vergütung an die Staatskasse gezahlt ist, **verstößt** die Abhängigmachung im Anwendungsbereich des GKG gegen § 10 GKG und ist entgegen der ganz hM **unwirksam.** Denn das JVEG ist keine Prozessordnung.

25 **IV. Rechtsfolge. 1. Überblick.** Liegen die Tatbestandsvoraussetzungen vor (→ Rn. 13 ff.), so **darf** die Gerichtstätigkeit von der Sicherstellung (→ Rn. 26) oder

Zahlung der Kosten (→ Rn. 27) abhängig (→ Rn. 28) gemacht werden. Ein Zwang besteht nicht (auch → Rn. 13). Etwaige Ermessensfehler (→ § 10 Rn. 10) sind außerdem unschädlich und berühren die Wirksamkeit der vorgenommenen Handlung nicht. Außerdem sind die Ausnahmen zu beachten.

2. Sicherstellung (Zahlung eines Vorschusses). Sicherstellung ist die Zahlung eines Vorschusses (zum Begriff → Rn. 6). Ob die Pflicht zur Vorschusszahlung unmittelbar auf dem Gesetz, zB § 15 I, oder auf richterlichen Ermessen, zB bei § 379 S. 1 ZPO, ist unerheblich. 26

3. Zahlung. Zahlung ist die Leistung bereits entstandener und fälliger Kosten. 27

4. Abhängigmachung. Der Begriff „Abhängigmachung" bedeutet, eine gerichtliche Handlung (dazu zB → Rn. 15) nicht bzw. so lange nicht vorzunehmen, bevor eine Sicherstellung oder Zahlung der Kosten erfolgt ist. In welchem **Umfange** und in welcher **Höhe** die Kosten sicherzustellen bzw. zu zahlen sind, richtet sich dabei nach der jeweiligen Gestattungsnorm. 28

5. Ausnahmen. a) Verfahren vor den Arbeitsgerichten. In Verfahren vor den **Arbeitsgerichten** einschließlich der Zwangsvollstreckung in Arbeitssachen in der Zuständigkeit des Amtsgerichts sind die Vorschriften über Vorschuss und Vorauszahlung mit Ausnahme der Verfahren wegen überlanger Gerichtsverfahren (§§ 11 S. 2, 12a) gem. § 11 S. 1 nicht anwendbar. 29

b) Ausnahmen von der Abhängigmachung (§ 14). Eine an sich bestehende Vorauszahlungspflicht nach §§ 12, 12a, 13 entfällt, soweit ein Fall des § 14 vorliegt, dh bei Bewilligung von **Prozesskostenhilfe** (§ 122 I Nr. 1 Buchstabe a) ZPO), **Kostenfreiheit** (§ 2) oder einer **gerichtlichen Befreiung** nach § 14 Nr. 3. 30

Verfahren nach dem Arbeitsgerichtsgesetz

11 **[1]In Verfahren vor den Gerichten für Arbeitssachen sind die Vorschriften dieses Abschnitts nicht anzuwenden; dies gilt für die Zwangsvollstreckung in Arbeitssachen auch dann, wenn das Amtsgericht Vollstreckungsgericht ist. [2]Satz 1 gilt nicht in Verfahren wegen überlanger Gerichtsverfahren (§ 9 Absatz 2 Satz 2 des Arbeitsgerichtsgesetzes).**

I. Normgeschichte und Normzweck. § 11 hat seinen **heutigen Platz** durch das KostRMoG v. 5.5.2004 (BGBl. I 718) gefunden. Bis dahin war der Inhalt von § 11 S. 1 seit dem Jahr 1926 **zum Teil** Gegenstand von § 12 IV 2 ArbGG aF. Dieser lautete „Kostenvorschüsse werden nicht erhoben; dies gilt für die Zwangsvollstreckung auch dann, wenn das Amtsgericht Vollstreckungsgericht ist". § 12 IV 2 ArbGG aF schloss mithin Vorschüsse aus (→ § 10 Rn. 6), verbot es aber nicht, **Vorauszahlungen** (→ § 10 Rn. 2) zu verlangen, sodass nur Analogien möglich waren (vgl. zB LG Hildesheim BeckRS 1990, 30828726). § 11 S. 2 wurde mWv 3.12.2011 durch Art. 10 des Gesetzes über den Rechtsschutz bei überlangen Gerichtsverfahren und strafrechtlichen Ermittlungsverfahren v. 25.11.2011 (BGBl. I 2302) angefügt (auch → § 12a Rn. 1). 1

§ 11 S. 1 bestimmt die **teilweise** (→ Rn. 1) Übernahme von § 12 IV 2 ArbGG, nach der in Verfahren vor Gerichten der Arbeitsgerichtsbarkeit keine Vorauszahlungen auf Gerichtskosten erhoben werden (s. auch BT-Drs. 15/1971, 152). Diese Ausnahme dient insbes. dem **Schutz der Arbeitnehmer,** die durch Streitigkeiten aus ihrem Arbeitsverhältnis in **ihrer wirtschaftlichen Existenz** betroffen sind. Dieser Schutz wird durch § 6 III ergänzt, wonach die Kosten nach § 9 II fällig werden, dh grds. erst mit **Abschluss** des Verfahrens. Auch ein Gerichtsvollzieher darf im Übrigen keinen Gebührenvorschuss erheben, wenn er aus einem Titel des Arbeitsgerichts vollstreckt (§ 4 I 4 GvKostG). Andererseits muss der Gerichtsvollzieher nicht in Vorlage treten für Kosten einer Handlung mit finanziellem Aufwand, sondern kann nach § 8 GVO bei der Dienstbehörde einen Vorschuss beantragen. 2

§ 11 S. 2 stellt klar, dass § 12a S. 1 als Spezialgesetz **Vorrang** genießt. 3

II. Anwendungsbereich/Tatbestandsvoraussetzung (S. 1). 1. Verfahren vor den Gerichten für Arbeitssachen. Die Bestimmung ist grds. in **sämtlichen** Verfahren vor den Gerichten für Arbeitssachen iSv § 1 ArbGG (= Arbeitsgerichte, 4

§§ 14–31 ArbGG, Landesarbeitsgerichte, §§ 33–39 ArbGG, und Bundesarbeitsgericht, §§ 40–45 ArbGG) anwendbar. § 11 S. 1 gilt mithin – instanzenübergreifend – für sämtliche Urteils- und Beschlussverfahren.

5 **2. Zwangsvollstreckungsverfahren in Arbeitssachen.** Erfasst sind ferner die Zwangsvollstreckungsverfahren in Arbeitssachen, und zwar **selbst dann,** wenn das Amtsgericht nach §§ 764 I, 820 ZPO, 62 II 1 ArbGG, zB bei Abgabe der eidesstattlichen Versicherung, Vollstreckungsgericht ist (§ 11 S. 1 Hs. 2).

6 **3. Verfahren wegen überlanger Gerichtsverfahren.** Ausgenommen sind nach §§ 12a S. 1, 11 S. 2 nur Verfahren wegen überlanger Gerichtsverfahren nach § 198 GVG, § 9 II ArbGG (§ 11 S. 2). Nach §§ 12a, 12 I ist **dort** nach KV 8212 idR eine Vorauszahlung beim LAG iHv 4 Gebühren, beim BAG nach KV 8214 iHv von 5 Gebühren zu entrichten.

7 **III. Rechtsfolge (S. 1 Hs. 1). 1. Grundsatz.** Liegen die Tatbestandsvoraussetzungen vor (→ Rn. 4), sind **sämtliche** Vorschriften des 3. Abschnitts (auch → § 10 Rn. 1 ff.), mithin §§ 12, 14–18, nicht anzuwenden. Es dürfen also weder Vorschüsse (→ § 10 Rn. 6) verlangt werden noch Vorauszahlungen (→ § 10 Rn. 2).

8 Das Verbot erstreckt sich nicht nur auf **Gebühren,** sondern auch auf die durch eine gerichtliche Tätigkeit entstehenden **Auslagen,** so dass vom ArbG zB auch keine Vorauszahlungen für die Ladung von Zeugen oder für die Einholung eines Sachverständigengutachtens verlangt werden dürfen (s. auch BAG AP ZPO § 114 Nr. 1).

9 **2. Verweisungen. a) An ein Gericht der ordentlichen Gerichtsbarkeit.** Wird ein Rechtsstreit von einem Gericht für Arbeitssachen an ein **Gericht der ordentlichen Gerichtsbarkeit** verwiesen, sind die Vorschriften des 3. Abschnitts wieder anwendbar. Die Gerichte können mithin die weiteren Handlungen nach Maßgabe des 3. Abschnitts von einer Vorauszahlung (→ § 10 Rn. 2) **abhängig** machen und Vorschüsse (→ § 10 Rn. 6) verlangen (OLG Köln NJOZ 2013, 446 (447) = MDR 2013, 115; OLG Brandenburg NJW-RR 1999, 291 (292); aA OLG Frankfurt MDR 1960, 508). Denn mit der rechtskräftigen Verweisung des Rechtsstreits an das ordentliche Gericht ist der Anwendungsbereich von § 11 S. 1 (→ Rn. 4 ff.) **nicht mehr** eröffnet.

10 **b) An die die Gerichte für Arbeitssachen.** Umgekehrt gilt das aber **nicht.** Denn durch die Verweisung an die Gerichte für Arbeitssachen ist der Anwendungsbereich von § 11 S. 1 (→ Rn. 4 ff.) eröffnet.

11 **3. Prozesskostenhilfe.** S. 1 hat keinen Einfluss auf die Beantragung von Prozesskostenhilfe. Daher entfällt zB nicht die Notwendigkeit eines entsprechenden Antrages.

Verfahren nach der Zivilprozessordnung

12 **I 1 In bürgerlichen Rechtsstreitigkeiten soll die Klage erst nach Zahlung der Gebühr für das Verfahren im Allgemeinen zugestellt werden. 2 Wird der Klageantrag erweitert, soll vor Zahlung der Gebühr für das Verfahren im Allgemeinen keine gerichtliche Handlung vorgenommen werden; dies gilt auch in der Rechtsmittelinstanz. 3 Die Anmeldung zum Musterverfahren (§ 10 Absatz 2 des Kapitalanleger-Musterverfahrensgesetzes) soll erst nach Zahlung der Gebühr nach Nummer 1902 des Kostenverzeichnisses zugestellt werden.**

II Absatz 1 gilt nicht
1. für die Widerklage,
2. für europäische Verfahren für geringfügige Forderungen,
3. für Rechtsstreitigkeiten über Erfindungen eines Arbeitnehmers, soweit nach § 39 des Gesetzes über Arbeitnehmererfindungen die für Patentstreitsachen zuständigen Gerichte ausschließlich zuständig sind, und
4. für die Restitutionsklage nach § 580 Nummer 8 der Zivilprozessordnung.

III 1 Der Mahnbescheid soll erst nach Zahlung der dafür vorgesehenen Gebühr erlassen werden. 2 Wird der Mahnbescheid maschinell erstellt, gilt Satz 1 erst für den Erlass des Vollstreckungsbescheids. 3 Im Mahnverfahren

soll auf Antrag des Antragstellers nach Erhebung des Widerspruchs die Sache an das für das streitige Verfahren als zuständig bezeichnete Gericht erst abgegeben werden, wenn die Gebühr für das Verfahren im Allgemeinen gezahlt ist; dies gilt entsprechend für das Verfahren nach Erlass eines Vollstreckungsbescheids unter Vorbehalt der Ausführung der Rechte des Beklagten. 4 Satz 3 gilt auch für die nach dem Gesetz über Gerichtskosten in Familiensachen zu zahlende Gebühr für das Verfahren im Allgemeinen.

IV 1 Absatz 3 Satz 1 gilt im Europäischen Mahnverfahren entsprechend. 2 Wird ein europäisches Verfahren für geringfügige Forderungen ohne Anwendung der Vorschriften der Verordnung (EG) Nr. 861/2007 fortgeführt, soll vor Zahlung der Gebühr für das Verfahren im Allgemeinen keine gerichtliche Handlung vorgenommen werden.

V Über den Antrag auf Abnahme der eidesstattlichen Versicherung soll erst nach Zahlung der dafür vorgesehenen Gebühr entschieden werden.

VI 1 Über Anträge auf Erteilung einer weiteren vollstreckbaren Ausfertigung (§ 733 der Zivilprozessordnung) und über Anträge auf gerichtliche Handlungen der Zwangsvollstreckung gemäß § 829 Absatz 1, §§ 835, 839, 846 bis 848, 857, 858, 886 bis 888 oder § 890 der Zivilprozessordnung soll erst nach Zahlung der Gebühr für das Verfahren und der Auslagen für die Zustellung entschieden werden. 2 Dies gilt nicht bei elektronischen Anträgen auf gerichtliche Handlungen der Zwangsvollstreckung gemäß § 829a der Zivilprozessordnung.

Schrifttum: H. Schneider, Gerichtskosten im selbständigen Beweisverfahren, AGS 2016, 09; N. Schneider, Gerichtskosten im zivilrechtlichen Mahnverfahren, NJW 2020, 378.

Übersicht

1 **I. Normgeschichte und Normzwecke.** § 12, der bis zum Jahr 2004 im Kern in § 65 I, III–V GKG aF und bis zum Jahr 1975 in § 111 I–III GKG aF verortet war, hat seine heutige verselbständigte Form durch das KostRMoG v. 5.5.2004 (BGBl. I 718) gefunden. Die Bestimmung wurde seitdem mehrfach, teilweise tiefgreifend verändert. Überblick in **zeitlicher** Reihenfolge:

2 – Art. 11 Gesetz über die Rechtsbehelfe bei Verletzung des Anspruchs auf rechtliches Gehör (Anhörungsrügengesetz) v. 9.12.2004 (BGBl. I 3220) hat mWv 1.1.2005 V (den heutigen VI) geändert. Nach dem Wort „Über" wurden die Wörter „Anträge auf Erteilung einer weiteren vollstreckbaren Ausfertigung (§ 733 ZPO) und über" eingefügt und die Angabe „oder § 886" durch ein Komma und die Angabe „886 bis 888 oder § 890" ersetzt. Die Änderung sollte die Erweiterung von KV 2110 nachvollziehen (BR-Drs. 663/04, 55).
– Art. 14 Nr. 4 Gesetz über die Verwendung elektronischer Kommunikationsformen in der Justiz (Justizkommunikationsgesetz – JKomG) v. 22.3.2005 (BGBl. I 837) hat mWv 1.4.2005 in IV (den heutigen V) die Wörter „der Ablichtung eines" durch die Wörter „einer Ablichtung oder eines Ausdrucks des" ersetzt.
– Art. 4 Gesetz zur Verbesserung der grenzüberschreitenden Forderungsdurchsetzung und Zustellung v. 30.10.2008 (BGBl. I 2122) hat mWv 12.12.2008 in II Nr. 5 das Wort „sowie" gestrichen und ein Komma angefügt. Nach Nr. 5 wurde folgende Nummer 6 eingefügt: „6. für europäische Verfahren für geringfügige Forderungen sowie". Die bisherige Nr. 6 wurde Nr. 7. Nach III wurde der heutige IV eingefügt. Die bisherigen IV und V wurden V und VI. Das Ziel dieser Änderungen bestand darin, das Europäische Mahnverfahren und das europäische Verfahren für geringfügige Forderungen in die geltenden GKG-Regelungen einzupassen (BT-Drs. 16/8839, 31). Dabei wurden die Regelungen für das ZPO-Mahnverfahren auf das Europäische Mahnverfahren ausgedehnt. Ferner wurde angeordnet, für geringfügige Forderungen die ZPO-Vorschriften anzuwenden.
– Art. 47 Nr. 4 Gesetz zur Reform des Verfahrens in Familiensachen und in den Angelegenheiten der freiwilligen Gerichtsbarkeit (FGG-Reformgesetz – FGG-RG) v. 17.12.2008 (BGBl. I 2586) hat mWv 1.9.2009 in Abs. 2 Nr. 1 das Komma durch das Wort „und" ersetzt. Die Nr. 2 bis Nr. 5 5 wurden aufgehoben. Die bisherige Nr. 6 wurde dadurch Nr. 2. III 1 erhielt seine heutige Form. Ferner wurde III 3 angefügt. Die Streichungen in II lagen am FamGKG (BT-Drs. 16/6308, 333). III 1 wurde weiter gefasst, da die Abhängigmachung auch gelten soll, wenn sich die Gebühren für das Streitverfahren nach dem FamGKG richten (BT-Drs. 16/6308, 333). III 4 soll klarstellen, dass die Vorschusspflicht auch für die nach dem FamGKG zu erhebende Verfahrensgebühr gelten soll (BT-Drs. 16/6308, 333).
– Art. 3 Gesetz zur Reform der Sachaufklärung in der Zwangsvollstreckung v. 29.7.2009 (BGBl. I S. 2258) hat mWv 1.8.2009 in V das Komma und die Wörter „auf Erteilung einer Ablichtung oder eines Ausdrucks des mit eidesstattlicher Versicherung abgegebenen Vermögensverzeichnisses oder den Antrag auf Gewährung der Einsicht in dieses Vermögensverzeichnis" gestrichen. Ferner hat er VI 2 angefügt. Die Änderung in V war nötig geworden, da die Übermittlung eines mit eidesstattlicher Versicherung abgegebenen Vermögensverzeichnisses Aufgabe Ge-

richtsvollziehers (§§ 802k II, 802d I 2 ZPO) ist (BT-Drs. 16/13432, 48). Die Änderung in VI wurde damit begründet, dass das Erfordernis einer Vorschusszahlung die Erreichung Verfahrensvereinfachung und -beschleunigung zu Gunsten des Vollstreckungsgläubigers in Frage stellen würde (BT-Drs. 16/10069, 47).
– Art. 4 Nr. 3 Gesetz zur Reform des Kapitalanleger-Musterverfahrensgesetzes und zur Änderung anderer Vorschriften v. 19.10.2012 (BGBl. I S. 2182) hat mWv 1.11.2012 I 3 angefügt. Das Ziel war es, die Zustellung der Anmeldung zum Musterverfahren von der Zahlung KV 1902 für die Anmeldung abhängig zu machen (BT-Drs. 17/10160, 27).
– Art. 3 Gesetz zur Modernisierung des Kostenrechts (2. Kostenrechtsmodernisierungsgesetz – 2. KostRMoG) v. 23.7.2013 (BGBl. I S. 2586) hat mWv 1.8.2013 in II Nr. 2 das Wort „sowie“ durch ein Komma ersetzt. In Nr. 3 wurde der Punkt am Ende durch ein Komma ersetzt und das Wort „und“ angefügt. Ferner wurde die heutige Nr. 4 angefügt. Die Änderung wurde damit erklärt, dass es den Betroffenen nicht zu vermitteln wäre, auch im Fall des § 580 Nr. 8 ZPO zu Beginn des Verfahrens zur Zahlung von Gerichtskosten aufgefordert zu werden (BT-Drs. 17/11471, 243). Die Betroffenen hätten bereits vor der Entscheidung des EGMR den innerstaatlichen Rechtsweg auf eigene Kosten ausgeschöpft. Mangels Antragstellerhaftung könne auch die Zustellung der Klage nicht von der vorherigen Zahlung der Gebühr für das Verfahren im Allgemeinen abhängig gemacht werden (BT-Drs. 17/11471, 244).

Die Bestimmungen der § 12 I 1, 2, 3, III 1, 3, 4, IV, V, VI sind allesamt **Gestattungsnormen** iSv § 10. Sie benennen **abschließend** und **vorbehaltlich von § 14** die Fälle, in denen in bürgerlichen Rechtsstreitigkeiten (→ Rn. 4) eine gerichtliche Handlung, nämlich der Erlass (III, IV), eine Entscheidung (V, VI) oder eine Zustellung (I, II) ausnahmsweise (→ § 10 Rn. 11) von einer **Vorauszahlung** (→ § 10 Rn. 2) **abhängig** gemacht werden darf (→ § 10 Rn. 10). Die Abhängigmachung dient jeweils dazu, die Kostenzahlung zu sichern (s. auch § 20 I Nr. 2 KostVfg), und beugt zudem einer missbräuchlichen Inanspruchnahme der Gerichte vor. 3

II. Anwendungsbereich. 1. Klageverfahren. § 12 ist mit Ausnahme der Verfahren nach dem Arbeitsgerichtsgesetz (§ 11 S. 1) grds. in sämtlichen **Klageverfahren** in **bürgerlichen** Rechtsstreitigkeiten iSv § 6 I Nr. 1 einschließlich der den Zivilgerichten **zugewiesenen** Verfahren (→ § 6 Rn. 27 ff.) mit den in II–VI geregelten Ausnahmen anwendbar. Bei einem Antrag auf gerichtliche Entscheidung in **Baulandsachen** ist § 12 nach § 221 IV BauGB allerdings nicht anwendbar. Auch die **Verfahren vor den Arbeitsgerichten** sind grds. von der Vorauszahlung ausgenommen mit Ausnahme der Verfahren wegen überlanger Gerichtsverfahren (§ 11). Verfahren vor den **Entschädigungsgerichten** sowie **Beweissicherungsverfahren** sind nach § 225 I BEG gebühren- und auslagenfrei. Ist die Rechtsverfolgung offenbar mutwillig (entsprechend → § 14 Rn. 20), kann nach § 225 II 2 BEG zwar ein Vorschuss (→ § 10 Rn. 6) erhoben werden, **nicht** aber eine Vorauszahlung (→ § 10 Rn. 2). **Erweitert** wird der Anwendungsbereich in I 3 auf die Anmeldung eines Anspruchs zum **Musterverfahren** nach § 10 II KapMuG. Diese Ausnahme musste ausdrücklich geregelt werden, da es sich bei dem Antrag um keine Klage, sondern um den Beitritt zu einem Klageverfahren handelt (→ § 9 Rn. 5). 4

2. Rechtsmittel. § 12 erfasst keine Rechtsmittel (dies seit dem Jahr 1943, vgl. RGBl. I 7). Die Verfahrensgebühr wird zwar auch mit Eingang der Rechtsmittelschrift fällig (§ 6 I), der Gang des Rechtsmittelverfahrens darf aber **nicht** nach § 12 I 1 von einer Vorauszahlung abhängig gemacht werden (OLG Köln MDR 2014, 569 = BeckRS 2014, 9814). Eine Pflicht, die Gebühr für die Berufung (KV 1220) oder Revision (KV 1230) vorauszuzahlen, besteht mithin nicht (OLG Köln MDR 2014, 569 = BeckRS 2014, 9814; OLG Frankfurt a. M. NJW 1985, 751). Eine **Klageerweiterung** in der Rechtsmittelinstanz **soll** allerdings nach § 12 I 2 Hs. 2 zum Anlass für eine Vorauszahlungspflicht gemacht werden (→ Rn. 34). 5

3. Überlange Gerichts- und strafrechtliche Ermittlungsverfahren. In Verfahren wegen überlanger Gerichtsverfahren und strafrechtlicher Ermittlungsverfahren sind I 1, 2 nach § 12a S. 1 entsprechend anzuwenden. 6

7 **III. Erkenntnisverfahren (I). 1. Tatbestandsvoraussetzungen. a) Einreichung einer Klage. aa) Überblick.** I 1 setzt voraus, dass eine Partei bei Gericht in einer **bürgerlichen Rechtsstreitigkeit** (→ Rn. 4) eine **Klage einreicht.** Die Klageart ist unerheblich. Erfasst sind zB auch Klagen nach §§ 731, 767, 768, 771 ZPO. Klagen sind grds. auch die Nichtigkeits- und Restitutionsklage, da sie **nicht** als Rechtsmittel innerhalb eines Verfahrens eingelegt, sondern als eigenständige Klagen erhoben werden, §§ 579, 580 ZPO (OLG Oldenburg NdsRpfl 2017, 119 = BeckRS 2016, 118666 Rn. 2; OLG Frankfurt a.M. BeckRS 2010, 21944). Ferner unterfallen die Klagen nach § 43 II WEG dem § 12 I 1 (exemplarisch BGH NJW-RR 2018, 970 Rn. 35 ff.). Ausnahmen von diesem Grundsatz bestimmt § 12 II (→ Rn. 9 ff.). Rechtmittel sind nicht erfasst (→ Rn. 5).

8 **bb) Anträge.** Auf Verfahren, die mit einem **Antrag** beginnen, ist § 12 I 1 **nicht anwendbar** (s. auch H. Schneider AGS 2016, 209 (210)). Hierzu gehören das selbständige Beweisverfahren (§ 485 ZPO; KV 1610) sowie der Arrest und die einstweilige Verfügung (§§ 916, 935 ZPO; KV 1410). Eine Vorauszahlungspflicht ließe sich ua mit der Eilbedürftigkeit und dem Sicherungszweck dieser Verfahren nicht vereinbaren.

9 **b) Widerklage (II Nr. 1). aa) Überblick.** Obwohl die Tatbestandsvoraussetzung **erfüllt** ist, ist I nach II Nr. 1 **nicht** auf Widerklagen (OLG Jena MDR 2008, 593 = BeckRS 2008, 3992 Rn. 18; OLG München MDR 2003, 1077) und ihre **Erweiterung** anwendbar. Diese Ausnahme ist mit Art. 1 Nr. 33 des Gesetzes zur Änderung von Kostengesetzen und anderen Gesetzen (Kostenrechtsänderungsgesetz 1994 – KostRÄndG 1994) v. 24.6.1994 (BGBl. I 1325) mWv 1.7.1994 zunächst in § 65 I 4 aF ins GKG zur **Klarstellung** (BT-Drs. 12/6962, 68) aufgenommen worden, war aber auch **vorher** anerkannt (s. auch RG JW 1937, 1147; OLG Neustadt NJW 1954, 137). Der Grund besteht darin, dass ansonsten das gesamte Verfahren einschließlich der Klage verzögert werden würde (s. auch BT-Drs. 7/3243, 6). Ob es sich um eine **Haupt- oder Hilfswiderklage** handelt, ist unerheblich. Bietet der Widerkläger Zeugen und Sachverständige an, kann deren Ladung / Bestellung allerdings nach §§ 379, 402 ZPO von einer Vorauszahlung (→ § 10 Rn. 2) anhängig gemacht werden.

10 **bb) Drittwiderklage; Wider-Widerklage.** Für eine isolierte Drittwiderklage (dazu zB BGH NJW-RR 2022, 781; Elzer FD-ZVR 2022, 448975) gilt die Privilegierung § 12 II Nr. 1 nach ihrem Sinn (→ Rn. 9) nicht. Entsprechendes gilt für die Wider-Widerklage (dazu Wagner JA 2014, 655 (656)) des Klägers.

11 **c) Europäische Verfahren für geringfügige Forderungen (II Nr. 2). aa) Überblick.** Obwohl die Tatbestandsvoraussetzung erfüllt ist, ist I nach II Nr. 2 **nicht** für Europäische Verfahren für geringfügige Forderungen nach VO (EG) Nr. 861/2007 (§§ 1097–1109 ZPO) anwendbar (zu den Gründen → Rn. 2). Das Verfahren betrifft grenzüberschreitende Zivilrechtssachen bis zu einem Wert von 5000 Euro (Art. 2 I VO idF v. 16.12.2015, VO (EU) 2015/2412).

12 **bb) Klage fällt nicht in den Anwendungsbereich (IV 2).** Fällt eine solche Klage allerdings **nicht** in den Anwendungsbereich der VO Nr. 861/2007 und nimmt der Kläger die Klage nach einem entsprechenden Hinweis des Gerichts auch **nicht zurück,** wird das Verfahren nach der ZPO fortgeführt (Art. 4 III VO, § 1097 II ZPO). In diesem Fall **soll** das Gericht vor Zahlung der Verfahrensgebühr (KV 1210) keine gerichtliche Handlung vornehmen (IV 2). Zur danach notwendigen Ermessensentscheidung → § 10 Rn. 10.

13 **d) Rechtsstreitigkeiten über Arbeitnehmer-Erfindungen (II Nr. 3).** Obwohl die Tatbestandsvoraussetzung erfüllt ist, ist I nach II Nr. 3 weiter nicht für Rechtsstreitigkeiten über Erfindungen eines Arbeitnehmers anwendbar, **soweit** nach § 39 I ArbErfG die für Patentstreitsachen zuständigen Gerichte (§ 143 PatG) ausschließlich zuständig sind. Diese Ausnahme ist mit Art. 1 Nr. 33 Gesetz zur Änderung von Kostengesetzen und anderen Gesetzen (Kostenrechtsänderungsgesetz 1994 – KostRÄndG 1994) v. 24.6.1994 (BGBl. I 1325) mWv 1.7.1994 durch Übernahme einer entsprechenden Regelung aus § 39 I 3 ArbnErfG aF in das GKG – zunächst in § 65 II aF – gekommen (s. auch BT-Drs. 12/6962, 68). Streitigkeiten über die Vergütungshöhe für eine Erfindung des Arbeitnehmers bleiben in der Zuständigkeit des Arbeitsgerichts (s. auch BAG NJW 1972, 2016) mit den kostenrechtlichen

Erleichterungen für arbeitsgerichtliche Verfahren (§ 39 II ArbErfG, § 2 IIIa ArbGG, §§ 2 II, 11).

e) Restitutionsklagen (II Nr. 4). Obwohl die Tatbestandsvoraussetzung erfüllt ist, ist I schließlich nach II Nr. 4 auch **nicht** für die Restitutionsklage nach § 580 Nr. 8 ZPO anwendbar (zu den Gründen → Rn. 2), sondern nur für die übrigen Restitutionsklagen (→ Rn. 7). Da § 22 I 1 auf die Restitutionsklage nach § 580 Nr. 8 ZPO nicht anwendbar ist, gäbe es auch keinen Antragsteller als Kostenschuldner. Die Kostenhaftung folgt aus § 29. 14

2. Rechtsfolgen. a) Überblick. Liegen die Tatbestandsvoraussetzungen vor, **soll** das Gericht die **Zustellung** (→ Rn. 16) der Klage nach § 271 I ZPO davon **abhängig** machen, dass die klagende Partei die **Gebühr** für das Verfahren im Allgemeinen (KV 1210) als **Vorauszahlung** (→ § 10 Rn. 2) entrichtet. Zur danach notwendigen **Ermessensentscheidung** → § 10 Rn. 10. Von der Vorauszahlung von Auslagen kann die Vornahme ggf. unter den Voraussetzungen des § 17 abhängig gemacht werden. 15

b) Zustellung (Abhängigmachung). aa) Überblick. Nach I 1 soll → § 10 Rn. 10 die von Amts wegen vorzunehmende **Klagezustellung** (zur früheren Rechtslage vgl. BT-Drs. 7/2016, 80) von der **Vorauszahlung** der Gebühr für das Verfahren im Allgemeinen (KV 1210) abhängig gemacht werden. Die Ladung von Zeugen, die Einholung von Gutachten etc. kann allerdings nach §§ 379, 402 ZPO von einer Vorauszahlung abhängig gemacht werden (→ § 17). 16

bb) Zustellung ohne Vorauszahlung; zu geringe Vorauszahlung. Ist eine Klage **ohne** Vorauszahlung zugestellt worden oder fordert der Kostenbeamte (→ § 10 Rn. 4) eine zu **geringe** Vorauszahlung, erfüllt der Kläger mit einer entsprechenden Zahlung seine Vorauszahlungspflicht. Das Gericht kann die Differenz dann zwar nachfordern, seine **weiteren** Handlungen aber nicht mehr vom Zahlungseingang der Differenz abhängig machen (OLG Köln MDR 2013, 115 = BeckRS 2012, 22230; OLG Brandenburg NJW-RR 1999, 291; OLG München NJW-RR 1989, 64). 17

cc) Zu hohe Vorauszahlung. Verlangt der Kostenbeamte eine zu hohe Vorauszahlung, kann er – ggf. auf Gegenvorstellung des Kostenschuldners – oder von Amts wegen die Höhe der Vorauszahlung abändern. Ansonsten bleibt dem Kostenschuldner nur die Erinnerung nach § 66 I ((→ § 10 Rn. 5). 18

c) Verweisungen. aa) Überblick. Wird von einem Zivilgericht an ein **anderes Zivilgericht** verwiesen, nachdem die Klage bereits **ohne** Vorauszahlung bereits zugestellt wurde, kann der weitere Verfahrensgang **nicht mehr** von einer Vorauszahlung abhängig gemacht werden (BVerfG NJW-RR 2010, 207 Rn. 26; OLG Köln NJOZ 2013, 446). Wegen der Verfahrenseinheit (§ 4 I) ist das Gericht, an das verwiesen wurde, an die Ermessensentscheidung des Ursprungsgerichts, die Vorauszahlung nicht zu erheben, gebunden. 19

bb) Andere Verweisungen. Davon zu unterscheiden ist die Verweisung **an das Zivilgericht** von einem Gericht, dessen Tätigwerden **nicht** von einer Vorauszahlung abhängig gemacht werden darf, zB die Verweisung eines Arbeitsgerichts an das Zivilgericht (dazu → § 11 Rn. 9). Wenn das zunächst angerufene Rheinschifffahrtsgericht (wegen der dort bestehenden Gerichtskostenfreiheit ohne Vorschussleistung des Klägers) bereits mündlich verhandelt, dann aber die Sache zuständigkeitshalber an das Schifffahrtsgericht verwiesen hat, **soll** das Schifffahrtsgericht vom Kläger die Prozessgebühr verlangen und vor deren Zahlung Termin zur mündlichen Verhandlung nicht bestimmen (BGH NJW 1974, 1287). 20

d) Kostenschuldner. Kostenschuldner ist der Antragsteller (§ 22 I). Die Gerichtskosten kann für ihn aber auch ein Dritter einzahlen, selbst der Beklagte, will er die Zustellung der Klage erwirken, zB im Anschluss an ein PKH-Verfahren. Ein Prozessbevollmächtigter wird, obwohl er alle Prozesshandlungen vornehmen kann, § 81 ZPO, selbst dann nicht persönlich vorschusspflichtig, wenn er für die Partei Gerichtskosten einzahlt. Sagt er sich für die Prozesskosten seiner Partei „stark", kommt aber eine Übernahmehaftung nach § 29 Nr. 2 in Betracht. 21

e) Rechtsfolgen einer Nichtzahlung. aa) Überblick. Eine Frist für die Zahlung besteht idR nicht. Zahlt der Kostenschuldner die Gebühren nicht ein, wird die Akte weggelegt, nachdem das Verfahren sechs Monate nicht betrieben wurde 22

(§ 7 III e AktO). Allerdings werden die nach KV 1211 verringerten Gebühren gleichwohl beigetrieben (s. auch §§ 3 V, 26 VIII KostVfg). Ruft der Kläger das Verfahren danach erneut auf, muss er vor Zustellung der Klage die restliche Vorauszahlung erbringen.

23 **bb) Verjährungshemmung.** Will der Kläger mit der Klage die Verjährung hemmen (§ 204 I BGB), muss er für eine rechtzeitige Zustellung, dh Zustellung „demnächst" iSd § 167 ZPO, sorgen. Die klagende Partei muss die Gebühr im Allgemeinen nach Eingang der Aufforderung des Gerichts zeitnah einzahlen, am besten innerhalb der „14-Tage-Frist" + 1 Woche (BGH NZM 2018, 173 Rn. 8). Dabei ist zu beachten, dass es für die Einhaltung der Frist nicht auf den Zeitpunkt der Einzahlung, sondern auf den **Eingang der Zahlung auf dem Konto der Justizkasse** ankommt. Die bloße Weiterleitung einer Vorschussanforderung an eine Rechtsschutzversicherung reicht nicht (LG München I NJW-RR 2011, 1384). Bei der Berechnung des angemessenen Zeitraums kommt es nicht auf die Zeitspanne zwischen der Aufforderung zur Einzahlung der Gerichtskosten und deren Eingang bei der Gerichtskasse, sondern darauf an, um wie viele Tage sich der für die Zustellung der Klage ohnehin erforderliche Zeitraum infolge der Nachlässigkeit des Klägers verzögert hat (stRspr, exemplarisch BGH NJW-RR 2019, 976 Rn. 7; NZM 2018, 173 Rn. 5). Der Partei ist in zur Einzahlung der Gebühr im Allgemeinen in der Regel eine Erledigungsfrist von einer Woche zuzugestehen (BGH NJW-RR 2019, 976 Rn. 9). Der Zeitraum kann sich nach den Umständen des Einzelfalls angemessen verlängern (BGH NJW-RR 2019, 976 Rn. 7; 2018, 461 Rn. 9). Wurde die Gebühr im Allgemeinen verfahrenswidrig nicht von der klagenden Partei selbst, sondern über deren Rechtsanwalt angefordert (BGH ZMR 2012, 643 Rn. 13; NZM 2012, 351 Rn. 11), ist die damit einhergehende, unschädliche Verzögerung im Allgemeinen mit drei Werktagen zu veranschlagen (BGH NJW 2015, 2666 Rn. 8). Auch Wochenend- und Feiertage sowie Heiligabend und Silvester sind nicht mitzuzählen (BGH NJW 2015, 2666 Rn. 9; ZMR 2012, 643 Rn. 12). Ähnliches muss gelten, wenn der Kläger Schwierigkeiten hat, die Gebühr im Allgemeinen aufzubringen oder seine Rechtsschutzversicherung, die rechtzeitig angefragt werden muss, nur zögerlich arbeitet, oder wenn der Kläger aus anderen, nachvollziehbaren unverschuldeten Gründen nicht in der Lage war, zu zahlen.

24 Der Anfechtungskläger muss die Gebühr im Allgemeinen nicht selbst berechnen und einzahlen (stRspr, exemplarisch BGH NJW 2017, 2623 Rn. 18; NJW 2016, 568 Rn. 13). Er soll sich allerdings bei dem Gericht nach den Ursachen erkundigen müssen, wenn er nicht aufgefordert wird, die Gebühr für das Verfahren im Allgemeinen einzuzahlen (stRspr, BGH NJW 2016, 568 Rn. 13; 2009, 984 Rn. 18). Unklar ist, wann dieser Zeitpunkt des Nachfragens gekommen ist (BGH NJW 2016, 568 Rn. 13; 1978, 215 unter 1a). Bspw. nach BGH NJW 2016, 568 Rn. 13 ist ein Tätigwerden jedenfalls vor Ablauf von 3 Wochen nach Einreichung der Klage bzw. innerhalb von 3 Wochen nach Ablauf der durch die Klage zu wahrenden Frist ausreichend. BGH NJW 2017, 2623 Rn. 18 meint, ein Zeitraum von genau fünf Wochen „dürfte noch knapp innerhalb jenes Zeitraums liegen", der noch keine Nachfrageobliegenheit begründet. Nach BGH NJW-RR 2004, 1575 unter II 3, soll die Frist „grundsätzlich" nicht vor Ablauf von einem Monat beginnen. Schädlich werde das Unterlassen einer Nachfrage allerdings nicht vor Ablauf von weiteren 2 Wochen. Nach BGH NJW-RR 2015, 125 Rn. 16 beträgt die Frist längstens 6 Wochen.

25 **f) Verfahren.** Zum Verfahren → § 10 Rn. 6.

26 **3. Klageerweiterungen (I 2 Hs. 1). a) Überblick.** Erweitert der Kläger die Klage iSv §§ 264 Nr. 2 Fall 1 ZPO, **soll** vor Zahlung der Gebühr für das Verfahren im Allgemeinen (KV 1210) als Vorauszahlung (→ § 10 Rn. 2) nach § 12 I 2 **keine gerichtliche Handlung** vorgenommen werden. Zur danach notwendigen **Ermessensentscheidung** → § 10 Rn. 10. Von der Vorauszahlung von Auslagen kann die Vornahme ggf. unter den Voraussetzungen des § 17 abhängig gemacht werden.

27 Der **Zweck** dieser Vorschrift ist vor allem die Verhinderung von Missbrauch, wie er bspw. durch Erhebung einer Teilklage über einen geringen Teilbetrag und deren anschließenden Erweiterung auf den Gesamtbetrag möglich wäre (s. auch BT-Drs. 7/

3243, 6). Danach ist § 12 I 2 entspr. auf eine **Klageänderung** anzuwenden, die zu einer Erhöhung der Verfahrensgebühr führt. Enthält der Klagerweiterungsschriftsatz auch Vortrag zur bisherigen Klage, darf der Urkundsbeamte der Geschäftsstelle mit Rücksicht auf den weitergehenden Inhalt des Schriftsatzes nicht die Zustellung der Klagerweiterung anordnen. Dies bleibt dem Ermessen des Richters vorbehalten (s. auch § 20 II 2 KostVfg).

b) Gebührensprung. Voraussetzung ist, dass sich durch die Klageerweiterung der Gebührenstreitwert erhöht und wegen eines **Gebührensprungs** eine höhere Verfahrensgebühr fällig wird. 28

c) Vorauszahlung (Abhängigmachung). aa) Überblick. Das Gericht kann **nicht** die gesamte Verfahrensgebühr, sondern nur den durch die Klageerweiterung angefallene **Differenzbetrag** als Vorauszahlung (→ § 10 Rn. 2) verlangen. 29

bb) Zustellung ohne Vorauszahlung. Bei einer Zustellung **ohne** Vorauszahlung des Differenzbetrages muss das Gericht den Parteien mitteilen, dass und warum eine technisch unvermeidbare Mitübermittlung der Klagerweiterung vor dem Eingang einer weiteren Zahlung keinen Verzicht auf die Vorauszahlungspflicht darstellt. Ansonsten ist von einem Verzicht auf die Vorauszahlung im Rahmen des Ermessens auszugehen und das Gericht kann die Klagerweiterung **nicht mehr** mangels Vorauszahlung zurückweisen (BVerfG NJW-RR 2010, 207 Rn. 26; BGH NJW 1974, 1287). 30

cc) Unterlassene Vorauszahlung. Die Folgen einer unterlassenen Vorauszahlung betreffen nur die Klagerweiterung. Eine versagende Entscheidung wegen des fehlenden Kostenvorschusses darf nur **hinsichtlich der Klagerweiterung** ergehen, während das Gericht im Übrigen verhandeln muss. 31

d) Gerichtliche Handlung. aa) Überblick. Eine „gerichtliche Handlungen" in Bezug auf die Klageerweiterung ist zB eine Terminbestimmung nur zur Klageerweiterung, eine Entscheidung über die Klageerweiterung, die Zustellung des entsprechenden Schriftsatzes oder eine Anordnung nach § 273 ZPO. Soweit im Schriftsatz **zugleich** Ausführungen zum Gegenstand der Klage in ihrer nicht erweiterten Fassung enthalten sind, verpflichtet dies das Gericht nicht zur Zustellung des Schriftsatzes ohne Vorauszahlung; vielmehr ist es Sache des Klägers, ggf. getrennte Schriftsätze nachzureichen. 32

bb) Klageerweiterung kurz vor oder im Termin. Wird die Klage erst kurz vor oder gar im Verhandlungstermin erweitert, sollte jedenfalls dann keine Vorauszahlung angeordnet werden, wenn die Parteien sogleich verhandeln wollen und keine Verzögerung eintritt. Der Gegner kann aber auch einen neuen Termin beantragen und nicht verhandeln. Das Gericht kann eine Verhandlung über die Klageerweiterung aber auch verweigern. 33

e) Rechtsmittelinstanz (I 2 Hs. 2). I 2 Hs. 1 gilt nach § 12 I 2 Hs. 2 auch in der **Rechtsmittelinstanz.** Denn die Klageerweiterung in der Rechtsmittelinstanz ist kein Rechtsmittel gegen die erste Instanz (auch → Rn. 5), was früher aber streitig war (vgl. RGZ 135, 228; RG JW 1937, 1447). 34

f) Verfahren. Zum Verfahren → § 10 Rn. 6. 35

4. Anmeldung zum Musterverfahren (I 3). Meldet sich ein Beteiligter iSv § 10 II 1 KapMuG zu einem Musterverfahren an, **soll** die **Anmeldung** nach § 12 I 3 erst nach Zahlung der Gebühr KV 1902 als Vorauszahlung (→ § 10 Rn. 2) zugestellt werden (auch → Rn. 2). Zum Verfahren → § 10 Rn. 6. Die KV 1210 entsteht nur im Hauptprozess zum Musterverfahren nach dem KapMuG (KV Vorb. 1.2.1). Der Gebührenwert für den Beitritt bestimmt sich nach der Höhe des anzumeldenden Anspruchs (→ § 51a). Zur notwendigen **Ermessensentscheidung** → § 10 Rn. 10. Im erstinstanzlichen Musterverfahren nach dem KapMuG wird zusätzlich eine **Zustellungspauschale** für sämtliche Zustellungen erhoben (KV 9002 Anm. S. 2). 36

IV. Mahnverfahren (III, IV 1). 1. Tatbestandsvoraussetzungen/Anwendungsbereich. III 1 ist anwendbar, wenn nach § 688 I ZPO ein **Antrag** auf Erlass eines **Mahnbescheids** (§ 692 ZPO) gestellt wird. Dies gilt auch für einen Antrag im **Urkunden-, Wechsel- und Scheckverfahren** iSv § 703a ZPO. Entsprechend ist § 12 III 1 nach § 12 IV 1 für **Anträge** im Europäischen Mahnverfahren nach der 37

VO (EG) Nr. 1896/2006 (§§ 1087–1096 ZPO) auf einen **Zahlungsbefehl** anwendbar (auch → Rn. 2).

38 **2. Rechtsfolgen. a) Gesetzlicher Grundsatz.** Sind die Tatbestandsvoraussetzungen erfüllt, soll der Mahnbescheid (§ 692 ZPO) bzw. Zahlbefehl (→ Rn. 37) nach § 12 III 1 als Vorauszahlung (→ § 10 Rn. 2) vorbehaltlich § 14 erst **nach** Zahlung der dafür vorgesehenen Gebühr KV 1100 iHv 0,5 **erlassen** werden. Dieser Fall ist heute idR nur noch für Anträge im Europäischen Mahnverfahren vorstellbar, da die maschinelle Bearbeitung der Mahnverfahren mittlerweile flächendeckend ist. Zur notwendigen **Ermessensentscheidung** → § 10 Rn. 10.

39 **b) Ausnahme (III 2).** Wird der Mahnbescheid – wie in aller Regel – **maschinell** erstellt, gilt III 1 nach III 2 erst für den **Erlass** des **Vollstreckungsbescheids.** Der Vollstreckungsbescheid soll mithin nach § 12 III 2 als Vorauszahlung (→ § 10 Rn. 2) vorbehaltlich § 14 erst nach Zahlung der dafür vorgesehenen Gebühr KV 1100 iHv 0,5 **erlassen** werden. Zur notwendigen **Ermessensentscheidung** → § 10 Rn. 10.

40 **c) Kostenschuldner.** Kostenschuldner ist der Antragsteller (§ 22 I).

41 **d) Verfahren.** Zum Verfahren → § 10 Rn. 6.

42 **3. Abgaben an das Streitgericht (III 3). a) Tatbestandsvoraussetzungen/Anwendungsbereich. aa) Überblick.** III 3 ist **originär** anwendbar, wenn auf **Antrag des Antragstellers** nach **Erhebung eines Widerspruchs** (§ 694 I ZPO) die Sache an das für das streitige Verfahren als zuständig bezeichnete Gericht abgegeben wird. Entsprechendes gilt für das Verfahren nach Erlass eines Vollstreckungsbescheids (§ 699 ZPO) unter Vorbehalt der Ausführung der Rechte des Beklagten. Entsprechend ist § 12 III 3 nach § 12 III 4 für **Mahnverfahren in Familienstreitsachen** anwendbar. Denn in Familienstreitsachen (§ 112 FamFG) sind die Vorschriften der ZPO über das Mahnverfahren entsprechend anwendbar (§ 113 II FamFG). Die Gebühren werden nach dem GKG erhoben (§ 1 I 3 FamGKG). Für Anträge im Europäischen Mahnverfahren nach der VO (EG) Nr. 1896/2006 (§§ 1087–1096 ZPO) ist § 12 III 3 hingegen **nicht anwendbar,** da IV 1 nur auf III 1 verweist.

43 **bb) Einspruch.** Bei einem verspäteten Widerspruch gegen den Mahnbescheid (§ 694 II ZPO) oder rechtzeitigen Einspruch gegen den Vollstreckungsbescheid gibt das Mahngericht den Rechtsstreit ohne Antrag einer Partei **von Amts wegen** an das Streitgericht ab (§ 700 III ZPO). III 3 erfasst diesen Fall **nicht,** da der Antragsteller aus dem Vollstreckungsbescheid bereits vollstrecken kann (§ 700 I ZPO).

44 **b) Rechtsfolgen.** Sind die Tatbestandsvoraussetzungen erfüllt, **soll** das Mahnverfahren vorbehaltlich § 14 nach § 12 III 3 als Vorauszahlung (→ § 10 Rn. 2) erst abgegeben werden, wenn die Gebühr für das Verfahren im Allgemeinen (KV 1210) gezahlt ist, wobei eine Gebühr nach KV 1100 nach dem Wert des Streitgegenstands angerechnet wird. Es handelt sich um einen Vorschuss (→ § 10 Rn. 6), da die Verfahrensgebühr erst mit Eingang beim Prozessgericht entsteht (KV 1210 Anm. 1). Zur notwendigen **Ermessensentscheidung** → § 10 Rn. 10.

45 Gibt das Mahngericht die Sache **ohne** vorherige Zahlung der Verfahrensgebühr KV 1210 KV ab, können die Zustellung der Klagebegründung, eine Terminbestimmung und die weitere Durchführung des Verfahrens (vgl. § 697 II 1 ZPO) vom Prozessgericht nicht mehr von deren Zahlung abhängig gemacht werden (KGReport Berlin 1999, 261; entsprechend → Rn. 17).

46 **c) Kostenschuldner.** Kostenschuldner ist grds. der Antragsteller, § 22 I (N. Schneider NJW 2020, 378 (379)). Stellt der **Antragsgegner** des Mahnverfahrens den Antrag auf Durchführung des streitigen Verfahrens, ist er allerdings kein Kostenschuldner (KG JurBüro 2018, 21 = NJOZ 2019, 238 Rn. 4; OLG Koblenz MDR 2015, 1096 = BeckRS 2015, 13368; OLG München MDR 1995, 1072 (1073) = BeckRS 1995, 08586; N. Schneider NJW-Spezial 2017, 27 (28); aA OLG Celle NJW-RR 2020, 127 Rn. 8 ff.; OLG Frankfurt a. M. NJOZ 2019, 1665 Rn. 5; OLG Karlsruhe BeckRS 2018, 22228; OLG Hamm BeckRS 2017, 133018; OLG Oldenburg NJOZ 2017, 79).

47 Mahn- und Streitverfahren bilden kostenrechtlich eine einheitliche Instanz (§§ 696 I 5, 281 III 1 ZPO, § 4 I), für die der Antragsteller des Verfahrens die Verfahrensgebühr schuldet (KG JurBüro 2018, 21 = NJOZ 2019, 238 Rn. 4). Auch bei einem Einspruch gegen den Vollstreckungsbescheid und Abgabe an das Streitge-

richt von Amts wegen bleibt der Antragsteller Kostenschuldner (§ 22 I 2). Nichts anderes kann für die Abgabe nach Widerspruch gegen den Mahnbescheid gelten, da auch in diesem Fall das Gericht den Rechtsstreit von Amts wegen abgibt (§ 696 I 1 ZPO). Der Antragsgegner wendet sich nur gegen einen gegen ihn erhobenen Anspruch und betreibt kein eigenes Verfahren. Will er eine Kostenentscheidung zu seinen Gunsten erwirken und beantragt der Antragsteller nicht die Abgabe, bleibt ihm nur, selbst den Verweisungsantrag zu stellen. In diesem Fall gilt für ihn keine Vorauszahlungspflicht (N. Schneider NJW-Spezial 2017, 27).

d) Verfahren. Zum Verfahren → § 10 Rn. 6. 48

V. Zwangsvollstreckung (V, VI). 1. Antrag auf Abnahme der eidesstattlichen Versicherung (V). a) Tatbestandsvoraussetzungen/Anwendungsbereich. V ist anwendbar, wenn ein Gläubiger gem. § 889 ZPO einen Antrag auf Abnahme der eidesstattlichen Versicherung durch einen Rechtspfleger stellt (vgl. §§ 259, 260 II, 2028 II, 2057 S. 2 BGB). Für die Tätigkeit des Gerichtsvollziehers gilt § 4 I 2 GvKostG (s. zur Rechtsentwicklung auch → Rn. 2 und BT-Drs. 16/13432, 48). 49

b) Rechtsfolgen. Sind die Tatbestandsvoraussetzungen erfüllt, **soll** über den Antrag vorbehaltlich § 14 nach § 12 V als Vorauszahlung (→ § 10 Rn. 2) erst entschieden werden, wenn die Gebühr KV 2115 **sowie** die Auslage für die Zustellung (KV 9002) gezahlt ist. Zur notwendigen **Ermessensentscheidung** → § 10 Rn. 10. Von der Vorauszahlung von Auslagen kann die Vornahme ggf. unter den Voraussetzungen des § 17 abhängig gemacht werden. 50

c) Verfahren. Zum Verfahren → § 10 Rn. 6. 51

2. Erteilung einer weiteren vollstreckbaren Ausfertigung (VI Fall 1). a) Tatbestandsvoraussetzungen/Anwendungsbereich. VI Fall 1 ist anwendbar, wenn ein Antrag auf Erteilung einer weiteren vollstreckbaren Ausfertigung (§ 733 ZPO) gestellt wird. 52

b) Rechtsfolgen. Sind die Tatbestandsvoraussetzungen erfüllt, **soll** vorbehaltlich § 14 über den Antrag nach § 12 VI Fall 1 als Vorauszahlung (→ § 10 Rn. 2) erst entschieden werden, wenn die Gebühr KV 2110 **sowie** die Auslage für die Zustellung (KV 9002) gezahlt ist. Zur notwendigen **Ermessensentscheidung** → § 10 Rn. 10. Von der Vorauszahlung von Auslagen kann die Vornahme ggf. unter den Voraussetzungen des § 17 abhängig gemacht werden. 53

c) Verfahren. Zum Verfahren → § 10 Rn. 6. 54

3. Anträge auf gerichtliche Handlungen (VI Fall 2). a) Tatbestandsvoraussetzungen/Anwendungsbereich. VI Fall 2 ist anwendbar, wenn Anträge auf gerichtliche Handlungen der Zwangsvollstreckung gem. §§ 829 I, 835, 839, 846 bis 848, 857, 858, 886–888 oder 890 ZPO gestellt werden (zur Rechtsentwicklung vgl. BT-Drs. V/2737, 10 sowie → Rn. 2). Dies gilt auch für die Vollstreckung in **Ehesachen** und **Familienstreitsachen** in der Zuständigkeit des AG als Vollstreckungs- oder Arrestgericht, § 120 FamFG mit der Maßgabe des § 119 FamFG für einstweilige Verfügung und Arrest, §§ 764, 919 ZPO, § 1 I 1 Nr. 1, FamGKG KV Vorb. 1.6, Vorb. 2, IV (s. auch BT-Drs. 16/6308, 302). § 12 VI Fall 2 ist **nicht anwendbar,** soweit das AG als Vollstreckungsgericht in **Arbeitssachen** tätig wird (§ 11 S. 1 Hs. 2). 55

VI Fall 2 ist **nicht analogiefähig** und daher zB **nicht** bei Anträgen auf Vollstreckungsschutz nach § 765a ZPO, bei Verteilungsverfahren, bei Verfahren über die Vollstreckbarerklärung eines Anwaltsvergleichs nach § 796a ZPO oder bei Verfahren über Anträge auf Verweigerung, Aussetzung oder Beschränkung der Zwangsvollstreckung nach § 1084 ZPO, auch iVm § 1096 oder § 1109 ZPO oder nach § 31 AUG, bzw. bei dem Antrag auf Erlass eines Haftbefehls anwendbar. 56

b) Rechtsfolgen. aa) Überblick. Sind die Tatbestandsvoraussetzungen erfüllt, **soll** vorbehaltlich § 14 über den Antrag nach § 12 VI Fall 2 als Vorauszahlung (→ § 10 Rn. 2) erst entschieden werden, wenn die Gebühr KV 2111 **sowie** die Auslage für die Zustellung (KV 9002) gezahlt ist. Zur notwendigen **Ermessensentscheidung** → § 10 Rn. 10. 57

bb) Elektronische Anträge (VI 2). Dies gilt nach VI 2 aber **nicht** bei elektronischen Anträgen auf gerichtliche Handlungen der Zwangsvollstreckung gem. § 829a 58

ZPO. Auf die **Möglichkeit einer Vorauszahlung** wird bewusst **verzichtet,** da eine Vorauszahlung mit dem elektronischen Vollstreckungsauftrag verfolgte Ziel der Verfahrensvereinfachung und -beschleunigung in Frage stellen würde (→ Rn. 2). Von der Vorauszahlung von Auslagen kann die Vornahme ggf. unter den Voraussetzungen des § 17 abhängig gemacht werden.

59 **c) Verfahren.** Zum Verfahren → § 10 Rn. 6.

60 **VI. Rechtsmittel.** Zu den Rechtsmitteln → § 10 Rn. 5.

Verfahren wegen überlanger Gerichtsverfahren und strafrechtlicher Ermittlungsverfahren

12a **[1] In Verfahren wegen überlanger Gerichtsverfahren und strafrechtlicher Ermittlungsverfahren ist § 12 Absatz 1 Satz 1 und 2 entsprechend anzuwenden. [2] Wird ein solches Verfahren bei einem Gericht der Verwaltungs-, Finanz- oder Sozialgerichtsbarkeit anhängig, ist in der Aufforderung zur Zahlung der Gebühr für das Verfahren im Allgemeinen darauf hinzuweisen, dass die Klage erst nach Zahlung dieser Gebühr zugestellt und die Streitsache erst mit Zustellung der Klage rechtshängig wird.**

1 **I. Normgeschichte und Normzweck.** § 12a ist durch Art. 10 Gesetz über den Rechtsschutz bei überlangen Gerichtsverfahren und strafrechtlichen Ermittlungsverfahren v. 25.11.2011 (BGBl. I 2302) mWv 3.12.2011 in das Gesetz eingefügt worden. Sein Ziel besteht darin, in Verfahren wegen überlanger Gerichtsverfahren und strafrechtlicher Ermittlungsverfahren grds. die im Klageverfahren **üblichen** Gebühren anfallen zu lassen (BT-Drs. 17/3802, 29). Ebenso sollen die Vorschriften über die **Abhängigmachung** (→ § 10 Rn. 2 ff.) in diesen Verfahren von der vorherigen Kostenzahlung in **allen Gerichtsbarkeiten** anwendbar sein (BT-Drs. 17/3802, 29). Dazu verweist § 12a S. 1 GKG auf § 12 I 1, 2. Art. 9 des Gesetzes zur Änderung des Sachverständigenrechts und zur weiteren Änderung des Gesetzes über das Verfahren in Familiensachen und in den Angelegenheiten der freiwilligen Gerichtsbarkeit sowie zur Änderung des Sozialgerichtsgesetzes, der Verwaltungsgerichtsordnung, der Finanzgerichtsordnung und des Gerichtskostengesetzes v. 11.10.2016 (BGBl. I 2222) hat mWv 15.10.2016 später zum einen **Satz 1** geändert. Die Angabe „Absatz 1" wurde durch die Wörter „§ 12 Absatz 1 Satz 1 und 2" ersetzt. Diese Klarstellung war notwendig geworden, weil § 12 durch Art. 4 des Gesetzes zur Reform des Kapitalanleger-Musterverfahrensgesetzes und zur Änderung anderer Vorschriften v. 19.10.2012 (BGBl. I 2182) ein neuer Satz 3 angefügt worden war. Da dieser ausschließlich die Anmeldung zum Musterverfahren betrifft und folglich für Verfahren wegen überlanger Gerichtsverfahren und strafrechtlicher Ermittlungsverfahren keine Bedeutung hat, musste die Verweisung angepasst werden. Die neuen Hinweispflichten in **Satz 2,** die auch Art. 9 des Gesetzes zur Änderung des Sachverständigenrechts und zur weiteren Änderung des Gesetzes über das Verfahren in Familiensachen und in den Angelegenheiten der freiwilligen Gerichtsbarkeit sowie zur Änderung des Sozialgerichtsgesetzes, der Verwaltungsgerichtsordnung, der Finanzgerichtsordnung und des Gerichtskostengesetzes v. 11.10.2016 (BGBl. I 2222) eingefügt hat, sollen hingegen gewährleisten, dass Kläger, über die **verfahrensmäßigen Besonderheiten** bei Entschädigungsklagen gegenüber den übrigen Verfahren in der Verwaltungs-, Finanz- und Sozialgerichtsbarkeit **informiert** wird (BT-Drs. 18/9092, 22). Durch die Hinweise soll einem Kläger **zudem** deutlich vor Augen geführt werden, dass mit der gerichtlichen Geltendmachung eines Entschädigungsanspruchs wegen überlanger Verfahrensdauer ein Kostenrisiko entsteht (BT-Drs. 18/9092, 23). Dies ist besonders für Entschädigungsklagen in der Sozialgerichtsbarkeit bedeutsam, da in sozialgerichtlichen Verfahren für den in § 183 SGG genannten Personenkreis grds. Gerichtskostenfreiheit besteht (s. auch Kaltenstein WzS 2020, 259 (261)).

2 S. 1 ist eine **Gestattungsnorm** iSv § 10. Er erlaubt **vorbehaltlich von § 14** in Verfahren wegen überlanger Gerichtsverfahren und strafrechtlicher Ermittlungsverfahren (→ Rn. 3) eine gerichtliche Handlung oder eine Zustellung ausnahmsweise (→ § 10 Rn. 11) von einer **Vorauszahlung** (→ § 10 Rn. 2) **abhängig** zu machen. Die Abhängigmachung dient jeweils dazu, die Kostenzahlung zu sichern (s. auch

§ 20 I Nr. 2 KostVfg), und beugt zudem einer missbräuchlichen Inanspruchnahme der Gerichte vor. Die Verknüpfung von Zahlung und Zustellung ist auch an dieser Stelle **nicht europarechtswidrig** (s. auch BSG BeckRS 2015, 67445 Rn. 24). Insbes. verstößt § 12a nicht gegen den in Art. 47 EUGrdRCh verankerten Grundsatz des effektiven gerichtlichen Schutzes. Vielmehr sieht das nationale Recht zB in § 14 Nr. 1 GKG ausdrücklich vor, dass bei Bewilligung von PKH die Regelung des § 12 und damit die Vorschusszahlungspflicht entfällt (s. auch § 14 Nr. 2 und Nr. 3). Dies entspricht Art. 47 III EUGrdRCh. Erst dann, wenn PKH ausgeschlossen wäre und dennoch ein Gerichtskostenvorschuss gefordert würde, könnte der in Art. 47 EUGrdRCh verankerte Grundsatz des effektiven gerichtlichen Rechtsschutzes verletzt sein (s. auch EuGH EuZW 2011, 137).

II. Anwendungsbereich und Tatbestandsvoraussetzung. § 12a ist auf **sämtliche** Verfahren in allen Gerichtsbarkeiten wegen überlanger Gerichtsverfahren und strafrechtliche Ermittlungsverfahren anwendbar. Erfasst sind auch die Arbeits- (vgl. § 9 II 2 ArbGG und § 11 S. 2) sowie die Sozialgerichtsbarkeit (§ 197a I 1 Hs. 1 SGG). 3

III. Rechtsfolgen. 1. Zustellung der Klage (§§ 12a S. 1, 12 I 1). Ist der Anwendungsbereich eröffnet (→ Rn. 3), soll (dazu → § 10 Rn. 10) die Klage gem. §§ 12a S. 1, 12 I 1 erst **nach** Zahlung der **Gebühr für das Verfahren im Allgemeinen** zugestellt werden. Die Vorauszahlungs- bzw. Vorschusspflicht **entfällt,** soweit die Voraussetzungen des § 14 vorliegen, insbes. aber nicht nur bei Prozesskostenhilfe (§ 14 Nr. 1) und Gerichtskostenfreiheit (§ 14 Nr. 2). Von der zusätzlichen Vorauszahlung von **Auslagen** (insbes. für Mehrzustellungen nach KV GKG 9002) kann die Zustellung nach § 17 I 2 abhängig gemacht werden. 4

2. Erweiterung der Klage (§§ 12a S. 1, 12 I 2). Wird der Klageantrag **erweitert,** soll vor Zahlung der Gebühr für das Verfahren im Allgemeinen nach §§ 12a S. 1, 12 I 2 keine gerichtliche Handlung vorgenommen werden (entsprechend → § 12 Rn. 15); dies gilt auch in der Rechtsmittelinstanz (entsprechend → § 12 Rn. 15). 5

3. Hinweispflichten (S. 2). In Verfahren der **Verwaltungs-, Finanz- oder Sozialgerichtsbarkeit** ist mit der Aufforderung zur Zahlung der Verfahrensgebühr nach § 12 S. 2 darauf hinzuweisen, dass 6

- die Gebühr im Voraus zu entrichten ist,
- die Klage erst nach Eingang der Zahlung zugestellt wird und
- erst mit der Zustellung die Rechtshängigkeit eintritt.

Eine solcher Hinweis ist in diesen Verfahren **erforderlich** (auch → Rn. 1 zur Entstehung), da eine Vorauszahlungspflicht nur für Klagen wegen überlanger Gerichtsverfahren besteht und bei diesen Gerichtsbarkeiten die Rechtshängigkeit grundsätzlich mit Eingang der Klage bei Gericht eintritt (§ 90 VwGO, § 66 FGO, § 94 SGG). Das Entschädigungsverfahren wegen überlanger Gerichtsverfahren weicht hiervon ab. 7

4. Verfahren. Zum Verfahren → § 10 Rn. 6. 8

IV. Gebührenstreitwert. Der Gebührenstreitwert richtet sich nach der Höhe der Entschädigung (auch → ZPO § 3 Rn. 5 ff.). Bei einem unbezifferten Antrag ist er gem. § 48 iVm § 3 ZPO nach billigem Ermessen festzusetzen. In Verfahren vor den Gerichten der **Verwaltungs-, Finanz- und Sozialgerichtsbarkeit** ist § 52 anwendbar (s. auch BFH BeckRS 2013, 94972 = JurBüro 2013, 478). 9

V. Rechtsmittel. Zu den Rechtsmitteln → § 10 Rn. 5. 10

Verteilungsverfahren nach der Schifffahrtsrechtlichen Verteilungsordnung

13 Über den Antrag auf Eröffnung des Verteilungsverfahrens nach der Schifffahrtsrechtlichen Verteilungsordnung soll erst nach Zahlung der dafür vorgesehenen Gebühr und der Auslagen für die öffentliche Bekanntmachung entschieden werden.

1 **I. Normgeschichte und Normzweck.** § 13, der bis zum Jahr 2004 in § 65 VI GKG aF und bis zum Jahr 1975 in § 111 V GKG aF verortet war, hat seine **heutige verselbständigte** Form durch das KostRMoG v. 5.5.2004 (BGBl. I 718) gefunden. Er dient dem Kosteninteresse von Bund und Ländern (s. auch § 20 I Nr. 2 KostVfg). Der Unterschied zum Insolvenzverfahren findet seinen Grund darin, dass das Verteilungsverfahren **ausschließlich** im Interesse des Antragstellers stattfindet. Er ist eine **Gestattungsnorm.** Er benennt abschließend und **vorbehaltlich von § 14** die Fälle, in denen in Verteilungsverfahren nach der Schifffahrtsrechtlichen Verteilungsordnung die Eröffnung des Verteilungsverfahrens (→ Rn. 2) ausnahmsweise (→ § 10 Rn. 11) von einer **Vorauszahlung** (→ § 10 Rn. 2) **abhängig** gemacht werden darf.

2 **II. Anwendungsbereich und Tatbestandsvoraussetzung.** Es muss iSv § 4 SVertO ein **Antrag** auf Eröffnung eines **Verteilungsverfahrens** (§§ 4–12 SVertO) vorliegen. Ein Prüfungs- (§§ 13–22 SVertO) und / oder Verteilungsverfahren (§§ 23–29 SVertO) erfüllen diese Anforderung **nicht.** Für das Prüfungsverfahren werden grds. keine weiteren Kosten erhoben, außer für den gesonderten Prüftermin wegen verspätet angemeldeter Forderungen (KV 2430, § 18 S. 3 SVertO iVm § 177 InsO). Die Gebühr KV 2420 für die Durchführung des Verteilungsverfahrens wird erst mit Erlass des Eröffnungsbeschlusses fällig. Gebühren für die Rechtsmittel, Beschwerde und Rechtsbeschwerde (§ 12 SVertO) werden nur erhoben, falls das Gericht sie verwirft oder zurückweist (KV 2440, 2441).

3 **III. Rechtsfolge. 1. Überblick.** Liegen die Tatbestandsvoraussetzungen vor (→ Rn. 2), soll (dazu → § 10 Rn. 10) über den Antrag (→ Rn. 2) nach Zahlung der dafür vorgesehenen Gebühr (→ Rn. 4) und der Auslagen für die öffentliche Bekanntmachung iSv § 11 SVertO (→ Rn. 5) entschieden werden. Dies gilt nicht für die Zurückweisung eines Antrages oder eine Zwischenverfügung. Von der zusätzlichen Vorauszahlung von **Auslagen** (insbes. für Mehrzustellungen nach KV GKG 9002) kann die Zustellung nach § 17 I 2 abhängig gemacht werden.

4 **2. Verfahrensgebühr (KV 2410).** Die Gebühr für das Verfahren über den Antrag auf Eröffnung des Verteilungsverfahrens beträgt nach KV 2410 eine Höhe von 1,0. Der **Gebührenstreitwert** bemisst sich nach § 59 (→ § 59 Rn. 3 ff.). Die Gebühr entsteht mit der Antragstellung und wird gem. § 6 I Nr. 3 Fall 2 sogleich fällig.

5 **3. Auslagen für die öffentliche Bekanntmachung (KV 9004).** Gem. § 11 I 1 Hs. 1 SVertO hat das Gericht nach Eröffnung des Verteilungsverfahrens den wesentlichen Inhalt des Beschlusses über die Festsetzung der Haftungssumme und des Beschlusses über die Eröffnung des Verteilungsverfahrens, die öffentliche Aufforderung und den allgemeinen Prüfungstermin öffentlich bekanntzumachen. Auch für **diese** öffentliche Bekanntmachung sind nach § 13 die **Auslagen** (KV 9004) **im Voraus** zu entrichten. Für die Bekanntmachung in einem elektronischen Informations- und Kommunikationssystem gilt das aber nicht, wenn das Entgelt nicht für den Einzelfall oder nicht für ein einzelnes Verfahren berechnet wird (Anm. 1 zu KV 9004 I).

6 **4. Kostenschuldner.** Kostenschuldner ist der antragstellende Schuldner (§ 1 III SVertO, 25 I). Ist das Verfahren zunächst nur wegen Sachschäden eröffnet worden (§ 1 V SVertO) und beantragt ein Gläubiger die **Erweiterung** auf Personenschaden, so haftet dieser als Antragsteller für den Differenzbetrag der Kosten, die sich aus der erhöhten Haftungssumme ergeben (§ 30 V SVertO, § 25). Liegen bei einem Antragsteller die Voraussetzungen des § 14 vor, **entfällt** für ihn die Vorauszahlungspflicht auf die Gerichtskosten nach § 13.

7 **5. Verfahren.** Zum Verfahren → § 10 Rn. 6.

8 **IV. § 32 II SVertO.** Gem. § 32 II SVertO soll das Gericht die Eröffnung des Verteilungsverfahrens **zusätzlich** von der Einzahlung eines **angemessenen Vorschusses** auf die von dem Antragsteller nach § 31 I SVertO zu tragenden Kosten abhängig machen, mithin auf die Vergütung und die Auslagen des Sachwalters und die von dem Sachwalter aufgewandten Kosten der Verwaltung und Verwertung von Sicherheiten.

§ 32 SVertO. Zahlung der vom Antragsteller zu tragenden Kosten

II Das Gericht soll die Eröffnung des Verteilungsverfahrens von der Einzahlung eines angemessenen Vorschusses auf die von dem Antragsteller nach § 31 Abs. 1 zu tragenden Kosten abhängig machen.

§ 31 SVertO. Kostentragung

I Der Antragsteller trägt folgende Kosten:

1. die Vergütung und die Auslagen des Sachwalters;
2. die von dem Sachwalter aufgewandten Kosten der Verwaltung und Verwertung von Sicherheiten.

V. Rechtsmittel. Zu den Rechtsmitteln → § 10 Rn. 5. S. auch § 12 SVertO. 9

Verfahren nach dem Unternehmensstabilisierungs- und -restrukturierungsgesetz

13a **I Über den Antrag auf Inanspruchnahme eines Instruments des Stabilisierungs- und Restrukturierungsrahmens soll erst nach Zahlung der Gebühr für das Verfahren entschieden werden.**

II Absatz 1 gilt entsprechend für den Antrag auf Bestellung eines Restrukturierungsbeauftragten oder eines Sanierungsmoderators.

I. Normgeschichte, Normzweck und Allgemeines. § 13a ist durch Art. 11 Nr. 4 Gesetz zur Fortentwicklung des Sanierungs- und Insolvenzrechts (Sanierungs- und Insolvenzrechtsfortentwicklungsgesetz – SanInsFoG) v. 22.12.2020 (BGBl. I 3256) mWv 1.1.2021 ins Gesetz eingefügt worden. 1

Er benennt abschließend die Fälle, in denen in Verfahren nach dem Unternehmensstabilisierungs- und -restrukturierungsgesetz über den Antrag auf Inanspruchnahme eines Instruments des Stabilisierungs- und Restrukturierungsrahmens (→ Rn. 5) oder den Antrag auf Bestellung eines Restrukturierungsbeauftragten oder eines Sanierungsmoderators (→ Rn. 11) ausnahmsweise (→ § 10 Rn. 11) von einer **Vorauszahlung** (→ § 10 Rn. 2) **abhängig** gemacht werden darf. 2

I soll **sicherstellen,** dass ein Restrukturierungsgericht (§ 34 StaRUG) erst dann über einen Antrag auf Inanspruchnahme eines Instrumentes des Stabilisierungs- und Restrukturierungsrahmens entscheidet (§ 29 II StaRUG), wenn die **entsprechende Verfahrensgebühr** gezahlt ist (BT-Drs. 19/24181, 218). Da der Stabilisierungs- und Restrukturierungsrahmen darauf ausgelegt ist, ausschließlich von sanierungsfähigen Unternehmen in einem frühen Krisenstadium in Anspruch genommen zu werden, erschien dies gerechtfertigt (BT-Drs. 19/24181, 218). § 13a II soll sicherstellen, dass auch über den Antrag auf Bestellung eines Restrukturierungsbeauftragten oder eines Sanierungsmoderators erst nach Zahlung der entsprechenden **Akt- oder Verfahrensgebühr** entschieden wird (BT-Drs. 19/24181, 218). 3

Nach § 31 I ist StaRUG ist im Übrigen eine Anzeige des Restrukturierungsvorhabens bei dem zuständigen Restrukturierungsgericht Voraussetzung für die Inanspruchnahme der Instrumente des Stabilisierungs- und Restrukturierungsrahmens. Die **hierfür** vorgesehene Festgebühr KV 2510 entsteht mit der Entgegennahme der Anzeige des Restrukturierungsvorhabens durch das Restrukturierungsgericht. Sie wird von § 13a **nicht** erfasst. 4

II. Stabilisierungs- und Restrukturierungsrahmen (I). 1. Anwendungsbereich und Tatbestandsvoraussetzung. a) Antrag. Es muss ein **Antrag** vorliegen. Die in Frage kommenden Anträge sowie die möglichen Antragsteller beschreiben **abschließend** § 45 StaRUG (gerichtliche Planabstimmung), § 47 StaRUG (Vorprüfung), §§ 49, 50 StaRUG (Stabilisierung) und § 60 StaRUG (Planbestätigung). 5

b) Instrument des Stabilisierungs- und Restrukturierungsrahmens. Der Antrag (→ Rn. 5) muss auf ein **Instrument des Stabilisierungs- und Restrukturierungsrahmens** gerichtet sein. Instrumente idS sind nach § 29 II StaRUG die Durchführung eines gerichtlichen Planabstimmungsverfahrens (gerichtliche Planabstimmung), die gerichtliche Vorprüfung von Fragen, die für die Bestätigung des Restrukturierungsplans erheblich sind (Vorprüfung), die gerichtliche Anordnung von Regelungen zur Einschränkung von Maßnahmen der individuellen Rechtsdurchset- 6 zung (Stabilisierung) und die gerichtliche Bestätigung eines Restrukturierungsplans (Planbestätigung).

7 **2. Rechtsfolge. a) Überblick.** Liegen die Tatbestandsvoraussetzungen vor (→ Rn. 5 f.), soll (dazu → § 10 Rn. 10) über den Antrag (→ Rn. 2) erst nach Zahlung der **Gebühr für das Verfahren** (KV 2511, 2512) entschieden werden. Da schon mit dem Eingang der Anzeige Rechtshängigkeit eintritt (§ 31 III StaRUG), soll wenigstens der Fortgang des weiteren Verfahrens von der Zahlung der Verfahrensgebühr abhängen. Von der zusätzlichen Vorauszahlung von **Auslagen** (insbes. für Mehrzustellungen nach KV GKG 9002) kann die Zustellung nach § 17 I 2 abhängig gemacht werden.

8 **b) Höhe.** Die Höhe der Verfahrensgebühr hängt davon ab, **in welchem Umfang** der Schuldner (→ Rn. 10) **Instrumente des Stabilisierungs- und Restrukturierungsrahmens** in Anspruch nehmen möchte. Dies muss er zusammen mit seiner Anzeige des Restrukturierungsvorhabens und Vorlage eines Restrukturierungsplan dem Restrukturierungsgericht mitteilen (§§ 31 II Nr. 1, 34, 35 StaRUG). Überblick:
– Nimmt der Schuldner bis zu drei dieser Instrumente in Anspruch, beträgt die Verfahrensgebühr 1.000 EUR (KV 2511), wobei die Anzeigegebühr (KV 2510) hierauf angerechnet wird (KV 2511 Anm. 1).
– Beansprucht er alle vier Instrumente, erhöht sich die Verfahrensgebühr auf 1.500 EUR (KV 2512).

9 **c) Bestellung eines Restrukturierungsbeauftragten von Amts wegen.** Bestellt das Restrukturierungsgericht **von Amts wegen** ein Restrukturierungsbeauftragten (§ 73 StaRUG), soll es nach § 81 V 2 **auch** über jeden Antrag des Schuldners auf Inanspruchnahme eines Instruments des Stabilisierungs- und Restrukturierungsrahmens erst nach Zahlung der Gebühr für die Bestellung nach KV 2513 **und** eines Vorschusses auf dessen Auslagen nach KV 9017 entscheiden. Dadurch soll der Kostenersatzanspruch der öffentlichen Hand gegen den Schuldner geschützt werden (BT-Drs. 19/24181, 177). Die Einzelheiten des Auslagenersatzes bestimmt das JVEG, was aus § 81 VII StaRUG folgt.

10 **d) Kostenschuldner.** Kostenschuldner ist der antragstellende Schuldner iSd §§ 2 I Nr. 1, 25 I, 82 II StaRUG, 25a I. Die Erleichterungen des § 14 gelten nicht für die Vorauszahlungspflichten nach § 13a.

11 **e) Verfahren.** Zum Verfahren → § 10 Rn. 6.

12 **III. Bestellungen (II). 1. Anwendungsbereich und Tatbestandsvoraussetzung. a) Antrag.** Es muss ein **Antrag** vorliegen. Den Antrag auf einen Restrukturierungsbeauftragten zur Förderung der Verhandlungen zwischen den Beteiligten (fakultativer Restrukturierungsbeauftragter) regelt § 77 StaRUG, den auf Bestellung eines Sanierungsmoderators § 94 StaRUG. § 13a II betrifft **nicht** die Bestellung eines Restrukturierungsbeauftragten **von Amts wegen.** Allerdings enthält das StaRUG ergänzende Vorauszahlungspflichten sowohl für die Bestellung auf Antrag wie von Amts wegen (§§ 81 V, 98 II StaRUG). Darüber hinaus kann sich aus dem StaRUG eine Vorschusspflicht auf Vergütung und Auslagen des **Gläubigerbeirates** (§ 93 IV StaRUG) aus § 17 III ergeben.

13 **b) Restrukturierungsbeauftragter oder Sanierungsmoderator.** Der Antrag muss Bestellung eines Restrukturierungsbeauftragten (§§ 73 ff. StaRUG) oder eines Sanierungsmoderators (§§ 94 ff. StaRUG) gerichtet sein.

14 **2. Rechtsfolge. a) Überblick.** Liegen die Tatbestandsvoraussetzungen vor, soll (→ § 10 Rn. 10) über den Antrag (→ Rn. 12) erst nach Zahlung der **Gebühr für das Verfahren** (KV 2513, 2514) entschieden werden. Diese Gebühren werden mit Eingang des Antrags **fällig.** Neben § 13a II finden sich Vorauszahlungspflichten in §§ 81 V 1, 94, 98 II StaRUG, erweitert um einen Vorschuss auf die **Auslagen** nach KV 9017. Die Auslagen setzen sich zusammen aus den Honoraren sowie Auslagen (§ 80 StaRUG) wie Fahrkosten (§§ 81 VII, 98 II StaRUG). Stundensätze, Höchstbetrag und den Auslagenschuldner bestimmt das Gericht mit der Bestellung nach den Kriterien in §§ 81 I–III, VI, VII, 83, 98 StaRUG, § 81 IV, 98 II StaRUG. Die Vorschuss- und Vorauszahlungspflichten des StaRUG gehen als die spezielleren Regelungen § 17 vor.

b) Auslagen. Ein fakultativer Restrukturierungsbeauftragter soll nach § 81 II 1 StaRUG erst nach Zahlung der Gerichtsgebühr für die Bestellung nach KV 2513 **und** eines Vorschusses auf die Auslagen nach KV 9017 bestellt werden. Dadurch soll die öffentliche Hand davor geschützt werden, mit den Kosten in Vorleistung gehen zu müssen und unter Umständen den gegen den Auslagenschuldner bestehenden Ersatzanspruch später nicht realisieren zu können (BT-Drs. 19/24181, 177). Die Einzelheiten des Auslagenersatzes bestimmt das JVEG, was aus § 81 VII StaRUG folgt. 15

c) Kostenschuldner. Kostenschuldner für Gebühren und Auslagen ist grds. der Schuldner (§§ 2 I Nr. 1, 82 II 2 StaRUG, § 25a I), ggf. aber auch ein Gläubiger (§ 25a II). Die Erleichterungen des § 14 gelten nicht für die Vorauszahlungspflichten nach § 13a. 16

d) Verfahren. Zum Verfahren → § 10 Rn. 6. 17

IV. Rechtsmittel. Zu den Rechtsmitteln → § 10 Rn. 5. Wendet sich der Kostenschuldner gegen die nach § 81 IV, VI StaRUG festgesetzten Sätze für die Honorare der Restrukturierungsbeauftragen und Sanierungsmoderatoren, sieht § 82 III StaRUG die **sofortige Beschwerde** vor (§§ 82, 40, 38 StaRUG, §§ 567 ff. ZPO). 18

Ausnahmen von der Abhängigmachung

14 Die §§ 12 und 13 gelten nicht,

1. soweit dem Antragsteller Prozesskostenhilfe bewilligt ist,
2. wenn dem Antragsteller Gebührenfreiheit zusteht oder
3. wenn die beabsichtigte Rechtsverfolgung weder aussichtslos noch mutwillig erscheint und wenn glaubhaft gemacht wird, dass
a) dem Antragsteller die alsbaldige Zahlung der Kosten mit Rücksicht auf seine Vermögenslage oder aus sonstigen Gründen Schwierigkeiten bereiten würde oder
b) eine Verzögerung dem Antragsteller einen nicht oder nur schwer zu ersetzenden Schaden bringen würde; zur Glaubhaftmachung genügt in diesem Fall die Erklärung des zum Prozessbevollmächtigten bestellten Rechtsanwalts.

Übersicht

1 **I. Normgeschichte und Normzweck.** § 14, der bis zum Jahr 2004 in § 65 VII GKG aF und bis zum Jahr 1975 in § 111 IV GKG aF verortet war, hat im Kern seine **heutige verselbständigte** Form durch das KostRMoG v. 5.5.2004 (BGBl. I 718) gefunden. Durch Art. 3 Gesetz zur Modernisierung des Kostenrechts (2. Kostenrechtsmodernisierungsgesetz – 2. KostRMoG) v. 23.7.2013 wurden mWv 1.8.2013 in Nr. 3 allerdings die Wörter „nicht aussichtslos oder mutwillig" durch die Wörter „weder aussichtslos noch ihre Inanspruchnahme mutwillig" ersetzt. Zur Begründung wurde angeben, die Änderung diene der „redaktionellen Klarstellung" (BT-Drs. 17/11471, 244). Was es klarzustellen galt, ist unklar. Durch Art. 1 des Gesetzes zur Änderung des Justizkosten- und des Rechtsanwaltsvergütungsrechts (Kostenrechtsänderungsgesetz 2021 – KostRÄG 2021) v. 21.12.2020 wurden dann mWv 1.1.2021 in Nummer 3 in dem Satzteil vor Buchstabe a) die Wörter „ihre Inanspruchnahme" gestrichen. Zur Begründung wurde jetzt angegeben, es handele sich um eine redaktionelle Anpassung im Hinblick auf die Änderung des § 114 ZPO (BT-Drs. 19/23484, 52).

2 § 12 Nr. 1 und Nr. 2 lösen Normkonflikte zu Gunsten der §§ auf. § 12 Nr. 3 eröffnet nach seinen Voraussetzungen, Ausnahmen von der Abhängigmachung. **Parallelvorschriften** zu § 14 sind § 15 FamGKG und §§ 16 GNotKG. Die Fälligkeit der Gebühren (§ 6) wird durch § 14 nicht berührt. In den Fällen der Nr. 3 werden die Gebühren also in Rechnung gestellt und notfalls nach dem JBeitrG beigetrieben.

3 **II. Anwendungsbereich.** § 14 bestimmt Ausnahmen von den §§ 12 und 13. § 14 Nr. 3 gilt bewusst, anders als nach § 65 VII GKG aF, mithin auch für **Mahnverfahren** (s. auch BT-Drs. 15/1971, 152). Eine größere Zahl von Anwendungsfällen war auch im Mahnverfahren nicht zu erwarten. Zudem erschien es sachgerecht, dem Gläubiger, dem eine Verzögerung des Verfahrens einen nicht oder nur schwer zu ersetzenden Schaden bringen würde, das Mahnverfahren zu eröffnen und ihn nicht auf den Klageweg zu verweisen, der idR wesentlich mehr Zeit in Anspruch nimmt (BT-Drs. 15/1971, 152). Über die Verweisung in § 12a I auf § 12 I 1 und 2 gilt § 14 im Übrigen auch für die Verfahren wegen überlanger Gerichts- und strafrechtlicher Ermittlungsverfahren aller Gerichtsbarkeiten (s. auch Wiegand WzS 2016, 67 (68)). Auf § 13a ist die Vorschrift hingegen nicht anwendbar. Auch eine entsprechende Anwendung auf § 13a oder auf Auslagen, zB nach §§ 15 ff., ist nicht möglich. Ist Prozesskostenhilfe gewährt worden oder besteht Kostenfreiheit, sind von § 122 I 1 Buchstabe a) ZPO aber natürlich auch Auslagen erfasst.

4 **III. Prozesskostenhilfe (Nr. 1). 1. Tatbestandsvoraussetzungen. a) Überblick.** Einem Antragsteller (→ Rn. 5) muss **Prozesskostenhilfe bewilligt** sein. Für die bürgerlichen Streitigkeiten ist das Prozesskostenhilfeverfahren in §§ 114–127 ZPO und für grenzüberschreitende Prozesskostenhilfe innerhalb der EU in §§ 1076–1078 ZPO geregelt. In schifffahrtsrechtlichen Verteilungsverfahren gelten die Vorschriften der ZPO entsprechend (§ 3 I SVertO). Die Verfahren wegen überlanger Verfahren nach § 12a werden zwar nach der für das jeweilige Gericht geltenden Verfahrensordnung geführt, die für die Prozesskostenhilfe zumeist aber auf die Regelungen der ZPO ggfs. mit Maßgaben verweist. Die **Bewilligung** von Prozesskostenhilfe bewirkt, dass die Bundes- bzw. Landeskassen im Umfang der Bewilligung keine Gerichtskosten geltend machen (§ 122 I Nr. 1 Buchstabe a) ZPO). Sie setzt einen **Antrag** der vorleistungspflichtigen Partei sowie einen stattgebenden **Beschluss** des Gerichts voraus.

5 **b) Antragsteller.** Wer der Antragsteller iSv § 14 ist, ergibt sich aus §§ 22, 25.

6 **c) Gewährung von Prozesskostenhilfe.** Dem Antragsteller ist vom Gericht ganz (→ Rn. 8) oder teilweise (→ Rn. 9) Prozesskostenhilfe gewährt worden.

7 **2. Rechtsfolge. a) Überblick.** Liegen die Tatbestandsvoraussetzungen vor (→ Rn. 4 ff.), sind §§ 12, 13 und 13a (→ Rn. 3) nicht anwendbar, **soweit** Prozesskostenhilfe gewährt worden ist (s. auch § 122 I Nr. 1 Buchstabe a ZPO). Die bloße

Stellung eines Antrags auf Bewilligung von Prozesskostenhilfe genügt also noch nicht. Wird ein Antrag zusammen mit einem Prozesskostenhilfeantrag eingereicht, ist die Bewilligung daher zunächst zu klären. Im Einzelnen ist zu unterscheiden.

b) Gewährung von Prozesskostenhilfe in voller Höhe. Wird dem Antragsteller Prozesskostenhilfe **in voller Höhe** bewilligt, ist er von der Vorauszahlungspflicht befreit und vorläufig auch sein Gegner (§ 122 II ZPO). Die Befreiung umfasst nicht nur die Gebühren, sondern auch die Auslagen, zB für Zeugen und Sachverständige (§§ 379, 401 ZPO). 8

c) Bewilligung von Prozesskostenhilfe mit Ratenzahlung. Auch bei der Bewilligung von **Prozesskostenhilfe mit Ratenzahlung** ist der Kläger von der Vorauszahlungspflicht befreit, dh die Klage wird zugestellt, der Kläger muss aber Raten auf die Gerichtskostenforderung zahlen. Auf die Vorauszahlungspflicht des Beklagten hat die Bewilligung keinen Einfluss, da der Kläger Zahlungen an die Gerichtskasse leisten muss und damit die Befreiung des Gegners nach § 122 II ZPO nicht greift. 9

d) Teilweise Gewährung von Prozesskostenhilfe. Bewilligt das Gericht dem Kläger **teilweise Prozesskostenhilfe** und klagt der Kläger gleichwohl in **voller Höhe** einschließlich des von der Prozesskostenhilfe nicht gedeckten Teils, muss er den Unterschiedsbetrag zwischen der **Gebühr** nach dem vollen Streitwert und der Gebühr berechnet nach dem von der Prozesskostenhilfe gedeckten Teil vorauszahlen (BGH NJW 1954, 1406; KG JurBüro 1988, 728; aA OLG München JurBüro 1969, 514). Bei einer Berechnung der Kosten allein nach dem höheren Streitwert und einer anteiligen Aufteilung würde dem Kläger nicht der volle Umfang der Prozesskostenhilfebewilligung zugutekommen und er müsste einen höheren Anteil an den Prozesskosten tragen. Der Vorschuss auf die **Auslagen** kann dagegen nur anteilig aufgeteilt werden, sofern er nicht eindeutig einem Teil zugeordnet werden kann. Die Befreiung des Beklagten nach § 122 II ZPO entspricht dem Umfang der Prozesskostenhilfebewilligung des Klägers. 10

e) Mehrere Kläger. Beantragen mehrere Kläger Prozesskostenhilfe und bewilligt das Gericht nur einem von ihnen die Prozesskostenhilfe, bleiben die **übrigen** Kläger vorauszahlungspflichtig, allerdings nur in Höhe der auf sie entfallenden Anteile. Da die Kläger als Gesamtschuldner für die Vorauszahlungen haften (§ 31 I), könnten sie anderenfalls den privilegierten Mitkläger über den Gesamtschuldnerausgleich in Anspruch nehmen (§ 426 I BGB). Der Beklagte wird nicht nach § 122 II ZPO privilegiert, solange nicht allen Klägern Prozesskostenhilfe bewilligt wird. 11

f) Beklagter. Bewilligt das Gericht dem Beklagten Prozesskostenhilfe für seine Rechtsverteidigung, hat dies **keinen** Einfluss auf die Vorauszahlungspflicht des Klägers. Eine § 122 II ZPO entsprechende Regelung fehlt für den Kläger. 12

3. Aufhebung der Prozesskostenhilfe (§ 124 ZPO). Mit Aufhebung der Prozesskostenhilfe lebt der Vorauszahlungsanspruch grds. wieder auf. Die Vorauszahlung der Gebühren kann jedoch nur geltend gemacht, solange die Klage noch nicht zugestellt ist (OLG München NJW-RR 1989, 64). Das gerichtliche Zurückbehaltungsrecht aus § 12 I 1 ist mit der Klagezustellung verbraucht. Unabhängig davon wird die Verfahrensgebühr mit Eingang fällig (§ 6 I 1). 13

IV. Gebührenfreiheit (Nr. 2). 1. Anwendungsbereich und Tatbestandsvoraussetzung. Nr. 2 ist anwendbar, soweit dem Kläger oder Antragstellers eine **persönliche** oder **sachliche** Gebührenfreiheit zusteht. Gebührenfreiheit idS ist die in § 2 geregelte Kostenfreiheit (BFH AGS 2013, 466 = BeckRS 2013, 95500 Rn. 19; OLG Düsseldorf JurBüro 2007, 432 = BeckRS 2007, 18345 Rn. 2). Sie gilt nach § 2 I 1 insbes. für den Bund und die Länder sowie die nach Haushaltsplänen des Bundes oder eines Landes verwalteten öffentlichen Anstalten und Kassen. Die Gebührenfreiheit befreit nicht nur von der Vorauszahlungspflicht, sondern verhindert die Geltendmachung einer Gebührenschuld **insgesamt.** Die Gebührenfreiheit ist für **jede Partei gesondert** zu prüfen. Steht zB nur dem Antragsgegner Kostenfreiheit zu, hat dies keinen Einfluss auf die Vorauszahlungspflicht des Klägers oder Antragstellers. 14

2. Rechtsfolge. Liegen die Tatbestandsvoraussetzungen vor (→ Rn. 14), sind §§ 12, 13 und 13a (→ Rn. 3) nicht anwendbar, **soweit** Gebührenfreiheit besteht. 15

16 **V. Entscheidung des Gerichts (Nr. 3). 1. Tatbestandsvoraussetzungen. a) Überblick.** Die Befreiung nach Nr. 3 entbindet nicht von der Kostenschuld, sondern allein von der Vorauszahlungspflicht.

17 **b) Antrag.** Die Befreiung von der Vorauszahlungspflicht nach Nr. 3 setzt einen Antrag voraus. Diesen Antrag kann jeder Kläger stellen, bspw. auch eine Partei kraft Amtes, der Antragsteller im Mahnverfahren (BGH NJW-RR 2017, 1470 Rn. 5) oder eine juristische Person. Ein Hinweis auf diesen Antrag ist gesetzlich nicht vorgesehen (s. auch OLG Schleswig SchlHA 1976, 32).

18 Ohne Antrag kann das Gericht nicht nach § 14 Nr. 3 von der Vorauszahlungspflicht befreien, wohl aber nach seinem Ermessen (→ § 10 Rn. 10).entsprechend den Soll-Vorschriften von Amts wegen für die Zustellung der Klage oder Antragsschrift von einer Vorauszahlung absehen (→ § 12 Rn. 15).

19 **c) Beabsichtigte Rechtsverfolgung nicht aussichtlos.** Die beabsichtigte Rechtsverfolgung darf nicht aussichtslos erscheinen. Die Formulierung ist bewusst eng an § 114 I 1 ZPO angelehnt. Zur Prüfung kann man sich daher an die Rechtsprechung zum Merkmal „Rechtsverfolgung … hinreichende Aussicht auf Erfolg bietet" anlehnen. Die beabsichtigte Klage muss mithin zulässig und schlüssig sein. Ferner muss die Möglichkeit bestehen, dass der Kläger streitige Behauptungen beweist. Die Formulierung in § 14 Nr. 3 **unterscheidet** sich allerdings von § 114 I 1 ZPO, als dort die beabsichtigte Rechtsverfolgung sogar „hinreichende Aussicht auf Erfolg" bieten muss, nach § 14 Nr. 3 aber nur nicht „aussichtlos" sein darf. Die Anforderungen an die **Erfolgsaussichten** nach Nr. 3 sind mithin **geringer.** Das ist auch richtig, da der Kläger lediglich von der Vorauszahlungspflicht befreit, die Verfahrensgebühr aber gleichwohl mit Eingang bei Gericht fällig wird, § 6 I. Für eine „Aussicht" reicht daher häufig, dass die Rechtsverfolgung nicht in jeder Hinsicht unvertretbar oder eine Beweisführung offenkundig ausgeschlossen sind. Macht die klagende Partei **mehrere Ansprüche** geltend, muss die Rechtsverfolgung für jeden Aussichten bieten. Ist dies nicht der Fall, kann aber **teilweise** von der Vorauszahlungspflicht befreit werden (→ Rn. 27).

20 **d) Beabsichtigte Rechtsverfolgung nicht mutwillig.** Für den Begriff der Mutwilligkeit gelten dieselben Prüfsteine wie bei § 114 I 1, II ZPO. Danach erscheint eine Rechtsverfolgung mutwillig, wenn ein verständiger Antragsteller, der die Vorauszahlung aufbringen muss, bei sachgerechter und vernünftiger Einschätzung der Prozesslage von dem Verfahren absehen oder es nicht in gleicher Weise führen würde (s. auch BGH NJW-RR 2017, 1470 Rn. 6). Macht die klagende Partei **mehrere Ansprüche** geltend, darf die Rechtsverfolgung für jeden nicht mutwillig sein. Ist dies nicht der Fall, kann aber **teilweise** von der Vorauszahlungspflicht befreit werden (→ Rn. 27).

21 **e) Zahlung der Kosten bereitet Schwierigkeiten (Nr. 3 Buchst a).** Wenn die beabsichtigte Rechtsverfolgung weder aussichtslos noch mutwillig erscheint (→ Rn. 19; → Rn. 20), kann **zusätzlich** – alternativ zu Buchstabe b) – glaubhaft gemacht werden, eine **alsbaldige** Zahlung der Kosten bereitete mit Rücksicht auf die Vermögenslage des Antragstellers oder aus sonstigen Gründen Schwierigkeiten. Der Begriff „Schwierigkeiten" ist wie eine „ernstliche Gefährdung der wirtschaftlichen Lage" iSv § 12 UWG zu verstehen (→ UWG § 12 Rn. 8 ff.). „Alsbald" meint „vorübergehend". „Vermögenslage" meint das vorhandene Aktivvermögen. Der Kläger muss zB kein Darlehen aufnehmen. „Sonstige Gründe" sind zB Devisen- und / oder Transferschwierigkeiten. Ist der Antragsteller dauerhaft nicht in der Lage, die Kosten aufzubringen, muss er Prozesskostenhilfe beantragen (BGH VersR 1958, 259; KG Rpfleger 1962, 123; OLG Celle JurBüro 1960, 400).

22 Zur Glaubhaftmachung stehen dem Antragsteller alle **präsenten Beweismittel** der ZPO sowie die **eidesstattliche Versicherung** zur Verfügung (§ 294 ZPO). Der Antragsteller kann zB Urkunden, Gutachten, Belege, Kontoauszüge oder schriftliche Zeugenaussagen vorlegen. Die eidesstattliche Versicherung muss eine eigene Darstellung der Tatsachen enthalten, die glaubhaft zu machen sind.

23 **f) Verzögerung bringt Schaden (Nr. 3 Buchst. b).** Wenn die beabsichtigte Rechtsverfolgung weder aussichtslos noch mutwillig erscheint (→ Rn. 19; → Rn. 20), kann **zusätzlich** – alternativ zu Buchstabe a) – glaubhaft gemacht werden, eine Verzögerung brächte dem Antragsteller einen nicht oder nur schwer ersetz-

baren Schaden. **„Verzögerung"** ist das kurzfristige Hinausschieben der Zustellung bis zu einer vom Antragsteller zu erwartenden Zahlung der Verfahrensgebühr (OLG Stuttgart BeckRS 2020, 12217 Rn. 7); maßgeblich ist die Lage zur Zeit der Klageeinreichung oder Antragstellung (BGH NJW-RR 1995, 252 (253)). **„Nicht zu ersetzender Schaden"** ist ähnlich wie bei § 707 ZPO eine Wirkung zu Lasten des Klägers, die sich nachträglich nicht beseitigen oder ausgleichen lässt (BGH NJW-RR 1995, 213; OLG Köln FamRZ 1995, 1589). Das ist der Fall, wenn eine Klagezustellung nach einem bestimmten Zeitpunkt zum Untergang eines Anspruchs oder dazu führt, dass er nicht mehr durchgesetzt werden kann (s. auch § 379a II StPO). Dazu zählen zB: der Ablauf einer Klagefrist, die drohende Verjährung, aber auch faktische Erschwernisse wie ein drohender Wegzug des Beklagten ins Ausland oder dessen Vermögensverfall.

Zur Glaubhaftmachung stehen dem Antragsteller alle **präsenten Beweismittel** 24 der ZPO sowie die **eidesstattliche Versicherung** zur Verfügung (§ 294 ZPO). Der Antragsteller kann zB Urkunden, Gutachten, Belege, Kontoauszüge oder schriftliche Zeugenaussagen vorlegen. Die eidesstattliche Versicherung muss eine eigene Darstellung der Tatsachen enthalten, die glaubhaft zu machen sind. Darüber hinaus genügt eine **Erklärung** des zum **Prozessbevollmächtigten** bestellten Rechtsanwalts. Der Rechtsanwalt muss dazu Tatsachen angeben, die seine Behauptung glaubhaft erscheinen lassen (BGH NJW-RR 1995, 252 (253)). Die Anforderungen an die Glaubhaftmachung dürfen nicht überspannt werden (s. auch OLG Brandburg BeckRS 2019, 13898 Rn. 47).

2. Verfahren. a) Zuständigkeit. Den Antrag auf Befreiung von der Vorauszah- 25 lungspflicht (→ Rn. 17) legt der Kostenbeamte gem. § 20 II 2 KostVfg dem zuständigen Richter, Vorsitzenden beim Spruchkörper (OLG Brandenburg BeckRS 2019, 13898 Rn. 48) oder Einzelrichter, vor. In den ihm übertragenen Verfahren ist dem Rechtspfleger vorzulegen.

b) Entscheidung. Das Gericht entscheidet über den Antrag durch **Beschluss.** Ein 26 Ermessen besteht **nicht:** Liegen die Tatbestandsvoraussetzungen vor, muss der Beschluss ergehen. Liegen die Tatbestandsvoraussetzungen nicht vor, kann aber dennoch nach **billigem Ermessen** von einer Vorauszahlung abgesehen werden (→ § 12 Rn. 15). Der Gegner **kann,** muss aber nach hM nicht angehört werden, weil es bei der Vorauszahlung allein um die Sicherung des Anspruchs der Bundes- oder Landeskasse geht.

3. Rechtsfolge. Liegen die Tatbestandsvoraussetzungen vor, hat das Gericht eine 27 vollständige **oder** teilweise Befreiung (→ Rn. 19; → Rn. 20) anordnen. Die Möglichkeit, eine Befreiung nach billigem Ermessen zu verneinen besteht nicht. Der stattgebende Beschluss befreit von der die **Vorauszahlungspflicht** nach §§ 12, 12a, 13, nicht von der Kostenschuld.

4. Rechtsmittel. Gegen den Beschluss, mit dem das Gericht den Antrag auf 28 Befreiung von der Vorauszahlungspflicht ablehnt, ist die Beschwerde nach § 67 gegeben. Hat der Rechtspfleger entschieden, ist gem. § 11 Abs. 1 RPflG das Rechtsmittel gegeben, das nach den allgemeinen verfahrensrechtlichen Vorschriften zulässig ist.

Die Fälligkeit der Gebühr wird durch die Beschwerde **nicht** berührt. Die Staats- 29 kasse ist daher nicht beschwerdeberechtigt, wenn die Zustellung ohne Vorauszahlung angeordnet wird.

Zwangsversteigerungs- und Zwangsverwaltungsverfahren

15 **I Im Zwangsversteigerungsverfahren ist spätestens bei der Bestimmung des Zwangsversteigerungstermins ein Vorschuss in Höhe des Doppelten einer Gebühr für die Abhaltung des Versteigerungstermins zu erheben.**

II Im Zwangsverwaltungsverfahren hat der Antragsteller jährlich einen angemessenen Gebührenvorschuss zu zahlen.

1 **I. Normgeschichte und Normzweck.** § 15, der bis zum Jahr 2004 in § 66 GKG aF und bis zum Jahr 1975 in § 112 GKG aF verortet war, hat seine **heutige** Form durch das KostRMoG v. 5.5.2004 (BGBl. I 718) gefunden. Der Vorschuss (zum Begriff → § 10 Rn. 6) auf die **noch nicht** fälligen Gebühren soll den **Kosteneingang** sichern (s. auch § 20 I Nr. 1 KostVfg). I regelt die Vorschusspflicht auf die Gebühren in Zwangsversteigerungsverfahren (KV 2210 ff.), II die Vorschusspflicht auf die Gebühren in Zwangsverwaltungsverfahren (KV 2220 ff.).

2 **II. Anwendungsbereich.** I ist in sämtlichen **Zwangsversteigerungs**verfahren nach §§ 15 ff. ZVG anwendbar, auch in besonderen Verfahren des ZVG (§§ 172 ff. ZVG), insbes. im Verfahren zur Aufhebung einer Gemeinschaft (§§ 180 ff. ZVG). II betrifft **Zwangsverwaltungs**verfahren nach §§ 146 ff. ZVG.

3 **III. Rechtsfolgen. 1. Zwangsversteigerung (I). a) Gebührenvorschuss. aa) Überblick.** Liegt ein Zwangsversteigerungsverfahren vor, ist vom Kostenbeamten gem. I **spätestens** bei der Bestimmung des Zwangsversteigerungstermins (§§ 36 ff. ZVG) **zwingend** ein Vorschuss in Höhe des Doppelten einer Gebühr für die Abhaltung des Versteigerungstermins (KV 2213) zu erheben (= 1,0). Das Vollstreckungsgericht kann den Vorschuss aber auch schon im Anordnungsverfahren, jedenfalls aber nach **Anordnung der Zwangsversteigerung** nach Maßgabe von § 21 I Nr. 1, II KostVfg, einfordern (BGH NJW 2009, 2066 Rn. 13). Dies kann wegen der späten Fälligkeit der Gebührenansprüche schon kostenrechtlich zweckmäßig sein (BGH NJW 2009, 2066 Rn. 13). Verpasst der Kostenbeamte die Anforderung, kann er sie **jederzeit nachholen.** Der Gebührenstreitwert ist nach § 54 I 1 nach dem gem. § 74a V ZVG festgesetzten Wert zu berechnen (→ § 54 Rn. 4 ff.).

4 **bb) Terminbestimmung.** § 15 I sieht keine Vorauszahlungspflicht vor. Das Gericht kann die Terminbestimmung also **nicht** von der Vorschusszahlung abhängig machen (s. auch § 10).

5 **b) Auslagenvorschuss.** Neben der Vorschusspflicht kann nach § 17 I 1 die Pflicht zur Zahlung eines Auslagenvorschusses bestehen, zB für ein Verkehrswertgutachten (§ 74a V ZVG, § 54 I 1). Insoweit besteht idR eine Vorauszahlungs**pflicht** (→ § 10 Rn. 2 ff.), da das Gericht die Beauftragung des Sachverständigen von dem Eingang des Vorschusses abhängig machen soll (§ 17 I 2).

6 **2. Zwangsverwaltung (II). a) Gebührenvorschuss.** Im Zwangsverwaltungsverfahren **hat** der Antragsteller nach II **jährlich** zu **Beginn** des Jahres (arg. § 7 II 2) einen **angemessenen** Gebührenvorschuss auf die **Gebühr** KV 2221 zu zahlen. Dieser Vorschuss soll nach § 22 I 1 KostVfg in Höhe einer Gebühr mit einem Gebührensatz von 0,5 bemessen werden. In Zwangsverwaltungsverfahren, in denen Einnahmen erzielt werden, deren Höhe die Gebühren und Auslagen **deckt,** soll die Jahresgebühr gem. § 22 II 1 KostVfg, wenn kein Verlust für die Staatskasse zu besorgen ist, allerdings erst **anlässlich** der Prüfung der jährlichen Rechnungslegung angesetzt werden (also iSd GKG zu spät!). Von der **Erhebung eines Vorschusses** könne in diesem Fall sogar ganz **abgesehen** werden (§ 22 II 3 KostVfg). Die KostVfg kann den gesetzlichen Vollzug von § 15 II, der keinen Spielraum gibt, indes weder ändern noch aussetzen. Folgt der Kostenbeamte daher § 22 II 1, 3 KostVfg, **verletzt** er seine Pflichten nach § 2 KostVfg: Er muss danach auch den höherrangigen § 15 II umsetzen – woran sein Dienstherr durch eine Verfügung, die § 15 II entgegensteht, nichts ändern kann. Der Gebührenstreitwert ist nach § 55 zu berechnen (→ § 55 Rn. 3 ff.).

7 **b) Auslagenvorschuss.** Nach § 22 I 2 KostVfg. ist **neben** dem Gebühren- jährlich ein Auslagenvorschuss in Höhe der im laufenden Jahr voraussichtlich erwachsenen Auslagen zu erheben, zB für die Erstattung eines Sachverständigengutachtens.

8 **IV. Kostenschuldner. 1. Grundsatz.** Der Kostenschuldner ist nach § 26 zu bestimmen (s. auch BGH NJW 2009, 2066 Rn. 13). Mehrere Antragsteller, Gläubiger oder Beitretende haften nach §§ 26 I, 31 I als **Gesamtschuldner.** In diesem Fall entscheidet der **Kostenbeamte** (§ 20 II 1 KostVfg) nach **billigem Ermessen,** welchen bzw. welche der Gesamtschuldner er in Anspruch nimmt (s. auch §§ 7 II, 8 KostVfg). Im Regelfall wird nach Kopfteilen aufgeteilt. Bei der Zwangsverwaltung (→ Rn. 6) wird der Vorschuss in der Praxis vom Zwangsverwalter angefordert, wenn

dieser zB aus Miet- oder Pachteinnahmen entsprechende Gelder hat. Andernfalls wird der Vorschuss beim Antragsteller angefordert.

2. Gebührenfreiheit. Wenn der Kostenschuldner von den Gebühren befreit ist (§ 2) oder ihm Prozesskostenhilfe bewilligt wurde, kann von ihm kein Vorschuss angefordert werden (s. auch § 122 I Nr. 1 Buchstabe a ZPO). 9

V. Rechtsmittel. Gegen die Vorschusserhebung ist gem. § 66 I 1 die die Erinnerung zulässig. Gegen die Entscheidung über die Erinnerung findet nach § 66 II 1 die Beschwerde statt, wenn der Wert des Beschwerdegegenstands 200 Euro übersteigt. Fehlt der Kostenrechnung die Rechtsbehelfsbelehrung, kommt Wiedereinsetzung in den vorigen Stand in Betracht (§§ 5b, 68 II 2). 10

Privatklage, Nebenklage

16 **I [1] Der Privatkläger hat, wenn er Privatklage erhebt, Rechtsmittel einlegt, die Wiederaufnahme beantragt oder das Verfahren nach den §§ 435 bis 437 der Strafprozessordnung betreibt, für den jeweiligen Rechtszug einen Betrag in Höhe der entsprechenden in den Nummern 3311, 3321, 3331, 3340, 3410, 3431, 3441 oder 3450 des Kostenverzeichnisses bestimmten Gebühr als Vorschuss zu zahlen. [2] Der Widerkläger ist zur Zahlung eines Gebührenvorschusses nicht verpflichtet.**

II [1] Der Nebenkläger hat, wenn er Rechtsmittel einlegt oder die Wiederaufnahme beantragt, für den jeweiligen Rechtszug einen Betrag in Höhe der entsprechenden in den Nummern 3511, 3521 oder 3530 des Kostenverzeichnisses bestimmten Gebühr als Vorschuss zu zahlen. [2] Wenn er im Verfahren nach den §§ 435 bis 437 der Strafprozessordnung Rechtsmittel einlegt oder die Wiederaufnahme beantragt, hat er für den jeweiligen Rechtszug einen Betrag in Höhe der entsprechenden in den Nummern 3431, 3441 oder 3450 des Kostenverzeichnisses bestimmten Gebühr als Vorschuss zu zahlen.

§ 379a StPO. Gebührenvorschuss

I Zur Zahlung des Gebührenvorschusses nach § 16 Abs. 1 des Gerichtskostengesetzes soll, sofern nicht dem Privatkläger die Prozesskostenhilfe bewilligt ist oder Gebührenfreiheit zusteht, vom Gericht eine Frist bestimmt werden; hierbei soll auf die nach Absatz 3 eintretenden Folgen hingewiesen werden.

II Vor Zahlung des Vorschusses soll keine gerichtliche Handlung vorgenommen werden, es sei denn, daß glaubhaft gemacht wird, daß die Verzögerung dem Privatkläger einen nicht oder nur schwer zu ersetzenden Nachteil bringen würde.

III [1] Nach fruchtlosem Ablauf der nach Absatz 1 gestellten Frist wird die Privatklage zurückgewiesen. [2] Der Beschluß kann mit sofortiger Beschwerde angefochten werden. [3] Er ist von dem Gericht, das ihn erlassen hat, von Amts wegen aufzuheben, wenn sich herausstellt, daß die Zahlung innerhalb der gesetzten Frist eingegangen ist.

Übersicht

1 **I. Normgeschichte und Normzweck.** § 16, der sich bis zum Jahr 2004 in §§ 67 GKG aF und bis zum Jahr 1975 in §§ 113 GKG aF verortet war, hat seine heutige Form durch das KostRMoG v. 5.5.2004 (BGBl. I 718) gefunden. Durch das Gesetz zur Reform der strafrechtlichen Vermögensabschöpfung v. 13.4.2017 (BGBl. I 872) wurde mWv 1.7.2017 in § 16 I 1 und II 2 jeweils die Angabe „§§ 440, 441" durch die Angabe „§§ 435 bis 437" ersetzt.

2 Die Bestimmung regelt die Pflicht zur Zahlung von **Vorschüssen** auf Gebühren. Jenseits von §§ 6–9 I werden Gebühren erst nach Maßgabe von § 9 II fällig, dh im Regelfall mit der **Beendigung** des Verfahrens. Dadurch erschließt sich der Zweck des § 16: Vorschüsse auf die grds. **noch nicht fälligen** Gebühren sollen die voraussichtlich für eine konkrete gerichtliche Handlung anfallenden Kosten sichern (s. auch § 20 KostVfg). Ergänzt wird § 16 durch bestimmte StPO-Bestimmungen, insbes. § 379a StPO. Absatz 1 betrifft die StPO-Privat- (→ Rn. 3 ff.), Absatz 2 die StPO-Nebenklage (→ Rn. 17 ff.). Unterschiede ergeben sich daraus, dass der Privatkläger das Verfahren **betreibt,** während der Nebenkläger einem öffentlichen Verfahren bloß **beitritt.** Die Vorschusspflicht auf die **Auslagen** richtet sich für Privat- und Nebenkläger nach § 17 (s. auch § 17 IV 1).

3 **II. Privatklage (I). 1. Tatbestandsvoraussetzungen. a) Privatkläger (I 1, 2).** Wer Privatkläger iSv § 16 I ist, bestimmen §§ 374, 375 I, II StPO. Ist der Privatallerdings **Widerkläger** (§ 388 StPO), ist § 16 I 1 nach § 16 I 2 **nicht** anwendbar.

4 **b) Betroffene Prozesshandlungen.** I ist anwendbar bei Erhebung einer Privatklage nach § 374 I StPO, bei der Einlegung eines Rechtsmittels, für den Antrag auf Wiederaufnahme und das Verfahren nach den §§ 435–437 StPO. Legt der Privatkläger allerdings ausschließlich als **Widerbeklagter** ein **Rechtsmittel** ein, ist er nicht vorauszahlungspflichtig. Er ist dann Beschuldigter und fällt unter die Privilegierung des § 8 S. 1. Die Vorauszahlungspflicht bleibt dagegen bestehen, wenn er **auch** als Privatkläger tätig wird und Rechtsmittel einlegt.

5 **c) Keine Übernahme durch die Staatsanwaltschaft.** Die Staatsanwaltschaft kann nach § 377 II 1 StPO in jeder Lage der Sache bis zum Eintritt der Rechtskraft des Urteils durch eine ausdrückliche Erklärung die Verfolgung der Tat übernehmen. In der Einlegung eines Rechtsmittels ist die Übernahme der Verfolgung enthalten (§ 377 II 2 StPO). Mit der Übernahme scheidet der Privatkläger aus. Damit **entfällt** seine Vorschusspflicht und er erhält seine notwendigen Auslagen ersetzt (§ 472 III 2 StPO). Schließt sich der Privat- als Nebenkläger dem Verfahren an (§ 395 StPO), richtet sich eine Vorschusspflicht nach § 16 II.

6 **2. Rechtsfolgen. a) Überblick.** Liegen die Tatbestandsvoraussetzungen vor, hat der Privatkläger (→ Rn. 3) **für den jeweiligen Rechtszug** einen Betrag in Höhe der entsprechenden in KV Nr. 3311 (Erledigung des Verfahrens ohne Urteil), 3321 (Erledigung der Berufung ohne Urteil), 3331 (Erledigung der Revision ohne Urteil und ohne Beschluss nach § 349 II oder IV StPO), 3340 (Verfahren über den Antrag auf Wiederaufnahme des Verfahrens), 3410 (Verfahren über den Antrag des Privatklägers), 3431 (Erledigung der Berufung ohne Urteil), 3441 (Erledigung der Revision ohne Urteil und ohne Beschluss nach § 349 II oder IV StPO) oder 3450 (Verfahren über den Antrag auf Wiederaufnahme des Verfahrens) bestimmten Gebühr als **Vorschuss** (→ § 10 Rn. 6 ff.) zu zahlen.

b) Vorschussschuldner. Vorschussschuldner ist der Privatkläger (→ Rn. 3). Erheben mehrere eine Privatklage oder treten einer Privatklage bei (§§ 375 I, II StPO) haften sie als **Gesamtschuldner** (§ 471 IV 1 StPO, §§ 31 I, 33). 7

c) Erste Instanz. In **erster Instanz** muss der Privatkläger nach § 16 I 1stets einen Vorschuss leisten (KV 3311), soweit er nicht Widerkläger ist. 8

d) Rechtsmittelinstanz. In der **Rechtsmittelinstanz** muss der Privatkläger nach § 16 I 1 nur insoweit einen Vorschuss zu zahlen, als er selbst Berufung oder Revision einlegt, §§ 390 IV, 379a StPO (KV 3321, 3331). Die Vorschusspflicht **entfällt,** wenn der Angeklagte oder die Staatsanwaltschaft bzw. der Privatkläger als Widerbeklagter Rechtsmittel einlegen (§ 377 II 2 StPO). 9

e) Selbständiges Einziehungsverfahren (§§ 435–437 StPO). In einem selbständigen Einziehungsverfahren nach §§ 435–437, 444 III StPO muss der Privatkläger nach I einen Vorschuss zahlen, wenn er und nicht die Staatsanwaltschaft das Verfahren betreibt, § 435 I 1 StPO (KV 3410, 3431, 3441). 10

f) Wiederaufnahmeverfahren. Im Wiederaufnahmeverfahren muss der Privatkläger nach § 16 I 1 einen Vorschuss zahlen, soweit er als solcher (§ 390 I 2 StPO) und nicht nur als Widerbeklagter eine Wiederaufnahme des Verfahrens beantragt (KV 3450). 11

g) Vorschusshöhe. Die Vorschusshöhe ergibt sich aus den genannten Gebühren des Kostenverzeichnisses. Es handelt sich um verringerte Pauschalgebühren wie sie bei Beendigung des Verfahrens bzw. der Instanz ohne Urteil entstehen. 12

3. Abhängigmachung (§ 379a II, 390 IV StPO). a) Überblick. Vor Zahlung des Vorschusses soll nach §§ 379a II Fall 1, 390 IV StPO keine gerichtliche Handlung vorgenommen werden. Etwas anderes gilt gem. §§ 379a II Fall 1, 390 IV StPO, wenn der Privatkläger glaubhaft macht, dass die Verzögerung ihm einen **nicht oder nur schwer zu ersetzenden Nachteil** bringen würde (s. auch § 14 Nr. 3 Buchstabe b). Dies ist zB der Fall, wenn sich der Beschuldigte dem Verfahren entzieht oder eine weitere Straftat von ihm zu erwarten ist, er eine schwere Beleidigung weiterverbreitet oder unlauteren Wettbewerb fortsetzt. Die Glaubhaftmachung ist mit jedem im Strafprozess statthaften Mittel zulässig. 13

b) Verfahren (§ 379a I, III, 390 IV StPO). Zur Zahlung des Gebührenvorschusses nach § 16 I soll, sofern nicht dem Privatkläger die Prozesskostenhilfe bewilligt ist oder Gebührenfreiheit zusteht, **vom Gericht** – nicht vom Vorsitzenden (BayObLGSt 35, 214; OLG Schleswig GA 1957, 425) – nach §§ 379a I Hs. 1, 390 IV StPO eine angemessene ((s. auch OLG Hamm NJW 1973, 1206) Frist bestimmt werden, wobei auf die Folgen der Versäumung hinzuweisen ist (§§ 379a I Hs. 2, 390 IV StPO). Das Gericht setzt die Frist durch Beschluss, der dem Privatkläger zuzustellen ist (§§ 35 II 1, 37 StPO, § 166 ZPO). Der Kostenbeamte hat nach § 20 III Hs. 1 KostVfg vor der Einforderung des Vorschusses die Entscheidung des Richters (Rechtspflegers) einzuholen. 14

Die Frist wird nur der **Zahlungseingang** in voller Höhe gewahrt. Eine bloße Zahlungsankündigung oder -zusage, etwa einer Versicherung, eines Angehörigen, oder des Privatklägers selbst, ist unzureichend. Ein Antrag auf die Bewilligung der **Prozesskostenhilfe** unterbricht die Frist nicht. Eine **Fristversäumnis** führt aus Interessen des Fiskus (OLG Hamburg NStZ 1989, 244) zur **Zurückweisung** der Privatklage bzw. des Antrags auf Einziehung sowie zur **Verwerfung** des Rechtsmittels bzw. des Wiederaufnahmeantrags durch Beschluss (§§ 379a III 1, 390 IV). Allerdings muss das Gericht seinen Beschluss aufheben, wenn sich herausstellt, dass die Zahlung fristgemäß und vollständig eingegangen ist, (§ 379a III 2 StPO), dem Privatkläger eine sachliche oder persönliche Gebührenfreiheit zusteht oder ihm nachträglich Prozesskostenhilfe bewilligt wurde. Eine wegen Nichtzahlung des Gebührenvorschusses zurückgewiesene Privatklage kann erneut erhoben werden (OLG Hamburg NStZ 1989, 244; aA BayObLG NJW 1956, 758; OLG Hamm NJW 1953, 717). 15

4. Entfallen der Vorschusspflicht. Die Vorschusspflicht entfällt, soweit das Gericht dem Privatkläger nach §§ 114–127 ZPO **Prozesskostenhilfe** bewilligt (§§ 379a I, 379 III StPO, § 122 I Nr. 1 Buchstabe a) ZPO) oder dem Privatkläger eine persönliche oder sachliche **Gebührenfreiheit** zusteht (§ 379a I StPO). 16

17 **5. Rechtsmittel.** Gegen den Beschluss über die Festsetzung des Gebührenvorschusses sowie Fristsetzung zur Zahlung ist die **Beschwerde** nach § 304 StPO gegeben. Gegen den Beschluss, mit dem das Gericht die Privatklage, das Rechtsmittel oder den Wiederaufnahmeantrag wegen einer Versäumung der Frist nach § 379a III 1 StPO verwirft oder zurückweist, ist die **sofortige Beschwerde** nach §§ 379a III 2, 311 StPO statthaft. Gegen den Kostenansatz ist als Rechtsmittel die **Erinnerung** nach § 66 gegeben. Gegen die Entscheidung über die Erinnerung findet nach § 66 II 1 die Beschwerde statt, wenn der Wert des Beschwerdegegenstands 200 Euro übersteigt. Fehlt der Kostenrechnung die Rechtsbehelfsbelehrung, kommt Wiedereinsetzung in den vorigen Stand in Betracht (§§ 5b, 68 II 2).

18 **III. Nebenklage (II). 1. Tatbestandsvoraussetzungen. a) Nebenkläger (II 1).** Wer Nebenkläger iSv § 16 II 1 ist, bestimmt § 395 StPO.

19 **b) Betroffene Prozesshandlungen.** II ist anwendbar, wenn der Nebenkläger (→ Rn. 18) Rechtsmittel einlegt oder die Wiederaufnahme beantragt.

20 **2. Rechtsfolgen. a) Überblick.** Liegen die Tatbestandsvoraussetzungen vor, hat der Nebenkläger (→ Rn. 18) **für den jeweiligen Rechtszug** einen Betrag in Höhe der entsprechenden in KV Nr. 3511, 3521 oder 3530 der bestimmten Gebühr als Vorschuss (→ § 10 Rn. 6 ff.) zu zahlen. Wenn er im Verfahren nach den §§ 435–437 StPO Rechtsmittel einlegt oder die Wiederaufnahme beantragt, hat er für den jeweiligen Rechtszug einen Betrag in Höhe der entsprechenden in KV Nr. 3431, 3441 oder 3450 Gebühr als Vorschuss zu zahlen.

21 **b) Vorschussschuldner.** Vorschussschuldner ist der Nebenkläger (→ Rn. 18). Mehrere Nebenkläger haften als Gesamtschuldner (§ 31 I).

22 **c) Erste Instanz.** In erster Instanz muss der Nebenkläger **keinen** Vorschuss leisten. Eine KV 3311 entsprechende Regelung fehlt für den Nebenkläger, der sich lediglich einer bereits erhobenen öffentlichen Klage der Staatsanwaltschaft anschließt (§ 395 StPO).

23 **d) Rechtsmittelinstanz.** In der Rechtmittelinstanz muss der Nebenkläger nach § 16 II 1 einen Vorschuss zahlen, sofern er als solcher und nicht nur als Widerbeklagter Berufung oder Revision einlegt, § 401 StPO (KV 3511, 3521). Legt die Staatsanwaltschaft **ebenfalls** Rechtsmittel ein, ist der Nebenkläger nicht vorschusspflichtig, vielmehr übernimmt die Staatsanwaltschaft das Rechtsmittelverfahren (arg. § 377 II 2 StPO).

24 **e) Selbständiges Einziehungsverfahren (§§ 435–437 StPO).** In einem selbständigen Einziehungsverfahren nach §§ 435–437 StPO muss der Nebenkläger nach II 2 einen Vorschuss zahlen, wenn er **und nicht die Staatsanwaltschaft** das Verfahren betreibt, § 435 I 1 StPO (KV 3431, 3441, 3450).

25 **f) Wiederaufnahmeverfahren.** Im Wiederaufnahmeverfahren muss der Nebenkläger nach § 16 II 1 einen Vorschuss zahlen, soweit er die Wiederaufnahme beantragt, KV 3450 (§§ 359–373a StPO).

26 **g) Vorschusshöhe.** Die Vorschusshöhe ergibt sich aus den genannten Gebühren des Kostenverzeichnisses. Es handelt sich um verringerte Pauschalgebühren wie sie bei Beendigung des Verfahrens bzw. der Instanz ohne Urteil entstehen.

27 **3. Verfahren.** Der Kostenbeamte erhebt der die Pauschalgebühren selbständig und bestimmt, welchen von mehreren Gesamtschuldnern er in Anspruch nimmt (s. auch §§ 20 II, 8 IV KostVfg). Gegen den Kostenansatz ist als Rechtsmittel die Erinnerung nach § 66 gegeben. Fehlt der Kostenrechnung die Rechtsbehelfsbelehrung, kommt Wiedereinsetzung in den vorigen Stand in Betracht (§§ 5b, 68 II 2).

28 **4. Entfallen der Vorschusspflicht.** Die Vorschusspflicht entfällt, soweit das Gericht dem Nebenkläger nach §§ 114–127 ZPO Prozesskostenhilfe bewilligt (§ 397a II StPO, § 122 I Nr. 1 Buchstabe a) ZPO).

29 **5. Rechtsmittel.** Gegen die Vorschusserhebung ist gem. § 66 I 1 die die Erinnerung zulässig. Gegen die Entscheidung über die Erinnerung findet nach § 66 II 1 die Beschwerde statt, wenn der Wert des Beschwerdegegenstands 200 Euro übersteigt. Fehlt der Kostenrechnung die Rechtsbehelfsbelehrung, kommt Wiedereinsetzung in den vorigen Stand in Betracht (§§ 5b, 68 II 2).

Auslagen

17 **I [1]Wird die Vornahme einer Handlung, mit der Auslagen verbunden sind, beantragt, hat derjenige, der die Handlung beantragt hat, einen zur Deckung der Auslagen hinreichenden Vorschuss zu zahlen. [2]Das Gericht soll die Vornahme der Handlung von der vorherigen Zahlung abhängig machen.**

II Die Herstellung und Überlassung von Dokumenten auf Antrag sowie die Versendung von Akten können von der vorherigen Zahlung eines die Auslagen deckenden Vorschusses abhängig gemacht werden.

III Bei Handlungen, die von Amts wegen vorgenommen werden, kann ein Vorschuss zur Deckung der Auslagen erhoben werden.

IV [1]Absatz 1 gilt nicht in Musterverfahren nach dem Kapitalanleger-Musterverfahrensgesetz, für die Anordnung einer Haft und in Strafsachen nur für den Privatkläger, den Widerkläger sowie für den Nebenkläger, der Berufung oder Revision eingelegt hat. [2]Absatz 2 gilt nicht in Strafsachen und in gerichtlichen Verfahren nach dem Gesetz über Ordnungswidrigkeiten, wenn der Beschuldigte oder sein Beistand Antragsteller ist. [3]Absatz 3 gilt nicht in Strafsachen, in gerichtlichen Verfahren nach dem Gesetz über Ordnungswidrigkeiten sowie in Verfahren über einen Schuldenbereinigungsplan (§ 306 der Insolvenzordnung).

Übersicht

1 **I. Normgeschichte, Normzweck und Allgemeines.** § 17, der sich bis zum Jahr 2004 teilweise in §§ 68, 64 GKG aF und bis zum Jahr 1975 in §§ 110 II, 114 GKG aF verortet war, hat seine heutige Form durch das KostRMoG v. 5.5.2004 (BGBl. I 718) gefunden. Er regelt die Pflicht zur Zahlung von **Vorschüssen** auf die **Auslagen** iSv § 1 I (zum Begriff der Auslagen im Gegensatz zu den Gebühren → § 1 Rn. 5). Ein Teil der Auslagentatbestände finden sich in KV Teil 9 Auslagen. **Parallelvorschriften** zu § 17 sind § 16 FamGKG und §§ 13, 15 GNotKG.

2 Als Teil der Kosten des Verfahrens werden die Auslagen grds. nach § 9 II fällig, dh im Regelfall mit der **Beendigung** des Verfahrens. Nur die Dokumentenpauschale sowie die Auslagen für die Versendung von Akten werden nach § 9 III sofort nach ihrer Entstehung fällig. Dadurch erschließt sich der Zweck des § 17: Vorschüsse auf die grds. **noch nicht fälligen** Auslagen sollen die voraussichtlich für eine konkrete gerichtliche Handlung anfallenden Kosten sichern (s. auch § 20 KostVfg). Für gerichtliche Handlungen auf Antrag sieht I 1 daher eine selbständige Pflicht zur Zahlung eines hinreichenden Vorschusses zur Deckung der voraussichtlichen Auslagen vor. Die gerichtliche Handlung soll vom Zahlungseingang abhängig gemacht werden. Für die Dokumentenpauschale kann nach II ein Vorschuss erhoben werden. Und für gerichtliche Handlungen von Amts wegen kann nach III ein Vorschuss zur Deckung der Auslagen verlangt, die gerichtliche Handlung aber nicht vom Zahlungseingang abhängig gemacht werden, dh es besteht keine Vorauszahlungspflicht. In IV finden sich Ausnahmen zur Geltung der I bis III.

3 Die so begründeten Ansprüche treten **neben** §§ 22 ff. Die Vorschusspflicht ist außerdem eine **endgültige Kostenschuld** (OLG Celle NJW-RR 2018, 703 Rn. 6; OLG Karlsruhe NJW-RR 2010, 499), weshalb sie nach § 18 auch bestehen bleibt, wenn die Kosten des Verfahrens einem anderen auferlegt werden. Sie erlischt grds. erst, wenn die Kostenschuld **ausgeglichen** oder durch das Gericht **aufgehoben** ist (§ 30). Der Ausgleich im Verhältnis zum Entscheidungs- bzw. Übernahmeschuldner (§ 29 Nr. 1 und 2) erfolgt über das Kostenfestsetzungsverfahren (→ Rn. 41).

4 **II. Handlung, mit der Auslagen verbunden sind (I). 1. Anwendungsbereich (I, IV 1). a) Überblick.** I ist grds. in allen Verfahren anwendbar, für die das **GKG** gilt, wenn die Vornahme einer Handlung, mit der Auslagen (zum Begriff der Auslagen im Gegensatz zu den Gebühren → § 1 Rn. 5) verbunden sind, **beantragt** wird und die Handlung nicht unter § 17 II fällt. Dies gilt für die Auslagen iSv KV 9000 ff., aber auch für die Ladung des Sachverständigen zur Erläuterung seines schriftlichen Gutachtens (§ 411 III ZPO), für den Augenschein (§ 371 ZPO), die Durchführung von Terminen außerhalb der Gerichtsstelle (§§ 219, 375), die Erteilung einer Abschrift (§ 299 I ZPO) oder für den Antrag auf Zuziehung eines Dolmetschers bei einem Zeugen (aA OLG Düsseldorf NJOZ 2007, 4990 und NK-GK/Joachim Volpert Rn. 1: § 17 erfasst nur Auslagen iSv KV 9000 ff.). S. auch § 109 I 2 SGG (→ § 10 Rn. 18). Etwas **anderes** gilt nach hM, soweit die Vorschussanforderung auf §§ 379, 402, 492 I ZPO beruht. Die dort geregelte gesetzliche Ermächtigung des Gerichts, für Beweiserhebungen Auslagenvorschüsse zu fordern, soll § 17 I als Spezialvorschrift **verdrängen** (BGH NJW-RR 2009, 1433 Rn. 10; OLG Stuttgart NJW-Spezial 2011, 526 = BeckRS 2011, 19280; Justiz 2009, 172; OLG Dresden JurBüro 2007, 212 = BeckRS 2011, 16613; OLG Rostock OLGR 2007, 841 = BeckRS 2007, 06202; OLG Brandenburg FamRZ 2001, 1387). §§ 379, 402 ZPO sollen es dann **auch nicht erlauben,** die Weiterleitung eines bereits eingeholten schriftlichen Gutachtens an die Parteien von der Zahlung eines Vorschusses abhängig zu machen (OLG Frankfurt a. M. NJOZ 2004, 2537 (2539) = MDR 2004, 1255; NJW 1963, 1787; OLG Koblenz ZSW 1985, 134 (136);

N. Schneider NJW-Spezial 2014, 667). **Stellungnahme.** Der hM ist zu folgen. Allerdings bleibt § 17 iVm KV 9000 ff. im Übrigen anwendbar, bspw. KV 9006 oder KV 9012 (Dreher MDR 2017, 1224).

b) IV 1. Nach IV 1 ist I 1 nicht in **Musterverfahren** nach dem KapMuG anwendbar. Denkbar sind jedoch nach hM Vorauszahlungen nach § 13 I 1 JVEG für eine vereinbarungsgemäß erhöhte Verfügung eines Sachverständigen, Übersetzers oder Dolmetschers (auch → § 10 Rn. 24). 5

Auch für **Haftanordnungen,** sei es in Zivil- (§§ 802g, 888, 890 ZPO) oder Strafsachen, werden nach IV 1 keine Vorschüsse erhoben. In **Strafsachen** gilt generell die Vorschuss- und Vorauszahlungspflicht nur, soweit Privatkläger, Widerkläger oder Nebenkläger Berufung oder Revision eingelegt haben und gerichtliche Handlung beantragen. Eine Vorschusspflicht für Beweisanträge des Beschuldigten ist dagegen nicht vorgesehen weder für den Beschuldigten noch für die übrigen Beteiligten. Die Unschuldsvermutung wirkt insoweit in das Kostenrecht hinein. Für den Privatkläger kann sich bei einer erhöhten Vergütung für Sachverständige, Dolmetscher oder Übersetzer nach hM eine Vorauszahlungspflicht aus § 13 I 1 JVEG ergeben (auch → § 10 Rn. 24). 6

c) Verfahren vor dem Arbeitsgericht. In Verfahren vor dem **Arbeitsgericht** gilt § 17 I grds. nicht, außer in Verfahren wegen überlanger Gerichtsverfahren (§ 11). Eine Vorauszahlungspflicht kann sich auch hier nach hM aus § 13 I 1 JVEG ergeben, wenn die Parteien sich auf eine die Sätze des JVEG übersteigende Entschädigung für Sachverständige, Dolmetscher oder Übersetzer geeinigt haben (auch → § 10 Rn. 24). 7

2. Tatbestandsvoraussetzungen. a) Überblick. I ist anwendbar, wenn die Vornahme einer Handlung beantragt wird, mit der Auslagen verbunden sind. 8

b) Vornahme einer Handlung. Handlung iSv I sind einerseits die in KV 9001, 9002, 9004 bis 9020 genannten Auslagentatbestände. Anderseits bestimmen die Verfahrensordnungen, was als Handlung in Betracht kommt, zB eine Beweisaufnahme oder eine Zustellung. 9

c) Antrag. Unter einem Antrag ist jede formlose und selbst die stillschweigende (konkludente) Bitte der klagenden oder beklagten Partei (→ Rn. 13) um die Vornahme einer gerichtlichen Handlung zu verstehen, auch wenn sie in einem vorbereitenden Schriftsatz enthalten ist (s. auch Dreher MDR 2017, 1224 (1226)). Das Wort Antrag gilt im **weitesten** und nicht etwa nur im prozessrechtlichen Sinn. Allerdings muss der Wille des Antragstellers klar zutage treten, das Gericht möge auf Grund seines Ansinnens eine Handlung vornehmen. Der Antrag muss nicht vollständig sein. So muss der Antragsteller zB keinen konkreten Sachverständigen benennen. Ein „Protest gegen die Kosten" ändert nichts am Vorliegen eines Antrags. Die Bitte kann förmlich in einem vorbereitenden Schriftsatz enthalten sein, in der mündlichen Verhandlung zu Protokoll erklärt, aber auch **formlos, selbst stillschweigend** vorgebracht werden. Entscheidend ist, dass der Wille zutage tritt, das Gericht möge auf Grund eines Ansinnens eine Handlung vornehmen. Ein Antrag ist zB ein Beweisantritt, unabhängig von der Beweislast, oder die Bitte einer mittellosen Partei, ihr zum Termin Reisekosten zu bewilligen (s. auch KV 9008 Nr. 2). 10

d) Mit Auslagen verbunden. Welche Handlungen iSv I 1 mit Auslagen in welcher Höhe verbunden sind, bestimmen KV 9001, 9002, 9004 bis 9020 oder das Gericht. 11

3. Rechtsfolgen. a) Überblick. Liegen die Tatbestandsvoraussetzungen vor, soll nach I derjenige, der die Handlung beantragt hat (→ Rn. 13), einen zur Deckung der Auslagen hinreichenden Vorschuss zu zahlen (→ Rn. 14). 12

b) Vorschussschuldner. Vorschussschuldner ist nach §§ 22–26 der, der die vorschusspflichtige Handlung **beantragt** (→ Rn. 10). Beweisführer iSv § 379 S. 1 ZPO ist zB diejenige Partei, die den Beweis angeboten hat (BGH NJW-RR 2010, 1059 Rn. 18; NJW 2000, 743 (744)). Die Frage der Beweislast spielt an **dieser** Stelle keine Rolle (OLG Köln NJW-RR 2009, 1365; LG Berlin NJW-RR 2007, 674 (675)). Die **Beweislast** bestimmt den Vorschussschuldner hingegen, wenn die Beweisaufnahme von **beiden** Parteien beantragt worden ist (BGH NJW-RR 2010, 1059 Rn. 18; NJW 2000, 743 (744); 1999, 2823 (2825); OLG Stuttgart NJW-RR 2002, 143; aA OLG Schleswig SchlHA 2002, 76 = BeckRS 2001, 13470 und Dreher MDR 2017, 13

1224 (1226): Gesamtschuldner). Der Antrag eines **Streithelfers** wird der unterstützten Partei zugerechnet, so dass sie vorschusspflichtig ist (OLG München BeckRS 2017, 146686 Rn. 14; OLG Jena BeckRS 2014, 4047; OLG Stuttgart NJW-Spezial 2011, 526 = BeckRS 2011, 19280; OLG Köln BauR 2009, 540 = BeckRS 2009, 9856). Stellt der Antragsgegner eines selbständigen Beweisverfahrens den Antrag, das auf Veranlassung des Antragstellers eingeholte Sachverständigengutachten zu ergänzen, so muss er für die damit verbundenen Sachverständigenkosten einen Vorschuss leisten (OLG Köln NJW-RR 2009, 1365; OLG Frankfurt a. M. OLGR Frankfurt 2008, 405 = BeckRS 2007, 18439; LG Hamburg BeckRS 2008, 19788; LG Heidelberg IBR 2008, 1272). Sagen sich **Dritte** für den Auslagenvorschuss stark, zB der Prozessbevollmächtigte für seine Partei, kommt eine Mithaftung als Übernahmeschuldner (§ 29 Nr. 2) in Betracht. Der Auslagenschuldner wird dadurch jedoch nicht aus seiner Zahlungspflicht entlassen (→ § 18 Rn. 6). Vielmehr haften beide als Gesamtschuldner. Ungeachtet dessen können Dritte auch ohne Schuldübernahme für den Schuldner den Auslagenvorschuss leisten.

14 **c) Hinreichender Vorschuss.** Das Gericht soll nach I 2 die Vornahme der Handlung von der vorherigen Zahlung eines hinreichenden Vorschusses abhängig machen. Der Vorschuss ist „hinreichend", wenn er die Kosten vollständig abdeckt. Bei **Pauschalen** ergibt sich die Höhe unmittelbar aus dem Kostenverzeichnis (KV 9001, 9002, 9004 bis 9020). Ansonsten bestimmt das Gericht den Vorschuss nach einer **Schätzung** der voraussichtlichen Auslagen (s. auch § 20 III KostVfg), zB für die Beauftragung eines Sachverständigen. Ist die Handlung zunächst nicht von einem Vorschuss anhängig gemacht worden oder hat der Vorschuss nicht ausgereicht, kann im Anwendungsbereich (→ Rn. 4) **weiterer** Vorschuss/**erstmals** Vorschuss verlangt werden (OLG Koblenz FamRZ 2002, 685; OLG Stuttgart JurBüro 1981, 253).

15 **d) Abhängigmachung und Ermessen (I 2).** Das Gericht **soll** (entsprechend → § 12 Rn. 21) die Vornahme der Handlung nach I 2 iVm § 10 von der vorherigen Zahlung eines hinreichenden Vorschusses (→ Rn. 14) **abhängig** machen. Ob es von dieser Befugnis Gebrauch macht, ist eine Frage **billigen Ermessens.** Ein Absehen wird nur in Ausnahmesituationen in Betracht kommen wird. Eine § 14 Nr. 3 vergleichbare Härteregelung (→ § 14 Rn. 15 ff.) findet sich für den Auslagenvorschuss nicht. Entsprechende Überlegungen können jedoch in die Ermessensentscheidung einfließen, wobei stets zu berücksichtigen ist, dass Sollvorschriften grds. von dem Gericht zu beachten sind und bei einem Verzicht auf die Vorauszahlung die Gerichtskasse in Vorlage treten muss.

16 **e) Kostenfreiheit oder Prozesskostenhilfe.** Die Möglichkeit, Vorschuss zu verlangen, besteht **nicht,** soweit zB nach § 2 eine Kostenfreiheit besteht oder ggf. Prozesskostenhilfe bewilligt wurde. Mit der Bewilligung von **Prozesskostenhilfe** (§ 122 I Nr. 1 Buchstabe a) ZPO) entfällt für den Antragsteller die Vorschusspflicht, soweit das Gericht nichts Abweichendes bestimmt. Damit ist idR auch der Antragsgegner von der Vorschusspflicht befreit (§ 122 II ZPO, → § 14 Rn. 7, 11). Die Bestimmungen zur Prozesskostenhilfe in der ZPO gelten im Übrigen über **Verweisungen** auch in den einzelnen Verfahrensordnungen mit den entsprechenden Maßgaben: § 142 I FGO, § 73a I SGG, §§ 379 III, 397a II StPO, § 166 VwGO, § 3 I SVertO. Auslagen, die durch eine für begründet befundene Beschwerde entstanden sind, werden nach KV Anm. 2 außerdem nicht erhoben, soweit das Beschwerdeverfahren gebührenfrei ist; dies gilt jedoch nicht, soweit das Beschwerdegericht die Kosten dem Gegner des Beschwerdeführers auferlegt hat. **Verzichten** Zeugen oder Sachverständige auf Auslagen, entfällt die Vorschusspflicht, da keine Auslagen anfallen.

17 **4. Zuständigkeit und Verfahren.** Die Erhebung des Kostenvorschusses ordnet der Kostenbeamte nach § 20 III 1 an. Vor der Einforderung des Vorschusses hat er aber die Entscheidung des Richters (Rechtspflegers) einzuholen. Zuständig ist das Kollegialgericht, der Einzelrichter oder Rechtspfleger je nach Zuständigkeit in der Hauptsache. Der Kostenbeamte ist an die Bestimmung des Vorschusses und gerichtlich festgelegte Modalitäten der Vorauszahlung gebunden. Das Verfahren zur Geltendmachung der Auslagen richtet sich im Übrigen nach den allgemeinen Verfahrensgrundsätzen (→ § 6 Rn. 7). Einzelheiten bestimmt § 26 KostVfg.

III. Dokumentenpauschale und Versendung von Akten (II). 1. Anwendungsbereich (II, IV 2). a) Überblick. II ist grds. in allen Verfahren anwendbar, für die das GKG gilt, wenn es auf **Antrag** um die Herstellung und Überlassung von Dokumenten (KV 9000) oder die Versendung von Akten (KV 9003) geht. Ausgenommen sind die Verfahren vor dem Arbeitsgericht im Umfang des § 11. Bei der **Gewährung der Einsicht** in Akten ist gem. KV 9000 Anm. IV eine Dokumentenpauschale nur dann zu erheben, wenn auf besonderen Antrag ein Ausdruck einer elektronischen Akte oder ein Datenträger mit dem Inhalt einer elektronischen Akte übermittelt wird. 18

b) IV 2. II ist nach IV 2 nicht in Strafsachen und in gerichtlichen Verfahren nach dem Gesetz über Ordnungswidrigkeiten anwendbar, wenn der **Beschuldigte** oder sein **Beistand** Antragsteller ist. 19

c) Verfahren vor dem Arbeitsgericht. In Verfahren vor dem Arbeitsgericht gilt II grds. nicht, außer in Verfahren wegen überlanger Gerichtsverfahren (§ 11). 20

2. Tatbestandsvoraussetzungen. II ist anwendbar, wenn die Herstellung und Überlassung von Dokumenten (KV 9000) oder die Versendung von Akten (KV 9003) beantragt wird. Zum Antrag gilt → Rn. 10 entsprechend. 21

3. Rechtsfolgen. a) Überblick. Liegen die Tatbestandsvoraussetzungen vor, kann die Herstellung und Überlassung von Dokumenten (KV 9000) sowie die Versendung von Akten (KV 9003) von der vorherigen Zahlung eines die Auslagen deckenden Vorschusses abhängig gemacht werden. 22

b) Deckender Vorschuss. Der Begriff eines „deckenden Vorschusses" ist gleichbedeutend mit einem „hinreichenden" Vorschuss (→ Rn. 14). Die Ausführungen zum „hinreichenden" Vorschuss gelten daher entsprechend. Ist die Handlung zunächst nicht von einem Vorschuss anhängig gemacht worden oder hat der Vorschuss nicht ausgereicht, kann im Anwendungsbereich (→ Rn. 18 ff.) **weiterer** Vorschuss/**erstmals** Vorschuss verlangt werden. Die Höhe ergibt sich aus KV 9000, 9003. 23

c) Vorschussschuldner. Die Dokumentenpauschale schuldet nach §§ 22–26 der, der die Herstellung und Überlassung von Dokumenten **beantragt.** Ferner nach § 28 I 1, wer die Erteilung der Ausfertigungen, Kopien oder Ausdrucke beantragt hat. Sind Kopien oder Ausdrucke angefertigt worden, weil die Partei oder der Beteiligte es unterlassen hat, die erforderliche Zahl von Mehrfertigungen beizufügen, schuldet nach § 28 I 2 nur die Partei oder der Beteiligte die Dokumentenpauschale. Die Dokumentenpauschale wird bei jedem Kostenschuldner gesondert erhoben, sofern sie nicht Gesamtschuldner sind (KV 9000 Anm. 1). Die Auslagen nach Nummer KV 9003 schuldet nach § 28 II, wer die Versendung der Akte beantragt hat. Sagen sich **Dritte** für den Auslagenvorschuss stark, zB der Prozessbevollmächtigte für seine Partei, kommt eine Mithaftung als Übernahmeschuldner (§ 29 Nr. 2) in Betracht. Der Auslagenschuldner wird dadurch jedoch nicht aus seiner Zahlungspflicht entlassen (→ § 18 Rn. 6). Vielmehr haften beide als Gesamtschuldner. Ungeachtet dessen können Dritte auch ohne Schuldübernahme für den Schuldner den Auslagenvorschuss leisten. 24

d) Fälligkeit (§ 9 III). Die Dokumentenpauschale sowie die Auslagen für die Versendung von Akten werden sofort nach ihrer Entstehung fällig. 25

e) Abhängigmachung (Ermessen). Ob die Herstellung und Überlassung von Dokumenten auf Antrag sowie die Versendung von Akten von der vorherigen Zahlung eines die Auslagen deckenden Vorschusses abhängig gemacht werden, steht nach § 17 II, 10 im **Ermessen** des Kostenbeamten (s. auch § 23 I 2, 3 KostVfg). IdR **sollte** er im Hinblick auf die geringe Pauschalenhöhe und den Aufwand für eine Beitreibung eine Vorauszahlung verlangen (s. auch § 23 I 2, 3 KostVfg). Nach § 20 VI KostVfg ist ein Vorschuss aber nicht zu erheben, wenn eine Gemeinde, ein Gemeindeverband oder eine sonstige Körperschaft des öffentlichen Rechts Kostenschuldner ist. Hier ist das Ermessen auf **null** reduziert. **Verzichten** Zeugen oder Sachverständige auf Auslagen, entfällt die Vorschusspflicht, da keine Auslagen anfallen. 26

f) Kostenfreiheit oder Prozesskostenhilfe. Die Möglichkeit, Vorschuss zu verlangen, besteht **nicht,** soweit zB nach § 2 eine Kostenfreiheit besteht oder ggf. Prozesskostenhilfe bewilligt wurde. Mit der Bewilligung von **Prozesskostenhilfe** 27

(§ 122 I Nr. 1 Buchstabe a) ZPO) entfällt für den Antragsteller die Vorschusspflicht, soweit das Gericht nichts Abweichendes bestimmt. Damit ist idR auch der Antragsgegner von der Vorschusspflicht befreit (§ 122 II ZPO, → § 14 Rn. 7, 11). Die Bestimmungen zur Prozesskostenhilfe in der ZPO gelten über **Verweisungen** im Übrigen auch in den einzelnen Verfahrensordnungen mit den entsprechenden Maßgaben: § 142 I FGO, § 73a I SGG, §§ 379 III, 397a II StPO, § 166 VwGO, § 3 I SVertO. Frei von der Dokumentenpauschale sind für jede Partei, jeden Beteiligten, jeden Beschuldigten und deren bevollmächtigte Vertreter nach Anm. III Nr. 1 zu KV 9000 außerdem jeweils eine vollständige Ausfertigung oder Kopie oder ein vollständiger Ausdruck jeder gerichtlichen Entscheidung und jedes vor Gericht abgeschlossenen Vergleichs, eine Ausfertigung ohne Tatbestand und Entscheidungsgründe und eine Kopie oder ein Ausdruck jedes Protokolls über eine Sitzung. **Verzichten** Zeugen oder Sachverständige auf Auslagen, entfällt die Vorschusspflicht, da keine Auslagen anfallen.

28 **4. Zuständigkeit und Verfahren.** Die Erhebung des Kostenvorschusses ordnet der Kostenbeamte nach § 20 III 1 an. Vor der Einforderung des Vorschusses hat er aber die Entscheidung des Richters (Rechtspflegers) einzuholen. Das Verfahren zur Geltendmachung der Auslagen richtet sich iÜ nach den allgemeinen Verfahrensgrundsätzen (→ § 6 Rn. 7). Einzelheiten bestimmt § 26 KostVfg.

29 **IV. Amtswegige Handlungen (III, IV 3). 1. Anwendungsbereich. a) Überblick.** III ist grds. in allen Verfahren anwendbar, für die das **GKG** gilt, wenn eine Handlung, mit der Auslagen (zum Begriff der Auslagen im Gegensatz zu den Gebühren → § 1 Rn. 5) verbunden sind, von Amts wegen vorgenommen wird oder muss, bspw. in Amtsverfahren. Ausgenommen sind wieder die Verfahren vor dem Arbeitsgericht im Umfang des § 11 (auch → Rn. 7).

30 **b) Augenschein/Sachverständige (§ 144 I ZPO).** III ist auch dann anwendbar, wenn das Gericht die Einnahme des Augenscheins sowie die Hinzuziehung von Sachverständigen **nach § 144 I ZPO anordnet** (aA BGH GRUR 2010, 365 Rn. 19). Es handelt sich allerdings **nicht** um eine Prozesshandlung, deren Versäumung gem. § 230 ZPO den Ausschluss der von der Vorschussleistung abhängig gemachten Beweisaufnahme zur Folge hat (BGH GRUR 2010, 365 Rn. 19; NJW 2000, 743 (744); GRUR 1976, 213 (216) – Brillengestelle). Denn die Beweisaufnahme kann nach § 10 **nicht** von einem Vorschuss abhängig gemacht werden (s. auch BT-Drs 2/2545, 173 zu § 89d).

31 **c) IV 3.** § 17 III gilt nach § 17 IV 3 nicht in Strafsachen, in gerichtlichen Verfahren nach dem Gesetz über Ordnungswidrigkeiten sowie in Verfahren über einen Schuldenbereinigungsplan (§ 306 InsO).

32 **2. Tatbestandsvoraussetzungen.** III ist anzuwenden, wenn eine Handlung **von Amts wegen** vorgenommen wird. Dies ist nicht der Fall, wenn ein beachtlicher Antrag vorliegt. Eine Anregung ist hingegen unerheblich und lässt den Anwendungsbereich eröffnet (aA Dreher MDR 2017, 1224 (1227)). „Handlung" kann jedes gerichtliche Tun sein, für das es keinen Antrag bedarf. Dies gilt bspw. nach § 56 I ZPO für die Prüfung des Mangels der Parteifähigkeit, der Prozessfähigkeit, der Legitimation eines gesetzlichen Vertreters und der erforderlichen Ermächtigung zur Prozessführung (s. auch OLG Düsseldorf BeckRS 2012, 23812), nach § 166 II ZPO für Dokumente, deren Zustellung vorgeschrieben oder vom Gericht angeordnet ist, soweit nicht anderes bestimmt ist (s. auch BGH GRUR 2020, 1346 Rn. 16), oder nach § 144 I 1 ZPO die Anordnung der Einnahme des Augenscheins sowie die Hinzuziehung von Sachverständigen. Ferner ist § 17 III zB teilweise im **Kostenfestsetzungsverfahren** anwendbar (OLG Frankfurt a. M. BeckRS 2016, 126517 Rn. 10), nicht aber bei erheblichen **Anträgen** (OLG Hamm BeckRS 2014, 22891 Rn. 5; LG Düsseldorf AGS 2019, 471 = BeckRS 2018, 41805 Rn. 4; aA LG Essen NJOZ 2009, 82 (83)), für die nur § 17 I anwendbar ist.

33 **3. Rechtsfolgen. a) Überblick.** Liegen die Tatbestandsvoraussetzungen vor, **kann** nach billigem Ermessen ein Vorschuss zur Deckung der Auslagen erhoben werden. Wird allerdings ein fakultativer Restrukturierungsbeauftragter von Amts wegen bestellt, **soll** das Restrukturierungsgericht nach § 81 V 2 StaRUG über jeden Antrag des Schuldners auf Inanspruchnahme eines Instruments des Stabilisierungs-

und Restrukturierungsrahmens erst nach Zahlung der Gerichtsgebühr für die Bestellung nach KV Nr. 2513 und auf die Auslagen nach KV Nr. 9017 entscheiden.

b) Vorschussschuldner. Wer Vorschussschuldner ist, kann das Gericht nach billigem Ermessen (auch → Rn. 26) bestimmen. IdR wird dies die Partei sein, in deren Interesse gehandelt wird, zB ein Gutachten eingeholt wird, dh zumeist die **beweisbelastete** Partei. Bei einer reinen Fachberatung des Gerichts, ist aber ebenso ein Vorschuss beider Parteien oder nach billigem Ermessen (→ Rn. 26) ein Verzicht auf einen Vorschuss denkbar. Die unterschiedlichen Konstellationen **verbieten** eine schematische Zuweisung der Vorschusspflicht. Sagen sich **Dritte** für den Auslagenvorschuss stark, zB der Prozessbevollmächtigte für seine Partei, kommt eine Mithaftung als Übernahmeschuldner (§ 29 Nr. 2) in Betracht. Der Auslagenschuldner wird dadurch jedoch nicht aus seiner Zahlungspflicht entlassen (→ § 18 Rn. 6). Vielmehr haften beide als Gesamtschuldner. Ungeachtet dessen können Dritte auch ohne Schuldübernahme für den Schuldner den Auslagenvorschuss leisten. 34

c) Vorschusshöhe/nachträglicher Vorschuss/Vorschussnachforderung. Für die Höhe des Vorschusses gilt → Rn. 14 entsprechend. Und auch für nachträglichen Vorschuss und etwaige Vorschussnachforderungen gilt → Rn. 14 entsprechend. 35

d) Ermessen. Die Frage, ob Vorschuss erhoben wird, steht im **Ermessen** des Gerichts. IdR sollte es einen Vorschuss verlangen (→ Rn. 39; s. auch § 20 V KostVfg). 36

e) Abhängigmachung (§ 10). Die Durchführung der Maßnahme darf nach § 10 **nicht** von der Einzahlung des Vorschusses abhängig gemacht werden (OLG Frankfurt a. M. BeckRS 2016, 126517 Rn. 10; s. auch OLG Koblenz FamRZ 2002, 685; OLG Düsseldorf AnwBl 1989, 237; für die VwGO VGH Mannheim NVwZ-RR 1990, 592; unzutreffend VGH München BayVBl 1985, 600). 37

f) Kostenfreiheit oder Prozesskostenhilfe. Die Möglichkeit, Vorschuss zu verlangen, besteht im Übrigen **nicht,** soweit zB nach § 2 eine Kostenfreiheit besteht oder ggf. Prozesskostenhilfe bewilligt wurde. Mit der Bewilligung von **Prozesskostenhilfe** (§ 122 I Nr. 1 Buchstabe a) ZPO) entfällt für den Antragsteller die Vorschusspflicht, soweit das Gericht nichts Abweichendes bestimmt. Damit ist idR auch der Antragsgegner von der Vorschusspflicht befreit (§ 122 II ZPO, → § 14 Rn. 15). Die Bestimmungen zur Prozesskostenhilfe in der ZPO gelten über **Verweisungen** auch in den einzelnen Verfahrensordnungen mit den entsprechenden Maßgaben: § 142 I FGO, § 73a I SGG, §§ 379 III, 397a II StPO, § 166 VwGO, § 3 I SVertO. **Verzichten** Zeugen oder Sachverständige auf Auslagen, entfällt die Vorschusspflicht, da keine Auslagen anfallen. 38

4. Zuständigkeit und Verfahren. Die Erhebung des Kostenvorschusses ordnet der Kostenbeamte nach § 20 II 1 KostVfg **selbständig** an. Der Kostenvorschuss soll nach § 20 V KostenVfg allerdings nur eingefordert werden, wenn die Auslagen mehr als 25 EUR betragen oder ein Verlust für die Staatskasse zu befürchten ist. Muss die Auslagenhöhe geschätzt werden, ist dies dem Richter bzw. Rechtspfleger vorbehalten, so für die Ladung von Zeugen oder Einholung eines Sachverständigengutachtens in §§ 273 II Nr. 4, III, 379 ZPO bzw. §§ 144 III, 402, 379 ZPO oder weitere Vorschusserhebung für die Zwangsverwaltung von Amts wegen (§ 3 Nr. 1i RPflG). Eine Vorschusserhebung durch den Kostenbeamten ist entbehrlich, wenn das Gericht **selbst** den Vorschuss anfordert. Sieht das Gericht von einem Vorschuss ab, ist für eine Vorschussanordnung des Kostenbeamten kein Raum. Das Verfahren zur Geltendmachung der Auslagen richtet sich iÜ nach den allgemeinen Verfahrensgrundsätzen. 39

V. Verrechnung. Solange der Kostenanspruch von Bund oder Land nicht erfüllt ist, gibt es kein Erstattungsanspruch (→ § 18 Rn. 10). Dem Vorschussschuldner steht gegen Bund oder Land hingegen ein **Erstattungsanspruch** in Bezug auf die vom ihm geleisteten Vorschüsse zu, **soweit** das Gericht die Zahlungspflicht aufhebt (§ 31 S. 2). 40

Auch dann, wenn die Handlung **geringere Kosten** als der angeforderte Vorschuss verursacht, verringert sich die Zahlungspflicht auf den geringeren Endbetrag, da allein in diesem Umfang Kosten anfallen können. Hat der Kläger Vorschuss bezahlt und dann den Prozess gewonnen, erhält er seinen Vorschuss nicht von der Gerichtskasse 41 zurückbezahlt, sondern ist darauf angewiesen, den Betrag vom Beklagten nach §§ 103 ff. ZPO zu erlangen (BDZ/Zimmermann Rn. 23).

42 **VI. Rechtsmittel. 1. Beschwerde gegen die Anordnung einer GKG-Vorauszahlung.** Gegen den Beschluss, durch den die Tätigkeit des Gerichts nach § 17 I 1, II von der vorherigen Zahlung von Kosten **abhängig** gemacht wird, und wegen der **Höhe** des in diesem Fall im Voraus zu zahlenden Betrags findet nach § 67 I 1 stets die Beschwerde statt (s. auch BGH NJW-RR 2016, 188 Rn. 3). § 66 III 1 bis 3, IV, V 1 und 5, VI und VIII ist nach § 67 I 2 entsprechend anzuwenden. Im Fall des § 17 II ist § 66 entsprechend anzuwenden. Gegen die bloße **Vorschusserhebung** des Kostenbeamten nach § 17 I 1, II, III als Kostenansatz ist nach § 66 die Erinnerung gegeben (aA BGH BeckRS 2019, 6262; LG Düsseldorf AGS 2019, 471 = BeckRS 2018, 41805 Rn. 7).

43 **2. Beschwerde gegen die Anordnung einer anderen Vorauszahlung.** Bei einer Kostenerhebung nach **spezialgesetzlichen Regelungen** (→ Rn. 4) gelten die Rechtsbehelfe des jeweiligen Gesetzes. Die gerichtliche Anforderung eines Auslagenvorschusses nach §§ 379, 402, 492 I ZPO ist zB nicht anfechtbar (BGH NJW-RR 2009, 1433 Rn. 7 ff.; OLG Frankfurt a.M. BeckRS 2016, 126517 Rn. 10).

Fortdauer der Vorschusspflicht

18 **[1]Die Verpflichtung zur Zahlung eines Vorschusses bleibt bestehen, auch wenn die Kosten des Verfahrens einem anderen auferlegt oder von einem anderen übernommen sind. [2]§ 31 Absatz 2 gilt entsprechend.**

1 **I. Normgeschichte und Normzweck.** § 18, der bis zum Jahr 2004 in § 69 GKG aF und bis zum Jahr 1975 in § 115 GKG aF verortet war, hat seine heutige Form durch das KostRMoG v. 5.5.2004 (BGBl. I 718) gefunden. Sein Zweck besteht darin, Bund und Ländern neben dem Entscheidungs- oder Übernahmeschuldner den **Zweitschuldner,** vor allem den Auslagenschuldner, für die Vorauszahlungen iSv §§ 15 bis 17 (→ Rn. 2) auf Gebühren und Auslagen zu sichern. Dazu lässt Satz 1 die Kostenschuld bestehen, auch wenn ein anderer nach § 29 Nr. 1 oder Nr. 2 die Kosten zu tragen hat (s. auch OLG Celle NJW-RR 2018, 703 Rn. 6). Satz 2 ordnet durch die Verweisung auf § 31 II 1 eine Subsidiarität des Vorschussschuldners gegenüber dem **Erstschuldner** an (→ Rn. 8) und durch seine Verweisung auf § 31 II 2 eine Gesamtwirkung an (→ Rn. 9).

2 **II. Anwendungsbereich.** Die Bestimmung ist nur auf die nach § 15 bis 17 geschuldeten Vorschüsse anwendbar (Hansens ZfSch 2018, 289). Nach anderer, aber unzutreffender Ansicht gilt er auch für Ansprüche von Bund oder Land aus §§ 12, 13 (NK-GK/Volpert Rn. 3).

3 **III. Tatbestandsvoraussetzungen. 1. Auferlegung oder Übernahme.** Erste Voraussetzung ist (arg.: „auch wenn"), dass einer Person durch gerichtliche oder staatsanwaltschaftliche Entscheidung die Kosten des Verfahrens **auferlegt** sind (§ 29 Nr. 1) oder ein Schuldner die Kosten in einem vor Gericht abgeschlossenen oder dem Gericht mitgeteilten Vergleich **übernommen** hat (§ 29 Nr. 2).

4 **2. Mehrere Kostenschuldner.** Zweite Voraussetzung ist, dass es neben dem Entscheidungs- (§ 29 Nr. 1) oder Übernahmeschuldner (§ 29 Nr. 2) einen oder mehrere Kostenschuldner gibt, die nach §§ 15 bis 17 (→ Rn. 2) verpflichtet sind, Vorschuss zu zahlen. Besteht keine Vorschusspflicht, zB nach § 2, fehlt es an dieser Voraussetzung (OLG Hamburg v. 9.10.2012 – 4 W 90/12, Rn. 4 – juris).

5 **3. Kostenschuld unerfüllt.** Negative Voraussetzung ist, dass die Kostenschuld durch den Entscheidungs- (§ 29 Nr. 1) oder Übernahmeschuldner (§ 29 Nr. 2) noch **nicht vollständig** (zu Teilzahlungen → Rn. 8) erfüllt ist. Hat der Entscheidungs- (§ 29 Nr. 1) oder Übernahmeschuldner (§ 29 Nr. 2) die Kostenschuld bereits vollständig beglichen, ist § 18 tatbestandlich mithin nicht erfüllt.

6 **IV. Rechtsfolgen.** Liegen die Tatbestandsvoraussetzungen vor, **bleibt** der Zweitschuldner neben dem Erstschuldner nach § 31 I Gesamtschuldner, obwohl der Kostenbeamte die Kosten des Verfahrens gem. § 29 Nr. 1 einem anderen auferlegt oder die Kosten von einem anderen übernommen sind, § 29 Nr. 2. Die Vorschusspflicht

als **endgültige** Kostenschuld (→ § 17 Rn. 3) bleibt mithin bestehen, bis die Kosten **vollständig** (zu Teilzahlungen → Rn. 9) ausgeglichen sind oder das Gericht die Vorschusspflicht aufhebt bzw. verringert (§ 30).

Der Vorschusspflichtige hat daher durch die bloße Beendigung der Instanz noch keinen Anspruch auf Erstattung der von ihm gezahlten Vorschüsse gegen die Staatskasse (→ Rn. 10; OLG Celle NJW-RR 2018, 703 Rn. 6). 7

V. Entsprechende Anwendung von § 31 II. 1. Subsidiaritätsgrundsatz. Nach § 18 S. 2 iVm § 31 II 1 soll die Haftung des Zweitschuldners iSv § 18 S. 1 vom Kostenbeamten **nur** dann geltend gemacht werden, wenn eine Zwangsvollstreckung in das bewegliche Vermögen des Erstschuldners **erfolglos** geblieben ist oder wenigstens **aussichtslos** erscheint (s. auch OLG Celle NJW-RR 2018, 703 Rn. 7). Aussichtslosigkeit besteht, wenn ein eine Zwangsvollstreckung ganz offenbar nicht zu einem Erfolg führen würde. 8

2. Gesamtwirkung von Zahlung, Erlass, Stundung. Nach § 18 S. 2 iVm § 31 II 2 mindern Zahlungen des Erstschuldners die Pflicht des Zweitschuldners, nach §§ 15 bis 17 Vorschuss zu zahlen, auch dann in **voller** Höhe, wenn sich seine Pflicht nur auf einen Teilbetrag bezieht. Dies gilt **entsprechend** für Stundungen oder einen Erlass. Anders ist es aber, wenn die Stundung oder der Erlass ausdrücklich nur für den Erstschuldner gelten. 9

VI. Erstattungsanspruch gegen Bund oder Land. 1. Überblick. Solange der Kostenanspruch von Bund oder Land nicht erfüllt ist, gibt es kein Erstattungsanspruch. Dabei ist zu beachten, dass ein Vorschuss auf **sämtliche** Kosten des Verfahrens verrechnet werden kann, auch die des Erstschuldners nach § 29 Nr. 1 und Nr. 2 (OLG Karlsruhe NJW-RR 2010, 499), und in diesem Fall der Erstattungsanspruch durch Verrechnung erlischt (OLG Köln NJOZ 2012, 316; → Rn. 12). Dem Vorschussschuldner steht gegen Bund oder Land hingegen ein **Erstattungsanspruch** in Bezug auf die vom ihm geleisteten Vorschüsse zu, **soweit** das Gericht die Zahlungspflicht aufhebt (§ 31 S. 2). Auch dann, wenn die Handlung **geringere Kosten** als der angeforderte Vorschuss verursacht, verringert sich die Zahlungspflicht auf den geringeren Endbetrag, da allein in diesem Umfang Kosten anfallen können. 10

2. Änderung der Kostenforderung. Der Kostenbeamte hat bei jeder Änderung der Kostenforderung den Kostenansatz unverzüglich von Amts wegen zu berichtigen (s. auch § 28 I KostVfg). Hat der Vorschussschuldner bereits einen höheren Vorschuss geleistet, kann er in Höhe des überschießenden Betrages von der Gerichtskasse die Erstattung verlangen (§ 30 S. 2; s. auch § 29 III 1 KostVfg). 11

VII. Verrechnung gegen Erstschuldner. Wenn und soweit der Vorschuss auf die bestehende Kostenschuld des Erstschuldners verrechnet worden ist (→ Rn. 10), kann der verrechnete Betrag gegen **diesen** (allein) im Kostenfestsetzungsverfahren geltend gemacht werden (OLG Celle NJW-RR 2018, 703 Rn. 6). 12

VIII. Prozesskostenhilfe für Erstschuldner. Der Zweitschuldner kann seinen Vorschuss gem. §§ 31 III, IV, 29 Nr. 1 und 2 von der Staatskasse zurückfordern, soweit dem Erstschuldner **Prozesskostenhilfe** bewilligt wurde und er nach § 122 II ZPO von der Kostenzahlung befreit ist. Damit wird verhindert, dass der bedürftige Beklagte über den Umweg der sonst gegen ihn möglichen Kostenfestsetzung doch für Gerichtskosten in Anspruch genommen wird (Hansens ZfSch 2018, 289). Von der Erstattung ausgenommen ist nach § 31 III 1 allerdings eine höhere Vergütung für Sachverständige, Dolmetscher oder Übersetzter nach § 13 I 1 JVEG, soweit auch die Partei, der Prozesskostenhilfe bewilligt wurde, der höheren Vergütung zugestimmt hat. 13

IX. Rechtsmittel. Gegen seine Inanspruchnahme nach § 18 kann der Vorschussschuldner nach § 66 I 1 eine **Erinnerung** einlegen. 14

Abschnitt 4. Kostenansatz

Kostenansatz

19 **I 1 Außer in Strafsachen und in gerichtlichen Verfahren nach dem Gesetz über Ordnungswidrigkeiten werden angesetzt:**

1. die Kosten des ersten Rechtszugs bei dem Gericht, bei dem das Verfahren im ersten Rechtszug anhängig ist oder zuletzt anhängig war,

2. die Kosten des Rechtsmittelverfahrens bei dem Rechtsmittelgericht.

2 Dies gilt auch dann, wenn die Kosten bei einem ersuchten Gericht entstanden sind.

II 1 In Strafsachen und in gerichtlichen Verfahren nach dem Gesetz über Ordnungswidrigkeiten, in denen eine gerichtliche Entscheidung durch die Staatsanwaltschaft zu vollstrecken ist, werden die Kosten bei der Staatsanwaltschaft angesetzt. 2 In Jugendgerichtssachen, in denen eine Vollstreckung einzuleiten ist, werden die Kosten bei dem Amtsgericht angesetzt, dem der Jugendrichter angehört, der die Vollstreckung einzuleiten hat (§ 84 des Jugendgerichtsgesetzes); ist daneben die Staatsanwaltschaft Vollstreckungsbehörde, werden die Kosten bei dieser angesetzt. 3 Im Übrigen werden die Kosten in diesen Verfahren bei dem Gericht des ersten Rechtszugs angesetzt. 4 Die Kosten des Rechtsmittelverfahrens vor dem Bundesgerichtshof werden stets bei dem Bundesgerichtshof angesetzt.

III Hat die Staatsanwaltschaft im Fall des § 25a des Straßenverkehrsgesetzes eine abschließende Entscheidung getroffen, werden die Kosten einschließlich derer, die durch einen Antrag auf gerichtliche Entscheidung entstanden sind, bei ihr angesetzt.

IV Die Dokumentenpauschale sowie die Auslagen für die Versendung von Akten werden bei der Stelle angesetzt, bei der sie entstanden sind.

V 1 Der Kostenansatz kann im Verwaltungsweg berichtigt werden, solange nicht eine gerichtliche Entscheidung getroffen ist. 2 Ergeht nach der gerichtlichen Entscheidung über den Kostenansatz eine Entscheidung, durch die der Streitwert anders festgesetzt wird, kann der Kostenansatz ebenfalls berichtigt werden.

1 **I. Systematik, Regelungszweck.** § 19 regelt das aus Zweckmäßigkeitsgründen dem Urkundsbeamten übertragene Kostenansatzverfahren (OVG Niedersachsen NVwZ-RR 2008, 69). Die Vorschrift enthält im Wesentlichen dieselbe Regelung wie § 5 KostVfg. Diese gilt neben § 19 weiter. Sie bindet aber das Gericht nicht (OLG Koblenz MDR 2005, 1079). § 10 KostVfg gilt nur im Innenverhältnis zwischen Land und Kostenbeamten (OLG Oldenburg JurBüro 2016, 248). V 2 enthält einen allgemeinen Rechtsgedanken (vgl. OLG Köln DGVZ 2000, 75). Vorrangig gilt als eine Sondervorschrift § 8 HZPÜAG (vom 1.3.1954, BGBl. I 939, zuletzt geändert durch Gesetz vom 27.7.2001, BGBl. I 1887).

2 **Kostenansatz** ist die Kostenrechnung des Kostenbeamten. Die Einziehung erfolgt nach der JBeitrG (BFH NZI 2016, 655; OLG Düsseldorf JurBüro 2008, 43). Der Kostenansatz ist nach → Rn. 7 ein (Justiz-)Verwaltungsakt (BVerwG NVwZ 2020, 891 Rn. 5 mwN), mit einer Weisungsgebundenheit (BVerfGE 28, 10 = NJW 1970, 853; Schütt MDR 2001, 357 (358)). Er ist von einer Kostenfestsetzung zB nach §§ 103 ff. ZPO zu unterscheiden. Der Kostenansatz braucht eine nachvollziehbare Begründung (vgl. OLG Köln ZUM-RD 2013, 253 zur KostO). Rechtsbehelfsbelehrung, Verstoß: §§ 5b, 68 II 2.

3 **II. Anwendungsbereich.** Die Vorschrift gilt im Gesamtbereich des § 1. Wegen der jeweiligen Zuständigkeit gilt: Die Kosten eines ersuchten Gerichts erhalten nach I 2 ihren Ansatz beim ersuchenden Gericht. Bei einer Verweisung erfolgt der Ansatz bis zu ihr beim verweisenden Gericht, ab der Verweisung beim neuen Gericht (OLG

Brandenburg NJW-RR 1999, 291). Bei einer Zurückverweisung geschieht der Ansatz der Rechtsmittelkosten beim Rechtsmittelgericht, der Rest nach Maßgabe der §§ 35, 37 beim unteren Gericht.

Bei einer **Strafaussetzung** zur Bewährung ist die Staatsanwaltschaft zuständig. 4
Denn sie legt schon zur Überwachung, Mitteilung an das Bundeszentralregister usw ein Vollstreckungsheft an und „vollstreckt“ in diesem Sinn. Bei einer Einstellung nach §§ 153 ff. StPO ist dagegen das Gericht zuständig, das die etwaige Geldbuße usw überwacht. Im Fall eines Freispruchs auf Kosten der Landeskasse ist der Kostenbeamte des Gerichts zuständig, nicht derjenige der Staatsanwaltschaft (AG Freiburg Rpfleger 1979, 229).

Bei einer **Halterhaftung** nach § 25a StVG ist der Kostenbeamte der Staatsanwalt- 5
schaft zuständig, unabhängig davon, wer die Kosten trägt. Er ist nach II 2 Hs. 2 auch allein zuständig, soweit das Gericht sowohl nach dem Jugend- als auch nach dem Erwachsenenstrafrecht geurteilt hat. Ein Ansatz der Dokumentenpauschale und von Auslagen für eine Versendung und elektronische Übermittlung von Akten ist nach IV möglich. Vgl. ferner §§ 81, 83 GNotKG. I 2 gilt, anders als § 147 aF FGO, auch im Verfahren vor dem **BFH.**

Jede Instanz erhält eine gesonderte Kostenrechnung bei der Fälligkeit unabhängig 6
von einer Rechtskraft (BFHE 118, 428). Wegen des Erlasses vgl. Stundung und Erlass von Gerichtskosten (abgedruckt 3. Kapitel. VI. Sonstige Verwaltungsverfügungen 5. Stundung usw.). Wegen der Behandlung von Kleinbeträgen siehe 3. Kapitel. VI. Behandlung von Kleinbeträgen.

III. Berichtigung (V). Die Tätigkeit des Urkundsbeamten der Geschäftsstelle bei 7
der Aufstellung der Kostenrechnung ist eine reine Verwaltungstätigkeit. Sie enthält keine Entscheidung. Sie bindet das Gericht infolgedessen nicht (OVG Niedersachsen NVwZ-RR 2008, 70). Der Kostenbeamte untersteht nach → Rn. 1 der Aufsicht seiner vorgesetzten Behörde. Er muss ihre Anweisungen befolgen. Eine solche Anweisung trägt aber selbst dann, wenn sie vom Aufsichtsrichter ausgehen würde, nicht den Charakter einer gerichtlichen Entscheidung. Sie stellt vielmehr nach § 36 KostVfg auch ihrerseits nur eine Verwaltungsanordnung dar. Eine Umschreibung zB von einer nicht existenten Gesellschaft auf eine natürliche Person ist unstatthaft (OLG Koblenz JurBüro 2012, 435).

1. Bis zur Gebührenentscheidung (V 1). Der Vorstand der Justizbehörde und 8
der Kostenprüfungsbeamte oder der Leiter des Rechnungsamts und der Bezirksrevisor nach § 35 KostVfg dürfen den Kostenansatz beanstanden und zur Änderung anweisen. Der Kostenbeamte darf nach § 36 KostVfg das Gericht nicht von sich aus anrufen. Der Umstand, dass der Kostenschuldner die Kosten schon bezahlt haben mag, ändert an dem Anweisungsrecht nichts.

Bis zur gerichtlichen Entscheidung ist eine Berichtigung nach V 1 statthaft und 9
evtl. von Amts wegen notwendig. Es kommt eine Berichtigung zugunsten oder auch zulasten des Kostenschuldners in Betracht. Stets muss der Kostenbeamte vor einer Nachforderung §§ 20, 21 beachten. Dabei versteht die Vorschrift unter gerichtlicher Entscheidung eine solche im Erinnerungs- oder Beschwerdeverfahren. Denn erst dann muss der Richter tätig werden. Der Kostenbeamte darf und muss im Berichtigungsverfahren die Regeln zur Rücknahme eines begünstigenden Verwaltungsakts mitbeachten (OLG Saarbrücken Rpfleger 2001, 461).

2. Ab Gerichtsentscheidung (V 2). Soweit das Gericht bereits entschieden hat, 10
bindet das (OVG Niedersachsen NVwZ-RR 2008, 68 (70)). Es entfällt damit grundsätzlich die Zulässigkeit einer Aufsichtsbeschwerde und die Möglichkeit einer Abänderung im Aufsichtsweg. Von diesem Grundsatz gilt insoweit eine Ausnahme, als das Gericht den Streitwert anschließend anders festsetzt. Denn dann ist nach V 2 wiederum eine Berichtigung des Kostenansatzes von Amts wegen zulässig. Die letzte, geänderte Fassung ist maßgeblich (OLG Köln DGVZ 2000, 75).

3. Auslegbarkeit (V 1, 2). Welchen Rechtsbehelf der Beschwerdeführer meint, 11
ist im Weg einer Auslegung zu ermitteln. Rechtsbehelfsbelehrung, Verstoß: §§ 5b, 68 II 2.

12 Über das Zusammentreffen mit § 4 JVEG und die Möglichkeit des Kostenschuldners, im Weg der Erinnerung nach § 66 die dortige Festsetzung nicht gegen sich gelten zu lassen, vgl. § 4 JVEG, § 9 JBeitrG (FG Hamburg Rpfleger 2012, 158).

Nachforderung

20 **I 1 Wegen eines unrichtigen Ansatzes dürfen Kosten nur nachgefordert werden, wenn der berichtigte Ansatz dem Zahlungspflichtigen vor Ablauf des nächsten Kalenderjahres nach Absendung der den Rechtszug abschließenden Kostenrechnung (Schlusskostenrechnung), in Zwangsverwaltungsverfahren der Jahresrechnung, mitgeteilt worden ist. 2 Dies gilt nicht, wenn die Nachforderung auf vorsätzlich oder grob fahrlässig falschen Angaben des Kostenschuldners beruht oder wenn der ursprüngliche Kostenansatz unter einem bestimmten Vorbehalt erfolgt ist.**

II Ist innerhalb der Frist des Absatzes 1 ein Rechtsbehelf in der Hauptsache oder wegen der Kosten eingelegt worden, ist die Nachforderung bis zum Ablauf des nächsten Kalenderjahres nach Beendigung dieser Verfahren möglich.

III Ist der Wert gerichtlich festgesetzt worden, genügt es, wenn der berichtigte Ansatz dem Zahlungspflichtigen drei Monate nach der letzten Wertfestsetzung mitgeteilt worden ist.

Übersicht

1 **I. Systematik.** Es handelt sich um eine vorrangige Sondervorschrift mit einer Ausnahmeregelung (OLG Köln NJW-RR 2011, 1294 (1295); sie gilt nicht bei § 55 I RVG). Sie stimmt weitgehend mit § 19 FamGKG und mit § 20 GNotKG überein. III entspricht einem allgemeinen Rechtsgedanken (vgl. OLG Köln DGVZ 2000, 75).

2 **II. Regelungszweck.** § 20 soll den korrekten Kostenschuldner gegen eine verspätete Nachforderung von Gerichtskosten schützen (OLG Düsseldorf Rpfleger 1990, 480; OLG Koblenz NJW-RR 2000, 1384; OLG Köln NJW-RR 2011, 1294 (1295)). I 2 schützt aber auch die Staatskasse vor einer Arglist des Kostenschuldners.

3 **III. Anwendungsbereich.** Das Anwendungsgebiet der Vorschrift ist beschränkt. § 20 erfasst auch ein Verfahren vor den Arbeitsgerichten. KG Rpfleger 1981, 457 wendet I 1 entsprechend auf eine Herabsetzung der Entschädigung eines Sachverständigen an. Die Verjährung einer Kostenschuld richtet sich nach § 5.

4 I 1 ist nach I 2 nicht anzuwenden, soweit die Partei den irrigen Ansatz durch eine **zu niedrige Wertangabe** veranlasst hat, vgl. § 242 BGB (Treu und Glauben). Denn ein Rechtsmissbrauch verdient nirgends einen Schutz.

5 **IV. Begriff der Nachforderung (I, II).** Eine Nachforderung liegt beim Zusammentreffen der folgenden Voraussetzungen vor.

6 **1. Früherer Kostenansatz.** Eine frühere Kostenanforderung muss vorliegen, ein „Ansatz" nach § 66. Dieser Ansatz darf noch nicht zu einer gerichtlichen Kosten-

entscheidung geworden sein oder auf ihr beruhen, etwa in einem Erinnerungs- oder Beschwerdeverfahren. Er muss nach I 2 vorbehaltlos sein. Der Kostenschuldner muss den Ansatz für endgültig gehalten haben (OLG Koblenz NJW-RR 2000, 1384). Er muss zu einer solchen Annahme auch berechtigt gewesen sein, ähnlich wie beim sog. Umstandsmoment einer Verwirkung (dazu Grüneberg/Grüneberg BGB § 242 Rn. 95). Eine solche Berechtigung liegt dann vor, wenn der Kostenschuldner eine vorbehaltlose oder „endgültige" Ratenberechnung bei PKH zB nach §§ 114 ff. ZPO (OLG Koblenz NJW-RR 2000, 1384), oder bei einer Kostenrechnung erhalten hat, wenn der Kostenbeamte aber eine Gebühr wegen der Aussichtslosigkeit einer weiteren Beitreibung nicht angesetzt hatte und wenn er das dem Schuldner nicht mitgeteilt hatte (LG Würzburg JurBüro 1978, 1357).

Wenn die Kostenrechnung erst **nach dem Ablauf der Frist** des I 1 dem Kostenschuldner zugeht, ist eine Nachforderung nur noch unter den Voraussetzungen I 2 möglich. Eine Nachforderung liegt nach I 2 nicht vor, soweit Kosten später entstanden oder fällig geworden sind oder soweit der Kostenbeamte eine vorbehaltlose Kostenrechnung eindeutig erkennbar noch nicht erteilt hatte (so schon OLG Celle Nds. Rpfl. 1975, 68; OLG Düsseldorf JurBüro 1979, 872; LG Würzburg JurBüro 1978, 1358). Denn dann liegt jetzt eine Erst- und keine Nachforderung vor. 7

2. Höherer Neuansatz. Der neue Kostenansatz muss höher sein als der alte. Es kommt allerdings nur auf die Gesamtsumme an, nicht auf einzelne Posten (Meyer Rn. 4; aA OLG Düsseldorf Rpfleger 1990, 480; aber es kann nur das Endergebnis zählen, wie bei jeder Beschwer). 8

3. Instanzunabhängigkeit. Es muss sich um Kosten nicht derselben Instanz nach § 35 handeln, sondern um Kosten des gesamten Verfahrens (Meyer Rn. 8). 9

4. Derselbe Kostenschuldner. Der frühere Ansatz und die Nachforderung müssen sich an denselben Kostenschuldner wenden. Jeder Kostenschuldner ist (selbstverständlich) gesondert zu behandeln. Soweit eine Nachforderung nur gegenüber einem von mehreren Gesamtschuldnern ergeht, berührt sie den anderen Gesamtschuldner nicht (OLG Celle JurBüro 1982, 1861). Dabei ist allerdings zwischen der Haftung eines Erst- und eines Zweitschuldners zu unterscheiden. Eine gesetzliche Haftung nach § 29 Nr. 3 bleibt zu beachten (BGH NJW 1977, 1879). 10

V. Mitteilung. Die Nachforderung erfolgt in derselben Weise wie der ursprüngliche Kostenansatz. Es genügt also eine einfache schriftliche Mitteilung. Rechtsbehelfsbelehrung, Verstoß: §§ 5b, 68 II 2. 11

VI. Unrichtiger Ansatz (I 1). Ein Kostenansatz ist insoweit unrichtig, als sein Gesamtbetrag wegen irgendwelcher Fehler bei irgendwelchen Einzelposten zu niedrig ist. Es ist unerheblich, warum der Kostenbeamte einen Einzelposten zu niedrig angesetzt hatte (OLG Koblenz MDR 1997, 982 (983)). Ausreichend ist auch die völlige Auslassung eines Einzelpostens. Ausreichend ist ferner ein Rechtsirrtum oder eine Änderung der allgemeinen Rechtsansichten. Es genügt auch, dass eine nachträgliche anderweitige Streitwertfestsetzung den ursprünglichen Kostenansatz objektiv unrichtig gemacht hat, vgl. auch III. 12

Hat der Kostenbeamte die Einzelposten nur **falsch zusammengezählt,** ist die Nachforderung nicht durch § 20 begrenzt. Es darf aber kein solcher Posten eingestellt werden, der nicht in die Rechnung gehört, zB nicht die Kosten der ersten Instanz in die Rechnung der zweiten. Lassen sich bei der Schlussrechnung noch nicht alle Posten übersehen, muss der Urkundsbeamte der Geschäftsstelle in der Rechnung solche Posten offenhalten (OLG Koblenz MDR 1997, 982 (983)). 13

Ein unrichtiger Ansatz liegt **nicht** vor, soweit der Urkundsbeamte der Geschäftsstelle aus irgendeinem Grund die Kosten gar nicht oder nur von einem Dritten erfordert hat oder wenn etwa erstinstanzliche Kosten fälschlich in der zweitinstanzlichen Kostenrechnung als erstinstanzliche miterscheinen. 14

VII. Fristen für die Nachforderung (I 1, II, III). Es handelt sich um gesetzliche Ausschlussfristen (so schon OLG Düsseldorf Rpfleger 1990, 480). Es sind die folgenden Prüfschritte sinnvoll. 15

1. Fristbeginn. Die Frist für die Nachforderung nach I 1 beginnt mit der Mitteilung der Schlusskosten- oder Jahresrechnung. Die Frist nach II beginnt mit der 16

Beendigung des Verfahrens. Die Frist nach III beginnt mit der Mitteilung der letzten Wertfestsetzung. Ein Verfahren endet nach II dann, wenn das Gericht diejenigen Handlungen völlig abgeschlossen hat, die es nach den Verfahrensvorschriften vornehmen musste (OLG Rostock MDR 1995, 212; zu § 269 III ZPO). Im Prozess kann eine endgültige Beendigung auch durch eine Klage- oder Rechtsmittelrücknahme zustande kommen, durch einen Vergleich, durch einen tatsächlichen Stillstand. Er muss zu einer Anordnung des Ruhens hinzuzutreten (Meyer Rn. 10 (Aktenweglegung); aA OLG Nürnberg JurBüro 1981, 1230). Eine endgültige Beendigung erfolgt (selbstverständlich) auch durch den Eintritt der Rechtskraft.

17 Auch ein **Teilurteil** nach § 301 ZPO beendet in seinem Umfang endgültig, soweit es eine Kostenentscheidung enthält, während es den von ihm nicht erfassten Teil des Prozesses (selbstverständlich) unberührt lässt.

18 Der Begriff **Verfahren** ist in § 20 derselbe wie stets im GKG. Jedes im GKG allgemein als ein selbständiges Verfahren behandelte Verfahren gilt auch nach § 20 als ein selbständiges Verfahren, soweit es zu einer Kostenentscheidung führt. Infolgedessen muss zB das Mahnverfahren nach §§ 688 ff. ZPO, das Eilverfahren nach §§ 916 ff., 935 ff. ZPO, das Güteverfahren nach § 278 ZPO, das Beschwerdeverfahren nach §§ 567 ff. ZPO, das Kostenfestsetzungsverfahren nach §§ 103 ff. ZPO gesondert behandelt werden.

18a Dasselbe gilt für die **Rückforderung** der aus der Staatskasse bezahlten Gebühren eines im PKH-Verfahren nach § 121 ZPO beigeordneten Anwalts (OLG Düsseldorf Rpfleger 1995, 421; KG Rpfleger 1976, 110). Soweit der Wegfall der Bereicherung eingetreten ist, kann man sich auf diesen Umstand nicht berufen.

19 Notfalls muss durch eine **Anfrage** bei den Parteien feststellt werden, ob das Verfahren endgültig beendet ist, soweit sich die Beendigung nicht aus den Akten ergibt. Für eine Beendigung oder Erledigung des Verfahrens ist der Kostenschuldner beweispflichtig.

20 **2. Fristablauf.** Die Frist zur Nachforderung endet bei I 1 mit dem Ablauf desjenigen Kalenderjahrs, das auf dasjenige Kalenderjahr folgt, in dem die Schlusskostenrechnung oder die Jahresrechnung das Gericht im Weg der Absendung an den Zahlungspflichtigen verlassen hatte. Die Frist endet bei II mit dem Ablauf des nächsten Kalenderjahrs nach der Beendigung des Verfahrens nach → Rn. 16–19. Soweit das Gericht den Streitwert festgesetzt hat, reicht es nach III aus, dass der Kostenbeamte dem Kostenschuldner den auf Grund des neuen Werts angefertigten neuen Ansatz binnen 3 Monaten nach der letzten Wertfestsetzung mitteilt. Eine Wertfestsetzung bleibt für das Verfahrensende nicht zu beachten.

21 Die **Dreimonatsfrist** beginnt mit der Mitteilung an den Zahlungspflichtigen.

22 **VIII. Keine Frist (I 2).** In beiden sehr unterschiedlichen Fällen des I 2 läuft keine Frist.

23 **IX. Wiedereinsetzung; Wiederaufnahme; Nachforderung.** Eine Wiedereinsetzung in den vorigen Stand nach §§ 233 ff. ZPO lässt ein früheres Verfahren wieder aufleben. Sie setzt also eine neue Frist in Lauf. Die Ablehnung einer Wiedereinsetzung hat diese Wirkung nicht. Eine Wiederaufnahmeklage nach §§ 579, 580 ZPO eröffnet ein neues Verfahren. Die Nachforderung erfolgt nach § 29 KostVfg.

24 **X. Rechtsmittel.** Gegen eine Nachforderung kann der Kostenschuldner die Erinnerung nach § 66 einlegen (OLG Düsseldorf NJW-RR 2000, 1382). Die Staatskasse hat neben dem Nachforderungsrecht keine Erinnerung nach § 66. Denn damit könnte sie § 20 unterlaufen. Rechtsbehelfsbelehrung, Verstoß: §§ 5b, 68 II 2.

Vorbemerkung zu § 21
Stundung und Nichterhebung von Gerichtskosten

1 **I. Systematik, Regelungszweck.** Das Gesetz unterscheidet zwischen dem Entstehen, der Nichterhebung von Gerichtskosten, der Stundung und dem Unterbleiben einer Kostenrechnung.

2 **1. Nichterhebung.** Die Nichterhebung führt zu einem Verlust des Kostenanspruchs des Staates (OLG Köln NJW 1988, 503). Das Gesetz sieht eine Nichterhebung auf mehreren Wegen vor. In Betracht kommt die Anordnung, von der

weiteren Einziehung der Gerichtskosten abzusehen. In Betracht kommt ferner die gesetzliche Möglichkeit oder Notwendigkeit, Gerichtskosten niederzuschlagen oder dem Schuldner zu erlassen.

2. Stundung. Sie führt nur zu einem zeitlich begrenzten Aufschub der Fälligkeit des fortbestehenden Kostenanspruchs des Staates. 3

3. Unterbleiben der Kostenrechnung. Dieser Weg dient dann der Verwaltungsvereinfachung, wenn die Beitreibung von Kosten als sinnlos erscheint. Seine Wirkungen gehen tatsächlich weiter als eine bloße Stundung. Das gilt auch dann, wenn dieser Weg theoretisch nicht zu einem Verlust des Kostenanspruchs des Staats führt, sondern ihm die spätere Geltendmachung der Kostenforderung theoretisch offenhält. 4

II. Voraussetzungen. Hier sind im Wesentlichen die folgenden sieben Prüfschritte ratsam. 5

1. Nichterhebung wegen unrichtiger Sachbehandlung. Eine Nichterhebung kommt bei solchen Gebühren wie Auslagen in Betracht, die durch eine unrichtige Sachbehandlung entstanden sind. Es kommt also immer zunächst auf die in der Praxis oft übersehene Prüfung an, ob überhaupt Gerichtskosten entstanden sind, also Gebühren und/oder Auslagen (BGH NStZ 2001, 135; OLG Koblenz DS 2005, 349; OVG Berlin NVwZ-RR 1998, 405). Erst anschließend entsteht überhaupt ein Rechtsschutzbedürfnis für die ja oft unangenehme weitere Klärung, ob solche nun einmal entstandenen Kosten bei einer richtigen Sachbehandlung vermeidbar gewesen wären. 6

Unter den Voraussetzungen des § 21 I 1 besteht erst im letzteren Fall eine **Pflicht** zur Nichterhebung (OLG Köln NJW 1988, 503). Vgl. auch § 20 FamGKG, § 21 GNotKG. Im Übrigen besteht bei der Nichterhebung im Gnadenweg ein pflichtgemaßes Ermessen des zuständigen Beamten. 7

2. Amtsvertagung. Das Gericht darf nach § 21 I 2 nicht Auslagen für einen solchen Termin erheben, den es von Amts wegen verlegt oder vertagt hatte. 8

3. Unkenntnis der Verhältnisse. Wenn ein Antrag auf einer unverschuldeten Unkenntnis der tatsächlichen oder rechtlichen Verhältnisse beruhte, kommt die Nichterhebung der Gerichtskosten (Gebühren und Auslagen) in Betracht, falls entweder der Antragsteller seinen Antrag zurücknahm oder falls ein abweisender Bescheid erging. In beiden Fällen steht die Nichterhebung im pflichtgemäßen Amtsermessen. 9

4. Härtefall. Eine Nichterhebung (Niederschlagung) kommt ferner dann in Betracht, wenn die Einziehung der Gerichtskosten mit erheblichen Härten für den Zahlungspflichtigen verbunden wäre (→ Stundung, Niederschlagung und Erlass von Gerichtskosten und an deren Justizverwaltungsabgaben Rn. 1). 10

5. Stundung. Auch eine Stundung kommt dann in Betracht, wenn infolge einer alsbaldigen Einziehung von Gerichtskosten mit erheblichen Härten für den Zahlungspflichtigen zu rechnen ist und wenn der Anspruch durch eine Stundung auch nicht gefährdet wird (→ Rn. 10). 11

6. Keine Kostenrechnung bei Prozesskostenhilfe. Solange der Kostenschuldner oder sein Prozessgegner infolge der Zubilligung von PKH nach §§ 114 ff. ZPO von der Pflicht zur Bezahlung von Gerichtskosten (Gebühren und Auslagen) freikommen, darf der Kostenbeamte keine Kostenrechnung aufstellen. 12

7. Keine Kostenrechnung bei Unvermögen. Die Aufstellung der Kostenrechnung unterbleibt auch, solange der Kostenschuldner offenkundig oder sonst bekanntermaßen zur Zahlung dauernd unvermögend ist. Das ist auch dann so, wenn nicht einmal die Zahlung eines Teilbetrags in einer absehbaren Zeit möglich ist (§§ 9, 10 KostVfg). 13

III. Zuständigkeit. Sie ist im Wesentlichen folgendermaßen geregelt. 14

1. Gericht. Unter den Voraussetzungen des § 21 ist das Gericht zur Entscheidung zuständig. Vgl. auch § 20 FamGKG, § 21 GNotKG. 15

2. Verwaltungsbehörde. Unter den Voraussetzungen des § 37 KostVfg ist der Präsident des Gerichts oder der Leiter der Staatsanwaltschaft für seinen jeweiligen Dienstbereich neben dem erkennenden Gericht zur Entscheidung zuständig. 16

Nichterhebung von Kosten

21 **I** [1]**Kosten, die bei richtiger Behandlung der Sache nicht entstanden wären, werden nicht erhoben.** [2]**Das Gleiche gilt für Auslagen, die durch eine von Amts wegen veranlasste Verlegung eines Termins oder Vertagung einer Verhandlung entstanden sind.** [3]**Für abweisende Entscheidungen sowie bei Zurücknahme eines Antrags kann von der Erhebung von Kosten abgesehen werden, wenn der Antrag auf unverschuldeter Unkenntnis der tatsächlichen oder rechtlichen Verhältnisse beruht.**

II [1]**Die Entscheidung trifft das Gericht.** [2]**Solange nicht das Gericht entschieden hat, können Anordnungen nach Absatz 1 im Verwaltungsweg erlassen werden.** [3]**Eine im Verwaltungsweg getroffene Anordnung kann nur im Verwaltungsweg geändert werden.**

Schrifttum: E. Schneider, Kostenfreistellung nach § 8 GKG, MDR 2001, 914 (zu § 8 aF).

Übersicht

1 **I. Systematik.** Wegen der Begriffe, der allgemeinen Voraussetzungen und der Zuständigkeit → Vor § 21 Rn. 1. § 21 bezieht sich grundsätzlich wegen § 1 I 1 nur auf die Gerichtskosten (Gebühren und Auslagen (BPatG GRUR 1984, 340 (341); OLG Düsseldorf MDR 1985, 60; LG Bonn JurBüro 2007, 590).

2 Die Vorschrift bezieht sich also **nicht** auf die Kosten der Partei oder eines Beteiligten (OVG Berlin NVwZ-RR 1998, 405; LG Saarbrücken NJW-RR 2012, 896; OVG Rheinland-Pfalz NVwZ-RR 1995, 362; aA BGH WM 1984, 1254 (1256) (ohne Abdruck in BGHZ 92, 18; NJW 1984, 2576), zu § 16 KostO; LG Schweinfurt JurBüro 1980, 573 (aber der Staat kann nicht wegen eines eigenen Fehlverhaltens auch noch die Parteien um auch nur einen Teil ihrer Erstattungsansprüche bringen)). Erst recht ist § 21 nicht anzuwenden, soweit es um Gebühren und/oder Auslagen eines Anwalts oder eines anderen ProzBev nach § 81 ZPO geht, oder wenn es sich um einen Auslagenerstattungsanspruch nach §§ 465, 473 StPO handelt (BGH NStZ 2000, 499; OLG Hamm NStZ-RR 2000, 320). Auch § 59 zählt nicht hierher.

§ 21 bezieht sich auch nicht auf die Kosten des **Gerichtsvollziehers,** dazu § 7 GvKostG. Denn diese Kosten regelt das GvKostG. Rechtssystematisch ist das Verfahren der Nichterhebung ein Kostenansatzverfahren. In ihm kann der Kostenschuldner geltend machen, dass ein Kostenansatz von vornherein unberechtigt war (OLG Köln NJW 1988, 503; VGH Bayern BayVBl. 1982, 415). Das ist etwas ganz anderes als eine Amtshaftung (Meyer Rn. 1; aA OLG Karlsruhe JurBüro 1999, 204). Polizeikosten können allenfalls im Rahmen von § 1 Nr. 6 hierher zählen, also im Rahmen eines staatsanwaltschaftlichen Ermittlungsverfahrens) (aA LG Lüneburg VersR 1985, 1200). Nicht anzuwenden ist § 21 beim Fehler einer reinen Verwaltungsbehörde (Ausnahme: Finanzamt, → Rn. 11). 3

Unberührt bleiben die Regeln des Bundes und der Länder zum **Kostenerlass.** 3a

II. Regelungszweck. Die Vorschrift dient der Kostengerechtigkeit, aber auch der Prozesswirtschaftlichkeit. Denn nicht jeder kleine Fehler kann zur Kostenniederschlagung führen, ohne das ja ohnehin oft pauschale Kostengefüge empfindlich zu stören. Bei einer genaueren Prüfung würde die Zahl der Nichterhebungsanträge und -verfahren dann ins Unerträgliche steigen, wenn jeder angebliche oder wirkliche kleinere Fehler derart gerügt werden könnte (BGH NJW-RR 2005, 1230; OLG Stuttgart NJW-RR 2008, 1392). Das darf nach → Rn. 18 (selbstverständlich) nicht zum Freibrief für eine Schludrigkeit des Gerichts werden. Alles das ist bei der Auslegung mit zu berücksichtigen. 4

III. Anwendungsbereich. Die Vorschrift ist im Gesamtbereich des § 1 anzuwenden. Sie ist nach § 98 PatG entsprechend anzuwenden (BPatG GRUR 1984, 340 (341)). Vgl. ferner § 190 SGG, §§ 155 IV, 162 III VwGO (VGH Bayern NVwZ-RR 2016, 399 (400)). 5

IV. Unrichtige Sachbehandlung: Pflicht zur Nichterhebung (I 1). Unter den nachfolgend erörterten Voraussetzungen darf das Gericht Kosten nicht erheben. Das ergibt sich aus den Gesetzesworten „werden nicht erhoben“. Das Gericht hat also allenfalls bei der Prüfung der Frage ein pflichtgemäßes Ermessen, ob eine richtige oder unrichtige Sachbehandlung vorlag. Sobald es die objektive Unrichtigkeit der Sachbehandlung festgestellt hat, muss es die von dieser unrichtigen Sachbehandlung betroffenen Kosten von Amts wegen niederschlagen (OLG Köln NJW 1988, 503). 6

Das gilt grundsätzlich **unabhängig von** einem **Verschulden** (KG JurBüro 1968, 43; OLG Karlsruhe JurBüro 1999, 204; E. Schneider MDR 2001, 914 (915)). Freilich liegt bei einem offensichtlichen schweren Fehler obendrein oft ein Verschulden vor. Andererseits hängt die Nichterhebung nicht etwa davon ab, dass die Ursache der unrichtigen Sachbehandlung nur im Verantwortungsbereich des Gerichts gelegen hätte. Auch ein von einer Partei mitbegangenes Fehlverhalten kann zur Unrichtigkeit der Sachbehandlung beim Gericht führen, → Rn. 11. 7

Zu den Kosten zählen nach § 1 I 1 auch hier die **Gebühren und Auslagen** des Gerichts (BGHZ 98, 318 (320) = NJW 1987, 1023; BPatG GRUR 1984, 340 (341); OLG Koblenz DS 2005, 349), also auch die Kosten des vom Gericht ernannten oder bestellten Sachverständigen zB nach §§ 402 ff. ZPO, KV 9005 (OLG Koblenz DS 2005, 349; aA OLG Düsseldorf JurBüro 1981, 593 (aber „Kosten“ meint in I 1 nichts anderes als § 1 I 1 für das gesamte GKG)). Hierher zählen ferner die Auslagen des Zeugen zB nach §§ 373 ff. ZPO, soweit das Gericht sie erstatten muss. I 2 enthält für Auslagen nicht etwa eine gegenüber I 1 spezielle abschließende, sondern eine den I 1 ergänzende Sonderregelung. 8

V. Voraussetzungen im Einzelnen (I 1). Zur Niederschlagung von Kosten müssen die folgenden Voraussetzungen zusammentreffen. 9

1. Kostenentstehung. Zunächst ist nach → Vor § 21 Rn. 5 zu prüfen, ob überhaupt Gerichtskosten (Gebühren und/oder Auslagen, § 1 I 1) entstanden sind. Zunächst sind das GKG einschließlich des KV und dort KV 9000 ff. sorgfältig durchzuprüfen; ggf. können dann mangels einer Kostenentstehung alle weiteren oft kniffligen Prüfungen bei § 21 erspart bleiben. Für eine Entscheidung fehlt ja das stets erforderliche Rechtsschutzbedürfnis, wenn es gar keinen Anlass zu ihr gibt. 10

2. Fehler des Gerichts oder der Behörde. Es muss sich um einen Fehler eines Gerichts handeln (BFH Rpfleger 1992, 365), oder um einen Fehler der sonst mit der 11

Sache zuvor befassten gerichtsartigen Behörde (BFH Rpfleger 1992, 365). Auch das Gericht muss schon und noch mit der Sache befasst sein (OLG Düsseldorf NJW-RR 1997, 1159). Es ist unerheblich, welcher Angehörige des Gerichts den Fehler begangen hat. Es reicht aus, dass ein Gerichtswachtmeister falsch handelt (KG AGS 2007, 639; OLG Koblenz Rpfleger 1981, 37). Bei alledem ist es evtl. unerheblich, ob sich eine Partei usw richtig oder auch unrichtig verhalten hat, → Rn. 6 (BGH JurBüro 1990, 406; aA OLG Düsseldorf NJW-RR 1997, 1159; OLG Nürnberg JurBüro 1997, 149). Freilich kann ein Parteiverschulden die Ursächlichkeit des Gerichtsfehlers nach → Rn. 23 verringern. Eine Arglist ist stets schädlich, auch im Kostenrecht.

12 Es reicht auch eine unrichtige Behandlung durch einen Angehörigen der **Staatsanwaltschaft** aus (OLG München JurBüro 1978, 101). Das ergibt sich aus § 1 I 1 Nr. 6 (OLG München JurBüro 1978, 101). Dasselbe gilt zB bei einem Fehler des Finanzamts (Lappe NJW 1987, 1860; Schall BB 1988, 378 (380)). Freilich muss der Fehler gerade bei der Behandlung der bestimmten einzelnen Sache entstanden sein, nicht zB bei der Organisation auswärtiger Gerichtstage (Schall BB 1988, 378 (380); aA Lappe NJW 1987, 1860).

13 § 21 ist nicht anzuwenden, soweit lediglich ein **Sachverständiger** zB nach §§ 402 ff. ZPO einen Fehler begangen hat (OLG Hamburg MDR 1978, 237; OLG Koblenz MDR 2015, 118 (119)).

14 **3. Unrichtigkeit: Offensichtlicher schwerer Fehler.** Eine Unrichtigkeit liegt nur vor, soweit das Gericht usw gegen eine eindeutige gesetzliche Norm verstoßen hat und soweit der Verstoß auch offen zutage tritt (BPatGE 49, 123 = GRUR 2006, 261 (263); OLG Hamburg MDR 2013, 424; OLG Koblenz AGS 2016, 83). Denn erst dann liegt überhaupt objektiv eine Amtspflichtverletzung vor. Mit dieser Auslegung werden keineswegs irgendwelche objektiven Pflichtverletzungen von der Staatshaftung ausgeklammert.

15 Es liegt also **keineswegs** schon stets deshalb eine Unrichtigkeit vor, weil das Gericht usw **irgendeinen Verfahrensfehler** begangen hat. Denn das Gericht ist sogar verpflichtet, seine Beurteilung bis zur Entscheidung ständig selbstkritisch zu prüfen.

16 Vielmehr ist eine Differenzierung nötig: Nur ein **offensichtlicher schwerer** Verfahrensfehler kann ausreichen (BGH NJW-RR 2005, 1230; BAG NZA 2014, 744; OLG Düsseldorf JurBüro 2009, 39).

17 Ein **leichterer Verfahrensfehler reicht** in der Regel **nicht** aus (BGH NJW-RR 2005, 1230; BAG NZA 2014, 744; OLG Karlsruhe NJW-RR 2008, 807 (808)). Schon gar nicht reicht eine abweichende Beurteilung einer Rechtsfrage (BGH NJW-RR 2003, 1294).

18 Die **gegenteilige Haltung** (zB von KG JurBüro 1997, 653; OLG Koblenz VersR 1989, 379; E. Schneider MDR 2001, 914) zwingt zur Nichterhebung zB immer dann, wenn eine höhere Instanz wegen einer abweichenden rechtlichen Beurteilung von der Entscheidung der unteren Instanz abweicht. Das entspricht eindeutig nicht der Absicht des Gesetzes (BGHZ 93, 222 (231) = NJW 1985, 2702; OLG Stuttgart OLGZ 1979, 64). Deshalb lässt sich auch nicht überzeugend damit argumentieren, es handle sich um einen Abwehrmechanismus der Gerichte mit dem Ziel, eigene Fehler sanktionsfrei zu halten.

19 **4. Prozesswirtschaftlichkeit.** Natürlich darf die Handhabung des § 21 nicht zu derlei bloßen Mechanismen verkommen. Ebenso wenig kann es aber praktikabel sein, jeden unrichtigen Buchstaben oder kleinen Gedanken, jede unerhebliche Unsauberkeit einer Begründung bereits als eine Unrichtigkeit nach § 21 zu beurteilen. Eine nicht endende Kette von Nichterhebungsverfahren wäre nur zu leicht die Folge und könnte auf solche Weise die Hauptarbeit stören, → Rn. 4. Die Prozesswirtschaftlichkeit ist eben auch hier wichtig und wie stets mit zu beachten (OLG Koblenz NJW-RR 2009, 358). Alles das gilt es zumindest mitzubedenken.

20 **5. Keine Nachprüfung der Sachentscheidung.** Man kann überhaupt grundsätzlich nicht etwa mit einem Antrag nach § 21 eine Nachprüfung der Sachentscheidung auf ihre sachliche Richtigkeit erzwingen, vgl. auch → GNotKG § 21 Rn. 2 ff. (BGH VersR 1984, 77 (78); OLG Düsseldorf NJW-RR 1998, 1695; OLG Frankfurt a. M. JurBüro 1995, 210; aA Lappe RpflBl 1976, 36; Schneider JurBüro 1975, 877 –

aber das würde auf eine Verlagerung der eigentlichen Fachprüfung auf den Nebenschauplatz des Kostenrechts hinauslaufen).

6. Beispiele zur Frage einer unrichtigen Sachbehandlung (I 1)

Ablehnung: Eine unrichtige Sachbehandlung kann vorliegen, soweit das Gericht einen begründeten Ablehnungsantrag zB nach §§ 42 ff. ZPO jedenfalls auch durch sein Verhalten herbeigeführt hat, oder soweit es einen solchen Sachverständigen vergütet hat, den eine Partei mit Recht abgelehnt hatte (OLG Frankfurt a. M. NJW 1977, 1502; OLG Koblenz Rpfleger 1981, 37). 21

Ablichtung, Abschrift: Eine unrichtige Sachbehandlung kann vorliegen, soweit das Gericht zu viele Ablichtungen oder Abschriften angefordert hat (BGH WM 1984, 1254 (1256) (ohne Abdruck in BGHZ 92, 18; NJW 1984, 2576), zu § 16 KostO).

Absoluter Revisionsgrund: Eine unrichtige Sachbehandlung liegt bei ihm stets vor, → „Revision".

Akteneinsicht: Eine unrichtige Sachbehandlung kann bei einer Stattgabe oder Verweigerung zB nach § 299 ZPO vorliegen (BFHE 211, 15 = NJW 2006, 399 (400)).

Aktenverlegung: Eine unrichtige Sachbehandlung kann bei einer kurzfristigen Verlegung **fehlen,** sogar in Eilverfahren (Umstandsfrage).

Antrag: Eine unrichtige Sachbehandlung kann **fehlen,** soweit das Gericht in einem Anwaltsprozess nach § 78 ZPO nicht auf einen solchen Antrag hingewirkt hat, der mit geringeren Kosten zu demselben Ergebnis hätte führen können, oder soweit es zB einen Beweisantrag übergangen hat (OLG Saarbrücken MDR 1996, 1191), oder soweit ein Antrag auf eine Berichtigung oder Ergänzung des Urteils ein Rechtsmittelverfahren erübrigt hätte. Auch → „Eilantrag".

Antragsüberschreitung: Eine unrichtige Sachbehandlung kann vorliegen, soweit das Gericht entgegen zB § 308 I ZPO über einen in Wahrheit gar nicht gestellten Antrag entschieden hat.

Anwaltswegfall: → „Unterbrechung".

Anwaltszwang: → „Belehrung".

Anweisung: Eine unrichtige Sachbehandlung kann schon bei einer unklaren Anweisung vorliegen (LG Berlin DS 2004, 189).

Aufklärungspflicht: Eine unrichtige Sachbehandlung kann vorliegen, soweit das Gericht in einer entscheidungserheblichen Weise gegen § 139 ZPO verstoßen hat (BFH BStBl. II 1979, 296; OLG Hamm AnwBl 1984, 93; OLG Karlsruhe JurBüro 1999, 204).

Eine Unrichtigkeit kann **fehlen,** soweit das Gericht einen Anwalt als den ProzBev nach § 81 ZPO nicht auf einen drohenden Fristablauf hingewiesen hat.

Aufrechnung: → „Hilfsaufrechnung".

Auslagenvorschuss: → „Vorschuss".

Aussetzung: Eine unrichtige Sachbehandlung kann vorliegen, soweit das Gericht zB gegen § 249 ZPO verstoßen hat. Auch → „Mitteilungspflicht".

Auswahl: Eine unrichtige Sachbehandlung **fehlt** meist, soweit es um die Auswahl des Sachverständigen durch das Gericht zB nach § 404 ZPO geht (OLG Karlsruhe NJW-RR 1998, 1696), es sei denn, diese Auswahl wäre ohne jedes naheliegende Nachdenken erfolgt.

Beistand: Eine unrichtige Sachbehandlung liegt evtl. auch dann vor, wenn das Gericht seinen Fehler später berichtigt (KG JurBüro 2009, 656).

Belehrung: Eine unrichtige Sachbehandlung kann ausnahmsweise **fehlen,** soweit das Gericht eine falsche Belehrung erteilt hat (OLG Hamm MDR 1977, 940; OLG Schleswig JurBüro 1978, 1225; OLG Zweibrücken NStZ-RR 2000, 319), soweit zB das OLG vor der Weiterleitung einer Beschwerde an den BGH nicht auf den dortigen Anwaltszwang nach § 78 I 3 ZPO hingewiesen hat (BGH NJW 2002, 3410), oder soweit es eine weitere Belehrung unterlassen hat (OLG Koblenz JurBüro 2012, 435). Das gilt auch bei einer Rechtsbehelfsbelehrung zB nach § 5b. Vgl. auch § 68 II 2. Auch → „Rechtsmittelbelehrung".

Berichtigung: → „Beistand".

Berufung: Eine unrichtige Sachbehandlung kann in folgenden Fällen vorliegen: Das Erstgericht hat eine verkündete Eilentscheidung zB nach §§ 916 ff., 935 ff. ZPO nicht übersandt und auf eine Nachfrage keine Auskunft dazu erteilt (OLG Frankfurt a. M. MDR 2011, 190); das Gericht hat eine Berufung offensichtlich gesetzwidrig zugelassen (OLG München JurBüro 1978, 102); das Revisionsgericht muss ein Berufungsurteil wegen eines absoluten Revisionsgrundes nach § 547 ZPO aufheben (BGH NJW 1987, 2446:Entscheidungsgründe fehlten bis zum Ablauf der Frist des § 552 ZPO); das Berufungsgericht hätte keine Trennung vornehmen dürfen (BGH NJW-RR 1997, 831 (832)); das Berufungsgericht hat eine gar nicht eingelegte Berufung zB nach § 522 ZPO verworfen (BVerwG NJW 2009, 162 (164)).

Besetzung des Gerichts: Eine unrichtige Sachbehandlung kann vorliegen, soweit das Gericht zumindest in der letzten mündlichen Verhandlung vor der fraglichen Entscheidung falsch besetzt war. Das gilt unabhängig von einem etwaigen Verschulden. Eine Unrichtigkeit kann **fehlen,** soweit eine neue Besetzung des Gerichts die Lage anders beurteilt als die frühere Richterbank oder als der Vorsitzende, solange nur er zuständig war (OLG Schleswig SchlHA 1989, 111). Aber auch → „Prozesskostenhilfe".

Beweisaufnahme: Eine unrichtige Sachbehandlung kann grds. vorliegen, soweit das Gericht einen ersichtlich entscheidungserheblichen Beweisantrag übergangen hat (OLG Saarbrücken MDR 1996, 1191), oder soweit eine Beweisaufnahme offensichtlich überflüssig war (OLG Brandenburg FamRZ 2004, 1662; OLG Koblenz MDR 2013, 1366; OLG München NJW-RR 2003, 1294), oder soweit sie sogar unzulässig wäre (OLG Naumburg FamRZ 2003, 385 (386)), oder soweit eine teure Beweisaufnahme ohne einen ausreichenden erstmaligen oder weiteren Vorschuss erfolgte (OLG Saarbrücken JurBüro 1995, 316), oder soweit ihre Wiederholung notwendig wurde (BGH NStZ-RR 1998, 319) oder soweit das Gericht eine Beweislast verkannt hat (OLG Köln FamRZ 2014, 1800 (1801)). Eine unrichtige Sachbehandlung kann aber durchaus **fehlen,** soweit das Gericht eine Beweisaufnahme aus vertretbaren Gründen anordnet, ihr Ergebnis aber wegen einer Veränderung der tatsächlichen oder rechtlichen Beurteilung nicht verwertet (OLG Koblenz JurBüro 2009, 267; OLG München NJW-RR 2003, 1294 (1295); E. Schneider MDR 2001, 914 (918)), oder soweit eine Wiederholung der Beweisaufnahme nur wegen einer fehlerhaften erstinstanzlichen Protokollierung notwendig wurde (KG JurBüro 1997, 653), oder infolge einer Zuständigkeitsänderung nicht mehr entscheidungserheblich blieb (LG Bremen FamRZ 2012, 1746). Auch → „Ladung, Abladung".

Computer: → „Einrichtung".

Darlegungslast: Eine unrichtige Sachbehandlung kann in der Verkennung der Darlegungslast liegen (OLG Köln FamRZ 2014, 1800 (1801)).

Dolmetscher: Eine unrichtige Sachbehandlung kann ferner bei einer schuldhaften Nichtladung des offenkundig von vornherein nach § 185 I 1 GVG nötigen Dolmetschers und bei einer deshalb nötigen Vertagungsfolge vorliegen. Eine unrichtige Sachbehandlung kann **fehlen,** soweit das Gericht einen solchen Dolmetscher eingeschaltet hat, den es dann trotz der Ausländereigenschaft des Betroffenen doch nicht benötigte, oder soweit es keinen solchen Dolmetscher einschaltete, der dann doch nötig wurde. Denn das Gericht kann den Grad der Kenntnis der deutschen Sprache beim Ausländer und/oder die eigene Fähigkeit, sich in der fremden Sprache zu informieren oder auszudrücken, nicht stets vorher genau abschätzen. Es begeht daher jedenfalls insofern keinen offen zutage tretenden Verstoß nach → Rn. 14 ff. (OLG Brandenburg FamRZ 2007, 162; OLG Düsseldorf NJW-RR 1998, 1694 (1695); OLG Stuttgart FamRZ 2001, 238; aA LAG Hamm MDR 1986, 172 (aber die Partei muss schon wegen der notwendigen Prozesswirtschaftlichkeit nach → Rn. 11 auch von sich aus zur Entbehrlichkeit eines Dolmetschers Stellung nehmen)).

Eilantrag: Eine unrichtige Sachbehandlung kann vorliegen, soweit das Gericht einen Eilantrag zB nach §§ 920, 936 ZPO vorwerfbar verspätet aufgenommen hat (LG Frankfurt a. M. MDR 1985, 153).

Eingangsklärung: Eine unrichtige Sachbehandlung kann in ihrer Unterlassung liegen (OLG Köln JurBüro 2012, 34).

Einrichtung: Eine fehlerhafte mechanische, elektrische oder elektronische Einrichtung kann eine unrichtige Sachbehandlung verursachen.

Einzelrichter: Die Übertragung einer Sache auf den Einzelrichter ohne vorherige Anhörung der Parteien kann eine unrichtige Sachbehandlung sein (OVG Münster, NVwZ-RR 2018, 208).

Entscheidungsgründe: Eine unrichtige Sachbehandlung **fehlt** dann, wenn das Urteil trotz § 313a I ZPO einen Tatbestand und Entscheidungsgründe enthält (OLG Brandenburg JurBüro 2007, 536; aA OLG Köln FamRZ 2007, 1759).

Entscheidungsverbund: → „Folgesache".

Erkrankung: → „Krankheit".

Ermessen: Eine unrichtige Sachbehandlung liegt beim Ermessensfehl- oder -missbrauch vor. Eine unrichtige Sachbehandlung kann **fehlen,** soweit das Gericht von einem Ermessen in dessen Grenzen Gebrauch oder auch keinen Gebrauch gemacht hat (OLG Brandenburg JurBüro 2007, 536). Es kommt freilich auf den Grad der Nichtbeachtung mit an, etwa darauf, ob ein Ermessensverstoß offenkundig war (OLG Düsseldorf NJW-RR 2007, 1151; OLG Koblenz FamRZ 2002, 1644).

Falschauskunft: Eine unrichtige Sachbehandlung kann in ihr vorliegen (OLG Koblenz JurBüro 2012, 435).

Fristablauf: → „Aufklärungspflicht".

Geschäftsunfähigkeit: Ihre Nichtbeachtung kann eine unrichtige Sachbehandlung sein (LG Kiel SchlHA 2002, 26).

Gesetzlicher Richter: Eine unrichtige Sachbehandlung kann bei einem Verstoß gegen das Gebot des gesetzlichen Richters nach Art. 101 I 2 GG vorliegen (BGH WuM 2004, 162).

Grundurteil: Eine unrichtige Sachbehandlung **fehlt,** soweit das Gericht bei § 304 ZPO nach seinem pflichtgemäßen Ermessen nicht für das Betragsverfahren die Rechtskraft des Grundurteils abwartet, sondern nach dem Antrag des Klägers ins Betragsverfahren übergeht (aA OLG Celle NJW-RR 2003, 787 (788); aber es geht nicht nur um den Bekl., sondern auch um den Kläger, der weiterkommen will), oder soweit das Gericht nicht schon zwecks einer Verfahrensbeschleunigung ein solches Grundurteil fällt (aA OLG Celle BauR 2006, 388 (392)).

Gutachten: Es gibt manche Situationen.

- **(Keine Anhörung):** Unrichtigkeit dann, wenn das Gericht im Amtsverfahren ein Gutachten ohne vorherige Anhörung des Betroffenen einholt (LG Baden-Baden ZfS 1994, 263; LG Leipzig JurBüro 2009, 598; AG Zschopau ZfS 1994, 422).
- **(Keine Anleitung):** Unrichtigkeit dann, wenn das Gericht den Sachverständigen nicht genügend nach § 404a ZPO anleitet (OLG Nürnberg BauR 2011, 141 (142)).
- **(Kein Auftrag):** Eine unrichtige Sachbehandlung kann bei einer Vergütung trotz Fehlens eines korrekten Auftrags vorliegen (OLG Celle BauR 2015, 1711 (1712)).
- **(Blutgruppengutachten):** → „(Entbehrlichkeit)".
- **(DNA-Analyse): Keine** Unrichtigkeit dann, wenn das Gericht trotz einer solchen Analyse ein Abstammungsgutachten einholt (OLG Stuttgart NJW-RR 2008, 1392).
- **(Einkommensermittlung): Keine** Unrichtigkeit dann, wenn das Gericht den Sachverständigen bittet, das Einkommen eines selbständigen vertraglichen Unterhaltsschuldners zu ermitteln (OLG Koblenz FamRZ 2002, 1644).
- **(Entbehrlichkeit):** Unrichtigkeit dann, wenn das Gericht ein offenkundig entbehrliches Gutachten einholt, zB ein Blutgruppengutachten wegen anderer Hautfarbe (OLG Schleswig SchlHA 1989, 78), oder ein Gutachten über eine ortsübliche Vergleichsmiete bei Existenz eines qualifizierten Mietspiegels (LG Nürnberg-Fürth WuM 2018, 90 (92)). Aber auch → „(DNA-Analyse)".
- **(Kein Hinweis):** → „(Überteuerung)".
- **(Parteivorschläge): Keine** Unrichtigkeit dann, wenn das Gericht ein Gutachten trotz übereinstimmender anderer Vorschläge beider Parteien einholt (OLG Zweibrücken JurBüro 1997, 372).
- **(Überteuerung):** Unrichtigkeit dann, wenn das Gericht ein Gutachten zu unverhältnismäßig hohen Kosten einholt, die zB zehnmal so hoch sind wie eine voraussichtliche Strafe oder Geldbuße, ohne den Antragsteller vorher auf solche Kostenfolge aufmerksam zu machen (LG Freiburg MDR 1993, 911).

– **(Langes Zuwarten):** Unrichtigkeit dann, wenn das Gericht zu lange zuwartet (OLG Frankfurt a. M. AGS 2016, 349).

Hilfsaufrechnung: Eine unrichtige Sachbehandlung liegt vor, soweit das Gericht über eine oder mehrere zur Hilfsaufrechnung gestellte Gegenforderung(en) des Bekl. entgegen § 308 I ZPO über den Betrag der Hauptforderung hinaus ohne eine entsprechende Widerklage entscheidet.

Hinweis: Eine unrichtige Sachbehandlung kann vorliegen, soweit das Gericht einen notwendigen Hinweis unterlassen hat, → „Aufklärungspflicht".

Insolvenz: → „Unterbrechung".

Klagart: Eine unrichtige Sachbehandlung kann vorliegen, soweit das Gericht verkannt hat, dass der Kläger die falsche Klagart gewählt hatte (OLG Zweibrücken FamRZ 1997, 837 (839)).

Klageinreichung: Eine unrichtige Sachbehandlung kann **fehlen,** wenn das Gericht eine Doppeleinreichung derselben Klage nach § 253 ZPO bearbeitet, insbesondere ohne das zu bemerken (OLG Düsseldorf NJW-RR 1999, 1670).

Klagezustellung: Eine unrichtige Sachbehandlung kann vorliegen, soweit das Gericht die Klagezustellung nach § 270 ZPO derart verzögert, dass der Kläger eine Erledigung der Hauptsache nicht mehr erfolgreich nach § 91a ZPO erklären kann (OLG Düsseldorf NJW-RR 1993, 828), oder wenn das Gericht bei einer Auslandszustellung nach § 183 ZPO Übersetzungsvorschriften missachtet (OLG Koblenz MDR 2010, 101). Eine unrichtige Sachbehandlung kann **fehlen,** soweit das Gericht die Klageschrift einer gelöschten GmbH zu Händen ihrer früheren Geschäftsführer zustellen lässt, die der Kläger ersichtlich persönlich verklagen will (OLG Koblenz VersR 1983, 671).

Kostenentscheidung: Eine unrichtige Sachbehandlung auch bei der Kostenentscheidung und beim Kostenansatz kann vorliegen (BGH NStZ-RR 2008, 31). Sie kann **fehlen,** soweit das Beschwerdegericht eine solche Kostenentscheidung getroffen hat, die sich erübrigt hätte, wenn die Rechtsmittelrücknahme dort rechtzeitig eingegangen wäre (BFH Rpfleger 1992, 365; OLG Schleswig SchlHA 1998, 144).

Krankheit: Eine unrichtige Sachbehandlung **fehlt,** soweit sich eine Verzögerung nur infolge der Erkrankung einer Gerichtsperson ergeben hat (OLG Hamm NStZ-RR 2000, 320).

Ladung, Abladung: Zunächst → Rn. 26, 27. Eine unrichtige Sachbehandlung kann vorliegen, soweit das Gericht eine Ladung in einen falschen Sitzungsraum oder unter einer nicht zutreffenden Anschrift veranlasst hat oder soweit es bei einer Maßnahme in letzter Minute nicht die technisch mögliche und auch kostenmäßig vertretbare Form gewählt hat (OLG Hamm MDR 1988, 1066; Abladung durch bloßen „Auftrag" an einen ProzBev). Sie kann auch bei einer vorhersehbar gewesenen Notwendigkeit einer Terminsänderung vorliegen (OLG Düsseldorf MDR 1978, 339). Eine Unrichtigkeit kann **fehlen,** soweit eine Eilpost unterblieb, die nicht direkt notwendig war (OLG Koblenz Rpfleger 1987, 435). Auch → „Vorschuss".

Mediation: Eine unrichtige Sachbehandlung kann bei einer Zwangsmediation vorliegen (aA AG Eilenburg FamRZ 2007, 1670, zu § 122 ZPO).

Mitteilungspflicht: Eine unrichtige Sachbehandlung kann vorliegen, soweit das Gericht eine ihm vorgeschriebene Mitteilung unterlassen hat, falls einem Beteiligten dadurch ein Nachteil entstanden ist (OLG Düsseldorf JurBüro 1994, 302). Das kann zB auch dann so sein, wenn das Gericht einen Sachverständigen nicht von einer Aussetzung informiert hat oder wenn es den Kostenschuldner nicht vor einer Erweiterung des Gutachterauftrags verständigt (LG Duisburg NZV 2018, 291). Eine Unrichtigkeit kann **fehlen,** soweit das Gericht nur eine Mitteilungspflicht verletzt, etwa diejenige nach § 11 II 4 RPflG (aA OLG Düsseldorf NJW-RR 1994, 383; Meyer-Stolte Rpfleger 1976, 299 (300); aber die Mitteilungspflicht steht nicht im Mittelpunkt des Erinnerungsverfahrens).

Nacherbfolge: → „Unterbrechung".

Nachlasspflegschaft: → „Unterbrechung".

Nebenkläger: Seine Nichtzulassung kann eine unrichtige Sachbehandlung sein (OLG München JurBüro 1978, 101). Dasselbe gilt bei einer fehlerhaften Bestellung eines Beistands nach § 90 ZPO usw (KG JurBüro 2009, 656).

Pflichtverteidiger: Eine unrichtige Sachbehandlung kann in folgenden Fällen **fehlen:** Das Gericht hat dem Angeklagten gegen seinen Willen neben dem Wahlverteidiger einen Pflichtverteidiger bestellt. Denn diese Maßnahme kann wegen der Fürsorgepflicht des Gerichts nach dem bisherigen Verfahrensverlauf nötig gewesen sein (OLG Düsseldorf AnwBl 1983, 462); das Gericht hat die Pflichtverteidigung trotz der nachträglichen Bestellung eines Wahlverteidigers deshalb aufrechterhalten, weil es damit rechnen konnte, der letztere werde alsbald niederlegen, um selbst zum Pflichtverteidiger bestellt zu werden (OLG Düsseldorf JurBüro 1996, 655 (656); LG Mainz Rpfleger 1987, 477 (478)).

Prozessbevollmächtigter: Eine unrichtige Sachbehandlung **fehlt,** soweit das Gericht nur auf Grund eines Fehlers des ProzBev nach § 81 ZPO handeln musste (OLG Düsseldorf NJW-RR 1999, 1670).

Prozessfähigkeit: Eine unrichtige Sachbehandlung kann vorliegen, soweit das Gericht gegen § 53 ZPO verstoßen hat (BGH NJW 1988, 49 (51)), oder soweit es eine Prozessunfähigkeit nicht beachtet hat (BGH NJW 1988, 49 (51); OLG Koblenz NJW-RR 2012, 891; OLG München NJW-RR 1989, 255 (256)). Auch → „Unterbrechung".

Prozesskostenhilfe: Es gibt sehr unterschiedliche Situationen.

- **(Änderung der Beurteilung):** Anzuwenden ist § 21 evtl. dann, wenn das Gericht die Rechtslage in derselben Besetzung im Prozesskostenhilfeverfahren anders als im Prozess beurteilt (OLG Schleswig SchlHA 1989, 111).
- **(Aktenzeichen):** Eine unrichtige Sachbehandlung kann dann vorliegen, wenn eine Partei die Klage nach Bewilligung von PKH unter Hinweis darauf, aber ohne deren Aktenzeichen einreicht und das Gericht nicht nach ihm fragt usw (aA OLG Koblenz AGS 2015, 332; vgl. aber § 139 ZPO).
- **(Anhörung):** Anzuwenden ist § 21 dann, wenn das Gericht entgegen § 118 I 1 Hs. 2 ZPO zu einem unschlüssigen Klagentwurf angehört hat (OLG Koblenz MDR 2010, 950). **Nicht anzuwenden** ist § 21 dann, wenn das Gericht den Gegner vor einer Klärung der Bedürftigkeitsfrage anhörte (OLG Düsseldorf JurBüro 1998, 39).
- **(Bedürftigkeit):** → „Anhörung".
- **(Begründung):** Anzuwenden ist § 21 bei einer objektiv unhaltbaren Begründung (OLG Braunschweig JurBüro 1979, 870).
- **(Keine Bezugnahme): Nicht anzuwenden** ist § 21 dann, wenn der Kläger eine Klage ohne Bezugnahme auf eine schon erfolgte Bewilligung von PKH eingereicht hat (OLG Koblenz MDR 2011, 1135).
- **(Entscheidungsreife):** → „Gleichzeitige Ablehnung".
- **(Gleichzeitige Ablehnung):** Anzuwenden ist § 21 dann, wenn das Gericht zugleich sowohl das Prozesskostenhilfegesuch als auch die Klage ablehnend beschieden hat (FG Sachsen JurBüro 2009, 600; OVG Hamburg Rpfleger 1986, 68; VGH Hessen NJW 1985, 218, vorsichtiger VGH Hessen NJW 2012, 3738). Freilich kann eine **Entscheidungsreife** für beides gleichzeitig eintreten und dann (selbstverständlich) zu beachten sein. Auch → „Unbedingte Klage".
- **(Hinweis):** Anzuwenden ist § 21 dann, wenn das Gericht den Kläger durch einen unrichtigen Hinweis zum Abstandnehmen von einem Vorbehalt oder von einer Klarstellung veranlasst hat, er werde seine Klage nur im Umfang der Bewilligung von PKH erheben (OLG Köln JurBüro 2005, 546; OVG Hamburg Rpfleger 1986, 68). Aber auch → „Rechtshilfe".
- **(Rechtshilfe): Nicht anzuwenden** ist § 21, soweit das Gericht nicht auf die Notwendigkeit eines Rechtshilfeersuchens nach §§ 156 ff. GVG hingewiesen hat (OLG Düsseldorf JurBüro 2010, 316).
- **(Übersehen):** Anzuwenden ist § 21 dann, wenn das Gericht einen begründeten Antrag auf PKH übersehen hat und eine Bewilligung auch nicht nach § 119 rückwirkend **nachholen** kann.
- **(Unbedingte Klage): Nicht anzuwenden** ist § 21 dann, wenn ein Prozesskostenhilfegesuch und eine unbedingte Klage zusammentrafen (FG Düsseldorf JurBüro 2008, 210). Auch → „Keine Bezugnahme".
- **(Unschlüssigkeit):** → „Anhörung".

– **(Verzögerung): Nicht anzuwenden** kann § 21 dann sein, wenn der Bekl. eine Verzögerung der Entscheidung über sein Prozesskostenhilfegesuch hingenommen hat (OLG Köln NJW-RR 1999, 649).

Rechtliche Beurteilung: Eine unrichtige Sachbehandlung kann vorliegen, soweit das Gericht eine völlig unhaltbare Rechtsbeurteilung vornimmt (OLG München MDR 1990, 348; VGH Baden-Württemberg NVwZ-RR 2016, 80). Ihre Änderung im Prozess muss aber **keineswegs** eine unrichtige Sachbehandlung sein. Denn der Richter darf und muss selbstkritisch bleiben (OLG Düsseldorf NJW-RR 1999, 1670; OLG Karlsruhe JurBüro 1999, 204; 1999, 425; VGH Bayern NVwZ-RR 2004, 458; aA OLG Hamm DRiZ 1979, 374 (375); OLG Braunschweig JurBüro 1977, 1777; OLG Köln NJW 1979, 1835).

Rechtliches Gehör: Eine unrichtige Sachbehandlung kann vorliegen, soweit das Gericht einem Beteiligten das rechtliche Gehör nach Art. 103 I GG zu einer entscheidungserheblichen Frage versagt hat (BVerfGE 36, 85 = NJW 1974, 133; BGH JZ 1977, 165; OVG Münster NVwZ-RR 2018, 208). Das kann bei einer Entscheidung vor dem gerichtlich bestimmten Fristablauf so sein (OVG Nordrhein-Westfalen NVwZ-RR 2015, 561 (562)).

Rechtsbehelfsbelehrung: Eine unrichtige Sachbehandlung kann vorliegen, soweit das Gericht durch eine falsche Rechtsbehelfsbelehrung die erfolglose Einlegung eines Rechtsmittels veranlasst hat (BGH JurBüro 1980, 460; BayObLG WuM 1995, 70 (zur KostO); OVG Sachsen-Anhalt DÖV 2009, 424). Eine unrichtige Sachbehandlung **fehlt,** soweit ein Gericht dazu nicht direkt gesetzlich verpflichtet war und sie deshalb gar nicht vorgenommen hat (BGH NJW 2002, 3420), oder soweit der Anwalt die Unrichtigkeit sogleich hätte erkennen können (OLG Zweibrücken NStZ-RR 2000, 319). Auch → „Belehrung".

Rechtsbeschwerde: Eine unrichtige Sachbehandlung kann vorliegen, soweit das Beschwerdegericht entgegen § 66 III 3 eine Rechtsbeschwerde nach § 574 I 1 Nr. 2 ZPO zugelassen hat. Sie wäre ja trotzdem unstatthaft (vgl. zum alten Recht BGH NJW 2003, 69 (70)). Auch die Kosten infolge einer nicht notwendigen Entscheidung des Berufungsgerichts können unter § 21 fallen (BGH NJW 2006, 693 Rn. 27).

Rechtsbeugung: Eine unrichtige Sachbehandlung kann vorliegen, soweit das Gericht fast eine Rechtsbeugung nach § 339 StGB begeht (LG Frankfurt a. M. WuM 1997, 630).

Rechtsfrage: → „Streitfrage".

Rechtsgutachten: Eine unrichtige Sachbehandlung kann vorliegen, soweit das Gericht entgegen § 293 ZPO ein Gutachten über inländisches Recht eingeholt hat (OLG Düsseldorf NJW-RR 2007, 1151; OLG Karlsruhe FamRZ 1990, 1367; zur KostO). Auch → „Gutachten".

Rechtsmittelverzicht: → „Entscheidungsgründe".

Rechtsmittelzulassung: Ihre offensichtliche Unhaltbarkeit kann eine unrichtige Sachbehandlung sein (OLG München JurBüro 1978, 102 (Berufung); BGH MDR 1980, 203 (Revision)).

Rechtsprechungsänderung: Sie kann zur Nichterhebung führen (OVG Nordrhein-Westfalen NVwZ-RR 2003, 607).

Revision: Eine unrichtige Sachbehandlung kann in folgenden Fällen vorliegen: Das Gericht hat die Revision unter Verkennung von § 545 II ZPO zugelassen (BGH MDR 1980, 203); das Revisionsgericht muss das Berufungsurteil wegen eines absoluten Revisionsgrundes zB nach § 547 ZPO aufheben (BGH NJW 1992, 2039; NStZ 2001, 135; BAG NZA 2014, 742 (744)). Eine unrichtige Sachbehandlung **fehlt** grds. bei übereinstimmenden Entscheidungen des Berufungs- und des Revisionsgerichts (OLG Hamburg MDR 2004, 474), oder dann, wenn es auf ein Gutachten nicht mehr ankommt (OLG Karlsruhe NJW-RR 2008, 807 (808)). Natürlich können ausnahmsweise **beide** unrichtig gehandelt haben. Auch → „Urteilszustellung".

Rücknahme: Es gilt I 3 (BGH NJW-RR 2005, 1230). → Rn. 46 ff.

Rückzahlung: Eine unrichtige Sachbehandlung kann infolge einer versehentlichen Rückzahlung des Kostenbeamten vorliegen (OLG Karlsruhe NJW-RR 2010, 499 (500)).

Sachverständiger: → „Gutachten“, → „Ladung, Abladung“, → „Mitteilungspflicht“, → „Rechtsgutachten“, → „Vorschuss“.

Schriftsatznachlass: Seine Verweigerung zB entgegen § 283 ZPO kann eine unrichtige Sachbehandlung sein.

Selbständiges Beweisverfahren: → „Eilantrag“.

Streitfrage: Eine unrichtige Sachbehandlung kann **fehlen,** soweit es um die Beurteilung einer streitigen Rechtsfrage geht (BGHZ 93, 191 (213) = NJW-RR 1986, 480; OLG Frankfurt a. M. JurBüro 1975, 1224; OLG Köln NJW-RR 2001, 1724 (1725)), oder gar um die Beurteilung einer wissenschaftlichen Streitfrage (OLG Schleswig SchlHA 1986, 46; aA BFH NVwZ-RR 2000, 552; OLG Düsseldorf NJW-RR 2007, 1151; OLG Karlsruhe OLGZ 1977, 484 (486); aber dann wäre die Ausübung des richterlichen Ermessens stets dann ein offensichtlicher schwerer Fehler, wenn das nächsthöhere Gericht eine andere Rechtsbeurteilung vornimmt). Letzteres gilt erst recht bei einer neuen solchen Frage (OLG Köln NJW-RR 2001, 1724 (1725); aA BFH NVwZ-RR 2000, 552).

Tatbestand: → „Entscheidungsgründe“.

Teilurteil: Eine unrichtige Sachbehandlung kann in seinem Erlass nach § 301 ZPO liegen (OLG Köln NJW-RR 1992, 908). Eine unrichtige Sachbehandlung **fehlt** bei einem Verstoß nur gegen das Gebot der Widerspruchsfreiheit (OLG Hamburg MDR 2013, 424).

Telefax: → „Einrichtung“.

Terminsverlegung: → „Ladung, Abladung“, → Rn. 26, 27.

Testamentsvollstreckung: → „Unterbrechung“.

Tod: → „Unterbrechung“.

Trennung: Eine unrichtige Sachbehandlung kann vorliegen, soweit das Gericht eine Trennung zB nach § 146 ZPO hochgradig fehlerhaft vorgenommen hat (BGH NJW-RR 1997, 831 (832); OLG Zweibrücken JurBüro 2007, 322; OVG Berlin-Brandenburg NVwZ-RR 2016, 720). Eine unrichtige Sachbehandlung **fehlt,** soweit eine vertretbare Trennung höhere Kosten verursacht hat (OVG Nordrhein-Westfalen NJW 1978, 720), oder ein Beteiligter die Trennung durch neue selbständige Anträge verursacht und das abgetrennte Verfahren rügelos weiterbetrieben hat (VGH Bayern NVwZ-RR 2004, 458; OVG Nordrhein-Westfalen NJW 2011, 871 (dort verneint)), oder soweit Eilbedürftigkeit besteht (OLG Bremen MDR 2015, 1370, zu § 20 FamGKG).

Überlänge: Eine unrichtige Sachbehandlung kann bei einem Verstoß gegen §§ 198 ff. GVG vorliegen.

Übersetzung: Eine unrichtige Sachbehandlung kann dann vorliegen, wenn das Gericht zB bei einer Klagezustellung nach § 271 ZPO Übersetzungsvorschriften missachtet (OLG Koblenz MDR 2010, 101), oder soweit es eine eindeutig unschlüssige Klage übersetzen lässt (OLG Koblenz JurBüro 2010, 432). Eine unrichtige Sachbehandlung **fehlt,** soweit das Gericht zwecks einer Beschleunigung eine Übersetzung anordnet, obwohl die zuständige ausländische Behörde möglicherweise auf eine Übersetzung verzichten könnte (OLG Koblenz NJW-RR 2004, 1295 (1296)).

Unerheblichkeit: Eine unrichtige Sachbehandlung liegt bei der Einholung eines entscheidungsunerheblichen Gutachtens vor (OLG Koblenz FamRZ 2016, 66 (67)).

Unterbrechung: Eine unrichtige Sachbehandlung kann vorliegen, soweit das Gericht gegen §§ 239 ff., 249 ZPO verstoßen hat.

Unzweckmäßigkeit: Eine unrichtige Sachbehandlung kann **fehlen,** soweit das Gericht lediglich unzweckmäßig gehandelt hat, etwa durch die unnötige Ladung eines Zeugen oder durch die unnötige Trennung eines Verfahrens vom anderen (aA OVG Nordrhein-Westfalen NJW 1978, 720).

Urlaub: Eine unrichtige Sachbehandlung **fehlt,** soweit sich eine Verzögerung nur infolge des Urlaubs einer Gerichtsperson ergeben hat (OLG Hamm NStZ-RR 2000, 320).

Ursächlichkeit: → Rn. 22.

Urteilszustellung: Eine unrichtige Sachbehandlung kann **fehlen,** soweit eine Partei gegen ein Urteil Revision zB nach § 542 ZPO und Nichtzulassungsbeschwerde zB nach § 544 ZPO eingelegt hatte und das Gericht das Urteil verspätet zugestellt hat (BAG NZA 1995, 807).

Verbindung: Eine unrichtige Sachbehandlung liegt vor, soweit das Gericht einen gesetzlichen Verbindungszwang zB nach § 137 FamFG missachtet (OLG Celle AGS 2011, 301 mAnm Thiel; zu § 20 FamGKG).

Vergleich: Eine unrichtige Sachbehandlung kann in einer Entscheidung nach seinem Zustandekommen liegen (OLG Koblenz NJW-RR 2009, 358; OLG Schleswig SchlHA 1996, 140).

Verhältnismäßigkeit: → „Zustellung".

Verhandlungsdauer: Eine unrichtige Sachbehandlung kann dann **fehlen,** wenn das Gericht zwei Hauptverhandlungstage gebraucht hat, obwohl vielleicht rückblickend nur einer notwendig gewesen wäre (OLG Hamburg Rpfleger 1983, 175).

Verjährung: Eine unrichtige Sachbehandlung kann **fehlen,** soweit das Gericht eine überhaupt nicht näher dargelegte Einrede der Verjährung zunächst unbeachtet lässt (OLG Schleswig JurBüro 1995, 43 (44)), oder soweit es einen Rückforderungsanspruch gegen einen Sachverständigen verjähren lässt (OLG Koblenz DS 2013, 197).

Verkündung: Eine unrichtige Sachbehandlung kann vorliegen, soweit eine Urteilsverkündung trotz einer wenn auch nur von **einem** der ProzBev mitgeteilten Einigung erfolgt (OLG Koblenz NJW-RR 2009, 358; OLG Schleswig SchlHA 1996, 140; aA OLG Zweibrücken NStZ-RR 2000, 319), oder soweit ein Verkündungsprotokoll fehlt. Der Vermerk nach § 315 ZPO reicht nicht (OLG Brandenburg OLG-NL 1999, 94). Auch → „Vergleich".

Verlust: Der Verlust zB einer Urkunde im Gerichtsbereich kann eine unrichtige Sachbehandlung sein (KG AGS 2007, 639).

Verschulden: → Rn. 6.

Vertagung: Eine unrichtige Sachbehandlung kann in ihrer Ablehnung zB wegen eines Wechsels des ProzBev nach § 81 ZPO liegen (OLG Köln NJW 1979, 1834). Eine unrichtige Sachbehandlung **fehlt** dann, wenn das Gericht keine Vertagung anordnet, weil ein kranker Staatsanwalt dennoch an der Verhandlung teilnimmt (BGH NStZ 2001, 135). Auch → „Ladung, Abladung".

Verweisung: Eine unrichtige Sachbehandlung kann vorliegen, soweit das Gericht zB bei § 281 ZPO usw fehlerhaft nicht verweist (VGH Bayern NVwZ-RR 2016, 399 (400)). Auch → „Zurückverweisung".

Verzögerung: S. bei den einzelnen Verzögerungsgründen.

Vorschuss: Eine unrichtige Sachbehandlung kann vorliegen, soweit das Gericht unverhältnismäßig hohe Kosten einer öffentlichen Ladung nicht zB nach §§ 379, 402 ZPO als Vorschuss eingefordert hatte, § 17 (LG Koblenz NJW-RR 1999, 1744). Sie kann auch infolge einer versehentlichen Rückzahlung des Kostenbeamten vorliegen (OLG Karlsruhe NJW-RR 2010, 499 (500)). Sie kann bei falscher Verbuchung des eingezahlten Vorschusses vorliegen (OLG Frankfurt a. M. NJW-RR 2012, 893 (894)). Eine unrichtige Sachbehandlung kann **fehlen,** soweit das Gericht einen Sachverständigen oder Zeugen vernommen hat, ohne für ihn vorher einen ersten oder weiteren Vorschuss anzufordern (OLG Düsseldorf JurBüro 1985, 103; OLG Koblenz DS 2005, 349; OLG Saarbrücken JurBüro 1995, 316).

Willkür: Eine unrichtige Sachbehandlung liegt bei einer Willkür vor.

Zeuge: Eine unrichtige Sachbehandlung kann dann vorliegen, wenn das Gericht einen Zeugen im letzten Moment nur durch die „Beauftragung" eines ProzBev nach § 81 ZPO abgeladen hat (OLG Hamm MDR 1988, 1066). Eine Unrichtigkeit kann **fehlen,** soweit das Gericht einen Zeugen nur unzweckmäßig oder unnötig geladen hat (OLG Hamm NStZ-RR 2000, 320). Auch → „Beweisaufnahme", → „Ladung, Abladung", → „Vorschuss".

Zurückverweisung: Eine unrichtige Sachbehandlung kann vorliegen, soweit das untere Gericht einen offensichtlichen erheblichen Verfahrensfehler begangen hat, der zur Zurückverweisung durch das obere zB nach § 538 II ZPO führt (BGHZ 144, 123 = NJW 2000, 3786 (3789); OLG Brandenburg NJW-RR 2014, 199 (202); KG MDR 2006, 48), oder soweit ein vergleichbar schwerer materiellrechtlicher Fehler zur Zurückverweisung führt (OLG Jena JurBüro 1999, 435 (437); OLG Karlsruhe JurBüro 1999, 425). Hierher kann ein absoluter Revisionsgrund zB nach § 547 ZPO zählen, → „Revision", oder die Notwendigkeit wiederholter Zurückverweisungen in derselben Sache (OLG Düsseldorf MDR 1995, 212; OLG Rostock MDR 1995, 212). Eine unrichtige Sachbehandlung kann aber dann auch **fehlen** (KG MDR 2006, 48; OLG Koblenz NJW-RR 1996, 1429; OLG München MDR 1990, 348; aA OLG Hamm DRiZ 1979, 374 (375); KG JurBüro 1992, 654); aber es kann sich zB um einen doch leichteren Verfahrensfehler handeln (OLG München MDR 1990, 348), oder um eine bisher höchstrichterlich ebenso beurteilte Frage (BGHZ 93, 191 (213) = NJW-RR 1986, 480; OLG Hamburg MDR 2004, 474; OLG Köln NJW-RR 2001, 1724 (1725); aA OLG Karlsruhe OLGZ 1977, 484 (486)), oder um eine neue Rechtsfrage, → „Streitfrage". Es kann ja auch die Entscheidung des oberen Gerichts falsch sein. Es kommt daher auf ihre Überzeugungskraft an). Wegen KV 1210, 1211 kommt die Niederschlagung einer Urteilsgebühr nicht mehr in Betracht (OLG Karlsruhe FamRZ 1998, 1310).

Zustellung: Eine unrichtige Sachbehandlung kann vorliegen, soweit das Gericht eine zB nach §§ 166 ff. ZPO offenbar falsche Zustellung veranlasst. Das gilt beim Tenor des Urteils, bei einer falschen Entscheidungsform, beim Tatbestand und seinem Fehlen, bei einer Verspätung (OLG Düsseldorf NJW-RR 1993, 828). Eine unrichtige Sachbehandlung kann **fehlen,** soweit die Kosten einer öffentlichen Zustellung etwa nach §§ 185 ff. ZPO die Klageforderung erheblich übersteigen (LG Koblenz NJW-RR 1999, 1744; LG München I JurBüro 1999, 424 (auch zu einer Ausnahme)). Aber es gibt eine Grenze beim Verstoß gegen den Verhältnismäßigkeitsgrundsatz.

Zwangsvollstreckung: Eine unrichtige Sachbehandlung kann vorliegen, soweit das Gericht einen offensichtlich ungeeigneten Titel zur Vollstreckung nach § 750 ZPO ausreichen lässt.

Zweckmäßigkeit: Eine unrichtige Sachbehandlung **fehlt,** soweit sich nur die Unzweckmäßigkeit einer Maßnahme des Gerichts ergibt (OLG Hamm NStZ-RR 2000, 320; OLG Karlsruhe NJW-RR 2008, 807 (808); LG München I JurBüro 1999, 424).

VI. Ursächlichkeit (I 1). Ein einfacher Grundsatz hat manche Auswirkung. 22

1. Objektiver Maßstab. Eine unrichtige Behandlung muss für die Kosten objektiv ursächlich gewesen sein (OLG Celle BauR 2015, 1711 (1712); OLG Düsseldorf JurBüro 2009, 39; OVG Niedersachsen NVwZ-RR 2006, 221; E. Schneider MDR 2001, 914 (915)). Ursächlichkeit ist grundsätzlich dann zu bejahen, wenn die Partei gerade auf Grund des Mangels ein Rechtsmittel eingelegt hat (OLG München NJW-RR 1989, 255 (256)). Das gilt selbst dann, wenn die Einlegung objektiv vermeidbar war (OLG Düsseldorf VersR 1984, 1154). 23

2. Beispiele zur Frage einer Ursächlichkeit (I 1)

Arbeitstempo: Nicht ursächlich war ein zu langsames dann, wenn dieselben Kosten auch bei schnellerem entstanden wären und wenn die jetzt gewählte Maßnahme der Partei mindestens ebenso hohe Kosten auslöste (aA LG Stuttgart MDR 1990, 933). 24

Ausreichender anderer Grund: Nicht ursächlich ist folgende Lage: Das Gericht hat zwar die Ablehnung eines Antrags auf einen objektiv offenbar unhaltbaren Grund gestützt, es hätte den Antrag aber aus einem anderen zwar nicht erörterten, in Wahrheit aber objektiv zutreffenden Grund ebenso abweisen müssen. Denn dann wären die Kosten auch bei einer richtigen Behandlung entstanden (BPatGE 49, 123 = GRUR 2006, 261 (263)).

Ergebnisrichtigkeit: Nicht ursächlich ist eine unrichtige Sachbehandlung dann, wenn die Entscheidung im Ergebnis richtig ist.

Kostenschuldner: Ausreichend ist, dass die Kosten zwar auch bei einer richtigen Sachbehandlung entstanden wären, dass aber gerade dieser Kostenschuldner dann nicht gehaftet hätte (OLG Frankfurt a. M. Rpfleger 1979, 152).

Mittelbare Folge: Nicht ursächlich ist sie selbst bei einer ganz unrichtigen Sachbehandlung (OLG Düsseldorf VersR 1984, 1154).

Mitwirkendes Verschulden: Nicht zu beachten ist ein solches der Partei, des gesetzlichen Vertreters nach § 51 II ZPO oder des ProzBev nach § 85 II ZPO (OLG Düsseldorf JurBüro 1994, 302; OVG Hamburg Rpfleger 1986, 68 (69);

strenger OLG Düsseldorf (10. ZS) NJW-RR 1997, 1159; OLG Hamm FamRZ 1986, 1139 (1140) mkritAnm Bosch; OLG Nürnberg NJW-RR 1997, 1159 (aber hier geht es nur um die objektive Ursächlichkeit)). Eine nicht ganz unerhebliche Mitursächlichkeit reicht aus.

Übersehen: Nicht ursächlich ist das Übersehen eines Prozesskostenhilfeantrags dann, wenn **das** Gericht ihn hätte abweisen müssen.

Verfahrensgebühr: Nicht ursächlich ist die Nichterhebung zB der Gebühr KV 1210 dann, wenn das Urteil sogar grobe Mängel zeigte und wenn sich die Parteien in der Berufungsinstanz vergleichen (KG JurBüro 1997, 654).

25 **VII. Terminsverlegung, Vertagung (I 2).** Auch → Rn. 21 „Ladung, Abladung". Das Gericht darf solche Auslagen nicht erheben, die durch die von Amts wegen veranlasste Verlegung eines Termins oder durch eine von Amts wegen veranlasste Vertagung einer Verhandlung entstanden. Auslagen sind zB die Vergütung eines Sachverständigen oder Dolmetschers, die Entschädigung eines Zeugen oder ehrenamtlichen Richters, Kosten einer öffentlichen Bekanntmachung, einer Ladung, Umladung oder Abladung, Fahrt- und Übernachtungs- sowie sonstige Reisekosten.

26 Eine Verlegung usw erfolgt auch dann **von Amts wegen,** wenn ein Beteiligter sie aus einem gesetzlich zwingenden Grund beantragt oder anregt, etwa wegen der Nichteinhaltung einer Frist oder wegen einer Erkrankung usw. Die Verlegung oder Vertagung muss auf einem solchen Umstand beruhen, den die Partei nicht vertreten musste. Sie muss etwa durch die Krankheit eines Richters oder Staatsanwalts oder eines Zeugen oder durch ein Verhalten des Gerichts entstanden, das einen Ablehnungsantrag zumindest mitbegründete.

26a Dann entstehen **keine** Gebühren. Der Kostenbeamte darf sie also nicht einsetzen.

27 Soweit eine Terminsverlegung oder eine Vertagung **nur** auf einem **Antrag** eines Beteiligten beruht, kommt I 2 nicht in Betracht. Wenn ein Verlegungs- oder Vertagungsantrag und eine Verlegung oder Vertagung von Amts wegen zusammentreffen, kommt es darauf an, ob das Gericht die Verlegung oder Vertagung auch unabhängig von dem zugleich oder vorher eingegangenen Antrag vorgenommen hätte. Nur dann kommt I 2 in Betracht.

27a Soweit die **§ 95 ZPO, § 38 GKG** anzuwenden sind, ist I 2 nicht anzuwenden.

28 **VIII. Abweisung, Antragsrücknahme (I 3).** Die Vorschrift erlaubt dem Gericht, nach seinem pflichtgemäßen Ermessen von der Kostenerhebung abzusehen, sofern einer der folgenden Fälle → Rn. 29 oder → Rn. 30 vorliegt und außerdem die Voraussetzungen → Rn. 49–53 vorliegen.

29 **1. Entweder: Abweisung.** Das Gericht mag entweder eine abweisende Entscheidung getroffen haben. Hierhin gehört jede Verwerfung oder Zurückweisung. Die Art und Form der Entscheidung, etwa durch einen Bescheid, eine Verfügung, einen Beschluss oder durch ein Urteil, und der förmliche oder sachliche Inhalt der Entscheidung sind unerheblich (BGHZ 98, 318 (319) = NJW 1987, 1023). Hier zählt zB auch ein belastender Kostenbeschluss nach einer Erledigung der Hauptsache (FG Hamburg EFG 1981, 105).

30 **2. Oder: Antragsrücknahme.** Oder der Antragsteller mag ein Ersuchen beliebiger Art um die Vornahme einer gerichtlichen Handlung wirksam zurückgenommen haben. Hierhin gehören alle solchen Anträge, die Gebühren oder Auslagen verursachen, zB: Der Klagantrag nach § 253 II ZPO (OLG Koblenz NJW-RR 2012, 891); ein Scheidungsantrag nach § 133 FamFG; ein Prozesskostenhilfegesuch nach § 117 ZPO; ein Einspruch nach §§ 338, 700 ZPO; eine Rechtsmitteleinlegung nach §§ 519 I, 549 I 1, 569 I 1, 575 I 1 ZPO (BGH NJW-RR 2005, 1230).

31 **IX. Unverschuldete Unkenntnis der Verhältnisse (I 3).** Bei → Rn. 30 muss der Antrag außerdem auf einer vom Antragsteller nicht verschuldeten Unkenntnis der tatsächlichen oder rechtlichen Verhältnisse beruht haben. Unverschuldet ist nur dasjenige, was bei einer zumutbaren Bemühung nicht vermieden werden konnte. Die Partei darf auch bei einer Anwendbarkeit des sog. Meistbegünstigungsgrundsatzes zB nicht einfach davon ausgehen, das Gericht werde einem Fehler einen weiteren folgen lassen (BGH NJW-RR 2005, 1230). Dabei darf freilich die Anforderungen vor allem

an die Partei selbst auch nicht überspannt werden. Das Gericht muss in diesem Zusammenhang alle Umstände berücksichtigen, § 233 ZPO.

X. Beispiele zur unverschuldeten Unkenntnis (I 3)

Abweisung: → „Belehrung". 32

Aufenthalt: Nicht unverschuldet ist evtl. eine Unkenntnis des Aufenthaltsorts des Gegners (OLG Koblenz JurBüro 1995, 529).

Belehrung: Nicht unverschuldet ist grds. ein anschließendes Verhalten mit Berufung auf Unkenntnis der Verhältnisse. Eine Belehrung liegt auch in einer Zurückweisung des Antrags oder in seiner Verwerfung durch die Vorinstanz. Das Unterbleiben einer Belehrung durch das Finanzamt oder das Finanzgericht über etwa einschlägige Rechtsprechung führt noch nicht stets zur Schuldlosigkeit (FG Nürnberg EFG 1986, 89).

Bildungsgrad: Er ist stets mit zu beachten, → „Rechtsunkenntnis".

Erkrankung: Mit zu beachten ist zB eine psychische (OLG Koblenz NJW-RR 2012, 891).

Internet: Nicht unverschuldet ist ein Verhalten auf Grund einer ministeriellen Bekanntmachung im Internet (OLG Düsseldorf NJW-RR 2009, 1062).

Neue Tatsache: Unverschuldet ist evtl. ihre Unkenntnis dann, wenn man nur deshalb einen Antrag nicht zurückgenommen hat. Dann darf freilich nur derjenige Unterschiedsbetrag berücksichtigt werden, der zwischen dem an sich ansetzbaren und dem durch die Antragsrücknahme entstandenen Betrag liegt.

Prozessbevollmächtigter: Sein Verhalten ist zB nach § 85 II ZPO dem Vertretenen zurechnen (BGH NJW-RR 2005, 1230; OLG Düsseldorf MDR 1999, 1150), ebenso beim Finanz- oder Verwaltungsgericht (Kopp/Schenke VwGO § 60 Rn. 15).

Prozessfähigkeit: Schwierigkeiten ihrer Klärung können zu beachten sein (VG Freiburg FamRZ 2015, 68).

Rechtsunkenntnis: Sie mag unverschuldet oder verschuldet sein. Das hängt mit vom Bildungsgrad des Antragstellers und sonstigen Fallumständen ab (OLG Koblenz NJW-RR 2012, 891).

Tod: Unverschuldet ist evtl. eine Unkenntnis vom Tod des Gegners (OLG Koblenz JurBüro 1995, 429).

Vertreter: Sein Verhalten zB nach § 51 II ZPO ist dem Vertretenen zuzurechnen (BGH NJW-RR 2005, 1230; OLG Düsseldorf MDR 1999, 1150); ebenso beim Finanz- oder Verwaltungsgericht (Kopp/Schenke VwGO § 60 Rn. 15).

Verwerfung: → „Belehrung".

Zurückweisung: → „Belehrung".

XI. Verfahren (II). Fünf Aspekte sind zu beachten: 33

1. Zuständigkeit (II 1). Zur Entscheidung ist grundsätzlich das Gericht der Instanz zuständig (OLG Jena JurBüro 1999, 435; KG JurBüro 1997, 654; aA OLG Koblenz JurBüro 1992, 111 (113) (aber dort soll der Fehler entstanden sein)). Der Einzelrichter ist wie sonst nach §§ 348, 348a ZPO zuständig. Der nach §§ 361, 362 ZPO verordnete Richter ist nicht zuständig. Der Rpfleger entscheidet, soweit das zugrunde liegende Geschäft ihm übertragen ist (§ 4 RPflG). Soweit ein Antrag nach § 21 nach dem Zugang der Kostenrechnung eingeht, stellt er eine Erinnerung nach § 66 mit den dort erläuterten Folgen dar (BGH ZInsO 2019, 1786 Rn. 6 mwN; VGH Hessen NJW 2012, 3738). Das höhere Gericht ist zuständig, soweit, sobald und solange es mit der Sache befasst ist oder war (BGHZ 144, 123 = NJW 2000, 3786 (3788); OLG Brandenburg FamRZ 2004, 1662; KG JurBüro 1997, 654). Das Beschwerdegericht wird also erst dann zuständig, wenn das Erstgericht der einfachen oder sofortigen Beschwerde nicht zB nach § 572 I 1 ZPO abgeholfen hat (OLG Hamm DRiZ 1979, 374 (375)). 34

Das **Rechtsmittelgericht** darf und muss also wegen der in der Rechtsmittelinstanz entstandenen Kosten auch noch dann entscheiden, wenn es in der Hauptsache nichts mehr tun muss. Das gilt auch nach einer Zurückverweisung zB nach § 538 II ZPO auch wegen der Kostengrundentscheidung. Jedes Gericht kann aber nur über die Kosten seiner eigenen Instanz entscheiden (BGHZ 144, 123 = NJW 2000, 3786 (3789); OLG Hamm JurBüro 1980, 104; VGH Bayern BayVBl. 1982, 415). Nach 35 einer Rechtsmittelrücknahme zB nach § 516 ZPO vor dem Eingang der Sache beim Rechtsmittelgericht bleibt das erstinstanzliche Gericht zuständig. Das Revisionsgericht ist für die Niederschlagung der Kosten beider Instanzen zuständig. Es kann aber auch noch die Kosten eines früheren Revisionsverfahrens niederschlagen.

36 **2. Verfahrensablauf (II 1).** Das Verfahren beginnt auf Grund eines Antrags oder von Amts wegen. Daher kann auch eine Anregung des Vertreters der Staatskasse genügen (KG JurBüro 1977, 1587; aA LG Berlin JurBüro 1979, 1391). Ein Anwaltszwang besteht nicht, weil der Antrag zu Protokoll des Urkundsbeamten der Geschäftsstelle eingelegt werden kann, § 78 III Hs. 2 ZPO.

37 Solange nicht feststeht, ob der Antragsteller **überhaupt Kosten tragen muss,** ist der Antrag nur bei einem bereits jetzt vorhandenen Rechtsschutzbedürfnis zulässig (KG Rpfleger 1977, 227; OLG München JurBüro 1978, 101). Das Gericht kann zwar, muss aber nicht schon zusammen mit der Kostengrundentscheidung von Amts wegen auch bereits nach § 21 mitentscheiden. Es besteht keine Antragsfrist. Der Antrag kann also auch nach dem Eintritt der formellen Rechtskraft und sogar noch nach der Zahlung der Kosten gestellt werden.

38 Das Gericht entscheidet auf Grund einer freigestellten mündlichen **Verhandlung.** Es muss den von seiner Entscheidung Betroffenen vorher anhören, Art. 2 I, 20 III GG (Rpfleger: BVerfGE 101, 397 (404) = NJW 2000, 1709), Art. 103 I GG (Richter). Soweit das Gericht dem Antrag hätte stattgeben müssen, kommt eine **Stundung** durch die Verwaltung infrage, → Rn. 158. Bei einer Zurückverweisung wegen eines Verfahrensmangels werden die Kosten der Revisions- oder Berufungsinstanz nicht erhoben. Die Nichterhebung kommt aber nicht wegen solcher Kosten in Betracht, die durch die Berufungseinlegung entstanden sind.

39 **3. Verwaltungsentscheidung (II 2, 3).** Solange eine gerichtliche Entscheidung fehlt, kann die Entscheidung im Verwaltungsweg ergehen. Das gilt unabhängig davon, ob ein gerichtliches Verfahren nach § 21 bereits anhängig ist. Bereits eine erstinstanzliche stattgebende oder ablehnende Entscheidung des Gerichts macht ab ihrem Erlass nach → Rn. 60 eine Entscheidung im Verwaltungsweg unzulässig. Das gilt erst recht für eine zweitinstanzliche Entscheidung.

40 Soweit die Verwaltung einen Antrag nach § 21 **ablehnt,** gilt nicht § 23 EGGVG (Anrufung des OLG), sondern § 66 (Anrufung des Gerichts) als der einfachere Weg. Über die zuständige Verwaltungsstelle vgl. die KostVfg. Die Verwaltung darf ihre Entscheidung abändern, soweit nicht inzwischen das Gericht eine Entscheidung getroffen hat, II 3. Eine unzulässige Verwaltungsentscheidung ist wirkungslos.

41 **4. Gerichtliche Entscheidung (II 1).** Eine Entscheidung des Gerichts ergeht in der Form eines Beschlusses. Dieser muss grundsätzlich eine Begründung enthalten, §§ 113 II FGO, 122 II VwGO. Das Gericht teilt den Beschluss dem Betroffenen formlos mit. Es kann seine Entscheidung auch in ein Urteil aufnehmen. Das ändert an der Anfechtbarkeit durch eine Beschwerde nichts.

42 **Häufig wählt** das Gericht die Form: „Kosten bleiben außer Ansatz“. Zulässig ist auch zB die Formulierung: „Die Kosten … werden nicht erhoben (oder: niedergeschlagen)“.

43 Soweit das Erstgericht einem Antrag **stattgegeben** hat, statt ihn aus zwingenden förmlichen Gründen abzulehnen, dürfen die Kosten der zweiten Instanz nicht erhoben werden und müssem diejenigen der ersten Instanz dem Antragsteller auferlegt werden. Wenn das Erstgericht einen Antrag abgelehnt hat und das höhere Gericht ihm stattgibt, dürfen die Kosten der zweiten Instanz nicht erhoben werden.

44 Eine **unzulässige** gerichtliche Entscheidung wird von demselben Gericht oder im Beschwerdeweg aufgehoben (OLG Karlsruhe Rpfleger 1990, 1367).

45 Das Gericht kann seine Entscheidung entsprechend § 66 abändern.

46 **5. Betroffene Kosten (II 1–3).** Das Gericht erhebt diejenigen Kosten (Gebühren und Auslagen, → Rn. 1) nicht, die bei einer richtigen Sachbehandlung nicht entstanden wären. Wenn das Gericht einen Antrag auf die Bewilligung von PKH nach § 117 ZPO nicht oder nur verspätet beschieden hat, kommt ein endgültiger Kostenerlass nicht in Betracht. Soweit eine rückwirkende Bewilligung nicht mehr möglich ist, erfolgt die Nichterhebung vorbehaltlich der Aufhebung der Bewilligung, § 124 ZPO. Eine Nichterhebung ist nur insoweit zulässig, als Mehrkosten entstanden sind.

XII. Rechtsbehelfe. Es gibt drei Stadien. Rechtsbehelfsbelehrung, Verstoß: §§ 5b, 68 II 2. 47

1. Gegen Verwaltung. Gegen die ablehnende Entscheidung der Verwaltung ist die Anrufung des Gerichts nach § 66 statthaft (OLG Düsseldorf JurBüro 1995, 45; OLG Jena JurBüro 1999, 435). Eine Anfechtung einer Verwaltungsentscheidung trotz des Vorliegens einer Gerichtsentscheidung erfolgt nach § 30a EGGVG. Gegen die Unterlassung einer Entscheidung nach § 21 schon zusammen mit der Kostenentscheidung nach → Rn. 56 ist mangels eines Rechtsschutzbedürfnisses zunächst noch keine Beschwerde zulässig. Vielmehr muss der Kostenschuldner den Kostenansatz abwarten und kann erst gegen ihn angehen (§ 66). 48

2. Gegen Erstgericht. Gegen die Entscheidung des Erstgerichts kann der Betroffene die Erinnerung und die einfache Beschwerde einlegen, § 66 II (BGH NJW-RR 2005, 1230; OLG Koblenz MDR 2013, 1366; OLG Naumburg FamRZ 2003, 385). Das gilt auch dann, wenn eine Partei die Erstentscheidung des LG in der Berufungsinstanz anficht (OLG Celle JurBüro 1992, 329 (330)). Dabei ist ein Beschwerdewert von über 200 EUR erforderlich. II 2 ist aber nicht anzuwenden, wenn § 66 II 2 vorliegt, → § 66 Rn. 33 (OLG München MDR 2001, 1318). 49

Eine **unzulässige** gerichtliche Entscheidung wird von demselben Gericht oder im Beschwerdeweg aufgehoben (OVG Hamburg Rpfleger 1986, 68). Die Entscheidung ist im Übrigen rechtskraftfähig (OVG Nordrhein-Westfalen FamRZ 1986, 493). 50

3. Gegen Letztgericht. Gegen einen letztinstanzlichen Beschluss ist evtl. der Antrag auf eine Wiederaufnahme statthaft (OVG Nordrhein-Westfalen FamRZ 1986, 493; aA E. Schneider MDR 1987, 287 (288; aber zB §§ 578 ff. ZPO gelten uneingeschränkt)). 51

Abschnitt 5. Kostenhaftung

Vorbemerkung zu § 22

Übersicht

1 **I. Systematik, Regelungszweck.** Der Abschnitt 5 regelt das öffentlich-rechtliche Verhältnis des Zahlungspflichtigen zur Gerichtskasse, zum Staat (BGH NJW-RR 1997, 510; OLG Köln NJW-RR 2003, 66). Er weicht von §§ 22 ff. GNotKG dahin ab, dass die Vorschriften über den Kostenschuldner einen eigenen Abschnitt bilden und dass die Regeln über die Fälligkeit, den Vorschuss und die Sicherstellung der Kosten ihrerseits in selbständigen vorangegangenen Abschnitten stehen. Das System zeigt die Bemühung um eine Abwägung der Interessen der Beteiligten einschließlich der Staatskasse zwecks einer Kostengerechtigkeit.

2 Die Beziehung des Kostenschuldners zu einem **Dritten** und insbesondere die Frage der Kostenerstattung gegenüber dem Prozessgegner ist von der Frage der Zahlungspflicht gegenüber der Gerichtskasse sorgfältig zu trennen. Die Kostenerstattung wird in anderen Gesetzen geordnet, nämlich der ZPO und der StPO.

3 **II. Begriffe.** Es ist zwischen vier Begriffen zu unterscheiden.

4 **1. Entstehung, Fälligkeit.** Dazu → Vor § 6 Rn. 2.

5 **2. Vorauszahlungspflicht.** Dazu → Vor § 6 Rn. 3.

6 **3. Vorschuss.** Dazu → Vor § 6 Rn. 3.

7 **III. Prozesskostenhilfe in Zivilsache.** Es sind sechs Aspekte zu beachten.

8 **1. Grundsatz: Vorrang der §§ 114 ff. ZPO.** Das Prozesskostenhilfeverfahren ist als solches grundsätzlich gerichtsgebührenfrei, § 1 I 1 Nr. 1 (BPatGE 46, 38 = GRUR 2003, 87 (88)). Die Vorschriften über die PKH der ZPO gehen denen des Abschnitts 5 vor (OLG Koblenz JurBüro 1980, 1693).

9 Vgl. auch §§ 20–24 AUG.

10 **2. Rechtszug.** Das Gericht muss die PKH für jede Instanz besonders bewilligen, auch im Verfahren nach dem AUG. Der Begriff der Instanz ist dabei derselbe wie bei § 35.

11 Die für das **Mahnverfahren** nach §§ 688 ff. ZPO bewilligte PKH erstreckt sich auch auf das nachfolgende streitige Verfahren nach § 697 ZPO über denselben Anspruch. Denn es ist ein entsprechender Willen des Gerichts anzunehmen, und es handelt sich ja praktisch um dasselbe Verfahren.

12 Eine PKH erstreckt sich **nicht auf die folgenden Fälle:** Der Rechtsstreit geht nach einer Verweisung nach § 281 ZPO vor einem anderen Gericht fort; der Rechtsstreit findet seine Fortsetzung nach einer Zurückverweisung zB nach § 538 II ZPO; neben dem bereits laufenden Hauptprozess beginnt ein Verfahren auf den Erlass eines Arrests oder einer einstweiligen Verfügung nach §§ 916 ff., 935 ff. ZPO, und umgekehrt; gegenüber der bereits anhängigen Klage erhebt der Bekl. eine Widerklage; es erfolgt eine Anschließung zB nach § 524 ZPO; der Kläger erweitert die bisherige Klageforderung nach §§ 263, 264 ZPO.

Soweit das Gericht die PKH zulässigerweise **rückwirkend** gewährt hat, ist dieser Umstand auch für die Kostenhaftung maßgebend. Ohne eine Rückwirkung wirkt die Bewilligung der PKH allerdings nur für die Zukunft. Freilich braucht das Gericht seinen Ausspruch nicht ausdrücklich zu formulieren. Sein Wille, die PKH rückwirkend zu gewähren, muss nur eindeutig erkennbar sein. 13

3. Wirkung. Die PKH bewirkt nach § 122 ZPO, dass die Staatskasse rückständige und entstehende Gerichtskosten (Gebühren und Auslagen) einschließlich etwaiger Kosten des Gerichtsvollziehers nur nach den gerichtlichen Bestimmungen geltend machen darf. Das gilt gegenüber der Partei. Wenn das Gericht eine PKH dem Kläger, dem Berufungskläger oder dem Revisionskläger bewilligt hat, gilt das nach Maßgabe des § 122 II ZPO auch dem Gegner gegenüber (BVerfG NJW 1999, 3186), es sei denn, der Mittellose wäre ein sog. Übernahmeschuldner (BVerfG NJW 2000, 3271; OLG Karlsruhe NJW 2000, 1121; OLG Koblenz NJW 2000, 1122). Vgl. aber auch § 31 II 1. Im Verfahren nach dem AUG tritt sogar grundsätzlich eine endgültige gesetzliche Befreiung ein. Vgl. auch § 59 RVG. Die PKH bewirkt ferner eine Befreiung von Sicherungspflichten für die Prozesskosten nach § 110 ZPO. 14

Wenn der Unterstützte als ein **Streitgenosse** nach §§ 59 ff. ZPO klagt, ist der Prozessgegner nur befreit, falls sämtliche Streitgenossen eine PKH erhalten haben. Der Prozessgegner ist nur für die Verteidigung befreit, nicht für einen Angriff, etwa eine Widerklage, eine Anschließung usw, auch nicht für eine von ihm betriebene Zwangsvollstreckung. 15

Die Befreiung wirkt nicht, soweit **bereits** vor der Bewilligung **eine Zahlung erfolgt** ist. Daher ist die Gerichtskasse zur Rückzahlung solcher Beträge nicht verpflichtet (OLG Düsseldorf JurBüro 1990, 381; OLG Schleswig SchlHA 1990, 57; Meyer Rn. 11; aA OLG Hamburg MDR 1997, 1287; LG Hamburg JurBüro 1999, 477). 16

4. Aufhebung. Soweit das Gericht die PKH widerruft oder aufhebt, muss die Gerichtskasse die fraglichen Beträge einziehen, § 124 ZPO (AG Koblenz FamRZ 1999, 1291). Die Einziehung vom Prozessgegner kann für die ihm und für die dem Unterstützten erlassenen Gebühren und Auslagen erfolgen, soweit das Gericht den Prozessgegner rechtskräftig in die Prozesskosten verurteilt hat oder soweit der Rechtsstreit ohne ein Urteil über die Kosten beendet ist (§ 125 II ZPO). Das letztere liegt vor, wenn die Parteien den Rechtsstreit seit geraumer Zeit nicht betreiben und wenn eine Fortsetzung nicht in einer baldigen sicheren Aussicht steht. Das Gericht muss die Gerichtskosten ferner dann vom Prozessgegner einziehen, wenn er sie nach § 29 übernommen hat. 17

Gegen die Zahlungsanordnung steht dem Betroffenen die **sofortige Beschwerde** nach § 127 II 2 ZPO zu. Das gilt auch für den beigeordneten Anwalt. Rechtsbehelfsbelehrung, Verstoß: §§ 5b, 68 II 2. 18

5. Teilbewilligung. Soweit das Gericht die PKH nur für einen Teil des Rechtsstreits bewilligt hat, wirkt die Befreiung für den Unterstützten und den Prozessgegner dementsprechend beschränkt (OLG München NJW-RR 1997, 895). Es sind also zunächst die Gebühren aus dem Gesamtwert zu errechnen und dann diejenigen Gebühren abzuziehen, die sich aus dem durch die PKH bewilligten Teilwert ergeben. Auch eine Vorwegleistungspflicht ermäßigt sich entsprechend. 19

6. Kostenbehandlung. Über die Behandlung der Kosten in einer PKH-Sache durch den Kostenbeamten vgl. ferner § 9 KostVfg. 20

IV. Prozesskostenhilfe in Strafsache. In einer Strafsache kommt eine PKH nur für denjenigen Privatkläger oder für denjenigen Nebenkläger in Betracht, der unter den Voraussetzungen des § 16 einen Vorschuss zahlen muss. Eine PKH ist allerdings auch für die Widerkläger statthaft. Er braucht freilich keinen Vorschuss zu leisten. 21

Der **Beschuldigte** kann keine PKH erhalten. Soweit eine PKH in Betracht kommt, sind die §§ 114 ff. ZPO entsprechend anzuwenden (§ 379 StPO). 22

V. Prozesskostenhilfe in Finanz-, Sozial- und Verwaltungssache. In einem Verfahren vor den Finanz-, Sozial- oder Verwaltungsgerichten gelten §§ 114 ff. ZPO entsprechend (§ 142 FGO, § 73a SGG, § 166 VwGO). 23

Streitverfahren, Bestätigungen und Bescheinigungen zu inländischen Titeln

22 **I 1 In bürgerlichen Rechtsstreitigkeiten mit Ausnahme der Restitutionsklage nach § 580 Nummer 8 der Zivilprozessordnung sowie in Verfahren nach § 1 Absatz 1 Satz 1 Nummer 14, Absatz 2 Nummer 1 bis 3 sowie Absatz 4 schuldet die Kosten, wer das Verfahren des Rechtszugs beantragt hat. 2 Im Verfahren, das gemäß § 700 Absatz 3 der Zivilprozessordnung dem Mahnverfahren folgt, schuldet die Kosten, wer den Vollstreckungsbescheid beantragt hat. 3 Im Verfahren, das nach Einspruch dem Europäischen Mahnverfahren folgt, schuldet die Kosten, wer den Zahlungsbefehl beantragt hat. 4 Die Gebühr für den Abschluss eines gerichtlichen Vergleichs schuldet jeder, der an dem Abschluss beteiligt ist.**

II 1 In Verfahren vor den Gerichten für Arbeitssachen ist Absatz 1 nicht anzuwenden, soweit eine Kostenhaftung nach § 29 Nummer 1 oder 2 besteht. 2 Absatz 1 ist ferner nicht anzuwenden, solange bei einer Zurückverweisung des Rechtsstreits an die Vorinstanz nicht feststeht, wer für die Kosten nach § 29 Nummer 1 oder 2 haftet, und der Rechtsstreit noch anhängig ist; er ist jedoch anzuwenden, wenn das Verfahren nach Zurückverweisung sechs Monate geruht hat oder sechs Monate von den Parteien nicht betrieben worden ist.

III In Verfahren über Anträge auf Ausstellung einer Bestätigung nach § 1079 der Zivilprozessordnung, einer Bescheinigung nach § 1110 der Zivilprozessordnung oder nach § 57 oder § 58 *[Fassung mit noch unbekanntem Inkrafttreten: § 57, § 58 oder § 59]* des Anerkennungs- und Vollstreckungsausführungsgesetzes schuldet die Kosten der Antragsteller.

IV 1 Im erstinstanzlichen Musterverfahren nach dem Kapitalanleger-Musterverfahrensgesetz ist Absatz 1 nicht anzuwenden. 2 Die Kosten für die Anmeldung eines Anspruchs zum Musterverfahren schuldet der Anmelder. 3 Im Verfahren über die Rechtsbeschwerde nach § 20 des Kapitalanleger-Musterverfahrensgesetzes schuldet neben dem Rechtsbeschwerdeführer auch der Beteiligte, der dem Rechtsbeschwerdeverfahren auf Seiten des Rechtsbeschwerdeführers beigetreten ist, die Kosten.

Übersicht

1 **I. Systematik, Regelungszweck.** Die Vorschrift enthält in I–III den Grundsatz, dass der Antragsteller als der Veranlasser in den dort genannten Verfahren ohne eine Rücksicht auf ihren Ausgang ein Kostenschuldner ist (OLG Köln NJW-RR 2010, 929; OLG Oldenburg JurBüro 2006, 147; OLG Stuttgart MDR 1987, 1035 (1036)). Neben ihm haftet nach § 29 derjenige gemäß § 31 I als derjenige Gesamtschuldner, dem das Gericht die Kosten durch eine unbedingte Entscheidung auferlegt hat oder der sie übernommen hat. Gegenüber einem Dritten entsteht eine Einigungsgebühr

nach I 4 nur insoweit, als er sich am Verfahren beteiligt. Gegenüber dem Verurteilten und gegenüber einem Kostenübernehmer ist der Antragsteller lediglich ein sog. Zweitschuldner nach § 31 II (OLG Karlsruhe JurBüro 1995, 42 (43)). Diese Haftung kann zB bei einer Zahlungsunfähigkeit des Erstschuldners eintreten. Zum Begriff der bürgerlichen Rechtsstreitigkeit → § 48 Rn. 1. Eine Vorauszahlungs- oder Vorschusspflicht ergibt sich aus §§ 10 ff.

Im **Arbeitsgerichtsverfahren** gelten die Abweichungen nach II. Beim **Europäischen Vollstreckungstitel** nach §§ 1079 ff. ZPO und beim **AVAG** gelten Sonderregeln nach III. Im erstinstanzlichen Verfahren nach dem **KapMuG** (→ Rn. 20 ff.) gibt es nach IV 1 keinen Antragschuldner, sondern es ist auf § 29 zurückzugreifen. Demgegenüber erweitert sich für das zugehörige Rechtsbeschwerdeverfahren nach §§ 20, 26 KapMuG die Haftung des Rechtsbeschwerdeführers (Antragstellers) um eine Haftung auch desjenigen Beteiligten, der dem Rechtsbeschwerdeführer beigetreten ist und deshalb eine Rechtsstellung nach § 14 KapMuG hat. 2

II. Bürgerlicher Rechtsstreit (I). Ein einfacher Grundsatz erweist sich im Einzelnen als oft problematisch. Zur Vereinbarkeit von I mit dem Unionsrecht BGH NVwZ-RR 2014, 943. 3

1. Grundsatz: Haftung des Antragstellers. Es geht nur um die Staatskasse, nicht um den Gegner. Der jeweilige Antragsteller haftet der Staatskasse grundsätzlich für sämtliche Gebühren und Auslagen der Instanz (OLG Hamburg MDR 1984, 413; OLG Köln NJW-RR 2003, 66; aA OLG Bremen JurBüro 1976, 349; KG Rpfleger 1980, 121 (aber → Vor § 22 Rn. 1)). Das gilt unabhängig von PKH für den Gegner nach §§ 114 ff. ZPO (LG Flensburg JurBüro 2007, 39 mzustAnm Meyer). Der Antragsteller haftet auch für diejenigen Kosten, die eine bloße Verteidigungsmaßnahme des Bekl. veranlasst hat (KG MDR 1984, 154; OLG Karlsruhe NJW-RR 2010, 499; aber auch → Rn. 7), oder für diejenigen des Nachverfahrens nach einem Vorbehaltsurteil zB nach § 600 ZPO. Der Antragsteller haftet ferner für die Gebühren eines solchen Zeugen, den das Gericht lediglich auf eine Veranlassung des Prozessgegners geladen hat. 4

Allerdings entlastet den Antragsteller praktisch die **Vorschusspflicht** nach § 17. Soweit der Prozessgegner eine PKH erhalten hat, gilt § 31 III Hs. 1. Wegen der Dokumentenpauschale nach KV 9000 und Versendungsauslagen nach KV 9003 ist § 28 zu beachten. 5

2. Begriff des Antragstellers. Antragsteller ist meist (Ausnahme → Rn. 7) nur die Partei selbst, nicht der gesetzliche Vertreter und auch nicht der ProzBev nach § 81 ZPO (OLG Brandenburg JurBüro 2007, 659 (660); VG Braunschweig NVwZ-RR 2003, 911 (912); Weis AnwBl 2007, 529). Das sollte der ProzBev schon zur Vermeidung von Umsatzsteuerproblemen bei der Antragstellung zum Ausdruck bringen (Bohnenkamp JurBüro 2007, 569 (570); Feuersänger MDR 2005, 1391). 6

3. Beispiele zur Frage eines Antragstellers (I 1)

Abtretung: Kein Antragsteller ist der Abtretende wegen solcher Kosten, in die das Gericht den neuen Gläubiger verurteilt hat, zumindest nicht wegen eines angeblichen Scheinvertrags. 7

Anschlussberufung: → „Klagerücknahme".

Anwalt ohne Auftrag: Antragsteller ist derjenige Antrag, der ohne einen Auftrag klagt oder ein Rechtsmittel einlegt usw, nicht etwa sein „Auftraggeber" (OLG Hamburg MDR 2001, 1192).

Das gilt unabhängig davon, ob der Anwalt für sich **persönlich** handeln wollte (OLG Koblenz JurBüro 1997, 536). Außerdem haftet die Partei aber zunächst insoweit, als sie von dem Antrag, Rechtsmittel usw eine Kenntnis hatte oder den Vorgang verhindern konnte (BGH NJW-RR 1997, 510 mzustAnm Meyer JurBüro 1997, 289); OLG Koblenz MDR 2005, 778; OLG Köln NJW-RR 2003, 66) oder soweit sie ihn genehmigte (OLG Hamburg MDR 2001, 1192; OLG Koblenz JurBüro 1997, 536).

Auch → „keine Vertretungsmacht".

Beklagter: Antragsteller ist er, soweit er zum Angriff übergeht. Dann haftet er für die durch seinen Antrag veranlassten Kosten der Instanz. Das gilt zB: Für den eigenen Antrag auf die Durchführung des streitigen Verfahrens nach § 696 I 1 ZPO (OLG

Oldenburg AGS 2016, 576; OLG Karlsruhe JurBüro 1995, 42 (43); LG Koblenz JurBüro 1996, 205; aA KG AGS 2018, 18; OLG Koblenz AGS 2015, 397); für die Widerklage, die stets ein Angriff ist, auch soweit sie nur eine Verteidigung bezweckt (OLG Hamburg MDR 1989, 272); für einen eigenen Antrag im selbständigen Beweisverfahren nach §§ 485 ff. ZPO, → KV 1610 Rn. 4 (OLG Celle BauR 2009, 283; KG MDR 2007, 986; aA OLG München NJW-RR 1997, 318 (aber es beginnt ein eigenes Verfahren)); für die Hilfsaufrechnung des Rechtsmittelführers (KG MDR 1984, 154).

Dagegen ist die Hilfsaufrechnung des Bekl. in der ersten Instanz *kein* eigener Angriff (LG Dresden JurBüro 2003, 321 (322); folglich bleibt der Kläger auch insoweit der Antragsteller).

Berufung ohne Auftrag: Wenn ein Anwalt der ersten Instanz ohne einen besonderen Auftrag Berufung einlegt, haftet die von ihm vertretene Partei. Denn der Anwalt handelt im Rahmen seiner Prozessvollmacht nach § 81 ZPO.

Dritter: Kein Antragsteller ist ein zu Unrecht in den Prozess hineingezogener Dritter, soweit er sich nur zulässig wehrt, etwa durch einen Einspruch (LG Berlin Rpfleger 1983, 369; Anscheinsvollmacht zu seinen Gunsten).

Erbe: Antragsteller ist auch der nach Aufhebung der Nachlassverwaltung anstelle des Nachlassverwalters in das Verfahren eintretende Erbe (BGH ZEV 2018, 393).

Festsetzung: Antragsteller ist der dieses Vergütungsfestsetzungsverfahren nach § 11 RVG betreibende Anwalt (OLG Brandenburg JurBüro 2007, 659 (660)).

Genehmigung: → „Anwalt ohne Auftrag".

Hilfsaufrechnung: → „Beklagter".

Klagerücknahme: Kein Antragsteller ist der Bekl. bei einer Zustimmung zu einer Klagerücknahme nach § 269 ZPO. Das gilt selbst dann, wenn dadurch eine Anschlussberufung nach § 524 ZPO hinfällig wird, § 522 I ZPO.

Mahnverfahren: → „Beklagter".

Partei kraft Amts: Antragsteller ist auch sie. Sie haftet freilich nur mit dem verwalteten Vermögen. Partei kraft Amts sind zB der Insolvenzverwalter, der Nachlassverwalter, der Zwangsverwalter, der Testamentsvollstrecker.

Prozesskostenhilfe: Wer sie erfolglos beantragt hat, haftet für die Auslagen des Verfahrens nach § 118 ZPO, etwa für Zeugenentschädigung und für eine Sachverständigenvergütung.

Prozessstandschaft: Bei einer Prozessstandschaft oder Prozessgeschäftsführung haftet der Antragsteller, nicht der Berechtigte. Das gilt zB dann, wenn jemand ein fremdes Recht verfolgt, etwa der Einziehungsabtretungsnehmer.

Selbständiges Beweisverfahren: → „Beklagter".

Streithilfe: Kein Antragsteller ist derjenige Streithelfer nach §§ 66 ff. ZPO, der ebenso wie die unterstützte Hauptpartei ein Rechtsmittel eingelegt hat und die durch die Streithilfe verursachten Kosten tragen muss, während die unterstützte Hauptpartei die übrigen Kosten tragen soll. Denn er ist nur ein Gehilfe. Auch zählen seine Kosten nicht zu denjenigen des Rechtsstreits, also der Partei.

Daher wird derjenige Streitgehilfe, der das von der Hauptpartei eingelegte **Rechtsmittel** allein weiterführt, auch nicht dadurch zum Kostenschuldner, dass die Hauptpartei ihren Klaganspruch nunmehr an ihn abgetreten hat und dass er den Rechtsstreit daher nunmehr im eigenen Interesse weiterführt. Legt er aber allein ein Rechtsmittel ein, ist er wegen § 51 ZPO dann, wenn sich die Partei am Rechtsmittel nicht beteiligt, auch für die Kosten des Rechtsmittels Gebührenschuldner. → Rn. 11 ff.

Keine Vertretungsmacht: Der Vertreter ohne Vertretungsmacht ist grds. selbst der alleinige Antragsteller (OLG Hamburg MDR 2001, 1192; OLG Köln NJW-RR 2003, 66; Meyer JurBüro 1997, 288). Die Grundgedanken zur Anscheinsvollmacht gelten freilich auch hier (Paulus/Henckel NJW 2003, 1692). § 29 Nr. 2 bleibt anzuwenden. Auch → „Anwalt ohne Auftrag".

Widerkläger: → „Beklagter".

Soweit der Widerkläger nach der **Erledigung der Klage** den Prozess weiter betreibt, ist er von diesem Zeitpunkt an der alleinige Antragsteller (OLG Hamburg MDR 1989, 272). Dasselbe gilt dann, wenn er die abgewiesene Widerklage in der zweiten Instanz weiter verfolgt.

Zwischenurteil: Antragsteller ist der Kläger unabhängig davon, auf wessen Prozesshandlung ein Zwischenurteil nach §§ 280, 302 ZPO beruht.

4. Mehrheit von Antragstellern. Mehrere Antragsteller haften als Gesamtschuldner nach §§ 31 I, 32 I 1 (OLG Karlsruhe JurBüro 1995, 42 (43)). Ihre Haftung setzt nicht voraus, dass ihre Anträge denselben Streitgegenstand betreffen. Wenn zB zwei Streitgenossen nach §§ 59 ff. ZPO ihre ganz selbständigen Forderungen in derselben Klage verbinden, sind die Streitgegenstände zusammenzurechnen. Für die Gerichtsgebühren haftet jeder Streitgenosse, soweit der Betrag für beide übereinstimmt, als Gesamtschuldner mit anderen Streitgenossen. Bei einer Klage und Widerklage oder bei wechselseitigen Rechtsmitteln haften beide Parteien als Gesamtschuldner, soweit der Streitgegenstand derselbe ist. 8

Soweit der **Streitgegenstand verschieden** ist, haftet nach § 32 I 2 jeder Teil für die durch das Verfahren über seine selbständigen Anträge entstandenen Kosten (OLG Koblenz NJW-RR 1997, 1024). Eine gesamtschuldnerische Haftung tritt also nur für denjenigen Teil ein, der etwa gleich ist. Ferner haften beide für denjenigen Betrag, um den die nach dem gesamten Streitgegenstand berechnete Gebühr hinter den getrennt berechneten Gebühren zurückbleibt. 9

Hat ein **Streitgenosse** eine **Gebührenfreiheit** nach § 2, schuldet der Antragsteller nur die Hälfte der Gebühren, also nach → § 2 Rn. 22, 23 in Höhe desjenigen Betrags, in der für ihn eine Ausgleichsmöglichkeit nach § 426 BGB entfällt. Ein Zwischenantrag nach §§ 302 IV, 600 II, 717 II, III ZPO ist wie eine Widerklage zu behandeln. 10

5. Rechtszug. Kostenschuldner ist jeder, der den Antrag für den Rechtszug wirksam gestellt hat (BFHE 121, 304; BPatGE 32, 11 = GRUR 1991, 309 (313); OLG Karlsruhe JurBüro 1995, 42 (43)). Der Widerkläger ist also für die Kosten der Widerklage Kostenschuldner (OLG München MDR 2003, 1077 (1078) mzustAnm Hartung). Der Kläger haftet nicht für die Mehrkosten der Hilfsaufrechnung des Bekl. (OLG Oldenburg JurBüro 2006, 147). Der Begriff des Rechtszugs ist derselbe wie bei § 35. Im Rechtsmittelverfahren ist der Rechtsmittelführer Antragsteller. Der Widerspruch gegen einen Arrest oder eine einstweilige Verfügung nach §§ 916 ff., 935 ff. ZPO bringt keinen neuen Rechtszug. Natürlich ist bei einer versehentlichen nochmaligen Einreichung derselben Klage usw nicht nochmals zu zahlen (OLG München MDR 2001, 896). 11

Die Kosten sind **nach den Rechtszügen getrennt zu behandeln.** Der prozessuale und der kostenrechtliche Rechtszugsbegriff sind evtl. unterschiedlich (OLG Karlsruhe JurBüro 1995, 42 (43)). Es findet keine Verrechnung von einer Instanz auf die andere statt. 12

6. Beispiele zur Frage eines Rechtszugs (I 1)

Anschlussberufung: Eine unselbständige Anschlussberufung nach § 524 ZPO ist zwar kein Rechtsmittel. Wenn sie aber besondere Kosten verursacht, dann ist der sich Anschließende insofern Kostenschuldner (OLG München JurBüro 1975, 1231; Mümmler JurBüro 1977, 1501 (1503)). 13

Arrest, einstweilige Verfügung: Derselbe Rechtszug ist das Anordnungs- und das Widerspruchsverfahren nach § 924 ZPO.

Verschiedene Rechtszüge sind einerseits das Anordnungsverfahren, andererseits das Änderungs- und Aufhebungsverfahren nach § 927 ZPO; erst recht einerseits das Eilverfahren, andererseits der Hauptprozess.

Dritter: Soweit die Parteien in einem Vergleich solche Ansprüche mitvergleichen, die nicht Gegenstand des Rechtsstreits sind, ist jeder Beteiligte Kostenschuldner, → Rn. 17, also auch ein beitretender Dritter.

Mahnverfahren: Verschiedene Rechtszüge sind das Mahnverfahren nach §§ 688 ff. ZPO und das anschließende streitige Verfahren nach § 697 ZPO (KG Rpfleger 1980, 121; OLG Karlsruhe JurBüro 1995, 42 (43); OLG München MDR 1984, 948). Der Antragsteller haftet für die Kosten des streitigen Verfahrens dann, wenn er es nach § 696 I 1 ZPO verlangt hatte (KG Rpfleger 1977, 386; Mümmler JurBüro 1977, 1501 (1505)).

Nachverfahren: Derselbe Rechtszug ist das Verfahren bis zum Vorbehaltsurteil zB nach §§ 302, 599 ZPO und das zugehörige Nachverfahren nach § 600 ZPO.

Prozesskostenhilfe: Verschiedene Rechtszüge sind das Bewilligungsverfahren nach §§ 114 ff. ZPO und das Hauptverfahren nach §§ 253 ff. ZPO.
Schiedsrichterliches Verfahren: Derselbe Rechtszug ist das Verfahren nach §§ 1025 ff. ZPO und ein Widerspruchsverfahren.
Selbständiges Beweisverfahren: Verschiedene Rechtszüge sind das Verfahren nach §§ 485 ff. ZPO und der zugehörige Hauptprozess (KG JurBüro 1976, 1384; OLG Schleswig JurBüro 1977, 1626).
Vergleich: → „Dritter".
Vermögensauskunft: Derselbe Rechtszug ist das Vollstreckungsverfahren und das Verfahren nach §§ 802a ff. ZPO. **Verschiedene** Rechtszüge sind das Erkenntnisverfahren und das Auskunftsverfahren.
Versäumnis: Derselbe Rechtszug ist das Verfahren auf Grund eines rechtzeitigen Einspruchs nach § 338 ZPO gegen ein Versäumnisurteil (OLG München MDR 1984, 948) JurBüro 2003, 7Rechtszüge sind das Verfahren bis zum Versäumnisurteil und dasjenige auf Grund eines Einspruchs des Bekl. in Verbindung mit einem Wiedereinsetzungsantrag nach §§ 233 ff. ZPO nach der formellen Rechtskraft nach § 705 ZPO.
Verweisung: Derselbe Rechtszug ist das Verfahren vor und nach einer Verweisung nach § 281 ZPO, solange kein anschließendes Rechtsmittel ergeht.
Vorbescheid: Derselbe Rechtszug ist das Verfahren vor und nach einem Vorbescheid zB nach § 90 FGO oder nach § 84 VwGO.
Wiederaufnahme: Verschiedene Rechtszüge sind das Erkenntnisverfahren nach §§ 253 ff. ZPO und das Wiederaufnahmeverfahren nach §§ 578 ff. ZPO. **Nicht anzuwenden** ist I 1 nach seinem Text bei § 580 Nr. 8 ZPO.
Zurückverweisung: Es gilt dasselbe wie bei „Verweisung".
Zwischenstreit: Derselbe Rechtszug ist der Hauptprozess nach §§ 253 ff. ZPO und ein Zwischenstreit zB nach § 71 ZPO.

14 **7. Kostenentscheidung zulasten des Prozessgegners.** Die Haftung des Antragstellers bleibt auch insoweit bestehen, als das Gericht in einer Entscheidung dem Prozessgegner nach §§ 91 ff. ZPO Kosten auferlegt hat. Der Antragsteller und der Prozessgegner haften dann gesamtschuldnerisch. Soweit das Gericht dem Antragsteller in der Entscheidung keine Kosten auferlegt hat, haftet er allerdings nur als Zweitschuldner nach § 31 II 1. Vgl. aber bei PKH § 31 II 2. Die Haftung nach § 22 und diejenige nach § 29 hat nicht stets denselben Umfang.

15 **8. Prozessübernahme.** Soweit ein Dritter nach §§ 75 ff., 265 f. ZPO den Prozess übernimmt, haftet der bisherige Antragsteller neben dem Übernehmer gesamtschuldnerisch für die bis zur Übernahme entstandenen Kosten.

16 **9. Nach Einspruch gegen Vollstreckungsbescheid oder Europäischen Zahlungsbefehl.** Auf Grund des Einspruchs gegen einen Vollstreckungsbescheid oder gegen einen Zahlungsbefehl nach der VO (EG) Nr. 1896/2006, erfolgt anders als nach dem Widerspruch gegen den zugrunde liegenden Mahnbescheid eine Abgabe an das Gericht des streitigen Verfahrens von Amts wegen, § 700 III 1 ZPO. In diesem Verfahren ist nach I 4 Hs. 2 Schuldner der Gebühren und Auslagen derjenige, der den Vollstreckungsbescheid beantragt hat (OLG Düsseldorf JurBüro 2002, 90; N. Schneider JurBüro 2003, 4 (7)), also nicht etwa der Einspruchsführer. Er ist für den dem Einspruch folgenden Verfahrensabschnitt bis zum Beginn des streitigen Verfahrens auch kein Entscheidungsschuldner. Das streitige Verfahren beginnt erst mit dem Eingang der Akten beim Gericht, an das das Mahngericht abgegeben hat.

17 **10. Nach Prozessvergleich.** Schuldner der Gebühr KV 1900 ist nach I 4 jeder am Vergleich Beteiligte. Denn jeder ist infolge einer Beantragung der Protokollierung oder einer gerichtlichen Feststellung nach § 278 VI 1 ZPO Antragsteller. Alle Beteiligten haften als Gesamtschuldner nach § 31 I. Das gilt schon wegen der Anträge unabhängig vor einer etwaigen vergleichsweisen Kostenübernahme. Auch ein beigetretener Dritter wird als Beteiligter Antragsteller.

18 **III. Arbeitsgerichtsverfahren (II).** In einer Abweichung von I haftet der Antragsteller im arbeitsgerichtlichen (Urteils-)Verfahren nach II 1 nicht, soweit ein Entscheidungsschuldner nach § 29 Nr. 1 oder ein Übernahmeschuldner nach § 29 Nr. 2

vorhanden ist. Solange ein solcher Schuldner nach einer Zurückverweisung des Rechtsstreits an die Vorinstanz noch nicht feststeht und der Prozess noch anhängig ist, haftet der Antragsteller nach II 2 Hs. 1 grundsätzlich ebenfalls noch nicht. Wenn das Verfahren jedoch nach einer Zurückverweisung sechs Monate geruht hat oder wenn keine Partei es seit sechs Monaten betrieben hat, haftet der Antragsteller nach II 2 Hs. 2 auch nach einer Zurückverweisung als Antragschuldner. Das gilt auch zB bei einer Unterbrechung infolge eines Insolvenzverfahrens (Natter NZA 2004, 686 (687)). Damit entsteht auf ihn ein kostenrechtlicher Druck zum Weiterbetreiben des Prozesses.

IV. Europäischer Vollstreckungstitel, AVAG (III). Beim Antrag auf eine deutsche Bestätigung eines von deutscher Stelle erlassenen Europäischen Vollstreckungstitels nach § 1079 ZPO oder auf eine Bescheinigung nach § 1110 ZPO oder nach § 57 oder 58 AVAG ist der Antragsteller nach → Rn. 4–7 Kostenschuldner. 19

V. Kapitalanleger-Musterverfahren (IV). 1. Erstinstanzliches KapMuG-Musterverfahren (IV 1, 2). Für das erstinstanzliche **Musterverfahren** nach dem KapMuG vor dem OLG selbst fallen unmittelbar keine Gerichtskosten an: Gebühren nach den KV 1210 ff. entstehen gem. KV Vorb. 1.2.1 nicht (das Musterverfahren gilt als Teil des – nach § 5 KapMuG unterbrochenen – erstinstanzlichen Verfahrens vor dem Prozessgericht, vgl. auch § 24 I KapMuG) und Auslagen (insbes. für eine etwaige Beweisaufnahme, KV 9005, sowie Dokumenten- und Zustellungspauschalen, vgl. KV 9000 Anm. I 2, KV 9002 Anm. S. 2) werden nach KV 9018 anteilig – erst – in den zugrundeliegenden Prozessverfahren auf der Grundlage der dort ergehenden Kostenentscheidungen erhoben (zur Fälligkeit vgl. § 9 I 2 und korrespondierend zur Verjährung § 5 I 2 sowie → § 5 Rn. 16). Dementsprechend ist die in I 1 allgemein vorgesehene Antragstellerhaftung der Partei des erstinstanzlichen Prozessverfahrens, die den Musterverfahrensantrag auf Vorlage an das OLG gestellt hat, nach IV 1 ausgeschlossen (eine Entscheidungsschuldnerhaftung ist iÜ bereits dadurch ausgeschlossen, dass der Musterentscheid des OLG keine Kostenentscheidung enthält). Die Kostenhaftung folgt vielmehr den für die zugrundeliegenden Prozessverfahren geltenden Haftungsvorschriften. 20

Anderes gilt für die **Anmeldung eines Anspruchs** zum Musterverfahren nach § 10 II–IV KapMuG. Diese Anmeldung führt nicht zu einer verfahrensrechtlichen Beteiligung des Anmelders am Musterverfahren (beteiligt sind nach § 9 I KapMuG nur der Musterkläger, der Musterbeklagte und die beigeladenen Kläger aus den übrigen ausgesetzten Verfahren), sondern hat nur die materiellrechtliche Folge der Verjährungshemmung (§ 204 I Nr. 6a BGB). Es handelt sich mithin um ein eigenständiges Instrument zur vorläufigen Sicherung eines Anspruchs vor Verjährung, insoweit etwa vergleichbar mit einem Güte- oder Mahnantrag. Für diese Anmeldung sieht KV 1902 eine eigene Gebühr vor (die nach KV 1210 Anm. II – ähnlich wie bei einem vorangegangenen Mahnverfahren – auf die Gebühr des sich ggf. anschließenden Prozessverfahrens über den angemeldeten Anspruch angerechnet wird (zum maßgeblichen Wert vgl. § 51a I, zur Fälligkeit vgl. § 9 II 1, zur Abhängigmachung der verjährungshemmenden Zustellung der Anmeldung nach § 10 IV KapMuG an den Musterbeklagten vgl. § 12 I 3). Für diese Gebühr bestimmt IV 2 den Anmelder zum (alleinigen) Kostenschuldner. 21

2. KapMuG-Rechtsbeschwerdeverfahren (IV 3). Gegen den Beschluss des OLG eröffnet § 20 I KapMuG den Beteiligten die zulassungsfreie Rechtsbeschwerde zum BGH. Für das Rechtsbeschwerdeverfahren fallen (der Höhe nach denen für ein Revisionsverfahren entsprechende) Gebühren nach KV 1821, 1822 nach dem in § 51a II geregelten Streitwert an. Während IV 1 die sich aus I 1 ergebende Antragstellerhaftung für das erstinstanzliche Musterverfahren ausschließt, erweitert IV 3 die Haftung über den Antragsteller hinaus – im Hinblick auf dessen aktive Beteiligung am Verfahren – (nur) auf den Beteiligten, der dem Rechtsmittelkläger beigetreten ist; zum Umfang der Haftung vgl. § 51a III, IV. Wer als Entscheidungsschuldner haftet, ergibt sich aus der nach § 26 KapMuG zu treffenden Kostengrundentscheidung. 22

Insolvenzverfahren

23 **I 1 Die Gebühr für das Verfahren über den Antrag auf Eröffnung des Insolvenzverfahrens schuldet, wer den Antrag gestellt hat. 2 Wird der Antrag abgewiesen oder zurückgenommen, gilt dies auch für die entstandenen Auslagen. 3 Die Auslagen nach Nummer 9017 des Kostenverzeichnisses schuldet jedoch nur der Schuldner des Insolvenzverfahrens. 4 Die Sätze 1 und 2 gelten nicht, wenn der Schuldner des Insolvenzverfahrens nach § 14 Absatz 3 der Insolvenzordnung die Kosten des Verfahrens trägt.**

II Die Kosten des Verfahrens über die Versagung oder den Widerruf der Restschuldbefreiung (§§ 296 bis 297a, 300 und 303 der Insolvenzordnung) schuldet, wer das Verfahren beantragt hat.

III Die Kosten des Verfahrens wegen einer Anfechtung nach Artikel 36 Absatz 7 Satz 2 der Verordnung (EU) 2015/848 schuldet der antragstellende Gläubiger, wenn der Antrag abgewiesen oder zurückgenommen wird.

IV Die Kosten des Verfahrens über einstweilige Maßnahmen nach Artikel 36 Absatz 9 der Verordnung (EU) 2015/848 schuldet der antragstellende Gläubiger.

V Die Kosten des Gruppen-Koordinationsverfahrens nach Kapitel V Abschnitt 2 der Verordnung (EU) 2015/848 trägt der Schuldner, dessen Verwalter die Einleitung des Koordinationsverfahrens beantragt hat.

VI 1 Die Kosten des Koordinationsverfahrens trägt der Schuldner, der die Einleitung des Verfahrens beantragt hat. 2 Dieser Schuldner trägt die Kosten auch, wenn der Antrag von dem Insolvenzverwalter, dem vorläufigen Insolvenzverwalter, dem Gläubigerausschuss oder dem vorläufigen Gläubigerausschuss gestellt wird.

VII Im Übrigen schuldet die Kosten der Schuldner des Insolvenzverfahrens.

1 **I. Systematik, Regelungszweck.** Zunächst → Vor § 22 Rn. 1, 2. Mehrere Fallgruppen sind zu unterscheiden. Sie beziehen sich nur auf das gesetzliche Verhältnis des Kostenschuldners zur Staatskasse. Daher ist eine abweichende gerichtliche Kostenentscheidung mit dem Vorrang der §§ 29 Nr. 1, 31 II möglich und evtl. zB nach § 91a ZPO notwendig (AG Paderborn Rpfleger 1993, 366; Uhlenbruck KTS 1983, 343).

2 **II. Antragsteller als Gebührenschuldner (I 1).** Der Antragsteller haftet in den folgenden Fällen für Gebühren (OLG Köln NJW-RR 2010, 929). Sein gesetzlicher Vertreter, ProzBev usw haftet nicht persönlich.

3 **1. Eröffnungsverfahren.** Der Antragsteller haftet für die Eröffnungsgebühr, KV 2310, 2311. Mehrere Gläubiger haften anteilig (LG Gießen JurBüro 1996, 486). Das gilt aber nicht zulasten des Gläubigers, soweit die Eröffnung etwa wegen übereinstimmender wirksamer Erledigterklärungen unterbleibt (OLG Düsseldorf NZI 2006, 708; OLG Koblenz NZI 2007, 743; OLG Köln MDR 2000, 471). Er haftet auch für Kosten einer Sequestration und anderer vorläufiger Maßnahmen (LG Gera ZIP 2002, 1735 (1736); AG Köln NZI 2000, 384; Holzer DGVZ 2003, 151).

4 **2. Besonderer Prüfungstermin.** Der Antragsteller haftet ferner für die Kosten eines besonderen Prüfungstermins wegen seiner Forderung, KV 2340. Das ergibt sich aus § 177 I 2 InsO. Als Antragsteller ist hier nach § 33 der Gläubiger anzusehen.

5 **3. Beschwerdeverfahren.** Der Antragsteller haftet für die Beschwerdegebühr, KV 2360 ff., sofern das Gericht seine Beschwerde verwirft oder zurückweist. Sofern es sich um die Beschwerde gegen die Eröffnung des Insolvenzverfahrens handelt, haftet der Beschwerdeführer nach KV 2360 auch beim Erfolg der Beschwerde. Er haftet allerdings nur als Zweitschuldner hinter dem verurteilten Gegner.

6 **III. Antragsteller als Auslagenschuldner (I 2).** Unter den Voraussetzungen des I 2 haftet der Antragsteller auch für Auslagen der Staatskasse. Ausgenommen sind die in KV 9017 genannten Auslagen, die allein der Insolvenzschuldner schuldet, I 3. Bei vorläufiger Insolvenzverwaltung umfasst die Auslagenhaftung auch nach dem JVEG

für eine Gutachtertätigkeit geleisteten Zahlungen (KV 9005) (OLG Düsseldorf ZIP 2009, 1172), nicht aber eine Vergütung, für die die Staatskasse nicht haftet (BGHZ 157, 48 = NJW 2008, 583 Rn. 28 ff. mwN; BGH WM 2012, 814).

1. Eröffnungsverfahren. Der Antragsteller haftet bei einer Abweisung des Eröffnungsantrags, auch mangels Masse (OLG Köln NJW-RR 2010, 929; LG Bonn NZI 2009, 897; LG Göttingen NZI 2009, 729), oder bei seiner Rücknahme. Die Vorschrift ist zwingend (LG Memmingen MDR 1987, 767). Mehrere Antragsteller können Gesamtschuldner sein (LG Gießen JurBüro 1996, 486). Bei einer wirksamen Erledigterklärung ist I 2 nicht anzuwenden (OLG Düsseldorf NZI 2006, 708; OLG Koblenz NZI 2007, 743; OLG Köln NJW-RR 2006, 719), und § 91a ZPO kann entsprechend angewendet werden (OLG Düsseldorf NZI 2006, 708; LG Memmingen MDR 1987, 767). 7

2. Wiederaufnahme. Der Antragsteller haftet bei einer Wiederaufnahme vor der Entscheidung, auch wegen der Kosten einer auf einen Antrag erfolgten Sicherungsmaßnahme. 8

3. Besonderer Prüfungstermin. Der Antragsteller haftet für die Auslagen eines besonderen Prüfungstermins wegen seiner Forderung nach § 177 I 2 InsO, KV 2340. Als Antragsteller ist nach § 33 den Gläubiger anzusehen, auch wenn das Gericht den Termin nicht gerade wegen seiner Forderung anberaumt hat. Gesamtgläubiger haften gemeinsam. Im Übrigen haftet jeder Gläubiger nur für seine Schuld. 9

4. Beschwerdeverfahren. Der Antragsteller haftet für die Auslagen des Beschwerdeverfahrens, soweit das Gericht die Beschwerde verwirft oder zurückweist oder soweit der Beschwerdeführer die Beschwerde zurücknimmt. Er haftet ferner dann, wenn das Beschwerdeverfahren sich gegen den Eröffnungsbeschluss richtet. Soweit die Beschwerde Erfolg hat, kommt eine Niederschlagung auch der Auslagen in Betracht. 10

IV. Antragsteller als Kostenschuldner bei Versagung oder Widerruf der Restschuldbefreiung (II). Derjenige, der die Versagung oder den Widerruf der Restschuldbefreiung nach §§ 296–297a, 300, 303 InsO beantragt, haftet unabhängig vom Erfolg oder Nichterfolg seines Antrags für die Gebühren und Auslagen dieses Verfahrens, § 1. Mehrere Antragsteller haften nach §§ 31 ff. wie sonst mehrere Kostenschuldner. 11

V. Schuldner als Gebührenschuldner (I 4, VII). Der Schuldner haftet für die Durchführungsgebühr, KV 2330 ff., und bei § 14 III InsO. Die Kosten sind Massekosten. Auch der Insolvenzverwalter kann über § 33 Kostenschuldner sein, beschränkt auf die Insolvenzmasse. Er kann die Erinnerung nach § 66 umlegen. 12

VI. Schuldner als Auslagenschuldner (I 4, VII). Der Schuldner haftet für die Auslagen in den folgenden Fällen. 13

1. Insolvenzeröffnung. Soweit das Gericht das Insolvenzverfahren eröffnet hat und bei § 14 III InsO haftet der Schuldner für die Auslagen des gesamten Verfahrens. 14

2. Beschwerdeverfahren. Bei einem Beschwerdeverfahren haftet der Schuldner nach → Rn. 5 in demselben Umfang wie der Antragsteller. 15

VII. Verfahren nach III–VI. Keine Besonderheiten. 16

Sanierungs- und Reorganisationsverfahren nach dem Kreditinstitute-Reorganisationsgesetz

23a Die Kosten des Sanierungs- und Reorganisationsverfahrens schuldet nur das Kreditinstitut.

Die Vorschrift ist – zusammen mit § 6 I Nr. 2 (Fälligkeit), § 53a (Streitwert), KV 1650–1653 (Gerichtsgebühren) und mit § 24 RVG (Gegenstandswert) – eine vorrangige Spezialregelung für Verfahren nach dem Kreditinstitute-Reorganisationsgesetz (KredReorgG), das nie Bedeutung erlangt hat (vgl. Begr. RegE RiG, BT-Drs. 19/22786, 200) und mit Wirkung zum 29.12.2020 (durch Art. 12 Risikoreduzierungsgesetz v. 9.12.2020, BGBl. I 2773 (2854)) ersatzlos aufgehoben worden ist. Bei 1 seiner Aufhebung ist offenbar die Existenz der zahlreichen kostenrechtlichen Sonderregelungen für das Verfahren übersehen worden; sie sind gegenstandlos.

Öffentliche Bekanntmachung in ausländischen Insolvenzverfahren

24 Die Kosten des Verfahrens über den Antrag auf öffentliche Bekanntmachung ausländischer Entscheidungen in Insolvenzverfahren oder vergleichbaren Verfahren schuldet, wer das Verfahren beantragt hat.

1 **I. Systematik.** Es handelt sich um eine gegenüber §§ 22, 23 vorrangige Sondervorschrift.

2 **II. Kostenschuldner: Antragsteller.** Er haftet für die Kosten, also nach § 1 I 1 für Gebühren wie für die Auslagen.

Verteilungsverfahren nach der Schifffahrtsrechtlichen Verteilungsordnung

25 Die Kosten des Verteilungsverfahrens nach der Schifffahrtsrechtlichen Verteilungsordnung schuldet, wer das Verfahren beantragt hat.

1 **I. Antragsteller.** Schuldner der Kosten, also nach § 1 I 1 der Gebühren für die Eröffnung nach KV 2410 und für die Durchführung nach KV 2420 und der Auslagen ist nach § 22 I grundsätzlich nur der jeweilige Antragsteller. Bei einer Mehrheit von Antragstellern gilt § 31. Der Antragsteller trägt nach §§ 31, 32 SVertO auch die Kosten eines Sachwalters und den insofern vom Gericht vor der Eröffnung einzufordernden Vorschuss. Wegen der von der Haftungssumme zu tragenden Kosten §§ 31 II, 33 SVertO.

2 Im **Beschwerdeverfahren** schuldet der in die Kosten verurteilte Beschwerdeführer die Beschwerdegebühr nach KV 2440, 2441, aber nur hinter dem Entscheidungsschuldner nach § 29 Nr. 1. Der Beschwerdeführer haftet auch bei einer Verwerfung, Zurückweisung oder Rücknahme der Beschwerde für die Auslagen. Bei einem Erfolg der Beschwerde sind die Auslagen nach § 21 niederzuschlagen.

3 **II. Gläubiger.** Er muss die Kosten eines besonderen Prüfungstermins nach KV 2430 dann tragen, wenn er nach § 18 SVertO sein Recht zu diesem besonderen Termin angemeldet hat.

4 **III. Streitwert.** § 33.

Verfahren nach dem Unternehmensstabilisierungs- und -restrukturierungsgesetz

25a I Die Kosten der Verfahren nach dem Unternehmensstabilisierungs- und -restrukturierungsgesetz vor dem Restrukturierungsgericht sowie die Gebühren nach den Nummern 2510 und 2513 des Kostenverzeichnisses schuldet nur der Schuldner des Verfahrens, soweit nichts anderes bestimmt ist.

II Wird ein fakultativer Restrukturierungsbeauftragter auf Antrag von Gläubigern bestellt, schulden die Gebühr nach Nummer 2513 des Kostenverzeichnisses und die Auslagen nach Nummer 9017 des Kostenverzeichnisses nur die antragstellenden Gläubiger, soweit sie ihnen nach § 82 Absatz 2 des Unternehmensstabilisierungs- und -restrukturierungsgesetzes auferlegt sind.

Schrifttum: Thole, Der Entwurf eines Unternehmensstabilisierungs- und -restrukturierungsgesetzes (StaRUG-RefE), ZIP 2020, 1985.

1 Die Vorschrift betrifft in die Zuständigkeit des Restrukturierungsgerichts (§§ 34 f. StaRUG) fallende gerichtliche Verfahren zur Unternehmenssanierung nach dem **StaRUG** v. 22.12.2020 (BGBl. I 3256) und regelt die Frage, wer Kostenschuldner der für diese Verfahren in KV 2510 ff. vorgesehenen Gebühren (sowie nach KV 9000 ff. zu erhebender Auslagen, insbes. die an den Restrukturierungsbeauftragten nach §§ 80 ff. StaRUG, den Sanierungsmoderator nach § 98 StaRUG und die Mit-

glieder des Gläubigerbeirats nach § 93 IV StaRUG zu zahlenden Beträge, VV 9017) ist.

Das StaRUG kennt an gerichtlichen Verfahren die – mit (nur für die Inanspruchnahme der Instrumente des Stabilisierungs- und Restrukturierungsrahmens notwendiger, § 31 I StaRUG) Anzeige des Restrukturierungsvorhabens bei dem zuständigen Restrukturierungsgericht rechtshängig werdende, § 31 III StaRUG – **Restrukturierungssache,** die als Verfahrenshilfen zur Realisierung eines vom Schuldner angebotenen, der Annahme durch die Planbetroffenen bedürfenden Restrukturierungsplans dienenden sog. **Instrumente des Stabilisierungs- und Restrukturierungsrahmens** iSd § 29 II StaRUG (gerichtliche Planabstimmung, §§ 45 f. StaRUG; gerichtliche Vorprüfung, §§ 47 f. StaRUG; gerichtliche Stabilisierungsanordnung einer Vollstreckungs- und Verwertungssperre, §§ 49 ff. StaRUG; gerichtliche Bestätigung des Plans mit Wirkung gegenüber allen Planbeteiligten, §§ 60 ff. StaRUG), die von Amts wegen (§§ 73 ff. StaRUG) oder auf Antrag des Schuldners oder von Gläubigern (§§ 77 ff. StaRUG) erfolgende gerichtliche **Bestellung eines Restrukturierungsbeauftragten** oder (auf Antrag des Schuldners erfolgende) **Bestellung eines Sanierungsmoderators** (§§ 94 ff. StaRUG) sowie vom StaRUG eröffnete, § 40 StaRUG, iÜ nach der ZPO zu führende, § 38 StaRUG, **Beschwerde- und Rechtsbeschwerdeverfahren.** § 25a betrifft alle genannten Verfahren unabhängig davon, ob das KV insoweit eine Verfahrensgebühr (so KV 2510–2512, 2514, 2520 ff.) oder eine Gebühr nur für eine bestimmte Handlung des Gerichts (so KV 2510, 2513) vorsieht (vgl. den Wortlaut von I). 2

Für die Kosten dieses Verfahren ist nach I **im Grundsatz** der **Schuldner** (= restrukturierungsfähige Person, § 2 I Nr. 1 StaRUG) alleiniger Kostenschuldner. Abweichendes gilt nach II nur im Falle der Bestellung eines **(fakultativen) Restrukturierungsbeauftragten** auf Antrag von Gläubigern nach § 77 I 2 StaRUG. (Nur) in diesem Fall sind nach II Kostenschuldner statt des Schuldners die **antragstellenden Gläubiger.** Dies betrifft uneingeschränkt die nach KV 2513 anfallende Verfahrensgebühr; für die nach KV 9017 als Auslage zu erhebende Vergütung des Restrukturierungsbeauftragten gilt dies nur, soweit den antragstellenden Gläubigern im Bestellungsbeschluss diese Auslagen auf Antrag anderer Gläubiger nach § 82 II 3 StaRUG auferlegt worden sind. 3

Zwangsversteigerungs- und Zwangsverwaltungsverfahren

26 **I Die Kosten des Zwangsversteigerungs- und Zwangsverwaltungsverfahrens sowie des Verfahrens der Zwangsliquidation einer Bahneinheit schuldet vorbehaltlich des Absatzes 2, wer das Verfahren beantragt hat, soweit die Kosten nicht dem Erlös entnommen werden können.**

II 1 Die Kosten für die Erteilung des Zuschlags schuldet nur der Ersteher; § 29 Nummer 3 bleibt unberührt. 2 Im Fall der Abtretung der Rechte aus dem Meistgebot oder der Erklärung, für einen Dritten geboten zu haben (§ 81 des Gesetzes über die Zwangsversteigerung und die Zwangsverwaltung), haften der Ersteher und der Meistbietende als Gesamtschuldner.

III Die Kosten des Beschwerdeverfahrens schuldet der Beschwerdeführer.

I. Systematik, Regelungszweck. Zunächst → Vor § 22 Rn. 1, 2. § 26 betrifft die Gebühren KV 2210 ff. und die im Verfahren nach § 869 ZPO iVm dem ZVG entstehenden Auslagen nach KV 9000 ff., vgl. auch KV 401, 604 GvKostG. Wegen der Fälligkeit der Gebühren § 7, der Auslagen § 9. Wegen des Vorschusses § 15. Die Gebühr für die Eintragung des Erstehers in das Grundbuch richtet sich nach KV 14110 GNotKG. Der Ersteher haftet für diese Gebühr allein. Er haftet nach § 23 GNotKG neben den Gläubigern auch für diejenigen Gebühren, die durch die Eintragung einer Sicherungshypothek für eine Forderung gegen den Ersteher entstehen. 1

II. Haftung des Antragstellers, I. Einem klaren Grundsatz stehen erhebliche Ausnahmen gegenüber. Antragsteller sind jeder das Verfahren betreibende Gläubiger, auch ein beitretender, ein antragsberechtigter Erbe, eine ihm nach § 175 ZVG 2 gleichstehende Person, ein Gemeinschafter nach § 180 ZVG und eine Partei kraft Amtes, zB der Nachlassverwalter, Testamentsvollstrecker oder der Insolvenzverwalter nach § 172 ZVG.

3 **1. Grundsatz: Umfassende Haftung (I Hs. 1).** Der Antragsteller haftet für das Anordnungsverfahren bei einer Zwangsversteigerung oder Zwangsverwaltung, auch wegen eines Beitritts nach KV 2210, unabhängig von der Höhe seiner persönlichen Forderung, mit der er beigetreten ist. Das gilt auch bei einer Beitrittserklärung in einem anderen Verfahren (BGH NJW 2009, 2066). Er haftet ferner für die allgemeine Verfahrensgebühr KV 2211.

4 Er haftet für **jede statthafte** gerade auch ihn betreffende **selbständige** Entscheidungsgebühr. Das gilt zB bei § 133 ZVG. Das gilt nach § 21 (selbstverständlich) dann nicht, wenn die Mehrheit der Entscheidungen auf einem Verfahrensfehler beruht. Eine einzige Entscheidung statt mehrerer möglicher löst nur eine einzige Gebühr aus. Vor einer Verbindung entstandene Gebühren bleiben bestehen. Eine spätere Trennung löst keine höheren Gebühren aus.

5 Der Antragsteller haftet auch für die Kosten des **Versteigerungstermins** nach KV 2213. Er haftet für die Kosten des Verteilungsverfahrens nach KV 2215 sowie für die Jahresgebühr der Zwangsverwaltung nach KV 2221, für die Gebühr wegen der Eröffnung der Zwangsliquidation einer Bahneinheit (→ § 57 Rn. 1) nach KV 2230 und für das Verfahren nach KV 2231, soweit es sich nicht um Beschwerdegebühren handelt.

6 Die Haftung des Antragstellers erstreckt sich auch auf die im Verfahren entstehenden **Auslagen,** demgemäß auch auf diejenigen Auslagen, die bei der Überwachung des Sequesters durch das Gericht entstehen. Wegen eines Vorschusses gelten §§ 15, 17 III. Außer dem Antragsteller haftet der **Vollstreckungsschuldner** wegen der notwendigen Vollstreckungskosten. Das sind diejenigen Kosten, die selbst für einen objektiven Betrachter im Zeitpunkt der Antragstellung wie der weiteren Vollstreckung vernünftigerweise notwendig waren, wie bei §§ 91, 788 ZPO. Ferner haftet der gesetzlich Verpflichtete nach § 29 Nr. 3, 4. Der Bevollmächtigte oder gesetzliche Vertreter und eine Partei kraft Amts haftet aber nicht mit dem eigenen Vermögen, anders als der vollmachtlose Vertreter, solange der Vertretene nicht rückwirkend genehmigt. Die Partei kraft Amtes haftet nur mit dem verwalteten Vermögen. Mehrere Antragsteller haften als Gesamtschuldner. Eine Kostenfreiheit bleibt bestehen. Mit einer Verfahrenseinstellung erlischt die Mithaftung des davon betroffenen Mitgläubigers für Kosten während der Einstellung.

7 **2. Ausnahmen (I Hs. 2).** Die Haftung entfällt, soweit das Gericht die Kosten dem Erlös entnehmen kann. Eine Vorwegentnahme ist für die Verfahrenskosten der Zwangsversteigerung möglich. Davon gilt eine Ausnahme für die Kosten der Anordnung des Verfahrens und die Kosten des Beitritts eines Gläubigers, ferner bei PKH für den Antragsteller (dann muss die Forderung angemeldet werden).

8 Wegen einer **nachträglichen Verteilungshandlung** s. §§ 109 I, 155 I ZVG.

9 Eine **Vorwegentnahme** ist auch bei der Gebührenfreiheit eines Beteiligten statthaft. Bei der Nichtberichtigung des Bargebots ist die Forderung gegen den Ersteher wegen der Kosten nach § 118 ZVG auf die Gerichtskasse zu übertragen. Der Antragsteller wird dann frei, wenn die Gerichtskasse nicht binnen 3 Monaten dem Gericht gegenüber auf die Rechte aus der Übertragung verzichtet.

10 Der **Beigetretene** haftet als Antragsteller nur für diejenigen durch eine gerichtliche Handlung entstehenden Kosten, für die er die Rechtsstellung eines Gläubigers hat. Wenn zB die Versteigerung nur auf Grund des Antrags des eigentlichen Antragstellers stattgefunden hat, während das Gericht das Verfahren für den Beigetretenen eingestellt hatte, haftet der Beigetretene nur für die Verfahrensgebühren.

11 **III. Zuschlagskosten (II).** Für die Zuschlagskosten nach KV 2214, 9000 ff. haften nur der Ersteher und der gesetzliche Kostenschuldner nach § 29 Nr. 3, nicht der Antragsteller. Das gilt folglich auch für die Kosten der Zustellung des Zuschlagsbeschlusses nach § 88 ZVG (LG Freiburg Rpfleger 1991, 383). Mehrere Ersteher haften nach § 31 I als Gesamtschuldner, soweit sie gemeinsam erwerben. Andernfalls

haftet jeder Ersteher nur für seinen Teil. Bei einer Wiederversteigerung nach § 133 ZVG haftet der Ersteher nicht für die Kosten des früheren Zuschlags.

Bei einer **Abtretung der Rechte** aus dem Meistgebot oder bei der Aufdeckung 12
eines Bietungsauftrags nach § 81 ZVG haftet der Meistbietende neben dem Ersteher als Gesamtschuldner und auch seinerseits als Erstschuldner (LG Lüneburg Rpfleger 1988, 113). Das gilt auch dann, wenn der Ersteher persönlich kein aus dem Grundstück Berechtigter ist (LG Lüneburg Rpfleger 1988, 113). Der Dritte haftet bei § 61 ZVG nicht.

Gegenüber der auf dem Kostenrecht begründeten persönlichen Inanspruchnahme 13
ist eine Berufung auf eine **persönliche Gebührenfreiheit** zulässig. Die Gebühr und die Zustellungsauslagen nach § 109 ZVG dürfen nicht dem Versteigerungserlös entnommen werden (LG Freiburg Rpfleger 1991, 383).

IV. Beschwerdekosten (III). Die Haftung für die Beschwerdegebühr nach KV 14
2240, 2241 und für die zugehörigen Auslagen nach KV 9000 ff. trifft den Beschwerdeführer nach III. Das gilt auch wegen etwaiger Sachverständigenkosten (OLG Koblenz DS 2005, 349). Die Haftung richtet sich also nach dieser gegenüber § 22 vorrangigen Sondervorschrift. Eine Vorwegentnahme aus dem Versteigerungserlös ist nicht statthaft. Denn III verweist nicht auf I Hs. 2.

[geplante Fassung durch das VRUG:]

Umsetzungsverfahren nach dem Verbraucherrechtedurchsetzungsgesetz

26a ***I Die Kosten des Umsetzungsverfahrens nach dem Verbraucherrechtedurchsetzungsgesetz schuldet nur der im zugrundeliegenden Abhilfeverfahren verurteilte Unternehmer.***

Die Vorschrift soll mit dem künftigen (der Umsetzung der Verbandsklagenricht- 1
linie v. 25.11.2020, RL (EU) 2020/1828, dienenden) Verbandsklagenrichtlinienumsetzungsgesetz (VRUG) voraussichtlich mit Wirkung zum 25.6.2023 (zusammen mit §§ 1 I 1 Nr. 17a, 9 II nF, 59a, KV 1660 und den Ergänzungen in § 48 I 2, 3, KV 1213 Anm. S. 2) eingefügt werden (vgl. RefE VRUG, Stand 16.2.2023). Das VRUG wird ein Verbraucherrechtsdurchsetzungsgesetz (**VDuG,** Art. 1 VRUG) schaffen, das zwei Formen von Verbandsklagen regeln wird, nämlich die (neue) Abhilfeklage (§§ 14 ff. VDuG) und die Musterfeststellungsklage (§§ 41 f. VDuG, die an die Stelle der bisherigen §§ 606 ff. ZPO treten sollen). Beide Klagearten dienen der kollektiven Rechtsdurchsetzung von Verbraucheransprüchen gegen Unternehmer. Während die Musterfeststellungsklage (wie bisher) nur der Feststellung des Vorliegens oder Nichtvorliegens von tatsächlichen und rechtlichen Voraussetzungen für das Bestehen oder Nichtbestehen von Ansprüchen oder Rechtsverhältnissen dient, richtet sich die Abhilfeklage auf Leistung (ggf. in Form eines kollektiven Gesamtbetrags) an die betroffenen Verbraucher.

§ 26a betrifft nur die **Abhilfeklage.** Das gerichtliche Abhilfeverfahren gliedert sich 2
in mehrere Abschnitte, nämlich zunächst einmal in das zu einem Urteil führende Klageverfahren und das anschließende Umsetzungsverfahren. Das **Klageverfahren** selbst läuft ebenfalls mehrphasig ab: Soweit die Klage nicht abzuweisen ist, ergeht zunächst ein Abhilfegrundurteil (§ 16 VDuG; dieses steht einer späteren Gebührenermäßigung nach VV 1213 nicht entgegen, VV 1213 Anm. S. 2), an das sich der Versuch der gütlichen Regelung durch gerichtlichen Vergleich (§ 17 VDuG) anschließen soll; gelingt dies nicht, endet das Verfahren schließlich durch Abhilfeendurteil (§ 18 VDuG). Insoweit gelten (ebenso wie für die kostenrechtlich wie jede andere Klage zu behandelnde Musterfeststellungsklage, etwa → § 48 Rn. 10 ff.) keine kostenrechtlichen Besonderheiten, so dass sich die anfallenden Kosten (wegen der erstinstanzlichen Zuständigkeit des OLG, § 3 I VDuG: VV 1212, 1213), der maßgebliche Streitwert, die Kostentragung und die Fälligkeit nach den allgemeinen Vorschriften richten.

Anders ist dies im **Umsetzungsverfahren** (§§ 22 ff. VDuG), in dem es um die 3
Einziehung der im Klageverfahren durch Vergleich oder Abhilfeendurteil festgelegten

(Gesamt-)Leistung zugunsten eines Umsetzungsfonds und die anschließende Verteilung auf die berechtigten Verbraucher (die ihre Ansprüche wirksam zum Verbandsklageregister angemeldet hatten) durch einen gerichtlich bestellten Sachwalter geht. Für die gerichtliche Tätigkeit im Umsetzungsverfahren sieht KV 1660 eine besondere (nach Maßgabe von § 9 II fällig werdende) Verfahrensgebühr nach dem gem. § 59a zu bestimmenden Wert vor. Regelungsgehalt des § 26a ist es, für diese Gebühr (und im Umsetzungsverfahren ggf. anfallende Auslagen) die **Kostenhaftung** besonders zu regeln. Danach trägt allein der im vorangegangenen Klageverfahren zur Leistung verurteilte **Unternehmer** die Kosten, was im Hinblick darauf, dass das Umsetzungsverfahren als „Annex" nur der Durchsetzung des Ergebnisses des Klageverfahrens ist, offensichtlich sachgerecht ist. Soweit die Kosten nicht eingezogen werden können, scheidet aufgrund der Ausschließlichkeit der Kostenhaftung eine Inanspruchnahme der beteiligten Verbraucher als Zweitschuldner aus.

4 Keine Bedeutung hat § 26a für die Vergütung des **Sachwalters** und seine Auslagen (§ 32 VDuG). Diese Beträge werden nicht aus der Staatskasse gezahlt und sind folglich auch nicht als Auslagen einzuziehen. Vielmehr sind sie vom Unternehmer nach § 20 II VDuG im Verhältnis zum Sachwalter zu tragen und können auf Antrag des Sachwalters (ggf. auch vorläufig) gegen den Unternehmer festgesetzt werden (§ 32 II VDuG). Der Sachwalter zieht vorläufig festgesetzte Kostenbeträge zugunsten des Umsetzungsfonds ein (§ 25 I VDuG), aus dem sie nach gerichtlicher Prüfung des Schlussberichts und der Schlussrechnung (§ 35 VDuG) und der gerichtlichen Feststellung der Beendigung des Umsetzungsverfahrens (§ 36 VDuG) an den Sachwalter ausgekehrt werden können (zum Vorschussanspruch des Sachwalters vgl. § 32 I Nr. 3 VDuG).

Bußgeldsachen

27 Der Betroffene, der im gerichtlichen Verfahren nach dem Gesetz über Ordnungswidrigkeiten den Einspruch gegen einen Bußgeldbescheid zurücknimmt, schuldet die entstandenen Kosten.

1 **I. Anwendungsbereich.** § 27 gilt bei einer Rücknahme des Einspruchs gegen einen Bußgeldbescheid im gerichtlichen Verfahren nach dem OWiG (LG Zweibrücken MDR 1995, 1076). Dazu zählt das Zwischenverfahren nach § 69 IV OWiG ebenso wenig wie das sonstige Verfahren vor der Staatsanwaltschaft, etwa nach § 25a StVG (Halterhaftung). Die Rücknahme muss nach § 71 OWiG, § 411 III StPO wirksam erfolgt sein. Eine Gebühr entsteht dann nicht.

2 Der Betroffene trägt die **Kosten,** also nach § 1 I 1 die Gebühren und die Auslagen (LG Darmstadt MDR 1998, 309 (Sachverständigenkosten); aA Meyer Rn. 1). Das gilt freilich nur für die gerade im gerichtlichen Verfahren entstandenen, nicht für verwaltungsbehördliche. Sie werden nach § 8 S. 2 mit der Rücknahme des Einspruchs fällig, also mit der daraus folgenden Rechtskraft des Bußgeldbescheids (LG Zweibrücken MDR 1995, 1076). Eine Kostenentscheidung ist unnötig. Denn die Haftung entsteht kraft Gesetzes (LG Zweibrücken MDR 1995, 1076).

3 **II. Fälligkeit.** Sie richtet sich nach § 8.

Auslagen in weiteren Fällen

28 I 1 Die Dokumentenpauschale schuldet ferner, wer die Erteilung der Ausfertigungen, Kopien oder Ausdrucke beantragt hat. 2 Sind Kopien oder Ausdrucke angefertigt worden, weil die Partei oder der Beteiligte es unterlassen hat, die erforderliche Zahl von Mehrfertigungen beizufügen, schuldet nur die Partei oder der Beteiligte die Dokumentenpauschale.

II Die Auslagen nach Nummer 9003 des Kostenverzeichnisses schuldet nur, wer die Versendung der Akte beantragt hat.

III Im Verfahren auf Bewilligung von Prozesskostenhilfe einschließlich des Verfahrens auf Bewilligung grenzüberschreitender Prozesskostenhilfe ist der Antragsteller Schuldner der Auslagen, wenn

1. der Antrag zurückgenommen oder vom Gericht abgelehnt wird oder
2. die Übermittlung des Antrags von der Übermittlungsstelle oder das Ersuchen um Prozesskostenhilfe von der Empfangsstelle abgelehnt wird.

I. Systematik. Zunächst → Vor § 22 Rn. 1, 2. Die Vorschrift schafft für die Dokumentenpauschale und für Auslagen aus Anlass einer Aktenversendung einen eigenen Schuldner (BGH NJW 2011, 3041; VGH Bayern NJW 2007, 1483 (1484)). Neben diesem haften bei solche Auslagen nach I grundsätzlich für die entstandenen notwendigen Kosten die Schuldner der §§ 22–26, 29. Das ergibt das Wort „ferner" in I 1. Eine solche zusätzliche Haftung besteht aber nicht bei einer Aktenversendung. Für deren Kosten haftet nach II ja „nur" der Antragsteller (aA VG Braunschweig NVwZ-RR 2003, 911 (912)). 1

II. Regelungszweck. Die Vorschrift dient in I 2 der Kostendämpfung. Denn der Antragsteller hat es in der Hand, durch die eigene Anfertigung der erforderlichen Kopien, Ausdrucke und Ausfertigungen bei I 2 eine Dokumentenpauschale zu verhindern. Er kann auch Telefaxe fertigen (aA VGH Baden-Württemberg NJW 2008, 536 (537); aber das Fax hat sich völlig eingebürgert). Im Übrigen bezweckt § 28 eine Kostengerechtigkeit: Wer Kosten verursacht, soll sie begleichen (BGH NJW 2011, 3041; OLG Oldenburg JurBüro 2010, 483 mzustAnm Lohle; VGH Baden-Württemberg NJW 2008, 536 (537)). 2

III. Dokumentenpauschale (I). Dem Grundsatz stehen Ausnahmen gegenüber. 3

1. Grundsatz: Antragstellerhaftung (I 1). Die Vorschrift erfasst die Übersendung einer nach KV 9000 Nr. 1 gerade auf Grund eines Antrags und nicht etwa nur von Amts wegen erteilten auslagenpflichtigen Ausfertigung oder Kopie oder eines Ausdrucks der etwaigen elektronischen Fassung oder seiner Kopie nach → KV 9000 Rn. 1. Das gilt auch dann, wenn hätte Akteneinsicht genommen werden können (AG Göttingen ZIP 2011, 1230). Schuldner dieser Auslagen ist neben den in → Rn. 1 Genannten immer auch derjenige, der diesen Antrag unmittelbar gestellt hat (BGH NJW 2011, 3041). Das ist nicht stets der Antragsteller des § 22. 4

2. Beispiele zur Frage einer Antragstellerhaftung (I 1)

Beistand: Nach I 1 haften kann auch er nach § 90 ZPO. 5

Neben Entscheidungsschuldner: Nach I 1 wird neben einem Entscheidungsschuldner nach § 31 II 1 nur als Zweitschuldner gehaftet.

Gebührenfreiheit: Bei ihr gelten §§ 22, 29.

GKG § 22: Nicht stets haftet nach I 1 ein Antragsteller des § 22.

Prozessbevollmächtigter: Nach I 1 haften kann auch er nach § 81 ZPO (aA KG MDR 1984, 592). Aber auch → „Vertreter".

Prozesskostenhilfe: Ihre Bewilligung kann nach § 122 I ZPO eine Stundung der Pflicht zur Auslagenerstattung zur Folge haben. Das gilt aber nur für notwendige Auslagen als Teil notwendiger Kosten nach § 91 ZPO. Ein in die Prozesskosten rechtskräftig verurteilter Prozessgegner haftet nach § 125 ZPO auch für die notwendigen Auslagen.

Übernahmeschuldner: Nach I 1 kann auch ein solcher nach § 29 Nr. 2 haften unabhängig von einer Erstattbarkeit im Innenverhältnis etwa zwischen dem Auftraggeber und seinem ProzBev nach § 81 ZPO.

Verteidiger: Nach I 1 haften kann auch er zB nach §§ 137 ff. StPO (BVerfG NJW 1995, 3177; LG Ravensburg AnwBl 1995, 153 (grds. der Vertreter); AG Tiergarten AnwBl 1995, 571; aA OLG Düsseldorf Rpfleger 2002, 224 (225); AG Bielefeld AnwBl 1995, 571; AG Marsberg AnwBl 1995, 153 (154)).

Vertreter: Nicht nach I 1 haftet er, soweit er nur im Namen des Vertretenen einen Antrag stellt (VG Braunschweig NVwZ-RR 2003, 911 (912); aA OVG Niedersachsen NJW 2010, 1392 (1394)). Ob das so ist, hängt von den Umständen ab.

Zweitkopie usw: Nicht nach I 1 mag eine Haftung dann eintreten, wenn ein Anwalt eine solche Kopie usw verlangt, die er der Partei nicht berechnen darf, etwa eine zweite Kopie oder die Ausfertigung usw einer gerichtlichen Entscheidung oder eines Protokolls (BFHE 121, 159). Ein derartiges Verlangen liegt aber noch nicht in einer stillschweigend akzeptierten örtlichen Übung der Gerichtsverwaltung, den Anwälten einfach stets Kopien zu übersenden usw (BFHE 121, 159; OLG Hamm Rpfleger 1975, 37; aA Meyer Rn. 6).

6 **3. Ausnahme: Unterlasserhaftung (I 2).** Wenn die Partei oder der Beteiligte für ein von Amts wegen zuzustellendes Dokument nicht nach KV 9000 die erforderliche Zahl von Kopien usw liefert, haftet unabhängig von einer gerichtlichen allgemeinen Kostengrundentscheidung nur die Partei oder der Beteiligte für solche Auslagen (VGH Bayern BayVBl. 1979, 380; VG Frankfurt (Oder) JurBüro 2008, 654 (keine Erstattbarkeit)). Es haftet also weder derjenige, der das Verfahren der Instanz beantragt hat, noch der Entscheidungsschuldner dieser Instanz.

7 Die Haftung tritt auch dann ein, wenn die Partei bei einem durch **Telefax** usw eingereichten Schriftsatz weder sogleich auf demselben Weg die erforderlichen Kopien mitgeliefert noch diese im Original angekündigt und fristgerecht nachgeliefert hat (OLG Oldenburg JurBüro 2010, 483; AG Reutlingen ZMR 2013, 239; VGH Hessen NJW 1991, 316). Freilich muss auch das Gericht verfahrensfehlerfrei handeln (VGH Hessen NJW 1992, 3055).

8 **IV. Auslagen für Aktenversendung oder -übermittlung (II).** Es gibt mehrere Aspekte.

9 **1. Schuldner: Antragsteller.** Schuldner der Auslagen für die Versendung von Akten nach KV 9003 ist nach → Rn. 2 derjenige, der diese Versendung beantragt hat, also zB die Partei (OLG Düsseldorf JurBüro 2008, 375; VGH Bayern NJW 2007, 1483 (1484); aA LG Mainz NJW-RR 2008, 151 (152)), der ProzBev nach § 81 ZPO (VG Meiningen JurBüro 2006, 36, oder der Verteidiger (BVerfG NJW 1997, 1433; OLG Koblenz MDR 1997, 202 (Ls.); LG Koblenz NJW 1996, 1223; aA LG Bayreuth JurBüro 1997, 433; VG Braunschweig NVwZ-RR 2003, 911 (je: nur der Auftraggeber des beantragenden Anwalts)). Vgl. aber → Rn. 3. „Nur" dieser Antragsteller haftet, → Rn. 1 (BVerfG NJW 1995, 3177; OVG Niedersachsen NJW 2010, 1392 (1393)).

10 **2. Versendung usw.** Sie liegt nur vor, soweit die erforderlichen Maßnahmen über eine bloße Aushändigung mit oder ohne eine Quittung hinausgehen, etwa an einen Anwalt durch das Einlegen in sein an demselben Ort vorhandenes Anwaltsfach (AG Ahaus AnwBl 1995, 154; VG Meiningen JurBüro 2006, 36), oder an einen in der Geschäftsstelle erscheinenden auswärtigen Anwalt. Eine solche weitergehende Maßnahme liegt also vor allem bei der Versendung per Post vor, aber auch etwa bei einer Verwendung von Telefax usw (aA Meyer Rn. 7). Die Art der Versendung und der Zwischenstationen ist unerheblich, KV 9003 (AG Marsberg AnwBl 1995, 153 (154); BReg AnwBl 1995, 138). Die Hin- und Rücksendung gelten nach KV 9003 Anm. I zusammen als nur eine einzige Sendung.

11 Die Versendung usw von mehr als einem losen einzelnen Dokument mit oder ohne Anlagen usw ist bereits eine „Akten"-Versendung. Denn sonst wäre überhaupt keine Grenze unterhalb der vollständigen Akten zu ziehen, und selbst dann wäre zB unklar, ob die Versendung nur der Hauptakten usw genügen könnte. Vgl. auch (zur Fälligkeit) → § 9 Rn. 1. Bei § 129a II 1 ZPO liegt aber eine von Amts wegen erforderliche und daher nicht unter II fallende Maßnahme vor.

12 **3. Unanwendbarkeit.** Nicht hierher gehört die in KV 9000 Nr. 2 besonders geregelte Überlassung elektronisch gespeicherter Dateien.

13 **V. Auslagen im Prozesskostenhilfeverfahren (III).** Der Antragsteller ist sowohl im nationalen Bereich als auch bei einer grenzüberschreitenden PKH nach §§ 114 ff., 1076–1078 Auslagenschuldner nur, soweit er den Antrag zurücknimmt oder soweit das Gericht eine Bewilligung ablehnt oder soweit schon die Übermittlungsstelle die bloße Antragsübermittlung oder gar das PKH-Gesuch ablehnt.

Weitere Fälle der Kostenhaftung

29 **Die Kosten schuldet ferner,**

1. wem durch gerichtliche oder staatsanwaltschaftliche Entscheidung die Kosten des Verfahrens auferlegt sind;

2. wer sie durch eine vor Gericht abgegebene oder dem Gericht mitgeteilte Erklärung oder in einem vor Gericht abgeschlossenen oder dem Gericht mitgeteilten Vergleich übernommen hat; dies gilt auch, wenn bei einem Vergleich ohne Bestimmung über die Kosten diese als von beiden Teilen je zur Hälfte übernommen anzusehen sind;
3. wer für die Kostenschuld eines anderen kraft Gesetzes haftet und
4. der Vollstreckungsschuldner für die notwendigen Kosten der Zwangsvollstreckung.

Übersicht

I. Systematik, Regelungszweck. Zunächst → Vor § 22 Rn. 1, 2. § 29 gilt für alle dem GKG unterliegenden Verfahren. In Strafsachen enthält die Vorschrift abgesehen von §§ 16–18, 27, 28, 33 die einzige Grundlage für Kostentitel. § 29 tritt zu §§ 22–27 hinzu (OLG Koblenz Rpfleger 1980, 444). Eine Haftung kann sich auch gleichzeitig aus mehreren Vorschriften ergeben. Soweit das Gericht eine PKH nach §§ 114 ff. ZPO bewilligt hatte, sind aber auch § 31 III Hs. 1 sowie § 125 II ZPO als vorrangig zu beachten. 1

Die Entscheidung, die Kostenübernahme usw bestimmen den **Umfang der Haftung.** Wegen derselben Kosten können mehrere Schuldner haften. Das geschieht nach § 31 I grundsätzlich als Gesamtschuldnerschaft. Streitgenossen nach §§ 59 ff. ZPO haften nach § 29 schlechthin als Gesamtschuldner, also nicht beschränkt wie bei § 22. Das gilt nach → § 32 Rn. 5 auch für die Haftung als Entscheidungsschuldner, soweit nicht die Entscheidung eine andere Kostenverteilung vorsieht (aA OLG Brandenburg JurBüro 1992, 684). Ein späterer Kostenvergleich lässt nach → § 30 Rn. 2 die Haftung des Entscheidungsschuldners gegenüber der Staatskasse unberührt. Den Mithaftenden zieht § 8 II KostVfg heran. Eine Erinnerung gegen die Heranziehung ist stets an das Gericht derjenigen Instanz zu richten, die die Heranziehung ausgesprochen hat. 2

II. Entscheidungsschuldner (Nr. 1). Er ist nach § 31 III 1 stets Erstschuldner. Aus einer klaren Voraussetzung ergeben sich im Übrigen unterschiedliche Auswirkungen. 3

4 **1. Entscheidung.** Eine gesetzlich statthafte staatsgerichtliche oder staatsanwaltliche Entscheidung nach Nr. 1 braucht grundsätzlich weder nach § 705 ZPO formell rechtskräftig noch nach §§ 708 ff. ZPO vollstreckbar zu sein (KG MDR 2004, 56; Dölling NJW 2014, 2468 (2472); Chr. Müller DGVZ 1995, 181 (182)). Ausnahmen gelten bei § 125 ZPO und bei einer Straf- oder Bußgeldsache.

2. Beispiele zur Frage einer Entscheidung

5 **Arrest, einstweilige Verfügung:** Entscheidung kann auch diese Maßnahme nach §§ 916 ff., 935 ff. ZPO sein (OLG Frankfurt a. M. Rpfleger 1981, 118; AG Neuruppin AGS 2011, 556). Die Eilanordnung muss freilich noch vollziehbar sein, zB nach §§ 929, 936 ZPO (OLG Koblenz NJW-RR 2000, 732).

Beschluss: Entscheidung ist auch er.

Bezeichnung als Kostenschuldner: Entscheidung nach § 29 ist eine eindeutige Bezeichnung einer Partei als Kostenschuldner.

Entstehung: Keine Entscheidung ist ein bloß entstandener, aber noch nicht durch Mitteilung, s. dort, wirksamer Schritt des Gerichts.

Insolvenz: Eine Unterbrechung wegen Insolvenz nach § 240 ZPO wirkt nicht auf den Ansatz von Gerichtskosten gegen einen von der Insolvenz nicht betroffenen Entscheidungsschuldner (OLG Stuttgart MDR 1991, 1097).

Mahnbescheid: Keine Entscheidung nach § 29 ist der bloße Mahnbescheid nach § 692 I Nr. 3 ZPO (N. Schneider JurBüro 2003, 4).

Mitteilung: Entscheidung ist nur ein gesetzlich mitgeteilter und damit wirksamer Schritt des Gerichts (KG NJW-RR 2000, 1239 (1240); OLG Koblenz NJW-RR 2000, 1239).

Rechtskraft: → „Strafsache".

Rechtsmitteleinlegung: Entscheidung nach § 29 bleibt nach § 30 die erstinstanzliche, solange das Rechtsmittelgericht sie noch nicht abgeändert hat (BFH JurBüro 1977, 233; OLG Frankfurt a. M. Rpfleger 1981, 118; Chr. Müller DGVZ 1995, 181 (182)).

Strafbefehl: Entscheidung ist auch er.

Strafsache: Entscheidung liegt erst bei Rechtskraft vor. Das folgt zwar nicht aus § 29, wohl aber daraus, dass vor der Rechtskraft nach § 8, KV Vorb. 3.11 I keine Kostenschuld besteht.

Unrichtigkeit: Entscheidung ist grds. auch eine unrichtige. Eine Ausnahme kann bei grober Unrichtigkeit nach § 21 vorliegen.

Unterbrechung: → „Insolvenz".

Urteil: Entscheidung ist (selbstverständlich) ein Urteil zB nach §§ 300 ff. ZPO.

Verfügung: Entscheidung sein kann auch sie.

Vergleich: Er kann eine noch nicht durch Zahlung beendete Haftung nach Nr. 1 nicht beseitigen (OLG Düsseldorf NJW-RR 1997, 1295).

Vollstreckungsbescheid: Entscheidung ist auch er nach § 699 ZPO.

Vorbehaltener Betrag: Ausreichen kann er zB im Strafverfahren (OLG Koblenz JurBüro 2006, 323).

Vorbehaltsurteil: Entscheidung ist auch ein solches zB nach §§ 302, 599 ZPO oder nach § 10 AnfG (OLG Koblenz Rpfleger 1987, 338).

Vorbescheid: Entscheidung sein kann auch er, zB nach § 90 III FGO oder nach § 84 II VwGO.

Wirksamkeit: → „Mitteilung".

6 **3. Kostenauferlegung.** Das Gericht muss einen Beteiligten vor einer ihm nachteiligen Entscheidung anhören (OLG Hamburg MDR 1999, 60; AG Grevenbroich MDR 1999, 767 (je: Parteizustellung nach § 929 II versäumt)). Es muss sodann eine Kostengrundentscheidung treffen (OLG Bamberg JurBüro 1992, 684; VGH Baden-Württemberg JurBüro 1999, 205; LG Zweibrücken JurBüro 1983, 1857). Eine Haftung besteht nur für die eindeutig auferlegten Kosten. Es mag eine Kostenentscheidung nur für einen Verfahrensabschnitt oder etwa zur Säumnis nach § 331 ZPO oder Verweisung nach § 281 ZPO oder zur bisherigen Instanz vorliegen. Auch mag das Gericht nur einen von mehreren Beteiligten zum Kostenschuldner gemacht haben, etwa bei § 269 III, IV ZPO oder bei § 38. Eine spätere Übernahme ändert nichts an der höheren Kostenauferlegung (OLG Nürnberg NJW-RR 2004, 1007).

Wenn das Gericht dem Beteiligten die **gesamten Kosten** des Verfahrens auferlegt, umfasst diese Entscheidung nur diejenigen Kosten nicht, die nach § 91 ZPO entbehrlich waren oder über die das Gericht eine besondere Entscheidung getroffen hat, etwa eine Verzögerungsgebühr nach § 38 oder diejenige, die das Gericht oder das Gesetz ausdrücklich ausnehmen. Nach § 91 III ZPO gehören auch die dort genannten Kosten eines Güteverfahrens zur Kostengrundentscheidung. Bei § 344 ZPO fallen hierunter nicht diejenigen Gerichtskosten, die nur deshalb bestehen bleiben, weil einer Klagerücknahme das Versäumnisurteil voranging (OLG München JurBüro 1997, 95). 7

Auch die **Dokumentenpauschale** nach § 28 zählt nicht hierher, es sei denn, dass es sich um notwendige Auslagen nach → § 28 Rn. 2 handelt. 8

4. Teilauferlegung. Soweit das Gericht die Kosten einem Beteiligten nur zu einem Bruchteil auferlegt hat, sind alle Gebühren und Auslagen zusammenzurechnen und dem Bruchteil demgemäß zu verteilen. Wenn das Gericht die Kosten gegeneinander aufgehoben hat, trägt nach §§ 92 I 2 ZPO, 136 I FGO, 155 VwGO jede Partei oder jeder Beteiligte 50 % der Gerichtskosten. Das gilt auch im Verhältnis zur Staatskasse. Bei einem teilweisen Freispruch erfolgt eine Verurteilung zu Kosten korrekterweise nur nach § 465 I 1, 2, II StPO. Maßgeblich ist aber die Kostenentscheidung des Gerichts. 9

Wenn das Gericht bei einer **Klage und Widerklage** oder bei wechselseitigen Rechtsmitteln die Kosten fälschlich nicht nach Bruchteilen verteilt, sondern gesondert hat, ist nach § 22 zu verfahren (Meyer Rn. 10; aA Mümmler JurBüro 1978, 1131 (1137): Verteilung nach Streitwerten). 10

5. Fehlen einer Kostenentscheidung. Hier ist zu prüfen, ob die Kosten zu denjenigen eines anderen Verfahrens gehören oder ob sie zum gesamten Verfahren zählen und ob dessen Kostenentscheidung sie deshalb miterfasst und mitergreifen darf (OLG Hamburg MDR 1999, 60; AG Grevenbroich MDR 1999, 60). Die letztere Frage erfordert aber nur eine begrenzte Amtsprüfung (KG NJW-RR 2000, 732). Dann besteht auch für die Kosten mit dem Erlass der Kostenentscheidung eine Entscheidungshaftung nach Nr. 1. 11

Die Kosten eines **selbständigen Beweisverfahrens** nach §§ 485 ff. ZPO sind gerichtliche Kosten des nachfolgenden Hauptsacheverfahrens, wenn Parteien und Streitgegenstand des Beweisverfahrens und des Hauptprozesses identisch sind (BGH NJW 2005, 294; NJW-RR 2006, 810 mwN). 12

Ferner sind auf diese Weise zB folgende Kosten zu behandeln: Diejenigen eines Verfahrens auf den Erlass eines Arrests oder einer einstweiligen Verfügung nach §§ 916 ff., 935 ff. ZPO, soweit dort eine Kostenentscheidung nicht gegenüber dem Betroffenen wirksam ergangen ist (Vollkommer Rpfleger 2011, 96); diejenigen bloßen Kostenvorschüsse, die das Gericht einem Beteiligten auferlegt hat, etwa in einer einstweiligen Anordnung oder nach §§ 379, 402 ZPO; diejenigen einer Einstellung der Zwangsvollstreckung nach § 707 ZPO; diejenigen aus einer anderen die Parteien betreffenden Zwischenentscheidung zB nach § 280 ZPO. Sehr oft bedarf es einer Auslegung der infrage kommenden Entscheidung. 13

III. Übernahmeschuldner (Nr. 2). Auch er ist Erstschuldner nach § 31 III 1, evtl. als Gesamtschuldner zusammen mit einem Entscheidungsschuldner. Eine Vorschusspflicht bleibt nach § 18 S. 1 bestehen. Auch hier sind aus einer klaren Voraussetzung unterschiedliche Folgen zu ziehen. Mehrere Übernahmeschuldner haften als Gesamtschuldner, können aber im Innenverhältnis Ausgleichsansprüche haben (AG Leipzig FamRZ 2009, 243). 14

1. Übernahmeerklärung. Eine Kostenübernahme ist in sämtlichen Sachen statthaft, auch zB in einem Strafverfahren (LG Zweibrücken JurBüro 1983, 1857; Meyer JurBüro 1992, 3 (4); aA AG Euskirchen AnwBl 1990, 52; aber eine solche Bereitschaft kann ungeachtet → Rn. 17 wesentlich zur Einstellung beitragen). 15

Die Regelung ist **mit dem GG vereinbar** (BVerfGE 51, 295 (296) = NJW 1979, 2608). Ihr Inhalt ist die dem Gericht gegenüber formlos abgegebene Erklärung, die Kosten ganz oder zu einem bestimmten Teil zu übernehmen. Die Erklärung muss dem Gericht zugehen. 16

2. Beispiele zur Frage einer Übernahmeerklärung

17 **Anfechtung:** Die zivilrechtlichen Anfechtungsgründe wegen eines Willenmangels sind nicht anzuwenden (LG Zweibrücken JurBüro 1983, 1857). Denn es handelt sich um eine Parteiprozesshandlung (BGH NJW-RR 1994, 568 (Auslegbarkeit); OLG Bamberg JurBüro 1977, 1594; OLG Naumburg FamRZ 2001, 831 (Rechtsmittelverzicht)).

Annahme der Erklärung: Sie ist **nicht** erforderlich.

Bedingung: Die Übernahme lässt grds. **keine** Bedingung zu (LG Zweibrücken JurBüro 1983, 1857; Ausnahme: § 470 Nr. 2 StPO, AG Bayreuth JurBüro 1981, 591), auch nicht diejenige eines bestimmten Verfahrensausgangs (OLG Stuttgart Rpfleger 1985, 169). Deshalb **fehlt** eine Übernahme dann, wenn der Beschuldigte nur für den Fall einer Einstellung des Verfahrens wegen Geringfügigkeit erklärt, Kosten zu „übernehmen". Aber auch → „Befristung".

Befristung: Sie ist statthaft. Aber auch → „Bedingung".

Ergänzungspfleger: Seine Kosten können unter Nr. 1 fallen (OLG Braunschweig MDR 2016, 1339).

Erklärender: Eine Erklärung oder Mitteilung kann nur durch den Übernehmer oder durch einen berechtigten Vertreter erfolgen. Die Prozessvollmacht ermächtigt zur Übernahmeerklärung oder -mitteilung zB nach § 81 letzter Hs. ZPO. Übernehmer kann eine Partei sein, aber auch ein Dritter, zB die Rechtsschutzversicherung. Auch → „Prozesskostenhilfe".

Formulierung: Die Formulierung „Ich mache mich für die Kosten (Auslagen) stark" kann eine Übernahme nach Nr. 2 bedeuten (OLG Düsseldorf NJW-RR 1997, 826). Die ähnliche Formulierung „Ich sage für die Kosten gut" kann bedeuten, dass im voraussehbaren Umfang nach → GNotKG § 27 Rn. 4 ff., nur eine Bürgschaft vorliegt (OLG Hamm Rpfleger 1975, 37; aA Schneider JurBüro 1975, 1034) bei der Formulierung „Ich sage mich für den Vorschuss stark". Auch → „Umfang".

Gesetzliche Haftung: Die Übernahme der Kosten lässt eine Kostenhaftung kraft Gesetzes unberührt, zB als Antragsschuldner (OLG München Rpfleger 1985, 328), oder als Entscheidungsschuldner (BGH NJW-RR 2001, 285). Dasselbe gilt bei einer anderen Parteivereinbarung (OLG Koblenz JurBüro 1976, 104). Die Übernahme befreit das Gericht nach → Rn. 6 nicht von der Pflicht, über die Kosten des Verfahrens nach Maßgabe der Gesetze zu entscheiden. Der gesetzliche Kostenschuldner erhält aber infolge der Übernahmeerklärung des anderen einen Freistellungsanspruch gegen ihn.

Mitteilung: Sie steht einer Erklärung nach Nr. 2 gleich.

Parteivereinbarung: Sie ist **nicht** erforderlich. Auch → „Gesetzliche Haftung".

Prozesskostenhilfe: Übernehmen kann auch eine durch PKH nach § 122 ZPO begünstigte Partei (BVerfG NJW 2000, 3271; BGH NJW 2004, 366; OLG Frankfurt a. M. NJW-RR 2012, 316 (317); 2012, 318; KG NJW-RR 2012, 1021; aA OLG Rostock JurBüro 2010, 148; OLG Frankfurt a. M. NJW 2000, 1120 (aber eine solche Hilfe verbietet der Partei nichts)). Auch → „Umfang".

Rechtsschutzversicherung: Sie kann Übernehmerin sein. Es genügt eine vom ProzBev für sie eingereichte unmissverständliche Erklärung, etwa „Kosten zahlen wir". Eine vorbehaltlose Zahlung kann eine Übernahme bedeuten. Sie will freilich meist eine Übernahme nur abhängig vom Verfahrensausgang erklären (OLG Stuttgart Rpfleger 1985, 169 (das ist aber grds. unwirksam)).

Umfang: Er ist (selbstverständlich) eine Auslegungsfrage. Durchweg ergreift die Übernahme diejenigen Kosten, auf die sie sich eindeutig erkennbar bezieht, keineswegs andere als die von der Partei geschuldeten Kosten. Das gilt auch bei der Erklärung eines bisher Kostenfreien. Es gilt auch wegen der Kosten des gegnerischen Prozesskostenhilfeanwalts. Auch → „Formulierung".

Widerruf: Die Übernahmeerklärung ist wie grds. jede Parteiprozesshandlung unwiderruflich (OLG Bamberg JurBüro 1977, 1594; LG Zweibrücken JurBüro 1983, 1857).

Wirksamkeitsprüfung: Wenn der angebliche Übernehmer die Richtigkeit der Mitteilung eines anderen bestreitet, dann darf der Kostenbeamte die Wirksamkeit der Übernahmeerklärung nicht nachprüfen.

Zeitpunkt: Die Übernahme kann vor oder nach der Entstehung der Gebühr oder ihrer Fälligkeit erfolgen (LG Zweibrücken JurBüro 1983, 1857). Sie ist auch nach der Beendigung des Verfahrens statthaft.

3. Vergleich. Übernahmeschuldner ist auch derjenige, der die Kosten durch einen Prozessvergleich übernommen hat (OLG Frankfurt a. M. NJW 2011, 2147; KG NJW-RR 2012, 1021; OLG Koblenz AGS 2014, 233; aA OLG Frankfurt a. M. AGS 2012, 184). 18

4. Beispiele zur Frage eines Vergleichs

Änderung des Vergleichs: Eine Übernahme bleibt ab ihrer Wirksamkeit auch bei einer Vergleichsänderung bestehen. 19

Anzeige des Vergleichs: Wenn die Parteien dem Gericht gemeinsam den Abschluss eines in einem anderen Rechtsstreit abgeschlossenen Prozessvergleichs oder eines außergerichtlichen Vergleichs nach § 779 BGB jeweils mit einer Kostenverteilung auch wegen der Kosten des hier interessierenden Verfahrens anzeigen oder wenn der Prozessgegner den von der anderen Partei mitgeteilten außergerichtlichen Vergleich bestätigt, liegt im mitgeteilten Umfang eine Übernahme nach Nr. 2 vor (Meyer JurBüro 2003, 242).

Dritter: Auch er kann Übernehmer sein, zB bei einer „Anzeige des Vergleichs", soweit gerade auch er der Kostenregelung beigetreten ist.

Vor Entscheidung: Die Regeln „Nach Entscheidung" gelten entsprechend, zB in einer Ehescheidungssache.

Nach Entscheidung: Ein der gerichtlichen Entscheidung nachfolgender Vergleich kann zwar die Ansprüche aus der Entscheidung aufheben, nicht aber die Entscheidung selbst. Er berührt darum nach § 30 S. 1 die Haftung der Staatskasse gegenüber nicht.

Erledigterklärung: → „Zugeständnis".

Insolvenzverwalter: Wenn der Insolvenzverwalter einen **außergerichtlichen** Vergleich nicht mitgeteilt hat, sind die Kosten keine Massekosten. Wenn in einem außergerichtlichen Vergleich eine Kostenregelung fehlt, muss ebenfalls § 98 ZPO entsprechend anwandt werden.

Keine Kostenregelung: Etwas anderes gilt (selbstverständlich) dann, wenn der Vergleich die ausdrückliche Bestimmung enthält, dass er die Kosten nicht mitregelt oder dass das Gericht zur Kostenfrage entscheiden soll.

Keine Kostenvereinbarung: Dann gelten grds. § 98 ZPO, § 160 VwGO.

Prozesskostenhilfe: Übernehmer bleibt man nach § 31 trotz erhaltener PKH.

Sachlichrechtliche Wirksamkeit: Sie ist für die Kostenhaftung beim Prozessvergleich unerheblich.

Unwirksamkeit des Vergleichs: Keine Übernahme liegt vor, soweit das Prozessgericht den Vergleich für unwirksam erklärt oder soweit die Unwirksamkeit offenkundig ist.

Zugeständnis: Keine Übernahme liegt im bloßen Zugeständnis, die Sache sei durch einen Vergleich erledigt.

IV. Gesetzliche Haftung (Nr. 3). Ein einfacher Grundsatz zeigt in zahlreichen Fallgruppen Auswirkungen. 20

1. Grundsatz: Haftung wie jeder andere Kostenschuldner. Kostenschuldner ist auch derjenige, der kraft Gesetzes (Privatrecht oder öffentliches Recht) und nicht auf Grund eines Vertrags für die Kostenschuld eines anderen der Staatskasse gegenüber unmittelbar haftet, zB der Erbe für die vom Erblasser oder vom Testamentsvollstrecker eingegangene Verbindlichkeit nach § 1967 BGB (OLG Schleswig SchlHA 1984, 167), oder der Erbschaftskäufer nach §§ 2382, 2383 BGB. Das gilt aber dann nicht, wenn dem Erblasser eine PKH nach §§ 114 ff. ZPO zustand (OLG Düsseldorf NJW-RR 1999, 1086; KG Rpfleger 1986, 281). Freilich können Kosten infolge der Aufnahme des Prozesses durch den Erben nach § 250 ZPO in seiner Person neu entstehen (OLG Düsseldorf MDR 1987, 1031). 21

Kostenschuldner ist **ferner** der persönlich haftende Gesellschafter einer Offenen Handelsgesellschaft oder einer Kommanditgesellschaft nach §§ 28, 128–130, 161 HGB (OLG Stuttgart MDR 1985, 946; LAG Köln AnwBl 1996, 416; Hellstab Rpfleger 1993, 375), oder der Partner einer Partnerschaft nach dem PartGG, ferner 22 die Nachfolgegemeinde bei einer Eingemeindung. Während des Insolvenzverfahrens über das Vermögen der KG kann ein Gesellschafter nicht persönlich für eine Kostenschuld des Komplementärs haftbar gemacht werden (BGH Rpfleger 2002, 94).

23 Eine nur **mittelbare Haftung** gegenüber der Staatskasse allenfalls aus einer unmittelbaren Haftung im Innenverhältnis zu einem Dritten **genügt nicht** (Meyer Rn. 23; aA BVerwG Rpfleger 1993, 374 wegen einer Prozesskostenvorschusspflicht, mablAnm Hellstab Rpfleger 1993, 375).

24 Die Staatskasse kann den so Haftenden wie **jeden anderen Kostenschuldner** in Anspruch nehmen. Das gilt auch gegenüber demjenigen, der nur auf eine Duldung haftet. Die Kostenhaftung tritt auch ohne eine entsprechende gerichtliche Entscheidung ein (OLG Schleswig SchlHA 1984, 167; LAG Köln AnwBl 1996, 416).

25 Der Kostenbeamte muss die etwa notwendigen **Ermittlungen von Amts wegen** anstellen und muss die gesetzliche Kostenhaftung nachweisen. Wenn aber die Staatskasse bereits einen dinglichen Zugriff auf das Grundstück des Kostenschuldners nach Nr. 3 genommen hat, kann sie nicht den späteren Erwerber des Grundstücks als einen zusätzlichen persönlichen Schuldner in Anspruch nehmen.

26 Der Belangte hat grundsätzlich alle Einwendungen oder Einreden desjenigen, für den er haftet. Er kann gegen die Heranziehung nach § 66 die **Erinnerung** einlegen, vgl. auch §§ 4, 8 JBeitrG (BGH Rpfleger 2002, 94 (95)).

27 **2. Haftung bei Zugewinngemeinschaft.** Beim gesetzlichen Güterstand der Zugewinngemeinschaft besteht eine gesetzliche gegenseitige Haftung der Eheleute für Kostenschulden des anderen grundsätzlich nicht. Allerdings haften beide Eheleute im Rahmen des § 1357 BGB. Es ist in jedem Güterstand ein Ehegatte nach § 1360a IV BGB verpflichtet, dem anderen die Kosten eines Rechtsstreits in einer persönlichen Angelegenheit vorzuschießen. Aus dieser Pflicht folgt aber nicht eine unmittelbare gesetzliche Kostenhaftung nach Nr. 3. In der Zwangsvollstreckung ist allerdings § 739 ZPO zu beachten.

28 **3. Haftung bei Gütergemeinschaft.** Im vertraglichen Güterstand der Gütergemeinschaft besteht eine Haftung des alleinverwaltenden Ehegatten für die Gerichtskosten des nicht verwaltenden Ehegatten (nicht umgekehrt) nach §§ 1437 II, 1438 II BGB. Wenn die Ehegatten das Gesamtgut gemeinsam verwalten, haftet jeder Ehegatte für die Gerichtskosten als Gesamtschuldner nach §§ 1459 II, 1460 II BGB.

29 **4. Haftung des Inhabers der elterlichen Sorge.** Eine solche Haftung besteht nicht. Die Eltern haften dem Kind zwar für die Kosten eines lebenswichtigen Rechtsstreits. Sie haften aber nicht einem Dritten gegenüber, daher auch nicht gegenüber der Staatskasse. Eltern haften für Kosten eines Strafverfahrens gegen das Kind nur mit seinem Vermögen und nur im Rahmen ihrer Verwaltungsbefugnis.

30 **5. Haftung als Vermögensübernehmer.** Die frühere Haftung nach § 419 aF BGB ist entfallen.

31 **6. Haftung als Erbe des Kostenschuldners, Erbschaftskäufer.** Sie haften nach allgemeinen Grundsätzen zB nach § 27 HGB, § 1967 BGB (OLG Schleswig SchlHA 1984, 167), §§ 2382, 2383 BGB. Die Erben des Verurteilten haften nach § 465 III StPO nur dann, wenn die Kostenentscheidung zu seinen Lebzeiten rechtskräftig geworden war. Auch → Rn. 5.

32 **7. Haftung als Erwerber des Handelsgeschäfts bei Fortführung der Firma.** Er haftet nach § 25 HGB, auch als Erbe nach § 27 HGB.

33 **8. Haftung als Gesellschafter.** Der Gesellschafter einer Offenen Handelsgesellschaft, der persönlich haftende Gesellschafter und der Kommanditist einer Kommanditgesellschaft haften als Gesamtschuldner nach §§ 128, 171 HGB. Der Kommanditist haftet in Höhe der noch nicht geleisteten Einlage. Dabei ist er nur dafür beweispflichtig, dass er die Einlage voll erbracht hat. Die Staatskasse muss demgegenüber darlegen und beweisen, dass die Einlage später ganz oder teilweise zurückgezahlt worden ist (BFHE 125, 484). Der Gesellschafter einer BGB-Gesellschaft ist Gesamtschuldner (BGH GRUR-RR 2012, 184; LSG Berlin-Brandenburg JurBüro 2014, 430).

34 **9. Haftung als Nießbraucher.** Der Nießbraucher eines Vermögens haftet nach § 1086 HGB.

35 **10. Haftung als Gesellschaftsschuld.** Vgl. § 735 BGB, § 28 HGB.

11. Haftung als Verein. Wegen der Haftung eines nicht rechtsfähigen Vereins 36
§ 54 BGB. Diese Haftung setzt ein Rechtsgeschäft voraus. Eine Parteiprozesshandlung ist als solche kein Rechtsgeschäft (BVerwG NVwZ-RR 2000, 60). Daher haftet der Vorstand nicht, soweit der Verein Kosten schuldet (BVerwG NVwZ-RR 2000, 60; aA VGH Baden-Württemberg JurBüro 1999, 205).

12. Haftung als Treugeber. Er haftet nicht für die Kosten des Treunehmers, etwa 37
des Inkassoabtretungsnehmers.

V. Vollstreckungsschuldner (Nr. 4). Er haftet nur für die notwendigen Kosten 38
der Zwangsvollstreckung. → ZPO § 788 Rn. 1 ff.

1. Direkthaftung. Die Vorschrift schafft zusätzlich zur etwaigen Haftung des 39
Antragstellers nach § 22 eine unmittelbare Haftung des Vollstreckungsschuldners. Gesamtschuldner bleiben auch in der Zwangsvollstreckung solche. Sein gesetzlicher Vertreter haftet nicht persönlich. Der Vollstreckungsschuldner haftet trotz einer Kostenfreiheit nach § 2 oder PKH nach §§ 114 ff. ZPO zugunsten des Gläubigers (OLG Hamburg ZIP 2013, 789 (790); LG Osnabrück JurBüro 2012, 319). Die Notwendigkeit der Kosten ist wie bei §§ 788, 91 ZPO zu beurteilen (BGH NJW 1975, 304; OLG Köln Rpfleger 1986, 240; LG Wuppertal JurBüro 1997, 549).

2. Nur für notwendige Kosten. Der Vollstreckungsschuldner haftet also nur für 40
solche Kosten, die zur zweckentsprechenden Durchführung der Zwangsvollstreckung vernünftigerweise objektiv wirklich erforderlich waren (BGH NJW 2010, 1007; OLG Köln Rpfleger 2014, 390; OLG Saarbrücken BauR 2011, 1869; aA OLG Zweibrücken DGVZ 1998, 9; AG Ibbenbüren DGVZ 1997, 94; Meyer Rn. 39 (je: sog. parteiobjektiver Maßstab)).

Nicht notwendig sind zB sinnlose wiederholte oder unnötig gehäufte Pfändungs- 41
versuche oder sonstige Anträge (BGH NJW 2005, 2460). Der Gläubiger braucht den Schuldner nicht gesondert aufzufordern oder zu belehren oder nach einer Vermögensauskunft zu befragen (LG Nürnberg-Fürth AnwBl 1982, 122), oder ihm stets eine Frist zu gewähren (LG Ulm AnwBl 1975, 239). Die Notwendigkeit lässt sich im etwaigen Kostenfestsetzungsverfahren nach §§ 103 ff. ZPO klären. § 788 ZPO ist im Interesse der Prozesswirtschaftlichkeit eher großzügig auszulegen.

Trotzdem muss ein **unmittelbarer Zusammenhang** zwischen den Kosten und 42
der eigentlichen Zwangsvollstreckung vorhanden sein, um die Kosten nach § 788 ZPO anerkennen zu können (OLG Koblenz Rpfleger 1977, 66 (67); AG Köln DGVZ 1999, 46).

3. Unanwendbarkeit. Wenn der Vollstreckungstitel infolge einer Aufhebung 43
wegfällt, muss die Staatskasse dem Vollstreckungsschuldner nach § 788 III ZPO die Kosten erstatten. Etwas anderes gilt bei der bloßen Aufhebung einer zunächst zulässig und begründet gewesenen Vollstreckungsmaßnahme oder beim bloßen Verzicht des Gläubigers auf die Rechte aus dem Vollstreckungstitel.

Nr. 4 bezieht sich nicht auf die der Staatskasse durch eine **Zwangsbeitreibung** 44
von Gerichtskosten entstehenden Kosten. Für diese gelten § 1 I 1 Nr. 4, § 4 JBeitrG. Nr. 4 gilt nicht bei Kosten eines Absonderungsberechtigten in einem Zwangsversteigerungsverfahren (OLG Hamburg ZIP 2013, 789 (790); OLG Zweibrücken ZIP 2009, 1239).

4. Erstattungsfähigkeit. Vgl. die umfangreiche Darstellung nebst ABC bei An- 45
ders/Gehle/Hunke ZPO § 788 Rn. 19 ff.

Erlöschen der Zahlungspflicht

30 **[1]Die durch gerichtliche oder staatsanwaltschaftliche Entscheidung begründete Verpflichtung zur Zahlung von Kosten erlischt, soweit die Entscheidung durch eine andere gerichtliche Entscheidung aufgehoben oder abgeändert wird. [2]Soweit die Verpflichtung zur Zahlung von Kosten nur auf der aufgehobenen oder abgeänderten Entscheidung beruht hat, werden bereits gezahlte Kosten zurückerstattet.**

Schrifttum: Scheffer, Erlöschen der Zahlungspflicht, Rpfleger 2008, 13.

1 **I. Systematik, Regelungszweck.** Zunächst → Vor § 22 Rn. 1, 2. Die Vorschrift bezieht sich nur auf die Entscheidungshaftung (Chr. Müller DGVZ 1995, 181 (182)). Da diese Haftung auf einer gerichtlichen oder staatsanwaltlichen Entscheidung beruht, muss sie insoweit entfallen, als die Entscheidung selbst wegfällt. Die anderen Haftungsgründe der §§ 22, 29 bleiben von der eng auszulegenden Sondervorschrift des § 30 unberührt. Es findet also keine Rückzahlung statt, soweit sich aus den letzteren Vorschriften eine Zahlungspflicht ergibt.

2 § 30 ist dann **nicht** entsprechend anzuwenden, wenn das **höhere Gericht** keine nach § 45 III der inneren Rechtskraft fähige Entscheidung getroffen hat (OLG Saarbrücken AnwBl 1980, 155).

3 **II. Erlöschen der Zahlungspflicht (S. 1).** Die Entscheidungshaftung für die Kosten erlischt nicht schon dadurch, dass außer dem bisherigen Kostenschuldner noch ein anderer Beteiligter zum Kostenschuldner wird (OLG Karlsruhe NJW-RR 2001, 1365; OLG Naumburg JurBüro 2008, 325). Sie erlischt vielmehr nur insoweit, als das Gericht die Entscheidung gerade gegenüber diesem Entscheidungsschuldner aufhebt oder abändert. Seine Haftung zB nach § 22 führt dann nur dazu, dass er evtl. bloßer Zweitschuldner nach § 31 II wird.

4 **1. Andere gerichtliche Entscheidung.** Diese Maßnahme kann nur durch eine neue gerichtliche Entscheidung geschehen. Sie kann durch ein anderes oder durch dasselbe Gericht erfolgen. Sie kann in einer anderen Instanz, im Wiederaufnahmeverfahren nach §§ 578 ff. ZPO oder im Verfassungsbeschwerdeverfahren (vgl. BGH NJW-RR 2018, 1466 Rn. 7) geschehen. Eine Zurückverweisung zB nach § 538 II ZPO kann nach → Rn. 7 reichen. Die neue Entscheidung muss wirksam entstanden sein. Sie braucht aber grundsätzlich ebenso wenig nach § 705 ZPO formell rechtskräftig oder auch nur nach §§ 708 ff. ZPO vorläufig vollstreckbar zu sein wie die erste Entscheidung, auf der die Haftung aus § 29 beruht (OLG Schleswig JurBüro 1992, 403). Die Rechtskraft ist nur bei § 125 ZPO nötig. Eine erst nach einer Kostengrundentscheidung auf Grund eines Vergleichs erfolgte Klagerücknahme oder sonstige Änderung der Kostenentscheidung reicht als solche trotz § 269 III 1 ZPO nicht aus (BGH NJW-RR 2001, 285; OLG Brandenburg FamRZ 2011, 1323; OLG Karlsruhe NJW-RR 2001, 1365). Auch eine Scheidungsvereinbarung reicht nicht (KG MDR 1976, 318). Ebenso wenig reicht eine einstweilige Einstellung der Zwangsvollstreckung zB nach §§ 707, 719 ZPO.

5 Ein solcher Beschluss, durch den das Gericht nach einer **Klagerücknahme** gemäß § 269 III 2, IV ZPO lediglich bestätigend feststellt, dass der Kläger die Kosten tragen muss, reicht ebenfalls nicht aus (aA Zöller/Herget ZPO Vor § 91 Rn. 4 (aber dann ist die ursprüngliche Kostenentscheidung nicht durch eine weitere Entscheidung weggefallen, sondern kraft Gesetzes)). Anders liegt es bei einem Beschluss nach § 269 III 3, IV ZPO. Denn er ist eine echte Kostengrundentscheidung. Ausreichend sind auch ein Beschluss nach § 344 ZPO oder eine Erledigung der Hauptsache nach § 91a ZPO in der Rechtsmittelinstanz.

6 **2. Vergleich, Zurückverweisung.** Ein außergerichtlicher Vergleich nach § 779 BGB oder ein Prozessvergleich kann die Entscheidung des Gerichts weder aufheben noch ändern oder ersetzen. Das stellt S. 1 klar (OLG Karlsruhe NJW-RR 2001, 1365; OLG Naumburg JurBüro 2008, 325; AG Koblenz FamRZ 2009, 1617). Er berührt nur die Ansprüche aus der Entscheidung und bleibt für den Kostenansatz außer Betracht (OLG Düsseldorf Rpfleger 2001, 88). Daher kann die Partei eine aus dem Vergleich folgende Überzahlung nur dem Prozessgegner gegenüber geltend machen, nicht gegenüber der Staatskasse (OLG Karlsruhe NJW-RR 2001, 1365; Scheffer RPfleger 2008, 13 (17)).

7 **3. Erlöschensfolge.** Eine Zurückverweisung bewirkt ein Erlöschen nur aus § 29 Nr. 1, nicht bei den anderen Haftungsgründen. Die Folge des Erlöschens ist: Die Staatskasse darf unbezahlte Kosten nicht mehr einziehen und muss bezahlte Kosten grundsätzlich zurückzahlen. Das Erlöschen tritt mit dem Wirksamwerden der neuen Entscheidung ein.

8 **III. Zurückzahlung (S. 2).** Eine Zurückzahlung erfolgt, soweit die Zahlungspflicht nur auf der aufgehobenen oder abgeänderten Entscheidung beruhte und soweit

nur aus diesem Grund eine Zahlung erfolgte. Es ist unerheblich, ob die Gerichtskasse die Kosten zwangsweise beigetrieben hatte (Chr. Müller DGVZ 1995, 181 (182)). Überzahlte Kosten der einen Instanz dürfen nicht auf die Kosten einer anderen Instanz verrechnet werden. Die Zurückzahlungspflicht besteht nur gegenüber demjenigen, dessen Kostenschuld erloschen ist (OLG Stuttgart Rpfleger 1985, 169).

Soweit eine Kostenpflicht auch aus einem **anderen Grunde** besteht, zB nach § 22, 9
erfolgt keine Rückzahlung oder ist trotz einer irrig erfolgten Rückzahlung an den Entscheidungsschuldner eine „erneute" Inanspruchnahme als Antragsschuldner zulässig (LG Frankenthal JurBüro 1993, 97 (98)). Abgesehen davon erfolgt aber auch dann eine Rückzahlung, wenn die Kostenforderung wegfällt. Dasselbe gilt für denjenigen Betrag, den der Kostenschuldner nach einer anderen als seiner Haftung als Entscheidungsschuldner nicht hätte zahlen müssen. Er erhält dann also diese Differenz zurück. Das gilt etwa infolge einer Kostenniederschlagung nach § 21 oder soweit einem neuen Entscheidungsschuldner nach § 2 V eine Gebührenfreiheit zusteht.

Wenn das Gericht im Lauf des Verfahrens eine **PKH** nach §§ 114 ff. ZPO bewil- 10
ligt, besteht kein Rückzahlungsanspruch. Denn die Bewilligung befreit nach § 122 I Nr. 1a ZPO grundsätzlich nur von rückständigen und künftigen Kosten. Etwas anderes gilt allerdings bei einer rückwirkenden Bewilligung der PKH.

IV. Vorschuss und Nachzahlung. Die Vorschuss- und Nachzahlungspflichten 11
nach §§ 16–18 bleiben neben § 30 bestehen. Denn sie entstehen überhaupt nicht durch eine gerichtliche Entscheidung, sondern kraft Gesetzes.

Mehrere Kostenschuldner

31 **I Mehrere Kostenschuldner haften als Gesamtschuldner.**

II 1 Soweit ein Kostenschuldner aufgrund von § 29 Nummer 1 oder 2 (Erstschuldner) haftet, soll die Haftung eines anderen Kostenschuldners nur geltend gemacht werden, wenn eine Zwangsvollstreckung in das bewegliche Vermögen des ersteren erfolglos geblieben ist oder aussichtslos erscheint. 2 Zahlungen des Erstschuldners mindern seine Haftung aufgrund anderer Vorschriften dieses Gesetzes auch dann in voller Höhe, wenn sich seine Haftung nur auf einen Teilbetrag bezieht.

III 1 Soweit einem Kostenschuldner, der aufgrund von § 29 Nummer 1 haftet (Entscheidungsschuldner), Prozesskostenhilfe bewilligt worden ist, darf die Haftung eines anderen Kostenschuldners nicht geltend gemacht werden; von diesem bereits erhobene Kosten sind zurückzuzahlen, soweit es sich nicht um eine Zahlung nach § 13 Absatz 1 und 3 des Justizvergütungs- und -entschädigungsgesetzes handelt und die Partei, der die Prozesskostenhilfe bewilligt worden ist, der besonderen Vergütung zugestimmt hat. 2 Die Haftung eines anderen Kostenschuldners darf auch nicht geltend gemacht werden, soweit dem Entscheidungsschuldner ein Betrag für die Reise zum Ort einer Verhandlung, Vernehmung oder Untersuchung und für die Rückreise gewährt worden ist.

IV Absatz 3 ist entsprechend anzuwenden, soweit der Kostenschuldner aufgrund des § 29 Nummer 2 haftet, wenn

1. **der Kostenschuldner die Kosten in einem vor Gericht abgeschlossenen oder gegenüber dem Gericht angenommenen Vergleich übernommen hat,**
2. **der Vergleich einschließlich der Verteilung der Kosten von dem Gericht vorgeschlagen worden ist und**
3. **das Gericht in seinem Vergleichsvorschlag ausdrücklich festgestellt hat, dass die Kostenregelung der sonst zu erwartenden Kostenentscheidung entspricht.**

Übersicht

1 **I. Systematik, Regelungszweck.** Zunächst → Vor § 22 Rn. 1, 2. Die Vorschrift regelt die Haftung einer Mehrheit von Kostenschuldnern sowohl für die Gebühren als auch für die Auslagen mit Ausnahme derjenigen des § 28. Im Übrigen ist zwischen dem Erstschuldner und dem Zweitschuldner zu unterscheiden. § 31 setzt voraus, dass die mehreren Kostenschuldner in derselben Sache dieselben Kosten schulden. § 135 V 1 FGO, § 159 S. 1 VwGO haben jeweils den Nachrang (Just NVwZ 2011, 202 (204)).

2 **I dient** dem Interesse der Staatskasse. **II** dient dem sog. Zweitschuldner, darf aber nicht die Staatskasse schädigen (OLG Düsseldorf JurBüro 1994, 111). **III** dient dem Schutz des Hilfeempfängers vor dem Rückgriff des Zweitschuldners (BVerfG NJW 2013, 2882 (2883); BGH NJW 2001, 3187 (3188), insoweit ohne Abdr. in BGHZ 148, 175). Vgl. ferner § 788 I 3 ZPO → ZPO § 788 Rn. 1 ff. Zum Sinn von III → Rn. 23.

3 **II. Anwendungsbereich.** Die Vorschrift gilt nicht bei Streitgenossen nach §§ 59 ff. ZPO. Diesen Fall regelt § 32. Die Vorschrift gilt auch dann nicht, wenn mehrere Personen haften, jedoch jeder für einen anderen Kostenbetrag, zB der Gläubiger für die Mahngebühr nach KV 1100, beide Parteien für die Verfahrensgebühr kraft eines Antrags auf die Durchführung des streitigen Verfahrens nach § 696 I 1 ZPO, auf die nur beim Antragsteller des Mahnverfahrens nach KV 1210 Anm. S. 1 Hs. 2 eine Anrechnung der Gebühr KV 1100 erfolgt.

4 Über die Behandlung in der **Kostenrechnung** vgl. § 8 KostVfg (OLG Bamberg JurBüro 1976, 644). Wegen eines Kleinbetrags vgl. Teil VII E (OLG München NJW-RR 2000, 1744).

5 § 31 ist im Verfahren vor den **Arbeits-, Finanz-, Sozial- und Verwaltungsgerichten** anzuwenden. § 1 II Nr. 2 III ist nach → Rn. 32 im Bereich des GNotKG nicht anzuwenden. II, III sind bei § 18 entsprechend anzuwenden (OLG Karlsruhe NJW-RR 2001, 1365 (1366)).

6 **III. Gesamthaftung (I).** Begriff und seine Voraussetzungen sind zu klären.

7 **1. Begriff.** Bei einer gesamtschuldnerischen Haftung haftet jeder Schuldner dem Gläubiger, hier also der Staatskasse, für die Bezahlung der vollen Schuld (OLG Düsseldorf JurBüro 2009, 372). Er kann sich der Staatskasse gegenüber allenfalls auf II berufen. Die Zahlung eines Schuldners befreit aber im Außenverhältnis sämtliche weiteren Schuldner nach §§ 421 ff. BGB.

8 Im **Verhältnis zueinander** sind die Gesamtschuldner nach § 426 BGB grundsätzlich zu gleichen Teilen verpflichtet, sofern sich nichts anderes aus dem Gesetz oder etwa aus der Entscheidung des Gerichts ergibt (KG MDR 2002, 1276; VGH Baden-Württemberg Rpfleger 1981, 72). Dementsprechend hat der zahlende Gesamtschuldner einen Rückgriffsanspruch gegen die übrigen Gesamtschuldner, soweit er mehr als seinen Teil gezahlt hat. Im Fall des § 15 vgl. aber § 109 ZVG.

2. Voraussetzungen: Schuldnermehrheit und Schuldeinheit. Eine Gesamthaftung nach I tritt dann ein, wenn die folgenden Voraussetzungen zusammentreffen. Es müssen mehrere Schuldner vorhanden sein. Diese mehreren Schuldner müssen auch gerade dieselbe Kostenschuld zahlen sollen. Die Kostenschuld muss in derselben Instanz bestehen. Es ist dann unerheblich, aus welchem Rechtsgrund diese Kostenschuld entstanden ist. Auch eine Klage und eine Widerklage rechnen hierher, ebenso zB eine Berufung und eine Anschlussberufung nach § 524 ZPO (OLG München JurBüro 1975, 1230), nicht aber § 38. Von drei Kostenschuldnern mag der eine auf Grund seines Antrags nach § 22 haften (OLG München JurBüro 1975, 1230; LG Gießen JurBüro 1996, 486), der andere auf Grund einer Kostenübernahme nach § 29 Nr. 2, der dritte auf Grund einer gerichtlichen Entscheidung nach § 29 Nr. 1 (OLG München JurBüro 1975, 1230). 9

Eine **BGB-Außengesellschaft** darf als solche auftreten (BGHZ 146, 341 = NJW 2001, 1056; Habersack BB 2001, 477; K. Schmidt NJW 2001, 993), evtl. auch eine WEG. Dann ist nur **ein** Schuldner vorhanden. Daneben oder anstelle der Gesellschaft können mehrere oder alle Gesellschafter oder Gemeinschafter auftreten, zB aus Kostenerwägungen. Diese letzteren sind jeder ein Schuldner. Die Situation ist derjenigen in § 7 RVG ähnlich, → RVG § 7 Rn. 7 „BGB-Gesellschaft“, ebenso derjenigen in § 32 GNotKG, → GNotKG § 32 Rn. 5. 10

Die Gesamthaft geht **in keinem Fall weiter als die Kostenschuld.** Wenn die mehreren Kostenschuldner für eine Gebühr haften, zB nur zu einem Teil alle, besteht nur für diesen Teil eine Gesamthaft. 11

IV. Erst- und Zweitschuldner (II). Grundsatz und Ausnahmen stehen gegenüber. 12

1. Grundsatz: Rangfolge von Amts wegen. Nach II haften neben dem Entscheidungsschuldner nach § 29 Nr. 1 und dem Übernahmeschuldner nach § 29 Nr. 2 alle übrigen Kostenschuldner und damit der Antragsschuldner nach § 22 und der Vollstreckungsschuldner nach § 29 Nr. 4 erst an zweiter Stelle als sog. Zweitschuldner. Beim Vergleich ohne eine Kostenregelung liegt eine Übernahmehaftung wegen § 98 ZPO vor. 13

Das bedeutet keine Beeinträchtigung der Gesamthaft. Vielmehr enthält II eine **Ordnungsvorschrift.** Das ergibt sich schon aus dem Wort „soll“ in II 1. Die Regelung ist verfassungsgemäß. Die Staatskasse soll zunächst versuchen, sich aus dem Vermögen des Entscheidungsschuldners oder des Übernahmeschuldners zu befriedigen. Dabei kann sie frei wählen, welchen von mehreren Erstschuldnern sie zunächst zur Zahlung auffordert. 14

2. Beachtung von Amts wegen. Diese Ordnungsvorschrift bedeutet allerdings für die Staatskasse eine Amtspflicht (OLG München NJW-RR 2002, 216; OLG Stuttgart JurBüro 2001, 597; AG Neuruppin JurBüro 2001, 375; aA OLG Bamberg Rpfleger 1991, 36 (wegen § 8 II KostVfg habe die Staatskasse einen Ermessensspielraum. Vgl. aber § 10 KostVfg)). 15

3. Verstoß. Ein Verstoß gegen II gibt dem an erster Stelle belangten sonstigen Schuldner die Möglichkeit der Erinnerung nach § 66 bis zur formellen Rechtskraft des Kostenansatzes (OLG Hamburg JurBüro 2001, 34). Über die Heranziehung des Zweitschuldners befindet der Kostenbeamte derjenigen Instanz, um deren Kosten es sich handelt. Wenn der Zweitschuldner einmal haftet, dann haftet er endgültig. Mehrere Zweitschuldner haften als Gesamtschuldner, auch wenn sie Streitgenossen sind. 16

4. Unanwendbarkeit. II gilt nicht im Verhältnis mehrerer Entscheidungsschuldner nach § 29 Nr. 1 und Übernahmeschuldner nach § 29 Nr. 2 zueinander (OLG Düsseldorf JurBüro 2009, 372; OLG Koblenz JurBüro 2006, 323). Die Vorschrift gilt auch nicht beim Kostenschuldner kraft bürgerlichen Rechts nach § 29 Nr. 3 und beim Vollstreckungsschuldner nach § 29 Nr. 4 jeweils als Erstschuldnern. Sie bezieht sich nicht auf einen bezahlten Betrag, sondern nur auf den noch nicht bezahlten (OLG Düsseldorf NJW-RR 1997, 1295 (1296); OLG Zweibrücken JurBüro 1998, 595). II gilt nur, solange mehrere Gesamtkostenschuldner vorhanden sind. Die Vorschrift gilt also dann nicht mehr, wenn es nur noch einen Kostenschuldner gibt. Das 17 gilt selbst dann, wenn dieser Zustand infolge eines Gnadenakts eingetreten ist. II gilt ferner dann nicht, wenn der Anspruch der Staatskasse getilgt ist. Deshalb besteht gegen die Staatskasse auch kein Anspruch auf die Rückzahlung eines Vorschusses (OLG Köln MDR 1993, 807). II gilt überhaupt nicht bei einem Vorschuss nach § 18.

18 Bei **wechselseitigen Rechtsmitteln** besteht die Hilfshaftung nach II nur im Verhältnis derjenigen Gesamtkosten, die durch das eigene Rechtsmittel entstanden sind.

19 **V. Voraussetzungen der Hilfshaftung (II–IV).** Die Vorschrift regelt die Reihenfolge der Inanspruchnahme-Möglichkeit bei mehreren Kostenschuldnern (OLG Stuttgart ZIP 2011, 1076). Die Hilfshaftung nach II tritt dann ein, wenn eine der folgenden Voraussetzungen vorliegt, die gleichwertig sind (LG Koblenz JurBüro 2006, 651; AG Paderborn Rpfleger 1993, 366).

20 **1. Erfolglose oder aussichtslose Zwangsvollstreckung (II).** „Eine" und nicht „die" Zwangsvollstreckung gerade in das bewegliche Vermögen aller Erstschuldner muss entweder bereits erfolglos geblieben sein (LG Göttingen Rpfleger 1991, 36; LG Koblenz JurBüro 2006, 651), oder sie muss als aussichtslos erscheinen (OLG Düsseldorf JurBüro 2006, 323; LG Koblenz JurBüro 2006, 651; AG Göttingen ZIP 2009, 1532). Ob eine Zwangsvollstreckung in das bewegliche Vermögen als aussichtslos erscheint, ist unter einer Würdigung aller Umstände von Amts wegen zu prüfen (OLG Celle JurBüro 2012, 538; KG MDR 2003, 1319 (1320); VGH Baden-Württemberg NJW 2002, 1516). Eine gewisse Wahrscheinlichkeit reicht (KG MDR 2003, 1319 (1320); OLG Oldenburg JurBüro 2013, 649).

2. Beispiele zur Frage einer Anwendbarkeit von II

21 **Art der Vollstreckung:** Die Art der Zwangsvollstreckung in das bewegliche Vermögen ist unerheblich.

Aufenthalt unbekannt: Der Zweitschuldner darf noch nicht dann in Anspruch genommen werden, wenn der Aufenthalt des Erstschuldners nur unbekannt ist, sofern immerhin noch irgendwelche zugriffsfähigen Gegenstände des beweglichen Vermögens des Erstschuldners bestehen (OLG Koblenz JurBüro 2010, 372).

Ausländer im Inland: Wenn ein **Ausländer** im Inland kein Vermögen besitzt, ist die Eröffnung des Insolvenzverfahrens über sein Vermögen nur dann ein Anlass, die Aussichtslosigkeit der Zwangsvollstreckung nach II anzunehmen, wenn auch eine Zwangsvollstreckung im Ausland nach der allgemeinen Erfahrung keinen baldigen Erfolg verspricht. Diese Befürchtung mag wegen irgendwelcher Devisenschwierigkeiten oder dann bestehen, wenn eine Auslandsvollstreckung voraussichtlich sehr lange dauern würde (OLG Düsseldorf JurBüro 2008, 43; FG Düsseldorf JurBüro 2012, 318), oder wenn sie unverhältnismäßig hohe Kosten verursachen würde (BGH Rpfleger 1975, 432; FG Düsseldorf JurBüro 2012, 318). Die Vermittlungstätigkeit der Auslandsvertretung kann nicht in Anspruch genommen werden (VGH Baden-Württemberg NJW 2002, 1516). Dies ist aber auch nicht erforderlich (OLG Koblenz Rpfleger 1985, 510). Eine Aussichtslosigkeit liegt noch nicht dann vor, wenn der ausländische Kostenschuldner eine Zahlungsaufforderung der Landeskasse nicht beantwortet hat (OLG Koblenz MDR 2005, 1079; FG Düsseldorf JurBüro 2012, 318).

Auslandswohnsitz: Ein Erstschuldner im Ausland kann evtl. reichen (OLG Düsseldorf JurBüro 2008, 43). Beim inländischen Zweitschuldner mit einem Dauerwohnsitz im Ausland kommt es auf die Dauer einer Zwangsvollstreckung an (OLG Düsseldorf JurBüro 1994, 111), oder auf seine Zahlungsunwilligkeit (OLG Koblenz Rpfleger 1985, 510).

Einziger Vollstreckungsversuch: Anzuwenden ist II in aller Regel schon nach diesem ersten Versuch (KG MDR 2003, 1319 (1320); OLG Koblenz MDR 2000, 976; OLG Stuttgart JurBüro 2001, 597).

Erbschaft: Anzuwenden sein kann II nach zB sechs Erbauszahlungen (OLG Brandenburg FamRZ 2004, 384).

Insolvenzverfahren: Anzuwenden sein kann II schon bei einem Antrag auf ein Insolvenzverfahren über das Vermögen des Erstschuldners (AG Paderborn Rpfleger 1993, 366), oder gar nach der Eröffnung eines solchen Verfahrens (LG Koblenz JurBüro 2006, 651), aber (selbstverständlich) erst recht nach der Ablehnung dieser

Eröffnung mangels Masse (OLG München MDR 1986, 684; aA AG Göttingen ZIP 2009, 1532). Auch → „Ausländer im Inland".

Kostenerlass: Nicht anzuwenden ist II nach einem solchen Vorgang gegenüber dem Erstschuldner (OLG Jena JurBüro 2000, 424).

Mehrere Erstschuldner: Die Voraussetzungen → Rn. 20 müssen auf alle zutreffen.

Pfändungsversuch: Anzuwenden ist II nach einem erfolglosen solchen Vorgang.

Prozesskostenhilfe: Vgl. OLG Frankfurt a. M. NJW 2021, 3667 mAnm Toussaint.

Unbewegliches Vermögen: Nicht anzuwenden ist II schon nach dem Wortlaut von II 1 bei einer Vollstreckung nach §§ 864 ff. ZPO (OLG Koblenz Rpfleger 1985, 510).

Vermögensauskunft: Nicht anzuwenden sind bei II §§ 802a ff. ZPO (KG MDR 2003, 1319 (1320); OLG Koblenz MDR 2000, 976; OLG Oldenburg JurBüro 1992, 810).

Freilich lässt sich die Aussichtslosigkeit nach II 1 nach der Abgabe einer eidesstattlichen Versicherung vermuten (KG MDR 2003, 1319 (1320); LG Marburg MDR 2010, 716).

Vermögenslosigkeit: Anzuwenden ist II bei einer amtsbekannten Vermögenslosigkeit des Erstschuldners und einer deshalb erfolgten Auftragsrückgabe durch den Gerichtsvollzieher. Auch → „Insolvenzverfahren".

Verteidigungskosten: Anzuwenden sein kann II auch auf solche Kosten des Gegners (OLG Düsseldorf JurBüro 2006, 323).

Vorschuss: Nicht anzuwenden ist II bei der Verrechnung eines Vorschusses nach § 18.

3. Prozesskostenhilfe, Reisekostenentschädigung (III). Das Gericht mag dem 22
Entscheidungsschuldner (Erstschuldner) nach III 1 eine PKH mit oder ohne Ratenzahlungen nach §§ 114 ff. ZPO gewährt haben (OLG München Rpfleger 2001, 49). Es mag auch nach III 2 eine Reisekostenentschädigung nach den im Anh. nach § 25 JVEG, abgedruckten Vorschriften bewilligt haben. Insoweit darf der Kostenbeamte solche Kosten, von denen der Mittellose befreit ist, von ihm nicht anfordern und nicht auf ihn ansetzen. Dasselbe gilt dann, wenn das Gericht im selbständigen Beweisverfahren nach §§ 485 ff. ZPO eine PKH gewährt hatte und wenn dann im zugehörigen Hauptprozess eine Verurteilung dieser Partei erfolgt (LG Saarbrücken NJW-RR 2001, 1152).

Das alles gilt freilich nur, solange nicht das Gericht die Bewilligung der PKH nach 23
§ 124 ZPO **aufgehoben** hat (OLG Celle MDR 2015, 918; OLG Düsseldorf MDR 1989, 365; LG Marburg MDR 2010, 716; aA BVerfG NJW 2013, 2882 (2883)), oder solange das Gericht nicht die Rückzahlung der Entschädigung veranlasst hat. Freilich darf und muss der Kostenbeamte evtl. nach § 10 V KostVfg auf einen Beschluss nach § 124 ZPO hinwirken (LG Göttingen Rpfleger 1991, 36).

Trotzdem soll die Staatskasse die Haftung eines **anderen** Kostenschuldners als des 24
Entscheidungsschuldners nicht geltend machen (OLG Celle MDR 2013, 495; OLG Dresden MDR 2013, 184 (auch bei 2 Erstschuldnern); OLG Hamm NJW 1977, 2081 (2083) mzustAnm Markl); aA OLG Frankfurt a. M. NJW 2012, 2049).

Der **Sinn der Regelung** besteht in der folgenden Überlegung: Würde die Staats- 25
kasse gegen den Zweitschuldner vorgehen, könnte der Zweitschuldner gegen den mittellosen Entscheidungsschuldner nach § 29 Nr. 1 Ansprüche nach § 123 ZPO geltend machen (KG AnwBl 1979, 433 (434); OLG Koblenz JurBüro 1991, 954; OLG Nürnberg FamRZ 1997, 755 mkritAnm Rasch FamRZ 1997, 1411). Infolgedessen würde der mittellose Entscheidungsschuldner zwar nicht der Staatskasse zahlen müssen, wohl aber dem Prozessgegner gegenüber. Das soll wegen seiner Mittellosigkeit unterbleiben (OLG Celle MDR 2013, 495; OLG Frankfurt a. M. Rpfleger 1989, 40; OLG Saarbrücken Rpfleger 2001, 601).

Die Regelung ist **mit dem GG vereinbar** (BVerfGE 51, 295 (296) = NJW 1979, 26
2608; OLG Koblenz MDR 1986, 243; OLG Naumburg NJW-RR 2014, 189 (190); aA OLG Rostock FamRZ 2011, 1752). Das Wort „darf" (nicht) bedeutet genau wie das Wort „soll" (nicht) in II 1 eine Amtspflicht der Staatskasse, → Rn. 13.

4. Rückzahlungspflicht (III). Die Staatskasse muss (jetzt eindeutig) nach III 1 27
Hs. 2, III 2 einen etwa vom Zweitschuldner erhaltenen Vorschuss grundsätzlich an

diesen zurückzahlen (so schon zum alten Recht OLG Düsseldorf JurBüro 2000, 87; OLG Koblenz JurBüro 2000, 259; AG Marburg AnwBl 1988, 248). Das geschieht aber nach § 66 ohne Zinsen (OLG Hamm NJW 2001, 1287; AG Bad Kreuznach NJW-RR 2000, 951).

28 Vom vorstehenden Grundsatz der Rückzahlungspflicht gilt nach III 1 Hs. 3 nur dann eine **Ausnahme,** wenn es sich um eine vereinbarte Vergütung nach § 13 I, III JVEG handelt, und soweit die Partei der besonderen Vergütung zugestimmt hatte.

29 Die **Staatskasse zahlt** daher solche Kosten zurück, die ein Kostenschuldner **endgültig** gezahlt hat. Damit ist eine weitere frühere Streitfrage jetzt durch III 1 Hs. 2 erledigt.

30 **5. Beiderseitige Prozesskostenhilfe (III).** Soweit das Gericht beiden Parteien eine PKH bewilligt hat, darf die Staatskasse auch nach III 1 Hs. 1 eine Nachzahlung einer bloßen Antragsschuldnerin erst dann anordnen, wenn eine Nachzahlung der Entscheidungsschuldnerin nicht in Betracht kommt (OLG Düsseldorf Rpfleger 1988, 163 (164); KG Rpfleger 1979, 152 (153)).

31 **6. Teilweise Prozesskostenhilfe (III).** Das Wort „soweit" ergibt: III kommt nur für diejenige Instanz in Betracht, für die das Gericht eine PKH bewilligt hat (BGH MDR 1982, 307). Die Regelung gilt bei einer nur teilweisen PKH auch innerhalb derselben Instanz nur im Umfang dieser Teilbewilligung (OLG Düsseldorf JurBüro 2000, 425).

32 **7. Unwendbarkeit beim Übernahmeschuldner usw (III).** III ist nicht anzuwenden, soweit überhaupt keine Gerichtsentscheidung vorliegt (OLG Koblenz MDR 2008, 473), oder soweit der Mittellose auch ein Übernahmeschuldner nach § 29 Nr. 2 ist (BVerfG NJW 2000, 3271; BGH NJW 2004, 366; OLG Frankfurt a. M. NJW 2011, 2147; OLG Hamm NJW-RR 2012, 1150 (1151); aA OLG Dresden Rpfleger 2002, 213 (214); OLG Frankfurt a. M. JurBüro 2002, 1418; Vester NJW 2002, 3225 (aber eine Haftung entfällt nicht schon wegen des Hinzutritts eines weiteren Haftungsgrundes)). Denn eine Kostenübernahme ist etwas anderes als eine Kostenentscheidung. Deshalb kommt es grundsätzlich auch nicht darauf an, ob die Übernahme der materiellrechtlichen Lage entspricht. Eine Ausnahme gilt bei einer Arglist. III ist ferner nicht anzuwenden, soweit ein Rechtsübergang nach § 59 RVG erfolgt ist (OLG Köln FamRZ 1986, 926).

33 **8. Unanwendbarkeit beim Vergleichsschuldner (IV).** Dazu Dölling MDR 2013, 1009; N. Schneider/Thiel NJW 2013, 3222 (zum Altfall); Wiese NJW 2012, 3126 (krit.). Die Regelung → Rn. 23 gilt bei jeder der in IV Nr. 1–3 abschließend aufgezählten, eng auszulegenden Situationen, zB nach § 278 VI ZPO. Die Feststellung ist nicht nachholbar (OLG Bamberg NJW-RR 2015, 127; OLG Frankfurt a. M. AGS 2018, 29, je: zum entsprechenden § 26 IV Nr. 3 FamGKG).

Haftung von Streitgenossen und Beigeladenen

32 **I 1 Streitgenossen haften als Gesamtschuldner, wenn die Kosten nicht durch gerichtliche Entscheidung unter sie verteilt sind. 2 Soweit einen Streitgenossen nur Teile des Streitgegenstands betreffen, beschränkt sich seine Haftung als Gesamtschuldner auf den Betrag, der entstanden wäre, wenn das Verfahren nur diese Teile betroffen hätte.**

II Absatz 1 gilt auch für mehrere Beigeladene, denen Kosten auferlegt worden sind.

1 **I. Anwendungsbereich.** Die Vorschrift ergänzt § 31. Sie gilt: Im Zivilprozess; im Zwangsversteigerungsverfahren; im Zwangsverwaltungsverfahren; im Insolvenzverfahren; in allen Gerichtsbarkeiten des § 1, so schon (für die Finanzgerichte) (BFHE 154, 307), und auch aus II. § 135 V 1 FGO (Kopfhaftung) ist also nicht mehr anzuwenden (so schon zum alten Recht BFHE 154, 307). Die Vorschrift erfasst Gebühren, Auslagen und Vorschüsse.

2 Im **Strafverfahren** gilt § 32 grundsätzlich nicht. Denn ihm gehen die Vorb. 3.1 VI 1, §§ 466, 471 IV StPO mit § 33 vor. Allerdings haften mehrere vorschusspflichtige Privat- und Nebenkläger als Gesamtschuldner, sei es nach § 32 oder nach §§ 18,

31. Ebenso haften mehrere Anzeigende im Fall des § 469 StPO wohl nach § 32. § 135 V 1 FGO, § 159 S. 1 VwGO haben jeweils den Nachrang (Just NVwZ 2011, 202 (204)).

II. Voraussetzungen (I). Vier Aspekte sollten beachtet werden. 3

1. Streitgenossenschaft. Die gesamtschuldnerische Haftung mehrerer Kosten- 4
schuldner nach §§ 421 ff. BGB tritt in allen Fällen der Streitgenossenschaft nach §§ 59 ff. ZPO ein, sei es auf der Kläger-, sei es auf der Beklagtenseite, sei es eine einfache oder eine notwendige nach § 62 ZPO. Hierher zählen auch eine streitgenössische Streithilfe nach § 69 ZPO und eine erst infolge einer Prozessverbindung nach § 147 ZPO hervorgerufene Streitgenossenschaft. Bei der BGB-Außengesellschaft ist zu unterscheiden. Treten nur mehrere oder alle Gesellschafter auf, können sie Streitgenossen sein. Tritt aber stattdessen oder daneben die Gesellschaft (nach BGHZ 146, 341 = NJW 2001, 1056) zulässigerweise als solche auf, ist sie als solche nur **ein** Schuldner. Sie kann allerdings neben den einzelnen Gesellschaftern ein weiterer Streitgenosse sein. Entsprechendes gilt bei der Wohnungseigentümergemeinschaft. Im Insolvenzverfahren genügt es nach KV 2310 ff., dass mehrere Personen einen übereinstimmenden Antrag stellen.

2. Keine abweichende Entscheidung. Eine gesamtschuldnerische Haftung der 5
Streitgenossen nach § 32 tritt nach → § 29 Rn. 2 nur ein, soweit nicht das Gericht eine andere Verteilung der Kosten in einer Entscheidung vorgenommen hat (BFHE 154, 307). Es reicht nicht aus, dass überhaupt irgendeine gerichtliche Kostenentscheidung vorliegt. Sie muss vielmehr eine Kostenverteilung nach Bruchteilen zB nach § 92 I 1 Hs. 2 ZPO enthalten. Im letzteren Fall ist es unerheblich, ob die mehreren Kostenschuldner nach § 100 I ZPO für die Kostenerstattung nach Kopfteilen haften. Gegenüber der Staatskasse haften sie nach § 32 gesamtschuldnerisch.

Auch bei einer **gerichtlichen Kostenverteilung** bleibt eine gesamtschuldnerische 6
Antragshaftung bestehen. Es gilt aber § 31 II. Eine gesamtschuldnerische Haftung tritt auch ohne eine gerichtliche Entscheidung immer dann ein, wenn mehrere Antragsteller nach § 22 haften. Im Übrigen tritt nach § 100 IV ZPO mangels einer gerichtlichen Kostenverteilung eine Gesamtschuldnerschaft ein (OLG Koblenz NJW-RR 2000, 71; aA KG MDR 2002, 1276 (aber die Staatskasse braucht nicht das Innenverhältnis der Kostenschuldner zu kennen oder gar zu ermitteln)).

Jeder Gesamtschuldner haftet nur **bis zum Betrag seiner Kosten** (OLG Stuttgart 7
JurBüro 1991, 952). § 32 bestimmt nur, **wie** gehaftet wird. Demgegenüber bestimmen §§ 22, 29, **wer** haftet (OLG Bamberg JurBüro 1992, 684). Soweit mehrere die Kostenschuld nach § 29 übernommen haben, haften sie mangels einer abweichenden Erklärung als Gesamtschuldner.

3. Kostenverteilung. Was I 1 „Kostenverteilung" nennt, ist die Verteilung nach 8
§ 100 II, III ZPO. Infrage kommt also entweder die Mehrbelastung eines Streitgenossen, soweit er in einem erheblich größeren Umfang am Verfahren beteiligt war, oder die alleinige Belastung eines Streitgenossen mit den durch sein besonderes Angriffs- oder Verteidigungsmittel veranlassten Kosten.

Soweit das Gericht eine derartige Kostenverteilung vorgenommen hat, gilt sie auch 9
für das **Verhältnis zur Staatskasse.** Auch dann kann ein Streitgenosse also nicht für eine Gebühr haften, die allein gegen einen anderen entstanden ist.

Wenn daher in den oben genannten Fällen bei einer **verschiedenen Beteiligung** 10
verschieden hohe Kosten entstanden sind, besteht eine Gesamthaftung nach I 1 nur insoweit, als die Streitgegenstände zusammenfallen und die Kosten gegen alle entstanden sind, und in entsprechender Höhe (BVerwG Rpfleger 1993, 374 mzustAnm Hellstab; OLG Düsseldorf Rpfleger 1986, 156 (157); OLG Stuttgart JurBüro 1991, 952). Wegen I 2 → Rn. 12. Zur Berechnung bei PKH für nur einen der Streitgenossen OLG Bremen JurBüro 1991, 953.

Auch neben einer Entscheidungshaftung bei der Belastung eines Streitgenossen mit 11
den durch sein **besonderes Angriffs- oder Verteidigungsmittel** veranlassten Kosten bleibt eine gesamtschuldnerische Antragshaftung nach §§ 22, 29, 31 als eine zweitschuldnerische Haftung bestehen. Soweit das Gericht in der Kostenentscheidung die unterschiedliche Beteiligung von Streitgenossen unberücksichtigt gelassen hat,

bleibt es für die Kostenfestsetzung bei der im Urteil genannten Quote (OLG München MDR 1989, 166 (167)).

12 **4. Nur Teile des Streitgegenstands.** Soweit einen Streitgenossen nur Teile des Streitgegenstands betreffen, haftet er nach I 2 nur bis zu demjenigen Betrag, der dann entstanden wäre, wenn das Verfahren nur diese Teile betroffen hätte. Das gilt auch dann, wenn das Gericht eine Kostenverteilung vorgenommen hat.

13 **III. Beigeladener (II).** Die vorstehende Regelung gilt entsprechend für die Haftung mehrerer Beigeladener nach § 60 FGO, § 65 VwGO usw.

Verpflichtung zur Zahlung von Kosten in besonderen Fällen

33 Die nach den §§ 53 bis 55, 177, 209 und 269 der Insolvenzordnung sowie den §§ 466 und 471 Absatz 4 der Strafprozessordnung begründete Verpflichtung zur Zahlung von Kosten besteht auch gegenüber der Staatskasse.

1 **I. Systematik, Regelungszweck.** Zunächst → Vor § 22 Rn. 1, 2. Nach § 33 besteht eine durch andere Gesetze begründete Kostenhaftung auch gegenüber der Staatskasse. Diese Bestimmungen sind ein wesentlicher Bestandteil des GKG. Die Staatskasse kann die aus den betreffenden Bestimmungen Verpflichteten daher genauso in Anspruch nehmen wie andere Kostenschuldner, also ohne einen weiteren Titel. Andererseits steht dem Betroffenen die Erinnerung aus § 66 offen. Im Verfahren vor den Arbeitsgerichten ist § 33 anzuwenden.

2 **II. Insolvenzordnung.** Infrage kommen:

§ 53 InsO. Massegläubiger

Aus der Insolvenzmasse sind die Kosten des Insolvenzverfahrens und die sonstigen Masseverbindlichkeiten vorweg zu berichtigen.

§ 54 InsO. Kosten des Insolvenzverfahrens

Kosten des Insolvenzverfahrens sind:

1. die Gerichtskosten für das Insolvenzverfahren;
2. die Vergütungen und die Auslagen des vorläufigen Insolvenzverwalters, des Insolvenzverwalters und der Mitglieder des Gläubigerausschusses.

§ 55 InsO. Sonstige Masseverbindlichkeiten

I Masseverbindlichkeiten sind weiter die Verbindlichkeiten:

1. die durch Handlungen des Insolvenzverwalters oder in anderer Weise durch die Verwaltung, Verwertung und Verteilung der Insolvenzmasse begründet werden, ohne zu den Kosten des Insolvenzverfahrens zu gehören;
2. aus gegenseitigen Verträgen, soweit deren Erfüllung zur Insolvenzmasse verlangt wird oder für die Zeit nach der Eröffnung des Insolvenzverfahrens erfolgen muß;
3. aus einer ungerechtfertigten Bereicherung der Masse.

II 1 Verbindlichkeiten, die von einem vorläufigen Insolvenzverwalter begründet worden sind, auf den die Verfügungsbefugnis über das Vermögen des Schuldners übergegangen ist, gelten nach der Eröffnung des Verfahrens als Masseverbindlichkeiten. 2 Gleiches gilt für Verbindlichkeiten aus einem Dauerschuldverhältnis, soweit der vorläufige Insolvenzverwalter für das von ihm verwaltete Vermögen die Gegenleistung in Anspruch genommen hat.

III *(nicht abgedruckt)*

IV 1 Umsatzsteuerverbindlichkeiten des Insolvenzschuldners, die von einem vorläufigen Insolvenzverwalter oder vom Schuldner mit Zustimmung eines vorläufigen Insolvenzverwalters oder vom Schuldner nach Bestellung eines vorläufigen Sachwalters begründet worden sind, gelten nach Eröffnung des Insolvenzverfahrens als Masseverbindlichkeit. 2 Den Umsatzsteuerverbindlichkeiten stehen die folgenden Verbindlichkeiten gleich:

1. sonstige Ein- und Ausfuhrabgaben,
2. bundesgesetzlich geregelte Verbrauchsteuern,
3. die Luftverkehr- und die Kraftfahrzeugsteuer und
4. die Lohnsteuer

§ 177 InsO. Nachträgliche Anmeldungen

I 1 Im Prüfungstermin sind auch die Forderungen zu prüfen, die nach dem Ablauf der Anmeldefrist angemeldet worden sind. 2 Widerspricht jedoch der Insolvenzverwalter oder ein Insolvenzgläubiger dieser Prüfung oder wird eine Forderung erst nach dem Prüfungstermin angemeldet, so hat das Insolvenzgericht auf Kosten des Säumigen entweder einen besonderen Prüfungstermin zu bestimmen oder die Prüfung im schriftlichen Verfahren anzuordnen. [3] Für nachträgliche Änderungen der Anmeldung gelten die Sätze 1 und 2 entsprechend.

II Hat das Gericht nachrangige Gläubiger nach § 174 Abs. 3 zur Anmeldung ihrer Forderungen aufgefordert und läuft die für diese Anmeldung gesetzte Frist später als eine Woche vor dem Prüfungstermin ab, so ist auf Kosten der Insolvenzmasse entweder ein besonderer Prüfungstermin zu bestimmen oder die Prüfung im schriftlichen Verfahren anzuordnen.

III [1] Der besondere Prüfungstermin ist öffentlich bekanntzumachen. [2] Zu dem Termin sind die Insolvenzgläubiger, die eine Forderung angemeldet haben, der Verwalter und der Schuldner besonders zu laden. [3] § 74 Abs. 2 Satz 2 gilt entsprechend.

§ 209 InsO. Befriedigung der Massegläubiger

I Der Insolvenzverwalter hat die Masseverbindlichkeiten nach folgender Rangordnung zu berichtigen, bei gleichem Rang nach dem Verhältnis ihrer Beträge:
1. die Kosten des Insolvenzverfahrens;
2. die Masseverbindlichkeiten, die nach der Anzeige der Masseunzulänglichkeit begründet worden sind, ohne zu den Kosten des Verfahrens zu gehören;
3. die übrigen Masseverbindlichkeiten, unter diesen zuletzt der nach den §§ 100, 101 Abs. 1 Satz 3 bewilligte Unterhalt.

II Als Masseverbindlichkeiten im Sinne des Absatzes 1 Nr. 2 gelten auch die Verbindlichkeiten
1. aus einem gegenseitigen Vertrag, dessen Erfüllung der Verwalter gewählt hat, nachdem er die Masseunzulänglichkeit angezeigt hatte;
2. aus einem Dauerschuldverhältnis für die Zeit nach dem ersten Termin, zu dem der Verwalter nach der Anzeige der Masseunzulänglichkeit kündigen konnte;
3. aus einem Dauerschuldverhältnis, soweit der Verwalter nach der Anzeige der Masseunzulänglichkeit für die Insolvenzmasse die Gegenleistung in Anspruch genommen hat.

§ 269 InsO. Kosten der Überwachung

[1] Die Kosten der Überwachung trägt der Schuldner. [2] Im Falle des § 260 Abs. 3 trägt die Übernahmegesellschaft die durch ihre Überwachung entstehenden Kosten.

III. Strafprozessordnung. Infrage kommen §§ 466 und 471 StPO. StPO § 466 ist bei → KV Vorb. 3.1. Rn. 28 abgedruckt. 3

§ 471 StPO. Kosten bei Privatklage

IV [1] Mehrere Privatkläger haften als Gesamtschuldner. [2] Das gleiche gilt hinsichtlich der Haftung mehrerer Beschuldigter für die dem Privatkläger erwachsenen notwendigen Auslagen.

Zu § 466 StPO: „Dieselbe Tat" bedeutet derselbe strafrechtliche Vorgang. Sie liegt daher auch vor bei einer Begünstigung und Hehlerei oder bei einer aktiven und passiven Bestechung, nicht aber dann, wenn sich die Tätigkeit der mehreren in verschiedenen strafrechtlichen Richtungen äußert, wie bei gegenseitigen Beleidigungen. Auch → KV Vorb. 3.1 Rn. 28.

Zu § 471 StPO: Gilt auch für den Nebenkläger. Kosten des unterbevollmächtigten auswärtigen Anwalts sind in Höhe der Reisekosten des Hauptbevollmächtigten erstattungsfähig.

Abschnitt 6. Gebührenvorschriften

Wertgebühren

34 **I** [1] **Wenn sich die Gebühren nach dem Streitwert richten, beträgt bei einem Streitwert bis 500 Euro die Gebühr 38 Euro.** [2] **Die Gebühr erhöht sich bei einem**

Streitwert bis … Euro	für jeden angefangenen Betrag von weiteren … Euro	um … Euro
2 000	500	20
10 000	1 000	21
25 000	3 000	29
50 000	5 000	38
200 000	15 000	132
500 000	30 000	198
über 500 000	50 000	198

[3] **Eine Gebührentabelle für Streitwerte bis 500 000 Euro ist diesem Gesetz als Anlage 2 beigefügt.**

II Der Mindestbetrag einer Gebühr ist 15 Euro.

Anlage 2
(zu § 34 Absatz 1 Satz 3)

Streitwert bis … €	Gebühr … €	Streitwert bis … €	Gebühr … €
500	38,00	50 000	601,00
1 000	58,00	65 000	733,00
1 500	78,00	80 000	865,00
2 000	98,00	95 000	997,00
3 000	119,00	110 000	1 129,00
4 000	140,00	125 000	1 261,00
5 000	161,00	140 000	1 393,00
6 000	182,00	155 000	1 525,00
7 000	203,00	170 000	1 657,00
8 000	224,00	185 000	1 789,00
9 000	245,00	200 000	1 921,00
10 000	266,00	230 000	2 119,00
13 000	295,00	260 000	2 317,00
16 000	324,00	290 000	2 515,00
19 000	353,00	320 000	2 713,00
22 000	382,00	350 000	2 911,00

Streitwert bis … €	Gebühr … €	Streitwert bis … €	Gebühr … €
25 000	411,00	**380 000**	3 109,00
30 000	449,00	**410 000**	3 307,00
35 000	487,00	**440 000**	3 505,00
40 000	525,00	**470 000**	3 703,00
45 000	563,00	**500 000**	3 901,00

I. Anwendungsbereich. Die Wertabhängigkeit ist verfassungsgemäß (→ Vor § 1 Rn. 24 mwN). II 2, 3 sind nach § 146 S. 3 Hs. 2 TKG auf das Vorverfahren nach der TKG entsprechend anzuwenden. 1

II. Streitwertabhängigkeit (I 1). Es gilt dasselbe wie bei → § 3 Rn. 1–3. 2

III. Mindestbetrag (II). Einen Mindestbetrag sieht das Gesetz nur für die Gebühren vor, nicht für die Auslagen. „Gebühr" ist die im Einzelfall maßgebliche. Also ist auch der Mindestbetrag der 0,25-Gebühr der Betrag von 15 EUR. Zum Verlauf des Anstiegs der Gebühren mit dem Wert → RVG § 13 Rn. 4. 3

IV. Keine Auf- und Abrundung mehr. Es gibt im GKG keine Auf- oder Abrundung mehr, anders als in § 2 II 2 RVG. 4

Einmalige Erhebung der Gebühren

35 Die Gebühr für das Verfahren im Allgemeinen und die Gebühr für eine Entscheidung werden in jedem Rechtszug hinsichtlich eines jeden Teils des Streitgegenstands nur einmal erhoben.

I. Systematik. Die Vorschrift enthält den Grundsatz der Einmaligkeit der Regelgebühr, auf dem das Pauschalsystem beruht. Das Gesetz durchbricht diesen Grundsatz an nur noch wenigen Stellen für eine Entscheidungsgebühr. Bei demselben Streitgegenstand entsteht die Verfahrensgebühr nicht nochmals dann, wenn der Bekl. die Widerklage auf eine bisher am Rechtsstreit nicht beteiligte Person ausdehnt. 1

II. Regelungszweck. Die Vorschrift dient der Klarstellung im Interesse der Kostengerechtigkeit. Sie soll verhindern, dass wegen Unklarheiten über den jeweiligen Streitgegenstand Gebührenverdoppelungen eintreten, die der Gesetzgeber nicht gewollt hat. 2

III. Anwendungsbereich. Die Vorschrift ist im Bereich des GKG voll anzuwenden, § 1, also auch im Verfahren vor den Arbeits-, ferner vor den Finanz-, Sozial- und Verwaltungsgerichten. Sie gilt auch im Zwangsversteigerungs- und im Zwangsverwaltungsverfahren und im Insolvenzverfahren sowie im Schifffahrtsrechtlichen Verteilungsverfahren. 3

IV. Rechtszug. Ein scheinbar einfacher Begriff erweist sich im Einzelfall oft als kompliziert. 4

1. Begriff. Der Begriff des Rechtszugs ist nicht derselbe wie derjenige der Instanz in der ZPO (OLG Bremen JurBüro 1976, 350). Er ist auch nicht derselbe wie derjenige des Rechtszugs nach § 15 II 2 RVG (vgl. Zehendner BB 1981, 846). Dort beginnen die drei Rechtszüge mit der Klagerhebung nach §§ 253, 261 ZPO oder der Einlegung des Rechtsmittels zB nach § 519 I ZPO und enden mit der Erledigung des gesamten dem Gericht der Instanz vorliegenden Prozessstoffs, also nicht immer mit einem Urteil nach § 300 ZPO, zB nicht mit einem Zwischenurteil nach § 303 ZPO. Dort begründet die Zurückverweisung zB nach § 538 II ZPO keine neue Instanz. Demgegenüber gilt im GKG anders wiederum als im RVG folgendes. 5

2. Beginn, Ende. Der Rechtszug beginnt mit der Einreichung, nicht erst mit der Zustellung der Klage, einer Rechtsmittelschrift oder eines gebührenpflichtigen Antrags (OLG Düsseldorf FamRZ 2006, 628). Der Rechtszug endet mit dem Wirk- 6 samwerden des Schlussurteils, zB mit seiner Verkündung (OLG Düsseldorf FamRZ 2006, 628). Er endet ferner mit dem Abschluss eines Prozessvergleichs oder mit der Mitteilung eines außergerichtlichen Vergleichs nach § 779 BGB. Maßgebend ist dabei der Eingang beim Gericht. Der Rechtszug endet ferner mit der wirksamen Rücknahme der Klage nach § 269 ZPO oder eines Rechtsmittels zB nach § 516 ZPO (OLG Düsseldorf FamRZ 2006, 628; OLG Köln NJW 1995, 2728). Er kann auch mit übereinstimmenden wirksamen Vollerledigterklärungen enden (OLG Düsseldorf FamRZ 2006, 628). Er kann beendet sein, aber durch spätere Ereignisse gleichwohl wieder aufleben.

3. Beispiele zur Frage einer Abgrenzung der Rechtszüge

7 **Anfechtungsklage:** Die Anfechtungsklage im Aufgebotsverfahren stellt einen **neuen** Rechtszug dar.

Antragswiederholung: → „Erneuter Antrag".

Arrest, einstweilige Verfügung: Der Hauptprozess nach §§ 253 ff. ZPO ist ein **neuer** Rechtszug (OLG Karlsruhe OLGZ 1977, 484).

Beschwerdeverfahren: Es eröffnet einen **neuen** Rechtszug.

Drittschuldner: Derselbe Rechtszug liegt bei einer Pfändung und Überweisung mehrerer Forderungen gegenüber verschiedenen Drittschuldnern nach § 840 ZPO vor (LG Zweibrücken Rpfleger 1977, 76).

Einspruch: → „Versäumnisurteil".

Erledigung der Hauptsache: Im Verfahren gegenüber mehreren Streitgenossen nach §§ 59 ff. ZPO stellen solche Vorgänge, die zur Erledigung nach § 91a ZPO im Verhältnis zum einen Streitgenossen führen, und solche, die zur Erledigung im Verhältnis zum anderen Streitgenossen führen, Vorgänge desselben Rechtszugs dar.

Erneuter Antrag: Nach der Zurücknahme einer Klage nach § 269 ZPO oder Widerklage oder eines Rechtsmittels zB nach § 516 ZPO und nach der Verwerfung eines Rechtsmittels etwa nach § 522 ZPO kann eine erneute Klage oder Widerklage oder ein rechtzeitig erneutes Rechtsmittel deshalb einen Vorgang desselben Rechtszugs darstellen, weil er nur wiederauflebt, ähnlich wie nach einem Ruhen des Verfahrens nach § 251a ZPO. Nach einem solchen Beschluss, der den Berufungskläger der Berufung nach § 516 III 1 ZPO verlustig erklärt, oder nach dem Hinfälligwerden einer Anschlussberufung nach § 524 IV ZPO stellt eine neue Berufung einen Vorgang desselben Rechtszugs dar, → RVG § 15 Rn. 22 ff. (Pantle NJW 1988, 2775). Auch eine Ermäßigung mit einer anschließenden erneuten Erhöhung kann zum Rechtszug gehören (OLG Bamberg JurBüro 1976, 866).

Nach der Abweisung einer Klage als unzulässig eröffnet eine neue Klage einen **neuen** Rechtszug.

Gehörsverletzung: Das Abhilfeverfahren nach § 321a ZPO gehört zum Rechtszug.

Grund des Anspruchs: Das Verfahren über den Grund des Anspruchs und das Betragsverfahren nach § 304 ZPO stellen Vorgänge desselben Rechtszugs dar. Das gilt auch nach dem Erlass eines Zwischenurteils nach § 304 ZPO. Das gilt selbst dann, wenn inzwischen ein Rechtsmittel schwebte (OLG Bremen JurBüro 1976, 484). Wenn der Rechtsmittelführer wegen einiger Zweifel an der Zulässigkeit des bereits eingelegten Rechtsmittels vorsorglich ein gleichartiges Rechtsmittel nochmals einlegt, liegt für beide Rechtsmittel derselbe Rechtszug vor.

Klagänderung: Das Verfahren nach der Zulassung einer Klagänderung nach §§ 263, 264 ZPO zählt zu demselben Rechtszug wie das Verfahren vor der Klagänderung. Das gilt auch dann, wenn sich die Klage nunmehr statt auf den ursprünglichen Anspruch selbst auf einen inzwischen abgeschlossenen außergerichtlichen Vergleich stützt.

Klagerücknahme: → „Erneuter Antrag".

Nachverfahren: Das Verfahren bis zum Erlass eines Vorbehaltsurteils und das Nachverfahren nach §§ 302, 599 ZPO stellen denselben Rechtszug dar. Wenn aber zunächst gegen das Vorbehaltsurteil und später gegen das in derselben Sache ergangene Nachurteil Rechtsmittel eingehen, liegen **verschiedene** Rechtszüge vor. Dann ist also die Verfahrensgebühr für jedes der beiden Rechtsmittel gesondert anzusetzen.

Pfändung und Überweisung: Es liegt bei §§ 829, 835 ZPO auch bei mehreren Forderungen gegen verschiedene Dritte derselbe Rechtszug vor (LG Zweibrücken Rpfleger 1977, 76).

Prozesstrennung: Eine Prozesstrennung nach § 145 lässt für beide nun getrennten Verfahren denselben Rechtszug bestehen. Nach der Trennung können (selbstverständlich) getrennte Gebühren entstehen. Früher entstandene sind im Verhältnis der Werte anzurechnen (FG Hamburg EFG 1976, 354).

Prozessverbindung: Bei der Verbindung mehrerer Prozesse nach § 147 ZPO liegt derselbe Rechtszug vor. Eine vor einer Verbindung entstandene Gebühr bleibt bestehen (BGH NJW 2013, 2824; OLG Düsseldorf JurBüro 2009, 542; OVG Mecklenburg-Vorpommern JurBüro 2010, 532).

Prozessvergleich: Das Verfahren vor dem Prozessgericht bis zum Abschluss des Prozessvergleichs und das Verfahren vor demselben Gericht im Streit über die Wirksamkeit des Prozessvergleichs stellen denselben Rechtszug dar (BGH NJW 1977, 583; OLG Koblenz NJW 1978, 2399). Beim Auslegungsstreit entsteht aber ein **neuer** Rechtszug (BGH NJW 1977, 583).

Rechtsmittel: Soweit beide Parteien oder mehrere Streitgenossen nach §§ 59 ff. ZPO gegen dasselbe Urteil Rechtsmittel einlegen, liegt derselbe Rechtszug vor. Das gilt auch bei getrennten Rechtsmittelschriften. Soweit eine Partei **mehrere** in derselben Sache ergangene **Urteile** durch getrennte Rechtsmittel anficht, liegen **verschiedene** Rechtszüge vor. Das gilt auch bei einem Vorbehalts- und Nachurteil (→ „Nachverfahren"). Soweit eine Partei in einer früher zB nach § 538 II ZPO zurückverwiesenen Sache ein neues Rechtsmittel einlegt, liegt ebenfalls ein **neuer** Rechtszug vor. Wenn der Rechtsmittelführer **gleichzeitig** gegen dieselbe Entscheidung eine **Berufung und eine sofortige Beschwerde** nach §§ 567 ff. ZPO oder eine Sprungrevision nach § 566 ZPO und eine Berufung nach § 511 ZPO einlegt, eröffnet er **verschiedene** Rechtszüge. Sie liegen auch dann vor, wenn sich eine Berufung gegen ein Grundurteil und eine weitere Berufung gegen das spätere Betragsurteil richten. Etwas anderes gilt erst nach einer Verbindung der beiden Berufungsverfahren nach § 147 ZPO. Auch → „Beschwerdeverfahren", → „Erneuter Antrag".

Selbständiges Beweisverfahren: Der Hauptprozess nach §§ 253 ff. ZPO ist bei seiner zeitlichen Nachfolge hinter einem Verfahren nach §§ 485 ff. ZPO ein **neuer** Rechtszug (KG MDR 1976, 846).

Streitgenossen: Auch ein unterschiedlicher Verlauf ändert bei §§ 59 ff. ZPO nichts an demselben Rechtszug.

Streitwerterhöhung: Sie ändert nichts am Rechtszug, soweit das Gericht sie zulässt.

Stufenklage: Alle Stufen nach § 254 ZPO gehören zum Rechtszug.

Teilurteil: Mehrere Berufungen gegen solche Teilurteile nach § 301 ZPO, die einzelne gesamtschuldnerisch belangte Streitgenossen nach §§ 59 ff. ZPO betreffen, stellen denselben Rechtszug dar.

Unterbrechung: Ein Ruhen nach § 251a ZPO oder die Fortsetzung nach § 250 ZPO gehören zum Rechtszug.

Urteilsvervollständigung: Eine Vervollständigung desjenigen in abgekürzter Form ergangenen Versäumnis- oder Anerkenntnisurteils nach § 313b ZPO, das im Ausland zur Anerkennung und Vollstreckung kommen soll, durch die Hinzufügung von Tatbestand und Entscheidungsgründen ergeht in demselben Rechtszug. Vgl. § 19 I 2 Nr. 6 RVG.

Vergleich: → „Prozessvergleich".

Versäumnisurteil: Der Einspruch nach § 338 ZPO gehört zum Rechtszug.

Verweisung: Das Verfahren vor und nach einer Verweisung an eine andere Kammer oder Abteilung oder an ein anderes Gericht zB nach § 281 ZPO sowie das Verfahren vor und nach der Zurückverweisung an dasselbe Gericht nach § 37 stellen denselben Rechtszug dar (OLG Frankfurt a. M. JurBüro 1977, 1114; OLG Köln NJW 1995, 2728). Auch → „Zurückverweisung".

Wiederaufnahme: Das Wiederaufnahmeverfahren zB nach §§ 578 ff. ZPO eröffnet einen *neuen* Rechtszug, und zwar nochmals denselben wie denjenigen, dessen Entscheidung der Kläger anficht (BFHE 142, 411).

Zulässigkeitsrüge: Das Verfahren über eine Zulässigkeitsrüge zB nach § 280 ZPO und das Verfahren zur Hauptsache stellen denselben Rechtszug dar. Das gilt auch dann, wenn inzwischen schon ein Urteil nach §§ 300 ff. ZPO vorliegt.

Zurückverweisung: Nach einer Zurückverweisung zB nach § 538 II ZPO eröffnet ein *neues* Rechtsmittel einen **neuen** Rechtszug (aA OLG Hamburg MDR 2004, 474).

Zuständigkeitsbestimmung: Das Verfahren vor einer Zuständigkeitsbestimmung nach § 36 I ZPO, das Verfahren der Zuständigkeitsbestimmung nach § 37 ZPO und das anschließende Verfahren vor dem als zuständig bestimmten Gericht stellen denselben Rechtszug dar.

Zwischenurteil: Die Fortsetzung des Verfahrens nach einem solchen Urteil nach § 303 ZPO gehört zum Rechtszug.

8 **V. Einmaligkeit der Gebührenerhebung.** Jede Regelgebühr entsteht in demselben Rechtszug nach → Rn. 4 wegen eines jeden Teils des Streitgegenstands nur einmal. Soweit sich aber der Streitgegenstand verändert, ist § 36 anzuwenden.

Teile des Streitgegenstands

36 **I Für Handlungen, die einen Teil des Streitgegenstands betreffen, sind die Gebühren nur nach dem Wert dieses Teils zu berechnen.**

II Sind von einzelnen Wertteilen in demselben Rechtszug für gleiche Handlungen Gebühren zu berechnen, darf nicht mehr erhoben werden, als wenn die Gebühr von dem Gesamtbetrag der Wertteile zu berechnen wäre.

III Sind für Teile des Gegenstands verschiedene Gebührensätze anzuwenden, sind die Gebühren für die Teile gesondert zu berechnen; die aus dem Gesamtbetrag der Wertteile nach dem höchsten Gebührensatz berechnete Gebühr darf jedoch nicht überschritten werden.

1 **I. Systematik, Regelungszweck.** Die mit § 15 III RVG ähnliche Vorschrift betrifft nach ihrem klaren Wortlaut in Verbindung mit § 1 I 1 nur „Gebühren", nicht „Auslagen" (aA OLG München MDR 1989, 166: entsprechend anzuwenden). § 36 gilt nicht, soweit vorrangige Spezialregeln einen Vorgang beim „gesamten" Verfahren fordern oder voraussetzen, zB bei KV 1211 usw. Für eine solche gerichtliche Handlung, die eine Gebühr auslösen kann, entsteht eine Gebühr zwecks einer Kostengerechtigkeit nur nach demjenigen abspaltbaren Wert des Streitgegenstands, den diese Handlung selbst betrifft (OLG Koblenz JurBüro 1999, 188; OLG Oldenburg JurBüro 1992, 190).

Beispiel: Die Klage betrifft 1000 EUR. Eine Berufung erfolgt nur wegen 700 EUR. Die zweitinstanzliche Verfahrensgebühr errechnet sich aus 700 EUR.

2 **II. Anwendungsbereich.** Die Vorschrift gilt im Gesamtbereich des § 1 (OLG Hamburg MDR 1997, 890). Wegen derjenigen Handlung, die nur eine Nebenforderung nach § 43 betrifft, gilt § 43. Wenn das Gericht auf Grund eines Rechtsmittels gegen ein Teilurteil nach § 301 ZPO nicht nur dieses aufgehoben hat, sondern wenn es auch den Restanspruchs abgewiesen hat, ist der Streitwert trotzdem nur ein Betrag in Höhe des Teilurteils.

3 Die Vorschrift ist also auch vor den **Arbeits-, Finanz-, Sozial- und Verwaltungsgerichten** anzuwenden.

4 **III. Einzelne Wertteile (II).** Innerhalb einer Obergrenze ergeben sich recht unterschiedliche Situationen.

5 **1. Grundsatz: Obergrenze Gesamtwert.** In jedem Rechtszug nach § 36 und für jeden Wertteil darf die Verfahrensgebühr nur einmal entstehen. Es ist nun aber denkbar, dass mehrere gleiche gebührenerzeugende Handlungen innerhalb derselben Instanz verschiedene Wertteile betreffen.

Beispiel: Die Klage lautet über 800 EUR. Der Kläger erweitert die Klageforderung auf 1000 EUR. Teilvergleiche ergehen zunächst über 200 EUR, dann über weitere 300 EUR.

Für solche Fälle bestimmt II, dass die **Gesamtgebühr** für gleichartige gebührenerzeugende Handlungen nicht höher sein darf als nach dem ganzen betroffenen Streitwert. Das gilt auch für ein Ergänzungsurteil nach § 321 ZPO. Es gilt (selbstverständlich) auch für Ermäßigungen. 6

In dem genannten Beispiel müsste also die Ermäßigung der Verfahrensgebühren zwar nach den einzelnen Handlungen berechnet werden. Ihr Gesamtbetrag dürfte aber nicht höher sein, als wäre die Verfahrensgebühr nach einem Streitwert von 500 EUR einmalig entstanden. Anders ausgedrückt: Nur der **Unterschiedsbetrag** zwischen der erstmalig berechneten und der nach dem ganzen später betroffenen Streitwert zu berechnenden Gebühr ist maßgeblich. Das gilt auch nach einem Mahnverfahren nach §§ 688 ff. ZPO (OLG Düsseldorf JurBüro 1980, 106; OLG Hamburg MDR 2001, 294; LG Krefeld MDR 1978, 854) oder nach einem selbständigen Beweisverfahren (OLG Koblenz NJW-RR 2000, 1239). 7

2. Mehrere Streitgenossen oder Streitgegenstände. Wenn eine Handlung nur einen Streitgenossen nach §§ 59 ff. ZPO berührt, entsteht die Gebühr nur gegen diesen. Wenn die Handlung mehrere Streitgenossen berührt, entsteht die Gebühr nur einmal, soweit sich der Streitgegenstand deckt. Das gilt nach → § 35 Rn. 5 ff. dann, wenn etwa wegen jedes Streitgenossen ein Teilurteil nach § 301 ZPO vorliegt und wenn jeder Streitgenosse gegen das ihn betreffende Teilurteil ein Rechtsmittel einlegt, wenn also bereits mit der ersten Berufung der ganze Streitgegenstand in die zweite Instanz kommt. Wenn die Streitgegenstände verschieden sind, entsteht die Gebühr gegen jeden Streitgenossen besonders, ihre Gesamthöhe ist aber durch II begrenzt. Bei einer Verbindung nach § 147 ZPO ist II anzuwenden (OVG Mecklenburg-Vorpommern JurBüro 2010, 532; Meyer JurBüro 1999, 239 (240)), ebenso bei einer Trennung nach § 145 ZPO (OLG München NJW-RR 1999, 1232). 8

Keine verschiedenen Teile des Streitgegenstands sind Nebenforderungen nach § 43, § 3 ZPO. 9

IV. Verschiedene Gebührensätze (III). Wenn für Teile des Gegenstands bei derselben Gebührenart verschiedene Gebührensätze maßgeblich sind, ist die Gebühr für die Teile gesondert zu berechnen. Das gilt etwa bei § 15 III RVG. Es kommt jedoch höchstens diejenige Gebühr zum Ansatz, die nach dem Gesamtwert dieser Teile nach dem höchsten Gebührensatz entsteht (OVG Mecklenburg-Vorpommern JurBüro 2010, 532). Im Mahnverfahren haben KV 1210, 8220 Vorrang. 10

Beispiel: Die Berufung lautet über 20.000 EUR. Der Berufungskläger nimmt sie in Höhe von 15.000 EUR zurück. Berechnung nach III: KV 1222 (= 2,0-Gebühr) nach 15.000 EUR = 648 EUR + KV 1220 (= 4,0-Gebühr) nach 5.000 EUR = 644 EUR, also insgesamt = 1292 EUR. Die nach III Hs. 2 zulässige Höchstgebühr wäre eine 4,0-Gebühr von 20.000 EUR = 1528 EUR. Dieser Betrag wird nicht überschritten. Das Endergebnis lautet also: 1292 EUR. 11

OLG Schleswig SchlHA 1988, 65 wendet III entsprechend bei einem **Teilanerkenntnisurteil** nach § 307 ZPO und streitigem Schlussurteil an. Bei § 38 ist III nicht anzuwenden. Dasselbe gilt bei einem Vergleich auch über einen nicht anhängigen Gegenstand nach → KV 1900 Rn. 13 (OLG Köln NJW-RR 2010, 1512). 12

Zurückverweisung

37 Wird eine Sache zur anderweitigen Verhandlung an das Gericht des unteren Rechtszugs zurückverwiesen, bildet das weitere Verfahren mit dem früheren Verfahren vor diesem Gericht im Sinne des § 35 einen Rechtszug.

I. Anwendungsbereich. Die Vorschrift ergänzt § 35. Sie gilt im Gesamtbereich des § 1. Das gilt auch beim Eilverfahren nach § 53. § 37 gilt auch bei einer Zurückverweisung durch das BVerfG (OLG Hamburg MDR 2004, 474). § 37 erfasst den Fall, dass ein höheres Gericht die Sache nach → Rn. 3 an das niedere Gericht zurückverweist. Es ist unerheblich, aus welchem Grund diese Zurückverweisung geschieht. Insofern besteht ein Unterschied zur Verweisung nach § 4. § 36 bleibt anzuwenden. § 37 gilt auch vor den Arbeitsgerichten. 1

2 Bei einer ersten oder erneuten Zurückverweisung ist gebührenrechtlich zu unterstellen, dass der untere Rechtszug **nicht abgeschlossen** war. Das gilt nicht nur bei einem Zwischenurteil nach § 303 ZPO oder bei einem Vorbehaltsurteil nach § 302 ZPO, sondern auch in anderen Fällen. Der tatsächlich beendete untere Rechtszug lebt gebührenrechtlich wieder auf.

3 **II. Fälle.** Eine Zurückverweisung liegt zB in folgenden Fällen vor: §§ 538, 539, 563, 566 VIII 1, 572 ZPO, § 127 FGO, §§ 130, 144 VwGO. Wenn das Revisionsgericht an das Gericht der ersten Instanz zurückweist („Gericht des unteren Rechtszugs"), gilt das auch für die Gebühr dieses Rechtszugs. § 37 ist nach → Rn. 1 auch bei einer Zurückverweisung durch das BVerfG anzuwenden. Eine Klagerücknahme nach § 269 ZPO, ein Anerkenntnisurteil nach § 307 ZPO, ein Verzichtsurteil nach § 306 ZPO, ein außergerichtlicher Vergleich nach § 779 BGB oder ein Prozessvergleich können nach KV 1211 gebührenermäßigend wirken (aA OLG Nürnberg MDR 2003, 416, inkonsequent).

4 Wenn aber gegen das neue Urteil ein **Rechtsmittel** eingeht, entstehen auch neue Gebühren. Denn dann findet keine Zusammenfassung der Rechtsmittelverfahren statt.

5 **III. Folgen der Nämlichkeit des Rechtszugs.** Da die Einheit des Rechtszugs nach § 35 durch die Zurückverweisung erhalten bleibt, bleiben die früher entstandenen Gebühren unberührt (OLG Schleswig JurBüro 2015, 192).

6 Neue Regelgebühren können nur entstehen, soweit sich der **Streitgegenstand** etwa durch eine Klagerhöhung **erhöht** oder soweit ein anderer Teil von einem Akt betroffen wird.

Verzögerung des Rechtsstreits

38 **[1] Wird außer im Fall des § 335 der Zivilprozessordnung durch Verschulden des Klägers, des Beklagten oder eines Vertreters die Vertagung einer mündlichen Verhandlung oder die Anberaumung eines neuen Termins zur mündlichen Verhandlung nötig oder ist die Erledigung des Rechtsstreits durch nachträgliches Vorbringen von Angriffs- oder Verteidigungsmitteln, Beweismitteln oder Beweiseinreden, die früher vorgebracht werden konnten, verzögert worden, kann das Gericht dem Kläger oder dem Beklagten von Amts wegen eine besondere Gebühr mit einem Gebührensatz von 1,0 auferlegen. [2] Die Gebühr kann bis auf einen Gebührensatz von 0,3 ermäßigt werden. [3] Dem Kläger, dem Beklagten oder dem Vertreter stehen gleich der Nebenintervenient, der Beigeladene, der Vertreter des Bundesinteresses beim Bundesverwaltungsgericht und der Vertreter des öffentlichen Interesses sowie ihre Vertreter.**

Schrifttum: Krbetschek, Die Verhängung einer Verzögerungsgebühr im Zivilprozess, NJW 2017, 517.

Übersicht

I. Systematik. § 38 ist ein Gegenstück zu § 21 (E. Schneider JurBüro 1976, 5 (18)). Die Vorschrift sieht einen nur in Grenzen strafähnlichen Kostennachteil vor (so schon OLG Düsseldorf NJW-RR 1996, 1348; strenger OLG Hamm FamRZ 2003, 1192: „echter Strafcharakter"). Ihn kann das Gericht dann verhängen, wenn eine Partei ihre gesetzliche Prozessförderungspflicht oder nach § 282 ZPO schuldhaft verletzt hat und wenn es dadurch zu einer Verzögerung des Verfahrens gekommen ist (OLG München NJW-RR 2001, 71 (72)), und zwar nach → Rn. 22 ohne ein Mitverschulden des Gerichts. § 38 ist mit dem GG vereinbar. 1

Voraussetzung der Anwendung des § 38 ist ein **Verstoß** der Partei als solcher. Er kann auch dann vorliegen, wenn das Gericht die Partei zur Aufklärung des Sachverhalts nach § 141 ZPO anhören wollte. Ein derartiger Verstoß ist aber dann unerheblich, wenn er im Zusammenhang mit einer förmlichen Parteivernehmung nach §§ 445 ff. ZPO erfolgt ist. Die Verzögerungsgebühr ist von einer Kostenverteilung nach § 92 ZPO unabhängig (Völker MDR 2001, 1325 (1327)). Deshalb ist eine Maßnahme nach § 38 wirkungsvoller als eine Maßnahme nach § 95 ZPO oder nach § 192 SGG. Diese sind aber neben § 38 statthaft (Völker JurBüro 2001, 567 (569)). Vor dem BVerfG gilt § 34 BVerfGG. 2

II. Regelungszweck. Die Vorschrift dient der Prozesswirtschaftlichkeit. Sie ist eine Folge der Prozessförderungspflicht der Parteien. Ihr Sinn ist also eine Ahndung begangener prozessualer Verstöße und damit eine Abschreckung davor (Reither JurBüro 2017, 59 (60); Völker MDR 2001, 1325). Das ist bei der **Auslegung** mit zu berücksichtigen. Die Praxis beachtet die Vorschrift wenig (Krbetscheck NJW 2017, 517 (521)). Das gilt auch für den Familienrichter (Völker MDR 2001, 1325 (1332)). Im Übrigen bleibt ein Rest Problematik. Wer prozessuale Obliegenheiten vorwerfbar vernachlässigt, mag wegen der Parteiherrschaft die Nachteile bis zum Prozessverlust tragen. Der Richter braucht eine solche Nachlässigkeit nicht unbedingt auch noch zusätzlich zu ahnden (E. Schneider JurBüro 1976, 5). 3

III. Anwendungsbereich. Das Gericht kann § 38 in jedem Verfahren nach der ZPO anwenden (OLG Düsseldorf NJW-RR 1996, 1348; OLG Hamm FamRZ 2003, 1192; OLG München FamRZ 1979, 300), sofern in ihm eine notwendige oder zB nach § 128 II ZPO freigestellte mündliche Verhandlung stattfinden kann oder muss. Das gilt auch bei PKH nach §§ 114 ff. ZPO oder bei einer sonstigen Gebührenfreiheit nach § 2 (Völker MDR 2001, 1325 (1328)). Die Bestimmung ist daher auch anzuwenden: Im Verfahren auf den Erlass eines Arrests oder einer einstweiligen Verfügung nach §§ 916 ff., 935 ff. ZPO; im Beschwerdeverfahren nach §§ 567 ff. ZPO; im Verfahren zur Vollstreckbarerklärung eines Schiedsspruchs nach §§ 1060, 1061 ZPO. 4

Im Verfahren vor den **Arbeitsgerichten** ist § 38 nach § 1 II Nr. 4 anzuwenden. Dasselbe gilt nach § 1 II Nr. 2 für das Verfahren vor den Finanzgerichten (vgl. BFHE 135, 263 = NJW 1982, 2576 (Ls.)), vor den Verwaltungsgerichten und nach § 1 II Nr. 3 vor den Sozialgerichten (soweit sich die Kosten dort nach dem GKG richten). 5

IV. Anwendungsfälle (S. 1). Zwei Fallgruppen sind zu unterscheiden. 6

1. Vertagung. Das Gericht muss eine anberaumte mündliche Verhandlung vertagen, zB nach §§ 227, 251a, 337 ZPO, aber nach I 1 nicht § 335 ZPO. Diese Entscheidung setzt nicht voraus, dass eine mündliche Verhandlung bereits begonnen hatte. Sie braucht auch nicht etwa nur bis zum etwaigen Vertagungsantrag begonnen zu haben. Es ist auch nicht erforderlich, dass das Gericht die Sache schon nach § 220 ZPO aufgerufen hatte (aA Meyer Rn. 5; aber das würde eine wichtige Fallgruppe ausschließen). Daher ist es auch nicht nötig, dass eine Partei schon am Gerichtsort wartete. 7

8 Es genügt vielmehr, dass ein **Verhandlungstermin** anstand, dass das Gericht ihn aber auf Grund eines Antrags einer Partei oder von Amts wegen verlegen musste, Völker MDR 2001, 1325 (1329). Deshalb reicht es auch aus, dass die eine Partei oder die andere oder beide im Zeitpunkt der Vertagung nach §§ 330 ff. ZPO säumig sind (aA Meyer Rn. 5; Reither JurBüro 2017, 59 (61); aber § 251a III hat keinen Vorrang). Es reicht ferner aus, dass eine einseitige Verhandlung stattfindet. Das Gesetz hat allerdings § 335 ZPO ausdrücklich ausgenommen. Eine nicht gerade gesetzlich als „mündlich" bezeichnete Verhandlung gehört nicht hierher. Daher reichen weder eine ja gerade noch nicht „mündliche" Verhandlung nach § 278 II 1 ZPO oder ein bloßer Beweistermin, wohl aber ein solcher nach § 370 ZPO (Völker MDR 2001, 1325 (1328)). Vor dem nach §§ 361, 362 ZPO beauftragten oder ersuchten Richter findet keine mündliche Verhandlung statt. Stattdessen gelten dort §§ 380, 409.

9 Wenn die erschienene **Partei** eine **Vertagung** deshalb beantragt, weil die Voraussetzungen einer Versäumnisentscheidung nicht vorliegen, darf das Gericht eine Verzögerungsgebühr keineswegs verhängen. Das gilt auch dann, wenn ein Verschulden bejaht werden muss.

10 **2. Neuer Termin.** Statt einer Vertagung nach → Rn. 7 ff. reicht es auch aus, dass das Gericht nach seinem pflichtgemäßen Ermessen einen neuen Termin zu einer mündlichen Verhandlung anberaumen muss (OLG Koblenz JurBüro 1984, 1063; OLG München NJW-RR 2001, 71). Diese Maßnahme setzt nicht voraus, dass bereits früher eine mündliche Verhandlung stattgefunden hat. Hierher gehört nach → Rn. 18 auch eine Terminsanberaumung nach einem Einspruch gegen ein Versäumnisurteil nach § 338 ZPO. Die Terminsanberaumung mag nach → Rn. 18 „Vertagung" auch dann nötig werden, wenn die Parteien mit einer Entscheidung ohne eine mündliche Verhandlung nach § 128 II 1 ZPO einverstanden sind. Eine bloße Nachfrist nach § 283 reicht nach → Rn. 22 nicht aus.

11 **V. Verschulden der Partei oder ihres Vertreters (S. 1).** Ein einfacher Grundsatz führt in der Praxis manchmal zu Problemen.

12 **1. Grundsatz: Ausreichen von Fahrlässigkeit.** Die Partei oder ihr Vertreter müssen eine Vertagung oder einen neuen Termin mindestens fahrlässig verschuldet haben (OLG Hamm OLGZ 1989, 363; OLG Koblenz JurBüro 1984, 1063; Reither JurBüro 2017, 59 (61)). Ein schuldhaftes Verhalten liegt dann vor, wenn die im Prozess notwendige Sorgfalt verletzt worden ist. Es fehlt, solange sich die Partei prozessordnungsmäßig verhält (OLG Hamm FamRZ 2003, 1192; OLG Naumburg DS 2012, 214). Es kommt auch eine Verzögerungsgebühr gegen beide Parteien oder ProzBev infrage (OLG Düsseldorf VersR 1977, 726).

13 Ein **grobes** und überdies offen zutage tretendes Verschulden braucht **nicht** vorzuliegen (OLG Koblenz JurBüro 1975, 1358; Beckmann MDR 2004, 430; Reither JurBüro 2017, 59 (61); aA OLG Hamm OLGZ 1989, 364; LAG Sachsen-Anhalt AnwBl 2001, 444 (§ 38 meine eine Leichtfertigkeit, Gewissenlosigkeit, Gleichgültigkeit. Aber „Verschulden" nach S. 1 meint nach dem allgemeinen juristischen Sprachgebrauch auch leichte Fahrlässigkeit, wie zB § 276 I 1 BGB. Auch der Kostengesetzgeber kennt nämlich „grobes" Verschulden zumindest aus anderen Gesetzen, etwa aus § 296 II ZPO. Das Gesetz engt daher eben **nicht** die Voraussetzungen auf ein grobes Verschulden ein)). Noch weniger braucht eine Verschleppungsabsicht vorzuliegen. Andererseits reicht kein solches Verhalten aus, das der Partei prozessual freisteht (OLG Düsseldorf NJW-RR 1996, 1348).

14 Die Anforderungen an die Partei und ihren ProzBev auch wegen der zurückhaltenden Auslegung des § 21 (Gerichtsfehler) dürfen **nicht überspannt** werden. Eine Vergleichsbemühung ist nicht vorwerfbar, solange sie nicht ersichtlich sinnlos geworden ist.

15 Als eine Partei gilt auch der **Streithelfer** nach §§ 66 ff. ZPO, soweit sein Handeln maßgeblich ist. Als Parteivertreter sind auch der gesetzliche Vertreter und der ProzBev anzusehen, aber auch alle diejenigen anderen Personen, deren Verschulden nach §§ 51 II, 85 II ZPO als ein Verschulden der Partei gilt (OLG Hamm OLGZ 1989, 363; OLG Koblenz JurBüro 1984, 1063), also etwa einen Terminsvertreter. Dann reicht es aus, dass der Vertreter schuldhaft handelte.

Das Gericht kann auch offenlassen, ob der Vertreter oder die Partei persönlich Schuld hatte, sofern nur feststeht, dass **einer von beiden schuldhaft** handelte. 16

Das Verschulden muss eine Vertagung oder die Anberaumung eines neuen Termins **„veranlasst"** haben. Es muss also für diese gerichtlichen Maßnahmen ursächlich geworden sein (OLG Hamm OLGZ 1989, 363). 17

2. Beispiele zur Frage eines Verschuldens

Ablehnung: Ein Verschulden kann vorliegen, soweit die Partei einen offensichtlich unbegründeten Ablehnungsantrag nach §§ 42 ff. ZPO stellt (OLG Düsseldorf MDR 1984, 857). 18

Augenschein: Ein Verschulden kann darin liegen, dass die Partei einen Augenschein des Gerichts oder des Sachverständigen nach §§ 371, 402 ZPO vereitelt (LG Flensburg JurBüro 1996, 44).

Auskunft: Ein Verschulden kann **fehlen,** soweit die Partei auf eine gerichtliche Nachfrage hin nur eine ungenügende Auskunft gibt (OLG Bamberg FamRZ 1979, 298 (299); OLG München FamRZ 1979, 300).

Außergerichtliche Erledigung: Ein Verschulden **fehlt** meist, soweit sich die Parteien nach § 779 BGB außergerichtlich geeinigt haben.

Flucht in die Säumnis: → „Säumnis"

Frist: Ein Verschulden **fehlt,** soweit das Gericht eine notwendige Frist nicht oder zu kurz gesetzt hatte (VGH Hessen NVwZ 1997, 669).

Gerichtsfehler: Ein Verschulden der Partei kann dann (selbstverständlich) fehlen (OLG Naumburg BauR 2012, 1772).

Krankheit: Ein Verschulden **fehlt,** soweit eine Verzögerung nur auf einer Erkrankung beruht.

Nichterscheinen: Ein Verschulden kann beim Ausbleiben einer Partei trotz einer richterlichen Anordnung ihres Erscheinens zB nach § 141 ZPO vorliegen.

Rechtsschutzversicherung: → „Vorschuss".

Säumnis. Dazu allg. Reither JurBüro 2017, 59. Ein Verschulden kann auch beim oder nach einem Einspruch gegen ein Versäumnisurteil nach § 338 ZPO vorliegen, Beckmann MDR 2004, 430. Es kann ferner vorliegen, soweit eine Partei gegen eine echte prozessuale Pflicht und nicht nur gegen eine Obliegenheit verstößt (LAG Sachsen-Anhalt MDR 2001, 444), oder soweit der ProzBev nach § 81 ZPO nach einer unklaren Antragsankündigung zu zwei Terminen weder selbst erscheint noch einen informierten Unterbevollmächtigten entsendet (OLG Koblenz JurBüro 1984, 1063), oder wenn eine Partei nicht zum mit dem Sachverständigen vereinbarten Termin erscheint (LG Flensburg JurBüro 1996, 44). Ein Verschulden **fehlt** bei § 355 ZPO. Es kann fehlen, soweit der Bekl. ein Versäumnisurteil nach § 333 gegen sich ergehen lässt, um nicht mit einem Vortrag wegen Verspätung ausgeschlossen zu werden (OLG Hamm NJW-RR 1995, 1406; LAG Hamm NJW-RR 2001, 383; strenger OLG Celle NJW-RR 2007, 1726; LAG Sachsen-Anhalt MDR 2001, 444; aber er nutzt ein Recht aus), oder wenn der erschienene ProzBev gegen den säumigen Gegner keinen zur Entscheidungsreife führenden Sachantrag stellt und dazu auch nicht verpflichtet ist (OLG Hamm OLGZ 1989, 363).

Schriftsatz: Ein Verschulden kann vorliegen, soweit die Partei ihr Vorbringen nach §§ 253 III, 275, 276, 277, 282 ZPO ungenügend schriftsätzlich vorbereitet. Es kann **fehlen,** soweit ein rechtzeitiger Schriftsatz wegen seines Umfangs zur Vertagung nach § 227 ZPO zwingt.

Überlastung: Ein Verschulden kann vorliegen, soweit die Partei oder ihr ProzBev eine Überlastung vermeiden konnte.

Überrumplung: Ein Verschulden liegt vor, soweit eine Partei zB durch eine Zurückhaltung des Vortrags nach § 282 ZPO bis zum letzten Moment den Gegner überrumpeln will.

Verspätung: Ein Verschulden kann vorliegen, soweit der Bekl. seinen Anwalt verspätet beauftragt (OLG Koblenz NJW 1975, 395). Das gilt insbesondere dann, wenn das Gericht dem Bekl. eine Frist zur Klagerwiderung nach §§ 275–277 ZPO oder eine Frist nach §§ 139, 141, 273, 697 ZPO gesetzt hatte (OLG Celle Nds. Rpfl. 1976, 136; OLG Koblenz JurBüro 1975, 1356). Das gilt selbst dann, wenn der Fristablauf vor dem Tag der Terminsbestimmung lag (Büttner NJW 1975,

1349; aA OLG München NJW 1975, 495). Dabei ist freilich auszugehen vom Zeitpunkt nicht der Zustellung des Mahnbescheids nach § 692 ZPO, sondern einer einigermaßen vollständigen **Klagebegründung** nach § 253 II ZPO. 10 Tage sind bei einem nicht ganz einfachen Sachverhalt zu kurz, um ein Verschulden annehmen zu können (OLG Köln JurBüro 1978, 282: Fallfrage). Weitere Fälle von Verschulden: Eine Partei nimmt zu einem Gutachten erst nach dem Ablauf einer angemessenen Frist und ohne einen Antrag auf eine Fristverlängerung Stellung (OLG München NJW-RR 2001, 71 (72)); eine Partei teilt einen Schriftsatz verspätet mit, § 132 ZPO (OLG Koblenz NJW 1975, 395; OLG Köln JurBüro 1975, 797). Auch → „Säumnis".

Vertagung: Ein Einverständnis des Gegners mit einer Vertagung schließt ein Verschulden nicht aus. Denn die Parteien können nach § 227 I Nr. 3 ZPO keine wirksame Vereinbarung zwecks einer Vertagung treffen (Völker MDR 2001, 1325 (1329)). Freilich **fehlt** ein Verschulden meist bei einem solchen Einverständnis wegen schwebender Vergleichsverhandlungen.

Vorschuss: Ein Verschulden kann vorliegen, soweit die Partei einen vom Gericht nach § 379 ZPO, evtl. iVm § 402 ZPO, erforderten Vorschuss nicht zahlt oder verspätet zahlt (OLG Düsseldorf VersR 1977, 726: das gilt selbst dann, wenn der Gegner ebenso säumig ist und/oder wenn eine Rechtsschutzversicherung aufgefordert worden ist).

Wahrhaftigkeitspflicht: Ein Verschulden kann vorliegen, soweit die Partei ihre Wahrhaftigkeitspflicht nach § 138 I, II ZPO verletzt.

Widerklage: Ein Verschulden **fehlt,** soweit der Bekl. eine Widerklage erhebt (OLG Düsseldorf NJW-RR 1996, 1348).

Zurückhaltung: Es entscheiden die Umstände, zB → „Überrumplung".

19 **VI. Nachträglichkeit des Vorbringens (S. 1).** Unabhängig davon, ob ein Verschulden nach → Rn. 6 ff. eine Vertagung oder die Anberaumung eines neuen Termins veranlasst hat, kann eine Verzögerungsgebühr auch dann notwendig sein, wenn eine Partei durch ein nachträgliches Vorbringen von Angriffs- oder Verteidigungsmitteln nach → Rn. 20 eine Verzögerung des Verfahrens herbeigeführt hat. In diesem Zusammenhang gelten die folgenden Voraussetzungen.

20 **1. Angriffs- und Verteidigungsmittel usw.** Die Partei muss ihre Angriffs- oder Verteidigungsmittel, Beweismittel oder Einreden nach §§ 282, 286 ZPO nachträglich vorgebracht haben. Sie müssen zB schon in einem früheren Termin möglich gewesen sein. Wenn das Gericht für einen früheren Vortrag der Partei hätte sorgen müssen, hat die Partei insofern nicht nachträglich vorgetragen (BGH NJW 1975, 1744 (1745)).

21 **Angriffs- und Verteidigungsmittel** ist alles, was dem Prozessangriff und seiner Abwehr dient, soweit es um einen solchen Vortrag geht, der für sich allein rechtsbegründend oder -vernichtend ist (BGH NJW 1980, 1794; LG Hagen NJW-RR 2013, 403).

2. Beispiele zur Frage eines Angriffs- oder Verteidigungsmittels

22 **von Amts wegen:** → „Prozessvoraussetzung".

Anschlussberufungsantrag: Kein Angriffs- oder Verteidigungsmittel, sondern der Angriff usw selbst ist der Antrag des Anschlussberufungsklägers nach § 524 ZPO (aA KG JurBüro 2010, 375).

Anschlussrevision: Kein Angriffs- oder Verteidigungsmittel, sondern der Angriff selbst ist dieser Vorgang (aA BAG NZA 2010, 1128).

Anspruchsbegründung: Bei § 697 I ZPO gilt dasselbe wie bei der „Klagebegründung".

Aufgliederung, Aufstellung: Kein selbständiges Angriffs- oder Verteidigungsmittel ist zB ein Posten in einer solchen Zusammenstellung nach § 253 II Nr. 2 ZPO (BGH NJW 1997, 870). Auch → „Sachantrag".

Aufrechnung: Verteidigungsmittel ist eine Aufrechnung (BGHZ 91, 293 (303) = NJW 1984, 1964), oder eine Hilfsaufrechnung zB nach → § 45 Rn. 40 ff. Vgl. aber auch § 533 II ZPO.

Beanstandung: Verteidigungsmittel ist eine Beanstandung beliebiger Art, zB eines Gutachtens (OLG Hamburg MDR 1982, 60; KG MDR 2007, 49; OLG Koblenz BeckRS 2002, 30247174).

Behauptung: Angriffs- wie Verteidigungsmittel ist eine Behauptung (LG Hagen NJW-RR 2013, 403).

Berufungsantrag: Kein Angriffsmittel, sondern der Antrag selbst ist wie der Klagantrag der Berufungsantrag nach § 520 III 1 Nr. 1 ZPO. Das gilt auch dann, wenn er eine notwendige Aufgliederung des Klagantrags nach § 253 II Nr. 2 ZPO nachholt (BGH NJW 1997, 870).

Berufungsgrund: Angriffsmittel ist ein Berufungsgrund nach § 513 ZPO.

Beschränkte Erbenhaftung: Verteidigungsmittel ist zB bei § 780 ZPO ihre Geltendmachung (OLG Düsseldorf FamRZ 2004, 1222; OLG Hamm MDR 2006, 695).

Beschwerdegrund: Angriffsmittel ist ein Beschwerdegrund zB nach §§ 567 ff. ZPO.

Bestreiten: Verteidigungsmittel ist ein Bestreiten (BGH NJW 1977, 529; OLG Koblenz NJW-RR 2007, 1622 (1623); LG Hagen NJW-RR 2013, 403); auch dasjenige mit Nichtwissen.

Beweisantrag: Angriffs- wie Verteidigungsmittel ist ein Beweisantrag beliebiger Art (BGH NJW 2004, 2830; LG Hagen NJW-RR 2013, 403). Das gilt selbst beim „Zeugen N. N".

Beweiseinrede: Verteidigungsmittel ist eine Beweiseinrede beliebiger Art, zB nach §§ 146, 282 I ZPO (BGH NJW 1984, 1964).

Beweismittel: Angriffs- wie Verteidigungsmittel ist ein Beweismittel beliebiger Art zB nach §§ 373 ff. ZPO (BGH NJW 2009, 1209).

Einrede: Verteidigungsmittel ist eine Einrede beliebiger Art (BGH NJW 2004, 2828; OLG Hamm MDR 2006, 695), sei sie rechtshemmend oder -vernichtend usw. Auch → „Einwendung", „Verjährung".

Einspruch: Kein Angriffs- oder Verteidigungsmittel, sondern der Angriff oder die Verteidigung selbst sind der Einspruch zB nach §§ 338, 700 ZPO oder dessen Rücknahme.

Einwendung: Verteidigungsmittel ist eine Einwendung beliebiger Art, sei sie rechtshemmend oder -vernichtend usw (LG Hagen NJW-RR 2013, 403). Die letztere muss der Einwendende darlegen (BAG NZA 2013, 471). Auch → „Einrede".

Ergänzung: Angriffs- oder Verteidigungsmittel ist eine Ergänzung des Tatsachenvortrags ohne eine Klagänderung usw (E. Schneider MDR 1982, 626 (627), zu § 531 ZPO).

Fälligkeit: Kein Angriffs- oder Verteidigungsmittel ist die Erörterung einer materiellrechtlichen Fälligkeit (BGHZ 170, 252 = NJW-RR 2007, 494).

Gutachten: Zunächst → „Beweismittel". Angriffs- oder Verteidigungsmittel ist auch ein Gutachten und dessen Beanstandung (KG MDR 2007, 49).

Hilfsaufrechnung: → „Aufrechnung".

Klagänderung: Kein Angriffsmittel, sondern ein (geänderter) Angriff selbst ist eine Klagänderung nach §§ 263, 264 ZPO (BGH NJW 2001, 1211; OLG Frankfurt a. M. NJW-RR 1988, 1536; OLG Karlsruhe NJW 1979, 879). Das gilt unabhängig von ihrer Zulässigkeit und Schlüssigkeit. Freilich kann das Gericht bei ihrer Verspätung ihre Sachdienlichkeit verneinen. Auch → „Klagerweiterung".

Klagantrag: Kein Angriffsmittel ist der Angriff selbst, also der Klagantrag nach § 253 II Nr. 2 ZPO (BGH NJW-RR 1996, 961).

Klagebegründung: Angriffsmittel ist die Klagebegründung nach § 253 II Nr. 2 ZPO (BGH NJW 1995, 1224; Schenkel NJW 2004, 790; Schneider FS Madert, 2006, 211); unabhängig von ihrer Schlüssigkeit. Das gilt auch bei einer Klagerweiterung, s. dort (BGH NJW 1986, 2257; OLG Karlsruhe NJW 1979, 879).

Klagerücknahme: Kein Angriffs- oder Verteidigungsmittel, sondern das prozessuale Gegenstück eines Angriffs selbst ist eine teilweise oder gänzliche Klagerücknahme oder -beschränkung.

Klagerweiterung: Kein Angriffsmittel, sondern ein neuer Angriff ist eine Klagerweiterung nach §§ 263, 264, 533 ZPO als eine Art der Klagänderung, s. dort (BGH NJW 2001, 1201; OLG München NJW-RR 1995, 740; Butzer NJW 1993, 2649). Auch → „Klagebegründung".

Parteiwechsel: Kein Angriffs- oder Verteidigungsmittel ist wie bei einer Klagänderung, s. dort, ein bloßer Parteiwechsel ohne eine Änderung des Sachantrags (BGH

NJW 1997, 870; OLG Bamberg BeckRS 2002, 30251979; OLG Rostock MDR 2005, 1011). Vgl. aber § 533 ZPO.

Patentanspruch: Angriffsmittel ist eine Neufassung des Patentanspruchs.

Privatgutachten: Kein Angriffs- oder Verteidigungsmittel ist ein solches Gutachten.

Prozessantrag: Kein Angriffs- oder Verteidigungsmittel ist ein bloßer solcher Antrag.

Rechtsausführung: Angriffs- wie Verteidigungsmittel kann auch eine Rechtsansicht oder -ausführung sein (aA Deubner NJW 1977, 921; aber auch sie kann eine Bedeutung für das weitere Prozessgeschehen haben). **Kein** derartiges Mittel ist eine in der ersten Instanz gar nicht erwähnte von Amts wegen zu prüfende Anspruchsgrundlage (BGH NJW-RR 2003, 1322).

Rechtsbehelf: Kein Angriffs- oder Verteidigungsmittel ist ein Rechtsbehelf als solcher (*Schenkel* MDR 2005, 727).

Rechtsmittel: Kein Angriffs- oder Verteidigungsmittel ist ein Rechtsmittel zB nach §§ 511 ff., 524, 542 ff., 567 ff. ZPO.

Replik: Selbständiges Angriffsmittel ist eine Stellungnahme des Klägers zur Klagerwiderung (sog. Replik) zB nach §§ 275 IV, 276 III, 277 IV ZPO.

Revisionsgrund: Angriffsmittel ist ein Revisionsgrund nach §§ 546 ff. ZPO.

Rüge: Verteidigungsmittel ist eine Rüge unabhängig von ihrer Zulässigkeit und Begründetheit. Auch → „Zulässigkeitsrüge".

Sachantrag: Kein Angriffs- oder Verteidigungsmittel ist der Sachantrag selbst (BGH NJW 1997, 870). Das gilt einschließlich der nach § 253 II Nr. 2 ZPO erforderlichen etwaigen Aufgliederung (BGH NJW 1997, 870), oder eines selbständigen Teilanspruchs (BGH NJW 1997, 870).

Sachlichrechtliche Erklärung: Angriffs- wie Verteidigungsmittel kann eine solche Erklärung sein (vgl. aber auch BGH NJW-RR 2005, 1688). Auch → „Aufrechnung".

Schweigepflicht: Angriffs- oder Verteidigungsmittel ist die Entbindung von einer Schweigepflicht (VerfGH München AS 37, 176).

Selbständiges Beweisverfahren: Angriffsmittel ist ein Antrag nach §§ 485 ff. ZPO (BGH NJW 2003, 1322 (1323); KG Rpfleger 1979, 143; AG Bielefeld NJW-RR 2000, 1240).

Tatsache: Kein Angriffs- oder Verteidigungsmittel ist eine einzelne Tatsache. Aber auch → „Aufrechnung", „Einwendung" usw.

Teilanspruch: → „Sachantrag".

Verjährung: Verteidigungsmittel ist ihre Einrede (BGH NJW 2009, 685; OLG Celle NJW-RR 2006, 1530 (1531); OLG Karlsruhe NJW 2008, 925 (928)). Auch → „Einrede".

Widerklagantrag: Kein Verteidigungsmittel ist der Gegenangriff selbst, also der Widerklagantrag in Verbindung mit § 253 II Nr. 2 ZPO (BGH NJW 2001, 1210; OLG Köln MDR 2004, 962; aA LG Berlin MDR 1983, 63: es komme darauf an, ob zwar die Klage, nicht aber die Widerklage entscheidungsreif sei. Aber es ist begrifflich scharf zu unterscheiden und die Entscheidungsreife darf erst anschließend geklärt werden). Zur „Flucht in die Widerklage" krit. Gounalakis MDR 1997, 216.

Zeuge N. N.: → „Beweisantrag".

Zinsantrag: Kein Angriffsmittel ist der zum Sachantrag gehörende Zinsantrag als ein Teil des Angriffs selbst (aA BGH NJW 1977, 529).

Zulässigkeitsrüge: Selbständiges Verteidigungsmittel ist eine Zulässigkeitsrüge nach §§ 280, 282 III ZPO.

Zurückbehaltungsrecht: Verteidigungsmittel ist die Geltendmachung eines Zurückbehaltungsrechts (OLG Düsseldorf VersR 2005, 1737).

Zutritt: Angriffs- oder Verteidigungsmittel ist seine Gestattung oder Versagung zB bei einer Ortsbesichtigung (OLG München NJW 1984, 807).

23 **3. Verzögerung.** Gerade das nachträgliche Vorbringen muss eine Verzögerung der Erledigung des Prozesses nach §§ 296, 530, 531 ZPO verursacht haben (OLG Hamm OLGZ 1989, 363; OLG München NJW-RR 2001, 71; P.J. Schmidt MDR 2001, 308 (311); aA LAG Sachsen-Anhalt AnwBl 2001, 444, aber: § 38 GKG steht **neben** den genannten ZPO-Vorschriften). Dazu ist meist notwendig und genügt in der Regel, dass das Vorbringen einen neuen Termin erforderlich macht (LG Koblenz AnwBl 1978, 103). Die Dauer der Verzögerung ist nicht maßgeblich, solange sie einen ganz unerheblich kurzen Zeitraum von einigen wenigen Tagen überschreitet (OLG Hamm NJW 1975, 2026; OLG Köln JurBüro 1975, 796; E. Schneider JurBüro 1976, 5 (9)). Doch bedeutet eine Vertagung nicht stets eine Verzögerung (OLG München NJW 1975, 937), zB nicht bei einer außergerichtlichen Einigung nach § 779 BGB vor einem weiteren Termin (Völker MDR 2001, 1325 (1329)), oder bei einer Erledigung der Hauptsache nach § 91a ZPO.

Das Gericht muss vor einer Ahndung auch in diesem Zusammenhang alle zulässigen Möglichkeiten der **Verhinderung** einer Verzögerung ausschöpfen, zB nach §§ 273, 283 ZPO (OLG Düsseldorf NJW-RR 1995, 638; OLG München NJW-RR 2001, 71 (72); OLG Zweibrücken JurBüro 1978, 269). Die Notwendigkeit, einen Verkündungstermin nach § 218 ZPO anzusetzen, kann zur Annahme einer Verzögerung ausreichen (aA Meyer Rn. 7; aber auch dann tritt ein Zeitverlust ein). Es ist nicht erforderlich, dass der Prozess ohne die Verspätung entscheidungsreif gewesen wäre (OLG München NJW-RR 2001, 71 (72); aA OLG Hamm OLGZ 1989, 363). Ein unzureichender Parteivortrag kann eine Verzögerung herbeiführen. 24

Eine Verzögerungsgebühr ist grundsätzlich unabhängig davon zulässig, ob das Gericht das **verspätete Vorbringen** nach den §§ 296, 530 ZPO **zurückweist** (aA Zöller/Herget ZPO § 95 Rn. 5: nur wenn das Gericht nicht zurückweist, aber zurückweisen könnte). Die Verzögerungsgebühr kann also zB dann in Betracht kommen, wenn das verspätete Vorbringen zulässig ist, falls trotzdem ausnahmsweise eine Verzögerung eintritt. 25

4. Möglichkeit früheren Vortrags. Das Vorbringen muss früher möglich gewesen sein. Die Partei muss also entweder das verspätete Vorbringen oder das Unterlassen einer rechtzeitigen Ermittlung verschuldet haben. Sie muss sich also entweder zum Zweck der Verzögerung oder der Verschleppung des Prozesses oder aus einer Nachlässigkeit so verhalten haben. 26

VII. Verfahren (S. 1). Es sind fünf Prüfschritte ratsam. 27

1. Zuständigkeit. Zur Entscheidung über eine Verzögerungsgebühr ist „das Gericht", also das Prozessgericht zuständig. Es ist also auch der Einzelrichter nach §§ 348, 348a, 526, 527 ZPO zuständig, nicht aber der nach §§ 361, 362 ZPO beauftragte oder der ersuchte Richter. Der Urkundsbeamte ist allenfalls insoweit zuständig, als das Landesrecht ihm das Verfahren übertragen hat, etwa nach §§ 688 ff. ZPO. Der letztere muss die Entscheidung dem Prozessgericht überlassen. 28

2. Weiteres Verfahren. Das Prozessgericht hat ein pflichtgemäßes Ermessen (OLG Düsseldorf AnwBl 1975, 235). Es sollte eine Verzögerungsgebühr immer dann auferlegen, wenn sie angebracht und zweckdienlich ist. Ein solches Verfahren ist kein Ablehnungsgrund nach § 42 ZPO (BFH JurBüro 1977, 936). Das Gericht kann gegen jede Partei nach § 38 vorgehen. Es muss die betroffene Partei vor einer Entscheidung nach Art. 103 I GG anhören (OLG Hamm MDR 1978, 150), sowie evtl. nach § 139 II, III ZPO. Das Gericht muss zur Verschuldensfrage unter Umständen von Amts wegen Ermittlungen anstellen. 29

3. Entscheidung. Die Entscheidung ergeht von Amts wegen bei einer nach § 128 II 4 ZPO freigestellten mündlichen Verhandlung durch Beschluss (OLG Celle MDR 2001, 350, auch zu einer Ausnahme; Krbetscheck NJW 2017, 517 (520); Roloff NZA 2007, 900 (901)). Das Gericht muss seinen Beschluss begründen. Es kann die Entscheidung in jeder Lage des Verfahrens treffen, spätestens aber im Zeitpunkt der Verkündung des Schlussurteils (LAG Düsseldorf MDR 1996, 1196). Soweit das Gericht die Gebühr in den Urteilstenor aufnimmt, hat dieser Tenor einen Beschlusscharakter (Roloff NZA 2007, 900 (901)), und ist als ein solcher anfechtbar (OLG Celle MDR 2001, 350; Meyer Rn. 28; aA P.J. Schmidt MDR 2001, 308, aber: es gilt der allgemein anerkannte Grundsatz der sog. Meistbegünstigung). Rechtsbehelfsbelehrung, Verstoß: §§ 5b, 68 II 2. Das Gericht muss seinen Beschluss von Amts wegen zustellen. Denn er ist ein Vollstreckungstitel nach § 329 III ZPO. 30

Er kann auch gegenüber einer solchen Partei ergehen, die eine **PKH** beansprucht. Denn § 122 I Nr. 1 ZPO befreit die so begünstigte Partei nicht von der Zahlung 31 einer solchen Summe, die nicht zu den Kosten des Rechtsstreits gerechnet werden können. Ebenso wenig ist der Gegner derjenigen Partei befreit, der das Gericht eine PKH bewilligt hat, und zwar aus denselben Erwägungen.

32 Die Festsetzung einer Verzögerungsgebühr erfolgt evtl. **gegenüber beiden Parteien.** Selbst wenn aber der Vertreter der Partei schuldhaft handelte, setzt das Gericht die Verzögerungsgebühr doch stets nur gegenüber seiner Partei fest. Die Partei kann den Vertreter dann unter Umständen im Innenverhältnis insoweit haftbar machen.

33 **4. Kosten.** Das Verhängungsverfahren und der Beschluss lösen neben der eigentlichen Verzögerungsgebühr nicht etwa zusätzlich noch eine Verfahrensgebühr aus. Ein Antragsteller und damit ein Antragschuldner liegen nicht vor. Denn das Gericht muss von Amts wegen befinden, auch wenn ein Beteiligter eine solche Gebühr angeregt hat.

34 **5. Weitere Möglichkeiten.** Das Gericht kann im Lauf des Verfahrens auch mehrere Verzögerungsgebühren gegenüber derselben Partei, gegenüber mehreren Streitgenossen nach §§ 59 ff. ZPO oder gegenüber mehreren Parteien verhängen (Krbetscheck NJW 2017, 517 (520)). § 35 gilt für die Verzögerungsgebühr nicht. Das Gericht kann einen wirksam gewordenen Anordnungsbeschluss nur im Beschwerdeverfahren abändern.

35 **VIII. Höhe der Gebühr (S. 1, 2).** Grundsätzlich muss das Gericht als Verzögerungsgebühr 1,0-Gebühr auferlegen (OLG München NJW-RR 2001, 71 (72); LG Koblenz AnwBl 1978, 103; Meyer Rn. 22; aA E. Schneider JurBüro 1976, 5 (17), aber: S. 1 spricht klar nur von einem Gebührensatz von 1,0). Das Gericht kann die Gebühr aber nach seinem pflichtgemäßen Ermessen ausnahmsweise nach S. 1, 2 unter Berücksichtigung der Umstände bis auf 0,3-Gebühr ermäßigen. Dabei kann es einen Gebührenbruchteil oder einen EUR-Betrag aussprechen. Dabei kommt es auf den Grad der Verzögerung, deren Nachteile und den Verschuldensgrad an. Auch ein höheres Gericht verhängt grundsätzlich nach demselben Maßstab wie das Erstgericht, also nicht etwa eine automatisch erhöhte Gebühr. Vgl. im Übrigen KV 1901.

36 **IX. Streitwert (S. 1, 2).** Streitwert ist derjenige des Prozesses nach §§ 3 ff. ZPO oder des sonstigen Verfahrens im Zeitpunkt der Verhängung der Verzögerungsgebühr, soweit sich die Verzögerung auf das gesamte Verfahren auswirkt (aA Meyer Rn. 24: maßgeblich sei der „Tat"-Zeitpunkt. Aber die Lage kann erst bei Entscheidungsreife beurteilt werden). Wenn sie nur einen Teil des Verfahrens betrifft und wenn das Gericht ein Teilurteil nach § 301 ZPO für unangebracht hält, ist der ganze Prozess verzögert und daher sein Gesamtwert maßgebend. Bei Streitgenossen nach §§ 59 ff. ZPO ist der für die Höhe der Verzögerungsgebühr ja maßgebliche Streitwert für jeden gesondert zu ermitteln.

37 **Nicht maßgeblich** ist der Zeitpunkt des Verzögerungsverhaltens (aA Meyer Rn. 23, aber das führt zu einer weiteren Differenzierung. Sie ist nicht prozesswirtschaftlich und überspannt die Handhabung. Es handelt sich ja auch nur um einen in Grenzen strafähnlichen Kostennachteil, → Rn. 1).

38 **X. Fälligkeit, Gebührenschuldner.** Gebührenschuldner ist nur diejenige Partei oder derjenige Beteiligte, der oder dem gegenüber das Gericht die Gebühr verhängt hat (Völker MDR 2001, 1325 (1330); Meyer Rn. 22; aA E. Schneider JurBüro 1976, 5 (8)). Der gesetzliche Vertreter oder der ProzBev nach § 81 ZPO sind aber trotz §§ 51 II, 85 II ZPO nicht persönlich Gebührenschuldner, ebenso wenig die in S. 3 genannten weiteren Amtspersonen. Für sie wird vielmehr der Fiskus Gebührenschuldner im Außenverhältnis. Auch § 29 Nr. 1 ist nicht anzuwenden. Anzuwenden bleibt aber § 29 Nr. 2. Die Fälligkeit der Verzögerungsgebühr tritt in demjenigen Zeitpunkt ein, in dem der Anordnungsbeschluss wirksam wird, §§ 6 III, 9 II. Im Arbeitsgerichtsverfahren hat § 11 den Vorrang. Da die Verzögerungsgebühr eine Sondergebühr ist, befreit eine etwaige persönliche Gebührenfreiheit der Partei nicht von dieser Verzögerungsgebühr. Eine etwa nach § 119 ZPO bewilligte PKH befreit ebenfalls nicht.

39 **XI. Beschwerde.** Vgl. § 69. Rechtsbehelfsbelehrung, Verstoß: §§ 5b, 68 II 2.

Abschnitt 7. Wertvorschriften

Unterabschnitt 1. Allgemeine Wertvorschriften

Grundsatz

39 **I In demselben Verfahren und in demselben Rechtszug werden die Werte mehrerer Streitgegenstände zusammengerechnet, soweit nichts anderes bestimmt ist.**

II Der Streitwert beträgt höchstens 30 Millionen Euro, soweit kein niedrigerer Höchstwert bestimmt ist.

Schrifttum: Frank, Anspruchsmehrheiten im Streitwertrecht, 1986; Schumann, Anspruchsmehrheiten im Streitwertrecht, NJW 1982, 2800

Übersicht

I. Normzweck und Normgeschichte. § 39 hat seine heutige Form durch das KostRMoG v. 5.5.2004 (BGBl. I 718) gefunden. I bestimmt für Gebühren, die sich nach dem Streitwert richten (§ 34), was gilt, wenn der Kläger **mehrere** Ansprüche erhebt. Er soll die Grundregel des § 5 Hs. 1 ZPO für alle Gerichtsbarkeiten verdeutlichen (BT-Drs. 15/1971, 154). Durch II ist hingegen eine allgemeine Wertgrenze eingefügt worden. Dies soll es vermeiden, dass bei hohen Streitwerten unverhältnismäßig hohe Gebühren entstehen (BT-Drs. 15/1971, 154). Das mit der Prozessführung verbundene Kostenrisiko soll für die Parteien in Verfahren mit hohen Streitwerten auf ein **angemessenes** Maß zurückgeführt werden (BT-Drs. 15/1971, 154). **Parallelnormen** mit identischen Zielen sind § 33 FamGKG und § 35 1

GNotKG (diese enthalten zusätzlich jeweils eine § 48 III entsprechende Regelung). Auch → § 22 RVG.

2 **II. Anwendungsbereich. 1. Überblick. a) Grundsatz.** § 39 ist zur Bestimmung des Gebührenstreitwertes für alle in § 1 genannten Verfahren anwendbar, **soweit** in §§ 39 ff. keine Sonderbestimmungen getroffen werden und **soweit** es keine Fest- oder Jahresgebühren gibt. Ob es sich um eine nichtvermögensrechtliche Streitigkeit iSv § 48 II handelt, ist hingegen unerheblich.

3 **b) Ausnahmen (Additionsverbote).** Der Anwendungsbereich von § 39 wird eingeschränkt durch die in den GKG-Wertvorschriften geregelten **besonderen** Additionsverbote (§§ 41 III, 42 II 1, 42 III 1 Hs. 2, 44, 45 I 1, 3, II, 47 I, II, 48 III), durch § 43 I, wenn nämlich der andere Streitgegenstand eine Nebenforderung ist, und durch das **allgemeine** Additionsverbot bei **wirtschaftlicher Identität** der Ansprüche (→ Rn. 17; BGH BeckRS 2015, 13345 Rn. 4; Stein/Jonas/Roth § 5 Rn. 8 ff.). Soweit ein allgemeines oder besonderes Additionsverbot eingreift, gilt der Grundsatz, dass der **höhere** Wert entscheidet (BGH NJW-RR 2011, 933 Rn. 14; Schumann NJW 1982, 2800 (2801); Frank S. 206).

4 **2. Zuständigkeits- und Rechtsmittelstreitwert.** Was für den Zuständigkeits- und Rechtsmittelstreitwert gilt, bestimmt § 5 ZPO.

5 **3. Gegenstandswert.** Für den Gegenstandswert in gerichtlichen Verfahren ist I über § 23 I 1 RVG **unmittelbar** anwendbar, für außergerichtliche Tätigkeiten nach § 23 I 3 RVG entsprechend, wenn der Gegenstand der Tätigkeit auch Gegenstand eines gerichtlichen Verfahrens sein könnte. Auch II ist nach § 23 I 1, 3 RVG grds. anwendbar. Für die Vergleichsgebühr KV 1900, 5600, 7600 sind I, II entsprechend anwendbar (OLG Frankfurt a. M. BeckRS 2011, 25033). Bei mehreren Auftraggebern und mehreren Gegenständen kann sich der Wert gem. §§ 23 I 4, 22 II RVG aber noch auf bis zu 100 Mio. EUR **erhöhen** (BGH BeckRS 2010, 7905 Rn. 10). Die Erhöhung setzt voraus, dass in derselben Angelegenheit **mehrere** Gegenstände behandelt werden (BGH BeckRS 2010, 7905 Rn. 10).

6 **III. Tatbestandsvoraussetzungen. 1. Überblick.** Voraussetzung für die Anwendung des § 39 sind mehrere Streitgegenstände (→ Rn. 7 ff.) im selben Verfahren (→ Rn. 19 ff.) und in demselben Rechtszug (→ Rn. 26 ff.).

7 **2. Mehrere Streitgegenstände. a) Überblick. aa) Grundsatz.** Es muss sich um mehrere Streitgegenstände handeln. Ihre Zulässigkeit (aA OVG Hamburg NVwZ-RR 2012, 46) und/oder Begründetheit sind unbeachtlich. Ob ein oder mehrere Streitgegenstände vorliegen, ist auch im Kostenrecht unter Heranziehung des **zweigliedrigen Streitgegenstandsbegriffs** zu beantworten. Dieser wird bestimmt durch den (Wider-)Klageantrag, in dem sich die vom Kläger geltend gemachte Rechtsfolge konkretisiert, und durch den Lebenssachverhalt (Anspruchsgrund), aus dem der Kläger die begehrte Rechtsfolge herleitet (dazu ua BeckOK ZPO/Elzer ZPO § 300 Rn. 24 ff.). Danach liegt nur ein Streitgegenstand vor, wenn und soweit aus einem Sachverhalt dieselbe Rechtsfolge aus mehreren Anspruchsgrundlagen geltend gemacht werden kann (Anspruchsgrundlagenkonkurrenz).

8 **bb) Ausnahme.** Die Werte mehrerer Streitgegenstände sind allerdings nicht zu addieren, wenn zwar mehrere Streitgegenstände vorliegen, diese aber **wirtschaftlich identisch** sind (→ Rn. 17).

9 **b) Objektive Klagenhäufung (§ 260 ZPO). aa) Ursprüngliche Klagenhäufung. (1) Hauptanspruch.** Mehrere Streitgegenstände liegen wie bei § 5 ZPO va dann vor, wenn die klagende Partei im Wege der Anspruchshäufung (§ 260 ZPO) von Anfang an mehrere Streitgegenstände jeweils als Hauptanspruch einklagt (BGH NZM 2016, 196 Rn. 12; NJW-RR 2012, 1103 Rn. 11). Die Klagenhäufung muss nach hM allerdings zulässig sein (aA OVG Schleswig BeckRS 2018, 18057 Rn. 17). Denn mit rechtskräftiger Verneinung der Zulässigkeit der Klageänderung endet die Rechtshängigkeit des neuen Streitgegenstandes rückwirkend (OVG Koblenz NVwZ-RR 2017, 80 Rn. 3; OVG Hamburg NVwZ-RR 2012, 46 (47)).

10 **(2) Hilfsansprüche.** Ob ein Hilfsanspruch, also ein Anspruch der unter der Bedingung gestellt ist, dass der Hauptanspruch unzulässig und/oder unbegründet ist (→ § 45 Rn. 18), mit dem Hauptanspruch zu addieren ist, richtet sich hingegen nach

§ 45 I 2, 3. Ein hilfsweise geltend gemachter Anspruch wird mit dem Hauptanspruch danach zusammengerechnet, **soweit** eine Entscheidung über ihn ergeht (→ § 45 Rn. 20). Betreffen Haupt- und Hilfsanspruch denselben Gegenstand, ist nur der Wert des höheren Anspruchs maßgebend (auch → Rn. 3).

(3) Unechter Hilfsanspruch. Auch ein unechter Hilfsanspruch, also einer, der **11**
unter der **Bedingung** gestellt wird, dass der Hauptanspruch zulässig und begründet ist, ist nach hM ein Hilfsanspruch iSv § 45 I 2 (BAG NZA 2014, 1359 Rn. 3; BeckRS 2014, 72791 Rn. 4; OLG Brandenburg BeckRS 2014, 9308 Rn. 4; OLG Braunschweig FD-RVG 2020, 424163 = BeckRS 2019, 32290 Rn. 22; OLG Köln BeckRS 2017, 140731 Rn. 4; LAG Sachsen NZA-RR 2017, 317 Rn. 12; OLG Düsseldorf BeckRS 2015, 117629 Rn. 48; KG NJOZ 2010, 802 (802 f.); aA KG NJW-RR 2018, 63 Rn. 6; Ulrici NJ 2018, 309 (313); NK-GK/Kurpat § 45 Rn. 11) und ist nicht nach § 39 I, sondern **nach § 45 I zu beurteilen.** Denn auch über ihn soll nur eine Entscheidung ergehen, wenn über den Hauptanspruch entschieden wird (was zB Ulrici NJ 2018, 309 (314) übersieht). Dies ist etwa bei einer Klagerücknahme des Hauptanspruchs nicht der Fall (aA KG NJW-RR 2018, 63 Rn. 5 ff.).

bb) Nachträgliche Klagenhäufung. Erweitert der Kläger seine Klage nach Er- **12**
hebung der Klage um einen **weiteren** Streitgegenstand (→ Rn. 9) im Wege eines **Hauptantrags,** ist dessen Wert nach § 39 I ab Antragstellung (§ 40) zu dem Wert des ursprünglichen Streitgegenstandes hinzuzuaddieren (exemplarisch OLG München NJW-RR 2017, 700 Rn. 15). So liegt es auch, wenn der Kläger den ursprünglichen Streitgegenstand bloß iSv § 264 Nr. 2 Fall 1 ZPO erweitert.

cc) Auswechselung des Klagegrundes. (1) Überblick. Wechselt der Kläger im **13**
Wege der Klageänderung den Klagegrund für einen Zahlungsanspruch im Laufe einer Instanz aus, ist anders als bei § 5 ZPO (→ ZPO § 5 Rn. 23) **streitig,** ob die Werte des ursprünglichen und des wirtschaftlich nicht identischen (→ Rn. 17 ff.; s. auch VGH Mannheim BeckRS 2020, 8039 Rn. 13 für Verpflichtungs- und darauffolgende Fortsetzungsfeststellungsklage nach Erledigung) neuen Streitgegenstandes bei der Wertfestsetzung für das gerichtliche Verfahren zu addieren sind (**bejahend** exemplarisch OLG Schleswig NJW-RR 2022, 931 Rn. 25; OLG Rostock MDR 2020, 374 = BeckRS 2020, 4110 Rn. 16; LAG Sachsen BeckRS 2016, 73950 Rn. 12; OLG Celle MDR 2015, 912; KG MDR 2008, 173; OLG Hamm, NJOZ 2005, 3149 (3151); s. auch OVG Lüneburg NVwZ-RR 2020, 567 Rn. 4; **verneinend** exemplarisch OVG Münster 19.1.2023 – 6 E 604/21, BeckRS 2023, 574 Rn. 15; OLG Schleswig SchlHA 2012, 351; OLG Düsseldorf AGS 2011, 86; OLG Frankfurt a. M. NJW-RR 2009, 1078; OLG Dresden JurBüro 2007, 315, 316). Ferner wird vertreten, eine Addition scheide aus, wenn die Anträge **wirtschaftlich** identisch seien. **Stellungnahme.** Zu folgen ist den Stimmen, die eine **Addition befürworten.** Denn der Wortlaut des § 39 I spricht für eine Addition (OLG Schleswig NJW-RR 2022, 931 Rn. 25; LAG Sachsen BeckRS 2016, 73950 Rn. 14; OLG Karlsruhe JurBüro 2016, 423; OLG Schleswig SchlHA 2012, 351). Auch die teleologische Auslegung spricht für eine Addition. Anders als bei der Frage der sachlichen Zuständigkeit, die in § 5 ZPO geregelt ist, gibt es bei der Bemessung der Gerichtsgebühren anhand der anhängig gewordenen Streitgegenstände gem. §§ 40, 47 keinen Grund, die Zusammenrechnung auf gleichzeitig geltend gemachte Ansprüche zu beschränken. Dem Gerichtskostensystem in der heute geltenden Fassung ist eine Reduzierung des Gebührenstreitwertes im Verlauf des Verfahrens vielmehr fremd (OLG Rostock MDR 2020, 374 = BeckRS 2020, 4110 Rn. 16). Die historische Auslegung liefert keinen klaren Anhaltspunkt für einen im Gesetz zum Ausdruck gekommenen Willen des Gesetzgebers und steht einer Anwendung auf nacheinander anhängige Streitgegenstände jedenfalls nicht entgegen (vgl. BT-Drs. 15/1971, 154). Wirtschaftliche Identität ist hingegen nur vorstellbar, wenn zwei Anträge nebeneinander verfolgt werden.

(2) Unzulässige Auswechselung des Klagegrundes. Ist die Auswechselung des **14**
Klagegrundes allerdings **unzulässig,** ist der Wert nach hM **nur dann** hinzuzuaddieren, wenn der Kläger den alten Klageantrag iSv § 45 I 2 **hilfsweise** (nämlich für den Fall, dass sich die Klageänderung als unzulässig erweist) aufrechterhält (OLG Bamberg NJW-RR 2013, 636; aA LG Nürnberg-Fürth ZZP 91 (1978), 491 (492)). Stellt der Kläger diese Bedingung hingegen nicht, soll es zu **keiner** Addition kommen, da das Gericht den unzulässig eingewechselten neuen Anspruch inhaltlich nicht prüft (OVG

Koblenz NVwZ-RR 2017, 80 Rn. 3; OLG Schleswig SchlHA 2002, 26; OLG Düsseldorf Rpfleger 1982, 161; OLG Nürnberg MDR 1980, 238). Denn mit rechtskräftiger Verneinung der Zulässigkeit der Klageänderung ende die Rechtshängigkeit des neuen Streitgegenstandes rückwirkend (OVG Koblenz NVwZ-RR 2017, 80 Rn. 3).

15 **dd) Klagenhäufung durch Verfahrensverbindung.** Mehrere Streitgegenstände liegen auch dann vor und § 39 I ist anwendbar, wenn nach einer Verfahrensverbindung zB nach § 73 FGO, § 113 I SGG, § 93 S. 1 VwGO, § 145 ZPO mehrere Streitgegenstände zu betrachten sind (OLG Köln JurBüro 2012, 651; OVG Greifswald JurBüro 2010, 532).

16 **c) Subjektive Klagenhäufung.** I ist **entsprechend** anwendbar, wenn sich die Klage gegen **mehrere** Beklagte richtet (OLG München NJW-RR 2018, 575 Rn. 9) oder wenn mehrere Kläger klagen (VGH Mannheim BeckRS 2020, 8039 Rn. 12; VGH München BeckRS 2018, 35698 Rn. 5). Etwas anderes gilt bei **wirtschaftlicher Identität** (→ Rn. 18), zB einer Klage gegen Gesamtschuldner (BGH BeckRS 2022, 32659 Rn. 3; BeckRS 2020, 41561 Rn. 13). Ferner gilt etwas anderes, wenn nur **ein Streitgegenstand** vorliegt. So kann es bei notwendigen Streitgenossen liegen, zB Anfechtungsklagen mehrerer Aktionäre gegen denselben Hauptversammlungsbeschluss oder die Beschlussklagen mehrerer Wohnungseigentümer oder in öffentlich-rechtlichen Verfahren, bei denen eine Klägermehrheit identische Ansprüche verfolgt, die auf demselben Rechtsgrund beruhen, auf dasselbe Ziel gerichtet sind und aus materiell-rechtlichen Gründen nur **einheitlich** entschieden werden können (exemplarisch BSG BeckRS 2015, 72389 Rn. 3; BVerwG NVwZ-RR 1991, 669 (670); VGH München BeckRS 2018, 35698 Rn. 5; VGH München BeckRS 2018, 35698 Rn. 5; OVG Berlin-Brandenburg BeckRS 2017, 154183 Rn. 4). Anders liegt es hingegen bei bloßen Interessengemeinschaften, bei denen jedes Mitglied nur ein gleiches Interesse verfolgt (VGH München BeckRS 2013, 59871). Bei einem **Beklagtenwechsel** ist § 39 I anwendbar, sofern die Streitgegenstände gegen den ausgeschiedenen und den neuen Beklagten wirtschaftlich nicht identisch sind (OLG München NJW-RR 2018, 575 Rn. 11).

17 **d) Wirtschaftliche Identität (allgemeines Additionsverbot). aa) Überblick.** Wenn mehrere Streitgegenstände vorliegen, ist nach einhelliger Ansicht wie bei § 5 ZPO (→ Rn. 3 ff.) nicht nach § 39 I zu addieren, wenn diese Streitgegenstände **wirtschaftlich identisch** sind (exemplarisch BFH BeckRS 2016, 94412 Rn. 34; BGH BeckRS 2015, 13345 Rn. 4; BVerwG NVwZ-RR 1989, 581; OVG Lüneburg NVwZ-RR 2020, 463 Rn. 9; OLG Saarbrücken BeckRS 2020, 7057 Rn. 11; NJW-RR 2019, 1535 Rn. 4; OLG München NJW-RR 2018, 575 Rn. 11; allgemein Schumann NJW 1982, 2800), also **keine wirtschaftliche Werthäufung** vorliegt (BGH NJW-RR 1987, 1148). Eine solche wirtschaftliche Identität wird wie bei § 5 ZPO (→ Rn. 3) angenommen, wenn ein Anspruch aus dem anderen folgt oder auf dasselbe Interesse ausgerichtet ist, sodass die klagende Partei mit den Ansprüchen letztlich jeweils nur dasselbe Ziel verfolgt oder der Kläger die Klageforderung nur einmal verlangen kann (exemplarisch OLG Saarbrücken BeckRS 2020, 7057 Rn. 11; OLG Dresden AGS 2017, 335). Bei wirtschaftlicher Identität ist in Anlehnung an § 45 I 3 nur der **höchste** Einzelwert maßgebend (LAG Düsseldorf BeckRS 2016, 110943 Rn. 22). Das gilt auch in nichtvermögensrechtlichen Angelegenheiten (LAG Düsseldorf BeckRS 2016, 110943 Rn. 22). **Beispiele:** Entsprechend → ZPO § 5 Rn. 5 (Ausgesuchte Einzelfälle für eine wirtschaftliche Identität im „ABC"). Ferner:

- Die Frage des **Annahmeverzugs** ist ein rechtlich unselbständiges Element der umstrittenen Leistungsverpflichtung und deshalb mit dieser wirtschaftlich identisch (BGH NJW-RR 2020, 1517 Rn. 7; auch → ZPO § 3 Rn. 23 „Annahmeverzug").
- Wird in einem **Bestandsstreit** im Wege der Klagenhäufung **Annahmeverzugsvergütung** geltend gemacht, bei der die Vergütung vom streitigen Fortbestand des Arbeitsverhältnisses abhängt, so besteht nach dem Beendigungszeitpunkt eine wirtschaftliche Identität zwischen dem Bestandsstreit und der Zahlungsklage (LAG Nürnberg BeckRS 2020, 25788 Rn. 14; s. auch Streitwertkatalog für die Arbeitsgerichtsbarkeit I Nr. 6 (Urteilsverfahren), in diesem Werk abgedruckt → Streitwertkatalog ArbGG; aA LAG Düsseldorf NZA-RR 2017, 503).

– Der Antrag auf **Feststellung der Nichtigkeit** ist neben der **Anfechtungsklage** wirtschaftlich identisch (BFH BeckRS 2016, 94412 Rn. 34).
– Von wirtschaftlicher Identität ist bei gegen **Gesamtschuldner** gerichteten gleichen Ansprüchen auszugehen (BGH BeckRS 2015, 13345 Rn. 5). Der Grund dafür liegt darin, dass der Kläger die von den mehreren Beklagten geforderte Leistung aus Gründen des materiellen Rechts insgesamt nur einmal verlangen kann; die mehreren in Anspruch genommenen Gesamtschuldner schulden im Falle der Verurteilung insgesamt nicht mehr als den eingeklagten Betrag (BGH BeckRS 2015, 13345 Rn. 5).
– Auch im Falle einer **Personenmehrheit auf Klägerseite** kann von wirtschaftlicher Identität auszugehen sein. Klagen Streitgenossen soll eine Zusammenrechnung unterbleiben, wenn die von ihnen verfolgten Ansprüche wirtschaftlich identisch sind (BGH BeckRS 2015, 13345 Rn. 5).
– Die Klage auf **Rückzahlung von Prämien** ist mit dem Antrag auf Feststellung der Unwirksamkeit von Prämienerhöhungen und der Nichtverpflichtung zur Tragung der Erhöhungsbeträge identisch (BGH BeckRS 2021, 1269 Rn. 2).
– Wendet sich die klagende Partei in einem Rechtsstreit gegen die **Beendigung ihres Arbeitsverhältnisses** und macht sie zudem im Wege der objektiven Klagenhäufung **Ansprüche auf Vergütungsbestandteile** geltend, deren Bestand von dem streitigen Fortbestand des Arbeitsverhältnisses abhängt, besteht nach dem streitigen Beendigungszeitpunkt wirtschaftliche Identität zwischen der Bestandsstreitigkeit und dem Streit über die Annahmeverzugsvergütung (LAG Berlin-Brandenburg BeckRS 2020, 32350).

bb) Mehrere Parteien. Eine wirtschaftliche Identität kann auch dann vorliegen, 18
wenn mehrere Kläger, zB als Gesamtgläubiger, gegen einen Beklagten **dasselbe** Ziel verfolgen (BGH BeckRS 2015, 13345 Rn. 5; BVerwG BeckRS 1998 30439624; OVG Berlin-Brandenburg BeckRS 2017, 154183 Rn. 4; VGH Mannheim NVwZ-RR 2017, 943 Rn. 3; OVG Lüneburg BeckRS 2015, 45637), wenn ein Kläger gegen mehrere Beklagte vorgeht, zB **Gesamtschuldner** (BGH BeckRS 2015, 13345 Rn. 5; NJW-RR 2011, 933 Rn. 14; BFH BeckRS 1988, 6141; OLG Saarbrücken NJW-RR 2019, 1535 Rn. 6; zu Gewerbesteuermessbeträgen BFH BeckRS 2006, 25010967) oder wenn mehrere Kläger als Gesamtgläubiger gegen mehrere Beklagte als Gesamtschuldner vorgehen (→ ZPO § 5 Rn. 26; → ZPO § 5 Rn. 28). So liegt es allerdings nicht, wenn der Kläger sowohl eine juristische Person als auch deren gesetzlichen Vertreter wegen eines im Rahmen der Tätigkeit der juristischen Person begangenen Rechtsverstoßes gerichtlich auf Unterlassung in Anspruch nimmt (BGH GRUR-RR 2008, 460, Rn. 12 – Tätigkeitsgegenstand; OLG Hamm GRUR-RR 2016, 383 Rn. 5; OLG Hamburg NJOZ 2013, 2118; KG NJOZ 2011, 1029). Wird gegen **mehrere Unterlassungsschuldner** ein gleichlautendes Verbot auf Grund eines (gemeinsam begangenen) Verstoßes begehrt und ausgesprochen, haften die Unterlassungsschuldner grds. nicht als Gesamtschuldner (OLG Hamm GRUR-RR 2016, 383 Rn. 5).

3. Dasselbe Verfahren. a) Überblick. Mit dem Begriff des „Verfahrens" be- 19
zeichnet das GKG ein durch einen Antrag eingeleitetes gerichtliches Verfahren von der **Einleitung** bis zu seinem **rechtskräftigen Abschluss.** Ein Verfahren umfasst ggf. mehrere Rechtszüge und Annexverfahren, die nicht als gesonderte Verfahren geregelt sind.

Beispiel: Das Verfahren vor dem Abgabegericht und das weitere Verfahren vor dem Gericht, an das ein Verfahren abgegeben wird, sind verfahrenstechnisch ein Verfahren (auch → § 40 Rn. 16). Dies zeigt auch § 4. Das gleiche gilt bei Verweisung an eine andere Abteilung oder Kammer desselben Gerichts oder bei einer Rechtswegeverweisung (OLG Köln NJW 1995, 2728). Die Verfahren vor und nach einem Vorbescheid, zB nach § 90 FGO oder § 84 VwGO, sind ein Verfahren. Die Verfahren vor und nach einer Zurückverweisung oder vor und nach Einspruch gegen ein Versäumnisurteil sind ein Verfahren. Die Verfahren über den Anspruchsgrund und das Betragsverfahren stellen ein Verfahren dar. Klage und Widerklage sind (vor einer Trennung) ein Verfahren. Das Verfahren bis zum Erlass eines Vorbehaltsurteils und das Nachverfahren nach §§ 302, 599 ZPO sind ein Verfahren, aber nach § 17 Nr. 5 RVG mehrere Angelegenheiten. Wird ein Verfahren zurückverwiesen, bleibt es – anders als nach § 21 I RVG – das Ursprungsverfahren. Das Verfahren bis zum Vergleichsabschluss und das Verfahren danach, das bei einem Streit über die Wirksamkeit des Vergleichs (zB wegen Widerrufs oder Anfechtung) stattfindet, sind ein Verfahren. Bei einem Streit über die Auslegung eines Vergleichs liegt hingegen ein neues Verfahren vor (BGH NJW 1977, 583). Wird ein Antrag mehrfach eingereicht, so löst jeder Antrag grds. jeweils ein eigenes Verfahren aus. Etwas anderes gilt, wenn es für das Gericht ersichtlich ist, dass beide Anträge dasselbe Verfahren betreffen sollen.

20 **Gegenbeispiel:** Wird nach Klagerücknahme eine neue Klage eingereicht, liegt ein neues Verfahren vor. Das selbständige Beweis- und das anschließende Hauptverfahren sind zwei Verfahren iSd Gesetzes. Ferner sind das Verfahren auf Erlass einer einstweiligen Verfügung und das Hauptsacheverfahren (OVG Berlin-Brandenburg BeckRS 2018, 8951 Rn. 4) oder eine Verpflichtungsklage und ein daneben betriebenes Verfahren auf Erlass einer einstweiligen Anordnung zwei Verfahren (VGH München BeckRS 2018, 35696 Rn. 3).

21 **b) Beschwerden (Nebenverfahren).** Das Verfahren über eine Beschwerde, die mit einem der in § 1 I–III genannten Verfahren im Zusammenhang steht (→ § 1 Rn. 39), ist ein **eigenes** Verfahren mit eigenem Aktenzeichen. Dies zeigt sich auch darin, dass grds. nach KV 1810 als Festgebühr eine Verfahrensgebühr neben den Gebühren für das Hauptverfahren anfällt.

22 **c) Verfahrensverbindung (Prozessverbindung). aa) Überblick.** Werden mehrere Verfahren zu einem verbunden (→ Rn. 11), liegt **ab der Verbindung** ein Verfahren vor. Von der Verbindung an bestimmen sich die Gebühren nach einem neuen, einheitlichen Streitwert. Werden Verfahren mit verschiedenen Streitgegenständen verbunden, setzt sich der Streitwert aus der Summe der Einzelstreitwerte der verbundenen Verfahren zusammen (OLG Koblenz NZG 2005, 817 (818); OLG Stuttgart NZG 2001, 522; OLG Celle JurBüro 1987, 109). Betreffen die verbundenen Verfahren demgegenüber denselben Streitgegenstand, werden die Werte nicht zusammengerechnet. Allerdings kann der Gebührenstreitwert nach einer Verbindung nicht höher sein als im Falle ursprünglich gemeinsamer Geltendmachung der verbundenen Ansprüche (BGH BeckRS 2015, 13345 Rn. 8). Bei Erledigung des Verfahrens nach Verbindung durch Anerkenntnis oder Vergleich berechnet sich die Gebührenermäßigung aus dem Streitwert, der nach Verbindung maßgebend ist (Meyer JurBüro 2003, 187; aA OLG München NJW-RR 1999, 1232: jede der früher entstandenen Verfahrensgebühren ermäßigt sich). Zum Zuständigkeits- und Rechtmittelstreitwert → ZPO § 5 Rn. 19 ff.

23 **bb) Gegenstandswert.** Mit der Verbindung liegt nur noch **eine** gebührenrechtliche Angelegenheit vor. Die Gegenstandswerte sind dazu zu addieren und aus dieser Summe sind diejenigen Gebühren zu errechnen, deren Tatbestand **nach** der Verbindung erfüllt wird (BGH BeckRS 2015, 13345 Rn. 8; NJW 2010, 3377 Rn. 13). Der aus der Verbindung entstandene Rechtsstreit ist für die Berechnung der Terminsgebühr so zu behandeln, als ob eine Anspruchshäufung oder Klageerweiterung bestanden bzw. eine Widerklage vorgelegen hätte (BGH NJW 2010, 3377 Rn. 15). Die aus den Einzelstreitwerten vor der Verbindung bereits entstandenen Gebühren bleiben bestehen (BGH NJW 2010, 3377 Rn. 14).

24 **d) Verfahrenstrennung (Prozesstrennung). aa) Überblick.** Mit einer Verfahrenstrennung entstehen **zwei** Verfahren und höhere Gerichtsgebühren, weil sich die Gerichtskosten nach dem jeweiligen Streitwert des einzelnen Verfahrens berechnen (OVG Bremen BeckRS 2020, 25890 Rn. 2; OLG Bremen NJOZ 2014, 1036 (1037)). Die für das ursprüngliche Verfahren erhobenen Gebühren sind nach dem Verhältnis der jeweils auf die Einzelstreitwerte zu berechnenden Gebühren zu verrechnen (OLG Bremen NJOZ 2014, 1036 (1037)). Die weitere Tätigkeit des Gerichtes darf nicht davon abhängig gemacht werden, dass eine verbleibende Gebührenforderung beglichen wird. Im Fall der Prozesstrennung ist weder in § 12 eine Vorauszahlungspflicht angeordnet noch besteht eine Vorschusspflicht gem. § 17.

25 **bb) Gegenstandswert.** Die vor der Trennung entstandenen Gebühren gehen nicht unter. Eine Gebühr kann aber auf eine später entstehende Gebühr anrechnungspflichtig sein. Daher wird ein Wahlrecht zwischen der Gebühr aus dem addierten Streitwert und den beiden Gebühren aus den geringeren Streitwerten zugebilligt.

4. Derselbe Rechtszug. a) Überblick. Der Begriff des „Rechtszugs" (Instanz) ist im selben Sinne zu verstehen wie zB in §§ 22, 35, 36 und meint den **Verfahrensabschnitt** eines Rechtsstreits vor einem bestimmten – meist im Über- oder Unterordnungsverhältnis zu einem anderen stehenden – Gericht. In demselben Verfahren (→ Rn. 19 ff.) kann es mehrere Rechtszüge geben. **Einzelfälle:** Das Widerspruchsverfahren (§ 924 ZPO) beginnt keinen neuen Rechtszug (das Hauptsacheverfahren ist hingegen ein anderes Verfahren und damit ein anderer Rechtszug). Das Abhilfeverfahren nach einer Gehörsrüge beginnt keinen neuen Rechtszug. Die Einspruchseinlegung (§ 340 ZPO) beginnt keinen neuen Rechtszug (es liegt auch nur ein Verfahren vor, → Rn. 19). Wird nach einer Klagerücknahme eine neue Klage mit demselben Gegenstand eingereicht, liegt ein neuer Rechtszug vor. Wenn ein Rechtsmittel nach Rücknahme wieder eingelegt wird, beginnt ein neuer Rechtszug. Das Verfahren über den Anspruchsgrund und das Betragsverfahren bilden einen Rechtszug. Das gilt auch nach Erlass eines Zwischenurteils (§ 304 ZPO). Das Verfahren bis zum Vorbehaltsurteil (§§ 302, 599 ZPO) und das sich anschließende Nachverfahren stellen einen Rechtszug dar. 26

Eine Prozesstrennung führt zu **zwei** Verfahren und damit idR zu mehreren Rechtszügen. Eine Prozessverbindung beendet einen der beiden bestehenden Rechtszüge. Das Verfahren bis zum Ruhen des Verfahrens und das Verfahren danach bilden einen Rechtszug. Die Verfahrensaufnahme nach Unterbrechung oder Aussetzung gehört zum Rechtszug. Das Verfahren über die einzelnen Stufen einer Stufenklage ist ein Rechtszug (zur Wertermittlung siehe § 44). Die Wiederaufnahme (§§ 578 ff. ZPO) eröffnet einen neuen Rechtszug. Die Verfahren vor und nach der Zuständigkeitsbestimmung sowie das Verfahren vor dem höheren Gericht sind ein Rechtszug. Die Verfahren vor und nach dem Zwischenurteil sind ein Rechtszug. 27

b) Mehrere Kläger oder Beklagte. Bei einer Klage von oder gegen Streitgenossen liegt derselbe Rechtszug vor. 28

c) Mehrere Rechtsmittel. Legen beide Parteien oder Streitgenossen gegen dasselbe Urteil Rechtsmittel ein, handelt es sich um denselben Rechtszug. Ficht dieselbe Partei mehrere in einem Rechtsstreit ergangene Entscheidungen mit getrennten Rechtsmitteln an (zB Vorbehalts- und Endurteil), liegen mehrere Rechtszüge vor. 29

d) Zurückverweisung. Wird ein Verfahren zur anderweitigen Verhandlung an das Gericht des unteren Rechtszugs zurückverwiesen, bildet das weitere Verfahren mit dem früheren Verfahren vor diesem Gericht iSd § 35 einen Rechtszug (§ 37). Die Gebühren verdoppeln sich nicht. Das gilt auch bei Zurückverweisung durch das BVerfG (OLG Hamburg MDR 2004, 474). 30

e) Beginn und Ende. Der Rechtszug iSd GKG beginnt mit Einreichung der Klage bzw. der Antrags- oder Rechtsmittelschrift (BGH NJW-RR 2007, 1439 Rn. 11). Beendigt wird er mit formeller Rechtskraft (§ 705 ZPO) der Endentscheidung oder mit Rechtsmitteleinlegung (BGH NJW-RR 2007, 1439 Rn. 11; NJW 1995, 1095 unter 1. b), aber auch etwa mit einer Klage- oder Rechtmittelrücknahme, mit einem Vergleich oder mit übereinstimmenden Erledigterklärungen. 31

IV. Rechtsfolge. 1. Grundsatz. Ist der Anwendungsbereich von § 39 eröffnet (→ Rn. 2), sind die einzelnen Werte grds. bis zum Höchstwert (→ Rn. 35) **zusammenzurechnen,** sofern kein Additionsverbot vorliegt (→ Rn. 3) und die Tatbestandsvoraussetzungen gegeben sind (→ Rn. 6 ff.). 32

2. Praktisches Vorgehen. In einem ersten Schritt sind die Werte der einzelnen Streitgegenstände nach §§ 48 ff. zu ermitteln. In einem zweiten sind die Werte zu addieren. Zweckmäßig ist es, bei der Streitwertfestsetzung nach § 63 II die Werte der einzelnen Gegenstände gesondert auszuweisen (die Werte sollten zumindest in den Gründen angegeben werden). 33

3. Ausnahme: gewerblicher Rechtsschutz. Nach Ansicht des BGH ist bei der Wertermittlung im gewerblichen Rechtsschutz, zB im Urheberrecht, die Wertung des § 45 I 3 „entsprechend" anzuwenden (BGH ZUM 2019, 183 Rn. 13; WRP 2014, 192 Rn. 9). Es soll deshalb auch bei **fehlender** wirtschaftlicher Identität mehrerer Streitgegenstände iSd § 45 I 2 keine Addition, sondern lediglich eine „maßvolle Erhöhung" des Streitwertes für jeden Streitgegenstand, über den entschieden worden ist, erfolgen, wenn durch die Geltendmachung der weiteren Streitgegen- 34 stände der **Angriffsfaktor nicht wesentlich verstärkt** wird (BGH ZUM 2019, 183 Rn. 13; Büscher GRUR 2012, 16 (23)). Diese Voraussetzung soll zB im Falle eines auf mehrere Streitgegenstände gestützten **einheitlichen** Unterlassungsantrags idR gegeben sein (BGH ZUM 2019, 183 Rn. 13; GRUR 2016, 1301 Rn. 73 – Kinderstube). Dies soll sich entsprechend auf den Gebührenstreitwert der auf den Unterlassungsantrag zurückbezogenen Anträge auf Auskunft und Schadenersatz auswirken können (BGH ZUM 2019, 183 Rn. 13). Werden bspw. mehrere Werke aufgrund einer einheitlichen Handlung fahrlässig verletzt, soll grds. keine reine Addition, sondern eine Reduzierung der Einzelstreitwerte oder eine Pauschalbewertung stattfinden (OLG Köln ZUM 2012, 697, 703); bei vorsätzlichen Handlungen soll es wieder anders sein (OLG Hamburg ZUM 2009, 414 (416). **Stellungnahme.** Dieser Ansicht ist **nicht** zu folgen. Das Gesetz lässt für ihr Anliegen zurzeit keinen Raum. Liegen mehrere Streitgegenstände vor, so ist zwingend zu addieren. Die Problematik zeigt sich auch an §§ 91 ff. ZPO, wo der BGH allerdings auch „helfen" will (er meint, im Rahmen des § 92 I ZPO bemesse sich der Prozesserfolg und -verlust nach dem Verhältnis der Anzahl der erfolgreichen oder erfolglosen Streitgegenstände zum Gesamtstreitwert, vgl. BGH GRUR 2016, 1301 Rn. 73 – Kinderstube).

35 **V. Höchststreitwert (II). 1. Überblick.** Der Höchststreitwert gilt **allgemein,** zB auch im Insolvenzverfahren (BGH BeckRS 2006, 13750 Rn. 2; OLG Frankfurt a. M. ZIP 2014, 1238; Schoppmeyer ZIP 2013, 816 Grub ZInsO 2013, 313; aA Nicht/Schildt NZI 2013, 64 (65)). Die Vorschrift ist verfassungsmäßig (BVerfG NJW 2007, 2098). Für eine weitergehende Deckelung fehlt es an einer normativen Grundlage (BVerwG BeckRS 2013, 51973 Rn. 4). Sie ist auch aus Gründen der Verhältnismäßigkeit **nicht** geboten (BVerwG BeckRS 2013, 51973 Rn. 4). Einen Mindestwert kennt das GKG grds. nicht. Anders ist es ausnahmsweise im Anwendungsbereich des § 52 IV Nr. 1.

36 **2. Höchststreitwert bei einem Streitgegenstand.** Als Höchststreitwert bestimmt II, soweit kein **niedrigerer** Höchststreitwert bestimmt ist (→ Rn. 38), den Wert von 30 Mio. EUR. Ist also ein Einzelwert höher, wird zB auf 200 Mio. EUR geklagt, ist der Wert der Klage auf 30 Mio. EUR gedeckelt.

37 **3. Höchststreitwert bei mehreren Streitgegenständen.** Würden mehrere Einzelwerte den Wert von 30 Mio. EUR übersteigen, ist der Wert dieser Streitgegenstände (→ Rn. 7) auf insgesamt 30 Mio. EUR **gedeckelt** (BGH 16.1.2023 – VI ZR 68/21, BeckRS 1023, 1233 Rn. 3). Bei einer Inanspruchnahme **mehrerer Streitgenossen** soll das zu Unrecht nicht gelten, es sei denn, die verfolgten Ansprüche sind wirtschaftlich identisch, zB wenn gleiche Ansprüche gegenüber mehreren Gesamtschuldnern geltend gemacht werden (BGH 16.1.2023 – VI ZR 68/21, BeckRS 1023, 1233 Rn. 3). Kommt es auf den Einzelwert an, sind die Einzelwerte proportional zu kürzen.

Beispiel: Wert 1 beträgt 20 Mio. EUR, Wert 2 beträgt 30 Mio. EUR. Der Gesamtwert beträgt 30 Mio. EUR. Als Einzelwert entfallen auf Wert 2 fiktiv $^3/_5$, auf Wert 1 fiktiv $^2/_5$.

38 **4. Anderweitige Bestimmungen.** Niedrigere Höchststreitwert finden sich in: §§ 43 II, III, 48 I 2, 48 II 2, 52 IV Nr. 2, 53 IV Nr. 3.

Zeitpunkt der Wertberechnung

40 Für die Wertberechnung ist der Zeitpunkt der den jeweiligen Streitgegenstand betreffenden Antragstellung maßgebend, die den Rechtszug einleitet.

1 **I. Normzweck und Normgeschichte.** § 40 hat seine heutige Form durch das KostRMoG v. 5.5.2004 (BGBl. I 718) gefunden. Er entspricht im Kern § 15 GKG aF. Die Änderung soll klarstellen, dass im Falle der Klageerweiterung für den zusätzlich eingeführten Streitgegenstand allein die **erste** sich hierauf beziehende Antragstellung maßgebend sein soll (BT-Drs. 15/1971, 154). Inhaltlich ist § 40 eine so genannte Hilfsnorm. Er bestimmt für Gebühren, die sich nach dem Streitwert richten (§ 34), welcher **Zeitpunkt** für die Wertberechnung **maßgeblich** ist. Die Anordnung des frühen Zeitpunktes soll Neuberechnungen bei Beendigung des Verfahrens weitgehend überflüssig machen (BT-Drs. 12/6962, 62 und 70). Damit dient § 40 auch der Vereinfachung der Wertermittlung und -festsetzung (OLG Koblenz JurBüro 2003, 474).

II. Anwendungsbereich. 1. Überblick. § 40 ist zur Bestimmung des Gebührenstreitwertes für **alle** in § 1 genannten Verfahren und alle Instanzen anwendbar, **soweit** in §§ 39 ff. keine Sonderbestimmungen getroffen werden und **soweit** es keine Fest- oder Jahresgebühren gibt. Ob es sich um eine nichtvermögensrechtliche Streitigkeit iSv § 48 II handelt, ist unerheblich. Eine Sondervorschrift für das Insolvenzverfahren ist zB § 58 I 1. Im arbeitsgerichtlichen Verfahren gilt § 40 mit der Einschränkung des § 69 II ArbGG. 2

2. Zuständigkeits- und Rechtsmittelstreitwert. Was für den Zuständigkeits- und Rechtsmittelstreitwert gilt, bestimmt § 4 I Hs. 1 ZPO. 3

3. Gegenstandswert. Für den Gegenstandswert in gerichtlichen Verfahren ist § 40 über § 23 I 1 RVG unmittelbar anwendbar, für außergerichtliche Tätigkeiten nach § 23 I 3 RVG entsprechend, wenn der Gegenstand der Tätigkeit auch Gegenstand eines gerichtlichen Verfahrens sein könnte. Beim Rechtsanwalt können allerdings unterschiedliche Werte für verschiedene Gebühren maßgebend sein; Verfahrens-, Termins- und Einigungsgebühr müssen sich nicht zwangsläufig nach demselben Gegenstandswert wie die Gerichtsgebühren richten. Für eine gesonderte Wertfestsetzung bedarf es eines Antrags nach § 33 II RVG. 4

III. Maßgeblichkeit des den Rechtszug einleitenden Antrags. 1. Überblick. § 40 knüpft an den Zeitpunkt an, zu dem ein Antrag in Bezug auf einen Streitgegenstand **gestellt** und so ein Rechtszug eingeleitet wird. 5

2. Streitgegenstand. Abzustellen ist auf den **jeweiligen** Streitgegenstand (zum Begriff des Streitgegenstandes → § 39 Rn. 7). § 40 ist daher auch anwendbar, soweit sich der Streitgegenstand selbst **ändert,** etwa infolge einer Klageerweiterung nach §§ 263, 264 ZPO. Zur Auswechselung des Klagegrundes im Wege der Klageänderung → § 39 Rn. 13. 6

3. Antrag. a) Überblick. Der Begriff „Antrag" meint Erklärungen, die einen Rechtszug (→ § 39 Rn. 26) **einleiten** (BT-Drs. 12/6962, 62). **Beispiele:** der Arrestantrag (§ 920 ZPO), der Antrag auf Erlass einer einstweiligen Verfügung (§§ 920, 936 ZPO), der Klageantrag nach § 253 ZPO (OLG Stuttgart ZMR 2012, 560; s. auch BPatG GRUR 2014, 1136), die Stufenklage (§ 254 ZPO), eine Rechtsmittelschrift, zB nach §§ 519, 524, 549, 566, 569, 575 ZPO (OLG Hamm MDR 1997, 506; OLG Oldenburg NJW-RR 1999, 942; s. auch BPatG GRUR-RR 2015, 230), der Antrag nach § 486 ZPO für das selbständige Beweisverfahren (BGH NJW 2004, 3488; OLG Karlsruhe JurBüro 1997, 531; OLG Schleswig JurBüro 1999, 595), der Antrag auf Vornahme der Vollstreckung nach §§ 704 ff. ZPO (BGH JurBüro 2010, 201), der Widerklageantrag für den ihn betreffenden Anspruch. Für den Wert eines **Anschlussrechtsmittels** kommt es auf den Zeitpunkt der Einreichung **dieses** Rechtsmittels an (NK-GK/Schneider Rn. 26). 7

b) Einzelne Anträge im „ABC"

Beweisverfahren (selbständiges). Nach hM kommt es für die Gebühr nach KV 1610 auf den mutmaßlichen Hauptsachewert bei **dessen** Antragstellung an (im Einzelnen → ZPO § 3 Rn. 23 „Selbständiges Beweisverfahren"). 8

Herausgabe. Ist nach dem Antrag eine Sache herauszugeben, ist der (Verkehrs-)Wert der (unbeweglichen) Sache am **Tage der Einreichung** des den Rechtszug einleitenden Antrags maßgeblich, bei einem **Wertpapier,** zB der Kurswert (BGH NJW-RR 1998, 1452; s. auch BGH NJOZ 2010, 2521 Rn. 2 = JurBüro 2010, 201).

Hilfsantrag. Bei einem Hilfsantrag ist nach § 45 I 2 auf den Zeitpunkt des Bedingungseintritts abzustellen (NK-GK/Schneider Rn. 17).

Mahnverfahren. Soweit wegen desselben Streitgegenstandes ein Mahnverfahren vorausgegangen ist, **entsteht** die Gebühr für das **Verfahren im Allgemeinen** mit dem Eingang der Akte bei dem Gericht, an das der Rechtsstreit nach Erhebung des Widerspruchs oder Einlegung des Einspruchs abgegeben wird (KV 1210). Dies gilt entsprechend, wenn wegen desselben Streitgegenstandes ein Europäisches Mahnverfahren vorausgegangen ist (KV 1210). Für den **Wert** maßgebend ist der Wert des Antrags bei **Eingang der Akte.** Der Wert des streitigen Verfahrens kann daher hinter dem Wert des Mahnverfahrens zurückbleiben (s. nur OLG Dresden JurBüro 2004, 378 = BeckRS 2004, 3686 Rn. 11 ff.). Die Gebühr KV 1100 für das Verfahren über den **Antrag auf Erlass eines Mahnbescheids oder eines Europäischen Zahlungsbefehls** entsteht hingegen bereits mit Eingang des Antrags auf Erlass eines Mahnbescheides (zur Fälligkeit → § 6 Rn. 53). Bei einem **Einspruch** gegen den Vollstreckungsbescheid gelten die Aussagen entsprechend.

Prozesskostenhilfe. Der Antrag auf Bewilligung von Prozesskostenhilfe ist kein Antrag iSd § 40. Zum **Gegenstandswert** siehe RVG § 23a.

Zahlungsanträge. Bei Zahlungsanträgen ist der Wert der bezifferte Nominalwert (BeckOK KostR/Schindler Rn. 16). Bei Fremdwährungsanträgen ist der Wechselkurs am Tag der Einleitung des Rechtszugs maßgeblich (BGH NJOZ 2010, 2521 Rn. 2 = JurBüro 2010, 201; OLG Saarbrücken BeckRS 2021, 27054 Rn. 2; NJW-RR 1998, 1452).

9 **4. Einleitung. a) Überblick.** Maßgeblich ist der Antrag (→ Rn. 7) in Bezug auf den **jeweiligen** Streitgegenstand (→ Rn. 6), der den Rechtszug (→ § 39 Rn. 26) einleitet. „Einleitung" meint Anhängig-, nicht Rechtshängigkeit (KG AGS 2018, 344; s. auch BPatG GRUR-RR 2015, 230 unter II). Keine „Einleitung" ist die teilweise Klagerücknahme nach § 269 ZPO (KG NJW-RR 2000, 215). Auch der Widerspruch gegen einen Arrestbefehl oder eine einstweilige Verfügung (§§ 924, 936 ZPO) leitet keinen neuen Rechtszug ein (→ § 39 Rn. 26).

10 **b) Unzulässige Einleitungen.** Auf die Zulässigkeit einer Einleitung, zB auf die Prozess- oder Parteifähigkeit, kommt es grds. **nicht** an. Die Erhebung einer neuen Klageforderung oder eine Klageerweiterung durch einen nach Schluss der mündlichen Verhandlung (nach §§ 136 IV, 296a ZPO) eingereichten Schriftsatz bleiben nach hM allerdings bei der Gebührenstreitwertberechnung unberücksichtigt (OLG Düsseldorf MDR 2000, 1457). Etwas anderes gilt, wenn das Gericht die mündliche Verhandlung wiedereröffnet (OLG Karlsruhe AGS 2007, 579; OLG Düsseldorf MDR 2000, 1457).

11 **IV. Antragsänderungen. 1. Grundsatz.** Eine Antragsänderung ist grds. unerheblich (OVG Münster 19.1.2023 – 6 E 604/21, BeckRS 2023, 574 Rn. 11; OLG Koblenz JurBüro 2003, 474). Nimmt der Kläger die Klage zB teilweise zurück, bleibt es beim **ursprünglichen** Wert (OLG München NJW-RR 2017, 700 Rn. 16).

12 **2. Ausnahmen.** Etwas anderes gilt ausnahmsweise, wenn der Kläger oder der Beklagte im Wege der Widerklage einen **weiteren** Streitgegenstand in den Rechtsstreit einführt (→ § 39 Rn. 12) oder die Klage oder eine Widerklage **erhöht** werden (OLG Brandenburg r+s 2023, 12 = BeckRS 2022, 10346 Rn. 11; BT-Drs. 12/6962, 62). So liegt es der Sache nach auch, wenn bei einer Stufenklage nach Erteilung der Auskunft die Leistungsstufe **höher** als zunächst beziffert wird.

13 **V. Wertschwankungen.** Wertschwankungen, zB von **Wertpapieren** (BGH NJW-RR 1998, 1452) oder die Änderung eines **Wechselkurses** (BGH NJOZ 2010, 2521 Rn. 2 = JurBüro 2010, 201), sind unbeachtlich (auch → Rn. 8).

14 **VI. Verfahrenstrennungen.** Eine Verfahrenstrennung hat **keinen** Einfluss auf den Bewertungszeitpunkt (OLG Dresden BeckRS 2019, 269 Rn. 8 = MDR 2019, 510). Die Abtrennung eines Verfahrens gegen einen von mehreren Streitgenossen führt daher nicht zu einer Änderung des ursprünglich entstandenen Streitwertes (OLG Dresden MDR 2019, 510 = BeckRS 2019, 269 Rn. 8; OLG München MDR 1996, 642 (643)); dies gilt auch dann, wenn die Klage der Höhe nach vor der Abtrennung teilweise zurückgenommen wurde.

15 **VII. Verfahrensverbindungen.** Wenn zwei Verfahren miteinander verbunden werden, hat dies auf den Bewertungszeitpunkt keinen Einfluss.

16 **VIII. Abgabe an ein anderes Gericht/Verweisungen.** Wird ein Verfahren (→ § 39 Rn. 19) an ein anderes Gericht abgegeben, bleibt der Zeitpunkt des Antragseinganges beim **abgebenden** Gericht maßgebend (NK-GK/Schneider Rn. 10).

17 Verweist ein erstinstanzliches Gericht oder ein Rechtsmittelgericht ein Verfahren an ein erstinstanzliches Gericht desselben oder eines anderen Zweiges der Gerichtsbarkeit, ist das frühere erstinstanzliche Verfahren als Teil des Verfahrens vor dem übernehmenden Gericht zu behandeln (§ 4 I).

18 Das erstinstanzl. Verfahren vor und nach der Verweisung bildet kostenrechtlich eine Einheit. Für seine gesamten Kosten gilt allein das Kostenrecht des übernehmenden Gerichtes (OLG Frankfurt a. M. BeckRS 2017, 133688 Rn. 14 = MDR 2018, 302).

Miet-, Pacht- und ähnliche Nutzungsverhältnisse

41 **I 1 Ist das Bestehen oder die Dauer eines Miet-, Pacht- oder ähnlichen Nutzungsverhältnisses streitig, ist der Betrag des auf die streitige Zeit entfallenden Entgelts und, wenn das einjährige Entgelt geringer ist, dieser Betrag für die Wertberechnung maßgebend. 2 Das Entgelt nach Satz 1 umfasst neben dem Nettogrundentgelt Nebenkosten dann, wenn diese als Pauschale vereinbart sind und nicht gesondert abgerechnet werden.**

II 1 Wird wegen Beendigung eines Miet-, Pacht- oder ähnlichen Nutzungsverhältnisses die Räumung eines Grundstücks, Gebäudes oder Gebäudeteils verlangt, ist ohne Rücksicht darauf, ob über das Bestehen des Nutzungsverhältnisses Streit besteht, das für die Dauer eines Jahres zu zahlende Entgelt maßgebend, wenn sich nicht nach Absatz 1 ein geringerer Streitwert ergibt. 2 Wird die Räumung oder Herausgabe auch aus einem anderen Rechtsgrund verlangt, ist der Wert der Nutzung eines Jahres maßgebend.

III Werden der Anspruch auf Räumung von Wohnraum und der Anspruch nach den §§ 574 bis 574b des Bürgerlichen Gesetzbuchs auf Fortsetzung des Mietverhältnisses über diesen Wohnraum in demselben Prozess verhandelt, werden die Werte nicht zusammengerechnet.

IV Bei Ansprüchen nach den §§ 574 bis 574b des Bürgerlichen Gesetzbuchs ist auch für die Rechtsmittelinstanz der für den ersten Rechtszug maßgebende Wert zugrunde zu legen, sofern nicht die Beschwer geringer ist.

V 1 Bei Ansprüchen auf Erhöhung der Miete für Wohnraum ist der Jahresbetrag der zusätzlich geforderten Miete, bei Feststellung einer Minderung der Miete für Wohnraum der Jahresbetrag der Mietminderung, bei Ansprüchen des Mieters auf Durchführung von Instandsetzungsmaßnahmen der Jahresbetrag einer angemessenen Mietminderung und bei Ansprüchen des Vermieters auf Duldung einer Durchführung von Modernisierungs- oder Erhaltungsmaßnahmen der Jahresbetrag einer möglichen Mieterhöhung, in Ermangelung dessen einer sonst möglichen Mietminderung durch den Mieter maßgebend. 2 Endet das Mietverhältnis vor Ablauf eines Jahres, ist ein entsprechend niedrigerer Betrag maßgebend.

Schrifttum: Harsch, Außergerichtliche Anwaltskosten im Mietrecht, MDR 2021, 71; N. Schneider, Streitwert eines Räumungsanspruchs bei Staffelmiete, MietRB 2023, 14; ders., Gebührenstreitwert in Mietsachen – unter Berücksichtigung aktueller Rechtsprechung, ZAP 2022, 521; ders., Streitwert der wohnraummietrechtlichen Minderungsfeststellungsklage: Der neue § 41 V GKG, NZM 2021, 429; ders., Vergleichsmehrwerte beim Räumungsvergleich, NJW-Spezial 2019, 603; ders., Streitwert einer Räumungs- und Herausgabeklage gegen Untermieter, NJW-Spezial 2012, 412; ders., Der Gebührenstreitwert in Räumungsprozessen, ZAP 2011, 1007.

Übersicht

1 **I. Normzweck, Normgeschichte und Allgemeines.** § 41 ist **unsystematisch** verortet, da er zu den **besonderen** Wertvorschriften der §§ 48 ff. gehört. Er fand sich bis 2004 in § 16 GKG aF und hat seine **heutige** Form im Kern durch das KostRMoG v. 5.5.2004 (BGBl. I 718) gefunden. I 2 wurde dabei neu aufgenommen. Ferner wurde V neu gefasst (zu den Gründen BT-Drs. 15/1971, 154). Das KostRÄG v. 21.12.2020 (BGBl. I 3229) hat V 1 geändert. Unterschiedliche Wertbemessungsgrundlagen bei Mieterhöhung und Mietminderung erschienen, va aus dem Blickwinkel betroffener Mieterinnen und Mieter, dem Gesetzgeber nicht nachvollziehbar, da sich deren Kostenrisiko mit der Anwendung des § 9 ZPO deutlich erhöht (BR-Drs. 565/20, 57). Er regelt **abschließend** den Gebührenstreitwert für Miet-, Pacht- und ähnliche Nutzungsverhältnisse, **soweit** der Anwendungsbereich der I–V eröffnet ist (auch → Rn. 61).

2 I, II und V setzen den Gebührenstreitwert – nach § 23 RVG aber auch den Gegenstandswert (→ Rn. 6) – aus sozialen Erwägungen **gering** an (BR-Drs. 565/20, 57; BT-Drs. 15/1971, 154; s. auch BGH NJW 1967, 2263 unter b; 1953, 384; RG DR 41, 2254). Die Mietvertragsparteien sollen nicht aus Kostengründen von einer Klage oder Rechtsverteidigung abgehalten werden (BT-Drs. 15/1971, 154; BVerfG NJW 1996, 1531 unter II 1b). § 41 ist wegen dieser Zielrichtung und obwohl er eine Spezialregelung ist, **weit** auszulegen (BGH NJW 1967, 2263 unter b); 1953, 384; RG DR 41, 2254). Die weite Auslegung findet ihre Grenze dort, wo es an der dem

§ 41 gedanklich zugrunde liegenden Unterschiedlichkeit im Grade der Berechtigung zwischen Kläger und Beklagtem fehlt, wie sie für das Verhältnis von Vermieter und Mieter typisch ist. Der BGH verneint deshalb die Anwendung des § 41 zB bei solchen Nutzungsverhältnissen, die zwischen dem Verkäufer und dem Käufer eines Wohnungseigentums für die Übergangszeit bestehen (BGH NJW 1967, 2263 unter b; 1967, 1863).

I bestimmt, was gilt, wenn das **Bestehen oder die Dauer** eines Miet-, Pacht- oder ähnlichen Nutzungsverhältnisses streitig ist. II regelt den Wert, wenn wegen Beendigung eines Miet-, Pacht- oder ähnlichen Nutzungsverhältnisses die **Räumung** eines Grundstücks, Gebäudes oder Gebäudeteils verlangt wird. III ordnet an, was gilt, wenn der Anspruch auf Räumung von Wohnraum und der Anspruch nach den §§ 574–574b BGB auf Fortsetzung des Mietverhältnisses über diesen Wohnraum in **demselben** Prozess verhandelt werden. IV ist eine **Sondervorschrift** ggü. § 47 und bestimmt den Wert bei Ansprüchen nach §§ 574–574b BGB. V will vier Fälle regeln: sofern der Vermieter eine erhöhte Miete verlangt, wenn es um die angemessene Minderung der Miete geht, wenn der Mieter eine Erhaltungsmaßnahme durchsetzen will und bei Ansprüchen des Vermieters auf Duldung einer Durchführung von Modernisierungs- und/oder Erhaltungsmaßnahmen. 3

II. Anwendungsbereich. 1. Überblick. § 41 ist allein zur Bestimmung des **Gebührenstreitwertes** für alle in § 1 genannten Verfahren anwendbar, **soweit** der Anwendungsbereich der I–V eröffnet ist, **soweit** in §§ 39 ff. keine Sonderbestimmungen getroffen werden, zB in §§ 45, 47, und **soweit** es keine Fest- oder Jahresgebühren gibt. Zu **objektiven** Klagehäufungen → § 39 Rn. 9 ff., zu **subjektiven** → § 39 Rn. 16. Liegen danach mehrere Streitgegenstände (→ § 39 Rn. 7) vor, ist § 41 jeweils anzuwenden. Anders ist es nur bei **wirtschaftlicher Identität** (→ § 39 Rn. 17 ff.). Ist der Anwendungsbereich **nicht** eröffnet, ist der Gebührenstreitwert nach § 48 iVm §§ 3, 6–9 ZPO zu ermitteln (dazu → Rn. 62; ferner → ZPO § 3 Rn. 23 „Mietverträge (Mietverhältnis)“. Auf das GNotKG ist § 41 I in **Ermangelung** einer Lücke nicht entsprechend anwendbar (OLG Karlsruhe JurBüro 2022, 188 = BeckRS 2022, 3777 Rn. 28; aA OG Stuttgart BeckRS 2019, 24076 Rn. 67). 4

2. Zuständigkeits- und Rechtsmittelstreitwert. Was für den Zuständigkeits- und Rechtsmittelstreitwert gilt, bestimmt § 8 ZPO (BGH NZM 2006, 378 Rn. 2). 5

3. Gegenstandswert. a) Allgemeines. Für den Gegenstandswert in gerichtlichen Verfahren ist § 41 über § 23 I 1 RVG unmittelbar anwendbar (→ Rn. 2; BR-Drs. 565/20, 57), für außergerichtliche Tätigkeiten nach § 23 I 3 RVG entsprechend (N. Schneider ZAP 2011, 1007). Auf die Bemessung des Gegenstandswertes für selbständige Anträge über die Bewilligung, Verlängerung oder Verkürzung von Räumungsfristen ist auf die für die streitige Dauer der Räumungsfrist entfallende Nutzungsentschädigung abzustellen. 6

b) Räumungsvergleich (Vergleichsmehrwert). Werden in einem gerichtlich abgeschlossenen Vergleich nicht anhängige Gegenstände mitverglichen (allgemein → § 45 Rn. 56), sind grds. auch diese mitverglichenen nicht anhängigen Gegenstände mit einem eigenen Wert zu bewerten und bilden den **Vergleichsmehrwert** (VV 1000, 1003 RVG), wenn sie bei **gedachter** Geltendmachung in einem Verfahren zu einer Werterhöhung führen würden (s. auch LAG Baden-Württemberg BeckRS 2019, 13583 Rn. 6). Zu bewerten ist nicht, was aufgrund des Vergleichs zu leisten ist, sondern **welcher Gegenstand durch ihn geregelt wird** (→ § 45 Rn. 57). Denn honoriert wird gerade die Mitwirkung bei der Beseitigung des Streits oder der Ungewissheit in Bezug auf ein Rechtsverhältnis (LAG Rheinland-Pfalz BeckRS 2019, 4685 Rn. 11; LAG Düsseldorf NZA 2017, 1079 Rn. 6; aA LAG München BeckRS 2018, 26008 Rn. 11). Gegenstand ist nicht, worauf sich die (Streit-)Parteien einigen (Verhandlungsergebnisse/Zugeständnisse), sondern worüber sie gestritten haben (BGH AnwBl 1964, 204; BAG NJW-RR 2001, 495). **Überblick:** 7

– Ein Vergleichsmehrwert liegt va vor, wenn anlässlich des Räumungsvergleichs **weitere streitige Forderungen** geregelt werden, die nicht anhängig sind (N. Schneider NJW-Spezial 2019, 603). 8

– Auch eine in einem Räumungsvergleich vereinbarte Zahlung für zurückgelassene Mietersachen erhöht den Gegenstandswert (OLG Karlsruhe NZM 2009, 296; LG Meiningen JurBüro 2007, 593; Meyer JurBüro 2009, 16).
– Eine Vereinbarung über die Rückzahlung der **Mietsicherheit** ist dagegen idR nicht werterhöhend, da der Anspruch grds. unstreitig ist (N. Schneider NJW-Spezial 2019, 603).
– Die Vereinbarung über die **Fortführung** oder **Aufhebung des Mietvertrags** hat keinen Mehrwert, da es sich um den Räumungsanspruch handelt (OLG Hamm NZM 2018, 716; OLG Düsseldorf NJW-RR 2008, 1697; aA Winkler AGS 2019, 167 (168).
– Eine **Umzugsbeihilfe** oder eine **Abfindung** hat idR keinen Mehrwert, da ihnen keine streitige Forderung zugrunde liegt (OLG Stuttgart JurBüro 2012, 303; OLG Hamm NJW-RR 2011, 1224; OLG Düsseldorf NZM 2010, 177; OLG Karlsruhe NJW-RR 2009, 444; LG München AGS 2012, 144; aA Winkler AGS 2019, 167). Wird die Umzugsbeihilfe oder die Abfindung allerdings als Gegenleistung zur Abgeltung **anderer** nicht anhängiger Ansprüche gewährt, dann wirkt sich dies werterhöhend aus (N. Schneider NJW-Spezial 2019, 603). Maßgebend ist dann der Wert des Anspruchs, der durch die Umzugsbeihilfe abgegolten werden soll (LG Stuttgart BeckRS 2009, 6901 = JurBüro 2009, 86; LG Köln BeckRS 2002, 16799 = BRAGOReport 2001, 108; AG Köln NJW-RR 2003, 233).
– Umstritten ist, ob ein Vergleichsmehrwert vorliegt, wenn der Mieter bei Gewährung einer **Räumungs- oder Ziehfrist** auf weitergehende Ansprüche und ggf. auf Vollstreckungsschutz, soweit gesetzlich zulässig, **verzichtet** (bejahend OLG Düsseldorf BeckRS 2009, 23459; OLG Stuttgart BeckRS 2012, 5924; Elzer IMR 2016, 400; verneinend LG Baden-Baden, AGS 2013, 418; AG Hamburg BeckRS 2016, 12237; Meyer-Abich NJW 2020, 3091 Rn. 5).
– Einigen sich die Parteien anlässlich einer Klage auf Zustimmung zur Mieterhöhung nach § 558b BGB auf **Zahlung rückständiger Differenzbeträge,** kommt deren Berücksichtigung in Betracht, wenn die Zahlungsverpflichtung über den nach V 1 Fall 1 einzusetzenden Wert hinausgeht (OLG Dresden BeckRS 2006, 135339).

9 **III. Streit über Bestehen oder Dauer (I). 1. Anwendungsbereich. a) Überblick. aa) Allgemeines.** I erfasst den Streit über das (ggf. noch) **Bestehen** oder die **Dauer** eines Miet-, Pacht- oder ähnlichen Nutzungsverhältnisses wegen einer beweglichen oder unbeweglichen Sache.

10 IdR handelt es sich um positive oder negative **Feststellungsklagen** oder Klagen auf Fortsetzung des Mietverhältnisses aufgrund der Sozialklausel nach §§ 574, 574b, 574c BGB. Der bei positiven Feststellungsklagen ansonsten übliche Abschlag (→ ZPO § 3 Rn. 19 „Feststellungsklagen") **entfällt** allerdings, weil die von § 41 getroffene Sonderregelung vorrangig ist (→ Rn. 22).

11 **bb) Bestehen oder Dauer.** Die Vertragsparteien müssen darüber streiten, dass ein Pacht-, Miet- oder ähnliches Nutzungsverhältnis zwischen ihnen **besteht** oder wie lange dieses (noch) **fortdauert.** Damit sind Klagen auf Feststellung über Bestehen oder Dauer gemeint. Beim „Bestehen" geht es um den Streit, ob zwischen den Parteien ein Miet-, Pacht- oder ähnliches Nutzungsverhältnis geschlossen worden ist oder wie ein Verhältnis einzuordnen ist (BGH NZM 2010, 255). Bei der „Dauer" geht es um den Streit, wie lange zwischen den Parteien ein Miet-, Pacht- oder ähnliches Nutzungsverhältnis noch andauert. Begrifflich gehört auch der Streit um eine Räumung wegen der Beendigung eines solchen Verhältnisses hierher. Indessen schafft II für den Räumungsstreit vorrangige Sonderregeln. Dass der Fortbestand des Verhältnisses **nicht alleiniger** Gegenstand eines Rechtsstreits, sondern vielmehr **Vorfrage** einer Herausgabeklage ist, steht der Anwendung des § 41 I nicht entgegen (OLG Hamm BeckRS 2021, 10675 Rn. 9; aA OLG München BeckRS 2020, 3429 Rn. 5).

12 **cc) Streit.** Notwendig, aber auch **ausreichend** ist, dass die Parteien über Bestehen (→ Rn. 11) oder die Dauer (→ Rn. 11) eines Miet-, Pacht- oder ähnlichen Nutzungsverhältnisses streiten. Dabei ist nicht allein auf den Klagevortrag abzustellen (→ Rn. 20). § 41 I setzt auch nicht das Bestehen eines Miet-, Pacht- oder ähnlichen Nutzungsverhältnisses voraus, sondern nur den Streit darüber (OLG München JurBü-

ro 2020, 206 = NJOZ 2019, 427 Rn. 14). Es ist daher ausreichend, wenn der Beklagte mit seiner Einlassung ein Miet-, Pacht- oder ähnliches Nutzungsverhältnis einwendet (→ Rn. 20). Kein Streit liegt hingegen vor, wenn der Vortrag des Klägers, das Vertragsverhältnis, auf dem die Gebrauchsüberlassung beruhte, sei beendet, unstreitig ist (OLG München JurBüro 2020, 206 = NJOZ 2019, 427 Rn. 12). Auch wenn die Parteien um den Inhalt eines Vertrags streiten, zB über die Frage, ob ein Mieter berechtigt ist, einen Dritten in die Wohnung aufzunehmen, ist § 41 I nicht anwendbar. Der Gebührenstreitwert richtet sich dann nach § 48 iVm §§ 3, 6–9 ZPO (→ ZPO § 3 Rn. 23 „Mietvertrag (Mietverhältnis)"). Schließlich ist § 41 I auch dann nicht anwendbar, wenn – was kaum vorstellbar ist – unklar bleibt, ob die Parteien streiten (OLG München JurBüro 2020, 206 = NJOZ 2019, 427 Rn. 14).

dd) Wirksamkeit. I setzt nicht voraus, dass das Miet-, Pacht- oder ähnliche Nutzungsverhältnis wirksam besteht. Es reicht der bloße Einwand (→ Rn. 12). 13

b) Mietverhältnis. „Mietverhältnis" meint jeden Vertrag nach § 535 I 1 BGB; es kann auch ein Gewerbemietvertrag sein. Mietverhältnis idS ist zB auch das Untermietverhältnis (KG MDR 2013, 561; OLG Frankfurt a. M. ZMR 2012, 204). Bei einem **gemischten Vertrag** und insbesondere bei einem Hauswartvertrag ist für die Anwendbarkeit von § 41 maßgeblich, welcher Teil des Vertrags der wesentliche ist. Es kommt also darauf an, ob der Anteil des Dienst- oder der Anteil des Mietvertrags an dem gesamten Vertragsverhältnis überwiegt. 14

c) Pachtverhältnis. „Pachtverhältnis" meint Verträge iSv § 581 I 1 BGB. Zum Pachtverhältnis nach §§ 581 ff. BGB gehört auch das Unterpachtverhältnis. 15

d) Ähnliche Nutzungsverhältnisse. aa) Begriff. Ähnliche Nutzungsverhältnisse iSv § 41 I, II sind solche, die einen miet- oder pachtähnlichen „Charakter" aufweisen, ohne unmittelbar von §§ 535, 581 BGB erfasst zu werden. § 41 I, II sind insoweit auf Fälle zugeschnitten, wo sich zwei Parteien gegenüberstehen, die in unterschiedlichem Grade an dem Nutzungsgegenstand berechtigt sind, und wo der Kern des Streits um ein bloßes Nutzungsrecht (idR des Beklagten) geht (BGH NJW 1967, 1863). 16

bb) Beispiele. Entgeltliches Dauerwohnrecht (BGH NZM 2019, 292 Rn. 7; OLG Saarbrücken BeckRS 2018, 32920 Rn. 6), auch nach § 31 I 1 WEG (NK-GK/Kurpat § 41 Rn. 3), **Heimvertrag** (OLG Stuttgart NJW-RR 2005, 1733), ggf. **Landwirtschaftssachen** (OLG Stuttgart RdL 2020, 145), **Jagdpachtvertrag** (LG Saarbrücken JurBüro 1991, 582), **Leasing** (BGH BeckRS 2014, 17609 Rn. 18; OLG Hamm BeckRS 2021, 10675 Rn. 8; OLG München JurBüro 2020, 206 = NJOZ 2019, 427 Rn. 14; aA OLG Köln BeckRS 2021, 18565 Rn. 2, wenn der Leasingnehmer den Vertrag widerrufen hat), aber auch, wenig überzeugend, der **Leihvertrag** (BGH NZM 2016, 892 Rn. 5). Wird beim Kauf eines bebauten Grundstücks dem Verkäufer ein **dinglicher Nießbrauch** am Grundstück eingeräumt, dann betrifft die Räumungsklage des Eigentümers nach dem Tode des Nießbrauchers, der die Ausübung des Nießbrauches einem Dritten überlassen hatte, ein ähnliches Nutzungsverhältnis (OLG Köln WuM 1985, 125). Auch ein **schuldrechtliches Benutzungsrecht aus Gesellschaftsrecht** (BGH NZM 2016, 892 Rn. 5; NJW 1967, 2263 unter b) oder aus einem als möglich angesehenen Rückerwerb (BGH NZM 2016, 892 Rn. 7) soll ein ähnliches Nutzungsverhältnis sein können. Geht der Streit zentral darum, ob dem Beklagten gegen den Kläger ein Eigentumsverschaffungsanspruch und in diesem Zusammenhang ein Nutzungsrecht zusteht, liegt aber kein Nutzungsverhältnis vor (BGH NZM 2016, 892 Rn. 5; NJW 1967, 2263 unter b). Ein ähnliches Nutzungsverhältnis soll auch vorliegen, wenn der Ersteher in der Zwangsversteigerung mit dem Schuldner eine befristete Nutzungsvereinbarung getroffen hat (LG Berlin Rpfleger 1990, 35; aA LG Kassel Rpfleger 1987, 425). 17

cc) Gegenbeispiele. Automatenaufstellvertrag (OLG Koblenz VersR 1980, 1123), Franchisevertrag (OLG Stuttgart JurBüro 2007, 144), Übergangsverhältnis zwischen Verkäufer und Käufer (OLG Hamm NJW-RR 2012, 19; OLG Nürnberg MDR 2004, 966; aA OLG Schleswig OLGR 1998, 424; OLG Bamberg JurBüro 1981, 1047 nach einer Vertragsanfechtung), **unentgeltliche** Wohnungsrechte nach §§ 1093 ff. BGB (BGH BeckRS 2005, 13243; OLG Braunschweig NZM 2008, 423; OLG Köln JurBüro 2006, 477 = BeckRS 2006, 07867), öff.-rechtl. Leistungsverhältnisse. 18

e) Anderer Rechtsgrund. I ist auch dann anwendbar, wenn der Klaganspruch **nicht nur** aus dem strittigen Miet- oder Pacht- oder Nutzungsverhältnis selbst, 19 sondern auch aus anderen Rechtsgründen hergeleitet wird, bspw. aus dem **Eigentum,** sofern die Klagbegründung ergibt, dass um das Bestehen oder die Dauer eines Miet- oder Pacht- oder Nutzungsverhältnisses gestritten wird (BGH NJW 1953, 384). Die innere Rechtfertigung dieser Ansicht liegt darin, dass der Charakter des § 41 I als einer sozialen Zwecken (Verbilligung von Mietstreitigkeiten) dienenden Sondervorschrift zu einer weiten Auslegung führt (→ Rn. 2; BGH NJW 1967, 2263 unter b); NJW 1953, 384; RG DR 41, 2254).

20 **f) Einwand des Beklagten.** I ist auch dann anwendbar, wenn nur die beklagte Partei sich auf ein Miet-, Pacht- oder ähnliches Nutzungsverhältnis beruft (BGH NZM 2016, 892 Rn. 5; JurBüro 2010, 201 Rn. 9; grundlegend NJW 1967, 2263 unter b; s. auch OLG München JurBüro 2020, 206 = NJOZ 2019, 427 Rn. 14). Denn das Vorliegen eines Streits iSv § 41 I ist auch dann zu bejahen, wenn er erstmals vom Beklagten in den Prozess eingeführt wird. Im Übrigen spricht für diese Deutung, dass § 41 I zum Schutz der beklagten Partei weit auszulegen ist.

21 **g) Vertragsparteien.** Gerade die Vertragsparteien müssen streiten. Dass ein **Dritter** mit einer der Parteien über das Bestehen und die Dauer streitet, reicht **nicht** (NK-GK/Kurpat Rn. 1; s. auch BGH BeckRS 2018, 31675 Rn. 4; BeckRS 2000, 2490 unter II 1).

22 **2. Rechtsfolge. a) Grundsatz. aa) Überblick.** Ist der Anwendungsbereich eröffnet, ist grds. der Betrag des auf die **streitige Zeit** entfallenden **Entgeltes** maßgeblich. Ein „Feststellungsabschlag" (→ ZPO § 3 Rn. 19 „Feststellungsklage") ist **nicht** vorzunehmen (OLG München BeckRS 2020, 18751 Rn. 53; OLG Brandenburg BeckRS 2009, 88788), unabhängig davon, ob die Klage als positive oder negative Feststellungsklage formuliert ist (LG Berlin WuM 2014, 154). Werden in einer Klage a) durch Leistungsantrag ein Mietanspruch und b) durch Feststellungsantrag das Bestehen oder Nichtbestehen des Mietverhältnisses geltend gemacht, so sind die beiden Ansprüche einzeln zu bewerten und sodann zu addieren, **wenn** und soweit der Zeitraum, für den Zahlung verlangt wird, und der Zeitraum, für den das Bestehen oder Nichtbestehen des Mietverhältnisses festgestellt werden soll, **sich nicht decken.** Wenn und soweit sich die Zeiträume decken, ist allein auf den höheren Anspruch abzustellen, da es sich im Umfang der zeitlichen Kongruenz wirtschaftlich um denselben Gegenstand handelt (BGH NZM 2006, 378 Rn. 4; NJW-RR 2006, 378).

23 **bb) Entgelt. (1) Grundsatz.** „Entgelt" iSv § 41 I ist idR die **vereinbarte** (BGH NJOZ 2010, 1723 Rn. 9; NJW-RR 1997, 648) Nettomiete bzw. Nettopacht **zzgl. Umsatzsteuer** (BGH BeckRS 2021, 43491 Rn. 4; NJW 2007, 2050 Rn. 8; NJW-RR 2006, 378 Rn. 8; KG MDR 2013, 560 (561); OLG Stuttgart AGS 2009, 46; N. Schneider ZAP 2011, 1007 (1011)). Was als Nettomiete und -pacht geschuldet ist, ist dem **jeweiligen** Vertrag zu entnehmen. Vertragliche verbrauchsunabhängige Gegenleistungen wie etwa die Übernahme öffentlicher Abgaben und sonstiger Lasten, sind mithin zu berücksichtigen (BGH NJW-RR 2009, 775 Rn. 10). Bei einer mehrjährigen **schwankenden** Miete, zB der Staffelmiete oder bei einer Indexmiete, ist der höchste Jahresbetrag maßgebend (BGH NZM 2007, 935; 2006, 183; 2005, 944 unter II 2b bb; N. Schneider ZAP 2011, 1007 (1011); s. auch N. Schneider MietRB 2023, 14).

24 **(2) Nebenkosten (I 2).** I 2 wurde durch das KostRMoG v. 5.5.2004 (BGBl. I 718) ins Gesetz eingefügt. Er soll **klarstellen,** dass Zahlungen für Nebenkosten, die dem Vermieter, Verpächter oder Überlasser zufließen, nur dann als Entgelt anzusehen sind, wenn er sie ebenso wie das Grundentgelt erkennbar als **Gegenleistung für die Gebrauchsüberlassung** erhält (BT-Drs. 15/1971, 154). So liegt es, wenn Betriebskosten iSv § 556 II 1 BGB **als Pauschale** vereinbart sind **und** wenn die Pauschale **nicht gesondert abgerechnet** wird. Eine Pauschale kann sowohl in Form eines Festbetrags als auch in Höhe eines Prozentsatzes der Nettomiete vereinbart werden. Ob sie jährlich oder monatlich geschuldet wird, ist unerheblich.

25 **cc) Streitige Zeit.** Die „streitige Zeit" beginnt grds. mit der Klageerhebung (BGH BeckRS 2012, 23592 Rn. 5). Bei einer Klage auf Feststellung, dass die zu einem bestimmten Termin ausgesprochene fristlose Kündigung durchgreift, kommt es für den Beginn der streitigen Zeit allerdings auf den Zeitpunkt der fristlosen Kündigung an, und zwar auch dann, wenn er vor der Rechtshängigkeit des Feststellungsantrags liegt (BGH NJW-RR 2006, 378 Rn. 6; 2005, 867 (868); NJW 1958, 1291).

Für das **Ende** ist zu unterscheiden. Gibt es eine zwischen den Parteien **vereinbarte** Vertragslaufzeit, endet die streitige Zeit mit dem Ende der **Vertragslaufzeit** (BGH BeckRS 2014, 10065 Rn. 4). Bei Verträgen von **unbestimmter** Dauer endet die streitige Zeit grds. in dem Zeitpunkt, zu dem derjenige hätte kündigen können, der die **längere** Bestehenszeit des Vertrags für sich in Anspruch nimmt (BVerfG NZM 2006, 578; BGH BeckRS 2012, 23592 Rn. 5; NJW-RR 2009, 775 Rn. 8). Beruft sich ein Nutzungsberechtigter gegenüber einer Kündigung auf Schutzregeln, die das Kündigungsrecht einschränken und ihm ein Recht zur Fortsetzung der Nutzung geben, so dauert die streitige Zeit bis zu dem Zeitpunkt, den derjenige, der sich auf ein Nutzungsrecht beruft, als den für ihn **günstigsten** Beendigungszeitpunkt des Nutzungsvertrags in Anspruch nimmt (BGH BeckRS 2019, 1787 Rn. 6; BeckRS 2017, 131355 Rn. 1). Ist die „streitige" Zeit **nicht bestimm- oder feststellbar,** ist § 9 entsprechend anzuwenden (→ ZPO § 9 Rn. 8; N. Schneider ZAP 2011, 1007 (1012)). 26

b) Höchststreitwert. Der Streitwert ist auf das **einjährige Entgelt** iSv Rn. 22 **gedeckelt,** wenn das auf die streitige Zeit entfallende Entgelt **höher** wäre. 27

c) Anwendungsbereich nicht eröffnet. Ist der Anwendungsbereich nicht eröffnet, richtet sich der Gebührenstreitwert nach § 48 iVm §§ 3, 6–9 ZPO (OLG München JurBüro 2020, 206 = NJOZ 2019, 427 Rn. 7). 28

IV. Räumung wegen Beendigung des Rechtsverhältnisses (II 1). 1. Anwendungsbereich. a) Unbewegliche Sachen. II 1 ist anwendbar, wenn wegen Beendigung eines Miet-, Pacht- oder ähnlichen Nutzungsverhältnisses (→ Rn. 14 ff.) die **Räumung eines Grundstücks, Gebäudes oder Gebäudeteils** (→ Rn. 31) verlangt wird (BGH NJW-RR 1995, 781 unter III, OLG Frankfurt a. M. ZMR 2012, 204; OLG Stuttgart JurBüro 2012, 303). Maßgebend ist der in der Klage genannte Räumungsgrund. Keine Rolle spielt, auf wie viele Kündigungen der Kläger diesen Räumungsanspruch stützt (BGH BeckRS 2021, 43491 Rn. 6; OLG Brandenburg ZMR 2020, 641 = BeckRS 2020, 5440 Rn. 35; KG MDR 2012, 455). Auch die Zahl der Räumungsgründe ist bedeutungslos (OLG München NZM 2001, 749 [Ls.]). Schließlich ist auch **unerheblich,** ob **zugleich** über das Bestehen des Miet-, Pacht- oder ähnlichen Nutzungsverhältnisses insgesamt oder in einzelnen Teilen ein Streit besteht (BGH NJW-RR 1995, 781), ob das Verhältnis also in Wahrheit bereits nicht mehr besteht. Auf die Klage auf Herausgabe **beweglicher** Gegenstände ist § 41 II hingegen **nicht entsprechend** anwendbar (OLG München BeckRS 2020, 3429 Rn. 5; JurBüro 2020, 206 = NJOZ 2019, 427 Rn. 8). 29

b) Miet-, Pacht- oder ähnliches Nutzungsverhältnis. Zum Begriff „Miete" → Rn. 14, zum Begriff „Pacht" → Rn. 15, zum Begriff „Nutzungsverhältnis" → Rn. 16. 30

c) Grundstück, Gebäude oder Gebäudeteil. Der Begriff Grundstück meint einen räumlich abgegrenzten Teil der Erdoberfläche, der auf einem besonderen Grundbuchblatt allein oder auf einem gemeinschaftlichen Grundbuchblatt unter einer besonderen Nummer im Verzeichnis der Grundstücke gebucht ist (RGZ 84, 270). Gebäude ist ein nach allen Seiten abgeschlossenes Bauwerk, das einer Nutzung zugängliche Räume enthält, durch räumliche Umfriedung Schutz gewährt und den Eintritt von Menschen gestattet (OLG Schleswig MietRB 2016, 232; s. auch BGH MDR 1973, 39 = BeckRS 1972, 106424). Ob ein Bauwerk ein Gebäude ist, ist allein nach §§ 93 ff. BGB zu beurteilen (etwa auf § 70 III BewG kommt es nicht an). Ein Gebäudeteil iSd § 41 II ist ein Raum und/oder eine Fläche des Gebäudes, ggf. aber auch nur ein wesentlicher Gebäudebestandteil. Auf bewegliche Sachen, zB ein Kfz, ist § 41 II nicht, auch nicht entsprechend anwendbar (OLG München JurBüro 2020, 206 = NJOZ 2019, 427 Rn. 14). 31

d) Weitere Fälle. Stützt sich der Kläger **ausschließlich** auf einen anderen Rechtsgrund, ist der Wert nach § 48 I 1 iVm § 6 ZPO zu ermitteln (OLG Hamm NJW-RR 2012, 19 (20); OLG Nürnberg NJW-RR 2004, 1224). Wird die Klage auf Räumung zB der Mietsache mit der Klage auf Herausgabe eines **weiteren** Objekts verbunden wird, über das unstreitig kein Miet- oder Pachtvertrag oder ähnliches Nutzungsverhältnis abgeschlossen worden ist, ist der Streitwert zu spalten (OLG Nürnberg AGS 2012, 415; OLG Düsseldorf MietRB 2009, 292). Wird neben der 32

Räumung auf **Beseitigung** eingebrachter Gegenstände, Bepflanzungen und Aufbauten geklagt, ist für eine Werterhöhung grds. kein Raum (BGH NJW-RR 1995, 781; aA OLG Rostock FD-RVG 2014, 362174; KG NJW-Spezial 2013, 189; OLG Düsseldorf BeckRS 2008, 10708 Rn. 5). Anders verhält es sich, wenn der (Wider-)Beklagte im Rahmen einer objektiven (Wider-)Klagenhäufung (§ 260 ZPO) sowohl zur Herausgabe als auch zur Beseitigung von Bauwerken oder Einrichtungen verurteilt wird (BGH NZM 2016, 196 Rn. 11 zu § 8 ZPO).

33 **2. Rechtsfolge. a) Grundsatz. aa) Überblick.** Ist der Anwendungsbereich eröffnet, ist grds. und ohne Rücksicht darauf, ob über das Bestehen des Nutzungsverhältnisses Streit besteht, das für die **Dauer eines Jahres** zu zahlende **Entgelt** maßgebend. Wird nicht die Räumung und Herausgabe des gesamten Objektes verlangt, ist nur auf den Nutzungswert für die entsprechenden Teile abzustellen (LG Köln WuM 1993, 555; Meyer-Abich NZM 2016, 329 (343); N. Schneider ZAP 2011, 1007 (1012)).

34 **bb) Entgelt.** Zum Begriff des „Entgeltes" → Rn. 23.

35 **cc) Untermiete/Unterpacht.** Klagt der Hauptvermieter gegen den Untermieter auf Räumung, ist nicht auf die vom Untermieter an den Untervermieter zu zahlende Untermiete, sondern auf die vom Mieter an den Vermieter zu zahlende Hauptmiete anzuknüpfen (KG NJW-RR 2013, 1035 (1036); OLG Celle GE 2013, 546; OLG Düsseldorf MDR 1998, 126). Stützt der Vermieter seinen Herausgabeanspruch gegen den Untermieter zumindest auch auf Eigentum, ist nach § 41 II 2 für den Streitwert der Jahresnutzungswert auch dann maßgeblich, wenn die streitige Zeit weniger als ein Jahr beträgt (KG NJW-RR 2013, 1035 (1036); OLG Celle GE 2013, 546). Ist die Mietsache nur **teilweise** untervermietet worden und wird dementsprechend nur Herausgabe der untervermieteten Räume von dem Untermieter verlangt, haftet der Untermieter auch nur im Verhältnis der von ihm genutzten Fläche zur Gesamtfläche des Mietobjektes (KG ZMR 2013, 337).

36 **b) Ausnahme.** Der nach I zu bestimmende Wert ist maßgeblich, wenn er **geringer** ist.

37 **V. Räumung auch aus anderem Rechtsgrund (II 2). 1. Anwendungsbereich. a) Überblick.** II 2 ist originär anwendbar, wenn der Kläger **auch** aus einem anderen Rechtsgrund als demjenigen der Beendigung eines Miet-, Pacht- oder ähnlichen Nutzungsverhältnisses die Räumung oder Herausgabe verlangt (OLG Koblenz NZM 2014, 256; KG MDR 2013, 561; OLG Celle GE 2013, 546), zB Eigentum oder Nießbrauch. § 41 II 2 ist aber **auch dann** anwendbar, wenn die Räumungs- oder Herausgabeklage zwar **ausschließlich** auf das Eigentum gestützt wird (Rn. 37), sofern die **beklagte Partei** ein Miet-, Pacht- oder ähnliches Nutzungsverhältnis **einwendet** (stRspr, zB BGH NZM 2016, 892 Rn. 4, 5). § 41 II 2 ist entsprechend anwendbar, wenn die Räumung einer Mietwohnung von einer Person verlangt wird, welcher der Mieter unentgeltlich Besitz eingeräumt hat, zB dem Ehegatten (OLG Karlsruhe NZM 2004, 880; OLG Köln MDR 1999, 637 = BeckRS 1999, 10934) oder einem Lebenspartner (OLG Jena MDR 1998, 63; aA OLG Frankfurt a. M. OLGR 2009, 930). S. auch → Rn. 32.

38 **b) Räumung ausschließlich aus anderem Rechtsgrund.** II 2 ist **nicht** anwendbar bei einem Streit um eine Herausgabe nur aus einem **anderen** Grund als Miete, Pacht oder einem ähnlichen Nutzungsverhältnis, zB nach § 812 BGB, § 862 BGB oder § 985 BGB (OLG Bamberg JurBüro 1992, 625; LG Augsburg DGVZ 2005, 95; LG Kassel Rpfleger 1987, 425).

Beispiele: Streit zwischen Käufer und Verkäufer eines Hauses oder eines Wohnungseigentums auf Räumung (OLG Nürnberg JurBüro 2004, 377; OLG Karlsruhe JurBüro 1997, 478; OLG Frankfurt a. M. AnwBl 1984, 203; LG Augsburg DGVZ 2005, 95). Hier richtet sich der Gebührenstreitwert nach § 48 iVm §§ 3, 6–9 ZPO.

39 **2. Rechtsfolge.** Ist der Anwendungsbereich eröffnet, ist der **Wert der Nutzung** eines Jahres maßgebend (KG MDR 2013, 561; OLG Hamm NJW-RR 2011, 1224; OLG Koblenz WuM 2006, 581). Dieser ist nach § 546a I BGB zu ermitteln (dazu BGH NJW 2017, 1022 Rn. 14 ff.). Eine Begrenzung durch I ist nach hM **nicht** möglich, da II 2 auf diese Vorschrift nicht verweist (KG MDR 2011, 287; OLG Düsseldorf JurBüro 2011, 1 99; N. Schneider ZAP 2011, 1007 (1008)). Wird neben

dem Mieter auch dessen Untermieter verklagt, dann bleibt es beim einfachen Wert. Das zusätzliche Räumungs- und Herausgabeverlangen führt wegen wirtschaftlicher Identität nicht zu einer Werterhöhung (OLG Düsseldorf GE 2009, 1554).

VI. Klage auf Räumung und Zahlung. Soweit der Kläger **neben** der Räumung die Miete oder den Nutzungswert einklagt, sind der Wert des Räumungsanspruchs nach II und der Wert des Zahlungsanspruchs nach § 39 I zusammenrechnen. Wird nur über eine Zahlungsverpflichtung gestritten, ist § 41 I nicht einschlägig (BGH NJW-RR 2005, 938; OLG Hamm AGS 2019, 270). 40

VII. Räumung von Wohnraum und Fortsetzungsanspruch (III, IV). 1. Anwendungsbereich. III, IV sind anwendbar, wenn der Vermieter nach einer Kündigung **Räumung** verlangt und der Mieter der Kündigung widerspricht und in demselben Prozess nach § 574 I 1 BGB die Fortsetzung des Mietverhältnisses verlangt (Sozialklausel). Es ist **unerheblich,** in **welcher** prozessualen Form die Parteien eine Räumung und die Sozialklausel geltend machen. 41

2. Rechtsfolgen. a) Additionsverbot. Nach III werden die Werte **nicht** zusammengerechnet. Maßgeblich ist allein der nach → Rn. 22 ermittelte Wert des Entgeltes iSv I. Das Jahresentgelt richtet sich nach der derzeitigen **Höhe der Miete.** Wenn der Mieter der Räumung widerspricht und die Verlängerung des Mietverhältnisses gegen eine Mieterhöhung anbietet, etwa im Weg einer Feststellungswiderklage, ist der erhöhte Wert anzusetzen. Dasselbe gilt dann, wenn das Gericht den Räumungsanspruch abgewiesen und dahin entschieden hat, dass das Mietverhältnis gegen die Zahlung einer entsprechend erhöhten Miete fortzusetzen sei. Verlangt der Kläger neben der Räumung Beseitigung, erhöht dies den Gebührenstreitwert nicht (BGH NJW-RR 1995, 781 unter III). Bedarf es zur Vollstreckung allerdings einer **gesonderten** Titulierung, hat der Beseitigungsanspruch einen selbständigen Wert (OLG Rostock BeckRS 2014, 13191; KG MDR 2013, 430; OLG Düsseldorf GE 2008, 1255; OLG Hamburg NJW-RR 2001, 576). 42

b) Rechtmittelinstanz (IV). Für die Rechtsmittelinstanz ist nach IV der für den **ersten** Rechtszug maßgebende Wert zugrunde zu legen, sofern nicht die Beschwer geringer ist. Wenn also das Gericht den Mieter zur Räumung verurteilt hat, das **Rechtsmittelgericht** jedoch den Räumungsanspruch abweist und dahin entscheidet, dass das Mietverhältnis gegen die Zahlung einer erhöhten Miete fortzusetzen sei, bleibt es bei dem Streitwert der ersten Instanz. Dasselbe gilt dann, wenn der Vermieter in der Rechtsmittelinstanz nur eine erhöhte Miete fordert. 43

VIII. Erhöhung der Wohnungsmiete (V 1 Fall 1). 1. Anwendungsbereich. 44
V 1 Fall 1 ist bei **Ansprüchen des Vermieters** auf Erhöhung der Miete für **Wohnraum** anwendbar. Das meint Klagen nach § 558b BGB, aber auch Klagen auf Zahlung der nach §§ 557a, 557b BGB geschuldeten Staffel- oder Indexmiete sowie Erhöhungsverlangen bei preisgebundenem Wohnraum. Der Anwendungsbereich ist ferner eröffnet bei Feststellungsklagen nach einer einseitigen Mieterhöhung des Vermieters und auch bei einer negativen Feststellungsklage des Mieters, die gegen eine solche gerichtet ist (KG MDR 2014, 1309; NJW-RR 2013, 262).

Der Anwendungsbereich ist **nicht** eröffnet für die Erhöhung der Miete bei **anderen** Mietverhältnissen, zB bei Geschäftsraum (OLG Hamburg MDR 1990, 1024; OLG Schleswig SchlHA 1992, 180; Mümmler JurBüro 1984, 332), für die Erhöhung der Pacht, die Erhöhung beim Erbbaurecht (Mümmler JurBüro 1980, 971) oder eines anderen Nutzungsentgeltes. Der Anwendungsbereich ist **auch nicht eröffnet** bei einer Klage auf zukünftige Leistung einer erhöhten Miete (BGH NZM 2004, 423) sowie entsprechende Feststellungsklagen (KG NZM 2010, 514). Der Anspruch „auf" Erhöhung der Miete und der Anspruch „aus" der Mieterhöhung sind zweierlei (KG NZM 2010, 514). Hier sind jeweils § 48 iVm §§ 3, 6–9 ZPO anwendbar. 45

2. Rechtsfolge. a) Grundsatz. Ist der Anwendungsbereich eröffnet, berechnet sich der Gebührenstreitwert grds. anhand des **Jahresbetrags** der **zusätzlich** geforderten Miete (V 1). Dies gilt auch für negative Feststellungsklagen (LG Köln JurBüro 1999, 305). Der **Unterschiedsbetrag** zwischen der bisherigen und der geforderten höheren Miete ist ausgehend von derjenigen Miete zu berechnen, die im Zeitpunkt der Klagerhebung galt (LG Köln JurBüro 1999, 305; BT-Drs. 15/1971, 155). Ihr ist 46 nach § 40 derjenigen Betrag gegenüberzustellen, den der Vermieter bei der Klagerhebung oder später im Wege einer Klagerhöhung fordert und den der Mieter nicht bezahlen will (aA LG Bremen WuM 1982, 131: eine freiwillige teilweise Zahlung vor der Rechtshängigkeit kann den Streitwert mindern). Was zur Miete gehört, bestimmt sich wie bei → Rn. 22 ff. Das alles gilt auch für den Rechtsmittelwert (LG Hannover MDR 1994, 1148).

47 **b) Ausnahme.** Endet das Mietverhältnis vor Ablauf eines Jahres, ist allerdings ein entsprechend **niedrigerer** Betrag maßgebend (V 2).

48 **IX. Feststellung der Minderung (V 1 Fall 2). 1. Anwendungsbereich.** V 1 Fall 2 ist auf Feststellungsklagen bei der Miete für Wohnraum anwendbar. Unterschiedliche Wertbemessungsgrundlagen bei Mieterhöhung und Mietminderung erschienen dem Gesetzgeber, va aus dem Blickwinkel betroffener Mieterinnen und Mieter, nicht nachvollziehbar (BR-Drs. 656/20, 57; zum alten Recht BGH WuM 2020, 300 Rn. 3; NJW-RR 2017, 204 Rn. 7). Der Anwendungsbereich ist **nicht** eröffnet für die Erhöhung für andere Mietverhältnisse, zB Geschäftsraum, für die Pacht, das Erbbaurecht oder ein anderes Nutzungsentgelt. Bei der Frage, ob V 1 Fall 2 auf **Mischmietverträge** anzuwenden ist, ist darauf abzustellen, ob die gewerbliche Nutzung oder diejenige zu Wohnzwecken überwiegt (s. auch BGH NJW 2014, 2864 Rn. 26; „Übergewichts-/Schwerpunkttheorie"). Dabei ist auf den Vertragszweck abzustellen (BGH NJW 2014, 2864 Rn. 28; Prütting/Wegen/Weinreich/Elzer BGB § 535 Rn. 14). Überwiegt danach die Nutzung als Wohnraum, ist Wohnraummietrecht anzuwenden. Bei der gebotenen Einzelfallprüfung sind alle auslegungsrelevanten Umstände des Einzelfalls zu berücksichtigen, wobei etwa der Verwendung eines auf eine der beiden Nutzungsarten zugeschnittenen Vertragsformulars, dem Verhältnis der für die jeweilige Nutzungsart vorgesehen Flächen und der Verteilung der Gesamtmiete auf die einzelnen Nutzungsanteile Indizwirkung zukommen kann. Auf **Zahlungsklagen,** denen eine Mietminderung zugrunde liegt, ist V 1 Fall 2 nicht anwendbar (N. Schneider NZM 2021, 429).

49 **2. Rechtsfolge. a) Grundsatz.** Ist der Anwendungsbereich eröffnet, berechnet sich der Gebührenstreitwert grds. anhand des **Jahresbetrags** der behaupteten, nicht der „angemessenen" Mietminderung (BR-Drs. 656/20, 57).

50 **b) Ausnahme.** Endet das Mietverhältnis vor Ablauf eines Jahres, ist ein entsprechend **niedrigerer** Betrag maßgebend (V 2).

51 **X. Erzwingung von Erhaltungsmaßnahmen (V 1 Fall 3). 1. Anwendungsbereich.** V 1 Fall 3 ist originär bei Ansprüchen des **Wohnungsmieters** auf Durchführung von Erhaltungsmaßnahmen iSv § 555a BGB anwendbar. Dies soll nach Ansicht des BGH auch für den **Gewerberaummieter** gelten (BGH NJW 2006, 3060 Rn. 6; NZM 2006, 138 Rn. 13). Weder aus dem Gesetzeswortlaut noch aus der Begründung des Gesetzes lasse sich eine Beschränkung auf die Wohnraummiete herleiten. **Stellungnahme.** V 1 Hs. 2 Fall 3 sollte **nur** den Streit der Parteien eines Wohnraummietvertrages klären (vgl. BT-Drs. 15/1971, 154/155).

52 Über den eigentlichen Anspruch auf Erhaltung der Mietsache soll V 1 Fall 3 ferner anwendbar sein, wenn der Mieter andere **Maßnahmen** verlangt, um einen **Mangel der Mietsache** zu beheben (BGH NJW 2006, 3060 Rn. 6; NZM 2006, 138 Rn. 14), zB die Kündigung gegenüber einem **störenden Mitmieter** (BGH NJW 2006, 3060 Rn. 6; NZM 2006, 138 Rn. 14). Etwas anderes soll hingegen für einen auf ein Konkurrenzverbot gestützten Unterlassungsanspruch gelten (BGH NJW 2006, 3060 Rn. 6). Auch bei einer Klage des Mieters auf **Feststellung,** die Miete sei **gemindert,** ist V 1 Hs. 2 weder direkt noch analog anzuwenden (BGH NJOZ 2017, 171 Rn. 9; NJW-RR 2017, 204 Rn. 7). Die Voraussetzungen für eine Analogie sind nicht gegeben. § 41 V ist abschließend formuliert. Der Gebührenstreitwert ist daher nach § 48 iVm §§ 3, 6–9 ZPO zu ermitteln.

53 Für das **selbständige Beweisverfahren** in Bezug auf eine Erhaltungsmaßnahme ist V 1 Fall 2 grds. entsprechend anwendbar (OLG Hamburg NJOZ 2010, 492 LG Stade AGS 2014, 74 = BeckRS 2012, 16619). Das gilt jedoch **nicht,** wenn der Antragsteller bereits bei Antragstellung deutlich macht, dass er das selbständige Beweisverfahren zur Vorbereitung einer möglichen Kostenvorschussklage nach § 536a BGB betreibt (→ ZPO § 3 Rn. 23 „Mietvertrag (Mietverhältnis)").

2. Rechtsfolge. a) Grundsatz. Ist der Anwendungsbereich eröffnet, berechnet sich der Gebührenstreitwert grds. nur nach dem Jahresbetrag einer **angemessenen Mietminderung.** Hintergrund der Deckelung sind sozialpolitische Erwägungen. Erhaltungsmaßnahmen können hohe Kosten verursachen und damit im Streitfall zu hohen Streitwerten führen (BT-Drs. 15/1971, 154). **54**

Bemessungsgrundlage ist die Grundmiete mit **allen** Nebenkosten. Im Gegensatz zu I 2 ist von der Gesamtmiete inklusive Nebenkostenvorauszahlung auszugehen, da Ausgangsbasis für die Mietminderung die Bruttomiete ist, unabhängig davon, ob die Nebenkosten als Pauschale oder als Vorauszahlung vereinbart sind (OLG München NJOZ 2014, 102; Fölsch NZM 2016, 500 (502)). Ggf. ist entsprechend § 287 ZPO zu schätzen. **55**

b) Ausnahme. Endet das Mietverhältnis **vor Ablauf eines Jahres,** ist allerdings ein entsprechend niedrigerer Betrag maßgebend (V 2). **56**

XI. Duldung von Modernisierungs- und/oder Erhaltungsmaßnahmen (V 1 Fall 4). 1. Anwendungsbereich. V 1 Fall 4 ist anwendbar, wenn der Vermieter zB nach § 555a I BGB und/oder § 555d I BGB gegen den **Wohnraummieter** (BT-Drs. 15/1971, 154; aA BGH NZM 2006, 138 Rn. 13) auf Duldung einer Erhaltungs- (§ 555a BGB) und/oder Modernisierungsmaßnahme (§ 555b BGB) klagt. Entsprechend ist V 1 Fall 4 für die Duldungsklagen nach § 15 WEG anwendbar. **57**

2. Rechtsfolge. a) Grundsatz. Ist der Anwendungsbereich eröffnet, berechnet sich der Gebührenstreitwert grds. nach dem Jahresbetrag einer **möglichen Nettomieterhöhung** (aA LG Berlin NZM 2018, 949 Rn. 4), in Ermangelung dessen, zB bei § 555a BGB, einer sonst **möglichen Mietminderung.** Bemessungsgrundlage für die Mietminderung ist die Grundmiete mit **allen** Nebenkosten. Hintergrund der Deckelung sind sozialpolitische Erwägungen. Modernisierungs- oder Erhaltungsmaßnahmen können hohe Kosten verursachen und damit im Streitfall zu hohen Streitwerten führen (BT-Drs. 15/1971, 154). **58**

Im Gegensatz zu I 2 ist von der Gesamtmiete inkl. Nebenkostenvorauszahlung auszugehen, da Ausgangsbasis für die Mietminderung die Bruttomiete ist, unabhängig davon, ob die Nebenkosten als Pauschale oder als Vorauszahlung vereinbart sind (s. auch OLG München NJOZ 2014, 102). Ggf. ist entsprechend § 287 ZPO zu schätzen. **59**

b) Ausnahme. Endet das Mietverhältnis vor Ablauf eines Jahres, ist allerdings ein entsprechend niedrigerer Betrag maßgebend (V 2). **60**

XII. Streitgegenstände mit Bezug auf I–V. Es gibt eine ganze Reihe von Streitgegenständen aus dem Bereich der Miet-, Pacht- und ähnlichen Nutzungsverhältnisse, die **nicht** I–V unterfallen, sondern § 48 iVm §§ 3, 6–9 ZPO. Kurzüberblick im ABC (auch → ZPO § 3 Rn. 23 „Mietverträge (Mietverhältnis)" sowie umfassend BeckOK Streitwert/Winkler Mietrecht): **61**

Abmahnung (Gegenstandswert). → ZPO § 3 Rn. 11 ff. Die Abmahnung fußt idR auf § 543 III 1 BGB, bereitet also eine Kündigung vor. Vor diesem Hintergrund wird häufig 1/3 des Kündigungsstreitwertes angesetzt (Harsch MDR 2021, 71 (72)). Näher liegt ein kleinerer Bruchteil, zB 1/10 (s. auch LG Hamburg BeckRS 2016, 4515: 2 Bruttokaltmieten). **62**

Abnahme (Gegenstandswert). → ZPO § 3 Rn. 11 ff. (Harsch MDR 2021, 71 (73)).

Abschluss Mietvertrag. → ZPO § 3 Rn. 23 „Willenserklärung" (BGH NZM 2021, 434 Rn. 3; OLG Düsseldorf MDR 2010, 715).

Antenne (Beseitigung). → ZPO § 3 Rn. 23 „Mietverträge (Mietverhältnis)". Zum Streit um die Anbringung oder Entfernung einer Antenne → „Beseitigung". Es geht um das Maß der Beeinträchtigung, nicht um die Kosten der Beseitigung (→ „Beseitigung"). Die Praxis setzt idR einen Wert von 300 EUR bis 500 EUR an (siehe beispielhaft LG Cottbus NZM 2014, 584).

Aufhebungsvertrag (Gegenstandswert). § 99 GNotKG analog (Harsch MDR 2021, 71 (72)).

Auskunft über die Miete. → ZPO § 3 Rn. 23 „Auskunft" (s. a. LG Berlin BeckRS 2022, 27533 Rn. 2).

Balkonplane. → ZPO § 3 Rn. 23 „Beseitigung", → ZPO § 3 Rn. 23 „Fassade".

Beheizung. → ZPO § 3 Rn. 6. Geht es um Erhaltung, siehe V Fall 2.

Berufsausübung. → ZPO § 3 Rn. 11 ff.
Beseitigung. → ZPO § 3 Rn. 23 „Beseitigung".
Besichtigung (Klage auf Duldung). Bei einer Besichtigung gilt → ZPO § 3 Rn. 23 „Mietverträge (Mietverhältnis)". Maßgeblich ist das **Interesse an der Besichtigung** (LG Berlin BeckRS 2021, 27913 Rn. 2). Häufig wird von einem Streitwert bis zu 600 EUR ausgegangen (BGH NJW-RR 2010, 1081 Rn. 11; NJW-RR 2007, 1384 Rn. 8). Dient die Besichtigung der Weitervermietung oder Veräußerung, bietet es sich an, einen Bruchteil der zu erwirtschaftenden Miete, zB 1/10 der 3,5fachen Jahresmiete (§ 9 ZPO) oder des beabsichtigten Kaufpreises zu nehmen, zB 1/100 (LG Berlin WuM 2018, 100). Geht es nur um eine Besichtigung, um den **Zustand** zu sichten, ist zB eine Monatsmiete angesetzt worden (LG Saarbrücken ZMR 2008, 974; das LG Berlin hat hingegen pauschal 300 EUR angesetzt, LG Berlin MietRB 2022, 146 = BeckRS 2021, 27913 Rn. 2; s. auch Schneider MietRB 2022, 146).
Besitzeinräumung. § 6 ZPO.
Besitzstörung. → ZPO § 3 Rn. 23 „Besitz (Störung)" (OLG Düsseldorf MDR 2012, 1187).
Betriebskosten (Erhöhung). Siehe V Fall 1.
Betriebskostenabrechnung (Gegenstandswert). Wird der Rechtsanwalt beauftragt, eine vom Vermieter geltend gemachte Nachforderung aus einer Betriebskostenabrechnung abzuwehren, so richtet sich der Gegenstandswert nach dem **Wert des Nachzahlungsbetrags** (AG Düsseldorf JurBüro 2009, 256; AG Hamburg BeckRS 2008, 29224; Fölsch NZM 2016, 500 (502); aA Harsch MDR 2021, 71 (72): Gesamtwert der abgerechneten Kostenarten in der jeweiligen Einzelhöhe des betreffenden Mieters). Wird der Rechtsanwalt beauftragt, eine Betriebskostenabrechnung zu prüfen, ist der auf den Mieter entfallende Saldo anzusetzen (aA LG Hamburg BeckRS 2009, 28481: Bruchteil). Klagt der Mieter **auf Abrechnung,** bemisst sich der Gegenstandswert nach dem Interesse an der Betriebskostenabrechnung (LG Frankfurt a. M. NZM 2000, 759). Für die Klage auf Einsicht in die Betriebskostenbelege sind ggf. 1/5 bis 1/10 der Hauptsache – des geltend gemachten Rückforderungsbetrags – anzusetzen (LG Köln ZMR 1997, 656).
Einsichtnahme. → ZPO § 3 Rn. 23 „Auskunft".
Energie- und/oder Wasserversorgung. → ZPO § 3 Rn. 6 (OLG Hamburg NZM 2011, 792; AG Kerpen MDR 1990, 929). Geht es um Erhaltung, V Fall 2.
Entfernung von Sachen. → „Beseitigung". → ZPO § 3 Rn. 23 „Mietverträge (Mietverhältnis)" ist anwendbar, soweit keine Räumung Gegenstand ist (LG Cottbus ZMR 2014, 382).
Erhöhung (Miete). → Mieterhöhung.
Erhaltungsmaßnahme (Vornahme). V Fall 2. Für aus der (unterbliebenen) Erhaltung abgeleitete Zahlungsklagen gilt § 48 I iVm §§ 3, 6–9 ZPO (Fölsch NZM 2016, 500 (502)). Legt der auf Duldung verurteilte Mieter ein Rechtsmittel ein, geht es um die Nutzungseinschränkung und etwaige Aufwendungen (BGH 15.11.2022 – VIII ZR 26/22, BeckRS 2022, 40951 Rn. 10).
Fassade. → ZPO § 3 Rn. 23 „Beseitigung". Wird der Vermieter verurteilt, die Anbringung eines Transparentes, Plakats oder Banners durch den Mieter an der Fassade des Hauses zu dulden, richtet sich der Rechtsmittelstreitwert nach dem Wertverlust, den er durch die Beeinträchtigung der Substanz und/oder des optischen Gesamteindrucks seines Hauses erleidet (BGH NJW 2019, 2468 Rn. 11; NJW 2006, 2639 Rn. 8).
Feststellung der nach §§ 556d ff. BGB **höchstzulässigen Miete.** Klagt der Mieter auf Feststellung der nach §§ 556d ff. BGB höchstzulässigen Miete soll bei einem Vergleich § 41 V Fall 1 für die danach nicht mehr im Streit stehende Miete zu bewerten sein (LG Berlin BeckRS 2022, 27533 Rn. 4). Diese Analogie trägt aber nicht. Tatsächlich ist der Anspruch nach § 9 ZPO mit dem 42fachen Monatsinteresse in Bezug auf den Wert, der nach Behauptung des Mieters zu viel gezahlt wird, zu bewerten.
Haustier. → ZPO § 3 Rn. 23 „Mietverträge (Mietverhältnis)". Bei dem Streit um Haustiere kommt es auf die Bedeutung der Tierhaltung für die Lebensführung des Mieters im Einzelfall an (BGH NZM 2018, 462 Rn. 23).

Instandsetzungsmaßnahme (Vornahme). → Erhaltungsmaßnahme.
Kaution. IdR → ZPO § 6 (Harsch MDR 2021, 71 (72)).
Konkurrenzangebot. → ZPO § 3 Rn. 23 „Mietverträge (Mietverhältnis)". Beim Streit um ein Konkurrenzangebot ist der Gewinnausfall von 42 Monaten anzusetzen (BGH NZM 2006, 777 Rn. 8).
Kündigung (Gegenstandswert). Verfasst, prüft und beantwortet der Rechtsanwalt ein Kündigungsschreiben, richtet sich der Gegenstandwert nach § 41 II.
Kostenvorschuss zur Ausübung des Selbsthilferechtes (§ 536a II BGB). → ZPO § 3 Rn. 23 „Mietverträge (Mietverhältnis)". V 1 Fall 2 ist nicht entsprechend anwendbar (OLG Rostock BeckRS 2019, 31521 Rn. 6; LG Stade AGS 2014, 74 = BeckRS 2012, 16619; LG Berlin NJOZ 2013, 733; aA LG Berlin NJW 2012, 693). Betreibt der Mieter gegen den Vermieter ein selbständiges Beweisverfahren zur Vorbereitung eines Anspruchs auf Vorschuss für eine Ersatzvornahme, bemisst sich der Streitwert des selbständigen Beweisverfahrens nach den Kosten, die entstanden wären, wenn die Mängelbeseitigung durchgeführt worden wäre (LG Stade AGS 2014, 74 = BeckRS 2012, 16619; LG Bonn ZMR 2009, 38 = BeckRS 2008, 7436). Für den Vorschussanspruch nach § 536a II BGB bemisst sich der Gebührenstreitwert an der Höhe der voraussichtlichen Kosten einer Schadensbeseitigung (LG Stade AGS 2014, 74 = BeckRS 2012, 16619).
Lärm. → ZPO § 3 Rn. 23 „Besitz (Störung)".
Mahnung (Gegenstandswert). Maßgeblich ist bei der Miete die Höhe der angemahnten Beträge. → „Beseitigung".
Mängelbeseitigung: Der Erfüllungs- bzw. Mängelbeseitigungsanspruch ist dem Mietminderungsrecht spiegelbildlich und entsprechend zu bewerten (BGH WuM 2020, 300 Rn. 3; NJW 2000, 3142 (3143)), mithin mit dem $3^1/_2$-fachen Jahresbetrag der auf Grund des Mangels gegebenen Mietminderung (BGH WuM 2020, 300 Rn. 3; NJW 2000, 3142 (3143)).
Miete (künftige). → ZPO § 9.
Mieterhöhung. Bei Wohnraum V Fall 1 (auch für den Gegenstandswert). IÜ siehe § 9 ZPO.
Miethöhe (Feststellung): → ZPO § 9.
Mietsicherheit (Kaution). Grds. geht es um den Gegenstandswert und ist der Wert nach → ZPO § 3 Rn. 23 „Mietverträge (Mietverhältnis)" zu ermitteln (Höhen nennt N. Schneider NZM 2010, 466). Auch → ZPO § 3 Rn. 23 „Auskunft". Ist der Rechtsanwalt damit beauftragt, die Mietsicherheit einzufordern oder die Einforderung abzuwehren, bemisst sich der Wert gem. § 6 nach dem Wert der verlangten Sicherheit (N. Schneider NZM 2010, 466). Dies gilt auch, wenn als Sicherheit Sparforderungen, Genossenschaftsanteile oder andere Rechte verpfändet sind. Klagen auf ordnungsmäßige Anlage der Sicherheit sind nach → Rn. 6 mit dem Interesse an der Sicherung (Verlustrisiko) zu bewerten, idR mit einem Bruchteil des Anlagebetrags (AG Neumünster WuM 1996, 632).
Modernisierung: Duldung siehe V 1 Fall 3. Klagen auf Zahlung des nach einer Modernisierung auf den Mieter **umlagefähigen Mietaufschlags** nach § 559 I BGB siehe § 9 ZPO (aA KG GE 2014, 1529; NZM 2013, 23; LG Bonn AGS 2014, 475; LG Berlin GE 2015, 1295).
Nebenkosten. → ZPO § 3 Rn. 23 „Mietverträge (Mietverhältnis)". Zu einer Rechnungslegung wegen Nebenkosten → ZPO § 3 Rn. 23 „Auskunft". Zum Gegenstandswert → „Betriebskostenabrechnung".
Nutzungsentschädigung (zukünftige). Der Wert ist nach **heute hM** nach → ZPO § 3 Rn. 23 „Mietverträge (Mietverhältnis)" und nicht nach § 9 ZPO zu bestimmen (OLG Dresden BeckRS 2018, 33651 Rn. 9; OLG Hamburg BeckRS 2018, 37361 Rn. 4; NZM 2017, 475 Rn. 11; OLG Celle NJOZ 2014, 531; OLG Stuttgart MDR 2011, 513; Fölsch NZM 2016, 500 (502)). Selbst in „einfach gelagerten Fällen" soll der Wert grds. auf den 12-fachen Betrag der geforderten monatlichen Nutzungsentschädigung festzusetzen sein, davon sechs Monate für das Erkenntnis- und sechs Monate für das Zwangsvollstreckungsverfahren (BGH NZM 2007, 600 unter b); OLG Hamburg NZM 2017, 475 Rn. 12; KG MDR 2007, 645; LG Bremen BeckRS 2020, 34765 Rn. 3; LG Konstanz WuM 2018, 201). Ein **kürzerer** Zeitrahmen kann allerdings angesetzt werden, soweit entsprechende

gerichtliche Verfahren zügiger ablaufen sollten, längere Wartezeiten bei den Gerichtsvollziehern nicht zu erwarten sind oder aus in der Klageschrift vorgetragenen Umständen auf eine kurzfristige Räumung des Mieters geschlossen werden kann (LG Bremen BeckRS 2020, 34765 Rn. 4; LG Hamburg BeckRS 2017, 121784 Rn. 4; Fölsch NZM 2016, 500 (503); s. auch Meyer-Abich NJW 2020, 3091 Rn. 6: 6 Monate).

Räumungsaufwand. Eine Klage auf Beseitigung von Einrichtungen oder Gegenständen bemisst sich nach → ZPO § 3 Rn. 23 „Mietverträge (Mietverhältnis)" idR nach den Beseitigungskosten. Wird zugleich auf Räumung geklagt, erfolgt keine Werterhöhung.

Räumungsfrist. → ZPO § 3 Rn. 23 „Mietverträge (Mietverhältnis)". Auf die Bemessung des Gegenstandswertes für Streitigkeiten über die Bewilligung, Verlängerung oder Verkürzung von Räumungsfristen ist § 41 nicht anwendbar. Bei der Streitwertbemessung ist auf die auf die streitige Dauer der Räumungsfrist entfallende Nutzungsentschädigung abzustellen (OLG Koblenz NZM 2005, 360; OLG Frankfurt a. M. WuM 1981, 46; s. auch OLG Stuttgart NJW-RR 2007, 15; Meyer-Abich NJW 2020, 3091 Rn. 5; NZM 2016, 329 (344)). Beantragt der Mieter eine „angemessene" Räumungsfrist, sind grds. 3 Mieten anzusetzen (Meyer-Abich NJW 2020, 3091 Rn. 5). Für die Verlängerung der Räumungsfrist nach § 721 III 1 ZPO werden keine Gerichtsgebühren erhoben. Der **Gegenstandswert** richtet sich nach § 25 II RGV. Maßgeblich ist die Miete bezogen auf den begehrten Verlängerungszeitraum (OLG Stuttgart BeckRS 2006, 10458).

Rechte und Pflichten von Mieter und Vermieter. Jeweils im Einzelfall nach → ZPO § 3 Rn. 23 „Mietverträge (Mietverhältnis)", etwa: Gebrauch (BGH BeckRS 2015, 32297 Rn. 10), Klage des Vermieters auf Schönheitsreparaturen (Harsch MDR 2021, 71 (73)), Müllcontainer (LG Köln WuM 1990, 394), Pflicht zum Schneeräumen, Recht zur Untervermietung (Zustimmung), Zutritt (KG JurBüro 2010).

Schönheitsreparaturen (Durchführung). Klage des Mieters, V Fall 2.

Selbständiges Beweisverfahren. → ZPO § 3 Rn. 23 „Selbständiges Beweisverfahren".

Untervermietung. Im Verhältnis zwischen Untermieter und dessen Vermieter gelten die Ausführungen zum Mietverhältnis. Im Verhältnis zwischen dem Vermieter des Untermieters und dem Hauptvermieter gilt → „Rechte und Pflichten von Mieter und Vermieter". Klagt der Hauptvermieter gegen den Mieter und/oder Untermieter auf Räumung und Herausgabe (§§ 546 II, 985 BGB), bemisst sich der Wert nach dem Jahresbetrag der Hauptmiete (KG FD-RVG 2013, 343365; aA OLG Frankfurt a. M. ZMR 2012, 204). Klagt der Mieter gegen den Vermieter auf Erteilung der Erlaubnis zur Untervermietung, ist streitig, was gilt (nach § 9 insgesamt 3 1/2 Jahre: ua KG NJW-RR 2017, 331 Rn. 9; entsprechend § 41 I GKG nur 1 Jahr: ua OLG Saarbrücken OLG-Report 2008, 43; KG NZM 2006, 519; OLG Celle NZM 2000, 190).

Vertragsabschluss. I ist nicht anwendbar, wenn auf Abschluss eines Miet-, Pacht- oder ähnlichen Nutzungsverhältnisses geklagt wird (OLG Saarbrücken NJOZ 2010, 1515; OLG Bremen BeckRS 2009, 19635; aA LG Dortmund WuM 1991, 358: bei angespannter Lage auf dem Wohnungsmarkt). Der Wert ist nach §§ 3, 9 ZPO zu ermitteln (OLG Saarbrücken NJOZ 2010, 1515; OLG Bremen BeckRS 2009, 19635).

Wiederkehrende Leistungen

42 I 1 **Bei Ansprüchen auf wiederkehrende Leistungen aus einem öffentlich-rechtlichen Dienst- oder Amtsverhältnis, einer Dienstpflicht oder einer Tätigkeit, die anstelle einer gesetzlichen Dienstpflicht geleistet werden kann, bei Ansprüchen von Arbeitnehmern auf wiederkehrende Leistungen sowie in Verfahren vor Gerichten der Sozialgerichtsbarkeit, in denen Ansprüche auf wiederkehrende Leistungen dem Grunde oder der Höhe nach geltend gemacht oder abgewehrt werden, ist der dreifache Jahresbetrag der wiederkehrenden Leistungen maßgebend, wenn nicht der Gesamtbetrag der**

geforderten Leistungen geringer ist. [2] Ist im Verfahren vor den Gerichten der Verwaltungs- und Sozialgerichtsbarkeit die Höhe des Jahresbetrags nicht nach dem Antrag des Klägers bestimmt oder nach diesem Antrag mit vertretbarem Aufwand bestimmbar, ist der Streitwert nach § 52 Absatz 1 und 2 zu bestimmen.

II [1] Für die Wertberechnung bei Rechtsstreitigkeiten vor den Gerichten für Arbeitssachen über das Bestehen, das Nichtbestehen oder die Kündigung eines Arbeitsverhältnisses ist höchstens der Betrag des für die Dauer eines Vierteljahres zu leistenden Arbeitsentgelts maßgebend; eine Abfindung wird nicht hinzugerechnet. [2] Bei Rechtsstreitigkeiten über Eingruppierungen ist der Wert des dreijährigen Unterschiedsbetrags zur begehrten Vergütung maßgebend, sofern nicht der Gesamtbetrag der geforderten Leistungen geringer ist.

III [1] Die bei Einreichung der Klage fälligen Beträge werden dem Streitwert hinzugerechnet; dies gilt nicht in Rechtsstreitigkeiten vor den Gerichten für Arbeitssachen. [2] Der Einreichung der Klage steht die Einreichung eines Antrags auf Bewilligung der Prozesskostenhilfe gleich, wenn die Klage alsbald nach Mitteilung der Entscheidung über den Antrag oder über eine alsbald eingelegte Beschwerde eingereicht wird.

Schrifttum: Baldus/Deventer, Gebühren, Kostenerstattung und Streitwertfestsetzung in Arbeitssachen, 1993; Bläsing, Der Streitwert im arbeitsgerichtlichen Verfahren, 2001; Christl, Prozess-/Verfahrenskostenhilfe für Mehrvergleich, NJW 2021, 2010; Meier/Oberthür, Gebühren, Streitwerte und Rechtsschutzversicherung im Arbeitsrecht, 4. Aufl. 2016; Tschope/Ziemann/Altenburg, Streitwert und Kosten im Arbeitsrecht, 2013.

Übersicht

1 **I. Normzweck und Normgeschichte.** Die Bestimmung ist **unsystematisch** verortet, da sie zu den **besonderen** Wertvorschriften der §§ 48 ff. gehört. Sie hat ihre heutige Form durch das 2. KostRMoG v. 23.7.2013 (BGBl. I S. 2586) erhalten. Dieses hat den bis dahin geltenden I mit Regelungen zu Geldrenten wegen Tötung oder Verletzung **aufgehoben,** weil § 48 iVm §§ 3, 9 ZPO eine angemessene Bewertungsnorm für die betroffenen Ersatzansprüche zur Verfügung stelle (BT-Drs. 17/11471, 245). Die Absätze II-IV sind ohne inhaltliche Änderung zu den Absätzen I–III geworden. Die Inhalte des § 42 befanden sich bis 2004 in § 17 GKG aF und bis 1975 in § 13 GKG aF. Das KostRMoG v. 5.5.2004 (BGBl. I 718) hatte die Regelungen des § 12 VII ArbGG berücksichtigt. § 42 dient im Kern **sozialen** Zwecken (GmS-OGB NJW 2011, 1211), also einer Wertbegrenzung (s. auch BVerfG NZA 2011, 354 Rn. 23; BGH NJW 2020, 1811 Rn. 22; LAG Berlin-Brandenburg BeckRS 2019, 14670 Rn. 14; LAG Nürnberg NZA-RR 2014, 262; OVG Nordrhein-Westfalen FamRZ 2002, 35; OVG Saarland JurBüro 2000, 421; Rn. 34; BT-Drs. 1/3516, 26). Parallelnorm zu I und III ist § 51 FamGKG.

2 I bestimmt **abschließend** den Gebührenstreitwert für **wiederkehrende** Leistungen aus bestimmten Tätigkeiten (→ Rn. 10 ff.).

3 II 1 bestimmt, wie der Gebührenstreitwert vor den Gerichten für Arbeitssachen zu bestimmen ist, wenn über das Bestehen, das **Nichtbestehen** oder die **Kündigung** eines **Arbeitsverhältnisses** gestritten wird (→ Rn. 34 ff.). II 1 dient nach hM ferner als **Wertobergrenze** für Streitgegenstände, die der Norm nicht unterfallen, jedoch nicht höher bewertet werden können als das Interesse für Bestandschutzstreitigkeiten (→ Rn. 35; BGH NZA 2006, 287 unter II. 2; OLG Düsseldorf BeckRS 2011, 24179). Dies gilt beispielsweise für den Hauptgeschäftsführer einer Handwerkskammer (BGH NJW-RR 2006, 213 unter II. 2), die Feststellungsklage vor den ordentlichen Gerichten, ein Anstellungsverhältnis sei nicht durch Kündigung beendet worden (OLG Düsseldorf BeckRS 2011, 24179) oder das Vorstandsmitglied einer gesetzlichen Krankenkasse (LG Hamburg NSZ 2002, 336), aber auch für die Entfernung schriftlicher Abmahnungen aus einer Personalakte (→ Rn. 64 „Abmahnung"), für den Anspruch auf Erteilung eines qualifizierten Arbeitszeugnisses (LAG Nürnberg BeckRS 2013, 73308; s. auch Streitwertkatalog für die Arbeitsgerichtsbarkeit I Nr. 29 (Urteilsverfahren), in diesem Werk abgedruckt → Streitwertkatalog ArbGG) oder Streit um Unterlassung und Widerruf von Behauptungen (LAG Nürnberg BeckRS 2020, 12860). Auch bei Teilzeitbegehren und Begehren auf Verringerung der Ar-

beitszeit des Arbeitnehmers soll II Grenzen setzen (LAG Hamburg BeckRS 2011, 69659; LAG Rheinland-Pfalz BeckRS 2011, 72922). II 2 ordnet an, was bei **Rechtsstreitigkeiten über Eingruppierungen** gilt (→ Rn. 50 ff.).

4 III 1 erfasst in einer Abweichung von dem **nachrangigen** § 40 mit einer zusätzlichen Bewertungsvorschrift den Zeitraum vor der Einreichung der Klage (OLG Schleswig SchlHA 1988, 145), III 2 trifft dieselbe Regelung für den Zeitraum vor der Einreichung eines Prozesskostenhilfegesuchs nach § 117 ZPO.

5 **II. Anwendungsbereich. 1. Überblick.** § 42 ist zur Bestimmung des **Gebührenstreitwertes** für alle in § 1 genannten Verfahren anwendbar, soweit in §§ 39–41, 43 ff. keine Sonderbestimmungen getroffen werden, und **soweit** es keine Fest- oder Jahresgebühren gibt oder keine Kostenfreiheit besteht. In seinem Anwendungsbereich **verdrängt** er § 52 (→ § 52 Rn. 5). Sachlich kostenfrei sind gem. § 2 II die kollektivrechtlichen Streitigkeiten im Beschlussverfahren nach § 2a I ArbGG sowie gerichtliche Entscheidungen in arbeitsrechtlichen Schiedssachen (§§ 103 III, 108 III, 109 ArbGG). Zu **objektiven** Klagehäufungen → § 39 Rn. 9 ff., zu **subjektiven** → § 39 Rn. 16. Liegen danach mehrere Streitgegenstände (→ § 39 Rn. 7) vor, ist § 42 grds. **jeweils** anzuwenden. Bei mehreren Kündigungen (dazu Zintl/Naumann NZA-RR 2014, 19) kann man die zweite ggf. aber mit nur 2 Monatsbeträgen bewerten (LAG Berlin BB 1987, 479). Anders ist es allerdings bei **wirtschaftlicher Identität** (→ § 39 Rn. 17 ff.). Etwa beim Zusammentreffen einer fristlosen und einer fristgerechten Kündigung kommt grds. keine Werterhöhung in Betracht (LAG Hamm NZA-RR 2022, 599 Rn. 6 ff.; LAG Düsseldorf BeckRS 2018, 9305 Rn. 3 ff.; LAG Berlin MDR 2003, 1203; LAG Köln JurBüro 1991, 64; LAG Baden-Württemberg JurBüro 1991, 212; s. auch Streitwertkatalog für die Arbeitsgerichtsbarkeit I Nr. 21 (Urteilsverfahren), in diesem Werk abgedruckt → Streitwertkatalog ArbGG). Dasselbe gilt beim Hinzutreten einer Feststellung (LAG Köln NZA-RR 2008, 381). Auch wenn der Kläger mehrere zu unterschiedlichen Terminen in einem noch nahen Zusammenhang erklärte Kündigungen in demselben Verfahren angreift, kann Identität vorliegen (s. auch BAG JurBüro 2011, 88; LAG Rheinland-Pfalz MDR 2007, 1105; LAG Nürnberg JurBüro 2008, 252; aA VerfGH Berlin JurBüro 2013, 480; LAG Berlin MDR 2006, 358; LAG Rheinland-Pfalz NZA-RR 2006, 657). Ob es sich um eine nichtvermögensrechtliche Streitigkeit iSv § 48 II handelt, ist für die Anwendung von § 42 unerheblich. § 42 unterscheidet in allen Absätzen auch **nicht** zwischen Leistungs- und Feststellungsklagen (→ Rn. 19; → Rn. 53; LAG Düsseldorf JurBüro 2019, 81 = BeckRS 2018, 32836 Rn. 6). Bei einem Arrest, einer einstweiligen Anordnung oder Verfügung nach §§ 916 ff., 935 ff. ZPO **verdrängt** § 53 I Nr. 1 den § 42 (s. auch Binz/Dörndorfer/Zimmermann/Dörndorfer Rn. 1). Im Hauptprozess gilt der volle Wert nach § 42 und nicht nur der das Eilverfahren übersteigende Betrag (OLG Karlsruhe NJW-RR 1999, 583). Ist der Anwendungsbereich des § 42 **nicht** eröffnet, zB bei einer Rentenzahlung nach § 253 BGB (OLG Zweibrücken JurBüro 1978, 1550), bei Ansprüchen aus §§ 823, 843, 845 BGB, § 225 BEG (BGH JurBüro 1959, 87), §§ 10 ff. StVG, §§ 21 ff. LuftVG, oder bei einem Impfschaden (BGH JurBüro 1970, 389), ist § 48 iVm §§ 3, 6–9 ZPO anwendbar. Ggf. sind aber die Wertungen des II 1 anwendbar (→ Rn. 3). In Verfahren in Kindergeldangelegenheiten vor den Gerichten der Finanzgerichtsbarkeit ist § 42 I 1, III nach § 52 III 3 Hs. 1 entsprechend anzuwenden. An die Stelle des dreifachen Jahresbetrags tritt aber der **einfache** Jahresbetrag (§ 52 III 3 Hs. 1).

6 **2. Zuständigkeits- und Rechtsmittelstreitwert.** Was für den Zuständigkeits- und Rechtsmittelstreitwert gilt, bestimmt grds. § 9 ZPO, iÜ §§ 3, 6–8 ZPO.

7 **3. Gegenstandswert. a) Überblick.** Für den Gegenstandswert in gerichtlichen Verfahren ist I in Urteilsverfahren über § 23 I 1 RVG unmittelbar anwendbar, für außergerichtliche Tätigkeiten nach § 23 I 3 RVG entsprechend, wenn der Gegenstand der Tätigkeit auch Gegenstand eines gerichtlichen Verfahrens sein könnte. In **Beschlussverfahren** nach § 2a I ArbGG sowie gerichtlichen Entscheidungen in arbeitsrechtlichen Schiedssachen (§§ 103 III, 108 III, 109 ArbGG) ist der Gegenstandswert nach § 23 III 2 Hs. 1 RVG festzusetzen. In Ermangelung genügender tatsächlicher Anhaltspunkte für eine Schätzung und bei nichtvermögensrechtlichen

Gegenständen ist er nach § 23 III 2 Hs. 1 RVG mit 5.000 EUR, nach Lage des Falles niedriger oder höher, jedoch nicht über 500.000 Euro anzunehmen.

8 **b) Vergleich (Vergleichsmehrwert).** Soweit ein Vergleich über nicht gerichtlich anhängige Gegenstände geschlossen wird, entsteht nach KV 1900 eine 0,25-Gebühr. Es kann dann zu einem **Vergleichsmehrwert** kommen (→ § 45 Rn. 56; → § 41 Rn. 7). Gegenstand ist nicht, worauf sich die (Streit-)Parteien einigen (Verhandlungsergebnisse/Zugeständnisse), sondern worüber sie **gestritten** haben (→ § 45 Rn. 57). Der Gegenstandswert ergreift also alle streitigen, in den Vertrag einbezogenen Ansprüche. Kurzüberblick (s. auch Streitwertkatalog für die Arbeitsgerichtsbarkeit I Nr. 25 (Urteilsverfahren), in diesem Werk abgedruckt → Streitwertkatalog ArbGG):

9 – **Arbeitsbescheinigung.** Die Einigung in einem Vergleich über die Erstellung einer Arbeitsbescheinigung hat keinen Mehrwert, wenn zwar vorgerichtlich zur Erstellung einer Arbeitsbescheinigung aufgefordert wurde, der Anspruch des Klägers auf Erstellung der Arbeitsbescheinigung zum Zeitpunkt der Geltendmachung aber noch nicht fällig war, es sich in der Sache um einen Hilfsantrag für den Fall des Wirksamwerdens der Kündigung handelte und die Parteien den Vergleich bereits vor dem möglichen Fälligkeitszeitpunkt geschlossen haben (LAG Berlin-Brandenburg ArbRAktuell 2020, 403).
– **Ausgleichsklauseln.** Bei Ausgleichsklauseln, die unbezifferte Forderungen auf Ersatz gegenwärtigen und / oder künftigen Schadens ausschließen, ist auf die Wahrscheinlichkeit des Schadenseintritts, die Höhe des (auch künftigen) Schadens, sowie das Risiko der tatsächlichen Inanspruchnahme abzustellen, um unrealistische und überhöhte Wertfestsetzungen zu verhindern, die aus nur vage in Aussicht gestellten Schadensszenarien entstehen könnten (LAG Düsseldorf BeckRS 2018, 25724 Rn. 6; s. auch Streitwertkatalog für die Arbeitsgerichtsbarkeit I Nr. 25.1.5 und I Nr. 25.1.6 (Urteilsverfahren), in diesem Werk abgedruckt → Streitwertkatalog ArbGG).
– **Beendigung des Arbeitsverhältnisses.** uch → „Kündigung". Streiten die Parteien um die Erteilung eines qualifizierten, berufsfördernden Arbeitszeugnisses, einigen sie sich aber auch über die Beendigung des Arbeitsverhältnisses, liegt ein Mehrwert vor, der zB mit drei Bruttomonatsgehältern anzusetzen ist (LAG Hamburg BeckRS 2021, 9270 Rn. 14; s. auch Streitwertkatalog für die Arbeitsgerichtsbarkeit I Nr. 25.1.2 (Urteilsverfahren), in diesem Werk abgedruckt → Streitwertkatalog ArbGG).
– **Betriebsrente.** Bei ihrer Klärung in einem Vergleich ergibt sich idR keine Werterhöhung (LAG Köln NZA-RR 2009, 504).
– **Firmenwagen.** Bei seiner Rückgabepflicht in einem Vergleich ergibt sich idR kein Mehrwert (LAG Köln NZA-RR 2009, 504).
– **Freistellungsvereinbarung.** Eine Freistellungsvereinbarung ist mit bis zu einer Monatsvergütung zu bewerten, wenn sich eine Partei eines Anspruchs auf oder eines Rechtes zur Freistellung berühmt hat (LAG Rheinland-Pfalz BeckRS 2019, 4685 Rn. 13; LAG Düsseldorf NZA 2017, 1079 Rn. 7; aA LAG Hamburg BeckRS 2016, 73116). IdR handelt es sich aber um eine Gegenleistung des Arbeitgebers im Streit über die Beendigung des Arbeitsverhältnisses, die kein Mehrwert ist (LAG Berlin-Brandenburg NZA-RR 2020, 551; LAG Köln NZA-RR 2009, 504; LAG Nürnberg MDR 2004, 779).
– **Kündigung.** S. auch Beendigung des Arbeitsverhältnisses. Hat der Arbeitgeber im Rahmen eines Kündigungsschutzrechtsstreits **weitere Beendigungstatbestände** in das Verfahren eingebracht, erhöhen diese den Gegenstandswert jedenfalls dann, wenn die klagende Partei zum Ausdruck gebracht hat, sich auch gegen diese Beendigungsgründe zur Wehr setzen zu wollen (LAG Berlin-Brandenburg BeckRS 2022, 2501 Rn. 8). Wird zur Beendigung eines anderen Verfahrens hinsichtlich einer darin angegriffenen weiteren Kündigung eine Regelung in einen Vergleich aufgenommen, entsteht hierdurch grds. ein Vergleichsmehrwert (LAG Berlin-Brandenburg ZInsO 2022, 1229 = BeckRS 2022, 2501 Rn. 10). Die Einigung, die streitgegenständlichen Vorwürfe nicht aufrechtzuerhalten, führt idR nicht zu einem Vergleichsmehrwert (LAG Nürnberg BeckRS 2022, 24348 Rn. 24; LAG Schleswig-Hollstein FD-RVG 2018, 406263; aA Mayer FD-RVG 2018, 406263).

– **Nebentätigkeit.** Bei ihrer Zulassung in einem Vergleich ergibt sich kein Mehrwert (LAG Köln NZA-RR 2009, 504).
– **Titulierungsinteresse.** Wenn über den im Vergleich mitgeregelten nicht anhängigen Gegenstand zuvor kein Streit und keine Ungewissheit bestand, besteht ggf. ein Titulierungsinteresse (LAG Berlin-Brandenburg ZInsO 2022, 1229 = BeckRS 2022, 2501 Rn. 11; LAG Hamburg BeckRS 2021, 14466 Rn. 6; s. auch Streitwertkatalog für die Arbeitsgerichtsbarkeit I Nr. 25.2 (Urteilsverfahren), in diesem Werk abgedruckt → Streitwertkatalog ArbGG). Dies gilt aber nicht, wenn es lediglich um die gerichtliche Beurkundung unstreitiger Forderungen oder die deklaratorische Feststellung von Rechtsfolgen der arbeitsrechtsvertraglichen Rechtsbeziehungen geht (LAG Köln BeckRS 2016, 68648; LAG Hamm NZA-RR 2007, 437). Bei der Vereinbarung eines Arbeitszeugnisses mit inhaltlichen Festlegungen zum Leistungs- und Führungsverhalten ist das Merkmal der „Ungewissheit" in typischer Weise dann erfüllt, wenn Gegenstand des Rechtsstreits eine auf Verhaltens- oder Leistungsmängel gestützte Kündigung war (LAG Hamburg BeckRS 2021, 14466 Rn. 6). Auch → „Zeugnis".
– **Turbo- oder Sprinterklausel.** Die Veränderung des Beendigungszeitpunktes führt (auch bei Verknüpfung mit einer Erhöhung des Abfindungsbetrags – Turbo- oder Sprinterklausel) nicht zu einem Vergleichsmehrwert (LAG Rheinland-Pfalz BeckRS 2019, 4685 Rn. 18; s. auch Streitwertkatalog für die Arbeitsgerichtsbarkeit I Nr. 25.1.1 (Urteilsverfahren), in diesem Werk abgedruckt → Streitwertkatalog ArbGG).
– **Urlaubsabgeltung und Überstundenvergütung bzw. Freizeitausgleich.** Wird zB in einem Vergleich in einer Kündigungsschutzklage auch eine Regelung zur Urlaubsabgeltung und Überstundenvergütung bzw. Freizeitausgleich gefunden, liegt idR ein Mehrwert vor (LAG Hamburg BeckRS 2012, 73126).
– **Zeugnis.** S. auch Streitwertkatalog für die Arbeitsgerichtsbarkeit I Nr. 25.3 (Urteilsverfahren), in diesem Werk abgedruckt → Streitwertkatalog ArbGG. Steht eine betriebsbedingte Kündigung im Streit oder fehlen Angaben über die Kündigungsgründe, bedarf es zur Festsetzung eines Vergleichsmehrwertes für eine Zeugnisregelung regelmäßig **näherer Angaben,** aus denen ein im Zeitpunkt des Vergleichs bestehender Streit bzw. eine Ungewissheit über den Zeugnisanspruch geschlossen werden kann (LAG Berlin-Brandenburg ZInsO 2022, 1229 = BeckRS 2022, 2501 Rn. 17; NZA-RR 2020, 551). Gleiches gilt für eine Zeugnisregelung nach einem Streit über die Wirksamkeit einer Befristungsabrede, wobei vor allem auf die Gründe für die fehlende Fortsetzung des Arbeitsverhältnisses abzustellen ist (LAG Berlin-Brandenburg NZA-RR 2020, 551). Beim Beendigungsvergleich erhöht sich der Wert nicht durch die Pflicht zu einem qualifizierten Zeugnis (LAG Schleswig-Holstein NZA-RR 2015, 47; LAG Köln NZA-RR 2008, 382). S. auch → „Titulierungsinteresse".

III. Ansprüche auf wiederkehrende Leistungen (Grundsätze; I). 1. Überblick. Voraussetzung für die Anwendung von I ist, dass die klagende Partei Anspruch auf wiederkehrende Leistungen (→ Rn. 12) hat. I erfasst auch solche Ansprüche auf wiederkehrende Leistungen, die erst im **Laufe des Rechtsstreits** (→ § 39 Rn. 12) fällig werden, oder wenn die klagende Partei die Klage von Feststellung auf Zahlung umstellt (LAG Düsseldorf JurBüro 2019, 81 = BeckRS 2018, 32836 Rn. 11). Ferner erfasst I **Klageerweiterungen** (OLG Karlsruhe NJW-RR 2016, 189 Rn. 16). Insoweit ist aber jeweils grds. III zu beachten (→ Rn. 54). Dass zunächst ein Feststellungsantrag vorlag, ist unerheblich (aA OLG Karlsruhe NJW-RR 2015, 633 Rn. 13). 10

2. Anspruch. Anspruch iSv I ist nach § 194 I BGB das Recht, von einem anderen ein Tun oder Unterlassen zu verlangen. Anspruch idS ist nach hM aber **nicht** das Anwartschaftsrecht (BAG NZA 2015, 1471 Rn. 14). Ausreichend ist allerdings, dass die Feststellung eines Anspruchs verlangt wird (BAG NZA 2015, 1471 Rn. 5). 11

3. Begriff der wiederkehrenden Leistungen. a) Überblick. Wiederkehrende Leistungen iSv I sind einseitige Verpflichtungen, die sich in ihrer Gesamtheit als Folge **ein und desselben** Rechtsverhältnisses ergeben, so dass eine einzelne Leistung nur noch vom **Zeitablauf** abhängig ist (s. auch BGH NJW 2015, 873 Rn. 33; 2007, 294 Rn. 8; LAG Hessen BeckRS 2021, 12396 Rn. 10; LAG Düsseldorf JurBüro 2019, 81 12

= BeckRS 2018, 32836 Rn. 10). Aus dem Vortrag der Klagepartei muss sich ergeben, dass aus Ihrer Sicht ein Anspruch auf wiederholte Gewährung der Leistung besteht und dass die Leistungen aus demselben Rechtsverhältnis für bestimmte Zeitabschnitte geschuldet sind. Dies gilt auch bei Verrechnungseinbehalten, wenn Grund und Höhe stetig gleichbleibend sind (LAG Nürnberg BeckRS 2014, 100136 Rn. 5). Eine wiederkehrende Leistung liegt ferner vor, wenn **ausschließlich** die bis zur Klageeinreichung angefallenen Rückstände aus wiederkehrenden Leistungen geltend gemacht werden (BAG NZA 2003, 456 unter III; LAG Nürnberg BeckRS 2014, 100136 Rn. 6; Bader jurisPR-ArbR 28/2021 Anm. 7), selbst dann, wenn sie als Gesamtbetrag geltend gemacht werden. Für die Bewertung von Ansprüchen auf wiederkehrende Leistungen kommt es nicht auf die Art der Klage und die Anzahl der eingeklagten Streitgegenstände, sondern allein auf den Inhalt des geltend gemachten Anspruchs an (BAG NZA 2003, 456 unter III 1; LAG Nürnberg BeckRS 2014, 100136 Rn. 6). Das zu Verlangende braucht auch **nicht** in **Geld** zu bestehen (LAG Hessen BeckRS 2021, 12396 Rn. 10). Möglich sind auch **andere** Leistungen, zB die fortlaufende Zurverfügungstellung einer Monatskarte für den öffentlichen Personennahverkehr (BAG NZA 2019, 1065 Rn. 32), die wiederkehrende Lieferung einer bestimmten Menge von Kaminholz (OLG Düsseldorf OLGR 1994, 195), ein Dienstwagen (LAG Hessen BeckRS 2021, 12396 Rn. 10; LAG Hamburg BeckRS 2012, 72973), Dienstwohnungen (LAG Hessen BeckRS 2021, 12396 Rn. 10), Urlaubstage (LAG Hessen BeckRS 2021, 12396 Rn. 13), wobei jeder Urlaubstag zB mit dem Urlaubsentgelt für diesen Tag zu bemessen ist (siehe auch Streitwertkatalog für die Arbeitsgerichtsbarkeit I Nr. 24.1 (Urteilsverfahren), in diesem Werk abgedruckt → Streitwertkatalog ArbGG), oder die Pflicht, einmal jährlich bestimmte Unterlagen vorzulegen (BAG NZA 2018, 1420 Rn. 27; BeckOK ZPO/Bacher ZPO § 258 Rn. 4). Auch der Feststellungsantrag eines Arbeitnehmers, für geleistete Überstunden Freizeitausgleich in Anspruch zu nehmen, ist als Antrag auf wiederkehrende Leistungen anerkannt worden (LAG Hessen BeckRS 2021, 12396 Rn. 10).

13 **b) Gegenbeispiele.** Keine wiederkehrende Leistung ist zB der Anspruch auf eine Beihilfe, auf eine einmalige Zuwendung, auf eine Gewinnbeteiligung oder auf eine Sozialhilfeleistung (OVG Bremen JurBüro 2002, 80).

14 **IV. Ansprüche auf wiederkehrende Leistungen aus einem öffentlich-rechtlichen Dienst- oder Amtsverhältnis (I Fall 1). 1. Begriff des öffentlich-rechtlichen Dienst- oder Amtsverhältnisses.** Öffentlich-rechtliche Dienst- oder Amtsverhältnisse bestehen bei öffentlich-rechtlichen Dienstherren, dh beim Bund, bei Ländern, Gemeinden und Gemeindeverbänden sowie sonstigen Körperschaften, Anstalten und Stiftungen des öffentlichen Rechtes.

15 **Amtsverhältnisse** bekleiden etwa der Bundespräsident, die Inhaber von Regierungsämtern auf Bundes- oder Landesebene, Parlamentarische Staatssekretäre oder Abgeordnete des Bundestags oder der Landtage.

16 Unter die öffentlich-rechtlichen **Dienstverhältnisse** fallen sowohl Beamtenverhältnisse als auch öffentlich-rechtliche Beschäftigungsverhältnisse außerhalb des Beamtenrechtes, wie zB Richter- oder Soldatenverhältnisse.

17 **2. Wiederkehrende Leistungen.** Dazu → Rn. 12 ff.

18 **3. Rechtsfolge (I 1). a) Grundsatz.** Liegen die Tatbestandsvoraussetzungen vor, ist grds. der **dreifache Jahresbetrag** der wiederkehrenden Leistungen maßgebend. Zu diesem Betrag sind nach III grds. die bei Einreichung der Klage **fälligen** Beträge **hinzuzurechnen** (dazu → Rn. 54 ff.). I verdrängt für wiederkehrende Leistungen grds. § 52 (→ Rn. 21).

19 Handelt es sich um eine Feststellungsklage, ist der übliche Abschlag (→ ZPO § 3 Rn. 19 „Feststellungsklage") **nicht** zu machen (BAG NZA 2015, 1471 Rn. 5; LAG Berlin-Brandenburg BeckRS 2020, 4600; BeckRS 2019, 14670 Rn. 7; LAG Baden-Württemberg BeckRS 2014, 73892). Denn § 42 unterscheidet **nicht** zwischen Leistungs- und Feststellungsklagen (→ Rn. 5). II 1 ist mangels Lücke nicht entsprechend anwendbar (s. auch LAG Hamburg BeckRS 2012, 72973).

20 **b) Ausnahmen (I Hs. 2). aa) Gesamtbetrag der geforderten Leistungen ist geringer.** Ist der Gesamtbetrag der geforderten Leistungen **geringer** als der dreifache Jahresbetrag, ist der Gesamtbetrag maßgebend. Wenn die Partner einen Arbeitsvertrag

auf unbestimmte Zeit mit dem Kündigungsrecht eines Vertragspartners abgeschlossen hatten, ist für die Frage, was der Gesamtbetrag ist bis zum nächstmöglichen Vertragsende zu rechnen (OLG Köln NJW-RR 1995, 318; LAG Baden-Württemberg AnwBl 1988, 181).

bb) Höhe des Jahresbetrags unbestimmt (I 2). Ist die Höhe des Jahresbetrags 21 nach dem Antrag des Klägers nicht bestimmt oder nach diesem Antrag mit vertretbarem Aufwand nicht bestimmbar, ist der Streitwert nach § 52 I, II zu bestimmen.

cc) Andere Beurteilung erforderlich. Nach Ansicht der Gerichte soll eine **Verringerung** möglich sein, wenn die wirtschaftliche Bedeutung des Klageantrags „eine andere Beurteilung erfordert" (BAG NZA-RR 2017, 271 Rn. 6; NZA 2015, 1471 Rn. 12; LAG Berlin-Brandenburg NZA-RR 2021, 205 Rn. 16), zB für eine rentenrechtliche Anwartschaft oder die Wirksamkeit der Änderung der Arbeitsbedingungen durch den Arbeitgeber. **Stellungnahme.** Dieser Ansicht ist nicht zu folgen. § 42 I bietet dafür keine Handhabe (s. auch Völp NZA 2020, 495 (498)). 22

V. Ansprüche auf wiederkehrende Leistungen aus einer Dienstpflicht oder Tätigkeit, die anstelle einer gesetzlichen Dienstpflicht geleistet werden kann (I 1 Fall 2). 1. Begriff. Dienstpflicht iSd Gesetzes ist die zurzeit ausgesetzte Wehrpflicht nach dem WPflG, Tätigkeit anstelle der Dienstpflicht ist der ebenso ausgesetzte Zivildienst nach dem ZDG. 23

2. Wiederkehrende Leistungen. Dazu → Rn. 12 ff. 24

3. Rechtsfolge. Liegen die Tatbestandsvoraussetzungen vor, ist grds. der dreifache Jahresbetrag der wiederkehrenden Leistungen maßgebend. Zu diesem Betrag sind nach III grds. die bei Einreichung der Klage fälligen Beträge hinzuzurechnen (→ Rn. 18 ff.). Ist der Gesamtbetrag der geforderten Leistungen geringer, ist dieser maßgeblich (→ Rn. 20). Ist die Höhe des Jahresbetrags nach dem Antrag des Klägers nicht bestimmt oder nach diesem Antrag nicht mit vertretbarem Aufwand bestimmbar, ist der Streitwert nach § 52 I, II zu bestimmen (→ Rn. 21). 25

VI. Ansprüche auf wiederkehrende Leistungen von Arbeitnehmern (I 1 Fall 3). 1. Begriff. a) Arbeitnehmer. Arbeitnehmer iSv I 1 Fall 3 sind **abhängig** Beschäftigte, Arbeiter und Angestellte. **Keine** Arbeitnehmer sind daher zB selbständige Unternehmer, freiberuflich Tätige (zB Arzt, Rechtsanwalt), Handwerker oder Handelsvertreter (LAG Nürnberg NZA-RR 2001, 53; Binz/Dörndorfer/Zimmermann/Dörndorfer Rn. 5). 26

b) Organe/angestellte Freiberufler. Auf Gehalts- und / oder Rentenklagen von **Mitgliedern des Vertretungsorgans** einer Handelsgesellschaft oder Genossenschaft ist I 1 Fall 3 **entsprechend** anwendbar (BGH NJW-RR 2006, 213 unter II 2b; 1986, 676 unter 1; NJW 1981, 2465 (2466); OLG Rostock BeckRS 2014, 4154). Ebenso liegt es für die Ansprüche **angestellter Freiberufler,** etwa Ärzte und Juristen (LAG Hamm AnwBl. 1976, 166), soweit es um wiederkehrende Bezüge (zB die Altersversorgung durch ein berufsständisches Versorgungswerk; OVG Münster JurBüro 1997, 197) oder um eine Aufwandsentschädigung geht (Binz/Dörndorfer/Zimmermann/Dörndorfer Rn. 5). 27

2. Wiederkehrende Leistungen. Dazu → Rn. 12 ff. I 1 Fall 3 unterfallen ua Lohn-, Gehalts- und Ansprüche auf im Arbeitsverhältnis wurzelnde Renten der betrieblichen Altersversorgung (LAG Baden-Württemberg BeckRS 2010, 72951). Ferner Anträge zur Feststellung der Wirksamkeit einer Betriebsvereinbarung (LAG Hamm NZA-RR 2006, 595). Eine wiederkehrende Leistung können der Sache nach auch **Betriebsrentenansprüche** sein, obwohl diese erst zur Auszahlung kommen, wenn ein Versorgungsfall eingetreten und der Versorgungsberechtigte somit nicht mehr Arbeitnehmer ist (BAG BeckRS 2019, 29714; BeckRS 2017, 104358; NZA 2015, 1471 Rn. 4) und es also um eine Anwartschaft und keinen Anspruch geht (s. auch BAG NZA 2015, 1471 Rn. 14). Wird im Wege der Feststellungsklage die Vorfrage einer möglichen Leistungsklage geklärt, indem die Feststellung begehrt wird, dass eine bestimmte Versorgungsordnung anzuwenden ist, ist im Anwartschaftsstadium aber ein Abschlag von 30 % vorzunehmen ist, da noch nicht absehbar ist, ob der Arbeitnehmer tatsächlich eine Betriebsrente beziehen wird (BAG BeckRS 2019, 29714 Rn. 3; BAG NZA 2015, 1471 Rn. 15). I 1 Fall 3 ist **nicht anwendbar,** wenn 28 der Streitgegenstand **keinen Ursprung** im Arbeitsverhältnis hat. Ist nur streitig, ob das Arbeitsverhältnis durch eine Kündigung des Arbeitnehmers beendet worden ist, ist die Streitwertberechnung nach II 1 vorzunehmen (LAG Baden-Württemberg BB 1983, 579).

29 **3. Rechtsfolge.** Liegen die Tatbestandsvoraussetzungen vor, ist grds. der dreifache Jahresbetrag der wiederkehrenden Leistungen maßgebend. Dies gilt auch bei einem **Feststellungsantrag** (entsprechend → Rn. 19; LAG Berlin-Brandenburg BeckRS 2019, 14670 Rn. 7 ff.). Zu diesem Betrag sind nach III 1 Hs. 1 die bei Einreichung der Klage fälligen Beträge nicht hinzuzurechnen (→ Rn. 63). Ist der Gesamtbetrag der geforderten Leistungen geringer, ist dieser maßgeblich (→ Rn. 20). II 1 ist **nicht analog** anzuwenden (entsprechend → Rn. 19; LAG Berlin-Brandenburg BeckRS 2019, 14670 Rn. 13 ff.; LAG Hamburg BeckRS 2012, 72973).

30 **VII. Ansprüche auf wiederkehrende Leistungen vor Gerichten der Sozialgerichtsbarkeit (I 1 Fall 4). 1. Gerichte der Sozialgerichtsbarkeit.** Es muss sich nach § 1 II Nr. 3 um ein Verfahren vor den Gerichten der Sozialgerichtsbarkeit nach dem SGG handeln und es muss das GKG anwendbar sein (dazu → SGG § 197a Rn. 1 ff.).

31 **2. Wiederkehrende Leistungen.** Zum Begriff der wiederkehrenden Leistungen → Rn. 12 ff. Angesprochen sind nicht nur, aber insbes. Rechtssachen mit Sozialversicherungsbeitragsforderungen, in denen Ansprüche auf wiederkehrende Leistungen dem Grunde oder der Höhe nach primär ggü. Arbeitgebern geltend gemacht oder von diesen abgewehrt werden. Dies gilt entsprechend für Beiträge zur Sozialversicherung aus einem Beschäftigungsverhältnis (LSG Berlin-Brandenburg BeckRS 2010, 67585), etwa das Honorar aus der vertragsärztlichen Tätigkeit (BSG BeckRS 2005, 43936), oder die Festsetzung eines Festbetrags für Medizinprodukte, den die gesetzlichen Krankenkassen an Arzneimittelhersteller zu zahlen haben.

32 Eine wiederkehrende Leistung ist auch eine jährlich wiederkehrende Sonderprämie (LAG Bremen AnwBl. 1984, 165), oder eine einmalige Auszahlung einer Schadenersatzsumme für viele Jahre im Voraus (LAG Hamm BB 1990, 2196). Keine wiederkehrende Leistung ist zB der Anspruch auf eine Beihilfe, auf eine einmalige Zuwendung, auf eine Gewinnbeteiligung oder auf eine Sozialhilfeleistung (OVG Bremen JurBüro 2002, 80).

33 **3. Rechtsfolge (I).** Liegen die Tatbestandsvoraussetzungen vor, ist grds. der dreifache Jahresbetrag der wiederkehrenden Leistungen maßgebend. Zu diesem Betrag sind nach III grds. die bei Einreichung der Klage fälligen Beträge hinzuzurechnen (→ Rn. 18 ff.). Ist der Gesamtbetrag der geforderten Leistungen geringer, ist dieser maßgeblich (→ Rn. 20). Ist die Höhe des Jahresbetrags nach dem Antrag des Klägers nicht bestimmt oder nach diesem Antrag mit vertretbarem Aufwand nicht bestimmbar, ist der Streitwert nach § 52 I, II zu bestimmen (→ Rn. 21).

34 **VIII. Rechtsstreitigkeiten vor den Gerichten für Arbeitssachen über das Bestehen, das Nichtbestehen oder die Kündigung eines Arbeitsverhältnisses (Bestandsstreitigkeiten; II). 1. Überblick.** II ist durch das KostRMoG v. 5.5.2004 (BGBl. I 718) geformt worden. Er entspricht grds. dem früheren § 12 VII ArbGG. II ist zur Verbesserung der Übersichtlichkeit der Gerichtskostenregelungen in das GKG überführt worden (BT-Drs. 15/1971, 141). Die Begrenzung des Gebührenstreitwertes für Bestandsschutzstreitigkeiten soll **verhindern,** dass Arbeitnehmer aus Furcht vor hohen Gebühren darauf verzichten, den Bestand ihres Arbeitsverhältnisses zu verteidigen (BGH NJW 2020, 1811 Rn. 22; LAG Berlin-Brandenburg BeckRS 2019, 14670 Rn. 14). II verfolgt damit wie § 12 VII ArbGG aus sozialen Gründen den Zweck, das Verfahren vor den Arbeitsgerichten möglichst billig zu gestalten (→ Rn. 1).

35 **2. Anwendungsbereich.** II betrifft grds. nur Bestandsstreitigkeiten (→ Rn. 38). Er dient mittelbar aber auch als Wertobergrenze für Streitgegenstände, die nicht höher bewertet werden können als das Interesse für eine Bestandschutzstreitigkeit (→ Rn. 3). II 1 ist daher **entsprechend** anwendbar bzw. wenigstens ermessensleitend (s. auch OVG Bremen BeckRS 2020, 25890 Rn. 8; → § 52 Rn. 14) bei einer **Konkurrentenklage** (LAG Sachsen-Anhalt NZA-RR 2020, 154; LAG Rheinland-Pfalz

NZA-RR 2018, 216; s. auch Streitwertkatalog für die Arbeitsgerichtsbarkeit I Nr. 19 (Urteilsverfahren), in diesem Werk abgedruckt → Streitwertkatalog ArbGG) oder im personalvertretungsrechtlichen Verfahren über die Auflösung des Arbeitsverhältnisses eines Jugend- und Auszubildendenvertreters (→ Rn. 39; aA OVG Bautzen NZA-RR 2011, 489, 490). Was im arbeitsgerichtlichen Beschlussverfahren betreffend den Antrag des Arbeitgebers auf Ersetzung der Zustimmung des Betriebsrats gem. § 99 IV BetrVG gilt, ist streitig (**für** II 1 ua LAG Hamm BeckRS 2014, 72584; LAG Hamburg BeckRS 2011, 73001; LAG Schleswig-Holstein BeckRS 2014, 69595; LAG Rheinland-Pfalz NZA-RR 2004, 373; **dagegen** ua LAG Düsseldorf BeckRS 2016, 110954 Rn. 17; LAG Köln BeckRS 2012, 73154; LAG Schleswig-Holstein NZA-RR 2007, 541; LAG Rheinland-Pfalz BB 2001, 528; LAG Köln JurBüro 1998, 420). In Verfahren, welche die Begründung, die Umwandlung, das Bestehen, das Nichtbestehen oder die Beendigung eines **besoldeten öffentlich-rechtlichen Dienst- oder Amtsverhältnisses** betreffen, ist § 52 VI anwendbar.

3. Tatbestandsvoraussetzungen. a) Überblick. Voraussetzung für die Anwendung von II 1 ist eine Rechtsstreitigkeit vor den Gerichten für Arbeitssachen über das Bestehen, das Nichtbestehen oder die Kündigung eines Arbeitsverhältnisses. 36

b) Gerichte für Arbeitssachen. Es muss sich nach § 1 II Nr. 4 um ein Verfahren vor den Gerichten für Arbeitssachen nach dem Arbeitsgerichtsgesetz handeln und es muss das GKG anwendbar sein (dazu → ArbGG § 12a Rn. 3 ff.). 37

c) Bestandsstreitigkeiten. Die Begriffe „Bestehen, Nichtbestehen oder Kündigung" sind jeweils **umfassend** zu verstehen und erfassen sämtliche Fälle, in denen es um die **wirksame Begründung** bzw. **Beendigung** des Arbeitsverhältnisses (→ Rn. 39) geht (LAG Nürnberg NZA-RR 2014, 261 (262), Germelmann/Matthes/Prütting/Germelmann/Künzl ArbGG § 12 Rn. 97). II 1 gilt daher auch für einen die Kündigung des Arbeitgebers vermeidenden Aufhebungsvertrag (BAG NJW-RR 2001, 495) oder dann, wenn eine Partei einen Auflösungsantrag nach § 7 KSchG stellt (s. auch LAG Berlin DB 2000, 484; LAG Hamm DB 1989, 2032; LAG Saarland JurBüro 1975, 800). Unter II 1 fallen ferner Rechtsstreitigkeiten über die **Wirksamkeit einer Änderungskündigung** im Falle der Ablehnung des Vertragsangebots durch den Arbeitnehmer. Auf Fälle, in denen nach Ausspruch einer Änderungskündigung und Annahme des Arbeitnehmers unter Vorbehalt lediglich um die Änderung des bisherigen Vertragsinhaltes im Rahmen einer so genannten Änderungsschutzklage gestritten wird, ist II **entsprechend** anwendbar (BAG DB 1989, 1880; LAG Nürnberg NZA-RR 2014, 261 (262); LAG Rheinland-Pfalz NZA-RR 2010, 608). Gleiches gilt bei einem Rechtsstreit über eine beantragte Arbeitszeitreduzierung gem. § 8 TzBfG (LAG Nürnberg NZA-RR 2014, 261 (262)), eine Altersteilzeitregelung (LAG Nürnberg NZA-RR 2014, 261 (262); LAG Hamburg BeckRS 2012, 67880; LAG Düsseldorf BeckRS 2009, 56482), eine streitige Änderungsvereinbarung (LAG Nürnberg NZA-RR 2014, 261 (262); NZA-RR 2006, 156) oder eine Entfristungsklage (LAG Chemnitz ArbRB 2011, 271). 38

d) Arbeitsverhältnis. Arbeitsverhältnis iSv II ist wie in § 2 I Nr. 3a ArbGG zu verstehen. Es ist der ggf. nicht mehr bestehende oder erst zu begründende Vertrag zwischen Arbeitgeber und Arbeitnehmer. Maßgebend ist die Natur des Rechtsverhältnisses, aus dem der Klageanspruch hergeleitet wird (BAG NZA 2015, 252 Rn. 8; BeckRS 2014, 71146 Rn. 11). II 1 gilt daher auch für die Wertberechnung bei Rechtsstreitigkeiten über das Bestehen oder Nichtbestehen bzw. die Kündigung eines Berufsausbildungsverhältnisses. Ist dem Tatbestand nach die Beschäftigung einer Partei als Arbeitnehmer vereinbart, ist es **belanglos,** ob sich die vertragliche Grundlage als nichtig oder fehlerhaft erweist (BAG NZA 2015, 252 Rn. 8). Es kann sich daher auch um ein faktisches Arbeitsverhältnis handeln (BAG BeckRS 9998, 150709) oder um Schwarzarbeit. 39

4. Rechtsfolge. a) Grundsatz. Liegen die Tatbestandsvoraussetzungen vor (→ Rn. 36 ff.), ist **höchstens** der Betrag des für die Dauer eines Vierteljahres (= 3 Monate) zu leistenden **Arbeitsentgeltes** maßgebend. Zu Klagenhäufungen → Rn. 5. Zu diesem Betrag sind nach III 1 Hs. 1 die bei Einreichung der Klage fälligen Beträge nicht hinzuzurechnen (→ Rn. 63). 40

41 **b) Zeitraum.** Abzustellen ist auf die ersten drei Monate **nach** dem streitigen Beendigungszeitpunkt (BAG AP ArbGG 1953 § 12 Nr. 20).

42 **c) Arbeitsentgelt.** Arbeitsentgelt sind alle Beträge, die der Arbeitgeber auch im Falle des Annahmeverzugs schulden würde oder die im Falle der Entgeltfortzahlung im Krankheitsfalle zu leisten wären (Germelmann/Matthes/Prütting/Germelmann/Künzl ArbGG § 12 Rn. 104). Maßgeblich ist das Bruttoentgelt (LAG Schleswig-Holstein BeckRS 2010, 74417). Eine Nettovergütung ist auf Bruttobeträge umzurechnen (LAG Baden-Württemberg BeckRS 2016, 67437 Rn. 18; LAG Nürnberg NZA-RR 2014, 560 (561); aA ua LAG Baden-Württemberg BeckRS 2002, 16414).

43 Zum **Bruttoentgelt** gehören: die monatlich anfallenden (Grund-)Vergütungsbestandteile (Grundgehalt, variable Vergütungsbestandteile, zB erfolgsabhängige Provisionen, Sachbezüge mit Entgeltcharakter, zB Überlassung eines Dienstwagens zur Privatnutzung, Leistungs- und Anwesenheitsprämien) sowie Zuwendungen (wie etwa Urlaubsgeld, 13. Monatsgehalt), soweit diese Entgeltcharakter haben (LAG Baden-Württemberg BeckRS 2016, 67437 Rn. 14; BeckRS 2011, 68232; LAG Schleswig-Holstein BeckRS 2010, 74417). Für die Wertberechnung wiederkehrender Naturalleistungen ist der mit der Naturalleistung für den Kläger verbundene geldwerte Vorteil zu bestimmen. Zum Bruttoentgelt zählen bei einem Chefarzt alle vertraglich erlaubten Nebentätigkeiten (LAG Hamm AnwBl. 1976, 167).

44 Vom Arbeitgeber zu tragende Lohnnebenkosten bleiben **unberücksichtigt** (BeckOK KostR/Schindler Rn. 44). Nicht erfasst werden auch Leistungen, die dem Ersatz tatsächlich entstandener Aufwendungen dienen, zB Wegegeld, Trennungsentschädigungen, Verpflegungszuschüsse, Spesenzahlungen, Gratifikationen bzw. Treueprämien (LAG Köln BB 1995, 317), Weihnachts-, Urlaubs- (LAG Hessen MDR 2000, 165; LAG Köln DB 1982, 1226) oder Jubiläumsgeld.

45 **d) Obergrenze.** Der Vierteljahresverdienst stellt **keinen Regelwert,** sondern die **Obergrenze** des vom Gericht nach billigem Ermessen festzusetzenden Streitwertes dar (BAG NZA 1985, 369 (371); LAG Sachsen-Anhalt NZA-RR 2013, 216; LAG Rheinland-Pfalz BeckRS 2012, 72584 Rn. 9; unklar BAG BeckRS 2011, 69148 Rn. 2). Innerhalb der Grenzen muss das Gericht entsprechend § 3 ZPO **schätzen** (LAG Rheinland-Pfalz NZA-RR 2005, 131; LAG Hamm MDR 2002, 1015; LAG Hessen MDR 1999, 427; 1999, 945).

46 Insoweit kann der **bisherigen Dauer des Arbeitsverhältnisses** maßgebliche Bedeutung zukommen (BAG NZA 1985, 369; LAG Sachsen LAG NZA-RR 2013, 492; LAG Rheinland-Pfalz NZA-RR 2010, 265; LAG Hessen NZA-RR 2014, 384; LAG Hessen JurBüro 2014, 75; LAG Köln AnwBl 2002, 185; LAG Berlin MDR 2001, 838).

47 Ferner ist – wie stets – das **wirtschaftliche Interesse** des Arbeitnehmers an der Fortdauer des Arbeitsverhältnisses bedeutsam (LAG Baden-Württemberg NZA-RR 2014, 152; LAG Rheinland-Pfalz NZA-RR 2012, 155). Unbeachtlich sind hingegen weitere Kündigungsschutzprozesse (BAG BeckRS 2011, 69148). Liegen mehrere Streitgegenstände vor, gelten die allgemeinen Grundsätze (→ Rn. 5).

48 **e) Abfindungen (II 1 Hs. 2).** Eine „Abfindung", also eine bei der Auflösung des Arbeitsverhältnisses geschuldete Zahlung (BT-Drs. VI/2644, 65), ist nach II 1 Hs. 2 dem Betrag grds. **nicht** hinzuzurechnen. Dies gilt nach hM aber nur dann, wenn die Abfindung auf §§ 9, 10 KSchG beruht (BAG NZA 1987, 139; Meier/Oberthür Rn. 87 ff.; s. auch Streitwertkatalog für die Arbeitsgerichtsbarkeit I Nr. 1(Urteilsverfahren), in diesem Werk abgedruckt → Streitwertkatalog ArbGG).

49 Anders soll es liegen, **wenn** die Abfindungsregelung auf einer eigenen Anspruchsgrundlage beruht, zB einem Rationalisierungsabkommen, einem Sozialplan, vertraglichen Absprachen oder auf § 113 BetrVG (OLG Frankfurt a. M. AGS 2015, 562; LAG Rheinland-Pfalz NZA-RR 2015, 440; LAG Hamburg JurBüro 2013, 251; Meier/Oberthür Rn. 94). Diese Abfindungen setzen zwar eine wirksame Kündigung voraus (LAG Hamburg BeckRS 2003, 30459454 Rn. 8). Die Abfindung mildert in diesen Fällen aber nur die im Verlust des Arbeitsplatzes liegende Härte, stellt jedoch keine Ersatzleistung für das Arbeitsverhältnis dar (LAG Rheinland-Pfalz NZA-RR 2015, 440).

IX. Rechtsstreitigkeiten über Eingruppierungen (II 2). 1. Anwendungsbereich. Eine „Eingruppierung" iSv II 2 ist die Zuordnung von Beschäftigten zu einer bestimmten **Entgelt- oder Vergütungsgruppe** eines Tarifvertrags oder zu einem betriebsüblichen Entlohnungsschema. Dies kann auch der Fall sein, wenn der Streit die Anwendbarkeit eines bestimmten Tarifvertrags betrifft. In diesem Fall wird nämlich idR auch die Eingruppierung in eine bestimmte Vergütungsgruppe eines bestimmten Tarifvertrags begehrt (Germelmann/Matthes/Prütting/Germelmann/Künzl ArbGG § 12 Rn. 134). Ob es sich um einen öffentlich-rechtlichen oder privaten Tarifvertrag handelt, ist unerheblich (LAG Düsseldorf BeckRS 2008, 50290 Rn. 7). Auch der Streit über Entgeltansprüche, die sich aus einer **Umgruppierung,** dh einer Änderung der Zuordnung innerhalb des Entlohnungsschemas nach oben oder nach unten, ergeben, unterfällt II 2. 50

Geht es der klagenden Partei nicht um die Zuordnung zu einer **bestimmten Vergütungsgruppe,** sondern um die Klärung der für das Arbeitsverhältnis maßgebenden Tarifbestimmungen, ist II 2 nicht anwendbar (LAG Berlin-Brandenburg NZA-RR 2021, 205 Rn. 8; LAG Schleswig-Holstein BeckRS 2009, 74037). 51

2. Rechtsfolge. Bei Rechtsstreitigkeiten über Eingruppierungen ist der Wert des **dreijährigen Unterschiedsbetrags** zur begehrten Vergütung maßgebend, sofern nicht der Gesamtbetrag der geforderten Leistungen geringer ist. Vergütung ist nicht wie bei II 1 zu verstehen (→ Rn. 42), sondern ist der zu erreichende Betrag **ohne** Berücksichtigung von Sonderleistungen wie zB Treueprämien, zusätzlichen Urlaubsgeldern und Gratifikationen (BAG NZA 1997, 283 (284)). Zu diesem Betrag sind nach III 1 Hs. 1 die bei Einreichung der Klage fälligen Beträge nicht hinzuzurechnen (→ Rn. 63). 52

Handelt es sich um eine Feststellungsklage, ist der übliche Abschlag (→ ZPO § 3 Rn. 19 „Feststellungsklage") nicht zu machen (LAG Düsseldorf BeckRS 2008, 50290 Rn. 10; LAG Köln NZA-RR 2005, 488; LAG Berlin MDR 1988, 346). Denn § 42 unterscheidet **nicht** zwischen Leistungs- und Feststellungsklagen (→ Rn. 5). Ergeben sich keine wirtschaftlich messbaren Vergütungsdifferenzen, ist entsprechend § 3 ZPO zu schätzen. 53

X. Bei Einreichung der Klage fällige Beträge (III). 1. Überblick. III ist durch das KostRÄndG 1994 geformt worden. Auch bis dahin waren Rückstände aus der Zeit vor der Einreichung der Klage dem Streitwert grds. hinzuzurechnen. Insoweit war aber umstritten, ob die im **Einreichungsmonat** entstandenen Ansprüche zu den Rückständen hinzuzurechnen sind (BT-Drs. 12/6962, 62). Ferner wurde die Einreichung des Antrags auf Bewilligung der Prozesskostenhilfe nicht einheitlich behandelt (BT-Drs. 12/6962, 62). 54

2. Anwendungsbereich. III ist sowohl auf I als auch auf II anwendbar, soweit es sich um keine Rechtsstreitigkeiten vor den Gerichten für Arbeitssachen handelt. Dies entspricht § 12 VII 2 Hs. 2 ArbGG aF. III gilt im Ausbildungsverhältnis entsprechend (BAG NZA 1984, 332 LAG Hessen AnwBl 1985, 100; ArbG Siegen AnwBl. 1984, 156). III kann auch bei der Anerkennung eines ausländischen Urteils anwendbar sein (OLG Dresden FamRZ 2006, 564). 55

Der Rückstand aus der Zeit **nach** dem Erlass des Titels ist allerdings nicht hinzurechnen (BGH NJW-RR 2009, 651 Rn. 2). III ist neben einer verneinenden Feststellungsklage anwendbar (OLG Hamm JurBüro 1988, 778; OLG Köln FamRZ 2001, 1386) und auch bei einem Anspruchsverzicht (OLG Naumburg FamRZ 2001, 433; OLG Dresden FamRZ 1999, 1290; OLG Düsseldorf JurBüro 1990, 52). 56

III gilt auch beim Streit zwischen dem Arbeitnehmer und einer Unterstützungskasse (LAG Baden-Württemberg DB 1981, 945). **Unanwendbar** ist III hingegen bei einer Klageerhöhung nach §§ 263, 264 ZPO. Denn durch sie entsteht kein Rückstand (BGH JurBüro 1975, 326; OLG Brandenburg MDR 2003, 335; OLG Nürnberg JurBüro 2008, 33; aA OLG Köln FamRZ 2004, 1226; OLG Karlsruhe FamRZ 1986, 195). Auf § 9 ZPO ist III wegen des Wegfalls von I aF (→ Rn. 1) **nicht analog** anwendbar (unzutreffend BT-Drs. 17/11471, 245). Bei Klageeinreichung bereits fällige, bezifferte Beträge, sind, **sofern sie geltend gemacht werden,** allerdings nach § 5 ZPO hinzuzurechnen (→ ZPO § 9 Rn. 12). Auf § 52 ist III **nicht entsprechend** anwendbar (OVG Greifswald BeckRS 2020, 8456 Rn. 10; OVG Saarlouis NVwZ- 57

RR 2016, 197 Rn. 16; aA OVG Weimar AGS 2017, 478 = BeckRS 2017, 129039 Rn. 8).

58 **3. Tatbestandsvoraussetzungen. a) Überblick.** Die klagende Partei muss gegen die beklagte Partei Ansprüche haben, die bei Einreichung der Klage bereits fällig sind.

59 **b) Einreichung der Klage. aa) Begriff.** Einreichung meint „Anhängigkeit" der Klage bei Gericht (OLG Karlsruhe JurBüro 2011, 530; OLG Nürnberg JurBüro 2008, 33) bzw. eines Antrags auf Gewährung einstweiligen Rechtsschutzes. **In der Praxis** entscheidet der erste Eingangsstempel des Gerichtes, also seiner Posteinlaufstelle, nicht etwa der zuständigen Geschäftsstelle. Falls er fehlt oder falsch ist, kommt es auf den sonst nachweisbaren Tag des Einganges bei der Posteinlaufstelle oder den sonstigen ersten Eingang beim Gericht an. Da der Schuldner den laufenden Betrag meist im Voraus zahlen muss, zählt der Einreichungsmonat voll zum Rückstand (OLG Brandenburg FamRZ 2007, 2000; OLG Karlsruhe JurBüro 2011, 530; Meyer JurBüro 2001, 580).

60 **bb) Antrag auf Bewilligung der Prozesskostenhilfe.** Der Einreichung steht der Antrag auf Bewilligung der Prozesskostenhilfe gleich, wenn die Klage **alsbald** nach Mitteilung der Entscheidung über den Antrag oder über eine alsbald eingelegte Beschwerde eingereicht wird. Der Ausdruck „alsbald" ist aus § 696 III ZPO übernommen (BT-Drs. 12/6962, 63). Es darf also keine schuldhafte Verzögerung eingetreten sein. Er ermöglicht die im Interesse einer vorgerichtlichen Streiterledigung wünschenswerte Auslegung, dass Vergleichsverhandlungen nicht im Wege stehen, solange die Einreichung der Klage noch in einem den Umständen angemessenen Zeitraum erfolgt (BT-Drs. 12/6962, 63).

61 **4. Rechtsfolge. a) Grundsatz Summierung.** Liegen die Voraussetzungen vor, sind die bei Einreichung der Klage fälligen Beträge dem Gebührenstreitwert **hinzuzurechnen.** Die **nach** der Einreichung eines Antrags fällig gewordenen Beträge erhöhen den Gebührenstreitwert hingegen nicht (OLG Hamm NJW-RR 2017, 154 Rn. 12). Dies gilt auch dann, wenn die klagende Partei diese beziffert und zusätzlich einklagt (OLG Hamm NJW-RR 2019, 741 Rn. 8; NJW-RR 2017, 154 Rn. 15; OLG Karlsruhe NJW-RR 2015, 633).

62 Die Bezifferung der fällig gewordenen Beträge stellt nur eine Äußerlichkeit dar, die am wirtschaftlichen Interesse des Klägers nichts ändert (BGH NJW 1960, 1459; BeckRS 2008, 14004; BeckRS 1996, 31060151 Rn. 3). Dies gilt auch dann, wenn der Anspruch auf wiederkehrende Leistungen nicht von vornherein im Wege der Leistungsklage, sondern zunächst über eine Feststellungsklage geltend gemacht und die Klage im Laufe des Rechtsstreits auf einen Leistungsantrag umgestellt wird, der die fälligen Renten für die Vergangenheit beziffert (BAG NZA 2003, 456 unter III; OLG Hamm NJW-RR 2017, 154 Rn. 16).

63 **b) Ausnahme: Rechtsstreitigkeiten vor den Gerichten für Arbeitssachen.** In Rechtsstreitigkeiten vor den Gerichten für Arbeitssachen ist aus sozialen Gründen (→ Rn. 1) bei I und II nicht zu summieren.

64 **XI. Streitgegenstände aus dem Arbeitsrecht im Übrigen.** Ist der Anwendungsbereich von § 42 nicht eröffnet, ist der Gebührenstreitwert, liegt keine nichtvermögensrechtliche Streitigkeit iSv § 48 II vor (→ § 48 Rn. 11 „Arbeitsrecht"), nach § 48 I 1 iVm §§ 3, 6–9 ZPO und also nach freiem Ermessen (→ ZPO § 3 Rn. 9 ff.) festzusetzen. Die im Folgenden beispielhaft genannten Entscheidungen können daher **zurückhaltend** als Anhaltspunkte zur Leitung benutzt werden. Die Entscheidungen befreien in **keinem** Falle von der Ausübung des eigenen Ermessens und der sorgfältigen Betrachtung des jeweiligen Einzelfalls. Das Zurückgreifen auf pauschale Werte ohne Schätzung des wahren (konkreten) Vermögenswertes stellt sich stets als **unzulässige** Ablehnung einer eigenen Ermessensentscheidung dar (Schumann NJW 1982, 1257 (1260)). Zahlreiche Bewertungs**vorschläge** für praktisch wichtige Fallkonstellationen gibt im Übrigen der **unverbindliche** (exemplarisch LAG Hamburg BeckRS 2021, 9270 Rn. 14; LAG Nürnberg BeckRS 2020, 25788 Rn. 10) Streitwertkatalog für die Arbeitsgerichtsbarkeit (in diesem Werk abgedruckt → Streitwertkatalog ArbGG). Sie sind **weder Rechtssätze noch Rechtsprechung** (LAG Hamburg BeckRS 2021, 9270 Rn. 14; BeckRS 2021, 6226 Rn. 9). Kurzüber-

blick im ABC; s. auch Meier/Oberthür Rn. 86 ff. und BeckOK Streitwert/Mayer Arbeitsrecht):

Abfindung: → Rn. 48. Streitwertkatalog für die Arbeitsgerichtsbarkeit I Nr. 1 (Urteilsverfahren), in diesem Werk abgedruckt → Streitwertkatalog ArbGG. 65

Abmahnung: Meier/Oberthür Rn. 99 ff.; Streitwertkatalog für die Arbeitsgerichtsbarkeit I Nr. 2 (Urteilsverfahren), in diesem Werk abgedruckt → Streitwertkatalog ArbGG; → § 48 Rn. 11 „Abmahnung". Meist wird ein Brutto-Monatseinkommen angesetzt (BAG NZA 2007, 831; LAG Berlin-Brandenburg JurBüro 2015, 192). Ob gleiche oder ähnliche Pflichtverstöße bereits abgemahnt worden waren, ist belanglos. Mehrere in einem Verfahren angegriffene Abmahnungen sollen höchstens mit der Bruttovergütung für drei Monate zu bewerten sein (LAG Berlin JurBüro 2015, 192; LAG Sachsen AGS 2015, 427).

Abrechnung: → ZPO § 3 Rn. 23 „Abrechnung". Streitwertkatalog für die Arbeitsgerichtsbarkeit I Nr. 3 (Urteilsverfahren), in diesem Werk abgedruckt → Streitwertkatalog ArbGG

Änderungskündigung: → Rn. 34 ff.; → Rn. 38. Streitwertkatalog für die Arbeitsgerichtsbarkeit I Nr. 4 (Urteilsverfahren), in diesem Werk abgedruckt → Streitwertkatalog ArbGG

Annahmeverzug: Streitwertkatalog für die Arbeitsgerichtsbarkeit I Nr. 6 (Urteilsverfahren), in diesem Werk abgedruckt → Streitwertkatalog ArbGG. Seine Feststellung lässt sich ggf. mit einem Monatslohn bewerten (LAG Hamburg MDR 2003, 178).

Altersteilzeitregelung: → ZPO § 3 Rn. 23 „Willenserklärung (Abgabe)". Streitwertkatalog für die Arbeitsgerichtsbarkeit I Nr. 5 (Urteilsverfahren), in diesem Werk abgedruckt → Streitwertkatalog ArbGG

Altersversorgung (betriebliche): → Rn. 27.

Arbeitgeberweisung: Maßgebend ist ggf. ein Bruttomonatslohn, im schweren Fall ggf. zwei (LAG Hamburg NZA-RR 2014, 612).

Arbeitnehmererfindung: Bei der Klage auf eine angemessene Vergütung soll man den sozialen Zweck des § 38 ArbNEG nicht beachten müssen (OLG Düsseldorf GRUR-RR 2012, 184).

Arbeitspapiere: Streitwertkatalog für die Arbeitsgerichtsbarkeit I Nr. 7 (Urteilsverfahren), in diesem Werk abgedruckt → Streitwertkatalog ArbGG. Für die Ausfüllung und Herausgabe sind je Papier ggf. 250 EUR ansetzbar (LAG Dresden MDR 2001, 960; LAG Köln MDR 2000, 670; AG Köln DB 2000, 432). Auch → ZPO § 3 Rn. 23 „Herausgabe".

Arbeitsplatz: → „Homeoffice".

Arbeitszeit: → ZPO § 3 Rn. 23 „Willenserklärung (Abgabe)". Bei einer Willenserklärung mit Bezug auf die Erhöhung der Arbeitszeit kommen ggf. 1–3 Monatslöhne infrage (LAG Köln JurBüro 2016, 422). Der Streit über ihre Herabsetzung lässt sich ggf. mit zwei Monatsgehältern bewerten (LAG Berlin JurBüro 2001, 252; LAG Düsseldorf MDR 2002, 1777), oder mit einem einzigen (LAG Baden-Württemberg NZA-RR 2011, 43), höchstens mit dreien (LAG Hessen MDR 2002, 891, s. auch LAG Baden-Württemberg JurBüro 2008, 250). Den Streit um ihre Verlängerung kann man ähnlich wie im Änderungsschutzverfahren bewerten (LAG Berlin MDR 2004, 967). Streitwertkatalog für die Arbeitsgerichtsbarkeit I Nr. 8 (Urteilsverfahren), in diesem Werk abgedruckt → Streitwertkatalog ArbGG.

Aufrechnung: § 45.

Auskunft: → ZPO § 3 Rn. 23 „Auskunft"; → § 44. Streitwertkatalog für die Arbeitsgerichtsbarkeit I Nr. 10 (Urteilsverfahren), in diesem Werk abgedruckt → Streitwertkatalog ArbGG.

Beschäftigungsanspruch: Der Beschäftigungsanspruch lässt sich ggf. mit einem 2-Monats-Betrag bewerten, (LAG Düsseldorf AnwBl 1987, 554; LAG Hamm MDR 1987, 85); evtl. auch höher (LAG Baden-Württemberg NZA-RR 2016, 662; aA LAG Hamburg MDR 2003, 178; LAG Schleswig-Holstein JurBüro 2007, 257, je: ein Monatslohn; LAG Rheinland-Pfalz AnwBl 1983, 36: Hälfte des Wertes des Kündigungsschutzantrags). Auch → „Weiterbeschäftigung". Streitwertkatalog für die Arbeitsgerichtsbarkeit I Nr. 12 (Urteilsverfahren), in diesem Werk abgedruckt → Streitwertkatalog ArbGG.

Beschäftigungsverbot: Ein nachvertragliches Beschäftigungsverbot lässt sich mit einem Jahreseinkommen und im Eilverfahren weniger bewerten (LG Köln NZA-RR 2005, 547).
Betriebskredit: → ZPO § 3 Rn. 23 „Willenserklärung (Abgabe)" (s. auch LAG Bremen AnwBl 1985, 100).
Betriebsrente: → Rn. 27.
Betriebsvereinbarung: Der Streit über die Wirksamkeit eines Einigungsstellenspruchs und damit über die Wirksamkeit einer Betriebsvereinbarung ist hinsichtlich der Bemessung des Gegenstandswertes nach den Grundsätzen über den Streit um das Bestehen eines Mitbestimmungsrechtes oder die Einhaltung einer Betriebsvereinbarung zu behandeln (LAG Hamburg BeckRS 2021, 6226 Rn. 6).
Dienstwagen: → Rn. 12.
Direktionsrecht: Streitwertkatalog für die Arbeitsgerichtsbarkeit I Nr. 14 (Urteilsverfahren), in diesem Werk abgedruckt → Streitwertkatalog ArbGG.
Einstellungsanspruch: Der Wert beträgt höchstens ein 3-Monats-Entgelt (LAG Berlin MDR 2006, 1319). Streitwertkatalog für die Arbeitsgerichtsbarkeit I Nr. 15 (Urteilsverfahren), in diesem Werk abgedruckt → Streitwertkatalog ArbGG.
Ehre: → § 48 Rn. 11; → § 48 Rn. 12 ff.
Einstweilige Verfügung: In der Regel 50 % der Hauptsache. Bei deren Vorwegnahme bis 100 %. Streitwertkatalog für die Arbeitsgerichtsbarkeit I Nr. 16 (Urteilsverfahren), in diesem Werk abgedruckt → Streitwertkatalog ArbGG. Auch → ZPO § 3 Rn. 23 „Einstweilige Verfügung".
Entlassungsentschädigung: Soweit der Arbeitnehmer neben einer Kündigungsschutzklage eine Entlassungsentschädigung verlangt, muss man die Streitwerte zusammenrechnen (LAG Berlin MDR 2000, 527; LAG Hamm MDR 1982, 259).
Eingruppierung: → Rn. 50.
Erfindervergütung: § 3 ZPO ist anwendbar – auch beim unbezifferten Antrag (BGH GRUR 2012, 959).
Feststellungsklage: → ZPO § 3 Rn. 19 „Feststellung". Streitwertkatalog für die Arbeitsgerichtsbarkeit I Nr. 17 (Urteilsverfahren), in diesem Werk abgedruckt → Streitwertkatalog ArbGG.
Folgekündigung: Sie mag gering bewertbar sein (LAG Hessen JurBüro 2005, 312: Monatslohn). Vgl. aber bei mehreren Folgekündigungen LAG Nürnberg JurBüro 2011, 138.
Fortbestand: Bei einer Klage auf die Feststellung des Fortbestandes eines Arbeitsverhältnisses auf unbestimmte Dauer → Rn. 26 ff. (LAG Baden-Württemberg NZA-RR 2014, 152). Bei einer Fortbestands-Mitteilung für die Versicherung sind ggf. 250 EUR angemessen (LAG Köln AnwBl. 2001, 634). Neben einem Antrag auf eine Feststellung, dass ein Arbeitsverhältnis durch eine bestimmte Kündigung nicht aufgelöst worden ist, ist ein allgemeiner Fortbestehensantrag nicht werterhöhend (LAG Nürnberg MDR 2004, 718; Reinartz NZA 2020, 215 (216)).
Freistellung: → § 48 Rn. 11 „Arbeitsrecht". Bei einer Weiterzahlung des Lohns ist dieser maßgeblich, und zwar für den Freistellungszeitraum (LAG Berlin MDR 2003, 896; LAG Schleswig-Holstein JurBüro 2007, 257; LAG Rheinland-Pfalz JurBüro 2008, 478; aA LAG Berlin MDR 2002, 59; LAG Hamburg NZA-RR 2004, 657; LAG Hamm JurBüro 2008, 147, je: 1 Monatslohn auch bei längerer Freistellung; LAG Rheinland-Pfalz JurBüro 2009, 139: 10 % des Bruttolohns im Freistellungszeitraum).
Herausgabe: → ZPO § 3 Rn. 23 „Herausgabe".
Homeoffice: Streiten die Parteien darüber, an welchem Ort der Arbeitnehmer arbeiten darf, soll 1 Bruttomonatsgehalt angesetzt werden können (LAG Köln BeckRS 2021, 20007; Mayer ArbRAktuell 2021, 455).
Konkurrentenklage: → Rn. 35. Streitwertkatalog für die Arbeitsgerichtsbarkeit I Nr. 19(Urteilsverfahren), in diesem Werk abgedruckt → Streitwertkatalog ArbGG.
Kündigungsschutz: → Rn. 34 ff. Bei einer nachgeschobenen ordentlichen Kündigung wegen betrieblicher Gründe kann man den Zweitprozess ggf. geringer bewerten (LAG Bremen BB 1997, 479; LAG Köln MDR 1989, 673; aA LAG Düsseldorf JurBüro 2012, 365). Streitwertkatalog für die Arbeitsgerichtsbarkeit I Nr. 20/21 (Urteilsverfahren), in diesem Werk abgedruckt → Streitwertkatalog ArbGG.

Leitungsfunktion: Bei der Klage auf eine Feststellung der Unwirksamkeit ihrer Entziehung können ggf. 2,5 Monatsgehälter als Wert angemessen sein (LAG Hamm DB 1986, 1932).

Nichtvermögensrechtliche Streitigkeiten: → § 48 Rn. 11.

Schleppnetzantrag: Soweit der Kläger beantragt festzustellen, dass das Arbeitsverhältnis „ungekündigt fortbestehe" (sog. Schleppnetzantrag, vgl. Reinartz NZA 2020, 215), → „Fortbestand" (LAG Köln MDR 1999, 101).

Personalakte: → § 48 Rn. 11 „Personalakte". Der Wert des Anspruchs auf die Entfernung einer Abmahnung aus der Personalakte soll mit einem bis zwei Monatseinkommen angesetzt werden können (BAG NZA 2007, 831; LAG Thüringen JurBüro 2013, 250; LAG Baden-Württemberg NZA-RR 2013, 550), kann bei einer Häufung von Abmahnungen aber auch erheblich höher angesetzt werden (LAG Sachsen-Anhalt JurBüro 2013, 250; LAG Hessen MDR 2000, 1278; aA LAG Schleswig-Holstein MDR 2007, 987).

Rechtsweg: → ZPO § 3 Rn. 23 „Rechtswegverweisung".

Rechnungslegung: → Auskunft.

Teilzeitarbeit: Die Klage auf eine Herabsetzung der Arbeitszeit lässt sich ggf. mit zwei Monatseinkommen bewerten (LAG Berlin MDR 2001, 636; LAG Düsseldorf MDR 2002, 177).

Urlaub: Streitwertkatalog für die Arbeitsgerichtsbarkeit I Nr. 24 (in diesem Werk abgedruckt → Streitwertkatalog ArbGG).

Unbezifferter Bruttolohn: Der Antrag auf die Zahlung eines nicht bezifferten Bruttolohns „gemäß BAT II (bestehend aus Grundvergütung, Ortszuschlag, Zulage)" für vier kalendermäßig bestimmte Monate liegt unter dem 4-Monats-Betrag (LAG Hamm DB 1981, 2548).

Unwirksamkeit der Kündigung: Wenn der Kläger nur die Feststellung der Unwirksamkeit einer Kündigung als einer außerordentlichen begehrt, ist nur der Zeitraum von ihrem angeblichen Wirksamwerden bis zum Ablauf der ordentlichen Kündigungsfrist maßgeblich, die infolge einer Umdeutung begonnen haben kann (BAG DB 1980, 312).

Vergleich: → Rn. 8.

Vergütungsdifferenz: Beim Streit um solche Differenzen aus vier Jahren ist II 2 entsprechend anwendbar (Differenz aus drei Jahren) (LAG Hamm BB 1986, 2132; LAG Rheinland-Pfalz NZA 2008, 660).

Versetzung mit Lohnänderung: Sie lässt sich ggf. mit der dreifachen Jahresdifferenz bewerten, (Enders JurBüro 2003, 461).

Versetzung ohne Lohnänderung: Sie kann ggf. 250 EUR wert sein (LAG München AnwBl 1988, 486). Sie kann aber auch den 3-Monats-Betrag erreichen, wenn die Folgen weitreichend sind (LAG Bremen AnwBl 1989, 168).

Weisung: Beim Streit um eine Weisung des Arbeitgebers kommt ggf. ein Monatslohn als Wert in Betracht (LAG Dresden DB 1999, 1508).

Weiterbeschäftigung: Für den Anspruch auf Weiterbeschäftigung ist streitig, wie er angemessen festgesetzt wird. Nach manchen ist **ein Monatslohn** anzusetzen (LAG Hessen NZA-RR 2013, 661; LAG Köln NZA-RR 2008, 381; LAG Baden-Württemberg NZA-RR 2010, 376), nach anderen ein 2-Monats-Betrag (LAG Köln NZA-RR 2006, 434), ein 3-Monats-Betrag (LAG Köln MDR 2002, 1441), bis auf mehr als den 3-Monats-Betrag (LAG Nürnberg JurBüro 2000, 82). Es ist nicht zusammenzurechnen, wenn **neben** einem Feststellungsantrag nach § 256 ZPO ein Weiterbeschäftigungsantrag vorliegt (BAG NZA 2014, 1359; LAG Sachsen JurBüro 1996, 147). Weiterbeschäftigung nebst Auflösungsvereinbarung führen zu einer Werterhöhung (LAG Köln NZA-RR 2010, 433: 3-Monats-Verdienst). Streitwertkatalog für die Arbeitsgerichtsbarkeit I Nr. 26 (Urteilsverfahren), in diesem Werk abgedruckt → Streitwertkatalog ArbGG.

Wettbewerbsverbot: Wegen eines nachvertraglichen derartigen Verbots s. LAG Hamm AnwBl 1984, 156.

Wiederaufleben: Bei der Kündigung des nach dem Ende einer Organstellung wiederaufgelebten Arbeitsverhältnisses ist das letzte Gehalt maßgeblich (Haasler NZA-RR 2012, 562).

Wiedereinstellung: Sie ist ggf. mit einem weiteren Monatslohn gesondert zu bewerten (ArbG Regensburg JurBüro 2001, 310). Zum Problem Heimann JurBüro 2001, 287.
Wiederkehrende Leistungen: → Rn. 26 ff.
Zeitwertkonto: Für ein Zeitwertkonto gilt II entsprechend (LAG Nürnberg NZA-RR 2014, 262).
Zeugnis: → ZPO § 3 Rn. 23 „Zeugnis". Streitwertkatalog für die Arbeitsgerichtsbarkeit I Nr. 29 (Urteilsverfahren), in diesem Werk abgedruckt → Streitwertkatalog ArbGG.

Nebenforderungen

43 **I Sind außer dem Hauptanspruch auch Früchte, Nutzungen, Zinsen oder Kosten als Nebenforderungen betroffen, wird der Wert der Nebenforderungen nicht berücksichtigt.**

II Sind Früchte, Nutzungen, Zinsen oder Kosten als Nebenforderungen ohne den Hauptanspruch betroffen, ist der Wert der Nebenforderungen maßgebend, soweit er den Wert des Hauptanspruchs nicht übersteigt.

III Sind die Kosten des Rechtsstreits ohne den Hauptanspruch betroffen, ist der Betrag der Kosten maßgebend, soweit er den Wert des Hauptanspruchs nicht übersteigt.

Übersicht

1 **I. Normzweck und Normgeschichte.** Die Bestimmung, die sich bis 2004 in § 22 GKG aF und bis 1975 in § 20 GKG aF fand, hat ihre **heutige** Form durch das KostRMoG v. 5.5.2004 (BGBl. I 718) gefunden. Sie ist jeweils eine Hilfsnorm. Parallelnormen sind § 37 FamGKG und § 37 GNotKG. I ordnet für den Gebührenstreitwert ein besonderes **Additionsverbot** an, wenn die klagende Partei einen Hauptanspruch und bestimmte Nebenforderungen in einer Klage verbindet. II regelt

als Sonderfall zu § 36, wie der Gebührenstreitwert zu bestimmen ist, wenn von einer Handlung, zB einem Termin, **nur Nebenforderungen** betroffen sind. II ist kein Sonderfall von § 36 (aA BeckOK KostR/Schindler Rn. 20), denn dieser behandelt Teiles eines Streitgegenstandes, während die Nebenforderungen ein anderer Streitgegenstand sind (OLG Rostock BeckRS 2021, 31966 Rn. 14). III regelt als Sonderfall zu § 36, wie der Gebührenstreitwert zu bestimmen ist, wenn nur noch die **Kosten des Rechtsstreits** im engeren Sinne betroffen sind.

II. Anwendungsbereich. 1. Überblick. I–III sind in ihrem jeweiligen besonderen Anwendungsbereich zur Bestimmung des Gebührenstreitwertes für **alle** in § 1 genannten Verfahren anwendbar, **soweit** in §§ 39 ff. keine Sonderbestimmungen getroffen werden, und **soweit** es keine Fest- oder Jahresgebühren gibt. Ob es sich um eine nichtvermögensrechtliche Streitigkeit iSv § 48 II handelt, ist unerheblich. 2

2. Zuständigkeits- und Rechtsmittelstreitwert. Was für den Zuständigkeits- und Rechtsmittelstreitwert gilt, bestimmt § 4 ZPO (→ ZPO § 4 Rn. 2). 3

3. Gegenstandswert. Für den Gegenstandswert in gerichtlichen Verfahren ist § 43 über § 23 I 1 RVG unmittelbar anwendbar, für außergerichtliche Tätigkeiten nach § 23 I 3 RVG entsprechend, wenn der Gegenstand der Tätigkeit auch Gegenstand eines gerichtlichen Verfahrens sein könnte. 4

III. Nebenforderung neben Hauptanspruch (I). 1. Anwendungsbereich. I ist anwendbar und stellt ein besonderes **Additionsverbot** auf, wenn die (wider-)klagende Partei neben einem Hauptanspruch Früchte und/oder Nutzungen und/oder Zinsen und/oder Kosten als Nebenforderung einklagt. Diese Aufzählung ist **abschließend** (Binz/Dörndorfer/Zimmermann/Dörndorfer Rn. 3). I ist daher zB nicht anwendbar auf den Anspruch des Versicherungsnehmers gegen den Versicherer auf Freistellung von Gerichtskosten, Frachtaufwand und Zöllen (BGH Rpfleger 1976, 427), auf Transport- und Lagerkosten, auf Umsatzsteuer, soweit sie nicht auf eine Nebenforderung entfällt (→ ZPO § 4 Rn. 19), oder auf Zubehör iSv § 97 BGB (Binz/Dörndorfer/Zimmermann/Dörndorfer Rn. 3). 5

2. Hauptanspruch. Was der Hauptanspruch ist, ergibt sich negativ aus der Bestimmung, was die Nebenforderung ist. Hauptanspruch ist der Anspruch, zu dem die Nebenforderung in einem Abhängigkeitsverhältnis steht und von dem sie sachlichrechtlich abhängt. 6

3. Früchte. Früchte sind nach § 99 I BGB die Erzeugnisse einer Sache und deren sonstige bestimmungsgemäße Ausbeute, nach § 99 II BGB die bestimmungsgemäßen Erträge eines Rechtes und nach § 99 III BGB auch die Erträge einer Sache oder eines Rechtes infolge eines Rechtsverhältnisses (→ ZPO § 4 Rn. 17). 7

4. Nutzungen. Nutzungen sind nach § 100 BGB die Früchte einer Sache oder eines Rechtes und die Gebrauchsvorteile (→ ZPO § 4 Rn. 17). Bspw. bei einer Klage auf **Rückabwicklung einer Lebensversicherung** sind die mit herausverlangten Nutzungen außer Betracht zu lassen (OLG Brandenburg BeckRS 2022, 34192 Rn. 2; OLG Rostock MDR 2022, 126 = BeckRS 2021, 31966 Rn. 6 ff.; OLG Celle NJW-RR 2019, 807 Rn. 37 ff.; aA OLG Karlsruhe VuR 2019, 197). 8

5. Zinsen. Zinsen sind das Entgelt für die Kapitalüberlassung (im Einzelnen → ZPO § 4 Rn. 18 ff.). 9

6. Kosten. a) Vorbereitung eines konkret bevorstehenden Rechtsstreits. Kosten sind zum einen die Vermögensopfer, die der Vorbereitung eines konkret bevorstehenden Rechtsstreits dienen (→ ZPO § 4 Rn. 20 ff.; BGH BeckRS 2021, 7447 Rn. 2). 10

b) Kosten des laufenden Prozesses. Kosten sind zum anderen und anders als nach § 4 ZPO ferner sämtliche Kosten des laufenden Prozesses (BGH NJW 2007, 3289 Rn. 6). 11

7. Als Nebenforderung. a) Überblick. Ob Früchte, Nutzungen, Zinsen oder Kosten eine „Nebenforderung" iSv I sind, ist **allein** aus ihrem Verhältnis zu dem als Hauptforderung in Betracht kommenden Anspruch heraus zu beurteilen (→ ZPO § 4 Rn. 15). 12

13 **b) Abhängigkeitsverhältnis.** Zur Haupt- muss die Nebenforderung in einem Abhängigkeitsverhältnis stehen, sie muss von ihr sachlich-rechtlich abhängen (→ ZPO § 4 Rn. 15). Sind die Früchte, Nutzungen, Zinsen oder Kosten nach materiellem Recht – auch im Hinblick auf ihre Entstehung – gleichrangig, so ist keine von ihnen eine Nebenforderung (→ ZPO § 4 Rn. 15). Zu Beispielen → ZPO § 4 Rn. 16.

14 **c) Neben- wird zur Hauptforderung.** Eine Forderung ist keine Nebenforderung mehr, wenn sie zur Hauptforderung geworden ist (BGH BeckRS 2011, 2156 Rn. 5). Das ist der Fall, wenn und soweit der Hauptanspruch, auf den sich die Nebenforderung/en bezieht/beziehen, **ganz oder teilweise** nicht mehr Gegenstand des Rechtsstreits ist. Die Neben- wird dann zur Hauptforderung, weil sie sich von der sie bedingenden Forderung „emanzipiert" hat und es ohne Haupt- keine Nebenforderung gibt (BGH NJW 2012, 2523 Rn. 7; NJW 2008, 999 Rn. 8). **Beispiele:** (im Einzelnen → ZPO § 4 Rn. 22): Die auf einen erledigten Teil verlangten **Zinsen** stehen zur im Übrigen geltend gemachten (Teil-)Hauptforderung in keinem Abhängigkeitsverhältnis (BGH NJW 2012, 2523 Rn. 11; 2008, 999 Rn. 7). Dies soll auch für **vorgerichtliche Rechtsanwaltskosten** gelten, soweit sich die Hauptforderung insoweit erledigt hat (BGH BeckRS 2009, 8368 Rn. 5; NJW 2008, 999 Rn. 8). Diese sollen wie Zinsen behandelt werden, da § 308 II ZPO für diese nicht gelten würde. Anders soll es bei den **anteiligen Kosten** des laufenden Rechtsstreits gehen. Diese würden etwa nach übereinstimmender Teilerledigungserklärung den Gebührenstreitwert und den Rechtsmittelstreitwert **nicht** erhöhen, solange noch über irgendeinen Teil der Hauptsache gestritten werde (BGH NJW 2008, 999 Rn. 8; → ZPO § 3 Rn. 23 „Erledigterklärung").

15 **8. Rechtsfolge.** Wenn die Tatbestandsvoraussetzungen vorliegen, berechnet sich der Streitwert nur nach dem Wert des Hauptanspruchs. Sämtliche Nebenforderungen im Anwendungsbereich von I bleiben unberücksichtigt. Das gilt auch in der Zwangsvollstreckung.

16 **IV. Nebenforderung ohne Hauptanspruch (II). 1. Anwendungsbereich. a) Gebührenstreitwert.** II ist anwendbar, wenn sich das gerichtliche Verfahren **nur** noch auf die Nebenforderung bezieht, die Hauptforderung, auf die sich die Nebenforderung bezieht, aber **noch rechtshängig** ist. Da nach § 12 I die Gebühr für das Verfahren im Allgemeinen insgesamt erhoben wird, hat II für den Gebührenstreitwert innerhalb einer Instanz nur ganz ausnahmsweise eine Bedeutung. **Beispiele:** Im Mahnverfahren wird eine Forderung nebst Zinsen geltend gemacht. Das streitige Verfahren wird nur wegen der Zinsen durchgeführt – KV 1210 (wird die Hauptforderung teilweise verfolgt, ist der Gebührenstreitwert hingegen nach § 36 iVm § 43 I zu errechnen). Das Gericht ordnet nach § 921 S. 1 ZPO einen Arrest an. Die widersprechende Partei legt nach § 924 I ZPO nur wegen der Zinsen Widerspruch ein.

17 **b) Gegenstandswert.** Die Verfahrensgebühr ist idR aus dem Gebührenstreitwert zu errechnen. Für die Termins- (VV 3104 RVG) oder die Einigungsgebühr (VV 1000 RVG) kann es anders sein.

Beispiel: Über die Hauptforderung ergeht ein Anerkenntnisurteil, nachdem sich die Parteien über die Nebenforderung – und nur über diese – vergleichsweise geeinigt haben.

18 **2. Nebenforderung.** Gegenstand der Entscheidung müssen Früchte, Nutzungen, Zinsen oder Kosten iSv → Rn. 10 als Nebenforderung sein (→ Rn. 11).

19 **3. Hauptanspruch bleibt von der Entscheidung unberührt.** Die Entscheidung darf den Hauptanspruch nicht betreffen. Ist zB der Zinsanspruch Gegenstand des Rechtsmittels der klagenden Partei und die Hauptforderung ein Gegenstand des Rechtmittels der beklagten Partei, ist II nicht anwendbar (OLG Koblenz BeckRS 2006, 10310).

20 **4. Hauptanspruch noch vorhanden.** Die Nebenforderung muss noch eine solche sein (→ Rn. 11). Es muss also neben der Nebenforderung noch ein Hauptanspruch bestehen (Wielgoss JurBüro 1999, 127). Nach Wegfall des Hauptanspruchs wird die Nebenforderung selbst zum Hauptanspruch (→ Rn. 12).

21 **5. Rechtsfolge.** Wenn die Tatbestandsvoraussetzungen vorliegen, berechnet sich der Streitwert grds. nach dem Wert sämtlicher Nebenforderungen. Dieser Wert ist

nach § 48 GKG iVm §§ 3, 6–9 ZPO zu ermitteln. Übersteigt dieser Wert den Wert des Hauptanspruchs, bildet der Wert des Hauptanspruchs den **Höchststreitwert.** Der Wert des Hauptanspruchs ist nach §§ 48 ff. zu ermitteln. Maßgeblich ist nach § 40 der Zeitpunkt der Antragstellung, die den Rechtszug einleitet. Rücknahmen sind unerheblich.

V. Kosten (III). 1. Anwendungsbereich. a) Gebührenstreitwert. III ist anwendbar und verdrängt § 36, wenn sich das gerichtliche Verfahren **nur** auf Kosten bezieht, der Hauptanspruch aber **noch rechtshängig** ist. Da die Gebühr für das Verfahren im Allgemeinen insgesamt erhoben wird, hat II für den Gebührenstreitwert innerhalb einer Instanz nur ausnahmsweise eine Bedeutung. **Beispiel:** Wenn Gegenstand des Rechtsmittelverfahrens ausschließlich diejenigen Kosten sind, die das Gericht in einem Schluss- oder Ergänzungsurteil dem Unterliegenden auferlegt hat. 22

b) Gegenstandswert. Die Verfahrensgebühr ist idR aus dem Gebührenstreitwert zu errechnen. Für die Termins- (VV 3104 RVG) oder die Einigungsgebühr (VV 1000 RVG) kann es anders sein. **Beispiel:** Nach vorterminlicher übereinstimmender Erledigungserklärung wird über die Kostentragungspflicht mündlich verhandelt. Die Parteien erklären in der mündlichen Verhandlung den Rechtsstreit in der Hauptsache für erledigt. Dort schließen die Parteien über die Kostentragungspflicht einen Prozessvergleich. 23

2. Kosten des Rechtsstreits. Der Begriff der „Kosten" iSv III ist **enger** als nach I, II (→ Rn. 11) und meint **nur** die im laufenden Rechtsstreit angefallenen Gerichtskosten und außergerichtlichen Kosten der Parteien (BGH NJW 1964, 664). Die nicht anrechenbaren außergerichtlichen Rechtsanwaltskosten sind keine Kosten idS. Auch die außergerichtlichen Kosten eines Streithelfers bleiben unberücksichtigt. 24

3. Hauptanspruch. Der Begriff „Hauptanspruch" iSv III ist **weiter** als nach I, II und meint die Hauptforderung, aber auch Früchte, Nutzungen, Zinsen und Kosten, die nicht Kosten des Rechtsstreits sind (Meyer § 44 Rn. 18). III umfasst alles, was § 99 ZPO „Hauptsache" im Gegensatz zum Kostenpunkt nennt. Solange nur ein **Teil** des Hauptanspruchs, der Zinsen oder der Kosten streitig ist, ist III nicht anwendbar, sondern I oder II (OLG Oldenburg MDR 1989, 1006; KG JurBüro 1977, 1427; OLG München JurBüro 1976, 801; Schneider JurBüro 1979, 1594). 25

Auch eine **Widerklage** hindert die Anwendung von III bis zu ihrer Erledigung. **Hauptanspruch** sind auch nicht zu erstattende Anwaltskosten (Enders JurBüro 2004, 59) oder der Anspruch des Versicherungsnehmers gegen seinen Haftpflichtversicherer auf eine Freihaltung von Kosten, die ihm ein Gericht auferlegt hat (BGH NJW-RR 1990, 958). 26

4. Rechtsfolge. Wenn die Tatbestandsvoraussetzungen vorliegen, berechnet sich der Streitwert grds. nach dem Wert **sämtlicher** gerichtlicher und außergerichtlicher Kosten beider Parteien. Dieser Wert ist nach § 48 GKG iVm §§ 3, 6–9 ZPO zu ermitteln. Übersteigt dieser Wert den Wert des Hauptanspruchs, bildet der Wert des Hauptanspruchs den **Höchststreitwert.** Der Wert des Hauptanspruchs ist nach §§ 48 ff. zu ermitteln. Maßgeblich ist nach § 40 der Zeitpunkt der Antragstellung, die den Rechtszug einleitet. Rücknahmen sind unerheblich. 27

Stufenklage

44 Wird mit der Klage auf Rechnungslegung oder auf Vorlegung eines Vermögensverzeichnisses oder auf Abgabe einer eidesstattlichen Versicherung die Klage auf Herausgabe desjenigen verbunden, was der Beklagte aus dem zugrunde liegenden Rechtsverhältnis schuldet, ist für die Wertberechnung nur einer der verbundenen Ansprüche, und zwar der höhere, maßgebend.

Schrifttum: Assmann, Die Stufenklage, 1990, § 7; Nissen/Elzer, Der Gebührenstreitwert der Stufenklage, MDR 2021, 1161; Kassebohm, Die Kostenentscheidung bei der Stufenklage; NJW 1994, 2728; N. Schneider, Abrechnung einer Stufenklage, ErbR 2008, 221; Siegel, Die Kostenfrage der Stufenklage, 2009.

Übersicht

1 **I. Normzweck und Normgeschichte.** Die Bestimmung, die sich bis 2004 in § 18 GKG aF und bis 1975 in § 15 GKG aF fand, hat ihre **heutige** Form durch das KostRMoG v. 5.5.2004 (BGBl. I 718) gefunden. Sie ist eine Hilfsnorm und bestimmt, wie der **Gebührenstreitwert** für die Klage nach § 254 ZPO (deren Wortlaut wiederholt wird) zu errechnen ist. § 44 ist eine ggü. § 39 vorrangige Sondervorschrift. Da die klagende Partei nur an der Herausgabe ein wirkliches Interesse hat, lässt sie ausnahmsweise nur den höchsten der Ansprüche maßgebend sein (OLG Hamm AnwBl 1981, 69; Stein/Jonas/Roth ZPO § 5 Rn. 21) und stellt also ein **besonderes Additionsverbot** (→ § 39 Rn. 3) auf. Parallelnorm ist § 38 FamGKG.

2 **II. Anwendungsbereich. 1. Überblick. a) Stufenklagen.** § 44 ist zur Bestimmung des Gebührenstreitwertes anwendbar, soweit eine Klage iSv § 254 ZPO vorliegt, und diese § 1 unterfällt. Wird zugleich mit der Klage auf Rechnungslegung oder auf Vorlegung eines Vermögensverzeichnisses oder auf Abgabe einer eidesstattlichen Versicherung **keine** Herausgabeklage erhoben, ist § 44 also **nicht anwendbar** (OLG Schleswig NJW-RR 2012, 1020).

3 **b) Mindestbetrag.** Macht der Kläger im Rahmen einer Stufenklage einen **Mindestbetrag** geltend, weil er die Klageforderung insofern beziffern und begründen zu können meint, ohne auf eine Auskunft des Beklagten angewiesen zu sein, liegt nur wegen des **darüber** hinausgehenden Klagebegehrens eine Stufenklage, im Übrigen eine **bezifferte Teilklage** vor (BGH NJW-RR 2003, 68; KG Rpfleger 1973, 266). In einem solchen Falle setzt sich der Streitwert aus dem bezifferten Teilanspruch **und** dem Wert der Stufenklage zusammen (OLG Frankfurt a. M. MDR 1995, 207; KG Rpfleger 1973, 226).

4 **c) Spätere (nachträgliche) Stufenklage.** Wird im Wege nachträglicher objektiver Klagenhäufung eine Auskunftsklage um eine unbestimmte Leistungsklage ergänzt, ist § 44 anwendbar.

5 **d) Entscheidung über den Leistungsantrag.** § 44 setzt keine Entscheidung über den Leistungsantrag voraus. Er bleibt daher anwendbar, wenn die Stufenklage nach Erteilung der Auskunft zB zurückgenommen wird, wenn sich die Parteien vergleichen oder die Hauptsache für erledigt erklärt wird. Bei § 255 ZPO ist § 44 unanwendbar.

6 **2. Zuständigkeits- und Rechtsmittelstreitwert.** Was für den Zuständigkeits- und Rechtsmittelstreitwert gilt, bestimmt jeweils § 3 ZPO iVm § 5 ZPO.

3. Gegenstandswert. a) Überblick. Für den Gegenstandswert in gerichtlichen Verfahren ist I über § 23 I 1 RVG grds. unmittelbar anwendbar, für außergerichtliche Tätigkeiten nach § 23 I 3 RVG entsprechend, wenn der Gegenstand der Tätigkeit auch Gegenstand eines gerichtlichen Verfahrens sein könnte. 7

b) Verfahrensgebühr. Die Verfahrensgebühr (VV 3100 RVG) berechnet sich idR nach dem Wert des unbezifferten Leistungsanspruchs (OLG Koblenz NJOZ 2019, 904 Rn. 8; OLG Brandenburg MDR 2009, 634 = BeckRS 2008, 22501). 8

c) Terminsgebühr. Die Terminsgebühr (VV 3104 RVG) richtet sich nach dem Wert der Verfahrensstufe, über die (jeweils) verhandelt wird (OLG Koblenz NJOZ 2019, 904 Rn. 8; OLG Schleswig NJOZ 2016, 195 Rn. 10; OLG Jena JurBüro 2013, 26 = BeckRS 2012, 18637; OLG Saarbrücken NJOZ 2010, 1685; OLG Brandenburg MDR 2009, 634 = BeckRS 2008, 22501). 9

d) Einigungsgebühr. Der Gegenstandswert der Einigungsgebühr (VV 1000, 1003 RVG) bestimmt sich nach dem Wert der von der Einigung erfassten streitigen Ansprüche. 10

III. Tatbestandsvoraussetzungen. Voraussetzung für die Anwendung des § 44 ist die **Verbindung** einer Klage auf Rechnungslegung oder auf Vorlegung eines Vermögensverzeichnisses oder auf Abgabe einer eidesstattlichen Versicherung mit einer Klage auf Herausgabe desjenigen, was der Beklagte aus dem zugrunde liegenden Rechtsverhältnis schuldet. Hierbei handelt es sich um eine **Stufenklage** iSv § 254 ZPO. 11

IV. Rechtsfolge. 1. Überblick. a) Allgemeines. Liegen die Tatbestandsvoraussetzungen vor, ist für die Wertberechnung nur einer der verbundenen Ansprüche, und zwar der **höhere,** maßgebend (LAG Berlin-Brandenburg NZA-RR 2022, 324 Rn. 8). IdR wird dies der Wert sein, der auf die **Leistungsstufe** (→ Rn. 19 ff.) entfällt. Denn der Wert der anderen Stufen wird idR mit einem Bruchteil des Leistungsantrags bewertet (→ Rn. 17; → Rn. 18). Anders ist es zB, wenn die klagende Partei schon bei Klageerhebung ankündigt, sie werde einen Zahlungsantrag nur in Höhe eines Teilbetrags stellen, dessen Wert **geringer** ist als der Wert des Auskunftsanspruchs (OLG Stuttgart NJW-RR 2013, 637; Stein/Jonas/Roth ZPO § 5 Rn. 21). Der Streitwert sinkt nicht herab, wenn bereits mit der Entscheidung zur Auskunftsstufe die weitergehende Klage abgewiesen wird (BGH BeckRS 2015, 3149 Rn. 2; OLG Schleswig BeckRS 2014, 03996). 12

b) Steckengebliebene Stufenklage. Ist die Leistungsstufe maßgebend, wird diese aber **nicht** weiterverfolgt (steckengebliebener Stufenantrag/steckengebliebene Stufenklage), bleibt der Wert der Leistungsstufe nach § 40 dennoch für die Ermittlung nach § 44 maßgebend (OLG Schleswig NZFam 2020, 224 zu § 38 FamGKG; OLG Frankfurt a. M. AGS 2018, 278 = BeckRS 2018, 5839 Rn. 11 zu § 38 FamGKG; LAG Rheinland-Pfalz BeckRS 2017, 100847 Rn. 8; OLG München MDR 1989, 646; Nissen/Elzer MDR 2021, 1161 Rn. 12; aA OLG Dresden MDR 1997, 691). Der Grund hierfür liegt darin, dass sämtliche Klagebegehren einer Stufenklage unmittelbar mit ihrer Einreichung anhängig werden (Nissen/Elzer MDR 2021, 1161 Rn. 12). Diese Art der Wertberechnung erscheint auch in der Sache gerechtfertigt, da die klagende Partei durch die Anhängigkeit sämtlicher Stufen unter Einschluss des Leistungsbegehrens eine umfassende Verjährungshemmung nach § 204 I Nr. 1 BGB erreicht. Diese Hemmung „erkauft" sich der Kläger dementsprechend durch die Maßgeblichkeit seines Leistungsbegehrens für die Streitwertbemessung (Nissen/Elzer MDR 2021, 1161 Rn. 12; s. auch OLG Schleswig NZFam 2020, 224). 13

c) Geringere Bezifferung. Beziffert der Kläger den Zahlungsantrag nach der Auskunft auf einen **geringeren** als den im Zeitpunkt der Einreichung der Klage erwarteten Betrag, ist nach § 40 dennoch der erwartete Betrag maßgeblich (OLG Bamberg NJOZ 2020, 548 Rn. 27 zu § 38 FamGKG; OLG Schleswig NZFam 2015, 931 zu § 38 FamGKG; KG JurBüro 2006, 594 = BeckRS 2006, 9486 Rn. 6; MDR 1993, 696; differenzierend Siegel S. 63). 14

d) Höhere Bezifferung. Beziffert der Kläger den Zahlungsantrag nach der Auskunft auf einen **höheren** Betrag, ist dieser nach § 40 maßgeblich (OLG Frankfurt a. M. NJW-RR 2017, 68 Rn. 9 zu § 38 FamGKG; OLG Bamberg BeckRS 2011, 15

3706; Siegel 60 ff.; Nissen/Elzer MDR 2021, 1161 Rn. 15; BeckOK ZPO/Bacher ZPO § 254 Rn. 32; Stein/Jonas/Roth ZPO § 5 Rn. 22).

16 **2. Vorgehen.** Für jede Stufe ist nach §§ 40, 48 GKG iVm §§ 3, 6–9 ZPO **isoliert** der Wert zu bestimmen. Dann ist zu vergleichen, welcher der höhere Einzelwert ist.

17 **3. Rechnungslegung/Vermögensverzeichnis/Auskunft.** Für den Wert der Klage, die auf Rechnungslegung (§ 259 I BGB), Vorlage eines Vermögensverzeichnisses (§ 260 I BGB) oder anderweitige Auskunft (zB §§ 666, 716, 740 II BGB), Einsicht (zB §§ 118, 166, 87c IV HGB) oder Buchauszug (§ 87c II HGB) gerichtet ist, ist nach §§ 40, 48 GKG iVm § 3 ZPO das Interesse der klagenden Partei maßgeblich. Der Wert ist im Allgemeinen mit einem **Bruchteil** des Wertes des Leistungsantrages zu bemessen (Nissen/Elzer MDR 2021, 1161 Rn. 6). Nach einer „Faustformel" ist das Interesse der klagenden Partei am Auskunftsanspruch umso niedriger, je geringer ihre Ungewissheit über die Höhe des noch unbestimmten Leistungsantrages ist. Eine generelle Aussage über den Wert des Auskunftsbegehrens lässt sich allerdings nicht treffen. Vielmehr ist der Grad der Unkenntnis der klagenden Partei anhand aller Umstände des Einzelfalles zu beurteilen. In der höchstrichterlichen Rechtsprechung findet sich daher für die Bemessung eines Auskunftsanspruches im Rahmen einer Stufenklage zu Recht ein weites Spektrum zwischen 5 % und 80 % des Leistungsbegehrens (näher Nissen/Elzer MDR 2021, 1161 Rn. 6). Auch → ZPO § 3 Rn. 23 „Auskunft".

18 **4. Eidesstattliche Versicherung.** Für den Wert der Klage, die auf eidesstattliche Versicherung (zB §§ 259 II, 260 II, 2028 II, 2057 S. 2 BGB) gerichtet ist, ist nach §§ 40, 48 GKG iVm § 3 ZPO das Interesse der klagenden Partei maßgeblich. Das Intereresse wird in der obergerichtlichen Rechtsprechung mit einem Bruchteil des Wertes des Auskunftsbegehrens bemessen, da der eidesstattlichen Versicherung ihrerseits ein Hilfscharakter gegenüber der Auskunftserteilung zukommt, deren Verifizierung sie dient (näher Nissen/Elzer MDR 2021, 1161 Rn. 7). Jedenfalls aber soll der Wert der eidesstattlichen Versicherung durch den Wert des Auskunftsbegehrens begrenzt sein (näher Nissen/Elzer MDR 2021, 1161 Rn. 7). Auch → ZPO § 3 Rn. 23 „Eidesstattliche Versicherung" und → ZPO § 3 Rn. 23 „Auskunft".

19 **5. Herausgabe (Leistungsstufe). a) Überblick.** „Herausgabe" meint va die Zahlung eines Geldbetrags. „Herausgabe" meint aber auch die Übereignung beweglicher Sachen, die Übereignung von Grundstücken, die Verschaffung des Besitzes an Sachen, die Abtretung von Forderungen oder die Übertragung sonstiger Rechte, die Erteilung einer Gutschrift im Bankverkehr und anderes mehr (BGH NJW 2003, 2748 unter I 2a).

20 **b) Bewertung.** Der Wert ist gem. §§ 40, 48 GKG iVm § 3 ZPO nach dem Interesse der klagenden Partei zum Zeitpunkt der Antragstellung, die den Rechtszug einleitet, zu bestimmen (Nissen/Elzer MDR 2021, 1161 Rn. 8; aA KG NJW-RR 1998, 418: Erkenntnisse am Ende der Instanz sind maßgebend). Da der Leistungsanspruch bei Einreichung der Stufenklage mangels Auskunft **nicht exakt** beziffert werden kann, ist grds. anhand des **Tatsachenvortrags** des Klägers (§ 61 S. 1) danach zu fragen, welche **Vorstellungen** er sich vom Wert macht (BGH BeckRS 2015, 3149 Rn. 2; GRUR 2012, 959 Rn. 5; BeckRS 2007, 17331 Rn. 5; LAG Berlin-Brandenburg NZA-RR 2022, 324 Rn. 9; Nissen/Elzer MDR 2021, 1161 Rn. 9). Indiz für die Vorstellungen können **außergerichtliche Aufforderungsschreiben** sein (OLG Stuttgart FamRZ 2012, 393 = BeckRS 2011, 26381). Wunschvorstellungen eines Klägers, die in seinem Tatsachenvortrag keine Grundlage finden, sind nicht zu berücksichtigen (BGH BeckRS 2015, 3149 Rn. 2; GRUR 2012, 959 Rn. 5; LAG Berlin-Brandenburg NZA-RR 2022, 324 Rn. 9; → ZPO § 3 Rn. 15). Zielt das Klagebegehren auf eine grds. abweichende rechtliche Beurteilung der Höhe einer angemessenen Vergütung, muss sich dieses Rechtsschutzziel im Streitwert niederschlagen. Dabei ist jedoch umso mehr Zurückhaltung geboten, je fernliegender es erscheint, dass die rechtlichen Erwägungen des Klägers die Höhe des Vergütungsanspruchs maßgeblich bestimmen könnten (BGH GRUR 2012, 959 Rn. 5). Bestehen **ausnahmsweise** keine genügenden Anhaltspunkte, sollte an den Auffangwert von 5.000 EUR (§ 52 II; § 23 III 2 RVG; § 42 III FamGKG) angeknüpft werden (OLG Brandenburg MDR 2009, 634 = BeckRS 2008, 22501).

6. Rechtsmittel. Im Rechtsmittelverfahren bestimmt sich der Gebührenstreitwert nach den **Anträgen des Rechtsmittelführers** (§ 47 I 1). Gelangt daher nur **eine** Stufe in die Rechtsmittelinstanz, ist allein ihr Wert maßgeblich (BGH NJW 2002, 3477). Weist das Berufungsgericht auf die Berufung des in erster Instanz zur Auskunftserteilung verurteilten Beklagten die Stufenklage allerdings **insgesamt** ab, bestimmt sich der Streitwert nach dem vollen Streitwert der abgewiesenen Klage (→ § 47 Rn. 20). 21

Klage und Widerklage, Hilfsanspruch, wechselseitige Rechtsmittel, Aufrechnung

45 **I [1]In einer Klage und in einer Widerklage geltend gemachte Ansprüche, die nicht in getrennten Prozessen verhandelt werden, werden zusammengerechnet. [2]Ein hilfsweise geltend gemachter Anspruch wird mit dem Hauptanspruch zusammengerechnet, soweit eine Entscheidung über ihn ergeht. [3]Betreffen die Ansprüche im Fall des Satzes 1 oder 2 denselben Gegenstand, ist nur der Wert des höheren Anspruchs maßgebend.**

II Für wechselseitig eingelegte Rechtsmittel, die nicht in getrennten Prozessen verhandelt werden, ist Absatz 1 Satz 1 und 3 entsprechend anzuwenden.

III Macht der Beklagte hilfsweise die Aufrechnung mit einer bestrittenen Gegenforderung geltend, erhöht sich der Streitwert um den Wert der Gegenforderung, soweit eine der Rechtskraft fähige Entscheidung über sie ergeht.

IV Bei einer Erledigung des Rechtsstreits durch Vergleich sind die Absätze 1 bis 3 entsprechend anzuwenden.

Schrifttum: Kanzlsperger, Probleme der streitwerterhöhenden Eventualaufrechnung, MDR 1995, 883; Madert, Der Streitwert bei der Eventualaufrechnung usw, FS Schmidt, 1981, 67; H. Schneider, Wert- und Kostenberechnung bei hilfsweiser Aufrechnung, AGS 2012, 553; Schulte, Die Kostenentscheidung bei der Aufrechnung durch den Beklagten im Zivilprozess, 1990.

Übersicht

1 **I. Normzweck und Normgeschichte.** Die Bestimmung, die sich bis 2004 in § 19 GKG aF und bis 1975 in § 16 GKG aF fand, hat ihre **heutige** Form durch das KostRMoG v. 5.5.2004 (BGBl. I 718) gefunden. Sie ist eine Hilfsnorm und bestimmt, wie der Gebührenstreitwert für Klage und Widerklage, bei Hilfsanträgen und Hilfsaufrechnungen sowie bei wechselseitigen Rechtsmitteln zu errechnen ist. Sie ist eine ggü. § 39 vorrangige Sondervorschrift, da sie zum Teil Additionsverbote kennt. Ziel von I 3 ist es, den Gebührenstreitwert **niedrig** zu halten, wenn die gemeinschaftliche Behandlung von Ansprüchen die Arbeit des Gerichtes vereinfacht (BGH NJW-RR 2006, 378 Rn. 16; 2005, 506 unter III. 1; OLG München JurBüro 2021, 481 Rn. 9; OLG Oldenburg JurBüro 2020, 37 = BeckRS 2019, 20364 Rn. 6; OLG Düsseldorf NJW 2009, 1515; OLG Celle OLGR Celle 2008, 313). Der Zweck von I 2, III besteht hingegen jeweils darin, den **erhöhten Arbeitsaufwand** der Gerichte und der Rechtsanwälte abzubilden (BT-Drs. 7/3243, 5; BT-Drs. 12/6962, 63; Kodde GRUR 2015, 38 (43)). § 45 hat seine heutige Form durch das KostRMoG v. 5.5.2004 (BGBl. I 718) erhalten.

2 I 1, 3 treffen Bestimmungen für Verfahren, in denen der Beklagte eine Widerklage erhoben hat, I 2, 3 für Verfahren, in denen der Kläger einen oder mehrere Hilfsanträge gestellt hat. II erklärt I 1, 3 für wechselseitig eingelegte Rechtsmittel, die nicht in getrennten Prozessen verhandelt werden, für entsprechend anwendbar. III bestimmt, was gilt, wenn eine der Rechtskraft fähige Entscheidung über eine streitige Forderung ergeht, mit der der Beklagte hilfsweise aufgerechnet hat. IV erklärt I–III für anwendbar, wenn sich der Rechtsstreit durch Vergleich erledigt.

3 **II. Anwendungsbereich. 1. Überblick.** § 45 ist im Rahmen seines jeweiligen Anwendungsbereichs zur Bestimmung des **Gebührenstreitwertes** für alle in § 1 genannten Verfahren anwendbar, soweit in §§ 39 ff. keine Sonderbestimmungen getroffen werden, und **soweit** es keine Fest- oder Jahresgebühren gibt. Ob es sich um eine nichtvermögensrechtliche Streitigkeit iSv § 48 II handelt, ist unerheblich.

4 **2. Zuständigkeits- und Rechtsmittelstreitwert.** Der Zuständigkeits- und/oder Rechtsmittelstreitwert sind nach §§ 3 ff. ZPO zu ermitteln. Was für die Widerklage gilt, bestimmt § 5 Hs. 2 ZPO. Dieser bestimmt anders als I 1 ein Additionsverbot.

5 **3. Gegenstandswert.** Für den Gegenstandswert in gerichtlichen Verfahren ist § 45 über § 23 I 1 RVG unmittelbar anwendbar, für außergerichtliche Tätigkeiten nach § 23 I 3 RVG entsprechend, wenn der Gegenstand der Tätigkeit auch Gegenstand eines gerichtlichen Verfahrens sein könnte.

III. Klage und Widerklage (I 1). 1. Anwendungsbereich. I ist anwendbar, wenn der Beklagte in erster oder zweiter Instanz eine Widerklage erhebt, die nicht in einem getrennten Prozess verhandelt wird. Macht der Beklagte im anhängigen Rechtsstreit mit einem Zwischenantrag einen Schadenersatzanspruch nach §§ 302 IV, 600 II, 717 II ZPO geltend, ist dieser Antrag wie eine Widerklage zu behandeln. Eine Ausnahme bestimmt § 41 III. 6

2. Begriff der Widerklage. Eine Widerklage ist eine selbständige, mit der (Haupt-)Klage lediglich zur gemeinsamen Verhandlung und Entscheidung verbundene Klage des Beklagten (BGH NJW 2018, 3016 Rn. 18). Die Widerklage muss durch die Einreichung der Erhebungsschrift beim Gericht vorliegen. Eine förmliche Zustellung an den Widerbeklagten nach §§ 167, 253, 261 II ZPO ist nicht erforderlich. Es ist auch unerheblich, ob die Widerklage zulässig ist (OLG München BeckRS 2010, 15104). 7

„Widerklage" iSv I 1 ist auch eine **Hilfswiderklage** (Eventualwiderklage), also wenn der Hauptantrag des Beklagten auf Abweisung der Klage und ein Hilfsantrag auf Verurteilung des Klägers in einem wirklichen Eventualverhältnis stehen, wenn also der mit der Widerklage geltend gemachte Anspruch nur begründet sein kann, sofern auch das Klagebegehren begründet ist (OLG Köln VersR 1998, 98). Zu einer Addition kommt es nach I 2 aber nur, wenn über die Hilfswiderklage **entschieden** wird, wenn also die Bedingung, unter der sie gestellt ist, eintritt (OLG Köln OLGR 2009, 158; OLG Karlsruhe AGS 2007, 470; LG Freiburg Rpfleger 1982, 357; Schneider MDR 1988, 464; aA OLG München BeckRS 2010, 15104, das I 2 übersieht und zu Recht, aber unnötig eine Analogie zu III ablehnt). 8

3. Nicht getrennte Prozesse. I ist nur anwendbar, soweit das Gericht über die Klage und die Widerklage in **demselben** Prozess verhandeln lässt. Es darf also insbes. keine gerichtliche Anordnung der Verhandlung in getrennten Prozessen iSv § 145 I, II ZPO bestehen. 9

Bei einer **Prozessverbindung** iSv § 147 ZPO wandelt das Gericht evtl. eine Klage in eine Widerklage um, nämlich dann, wenn die Parteien in den vorher getrennten Prozessen gegenseitige Ansprüche betrieben hatten. Die Verbindung kann aber **nur für die Zukunft** wirken. Sie berührt also die bereits entstandenen Gebühren nicht (OLG Hamm JurBüro 2005, 598 = BeckRS 2005, 07583; OLG Koblenz MDR 2005, 1017 = BeckRS 2005, 06736). 10

4. Rechtsfolgen. a) Grundsatz (I 1). Liegen die Tatbestandsvoraussetzungen vor, werden die in der Klage und der Widerklage geltend gemachten Ansprüche **zusammengerechnet** (OLG Frankfurt a. M. GRUR-RR 2014, 280; OLG Naumburg JurBüro 2004, 379). 11

b) Ausnahme (I 3). aa) Überblick. Betreffen die Ansprüche **denselben** Gegenstand, ist nach I 3 nur der Wert des höheren Anspruchs maßgebend. 12

bb) Derselbe Gegenstand. (1) Allgemeines. Für die Frage, ob iSv I 3 „derselbe" Gegenstand vorliegt, kommt es **nicht** auf den zivilprozessualen Streitgegenstandsbegriff an (BGH NJW-RR 2005, 506 unter III. 1; NJW 1994, 3292 unter 3. b; LAG Rheinland-Pfalz BeckRS 2020, 37929 Rn. 26; BT-Drs. 12/6962, 63). Der kostenrechtliche Gegenstandsbegriff erfordert vielmehr eine **wirtschaftliche Betrachtung** (BGH BeckRS 2013, 20399 Rn. 6; GRUR-RS 2013, 11006 Rn. 11; NJW-RR 2005, 506 unter III. 1.; OLG München BeckRS 2021, 13975 Rn. 10). Es ist danach grds. nur dort zusammenzurechnen, wo durch das Nebeneinander von Klage und Widerklage eine „wirtschaftliche Werthäufung" entsteht (BGH BeckRS 2013, 20399 Rn. 6; NJW-RR 2005, 506 unter III 1), beide also nicht das wirtschaftlich identische Interesse betreffen (BGH NJW-RR 2005, 506 unter III. 1; NJW-RR 1991, 186). 13

(2) Identitätsformel. Eine wirtschaftliche Identität von Klage und Widerklage liegt nach der **Identitätsformel** dann vor, wenn die Ansprüche aus Klage und Widerklage nicht in der Weise nebeneinander stehen können, dass das Gericht unter Umständen beiden stattgeben kann, sondern die Verurteilung nach dem einen Antrag notwendigerweise die Abweisung des anderen Antrags nach sich zieht (BGH BeckRS 2020, 37583 Rn. 60; NJW-RR 2017, 1453 Rn. 9; BeckRS 2013, 20399 Rn. 6; GRUR-RS 2013, 11006 Rn. 11; BeckRS 2010, 11344 Rn. 4; NJW-RR 2003, 713 unter II.; NJW 1965, 444 unter II.). Die Anträge der Klage und der Widerklage 14 müssen **sich also gegenseitig ausschließen** (BGH NJW-RR 2006, 378; OLG Düsseldorf NJW 2009, 1515; OLG Köln NJW-RR 2012, 615; BT-Drs. 12/6962, 63). Keine Identität liegt allerdings dann vor, wenn mit Klage und Widerklage **Teilansprüche** aus **demselben Rechtsverhältnis** hergeleitet werden, die sich rechtlich zwar wechselseitig ausschließen, wirtschaftlich aber nicht überschneiden, sondern **unterschiedliche Vermögenspositionen** betreffen (BGH NJW 2014, 1456 Rn. 5; KG GRUR-RS 2022, 22121 Rn. 129; OLG Braunschweig BeckRS 2021, 19375 Rn. 20; Mayer FD-RVG 2021, 441131; → Rn. 16 „Leasing – Leasingraten" und „Teilanspruch 1 – Teilanspruch 2"). So liegt es, wenn der Kläger aus einem streitigen Rechtsverhältnis einen über geleistete Zahlungen hinausgehenden **Rest- oder Mehrbetrag** beansprucht, während der Beklagte widerklagend die geleisteten Zahlungen als nicht geschuldet zurückverlangt, da hierbei wirtschaftlich die aus dem Rechtsverhältnis geschuldete Gesamtvergütung den Gegenstand des Streits der Parteien bildet (BGH NJW 2014, 1456 Rn. 5; s. auch KG GRUR-RS 2022, 22121 Rn. 130).

15 **cc) Beispiele für denselben Gegenstand im „ABC".** Identität liegt va vor, wenn der Streit um den Bestand einer Sicherheit geführt wird oder bei Feststellungs- und Leistungsklage. Überblick:

Bürgschaft. Werden in einem Prozess die Herausgabe der Bürgschaftsurkunde einerseits und die gesicherte Forderung andererseits geltend gemacht, so ist wegen wirtschaftlicher Gleichwertigkeit ein einheitlicher Streitwert festzusetzen (OLG Düsseldorf NJW-RR 2016, 1215).

Feststellungsklagen. Denselben Streitgegenstand betreffen eine negative Feststellungswiderklage und die Klage, mit der die Berühmung, gegen die die negative Feststellungswiderklage sich wendet, durchgesetzt werden soll (BGH NJW-RR 1992, 1404).

Gesellschaft. Zwischen dem auf Rückzahlung einer geleisteten Gesellschaftseinlage gerichteten Hauptantrag und den auf Feststellung der Wirksamkeit der Kündigung des Gesellschaftsvertrages und Zahlung eines Abfindungsguthabens gerichteten Hilfsanträgen besteht wirtschaftliche Identität (OLG Zweibrücken NJW-RR 2015, 318).

Herausgabe. Die Klage auf Herausgabe des Kraftfahrzeugs und die Widerklage auf Herausgabe der Fahrzeugpapiere betreffen gebührenrechtlich denselben Gegenstand (OLG München 12.5.2021 – 32 W 693/21, BeckRS 2021, 13975 Rn. 13; OLG Nürnberg AGS 2019, 519; aA OLG Hamm Rpfleger 1990, 40; OLG Nürnberg JurBüro 1958, 513). Entsprechendes gilt, wenn der Widerkläger den restlichen Kaufpreis verlangt.

Hinterlegung. Die Klage auf Auszahlung des Hinterlegten an den Hinterleger und die Widerklage auf Zahlung an einen Dritten betreffen gebührenrechtlich denselben Gegenstand.

Hypothek. Identität liegt vor, wenn der Kläger die Eintragung einer Hypothek zur Sicherung einer Forderung verlangt und der Widerkläger die Löschung der zugehörigen Vormerkung beantragt. Entsprechendes gilt, wenn der Widerkläger die Zahlung der zugrundeliegenden Forderung fordert.

Miete. Identität liegt vor bei einer Klage auf Zahlung von Miete und einer Feststellungswiderklage auf Nichtbestehen des Mietvertrags (BGH NZM 2006, 138 Rn. 17; OLG Braunschweig MDR 1975, 848). So liegt es auch, wenn der Mieter die Feststellung eines Mietverhältnisses verlangt, der Widerkläger aber Räumung (OLG München NZM 2011, 175). Identität liegt auch vor, wenn sich der Mieter auf der Grundlage des gleichen streitigen Mangels verschiedener Gewährleistungsansprüche berühmt (BGH NZM 2006, 138 Rn. 16; 2004, 423). Nichts anderes gilt, wenn der Mieter wegen des gleichen Mangels die Berechtigung anderer mietrechtlicher Ansprüche zur gerichtlichen Überprüfung stellt (BGH NZM 2006, 138 Rn. 16).

Pflichtteilsergänzung. Eine Klage auf Pflichtteilsergänzung (§ 2315 BGB) und eine Widerklage auf Rückzahlung überzahlten Pflichtteilsanspruchs (§ 2303 BGB) betreffen nicht denselben Gegenstand (OLG Braunschweig BeckRS 2021, 19375 Rn. 20).

Vertrag. Identität liegt vor, wenn der Kläger eine Vertragsleistung fordert, der Widerkläger aber die Feststellung des Nichtbestehens des Vertrags (BGH NZM

2006, 138 Rn. 17; NJW-RR 1992, 1404; OLG Braunschweig MDR 1975, 848; OLG Koblenz VersR 1996, 521).

Vollstreckbarerklärung eines ausländischen Urteils. Beim Hauptantrag auf Vollstreckbarerklärung eines ausländischen Urteils und Hilfsantrag auf Verurteilung zur Zahlung ebendieser Forderung sind für den Gebührenstreitwert die Werte zusammenzurechnen (OLG Saarbrücken BeckRS 2021, 27054).

Werklohn. Identität liegt vor, wenn der Kläger den Werklohn verlangt, der Widerkläger aber die Herausgabe des Schuldscheins oder der Bürgschaftsurkunde für die Klageforderung (OLG Stuttgart MDR 1980, 678) oder Mangelbeseitigung verlangt (OLG Koblenz JurBüro 2005, 266).

Zahlung – Quittung: Identität liegt vor, wenn der Kläger die Zahlung einer Restforderung verlangt, der Widerkläger aber eine Gesamtquittung fordert.

dd) Beispiele für verschiedene Gegenstände im „ABC". Nichtidentität liegt 16
va vor, wenn Klage und Widerklage wechselseitig auf Erfüllung eines gegenseitigen Vertrags gerichtet sind oder Klage und Widerklage Teilansprüche aus demselben Rechtsverhältnis betreffen. Überblick:

Auflassung – Zahlung: Der Kläger fordert eine Auflassung, der Widerkläger verlangt den Restkaufpreis (OLG Karlsruhe MDR 1988, 1067).

Drittwiderspruch – Vollstreckung: Der Kläger verlangt nach § 771 ZPO die Beendigung der Zwangsvollstreckung, der Widerkläger fordert die Herausgabe an den Gerichtsvollzieher (LG Saarbrücken JurBüro 1991, 310).

Eilverfahren – Hauptprozess: Der Kläger geht im Eilverfahren nach §§ 916 ff., 935 ff. ZPO vor, der Widerkläger fordert im Hauptprozess die Freigabe einer zur Abwendung des Arrestes hinterlegten Summe.

Gesellschaftsauflösung – Ausschluss: Der Kläger verlangt die Auflösung einer Gesellschaft, der Widerkläger verlangt den Ausschluss eines Gesellschafters. Denn selbst wenn bei einem Erfolg dieses Widerklägers ein Rechtsschutzbedürfnis für diesen Kläger nicht mehr vorläge, schließen sich doch die Anträge der Klage und der Widerklage nicht gegenseitig aus (OLG München FamRZ 2007, 750).

Kündigung – Weiterbeschäftigung: Der Kläger geht auf Grund einer Kündigung vor, der Widerkläger fordert eine Weiterbeschäftigung (LAG Hamburg JurBüro 2012, 27; LAG Nürnberg JurBüro 2000, 82).

Kündigungsschutz – Nachteilsausgleichsanspruch: Ein Kündigungsschutzantrag und ein hilfsweise verfolgter Nachteilsausgleichsanspruch betreffen nicht denselben Gegenstand (LAG Hamm BeckRS 2018, 23239 Rn. 19; LAG Hessen NZA-RR 2014, 51; aA LAG Berlin-Brandenburg NZA-RR 2020, 93 Rn. 28).

Leasing – Leasingraten: Der auf einen Wegfall der Geschäftsgrundlage des Leasingvertrags gestützte Anspruch der einen Partei auf Rückerstattung der gezahlten Leasingraten und die für die anschließende Vertragslaufzeit widerklagend geltend gemachten Ansprüche auf Zahlung rückständiger Leasingraten und auf Schadenersatz wegen Nichterfüllung hinsichtlich der nach verzugsbedingter Kündigung des Leasingvertrags noch ausstehenden Leasingraten betreffen in Ermangelung wirtschaftlicher Identität nicht denselben Gegenstand (BGH NJW 2014, 1456 Rn. 5; OLG München JurBüro 2021, 481 Rn. 11).

Leistung – Vollstreckungsabwehr

Lieferung – Schadenersatz: Der Kläger fordert die Lieferung einer Kaufsache, der Widerkläger verlangt einen Schadenersatz (BGH NJW-RR 2000, 285).

Mehr – Weniger: Der Kläger verlangt ein Mehr zB an Rente, der Widerkläger ein Weniger als bisher (OLG Hamm JurBüro 1980, 737; OLG Naumburg JurBüro 2004, 379.

Restbetrag – Rückzahlung: Der Kläger verlangt einen Restbetrag, der Widerkläger fordert die Rückzahlung seiner Anzahlung (OLG Bamberg JurBüro 1979, 252; OLG Düsseldorf JurBüro 2009, 85).

Tor: Der Kläger verlangt, dass ein Tor nach jeder Durchfahrt zu verschließen ist, die Widerklage ist darauf gerichtet, dieses Tor offenzuhalten (BGH BeckRS 2021, 14426 Rn. 1).

Teilanspruch 1 – Teilanspruch 2: Der Kläger fordert einen Teilanspruch 1, der Widerkläger beschäftigt sich mit einem anderen Teilanspruch 2 aus demselben Rechtsverhältnis (BGH NJW 2014, 1456; OLG Braunschweig BeckRS 2021,

19375 Rn. 20; OLG Nürnberg AnwBl 1983, 89; OLG Schleswig AnwBl 1984, 205).

Teilforderung – Kein Mehranspruch: Der Kläger macht einen Teilanspruch geltend, der Widerkläger begehrt die Feststellung, dass kein höherer als der eingeklagte Anspruch bestehe (OLG Düsseldorf JurBüro 2009, 484; LG Hamburg WuM 1993, 477).

Versicherung – Darlehen: Der Kläger fordert eine Kaskoversicherungsleistung, der Widerkläger verlangt die Rückzahlung eines anlässlich des Schadensfalls gewährten Darlehens (BGH NJW-RR 2005, 506).

Zeiträume nebeneinander: Der Kläger bezieht sich auf einen Zeitraum A, der Widerkläger auf einen anderen Zeitraum B (OLG Düsseldorf MDR 2003, 236; LG Hamburg WuM 1993, 477).

17 **5. Kostenschuldner.** Wird durch die (Hilfs-)Widerklage die Verfahrensgebühr erhöht, muss der Widerkläger den Unterschiedsbetrag ggü der vom Kläger vorweggeleisteten allgemeinen Verfahrensgebühr zahlen. Er haftet aber für die gesamte Verfahrensgebühr gesamtschuldnerisch, nicht nur für den auf ihn rechnerisch entfallenden Teil. Der Widerkläger ist zu einer Vorauszahlung nach § 12 nicht verpflichtet. Er ist Kostenschuldner nach § 22 I.

18 **IV. Haupt- und Hilfsanspruch (I 2). 1. Anwendungsbereich.** I 2 ist für den **Gebührenstreitwert** anwendbar, wenn der Kläger oder der Beklagte neben dem Haupt- einen Hilfsanspruch geltend macht (oder mehrere). Zum **Zuständigkeits- und Rechtsmittelstreitwert** → ZPO § 3 Rn. 23 „Hilfsantrag (Eventualantrag)".

19 **2. Begriff des Hilfsanspruchs.** Ein Hilfsanspruch ist ein Anspruch, der unter der Bedingung gestellt wird, dass der Hauptanspruch unzulässig und/oder unbegründet ist (BGH NJW 2003, 3202 unter II; KG NJW-RR 2018, 63 Rn. 5). Auch ein unechter Hilfsanspruch, also einer, der unter der Bedingung gestellt wird, dass der Hauptanspruch zulässig und begründet ist, ist ein Hilfsantrag iSv § 45 I 1 (→ § 39 Rn. 11; OLG Brandenburg BeckRS 2020, 3345 Rn. 4). Wechselt der Kläger den Klagegrund aus, kann er den alten Antrag hilfsweise aufrechterhalten (→ § 39 Rn. 13).

20 **3. Entscheidung über Hilfsanspruch.** Eine Entscheidung über den Hilfsanspruch „ergeht", wenn das Gericht dem Hilfsanspruch **stattgibt** oder ihn als **unzulässig** (BFH BeckRS 2013, 96028 Rn. 8; VGH Mannheim BeckRS 2020, 8039 Rn. 19; OLG Karlsruhe BeckRS 2021, 11365 Rn. 11; Frank S. 251; aA OLG Brandburg OLGR 1998, 70; NK-GK/Kurpat Rn. 12) oder **unbegründet** abweist (BGH NJW 2001, 3616; OLG Frankfurt a. M. GRUR 2012, 960; LAG Nürnberg MDR 2005, 120).

21 An einer Entscheidung **fehlt** es hingegen, wenn die Bedingung, unter welcher der Hilfsantrag stand, nicht eintritt (BGH BeckRS 2020, 6744 Rn. 4), zB wenn der Hilfsantrag nur für den Fall der Unzulässigkeit des Hauptantrags gestellt ist und wenn das Gericht den Hauptantrag nicht als unzulässig ansieht (BGH NJW-RR 1999, 1157), wenn der Kläger seine Klage zum Hauptanspruch zurücknimmt, bevor es zu einer Entscheidung über den Hilfsanspruch kommt (OLG Köln JurBüro 1997, 435), oder wenn sich die Hauptsache durch eine Erfüllung zum Hilfsanspruch erledigt.

22 **4. Rechtsfolgen. a) Grundsatz (I 2).** Ist der Anwendungsbereich eröffnet, sind die Werte der Ansprüche jeweils nach §§ 39 ff. zu ermitteln und dann grds. zusammenzurechnen.

23 **b) Ausnahme (I 3).** Betreffen Haupt- und Hilfsanspruch **denselben** Gegenstand, liegt also **wirtschaftliche Identität** vor, ist nur der Wert des **höheren** Anspruchs maßgebend (BGH NJW-RR 2017, 1453 Rn. 9; NJW 2014, 1456 Rn. 4; OVG Berlin-Brandenburg BeckRS 2021, 36005 Rn. 3). Für die Frage, **ob** für Haupt- und Hilfsanspruch iSv I 3 „derselbe" Gegenstand vorliegt, gilt → Rn. 13 ff. entsprechend (s. auch OLG Saarbrücken BeckRS 2021, 27054 Rn. 3).

24 **c) In Sonderheit: Einheitlicher Unterlassungsantrag.** Bei einem einheitlichen Unterlassungsantrag sind nach Ansicht des BGH die Werte von Haupt- und Hilfsanträgen **nicht** „schematisch" zusammenzurechnen (→ § 39 Rn. 34).

V. Wechselseitige Rechtsmittel (II). 1. Anwendungsbereich. II ist anwendbar, wenn wechselseitig eingelegte Rechtsmittel vorliegen, die nicht in getrennten Prozessen verhandelt werden. 25

2. Wechselseitig. Der Begriff „wechselseitig" meint, dass beide Parteien gegen **dieselbe** Entscheidung ein Rechtsmittel einlegen (BFHE 120, 160 = JurBüro 1977, 330; OLG Saarbrücken BauR 2014, 887). Ob das Rechtsmittel selbständig eingelegt wird, oder ob sich die andere Partei dem Rechtsmittel anschließt, ist unerheblich (BGH NJW 1979, 878 unter 1; OLG Celle NJW-RR 2014, 255 (256)). Richten sich die (Anschluss-)Rechtsmittel gegen verschiedene gerichtliche Entscheidungen, dann liegen – bis zu einer möglichen Verbindung (§ 147 ZPO) – keine wechselseitigen, sondern liegt ein einseitiges Rechtsmittel vor. 26

3. Eingelegt. Das Rechtsmittel muss nur eingelegt werden. Das weitere Schicksal des Rechtsmittels ändert an seiner Maßgeblichkeit für den Gebührenstreitwert nichts. Es ist zB nicht erforderlich, dass über beide Rechtsmittel eine Entscheidung ergeht (BGH NJW 1979, 878 unter 2). Die Rücknahme einer selbständigen Berufung vor der Einlegung einer Anschlussberufung nach § 524 ZPO ist unschädlich. Auch die Rücknahme des Anschlussrechtsmittels ist bedeutungslos (OLG Schleswig AGS 2014, 337). Ferner ist unerheblich, ob das Hauptrechtsmittel verworfen oder zurückgewiesen wird, zB nach § 522 II 1 ZPO. Entgegen der hM ändert sich auch nichts, wenn das Anschlussrechtsmittel als **unzulässig** verworfen wird (aA BAG NJW 1960, 1173; OLG Hamm JurBüro 1977, 1716). Denn es ist ein kostenrechtliches Grundprinzip, dass der Streitwert sich nach den das Verfahren einleitenden und den Streitgegenstand bestimmenden Anträgen richtet (BGH NJW 1979, 878 unter 2). Auf die Zulässigkeit der Anträge kommt es nicht an. 27

4. Rechtsmittel. Rechtsmittel sind insbes. die Berufung, die (sofortige) Beschwerde, die Revision und die Rechtsbeschwerde. Aber auch sonstige Rechtsbehelfe, wie zB eine Erinnerung, Gehörsrügen oder Anschluss- oder Sprungrechtsmittel sind Rechtsmittel iSd Gesetzes. 28

Über die Rechtsmittel muss in **demselben** Verfahren verhandelt werden. Eine spätere Trennung ist unerheblich. Eine Trennung führt allerdings zu mehreren Rechtsmittelverfahren mit gesonderten Gebührenberechnungen. 29

5. Rechtsfolgen. a) Grundsatz. Ist der Anwendungsbereich eröffnet, sind die Werte der Rechtsmittel grds. – wie es auch § 39 I vorgibt – nach II, I 1 zu addieren (OVG Hamburg NVwZ-RR 2007, 566). Die Bewertung ist nach §§ 43, 47 vorzunehmen. 30

b) Ausnahme (Additionsverbot). aa) Überblick. Betreffen die Rechtsmittel ausnahmslos denselben Gegenstand, ist nur der Wert des **höheren** Rechtsmittels maßgebend. 31

bb) Derselbe Gegenstand. Für die Frage, ob die Rechtsmittel denselben Gestand betreffen, gilt → Rn. 14 (Identitätsformel) entsprechend (BGH BeckRS 2020, 37583 OLG Oldenburg NJOZ 2020, 1279 Rn. 6). Schließen sich die Begehren der Parteien im Rechtsmittelverfahren dergestalt gegenseitig aus, dass der Erfolg des einen Rechtsmittels zwangsläufig den Misserfolg des anderen zur Folge hat, liegt derselbe Gegenstand vor (BGH NJW-RR 2003, 713). Eine Verschiedenheit liegt hingegen immer dann vor, wenn die Berufung und die Anschließung sich auf verschiedene Teile derselben Forderung beziehen. **Beispiele:** 32

Gesamtschuldner. Wenn von mehreren als Gesamtschuldner in Anspruch Genommenen (→ § 39 Rn. 18) durch dasselbe Urteil der eine verurteilt und die Klage gegen den anderen abgewiesen wird und nur der Verurteilte wegen seiner Verurteilung und der Kläger wegen Abweisung seiner Klage gegen den anderen Beklagten Rechtsmittel einlegen, so betreffen die wechselseitig eingelegten Rechtsmittel denselben Gegenstand (BGH NJW 1952, 1377).

Haftungsquoten: Strebt der Kläger eine Erhöhung der Haftungsquote und die Beklagte eine Herabsetzung der Haftungsquote an, betreffen die Rechtsmittel denselben Gestand (OLG Celle BeckRS 2008, 15948; 2008, 2595; aA OLG Oldenburg NJOZ 2020, 1279 Rn. 8).

Der in erster Linie geltend gemachte Anspruch auf Naturalrestitution gem. § 249 I BGB und der hilfsweise geltend gemachte Anspruch auf Wertersatz gem. § 251 I BGB schließen einander aus (BGH BeckRS 2020, 37583 Rn. 63).

Verletzung von Belehrungs- und Betreuungspflichten. Die Ansprüche können nebeneinander bestehen (BGH NJW-RR 2003, 713).

33 **VI. Hilfsaufrechnung (III). 1. Anwendungsbereich. a) Überblick.** III ist anwendbar, wenn grds. der **Beklagte** in erster und/oder zweiter Instanz (OLG Brandenburg ZInsO 2018, 818 (824); OLG Saarbrücken BeckRS 2018, 3021 Rn. 72; KG JurBüro 2010, 85) hilfsweise die Aufrechnung mit einer bestrittenen Gegenforderung geltend macht. Der Umstand, dass das Berufungsgericht über die Aufrechnungsforderung sachlich entschieden hat, bleibt bei der Bemessung des Streitwertes für das erstinstanzliche Verfahren also außer Betracht (BGH Rpfleger 1987, 38; OLG Saarbrücken BeckRS 2018, 3021 Rn. 72). Eine Eventualaufrechnung, über die in der Rechtsmittelinstanz nicht entschieden wird, erhöht hingegen den Streitwert dieser Instanz nicht, auch wenn die Vorinstanz über den hilfsweise zur Aufrechnung gestellten Anspruch entschieden hatte (OLG München BeckRS 1989, 05138 Rn. 6; → Rn. 44). Erklärt nur einer von mehreren Gesamtschuldnern (→ § 39 Rn. 18; → Rn. 34) die Hilfsaufrechnung, **erhöht** sich der Gebührenstreitwert (KG NJW-Spezial 2009, 381). Ob eine Hilfsaufrechnung vorliegt, ist für jede Instanz gesondert zu prüfen (KG JurBüro 2010, 85; OLG München MDR 1990, 934 = BeckRS 1989, 05138; OLG Saarbrücken MDR 1980, 411; Sonnenfeld/Steder Rpfleger 1995, 60 (63); aA Leichsenring NJW 2013, 2155 (2158)). III verdankt seine aktuelle Fassung dem Rechtsausschuss des Bundestags, der dem Vorschlag, zu bestimmen, dass der Wert einer Forderung, mit der aufgerechnet wird, außer Betracht bleibt (BT-Drs. 7/2016), nicht folgen mochte (BT-Drs. 7/3243, 5). Er hat dies mit dem Argument begründet, Aufrechnungsforderungen verlangten in gleichem Umfang wie eine Forderung, die im Wege der Widerklage geltend gemacht werde, ein Tätigwerden des Gerichtes und der Beteiligten. Die Entscheidung über sie sei nach Maßgabe des § 322 ZPO auch der Rechtskraft fähig. Eine unterschiedliche Behandlung lasse sich daher nicht rechtfertigen (BT-Drs. 7/3243, 5). Ausnahmsweise gilt III auch für den **Kläger.** Dies ist der Fall, wenn er eine negative Feststellungsklage gegen eine Forderung des Beklagten erhebt und hilfsweise gegen diese aufrechnet oder wenn der Kläger eine Vollstreckungsabwehrklage erhebt und hilfsweise aufrechnet (OLG Düsseldorf MDR 1999, 1092; OLG Karlsruhe MDR 1995, 643). Auch wenn der **Bürge** einwendet, der Hauptschuldner habe aufgerechnet, ist § 45 III bei Eventualstellung dieser Verteidigung analog anzuwenden (aA BGH NJW 1973, 146).

34 **b) Rechtsmittelstreitwert.** Die zu III entwickelten Rechtsgrundsätze gelten für die Berechnung der Rechtsmittelbeschwer entsprechend (BGH BeckRS 2009, 22033 Rn. 3). Für die Berechnung der Beschwer der **klagenden** Partei sind Forderung und Gegenforderung danach nicht zu addieren (BGH BeckRS 1980, 31070449).

35 Die **beklagte** Partei ist hingegen **zusätzlich** zur Klageforderung in Höhe des Betrags ihrer vorsorglich zur Aufrechnung gestellten Gegenforderung beschwert, wenn das Vordergericht das Bestehen der Gegenforderung verneint hat und im Falle der Rechtskraft des Urteils das Nichtbestehen der Gegenforderung nach § 322 II ZPO rechtskräftig festgestellt wäre (BGH BauR 2018, 555 = BeckRS 2017, 135530 Rn. 6; NJW 1994, 1538 unter II. 1. a; NJW 1992, 317). Dies gilt aber nur für die **eigene** Gegenforderung. Der Gesamtschuldner (→ § 39 Rn. 18; → Rn. 33) kann sich daher nicht auf die Aufrechnung der anderen Gesamtschuldner berufen.

36 **c) Gegenstandswert.** III gilt auch für den Gegenstandswert. Dieser erhöht sich also nur dann, wenn eine **Entscheidung** über die Gegenforderung ergeht (BGH NJW 2009, 231 Rn. 18; aA Schneider AnwBl 2007, 773).

37 **2. Begriff. a) Überblick.** Eine Hilfsaufrechnung ist eine Aufrechnung iSv § 387 BGB, die unter der **Bedingung** erhoben wird, dass die Klage **zulässig** (aA OLG Karlsruhe MDR 1998, 1249 zur internationalen Unzuständigkeit) und **begründet** ist und dass **sämtliche weiteren** vom Beklagten erhobenen Einwendungen und Einreden ins Leere gehen. Die Aufrechnung kann vor und im Prozess erklärt werden (OLG München JurBüro 2017, 636). Erhebt der Beklagte für den Fall, dass das Gericht die Aufrechnungserklärung für unzulässig halten sollte, Hilfswiderklage we-

gen der Gegenforderung, so handelt es sich um eine Primäraufrechnung (BGH NJW-RR 1999, 1736).

b) Anrechnung/Einbehaltung/Verrechnung. Keine Aufrechnung ist die im Rahmen eines einheitlichen Schuldverhältnisses bei der Berechnung der Anspruchshöhe vorzunehmende Einstellung **unselbständiger** Rechnungsposten in eine Gesamtabrechnung zur unmittelbaren Saldierung (BAG NJW 2019, 1477 Rn. 18; NZA 2010, 99 Rn. 21). Die Anrechnung/Verrechnung erfolgt gleichsam automatisch und setzt keine Gestaltungserklärung voraus. Eine Rechtskrafterstreckung nach § 322 II ZPO findet nicht statt. Hierhin gehören va die **gesetzlichen** Anrechnungsfälle, zB §§ 326 II 2, 337 I, 537 I 2, 615 S. 2, 649 S. 2 Hs. 2 BGB. Aber auch eine Kontokorrentabrede, zB nach § 355 HGB oder nach einem Vertrag, entkleidet die Einzelforderungen und führt sie in eine Verrechnung (BGH NJW 2005, 1863 unter II. 1a). Ferner sind hierher ua folgende Fälle zu zählen („Saldotheorie"): die **Rückabwicklung eines nichtigen Kaufvertrags** (BGH NJW 2017, 3438 Rn. 11; 2014, 854 Rn. 28), die Abrechnung eines **beendeten Factoring-Verhältnisses** (BGH NJW 2017, 3438 Rn. 11), die **Minderung,** §§ 441, 638 BGB sowie die Forderung des **kleinen** Schadenersatzes (BGH NJW 1978, 814 unter III. 2). 38

Anders soll es bei wechselseitigen Rückgewähransprüchen nach dem **Rücktritt** einer Partei gem. § 346 BGB sein (BGH NJW 2017, 3438 Rn. 13); bei einer Kündigung und einem Widerruf kann es nicht anders sein. Auch der **Schadenersatzanspruch des Bestellers** soll nicht automatisch verrechnet werden (BGH NZBau 2011, 428 Rn. 14; NJW 2005, 2771; OLG Brandenburg BeckRS 2014, 3328). Setzt der Beklagte der Klageforderung hilfsweise einen Schadenersatzanspruch, zB wegen Verletzung vorvertraglicher oder vertraglicher Aufklärungspflichten, entgegen, und liegt hierin der Anspruch auf **Befreiung von einer Verbindlichkeit,** hat der Beklagte auch nicht aufgerechnet (BGH BeckRS 2009, 22033 Rn. 3; JurBüro 1985, 1813 = BeckRS 2009, 24669; NJW 1978, 814 unter III. 2). 39

c) Fragen der Primäraufrechnung. Geht der Beklagte zu einer Primäraufrechnung über, ist III nicht anwendbar (OLG Stuttgart NJW 2011, 540; OLG Hamburg OLGR 2009, 163; aA OLG Dresden MDR 1999, 119; LG Bayreuth JurBüro1992, 761). Die Primäraufrechnung mit einer die Klageforderung übersteigenden Gegenforderung enthält auch keine Hilfsaufrechnung hinsichtlich des überschießenden Teils. Verteidigt sich der Beklagte dagegen mit mehreren, die Klageforderung jeweils übersteigenden Gegenforderungen, liegt eine Primäraufrechnung nur hinsichtlich der **ersten** Gegenforderung vor (BGH NJW-RR 1992, 316 unter 2; OLG Frankfurt a. M. BeckRS 2014, 10091; OLG Düsseldorf BauR 2010, 937). Grund: Bei der Verteidigung mit mehreren zueinander in einem Eventualverhältnis stehenden Gegenforderungen handelt es sich nur hinsichtlich der ersten Gegenforderung um eine Primäraufrechnung. Im Verhältnis zu allen weiteren Gegenansprüchen ist die Klageforderung als mit dem Tilgungseinwand der Primäraufrechnung bestritten anzusehen (BGH NJW-RR 1992, 316 unter 2). 40

3. Bestrittene Gegenforderung (Aufrechnungsforderung). Die Gegenforderung muss entweder von **vornherein** streitig gewesen oder doch im Lauf des Rechtsstreits **streitig** geworden sein (OLG Hamm MDR 2000, 296). Es kommt dabei nicht darauf an, ob der Kläger die Aufrechnungserklärung für unzulässig oder die Gegenforderung für unbegründet hält. Denn III berücksichtigt die Mehrarbeit des Gerichtes infolge der Hilfsaufrechnung (OLG Saarbrücken AnwBl 1980, 155; OLG Zweibrücken Rpfleger 1985, 328). Eine solche Mehrarbeit kann auch schon durch die vAw erforderliche vorrangige Prüfung der Zulässigkeit der Hilfsaufrechnung entstehen. 41

4. Rechtsfolgen. a) Überblick. Der Gebührenstreitwert erhöht sich, **soweit** iSv § 322 II ZPO eine der Rechtskraft fähige Entscheidung über die Gegenforderung ergeht (BGH BeckRS 2021, 37151 Rn. 5). Dies ist grds. der Fall, wenn die die zulässige und begründete Klage oder die statthafte und zulässige und begründete Berufung der klagenden Partei wegen der von der beklagten Partei hilfsweise erklärten Aufrechnung ganz oder teilweise ab- bzw. zurückgewiesen wird oder wenn die Berufung der beklagten Partei unter Einbeziehung der hilfsweise erklärten Aufrechnung zurückgewiesen wird. 42

43 **b) Fehlende Entscheidung.** Keine Entscheidung über die Gegenforderung ergeht danach, wenn das Gericht in einem Vorbehaltsurteil nach §§ 302, 599 ZPO die Entscheidung über die Hilfsaufrechnung **offenlässt** (BGH NJW 2009, 231 Rn. 22) oder wenn das Gericht die Gegenforderung für zu **unbestimmt** hält (BGH NJW 1994, 1538 unter II. 1. a; OLG Köln JurBüro 1995, 645). Ferner fehlt eine Entscheidung über die Gegenforderung, wenn:

44 – Die Klage als **unzulässig** verworfen oder wegen der weiteren Verteidigung der beklagten Partei als **unbegründet** abgewiesen wird.
– Das Gericht wegen eines Aufrechnungsverbots, zB §§ 390, 393 ff. BGB, oder wegen eines vertraglichen Verbots, **nicht** über die Gegenforderung **entscheiden darf** (BGH NJW 2015, 955 Rn. 48; 2001, 3616; 1997, 743; NJW-RR 1991, 127).
– Die **Erklärung der Aufrechnung** nach § 296 ZPO als **verspätet** oder nach § 533 ZPO als nicht sachdienlich zurückgewiesen wird (BGH NJW-RR 1987, 1196 unter I. 3; OLG München BeckRS 2010, 15104; OLG Hamm OLGR 1999, 178; aA OLG Frankfurt a. M. MDR 1984, 239); anders ist es allerdings, wenn die Aufrechnung wegen **Verspätung tatsächlichen Vorbringens** oder wegen **fehlender Substanziierung** abgewiesen wird (BGH NJW 2015, 955 Rn. 48; NJW-RR 1991, 971 unter II. 1; NJW 1961, 115; OLG Koblenz JurBüro 2002, 197). Sind die Angaben des Beklagten zu der von ihm zur Aufrechnung gestellten Gegenforderung allerdings so ungenau, dass nicht festgestellt werden kann, um welche Forderung es sich handelt, ergeht keine Entscheidung (BGH NJW 1994, 1538 unter II 1. A; OLG Koblenz JurBüro 2002, 197), da die Aufrechnungserklärung dann – wie ausgeführt – als unzulässig angesehen wird.
– Die beklagte Partei die Klage **anerkennt** (OLG Hamm AGS 2001, 111).
– Ein **Versäumnisurteil** ergeht (KG JurBüro 2008, 652; OLG Köln MDR 1971, 311).
– Der Beklagte erfolglos in Bezug auf eine Gegenforderung ein **Zurückbehaltungsrecht** geltend macht (BGH NJW-RR 1996, 828 unter II. 3).
– Das Rechtsmittel des **Klägers** vor einer Entscheidung **zurückgenommen** wird.
– Nimmt der **Beklagte** sein Rechtsmittel vor einer Entscheidung **zurück,** ist hingegen streitig, ob eine Entscheidung über seine Hilfsaufrechnung ergeht (**verneinend** zB OLG Köln NJOZ 2013, 1767; KG JurBüro 2010, 85; OLG Brandenburg NJOZ 2006, 3384; OLG Stuttgart NJW-RR 2005, 507; OLG Düsseldorf NJW-RR 1998, 643; OLG München BeckRS 1989, 05138 Rn. 6; **bejahend** etwa BGH BeckRS 1978, 31118904 = MDR 1979, 133; OLG Schleswig AGS 2014, 337). **Stellungnahme.** Zu folgen ist den Stimmen, die eine **Addition ablehnen.** Der Wortlaut von III ist eindeutig (OLG Köln NJW-RR 1995, 827). III geht als Spezialvorschrift dem allgemeinen (Auffang-)Grundsatz des § 47 I 2 vor (aA OLG Schleswig AGS 2014, 337). Der Beklagte kann iÜ sich auch darauf beschränken, nur die Hilfsaufrechnung nicht mehr weiter zu verfolgen (BGH BeckRS 2020, 8556 Rn. 3; OLG München BeckRS 2013, 10251; Leichsenring NJW 2013, 2155).
– Die Berufung des Beklagten als **unzulässig verworfen** wird (KG MDR 1990, 259).
– Die **Erklärung der Aufrechnung** zB nach § 533 ZPO als **nicht sachdienlich** zurückgewiesen wird (BGH BauR 2018, 555 = BeckRS 2017, 135530 Rn. 9; NJW 2015, 955 Rn. 48; 2001, 3616; 1994, 1538 unter II. 1. a; NJW-RR 1991, 971 unter II. 1; NJW-RR 1987, 1196 unter I. 3). Verneint das Gericht die Zulässigkeit der Aufrechnungserklärung, führt es aber **zusätzlich** aus, dass die Gegenforderung ganz oder teilweise nicht besteht, fehlt es an einer Entscheidung: Die zusätzlichen Ausführungen zur Gegenforderung sind als unverbindliche obiter dicta zu betrachten (BGH NJW 1994, 2770 unter II. 2; 1984, 128 unter I. 2b). Anders soll es auch nicht sein, wenn die Zulässigkeit der Hilfsaufrechnung – unzulässig (BGH BeckRS 1961, 31187733 unter I. 2) – **offengelassen** wurde (BGH NJW 1988, 3210 unter 2).

45 **c) Höhe. aa) Grundsatz.** Zu addieren ist bis zur Höhe desjenigen Betrags, für den die Aufrechnung erklärt worden ist (BGH NJW 1998, 995 unter II; NJW-RR 1992, 316 unter 2; OLG Düsseldorf MDR 1996, 1299; NJW-RR 1994, 1279; OLG Karlsruhe MDR 1995, 493).

Beispiel: Sind 10.000 EUR eingeklagt und rechnet die beklagte Partei mit einer Forderung über 20.000 EUR auf, beträgt der Gebührenstreitwert (nur) 20.000 EUR (10.000 + 10.000). Im Falle der teilweisen Klagerücknahme oder Erledigung bestimmt sich die Rechtskraftgrenze nach der verbleibenden Klageforderung.

Beispiel: Es sind 10.000 EUR eingeklagt. Die beklagte Partei rechnet mit einer Forderung über 20.000 EUR auf. Der Kläger nimmt die Klage iHv 8.000 EUR zurück. Der Gebührenstreitwert beträgt (nur) 12.000 EUR (10.000 [§ 40] + 2.000).

Bei einer **Mehrheit** von **Gegenforderungen** kommt es nur auf diejenigen an, 46
über die das Gericht mit einer inneren Rechtskraft nach § 322 II ZPO entscheidet (BGH NJW 1992, 912; OLG Düsseldorf BauR 2010, 938). Dabei ist die Reihenfolge maßgeblich, die der Beklagte angibt, auch hier natürlich nur bis zur Höhe der Klageforderung (BGH NJW 1998, 995; OLG Frankfurt a. M. JurBüro 1980, 1544).

bb) Ausnahme: Wirtschaftliche Identität. Eine Addition kommt ausnahmswei- 47
se nicht in Betracht, wenn gleichsam ein **Gleichlauf** von **Primärverteidigung** und **Hilfsaufrechnung** vorliegt, so dass wirtschaftlich gesehen die Hilfsaufrechnung und die primäre Verteidigung als **einheitliche** Verteidigung gegen den Klageanspruch gewertet werden können (OLG Düsseldorf BeckRS 2021, 38141 Rn. 16; OLG Nürnberg NJW-RR 2018, 1338 Rn. 7; KG NJW-RR 2015, 319 Rn. 3; OLG Brandenburg BeckRS 2014, 3328; NK-GK/Kurpat Rn. 28). Dies ist zB der Fall, wenn sich der Beklagte gegen eine Vergütungsforderung in erster Linie mit fehlender Abnahme wegen Mängeln verteidigt und hilfsweise mit dem Mängelanspruch wegen derselben Mängel aufrechnet oder in erster Linie Minderung und hilfsweise Schadenersatz wegen derselben Mängel geltend macht (OLG Brandenburg BeckRS 2014, 3328; OLG Celle NJW 2011, 540 (542)).

VII. Vergleich (IV). 1. Anwendungsbereich. a) Überblick. IV ist anwendbar, 48
wenn sich ein Rechtsstreit ohne Entscheidung durch Vergleich erledigt.

b) Prozessvergleich. Der Begriff „Vergleich" meint einen **gerichtlichen** Ver- 49
gleich iSv § 794 I Nr. 2 ZPO, also einen Vertrag, der zwischen den Parteien oder zwischen einer Partei und einem Dritten zur Beilegung des Rechtsstreits **seinem ganzen Umfang nach oder in Betreff eines Teils des Streitgegenstandes** vor einem deutschen Gericht abgeschlossen worden ist (OLG Karlsruhe NJW-RR 2013, 638; OVG Münster BeckRS 2008, 38011; LAG Berlin JurBüro 2001, 253; aA OLG München JurBüro 1998, 260). Denn nur der Prozessvergleich beendet den Rechtsstreit unmittelbar. Der Abschluss eines **außergerichtlichen** Vergleichs setzt die Beendigung des Rechtsstreits durch eine gesonderte prozessuale Parteierklärung voraus (zB Klagerücknahme, übereinstimmende Erledigungserklärung oder Ähnliches).

2. Rechtsfolge. a) Überblick. Ist der Anwendungsbereich eröffnet, sind I–III 50
jeweils entsprechend anzuwenden.

b) Klage und Widerklage (IV, I 1). Werden Klage und Widerklage vergleichs- 51
weise erledigt, sind ihre Werte also zusammenzurechnen (OLG Düsseldorf MDR 2006, 297). Anders liegt es, wenn die Ansprüche denselben Gegenstand betreffen. Dann ist nach IV, I 1, 3 nur der Wert des höheren Anspruchs maßgebend.

c) Haupt- und Hilfsantrag (IV, I 2). Werden beide Anträge vergleichsweise 52
erledigt, sind auch ihre Werte zusammenzurechnen (LAG Hamm BeckRS 2018, 23239 Rn. 18; OLG Köln NJW-RR 1996, 1278; ArbG Nürnberg MDR 2004, 907; Binz/Dörndorfer/Zimmermann/Dörndorfer Rn. 35). Anders liegt es, wenn die Ansprüche denselben Gegenstand betreffen. Dann ist nach IV, I 2, 3 nur der Wert des höheren Anspruchs maßgebend. Wird der Hilfsantrag unter die Bedingung gestellt, dass der Hauptantrag **erfolgreich** ist, kommt es zu einer Addition, wenn über den uneigentlichen Hilfsantrag ein Vergleich geschlossen wird (BAG NZA 2014, 1359 Rn. 5; LAG Nürnberg BeckRS 2020, 7259 Rn. 13; LAG Dresden NZA-RR 2017, 317 Rn. 16; LAG Baden-Württemberg BeckRS 2011, 68909; NZA-RR 2010, 376; LAG Schleswig-Holstein FD-RVG 2010, 300094).

d) Wechselseitig eingelegte Rechtsmittel (IV, II). Werden beide Rechtsmittel 53
vergleichsweise erledigt, sind ihre Werte zusammenzurechnen (ArbG Nürnberg

MDR 2004, 907; Binz/Dörndorfer/Zimmermann/Dörndorfer Rn. 35). Anders liegt es, wenn die Ansprüche denselben Gegenstand betreffen. Dann ist nach IV, II, I 3 nur der Wert des höheren Anspruchs maßgebend.

54 **e) Aufrechnung, IV, III. aa) Allgemeines.** Der Gebührenstreitwert **erhöht** sich nach IV, III um den Wert der bestrittenen Gegenforderung, soweit der Vergleich diese endgültig erledigt (OLG München MDR 1998, 680; VGH München NVwZ-RR 2004, 619).

55 **bb) Gegenforderung ist höher.** Übersteigt die Gegen- die Hauptforderung, wird die Gegenforderung entsprechend § 45 III nur in Höhe der Klageforderung mit dieser zusammengerechnet (OLG Celle BauR 2011, 886; OLG Düsseldorf JurBüro 2010, 423; OLG München NVwZ-RR 2004, 619; OLG Bamberg JurBüro 1983, 105; aA OLG Saarbrücken FD-RVG 2008, 257157). Für den **Gegenstandswert** (Termins- und Einigungsgebühr) wird die Gegenforderung nach hM allerdings in **voller** Höhe berücksichtigt (OLG München NVwZ-RR 2004, 619; OLG Köln JurBüro 1996, 476; OLG Bamberg JurBüro 1983, 106; aA OLG Celle NdsRpfl 2007, 69).

56 **3. Vergleichsmehrwert. a) Überblick.** Ein Vergleichsmehrwert entsteht, wenn durch den Vergleichsabschluss ein **weiterer Rechtsstreit** und / oder außergerichtlicher Streit erledigt bzw. eine **Ungewissheit** über ein konkretes Rechtsverhältnis bzw. eine die Parteien betreffende Streitfrage beseitigt wird (→ § 41 Rn. 7; → § 42 Rn. 8). Beim Mehrvergleich entsteht für den am Vergleich mitwirkenden Rechtsanwalt hinsichtlich der nicht anhängigen Verfahrensgegenstände neben der Einigungsgebühr idR auch eine 0,8-fache Verfahrensgebühr (VV 3100, 3101 Nr. 2 RVG). Wird der Vergleich in einem Termin zur mündlichen Verhandlung geschlossen, fällt zudem eine Terminsgebühr nach VV 3104 II RVG sowie Vorb. 3 III VV-RVG aus dem Wert des Vergleichs an. Wegen der Begrenzung der jeweiligen Einzelgebühren auf den Wert aus dem Gesamtbetrag sämtlicher Gegenstände nach dem höchsten Gebührensatz (§ 15 III RVG) reduzieren sich die Einzelgebühren für die nicht anhängigen Gegenstände auf so genannte Differenzgebühren. Der unbemittelte Verfahrensbeteiligte hat einen Anspruch auf Erstreckung der Prozesskostenhilfe unter Beiordnung seines bevollmächtigten Rechtsanwalts auf sämtliche mit dem Mehrvergleich ausgelösten Gebühren (BGH NJW 2018, 1679 Rn. 16).

57 **b) Wertfestsetzung.** Für die Wertfestsetzung kommt es darauf an, über **welchen** Anspruch in **welcher** Höhe die Parteien oder die Parteien und Dritte außergerichtlich gestritten haben, bzw. über welchen Anspruch ein Streit der Parteien oder ein Streit mit Dritten abzusehen war oder in Betracht gekommen wäre (OLG Hamm BeckRS 2022, 26927 Rn. 15; OLG Bremen BeckRS 2021, 4409 Rn. 10; OLG Karlsruhe NJOZ 2020, 1407 Rn. 11). Für die Frage, ob ein Vergleichsmehrwert festzusetzen ist, ist es mithin nicht entscheidend, ob der vereinbarte Vergleichsbetrag den nach den § 48 I, §§ 3 ff. ZPO ermittelten Wert übersteigt. Maßgeblich ist vielmehr, ob der Vergleich lediglich den Streitgegenstand erledigt (dann grundsätzlich kein Mehrwert) oder darüber hinaus geht, weil eine Regelung im Vergleich getroffen wird, die wirtschaftlich und rechtlich betrachtet **weitergehend** als der nach dem Klageantrag bestimmte ursprüngliche Streitgegenstand ist. Das ist zur Überzeugung des Senates vorliegend der Fall.

58 Bei **Ausgleichsklauseln,** die unbezifferte Forderungen auf Ersatz gegenwärtigen und/oder künftigen Schadens ausschließen, ist auf die Wahrscheinlichkeit des Schadenseintritts, die Höhe des (auch künftigen) Schadens, sowie das Risiko der tatsächlichen Inanspruchnahme abzustellen, um unrealistische und überhöhte Wertfestsetzungen zu verhindern, die aus nur vage in Aussicht gestellten Schadensszenarien entstehen könnten (LAG Düsseldorf BeckRS 2018, 25724 Rn. 6). So liegt es zB, wenn in einem Vergleich auch der nicht rechtshängige **Gesamtschuldnerausgleich** zwischen einer Streitpartei und einem Streithelfer mitgeregelt wird (OLG Stuttgart BeckRS 2018, 5759 Rn. 18 = JurBüro 2018, 364). Dasselbe gilt, soweit es um nicht rechtshängige Gesamtschuldnerausgleichsansprüche zwischen zwei Streitparteien geht (OLG Stuttgart BeckRS 2018, 5759 Rn. 18 = JurBüro 2018, 364). Anders soll es in Bezug auf eine Abgeltung von Ansprüchen gegenüber Dritten liegen, gegen welche die Klagepartei zuvor **keinerlei** Ansprüche geltend gemacht hatte, also kein Streit

und keine Ungewissheit bestand (OLG München BeckRS 2020, 165 Rn. 8 = JurBüro 2020, 142; aA Mayer FD-RVG 2020, 425851).

Ein Vergleichsmehrwert entsteht, wenn in einem Vergleich neben der Regelung der eingeklagten Leistungsansprüche aus einer **Berufunfähigkeitsversicherung** wegen des geltend gemachten Versicherungsfalls auch die Beendigung des Versicherungsvertrags festgeschrieben wird (OLG Bremen BeckRS 2021, 4409 Rn. 8; OLG Hamm NJW-RR 2019, 741). Der Mehrwert der Vertragsaufhebung liegt darin, dass er die Möglichkeit ausschließt, dass nach einer Verurteilung zur Leistungserbringung wegen des geltend gemachten Versicherungsfalls die Leistungspflicht der Beklagten (zB bei der Gesundung des Klägers oder wegen einer Verweisung) später aufgrund eines weiteren Versicherungsfalls erneut entstehen könnte (OLG Hamm NJW-RR 2019, 741). Der Vergleichsmehrwert ist idR mit einem Anteil von 20 % der dreieinhalbfachen Jahresleistung (Prämie und Beitragsbefreiung) zu bemessen (OLG Hamm NJW-RR 2019, 741). 59

46 (weggefallen)

Rechtsmittelverfahren

47

I 1 Im Rechtsmittelverfahren bestimmt sich der Streitwert nach den Anträgen des Rechtsmittelführers. 2 Endet das Verfahren, ohne dass solche Anträge eingereicht werden, oder werden, wenn eine Frist für die Rechtsmittelbegründung vorgeschrieben ist, innerhalb dieser Frist Rechtsmittelanträge nicht eingereicht, ist die Beschwer maßgebend.

II 1 Der Streitwert ist durch den Wert des Streitgegenstands des ersten Rechtszugs begrenzt. 2 Das gilt nicht, soweit der Streitgegenstand erweitert wird.

III Im Verfahren über den Antrag auf Zulassung des Rechtsmittels und im Verfahren über die Beschwerde gegen die Nichtzulassung des Rechtsmittels ist Streitwert der für das Rechtsmittelverfahren maßgebende Wert.

Schrifttum: Nissen/Elzer, Der Gebührenstreitwert der Stufenklage, MDR 2021, 1161.

Übersicht

1 **I. Normzweck und Normgeschichte.** Die Bestimmung, deren Wertungen sich bis 2004 in § 14 GKG aF und bis 1975 in § 9 GKG aF fanden, hat ihre **heutige** Form durch das KostRMoG v. 5.5.2004 (BGBl. I 718) erhalten. § 47 I, II bestimmen, wonach sich der Gebührenstreitwert in einem **Rechtsmittelverfahren** bestimmt. § 47 ist zu dem Zweck eingeführt worden, die frühere BGH-Rechtsprechung zu beseitigen, nach der bereits bei Rechtsmitteleinlegung die volle gerichtliche Prozessgebühr entstand (BGH NJW-RR 1994, 1145 unter IV 2; Nissen/Elzer MDR 2021, 1161 Rn. 16). I nennt den Grundsatz. II 1 bestimmt einen Höchststreitwert, sofern der Rechtsmittelführer den Streitgegenstand nicht erweitert (II 2). III regelt, was im Verfahren über den Antrag auf Zulassung eines Rechtsmittels und im Verfahren über die Beschwerde gegen die Nichtzulassung des Rechtsmittels gilt. Parallelnorm ist § 40 FamGKG.

2 **II. Anwendungsbereich. 1. Überblick.** § 47 ist zur Bestimmung des Gebührenstreitwertes für alle in § 1 genannten Verfahren anwendbar, soweit es keine **Fest- oder Jahresgebühren** und keine **Sondervorschriften,** zB § 41 IV, gibt. Die Vorschrift gilt in allen ZPO-Rechtmittelverfahren (Berufung, einfache und sofortige Beschwerde, Revision, Sprungrevision, Rechtsbeschwerde, Erinnerung, Gegenvorstellung, Anschlussrechtsmittel usw), aber auch im Verfahren des ArbGG, der FGO, des SGG oder der VwGO. Ob es sich um eine nichtvermögensrechtliche Streitigkeit iSv § 48 II handelt, ist unerheblich.

3 **2. Zuständigkeits- und Rechtsmittelstreitwert.** Was für den Zuständigkeits- und Rechtsmittelstreitwert gilt, bestimmt § 3 ZPO (BFHE 122, 8).

4 **3. Gegenstandswert.** Für den Gegenstandswert in gerichtlichen Verfahren ist I über § 23 I 1 RVG unmittelbar anwendbar, für außergerichtliche Tätigkeiten nach § 23 I 3 RVG entsprechend, wenn der Gegenstand der Tätigkeit auch Gegenstand eines gerichtlichen Verfahrens sein könnte. Auch II ist nach § 23 I 1, 3 RVG grds. anwendbar. An einer Übereinstimmung von anwaltlicher und gerichtlicher Tätigkeit **fehlt** es, wenn sich der Streitwert für die gerichtlichen Gebühren aufgrund einer nachträglichen Beschränkung gem. § 47 I 1 nach den Anträgen des Rechtsmittelführers richtet, der Rechtsanwalt jedoch zuvor durch auftragsgemäße Einlegung eines unbeschränkten Rechtsmittels und volle Sachprüfung im gerichtlichen Verfahren eine weitergehende Tätigkeit entfaltet hat (BGH ZMR 2020, 637 Rn. 8; BeckRS 2019, 28663 Rn. 6; NJW-RR 2018, 700 Rn. 23).

5 **III. Tatbestandsvoraussetzung.** Es muss ein **Rechtsmittelverfahren** vorliegen. „Rechtsmittelverfahren" iSv § 47 sind insbes. die Berufung, die (sofortige) Beschwerde, die Revision und die Rechtsbeschwerde. Aber auch **sonstige** Rechtsbehelfe, wie zB eine Erinnerung, Gehörsrügen oder Anschluss- oder Sprungrechtsmittel sind **Rechtsmittelverfahren** iSd Gesetzes (aA NK-GK/Schneider Rn. 9). In diesen Verfahren fallen zwar grds. keine streitwertabhängigen Gerichtsgebühren an. Beispielsweise § 23 II 3 RVG verweist für die Wertberechnung der Anwaltsgebühren (vgl. zB VV 3330, 3331 RVG) aber auf § 47 (Binz/Dörndorfer/Zimmermann/Dörndorfer Rn. 1). Siehe ferner § 47 III (→ Rn. 22).

6 **IV. Rechtsfolgen. 1. Überblick.** Der Gebührenstreitwert bestimmt sich grds. nach den **Anträgen** des Rechtsmittelführers. Etwas anderes gilt, wenn das Verfahren endet, **ohne** dass Anträge eingereicht werden, oder wenn Anträge zu **spät** eingereicht werden. Der Streitwert ist außerdem grds. durch den Wert des Streitgegenstandes des ersten Rechtszugs begrenzt, soweit der Streitwert nicht erweitert wird (→ Rn. 19). Es ist kostenrechtlich unerheblich, ob der Antrag prozessrechtlich zulässig und begründet ist.

7 **2. Wert der Anträge (I 1). a) Überblick.** Im Rechtsmittelverfahren ist nach I 1 grds. der gestellte **Antrag des Rechtsmittelführers** maßgeblich, nicht seine Beschwer (BGH NJW-RR 2018, 700 Rn. 23). Entsprechendes gilt bei wechselseitigen Rechtsmitteln (→ Rn. 18).

8 **b) Zeitpunkt. aa) Grundsatz.** Maßgeblich für die Wertberechnung ist nach § 40 der **Eingang** des **Rechtsmittelantrags** und nicht bereits der Eingang der Rechtsmittelschrift (BT-Drs. 2/2545, 157 zu Nr. 11). Der Grund hierfür liegt darin, dass der Rechtsmittelführer keine Gebührennachteile dadurch erleiden soll, dass er die

ihm durch die Begründungsfristen (zB nach §§ 520 II 1, 551 II 2 ZPO, 120 II 1 FGO, 139 III 1 VwGO) eingeräumte Überlegungsfrist ausnutzt (BT-Drs. 2/2545, 157 zu Nr. 11; BGH NJW-RR 2018, 700 Rn. 23; NJW 1978, 1263). Der Nachteil, dass für die verhältnismäßig kurze Zeit von der Einlegung des Rechtsmittels bis zur Stellung der Anträge oder bis zum Ende des Rechtsmittelverfahrens der Streitwert nicht endgültig feststeht, muss gegenüber den berechtigten Interessen des Rechtsmittelklägers zurücktreten (BT-Drs. 2/2545, 157 zu Nr. 11). Das Gericht kann die geschätzten Kosten der Rechtsmittelinstanz nach § 6 allerdings schon dann einfordern, wenn die Rechtsmittelschrift eingeht.

bb) Rechtsmissbrauch. Stellt der Rechtsmittelführer einen **sehr geringen Antrag,** kann die Antragstellung **ausnahmsweise** rechtsmissbräuchlich und § 47 I 2 entsprechend anwendbar sein. Ob es so liegt, ist idR schwer festzustellen. Angesichts der Notwendigkeit, das Kostenverfahren möglichst klar und einfach zu gestalten, kann es nicht Aufgabe der Gerichte sein, in jedem Falle nachzuprüfen, ob der eingeschränkte Rechtsmittelantrag im Zeitpunkt der Antragstellung auf die Fortsetzung des Rechtsstreits gerichtet war (BGH NJW 1978, 1263 unter IV). Nur dann, wenn der Antrag des Rechtsmittelklägers **offensichtlich** nicht auf die Durchführung des Rechtsmittels gerichtet ist, ist § 47 I 2 entsprechend anwendbar (BGH NJW-RR 1998, 355 unter II; NJW 1978, 1263 unter III 2; OLG Köln NJW-Spezial 2018, 349; AGS 2012, 531; OLG Koblenz AGS 2005, 162). Dass das Rechtsmittel „offensichtlich" nicht durchgeführt werden soll, wird idR nur aufgrund **eindeutiger objektiver Umstände** anzunehmen sein. Ist etwa bei einer einheitlichen Klagegrundlage ein Zahlungsanspruch in Höhe von 10 Mio. EUR dem Grunde nach für gerechtfertigt erklärt, so liegt ein schutzwürdiges Interesse, die Abänderung dieses Urteils nur in Höhe von 125 EUR zu beantragen, es im Übrigen aber rechtskräftig werden zu lassen, eindeutig nicht vor. Hier ist mit Händen zu greifen, dass die Beschränkung der Anfechtung ausschließlich auf kostenrechtlichen Erwägungen beruht und in Wahrheit der Umgehung der Streitwertregelung des § 47 I 1 dient. In anderen Fällen mag eine krasse, willkürlich anmutende Einschränkung des Antrags jedenfalls zusammen mit der späteren Rücknahme den sicheren Schluss darauf zulassen, dass der Rechtsmittelkläger kein vernünftiges sachliches Interesse hat, das Rechtsmittel wenigstens in dem beschränkten Umfang durchzuführen, und dies auch schon bei der Antragsbeschränkung nicht wollte. 9

cc) § 45 I 2, III. Die Bestimmungen in § 45 I 2, III sind für die Rechtsmittelinstanz im **Zusammenhang** mit § 47 I zu lesen (BGH NJW 2019, 2175 Rn. 5). Entscheidend ist, ob das angegriffene Urteil die beklagte Partei durch eine der Rechtskraft fähige Entscheidung beschwert. Dies ist zB der Fall, wenn das erstinstanzliche Gericht eine Widerklage abgewiesen hat. Eine in erster Instanz erfolglos erklärte Widerklage oder Hilfsaufrechnung ist allerdings nicht zu berücksichtigen, wenn der verurteilte Beklagte sie spätestens mit der Rechtsmittelbegründung zurücknimmt (s. auch BGH BeckRS 2020, 8556 Rn. 5). 10

c) Auslegung. Im Einzelfall ist bereits für den Streitwert ein unklarer Antrag nach dessen Begründung auszulegen (exemplarisch BFHE 121, 179 = BeckRS 1976, 22003769). Denn die formellen Anträge sind nicht in allen Fällen ausschlaggebend (allgemein BGH NJW-RR 2017, 763 Rn. 2; ZWE 2016, 374 Rn. 24; NJW 2016, 2181 Rn. 18). Denn Inhalt und Reichweite des Rechtsmittelbegehrens werden nicht allein durch den Wortlaut des Antrags bestimmt. Der Wortlaut ist vielmehr unter Berücksichtigung der Begründung auszulegen (s. auch BGH NZG 2016, 1032 Rn. 12; NJW-RR 2012, 872 Rn. 23). Entscheidend ist dabei der erklärte Wille, wie er aus der Begründung, den sonstigen Begleitumständen und nicht zuletzt der Interessenlage hervorgeht (s. auch BGH NZM 2019, 293 Rn. 11). Ist beispielsweise aus der Rechtsmittelbegründung **zweifelsfrei** zu erkennen, dass das Rechtsmittelbegehren von den Anträgen abweicht, ist der höhere oder geringere Streitwert maßgebend (BFHE 121, 179 = BeckRS 1976, 22003769; OLG Düsseldorf MDR 1975, 1027; aA Schneider MDR 1975, 1028). 11

d) Bewertung. aa) Überblick. Die Bewertung der Anträge ist nach §§ 39 ff., 48 GKG iVm §§ 3, 6–9 ZPO vorzunehmen. Das „Angreiferinteresse" (→ ZPO § 3 Rn. 11) ist dabei das Interesse des Rechtsmittelführers, die Klage abzuwehren und damit das **Klägerinteresse** (BGH NZM 2015, 99 Rn. 8; BSG NZS 2007, 653 12

Rn. 22; BVerwG BeckRS 2010, 47275 Rn. 16; NVwZ-RR 1989, 280; OLG Stuttgart MDR 2001, 112 = BeckRS 2000, 30132921; VGH München BeckRS 2010, 31328 Rn. 29; Nissen/Elzer MDR 2021, 1161 Rn. 18 ff.; s. auch KG FGPrax 2020, 183 für die parallele Problematik bei § 61 GNotKG; aA BGH ZEV 2011, 656 und ZEV 2007, 134 Rn. 3 für den Erbrechtsprozess; KG NJOZ 2008, 3984; BeckOK KostR/Toussaint Rn. 21; s. auch begründungslos BGH BeckRS 2007, 4949).

13 **bb) klagende Partei ist Rechtsmittelführer.** Ist die klagende Partei der Rechtsmittelführer und ist die Klage vollständig abgewiesen, sind der Gebührenstreitwert der ersten Instanz und der des Rechtsmittelverfahrens identisch (Nissen/Elzer MDR 2021, 1161 Rn. 17).

14 **cc) Beklagte Partei ist Rechtsmittelführer.** Ist die beklagte Partei der Rechtsmittelführer und beantragt sie, die erstinstanzlich erfolgreiche Klage abzuweisen, sind der Gebührenstreit der ersten Instanz und des Rechtsmittelverfahrens wiederum **identisch** (Nissen/Elzer MDR 2021, 1161 Rn. 18; aA OLG Brandenburg BeckRS 2022, 29250 Rn. 15). Denn es handelt sich abermals um **dasselbe** Interesse und notwendig den identischen Streitgegenstand (BSG NZS 2007, 653 (657); BVerwG NVwZ-RR 1989, 280; OLG Stuttgart MDR 2001, 112; OLG Hamm JurBüro 1994, 494; Nissen/Elzer MDR 2021, 1161 Rn. 17). Denn die beklagte Partei als Rechtsmittelführer begehrt die Abänderung des erstinstanzlichen Urteils und die Abwehr des klägerischen Angriffes durch Klageabweisung. Der Wert dieses kontradiktorischen Begehrens entspricht dem **nach der Bedeutung der Sache für den Kläger bemessenen Streitwert der ersten Instanz** (BVerwG BeckRS 2010, 47275 Rn. 16; NVwZ-RR 1989, 280; VGH München BeckRS 2010, 31328 Rn. 29). Dies zeigt vor allem II 1, der ansonsten nicht zu verstehen wäre, da er an das **Klägerinteresse** anknüpft und, wie II 2 zeigt, von einem unveränderten Gebührenstreitwert ausgeht. Ferner spricht für dieses Ergebnis I 2, der ausdrücklich die Beschwer erwähnt und sich so von I 1 **abhebt** (s. auch BSG NZS 2007, 653 Rn. 22; LG München I NJOZ 2016, 1754; aA OLG Brandenburg BeckRS 2022, 29250 Rn. 17). Im Gegensatz zu § 511 II Nr. 2 ZPO, wonach die Berufung nur zulässig ist, wenn „der Wert des Beschwerdegegenstandes 600 Euro übersteigt", spricht § 47 I 1 gerade nicht von diesem Wert (LG München I NJOZ 2016, 1754). Dies kann dazu führen, dass der Rechtsmittelstreitwert, der sich nach der Beschwer richtet, hinter dem Gebührenstreitwert **zurückbleibt.** So liegt es zB **entgegen** der hM (exemplarisch BGH BeckRS 2022, 3553 Rn. 5; OLG Brandenburg BeckRS 2022, 29250 Rn. 15 ff.) bei dem zur **Auskunft** Verurteilten (Nissen/Elzer MDR 2021, 1161 Rn. 23 ff.).

15 **3. Keine Anträge/zu späte Anträge (I 2). a) Anwendungsbereich.** I 2 ist in zwei Fällen anwendbar. Zum einen, wenn das Rechtsmittelverfahren endet, **ohne** dass der Rechtsmittelführer Anträge stellt. Und zum anderen, wenn der Rechtsmittelführer eine Frist **verpasst,** in der Anträge eingereicht werden können, zB nach § 45 WEG, § 520 II 1, 551 II 2 ZPO, § 120 II 1 FGO, § 139 III 1 VwGO. „Einreichung" meint nach § 40 den Eingang des Antrags beim Gericht. Ein später eingereichter Antrag mit einem geringeren Wert bleibt außer Betracht.

16 **b) Rechtsfolgen. aa) Überblick.** Ist der Anwendungsbereich von I 2 eröffnet, ist die **Beschwer maßgebend.** Der Begriff „Beschwer" ist mit dem Gesetz zur Änderung und Ergänzung kostenrechtlicher Vorschriften vom 26.7.1957 (BGBl. I S. 861) in das GKG eingefügt worden. Wenn das Rechtsmittelverfahren endet, ohne dass Anträge gestellt werden, oder wenn die Anträge nicht innerhalb der Begründungsfrist eingereicht werden, soll die **Beschwer** für den Wert maßgebend sein (BT-Drs. 2/2545, 157 zu Nr. 11). Der Begriff soll deutlich machen, dass sich der Gebührenstreitwert nach dem **vollen Unterliegen** in der Vorinstanz richtet (Schulte MDR 2000, 807 (808)).

17 **bb) Klagende Partei.** In Bezug auf die **klagende Partei** ist auf die **formelle Beschwer** abzustellen. Diese richtet sich grds. danach, in welchem Umfang die Vorinstanz von den Anträgen des Rechtsmittelführers abgewichen ist (stRspr, exemplarisch BGH BeckRS 2011, 21313 Rn. 3; OLG Frankfurt a. M. MDR 2008, 1244). Demnach ist bei unverändertem Streitgegenstand und vollem Unterliegen des Klägers in der Vorinstanz der Streitwert des Rechtsmittelverfahrens mit dem Streitwert des ersten Rechtszugs identisch. Hat der Berufungskläger innerhalb der Berufungs-

begründungsfrist erklärt, dass er die Berufung auf einen bestimmten Teil der abgewiesenen Klageansprüche beschränke, aber keinen entsprechenden Antrag gestellt, ist ausnahmsweise die Beschwer nur entsprechend dem Umfang der erklärten Anfechtung festzusetzen (OLG München NJW 1967, 59 (60)).

cc) Beklagte Partei. Die Beschwer der beklagten Partei bemisst sich hingegen nach dem Unterliegen der Beklagten in der Vorinstanz, ist also **materiell** zu bestimmen (stRspr, exemplarisch BGH BeckRS 2011, 20156 Rn. 7). Dies gilt auch dann, wenn die beklagte Partei die Klage teilweise anerkannt hat und die gegen dieses Urteil gerichtete Berufung ohne Begründung und Antragstellung zurücknimmt (KG AGS 2011, 244; aA OLG Frankfurt a. M. MDR 2008, 1244). Im Einzelnen → ZPO § 3 Rn. 23 „Rechtsmittel". 18

dd) Beschwer nicht ermittelbar. Kann eine Beschwer **ausnahmsweise** nicht ermittelt werden, liegt zB ein Rechtsmittel gegen eine noch nicht ergangene Entscheidung vor, oder hat der Rechtsmittelführer in erster Instanz obsiegt, ist streitig, was gilt. Nach einer Ansicht sind nach § 34 I 1 auf bis zu 300 EUR (jetzt 500 EUR) anzusetzen (OLG Düsseldorf MDR 2009, 1187 = BeckRS 2009, 23458; OLG Frankfurt a. M. MDR 1984, 237), nach aA nach dem Rechtsverfolgungsinteresse, bei einer ZPO-Berufung zB von 600,01 EUR (OLG Celle OLGR 2004, 160; OLG Frankfurt a. M. MDR 1984, 502). **Stellungnahme.** Der Gebührenstreitwert ist nach § 34 I 1 auf bis zu 500 EUR anzusetzen. Nur dieser Ansatz entspricht den gesetzlichen Bewertungsregeln. Den Wert nach einem erstinstanzlichen Rechtsverfolgungsinteresse zu bewerten, findet hingegen im Gesetz keine Grundlage. 19

4. Wechselseitige Rechtsmittel. Für wechselseitig eingelegte Rechtsmittel, die nicht in getrennten Prozessen verhandelt werden, sind § 45 I 1, 3 entsprechend anzuwenden (§ 45 II). Die Ansprüche sind danach zusammenzurechnen, sofern sie nicht **denselben** Gegenstand betreffen. In diesem Fall ist nur der Wert des **höheren** Anspruchs maßgebend. Zu den Einzelheiten siehe § 45. 20

V. Höchststreitwert (II 1). 1. Grundsatz. Im Rechtsmittelverfahren ist der nach § 47 I 1, 2 bestimmte Gebührenstreitwert grds. durch den Wert des Streitgegenstandes des **ersten** Rechtszugs begrenzt. Hier kann nach § 71 I 1 altes Recht anwendbar sein, zB § 49a GKG aF (BGH BeckRS 2021, 43489 Rn. 5). Die Regelung betrifft auch und gerade die Fälle, in denen der Wert des **unveränderten** Streitgegenstandes **steigt** (aA BGH NJW-RR 1998, 1452). Maßgeblich ist allerdings nicht die Höhe des in der ersten Instanz festgesetzten, sondern des **objektiv** angemessenen Streitwertes (BGH BeckRS 2021, 43489 Rn. 5; BAG NZA 2015, 1471 Rn. 17; BVerwG BeckRS 2013, 51973 Rn. 4; BFH BeckRS 2007, 25011414). 21

2. Erweiterung des Streitgegenstandes/weitere Gegenstände (II 2). a) Anwendungsbereich. II ist in mehreren Fällen anwendbar. Originär, wenn die Partei, die das Rechtsmittel führt, den Streitgegenstand zB nach §§ 263, 264 ZPO **erweitert.** Entsprechend, wenn sie einen **weiteren** Streitgegenstand in den Rechtsstreit einführt; dies kann auch eine zur Haupt- gewordene Nebenforderung sein (BGH NJW-RR 2013, 1022 Rn. 4). Ferner dann, wenn im Rechtsmittelverfahren über einen erstinstanzlich nicht beschiedenen Hilfsantrag (§ 45 I 2) oder eine erstinstanzlich nicht beschiedene streitige Hilfsaufrechnung (§ 45 III) entschieden wird. II 2 ist auch anwendbar, wenn das erstinstanzliche Gericht dem Auskunftsantrag einer Stufenklage stattgegeben hat, das Berufungsgericht die Stufenklage aber **insgesamt** abweist. In diesem Fall bemisst sich der Streitwert des Berufungsverfahrens nach dem Gesamtwert der Stufenklage (BGH BeckRS 2015, 3149 Rn. 2; NJW-RR 1992, 1021 unter III 2; → § 44 Rn. 15). Auf die Zulässigkeit der Erweiterung kommt es nicht an (BFHE 126, 3 = BeckRS 1978, 22004579; OLG Celle FamRZ 2009, 74). 22

b) Rechtsfolge. Ist der Anwendungsbereich eröffnet, sind die Werte zu addieren, sofern kein Additionsverbot, zB wegen wirtschaftlicher Identität (→ § 39 Rn. 17), besteht. 23

VI. Antrag auf Zulassung des Rechtsmittels/Beschwerde gegen die Nichtzulassung des Rechtsmittels (III). 1. Anwendungsbereich. III ist in zwei Fällen anwendbar. Zum einen im Verfahren über den Antrag auf Zulassung eines Rechtsmittels. Und zum anderen in einem Verfahren über die Beschwerde gegen die Nichtzulassung eines Rechtsmittels. 24

25 **2. Rechtsfolge.** Ist der Anwendungsbereich von III eröffnet, sind I und II entsprechend anwendbar. Maßgeblich sind damit in erster Linie die Anträge auf eine Zulassung bzw. auf eine Aufhebung der Nichtzulassung, sonst (I 2) die Beschwer (BGH NJW-RR 2018, 700 Rn. 23; BeckRS 2011, 21313 Rn. 3; BFH BeckRS 2007, 25011414).

Unterabschnitt 2. Besondere Wertvorschriften

Bürgerliche Rechtsstreitigkeiten

48 **I [1]In bürgerlichen Rechtsstreitigkeiten richten sich die Gebühren nach den für die Zuständigkeit des Prozessgerichts oder die Zulässigkeit des Rechtsmittels geltenden Vorschriften über den Wert des Streitgegenstands, soweit nichts anderes bestimmt ist. [2]In Musterfeststellungsklagen nach Buch 6 der Zivilprozessordnung und in Rechtsstreitigkeiten aufgrund des Unterlassungsklagengesetzes darf der Streitwert 250 000 Euro nicht übersteigen.**
[geplante Fassung durch das VRUG:] [2]In Rechtsstreitigkeiten aufgrund des Unterlassungsklagengesetzes und in Musterfeststellungsverfahren nach dem Verbraucherrechtedurchsetzungsgesetz darf der Streitwert 250 000 Euro nicht übersteigen. [3]In Abhilfeverfahren sowie in Verfahren über die Erhöhung des kollektiven Gesamtbetrags nach dem Verbraucherrechtedurchsetzungsgesetz darf der Streitwert 500 000 Euro nicht übersteigen.

II [1]In nichtvermögensrechtlichen Streitigkeiten ist der Streitwert unter Berücksichtigung aller Umstände des Einzelfalls, insbesondere des Umfangs und der Bedeutung der Sache und der Vermögens- und Einkommensverhältnisse der Parteien, nach Ermessen zu bestimmen. [2]Der Wert darf nicht über eine Million Euro angenommen werden.

III Ist mit einem nichtvermögensrechtlichen Anspruch ein aus ihm hergeleiteter vermögensrechtlicher Anspruch verbunden, ist nur ein Anspruch, und zwar der höhere, maßgebend.

Schrifttum: Baum, Vermögensrechtliche und nichtvermögensrechtliche Streitigkeiten im Zivilprozess, 2000; Beck, Die neue Musterfeststellungsklage, WPg 2019, 586; Haertel/Thonke, Die Streitwertbemessung bei Accountsperrungen in sozialen Netzwerken, GRUR-Prax 2020, 75; Hartmann, Streit- und Gegenstandswerte bei Musterfeststellungen, MDR 2018, 1477; N. Schneider, Kostenrechtliche Betrachtungen zur neuen Musterfeststellungsklage, DAR Extra 2018, 740; Schlüter, Der „richtige" Gegenstands- und Streitwert bei Online-Veröffentlichungen, GRUR-Prax 2011, 316.

Übersicht

I. Normzweck und Normgeschichte. § 48, dessen Wertungen sich bis 2004 in § 12 GKG aF und bis 1975 in §§ 11, 14 GKG aF fanden, hat seine **heutige** Form im Wesentlichen durch das KostRMoG v. 5.5.2004 (BGBl. I 718) gefunden. Das Gesetz zur Einführung einer zivilprozessualen Musterfeststellungsklage v. 12.7.2018 (BGBl. I 1151) hat den Anwendungsbereich von I 2 auf die Musterfeststellungsklagen nach Buch 6 der Zivilprozessordnung erweitert (zu den Änderungen im Einzelnen etwa BeckOK KostR/Toussaint Rn. 5 ff.). Nach dem geplanten **Art. 27 Nr. 5 VRUG** soll § 48 I 2 durch neue Sätze 2, 3 ersetzt werden, → Vor § 1 Rn. 17a. § 48 hat die **Aufgabe,** abstrakt zu bestimmen, wie die Gerichtsgebühren in bürgerlichen Rechtsstreitigkeiten zu ermitteln sind. I 1 regelt, wonach sich in bürgerlichen Rechtsstreitigkeiten vermögensrechtlicher Art die Gerichtsgebühren richten (→ Rn. 5 ff.). Gegenstand von II 1, 2, III sind hingegen bürgerliche Rechtsstreitigkeiten **nicht**vermögensrechtlicher Art (→ Rn. 15 ff.). Einen ausreichenden Anlass, zu unterscheiden, gibt es seit der Änderung von § 23 Nr. 1 GVG und Streichung des Wortes „vermögensrechtliche" durch das Gesetz zur Entlastung der Rechtspflege v. 11.1.1993 (BGBl. I 50) nicht mehr (wie hier BeckOK KostR/Toussaint Rn. 15). Es wäre auch für Rechtsstreitigkeiten nichtvermögensrechtlicher Art richtig, an das grds. nach § 3 ff. ZPO zu bestimmende Angreiferinteresse (→ ZPO § 3 Rn. 11 ff.) anzuknüpfen. 1

II. Anwendungsbereich. 1. Gebührenstreitwert in bürgerlichen Rechtsstreitigkeiten. § 48 gilt nur für die Bestimmung des Gebührenstreitwertes für die Wertgebühren in bürgerlichen Rechtsstreitigkeiten, **soweit** §§ 49 bis 60 für eine bürgerliche Rechtsstreitigkeit nichts Besonderes anordnen: Diese speziellen Anordnungen, zB nach § 49 für Beschlussklagen oder § 53, gehen § 48 vor. Dies gilt auch für den **einstweiligen Rechtsschutz.** Unter einer **bürgerlichen Rechtsstreitigkeit** iSv § 13 GVG und § 2 ArbGG versteht man **im übrigen Recht** im Kern in Abgrenzung zu einer öffentlich-rechtlichen Rechtsstreitigkeit eine solche, in der sich rechtlich gleichgeordnete Parteien maßgeblich über Rechtsverhältnisse und Rechtsfolgen des Privatrechts streiten, also solche Normen, die nicht überwiegend der Gesamtheit dienen und für jedermann gelten. Ob eine Streitigkeit öffentlich- oder bürgerlich-rechtlich ist, richtet sich, wenn eine ausdrückliche Rechtswegzuweisung des Gesetzgebers fehlt, nach der Natur des Rechtsverhältnisses, aus dem der Klageanspruch hergeleitet wird (GmS-OGB NJW 2011, 1211 Rn. 6; NJW 1990, 1527; NJW 1986, 2359 unter III 1). Bürgerliche Rechtsstreitigkeiten iSd GKG sind indes auch solche Rechtsstreitigkeiten, die **verfahrensmäßig wie** eine **bürgerliche Rechtsstreitigkeit** behandelt worden sind und gem. § 1 in den Geltungsbereich des GKG fallen (BeckOK KostR/Toussaint Rn. 8). Weder die Zulässigkeit des Rechtswegs nach §§ 17a ff. GVG ist also erheblich, noch die Ordnungsmäßigkeit des Vorganges, der die Gebühr zum Entstehen bringt. Ferner sind § 1 und Sonderzuweisungen zu beachten (s. auch im Einzelnen BeckOK KostR/Toussaint Rn. 5 ff.). 2

2. Zuständigkeits- und/oder Rechtsmittelstreitwert. Der Zuständigkeits- und/oder Rechtsmittelstreitwert sind nach §§ 3 ff. ZPO zu ermitteln. Bei **nichtvermögensrechtlichen** Streitigkeiten können nach hM § 48 II, III für die Bestimmung des Zuständigkeits- und/oder Rechtsmittelstreitwertes allerdings zT entsprechend angewendet werden (OLG Saarbrücken BeckRS 2022, 30001 Rn. 11; → ZPO § 3 Rn. 19 „Nichtvermögensrechtliche Streitigkeiten"). 3

3. Arbeits-, Finanz-, Sozial- und Verwaltungsgerichte. Für Rechtsstreitigkeiten vor den Arbeitsgerichten ist § 48 anwendbar, **soweit** § 42 nicht spezieller ist. 4

In Bezug auf die Gerichte der Finanz-, Sozial- und Verwaltungsgerichtsbarkeit ist idR hingegen § 52 anwendbar.

5 **4. Gegenstandswert.** Für den Gegenstandswert in gerichtlichen Verfahren ist § 48 über § 23 I 1 RVG grds. unmittelbar anwendbar, für außergerichtliche Tätigkeiten nach § 23 I 3 RVG entsprechend, wenn der Gegenstand der Tätigkeit auch Gegenstand eines gerichtlichen Verfahrens sein könnte. Etwas anderes gilt, wenn die vorrangigen §§ 23a–31b RVG anwendbar sind.

6 **III. Vermögensrechtliche Streitigkeiten (I). 1. Begriffe. a) Vermögensrechtlich–nichtvermögensrechtlich. aa) Überblick.** Das Begriffspaar „vermögensrechtlich–nichtvermögensrechtlich" findet sich in **vielen** Gesetzen, siehe zB die §§ 20, 23 S. 1, 40 II 1 Nr. 1, 128 III 1, 287 II, 708 Nr. 10 und Nr. 11 ZPO; §§ 36 I, II, 60 I GNotKG; § 42 II FamGKG. Zu beantworten ist jeweils **dasselbe** Regelungsproblem, das stets auf die **gleiche** Art und Weise zu lösen, aber nicht stets gleich zu beantworten ist, da die Lösung, welche Streitigkeit vorliegt, vom **Interesse** der klagenden Partei abhängt (auch → ZPO § 3 Rn. 9 ff.).

7 **bb) Prüfung: Ausschlussverfahren. (1) Gang der Prüfung.** Ob ein Rechtsstreit vermögens- oder nichtvermögensrechtlicher Natur ist, bestimmt sich nach dem **Zweck** der Klage. Ist der Klageantrag unmittelbar auf eine vermögenswerte Leistung gerichtet, handelt es sich stets um einen vermögensrechtlichen Streit. In allen anderen Fällen ist das Rechtsverhältnis entscheidend, aus dem der geltend gemachte Anspruch hergeleitet wird (BGH NJW 1983, 2572; NJW 1981, 2062; OLG Hamm OLGZ 1994, 96, 99). **(2) Vermögensrechtlich.** Als „vermögensrechtlich" werden nach ganz hM solche Ansprüche verstanden, die sich auf **Geld** oder auf einen **Geldwert** richten (BGH NJW 2006, 1136 Rn. 16; NJW 1982, 1525 unter I; s. auch Schack MDR 1984, 456). Ferner sollen solche Ansprüche „vermögensrechtlich" sein, die auf vermögensrechtlichen Beziehungen „beruhen" (BGH NJW 1982, 1525 unter I) bzw. ihnen „entstammen", mögen auch für ihre Geltendmachung andere Beweggründe als die Wahrnehmung eigener Vermögensinteressen im Vordergrund stehen (BGH NJW 2006, 1136 Rn. 16; NJW 1982, 1525 unter I), sowie solche Ansprüche, die im Wesentlichen der Wahrung wirtschaftlicher Belange dienen (BGH NJW 2006, 1136 Rn. 16; NJW 1982, 1525 unter I). **(3) Nichtvermögensrechtlich.** Nichtvermögensrechtlich sind im Wege dieses **Ausschlussverfahrens** – und letztlich ohne Möglichkeit einer wirklichen Definition – „alle übrigen Streitigkeiten" (siehe nur BGH NJW 2006, 1136 Rn. 16). Es handelt sich bei den nichtvermögensrechtlichen Streitigkeiten – sofern nicht auch wirtschaftliche Interessen beeinträchtigt werden – grds. neben den im GKG nicht zu betrachtenden Familiensachen idR etwa um folgende Streitigkeiten: Klagen wegen Unterlassung von Immissionen des Nachbarn (§§ 1004, 906 BGB), Widerrufs-, Unterlassungs- und Gegendarstellungsklagen in Bezug auf unwahre- /beleidigende Tatsachenbehauptungen (BT-Drs. 23/1217, 44), Klagen um das Namensgebrauchsrecht bei natürlichen Personen oder Klagen wegen vereinsrechtlicher Streitigkeiten (Abgrenzungsbeispiele aus der Rechtsprechung → Rn. 16).

8 **b) Gebühren.** Der Begriff „Gebühren" iSv § 48 I meint die Wertgebühren iSv § 34 I 1. Entsprechend ist § 48 I 1 auf die Anwaltsgebühren, mithin den Gegenstandswert anwendbar (§ 23 I RVG).

9 **2. Bestimmung der Gebührenhöhe.** Die Gebührenhöhe richtet sich nach § 48 I 1 iVm §§ 3, 6–9 ZPO (dazu im Einzelnen → ZPO §§ 3–9 Rn. 1 ff.), § 182 InsO (dazu im Einzelnen → InsO § 182 Rn. 1 ff.), und § 247 I AktG (dazu im Einzelnen → AktG § 247 Rn. 1 ff.). § 48 I 1 ist allerdings **nicht** anwendbar, soweit etwas „anderes" bestimmt ist (Binz/Dörndorfer/Zimmermann/Dörndorfer Rn. 2). Gemeint sind insoweit einerseits die allgemeinen Wertvorschriften, va §§ 41–47, und anderseits die besonderen Wertvorschriften, also §§ 49a–60, aber auch § 36 oder zB § 247 I AktG (→ AktG § 247 Rn. 1 ff.) oder § 182 InsO (→ InsO § 182 Rn. 1 ff.).

10 **3. Musterfeststellungsklagen/Unterlassungsklagengesetz (I 2). a) Überblick.** Die Gebührenhöhe für Musterfeststellungsklagen (§§ 606–614 ZPO) und für Klagen aufgrund des Unterlassungsklagengesetzes ist nach § 48 I 1 iVm §§ 3, 6–9 ZPO zu ermitteln, was nach § 23 I 1 RVG auch für den **Gegenstandswert** gilt (Hartmann MDR 2018, 1477). § 48 I 2 als Sondervorschrift ist für andere bürgerliche Rechtsstreitigkeiten nicht, auch nicht entsprechend anwendbar.

b) Musterfeststellungsklagen. aa) Allgemeines. Nach Vorstellung des Gesetzgebers soll es bei Musterfeststellungsklagen ausnahmsweise (→ ZPO § 3 Rn. 11) sachgerecht sein, **nicht** von der wirtschaftlichen Bedeutung für diejenigen, deren Ansprüche oder Rechtsverhältnisse von den Feststellungszielen abhängen, auszugehen, sondern von der wirtschaftlichen Bedeutung der mit der Musterfeststellungsklage **verfolgten Feststellungsziele** (BT-Drs. 19/2507, 28). Geschätzt werden insoweit 10.000 EUR (BT-Drs. 19/2507, 28). Richtiger ist es, die Festsetzung nach den Grundsätzen der „normalen" Feststellungsklage vorzunehmen → ZPO § 3 Rn. 19 „Feststellungsklagen". Es sind also die möglichen Leistungsansprüche als Ausgangswert anzusetzen und es ist bei einer positiven Feststellungsklage ein prozentualer Abzug von idR 20 % vorzunehmen (Hartmann MDR 2018, 1477; s. auch Beck WPg 2019, 586 (589)). 11

bb) Höchststreitwert. I 2 bestimmt, dass der aufaddierte Streitwert 250.000 EUR nicht übersteigen darf. 12

c) Rechtsstreitigkeiten aufgrund des Unterlassungsklagengesetzes. aa) Allgemeines. Zur Festsetzung bei Rechtsstreitigkeiten aufgrund des Unterlassungsklagengesetzes im Einzelnen → ZPO § 3 Rn. 23 „Unterlassungsklagen bei Verbraucherrechts- oder anderen Verstößen (UKlaG)". 13

bb) Höchststreitwert/Streitwertbegünstigung. I 2 bestimmt auch für Rechtsstreitigkeiten aufgrund des Unterlassungsklagengesetzes, dass der aufaddierte Streitwert 250.000 EUR nicht übersteigen darf. Nach § 5 UKlaG sind ferner § 12 III, IV UWG entsprechend anzuwenden (dazu → UWG § 12), was eine Streitwertbegünstigung möglich macht. 14

IV. Nichtvermögensrechtliche Streitigkeiten (II). 1. Begriff. Zum Begriff der „nichtvermögensrechtliche Streitigkeiten" und zur Unterscheidung zu den vermögensrechtlichen Streitigkeiten im Zusammenhang → Rn. 6. 15

2. Abgrenzungsbeispiele im „ABC"

Abmahnung: Vermögensrechtlich ist eine mit einer Kündigungsdrohung verbundene Abmahnung (BAG MDR 1982, 694). → „Personalakte". 16

Account (Sperrung): Geht es um die Sperrung oder Entsperrung eines „Kontos" bei einem **sozialen Netzwerk,** zB Facebook, handelt es sich um eine nichtvermögensrechtliche Streitigkeit (BGH GRUR-RS 2021, 2286 Rn. 8; BeckRS 2020, 38475 Rn. 11; BeckRS 2020, 38483 Rn. 14; GRUR-RS 2020, 34934 Rn. 11; OLG Dresden GRUR-RR 2019, 408 Rn. 3; OLG Koblenz MMR 2019, 625 Rn. 15). → Löschung.

Arbeitsrecht: Vermögensrechtlich ist ein Freistellungsanspruch (LAG Hamm NZA-RR 2011, 213; LAG Rheinland-Pfalz JurBüro 2008, 478) oder ein Anspruch auf eine andere Berechnung der Arbeitszeit (LAG Baden-Württemberg JurBüro 2009, 533). Nichtvermögensrechtlich sind: Ein Anspruch nach § 99 IV BetrVG (LAG Niedersachsen AnwBl 1984, 166; LAG Hamburg NZA 1993, 43), ein Streit über die Verkürzung der Arbeitszeit (LAG Berlin MDR 2004, 967; LAG Bayern JurBüro 2004, 85), ein Anspruch auf eine Teilzeitarbeit (LAG Rheinland-Pfalz MDR 2006, 57), ein Urlaubsstreit (LAG Rheinland-Pfalz JurBüro 2009, 431). Bei dem Streit um das Bestehen und die Beachtung betriebsverfassungsrechtlicher Beteiligungsrechte handelt es sich grds. um nicht vermögensrechtliche Ansprüche (LAG Hamm BeckRS 2008, 51287). Was bei der Untersagung eines Streiks gilt, ist streitig (LAG Berlin-Brandenburg NJ 2019, 391). → „Ehre", → „Personalakte", → „Rufschädigung".

Attest: Verlangt die klagende Partei die Herausgabe eines Attestes, handelt es sich idR um eine nichtvermögensrechtliche Streitigkeit (AG München BeckRS 2011, 1545 = JurBüro 2011, 261).

Äußerungsrecht: → „Bild", → „Ehre", → „Gegendarstellung", „Presserecht". IdR handelt es sich um nichtvermögensrechtliche Streitigkeiten (im Einzelnen → Rn. 30 ff.). Anders ist es zB beim verlangen nach Schadensersatz. Bei einer Klagehäufung gilt dann idR III (→ Rn. 37).

Auskunft: Verlangt die klagende Partei Auskunft wegen der Verletzung des Rechtes am eigenen Bild als Teil des allgemeinen Persönlichkeitsrechtes, handelt es sich um eine nichtvermögensrechtliche Streitigkeit.

Ausschließung: → „Körperschaft".
Berufsehre: → „Ehre".
Bild: → „Verletzung des Rechtes am eigenen Bild als Teil des allgemeinen Persönlichkeitsrechtes".
Berichtigung (Erklärung der Medien): Verlangt eine Partei die Berichtigung einer unwahren Tatsachenbehauptung oder eine Folgenbeseitigung, handelt es sich um eine nichtvermögensrechtliche Streitigkeit: Der Anspruch wurzelt im allgemeinen Persönlichkeitsrecht.
Datenauskunft iSv Art. 15 I DS-GVO: Die Klage auf Auskunft nach Art. 15 I DS-GVO ist ein nichtvermögensrechtlicher Anspruch (LAG Baden-Württemberg NZA-RR 2020, 153 Rn. 13; OLG Köln NJOZ 2018, 1120 Rn. 3). Der Anspruch kann **nicht mit einem pauschalen Streitwert** bemessen werden, weil der Inhalt des Anspruchs vom Einzelfall geprägt ist. Hinzu kommt, dass auch die Interessenlagen der Anspruchssteller nicht verallgemeinerungsfähig sind. Mehrfach wurden bislang 500 EUR angesetzt (OLG Köln NJOZ 2018, 1120 Rn. 4; LAG Baden-Württemberg NZA-RR 2020, 153 Rn. 24; LG Bonn BeckRS 2021, 18275 Rn. 41; LG Köln BeckRS 2020, 30968 Rn. 30).
Drittwiderspruchsklage: Die Klage nach § 771 ZPO (→ ZPO § 6 Rn. 20) ist eine vermögensrechtliche Streitigkeit.
Ehre: Bei dem Anspruch auf Unterlassung ehrverletzender Äußerungen und auf Veröffentlichung des begehrten Unterlassungsausspruchs handelt es sich grds. um **nichtvermögensrechtliche** Ansprüche (BGH GRUR 2022, 116 Rn. 8; NJW 2016, 3380 Rn. 9). Anders ist es im Einzelfall, wenn die klagende Partei die Wahrung ihrer wirtschaftlichen Belange erstreiten will (BGH NJW 2016, 3380 Rn. 9; 1996, 999 unter 1a). Zur Bestimmung s. auch → ZPO § 3 Rn. 23 „Ehre" zum Zuständigkeitsstreitwert.
Erbrecht: Will der Erblasser feststellen lassen, dass er zur Entziehung des Pflichtteils berechtigt ist, liegt eine nichtvermögensrechtliche Streitigkeit vor (Kroiß/Horn/Solomon ZPO § 3 Rn. 5).
Erledigung der Hauptsache: Ein nichtvermögensrechtlicher Anspruch wird nicht schon dadurch zu einem vermögensrechtlichen, dass der Kläger einseitig die Erledigung der Hauptsache erklärt und nach Erledigung nur noch über die Kosten gestritten wird (BGH NJW 1982, 767 unter II 2). → „Kostenstreit".
E-Mail: Wird der Kläger durch unverlangte E-Mails Privater belästigt, zB von einem Stalker, handelt es sich um einen nichtvermögensrechtlichen Anspruch. Entscheidend ist grds. das Interesse der klagenden Partei, durch die E-Mail nicht belästigt zu werden (BGH BeckRS 2004, 12785; OLG Hamm NJW-RR 2014, 613; OLG Schleswig GRUR-RR 2009, 160; KG MDR 2007, 923; OLG Koblenz GRUR 2007, 352). Unterfällt der Anspruch dem UWG, ist § 51 II anzuwenden.
Firma: → „Name".
Gegendarstellungsanspruch: Der Gegendarstellungsanspruch wurzelt im allgemeinen Persönlichkeitsrecht und ist grds. eine **nicht**vermögensrechtliche Streitigkeit (BGH GRUR 1963, 83 (84); OLG Köln BeckRS 2018, 17910 Rn. 435; KG FamRZ 2007, 1130).
Geldentschädigung: Eine Verletzung des allgemeinen Persönlichkeitsrechts kann einen Anspruch auf eine Geldentschädigung begründen, wenn es sich um einen schwerwiegenden Eingriff handelt und die Beeinträchtigung nicht in anderer Weise befriedigend aufgefangen werden kann. Hierbei handelt es sich um eine vermögensrechtliche Streitigkeit. → „Schmerzensgeld".
Gemeinschaft: → „Hausbesichtigung".
Genossenschaft: → „Körperschaft".
Geschäftsbezeichnung: → „Name".
Gewerblicher Rechtsschutz: Unterlassungsansprüche des gewerblichen Rechtsschutzes (auch § 51) sind grds. vermögensrechtliche Streitigkeiten (OLG Brandenburg JurBüro 1997, 594; KG NJW-RR 1991, 41). Anders ist es, wenn der Anspruch ausnahmsweise nur ideellen Belangen dient.
Grab: Eine nichtvermögensrechtliche Streitigkeit ist grds. der Anspruch auf die Beisetzung in einem bestimmten Grab oder der Anspruch auf eine Umbettung.

Hausbesichtigung: Der Anspruch auf eine Hausbesichtigung nach §§ 745, 2038 BGB ist grds. vermögensrechtlich (BGH NJW 1982, 1765).

Herausgabe: → „Attest", → „Tagebuch".

Immissionen: Bei Klagen wegen Unterlassung von Immissionen des Nachbarn (§§ 1004, 906 BGB) mit weniger starken Auswirkungen, zB Störungen durch Kleintiere, Gerüche und Geräusche, handelt es sich idR um eine nichtvermögensrechtliche Streitigkeit (BT-Drs. 23/1217, 44).

Hundehaltung: → „Miete".

Körperschaft: Vermögensrechtlich ist der Anspruch auf die Ausschließung aus einer Körperschaft, soweit es nicht auch um die Ehre und die allgemeine Achtung geht, sondern um wirtschaftliche Interessen (BGH NJW 2009, 3161 Rn. 5; OLG Frankfurt a. M. JurBüro 2003, 644). Nichtvermögensrechtlich ist hingegen der Streit um den Ausschluss wegen eines ehrenrührigen Verhaltens, → „Ehre", → „Verein".

Kostenstreit: Vermögensrechtlich ist der Kostenstreit in einer nichtvermögensrechtlichen Sache insoweit, als er zur Hauptsache geworden ist (OLG Brandenburg FamRZ 2011, 1616; aA OLG Düsseldorf MDR 2012, 1098). Das gilt zB nach übereinstimmenden wirksamen vollen Erledigungserklärungen nach § 91a ZPO.

Kreditgefährdung: Vermögensrechtlich ist der Unterlassungsanspruch nach § 824 BGB (LG Bayreuth JurBüro 1975, 1356).

Kündigung: → „Abmahnung".

Leistungsklage: → „Feststellungsklage".

Löschung: Verlangt die klagende Partei die Wiederherstellung eines gelöschten Beitrags bei einem **sozialen Netzwerk,** zB Facebook, handelt es sich um eine nichtvermögensrechtliche Streitigkeit (s. auch BGH GRUR-RS 2020, 34934 Rn. 14) → „Account (Sperrung)". Auch → Rn. 18 am Ende.

Mahnung: → „Abmahnung".

Marke: → „Name".

Mitbestimmung: → „Arbeitsrecht".

Mitgliedschaft: Geht es um die Mitgliedschaft in einem Verein, handelt es sich idR um eine nichtvermögensrechtliche Streitigkeit (BGH BeckRS 2015, 20307 Rn. 13; NJW-RR 2010, 1582 Rn. 8).

Name: Soweit es sich um die wirtschaftliche Verwertung des Namens handelt, etwa in einer Firma, einer Marke oder in einer sonstigen geschäftlichen Bezeichnung, ist der Name vermögensrechtlich. In den übrigen Fällen hat er idR keinen Vermögenswert.

Patientenverfügung: s. § 36 II GNotKG.

Persönlichkeitsrecht (allgemeines): Nichtvermögensrechtlich ist das Persönlichkeitsrecht oder ein Beseitigungsanspruch zum Schutz des Persönlichkeitsrechtes (BGH NJW 1982, 767 unter II 1). → „Telefonbelästigung".

Personalakte: Vermögensrechtlich ist der Anspruch auf die Entfernung einer Abmahnung aus der Personalakte (LAG Hamm MDR 1984, 877). Nichtvermögensrechtlich ist der Anspruch auf eine Einsicht in die Personalakte (OLG Köln VersR 1980, 490).

Politische Partei: Nichtvermögensrechtlich ist ein Streit über die Auflösung des Landesverbandes einer politischen Partei.

Presserecht (Äußerungsrecht): → „Bild", → „Ehre", → „Gegendarstellung", → „Persönlichkeitsrecht (allgemeines)".

Privatklage: Ihre Miterledigung im Zivilprozess ändert nichts am nichtvermögensrechtlichen Charakter des Hauptverfahrens (OLG Köln JurBüro 1994, 743).

Rufschädigung: Vermögensrechtlich ist ein aus einer Rufschädigung folgender Unterlassungsanspruch (LAG Rheinland-Pfalz NZA-RR 2010, 432).

Schadensersatz: Eine Verletzung des allgemeinen Persönlichkeitsrechts kann einen Anspruch auf Schadensersatz begründen. Hierbei handelt es sich um eine vermögensrechtliche Streitigkeit.

Schmerzensgeld: → „Geldentschädigung". Vermögensrechtlich ist ein Anspruch auf Schmerzensgeld. Das gilt auch dann, wenn die Ehre verletzt wurde (OLG Köln VersR 1994, 875).

Sperrung: → „Account (Sperrung)".

Standesrecht: Nichtvermögensrechtlich ist ein nur körperloses Standes- oder Familienrecht.
Stiftung: Vermögensrechtlich ist der Streit um die personelle Besetzung eines Stiftungskuratoriums (OLG Hamm OLGZ 1994, 100).
Tagebuch: Der Anspruch auf die Herausgabe eines Tagebuchs ist grds. nichtvermögensrechtlich.
Telefonbelästigung: Nichtvermögensrechtlich ist ein Anspruch auf die Unterlassung solcher Telefonanrufe, die nur eine Störung und Belästigung des persönlichen Bereichs darstellen (BGH NJW 1985, 809). → „Persönlichkeitsrecht".
Tracking: Der Anspruch, eine IP-Adresse nicht zu speichern und nicht weiterzugeben, ist grds. nichtvermögensrechtlich.
Unerlaubte Handlung: → „Kreditgefährdung".
Unterhalt: Vermögensrechtlich ist jeder vertragliche Unterhaltsanspruch.
Unterlassung: Der Anspruch auf Unterlassung kann vermögensrechtlich (Schmidt KTS 2004, 246), kann aber auch ein nichtvermögensrechtlicher Anspruch sein. Im Einzelnen: → „Bild", → „Ehre", → „Gewerblicher Rechtsschutz", → „Kreditgefährdung" → „Miete", → „Telefonbelästigung".
Urheberrecht: → „Gewerblicher Rechtsschutz".
Verband: → „Körperschaft".
Verein: Eine vereinsrechtliche Streitigkeit kann, muss aber nicht nichtvermögensrechtlich sein (s. auch BT-Drs. 12/1217, 44). Vermögensrechtlich ist etwa der Streit um einen Mitgliedsbeitrag. Nichtvermögensrechtlich ist hingegen die Frage der Zugehörigkeit eines Mitglieds zu einem Idealverein (OLG Köln MDR 1984, 153) – wohl auch ein Streit über eine Vorstandswahl (OLG Düsseldorf AnwBl 1997, 680; LG Saarbrücken JurBüro 1995, 26). → „Körperschaft", → „Politische Partei".
Veröffentlichung: → „Gegendarstellung".
Verletzung des Rechtes am eigenen Bild als Teil des allgemeinen Persönlichkeitsrechtes: → „Ehre" (BGH NJW 1996, 999 unter 1a; OLG Saarbrücken NJW-RR 2007, 112).
Widerruf: → „Ehre".

17 **3. Bestimmung der Gebührenhöhe. a) Ermessen. aa) Allgemeines.** Der Gebührenstreitwert ist – wie nach § 3 ZPO – im Einzelfall nach **pflichtgemäßem** Ermessen zu bestimmen (siehe nur BGH NJW 2016, 3380 Rn. 9; s. auch → ZPO § 3 Rn. 9 ff., die entsprechend gelten; s. auch § 36 II GNotKG). Maßgeblicher Zeitpunkt ist nach § 40 in der Instanz der **Eingang** des verfahrenseinleitenden Antrags. Die Besonderheit gegenüber vermögensrechtlichen Streitigkeiten besteht darin, dass es jeweils um das Interesse der klagenden **und** der beklagten Partei geht. Im **einstweiligen Rechtsschutz** – der sich nach § 53 richtet (→ § 53 Rn. 3; → Rn. 2) – gilt → ZPO § 3 Rn. 23 „Einstweilige Verfügung" entsprechend. Danach bleibt der Gebührenstreitwert unter dem der Hauptsache, weil das für ein Verfahren maßgebende Interesse des Antragstellers an der Sicherstellung idR nicht das Befriedigungsinteresse erreicht; es kann aber auch anders sein (→ ZPO § 3 Rn. 23 „Einstweilige Verfügung"), va, wenn das Gericht den Streit durch die einstweilige Verfügung praktisch auch bereits zur Hauptsache entschieden hat (OLG Stuttgart MDR 2011, 1316; OLG Koblenz JurBüro 2009, 429; VGH Mannheim JurBüro 2010, 201). Eine Addition mehrerer (formal) unterschiedlicher Begehren setzt voraus, dass die mehreren Ansprüche von selbständigem Wert sind (im Einzelnen → § 39 Rn. 17 (Wirtschaftliche Identität)).

18 **bb) Prüfsteine.** II 1 nennt für die Leitung des Ermessens mehrere, **gleichwertige/gleichrangige** Prüfsteine (OLG Oldenburg BeckRS 2009, 12545). Diese sind **nicht abschließend** (arg. „insbes."). II 1 erlaubt und gebietet mithin die Berücksichtigung aller Umstände, soweit sie nur einen sachgemäßen Bezug zur Gebührenerhebung haben (s. auch BVerfG NJW 1989, 1985; OLG Düsseldorf JurBüro 1995, 252; OLG München JurBüro 1992, 350). Etwa bei Äußerungsstreitigkeiten (→ Rn. 30 ff.) ist als weiterer Umstand die Breitenwirkung der beanstandeten Äußerung zu berücksichtigen (OLG Dresden ZUM-RD 2019, 144 = BeckRS 2018, 31709 Rn. 3; AGS 2019, 185 = BeckRS 2019, 4668 Rn. 2). Geht es um die Löschung von Äußerungen in einem

sozialen Netzwerk und die Sperrung des Accounts, soll man bspw. die Marktmacht des Gegners berücksichtigen können (OLG Dresden NJW-RR 2019, 893 Rn. 4).

cc) Angaben der Parteien. Hier gilt → ZPO § 3 Rn. 15 entsprechend. 19

dd) Mehrere Streitgegenstände. Bei mehreren Streitgegenständen, zB bei einer 20
Klage auf Unterlassung und Widerruf, ist unter Beachtung von III (→ Rn. 37) nach § 39 für jeden Gegenstand ein **gesonderter** Streitwert festzusetzen, bevor die Werte sodann zu addieren sind (OLG Frankfurt a. M. BeckRS 2016, 845 Rn. 12).

ee) Regel- und Auffangwert. II 1 selbst kennt keinen „Regelstreitwert". Die 21
Grenzen sind §§ 34 I, 48 II 2, also 500 EUR bis 1 Mio. EUR. Bestehen **ausnahmsweise** keine genügenden Anhaltspunkte, kann nach hM an den gesetzlichen Auffangwert von 5.000 EUR (§ 52 II; § 23 III 2 RVG; § 42 III FamGKG) **angeknüpft** werden (BGH NZM 2022, 754 Rn. 7; GRUR-RS 2021, 2286 Rn. 9; GRUR-RS 2020, 34934 Rn. 11; BeckRS 2015, 20307 Rn. 13; NJW-RR 2010, 1582 Rn. 9; OLG Braunschweig NJ 2019, 35; OLG Saarbrücken BeckRS 2018, 33509 Rn. 16; OLG Frankfurt a. M. BeckRS 2016, 845 Rn. 11; OLG Köln BeckRS 2012, 18211; aA LAG Baden-Württemberg NZA-RR 2020, 153 Rn. 15).

ff) Überprüfung. Zur Überprüfung der Ermessensentscheidung siehe § 68. Die 22
Bewertung des Rechtsmittelinteresses kann vom Rechtsbeschwerdegericht nur beschränkt darauf überprüft werden, ob das Berufungsgericht bei der seinem freien Ermessen unterliegenden Wertfestsetzung die Grenzen des Ermessens **überschritten** oder von diesem in einer dem Zweck der Ermächtigung nicht entsprechenden Weise, mithin **fehlerhaft,** Gebrauch gemacht hat (BGH GRUR 2022, 116 Rn. 9). Das kann insb der Fall sein, wenn das Berufungsgericht bei der Ausübung seines Ermessens die in Betracht zu ziehenden Umstände **nicht umfassend berücksichtigt** hat (BGH GRUR 2022, 116 Rn. 9; BeckRS 2020, 31249 Rn. 12).

b) Umfang der Sache aus Sicht des Gerichtes. aa) Überblick. Der Umfang 23
einer Sache kann für die Bestimmung ermessensleitend sein, wenn er **aus Sicht des Gerichtes** (OLG Düsseldorf AnwBl 1986, 250; OLG Bamberg JurBüro 1977, 1590; OLG Celle JurBüro 1976, 797) bei ordnungsmäßiger Arbeitsweise aus dem „üblichen" Rahmen fällt (OLG Koblenz JurBüro 1999, 475; AG Westerstede FamRZ 2008, 1207). Die Sicht des Rechtsanwaltes ist unerheblich (LAG Baden-Württemberg NZA-RR 2020, 153 Rn. 17).

bb) Beispiele. Anzahl der Anträge (OLG Saarbrücken BeckRS 2018, 33509 24
Rn. 22), Auslandsbezug (BayObLG NJW-RR 1999, 1375; OLG Karlsruhe FamRZ 2007, 751), Dauer einer Auseinandersetzung (OLG Saarbrücken BeckRS 2018, 33509 Rn. 22), Häufigkeit und Umfang von Beweisaufnahmen (Schneider JurBüro 1975, 1558), Kürze oder Länge des Parteivortrags, die Prozessdauer, soweit man sie auf das Verhalten der Parteien oder ihrer ProzBev nach § 81 ZPO zurückführen muss (OLG Hamm JurBüro 1976, 800), die Schwierigkeit von Rechtsfragen (OLG Saarbrücken BeckRS 2018, 33509 Rn. 22; OLG Koblenz JurBüro 1975, 1092), die Schwierigkeit des Sachverhaltes (OLG Nürnberg JurBüro 1975, 1620), der Grad der Streitig- oder Unstreitigkeit (OLG Düsseldorf AnwBl 1986, 250; OLG Karlsruhe AnwBl 1981, 405; aA OLG München JurBüro 1992, 349).

Unbeachtlich sind hingegen das Ausmaß der **vorgerichtlichen** Arbeit des 25
Rechtsanwaltes (KG FamRZ 2010, 829 (830) = BeckRS 2010, 13073; OLG Bamberg JurBüro 1976, 217; OLG Köln JurBüro 1976, 1538; OLG Zweibrücken JurBüro 1979, 1864) oder andere Verfahren (OLG Nürnberg FamRZ 2009, 1619 (1620) = BeckRS 2009, 13700).

c) Bedeutung der Sache für beide Parteien. aa) Überblick. Es kommt – im 26
Gegensatz zu I 1 – sowohl auf eine tatsächliche als auch auf eine rechtliche Bedeutung für **beide** Parteien an (OLG Saarbrücken BeckRS 2018, 33509 Rn. 22; NK-GK/Kurpat Rn. 17; aA LAG Rheinland-Pfalz BeckRS 2012, 74972; BeckOK KostR/Toussaint Rn. 43). Unbeachtlich ist hingegen ein öffentliches Interesse (OLG Köln JurBüro 1980, 577; LAG Baden-Württemberg BeckRS 2004, 17615; → ZPO § 3 Rn. 19).

bb) Beispiele. Bedeutung haben zB ein Musterprozess (Binz/Dörndorfer/Zim- 27
mermann/Dörndorfer Rn. 11), die Stellung einer Partei im öffentlichen Leben (OLG Saarbrücken BeckRS 2018, 33509 Rn. 22) und ihr Ansehen, etwa die Ehre (OLG Saarbrücken BeckRS 2018, 33509 Rn. 22; LG München II BeckRS 2019, 13929),

der Name, die Auswirkung wirtschaftlicher Art auf ein Unternehmen oder auf Angehörige (OLG Schleswig JurBüro 2002, 316; LAG Rostock MDR 2001, 337), die Höhe einer Abfindung, die Anwendung ausländischen Rechtes (OLG Hamm FamRZ 1996, 501), eine Mitgliedschaft (BGH BeckRS 2015, 20307 Rn. 13), der **Zugriff auf ein soziales Netzwerk** (BGH GRUR-RS 2021, 2286 Rn. 8: dort 500 EUR; GRUR-RS 2021, 15134 Rn. 10 und GRUR-RS 2020, 34934 Rn. 11: dort 2.500 EUR), Tracking (LG Dresden ZD 2019, 416: dort 6.000 EUR; zw.). Bei einem **Angriff auf die Ehre** ist auf die nach verständiger Sichtweise zu besorgende Beeinträchtigung abzustellen, die von der beanstandeten Äußerung ausgehen und sich auf den sozialen Geltungsanspruch des Klägers auswirken kann (BGH GRUR 2022, 116 Rn. 10). Die Bedeutung der Sache richtet sich aber nicht allein nach der **Breitenwirkung** der beanstandeten Äußerung, sondern auch nach deren **Wirkung auf den Kläger** nach verständiger Sichtweise (BGH GRUR 2022, 116 Rn. 11).

28 **d) Vermögens- und Einkommensverhältnisse der Parteien. aa) Allgemeines.** Auch die Vermögens- und Einkommensverhältnisse der Parteien dürfen bei der bei der Streitwertfestsetzung nicht außer Betracht bleiben. Als Vermögen ist das Reinvermögen, also unter Abzug der auf ihm lastenden Schulden, und als Einkommen nur das Nettoeinkommen zu berücksichtigen. Dieser Prüfstein ist wichtig (OLG Düsseldorf FamRZ 1994, 249; Binz/Dörndorfer/Zimmermann/Dörndorfer Rn. 13: „praktisch bedeutsamster Faktor"), aber natürlich nur einer von mehreren Einzelfaktoren (OLG Oldenburg FamRZ 2009, 1174; OLG Koblenz FamRZ 1993, 827). Es kommt nach ihm auf die Vermögens- und Einkommensverhältnisse **beider** Parteien an (OLG Düsseldorf FamRZ 1994, 249; OLG Koblenz JurBüro 1979, 1675). Ein Vermögen ist nicht schon deshalb unbeachtlich, weil es **keine** Erträge abwirft oder weil es belastet ist (Schmidt JurBüro 1975, 505; aA OLG Düsseldorf JurBüro 1975, 505; OLG München JurBüro 1980, 894; OLG Schleswig JurBüro 1976, 1091). Bei Grundvermögen ist grds. der Verkehrswert maßgebend (OLG Brandenburg FamRZ 2011, 756; OLG München AnwBl 1985, 203).

29 **bb) Einzelfälle. (1) Vermögen.** Beachtlich ist zB ein hohes Sparguthaben (OLG Bamberg JurBüro 1976, 1231; OLG Düsseldorf JurBüro 1975, 504). Ein Einfamilienhaus oder ein Wohnungseigentum sind nicht grds. ein „außergewöhnliches" Vermögen (OLG Köln FamRZ 1987, 183; AG Groß-Gerau JurBüro 1992, 113). Beachtlich ist auch der Lebenszuschnitt (OLG Bamberg JurBüro 1977, 1424; OLG Düsseldorf FamRZ 1994, 249; OLG Koblenz JurBüro 1979, 1675; aA OLG Frankfurt a. M. FamRZ 1994, 250; OLG Hamm MDR 1984, 766). Ein kurzlebiges Wirtschaftsgut ist unbeachtlich (OLG Frankfurt a. M. JurBüro 1977, 703); ebenso ein PKW der Mittelklasse (Mümmler JurBüro 1976, 4). **(2) Einkommen.** Jedes Einkommen ist grds. beachtlich, zB Arbeitslosengeld II (OLG Köln FamRZ 2009, 638; OLG Schleswig JurBüro 2008, 594; aA OLG Hamm JurBüro 2009, 33; OLG Naumburg FamRZ 2009, 639; OLG Schleswig JurBüro 2009, 193), Hartz IV (OLG Hamm FamRZ 2006, 632; aA OLG Celle NJW-RR 2007, 1152), Kindergeld (OLG Karlsruhe FamRZ 2008, 2051; OLG Zweibrücken FamRZ 2008, 2052), Unterhaltsgeld (OLG Karlsruhe NJWE-FER 1999, 306), ebenso Unterhaltspflicht (KG NJW 1976, 900: idR je Kind vom 3-Monats-Einkommen ca. 300 EUR absetzen); OLG München FamRZ 2009, 1703: je Kind ca. 250 EUR, auch bei verschiedenen Eltern. Ein Wohnkostenzuschuss (OLG Düsseldorf FamRZ 2009, 453). PKH ist unbeachtlich (OLG Schleswig FamRZ 2006, 52; OLG Stuttgart FamRZ 2000, 1518; AG Westerstede FamRZ 2008, 1207; aA OLG München FamRZ 2003, 683).

30 **4. In Sonderheit: Pressesachen (Äußerungsrecht). a) Überblick. aa) Allgemeines.** In Pressesachen geht es idR um die Verletzung des **allgemeinen Persönlichkeitsrechtes** und damit um eine **nichtvermögensrechtliche** Streitigkeit (→ Rn. 16; die Anträge auf Geldentschädigung (Schmerzensgeld), vgl. zB BGH MMR 2016, 849 Rn. 9, oder Schadensersatz sind allerdings vermögensrechtliche Streitigkeiten). Die Anträge lauten zumeist auf Auskunft (→ Rn. 16 „Auskunft"), Berichtigung (→ Rn. 16 „Berichtigung"), Gegendarstellung (→ Rn. 16 „Gegendarstellungsanspruch", der aber idR § 53 I Nr. 1 unterfällt), Löschung (→ Rn. 16 „Löschung"), Unterlassung (→ Rn. 16 „Verletzung des Rechtes am eigenen Bild") und Widerruf (→ Rn. 16 „Ehre"; → Rn. 16 „Widerruf") oder auf Befugnis zur Bekannt-

machung der Urteilsformel – Veröffentlichungsbefugnis (→ ZPO § 3 Rn. 23 „Urteilsbekanntmachung (Veröffentlichtungsantrag)"). Die Werte **mehrerer** Streitgegenstände (→ § 39 Rn. 7 ff.) sind nach § 39 **zusammenzurechnen** (s. auch BGH NJW 2016, 3380 Rn. 14; OLG Frankfurt a. M. AGS 2016, 287; BeckRS 2016, 845 Rn. 12). Dabei ist zu beachten, dass **nicht** zu addieren ist, wenn die Streitgegenstände **wirtschaftlich identisch** sind, wenn ein Anspruch also aus dem anderen folgt oder auf dasselbe Interesse ausgerichtet ist, sodass die klagende Partei mit den Ansprüchen letztlich jeweils nur dasselbe Ziel verfolgt oder der Kläger die Klageforderung **nur einmal** verlangen kann (→ § 39 Rn. 18). Dann ist in Anlehnung an § 45 I 3 nur der höchste Einzelwert maßgebend (→ § 39 Rn. 18). Der Gesamtgebührenstreitwert (→ Rn. 36) darf nach II 2 iÜ nicht über eine 1 Mio. EUR angenommen werden.

bb) Schadenersatz. Ein etwaiger Antrag auf Schadenersatz ist demgegenüber nach § 48 I 1 iVm §§ 3, 6–9 ZPO festzusetzen. Dieser Wert wird häufig beziffert sein (→ ZPO § 3 Rn. 6). Bei der Gesamtfestsetzung ist iÜ idR III zu beachten, wonach nur **ein** Anspruch, und zwar der höhere, maßgebend ist. 31

b) Streitwertangaben. Zu Streitwertangaben gelten die Ausführungen → ZPO § 3 Rn. 15 ff. entsprechend. Die Angabe des Wertes kann mithin ein **Indiz** für die Schätzung des Interesses an der Abwehr der Persönlichkeitsrechtsverletzung sein. Sie enthebt das Gericht aber **nicht** von der Notwendigkeit, diese anhand der Aktenlage und sonstiger Gegebenheiten unter Berücksichtigung seiner Erfahrung und vergleichbarer Fälle selbständig nachzuprüfen (exemplarisch OLG Dresden BeckRS 2021, 39901 Rn. 3; KG BeckRS 2011, 11000; KG-Report 1998, 170 (171)). Zu beachten ist ferner, dass sich die anwaltlichen Honoraransprüche in großen Verfahren meist **nach Stundenaufwand** berechnen. Damit berührt zB eine unangemessen niedrige Angabe nicht den eigenen Honoraranspruch, sondern wirkt sich einseitig nur noch zu Lasten der Landeskasse aus. Angaben zu Streitwertfestsetzungen in **anderen** Verfahren sind ohne Darstellung der Vergleichbarkeit, dh der konkreten Umstände des Einzelfalls, stets ungeeignet (KG BeckRS 2011, 11004). Zu beachten ist iÜ, dass es nach II 1 um die Angaben **beider** Parteien geht. 32

c) Bewertungsfaktoren. Auch in Pressesachen ist der Streitwert nach II 1 unter Berücksichtigung **sämtlicher** Umstände des Einzelfalls, insbes. des Umfanges und der Bedeutung der Sache und der Vermögens- und Einkommensverhältnisse der Parteien, zu bestimmen (OLG Dresden BeckRS 2021, 39901 Rn. 3; NJW-RR 2019, 893 Rn. 4). Ferner sind die Marktmacht (→ Rn. 18), die Reichweite und der potenzielle Empfängerkreis zu prüfen (BGH MMR 2021, 235 Rn. 10) sowie zeitliche und inhaltliche Begrenzungen (BGH MMR 2021, 235 Rn. 11). 33

Bedeutsam sind **daneben** zB der Angriffsfaktor, va die Stellung des Verletzers und des Verletzten, das Wirkungspotenzial der Verletzung und Intensität und Nachahmungsgefahr. **General- und/oder spezialpräventive** Aspekte sind demgegenüber unbeachtlich (→ ZPO § 3 Rn. 19; s. auch BGH MMR 2017, 618 Rn. 32). Bestehen dafür **Anhaltspunkte,** können zB für die 30-tägige Sperre eines Nutzerkontos 2.500 EUR (BGH GRUR-RS 2021, 15134 Rn. 10; MMR 2021, 235 Rn. 11) und für die Löschung einer kurzen Äußerung auf einer Internet-Plattform 500 EUR angesetzt werden (BGH GRUR-RS 2021, 15134 Rn. 13; MMR 2021, 235 Rn. 14).

d) Streitwertkataloge. Die verbreitete und wohl sogar allgemein akzeptierte Praxis, ua in Pressesachen (Äußerungssachen) interne **allgemeine/abstrakte** Streitwertkataloge einzusetzen (exemplarisch KG AfP 2011, 284 = BeckRS 2011, 11000; zur Aufgabe der „Drittelrechtsprechung" vgl. im Übrigen KG AfP 2013, 65 = BeckRS 2013, 3686), begegnet **erheblichen** Bedenken, weil das GKG keinen Regelstreitwert kennt (BVerfG NJW 2009, 1197 Rn. 13). Diese Praxis ist trotz ihres anerkennenswerten und erkennbaren Bemühens ua um Rechtsicherheit, Transparenz, Verfahrenserleichterung und Vorhersehbarkeit im Kern **gesetzes- und verfassungswidrig** (s. auch OLG Dresden BeckRS 2021, 39901 Rn. 3 für den Anspruch aus §§ 823, 1004 BGB). Denn der Gebührenstreitwert muss stets unter Berücksichtigung **sämtlicher** Umstände im **Einzelfall** bestimmt werden (→ ZPO § 3 Rn. 10). Wird er daher von Anfang an und ohne weitere Untersuchungen sowie **ohne** geeignete Schätzungsgrundlagen nach abstrakten und allgemeinen Überlegungen festgesetzt, liegt ein offensichtlicher Verstoß gegen Art. 20 III, 3 I GG vor (→ ZPO § 3 Rn. 10). 34

35 **e) Regelstreitwert/Auffangwert.** Bietet der Sach- und Streitstand für die Bestimmung des Streitwertes trotz der Bemühungen und Nachfragen des Gerichtes keine genügenden Anhaltspunkte, liegt für **jeden Streitgegenstand und jeden Kläger** jeweils eine Orientierung an § 23 III 2 RVG, § 52 II, § 42 III FamGKG als **Auffangwert** nahe (→ Rn. 21; nur BGH MMR 2021, 235 Rn. 11; BeckRS 2015, 20307 Rn. 13; BeckRS 2013, 20402 Rn. 1; NJW-RR 2010, 1582 Rn. 9 ferner zB OLG Brandenburg NJOZ 2019, 1542 Rn. 8; OLG Dresden NJW-RR 2019, 893 Rn. 3; OLG Frankfurt a. M. AGS 2016, 287; BeckRS 2016, 845 Rn. 11), und damit ein Gebührenstreitwert von 5.000 EUR. Die Instanzgerichte ignorieren zu Unrecht die darin liegende klare **gesetzgeberische** Wertung, nämlich die **Zuständigkeit der AG,** und setzen höhere Werte, bspw. 6.000 EUR, an. Bei **Berichtigungs- oder Unterlassungsansprüchen** sollte die Wertung des § 51 III 2 beachtet werden. Bestehen hingegen **Anhaltspunkte,** können zB für die 30-tägige Sperre eines Nutzerkontos 2.500 EUR (BGH GRUR-RS 2021, 15134 Rn. 10; MMR 2021, 235 Rn. 11) und für die Löschung einer kurzen Äußerung auf einer Internet-Plattform 500 EUR angesetzt werden (BGH GRUR-RS 2021, 15134 Rn. 13; MMR 2021, 235 Rn. 14).

36 **5. Höchststreitwert (II 2).** II 2 bestimmt wie I 2 einen Gesamt-Höchststreitwert (→ § 39 Rn. 37) und legt diesen bei 1 Mio. EUR fest.

37 **6. Verbindung verschiedenartiger Ansprüche (III). a) Anwendungsbereich/Tatbestandsvoraussetzungen. aa) Überblick.** § 48 III ist anwendbar, wenn mit einem nichtvermögensrechtlichen Anspruch (→ Rn. 15) ein aus ihm **hergeleiteter** vermögensrechtlicher Anspruch (→ Rn. 6 ff.) **verbunden** ist.

38 **bb) Herleitung.** Der Begriff „Herleitung" meint, dass der nichtvermögensrechtliche Anspruch objektiv – und nicht nur nach Parteiansicht – **Voraussetzung** für den daneben geltend gemachten vermögensrechtlichen Anspruch ist (OLG Hamm VersR 2008, 1236 = AGS 2008, 463; s. auch Begr. §§ 7, 8 GKG-E, Vhdlg. d. RT [3. Leg.-Per., II. Session 1878, Anlagen], Bd. 49, Anl. 76, S. 580). § 48 III ist daher zB **nicht** bei einem Anspruch auf Unterlassung ehrenrühriger Behauptungen (→ Rn. 16 „Ehre") neben einem Anspruch auf Geldentschädigung bspw. in einer Äußerungssache (→ Rn. 30 ff.) anwendbar (OLG Saarbrücken AGS 2019, 116 = BeckRS 2018, 33509 Rn. 27; OLG Hamm AGS 2008, 463 = BeckRS 2008, 8884; aA OLG Köln VersR 1994, 875). III ist grds. auch **nicht** anwendbar, wenn in einer Äußerungssache (→ Rn. 30 ff.) **neben** einer Unterlassung Schadenersatz verlangt wird. Anders ist es auch nicht bei der gleichzeitigen Geltendmachung eines Unterlassungsanspruchs und einer Vertragsstrafe (OLG Karlsruhe BeckRS 2009, 11531). Etwas anderes gilt, wenn gerade ehrverletzende Äußerungen **den Arbeitsplatz gefährden** (s. auch LAG Rheinland-Pfalz BeckRS 2007, 48506).

39 **cc) Verbindung.** Der Begriff „Verbindung" meint wie bei § 260 ZPO, dass mehrere Ansprüche des Klägers gegen denselben Beklagten in einer Klage verbunden werden. Dies ist nicht der Fall, sofern die Voraussetzungen des § 45 I 2 vorliegen.

40 **b) Rechtsfolge.** Liegen die Tatbestandsvoraussetzungen vor, ist wie bei § 45 I 3 nur **ein Anspruch,** und zwar der höhere, maßgebend. Dazu ist der Wert beider Ansprüche einzeln zu ermitteln. Anschließend sind die Werte in ein Verhältnis zueinander zu setzen. Maßgeblich ist der höhere. Liegen die Tatbestandsvoraussetzungen **nicht** vor, ist zu addieren, wenn nicht ausnahmsweise eine wirtschaftliche Identität (→ § 39 Rn. 17 ff.) anzunehmen ist.

Beschlussklagen nach dem Wohnungseigentumsgesetz

49 **[1]Der Streitwert in Verfahren nach § 44 Absatz 1 des Wohnungseigentumsgesetzes ist auf das Interesse aller Wohnungseigentümer an der Entscheidung festzusetzen. [2]Er darf den siebeneinhalbfachen Wert des Interesses des Klägers und der auf seiner Seite Beigetretenen sowie den Verkehrswert ihres Wohnungseigentums nicht übersteigen.**

Schrifttum: Elzer, Der Gebührenstreitwert der Anfechtungsklage gegen den Beschluss nach § 28 Abs. 2 Satz 1 WEG, ZMR 2022, 947.

I. Normgeschichte. Nach § 48 III 1 WEG aF (dieser galt bis zum 30.6.2007) war der Geschäftswert in sämtlichen WEG-Streitigkeiten grds. nach dem vollen Interesse aller am Verfahren Beteiligten an einer Entscheidung festzusetzen. Wenn die danach berechneten Kosten zu dem Interesse eines Beteiligten nicht in einem angemessenen Verhältnis standen, war er gem. § 48 III 2 WEG aF niedriger festzusetzen. Die Praxis der Gerichte setzte diese Anordnungen uneinheitlich um (vgl. BT-Drs. 16/887, 41). 1

Vor diesem Hintergrund und wegen der Erhöhung des Kostenrisikos durch Überführung der Wohnungseigentumssachen vom fG-Verfahren in die ZPO sollten durch § 50 WEG-E, der auf Vorschlag des Bundesrates (BT-Drs. 16/887, 51) in geänderter Form zu § 49a wurde (BT-Drs. 16/887, 76), für **sämtliche** WEG-Streitigkeiten vor allem zwei Ziele erreicht werden: Zum einen wollte das Gesetz klarere Vorgaben hinsichtlich der Streitwertfestsetzung machen, um den Streitwert und das danach zu berechnende Kostenrisiko **kalkulierbarer** zu machen (BT-Drs. 16/887, 41). Und zum anderen wurde durch § 49a im Hinblick auf die aus dem Rechtsstaatsprinzip folgende Justizgewährungspflicht ein gegenüber § 48 III 1 WEG aF grds. **reduzierter** Streitwert angestrebt (OLG Frankfurt a. M. NZM 2019, 446 Rn. 18; BT-Drs. 16/887, 41 und 76). 2

Durch das WEMoG wurden mWv 1.12.2020 die **meisten** prozessualen Besonderheiten der WEG-Streitigkeiten beseitigt. Der Gesetzgeber ging vor diesem Hintergrund – zu Unrecht und historisch verfehlt, da es immer um sämtliche WEG-Streitigkeiten ging – davon aus, es bestehe grds. **kein Bedürfnis** mehr, den Streitwert in WEG-Streitigkeiten abweichend von den allgemeinen Vorschriften zu bestimmen (BR-Drs. 168/20, 105). Er hat daher § 49a aufgehoben. Auch für WEG-Streitigkeiten gelten deshalb grds. über § 48 I 1 die ZPO-Wertvorschriften. Etwas anderes gilt nur für **Beschlussklagen** iSv § 44 I WEG, die jetzt aber in § 49 geregelt werden. Dieser entspricht im Kern § 49a I 2 Fall 2 und 3 aF. Durch den Rechtsausschuss des Bundetages wurde die Planung, auf das Fünffache abzustellen, auf das 7,5-fache hochgesetzt. Mit der Änderung soll der Wegfall der Mehrvertretungsgebühr für den Beklagtenvertreter kompensiert werden, der daraus resultiert, dass Beschlussklagen nach § 44 II 1 WEG gegen die Gemeinschaft der Wohnungseigentümer zu richten sind (BT-Drs. 19/22634, 49). 3

II. Normzweck. S. 1 bestimmt, wie der Gebührenstreitwert für eine Beschlussklage festzusetzen ist. S. 2 soll v. a. den Kläger vor einer zu hohen Kostenbelastung schützen (→ Rn. 14; s. auch BR-Drs. 168/20, 105). 4

III. Anwendungsbereich. 1. Gebührenstreitwert. § 49 ist grds. zur Bestimmung des Gebührenstreitwertes für **alle** Beschlussklagen iSv § 44 I WEG anwendbar (→ Rn. 8 f.). Ist eine **Anfechtungsklage** iSv § 44 I 1 WEG **vor** dem 1.12.2020 bei Gericht anhängig geworden, bemisst sich der Gebührenstreitwert analog § 48 V WEG allerdings auch für **nach** diesem Zeitpunkt eingelegte Rechtsmittel nach § 49a GKG aF; § 71 I 2 soll **nicht anwendbar** sein (BGH BeckRS 2021, 31931 Rn. 18 ff.). Dies gilt **auch** für Nichtigkeits- und Beschlussersetzungsklagen (BGH NZM 2022, 808 Rn. 4), nicht aber für wohnungseigentumsrechtliche Verfahren **anderer** Art (BGH NZM 2022, 808 Rn. 4). Zusätzlich anwendbar sind §§ 39–47. Für die Wertberechnung ist zB § 39 bei objektiver oder subjektiver Klagehäufung anwendbar oder § 40 für die Frage, welcher Zeitpunkt maßgeblich ist (s. auch LG Hamburg ZMR 2016, 561; LG Berlin ZMR 2016, 557; LG München I ZMR 2015, 61). Beschränkt der Kläger die Beschlussklage etwa in der Klagebegründung, ändert das also nichts mehr (LG Berlin ZMR 2016, 557). 5

2. Zuständigkeits- und Rechtsmittelstreitwert. Was für den Zuständigkeits- und Rechtsmittelstreitwert in WEG-Streitigkeiten gilt, bestimmt grds. § 48 iVm § 3 ZPO (→ ZPO § 3 Rn. 23 „WEG-Streitigkeiten"). 6

3. Gegenstandswert. Für den Gegenstandswert in gerichtlichen Verfahren ist § 49 über § 23 I 1 RVG unmittelbar anwendbar, für außergerichtliche Tätigkeiten nach § 23 I 3 RVG entsprechend, wenn der Gegenstand der Tätigkeit auch Gegenstand eines gerichtlichen Verfahrens sein könnte. 7

IV. Tatbestandsvoraussetzung. 1. § 44 I WEG. Voraussetzung für die Anwendung des § 49 ist eine „Beschlussklage". Dies ist nach § 44 I 1, 2 WEG die Klage 8 eines Wohnungseigentümers, einen Beschluss für ungültig zu erklären (Anfechtungsklage), die Klage eines Wohnungseigentümers, die Nichtigkeit eines Beschlusses zu erklären (Nichtigkeitsklage), und die Klage eines Wohnungseigentümers, einen Beschluss zu fassen (Beschlussersetzungsklage).

9 **2. Entsprechende Anwendung.** § 49 ist auf solche Klagen entsprechend anwendbar, auf die § 44 I WEG **entsprechend** anwendbar ist. Dies sind ua die Klage auf Feststellung und Verkündung eines Beschlusses („Beschlussfeststellungsklage") und die Klage, ein (beurkundeter) Beschluss sei nicht oder nicht mit diesem Inhalt gefasst worden (Hügel/Elzer WEG § 44 Rn. 4 ff.).

10 Was für eine Klage auf eine Vereinbarung gilt, die sich auf § 10 II WEG stützt, ist streitig. Nach hier vertretener Ansicht unterfällt diese Klage § 48 iVm § 3 ZPO (Hügel/Elzer WEG § 44 Rn. 17). Ggf. sind dort aber die **Wertungen** von § 49 zu berücksichtigen.

11 **V. Rechtsfolge. 1. Grundsatz. a) Addition.** Der Gebührenstreitwert ist ausnahmsweise und abweichend von § 3 ZPO (→ ZPO § 3 Rn. 11) **nicht** auf das Angreiferinteresse, sondern grds. auf das Interesse **aller** Wohnungseigentümer an der Entscheidung festzusetzen. Für die Ermittlung des Gesamtinteresses sind die Interessen auf Kläger- und auf Beklagtenseite grds. zu addieren (BGH NJW-RR 2017, 912 Rn. 7; 2017, 584 Rn. 5). Anders ist es, wenn das wirtschaftliche Interesse der beiden Seiten identisch ist (→ § 39 Rn. 17; BGH NJW-RR 2018, 1358 Rn. 4).

12 **b) Bewertung im Einzelnen.** Die Bewertung des Interesses jedes Wohnungseigentümers richtet sich nach den **allgemeinen** Regelungen, gem. § 48 I 1 also nach den für die Zuständigkeit des Prozessgerichtes oder die Zulässigkeit des Rechtsmittels geltenden Vorschriften der §§ 3, 6–9 ZPO (OLG München ZWE 2019, 230 Rn. 18; OLG Stuttgart ZWE 2012, 502 (503); OLG Koblenz ZWE 2011, 92). Auszugehen ist vom Vortrag der Parteien (→ ZPO § 3 Rn. 19; OLG Koblenz ZMR 2011, 58; aA OLG Frankfurt a. M. ZWE 2018, 280 Rn. 19 mit schwer tragbaren Überlegungen). Dabei ist nicht allein auf den Wortlaut eines Klageantrags abzustellen, sondern durch Auslegung der wirkliche Wille zu ermitteln (LG Saarbrücken NZM 2009, 323 (324)).

13 **2. Höchstreitwert. a) Überblick.** Der Gebührenstreitwert darf den **siebeneinhalbfachen** Wert des Interesses des Klägers und der auf seiner Seite als Streithelfer Beigetretenen sowie den Verkehrswert ihres Wohnungseigentums nicht übersteigen. Besonderheiten sind bei mehreren Klägern (→ Rn. 15) und beim Verkehrswert zu beachten (→ Rn. 16). Eine weitere Begrenzung als die, welche durch § 49 S. 2 erreicht wird, ist nach hM weder geboten noch erforderlich (BGH NZM 2015, 530 Rn. 11; aA Elzer NZM 2008, 432 (434)).

14 **b) Normzweck.** Mit der aus dem Rechtsstaatsprinzip folgenden Justizgewährungspflicht wäre es nicht vereinbar, Rechtsuchende durch Vorschriften über die Gerichts- und Anwaltsgebühren mit einem Kostenrisiko zu belasten, das **außer Verhältnis** zu ihrem Interesse am Rechtsstreit steht und die Anrufung des Gerichtes bei vernünftiger Abwägung als wirtschaftlich nicht mehr sinnvoll erscheinen lässt (BVerfG NJW 1992, 1673). Die Berücksichtigung sämtlicher Interessen (→ Rn. 11) könnte im Einzelfall zu unzumutbar hohen Geschäftswerten führen – was mit dem in Art. 103 GG verankerten Justizgewährungsanspruch nicht zu vereinbaren wäre (BVerfG NJW 1992, 1673 (1674); BayObLG ZMR 2001, 127 (128); OLG Hamburg ZMR 2001, 379 (380); BT-Drs. 16/887, 76).

15 **c) Mehrere Kläger.** Greifen mehrere Wohnungseigentümer einen Beschluss an, sind die Interessen der Kläger zu addieren (BGH NZM 2019, 635 Rn. 9). Anders ist es, wenn das wirtschaftliche Interesse der Kläger identisch ist (→ § 39 Rn. 18). Die Bewertung des Interesses des Klägers oder der Kläger richtet sich nach den allgemeinen Regelungen, gem. § 48 I 1 also nach den für die Zuständigkeit des Prozessgerichtes oder die Zulässigkeit des Rechtsmittels geltenden Vorschriften der §§ 3, 6–9 ZPO.

16 **d) Verkehrswert.** Nach 2 darf der Gebührenstreitwert den Verkehrswert des Wohnungseigentums (§ 194 BauGB) des Klägers/der Kläger und der auf seiner/ihrer Seite Beigetretenen nicht übersteigen. Auch durch diese (zusätzliche) Obergrenze soll vermieden werden, dass ein (bezogen auf das wirtschaftliche Interesse des Klägers) unverhältnismäßig hohes Kostenrisiko entsteht (BGH NJW-RR 2019, 462 Rn. 5;

Fölsch MDR 2019, 335 (336)). Das Gericht muss den Verkehrswert schätzen, da eine sachverständige Begutachtung im Rahmen der Streitwertfestsetzung nicht in Betracht kommt (BGH NJW-RR 2019, 462 Rn. 6). Für die Bemessung sind die Verkehrswerte mehrerer Wohnungseigentumsrechte **desselben** Klägers zusammenzurechnen (BGH NJW-RR 2019, 462 Rn. 5). Auch wenn mehrere Wohnungseigentümer klagen (→ Rn. 15), sind die Verkehrswerte ihrer Wohnungseigentumsrechte zu addieren (BGH NJW-RR 2019, 462 Rn. 6).

VI. Überblick zum Wert der beteiligten Interessen im „ABC". Bei den nachfolgenden, **beispielhaft** aufgezählten Interessen und ihrem Wert ist zu beachten, dass diese nur Anhaltspunkte und im Einzelfall zu korrigieren sind. Die Entscheidungen befreien in keinem Falle von der Ausübung des eigenen Ermessens und der sorgfältigen Betrachtung des jeweiligen Einzelfalls. Das Zurückgreifen auf pauschale Werte ohne Schätzung des wahren (konkreten) Vermögenswertes stellt sich stets als unzulässige Ablehnung einer eigenen Ermessensentscheidung dar. Werte werden idR nur dort genannt, wo die Rechtsprechung diese grds. ohne weitere Prüfung annimmt. 17

Anfechtung eines Beschlusses (Allgemeines): Bei der Anfechtung von Beschlüssen ist für die Ermittlung der Interessen grds. der Gegenstand des angefochtenen Beschlusses maßgeblich (OLG Celle ZWE 2011, 147; BayObLG NZM 2001, 246; KG ZMR 1997, 492 (493)). Auf die Art der geltend gemachten Beschlussmängel kommt es nicht an (BGH NJW-RR 2019, 462 Rn. 3). Geht es also um formale Mängel, ist kein „Abschlag" zu machen (BGH BeckRS 2020, 29381 Rn. 6 zu § 28 I, II WEG). Bei einer Blankettanfechtung (= Blindanfechtung sämtlicher angenommener Beschlüsse einer Versammlung) ist der anfechtende Wohnungseigentümer bei anschließender Rücknahme seiner Klage kostentechnisch nicht privilegiert. Denn auch in diesem Fall richtet sich der Streitwert nach § 40 in voller Höhe nach seinem Interesse an der Anfechtung der angenommenen Beschlussgegenstände sowie nach dem Interesse der beklagten Wohnungseigentümer (LG Hamburg IMR 2011, 127). Bei Beschlüssen, die Beiträge der Wohnungseigentümer oder sonstige **bezifferte oder bezifferbare** Ansprüche betreffen, entspricht das Interesse idR dem Nennbetrag der im Streit befindlichen Positionen (→ ZPO § 3 Rn. 6 ff.; s. auch BGH NJW-RR 2021, 527 Rn. 8). Wegen der Bezifferung spielt das dahinter stehende konkrete wirtschaftliche Interesse der Parteien im Grundsatz keine Rolle (s. auch BGH NJW-RR 2021, 527 Rn. 8). 18

Bauliche Veränderung: → „Anfechtung eines Beschlusses (Allgemeines)". Bei der Anfechtung eines Beschlusses nach § 20 I WEG bestimmt sich das Klägerinteresse nach seinem Interesse, eine (befürchtete) wirtschaftliche und/oder optische Beeinträchtigung (LG Stuttgart ZMR 2016, 573; AG Rottenburg BeckRS 2015, 118735) oder Immissionen, zB Schatten oder Geräusche, abzuwehren. Das Gesamtinteresse muss sich am wirtschaftlichen und/oder ideellen Interesse an der baulichen Veränderung bemessen.

Bäume: → „Anfechtung eines Beschlusses (Allgemeines)". Bei Anfechtung eines Beschlusses über das Fällen von Bäumen bestimmt sich das Klägerinteresse nach dem immateriellen Interesse an der Erhaltung, nach seinem Anteil an den Baumfäll-Kosten, ggf. den Kosten für eine Wiederbepflanzung und ggf. nach einem Risikozuschlag für das Gelingen der Ersatzpflanzung (s. auch OLG Celle IMR 2011, 170). Das Gesamtinteresse muss sich nach dem Interesse an der Entfernung bemessen.

Benutzung (Gebrauch): → „Anfechtung eines Beschlusses (Allgemeines)". Wird über die Zulässigkeit einer Benutzung gestritten, geht es idR einerseits um die Vorteile, die ein Gebrauch einem Wohnungseigentümer gewährt, und anderseits um die Nachteile, welche die anderen Wohnungseigentümer von diesem Gebrauch haben. → „Beschlussersetzung"; → „Genehmigung"; → ZPO § 3 Rn. 23 „WEG-Streitigkeiten (Unterlassung)".

Beauftragung eines Rechtsanwaltes: → „Anfechtung eines Beschlusses (Allgemeines)". Ist Gegenstand eines von einem Wohnungseigentümer angegriffenen Beschlusses die Beauftragung eines Rechtsanwaltes, ist für das Gesamtinteresse das voraussichtliche Honorar des Rechtsanwaltes anzusetzen, für das Interesse des klagenden Wohnungseigentümers hingegen sein Anteil daran. Nach aA bemisst sich das Interesse nach dem Streitgegenstand des Prozesses, den der Rechtsanwalt führen soll, zB der Betrag einer Forderung (LG Hamburg BeckRS 2016, 00073 = ZMR 2015, 994).

Beschlussersetzung (§ 44 I 2 WEG)

– **Allgemeines.** Klagt der Wohnungseigentümer auch gegen einen negativen Beschluss, wird die begehrte Beschlussersetzung idR wirtschaftlich identisch (→ § 39 Rn. 17 ff.) sein (s. auch BGH BeckRS 2020, 29381 Rn. 8).
– **Bauliche Veränderung.** Will ein Wohnungseigentümer zu seinen Gunsten einen Beschluss über eine bauliche Veränderung nach § 20 II, III WEG erzwingen, geht es um sein ideelles und wirtschaftliches Interesse an der baulichen Veränderung, das Gesamtinteresse bemisst sich hingegen an dem Interesse, die optische Beeinträchtigung bzw. einen Substanzeingriff abzuwehren.
– **Benutzung.** Verlangt ein Wohnungseigentümer die Zustimmung zu einer Vermietung oder deren Genehmigung, ist sein Interesse in Anlehnung an § 9 S. 1 ZPO mit dem 3½-fachen Wert der konkret erzielbaren Jahresmiete zu bemessen (OLG München ZWE 2019, 230 Rn. 15).
– **Darlehen.** Soll ein Beschluss über eine Darlehensaufnahme erzwungen werden, geht es für das Gesamtinteresse, aber auch für das Klägerinteresse um die aufzubringenden Mittel.
– **Erhaltungsmaßnahmen.** Begehrt ein Wohnungseigentümer eine Beschlussersetzung, so bestimmt sich das Gesamtinteresse bei einer Erhaltungsmaßnahme grds. nach den Gesamtkosten der in Aussicht genommenen Reparatur (KG BeckRS 2019, 16377 Rn. 9 = ZMR 2019, 893). Das Interesse des Klägers entspricht hingegen – wie bei einer Anfechtungsklage gegen eine Erhaltungsmaßnahme – grds. der Höhe der auf ihn anteilig entfallenden Kosten (KG BeckRS 2019, 16377 Rn. 9 = ZMR 2019, 893). Das Interesse kann durch andere Einflüsse mitbestimmt werden. Insoweit kommen va eine Wertminderung in Betracht, die das Wohnungseigentum des klagenden Wohnungseigentümers durch die Nichtdurchführung der angestrebten Erhaltungsmaßnahme erleidet, ein Vermögenschaden, etwa eine Mietminderung, oder eine optische Beeinträchtigung (KG BeckRS 2019, 16377 Rn. 10 = ZMR 2019, 893).
– **Rechnungslegung.** Das Interesse eines Wohnungseigentümers, eine Rechnungslegung zu erzwingen, bemisst sich an seinem Interesse an der erwünschten Rechnungslegung, das Beklagteninteresse am Interesse, die Rechnungslegung abzuwehren. Nach aA kommt es auf den finanziellen Aufwand für die Rechnungslegung an (OLG Köln JurBüro 2007, 488). Für den Kläger kann das nicht stimmen.
– **Umlageschlüssel.** Klagt ein Wohnungseigentümer auf Änderung eines Umlageschlüssels, ist für sein Interesse entsprechend § 9 S. 1 ZPO der 3½-fache Wert des einjährigen Betrags zu Grunde zu legen, den der Kläger bezogen auf sein Wohnungseigentum anstrebt (s. auch KG NZM 2014, 756; BayObLG ZMR 1998, 792; AG Hamburg St. Georg ZMR 2022, 833; aA LG München I ZWE 2014, 186). Das Gesamtinteresse ist das 3 ½-fache des einjährigen Betrags, bezogen auf alle Wohnungseigentumsrechte. Für den umgekehrten Fall – Anfechtungsklage gegen einen Beschluss, der einen Umlageschlüssel ändert – gilt nichts anderes (AG Hamburg St. Georg ZMR 2022, 833).
– **Verwalter.** Klagt ein Wohnungseigentümer auf Bestellung eines Verwalters, geht es um sein Interesse an einem Verwalter. Die hM bestimmt dieses nach dem Honorar des neuen Verwalters und dem Anteil des Klägers daran (BGH BeckRS 2021, 10854 Rn. 6; s. auch „Verwalter"). Geht es um eine Abberufung ist das Interesse des Klägers nach hM nach seinem Anteil an dem restlichen Verwalterhonorar zu bemessen (BGH BeckRS 2021, 10854 Rn. 6; s. auch „Verwalter").

Darlehensaufnahme: → „Anfechtung eines Beschlusses (Allgemeines)". Greift ein Wohnungseigentümer den Beschluss an, dass die Gemeinschaft der Wohnungseigentümer einen Darlehensvertrag schließen soll, ist für sein Interesse maßgeblich, was er an Zins und Tilgung leisten müsste (OLG Frankfurt a. M. BeckRS 2019, 6420 Rn. 13; LG Frankfurt a. M. ZWE 2019, 187 Rn. 8; LG Düsseldorf BeckRS

2013, 18541). Für das Gesamtinteresse geht es um die Mittel, die mit dem Darlehen aufgebracht werden sollen.

Erhaltungsmaßnahmen (Instandhaltung und Instandsetzung): → „Anfechtung eines Beschlusses (Allgemeines)". Bei Erhaltungsmaßnahmen sind für das Gesamtinteresse die gesamten Baukosten anzusetzen (BayObLG ZMR 2001, 128; NJW-RR 1989, 80; LG Frankfurt a. M. ZWE 2019, 187 Rn. 6). Für den klagenden Wohnungseigentümer geht es hingegen um die Kosten, die für ihn anfallen würden, erwüchse der angefochtene Beschluss in Bestandskraft (BGH BeckRS 2018, 15658 Rn. 10; LG Frankfurt a. M. ZWE 2019, 187 Rn. 6). Behauptet der Kläger, der Instandhaltungsbedarf sei mit einem geringeren Kostenaufwand zu beseitigen, ist auf den Betrag abzustellen, der nach Auffassung des Klägers insgesamt eingespart werden kann (BayObLG WuM 1998, 314). Will ein Wohnungseigentümer eine Erhaltungsmaßnahme erzwingen, geht es um eine → „Beschlussersetzung". Wird nach dem Vortrag des Klägers das gesamte Gebäude optisch erheblich verändert, ist im Regelfall zu dem Kostenanteil ein Wert von etwa 1.000 EUR hinzuzurechnen, der dem ideellen Interesse an der Gebäudegestaltung Rechnung trägt (BGH BeckRS 2018, 15658 Rn. 10).

Entziehung: → „Anfechtung eines Beschlusses (Allgemeines)". Steht ein Entziehungsbeschluss im Streit, sind die Interessen am Behalten des Wohnungseigentums und am Ausscheiden des betroffenen Wohnungseigentümers aus der Wohnungseigentümergemeinschaft zu bemessen. IdR werden für das Gesamtinteresse, aber auch für das Klägerinteresse 20 % des Verkehrswertes des betroffenen Wohnungseigentums für angemessen gehalten (BGH ZWE 2011, 359 (361); OLG Rostock NZM 2009, 489; OLG Köln WuM 1998, 307). Geht ein Wohnungseigentümer gegen einen Abmahnbeschluss vor (dazu BGH WuM 2019, 471), besteht sein Interesse darin, die Voraussetzung für eine Entziehungsklage zu bekämpfen. Dieses Klägerinteresse kann wie das Gesamtinteresse nicht pauschal ermittelt werden (aA LG Bremen WuM 1999, 599).

Ermächtigung: Greift ein Wohnungseigentümer einen Beschluss an, durch den der Verwalter zur gerichtlichen Geltendmachung einer Forderung gegen ihn ermächtigt worden ist, bestimmt sich der Wert grds. nach dem Nennbetrag der Forderung (BGH BeckRS 2016, 13863 Rn. 12). **Stellungnahme.** Das überzeugt nicht. Der Wohnungseigentümer greift die Willensbildung an und will die Gemeinschaft der Wohnungseigentümer „lahmlegen". Die Willensbildung ist nicht mit dem Nennbetrag der Forderung identisch. Diese bestimmt nur den Wert der Klage gegen den Wohnungseigentümer, nicht aber den Wert seiner gegen die Willensbildung gerichteten Anfechtungsklage.

Hausmeister: Bei Anfechtung des Beschlusses über die Zustimmung zu einem Vertrag über die Anstellung eines Hausmeisters hängt der Wert davon ab, ob der Vertrag eine gesamtschuldnerische Haftung oder nur eine Teilschuld der Gemeinschaft begründet. Im Falle einer Gesamtschuld ist entsprechend § 9 der Anteil der Kläger an dem 3,5-fachen Jahresbetrag des gesamten Hausmeistergehaltes maßgeblich.

Jahresabrechnung (Abrechnung): → „Anfechtung eines Beschlusses (Allgemeines)". Wendet sich ein Wohnungseigentümer gegen den Beschluss nach § 28 II 1 WEG, ist für die Ermittlung der Interessen ua zu prüfen, ob sich der klagende Wohnungseigentümer wirksam gegen den von ihm zu leistenden Nachschuss, gegen alle Nachschüsse oder nur gegen den Ansatz einzelner Kostenpositionen wendet (BGH NJW-RR 2017, 913 Rn. 2). Richtet der klagende Wohnungseigentümer die Anfechtungsklage gegen alle Nachschüsse, bemisst sich das Interesse der Parteien gem. § 49 GKG grds. nach dem Nennbetrag (s. auch BGH NJW-RR 2019, 462 Rn. 3; OLG Hamm IMR 2019, 345). Der „Additionsmethode", die das Interesse des Anfechtungsklägers, das sich auf den Betrag seiner Einzelabrechnung bezieht, und das Interesse der Beklagten, nämlich die Aufrechterhaltung der Nachschüsse insgesamt, addiert (Bünnecke/Wessel ZMR 2017, 958), ist an dieser Stelle anders als sonst (→ Rn. 11) nicht zu folgen. Denn der auf das Einzelinteresse des klagenden Wohnungseigentümers entfallende Einzelbetrag ist im Nennbetrag bereits enthalten (OLG Hamm IMR 2019, 345). Dieses „Gesamtinteresse" bestimmt allerdings nicht unbedingt den Streitwert, da die Grenzen des § 49 S. 2 zu beachten sind (BGH NJW-RR 2019, 462 Rn. 3; NJW-RR 2017, 913 Rn. 2 und Rn. 11). Wendet sich der klagende Wohnungseigentümer gegen eine streitige Kostenposition, ist grds. der Wert dieser Kostenposition maßgeblich (BGH NJW-RR 2015, 1492 Rn. 17; KG ZWE 2016, 380 Rn. 9) – grds. in voller Höhe (KG ZWE 2016, 380 Rn. 13; LG Hamburg BeckRS 2018, 36383 Rn. 5). Anders liegt es aber, wenn die klagende Partei ihre Beanstandungen weiter einschränkt und sich mit ihrer Klage nicht grds. gegen die Pflicht wendet, Kosten für die entsprechende Position zu tragen, sondern nur einen oder mehrere Berechnungsfaktoren für unzutreffend hält und meint, auf sie seien für die Position bei ordnungsmäßiger Berechnung weniger Kosten umzulegen. So liegt es etwa, wenn die Partei rügt, die Kosten seien nach einem falschen Umlageschlüssel umgelegt worden (LG Frankfurt (Oder) 23.10.2017 – 16 T 76/17, juris-Rn. 10), oder wenn die Klagepartei geltend macht, der Erhaltungsrücklage fehlten Beträge, sei es, weil sie nicht eingezogen, sei es, weil sie falsch zugeordnet worden seien. Maßgeblich wäre auch dann nicht der Gesamtfehlbetrag, sondern nur der Anteil des Klägers an diesem Fehlbetrag (BGH NJW-RR 2012, 1103 Rn. 8). Macht der Anfechtungskläger formale Mängel des Beschlusses geltend, steht wieder der Gesamtwert im Streit (BGH NJW-RR 2019, 462 Rn. 3; NZM 2017, 530 Rn. 11). Wird iÜ um die Erstellung der Jahresabrechnung gestritten, geht es um die voraussichtlichen Kosten hierfür. Die Kosten richten sich nach den Umständen des Einzelfalls, insbes. nach der Größe der Wohnungseigentumsanlage und den Kosten des Erstellers (LG München I ZWE 2019, 185 Rn. 26; LG Koblenz ZWE 2014, 192). Zu berücksichtigen ist auch das Rechenschaftsinteresse (LG München I ZWE 2019, 185 Rn. 26). Die Kosten sind ggf. nach § 287 ZPO zu schätzen (Drasdo NJW-Spezial 2009, 753; Ott IMR 2009, 367; aA OLG Frankfurt a. M. MietRB 2009, 324; Suilmann MietRB 2009, 324). Abzustellen ist auf die Vergütung des Verwalters (LG München I ZWE 2019, 185 Rn. 25). Hiervon sollen 20 % bis 25 % anzusetzen sein, da es um die Erfüllung einer Hauptleistungspflicht gehe (LG München I ZWE 2019, 185 Rn. 25).

Kostenverteilungsschlüssel: → „Umlageschlüssel".

Negativbeschluss: → „Anfechtung eines Beschlusses (Allgemeines)". Die Anfechtung eines Negativbeschlusses gebietet einen deutlichen Abschlag ggü. dem Streitwert einer „normalen" Anfechtungsklage (OLG Köln ZWE 2010, 275: 50 %). **Stellungnahme.** Nach hier vertretener Ansicht reicht ein „Erinnerungswert" von zB 5.000 EUR. Wird ein Negativbeschluss angefochten und gleichzeitig im Wege der → „Beschlussersetzungsklage" die Verpflichtung zur Vornahme der abgelehnten Maßnahme verlangt, handelt es sich um eine wirtschaftliche Identität (→ § 39 Rn. 17), die eine Zusammenrechnung der Streitwerte für die Anträge nicht rechtfertigt (KG BeckRS 2019, 16375 Rn. 7; OLG Celle ZWE 2010, 190; LG Hamburg BeckRS 2014, 10235).

Nichtigkeit: → „Anfechtung eines Beschlusses (Allgemeines)".

Rechnungslegung: → „Beschlussersetzung".

Sanierungsmaßnahmen: → „Erhaltungsmaßnahmen".

Sonderumlage: → „Anfechtung eines Beschlusses (Allgemeines)". Geht es um den Beschluss, mit dem die Wohnungseigentümer nach § 28 I 1 WEG Vorschüsse bestimmen, gelten dieselben Grundsätze wie bei der → „Jahresabrechnung". Maßgeblich ist, was der Wohnungseigentümer leisten müsste (LG Frankfurt a. M. ZWE 2019, 187 Rn. 9). Für das Gesamtinteresse ist auf die Summe der Vorschüsse abzustellen. Soll ein Beschluss nach § 28 I 1 WEG erzwungen werden (→ „Beschlussersetzung"), geht es für das Gesamtinteresse, aber auch für das Klägerinteresse um die aufzubringenden Mittel.

Umlageschlüssel: → „Beschlussersetzung (Umlageschlüssel)"; s. auch AG Hamburg St. Georg ZMR 2022, 833.

Vertrag: → „Anfechtung eines Beschlusses (Allgemeines)". Geht ein Wohnungseigentümer gegen einen Beschluss vor, dass die Gemeinschaft der Wohnungseigentümer einen Vertrag schließen soll, besteht das Interesse des klagenden Wohnungseigentümers idR darin, nicht an den Kosten beteiligt zu werden. Dabei ist der Rechtsgedanke des § 9 ZPO heranzuziehen, wonach der 3½-fache Jahreswert die Obergrenze des Gesamtinteresses bildet (LG Frankfurt a. M WuM 2017, 238), und der Anteil des klagenden Wohnungseigentümers hieran sein Interesse darstellt.

Vermietung: → „Anfechtung eines Beschlusses (Allgemeines)". Beim Streit um die Vermietung gemeinschaftlichen Eigentums ist idR für das Gesamtinteresse § 8 ZPO entsprechend anzuwenden (aA BayObLG WuM 1993, 494: die Höhe des einjährigen Mietwertes bzw. des einjährigen Erhöhungsbetrags), für den klagenden Wohnungseigentümer sein Anteil hieran, vor allem aber sein Interesse, den Gebrauch des gemeinschaftlichen Eigentums fortsetzen zu können.

Versorgungssperre: → „Anfechtung eines Beschlusses (Allgemeines)". Für das Gesamtinteresse geht es um das Hausgeld, das der entsprechende Wohnungseigentümer nicht zahlt. Es ist also § 9 ZPO entsprechend anzuwenden. Für den klagenden Wohnungseigentümer geht es um das wirtschaftliche Interesse, weiterhin mit Gas, Strom, Wärme und Wasser versorgt zu werden. Nach aA sind pauschal 5.000 EUR anzusetzen (LG München I ZWE 2011, 186), oder das auf 1/3 herabgesetzte Interesse der Gemeinschaft der Wohnungseigentümer (LG Dessau-Roßlau BeckRS 2011, 12744).

Verwalter → „Anfechtung eines Beschlusses (Allgemeines)". → „Beschlussersetzung".

– **Abberufung.** Streiten die Wohnungseigentümer um die Abberufung einer Person vom Verwalteramt, ist nach hM das Gesamtinteresse anhand der in der restlichen Vertragslaufzeit anfallenden Verwaltervergütung zu schätzen (BGH NJW 2016, 3104 Rn. 4; NJW 2012, 1884 Rn. 18; LG Hamburg ZMR 2017, 1005). Das Interesse des klagenden Wohnungseigentümers sei hingegen nach seinem Anteil an der zugrunde zu legenden Verwaltervergütung zu bestimmen (BGH BeckRS 2021, 10854 Rn. 6 = WuM 2021, 399; 2018, 7875 Rn. 6 = WuM 2018, 391; 2018, 4066 Rn. 1 = WuM 2018, 246; NJW 2016, 3104 Rn. 4; NJW 2012, 1884 Rn. 20) Werde daneben auch die Bestellung eines namentlich bezeichneten neuen Verwalters erstrebt, seien bei der Festsetzung des Gegenstandswertes beide Anträge zu berücksichtigen. Es sei aber nur das die Abberufung überschießende Interesse an der Bestellung eines neuen Verwalters zu ermitteln. Werde das jeweilige Interesse anhand der Vergütungsansprüche des Verwalters geschätzt, seien die Laufzeiten des Alt- und Neuvertrags derart zu berücksichtigen, dass bei sich überschneidenden Zeiträumen nur der jeweils höhere Honoraranspruch angesetzt wird (BGH NJW 2016, 3104 Rn. 5). **Stellungnahme.** Diese Rechtsprechung überzeugt nicht. Hält ein Wohnungseigentümer den Beschluss über eine Verwalterbestellung für nicht ordnungsmäßig, geht es nicht um den vom klagenden Wohnungseigentümer ggf. zu tragenden Anteil der Verwaltervergütung (das ist eine Frage der Anstellung und des Verwaltervertrags), sondern um die Person des Verwalters (LG München I NZM 2009, 625; Elzer NZM 2008, 432 (434)). Etwa im Fall BGH BeckRS 2018, 7875 wendete sich der klagende Mehrheitseigentümer gegen einen Verwalter, der ihm nicht genehm war. Ebenso wie bei den beklagten Wohnungseigentümern ging es also offensichtlich nicht um die Verwaltervergütung. Auch wenn der Verwalter gegen seine Abbestellung klagt, geht es nicht um die Verwaltervergütung: Geht es nur um die Abberufung eines Geschäftsführers und nicht auch zusätzlich um die Beendigung des Geschäftsführer-Dienstverhältnisses, richtet sich der Wert nach dem Interesse des Geschäftsführers, weiterhin Geschäftsführer zu sein und damit die Lenkungs- und Leitungsmacht in der Hand zu behalten (BGH DStR 2009, 1656; NJW-RR 1995, 1502). Etwas anderes gilt nur, wenn ein Wohnungseigentümer sich gerade (und nur) gegen die Höhe des gem. dem Verwaltervertrag zu zahlenden Honorars wendet. Nur in diesem Falle – Anfechtung der Anstellung wegen für nicht ordnungsmäßig erachteter Vertragsregelungen – ist das klägerische Interesse das künftige Honorar und dessen Höhe. Wird die Anstellung des Verwalters angegriffen (= Beschluss über den Verwaltervertrag), ist die Vergütung maßgebend, die dem Verwalter für die vorgesehene Laufzeit des Vertrags noch zustünde (OLG Zweibrücken ZMR 2010, 141). Diese Ausführungen gelten entsprechend, wenn ein Wohnungseigentümer im Wege der Beschlussersetzung auf einen Verwalter klagt. Es ist hier allerdings an die auf die gesamte Vertragslaufzeit entfallende Verwaltervergütung anzuknüpfen (BGH NJW 2016, 3104 Rn. 4).

– **Entlastung.** Geht es um den Beschluss, mit dem der Verwalter entlastet wird, ist bei der Bemessung der Interessen der Wert von Forderungen gegen den Verwalter zu berücksichtigen, wenn die Entlastung wegen solcher verweigert wird oder verweigert werden soll (BGH BeckRS 2017, 112033 Rn. 8 zur Beschwer; NZM 2016, 472 Rn. 10; 2011, 489 Rn. 10). Bei der Ermittlung für die erfolglose Anfechtung des Beschlusses über die Entlastung des Verwalters tritt der Wert, den die künftige vertrauensvolle Zusammenarbeit mit ihm hat, idR zu dem Wert etwaiger Ersatzansprüche gegen ihn hinzu. Dessen Wert ist, wenn besondere Anhaltspunkte für einen höheren Wert fehlen, regelmäßig mit 1.000 EUR anzusetzen (BGH BeckRS 2020, 29381 Rn. 7 zur Beschwer). Zu berücksichtigen ist aber auch der Zweck, den die Entlastung des Verwalters neben der Verzichtswirkung hat (BGH NZM 2016, 472 Rn. 10; 2011, 489 Rn. 10). Sind keine Forderungen bekannt, bestimmt sich der Wert nach dem Wert, den die neben etwaigen Forderungen zu berücksichtigende vertrauensvolle Zusammenarbeit hat. Fehlen besondere Anhaltspunkte für einen höheren Wert, soll ein Wert von 1.000 EUR sachgerecht erscheinen (BGH NZM 2016, 472 Rn. 10; NJW 2011, 489 Rn. 12; OLG Köln ZWE 2016, 143; LG Frankfurt a. M. ZWE 2015, 285 (286)). Das Interesse der Wohnungseigentümer an der vertrauensvollen Zusammenarbeit mit dem Verwalter ist nicht teilbar und bei allen Wohnungseigentümern dasselbe. Anders kann es ausnahmsweise liegen, wenn der anfechtende Wohnungseigentümer eine weitere gute Zusammenarbeit mit dem Verwalter ausdrücklich nicht in Zweifel zieht (BGH NZM 2016, 472 Rn. 12). Beim Streit um die Höhe der Verwaltervergütung ist die Differenz zwischen den Ansätzen beider Seiten maßgeblich (BayObLG WE 1989, 181).

Verwaltungsbeirat: → „Anfechtung eines Beschlusses (Allgemeines)". Geht ein Wohnungseigentümer gegen den Beschluss vor, mit dem eine Person zum Verwaltungsbeirat bestellt worden ist, geht der BGH – iErg – für die Bemessung seines Interesses, aber auch des Gesamtinteresses pro Verwaltungsbeirat von 250 EUR aus (BGH NZM 2019, 341 Rn. 12; s. auch BeckRS 2021, 11549). Nach aA soll pro Verwaltungsbeirat ein Betrag von 1.000 EUR angemessen sein, jedenfalls dann, wenn den Verwaltungsbeiräten eine pauschale Aufwandsentschädigung von 200 EUR im Jahr gewährt wird (OLG Köln Rpfleger 1972, 261; LG Frankfurt a. M. BeckRS 2018, 3977 Rn. 4; LG Dresden ZWE 2014, 54 (57); LG Nürnberg-Fürth ZMR 2012, 207). Nach noch aA sind 3.000 EUR anzusetzen (Merle ZWE 2009, 168 (169)). Für die Anfechtung der Bestellung eines Ersatzmitglieds soll ein Gesamtinteresse von 500 EUR angemessen sein (LG Frankfurt a. M. BeckRS 2018, 3977 Rn. 4); legt man den BGH zu Grunde, können es nicht mehr als 250 EUR sein. **Stellungnahme.** Richtig ist eine **Einzelfallbetrachtung.** Geht es um den Beschluss, mit dem die Verwaltungsbeiräte entlastet werden, ist bei der Bemessung der Wert von Forderungen gegen die Verwaltungsbeiräte zu berücksichtigen, wenn die Entlastung wegen solcher verweigert wird oder verweigert werden soll (BGH NZM 2017, 531 Rn. 10 zur Beschwer). Zu berücksichtigen ist aber auch der Zweck, den die Entlastung des Verwaltungsbeirats neben der Verzichtswirkung hat (BGH NZM 2017, 531 Rn. 10 zur Beschwer). Sind keine Forderungen bekannt, bestimmt sich der Wert nach dem Wert, den die neben etwaigen Forderungen zu berücksichtigende vertrauensvolle Zusammenarbeit hat. Fehlen besondere Anhaltspunkte für einen höheren Wert, soll ein Wert von 500 EUR sachgerecht erscheinen (BGH NZM 2019, 341 Rn. 8 und NZM 2017, 531 Rn. 10 zur Beschwer).

Wirtschaftsplan: → „Anfechtung eines Beschlusses (Allgemeines)". Geht es um den Beschluss nach § 28 I 1 WEG gelten dieselben Grundsätze wie bei der → „Jahresabrechnung" (BayObLG ZMR 2001, 566; Dötsch IMR 2016, 41). Werden also nach dem Klageantrag alle Vorschüsse angegriffen, ist der Streitwert danach zu bemessen (LG Itzehoe ZMR 2019, 368 (369)). Erstellung: → „Beschlussersetzung".

49a *(aufgehoben)*

Bestimmte Beschwerdeverfahren

50 **I 1 In folgenden Verfahren bestimmt sich der Wert nach § 3 der Zivilprozessordnung:**

1. über Beschwerden gegen Verfügungen der Kartellbehörden und über Rechtsbeschwerden (§§ 73 und 77 des Gesetzes gegen Wettbewerbsbeschränkungen),

2. über Beschwerden gegen Entscheidungen der Regulierungsbehörde und über Rechtsbeschwerden (§§ 75 und 86 des Energiewirtschaftsgesetzes oder § 35 Absatz 3 und 4 des Kohlendioxid-Speicherungsgesetzes),

3. über Beschwerden gegen Verfügungen der Bundesanstalt für Finanzdienstleistungsaufsicht (§ 48 des Wertpapiererwerbs- und Übernahmegesetzes und § 113 Absatz 1 des Wertpapierhandelsgesetzes),

4. über Beschwerden gegen Entscheidungen der zuständigen Behörde und über Rechtsbeschwerden (§§ 13 und 24 des EU-Verbraucherschutzdurchführungsgesetzes) und

5. über Beschwerden gegen Entscheidungen der Registerbehörde (§ 11 des Wettbewerbsregistergesetzes).

2 Im Verfahren über Beschwerden eines Beigeladenen (§ 54 Absatz 2 Nummer 3 des Gesetzes gegen Wettbewerbsbeschränkungen, § 79 Absatz 1 Nummer 3 des Energiewirtschaftsgesetzes und § 16 Nummer 3 des EU-Verbraucherschutzdurchführungsgesetzes) ist der Streitwert unter Berücksichtigung der sich für den Beigeladenen ergebenden Bedeutung der Sache nach Ermessen zu bestimmen.

II Im Verfahren über die Beschwerde gegen die Entscheidung der Vergabekammer (§ 171 des Gesetzes gegen Wettbewerbsbeschränkungen) einschließlich des Verfahrens über den Antrag nach § 169 Absatz 2 Satz 5 und 6, Absatz 4 Satz 2, § 173 Absatz 1 Satz 3 und nach § 176 des Gesetzes gegen Wettbewerbsbeschränkungen beträgt der Streitwert 5 Prozent der Bruttoauftragssumme.

Schrifttum: Onderka, Anwaltsgebühren und Gegenstandswert in Vergabesachen, AGS 2011, 111.

I. Normzweck und Normgeschichte. Das VgRÄG v. 26.8.1998 (BGBl. I 2512) hatte § 12a ins Gesetz eingefügt. Das KostRMoG v. 5.5.2004 (BGBl. I 718) hat die Norm als § 50 gefasst, in II aber Rechtsprechung des BayObLG übernommen (BT-Drs. 15/1971, 155/156). § 50 ist damit eine § 48 verdrängende Sondervorschrift. § 50 I 1 ist insoweit allerdings eine bloße **Klarstellung** (BT-Drs. 13/9340, 23). Auch § 50 I 2 enthält iErg eine bloße Klarstellung mit der Anordnung, dass sich der Streitwert im Rechtsmittelverfahren des Beigeladenen nur an seinem Interesse ausrichtet. Er will es hingegen nicht (mehr) erreichen, dass eine gerichtliche Überprüfung am Kostenrisiko scheitert (dazu BT-Drs. 8/3690, 31 zu § 78 II GWB aF). Denn der Gesetzgeber hat den noch in § 12a I 2 GKG aF enthaltenen Höchststreitwert von 250.000 EUR bewusst **nicht** übernommen, weil er dafür keine Berechtigung mehr sah (BT-Drs. 15/3640, 71). § 50 II schließlich ordnet aus **Gründen der Vereinfachung** (die Höhe der Gewinnerwartung ist nur schwer zu ermitteln und abhängig von den Angaben der Beteiligten) einen pauschalen Streitwert an (OLG Naumburg BeckRS 2013, 14043; BT-Drs. 13/9340, 23). Dieser soll das Interesse eines Beschwerdeführers, die Zuschlagschance zu wahren und im Falle eines Zuschlags den erwarteten Gewinn zu machen, bemessen (OLG Jena BeckRS 2017, 128367 Rn. 5). 1

II. Anwendungsbereich. 1. Die Bestimmung des I 1. § 50 I 1 ist anwendbar bei den Beschwerden und Rechtsbeschwerden gegen **Verwaltungsakte** nach §§ 63, 74 GWB (Kartellverwaltungssachen), den Beschwerden und Rechtsbeschwerden nach §§ 75, 86 EnWG, § 35 III, IV KSpG (Energiewirtschaftsrechtliche Verwaltungsverfahren), den Beschwerden nach § 48 WpÜG oder § 113 I WertpHG (Finanzdienstleistungsaufsichtssachen), den Beschwerden und Rechtsbeschwerden nach §§ 13, 24 VSchDG (Verbraucherschutzdurchsetzungssachen) und künftig der Beschwerde nach § 11 WettRegG für die Bestimmung der Wertgebühren nach dem 2

GKG und, über § 23 I 1 RVG, für den Gegenstandswert. **Entsprechend** ist § 50 I 1 anwendbar für alle weiteren gerichtlichen Verfahren in diesen Verwaltungssachen (BeckOK KostR/Toussaint Rn. 10) – soweit diese nicht gerichtskostenfrei sind. Erfasst werden jeweils allerdings nur die **Verwaltungssachen,** nicht die Zivil-, Straf- oder Bußgeldsachen nach den jeweiligen Gesetzen (BeckOK KostR/Toussaint Rn. 9). In **Zivilsachen** nach dem GWB, dem WpÜG oder dem EnWG bemisst sich der Wert daher nach § 48 I iVm §§ 3, 6–9 (→ ZPO § 3 Rn. 23). Für Bußgeld- und Strafsachen nach dem GWB, dem EnWG, dem KSpG, dem WpÜG oder dem WpHG bedarf es keiner Wertvorschriften, da es keine Wertgebühren gibt. Zusätzlich anwendbar sind §§ 39 ff.

3 **2. Die Bestimmung des I 2.** I 2 ist in Beschwerdeverfahren nach § 54 II Nr. 3 GWB, § 79 I Nr. 3 EnWG, § 16 Nr. 3 VSchDG anwendbar für die Bestimmung der Wertgebühren nach dem GKG und, über § 23 I 1 RVG, für den Gegenstandswert. Zusätzlich anwendbar sind §§ 39 ff.

4 **3. Die Bestimmung des II. a) Wertgebühren nach dem GKG. aa) Grundsatz.** II ist in den von ihm genannten Beschwerdeverfahren anwendbar für die Bestimmung der **Wertgebühren** nach dem GKG. II greift dabei auch dann ein, wenn der Antragsteller mit seinem Nachprüfungsantrag nicht die Erteilung des Zuschlags, sondern die Aufhebung der Ausschreibung anstrebt (BGH NZBau 2006, 392 Rn. 12; Onderka AGS 2011, 111). Gleiches gilt, wenn das Nachprüfungsverfahren nur die Klärung einzelner vergaberechtlicher, die Ausschreibung betreffender Fragen bezweckt (Onderka AGS 2011, 111). Denn eine Differenzierung dahingehend, dass bei der Klärung nur einzelner Fragen lediglich auf die vergeblichen Aufwendungen des Bieters abgestellt werden muss, ist dem insofern eindeutigen Gesetzeswortlaut nicht zu entnehmen. **Zusätzlich** anwendbar sind §§ 39 ff.

5 **bb) Ausnahmen.** Geht es dem Rechtsmittelführer nicht um die Wahrung der Zuschlagschance und eine mögliche Gewinnerzielung, sondern greift er bloß eine **Zwischenentscheidung** an (so bei OLG Düsseldorf ZfBR 2019, 96), werden er sich zB gegen eine Akteneinsicht (so bei KG BeckRS 2021, 31705), greift er nur die **Kostenentscheidung** der Vergabekammer an (OLG Düsseldorf BeckRS 2018, 28977 Rn. 27; OLG Koblenz BeckRS 2017, 100983 Rn. 23), bereitet er **Schadenersatzansprüche** vor (so bei OLG Celle BeckRS 2019, 4741 Rn. 40) oder geht es ihm nur um **isolierte Vorfragen** (OLG München BeckRS 2012, 24380 = VergabeR 2013, 654), ist § 50 II nicht anwendbar und der Streitwert nach § 48 I iVm §§ 3, 6–9 ZPO festzusetzen (KG BeckRS 2021, 31705 Rn. 8). Insoweit kann man an den gem. § 50 II festzusetzenden Wert anknüpfen und davon einen im Einzelfall angemessenen **Bruchteil** festsetzen (KG BeckRS 2021, 31705 Rn. 8).

6 **cc) Unterschwelliger Zivilrechtsschutz.** II ist nach hM entsprechend anwendbar für den vergaberechtlich unterschwelligen Zivilrechtsschutz, also bei Verfahren unterhalb der Schwellenwerte des § 2 VgV (OLG München VergabeR 2017, 682 Rn. 10; OLG Schleswig BeckRS 2013, 6580; OLG Stuttgart BeckRS 2010, 23482; aA OVG Lüneburg BeckRS 2019, 13205; OLG Brandenburg BeckRS 2011, 24846). **Stellungnahme.** Dem ist zu folgen: die Alternativen, etwa § 52 II (OVG Lüneburg BeckRS 2019, 13205), oder § 53 I iVm § 3 ZPO (so OLG Brandenburg BeckRS 2011, 24846) überzeugen jeweils nicht.

7 **dd) Fortsetzungsfeststellungsantrag.** II ist ferner entsprechend anwendbar auf die den Fortsetzungsfeststellungsantrag regelnden §§ 178 S. 3 und S. 4, 168 II GWB (siehe nur KG BeckRS 2018, 30723 Rn. 11). Denn das wirtschaftliche Interesse eines Bieters am Sekundärrechtsschutz ist – schon schadensrechtlich gem. §§ 249 BGB – in etwa deckungsgleich mit dem wirtschaftlichen Interesse am Primärrechtsschutz (KG BeckRS 2018, 30723 Rn. 11).

8 **ee) Keine Ausschreibung.** II ist nicht – auch nicht entsprechend – anwendbar, wenn ein Auftrag nicht ausgeschrieben worden ist (OLG Jena BeckRS 2017, 128367 Rn. 4).

9 **b) Gegenstandswert. aa) Grundsatz.** II ist über § 23 I 1 RVG, für den Gegenstandswert anwendbar.

10 **bb) Entsprechende Anwendung.** Über § 23 I 3 RVG ist § 50 II entsprechend anwendbar für die im (außer- bzw. vorgerichtlichen) Verfahren vor den **Vergabe-**

kammern entstehenden anwaltlichen Wertgebühren (BGH NZBau 2011, 498 Rn. 20; NZBau 2006, 392 Rn. 12; Kaiser NZBau 2002, 315 (316)).

III. Rechtsfolgen. 1. Die Bestimmung des I 1. Bei den erfassten Beschwerden und Rechtsbeschwerden (→ Rn. 2) ist der Gebührenstreitwert jeweils nach § 3 ZPO – nicht nach §§ 3–9 ZPO – zu bestimmen. Zur Frage, **wie** der Streitwert nach § 3 ZPO jeweils ermittelt wird, trifft § 50 I 1 keine Aussage. Maßgeblich ist insoweit grds. das nach objektiven Maßstäben zu beurteilende tatsächliche wirtschaftliche Interesse des Rechtsmittelführers – das „Angreiferinteresse“ (→ ZPO § 3 Rn. 11), in diesem Falle also das Interesse des Beschwerde- oder Rechtsbeschwerdeführers an der Anfechtung (→ ZPO § 3 Rn. 23 „Rechtsmittel“) bzw. – im Rechtsbeschwerdeverfahren – Aufrechterhaltung der streitgegenständlichen Verfügung (BeckOK KostR/Toussaint Rn. 14). Der sich hiernach ergebende Wert ist in voller Höhe anzusetzen (BeckOK KostR/Toussaint Rn. 14). 11

Etwa § 89a GWB und § 105 EnWG sind nicht anwendbar, weil sie nur **Zivilverfahren** betreffen. Für die § 50 I 1 Nr. 2 unterfallenden EEG-Sachen geht der BGH von der Differenz zwischen den nach der – im Beschwerde- bzw. Rechtsbeschwerdeverfahren vertretenen – Auffassung der Betroffenen anzusetzenden Erlösobergrenzen und den von der Regulierungsbehörde festgesetzten Erlösobergrenzen aus (BGH BeckRS 2011, 7707 Rn. 2; BeckRS 2009, 20171 Rn. 54 = RDE 2010, 25). Andere bringen die Gebotshöhe, die Anlagengröße und die daraus resultierende prognostizierbare jährliche Strommengenproduktion, die Förderdauer von 20 Jahren sowie eine angenommene Gewinnmarge von 5 % in Ansatz (OLG Düsseldorf BeckRS 2017, 154123 Rn. 6; kritisch Drake/Pietsch IR 2018, 173). 12

2. Die Bestimmung des I 2. Bei den erfassten Beschwerden (→ Rn. 3) ist jeweils allein das Interesse des Beigeladenen maßgebend. Zur Frage, **wie** dieses Interesse ermittelt wird, trifft § 50 I 2 keine Aussage. Insoweit ist § 48 iVm § 3 ZPO anwendbar (s. auch BT-Drs. 15/3640, 71). Siehe dazu jeweils → ZPO § 3 Rn. 9 ff. 13

3. Die Bestimmung des II. a) Überblick. II ordnet bei den von ihm erfassten Verfahren (→ Rn. 4) als pauschalen Streitwert stets und grds. und auch bei den Eilverfahren **ohne** Kürzungsmöglichkeit 5 % der Bruttoauftragssumme einschließlich so genannter „durchlaufender Posten“ an (BGH VPR 2023, 2054 = BeckRS 2022, 38717 Rn. 9 ff.; BayObLG 8.11.2021 – Verg 10/21, BeckRS 2021, 34098 Rn. 27). Diese Anordnung macht die Ermittlung von Interessen nach § 48 iVm § 3 ZPO grds. entbehrlich, trifft aber keine Aussage zur Frage, wie die Höhe der „Auftragssumme“ ermittelt wird. Geht es allerdings um eine Verweisung nach § 17a GVG, kann es angemessen sein, $^{1}/_{10}$ des Bruttoauftragswerts anzusetzen (so BGH NZBau 2020, 313 Rn. 22). 14

b) Grundsatz: Auftragssumme. aa) Allgemeines. Da der Auftrag zur Zeit des Nachprüfungsverfahrens grds. noch nicht erteilt ist, ist idR auf die **Summe des Angebots** abzustellen, das der Antragsteller im Nachprüfungsverfahren eingereicht hat (BGH VPR 2023, 2054 = BeckRS 2022, 38717 Rn. 6; BGH NZBau 2014, 452 Rn. 7; NZBau 2006, 392 Rn. 12; OLG Düsseldorf BeckRS 2018, 21487 Rn. 47; OLG Koblenz NZBau 2018, 639 Rn. 6; OLG Frankfurt a. M. BeckRS 2017, 121590 Rn. 71). Der Wert einer Erfüllungsbürgschaft kann nach hM insoweit berücksichtigt werden (OLG Jena JurBüro 2002, 435) – was überzeugt, da sie einen Hinweis auf das Angebot gibt. Fehlt es an einem Angebot, kann an eine **ordnungsmäßige** Schätzung des Auftragswertes durch den Auftraggeber angeknüpft werden (Onderka AGS 2011, 111; so etwa bei KG ZfBR 2019, 516 (519)). Subsidiär ist die „Auftragssumme“ der zu schätzende **objektive** Wert desjenigen Auftrags, den die Vergabestelle materiell zu vergeben beabsichtigt (BGH NZBau 2011, 629 Rn. 4; OLG Naumburg JurBüro 2004, 86 = NZBau 2003, 464 [Ls.]). 15

Eine solche Schätzung ist unter Voraussetzungen vorzunehmen, die mit denjenigen vergleichbar sind, unter denen öffentliche Auftraggeber den Wert zur Vergabe anstehender Leistungen zu ermitteln haben, bevor sie das entsprechende Vergabeverfahren in die Wege leiten (BGH NZBau 2011, 629 Rn. 4). Die für die Schätzung des Auftragswertes in § 3 VgV genannten Parameter können insofern ggf. Anhaltspunkte liefern, wenn und soweit sie nach den jeweils gegebenen Verhältnissen für eine entsprechende Anwendung geeignet erscheinen (BGH NZBau 2014, 452 Rn. 9; NZBau 16

2011, 629 Rn. 4). **Kein** geeigneter Anknüpfungspunkt ist dagegen die bloße Angabe eines Vertragswertes im Nachprüfungsverfahren durch den Antragsteller, solange diese Angabe nicht durch Anknüpfungstatsachen unterlegt wird, wie zB die Vorlage eines eigenen Angebots oder Darlegungen dazu, aus welchen Gründen der Vertragswert für den Antragsteller gerade den angegebenen Wert hat (Onderka AGS 2011, 111).

17 **bb) Dienstleistungen.** Soll nach den Vergabeunterlagen eine Dienstleistung über einen festgelegten Zeitraum hinweg erbracht werden, ist der **gesamte** Zeitraum ohne Kappung maßgeblich (BGH NZBau 2014, 452 Rn. 7). Ist der Vergabestelle darüber hinaus ein einseitiges **Optionsrecht** zur Verlängerung der Laufzeit des Vertrags eingeräumt, ist die Ungewissheit darüber, ob der Auftraggeber das Optionsrecht ausüben wird, mit einem angemessenen Abschlag vom vollen Auftragswert zu berücksichtigen, der rechnerisch während der optionalen Vertragslaufzeit erzielt werden könnte (BGH NZBau 2014, 452 Rn. 13; s. auch KG BeckRS 2010, 3784; OLG Düsseldorf BeckRS 2009, 5993; BayObLG NJOZ 2004, 3721 (3722)). Dieser Abschlag mag unter besonderen Umständen im Einzelfall unterschiedlich hoch einzuschätzen sein; bei der gebotenen verallgemeinernden Betrachtung ist es idR angezeigt, ihn auf 50 % zu veranschlagen (BGH NZBau 2014, 452 Rn. 13; OLG Jena BeckRS 2017, 128367 Rn. 4; KG BeckRS 2016, 4720 Rn. 1).

18 **cc) Teilleistungen.** Geht es dem Antragsteller darum, die Wirksamkeit eines bereits geschlossenen Vertrags anzugreifen, um für sich selbst die Chance zu eröffnen, im Falle der Neuausschreibung einen ggf. als Einzellos vergebenen Auftrag über Teilleistungen dieses Vertrags zu erhalten, bemisst sich der Gegenstandswert nach dem Wert der Teilleistung, an deren Erbringung der Antragsteller interessiert ist. Wenn das Ziel des Nachprüfungsantrags hingegen ist, dass die Gesamtleistung „losweise" oder mit einem anderen Loszuschnitt vergeben wird, ist lediglich der Bruttoauftragswert desjenigen (Teil-)Auftrags anzusetzen, mit dessen Einzelvergabe der Antragsteller im Fall einer Neuausschreibung rechnen darf (BGH NZBau 2011, 629 Rn. 3; OLG Naumburg BeckRS 2013, 14043; OLG Koblenz BeckRS 2012, 11713; OLG Brandenburg BeckRS 2011, 14326).

19 **dd) Fortsetzungsfeststellungsantrag.** Der Streitwert kann nicht deswegen herabgesetzt werden, zB auf 80 %, weil im Verlaufe des Nachprüfungsverfahrens nicht mehr ein auf Primärrechtsschutz gerichteter Sachantrag, sondern nur noch ein Fortsetzungsfeststellungsantrag (→ Rn. 7) verfolgt wird (KG BeckRS 2016, 4720 Rn. 3; OLG Naumburg BeckRS 2011, 25166 = VergabeR 2012, 261; s. auch KG BeckRS 2018, 30723 Rn. 11).

20 **c) Ausnahme: Verfahrensfragen/atypisches Nachprüfungsverfahren.** Nach der Rechtsprechung soll ausnahmsweise etwas anderes gelten können und der Wert ist auf einen **Bruchteil** von 5 % der Bruttoauftragssumme festzusetzen, wenn es **ausschließlich** um Verfahrensfragen geht (BayObLG NZBau 2022, 127 Rn. 27) oder wenn es sich um ein **atypisches Nachprüfungsverfahren** handelt (BayObLG NZBau 2022, 127 Rn. 27; VergabeR 2013, 654 = BeckRS 2012, 24380 unter IV.). So soll es bspw. liegen, wenn Gegenstand des Beschwerdeverfahrens nur ein untergeordneter Teilaspekt ist, dessen wirtschaftlicher Wert weit unter dem wirtschaftlichen Interesse des Bieters oder Bewerbers am Erhalt des ausgeschriebenen Auftrags liegt (BayObLG 8.11.2021 – Verg 10/21, BeckRS 2021, 34098 Rn. 28).

Verfahren nach dem Agrarorganisationen-und-Lieferketten-Gesetz

50a **In Verfahren nach dem Agrarorganisationen-und-Lieferketten-Gesetz bestimmt sich der Wert nach § 3 der Zivilprozessordnung.**

1 **I. Normzweck und Normgeschichte.** § 50a ist mWv 9.6.2021 durch das zweite Gesetz zur Änderung des Agrarmarktstrukturgesetzes v. 2.6.2021 (BGBl. I 1278) in das Gesetz eingefügt worden. Durch die Verweisung auf § 3 ZPO soll erreicht werden, dass das Gericht den Wert nach „freiem Ermessen" festsetzen kann (BR-Drs. 3/21, 59). Der Gesetzgeber geht davon aus, dass sich dadurch „sachgerechte Ergebnisse" erzielen lassen (BR-Drs. 3/21, 59).

2 **II. Anwendungsbereich. 1. Gebührenstreitwert.** § 50a ist zur Bestimmung des Gebührenstreitwertes in Gerichtsverfahren anwendbar, die §§ 32 ff. AgrarOLkG un-

terliegen. Nach GKG VV 1212 entsteht eine Gebühr für das Verfahren im Allgemeinen (§ 12 I 1) mit einem Satz von 4. Sie kann sich nach GKG VV 1213 auf einen Satz von 2 ermäßigen. Anders ist es für die Gerichtsverfahren in Bußgeldsachen (§§ 46–50 AgrarOLkG). Denn für **Bußgeldsachen** nach dem AgrarOLkG gibt es keine Wertgebühren und folglich auch keine Wertvorschriften.

2. Zuständigkeits- und Rechtsmittelstreitwert. Für die Festsetzung eines Zuständigkeitsstreitwertes gibt es keinen Bedarf: Die Zuständigkeit folgt aus § 30 I AgrarOLkG. Der Rechtsmittelstreitwert ist nach § 48 iVm § 3 ZPO (→ ZPO § 3 Rn. 23 „Agrarorganisationen-und-Lieferketten-Gesetz") zu bestimmen. 3

3. Gegenstandswert. Für den Gegenstandswert in gerichtlichen Verfahren ist § 50a über § 23 I 1 RVG unmittelbar anwendbar, für außergerichtliche Tätigkeiten nach § 23 I 3 RVG entsprechend, wenn der Gegenstand der Tätigkeit auch Gegenstand eines gerichtlichen Verfahrens sein könnte. Nach VV 3300 Nr. 1 RVG entsteht eine Verfahrensgebühr mit einem Satz von 1,6. Sie kann sich nach VV 3300 Nr. 2 RVG auf einen Satz von 1 ermäßigen. 4

III. Tatbestandsvoraussetzung. Einzige Tatbestandsvoraussetzung für die Anwendung des § 50a ist ein Verfahren nach dem AgrarOLkG vor dem OLG oder dem BGH. Dies sind die Gerichtsverfahren in **Verwaltungssachen** (§§ 32–47 AgrarOLkG). § 50a macht diese Verfahren zu „bürgerlichen Rechtsstreitigkeiten" iSd GKG, für die § 50a den Wert gegenüber der allgemeinen Vorschrift des § 48 besonders regelt. 5

IV. Rechtsfolge. Bei den erfassten Beschwerden und Rechtsbeschwerden (→ Rn. 2) ist der Gebührenstreitwert jeweils nach § 3 ZPO – nicht nach §§ 3–9 ZPO – zu bestimmen. 6

Zur Frage, auf welche **Art und Weise** der Streitwert nach § 3 ZPO jeweils ermittelt wird, trifft § 50a **keine** Aussage. Maßgeblich ist insoweit grds. das nach objektiven Maßstäben zu beurteilende tatsächliche wirtschaftliche Interesse des Rechtsmittelführers – das „Angreiferinteresse" (→ ZPO § 3 Rn. 11), in diesem Falle also das Interesse des Klägers (§ 34 Nr. 1 AgrarOLkG), der gegen eine Verfügung der Durchsetzungsbehörde (§ 3 IV AgrarOLkG) vorgeht. 7

Gewerblicher Rechtsschutz

51 **I In Rechtsmittelverfahren des gewerblichen Rechtsschutzes (§ 1 Absatz 1 Satz 1 Nummer 14) und in Verfahren über Ansprüche nach dem Patentgesetz, dem Gebrauchsmustergesetz, dem Markengesetz, dem Designgesetz, dem Halbleiterschutzgesetz und dem Sortenschutzgesetz ist der Wert nach billigem Ermessen zu bestimmen.**

II In Verfahren über Ansprüche nach dem Gesetz gegen den unlauteren Wettbewerb und nach dem Gesetz zum Schutz von Geschäftsgeheimnissen ist, soweit nichts anderes bestimmt ist, der Streitwert nach der sich aus dem Antrag des Klägers für ihn ergebenden Bedeutung der Sache nach Ermessen zu bestimmen.

III 1 Ist die Bedeutung der Sache für den Beklagten erheblich geringer zu bewerten als der nach Absatz 2 ermittelte Streitwert, ist dieser angemessen zu mindern. 2 Bietet der Sach- und Streitstand für die Bestimmung des Streitwerts hinsichtlich des Beseitigungs- oder Unterlassungsanspruchs keine genügenden Anhaltspunkte, ist insoweit ein Streitwert von 1000 Euro anzunehmen. 3 Dieser Wert ist auch anzunehmen, wenn die dem Rechtsstreit zugrunde liegende Zuwiderhandlung angesichts ihrer Art, ihres Ausmaßes und ihrer Folgen die Interessen von Verbrauchern, Mitbewerbern oder sonstigen Marktteilnehmern in nur unerheblichem Maße beeinträchtigt. 4 Der nach Satz 2 oder Satz 3 anzunehmende Wert ist auch maßgebend, wenn in den dort genannten Fällen die Ansprüche auf Beseitigung und Unterlassung nebeneinander geltend gemacht werden.

[IV] Im Verfahren des einstweiligen Rechtsschutzes ist der sich aus den Absätzen 2 und 3 ergebende Wert in der Regel unter Berücksichtigung der geringeren Bedeutung gegenüber der Hauptsache zu ermäßigen.

[V] Die Vorschriften über die Anordnung der Streitwertbegünstigung (§ 12 Absatz 3 des Gesetzes gegen den unlauteren Wettbewerb, § 144 des Patentgesetzes, § 26 des Gebrauchsmustergesetzes, § 142 des Markengesetzes, § 54 des Designgesetzes, § 22 des Gesetzes zum Schutz von Geschäftsgeheimnissen) sind anzuwenden.

Schrifttum: Borck, Über die Höhe des Gegenstandswertes, der Sicherheitsleistung und der Beschwer bei wettbewerbsrechtlichen Unterlassungsklagen, WRP 1978, 435; Krbetschek/Schlingloff, Bekämpfung von Rechtsmissbrauch durch Streitwertbegrenzung?, WRP 2014, 1; Kur, Streitwert und Kosten im Verfahren wegen unlauteren Wettbewerbs usw, 1980; Rospatt/Timmann, Der Streitwert im Nichtigkeitsverfahren, GRUR 2021, 338; Ulrich, Der Streitwert in Wettbewerbssachen nach der UWG-Reform 1986, GRUR 1989, 401; Ulrich, Der Streitwert in Wettbewerbssachen, GRUR 1984, 177.

Übersicht

1 **I. Normzweck und Normgeschichte.** Durch das 2. PatGÄndG v. 16.7.1998 (BGBl. I 1827) ist § 12b GKG aF begründungslos (vgl. BT-Drs. 13/9971, 44) in das Gesetz eingefügt werden. § 51 I, V entsprechen dieser Bestimmung und haben ihre heutige Form zunächst durch das KostRMoG v. 5.5.2004 (BGBl. I 718) gefunden. Durch das Gesetz gegen unseriöse Geschäftspraktiken v. 1.10.2013 (BGBl. I 3714) wurde § 51 dann neu gefasst und erhielt im Kern seine heutige Gestalt, indem die weiteren II–IV eingefügt wurden. I–IV sind dabei § 48 **verdrängende Sondervorschriften.** I soll der Vereinfachung und Übersichtlichkeit des Gebührenrechtes im Bereich der Verfahren des gewerblichen Rechtsschutzes vor dem BGH dienen (BT-Drs. 13/9971, 44), aber auch im Übrigen (BT-Drs. 17/13057, 30). II soll dazu führen, den Gebührenstreit **geringer** festzusetzen, als dies der Fall wäre, wendete man unmittelbar § 3 ZPO an (BT-Drs. 17/13057, 14 und 30). Durch II soll mithin die bis zum Jahr 2013 mögliche großzügige Festsetzung des Gebührenstreit- bzw. Gegenstandswertes **eingeschränkt** werden und der finanzielle Anreiz für wettbewerbsrechtliche Abmahnungen **deutlich verringert** werden (BT-Drs. 17/13057, 14). Durch das Abstellen auf die Bedeutung der Sache gemäß dem klägerischen Antrag soll **verhindert** werden, dass bei der Festsetzung Umstände einfließen, die über das konkrete Klagebegehren hinausgehen (BT-Drs. 17/13057, 30). Die Praxis **ignoriert** diese Ziele weitgehend und hält letztlich gesetzeswidrig an ihren „Taxen“

vor der Reform fest. III 1 ermöglicht einen Interessenausgleich, wenn die Bedeutung der Sache für den Kläger und den Beklagten stark variiert (BT-Drs. 17/13057, 30). III 2 regelt entsprechend § 52 II, was gilt, wenn der Sach- und Streitstand keine genügenden Anhaltspunkte für eine Bestimmung bietet. Auch er soll den Gebührenstreit- bzw. Gegenstandswert bewusst **klein** halten (BT-Drs. 17/13057, 14; wegen § 51 III 1 gleich mehrfach verkannt etwa von OLG Stuttgart BeckRS 2016, 7946 Rn. 18 = WRP 2016, 766: § 51 III 2 lasse die „althergebrachten Bemessungsgrundsätze", bei denen das Interesse des Klägers an dem geltend gemachten Unterlassungsanspruch im Zentrum steht, unberührt). IV soll es erreichen, dass im Verfahren des einstweiligen Rechtsschutzes im Vergleich zum Hauptsacheverfahren grds. **niedrigere** Werte festgelegt werden (BT-Drs. 17/13057, 31). V erlaubt es nicht, den Streitwert zu mindern (BT-Drs. 17/13057, 12/13), sondern **erinnert** nur an die jeweiligen Bestimmungen (→ Rn. 59).

II. Anwendungsbereich. 1. Gewerblicher Rechtsschutz und Schutzrechte (I). a) I Fall 1. I Fall 1 ist in allen Rechtsmittelverfahren des gewerblichen Rechtsschutzes anwendbar, die § 1 I 1 Nr. 14 unterliegen (→ § 1 Rn. 26). Gegenstand dieser Verfahren sind Rechtsmittel gegen Entscheidungen des BPatG. Gegen dessen Entscheidungen sind die Berufung (vgl. §§ 110 ff. PatG, § 20 GebrMG), Beschwerde (vgl. § 122 PatG, § 20 GebrMG) oder, nach Zulassung, Rechtsbeschwerden statthaft (vgl. etwa § 100 ff. PatG, § 18 IV GebrMG, §§ 83 ff. MarkenG, § 133 MarkenG, § 23 V DesignG, § 4 IV HalblSchG, § 35 SortSchG). 2

b) I Fall 2. I Fall 2 ist in allen Verfahren über Ansprüche aus bürgerlichen Rechtsstreitigkeiten nach dem PatG, dem GebrMG, dem MarkenG, dem HalblSchG und dem SortSchG in den Tatsacheninstanzen und im Rechtsmittelverfahren anwendbar (etwa Patentstreitsachen nach § 143 PatG, Gebrauchsmusterstreitsachen nach § 26 ff. GebrMG, Designstreitsachen nach §§ 52 ff. DesignG, Kennzeichenstreitsachen nach §§ 140 ff. MarkenG, Sortenschutzstreitsachen 38 ff. SortSchG). Diese Verfahren betreffen zB Ansprüche auf Auskunft, Beseitigung/Unterlassung, Schadenersatz oder Vernichtung. 3

2. Wettbewerbssachen und Schutz von Geschäftsgeheimnissen (II–IV). II–IV sind in allen Instanzen für alle Verfahren nach dem UWG und nach dem Gesetz zum Schutz von Geschäftsgeheimnissen anwendbar für die Wertgebühren nach dem GKG und dem RVG (→ Rn. 5), und zwar im Hauptprozess, aber auch im Eilverfahren nach §§ 916 ff., 935 ff. ZPO. IV **verdrängt** als jüngere und auch engere Bestimmung den § 53 I Nr. 1 (BeckOK KostR/Jäckel § 53 Rn. 4; aA ggf. – Textbausteine? – OLG Celle BeckRS 2019, 8988 Rn. 2; OLG Brandenburg NJ 2019, 35; OLG Düsseldorf BeckRS 2017, 113574 Rn. 2; OLG Celle GRUR-Prax 2016, 205). Die Bestimmungen sind auch **nicht nebeneinander** anzuwenden (aA OLG Oldenburg BeckRS 2016, 4112 Rn. 2). Soweit in älteren Fundstellen (etwa OLG Celle NJOZ 2013, 1287 oder OLG Braunschweig GRUR-RR 2012, 93) § 53 I Nr. 1 zitiert wird, ist zu beachten, dass § 51 IV seine jetzige Fassung erst mit dem 9.10.2013 erhalten hat. § 51 III 2 ist hingegen nur für Beseitigungs- oder Unterlassungsansprüche anwendbar, gilt aber auch, wenn diese Ansprüche nebeneinander geltend gemacht werden. 4

3. Erfasste Gebühren. § 51 ist anwendbar für die **Wertgebühren** nach dem GKG und nach § 23 I RVG für die Wertgebühren nach dem RVG (für die Abmahnung und das Abschlussschreiben wird der Wert der Hauptsache angesetzt). Für das Verfahren der **Rechtsbeschwerde** sieht KV 1255 für die Gerichtsgebühren eine **Festgebühr** vor. Der für die Rechtsanwaltsgebühren in einem Rechtsbeschwerdeverfahren des gewerblichen Rechtsschutzes vor dem BGH maßgebliche **Gegenstandswert** bestimmt sich daher auch nicht nach § 51 I, sondern nach §§ 23 II 1, 33 I (→ Rn. 7; BGH GRUR 2018, 654 Rn. 5; GRUR-RR 2017, 127 Rn. 2; BeckRS 2015, 19674 Rn. 4). 5

III. Rechtsfolgen. 1. Gewerblicher Rechtsschutz und Schutzrechte (I). a) Grundsätze der Wertfestsetzung. aa) Erstinstanzliche Verfahren. I bestimmt für seinen Anwendungsbereich (→ Rn. 2 ff.), der Wert sei „nach billigem Ermessen" zu bestimmen. Diese Anordnung entspricht iErg § 48 I iVm § 3 ZPO. Sie bedeutet, dass das **tatsächliche objektive wirtschaftliche Interesse** des Angreifers 6 an der Durchsetzung seines Begehrens unbeschadet der mit einer Schätzung verbundenen Unsicherheitsmomente grds. nach objektiven Gesichtspunkten zu bemessen ist (entsprechend → ZPO § 3 Rn. 11 ff.; exemplarisch OLG Brandenburg GRUR-RS 2021, 5680 Rn. 2). Dieses Interesse hängt ua von der Größe und der Wirtschaftskraft des klägerischen Unternehmens sowie der Gefährlichkeit des jeweiligen Verstoßes ab (auch → Rn. 8; OLG Zweibrücken JurBüro 2001, 418; OLG Stuttgart NJW-RR 1987, 429). Das Interesse der **beklagten** Partei ist demgegenüber grds. unbeachtlich (entsprechend → ZPO § 3 Rn. 19; exemplarisch OLG Nürnberg WRP 1982, 551), sofern nichts anderes, wie in III 1, angeordnet ist. S. zur Wertfestsetzung auch das entsprechend anwendbare „ABC" Rn. 49 ff.

7 **bb) Rechtsmittelverfahren.** In Rechtsmittelverfahren geht es nach § 47 I 1 um das Interesse, das der Rechtsmittelführer (noch) hat (BGH GRUR 2005, 972; → § 47 Rn. 7). Nach stRspr ist es einer Partei dabei jedenfalls im **Nichtzulassungsbeschwerdeverfahren** verwehrt, sich auf der Grundlage neuen Vorbringens auf einen höheren Streitwert zu berufen, wenn sie die Streitwertfestsetzung in den Vorinstanzen nicht beanstandet und auch nicht glaubhaft gemacht hat, dass bereits in den Vorinstanzen vorgebrachte Umstände, welche die Festsetzung eines höheren Streitwerts rechtfertigen, nicht ausreichend berücksichtigt worden sind (BGH BeckRS 2019, 2423 Rn. 6). Eine Wertfestsetzung für das Rechtsbeschwerdeverfahren – auf Antrag nach § 33 I RVG – hat allein für die Höhe der Anwaltsgebühren Bedeutung, weil sich die **Gerichtsgebühren** für das Rechtsbeschwerdeverfahren nicht nach dem Streitwert richten, sondern eine Festgebühr für die Gerichtskosten erhoben wird, die nach KV 1255 nur 825 EUR beträgt und die sich im Fall der Zurücknahme der Rechtsbeschwerde vor Eingang der Rechtsbeschwerdebegründung nach KV 1256 auf 110 EUR ermäßigt (→ Rn. 5; s. auch BGH BeckRS 2015, 19674 Rn. 4).

8 **cc) Unterlassungsansprüche.** Das wirtschaftliche Interesse an der Durchsetzung von Unterlassungsansprüchen wird im gewerblichen Rechtsschutz nach ganz hM allgemein jeweils durch **zwei** konkrete Faktoren bestimmt (entsprechend → Rn. 42 zum UWG bzw. → ZPO § 3 Rn. 23 „Urheberrecht"):

9 – Erstens durch den **Wert des verletzten Rechtes.** Dieser Wert ist nach billigem Ermessen entsprechend → ZPO § 3 Rn. 11 ff. festzusetzen. IdR ist für die Ermittlung des Wertes vom Fragerecht Gebrauch zu machen. Denn der Wert des Rechtes wird grds. unbekannt sein. Schätzt das Gericht den Wert **ohne** irgendwelche Anhaltspunkte, so ist das willkürlich.
– Zweitens durch das Ausmaß und die Gefährlichkeit der Verletzung, den so genannten **Angriffsfaktor** (exemplarisch OLG Nürnberg GRUR 2007, 815 (816); LG Düsseldorf GRUR-RR 2017, 167 Rn. 16). Der Angriffsfaktor kann durch eine **Vielzahl** von Faktoren des Einzelfalls beeinflusst werden. Im Vordergrund steht häufig der Verletzungsumfang sowie die Intensität des Angriffs, bspw. im UWG der Grad der Verwechslungsgefahr bzw. Rufausbeutung, eine Aufmerksamkeitsausbeutung, eine Rufschädigung oder eine Verwässerung (→ Rn. 42 zum UWG; exemplarisch LG Düsseldorf GRUR-RR 2017, 167 Rn. 16).
– Auf das Interesse des Beklagten oder der Allgemeinheit kommt es – wie stets – nicht an (→ Rn. 6).

10 **dd) Nebenansprüche/Schadenersatz.** Der Gebührenstreitwert für bloße **Nebenansprüche** (idR: Auskunft, Besichtigung, Feststellung, Rechnungslegung, Vernichtung) ergibt sich jeweils aus einer Relation zum Unterlassungsanspruch (entsprechend → Rn. 50). S. auch → ZPO § 3 Rn. 23 „Auskunft", → ZPO § 3 Rn. 19 „Feststellungsklagen", → ZPO § 3 Rn. 23 „Rechnungslegung". Ansprüche auf Schadenersatz sind entsprechend → ZPO § 3 Rn. 6 **nach dem Antrag** des Klägers anzusetzen.

11 **ee) „Regelstreitwerte" (interne Streitwertkataloge).** Es gilt → ZPO § 3 Rn. 10 entsprechend. Die sehr verbreitete Praxis, interne Streitwertkataloge einzusetzen (→ ZPO § 3 Rn. 13) begegnet daher **ganz erheblichen Bedenken** (s. auch BVerfG NJW 2009, 1197 Rn. 13; BGH BeckRS 2015, 3109 Rn. 2; Eichmann/Jestaedt/Fink/Meiser/Eichmann/Jestaedt DesignG § 54 Rn. 1). Denn (auch) der Gebührenstreitwert muss stets unter **Berücksichtigung aller Umstände im Einzelfall** bestimmt werden (s. auch BVerfG NJW 2009, 1197 Rn. 13). Wird er von

Anfang an und ohne weitere Untersuchungen und ohne geeignete Schätzungsgrundlagen festgesetzt, liegt ein offensichtlicher Verstoß gegen Art. 20 III, 3 I GG vor (s. auch BGH ZEV 2007, 535 Rn. 6). Bietet der Sach- und Streitstand für die Bestimmung des Streitwertes trotz **der Bemühungen und Nachfragen** des Gerichtes allerdings keine genügenden Anhaltspunkte, liegt eine Orientierung an den Wertungen der § 52 II, § 42 III FamGKG als **Auffang**wert nahe (entsprechend → ZPO § 3 Rn. 13). Jede höhere Festsetzung bedürfte eines konkreten Anhaltspunktes.

ff) Angaben der Parteien. Die Bemerkungen zu → ZPO § 3 Rn. 15 ff. gelten entsprechend. Die Angaben in der Klageschrift sind mithin zwar ein wichtiges Beweisanzeichen (→ ZPO § 3 Rn. 15). Dieses Beweisanzeichen enthebt ein Gericht aber **nicht** der Notwendigkeit, diese Angabe vAw anhand der objektiven Gegebenheiten, unter Heranziehung seiner Erfahrung und üblicher Wertfestsetzungen in gleichartigen oder ähnlichen Fällen in **vollem** Umfang nachzuprüfen, und zwar **nicht nur** auf eine etwaige Unvertretbarkeit (s. auch BGH GRUR 1977, 748 (749) – Kaffee-Verlosung II; Eichmann/Jestaedt/Fink/Meiser/Eichmann/Jestaedt DesignG § 54 Rn. 2; → ZPO § 3 Rn. 15). 12

gg) Klagenhäufung. Nach Ansicht des BGH ist im Rahmen des § 39 die Wertung des § 45 I 3 entsprechend anzuwenden (BGH ZUM 2019, 183 Rn. 13; auch → Rn. 45). Damit kommt auch bei **fehlender** wirtschaftlicher Identität iSd § 45 I 2 keine Vervielfältigung, sondern lediglich eine **maßvolle** Erhöhung des Streitwertes für jeden Streitgegenstand, über den entschieden worden ist, in Betracht, wenn durch die Geltendmachung der weiteren Streitgegenstände der Angriffsfaktor **nicht wesentlich** verstärkt wird (→ § 39 Rn. 34). 13

hh) Einstweiliger Rechtsschutz. In Verfahren über die Anordnung eines Arrestes und auf Erlass einer einstweiligen Verfügung sowie im Verfahren über die Aufhebung, den Widerruf oder deren Abänderung bestimmt sich der Wert gem. § 53 I Nr. 1 nach § 3 ZPO (→ ZPO § 3 Rn. 23 „Einstweilige Verfügung"). 14

b) Designgesetz (DesignG). aa) Überblick. Zu den Grundsätzen der Wertbestimmung → Rn. 6 ff. Zu Nebenansprüchen → Rn. 10. Zu den Angaben der Parteien → Rn. 12. Zum einstweiligen Rechtsschutz → Rn. 13. Für eine Streitwertbegünstigung → Rn. 59. 15

bb) Designverletzungsverfahren. Zu den Grundsätzen → Rn. 8 ff. Auch → Rn. 26. Der Gebührenstreitwert ist vom Gericht entsprechend → ZPO § 3 Rn. 11 ff. festzusetzen. 16

Wie stets (→ Rn. 8) ist das Interesse des Klägers an einer Unterbindung der Verletzung anhand des objektiven **wirtschaftlichen Wertes** des konkreten verletzten Designs und des Ausmaßes und der Gefährlichkeit der Verletzung zu bestimmen (exemplarisch OLG Karlsruhe GRUR 1966, 691). Dabei ist dem Umstand Rechnung zu tragen, dass das Rechtsschutzziel **nicht** in einer Sanktion für den oder die bereits vorliegenden, die Wiederholungsgefahr begründenden Verstöße besteht, sondern dahin geht, den Kläger vor **künftigen Verletzungshandlungen** zu bewahren (OLG Düsseldorf NJW 2011, 2979). Das Interesse an der Rechtsverfolgung richtet sich demgemäß weniger nach dem mit der begangenen Zuwiderhandlung verbundenen wirtschaftlichen Schaden der Partei, sondern nach dem wirtschaftlichen Interesse an einer Abwehr der mit **weiteren** Verstößen verbundenen Nachteile (allgemein OLG Düsseldorf NJW 2011, 2979; s. auch Rospatt/Timmann GRUR 2021, 338). 17

Zur Einschätzung, inwieweit dieser Wert durch den Verletzer in Zukunft gefährdet werden könnte, soll allerdings der **Umfang der bereits begangenen Verletzungen** regelmäßig den greifbarsten Anhaltspunkt bieten (BGH GRUR 2014, 206 Rn. 16 – Einkaufskühltasche). Daneben können allgemein Art und Umfang der bisherigen wirtschaftlichen Tätigkeit, vorhandene betriebliche Einrichtungen und Handelsbeziehungen, personelle Ausstattung sowie Finanzkraft sowohl des Schutzrechtsinhabers als auch des Verletzers Anhaltspunkte bieten (BGH GRUR 2014, 206 Rn. 16 – Einkaufskühltasche). Auch subjektive Umstände auf Seiten des Verletzers, wie etwa der Verschuldensgrad, können Rückschlüsse auf die vom Verletzer ausgehende Gefährdung der Rechte des Schutzrechtsinhabers zulassen (BGH GRUR 2014, 206 Rn. 16 – Einkaufskühltasche). 18

Bei der Ermittlung ist außerdem die **Schutzdauer** des Klagedesignschutzrechtes zu berücksichtigen (BGH GRUR 2014, 206 Rn. 16 – Einkaufskühltasche; auch 19

→ Rn. 32 zum Patent). Bei Erzeugnissen, die einem starken modischen Wandel unterworfen sind, ist es sogar vorstellbar, einen kürzeren Zeitraum als den der Schutzdauer zu Grunde zu legen (OLG Karlsruhe GRUR 1966, 691).

20 **cc) Designnichtigkeitsverfahren. (1) Überblick.** Das Designnichtigkeitsverfahren wird nach § 34a DesignG vor dem Deutschen Patent- und Markenamt (DPMA) geführt. Für die Festsetzung des **Gegenstandswertes** gelten nach § 34a V 2 DesignG die §§ 23 III 2, 33 I RVG entsprechend. Gegen die Beschlüsse des DPMA findet nach § 23 IV 1 DesignG die Beschwerde an das BPatG statt. Die Gebühren für die Verfahren vor dem DPMA und dem BPatG richten sich nach dem → PatKostG. Gegen die Beschlüsse des dortigen Beschwerdesenats findet nach § 23 V 1 DesignG die Rechtsbeschwerde an den BGH statt, wenn der Beschwerdesenat die Rechtsbeschwerde zugelassen hat. I Fall 1 ordnet für **dieses** Verfahren an, dass der Wert nach billigem Ermessen zu bestimmen ist. Für das Verfahren der Rechtsbeschwerde sieht KV 1255 für die Gerichtsgebühren allerdings eine Festgebühr vor. Der für die Rechtsanwaltsgebühren maßgebliche **Gegenstandswert** bestimmt sich hingegen nach § 23 II 1 (BGH GRUR 2018, 654 Rn. 5; GRUR-RR 2017, 127 Rn. 2). **(2) Wertfestsetzung.** Maßgeblich für die Festsetzung des Wertes des Rechtsbeschwerdeverfahrens im Designnichtigkeitsverfahren ist das **wirtschaftliche Interesse** des Designinhabers an der Aufrechterhaltung seines Designs (BGH GRUR-RS 2020, 14826 Rn. 7). Nach Ansicht des BGH entspricht dieses Interesse im Regelfall 50.000 EUR (BGH GRUR-RS 2020, 14826 Rn. 6), wenn das in Rede stehende Design entweder **unbenutzt** ist oder sich zu Art und Umfang seiner Benutzung keine Feststellungen treffen lassen (BGH GRUR-RS 2020, 14826 Rn. 9). **Stellungnahme.** Das Gesetz kennt keinen Regelstreitwert (→ Rn. 11). Die Festsetzung eines gerichtlichen Regelstreitwertes ist unzulässig, da die Festsetzung mit I nicht vereinbar wäre, der **immer** eine Ermessensausübung vorsieht. Bestehen ausnahmsweise ungeachtet § 61 keine genügenden Anhaltspunkte, kann an den gesetzlichen **Auffang**wert von 5.000 EUR (§ 52 II; § 23 III 2 RVG; § 42 III FamGKG) angeknüpft werden.

21 **c) Halbleiterschutzgesetz (HalblSchG).** Nach § 11 HalblSchG sind teilweise Vorschriften des Patentgesetzes, des Gebrauchsmustergesetzes und des Gesetzes zum Schutz von Geschäftsgeheimnissen anwendbar. Dies erlaubt es, den Gebührenstreitwert nach den **Grundsätzen des Patentgesetzes** festzusetzen (→ Rn. 29 ff.).

22 **d) Gebrauchsmustergesetz (GebrMG).** § 24 I GebrMG entspricht § 139 PatG. Dies erlaubt es, den Wert für das Geschmacksmusterverletzungsverfahren und das Gebrauchsmusterlöschungsverfahren nach den **Grundsätzen des Patentgesetzes** (→ Rn. 29 ff.) festzusetzen (s. auch BGH GRUR 2018, 654 Rn. 7). Wie beim Design und Patent ist die restliche Schutzdauer zu beachten (OLG Hamburg GRUR-RS 2010, 144783 Rn. 7).

23 **e) Gemeinschaftsgeschmacksmusterverordnung (GGV). Für Klagen nach Art. 81 GGV gelten die die Ausführungen zum** Designgesetz → Rn. 15 ff. **entsprechend,** was ua aus § 63 I DesignG folgt. Es ist also das wirtschaftliche Interesse des Klägers durch den wirtschaftlichen Wert des verletzten Gemeinschaftsgeschmacksmusters, durch das Ausmaß und die Gefährlichkeit der Verletzung zu bestimmen (s. auch Eichmann/Jestaedt/Fink/Meiser/Eichmann/Jestaedt DesignG § 54 Rn. 1).

24 Die Gemeinschaftsgeschmacksmustergerichte (Art. 80 GGV, § 63 I DesignG; s. auch Art. 90 I GGV für den einstweiligen Rechtsschutz) folgen dabei häufig verfassungs- und gesetzeswidrig (→ Rn. 11) ohne nähere Prüfung und ohne Nachfragen den Angaben der klagenden Partei (→ Rn. 12). Sie üben ihr Ermessen (dazu allgemein → ZPO § 3 Rn. 9 ff.) damit **rechtswidrig nicht** aus. Bei „Regelstreitwerten" (→ Rn. 11) liegt es nicht anders (s. auch Eichmann/Jestaedt/Fink/Meiser/Eichmann/Jestaedt DesignG § 54 Rn. 1). § 54 DesignG ist entsprechend anwendbar (offen gelassen von OLG Düsseldorf BeckRS 2005, 153276 Rn. 5).

25 **f) Markengesetz (MarkenG) – Kennzeichenstreitsachen. aa) Überblick.** Zu den Grundsätzen → Rn. 6 ff. Häufig werden ohne Begründung und **ohne** Ausübung des Ermessens und damit **rechtswidrig** (→ Rn. 10; IRN/Bröcker MarkenG § 142 Rn. 10) selbst bei unbekannten Marken schematisch wenigstens 50.000 EUR angesetzt (s. auch BGH GRUR 2006, 704 Rn. 2; BPatG GRUR-Prax 2016, 89). Dies soll sogar **unabhängig** davon gelten, ob es sich um eine deutsche, eine Unions- oder

eine international registrierte Marke handelt (Mayer/Kroiß/Nordemann-Schiffel RVG Anhang I V Rn. 1; s. auch IRN/Bröcker MarkenG § 142 Rn. 10, der aus der Praxis Werte zwischen 50.000 EUR – 1 Mio. EUR referiert). Das ist aber fernliegend, da **offensichtlich** nicht alle Marken iSv § 1 Nr. 1 MarkenG gleich viel wert sind. Zu den Nebenansprüchen → Rn. 10. Zu den Angaben der Parteien → Rn. 12. Zum einstweiligen Rechtsschutz → Rn. 13. Für eine Streitwertbegünstigung → Rn. 59. Stets ist zwischen Marken (§ 3 MarkenG), geschäftlichen Bezeichnungen (§ 5 MarkenG: Unternehmenskennzeichen und Werktitel) und geographischen Herkunftsangaben (§ 126 MarkenG) zu **unterscheiden.**

bb) Markenverletzungsverfahren. Zu den Grundsätzen → Rn. 8 ff. (auch 26 → Rn. 16). Der Gebührenstreitwert ist vom Gericht entsprechend → ZPO § 3 Rn. 11 ff. festzusetzen. Danach ist das **konkrete** Interesse des Klägers an einer Unterbindung der Verletzung anhand des objektiven wirtschaftlichen Wertes der konkreten verletzten Marke und des Ausmaßes und der Gefährlichkeit der Verletzung zu bestimmen (exemplarisch BGH GRUR 2006, 704 Rn. 2; OLG Stuttgart BeckRS 2014, 13380; OLG Nürnberg GRUR 2007, 815 (816); LG Düsseldorf GRUR-RR 2017, 16 Rn. 16; Büscher GRUR 2012, 16 (23); IRN/Bröcker MarkenG § 142 Rn. 6). Für den **wirtschaftlichen Wert** der konkret verletzten Marke kommt es ua an auf: Dauer und Umfang der bisherigen Benutzung, erzielte Umsätze, Bekanntheitsgrad und Ruf der Marke bei Abnehmern (OLG Hamburg GRUR-RR 2020, 304 Rn. 40 – HD+; OLG Frankfurt a. M. GRUR-RR 2003, 232 – The Sims; IRN/Bröcker MarkenG § 142 Rn. 7), aber auch in der allgemeinen Öffentlichkeit, Grad der originären Kennzeichnungskraft. Beim **Angriffsfaktor** steht der Verletzungsumfang im Vordergrund (IRN/Bröcker MarkenG § 142 Rn. 8). Maßgeblich ist der drohende Verletzungsumfang nach: Ausmaß, Intensität und Häufigkeit (ggf. indiziert durch die bereits begangene Verletzungshandlung), der Intensität der Wiederholungsgefahr (Verschuldensgrad, nachheriges Verhalten, Unterlassungspflichten gegenüber Dritten) sowie der Nachahmungsgefahr. Von Gewicht ist ferner der Grad der Verwechslungsgefahr bzw. Rufausbeutung, eine Aufmerksamkeitsausbeutung, eine Rufschädigung oder eine Verwässerung (IRN/Bröcker MarkenG § 142 Rn. 8; s. auch OLG Hamburg GRUR-RR 2020, 304 Rn. 40 – HD+). Vorsätzliches oder systematisches Handeln kann streitwerterhöhend zu berücksichtigen sein (s. auch BGH GRUR-RS 2017, 123474 Rn. 23).

cc) Markenlöschungsverfahren. Auch für die Festsetzung des Wertes in einem 27 Markenlöschungsstreit ist das **wirtschaftliche Interesse** des Angreifers und nicht das des **Markeninhabers** an der Aufrechterhaltung seiner Marke maßgeblich (BGH BeckRS 2021, 27881 Rn. 2; aA zum Gegenstandswert ggf. BGH GRUR-RS 2020, 3415 Rn. 2; WRP 2018, 349 Rn. 1; BeckRS 2017, 139411 Rn. 10 = MarkenR 2018, 454; BeckRS 2015, 19674 Rn. 7). Nach stRspr des BGH entspricht dieses Interesse im Regelfall 50.000 EUR, wenn die in Rede stehende Marke entweder **unbenutzt** ist oder sich zu Art und Umfang seiner Benutzung keine Feststellungen treffen lassen (zum Gegenstandswert BGH BeckRS 2022, 1958 Rn. 2; GRUR-RS 2020, 14826 Rn. 8; GRUR-RS 2020, 10818 Rn. 2; GRUR-RS 2020, 3415 Rn. 2; GRUR 2019, 832 Rn. 8; WRP 2018, 349 Rn. 1; BeckRS 2017, 139411 Rn. 10; BeckRS 2015, 19674 Rn. 7; GRUR 2006, 704 Rn. 2). Im Einzelfall könne der Wert angesichts des Interesses des Markeninhabers an der Aufrechterhaltung seiner umfänglich benutzten Marke aber auch „deutlich darüber liegen" (zum Gegenstandswert BGH BeckRS 2017, 139411 Rn. 10; BeckRS 2015, 19674 Rn. 7). Auf das Interesse des Inhabers der Widerspruchsmarke an der Löschung des prioritätsjüngeren Zeichens oder der gewerblichen Bedeutung der Widerspruchsmarke komme es nicht an (BGH GRUR 2006, 704 Rn. 2). Dies alles gelte auch im **Widerspruchsverfahren** (zum Gegenstandswert BGH GRUR 2019, 832 Rn. 8; BeckRS 2017, 139411 Rn. 11 = MarkenR 2018, 454).

Stellungnahme. Das Gesetz kennt keinen Regelstreitwert (→ Rn. 11). Die Fest- 28 setzung eines gerichtlichen Regelstreitwertes ist sogar unzulässig, da die Festsetzung mit I nicht vereinbar wäre, der **immer** eine Ermessensausübung vorsieht (→ Rn. 10). Bestehen ausnahmsweise ungeachtet § 61 keine genügenden Anhaltspunkte, kann an den gesetzlichen **Auffang**wert von 5.000 EUR (§ 52 II; § 23 III 2 RVG; § 42 III FamGKG) angeknüpft werden, nicht aber an einen Wert von 50.000 EUR.

29 **g) Patentgesetz (PatG). aa) Überblick.** Zu den Grundsätzen → Rn. 6 ff. Zu Nebenansprüchen → Rn. 10. Zu den Angaben der Parteien → Rn. 12. Zum einstweiligen Rechtsschutz → Rn. 13. Für eine Streitwertbegünstigung → Rn. 59. Die Gebühren des **Deutschen Patent- und Markenamtes** und des **Bundespatentgerichtes** werden, soweit gesetzlich nichts anderes bestimmt ist, nach dem Gesetz über die Kosten des Deutschen Patent- und Markenamtes und des Bundespatentgerichtes (Patentkostengesetz – PatKostG) erhoben. Für Klagen und einstweilige Verfügungen vor dem Bundespatentgericht richten sich die Gebühren gem. § 2 II 1 PatKostG nach dem Streitwert. Für die Festsetzung des Streitwertes gelten gem. § 2 II 4 PatKostG die Vorschriften des GKG entsprechend. Auch die Regelungen über die Streitwertherabsetzung (→ Rn. 59) sind gem. § 2 II 5 PatKostG entsprechend anzuwenden.

30 **bb) Patentverletzungsverfahren (Unterlassung).** Zu den Grundsätzen → Rn. 8 ff. Auch → Rn. 16 und → Rn. 26. Der Gebührenstreitwert ist vom Gericht **entsprechend** → ZPO § 3 Rn. 11 ff. festzusetzen. Danach ist das Interesse des Klägers an einer Unterbindung der Verletzung anhand des objektiven **wirtschaftlichen Wertes** des konkreten verletzten Patentes und des Ausmaßes und der Gefährlichkeit der Verletzung zu bestimmen (exemplarisch OLG Düsseldorf NJW 2011, 2979; LG Düsseldorf BeckRS 2015, 11315). Zu diesem Zweck sind die Parteien ua anzuhalten, ihre jeweiligen Verkaufspreise, Absatzmengen, Marktanteile, übliche Lizenzsätze und die durchschnittlichen Herstellungskosten mitzuteilen. Der Wert des Patentes selbst oder das Interesse des Patentinhabers am Patent ist **unerheblich** (Busse/Keukenschrijver/Kaess PatG Vor § 143 Rn. 143).

31 Die Festsetzung hat die Bedeutung des Klagepatentes für den Absatz marktgängiger Produkte und die darauf zurückgehenden **Umsatzerwartungen** des Rechtsinhabers zu berücksichtigen (BGH GRUR 2021, 1105 Rn. 16; GRUR 2014, 206 Rn. 16; GRUR 1985, 511 (512)). Dieser Gesichtspunkt fließt **neben anderen** auch in eine der Streitwertermittlung dienende Lizenzprognose ein (BGH GRUR 2021, 1105 Rn. 16). Bei der Bewertung der zu erwartenden Umsätze und Lizenzeinnahmen ist ggf. dem Umstand Rechnung zu tragen, dass der Zugang zum Markt und die damit verbundenen Einnahmemöglichkeiten häufig nicht von einem **einzelnen** Patent abhängen (BGH GRUR 2021, 1105 Rn. 16).

32 Bei einem Patent ist ferner die bei Klageerhebung noch gegebene **Restlaufzeit** (auch → Rn. 19 zum Design) von Bedeutung (OLG Düsseldorf NJW 2011, 2979). Zu berücksichtigen sind darüber hinaus einerseits die Verhältnisse beim Kläger (wie dessen Umsatz, Größe und Marktstellung), die einen Hinweis über den voraussichtlich drohenden Schaden geben, andererseits Art, Ausmaß und Schädlichkeit der Verletzungshandlung sowie die Intensität der Begehungs- oder Wiederholungsgefahr.

33 **cc) Patentnichtigkeitsverfahren.** Für den Wert in einem Patentnichtigkeitsverfahren ist nach hM im Allgemeinen der gemeine Wert des Patentes bei Erhebung der Klage oder Einlegung der Berufung **zzgl.** des Betrags der bis dahin entstandenen Schadenersatzforderungen maßgeblich (stRspr, BGH GRUR 2021, 1105 Rn. 10; BeckRS 2014, 21518 Rn. 4; GRUR 2013, 1287 Rn. 3; GRUR 2011, 757 Rn. 2; s. auch GRUR 2018, 654 Rn. 7; aA Rospatt/Timmann GRUR 2021, 338 (342): entsprechend den allgemeinen Grundsätzen das wirtschaftliche Interesse an der Vernichtung des Patentes).

34 Gibt es keine Anhaltspunkte, legt der BGH für den gemeinen Wert die (vorläufige) Streitwertfestsetzung aus dem anhängigen Patentverletzungsverfahren zugrunde (BGH GRUR 2021, 1105 Rn. 11). Dieser Betrag sei idR aber um 25 % zu **erhöhen,** um dem Wert der eigenen Nutzung Rechnung zu tragen (BGH GRUR 2021, 1105 Rn. 11 und Rn. 21). Ist über die streitige Höhe des wegen Verletzung des Streitpatentes bereits entstandenen Schadens noch keine abschließende gerichtliche Entscheidung ergangen, entspricht es regelmäßig billigem Ermessen, den bezifferten Betrag der Schadenersatzforderung in voller Höhe in die Wertbestimmung einzustellen (BGH GRUR 2011, 757 Rn. 2; GRUR 2009, 1100 Rn. 5 – Druckmaschinen-Temperierungssystem III).

35 **Stellungnahme.** Maßgeblich sollte die **wirtschaftliche Ausbeute** sein, die der Patentinhaber mit der Verwertung des Patentes erzielen kann (s. auch BGH BeckRS 2014, 21518 Rn. 6). Denn diese spiegelt sein wirtschaftliches Interesse wider.

Eine Aufteilung des Streitwertes unter mehreren Klägern ist nicht zulässig (BGH GRUR 2013, 1287 Rn. 3 – Nichtigkeitsstreitwert II), da der Wert des Patentes für jeden Kläger gleich hoch ist. 36

h) Sortenschutzgesetz (SortSchG). Nach § 36 SortSchG sind die Vorschriften des Patentgesetzes anwendbar. Dies erlaubt es, den Gebührenstreitwert nach den Grundsätzen des Patentgesetzes festzusetzen (→ Rn. 29 ff.). 37

i) Urheberrecht. Der Gebührenstreit wegen der Verletzung eines dem Urheberrechtsgesetz unterfallenden Anspruchs ist **nicht** nach § 51 I, sondern nach § 3 ZPO festzusetzen (→ ZPO § 3 Rn. 23 „Urheberrecht“). 38

2. Wettbewerbssachen; Schutz von Geschäftsgeheimnissen (II–IV). 39
a) Überblick. In Verfahren, die II unterfallen (→ Rn. 4), ist der Streitwert grds. (→ Rn. 41) nach der sich aus dem Antrag des Klägers für ihn ergebenden **Bedeutung des konkreten Falls** (BT-Drs. 17/13057, 30) nach Ermessen zu bestimmen. Die „Bedeutung der Sache“ entspricht dem „Interesse des Klägers“ an der erstrebten Entscheidung (BT-Drs. 17/13057, 30). Die Bedeutung der Sache ist – wie stets (→ ZPO § 3 Rn. 12) – **objektiv, nicht subjektiv** zu verstehen (BT-Drs. 17/13057, 30). § 51 II steht der Festsetzung eines **Regelstreitwertes** entgegen (BGH GRUR 2017, 212 Rn. 8 – Finanzsanierungen; BeckRS 2015, 3109 Rn. 2). Verfährt ein Gericht anders, handelt es ermessensfehlerhaft (entsprechend → ZPO § 3 Rn. 10).

Bei der Anwendung ist – anders als es die Praxis aber ganz häufig tut – der Zweck des § 51 II zu beachten, der dazu führen soll, den Gebührenstreit **geringer** festzusetzen, als dies der Fall wäre, wendete man unmittelbar § 3 ZPO an (auch → Rn. 1). Durch das Abstellen auf die Bedeutung der Sache gemäß dem klägerischen Antrag soll ferner **verhindert** werden, dass bei der Festsetzung des Streitwertes Umstände einfließen, die über das konkrete Klagebegehren hinausgehen (wie § 52 I). Die Bestimmung des § 51 III 1 erlaubt es, den so ermittelten Streitwert herabzusetzen (→ Rn. 51). § 51 III 2 ordnet iÜ einen subsidiären Auffangwert an (→ Rn. 54). 40

b) Bestimmung nach Klägerinteresse (II). aa) Überblick. Maßgeblich ist, wie idR, das **wirtschaftliche Interesse** des Klägers oder Antragstellers im Hinblick auf den geltend gemachten wettbewerbsrechtlichen Anspruch (BGH GRUR 1990, 1052 (1053); KG GRUR-RR 2021, 96 Rn. 3; OLG Frankfurt a. M. WRP 2021, 1338 Rn. 8). Der Umfang dieses Interesses hängt – wie grds. bei **allen Unterlassungsansprüchen im gewerblichen Rechtsschutz** (→ Rn. 8) – insbes. von der Gefährlichkeit der zu verbietenden Handlung („Angriffsfaktor“) ab, die anhand des drohenden Schadens (→ Rn. 43; Umsatzeinbußen, Marktverwirrungs- und Rufschaden) zu bestimmen ist, und von den **weiteren** Umständen. 41

Zu berücksichtigen sind insbes. die folgenden Punkte (s. auch exemplarisch BGH GRUR-RS 2020, 18108 Rn. 7; OLG Frankfurt a. M. WRP 2021, 1338 Rn. 8; KG GRUR-RR 2021, 96 Rn. 3; OLG Celle NJOZ 2013, 1287): 42

- der dem Verletzten drohende **Schaden,** etwa Umsatzeinbußen oder ein Marktverwirrungs- und Rufschaden; 43
- die **Unternehmensverhältnisse** beim Verletzenden und beim Verletzten, also Umsätze, Größe, Wirtschaftskraft und Marktstellung der Unternehmen (BGH GRUR-RS 2020, 18108 Rn. 7; OLG Frankfurt a. M. WRP 2021, 1338 Rn. 8; OLG Karlsruhe JurBüro 1975, 108) unter Berücksichtigung ihrer künftigen Entwicklung;
- die **Intensität** des Wettbewerbs zwischen dem Verletzer und dem Verletzten in räumlicher, sachlicher und zeitlicher Hinsicht;
- die **Richtung** einer Verletzungshandlung (BGH GRUR-RS 2020, 18108 Rn. 7);
- das Ausmaß (OLG Stuttgart NJW-RR 1987, 42), die Intensität (OLG Köln GRUR-RR 2010, 176; OLG Frankfurt a. M. JurBüro 1983, 1249), die Häufigkeit, der Umfang und die Auswirkungen möglicher **zukünftiger** Verletzungshandlungen (OLG Düsseldorf JurBüro 1975, 229);
- ggf. die **Bekanntheit** einer Marke;
- die Schwere der Rechtsverletzung, insbes. **Gefährlichkeit** (OLG Stuttgart NJW-RR 1987, 429), Heftigkeit, Zielrichtung und Dauer des Angriffs;
- der bereits erlittene **Schaden;**

– subjektive Umstände, wie etwa ein **Verschulden** (BGH GRUR-RS 2020, 18108 Rn. 7; GRUR 1990, 1052 (1053); KG GRUR-RR 2021, 96 Rn. 3).

44 **bb) Parteiangaben.** Für Parteiangaben gelten die Ausführungen zu → ZPO § 3 Rn. 15 entsprechend (s. auch OLG Frankfurt a. M. GRUR-RS 2021, 14366 Rn. 2; KG GRUR-RR 2021, 96 Rn. 4; auch → Rn. 12).

45 **cc) Klagenhäufung.** Nach Ansicht des BGH ist im Rahmen des § 39 die Wertung des § 45 I 3 **entsprechend** anzuwenden (→ § 39 Rn. 34; auch → Rn. 13). Damit kommt auch bei fehlender wirtschaftlicher Identität iSd § 45 I 2 keine Vervielfältigung, sondern lediglich eine maßvolle Erhöhung des Streitwertes für jeden Streitgegenstand, über den entschieden worden ist, in Betracht, wenn durch die Geltendmachung der weiteren Streitgegenstände der Angriffsfaktor nicht wesentlich verstärkt wird (→ § 39 Rn. 34). Diese Voraussetzung ist im Falle eines auf mehrere Streitgegenstände gestützten einheitlichen Unterlassungsantrags idR gegeben (BGH ZUM 2019, 183 Rn. 13; GRUR 2016, 1301 Rn. 73 – Kinderstube). Dies soll sich entsprechend auf den Gebührenstreitwert der auf den Unterlassungsantrag zurückbezogenen Anträge auf Auskunft und Schadenersatz auswirken (BGH ZUM 2019, 183 Rn. 13).

46 **dd) Verbraucherverband.** Klagt ein Verbraucherverband gem. § 8 III Nr. 3 UWG auf Unterlassung wettbewerbsrechtlich relevanter Rechtsverstöße gegen das UWG, kommt es bei der Bestimmung des Streitwertes auf das **satzungsmäßig** wahrgenommene Interesse der Verbraucher und die den Verbrauchern drohenden Nachteile an (BGH GRUR 2017, 212 Rn. 9; BeckRS 2013, 12246 Rn. 2 – Rechtsmissbräuchlicher Zuschlagsbeschluss; GRUR 2011, 560 Rn. 6 – Streitwertherabsetzung II; OLG München NJW-RR 2018, 575 Rn. 14).

47 Dies kann zu einer **wesentlich höheren** Bewertung führen als bei Unterlassungsbegehren eines bloßen Mitbewerbers (OLG Frankfurt a. M. WRP 2021, 668 Rn. 4; WRP 2020, 632; GRUR-RR 2012, 95; BeckRS 2011, 21519; OLG Karlsruhe BeckRS 2016, 14764 Rn. 2 = MDR 2016, 1116; KG NJOZ 2010, 2020). Zur Klärung ist in einem **ersten** Schritt ua die Satzung einzusehen, ist die Anzahl der Mitglieder des Verbraucherverbandes zu ermitteln und zu prüfen, ob das Interesse alle Mitglieder betrifft. In einem **zweiten** Schritt ist das Einzelinteresse eines Mitglieds zu ermitteln, das angemessen zu erhöhen ist. Sind solche Ermittlungen nicht möglich, bleibt das Ergebnis unklar oder bleiben Zweifel, wie dies **häufig** der Fall ist, ist § 51 III 2 anzuwenden (→ Rn. 54 ff.).

48 Dem Umstand, dass die finanzielle Ausstattung der – ausschließlich im öffentlichen Interesse tätigen – Verbraucherverbände idR gering bemessen ist, kann dadurch Rechnung getragen werden, dass auf deren Antrag gem. § 12 IV UWG eine **Streitwertherabsetzung** erfolgt (BGH GRUR 2017, 212 Rn. 11). Dabei ist die Frage, ob ihre Belastung mit den Prozesskosten nach dem vollen Streitwert nicht tragbar erscheint, bei ihnen nach weniger strengen Maßstäben zu beurteilen als bei Wettbewerbsverbänden (BGH GRUR 2017, 212 Rn. 11; GRUR 2011, 560 Rn. 6 – Streitwertherabsetzung II).

49 **ee) Ausgesuchte Einzelfälle im „ABC".** Wer eine nach §§ 3, 7 UWG unzulässige geschäftliche Handlung vornimmt, kann nach § 8 I 1 UWG auf **Beseitigung** und bei Wiederholungsgefahr auf **Unterlassung** in Anspruch genommen werden (der Anspruch auf Unterlassung besteht nach § 8 I 2 bereits dann, wenn eine Zuwiderhandlung droht).

50 **Auskunft (Anspruch auf):** Beim **selbständigen** Auskunftsanspruch ist das Interesse am Wert der Mitteilung maßgebend (entsprechend → ZPO § 3 Rn. 23 „Auskunft"). Als **Hilfsanspruch** zum Schadenersatzanspruch ist der Auskunftsanspruch idR hingegen mit $^1/_{10}$ bis zu $^1/_4$ des Wertes des Hauptanspruchs zu bewerten (entsprechend → ZPO § 3 Rn. 23 „Auskunft"; BGH BeckRS 2010, 11845 Rn. 4 = WRP 2010, 902; ZEV 2006, 265 Rn. 4; BeckRS 2002, 3872 unter II 1c); dabei ist der Wert des Auskunftsanspruchs umso höher zu bemessen, je mehr der Kläger zur Begründung seines Hauptanspruchs auf die Auskunftserteilung angewiesen ist (BGH BeckRS 2010, 11845 Rn. 4 = WRP 2010, 902; ZEV 2006, 265 Rn. 4; BeckRS 2002, 3872 unter II 1c. Auch → Rn. 8 (Klagehäufung). Bei der Stufenklage hat er keinen eigenen Wert.

Beseitigung (Anspruch auf): Auch → Rn. 54. Als Anspruch neben der Unterlassung ist idR ein bloßer Erinnerungswert anzusetzen. Als Hauptanspruch ist hingegen das Interesse an der Beseitigung maßgebend.

Besichtigung (Anspruch auf): → „Auskunft" (BGH BeckRS 2010, 11845 Rn. 4 = WRP 2010, 902. S. auch OLG Braunschweig MMR 2020, 254 Rn. 11).

Eidesstattliche Versicherung (Anspruch auf): Wird diese nicht im Rahmen einer Stufenklage als Anspruch geltend gemacht (dazu § 44), ist der Wert nach dem Interesse des Klägers an der erhofften Erlangung zusätzlicher Erkenntnisse idR mit einem Bruchteil des verfolgten „Hauptanspruchs" zu schätzen, da die eidesstattliche Versicherung nicht nur dazu dienen soll, die Auskunft zu erhärten, sondern auch ggf. dazu, weitere Auskünfte zu erhalten (Harte-Bavendamm/Henning-Bodewig/Retzer/Tolkmitt UWG § 12 Rn. 881).

Einstweilige Verfügung: → Rn. 57.

E-Mail (Unterlassung): Das Interesse, welches sich gegen die Zusendung von E-Mail-Werbung richtet, wird in der Rechtsprechung **sehr unterschiedlich** bewertet (im Überblick etwa OLG München BeckRS 2016, 119434 Rn. 2). Der Gesetzgeber stuft die Beeinträchtigung des Einzelnen in seiner privaten oder geschäftlichen Sphäre durch unerwünschte E-Mail-Werbung gem. § 7 II Nr. 3 UWG als unzumutbare Belästigung ein. Die Belästigung beschränkt sich auch nicht auf das bloße Löschen der Sendung. Der Empfänger ist vielmehr genötigt, sich mit dem Absender und dem Inhalt der E-Mail näher zu befassen (OLG Frankfurt a. M. NJW-RR 2021, 117 Rn. 13), wenn er sicherstellen will, nicht unbeabsichtigt erwünschte Nachrichten ungelesen zu löschen (KG BeckRS 2016, 129689 Rn. 11). Ferner soll der Unterlassungsanspruch auf Dauer eine weitere Zusendung unerwünschter E-Mail-Werbung unterbinden. Etwa das KG geht daher von 3.000 EUR aus, wenn Privatpersonen Adressaten der E-Mail-Werbung (s. auch OLG München BeckRS 2016, 119434 Rn. 4: 1.000 EUR), und von 6.000 EUR, wenn Gewerbetreibende Adressaten der E-Mail-Werbung sind (KG BeckRS 2016, 129689 Rn. 9). **Stellungnahme.** Beide Werte scheinen **übersetzt.** Auch kommt es nicht auf eine Abschreckung an, da es weder um eine General- noch Spezialprävention geht (aA KG BeckRS 2016, 129689 Rn. 11). Etwa BGH NJW-RR 2005, 219 hat beim Einwurf von Werbeprospekten und anderem Werbematerial in einen Briefkasten einen Wert von 100 EUR nicht beanstandet. Auch für die Zusendung von E-Mails sollten daher **allenfalls dreistellige** Werte angesetzt werden (OLG Hamm NJW-RR 2014, 613; OLG Karlsruhe, GRUR-RR 2008, 262: KG JurBüro 2002, 371 = BeckRS 2002, 10579; OLG Rostock NJOZ 2009, 77; LG Wiesbaden ZD 2020, 415 Rn. 3).

Ordnungsmittelverfahren: Der Wert eines Ordnungsmittelverfahrens ist nach dem zu schätzenden Interesse des Klägers/Antragstellers an der Vollstreckung des titulierten Anspruchs zu bemessen. Als wesentliche Prüfsteine sind insbes. die Schwere des Verstoßes, der Grad des Verschuldens und die Gefahr zukünftiger Zuwiderhandlungen zu berücksichtigen. Die Praxis orientiert sich weitgehend an dem Streitwert des Unterlassungsverfahrens von dem im Folgenden Abzüge vorgenommen werden ($^1/_5$ bis $^1/_3$ der Hauptsache).

PAngV: Fehlt eine Grundpreisangabe, werden zT 10.000 bis 15.000 EUR angesetzt (OLG Frankfurt a. M. WRP 2021, 1338 Rn. 14; WRP 2018, 1355 Rn. 16), selbst dann, wenn die klagende Partei keine konkreten Angaben macht (OLG Frankfurt a. M. WRP 2021, 1338 Rn. 11). **Stellungnahme.** Fehlen Angaben, ist § 51 III 2 anwendbar. Es kann nicht vom Interesse eines Klägers auf das Interesse eines anderen Klägers geschlossen werden, wenn nicht gesichert ist, dass die Interessen gleichliegen.

Rechnungslegung (Anspruch auf): → Auskunftsanspruch (entsprechend → ZPO § 3 Rn. 23 „Rechnungslegung"). Der Streitwert eines Anspruchs auf Rechnungslegung bemisst sich idR nach dem Interesse, das der Kläger daran hat, dass durch die Rechnungslegung die Begründung und Geltendmachung einer beabsichtigten Leistungsklage erleichtert oder überhaupt erst möglich werden. Dieses Interesse ist im Einzelfall unter Berücksichtigung der besonderen Umstände in seinem Verhältnis zum Leistungsanspruch zu schätzen (OLG Düsseldorf BeckRS 1995, 00869 Rn. 3). Diese Prüfsteine lassen sich jedoch dann nicht anwenden, wenn das

Interesse des Klägers nicht darauf gerichtet ist, eine Leistungsklage vorzubereiten, sondern sich darin erschöpft, eine von dem Beklagten geschuldete Rechnungslegung herbeizuführen. In einem solchen Fall ist für die Wertbemessung des Streitgegenstandes auf den Aufwand an Zeit und Sachmitteln abzustellen, der mit der Erteilung der verlangten Rechnung verbunden ist (OLG Düsseldorf BeckRS 1995, 00869 Rn. 3).

Schadenersatz (Anspruch auf): Maßgeblich ist die Höhe des Antrags (entsprechend → ZPO § 3 Rn. 5). Bei der Feststellungsklage gilt entsprechend → ZPO § 3 Rn. 19 „Feststellungsklagen".

Urteilsbekanntmachung. Maßgeblich ist das Interesse an der Beseitigung der Beeinträchtigung (BGH GRUR-RS 2021, 41235 Rn. 13). Die den Beklagten treffenden Kosten der Urteilsbekanntmachung sind unerheblich (BGH GRUR-RS 2021, 41235 Rn. 14). Der BGH (BGH GRUR-RS 2021, 41235 Rn. 17) hat im Urheberrecht einen Wert von 5.000 EUR nicht beanstandet, wenn der Kläger einen Schadenersatzanspruch von 100.000 EUR verfolgt (= 1/20). Im Schrifttum werden auch 1/10 bis 1/5 genannt.

Unterlassung (Anspruch auf): Auch → Rn. 54. Das Interesse der klagenden Partei an einer Unterlassung ist, soweit sicher ermittelbar (→ Rn. 43), **pauschalierend** und unter Berücksichtigung von Bedeutung, Größe und Umsatz des Verletzers, Art, Umfang und Richtung der Verletzungshandlung sowie subjektiven Umständen auf Seiten des Verletzers, wie etwa dem Verschuldensgrad, zu bewerten (BGH GRUR-RS 2020, 18108 Rn. 7). Entscheidend ist das Interesse an der **Unterbindung weiterer gleichartiger Verstöße** (exemplarisch OLG Frankfurt a. M. GRUR-RS 2021, 14366 Rn. 2), das maßgeblich durch die Art des Verstoßes, insbes. seine Gefährlichkeit und Schädlichkeit für die Träger der maßgeblichen Interessen, bestimmt wird (BGH GRUR 2017, 212 Rn. 8 – Finanzsanierungen; GRUR 2013, 301 Rn. 56 – Solarinitiative; GRUR 1990, 1052 (1053) – Streitwertbemessung; OLG Karlsruhe GRUR-RS 2021, 972 Rn. 10; OLG Köln BeckRS 2018, 28795 Rn. 2).

Vernichtung (Anspruch auf): Der Wert der Vernichtung ist nach dem zu schätzenden Interesse des Klägers/Antragstellers an der Vernichtung zu bemessen.

Veröffentlichung (Anspruch auf): Das Interesse an der Veröffentlichung einer Entscheidung geht oft im Interesse am Unterlassungsanspruch voll auf. Es kann aber auch – insbes. bei einer schädigenden Äußerung – erheblich über den Unterlassungsanspruch hinausgehen.

51 **c) Minderung nach Beklagteninteresse (III 1). aa) Überblick.** III 1 lässt es in Ausnahme zu dem für die Streitwertfestsetzung geltenden Prinzip des Angreiferinteresses zu, an das **Beklagteninteresse** anzuknüpfen. Dadurch soll ein Interessensausgleich möglich werden, wenn die Bedeutung der Sache für den Kläger und den Beklagten „stark variiert" (BT-Drs. 17/13057, 30). Die Bedeutung der Sache für den Beklagten lässt darüber hinaus aber auch einen Rückschluss auf die **Verletzungsintensität** und die **Gefährdung des Klägers** zu und ist durch III 1 als Bewertungsfaktor einer eventuell davon abweichenden höheren Bedeutung auf Klägerseite regulierend gegenübergestellt (BT-Drs. 17/13057, 30). III 1 ist damit anders als § 12 III UWG nach seinem Sinn und Zweck **keine Härtefallregelung** zum Schutz wirtschaftlich schwächerer Parteien (unzutreffend OLG Frankfurt a. M. WRP 2021, 1338 Rn. 16; OLG Zweibrücken NJW-RR 2014, 1535 Rn. 4).

52 **bb) Tatbestandsvoraussetzung. (1) Erheblich geringere Bedeutung.** Ob eine Sache für einen Beklagten eine „geringere" Bedeutung hat (s. auch OLG Stuttgart BeckRS 2016, 7946 Rn. 18: „Bagatelle" = WRP 2016, 766), ist die Frage danach, welches objektiv wirtschaftliche Interesse der Beklagte **selbst** an der Sache hat (Bohne GRUR-Prax 2016, 249). Dieses Interesse drückt sich darin aus, die beanstandete geschäftliche Handlung **fortführen** zu dürfen (s. auch Krbetschek/Schlingloff WRP 2014, 1 (6)). Eine geringe Bedeutung ist bspw. bejaht worden, wenn der Beklagte erst kurz unternehmerisch tätig ist und bis dahin nur geringe Umsätze hatte (OLG Zweibrücken NJW-RR 2014, 1535 Rn. 4; Bohne GRUR-Prax 2016, 249). Diese Wertung überzeugt aber nicht, da an die **Fortführung** anzuknüpfen ist. Tatsächlich ist auch **anders** vorzugehen. Das Gericht muss zunächst den Wert nach § 51 II bestimmen. Dann ist nach § 51 III 1 vAw zu prüfen, welche Bedeutung die Sache

für den Beklagten hat und ist **danach** ein **weiterer** Wert zu ermitteln. Eine erheblich geringere Bedeutung ist bereits dann zu bejahen, wenn sich diese Werte um mehr als 10% unterscheiden (arg. § 323 ZPO, § 238 FamFG). **(2) Größe des Mitbewerbers.** Ob es sich beim Beklagten um einen großen oder kleinen Mitbewerber handelt, ist unerheblich (aA OLG Frankfurt a. M. WRP 2021, 1338 Rn. 16). **(3) Verschulden.** Auf ein Verschulden kommt es nicht an (aA Krbetschek/Schlingloff WRP 2014, 1 (6): es werden im Kern nur Fälle einer unlauteren geschäftlichen Handlung erfasst sein, die dem nicht vorsätzlich handelnden Beklagten keine besonderen Vorteile auf dem Markt verschaffen).

cc) Rechtsfolge. Liegt die Tatbestandsvoraussetzung vor, ist der Streitwert **zwingend** angemessen zu mindern (aA wohl OLG Frankfurt a. M. WRP 2021, 1338 Rn. 16; OLG Stuttgart BeckRS 2016, 7946 Rn. 18 = WRP 2016, 766). Was „angemessen" ist, ist nach billigem Ermessen zu bestimmen. Einen Zwang, den Streitwert bis zum Interesse des Beklagten zu mindern, gibt es nicht. 53

d) Auffangwert für Beseitigungs- oder Unterlassungsansprüche (III 2). aa) Überblick. Ein Wert von bloß 1.000 EUR ist anzunehmen, wenn der Sach- und Streitstand „keine genügenden Anhaltspunkte" für eine Bestimmung des Streitwertes nach dem wirtschaftlichen Interesse bietet. Dieser Auffangwert ist als **starre** Größe einer Differenzierung nach oben oder nach unten je nach Lage des Falles **nicht** mehr zugänglich (BT-Drs. 17/13057, 31). III 2 ist sowohl bei einem isolierten Beseitigungs- oder Unterlassungsanspruch als auch bei deren **Zusammentreffen** anzuwenden. Der Rückgriff auf die abzurechnenden anwaltliche Dienstleistungen ist ein offensichtlicher Zirkelschluss (unzutreffend daher OLG Brandenburg GRUR-RS 2021, 5680 Rn. 5) und iÜ unzulässig. 54

bb) Keine genügenden Anhaltspunkte. Ungenügend sind – was die Praxis unter Verkennung des Sinns und Zwecks des III 2 idR missachtet – Anhaltspunkte nicht erst dann, wenn sie überhaupt fehlen, sondern schon dann, wenn für die Bestimmung des Streitwertes **Unklarheiten** bleiben oder **Zweifel** bestehen, wenn man mithin „mit gutem Grund" verschiedener Meinung sein kann. 55

cc) Beispiele. III 2 ist nach dem Willen des Gesetzgebers nicht nur, aber insbes. anzuwenden, wenn ein **Verstoß gegen Marktverhaltensregeln** vorliegt (BT-Drs. 17/13057, 31). Dagegen wird eingewandt, dass in solchen Fällen mangels geschäftlicher Relevanz bereits der Verbotstatbestand des § 3 I UWG nicht erfüllt sei. Maßgebend sei daher, ob es sich vom Unrechtsgehalt der Handlung her um einen geringfügigen Wettbewerbsverstoß durch einen Kleinunternehmer handelt (OLG Dresden BeckRS 2015, 2674 Rn. 3; OLG Celle MDR 2014, 982; OLG Stuttgart BeckRS 2014, 04929). **Stellungnahme.** Dieser Kritik ist – schon nach dem Zweck des § 51 III 2 – jeweils **nicht** zu folgen. Die Frage, ob genügende Anhaltspunkte fehlen, hat weder mit der Schwere eines Wettbewerbsverstoßes noch mit der Größe eines Unternehmens etwas zu tun. Zu fragen ist **allein,** ob der Sach- und Streitstand keine genügenden Anhaltspunkte für eine Bestimmung des Wertes nach dem wirtschaftlichen Interesse bietet. 56

e) Einstweiliger Rechtsschutz (IV). aa) Grundsatz. Im Verfahren des einstweiligen Rechtsschutzes ist der sich aus II, III ergebende Wert idR unter Berücksichtigung der geringeren Bedeutung gegenüber der Hauptsache nach IV zu ermäßigen. Das Gericht muss dazu **zunächst** den Streitwert nach II und ggf. nach III 1, 2 bestimmen. Der auf diese Weise ermittelte Wert ist dann idR zu „ermäßigen". Die Praxis verfährt insoweit **uneinheitlich.** Manche Gerichte nehmen vom zuvor bestimmten Streitwert 1/2, manche einen Abschlag von 1/3 (exemplarisch KG GRUR-RR 2021, 96 Rn. 5; OLG Celle BeckRS 2016, 4998 Rn. 9; OLG Frankfurt a. M. BeckRS 2016, 1854 Rn. 19), ¼ (exemplarisch OLG Stuttgart BeckRS 2016, 7946 Rn. 6 = WRP 2016, 766) oder 2/5 (exemplarisch OLG Zweibrücken NJW-RR 2014, 1535 Rn. 5). **Stellungnahme.** Da IV es erreichen soll, dass im Verfahren des einstweiligen Rechtsschutzes im Vergleich zum Hauptsacheverfahren grds. **niedrigere** Werte festgelegt werden (→ Rn. 1), erscheint im Grundsatz allein eine Ermäßigung um **mindestens** 1/2 als vertretbar (siehe auch § 41 S. 2 FamGKG). Freilich bleibt dem Gericht stets die Möglichkeit, gar keinen Abschlag zu nehmen (→ Rn. 58). 57

bb) Annäherung/Gleichsetzung. Eine Ermäßigung des Streitwertes für das Eilverfahren ist nur „idR" vorzunehmen (s. auch BT-Drs. 17/13057, 31). IV lässt in 58

begründeten Einzelfällen bewusst eine **Annäherung an den Wert der Hauptsache** zu (BT-Drs. 17/13057, 31). Eine solche Ausnahme ist zB gerechtfertigt, wenn das Verfügungsverfahren tatsächlich zu einer **endgültigen** Erledigung des Streits führt oder mit hoher Wahrscheinlichkeit führen wird (exemplarisch OLG Karlsruhe GRUR-RR 2021, 294 Rn. 7; OLG Düsseldorf BeckRS 2018, 23621 Rn. 11; OLG Karlsruhe BeckRS 2016, 14764 Rn. 2) oder wenn sich der Antragsgegner auf die Abmahnung hin gegen den Vorwurf eines Wettbewerbsverstoßes nicht in der Sache verteidigt, sondern „ausdrücklich und rechtsverbindlich" erklärt, eine etwaige auf Antrag des Antragstellers ergehende einstweilige Verfügung als endgültige, rechtsverbindliche Regelung anzuerkennen und auch die weiteren für eine Abschlusserklärung erforderlichen Erklärungen abzugeben (OLG Frankfurt a. M. BeckRS 2019, 18526 Rn. 3 = JurBüro 2019, 543). Hier ist jeweils nicht nur eine Annäherung richtig, sondern eine Gleichsetzung.

59 **IV. Streitwertbegünstigungen (V).** V stellt bloß klar (→ Rn. 1; s. auch BeckOK KostR/Toussaint Rn. 5), dass § 12 III UWG, § 144 PatG, § 26 GebrMG, § 12 MarkenG, § 54 DesignG und § 22 GeschGehG selbstverständlich **neben** § 51 I–IV gelten und anzuwenden sind. Dazu näher → Streitwertbegünstigungen.

Verfahren nach dem Kapitalanleger-Musterverfahrensgesetz

51a **I Für die Anmeldung eines Anspruchs zum Musterverfahren (§ 10 Absatz 2 des Kapitalanleger-Musterverfahrensgesetzes) bestimmt sich der Wert nach der Höhe des Anspruchs.**

II Im Rechtsbeschwerdeverfahren ist bei der Bestimmung des Streitwerts von der Summe der in sämtlichen nach § 8 des Kapitalanleger-Musterverfahrensgesetzes ausgesetzten Verfahren geltend gemachten Ansprüche auszugehen, soweit diese von den Feststellungszielen des Musterverfahrens betroffen sind.

III Der Musterkläger und die Beigeladenen schulden im Rechtsbeschwerdeverfahren Gerichtsgebühren jeweils nur nach dem Wert, der sich aus den von ihnen im Ausgangsverfahren geltend gemachten Ansprüchen, die von den Feststellungszielen des Musterverfahrens betroffen sind, ergibt.

IV Die Musterbeklagten schulden im Rechtsbeschwerdeverfahren Gerichtsgebühren jeweils nur nach dem Wert, der sich aus den gegen sie im Ausgangsverfahren geltend gemachten Ansprüchen, die von den Feststellungszielen des Musterverfahrens betroffen sind, ergibt.

Schrifttum: Fölsch, Die besondere Gebühr für den Rechtsanwalt des Musterklägers, NJW 2013, 507; Hartmann, Neue Kostenregeln im neuen KapMuG-Verfahren, JurBüro 2012, 563.

1 **I. Normzweck und Normgeschichte.** § 51a ist eine § 48 verdrängende Sondervorschrift. I ist im Jahr 2012 auf Vorschlag des Rechtsausschusses ins Gesetz eingefügt worden (BT-Drs. 17/10160, 27) und regelt die Wertgebühr für die Gebühr KV 1902 für die Anmeldung eines Anspruchs im Musterverfahren nach § 10 II 1 KapMuG. II, der bereits im Jahr 2005 geschaffen wurde (s. BT-Drs. 15/5091), ordnet für das Rechtsbeschwerdeverfahren (§ 20 KapMuG) eine **Abweichung** von § 47 an: Nach ihm kommt es **ausnahmsweise** nicht auf den Antrag an. Dies hat seinen Grund darin, dass der Musterentscheid auch gegen die Beigeladenen wirkt, die dem Rechtsbeschwerdeverfahren nicht beigetreten sind. III, der seine Fassung durch den Rechtsausschuss erhalten hat (BT-Drs. 15/5695, 17), will ebenso wie IV, der auch erst durch den Rechtsausschuss eingeführt wurde (BT-Drs. 15/5695, 17), entsprechend § 247 AktG, § 144 PatG, § 26 GebrMG im Rechtsbeschwerdeverfahren die **Gerichtsgebühren** für die Musterkläger und die Beigeladenen **begrenzen** und diese **schützen** (BGH BeckRS 2016, 2371 Rn. 16 und Rn. 18= AGS 2016, 176; NZG 2013, 76 Rn. 7 zu § 51a II aF = § 51 III nF; BT-Drs. 15/5091, 35). Denn das wirtschaftliche Interesse eines Klägers im Musterverfahren kann nie höher sein als im Hauptsacheprozess (BGH NJOZ 2016, 1228 Rn. 16; NZG 2013, 76 Rn. 7 zu § 51a II aF = § 51 III nF). III, IV dienen demgegenüber nicht dazu, den Muster-

kläger und die auf seiner Seite Beigeladenen bzw. den Musterbeklagten auf Kosten des Musterklägers bzw. des Musterbeklagten in einem Maß zu entlasten, das ihrem persönlichen Interesse an dem Rechtsstreit nicht mehr entspricht (BGH NJOZ 2016, 1228 Rn. 18; NZG 2013, 76 Rn. 8 zu § 51a II aF = § 51 III nF). Es handelt sich bei III, IV damit iErg um Vorschriften zur **Haftungsbeschränkung** (BGH NJOZ 2016, 1228 Rn. 16), **nicht** zur Streitwertverminderung. Zur Kostenhaftung s. § 22 IV.

II. Anwendungsbereich. 1. Erfasste Verfahren. I ist nur für die Anmeldung nach § 10 II 1 KapMuG anwendbar (das erstinstanzliche Musterverfahren nach dem KapMuG vor dem OLG löst selbst keine eigenen Gerichtsgebühren aus). II–IV gelten nur für die Rechtsbeschwerden nach § 20 KapMuG. Für Rechtsbeschwerden nach § 574 ZPO ist § 51a I nicht anwendbar, auch wenn sie im Einzelfall im Zusammenhang mit Entscheidungen zum KapMuG stehen. 2

2. Erfasste Gebühren. I ist für die Bestimmung der Gebühr KV 1902 anwendbar. § 51a II–IV sind anwendbar für die Wertgebühren nach dem GKG für das KapMuG. Für die Wertgebühren nach dem RVG gilt der **persönliche** Streitwert nach § 23b RVG (→ RVG § 23b Rn. 2). Danach bestimmt sich der Gegenstandswert nach der Höhe des von dem Auftraggeber oder gegen diesen im Ausgangsverfahren geltend gemachten Anspruchs, soweit dieser Gegenstand des Musterverfahrens ist. Auch wenn eine Angelegenheit mehrere Gegenstände umfasst, verbleibt es beim Höchstwert gem. § 22 II 1 RVG (BGH AG 2021, 790 = BeckRS 2021, 28206 Rn. 8). Für einen Prozessbevollmächtigten, der **mehrere** Beteiligte vertritt, ist der Gegenstandswert in Höhe der Summe der nach § 23b RVG zu bestimmenden Streitwerte festzusetzen (BGH 2021, 790 = BeckRS 2021, 28206 Rn. 4; BGHZ 216, 37 Rn. 75; ZIP 2018, 578 Rn. 67; WM 2018, 2225 Rn. 156). Sind in derselben Angelegenheit mehrere Personen wegen verschiedener Gegenstände Auftraggeber, beträgt der Wert für jede Person höchstens 30 Mio. EUR, insgesamt jedoch nicht mehr als 100 Mio. EUR (§ 22 II 2 RVG). 3

3. Auslagen. Die Haftungsbeschränkungen nach III, IV erfassen nur die im Rechtsbeschwerdeverfahren entstehenden Gerichtsgebühren, nicht die Auslagen (s. auch BT-Drs. 15/5091, 35). 4

III. Anmeldung eines Anspruchs zum Musterverfahren (I). Für die Anmeldung eines Anspruchs zum Musterverfahren (§ 10 II KapMuG) ist nach KV 1902 eine 0,5 Gerichtsgebühr zu erheben. Nach § 51a I bestimmt sich der Gebührenstreitwert für diese Anmeldung nach der **Höhe des Anspruchs.** Der Anspruch selbst ist nach § 48 I 1 iVm §§ 3–9 ZPO zu bewerten. Die Gebühr, die mit Antragseinreichung fällig wird (§ 6 I Nr. 1), schuldet der Anmelder (§ 22 IV 2). 5

IV. Rechtsbeschwerdeverfahren (II). 1. Grundsatz. Im Rechtsbeschwerdeverfahren ist bei der Bestimmung des normativen Streitwertes von der Summe der in **sämtlichen** nach § 8 KapMuG ausgesetzten Prozessverfahren geltend gemachten Ansprüche auszugehen, soweit diese von den Feststellungszielen des Musterverfahrens „betroffen" sind (BGH BeckRS 2020, 37385 Rn. 4 = AG 2021, 591; ZIP 2016, 546 Rn. 19). Dies gilt auch dann, wenn in einem Teilmusterentscheid **nicht über sämtliche** Feststellungsziele des Musterverfahrens entschieden wird oder wenn nicht sämtliche Feststellungsziele des erstinstanzlichen Musterverfahrens Gegenstand des Rechtsbeschwerdeverfahrens werden. Dies beruht darauf, dass dem Rechtsbeschwerdegericht für die Wertfestsetzung nur die Unterrichtungen nach § 8 IV KapMuG vorliegen und eine gesonderte Ermittlung im Rechtsbeschwerdeverfahren nicht stattfindet (BGH BeckRS 2020, 37385 Rn. 4 = AG 2021, 591). Infolgedessen sind auch die in den Ausgangsverfahren geltend gemachten Ansprüche der Beigeladenen zu berücksichtigen, die zwar dem Rechtsbeschwerdeverfahren nicht beigetreten sind, ihre Klage aber **nicht rechtzeitig** zurückgenommen haben (stRspr, ua BGH NZG 2022, 673 Rn. 32; BeckRS 2022, 2098 Rn. 32; BeckRS 2020, 37385 Rn. 4 = AG 2021, 591; BeckRS 2016, 113930 Rn. 117). Die Ansprüche selbst sind nach § 48 I 1 iVm §§ 3–9 ZPO, §§ 39–47 zu bewerten. Heranzuziehen sind die Ansprüche aus allen Verfahren, die gem. § 8 I KapMuG tatsächlich ausgesetzt worden sind, in dem Umfang, wie sie von den Feststellungszielen des Musterverfahrens betroffen sind. 6

Betreffen diese Feststellungsziele nur die Zuständigkeit des Prozessgerichtes im Ausgangverfahren, gilt nichts anderes (BGH BeckRS 2020, 37385 Rn. 5 = AG 2021, 591). Die Festsetzung des Gegenstandswerts für **die außergerichtlichen Kosten** richtet sich nach § 23b RVG. Für die Prozessbevollmächtigten, die mehrere Beteiligte im Rechtsbeschwerdeverfahren vertreten, ist der Gegenstandswert für die Bestimmung der außergerichtlichen Kosten gem. § 22 I RVG in Höhe der Summe der nach § 23b RVG zu bestimmenden Streitwerte festzusetzen (stRspr, ua BGH BeckRS 2022, 2098 Rn. 33; BeckRS 2022, 2530 Rn. 32; BGHZ 220, 100 Rn. 81; BGHZ 213, 65 Rn. 118).

7 **2. Höchststreitwert (§ 39 II).** Der Streitwert beträgt nach § 39 II höchstens 30 Mio. EUR.

8 **V. Musterkläger und Beigeladene – Gerichtsgebühren (III). 1. Gerichtsgebühren.** III ordnet an, dass der Musterkläger und die auf seiner Seite Beigeladenen nur für Gerichtsgebühren aus den **ihnen** jeweils zurechenbaren Teilen des Gesamtstreitwertes haften (BGH BeckRS 2016, 2371 Rn. 16 = AGS 2016, 176; NJW-RR 2014, 509 Rn. 7). Diese Teile bestimmen sich nach der Höhe der von ihnen im Hauptsacheverfahren geltend gemachten Ansprüche, soweit diese ein Gegenstand des Musterverfahrens sind, sowie der persönlichen Beschwer im **Rechtsbeschwerdeverfahren** (BGH BeckRS 2020, 37385 Rn. 7 = AG 2021, 591; NJW-RR 2014, 509 Rn. 7; NZG 2013, 76 Rn. 7 zu § 51a II aF = § 51 III nF; BT-Drs. 15/5091, 35). Die Haftungsbeschränkung kann zur Folge haben, dass einerseits die Verfahrenskosten nicht vollständig eingezogen werden können und andererseits Kosten nicht vollständig erstattet werden (BGH NJOZ 2016, 1228 Rn. 16; NJW-RR 2014, 509 Rn. 9; BT-Drs. 15/5091, 35).

9 **2. Auslagen.** Die Haftungsbeschränkung nach III erfasst nur die im Rechtsbeschwerdeverfahren entstehenden Gerichtsgebühren, nicht die Auslagen (s. auch BT-Drs. 15/5091, 35).

10 **3. Kostenerstattung.** Auf die Kostenerstattung hat III keinen Einfluss (BGH NZG 2013, 76 Rn. 7). Die Kostenerstattung richtet sich allein nach der Kostengrundentscheidung (BGH NJW-RR 2012, 491 Rn. 57).

11 **VI. Musterbeklagter – Gerichtsgebühren (IV).** Für den Musterbeklagten gilt → Rn. 8 entsprechend.

Verfahren vor Gerichten der Verwaltungs-, Finanz- und Sozialgerichtsbarkeit

52 **I In Verfahren vor den Gerichten der Verwaltungs-, Finanz- und Sozialgerichtsbarkeit ist, soweit nichts anderes bestimmt ist, der Streitwert nach der sich aus dem Antrag des Klägers für ihn ergebenden Bedeutung der Sache nach Ermessen zu bestimmen.**

II Bietet der Sach- und Streitstand für die Bestimmung des Streitwerts keine genügenden Anhaltspunkte, ist ein Streitwert von 5000 Euro anzunehmen.

III 1 Betrifft der Antrag des Klägers eine bezifferte Geldleistung oder einen hierauf bezogenen Verwaltungsakt, ist deren Höhe maßgebend. 2 Hat der Antrag des Klägers offensichtlich absehbare Auswirkungen auf künftige Geldleistungen oder auf noch zu erlassende, auf derartige Geldleistungen bezogene Verwaltungsakte, ist die Höhe des sich aus Satz 1 ergebenden Streitwerts um den Betrag der offensichtlich absehbaren zukünftigen Auswirkungen für den Kläger anzuheben, wobei die Summe das Dreifache des Werts nach Satz 1 nicht übersteigen darf. 3 In Verfahren in Kindergeldangelegenheiten vor den Gerichten der Finanzgerichtsbarkeit ist § 42 Absatz 1 Satz 1 und Absatz 3 entsprechend anzuwenden; an die Stelle des dreifachen Jahresbetrags tritt der einfache Jahresbetrag.

IV In Verfahren

1. vor den Gerichten der Finanzgerichtsbarkeit, mit Ausnahme der Verfahren nach § 155 Satz 2 der Finanzgerichtsordnung und der Verfahren in Kindergeldangelegenheiten, darf der Streitwert nicht unter 1500 Euro,

2. vor den Gerichten der Sozialgerichtsbarkeit und bei Rechtsstreitigkeiten nach dem Krankenhausfinanzierungsgesetz nicht über 2 500 000 Euro,

3. vor den Gerichten der Verwaltungsgerichtsbarkeit über Ansprüche nach dem Vermögensgesetz nicht über 500 000 Euro und

4. bei Rechtsstreitigkeiten nach § 36 Absatz 6 Satz 1 des Pflegeberufegesetzes nicht über 1 500 000 Euro

angenommen werden.

V Solange in Verfahren vor den Gerichten der Finanzgerichtsbarkeit der Wert nicht festgesetzt ist und sich der nach den Absätzen 3 und 4 Nummer 1 maßgebende Wert auch nicht unmittelbar aus den gerichtlichen Verfahrensakten ergibt, sind die Gebühren vorläufig nach dem in Absatz 4 Nummer 1 bestimmten Mindestwert zu bemessen.

VI [1]In Verfahren, die die Begründung, die Umwandlung, das Bestehen, das Nichtbestehen oder die Beendigung eines besoldeten öffentlich-rechtlichen Dienst- oder Amtsverhältnisses betreffen, ist Streitwert

1. die Summe der für ein Kalenderjahr zu zahlenden Bezüge mit Ausnahme nicht ruhegehaltsfähiger Zulagen, wenn Gegenstand des Verfahrens ein Dienst- oder Amtsverhältnis auf Lebenszeit ist,

2. im Übrigen die Hälfte der für ein Kalenderjahr zu zahlenden Bezüge mit Ausnahme nicht ruhegehaltsfähiger Zulagen.

[2]Maßgebend für die Berechnung ist das laufende Kalenderjahr. [3]Bezügebestandteile, die vom Familienstand oder von Unterhaltsverpflichtungen abhängig sind, bleiben außer Betracht. [4]Betrifft das Verfahren die Verleihung eines anderen Amts oder den Zeitpunkt einer Versetzung in den Ruhestand, ist Streitwert die Hälfte des sich nach den Sätzen 1 bis 3 ergebenden Betrags.

VII Ist mit einem in Verfahren nach Absatz 6 verfolgten Klagebegehren ein aus ihm hergeleiteter vermögensrechtlicher Anspruch verbunden, ist nur ein Klagebegehren, und zwar das wertmäßig höhere, maßgebend.

VIII Dem Kläger steht gleich, wer sonst das Verfahren des ersten Rechtszugs beantragt hat.

Schrifttum: Herrmann VBlBW 2014, 422; Just NJOZ 2019, 1361; DStR 2014, 2481; DStR-Beih. 2008, 70; Müller BB 2013, 2519; Becker/Spellbrink NZS 2012, 283.

Übersicht

1 **I. Normgeschichte, Normzweck und Allgemeines.** § 52 war bis zum Jahr 2004 teilweise in § 13 GKG aF verortet. Die Bestimmung fand ihre jetzige Stellung mit einem **veränderten** Inhalt durch das KostRMoG v. 5.5.2004 (BGBl. I 718). Zu den Änderungen **bis** 2004 vgl. BeckOK KostR/Toussaint Rn. 2.3. Art. 10 Nr. 4 des Gesetz über den Rechtsschutz bei überlangen Gerichtsverfahren und strafrechtlichen Ermittlungsverfahren v. 24.11.2011 (BGBl. I 2306) mWv 3.11.2011 hat in § 52 IV die Wörter „mit Ausnahme der Verfahren nach § 155 Satz 2 und 3 der Finanzgerichtsordnung" **eingefügt.** Damit wollte der Gesetzgeber eine einheitliche Gebührenbemessung in diesen Verfahren erreichen (BT-Drs. 17/3802, 29). Art. 3 des zweiten Gesetzes zur Modernisierung des Kostenrechts v. 23.7.2013 (BGBl. I) hat mWv 1.8.2013 § 52 **umfassend** geändert (zum Kindergeld s. auch FG Kassel v. 8.7.2022 – 2 K 1836/18, Rn. 45 ff. – juris). Er hat § 53 III 2, 3 angefügt und IV sowie V neu gefasst. III, IV Nr. 1 sollen ua den **Kostendeckungsgrad erhöhen** (BT-Drs. 11741, 245). § 52 III 3 und V sind durch Art. 7 Nr. 7 Gesetz zur Durchführung der Verordnung (EU) Nr. 1215/2012 sowie zur Änderung sonstiger Vorschriften v. 8.7.2014 (BGBl. I 890) mWv 10.1.2015 eingefügt worden. Für Kindergeldangelegenheiten sollte durch § 52 III 3 entsprechend der Rechtsprechung angeordnet werden, dass auf einen Jahresbezug abzustellen ist (BT-Drs. 18/823, 26). Mit § 52 V wurde bezweckt, dass die Gebühren in Verfahren nach § 155 II FGO nach dem **endgültigen** Wert erhoben werden (BT-Drs. 18/823, 26). § 52 IV Nr. 4 ist durch Art. 10a des Gesetzes für mehr Sicherheit in der Arzneimittelversorgung v. 9.8.2019 (BGBl. I 1202) mWv 16.8.2019 eingefügt worden. Klagen gegen den Schiedsstellenbeschluss nach § 36 VI 1 des Pflegeberufegesetzes können im Einzelfall für die an der Schiedsstelle beteiligten Organisationen mit einem erheblichen Kostenrisiko verbunden sein. Aus diesem Grunde wurde in Anlehnung an § 52 IV Nr. 2 eine **Streitwertbegrenzung** auf 1,5 Mio eingeführt (BT- Drs. 19/10681, 83). § 52 ist seinem **Zweck** nach eine Sondervorschrift für die Bestimmung des Gebühren-

streitwertes in Verfahren vor den Gerichten der Verwaltungs-, Finanz- und Sozialgerichtsbarkeit. Er soll für ein **einheitliches Gerichtskostenrecht** für möglichst alle Zweige der Gerichtsbarkeit sorgen (BT-Drs. 7/2016, 63). §§ 39 ff. gehen § 52 I–III **vor,** soweit sie Sonderbestimmungen enthalten (aA VG Arnsberg 23.2.2022 – 9 K 1619/20, juris Rn. 244 ff.).

II. Anwendungsbereich. 1. Überblick. a) Betroffene Verfahren. § 52 ist grds. anwendbar, **soweit** ein Rechtsstreit vor den Gerichten der Verwaltungs-, Finanz- und Sozialgerichtsbarkeit geführt wird. Auf § 52 I, II **verweisen** §§ 53 II, 60 Hs. 2, auf § 52 I–III der § 60 Hs. 1. Ferner ist § 52 nach § 194 I 1 BRAO für die in gerichtlichen Verfahren in verwaltungsrechtlichen Anwaltssachen (§ 112a I BRAO) anwendbar. In Verfahren, die Klagen auf Zulassung zur Rechtsanwaltschaft oder deren Rücknahme oder Widerruf betreffen, ist allerdings nach § 194 II 1 BRAO idR ein Streitwert von 50.000 EUR anzunehmen. Unter Berücksichtigung der Umstände des Einzelfalls, insbesondere des Umfanges und der Bedeutung der Sache sowie der Vermögens- und Einkommensverhältnisse des Klägers, kann das Gericht aber auch einen höheren oder einen niedrigeren Wert festsetzen (§ 192 II 2 BRAO). Zwischen **vermögens- und nichtvermögensrechtlichen** Streitigkeiten (zu den Begriffen → § 48 Rn. 3) ist **nicht** zu unterscheiden (BT-Drs. 7/2016, 70). Ob die genannten Gerichtsbehörden **zuständig** sind, ist unerheblich (BeckOK KostR/Toussaint Rn. 4). Im Verfahren vor den Gerichten der Sozialgerichtsbarkeit ist § 52 nach § 1 II Nr. 3 iVm § 197a I 1 SGG allerdings nur dann anwendbar, wenn in dem Rechtszug weder der Kläger noch der Beklagte zu den in § 183 SGG genannten Personen gehört, auch wegen der in § 183 SGG genannten Personen (in erster Linie Versicherte, Leistungsempfänger und Behinderte oder deren Sonderrechtsnachfolger). 2

b) Gebührenstreitwert. § 52 gilt nach seinem originären Anwendungsbereich nur für die Ermittlung des Gebührenstreitwertes. 3

c) Gegenstandsstreitwert. Nach § 23 RVG gilt § 52 grds. aber auch für die Ermittlung der Anwaltsgebühren. Selbst in Streitigkeiten, in denen **keine** Gerichtskosten erhoben werden zB nach § 188 S. 2 Hs. 1 VwGO, bemisst sich der nach § 33 RVG festsetzbare und für die Anwaltsgebühren maßgebliche Gegenstandswert nach § 23 I 2 RVG (gem. § 52 BVerwG NVwZ-RR 2011, 622 Rn. 4; OVG Schleswig v. 13.12.2022 – 3 O 40/19; OVG Lüneburg JurBüro 2018, 415 = BeckRS 2018, 10698 Rn. 2; OVG Hamburg NVwZ-RR 2007, 639; VG Ansbach v. 1.6.2021 – AN 2 K 20.00870). 4

d) Weitere GKG-Bestimmungen. Zusätzlich anwendbar sind §§ 39 ff. (siehe exemplarisch BVerwG BeckRS 2019, 9628 Rn. 34). Bspw. bei einer objektiven oder subjektiven **Klagenhäufung** (§ 39) ist für **jeden** Streitgegenstand (OVG Münster BeckRS 2019, 28731 Rn. 6) bzw. jeden Kläger (VGH Mannheim NVwZ-RR 2006, 653; VGH München BayVBl. 1983, 157) oder Antragsteller (§ 52 VIII) nach § 39 I grds. ein eigener Wert festzusetzen (BFH BStBl. II 1982, 705; OVG Saarlouis NVwZ-RR 2016, 976; s. auch BGH BeckRS 2019, 21712 Rn. 2). Etwas anderes gilt, sofern **wirtschaftliche Identität** (→ § 39 Rn. 17 ff.) anzunehmen ist (siehe nur BVerwG NVwZ-RR 1991, 669 (670); VGH Mannheim NVwZ-RR 2017, 943 Rn. 3; OVG Münster BeckRS 2009, 137991 Rn. 4; s. auch BGH BeckRS 2019, 21712 Rn. 2). § 42 I 1 ist ggü. § 52 **vorrangig,** da er etwas anderes bestimmt (OVG Schleswig BeckRS 2017, 101211 Rn. 6; s. auch OVG Koblenz NVwZ-RR 2017, 80 Rn. 1; VGH Mannheim AGS 2015, 336 = BeckRS 2015, 47034), aber nicht entsprechend anwendbar (OVG Schleswig v. 13.12.2022 – 3 O 40/19). 5

2. Sondervorschriften. Nach § 83b AsylG und § 6 VZOG werden in den dortigen Verfahren keine Gerichtskosten (Gebühren und Auslagen) erhoben. Der Gegenstandswert bestimmt sich nach § 30 RVG (er beträgt danach grds., siehe aber § 30 II RVG, 5.000 EUR, in Verfahren des vorläufigen Rechtsschutzes 2.500 EUR; sind mehrere natürliche Personen an demselben Verfahren beteiligt, erhöht sich der Wert für jede weitere Person in Klageverfahren um 1.000 EUR und in Verfahren des vorläufigen Rechtsschutzes um 500 EUR) bzw. § 6 III 2 VZOG (er beträgt danach unabhängig von der Zahl und dem Wert der jeweils betroffenen Vermögensgegenstände 5.000 EUR). In Widerspruchsverfahren oder in verwaltungsgerichtlichen Ver- 6 fahren, die einen Feuerstättenbescheid zum Gegenstand haben, betragen der Gegenstandswert und der Streitwert jeweils 500 EUR (§ 14b SchfHwG).

7 **3. Entsprechende Anwendbarkeit.** II ist in ehren- und berufsgerichtlichen Verfahren idR entsprechend anwendbar, zB nach § 194 BRAO, und nach § 111g BNotO, auch im Rahmen von §§ 62 I Nr. 2–4, 66 I, 78 Nr. 2–4 DRiG, soweit nicht Sondervorschriften wie § 202 II BRAO bestehen. Dasselbe gilt in Verfahren wegen des Verlustes von Dienstbezügen vor einem Disziplinargericht (VGH München NVwZ-RR 1989, 54).

8 **4. Festsetzung und Rechtsmittel. a) Überblick.** Für die Festsetzung gelten die Bestimmungen der §§ 61–63, für die Finanzgerichtsbarkeit unter Beachtung von § 63 II 2. Der Streitwertbeschluss muss – wie stets – in nachvollziehbarer Weise die gerichtlichen Erwägungen erkennen lassen (BVerfG NVwZ-RR 1994, 106; VGH Mannheim Justiz 1990, 107).

9 **b) Anfechtung.** Für die Anfechtung gelten § 66 GKG, § 33 RVG. Diese Regelungen gehen den allgemeinen Beschwerdevorschriften vor (OVG Greifswald NVwZ-RR 2000, 732; VGH Mannheim Justiz 1997, 486; VGH München NVwZ-RR 2003, 604; aA OVG Hamburg HbgJVBl 1994, 18). Dies gilt auch, soweit ein Sondergesetz die Anfechtbarkeit von Beschlüssen allgemein ausschließt, zB § 80 AsylG. Eine Beschwerde an ein Oberstes Bundesgericht ist in **allen** Fällen allerdings unstatthaft (§ 66 III 3 GKG, § 33 IV 2 RVG). Möglich ist hingegen nach hM eine Gegenvorstellung gegen unanfechtbare Festsetzungen (beispielhaft BVerwG BeckRS 2018, 32829 Rn. 1; BeckRS 2016, 49964 Rn. 1; allgemein BeckOK ZPO/Elzer ZPO § 318 Rn. 55).

10 **III. Grundsatz (I). 1. Allgemeines.** Soweit durch II–VII nichts anderes bestimmt ist, ist – grds. entsprechend → ZPO I § 3 Rn. 15 – der Streitwert nach der sich aus dem Antrag des Klägers für ihn ergebenden **objektiven Bedeutung** der Sache (OVG Meißen 24.11.2022 – 1 C 84/21, Rn. 65 – juris) und also nach dem „Angreiferinteresse" (→ ZPO Vor §§ 3–9 Rn. 2; → ZPO § 3 Rn. 11; BT-Drs. 7/2016, 71) zu bestimmen. Dass es sich dabei um einen **unbestimmten** Rechtsbegriffs handelt, begegnet keinen verfassungsrechtlichen Bedenken (BVerfG BeckRS 2012, 45906 Rn. 4; NVwZ 1999, 1104; NJW 1989, 1985). Der Gesetzgeber war auch nicht im Hinblick auf das **Gebot der Gebührenbestimmtheit** verpflichtet, den Streitwert für die verschiedenen Gegenstände durch ein System von Regelwerten im Einzelnen festzusetzen (BVerfG NVwZ 1999, 1104). Zwar hätte ein solches System den Vorteil größerer Vorhersehbarkeit und Berechenbarkeit der Gebührenhöhe. Solche Pauschalierungen gingen aber wie Streitwertkataloge (→ Rn. 15) **zwangsläufig auf Kosten der Einzelfallgerechtigkeit** (BVerfG NVwZ 1999, 1104). Irrelevant sind **andere** Umstände, wie zB der Umfang der Sache (BVerwG BeckRS 1977, 883 = DVBl. 1977, 653; VGH Mannheim BeckRS 2021, 10310), der Aufwand des Gerichtes oder die wirtschaftlichen Verhältnisse des Klägers (BVerwG BeckRS 2015, 54083 Rn. 3 = JurBüro 2016, 23; VGH Mannheim BeckRS 2021, 10310). Auch die Bedeutung der Sache für andere Verfahrensbeteiligte beeinflusst den Streitwert nicht (OVG Münster BeckRS 2005, 24691). Hat die Regelung für den Kläger **Dauerwirkung,** ist dies bei der Streitwertfestsetzung zu berücksichtigen (BSG BeckRS 1981, 03743 = AnwBl. 1982, 30). Dem Kläger steht nach § 52 VIII gleich, wer sonst das Verfahren des ersten Rechtszugs beantragt hat. Bei mehreren Anträgen oder Streitgenossen gilt → Rn. 5. Maßgeblich ist im Zweifel der **Antrag,** wie ihn das Gericht verstanden hat (VGH München NVwZ 1991, 1198). Um zu verhindern, dass Umstände einfließen, die über das Klagebegehren hinausgehen (zB in einem Musterprozess), ist die Bedeutung der Sache allerdings **allein** dem **Antrag** zu entnehmen (BT-Drs. 7/2016, 70; BFH DStRE 2020, 1041 Rn. 22; BStBl. II 1976, 685; VGH München BeckRS 2020, 32762 Rn. 10). So ist etwa der Umfang der Sache (BVerwG BeckRS 2015, 54083 Rn. 3 = JurBüro 2016, 23) oder ihre Schwierigkeit (BVerwG BeckRS 2015, 54083 Rn. 3 = JurBüro 2016, 23) für eine Bemessung also **irrelevant.** Da I auf die „Bedeutung" der Sache für den Kläger oder Antragsteller (VIII) abstellt, lässt er anders als § 3 ZPO (→ ZPO § 3 Rn. 11) die Bewertung ideeller – nicht wirtschaftlicher – Interessen zu (BVerwG BeckRS 2015, 54083 Rn. 2 = JurBüro 2016, 23; NVwZ-RR 1996, 237; OVG Bremen BeckRS 2022, 32885 Rn. 6). Bloß **mittelbare** Aus-

wirkungen einer gerichtlichen Entscheidung, wie sie sich zB aus der Zustimmung des Integrationsamts zu einer ordentlichen Kündigung für den Bestand des Arbeitsverhältnisses ergeben können, sind, wie auch aus § 52 III 2 folgt, bei der Bemessung allerdings wie stets (→ ZPO § 3 Rn. 12) grds. nicht zu berücksichtigen (VGH München BeckRS 2019, 3388 Rn. 6; BT-Drs. 17/11471 (neu), 245). Anders ist es im Kosteninteresse des Justizfiskus nur bei § 52 III 2 (→ Rn. 25).

2. Die Klagearten. Bei einer **Anfechtungsklage** ist das Interesse der klagenden Partei am Wegfall des angefochtenen Verwaltungsaktes maßgebend (OVG Lüneburg 4.1.2023 – 14 OA 349/22, BeckRS 2023, 3 Rn. 6). Häufig ergibt sich der Wert aus dem Betrag, der durch den angegriffenen Verwaltungsakt vom Adressaten gefordert wird. Der Wert einer **Feststellungsklage** oder einer **Fortsetzungsfeststellungsklage** ist anhand der zivilgerichtlichen Wertgrundsätze (→ ZPO § 3 Rn. 19 „Feststellungsklage") zu ermitteln, nach Ansicht der Streitwertkataloge der Verwaltungs- und Finanzgerichtsbarkeit aber mit dem **vollen** Wert. Bei der allgemeinen **Leistungsklage** ist grds. III 1 anzuwenden. Ist die Klage allerdings nicht unmittelbar auf Zahlung, sondern in der Vorstufe auf ein bloßes Tätigwerden gerichtet, ist I anwendbar (OVG Bremen BeckRS 2020, 25890 Rn. 8; OVG Münster NVwZ-RR 1999, 700). So liegt es auch bei (vorbeugenden) Unterlassungs- und Beseitigungsklagen. Bei der **Verpflichtungsklage** ist grds. das Interesse der klagenden Partei am Erlass des beantragten Verwaltungsaktes zu bewerten. Bei der Klage auf Bescheidung ist idR ein Abschlag vorzunehmen (OVG Hamburg ZBR 1980, 289). Der Streitwertkatalog der Verwaltungsgerichtsbarkeit (in diesem Werk abgedruckt → Streitwertkatalog VwGO) meint insoweit, der Wert müsse „mindestens" 1/2 des Wertes der entsprechenden Verpflichtungsklage betragen. 11

3. „Sozialrabatt". Eine Berücksichtigung der wirtschaftlichen oder sozialen Lage des Klägers, um zu einem für ihn „tragbaren" Streitwert zu kommen („Sozialrabatt"), ist nach dem Verfassungsrecht (dazu → ZPO Vor §§ 3–9 Rn. 4) **vorstellbar** und im Einzelfall auch geboten (s. auch VGH Mannheim NVwZ-RR 1990, 385, OVG Münster GewArch 1976, 381; aA Zimmer/Schmidt, Der Streitwert im Verwaltungs- und Finanzprozess, 1991, S. 7, 34). Ferner ist natürlich § 39 II anwendbar. 12

4. Interessen der beklagten Partei oder eines Beigeladenen. Die Auswirkungen der Entscheidung für die beklagte Partei oder einen Beigeladenen sind – wie grds. → ZPO § 3 Rn. 19 – **nicht** zu berücksichtigen (BVerwG AnwBl 1977, 507; VGH München BauR 2012, 1772; OVG Münster NVwZ 2000, 335). 13

5. Ermessen. a) Überblick. Es gelten grds. die Ausführungen → ZPO § 3 Rn. 9 ff. entsprechend. Es geht – wie stets – **nicht** darum, einen „absolut richtigen" Streitwert zu ermitteln (s. nur BVerwG JurBüro 1992, 488, OVG Hamburg NVwZ-RR 1993, 53; OVG Münster DVBl 1994, 651). Bei der Ermessensausübung können die **Wertungen** anderer Bestimmungen einbezogen werden, bei einem Konkurrentenstreit zB § 42 II 1 (OVG Bremen BeckRS 2020, 25890 Rn. 8). 14

b) Streitwertkataloge. Nach Ansicht der Rechtsprechung ist ungeachtet der vGw gebotenen Bewertung des Interesses im **Einzelfall** (allgemein → ZPO § 3 Rn. 9 ff.) im Interesse der Rechtssicherheit und der Gleichbehandlung eine **weitgehende Schematisierung** der Wertbemessung für gleichartige Streitigkeiten geboten (BVerwG BeckRS 2015, 54083 Rn. 4; OVG Münster NVwZ-RR 2010, 291; s. auch BGH ZEV 2006, 178: Gerichte dürften den Streitwert nicht nur schätzen, sondern sich sowohl einer Schematisierung als auch einer Pauschalierung bedienen). Als Handreichung für eine möglichst einheitliche Wertfestsetzung in der gerichtlichen Praxis sind dazu Streitwertkataloge entwickelt worden (in diesem Werk abgedruckt → Streitwertkatalog VwGO; s. auch den Streitwertkatalog der Bausenate des OVG Münster BauR 2019, 610). 15

Diese Streitwertkataloge enthalten **Empfehlungen** (OVG Lüneburg NVwZ-RR 2020, 463 Rn. 6; s. auch BVerwG BeckRS 2015, 54083 Rn. 4) und sind keine normativen Festsetzungen, sondern eine bloße Handreichung (BVerfG NVwZ-RR 1994, 107; VGH München NVwZ-RR 2004, 158). Die Aufgabe des Gerichtes, bei der Streitwertfestsetzung im jeweiligen Einzelfall das ihm eingeräumte Ermessen auszuüben, bleibt von den Streitwertkatalogen also **vollständig unberührt** (BVerwG BeckRS 2015, 54083 Rn. 4; OVG Lüneburg NVwZ-RR 2020, 463 Rn. 6; OVG 16

Münster NVwZ-RR 2010, 291). Angesichts der Tatsache, dass den Empfehlungen des Streitwertkatalogs eine Gesamtschau der bundesweiten Verwaltungsrechtsprechung zugrunde liegt, kommt ihnen jedoch zur Gewährleistung einer Gleichbehandlung bei der Ermessensausübung besonderes Gewicht zu (BVerwG BeckRS 2015, 54083 Rn. 4). Die Gerichte sollten die Empfehlungen daher stets auch zu Rate ziehen (OVG Koblenz NVwZ-RR 2015, 317; OVG Münster NVwZ-RR 2011, 880). Den Empfehlungen entstehen dadurch **Schranken,** dass die Bemessung des Streitwertes sich jenseits der Höchst- und Mindeststreitwerte und der Sondervorschriften **ausschließlich** an der Bedeutung der Sache nach Antrag des Klägers orientieren darf, soweit nicht § 52 II anwendbar ist. Die gesetzliche Regelung des § 52 I geht Empfehlungen des Streitwertkatalogs **stets** vor (so auch BVerwG BeckRS 2019, 9628 Rn. 34 für § 42 I 1). Soweit etwa das BVerwG in stRspr seine Streitwertfestsetzungen mit dem schlichten Hinweis auf den Streitwertkatalog „begründet" (exemplarisch BVerwG BeckRS 2019, 18350 Rn. 11; BeckRS 2019, 10658 Rn. 9), ist das sehr bedenklich.

17 **6. Beweiserhebung.** Eine Beweiserhebung ist mit Blick auf II grds. ausgeschlossen (OVG Greifswald NJW 2008, 2936; VGH München BayVBl. 1978, 221).

18 **7. Rechtsmittelinstanz.** In der Rechtsmittelinstanz ist auf den Antrag des jeweiligen Rechtsmittelklägers abzustellen (§ 47; auch → ZPO § 3 Rn. 23 „Rechtsmittel").

19 **IV. Auffangwert (II). 1. Überblick.** Bietet der Sach- und Streitstand für die Bestimmung des Streitwertes im Einzelfall keine genügenden Anhaltspunkte, ist nach II ein Wert von 5.000 EUR anzunehmen (zur Beweisaufnahme → Rn. 17). Es handelt sich dabei um keinen Regel-, sondern um einen **Auffangwert** (auch § 36 III GNotKG). Auf diesen darf erst abgestellt werden, wenn die Bedeutung der Sache trotz der Angaben des Klagenden (§ 61) **ausnahmsweise** nicht geschätzt werden kann (exemplarisch OVG Bremen BeckRS 2022, 32885 Rn. 6; VGH München BeckRS 2017, 133313 Rn. 8). Ein Rückgriff auf den Auffangwert kommt erst dann in Betracht, wenn **alle** anderen Möglichkeiten zur Bestimmung ausgeschöpft wurden, wenn also für ein bezifferbares Interesse des Rechtsschutzsuchenden **keinerlei** Anhaltspunkte bestehen (VGH München BeckRS 2022, 6583 Rn. 2; BeckRS 2017, 133313 Rn. 2 ff.; BeckRS 2016, 44340 Rn. 6; KG BeckRS 2014, 10369).

20 **2. Herabsetzung.** Der Auffangwert ist als solcher eine bewusst **starre** und nicht zufällige Größe. Soweit daher die Streitwertkataloge, aber auch Gerichte (OVG Bremen BeckRS 2022, 32885 Rn. 3) vorschlagen, im Einzelfall von II abzuweichen, ist ihnen wegen des **zwingenden** Charakters des § 52 II **nicht** zu folgen (s. auch BT-Drs. 17/13057, 31 und → Rn. 16). Falls die Bedeutung des Antrags erkennbar in ihrem Wert über oder unter 5.000 EUR liegt, gibt es freilich Anhaltspunkte und der Streitwert ist nach I entsprechend höher oder niedriger festsetzen.

21 **3. Sonstiges.** II gilt für jeden Kläger gesondert und nach § 39 I je Streitgegenstand (→ Rn. 2). II ist in **bürgerlichen** Rechtsstreitigkeiten ggf. entsprechend anwendbar (→ § 48 Rn. 35).

22 **V. Bezifferte Geldleistung (III). 1. Grundsatz (III 1). a) Überblick.** Betrifft der Antrag eine bezifferte Geldleistung direkt an den Kläger oder den, der das Verfahren des ersten Rechtszugs beantragt hat (→ Rn. 44), oder einen hierauf gerichteten Verwaltungsakt, ist nach III 1, der I verdrängt und eine Ermessensentscheidung **ausschließt** (BFH DStRE 2015, 118 Rn. 14), grds. die Höhe dieser Geldleistung maßgeblich (VG Ansbach 1.6.2021 – AN 2 K 20.00870). In Verfahren vor den Finanzgerichten ist dabei lediglich der Steuerbetrag, um den unmittelbar gestritten wird, maßgeblich, und zwar zugunsten wie zulasten des jeweiligen Kostenschuldners (BFH DStRE 2019, 460 Rn. 13; BeckRS 2016, 94307 Rn. 11 ff.).

23 **b) Begriff der bezifferten Geldleistung.** Eine bezifferte Geldleistung ist Streitgegenstand, wenn mit der allgemeinen Leistungsklage die Zahlung eines konkreten Geldbetrags erstritten werden soll (Just NJOZ 2019, 1361 (1362)). Die bloße Bestimmbarkeit genügt nicht (OVG Lüneburg NVwZ-RR 2010, 943 (944); BeckRS 2009, 39648).

24 **c) Auf eine bezifferte Geldleistung gerichteter Verwaltungsakt.** Ein auf eine bezifferte Geldleistung gerichteter Verwaltungsakt liegt vor, wenn mit der Anfech-

tungs- oder Verpflichtungsklage die Aufhebung oder der Erlass eines Verwaltungsaktes erreicht werden soll, in dem die (Festsetzung und) Zahlung eines Geldbetrags vom oder an den Kläger geregelt ist. Die Geldleistung als solche muss **unmittelbarer** Regelungsgegenstand des Verwaltungsaktes sein, um den gestritten wird (OVG Schleswig v. 13.12.2022 – 3 O 40/19, BeckRS 2022, 37726 Rn. 21; Just NJOZ 2019, 1361 (1362)), und muss mit Obsiegen des Verfahrens unmittelbar in das Vermögen des Klägers übergehen (OVG Lüneburg 4.1.2023 – 14 OA 349/22, BeckRS 2023, 3 Rn. 5). Hierzu gehört auch ein Verwaltungsakt, der einen eine Geldleistung zusprechenden Verwaltungsakt aufhebt (VG Ansbach 1.6.2021 – AN 2 K 20.00870; Just NJOZ 2019, 1361 (1362)).

2. Ausnahme: offensichtliche Zukunftsbedeutung (III 2). a) Überblick. Die aktuelle Fassung des III 2 beruht auf einer Anregung des Bundesrates (BT-Drs. 17/11471 (neu), 311/312) und ist eingeführt worden, um einer **systematischen Unterbewertung** von Streitwerten in finanzgerichtlichen Verfahren entgegenzuwirken (BFH DStRE 2015, 118 Rn. 21). III 2 ist **nur** anwendbar, wenn der Streitwert sich nach § 52 III 1 bestimmt (BFH BeckRS 2017, 94351 Rn. 22; OVG Schleswig v. 13.12.2022 – 3 O 40/19; Just NJOZ 2019, 1361 (1362)). 25

b) Offensichtlich. Der Begriff „offensichtlich" ist grds. wie der Begriff „offenbar" in § 319 ZPO zu verstehen. Die Bedeutung der Entscheidung für die Zukunft muss also „auf der Hand" liegen (BeckOK ZPO/Elzer ZPO § 319 Rn. 15). Als offenbar ist va anzusehen, was durchschaubar, eindeutig oder augenfällig ist. Ob eine „offensichtliche Zukunftsbedeutung" vorliegt, muss das Gericht nach pflichtgemäßem Ermessen (→ ZPO § 3 Rn. 9 ff.) klären. 26

c) Auswirkungen auf künftige Geldleistungen. Ein Antrag hat Auswirkungen auf künftige auf Geldleistungen bezogene Verwaltungsakte, wenn sich eine antragsgemäße Entscheidung des Gerichtes **unmittelbar** auf künftige Geldleistungen auswirkt. Diese Unmittelbarkeit dürfte nur selten festzustellen sein, da öffentlich-rechtliche Ansprüche grds. durch Verwaltungsakt festgesetzt oder festgestellt werden (Just NJOZ 2019, 1361 (1363)). 27

d) Auswirkungen auf noch zu erlassende, auf künftige Geldleistungen bezogene Verwaltungsakte. Ein Antrag hat Auswirkungen auf noch zu erlassende, auf künftige Geldleistungen bezogene Verwaltungsakte, wenn der Bescheid dem Empfänger entweder eine Geldleistung zuspricht – begünstigender Verwaltungsakt – oder von diesem eine Geldzahlung einfordert – belastender Verwaltungsakt (Just NJOZ 2019, 1361 (1363)). In Betracht kommen Steuer-, Gebühren-, Beitrags-, Haftungs-, Zins-, Beihilfe-, Zuwendungs-, Rückforderungs- und Zwangsgeldbescheide, aber zB auch Bescheide über Schülerfahr- oder -beförderungskosten (Just NJOZ 2019, 1361 (1363)). 28

e) Eigentliche Berechnung. In einem **ersten** Schritt ist der Wert nach III 1 zu errechnen. In einem zweiten ist dann die Höhe des sich aus III 1 ergebenden Streitwertes um den Betrag der offensichtlich absehbaren zukünftigen Auswirkungen für den Kläger oder den Antragsteller (VIII; Dritte sind unerheblich, BT-Drs. 17/11471, 246) **anzuheben** – wobei die Summe auch dann das Dreifache des Wertes nach III 1 nicht übersteigen darf. III 1 kann nicht zu einer Minderung des Streitwertes führen (BFH DStRE 2019, 460 Rn. 11). 29

3. Kindergeldsachen (III 3). III 3 wurde durch das Gesetz zur Durchführung der Verordnung (EU) Nr. 1215/2012 sowie zur Änderung sonstiger Vorschriften vom 8.7.2014 (BGBl. I, 890) eingefügt. In den Gesetzesmaterialien heißt es hierzu, dass in Kindergeldangelegenheiten vor den Gerichten der Finanzgerichtsbarkeit für zukünftige wiederkehrende Leistungen entsprechend der Rechtsprechung auf einen Jahresbezug abgestellt werden soll (BT-Drs. 18/823, 26). Bei Anfechtungsklagen gegen Aufhebungsbescheide und Verpflichtungsklagen in Bezug auf die Festsetzung von Kindergeld ist danach § 42 I 1 **entsprechend** anzuwenden (FG Hannover BeckRS 2015, 95644; iE verkannt von FG Kassel v. 8.7.2022 – 2 K 1836/18, Rn. 71 ff. – juris, welches zu Unrecht im Fall einer ohne zeitliche Begrenzung erhobenen Verpflichtungsklage eine Regelungslücke ausmacht). An die Stelle des dreifachen Jahresbetrags allerdings aber der **einfache** Jahresbetrag, wenn nicht der **Gesamtbetrag** der geforderten Leistungen **geringer** ist (FG Kassel v. 8.7.2022 – 2 K 1836/18, Rn. 56 ff. – 30 juris; verkannt von FG Hannover BeckRS 2015, 95644). Nach § 42 III Hs. 1 werden die bei Einreichung der Klage fälligen Beträge dem Streitwert hinzugerechnet. Auf die Zulässigkeit und/oder Begründetheit kommt es – wie stets (allgemein → ZPO § 3 Rn. 11) – nicht an (FG Kassel v. 8.7.2022 – 2 K 1836/18, Rn. 56 ff. – juris). Sofern im Falle einer Verpflichtungsklage **kein bezifferter** Klageantrag gestellt wird, muss **ausgelegt** werden, ob Kindergeld vom ersten streitigen Monat bis zum Zeitpunkt der Bekanntgabe der Einspruchsentscheidung beantragt werden soll, oder vom ersten streitigen Kindergeldmonat bis zum Monat der Klageerhebung zuzüglich eines Jahresbetrages (FG Kassel v. 8.7.2022 – 2 K 1836/18, Rn. 67 – juris; s. auch BFH DStRE 2015, 118). Auf andere Fälle ist § 52 III 3 **nicht entsprechend** anwendbar (OVG Greifswald BeckRS 2020, 8456 Rn. 10; OVG Saarlouis NVwZ-RR 2016, 197 Rn. 16; OVG Weimar AGS 2017, 478 = BeckRS 2017, 129039 Rn. 8).

31 **VI. Mindest- und Höchstwerte (IV). 1. Finanzgerichtsbarkeit und Kindergeld (IV Nr. 1). a) Endgültige Festsetzung. aa) Überblick und Zweck.** Vor den Gerichten der Finanzgerichtsbarkeit, mit **Ausnahme** der Verfahren nach § 155 S. 2 FGO und der Verfahren in Kindergeldangelegenheiten (→ Rn. 30), darf der Streitwert endgültig nicht **unter** 1.500 EUR angesetzt werden. Das soll nicht im Eilverfahren gelten (BFH BeckRS 2007, 24003150 unter II 4 = BStBl. II 2008, 199). Dem ist auch zuzustimmen, da § 53 II nicht auf § 52 IV verweist (siehe auch Ziffer 9 des Streitwertkatalogs für die Finanzgerichtsbarkeit). Dieser **Mindeststreitwert** fußt auf der Erkenntnis, dass zahlreichen Verfahren ohne ihn ein sehr geringer Streitwert zuzumessen wäre. Mit dem Mindeststreitwert soll dem Aufwand, den ein finanzgerichtliches Verfahren mit sich bringt, Rechnung getragen werden (BT-Drs. 15/1971, 156).

32 **bb) Klagehäufung.** Hat der Kläger mehrere Anträge gestellt, ändert sich nichts, da auch dann nur ein **einziges** Verfahren existiert (BGH BeckRS 2017, 134779 Rn. 19; aA BFH BeckRS 2016, 95343 Rn 13: für jeden selbständigen Streitgegenstand ist der Mindeststreitwert anzusetzen).

33 **b) Vorläufige Festsetzung (V).** § 63 I 1, 2 sind nach § 63 I 3 nicht in Verfahren vor den Gerichten der Finanzgerichtsbarkeit anwendbar. Bis zum Jahr 2014 war der Wert stattdessen nach § 63 I 4 vorläufig nach dem in § 52 IV Nr. 1 bestimmten Mindestwert zu bemessen. Diese Bestimmung findet sich jetzt – unsystematisch und verfehlt – aufgrund des Gesetzes zur Durchführung der Verordnung (EU) Nr. 1215/2012 sowie zur Änderung sonstiger Vorschriften (dazu BT-Drs. 18/823, 26) in § 52 V, dessen Wortlaut unglücklich geraten ist und vom Rechtsausschuss noch verschlimmert worden ist (siehe BT-Drs. 18/1492, 3). Vorgesehen war, dass § 52 IV Nr. 1 als vorläufiger Wert gilt, solange der Wert nicht nach § 63 II festgesetzt ist und sich auch nicht aus § 52 III, IV Nr. 1 ergibt. Bereits diese Anordnung ist zirkulär. In der Fassung, die nach dem Rechtsausschuss Gesetz geworden ist, ist ferner zu prüfen, ob sich der Wert „unmittelbar aus den gerichtlichen Verfahrensakten" ergibt. Dieser Fall ist jenseits von § 53 III aber grds. nicht vorstellbar. IErg ordnet V an, dass der vorläufige Wert dem IV Nr. 1 zu entnehmen ist, **wenn** sich der Wert nicht bereits nach III (→ Rn. 22 ff.) ergibt.

34 **2. Sozialgerichtsbarkeit und KHG (IV Nr. 2).** Bei Streitigkeiten vor den Gerichten der Sozialgerichtsbarkeit und bei Rechtsstreitigkeiten nach dem KHG beträgt der Höchststreitwert 2.500.000 EUR.

35 **3. VermG (IV Nr. 3).** Bei Streitigkeiten vor den Gerichten der Verwaltungsgerichtsbarkeit über Ansprüche nach dem VermG beträgt der Höchststreitwert 500.000 EUR. IV Nr. 3 ist entsprechend auf Streitigkeiten nach dem InvestitionsvorrangG anzuwenden (BVerwG Buchholz 360 § 13 Nr. 102), nicht aber auf einen Anspruch nach dem früheren DDR-Entschädigungserfüllungsgesetz (BVerwG NVwZ-RR 2017, 855). Auch in zivilrechtlichen Streitigkeiten über Vermögen in der früheren DDR gilt § 52 IV Nr. 3 nicht.

36 **4. Rechtsstreitigkeiten nach § 36 VI 1 PflBG (IV Nr. 4).** Bei Streitigkeiten iSv § 36 VI 1 PflBG beträgt der Höchststreitwert 1.500.000 EUR. Auf die Bestimmung des Gegenstandswertes für die Anwaltsvergütung ist IV Nr. 4 zur Vermeidung einer nachträglichen Herabsetzung bereits entstandener Anwaltsvergütung nach § 60 III RVG nur anzuwenden, wenn der unbedingte Auftrag zur Erledigung der Angelegenheit nicht vor dem 15.8.2019 erteilt worden ist.

VII. Statusstreitigkeiten (VI, VII). 1. Überblick und Zweck. VI schreibt als eine gegenüber I–IV **vorrangige** Sondervorschrift beim Statusstreit der Beamten, Richter, Berufssoldaten und Soldaten auf Zeit eine von den Besonderheiten des Einzelfalles **unabhängige** pauschale Bewertung vor (s. auch BSG BeckRS 2021, 24820 Rn. 11). Dies soll in einer Anlehnung an § 42 II zu einem für die Betroffenen tragbaren Gebührenstreitwert führen (BTDrs. 12/6962, 62). Wegen aller Statusstreitigkeiten, die **nicht** unter VI fallen („Teilstatusstreitigkeiten"), bleibt es grds. bei den allgemeinen Regeln, nämlich §§ 42 II, 52 I–III (BSG BeckRS 2021, 24820). Das gilt bpsw. für Abordnungen, Altersteilzeit (OVG Münster JurBüro 2008, 34), Anrechnungs- und Ruhensbeträge (zu diesen modifizierend BVerwG BeckRS 2009, 40446), erhöhte Besoldung (BVerwG NVwZ-RR 2010, 127 Rn. 3), eine Beurlaubung, eine dienstliche Beurteilung, die Genehmigung einer Nebenbeschäftigung, Umsetzungen, Unfallausgleich (BVerwG NVwZ-RR 2010, 127 Rn. 3), Versetzungen, Versorgung (BVerwG NVwZ-RR 2010, 127 Rn. 3), Zulagen (BVerwG NVwZ-RR 2010, 127 Rn. 3). 37

2. Begriff. Statusstreitigkeiten haben die Begründung, die Umwandlung, das Bestehen, das Nichtbestehen oder die Beendigung eines besoldeten öffentlich-rechtlichen Dienst- oder Amtsverhältnisses zum Gegenstand. Statusstreitigkeiten sind auch Streitigkeiten über die Versetzung in den Ruhestand (BVerfG NVwZ-RR 2009, 823; BVerwG NVwZ-RR 2010, 127 Rn. 2) und wegen Nichtreaktivierung (OVG Lüneburg NVwZ-RR 2010, 943). VI ist auf die Begründung eines bloßen Arbeitsverhältnisses nicht anwendbar – auch nicht entsprechend (OVG Bremen BeckRS 2020, 25890 Rn. 7). 38

3. Verbindung verschiedenartiger Ansprüche (VII). Ist mit einem in Verfahren nach § 52 VI verfolgten Klagebegehren ein aus ihm hergeleiteter vermögensrechtlicher Anspruch verbunden, ist nur ein Klagebegehren, und zwar das **wertmäßig höhere,** maßgebend. Die Kommentierung zu → § 48 Rn. 37 ff. gilt entsprechend. 39

4. Eigentliche Berechnung (VI 2, 3). a) Überblick. Maßgebend für die Berechnung ist das Kalenderjahr (VI 2). Auszugehen ist insoweit vom Zeitpunkt der den jeweiligen Streitgegenstand betreffenden Antragstellung, die den Rechtszug einleitet (§ 40). Unbeachtlich sind Bezüge, die vom Familienstand und von Unterhaltspflichten abhängen (VI 3). 40

b) Lebenszeit (VI 1 Nr. 1). Ist Gegenstand des Verfahrens ein Dienst- oder Amtsverhältnis auf Lebenszeit, ist Streitwert der Jahresbetrag des vom Ausgang des Verfahrens abhängigen monatlichen Endgrundgehaltes (OVG Lüneburg JurBüro 2015, 30), oder des monatlichen Festgehaltes nach Maßgabe der §§ 20 ff. oder 37, 38 BBesG nebst Anlagen zuzüglich etwaiger nicht ruhegehaltfähiger Zulagen). 41

c) Sonstige Fälle (VI 1 Nr. 2). In sonstigen Fällen, zB beim Beamten auf Probe (auch wenn sich der Beamte gegen die Verlängerung der Probezeit wehrt, OVG Greifswald NVwZ-RR 2002, 901), oder beim Beamten auf Widerruf, beim Soldaten auf Zeit und beim Anwärter auf die Beamtenlaufbahn ist der Streitwert $^1/_2$ des Betrags nach VI 1 Nr. 1 oder des entsprechenden Betrags der Anwärtervergütung oder des zB nach § 8a III BundesbahnG und § 12 V PoststrukturG für ein Jahr vereinbarten Gehaltes; hierzu zählt auch ein Neubescheid eines Beförderungsverfahrens (OVG Berlin-Brandenburg NVwZ-RR 2018, 248).

5. Sonderfälle (VI 4). a) Verleihung eines anderen Amtes (idR Konkurrentenklagen). Betrifft das Verfahren die Verleihung eines anderen Amtes, ist der Wert auf $^1/_2$ des sich nach VI 1–3 ergebenden erhofften Betrags festzusetzen. Hierzu gehören va die Konkurrentenklage (VGH Mannheim NVwZ 2017, 171 Rn. 22), durch die ein Bediensteter seine eigene Ernennung dadurch erreichen oder ermöglichen will, dass er die Ernennung eines anderen Bewerbers verhindert, die Streitigkeiten um die Verleihung eines anderen Amtes, etwa durch eine Beförderung (VGH Mannheim NVwZ-RR 2010, 943; OVG Münster NVwZ-RR 2010, 296; OVG Lüneburg NVwZ-RR 2007, 828), oder ein Laufbahnwechsel, nicht aber der bloße Wechsel der Amtsbezeichnung (OVG Greifswald NVwZ-RR 2003, 577). Hierher zählt auch die Klage auf Schadenersatz wegen einer unterbliebenen oder verspäteten Beförderung (BVerwG NVwZ-RR 2003, 246; OVG Bautzen NVwZ-RR 2011, 584). 42

43 **b) Zeitpunkt der Versetzung in den Ruhestand.** Betrifft ein Verfahren bloß den Zeitpunkt der Versetzung in den Ruhestand, ist der Wert auch auf $^{1}/_{2}$ des sich nach VI 1–3 ergebenden erhofften Betrags festzusetzen (dazu etwa BVerwG NVwZ-RR 2009, 823 Rn. 3). „Zeitpunkt einer Versetzung in den Ruhestand" ist dabei nicht im technischen Sinne zu verstehen, sondern erfasst all diejenigen Fälle, in denen (allein) der Zeitpunkt der Beendigung eines öffentlich-rechtlichen Dienst- oder Amtsverhältnisses im Streit steht (OVG Münster NVwZ-RR 2014, 903; BeckRS 2014, 50796).

44 **c) Eilverfahren.** Zu Eilverfahren → § 53 Rn. 6.

45 **VIII. Antragsteller (VIII).** Dem Kläger steht gleich, wer sonst das Verfahren des ersten Rechtszugs beantragt hat.

46 **IX. Streitgegenstände im „ABC".** Die im Folgenden nur beispielhaft genannten, aktuellen Entscheidungen können **zurückhaltend** als Anhaltspunkte zur Leitung benutzt werden. Die Entscheidungen befreien in **keinem** Falle von der Ausübung des eigenen Ermessens und der sorgfältigen Betrachtung des jeweiligen Einzelfalls. Das Zurückgreifen auf pauschale Werte ohne Schätzung des wahren (konkreten) Vermögenswertes stellt sich stets als **unzulässige** Ablehnung einer eigenen Ermessensentscheidung dar (Schumann NJW 1982, 1257 (1260)). Zahlreiche Bewertungs**vorschläge** für praktisch wichtige Fallkonstellationen geben iÜ die **unverbindlichen** Streitwertkataloge (→ Rn. 15):

47 **Aufenthaltstitel (familienbezogen).** Bei der Klage auf Erteilung von Aufenthaltstiteln hängt das in Geld zu bemessende Interesse vom Aufenthaltszweck ab (VGH Mannheim NVwZ 2017, 982; NVwZ-RR 2016, 839).

Ausweisung. Der Streitwert für eine Ausweisung eines Ausländers, der im Besitz eines Aufenthaltsrechtes war, soll davon abhängen, ob und ggf. welches Aufenthaltsrecht mit ihr beendet werden soll (VGH Mannheim BeckRS 2016, 48789 Rn. 34).

Bauvorbescheid (Erteilung). Das BVerwG geht davon aus, dass in dem Fall, in dem nicht die Art oder das Maß der Bebauung im Streit steht, sondern die Frage, ob ein Grundstück überhaupt bebaubar ist, für die Festsetzung des Streitwertes der „hypothetische" Verkehrswert und damit die mutmaßliche Bodenwertsteigerung maßgebend ist (BVerwG NVwZ-RR 2004, 307; s. auch VGH Mannheim NVwZ-RR 2009, 455; aA OVG Hamburg NVwZ-RR 2020, 183). Es hat als weiteren Anhaltspunkt die Rohbau- und Herstellungskosten herangezogen und iErg für ein Klageverfahren betreffend einen Vorbescheid den Streitwert eines Baugenehmigungsverfahrens halbiert (BVerwG BeckRS 1995, 31228652). Fehlen Angaben zur Bodenwertsteigerung, sieht es das BVerwG als angemessen an, für ein Verfahren wegen der Erteilung eines Bauvorbescheids auf den Streitwert für das Verfahren auf Erteilung einer Baugenehmigung zurückzugreifen (BVerwG NVwZ-RR 2004, 307).

Baugenehmigung. Bei Klagen auf die Erteilung einer Baugenehmigung für sonstige, nicht unter 9.1 des Streitwertkatalogs aufgezählte bauliche Anlagen soll der Wert je nach Einzelfall nach einem Bruchteil der geschätzten Rohbaukosten oder Bodenwertsteigerung zu bemessen sein, zB 10 % (VGH München BeckRS 2020, 32762 Rn. 8). Der Wert einer auf die **Befreiung** von bauplanungsrechtlichen Festsetzungen gerichteten Verpflichtungsklage soll sich nach den Anschaffungskosten der geplanten Sichtschutzwand bemessen (VGH München BeckRS 2022, 6583 Rn. 4).

Fahrtenbuchauflage. In Verfahren des **vorläufigen** Rechtsschutzes betreffend Fahrtenbuchauflagen ist idR die Hälfte des im Hauptsacheverfahren zugrunde zu legenden Betrags (400 EUR für jeden Monat der Geltungsdauer der Fahrtenbuchauflage) anzusetzen (mit näherer Begründung OVG Münster AGS 2022, 430 = BeckRS 2022, 21000 Rn. 3; s. auch VGH München BeckRS 2022, 9260 Rn. 18; OVG Magdeburg BeckRS 2021, 6611 Rn. 24; aA ua VGH Mannheim ZfS 2015, 660 = BeckRS 2015, 50470 Rn. 22). S. auch Nr. 1.5 Satz 1 und Nr. 46.11 des Streitwertkatalogs für die Verwaltungsgerichtsbarkeit (in diesem Werk abgedruckt → Streitwertkatalog VwGO).

Handwerksrechtliche Prüfungen. Es soll danach differenziert werden können, ob es um eine berufseröffnende Prüfung geht oder um eine andere Prüfung (VGH München BeckRS 2020, 20564 Rn. 9).

Sondernutzung. Bei Streitigkeiten um Sondernutzungen ist als Streitwert der zu erwartende Gewinn bis zur Grenze des Jahresbetrags anzusetzen (OVG Magdeburg NVwZ-RR 2019, 879). Bei einer Klage auf Neubescheidung eines Antrags auf Erteilung einer Sondernutzungserlaubnis ist der insgesamt zu erwartende Jahresgewinn zu halbieren (OVG Magdeburg NVwZ-RR 2019, 879).

Subvention. Nach hM ist bei einem Angriff gegen eine Subvention idR die Hälfte der streitigen Fördermittel anzusetzen (OVG Berlin-Brandenburg BeckRS 2018, 1156 Rn. 13; s. auch Ziffer 44.1.2 des Streitwertkatalogs für die Verwaltungsgerichtsbarkeit, in diesem Werk abgedruckt → Streitwertkatalog VwGO).

Untätigkeitsklage. Gegenstand des Antrags im Untätigkeitseinspruchsverfahren ist keine bezifferte Geldleistung oder ein hierauf bezogener Verwaltungsakt (BFH DStRE 2020, 1041 Rn. 19). Geht es um die Festsetzung von Geld, sollen 10% davon angesetzt werden können (BFH DStRE 2020, 1041 Rn. 25). Bei einer auf Verpflichtung der Ausländerbehörde zur Erteilung einer Aufenthaltserlaubnis gerichteten Untätigkeitsklage (§ 75 VwGO) soll derselbe Streitwert anzunehmen sein wie bei einer entsprechenden Versagungsgegenklage (OVG Lüneburg NVwZ-RR 2018, 911; s. auch OVG Berlin-Brandenburg NVwZ-RR 2018, 127). Bei einer Baugenehmigung soll das Interesse des Klägers am Erlass der beantragten Baugenehmigung bzw. der wirtschaftliche Inhalt dieser angestrebten Regelung anzusetzen sein (VGH München BeckRS 2020, 32762 Rn. 10).

Verteilungsanordnung. Für ein **Klageverfahren,** das die Verteilung eines unerlaubt eingereisten Ausländers nach § 15a AufenthG zum Gegenstand hat, ist es sachgerecht sein, **ohne** genügende Anhaltspunkte einen Wert von 5.000 EUR anzusetzen (OVG Münster BeckRS 2020, 29541 Rn. 12ff.: aA OVG Bremen BeckRS 2022, 32885 Rn. 3: 2.500 EUR).

Zeugnis über die sanierungsrechtliche Genehmigung (Erteilung). Maßgeblich soll das das objektive wirtschaftliche Interesse des Klägers als Käufer an der Gültigkeit und Durchführung des Kaufvertrags sein (VGH München NVwZ-RR 2020, 711 Rn. 5).

Zuwendung. Greift der Anfechtungskläger eine einem Konkurrenten gewährte Zuwendung an, soll als Interesse der halbe Wert der Zuwendung angesetzt werden können (OVG Berlin-Brandenburg BeckRS 2021, 36005 Rn. 2; aA OVG Koblenz BeckRS 2021, 20370 Rn. 113).

Einstweiliger Rechtsschutz und Verfahren nach § 148 Absatz 1 und 2 des Aktiengesetzes

53 **I In folgenden Verfahren bestimmt sich der Wert nach § 3 der Zivilprozessordnung:**

1. über die Anordnung eines Arrests, zur Erwirkung eines Europäischen Beschlusses zur vorläufigen Kontenpfändung, wenn keine Festgebühren bestimmt sind, und auf Erlass einer einstweiligen Verfügung sowie im Verfahren über die Aufhebung, den Widerruf oder die Abänderung der genannten Entscheidungen,

2. über den Antrag auf Zulassung der Vollziehung einer vorläufigen oder sichernden Maßnahme des Schiedsgerichts,

3. auf Aufhebung oder Abänderung einer Entscheidung auf Zulassung der Vollziehung (§ 1041 der Zivilprozessordnung),

4. nach § 47 Absatz 5 des Energiewirtschaftsgesetzes über gerügte Rechtsverletzungen, der Wert beträgt höchstens 100 000 Euro, und

5. nach § 148 Absatz 1 und 2 des Aktiengesetzes; er darf jedoch ein Zehntel des Grundkapitals oder Stammkapitals des übertragenden oder formwechselnden Rechtsträgers oder, falls der übertragende oder formwechselnde Rechtsträger ein Grundkapital oder Stammkapital nicht hat, ein Zehntel des Vermögens dieses Rechtsträgers, höchstens jedoch

500 000 Euro, nur insoweit übersteigen, als die Bedeutung der Sache für die Parteien höher zu bewerten ist.

II In folgenden Verfahren bestimmt sich der Wert nach § 52 Absatz 1 und 2:

1. **über einen Antrag auf Erlass, Abänderung oder Aufhebung einer einstweiligen Anordnung nach § 123 der Verwaltungsgerichtsordnung oder § 114 der Finanzgerichtsordnung,**
2. **nach § 47 Absatz 6, § 80 Absatz 5 bis 8, § 80a Absatz 3 oder § 80b Absatz 2 und 3 der Verwaltungsgerichtsordnung,**
3. **nach § 69 Absatz 3, 5 der Finanzgerichtsordnung,**
4. **nach § 86b des Sozialgerichtsgesetzes und**
5. **nach § 50 Absatz 3 bis 5 des Wertpapiererwerbs- und Übernahmegesetzes.**

Übersicht

1 **I. Normgeschichte und Normzweck.** § 53 war bis zum Jahr 2004 teilweise in § 20 GKG aF verortet. Die Bestimmung fand ihre jetzige Stellung mit einem **veränderten** Inhalt durch das KostRMoG v. 5.5.2004 (BGBl. I 718). Art. 2 Nr. 5 Gesetz zur Unternehmensintegrität und Modernisierung des Anfechtungsrechts (UMAG) v. 22.9.2005 (BGBl. I 2802) hat I Nr. 5 mWv 1.11.2005 geändert. Die Reform orientierte sich an den Regelungen für das Verfahren nach § 319 VI AktG (BT-Drs.15/5092, 31/32). Art. 47 Nr. 11 Gesetz zur Reform des Verfahrens in Familiensachen und in den Angelegenheiten der freiwilligen Gerichtsbarkeit (FGG-Reformgesetz – FGG-RG) v. 17.12.2008 (BGBl. I 2586) mWv 1.9.2009 hat II **ersatzlos gestrichen** (III wurde dadurch zu II). Art. 12 Gesetz zur Umsetzung der Aktionärsrechterichtlinie (ARUG) v. 30.7.2009 (BGBl. I 2479) hat mWv 1.9.2009 die Überschrift neu gefasst, in I Nr. 3 das Komma durch das Wort „und" die heutige I Nr. 5 geformt (zur Begründung vgl. BT-Drs. 16/11642, 45). Art. 9 Nr. 3 Gesetz gegen unseriöse Geschäftspraktiken v. 1.10.2013 (BGBl. I 3714) hat m Wv 9.10.2013 am Ende von I Nr. 1 die Worte „soweit nichts anderes bestimmt ist" eingefügt. Dies stellt klar, dass § 51 IV **vorgeht** (BT-Drs. 17/13057, 31). Art. 9 Gesetz zur Durchführung der Verordnung (EU) Nr. 655/2014 sowie zur Änderung sonstiger zivilprozessualer Vorschriften v. 21.11.2016 (BGBl. I 2591) hat I Nr. 1 mWv 18.1.2017 geändert. Das Verfahren zur Erwirkung eines Europäischen Beschlusses zur vorläufigen Kontenpfändung sollte damit weitgehend dem Arrestverfahren bzw. der Forderungspfändung gleichgestellt werden (BT-Drs. 18/7560, 48). Eine noch differenziertere kostenrechtliche Ausgestaltung würde den ohnehin schon beträchtlichen Regelungsaufwand nochmals deutlich erhöhen und die Regelung derart komplex werden lassen, dass sie für die Beteiligten und für die Kostenbeamten nur noch schwer nach-

vollziehbar sein würde (BT-Drs. 18/7560, 48). Durch Art. 2 Gesetz zur Änderung der Vorschriften zur Vergabe von Wegenutzungsrechten zur leitungsgebundenen Energieversorgung v. 27.1.2017 (BGBl. I 130) wurde I Nr. 4 mWv 3.2.2017 in das Gesetz eingefügt (die Nr. 4 wurde Nr. 5). Hierdurch sollte im Sinne eines effektiven Rechtsschutzes verhindert werden, dass hohe Gerichts- und Rechtsanwaltsgebühren die beteiligten Unternehmen davon abhalten, durch die Beantragung einer einstweiligen Verfügung zügig Rechtsschutz zu suchen (BT-Drs. 18/10503, 7). § 53 ist eine § 48 **verdrängende Sondervorschrift** und hat die Aufgabe, abstrakt zu bestimmen und einen Weg zu weisen, wie in den einzelnen Verfahren, die ihm unterliegen, die gerichtlichen Wertgebühren zu bestimmen sind.

II. Anwendungsbereich. 1. Allgemeines. § 53 gilt für die Bestimmung des Ge- 2
bührenstreitwertes in den in § 53 I, II genannten Verfahren. Da es keine besonderen Vorschriften gibt, gelten § 53 I Nr. 1 bis Nr. 3 wegen § 1 II Nr. 4 ArbGG auch für den einstweiligen Rechtsschutz und schiedsrichterliche Entscheidungen in arbeitsrechtlichen Streitigkeiten. In seinen Anwendungsbereich fallen allerdings nur Verfahren, die grds. nur vorläufige Regelungen zum Gegenstand haben. **Zusätzlich** anwendbar sind stets §§ 39 ff. (NK-GK/Fölsch/Hofmann-Hoeppel/Kreutz/Kurpat/Luber/Schäfer Rn. 32 ff.), bspw §§ 40, 43. Der Zuständigkeits- und/oder Rechtsmittelstreitwert sind, soweit erforderlich, nach §§ 3, 6–9 ZPO zu ermitteln (siehe jeweils dort).

2. Die Bestimmung des I. a) Nr. 1. I Nr. 1 blickt auf §§ 916 ff. ZPO, §§ 935 ff. 3
ZPO und auf §§ 946 ff. ZPO (zur vorläufigen Kontenpfändung s. auch → Rn. 1) sowie auf die Verfahren über die Aufhebung, den Widerruf oder die Abänderung solcher Entscheidungen (§§ 927, 936 ZPO). § 51 IV ist ggü § 53 I Nr. 1 **vorrangig** (→ § 51 Rn. 1; → Rn. 1; NK-GK/Fölsch/Hofmann-Hoeppel/Kreutz/Kurpat/Luber/Schäfer Rn. 6). I Nr. 1 gilt auch vor den Arbeitsgerichten nach § 1 II Nr. 4 (NK-GK/Fölsch/Hofmann-Hoeppel/Kreutz/Kurpat/Luber/Schäfer Rn. 5; → Rn. 2), zB wegen eines Anspruchs nach § 102 V 2 BetrVG. I Nr. 1 ist in vermögensrechtlichen, aber auch in nichtvermögensrechtlichen Streitigkeiten anwendbar und verdrängt **vollständig** § 48 (aA Binz/Dörndorfer/Zimmermann/Zimmermann Rn. 3). Auch der Wert einer einstweiligen Verfügung in einer **nichtvermögensrechtlichen** Streitigkeit ist daher nach § 3 ZPO zu ermitteln. Damit kommt es **allein** auf das Angreiferinteresse an (→ ZPO § 3 Rn. 11 ff.; aA ohne Begründung BGH BeckRS 2015, 20631 Rn. 22; OLG Karlsruhe BeckRS 2001, 3855). Zwar soll § 48 II 1 im Rahmen von § 3 ZPO entsprechend anwendbar sein (→ ZPO § 3 Rn. 19 „nichtvermögensrechtliche Streitigkeiten"). Dies ist auch überzeugend, da § 48 II anders als § 3 ZPO Prüfsteine für die Bewertung einer nichtvermögensrechtlichen Streitigkeit bietet. Diese sind wegen der Verweisung auf § 3 ZPO aber nur für den Kläger (Rechtsmittelkläger), nicht aber für den Beklagten anwendbar.

b) Nr. 2. Haben die Parteien nichts anderes vereinbart, so kann das Schiedsgericht 4
nach § 1041 I 1 ZPO auf Antrag vorläufige oder sichernde Maßnahmen anordnen, die es in Bezug auf den Streitgegenstand für erforderlich hält. Auf Antrag kann es nach § 1041 II 1 ZPO die **Vollziehung** einer solchen Maßnahme zulassen, sofern nicht schon eine entsprechende Maßnahme des einstweiligen Rechtsschutzes bei einem Gericht beantragt worden ist. Für **diesen** Antrag ist nach I Nr. 2 der Wert nach § 3 ZPO zu bestimmen.

c) Nr. 3. I Nr. 3 erfasst Entscheidungen nach § 1041 III ZPO. S. zu den Grund- 5
lagen → Rn. 4.

d) Nr. 4. Bei I Nr. 4 geht es um das Verfahren nach §§ 935 ff. ZPO auf Grund 6
einer von einem Unternehmen gerügten Rechtsverletzung bei einem **Wegenutzungsrecht zur leitungsgebundenen Energieversorgung** nach §§ 46 ff. EnWG.

e) Nr. 5. Nach § 148 I, II AktG kann derjenige Aktionär, dessen Anteil 1% des 7
Grundkapitals oder 100.000 EUR erreicht, die Zulassung beantragen, die aus § 147 I 1 AktG genannten Ersatzansprüche der Gesellschaft in eigenem Namen geltend zu machen. I Nr. 5 bestimmt den Wert dieser Klage. Diese Regelung geht auf Art. 17 Nr. 2 des Gesetzes zur Bereinigung des Umwandlungsrechts (UmwBerG) v. 28.10.1994 (BGBl. I 3210) zurück. Dieser hatte ua für § 319 VI AktG aF, der § 148 I, II entsprach, § 20 IV GKG aF eingeführt. Er hat **bewusst** § 247 I 2 AktG aufgegriffen (BT-Drs. 12/6699, 182) und ist wie dieser zu verstehen.

8 **3. Die Bestimmung des II. a) Nr. 1.** II Nr. 1 erfasst Anträge auf Erlass, Abänderung oder Aufhebung einer einstweiligen Anordnung nach § 123 VwGO oder § 114 FGO. Es geht darum, schon vor Klageerhebung, eine einstweilige Anordnung in Bezug auf den Streitgegenstand treffen, wenn die Gefahr besteht, dass durch eine Veränderung des bestehenden Zustands die Verwirklichung eines Rechts des Antragstellers **vereitelt oder wesentlich** erschwert werden könnte. Einstweilige Anordnungen sind ferner zur Regelung eines vorläufigen Zustands in Bezug auf ein streitiges Rechtsverhältnis zulässig, wenn diese Regelung, vor allem bei dauernden Rechtsverhältnissen, um **wesentliche Nachteile** abzuwenden oder **drohende Gewalt** zu verhindern oder aus **anderen Gründen** nötig erscheint.

9 **b) Nr. 2.** § 53 II Nr. 2 ist anwendbar auf §§ 47 VI, 80 V, 80a III, 80b II, III VwGO. Es geht darum, die aufschiebende Wirkung von Widerspruch und Anfechtungsklage anzuordnen bzw. wiederherzustellen oder eine solche Maßnahme abzuändern oder aufzuheben.

10 **c) Nr. 3.** II Nr. 3 umfasst § 69 III, V FGO. Es geht um die Aussetzung der Vollziehung oder Wiederherstellung der hemmenden Wirkung.

11 **d) Nr. 4.** II Nr. 4 bestimmt, was für § 86b SGG gilt. Es geht darum, die aufschiebende Wirkung von Widerspruch und Anfechtungsklage anzuordnen bzw. wiederherzustellen oder eine solche Maßnahme abzuändern oder aufzuheben.

12 **e) Nr. 5.** II Nr. 5 regelt, was für § 50 III–V WpÜG gilt. Es geht darum, die aufschiebende Wirkung von Widerspruch und Anfechtungsklage anzuordnen bzw. wiederherzustellen oder eine solche Maßnahme abzuändern oder aufzuheben.

13 **III. Rechtsfolgen. 1. Die Bestimmung des I. a) Grundsatz.** Bei **sämtlichen** von I erfassten Verfahren ist der Gebührenstreitwert jeweils nach § 3 ZPO zu bestimmen. Zur Frage, auf welche Art und Weise der Gebührenstreitwert nach § 3 ZPO jeweils ermittelt wird, trifft § 53 I **keine** Aussage. Maßgeblich ist insoweit grds. das tatsächliche wirtschaftliche Interesse des Rechtsmittelführers – das „Angreiferinteresse" (im Einzelnen → ZPO § 3 Rn. 11 ff.), welches nach **objektiven** Maßstäben zu beurteilen ist. Siehe zu den Werten zu den einzelnen Verfahren als Stichwort unter → ZPO § 3 Rn. 23, → „Aktiengesetz (§ 148 I)", → „Arrest", → „Einstweilige Verfügung", → „Energiewirtschaftsgesetz (§ 47 V EnWG)" und → „Schiedsrichterliches Verfahren". Häufig geht es um einen Bruchteil des Hauptsachewertes. Bei I Nr. 1 ist zu beachten, dass die Gebühren zur **Erwirkung eines Europäischen Beschlusses zur vorläufigen Kontenpfändung** durch Art. 42 EuKoPfVO nach oben begrenzt sind. Danach dürfen die Gebühren in Verfahren, in denen ein Europäischer Beschluss zur vorläufigen Pfändung erwirkt werden soll, oder in einem Rechtsbehelfsverfahren gegen einen Beschluss nicht höher sein als jene, die für einen gleichwertigen nationalen Beschluss oder einen Rechtsbehelf gegen einen solchen nationalen Beschluss in Rechnung gestellt werden. Auf die Ausgestaltung des Verfahrens und auf die funktionelle Zuständigkeit kommt es dabei nicht an.

14 **b) Höchststreitwert für EnWG (I Nr. 4 Hs. 2).** I Nr. 4 Hs. 2 ordnet als Höchststreitwert je Verfahren einen Wert von 100.000 EUR an. Der Regelung liegt die Einschätzung zugrunde, dass **nicht** der Wert der zu übernehmenden Netze und der dazugehörigen Anlagen entscheidend ist (BT-Drs. 18/10503, 7). Streitgegenstand in Verfahren des einstweiligen Rechtsschutzes nach § 47 V EnWG ist die **Sicherung** der Stellung des Anspruchstellers im Verfahren zur Vergabe der Wegenutzungsrechte und nicht die sich einem solchen Verfahren möglicherweise anschließende Netzübernahme. Vor diesem Hintergrund lässt auch die Streitwertbegrenzung den Gerichten einen angemessenen Spielraum zur Beurteilung des jeweiligen Einzelfalles. Diese Bestimmung ist **nicht** analogiefähig.

15 **c) Verfahren nach § 148 I, II AktG (I Nr. 5).** → ZPO § 3 Rn. 23 „Aktiengesetz (§ 148 I)". In einem **ersten Schritt** ist das Interesse, das im **Hauptprozess** verfolgt wird, zu ermitteln. Anzusetzen sind die behaupteten Ersatzansprüche der **Gesellschaft** aus der Gründung, nicht solche eines Aktionärs (OLG Stuttgart MDR 2023, 47 = BeckRS 2022, 36436 Rn. 21; LG München I NZG 2007, 477; aA Schmolke ZGR 2011, 398 (408); Meilicke/Heidel DB 2004, 1479 (1482); unklar LG Köln NZG 2019, 826 Rn. ff.). Der so bestimmte Wert ist nach § 53 I Nr. 5 Hs. 2 **in einem zweiten Schritt** wie bei § 247 I 2 AktG zu Gunsten des Klägers in

doppelter Weise begrenzt: Er darf im Regelfall 1/10 des Grund- oder Stammkapitals der Gesellschaft sowie zusätzlich einen absoluten Betrag von 500.000 EUR nicht überschreiten. Eine **Ausnahme** gilt, wenn die Bedeutung der Sache **für die Parteien** – also auch für den Beklagten – **höher** zu bewerten ist (s. auch OLG Köln NZG 2019, 826 Rn. 9 ff.). Soweit es bei Hs. 2 „Grundkapital des übertragenden oder formwechselnden Rechtsträgers" heißt, handelt es sich um ein Redaktionsversehen (OLG Stuttgart MDR 2023, 47 = BeckRS 2022, 36436 Rn. 12).

2. Die Bestimmung des II. a) Allgemeines. aa) Grundsatz. Die Verweisung auf § 52 I, II bedeutet, dass **auch** in den in § 53 II genannten Fällen (→ Rn. 8) der Wert nach „billigem Ermessen" (→ ZPO § 3 Rn. 9 ff.) zu bestimmen ist (im Einzelnen s. auch → § 52 Rn. 6 ff.). Maßgebend sind der **Antrag** und die sich für Antragsteller ergebende **Bedeutung der Sache** (→ § 52 Rn. 10 ff.), also das Interesse des Antragstellers an dem Erlass einer einstweiligen Anordnung oder am Aufschub der Vollziehung usw. Bei mehreren Antragstellern, die jeweils eigene Rechte verfolgen, müssen die Werte entsprechend § 5 ZPO zusammengerechnet werden (VGH Baden-Württemberg NJW 1977, 1790). Wie beim Arrest (→ ZPO § 3 Rn. 23 „Arrest") und der Einstweiligen Verfügung (→ ZPO § 3 Rn. 23 „Einstweilige Verfügung") sollte idR entsprechend § 41 S. 1 FamGKG als Wert 1/2 der Hauptsache angesetzt werden (OVG Lüneburg BeckRS 2021, 694 Rn. 12; siehe ua auch Ziffer 1.5 S. 1 des Streitwertkatalogs 2013 der Verwaltungsgerichtsbarkeit (in diesem Werk abgedruckt → Streitwertkatalog VwGO) sowie Ziffer 8 und 9 des Streitwertkatalogs für die Finanzgerichtsbarkeit (in diesem Werk abgedruckt → Streitwertkatalog FGO). Der volle Wert sollte nur dann angesetzt werden, wenn die Bedeutung des vorläufigen Verfahrens dem Hauptverfahren **gleichkommt** (siehe auch Ziffer 1.5 S. 2 des Streitwertkatalogs 2013 der Verwaltungsgerichtsbarkeit, etwa weil die Eilanordnung bereits vollendete Tatsachen schafft, zB bei einer einstweiligen Anordnung auf die Einräumung einer Sendezeit, bei der unbefristeten Zuweisung eines Studienplatzes, bei einer Aussetzung der Vollziehung eines Versammlungsverbots, in einer Asyl-Sache nach (OVG Bremen AnwBl 1987, 337; OVG Rheinland-Pfalz NVwZ 1983, 172; VG Koblenz AnwBl 1986, 108). 16

bb) Auffangstreitwert. Bietet der Sach- und Streitstand für die Bestimmung keine genügenden Anhaltspunkte, ist nach § 51 II **ein Wert von 5.000 EUR anzunehmen.** Zu den Einzelheiten → § 52 Rn. 13 ff. Er kann auch im Eilverfahren **nicht** nach Ermessen des Gerichtes zB halbiert werden (→ § 52 Rn. 14; aA OVG Saarlouis BeckRS 2019, 932 Rn. 12). 17

b) Die Praxis. aa) § 50 II Nr. 1. (1) VwGO. Der Wert nach II Nr. 1 wird in der Praxis der Verwaltungsgerichte zT mit 1/3 des Wertes der Hauptsache (OVG Lüneburg NVwZ-RR 2007, 638; s. aber auch OVG Münster 19.1.2023 – 6 E 604/21, BeckRS 2023, 574 Rn. 4: 1/4 bei beamtenrechtlichen Konkurrentenstreitverfahren), idR aber – wie es **hier** vertreten wird – mit 1/2 des Wertes der Hauptsache angesetzt (beispielhaft etwa BVerwG 23.3.2021 – 2 VR 5.20, BeckRS 2021, 15936 Rn. 40; OVG Münster BeckRS 2019, 9530 Rn. 4 und OVG Magdeburg NVwZ-RR 2014, 373). Bei Vorwegnahme der Hauptsache bietet sich der volle Wert an (VGH Mannheim NVwZ-RR 2010, 335 (336)). Die Bestimmung des § 52 VI ist zwar **nicht** anwendbar (aA wohl BVerwG BeckRS 2013, 53574 Rn. 58), seine Wertung kann aber nach ganz hM im Rahmen des Ermessens berücksichtigt werden (VGH München BeckRS 2017, 133313 Rn. 6; siehe auch die Nachweise bei OVG Berlin-Brandenburg NVwZ-RR 2014, 78; aA OVG Saarlouis BeckRS 2019, 932 Rn. 12). Das ist allerdings **kritisch** zu sehen, da § 52 VI anders als § 52 I, dessen Anwendung das Gesetz aber befiehlt, eine von den Besonderheiten des Einzelfalls unabhängige **pauschale** Bewertung vorsieht (→ § 52 Rn. 23). **(2) FGO.** Wenn sich die einstweilige Anordnung gegen eine Vollstreckungsmaßnahme richtet, sind idR 10 % der Forderung anzusetzen (siehe auch Ziffer 9 des Streitwertkatalogs für die Finanzgerichtsbarkeit). Das gilt auch dann, wenn sich die einstweilige Anordnung auf ein Verbot der Vollziehung während des Klageverfahrens richtet (s. auch BFH NJW 1977, 1216). Der Streitwert einer einstweiligen Anordnung, die darauf gerichtet ist, einen zeitlichen Aufschub der Zahlungsverpflichtung oder die vorläufige Einstellung der Zwangsvollstreckung zu erreichen, ist entsprechend den vorstehenden Grund- 18 sätzen zu bestimmen. Soll durch die einstweilige Anordnung ein endgültiger Zustand erreicht werden, ist der Streitwert der Hauptsache anzusetzen. Im Fall einer beschränkten Geltungsdauer der Anordnung ist der Streitwert zu reduzieren (siehe auch Ziffer 9 des Streitwertkatalogs für die Finanzgerichtsbarkeit).

19 **bb) § 50 II Nr. 2. (1) § 47 VI VwGO.** Die Bedeutung der Sache ergibt sich aus dem „schweren Nachteil". Sie ergibt sich auch durch die ebenfalls ausreichenden „anderen wichtigen Gründe", ferner durch das „dringende Gebot" der einstweiligen Anordnung. Diese Gesichtspunkte können vermögensrechtlich **oder** nichtvermögensrechtlich sein. Das Interesse des Antragstellers ist nicht allein maßgeblich. Ferner ist das öffentliche Interesse beachten. **(2) §§ 80a III, 80b II VwGO.** Maßgeblich ist das Interesse des nach § 80a I VwGO vorgehenden Dritten an der Aufhebung usw des einen anderen begünstigenden Verwaltungsaktes, begrenzt durch die nach § 80a III VwGO ja allenfalls erzielbare Aufhebung oder Änderung. Eine Sicherungsmaßnahme bleibt auch hier unbeachtet.

20 **cc) § 50 II Nr. 3.** Wie § 53 II Nr. 1 (→ Rn. 18). Siehe auch Ziffer 8 des Streitwertkatalogs für die Finanzgerichtsbarkeit. IdR werden **10 %** (stRspr. BFH, vgl. ua BFH BeckRS 2011, 96044 Rn. 14; DStR 2008, 49; 2001, 1246) bis **25 %** (beispielhaft FG Sachsen JurBüro 2014, 642; FG Münster EFG 2007, 1109) desjenigen Betrags angesetzt, für den der Antragsteller eine Aussetzung beantragt. § 52 IV ist nicht anwendbar (BFH DStR 2008, 49).

21 **dd) § 50 II Nr. 4.** Wie § 53 II Nr. 1 (→ Rn. 18).

22 **ee) § 50 II Nr. 5.** Wie § 53 II Nr. 1 (→ Rn. 18).

Sanierungs- und Reorganisationsverfahren nach dem Kreditinstitute-Reorganisationsgesetz

53a Die Gebühren im Sanierungs- und Reorganisationsverfahren werden nach der Bilanzsumme des letzten Jahresabschlusses vor der Stellung des Antrags auf Durchführung des Sanierungs- oder Reorganisationsverfahrens erhoben.

Es handelt sich zusammen mit § 23a (Kostenschuldner), KV 1650–1653 (Gebühren) und mit § 24 RVG (Gegenstandswert) um eine ggü. § 48 vorrangige Spezialregelung für Verfahren nach dem KreditReorG. Dieses ist allerdings zum 29.12.2020 **ersatzlos** aufgehoben worden (→ § 23a Rn. 1).

Zwangsversteigerung

54 I 1 Bei der Zwangsversteigerung von Grundstücken sind die Gebühren für das Verfahren im Allgemeinen und für die Abhaltung des Versteigerungstermins nach dem gemäß § 74a Absatz 5 des Gesetzes über die Zwangsversteigerung und die Zwangsverwaltung festgesetzten Wert zu berechnen. 2 Ist ein solcher Wert nicht festgesetzt, ist der Einheitswert maßgebend. 3 Weicht der Gegenstand des Verfahrens vom Gegenstand der Einheitsbewertung wesentlich ab oder hat sich der Wert infolge bestimmter Umstände, die nach dem Feststellungszeitpunkt des Einheitswerts eingetreten sind, wesentlich verändert oder ist ein Einheitswert noch nicht festgestellt, ist der nach den Grundsätzen der Einheitsbewertung geschätzte Wert maßgebend. 4 Wird der Einheitswert nicht nachgewiesen, ist das Finanzamt um Auskunft über die Höhe des Einheitswerts zu ersuchen; § 30 der Abgabenordnung steht der Auskunft nicht entgegen.

II 1 Die Gebühr für die Erteilung des Zuschlags bestimmt sich nach dem Gebot ohne Zinsen, für das der Zuschlag erteilt ist, einschließlich des Werts der nach den Versteigerungsbedingungen bestehen bleibenden Rechte zuzüglich des Betrags, in dessen Höhe der Ersteher nach § 114a des Gesetzes über die Zwangsversteigerung und die Zwangsverwaltung als aus dem Grundstück befriedigt gilt. 2 Im Fall der Zwangsversteigerung zur Aufhebung einer Gemeinschaft vermindert sich der Wert nach Satz 1 um den Anteil des Erstehers an dem Gegenstand des Verfahrens; bei Gesamthand-

eigentum ist jeder Mitberechtigte wie ein Eigentümer nach dem Verhältnis seines Anteils anzusehen.

III [1]**Die Gebühr für das Verteilungsverfahren bestimmt sich nach dem Gebot ohne Zinsen, für das der Zuschlag erteilt ist, einschließlich des Werts der nach den Versteigerungsbedingungen bestehen bleibenden Rechte.** [2]**Der Erlös aus einer gesonderten Versteigerung oder sonstigen Verwertung (§ 65 des Gesetzes über die Zwangsversteigerung und die Zwangsverwaltung) wird hinzugerechnet.**

IV **Sind mehrere Gegenstände betroffen, ist der Gesamtwert maßgebend.**

V [1]**Bei Zuschlägen an verschiedene Ersteher wird die Gebühr für die Erteilung des Zuschlags von jedem Ersteher nach dem Wert der auf ihn entfallenden Gegenstände erhoben.** [2]**Eine Bietergemeinschaft gilt als ein Ersteher.**

I. Normzweck und Normgeschichte. Die Bestimmung, die sich bis 2004 in § 29 GKG aF und sich im Kern bis 1975 in §§ 61, 62 GKG aF fand, hat ihre **heutige** Form durch das KostRMoG v. 5.5.2004 (BGBl. I 718) gefunden. Sie regelt als Sondervorschrift ggü. § 48 die Wertermittlung für viele, aber **nicht alle** Gebühren im Zusammenhang mit der Zwangsversteigerung eines Grundstücks (das kann auch ein Wohnungs- oder Teileigentum sein). Etwa für die Entscheidung über den Antrag auf die Anordnung einer Zwangsversteigerung nach § 869 ZPO iVm dem ZVG entsteht nach KV 2210 eine Festgebühr. 1

II. Anwendungsbereich. I–III sind nur für die Berechnung des Gebührenstreitwertes bei der Zwangsversteigerung von **Grundstücken** anwendbar, und zwar: I für die Verfahrens- (KV 2011) und Terminsgebühr (KV 2013), II für die Gebühr für die Erteilung des Zuschlags (KV 2014) und III für die Gebühr für das Verteilungsverfahren (KV 2015). 2

Was für die Zwangsversteigerung von Schiffen, Schiffsbauwerken und Luftfahrzeugen und von Rechten gilt, die den Vorschriften der Zwangsvollstreckung in das unbewegliche Vermögen unterliegen, einschließlich der unbeweglichen Kuxe, bestimmt § 56. **Zusätzlich** anwendbar sind §§ 39 ff. GKG. Zum **Gegenstandswert** → RVG § 26 Rn. 4 ff. 3

III. Rechtsfolgen. 1. Verfahrens- und Terminsgebühr (I; KV 2211 und KV 2213). a) Normalfall (Verkehrswert) (I 1). Der Gebührenstreitwert entspricht grds. dem nach § 74a V 1 ZVG durch Beschluss vom Gericht, nötigenfalls nach Anhörung von Sachverständigen, festgesetzten Grundstückswert (Verkehrswert). Der Wert der beweglichen Gegenstände, auf die sich die Versteigerung erstreckt, ist unter Würdigung aller Verhältnisse frei zu schätzen (§ 74a V 2 ZVG). 4

b) Ausnahme (Einheitswert). aa) Grundsatz (I 2). Hat das Zwangsversteigerungsgericht nach § 74a V 1 ZVG **keinen Verkehrswert** beschlossen, ist das Verfahren zB nicht durchgeführt worden, ist für den Gebührenstreitwert der **Einheitswert** maßgebend. Wird der Einheitswert vom Gläubiger nicht nachgewiesen (eine bloße Glaubhaftmachung reicht nach hM nicht), hat das Gericht das Finanzamt um eine Auskunft über die Höhe des Einheitswertes zu ersuchen (I 4 Hs. 1). Das kann ungeachtet I 1 gleich nach der Verfahrensanordnung und **trotz** eines möglicherweise festgestellten Verkehrswertes geschehen (BGH BeckRS 2009, 22505 Rn. 5). Das Finanzamt kann sich nach § 54 I 4 Hs. 2 trotz § 30 AO **nicht** auf seine Schweigepflicht berufen. Nach der Struktur des § 54 I ist die Datenanforderung beim Finanzamt das letzte Mittel zur Wertermittlung, so dass der aus dem Verfassungsrecht folgende und für jede Datenweitergabe geltende Grundsatz der Verhältnismäßigkeit ausnahmsweise nicht ausdrücklich erwähnt ist (BT-Drs. 12/6962, 62). Das Finanzamt darf allerdings auch nur dasjenige mitteilen, was zur Kostenberechnung unbedingt nötig ist (LG Stuttgart NZM 2009, 365). 5

bb) Abweichung/Veränderung/fehlende Feststellung (I 3). Weicht der Gegenstand des Verfahrens vom Gegenstand der Einheitsbewertung **wesentlich** ab, zB dadurch, dass dem Zwangsversteigerungs- oder Zwangsverwaltungsverfahren auch Maschinen und Betriebsanlagen unterliegen, oder wenn infolge einer unverhältnismäßigen Höherbelastung oder einer wesentlichen Veränderung des Wertes nach der letzten Einheitsbewertung irgendwelche auch gerade für sie maßgebenden Verände- 6 rungen eintreten, oder hat sich der Wert infolge bestimmter Umstände, die nach dem Feststellungszeitpunkt des Einheitswertes eingetreten sind, wesentlich verändert oder ist ein **Einheitswert noch nicht festgestellt** worden, ist der nach den **Grundsätzen der Einheitsbewertung** nach §§ 19 ff. BewG zu ermitteln (wie bei § 48 GNotKG). Dies geht auf das KostRÄndG 1994 v. 24.6.1994 (BGBl. 1325) zurück. Den genannten Fällen ist danach gemein, dass ein dem **wahren Einheitswert** nahekommender Wert zu bestimmen ist (BT-Drs. 12/6962, 62). Die Formulierung „nach den Grundsätzen der Einheitsbewertung geschätzte Wert" trat dabei an die Stelle der Worte „nach freiem Ermessen". Diese konnten nach Ansicht des Gesetzgebers vom Wortlaut her als höhere Anforderung ausgelegt werden (BT-Drs. 12/6962, 62).

7 **2. Zuschlagsgebühr (II; KV 2214). a) Grundsatz.** Die Gebühr für die Erteilung des Zuschlags **(Zuschlagsgebühr)** nach KV 2214 bestimmt sich nach dem Gebot ohne Zinsen, für das der Zuschlag erteilt ist, **einschließlich** des Wertes der nach den Versteigerungsbedingungen bestehen bleibenden Rechte, §§ 52, 74a I 1 ZVG. Es kommt also nicht auf ein zwar höheres, aber zurückgewiesenes Gebot an. Auch eine nach § 60 ZVG bewilligte Zahlungsfrist ist nicht zu beachten. Nur ein bestehen bleibendes Recht ist beachtlich, keine bestehen bleibende **Belastung.** Das gilt auch dann, wenn der Ersteher für diese Rechte schon vor der Erteilung des Zuschlags ganz oder teilweise persönlich haftet, etwa aus einer Gesamthypothek. Hinzurechnen ist nach § 54 II 1 Hs. 2 der Betrag, in dessen Höhe der Ersteher nach § 114a ZVG als befriedigt gilt, also soweit sein Meistgebot den Anspruch des aus dem Grundbuch berechtigten Erstehers nicht deckt, aber ein Gebot zum Betrag der 70 %-Grenze decken würde.

8 **b) Teilungsversteigerung nach § 180 ZVG (II 2).** Bei einer Teilungsversteigerung nach § 180 ZVG **vermindert** sich der nach II 1 errechnete Wert um den Anteil des Erstehers am Gegenstand des Verfahrens. Dasselbe gilt beim Bruchteilseigentum. Bei einem Gesamthandeigentum muss man nach II 2 Hs. 2 jeden Mitberechtigten wie einen Miteigentümer ansehen.

9 **c) Zuschläge an verschiedene Ersteher (V).** Bei Zuschlägen an verschiedene Ersteher (V 2 fingiert eine Bietergemeinschaft, zB eine Personenmehrheit zur gesamten Hand, als einen Ersteher), ist nach V 1 die Gebühr für die Erteilung des Zuschlags von jedem Ersteher nach dem Wert der auf **ihn** entfallenden Gegenstände zu erheben. Man muss also die Zuschlagsgebühr von jedem Ersteher nach dem Wert des von ihm nach seinem Einzelgebot Ersteigerten besonders berechnen und nach § 26 II 1 gesondert erheben. Wenn das Gericht das Verfahren teils durchgeführt, teils eingestellt hat, erfolgt eine getrennte Berechnung der einzelnen Gebühren.

10 **3. Verteilungsgebühr (III; KV 2215). a) Grundsatz (III 1, 2).** Die Verteilungsgebühr nach KV 2215, 2216 berechnet sich nach III 1 – ebenso wie bei II – nach demjenigen Gebot ohne Zinsen, das zum Zuschlag geführt hat. Hinzuzurechnen ist **erstens** der Wert derjenigen Rechte, die nach den Versteigerungsbedingungen bestehen bleiben. Und **zweitens** der Erlös aus einer Sonderverwertung nach § 65 ZVG. Ein nach § 91 II ZVG vereinbartes bestehen bleibendes Recht ist hingegen nicht hinzuzurechnen (LG Krefeld Rpfleger 1978, 392; aA LG Krefeld Rpfleger 1976, 332).

11 **b) 7/10-Grenze.** Anders als nach II 1 Hs. 2 ist der Betrag, in dessen Höhe der Ersteher nach § 114a ZVG als befriedigt gilt, nicht hinzuzurechnen.

12 **4. Mehrere Gegenstände (IV).** Sind bei I, II oder III **mehrere** Gegenstände betroffen, ist der **Gesamtwert** maßgebend. Eine Mehrheit von Gegenständen liegt dann vor, wenn jeder Gegenstand ein gesondertes Verfahren begründen könnte. Bei § 18 ZVG ist der Gesamtwert für alle Gebühren maßgeblich, soweit der abgegoltene Verfahrensteil sich auf die mehreren Gegenstände bezieht. Nach einer **Verfahrenstrennung** gelten die Einzelwerte. Auf § 55 ist IV entsprechend anwendbar (→ § 55 Rn. 7).

Zwangsverwaltung

55 **Die Gebühr für die Durchführung des Zwangsverwaltungsverfahrens bestimmt sich nach dem Gesamtwert der Einkünfte.**

I. Normzweck und Normgeschichte. Die Bestimmung, die sich bis 2004 in § 30 GKG aF und im Kern bis 1975 in § 63 II 1 GKG aF fand, hat ihre **heutige** Form durch das KostRMoG v. 5.5.2004 (BGBl. I 718) gefunden. Sie ist eine § 48 verdrängende Sondervorschrift für die Bestimmung des Gebührenstreitwertes bei Zwangsverwaltungsverfahren über Grundstücke (KV 2221). Für die Entscheidung über den Antrag auf **Anordnung** der Zwangsverwaltung oder über den **Beitritt** zum Verfahren gilt die Festgebühr KV 2220. 1

II. Anwendungsbereich. § 55 ist anwendbar bei Verfahren nach § 869 ZPO iVm §§ 146 ff., 172, 173 ZVG und eine Zwangsverwaltung nach § 77 II ZVG. Die Vorschrift erfasst nur das **Verfahren** und **nur Grundstücke** (das kann auch ein Wohnungs- oder Teileigentum sein) und also nicht: eine Sicherung nach § 25 ZVG; die gerichtliche Verwaltung nach § 94 ZVG; eine Anordnung nach § 165 ZVG oder nach § 171c ZVG; eine Sequestration nach § 938 ZPO. Die Person des Zwangsverwalters ist unerheblich. Das Verfahren beginnt mit der Beschlagnahme oder mit dem Eintragungsersuchen beim Grundbuchamt. Es endet mit der Wirksamkeit der Aufhebung oder mit der Antragsrücknahme. **Zusätzlich** anwendbar sind §§ 39 ff. GKG. Zum **Gegenstandswert** → § 27 RVG. 2

III. Rechtsfolgen. 1. Überblick. Die Gebühr bestimmt sich nach dem **Gesamtwert** der Einkünfte (→ Rn. 5) im **Kalenderjahr** (→ Rn. 4). 3

2. Kalenderjahr. Maßgebend für KV 2221 ist nach ganz hM jedes **Kalender**- und nicht das Verwaltungsjahr. Dies ergibt sich zwar nicht aus § 55, ist aber aus KV 2221 abzuleiten, nach dem es um die Jahresgebühr für jedes „Kalenderjahr" bei Durchführung des Verfahrens geht. Das Kalenderjahr **beginnt** mit dem Tag der Beschlagnahme und **endet** am 31.12. 4

3. Einkünfte. a) Begriff. „Einkünfte" sind die tatsächlich erzielten Bruttoerträgnisse (Nutzungen) einschließlich Zinsen, nicht bloß die Überschüsse nach § 155 II ZVG (OLG München HRR 1938, 1510; BeckOK KostR/Sengl Rn. 2). Es gilt das **Zuflussprinzip.** Auf die Entstehung oder die buchhalterische Zuordnung kommt es nicht an. 5

Die Vergütung des Zwangsverwalters oder anderer Aufsichtspersonen ist von den Einkünften aus **Vereinfachungsgründen** ebenso wenig abziehen wie öffentliche oder private Lasten oder Mittel nach § 149 III 1 ZVG (BT-Drs. 7/2016, 75 zu Nr. 27). 6

b) Mehrere Grundstücke. Bei mehreren Grundstücken (§§ 146, 18 ZVG) sind die Einkünfte innerhalb **desselben** Verfahrens entsprechend § 54 IV (→ § 54 Rn. 12) zusammenzuzählen (s. auch BeckOK KostR/Sengl Rn. 4). 7

Zwangsversteigerung von Schiffen, Schiffsbauwerken, Luftfahrzeugen und grundstücksgleichen Rechten

56 Die §§ 54 und 55 gelten entsprechend für die Zwangsversteigerung von Schiffen, Schiffsbauwerken und Luftfahrzeugen sowie für die Zwangsversteigerung und die Zwangsverwaltung von Rechten, die den Vorschriften der Zwangsvollstreckung in das unbewegliche Vermögen unterliegen, einschließlich der unbeweglichen Kuxe.

I. Normzweck und Normgeschichte. Die Bestimmung, die sich bis 2004 in § 31 GKG aF und im Kern bis 1975 in § 65 GKG aF fand, hat ihre **heutige** Form durch das KostRMoG v. 5.5.2004 (BGBl. I 718) gefunden. Sie erweitert den Anwendungsbereich der §§ 54, 55, da diese davon ausgehen, dass Gegenstand der Zwangsversteigerung bzw. der Zwangsverwaltung ein Grundstück im Rechtssinn ist (BeckOK KostR/Sengl Rn. 1). Sie ist damit eine Verweisungsnorm für KV 2211 ff. (→ § 54 Rn. 2) und KV 2221 (→ § 55 Rn. 1), soweit kein Grundstück vorliegt. 1

II. Anwendungsbereich. 1. Schiffe, Schiffsbauwerke, Luftfahrzeuge. § 56 ist zum einen eine Sondervorschrift für die Bestimmung des Gebührenstreitwerts bei der für die **Zwangsversteigerung** von Schiffen (§ 870a I 1 ZPO; §§ 162 ff. ZVG), Schiffsbauwerken (§ 870a I 1 ZPO; §§ 162 ff. ZVG) und Luftfahrzeugen (§ 99 LuftRG; § 870a I 1 ZPO; §§ 162 ff. ZVG). 2

3 **2. Rechte. a) Überblick.** Zum anderen ist § 56 auf die Zwangsversteigerung **und** die Zwangsverwaltung von **Rechten,** die nach § 870 ZPO den Vorschriften der Zwangsvollstreckung in das unbewegliche Vermögen unterliegen, anwendbar.

4 **b) Einzelheiten.** Bei den Rechten handelt es sich in erster Linie um das Erbbaurecht, § 11 ErbbauRG, aber beispielsweise auch um die bergrechtlichen Berechtigungen auf Grund des Bundesberggesetzes v. 13.8.1980 (BGBl. I 1310), mithin das neue Bergwerkseigentum (§ 9 BBergG), das aufrechterhaltene alte Bergwerkseigentum (§§ 149 I Nr. 1, 151 BBergG), sowie dingliche Gerechtigkeiten zum Aufsuchen oder zur Gewinnung von Bodenschätzen (§§ 149 I Nr. 5, 156 BBergG), die Bahneinheit (ein landesrechtliches grundstücksgleiches Recht in Form der zu einem Sondervermögen zusammengefassten Vermögenswerte von Privatbahnen), die Realgewerbeberechtigungen sowie reale Bann- und Zwangsrechte (Art. 68, 69, 74, 196 EGBGB), Fähr- und Fischereigerechtigkeiten, Realgemeindeanteile (Realverbandsanteile), dh Anteile an agrar- und forstwirtschaftlichen Genossenschaften (Haubergverbände, Alpengenossenschaften, Waldgenossenschaften, Art. 83, 164 EGBGB), aber auch Stockwerkseigentum (Art. 131 EGBGB), die unbewegliche Kuxe (Anteile an einer bergrechtlichen Gewerkschaft) sowie für alle anderen nach Art. 196 EGBGB durch Landesgesetz bestimmte Rechte.

5 **c) Wohnungs- und Teileigentum.** Wohnungs- und Teileigentum (§ 1 II, III WEG) sind keine Rechte, die den Vorschriften der Zwangsvollstreckung in das unbewegliche Vermögen unterliegen, sondern Grundstücke (→ § 54 Rn. 1; → § 54 Rn. 1).

6 **III. Rechtsfolgen. 1. Rechte iSv § 56.** Für die Wertberechnung bei der Zwangsversteigerung **oder** Zwangsverwaltung von Rechten, die nach § 870 ZPO den Vorschriften der Zwangsvollstreckung in das unbewegliche Vermögen unterliegen (→ Rn. 4), erklärt § 56 die §§ 54 und 55 für entsprechend anwendbar.

7 **2. Schiffe, Schiffsbauwerke, Luftfahrzeuge. a) Überblick.** Für die Wertberechnung bei der **Zwangsversteigerung** von Schiffen, Schiffsbauwerken und Luftfahrzeugen, erklärt § 56 nur den § 54 für entsprechend anwendbar. Der Grund hierfür liegt darin, dass eine Zwangsverwaltung gesetzlich ausgeschlossen ist.

8 **b) In Sonderheit: Schiffe. aa) Seeschiffe.** Nach § 169a ZVG ist auf die Zwangsversteigerung eines Seeschiffes u. a. § 74a V ZVG (Festsetzung des Schiffswertes) nicht anzuwenden. Auch ein Einheitswert (§ 54 I 2) ist nicht vorhanden (§§ 18, 68 BewG). Damit sind nach § 48 I 1 die §§ 3, 6–9 ZPO anwendbar. Bei der Ermittlung des Interesses (→ ZPO § 3 Rn. 11 ff.) **kann** man von der Wertangabe im Zwangsversteigerungsantrag ausgehen (s. auch Binz/Dörndorfer/Zimmermann/Zimmermann Rn. 5). Diese Angabe ist allerdings – wie jede Wertangabe der Parteien (→ ZPO § 3 Rn. 15) – kritisch zu prüfen (→ ZPO § 3 Rn. 16). Wenn unterschiedliche Parteiangaben zum Wert vorliegen oder eine große Abweichung von den Angaben zum Prozessmaterial vorliegt, ist idR iSv § 64 S. 1 eine Abschätzung durch Sachverständige erforderlich.

9 **bb) Binnenschiffe.** Nach § 162 ZVG ist § 74a V ZVG (Festsetzung des Schiffswertes) auf die Zwangsversteigerung eines Binnenschiffes anzuwenden.

Zwangsliquidation einer Bahneinheit

57 **Bei der Zwangsliquidation einer Bahneinheit bestimmt sich die Gebühr für das Verfahren nach dem Gesamtwert der Bestandteile der Bahneinheit.**

1 **I. Anwendungsbereich.** Die Vorschrift betrifft ein altrechtliches Verfahren und dürfte keinen praktischen Anwendungsbereich mehr haben. Eine **Bahneinheit** ist die Zusammenfassung eines Privateisenbahnunternehmens mit seinen dem Betrieb gewidmeten Vermögensgegenständen zu einer rechtlichen Einheit durch frühere landesrechtliche Vorschriften, die gem. Art. 112 EGBGB von der Einführung des BGB unberührt blieben. Ein besonderes, gem. § 871 ZPO von der Einführung der ZPO unberührt gebliebenes Verfahren für die **Zwangsliquidation** dieser Bahneinheit bei Erlöschen der Genehmigung für das Bahnunternehmen sehen die §§ 40 ff. des preußischen Gesetzes über die Bahneinheiten v. 19.8.1895 (Neuf. v. 8.7.1902) vor. Dieses

Gesetz gilt heute in ehemals preußischen Gebieten als Landesrecht wohl nur noch in Berlin (1. RBerG BLN Anl. Teil 1 Nr. 21; BRV 930-3) und in Schleswig-Holstein (GVOBl. 1971 182; GS Schl.-H. II Gl. Nr. 930-1) fort (zuletzt aufgehoben wurde es in Nordrhein-Westfalen, Art. 2 1. Gesetz zur Befristung des Landesrechts NRW v. 18.5.2004, GV. NRW. 247, § 105 JustG NRW und in Hessen, Art. 3 I Nr. 2 HEisenbG v. 25.9.2006, GVBl. I 491 (502)); ob es dort überhaupt noch altrechtliche Bahneinheiten gibt, darf allerdings bezweifelt werden. Weitere landesrechtliche Regelungen dürfte es nicht mehr geben; das frühere württembergische Gesetz, betreffend die Bahneinheiten, v. 23.3.1906 (Neuf. v. 29.12.1931) ist durch das (1.) BWRBerG vom 12.2.1980 (BWGBl. 98) aufgehoben worden.

II. Streitwert. Ungeachtet seiner Bedeutungslosigkeit sehen die KV 2230–2232 für das (auch in § 26 I ausdrücklich erwähnte) Verfahren eigene Gebührentatbestände vor. Die besondere Wertvorschrift bezieht sich nur auf das Liquidationsverfahren selbst und damit auf die Verfahrensgebühr nach KV 2231, 2232. Für die Entscheidung über den Antrag auf die Eröffnung der Zwangsliquidation fällt hingegen eine Festgebühr (66 EUR) an (KV 2230). 2

Streitwert für die Verfahrensgebühr ist die Summe der Einzelwerte aller zur Bahneinheit rechtlich zusammengefassten Vermögensgegenstände. Zu bewerten sind diese nach ihrem **Verkehrswert** zum Zeitpunkt der Verfahrenseröffnung, § 40. Nach allgemeinen bewertungsrechtlichen Grundsätzen sind Lasten nur zu berücksichtigen, wenn diese die wirtschaftliche Nutzungsmöglichkeit beeinträchtigen (vgl. – zu § 6 ZPO – BGH NJW-RR 2001, 518 mwN). 3

Insolvenzverfahren

58 **I 1 Die Gebühren für den Antrag auf Eröffnung des Insolvenzverfahrens und für die Durchführung des Insolvenzverfahrens werden nach dem Wert der Insolvenzmasse zur Zeit der Beendigung des Verfahrens erhoben. 2 Gegenstände, die zur abgesonderten Befriedigung dienen, werden nur in Höhe des für diese nicht erforderlichen Betrags angesetzt. 3 Wird das Unternehmen des Schuldners fortgeführt, so ist von den bei der Fortführung erzielten Einnahmen nur der Überschuss zu berücksichtigen, der sich nach Abzug der Ausgaben ergibt. 4 Dies gilt auch, wenn nur Teile des Unternehmens fortgeführt werden.**

II Ist der Antrag auf Eröffnung des Insolvenzverfahrens von einem Gläubiger gestellt, wird die Gebühr für das Verfahren über den Antrag nach dem Betrag seiner Forderung, wenn jedoch der Wert der Insolvenzmasse geringer ist, nach diesem Wert erhoben.

III 1 Bei der Beschwerde des Schuldners oder des ausländischen Insolvenzverwalters gegen die Eröffnung des Insolvenzverfahrens oder gegen die Abweisung des Eröffnungsantrags mangels Masse gilt Absatz 1. 2 Bei der Beschwerde eines Gläubigers gegen die Eröffnung des Insolvenzverfahrens oder gegen die Abweisung des Eröffnungsantrags gilt Absatz 2.

IV Im Verfahren über einen Antrag nach Artikel 36 Absatz 7 Satz 2 der Verordnung (EU) 2015/848 bestimmt sich der Wert nach dem Mehrbetrag, den der Gläubiger bei der Verteilung anstrebt.

V Im Verfahren über Anträge nach Artikel 36 Absatz 9 der Verordnung (EU) 2015/848 bestimmt sich der Wert nach dem Betrag der Forderung des Gläubigers.

VI Im Verfahren über die sofortige Beschwerde nach Artikel 102c § 26 des Einführungsgesetzes zur Insolvenzordnung gegen die Entscheidung über die Kosten des Gruppen-Koordinationsverfahrens bestimmt sich der Wert nach der Höhe der Kosten.

Schrifttum: Delhaes, Kosten im Konkursantragsverfahren, KTS 1987, 597; Nicht/Schildt, Zur Frage der Kappung der Gebühren des Insolvenzgerichts, NZI 2013, 64; Grub, Die Begrenzung der Gerichtskosten im Insolvenzverfahren auf einen Gegenstandswert von 30 Mio. € gem. § 39 Abs. 2 GKG, ZInsO 2013, 313; Schoppmeyer, Gebührenstreitwert im Insolvenzverfahren, ZZP 2013, 813; Keller, Vergütung und Kosten im Insolvenzverfahren, 15. Aufl. 2021.

Übersicht

1 **I. Normzweck, Normgeschichte und Allgemeines.** Die Bestimmung, deren Wertungen sich bis 2004 teilweise in § 37 (Eröffnung und Durchführung des Insolvenzverfahrens), § 38 (Beschwerden) GKG aF. und bis 1975 in § 51 GKG aF fanden, hat ihre heutige Form im Wesentlichen durch das KostRMoG v. 5.5.2004 (BGBl. I 718) gefunden. I 3, 4 wurden durch das KostRÄG 2021 v. 21.12.2020 (BGBl. I 3229), III 2, IV–VI durch das Gesetz zur Durchführung der Verordnung (EU) 2015/848 über Insolvenzverfahren v. 5.6.2017 (BGBl. I 1476) angefügt (s. auch BT-Drs. 18/10823). § 58 ist eine jeweils § 48 verdrängende Sondervorschrift für die Bestimmung des Gebührenstreitwertes.

2 **II. Anwendungsbereich.** § 58 ist anwendbar für die Bestimmung des Gebührenstreitwertes in einem Insolvenzverfahren, soweit es um seine Eröffnung und/oder Durchführung geht. Für die Entscheidung über den Antrag auf Versagung oder Widerruf der Restschuldbefreiung (§§ 296 bis 297a, 300 und 303 InsO) ist die Festgebühr KV 2350, für besondere Prüfungen von Forderungen je Gläubiger KV 2340 anwendbar. Siehe auch → ZPO § 3 Rn. 23 „Insolvenz". Zum **Gegenstandswert** vgl. § 28 RVG. Zusätzlich anwendbar sind §§ 39 ff. GKG (aA für § 39 Nicht/Schildt NZI 2013, 64).

3 **III. Rechtsfolgen. 1. Grundregel (I 1). a) Überblick.** IdR entscheidet für die Eröffnungs- (KV 2310) und für die Durchführungsgebühr (KV 2320) der **Wert der Insolvenzmasse.** § 39 II ist mit seinem Höchstwert von 30 Mio. EUR anwendbar (→ § 39 Rn. 35). § 43 ist unanwendbar, soweit es nicht um Forderungen des Gläubigers geht. Für I 1 kommt es für die Durchführungsgebühr (KV 2320 nicht darauf an, ob das Verfahren **gleichzeitig** auf Antrag eines Gläubigers eröffnet wurde.

4 **b) Insolvenzmasse. aa) Begriff/Allgemeines/Schätzungen.** Insolvenzmasse ist das dem Schuldner zur Zeit der Verfahrenseröffnung gehörende und von ihm während des Verfahrens erlangte Vermögen nach § 35 InsO einschließlich der Früchte, Nutzungen und Zinsen (OLG Düsseldorf ZIP 2010, 1912). Die zur Insolvenzmasse gehörenden oder sie vermindernden Gegenstände und Rechte sind nach ihrem **objektiven** Wert (Nicht/Schildt NZI 2013, 67) pflichtgemäß iSv → ZPO § 3 Rn. 9 ff. zu schätzen (OLG Düsseldorf ZIP 2012, 1090). Die Einschränkungen der §§ 4–9 ZPO gelten nicht. Grds. bildet das Inventar des Insolvenzverwalters die Grundlage der Schätzung. Bei Antragsabweisung mangels Masse (§ 26 InsO) oder Antragsrücknahme (AG Osnabrück BeckRS 2013, 21157) ist der Umfangs der Ist-

Masse grds. nicht festzustellen (BGH NZI 2005, 558 unter 1. a) aa). In diesem Falle ist nach § 287 ZPO iVm § 4 InsO vielmehr auf der Grundlage des bisherigen Sach- und Streitstandes unter Berücksichtigung der vorliegenden Verwalterberichte, Forderungszusammenstellungen und sonstiger Ermittlungsergebnisse der Wert der Masse freier zu schätzen (BGH NZI 2005, 558 unter 1. a) bb). Fehlen **jegliche** Anhaltspunkte, ist nach § 34 II zu verfahren (aA LG Mainz Rpfleger 1986, 110: Wert der Forderung, die dem Antrag zugrunde lag).

bb) Absonderungsrechte (I 2). Von der Insolvenzmasse abzuziehen sind diejenigen Gegenstände, die einer abgesonderten Befriedigung nach §§ 49–52 InsO unterliegen (KG ZIP 2013, 1973; Nicht/Schildt NZI 2013, 67), und zwar in Höhe des dazu nötigen Betrags. 5

cc) Unternehmensfortführung (I 3, 4). Wird das Unternehmen des Schuldners fortgeführt, so ist von den bei der Fortführung erzielten Einnahmen nur der Überschuss zu berücksichtigen, der sich nach Abzug der Ausgaben ergibt. Dies gilt auch, wenn nur Teile des Unternehmens fortgeführt werden. Mit dieser Regelung ist der Streit beendet worden (dazu → 50. Aufl. 2020, § 58 Rn. 3), ob im Fall einer Unternehmensfortführung die im Rahmen der Fortführung erzielten Einnahmen nur insoweit berücksichtigt werden, wie sie die betrieblichen Aufwendungen übersteigen, mithin also nur der Reinerlös in Ansatz zu bringen ist – Nettoansatz –, oder aber die Aufwendungen nicht abzuziehen sind – Bruttoansatz (BR-Drs. 565/20, 58). Diese Lösung **überzeugt** auch. Es ist nach einer Abwägung aller Argumente richtig, die Einnahmen um die Kosten der Betriebsfortführung zu bereinigen (s. auch OLG Schleswig NJW-RR 2022, 215 Rn. 16 ff. noch zum **alten** Recht). 6

dd) Berechnungszeitpunkt. Für die Berechnung der Insolvenzmasse und der Schuldenmasse entscheidet der Zeitpunkt der **Beendigung** des Insolvenzverfahrens (Nicht/Schildt NZI 2013, 67; s. auch OLG Düsseldorf ZIP 2012, 1029; OLG Hamm ZIP 2013, 1924; LG Wuppertal ZIP 2010, 1255). In der Praxis ist daher wegen der Fälligkeit der Gebühr nach § 6 I 1 Nr. 3 (→ § 6 Rn. 26) eine **vorläufige** Berechnung vorzunehmen und später ggf. richtigzustellen (s. auch BGH NJW-RR 2015, 677 Rn. 27). Wird bei der Aufhebung des Insolvenzverfahrens bereits ausdrücklich die Nachtragsverteilung wegen einer mit Sicherheit zu erwartenden Masseforderung (zB Steuerrückerstattung) angeordnet, ist der Wert der Forderung bei der Bemessung des Wertes der Insolvenzmasse zu berücksichtigen (OLG Hamm NZI 2021, 144). 7

ee) Aussonderungsrecht. Nicht (mehr) zur Insolvenzmasse zählen diejenigen Gegenstände, die einem **Aussonderungsrecht** unterliegen (BGH NJW-RR 2015, 677 Rn. 7; LG Wuppertal ZIP 2010, 1255). 8

ff) Massekosten und Masseschulden. Massekosten und Masseschulden sind nicht abzusetzen (BGH NJW-RR 2015, 677 Rn. 21; Schoppmeyer ZIP 2013, 814; Nicht/Schildt NZI 2013, 64 (67)). 9

2. Insolvenzantrag des Gläubigers (II). a) Grundsatz. Wenn nur ein Gläubiger, nicht aber der Schuldner die Eröffnung des Insolvenzverfahrens beantragt, berechnen sich die Eröffnungs- KV 2311 und die Durchführungsgebühr KV 2330 nach dem **Betrag der Forderung dieses Gläubigers,** jedoch wegen § 43 ohne eine Berücksichtigung der Nebenforderungen; das gilt auch bei einer Zurücknahme des Antrags oder der Abweisung mangels Masse. Dabei ist der **wirkliche** Nennbetrag der Hauptforderung maßgeblich, auch wenn der Gläubiger einen geringeren Betrag angegeben hat. Unerheblich ist, ob und wie weit ein Beteiligter die angemeldete Forderung bestritten hat. Wenn der Gläubiger zunächst nur **einen Teil** seiner Forderung nennt, bestimmt sich die Antragsgebühr nur nach diesem. Meldet er später allerdings weitere Teile oder den Rest an, wird der sich daraus ergebende Gesamtbetrag zur „Forderung" (LG Freiburg Rpfleger 1992, 312). 10

b) Ausnahme. Wenn die Insolvenzmasse **geringer** als der wirkliche Nennbetrag der Forderung des Gläubigers ist, entscheidet der **Betrag der Insolvenzmasse.** Das gilt auch bei einer Zurücknahme des Antrags oder der Abweisung mangels Masse. Diese Rückausnahme erfordert einen Wertvergleich zwischen dem Betrag der Gläubigerforderung einerseits und dem Betrag der nach § 58 I errechneten Insolvenzmasse andererseits (LG Frankenthal NZI 2009, 576; AG Hannover BeckRS 2021, 13563 Rn. 5; AG Göttingen ZIP 1992, 790). Fehlt es ganz ausnahmsweise an einem Wert 11 der Insolvenzmasse (zur Schätzung → Rn. 4), ist **streitig,** was gilt. Nach einer Ansicht ist dann die Mindestgebühr nach KV 2311 zu erheben (LG Frankenthal NZI 2009, 576; Meyer-Stolte Rpfleger 1983, 332). Nach aA kommt es dann auf den Betrag der Gläubigerforderung an (LG Krefeld Rpfleger 1983, 332; AG Hannover BeckRS 2021, 13563 Rn. 7). **Stellungnahme.** Für die Anwendung der Mindestgebühr bietet das Gesetz keine Handhabe. Greift die Rückausnahme nicht, ist daher die Gläubigerforderung maßgeblich.

12 **IV. Beschwerde (III). 1. Anwendungsbereich und Allgemeines.** III ist auch bei einer Wiederaufnahme des Verfahrens anwendbar, gilt aber zB nicht bei der Beschwerde gegen eine **Postsperre;** dann gilt § 3 ZPO. § 58 III gilt für jede Beschwerde gesondert, abweichend von § 35. Das gilt auch dann, wenn sich die Beschwerden gegen dieselbe Entscheidung richten. Für Beschwerden im Insolvenzverfahren, die nicht den **Eröffnungsbeschluss** oder die **Ablehnung der Eröffnung** betreffen, gilt KV 2381.

13 **2. Schuldnerbeschwerde; ausländische Insolvenzverwalter (III 1).** Bei der Beschwerde des Schuldners oder des ausländischen Insolvenzverwalters **gegen die Eröffnung des Insolvenzverfahrens** oder gegen die **Abweisung des Eröffnungsantrags** mangels Masse ist für die Bestimmung des Gebührenstreitwertes nach KV 2380 § 58 I entsprechend anwendbar.

14 **3. Gläubigerbeschwerde (III 2).** Bei der Beschwerde eines Gläubigers gegen die Eröffnung des Insolvenzverfahrens oder gegen die Abweisung des Eröffnungsantrags gilt für die Berechnung demgegenüber für die Bestimmung des Gebührenstreitwertes nach KV 2380 § 58 II entsprechend. Macht der Gläubiger wegen Erfüllung keine Forderung (§ 14 I 2 InsO) und auch keine sonstige Forderung geltend, ist entsprechend § 58 II, III der Wert der **ursprünglich** geltend gemachten Forderung heranzuziehen (LG Berlin NZI 2012, 248).

15 **V. Verfahren nach VO (EU) 2015/848, IV–VI (EuInsVO). 1. Zusicherungen des Verwalters des Hauptinsolvenzverfahrens (IV). a) Anwendungsbereich.** Sichert der Verwalter des Hauptinsolvenzverfahrens zu, bei der Verteilung oder Verwertung die Verteilungs- und Vorzugsrechte nach nationalem Recht zu wahren, welche die Gläubiger hätten, wenn ein Sekundärinsolvenzverfahren in diesem Mitgliedstaat eröffnet worden wäre, so muss er nach Art. 36 VII 1 VO (EU) 2015/848 die lokalen Gläubiger benachrichtigen. Entspricht diese Benachrichtigung nicht dem Inhalt der Zusicherung oder dem geltenden Recht, so kann jeder lokale Gläubiger diese Verteilung nach Art. 36 VII 2 VO (EU) 2015/848 **anfechten,** um eine Verteilung gemäß dem Inhalt der Zusicherung und dem geltenden Recht zu erreichen. Vgl. auch § 23 III.

16 **b) Rechtsfolge.** IV bestimmt, dass es für die Wertbestimmung für die nach KV 2360 anfallende 3,0 Gebühr auf den Wert des **Mehrbetrags** ankommt, den der Gläubiger bei der Verteilung anstrebt.

17 **2. Einstweilige Maßnahmen oder Sicherungsmaßnahmen (V). a) Anwendungsbereich.** Im Falle einer Zusicherung (→ Rn. 15) können lokale Gläubiger nach Art. 36 IX VO (EU) 2015/848 auch die Gerichte des Mitgliedstaats, in dem ein **Sekundärinsolvenzverfahren** eröffnet worden wäre, anrufen, damit das Gericht einstweilige Maßnahmen oder Sicherungsmaßnahmen trifft, um die Einhaltung des Inhaltes der Zusicherung durch den Verwalter sicherzustellen. Vgl. auch § 23 IV.

18 **b) Rechtsfolge.** V bestimmt, dass es für die Wertbestimmung für die nach KV 2361 anfallende 1,0-Gebühr auf den **Betrag** der Gläubigerforderung ankommt.

19 **3. Kosten des Gruppen-Koordinationsverfahrens (VI). a) Anwendungsbereich.** Gegen die Entscheidung über die Kosten eines Gruppen-Koordinationsverfahrens nach Art. 77 IV VO (EU) 2015/848 ist nach Art. 102c § 26 S. 1 EGInsO die **sofortige Beschwerde** nach §§ 567 ff. ZPO statthaft. Vgl. auch § 23 V.

20 **b) Rechtsfolge.** VI bestimmt, dass es für die Wertbestimmung dieses Beschwerdeverfahrens, also für KV 2382, auf die **Höhe der Kosten** ankommt.

21 **c) Antrag auf Eröffnung des Gruppen-Koordinationsverfahrens.** Für den Antrag auf **Eröffnung** des Gruppen-Koordinationsverfahrens bestimmt KV 2362

eine Festgebühr. Zum Koordinationsverfahren siehe auch die Festgebühren in KV 2370 und KV 2371.

Verteilungsverfahren nach der Schifffahrtsrechtlichen Verteilungsordnung

59 **[1]Die Gebühren für den Antrag auf Eröffnung des Verteilungsverfahrens nach der Schifffahrtsrechtlichen Verteilungsordnung und für die Durchführung des Verteilungsverfahrens richten sich nach dem Betrag der festgesetzten Haftungssumme. [2]Ist diese höher als der Gesamtbetrag der Ansprüche, für deren Gläubiger das Recht auf Teilnahme an dem Verteilungsverfahren festgestellt wird, richten sich die Gebühren nach dem Gesamtbetrag der Ansprüche.**

I. Normzweck und Normgeschichte. Die Bestimmung, die sich bis 2004 in 1
§ 39 GKG aF und bis 1975 in § 59a GKG aF fand, hat ihre heutige Form durch das KostRMoG v. 5.5.2004 (BGBl. I 718) gefunden. Sie ist eine § 48 verdrängende Sondervorschrift für die Bestimmung des Gebührenstreitwertes bei einem Antrag auf Eröffnung des Verteilungsverfahrens nach der SVertO und für die Durchführung des Verteilungsverfahrens. S. auch für die Eröffnung des Verteilungsverfahrens KV 2410 und die Durchführung KV 2420.

II. Anwendungsbereich. § 59 ist anwendbar für die **Wertgebühren** KV 2410 2
(Eröffnung des Verteilungsverfahrens), 2420 (Durchführung des Verteilungsverfahrens) bei einem Antrag auf Eröffnung des Verteilungsverfahrens nach § 4 SVertO und dann bei seiner Durchführung. Für einen besonderen Prüfungstermin und ein schriftliches Prüfungsverfahren (§ 18 S. 3 SVertO, § 177 InsO) nennt KV 2430 eine **Festgebühr,** für Beschwerdeverfahren KV 2440, 2441. Zusätzlich anwendbar sind §§ 39 ff. GKG. Zum **Gegenstandswert** s. § 29 RVG.

III. Rechtsfolgen. 1. Grundregel (S. 1). Unterfällt ein Verfahren § 59 3
(→ Rn. 2), richtet sich der Gebührenstreitwert grds. nach dem Betrag der festgesetzten Haftungssumme (§ 5 I SVertO). Wird diese im Erinnerungs- und Beschwerdeverfahren geändert (§ 5 IV SVertO), ist der dort zuletzt festgestellte Betrag maßgebend. Wird nach § 30 II SVertO eine erhöhte Haftungssumme festgesetzt, bemisst sich der Gebührenstreitwert nach dieser.

2. Ausnahme (S. 2). Ist die festgesetzte **Haftungssumme** höher als der Gesamt- 4
betrag der Ansprüche, für deren Gläubiger das Recht auf Teilnahme an dem Verteilungsverfahren festgestellt wird, richten sich die Gebühren nach dem Gesamtbetrag der Ansprüche.

[geplante Fassung nach dem VRUG:]

Umsetzungsverfahren nach dem Verbraucherrechtedurchsetzungsgesetz

59a ***Im Umsetzungsverfahren nach dem Verbraucherrechtedurchsetzungsgesetz bestimmt sich die Gebühr nach dem Gesamtwert der von dem Umsetzungsverfahren erfassten Ansprüche.***

I. Normzweck und Normgeschichte. § 59a soll durch Art. 27 Nr. 6 **VRUG** in 1
das Gesetz eingefügt werden; → Vor § 1 Rn. 17a. Er ist eine § 48 verdrängende Sondervorschrift für die Bestimmung des Gebührenstreitwertes in einem Umsetzungsverfahren.

II. Anwendungsbereich. § 59a soll für die **Wertgebühre** KV 1660 nF (Umset- 2
zungsverfahren) anwendbar sein. Zusätzlich anwendbar sind §§ 39 ff. GKG. Zum **Gegenstandswert** s. § 23c RVG nF.

III. Rechtsfolgen. Unterfällt ein Verfahren § 59a (→ Rn. 2), richtet sich der 3
Gebührenstreitwert grds. nach dem **Gesamtwert** der von dem Umsetzungsverfahren **erfassten** Ansprüche. Dies ist die Leistung iSv § 14 S. 1 VDuG oder der kollektiven Gesamtbetrag iSv § 14 S. 2 VDuG. Dass sich der kollektive Gesamtbetrag **während** des Umsetzungsverfahrens nach § 21 VDuG erhöhen kann, ist nach § 40 unerheblich.

Gerichtliche Verfahren nach dem Strafvollzugsgesetz, auch in Verbindung mit § 92 des Jugendgerichtsgesetzes

60 Für die Bestimmung des Werts in gerichtlichen Verfahren nach dem Strafvollzugsgesetz, auch in Verbindung mit § 92 des Jugendgerichtsgesetzes, ist § 52 Absatz 1 bis 3 entsprechend anzuwenden; im Verfahren über den Antrag auf Aussetzung des Vollzugs einer Maßnahme der Vollzugsbehörde oder auf Erlass einer einstweiligen Anordnung gilt § 52 Absatz 1 und 2 entsprechend.

1 **I. Normzweck und Normgeschichte.** Die Bestimmung ist durch das StVollZG v. 16.3.1976 (BGBl. I 581) in das Gesetz eingefügt worden und fand sich bis 2004 in § 48a GKG aF. Sie ist eine § 48 verdrängende Sondervorschrift für die Bestimmung des Gebührenstreitwertes in gerichtlichen Verfahren nach dem StVollzG (ggf. iVm § 92 JGG).

2 **II. Anwendungsbereich.** § 60 ist anwendbar für die Bestimmung des Wertes für die Wertgebühren in gerichtlichen Verfahren nach § 109 StVollzG oder § 116 StVollzG bzw. nach § 92 JGG iVm § 109 StVollzG oder § 116 StVollzG und gilt für **KV 3810–3830.** § 60 ist auch für den Gegenstandswert anwendbar (OLG Naumburg BeckRS 2010, 143096 Rn. 2). Zusätzlich anwendbar sind §§ 39 ff.

3 **III. Rechtsfolgen. 1. Grundregel (Hs. 1). a) Allgemeines.** Unterfällt ein Verfahren § 60 (→ Rn. 2), sind grds. § 52 I–III entsprechend anwendbar. Ausgangspunkt der Bewertung ist die Sachverhaltsschilderung, wie sie sich aus der Begründung des Antrags nach § 109 StVollzG ergibt (OLG Brandenburg BeckRS 2019, 11049 Rn. 13). Die Praxis neigt zu **geringen** Streitwerten (OLG Brandenburg BeckRS 2019, 11049 Rn. 14; OLG Nürnberg ZfStrVO 1986, 61, 64). Das überzeugt auch. Angesichts der geringen finanziellen Leistungsfähigkeit der meisten Strafgefangenen oder Maßregelpatienten ist der Streitwert – soweit möglich – daher eher niedrig festzusetzen (KG BeckRS 2014, 10369). Die Bemessung darf aus rechtsstaatlichen Gründen keinesfalls dazu führen, dass die Anrufung des Gerichtes für den Betroffenen mit einem unzumutbar hohen Kostenrisiko verbunden ist (OLG Brandenburg BeckRS 2019, 11049 Rn. 14; KG BeckRS 2014, 10369; NStZ-RR 2002, 62; OLG Nürnberg ZfStrVo 1986, 61).

4 **b) Bemessungskriterien. aa) Objektive Bedeutung.** Der Streitwert ist aus der sich aus dem Antrag des Strafgefangenen oder des Maßregelpatienten für ihn ergebenden **objektiven** Bedeutung (OLG Brandenburg BeckRS 2019, 11049 Rn. 13; OLG Dresden BeckRS 2017, 151313 Rn. 11; OVG Münster NVwZ-RR 2010, 960) der Sache nach billigem Ermessen zu bestimmen (§ 52 I). Seine subjektive Einschätzung, welche Bedeutung die Sache für ihn hat (Affektionsinteresse), spielt demgegenüber grds. keine Rolle (OLG Brandenburg BeckRS 2019, 11049 Rn. 13; OLG Dresden BeckRS 2017, 151313 Rn. 11; OLG Rostock NJ 2017, 335 (336); OVG Lüneburg JurBüro 2014, 191).

5 **bb) Mögliche Auswirkungen auf Dritte.** Mögliche Auswirkungen auf Dritte haben außer Betracht zu bleiben (OLG Rostock NJ 2017, 335 (336); → § 52 Rn. 9). Etwa der Umfang der anwaltlichen Tätigkeit oder deren Schwierigkeit im gerichtlichen Verfahren sind bedeutungslos (OLG Brandenburg BeckRS 2019, 11049 Rn. 16)

6 **cc) Rechtliche und tatsächliche Tragweite.** Bewertbar sind ua die rechtliche Tragweite der angefochtenen Entscheidung der Anstalt und die Auswirkungen, die ein Erfolg des Antrags auf gerichtliche Entscheidung für die wirtschaftliche oder sonstige Lage des Strafgefangenen oder des Maßregelpatienten hätte. Dabei kommt es allein auf dessen **persönliche Betroffenheit und Lebensverhältnisse** an (OLG Celle BeckRS 2010, 2635 = AGS 2010, 224). Ein Anschaffungspreis zB für einen Reiskocher kann nur Ausgangspunkt des Denkens sein.

7 **dd) Zur Vertretung bereiter Rechtsanwalt.** Nach hM ist zu bedenken, dass der Streitwert einerseits nicht so hoch bemessen werden darf, dass das Kostenrisiko für den Strafgefangenen oder den Maßregelpatienten unvertretbar groß wird, dass er andererseits aber nur dann einen zu seiner Vertretung bereiten Rechtsanwalt finden wird, wenn für diesen die Übernahme des Mandats wirtschaftlich vertretbar ist (OLG

Hamm BeckRS 2021, 6428 Rn. 9 = AGS 2021, 234; OLG Koblenz BeckRS 2019, 8001 Rn. 12; OLG Brandenburg BeckRS 2019, 11049 Rn. 14; OLG München StraFo 2017, 40; KG BeckRS 2014, 10369).

Stellungnahme. Diese **Differenzierung** danach, ob sich der Strafgefangene oder der Maßregelpatient im Einzelfall der Hilfe eines Rechtsanwaltes bedient hat (dann hoher Streitwert im Interesse des Anwaltes) oder nicht (dann niedriger Streitwert im Interesse des Gefangenen), **verbietet** sich nach § 52 I (OLG Rostock NJ 2017, 335 (336); → § 52 Rn. 6). 8

c) Bezifferung. Bei einer bezifferten Geldleistung oder deren Abwehr oder einer hierauf gerichteten Verwaltung ist – wie stets (→ ZPO § 3 Rn. 6) – nach § 52 III deren Höhe maßgeblich (→ § 52 Rn. 22 ff.). 9

d) Auffangwert. Bietet der Sach- und Streitstand für die Bestimmung **ausnahmsweise** keine genügenden Anhaltspunkte, ist ein Streitwert von 5.000 EUR anzunehmen (§ 52 II; aA Hansens RVGreport 2018, 431, 432). 10

Zu beachten ist, dass § 52 II kein **Ausgangs**wert ist, an den sich die Festsetzung anzulehnen hätte (OLG Brandenburg BeckRS 2019, 11049 Rn. 14), sondern als subsidiärer Ausnahmewert nur dann einschlägig ist, wenn der Sach- und Streitstand keine genügenden Anhaltspunkte bietet, um den Streitwert im Übrigen zu bestimmen (→ § 52 Rn. 19). Etwa im Verfahren nach § 119a StVollzG soll idR § 52 II anwendbar sein (OLG Frankfurt a. M. BeckRS 2016, 12454 Rn. 5 = NStZ-RR 2016, 390; BeckOK Strafvollzug Bund/Euler StVollzG § 119a Rn. 9). 11

2. Ausnahme (Hs. 2 iVm § 114 II StVollzG). Geht es nach § 114 II 1 StVollzG um die Aussetzung des Vollzugs einer angefochtenen Maßnahme oder um eine einstweilige Anordnung in diesem Zusammenhang (§ 114 II 2 Hs. 1 StVollzG) sind, wie nach § 53 II, **nur** § 52 I–II entsprechend anwendbar. 12

IV. Wertfestsetzung und Änderung. § 65 S. 1 bestimmt, dass der Gebührenstreitwert von Amts wegen festzusetzen ist. § 63 III, also die Möglichkeit, die Wertfestsetzung zu ändern, gilt dabei nach § 65 S. 2 entsprechend. 13

Unterabschnitt 3. Wertfestsetzung

Angabe des Werts

61 **[1]Bei jedem Antrag ist der Streitwert, sofern dieser nicht in einer bestimmten Geldsumme besteht, kein fester Wert bestimmt ist oder sich nicht aus früheren Anträgen ergibt, und nach Aufforderung auch der Wert eines Teils des Streitgegenstands schriftlich oder zu Protokoll der Geschäftsstelle anzugeben. [2]Die Angabe kann jederzeit berichtigt werden.**

I. Systematik. § 61 erweitert § 253 III ZPO auf alle Anträge in einem selbständigen Verfahren, das § 1 nennt und das eine Gebührenpflicht herbeiführen kann (Wessing/Basar GRUR 2012, 1215 (1216)). 1

II. Regelungszweck. Die Vorschrift dient der Prozessförderung und Prozesswirtschaftlichkeit. 2

III. Anwendungsbereich. Die Vorschrift gilt im Gesamtbereich des GKG nach § 1. Sie gilt also auch im Verfahren vor den Arbeits-, Finanz-, Sozial- und Verwaltungsgerichten. 3

IV. Notwendigkeit einer Wertangabe. Die Angabe des Werts des gesamten Streitgegenstands ist bei jedem Antrag notwendig, der ein gebührenpflichtiges Verfahren einleitet, also zB: Bei einer Klage ähnlich wie bei § 253 III Nr. 2 ZPO; bei einer Klagerweiterung nach §§ 263, 264 ZPO; bei einer Widerklage; bei einem Rechtsmittel oder der zugehörigen Anschlusserklärung zB nach § 524 ZPO; beim Antrag auf ein selbständiges Beweisverfahren nach §§ 485 ff. ZPO (KG NJW-RR 2017, 703); bei der Ablehnung eines Richters nach §§ 42 ff. ZPO oder eines Sachverständigen nach § 406 ZPO; bei einem Antrag auf den Erlass eines Arrests oder einer einstweiligen Verfügung nach §§ 916 ff., 935 ff. ZPO; bei einem Antrag auf die Durchführung einer Vollstreckungsmaßnahme nach §§ 704 ff. ZPO durch das Gericht; beim Antrag auf die Abnahme einer eidesstattlichen Versicherung nach § 802c 4

ZPO; bei einem Antrag auf eine in das Ermessen des Gerichts gestellte Handlung (OLG München JurBüro 1976, 1359).

5 Die Angabe des Werts eines **größenmäßigen Teils** eines Antrags ist nur dann erforderlich, wenn das Gericht den Antragsteller dazu auffordert, etwa bei § 37. Die Angabe muss ehrlich sein (OLG Düsseldorf GRUR-RR 2010, 406, kein Mogeln durch Kosteneinsparung).

6 **V. Entbehrlichkeit einer Wertangabe.** Eine Wertangabe ist dann entbehrlich, wenn einer der folgenden Fälle vorliegt.

7 **1. Bestimmte Summe.** Die Wertangabe ist dann nicht erforderlich, wenn der Antrag auf eine bestimmte Summe in EUR lautet. Das ist auch dann so, wenn es um eine Feststellungsklage nach § 256 ZPO usw oder um eine Vollstreckungsabwehrklage nach § 767 ZPO usw geht.

8 Es ist aber dann **nicht** so, wenn der Antrag auf eine bezifferte Summe in einer ausländischen Währung lautet. Denn es kommt darauf an, welchen Kurswert die auswärtige Währung im Entscheidungszeitpunkt haben wird. Das kann zu Beginn des Verfahrens höchstens abgeschätzt werden. Daher ist doch immer dann den Wert anzugeben, wenn eine Schätzung nötig wird oder wenn es um eine nichtvermögensrechtliche Forderung geht.

9 **2. Bestimmter Wert.** Die Wertangabe ist (selbstverständlich) auch insoweit entbehrlich, als schon und noch ein bestimmter Wert vorliegt, den das Gericht auf einen Antrag oder von Amts wegen in gerade diesem Verfahren festgesetzt hatte.

10 **3. Ergänzungsantrag.** Eine Wertangabe ist schließlich entbehrlich, soweit der Wert des jetzigen Antrags aus demjenigen eines früher gestellten Antrags deshalb hervorgeht, weil der Antragsteller ihn damals angegeben hatte.

11 **4. Festwert, Festgebühr.** Eine Wertangabe ist (selbstverständlich) dann entbehrlich, wenn das Gesetz selbst einen Festwert oder eine Festgebühr vorschreibt.

12 **VI. Verfahren.** Nur der Antragsteller muss wie bei § 121 I 1 BGB unverzüglich einen Wert angeben (OLG Schleswig JurBüro 1999, 595). Der Antragsgegner braucht sich nicht von sich aus zu äußern. Er muss aber vor einer Wertfestsetzung nach Art. 103 I GG eine Gelegenheit zur Äußerung erhalten. Der Antrag ist schriftlich, zum Protokoll des Urkundsbeamten der Geschäftsstelle oder durch ein elektronisches Dokument zulässig. Daraus folgt, dass er auch in einem Verfahren mit einem grundsätzlichen Anwaltszwang nach § 78 III Hs. 2 ZPO nicht diesem Anwaltszwang unterliegt.

13 Die **Wertangabe** soll dem Gericht nur einen Anhalt für die Wertfestsetzung bieten (OLG Frankfurt a. M. JurBüro 2018, 250; Wessing/Basar GRUR 2012, 1215 (1220)). Das Gericht kann die Wertangabe nicht erzwingen (Wessing/Basar GRUR 2012, 1215 (1216)). Ein ProzBev muss allerdings eine Anfrage des Gerichts nach dem Streitwert beantworten. Er darf und muss dazu eine Rückfrage bei der Partei halten, statt den Streitwert einfach von sich aus zu schätzen (Wessing/Basar GRUR 2012, 1215 (1216); aA OLG Schleswig JurBüro 1999, 595). Er sollte aber wegen § 167 ZPO den Wert möglichst bereits im Zeitpunkt der Einreichung des Antrags angeben. Er mag notgedrungen nur einen vorläufigen Wert angeben können (OLG Naumburg NJW-RR 2000, 286; Wessing/Basar GRUR 2012, 1215 (1216)). Er darf evtl. seine eigene Bewertung derjenigen des Auftraggebers hinzufügen (Wessing/Basar GRUR 2012, 1215 (1216)). Eine Kostenschätzung kann reichen (strenger KG NJW-RR 2017, 703). Er muss eine Anfrage des Gerichts zumindest unverzüglich beantworten.

14 Der Antragsteller kann nach S. 2 seine Wertangabe jederzeit **berichtigen.** Weder eine anfängliche Wertangabe des Antragstellers noch eine berichtigende solche Angabe bindet das Gericht. Selbst übereinstimmende Wertangaben aller Beteiligten binden weder den Urkundsbeamten der Geschäftsstelle noch den Richter (Wessing/Basar GRUR 2012, 1215 (1216)).

15 **VII. Verstoß.** Soweit eine nach § 61 erforderliche Wertangabe trotz einer Aufforderung des Gerichts und trotz einer ausreichenden Frist zur Nachreichung der Angaben ohne eine Mitteilung ausreichender Entschuldigungsgründe unterbleibt oder ersichtlich unvollständig oder gar falsch erfolgt, läuft der Antragsteller Gefahr, dass das Gericht den Wert bei der dann von Amts wegen notwendigen Bewertung zu

hoch schätzt (OLG Schleswig JurBüro 1999, 595, Wessing/Basar GRUR 2012, 1215 (1217)). Das gilt vor allem bei einer Abschätzung nach § 64. Dann kann nach § 64 S. 2 auch ein Kostennachteil entstehen, etwa infolge der Einschaltung eines dann unvermeidbaren Sachverständigen. Es kann auch eine Verzögerungsgebühr nach § 38 nötig werden. Freilich sind gegen eine derartige Wertfestsetzung die Rechtsmittel des § 68 zulässig. Dennoch bleibt es ratsam, die Wertangabe sorgfältig vorzunehmen und am besten auch nachvollziehbar zu begründen (BGH NJW-RR 1997, 884; OLG Köln JurBüro 1979, 1474).

VIII. Berichtigung. Eine Berichtigung erst nach einer förmlichen Festsetzung des Streitwerts lässt sich als ein Antrag auf eine Änderung nach § 63 III oder als eine Beschwerde nach § 68 I umdeuten (OLG Koblenz WRP 1981, 333). 16

Wertfestsetzung für die Zuständigkeit des Prozessgerichts oder die Zulässigkeit des Rechtsmittels

62 **[1] Ist der Streitwert für die Entscheidung über die Zuständigkeit des Prozessgerichts oder die Zulässigkeit des Rechtsmittels festgesetzt, ist die Festsetzung auch für die Berechnung der Gebühren maßgebend, soweit die Wertvorschriften dieses Gesetzes nicht von den Wertvorschriften des Verfahrensrechts abweichen. [2] Satz 1 gilt nicht in Verfahren vor den Gerichten für Arbeitssachen.**

I. Systematik. Über die beiden verschiedenen Arten der Wertfestsetzung und ihre Bedeutung → ZPO Vor §§ 3–9 Rn. 5 ff. In der Regel setzt das Gericht den Streitwert für die Entscheidung über die Zuständigkeit oder über die Zulässigkeit des Rechtsmittels in den Entscheidungsgründen des Urteils nach § 313 I Nr. 6 ZPO oder auch zB in der Begründung eines ein Rechtsmittel verwerfenden Beschlusses fest. Das Gericht kann die Festsetzung des Zuständigkeitswerts oder des Rechtsmittelwerts aber zwecks Rechtssicherheit und Prozesswirtschaftlichkeit durch eine Vermeidung widersprüchlicher Entscheidungen auch in einem besonderen Beschluss vornehmen (BVerfG NJW 1993, 3130). 1

Er erfordert zwar eine erkennbare nähere Prüfung (KG JurBüro 1980, 1220). Diese kann aber sogar stillschweigend erfolgen (OLG Köln JurBüro 1975, 1354). Die Entscheidung ist grundsätzlich **nicht** selbständig **anfechtbar,** → ZPO Vor §§ 3–9 Rn. 16, → § 68 Rn. 3 (OLG Stuttgart NJW-RR 2005, 942), insbesondere nicht zum Zweck der Erörterung der Rechtsmittelgrenze. Vielmehr ist ein solcher Beschluss grundsätzlich nur zusammen mit der Hauptentscheidung anfechtbar (OLG Koblenz NJW-RR 2004, 1222). 1a

Eine Anfechtung ist aber zum Zweck der **Aufhebung einer unzulässigen Beschwerdeentscheidung** zulässig. Anfechtbar sind nach → RVG § 32 Rn. 19 auch ein solcher Beschluss, der auf die Gebühren des Anwalts Auswirkungen hat (OLG Bremen AnwBl 1988, 71), und ein solcher abändernder Beschluss, der nicht zum Zweck der Bestimmung der Zuständigkeit erfolgt, sondern zur Festsetzung des Kostenstreitwerts. 2

II. Regelungszweck. Es soll durchweg sicher sein, dass die Gerichtsgebühren demselben Wert wie demjenigen der Hauptsache folgen. Das erlaubt eine weite Auslegung. 3

III. Anwendungsbereich. Die Vorschrift gilt im Gesamtbereich des GKG, mit Ausnahme der Gebührenermäßigung nach §§ 48–54 und des Verfahrens vor den Arbeitsgerichten nach S. 2 (LAG Hamm AnwBl 1980, 74). Es ist also wie bisher zwischen dem Urteilsstreitwert nach § 61 I ArbGG und dem nach § 63 erfolgenden Gebührenstreitwert zu unterscheiden (Natter NZA 2004, 686 (688)). 4

IV. Grundsatz: Möglichkeit abweichender Festsetzungen (S. 1). Das Gericht darf den Kostenstreitwert abweichend von einem bereits festgesetzten Verfahrensstreitwert festsetzen (OLG München MDR 1988, 973). Freilich muss es die Zuständigkeitsgrenze beachten (OLG München MDR 1988, 973; E. Schneider MDR 1992, 218). Nur soweit eine besondere Festsetzung des Kostenstreitwerts nicht vorliegt, ergibt sich: Eine Wertfestsetzung zur Zuständigkeit usw ist für die Gebührenbe- 5 rechnung unter den folgenden Voraussetzungen maßgebend. Rechtsbehelfsbelehrung, Verstoß: §§ 5b, 68 II 2.

6 **1. Wirkliche Entscheidung.** Es muss eine wirkliche Entscheidung zum Kostenstreitwert und nicht in Wahrheit nur zur Zulässigkeit vorliegen (KG VersR 1980, 873; OLG Karlsruhe FamRZ 2003, 1848; OLG Köln OLG-Report Köln 2002, 154 = BeckRS 2002, 5880). Das ist dann so, wenn das Gericht entweder den Streitwert ziffernmäßig bestimmt oder die Zulässigkeit der Berufung oder Revision wegen der Erreichung des Streitwerts nach § 511 II Nr. 1 ZPO ausdrücklich bejaht hat.

7 Es genügt nicht, dass das Gericht **aus anderen Gründen** oder ohne jede Begründung das Rechtsmittel für zulässig erklärt. In beiden Fällen besteht die Bindung nur insofern, als das Gericht die das Rechtsmittel begründende Mindestgrenze festgestellt hat (KG JurBüro 1980, 1220), nicht im Übrigen. Wenn das Gericht also die Zuständigkeit des LG oder die Zulässigkeit eines Rechtsmittels bejaht hat, muss es die Grenze überschreiten. Hat das Gericht die Zulässigkeit des Rechtsmittels verneint, darf es die Grenze nicht überschreiten. Wohl aber steht der anderweitigen Festsetzung innerhalb dieser Grenzen nichts im Weg.

8 Wenn das Gericht also im Urteil den Streitwert auf einen bestimmten Betrag festgesetzt hat, ist nur die **Zuständigkeitsbegrenzung** maßgebend, nicht der Betrag.

9 **2. Ursächlichkeit für Zuständigkeit usw.** Auf der Entscheidung über den Streitwert muss der Anspruch des Gerichts über die Zuständigkeit oder die Zulässigkeit des Rechtsmittels beruhen. Das gilt auch bei der Festsetzung einer notwendigen Beschwerdesumme.

10 **3. Keine unterschiedlichen Zeitpunkte.** Die Wertberechnung für die Kosten muss nach denselben Grundsätzen geschehen wie diejenige nach § 62. Es dürfen also für die Wertfestsetzung keine unterschiedlichen Zeitpunkte maßgeblich sein, wie sie nach den §§ 41 ff. möglich wären.

11 Eine **Ausnahme** von der Regel des § 62 gilt ferner bei §§ 41 ff. (Miet-, Unterhalts-, Rentenanspruch, Stufenklage, Widerklage, Arrest, einstweilige Verfügung).

12 **4. Wirkung.** Eine Entscheidung nach § 62 wirkt nur für den ihr zugrunde gelegten Streitgegenstand, also zB nicht auf eine Klagerweiterung nach §§ 263, 264 ZPO oder auf eine Klagermäßigung. Sie wirkt nur für dieses Verfahren. Sie wirkt nur für diejenige Instanz, für die sie ergeht (E. Schneider MDR 1992, 218). Eine Wertfestsetzung mit einer Wirkung für die nachgeordneten Instanzen ist anders als bei § 63 nicht statthaft. Trotzdem muss das untere Gericht die erörterten Grenzen einhalten. Denn andernfalls würde es den ihn bindenden Ausspruch über die Zulässigkeit oder Unzulässigkeit des Rechtsmittels angreifen. Dementsprechend darf dasjenige AG, an das das LG die Sache verwiesen hat, nicht über die Höchstsumme seiner Zuständigkeit hinaus festsetzen.

Wertfestsetzung für die Gerichtsgebühren

63 **I [1] Sind Gebühren, die sich nach dem Streitwert richten, mit der Einreichung der Klage-, Antrags-, Einspruchs- oder Rechtsmittelschrift oder mit der Abgabe der entsprechenden Erklärung zu Protokoll fällig, setzt das Gericht sogleich den Wert ohne Anhörung der Parteien durch Beschluss vorläufig fest, wenn Gegenstand des Verfahrens nicht eine bestimmte Geldsumme in Euro ist oder gesetzlich kein fester Wert bestimmt ist. [2] Einwendungen gegen die Höhe des festgesetzten Werts können nur im Verfahren über die Beschwerde gegen den Beschluss, durch den die Tätigkeit des Gerichts aufgrund dieses Gesetzes von der vorherigen Zahlung von Kosten abhängig gemacht wird, geltend gemacht werden. [3] Die Sätze 1 und 2 gelten nicht in Verfahren vor den Gerichten der Finanzgerichtsbarkeit.**

II [1] Soweit eine Entscheidung nach § 62 Satz 1 nicht ergeht oder nicht bindet, setzt das Prozessgericht den Wert für die zu erhebenden Gebühren durch Beschluss fest, sobald eine Entscheidung über den gesamten Streit-

gegenstand ergeht oder sich das Verfahren anderweitig erledigt. [2]In Verfahren vor den Gerichten für Arbeitssachen oder der Finanzgerichtsbarkeit gilt dies nur dann, wenn ein Beteiligter oder die Staatskasse die Festsetzung beantragt oder das Gericht sie für angemessen hält.

III [1]Die Festsetzung kann von Amts wegen geändert werden

1. von dem Gericht, das den Wert festgesetzt hat, und
2. von dem Rechtsmittelgericht, wenn das Verfahren wegen der Hauptsache oder wegen der Entscheidung über den Streitwert, den Kostenansatz oder die Kostenfestsetzung in der Rechtsmittelinstanz schwebt.

[2]Die Änderung ist nur innerhalb von sechs Monaten zulässig, nachdem die Entscheidung in der Hauptsache Rechtskraft erlangt oder das Verfahren sich anderweitig erledigt hat.

Übersicht

1 **I. Systematik, Regelungszweck.** Zwei Aspekte sind zu beachten.

2 **1. Wertarten.** Es gibt mehrere Wertarten: Den Zuständigkeitswert; den Beschwerdewert; den Kostenwert. Über ihr Verhältnis zueinander → ZPO Vor §§ 3–9 Rn. 1 ff. Wegen der Festsetzung des Zuständigkeits- auch des Beschwerdewerts vgl. den insoweit vorrangigen § 62 (Schneider JurBüro 1994, 823). Für die Festsetzung des Kostenstreitwerts ist § 63 zu beachten.

3 Die Vorschrift dient der Rechtssicherheit (OLG Nürnberg NJW-RR 1999, 653 (654)). Sie dient aber auch der Prozesswirtschaftlichkeit. Sie zwingt oft zu einer **vorläufigen** Festsetzung nach I und meist zu einer **endgültigen** nach II. Beide müssen grundsätzlich von Amts wegen erfolgen. Die erstere ist nach I 2 iVm § 67 nur sehr begrenzt anfechtbar. Die letztere ist nach § 68 eher anfechtbar. Beide Festsetzungsarten dienen der leichteren Bearbeitung der Kostenfragen beim Gericht wie bei den übrigen Prozessbeteiligten.

4 **2. Verhältnis zum formlosen Kostenansatz.** Zu einer formlosen vorläufigen Annahme oder Schätzung des Kostenstreitwerts ist bei einer bestimmten Geldforderung in EUR stets der Urkundsbeamte der Geschäftsstelle als das zum Kostenansatz, zur Kostenberechnung berufene Organ zuständig. Er darf und muss im Rahmen des eigenen pflichtgemäßen Ermessens einen Kostenstreitwert annehmen, nach ihm nach §§ 4 I, 5 I KostVfg die Kosten berechnen und den Kostenschuldner feststellen. Dabei binden den Urkundsbeamten das Gesetz und die Verwaltungsanordnungen, insbesondere die KostVfg. Angaben der Parteien binden ihn nicht, auch nicht übereinstimmende Angaben.

5 **3. Keine Richterpflicht bei bestimmtem Betrag.** Der Urkundsbeamte kann zwar bei einer Forderung auf eine bestimmte Geldsumme in EUR die Akten dem Richter mit der Bitte um eine Festsetzung des Kostenstreitwerts von Amts wegen vorlegen. Er kann den Richter aber auf diesem Weg jedenfalls nicht zu einer vorläufigen Festsetzung nach I 1 zwingen. Wenn der Richter die Akten mit der Bemerkung zurückgibt, der Kostenbeamte möge den Kostenstreitwert in seiner eigenen Zuständigkeit ansetzen, muss der Kostenbeamte die Kosten in der eigenen Zuständigkeit ansetzen.

6 Er kann den Richter zu einer vorläufigen Festsetzung des Kostenstreitwerts von Amts wegen auch **nicht** dadurch zwingen, dass der Urkundsbeamte einen **Antrag** einer Partei, eines Beteiligten oder der Staatskasse anregt. Denn für eine vorläufige Wertfestsetzung besteht bei einer bestimmten Geldsumme kein Rechtsschutzbedürfnis. Es besteht ebenso wenig dann, wenn das Gesetz selbst einen bestimmten Wert festlegt, sei es auch nur als den Regelwert, solange kein Anlass zur Abweichung von ihm besteht. Das folgt im Umkehrschluss aus I 1 letzter Hs.

7 **II. Anwendungsbereich.** § 63 gilt im Gesamtbereich des § 1 GKG (OLG Frankfurt a. M. JurBüro 1976, 347), mit Ausnahme von I 1, 2. Sie gelten nach I 3 nicht vor den Finanzgerichten. Dort gilt vielmehr § 52 III, V. Im Verfahren vor den Arbeitsgerichten ist die von Amts wegen in den Tenor oder in die Entscheidungsgründe des Urteils gehörende Wertfestsetzung nach § 61 I ArbGG unabhängig von diesem für das Rechtsmittelverfahren der Hauptsache grundsätzlich unanfechtbaren und bindenden Urteilsstreitwert doch jedenfalls für den Kostenstreitwert nicht bindend, soweit Bedenken gegen die Richtigkeit des Urteilsstreitwerts bestehen, → ZPO Vor §§ 3–9 Rn. 19

8 § 63 ist **auch im Übrigen** voll anzuwenden, auch im Mahnverfahren nach §§ 688 ff. ZPO (aA LAG Düsseldorf JurBüro 1999, 532, aber die Vorschrift gilt im Gesamtbereich des § 1). Freilich erfolgt dort eine endgültige Wertfestsetzung nur unter der Voraussetzungen II 2. Ein Wertfestsetzungsanhang ist während der Instanz jederzeit zulässig (LAG Hamm MDR 1982, 696). Ferner → ZPO Vor §§ 3–9 Rn. 6 ff.

9 **III. Vorläufige Wertfestsetzung (I).** Es empfehlen sich die folgenden Prüfschritte.

10 **1. Zweck: Erleichterung der Kostenberechnung usw.** Soweit § 6 eine Anfangsfälligkeit begründet, kann der Kostenbeamte ihre Höhe nur dann ohne weiteres ermitteln, wenn das KV eine Festgebühr nennt. Andernfalls braucht er zunächst einen

Wertansatz (BGH GRUR 2013, 539 (540)). Soweit es sich um eine Klageforderung auf eine bestimmte Geldsumme in EUR oder um einen gesetzlich bestimmten (Regel-)Wert handelt, kann er aus ihr den Wert mühelos ableiten. Soweit eine andere Klageforderung vorliegt, müsste der Kostenbeamte die ja oft genug selbst für den Fachjuristen außerordentlich komplizierten Regeln zur Streitwertermittlung beherrschen. Damit wäre er zeitlich stark belastet und fachlich oft überfordert.

Auch der Richter kann solche Probleme haben. I mutet ihre Bewältigung dem Richter gleichwohl mit Recht eher zu als dem Kostenbeamten. Von Anfang an soll ein vorläufig festgesetzter Wert allen Beteiligten eine **brauchbare Berechnungsgrundlage** geben. Das Gesetz nimmt die damit verbundene Verlagerung der Arbeit auf den Richter in Kauf. 11

2. Voraussetzung: Sogleich Fälligkeit. Erste Voraussetzung einer vorläufigen Festsetzung ist nach § 6 I Nr. 1–4 eine Fälligkeit sogleich beim Verfahrensbeginn, also nicht mehr eine Vorauszahlungspflicht. Ohne eine solche Fälligkeit gibt es keinen Anlass zu einer vorläufigen Festsetzung, wohl aber evtl. einen solchen zur endgültigen nach II. Das gilt zB beim Eilverfahren nach §§ 916 ff., 935 ff. ZPO. Daran ändert auch ein verständliches wirtschaftliches Interesse an einer Risikoverringerung grundsätzlich nichts. 12

3. Weitere Voraussetzung: Wertabhängigkeit. Weitere Voraussetzung einer vorläufigen Festsetzung ist, dass die in Betracht kommende Gebühr nach dem KV überhaupt von einem Kostenstreitwert abhängt. Das ist nicht so, soweit das KV eine Festgebühr nennt oder soweit das GKG selbst einen (Regel-)Wert angibt oder gar keine Gebühr fordert (OLG Karlsruhe NJW-RR 2009, 1366; OLG Rostock AGS 2010, 39). Soweit beide Gebührenarten zusammentreffen, ist eine vorläufige Festsetzung des gesamten Kostenstreitwerts erforderlich, um dem Kostenbeamten die nach dem Regelungszweck gemäß → Rn. 10 erstrebte Erleichterung zu verschaffen. 13

4. Weitere Voraussetzungen: Keine bestimmte Euro-Forderung, keine gesetzliche Wertbestimmung. Weitere Voraussetzung einer vorläufigen Festsetzung ist, dass Gegenstand des Verfahrens, also Streitgegenstand, zumindest auch eine nicht bestimmte Geldsumme in EUR ist und dass auch kein gesetzlich bestimmter (Regel-) Wert vorliegt (OVG Sachsen-Anhalt NJW 2009, 3115). Dem Regelungszweck nach → Rn. 10 entsprechend ist der Kreis der vorläufig festsetzbaren Streitgegenstände weit zu ziehen. Hierher gehört daher auch das Zusammentreffen einer bestimmten Euro-Forderung und einer anderen Forderung, zB eine Zahlungs- und eine Räumungsklage. 14

Dann muss das Gericht also **insgesamt** vorläufig festsetzen. Eine in fremder Währung bezifferte Summe kommt ebenso in Betracht wie etwa eine Forderung „über einen Diskontsatz hinaus" oder eine an einen Lebenskostenindex anknüpfende Forderung. Hierher gehören (selbstverständlich) auch zB: Eine Forderung auf einen in das Ermessen des Gerichts gestellten Euro-Betrag, etwa auf ein derartiges Schmerzensgeld (OLG Koblenz NJW-RR 2000, 71), oder eine Forderung auf eine Herausgabe, auf eine Räumung, auf die Abgabe einer Willenserklärung, auf die Vornahme oder Unterlassung einer Handlung, auf eine Mitwirkung usw. 15

5. Zeitpunkt: Klageingang usw. Beim Zusammentreffen der Voraussetzungen → Rn. 6–9 setzt das Gericht den Wert von Amts wegen vorläufig fest, sobald der das Verfahren dieser Instanz einleitende Schriftsatz beim Gericht vorliegt. Das ist der Zeitpunkt der Instanzanhängigkeit grundsätzlich also in erster Instanz nicht erst derjenige der Rechtshängigkeit. Die Posteingangsstelle legt zwar den Eingang zunächst der Geschäftsstelle vor. Sobald diese aber die Sache erstmalig dem Richter vorlegt, muss dieser eine etwa notwendige vorläufige Wertfestsetzung von Amts wegen unverzüglich wie bei § 121 I 1 BGB vornehmen. Das gilt trotz eines etwaigen Ablehnungsverfahrens gegen einen Sachverständigen zB nach § 406 ZPO (OLG Jena BauR 2012, 1150). 16

Das alles gilt evtl. nochmals, sobald ein der vorläufigen Festsetzung bedürftiger **Gegenantrag** eingeht, also etwa eine Widerklage, oder soweit zu einer bereits im Wert vorläufig festgesetzten Klageforderung eine in EUR bezifferte oder nicht so bezifferte Gegenforderung usw hinzutritt. Soweit der Kläger oder Antragsteller der- 17 gleichen im Verhandlungstermin einreicht oder zum Protokoll erklärt, entsteht eine Pflicht zur vorläufigen Festsetzung sogleich.

18 Ein **Antrag** auf eine vorläufige Festsetzung ist bei einer Pflicht zur Festsetzung von Amts wegen eine Anregung, sonst aber ein vollgültiger entscheidungsbedürftiger Antrag.

19 **6. Keine Anhörung.** Nach dem klaren Wortlaut von I 1 erfolgt eine vorläufige Wertfestsetzung im Gegensatz zur endgültigen nach → Rn. 6 **ohne** eine Anhörung der Parteien. Das ist kein Verstoß gegen Art. 2 I, 20 III GG (Rpfleger) (BVerfGE 101, 397 (404) = NJW 2000, 1709), Art. 103 I GG (Richter). Denn es handelt sich nur um eine vorläufige Festsetzung. Sie hat auf die endgültige Kostenpflicht nur einen indirekten Einfluss. Das Gesetz kennt ohnehin an so mancher Stelle Entscheidungen ohne eine vorherige Anhörung des Betroffenen, etwa beim Arrest oder bei der einstweiligen Verfügung nach §§ 916 ff., 935 ff. ZPO, ohne dass dergleichen gleich einen Verfassungsverstoß bedeutet.

20 Die Anhörung ist **nicht einmal stets erlaubt.** Soweit sich die Notwendigkeit einer vorläufigen Festsetzung erst im Verhandlungstermin ergibt, ist (selbstverständlich) eine Anhörung schon wegen ihrer praktischen Unvermeidbarkeit erforderlich. Der Richter darf sie aber nicht etwa durch eine Fristsetzung vornehmen und damit Zeit verlieren, es sei denn, er müsste wegen einer Unklarheit nach § 61 rückfragen.

21 **7. Beschluss.** Die vorläufige Wertfestsetzung erfolgt durch einen Beschluss des Gerichts, nicht nur des Vorsitzenden. Das Gericht muss ihn den Parteien wie bei § 121 I 1 BGB unverzüglich mitteilen, zB dem Bekl. zusammen mit der Zustellung der Klageschrift nach §§ 253, 261 ZPO, oder es muss ihn verkünden. Das Gericht muss seinen Beschluss nach → Rn. 14 wegen der wenn auch nur indirekten Anfechtbarkeit nach I 2 iVm § 67 wenigstens stichwortartig begründen (BVerfGE 58, 353 (357) = NJW 1982, 30; OLG Jena FamRZ 2001, 780). Die Nichtbehandlung eines wesentlichen Tatsachenvortrags lässt schon hier auf seine Nichtbeachtung schließen (BVerfGE 86, 133 (146) = VIZ 1992, 401). Eine formlose Übersendung genügt. Denn es kommt nach → Rn. 22 kein befristetes Rechtsmittel in Betracht. Rechtsbehelfsbelehrung evtl., Verstoß: §§ 5b, 68 II 2.

22 **8. Kein Rechtsmittel.** Gegen die vorläufige Wertfestsetzung nach I 1 können Einwendungen zur Höhe nach dem klaren Wortlaut von I 2 nur im Verfahren nach (jetzt) § 67 geltend gemacht werden (OLG Frankfurt a. M. MDR 2012, 733; OLG Saarbrücken FamRZ 2012, 472; B. Schneider NJW 2017, 3764 (3765)). Eine Beschwerde darüber hinaus ist also unstatthaft (OLG Rostock AGS 2011, 305; OLG Saarbrücken FamRZ 2012, 472; OVG Sachsen NVwZ-RR 2009, 744; aA E. Schneider MDR 2000, 381), aber der Wortlaut lässt eine solche Auslegung nicht zu und ergibt auch keine Beschränkung auf das Verhältnis zwischen dem Gericht [Staatskasse] und der Partei, für die ja der Anwalt regelmäßig auch handelt). Das entspricht dem Regelungszweck, → Rn. 10. Anfechtbar ist erst die endgültige Wertfestsetzung nach II. Das ergibt sich aus § 68 I 1.

23 **9. Änderung der vorläufigen Wertfestsetzung.** Eine Änderung der ja ohnehin nur vorläufigen Wertfestsetzung kommt nach → Rn. 16 zB dann in Betracht, wenn sich der Gesamt-Kostenstreitwert infolge einer Änderung des Gesamt-Streitgegenstands ändert (aA OVG Hamburg NVwZ-RR 2011, 662, auch beim Streit um eine Rechtsmittelzulassung). Im Übrigen kann (selbstverständlich) auch die endgültige Wertfestsetzung nach II zu einer anderen Bewertung führen. Das ist aber keine Änderung der vorläufigen Wertfestsetzung, sondern eine Vornahme der endgültigen.

24 Eine **förmliche Erwähnung** der vorläufigen Festsetzung bei der endgültigen ist freilich zur Vermeidung von Missverständnissen ratsam, etwa dahin, dass die endgültige Festsetzung in „Übereinstimmung" oder „Änderung" der vorläufigen erfolge. Es ist aber keine förmliche Aufhebung oder Abänderung der vorläufigen Festsetzung nötig, wenn die endgültige ergeht. Eine Formulierung, die vorläufige Festsetzung werde bei der endgültigen „aufrechterhalten", mag zulässig sein. Zwingend ist sie nicht. Mit der endgültigen Festsetzung verliert die vorläufige kraft Gesetzes ihre Wirkung, wenn (selbstverständlich) auch nicht in dem Sinn rückwirkend, dass die auf Grund der vorläufigen Festsetzung erfolgten Maßnahmen stets gesetzeswidrig gewe-

sen wären und eine Amtshaftung auslösen könnten. Letzteres ist vielmehr eine Fallfrage.

IV. Endgültige Wertfestsetzung (II). Dazu Bader NZA-RR 2005, 346 (Üb. in Hessen). Eine endgültige Wertfestsetzung nach II 1 erfolgt nur für die Gerichtsgebühren (OLG Karlsruhe NJW-RR 2009, 1366; OLG Rostock AGS 2010, 39). Das stellt der Wortlaut des Gesetzes klar. Sie erfolgt also nicht für die Zuständigkeit oder für die diesbezügliche Rechtsmittelfähigkeit. Sie ist nur dann notwendig, wenn eine Wertabhängigkeit wie bei → Rn. 13 vorliegt (VGH Hessen NJW 2010, 2680 (2681)). Denn I 1 gilt insofern (selbstverständlich) auch für II. Eine endgültige Wertfestsetzung ist also nur dann zulässig und notwendig, wenn die folgenden Voraussetzungen vorliegen. 25

1. Keine Bindung nach § 62. Es darf keine Entscheidung nach § 62 S. 1 vorliegen oder nach § 62 S. 2 binden (OLG Dresden MDR 2008, 50; OLG Köln AGS 2009, 244). Ob eine solche Bindungswirkung vorliegt, ergibt sich aus → § 62 Rn. 4 ff. Grundsätzlich bindet eine vorläufig erfolgte Festsetzung nicht bei der endgültigen (OVG Sachsen-Anhalt NVwZ-RR 2010, 822 (823)). 26

2. Entscheidung über gesamten Streitgegenstand. Es reicht aus, dass eine solche Entscheidung vorliegt oder gleichzeitig erfolgen darf und muss, die den gesamten evtl. restlichen Streitgegenstand erfasst (BayObLG NJW-RR 2000, 1201; OLG Brandenburg JurBüro 1997, 394, Stufenklage; OVG Sachsen-Anhalt NVwZ-RR 2017, 847 (848), dort verneint). Die Art und Form der Entscheidung ist unerheblich. Die Entscheidung mag auch nur eine bereits kraft Gesetzes eingetretene Rechtsfolge bestätigen, etwa der Kostenanspruch nach einer wirksamen Klagerücknahme nach § 269 III 2, IV ZPO. 27

Ausreichend ist zB ein Vorbehaltsurteil nach §§ 302, 599 ZPO. Denn es beendet den Streit zunächst. 28

Unzulässig ist eine solche wie immer geartete solche Entscheidung, die den evtl. restlichen Streitgegenstand noch nicht vollständig erfasst (OVG Sachsen-Anhalt NJW 2009, 3115). Das gilt zB im Grundurteil nach § 304 ZPO oder im Teilurteil nach § 301 ZPO oder bei einer einseitigen Teilerledigung (OLG München NJW-RR 1996, 956), oder bei einer Aussetzung nach §§ 148 ff. ZPO oder einer Unterbrechung nach §§ 239 ff. ZPO (BGH NJW 2000, 1199). 29

3. Anderweitige Erledigung. Es reicht auch aus, dass sich das gesamte evtl. restliche Verfahren auf eine andere Weise als durch eine Entscheidung nach → Rn. 27 erledigt hat (OLG Stuttgart ZMR 2012, 458). Hierher gehören zB: Nach einem selbständigen Beweisverfahren nach §§ 485 ff. ZPO die Beendigung des Hauptprozesses (KG NJW-RR 2000, 1622; OLG Naumburg NJW-RR 2000, 286); eine Erledigung nach § 118 I 3 ZPO (OLG Nürnberg MDR 2003, 835); ein widerrufsfreier Prozessvergleich (LAG Nürnberg JurBüro 2009, 196); beiderseitige wirksame Erledigterklärungen; aus praktischen Gründen auch eine Aussetzung und das Ruhen des Verfahrens nach § 251a ZPO, auch iVm § 173 S. 1 VwGO (OVG Sachsen-Anhalt NVwZ-RR 2017, 847 (848)). Denn irgendwann muss man es dort kostenrechtlich mitbeenden; eine wirksame vollständige Klagerücknahme nach § 269 ZPO (OLG Rostock MDR 1995, 212; aA BVerwG JurBüro 1997, 255 mablAnm Hellstab). Das gilt auch dann, wenn der Bekl. keinen Antrag nach § 269 III, IV ZPO stellt. 30

4. Antrag. Ein Antrag ist nur im Verfahren vor den Arbeits- oder Finanzgerichten und auch dort nach → Rn. 36 nur insoweit erforderlich, als das Gericht eine Festsetzung nicht für angemessen erachtet. Da man nicht stets wissen kann, ob das Gericht im Rahmen seines pflichtgemäßen Ermessens eine solche Festsetzung von Amts wegen vornehmen wird, empfiehlt sich ein Antrag vor den Arbeits- oder Finanzgerichten jedenfalls, solange unklar ist, ob eine Festsetzung von Amts wegen erfolgen wird. Ein Antrag vor den Arbeits- oder Finanzgerichten zwingt zur unverzüglichen Vornahme einer Festsetzung in der vom Gericht als richtig ermittelten Höhe, also nicht etwa auch in einer Bindung an den Vorschlag des Antragstellers zur Höhe. 31

In allen **anderen** Gerichtsbarkeiten gilt: Obwohl das Antragserfordernis fehlt, kann ein Antrag zumindest als eine Anregung zur Überprüfung dienen, ob die Voraus- 32 setzungen einer endgültigen Wertfestsetzung vorliegen (OLG Karlsruhe JurBüro 2010, 200). Den Antrag darf jede Partei stellen. Zum Antrag ist nach § 32 II RVG auch jeder am Verfahren beteiligte Anwalt berechtigt. Eine Erinnerung nach § 66 lässt sich evtl. als ein Antrag nach § 63 auslegen (OLG Bamberg JurBüro 1976, 185; OLG Frankfurt a. M. JurBüro 1979, 601). Eine Antragsfrist besteht nach § 32 II 1 RVG nicht.

33 Den Antrag darf ferner die Staatskasse stellen. Das stellt für das arbeits- und das finanzgerichtliche Verfahren II 2 zusätzlich klar. Sie wird durch den zuständigen Bezirksrevisor tätig. Der Urkundsbeamte der Geschäftsstelle kann eine Festsetzung nur anregen. Er hat aber nach → Rn. 6 kein eigenes Antragsrecht. Er ist auch nicht ohne weiteres der Vertreter der Staatskasse. Er hat daher auch keinen Rechtsbehelf gegen die Ablehnung oder gegen die angeblich unrichtige Festsetzung.

34 Schließlich darf den Antrag jeder weitere am Verfahren Beteiligte stellen. Das stellt für das arbeits- und finanzgerichtliche Verfahren II 2 zusätzlich klar.

35 **V. Verfahren (II).** Es empfehlen sich die folgenden Prüfschritte.

36 **1. Festsetzung von Amts wegen.** Soweit und sobald die Voraussetzungen → Rn. 16–18 vorliegen, muss das Gericht nach → Rn. 31 den endgültigen Wert von Amts wegen im arbeits- oder finanzgerichtlichen Verfahren insoweit festsetzen, als es die Festsetzung pflichtgemäß für angemessen hält. Das mag zB bei tatsächlichen oder rechtlichen Schwierigkeiten erforderlich sein (Natter NZA 2004, 686 (688)). So mag es etwa beim Auseinanderfallen des Urteils- und des Gebührenstreitwerts oft liegen (Natter NZA 2004, 686 (688)), oder beim Wechsel des Streitwerts im Lauf des Verfahrens. In allen anderen Verfahrensarten ist es dazu stets berechtigt und verpflichtet (OVG Nordrhein-Westfalen NVwZ-RR 1999, 402). Es besteht also in den letzteren Verfahrensarten ab einer pflichtgemäßen Erkenntnis der Angemessenheit einer Wertfestsetzung zwar ein Ermessen zum Wie (hoch), aber nicht ein Ermessen zum Ob. Die wie bei § 121 I 1 BGB unverzügliche endgültige Festsetzung ist eine Amtspflicht. Dabei kommt es weder auf die Zulässigkeit noch auf die Begründetheit eines Klaganspruchs an (OLG Koblenz JurBüro 2007, 34), auch nicht auf seine Streitigkeit (OLG Brandenburg MDR 1997, 106).

37 Die **Sommersachenregelung** des § 227 III ZPO ist nicht anzuwenden. Vorstellungen oder Wünsche der Parteien binden das Gericht im Rahmen der Festsetzung von Amts wegen nicht (OLG Brandenburg MDR 1997, 106). Eine Festsetzung von Amts wegen ist auch nicht etwa davon abhängig, dass der Richter dem Urkundsbeamten der Geschäftsstelle eine richtige Festsetzung des Kostenstreitwerts nicht zumuten könnte oder nicht zutrauen möchte oder dass der Urkundsbeamte bereits einen offenbar unrichtigen Wert angenommen hätte. Maßgebender Bewertungszeitpunkt ist der Schluss der mündlichen Verhandlung nach § 296a ZPO oder der ihm gleichstehende Zeitpunkt (OLG Bamberg JurBüro 1980, 1865).

37a **Teile des Streitgegenstands** oder ein einzelner Prozessabschnitt lassen ebenfalls eine endgültige Wertfestsetzung unter der Voraussetzung der endgültigen diesbezüglichen Entscheidung in dieser Instanz zu.

38 **2. Form.** Ein etwaiger nach II 2 notwendiger, in den übrigen Fällen wegen → Rn. 20 freiwilliger, aber nicht erforderlicher Antrag auf die endgültige Festsetzung des Kostenstreitwerts ist schriftlich oder elektronisch nach § 5a oder zum Protokoll des Urkundsbeamten der Geschäftsstelle zulässig. Er unterliegt also nach § 78 III Hs. 2 ZPO keinem Anwaltszwang.

39 **3. Zuständigkeit.** Zunächst ist der Urkundsbeamte der Geschäftsstelle zur Annahme eines Werts zuständig, → Rn. 4 ff. Er nimmt aber keine förmliche vorläufige oder gar eine endgültige Wertfestsetzung vor. Zur letzteren ist nur der Richter oder Rpfleger zuständig.

40 Zur förmlichen Festsetzung des Kostenstreitwerts ist das **Prozessgericht** zuständig, und zwar dasjenige der jeweiligen Instanz, für die die Festsetzung erfolgen soll (BGH Rpfleger 1987, 37 (38, insoweit ohne Abdr. in NJW-RR 1987, 181); OLG Hamm JurBüro 1980, 238; KG VersR 1981, 151). Für die höhere Instanz ist also das Rechtsmittelgericht zuständig, freilich außerhalb § 68 auch nur für seine Instanz (OLG Köln DGVZ 1986, 151), dort freilich auch ohne ein Verschlechterungsverbot (LAG Thüringen MDR 2001, 538). Der Vorsitzende der Kammer für Handelssachen ist nach

§ 349 II Nr. 11 ZPO zu einer Wertfestsetzung ohne die Mitwirkung der Handelsrichter befugt. Es ist unerheblich, ob die Instanz bereits beendet ist. Der Einzelrichter nach §§ 348, 348a ZPO usw entscheidet, soweit er die Sache beendet oder soweit seine Entscheidung zweckmäßig ist, etwa vor oder bei einem Prozessvergleich (aA OVG Sachsen NVwZ-RR 2009, 744: nicht nach einem Vergleich vor dem Kollegium).

Auch das **Arrestgericht** nach §§ 919, 936 ZPO **oder das Vollstreckungsgericht** nach §§ 764, 802 ZPO kann zuständig sein. Beim selbständigen Beweisverfahren nach §§ 485 ff. ZPO ist dasjenige Gericht zuständig, das das Verfahren durchgeführt hat, und nicht dasjenige der späteren bloßen Auswertung (OLG Hamm NJW 1976, 116). Nach einer Verweisung zB nach § 281 ZPO setzt das jetzige Gericht auch für das verweisende fest, freilich nach → Rn. 61 nur innerhalb derselben Instanz (OLG Köln DGVZ 1986, 151; LAG Thüringen MDR 2001, 538), oder durch eine Änderung im Beschwerdeverfahren. Auch ein Schiedsgericht kann nach der Schiedsvereinbarung nach § 1029 ZPO zuständig sein. **40a**

Soweit der **Rechtspfleger** das Geschäft bearbeitet, nimmt er nach § 4 I RPflG die endgültige Festsetzung des Kostenstreitwerts in seiner eigenen Zuständigkeit vor. **41**

4. Anhörungspflicht. Das Gericht nimmt die endgültige Wertfestsetzung anders als die vorläufige des I 1 nach → Rn. 19 erst **nach** einer Anhörung der Beteiligten vor, Art. 2 I, 20 III GG (Rpfleger; BVerfGE 101, 397 (404) = NJW 2000, 1709), Art. 103 I GG (Richter; OLG Frankfurt a. M. AGS 2017, 467; LAG Hessen JurBüro 1999, 306). Beteiligt ist auch der Streithelfer nach §§ 66 ff. ZPO (OLG München NJW-RR 1998, 420). Erörterungsbedürftig ist jeder entscheidungsbedürftige Umstand (KG NJW 1975, 743, evtl. aber zB keine vertraulichen Zahlen). Man sollte Wertwünsche eines Beteiligten zurückhaltend beurteilen (OVG Niedersachsen JurBüro 2008, 425). Das Gericht kann zwar, muss aber nicht über den Kostenstreitwert mündlich verhandeln. Das gilt auch dann, wenn ein Antragsteller eine mündliche Verhandlung beantragt hat. In einer Verhandlung besteht kein Anwaltszwang nach § 78 ZPO. Mangels Anhörung erfolgt aufgrund einer Beschwerde eine Aufhebung (OLG Frankfurt a. M. AGS 2017, 467). **42**

5. Rechtsschutzbedürfnis. Im Zeitpunkt der Entscheidung muss das Rechtsschutzbedürfnis als eine Zulässigkeitsvoraussetzung einer jeden gerichtlichen Entscheidung vorliegen (BFH BStBl. II 1988, 289). Ein Rechtsschutzbedürfnis für eine Wertfestsetzung kann auch insoweit bestehen, als der Kostenbeamte schon nach → Rn. 4 ff. einen Kostenansatz vorgenommen hat (BFHE 125, 353). Es kann vor allem theoretisch auch insoweit bestehen, als man den Kostenstreitwert ohne irgendwelche Schwierigkeit errechnen kann, zB bei einer bezifferten Zahlungsklage. **43**

Denn die endgültige Wertfestsetzung nach II ist nach dessen Wortlaut im Gegensatz zu der vorläufigen nach I 1 auch dann von Amts wegen notwendig, wenn es um eine bestimmte Geldsumme in EUR oder um einen gesetzlich bestimmten (Regel-)Wert geht, um den endgültigen Kostenansatz usw zu erleichtern. Deshalb ist eine Beschränkung auf einen nicht bezifferten Teilanspruch formell unzulässig. Sie ist zumindest wenig hilfreich. Der Wert für den einen Verfahrensabschnitt kann (selbstverständlich) anders als für den anderen lauten, etwa bei einer Beweisaufnahme. **44**

Indessen führt eine strenge Anwendung dieses Wortlauts zu einer enormen zusätzlichen Entscheidungs-, Schreib- und oft auch Mitteilungsarbeit, die in keinem vernünftigen Verhältnis zu dem Ziel einer Erleichterung zugunsten des Kostenbeamten steht. Was soll zB bei einer Klage auf eine Zahlung von 500 EUR eine entsprechende Wertfestsetzung? Daher sollte man in einer solchen Lage getrost eine endgültige Festsetzung von einem Antrag oder irgendeiner tatsächlichen oder rechtlichen Unsicherheit abhängig machen. Auch das ist eine in Wahrheit „teleologische Reduktion“. Es kommt nämlich auf den vernünftigen Sinn an. **45**

Ein Rechtsbedürfnis kann zumindest dann **fehlen,** wenn mit Sicherheit keine Gerichtskosten anfallen (LAG München AnwBl 1988, 72), und wenn auch nicht eine Abhängigkeit von Anwaltskosten von einer gerichtlichen Festsetzung nach § 63 besteht. **46**

6. Beschluss. Das Gericht setzt den endgültigen Kostenstreitwert durch einen Beschluss fest. Ein Beschluss ist auch dann nötig, wenn das Gericht eine Festsetzung **47**

ablehnt (LG Köln JurBüro 1987, 1886), oder wenn es diese Festsetzung zulässigerweise in die Urteilsformel nach § 313 I Nr. 4 ZPO oder in die Entscheidungsgründe des Urteils nach § 313 I Nr. 6 ZPO aufgenommen hat (OLG Brandenburg FamRZ 2004, 962; OVG Saarland JurBüro 1997, 199; Wenzel DB 1981, 160 (164)). Ein Beschluss liegt aber nur insoweit vor, als man einen eindeutigen Willen des Prozessgerichts erkennen kann, gerade den Kostenstreitwert endgültig festzusetzen (OLG Köln NJW-RR 1988, 279; OLG München MDR 1998, 1241). Rechtsbehelfsbelehrung, Verstoß: §§ 5b, 68 II 2.

48 **7. Kein Zwang zur Erwähnung einer vorläufigen Festsetzung.** Es besteht kein Zwang dazu, in der endgültigen Festsetzung eine etwa erfolgte vorläufige zu erwähnen. In der Praxis ist die Bezugnahme zwecks einer Begründung üblich, soweit es bei den bisherigen Erwägungen bleibt. Das ist (selbstverständlich) zulässig und meist auch ausreichend, soweit das Gericht die vorläufige Festsetzung mit einer zwar vielleicht nur sehr kurzen, aber immerhin nachprüfbaren Begründung versehen hatte. Andernfalls gilt → Rn. 52. Im Übrigen → Rn. 23.

49 **8. Notwendigkeit einer Begründung.** Zunächst → Rn. 21, 48. Das Gericht muss den endgültigen Festsetzungsbeschluss grundsätzlich mit einer wenigstens stichwortartigen Begründung versehen (BGH FamRZ 2014, 1364; BAG NJW 2012, 2460; OLG Saarbrücken FamRZ 2011, 745). Das folgt schon aus Art. 6 I EMRK (EGMR NJW 1999, 2429) und aus Art. 20 III, 103 I GG. Denn sonst würden die Grundlagen der Nachprüfbarkeit durch die Partei wie durch das Gericht fehlen (BVerfGE 71, 122 (135) = NJW 1987, 1619; BGH NJW-RR 2010, 1582; KG GRUR-RR 2013, 272; aA BGH FamRZ 1988, 943). Floskeln sind keine Begründung (OLG Saarbrücken FamRZ 2011, 745). Die Nichtbehandlung eines wesentlichen Tatsachenvortrags lässt auch hier auf seine Nichtbeachtung schließen (BVerfGE 86, 133 (146) = VIZ 1992, 401).

50 Es ist dringend ratsam, zur Vermeidung von Missverständnissen und wegen der unterschiedlichen Anfechtungsmöglichkeiten im Beschluss ganz klar zum Ausdruck zu bringen, dass es sich um die **endgültige** Festsetzung nach II 1 handelt (OLG Bamberg JurBüro 1991, 1690; OLG Frankfurt a. M. GRUR 1989, 934; OLG Köln FamRZ 1991, 1212; aA LG Köln MDR 1991, 935, aber die Rechtssicherheit erfordert stets eine völlige Klarheit). Eine Bezugnahme auf die etwaige Begründung einer früheren vorläufigen Festsetzung nach → Rn. 19 kann reichen, ebenso die Bezugnahme auf einen nachvollziehbar begründeten Wertvorschlag eines Beteiligten.

51 Das Gericht muss eine zunächst fehlende Begründung spätestens dann **nachholen,** wenn es einer Beschwerde gegen seinen Beschluss nicht abhilft (OLG Hamm MDR 2004, 412; OLG München MDR 2004, 291; OLG Nürnberg MDR 2004, 169). Andernfalls droht eine Zurückverweisung (OLG Jena FamRZ 2001, 780 (781) (FGG); OLG Köln VersR 1997, 601; OLG Nürnberg MDR 2001, 893).

52 **9. Entbehrlichkeit einer Begründung.** Soweit allerdings der Beschluss in keinerlei Rechte eines Beteiligten eingreift, darf eine Begründung ausnahmsweise fehlen (BVerfGE 6, 32 (44) = NJW 1957, 297 (298)). Das gilt zB dann, wenn das Gericht in seinem wenn auch von Amts wegen notwendigen endgültigen Festsetzungsbeschluss den etwa zusätzlich erfolgten übereinstimmenden Anträgen aller Beteiligten voll entsprochen hat. Dann wäre eine Beschwerde mangels einer Beschwer unzulässig (OLG Bamberg JurBüro 1975, 1463). Bei einer bezifferten Forderung mag aus den Erwägungen → Rn. 47 ein einziger Satz als Begründung reichen.

53 Eine Begründung ist auch dann entbehrlich, wenn alle Beteiligten die Erwägungen des Gerichts **schon einwandfrei kennen,** etwa aus einer mündlichen Verhandlung, oder wenn sich alle Erwägungen des Gerichts ohne weiteres aus den Akten ergeben (OLG Bamberg JurBüro 1985, 1849; OLG Frankfurt a. M. JurBüro 1982, 888). Es empfiehlt sich aber, dann zusätzlich zu der stets erforderlichen Beschlussformel in das Verhandlungsprotokoll einen Vermerk darüber aufzunehmen, dass das Gericht die Fragen des Kostenstreitwerts erörtert hatte.

54 Eine Begründung ist schließlich dann entbehrlich, wenn alle Parteien einen eindeutigen **Rechtsmittelverzicht** wirksam erklärt haben (OLG Köln MDR 2000, 472; OLG München JurBüro 2001, 141, evtl. nicht schon bei übereinstimmenden Wertäußerungen der Parteien). Sie ist ferner dann entbehrlich, wenn sich schließlich

der richtige Kostenstreitwert aus dem Streitstoff selbst einwandfrei ergibt (OLG Bamberg JurBüro 1978, 1360). Das gilt etwa dann, wenn das Gericht auf Grund eines bereits bezifferten Antrags eine Wertfestsetzung vorgenommen hatte.

Es ist weder eine Entscheidung noch gar deren Begründung, wenn irgendwo im Urteilkopf steht: **„Wert × EUR"**. 55

10. Kosten. Die Entscheidung ist nach § 1 gebührenfrei. 56

11. Mitteilung. Das Gericht muss seinen Beschluss nach §§ 166 ff. ZPO förmlich zustellen. Denn seine Entscheidung unterliegt nach § 68 I 3 einem befristeten Rechtsmittel (aA OVG Hamburg NVwZ-RR 1993, 167). Es genügt also keine formlose Mitteilung von Amts wegen. Eine förmliche Zustellung ist außerdem bei einer anderweitigen Festsetzung wegen einer Streitwertänderung nach § 107 ZPO wegen der dann anlaufenden Erinnerungsfrist nach §§ 329 II 2 ZPO, 56 VwGO, 53 FGO notwendig. 57

12. Wirkung. Der endgültige Wertfestsetzungsbeschluss wirkt in den Instanzgrenzen → Rn. 60 ff. für und gegen alle Beteiligten (Natter NZA 2004, 686 (688)). Das gilt über § 32 I, II RVG auch für den Anwalt. Es gilt auch für den Kostenansatz bindend, auch für die Kostenerstattung und für die Kostenfestsetzung nach §§ 103 ff. ZPO. Außergerichtliche Kosten sind hier anders als bei § 68 III 2 zu erstatten (Meyer Rn. 29; aA OLG Frankfurt a. M. NJW 1975, 742; OLG Schleswig SchlHA 1975, 67). 58

Eine **rechtskräftige** Entscheidung über die Anwaltsgebühren im Prozess zwischen dem Anwalt und der Partei steht eine Abänderbarkeit des Kostenstreitwertbeschlusses nicht entgegen. Eine endgültige falsche Festsetzung des Kostenstreitwerts kann eine Amtshaftung auslösen (Matzen AnwBl 1976, 333). 59

13. Instanzfragen. Jede Instanz setzt für sich endgültig fest (BGH Rpfleger 1987, 37 (38, insoweit ohne Abdr. in NJW-RR 1987, 181); BFHE 120, 164; KG VersR 1981, 151). Daher lässt ein Wertfestsetzungsbeschluss den anderen Instanzen freie Hand, auch den nachgeordneten (KG JurBüro 1981, 1232). Solange das untere Gericht keine endgültige Festsetzung des Kostenstreitwerts vorgenommen hat, darf das Rechtsmittelgericht diesen Wert nicht für die untere Instanz festsetzen (OLG Köln DGVZ 1986, 151; aA OVG Niedersachsen NVwZ-RR 2015, 678). Das gilt schon zur Vermeidung eines auch wegen Art. 103 I GG unstatthaften Instanzverlustes. Das Erstgericht könnte ja trotzdem für seine Instanz anders als das Rechtsmittelgericht für dessen Instanz entscheiden. Das müsste das Rechtsmittelgericht ja bei einem Rechtsmittel gegen die endgültige Festsetzung des Erstgerichts neu beachten. 60

Wohl aber darf und muss das höhere Gericht für seine Entscheidung auch nur **vorläufig** einen Wert dann annehmen, wenn das untere Gericht noch keine Festsetzung vorgenommen hat (OLG Celle NJOZ 2002, 1647). 61

Das gilt auch dann, wenn es für die **Zulässigkeit des Rechtsmittels** auf den endgültigen Wert ankommt. Es ist ein alltäglicher Vorgang, dass verschiedene Gerichte einen verschiedenen Kostenstreitwert annehmen. Das höhere Gericht kann zwar anregen, das untere möge den Wert festsetzen. Das höhere Gericht kann aber eine Festsetzung durch das untere nicht erzwingen und die eigene Entscheidung nicht von der Befolgung einer solchen Anregung abhängig machen. 62

Allerdings darf das Rechtsmittelgericht die endgültige Festsetzung des Erstgerichts **ändern, III 1** (vgl. BFHE 120, 164; OLG Nürnberg JurBüro 1975, 1352). Wegen der Voraussetzungen hierfür → Rn. 65 ff. 63

In keinem Fall darf das untere Gericht den Kostenstreitwert endgültig mit einer **bindenden** Wirkung **für die höhere Instanz** festsetzen. Von diesem Grundsatz gilt nur im Verfahren vor den Arbeitsgerichten eine Ausnahme. Soweit das AG den Rechtsstreit an das LG verwiesen hat, muss das LG den Kostenstreitwert auch für einen im Verfahren vor dem AG etwa bereits erledigten Anspruch endgültig festsetzen. 64

VI. Änderung der endgültigen Wertfestsetzung (III). Aus sorgfältig zu klärenden Voraussetzungen folgt eine Reihe von Auswirkungen. 65

66 **1. Zulässigkeit, Notwendigkeit.** Eine Änderung der endgültigen Festsetzung des Kostenstreitwerts ist dann, wenn die Rechtslage es verlangt, nicht nur zulässig, sondern auch notwendig. Das Wort „kann" in III 1 stellt kein Ermessen zur Verfügung, sondern regelt nur die Zuständigkeit (OLG Düsseldorf GRUR-RR 2010, 406; KG JurBüro 2010, 84; VGH Bayern NVwZ-RR 2016, 478; aA BVerwG JurBüro 1991, 1245 mablAnm Mümmler; Ulrich GRUR 1984, 177 (182), aber eine Festsetzung ist oft genug eindeutig notwendig, das liegt im Wort „kann"). Es gibt kein Verschlechterungsverbot (OLG Brandenburg JurBüro 1997, 196; OLG Celle AGS 2010, 143; OLG Rostock JurBüro 2009, 197). Das höhere Gericht darf durchaus mehr prüfen als nur einen Ermessensfehler des Erstgerichts (LAG Nürnberg NZA-RR 2014, 561 (562)).

67 **2. Kein Antragszwang.** Die Änderung ist von Amts wegen oder auf Grund der Anregung eines Beteiligten zulässig und erforderlich (VGH Baden-Württemberg NVwZ-RR 1992, 110). Ein förmlicher Antrag ist nicht erforderlich. Übereinstimmende Anregungen aller Beteiligten können ausreichen (OLG Koblenz JurBüro 1999, 188; VGH Bayern JurBüro 1999, 197; aA OLG Köln JurBüro 1979, 1554). Wenn das Gericht einer Anregung zur Änderung des Kostenstreitwerts nicht gefolgt ist, ist eine solche Anregung als eine Beschwerde gegen die Wertfestsetzung anzusehen, falls der Anregende beschwert ist (OLG Bamberg JurBüro 1980, 1865; aA OLG Zweibrücken JurBüro 1979, 405). Die Notwendigkeit einer Änderung kann sich aus einem Irrtum des Gerichts oder infolge eines neuen Umstands ergeben, zB infolge eines Gutachtens im selbständigen Beweisverfahren nach §§ 485 ff. ZPO (OLG Köln NJW-RR 1997, 1292), oder auf Grund einer Änderung der höchstrichterlichen Rechtsprechung (Meyer Rn. 37; aA OLG Hamm MDR 1979, 591; LG Kiel VersR 1975, 1037).

68 Von einer Änderung der Wertfestsetzung ist die bloße **Berichtigung** einer als offenbar unrichtig erkannten Wertfestsetzung nach § 319 ZPO zu unterscheiden (OLG Celle JurBüro 1976, 1338).

69 **3. Auswirkung auf die Kostenentscheidung.** Eine Änderung der endgültigen Festsetzung des Kostenstreitwerts ist auch dann zulässig und evtl. notwendig, wenn durch diese Maßnahme die bisherige Kostenentscheidung unrichtig wird (OVG Nordrhein-Westfalen NVwZ-RR 2007, 212 (213); B. Schneider NJW 2017, 3764 (3766)). Denn eine Berichtigung der Kostenentscheidung ist dann zulässig, wenn die Berichtigung in der Sache sie bedingt. Das gilt auch dann, wenn das Gericht über die Kosten praktisch unbrauchbar entschieden hat. Strenggenommen ist diese Lösung dogmatisch falsch. Sie stellt aber den einzigen Ausweg dar, wenn kein Rechtsbehelf möglich ist. Man darf auch nicht als Ausweg § 319 ZPO zu weit ausdehnen (OLG Köln FamRZ 2007, 164; aA Meyer Rn. 38).

70 Das gilt auch dann, wenn die Kostenentscheidung nach § 99 I ZPO **unanfechtbar** ist (OLG Düsseldorf NJW-RR 2002, 211; OLG Köln FamRZ 2007, 164; aA BGH AGS 2008, 471; OVG Mecklenburg-Vorpommern MDR 1995, 425; OLG Köln JurBüro 1977, 1134, je: eine Änderung sei unzulässig; OLG Düsseldorf NJW-RR 1992, 1407; OLG Köln JurBüro 1993, 741; VGH Hessen AnwBl 1988, 180, je: eine Änderung sei ohne Rücksicht auf die Abänderbarkeit der Kostenentscheidung zulässig. Aber beide Varianten erkennen nicht ausreichend den logischen Vorrang der Wertfestsetzung vor einer wertabhängigen Kostengrundentscheidung).

71 **VII. Voraussetzungen im Einzelnen (III).** Eine Änderung der endgültigen Festsetzung des Kostenstreitwerts ist dann zulässig, wenn es gerade um dasjenige Verfahren geht, für das eine Wertfestsetzung erfolgte (BVerwG NVwZ-RR 1998, 142), wenn eine der beiden Voraussetzungen → Rn. 58 ff. oder → Rn. 65 ff. vorliegt und wenn außerdem die zeitlichen Grenzen des III 2 nach → Rn. 78 ff. eingehalten ist. Die Vorschrift ist weit auszulegen (OVG Niedersachsen NVwZ-RR 2010, 293).

72 **1. Änderung durch das Gericht der Instanz (III 1 Nr. 1).** Das den Kostenstreitwert endgültig festsetzende Gericht kann seinen Beschluss nur für seine Instanz unter den folgenden Voraussetzungen ändern (OLG Stuttgart BauR 2015, 146; OVG Sachsen-Anhalt NVwZ-RR 2017, 847 (848)). Soweit der Einzelrichter nach §§ 348, 348a ZPO usw oder der Rpfleger den Wert festgesetzt hatte, ist auch er zur Änderung

zuständig. Die jetzige funktionelle Umbesetzung ist unschädlich. Nach einer Verweisung ändert das jetzt zuständige Gericht.

2. Noch keine Festsetzung durch das höhere Gericht. Zur Zuständigkeit gilt ferner: Die Sache muss entweder noch in derselben Instanz schweben oder darf zwar bereits in der höheren Instanz anhängig sein. Im letzteren Fall darf aber das Rechtsmittelgericht noch nicht eine endgültige Festsetzung des Kostenstreitwerts auch für die untere Instanz vorgenommen haben. Es darf also deren Entscheidung noch nicht bereits abgeändert haben (OLG Frankfurt a. M. MDR 1982, 589). Vgl. aber → Rn. 37–41. Soweit das Rechtsmittelgericht den Wert für die untere Instanz festgesetzt hat, darf das untere Gericht ihn nicht mehr anders festsetzen (OLG Frankfurt a. M. MDR 1982, 589; B. Schneider NJW 2017, 3764 (3766)). Eine Entscheidung nach § 62 macht eine nachträgliche Änderung nach § 63 III insoweit unzulässig, als es dadurch die Zuständigkeit oder die Zulässigkeit eines Rechtsmittels berührt. 73

3. Änderung der Verhältnisse. Eine Änderung der endgültigen Festsetzung des Kostenstreitwerts ist im Allgemeinen nur dann erforderlich, wenn sich zB die Verhältnisse geändert haben (OLG Bamberg JurBüro 1977, 1422), oder wenn das Gericht bei seiner ersten Festsetzung eine bereits vorhandene Rechtsprechung nicht berücksichtigt hatte, oder wenn die Parteien aus welchem Grund auch immer den Wert zB zu niedrig angegeben haben (OLG Düsseldorf GRUR-RR 2010, 406). 74

Eine Änderung der endgültigen Festsetzung ist zB in folgenden Fällen **nicht erforderlich:** Die einschlägige Rechtsprechung hat sich erst nach dem Erlass des ersten Festsetzungsbeschlusses geändert (LG Kiel VersR 1975, 1037); das Gericht kommt in seiner jetzigen Besetzung bei einem zulässigen Ermessen zu einer wesentlich anderen Bewertung des Kostenstreitwerts (OLG Köln VersR 1979, 945). 75

4. Änderung durch das Rechtsmittelgericht (III 1 Nr. 2). Das Rechtsmittelgericht kann den vom Erstgericht festgesetzten Kostenstreitwert von Amts wegen oder auf Anregung **erstmalig** nur dann endgültig ändern, soweit und solange das Verfahren wegen der Hauptsache erstmalig oder erneut in der Rechtsmittelinstanz schwebt (BGH NJW-RR 1989, 1278; OLG Koblenz NJW-RR 2004, 1510; OVG Sachsen-Anhalt NVwZ-RR 2017, 847 (848); aA LG Aachen MDR 1990, 63, aber mit der Instanz zur Hauptsache ergibt sich auch die Instanz zur Wertfestsetzung). 76

5. Beispiele zur Frage einer Änderung (III 1 Nr. 2)

Begründungsmangel: Zulässig, aber nicht notwendig ist eine Änderung durch das Erstgericht, soweit das Rechtsmittelgericht den Kostenstreitwert zuvor vom Erstgericht endgültig abweichend ohne ausreichende Begründung festgesetzt hatte. 77

Bestätigung: Unzulässig ist für das Beschwerdegericht eine Änderung einer auf Beschwerde bestätigten erstinstanzlichen Festsetzung (BGH NJW-RR 1986, 737; OLG Düsseldorf JurBüro 2010, 427; OLG Hamm MDR 1990, 63).

Erneute Änderung: Zulässig ist in der Rechtsmittelinstanz auch eine erneute Änderung (OLG Koblenz NJW-RR 2004, 1510; OVG Saarland JurBüro 1994, 240). Bei ihr ist das Rechtsmittelgericht zeitlich frei (BGH NJW-RR 1989, 1278; OLG Brandenburg JurBüro 1998, 648).

Hauptsacheteil: Zulässig ist eine Änderung durch das Rechtsmittelgericht im Verfahren über einen Teil der Hauptsache (VGH Hessen AnwBl 1988, 179).

Kostenansatz: Zulässig ist eine Änderung durch das Rechtsmittelgericht im Verfahren über einen Kostenansatz.

Kostenfestsetzung: Zulässig ist eine Änderung im Verfahren der Festsetzung für die Rechtsmittelinstanz nach § 99 II ZPO (OLG Brandenburg JurBüro 1998, 648). Zulässig bleibt eine Änderung auch nach einer im Verfahren nach §§ 55, 56 RVG fälschlich als Streitwertbeschwerde beurteilten Kostenerinnerung (LAG Nürnberg NZA-RR 2014, 560).

Unzulässig ist aber eine Änderung durch das Beschwerdegericht wegen einer schon früher von ihm festgesetzten Summe (OLG Koblenz NJW-RR 2004, 1510).

Nichtzulassungsbeschwerde: Unzulässig ist eine Änderung schon mangels Anfalls einer Hauptsache (BGH NJW-RR 2017, 1471).

Prozesskostenhilfe: Unzulässig ist eine Änderung durch das Rechtsmittelgericht insoweit, als es über einen Antrag auf Prozesskostenhilfe nach § 117 ZPO oder über eine Beschwerde gegen deren Versagung nach § 127 ZPO entscheiden muss (aA KG JurBüro 1978, 1700; OLG Köln JurBüro 1981, 1011, aber die letzteren Verfahren haben Vorrang).

Rechtsmittelrücknahme: Unzulässig ist eine Wertänderung nach III 1 Hs. 2 ab der Mitteilung einer Entscheidung zB nach § 516 III 2 ZPO.

Selbständiges Beweisverfahren: Nach seinem Übergang von §§ 485 ff. ZPO in ein Hauptsacheverfahren ist dessen Gericht zur Änderung nach III 1 zuständig (aA LG Köln NJW-RR 2013, 923 (924): III 2 entsprechend. Aber dann bleibt die erste Instanz und ist III 2 unnötig hergeholt).

Unzulässigkeit des Rechtsmittels: Unzulässig ist dann auch eine Wertänderung durch das Rechtsmittelgericht (OVG Bremen NVwZ-RR 2010, 823 (824); OVG Hamburg NVwZ-RR 2010, 501 (502); OVG Niedersachsen NVwZ-RR 2010, 904; aA OLG Celle AGS 2010, 143 mablAnm E. Schneider; LAG Düsseldorf AGS 2017, 412; OVG Hamburg NVwZ-RR 2014, 704, aber „schwebt" ist unscharf, und eine Instanz darf für den Kostenpunkt nicht weiter gehen als in der Hauptsache).

Zuständigkeit: Im Rechtsmittelgericht ist auch der Entscheidende Richter nach § 526 ZPO und der Vorbereitende Richter nach § 527 ZPO zuständig (OLG Frankfurt a. M. JurBüro 1991, 1387).

78 **6. Zeitliche Grenzen (III 2).** Von der endgültigen Festsetzung des Kostenstreitwerts hängt die Höhe der Gerichtskosten und der Anwaltsgebühren ab. Deshalb darf der endgültige Kostenstreitwert nur innerhalb gewisser zeitlicher Grenzen abänderbar sein. Andernfalls würde die Rechtssicherheit leiden (OLG Nürnberg NJW-RR 1999, 653 (654)). Deshalb begrenzt III 2 die Änderungsmöglichkeit zeitlich. Wegen einer Gegenvorstellung vgl. bei § 68.

79 Diese zeitlichen Grenzen gelten aber nur für eine **echte Abänderung** einer schon vorher erfolgten Festsetzung des endgültigen Kostenstreitwerts (OLG Frankfurt a. M. MDR 1987, 244; OVG Sachsen-Anhalt NVwZ-RR 2017, 847 (848)). Sie gelten also nicht für eine erste Festsetzung des endgültigen Kostenstreitwerts (BGH MDR 1979, 577; OLG Düsseldorf Rpfleger 1990, 272; OLG Koblenz AnwBl 1989, 678). Das gilt auch bei § 55 III 2 FamGKG, und zwar unabhängig davon, ob noch eine nach § 137 FamFG abgetrennte Folgesache rechtshängig bleibt (OLG Hamm AGS 2013, 414).

80 Die **Sechsmonatsfrist** errechnet sich nach §§ 186 ff. BGB, §§ 221 ff. ZPO (OLG Nürnberg AnwBl 1981, 499; VGH Baden-Württemberg JurBüro 1996, 645). Gegen die Versäumung der Frist nach III 2 ist keine Wiedereinsetzung nach §§ 233 ff. ZPO zulässig (vgl. OLG Nürnberg NJW-RR 1999, 653 (654); VGH Baden-Württemberg JurBüro 1996, 645).

81 **7. Fristbeginn mit Hauptsache-Rechtskraft (III 2 Hs. 1).** Die Sechsmonatsfrist beginnt mit dem Eintritt der formellen Rechtskraft der Entscheidung in der Hauptsache nach § 705 ZPO (BFH JurBüro 2001, 593; OLG Stuttgart BauR 2015, 146; OVG Sachsen-Anhalt NVwZ-RR 2017, 847 (848)), und zwar einschließlich Nebenforderungen und Kosten (OLG Nürnberg AnwBl 1981, 499). Das gilt auch beim Eilverfahren nach §§ 916 ff., 935 ff. ZPO usw (OLG Hamburg AGS 2012, 31; OLG Zweibrücken AGS 2012, 31 mablAnm N. Schneider; VGH Bayern NVwZ-RR 2014, 119) und nach unrichtigen Angaben der Parteien (OLG Nürnberg NJW-RR 1999, 653). Eine Erledigung nur einer Instanz genügt nicht (OLG Hamburg AGS 2012, 31; OLG München JurBüro 1991, 951; aA BGHZ 70, 365 (368) = NJW 1978, 1263).

82 **8. Fristbeginn mit Erledigung (III 2 Hs. 2).** Die Frist beginnt auch dann, wenn sich das gesamte Verfahren bei allen Beteiligten anders als durch den Eintritt der formellen Rechtskraft in der Hauptsache nach § 91a ZPO erledigt hat (OLG München JurBüro 1991, 951; OVG Sachsen-Anhalt NVwZ-RR 2017, 847 (848)). Das ist zB in folgender Situation so: Das selbständige Beweisverfahren ist beendet (OLG Koblenz FamRZ 2005, 1768; OLG Köln NJW-RR 2013, 1178; OLG Nürnberg MDR 2002, 538; aA KG NJW-RR 2003, 133).

83 Wenn beide Parteien die Hauptsache wirksam voll für **erledigt** erklärt haben, gilt III 2 Hs. 2. Die Sechsmonatsfrist beginnt dann mit der Wirksamkeit der Erledigterklärungen, also meist mit dem Eingang der letzten (OLG Brandenburg FamRZ 2007, 2000; VGH Hessen JurBüro 2017, 588; VGH Baden-Württemberg NVwZ-

RR 2007, 827). Man braucht also den Eintritt der formellen Rechtskraft des Beschlusses nach § 91a ZPO nicht abzuwarten.

9. Beispiele zur Frage einer Erledigung (III 2 Hs. 2)

Ausscheiden: Erledigung liegt im Ausscheiden des Bekl. aus dem Prozess. Aber auch → „Parteiwechsel". 84

Außergerichtliche Einigung: Erledigung liegt bei ihr vor (BGHZ 70, 365 = NJW 1978, 1263).

Finanzgerichtsbescheid: Erledigung liegt in ihm, falls kein Beteiligter noch eine mündliche Verhandlung beantragt (BFH JurBüro 2001, 593).

Folgesache: Erledigung liegt unabhängig davon vor, ob in einer Scheidungssache noch eine Folgesache anhängig ist (OLG München JurBüro 1991, 951; OLG Schleswig SchlHA 1981, 119).

Gesamtschuldner: Erledigung liegt dann vor, wenn sie alle Ansprüche gegenüber allen Gesamtschuldnern erfasst.

Klagerücknahme: Erledigung liegt dann vor, wenn das Gericht anschließend den Wert nach § 269 III, IV ZPO endgültig festgesetzt hat (OLG Rostock MDR 1995, 212).

Keine Kostengrundentscheidung: Keine Erledigung liegt vor, solange keine Kostengrundentscheidung besteht (OLG Düsseldorf MDR 1997, 692).

Parteiwechsel: Keine Erledigung liegt in einem bloßen Parteiwechsel. Aber auch → „Ausscheiden".

Prozessvergleich: Erledigung liegt bei ihm vor (OLG Koblenz AnwBl 1995, 267).

Rechtsmittelrücknahme: Erledigung liegt im Beschluss zB nach § 516 III 2 ZPO.

Ruhen des Verfahrens: Keine Erledigung liegt schon in ihm (OVG Sachsen-Anhalt NVwZ-RR 2017, 847 (848)).

Selbständiges Beweisverfahren: Erledigung liegt in seiner Beendigung (OLG Koblenz FamRZ 2005, 1768; OLG Köln NJW-RR 2013, 1178; OLG Nürnberg MDR 2002, 538; aA KG NJW-RR 2003, 133: bei einem folgenden Hauptverfahren erst mit dessen Abschluss; aber auch im Hauptverfahren liegt der Schluss der Beweisaufnahme regelmäßig vor dem Verfahrensende).

Unterbrechung: Erledigung liegt bei einer Unterbrechung des Verfahrens zB nach §§ 239 ff. ZPO vor, sofern keine Aussicht auf seine erneute Aufnahme zB nach § 250 ZPO besteht.

Zurückverweisung: Keine Erledigung liegt schon in einer bloßen Zurückverweisung.

10. Verstoß (III 1, 2). Eine pflichtwidrige Unterlassung einer notwendigen Änderung der Wertfestsetzung kann eine Amtshaftung auf Schadensersatz begründen (OVG Nordrhein-Westfalen NJW 1975, 1183). 85

VIII. Beschwerde. Vgl. § 68. Rechtsbehelfsbelehrung, Verstoß: §§ 5b, 68 II 2. 86

Schätzung des Werts

64 **[1] Wird eine Abschätzung durch Sachverständige erforderlich, ist in dem Beschluss, durch den der Wert festgesetzt wird (§ 63), über die Kosten der Abschätzung zu entscheiden. [2] Diese Kosten können ganz oder teilweise der Partei auferlegt werden, welche die Abschätzung durch Unterlassen der ihr obliegenden Wertangabe, durch unrichtige Angabe des Werts, durch unbegründetes Bestreiten des angegebenen Werts oder durch eine unbegründete Beschwerde veranlasst hat.**

Übersicht

1 **I. Systematik.** Die Vorschrift bezieht sich nur auf § 63 GKG iVm § 3 ZPO, nicht auf eine Wertfestsetzung nach § 62. Das ergibt sich bereits aus dem Gesetzeswortlaut. Die Kosten einer im Rahmen des § 62 stattfindenden Abschätzung fallen unter die Prozesskosten.

2 **II. Regelungszweck.** Die Vorschrift dient der Prozesswirtschaftlichkeit auch im Kostenbereich. Sie schafft eine begrenzte Kostengrundentscheidung zwecks einer baldigen Klärung von Nebenfragen. Das sollte bei der Auslegung mitbeachtet werden.

3 **III. Anwendungsbereich.** Die Vorschrift ist im Bereich des GKG voll anzuwenden.

4 **IV. Abschätzung.** Nach dem eindeutigen Wortlaut ist § 64 nur insoweit anzuwenden, als es um eine Abschätzung gerade durch einen Sachverständigen geht. § 1 I 1 erlaubt „nur" in den dort genannten Lagen eine Kostenpflicht. Daher darf § 64 nicht schon deshalb auch auf einen Augenschein nach § 371 ZPO und andere Methoden angewendet werden, weil das sinnvoll wäre (aA Meyer Rn. 3). Vier Aspekte sollten berücksichtigt werden.

5 **1. Erforderlichkeit.** Eine Abschätzung des Streitwerts durch einen Sachverständigen ist nur selten erforderlich. Sie kann zB in einem schwierigen Fall des Gewerblichen Rechtsschutzes notwendig sein. Das gilt etwa dann, wenn das Gericht den Wert des Patents, die Beeinträchtigung des Wettbewerbers und andere Nachteile nicht selbst wertmäßig beurteilen kann. Sie kommt ferner dann in Betracht, wenn das Gericht erkennt, dass die Parteien einen zu niedrigen Wert angeben. Sie ist aber vor allem auch dann erforderlich, wenn der Antragsteller die nach § 61 erforderliche Wertangabe trotz einer Aufforderung zur Nachholung innerhalb einer angemessenen Frist unterlassen hat.

6 Soweit eine Abschätzung durch einen **Sachverständigen** objektiv erforderlich wird, ist das Gericht zu einer Beschlussfassung nach S. 1 nicht nur berechtigt, sondern auch verpflichtet. Das ergibt sich aus den Worten „so ist" in S. 1. Insofern besteht also kein Ermessen des Gerichts. Das Gericht ist von einem Antrag unabhängig. Es kann trotz übereinstimmender „Anträge" aller Beteiligten von einer Anordnung absehen. Es sollte das aber nachprüfbar begründen, schon wegen der Anfechtbarkeit nach → Rn. 18, 19.

7 Soweit das Gericht gleichwohl eine Entscheidung nach S. 1 **vergessen** hat, ist auf Grund des Antrags eines Beteiligten ein Ergänzungsverfahren in einer entsprechenden Anwendung des § 321 ZPO oder von Amts wegen unter den Voraussetzungen des § 319 I ZPO auch eine entsprechende Berichtigung oder Ergänzung zulässig und notwendig.

8 **2. Zuständigkeit.** Zur Anordnung einer Abschätzung durch einen Sachverständigen sind nur der Richter und evtl. der das Verfahren als Gericht leitende Rpfleger befugt, nicht der Urkundsbeamte der Geschäftsstelle. Denn der letztere darf keinen förmlichen Wertfestsetzungsbeschluss erlassen. Eine Anhörung des Antragstellers vor einem solchen Beschluss ist jedenfalls dann notwendig, wenn das Gericht damit rechnen muss, dass eine Kostenentscheidung nach S. 2 zulasten des Antragstellers in Betracht kommt.

9 Die **Anhörung** liegt aber durchweg bereits darin, dass das Gericht dem Antragsteller anheimgibt, innerhalb einer angemessenen Frist die unterlassene Wertangabe nachzuholen. Das Gericht braucht dann nicht ausdrücklich darauf hinzuweisen, dass es nach einem ergebnislosen Fristablauf nach § 64 verfahren will. Das gilt insbesondere dann, wenn der Antragsteller einen Anwalt hat.

3. Weiteres Verfahren. Das Gericht braucht vor der Entscheidung der Abschätzung nach § 64 keine mündliche Verhandlung abzuhalten. 10

4. Entscheidung. Eine Entscheidung ist wegen der grundsätzlichen Kostenlast des Staats nach → Rn. 15 nur bei S. 2 notwendig. Dann aber muss sie nach → Rn. 16 auch gegenüber einem an sich nach § 2 Kostenfreien ergehen, ähnlich wie bei § 38. Die Entscheidung erfolgt durch einen Beweisbeschluss nach § 358 ZPO. Das Gericht kann ihn mit dem Wertfestsetzungsbeschluss verbinden. Es kann aber auch in einem Ergänzungsbeschluss entscheiden, sogar noch nach einem Verfahren nach § 66. Der Beschluss braucht grundsätzlich eine Begründung. Das Gericht teilt den Beschluss den Beteiligten formlos mit. Rechtsbehelfsbelehrung, Verstoß: §§ 5b, 68 II 2. 11

Das Gericht kann die nach § 64 S. 1 entstehenden **Auslagen** selbst dann teilweise oder ganz dem Staat auferlegen, wenn eine Partei nach S. 2 schuldhaft handelte. Es hat ein Ermessen. Es muss dieses Ermessen aber pflichtgemäß und nachprüfbar handhaben. Es muss dabei abwägen, welche Umstände für eine Kostenentscheidung zulasten der Partei sprechen und welche für eine solche zulasten des Staats. 12

Die Entscheidung ist nur insofern eine solche nach § 64, als das Gericht darüber befindet, **wem** es die Sachverständigenkosten auferlegt. Das gilt auch bei einer Verteilung dieser Kosten auf den Staat und die Partei. Die Frage, welche Gebühren und Auslagen der Sachverständige überhaupt erstattet fordern kann, richtet sich auch dann nach § 4 JVEG, wenn das Gericht sie mit einem Beschluss nach § 64 GKG verbunden hat. Dasselbe gilt zur Anfechtbarkeit. 13

V. Kosten der Abschätzung. Das sind die Gebühren und Auslagen des Sachverständigen nach KV 9005 iVm dem JVEG. Zur Kostenlast hat ein einfacher Grundsatz zahlreiche Ausnahmen. 14

1. Grundsatz: Kostenlast des Staats. Grundsätzlich trägt der Staat die Kosten der Abschätzung, § 1. 15

2. Ausnahmen: Parteiverschulden. Ausnahmsweise darf und muss das Gericht nach seinem pflichtgemäßen Ermessen nach → Rn. 12 die Kosten der Abschätzung ganz oder teilweise derjenigen Partei als Erstschuldnerin (Entscheidungsschuldnerin) nach § 31 II 1 auferlegen, die die Abschätzung vorwerfbar veranlasst hat (aA VGH Baden-Württemberg NVwZ-RR 1991, 670, aber S. 2 nennt eindeutig Verschuldensgründe). Die Verteilung kann auf Gesamtschuldner lauten. Sie kann nach Bruchteilen geschehen. Die Grundgedanken des § 92 ZPO sind mitverwendbar. Bei § 32 II 1 RVG, mag auch der Anwalt nach → Rn. 22 Kosten tragen müssen. Die Notwendigkeit eines Verschuldens dieser Partei ergibt sich zwar nicht unmittelbar aus dem Wortlaut von S. 2, wohl aber aus dem Sinn dieser eng auslegbaren Ausnahmevorschrift (aA VGH Baden-Württemberg NJW-RR 1991, 670; Meyer Rn. 9). Als Partei gilt auch der Streithelfer nach §§ 66 ff. ZPO, soweit seine Erklärung statt derjenigen der Partei oder neben dieser gilt. Als Partei gilt nach → Rn. 16, § 32 II 1 RVG auch derjenige Anwalt, der die Wertfestsetzung aus eigenem Recht beantragt. Überhaupt bezieht sich § 64 auf Auslagen, nicht auf Gebühren. 16

3. Verschuldensbegriff. Ein Verschulden kann dann vorliegen, wenn die Partei vorwerfbar handelte, also soweit sie ohne eine rechtzeitige Mitteilung ausreichender Hinderungsgründe eine ihr nach § 61 vorgeschriebene Wertangabe unterlassen hat. Ein Verschulden des gesetzlichen Vertreters oder des ProzBev gilt wie stets nach §§ 51 II, 85 II ZPO als ein solches der Partei. Freilich kann zB der Anwalt für eine persönliche vorwerfbare Veranlassung bei einer nach § 32 II im eigenen Interesse betriebenen Wertfestsetzung auch selbst haften. Ein Verschulden setzt voraus, dass das Gericht die Partei eindeutig zur Angabe nach § 23 aufgefordert und ihr auch eine angemessene Frist zur Antwort gelassen hat. Zur Wertangabe ist nach → § 61 Rn. 1 stets nur der Antragsteller verpflichtet. 17

4. Verschulden des Antragstellers. Ein Verschulden kann auch darin liegen, dass der Antragsteller einen objektiv unrichtigen Wert **angegeben** hat. Hier kann allerdings auch den Antragsgegner ein entsprechendes Verschulden treffen, soweit er sich sei es auf eine Anforderung des Gerichts, sei es von sich aus geäußert und einen unrichtigen Wert angeregt hat. Freilich muss aus den Umständen erkennbar werden, dass derjenige, der sich zum Wert geäußert hat, diesen bei der ihm zuzumutenden 18

Sorgfalt hätte genauer und richtiger angeben können und müssen. Dabei ist auf die Kenntnisse derjenigen Partei abzustellen, die objektiv unrichtige Angaben macht.

19 An die Sorgfaltspflicht des **Antragstellers** ist wegen § 61 ein **schärferer Maßstab** anzulegen als an diejenige des Prozessgegners. Soweit der letztere sich ohne eine Aufforderung des Gerichts von sich aus geäußert hat, ist das ihm zumutbare Sorgfaltsmaß keineswegs stets geringer als dann, wenn er sich auf Grund einer Aufforderung oder Anheimgabe des Gerichts geäußert hat. Es kommt auch in diesem Zusammenhang ganz auf die Umstände und das wirtschaftliche Interesse der Beteiligten an.

20 **5. Verschulden des Antragsgegners.** Ein Verschulden kann auch darin liegen, dass der Prozessgegner das Antragstellers dessen Wertangaben bestreitet, obwohl sie objektiv richtig waren. Auch in diesem Zusammenhang kommt es darauf an, ob man dem Prozessgegner eine größere Sorgfalt bei der Stellungnahme zur gegnerischen Wertangabe zumuten konnte.

21 **6. Verschulden des Beschwerdeführers.** Ein Verschulden kann schließlich in einer objektiv unbegründeten Beschwerde gegen die Festsetzung des Kostenstreitwerts liegen.

22 **7. Verfahren, Entscheidung.** Es gelten nach → Rn. 8 ff. dieselben Regeln wie bei S. 1.

23 **VI. Rechtsmittel.** Rechtsbehelfsbelehrung, Verstoß: §§ 5b, 68 II 2. Gegen den Beschluss des Gerichts ist grundsätzlich die Beschwerde nach § 68 statthaft. Sie ist nach § 99 I ZPO entsprechend immer nur zusammen mit der Wertfestsetzung nach § 63 II zulässig. Gegen eine isolierte Entscheidung nach § 64 ist das Rechtsmittel des § 66 statthaft. Der Beschwerdeführer kann die Höhe der dem Sachverständigen zu erstattenden Gebühren und Auslagen nicht mit der Beschwerde gegen den nach § 26 ergangenen Beschluss bemängeln, sondern nur im Rahmen eines Beschwerdeverfahrens nach § 4 JVEG.

24 Eine Beschwerde ist **ohne** die Beschränkung des **§ 99 I ZPO** statthaft, soweit der Beschwerdeführer einen ihn von Kosten nach § 64 entlastenden Beschluss beantragt hatte und soweit das Gericht einen solchen Beschluss überhaupt nicht erlassen hat. Denn mit der Beschwerde bemängelt der Beschwerdeführer dann das Fehlen einer Kostenentscheidung.

Wertfestsetzung in gerichtlichen Verfahren nach dem Strafvollzugsgesetz, auch in Verbindung mit § 92 des Jugendgerichtsgesetzes

65 **[1]In gerichtlichen Verfahren nach dem Strafvollzugsgesetz, auch in Verbindung mit § 92 des Jugendgerichtsgesetzes, ist der Wert von Amts wegen festzusetzen. [2]§ 63 Absatz 3 gilt entsprechend.**

1 Die Vorschrift erfasst auch Teile des Verfahrens. Dieses ist im Wesentlichen in §§ 60, 63 III geregelt.

Abschnitt 8. Erinnerung und Beschwerde

Erinnerung gegen den Kostenansatz, Beschwerde

66 **I 1 Über Erinnerungen des Kostenschuldners und der Staatskasse gegen den Kostenansatz entscheidet das Gericht, bei dem die Kosten angesetzt sind. 2 Sind die Kosten bei der Staatsanwaltschaft angesetzt, ist das Gericht des ersten Rechtszugs zuständig. 3 War das Verfahren im ersten Rechtszug bei mehreren Gerichten anhängig, ist das Gericht, bei dem es zuletzt anhängig war, auch insoweit zuständig, als Kosten bei den anderen Gerichten angesetzt worden sind. 4 Soweit sich die Erinnerung gegen den Ansatz der Auslagen des erstinstanzlichen Musterverfahrens nach dem Kapitalanleger-Musterverfahrensgesetz richtet, entscheidet hierüber das für die Durchführung des Musterverfahrens zuständige Oberlandesgericht.**

II 1 Gegen die Entscheidung über die Erinnerung findet die Beschwerde statt, wenn der Wert des Beschwerdegegenstands 200 Euro übersteigt. 2 Die Beschwerde ist auch zulässig, wenn sie das Gericht, das die angefochtene Entscheidung erlassen hat, wegen der grundsätzlichen Bedeutung der zur Entscheidung stehenden Frage in dem Beschluss zulässt.

III 1 Soweit das Gericht die Beschwerde für zulässig und begründet hält, hat es ihr abzuhelfen; im Übrigen ist die Beschwerde unverzüglich dem Beschwerdegericht vorzulegen. 2 Beschwerdegericht ist das nächsthöhere Gericht. 3 Eine Beschwerde an einen obersten Gerichtshof des Bundes findet nicht statt. 4 Das Beschwerdegericht ist an die Zulassung der Beschwerde gebunden; die Nichtzulassung ist unanfechtbar.

IV 1 Die weitere Beschwerde ist nur zulässig, wenn das Landgericht als Beschwerdegericht entschieden und sie wegen der grundsätzlichen Bedeutung der zur Entscheidung stehenden Frage in dem Beschluss zugelassen hat. 2 Sie kann nur darauf gestützt werden, dass die Entscheidung auf einer Verletzung des Rechts beruht; die §§ 546 und 547 der Zivilprozessordnung gelten entsprechend. 3 Über die weitere Beschwerde entscheidet das Oberlandesgericht. 4 Absatz 3 Satz 1 und 4 gilt entsprechend.

V 1 Anträge und Erklärungen können ohne Mitwirkung eines Bevollmächtigten schriftlich eingereicht oder zu Protokoll der Geschäftsstelle abgegeben werden; § 129a der Zivilprozessordnung gilt entsprechend. 2 Für die Bevollmächtigung gelten die Regelungen der für das zugrunde liegende Verfahren geltenden Verfahrensordnung entsprechend. 3 Die Erinnerung ist bei dem Gericht einzulegen, das für die Entscheidung über die Erinnerung zuständig ist. 4 Die Erinnerung kann auch bei der Staatsanwaltschaft eingelegt werden, wenn die Kosten bei dieser angesetzt worden sind. 5 Die Beschwerde ist bei dem Gericht einzulegen, dessen Entscheidung angefochten wird.

VI 1 Das Gericht entscheidet über die Erinnerung durch eines seiner Mitglieder als Einzelrichter; dies gilt auch für die Beschwerde, wenn die angefochtene Entscheidung von einem Einzelrichter oder einem Rechtspfleger erlassen wurde. 2 Der Einzelrichter überträgt das Verfahren der Kammer oder dem Senat, wenn die Sache besondere Schwierigkeiten tatsächlicher oder rechtlicher Art aufweist oder die Rechtssache grundsätzliche Bedeutung hat. 3 Das Gericht entscheidet jedoch immer ohne Mitwirkung ehrenamtlicher Richter. 4 Auf eine erfolgte oder unterlassene Übertragung kann ein Rechtsmittel nicht gestützt werden.

VII 1 Erinnerung und Beschwerde haben keine aufschiebende Wirkung. 2 Das Gericht oder das Beschwerdegericht kann auf Antrag oder von Amts wegen die aufschiebende Wirkung ganz oder teilweise anordnen; ist nicht der Einzelrichter zur Entscheidung berufen, entscheidet der Vorsitzende des Gerichts.

[VIII] [1]**Die Verfahren sind gebührenfrei.** [2]**Kosten werden nicht erstattet.**

Schrifttum: Fölsch, Modernisierung der Kostenbeschwerde durch das Kostenrechtsmodernisierungsgesetz?, Rpfleger 2004, 385; Lappe, Neues zum Rechtspfleger als Erinnerungs- und Wertfestsetzungsrichter, Rpfleger 2005, 306; Rössler, Wer ist im Kostenerinnerungsverfahren vor dem FG Erinnerungsgegner?, DStR 1974, 585; H. Schneider, Keine Gebührenfreiheit in Kostensachen bei unstatthaften Beschwerden, AGS 2014, 261; ders., Rechtsbehelfe gegen kostenrechtliche Entscheidungen, AGS 2020, 261.

Übersicht

1 **A. Normzweck, Übersicht. I. Anfechtbarkeit kostenrechtlicher Entscheidungen.** Die im **Abschnitt 8** („Erinnerung und Beschwerde") zusammengefassten **§§ 66–69a** regeln die Anfechtbarkeit von **auf der Grundlage des GKG** (→ Rn. 8) ergangenen **(kostenrechtlichen) Entscheidungen.**

2 Da solche Entscheidungen innerhalb eines Hauptsacheverfahrens ergehen, richtet sich ihre Anfechtung im Ausgangspunkt nach der für das Hauptsacheverfahren geltenden Verfahrensordnung (→ § 1 Rn. 48). Inzwischen sind indessen alle wesentlichen Fragen der Anfechtung und des Verfahrens im GKG besonders geregelt, so dass es mit dieser **einheitlichen Ausgestaltung** zu einer gewissen „Abkoppelung" der kostenrechtlichen Rechtsbehelfe vom Hauptsacheverfahren gekommen ist (→ § 1 Rn. 48). Die Regelungen der §§ 66–69a sind demzufolge nach § 1 V vorrangig gegenüber den Rechtsbehelfsvorschriften der für das Hauptsacheverfahren geltenden Verfahrensordnung (→ § 1 Rn. 49). Erfolgt in Verkennung der Eigenständigkeit der kosten-

rechtlichen Rechtsbehelfe eine (im Grundsatz statthafte) Anfechtung unter irrtümlicher Bezugnahme auf entspr. Rechtsbehelfe der für das Hauptsacheverfahren geltenden Verfahrensordnung, ist dies aber unschädlich (→ § 69a Rn. 3).

Die §§ 66–69a sehen **kein einheitliches Rechtsbehelfssystem** für alle kostenrechtlichen Entscheidungen vor. Vielmehr **differenziert** das Gesetz zunächst zwischen **Entscheidungen des Kostenbeamten,** nämlich dem Kostenansatz (§ 19), gegen die die Erinnerung gegeben ist (§ 66 I) und **Entscheidungen des Richters (bzw. Rechtspflegers),** nämlich der Entscheidung über die Erinnerung gegen einen Kostenansatz (§ 66 II–IV), dem Beschluss, mit dem eine gerichtliche Tätigkeit von der vorherigen Zahlung von Kosten abhängig gemacht wird (§ 12–13), der Streitwertfestsetzung (§ 62–65) und der Auferlegung einer Verzögerungsgebühr (§ 38), gegen die die Beschwerde und ggf. die weitere Beschwerde gegeben sind. Die **Beschwerden** wiederum sind nicht einheitlich, sondern in den §§ 66 II–IV, 67–69 für die einzelnen Entscheidungen jeweils besonders, wenn auch in den §§ 67–68 unter teilweiser Verweisung auf § 66, geregelt. § 69a enthält außerdem eine besondere Vorschrift für die **Anhörungsrüge** gegen (mit ordentlichen Rechtsbehelfen unanfechtbare) kostenrechtliche Entscheidungen. 3

II. Rechtsbehelfe nach § 66. § 66 regelt die Anfechtbarkeit des **Kostenansatzes** (iSd § 19, § 4 KostVfg), mithin einer **Entscheidung des Kostenbeamten** (§ 1 KostVfg). Sie dient, da der Kostenansatz Justizverwaltungsakt ist (vgl. nur BVerwG NVwZ 2020, 891 Rn. 5 mwN), der Rechtsweggewährleistung des Art. 19 IV GG gegen Rechtsverletzungen durch die öffentliche Gewalt und ist insoweit ein besonderer, die Anrufung anderer Gerichte ausschließender Rechtsweg zum Instanzgericht (BVerfGE 28, 10 (14 f.) = NJW 1970, 853 (854)). 4

Gegen diese Entscheidung des Kostenbeamten eröffnet I die **(sog. Kosten-)Erinnerung,** → Rn. 7 ff., mit der bestimmte Mängel des Kostenansatzes zur Behebung innerhalb der Instanz „erinnert" werden können. Die Erinnerung führt, wenn ihr der Kostenbeamte nicht (durch Abänderung des Kostenansatzes) abhilft, zu einer **gerichtlichen Entscheidung** innerhalb der Instanz (sie ist daher ein Rechtsbehelf ohne Devolutiveffekt und, vgl. VII 1, auch ohne Suspensiveffekt). Gegen diese gerichtliche Entscheidung sieht II das (auch sonst übliche) Rechtsmittel der **Beschwerde** vor, → Rn. 36 ff. Die Beschwerdeentscheidung kann nach III uU mit einer **weiteren Beschwerde** angefochten werden, → Rn. 58 ff. 5

Vorgängerregelungen des heutigen (durch das KostMoG, → Vor § 1 Rn. 16, geschaffenen) § 66 waren § 4 GKG 1878/1898/1922/1927/1957 und § 5 GKG 1975. 6

B. (Kosten-)Erinnerung (I). I. Statthaftigkeit. Nach I 1 ist die Erinnerung (nur) gegen den **Kostenansatz** gegeben (über den Wortlaut des I 1 hinaus kann sich die Erinnerung aber nicht nur „gegen" einen Kostenansatz und damit gegen eine Kostenforderung, sondern auch auf Rückzahlung von Kosten richten, → Rn. 15, 18; zur Anwendbarkeit des § 66 auf Fragen der Nichterhebung der Kosten nach § 21 → Rn. 77). Kostenansatz ist nach § 5 I 1 KostVfg die dem Kostenbeamten der nach § 19 zuständigen Stelle übertragene Aufstellung der Kostenrechnung iSd § 24 KostVfg und hat die Berechnung der Gerichtskosten sowie die Feststellung der Kostenschuldner zum Gegenstand. Bei dem Kostenansatz handelt sich nicht um einen Judikativakt, sondern um einen Justizverwaltungsakt, für den I als lex specialis anderweitige Anfechtungsvorschriften (wie insbes. §§ 23 ff. EGGVG) verdrängt (→ Rn. 1). 7

I gilt nur für einen auf der Grundlage des **GKG** erlassenen Kostenansatz (zum Ansatz von Gerichtskosten nach dem FamGKG vgl. § 57 I FamGKG, nach dem GNotKG vgl. § 81 I GNotKG, zum Ansatz übergegangener Ansprüche nach dem RVG vgl. § 59 II 1 RVG, zum Ansatz von Gerichtsvollzieherkosten vgl. § 5 II 1 GvKostG und von Justizverwaltungskosten vgl. § 22 I 1 JVKostG; für Gerichtskosten nach §§ 183 ff. SGG richtet sich die Anfechtung nach § 189 SGG, vgl. etwa BSG BeckRS 2017, 131338 mAnm Hansens RVGreport 2018, 52). Außerdem verweist § 8 I 1 Hs. 1 JBeitrG für im Verfahren der **Beitreibung** von Gerichtskosten, Justizverwaltungsabgaben und Kosten der Gerichtsvollzieher bzw. Vollziehungsbeamten erhobene Einwendungen, die den beizutreibenden Anspruch selbst, die Haftung für den Anspruch oder die Verpflichtung zur Duldung der Vollstreckung betreffen, auf § 66. 8

9 IÜ ist die Erinnerung gegen **jeden Kostenansatz** gegeben; anders als bei der Beschwerde gegen die ggf. auf die Erinnerung ergehende gerichtliche Entscheidung (→ Rn. 40) bedarf es also insbes. keiner Mindestbeschwer. Auch gegen einen vom Kostenbeamten auf eine Erinnerung im Wege der Abhilfe geänderten (→ Rn. 19) Kostenansatz kann wiederum Erinnerung eingelegt werden. Keine Rolle spielt auch, bei welchem Gericht und für welche Instanz der Kostenansatz ergangen ist, so dass auch etwa gegen den Kostenansatz eines Kostenbeamten eines obersten Bundesgerichts die („innerinstanzliche") Erinnerung gegeben ist.

10 Da auf die Erinnerung nach I nur die Anwendung des Kostenrechts durch den Kostenbeamten überprüft werden kann (→ Rn. 31), ist im Einzelfall allerdings zu prüfen, ob sich die Einwendungen nicht gegen eine außerhalb des Kostenansatzes begründete Beschwer – zB aus der Kostenentscheidung des Gerichts, einer gerichtlichen Streitwertfestsetzung, einem Kostenfestsetzungsbeschluss oder aus Beitreibungsmaßnahmen – richten. Die **Abgrenzung** von den insoweit gegebenen anderweitigen Rechtsbehelfen ist die eigentliche Schwierigkeit bei der Anwendung des I (zu Einzelfällen → Rn. 77).

11 **II. Zulässigkeitsvoraussetzungen. 1. Erinnerungsbefugnis.** Zur Einlegung der Erinnerung befugt sind nach I 1 der Kostenschuldner, → Rn. 12 f., und die Staatskasse, → Rn. 14 ff.

12 **a) Kostenschuldner.** Der an die Regelung der Kostenhaftung in den §§ 22 ff. anknüpfende Begriff des Kostenschuldners ist nach Sinn und Zweck des I 1 eigenständig auszulegen. Denn für die Erinnerungsbefugnis kommt es weder darauf an, ob ein Beteiligter als Kostenschuldner in Anspruch genommen werden kann, noch darauf, ob er tatsächlich Kostenschuldner ist. Kostenschuldner iSd I 1 ist vielmehr derjenige, der **tatsächlich „als" Kostenschuldner in Anspruch genommen** wird (vgl. den noch von § 4 GKG 1878/1898/1922/1927/1957 verwendeten, weniger ambivalenten Begriff des „Zahlungspflichtigen" und iÜ → Rn. 17 ff.). Eingewandt werden kann daher insbes. auch, dass die Heranziehung als Kostenschuldner zu Unrecht erfolgt, → Rn. 77.

13 Erinnerungsbefugt ist aber nicht nur diese Person, sondern auch ihr (Gesamt- oder Einzel-)**Rechtsnachfolger** wie insbes. Erben (vgl. etwa OLG Koblenz NJW-RR 2012, 891, und zu § 5 aF BayVGH BayVBl 1992, 636). Der Rechtsschutzversicherer, der Gerichtskosten für seinen Versicherungsnehmer unmittelbar an die Gerichtskasse gezahlt hat, ist hinsichtlich eines etwaigen Rückzahlungsanspruchs kein (Einzel-) Rechtsnachfolger des Versicherungsnehmers, weil die Legalzession des § 86 VVG nur Ersatz-, aber nicht Erstattungsansprüche erfasst (N. Schneider AGS 2012, 603); er ist daher in solchen Fällen nicht erinnerungsbefugt (BeckOK KostR/Laube Rn. 72; NK-GK/Volpert Rn. 26; Binz/Dörndorfer/Zimmermann/Zimmermann Rn. 20; aA OLG Brandenburg AGS 2012, 603 mablAnm N. Schneider, und zu § 5 aF OLG Düsseldorf MDR 1983, 321).

14 **b) Staatskasse.** Erinnerungsbefugt ist auch die Staatskasse, dh die (insoweit regelmäßig durch Prüfungsbeamte iSd § 35 KostVfg vertretene) staatliche Kasse, die Gläubigerin der Gerichtskosten ist. Geht es um die einem Land zustehenden Gerichtskosten, ist mithin die Landeskasse dieses Landes erinnerungsbefugt; stehen die Gerichtskosten dem Bund zu, ist (nur, vgl. zu § 5 aF BFHE 97, 516 = BeckRS 1970, 22000400) die Bundeskasse erinnerungsbefugt.

15 Da sich die Kostenprüfung im Rahmen der Überwachung der Aufgabenerledigung durch die Kostenbeamten u. a. darauf erstreckt, ob die Kosten rechtzeitig, richtig und vollständig angesetzt worden sind (§ 41 I Nr. 1 KostVfg), mithin nicht nur fiskalischen Interessen, sondern auch der Gewährleistung formeller und materieller Rechtmäßigkeit des Kostenansatzverfahrens dient, kann die Staatskasse Erinnerung **auch zugunsten des Kostenschuldners** einlegen (vgl. LG Arnsberg NJW-RR 2018, 1407; AG Brühl NJW-RR 2018, 1344, und zu § 5 aF KG Rpfleger 1977, 227 = BeckRS 1977, 1093 Rn. 6), also die Beseitigung nicht nur einer eigenen, sondern auch einer fremden Beschwer, → Rn. 17 ff., anstreben. Ziel der Erinnerung der Staatskasse kann mithin jede berichtigende Abänderung des Kostenansatzes, aber auch der erstmalige Erlass eines Kostenansatzes sein.

Allerdings kann im Kostenprüfungsverfahren auch eine Berichtigung des Kostenansatzes im **Verwaltungsweg,** dh durch entspr. Anweisung des Kostenbeamten, erfolgen, § 19 V 1, § 36 KostVfg, ohne dass es einer gerichtlichen Entscheidung bedarf. Nach § 38 I KostVfg soll für die Staatskasse nur dann Erinnerung eingelegt und hierdurch eine gerichtliche Entscheidung herbeigeführt werden, wenn letzteres wegen der grundsätzlichen Bedeutung der Sache angezeigt erscheint (vgl. hierzu auch Begr. RegE KostÄndG 1975, BT-Drs. 7/2016, 68). Die Entscheidung, ob dies der Fall ist, ist im Kostenprüfungsverfahren zu treffen und kann im Erinnerungsverfahren nicht nachgeprüft werden (BeckOK KostR/Laube Rn. 75 f.; vgl. zu § 5 aF KG Rpfleger 1977, 227 = BeckRS 1977, 1093 Rn. 6). 16

2. Beschwer. Die Zulässigkeit der Erinnerung setzt nach allg. Grundsätzen stets voraus, dass die Beseitigung einer durch den konkret angegriffenen Kostenansatz geschaffenen Beschwer erstrebt wird (BGH AGS 2016, 176 Rn. 11, auch → Rn. 12; zur Staatskasse aber → Rn. 15). (Materielle) Beschwer in diesem Sinne ist jede Beeinträchtigung des Kostenschuldners bzw. der Staatskasse in deren Rechtspositionen durch den Kostenansatz. 17

Eine solche Beeinträchtigung kann sich zum einen aus der aus dem Kostenansatz folgenden, beitreibbaren Zahlungspflicht ergeben. Sie kann sich zum anderen aber auch daraus ergeben, dass der Kostenansatz einer Rückerstattung bereits gezahlter Kosten entgegensteht bzw. dass ein Antrag auf Kostenrückerstattung – und damit iErg der Erlass eines entspr. Kostenansatzes – abgelehnt wird (vgl. etwa zu § 5 aF BGH NJW 2003, 1322 (1324); soweit eine Erinnerung statthaft ist, fehlt daher einer Klage auf Rückzahlung das Rechtsschutzinteresse, vgl. OLG Brandenburg RVGreport 2008, 236). Der Umstand, dass die angesetzten Kosten zunächst gezahlt wurden, steht der Zulässigkeit der Erinnerung mithin nicht entgegen (BGH ZfSch 2021, 525 Rn. 4; BSG 24.2.2022 – B 5 SF 1/22 S; OLG Koblenz NJOZ 2004, 794 (795)). 18

Aus dem Erfordernis der Geltendmachung einer Beschwer folgt iÜ: Weist der Kostenansatz zwar kostenrechtliche Fehler auf, hat dies aber keine Auswirkung auf den Kostenanspruch insgesamt, kann keine (lediglich auf eine folgenlose Berichtigung des Kostenansatzes gerichtete) zulässige Erinnerung eingelegt werden. Ist ein Kostenansatz nur an einen von mehreren Kostenschuldnern gerichtet, kann er nur von diesem mit der Erinnerung angegriffen werden, nicht aber auch von (ggf. derzeit noch) nicht in Anspruch genommenen weiteren, daneben gesamtschuldnerisch haftenden Kostenschuldnern (BGH AGS 2016, 176 Rn. 12; NK-GK/Volpert Rn. 27; aA Binz/Dörndorfer/Zimmermann/Zimmermann Rn. 19 und früher auch OLG Nürnberg, JurBüro 1963, 550 (551); OLG München JurBüro 1982, 884; MDR 1990, 62). 19

3. Einlegung, Begründung. Die Erinnerung ist nach V 3 bei dem Gericht einzulegen, das für die Entscheidung über die Erinnerung zuständig ist, → Rn. 25, oder, wenn es um einen Kostenansatz bei der Staatsanwaltschaft geht, wahlweise auch bei dieser (V 4). Die Einlegung kann nach V 1 schriftlich oder durch Erklärung zu Protokoll der Geschäftsstelle erfolgen, → Rn. 62 ff.; zur Frage der Vertretung → Rn. 65 f. Ein formelles Begründungserfordernis besteht nicht; auch bedarf es keines ausdrücklichen Antrags, doch muss das **konkrete Rechtsschutzziel** erkennbar sein (BFH/NV 2016, 1303 Rn. 9 mwN). Dem Erinnerungsführer kann aber ggf. eine gerichtliche Frist zur Konkretisierung und Ausführung seiner (ansonsten unverständlichen) Beanstandungen gesetzt werden. 20

Die Erinnerung ist **nicht fristgebunden** (vgl. nur BGH ZfSch 2021, 525 Rn. 4; BPatG BeckRS 2011, 9529 Rn. 6). Allerdings können einzelne Einwendungen oder auch der Rechtsbehelf insgesamt im Einzelfall **verwirkt** sein (vgl. OLG Zweibrücken BeckRS 2014, 125299 Rn. 37 ff. mwN). 21

III. Abhilfeverfahren (§ 28 II KostVfg). Auf die zulässige Erinnerung ist zunächst zu prüfen, ob ihr durch Berichtigung des Kostenansatzes abzuhelfen ist. Im Abhilfeverfahren ist die **Rechtmäßigkeit des Kostenansatzes** von Amts wegen auf Richtigkeit und Vollständigkeit ohne Bindung an einen eventuellen Antrag des Erinnerungsführers oder dessen Beanstandungen zu überprüfen (vgl. § 19 V 1). Jedenfalls im Abhilfeverfahren besteht daher auch kein Verbot der „reformatio in peius" (NK-GK/Volpert Rn. 53; BeckOK KostR/Laube Rn. 148; zum gericht- 22 lichen Verfahren → Rn. 29). Soweit der Erinnerung abgeholfen wird, kann der berichtigte Kostenansatz – zB durch die Staatskasse oder einen anderen, nunmehr beschwerten Kostenschuldner – neuerlich mit der Erinnerung angegriffen werden. **Ausgeschlossen** ist eine Abhilfe, soweit eine gerichtliche Entscheidung vorliegt, §§ 19 V 1, 21 II 2 GKG, § 28 II 1 Fall 1 KostVfg (vgl. LSG Bayern BeckRS 2016, 68607); gleiches gilt bei Vorliegen einer dienstaufsichtsrechtlichen Anordnung, § 28 II 1 Fall 2 KostVfg.

23 **Zuständig** für das Abhilfeverfahren ist der **Kostenbeamte** (des Gerichts oder der StA, bei dem bzw. der die Kosten angesetzt worden sind). Will dieser der Erinnerung nicht oder nicht im vollen Umfang abhelfen, hat er den Vorgang dem Kostenprüfungsbeamten (dh idR dem Bezirksrevisor, vgl. § 35 KostVfg) vorzulegen, § 28 II 2 Fall 1 KostVfg; gleiches gilt, wenn der mit der Erinnerung angegriffene Kostenansatz aufgrund vorheriger Beanstandung des Kostenprüfungsbeamten erfolgt war, § 28 II 2 Fall 2 KostVfg. Macht die Erinnerung geltend, die angesetzten Kosten seien wegen unrichtiger Sachbehandlung nicht zu erheben, § 21 I (→ Rn. 77), ist die Erinnerung dem dienstaufsichtsrechtlich übergeordneten **Präsidenten des LG** bzw. **Leiter der StA** vorzulegen (§ 37 KostVfg). In diesen Fällen kann eine Änderung des Kostenansatzes im Verwaltungsweg, → Rn. 14, auf Anweisung des Prüfungsbeamten (als Vertreter der Staatskasse) oder des Präsidenten des LG bzw. Leiter der StA vorgenommen werden (§§ 37, 38 S. 2 KostVfg).

24 Soweit keine (vollständige) Abhilfe erfolgt, ist die Erinnerung dem Gericht zur Entscheidung vorzulegen.

25 **IV. Verfahren und Entscheidung. 1. Zuständiges Gericht.** Für die gerichtliche Zuständigkeit kommt es nicht darauf an, bei welchem Gericht die Kosten, die den Gegenstand des Erinnerungsverfahrens bilden, angefallen sind. Maßgeblich ist vielmehr, bei welchem Gericht der Kostenansatz (tatsächlich) erfolgt ist. Zuständig für die gerichtliche Entscheidung ist daher nach I 1 im Regelfall das Gericht, **bei dem die Kosten angesetzt worden sind.** Zu welcher Instanz dieses Gericht gehört, ist unerheblich, so dass etwa über die Erinnerung gegen einen bei einem obersten Bundesgericht aufgestellten Kostenansatz dieses oberste Bundesgericht zu entscheiden hat.

26 Von diesem Grundsatz machen I 2–4 drei **Ausnahmen:**

- Sind die Kosten nicht bei einem Gericht, sondern (nach § 19 II, III) bei der **Staatsanwaltschaft** angesetzt worden, ist das Gericht des ersten Rechtszuges zuständig (I 2).
- Ist eine **Verweisung oder Abgabe** an ein anderes erstinstanzliches Gericht erfolgt (vgl. § 4), ist das **übernehmende Gericht** insgesamt zuständig, also auch soweit Kosten bei vor der Verweisung oder Abgabe mit dem Verfahren befassten Gerichten angesetzt worden sind (I 3).
- Im erstinstanzlichen **Musterfeststellungsverfahren** vor dem OLG werden (nur, vgl. KV Vorb. 1.2.1) anteilig Auslagen erhoben, KV 9018, die im ersten Rechtszug des zugrundeliegenden Prozessverfahrens auf der Grundlage der dort ergehenden Kostenentscheidung angesetzt werden. Für die gerichtliche Entscheidung über eine Erinnerung ist, (nur) soweit es um diese Auslagen geht, nicht das Gericht des Prozessverfahrens, sondern das OLG, bei dem das Musterfeststellungsverfahren geführt worden ist, zuständig (I 4, weil nur dieses in seinen Verfahrensakten über die für eine Entscheidung über die Verteilung der Kosten auf die einzelnen Hauptsacheverfahren notwendigen Informationen verfügt und zudem eine Änderung des Kostenansatz regelmäßig auch eine Neuberechnung der auf die anderen Hauptsacheverfahren entfallenden Auslagenanteile erforderlich macht, Begr. RegE 1. KapMuG BT-Drs. 15/5091, 36).

27 Funktional zuständig für die gerichtliche Entscheidung über die Erinnerung ist der **Rechtspfleger** bei dem nach I zuständigen Gericht, wenn diesem das dem Kostenansatz zugrundeliegende Geschäft übertragen ist, vgl. § 4 I RpflG (dies betrifft zB das Mahnverfahren, § 20 I Nr. 1 RPflG, vgl. etwa AG Coburg BeckRS 2016, 21212, oder das Zwangsvollstreckungsverfahren, § 20 I Nr. 17 RPflG, vgl. etwa AG Segeberg NJW-RR 2014, 510) und iÜ der **Richter** (vgl. OLG Köln StraFo 2009, 349),

bei Kollegialgerichten nach VI 1 eines seiner Mitglieder als **Einzelrichter,** → Rn. 67 f.

2. Weiteres Verfahren. Das gerichtliche Verfahren über die Erinnerung ist ein **kontradiktorisches Verfahren** (FG Hamburg Rpfleger 2012, 157 mwN; FG Sachsen-Anhalt BeckRS 2019, 45545; NK-GK/Volpert Rn. 52; aA OVG Sachsen NVwZ 2007, 116 (117)), so dass auf die Erinnerung des Kostenschuldners die Staatskasse und auf die Erinnerung der Staatskasse der Kostenschuldner als Antragsgegner zu beteiligen sind (zur Frage der Erforderlichkeit einer Kostengrundentscheidung → Rn. 74). 28

Da die Verfahrenseinleitung von der Einlegung der Erinnerung und wenigstens der Benennung des konkreten Rechtsschutzziels (→ Rn. 20) abhängt, ist das Gericht entspr. dem Rechtsgedanken des § 308 I ZPO an das Begehren des Erinnerungsführers gebunden, kann also nur in dessen Grenzen entscheiden. Über die Zurückweisung dieses Begehrens hinaus darf das Gericht den Kostenansatz daher nur zulasten des Erinnerungsführers abändern, wenn auch der Erinnerungsgegner eine entsprechende eigene Erinnerung eingelegt hat (**Verbot der „reformatio in peius";** BFH BeckRS 2001, 25005799 mwN; FG Sachsen-Anhalt JurBüro 2018, 189; LSG Bayern BeckRS 2014, 73213; BeckOK KostR/Laube Rn. 179). Eine solche Erinnerung des Erinnerungsgegners wird regelmäßig als **Anschlusserinnerung** bezeichnet, kommt aber mangels einer dem § 567 III ZPO entspr. Regelung jedenfalls nur als sog. selbständige Anschlusserinnerung in Betracht (dies ist im Hinblick auf die fehlende Fristgebundenheit. → Rn. 21, aber nur von untergeordneter Bedeutung). In dem hierdurch vorgegebenen Rahmen überprüft das Gericht den Kostenansatz von Amts wegen und kann dabei insbes. (nach dem Rechtsgedanken des § 571 II 1 ZPO) auch neue Tatsachen berücksichtigen (BeckOK KostR/Laube Rn. 175). 29

Im Übrigen gelten die besonderen Verfahrensvorschriften aus **V–VIII** (→ Rn. 62 ff.), die nach § 1 V die für das zugrundeliegende Verfahren geltenden Verfahrensvorschriften verdrängen (→ § 1 Rn. 49). Soweit diese aber für das kostenrechtliche Rechtsbehelfsverfahren keine eigenständigen Regelungen enthalten (zB für die Verlautbarung der Entscheidung), ist auf die allg. Verfahrensvorschriften zurückzugreifen, die für das zugrundeliegende Verfahren gelten (→ § 1 Rn. 48; vgl. etwa zur Anwendung des § 239 ZPO VGH Bayern BayVBl 1992, 636). 30

3. Begründetheitsvoraussetzung: Verletzung des Kostenrechts. Die Erinnerung kann nur auf eine Verletzung des Kostenrechts gestützt werden (stRspr., vgl. etwa BGH JurBüro 2008, 43; RVGreport 2011, 399; GRUR-RR 2011, 39; 2013, 528; NJW 2014, 2509; JurBüro 2020, 376; BFH BFH/NV 2006, 342; 2005, 1865; BeckRS 2007, 25012288). Gerügt werden kann dabei nicht nur die Höhe der angesetzten Kosten oder die Notwendigkeit angesetzter Auslagen, sondern jede Verletzung von Vorschriften des GKG und bei ihrer Anwendung ergänzend heranzuziehender Vorschriften anderer Gesetze bei der Ansetzung von Kosten (grundlegend RG (Vereinigte Zivilsenate) RGZ 16, 302 zu § 4 GKG 1878). Gegenstand der Erinnerung kann folglich nicht die Kostenbelastung als solche, sondern nur eine **Rechtsverletzung** sein, **die (allein) das Kostenrecht betrifft.** Insbes. nicht zum Gegenstand der Erinnerung kann daher die Verletzung anderer rechtlicher Grundlagen des Kostenansatzes wie insbes. des dem Verfahren zugrundeliegenden Verfahrensrechts (zB die Regeln für die Kostengrundentscheidung) gemacht werden. 31

Für die Beantwortung von Zweifelsfragen helfen diese allein auf das Kostenrecht (in seiner Gesamtheit) abstellenden Formulierungen allerdings nur begrenzt. Hilfreicher ist der Blick auf die Funktion der Erinnerung, den Kostenansatz und damit eine Entscheidung des Kostenbeamten zu überprüfen. Die Erinnerung kann daher nur zum Ziel führen, soweit die **eigene Entscheidungsbefugnis des Kostenbeamten** reicht; ist er hingegen **durch gerichtliche Entscheidungen gebunden** (zB Streitwertfestsetzung, Kostengrundentscheidung), kann nur ein gegen diese gerichtlichen Entscheidungen gegebener Rechtsbehelf weiterführen. Verstöße gegen Vorschriften der **KostVfg,** die als Verwaltungsanweisung lediglich den Kostenbeamten (intern) binden, können nur unter den Voraussetzungen einer nach außen wirksamen Selbstbindung der Verwaltung von Bedeutung sein (vgl. KG JurBüro 2019, 375, und – zu § 4 GKG 1957 – BGH Rpfleger 1975, 432). Einzelfälle → Rn. 77. 32

33 Werden lediglich Beanstandungen erhoben, die nicht das Kostenrecht bzw. den Kostenbeamten bindende richterliche (Grundlagen-)Entscheidungen betreffen, ist die Erinnerung (soweit nicht eine Behandlung als anderer Rechtsbehelf in Betracht kommt!) als unbegründet zurückzuweisen.

34 **4. Entscheidung.** Die Entscheidung ist ohne notwendige mündliche Verhandlung durch Beschluss zu treffen. Mit ihm wird entweder die Erinnerung als unzulässig verworfen bzw. als unbegründet zurückgewiesen oder der beanstandete Kostenansatz geändert (soweit sich daraus ein Rückzahlungsanspruch des Kostenschuldners ergibt, ist die Rückzahlung vom Kostenbeamten gesondert zu veranlassen und daher nicht Gegenstand der gerichtlichen Entscheidung). Zu entscheiden ist auch, ob die Beschwerde gegen den Beschluss zugelassen wird, → Rn. 41 ff. Zu den Kosten und zur Kostenentscheidung → Rn. 72 ff. Da die Entscheidung grundsätzlich anfechtbar ist, ist sie (ggf. kurz) zu begründen. Ihr ist nach § 5b eine Rechtsbehelfsbelehrung beizufügen.

35 **C. Rechtsbehelfe gegen gerichtliche Entscheidung nach I.** Die gerichtliche Entscheidung über eine (Kosten-)Erinnerung ist nach Maßgabe von II, III anfechtbar, → Rn. 36 ff. Eine weitergehende Nachprüfungsmöglichkeit besteht, wenn die gerichtliche Entscheidung vom Rechtspfleger (→ Rn. 27) erlassen wurde, → Rn. 51 ff.

36 **I. Beschwerde (II, III).** Regelmäßiger, allerdings beschränkt statthafter Rechtsbehelf gegen die nach I ergangene gerichtliche Entscheidung ist die Beschwerde nach II, III, die nach § 1 V die Rechtsbehelfe der für das Hauptsacheverfahren geltenden Verfahrensordnung verdrängt.

37 **1. Zulässigkeit. a) Anfechtbare Entscheidungen (Statthaftigkeit).** Gegeben ist die Beschwerde gegen die **gerichtliche Entscheidung über die Erinnerung** nach I (II 1). In entspr. Anwendung von II, III ist sie darüber hinaus gegen die gerichtliche Entscheidung, mit der ein Antrag eines Beteiligten auf Nichterhebung der Kosten nach § 21 GKG zurückgewiesen wird, statthaft (→ Rn. 77).

38 Die Beschwerde ist allerdings nicht gegen Entscheidungen jedes Gerichts gegeben. **Ausgeschlossen** ist sie zum einen nach allg. Grundsätzen (es gibt kein „nächsthöheres Gericht" iSd III 2) gegen die Entscheidung eines **obersten Gerichtshofs des Bundes** (vgl. etwa BFH ZSteu 2009, R968 = BeckRS 2009, 25015545). Zum anderen schließt III 3 auch eine Beschwerde **an** einen obersten Gerichtshof des Bundes aus. Daher sind nur Entscheidungen eines Gerichts anfechtbar, dessen nächsthöheres Gericht (vgl. III 2 und → Rn. 49) kein solcher oberster Gerichtshof des Bundes ist. Nach II, III unanfechtbar sind folglich auch Entscheidungen eines **OLG** (vgl. etwa BGH NJW-RR 2017, 1471 Rn. 4), eines **LAG,** eines **OVG/VGH,** eines **FG** (vgl. etwa BFH/NV 2012, 1799) oder eines **LSG** (Entscheidungen eines LG sind hingegen auch dann mit der Beschwerde nach II, III anfechtbar, wenn es als Berufungsgericht entschieden hat, vgl. OLG Stuttgart Justiz 2020, 233 mAnm Mayer FD-RVG 2020, 430033 unter Aufgabe von OLG Stuttgart BeckRS 2008, 13424). Lässt ein solches Gericht gleichwohl nach II 2 die Beschwerde zu (→ Rn. 41 ff.), ist die Beschwerde ungeachtet der Bindungswirkung der Zulassung (III 4 Hs. 2) unzulässig, weil es nicht in der Rechtsmacht des Gerichts steht, einen vom Gesetz ausdrücklich ausgeschlossenen Instanzenweg zu eröffnen (vgl. zur Rechtsbeschwerde → Rn. 61).

39 In wessen funktionale Zuständigkeit die gerichtliche Entscheidung gefallen ist, ist für die Statthaftigkeit der Beschwerde unerheblich. Die Beschwerde ist auch dann gegeben, wenn die anzufechtende gerichtlichen Entscheidung vom **Rechtspfleger** (→ Rn. 27) erlassen worden ist, § 11 I RPflG (ist allerdings die Beschwerde aufgrund des Fehlens der weiteren Voraussetzungen nach II, III unstatthaft bzw. unzulässig, findet stattdessen nach § 11 II RPflG die befristete Rechtspflegererinnerung statt, → Rn. 51 ff.).

40 **b) Besondere Zulässigkeitsvoraussetzungen (II). aa) Wertbeschwerde (II 1).** Die Zulässigkeit der Beschwerde unterliegt allerdings den besonderen Beschränkungen des II. Ohne weiteres ist sie nach II 1 nur zulässig, wenn der **Wert des Beschwerdegegenstands 200 EUR übersteigt.** Der Wert des Beschwerdegegenstands wird allg. bestimmt durch den Umfang der nach dem Rechtsbehelfsantrag erstrebten Abänderung der angefochtenen Entscheidung (vgl. allg. nur BGH NJW-RR 1993, 1026 (1027); BGHZ 206, 276 = NJW 2015, 2816 Rn. 10 mwN).

Maßgeblich ist hier also der kostenmäßige Nachteil, der dem Beschwerdeführer aus dem Kostenansatz in Gestalt der gerichtlichen Entscheidung nach II, III im Vergleich zu seiner mit der Beschwerde erstrebten Fassung erwächst (vgl. zur Streitwertbeschwerde KG NJW-RR 2018, 1277).

bb) Zulassungsbeschwerde (II 2). Unabhängig vom Beschwerdewert ist die Beschwerde zulässig, wenn das Gericht, das über die Erinnerung entschieden hat, nach II 2 die Beschwerde zugelassen hat. Zuzulassen ist sie, wenn die zur Entscheidung stehende Frage **grundsätzliche Bedeutung** hat. Der Begriff der grundsätzlichen Bedeutung (der als Oberbegriff auch Rechtsfortbildung und Divergenz umfasst) entspricht dabei der Verwendung in anderen Gesetzen (vgl. nur §§ 511 IV Nr. 1, 543 II 1, 566 IV 1, 574 II ZPO, §§ 64 III Nr. 1, 72 II Nr. 1 ArbGG, §§ 124 II Nr. 3,132 II Nr. 1 VwGO; §§ 144 II Nr. 1, 160 II Nr. 1 SGG, § 115 II Nr. 1 FGO, § 74 II Nr. 1 GWB u. a.). Ist die Zulassung erfolgt, spielt es keine Rolle mehr, ob tatsächlich Grundsatzbedeutung vorliegt, weil das Beschwerdegericht an die Zulassung gebunden ist (III 4 Hs. 2). 41

Die Zulassung muss **„in der angefochtenen Entscheidung"** erfolgen. Sie kann im Tenor, aber auch in den Gründen erfolgen. Schweigt der Beschluss zur Zulassung, fehlt es an der für die Statthaftigkeit der Beschwerde erforderlichen Zulassung, und zwar auch dann, wenn das Gericht die Möglichkeit der Zulassung gar nicht bedacht hat (vgl. allg. etwa zur Revision BGH NJW 2011, 1516 Rn. 4; NJW-RR 2014, 1470 Rn. 7; und zur Rechtsbeschwerde BGH NJW 2004, 779; NJW-RR 2009, Rn. 7; NJW 2014, 2879 Rn. 12; NJW-RR 2016, 955 Rn. 3). 42

Eine **nachträgliche Zulassung** scheidet aus; eine Beschlussberichtigung entspr. § 319 ZPO, § 118 VwGO u. a. setzt voraus, dass das Gericht eine tatsächlich beschlossene Zulassung versehentlich nicht in den Beschluss aufgenommen hat, was aber „offenbar" sein muss, dh aus dem Zusammenhang des Beschlusses selbst oder mindestens aus den Vorgängen bei seinem Erlass nach außen hervorgetreten und auch für Dritte ohne Weiteres deutlich ist (vgl. zur Revisionszulassung BGH NJW-RR 2001, 61 mwN; NJW 2011, 1516 Rn. 4; NJW-RR 2015, 885 Rn. 7; zur Rechtsbeschwerdezulassung BGH NJW 2005, 156; NJW-RR 2009, 1349 Rn. 8; NJW 2013, 2124 Rn. 10; 2014, 2879 Rn. 8). 43

Die Entscheidung, die Beschwerde nicht zuzulassen, ist **nicht anfechtbar** (III 4 Hs. 2); es gibt also keine Nichtzulassungsbeschwerde (es bleiben dann mithin nur die von § 69a und der Verfassungsbeschwerde eröffneten – beschränkten – Möglichkeiten). 44

c) Allgemeine Zulässigkeitsvoraussetzungen. aa) Beschwerdebefugnis, Beschwer. Zur Einlegung einer Beschwerde nach II, III **befugt** ist nach allg. Regeln derjenige, der durch die gerichtliche Entscheidung **in seinen Rechten beeinträchtigt** ist; die Beschwerdebefugnis fehlt im Grundsatz nur dann, wenn ein Recht auf die mit der Beschwerde begehrte Entscheidung offensichtlich nach keiner Betrachtungsweise bestehen kann. Beschwerdebefugt ist daher jedenfalls jeder Beteiligte des Erinnerungsverfahrens, dessen Erinnerung erfolglos geblieben ist (auch der Erinnerungsführer, dessen Erinnerung mangels Erinnerungsbefugnis als unzulässig verworfen worden ist, ist folglich beschwerdebefugt; nicht beschwerdebefugt ist hingegen etwa ein bislang am Erinnerungsverfahren nicht beteiligter Dritter). Da die **Staatskasse** die formelle und materielle Rechtmäßigkeit des Kostenansatzverfahrens zu gewährleisten hat, ist ihre Rechtsposition durch jeden Rechtsfehler im Kostenansatz betroffen, weshalb sie das Rechtsmittel – wie im Erinnerungsverfahren, Rn. 15 – auch (im wirtschaftlichen Ergebnis) **zugunsten des Kostenschuldners** einlegen kann. 45

Darüber hinaus setzt die Zulässigkeit der Beschwerde als Rechtsmittel eine **(Rechtsmittel-)Beschwer** (als besondere Ausprägung des Rechtsschutzinteresses) voraus (vgl. allg. etwa BVerwGE 4, 283). Diese kann sich – als sog. formelle Beschwer – daraus ergeben, dass einem im Erinnerungsverfahren gestelltem Antrag nicht in vollem Umfang entsprochen worden ist, oder – als sog. materielle Beschwer – aus der Nachteiligkeit der gerichtlichen Entscheidung für die eigene Rechtsposition ergeben. 46

bb) Einlegung, Begründung. Die Beschwerde gegen die gerichtliche Entscheidung über die Erinnerung ist gem. V 5 bei dem Gericht einzulegen, dessen Beschluss angefochten wird **(„iudex a quo").** Sie ist (wie die Erinnerung, → Rn. 21) **nicht fristgebunden** (vgl. NK-GK/Thiel Rn. 89 mwN). Die Einlegung kann schriftlich 47 oder zu Protokoll der Geschäftsstelle erfolgen (V 1), → Rn. 62 ff. Eine förmliche Begründung ist nicht erforderlich. Ein Vertretungszwang besteht nicht; soweit sich die Partei aber vertreten lässt, gelten die Vertretungsvorschriften der für das zugrunde liegenden Verfahren geltenden Verfahrensordnung, → Rn. 66.

48 **2. Abhilfeverfahren (III 1).** Das Ausgangsgericht hat zunächst zu prüfen, ob es der Beschwerde abhilft, weil es sie für zulässig und begründet hält (III 1 Hs. 1). Dies gilt ungeachtet der Abschaffung des Abhilferechts nach § 174 SGG aF auch in der Sozialgerichtsbarkeit, weil in kostenrechtlichen Verfahren III 1 nach § 1 V Vorrang vor den Vorschriften des SGG hat (LSG Rheinland-Pfalz NZS 2010, 351). Abhelfen darf es nach dem eindeutigen Wortlaut des III 1 nur einer auch zulässigen Beschwerde (die insoweit zu § 571 I 1 ZPO, § 68 I FamFG jedenfalls früher bestehende Streitfrage, vgl. BGH NJW 2021, 553 mAnm Toussaint, stellt sich daher hier nicht). Hilft es ihr nicht ab, legt es die Beschwerde dem Beschwerdegericht (→ Rn. 49) zur Entscheidung vor (III 1 Hs. 2).

49 **3. Weiteres Verfahren, Entscheidung.** Das für das weitere Verfahren zuständige Beschwerdegericht ist das **nächsthöhere Gericht** (III 2). Damit ist nicht das im Instanzenzug der Verfahrensordnung für das zugrunde liegende Verfahren, sondern das **in der Gerichtsorganisation nachfolgende Gericht** gemeint (BGH NJW-RR 2008, 151; OLG Hamm NJW-RR 2016, 1343 Rn. 8 mwN). Hat also etwa das LG als Berufungsgericht nach der ZPO entschieden, ist nächsthöheres Gericht nicht wie nach § 574 I 1 ZPO, § 133 GVG der BGH, sondern das OLG (aA OLG Celle BeckRS 2006, 123). Zur Besetzung → Rn. 67 f.

50 Das Beschwerdeverfahren ist eine neue Tatsacheninstanz, in der in vollem Umfang erneut anstelle des Erstgerichts zu entscheiden ist (LSG Bayern BeckRS 2015, 66879). Für das Verfahren gilt der Amtsermittlungsgrundsatz, neue Tatsachen können berücksichtigt werden (BeckOK KostR/Laube Rn. 245). Die Entscheidung ergeht nach den Regelungen der Verfahrensordnung des zugrunde liegenden Verfahrens durch Beschluss.

51 **II. Rechtsbehelfe bei nach II, III unstatthafter bzw. unzulässiger Beschwerde. 1. Rechtspflegererinnerung (§ 11 II RPflG).** Ist die gerichtliche Entscheidung über die Erinnerung nach I gegen eine Entscheidung des Kostenbeamten von einem **Rechtspfleger** (→ Rn. 27) erlassen worden und ist die Beschwerde nach III nicht statthaft bzw. nach II unzulässig, weil weder die Wertgrenze des II 1 überschritten noch die Beschwerde nach II 2 zugelassen ist, kann sie nach § 11 II RPflG mit der (in Abgrenzung zur „Erst-Erinnerung" nach I auch als **„Zweit-Erinnerung"** bezeichneten) befristeten Rechtspflegererinnerung angefochten werden.

52 Die Erinnerung ist innerhalb einer **Zweiwochenfrist** (§ 11 II 1 RPflG) bei dem Gericht einzulegen, dem der Rechtspfleger angehört. Im Übrigen sind nach § 11 II 7 RPflG die §§ 567–572 ZPO entspr. anzuwenden. Die Beschwerde kann daher schriftlich oder zu Protokoll der Geschäftsstelle eingelegt werden (§ 569 II, III ZPO); Vertretungszwang besteht nicht (vgl. § 78 III ZPO). Einer formellen Begründung bedarf es wie bei der Erinnerung nach I (→ Rn. 20) nicht. Der Rechtspfleger hat zunächst zu prüfen, ob er der Erinnerung abhilft (§ 11 II 5 RPflG). Hilft er ihr nicht ab, hat er die Erinnerung dem Richter vorzulegen (§ 11 II 6 RPflG). Der Richter entscheidet dann durch Beschluss, dessen Anfechtbarkeit sich nach den allg. Vorschriften (mithin nicht nach § 66) richtet.

53 Das Verfahren über die Rechtspflegererinnerung ist (wie das Verfahren nach § 66, → Rn. 72) **gerichtsgebührenfrei** (§ 11 IV RPflG). Zur Anwaltsvergütung → Rn. 75 f.

54 **2. Sonstige Rechtsbehelfe.** Soweit gegen eine vom Richter (→ Rn. 27) getroffene gerichtliche Entscheidung über die Erinnerung nach I eine Beschwerde nicht gegeben ist, sie also von einem obersten oder oberen Gericht erlassen worden ist (→ Rn. 38), bzw. unzulässig ist, weil sie weder wegen Überschreitung der Wertgrenze zulassungsfrei noch zugelassen worden ist (→ Rn. 40 ff.), stellt sich die Frage, ob andere Rechtsbehelfsmöglichkeiten bestehen.

55 Die zunächst in Betracht kommende (außergesetzliche, die Abänderung anregende) **Gegenvorstellung** an das Gericht, das die Entscheidung erlassen hat, setzt allerdings in jedem Falle voraus, dass das Gericht selbst eine Entscheidung überhaupt abändern

kann. Eine solche Abänderung ist für die Streitwertfestsetzung in § 63 III ausdrücklich (befristet) vorgesehen, so dass im Rahmen des § 68 auch eine (entspr. befristete) Gegenvorstellung möglich ist (→ § 68 Rn. 38 ff.). Ist eine solche Abänderungsmöglichkeit hingegen nicht vorgesehen, folgt aus der gesetzlichen Unanfechtbarkeit und der damit einhergehenden formellen Rechtskraft, dass auch eine Gegenvorstellung ausscheiden muss. Im Rahmen des § 66 kommt eine Gegenvorstellung daher **nicht in Betracht** (BFH/NV 2009, 1127 Rn. 7; 2014, 1220 Rn. 4; BSG AGS 2021, 414; BeckOK KostR/Laube Rn. 311 mwN; aA → 51. Aufl. 2021, Rn. 60 mwN).

Für die früher für möglich gehaltene **außerordentliche Beschwerde wegen greifbarer Gesetzwidrigkeit** (insbes. wegen schwerwiegender Verletzung verfassungsrechtlicher Rechte) ist in den Verfahren nach ZPO und FamFG seit der Einführung der Rechtsbeschwerde zum BGH durch das ZPO-RG bzw. das FGG-RG (vgl. BGH NJW 2003, 3137) und im Übrigen seit der umfassenden Einführung der Anhörungsrüge (vgl. BFH/NV 2013, 1611) kein Raum mehr; sie kommt daher insbes. im Anwendungsbereich der §§ 66 ff. **nicht mehr in Betracht** (vgl. BGH GRUR-RS 2021, 14956 Rn. 17 ff.; BFH BeckRS 2007, 25012351). 56

In Betracht kommt allein die **Anhörungsrüge nach § 69a,** soweit diese gegeben ist (→ § 69a Rn. 4 f.) 57

D. Rechtsbehelfe gegen Beschwerdeentscheidung nach II, III. Die Anfechtbarkeit der Entscheidung des Beschwerdegerichts richtet sich nicht nach der für das Hauptsacheverfahren geltenden Verfahrensordnung, sondern ist in IV besonders und nach § 1 V vorrangig geregelt. 58

I. Weitere Beschwerde (IV). Die Entscheidung des Beschwerdegerichts nach II, III ist nur nach Maßgabe von IV anfechtbar, mithin mit der (ebenfalls nicht fristgebundenen) weiteren Beschwerde. Statthaft ist diese weitere Beschwerde nur, wenn (1.) das **LG** (mithin überhaupt **nur in Verfahren vor den ordentlichen Gerichten**) als Beschwerdegericht (nicht aber als Berufungsgericht, vgl. OLG Stuttgart Justiz 2020, 233 mAnm Mayer FD-RVG 2020, 430033 unter Aufgabe von OLG Stuttgart BeckRS 2008, 13424; dann ist die Erinnerung nach I gegeben), entschieden hat und (2.) dieses in der Beschwerdeentscheidung die weitere Beschwerde wegen grundsätzlicher Bedeutung der zur Entscheidung stehenden Frage **zugelassen** (zu letzterem → Rn. 41 ff.) hat (IV 1). 59

Zur Einlegung der weiteren Beschwerde → Rn. 62 ff. Sie kann nur darauf gestützt werden, dass die Beschwerdeentscheidung auf einer Rechtsverletzung (iSd §§ 546, 547 ZPO) beruht (IV 2). und muss folglich – anders als die Beschwerde – auch formal begründet werden. Auch bei der weiteren Beschwerde hat zunächst das Beschwerdegericht eine Abhilfe zu prüfen und die Sache dann, wenn es der weiteren Beschwerde nicht abhilft, dem Beschwerdegericht vorzulegen (IV 3, III 1). Gericht der weiteren Beschwerde ist das OLG (IV 3). Zu den Kosten → Rn. 72 ff. 60

II. Rechtsbeschwerde. Eine weitere oder sonstige besondere Beschwerde an einen obersten Gerichtshof des Bundes ist nach § 66 III 3 nicht statthaft. Daher ist insbes. eine Rechtsbeschwerde iSd §§ 574 ff. ZPO zum BGH generell **unstatthaft.** Dies gilt auch dann, wenn das Beschwerdegericht sie in seiner Beschwerdeentscheidung zugelassen hat; die hierauf eingelegte Rechtsbeschwerde kann aber in eine zugelassene weitere Beschwerde umgedeutet und an das für diese zuständige OLG abgegeben werden (vgl. BGH NJW-RR 2013, 1081; NJW 2018, 1606, jeweils mwN). 61

E. Gemeinsame Verfahrensvorschriften. I. Form, Vertretung (V 1, 2). 1. Schriftform, Protokollerklärung. In den Verfahren über die Erinnerung nach I und die (ggf. weitere) Beschwerde nach II–IV können alle Anträge und Erklärungen wahlweise schriftlich oder zu Protokoll der Geschäftsstelle abgegeben werden (V 1). 62

Für eine formwirksame **schriftliche** Einreichung kommt es nicht auf die Einhaltung der Schriftformerfordernisse des bürgerlichen Rechts (§ 126 BGB) an, sondern auf die Wahrung der prozessualen Schriftform (vgl. zu § 66 etwa BFH AnwBl 2017, 205; OLG Karlsruhe AGS 2014, 559). Wesentliches Erfordernis ist daher im Grundsatz die (eigenhändige) Unterschrift der den Schriftsatz verantwortenden Person (vgl. etwa § 130 Nr. 6 ZPO), die dann entbehrlich ist, wenn auf Grund der Umstände des Einzelfalls feststeht, dass es sich bei dem Schriftstück nicht um einen Entwurf handelt, 63 sondern dass vom Absender eine prozessrechtliche Erklärung gewollt ist. Ein Telefax erfüllt das Schriftformerfordernis, wenn die Sendevorlage unterschrieben ist (vgl. § 130 Nr. 6 ZPO); zur elektronischen Einreichung vgl. § 5b und die dortige Kommentierung.

64 Ausreichend ist aber auch die (mündliche) **Erklärung zu Protokoll der Geschäftsstelle.** Eine solche Erklärung kann nach V 1 Hs. 2 iVm § 129a ZPO vor dem Urkundsbeamten eines jeden Amtsgerichts abgegeben werden. Dieser hat dann das Protokoll unverzüglich an das Gericht zu übermitteln, an das die Erklärung gerichtet ist; die prozessuale Wirkung der Erklärung tritt erst mit dem Eingang dort ein (§ 129a II ZPO).

65 **2. Vertretung.** Nach V 1 können alle Anträge und Erklärungen ohne Mitwirkung eines Bevollmächtigten abgegeben werden. In den kostenrechtlichen Erinnerungs- und Beschwerdeverfahren gilt daher **kein Vertretungszwang.** Auch vor den Obergerichten und den obersten Gerichten des Bundes kann daher ein Kostenschuldner selbst eine Erinnerung oder Beschwerde einlegen.

66 Der Kostenschuldner kann sich aber auch in den kostenrechtlichen Rechtsbehelfsverfahren **vertreten** lassen. Die Anforderungen an eine zulässige und wirksame Vertretung sind im Kostenrecht nicht einheitlich geregelt. Vielmehr verweist V 2 auf die insoweit für das zugrunde liegende Verfahren geltende Verfahrensordnung; anzuwenden sind also etwa §§ 78 ff. ZPO, § 67 VwGO u. a.

67 **II. Besetzung des Gerichts (VI).** Über die Erinnerung nach I stets und die Beschwerde nach II, III dann, wenn die angefochtene gerichtliche Entscheidung vom Einzelrichter oder einem Rechtspfleger erlassen worden ist, entscheidet der **Einzelrichter** (VI 1). Dies gilt wegen des Vorrangs der kostenverfahrensrechtlichen Vorschriften nach § 1 V auch dann, wenn es – wie bei den obersten Bundesgerichten – nach der Verfahrensordnung des Hauptsacheverfahrens keinen institutionellen Einzelrichter gibt (BGH NJW 2015, 2194; BVerwG NVwZ 2006, 479; BFH/NV 2014, 894 Rn. 4; BSG BeckRS 2011, 141819 Rn. 6; 2014, 124546 Rn. 5; 2021, 5230 Rn. 3; die früher vom BGH und vom BFH vertretene gegenteilige Auffassung, vgl. BGH NJW-RR 2005, 584; 2007, 1148; BFHE 209, 422 = NVwZ-RR 2006, 80, haben diese inzwischen aufgegeben, vgl. zu § 33 VIII RVG auch BGH GSZ NJW 2021, 3191).

68 Unter den auch in § 568 S. 2 ZPO vorgesehenen Voraussetzungen hat dieser das Verfahren dem **gesamten Spruchkörper** zu übertragen (VI 2). VI 4 schließt aus, dass Rechtsmittel auf Fehler bei der Anwendung des VI 2 gestützt werden können. Da allerdings ein solcher Fehler zum Entzug des gesetzlichen Richters iSd Art. 101 I 2 GG führen würde (vgl. allg. BGH NJW-RR 2019, 446 mAnm Toussaint FD-ZVR 2019, 413975), muss er gleichwohl im Erinnerungs- bzw. Beschwerdeverfahren berücksichtigt werden können (OLG Köln NJOZ 2007, 1978 (1980); BeckOK KostR/Laube Rn. 164 mwN). Soweit der gesamte Spruchkörper originär oder aufgrund Übertragung durch den Einzelrichter zuständig ist, entscheidet er ohne die (insbes. beim LAG und LSG vorgesehenen) ehrenamtlichen Richter (VI 3).

69 **III. Aufschiebende Wirkung (VII).** Die Erinnerung nach I und die Beschwerde nach II, III haben von sich aus keine aufschiebende Wirkung (VII 1), ändern also nichts an der vorläufigen Beitreibbarkeit der Kosten. Möglich ist aber (auch noch in der Beschwerdeinstanz) die gerichtliche **Anordnung der vollständigen oder teilweisen aufschiebenden Wirkung** (durch den Einzelrichter oder sonst den Vorsitzenden des Spruchkörpers) auf Antrag oder auch von Amts wegen (VII 2). Sie setzt jedenfalls voraus, dass ein entspr. zulässiger Rechtsbehelf überhaupt (vgl. FG Hamburg Rpfleger 2012, 157) und insbes. auch mit tatsächlich gegen den Kostenansatz gerichteten Einwendungen (BFH/NV 2006, 1867) eingelegt ist, und scheidet aus, wenn der Rechtsbehelf keinen Erfolg hat (BFH/NV 2019, 843 Rn. 9). Nach rechtskräftigem Abschluss des Rechtsbehelfsverfahrens kommt sie nicht mehr in Betracht (vgl. BFH/NV 2006, 957; 2018, 643 Rn. 22). Der Antrag kann bereits mit der Erinnerung gestellt werden (FG Hamburg Rpfleger 2012, 157).

70 Unter welchen **Voraussetzungen** die aufschiebende Wirkung zu gewähren ist, ergibt sich aus VII nicht. Es kann daher an die in die jeweiligen Verfahrensordnung für einen Vollstreckungs- bzw. Vollziehungsschutz genannten Voraussetzungen an-

geknüpft werden (vgl. BFH/NV 2017, 479 Rn. 11; BGH AGS 2023, 32 mAnm Hausens; OVG Sachsen NVwZ-RR 2009, 702; LSG Bayern BeckRS 2013, 71957; VG Würzburg BeckRS 2021, 7815 (insoweit ohne Abdr. in AGS 2022, 115)).

Der Beschluss des Gerichts über die Anordnung der aufschiebenden Wirkung wird allg. für **unanfechtbar** gehalten (so etwa VGH München BeckRS 2020, 14688 Rn. 7; FG Hamburg Rpfleger 2012, 157; LSG Bayern BeckRS 2015, 73323 Rn. 14; AGS 2015, 520; VG Trier BeckRS 2009, 32180; NK-GK/Volpert Rn. 121 mwN; zu § 5 aF auch OLG München 1985, 333). Fest steht allerdings nur, dass die §§ 66 ff. insoweit keinen (kostenrechtlichen) Rechtsbehelf vorsehen (LSG Bayern BeckRS 2015, 73323 Rn. 14; AGS 2015, 520; VG Trier BeckRS 2009, 32180; daher stehen – entgegen BFH/NV 2007, 78 – einem Rechtsbehelf auch jedenfalls die sich aus II–IV ergebenden Beschränkungen nicht entgegen). Da diese Regelungen, die auch keine Unanfechtbarkeit anordnen, nach § 1 V den für das zugrundeliegende Verfahren geltenden Verfahrensvorschriften nur vorgehen, sie aber nicht als abschließender Regelungskomplex verdrängen, spricht allerdings nichts dagegen, eine Anfechtbarkeit durch nach diesen Vorschriften allg. gegebenen Rechtsbehelfen anzunehmen. Soweit für – vergleichbare – Entscheidungen nach § 570 II ZPO aus dem „Rechtsgedanken" des § 707 II ZPO deren Unfechtbarkeit abgeleitet wird (vgl. etwa OLG Köln MDR 2010, 105; Rosenberg/Schwab/Gottwald § 148 Rn. 23), überzeugt dies schon deshalb nicht, weil § 707 II 2 ZPO ausdrücklich (nur) für seinen Anwendungsbereich die Anfechtung ausschließt. Von Bedeutung dürfte diese Frage indessen nicht sein, weil die Entscheidung nach VII jedenfalls nicht in materielle Rechtskraft erwächst. Sie kann daher nachträglich sowohl vom Gericht von Amts wegen als auch aufgrund eines neuerlichen Antrags des Rechtsmittelführers abgeändert werden. 71

IV. Kosten (VIII). 1. Gerichtskosten. Für Verfahren der Beschwerde nach II, III und der weiteren Beschwerde nach IV fallen als Verfahren über „sonstige Beschwerden" im Grundsatz (nur) bei Erfolglosigkeit Gerichtsgebühren nach KV 1812, 3602, 4401, 5502, 6502, 7504, 8614 an; für Erinnerungsverfahren (wie nach I, aber auch nach § 11 II RPflG) sieht das GKG keine Gerichtsgebühren vor. Nach VIII 1 sind indessen alle Rechtsbehelfsverfahren nach § 66 **gerichtsgebührenfrei.** 72

Die Rechtsprechung (aA tlw. die Lit., so etwa BeckOK KostR/Laube Rn. 186; Binz/Dörndorfer/Zimmermann/Zimmermann Rn. 59) **beschränkt** diese sachliche Gebührenfreiheit aber auf nach § 66 **statthafte Rechtsbehelfe** (zum gleichlautenden § 68 III 1 früher aA etwa OLG Koblenz AGS 2013, 28; OLG Frankfurt a. M. NJW-RR 2012, 1022; jetzt aber BGH NJW 2014, 1597; OVG Niedersachsen AGS 2014, 135 mwN), so dass für vom Gesetz nicht eröffnete Rechtsbehelfe Gerichtsgebühren anfallen. Dies gilt insbes. für von III 3 ausgeschlossene Beschwerden an einen obersten Gerichtshof des Bundes (BFH BFH/NV 2006, 103; 2008, 1168; 2012, 1799; 2020, 913; BGH BeckRS 2010, 30742; 2020, 39964; ZfSch 2022, 404 mAnm Hausens = BeckRS 2022, 8078; LSG Thüringen BeckRS 2015, 66759) oder gegen eine Entscheidung eines obersten Gerichtshof des Bundes (BVerwG BeckRS 2013, 53598); ob dies auch für Beschwerden gilt, die wegen fehlender Mindestbeschwer bzw. Zulassung (II, IV 1) unzulässig sind, ist zweifelhaft (dagegen – zu § 68 III 1 – OVG Nordrhein-Westfalen AGS 2016, 193 mwN), zumal es insoweit entgegen der missverständlichen Formulierung in II 1 (richtig dagegen II 2) nicht um die Statthaftigkeit, sondern um das Vorliegen einer besonderen Zulässigkeitsvoraussetzung (vgl. auch etwa §§ 511 II, 544 II, 567 II ZPO) geht. 73

Auch soweit nach VIII 1 (nur) Gebührenfreiheit besteht, können aber **Auslagen** erhoben werden (VGH Bayern BeckRS 2018, 6932 Rn. 7). Deshalb und weil es sich bei den Verfahren nach § 66 um kontradiktorische Verfahren handelt, → Rn. 28, bedarf es ungeachtet der Gebührenfreiheit einer **Kostenentscheidung** (FG Sachsen-Anhalt BeckRS 2019, 45545 Rn. 97 ff. mwN und zum gleichlautenden § 68 III 1 VGH Bayern BeckRS 2018, 6932 Rn. 7; aA etwa OVG Sachsen BeckRS 2019, 24379 Rn. 5, und zu § 68 III 1 etwa VGH Bayern BeckRS 2019, 27407 Rn. 6; VGH Baden-Württemberg VBlBW 2018, 206 = BeckRS 2017, 122153 Rn. 9). Eine **Festsetzung des Streitwerts** kommt in den Verfahren nach § 66, da Gebühren nicht anfallen bzw. diese, wenn sie doch anfallen, Festgebühren sind, nur auf Antrag nach § 33 RVG in Betracht. 74

75 **2. Rechtsanwaltsvergütung.** Lässt sich der Kostenschuldner durch einen Rechtsanwalt vertreten, erhält dieser für seine Tätigkeit im Erinnerungs- oder Beschwerdeverfahren als Rechtsanwaltsvergütung Verfahrensgebühren nach VV 3500 RVG bzw. VV 3501 RVG (zzgl. Auslagenersatz und Umsatzsteuer) und ggf. Terminsgebühren nach VV 3513, 3515; dies gilt insbes. auch für die weitere Beschwerde nach IV (vgl. OLG Celle AGS 2012, 124 mwN, zur früher im FGG vorgesehenen weiteren Beschwerde).

76 VIII 2 schließt eine **Erstattung** von Kosten aus, so dass die Beteiligte eines Erinnerungs- oder Beschwerdeverfahrens nach § 66 die ihnen aus einer Rechtsvertretung entstehenden Kosten selbst tragen müssen.

F. ABC zu kostenrechtlichen Rechtsbehelfen

77 **Abhängigmachen:** Dass die Vornahme gerichtlicher Handlungen nach Maßgabe von §§ 10 ff. von der Vorauszahlung von Kosten abhängig gemacht wird, ist eine Entscheidung des Richters. Mithin ist hiergegen nicht die Erinnerung nach I, sondern die besondere Beschwerde nach § 67 gegeben (vgl. BGH NJW-RR 2016, 188).

Aufrechnung: → Beitreibung von Gerichtskosten.

Auslagenansatz: Einwendungen gegen den Ansatz bestimmter Auslagen können mit der Erinnerung nach I geltend gemacht werden (vgl. zu § 5 aF BGH NJW 2000, 1128). Dass tatsächlich angefallene und nach allg. Vorschriften anzusetzende Auslagen bei richtiger Sachbehandlung durch das Gericht nicht angefallen wären, kann allerdings nur als → unrichtige Sachbehandlung (§ 21) geltend gemacht werden.

Beitreibung von Gerichtskosten: Für das Verfahren der Beitreibung von Gerichtskosten verweist § 8 I 1 JBeitrG iVm § 1 I Nr. 4 JBeitrG weitergehend für Einwendungen des Schuldners, die den beizutreibenden Anspruch selbst, die Haftung für den Anspruch oder die Verpflichtung zur Duldung der Vollstreckung betreffen (→ JBeitrG § 8 Rn. 1), auf die Erinnerung nach § 66. Soweit mit der Erinnerung die beizutreibende Kostenforderung selbst betreffende Einwendungen geltend gemacht werden können, hat diese dieselbe Funktion wie eine Vollstreckungsabwehrklage, so dass insbes. das Erlöschen der Kostenforderung etwa durch Erfüllung (auch Überzahlung), Verjährung oder Aufrechnung (nach § 8 I 2 JBeitrG nur zulässig mit anerkannten oder gerichtlich festgestellten Gegenforderungen, vgl. BGH RVGreport 2009, 37 = BeckRS 2008, 14402; BFH/NV 2006, 345), geltend gemacht, aber auch etwa der Einwand unzulässiger Rechtsausübung erhoben werden können (BFH/NV 2003, 811).

Erfüllung: → Beitreibung von Gerichtskosten.

Fälligkeit (§§ 6 ff.): Mangelnde Fälligkeit der angesetzten Kosten kann mit der Erinnerung nach I geltend gemacht werden (vgl. BFH/NV 2018, 227; OLG Brandenburg NJW-RR 2018, 1470).

Gebührenansatz (§§ 34 ff. iVm KV): Dass angesetzte Gebühren nicht oder nicht in dieser Höhe entstanden sind, kann mit der Erinnerung nach I geltend gemacht werden. Dass tatsächlich entstandene Gebühren bei richtiger Sachbehandlung durch das Gericht nicht angefallen wären, kann aber nur als → „Unrichtige Sachbehandlung" (§ 21) geltend gemacht werden.

gerichtliche Entscheidung: Da sich die Erinnerung nur gegen Entscheidungen des Kostenbeamten richten kann, → Rn. 1, kann die Verletzung des Kostenrechts durch eine (den Kostenbeamten bindende) gerichtliche Entscheidung nicht nach § 66 gerügt werden. Gerichtliche Entscheidungen auf dem Gebiet des Kostenrechts können nur nach den insoweit gegebenen Rechtsbehelfsvorschriften (§§ 63, 67–69) angefochten werden.

Kostenrechnung: Die formalen Anforderungen einer Kostenrechnung für den Kostenansatz können grds. mit der Erinnerung gerügt werden (vgl. KG JurBüro 2019, 375).

Kostenfreiheit (§ 2): Eine bestehende persönliche oder sachliche Kostenfreiheit für die angesetzten Kosten kann mit der Erinnerung geltend gemacht werden (vgl. etwa BVerwG NVwZ 2019, 895 zu § 83b AsylG; BFH/NV 2015, 697; BVerwG BeckRS 2010, 54708 zu § 64 III 2 SGB X; OLG Düsseldorf JurBüro 2016, 586 zu § 2 III 2).

Kostenhaftung (§§ 22 ff.): Die nach § 7 KostVfg dem Kostenbeamten obliegende Feststellung der Kostenhaftung, also die Inanspruchnahme einer Person als Kostenschuldner (auch zB als Zweitschuldner nach § 31 II), kann zum Gegenstand einer Erinnerung nach I gemacht werden (vgl. etwa BFH BeckRS 2020, 34238 Rn. 13 mwN; BGH BeckRS 2017, 100551).

Kostentragungspflicht: Die (ggf. anteilige) Kostentragungspflicht als solche, mithin die Kostengrundentscheidung betreffende Einwendungen können nicht mit der Erinnerung nach I geltend gemacht werden (vgl. etwa BFH BeckRS 2020, 34238 Rn. 12; BSG BeckRS 2021, 5230 Rn. 5 mAnm. Schütz NZS 2021, 784, jew. mwN); die Kostengrundentscheidung kann nur nach den Vorschriften der betreffenden Prozessordnung und iÜ nur ausnahmsweise isoliert, zB nach §§ 91a II, 269 V ZPO, ansonsten nur zusammen mit der Entscheidung in der Hauptsache angefochten werden.

Nacherhebung von Kosten (§ 20): Werden Kosten nach Maßgabe von § 20 nacherhoben, kann der berichtigte Kostenansatz nach den allg. Regeln mit der Erinnerung nach I angefochten werden.

Rechenfehler: Ein Rechenfehler in der zum Zwecke des Kostenansatz aufgestellten Kostenrechnung kann mit der Erinnerung nach I geltend gemacht werden (BeckOK KostR/Laube Rn. 92).

Streitwert: Eine gerichtliche Streitwertfestsetzung kann nur nach Maßgabe von § 68 angefochten werden. Sie wird vom Kostenbeamten seinem Kostenansatz zugrunde gelegt, so dass insoweit keine dem Kostenbeamten zuzurechnende, nach I mit der Erinnerung angreifbare Entscheidung vorliegt. Mit der Erinnerung kann aber geltend gemacht werden, dass eine gerichtliche Streitwertfestsetzung als Grundlage des Kostenansatzes fehlt (vgl. LSG Bayern BeckRS 2016, 111663) oder fehlerhaft umgesetzt worden ist.

Unrichtige Sachbehandlung (§ 21): Über die Nichterhebung von Kosten, die bei richtiger Sachbehandlung nicht entstanden wären, kann bis zum Kostenansatz im zugrundeliegenden Verfahren selbst und danach im Kostenansatzverfahren entschieden werden. Ist ein Kostenansatz erfolgt, ohne dass zuvor im zugrundeliegenden Verfahren über die Kostenniederschlagung entschieden worden ist, kann diese mit der Erinnerung nach I im Kostenansatzverfahren geltend gemacht werden; ein auf Nichterhebung gerichteter Antrag ist dann als eine solche Erinnerung auszulegen (BGH AGS 2021, 227; ZInsO 2019, 1786 Rn. 6; BVerwG NVwZ 2006, 479 Rn. 1; BFH/NV 2021, 197 Rn. 10; OLG München NJW-RR 2020, 700 mwN). Hat das Gericht in seiner verfahrensabschließenden Entscheidung einen Antrag auf Nichterhebung abgelehnt, steht diese Entscheidung funktional einer gerichtlichen Entscheidung nach I gleich, so dass nicht mehr Erinnerung (OLG Köln AGS 2013, 464), sondern entspr. II, III Beschwerde eingelegt werden kann (OLG Koblenz MDR 2013, 1366 mwN; vgl. bereits RGZ 28, 420).

unzulässige Rechtsausübung: → Beitreibung von Gerichtskosten.

Verjährung (§ 5): Die aus der Verjährung einer Kostenforderung folgende Leistungsverweigerungsrecht kann mit der Erinnerung nach I geltend gemacht werde, → § 5 Rn. 30; → Beitreibung von Gerichtskosten.

Verzögerungsgebühr (§ 38): Die Auferlegung einer Verzögerungsgebühr nach § 378 ist eine richerliche Entscheidung. so dass sie nicht mit der Erinnerung nach I, sondern nur mit der besonderen Beschwerde nach § 69 angefochten werden kann.

Vorauszahlung: → Abhängigmachen.

Wertermittlung (§§ 39 ff.): Die der der Gebührenermittlung zugrunde liegende Wertermittlung kann, soweit keine gerichtliche Wertfestsetzung nach §§ 62–65 vorliegt, zum Gegenstand einer Erinnerung gemacht werden (LSG Schleswig-Holstein BeckRS 2020, 20780 Rn. 3). Ansonsten muss die gerichtliche Wertfestsetzung nach § 68 angefochten werden.

Beschwerde gegen die Anordnung einer Vorauszahlung

67 **I 1 Gegen den Beschluss, durch den die Tätigkeit des Gerichts nur aufgrund dieses Gesetzes von der vorherigen Zahlung von Kosten abhängig gemacht wird, und wegen der Höhe des in diesem Fall im Voraus zu**

zahlenden Betrags findet stets die Beschwerde statt. [2] § 66 Absatz 3 Satz 1 bis 3, Absatz 4, 5 Satz 1 und 5, Absatz 6 und 8 ist entsprechend anzuwenden. [3] Soweit sich die Partei in dem Hauptsacheverfahren vor dem Gericht, dessen Entscheidung angefochten werden soll, durch einen Prozessbevollmächtigten vertreten lassen muss, gilt dies auch im Beschwerdeverfahren.

II Im Fall des § 17 Absatz 2 ist § 66 entsprechend anzuwenden.

1 **I. Systematik, Regelungszweck.** Die Vorschrift hat nach § 1 V den Vorrang. Sie ergänzt §§ 10 ff. Sie hat keine verfassungsrechtliche Notwendigkeit. Sie ist aber verfassungsgemäß (vgl. BVerfG NJW-RR 2000, 1738). Sie eröffnet im Interesse der Rechtsstaatlichkeit nach Art. 20 I GG eine Beschwerdemöglichkeit (BGH NJW-RR 2016, 188), und damit ein selbständiges Zwischenverfahren (BVerfG NJW-RR 2000, 1738). §§ 567 ff. ZPO sind ergänzend anzuwenden (OLG Brandenburg AGS 2014, 470, zu § 15 FamGKG), soweit nicht das GKG eine Regelung enthält (Fölsch JurBüro 2002, 625 (626)). Der Betroffene soll durch einen Vorschuss, den er für übersetzt hält, nicht rechtlos werden (KG NJW-RR 2004, 864).

2 **II. Anwendungsbereich.** § 67 gilt nur, soweit das Prozessgericht seine richterliche oder rechtspflegerische Tätigkeit von der Zahlung eines Kostenvorschusses oder einer Vorauszahlung gerade nur „auf Grund dieses Gesetzes" abhängig macht (BGH NJW-RR 2006, 1504), also zB nach den §§ 12, 17.

2a Soweit das Gericht seine Tätigkeit von derartigen Zahlungen auf Grund **anderer Vorschriften** abhängig macht, zB nach den §§ 379, 402 ZPO, § 379a StPO, ist eine Anfechtung allenfalls nach jenen Verfahrensordnungen zulässig (OLG Dresden JurBüro 2007, 212).

3 **III. Voraussetzungen (I 1).** Eine Beschwerde ist statthaft, soweit eine der folgenden beiden Voraussetzungen erfüllt ist.

4 **1. Abhängigkeit überhaupt.** Die Beschwerde kann sich gegen die Anordnung überhaupt richten. Das Prozessgericht und dort auch der Einzelrichter muss seine Tätigkeit nämlich von der Zahlung eines Vorschusses auf eine noch nicht fällige Gebühr oder wegen der Vorauszahlung einer bereits fälligen Gebühr abhängig gemacht haben, zB nach den §§ 12, 17. Das muss durch einen Beschluss eindeutig geschehen sein (OLG Celle JurBüro 2012, 433, zum entsprechenden § 58 FamGKG; OLG Köln NJWE-FER 1996, 41 (42): Untätigkeit reicht also nicht; OLG Rostock AGS 2011, 305: auch durch eine Verfügung). Die Beschwerde richtet sich dann meist gegen eine Verfügung des Richters (OLG Brandenburg NJW-RR 1999, 291). Nach einer Entscheidung des nach §§ 361, 362 ZPO beauftragten oder ersuchten Richters muss man zunächst die Entscheidung des Prozessgerichts nach §§ 576 I ZPO, 133 FGO oder 151 VwGO herbeiführt haben.

5 **Nicht anzuwenden** ist I 1, soweit das Prozessgericht eine Vorschuss- oder Vorauszahlungsanordnung abgelehnt hat. Daher ist der Bezirksrevisor nicht beschwerdeberechtigt.

6 **2. Höhe des Vorschusses.** Die Beschwerde kann sich auch auf die Höhe des verlangten Vorschusses beschränken (BGH NJW-RR 2016, 188). Der Urkundsbeamte der Geschäftsstelle setzt die Höhe fest, sobald der Richter die Vorschusspflicht dem Grunde nach angeordnet und nicht schon selbst die Höhe bestimmt hat.

6a Dagegen ist gegen einen **Kostenansatz** nach §§ 19 ff. zunächst nur die befristete Erinnerung nach § 573 I 1 ZPO an das Gericht des Urkundsbeamten und erst gegen die Entscheidung des Gerichts die einfache Beschwerde nach § 66 zulässig (OLG Düsseldorf JurBüro 2009, 542). Das ist eine Spezialregelung gegenüber § 572 II ZPO. Unzureichend ist eine Wertfestsetzung etwa nach § 32 II RVG.

7 **IV. Kein Beschwerdewert (I 1).** Da es sich um die Zulässigkeit der Gewährung des Rechtsschutzes für die Hauptsache handelt, ist die Zulässigkeit der Beschwerde nicht von der Einhaltung eines Beschwerdewerts abhängig (OLG Brandenburg AGS 2014, 470, zu § 58 FamGKG). Das ergibt sich aus dem Wort „stets" in I 1. Vgl. im Übrigen bei § 66. Wegen des Fehlens eines Beschwerdewerts ist keine Zulassung erforderlich.

8 **V. Keine Beschwerdefrist (I 2).** Es gibt keine Beschwerdefrist, ebenso wenig wie nach dem von I 2 in Bezug genommenen § 66 1–3, IV, V 1, 4, VI, VIII. Eine

Verwirkung ist beim Zusammentreffen des sog. Zeitmoments und des sog. Umstandsmoments möglich.

VI. Weiteres Verfahren (I 2, 3, II). Vgl. zunächst die in I 2 genannten Teile des § 66. Ein Anwaltszwang nach § 78 ZPO gilt trotz § 66 V 1 Hs. 1 dennoch bei einem solchen des Hauptverfahrens auch im Beschwerdeverfahren wie sonst, I 3. Mangels einer Verweisung auch auf § 66 VII braucht der Kostenschuldner nicht vor der formellen Rechtskraft der Entscheidung des Beschwerdegerichts zu zahlen. Daher darf das Prozessgericht auch nicht vorher prozessuale diesbezügliche Nachteile verhängen. 9

II verweist auf § 66 für den Vorschuss für die Herstellung und Überlassung von Dokumenten und eine Aktenversendung nach § 17 II. 10

Beschwerde gegen die Festsetzung des Streitwerts

68 **I [1] Gegen den Beschluss, durch den der Wert für die Gerichtsgebühren festgesetzt worden ist (§ 63 Absatz 2), findet die Beschwerde statt, wenn der Wert des Beschwerdegegenstands 200 Euro übersteigt. [2] Die Beschwerde findet auch statt, wenn sie das Gericht, das die angefochtene Entscheidung erlassen hat, wegen der grundsätzlichen Bedeutung der zur Entscheidung stehenden Frage in dem Beschluss zulässt. [3] Die Beschwerde ist nur zulässig, wenn sie innerhalb der in § 63 Absatz 3 Satz 2 bestimmten Frist eingelegt wird; ist der Streitwert später als einen Monat vor Ablauf dieser Frist festgesetzt worden, kann sie noch innerhalb eines Monats nach Zustellung oder formloser Mitteilung des Festsetzungsbeschlusses eingelegt werden. [4] Im Fall der formlosen Mitteilung gilt der Beschluss mit dem dritten Tage nach Aufgabe zur Post als bekannt gemacht. [5] § 66 Absatz 3, 4, 5 Satz 1, 2 und 5 sowie Absatz 6 ist entsprechend anzuwenden. [6] Die weitere Beschwerde ist innerhalb eines Monats nach Zustellung der Entscheidung des Beschwerdegerichts einzulegen.**

II [1] War der Beschwerdeführer ohne sein Verschulden verhindert, die Frist einzuhalten, ist ihm auf Antrag von dem Gericht, das über die Beschwerde zu entscheiden hat, Wiedereinsetzung in den vorigen Stand zu gewähren, wenn er die Beschwerde binnen zwei Wochen nach der Beseitigung des Hindernisses einlegt und die Tatsachen, welche die Wiedereinsetzung begründen, glaubhaft macht. [2] Ein Fehlen des Verschuldens wird vermutet, wenn eine Rechtsbehelfsbelehrung unterblieben oder fehlerhaft ist. [3] Nach Ablauf eines Jahres, von dem Ende der versäumten Frist an gerechnet, kann die Wiedereinsetzung nicht mehr beantragt werden. [4] Gegen die Ablehnung der Wiedereinsetzung findet die Beschwerde statt. [5] Sie ist nur zulässig, wenn sie innerhalb von zwei Wochen eingelegt wird. [6] Die Frist beginnt mit der Zustellung der Entscheidung. [7] § 66 Absatz 3 Satz 1 bis 3, Absatz 5 Satz 1, 2 und 5 sowie Absatz 6 ist entsprechend anzuwenden.

III [1] Die Verfahren sind gebührenfrei. [2] Kosten werden nicht erstattet.

Übersicht

1 **I. Systematik, Regelungszweck.** I 3 dient dem Vertrauensschutz (OLG Karlsruhe NJW-RR 2004, 499).

2 **II. Voraussetzungen (I 1, 2).** Die befristete Beschwerde ist statthaft, auch wenn eine allgemeine Beschwerde sondergesetzlich grundsätzlich unstatthaft wäre. Das Beschwerderecht des § 68 weicht von demjenigen der §§ 567 ff. ZPO ab (OLG Koblenz JurBüro 2002, 310; OLG Stuttgart ZMR 2012, 458; Rummel MDR 2002, 623). Die Beschwerde nach § 68 ist daher nur teilweise mit der sofortigen Beschwerde nach §§ 567 ff. ZPO vergleichbar (OLG Koblenz JurBüro 2002, 310). Die Beschwerde ist zulässig, soweit die folgenden Voraussetzungen zusammentreffen. Rechtsbehelfsbelehrung, Verstoß: §§ 5b, 68 II 2.

3 **1. Beschwerdefähige Entscheidung (Statthaftigkeit).** Es muss ein beschwerdefähiger endgültiger Wertfestsetzungsbeschluss vorliegen (OLG Hamm FamRZ 2005, 1767: sonst allenfalls § 67; OLG Köln AGS 2017, 47, zu § 58 I 1 FamGKG; VGH Bayern NVwZ-RR 2014, 407). Er muss gerade zumindest auch zum Kostenstreitwert nach § 63 II und nicht nur zum Zuständigkeits- oder Rechtsmittelwert nach § 62 vorliegen. Die Wertfestsetzung kann nach → § 63 Rn. 26 in dem Tenor oder in den Entscheidungsgründen eines Urteils nach zB § 313 I Nr. 1, 4 ZPO stecken. Sie kann nach → § 63 Rn. 39 auch in der Vornahme oder Ablehnung einer Änderung liegen. Eine Ablehnung der ersten endgültigen Wertfestsetzung reicht nicht für I 1. Denn diese Vorschrift verlangt klar eine Festsetzung. Es mag dann eine sofortige Beschwerde nach § 567 I Nr. 2 ZPO zulässig sein. Eine „vorläufige" Wertfestsetzung nach (jetzt) § 63 I 1 genügt nach → § 63 Rn. 14 nicht. Noch weniger reicht nach → § 63 Rn. 30 eine formlose Angabe „Wert × EUR". Man muss in dem endgültigen Festsetzungsbeschluss oder in dem Nichtabhilfebeschluss des Erstgerichts erkennen können, um was es sich handelt, es sei denn, dass sich der Gegenstand der Entscheidung eindeutig auch ohne eine nähere Darlegung ergibt. Eine Auslegung und eine Umdeutung sind denkbar.

4 Ferner muss erkennbar sein, **auf welcher Grundlage** das Gericht den Kostenstreitwert endgültig festgesetzt hat. Denn andernfalls würde dem Beschwerdeführer die Beschwerdebegründung und dem Beschwerdegericht die Entscheidung unnötig erschwert werden.

5 Gegen eine Entscheidung des Vorsitzenden im Verfahren nach **§ 80 VII 1 VwGO** ist die **Beschwerde** statthaft. Sie kommt grundsätzlich auch nach einer Wertfestsetzung des Rechtsmittelgerichts in Betracht (OLG Celle BeckRS 2005, 14094; OLG Rostock JurBüro 2006, 645). Gegen eine Entscheidung des OLG oder des OVG ist aber nach I 5 iVm § 66 III 3 ausnahmsweise keine Beschwerde statthaft (BGH NJW-RR 2008, 151). Das ArbG muss eindeutig auch den Kostenwert festgesetzt haben (LAG Düsseldorf MDR 2000, 708).

6 Eine Anfechtung des Wertfestsetzungsbeschlusses ist auch **nicht zusammen mit** der Anfechtung einer **Verwerfung** der Berufung nach § 522 I 1 ZPO oder einer Zurückweisung nach § 522 II 1 ZPO statthaft. Das Revisionsgericht kann aber von Amts wegen einen anderen Kostenstreitwert festsetzen.

7 **2. Beschwer.** Wie bei jedem Rechtsmittel ist auch für eine Beschwerde gegen die endgültige Festsetzung des Kostenstreitwerts eine Beschwer erforderlich (OLG Frankfurt a. M. NJW 2013, 3382; OLG Karlsruhe NJW-RR 2009, 1366; OLG Nürnberg NJW-RR 2013, 635).

8 **Beschwer** ist der Unterschied zwischen bisher Beantragtem und bisher Erreichten (BGH NJW 2002, 212). Beschwerdegegenstand ist demgegenüber derjenige Teil der Beschwer, dessen Beseitigung man jetzt noch begehrt (B. Schneider NJW 2017, 3764 (3765)).

Es kann sich ein Anwalt aus **eigenem** Recht nach § 32 II RVG nur über eine zu niedrige endgültige Wertfestsetzung beschweren (BGH NJW-RR 1986, 737; OLG Koblenz JurBüro 2008, 254; B. Schneider NJW 2017, 3764 (3765)). Das gilt unabhängig von Wünschen des Auftraggebers (OLG Koblenz JurBüro 2011, 367). Es gilt auch wegen einer Tätigkeit vor einer Verweisung. Der Anwalt kann aber auch nur im Namen des Auftraggebers handeln und insoweit auch eine zu hohe Wertfestsetzung rügen. Tut er das letztere, sollte seine Beschwerde demgemäß im Zweifel auch als solche nur seiner Partei ausgelegt werden, und umgekehrt (Schwab/Maatje NZA 2011, 769 (772)). Die Partei kann sich grundsätzlich nur über eine ihr nachteilige zu hohe Wertfestsetzung beschweren (BGH WuM 2012, 114; KG AGS 2016, 226; OLG Köln MDR 2012, 185, je: auch bei einer Honorarvereinbarung; OLG Nürnberg AGS 2017, 521; aA OLG Frankfurt a. M. NJW-RR 2016, 764). Das gilt auch beim Zweitschuldner nach §§ 29, 31 GKG (OLG Frankfurt a. M. JurBüro 1975, 367; OLG Köln MDR 2012, 185). Soweit gar keine Gerichtsgebühren anfallen, gibt es auch keine Beschwer (OLG Karlsruhe NJW-RR 2009, 1366; OLG Rostock AGS 2010, 39). Eine zu niedrige Festsetzung kann evtl. derjenige beanstanden, der mit seinem ProzBev eine höhere Honorarabrede getroffen hatte (OVG Niedersachsen NVwZ-RR 2011, 664). Aber Vorsicht! 9

Beispiele zur Beschwer. 10

Aktienrechtsstreit: Beschwert ist die Partei evtl. auch dann, wenn der Gegner eine Streitwertbegünstigung nach § 247 I AktG (→ AktG § 247 Rn. 1 ff.) erhalten hat.

Auftraggeber gegen Anwalt: Die Partei desjenigen Anwalts, der eine Beschwerde einlegt, kann ein ihm entgegengesetztes Ziel verfolgen wollen. Deshalb muss das Gericht ihr vor einer Heraufsetzung des Werts das rechtliche Gehör geben (OLG Koblenz JurBüro 2002, 310). Das kann freilich an sich wegen § 172 ZPO nur über den ProzBev nach § 81 ZPO gehen, etwa dahin, er möge mitteilen, ob, wann und wie er seinem Auftraggeber seinen Antrag mitgeteilt habe und wie dieser reagiert habe. Der Anwalt darf nicht ohne Wissen des Auftraggebers nur auf „Anweisung" des Rechtsschutzversicherers eine Beschwerde einlegen (LAG Düsseldorf MDR 1995, 1074 (1075)). Ein Gegner ist aber weder hier noch bei anderen Antragstellern vorhanden. Das gilt auch dann, wenn das Gericht die Partei oder einen anderen am Streitwert Interessierten anhört (VGH Hessen AnwBl 1984, 49).

Außergerichtliche Kosten: Nicht beschwert ist derjenige, der nur solche Kosten ohne eine Mitteilung nach § 29 Nr. 2 übernommen hat.

Designstreit: Beschwert ist die Partei evtl. auch dann, wenn der Gegner eine Streitwertbegünstigung nach § 54 DesignG (→ DesignG § 54 Rn. 1 ff.) erhalten hat.

Einverständnis: Das erstinstanzliche hindert nicht eine Beschwerde (OLG Frankfurt a. M. NJW 2013, 3382; OLG Karlsruhe JurBüro 2010, 200).

Gebrauchsmusterstreit: Beschwert ist die Partei evtl. auch dann, wenn der Gegner eine Streitwertbegünstigung nach § 54 GebrMG erhalten hat.

Halbleiterschutzstreit: Beschwert ist die Partei evtl. auch dann, wenn der Gegner eine Streitwertbegünstigung nach § 11 II HalbleiterschutzG iVm § 54 GebrMG erhalten hat.

Honorarvereinbarung: Beschwert ist die Partei evtl. auch dann, wenn sie mit dem Anwalt ein über das Gesetz hinausgehendes höheres Honorar nach § 3a RVG vereinbart hat (OLG Frankfurt a. M. BauR 2012, 1289). Solche Vereinbarung hindert den Anwalt übrigens nicht, eine Erhöhung des endgültig festgesetzten Kostenstreitwerts zu fordern (BFH NJW 1976, 208). Wäre eine Beschwer bei einer Honorarvereinbarung unnötig, dann könnte die Partei das erhöhte Honorar auf denjenigen Gegner abwälzen, der sich bereits auf einen endgültig festgesetzten Kostenstreitwert eingerichtet hat und nicht mit einer Streitwerterhöhung nur deshalb rechnen muss, weil sein Gegner einen teureren Anwalt beschäftigt hat (VGH Bayern NVwZ-RR 1997, 195; aA OLG Celle JurBüro 1992, 761 (762); VGH Bayern AnwBl 1982, 445; OVG Saarland NJW 2008, 312). Unter Umständen muss eine Umdeutung erfolgen (OLG Bamberg JurBüro 1976, 1677). Die Partei kann durch eine zu geringe Wertfestsetzung beschwert sein und dann ausnahmsweise eine höhere fordern (OVG Sachsen NVwZ-RR 2006, 654; aA LG Bayreuth JurBüro 1979, 405).

Kosteninteresse: Maßgebend für eine Beschwer ist das Kosteninteresse des Beschwerdeführers (OLG Karlsruhe JurBüro 2005, 542 (543)), zB der (Partei an einer

Klärung als Widerklägerin oder als Zweitschuldnerin nach § 31 III (OLG Frankfurt a. M. WRP 1975, 164).

Markenstreit: Beschwert ist die Partei evtl. auch dann, wenn der Gegner eine Streitwertbegünstigung nach § 142 MarkenG auch iVm § 8 II 3 MarkenG (→ MarkenG § 142 Rn. 1 ff.), erhalten hat.

Patentstreit: Beschwert ist die Partei evtl. auch dann, wenn der Gegner eine Streitwertermäßigung nach § 144 PatG (→ PatG § 144 Rn. 1 ff.) erhalten hat.

Rechtsmittelzulässigkeit: Keine Beschwer liegt dann vor, wenn man in Wahrheit nur die Zulässigkeit des Hauptsache-Rechtsmittels herbeiführen will (LG Bayreuth JurBüro 1979, 405).

Selbständiges Beweisverfahren: Nach einem solchen Verfahren nach §§ 485 ff. ZPO kann eine Beschwer schon wegen eines etwaigen materiellrechtlichen Ersatzanspruchs vorliegen (LG Münster MDR 1989, 554; aA LG Braunschweig JurBüro 1985, 1213, aber ein Ersatzanspruch steht hinter jedem solchen Verfahren).

Selbstvertretung: Der sich selbst vertretende Anwalt kann in beiden Funktionen unterschiedlich beschwert sein.

Staatskasse: Beschwert ist evtl. auch sie (OLG Düsseldorf NJW-RR 2000, 1382). Das gilt sowohl bei einer zu niedrigen endgültigen Festsetzung als auch bei einer zu hohen (OLG Bamberg AnwBl 1984, 95). Das gilt im letzteren Fall aber nur insoweit, als sie deshalb dem im Verfahren der Prozesskostenhilfe nach § 121 ZPO beigeordneten Anwalt mehr vergüten muss (OLG Brandenburg JurBüro 2001, 94; KG AnwBl 1984, 612; VGH Baden-Württemberg JurBüro 1992, 420).

VwGO: Beschwerdeberechtigt ist jeder Beteiligte, evtl. auch zB der Beigeladene.

Wertherabsetzung: Beschwert ist evtl. auch der erstinstanzliche Sieger bei einer solchen Herabsetzung (Schmidt Rpfleger 1975, 265; aA OVG Nordrhein-Westfalen Rpfleger 1975, 148).

Wettbewerbsstreit: Beschwert ist die Partei evtl. auch dann, wenn der Gegner eine Streitwertminderung nach § 12 IV 1 UWG (→ UWG § 12 Rn. 1 ff.) erhalten hat.

Widerklage: → „Kosteninteresse".

Zustimmung zur Festsetzung: Beschwert ist die Partei evtl. auch trotz einer Zustimmung der ProzBev nach § 81 ZPO im erstinstanzlichen Festsetzungsverfahren nach einem Wegfall ihrer früheren Beschwer (OLG Celle JurBüro 2005, 429).

Nicht beschwert ist derjenige, der einer Festsetzung des Kostenstreitwerts zugestimmt hat (OLG Hamburg MDR 1977, 407; OLG Hamm FamRZ 1997, 691; OLG Karlsruhe JurBüro 2010, 200; aA OLG München JurBüro 2001, 141, aber in solcher Zustimmung liegt der Verzicht auf eine Anfechtung).

Zweitschuldner: → „Kosteninteresse".

11 **3. Besondere Zulässigkeitsvoraussetzung (Wert- oder Zulassungsbeschwerde).** Entweder muss nach I 1 der Beschwerdewert für jede Beschwerde im Zeitpunkt ihrer Einlegung 200 EUR übersteigen (aA OLG Brandenburg FamRZ 2010, 2098, aber I 1 ist eindeutig). Das gilt auch im verwaltungsgerichtlichen Verfahren (OVG Berlin-Brandenburg NVwZ-RR 2011, 87; OVG Bremen NVwZ-RR 2010, 660; VGH Hessen MDR 1994, 737). Der Beschwerdewert ergibt sich aus dem wahren üblichen Gebührenunterschied dieser Instanz, und zwar bei einer Partei auf Grund der wahren Gerichtskosten und der insgesamt von dem Beschwerdeführer dem eigenen Anwalt zu zahlenden und dem Gegner für dessen Anwalt zB nach §§ 91 ff. ZPO zu erstattenden Gebühren (OLG Karlsruhe JurBüro 2005, 542 (543); OVG Niedersachsen NVwZ-RR 2010, 904; Schwab/Maatje NZA 2011, 769 (772)), einschließlich der Umsatzsteuer. Bei der Staatskasse kommt es auch auf die einem bestellten oder beigeordneten Anwalt zustehende Vergütung an, bei der Staatskasse unter einer Mitbeachtung von Kosten eines etwa beigeordneten Anwalts, jeweils einschließlich der Mehrwertsteuer. Infolge einer teilweisen Abhilfe kann der restliche Beschwerdewert unter 200 EUR fallen und damit zur Unzulässigkeit führen (OLG Hamm JurBüro 1982, 582). Eine Antragserweiterung kann auch den Beschwerdewert erhöhen, sofern sie nicht nur zwecks Erzielung der Zulässigkeit der Beschwerde erfolgt (Rechtsmissbrauch).

Unzureichend ist eine bloße **Abweichung** des geltend gemachten Werts vom festgesetzten (OLG Karlsruhe JurBüro 2005, 542 (543)). 12

Oder es muss nach I 2 eine **Zulassung** wegen einer grundsätzlichen Bedeutung erfolgen (OVG Bremen NVwZ-RR 2010, 660). Dazu gelten dieselben Regeln wie bei § 66 II 2 (→ § 66 Rn. 41 ff.). 13

III. Beschwerdeverfahren (I 3–6). Das Verfahren weicht von demjenigen der §§ 567 ff. ZPO ab, so schon OLG Koblenz JurBüro 2002, 310; Rummel MDR 2002, 623). Es empfiehlt sich die folgende Prüfreihe. 14

1. Zuständigkeit. Gegen eine Wertfestsetzung durch den Rpfleger ist zunächst nur der Rechtsbehelf nach § 11 RPflG möglich. Soweit der Urkundsbeamte der Geschäftsstelle einen Kostenstreitwert angesetzt und noch nicht festgesetzt hatte, ist zunächst die Entscheidung seines Gerichts nach § 66 I 1 herbeizuführen (Pabst/Rössel MDR 2004, 730 (731)). Erst gegen die endgültige Wertfestsetzung durch den Richter ist die Beschwerde nach § 68 statthaft (Pabst/Rössel MDR 2004, 730 (731)). Gegen eine erstinstanzliche WEG-Wertfestsetzung ist das Beschwerdegericht zuständig (LG Wiesbaden ZMR 2013, 565. Gegen eine Festsetzung durch das LG als Berufungsgericht ist das OLG zuständig (OLG Frankfurt a. M. ZWE 2014, 424; KG NZM 2010, 740; OLG Koblenz NJW-RR 2015, 320). In einer Familiensache ist der Familien-Senat des OLG zuständig, § 59 FamGKG. → Rn. 26. 15

2. Form. Die Einlegung der Beschwerde kann nach I 5 iVm § 66 V 1 Hs. 1, 2 schriftlich oder nach § 5a elektronisch oder zum Protokoll des Urkundsbeamten der Geschäftsstelle erfolgen (OVG Niedersachsen NVwZ-RR 2010, 904). Es genügt nach § 129a ZPO I 5 iVm § 66 V 1 Hs. 2 die rechtzeitige Einlegung bei jedem AG. Es besteht daher auch nach § 78 III Hs. 2 ZPO zumindest entsprechend kein Anwaltszwang (OLG Düsseldorf JurBüro 2011, 645), und zwar auch vor dem OVG nicht (OVG Sachsen JurBüro 1998, 94; VGH Bayern NVwZ-RR 2004, 158; OVG Saarland NVwZ-RR 2007, 564). Er besteht auch dann nicht, wenn sich der Anwalt nach § 32 II RVG beschwert. Es besteht kein Antragszwang, sondern Auslegbarkeit. Neuer Vortrag ist statthaft. 16

3. Frist. Die Beschwerde ist nach I 3 grundsätzlich nach → § 63 Rn. 52 ff. dann unzulässig, wenn sie später als nach der in § 63 III 2 genannten Sechsmonatsfrist eingeht (OLG Brandenburg OLG-NL 2005, 139; OLG Koblenz FamRZ 2005, 1768; OLG Köln NJW-RR 2013, 1178); das gilt auch bei einer Gegenvorstellung (BGH NJW 2017, 739). Die Frist beginnt mit Eintritt der formellen Rechtskraft (§ 705 ZPO) der Hauptsacheentscheidung (vgl. zum Fall der Zurückverweisung BGH TranspR 2020, 195 Rn. 5 = RVGreport 2019, 472) oder der anderweitigen Erledigung des Verfahrens, die auch maßgeblich ist, wenn in einem kostenrechtlich selbständigen Verfahren abschließende gerichtliche Entscheidungen nicht vorgesehen sind (dies gilt namentlich für das selbständige Beweisverfahren, das regelmäßig mit der Übersendung des Sachverständigengutachtens endet, vgl. etwa OLG München ZfBR 2021, 262; OLG Köln NJW-RR 2013, 1178; OLG Brandenburg BeckRS 2018, 38342; OLG-NL 2005, 139; OLG Koblenz AGS 2005, 216; aA – es kommt, jedenfalls dann, wenn es ein solches gibt, auf den Abschluss des Hauptsacheverfahrens an – KG NJW-RR 2003, 133 mwN). Bei Gesamtschuldnern kommt es auf die Rechtskraft oder Erledigung wegen aller Ansprüche an. Ein Vergleich löst die Frist aus (OLG Karlsruhe NJW-RR 2004, 499). Dasselbe gilt bei einer Klagerücknahme nach § 269 ZPO (OVG Berlin-Brandenburg NVwZ-RR 2010, 296). Wenn also auch die ändernde Entscheidung ergehen kann, kann man eine Änderung doch nicht mehr mit einer späteren Beschwerde veranlassen. § 569 ZPO ist nicht anzuwenden (OLG Hamburg FamRZ 2003, 1198). 17

Wenn das Gericht den Streitwert später als einen Monat vor dem Ablauf der in § 63 III 2 genannten Frist festsetzt oder ändert, läuft die Beschwerdefrist nach I 3 Hs. 2 ausnahmsweise noch einen Monat nach der förmlichen Zustellung oder formlosen Mitteilung des Festsetzungsbeschlusses (OLG Düsseldorf JurBüro 1990, 914). 18

Eine **weitere** Beschwerde ist nach I 6 an eine Monatsfrist seit der Zustellung der Entscheidung des Beschwerdegerichts gebunden. 19

20 **4. Wiedereinsetzung.** II gibt die Möglichkeit einer Wiedereinsetzung nach einem Fristablauf in einem den §§ 233 ff. ZPO entsprechenden Verfahren. Ähnliches gilt zB nach § 30a II 4 EGGVG, § 17 II FamFG, § 59 II 2 FamGKG, § 83 II 2 GNotKG, § 33 V 2 RVG.

21 **Fehlen eines Verschuldens** am Ablauf der Einhaltungsfrist ist nach **II 1** die wichtigste Voraussetzung. Diese Schuldlosigkeit ist nach **II 2** dann zu vermuten, wenn eine nach § 5b erfolgte oder gar nötige Rechtsbehelfsbelehrung unterblieben oder fehlerhaft war. Solche Vermutung unterfällt grundsätzlich dem entsprechend anwendbaren § 292 ZPO mit. Denn es handelt sich nach seinem S. 1 um eine gesetzliche Vermutung einer Tatsache, nämlich eben der Unterlassung oder Fehlerhaftigkeit einer Belehrung. Daran ändert der Umstand nichts, dass solche Tatsache auch einer rechtlichen Bewertung unterliegt, wie hier.

22 **Widerlegbar** ist solche Vermutung nach demselben § 292 S. 1 Hs. 1 ZPO. Denn er erlaubt den Beweis des Gegenteils. Dieser wäre nur dann unstatthaft, wenn das Gesetz selbst „ein anderes vorschreibt". Weder II 2 noch eine andere alte oder neue Vorschrift enthält eine solche Anordnung.

23 **Beweis des Gegenteils** richtet sich nach den von Rechtsprechung und Lehre entwickelten Regeln. Er liegt grundsätzlich erst dann vor, wenn das Gericht vom Gegenteil der gesetzlichen Vermutung voll überzeugt ist. Es muss dazu der Gewissheitsgrad einem restlichen Zweifel Schweigen gebieten, ohne ihn völlig ausschließen zu müssen (BVerfG NJW 2001, 1639 (1640); BGH NJW 2012, 1289; OLG Brandenburg NJW-RR 2014, 798).

24 **Kein** Beweis des Gegenteils liegt dann vor, wenn man die Überzeugung des Gerichts von der Schuldlosigkeit der Partei am Fristablauf wegen Unterlassung oder Fehlerhaftigkeit einer Rechtsbehelfsbelehrung nur erschüttern könnte (BVerfG NJW 1992, 224 (225); BGH NJW 1990, 2125; OLG Köln NJW-RR 2003, 802 (803); aA BGH NJW 1986, 2571 (2572), aber das begünstigt unzulässig den Gegner des Hauptbeweisführers).

25 **5. Anhörung.** Das Gericht muss einem Beteiligten das rechtliche Gehör vor einer ihm nachteiligen Entscheidung geben (LG Mosbach MDR 1985, 593; E. Schneider MDR 1985, 358). Wenn der angefochtene Festsetzungsbeschluss keine Begründung enthält, wenn es sich außerdem um eine schwierige Sache handelt und wenn obendrein etwa noch weitere erhebliche Verfahrensfehler vorliegen, ist eine Zurückverweisung zulässig (OLG Braunschweig JurBüro 1978, 1360).

26 **6. Einzelrichter.** Wenn das AG an das LG verwiesen hatte, entscheidet das OLG. Das gilt auch wegen eines vor der Verweisung vom AG gefassten Beschlusses nach § 63 und nicht nach § 62. Das weitere Verfahren verläuft nach I 5 iVm § 66 III–V 1, 2, 5, VI. Der Einzelrichter des § 568 I 1 ZPO ist also nach § 66 VI 1 Hs. 2 grundsätzlich als gesetzlicher Richter nach Art. 101 I 2 GG funktionell auch hier zuständig, wenn in erster Instanz der Einzelrichter entschieden hatte (vgl. OLG Frankfurt a. M. GRUR 2005, 164; OLG Hamburg FamRZ 2003, 1198). Das gilt auch nach einer Streitwertentscheidung des Vorsitzenden oder des Berichterstatters nach §§ 80, V, 87a I Nr. 4, III VwGO (OVG Sachsen NVwZ-RR 2016, 719; OVG Bremen NVwZ-RR 2016, 440, freilich nicht nach einer Sachentscheidung des Kollegiums; aA OVG Niedersachsen NVwZ-RR 2009, 744). I 5 verbietet nicht einen Proberichter als Einzelrichter (BVerfG NJW-RR 2010, 268 (269)). In anderen Fällen ist das Kollegium zuständig (OVG Sachsen-Anhalt NJW 2009, 3115; OVG Nordrhein-Westfalen NJW 2011, 2824; wohl aA VGH Bayern NVwZ-RR 2013, 904). Bei einer besonderen Schwierigkeit tatsächlicher oder rechtlicher Art oder bei einer grundsätzlichen Bedeutung der Rechtssache wie bei § 543 II Nr. 1 ZPO darf und muss der Einzelrichter des Beschwerdegerichts das Verfahren nach I 5 iVm § 66 VI 2 dem Kollegium vorlegen (KG MDR 2013, 114).

27 **7. Abhilfe.** Das festsetzende Gericht kann der Beschwerde ganz oder teilweise nach I 5 iVm § 66 III 1 Hs. 1 abhelfen (Natter NZA 2004, 686 (689)). Es muss das auch evtl. tun. Es muss eine Sachüberprüfung auch neuen Vortrags erfolgen (OLG Rostock JurBüro 2012, 196). Eine pflichtwidrige Nichtabhilfe ist ein Verfahrensfehler. Er kann zur Zurückverweisung führen. Dabei fingiert I 4 bei einer formlosen Mitteilung den Zugang des Beschlusses in verfassungsrechtlich hier wie in allen

ähnlichen Gesetzesfällen problematischer Weise mit 3 Tagen seit der Absendung. Bei einer teilweisen Nichtabhilfe erfolgt die notwendige Vorlage eben wegen des Rests. Nur er bestimmt jetzt den Beschwerdewert (OLG Frankfurt a. M. Rpfleger 1988, 30; OLG Hamm JurBüro 1982, 582; OLG Koblenz JurBüro 1986, 363). Die Streitwertfestsetzung des Prozessgerichts bindet das Beschwerdegericht nicht (LAG Nürnberg JurBüro 2009, 196). Es kann über den Antrag des Beschwerdeführers nach § 308 II ZPO hinausgehen.

8. Weiteres Verfahren. Eine Beschwerde an einen Obersten Gerichtshof des Bundes ist nach I 5 iVm § 66 III 4 unstatthaft (BGH MDR 2004, 355; BAG NZA 2003, 682 mzustAnm Brinkmann JurBüro 2003, 422; KG ZMR 2008, 448 (449)). Daher ist eine Entscheidung eines FG oder eines LAG unanfechtbar (Natter NZA 2004, 686 (689)). Das alles gilt selbst nach einem schweren Verfahrensverstoß etwa gegen Art. 103 I GG. Dann bleibt (selbstverständlich) eine Verfassungsbeschwerde denkbar. **28**

Eine Streitwertbeschwerde ist auch noch dann zulässig, wenn die Entscheidung in der Hauptsache bereits **rechtskräftig** geworden ist. Durch eine Beschwerdeentscheidung kann also wegen einer erheblichen Veränderung des Streitwerts die Kostenentscheidung der Hauptsache unrichtig werden. **29**

Gegen die Versäumung der Frist nach I 3–5 ist unter den den §§ 233 ff. ZPO ähnelnden Voraussetzungen II eine **Wiedereinsetzung** zulässig. Dazu muss feststehen, dass trotz aller zumutbaren Sorgfalt die Versäumung der Beschwerdefrist nicht vorwerfbar war (OVG Nordrhein-Westfalen NJW 2008, 1339). **30**

9. Abänderung. Das höhere Gericht kann auch von Amts wegen die Entscheidung des Vordergerichts abändern (OLG Oldenburg NJW-RR 1996, 946; OLG Zweibrücken Rpfleger 1980, 201; VGH Bayern MDR 1999, 197). Es darf durchaus mehr prüfen als nur einen Ermessensfehler des Erstgerichts (LAG Nürnberg NZA-RR 2014, 561 (562)). Soweit die Beschwerde innerhalb der Frist des I 3, 4 einging, ist die Abänderung von Amts wegen auch nach dem Fristablauf zulässig (BVerwG NVwZ 1988, 1019). Eine Abänderung von Amts wegen ist auch zum Nachteil des Beschwerdeführers zulässig. Es besteht also kein Verschlechterungsverbot (OLG Düsseldorf MDR 2009, 1188; LG Hamburg ZMR 2012, 968; OVG Sachsen NVwZ-RR 2013, 1022, krit. B. Schneider NJW 2017, 3764 (3765)). Es gibt keine Rechtsbeschwerde (BAG NZA 2003, 682). **31**

10. Weitere Beschwerde. Eine weitere Beschwerde ist in einer Abweichung von § 574 ZPO unter den Voraussetzungen I 5 iVm § 66 IV statthaft, also nur dann, wenn das LG als Beschwerdegericht entschieden hat und wenn es die weitere Beschwerde wegen der grundsätzlichen Bedeutung der zur Entscheidung stehenden Frage bereits in seinem Beschluss zugelassen hat (OLG Düsseldorf JurBüro 2010, 426). Die weitere Beschwerde ist innerhalb der Monatsfrist des I 6 zulässig. Zur Entscheidung ist das OLG zuständig. Es entscheidet in voller Besetzung (OLG Düsseldorf JurBüro 2010, 426). **32**

11. Entscheidung. Das Beschwerdegericht überprüft den vorinstanzlichen Festsetzungsbeschluss im vollen Umfang seiner Anfechtung. Es übt bei der Wertfestsetzung sein volles pflichtgemäßes Ermessen aus (OLG Bamberg JurBüro 1978, 1061). Es begründet seine Entscheidung nachprüfbar. Das Gericht stellt seine Beschwerdeentscheidung dem Beschwerdeführer und dem Prozessgegner schon wegen der Fristgebundenheit einer etwaigen weiteren Beschwerde nach → Rn. 33 und wegen der nach § 107 II ZPO etwa anlaufenden Frist nach § 329 III ZPO förmlich zu. Rechtsbehelfsbelehrung, Verstoß: §§ 5b, 68 II 2. **33**

Im Beschwerdeverfahren entstehen nach **III 1 keine Gebühren,** soweit die Beschwerde zulässig ist, sonst aber grundsätzlich sehr wohl (BGH NJW 2003, 69; OLG Celle JurBüro 2013, 30; OVG Niedersachsen JurBüro 2014, 380; aA OLG Frankfurt a. M. MDR 2012, 811; OVG Nordrhein-Westfalen JurBüro 2016, 197, aber Unzulässigkeit darf nicht auch nach jetzigem Recht noch gebührenfrei bleiben). Ganz unproblematisch ist diese Sichtweise allerdings nicht. Nicht jede Unzulässigkeit grenzt an den stets verbotenen Rechtsmissbrauch. Es mag zB ganz schwierig gewesen sein, einen Beschwerdewert nach → Rn. 12 richtig abzuschätzen oder eine Beschwerdefrist nach → Rn. 16 korrekt zu errechnen. Dann wäre die nach III ja dem Wortlaut nach **34** immer vorhandene Gebührenfreiheit nicht so ohne weiteres aus dem dortigen Sinn ins Gegenteil umkehrbar. Das darf das Gericht mitbeachten.

35 Es können **Auslagen** nach KV 9000 ff. entstehen. Es findet nach **III 1** grundsätzlich keine Kostenerstattung wie nach §§ 91 ff. ZPO statt. Das soll einen neuen Streit verhindern helfen (BGH NJW 1993, 2541 (2542); OLG Koblenz NJW-RR 2004, 1222; N. Schneider NJW 2011, 2628 (2630), je: Ausnahme: Unstatthaftigkeit der Beschwerde). Es gibt keine Kostenentscheidung zulasten des Prozessgegners des Beschwerdeführers (LG Frankfurt a. M. Rpfleger 1985, 208), nach III 1 auch nicht wegen Gerichtsauslagen. Denn er ist kein Gegner (BFH NJW 1976, 1864; OVG Sachsen LKV 1994, 64; VGH Bayern MDR 1999, 197).

36 Wegen einer etwaigen **Berichtigung der Kostengrundentscheidung** gilt dasselbe wie bei → § 63 Rn. 40, 41.

IV. Gegenvorstellung

37 **Schrifttum:** M. Bauer, Die Gegenvorstellung im Zivilprozeß, 1990; ders., Die Gegenvorstellung im Zivilprozeß in Analogie zu den §§ 33a, 311a StPO, NJW 1991, 1711; Koch, Rechtsschutz durch Gegendarstellung in Frankreich und Deutschland, 1995; Kummer, Die Gegenvorstellung, FS Krasney, 1997, 277; Schumann, Die Gegenvorstellung im Zivilprozeß, FS Baumgärtel, 1990, 491.

38 **1. Grundsatz: Statthaftigkeit.** Die Gegenvorstellung ist ein Rechtsbehelf. Sie ist eine Ausprägung des Art. 17 GG (OLG Karlsruhe NStZ 1993, 88). Sie richtet sich an das bisherige Gericht und erbittet lediglich dessen nochmalige Überprüfung (BGH WuM 2011, 323; KG BauR 2006, 149). Sie ist grundsätzlich in jeder Lage des Verfahrens statthaft (BVerfGE 122, 190 = NJW 2009, 829; BFH NJW 2006, 861; BSG NJW 2006, 860). Sie kann sogar vor einer Verfassungsbeschwerde notwendig sein, → Rn. 28. Das alles gilt trotz des aus allgemeinen prozessualen Grundsätzen folgenden Verbots einer Umgehung des gesetzlich zur Verfügung stehenden Rechtsbehelfs (BGH NJW-RR 1986, 737; BSG MDR 1992, 386; OLG Köln MDR 2011, 477). Eine Gegenvorstellung ist jedoch nur zulässig, wenn die folgenden Voraussetzungen zusammentreffen.

39 **2. Zulässigkeit einer Beschwerde.** Eine Beschwerde nach I–III muss insofern zulässig sein, als die angegriffene Entscheidung ihrer Art nach beschwerdefähig sein muss (BGH NJW 2014, 1597). Denn die Gegenvorstellung unterscheidet sich von der Beschwerde unter anderem durch das Fehlen einer Anrufung des übergeordneten Gerichts. Sie kann überdies als eine Anregung zur Änderung von Amts wegen nach § 63 III gelten. Die Gegenvorstellung kommt auch dann in Betracht, wenn ein Beschwerdegericht fehlt oder wenn eine Beschwerdesumme nicht erreicht ist (BVerfG NJW 2002, 3387; BGH NJW-RR 1986, 737). Die Beschwerdefrist darf nicht abgelaufen sein (BGH NJW-RR 1986, 737; BVerwG NVwZ-RR 2011, 709; OLG Nürnberg NJW-RR 1999, 653 (654)).

40 **3. Rechtsschutzbedürfnis.** Rechtsschutzbedürfnis muss vorliegen (BGH NJW-RR 2009, 1009; krit. Steeper ZZP 122, 490; OLG Bremen JurBüro 1978, 602). Man darf ein Rechtsschutzbedürfnis wegen der stets erforderlichen Beschwerdemöglichkeit nur ausnahmsweise bejahen.

41 **4. Verfahren.** Rechtsbehelfsbelehrung, Verstoß: §§ 5b, 68 II 2. Eine Gegenvorstellung gegen den Festsetzungsbeschluss des Rechtsmittelgerichts wegen des vorinstanzlichen Werts ist in der Regel unzulässig (vgl. BGH NJW-RR 1986, 737; OLG Düsseldorf JurBüro 2010, 426; OLG Hamm MDR 1990, 63).

42 Das gilt zumindest dann, wenn der Beschwerdeführer sie **später als 6 Monate seit der Erledigung** der Hauptsache einlegt. Von diesem Grundsatz mag dann eine Ausnahme gelten, wenn das Gericht gegen das Gebot des rechtlichen Gehörs des Beschwerdegegners verstoßen hat, Art. 2 I, 20 III GG (Rpfleger) (BVerfGE 101, 397 (404) = NJW 2000, 1709), Art. 103 I GG (Richter) (OLG Hamm JurBüro 1976, 1121), oder wenn es sich um eine Änderung oder Klarstellung nach § 319 ZPO handelt oder wenn die Voraussetzungen II vorliegen.

43 Die **Frist des I 3, 4 ist einzuhalten** (vgl. BGH NJW-RR 1986, 373). § 63 III 2 Hs. 2 ist entsprechend anzuwenden (OLG Koblenz MDR 1990, 63; OVG Nordrhein-Westfalen NVwZ-RR 1999, 479). Innerhalb der Frist kommt gegen eine Ent-

scheidung des BGH eine Gegenvorstellung in Betracht (BVerfG NJW 2002, 3387). Diese ist vor einer Verfassungsbeschwerde auch selbst dann einzulegen, wenn ihr Erfolg zweifelhaft sein kann (BVerfG NJW 2002, 3387).

Im Verfahren auf eine Gegenvorstellung entstehen keine Gerichtsgebühren, § 1 (KG FamRZ 1975, 103 (104)). 44

Beschwerde gegen die Auferlegung einer Verzögerungsgebühr

69 **[1] Gegen den Beschluss nach § 38 findet die Beschwerde statt, wenn der Wert des Beschwerdegegenstands 200 Euro übersteigt oder das Gericht, das die angefochtene Entscheidung erlassen hat, die Beschwerde wegen der grundsätzlichen Bedeutung in dem Beschluss der zur Entscheidung stehenden Frage zugelassen hat. [2] § 66 Absatz 3, 4, 5 Satz 1, 2 und 5, Absatz 6 und 8 ist entsprechend anzuwenden.**

I. Normzweck, Übersicht. Nach § 38 kann das Gericht einer Partei durch gesonderten **Beschluss** eine **Verzögerungsgebühr** auferlegen. § 69 regelt die **Anfechtung** dieses Beschlusses. Gegenstand der Beschwerde nach § 69 ist dabei die in das pflichtgemäße Ermessen des Gerichts gestellte Entscheidung, (überhaupt) eine Verzögerungsgebühr aufzuerlegen und diese nach Maßgabe von § 38 S. 2 zu ermäßigen oder nicht. Soweit aber die Gebührenhöhe auf der Grundlage des gerichtlich festgesetzten Gebührensatzes falsch angesetzt wird, ist dies allein eine Frage des Gebührenansatzes, dessen Überprüfung (nur) nach § 66 möglich ist (vgl. NK-GK/Thiel Rn. 2). 1

II. Zulässigkeit der Beschwerde (S. 1). 1. Statthaftigkeit. Gegeben ist die Beschwerde nach S. 1 gegen einen Beschluss über die Auferlegung einer Verzögerungsgebühr nach § 38 (soweit das OVG Magdeburg BeckRS 2008, 32681 – zu § 34 II aF – unter Bezugnahme auf eine ältere, allerdings nicht zutreffend zitierte Entscheidung des BFH erwägt und im Ergebnis offenlässt, ob der Ausschluss der Anfechtbarkeit isolierter Kostenentscheidungen in Verfahrensordnungen, vgl. § 158 II VwGO, eine Beschwerde nach § 69 ausschließt, verkennt es den Vorrang des § 69, → Rn. 5; die Entscheidung des BFH bezog sich mutmaßlich auf die befristete Sonderregelung in Art. 1 Nr. 4 BFHEntlG, vgl. BFH BeckRS 1983, 5031; 1992, 7163). 2

Da allerdings nach S. 2 iVm § 66 III 3 eine Beschwerde an einen obersten Gerichtshof des Bundes nicht stattfindet, sind nur Entscheidungen eines Gerichts anfechtbar, dessen nächsthöheres Gericht (vgl. S. 2 iVm § 66 III 2 und → Rn 12) kein solcher oberster Gerichtshof des Bundes ist. Mithin sind Beschlüsse nach § 38, die etwa von einem OLG, einem OVG/VGH, einem LSG, einem LAG oder einem FG (BFH/NV 2007, 931) erlassen worden sind, generell unanfechtbar. Lässt das Gericht gleichwohl die Beschwerde zu (→ Rn. 5), ist die Beschwerde ungeachtet der Bindungswirkung der Zulassung (S. 2 iVm § 66 III 4 Hs. 2) unzulässig, weil es nicht in der Rechtsmacht des Gerichts steht, einen vom Gesetz ausdrücklich ausgeschlossenen Instanzenweg zu eröffnen. 3

2. Besondere Zulässigkeitsvoraussetzungen. a) Wertbeschwerde. Soweit eine Beschwerde gegeben ist, ist sie allerdings nur zulässig, wenn auch die besonderen, sich aus S. 1 ergebenden Zulässigkeitsvoraussetzungen vorliegen. Nach S. 1 Fall 1 ist die Beschwerde ohne weiteres zulässig, wenn der Wert des Beschwerdegegenstands 200 EUR übersteigt. Der **Wert des Beschwerdegegenstands** wird allg. bestimmt durch den Umfang der nach dem Rechtsmittelantrag erstrebten Abänderung der angefochtenen Entscheidung (vgl. nur BGH NJW-RR 1993, 1026 (1027); BGHZ 206, 276 = NJW 2015, 2816 Rn. 10 mwN). Maßgeblich sind hier also die Höhe der festgesetzten Verzögerungsgebühr und der Umfang der mit der Beschwerde begehrten Herabsetzung. 4

b) Zulassungsbeschwerde. Unabhängig vom Beschwerdewert ist die Beschwerde zulässig, wenn das Gericht, das Verzögerungsgebühr auferlegt hat, nach S. 1 Fall 2 die Beschwerde zugelassen hat. Zuzulassen ist sie, wenn die zur Entscheidung stehende Frage **grundsätzliche Bedeutung** hat. Der Begriff der grundsätzlichen Bedeutung (der als Oberbegriff auch Rechtsfortbildung und Divergenz umfasst) entspricht 5 dabei der Verwendung in anderen Gesetzen (vgl. nur §§ 511 IV Nr. 1, 543 II 1, 566 IV 1, 574 II ZPO, §§ 64 III Nr. 1, 72 II Nr. 1 ArbGG, §§ 124 II Nr. 3, 132 II Nr. 1 VwGO; §§ 144 II Nr. 1, 160 II Nr. 1 SGG, § 115 II Nr. 1 FGO, § 74 II Nr. 1 GWB u. a.). Ist die Zulassung erfolgt, spielt es keine Rolle mehr, ob tatsächlich Grundsatzbedeutung vorliegt, weil das Beschwerdegericht an die Zulassung gebunden ist (S. 2 iVm § 66 III 4 Hs. 2).

6 Die Zulassung muss **„in dem Beschluss"** über die Auferlegung der Verzögerungsgebühr erfolgen (allerdings sind die betreffenden Worte bei der Einführung der Zulassungsbeschwerde mit dem KostRMoG 2004, vgl. Begr. RegE BT-Drs. 15/1971, S. 158, an die falsche Stelle gerutscht – richtig wäre ihre Einfügung hinter „Frage", vgl. etwa § 66 II 2; dieses Redaktionsversehen ist auch bei der Neubekanntmachung des GKG von 2014 beibehalten worden). Sie kann im Tenor, aber auch in den Gründen erfolgen. Schweigt der Beschluss zur Zulassung, fehlt es an der für die Statthaftigkeit der Beschwerde erforderlichen Zulassung, und zwar auch dann, wenn das Gericht die Möglichkeit der Zulassung gar nicht bedacht hat (vgl. allg. etwa zur Revision BGH NJW 2011, 1516 Rn. 4; NJW-RR 2014, 1470 Rn. 7; und zur Rechtsbeschwerde BGH NJW 2004, 779; NJW-RR 2009, Rn. 7; NJW 2014, 2879 Rn. 12; NJW-RR 2016, 955 Rn. 3).

7 Eine **nachträgliche Zulassung** scheidet aus; eine Beschlussberichtigung entspr. § 319 ZPO, § 118 VwGO u. a. setzt voraus, dass das Gericht eine tatsächlich beschlossene Zulassung versehentlich nicht in den Beschluss aufgenommen hat, was aber „offenbar" sein muss, dh aus dem Zusammenhang des Beschlusses selbst oder mindestens aus den Vorgängen bei seinem Erlass nach außen hervorgetreten und auch für Dritte ohne Weiteres deutlich ist (vgl. zur Revisionszulassung BGH NJW-RR 2001, 61 mwN; NJW 2011, 1516 Rn. 4; NJW-RR 2015, 885 Rn. 7; zur Rechtsbeschwerdezulassung BGH NJW 2005, 156; NJW-RR 2009, 1349 Rn. 8; NJW 2013, 2124 Rn. 10; 2014, 2879 Rn. 8).

8 Die Entscheidung, die Beschwerde nicht zuzulassen, ist **nicht anfechtbar** (S. 2 iVm § 66 III 4 Hs. 2); es gibt also keine Nichtzulassungsbeschwerde (es bleiben dann mithin nur die von § 69a und der Verfassungsbeschwerde eröffneten – beschränkten – Möglichkeiten).

9 **III. Verfahren (S. 2). 1. Grundsatz.** Im Ausgangspunkt gilt für das Verfahren auch der Anfechtung der Auferlegung einer Verzögerungsgebühr die Verfahrensordnung, die allg. für das zugrunde liegende Verfahren vor dem konkreten Gericht Anwendung findet (→ § 1 Rn. 48). Gem. § 1 V gehen diesen Verfahrensvorschriften allerdings die Regelungen (u. a.) des § 69 vor (→ § 1 Rn. 49), so dass auf sie nur dann zurückgegriffen werden kann (und muss), wenn § 69 keine eigenständige Regelung trifft (zB für die Verlautbarung von Entscheidungen). § 69 selbst regelt außer der Statthaftigkeit der Beschwerde (in S. 1) das Verfahren nicht eigenständig, sondern verweist in S. 2 weitgehend auf § 66, hierzu → § 66 Rn. 36 ff., 62 ff.

10 **2. Einlegung, Entscheidung, Kosten.** Die – nicht fristgebundene (vgl. NK-GK/Thiel § 66 Rn. 89 mwN) – **Einlegung** der Beschwerde gegen die Auferlegung einer Verzögerungsgebühr hat gem. S. 2 iVm § 66 V 5 bei dem Gericht zu erfolgen, dessen Beschluss angefochten wird („iudex a quo"). Die Einlegung kann schriftlich oder zu Protokoll der Geschäftsstelle erfolgen (S. 2 iVm § 66 V 1); eine förmliche Begründung ist nicht erforderlich. Ein Vertretungszwang besteht nicht; soweit sich die Partei aber vertreten lässt, gelten die Vertretungsvorschriften der für das zugrunde liegenden Verfahren geltenden Verfahrensordnung wie zB §§ 78 ff. ZPO, § 67 VwGO (S. 2 iVm § 66 V 2).

11 Das Ausgangsgericht hat zunächst zu prüfen, ob es der Beschwerde **abhilft,** weil es sie für zulässig und begründet hält, S. 2 iVm § 66 III 1 Hs. 1 (im Hinblick auf den Zweck der Verzögerungsgebühr muss dafür eine nur vage angekündigte Begründung der Beschwerde nicht abgewartet werden, LG Kleve BeckRS 2015, 16978; aA unter Verweis auf das Gebot der Gewährung rechtlichen Gehörs BeckOK KostR/Laube Rn. 31). Die Zulässigkeit der Beschwerde setzt dabei nach allg. Regeln eine eigene **Beschwer** des Beschwerdeführers voraus. Diese Beschwer kann sich vor allem daraus ergeben, dass der Partei oder entgegen § 38 gar einem Dritten (zB Verfahrensbevollmächtigten) eine Verzögerungsgebühr auferlegt wurde. Auch die Staatskasse kann

beschwert sein, wenn nämlich das Gericht von seiner Ermäßigungsmöglichkeit nach § 38 S. 2 Gebrauch gemacht hat (BeckOK KostR/Laube Rn. 25). Nicht beschwert sind hingegen mangels Betroffenheit eigener subjektiver Rechte die Gegenpartei oder ein sonstiger Verfahrensbeteiligter (insbes. Verfahrensbevollmächtigter), soweit einer Partei eine Verzögerungsgebühr auferlegt wird oder nur in nach § 38 S. 2 ermäßigter Höhe.

Hilft das Ausgangsgericht nicht ab, legt es die Beschwerde dem Beschwerdegericht zur Entscheidung vor (S. 2 iVm § 66 III 1 Hs. 2). **Beschwerdegericht** ist das nächsthöhere Gericht (→ Rn. 3), S. 2 iVm § 66 III 2, womit nicht das im Instanzenzug der Verfahrensordnung für das zugrunde liegende Verfahren, sondern das im Gerichtsaufbau nachfolgende Gericht gemeint ist (BGH NJW-RR 2008, 151; hat das LG als Berufungsgericht entschieden, ist nächsthöheres Gericht mithin nicht wie nach § 574 I 1 ZPO der BGH, sondern das OLG). Dieses entscheidet, wenn die angefochtene Entscheidung von einem Einzelrichter erlassen wurde, durch eines seiner Mitglieder als Einzelrichter (S. 2 iVm § 66 VI 1), iÜ durch den Spruchkörper, allerdings ohne etwaige ehrenamtliche Richter (S. 2 iVm § 66 VI 3). Soweit der Einzelrichter danach originär zur Entscheidung berufen ist, hat er, wenn die Sache besondere Schwierigkeiten tatsächlicher oder rechtlicher Art aufweist oder die Rechtssache grundsätzliche Bedeutung hat, das Verfahren dem Spruchkörper zu übertragen (S. 2 iVm § 66 VII 2). Die Entscheidung, für die der Amtsermittlungsgrundsatz gilt (BeckOK KostR/Laube Rn. 40), ergeht sodann nach den Regelungen der Verfahrensordnung des zugrunde liegenden Verfahrens durch Beschluss. 12

Das Beschwerdeverfahren ist **gerichtsgebührenfrei,** S. 2 iVm § 66 VIII 1 (Auslagen können demnach allerdings erhoben werden). Lässt sich die Partei durch einen Rechtsanwalt vertreten, erhält dieser eine Verfahrensgebühr nach VV 3500 RVG bzw. VV 3501 RVG (zzgl. Auslagenersatz und Umsatzsteuer) als Vergütung. Eine Erstattung dieser Kosten findet nicht statt (S. 2 iVm § 66 VIII 2). 13

3. Anfechtbarkeit der Beschwerdeentscheidung. Die Entscheidung des Beschwerdegerichts ist nur nach Maßgabe von S. 2 iVm § 66 IV (→ § 66 Rn. 59 f.) anfechtbar, mithin mit der (ebenfalls nicht fristgebundenen) **weiteren Beschwerde.** Statthaft ist diese weitere Beschwerde nur, wenn (1.) das **LG** als Beschwerdegericht entschieden hat (mithin überhaupt nur in Zivilverfahren) und (2.) dieses in der Beschwerdeentscheidung die weitere Beschwerde wegen grundsätzlicher Bedeutung der zur Entscheidung stehenden Frage **zugelassen** hat (zu letzterem → Rn. 6), S. 2 iVm § 66 IV 1. Für die Einlegung gilt das zur Beschwerde Gesagte (→ Rn. 10) gleichermaßen. Sie kann nur darauf gestützt werden, dass die Beschwerdeentscheidung auf einer Rechtsverletzung (iSd §§ 546, 547 ZPO) beruht (und muss folglich – anders als die Beschwerde – auch formal begründet werden), S. 2 iVm § 66 IV 2. Auch bei der weiteren Beschwerde hat zunächst das Beschwerdegericht eine Abhilfe zu prüfen und die Sache dann, wenn es der weiteren Beschwerde nicht abhilft, dem Beschwerdegericht vorzulegen, S. 2 iVm. § 66 IV 3, III 1. Gericht der weiteren Beschwerde ist das OLG, S. 2 iVm § 66 IV 3. Für die Kosten gilt ebenfalls das zur Beschwerde Gesagte (→ Rn. 13). 14

Eine **Rechtsbeschwerde** zum BGH als besondere Beschwerde ist dagegen nach S. 2 iVm § 66 III 3 generell **unstatthaft.** Dies gilt auch dann, wenn das Beschwerdegericht sie in seiner Beschwerdeentscheidung zugelassen hat; die hierauf eingelegte Rechtsbeschwerde kann aber in eine zugelassene weitere Beschwerde umgedeutet und an das für diese zuständige OLG abgegeben werden (vgl. BGH NJW-RR 2013, 1081; NJW 2018, 1606, jeweils mwN). 15

Abhilfe bei Verletzung des Anspruchs auf rechtliches Gehör

69a

I Auf die Rüge eines durch die Entscheidung beschwerten Beteiligten ist das Verfahren fortzuführen, wenn

1. **ein Rechtsmittel oder ein anderer Rechtsbehelf gegen die Entscheidung nicht gegeben ist und**
2. **das Gericht den Anspruch dieses Beteiligten auf rechtliches Gehör in entscheidungserheblicher Weise verletzt hat.**

II [1]Die Rüge ist innerhalb von zwei Wochen nach Kenntnis von der Verletzung des rechtlichen Gehörs zu erheben; der Zeitpunkt der Kenntniserlangung ist glaubhaft zu machen. [2]Nach Ablauf eines Jahres seit Bekanntmachung der angegriffenen Entscheidung kann die Rüge nicht mehr erhoben werden. [3]Formlos mitgeteilte Entscheidungen gelten mit dem dritten Tage nach Aufgabe zur Post als bekannt gemacht. [4]Die Rüge ist bei dem Gericht zu erheben, dessen Entscheidung angegriffen wird; § 66 Absatz 5 Satz 1 und 2 gilt entsprechend. [5]Die Rüge muss die angegriffene Entscheidung bezeichnen und das Vorliegen der in Absatz 1 Nummer 2 genannten Voraussetzungen darlegen.

III Den übrigen Beteiligten ist, soweit erforderlich, Gelegenheit zur Stellungnahme zu geben.

IV [1]Das Gericht hat von Amts wegen zu prüfen, ob die Rüge an sich statthaft und ob sie in der gesetzlichen Form und Frist erhoben ist. [2]Mangelt es an einem dieser Erfordernisse, so ist die Rüge als unzulässig zu verwerfen. [3]Ist die Rüge unbegründet, weist das Gericht sie zurück. [4]Die Entscheidung ergeht durch unanfechtbaren Beschluss. [5]Der Beschluss soll kurz begründet werden.

V Ist die Rüge begründet, so hilft ihr das Gericht ab, indem es das Verfahren fortführt, soweit dies aufgrund der Rüge geboten ist.

VI Kosten werden nicht erstattet.

Schrifttum: Brückner, Das Zusammenspiel von fachgerichtlicher Anhörungsrüge und Verfassungsbeschwerde, SächsVBl 2018, 133; Esser, Die Judikatur des EGMR im Strudel der Anhörungsrüge, NJW 2016, 604; Klose, Die Gewährung des rechtlichen Gehörs im Zivilprozess, NJ 2017, 282; Rieble/Vielmeier, Riskante Anhörungsrüge, JZ 2011, 923; Sturm, Die Anhörungsrüge in der neuesten Rechtsprechung des BVerfG, AnwBl 2018, 94.

Übersicht

1 **I. Normzweck, Übersicht.** Nachdem das Plenum des BVerfG entschieden hatte, dass das Rechtsstaatsprinzip iVm dem Grundsatz des rechtlichen Gehörs die Möglichkeit **fachgerichtlicher Abhilfe** für den Fall verlangt, dass ein Gericht in entscheidungserheblicher Weise den **Anspruch auf rechtliches Gehör verletzt,** und dem Gesetzgeber für die Umsetzung eine Frist bis zum 31.12.2004 gesetzt hatte (BVerfGE 107, 395 = NJW 2003, 1924), sind durch das Anhörungsrügengesetz vom 9.12.2004 (BGBl. I 3220) die Vorschriften über vorhandene Rechtsbehelfe ergänzt worden. Entsprechende, dem § 69a inhaltlich weitgehend gleichende Vorschriften sind auch in andere Kostengesetze eingefügt worden (vgl. die mit Ausnahme der Verweisung in II 4 Hs. 2 gleichlautenden § 4a JVEG, § 12a RVG, § 61 FamGKG, § 84 GNotKG – die beiden letztgenannten Vorschriften sogleich im Rahmen der Neukodifikationen eingefügt – sowie außerdem auch § 131 GNotKG).

2 Die Anhörungsrüge ist kein Rechtsmittel (vgl. BGH r+s 2010, 40 Rn. 15; NJW 2014, 2443 Rn. 12; 2018, 3388 Rn. 15), sondern ein **außerordentlicher Rechtsbehelf** (vgl. BeckOK ZPO/Bacher ZPO § 321a Rn. 3), mit der bei von Gesetzes

wegen unanfechtbaren Entscheidungen (letztlich: zur Entlastung des BVerfG) die (sonst nur noch durch Verfassungsbeschwerde abzuwehrende) Verletzung des grundrechtsgleichen Rechts auf Gewährung rechtlichen Gehörs (Art. 103 I GG) gerügt werden kann. Sie richtet sich an das Gericht, das die unanfechtbare Entscheidung erlassen hat, und ist von diesem zu bescheiden, hat also keinen Devolutiveffekt. Die Anhörungsrüge hemmt auch nicht die Rechtskraft der angegriffenen Entscheidung, sondern führt ggf. zur Fortsetzung des Verfahrens und zur Entscheidung über Aufrechterhaltung oder (rechtskraftdurchbrechende) Aufhebung der angegriffenen Entscheidung bei neuer Sachentscheidung. Sie ermöglicht dem Gericht daher unter Befreiung von der Rechtskraft- und innerprozessualen Bindungswirkung seiner Entscheidung eine Selbstkorrektur (vgl. BGH r+s 2010, 40 Rn. 15). Für eine Verfassungsbeschwerde ist die vorherige Durchführung eines Anhörungsrügeverfahrens uU Zulässigkeitsvoraussetzung (→ Rn. 19 ff.).

Die Anhörungsrüge nach § 69a betrifft nur gerichtliche **Entscheidungen nach dem GKG,** also insbes. solche nach den §§ 66–69 GKG. Wird die gegen eine solche Entscheidung erhobene Anhörungsrüge ausdrücklich auf die entspr. Vorschrift für das zugrundeliegende Verfahren (etwa § 321a ZPO oder § 152a VwGO) statt auf § 69a gestützt, ist dies unschädlich, solange erkennbar ist, welche Entscheidung weswegen gerügt werden soll (VGH Bayern BayVBl 2011, 94 = BeckRS 2011, 46007 Rn. 9; BeckRS 2016, 55677 Rn. 32; OVG Saarland BeckRS 2018, 26819 Rn. 4; LSG Nordrhein-Westfalen BeckRS 2019, 31584; iErg auch FG Düsseldorf EFG 2019, 1649 = BeckRS 2019, 20926 Rn. 12; aA BFH BFH/NV 2008, 246 = BeckRS 2007, 25012644). Auch Gerichte übersehen gelegentlich die Einschlägigkeit des § 69a (vgl. etwa OVG Nordrhein-Westfalen BeckRS 2021, 21165; 2022, 9594). 3

II. Verfahrensvoraussetzungen. 1. Statthaftigkeit. Die Anhörungsrüge ist nach § 69a I (anders als zB nach § 321a I 2 ZPO, der jedenfalls seinem Wortlaut nach Zwischenentscheidungen ausschließt) im Grundsatz gegen jede gerichtliche Entscheidung gegeben. Statthaft ist sie aber nur, wenn gegen die Entscheidung, die angegriffen werden soll, ein Rechtsmittel oder ein anderer Rechtsbehelf nicht gegeben ist, § 69a I 1 Nr. 1, es also **keinen ordentlichen Rechtsbehelf** gibt, mit dem die Entscheidung angegriffen werden könnte. 4

Rechtsmittel sind die im GKG genannten ordentlichen Rechtsmittel der Beschwerde (§ 66 III) und der weiteren Beschwerde (§ 66 IV); ein anderer Rechtsbehelf ist insbes. die Erinnerung (§ 66 I). Sie kommt daher insbes. in Betracht, wenn es – wie bei Entscheidungen der obersten Bundesgerichte (vgl. BFH/NV 2011, 443 = BeckRS 2011, 94159) – überhaupt keinen statthaften Rechtsbehelf gibt oder an sich vorgesehene Rechtsbehelfe wegen Fehlens der besonderen Statthaftigkeitsvoraussetzungen nicht gegeben wären (zB bei der Beschwerde, wenn die Mindestbeschwer nicht erreicht und die Beschwerde auch nicht zugelassen ist, § 66 III, oder bei der weiteren Beschwerde, wenn nicht das LG Beschwerdegericht war bzw. eine Zulassung nicht erfolgt ist, § 66 IV). Dagegen ist eine (im Grundsatz – nur – gegen das Gericht selbst nicht bindende Entscheidungen gegebene) Gegenvorstellung kein die Anhörungsrüge ausschließender Rechtsbehelf; vielmehr dürfte – umgekehrt – die Möglichkeit einer (fristgebundenen) Anhörungsrüge eine Gegenvorstellung ausschließen (offengelassen von BVerwG BeckRS 2019, 654 Rn. 2 und ständig). 5

2. Zulässigkeitsanforderungen. a) Frist. Die Anhörungsrüge ist fristgebunden. Sie muss innerhalb von **zwei Wochen** nach Kenntnis von der Verletzung des rechtlichen Gehörs erhoben werden (II 1 Hs. 1); Voraussetzung ist die tatsächliche subjektive Kenntnis der den Gehörsverstoß begründenden Umstände. Soweit es an einer solchen Kenntnis fehlt, läuft die (absolute) Frist nach II 2 ein Jahr nach Bekanntgabe der angegriffenen Entscheidung ab; (nur) insoweit (vgl. – zu § 78a II ArbGG – BVerfG NJW 2007, 2242 Rn. 14; nicht also für die tatsächliche Kenntniserlangung) wird die Bekanntgabe einer formlos mitgeteilten Entscheidung nach II 3 mit dem dritten Tag nach Aufgabe der Entscheidung zur Post fingiert. Bei Fristversäumung kommt eine Wiedereinsetzung nur nach Maßgabe der für das zugrunde liegende Verfahren geltenden Verfahrensordnung in Betracht, was voraussetzt, dass nach dieser (anders als zB nach § 233 ZPO) eine Wiedereinsetzung in jede gesetzliche Frist möglich ist (wie zB nach § 60 I VwGO). 6

7 **b) Einlegung.** Die Rüge ist bei dem Gericht zu erheben, dessen Entscheidung angegriffen werden soll **(„iudex a quo"),** II 4 Hs. 1. Die Einlegung kann schriftlich oder zu Protokoll der Geschäftsstelle erfolgen, II 4 Hs. 2 iVm § 66 V 1. Ein Vertretungszwang besteht nicht; lässt sich der Beteiligte aber von einem Verfahrensbevollmächtigten vertreten, gelten für die Vertretung die Vertretungsvorschriften der für das zugrunde liegende Verfahren geltenden Verfahrensordnung (zB §§ 78 ff. ZPO, § 67 VwGO u. a.), II 4 Hs. 2 iVm § 66 V 2. In der Rüge ist die angegriffene Entscheidung zu bezeichnen, II 5, und ggfs. der Zeitpunkt der Erlangung der Kenntnis von der Gehörsverletzung glaubhaft zu machen, II 1 Hs. 1.

8 **c) Begründung.** Vor allem ist aber (bereits als Zulässigkeitsvoraussetzung; VGH Hessen NVwZ-RR 2008, 70) eine **entscheidungserhebliche Verletzung des Anspruchs des Rügenden auf rechtliches Gehör** darzulegen, II 5 Hs. 2 iVm I 1 Nr. 2.

9 Daraus folgt, dass mit der Anhörungsrüge zulässigerweise überhaupt nur eine Gehörsverletzung iSd Art. 103 I GG gerügt werden kann, nicht aber die Verletzung anderer Grundrechte (vgl. BVerfG NJW 2009, 3710 Rn. 17 f. mwN) oder gar des einfachen Rechts (vgl. BFH/NV 2012, 2000 = BeckRS 2012, 96306). Gegenstand einer Anhörungsrüge kann auch nur eine sog. **„neue und eigenständige" Gehörsverletzung** durch das Gericht sein, das die nicht mehr mit ordentlichen Rechtsbehelfen angreifbare Entscheidung erlassen hat (vgl. BVerfGE 107, 395 (410) = NJW 2003, 1924 (1928 f.)), so dass Gehörsverletzungen aus der vorangegangen Instanz nur mit dem Rechtsbehelf gegen diese Ausgangsentscheidung, nicht aber mehr mit der Anhörungsrüge gegen die Entscheidung des Rechtsbehelfsgerichts (auch wenn dieses nicht abhilft und so die frühere Gehörsverletzung „perpetuiert") angegriffen werden kann.

10 **Entscheidungserheblich** ist die Gehörsverletzung nur dann, wenn die angegriffene Entscheidung auf ihr beruht, wenn also bei pflichtgemäßer Kenntnisnahme und Berücksichtigung des Vortrags des Beteiligten eine im Ergebnis andere Entscheidung zumindest möglich erscheint.

11 Sowohl die Gehörsverletzung (auch → Rn. 15) als auch deren Entscheidungserheblichkeit sind nicht lediglich zu behaupten, sondern konkret und schlüssig **darzulegen** (vgl. BFH/NV 2006, 956 = BeckRS 2006, 25009521; BFH/NV 2018, 643 = BeckRS 2018, 4852); wird die angegriffene Entscheidung von mehreren Begründungssträngen jeweils selbständig getragen, ist die Entscheidungserheblichkeit für jeden einzelnen Begründungsstrang darzulegen (OVG Nordrhein-Westfalen BeckRS 2022, 647 und allg. vgl. auch etwa BGH BeckRS 2017, 100836 Rn. 9).

12 **III. Verfahren und Entscheidung.** Ist eine Anhörungsrüge eingelegt worden, entscheidet das Gericht in der Besetzung, die auch die angegriffene Entscheidung erlassen hat (BFH/NV 2018, 643 = BeckRS 2018, 4852 Rn. 11 mwN).

13 **1. Unzulässige Anhörungsrüge.** Das Gericht hat zunächst die vorstehend ausgeführten Voraussetzungen der **Statthaftigkeit** und der **Zulässigkeit** iÜ **von Amts wegen zu prüfen,** IV 1. Ergibt sich dabei ein durchgreifender Mangel, ist die Anhörungsrüge durch unanfechtbaren, kurz zu begründenden Beschluss als unzulässig zu verwerfen (IV 2, 4, 5).

14 **2. Zulässige Anhörungsrüge.** Erweist sich die Anhörungsrüge nicht als unzulässig, ist den übrigen Beteiligten gem. III Gelegenheit zur Stellungnahme zu geben, soweit dies erforderlich ist, also überhaupt von der angegriffenen Entscheidung betroffene Beteiligte vorhanden sind.

15 In der Sache kommt es darauf an, ob (nur) die mit der Anhörungsrüge geltend gemachte **Gehörsverletzung** (anderes ist nicht zu prüfen) **vorliegt und entscheidungserheblich** ist. Dabei (und auch für die Darlegung der Gehörsverletzung) ist zu beachten, dass nach stRspr des BVerfG die Garantie rechtlichen Gehörs in Art. 103 I GG die Gerichte verpflichtet, die Ausführungen der Prozessbeteiligten zur Kenntnis zu nehmen und in Erwägung zu ziehen, nicht aber dazu, der von der Partei vertretenen Rechtsansicht zu folgen, und auch nicht davor schützt, dass das Vorbringen eines Beteiligten aus Gründen des formellen oder materiellen Rechts unberücksichtigt bleibt, etwa weil es nach (auch unzutreffender) Ansicht des Gerichts für die zu treffende Entscheidung unerheblich ist. Grundsätzlich ist davon auszugehen, dass ein

Gericht das von ihm entgegengenommene Vorbringen der Beteiligten auch zur Kenntnis genommen und in Erwägung gezogen hat. Die Gerichte brauchen auch nicht jedes Vorbringen der Beteiligten in den Gründen der Entscheidung ausdrücklich zu bescheiden. Auch wenn die schriftlichen Entscheidungsgründe zu einem bestimmten Beteiligtenvortrag nichts enthalten, geht das BVerfG in der Regel davon aus, dass die Gerichte dieses Vorbringen pflichtgemäß zur Kenntnis genommen und bei der Entscheidung berücksichtigt haben. Art. 103 I GG ist erst dann verletzt, wenn sich im Einzelfall aus besonderen Umständen klar ergibt, dass tatsächliches Vorbringen eines Beteiligten entweder überhaupt nicht zur Kenntnis genommen oder doch bei der Entscheidung nicht erwogen worden ist.

Ist die Anhörungsrüge nach Auffassung des Gerichts **unbegründet,** weist es sie durch unanfechtbaren, kurz zu begründenden Beschluss zurück, IV 3–5; das Verfahren ist dann rechtskräftig beendet (zur Verfassungsbeschwerde → Rn. 19 ff.). Hält es sie dagegen für **begründet,** wird das durch die angegriffene Entscheidung abgeschlossene Verfahren gem. V im Umfang des Durchgreifens der Gehörsverletzung wieder eröffnet und **fortgeführt.** In dem fortgeführten Verfahren ist dann, ähnlich wie nach Einspruch gegen ein Versäumnisurteil, darüber zu entscheiden, ob die angegriffene Entscheidung aufrechterhalten bleibt oder aber ganz oder teilweise abgeändert wird. 16

IV. Kosten. Im Verfahren über die Anhörungsrüge nach § 69a fallen in Ermangelung eines Gebührentatbestandes **keine Gerichtskosten** an (vgl. BFH/NV 2006, 956 = BeckRS 2006, 25009521; BFH/NV 2012, 2000 = BeckRS 2012, 96306 Rn. 6; BVerwG AGS 2010, 194; OLG Celle AGS 2012, 529; OLG Düsseldorf AGS 2010, 194; zur Anhörungsrüge nach § 61 FamGKG OLG Karlsruhe AGS 2015, 175 = BeckRS 2014, 21835). Das KV GKG sieht zwar an mehreren Stellen (nur für den Fall der vollständigen Zurückweisung) eine Verfahrensgebühr für eine Anhörungsrüge vor (vgl. KV 1700, 2500, 3920, 4500, 5400, 6400, 7400, 8500), doch betreffen diese nur die dort jeweils genannten Verfahren und damit nicht die Anhörungsrüge nach dem GKG selbst (eine analoge Anwendung scheidet aus, → Vor § 1 Rn. 30 f.). 17

Bei anwaltlicher Vertretung im Anhörungsrügeverfahren fällt eine gesonderte **Anwaltsvergütung** nur an, wenn der Rechtsanwalt allein für dieses Verfahren beauftragt wird, weil gem. § 19 I Nr. 5 lit. b RVG das Verfahren über die Anhörungsrüge vergütungsrechtlich noch zum Rechtszug gehört. Ihre Höhe richtet sich dann nach VV 3330 f. RVG. Eine Kostenerstattung ist nach VI ausgeschlossen. 18

V. Verhältnis zur Verfassungsbeschwerde. 1. Grundsatz der materiellen Subsidiarität. Aufgrund der Subsidiarität der Verfassungsbeschwerde (§ 90 II 1 BVerfGG) genügt es nach der Rechtsprechung des BVerfG nicht, den Rechtsweg lediglich formell zu erschöpfen; vielmehr müssen alle nach Lage der Sache zur Verfügung stehenden prozessualen Möglichkeiten ergriffen werden, um die geltend gemachte Grundrechtsverletzung in dem unmittelbar mit ihr zusammenhängenden sachnächsten Verfahren zu verhindern oder zu beseitigen (Grundsatz der materiellen Subsidiarität). In diesem Sinne gehört daher auch die **Anhörungsrüge** zur Ausschöpfung des Rechtswegs als Zulässigkeitsvoraussetzung einer Verfassungsbeschwerde, soweit diese Anhörungsrüge zur Beseitigung der geltend gemachten Grundrechtsverletzung geeignet ist. 19

Danach verlangt der Subsidiaritätsgrundsatz nicht stets, sondern nur dann eine Anhörungsrüge, wenn diese auch im vorbeschriebenen Sinne **„geeignet"** ist. Dies ist nur dann der Fall, wenn überhaupt eine entscheidungserhebliche Gehörsverletzung gerügt werden kann. Besteht diese Möglichkeit, ist eine Anhörungsrüge auch dann „geeignet", wenn zugleich die Verletzung anderer Grundrechte oder grundrechtsgleicher Rechte im Raume steht, weil auch diese Verletzungen jedenfalls im Ergebnis durch den Erfolg einer Anhörungsrüge (zumindest zunächst) beseitigt würden (vgl. nur BVerfGK 13, 64 = BeckRS 2008, 30816 mwN). Ob eine entscheidungserhebliche Gehörsverletzung auch zum Gegenstand des Verfassungsbeschwerdeverfahrens gemacht werden soll, ist demgegenüber unerheblich. Die insoweit bestehende Dispositionsfreiheit bei der Erhebung der Verfassungsbeschwerde entbindet den Beschwerdeführer nicht ohne weiteres von der Beachtung des Subsidiaritätsgebots. Es bedarf daher aus Gründen der Subsidiarität auch dann der vorherigen Durchführung 20 eines Anhörungsrügeverfahrens, wenn entweder der Beschwerdeführer in seiner Verfassungsbeschwerde zwar Art. 103 I GG nicht als verletztes Grundrecht benennt, aber objektiv der Sache nach eine Verletzung rechtlichen Gehörs rügt (vgl. nur BVerfG BeckRS 2016, 53147 Rn. 4 mwN), oder wenn den Umständen nach ein Gehörsverstoß durch die Fachgerichte naheliegt und zu erwarten gewesen wäre, dass vernünftige Verfahrensbeteiligte mit Rücksicht auf die geltend gemachte Beschwer diesen Rechtsbehelf ergriffen hätten (vgl. nur BVerfG AnwBl 2016, 852 = BeckRS 2016, 48897 Rn. 5 mwN mAnm Toussaint FD-ZVR 2016, 380328).

21 Ist eine Anhörungsrüge zur Beseitigung der geltend gemachten Grundrechtsverletzung **nicht geeignet** (was auch dann der Fall sein soll, wenn der Beschwerdeführer nach dem Verfahrensgang davon ausgehen musste, dass eine Anhörungsrüge offensichtlich aussichtslos gewesen wäre, BVerfG BeckRS 2007, 28255), ist eine Verfassungsbeschwerde ohne vorherige Durchführung eines Anhörungsverfahrens zulässig (vgl. etwa BVerfG NJW 2008, 2167 Rn. 20).

22 **2. Verfassungsbeschwerdefrist und Anhörungsrüge.** Verlangt der Grundsatz der Subsidiarität die Einlegung einer Anhörungsrüge, so beginnt der Lauf der Frist zur Einlegung und Begründung der Verfassungsbeschwerde erst mit der Bekanntgabe der Entscheidung über die Anhörungsrüge (vgl. nur BVerfG NJW 2009, 3710 Rn. 16). Dies gilt auch dann, wenn der Grundsatz der Subsidiarität die Einlegung einer Anhörungsrüge nicht erforderte und die Anhörungsrüge daher als unzulässig verworfen wird, soweit sie nicht „offensichtlich" unzulässig war (vgl. BVerfG NJW-RR 2008, 75).

23 Eine **offensichtlich unzulässige Anhörungsrüge** kann die Möglichkeit zur Einlegung einer Verfassungsbeschwerde nicht offenhalten (vgl. nur BVerfG NJW 2009, 3710 Rn. 16 mwN). Offensichtlich unzulässig ist ein Rechtsbehelf, über dessen Unzulässigkeit der Beschwerdeführer bei seiner Einlegung nach dem Stand der Rechtsprechung und Lehre nicht im Ungewissen sein konnte. Dies kommt bei einer Anhörungsrüge dann in Betracht, wenn mit der Anhörungsrüge kein Sachverhalt vorgetragen worden ist, der dem Schutzbereich des Art. 103 I GG unterfallen würde, zB, weil lediglich die Verletzung anderer Verfahrensgrundrechte geltend gemacht wird (vgl. etwa BVerfG NJW 2009, 3710 Rn. 17 f.), oder weil keine „neue und eigenständige" Gehörsverletzung durch das Gericht, das die angegriffene Entscheidung erlassen hat, sondern lediglich die Perpetuierung einer Gehörsverletzung durch die Vorinstanz geltend gemacht wird (vgl. BVerfG NJW 2007, 3418 Rn. 20 ff. – dort allerdings unschädlich, weil damals – anders als heute – der Umfang der Anhörungsrüge noch nicht abschließend geklärt war).

24 Werden Verfassungsbeschwerde und Anhörungsrüge vorsorglich **parallel eingelegt,** muss nach Zugang der Entscheidung über die Anhörungsrüge innerhalb der Monatsfrist des § 93 I 1 BVerfGG dem BVerfG der Inhalt dieser Entscheidung mitgeteilt werden (vgl. nur BVerfG BeckRS 2014, 51216 mwN).

Abschnitt 9. Schluss- und Übergangsvorschriften

Verordnungsermächtigung

69b **[1]Die Landesregierungen werden ermächtigt, durch Rechtsverordnung zu bestimmen, dass die von den Gerichten der Länder zu erhebenden Verfahrensgebühren über die in den Nummern 1211, 1411, 5111, 5113, 5211, 5221, 6111, 6211, 7111, 7113 und 8211 des Kostenverzeichnisses bestimmte Ermäßigung hinaus weiter ermäßigt werden oder entfallen, wenn das gesamte Verfahren nach einer Mediation oder nach einem anderen Verfahren der außergerichtlichen Konfliktbeilegung durch Zurücknahme der Klage oder des Antrags beendet wird und in der Klage- oder Antragsschrift mitgeteilt worden ist, dass eine Mediation oder ein anderes Verfahren der außergerichtlichen Konfliktbeilegung unternommen wird oder beabsichtigt ist, oder wenn das Gericht den Parteien die Durchführung einer Mediation oder eines anderen Verfahrens der außergerichtlichen Konfliktbeilegung vorgeschlagen hat. [2]Satz 1 gilt entsprechend für die in den Rechtsmittelzügen von den Gerichten der Länder zu erhebenden Verfahrensgebühren; an die Stelle der Klage- oder Antragsschrift tritt der Schriftsatz, mit dem das Rechtsmittel eingelegt worden ist.**

Für den Fall der Beendigung des ganzen gerichtlichen Verfahrens nach einer **Mediation** oder nach einem anderen Verfahren der **außergerichtlichen Konfliktbeilegung** können die Landesregierungen für den Bereich ihres Bundeslandes im Rahmen der in § 69b geregelten Maßgaben (auch für die zweite Instanz, S. 2) durch Rechtsverordnung **eine Ermäßigung oder den Fortfall der Gerichtsgebühren** bestimmen (und damit auf entspr. Einnahmen verzichten), vgl. auch § 61a FamGKG. Die mit dem Gesetz zur Förderung der Mediation und anderer Verfahren der außergerichtlichen Konfliktbeilegung v. 21.7.2012 (BGBl. I 1577) – auf Vorschlag des Vermittlungsausschusses (vgl. BT-Drs. 17/10102, 3); in seiner Gegenäußerung zum Regierungsentwurf hatte der Bundesrat eine entspr. Regelung nur für den Bereich des Sozialrechts im GKG selbst vorgeschlagen (vgl. BT-Drs. 17/5335, 34 f.) – geschaffene Regelung soll es den Bundesländern ermöglichen, einen Anreiz für die Durchführung eines Mediations- oder sonstigen außergerichtlichen Konfliktbeilegungsverfahrens zu schaffen. Gebrauch gemacht hat von der Verordnungsermächtigung allerdings – soweit ersichtlich – nur **Niedersachsen,** vgl. VO über das Entfallen von Gerichtsgebühren bei außergerichtlicher Konfliktbeilegung v. 12.6.2019 (Nds. GVBl. S. 148). 1

70 **(weggefallen)**

Bekanntmachung von Neufassungen

70a **[1]Das Bundesministerium der Justiz und für Verbraucherschutz kann nach Änderungen den Wortlaut des Gesetzes feststellen und als Neufassung im Bundesgesetzblatt bekannt machen. [2]Die Bekanntmachung muss auf diese Vorschrift Bezug nehmen und angeben**

1. den Stichtag, zu dem der Wortlaut festgestellt wird,
2. die Änderungen seit der letzten Veröffentlichung des vollständigen Wortlauts im Bundesgesetzblatt sowie
3. das Inkrafttreten der Änderungen.

Die Neubekanntmachung eines (um zwischenzeitliche Änderungen konsolidierten) Gesetzestextes bedarf der gesetzlichen Ermächtigung, die üblicherweise in umfangreicheren Änderungsgesetzen aufgenommen wird (vgl. etwa Art. 5 § 4 KostÄndG 1

1975). Wegen der bei Kostengesetzen infolge ihrer Abhängigkeit von zahlreichen Verfahrensgesetzen häufigen Änderungen und der bei parallelen Gesetzgebungsvorhaben nicht abschätzbaren zeitlichen Folge hat der Gesetzgeber (durch Art. 12 Nr. 4 des Gesetzes zur Umsetzung der Dienstleistungsrichtlinie in der Justiz und zur Änd. weiterer Vorschriften v. 22.12.2010 (BGBl. I 2248 (2253)), mWv 28.12.2010) mit § 70a für das GKG (ebenso wie mit § 59a RVG für das RVG und § 62a FamGKG für das FamGKG) eine allgemeine Erlaubnis zur Bekanntmachung von Neufassungen eingeräumt (vgl. Begr. § 70a GKG-RegE, BT-Drs. 17/3356, 20), die seither spezielle Neubekanntmachungsermächtigungen erübrigt (eine entspr. Regelung ist später auch von vornherein in das GNotKG aufgenommen worden, vgl. § 133 GNotKG). Erstmals Gebrauch gemacht wurde von ihr bei der Bekanntmachung der Neufassung des GKG vom 27.2.2014 (BGBl. I 154, vgl. Präambel).

Übergangsvorschrift

71 **I [1]In Rechtsstreitigkeiten, die vor dem Inkrafttreten einer Gesetzesänderung anhängig geworden sind, werden die Kosten nach bisherigem Recht erhoben. [2]Dies gilt nicht im Verfahren über ein Rechtsmittel, das nach dem Inkrafttreten einer Gesetzesänderung eingelegt worden ist. [3]Die Sätze 1 und 2 gelten auch, wenn Vorschriften geändert werden, auf die dieses Gesetz verweist.**

II In Strafsachen, in gerichtlichen Verfahren nach dem Gesetz über Ordnungswidrigkeiten und nach dem Strafvollzugsgesetz, auch in Verbindung mit § 92 des Jugendgerichtsgesetzes, werden die Kosten nach dem bisherigen Recht erhoben, wenn die über die Kosten ergehende Entscheidung vor dem Inkrafttreten einer Gesetzesänderung rechtskräftig geworden ist.

III In Insolvenzverfahren, Verteilungsverfahren nach der Schifffahrtsrechtlichen Verteilungsordnung und Verfahren der Zwangsversteigerung und Zwangsverwaltung gilt das bisherige Recht für Kosten, die vor dem Inkrafttreten einer Gesetzesänderung fällig geworden sind.

1 **A. Normzweck, Übersicht.** Die Vorschrift enthält eine **Dauerübergangsregelung** für Änderungen des GKG (→ Rn. 3) sowie (nach I 3) solcher Vorschriften, auf die das GKG verweist (→ Rn. 5). Eine solche allgemeine (auch in anderen Kostengesetzen enthaltene, vgl. § 63 FamGKG, § 134 GNotKG, § 60 RVG) Dauerübergangsregelung tritt (aus Gründen der „Benutzerfreundlichkeit", → RVG § 60 Rn. 1) an die Stelle von konkreten Übergangsbestimmungen, die sonst in die jeweiligen Änderungsgesetze aufzunehmen wären (und diese zu das GKG dauerhaft ergänzenden Nebengesetzen machen würden). Sie ist zu unterscheiden von der in § 72 enthaltenen (und insoweit vorrangigen) Übergangsregelung für das Inkrafttreten des durch das KostRMoG v. 1.7.2004 neugefassten GKG 2004.

2 § 71 entspricht dem durch das KostRÄndG 1986 v. 9.12.1986 (BGBl. I 2326 (2327)) eingefügten § 73 aF, der sich an den Übergangsregelungen in Art. 5 § 2 I, III, V KostRÄndG 1975 (→ Vor § 1 Rn. 15) orientierte (vgl. Begr. RegE KostRÄndG 1986, BT-Drs. 10/5113, 28), die wiederum auf die Übergangsregelungen in Art. XI § 3 I, III, V KostRÄndG 1957 (→ Vor § 1 Rn. 15) zurückgehen (vgl. Rechtsausschuss zum RegE KostRÄndG 1975, BT-Drs. 7/3243, 15), die allerdings ihrerseits noch ältere Wurzeln haben. Ohne ausdrückliche Regelung wäre nach allgemeinen intertemporalen Grundsätzen davon auszugehen, dass das zum Zeitpunkt der **Entstehung einer Gebühr oder Auslage** geltende Recht maßgeblich wäre. Hiervon weichen (nur, soweit III auf die Fälligkeit abstellt, ergibt sich wegen der regelmäßig sofort eintretenden Fälligkeit, vgl. § 6, kein wesentlicher Unterschied) I und II ab, in dem sie für alle in der Instanz (I) bzw. bis zur rechtskräftigen Kostenentscheidung (II) anfallenden Kosten unabhängig von ihrer Entstehung auf einen **einheitlichen Zeitpunkt** (Anhängigkeit, Rechtsmitteleinlegung, Rechtskraft der Kostenentscheidung) abstellt. Dem liegt die **Zweckmäßigkeitserwägung** zugrunde, dass Berechnungsschwierigkeiten vermieden werden sollen, die bei der Aufstellung eines Kostenansatzes durch die sonst uU notwendige Anwendung verschiedener Rechtslagen entstehen würden (vgl. Begr. RegE KostRÄndG 1957, BT-Drs. 2/2545, 285). Soweit (nur) I

mit der Anhängigkeit bzw. Rechtsmitteleinlegung auf den **Verfahrensbeginn** abstellt und damit die zu diesem Zeitpunkt geltende Rechtslage auch auf später entstehende Kosten erstreckt, soll damit eine (allerdings „unechte" und damit verfassungsrechtlich unbedenkliche) **Rückwirkung** einer Kostenrechtsänderung (insbes. Gebührenerhöhung) **vermieden** werden (vgl. Rechtsausschuss zum RegE KostRÄndG 1975, BT-Drs. 7/3243, 15).

B. Anwendungsvoraussetzungen. I. Gesetzesänderung. 1. Änderungen des GKG. § 71 setzt eine Gesetzesänderung voraus. Gemeint ist damit zunächst die Änderung einer Vorschrift des GKG, im Grundsatz auch des § 71 selbst. Soweit allerdings Vorschriften des GKG im Zusammenhang mit der Änderung oder Neuschaffung von Verfahrensvorschriften geändert oder eingefügt werden, gilt für diese (notwendigerweise) die Inkrafttretensregelung des verfahrensändernden oder -schaffenden Gesetzes. So gelten zB der durch das WEMoG eingefügte § 49 für alle Beschlussklagen nach dem WEG gem. Art. 18 WEMoG bzw. analog § 48 V WEG ab dem 1.12.2020, vgl. BGH NJW-RR 2022, 20 (zu Rechtsmittelverfahren aber → Rn. 12) Rn. 19, und die durch das SanInsFoG eingefügten §§ 13a, 25a, KV 2510 ff. für alle Verfahren nach dem StaRUG ab dem 1.1.2021, Art. 25 I SanInsFoG. 3

Die Vorschrift bezieht sich allerdings nur auf solche Gesetzesänderungen, die für die Erhebung von Kosten von Bedeutung sind („werden die Kosten nach bisherigem Recht erhoben"; dies gilt auch etwa für eine Regelung der persönlichen Kostenfreiheit, vgl. OLG Düsseldorf JurBüro 1996, 488). § 71 betrifft daher – anders als § 72, → § 72 Rn. 1 – **nicht** die Änderung (kosten-)**verfahrensrechtliche Vorschriften** (BFH BFH/NV 1998, 879; iErg aA BGH MDR 2016, 241 Rn. 4; AGS 2020, 16 Rn. 5). Für diese (insbes. §§ 61 ff., 66 ff.) gelten allein die konkreten Übergangsvorschriften im jeweiligen Änderungsgesetz oder in Ermangelung solcher die allgemeinen intertemporalen Grundsätze. Nach diesen allgemeinen intertemporalen Grundsätzen erfasst neues Verfahrensrecht vorbehaltlich abweichender ausdrücklicher gesetzlicher Übergangsregelungen mit Inkrafttreten auch alle bereits anhängigen, noch nicht rechtskräftig abgeschlossenen Verfahren, soweit es nicht um unter der Geltung des alten Rechts abgeschlossene Prozesshandlungen und abschließend entstandene Prozesslagen geht (vgl. nur BVerfGE 87, 48 (64 f.) = NJW 1993, 1123 (1124)). 4

2. Änderung anderer Vorschriften (I 3). Nach I 3 gelten die Regeln des I (und auch der insoweit nichts Abweichendes regelnden II, III) nicht nur für unmittelbare Änderungen des GKG, sondern auch für die Änderung von **Vorschriften, auf die das GKG (dynamisch) verweist.** Eine solche Verweisungsvorschrift ist insbes. § 48 I 1, der für den Wert des Streitgegenstandes in bürgerlichen Rechtsstreitigkeiten auf die §§ 3 ff. ZPO verweist (§ 71 regelt dann aber das Übergangsrecht ausschließlich für die Anwendung dieser Vorschriften im Kostenrecht, vgl. BGH NJW-RR 1995, 443; NVersZ 1999, 239, zum Beschwerdewert). I 3 gilt nur für Vorschriften, die allein kraft Verweisung im GKG für die Kostenerhebung Geltung haben. Die Geltung von Vorschriften, die zwar im GKG genannt oder angesprochen werden, die aber unabhängig davon zu beachten sind (zB das in KV 9020 angesprochene UStG), richtet sich allein nach den für diese Vorschriften geltenden Übergangsvorschriften. 5

II. Maßgebliche Zeitpunkte. Für die Frage, auf welchen Zeitpunkt für die Abgrenzung zwischen der Geltung des bisherigen und des geänderten Rechts abzustellen ist, unterscheidet § 71 zwischen den in II (Straf-, OWi-, Strafvollzugssachen, → Rn. 13) und III (InsO-, SVertO-, ZVG-Verfahren, → Rn. 14) vorrangig geregelten Sonderfällen und der für alle anderen Fälle geltenden allgemeinen Regel des I, → Rn. 7 ff. 6

1. Allgemeine Intertemporal-Regeln (I 1, 2). Die in I 1, 2 enthaltenen Regeln gelten für die Kostenerhebung in allen Verfahren, die nicht unter die Sonderregelungen von II und III fallen. I betrifft daher die in den Teilen 1, 5–8 sowie Unterabschnitt 1 des Teils 2 des KV GKG geregelten Gebühren und die in den unter diese Vorschriften fallenden Verfahren nach Teil 9 des GKG KV zu erhebenden Auslagen. Im Übrigen ist zu unterscheiden zwischen der Grundregel des I 1, → Rn. 8 f. und der Sonderregel für Rechtsmittelverfahren in I 2, → Rn. 10 ff. 7

8 **a) Grundregel (I 1).** Nach der Grundregel des I 1 kommt es im Allgemeinen, dh soweit I 2, II, III nicht einschlägig sind, auf den Eintritt der **Anhängigkeit** an. Maßgeblich ist nach I 1 nicht das Anhängigwerden bei einem bestimmten Gericht, sondern das der Rechtsstreitigkeit überhaupt, so dass es darauf ankommt, wann die Rechtsstreitigkeit **erstmals der gerichtlichen Befassung unterliegt.** Dies ist der Fall, sobald ein verfahrenseinleitendes Begehren bei einem (auch unzuständigen) Gericht (oder einer sonst zur Entgegennahme verpflichteten Stelle, vgl. etwa § 91 I SGG) eingeht bzw. – soweit zulässig – dort zu Protokoll der Geschäftsstelle erklärt wird. Dass dieses Gericht (bzw. die zur Entgegennahme verpflichtete Stelle) die Rechtsstreitigkeit anschließend zuständigkeitshalber (von Amts wegen oder auf Antrag) an ein anderes Gericht abgibt bzw. verweist, ist für I 1 ohne Bedeutung.

9 Sobald in diesem Sinne (irgend-)ein Gericht (bzw. eine zur Entgegennahme verpflichtete Stelle) erstmals mit der Rechtsstreitigkeit befasst ist, richtet sich die Erhebung der Kosten nach dem zu diesem Zeitpunkt geltenden Recht. Dies gilt unabhängig von Anfall und Fälligkeit der **Kosten für die gesamte Rechtsstreitigkeit** (über den – engeren – Begriff des „Verfahrens" hinaus, für eine – als eigenständige „Rechtsstreitigkeit" iSd I 1 angenommenes – Anhörungsrügeverfahren aA BFH BFH/NV 2014, 871) und im Grundsatz, dh soweit I 2 nicht eingreift, **bis zu seinem vollständigen Abschluss.** Wird daher zunächst ein **Mahnverfahren** durchgeführt, kommt es auch für das anschließende streitige Verfahren (außer für Rechtsmittelverfahren, I 2) auf den Eingang des Mahnantrags an (vgl. OLG Koblenz AGS 2015, 397 mwN auch zur Gegenansicht; N. Schneider NJW-Spezial 2022, 603). Erfolgt im Rechtsmittelverfahren (für das I 2 gilt) eine **Zurückverweisung** in die erste Instanz, bleibt es – außer für das Rechtsmittelverfahren – bei der Maßgeblichkeit des Zeitpunkts des ursprünglichen Anhängigwerdens (vgl. auch § 37, aA – unter Vermengung der Rechtslage nach GKG und RVG – OLG Köln BeckRS 2008, 20417, und für den Sonderfall einer Zurückverweisung durch das BVerfG BVerwG JurBüro 1989, 971).

10 **b) Rechtsmittelverfahren (I 2).** Eine von der Grundregel des I 1 abweichende Sonderregel gilt nach I 2 für Verfahren über ein Rechtsmittel. **Rechtsmittel** ist nach allg. Grundsätzen nur ein solcher Rechtsbehelf, der zu einer Entscheidung in der höheren Instanz führt (sog. Devolutiveffekt). Rechtsmittel (auch) iSd I 2 sind daher insbes. Berufung, Revision, Beschwerde (soweit dieser in der Ausgangsinstanz abgeholfen wird, wird sie gegenstandslos; Gebühren fallen dann nicht an, vgl. u. a. KV 1812), Rechtsbeschwerde und weitere Beschwerde; keine Rechtsmittel hingegen sind etwa die Erinnerung (aA wohl BGH MDR 2016, 241 Rn. 4), der Widerspruch gegen einen Mahnbescheid, der Einspruch gegen ein Versäumnisurteil bzw. einen Vollstreckungsbescheid oder eine Anhörungsrüge. Auch Beschwerden (nicht aber Antragsverfahren wie insbes. nach § 124a VwGO), die (nur) die Zulassung des Rechtsmittels betreffen, sind dann, wenn die Entscheidung in der Rechtsmittelinstanz zu treffen ist, jedenfalls iSd I 2 Rechtsmittel; unter I 2 fallen daher auch Verfahren über die Beschwerde gegen die Nichtzulassung der Revision, der Rechtsbeschwerde oder der Berufung nach dem SGG (zu Einzelheiten → RVG VV Vorb. 3.2. Rn. 10). **Kein** Rechtsmittelverfahren ist aber das **Anhörungsrügeverfahren;** das für die Erhebung der Kosten insoweit maßgebliche Recht ist daher nicht gesondert zu bestimmen, sondern entspricht dem (nach I 1, 2 zu ermittelnden) Recht, das für die Kostenerhebung im Ausgangsverfahren (mit der wegen I 1 und I 2 notwendigen Differenzierung danach, ob die Anhörungsrüge in einem erstinstanzlichen oder einem Rechtsmittelverfahren erhoben worden ist) maßgeblich ist (BFH BFH/NV 2022, 423 Rn. 30 ff. unter Aufgabe der früheren, abweichenden Rspr. vgl. BFH BFH/NV 2014, 871 Rn. 10; BFH/NV 2014, 1754 Rn. 13).

11 Für diese Rechtsmittelverfahren kommt es nicht mehr auf den Zeitpunkt des ursprünglichen Anhängigwerdens (und auch nicht des Eintritts der Anhängigkeit bei dem Rechtsmittelgericht) an, sondern auf den der **Einlegung des Rechtsmittels.** Wann ein Rechtsmittel eingelegt ist, richtet sich nach der betreffenden Verfahrensordnung, die nicht nur die Form der Rechtsmitteleinlegung regelt, sondern auch, ob das Rechtsmittel beim Rechtsmittelgericht („iudex ad quem", vgl. etwa § 519 I ZPO) oder beim Ausgangsgericht („iudex a quo", vgl. etwa § 569 I 1 Fall 1 ZPO) einzulegen ist.

Abweichend von I 1 richtet sich dann die Erhebung der Kosten (nur) **für das Rechtsmittelverfahren** (einheitlich) nach dem zum Zeitpunkt seiner Einlegung geltenden Recht. Wird gegen die Rechtsmittelentscheidung ein weiteres Rechtsmittel eingelegt, ist auch das Verfahren über das weitere Rechtsmittel nach I 2 kostenrechtlich wiederum gesondert zu betrachten. Kommt es in der Rechtsmittelinstanz zu einer Zurückverweisung, bleibt es im wiedereröffneten Verfahren kostenrechtlich bei der ursprünglich geltenden (nach I 1 bzw. I 2 zu ermittelnden) Rechtslage. 12

Für **WEG-Beschlussklagen** wird I 2 – zur Vermeidung von Wertungswidersprüchen – **durch § 48 V WEG analog verdrängt,** so dass der Streitwert eines nach dem in § 48 V WEG genannten Stichtag (1.12.2020) eingelegten Rechtsmittels, das ein vor dem Stichtag anhängig gewordenes Verfahren betrifft, nicht gem. I 2 nach § 49 sondern analog § 48 V WEG noch nach § 49a aF zu ermitteln ist (BGH NJW-RR 2021, 871 Rn. 3; 2022, 20 Rn. 19). Außerhalb des Anwendungsbereichs des § 49 können Wertungswidersprüche nicht auftreten, so dass es für andere WEG-Sachen (wie insbes. auf Gemeinschaftseigentum bezogene Beseitigungs- oder Unterlassungsklagen) bei der Anwendung des I 2 bleibt (BGH ZWE 2022, 141 Rn. 4; 2022, 293 Rn. 9). 12a

c) Sonderfall Straf-, OWi-, Strafvollzugssachen (II). Abweichend von den allgemeinen Regeln des I kommt es in Strafsachen, in gerichtlichen Verfahren nach dem OWiG und nach dem StrVollzG (auch iVm § 92 JGG) auf den Zeitpunkt des Eintritts der **Rechtskraft der Kostenentscheidung** an. Betroffen hiervon sind die in den Teilen 3 und 4 geregelten Gebühren sowie die in den unter diese Vorschriften fallenden Verfahren nach Teil 9 des GKG KV zu erhebenden Auslagen. Die von der in einem unter II fallenden Verfahren ergangenen Kostenentscheidung erfassten Kosten sind daher (einheitlich) nach dem zum Zeitpunkt des Rechtskrafteintritts geltenden Recht zu ermitteln, auch soweit die Kostentatbestände bereits vor einer früheren Rechtsänderung entstanden sind (II kann mithin zu einer – freilich „unechten" und daher unbedenklichen – Rückwirkung führen). 13

d) Sonderfall InsO-, SVertO-, ZVG-Verfahren (III). In Insolvenzverfahren, Verteilungsverfahren nach der SVertO und Verfahren nach dem ZVG ist schließlich nach III die **Fälligkeit** der jeweiligen Kosten im Einzelfall maßgeblich (für Zwangsvollstreckungsverfahren nach der ZPO gelten allerdings die allgemeinen Regeln des I). Zum Eintritt der Fälligkeit vgl. §§ 6 ff. 14

III. Erhebung nach bisherigem Recht. Die im Falle der Gesetzesänderung in § 71 angeordnete Kostenerhebung nach bisherigem Recht, dh nach dem Rechtszustand vor Inkrafttreten der Gesetzesänderung, setzt mithin voraus, dass der im konkreten Fall maßgebliche Tatbestand (Anhängigkeit, Rechtsmitteleinlegung, Rechtskraft der Kostenentscheidung, Fälligkeit) bereits vor der Gesetzesänderung eingetreten ist. Ist er hingegen erst nach der Gesetzesänderung eingetreten, sind die Kosten nach dem geänderten Recht zu erheben. Dies bedeutet jeweils, dass das nach diesen Grundsätzen ermittelte („materielle" Kosten-)Recht für alle erfassten Kosten gilt, dass also die Kostentatbestände und -sätze dieses Rechts anzuwenden sind. Zum Verfahrensrecht hingegen → Rn. 4. 15

Übergangsvorschrift aus Anlass des Inkrafttretens dieses Gesetzes

72 **Das Gerichtskostengesetz in der Fassung der Bekanntmachung vom 15. Dezember 1975 (BGBl. I S. 3047), zuletzt geändert durch Artikel 2 Absatz 5 des Gesetzes vom 12. März 2004 (BGBl. I S. 390), und Verweisungen hierauf sind weiter anzuwenden**

1. **in Rechtsstreitigkeiten, die vor dem 1. Juli 2004 anhängig geworden sind; dies gilt nicht im Verfahren über ein Rechtsmittel, das nach dem 1. Juli 2004 eingelegt worden ist;**
2. **in Strafsachen, in gerichtlichen Verfahren nach dem Gesetz über Ordnungswidrigkeiten und nach dem Strafvollzugsgesetz, wenn die über die Kosten ergehende Entscheidung vor dem 1. Juli 2004 rechtskräftig geworden ist;**

3. in Insolvenzverfahren, Verteilungsverfahren nach der Schifffahrtsrechtlichen Verteilungsordnung und Verfahren der Zwangsversteigerung und Zwangsverwaltung für Kosten, die vor dem 1. Juli 2004 fällig geworden sind.

1 Die Vorschrift enthält die Übergangsregelung (nur) für das Inkrafttreten des GKG idF des **KostRMoG** (→ Vor § 1 Rn. 16) am 1.7.2004 und regelt die Abgrenzung, wann die Kosten (noch) nach dem GKG in der Fassung vor oder (schon) nach der Fassung nach Inkrafttreten des KostRMoG zu berechnen war. Sie dürfte im Hinblick auf den Zeitlauf inzwischen ohne praktische Bedeutung sein. Die genannten Tatbestände entsprechen den in § 71 genannten. Insoweit kann auf die Kommentierung zu § 71 verwiesen werden. Anders als § 71 (→ § 71 Rn. 4) regelt § 72 allerdings auch das Übergangsrecht für verfahrensrechtliche Vorschriften des GKG (vgl. Begr. RegE KostRMoG BT-Drs. 15/1971, 158, und BFH/NV 2005, 1359; OLG Koblenz JurBüro 2009, 267; LSG Nordrhein-Westfalen RVGreport 2005, 36 = BeckRS 9999, 09066; dies gilt auch für kostenrechtliche Rechtsbehelfe, „Rechtsmittel" iSd Nr. 1 HS. 2 meint nicht einen solchen, sondern – wie in § 71 I 2 – ein Rechtsmittel in der Hauptsache und betrifft allein dessen kostenrechtliche Behandlung, BGH NJW-RR 2006, 1504; BFH BeckRS 2005, 25007561; VGH Bayern FamRZ 2006, 634; NVwZ-RR 2006, 150; OVG Nordrhein-Westfalen BeckRS 2005, 28736; OLG Karlsruhe FamRZ 2020, 1938).

Übergangsvorschrift für die Erhebung von Haftkosten

73 Bis zum Erlass landesrechtlicher Vorschriften über die Höhe des Haftkostenbeitrags, der von einem Gefangenen zu erheben ist, sind die Nummern 9010 und 9011 des Kostenverzeichnisses in der bis zum 27. Dezember 2010 geltenden Fassung anzuwenden.

1 KV 9010, 9011 verwiesen in der bis zum 27.12.2010 geltenden Fassung für die Kosten einer Haft auf den Haftkostenbeitrags nach § 50 II, III StVollzG. Nachdem im Rahmen einer Föderalismusreform durch das (52.) Gesetzes zur Änd. des GG vom 28.8.2006 (BGBl. I 2034) Art. 74 I Nr. 1 GG geändert und hierdurch das Gebiet des Strafvollzugs der ausschließlichen Gesetzgebungskompetenz der Bundesländer überlassen worden war, sind KV 9010, 9011 dahingehend (durch Art. 12 Nr. 5 Buchst. m, n Gesetz zur Umsetzung der Dienstleistungs-RL in der Justiz und zur Änd. weiterer Vorschriften v. 22.12.2010, BGBl. I 2248 (2251)) geändert worden, dass seither auf das Landesrecht verwiesen wird. Da zum Zeitpunkt dieser Änderung noch nicht alle Bundesländer eigene Strafvollzugsgesetze erlassen hatten, bedurfte es für diese Bundesländer vorübergehend einer Aufrechterhaltung des bisherigen Verweises auf Bundesrecht. Inzwischen gibt es aber in allen Bundesländern Strafvollzugsgesetze, → KV 9010, 9011 Rn. 2, so dass § 73 **gegenstandslos** ist.

Anlage 1 (zu § 3 Absatz 2)

Kostenverzeichnis (KV)

Die Anhebung der Gebühren zum 1.1.2021 durch das Kostenrechtsänderungsgesetz 2021 erfasst Altfälle nicht; zur Abgrenzung in zeitlicher Hinsicht vgl. die Dauerübergangsregelung des § 71.

Übersicht

Teil 1. Zivilrechtliche Verfahren vor den ordentlichen Gerichten

Vorbemerkung 1:

Die Vorschriften dieses Teils gelten nicht für die in Teil 2 geregelten Verfahren.

Hauptabschnitt 1. Mahnverfahren

Nr.	Gebührentatbestand	Gebühr oder Satz der Gebühr nach § 34 GKG
1100	**Verfahren über den Antrag auf Erlass eines Mahnbescheids oder eines Europäischen Zahlungsbefehls**	**0,5 – mindestens 36,00 €**

Schrifttum: N. Schneider, Gerichtskosten im gerichtlichen Mahnverfahren, NJW 2020, 378.

1 **I. Anwendungsbereich.** KV 1100 setzt eine 0,5-Gebühr für das nationale zB nach §§ 688 ff. ZPO wie für das Europäische Mahnverfahren nach §§ 1087 ff. ZPO fest, ordnet aber stets eine evtl. gegenüber dem Streitwert erhebliche Mindestgebühr an. Die 0,5-Gebühr oder die Mindestgebühr entsteht also auch dann, wenn das Mahnverfahren ohne eine gerichtliche Entscheidung endet, zB wegen einer Antragsrücknahme (Fischer MDR 1997, 707; N. Schneider JurBüro 2003, 4).

2 **Grundgedanke** war die Überlegung, das Mahnverfahren möglichst zu fördern. Dieses Verfahren sollte nicht zu teuer werden. Die Mindestgebühr schränkt diese soziale Überlegung gerade für den minderbemittelten Antragsteller beim kleinen Alltagsfall erheblich ein. Freilich muss evtl. der unterliegende Gegner als ein Entscheidungsschuldner die Mahngebühr erstatten.

3 Bei einem anschließenden **streitigen** Verfahren ist auf die dortige 3,0-Gebühr die Gebühr des KV 1100 im Rahmen von KV 1210 Anm. S. 1 Hs. 2 anzurechnen. Wegen der Anrechnung von KV 1121 vgl. KV 1210 Anm. S. 2. Dann entsteht also bei einer Anrechnung von KV 1100 nur im Ganzen eine 2,5-Gebühr oder mindestens eine um 32 EUR geminderte Gebühr KV 1210. Freilich erreicht das Gesetz diese Absicht nach → Rn. 5 nur dann, wenn das streitige Verfahren auch stattfindet. Die Zurücknahme des Antrags auf ein streitiges Verfahren nach § 696 IV ZPO ist für KV 1100 unerheblich.

4 Im Verfahren vor den **Arbeitsgerichten** nach §§ 46a, b ArbGG gelten KV 8100 sowie KV 8210 Anm. II. Im Verfahren vor dem Sozialgericht schreibt § 184 I 3 SGG eine Anrechnung vor.

II. Verfahrensgebühr. Die Mahngebühr ist eine Verfahrensgebühr. Sie entsteht, sobald ein Antrag auf den Erlass eines Mahnbescheids zB nach § 690 ZPO bei dem richtigen oder falschen Gericht eingeht (Wolff NJW 2003, 553; aA Fischer MDR 1994, 124). Sie entsteht auch bei einem unzulässigen Mahnverfahren. Sie bleibt unabhängig vom weiteren Verlauf des Mahnverfahrens bestehen. Sie gilt auch den Vollstreckungsbescheid zB nach § 699 ZPO ab, ebenso einen zB Kostenbeschluss nach § 91a ZPO im Mahnverfahren. Sie wird nicht zurückgezahlt und allenfalls nach → Rn. 3 angerechnet. Sie entsteht für jedes Mahnverfahren unabhängig von der Zahl der Antragsteller und/oder Antragsgegner nur einmal. Das ergibt schon der Wortlaut von KV 1100. 5

III. Weitere Einzelfragen. Streitwert ist der Wert des im Mahnverfahren verfolgten Anspruchs unabhängig vom Umfang eines Widerspruchs zB nach § 696 ZPO und von einer etwaigen Klagerweiterung nach §§ 263, 264 ZPO im anschließenden streitigen Verfahren. Schuldner ist der Antragsteller, § 22, vgl. auch § 29. Mehrere Antragsteller sind Gesamtschuldner der Kosten. Es ist unbedenklich, dem Mahnschuldner bei einer persönlichen Gebührenfreiheit des Antragstellers nach § 2 oder bei der Bewilligung einer Prozesskostenhilfe zu Gunsten des Antragstellers nach §§ 114 ff. ZPO die Kostenzahlung aufzugeben. Es ist zulässig, die Kosten erst nach dem Erlass des Vollstreckungsbescheids einzuziehen. 6

Hauptabschnitt 2. Prozessverfahren

Abschnitt 1. Erster Rechtszug

Vorbemerkung 1.2.1:

Die Gebühren dieses Abschnitts entstehen nicht im Musterverfahren nach dem KapMuG; das erstinstanzliche Musterverfahren gilt als Teil des ersten Rechtszugs des Prozessverfahrens.

Unterabschnitt 1. Verfahren vor dem Amts- oder Landgericht

Nr.	Gebührentatbestand	Gebühr oder Satz der Gebühr nach § 34 GKG
1210	Verfahren im Allgemeinen .... **I 1 Soweit wegen desselben Streitgegenstands ein Mahnverfahren vorausgegangen ist, entsteht die Gebühr mit dem Eingang der Akten bei dem Gericht, an das der Rechtsstreit nach Erhebung des Widerspruchs oder Einlegung des Einspruchs abgegeben wird; in diesem Fall wird eine Gebühr 1100 nach dem Wert des Streitgegenstands angerechnet, der in das Prozessverfahren übergegangen ist. 2 Satz 1 gilt entsprechend, wenn wegen desselben Streitgegenstands ein Europäisches Mahnverfahren vorausgegangen ist.** **II Soweit der Kläger wegen desselben Streitgegenstands einen Anspruch zum Musterverfahren angemeldet hat (§ 10 Abs. 2 KapMuG), wird insoweit die Gebühr 1902 angerechnet.**	3,0

Übersicht

1 **I. Systematik.** Im „Prozessverfahren", einer unglücklichen Wortbildung (ausreichen würde „Prozess" oder etwa „Klageverfahren"), entsteht regelmäßig die Gebühr KV 1210 für das gesamte Verfahren im Allgemeinen (OLG Stuttgart MDR 2015, 1103). Es entsteht nach → Rn. 11 in keiner Instanz eine Urteilsgebühr (OLG Stuttgart MDR 2015, 1103). Hinzu kann evtl. die Vergleichsgebühr KV 1900 treten. Sie entsteht zwar im Prozess, aber nicht durch den Prozess. Denn sie entsteht nur insoweit, als der Wert des Vergleichs den Wert des Streitgegenstands überschreitet. Jede dieser Gebühren ist von der anderen unabhängig und kann von einem eigenen Streitwert entstehen.

2 Ein **Musterverfahren** nach dem KapMuG, gilt nach der Vorb. 1.2.1 Hs. 2 als Teil des erstinstanzlichen Prozessverfahrens, in das es sich ja nach § 1 KapMuG nur hineinschiebt. Folglich entstehen nach der Vorb. 1.2.1 Hs. 1 für das Musterverfahren neben den Gebühren für das Ausgangs-Prozessverfahren nach KV 1210 ff. im ersten Rechtszug scheinbar keine zusätzlichen derartigen Gebühren. KV 1902 hat aber, auch als jüngere Spezialvorschrift, den Vorrang (wahrscheinlich hat der Gesetzgeber vergessen, die anteilige Vorb. 1.2.1 mit zu bedenken).

3 **II. Regelungszweck.** Die Vorschrift soll die Anrufung des Gerichts durch eine hohe Pauschalgebühr verteuern und dadurch die Prozessflut eindämmen (OLG Stuttgart MDR 2001, 1134). Sie soll außerdem im Interesse der Prozesswirtschaftlichkeit die Abrechnung erstinstanzlicher Prozesse vereinfachen (LG Hamburg MDR 1998, 1375). Beides ist bei der Auslegung zu beachten.

4 **III. Anwendungsbereich.** Mit dem Begriff „Prozessverfahren" meint der gesamte Hauptabschnitt 2 den eigentlichen Prozess, also das durch eine Klage nach § 253 ZPO oder durch den Übergang vom Mahnverfahren in das streitige Verfahren nach § 697 ZPO eingeleitete und durch ein Endurteil endende Verfahren, nach → Rn. 11 auch durch ein Versäumnisurteil nach §§ 330 ff. ZPO. Dahin gehören auch: Der Urkundenprozess nach §§ 592 ff. ZPO; der Scheckprozess nach §§ 602 ff. ZPO; der Wechselprozess nach § 605a ZPO; eine im Prozessweg erledigte Schiedssache (Aufhebungsklage) nach § 1032 ZPO.

5 **Nicht hierher gehören:** Das Eilverfahren nach §§ 916 ff., 935 ff. ZPO, KV 1410 ff.; eine Vollstreckbarerklärung im schiedsrichterlichen Verfahren nach §§ 1059 ff. ZPO, KV 1620 ff.

6 **IV. Verfahrensgebühr nach Mahnverfahren (Anm. I).** Ein Prozessverfahren oder streitiges Verfahren findet nach einem vorausgegangenen Mahnverfahren in den folgenden Fällen statt.

7 **1. Widerspruch.** Ein Prozessverfahren beginnt prozessual dann, wenn nach einem Widerspruch gegen einen Mahnbescheid eine der Parteien nach § 696 I 1 ZPO einen Antrag auf die Durchführung eines streitigen Verfahrens stellt (OLG Brandenburg (7. ZS) JurBüro 1998, 653; LG Fulda NJW-RR 1999, 221; LG Koblenz JurBüro 1999, 260; aA OLG Brandenburg (4. ZS) NJW-RR 2001, 574: erst bei einer Abgabe an das Streitgericht). Es ist unerheblich, welche der Parteien den Antrag stellt (OLG

Düsseldorf NJW-RR 1997, 704; OLG München MDR 1997, 891; LG Fulda NJW-RR 1999, 221).

Soweit eine Partei den Antrag bereits zusammen mit dem Mahnantrag vorsorglich gestellt hat, sei es mit einem oder ohne einen vorsorglichen Verweisungsantrag, beginnt das Prozessverfahren **kostenrechtlich** nach der Anm. Hs. 1 mit dem Eingang der vollständigen **Akten** beim Gericht des streitigen Verfahrens, (vgl. OLG Hamm JurBüro 2002, 89; KG JurBüro 2002, 86; OLG Rostock MDR 2002, 666). Dadurch ist der frühere Streit beendet. Das gilt auch nach einem Einspruch gegen einen Vollstreckungsbescheid. Der Akteneingang beim unzuständigen Gericht reicht aus. Die Zahlung der Gebühr KV 1210 nach einer Anfrage des Gerichts, ob ein streitiges Verfahren beantragt werde, reicht daher nicht mehr aus. 8

Das alles gilt nur für die Frage der **Entstehung** der Gebühr KV 1210 und für die *daraus* abgeleitete Frage der **Anrechenbarkeit** der Mahngebühr KV 1100. Es kommt dabei auf den etwaigen Posteingangsstempel und nur bei dessen Fehlen auf den Eingangsstempel der Geschäftsstelle der Abteilung oder Kammer an. 9

2. Nichtbetreiben. Ein Nichtbetreiben des Verfahrens nach dem Widerspruch, aber vor dem Antrag auf ein streitiges Verfahren genügt zwar an sich nicht, LG Würzburg JurBüro 1998, 147. Nach einem solchen Antrag bleibt aber KV 1210 trotz eines etwaigen Nichtbetreibens anzuwenden (OLG Düsseldorf NJW-RR 1998, 1077; OLG Hamburg MDR 1998, 1121; LG Brandenburg JurBüro 1998, 147; aA LG Bautzen MDR 2001, 1379; AG Hamburg NJW-RR 1999, 1298, Vorlage beim BVerfG. Aber der Antrag löste nun einmal eine weitere Gebühr aus, selbst wenn sich der Antragsteller anschließend zu ihm gegenläufig verhielt; Zimmermann JurBüro 1997, 230). 10

3. Mehrere Widersprüche. Wenn gegen **mehrere Mahnbescheide** Widersprüche nach § 694 ZPO vorliegen und das Gericht die Verfahren gleichzeitig verbindet, tritt keine Rückwirkung der Widersprüche auf den Zeitpunkt vor der Verbindung ein. Deshalb bleiben die Einzelstreitwerte maßgeblich (OLG Hamm Rpfleger 1983, 177; OLG Oldenburg JurBüro 2003, 322). Wenn ein Prozessverfahren gegen mehrere Widersprechende bei verschiedenen Gerichten anhängig wird, entsteht die Gebühr KV 1210 für jedes Prozessverfahren nach dem jeweiligen Streitwert (OLG Hamm Rpfleger 1983, 177). 11

4. Einspruch. Ein Prozessverfahren beginnt ferner mit einem Einspruch gegen einen Vollstreckungsbescheid nach → Rn. 33. 12

5. Nachverfahren. Ein Prozessverfahren entsteht schließlich dann, wenn das Gericht einen Urkunden-, Wechsel- oder Scheckmahnbescheid nach § 703a ZPO erlassen hatte und wenn der Antragsgegner nun nur den Antrag stellt, das Nachverfahren nach § 600 ZPO einzuleiten. Das Prozessverfahren beginnt dann mit der Ladung des Gegners zum Nachverfahren (aA Meyer Rn. 15: Akteneinfügung beim Prozessgericht). 13

Die Gebühr KV 1100 wird nach KV 1210 Anmerkung Hs. 2 **angerechnet.** 14

V. Anrechnung (Anm. II). Sie erfolgt bei § 10 II KapMuG, wegen der Gebühr KV 1902 bei demselben Streitgegenstand. 15

VI. Verfahrensgebühr bei Klage usw: Pauschale. Die Verfahrensgebühr besteuert das „Verfahren im allgemeinen". Sie entsteht durch jede einzelne durch das Gericht oder dem Gericht gegenüber im Lauf des Prozesses erfolgte Prozesshandlung neu, OLG Schleswig JurBüro 1996, 204. Sie entsteht auch durch irgendeine nach der Aufhebung der Bewilligung einer Prozesskostenhilfe nach § 124 ZPO erfolgte Prozesshandlung. Sie entsteht aber nach → Rn. 18, 24 insgesamt nur einmal (OLG Koblenz JurBüro 2013, 213). 16

Sie entsteht im Übrigen dann **nicht,** wenn der Kläger die Klage nach der Aufhebung der Bewilligung der Prozesskostenhilfe sofort nach § 269 ZPO **zurücknimmt** oder nach einer Versagung der Prozesskostenhilfe nach § 127 I ZPO eine bedingte Klage nicht weiterbetreibt (OLG Koblenz FamRZ 1998, 312, KV 1211). Denn diese Klagerücknahme ist keine solche Prozesshandlung, die sich gerade auf den Fortgang des Verfahrens richtet. 17

18 Eine **Urteilsgebühr** entsteht **nicht** mehr, auch nicht als ein trennbarer Bestandteil der Pauschale (OLG Düsseldorf MDR 1997, 301). Die Verfahrensgebühr gilt nach § 35 sämtliche Prozesshandlungen ab, für die das Gesetz keine besonderen Gebühren vorsieht. Sie gilt insbesondere mit ab: Ein nichtstreitiges Urteil, also ein Versäumnisurteil gegenüber der säumigen Partei nach §§ 330, 331 II Hs. 1 ZPO, KV 1211 Nr. 2 (also keine Ermäßigung; OLG Düsseldorf MDR 1997, 301; OLG Hamburg MDR 1998, 623; KG JurBüro 1999, 152); ein Anerkenntnisurteil nach § 307 ZPO; ein Verzichtsurteil nach § 306 ZPO (OLG Stuttgart JurBüro 1999, 423; vgl. freilich die Ermäßigung KV 1211 Nr. 2); einen außergerichtlichen Vergleich nach § 779 BGB oder einen Prozessvergleich (die Vergleichsgebühr nach KV 1900 betrifft nur den nicht im Prozess befangenen Teil. Vgl. freilich die Ermäßigung KV 1211 Nr. 3: OLG Koblenz JurBüro 2013, 213). Wegen der Brüssel Ia-VO vgl. KV 1510.

19 Die Verfahrensgebühr gilt auch ein sog. **unechtes Versäumnisurteil** gegenüber dem Kläger nach § 331 II Hs. 2 ZPO ab.

20 **VII. Entstehung, Fälligkeit.** Die Verfahrensgebühr entsteht und wird fällig, soweit eine der folgenden Voraussetzungen vorliegt.

21 **1. Klage.** Die Verfahrensgebühr entsteht nach § 6 I mit der Einreichung der unbedingten und auch unterschriebenen Klageschrift beim Gericht (OLG Koblenz FamRZ 2013, 1244 (1245); OLG Stuttgart MDR 2011, 635; OVG Sachsen-Anhalt NVwZ-RR 2010, 823). Es kommt also nicht darauf an, ob der Klägervertreter anschließend darum bittet, die Sache vorerst liegen zu lassen (OLG Koblenz MDR 1995, 1269), oder ob das Gericht die Klageschrift dem Gegner nach § 271 ZPO zustellen lässt, ob der Kläger also die Klage auch nach §§ 253, 261 ZPO erhebt (KG JurBüro 1998, 429; OLG München MDR 1996, 1075; OLG Schleswig AnwBl 1997, 288, „Erledigung" vor Rechtshängigkeit; aA OLG Düsseldorf MDR 2000, 1457). Nach einem Widerspruch nach § 694 ZPO wird nach der Anm. Hs. 1 die weitere Gebühr mit der Anhängigkeit beim Gericht des streitigen Verfahrens fällig (LG Memmingen JurBüro 1997, 434; LG Osnabrück JurBüro 2018, 306 (307)). Wegen der Fälligkeit der anzurechnenden Mahngebühr § 6 I.

22 **Prozesskostenhilfe** nach §§ 114 ff. ZPO kann eine zulässige Bedingung der Klagerhebung sein. Dann tritt eine Fälligkeit erst mit der Bewilligung oder dann ein, wenn der Kläger aus welchem Grund auch immer erklärt, er wünsche jetzt die Klage unabhängig vom Prozesskostenhilfeverfahren einzureichen, oder wenn er nun den Vorschuss mit einer Rücknahme des Prozesskostenhilfegesuchs oder ohne sie zahlt (Meyer Rn. 22; aA OLG München MDR 1997, 890). Die Anforderung einer Kostenrechnung oder einer Wertfestsetzung hat dieselbe Folge.

23 **2. Klagerweiterung.** Die Verfahrensgebühr entsteht ferner, soweit der Kläger die Klage durch einen mündlichen Vortrag oder durch die Einreichung eines Schriftsatzes nach §§ 256 II, 263, 264 ZPO erweitert (OVG Sachsen-Anhalt NVwZ-RR 2010, 823). Die zur Erhebung der erweiterten Klage notwendige Zustellung ist nach § 6 ebenso wie diejenige der ersten Klage entbehrlich.

24 **3. Widerklage.** Die Verfahrensgebühr entsteht nicht zweimal, sondern nur einmal dann, wenn der Bekl. eine Widerklage einreicht. Das gilt selbst dann, wenn das Gericht die Klage und eine Widerklage zunächst getrennt behandelt hat und in beiden Verfahren das persönliche Erscheinen der Parteien zB nach § 141 ZPO angeordnet hat, sofern es hier im weiteren Verfahrensverlauf zur gemeinsamen Verhandlung kommt (KG Rpfleger 1978, 270). Auch ein im Prozess geltend gemachter Ersatzanspruch nach §§ 302 IV, 600 II, 717 II ZPO ist als eine Widerklage nach KV 1210 ansehen, obwohl ein solcher Ersatzanspruch prozessual keine Widerklage zu sein braucht.

25 Auch eine **Hilfswiderklage** lässt nach → § 45 Rn. 8 die Verfahrensgebühr entstehen. Jedoch kann die Verfahrensgebühr später rückwirkend entfallen, sofern das Gericht über die Hilfswiderklage nicht zu entscheiden braucht.

26 **4. Rechtsmittelschrift.** Eine Verfahrensgebühr entsteht ferner mit der Einreichung einer Berufungsschrift, Revisionsschrift oder Anschließungsschrift nach KV 1220, 1230. Auch dann reicht die bloße Einreichung aus.

5. Antrag auf streitiges Verfahren; Einspruch. Die Verfahrensgebühr entsteht schließlich dann, wenn im Anschluss an ein Mahnverfahren eine der Parteien nach → Rn. 7 den Antrag auf die Durchführung des streitigen Verfahrens nach § 696 IV ZPO stellt oder wenn der Bekl. gegen einen Vollstreckungsbescheid nach § 700 ZPO Einspruch einlegt und die Akten daraufhin beim Gericht des streitigen Verfahrens eingehen (Anm. Hs. 1) oder wenn das ArbG einen Termin anberaumt. Hatte der Kläger seinen Antrag auf die Durchführung des streitigen Verfahrens wie meist bereits mit dem Mahnantrag verbunden, tritt die Fälligkeit ebenfalls erst im vorgenannten Zeitpunkt ein. Eine nachträgliche Rücknahme des Antrags auf die Durchführung des streitigen Verfahrens lässt die Gebühr KV 1210 unverändert bestehen bleiben. 27

6. Unabhängigkeit vom Klageschicksal. Es ist kostenrechtlich belanglos, ob der Kläger seine Klage usw prozessual zulässig oder ordnungsmäßig erhoben hat, BFHE 142, 411; OLG Stuttgart MDR 2011, 635. Soweit eine Verfahrensgebühr entstanden ist, bleibt das spätere Schicksal der Klage usw unerheblich (OLG München JurBüro 1978, 1853; LG Hamburg KTS 1975, 45). OLG Frankfurt a. M. NJW-RR 2017, 448 lässt die Verfahrensgebühr sogar bei einer versehentlichen Doppeleinreichung nochmals entstehen. 28

Ausnahmsweise ermäßigt sich der Gebührenanspruch nach KV 1211, 1222 usw, sofern eine **Klagerücknahme usw** oder eine Rechtsmittelrücknahme usw vorliegen. 29

VIII. Kostenschuldner usw. Nach § 22 haftet derjenige für die Kosten, der das Verfahren der Instanz beantragt hat. Mit dem streitigen Verfahren beginnt nach → § 22 Rn. 13 gegenüber dem Mahnverfahren eine neue kostenrechtliche Instanz (vgl. OLG Düsseldorf JurBüro 1992, 102; OLG Hamburg MDR 1984, 413; OLG Köln Rpfleger 1983, 460). 30

Hat nun der Antrag**steller** des Mahnverfahrens das streitige Verfahren beantragt, haftet er und muss nach § 12 III 3 vorwegleisten (OLG Düsseldorf NJW-RR 1997, 704). Das gilt unabhängig davon, ob er den Antrag vor oder nach dem Erlass des Mahnbescheids gestellt hatte (LG Koblenz JurBüro 1999, 260). 31

Hat der Antrags**gegner** des Mahnverfahrens das streitige Verfahren beantragt, ist er auch Kostenschuldner (OLG Düsseldorf NJW-RR 1997, 704; OLG Zweibrücken JurBüro 2007, 372; LG Osnabrück JurBüro 2003, 371; aA OLG Bremen JurBüro 1976, 349; KG Rpfleger 1980, 121). 32

Bei einem Einspruch gegen einen **Vollstreckungsbescheid** nach § 700 III ZPO ist kein Antrag auf die Durchführung des streitigen Verfahrens notwendig (OLG Düsseldorf JurBüro 1992, 102; OLG Köln Rpfleger 1983, 460; N. Schneider JurBüro 2003, 4). Daher beginnt das Prozessverfahren kostenmäßig dann nach der Anm. Hs. 1 bereits mit dem Eingang der Akten bei demjenigen Gericht des streitigen Verfahrens, das das Mahngericht im Mahnbescheid nach § 692 I Nr. 1 ZPO bezeichnet hatte. Antragschuldner ist dann nach → § 22 Rn. 16 nur derjenige, der den Vollstreckungsbescheid nach § 699 ZPO beantragt hat. 33

IX. Streitwert. Zwei Situationen sind zu unterscheiden. 34

1. Nach Mahnverfahren. Streitwert ist für das streitige Verfahren derjenige Wert, der in diese Instanz gelangt (OLG Dresden JurBüro 2004, 378; OLG Hamburg MDR 2001, 294; OLG München AnwBl 2001, 127). Wenn das Gericht also einen Mahnbescheid über 1000 EUR erlassen hat und wenn nun eine Partei ein streitiges Verfahren wegen des Gesamtbetrags beantragt, ist dieser Betrag von 1000 EUR maßgebend, selbst wenn es später zB zu einer Teilerledigung usw kommt (LG Hagen MDR 1997, 790; aA OLG München AnwBl 2001, 127, aber § 40 gilt auch hier). 35

Wenn eine Partei ein streitiges Verfahren aber nur wegen eines **Teilbetrags** beantragt hat, beträgt der Streitwert für dieses streitige Verfahren nur diesen Teilbetrag (OLG Düsseldorf NJW-RR 1998, 1077; OLG München MDR 1999, 508; OLG Stuttgart MDR 1999, 634; aA OLG Brandenburg JurBüro 1998, 653; OLG Hamburg MDR 1998, 1121). Dann ist auf die nach KV 1210 nach diesem bloßen Teilbetrag errechnete 3,0-Gebühr die nach KV 1100 nach demselben Teilbetrag entstehende Gebühr anzurechnen. Das ergibt sich aus der Anm. Hs. 2. Es gilt auch dann, wenn der Antragsteller im Mahnverfahren seine höhere Forderung nur versehentlich gestellt hatte (OLG Düsseldorf NJW-RR 1998, 1077). Stets bleibt aber die 36

Mindestgebühr von 23 EUR nach KV 1100 (Vorrang vor § 34 II) auch bei der Berechnung des nach der Anm. Hs. 2 anrechenbaren Betrags bestehen.

37 Wenn das Gericht nach der Abgabe oder nach einer Verweisung einen **Termin** anberaumt, ist für den Streitwert derjenige Betrag maßgebend, der in das streitige Verfahren gekommen ist. Sofern der Schuldner inzwischen Abzahlungen geleistet hat, ist derjenige Betrag maßgeblich, den der Gläubiger noch am Tag des Akteneingangs bei demjenigen Gericht verlangt hat, an das das Mahngericht die Sache abgegeben oder verwiesen hat. Denn nur in dieser Höhe ist die Sache nach § 697 I 4 ZPO in Wahrheit in das streitige Verfahren gelangt.

38 **2. Bei Klage usw.** Der Streitwert berechnet sich nach demjenigen der Klage. Bei einer Klagerweiterung nach §§ 263, 264 ZPO erhöht sich die Gebühr nach → § 40 Rn. 6 entsprechend (OVG Sachsen-Anhalt NVwZ-RR 2010, 823). Denn sie entsteht als eine Verfahrensgebühr nach dem neuen Streitwert. Man muss also den alten und den neuen Streitwert vergleichen. Das gilt auch insofern, als das Gericht einen Antrag auf eine Prozesskostenhilfe für die Klagerweiterung abgelehnt hat, sofern es die Prozesskostenhilfe für den ursprünglichen Klaganspruch bewilligt hatte. Denn andernfalls würde der Kläger durch die Ablehnung des Antrags im Umfang der Klagerweiterung mittelbar mit Kosten belastet werden. Bei einer Verbindung nach § 147 ZPO ist nach § 5 ZPO bis zur Grenze des § 36 II zu addieren (OLG Hamm JurBüro 2005, 598; OLG Koblenz NZG 2005, 817; Meyer JurBüro 1999, 240).

39 **3. Keine nachträgliche Verminderung.** Die Verfahrensgebühr kann sich nicht nachträglich vermindern (OLG Köln JurBüro 2011, 489). Daraus folgt: Bei einer Erledigung eines Teils des Anspruchs nach § 91a ZPO und der anschließenden Wiedererhöhung des Klaganspruchs durch einen neuen Anspruch ist dieser neue dem Streitwert hinzuzurechnen, sofern keine Klagerücknahme nach § 269 ZPO vorliegt (KG MDR 2008, 173; OLG München MDR 1997, 688).

Beispiel: Die Klageforderung beträgt 5.000 EUR. Nach einer Verhandlung zur Sache erledigt sich die Hauptsache in Höhe von 2.000 EUR. Anschließend erweitert der Kläger die Klageforderung um 2.000 EUR auf Grund eines anderen Sachverhalts. Der Streitwert beträgt jetzt 7.000 EUR.

40 **4. Wertänderung.** Eine Wertänderung ist zu beachten, § 40. Das gilt zB bei einer Prozessverbindung nach § 147 ZPO. In der höheren Instanz berechnet sich der Streitwert nach § 47 I 1 nach den Anträgen des Rechtsmittelklägers, andernfalls nach S. 2, stets begrenzt gemäß § 47 II. Die Verfahrensgebühr erhöht sich dann nicht, wenn ein Vergleich den Streitgegenstand überschreitet. Denn der überschießende Teil gehört nicht zum streitigen Verfahren, → KV 1900 Rn. 8 ff. Eine Prozessverbindung lässt die bereits entstandenen Verfahrensgebühren unberührt.

Nr.	Gebührentatbestand	Gebühr oder Satz der Gebühr nach § 34 GKG
1211	**Beendigung des gesamten Verfahrens durch** **1. Zurücknahme der Klage** **a) vor dem Schluss der mündlichen Verhandlung,** **b) in den Fällen des § 128 Abs. 2 ZPO vor dem Zeitpunkt, der dem Schluss der mündlichen Verhandlung entspricht,** **c) im Verfahren nach § 495a ZPO, in dem eine mündliche Verhandlung nicht stattfindet, vor Ablauf des Tages, an dem eine Ladung zum Termin zur Verkündung des Urteils zugestellt oder das schriftliche Urteil der Geschäftsstelle übermittelt wird,**	

Nr.	Gebührentatbestand	Gebühr oder Satz der Gebühr nach § 34 GKG
	d) im Fall des § 331 Abs. 3 ZPO vor Ablauf des Tages, an dem das Urteil der Geschäftsstelle übermittelt wird oder e) im europäischen Verfahren für geringfügige Forderungen, in dem eine mündliche Verhandlung nicht stattfindet, vor Ablauf des Tages, an dem das schriftliche Urteil der Geschäftsstelle übermittelt wird, wenn keine Entscheidung nach § 269 Abs. 3 Satz 3 ZPO über die Kosten ergeht oder die Entscheidung einer zuvor mitgeteilten Einigung der Parteien über die Kostentragung oder der Kostenübernahmeerklärung einer Partei folgt, 2. Anerkenntnisurteil, Verzichtsurteil oder Urteil, das nach § 313a Abs. 2 ZPO keinen Tatbestand und keine Entscheidungsgründe enthält, oder nur deshalb Tatbestand und die Entscheidungsgründe enthält, weil zu erwarten ist, dass das Urteil im Ausland geltend gemacht wird (§ 313a Abs. 4 Nr. 5 ZPO), 3. gerichtlichen Vergleich oder Beschluss nach § 23 Absatz 3 KapMuG oder 4. Erledigungserklärungen nach § 91a ZPO, wenn keine Entscheidung über die Kosten ergeht oder die Entscheidung einer zuvor mitgeteilten Einigung der Parteien über die Kostentragung oder der Kostenübernahmeerklärung einer Partei folgt, es sei denn, dass bereits ein anderes als eines der in Nummer 2 genannten Urteile, eine Entscheidung über einen Antrag auf Erlass einer Sicherungsanordnung oder ein Musterentscheid nach dem KapMuG vorausgegangen ist: Die Gebühr 1210 ermäßigt sich auf	**1,0**
	[1] Die Zurücknahme des Antrags auf Durchführung des streitigen Verfahrens, des Widerspruchs gegen den Mahnbescheid oder des Einspruchs gegen den Vollstreckungsbescheid stehen der Zurücknahme der Klage gleich. [2] Die Vervollständigung eines ohne Tatbestand und Entscheidungsgründe hergestellten Urteils (§ 313a Abs. 5 ZPO) steht der Ermäßigung nicht entgegen. [3] Die Gebühr ermäßigt sich auch, wenn mehrere Ermäßigungstatbestände erfüllt sind.	

Übersicht

1 **I. Systematik.** Die Verfahrensgebühren und die verwandten Gebühren entstehen nach § 6 I jeweils mit dem Eingang des Antrags. KV 1211 ist eine Ausnahme vom Grundsatz des KV 1210 (OLG Koblenz MDR 2005, 119; OLG Nürnberg MDR 1997, 400; OLG Oldenburg NJW-RR 1999, 942). Die Vorschrift schafft durch eine erhebliche Ermäßigung der Gebühr KV 1210 Vergünstigungen, solange das gesamte Verfahren vor demjenigen Zeitpunkt endet, den KV 1211 nach seinem Gesamttext jeweils bestimmt. Die Vorschrift nennt jetzt eine wesentlich einfacher ermittelbare Reihe von Voraussetzungen einer Ermäßigung. Von einem Gebührenwegfall spricht KV 1211 nicht. Wegen weitergehender Ermäßigungs- oder Wegfallmöglichkeiten § 69b.

2 **II. Regelungszweck.** Die Regelung dient der Kostengerechtigkeit (Roloff NZA 2007, 902). Sie stellt auf einfach fassbare Voraussetzungen einer Gebührenermäßigung ab. Sie dient insofern der Prozesswirtschaftlichkeit (Roloff NZA 2007, 902). Das ist bei der Auslegung zu berücksichtigen (OLG Koblenz MDR 2005, 119). Andererseits verbietet der Ausnahmecharakter nach → Rn. 1 eine zu weite Auslegung (OLG Braunschweig BauR 2016, 543; KG AGS 2012, 531, zu KV 1221 FamGKG; OLG Stuttgart MDR 2015, 1103; aA N. Schneider MDR 1999, 462 (463)).

3 Indessen hat der Kostengesetzgeber einen weiten Gestaltungsrahmen. Es gilt der **Gleichheitsgrundsatz** des Art. 3 GG nur in den Grenzen der Praktikabilität und Wirtschaftlichkeit (BVerfG NJW 1999, 3550, zu § 91a ZPO).

4 Das **Versäumnisurteil** gegen den Kläger nach § 330 ZPO oder gegen den Bekl. nach § 331 II Hs. 1 ZPO führt nach → KV 1210 Rn. 12 **nicht** zu einer Ermäßigung (KG AGS 2012, 531, zu KV 1221 FamGKG; OLG Koblenz JurBüro 2008, 92; Roloff NZA 2007, 904; aA OLG Nürnberg MDR 1997, 400; LG Koblenz NJW-RR 2004, 72; E. Schneider NJW 2006, 886 (887)). Das ist verfassungsgemäß (BVerfG NJW 1999, 3550).

5 **III. Notwendigkeit einer Gesamtbeendigung.** Eine Ermäßigung nach KV 1211 tritt nur dann ein, wenn das Prozessverfahren wegen sämtlicher Anträge und wegen aller Beteiligten insgesamt endet (OLG Braunschweig BauR 2016, 543; KG WM 2012, 527; OVG Nordrhein-Westfalen NJW 2008, 457, zum entsprechenden KV 5124), sei es auch nur durch eine Aktenweglegung mangels eines Vorschusses nach § 12 oder nach §§ 379, 402 ZPO (LG Brandenburg JurBüro 1998, 147; LG Hamburg NJW-RR 1999, 581). Eine nur teilweise Klagerücknahme nach → Rn. 8 usw lässt also die Gebühr KV 1210 bestehen (OLG Brandenburg JurBüro 1998, 653; OLG Hamburg MDR 1998, 1121; KG WM 2012, 527; aA KG MDR 2002, 722; N. Schneider MDR 1999, 462 (463), vgl. aber → Rn. 2). Auch ein Zwischenurteil nach § 303 ZPO ist keine Gesamtbeendigung (OLG Braunschweig NJW 2018, 1555;

OLG Karlsruhe MDR 2007, 1104; OLG Koblenz MDR 2005, 119; aA OLG München JurBüro 2003, 320, aber der Ausnahmecharakter des KV 1211 darf nicht zu sehr aufgeweicht werden). Das gilt unabhängig von seiner Rechtmäßigkeit und seinem Inhalt (OLG Koblenz MDR 2005, 119).

Ein **Teilurteil** nach § 301 ZPO führt selbst nach einer anschließenden Zurück- 6
verweisung zB nach § 538 II ZPO nebst einer vollen Klagerücknahme nach → Rn. 8 nicht zur Ermäßigung (OLG Nürnberg MDR 2003, 416). Eine Fortsetzung nach § 321a ZPO schadet nicht (N. Schneider NJW 2002, 1094). Die bloße Mitteilung, der Gegner habe gezahlt, ist keine Klagerücknahme. Das alles gilt grundsätzlich bei jedem der in KV 1211 genannten Fälle. Aber auch → Rn. 23.

IV. Klagerücknahme (Nr. 1). Es sind mehrere Gesichtspunkte beachtlich. 7

1. Begriff (Nr. 1a–e). Das GKG versteht unter einer Klagerücknahme nicht unbe- 8
dingt dasselbe wie die ZPO. Nr. 1 umfasst auch den Fall, dass der Kläger das Gericht vor dem Eintritt der Rechtshängigkeit nach §§ 253 I, 261 I ZPO bittet, von weiteren Maßnahmen abzusehen (OLG München MDR 1996, 1076; aA OLG Celle MDR 2012, 1378), oder dass er die „Klage" und in Wahrheit: das Rechtsschutzgesuch zurücknimmt (OLG Hamm MDR 1997, 206; KG NJW-RR 2000, 415; OLG München JurBüro 1997, 603), dass er also die Sache vor einer „Klagerhebung" dann als „erledigt" bezeichnet, wenn nach Nr. 1 Hs. 2 keine echte Kostengrundentscheidung nach § 269 III 3 Hs. 1 ZPO usw ergeht. Es darf aber auch keine Kostengrundentscheidung nach § 269 III 3 Hs. 2 ZPO ergangen sein (KG NJWRR 2009, 1412; OLG Karlsruhe JurBüro 2007, 41; Deckenbrock/Dötsch MDR 2004, 1218).

Es genügt mithin ein solches Verhalten der betreibenden Partei, das den Prozess 9
tatsächlich erledigt und das dem Gericht eine weitere Arbeit erspart (OLG Düsseldorf MDR 1999, 1465; OLG München NJW-RR 1997, 639; LG Bayreuth JurBüro 1975, 795). Die Klagerücknahme muss wirksam und vollständig erfolgen (OLG Koblenz AnwBl 2003, 187). Ihre Gründe sind unerheblich.

2. Beispiele zur Frage einer Klagerücknahme (Nr. 1a–e)

Anerkenntnisurteil: Klagerücknahme ist evtl. auch diejenige nach dem Erlass eines 10
solchen (Teil-)Urteils nach § 307 (OLG Hamburg MDR 2001, 1261). Denn die Klagerücknahme ist nach Nr. 1a bis zum Schluss der letzten mündlichen Verhandlung nach §§ 136 IV, 296a ZPO zulässig (OLG Düsseldorf NJW-RR 2000, 363).

Anwaltszwang: Derjenige nach § 78 ZPO kann bei § 281 ZPO vom AG an ein LG zunächst entfallen (OLG Koblenz NJW-RR 2012, 891)

Arrestgesuch: Klagerücknahme ist evtl. auch die Rücknahme eines Arrestgesuchs nach § 920 ZPO, → KV 1410 Rn. 6.

Außergerichtlicher Vergleich: Als Klagerücknahme gilt auch die Rücknahmeerklärung auf Grund eines außergerichtlichen Vergleichs nach § 779 BGB (LG Karlsruhe NJW-RR 1996, 1407). Das gilt (selbstverständlich) nur, soweit diese Rücknahme **vor** dem Schluss der Verhandlung nach §§ 136 IV, 296a ZPO erfolgt (OLG Frankfurt a. M. MDR 1999, 1286; OLG München MDR 2000, 787).

Keine derartige „Klagerücknahme" sind außergerichtliche vergleichsweise Erledigterklärungen nach § 91a ZPO (aA OLG Brandenburg MDR 1999, 189; OLG München AnwBl 1998, 287; OLG Nürnberg NJW-RR 1998, 720, je: zu weite Auslegung des Begriffs „vor Gericht").

Erledigung: → „Außergerichtlicher Vergleich", → „Prozessvergleich".

Gerichtsverstoß: Er kann dennoch KV 1211 anzuwenden machen (OLG Koblenz NJW-RR 2012, 891).

Klagerweiterung: Klagerücknahme ist auch die Rücknahme einer in der ersten Instanz nach §§ 263, 264 ZPO erweiterten Klage nunmehr insgesamt (KG JurBüro 1997, 93; aA OLG München MDR 1997, 688, aber das rechtliche wie wirtschaftliche Ergebnis ist dasselbe wie bei der Rücknahme einer unveränderten Klage). Es gilt erst recht für die Rücknahme einer erst in der zweiten Instanz anhängig gewordenen Klagerweiterung (aA OLG Nürnberg MDR 2003, 416).

Kostenentscheidung: Soweit das Gericht nach einer wirksamen Klagerücknahme auf Grund eines Antrags des Bekl. nach § 269 III 2, IV ZPO feststellt, dass der Kläger die Kosten tragen muss, ist dieser Ausspruch gebührenfrei. Bei einer echten Kostengrundentscheidung nach § 269 III 3, IV ZPO entsteht eine Ermäßigung dagegen nach KV 1211 Nr. 1 Hs. 2 nur dann, wenn das Gericht in seiner Entscheidung einer zuvor von den Parteien mitgeteilten Einigung über die Kostentragung oder einer Kostenübernahmeerklärung einer Partei folgt oder es nur eine gesetzliche Regelung wiederholt (LSG Bayern JurBüro 2016, 249).

Mahnverfahren: Klagerücknahme ist nach der Anm. S. 1 im Ergebnis auch die Rücknahme des Antrags des Klägers oder des Bekl. nach § 696 I 1, IV ZPO (OLG Hamm JurBüro 2002, 90; OLG Stuttgart MDR 1999, 635; LG Osnabrück JurBüro 2003, 372). Klagerücknahme ist ferner nach S. 2 die Rücknahme des Widerspruchs gegen den Mahnbescheid nach § 697 IV ZPO oder des Einspruchs gegen den Vollstreckungsbescheid nach §§ 700 I, 346 ZPO (aA LG Nürnberg-Fürth JurBüro 1997, 144; Meyer Rn. 32, aber alle diese Fälle gleichen zumindest im wirtschaftlichen Ergebnis dem Vorgang der Rücknahme eines jeden Antrags, wenn auch evtl. mit unterschiedlichen Zielrichtungen). Das gilt freilich nach S. 1 am Ende (bezieht sich auch auf Nr. 1c) nur dann, wenn nicht inzwischen ein anderes Urteil als ein solches nach Nr. 2 voraufgegangen ist.

Nichtbetreiben: Keine Klagerücknahme ist ein solches Verhalten zB nach einer Aussetzung nach §§ 148 ff. ZPO, einer Anordnung des Ruhens nach § 251a ZPO oder nach einer Unterbrechung nach §§ 239 ff. ZPO (OLG Zweibrücken JurBüro 2008, 94), oder nach Nichtzahlung des Vorschusses und folgender Weglegung der Akte.

Parteiwechsel: Klagerücknahme ist evtl. auch eine solche nach einem Parteiwechsel, KG JurBüro 1997, 93.

Prozessvergleich: Klagerücknahme ist ein solcher Vergleich an sich nur nach Nr. 3 und daher allenfalls ausnahmsweise dann, wenn er im Verfahren auf eine Prozesskostenhilfe nach § 118 I 3 Hs. 2 ZPO ergeht und den beabsichtigten Prozess erledigt.

Restitutionsklage: Klagerücknahme ist auch die Rücknahme einer vor dem Berufungsgericht erhobenen Restitutionsklage nach § 580 ZPO.

Verhandlungsschluss: Klagerücknahme ist auch eine solche bis zum Schluss der letzten mündlichen Verhandlung nach §§ 136 IV, 296a ZPO, Nr. 1a (OLG Düsseldorf NJW-RR 2000, 363). Deshalb reicht eine Wiedereröffnung der Verhandlung nach § 156 ZPO, BVerwG NVwZ-RR 2010, 335), oder eine erfolgreiche Gehörsrüge zB nach § 321a ZPO (N. Schneider NJW 2002, 1094).

Keine Ermäßigung tritt aber bei einer Klagerücknahme erst nach diesem Schluss ein. Das gilt selbst dann, wenn das Gericht in der Verhandlung zB nach § 283 ZPO eine Überlegungsfrist eingeräumt hatte (OLG München MDR 2000, 787).

Versäumnis: → Rn. 4.

Widerklage: Klagerücknahme ist auch die Rücknahme einer Widerklage (aA OLG Schleswig MDR 2003, 176; aber das bleibt zu stark am Wortlaut und beachtet nicht den Sinn der Vorschrift nach → Rn. 2: Die Widerklage ist kostenrechtlich wie eine Klage zu behandeln, ja sogar auch prozessual). Das gilt nach KV 1221 auch bei der Rücknahme einer erst in der zweiten Instanz erhobenen Widerklage.

Zulässigkeitsbedenken: Klagerücknahme ist evtl. auch eine solche erst nach Bedenken des Gerichts gegen die Zulässigkeit der Klage (OLG Hamburg MDR 2001, 1261). Denn die Klagerücknahme ist nach Nr. 1a bis zum Schluss der letzten mündlichen Verhandlung nach § 136 IV, 296a ZPO zulässig (OLG Düsseldorf NJW-RR 2000, 363).

11 **3. Zurücknahme vor Verhandlungsschluss (Nr. 1a).** Die Klagerücknahme kann dann zur Ermäßigung führen, wenn sie vor dem Schluss der letzten mündlichen Verhandlung wirksam wird (OLG Düsseldorf MDR 1999, 1465; OLG München MDR 1997, 1402). Die Wirksamkeit ist nach § 269 ZPO zu beurteilen. Sie ist daher ab dem Beginn der mündlichen Verhandlung des Bekl. zur Hauptsache nur bei einer Einwilligung des Bekl. wirksam. Der Verhandlungsschluss nach § 296a ZPO richtet sich nach der entsprechenden Maßnahme des Vorsitzenden nach § 136 IV ZPO. Das gilt evtl. nach einer vorangegangenen Wiedereröffnung nach § 156 ZPO (OLG München MDR 2000, 787; VG Schleswig NVwZ-RR 2009, 312, zu KV 5111). OLG Jena JurBüro 2016, 1601 lässt auch eine Frist zur Klagerücknahme nach Verhandlungsschluss reichen. Das gilt auch bei einer Stufenklage nach § 254 ZPO

(Wielgoss JurBüro 2000, 632). Freilich darf nach S. 1 am Ende (bezieht sich auch auf Nr. 1a) kein anderes Urteil als ein solches nach Nr. 2 (die Entscheidung des EuGH über eine Vorlage ist kein solches eine Gebührenermäßigung ausschließendes Urteil, KG JurBüro 2021, 597), keine Entscheidung über einen Antrag auf eine Sicherungsanordnung nach § 283a ZPO und kein Musterentscheid nach § 16 KapMuG voraufgegangen sein. Ein klagabweisendes Versäumnisurteil nach § 330 ZPO zählt nicht hierher (AG Siegburg JurBüro 2000, 424). Eine Rücknahme nach dem bisherigem Verhandlungsschluss ist dann ausreichend, wenn sich nach der Aktenlage die Notwendigkeit einer nochmaligen Verhandlung ergibt (OLG München MDR 1997, 402). Nr. 1a tritt gegenüber Nr. 1b zurück (OLG Karlsruhe MDR 2006, 236).

4. Zurücknahme vor dem in § 128 II ZPO genannten Zeitpunkt (Nr. 1b). Die Vorschrift gilt auch, soweit der Richter bei § 495a ZPO ein schriftliches Verfahren wählt (OLG Karlsruhe MDR 2006, 236). Die Klagerücknahme kann auch dann zur Ermäßigung führen, wenn sie vor demjenigen Zeitpunkt wirksam wird, der im Verfahren nach § 128 II ZPO dem Schluss der mündlichen Verhandlung entspricht. Freilich darf nach S. 1 am Ende (bezieht sich auch auf Nr. 1b) kein anderes Urteil als ein solches nach Nr. 2 voraufgegangen sein. Nr. 1b hat den Vorrang vor Nr. 1a (OLG Karlsruhe MDR 2006, 236). 12

5. Zurücknahme vor dem jeweils maßgebenden Zeitpunkt im Kleinverfahren nach § 495a ZPO (Nr. 1c). Die Klagerücknahme kann auch dann zur Ermäßigung führen, wenn sie im Verfahren nach § 495a ZPO ohne eine tatsächliche mündliche Verhandlung wirksam wird, entweder bevor derjenige Tag endet, an dem die wirksame Zustellung einer Ladung oder genauer eine Nachricht vom Termin zur Verkündung gerade des Urteils und nicht nur einer anderen Entscheidung erfolgt, oder bevor derjenige Tag abläuft, an dem das schriftliche Urteil auf der Geschäftsstelle der zuständigen Abteilung eingegangen ist. 13

Soweit das Gericht Gründe nach § 313a I 2 Hs. 2 ZPO nur in das **Protokoll** nach §§ 159 ff. ZPO wirksam aufgenommen hat, entscheidet trotzdem der Eingang nicht des Protokolls, sondern des eigentlichen Urteils auch ohne einen Tatbestand und Entscheidungsgründe. Denn dann besteht das Urteil nach § 313a I 2 Hs. 2 ZPO eben gerade nicht auch aus Gründen und ist gleichwohl ein schriftliches nach Nr. 1c. Es ist dringend ratsam, den Eingangstag auf der Geschäftsstelle zu vermerken. Die Angabe der Uhrzeit ist entbehrlich. Im Zweifel ist noch kein dortiger Eingang erfolgt gewesen. Freilich darf nach S. 1 am Ende (bezieht sich auch auf Nr. 1c) kein anderes Urteil als ein solches nach Nr. 2 voraufgegangen sein. Die Vervollständigung des Urteils nach § 313a IV (gemeint nur: IV Nr. 5, V) führt nach → Rn. 15 ebenfalls zur Ermäßigung. Ermäßigung nicht entgegen. 14

6. Zurücknahme beim Versäumnisurteil im schriftlichen Vorverfahren, § 331 III ZPO (Nr. 1d). Die Klagerücknahme kann auch dann zur Ermäßigung führen, wenn sie nach einem Versäumnisurteil gegen den Bekl. im schriftlichen Vorverfahren nach § 331 III ZPO vor dem Ende desjenigen Tages wirksam wird, an dem dieses Versäumnisurteil auf der Geschäftsstelle eingegangen ist, dazu → Rn. 12. Freilich darf nach S. 1 am Ende (bezieht sich auch auf Nr. 1d) kein anderes Urteil als ein solches nach Nr. 2 voraufgegangen sein (OLG München MDR 1996, 968; LG Bonn JurBüro 2001, 595). Ein abweisendes Versäumnisurteil nach § 330 ZPO reicht nicht zur Ermäßigung (LG Koblenz NJW-RR 2004, 72). 15

7. Zurücknahme im Europäischen Verfahren (Nr. 1e). Hier geht es um ein Verfahren nach §§ 1097 ff. ZPO. 16

V. Anerkenntnis- oder Verzichtsurteil oder Urteil nach § 313a II ZPO usw (Nr. 2). Es gibt mehrere Aspekte. 17

1. Begriffe (Nr. 2). Eine Ermäßigung kann dann eintreten, wenn das gesamte Prozessverfahren zumindest schließlich durch ein Anerkenntnisurteil nach § 307 ZPO oder durch ein Verzichtsurteil nach § 306 ZPO endet (OLG Frankfurt a. M. NJW-RR 2001, 717; OLG Hamburg MDR 2005, 1195; OLG Zweibrücken NJW 2006, 2564). Das gilt auch dann, wenn eines dieser Urteile im Verfahren nach §§ 128 II oder 495a ZPO ergeht. Das gilt dann unabhängig davon, ob auch die Voraussetzungen Nr. 1b, c vorliegen. Freilich darf nach S. 1 am Ende (bezieht sich 18 auch auf [jetzt] Nr. 2) kein anderes Urteil als ein solches nach Nr. 2 und auch kein Musterbescheid des OLG nach § 16 KapMuG vorausgegangen sein (KG MDR 2006, 596; OLG Koblenz JurBüro 2006, 206; OLG München NJW-RR 2007, 288). Die Nichterwähnung des Versäumnisurteils ist nach → KV 1210 Rn. 18 kein bloßes redaktionelles Versehen des Gesetzgebers (OLG Düsseldorf MDR 1997, 301; OLG München NJW-RR 2007, 288, je: also volle Pauschale).

19 **2. Teilanerkenntnis.** Ein bloßes solches Anerkenntnis reicht grundsätzlich nicht, auch nicht iVm einer Rest-Erledigterklärung nach § 91a ZPO (OLG Frankfurt a. M. NJW-RR 2001, 717; aA OLG Rostock JurBüro 2007, 323; LG Koblenz FamRZ 2002, 1136, aber KV 1211 verlangt ausdrücklich die Beendigung des „gesamten" Verfahrens). Es reicht aber nach → Rn. 10 ausnahmsweise iVm einer restlichen Klagerücknahme (vgl. OLG Hamburg MDR 2001, 1261).

20 **3. „Verwahrung gegen Kosten".** Bei dem einem Anerkenntnisurteil nach § 307 ZPO zugrunde liegenden Anerkenntnis ist es unerheblich, ob der Bekl. es „unter Verwahrung gegen die Kosten" abgibt, soweit nur feststeht, dass es sich überhaupt um ein wirksames, also unter anderem: in Wahrheit unbedingtes Anerkenntnis handelt, wie meist. Der Bekl. will dann nämlich nur anregen, die Kosten dem Gegner aufzuerlegen. Das ergibt sich, wenn man ihn vorsorglich insofern befragt. Über die Kosten muss das Gericht auch bei § 93 ZPO ohnehin nach § 308 II ZPO von Amts wegen befinden. Es genügt daher zur Gebührenermäßigung, dass überhaupt ein Anerkenntnisurteil vorliegt (OLG Hamm JurBüro 2007, 151; OLG Koblenz JurBüro 2007, 152; OLG Rostock JurBüro 2007, 323; aA OLG Hamburg MDR 2005, 1195; OLG Karlsruhe JurBüro 2001, 374; LG Magdeburg JurBüro 2004, 325). Maßgeblich ist nicht, was der Bekl. hätte erklären können, sondern was er erklärt hat (vgl. OLG München AnwBl 1996, 414).

21 **4. „Stuhlurteil".** Beim Urteil nach § 313a II ZPO tritt ebenfalls die Ermäßigung ein. Das Gericht muss sein Urteil als sog. Stuhlurteil in demjenigen Termin verkündet haben, in dem es die mündliche Verhandlung nach §§ 136 IV, 296a ZPO geschlossen hatte, wenn auch evtl. erst nach einer Pause „am Schluss der Sitzung". Die Verkündung darf also nicht erst in einem besonderen bloßen Verkündungstermin nach § 218 ZPO erfolgt sein. Außerdem muss zumindest diejenige Partei sogleich auf ein Rechtsmittel gegen das Urteil zB nach § 515 ZPO verzichtet haben, für die das Urteil anfechtbar war (OLG München NJW-RR 2003, 1656). Eine gleichzeitige oder spätere Vervollständigung nach § 313a IV (gemeint nur: IV Nr. 5, V) ZPO führt nach **Nr. 2 Hs. 2** ebenfalls zur Ermäßigung.

22 **5. Unanwendbarkeit.** Nicht hierher gehört ein nur freiwillig irgendwie aus irgendeinem Motiv begründetes Urteil (OLG Brandenburg JurBüro 2007, 536; Meyer MDR 2008, 1011; aA OLG Köln MDR 2007, 1458, aber Nr. 2 stellt auf das Fehlen und nicht auf ein bloßes Fehlendürfen ab). Nicht hierher gehört ferner ein nach § 313a I ZPO ergangenes Urteil (Roloff NZA 2007, 905). Denn es ist unzweifelhaft unanfechtbar. Das gilt auch bei § 495a ZPO, soweit nicht das AG die Berufung nach § 511 II Nr. 2 ZPO im Urteil zugelassen hat. Zum Zwischenurteil nebst Entscheidungsgründen → Rn. 3 (LG Osnabrück NJW-RR 2014, 1343). Nicht hierher gehört auch ein bloßer Beschluss nach § 91a ZPO nebst einem Rechtsmittelverzicht zB nach § 515 ZPO (OLG Oldenburg NJW-RR 2012, 1467; aA OLG Celle JurBüro 2011, 488; OLG München NJW-RR 2003, 1656; LG Bonn MDR 2004, 476, großzügiger OLG München MDR 1998, 739, aber die Anm. S. 3 zeigt zumindest bei einer Klagerücknahme nach § 269 ZPO die Eigenständigkeit eines solchen Vorgangs, wie er auch bei § 91a ZPO vorliegt). Nicht hierher gehört ein bloßer Begründungsverzicht (OLG Braunschweig BauR 2016, 543), auch bei einem Vergleich (OLG Düsseldorf NJW 2016, 3074). Bei § 91a ZPO kommt vielmehr Nr. 4 als eine abschließende Spezialregelung infrage.

23 **VI. Gerichtlicher Vergleich, Beschluss nach § 23 III KapMuG (Nr. 3).** Eine Ermäßigung kann dann eintreten, wenn das gesamte (auch restliche) Prozessverfahren durch den Abschluss eines Vergleichs vor Gericht endet (OLG Düsseldorf JurBüro 2001, 313), und zwar einschließlich der Kostenregelung im Vergleich (BAG NZA 2008, 784; OLG Braunschweig BauR 2016, 543; OLG Celle NJW-RR 2011, 1294).

Auch ein Vergleich in einem der von § 278 VI ZPO geregelten Fälle gehört hierher. Freilich darf nach S. 1 am Ende (bezieht sich auch auf Nr. 2) kein anderes Urteil als ein solches nach Nr. 2 voraufgegangen sein (OLG Hamburg JurBüro 2001, 317; OLG Karlsruhe FamRZ 2004, 1663, Teilurteil nach § 301 ZPO über Auskunftsanspruch bei einer Stufenklage nach § 254 ZPO; LG Stuttgart JurBüro 2005, 656; aA AG Neuwied JurBüro 2003, 430, aber auch ein Versäumnisurteil gegen den Kläger nach § 330 ZPO ist ein Urteil nach → Rn. 4; OLG Oldenburg JurBüro 2017, 469).

Nicht ausreichend ist ein bloßer Teilvergleich (OLG Hamburg JurBüro 2001, 317; **23a** OLG Schleswig MDR 2003, 176, Roloff NZA 2007, 908). Denn KV 1211 verlangt die Beendigung des „gesamten" Verfahrens. Ebenso wenig reicht die bloße Mitteilung eines ohne jede Mitwirkung des Gerichts rein außergerichtlich nach § 779 BGB geschlossenen Vergleichs (OLG Düsseldorf MDR 2000, 415; OLG München NJW-RR 1999, 1232). Auch eine gerichtliche bloße Anregung außerhalb der Lage nach § 278 VI ZPO reicht dann nicht, ebenso wenig eine an den Vergleich anschließende Verhandlung usw (LG Stuttgart JurBüro 2005, 656).

Anzuwenden ist Nr. 3 ferner bei **§ 23 III KapMuG** also bei einer gerichtlichen **24** Beendigung durch Beschluss ohne Beitrittserklärung des Klägers.

VII. Erledigterklärungen (Nr. 4). Die Vorschrift ist verfassungsmäßig (vgl. **25** BVerfG NJW 1999, 3549). Nicht jede Verringerung der Mühe des Gerichts ergibt schon eine Gebührenvergünstigung. Nr. 4 lässt die Verfahrensgebühr zwar evtl. dann verringern, soweit beide Parteien den Rechtsstreit in der Hauptsache wirksam für erledigt erklären. Das gilt nach dem klaren Wortlaut von Nr. 4 aber grundsätzlich nur dann, wenn das Gericht gerade nicht deshalb nur noch über die Kosten entscheiden muss, (vgl. OLG Karlsruhe JurBüro 2001, 315; OLG Köln NJW-RR 1998, 1293; OLG München MDR 1999, 957). An dem klaren Wortlaut des Gesetzes scheitert nach → Rn. 2 eine andere Auslegung. Danach kommt es nicht darauf an, ob das Gericht bei dieser Entscheidung viel oder wenig Mühe hatte (LG Kleve JurBüro 2001, 261). Das gilt, zumal die Parteien wegen § 308 II ZPO auch beim bloßen Kostenbeschluss nach § 91a ZPO das Gericht nicht von der Eigenverantwortung entbinden können. Das übersieht LG Trier WuM 1996, 780. Ein bloßer Begründungsverzicht reicht nicht (OLG Braunschweig BauR 2016, 543; LG Aachen JurBüro 2017, 470).

Nach demselben Wortlaut kann allerdings eine doch noch erfolgte Kostenentschei- **26** dung **ausnahmsweise** dann **unschädlich** sein, wenn die Parteien **vorher** nach § 98 ZPO eine Kosteneinigung mitgeteilt hatten oder wenn eine Partei **vorher** eine Kostenübernahme erklärt hat (OLG Koblenz JurBüro 2012, 485), oder wenn der Kläger dem Gericht mitteilt, der Bekl. habe voll geleistet. Dadurch sind die früheren Streitfragen erledigt.

Sofern nur eine **einseitige Erledigterklärung** vorliegt, ist Nr. 4 nicht anzuwen- **27** den. Dann bleibt die Gebühr KV 1210 voll bestehen. Denn Nr. 4 ist nicht ausdehnend auszulegen. Das KV behandelt ja Ermäßigungen nur als Ausnahmen von der jeweils vorangestellten Gebührenpflicht.

VIII. Zusammentreffen mehrerer Ermäßigungstatbestände (Anm. S. 3). **28** Die Vorschrift stellt zusätzlich zur Wortstellung der Fälle S. 1 klar, dass „die" **eine** Ermäßigung und nicht etwa eine weitere Ermäßigung auch dann eintritt, wenn zwei oder noch mehrere Ermäßigungstatbestände gleichzeitig oder nacheinander zusammentreffen (OLG Hamburg MDR 2001, 1261; LG Bonn MDR 2004, 476; LG Wuppertal JurBüro 1997, 536). Es genügt andererseits (selbstverständlich), dass schließlich oder bei genauer Beurteilung doch nur ein einziger Ermäßigungstatbestand übriggeblieben ist. Wenn freilich inzwischen schon eine Fälligkeit eintrat und eine Zahlung erfolgt ist, gelten die für alle derartigen Lagen vorgesehenen Regeln wie sonst. Soweit zunächst zB eine teilweise Erledigung eintritt, dann aber wegen des Rests eine Klagerücknahme nach § 269 ZPO usw folgen, ist eine Ermäßigung statthaft (LG Wuppertal JurBüro 1997, 536). Nach einer vorangegangenen Verbindung nach § 147 ZPO ermäßigt sich jede der schon entstandenen Gebühren (OLG Hamburg MDR 1999, 830; OLG München AnwBl 1999, 414).

Nicht anzuwenden ist S. 3 dann, wenn es zur Erledigung nur eines Teils der **29** zuvor selbständigen Streitgegenstände kommt (Meyer JurBüro 2003, 187).

Unterabschnitt 2. Verfahren vor dem Oberlandesgericht

Nr.	Gebührentatbestand	Gebühr oder Satz der Gebühr nach § 34 GKG
1212	Verfahren im Allgemeinen	4,0
1213	Beendigung des gesamten Verfahrens durch 1. Zurücknahme der Klage a) vor dem Schluss der mündlichen Verhandlung, b) in den Fällen des § 128 Abs. 2 ZPO vor dem Zeitpunkt, der dem Schluss der mündlichen Verhandlung entspricht, oder c) im Fall des § 331 Abs. 3 ZPO vor Ablauf des Tages, an dem das Urteil der Geschäftsstelle übermittelt wird, wenn keine Entscheidung nach § 269 Abs. 3 Satz 3 ZPO über die Kosten ergeht oder die Entscheidung einer zuvor mitgeteilten Einigung der Parteien über die Kostentragung oder der Kostenübernahmeerklärung einer Partei folgt, 2. Anerkenntnisurteil, Verzichtsurteil oder Urteil, das nach § 313a Abs. 2 ZPO keinen Tatbestand und keine Entscheidungsgründe enthält, 3. gerichtlichen Vergleich oder 4. Erledigungserklärungen nach § 91a ZPO, wenn keine Entscheidung über die Kosten ergeht oder die Entscheidung einer zuvor mitgeteilten Einigung der Parteien über die Kostentragung oder der Kostenübernahmeerklärung einer Partei folgt, es sei denn, dass bereits ein anderes als eines der in Nummer 2 genannten Urteile vorausgegangen ist: Die Gebühr 1212 ermäßigt sich auf	2,0
	Die Gebühr ermäßigt sich auch, wenn mehrere Ermäßigungstatbestände erfüllt sind. *[geplante Fassung nach dem VRUG:] Im Verfahren über eine Abhilfeklage ist die Ermäßigung nicht dadurch ausgeschlossen, dass ein Abhilfegrundurteil vorausgegangen ist.*	

1 KV 1212, 1213 betreffen (wie sich aus der Überschrift des Abschnitts 1 ergibt) **Prozessverfahren des ersten Rechtszugs,** für die aufgrund besonderer Vorschriften die **OLG** zuständig sind (zu in die Zuständigkeit der OLG fallenden Verfahren, die keine Prozessverfahren sind, vgl. KV 1620 ff.; das erstinstanzliche KapMuG-Verfahren ist gebührenfrei). In den Anwendungsbereich der Vorschriften fallen daher Streitigkeiten über die Entschädigung wegen überlanger Gerichtsverfahren in der Ziviljustiz nach **§§ 198 ff. GVG,** soweit sich die Klage gegen ein Land richtet, nach **§ 119 IV GVG** (Musterfeststellungsklage, künftig §§ 1 I Nr. 2, 3 I VDuG), nach **§ 129 VGG** (betr. urheberrechtliche Streitfälle im Zusammenhang mit der Wahrnehmung von Urheberrechten und verwandten Schutzrechten durch Verwertungsgesellschaften und -einrichtungen (VGG §§ 117–123), nach **§ 32 AgrarOLkG** (betr. Klagen gegen die Bundesanstalt für Landwirtschaft und Ernährung als Durchsetzungs-

behörde für die Bekämpfung von unlauteren Handelspraktiken in der Agrar- und Lebensmittellieferkette) und nach dem voraussichtlich mit Wirkung zum 25.6.2023 durch das (der Umsetzung der Verbandsklagenrichtlinie v. 25.11.2020, RL (EU) 2020/1828, dienende) Verbandsklagenrichtlinienumsetzungsgesetz (VRUG, → GKG Vor § 1 Rn. 17a, → GKG § 26a Rn. 1) neu zu schaffenden **§ 3 I VDuG** (betr. Verbandsklagen). Die Gebührentatbestände entsprechen den für erstinstanzlichen Verfahren vor den AG und LG geltenden KV 1210, 1211 (→ KV 1210 Rn. 1 ff., → KV 1211 Rn. 1 ff.), allerdings mit der (künftigen) Besonderheit, das im Verbandsklageverfahren der Erlass des grundsätzlich zunächst vorgesehenen Abhilfegrundurteils (§ 16 VDuG, → § 26a Rn. 2) – anders als sonst – als vorausgegangenes Urteil eine Ermäßigung nach VV 1213 – insbesondere infolge des in § 17 VDuG ausdrücklich vorgesehenen gerichtlichen Vergleichs – nicht ausschließt. Die Gebührenhöhe entspricht indessen der für Berufungsverfahren geltenden (vgl. KV 1220, 1222). Zur anwaltlichen Vergütung für diese Verfahren → RVG VV 3300, 3301 Rn. 1 ff.

Unterabschnitt 3. Verfahren vor dem Bundesgerichtshof

Nr.	Gebührentatbestand	Gebühr oder Satz der Gebühr nach § 34 GKG
1214	**Verfahren im Allgemeinen**	**5,0**
1215	**Beendigung des gesamten Verfahrens durch** **1. Zurücknahme der Klage** **a) vor dem Schluss der mündlichen Verhandlung,** **b) in den Fällen des § 128 Abs. 2 ZPO vor dem Zeitpunkt, der dem Schluss der mündlichen Verhandlung entspricht, oder** **c) im Fall des § 331 Abs. 3 ZPO vor Ablauf des Tages, an dem das Urteil der Geschäftsstelle übermittelt wird,** **wenn keine Entscheidung nach § 269 Abs. 3 Satz 3 ZPO über die Kosten ergeht oder die Entscheidung einer zuvor mitgeteilten Einigung der Parteien über die Kostentragung oder der Kostenübernahmeerklärung einer Partei folgt,** **2. Anerkenntnisurteil, Verzichtsurteil oder Urteil, das nach § 313a Abs. 2 ZPO keinen Tatbestand und keine Entscheidungsgründe enthält,** **3. gerichtlichen Vergleich oder** **4. Erledigungserklärungen nach § 91a ZPO, wenn keine Entscheidung über die Kosten ergeht oder die Entscheidung einer zuvor mitgeteilten Einigung der Parteien über die Kostentragung oder der Kostenübernahmeerklärung einer Partei folgt,** **es sei denn, dass bereits ein anderes als eines der in Nummer 2 genannten Urteile vorausgegangen ist:** **Die Gebühr 1214 ermäßigt sich auf**	**3,0**
	Die Gebühr ermäßigt sich auch, wenn mehrere Ermäßigungstatbestände erfüllt sind.	

1 KV 1214, 1215 betreffen (wie sich aus der Überschrift des Abschnitts 1 ergibt) **Prozessverfahren des ersten Rechtszugs,** für die aufgrund besonderer Vorschriften der **BGH** zuständig ist. Derzeit wohl einziger Anwendungsbereich sind Streitigkeiten über die Entschädigung wegen überlanger Gerichtsverfahren in der Ziviljustiz nach **§§ 198 ff. GVG,** soweit sich die Klage gegen den Bund richtet. Die Gebührentatbestände entsprechen den für erstinstanzlichen Verfahren vor den AG und LG geltenden KV 1210, 1211 (→ KV 1210 Rn. 1 ff., → KV 1211 Rn. 1 ff.), die Gebührenhöhe entspricht indessen der für Revisionsverfahren geltenden (vgl. KV 1230, 1232). Zur anwaltlichen Vergütung für diese Verfahren → RVG VV 3300, 3301 Rn. 1 ff.

Abschnitt 2. Berufung und bestimmte Beschwerden

Vorbemerkung 1.2.2:

Dieser Abschnitt ist auf Beschwerdeverfahren nach

1. den §§ 73 und 171 GWB,
2. § 48 WpÜG,
3. § 37u Abs. 1 WpHG,
4. § 75 EnWG,
5. § 13 EU-VSchDG,
6. § 35 KSpG und
7. § 11 WRegG

anzuwenden.

Nr.	Gebührentatbestand	Gebühr oder Satz der Gebühr nach § 34 GKG
1220	Verfahren im Allgemeinen	4,0

1 **I. Anwendungsbereich.** KV 1220 ff. sind nach §§ 169, 170 BauGB auch in einer Baulandsache anzuwenden. Vor KV 1220 haben KV 1222, 1223 Vorrang (OLG Celle NJW-RR 2011, 1294). KV 1220 ist verfassungsgemäß (KG NJW-RR 2006, 1223). Die Vorschrift gilt auch bei einer Berufung nur zur Fristwahrung (OLG Düsseldorf NJW-RR 1997, 1159), und bei § 522 II ZPO. Sie gilt auch für eine Anschlussberufung nach § 524 ZPO. Freilich entsteht sie dann nicht bei demselben Anspruch. Sie gilt auch für einen erstinstanzlichen Eilantrag beim Berufungsgericht als dem Gericht der Hauptsache nach § 943 ZPO sowie für eine in der Berufungsinstanz erhobene Zwischenfeststellungsklage nach § 256 II ZPO und für die Berufung gegen ein Vorbehaltsurteil nach §§ 302, 599 ZPO. Bei einer Wiederaufnahmeklage nach §§ 578 ff. ZPO, mag es sich um eine Nichtigkeits- oder Restitutionsklage handeln, entsteht die Gebühr je nach derjenigen Instanz, vor der eine Verhandlung stattfindet. Bei einer Verweisung im Wiederaufnahmeverfahren greift § 4 ein. Auch eine Berufungseinlegung durch die Partei selbst nach § 519 I ZPO trotz eines Anwaltszwangs nach § 78 ZPO löst die Gebühr aus (BFHE 142, 411; OLG Zweibrücken JurBüro 2007, 372; LG Koblenz FamRZ 2007, 231).

2 Im Übrigen gelten die Ausführungen zu KV 1210 hier entsprechend.

3 **II. Streitwert.** Der Streitwert im Rechtsmittelverfahren richtet sich nach § 47.

Nr.	Gebührentatbestand	Gebühr oder Satz der Gebühr nach § 34 GKG
1221	**Beendigung des gesamten Verfahrens durch Zurücknahme des Rechtsmittels, der Klage oder des Antrags, bevor die Schrift zur Begründung des Rechtsmittels bei Gericht eingegangen ist:**	

Nr.	Gebührentatbestand	Gebühr oder Satz der Gebühr nach § 34 GKG
	Die Gebühr 1220 ermäßigt sich auf .... **Erledigungserklärungen nach § 91a ZPO stehen der Zurücknahme gleich, wenn keine Entscheidung über die Kosten ergeht oder die Entscheidung einer zuvor mitgeteilten Einigung der Parteien über die Kostentragung oder der Kostenübernahmeerklärung einer Partei folgt.**	**1,0**

I. Rücknahme vor Begründung. KV 1221–1223 enthalten drei unterschiedlich hohe Ermäßigungsmöglichkeiten. Davon nennt KV 1221 die weitestgehende. Sie setzt die geringstmögliche Gerichtstätigkeit voraus, nämlich, dass man die Berufung, die Beschwerde, die Klage oder den Antrag vor dem Eingang der Schrift zur Begründung des Rechtsmittels nach § 520 I, IV ZPO vor dem Gericht nach § 516 I ZPO zurücknimmt und dass das Berufungsverfahren usw dadurch insgesamt endet. Das gilt auch im Berufungsverfahren auf Grund einer Nichtigkeitsklage nach dem PatG. Haben mehrere Beteiligte Berufung usw eingelegt, müssen sie alle zurücknehmen. 1

1. Form. Die Rücknahme ist nach § 516 II 1 ZPO gegenüber dem Gericht zu erklären. Der Begriff ist weit gemeint (BGH NJW-RR 2005, 584). Es genügt die Erklärung des Willens, die Sache nicht weiter zu verfolgen. Eine solche Erklärung kann in einem Hinweis auf einen beiliegenden außergerichtlichen Vergleich nach § 779 BGB oder in einer Erledigterklärung nebst einer Folge nach KV 1221 amtliche Anm. liegen. Denn auch dann kann als gesetzgeberischen Grund die Ersparung der Mühe des Gerichts angesehen werden. Daher ist die Rücknahme eines Rechtsmittels infolge eines Vergleichs oder innerhalb eines Vergleichs so wie dort zu beurteilen. Das gilt auch nach einer „gerichtlichen Mediation" (OLG Dresden MDR 2009, 1074; die gibt es evtl. bei § 278 V 2 ZPO durch den Güterichter). 2

Für die Kostenberechnung genügt die **einseitige Anzeige** des Rücknehmenden. Es ist unerheblich, ob er die Rücknahme vor oder nach dem Ablauf der Begründungsfrist nach § 520 II ZPO erklärt hat. Maßgeblich ist der Eingang „bei Gericht", also auf dessen Posteingangsstelle und nicht erst auf der Geschäftsstelle der Kammer oder des Senats. 3

2. Nicht nach Terminsanberaumung. Dagegen tritt keine Gebührenermäßigung nach KV 1221 ein, soweit die Zurücknahme der Berufung, Beschwerde, Klage oder des Antrags erst nach der Anordnung eines solchen Termins nach § 523 ZPO erfolgt, den das Gericht wieder aufhebt. Wegen der Zurücknahme einer erst in der zweiten Instanz erweiterten Klage oder Widerklage KV 1211. Eine Ermäßigung tritt ferner dann nicht ein, wenn die Berufungsrücknahme wirksam nach einer Verwerfung gemäß § 522 I 1 ZPO oder nach einer Beschlusszurückweisung nach § 522 II 1 ZPO erfolgt (KG Rpfleger 1991, 435), oder wenn überhaupt keine solche Erklärung abgegeben wird, die sich als eine Rücknahme nach → Rn. 2 auslegen lässt. 4

3. Gebührenfreiheit. Bei einer Rücknahme einer zweiten unwirksamen Berufung entsteht keine Gebühr. Die Entscheidung des Gerichts, nach einer Rücknahme des Rechtsmittels dem Rechtsmittelführer nach § 516 III ZPO die Kosten aufzuerlegen, ist gebührenfrei. Wegen der Rücknahme von Berufung und Anschlussberufung → Rn. 9. 5

II. Umfang der Anfechtung. Wenn der Rechtsmittelführer das Rechtsmittel zunächst ohne eine Umgrenzung der Anfechtung eingelegt hat, würde evtl. erst der Berufungsantrag ergeben, inwieweit er eine Anfechtung vornimmt. In der Regel ist der Berufungsantrag erst in einer ausreichenden Rechtsmittelbegründungsschrift nach § 520 III ZPO vollständig vorhanden. Sie darf aber für KV 1221 noch gar nicht eingegangen sein. Daher ist bei einer nicht klar auf Teile der Rechtsmitteleinlegung beschränkten Rücknahme von einer vollen Rücknahme auszugehen. 6

7 Wenn der Rechtsmittelführer in der Rechtsmittelfrist **keinen Antrag** stellt, liegt eine Rücknahme im Zweifel voll vor.

8 **III. Unanwendbarkeit bei Teilrücknahme.** Nicht anzuwenden ist KV 1221 bei einer nur teilweisen Rücknahme. Insoweit gilt dasselbe wie im ersten Rechtszug bei → KV 1211 Rn. 5.

9 **IV. Anschlussberufung.** Bei § 524 ZPO ist KV 1221 voll anzuwenden. Die Gegenmeinung hätte zur Folge, die Anschließung in einer sachlich nicht beabsichtigten Weise zu benachteiligen. KV 1221 ist aber erst dann anzuwenden, wenn auch die Berufungsrücknahme nach § 516 ZPO und nicht nur die Rücknahme der Anschlussbefreiung erfolgt (OLG München NJW-RR 2005, 1016).

10 **V. Erledigterklärungen (Anm).** Wegen der erforderlichen Einigung der Parteien über die Kostentragung nach übereinstimmenden vollständigen wirksamen Erledigterklärungen Anders/Gehle/Göertz ZPO § 98 Rn. 21 ff.

Nr.	Gebührentatbestand	Gebühr oder Satz der Gebühr nach § 34 GKG
1222	**Beendigung des gesamten Verfahrens, wenn nicht Nummer 1221 anzuwenden ist, durch** **1. Zurücknahme des Rechtsmittels, der Klage oder des Antrags** **a) vor dem Schluss der mündlichen Verhandlung,** **b) in den Fällen des § 128 Abs. 2 ZPO vor dem Zeitpunkt, der dem Schluss der mündlichen Verhandlung entspricht,** **2. Anerkenntnisurteil, Verzichtsurteil oder Urteil, das nach § 313a Abs. 2 ZPO keinen Tatbestand und keine Entscheidungsgründe enthält,** **3. gerichtlichen Vergleich oder** **4. Erledigungserklärungen nach § 91a ZPO, wenn keine Entscheidung über die Kosten ergeht oder die Entscheidung einer zuvor mitgeteilten Einigung der Parteien über die Kostentragung oder der Kostenübernahmeerklärung einer Partei folgt,** **es sei denn, dass bereits ein anderes als eines der in Nummer 2 genannten Urteile, eine Entscheidung über einen Antrag auf Erlass einer Sicherungsanordnung oder ein Beschluss in der Hauptsache vorausgegangen ist:** **Die Gebühr 1220 ermäßigt sich auf** .... **Die Gebühr ermäßigt sich auch, wenn mehrere Ermäßigungstatbestände erfüllt sind.**	**2,0**

1 **I. Anwendungsbereich.** Die Vorschrift gilt hilfsweise, soweit KV 1221 nicht anzuwenden ist. Sie gilt neben KV 1223. Sie stimmt in Nr. 1a, b mit KV 1211 Nr. 1a, b wörtlich überein. Daher → KV 1211 Rn. 9 ff. Nr. 2–4 stimmen mit KV 1211 Nr. 2–4 praktisch wörtlich überein. Daher → KV 1211 Rn. 17 ff. (OLG Celle NJW-RR 2011, 1294).

2 **II. Rücknahme (Nr. 1).** Eindeutig, vollständig und rechtzeitig muss die Rücknahme nach § 516 II 1 ZPO dem Gericht gegenüber erfolgt sein, also vor dem Ende der Verhandlung nach §§ 136 IV, 296a, 525 ZPO (OLG Düsseldorf JurBüro 2008, 601). Dabei gelten die üblichen Auslegungsregeln für Parteiprozesshandlungen. Eine

Teilrücknahme reicht nicht. Eine Zurückverweisung nach § 538 II ZPO kann nach § 37 unschädlich sein.

III. Nach jeder Berufungsentscheidung (Nr. 1). Unerheblich ist bei **Nr. 1,** ob die Berufungsentscheidung ein Sach- oder Prozessurteil wäre (LG Bayreuth JurBüro 1977, 79), und ob es sich um ein streitiges Urteil handeln würde (OLG Bamberg JurBüro 1977, 243; Mümmler JurBüro 1977, 1508). Hierher gehört auch eine irrig in einer Beschlussform ergangene Entscheidung. Unerheblich sind auch gerichtliche Maßnahmen vor der Rücknahme, zB eine Terminsbestimmung nach § 523 ZPO (OLG Hamburg MDR 1998, 927; OLG München MDR 2003, 717), oder eine Vorbereitung der Entscheidung vor den in Nr. 1a, b genannten Zeitpunkten. Ein Hinweis nach § 522 II 2 ZPO ist noch kein „Beschluss in der Hauptsache", sondern erst deren Vorbereitung (OLG Koblenz JurBüro 2007, 152). Eine Vorabentscheidung über die Höhe einer Vollstreckungssicherheit durch Teilurteil ist kein die Gebührenermäßigung ausschließendes „anderes" Urteil iSd von KV 1222 aE (OLG München BeckRS 2021, 27162). 3

IV. Nach Anerkenntnisurteil usw (Nr. 2). Maßgeblich ist bei § 313a ZPO nur, dass das Urteil eben keinen Tatbestand und keine Entscheidungsgründe enthält, nicht aber, dass eine Fristversäumung nach § 313 III ZPO vorliegt, und auch nicht, ob tatsächlich eine Arbeitsersparnis beim Gericht eingetreten ist (OLG München NJW 2015, 1765). 4

V. Unanwendbarkeit. Nicht anzuwenden ist KV 1222 nach einem echten Versäumnisurteil nach §§ 331, 525 ZPO oder nach einem Verweisungsbeschluss nach § 522 ZPO (OLG Brandenburg MDR 2009, 1363). 5

Nr.	Gebührentatbestand	Gebühr oder Satz der Gebühr nach § 34 GKG
1223	**Beendigung des gesamten Verfahrens durch ein Urteil, das wegen eines Verzichts der Parteien nach § 313a Abs. 1 Satz 2 ZPO keine schriftliche Begründung enthält, wenn nicht bereits ein anderes als eines der in Nummer 1222 Nr. 2 genannten Urteile, eine Entscheidung über einen Antrag auf Erlass einer Sicherungsanordnung oder ein Beschluss in der Hauptsache vorausgegangen ist:** **Die Gebühr 1220 ermäßigt sich auf ....** **Die Gebühr ermäßigt sich auch, wenn daneben Ermäßigungstatbestände nach Nummer 1222 erfüllt sind.**	**3,0**

Die Vorschrift gilt hilfsweise, soweit KV 1221 nicht anzuwenden ist. Sie gilt neben KV 1222 (OLG Celle JurBüro 2011, 489). Sie ähnelt KV 1211 Nr. 2 lt. Hs. ein wenig, behandelt aber den dort gerade nicht genannten Fall des § 313a I 2 ZPO. Die geringe Ermäßigung auf immerhin noch 3,0-Gebühr erfolgt nur dann, wenn noch nicht schon ein anderes Urteil als ein solches nach KV 1222 Nr. 2 oder eine Entscheidung nach § 283a ZPO oder eine Entscheidung nach § 283a ZPO oder ein Beschluss in der Hauptsache vorausgegangen ist. Das ähnelt KV 1211 S. 1 Hs. 2. Vgl. daher dort. Die Vorschrift gilt auch bei einem Teilurteil nach § 301 ZPO und nach einer Zurückverweisung nach § 538 II ZPO oder nach einem Teilvergleich zB. 1

Nicht anzuwenden ist KV 1223 nach einer Berufungsrücknahme nach § 516 ZPO (OLG Düsseldorf JurBüro 2008, 601), oder bei einer Einigung dahin, die Kostenentscheidung dem Gericht zu überlassen oder auf eine Begründung der Kostenentscheidung zu verzichten (OLG Düsseldorf NJW-RR 2016, 1472). 2

Abschnitt 3. Revision, Rechtsbeschwerden nach § 77 GWB, § 86 EnWG, § 35 KSpG und § 24 EU-VSchDG

Nr.	Gebührentatbestand	Gebühr oder Satz der Gebühr nach § 34 GKG
1230	**Verfahren im Allgemeinen**	**5,0**

1 **I. Anwendungsbereich.** Die Vorschrift gilt im Revisionsverfahren nach §§ 542, 543, 545 ff. ZPO (BGH NJW-RR 2007, 1148), und in den Rechtsbeschwerdeverfahren nach § 77 GWB, § 86 EnWG, § 35 KSpG, § 24 EU-VSchDG. Für die Zulassung der Sprungrevision nach § 566 ZPO und bei der Nichtzulassungsbeschwerde nach § 544 ZPO, § 77 GWB gelten KV 1240–1243 (BGH NJW-RR 2007, 418). KV 1230 stimmt mit KV 1210 (erste Instanz), KV 1220 (Berufung) wörtlich überein. Vgl. daher dort.

2 **II. Fälligkeit.** → § 6 Rn. 23.

Nr.	Gebührentatbestand	Gebühr oder Satz der Gebühr nach § 34 GKG
1231	**Beendigung des gesamten Verfahrens durch Zurücknahme des Rechtsmittels, der Klage oder des Antrags, bevor die Schrift zur Begründung des Rechtsmittels bei Gericht eingegangen ist:** **Die Gebühr 1230 ermäßigt sich auf** .... **Erledigungserklärungen nach § 91a ZPO stehen der Zurücknahme gleich, wenn keine Entscheidung über die Kosten ergeht oder die Entscheidung einer zuvor mitgeteilten Einigung der Parteien über die Kostentragung oder der Kostenübernahmeerklärung einer Partei folgt.**	**1,0**

1 KV 1231 entspricht der im Berufungsverfahren geltenden Regelung des KV 1221, daher → KV 1221 Rn. 1 ff. Selbstverständlich muss ein Rechtsmittel im technischen Sinne vorliegen (BGH NJW-RR 2005, 584).

Nr.	Gebührentatbestand	Gebühr oder Satz der Gebühr nach § 34 GKG
1232	**Beendigung des gesamten Verfahrens, wenn nicht Nummer 1231 anzuwenden ist, durch** **1. Zurücknahme des Rechtsmittels, der Klage oder des Antrags** **a) vor dem Schluss der mündlichen Verhandlung,** **b) in den Fällen des § 128 Abs. 2 ZPO vor dem Zeitpunkt, der dem Schluss der mündlichen Verhandlung entspricht,** **2. Anerkenntnis- oder Verzichtsurteil,** **3. gerichtlichen Vergleich oder** **4. Erledigungserklärungen nach § 91a ZPO, wenn keine Entscheidung über die Kosten ergeht oder die Entscheidung einer zuvor mitgeteilten Einigung der Parteien über**	

Nr.	Gebührentatbestand	Gebühr oder Satz der Gebühr nach § 34 GKG
	die Kostentragung oder der Kostenübernahmeerklärung einer Partei folgt, es sei denn, dass bereits ein anderes als eines der in Nummer 2 genannten Urteile, eine Entscheidung über einen Antrag auf Erlass einer Sicherungsanordnung oder ein Beschluss in der Hauptsache vorausgegangen ist: Die Gebühr 1230 ermäßigt sich auf	**3,0**
	Die Gebühr ermäßigt sich auch, wenn mehrere Ermäßigungstatbestände erfüllt sind.	

KV 1232 entspricht der im Berufungsverfahren geltenden Regelung des KV 1222, daher → KV 1222 Rn. 1 ff. 1

Abschnitt 4. Zulassung der Sprungrevision, Beschwerde gegen die Nichtzulassung der Revision sowie der Rechtsbeschwerden nach § 77 GWB, § 86 EnWG, § 35 KSpG und § 24 EU-VSchDG

Nr.	Gebührentatbestand	Gebühr oder Satz der Gebühr nach § 34 GKG
1240	**Verfahren über die Zulassung der Sprungrevision: Soweit der Antrag abgelehnt wird ....**	**1,5**
1241	**Verfahren über die Zulassung der Sprungrevision: Soweit der Antrag zurückgenommen oder das Verfahren durch anderweitige Erledigung beendet wird ....**	**1,0**
	Die Gebühr entsteht nicht, soweit die Sprungrevision zugelassen wird.	

KV 1240 enthält für § 566 ZPO trotz der Abhängigkeit vom Verfahrensausgang doch nach dem klaren Wortlaut nur eine Verfahrensgebühr, keine Entscheidungsgebühr. Das gilt freilich nur dann, wenn das Revisionsgericht einen Antrag auf die Zulassung einer Sprungrevision nach § 566 VI ZPO usw durch einen Beschluss ablehnt. Für das Verfahren über die Nichtzulassungsbeschwerde gelten KV 1242, 1243. Bei Zulassung gelten KV 1230–1232. 1

Teilablehnung macht KV 1230, 1231 anzuwenden und wirkt sich beim Streitwert nach §§ 48, 51, 63 aus. 2

Nr.	Gebührentatbestand	Gebühr oder Satz der Gebühr nach § 34 GKG
1242	**Verfahren über die Beschwerde gegen die Nichtzulassung des Rechtsmittels: Soweit die Beschwerde verworfen oder zurückgewiesen wird ....**	**2,0**
1243	**Verfahren über die Beschwerde gegen die Nichtzulassung des Rechtsmittels:**	

Nr.	Gebührentatbestand	Gebühr oder Satz der Gebühr nach § 34 GKG
	Soweit die Beschwerde zurückgenommen oder das Verfahren durch anderweitige Erledigung beendet wird	**1,0**
	Die Gebühr entsteht nicht, soweit der Beschwerde stattgegeben wird.	

1 **I. Anwendungsbereich.** Die Vorschriften erfassen als eng auszulegende Sonderregeln nicht nur die Nichtzulassung der Revision nach § 543 ZPO, sondern auch diejenige der Rechtsbeschwerde nach § 77 GWB. KV 1242 gilt bei einer Verwerfung nach § 544 IV 1 ZPO oder Zurückweisung, nicht aber bei einer Zurücknahme der Beschwerde. KV 1243 gilt bei einer Zurücknahme oder bei einer anderweitigen Erledigung der Nichtzulassungsbeschwerde, auch bei der Rücknahme nur gegenüber einem von mehreren Gegnern (BGH NJW-RR 2007, 418). Zum Rücknahmebegriff gilt ähnliches wie bei KV 1211, → KV 1211 Rn. 8 ff. Es handelt sich trotz der Abhängigkeit vom Verfahrensausgang doch nach dem klaren Wortlaut von KV 1242, 1243 jeweils um Verfahrensgebühren, keine Entscheidungsgebühren. Das gilt freilich nur für den dort jeweils genannten Fall.

2 Hat die Nichtzulassungsbeschwerde Erfolg, wird das Verfahren als Revisionsverfahren fortgesetzt (§ 544 V ZPO); dann fallen (nur) die Gebühr für dieses an. Wird auf die Nichtzulassungsbeschwerde die angefochtene Entscheidung sogleich aufgehoben und die Sache an das Berufungsgericht zurückverwiesen (§ 544 VII ZPO), ist das Verfahren mangels eines Kostentatbestandes gerichtskostenfrei (BGH NJW-RR 2007, 1148; BeckRS 2007, 09183).

3 **Teilverwerfung usw** wirkt sich beim Streitwert nach §§ 48, 51, 63 aus (BGH NJW 2004, 1048).

4 **Nicht anzuwenden** sind KV 1242, 1243 bei § 544 VII ZPO (BGH NJW-RR 2007, 1148: Gerichtskostenfreiheit), oder bei einer Revision nebst hilfsweiser Nichtzulassungsbeschwerde (BGH NJW 2015, 1253: dann nur Revisionsgebühren).

5 **II. Fälligkeit, Kostenschuldner.** Wegen des Charakters von Verfahrensgebühren treten die Fälligkeiten theoretisch mit einer Beschwerdeeinigung ein, § 6 I. Indessen kann ja die Gebührenhöhe erst je nach dem Verfahrensausgang bestimmt werden. Daher tritt die Fälligkeit erst nach dem vorrangigen § 6 III mit der Entscheidung (Verwerfung oder Zurückweisung und praktisch auch Wirksamkeit der Rücknahme entsprechend § 6 III) ein. **Kostenschuldner:** §§ 22, 29.

Abschnitt 5. Rechtsmittelverfahren des gewerblichen Rechtsschutzes vor dem Bundesgerichtshof

Unterabschnitt 1. Berufungsverfahren

Nr.	Gebührentatbestand	Gebühr oder Satz der Gebühr nach § 34 GKG
1250	**Verfahren im Allgemeinen ....**	**6,0**

1 Es geht um das von § 1 S. 1 Nr. 14 miterfasste Berufungsverfahren vor dem BGH nach §§ 110–121 PatG und nach § 20 GebrMG iVm §§ 110–121 PatG (zum erstinstanzlichen Verfahren → PatKostG Vor § 1 Rn. 4 ff.). Die erhebliche Erhöhung der Gebühr beruht auf dem Wegfall der früheren Urteilsgebühren. Es handelt sich jetzt um eine Verfahrensgebühr ähnlich derjenigen nach KV 1220. Vgl. daher auch dort.

Nr.	Gebührentatbestand	Gebühr oder Satz der Gebühr nach § 34 GKG
1251	**Beendigung des gesamten Verfahrens durch Zurücknahme der Berufung oder der Klage, bevor die Schrift zur Begründung der Berufung bei Gericht eingegangen ist:** **Die Gebühr 1250 ermäßigt sich auf ....** **Erledigungserklärungen nach § 91a ZPO i. V. m. § 121 Abs. 2 Satz 2 PatG, § 20 GebrMG stehen der Zurücknahme gleich, wenn keine Entscheidung über die Kosten ergeht oder die Entscheidung einer zuvor mitgeteilten Einigung der Parteien über die Kostentragung oder der Kostenübernahmeerklärung einer Partei folgt.**	**1,0**

Die Vorschrift hat den Vorrang vor KV 1252. Sie stimmt mit KV 1221, 1231 praktisch wörtlich überein, daher → KV 1221 Rn. 1 ff. 1

Nr.	Gebührentatbestand	Gebühr oder Satz der Gebühr nach § 34 GKG
1252	**Beendigung des gesamten Verfahrens, wenn nicht Nummer 1251 anzuwenden ist, durch** **1. Zurücknahme der Berufung oder der Klage vor dem Schluss der mündlichen Verhandlung,** **2. Anerkenntnis- oder Verzichtsurteil,** **3. gerichtlichen Vergleich oder** **4. Erledigungserklärungen nach § 91a ZPO i. V. m. § 121 Abs. 2 Satz 2 PatG, § 20 GebrMG, wenn keine Entscheidung über die Kosten ergeht oder die Entscheidung einer zuvor mitgeteilten Einigung der Parteien über die Kostentragung oder der Kostenübernahmeerklärung einer Partei folgt,** **es sei denn, dass bereits ein anderes als eines der in Nummer 2 genannten Urteile vorausgegangen ist:** **Die Gebühr 1250 ermäßigt sich auf ....** **Die Gebühr ermäßigt sich auch, wenn mehrere Ermäßigungstatbestände erfüllt sind.**	**3,0**

Die Vorschrift gilt nach ihrem klaren Wortlaut nur hilfsweise hinter KV 1251. Sie stimmt mit KV 1222, 1232 praktisch wörtlich überein, daher → KV 1222 Rn. 1 ff. 1

Unterabschnitt 2. Beschwerdeverfahren und Rechtsbeschwerdeverfahren

Nr.	Gebührentatbestand	Gebühr oder Satz der Gebühr nach § 34 GKG
1253	**Verfahren über die Beschwerde nach § 122 PatG oder § 20 GebrMG i. V. m. § 122 PatG gegen ein Urteil über den Erlass einer einstweiligen Verfügung in Zwangslizenzsachen .**	**2,0**

Nr.	Gebührentatbestand	Gebühr oder Satz der Gebühr nach § 34 GKG
1254	**Beendigung des gesamten Verfahrens durch Zurücknahme der Beschwerde, bevor die Schrift zur Begründung der Beschwerde bei Gericht eingegangen ist:** **Die Gebühr 1253 ermäßigt sich auf** ...... **Erledigungserklärungen nach § 91a ZPO i. V. m. § 121 Abs. 2 Satz 2 PatG, § 20 GebrMG stehen der Zurücknahme gleich, wenn keine Entscheidung über die Kosten ergeht oder die Entscheidung einer zuvor mitgeteilten Einigung der Parteien über die Kostentragung oder der Kostenübernahmeerklärung einer Partei folgt.**	**1,0**
1255	**Verfahren über die Rechtsbeschwerde**	**825,00 €**
1256	**Beendigung des gesamten Verfahrens durch Zurücknahme der Rechtsbeschwerde, bevor die Schrift zur Begründung der Rechtsbeschwerde bei Gericht eingegangen ist:** **Die Gebühr 1255 ermäßigt sich auf** .... **Erledigungserklärungen in entsprechender Anwendung des § 91a ZPO stehen der Zurücknahme gleich, wenn keine Entscheidung über die Kosten ergeht oder die Entscheidung einer zuvor mitgeteilten Einigung der Parteien über die Kostentragung oder der Kostenübernahmeerklärung einer Partei folgt.**	**110,00 €**

1 Die Vorschrift **(KV 1255, 1256)** stimmt fast wörtlich mit KV 1221, 1231, 1242 überein, daher → KV 1221 Rn. 1 ff.

Hauptabschnitt 3 (weggefallen)

Hauptabschnitt 4. Arrest, Europäischer Beschluss zur vorläufigen Kontenpfändung und einstweilige Verfügung

Vorbemerkung 1.4:

I [1]Im Verfahren zur Erwirkung eines Europäischen Beschlusses zur vorläufigen Kontenpfändung werden Gebühren nach diesem Hauptabschnitt nur im Fall des Artikels 5 Buchstabe a der Verordnung (EU) Nr. 655/2014 erhoben. [2]In den Fällen des Artikels 5 Buchstabe b der Verordnung (EU) Nr. 655/2014 bestimmen sich die Gebühren nach Teil 2 Hauptabschnitt 1.

II [1]Im Verfahren auf Anordnung eines Arrests oder auf Erlass einer einstweiligen Verfügung sowie im Verfahren über die Aufhebung oder die Abänderung (§ 926 Abs. 2, §§ 927, 936 ZPO) werden die Gebühren jeweils gesondert erhoben. [2]Im Fall des § 942 ZPO gilt das Verfahren vor dem Amtsgericht und dem Gericht der Hauptsache als ein Rechtsstreit.

III Im Verfahren zur Erwirkung eines Europäischen Beschlusses zur vorläufigen Kontenpfändung sowie im Verfahren über den Widerruf oder die Abänderung werden die Gebühren jeweils gesondert erhoben.

Abschnitt 1. Erster Rechtszug

Nr.	Gebührentatbestand	Gebühr oder Satz der Gebühr nach § 34 GKG
1410	**Verfahren im Allgemeinen**	**1,5**

I. Systematik, Regelungszweck. Der Europäische Beschluss, Arrest und die einstweilige Verfügung sind Ergebnisse dreier selbständiger Verfahren nach §§ 916 ff., 935 ff., 946 ff. ZPO (LG Berlin MDR 1989, 366). Sie sind keine Akte der Zwangsvollstreckung nach §§ 704 ff. ZPO, obwohl die ZPO sie im Buch 8 regelt. KV 1410 ff. regeln die Gebühren für das vorläufige Verfahren zum Teil abweichend vom ordentlichen Prozess. Das vorläufige Verfahren ist ein selbständiger Vorgang. Daher findet auch keine gesonderte Abrechnung statt. Die im Hauptprozess entstehenden Gebühren sind unabhängig von denjenigen im vorläufigen Verfahren und umgekehrt. Es können also beim Eil- und Hauptverfahren jeweils die zugehörigen Gebühren entstehen. Es gilt ebenso, wenn man einen Arrest- oder Verfügungsantrag mit einer Klage verbindet oder wenn das Gericht etwa in demselben Urteil Entscheidungen über den Verfügungsantrag und über den Antrag in der Hauptsache getroffen hat. 1

II. Anwendungsbereich. KV 1410 ff. gelten grundsätzlich für alle in der Vorb. 1.4.1 genannten Verfahrensarten. 2

III. Beispiele zur Frage des Anwendungsbereichs

ArbGG: Vgl. KV 8310 ff. 3

Arresthypothek: KV 1410 gilt auch ein Ersuchen auf ihren Eintrag nach § 931 ZPO als Nebenantrag mit ab.

Arrestvollzug: KV 1410 gilt auch den Vollzug nach § 929 ZPO mit ab, soweit nicht KV 1210 anzuwenden ist.

Aufhebung: → „Klagefristversäumung", „Veränderte Umstände".

Brüssel Ia-VO (EuGVVO): Vgl. KV 1510.

FGO: Vgl. KV 6210 ff.

Klagefristversäumung: Anzuwenden ist KV 1410 bei § 926 II ZPO oder § 936 ZPO, (zum alten Recht: OLG München MDR 1999, 59; LG Berlin MDR 1989, 366).

Klagerhebung: Nicht anzuwenden ist KV 1410 bei § 926 I ZPO. Dann gilt KV 1210.

Mehrere Anträge: Ein Arrestantrag und ein Antrag auf eine einstweilige Verfügung leiten nach der Vorb. 1.4 S. 1 zwei getrennte Verfahren ein.

Mündliche Verhandlung: Unerheblich ist bei KV 1410, ob sie stattfindet.

Nebenantrag: KV 1410 gilt auch ihn mit ab. Vgl. bei den einzelnen derartigen Fällen.

Schutzschrift: Nicht anzuwenden ist KV 1410 bei einer solchen nach §§ 945a, b ZPO.

SGG: Vgl. KV 7210 ff.

Veränderte Umstände: Anzuwenden ist KV 1410 bei § 927 ZPO iVm der Vorb. 1.4 S. 1.

Vergleich: Die Gebühr KV 1410 entsteht auch dann, wenn die Parteien zB einen Prozessvergleich schließen. Wenn der Vergleichswert den Streitwert übersteigt, etwa beim Mitvergleich der Hauptsache im Eilverfahren, ist KV 1900 anzuwenden.

Vormerkung: KV 1410 gilt auch das Ersuchen auf eine Vormerkung als Nebenantrag mit ab.

VwGO: Vgl. 5210 ff.

IV. Weiteres Verfahren. Die anderen Fälle sind völlig neue Verfahren. Infolgedessen entstehen dort Gebühren nach KV 1410 ff. unabhängig von den für das Anordnungsverfahren erhobenen Gebühren. Die Gebühren sind in diesen neuen Verfahren dieselben wie im Anordnungsverfahren. Die Entscheidung erfolgt immer durch ein Urteil nach §§ 300 ff. ZPO. Schon der Antragseingang löst die Verfahrensgebühr aus (OLG München MDR 1998, 63). 4

5 **V. Gebührenhöhe.** Für das Verfahren über den Antrag auf den Erlass eines Arrests oder einer einstweiligen Verfügung nach §§ 920, 936 ZPO entsteht jeweils 1,5-Gebühr, sofern es nicht zu einem Fall nach KV 1411 kommt, und in einem solchen letzteren Fall eine 3,0-Gebühr. Wegen § 36 → Rn. 9. In das Anordnungsverfahren gehört nicht nur die Anordnung durch einen Beschluss nach §§ 922 I 1 Hs. 2, 931 ZPO, auch diejenige nach § 942 ZPO durch das AG, Vorb. 1.4.1 S. 2, vgl. § 35. In das Anordnungsverfahren gehört vielmehr auch das Ersuchen um eine Eintragung an das Grundbuchamt oder an die Registerbehörde nach § 941 ZPO. Hierher gehört ferner grundsätzlich auch das gesamte Widerspruchs- oder Aufhebungsverfahren nach §§ 924, 927 ZPO und das Rechtfertigungsverfahrenn (OLG München MDR 1999, 59) einschließlich der darin ergehenden Entscheidungen beliebiger Art. Als eine Ausnahme gilt der sog. Kostenwiderspruch, KV 1411 Anm. (Fall des Anerkenntnisurteils).

6 Ein Antrag auf den Erlass eines Arrests und ein solcher auf den Erlass einer einstweiligen Verfügung leiten nach der Vorb. 1.4.1 S. 1 Hs. 1 zwei getrennte Verfahren ein.

7 Die Klagerhebung nach **§ 926 I ZPO** lässt Gebühren nach KV 1210 ff. entstehen. Eine Verbindung der Hauptsache und der Arrestsache nach § 147 ZPO berührt die Höhe der Gebühren nicht. Eine erstinstanzliche Antragsrücknahme beseitigt im Verfahren ohne eine mündliche Verhandlung die Gebühr KV 1310 nicht. Denn KV 1411 erfasst nur den Fall einer mündlichen Verhandlung (OLG Frankfurt a. M. Rpfleger 1987, 128; OLG Hamburg MDR 2005, 418; OLG Rostock MDR 1997, 1067). Dasselbe gilt bei § 91a (OLG Hamburg MDR 1997, 890).

8 Die **Beschwerdegebühr** nach KV 1416 kann neben den erstinstanzlichen Gebühren entstehen.

9 **VI. Streitwert.** Der Streitwert errechnet sich nach § 53. § 36 bleibt anzuwenden. Das übersieht OLG Hamburg MDR 1995, 102 (beim Kostenwiderspruch). Wegen einer Erledigung der Hauptsache des Eilverfahrens → ZPO § 3 Rn. 23 (OLG Hamburg MDR 2006, 1376; KG MDR 1997, 889). Im Aufhebungsverfahren nach § 927 ZPO gilt der Wert des Anordnungsverfahrens, soweit der Antragsgegner nicht nur eine teilweise Aufhebung betreibt. Wie stets ist eine Wertänderung zu beachten (OG München MDR 1996, 424). § 40 ist anzuwenden (aA OLG Köln JurBüro 1998, 373 (374), aber die Vorschrift gilt allgemein und uneingeschränkt).

10 **VII. Fälligkeit, Kostenschuldner.** Die Fälligkeit der Verfahrensgebühr tritt nach (jetzt) § 6 I mit der Einreichung des Antrags ein (OLG München MDR 1998, 63; OLG Zweibrücken NJW-RR 2001, 1653; LG Berlin MDR 1989, 366). Eine Vorwegleistungspflicht besteht in der 1. Instanz nicht. Denn § 12 I 1 setzt eine Klage voraus.

11 **Kostenschuldner** sind: Grundsätzlich der Antragsteller, § 22; ausnahmsweise der Antragsgegner, soweit das Gericht ihm im Beschluss oder Urteil nach § 29 Nr. 1 Kosten auferlegt.

Nr.	Gebührentatbestand	Gebühr oder Satz der Gebühr nach § 34 GKG
1411	**Beendigung des gesamten Verfahrens durch** **1. Zurücknahme des Antrags** **a) vor dem Schluss der mündlichen Verhandlung oder** **b) wenn eine mündliche Verhandlung nicht stattfindet, vor Ablauf des Tages, an dem der Beschluss der Geschäftsstelle übermittelt wird,** **2. Anerkenntnisurteil, Verzichtsurteil oder Urteil, das nach § 313a Abs. 2 ZPO keinen Tatbestand und keine Entscheidungsgründe enthält,**	

Nr.	Gebührentatbestand	Gebühr oder Satz der Gebühr nach § 34 GKG
	3. gerichtlichen Vergleich oder	
	4. Erledigungserklärungen nach § 91a ZPO, wenn keine Entscheidung über die Kosten ergeht oder die Entscheidung einer zuvor mitgeteilten Einigung der Parteien über die Kostentragung oder der Kostenübernahmeerklärung einer Partei folgt,	
	es sei denn, dass bereits ein Beschluss nach § 922 Abs. 1, auch i. V. m. § 936 ZPO, oder ein anderes als eines der in Nummer 2 genannten Urteile vorausgegangen ist: Die Gebühr 1410 ermäßigt sich auf	**1,0**
	[1]Die Vervollständigung eines ohne Tatbestand und Entscheidungsgründe hergestellten Urteils (§ 313a Abs. 5 ZPO) steht der Ermäßigung nicht entgegen. [2]Die Gebühr ermäßigt sich auch, wenn mehrere Ermäßigungstatbestände erfüllt sind.	
1412	**Es wird durch Urteil entschieden oder es ergeht ein Beschluss nach § 91a oder § 269 Abs. 3 Satz 3 ZPO, wenn nicht Nummer 1411 erfüllt ist: Die Gebühr 1410 erhöht sich nach dem Wert des Streitgegenstands, auf den sich die Entscheidung bezieht, auf ....**	**3,0**

I. Gebührenermäßigung (KV 1411). Es tritt gegenüber KV 1410 eine Ermäßigung der Gebühr ein. Sie beläuft sich auf 66,6 % der Verfahrensgebühr KV 1410. Es tritt damit eine Ermäßigung nicht in demselben Grad wie bei KV 1211 ein, aber doch in einem spürbaren Umfang. Vgl. im Übrigen wie bei KV 1211. Eine Widerspruchsrücknahme steht einer Antragsrücknahme nach KV 1411 Nr. 1 nicht (mehr) gleich (OLG Dresden JurBüro 2009, 656; OLG Köln AGS 2010, 99). Wegen weitergehender Ermäßigungs- oder Wegfallmöglichkeiten über KV 1411 hinaus § 69b. 1

II. Gebührenerhöhung (KV 1412). Gegenüber KV 1410 kommt es zu einer Verdoppelung, gegenüber KV 1411 sogar zu einer Verdreifachung der Gebühr, soweit einer der folgenden Fälle eintritt. 2

1. Urteil. Eine Erhöhung gegenüber KV 1410 und erst recht gegenüber KV 1411 kommt dann infrage, wenn das Erstgericht §§ 922 I 1 Hs. 1, 936 ZPO durch ein Urteil nach §§ 300 ff. ZPO statt durch einen Beschluss entscheidet. Es kommt kostenrechtlich nicht darauf an, ob eine mündliche Verhandlung stattgefunden hat und welche Entscheidungsform zulässig oder notwendig war, sondern nur darauf, in welcher Form das Gericht entschieden hat (Roloff NZA 2007, 910). Nur bei den in KV 1411 Nr. 2 und Anm. S. 1 genannten Urteilen bleibt es bei der dortigen Ermäßigung. Dabei kann ungeachtet der Bezeichnung die jeweils in Wahrheit andere Entscheidungsart vorliegen. Allein diese letztere ist dann maßgeblich, auch vor etwaiger Berichtigung nach §§ 319, 329 ZPO. 3

2. Beschluss nach § 91a ZPO oder nach § 269 III 3 ZPO. Für eine Erhöhung reicht auch statt der Bedingung → Rn. 2 aus, dass das Gericht über die Kosten nach beiderseitigen wirksamen Vollerledigterklärungen durch einen Beschluss entscheidet (OLG Hamburg MDR 1997, 890), oder dass es nach § 269 III 3, IV ZPO eine echte Kostengrundentscheidung fällt. Auch hier kommt es wie beim Urteil auf diejenige Entscheidungsart an, die das Gericht in Wahrheit gewählt hat. 4

5 **III. Streitwert bei KV 1412.** KV 1412 wird „nach dem Wert des Streitgegenstands, auf den sich die Entscheidung bezieht", berechnet. Auch im Eilverfahren mit einer mündlichen Verhandlung oder mit einem Urteil statt eines Beschlusses als der Entscheidungsform ist Streitgegenstand nicht der materiellrechtliche Anspruch eines Hauptprozesses, sondern die Zulässigkeit einer einstweiligen Regelung oder Sicherung des materiellrechtlichen Hauptanspruchs (OLG Frankfurt a. M. FamRZ 1989, 296 (297); OLG Hamm MDR 1987, 589; Menne FamRZ 2004, 8). Deshalb ist der Streitwert im Eilverfahren in aller Regel niedriger als im etwaigen Hauptprozess, → ZPO § 3 Rn. 23 „Arrest", → § 53 Rn. 17. KV 1412 verweist also nicht etwa auf den Hauptsachewert, sondern auf diesen geringeren Eilsachenwert (aA Meyer Rn. 106). Beim Teilurteil nach § 301 ZPO gilt nur dessen Wert (KG JurBüro 2009, 149).

6 Das gilt selbst dann, wenn sich das Gericht in der mündlichen Verhandlung auch mit der **Hauptsache** befasst. Selbstverständlich können die Klage und ein Eilantrag zusammentreffen. Dann liegen mehrere Verfahren mit jeweils gesonderten Werten und Gebühren vor. Solange aber die Verhandlung im Eilverfahren stattfindet, bleibt es auch dann beim dortigen Wert, wenn das Gericht die Hauptsache mitbedenkt, wie so oft. Ob der Eilwert denjenigen der Hauptsache fast oder ganz erreichen kann, ist eine andere Frage, auch dazu → ZPO § 3 Rn. 23, → § 53 Rn. 17.

7 Beim bloßen **Kostenwiderspruch** bleibt es beim Wert in der Höhe nur des Kosteninteresses, → § 53 Rn. 9 (OLG Hamburg MDR 2006, 1376).

Abschnitt 2. Berufung

Nr.	Gebührentatbestand	Gebühr oder Satz der Gebühr nach § 34 GKG
1420	**Verfahren im Allgemeinen**	4,0

1 **I. Systematik.** In der Berufungsinstanz ist unerheblich, ob es sich um ein Anordnungsverfahren nach §§ 920 ff. ZPO handelt oder um ein Widerspruchsverfahren nach § 924 ZPO, um ein Abänderungsverfahren nach § 927 ZPO oder um ein Aufhebungsverfahren. Entstehen kann nur die Verfahrensgebühr KV 1420 mit ihren etwaigen Ermäßigungen KV 1421–1423, nicht eine Entscheidungsgebühr.

2 Die Gebühr KV 1420 entsteht auch, wenn das **Berufungsgericht in 1. Instanz** tätig wird, weil es als Gericht der Hauptsache zuständig ist. Denn auch dann wird es tätig, weil es als Berufungsgericht mit der Sache befasst ist.

3 **Kostenschuldner** ist der Rechtsmittelkläger nach § 22. Die Fälligkeit tritt nach § 6 I mit der Einreichung der Berufungsschrift ein.

4 In der **Beschwerdeinstanz** ist nicht KV 1420–1423 anzuwenden, sondern KV 1430 ff.

Nr.	Gebührentatbestand	Gebühr oder Satz der Gebühr nach § 34 GKG
1421	**Beendigung des gesamten Verfahrens durch Zurücknahme der Berufung, des Antrags oder des Widerspruchs, bevor die Schrift zur Begründung der Berufung bei Gericht eingegangen ist:** **Die Gebühr 1420 ermäßigt sich auf** .... **Erledigungserklärungen nach § 91a ZPO stehen der Zurücknahme gleich, wenn keine Entscheidung über die Kosten ergeht oder die Entscheidung einer zuvor mitgeteilten Einigung der Parteien über die Kostentragung oder der Kostenübernahmeerklärung einer Partei folgt.**	1,0

Die Vorschrift stimmt nahezu wörtlich mit KV 1221, 1251, 1321 überein, daher → KV 1221 Rn. 1 ff. 1

Nr.	Gebührentatbestand	Gebühr oder Satz der Gebühr nach § 34 GKG
1422	**Beendigung des gesamten Verfahrens, wenn nicht Nummer 1421 erfüllt ist, durch** **1. Zurücknahme der Berufung oder des Antrags** **a) vor dem Schluss der mündlichen Verhandlung,** **b) in den Fällen des § 128 Abs. 2 ZPO vor dem Zeitpunkt, der dem Schluss der mündlichen Verhandlung entspricht,** **2. Anerkenntnis- oder Verzichtsurteil,** **3. gerichtlichen Vergleich oder** **4. Erledigungserklärungen nach § 91a ZPO, wenn keine Entscheidung über die Kosten ergeht oder die Entscheidung einer zuvor mitgeteilten Einigung der Parteien über die Kostentragung oder der Kostenübernahmeerklärung einer Partei folgt,** **es sei denn, dass bereits ein anderes als eines der in Nummer 2 genannten Urteile vorausgegangen ist:** **Die Gebühr 1420 ermäßigt sich auf ....** **Die Gebühr ermäßigt sich auch, wenn mehrere Ermäßigungstatbestände erfüllt sind.**	**2,0**

Die Vorschrift stimmt nahezu wörtlich mit KV 1222, 1252, 1322 überein, daher → KV 1222 Rn. 1 ff. 1

Nr.	Gebührentatbestand	Gebühr oder Satz der Gebühr nach § 34 GKG
1423	**Beendigung des gesamten Verfahrens durch ein Urteil, das wegen eines Verzichts der Parteien nach § 313a Abs. 1 Satz 2 ZPO keine schriftliche Begründung enthält, wenn nicht bereits ein anderes als eines der in Nummer 1422 Nr. 2 genannten Urteile mit schriftlicher Begründung oder ein Versäumnisurteil vorausgegangen ist:** **Die Gebühr 1420 ermäßigt sich auf ....** **Die Gebühr ermäßigt sich auch, wenn daneben Ermäßigungstatbestände nach Nummer 1422 erfüllt sind.**	**3,0**

Die Vorschrift stimmt nahezu wörtlich mit KV 1223, 1323 überein, daher → KV 1223 Rn. 1. 1

Abschnitt 3. Beschwerde

Nr.	Gebührentatbestand	Gebühr oder Satz der Gebühr nach § 34 GKG
1430	**Verfahren über die Beschwerde** **1. gegen die Zurückweisung eines Antrags auf Anordnung eines Arrests oder eines Antrags auf Erlass einer einstweiligen Verfügung oder** **2. in Verfahren nach der Verordnung (EU) Nr. 655/2014**	**1,5**
1431	**Beendigung des gesamten Verfahrens durch Zurücknahme der Beschwerde:** **Die Gebühr 1430 ermäßigt sich auf**	**1,0**

1 **I. Anwendungsbereich.** Soweit das Gericht den Antrag auf den Erlass eines Arrests oder einer einstweiligen Verfügung oder nach der EuKoPfVO 655/2014 durch einen Beschluss und nicht etwa durch ein Urteil zurückweist, mag die Beschlussform fehlerhaft oder richtig sein, ist die sofortige Beschwerde nach § 567 I Nr. 2 ZPO zulässig.

2 **1. Zurückweisung.** Sie liegt auch in der Anordnung einer vorherigen Sicherheitsleistung.

3 Im **Beschwerdeverfahren** entsteht die Gebühr KV 1430. Das gilt unabhängig vom Erfolg der sofortigen Beschwerde nach §§ 567 ff. ZPO. Die Falschbezeichnung einer in Wahrheit vorliegenden Beschwerde ist unerheblich. Es kann bei einer unrichtigen Sachbehandlung freilich § 21 anzuwenden sein. Mehrere gleichzeitige oder nacheinander erhobene Beschwerden oder Anschlussbeschwerden eines oder mehrerer Beteiligten gegen dieselbe Entscheidung lösen dann nur **eine** Verfahrensgebühr aus, wenn das Beschwerdegericht sie in demselben Beschwerdeverfahren behandelt. Soweit sich dagegen mehrere Beschwerden gegen mehrere Entscheidungen richten, entstehen die Gebühren KV 1430, 1431 auch mehrmals. Das gilt auch bei einer Verbindung und bei nur **einer** Beschwerdeentscheidung. Nach einer Zurückverweisung entstehen für das weitere erstinstanzliche Verfahren die Gebühren KV 1410–1412 nach §§ 35, 37 nicht nochmals. Die Gebühr KV 1430 entsteht bei einer sofortigen Beschwerde gegen einen zweiten Zurückweisungsbeschluss erneut.

4 **2. Stattgabe; Zurücknahme.** Soweit das Gericht einem solchen Antrag durch einen Beschluss stattgibt, mag die Beschlussform zulässig oder unzulässig gewesen sein, ist nur der Widerspruch statthaft.

5 Die **Verhandlung über den Widerspruch** vor dem unteren Gericht findet dort auch dann statt, wenn erst das obere Gericht den Arrest oder die einstweilige Verfügung erlassen hatte. Dann lebt die Arrestinstanz wieder auf und entsteht bei einem Urteil eine weitere Gebühr. Gebührenschuldner ist dann also der Arrestkläger.

6 Die **Zurücknahme** der sofortigen Beschwerde löst bei einer Beendigung des gesamten Beschwerdeverfahrens die Ermäßigung nach KV 1431 aus. Bei einer nur teilweisen Rücknahme oder Verfahrensbeendigung bleibt es bei KV 1430.

7 **3. Anderer Rechtsbehelf.** Nicht anzuwenden sind KV 1430, 1431 wegen § 1 S. 1 („nur") auf andere Rechtsbehelfe, etwa auf eine Erinnerung, einen Widerspruch, einen Einspruch, eine Berufung, Anschlussberufung, Revision, Anschlussrevision, Sprungrevision, eine Gegenvorstellung oder auf eine Dienstaufsichtsbeschwerde. Auch eine weitere Beschwerde oder eine Rechtsbeschwerde zählen nicht hierher. Denn unabhängig von der Frage ihrer Statthaftigkeit erfassen KV 1430, 1431 doch ersichtlich nur die Erstbeschwerde „gegen die Zurückweisung" usw, und das GKG hat an anderen Stellen vielfach Sonderregelungen für die Rechtsbeschwerde, zB in KV 1255, 1628, 1629 usw, nicht aber im Eilverfahren des Unterabschnitts 3. Deshalb liegt dann auch kein neues Beschwerdeverfahren vor (aA Meyer Rn. 112).

II. Verfahrensgebühr. Es gilt dasselbe wie bei → KV 1810 Rn. 8 ff. Die Verfahrensgebühr gilt das gesamte Beschwerdeverfahren und damit auch zB eine dortige Beweisaufnahme und die Beschwerdeentscheidung gleich welcher Form und welchen Inhalts ab. Selbstverständlich kann daneben eine Vergleichsgebühr nach KV 1900 entstehen. Die Beschwerdegebühr entsteht neben sonstigen Gebühren des Eil- oder gar des Hauptverfahrens. Die Verfahrensgebühr ist vom Erfolg der Beschwerde unabhängig. 8

III. Streitwert. Der Beschwerdewert bemisst sich nach dem Interesse des Beschwerdeführers und nach seinem Antrag. Er ist also durchweg ebenso hoch wie der Wert der angefochtenen Entscheidung oder, falls eine Teilung möglich ist, der Wert des angefochtenen Teils, § 6 ZPO (Wert der Vollstreckungsforderung). Bei einer Aussetzung nach §§ 148 ff. ZPO ist der Streitwert nach dem Interesse der Parteien an der Aussetzung zu bemessen. 9

Soweit ein **Dritter** beschwerdeberechtigt ist, zB nach § 387 ZPO, ist als Streitwert das Interesse des Dritten am Erfolg der Beschwerde anzusehen. 10

Im Beschwerdeverfahren gegen eine Versagung der **Prozesskostenhilfe** nach § 127 ZPO ist derjenige Betrag maßgeblich, den der Beschwerdeführer nun zur Rechtsverfolgung aufwenden muss. VV 3334 Anm. I RVG ist eine Sonderbestimmung und hier nicht anzuwenden. 11

Eine sofortige Beschwerde gegen eine **Zwischenentscheidung** wird schon nach dem Interesse des Beschwerdeführers bewerten. 12

IV. Fälligkeit, Kostenschuldner usw. Die Gebühr wird nach § 6 I Nr. 1, 3 schon mit dem Eingang der Beschwerdeschrift fällig. **Kostenschuldner** sind die in §§ 22, 29 Genannten. 13

Hauptabschnitt 5. Vorbereitung der grenzüberschreitenden Zwangsvollstreckung

Vorbemerkung 1.5:

Die Vollstreckbarerklärung eines ausländischen Schiedsspruchs oder deren Aufhebung bestimmt sich nach Nummer 1620.

I. Anwendungsbereich. KV 1510 erfasst jetzt grundsätzlich alle ausländischen Vollstreckungstitel. Die Vorschrift erfasst nur die erstinstanzliche pauschale Verfahrensgebühr. Die Bescheinigungsgebühr KV 1511 tritt evtl. hinzu. Die Rechtsmittelinstanz ist nach KV 1520 zu berechnen. 1

Nicht anzuwenden sind KV 1510–1512, soweit nach einem Staatsvertrag gerade für die Vollstreckbarerklärung eine **Gebührenfreiheit** besteht, zB nach Art. 16, 19 HZPrÜbk, Anh. KV 1510. Das ergibt sich aus § 2 III 1. Eine bloße Auslagenfreiheit etwa für eine Zustellung oder auch eine Kosten- oder Gebührenfreiheit für Zustellungen oder andere Vorgänge außerhalb der eigentlichen Vollstreckbarerklärung ändert aber an der Anwendbarkeit von KV 1510–1512 nichts. 2

II. Einzelfragen. Bei einer Teilrücknahme gilt § 36. Streitwert ist der volle Wert des vom Antrag betroffenen Teils des Schiedsspruchs nach § 1054 ZPO. Denn die Bedeutung der Vollstreckbarerklärung nach §§ 1059 ff. ZPO geht über die Ermöglichung der Zwangsvollstreckung deshalb hinaus, weil sie die Unanfechtbarkeit des Schiedsspruchs bis auf Restitutionsgründe feststellt. Bei einem Schiedsspruch mit vereinbartem Wortlaut nach § 1053 II ZPO gilt dasselbe. Man darf also nicht von einem vollstreckungsfähigen Teil sprechen. 3

Abschnitt 1. Erster Rechtszug

Nr.	Gebührentatbestand	Gebühr oder Satz der Gebühr nach § 34 GKG
1510	**Verfahren über Anträge auf** **1. Vollstreckbarerklärung ausländischer Titel,**	

Nr.	Gebührentatbestand	Gebühr oder Satz der Gebühr nach § 34 GKG
	2. Feststellung, ob die ausländische Entscheidung anzuerkennen ist, **3. Erteilung der Vollstreckungsklausel zu ausländischen Titeln,** **4. Aufhebung oder Abänderung von Entscheidungen in den in den Nummern 1 bis 3 genannten Verfahren und** **5. Versagung der Anerkennung oder der Vollstreckung (§ 1115 ZPO)** **oder über die Klage auf Erlass eines Vollstreckungsurteils**	**264,00 €**

1 **I. Anwendungsbereich.** KV 1510 regelt jeweils die Gebühren für jedes Verfahren über Anträge auf eine Vollstreckbarerklärung oder auf die Feststellung, ob man die ausländische Entscheidung zB nach § 722 ZPO anerkennen kann, oder auf die Erteilung der Vollstreckungsklausel sowie im Verfahren der Aufhebung oder Abänderung der Vollstreckbarerklärung oder der Feststellung oder der Vollstreckungsklausel, ferner für eine Versagung der Anerkennung oder der Vollstreckung nach § 1115 ZPO und schließlich für eine Klage auf den Erlass eines Vollstreckungstitels. Das gilt bei sämtlichen ausländischen Schuldtiteln mit Ausnahme des nach der Vorb. 5.1 dem KV 1620 unterfallenden ausländischen Schiedsspruchs nach §§ 1062, 1063 ZPO. Es gilt also nicht nur bei einem Urteil, sondern auch bei einem Beschluss, einem Schiedsspruch, einem Anwalts- oder Notarvergleich, einer vollstreckbaren Urkunde. Ein solcher Titel braucht auch nicht von einem Gericht herzurühren.

2 KV 1510 gilt aber nur für ein auf einem Staatsvertrag beruhendes **vereinfachtes Verfahren,** nicht auch für die Vollstreckungsklage. Für diese sind KV 1210 ff. unmittelbar anzuwenden. Wegen der in Betracht kommenden Staatsverträge VV Vorb. 3.2.1 I Nr. 3 RVG.

3 KV 1510 gilt nicht, soweit ein Staatsvertrag nach der Anmerkung, § 2 III 1, → KV Vorb. 1.5 Rn. 2 bestimmt, dass das Gericht einen Titel **kostenfrei** für vollstreckbar erklären muss. Das gilt zB auf Grund des HZPrÜbk (KV 1510 Anh.).

4 **II. Gebührenhöhe.** Es gelten erstinstanzlich KV 1510–1512 und im Rechtsmittelverfahren KV 1520. Das ist eine Festgebühr nach § 3 I Hs. 2 (OLG Koblenz AGS 2015, 407).

5 **III. Fälligkeit, Kostenschuldner usw.** Die Fälligkeit ergibt sich aus § 9 II, III. Der **Kostenschuldner** ergibt sich aus §§ 22, 29.

Anhang nach KV 1510. Regelung nach dem Haager Zivilprozessübereinkommen

Vom 1.3.1954 (BGBl. 1958 II 577)
sowie Gesetz zur Ausführung des Haager Übereinkommens vom 1. März 1954 über den Zivilprozeß (HZPÜAG) vom 18.12.1954 (BGBl. I 939, FNA 319-9) vom 18.12.1958 (BGBl. I 939)
Zuletzt geändert durch Art. 21 ZPO-RG v. 27.7.2001 (BGBl. I 1887)

Art. 7 HZPrÜbk

I Für Zustellungen dürfen Gebühren oder Auslagen irgendwelcher Art nicht erhoben werden.

II Der ersuchte Staat ist jedoch vorbehaltlich anderweitiger Vereinbarung berechtigt, von dem ersuchenden Staat die Erstattung der Auslagen zu verlangen, die in den Fällen des Artikels 3 dadurch entstanden sind, daß bei der Zustellung ein Gerichtsbeamter mitgewirkt hat oder daß bei ihr eine besondere Form angewendet worden ist.

1 S. § 3 AusfG. Zusatzvereinbarungen zu II bestehen mit Belgien, Dänemark, Luxemburg, den Niederlanden, Österreich, Schweden und der Schweiz.

Art. 16 HZPrÜbk

I Für die Erledigung von Ersuchen dürfen Gebühren oder Auslagen irgendwelcher Art nicht erhoben werden.

II Der ersuchte Staat ist jedoch vorbehaltlich anderweitiger Vereinbarung berechtigt, von dem ersuchenden Staat die Erstattung der an Zeugen oder Sachverständige gezahlten Entschädigungen sowie der Auslagen zu verlangen, die dadurch entstanden sind, daß wegen Nichterscheinens von Zeugen die Mitwirkung eines Gerichtsbeamten erforderlich war oder daß nach Artikel 14 Absatz 2 verfahren worden ist.

Art. 14 II betrifft das Verlangen des ersuchenden Staates, nach einer besonderen Form zu verfahren. 2

Art. 18 HZPrÜbk

I War der Kläger oder Intervenient von der Sicherheitsleistung, der Hinterlegung oder der Vorschußpflicht auf Grund des Artikels 17 Absatz 1 und 2 oder der im Staate der Klageerhebung geltenden Rechtsvorschriften befreit, so wird eine Entscheidung über die Kosten des Prozesses, die in einem Vertragstaat gegen ihn ergangen ist, gemäß einem auf diplomatischem Wege zu stellenden Antrag in jedem anderen Vertragsstaat durch die zuständige Behörde kostenfrei für vollstreckbar erklärt.

II Das gleiche gilt für gerichtliche Entscheidungen, durch die der Betrag der Kosten des Prozesses später festgesetzt wird.

III *(nicht abgedruckt)*

Eine entsprechende Bestimmung enthält Art. 9 Nr. 3 des Europäischen Niederlassungsabkommens vom 13.12.1955, dem die BRep durch Gesetz vom 30.9.1959 (BGBl. II 997) zugestimmt hat. 3

Art. 19 HZPrÜbk

I–III *(nicht abgedruckt)*

IV 1 Die für die Entscheidung über den Antrag auf Vollstreckbarerklärung zuständige Behörde hat, sofern die Partei dies gleichzeitig beantragt, den Betrag der in Absatz 2 Nr. 3 erwähnten Kosten der Bescheinigung, der Übersetzung und der Beglaubigung bei der Vollstreckbarerklärung zu berücksichtigen. 2 Diese Kosten gelten als Kosten des Prozesses.

§ 10 HZPÜAG

I *(nicht abgedruckt)*

II Für die Übermittlung eines Antrags auf Bewilligung des Armenrechts durch den diplomatischen oder konsularischen Vertreter der Bundesrepublik Deutschland werden Gebühren und Auslagen nicht erhoben.

Nr.	Gebührentatbestand	Gebühr oder Satz der Gebühr nach § 34 GKG
1511	**Beendigung des gesamten Verfahrens durch Zurücknahme der Klage oder des Antrags vor dem Schluss der mündlichen Verhandlung oder, wenn eine mündliche Verhandlung nicht stattfindet, vor Ablauf des Tages, an dem die Entscheidung der Geschäftsstelle übermittelt wird:** **Die Gebühr 1510 ermäßigt sich auf ....** **Erledigungserklärungen nach § 91a ZPO stehen der Zurücknahme gleich, wenn keine Entscheidung über die Kosten ergeht oder die Entscheidung einer zuvor mitgeteilten Einigung der Parteien über die Kostentragung oder der Kostenübernahmeerklärung einer Partei folgt.**	**99,00 €**

I. Systematik, Regelungszweck. In der zunehmenden Reihe vergleichbarer Ermäßigungsvorschriften nach Art von KV 1211, 1221 usw ergänzt KV 1511 die Grundregel KV 1510 entsprechend. Auch hier gibt das Gesetz einen kostenrechtlichen Anreiz zu einem solchen Verhalten, das die Arbeit des Gerichts verringert und das Verfahren rascher beendet. Das dient wie zB bei KV 1211 der Prozesswirt- 1 schaftlichkeit. Es darf aber nach → KV 1211 Rn. 2 wegen des formellen Ausnahmecharakters wie dort auch nicht eine zu weite Auslegung erlauben.

2 **II. Voraussetzungen. 1. Beendigung.** Erforderlich ist die Gesamtbeendigung des Verfahrens, vgl. → KV 1211 Rn. 5. Zur Zurücknahme des Antrags bzw. der Klage vgl. → KV 1211 Rn. 7 ff. Dies muss vor dem Schluss der mündlichen Verfahren bzw. – bei schriftlichem Verfahren – vor dem gleichstehenden Zeitpunkt, → KV 1211 Rn. 12, 15.

3 **2.** Erledigterklärung, Anm. Es gelten dieselben Erwägungen wie bei → KV 1211 Nr. 25 ff.

Nr.	Gebührentatbestand	Gebühr oder Satz der Gebühr nach § 34 GKG
1512	**Verfahren über Anträge auf Ausstellung einer Bescheinigung nach § 57 AVAG oder § 27 IntErbRVG**	**17,00 €**

1 Nach § 57 AVAG liegt zumindest bei einer Bescheinigung aus dem Bereich der Brüssel Ia-VO v. 12.12.2012 (ABl. L 351, 1) über die gerichtliche Zuständigkeit und die Anerkennung usw die Zuständigkeit für die Erteilung bei demjenigen Gericht usw, das die vollstreckbare Ausfertigung des Titels erteilen muss (erste, evtl. höhere Instanz während einer dortigen Anhängigkeit). Dasselbe gilt bei § 27 IntErbRVG vom 29.6.2015 (BGBl. I 1042). Diese jeweilige Tätigkeit berechnet sich nach KV 1512.

2 Das **Rechtsmittelverfahren** unterfällt KV 1523 Nr. 1.

Nr.	Gebührentatbestand	Gebühr oder Satz der Gebühr nach § 34 GKG
1513	**Verfahren über Anträge auf Ausstellung einer Bestätigung nach § 1079 ZPO oder über Anträge auf Ausstellung einer Bescheinigung nach § 1110 ZPO oder nach § 58 AVAG** ***[Fassung mit noch unbekanntem Inkrafttreten: § 58 oder § 59 AVAG]***..........................	**22,00 €**

1 **I. Anwendungsbereich.** Es geht um die Ausstellung einer Bestätigung oder Bescheinigung nach §§ 1079, 1110 ZPO oder nach § 58 AVHG durch diejenige Stelle (Gericht, Behörde oder Notar), die für die Erteilung einer vollstreckbaren Ausfertigung des Titels zuständig sind. Ausreichend ist auch eine Teilbestätigung oder Teilbescheinigung.

2 **Miterfasst** ist ein Verfahren erster Instanz nach Art. 10 VO über die Berichtigung oder dem Widerruf der Bestätigung oder Bescheinigung.

3 **Rechtsmittel** unterliegen KV 1523, Verweigerungs-, Aussetzungs- oder Beschränkungsverfahren nach § 1084 ZPO unterliegen KV 2118.

4 **II. Fälligkeit; Kostenschuldner.** Die Fälligkeit richtet sich nach § 6 I. Der **Kostenschuldner** ergibt sich aus §§ 22, 29.

Nr.	Gebührentatbestand	Gebühr oder Satz der Gebühr nach § 34 GKG
1514	**Verfahren nach § 3 Abs. 2 des Gesetzes zur Ausführung des Vertrages zwischen der Bundesrepublik Deutschland und der Republik Österreich vom 6. Juni 1959 über die gegen-**	

Nr.	Gebührentatbestand	Gebühr oder Satz der Gebühr nach § 34 GKG
	seitige Anerkennung und Vollstreckung von gerichtlichen Entscheidungen, Vergleichen und öffentlichen Urkunden in Zivil- und Handelssachen in der im Bundesgesetzblatt Teil III, Übersichtsnummer 319-12, veröffentlichten bereinigten Fassung, das zuletzt durch Artikel 23 des Gesetzes vom 27. Juli 2001 (BGBl. I S. 1887) geändert worden ist ..	**66,00 €**

I. Anwendungsbereich. Der deutsch-österreichische Vertrag ist zum Ende Februar 2002 weitgehend außer Kraft getreten, Art. 66 II, 69, 70 Brüssel Ia-VO v. 12.12.2012 (ABl. L 351, 1). Ihn ersetzt insoweit die vorgenannte Brüssel Ia-VO mit Wirkung seit 10.1.2015, Art. 81 II Brüssel Ia-VO, Übergangsrecht Art. 70 Brüssel IaVO. 1

II. Fälligkeit; Kostenschuldner. Die Fälligkeit richtet sich nach § 6 I. Der **Kostenschuldner** ergibt sich aus §§ 22, 29. 2

Abschnitt 2. Rechtsmittelverfahren

Nr.	Gebührentatbestand	Gebühr oder Satz der Gebühr nach § 34 GKG
1520	**Verfahren über Rechtsmittel in den in den Nummern 1510 und 1514 genannten Verfahren ....**	**396,00 €**
1521	**Beendigung des gesamten Verfahrens durch Zurücknahme des Rechtsmittels, der Klage oder des Antrags, bevor die Schrift zur Begründung des Rechtsmittels bei Gericht eingegangen ist:** **Die Gebühr 1520 ermäßigt sich auf ....**	**99,00 €**
1522	**Beendigung des gesamten Verfahrens durch Zurücknahme des Rechtsmittels, der Klage oder des Antrags vor dem Schluss der mündlichen Verhandlung oder, wenn eine mündliche Verhandlung nicht stattfindet, vor Ablauf des Tages, an dem die Entscheidung der Geschäftsstelle übermittelt wird, wenn nicht Nummer 1521 erfüllt ist:** **Die Gebühr 1520 ermächtigt sich auf ....** **Erledigungserklärungen nach § 91a ZPO stehen der Zurücknahme gleich, wenn keine Entscheidung über die Kosten ergeht oder die Entscheidung einer zuvor mitgeteilten Einigung der Parteien über die Kostentragung oder der Kostenübernahmeerklärung einer Partei folgt.**	**198,00 €**

I. Systematik, Regelungszweck. Die Vorschriften entsprechen KV 1221, 1222, die ihrerseits der erstinstanzlichen Grundregel folgen, auch im Zweck eines kostenrechtlichen Anreizes nach → KV 1211 Rn. 2. 1

II. Voraussetzungen. 1. Beendigung. Erforderlich ist die Gesamtbeendigung des Verfahrens, → KV 1211 Rn. 5. Zur Zurücknahme des Rechtsmittels, der Klage bzw. des Antrags vgl. → KV 1211 Rn. 7 ff., → KV 1221 Rn. 1 ff. Dies muss für KV 2

1521 vor Eingang der Rechtsmittelbegründung, vgl. → KV 1221 Rn. 2 ff., und iÜ für KV 1522 vor dem Schluss der mündlichen Verfahren bzw. – bei schriftlichem Verfahren – vor dem gleichstehenden Zeitpunkt (→ KV 1211 Rn. 12, 15) erfolgen.

3 **2. Erledigterklärung (Anm).** Es gelten dieselben Erwägungen wie bei → KV 1211 Rn. 25 ff.

Nr.	Gebührentatbestand	Gebühr oder Satz der Gebühr nach § 34 GKG
1523	**Verfahren über Rechtsmittel in** **1. den in den Nummern 1512 und 1513 genannten Verfahren und** **2. Verfahren über die Berichtigung oder den Widerruf einer Bestätigung nach § 1079 ZPO:** **Das Rechtsmittel wird verworfen oder zurückgewiesen ....**	**66,00 €**

1 **I. Anwendungsbereich.** Die Festgebühr entsteht nur, soweit das Gericht ein Rechtsmittel als unzulässig verwirft oder als unbegründet zurückweist. Auch dann muss einer der Fälle Nr. 1, 2 vorliegen. Jeder dieser Fälle kann eine Festgebühr auslösen.

2 **1. Bescheinigung nach § 56 AVAG (Nr. 1).** Es geht um die Verwerfung oder Zurückweisung des Rechtsmittels gegen die Ausstellung oder Versagung einer Bescheinigung nach KV 1512.

3 **2. Bestätigung nach § 1079 ZPO (Nr. 1).** Es geht um die Verwerfung oder Zurückweisung des Rechtsmittels gegen die Ausstellung oder Versagung einer Bestätigung nach KV 1513.

4 **3. Berichtigung oder Widerruf nach § 1079 ZPO (Nr. 2).** Es geht um die Verwerfung oder Zurückweisung eines Rechtsmittels gegen die Vornahme oder Verweigerung einer Berichtigung oder eines Widerrufs der Bestätigung nach Nr. 2 (§ 1079 ZPO).

5 **II. Fälligkeit; Kostenschuldner.** Die Fälligkeit richtet sich nach § 6 I. Der **Kostenschuldner** ergibt sich aus §§ 22, 29.

Hauptabschnitt 6. Sonstige Verfahren

Abschnitt 1. Selbständiges Beweisverfahren

Nr.	Gebührentatbestand	Gebühr oder Satz der Gebühr nach § 34 GKG
1610	**Verfahren im Allgemeinen ....**	**1,0**

1 **I. Systematik.** Die Vorschrift erfasst ein Verfahren nach §§ 485 ff. ZPO. Das selbständige Beweisverfahren kann im Rahmen eines Zivilprozesses oder außerhalb von ihm erfolgen. Es kann beim Prozessgericht nach § 486 I ZPO ablaufen, ferner beim künftigen Prozessgericht nach § 486 II ZPO oder in einem dringenden Fall beim AG des Aufenthalts oder der Belegenheit nach § 486 II, III ZPO. Wenn es in einer höheren Instanz stattfindet, erhöht sich die Gebühr nicht.

2 **II. Anwendungsbereich.** KV 1610 gilt grundsätzlich für jedes selbständige Beweisverfahren. Die Beweisaufnahme nach dem Binnenschifffahrts- und Flößereirechts fällt ebenso wie eine seerechtliche Verklarung unter das GNotKG.

3 Das Verfahren kann das **Ziel** haben, ein Beweismittel zu sichern. Dann stellt das ganze Verfahren auf dieses Beweismittel ab. Kein anderes Beweismittel kann dann in diesem Verfahren an seine Stelle treten. Das Verfahren kann auch zB nach § 485 II 1

Nr. 1 ZPO das Ziel haben, den Zustand einer Sache festzustellen. Dann kann der Antragsteller Beweismittel jeder Art und nicht nur gleichartige im Verfahren nachschieben. Eine Antragsrücknahme bewirkt keinen Erlass der Gebühr mehr.

III. Pauschalgebühr. Die Gebühr gilt die gesamte Tätigkeit des Gerichts im selbständigen Beweisverfahren ab, auch die Bestellung eines Vertreters nach § 494 ZPO. **4**

Es gibt **keine Anrechnung** von KV 1610 auf die allgemeine Verfahrensgebühr des etwa zugehörigen Hauptprozesses. **4a**

IV. Neuer Antrag usw. Jeder neue Antrag begründet eine neue Gebühr. Das gilt selbst dann, wenn das Gericht über mehrere Anträge gemeinsam entscheidet. Demgegenüber leitet ein Antrag auf eine Ergänzung oder auf eine Berichtigung kein neues Verfahren ein. Ob nur ein solcher Antrag vorliegt, kann zweifelhaft sein. **5**

Ein neues Verfahren liegt jedenfalls dann vor, wenn das Gericht über eine **neue Tatsache** einen Beweis erheben soll. Das gilt also auch dann, wenn nun der Antragsgegner seinerseits die Vernehmung eines Zeugen beantragt (aA OLG München NJW-RR 1997, 318, vgl. aber → § 22 Rn. 7). Es würde aber zu weit gehen, schon in der Nachschiebung eines gleichartigen Beweismittels durch den bisherigen Antragsteller zu demselben Punkt ein neues Verfahren zu sehen. Dergleichen lässt sich auch nicht aus § 487 Nr. 3 ZPO folgern. **6**

V. Streitwert. → ZPO § 3 Rn. 23 „Selbständiges Beweisverfahren". **7**

VI. Fälligkeit, Kostenschuldner usw. Die Gebühr entsteht mit der Einreichung des Antrags. **Kostenschuldner** ist der Antragsteller nach § 22. Das gilt insbesondere für die Auslagen nach KV 9000 ff., soweit er sie verursacht hat (OLG München JurBüro 1975, 1230). Ein **Auslagenvorschuss** lässt sich nach § 17 beurteilen. Eine im Hauptprozess ergehende Kostengrundentscheidung bewirkt auch eine nach § 31 II vorrangige Haftung aus § 29 (vgl. aber § 96 ZPO). **8**

VII. Kostenerstattung. Die Kosten eines selbständigen Beweisverfahrens sind gerichtliche Kosten des nachfolgenden Hauptsacheverfahrens, wenn Parteien und Streitgegenstand des Beweisverfahrens und des Hauptprozesses identisch sind (BGH NJW 2005, 294; NJW-RR 2006, 810 mwN). **9**

Abschnitt 2. Schiedsrichterliches Verfahren

Unterabschnitt 1. Erster Rechtszug

Nr.	Gebührentatbestand	Gebühr oder Satz der Gebühr nach § 34 GKG
1620	**Verfahren über die Aufhebung oder die Vollstreckbarerklärung eines Schiedsspruchs oder über die Aufhebung der Vollstreckbarerklärung**	**2,0**
	Die Gebühr ist auch im Verfahren über die Vollstreckbarerklärung eines ausländischen Schiedsspruchs oder deren Aufhebung zu erheben.	
1621	**Verfahren über den Antrag auf Feststellung der Zulässigkeit oder Unzulässigkeit des schiedsrichterlichen Verfahrens**	**2,0**
1622	**Verfahren bei Rüge der Unzuständigkeit des Schiedsgerichts**	**2,0**
1623	**Verfahren bei der Bestellung eines Schiedsrichters oder Ersatzschiedsrichters**	**0,5**
1624	**Verfahren über die Ablehnung eines Schiedsrichters oder über die Beendigung des Schiedsrichteramts**	**0,5**

Nr.	Gebührentatbestand	Gebühr oder Satz der Gebühr nach § 34 GKG
1625	**Verfahren zur Unterstützung bei der Beweisaufnahme oder zur Vornahme sonstiger richterlicher Handlungen**	**0,5**
1626	**Verfahren über die Zulassung der Vollziehung einer vorläufigen oder sichernden Maßnahme oder über die Aufhebung oder Änderung einer Entscheidung über die Zulassung der Vollziehung**	**2,0**
	Im Verfahren über die Zulassung der Vollziehung und in dem Verfahren über die Aufhebung oder Änderung einer Entscheidung über die Zulassung der Vollziehung werden die Gebühren jeweils gesondert erhoben.	
1627	**Beendigung des gesamten Verfahrens durch Zurücknahme des Antrags:**	
	Die Gebühren 1620 bis 1622 und 1626 ermäßigen sich auf	**1,0**

1 **I. Systematik.** KV 1620–1627 erfassen das Verfahren nach dem Buch 10 der ZPO, soweit eine Tätigkeit des Staatsgerichts erfolgt. Wegen der sonstigen Kosten des schiedsrichterlichen Verfahrens gelten § 1057 ZPO und bei den Anwaltskosten VV 3327 RVG. Staatsgerichtskosten entstehen wegen § 1 I 1 „nur" in den von KV 1620–1627, 9000 ff. abschließend genannten Fällen sowie bei der Vollstreckbarerklärung eines ausländischen Schiedsspruchs nach KV 1510 und im Aufhebungsprozess nach KV 1210.

2 **II. Regelungszweck.** Der Zweck von KV 1620–1627 ist eine angemessene und der besonderen Mühe der Einarbeitung in ein nicht staatsgerichtliches Verfahren mit oft vielen Besonderheiten entsprechende Vergütung des Staats für seine unentbehrlichen Hilfen. Das ist bei der Auslegung mit zu beachten.

3 **III. Anwendungsbereich.** Das Gesetz nennt abschließend die folgenden Fallgruppen (→ Rn. 1).

4 **1. Aufhebung, Vollstreckbarerklärung usw (KV 1620).** Die Vorschrift erfasst zunächst das Verfahren vor dem Staatsgericht nach § 1059 ZPO auf die Aufhebung eines Schiedsspruchs. Das gilt unabhängig davon, welcher der dort aufgeführten Aufhebungsgründe dem Aufhebungsantrag nach § 1059 I ZPO zugrunde liegt und ob infolge der Aufhebung die Schiedsvereinbarung nach § 1059 V ZPO wiederauflebt oder ob eine Zurückverweisung an das Schiedsgericht nach § 1059 IV ZPO erfolgt. Auch die Zurückweisung des Aufhebungsantrags ist ein Fall des KV 1620. Denn die Gebühr entsteht bereits im Verfahren über den Aufhebungsantrag.

5 Die Vorschrift erfasst ferner das Verfahren nach § 1061 ZPO auf die **Vollstreckbarerklärung** eines Schiedsspruchs, sei es eines inländischen nach § 1060 ZPO, sei es eines ausländischen nach KV 1620 Anm. Auch hier kommt es nicht auf das Verfahrensergebnis an. Schon das Verfahren lässt vielmehr die Gebühr entstehen.

6 Schließlich ist die Vorschrift anzuwenden auf das Verfahren zwecks einer **Aufhebung der Vollstreckbarerklärung** eines ausländischen Schiedsspruchs nach § 1061 III ZPO. Auch hier entsteht die Gebühr schon für das Verfahren nach § 1062 I Nr. 4 Hs. 2 ZPO unabhängig von dessen Ergebnis.

7 Jede der vorgenannten **Verfahrensarten** löst die Gebühr KV 1620 aus. Sie kann auch bei einer Wiederholung derselben Verfahrensart wiederholt entstehen.

8 **2. Zulässigkeit des schiedsrichterlichen Verfahrens (KV 1621).** Die Vorschrift erfasst das Verfahren über den Antrag auf eine Feststellung der Zulässigkeit oder Unzulässigkeit des schiedsrichterlichen Verfahrens nach §§ 1032 II, 1062 I Nr. 2 Hs. 1, II ZPO, auch eines derartigen ausländischen Verfahrens, etwa nach ICSID

(OLG Frankfurt a. M. SchiedsVZ 2013, 126 (127); Nabinger/Lichstein SchiedsVZ 2013, 81). Das gilt unabhängig davon, ob während der Anhängigkeit eines solchen Verfahrens ein schiedsrichterliches Verfahren nach § 1032 III ZPO beginnt oder fortläuft oder ob ein Schiedsspruch ergeht. Es gilt auch unabhängig vom Ergebnis des Feststellungsverfahrens. Denn es handelt sich auch bei KV 1621 um eine Verfahrensgebühr. Auch sie kann bei der Wiederholung eines Feststellungsverfahrens wiederholt entstehen.

3. Rüge der Unzuständigkeit (KV 1622). Die Vorschrift erfasst das Verfahren 9
bei einer Rüge der Unzuständigkeit des Schiedsgerichts, also nicht des Staatsgerichts nach §§ 1040 III 2, 1062 I Nr. 2 Hs. 2 ZPO. Das gilt nach § 1040 III 3 ZPO unabhängig davon, ob während der Anhängigkeit eines solchen Rügezwischenstreits das Schiedsgericht das schiedsrichterliche Verfahren im Übrigen fortsetzt und einen Schiedsspruch erlässt. Es gilt ferner wegen der Eigenschaft einer Verfahrensgebühr unabhängig vom Ergebnis des Rügeverfahrens. Eine Wiederholung dieses Verfahrens kann zur wiederholten Entstehung von KV 1622 führen.

4. Bestellung eines Schiedsrichters usw (KV 1623). Die Vorschrift erfasst das 10
Verfahren bei der Bestellung eines Schiedsrichters nach §§ 1034, 1035, 1062 I Nr. 1 Hs. 1 ZPO oder eines Ersatzschiedsrichters nach § 1039 I 2 ZPO usw iVm § 1062 I Nr. 1 Hs. 1 ZPO. Erfolgt die Bestellung in demselben Verfahren wegen mehrerer oder aller Schiedsrichter oder Ersatzschiedsrichter, entsteht die Verfahrensgebühr KV 1622 wegen einer jeden solchen Persönlichkeit gesondert („… eines"). Denn es kann auch von Person zu Person sehr unterschiedliche Probleme und eine sehr unterschiedliche Arbeitsintensität geben. Sie würden nicht gebührenmäßig angemessen berücksichtigt, wenn es keinen Unterschied machen würde, ob es um einen oder um fünf Schiedsrichter usw geht. Mehrere selbständige Bestellungsverfahren lassen mehrere Gebühren entstehen, wiederum nach den vorgenannten Grundsätzen. Das Verfahrensergebnis ist unerheblich. Eine Ablehnung und eine Amtsbeendigung unterfallen KV 1624.

5. Ablehnung, Beendigung des Amts (KV 1624). Die Vorschrift erfasst das 11
Verfahren nach §§ 1037 III 1, 1062 I Nr. 1, V ZPO über die Ablehnung eines Schiedsrichters, soweit eben das Staatsgericht entscheiden muss, nämlich das OLG. Soweit mehrere Ablehnungsanträge gegen denselben Schiedsrichter in dieses Stadium kommen, entsteht die Gebühr nur einmal. Soweit allerdings das OLG schon entschieden hatte und nun wegen eines weiteren Ablehnungsantrags gegen denselben oder einen anderen Schiedsrichter entscheiden muss, entsteht die Gebühr mehrmals. Dasselbe gilt dann, wenn das OLG von vornherein in demselben Verfahren über Anträge gegen mehrere Schiedsrichter entscheiden muss.

Soweit das Staatsgericht nach §§ 1038, 1062 I Nr. 1, V ZPO über die **Beendi-** 12
gung des Schiedsrichteramts entscheiden muss, gelten die bei einer Ablehnung maßgeblichen vorstehenden Regeln ebenso.

6. Unterstützung bei Beweisaufnahme, sonstige staatsrichterliche Hand- 13
lung (KV 1625). Die Vorschrift erfasst zum einen das Verfahren vor dem AG zwecks einer Unterstützung der schiedsrichterlichen Beweisaufnahme nach § 1050 ZPO. Sie erfasst zum anderen jede sonstige staatsrichterliche Handlung des AG, soweit das Schiedsgericht oder mit seiner Zustimmung eine Partei es beantragen und soweit das Schiedsgericht nicht zu der Handlung befugt ist, zB bei einer Beeidigung nach §§ 1050, 1062 IV ZPO. Für jedes Verfahren vor dem AG von seinem Beginn bis zu seinem Ende einschließlich einer Antragserweiterung entsteht die Gebühr neu. Es ist unerheblich, ob die staatsrichterliche Handlung dann, wenn der Antragsteller sie nicht wie vorstehend nach § 1050 ZPO beantragt hätte, gebührenfrei wäre und wo sie stattfindet.

7. Zulassung, Aufhebung, Änderung bei vorläufiger Maßnahme (KV 1626). 14
Die Vorschrift erfasst die Tätigkeit des OLG beim einstweiligen Rechtsschutz nach §§ 1041 II, III, 1062 I Nr. 3, II, V ZPO. Dabei stellt die Anm. klar, dass die Gebühr zunächst im Verfahren über die Zulassung der Vollziehung entsteht und dass sie sodann sowohl im Verfahren über die Änderung als auch im Verfahren über die Aufhebung der Entscheidung über die Zulassung jeweils neu entstehen kann, insgesamt also je

vorläufiger schiedsrichterlicher Maßnahme dreimal oder bei mehreren Änderungen sogar noch öfter. Soweit das OLG mehrere schiedsrichterliche vorläufige oder ruhende Maßnahmen beurteilen muss, gilt das vorstehende Gebührensystem jeweils gesondert.

15 **Nicht zulässig** wäre es, aus dem Fehlen eines der Anm. entsprechenden Satzes in KV 1620–1625 den **Umkehrschluss** zu ziehen, in den letzteren Fällen könne die Gebühr nicht mehrmals entstehen. Denn KV 1626 Anm. erfasst nur den dort genannten Sonderfall, dass wegen **derselben** schiedsrichterlichen Eilmaßnahme zwei oder mehr staatsgerichtliche Entscheidungen erforderlich werden. KV 1626 erfasst nach → Rn. 1 § 1033 ZPO nicht mit. Nicht anzuwenden ist KV 1626 bei § 1063 III 1 Hs. 1 ZPO (OLG Jena SchiedsVZ 2017, 147 mzustAnm Buntenbroich).

16 Als eine Ve**rfahrensgebühr** ist auch KV 1626 vom jeweiligen staatsrichterlichen Ergebnis unabhängig.

17 **8. Antragsrücknahme (KV 1627).** Die Vorschrift gilt in allen Fällen KV 1620–1622 und 1626, aber nicht auch bei KV 1623–1625. Das ergibt der klare Wortlaut. Die Ermäßigung gilt bei jeder einzelnen der infrage kommenden Gebühren. Sie kann also bei jeder Gebühr ebenso mehrfach eintreten, wie diese Gebühr zunächst entstehen konnte. Antragsrücknahme meist dasselbe wie Klagerücknahme in KV 1211 Nr. 1.

18 **IV. Pauschale.** Stets gilt die jeweilige Gebühr das ganze durch gerade diesen Antrag veranlasste Verfahren einschließlich einer Beweisaufnahme ab. Eine Anrechnung auf andere Gebühren findet nicht statt.

19 **V. Streitwert.** Der Streitwert ergibt sich aus § 48. Es ist also bei KV 1620, 1622, 1623 der volle Wert maßgeblich (Meyer Rn. 138; aA BayObLG JurBüro 1992, 700, aber es gelten die allgemeinen Regeln). Bei KV 1625 sind alle Umstände abzuwägen. Dabei hat bei KV 1625 die unterstützte Maßnahme besondere Bedeutung.

20 **VI. Fälligkeit; Kostenschuldner.** Die Fälligkeit tritt mit dem Eingang des Antrags ein, § 6. Eine Antragsrücknahme bewirkt keinen Gebührenerlass mehr. **Kostenschuldner** ist lediglich der Antragsteller nach § 22. Antragsteller ist jedoch nicht etwa das Schiedsgericht, auch nicht bei KV 1625 Hs. 2. Antragsteller sind vielmehr die Partei oder die Parteien gesamtschuldnerisch. Das gilt auch bei einem offenbar unzulässigen Ersuchen. Denn die Ermächtigung der Schiedsrichter bezieht sich auf das gesamte Verfahren.

Unterabschnitt 2. Rechtsbeschwerde

Nr.	Gebührentatbestand	Gebühr oder Satz der Gebühr nach § 34 GKG
1628	**Verfahren über die Rechtsbeschwerde in den in den Nummern 1620 bis 1622 und 1626 genannten Verfahren**	**3,0**
1629	**Beendigung des gesamten Verfahrens durch Zurücknahme der Rechtsbeschwerde oder des Antrags:** **Die Gebühr 1628 ermäßigt sich auf**	**1,0**

1 **I. Anwendungsbereich.** Schon nach dem Wortlaut handelt es sich um echte Verfahrensgebühren (BGH NJW-RR 2004, 287). KV 1628 entsteht in den Grenzen von KV 1629 unabhängig vom Verfahrensausgang und deshalb zB auch bei einer Zurückweisung als unzulässig.

2 **II. Streitwert.** Es gilt dasselbe wie bei → KV 1620–1627 Rn. 19.

3 **III. Fälligkeit, Kostenschuldner usw.** Es gilt dasselbe wie bei → KV 1620–1627 Rn. 20.

Abschnitt 3. Besondere Verfahren nach dem Gesetz gegen Wettbewerbsbeschränkungen, dem Wertpapiererwerbs- und Übernahmegesetz und dem Wertpapierhandelsgesetz

Nr.	Gebührentatbestand	Gebühr oder Satz der Gebühr nach § 34 GKG
1630	Verfahren über einen Antrag nach § 169 Abs. 2 Satz 5 und 6, Abs. 4 Satz 2, § 173 Abs. 1 Satz 3 oder nach § 176 GWB	3,0
1631	Beendigung des gesamten Verfahrens durch Zurücknahme des Antrags: Die Gebühr 1630 ermäßigt sich auf	1,0
1632	Verfahren über den Antrag nach § 50 Abs. 3 bis 5 WpÜG, auch i. V. m. § 37u Abs. 2 WpHG .... Mehrere Verfahren gelten innerhalb eines Rechtszugs als ein Verfahren.	0,5

Abschnitt 4. Besondere Verfahren nach dem Aktiengesetz und dem Umwandlungsgesetz

Unterabschnitt 1. Erster Rechtszug

Nr.	Gebührentatbestand	Gebühr oder Satz der Gebühr nach § 34 GKG
1640	Verfahren nach § 148 Abs. 1 und 2 des Aktiengesetzes	1,0
1641	Verfahren nach § 246a des Aktiengesetzes (auch i. V. m. § 20 Abs. 3 Satz 4 SchVG), nach § 319 Abs. 6 des Aktiengesetzes (auch i. V. m. § 327e Abs. 2 des Aktiengesetzes) oder nach § 16 Abs. 3 UmwG	1,5
1642	Beendigung des gesamten Verfahrens ohne Entscheidung: Die Gebühren 1640 und 1641 ermäßigen sich auf .... I Die Gebühr ermäßigt sich auch im Fall der Zurücknahme des Antrags vor Ablauf des Tages, an dem die Entscheidung der Geschäftsstelle übermittelt wird. II Eine Entscheidung über die Kosten steht der Ermäßigung nicht entgegen, wenn die Entscheidung einer zuvor mitgeteilten Einigung der Parteien über die Kostentragung oder der Kostenübernahmeerklärung einer Partei folgt.	0,5

Unterabschnitt 2. Beschwerde

Nr.	Gebührentatbestand	Gebühr oder Satz der Gebühr nach § 34 GKG
1643	Verfahren über die Beschwerde in den in Nummer 1640 genannten Verfahren	1,0

Nr.	Gebührentatbestand	Gebühr oder Satz der Gebühr nach § 34 GKG
1644	**Beendigung des Verfahrens ohne Entscheidung:** **Die Gebühr 1643 ermäßigt sich auf**	**0,5**
	I Die Gebühr ermäßigt sich auch im Fall der Zurücknahme der Beschwerde vor Ablauf des Tages, an dem die Entscheidung der Geschäftsstelle übermittelt wird. **II Eine Entscheidung über die Kosten steht der Ermäßigung nicht entgegen, wenn die Entscheidung einer zuvor mitgeteilten Einigung der Parteien über die Kostentragung oder der Kostenübernahmeerklärung einer Partei folgt.**	

Abschnitt 5. Sanierungs- und Reorganisationsverfahren nach dem Kreditinstitute-Reorganisationsgesetz

Nr.	Gebührentatbestand	Gebühr oder Satz der Gebühr nach § 34 GKG
1650	**Sanierungsverfahren**	**0,5**
1651	**Die Durchführung des Sanierungsverfahrens wird nicht angeordnet:** **Die Gebühr 1650 beträgt**	**0,2**
1652	**Reorganisationsverfahren**	**1,0**
1653	**Die Durchführung des Reorganisationsverfahrens wird nicht angeordnet:** **Die Gebühr 1652 beträgt**	**0,2**

1 Die Gebührentatbestände betreffen – ebenso wie § 6 I Nr. 2 (Fälligkeit), § 23a (Kostenschuldner), § 53a (Streitwert) sowie § 24 RVG (Gegenstandswert) – Verfahren nach dem KreditReorG und sind mit dessen zum 29.12.2020 erfolgten Aufhebung (→ § 23a Rn. 1) gegenstandlos geworden.

[Fassung nach dem geplanten VRUG:]
Abschnitt 6. Umsetzungsverfahren nach dem Verbraucherrechtedurchsetzungsgesetz

Nr.	*Gebührentatbestand*	*Gebühr oder Satz der Gebühr nach § 34 GKG*
1660	*[geplante Einfügung durch das VRUG:]* *Umsetzungsverfahren nach dem VDuG*	*1,0*

1 Der neue Abschnitt 6 soll mit dem künftigen (der Umsetzung der Verbandsklagenrichtlinie v. 25.11.2020, RL (EU) 2020/1828, dienenden) Verbandsklagenrichtlinienumsetzungsgesetz (VRUG) voraussichtlich mit Wirkung zum 25.6.2023 (zusammen mit §§ 1 I 1 Nr. 17a, 9 II, 26a, 59a und den Ergänzungen in § 48 I 2, 3, KV 1213 Anm. S. 2) eingefügt werden (vgl. RefE VRUG, Stand 16.2.2023): → GKG Vor § 1 Rn. 17a. Seine einzige Vorschrift KV 1660 ordnet eine besondere Verfahrensgebühr für das gerichtliche Umsetzungsverfahren nach dem VDuG (→ § 26a Rn. 3) an. Zum maßgeblichen Wert vgl. § 59a, zur Kostenhaftung § 26a und zur Fälligkeit § 9 II nF.

Hauptabschnitt 7. Rüge wegen Verletzung des Anspruchs auf rechtliches Gehör

Nr.	Gebührentatbestand	Gebühr oder Satz der Gebühr nach § 34 GKG
1700	**Verfahren über die Rüge wegen Verletzung des Anspruchs auf rechtliches Gehör (§ 321a ZPO, auch i. V. m. § 122a PatG oder § 89a MarkenG, § 69 GWB, § 41 AgrarOLkG): Die Rüge wird in vollem Umfang verworfen oder zurückgewiesen ....**	**66,00 €**

I. Anwendungsbereich. Die Gebühr betrifft zivilrechtliche Anhörungsrügeverfahren vor den ordentlichen Gerichten nach § 321a ZPO (ggf. iVm § 122a PatG, § 89a MarkenG, § 69 GWB, § 41 AgrarOLkG) im Rahmen von Erkenntnisverfahren. Für Anhörungsrügeverfahren im Rahmen von anderen Verfahren sieht das KV allerdings identische Gebührentatbestände vor (ZPO-Zwangsvollstreckungs-, Insolvenzverfahren und ähnliche Verfahren: KV 2600; strafrechtliche Verfahren: KV 3920; Ordnungswidrigkeitenverfahren: KV 4500; verwaltungsgerichtliche Verfahren: KV 5400; finanzgerichtliche Verfahren: KV 6400; sozialgerichtliche Verfahren: KV 7400; arbeitsgerichtliche Verfahren: KV 8500; Anhörungsrügeverfahren nach § 69a sind kostenfrei, → § 69a Rn. 17). 1

Ob wegen der generellen Kostenfreiheit des **Prozesskostenhilfeverfahrens** die Gebühr ein Anhörungsverfahren nicht erfasst, das eine abschließende (erstinstanzliche) PKH-Entscheidung betrifft, wird unterschiedlich beurteilt (bejahend etwa – zu KV 5400 – VGH Baden-Württemberg AGS 2019, 473; verneinend etwa – zu KV 6400 – BFH BFH/NV 2006, 1123; 2007, 923; 2014, 1071; RVGReport 2015, 234; AGS 2023, 34 mAnm Hausens); anzuwenden ist die Vorschrift aber jedenfalls im – nicht kostenfreien – PKH-Beschwerdeverfahren (vgl. – zu KV 5400 – OVG Saarland RVGreport 2020, 316). Wird Anhörungsrüge im Rahmen eines Hauptsacheverfahrens, für das PKH gewährt wurde, erhoben, ist das Anhörungsrügeverfahren weder kostenfrei noch von der Bewilligung der PKH für das Hauptsacheverfahren erfasst (es bedarf mithin einer gesonderten Bewilligung von PKH, vgl. – zu KV 7400 – BSG RVGReport 2016, 397). 2

II. Gebührentatbestand. Voraussetzung für den Anfall der Gebühr ist, dass die Anhörungsrüge entweder als unzulässig **verworfen** oder als unbegründet **zurückgewiesen** wird (die Gebühr entsteht daher erst mit der gerichtlichen Entscheidung und wird erst dann – abweichend von § 6 – fällig). Erforderlich ist eine Verwerfung bzw. Zurückweisung der Anhörungsrüge **in vollem Umfang,** so dass eine lediglich teilweise Erfolglosigkeit der Anhörungsrüge keine Gebühr auslöst. 3

Wird das Anhörungsrügeverfahren nicht durch gerichtliche Entscheidung über die Rüge, sondern **auf andere Weise beendet,** fällt (auch soweit eine Kostenentscheidung ergeht) die Gebühr **nicht** an. Dies gilt etwa, wenn die Anhörungsrüge zurückgenommen oder für erledigt erklärt (vgl. etwa – zu KV 7400 – LSG Nordrhein-Westfalen BeckRS 2020, 27031) wird. 4

III. Gebührenhöhe. Ist der Gebührentatbestand verwirklicht, entsteht – unabhängig vom Streitwert – eine **Festgebühr** (→ § 1 Rn. 4). Zur Anwendung der Übergangsvorschrift des § 71 I 1 vgl. BFH AGS 2023, 34 mAnm Hausens. 5

Hauptabschnitt 8. Sonstige Beschwerden und Rechtsbeschwerden

Abschnitt 1. Sonstige Beschwerden

Nr.	Gebührentatbestand	Gebühr oder Satz der Gebühr nach § 34 GKG
1810	**Verfahren über Beschwerden nach § 71 Abs. 2, § 91a Abs. 2, § 99 Abs. 2, § 269 Abs. 5 oder § 494a Abs. 2 Satz 2 ZPO**	**99,00 €**

1 **I. Anwendungsbereich.** KV 1810 gilt nur für die dort abschließend genannten Fälle und für diejenigen Fälle, in denen die ZPO eine entsprechende Anwendung von KV 1810 anordnet. Die Vorschrift ist auf andere Rechtsbehelfe nicht anzuwenden, etwa auf eine Erinnerung nach § 766 ZPO, einen Widerspruch nach §§ 694, 924 ZPO, einen Einspruch nach §§ 338, 700 ZPO, eine Berufung nach §§ 511 ff. ZPO, eine Anschlussberufung nach § 524 ZPO, eine Revision nach §§ 542 ff. ZPO, eine Anschlussrevision nach § 554 ZPO, auf eine Gegenvorstellung, oder auf einer Dienstaufsichtsbeschwerde. Sie entsteht zusätzlich zu den Gebühren für das Hauptverfahren gleich welcher Instanz. Sie entsteht je Beschwerdeverfahren unabhängig von dessen Statthaftigkeit oder Zulässigkeit. Eine irrige Bezeichnung des Rechtsbehelfs nach §§ 574 ff. ZPO schadet nicht. Eine unrichtige Einordnung oder sonstige Sachbehandlung macht § 21 anzuwenden. Demgegenüber ist KV 1811 eine hilfsweise geltende Auffangvorschrift.

2 **II. Einzelfälle.** KV 1810 behandelt nach Maßgabe von → Rn. 1 abschließend die folgenden Einzelfälle.

3 **1. Zulässigkeit einer Streithilfe (§ 71 II ZPO).** Das Gericht entscheidet korrekterweise durch ein Zwischenurteil nach § 303 ZPO. Das ändert nichts an der Zulässigkeit der sofortigen Beschwerde und an der Entstehung der Beschwerdegebühr, soweit das Gericht die Zulässigkeit der Streithilfe fälschlich im Endurteil oder durch einen Beschluss ausgesprochen hat. Dann kann aber jeweils § 21 anzuwenden werden. Soweit der Unterlegene zu Unrecht Berufung einlegt und das Gericht sie als solche behandelt, ist nicht KV 1810 anzuwenden, sondern KV 1250–1252 anzuwenden. **Beschwerdegegner** ist diejenige Partei, die die Zurückweisung der Streithilfe beantragt, oder der Streithelfer.

4 **2. Erledigung der Hauptsache (§ 91a II ZPO).** Vgl. zunächst KV 1211 Nr. 4, 1222 Nr. 4 usw. Eine Kostenentscheidung ergeht dann, wenn beide Parteien die Hauptsache übereinstimmend wirksam ohne eine Kosteneinigung oder Kostenübernahmeerklärung für vollständig erledigt erklärt haben, durch einen Beschluss. Gegen ihn ist unter den Voraussetzungen des § 567 II ZPO die sofortige Beschwerde zulässig. In diesem Verfahren entsteht die Gebühr KV 1810. Eine Ermäßigung bei einer Zurücknahme oder einer teilweisen Erledigung usw entsteht bei KV 1810 nicht.

5 **3. Anerkenntnis (§ 99 II ZPO).** Soweit das Gericht nach der Erledigung der Hauptsache auf Grund eines Anerkenntnisses eine beliebig geartete Kostenentscheidung getroffen hat, ist die sofortige Beschwerde zulässig. In diesem Verfahren entsteht die Gebühr KV 1810.

6 **4. Klagerücknahme (§ 269 V ZPO).** Soweit das Gericht nach einer wirksamen Klagerücknahme auf Grund des Antrags des Bekl. durch einen Beschluss nach § 269 IV formell „entscheidet", in Wahrheit aber nur nach § 269 III 2 ZPO feststellt, dass der Kläger kraft Gesetzes die Kosten tragen muss, oder soweit es über die Kosten nach § 269 III 3 ZPO im Rahmen seines dortigen Ermessens nach § 269 IV wirklich entscheidet, ist gegen diesen Beschluss jeweils die sofortige Beschwerde unter den Voraussetzungen des § 269 V 1, 2 ZPO zulässig, also zB nicht, wenn gegen die Entscheidung über den Festsetzungsantrag nach § 104 ZPO ein Rechtsmittel nicht zulässig ist (§ 269 V 2 ZPO). In diesen Beschwerdeverfahren entsteht jeweils die Gebühr KV 1810.

Nicht hierher gehört eine nach §§ 516 III, 565 ZPO unzulässige Beschwerde nach einer Zurücknahme der Berufung oder Revision. Eine entsprechende Anwendung von KV 1810 kommt wegen → Rn. 1, 2 kaum in Betracht (aA Meyer Rn. 157). Vielmehr gilt dann KV 1811. 7

III. Verfahrensgebühr. Die Beschwerdegebühr gilt als eine Verfahrensgebühr das gesamte Verfahren über die sofortige Beschwerde ab. Dazu gehören auch eine etwaige mündliche Verhandlung und eine Beweisaufnahme. Eine gesonderte Entscheidungsgebühr entsteht nicht. Es ist unerheblich, ob die Beschwerde einen Erfolg hat. Demgegenüber entsteht die Vergleichsgebühr KV 1900, soweit deren Voraussetzungen vorliegen. 8

1. Instanz. Die Instanz beginnt mit der Einlegung der sofortigen Beschwerde nach § 569 I 1 ZPO, auch wenn der Beschwerdeführer sich an das unzuständige Gericht wendet. Die Instanz endet mit der Abhilfe durch das Erstgericht nach § 572 I 1 ZPO oder mit der Zurücknahme der Beschwerde oder mit einem Vergleich oder mit der abschließenden Entscheidung des Beschwerdegerichts nach § 572 II–IV ZPO. Eine Rechtsbeschwerde nach § 574 ZPO eröffnet stets eine neue Instanz (KV 1820, 1821). 9

2. Mehrere Beschwerden. Mehrere sofortige Beschwerden **gegen dieselbe Entscheidung** begründen dann nur **ein** Verfahren, wenn die zeitlich erste Beschwerde noch nicht erledigt war. Wenn dieselbe Partei dieselbe Entscheidung mit mehreren sofortigen Beschwerden angreift, liegt nur **ein** Verfahren vor, soweit die Beschwerden denselben Punkt betreffen, so dass die eine von ihnen als nur vorsorglich eingelegt anzusehen ist. 10

Etwas anderes gilt, wenn eine Partei eine erledigte sofortige Beschwerde **wiederholt** oder wenn das Erstgericht über mehrere selbständige Aufträge entschieden hat und wenn der Beschwerdeführer nun gegen diese Entscheidungen eine sofortige Beschwerde einlegt, selbst wenn die Beschwerdeentscheidung auch in einem Beschluss ergeht. 11

Mehrere sofortige Beschwerden gegen verschiedene Entscheidungen leiten verschiedene Verfahren ein. Das gilt auch bei deren Verbindung nach § 147 ZPO. Eine Erweiterung der sofortigen Beschwerde begründet kein neues Verfahren. 12

3. Gebührenhöhe. Die Gebühr ist immer eine Festgebühr. Das gilt auch bei einer Rücknahme, Verwerfung, Zurückweisung oder vergleichsweiser oder sonstiger Erledigung der sofortigen Beschwerde. Die Gebühr ist unabhängig davon, ob und welche Gebühr in der Vorinstanz entstanden war, zB bei einer Zurückweisung der sofortigen Beschwerde gegen die Versagung von PKH. 13

IV. Fälligkeit, Kostenschuldner usw. Die Beschwerdegebühr wird mit der Einlegung der sofortigen Beschwerde fällig, also ihrem Eingang beim Gericht (§ 6 I). Eine Rücknahme der sofortigen Beschwerde führt keine Ermäßigung herbei, auch nicht bei § 91a ZPO. Die Gebühr entsteht ohne jede Rücksicht auf den Ausgang des Beschwerdeverfahrens. **Kostenschuldner** ist der Antragsteller nach § 22 oder der im Beschwerdeverfahren Unterlegene nach §§ 29, 31 II. 14

Nr.	Gebührentatbestand	Gebühr oder Satz der Gebühr nach § 34 GKG
1811	**Beendigung des Verfahrens ohne Entscheidung:** **Die Gebühr 1810 ermäßigt sich auf ....** **I Die Gebühr ermäßigt sich auch im Fall der Zurücknahme der Beschwerde vor Ablauf des Tages, an dem die Entscheidung der Geschäftsstelle übermittelt wird.** **II Eine Entscheidung über die Kosten steht der Ermäßigung nicht entgegen, wenn die Entscheidung einer zuvor mitgeteilten Einigung der Par-**	**66,00 €**

Nr.	Gebührentatbestand	Gebühr oder Satz der Gebühr nach § 34 GKG
	teien über die Kostentragung oder der Kostenübernahmeerklärung einer Partei folgt.	

1 **I. Systematik, Regelungszweck.** Die Vorschrift ähnelt der mit KV 1211, 1221 begonnenen Reihe von Ermäßigungsregeln teilweise. Sie erfasst den Geltungsbereich insofern weiter als bei einigen jener sonst vergleichbaren Vorschriften, als es nur darauf ankommt, dass das Gericht entweder gar keine Entscheidung mehr fällt oder dass eine Beschwerderücknahme vor dem Tag der Übermittlung einer Entscheidung in die Geschäftsstelle nun beim Beschwerdegericht eingeht.

2 **Zweck** ist auch hier ein Kostenanreiz zur Verringerung der Arbeit des Gerichts und zur Beschleunigung des Verfahrens wie bei → KV 1211 Rn. 2.

3 **II. Notwendigkeit einer Beendigung.** Zwar fehlt in einer Abweichung von KV 1211, 1221 usw das Wort „gesamtes" (Verfahren). Ersichtlich meint aber auch KV 1811 eine Beendigung des ganzen Beschwerdeverfahrens. Daher gelten im Ergebnis dieselben Erwägungen wie bei → KV 1211 Rn. 5.

4 **III. Beschwerderücknahme (Anm. I).** In einer erheblichen Ausweitung des sonst bei Vergleichsvorschriften geltenden Zeitraums einer Rücknahme ermäßigt die Anmerkung die Gebühr selbst dann, wenn schon die Beschwerdeentscheidung auf der Geschäftsstelle des Beschwerdegerichts vorliegt, falls die Beschwerderücknahme wenigstens noch an demselben Tag beim Beschwerdegericht eingeht. Damit soll die leidige Unklarheit über die Uhrzeit der beiden Eingänge unerheblich bleiben. Zu beachten ist, dass die Beschwerderücknahme nur auf der Eingangsgeschäftsstelle des Beschwerdegerichts vorliegen muss, nicht auf der Geschäftsstelle der zuständigen Beschwerdekammer usw.

5 Maßgeblich ist der **Posteingangsstempel** einerseits und der Tagesstempel, den der Urkundsbeamte der Beschwerdekammer usw tunlichst sogleich beim Einlauf der Beschwerdeentscheidung auf sie setzen sollte. Er lässt sich wahrheitsgemäß nachholen. Im Zweifel gilt schon wegen § 1 I 1 mit seinem Wort „nur" die für den Kostenschuldner günstigere Lösung, also die Ermäßigung nach KV 1811.

6 **IV. Unschädlichkeit einer Kostenentscheidung (Anm. II).** Die Vorschrift entspricht KV 1221 Anm. Wegen der erforderlichen Einigung der Parteien über die Kostentragung nach übereinstimmenden vollständigen wirksamen Erledigterklärungen Anders/Gehle/Göertz ZPO § 98 Rn. 21 ff.

Nr.	Gebührentatbestand	Gebühr oder Satz der Gebühr nach § 34 GKG
1812	**Verfahren über nicht besonders aufgeführte Beschwerden, die nicht nach anderen Vorschriften gebührenfrei sind:** **Die Beschwerde wird verworfen oder zurückgewiesen ....** **Wird die Beschwerde nur teilweise verworfen oder zurückgewiesen, kann das Gericht die Gebühr nach billigem Ermessen auf die Hälfte ermäßigen oder bestimmen, dass eine Gebühr nicht zu erheben ist.**	**66,00 €**

1 **I. Systematik, Regelungszweck: Hilfsnatur.** Vgl. zunächst KV 1810. KV 1812 ist eine hilfsweise Auffangbestimmung, die entsprechend weit auslegen ist. In allen nicht gesetzlich besonders geordneten Fällen entsteht eine Gebühr für das Beschwerdeverfahren kraft Gesetzes auch ohne eine Kostengrundentscheidung (LG Koblenz NJW 2011, 2063). Sie entsteht überhaupt nur, soweit das Gericht die Beschwerde

nach § 572 II 2 ZPO als unzulässig verwirft oder als unbegründet zurückweist. Hierher zählt auch die Zurückweisung der Beschwerde gegen eine gebührenfreie Entscheidung über einen Antrag mit dem Ziel der Ablehnung eines Richters.

II. Anwendungsbereich. 1. Grundsatz. Die Hilfsnatur von KV 1812 nach → Rn. 1 kommt auch dadurch zum Ausdruck, dass die Vorschrift ausdrücklich ihre Anwendbarkeit auf diejenigen der nicht besonders aufgeführten Beschwerden beschränkt, die nicht nach anderen Vorschriften bereits gebührenfrei (nicht notwendig auch auslagenfrei) sind, zB §§ 66 VIII 1, 67 I 2, 68 III 1, ferner im Kostenfestsetzungsverfahren § 104 III ZPO. Es ist unerheblich, in welcher Instanz das Hauptverfahren schwebt. Wegen der Gleichstellung von Verwerfung und Zurückweisung ist es auch unerheblich, ob die Beschwerde unstatthaft, unzulässig oder unbegründet ist. 2

2. Beispiele

Beschwerde: Anzuwenden sein kann KV 1912 FamGKG (und daher KV 1812) nach Zurückweisung eines Eilantrags (KG FamRZ 2017, 61). 3

Dienstaufsichtsbeschwerde: Nicht anzuwenden ist KV 1812 auf sie.

Einspruch: Nicht anzuwenden ist KV 1812 auf ihn.

Erinnerung: Nicht anzuwenden ist KV 1812 auf eine Erinnerung nach § 766 ZPO. Sie kann freilich zur Beschwerde werden. Vgl. dazu dann wie bei „Gegenvorstellung".

Erledigung der Hauptsache: Nicht anzuwenden ist KV 1812 dann, wenn es zu einer Erledigung nach § 91a ZPO und daher zu keiner Sachentscheidung kommt oder wenn das Gericht nach einer Erklärung als erledigt keine Kostengrundentscheidung trifft.

Gegenvorstellung: Nicht anzuwenden ist KV 1812 auf eine solche. Sie kann zwar zur Beschwerde werden. Dazu müssen aber die Voraussetzungen zB der § 11 II 4, 5 RPflG, §§ 573 II, 576 ZPO vorliegen. Das Beschwerdeverfahren beginnt dann mit dem Eingang der Beschwerdeschrift beim Beschwerdegericht.

Mehrere Beschwerden: Es gilt → KV 1810 Rn. 10 entsprechend.

Prozesskostenhilfeverfahren: Anzuwenden ist KV zB bei § 127 II 2 ZPO (LG Koblenz NJW 2011, 2063).

Rücknahme: Nicht anzuwenden ist KV 1812 dann, wenn es zur Rücknahme einer Beschwerde und daher zu keiner Entscheidung kommt.

Stattgabe: Nicht anzuwenden ist KV 1812 dann, wenn das Gericht einer Beschwerde stattgibt.

Teilerfolg: Dann gilt die Anm. Das Gericht kann also nach seinem „billigen" und in Wahrheit wie stets pflichtgemäßem weiten Ermessen die Beschwerdegebühr auf die Hälfte ermäßigen oder bestimmen, dass überhaupt keine Beschwerdegebühr entsteht (aA LG Koblenz JurBüro 2010, 95 bei einem bloß winzigen Teilerfolg).

Vergleich: Nicht anzuwenden ist KV 1812 dann, wenn es zu einem Vergleich und daher zu keiner Entscheidung kommt. Dann gilt KV 1900.

Widerspruch: Nicht anzuwenden ist KV 1812 auf ihn.

Zurückverweisung: Nicht anzuwenden ist KV 1812 bei einer gänzlichen oder teilweisen Zurückverweisung insoweit. Denn es hat kein ausscheidbarer Teil bereits endgültig einen Erfolg gehabt.

III. Auslegung der Kostenentscheidung. Der Ausspruch des Gerichts „Die Entscheidung ist gebührenfrei" ist auslegungsbedürftig. Was das Gericht gemeint hat, muss es erläutern. Die Vermutung spricht gegen eine Kostenniederschlagung. Es ergeben sich im Einzelnen die folgenden Auslegungsmöglichkeiten. 4

1. Bewilligung der Kostenfreiheit. Das Gericht mag bewusst eine Gebührenfreiheit bewilligt haben. Dann hat es regelmäßig auch eine Auslagenfreiheit wegen der in KV Vorb. 9 I, II genannten Auslagen nach § 21 GKG bewilligt. Eine Entscheidung über die Erstattungspflicht außergerichtlicher Kosten erfolgt demgegenüber grundsätzlich im Endurteil zur Sache. 5

2. Bloße Feststellung. Das Gericht mag auch die nach dem Gesetz in Wahrheit bereits eingetretene Gebührenfreiheit überflüssigerweise nochmals besonders festgestellt haben. 6

7 **3. Irrtum über Gebührenfreiheit.** Das Gericht mag auch irrig angenommen haben, es bestehe nach dem Gesetz eine Gebührenfreiheit, und es mag deswegen eine entsprechende Feststellung getroffen haben. Dann fehlt in Wahrheit eine Kostenentscheidung. Das Gericht muss sie nachholen. Den Kostenbeamten bindet das GKG und nicht eine derartige zunächst in Wahrheit fehlende Kostenentscheidung (LG Berlin Rpfleger 1990, 137).

8 **IV. Festgebühr.** Es entsteht grundsätzlich für jedes Beschwerdeverfahren eine Festgebühr. Sie deckt das gesamte Beschwerdeverfahren ab, einschließlich der Beweisaufnahme, Verhandlung, Zwischenentscheidungen usw. Freilich kann bei einem Vergleich zusätzlich die Vergleichsgebühr KV 1900 entstehen. Deshalb spielt ein Streitwert weder der ersten Instanz noch der Beschwerdeinstanz eine Rolle (VGH Hessen NJW 2010, 2681, erst recht nicht mangels Verwerfung; zu KV 5502). Auch bei Herabsetzung nach der Anm. gilt dasselbe.

9 **V. Fälligkeit, Kostenschuldner usw.** Die Fälligkeit richtet sich nach § 9. Der **Kostenschuldner** ergibt sich aus §§ 22, 29.

Abschnitt 2. Sonstige Rechtsbeschwerden

Nr.	Gebührentatbestand	Gebühr oder Satz der Gebühr nach § 34 GKG
1820	**Verfahren über Rechtsbeschwerden gegen den Beschluss, durch den die Berufung als unzulässig verworfen wurde (§ 522 Abs. 1 Satz 2 und 3 ZPO) ....**	**2,0**
1821	**Verfahren über Rechtsbeschwerden nach § 20 KapMuG ....**	**5,0**
1822	**Beendigung des gesamten Verfahrens durch Zurücknahme der Rechtsbeschwerde, bevor die Schrift zur Begründung der Rechtsbeschwerde bei Gericht eingegangen ist: Die Gebühren 1820 und 1821 ermäßigen sich auf ....** **Erledigungserklärungen nach § 91a ZPO stehen der Zurücknahme gleich, wenn keine Entscheidung über die Kosten ergeht oder die Entscheidung einer zuvor mitgeteilten Einigung der Parteien über die Kostentragung oder der Kostenübernahmeerklärung einer Partei folgt.**	**1,0**
1823	**Verfahren über Rechtsbeschwerden in den Fällen des § 71 Abs. 1, § 91a Abs. 1, § 99 Abs. 2, § 269 Abs. 4, § 494a Abs. 2 Satz 2 oder § 516 Abs. 3 ZPO ....**	**198,00 €**
1824	**Beendigung des gesamten Verfahrens durch Zurücknahme der Rechtsbeschwerde, des Antrags oder der Klage, bevor die Schrift zur Begründung der Rechtsbeschwerde bei Gericht eingegangen ist: Die Gebühr 1823 ermäßigt sich auf ....**	**66,00 €**
1825	**Beendigung des gesamten Verfahrens durch Zurücknahme der Rechtsbeschwerde, des Antrags oder der Klage vor Ablauf des Tages, an dem die Entscheidung der Geschäftsstelle übermittelt wird, wenn nicht Nummer 1824 erfüllt ist: Die Gebühr 1823 ermäßigt sich auf ....**	**99,00 €**

Nr.	Gebührentatbestand	Gebühr oder Satz der Gebühr nach § 34 GKG
1826	**Verfahren über nicht besonders aufgeführte Rechtsbeschwerden, die nicht nach anderen Vorschriften gebührenfrei sind:** **Die Rechtsbeschwerde wird verworfen oder zurückgewiesen ....** **Wird die Rechtsbeschwerde nur teilweise verworfen oder zurückgewiesen, kann das Gericht die Gebühr nach billigem Ermessen auf die Hälfte ermäßigen oder bestimmen, dass eine Gebühr nicht zu erheben ist.**	**132,00 €**

Die Vorschriften stimmen weitgehend mit KV 1521, 1522, 1810–1812 überein. Vgl. daher dort. 1

Nr.	Gebührentatbestand	Gebühr oder Satz der Gebühr nach § 34 GKG
1827	**Verfahren über die in Nummer 1826 genannten Rechtsbeschwerden:** **Beendigung des gesamten Verfahrens durch Zurücknahme der Rechtsbeschwerde, des Antrags oder der Klage vor Ablauf des Tages, an dem die Entscheidung der Geschäftsstelle übermittelt wird ....**	**66,00 €**

Die Vorschrift entspricht KV 1825. Vgl. daher dort. 1

Hauptabschnitt 9. Besondere Gebühren

Nr.	Gebührentatbestand	Gebühr oder Satz der Gebühr nach § 34 GKG
1900	**Abschluss eines gerichtlichen Vergleichs:** **Soweit ein Vergleich über nicht gerichtlich anhängige Gegenstände geschlossen wird ...** **[1] Die Gebühr entsteht nicht im Verfahren über die Prozesskostenhilfe. [2] Im Verhältnis zur Gebühr für das Verfahren im Allgemeinen ist § 36 Abs. 3 GKG entsprechend anzuwenden.**	**0,25**

I. Systematik, Regelungszweck. Die Vorschrift stimmt wörtlich mit KV 1500 FamGKG überein. KV 1900 setzt 0,25-Gebühr nach → Rn. 8 f. nur für denjenigen Teil eines vor Gericht geschlossenen Prozessvergleichs fest, der über einen bisher nicht gerichtlich anhängig gewesenen Gegenstand erfolgt. Die Gebühr ist eine Handlungs- oder Aktgebühr. Sie ist keine Verfahrensgebühr, auch nicht ein Ersatz für sie. Sie tritt vielmehr zur Verfahrensgebühr hinzu. Sie ist auch keine Urteilsgebühr. 1

II. Anwendungsbereich. KV 1900 gilt für jeden Prozessvergleich vor dem ordentlichen Gericht. Sie gilt jedoch nach → Rn. 5 nicht bei § 118 ZPO. Im Verfahren vor den Arbeitsgerichten besteht bei §§ 2a I, 103 III, 108 III, 109 ArbGG eine Gebührenfreiheit nach § 2 II Hs. 1. 2

III. Voraussetzungen. Es müssen die folgenden Voraussetzungen zusammentreffen. 3

4 **1. Gerichtsverfahren.** Die Parteien müssen in einem gerichtlichen Verfahren einen gerichtlichen Vergleich nach → Rn. 6 geschlossen haben. Es ist unerheblich, um welche Verfahrensart es sich dabei im Einzelnen handelt. Ausreichend ist also auch ein vorläufiges Verfahren, etwa ein Arrestverfahren nach §§ 916ff. ZPO, ein Güteverfahren nach § 278 II–VI ZPO, ein Beschwerdeverfahren nach §§ 567ff. ZPO, ein selbständiges Beweisverfahren nach §§ 485ff. ZPO oder ein Vollstreckungsverfahren nach §§ 704ff. ZPO, evtl. auch ein solches FamFG-Verfahren, auf das die ZPO anzuwenden ist.

5 Ein im **Prozesskostenhilfeverfahren** nach § 118 ZPO geschlossener Vergleich ist gerichtsgebührenfrei, Anm. (aA Meyer Rn. 152). Das gilt selbst dann, wenn die Parteien ihn vor der Einlegung eines Rechtsmittels im PKH-Verfahren höherer Instanz geschlossen haben und wenn sie weitere Ansprüche in den Vergleich hineingezogen haben. Das ergibt sich aus der kostenrechtlichen Begünstigung des PKH-Verfahrens.

6 **2. Gerichtlicher Vergleich.** Die Parteien müssen in diesem Gerichtsverfahren auch gerade einen gerichtlichen Vergleich vor dem Richter oder Rpfleger abgeschlossen haben. Er erfordert im Gegensatz zur Einigung nach VV 1000 RVG ein gegenseitiges Nachgeben der Parteien. Es ist nicht erforderlich, dass die Voraussetzungen des § 794 I Nr. 1 ZPO vorliegen. Es kann also ausreichen, dass die Beteiligten die Einigung trotz eines Anwaltszwangs nach § 78 ZPO ohne die Mitwirkung von Anwälten dann schließen, wenn diese Einigung vor dem Gericht stattfindet (Mümmler JurBüro 1978, 161). Auch ein Vergleich nach § 278 VI ZPO ist ausreichend (LAG Hamm NZA-RR 2007, 438).

7 Ein gerichtlicher Vergleich liegt auch dann **nicht** vor, wenn die Parteien einen Vergleichsvorschlag des Gerichts nur außerhalb von § 278 VI ZPO lediglich nach § 779 BGB **außergerichtlich** annehmen oder wenn es sich um einen Anwaltsvergleich nach §§ 796a–796c ZPO handelt, bei dem das Gericht nur für die Vollstreckbarerklärung zuständig ist, nicht aber für sein Zustandekommen oder für seinen Inhalt. Es liegt auch kein gerichtlicher Vergleich vor, falls die Einigung vor einer Gütestelle stattfindet. Eine rückwirkende Nichtigkeit des Prozessvergleichs ist zu beachten (OLG Hamm Rpfleger 1980, 162), seine rückwirkend vereinbarte Aufhebung nicht.

8 **3. Überschreitung des Streitwerts.** Den gerichtlichen Vergleich gilt die allgemeine Verfahrensgebühr der Instanz ab, soweit er lediglich den bisherigen Verfahrenswert betrifft (OLG München JurBüro 2009, 491). Eine Erklärung im Vergleich, zB eine Auflassung, löst auch nicht noch andere Gebühren aus, etwa diejenigen nach dem GNotKG.

9 Eine Vergleichsgebühr entsteht nach → Rn. 1 also nur, soweit jeweils nach § 48 ein Vergleich über einen bisher nicht gerichtlich anhängigen Gegenstand zustande kommt (BGH JurBüro 1979, 1796). Dabei ist Vergleichsgegenstand der vom Vergleich betroffene Gegenstand, nicht etwa der danach geschuldete (LAG Hamm NZA-RR 2007, 438). Um also zu ermitteln, ob und inwieweit KV 1900 anzuwenden ist, sind der Gegenstand des bisherigen Verfahrens und derjenige des gerichtlichen Vergleichs miteinander zu vergleichen.

10 Soweit der Verfahrenswert selbst bei **unterschiedlichen** Verfahrensgegenständen gleich hoch bleibt, entsteht keine Gebühr. Das gilt zB dann, wenn der Kläger einen vertraglichen Unterhalt für ein Jahr einklagt, wenn sich die Parteien aber für einen unbeschränkten Zeitraum vergleichen. Denn der Streitwert bleibt dann unverändert. Verschieden sind die Streitwerte dagegen fast immer dann, wenn die Parteien die Hauptsache im Arrest- oder Verfügungsverfahren nach §§ 916ff., 935ff. ZPO vergleichen. Denn die beiden Verfahren dienen verschiedenen Zwecken.

11 Die Bedeutung einer Generalklausel **„zur Abfindung aller Ansprüche"** und ähnlicher Formulierungen ist im Einzelfall zu ermitteln. Eine solche Klausel kann den Verfahrensgegenstand betreffen, aber auch alle Ansprüche einer oder beider Parteien (OLG Frankfurt a. M. MDR 1977, 590).

12 **4. Maßgeblichkeit aller einbezogenen Ansprüche.** Maßgeblich für den Vergleichswert sind alle irgendwie streitigen, aber bisher nicht anhängig gewesenen Ansprüche. Bei einer Einbeziehung eines bisher unstreitigen Rechtsverhältnisses ist

zwar von § 779 BGB auszugehen. Der dortige Begriff „Unsicherheit" ist aber weit auszulegen (OLG Zweibrücken MDR 1978, 496: Interesse an der Titulierung; LAG Hamm NZA-RR 2007, 439; Markl FS Schmidt, 1981, 87).

Zu unterscheiden ist daher zB, ob der Vergleich das Rechtsverhältnis **nur aufklärend** (deklaratorisch) behandelt, so dass dieser Punkt unberücksichtigt bleibt, oder ob die Parteien einen **besonderen Vollstreckungstitel** nach § 794 Nr. 1 ZPO auch für diesen Punkt schaffen wollten, oder ob in Wahrheit nur eine unstreitige Erklärung beurkundet werden sollte, um zB die Kosten einer Auflassung zu ersparen (H. Schmidt MDR 1975, 26). 13

5. Beitritt eines Dritten. Der Beitritt eines Dritten zum gerichtlichen Vergleich erhöht den Vergleichsgegenstand nicht. Denn er betrifft keinen neuen Verfahrensgegenstand. 14

Beispiel für die Anwendbarkeit von KV 1900: Der Kläger hat einen Teilbetrag von 1.000 EUR eingeklagt. Die Parteien haben den gesamten Anspruch dahin verglichen, dass der Bekl. 8.000 EUR zahlt. 15

Die Parteien haben den gerichtlichen Vergleich erst dann wirksam abgeschlossen, wenn eine etwaige **Widerrufsfrist abgelaufen** ist. 16

6. Unanwendbarkeit. Wenn die Parteien mehrere Verfahren miteinander führen und sich in einem von ihnen miteinander vergleichen, ist im anderen Verfahren KV 1900 nicht anzuwenden (OLG Köln NJW-RR 2010, 1512). Das gilt unabhängig davon, ob die Verfahren in derselben Instanz oder in verschiedenen Instanzen anhängig sind. Es entsteht keine Gebühr. Das muss auch dann gelten, wenn die betroffenen Verfahren verschiedene Gebühren auslösen. Es gilt aber nicht dann, wenn eines der betroffenen Verfahren gar nicht mehr anhängig ist oder wenn die Verfahrensgebühr infolge einer wirksamen Antragsrücknahme völlig weggefallen ist. 17

IV. Gebührenhöhe. Die Gebühr berechnet sich nach dem Unterschied der Gegenstände nach → Rn. 12–14. Für die Einzelwerte gelten die §§ 48 ff. GKG, § 3 ZPO. Wenn sich die Gebühr trotz unterschiedlicher Werte nicht nach der Tabelle zu § 34 I 2 erhöht, entsteht wegen → Rn. 9 trotzdem die Gebühr VV 1900 RVG (OLG München JurBüro 2009, 491). Wenn der Kläger eine Rentenrate eingeklagt hat und wenn der Prozessvergleich den gesamten Rentenanspruch ergreift, ist die Vergleichsgebühr nach § 42 II aus demjenigen Zeitraum zu berechnen, um den fünf Jahre die Zeit übersteigen, für die der Kläger die Klage erhoben hat. Die Gebühr berechnet sich auch in der höheren Instanz ohne eine Erhöhung. Sie beträgt also immer eine 0,25-Gebühr. 18

Die **Verfahrensgebühr** erhöht sich durch einen gerichtlichen Vergleich nicht, OLG München JurBüro 2009, 491. Die Vergleichsgebühr wird nicht etwa im Ergebnis auf die Verfahrensgebühr angerechnet (Meyer Rn. 171; aA Zöller/Herget ZPO § 98 Rn. 7, aber die Verfahrensgebühr ist, wenn überhaupt, vor dem Entstehen der Vergleichsgebühr entstanden). Natürlich gilt das nach → Rn. 13–15 erst für eine Verfahrensgebühr für ein anderes Verfahren. Sind für Teile des Gegenstands verschiedene Gebührensätze anzuwenden, gilt nach der Anm. S. 2 der § 36 III entsprechend. 19

Nr.	Gebührentatbestand	Gebühr oder Satz der Gebühr nach § 34 GKG
1901	**Auferlegung einer Gebühr nach § 38 GKG wegen Verzögerung des Rechtsstreits ......**	**wie vom Gericht bestimmt**

Vgl. die Kommentierung zu § 38. Neben der vom Gericht der Höhe nach bestimmten Verzögerungsgebühr entsteht also nicht etwa zusätzlich noch eine Verfahrensgebühr nach → § 38 Rn. 33. 1

Nr.	Gebührentatbestand	Gebühr oder Satz der Gebühr nach § 34 GKG
1902	**Anmeldung eines Anspruchs zum Musterverfahren (§ 10 Abs. 2 KapMuG)**	**0,5**

1 Die vorrangige Spezialvorschrift ergänzt Vorb. 1.2.1. → KV Vorb. 1.2.1. Rn. 1.

Teil 2. Zwangsvollstreckung nach der Zivilprozessordnung, Insolvenzverfahren und ähnliche Verfahren

Hauptabschnitt 1. Zwangsvollstreckung nach der Zivilprozessordnung

Vorbemerkung 2.1:

[1] Dieser Hauptabschnitt ist auch auf Verfahren zur Erwirkung eines Europäischen Beschlusses zur vorläufigen Kontenpfändung im Fall des Artikels 5 Buchstabe b der Verordnung (EU) Nr. 655/2014 sowie auf alle Verfahren über Anträge auf Einschränkung oder Beendigung der Vollstreckung eines Europäischen Beschlusses zur vorläufigen Kontenpfändung (§ 954 Abs. 2 ZPO i. V. m. Artikel 34 der Verordnung (EU) Nr. 655/2014) anzuwenden. [2] Im Übrigen bestimmen sich die Gebühren nach Teil 1 Hauptabschnitt 4 oder Teil 8 Hauptabschnitt 3.

Abschnitt 1. Erster Rechtszug

Nr.	Gebührentatbestand	Gebühr oder Satz der Gebühr nach § 34 GKG
2110	**Verfahren über den Antrag auf Erteilung einer weiteren vollstreckbaren Ausfertigung (§ 733 ZPO)** .... **[1] Die Gebühr wird für jede weitere vollstreckbare Ausfertigung gesondert erhoben. [2] Sind wegen desselben Anspruchs in einem Mahnverfahren gegen mehrere Personen gesonderte Vollstreckungsbescheide erlassen worden und werden hiervon gleichzeitig mehrere weitere vollstreckbare Ausfertigungen beantragt, wird die Gebühr nur einmal erhoben.**	**22,00 €**

1 **I. Systematik, Regelungszweck.** Die Vorschrift erfasst das Verfahren über den Antrag auf eine weitere vollstreckbare Ausfertigung nach § 733 ZPO (LG Bonn JurBüro 2010, 374). Das hat seinen Grund in der Anm. mit ihrer teilweisen Neuregelung bei mehreren weiteren vollstreckbaren Ausfertigungen.

2 **Zweck** ist eine dem tatsächlichen Aufwand entsprechende Regelung der Gebühren in diesen letzteren Fällen. Im Zweifel ist schon wegen des Worts „nur" in § 1 I 1 die Gebühr KV 2110 nach der Anm. S. 2 nur einmal zu erheben. Die Vorschrift lässt sich aber nach → Rn. 6 verhältnismäßig leicht in ihrem Geltungsbereich abgrenzen.

3 **II. Grundsatz: Gebühr je weitere Ausfertigung (Anm. S. 1).** Beim nicht maschinellen Mahnverfahren nach § 689 I 2 ZPO fällt für jede antragsgemäß erteilte weitere vollstreckbare Ausfertigung die Festgebühr an. Das gilt unabhängig vom Antragsgrund und davon, ob der Antragsteller die mehreren weiteren Ausfertigungen gleichzeitig oder nacheinander beantragt, ob es einen oder mehrere Antragsteller oder -gegner gibt usw. Unberührt bleiben ein Kostenerstattungsanspruch nach § 788 ZPO (LG Bonn JurBüro 2010, 374), und § 21 (vgl. auch KG JurBüro 2008, 43).

III. Ausnahme: Nur einmal Gebühr (Anm. S. 2). Nur teilweise ähnlich wie nach KV 2111 Anm. fällt nur eine einzige Festgebühr an, soweit die folgenden Voraussetzungen zusammentreffen. 4

1. Derselbe Anspruch, dasselbe Mahnverfahren, mehrere Antragsgegner. Es muss sich um denselben Anspruch nach § 688 I ZPO handeln. Er muss sich gegen mehrere Antragsgegner richten. Der Antragsteller muss ihn in demselben Mahnverfahren geltend gemacht haben. 5

2. Vorliegen gesonderter Mahnbescheide. Das Mahngericht muss gegen jeden Antragsgegner einen gesonderten Mahnbescheid nach § 692 ZPO erlassen haben. Das geschieht praktisch nur im maschinellen Mahnverfahren nach § 689 I 2 ZPO. Dabei muss das Mahngericht die Antragsgegner als Gesamtschuldner behandelt haben. 6

3. Gleichzeitigkeit der Anträge. Es muss eine gleichzeitige Antragstellung auf mehrere weitere vollstreckbare Ausfertigungen erfolgt sein. Gleichzeitigkeit liegt auch noch bei einem nur ganz unerheblichen Nacheinander vor, etwa am nächsten Arbeitstag. Das gilt vor allem bei einer praktisch gleichzeitigen Absendung und bei einem nur unterschiedlich langen Weg zum Gericht. 7

Nr.	Gebührentatbestand	Gebühr oder Satz der Gebühr nach § 34 GKG
2111	**Verfahren über Anträge auf gerichtliche Handlungen der Zwangsvollstreckung gemäß § 829 Abs. 1, §§ 835, 839, 846 bis 848, 857, 858, 886 bis 888 oder § 890 ZPO sowie im Verfahren zur Erwirkung eines Europäischen Beschlusses zur vorläufigen Kontenpfändung im Fall des Artikels 5 Buchstabe b der Verordnung (EU) Nr. 655/201 ....** **[1] Richtet sich ein Verfahren gegen mehrere Schuldner, wird die Gebühr für jeden Schuldner gesondert erhoben. [2] Mehrere Verfahren innerhalb eines Rechtszugs gelten als ein Verfahren, wenn sie denselben Anspruch und denselben Vollstreckungsgegenstand betreffen.**	**22,00 €**

I. Anwendungsbereich. Zu KV 2111 gehören die folgenden abschließend aufgezählten Fallgruppen, auch im Rahmen des Arrestvollzugs. 1

1. Forderungspfändung. Hierher zählt ein Verfahren nach § 829 I ZPO. 2

2. Forderungsüberweisung. Hierher zählt ein Verfahren nach den §§ 835, 839 ZPO. 3

3. Pfändung von Anspruch auf Herausgabe. Hierher zählt ein Verfahren nach den §§ 846–848 ZPO. 4

4. Pfändung eines anderen Vermögensrechts. Hierher zählt ein Verfahren nach § 857 ZPO. 5

5. Zwangsvollstreckung in eine Schiffspart. Hierher zählt ein Verfahren nach § 858 ZPO. 6

6. Überweisung des Herausgabeanspruchs; vertretbare, unvertretbare Handlung; Unterlassung. Hierher zählen die Verfahren nach §§ 886–888, 890. 7

7. Vorläufige Kontenpfändung. Hierzu zählt ein Verfahren nach Art. 5b EuKoPfVO 655/2014. 8

8. Unanwendbarkeit. Nicht unter KV 2111 gehören zB: Ein Antrag nach § 727 ZPO; eine Durchsuchungsanordnung nach § 758a ZPO; eine Erinnerung nach § 766 ZPO (BGHZ 69, 144 (148) = NJW 1977, 1881); ein Ersuchen um die Mitwirkung einer anderen Behörde; eine Zwangsvollstreckung im Ausland nach § 791 ZPO; die 9

Ermächtigung zur Umschreibung nach § 822 ZPO; eine Ermächtigung zur Wiederinkurssetzung nach § 823 ZPO; die Anordnung einer besonderen Verwertung nach § 825 ZPO; die Anordnung einer anderweitigen Verwertung nach § 844 ZPO; die Berichtigung eines Pfändungsbeschlusses nach § 850 IV ZPO; die Ernennung eines Sequesters oder eines zuständigen Gerichtsvollziehers nach § 854 ZPO; ein Pfändungsantrag, soweit das Gericht schon den gleichzeitigen Arrestantrag abweist; die Anordnung der Versteigerung und Hinterlegung nach § 930 ZPO; die Aufhebung des Vollzugs nach § 934 ZPO; die Ernennung eines Sequesters nach § 938 ZPO.

10 **II. Fälligkeit usw.** Die Gebühr entsteht nach § 6 I mit dem Antrag. Die Festgebühr entsteht auch dann nur einmal, wenn der Gläubiger auf Grund derselben Forderung nach § 829 ZPO einen Antrag auf eine Pfändung und Überweisung mehrerer Forderungen des Schuldners gegenüber verschiedenen Drittschuldnern stellt (LG Zweibrücken Rpfleger 1977, 76). Denn das sind keine Verfahren „gegen mehrere Schuldner" nach der Anm. S. 1. Dagegen gilt dieser Anm. S. 1 dann, wenn der Gläubiger im Verfahren gegen mehrere Gesamtschuldner deren Ansprüche auf die jeweilige Lohnsteuererstattung pfändet (vgl. AG Hagen Rpfleger 1986, 111).

11 Jeder **neue Antrag** leitet ein neues Verfahren ein. Wenn mehrere verbundene oder in verschiedenen Verfahren gestellte Anträge gegen denselben Schuldner denselben Anspruch und denselben Gegenstand innerhalb desselben Rechtszugs betreffen, entsteht die Festgebühr nach der Anm. ebenfalls nur einmal, etwa bei einer Pfändung und Überweisung derselben Forderung nach §§ 829, 835 ZPO.

12 **III. Kostenschuldner.** Kostenschuldner ist der Antragsteller nach § 22, möglicherweise auch der Vollstreckungsschuldner nach § 29 Nr. 4.

13 **IV. Beschwerdeverfahren.** Vgl. KV 2121.

Nr.	Gebührentatbestand	Gebühr oder Satz der Gebühr nach § 34 GKG
2112	**In dem Verfahren zur Erwirkung eines Europäischen Beschlusses zur vorläufigen Kontenpfändung wird ein Antrag auf Einholung von Kontoinformationen gestellt:** **Die Gebühr 2111 erhöht sich auf ....**	**37,00 €**

1 **I. Anwendungsbereich.** Es geht um einen Antrag nach § 948 ZPO auf Einholung von Kontoinformationen im Verfahren nach der EuKoPfVO 655/2014.

2 **II. Fälligkeit, Kostenschuldner usw.** Es gilt dasselbe wie bei → KV 2111 Rn. 10f.

3 **III. Beschwerdeverfahren.** Vgl. KV 2121.

Nr.	Gebührentatbestand	Gebühr oder Satz der Gebühr nach § 34 GKG
2113	**Verfahren über den Antrag auf Vollstreckungsschutz nach § 765a ZPO ....**	**22,00 €**

1 **I. Anwendungsbereich.** Die Vorschrift ist auch dann anzuwenden, wenn neben dem Verfahren nach § 765a ZPO ein Verfahren nach § 30a ZVG mit einer besonderen Gebühr anhängig ist (OLG Düsseldorf Rpfleger 1977, 266). Ein Erinnerungsverfahren nach § 766 ZPO fällt nicht unter KV 2113. Wegen des Beschwerdeverfahrens KV 2121.

2 **II. Fälligkeit, Kostenschuldner usw.** Es gilt dasselbe wie bei → KV 2111 Rn. 10f.

3 **III. Beschwerdeverfahren.** Vgl. KV 2121.

Nr.	Gebührentatbestand	Gebühr oder Satz der Gebühr nach § 34 GKG
2114	**Verfahren über den Antrag auf Erlass eines Haftbefehls (§ 802g Abs. 1 ZPO) ....**	**22,00 €**

I. Anwendungsbereich. Zu KV 2114 gehört das Verfahren des Haftbefehls zwecks Erzwingung einer Vermögensauskunft nach §§ 802b, 802g I ZPO. 1

II. Pauschalgebühr. Gebührenpflichtig ist nur das Verfahren gerade auf den Haftbefehl unabhängig von seinem Verlauf und Ausgang. Daher entsteht zB auch dann nur eine Gebühr, wenn mehrere Anordnungen ergehen. Falls freilich ein Verfahren nach § 802g I ZPO abgeschlossen ist und nun später ein neues beginnt, sei es auch auf einen Antrag desselben Gläubigers, entsteht die Gebühr als Pauschale für das neue Verfahren erneut. 2

III. Fälligkeit, Kostenschuldner. Die Festgebühr wird nach § 6 I mit der Antragstellung fällig (vgl. LG Heilbronn Rpfleger 1991, 328; LG München II Rpfleger 1990, 227). **Kostenschuldner** ist der Antragsteller nach § 22, auch der Vollstreckungsschuldner nach § 29 Nr. 4, auch der in die Kosten Verurteilte nach § 29 Nr. 1. 3

IV. Beschwerdeverfahren. Vgl. KV 2121. 4

Nr.	Gebührentatbestand	Gebühr oder Satz der Gebühr nach § 34 GKG
2115	**Verfahren über den Antrag auf Abnahme der eidesstattlichen Versicherung nach § 889 ZPO ....**	**35,00 €**

Es handelt sich um eine Verfahrensgebühr für denjenigen Teil des Verfahrens auf die Abnahme der eidesstattlichen Versicherung nur nach dem bürgerlichen Recht vor dem Rpfleger nach § 889 ZPO (OLG Düsseldorf FamRZ 1997, 1496; LG Bochum Rpfleger 1999, 404). Es geht hier also nicht um die Versicherung vor dem Gerichtsvollzieher nach §§ 802b ff. ZPO. KV 2115 erfasst die gesamte gerichtliche Tätigkeit unabhängig von deren Dauer oder Schwierigkeit. Für jeden Antrag kann in zugehörigen gerichtlichen Verfahren eine neue Gebühr entstehen. Eine Antragsrücknahme lässt diese Verfahrensgebühr bestehen bleiben (AG Augsburg DGVZ 2007, 95). 1

Nr.	Gebührentatbestand	Gebühr oder Satz der Gebühr nach § 34 GKG
2116	**(weggefallen)**	

Nr.	Gebührentatbestand	Gebühr oder Satz der Gebühr nach § 34 GKG
2117	**Verteilungsverfahren ....**	**0,5**

I. Anwendungsbereich. Die Gebühr gilt grundsätzlich das gesamte Verfahren nach den §§ 872 ff. ZPO ab. Darunter fällt also auch ein „anderweitiges" Verfahren nach § 880 ZPO. Denn es stellt nur eine Fortsetzung dar. Es kommt nicht auf die Zahl der Verteilungspläne an. 1

Dagegen fällt eine Klage nach den **§§ 878 ff. ZPO** unter KV 1210 ff. Das Schifffahrtsrechtliche Verteilungsverfahren fällt unter KV 2410 ff. 2

3 **II. Streitwert.** Als Streitwert gilt die Verteilungsmasse ohne einen Abzug der Kosten, aber nach §§ 48 I, 43 I iVm §§ 5, 6 ZPO ohne eine Hinzurechnung der Zinsen. Bleibt ein Überschuss zugunsten des Schuldners, ist Streitwert entsprechend § 6 ZPO der verteilte und für die Kosten verwendete Betrag. Soweit wiederkehrende Bezüge hinterlegt werden, etwa Gehaltsbezüge, erhöht sich durch die späteren Hinterlegungen zwar der Streitwert. Das Verfahren bleibt aber einheitlich.

4 **III. Fälligkeit.** Das Verteilungsverfahren beginnt nicht auf Grund eines Antrags, sondern beim Vorliegen seiner Voraussetzungen von Amts wegen. Deshalb wird die Gebühr nach § 6 III grundsätzlich bereits mit der Einleitung fällig, also mit der Aufforderung des Gerichts an die Gläubiger, eine Berechnung ihrer Ansprüche einzureichen (§ 873 ZPO).

5 **IV. Gebührenhöhe.** Die Höhe der Gebühr ergibt sich allerdings erst infolge der Abhaltung des Verteilungstermins endgültig. Das Gericht entnimmt die Kosten der Masse nach § 874 II ZPO.

6 **V. Kostenschuldner.** Das ist nur der Vollstreckungsschuldner. Denn ein Antragsteller fehlt oder ist jedenfalls nicht erforderlich.

Nr.	Gebührentatbestand	Gebühr oder Satz der Gebühr nach § 34 GKG
2118	**Verfahren über die Vollstreckbarerklärung eines Anwaltsvergleichs nach § 796a ZPO .....**	66,00 €

1 **I. Anwendungsbereich.** KV 2118 erfasst das gesamte gerichtliche Verfahren nach § 796a ZPO erster Instanz. Das gilt sowohl bei einer Stattgabe wie auch im Fall der Ablehnung.

2 **Demgegenüber** richtet sich die Vergütung des Notars für seine Tätigkeit im Verfahren des §§ 796a–796c ZPO nach KV 23800, 23801 GNotKG.

3 **II. Fälligkeit; Kostenschuldner.** Die Fälligkeit richtet sich nach § 6 I. Der **Kostenschuldner** ergibt sich aus §§ 22, 29.

Nr.	Gebührentatbestand	Gebühr oder Satz der Gebühr nach § 34 GKG
2119	**Verfahren über Anträge auf Beendigung, Verweigerung, Aussetzung oder Beschränkung der Zwangsvollstreckung nach § 954 Abs. 2, § 1084 ZPO auch i. V. m. § 1096 oder § 1109 ZPO oder § 31 AUG ....**	33,00 €

1 **I. Anwendungsbereich.** Die Festgebühr entsteht für das Verfahren nach § 954 II oder § 1084 ZPO, auch iVm § 1096 oder § 1109 ZPO oder mit § 31 AUG. Diese Vorschrift erfasst in ihrem I 1 Anträge auf die Beendigung, Verweigerung, Aussetzung oder Beschränkung der Zwangsvollstreckung aus einem Europäischen Beschluss über eine vorläufige Kontenpfändung nach der EuKoPfVO oder aus einem Europäischen Vollstreckungstitel über eine unbestrittene Forderung nach Art. 21, 23 VO (EG) Nr. 805/2004. Die Berichtigung oder der Widerruf einer Bestätigung als Europäischen Vollstreckungstitels unterfällt KV 1512, das zugehörige Rechtsmittelverfahren unterfällt KV 1521 Nr. 3.

2 **II. Fälligkeit; Kostenschuldner.** Die Fälligkeit richtet sich nach § 6 I. **Kostenschuldner** ist in dem reinen Antragsverfahren der §§ 954 II, 1084 ZPO der Antragsteller nach § 22, ferner der Entscheidungsschuldner nach § 29.

Abschnitt 2. Beschwerden

Unterabschnitt 1. Beschwerde

Nr.	Gebührentatbestand	Gebühr oder Satz der Gebühr nach § 34 GKG
2120	**Verfahren über die Beschwerde im Verteilungsverfahren:** Soweit die Beschwerde verworfen oder zurückgewiesen wird	1,0
2121	**Verfahren über nicht besonders aufgeführte Beschwerden, die nicht nach anderen Vorschriften gebührenfrei sind:** Die Beschwerde wird verworfen oder zurückgewiesen	33,00 €
	Wird die Beschwerde nur teilweise verworfen oder zurückgewiesen, kann das Gericht die Gebühr nach billigem Ermessen auf die Hälfte ermäßigen oder bestimmen, dass eine Gebühr nicht zu erheben ist.	

KV 2120 entspricht im Kern KV 1810. KV 2121 entspricht KV 1811. Vgl. daher jeweils dort. 1

Unterabschnitt 2. Rechtsbeschwerde

Nr.	Gebührentatbestand	Gebühr oder Satz der Gebühr nach § 34 GKG
2122	**Verfahren über die Rechtsbeschwerde im Verteilungsverfahren:** Soweit die Beschwerde verworfen oder zurückgewiesen wird	2,0
2123	**Verfahren über die Rechtsbeschwerde im Verteilungsverfahren:** Soweit die Beschwerde zurückgenommen oder das Verfahren durch anderweitige Erledigung beendet wird	1,0
	Die Gebühr entsteht nicht, soweit der Beschwerde stattgegeben wird.	
2124	**Verfahren über nicht besonders aufgeführte Rechtsbeschwerden, die nicht nach anderen Vorschriften gebührenfrei sind:** Die Rechtsbeschwerde wird verworfen oder zurückgewiesen	66,00 €
	Wird die Rechtsbeschwerde nur teilweise verworfen oder zurückgewiesen, kann das Gericht die Gebühr nach billigem Ermessen auf die Hälfte ermäßigen oder bestimmen, dass eine Gebühr nicht zu erheben ist.	

KV 2122 entspricht im Kern KV 1820. KV 2123 entspricht teilweise KV 1821. KV 2124 entspricht KV 1823. Vgl. daher jeweils dort. 1

Hauptabschnitt 2. Verfahren nach dem Gesetz über die Zwangsversteigerung und die Zwangsverwaltung; Zwangsliquidation einer Bahneinheit

Vorbemerkung zu KV 2210

1 **I. Systematik.** Die Liegenschaftszwangsvollstreckung gehört zur streitigen Gerichtsbarkeit. Nur die Gebühr für die Eintragung einer Zwangshypothek nach § 867 ZPO regelt das GNotKG.

2 **II. Anwendungsbereich.** Zu KV 2210 ff. gehören die folgenden Fallgruppen.

3 **1. Zwangsversteigerung.** Hierher gehört die Zwangsversteigerung eines Grundstücks; eines grundstücksgleichen Rechts, einschließlich der unbeweglichen Kuxe; eines Schiffs; eines Schiffsbauwerks; eines Luftfahrzeugs nach § 99 LuftRG. Hierher gehört auch eine Zwangsversteigerung auf Grund des Antrags des Insolvenzverwalters. Ferner gehört hierher eine echte Zwangsversteigerung zur Aufhebung einer Gemeinschaft nach § 180 ZVG (N. Schneider/Thiel NZFam 2018, 64; 2018, 118, je ausf.).

4 **Demgegenüber** zählt eine freiwillige Versteigerung zur Aufhebung einer Gemeinschaft zur freiwilligen Gerichtsbarkeit. Sie löst daher Gebühren nach § 116 GNotKG, KV 23600 ff. GNotKG aus.

5 **2. Zwangsverwaltung.** Hierher gehört ferner das Zwangsverwaltungsverfahren nach § 866 I ZPO.

6 **3. Zwangsliquidation.** Das Verfahren der Zwangsliquidation einer Bahneinheit hat keine praktische Bedeutung mehr (→ § 57 Rn. 1).

7 **III. Fälligkeit, Kostenschuldner usw.** Die Fälligkeit richtet sich nach § 7. Ein Vorschuss ist nach § 15 erforderlich. **Kostenschuldner** sind der Antragsteller, soweit man die Kosten nicht dem Erlös entnehmen kann, und im Beschwerdeverfahren der Beschwerdeführer (§ 26).

Vorbemerkung 2.2:

[1] Die Gebühren 2210, 2220 und 2230 werden für jeden Antragsteller gesondert erhoben. [2] Wird der Antrag von mehreren Gesamtgläubigern, Gesamthandsgläubigern oder im Fall der Zwangsversteigerung zum Zweck der Aufhebung der Gemeinschaft von mehreren Miteigentümern gemeinsam gestellt, gelten diese als ein Antragsteller. [3] Betrifft ein Antrag mehrere Gegenstände, wird die Gebühr nur einmal erhoben, soweit durch einen einheitlichen Beschluss entschieden wird. [4] Für ein Verfahren nach § 765a ZPO wird keine, für das Beschwerdeverfahren die Gebühr 2240 erhoben; richtet sich die Beschwerde auch gegen eine Entscheidung nach § 30a ZVG, gilt Satz 3 entsprechend.

Abschnitt 1. Zwangsversteigerung

Nr.	Gebührentatbestand	Gebühr oder Satz der Gebühr nach § 34 GKG
2210	**Entscheidung über den Antrag auf Anordnung der Zwangsversteigerung oder über den Beitritt zum Verfahren**	**110,00 €**

1 **I. Anwendungsbereich.** Die Festgebühr ist eine Entscheidungs- und keine Verfahrensgebühr. Diese Entscheidungsgebühr entsteht in den folgenden Fällen.

2 **1. Antrag.** Die Gebühr entsteht für die Entscheidung über den Antrag auf die Durchführung einer Zwangsversteigerung. Der Inhalt der Entscheidung ist unerheblich. Hierher gehört auch der Antrag auf eine Zwangsversteigerung in besonderen Fällen. Dazu zählen zB: Der Antrag des Insolvenzverwalters oder eines Erben zur

Aufhebung einer Gemeinschaft nach den §§ 172 ff. ZVG (Drischler JurBüro 1981, 1765 (1776)); der Antrag eines Landlieferungsverbandes; ein Antrag im Verwaltungszwangsverfahren oder nach der AO oder dem JBeitrG. Bei einer **Wiederversteigerung** nach den §§ 132 ff. ZVG entsteht eine neue Gebühr. **Nicht** hierher zählt eine **Sequestration** nach § 938 ZPO.

2. Beitritt. Die Gebühr entsteht ferner für die Entscheidung über den Beitritt zu einem Zwangsversteigerungsverfahren (§ 27 ZVG). 3

II. Einzelfragen. Vgl. die Vorb. 2.2 S. 1–3. Der dortige S. 4 betrifft jeden Einzelantrag. Ein Ersuchen um die Eintragung eines Zwangsversteigerungsvermerks gehört noch hierher. 4

III. Fälligkeit, Kostenschuldner usw. Die Fälligkeit tritt nach § 7 I 1 GKG mit dem Erlass der Entscheidung ein. Wegen des **Kostenschuldners** → Vor KV 2210 Rn. 7. Bei PKH für den Schuldner ist eine Mitteilung der Zweitschuldnerrechnung an die Kasse zwecks einer Anmeldung zum geringsten Gebot erforderlich (§ 45 ZVG). Eine Vorschusspflicht besteht nach § 15. 5

Nr.	Gebührentatbestand	Gebühr oder Satz der Gebühr nach § 34 GKG
2211	**Verfahren im Allgemeinen**	**0,5**

I. Anwendungsbereich. KV 2211 gilt die gesamte Tätigkeit des Gerichts für den Zeitabschnitt nach der Anordnung des Verfahrens zum Zweck seiner weiteren Durchführung bis zum Beginn des Versteigerungstermins ab, ohne dass eine besondere Handlung des Gerichts erforderlich wäre. Sie ermäßigt sich nach KV 2212. Die Gebühr gilt zB ab: Alle Ermittlungen; eine Belehrung; ein Einstellungsverfahren; die Bestimmung des Versteigerungstermins; die Bestimmung des Verkehrswerts; die Abschlussverfügung im Anschluss an die Rücknahme des Versteigerungsantrags. 1

Ein Ersuchen um die Eintragung des **Zwangsversteigerungsvermerks** gehört aber noch zu KV 2210 (→ KV 2210 Rn. 4). 2

II. Streitwert. Vgl. § 54. 3

III. Fälligkeit, Kostenschuldner usw. Die Fälligkeit richtet sich nach § 7 I 3 GKG. Wegen des Kostenschuldners → KV Vor 2210 Rn. 7. 4

Nr.	Gebührentatbestand	Gebühr oder Satz der Gebühr nach § 34 GKG
2212	**Beendigung des Verfahrens vor Ablauf des Tages, an dem die Verfügung mit der Bestimmung des ersten Versteigerungstermins unterschrieben ist:** **Die Gebühr 2211 ermäßigt sich auf**	**0,25**

I. Anwendungsbereich. Maßgeblich ist grundsätzlich nicht derjenige Tag, **an** dem das Gericht unterschrieben hat, sondern derjenige, **unter** dem es unterschrieben hat. Denn nur der letztere ist aktenkundig festzustellen. Eine Ausnahme mag bei einer nachweislich falschen Datierung gelten. 1

II. Streitwert. Vgl. § 54. 2

III. Fälligkeit, Kostenschuldner usw. Es gilt dasselbe wie bei → KV 2111 Rn. 5. 3

Nr.	Gebührentatbestand	Gebühr oder Satz der Gebühr nach § 34 GKG
2213	**Abhaltung mindestens eines Versteigerungstermins mit Aufforderung zur Abgabe von Geboten** .... **Die Gebühr entfällt, wenn der Zuschlag aufgrund des § 74a oder des § 85a ZVG versagt bleibt.**	0,5

1 **I. Anwendungsbereich.** Es handelt sich um eine Terminsgebühr für jeden neuen Versteigerungstermin, der keine bloße Fortsetzung des bisherigen darstellt. Das ergibt sich schon aus dem Wort „mindestens" (aA LG Cottbus JurBüro 2007, 323). Das Gericht muss in einem dieser Termine nach § 66 II ZVG auch gerade zur Abgabe von Geboten aufgefordert haben. Ein etwaiger bloßer Erörterungstermin nach § 62 Hs. 2 ZVG zählt noch zu KV 2211. Ein Vergleich kann die Gebühr KV 1900 auslösen.

2 **II. Zuschlagsversagung (Anm).** Nur die dort abschließend genannten Fälle führen zum Wegfall von KV 2213.

3 **III. Streitwert.** Vgl. § 54.

4 **IV. Fälligkeit, Kostenschuldner usw.** Die Fälligkeit richtet sich nach § 7 I 2, 3 GKG. Wegen des **Kostenschuldners** → KV Vor 2210 Rn. 5.

Nr.	Gebührentatbestand	Gebühr oder Satz der Gebühr nach § 34 GKG
2214	**Erteilung des Zuschlags** .... **Die Gebühr entfällt, wenn der Zuschlagsbeschluss aufgehoben wird.**	0,5

1 **I. Anwendungsbereich.** Die 0,5-Gebühr gilt nach § 81 ZVG die Erteilung des Zuschlags ab. Die besondere Versteigerung beweglicher Sachen nach § 65 ZVG fällt unter KV 2210. Denn auch in diesem Versteigerungstermin fordert das Gericht zu einem Gebot auf. Bei einer Aufhebung des Zuschlagsbeschlusses entfällt die Erteilungsgebühr nach der Anm. Dasselbe gilt bei einer Versagung des Zuschlags. In beiden Fällen muss die Staatskasse eine schon gezahlte Gebühr zurückerstatten.

2 **II. Streitwert.** Vgl. § 54.

3 **III. Fälligkeit, Kostenschuldner usw.** Es gilt dasselbe wie bei → KV 2111 Rn. 4. Der **Ersteher** und nicht etwa der Erlös muss auch die Gebühren und Auslagen tragen (LG Freiburg Rpfleger 1991, 382).

Nr.	Gebührentatbestand	Gebühr oder Satz der Gebühr nach § 34 GKG
2215	**Verteilungsverfahren**	0,5
2216	**Es findet keine oder nur eine beschränkte Verteilung des Versteigerungserlöses durch das Gericht statt (§§ 143, 144 ZVG):** **Die Gebühr 2215 ermäßigt sich auf**	0,25

1 **I. Anwendungsbereich (KV 2215).** Die Verteilungsgebühr gilt das gesamte Verteilungsverfahren nach §§ 105 ff. ZVG ab, auch mehrere Verteilungstermine und nachträgliche Verteilungen sowie die Auszahlung, Überweisung oder Hinterlegung,

ferner ein Verteilungsverfahren im Wiederversteigerungsverfahren (aA Meyer Rn. 23). Auch die Verteilungsgebühr beträgt grundsätzlich 0,5-Gebühr.

II. Ermäßigung (KV 2216). Die Verteilungsgebühr ermäßigt sich jedoch dann auf eine 0,25-Gebühr, wenn entweder die Beteiligten nachweisen, dass sie sich nach § 143 ZVG über den gesamten Erlös geeinigt haben, oder wenn der Nachweis erfolgt, dass die Berechtigten nach § 144 ZVG ihre Befriedigung erhalten haben. In beiden Fällen muss der ganze Versteigerungserlös betroffen sein. Andernfalls bleibt es bei der Gebühr KV 2215, also auch wegen des nachgewiesenen Teils. 2

III. Streitwert. Streitwert ist das Gebot ohne Zinsen, einschließlich des Werts der bestehen bleibenden Rechte. Vgl. im Übrigen → § 54 Rn. 6. 3

Abschnitt 2. Zwangsverwaltung

Nr.	Gebührentatbestand	Gebühr oder Satz der Gebühr nach § 34 GKG
2220	**Entscheidung über den Antrag auf Anordnung der Zwangsverwaltung oder über den Beitritt zum Verfahren**	**110,00 €**

I. Anwendungsbereich. Zunächst → KV 2210 Rn. 1. Es handelt sich um eine Entscheidungsgebühr unabhängig vom Ergebnis der Prüfung. Es muss ein Antrag nach §§ 146 ff., 172 ff. ZVG vorliegen. Die Vorschrift gilt auch für die Entscheidung über eine Zwangsverwaltung auf Grund einer einstweiligen Verfügung nach §§ 935 ff. ZPO. Vgl. aber → Rn. 2. Sie kann auch neben den Gebühren für ein Zwangsversteigerungsverfahren nach KV 2210 ff. entstehen. Das Ersuchen um die Eintragung eines **Vermerks über die Zwangsverwaltung** im Grundbuch gehört noch hierher. 1

II. Unanwendbarkeit. Nicht anzuwenden ist KV 2220 auf eine Sequestration nach § 938 ZPO und auf Verwaltungsanordnungen im Rahmen eines Zwangsversteigerungsverfahrens zB nach §§ 25, 94, 165, 171c ZVG. Nicht anzuwenden ist KV 2220 ferner bei einer Anordnung der Fortsetzung eines ergebnislos verlaufenen Zwangsversteigerungsverfahrens als Zwangsverwaltungsverfahren nach § 77 II ZVG. Dann gilt KV 2211. Erst das folgende Zwangsverwaltungsverfahren fällt unter KV 2221. 2

Nr.	Gebührentatbestand	Gebühr oder Satz der Gebühr nach § 34 GKG
2221	**Jahresgebühr für jedes Kalenderjahr bei Durchführung des Verfahrens** .... **Die Gebühr wird auch für das jeweilige Kalenderjahr erhoben, in das der Tag der Beschlagnahme fällt und in dem das Verfahren aufgehoben wird.**	**0,5 – mindestens 132,00 €, im ersten und letzten Kalenderjahr jeweils mindestens 66,00 €**

I. Anwendungsbereich. Die Jahresgebühr entsteht zunächst mit der Beschlagnahme nach §§ 22, 146, 151 ZVG, Anm. Hs. 1 und zwar zu dem danach frühesten Zeitpunkt. Sie entsteht jährlich neu in Höhe von grundsätzlich 0,5-Gebühr. Im ersten und letzten Kalenderjahr beträgt die Mindestgebühr jeweils 66 EUR, sonst 132 EUR. Sie entsteht nach der Anm. Hs. 2 zuletzt im Kalenderjahr der Aufhebung. 1

II. Pauschale. Die Jahresgebühr gilt die gesamte Tätigkeit des Gerichts für jedes angefangene Jahr ab der Beschlagnahme ab, zB: Die Aufstellung des Teilungsplans; die Beaufsichtigung des Verwalters; Ermittlungen jeder Art. Eine Einweisung des 2

Zwangsverwalters nach § 150 II ZVG ist unerheblich. Die Kosten lassen sich nach § 155 ZVG dem Erlös auch dann entnehmen, wenn ein Beteiligter persönlich kostenfrei ist. Das Verfahren endet mit der Wirksamkeit des Zwangsverwaltungs-Aufhebungsbeschlusses. Das gilt auch bei einem Zuschlag im gleichzeitigen Zwangsversteigerungsverfahren. Es gilt auch dann, wenn die Rechnungslegung erst nachfolgt. Das Verfahren endet auch mit dem Eingang einer Antragsrücknahme, falls es überhaupt vor diesem Zeitpunkt begonnen hatte.

3 **III. Streitwert.** Der Streitwert richtet sich nach § 55.

4 **IV. Fälligkeit, Kostenschuldner usw.** Die Fälligkeit richtet sich nach § 7 II 2. Ein Vorschuss ist nach §§ 15 II, 17 erforderlich, vgl. § 24 KostVfg. Der **Kostenschuldner** ergibt sich aus § 26 I.

Abschnitt 3. Zwangsliquidation einer Bahneinheit

Nr.	Gebührentatbestand	Gebühr oder Satz der Gebühr nach § 34 GKG
2230	**Entscheidung über den Antrag auf Eröffnung der Zwangsliquidation**	**66,00 €**

1 **I. Anwendungsbereich.** Die Gebührentatbestände haben keinerlei praktische Bedeutung (→ § 57 Rn. 1). Bei KV 2230 handelt sich um eine Entscheidungsgebühr unabhängig davon, ob das Gericht dem Antrag stattgibt oder ob es ihn als unzulässig oder unbegründet zurückweist. Stets muss zunächst ein Eröffnungsantrag vorliegen. **Nicht anzuwenden** ist KV 2230 auf eine Zwangsversteigerung, eine Zwangsverwaltung oder eine freiwillige Liquidation.

2 **II. Festgebühr.** Sie gilt die Gerichtstätigkeit bis zur Entscheidung ab, sofern nicht ohnehin eine Gebührenfreiheit nach § 2 besteht. Sie entsteht nicht beim Verfahrensende ohne eine Entscheidung.

3 **III. Fälligkeit, Kostenschuldner usw.** Die Fälligkeit richtet sich nach § 9 I. Der **Kostenschuldner** ergibt sich aus §§ 22, 29.

Nr.	Gebührentatbestand	Gebühr oder Satz der Gebühr nach § 34 GKG
2231	**Verfahren im Allgemeinen**	**0,5**
2232	**Das Verfahren wird eingestellt: Die Gebühr 2231 ermäßigt sich auf**	**0,25**

1 **I. Anwendungsbereich.** → § 57 Rn. 1. KV 2231 erfasst das gesamte Verfahren ab seiner Eröffnung bis zur Einstellung oder sonstigen Beendigung. KV 2232 gilt nur bei einer Einstellung vor einer abschließenden Durchführung.

2 **II. Streitwert.** Vgl. § 57.

3 **III. Fälligkeit, Kostenschuldner usw.** Die Fälligkeit richtet sich nach § 9. Der **Kostenschuldner** ergibt sich aus §§ 22, 29.

Abschnitt 4. Beschwerden

Unterabschnitt 1. Beschwerde

Nr.	Gebührentatbestand	Gebühr oder Satz der Gebühr nach § 34 GKG
2240	**Verfahren über Beschwerden, wenn für die angefochtene Entscheidung eine Festgebühr bestimmt ist:**	

Nr.	Gebührentatbestand	Gebühr oder Satz der Gebühr nach § 34 GKG
	Die Beschwerde wird verworfen oder zurückgewiesen	**132,00 €**
	Wird die Beschwerde nur teilweise verworfen oder zurückgewiesen, kann das Gericht die Gebühr nach billigem Ermessen auf die Hälfte ermäßigen oder bestimmen, dass eine Gebühr nicht zu erheben ist.	
2241	**Verfahren über nicht besonders aufgeführte Beschwerden, die nicht nach anderen Vorschriften gebührenfrei sind:** **Soweit die Beschwerde verworfen oder zurückgewiesen wird ....**	**1,0**

I. Systematik, Regelungszweck. Im Zwangsversteigerungsverfahren besteht eine Beschwerdemöglichkeit nur mit der Beschränkung des § 95 ZVG. Sie entsteht außerdem nach § 74a V ZVG, ferner in einem Zwischenverfahren zB nach einem Ablehnungsgesuch (OLG Düsseldorf Rpfleger 2008, 538). Im Zwangsverwaltungsverfahren ist die Beschwerde unbeschränkt zulässig. 1

II. Grundsatz: Gebührenfreiheit; Ausnahmen. Das Beschwerdeverfahren ist grundsätzlich gebührenfrei. Von diesem Grundsatz gelten nach KV 2240, 2241 eng auszulegende Ausnahmen bei einer Verwerfung oder Zurückweisung der Beschwerde. Bei einer nur teilweisen Verwerfung oder Zurückverweisung und des dann entstehenden gerichtlichen Ermessens gilt KV 2240 Anm. Bei einer gänzlichen oder teilweisen Zurücknahme der Beschwerde entsteht wie zB bei KV 1700, 1812 keine Gebühr. Auslagen entstehen stets nach KV 9000 ff., unabhängig vom Ausgang des Beschwerdeverfahrens. 2

Mehrere Beschwerden gegen verschiedene Entscheidungen haben nach der Vorb. 2.2 S. 1 mehrere Gebühren zur Folge. 3

Soweit der Beschwerdeführer das Rechtsmittel sowohl auf **§ 30a ZVG** als auch auf **§ 765a ZPO** stützt, gilt die Vorb. 2.2 S. 4. 4

Eine **Erinnerung** nach § 766 ZPO ist stets gebührenfrei. Bei einer Beschwerde gegen die Entscheidung über die Erinnerung sind KV 2240, 2241 anzuwenden. Für eine Rechtsbeschwerde gelten KV 2242, 2243. 5

III. Streitwert. Der Streitwert bestimmt sich bei KV 2241 nach § 54 (Verkehrswert, evtl. Einheitswert usw). Eine Richterablehnung hat keinen selbständigen Wert (OLG Düsseldorf Rpfleger 2008, 538; OLG München Rpfleger 1985, 377). 6

IV. Fälligkeit, Kostenschuldner usw. Die Fälligkeit richtet sich nach § 6 I. Der **Kostenschuldner** ergibt sich aus § 29 I. 7

Unterabschnitt 2. Rechtsbeschwerde

Nr.	Gebührentatbestand	Gebühr oder Satz der Gebühr nach § 34 GKG
2242	**Verfahren über Rechtsbeschwerden, wenn für die angefochtene Entscheidung eine Festgebühr bestimmt ist:** **Die Rechtsbeschwerde wird verworfen oder zurückgewiesen ....**	**264,00 €**
	Wird die Rechtsbeschwerde nur teilweise verworfen oder zurückgewiesen, kann das Gericht die Gebühr nach billigem Ermessen auf die Hälf-	

Nr.	Gebührentatbestand	Gebühr oder Satz der Gebühr nach § 34 GKG
	te ermäßigen oder bestimmen, dass eine Gebühr nicht zu erheben ist.	
2243	**Verfahren über nicht besonders aufgeführte Rechtsbeschwerden, die nicht nach anderen Vorschriften gebührenfrei sind:** **Soweit die Rechtsbeschwerde verworfen oder zurückgewiesen wird ....**	**2,0**

1 Die Vorschriften stimmen weitgehend mit KV 1418, 1419 überein. Vgl. daher dort.

Hauptabschnitt 3. Insolvenzverfahren

Vorbemerkung 2.3:

Der Antrag des ausländischen Insolvenzverwalters steht dem Antrag des Schuldners gleich.

Schrifttum: Keller, Vergütung und Kosten im Insolvenzverfahren, 5. Aufl. 2021.

Abschnitt 1. Eröffnungsverfahren

Nr.	Gebührentatbestand	Gebühr oder Satz der Gebühr nach § 34 GKG
2310	**Verfahren über den Antrag des Schuldners auf Eröffnung des Insolvenzverfahrens ......** **Die Gebühr entsteht auch, wenn das Verfahren nach § 306 InsO ruht.**	**0,5**
2311	**Verfahren über den Antrag eines Gläubigers auf Eröffnung des Insolvenzverfahrens ......**	**0,5 – mindestens 198,00 €**

1 **I. Systematik.** KV 2310, 2311 gelten das gesamte Verfahren über den Eröffnungsantrag ab (Delhaes KTS 1987, 599). Das Verfahren beginnt mit dem Eingang des Antrags. Es endet mit der Eröffnung des Insolvenzverfahrens, mit der Abweisung des Antrags, mit der Nichtzulassung oder mit der Rücknahme des Antrags. Abgegolten sind vor allem alle Ermittlungen, Anordnungen nach §§ 20 ff. InsO und die Aufhebung vorläufiger Maßnahmen. Maßnahmen bei oder ab der Eröffnung des Insolvenzverfahrens fallen unter KV 2320 ff. Das Beschwerdeverfahren fällt unter KV 2360, vgl. aber → KV 2360 Rn. 1.

2 Der Antrag eines **Sozialversicherungsträgers** auf die Eröffnung des Insolvenzverfahrens ist anders als im Verfahren mit dem Ziel der Abgabe einer eidesstattlichen Offenbarungsversicherung kein Rechtshilfeantrag. Daher ist dieser Antrag nicht gebührenfrei. Dasselbe Ergebnis hat der Antrag eines ausländischen Insolvenzverwalters nach der Vorb. 2.3.

3 Der Eröffnungsantrag des **Bundesaufsichtsamts** nach § 46b S. 3 KWG ist gebührenfrei (LG Stuttgart Rpfleger 1980, 181).

4 Kosten des **vorläufigen** Insolvenzverwalters sind bei einer Ablehnung der Eröffnung des Insolvenzverfahrens keine Auslagen. Die Staatskasse muss sie tragen (LG Frankfurt a. M. Rpfleger 1986, 496).

5 **II. Streitwert.** Der Streitwert errechnet sich nach § 58.

III. Fälligkeit. Die Fälligkeit tritt nach § 6 I Nr. 3 mit dem Eingang des Eröffnungsantrags beim Gericht ein (Zimmer Rpfleger 2009, 16). Das Gericht darf im Eröffnungsverfahren seine Tätigkeit aber nicht von der Zahlung abhängig machen. 6

IV. Gebührenschuldner. Gebührenschuldner ist der Antragsteller § 23 I 1. Im Übrigen ist für die Gebühren die folgende Unterscheidung zu treffen. 7

1. Eröffnungsantrag des Gläubigers. Sofern das Gericht den Antrag **abweist** oder sofern der Gläubiger den Antrag **zurücknimmt,** ist nach § 23 I 1 nur der Gläubiger Gebührenschuldner. 8

Bei einer **Eröffnung** des Verfahrens ist nach § 23 I 1 der Gläubiger neben dem Schuldner Gebührenschuldner. Die Gebühr gehört nach § 54 Nr. 1 InsO zu den Kosten des Insolvenzverfahrens. Soweit der Gläubiger die Gebühr bezahlt hat, gehört sein Erstattungsanspruch zu den Kosten des Insolvenzverfahrens. 9

2. Eröffnungsantrag des Schuldners. Hier findet keine Anrechnung statt. Es gilt KV 2310. Der Antrag eines ausländischen Insolvenzverwalters steht nach der Vorb. 2.3 einem Schuldnerantrag gleich. 10

V. Auslagenschuldner. Schuldner der Auslagen, zB §§ 8, 21, 23, 25 I InsO, sind die folgenden Personen. 11

1. Ablehnung, Rücknahme. Bei einer Ablehnung oder Rücknahme des Eröffnungsantrags ist der Antragsteller nach § 23 I 2 auch Auslagenschuldner. Wegen der Auslagen nach KV 9017 gilt § 23 I 3 (aA LG Frankfurt a. M. Rpfleger 1986, 496: Staatskasse als Schuldner). 12

2. Eröffnung. Bei einer Eröffnung des Insolvenzverfahrens ist nach § 23 III der Schuldner Auslagenschuldner. Die Schuld gehört dann nach § 54 Nr. 1 InsO zu den Kosten des Insolvenzverfahrens. Ein nach § 26 I 2 InsO vorgeschossener Betrag haftet für Gebühren und Auslagen. 13

VI. Mehrheit selbständiger Anträge. Mehrere Anträge begründen jeweils dann Gebühren, wenn sie selbständig erfolgen. Selbständige Anträge liegen dann vor, wenn der Gläubiger und der Schuldner jeweils einen Eröffnungsantrag stellen. Das gilt nach § 58 schon deshalb, weil dann die Wertberechnung verschieden ist. Mehrere Anträge liegen grundsätzlich dann vor, wenn mehrere Gläubiger einen Eröffnungsantrag stellen (LG Gießen JurBüro 1996, 486; Uhlenbruck KTS 1987, 561 (565)). 14

Die Unterscheidung, ob die Anträge **gemeinsam oder getrennt** sind, ist wegen des Fehlens eines inneren Zusammenhangs und wegen der Unanwendbarkeit des § 5 ZPO grundsätzlich unbrauchbar. 15

VII. Mehrheit zusammenhängender Anträge. Etwas anderes gilt ausnahmsweise dann, wenn zwischen den Eröffnungsanträgen wirklich ein innerer Zusammenhang besteht, also zB dann, wenn Gesamtgläubiger solche Anträge stellen. Dann entsteht nur eine Gebühr. Dementsprechend entsteht auch dann nur eine Gebühr, wenn zB mehrere gesetzliche Vertreter zusammen oder getrennt die Eröffnung beantragen, etwa die Vorstandsmitglieder einer Aktiengesellschaft (Einzelheiten Uhlenbruck KTS 1987, 561 (565)). 16

Abschnitt 2. Durchführung des Insolvenzverfahrens auf Antrag des Schuldners

Vorbemerkung 2.3.2:

Die Gebühren dieses Abschnitts entstehen auch, wenn das Verfahren gleichzeitig auf Antrag eines Gläubigers eröffnet wurde.

Nr.	Gebührentatbestand	Gebühr oder Satz der Gebühr nach § 34 GKG
2320	Durchführung des Insolvenzverfahrens .... **Die Gebühr entfällt, wenn der Eröffnungsbeschluss auf Beschwerde aufgehoben wird.**	2,5

Nr.	Gebührentatbestand	Gebühr oder Satz der Gebühr nach § 34 GKG
2321	**Einstellung des Verfahrens vor dem Ende des Prüfungstermins nach den §§ 207, 211, 212, 213 InsO:** **Die Gebühr 2320 ermäßigt sich auf ....**	**0,5**
2322	**Einstellung des Verfahrens nach dem Ende des Prüfungstermins nach den §§ 207, 211, 212, 213 InsO:** **Die Gebühr 2320 ermäßigt sich auf ....**	**1,5**

Abschnitt 3. Durchführung des Insolvenzverfahrens auf Antrag eines Gläubigers

Vorbemerkung 2.3.3:

Dieser Abschnitt ist nicht anzuwenden, wenn das Verfahren gleichzeitig auf Antrag des Schuldners eröffnet wurde.

Nr.	Gebührentatbestand	Gebühr oder Satz der Gebühr nach § 34 GKG
2330	**Durchführung des Insolvenzverfahrens .....** **Die Gebühr entfällt, wenn der Eröffnungsbeschluss auf Beschwerde aufgehoben wird.**	**3,0**
2331	**Einstellung des Verfahrens vor dem Ende des Prüfungstermins nach den §§ 207, 211, 212, 213 InsO:** **Die Gebühr 2330 ermäßigt sich auf ....**	**1,0**
2332	**Einstellung des Verfahrens nach dem Ende des Prüfungstermins nach den §§ 207, 211, 212, 213 InsO:** **Die Gebühr 2330 ermäßigt sich auf ....**	**2,0**

1 **I. Systematik.** Sobald das Gericht das Insolvenzverfahren eröffnet hat, wird seine gesamte weitere Tätigkeit bis zur Beendigung des Verfahrens durch die unterschiedlich hohen Verfahrensgebühren KV 2320 (zumindest auch Antrag des Schuldners) oder KV 2330 (zumindest auch Antrag nur von Gläubigerseite) abgegolten. Neben ihnen können besondere Gebühren nur nach den KV 2340, 2360, 2363 entstehen. Eine nachträgliche Berücksichtigung nach § 192 InsO kann die Gebühr nur insoweit beeinflussen, als sie den Wert der Insolvenzmasse erhöht. Über den Zeitpunkt des Kostenansatzes § 14 Nr. 1 KostVfg.

2 **II. Gebührenhöhe.** Einem Grundsatz stehen zwei Ausnahmegruppen gegenüber.

3 **1. Grundsatz (KV 2320, 2330).** Die Gebühr beträgt grundsätzlich 2,5-Gebühr, soweit zumindest auch der Schuldner den Eröffnungsantrag gestellt hatte. Sie beträgt aber grundsätzlich 3,0-Gebühr, soweit ein Eröffnungsantrag nur des Gläubigers vorgelegen hatte.

4 **2. Ermäßigung nach KV 2321, 2331.** Eine Ermäßigung auf 0,5-Gebühr (Antrag zumindest auch des Schuldners) oder auf 1,0-Gebühr (Antrag nur mit Gläubigerseite) tritt nach → Rn. 1 ein, soweit das Gericht das Verfahren vor dem Ende des Prüfungstermins nach §§ 207, 211, 212, 213 InsO einstellt (Zimmer Rpfleger 2009, 16).

5 **3. Ermäßigung nach KV 2322, 2332.** Eine geringere Ermäßigung tritt ein, soweit das Gericht das Insolvenzverfahren später als nach → Rn. 4 einstellt. In diesem

Fall ist es unerheblich, welchen Stand das Verfahren im Zeitpunkt der Einstellung hatte.

III. Streitwert. Der Streitwert errechnet sich nach § 58. 6

IV. Fälligkeit, Kostenschuldner. Der Eröffnungsbeschluss ist nur eine zeitliche Voraussetzung der Durchführung, nicht eine kostenrechtliche. Der Eröffnungsbeschluss gehört außerdem einem anderen Verfahren an. Der Umstand, dass die Höhe der Durchführungsgebühr erst bei einer Beendigung des Insolvenzverfahrens feststeht, hat mit ihrer Fälligkeit nichts zu tun und begründet nur einen Aufschub der Erhebung. 7

Deshalb ist für die Fälligkeit erst der **Beginn der Durchführung** entscheidend, Zimmer Rpfleger 2009, 16, auch wenn ein Eröffnungsbeschluss zu Unrecht fehlt. Wenn eine nachträgliche Ermäßigung eintritt, ist das zu viel Gezahlte zurückzuzahlen, ein im Kostenrecht sehr häufiger Fall. 8

Gebührenschuldner ist der Schuldner nach § 23 III, nicht der inländische Insolvenzverwalter, wohl aber der ausländische nach der Vorb. 2.3. Ein Vorschuss richtet sich nach § 26 I 2 InsO. 9

Abschnitt 4. Besonderer Prüfungstermin und schriftliches Prüfungsverfahren (§ 177 InsO)

Nr.	Gebührentatbestand	Gebühr oder Satz der Gebühr nach § 34 GKG
2340	**Prüfung von Forderungen je Gläubiger .....**	**22,00 €**

I. Anwendungsbereich. Die Gebühr KV 2340 ist eine Aktgebühr (vgl. Uhlenbruck KTS 1975, 17). Sie entsteht erst dann, wenn der besondere Prüfungstermin auch tatsächlich stattfindet oder wenn das Insolvenzgericht die besondere Prüfung im schriftlichen Verfahren tatsächlich anordnet. Die Gebühr entsteht auch dann, wenn diese besondere Prüfung auch jeweils zur Klärung anderer Forderungen führt. Wenn das Gericht also im Termin auch andere Forderungen ohne einen Widerspruch eines Beteiligten mit prüft oder noch andere Geschäfte vornimmt, berührt das die Gebühr KV 2340 nicht. Aus einer solchen Mitprüfung entsteht auch keine Neugebühr für einen anderen Gläubiger. 1

Es handelt sich um eine **Festgebühr.** Sie deckt nach KV 9004 Anm. auch die Kosten der öffentlichen Bekanntmachung ab. 2

II. Kostenschuldner. Gebührenschuldner ist derjenige Gläubiger, der den besonderen Prüfungstermin beantragt hat. Bei mehreren Schuldnern ist die Gebühr für jeden gesondert zu berechnen. Die Gläubiger der ohne einen Widerspruch mitgeprüften Forderungen haften nicht mit. 3

Abschnitt 5. Restschuldbefreiung

Nr.	Gebührentatbestand	Gebühr oder Satz der Gebühr nach § 34 GKG
2350	**Entscheidung über den Antrag auf Versagung oder Widerruf der Restschuldbefreiung (§§ 296 bis 297a, 300 und 303 InsO) ....**	**39,00 €**

I. Anwendungsbereich. Aus dem gesamten Verfahren der Restschuldbefreiung nach §§ 286 ff. InsO sind nach § 1 nur die in KV 2350 abschließend genannten Entscheidungen nach §§ 296–297a, 300, 303 InsO besonders gebührenpflichtig. Dabei kommt es nicht darauf an, wer den jeweiligen Antrag stellt und ob der Antrag Erfolg hat oder nicht. 1

II. Streitwert. Seine Ermittlung entfällt. Denn KV 2350 nennt eine Festgebühr. 2

3 **III. Fälligkeit, Kostenschuldner.** Gebührenschuldner ist nach § 23 II derjenige Insolvenzgläubiger, der die Versagung oder den Widerruf der Restschuldbefreiung beantragt.

Abschnitt 6. Besondere Verfahren nach der Verordnung (EU) 2015/848

Nr.	Gebührentatbestand	Gebühr oder Satz der Gebühr nach § 34 GKG
2360	Verfahren über einen Antrag nach Artikel 36 Abs. 7 Satz 2 der Verordnung (EU) 2015/848	3,0
2361	Verfahren über einstweilige Maßnahmen nach Artikel 36 Abs. 9 der Verordnung (EU) 2015/848	1,0
2362	Verfahren über einen Antrag auf Eröffnung eines Gruppen-Koordinationsverfahrens nach Artikel 61 der Verordnung (EU) 2015/848 ...	4 400,00 €

1 Es geht um die Vorschriften der VO (EU) 2015/848 v. 20.5.2015 über Insolvenzverfahren (ABl. 2015 L 141, 19) zu dem das Gesetz v. 5.6.2017 (BGBl. I 1476) die deutsche Ausführung bildet.

Abschnitt 7. Koordinationsverfahren

Nr.	Gebührentatbestand	Gebühr oder Satz der Gebühr nach § 34 GKG
2370	Verfahren im Allgemeinen	550,00 €
2371	In dem Verfahren wird ein Koordinationsplan zur Bestätigung vorgelegt: Die Gebühr 2370 beträgt	1 100,00 €

1 **I. Anwendungsbereich.** Es geht um das Koordinationsverfahren nach §§ 269 ff. InsO vor einem Koordinationsgericht auf Antrag jedes nach § 3a InsO gruppenangehörigen Schuldners oder eines der in § 269d II 2 InsO genannten weiteren Beteiligten. Die allgemeine Verfahrensgebühr KV 2370 entsteht mit der Einleitung des Koordinationsverfahrens durch das Koordinationsgericht nach § 269d I InsO. Sie gilt als Pauschale jede Tätigkeit dieses Gerichts ab. Die Vergütung des von ihm nach § 269e I InsO zu bestellenden Verfahrenskoordinatoren richtet sich nach § 269 InsO.

2 **II. Erhöhung wegen Koordinationsplan-Vorlage (KV 2371).** Sobald der Verfahrenskoordinator einen nach § 269f I 2 InsO in sein pflichtgemäßes Ermessen gestellten Koordinationsplan vorlegt, also beim Koordinationsgericht einreicht, erhöht sich die Verfahrensgebühr KV 2370 nach KV 2371 auf 1000 EUR. Eine vor einer Einreichung stattfindende Tätigkeit des Verfahrenskoordinators führt wegen § 1 I 1 noch nicht zu der Erhöhung nach KV 2371, wohl freilich zu einer Mitbeachtung bei der Vergütung des Verfahrenskoordinators.

3 **III. Streitwert.** Seine Ermittlung entfällt bei den Gerichtsgebühren KV 2370, 2371. Denn es handelt sich um Festgebühren.

4 **IV. Fälligkeit, Kostenschuldner.** Gebührenschuldner ist nach § 23 III jeder dort benannte Schuldner.

Abschnitt 8. Beschwerden

Unterabschnitt 1. Beschwerde

Nr.	Gebührentatbestand	Gebühr oder Satz der Gebühr nach § 34 GKG
2380	**Verfahren über die Beschwerde gegen die Entscheidung über den Antrag auf Eröffnung des Insolvenzverfahrens**	**1,0**

I. Anwendungsbereich. Zum Beschwerdeverfahren nach KV 2380 gehört dasjenige gegen einen Eröffnungsbeschluss nach § 34 II InsO wie gegen einen zurückweisenden Beschluss nach § 34 I InsO. Das Beschwerdeverfahren beginnt mit dem Eingang des Rechtsmittels. Es endet mit dessen abschließender Bearbeitung. Es kommt nicht darauf an, ob die Beschwerde statthaft, zulässig und begründet ist. Eine Rücknahme der Beschwerde ist unerheblich. Eine Aufhebung des Eröffnungsbeschlusses lässt KV 2310, 2311 bestehen, soweit nicht § 21 anzuwenden wird. 1

II. Streitwert. Vgl. § 58 I, III. Nur in diesen Grenzen gilt das wirtschaftliche Interesse des Antragstellers (BGH JurBüro 2003, 253). 2

III. Fälligkeit, Kostenschuldner usw. Die Fälligkeit tritt nach § 6 I mit dem Eingang der Beschwerde ein. Der **Gebührenschuldner** ist in einer entsprechenden Anwendung des § 23 I zu ermitteln, nicht nach § 22. Beim Erfolg der Beschwerde haftet ferner der in die Kosten verurteilte Gegner nach §§ 29 Nr. 1, 31 II. 3

Nr.	Gebührentatbestand	Gebühr oder Satz der Gebühr nach § 34 GKG
2381	**Verfahren über nicht besonders aufgeführte Beschwerden, die nicht nach anderen Vorschriften gebührenfrei sind:** **Die Beschwerde wird verworfen oder zurückgewiesen** .... **Wird die Beschwerde nur teilweise verworfen oder zurückgewiesen, kann das Gericht die Gebühr nach billigem Ermessen auf die Hälfte ermäßigen oder bestimmen, dass eine Gebühr nicht zu erheben ist.**	**66,00 €**

I. Anwendungsbereich. Es handelt sich um eine Auffangbestimmung. Für ein nicht unter KV 2380 fallendes Beschwerdeverfahren entsteht die Festgebühr nur, soweit das Beschwerdegericht die Beschwerde zurückweist oder verwirft. Bei jedem anderen Ergebnis entsteht keine Gebühr. Sie entsteht also auch wie zB bei KV 1700, 1812 dann nicht, wenn der Beschwerdeführer die Beschwerde zurücknimmt. 1

II. Fälligkeit, Kostenschuldner usw. Die Fälligkeit tritt nach § 6 I mit der Entscheidung ein. **Gebührenschuldner** ist der Beschwerdeführer nach § 29 Nr. 1. Ist der Insolvenzverwalter Beschwerdeführer, haftet die Masse. Ist der Schuldner des Insolvenzverfahrens der Beschwerdeführer, zahlt er aus seinem freien Vermögen. Die Auslagen sind beim Erfolg der Beschwerde Kosten des Insolvenzverfahrens und Massekosten nach § 54 InsO. 2

Nr.	Gebührentatbestand	Gebühr oder Satz der Gebühr nach § 34 GKG
2382	**Verfahren über die sofortige Beschwerde gegen die Entscheidung über die Kosten des Gruppen-Koordinationsverfahrens nach Artikel 102c § 26 EGInsO**	**1,0**

1 Es geht um das Verfahren nach Art. 102c § 26 EGInsO idF Art. 3 Gesetz vom 5.6.2017 (BGBl. I 1476).

Unterabschnitt 2. Rechtsbeschwerde

Nr.	Gebührentatbestand	Gebühr oder Satz der Gebühr nach § 34 GKG
2383	**Verfahren über die Rechtsbeschwerde gegen die Beschwerdeentscheidung im Verfahren über den Antrag auf Eröffnung des Insolvenzverfahrens**	**2,0**
2384	**Beendigung des gesamten Verfahrens durch Zurücknahme der Rechtsbeschwerde oder des Antrags:** **Die Gebühr 2383 ermäßigt sich auf**	**1,0**
2385	**Verfahren über nicht besonders aufgeführte Rechtsbeschwerden, die nicht nach anderen Vorschriften gebührenfrei sind:** **Die Rechtsbeschwerde wird verworfen oder zurückgewiesen** .... **Wird die Rechtsbeschwerde nur teilweise verworfen oder zurückgewiesen, kann das Gericht die Gebühr nach billigem Ermessen auf die Hälfte ermäßigen oder bestimmen, dass eine Gebühr nicht zu erheben ist.**	**132,00 €**

1 Die Vorschriften stimmen weitgehend mit KV 1823–1826 weitgehend überein. Vgl. daher dort.

Nr.	Gebührentatbestand	Gebühr oder Satz der Gebühr nach § 34 GKG
2386	**Verfahren über die Rechtsbeschwerde gegen die Beschwerdeentscheidung über die Kosten des Gruppen-Koordinationsverfahrens nach Artikel 102c § 26 EG InsO i. V. m. § 574 ZPO**	**2,0**

1 Es geht wie bei KV 2382 um das Verfahren nach Art. 102c § 26 EGInsO idF Art. 2 Gesetz v. 5.6.2017 (BGBl. I 1476) iVm § 574 ZPO.

Hauptabschnitt 4. Schifffahrtsrechtliches Verteilungsverfahren

Abschnitt 1. Eröffnungsverfahren

Nr.	Gebührentatbestand	Gebühr oder Satz der Gebühr nach § 34 GKG
2410	**Verfahren über den Antrag auf Eröffnung des Verteilungsverfahrens**	**1,0**

I. Anwendungsbereich. → KV 2310, 2311 Rn. 1–3 entsprechend. Das Verfahren beginnt mit dem Antragseingang nach § 4 SVertO beim Gericht. Es endet mit dem Beschluss nach § 7 SVertO. Die Gebühr KV 2410 deckt alle Maßnahmen im Eröffnungsverfahren ab. Es ist unerheblich, ob der Antrag statthaft, zulässig und begründet ist. Eine Antragsrücknahme ist ebenfalls unerheblich. Die bei oder ab der Eröffnung getroffenen weiteren Maßnahmen fallen unter KV 2420, zB solche nach §§ 9 ff. SVertO. Es gibt keine Ermäßigungsvorschrift. 1

II. Streitwert. Der Streitwert errechnet sich nach § 59. 2

III. Fälligkeit, Kostenschuldner usw. → § 59 Rn. 3. 3

Abschnitt 2. Verteilungsverfahren

Nr.	Gebührentatbestand	Gebühr oder Satz der Gebühr nach § 34 GKG
2420	**Durchführung des Verteilungsverfahrens**	**2,0**

I. Anwendungsbereich. Auch die zu KV 2410 hinzutretende Durchführungsgebühr ist eine Verfahrensgebühr. Sie gilt die gesamte an den Eröffnungsbeschluss anschließende Tätigkeit des Gerichts zB nach §§ 9 ff. SVertO bis zur Beendigung des Verfahrens durch eine Aufhebung oder Einstellung ab. Besondere Gebühren entstehen daneben nur nach KV 2430, 2440, 2441. Auch eine Nachtragsverteilung nach § 26 VI SVertO ist mitabgegolten. 1

II. Streitwert. Der Streitwert errechnet sich nach § 59. 2

III. Fälligkeit, Kostenschuldner usw. Die Fälligkeit tritt mit der Verfahrenseröffnung ein, § 7 III. Der **Kostenschuldner** ergibt sich nach § 25. 3

Abschnitt 3. Besonderer Prüfungstermin und schriftliches Prüfungsverfahren (§ 18 S. 3 SVertO, § 177 InsO)

Nr.	Gebührentatbestand	Gebühr oder Satz der Gebühr nach § 34 GKG
2430	**Prüfung von Forderungen je Gläubiger**	**22,00 €**

I. Anwendungsbereich. Das Prüfungsverfahren ist demjenigen der InsO nachgebildet. § 18 SVertO verweist wegen nachträglicher Anmeldungen unter anderem auf § 177 InsO, abgedruckt in → § 33 Rn. 2. Die besondere Prüfungsgebühr ist eine Aktgebühr. Vgl. wegen der Einzelheiten → KV 2340 Rn. 1. 1

II. Fälligkeit, Kostenschuldner usw. Die Fälligkeit tritt nach § 7 III mit der Anberaumung des Prüfungstermins ein. Ein Auslagenvorschuss ist nicht zu zahlen. Denn das Gericht muss den Prüfungstermin nach § 17 von Amts wegen anberaumen. **Kostenschuldner** ist nach § 18 SVertO, § 177 I, II InsO derjenige Gläubiger, der seine Forderung zu einem besonderen Prüfungstermin anmeldet. Bei einer Mehrheit von Gläubigern gilt → KV 2430 Rn. 1 entsprechend. 2

Abschnitt 4. Beschwerde und Rechtsbeschwerde

Nr.	Gebührentatbestand	Gebühr oder Satz der Gebühr nach § 34 GKG
2440	**Verfahren über Beschwerden, die nicht nach anderen Vorschriften gebührenfrei sind:** **Die Beschwerde wird verworfen oder zurückgewiesen**	**66,00 €**
	Wird die Beschwerde nur teilweise verworfen oder zurückgewiesen, kann das Gericht die Gebühr nach billigem Ermessen auf die Hälfte ermäßigen oder bestimmen, dass eine Gebühr nicht zu erheben ist.	
2441	**Verfahren über Rechtsbeschwerden:** **Die Rechtsbeschwerde wird verworfen oder zurückgewiesen**	**132,00 €**
	Wird die Rechtsbeschwerde nur teilweise verworfen oder zurückgewiesen, kann das Gericht die Gebühr nach billigem Ermessen auf die Hälfte ermäßigen oder bestimmen, dass eine Gebühr nicht zu erheben ist.	

1 Die Vorschriften stimmen wesentlich mit KV 1812 überein. Vgl. daher dort.

Hauptabschnitt 5. Verfahren nach dem Unternehmensstabilisierungs- und -restrukturierungsgesetz

Abschnitt 1. Verfahren vor dem Restrukturierungsgericht

Nr.	Gebührentatbestand	Gebühr oder Satz der Gebühr nach § 34 GKG
2510	**Entgegennahme der Anzeige des Restrukturierungsvorhabens (§ 31 StaRUG)**	**150,00 €**
	Mit der Gebühr sind sämtliche Tätigkeiten des Gerichts im Zusammenhang mit der Anzeige des Restrukturierungsvorhabens einschließlich der Aufhebung der Restrukturierungssache abgegolten.	
2511	**Verfahren über den Antrag auf Inanspruchnahme von Instrumenten des Stabilisierungs- und Restrukturierungsrahmens**	**1 000,00 €**
	(1) Die Gebühr 2510 wird angerechnet. **(2) Endet das gesamte Verfahren, bevor der gerichtliche Erörterungs- und Abstimmungstermin begonnen hat oder bevor der Restrukturierungsplan gerichtlich bestätigt wurde, kann das Gericht die Gebühr nach billigem Ermessen auf die Hälfte ermäßigen.**	
2512	**In derselben Restrukturierungssache wird die Inanspruchnahme von mehr als drei Instrumenten des Stabilisierungs- und Restrukturierungsrahmens beantragt:** **Die Gebühr 2511 beträgt**	**1 500,00 €**

Nr.	Gebührentatbestand	Gebühr oder Satz der Gebühr nach § 34 GKG
2513	**Bestellung eines Restrukturierungsbeauftragten ....**	**500,00 €**
	Mit der Gebühr sind sämtliche Tätigkeiten des Gerichts im Zusammenhang mit der Bestellung, insbesondere auch die Aufsicht über den Restrukturierungsbeauftragten, abgegolten.	
2514	**Verfahren über den Antrag auf Bestellung eines Sanierungsmoderators ....**	**500,00 €**
	Mit der Gebühr sind sämtliche Tätigkeiten des Gerichts in dem Verfahren einschließlich der Bestätigung eines Sanierungsvergleichs abgegolten.	

Abschnitt 2. Beschwerden

Unterabschnitt 1. Beschwerde

Nr.	Gebührentatbestand	Gebühr oder Satz der Gebühr nach § 34 GKG
2520	**Verfahren über sofortige Beschwerden nach dem StaRUG ....**	**1 000,00 €**
2521	**Beendigung des gesamten Verfahrens durch Zurücknahme der Beschwerde:** **Die Gebühr 2520 ermäßigt sich auf ....**	**500,00 €**
2522	**Verfahren über nicht besonders aufgeführte Beschwerden, die nicht nach anderen Vorschriften gebührenfrei sind:** **Die Beschwerde wird verworfen oder zurückgewiesen ....**	**66,00 €**
	Wird die Beschwerde nur teilweise verworfen oder zurückgewiesen, kann das Gericht die Gebühr nach billigem Ermessen auf die Hälfte ermäßigen oder bestimmen, dass eine Gebühr nicht zu erheben ist.	

Unterabschnitt 2. Rechtsbeschwerde

Nr.	Gebührentatbestand	Gebühr oder Satz der Gebühr nach § 34 GKG
2523	**Verfahren über Rechtsbeschwerden nach dem StaRUG ....**	**2 000,00 €**
2524	**Beendigung des gesamten Verfahrens durch Zurücknahme der Rechtsbeschwerde: ......** **Die Gebühr 2523 ermäßigt sich auf**	**1 000,00 €**
2525	**Verfahren über nicht besonders aufgeführte Rechtsbeschwerden, die nicht nach anderen Vorschriften gebührenfrei sind:** **Die Rechtsbeschwerde wird verworfen oder zurückgewiesen ....**	**132,00 €**

Nr.	Gebührentatbestand	Gebühr oder Satz der Gebühr nach § 34 GKG
	Wird die Rechtsbeschwerde nur teilweise verworfen oder zurückgewiesen, kann das Gericht die Gebühr nach billigem Ermessen auf die Hälfte ermäßigen oder bestimmen, dass eine Gebühr nicht zu erheben ist.	

1 Hauptabschnitt 5 fasst die in Verfahren zur Unternehmenssanierung nach dem **StaRUG** v. 22.12.2020 (BGBl. I 3256, → § 25a Rn. 2), anfallenden (Fest-)Gebühren zusammen. Vgl. hierzu auch §§ 13a, 25a und zu den Auslagen KV 9017.

2 **KV 2510–2514** betreffen Verfahren erster Instanz vor dem Restrukturierungsgesetz. Die Gebühr nach **KV 2510** fällt mit Entgegennahme der (nur für die Inanspruchnahme der Instrumente des Stabilisierungs- und Restrukturierungsrahmens notwendigen, § 31 I StaRUG, und zur Rechtshängigkeit der Restrukturierungssache führenden, § 31 III StaRUG) Anzeige des Restrukturierungsvorhabens an und deckt die Tätigkeit des Restrukturierungsgerichts ab, soweit nicht besondere, gebührenpflichtige Verfahren im Rahmen der Restrukturierungssache eingeleitet werden. **KV 2511** ist die Verfahrensgebühr für das Verfahren über eine der sog. Instrumente des Stabilisierungs- und Restrukturierungsrahmens iSd § 29 II StaRUG; sie entsteht – unabhängig von der Zahl der Inanspruchnahme von Instrumenten in jeder Restrukturierungssache nur einmal, kann sich aber nach KV 2512 erhöhen. **KV 2513, 2514** fallen in den Verfahren auf Bestellung eines Restrukturierungsbeauftragen oder eines Sanierungsmoderators an.

3 **KV 2520–2525** regeln die Verfahrensgebühren für Beschwerde- und Rechtsbeschwerdeverfahren in StaRUG-Sachen (vgl. hierzu §§ 33 IV, 38, 40, 51 V, 66, 75 III, 82 III StaRUG) und entsprechen der üblichen Gebührenstruktur für solche Beschwerden.

Hauptabschnitt 6. Rüge wegen Verletzung des Anspruchs auf rechtliches Gehör

Nr.	Gebührentatbestand	Gebühr oder Satz der Gebühr nach § 34 GKG
2600	**Verfahren über die Rüge wegen Verletzung des Anspruchs auf rechtliches Gehör (§ 321a ZPO, § 4 InsO, § 3 Abs. 1 Satz 1 SVertO, § 40 StaRUG):** **Die Rüge wird in vollem Umfang verworfen oder zurückgewiesen**	**66,00 €**

1 KV 2600 betrifft Anhörungsrügeverfahren im Rahmen von Verfahren, für die Gebühren nach Teil 2 des KV erhoben werden. Die Vorschrift stimmt inhaltlich mit KV 1700 überein, daher → KV 1700 Rn. 1 ff.

Teil 3. Strafsachen und gerichtliche Verfahren nach dem Strafvollzugsgesetz, auch iVm § 92 des Jugendgerichtsgesetzes, sowie Verfahren nach dem Gesetz über die internationale Rechtshilfe in Strafsachen

Vorbemerkung zu KV 3110

Schrifttum: Oestreich/Winter/Hellstab, Gerichtskosten in Strafsachen und gerichtlichen OWiG-Verfahren, 1999.

I. Anwendungsbereich. Strafsache im Sinn des GKG ist nach § 1 I Nr. 5 nur ein solches Verfahren nach der StPO oder dem JGG oder dem IRG vor einem ordentlichen Gericht, das sich auf die Verhängung einer öffentlichen Strafe richtet, einschließlich des Verfahrens nach §§ 440 ff. StPO. Demgemäß ist das **GKG nicht anzuwenden:** Auf ein Ehrengerichtsverfahren; auf ein Dienststrafverfahren; auf ein Verfahren der Finanzbehörde; auf ein solches Verfahren vor einem ordentlichen Gericht, das nur eine Ordnungsmaßnahme zB nach §§ 380 I 2, 390 I 2,409 I 2 ZPO oder eine Zwangsmaßnahme etwa nach § 888 I 2 ZPO oder eine Maßnahme wegen einer Ungebühr zB nach § 178 GVG oder eine Strafvollstreckung betrifft. 1

II. Gebührenpflicht. Die Gebührenpflicht in Strafsachen knüpft grundsätzlich nicht wie diejenige im bürgerlichen Rechtsstreit an eine bestimmte gerichtliche Handlung an, sondern an die Tatsache, dass das Gericht nach der Vorb. 3.1 I rechtskräftig auf eine Strafe oder Maßnahme der Besserung und Sicherung nach §§ 61 ff. StPO erkannt hat. Die Gebührenhöhe richtet sich nach der Höhe der Strafe, KV 3110 ff., oder nach einem festen Satz, also nicht nach einem Streitwert nach § 3 I. 2

Voraussetzung der Entstehung einer Gebühr ist grundsätzlich eine rechtskräftige gerichtliche **Entscheidung** über die Kosten des Verfahrens. Ohne eine solche Kostenentscheidung besteht allenfalls eine Zahlungspflicht in einer Privatklagesache nach §§ 374 ff. StPO, in der Rechtsmittelinstanz nach §§ 296 ff. StPO oder für das Wiederaufnahmeverfahren nach §§ 359 ff. StPO. Das gilt auch für den Nebenkläger nach §§ 395 ff. StPO, wegen der Auslagen auch für den Widerkläger nach § 388 StPO. 3

Die Gebühren sind Festgebühren oder nach der Strafe **pauschaliert.** Die Fälligkeit der Kosten tritt nach § 8 I mit der Rechtskraft einer verurteilenden Entscheidung ein. Soweit das Gesetz keine Gebühr vorsieht, besteht nach § 1 I 1 eine Gebührenfreiheit. In einer Strafvollzugssache nach §§ 449 ff. StPO gilt das GKG nach § 1 I Nr. 8, KV 3810–3821 ebenfalls. 4

Das staatsanwaltschaftliche **Ermittlungsverfahren** nach §§ 160 ff. StPO lässt Kosten nach § 1 I Nr. 5 im Rahmen der StPO entstehen. **Auslieferungsverfahren** ist gebührenfrei. 5

Auslagen sind gemäß KV 9000 ff. zu berechnen, soweit sie entstanden sind. 6

III. Privatklagesache. In einem solchen Verfahren nach §§ 374 ff. StPO entstehen Gebühren nach KV 3310 ff. nach verschiedenen Grundsätzen. Der Privatkläger und der Nebenkläger nach §§ 395 ff. StPO sind nach § 16 vorschusspflichtig. 7

IV. Bußgeldverfahren. Wegen dieses Verfahrens nach dem OWiG vgl. KV 4110 ff. 8

Vorbemerkung 3:

I § 473 Abs. 4 StPO und § 74 JGG bleiben unberührt.

II [1] Im Verfahren nach Wiederaufnahme werden die gleichen Gebühren wie für das wiederaufgenommene Verfahren erhoben. [2] Wird jedoch nach Anordnung der Wiederaufnahme des Verfahrens das frühere Urteil aufgehoben, gilt für die Gebührenerhebung jeder Rechtszug des neuen Verfahrens mit dem jeweiligen Rechtszug des früheren Verfahrens zusammen als ein Rechtszug. [3] Gebühren werden auch für Rechtszüge erhoben, die nur im früheren Verfahren stattgefunden haben. [4] Dies gilt auch für das Wiederaufnahmeverfahren, das sich gegen einen Strafbefehl richtet (§ 373a StPO).

Hauptabschnitt 1. Offizialverfahren

Vorbemerkung 3.1:

I In Strafsachen bemessen sich die Gerichtsgebühren für alle Rechtszüge nach der rechtskräftig erkannten Strafe.

II Ist neben einer Freiheitsstrafe auf Geldstrafe erkannt, ist die Zahl der Tagessätze der Dauer der Freiheitsstrafe hinzuzurechnen; dabei entsprechen 30 Tagessätze einem Monat Freiheitsstrafe.

III Ist auf Verwarnung mit Strafvorbehalt erkannt, bestimmt sich die Gebühr nach der vorbehaltenen Geldstrafe.

IV Eine Gebühr wird für alle Rechtszüge bei rechtskräftiger Anordnung einer Maßregel der Besserung und Sicherung und bei rechtskräftiger Festsetzung einer Geldbuße gesondert erhoben.

V 1 Wird aufgrund des § 55 Abs. 1 StGB in einem Verfahren eine Gesamtstrafe gebildet, bemisst sich die Gebühr für dieses Verfahren nach dem Maß der Strafe, um das die Gesamtstrafe die früher erkannte Strafe übersteigt. 2 Dies gilt entsprechend, wenn ein Urteil, in dem auf Jugendstrafe erkannt ist, nach § 31 Abs. 2 JGG in ein neues Urteil einbezogen wird. 3 In den Fällen des § 460 StPO und des § 66 JGG verbleibt es bei den Gebühren für die früheren Verfahren.

VI 1 Betrifft eine Strafsache mehrere Angeschuldigte, ist die Gebühr von jedem gesondert nach Maßgabe der gegen ihn erkannten Strafe, angeordneten Maßregel der Besserung und Sicherung oder festgesetzten Geldbuße zu erheben. 2 Wird in einer Strafsache gegen einen oder mehrere Angeschuldigte auch eine Geldbuße gegen eine juristische Person oder eine Personenvereinigung festgesetzt, ist eine Gebühr auch von der juristischen Person oder der Personenvereinigung nach Maßgabe der gegen sie festgesetzten Geldbuße zu erheben.

VII 1 Wird bei Verurteilung wegen selbstständiger Taten ein Rechtsmittel auf einzelne Taten beschränkt, bemisst sich die Gebühr für das Rechtsmittelverfahren nach der Strafe für diejenige Tat, die Gegenstand des Rechtsmittelverfahrens ist. 2 Bei Gesamtstrafen ist die Summe der angefochtenen Einzelstrafen maßgebend. 3 Ist die Gesamtstrafe, auch unter Einbeziehung der früher erkannten Strafe, geringer, ist diese maßgebend. 4 Wird ein Rechtsmittel auf die Anordnung einer Maßregel der Besserung und Sicherung oder die Festsetzung einer Geldbuße beschränkt, werden die Gebühren für das Rechtsmittelverfahren nur wegen der Anordnung der Maßregel oder der Festsetzung der Geldbuße erhoben. 5 Die Sätze 1 bis 4 gelten im Fall der Wiederaufnahme entsprechend.

VIII Das Verfahren über die vorbehaltene Sicherungsverwahrung und das Verfahren über die nachträgliche Anordnung der Sicherungsverwahrung gelten als besondere Verfahren.

Übersicht

I. Anwendungsbereich. Die Vorschrift bezieht sich auf jede beliebige Strafsache. Zum Strafverfahren gehört auch das staatsanwaltliche Ermittlungsverfahren nach §§ 160 ff. StPO. Wegen einer juristischen Person gilt VI 2. 1

II. Maßgeblichkeit der Strafe (I). Voraussetzung ist eine gerichtliche Kostengrundentscheidung nach § 29 Nr. 1. Sie bindet für die gesamte Kostenberechnung. I bestimmt, dass sich die Gerichtsgebühren für alle Rechtszüge an demselben Bemessungsmaßstab orientieren, nämlich an der schließlich rechtskräftig erkannten Strafe. Das bedeutet: Die letzte Instanz ist maßgeblich. 2

1. Begriff des Rechtszugs. Die Gebühr deckt die gesamte gerichtliche Tätigkeit dieser Instanz ab, soweit das Gesetz nicht eine besondere Gebühr vorsieht. Rechtszug nach I ist das Verfahren vom ersten Tätigwerden der zur Entscheidung berufenen Stelle der ersten oder der höheren Instanz bis zum Erlass des Urteils oder bis zur Einstellung nach §§ 153 ff. StPO, bis zur Nichtannahme oder Verwerfung des Rechtsmittels zB nach §§ 313 I 1, II 1, 322, 322a StPO oder bis zur Zurücknahme des Rechtsmittels nach § 302 StPO. Auch eine anschließende zugehörige Amtshandlung kann noch zum Rechtszug zählen. Jede Gebühr entsteht für jeden Rechtszug nur einmal. Eine Wiedereinsetzung in den vorigen Stand nach §§ 42 ff. StPO oder ein Einspruch gegen einen Strafbefehl nach § 410 StPO begründen keinen neuen Rechtszug. Wegen einer Wiederaufnahme des Verfahrens nach §§ 362 ff. StPO gelten KV 3140, 3141, 3340, 3341 usw. Eine Verbindung zB nach §§ 4, 13 II 1 StPO schafft einen Rechtszug. Eine Trennung begründet mehrere Rechtszüge. 3

2. Verweisung; mehrere Urteile. Eine Verweisung an ein anderes Gericht zB nach § 270 StPO bringt keinen neuen Rechtszug. Wenn in demselben Rechtszug mehrere auf eine Strafe lautende rechtskräftige Urteile ergehen, entsteht die Gebühr mit jedem Urteil neu. Sie ist nach seinem Inhalt zu berechnen. Die Gebühren dürfen den Betrag der Strafe nicht übersteigen. 4

3. Verurteilung. Sofern eine rechtskräftige Verurteilung erfolgt, entstehen die Gerichtsgebühren für diese Instanz und für sämtliche Vorinstanzen nach dem Betrag der rechtskräftig erkannten Strafe. Das gilt unabhängig davon, mit welchem Ergebnis die Vorinstanzen endeten. 5

4. Freispruch. Wenn das Gericht den Angeklagten im letzten Rechtszug rechtskräftig freigesprochen hat, entsteht für keine Instanz irgendeine Gerichtsgebühr. Auch dann ist es also unerheblich, wie die Vorinstanzen endeten. 6

5. Zurückverweisung. Soweit das Gericht das Verfahren nach § 328 StPO zurückverweist, kommt es auf das nach der Zurückverweisung verhängte endgültige Urteil an. Soweit dieses Urteil bei der bereits vor der Zurückverweisung erkannten Strafe bleibt, muss der Angeklagte auch die Rechtsmittelkosten tragen. Soweit dieses neue Urteil von demjenigen vor der Zurückverweisung unterschiedlich ist, entscheidet diejenige Strafe, die das Gericht nach der Zurückverweisung in der nunmehr letzten Instanz verhängt hat. Freilich hat eine etwaige Kostengrundentscheidung anlässlich der Zurückverweisung auch hier wie überhaupt nach → Rn. 2 eine Bindungswirkung und daher den Vorrang. 7

Ein **erneutes Rechtsmittel** nach einer Zurückverweisung begründet ebenfalls keinen neuen Rechtszug, anders als im Zivilprozess. Das gilt auch und gerade bei der Zurückverweisung an ein anderes Gericht. Bei einem nach der Zurückverweisung erneuten Rechtsmittel entsteht gebührenmäßig kein neuer Rechtsmittelzug. 8

6. Weitere Einzelfragen. Stets kann man die Gebühr eines Rechtszugs nur nach derjenigen Strafe bemessen, über die das Gericht in diesem Rechtszug entschieden hat. Das gilt freilich nur in den Grenzen des in → Rn. 5 genannten vorrangigen Grundsatzes. 9

Soweit sich das Rechtsmittel nur gegen eine der in V genannten Verurteilungen richtet, ist nur die jeweilige Festgebühr nach KV 3420 ff. maßgebend. Wie stets, bleibt 10 schon wegen des Worts „nur" in § 1 I 1 ein Vorgang kostenfrei, soweit das GKG ihn nicht ausdrücklich gebühren- und/oder auslagenpflichtig macht.

11 **7. Rechtskräftig erkannte Strafe.** Maßgeblich ist die rechtskräftig erkannte Strafe, KV 3110 ff. Allerdings stehen folgende Maßnahmen einer Verurteilung gleich: Die Anordnung einer Maßnahme der Besserung und Sicherung nach §§ 61 ff. StPO, IV Hs. 1; eine Verwarnung mit einem Strafvorbehalt nach §§ 59 ff. StPO, III; eine Straffreierklärung, das Absehen von einer Strafe zB nach §§ 84 IV, 89 III, 129 V StGB, §§ 260 IV 4, 465 I StPO.

12 **Einer Bestrafung stehen zB** folgende Entscheidungen **nicht gleich:** Das Absehen von der Erhebung der öffentlichen Klage durch die Staatsanwaltschaft nach § 153a I StPO; die Einstellung des Verfahrens nach § 153a II StPO; eine Einstellung des Verfahrens aus einem anderen Grund; ein Freispruch.

13 **8. Strafbegriff.** „Strafe" ist im Sinn des GKG nur die Hauptstrafe. Eine Ersatzfreiheitsstrafe und eine Nebenstrafe bleiben unberücksichtigt. Strafe ist die Gesamtstrafe, nicht die Summe der Einzelfreiheitsstrafen. Bei mehreren Geldstrafen als Hauptstrafen sind (selbstverständlich) zusammenzuzählen.

14 Neben einer Strafe bleiben vor allem **folgende Maßnahmen unbeachtet:** Der Verlust der Amtsfähigkeit usw nach § 45 StGB; eine Veröffentlichungsbefugnis; ein Gnadenerweis; eine Amnestie; die Anrechnung der Untersuchungshaft.

15 **9. Formelle Rechtskraft.** Das Gericht muss die Strafe oder Maßnahme rechtskräftig verhängt haben. Demnach entsteht die Gerichtsgebühr erst mit der formellen Rechtskraft der Entscheidung, mag es sich um ein Urteil oder um einen Strafbefehl handeln. Sie gilt dann aber das gesamte vorangegangene Verfahren ab. Sie ist also keine Aktgebühr, sondern eine Verfahrensgebühr.

16 **10. Jugendstrafe.** Auch bei einer Verurteilung zu einer Jugendstrafe nach § 17 JGG vor dem Jugendgericht oder vor dem Erwachsenengericht entstehen Gerichtskosten erst mit der rechtskräftigen Verurteilung. Eine Strafaussetzung ändert an der Gebühr nichts, wohl aber eine Aussetzung der Entscheidung über die Verhängung einer Jugendstrafe. Dann kommt es darauf an, ob das Gericht die Jugendstrafe doch noch rechtskräftig verhängt. Im Verfahren gegen einen Jugendlichen kann das Gericht aber nach § 74 JGG von der Auferlegung von Kosten oder Auslagen absehen. Dasselbe gilt im Verfahren gegen einen Heranwachsenden (18, aber noch nicht 21 Jahre alt), soweit nach §§ 105 ff. JGG eine Jugendstrafe in Betracht kommt, soweit das Gericht also das allgemeine Strafrecht nicht anwendet.

17 **11. Erziehungsmaßregel usw.** Die Verhängung einer Erziehungsmaßregel oder eines Zuchtmittels nach §§ 9–16 JGG ist keine Strafe. Dann entstehen also keine Gebühren, wohl aber Auslagen, falls das Gericht nicht auch nach § 74 JGG davon absieht, die Auslagen dem Angeklagten aufzuerlegen.

18 **III. Geldstrafe neben Freiheitsstrafe (II).** Die folgenden Situationen sind zu unterscheiden.

19 **1. Beide Strafen als Hauptstrafen.** Soweit das Gericht sowohl eine Geldstrafe als auch daneben eine Freiheitsstrafe als Hauptstrafen verhängt, ist die Zahl der Tagessätze der Dauer der Freiheitsstrafe hinzuzurechnen und die einheitliche Gebühr aus der um die Tagessätze erhöhten Freiheitsstrafe zu berechnen. Dabei gelten 30 Tagessätze als 1 Monat Freiheitsstrafe.

20 **2. Ersatzweise Freiheitsstrafe.** Soweit das Gericht in erster Linie eine Geldstrafe und nur ersatzweise eine Freiheitsstrafe verhängt, kommt es nur auf die Geldstrafe an.

21 **IV. Verwarnung mit Strafvorbehalt (III).** Bei §§ 59 ff. StGB richtet sich die Gerichtsgebühr nach der vorbehaltenen Geldstrafe, also nach der Zahl der Tagessätze.

22 **V. Besserungs- und Sicherungsmaßregel, Geldbuße (IV).** Für eine solche rechtskräftig verhängte Maßregel nach §§ 61 ff. StPO entsteht stets für jeden Rechtszug eine Gebühr. Das gilt unabhängig davon, ob das Gericht diese Maßregel selbständig oder neben einem Freispruch oder neben einer Strafe anordnet. Im letzteren Fall ist sowohl für die Strafe als auch für die Maßregel eine Gebühr zu berechnen. Mehrere gleichzeitige Maßregeln lösen die Festgebühr KV 3116 nach ihrem klaren Wortlaut nur einmal aus (OLG Koblenz JurBüro 2003, 430; aA Meyer Rn. 39).

VI. Gesamtstrafe (V 1). Bei einer Gesamtstrafe durch eine Erhöhung der höchsten Einzelstrafe nach §§ 55 I, 54 I StGB und dann, wenn das Gericht in mehreren Verfahren auf eine Strafe erkennt (Zusatzstrafe), bleibt die für das erste Verfahren berechnete Gebühr unberührt. Dagegen richtet sich die Gebühr in den späteren Verfahren nach der Zusatzstrafe, nicht nach der Einzelstrafe. Das gilt auch dann, wenn die Gebühr für die frühere Strafe und diejenige für die neue Gesamtstrafe in derselben Gebührenstufe liegen. Wenn sich ein Rechtsmittel nur gegen eine Einzelstrafe richtet, ist sie auch für die zugehörige Gebühr allein maßgebend. 23

VII. Einbeziehung einer Jugendstrafe (V 2). Wenn das Gericht unter einer Einbeziehung des Urteils nach § 31 JGG nur einheitlich auf Maßnahmen oder auf eine Jugendstrafe erkennt, nachdem es vorher nur auf eine Erziehungsmaßnahme oder auf ein Zuchtmittel erkannt hatte, entsteht jetzt die Gebühr. Hatte das Gericht schon auf eine Jugendstrafe erkannt, ist die Zusatzstrafe maßgeblich. 24

VIII. Nachträgliche Gesamtstrafe, Ergänzung rechtskräftiger Entscheidungen (V 3). Wenn das Gericht eine Gesamtstrafe nachträglich aus mehreren rechtskräftigen Strafen durch einen besonderen Beschluss nach § 460 StPO bildet, ist dieser gebührenfrei. Entsprechendes gilt bei § 66 JGG. Die früheren Gebühren bleiben unberührt. 25

IX. Mehrheit von Angeschuldigten (VI). Zwei Kostenarten sind zu unterscheiden. 26

1. Gebühr (I). Für jeden von mehreren in demselben Verfahren Verurteilten ist nach VI 1 die Gebühr unabhängig von der Art der etwaigen Beteiligung nach der gerade nur gegen ihn verhängten Strafe oder Geldbuße oder der gegen ihn erkannten Maßregel der Besserung und Sicherung nach §§ 61 ff. StPO getrennt zu berechnen. Wenn das Gericht alle Angeklagten in die Kosten verurteilt hat, schulden doch nur die zu einer Strafe Verurteilten Kosten. Das alles gilt auch im Privatklageverfahren nach §§ 374 ff. StPO und im Nebenklageverfahren nach § 395 StPO. Bei einer selbständig festgesetzten Geldbuße gegen eine juristische Person oder eine Personenvereinigung nach § 444 III StPO ist nach VI 2 die Gebühr nach Maßgabe der Geldbuße zu erheben. Das gilt auch schon in der ersten Instanz. 27

2. Auslagen (VI). Für sie gilt **§ 466 StPO:** 28

§ 466 StPO. Haftung Mitverurteilter für Auslagen als Gesamtschuldner

[1] Mitangeklagte, gegen die in bezug auf dieselbe Tat auf Strafe erkannt oder eine Maßregel der Besserung und Sicherung angeordnet wird, haften für die Auslagen als Gesamtschuldner. [2] Dies gilt nicht für die durch die Tätigkeit eines bestellten Verteidigers oder eines Dolmetschers und die durch die Vollstreckung, die einstweilige Unterbringung oder die Untersuchungshaft entstandenen Kosten sowie für Auslagen, die durch Untersuchungshandlungen, die ausschließlich gegen einen Mitangeklagten gerichtet waren, entstanden sind.

Diese Haftung tritt **kraft Gesetzes** ein. Das gilt auch dann, wenn das Urteil sie nicht ausspricht. „In Bezug auf dieselbe Tat" verlangt nur eine Tätigkeit der mehreren in Richtung auf die Tat. Daher kann ein unbewusstes und ungewolltes Zusammenwirken in diesem Zusammenhang genügen. Aus diesem Grund besteht eine Gesamthaftung zB beim Diebstahl oder bei der Hehlerei. 29

Eine Verurteilung in **getrennten Entscheidungen** genügt. 30

Solche Auslagen, die eindeutig nur wegen anderer Personen wegen selbständiger Straftaten entstanden sind, scheiden hier aus. Wenn einem Verurteilten bei einer Amnestie die Kosten erlassen werden, wirkt diese Maßnahme auch für die anderen Verurteilten insoweit, als sie bei einer Inanspruchnahme als Gesamtschuldner gegen den Amnestierten einen Rückgriff nehmen könnten. Das gilt zB wegen der vom Staat verauslagten Verteidigergebühren für den Amnestierten. 31

Von der Gesamthaftung nimmt § 466 S. 2 StPO ausdrücklich diejenigen Auslagen aus, die durch die Tätigkeit eines bestellten **Verteidigers** oder **Dolmetschers** oder durch die Vollstreckung, durch die einstweilige Unterbringung oder durch die Untersuchungshaft entstanden sind. Ebenso sind diejenigen Auslagen ausgenommen, die durch eine vorwerfbare Säumnis eines einzelnen Mitbeschuldigten oder durch eine solche Beweiserhebung oder sonstige Untersuchungshandlung entstanden sind, 32 die ausschließlich gegen einen Mitangeklagten gerichtet war. Schließlich ergibt sich keine Gesamthaftung für Auslagen vor einer Verbindung und nach einer Trennung.

33 **X. Rechtsmittelbeschränkung (VII).** Die Vorschrift übernimmt eine Reihe von Rechtsprechungsregeln. Sie spiegelt im Kostenrecht zwecks Kostengerechtigkeit den Grundsatz, dass die Beschränkung eines Rechtsbehelfs auf Teile der Verurteilung auch eine Beschränkung der Überprüfung des Urteils zur Folge hat. Das gilt unabhängig von der Statthaftigkeit, Zulässigkeit und Begründetheit einer solchen Beschränkung.

34 **1. Bei Bestrafung (VII 1–3).** Zunächst → Rn. 9. Wenn also zB in der ersten Instanz ein Urteil oder ein Strafbefehl wegen zweier Straftaten ergangen ist, derentwegen das Gericht nach §§ 54 ff. StGB eine Gesamtstrafe festgesetzt hat, und wenn der Angeklagte ein Rechtsmittel nur wegen der einen Straftat eingelegt hat, ist in der höheren Instanz die Einzelstrafe wegen dieser einen Straftat maßgebend. Nur sie oder eine etwa erkannte geringere Strafe kann den Wertmesser dieses Rechtszugs bilden.

35 Soweit das Rechtsmittel nur eine **Nebenfolge** betrifft, die allein keine Gebühr verursacht, können auch durch das Urteil der höheren Instanz keine solchen Gebühren entstehen.

36 **VII 2** verhindert, dass für ein beschränktes Rechtsmittel höhere Gebühren als für ein unbeschränktes anfallen.

37 **2. Bei Maßregel der Besserung und Sicherung (VII 4).** Die Vorschrift übernimmt nach → Rn. 1, 2 den Grundgedanken von I, soweit der Verurteilte sich nur gegen eine Maßregel der Sicherung und Besserung nach §§ 61 ff. StPO wendet.

38 **3. Bei Wiederaufnahme (VII 5).** Die Vorschrift stellt klar, dass die Grundsätze → Rn. 33, 34 auch dann gelten, wenn es um eine Wiederaufnahme nach §§ 359 ff. StPO geht. Damit ist die insofern teilweise abweichende Lehre und Rechtsprechung überholt.

39 **XI. Vorbehaltene und nachträgliche Sicherungsverwahrung (VIII).** Die Verfahren zur vorbehaltenen oder zur nachträglichen Sicherungsverwahrung nach § 275a StPO gelten jeweils als besondere Verfahren. Jedes dieser Verfahren löst also gesondert Gebühren aus.

Abschnitt 1. Erster Rechtszug

Nr.	Gebührentatbestand	Gebühr oder Satz der jeweiligen Gebühr 3110 bis 3117, soweit nichts anderes vermerkt ist
	Verfahren mit Urteil, wenn kein Strafbefehl vorausgegangen ist, bei	
3110	**– Verurteilung zu Freiheitsstrafe bis zu 6 Monaten oder zu Geldstrafe bis zu 180 Tagessätzen**	**155,00 €**
3111	**– Verurteilung zu Freiheitsstrafe bis zu 1 Jahr oder zu Geldstrafe von mehr als 180 Tagessätzen**	**310,00 €**
3112	**– Verurteilung zu Freiheitsstrafe bis zu 2 Jahren**	**465,00 €**
3113	**– Verurteilung zu Freiheitsstrafe bis zu 4 Jahren**	**620,00 €**
3114	**– Verurteilung zu Freiheitsstrafe bis zu 10 Jahren**	**775,00 €**
3115	**– Verurteilung zu Freiheitsstrafe von mehr als 10 Jahren oder zu einer lebenslangen Freiheitsstrafe**	**1100,00 €**

Nr.	Gebührentatbestand	Gebühr oder Satz der jeweiligen Gebühr 3110 bis 3117, soweit nichts anderes vermerkt ist
3116	– Anordnung einer oder mehrerer Maßregeln der Besserung und Sicherung	77,00 €
3117	– Festsetzung einer Geldbuße	10 % des Betrags der Geldbuße – mindestens 55,00 € – höchstens 16 500,00 €

I. Anwendungsbereich. Über die das Strafverfahren beherrschenden Grundsätze für die Gebührenerhebung → Vor KV 3110 Rn. 1 ff. KV 3110 ff. gelten die gesamte erste Instanz ab, soweit das Gericht keinen Strafbefehl nach §§ 407 ff. StPO erlassen hat. Wegen des letzteren gelten KV 3120, 3121. Zur ersten Instanz gehört die gerichtliche Tätigkeit im Vorverfahren und ab dem Eingang einer Anklage nach § 199 oder § 212 StPO bis zur instanzbeendenden Entscheidung und sogar noch nach dem Eintritt der Rechtskraft des Urteils, soweit das Gesetz sie nach § 462 StPO der Staatsanwaltschaft oder dem Gericht erster Instanz zuweist, sowie die Tätigkeit nach einer Zurückverweisung. 1

Eine **Trennung mehrerer Anklagen** in mehrere Aburteilungen vor demselben Gericht oder in eine Aburteilung und in eine Verweisung begründet mehrere Instanzen. Eine Verbindung nach § 237 StPO vereinigt zu derselben Instanz. Vorher angefallene Gebühren bleiben bestehen. 2

II. Gebührenhöhe. Die beiden Strafarten sind zu unterscheiden. 3

1. Freiheitsstrafe. Eine Untersuchungshaft ist unerheblich. 4

2. Geldstrafe. Die Gebühr darf den Strafbetrag übersteigen. Mehrere Geldstrafen in demselben Urteil sind zusammenzurechnen. Dieselbe Geldstrafe liegt nach der → KV Vorb. 3.1 Rn. 16 auch insoweit vor, als das Gericht auf eine Freiheitsstrafe nur ersatzweise erkannt hat. 5

Über das **Zusammentreffen** einer Freiheitsstrafe und einer Geldstrafe → KV Vorb. 3.1 Rn. 20. 6

3. Straffreierklärung, Absehen von Strafe. Trotz einer Straffreierklärung kann das Gericht den Angeklagten nach § 468 StPO in die Kosten verurteilen. Auch ein Absehen von einer Strafe nach § 465 I 2 StPO ist im kostenrechtlichen Sinn als eine Verurteilung bewerten. Dieser Fall bleibt allerdings gebührenfrei. Es entsteht nur die Pflicht zum Ersatz von Auslagen. Wegen eines Jugendlichen → KV Vorb. 3.1 Rn. 16 ff. 7

4. Besserungs- und Sicherungsmaßregel. Eine solche Maßnahme nach §§ 61 ff. StPO lässt eine Gebühr von 60 EUR entstehen. Hierher gehört auch eine Anordnung der Sicherungsverwahrung auf Grund eines Vorbehalts der Anordnung im Urteil nach § 275a StPO. Hierher gehört ferner die Entziehung der Fahrerlaubnis. Ihr steht die Verhängung einer Sperre vor der Neuerteilung einer Fahrerlaubnis gleich. Mehrere verschiedene oder gar gleichartige gleichzeitige Maßregeln lassen doch nur **eine** Gebühr (jetzt) KV 3116 entstehen (OLG Koblenz JurBüro 2003, 430; aA Meyer Rn. 66, aber → KV Vorb. 3.1 Rn. 22). Wenn das Gericht die Sperre auf Grund eines Strafbefehls verhängt hat, gilt nur KV 3118. Soweit das Gericht die Sperre auf Grund der Verurteilung wegen eines weiteren Verkehrsverstoßes verlängert, entsteht nochmals eine Gebühr von 77 EUR. 8

Eine **Ermäßigung** ist **nicht** zulässig. Eine bloß feststellende Bekräftigung einer kraft Gesetzes bereits eingetretenen Rechtsfolge lässt keine Gebühr entstehen (LG Koblenz NJW-RR 1999, 352). 9

10 **5. Geldbuße.** Soweit sie nicht im Verfahren nach dem OWiG entsteht, für das Teil 4 gilt, sondern im Strafverfahren, gilt KV 3117, etwa dann, wenn der Strafrichter die Tat doch nicht als Straftat erachtet, sondern als bloße Ordnungswidrigkeit. Hier gibt es eine Mindest- und eine Höchstgebühr. Eine Bewährungsauflage oder eine Auflage nach § 153a II Nr. 3 StPO usw ist keine Geldbuße im Sinn von KV 3117.

Nr.	Gebührentatbestand	Gebühr oder Satz der jeweiligen Gebühr 3110 bis 3117, soweit nichts anderes vermerkt ist
3118	**Strafbefehl** .... [1]**Die Gebühr wird auch neben der Gebühr 3119 erhoben.** [2]**Ist der Einspruch beschränkt (§ 410 Abs. 2 StPO), bemisst sich die Gebühr nach der im Urteil erkannten Strafe.**	**0,5**

1 **I. Anwendungsbereich.** KV 3118 bezieht sich auf den Strafbefehl nach §§ 407 ff. StPO. Es ist nach den allgemeinen Grundsätzen des Kostenrechts unerheblich, ob das Gericht einen solchen Strafbefehl auch innerhalb seiner sachlichen Zuständigkeit erlassen hat.

2 **II. Entscheidung durch Strafbefehl.** Es handelt sich um eine Entscheidungsgebühr. Die Gebühr entsteht nach § 8 S. 1, Vorb. 3.1 I erst dann, wenn der Strafbefehl oder das ihm auf Einspruch folgende Urteil rechtskräftig geworden sind. Ein Einspruch nach § 410 StPO muss also entweder fehlen, oder das Gericht muss ihn nach § 411 StPO verworfen oder der Beschuldigte muss ihn nach § 302 StPO zurückgenommen haben oder er muss erfolglos gewesen sein. Eine Wiedereinsetzung in den vorigen Stand nach §§ 42 ff. StPO wegen der Versäumung der Einspruchsfrist ist nur als solche gebührenfrei. Die Rücknahme oder die Verwerfung des Einspruchs sind insofern gebührenfrei, als diese Folgen vor dem Beginn der Hauptverhandlung eintreten.

3 **III. Gebührenhöhe.** Die Gebühr beträgt 0,5. Die Gebühr darf nach der → KV Vorb. 3.1 Rn. 5 die Geldstrafe übersteigen. Bei einem nach § 410 II StPO beschränkten Einspruch ist nach der Anm. S. 2 nur die im Urteil verhängte Strafe maßgeblich.

Nr.	Gebührentatbestand	Gebühr oder Satz der jeweiligen Gebühr 3110 bis 3117, soweit nichts anderes vermerkt ist
3119	**Hauptverhandlung mit Urteil, wenn ein Strafbefehl vorausgegangen ist** .... **Vorbemerkung 3.1 Abs. 7 gilt entsprechend.**	**0,5**

1 **I. Hauptverhandlung mit Urteil.** Die Gebühr erhöht sich auf 1,0-Gebühr, also um eine weitere 0,5-Gebühr, sobald das Gericht eine Hauptverhandlung über den Einspruch nach § 411 I 2 StPO anberaumt und den Angeklagten in ihr verurteilt hat, sei es auch nur in der Form einer Verwerfung des Einspruchs wegen seiner Unzulässigkeit (etwa nach einem Form- oder Fristfehler) oder wegen eines unentschuldigten Ausbleibens des Angeklagten (§ 412 StPO).

2 **II. Freispruch, Einstellung usw.** Soweit das Gericht dagegen auf Grund der Hauptverhandlung den Angeklagten freispricht oder das Verfahren einstellt oder von

einer Strafe absieht, bleibt das gesamte voraufgegangene Verfahren nach → KV 3118 Rn. 2 gebührenfrei.

III. Neue Strafverfolgung. Soweit gegen den Angeklagten nach dem Eintritt der Rechtskraft der in der mündlichen Verhandlung ergangenen Entscheidung wegen desselben Sachverhalts eine neue Strafverfolgung aus einem anderen rechtlichen Gesichtspunkt beginnt, entsteht eine neue selbständige Gebühr. Auf sie erfolgt keine Anrechnung. Eine Anrechnung findet jedoch evtl. in Höhe der im Strafbefehl genannten Strafe nach § 8 statt. 3

IV. Teileinspruch. Soweit der Angeklagte nach § 410 II StPO nur wegen einer von mehreren Straftaten einen Einspruch erhebt und das Gericht über diesen Einspruch durch ein Urteil entscheidet, gilt nach der Anmerkung die Vorb. 3.1 VII entsprechend. 4

Abschnitt 2. Berufung

Nr.	Gebührentatbestand	Gebühr oder Satz der jeweiligen Gebühr 3110 bis 3117, soweit nichts anderes vermerkt ist
3120	**Berufungsverfahren mit Urteil**	**1,5**

I. Anwendungsbereich. Die Berufungsinstanz beginnt nach → KV 1210 Rn. 16 mit dem Eingang der Berufungsschrift nach § 314 I StPO. Sie beginnt also nicht erst mit dem ersten Tätigwerden des zur Entscheidung berufenen Rechtsmittelgerichts. Bei einer Einreichung beim unzuständigen Gericht ist der Eingang beim zuständigen maßgeblich. Es ist unerheblich, ob die Berufung statthaft, zulässig und begründet ist. Das Berufungsverfahren dauert bis zum Wirksamwerden des Urteils oder bis zur wirksamen Erledigung durch einen Beschluss zB auf eine Verwerfung des Rechtsmittels zB nach § 322 I StPO oder bis zur Rücknahme des Rechtsmittels nach § 302 StPO. Eine Erhöhung der Gebühr tritt nicht ein. Eine Beschränkung der Berufung nach § 318 StPO ist unerheblich. 1

Soweit nach einer **Zurückverweisung** erneut ein Rechtsmittel eingeht, entsteht dadurch gegenüber der früheren gleichen Instanz keine neue Rechtsmittelinstanz. Das gilt selbst dann, wenn dasselbe Rechtsmittelgericht entscheidet, selbst wenn also zB der Angeklagte ein OLG statt des BGH als Revisionsgericht anruft. 2

II. Gebührenhöhe. Die 1,5-Gebühr entsteht, wenn die folgenden Voraussetzungen zusammentreffen. 3

1. Hauptverhandlung. In der Rechtsmittelinstanz muss eine Hauptverhandlung nach §§ 223 ff. StPO stattgefunden haben. 4

2. Verurteilung. Es muss nach der → KV Vorb. 3.1 Rn. 9 eine rechtskräftige Verurteilung ergangen sein. Es ist unerheblich, ob das Gericht das Rechtsmittel aus förmlichen Gründen verwirft oder wegen einer wenigstens teilweisen sachlichen Grundlosigkeit erkennt. Eine Einziehung zB nach § 232 StPO, eine Unbrauchbarmachung nach §§ 442, 472b StPO usw sind nach KV 3430 ff. zu behandeln. Wegen einer Maßregel der Besserung und Sicherung nach §§ 61 ff. StPO vgl. KV 3116. 5

Soweit das Gericht auf eine **Straffreiheit** erkennt, entsteht trotz § 468 StPO wegen § 1 I 1 keine Gebühr. 6

III. Teilweiser Erfolg. Soweit das Rechtsmittel einen teilweisen Erfolg hat, muss das Gericht nach der → KV Vorb. 3.1 Rn. 4 ff. verfahren, falls es nicht § 473 StPO, § 74 JGG anwendet, vgl. die Vorb. 3 I. Bei einem teilweisen Erfolg darf und muss das Gericht also die Gebühr entsprechend und evtl. bis zur Mindestgebühr des § 34 II ermäßigen (§ 473 IV StPO). Der Verurteilte hat darauf einen Anspruch. 7

Ein teilweiser Erfolg liegt bereits dann vor, wenn das Gericht die Strafe **mildert** oder wenn der Angeklagte nach § 318 I 1 StPO nur wegen des Strafmaßes Berufung 8 eingelegt hatte. Denn das Ergebnis des gesamten Strafverfahrens ist auch in diesem Fall nur ein Teilerfolg.

9 Es findet **keine Verteilung nach Bruchteilen** statt. Soweit das Gericht den Angeklagten wegen einer von mehreren angeblichen Straftaten freispricht, ist § 473 I StPO nicht anzuwenden. In diesem Fall gilt § 465 StPO. Das Gericht darf dem Angeklagten also keine Kosten auferlegen, soweit es ihn freigesprochen hat.

10 Den Ersatz der **Auslagen** regeln §§ 465 II, 473 IV StPO.

Nr.	Gebührentatbestand	Gebühr oder Satz der jeweiligen Gebühr 3110 bis 3117, soweit nichts anderes vermerkt ist
3121	**Erledigung des Berufungsverfahrens ohne Urteil** .... **Die Gebühr entfällt bei Zurücknahme der Berufung vor Ablauf der Begründungsfrist.**	**0,5**

1 **I. Anwendungsbereich.** Eine Ermäßigung auf 0,5-Gebühr tritt ein, sofern eine der folgenden Voraussetzungen vorliegt.

2 **1. Zurücknahme vor Beginn der Hauptverhandlung.** Der Beschwerdeführer muss das Rechtsmittel nach dem Ablauf der Begründungsfrist nach § 317 StPO und noch vor dem Beginn der Hauptverhandlung nach § 302 StPO zurückgenommen haben. Es ist dann unerheblich, ob das Verfahren wegen eines anderen Rechtsmittels etwa der Staatsanwaltschaft seinen Fortgang nimmt (§ 473 StPO). Das gilt auch dann, wenn die Staatsanwaltschaft das Rechtsmittel zugunsten des Angeklagten eingelegt hat und das Gericht daraufhin die Strafe mildert.

3 Die **Hauptverhandlung beginnt** mit dem Aufruf der Sache nach §§ 243 I, 324 I StPO. Eine Rücknahme **vor Ablauf der Begründungsfrist** lässt KV 3121 ganz entfallen, Anm.

4 **2. Verwerfung des Rechtsmittels.** Das Gericht muss die Berufung durch einen Beschluss nach § 322a StPO nicht angenommen oder nach §§ 313 II 2, 319 I, 322 I 1 StPO als unzulässig verworfen haben. Soweit der Angeklagte demgegenüber eine Entscheidung des Rechtsmittelgerichts nach § 319 II StPO verlangt, entstehen durch dieses Verfahren keine weiteren Kosten.

5 **3. Zurücknahme nach Beginn der Hauptverhandlung.** Der Rechtsmittelführer muss die Berufung nach dem Beginn der Hauptverhandlung nach → Rn. 2 gemäß § 302 StPO zurückgenommen haben. Es ist unerheblich, ob er die Zurücknahme innerhalb oder außerhalb der Hauptverhandlung erklärt hat. Es reicht aus, dass er die Zurücknahme nach einer Vertagung erklärt hat.

6 **II. Gebührenhöhe.** Nach KV 3121 entsteht grundsätzlich 0,5-Gebühr, mindestens jedoch die Gebühr des § 34 II. Die Obergrenze aller Gebühren liegt nicht bei dem Betrag der Strafe.

Abschnitt 3. Revision

Nr.	Gebührentatbestand	Gebühr oder Satz der jeweiligen Gebühr 3110 bis 3117, soweit nichts anderes vermerkt ist
3130	**Revisionsverfahren mit Urteil oder Beschluss nach § 349 Abs. 2 oder 4 StPO**	**2,0**

Vgl. zunächst die Anm. zu KV 3120, 3121. Dem Revisionsurteil steht ein Beschluss des Revisionsgerichts nach § 349 II oder IV StPO über eine offensichtlich unbegründete oder einstimmig für begründet erklärte Revision gleich. Ein Beschluss nach § 349 I StPO auf eine Verwerfung als unzulässig steht einem Revisionsurteil nicht gleich. Dann ist KV 3131 anzuwenden. 1

Nr.	Gebührentatbestand	Gebühr oder Satz der jeweiligen Gebühr 3110 bis 3117, soweit nichts anderes vermerkt ist
3131	**Erledigung des Revisionsverfahrens ohne Urteil und ohne Beschluss nach § 349 Abs. 2 oder 4 StPO** .... **Die Gebühr entfällt bei Zurücknahme der Revision vor Ablauf der Begründungsfrist.**	**1,0**

I. Anwendungsbereich. Die Gebühr fällt für die Revisionsinstanz fort, soweit der Rechtsmittelführer die Revision vor dem Ablauf seiner Begründungsfrist nach § 302 StPO zurückgenommen hat. Das gilt also vor dem Ablauf eines Monats nach dem Ablauf einer Woche seit der Urteilsverkündung oder bei einer Abwesenheit des Angeklagten seit der Urteilszustellung nach §§ 345 I, 341 StPO oder dann, wenn das Gericht das Urteil zu diesem Zeitpunkt noch nicht zugestellt hatte, vor dem Ablauf eines Monats seit der Zustellung nach § 345 I 2 StPO. Bei einer Rechtzeitigkeit der Rücknahme ist eine vorherige Einarbeitung des Gerichts unschädlich. 1

Die **Zurücknahme** eines noch unbestimmten Rechtsmittels ist keine Revisionsrücknahme. 2

II. Auslagen. Trotz der Gebührenfreiheit wegen rechtzeitiger Rücknahme können nach KV 9007 Auslagen zB wegen eines Verteidigers entstehen (OLG Zweibrücken Rpfleger 1991, 125). 3

Abschnitt 4. Wiederaufnahmeverfahren

Nr.	Gebührentatbestand	Gebühr oder Satz der jeweiligen Gebühr 3110 bis 3117, soweit nichts anderes vermerkt ist
3140	**Verfahren über den Antrag auf Wiederaufnahme des Verfahrens:** **Der Antrag wird verworfen oder abgelehnt ..**	**0,5**

I. Anwendungsbereich. KV 3140 behandelt nur das Verfahren nach §§ 359 ff. StPO vom Antrag nach §§ 365, 366 StPO bis zur Entscheidung nach §§ 367, 368, 370 I StPO. Das anschließende erneute Hauptverfahren nach § 373 StPO löst demgegenüber nach der Vorb. 3 II Gebühren aus. KV 3140 gilt also nur, soweit das Gericht den Wiederaufnahmeantrag verwirft oder zurückweist. Soweit der Antragsteller den Wiederaufnahmeantrag vor einer solchen Entscheidung des Gerichts zurückgenommen hat, entsteht keine Gebühr. Soweit die Wiederaufnahme nur teilweise einen sachlichen Erfolg hat, gilt die → KV Vorb. 3.1 Rn. 5 ff. entsprechend. 1

II. Gebührenhöhe. 0,5-Gebühr entsteht stets dann, wenn bereits der Wiederaufnahmeantrag ergebnislos bleibt, also dann, wenn das Gericht ihn nach §§ 363, 366 II, 368 StPO, als unzulässig verwirft oder nach § 370 StPO als unbegründet zurückweist oder ihn nach § 371 StPO ablehnt. Das alles gilt auch bei einem Antrag auf eine 2

Wiederaufnahme des Verfahrens nach dem Erlass eines Strafbefehls. Die Mindestgebühr des § 34 II bleibt stets bestehen.

Nr.	Gebührentatbestand	Gebühr oder Satz der jeweiligen Gebühr 3110 bis 3117, soweit nichts anderes vermerkt ist
3141	**Verfahren über die Beschwerde gegen einen Beschluss, durch den ein Antrag auf Wiederaufnahme des Verfahrens hinsichtlich einer Freiheitsstrafe, einer Geldstrafe, einer Maßregel der Besserung und Sicherung oder einer Geldbuße verworfen oder abgelehnt wurde: Die Beschwerde wird verworfen oder zurückgewiesen ....**	**1,0**

1 **I. Anwendungsbereich.** Die Vorschrift erfasst das dem Antragsverfahren nach dessen Verwerfung oder Ablehnung folgende Beschwerdeverfahren. Sie erfasst nicht auch eine Beschwerde der Staatsanwaltschaft. Vgl. im Übrigen beim vergleichbaren KV 1811.

2 **II. Gebührenhöhe.** § 473 IV StPO hat Vorrang. Stets bleibt die Mindestgebühr des § 34 II bestehen.

Abschnitt 5. Psychosoziale Prozessbegleitung

Vorbemerkung 3.1.5:

Eine Erhöhung nach diesem Abschnitt tritt nicht ein, soweit das Gericht etwas anderes angeordnet hat (§ 465 Abs. 2 Satz 4 StPO).

Nr.	Gebührentatbestand	Gebühr oder Satz der jeweiligen Gebühr 3110 bis 3117, soweit nichts anderes vermerkt ist
	Dem Verletzten ist ein psychosozialer Prozessbegleiter beigeordnet	
3150	**– für das Vorverfahren: Die Gebühren 3110 bis 3116 und 3118 erhöhen sich um ....**	**572,00 €**
3151	**– für das gerichtliche Verfahren im ersten Rechtszug: Die Gebühren 3110 bis 3116 und 3118 erhöhen sich um ....**	**407,00 €**
	I Die Erhöhung der Gebühr 3116 tritt nur ein, wenn ausschließlich diese Gebühr zu erheben ist. II Die Erhöhungen nach den Nummern 3150 und 3151 können nebeneinander eintreten.	
3152	**Dem Verletzten ist für das Berufungsverfahren ein psychosozialer Prozessbegleiter beigeordnet: Die Gebühren 3120 und 3121 erhöhen sich um ....**	**231,00 €**

Nr.	Gebührentatbestand	Gebühr oder Satz der jeweiligen Gebühr 3110 bis 3117, soweit nichts anderes vermerkt ist
	Die Erhöhung der Gebühr 3120 oder 3121 für die Anordnung einer oder mehrerer Maßregeln der Besserung und Sicherung tritt nur ein, wenn ausschließlich diese Gebühr zu erheben ist.	

Schrifttum: Felix, Beiordnung und Vergütung des psychosozialen Prozessbegleiters, JurBüro 2018, 283; 2018, 340.

Zu Einzelheiten → PsychPbG § 1 Rn. 1 ff. 1

Hauptabschnitt 2. Klageerzwingungsverfahren, unwahre Anzeige und Zurücknahme des Strafantrags

Nr.	Gebührentatbestand	Gebühr oder Satz der jeweiligen Gebühr 3110 bis 3117, soweit nichts anderes vermerkt ist
3200	**Dem Antragsteller, dem Anzeigenden, dem Angeklagten oder Nebenbeteiligten sind die Kosten auferlegt worden (§§ 177, 469, 470 StPO)** .... **Das Gericht kann die Gebühr bis auf 15,00 € herabsetzen oder beschließen, dass von der Erhebung einer Gebühr abgesehen wird.**	**80,00 €**

I. Erfolgloser Antrag. Soweit die Staatsanwaltschaft die Erhebung der Anklage ablehnt, kann der Verletzte nach § 172 II StPO eine gerichtliche Entscheidung beantragen. Soweit dieser Antrag erfolglos bleibt, sind kostenrechtlich die folgenden Situationen zu unterscheiden. 1

1. Verwerfung als unzulässig; Zurücknahme. Soweit das Gericht den Antrag wegen eines Mangels bei den förmlichen Voraussetzungen nach § 174 I StPO verwirft oder soweit der Antragsteller den Antrag vor der Entscheidung des Gerichts zurücknimmt, entstehen keine Gebühren (OLG Bremen MDR 1984, 164; OLG Koblenz NJW 1977, 1461 (1462)). 2

2. Verwerfung aus sachlichen Gründen. Soweit das Gericht den Antrag aus sachlichen Gründen nach § 174 I StPO verwirft, entsteht die Entscheidungsgebühr KV 3200. Der Antragsteller trägt dann nämlich die Kosten nach §§ 174, 177 StPO. Er trägt auch die notwendigen Auslagen des Beschuldigten im Verfahren vor dem OLG. 3

3. Keine Sicherheitsleistung. Soweit der Antragsteller eine ihm vom Gericht nach § 176 I StPO auferlegte Sicherheitsleistung nicht fristgemäß leistet, entsteht ebenfalls die Gebühr KV 3200. Das Gericht erklärt nämlich dann den Antrag nach § 176 II StPO als zurückgenommen und erlegt dem Antragsteller die Kosten nach § 177 StPO auf. 4

4. Freispruch im Wiederaufnahmeverfahren. KV 3200 ist auch dann anzuwenden, wenn das Gericht den Angeklagten im Wiederaufnahmeverfahren nach 5

§ 371 StPO freispricht. Die **Fälligkeit** tritt bei → Rn. 2–4 mit der Entscheidung ein, § 6 III. Denn es liegt keine rechtskräftige Bestrafung usw nach § 8 S. 1 vor.

6 **5. Mehrere Anträge.** Wenn mehrere Anträge vorliegen, ist eine Trennung vorzunehmen, soweit die einzelnen Verletzten getrennte Straftaten behaupten. Soweit mehrere Anträge wegen derselben Straftat gegen mehrere Personen vorliegen, entsteht nur eine Gebühr. Mehrere Entscheidungen begründen mehrere Gebühren. Ein Auslagenersatz kommt nur insoweit in Betracht, als die Auslagen nach der Antragstellung entstanden sind. Mehrere Antragsteller haften gesamtschuldnerisch nach §§ 471 IV StPO, §§ 33, 37 GKG.

7 **II. Grundlose Strafanzeige.** Die Gebühr KV 3200 entsteht, soweit das Gericht entsprechend § 469 StPO demjenigen die Kosten auferlegt, der durch eine vorsätzlich oder leichtfertig erstattete unwahre Anzeige ein auch nur außergerichtliches Verfahren veranlasst hat. Die Voraussetzungen einer solchen Entscheidung sind also nicht so streng wie die Voraussetzungen der Bestrafung wegen einer falschen Verdächtigung nach § 164 StGB. Es ist also keine Anzeige wider besseres Wissen erforderlich. Die **Fälligkeit** tritt mit dem Wirksamwerden des Beschlusses ein. Bei einer Beteiligung mehrerer gilt → Rn. 6 entsprechend.

8 **III. Antragsrücknahme.** Soweit das Gericht das Verfahren einstellt, bleibt der Angeklagte grundsätzlich gebührenfrei. Nach § 470 StPO muss aber das Gericht dem Antragsteller die Kosten und die Auslagen des Beschuldigten und eines Nebenbeteiligten nach §§ 431 I 1, 442, 444 I 1 StPO auferlegen, soweit das Gericht bei einem nur auf Grund eines Strafantrags zu verfolgenden Delikt die Einstellung wegen der Rücknahme des Strafantrags aussprechen muss. Freilich können auch der Angeklagte oder ein Nebenbeteiligter Übernahmeerklärungen abgeben. Dann muss das Gericht die Kosten diesen Personen nach § 470 II StPO auferlegen. Stets lässt KV 3200 eine Gebühr gegenüber dem Antragsteller entstehen, soweit die **folgenden Voraussetzungen zusammentreffen.**

9 **1. Eröffnung des Hauptverfahrens.** Das Gericht muss das Hauptverfahren eröffnet oder einen Strafbefehl erlassen haben. Bei § 212 StPO steht der Aufruf zur Sache dem Eröffnungsbeschluss gleich. Wenn der Verletzte den Strafantrag schon vorher zurückgenommen hatte, darf das Gericht nach § 470 StPO nur die Auslagen auferlegen.

10 **2. Notwendiger Strafantrag.** Das Verfahren muss durch den Strafantrag bedingt gewesen sein. Deshalb entstehen keine Gebühren, soweit das Verfahren auch ohne einen Strafantrag von Amts wegen notwendig war.

11 **3. Antragsrücknahme.** Das Gericht muss das Verfahren gerade nur wegen der Antragsrücknahme insgesamt eingestellt haben. Es ist unerheblich, ob die Einstellung durch einen Beschluss oder im Urteil erfolgt ist und ob das Gericht dem Antragsteller die Kosten auferlegt hat.

12 **4. Fälligkeit.** Bei → Rn. 9–11 entsteht die Gebühr nach § 6 III mit dem Wirksamwerden der Entscheidung. Sie entsteht nur einmal unabhängig von der Zahl der angeblichen Straftaten. Das gilt selbst dann, wenn mehrere Antragsteller ihre Strafanträge zurücknehmen oder wenn die Rücknahme mehrere Beschuldigte betrifft. Mehrere Antragsteller haften als Gesamtschuldner nach § 58.

13 **IV. Gebührenhöhe.** Statt der grundsätzlichen Festgebühr von 70 EUR kann das Gericht nach der Anm. die Gebühr nach seinem pflichtgemäßen Ermessen von Amts wegen beliebig bis auf die Mindestgebühr des § 34 II von 15 EUR herabsetzen oder sogar von einer Gebühr ganz absehen, ähnlich wie bei KV 2121, 2123 jeweils Anm. Vgl. daher dort. § 21 bleibt ohnehin bestehen.

14 **V. Kostenschuldner.** Er ergibt sich aus § 29 Nr. 1, sobald eine Entscheidung ergeht. Vorher ist § 22 anzuwenden. Es ist auch eine Kostenübernahme mit der Folge einer Kostenhaftung nach § 29 Nr. 2 möglich. Mehrere Kostenschuldner haften als Gesamtschuldner nach § 31 I.

Hauptabschnitt 3. Privatklage

Vorbemerkung 3.3:

Für das Verfahren auf Widerklage werden die Gebühren gesondert erhoben.

Abschnitt 1. Erster Rechtszug

Nr.	Gebührentatbestand	Gebühr oder Satz der jeweiligen Gebühr 3110 bis 3117, soweit nichts anderes vermerkt ist
3310	**Hauptverhandlung mit Urteil**	**160,00 €**
3311	**Erledigung des Verfahrens ohne Urteil**	**80,00 €**

Die Gebühr KV 3310 entsteht unabhängig von der Frage, ob das Urteil auf eine Bestrafung oder eine andere missbilligende Rechtsfolge lautet. Auch eine Einstellung durch ein Urteil nach § 389 StPO gehört hierher. Beim Teilfreispruch und bei einer Teilverurteilung gilt nur KV 3310. Bei KV 3311 ist unerheblich, ob eine Erledigung ohne ein Urteil infolge einer Klagerücknahme, Einstellung, Zurückweisung usw erfolgt. 1

Der auf Grund einer **Widerklage** nach § 388 StPO bestrafte Privatkläger muss nach der Vorb. 3.3 nach KV 3310 ff. zahlen, und zwar als Entscheidungsschuldner nach § 29 Nr. 1. Die Strafen des Privatklägers und des Widerklägers dürfen nicht zusammengerechnet werden. Bei einem Freispruch tritt eine Haftung nach § 22 ein. 2

Abschnitt 2. Berufung

Nr.	Gebührentatbestand	Gebühr oder Satz der jeweiligen Gebühr 3110 bis 3117, soweit nichts anderes vermerkt ist
3320	**Berufungsverfahren mit Urteil**	**320,00 €**
3321	**Erledigung der Berufung ohne Urteil**	**160,00 €**
	Die Gebühr entfällt bei Zurücknahme der Berufung vor Ablauf der Begründungsfrist.	

Es gilt dasselbe wie bei → KV 3310, 3311 Rn. 1. KV 3321 ist zB bei §§ 319, 322, 329 StPO anzuwenden. Auslagen können trotz des Falls der Anm. entstanden sein. 1

Abschnitt 3. Revision

Nr.	Gebührentatbestand	Gebühr oder Satz der jeweiligen Gebühr 3110 bis 3117, soweit nichts anderes vermerkt ist
3330	**Revisionsverfahren mit Urteil oder Beschluss nach § 349 Abs. 2 oder 4 StPO**	**480,00 €**
3331	**Erledigung der Revision ohne Urteil und ohne Beschluss nach § 349 Abs. 2 oder 4 StPO**	**320,00 €**

Nr.	Gebührentatbestand	Gebühr oder Satz der jeweiligen Gebühr 3110 bis 3117, soweit nichts anderes vermerkt ist
	Die Gebühr entfällt bei Rücknahme der Revision vor Ablauf der Begründungsfrist.	

1 Es gilt dasselbe wie bei KV 3320, 3321.

Abschnitt 4. Wiederaufnahmeverfahren

Nr.	Gebührentatbestand	Gebühr oder Satz der jeweiligen Gebühr 3110 bis 3117, soweit nichts anderes vermerkt ist
3340	**Verfahren über den Antrag auf Wiederaufnahme des Verfahrens:** **Der Antrag wird verworfen oder abgelehnt ..**	**80,00 €**
3341	**Verfahren über die Beschwerde gegen einen Beschluss, durch den ein Antrag auf Wiederaufnahme des Verfahrens verworfen oder abgelehnt wurde:** **Die Beschwerde wird verworfen oder zurückgewiesen ....**	**160,00 €**

1 **I. Anwendungsbereich.** KV 3340, 3341 behandeln die Wiederaufnahme nach §§ 359 ff. StPO auf Grund des Antrags eines jeden Beteiligten nach §§ 365, 366 StPO. Die folgenden Situationen sind zu unterscheiden.

2 **II. Verwerfung oder Ablehnung.** Soweit das Gericht den Antrag auf eine Wiederaufnahme des Verfahrens nach § 368 StPO als unzulässig verwirft oder nach § 370 StPO als unbegründet ablehnt, entsteht die Festgebühr KV 3340.

3 **III. Beschwerde gegen Verwerfung oder Ablehnung.** In diesem Verfahren nach § 372 I StPO gilt KV 3341.

4 **IV. Wiederaufnahme.** Soweit keine Verwerfung oder Ablehnung erfolgt, ist die Vorb. 3 II zu beachten.

Hauptabschnitt 4. Einziehung und verwandte Maßnahmen

Vorbemerkung 3.4:

I 1 Die Vorschriften dieses Hauptabschnitts gelten für die Verfahren über die Einziehung, dieser gleichstehende Rechtsfolgen (§ 439 StPO) und die Abführung des Mehrerlöses. 2 Im Strafverfahren werden die Gebühren gesondert erhoben.

II 1 Betreffen die in Absatz 1 genannten Maßnahmen mehrere Angeschuldigte wegen derselben Tat, wird nur eine Gebühr erhoben. 2 § 31 GKG bleibt unberührt.

Abschnitt 1. Antrag des Privatklägers nach § 435 StPO

Nr.	Gebührentatbestand	Gebühr oder Satz der jeweiligen Gebühr 3110 bis 3117, soweit nichts anderes vermerkt ist
3410	**Verfahren über den Antrag des Privatklägers: Der Antrag wird verworfen oder zurückgewiesen**	**39,00 €**

Es ist unerheblich, ob das Gericht nach § 384 StPO den Antrag durch ein Urteil oder durch einen Beschluss verwirft oder zurückweist. Eine Antragsrücknahme löst keine Gebühr KV 3410 aus. 1

Abschnitt 2. Beschwerde

Nr.	Gebührentatbestand	Gebühr oder Satz der jeweiligen Gebühr 3110 bis 3117, soweit nichts anderes vermerkt ist
3420	**Verfahren über die Beschwerde nach § 434 Abs. 2, auch i. V. m. § 436 Abs. 2 StPO: Die Beschwerde wird verworfen oder zurückgewiesen**	**39,00 €**

Eine Gebühr KV 3420 entsteht unabhängig davon, ob das zugehörige erstinstanzliche Verfahren gebührenpflichtig oder gebührenfrei war. Es ist stets ein förmlicher Beschluss nach § 441 II StPO nötig. 1

Abschnitt 3. Berufung

Nr.	Gebührentatbestand	Gebühr oder Satz der jeweiligen Gebühr 3110 bis 3117, soweit nichts anderes vermerkt ist
3430	**Verwerfung der Berufung durch Urteil**	**78,00 €**
3431	**Erledigung der Berufung ohne Urteil** .... **Die Gebühr entfällt bei Zurücknahme der Berufung vor Ablauf der Begründungsfrist.**	**39,00 €**

Abschnitt 4. Revision

Nr.	Gebührentatbestand	Gebühr oder Satz der jeweiligen Gebühr 3110 bis 3117, soweit nichts anderes vermerkt ist
3440	**Verwerfung der Revision durch Urteil oder Beschluss nach § 349 Abs. 2 oder 4 StPO ....**	**78,00 €**
3441	**Erledigung der Revision ohne Urteil und ohne Beschluss nach § 349 Abs. 2 oder 4 StPO** **Die Gebühr entfällt bei Zurücknahme der Revision vor Ablauf der Begründungsfrist.**	**39,00 €**

Abschnitt 5. Wiederaufnahmeverfahren

Nr.	Gebührentatbestand	Gebühr oder Satz der jeweiligen Gebühr 3110 bis 3117, soweit nichts anderes vermerkt ist
3450	**Verfahren über den Antrag auf Wiederaufnahme des Verfahrens:** **Der Antrag wird verworfen oder zurückgewiesen ....**	**39,00 €**
3451	**Verfahren über die Beschwerde gegen einen Beschluss, durch den ein Antrag auf Wiederaufnahme des Verfahrens verworfen oder abgelehnt wurde:** **Die Beschwerde wird verworfen oder zurückgewiesen ....**	**78,00 €**

1 Die Vorschriften sind auch bei einem Rechtsmittel nach § 390 StPO oder beim Wiederaufnahmeantrag eines Einziehungsbeteiligten anzuwenden. KV 3430 ff. und 3120 ff. können nebeneinander entstehen. Bei mehreren Beteiligten entsteht je Tat eine gesonderte Gebührenpflicht.

Hauptabschnitt 5. Nebenklage

Vorbemerkung 3.5:

Gebühren nach diesem Hauptabschnitt werden nur erhoben, wenn dem Nebenkläger die Kosten auferlegt worden sind.

Abschnitt 1. Berufung

Nr.	Gebührentatbestand	Gebühr oder Satz der jeweiligen Gebühr 3110 bis 3117, soweit nichts anderes vermerkt ist
3510	**Die Berufung des Nebenklägers wird durch Urteil verworfen; aufgrund der Berufung des**	**108,00 €**

Nr.	Gebührentatbestand	Gebühr oder Satz der jeweiligen Gebühr 3110 bis 3117, soweit nichts anderes vermerkt ist
	Nebenklägers wird der Angeklagte freigesprochen oder für straffrei erklärt	
3511	**Erledigung der Berufung des Nebenklägers ohne Urteil ....** **Die Gebühr entfällt bei Zurücknahme der Berufung vor Ablauf der Begründungsfrist.**	**54,00 €**

Abschnitt 2. Revision

Nr.	Gebührentatbestand	Gebühr oder Satz der jeweiligen Gebühr 3110 bis 3117, soweit nichts anderes vermerkt ist
3520	**Die Revision des Nebenklägers wird durch Urteil oder Beschluss nach § 349 Abs. 2 StPO verworfen; aufgrund der Revision des Nebenklägers wird der Angeklagte freigesprochen oder für straffrei erklärt ....**	**162,00 €**
3521	**Erledigung der Revision des Nebenklägers ohne Urteil und ohne Beschluss nach § 349 Abs. 2 StPO ....** **Die Gebühr entfällt bei Zurücknahme der Revision vor Ablauf der Begründungsfrist.**	**81,00 €**

Abschnitt 3. Wiederaufnahmeverfahren

Nr.	Gebührentatbestand	Gebühr oder Satz der jeweiligen Gebühr 3110 bis 3117, soweit nichts anderes vermerkt ist
3530	**Verfahren über den Antrag des Nebenklägers auf Wiederaufnahme des Verfahrens:** **Der Antrag wird verworfen oder abgelehnt ..**	**54,00 €**
3531	**Verfahren über die Beschwerde gegen einen Beschluss, durch den ein Antrag des Nebenklägers auf Wiederaufnahme des Verfahrens verworfen oder abgelehnt wurde:** **Die Beschwerde wird verworfen oder zurückgewiesen ....**	**108,00 €**

Jede Entscheidung nach §§ 395 ff. StPO löst die Gebühr KV 3520 aus (BGH NJW 2013, 1831). Maßgeblich für die Haftung als Kostenschuldner ist noch nicht eine Zurückverweisung, sondern erst der Enderfolg (BGH NJW 2013, 1831). 1

Hauptabschnitt 6. Sonstige Beschwerden

Vorbemerkung 3.6:

Die Gebühren im Kostenfestsetzungsverfahren bestimmen sich nach den für das Kostenfestsetzungsverfahren in Teil 1 Hauptabschnitt 8 geregelten Gebühren.

Nr.	Gebührentatbestand	Gebühr oder Satz der jeweiligen Gebühr 3110 bis 3117, soweit nichts anderes vermerkt ist
3600	**Verfahren über die Beschwerde gegen einen Beschluss nach § 411 Abs. 1 Satz 3 StPO:** **Die Beschwerde wird verworfen oder zurückgewiesen**	**0,25**
3601	**Verfahren über die Beschwerde gegen eine Entscheidung, durch die im Strafverfahren einschließlich des selbständigen Verfahrens nach den §§ 435 bis 437, 444 Abs. 3 StPO eine Geldbuße gegen eine juristische Person oder eine Personenvereinigung festgesetzt worden ist:** **Die Beschwerde wird verworfen oder zurückgewiesen** .... **Eine Gebühr wird nur erhoben, wenn eine Geldbuße rechtskräftig festgesetzt ist.**	**0,5**
3602	**Verfahren über nicht besonders aufgeführte Beschwerden, die nicht nach anderen Vorschriften gebührenfrei sind:** **Die Beschwerde wird verworfen oder zurückgewiesen** .... **[1]Von dem Beschuldigten wird eine Gebühr nur erhoben, wenn gegen ihn rechtskräftig auf eine Strafe, auf Verwarnung mit Strafvorbehalt erkannt, eine Maßregel der Besserung und Sicherung angeordnet oder eine Geldbuße festgesetzt worden ist. [2]Von einer juristischen Person oder einer Personenvereinigung wird eine Gebühr nur erhoben, wenn gegen sie eine Geldbuße festgesetzt worden ist.**	**66,00 €**

1 **I. Anwendungsbereich. KV 3601** ist nur auf die sog. Verbandsgeldbuße nach § 30 OWiG dann anzuwenden, wenn die Anknüpfungstat eine Straftat ist. Das gilt auch bei einer selbständigen Festsetzung nach § 30 IV 1 OWiG. Soweit eine bloße Ordnungswidrigkeit die Anknüpfungstat ist, gilt im zugehörigen Bußgeldverfahren nach § 46 I OWiG iVm § 444 III StPO oder nach § 88 OWiG nur KV 4400.

2 **KV 3602** gilt als eine Auffangvorschrift für alle im KV nicht besonders aufgeführte Beschwerden nach der StPO, die auch nicht nach anderen Vorschriften gebührenfrei sind. Soweit der Beschwerdeführer seine Beschwerde **zurücknimmt,** entsteht keine Gebühr. Dasselbe gilt dann, wenn sich die Beschwerde ohne eine gerichtliche Entscheidung erledigt oder soweit das Gericht der Beschwerde stattgibt. Soweit das Gericht die Beschwerde als unzulässig verwirft oder als unbegründet **zurückweist,** ist der Beschwerdeführer gebührenpflichtig.

3 Eine **Dienstaufsichtsbeschwerde** gehört nicht hierher.

4 Die Gebühr darf die **Strafe übersteigen.** Wegen der Auslagen vgl. die Vorb. 9.

II. Fälligkeit, Kostenschuldner usw. Während andere Beschwerdeführer die Gebühr sofort mit deren Fälligkeit schulden, ist die Fälligkeit einer vom Beschuldigten zu zahlenden Beschwerdegebühr nach § 8 S. 1 durch eine rechtskräftige Verurteilung zu einer Strafe oder zu einer Verwarnung mit einem Strafvorbehalt oder durch eine rechtskräftige Anordnung einer Maßregel der Besserung und Sicherung aufschiebend bedingt. 5

Das **Fehlen einer Kostenentscheidung** im Beschwerdebeschluss ist unschädlich. Das Gericht holt seine Kostenentscheidung dann durch die Auferlegung der Kosten des Verfahrens nach. Wenn der Beschluss eine Kostenentscheidung enthält, ist die Einziehung der Gebühr mit Rücksicht auf die oben genannte Bedingung bis zum Eintritt der Rechtskraft der Beschwerdeentscheidung auszusetzen. 6

Es reicht aus, dass das Gericht den Beschuldigten wegen irgendwelcher Straftat in demselben Verfahren verurteilt hat. Ein **Zusammenhang** mit der Beschwerde kann völlig fehlen. 7

Hauptabschnitt 7. Entschädigungsverfahren

Nr.	Gebührentatbestand	Gebühr oder Satz der Gebühr nach § 34 GKG
3700	**Urteil, durch das dem Antrag wegen eines aus der Straftat erwachsenen vermögensrechtlichen Anspruchs stattgegeben wird (§ 406 StPO)** .... **Die Gebühr wird für jeden Rechtszug nach dem Wert des zuerkannten Anspruchs erhoben.**	**1,0**

I. Anwendungsbereich. §§ 403 ff. StPO geben dem Verletzten oder seinem Erben das Recht, im Strafverfahren auch einen solchen vermögensrechtlichen Schadensersatzanspruch zu erheben, der zur Zuständigkeit der ordentlichen Gerichte gehört und den er noch nicht anderweitig geltend gemacht hat. KV 3700 bezieht sich nur auf diesen vermögensrechtlichen Anspruch. Das zeigt die Verweisung auf § 406 StPO. 1

II. Gebührenhöhe. Für jeden Rechtszug entsteht eine 1,0-Gebühr nach dem Wert des zuerkannten Anspruchs, Anm. Es kommt also nicht auf den Antrag an, sondern auf das Urteil. Bei einer teilweisen Zuerkennung entsteht die Gebühr also nach dem anerkannten Teil. Soweit der Antragsteller den Antrag zurücknimmt, entsteht keine Gebühr KV 3700. Dasselbe gilt, soweit sich die Parteien gerichtlich oder außergerichtlich vergleichen oder soweit das Gericht von der Zubilligung eines Schadensersatzes absieht oder ihn nur dem Grunde nach zuspricht. Das ergibt sich aus der Anm. Maßgebend ist die letzte Instanz. Endet sie zB durch einen außergerichtlichen Vergleich nach § 779 BGB oder durch einen Prozessvergleich, entsteht für keine Instanz eine Gebühr KV 3700. 2

III. Streitwert. Der Streitwert richtet sich nach den §§ 3 ff. ZPO, § 48 GKG. 3

IV. Fälligkeit, Kostenschuldner usw. Die Fälligkeit tritt mit der Rechtskraft des Urteils ein, § 8 S. 1. Kostenschuldner ist allein der verurteilte Angeklagte. § 22 ist nicht anzuwenden. Soweit das Gericht aber von einem Schadensersatz absieht, dem Verletzten einen Teil des Anspruchs nicht zuerkennt oder soweit der Verletzte den Antrag zurücknimmt, entscheidet das Gericht nach seinem pflichtgemäßen Ermessen darüber, wer die insoweit entstandenen gerichtlichen und insoweit den Beteiligten entstandenen notwendigen Auslagen trägt. Das Gericht kann die gerichtlichen Auslagen nach § 472a II StPO der Staatskasse auferlegen, soweit eine Belastung der Beteiligten unbillig wäre. 4

Hauptabschnitt 8. Gerichtliche Verfahren nach dem Strafvollzugsgesetz, auch iVm § 92 des Jugendgerichtsgesetzes

Abschnitt 1. Antrag auf gerichtliche Entscheidung

Nr.	Gebührentatbestand	Gebühr oder Satz der Gebühr nach § 34 GKG
	Verfahren über den Antrag des Betroffenen auf gerichtliche Entscheidung:	
3810	**Der Antrag wird zurückgewiesen**	**1,0**
3811	**Der Antrag wird zurückgenommen**	**0,5**

1 Eine Gebühr entsteht weder bei der Ablehnung eines Antrags auf den Erlass einer einstweiligen Anordnung noch bei einer Verwerfung der dagegen gerichteten Beschwerde (OLG Celle Rpfleger 1982, 314).

Abschnitt 2. Beschwerde und Rechtsbeschwerde

Nr.	Gebührentatbestand	Gebühr oder Satz der Gebühr nach § 34 GKG
	Verfahren über die Beschwerde oder die Rechtsbeschwerde:	
3820	**Die Beschwerde oder die Rechtsbeschwerde wird verworfen**	**2,0**
3821	**Die Beschwerde oder die Rechtsbeschwerde wird zurückgenommen**	**1,0**

1 **I. Anwendungsbereich.** Der Antrag auf eine gerichtliche Entscheidung richtet sich nach § 109 StVollzG. Wegen vorläufigen Rechtsschutzes, § 114 II StVollzG, KV 3830 → KV 3830 Rn. 1. Die Beschwerde richtet sich nach § 119a V StVollzG. Die Rechtsbeschwerde richtet sich nach § 116 StVollzG.

2 **II. Streitwert.** Der Wert richtet sich nach § 60. Seine Festsetzung erfolgt nach § 65.

Abschnitt 3. Vorläufiger Rechtsschutz

Nr.	Gebührentatbestand	Gebühr oder Satz der Gebühr nach § 34 GKG
3830	**Verfahren über den Antrag auf Aussetzung des Vollzugs einer Maßnahme der Vollzugsbehörde oder auf Erlass einer einstweiligen Anordnung:**	
	Der Antrag wird zurückgewiesen	**0,5**

1 Die Vorschrift erfasst die Zurückweisung eines Antrags auf die Aussetzung der Vollziehung oder auf eine einstweilige Anordnung im Vollzug. Sie ist an die Stelle des früheren KV 3812 getreten.

Hauptabschnitt 9. Sonstige Verfahren

Abschnitt 1. Vollstreckungshilfeverfahren wegen einer im Ausland rechtskräftig verhängten Geldsanktion

Vorbemerkung 3.9.1:

Die Vorschriften dieses Abschnitts gelten für gerichtliche Verfahren nach Abschnitt 2 Unterabschnitt 2 des Neunten Teils des Gesetzes über die internationale Rechtshilfe in Strafsachen.

Nr.	Gebührentatbestand	Gebühr oder Satz der Gebühr nach § 34 GKG
3910	Verfahren über den Einspruch gegen die Entscheidung der Bewilligungsbehörde: Der Einspruch wird verworfen oder zurückgewiesen .... [1] Wird auf den Einspruch wegen fehlerhafter oder unterlassener Umwandlung durch die Bewilligungsbehörde die Geldsanktion umgewandelt, kann das Gericht die Gebühr nach billigem Ermessen auf die Hälfte ermäßigen oder bestimmen, dass eine Gebühr nicht zu erheben ist. [2] Dies gilt auch, wenn hinsichtlich der Höhe der zu vollstreckenden Geldsanktion von der Bewilligungsentscheidung zugunsten des Betroffenen abgewichen wird.	54,00 €
3911	Verfahren über den Antrag auf gerichtliche Entscheidung gegen die Entscheidung der Bewilligungsbehörde nach § 87f Abs. 5 Satz 2 IRG: Der Antrag wird verworfen	33,00 €
3912	Verfahren über die Rechtsbeschwerde: Die Rechtsbeschwerde wird verworfen oder zurückgewiesen .... I Die Anmerkung zu Nummer 3910 gilt entsprechend. II Die Gebühr entfällt bei Rücknahme der Rechtsbeschwerde vor Ablauf der Begründungsfrist.	81,00 €

Abschnitt 2. Rüge wegen Verletzung des Anspruchs auf rechtliches Gehör

Nr.	Gebührentatbestand	Gebühr oder Satz der Gebühr nach § 34 GKG
3920	Verfahren über die Rüge wegen Verletzung des Anspruchs auf rechtliches Gehör (§§ 33a, 311a Abs. 1 Satz 1, § 356a StPO, auch i. V. m. § 55 Abs. 4, § 92 JGG und § 120 StVollzG): Die Rüge wird in vollem Umfang verworfen oder zurückgewiesen	66,00 €

1 KV 3920 betrifft Anhörungsrügeverfahren im Rahmen von Verfahren, für die Gebühren nach Teil 3 des KV erhoben werden. Die Vorschrift stimmt inhaltlich mit KV 1700 überein, daher → KV 1700 Rn. 1 ff.

Teil 4. Verfahren nach dem Gesetz über Ordnungswidrigkeiten

Vorbemerkung 4:

I § 473 Abs. 4 StPO, auch i. V. m. § 46 Abs. 1 OWiG, bleibt unberührt.

II [1]Im Verfahren nach Wiederaufnahme werden die gleichen Gebühren wie für das wiederaufgenommene Verfahren erhoben. [2]Wird jedoch nach Anordnung der Wiederaufnahme des Verfahrens die frühere Entscheidung aufgehoben, gilt für die Gebührenerhebung jeder Rechtszug des neuen Verfahrens mit dem jeweiligen Rechtszug des früheren Verfahrens zusammen als ein Rechtszug. [3]Gebühren werden auch für Rechtszüge erhoben, die nur im früheren Verfahren stattgefunden haben.

Hauptabschnitt 1. Bußgeldverfahren

Vorbemerkung 4.1:

I [1]In Bußgeldsachen bemessen sich die Gerichtsgebühren für alle Rechtszüge nach der rechtskräftig festgesetzten Geldbuße. [2]Mehrere Geldbußen, die in demselben Verfahren gegen denselben Betroffenen festgesetzt werden, sind bei der Bemessung der Gebühr zusammenzurechnen.

II [1]Betrifft eine Bußgeldsache mehrere Betroffene, ist die Gebühr von jedem gesondert nach Maßgabe der gegen ihn festsetzten Geldbuße zu erheben. [2]Wird in einer Bußgeldsache gegen einen oder mehrere Betroffene eine Geldbuße auch gegen eine juristische Person oder eine Personenvereinigung festgesetzt, ist eine Gebühr auch von der juristischen Person oder Personenvereinigung nach Maßgabe der gegen sie festgesetzten Geldbuße zu erheben.

III [1]Wird bei Festsetzung mehrerer Geldbußen ein Rechtsmittel auf die Festsetzung einer Geldbuße beschränkt, bemisst sich die Gebühr für das Rechtsmittelverfahren nach dieser Geldbuße. [2]Satz 1 gilt im Fall der Wiederaufnahme entsprechend.

Abschnitt 1. Erster Rechtszug

Nr.	Gebührentatbestand	Gebühr oder Satz der Gebühr 4110, soweit nichts anderes vermerkt ist
4110	**Hauptverhandlung mit Urteil oder Beschluss ohne Hauptverhandlung (§ 72 OWiG) ......**	**10 % des Betrags der Geldbuße – mindestens 55,00 € – höchstens 16 500,00 €**
4111	**Zurücknahme des Einspruchs nach Eingang der Akten bei Gericht und vor Beginn der Hauptverhandlung ....** **Die Gebühr wird nicht erhoben, wenn die Sache an die Verwaltungsbehörde zurückverwiesen worden ist.**	**0,25 – mindestens 17,00 €**

Nr.	Gebührentatbestand	Gebühr oder Satz der Gebühr 4110, soweit nichts anderes vermerkt ist
4112	Zurücknahme des Einspruchs nach Beginn der Hauptverhandlung	0,5

KV 4111 gilt auch dann, wenn die Einspruchsrücknahme gegenüber der Bußgeldbehörde nach dem Akteneingang beim Gericht erfolgt (AG Ratingen JurBüro 2017, 472). 1

Abschnitt 2. Rechtsbeschwerde

Nr.	Gebührentatbestand	Gebühr oder Satz der Gebühr 4110, soweit nichts anderes vermerkt ist
4120	Verfahren mit Urteil oder Beschluss nach § 79 Abs. 5 OWiG	2,0
4121	Verfahren ohne Urteil oder Beschluss nach § 79 Abs. 5 OWiG .... Die Gebühr entfällt bei Rücknahme der Rechtsbeschwerde vor Ablauf der Begründungsfrist.	1,0

Abschnitt 3. Wiederaufnahmeverfahren

Nr.	Gebührentatbestand	Gebühr oder Satz der Gebühr 4110, soweit nichts anderes vermerkt ist
4130	Verfahren über den Antrag auf Wiederaufnahme des Verfahrens: Der Antrag wird verworfen oder abgelehnt ..	0,5
4131	Verfahren über die Beschwerde gegen einen Beschluss, durch den ein Antrag auf Wiederaufnahme des Verfahrens verworfen oder abgelehnt wurde: Die Beschwerde wird verworfen oder zurückgewiesen	1,0

Hauptabschnitt 2. Einziehung und verwandte Maßnahmen

Vorbemerkung 4.2:

I [1]Die Vorschriften dieses Hauptabschnitts gelten für die Verfahren über die Einziehung, dieser gleichstehende Rechtsfolgen (§ 439 StPO i. V. m. § 46 Abs. 1 OWiG) und die Abführung des Mehrerlöses. [2]Im gerichtlichen Verfahren werden die Gebühren gesondert erhoben.

II [1]Betreffen die in Abs. 1 genannten Maßnahmen mehrere Betroffene wegen derselben Handlung, wird nur eine Gebühr erhoben. [2]§ 31 GKG bleibt unberührt.

Abschnitt 1. Beschwerde

Nr.	Gebührentatbestand	Gebühr oder Satz der Gebühr 4110, soweit nichts anderes vermerkt ist
4210	Verfahren über die Beschwerde nach § 434 Abs. 2, auch i. V. m. § 436 Abs. 2 StPO wiederum i. V. m. § 46 Abs. 1 OWiG: Die Beschwerde wird verworfen oder zurückgewiesen	66,00 €

Abschnitt 2. Rechtsbeschwerde

Nr.	Gebührentatbestand	Gebühr oder Satz der Gebühr 4110, soweit nichts anderes vermerkt ist
4220	Verfahren mit Urteil oder Beschluss nach § 79 Abs. 5 OWiG: Die Rechtsbeschwerde wird verworfen	132,00 €
4221	Verfahren ohne Urteil oder Beschluss nach § 79 Abs. 5 OWiG .... Die Gebühr entfällt bei Rücknahme der Rechtsbeschwerde vor Ablauf der Begründungsfrist.	66,00 €

Abschnitt 3. Wiederaufnahmeverfahren

Nr.	Gebührentatbestand	Gebühr oder Satz der Gebühr 4110, soweit nichts anderes vermerkt ist
4230	Verfahren über den Antrag auf Wiederaufnahme des Verfahrens: Der Antrag wird verworfen oder abgelehnt ..	39,00 €
4231	Verfahren über die Beschwerde gegen einen Beschluss, durch den ein Antrag auf Wiederaufnahme des Verfahrens verworfen oder abgelehnt wurde: Die Beschwerde wird verworfen oder zurückgewiesen	78,00 €

Hauptabschnitt 3. Besondere Gebühren

Nr.	Gebührentatbestand	Gebühr oder Satz der Gebühr 4110, soweit nichts anderes vermerkt ist
4300	Dem Anzeigenden sind im Fall einer unwahren Anzeige die Kosten auferlegt worden (§ 469 StPO i. V. m. § 46 Abs. 1 OWiG)	39,00 €
	Das Gericht kann die Gebühr bis auf 15,00 € herabsetzen oder beschließen, dass von der Erhebung einer Gebühr abgesehen wird.	
4301	Abschließende Entscheidung des Gerichts im Fall des § 25a Abs. 1 StVG oder des § 10a Absatz 1 Satz 1 BFStrMG	39,00 €
4302	Entscheidung der Staatsanwaltschaft im Fall des § 25a Abs. 1 StVG oder des § 10a Absatz 1 Satz 1 BFStrMG	22,00 €
4303	Verfahren über den Antrag auf gerichtliche Entscheidung gegen eine Anordnung, Verfügung oder sonstige Maßnahme der Verwaltungsbehörde oder der Staatsanwaltschaft oder Verfahren über Einwendungen nach § 103 OWiG:	
	Der Antrag wird verworfen	33,00 €
	Wird der Antrag nur teilweise verworfen, kann das Gericht die Gebühr nach billigem Ermessen auf die Hälfte ermäßigen oder bestimmen, dass eine Gebühr nicht zu erheben ist.	
4304	Verfahren über die Erinnerung gegen den Kostenfestsetzungsbeschluss des Urkundsbeamten der Staatsanwaltschaft (§ 108a Abs. 3 Satz 2 OWiG):	
	Die Erinnerung wird zurückgewiesen	33,00 €
	Wird die Erinnerung nur teilweise verworfen, kann das Gericht die Gebühr nach billigem Ermessen auf die Hälfte ermäßigen oder bestimmen, dass eine Gebühr nicht zu erheben ist.	

Hauptabschnitt 4. Sonstige Beschwerden

Vorbemerkung 4.4:

Die Gebühren im Kostenfestsetzungsverfahren bestimmen sich nach den für das Kostenfestsetzungsverfahren in Teil 1 Hauptabschnitt 8 geregelten Gebühren.

Nr.	Gebührentatbestand	Gebühr oder Satz der Gebühr 4110, soweit nichts anderes vermerkt ist
4400	Verfahren über die Beschwerde gegen eine Entscheidung, durch die im gerichtlichen Verfahren nach dem OWiG einschließlich des	

Nr.	Gebührentatbestand	Gebühr oder Satz der Gebühr 4110, soweit nichts anderes vermerkt ist
	selbständigen Verfahrens nach den §§ 88 und 46 Abs. 1 OWiG i. V. m. den §§ 435 bis 437, 444 Abs. 3 StPO eine Geldbuße gegen eine juristische Person oder eine Personenvereinigung festgesetzt worden ist: **Die Beschwerde wird verworfen oder zurückgewiesen** .... **Eine Gebühr wird nur erhoben, wenn eine Geldbuße rechtskräftig festgesetzt ist.**	**0,5**
4401	**Verfahren über nicht besonders aufgeführte Beschwerden, die nicht nach anderen Vorschriften gebührenfrei sind:** **Die Beschwerde wird verworfen oder zurückgewiesen** .... **Von dem Betroffenen wird eine Gebühr nur erhoben, wenn gegen ihn eine Geldbuße rechtskräftig festgesetzt ist.**	**66,00 €**

Hauptabschnitt 5. Rüge wegen Verletzung des Anspruchs auf rechtliches Gehör

Nr.	Gebührentatbestand	Gebühr oder Satz der Gebühr 4110, soweit nichts anderes vermerkt ist
4500	**Verfahren über die Rüge wegen Verletzung des Anspruchs auf rechtliches Gehör (§§ 33a, 311a Abs. 1 Satz 1, § 356a StPO i. V. m. § 46 Abs. 1 und § 79 Abs. 3 OWiG):** **Die Rüge wird in vollem Umfang verworfen oder zurückgewiesen**	**66,00 €**

1 KV 4500 betrifft Anhörungsrügeverfahren im Rahmen von Verfahren, für die Gebühren nach Teil 4 des KV erhoben werden. Die Vorschrift stimmt inhaltlich mit KV 1700 überein, daher → KV 1700 Rn. 1 ff.

Teil 5. Verfahren vor den Gerichten der Verwaltungsgerichtsbarkeit

Hauptabschnitt 1. Prozessverfahren

Vorbemerkung 5.1:

Wird das Verfahren durch Antrag eingeleitet, gelten die Vorschriften über die Klage entsprechend.

1 Hierher gehört vor allem das Normenkontrollverfahren nach § 47 VwGO.

Abschnitt 1. Erster Rechtszug

Unterabschnitt 1. Verwaltungsgericht

Nr.	Gebührentatbestand	Gebühr oder Satz der Gebühr nach § 34 GKG
5110	**Verfahren im Allgemeinen ....**	**3,0**
5111	**Beendigung des gesamten Verfahrens durch** **1. Zurücknahme der Klage** **a) vor dem Schluss der mündlichen Verhandlung,** **b) wenn eine solche nicht stattfindet, vor Ablauf des Tages, an dem das Urteil oder der Gerichtsbescheid der Geschäftsstelle übermittelt wird, oder** **c) im Fall des § 93a Abs. 2 VwGO vor Ablauf der Erklärungsfrist nach § 93a Abs. 2 Satz 1 VwGO,** **2. Anerkenntnis- oder Verzichtsurteil,** **3. gerichtlichen Vergleich oder** **4. Erledigungserklärungen nach § 161 Abs. 2 VwGO, wenn keine Entscheidung über die Kosten ergeht oder die Entscheidung einer zuvor mitgeteilten Einigung der Beteiligten über die Kostentragung oder der Kostenübernahmeerklärung eines Beteiligten folgt,** **wenn nicht bereits ein anderes als eines der in Nummer 2 genannten Urteile oder ein Gerichtsbescheid vorausgegangen ist:** **Die Gebühr 5110 ermäßigt sich auf ....** **Die Gebühr ermäßigt sich auch, wenn mehrere Ermäßigungstatbestände erfüllt sind.**	**1,0**

I. Systematik. Die gesamte Regelung ist derjenigen vor den ordentlichen Gerichten sehr ähnlich. Vgl. daher stets zunächst KV 1210 ff. (BVerwG NVwZ-RR 2010, 335). Auch nach KV 5111 muss das gesamte Verfahren betroffen sein (VGH Baden-Württemberg NVwZ-RR 2009, 453). Die Gebühren fallen dann an, wenn ein Hauptsacheverfahren in Gang gekommen ist (Brehm/Zimmerling NVwZ 2004, 1207; Stuttmann DVBl 2004, 681). Prozessverfahren ist dasjenige nach §§ 81 ff. VwGO, soweit es sich um ein selbständiges Verfahren handelt. Eine Sonderregelung wegen des Verfahrens nach §§ 80 V, 80a III VwGO ist in KV 5210 ff. vorhanden. Eine Sonderregelung wegen des selbständigen Beweisverfahrens enthält KV 5300. Eine Sonderregelung wegen eines Prozessvergleichs enthält KV 5600. Wegen einer Verzögerungsgebühr gilt KV 5601. Das Beschwerdeverfahren ist in KV 5240–5242, 5500–5502 geregelt. Wegen weitergehender Ermäßigungs- oder Wegfallmöglichkeiten über KV 5111 hinaus § 69b. 1

II. Anwendungsbereich. Für ein nichtstreitiges Verfahren etwa nach § 24 VwGO entsteht keine Verfahrensgebühr nach KV 5110. Das Vollstreckungsverfahren nach §§ 167 ff. VwGO ist grundsätzlich gerade kein Prozessverfahren mehr. Eine Gebühr entsteht im Fall KV 5301. Bei einer Vollstreckungsabwehrklage gilt allerdings wiederum KV 5110 ff. 2

III. Zurücknahme. Auf eine Anordnung nach § 87 VwGO kommt es nicht mehr an. Die Klage gilt auch dann nach § 92 II 1 VwGO grundsätzlich als zurückgenommen, wenn der Kläger das Verfahren trotz einer Gerichtsaufforderung länger als drei Monate nicht betreibt. Maßgeblich ist evtl. der Tag, **unter** dem das Gericht gehandelt 3 hat. Das gilt auch dann, wenn es das Datum irrig unrichtig eingesetzt hatte. Bei einer nachweislichen Falschdatierung gilt der wahre Handlungstag. Die Erledigung der Hauptsache ist nach KV 5111 Nr. 4 evtl. ein Ermäßigungsgrund.

4 **IV. Streitwert.** Der Streitwert ergibt sich aus § 52, s. dort.

5 **V. Fälligkeit, Kostenschuldner usw.** Die Fälligkeit tritt bei KV 5110 nach § 6 I Nr. 4 mit der Anhängigkeit, die Ermäßigung nach KV 5111 mit der Verfahrensbeendigung ein (§ 9 I). Wegen der Auslagen § 9 II. Der **Kostenschuldner** ist nach §§ 22, 29 zu ermitteln. Es besteht keine Vorauszahlungspflicht nach § 10.

Unterabschnitt 2. Oberverwaltungsgericht (Verwaltungsgerichtshof)

Nr.	Gebührentatbestand	Gebühr oder Satz der Gebühr nach § 34 GKG
5112	**Verfahren im Allgemeinen**	**4,0**
5113	**Beendigung des gesamten Verfahrens durch** **1. Zurücknahme der Klage** **a) vor dem Schluss der mündlichen Verhandlung,** **b) wenn eine solche nicht stattfindet, vor Ablauf des Tages, an dem das Urteil, der Gerichtsbescheid oder der Beschluss in der Hauptsache der Geschäftsstelle übermittelt wird,** **c) im Fall des § 93a Abs. 2 VwGO vor Ablauf der Erklärungsfrist nach § 93a Abs. 2 Satz 1 VwGO,** **2. Anerkenntnis- oder Verzichtsurteil,** **3. gerichtlichen Vergleich oder** **4. Erledigungserklärungen nach § 161 Abs. 2 VwGO, wenn keine Entscheidung über die Kosten ergeht oder die Entscheidung einer zuvor mitgeteilten Einigung der Beteiligten über die Kostentragung oder der Kostenübernahmeerklärung eines Beteiligten folgt,** **es sei denn, dass bereits ein anderes als eines der in Nummer 2 genannten Urteile, ein Gerichtsbescheid oder Beschluss in der Hauptsache vorausgegangen ist:** **Die Gebühr 5112 ermäßigt sich auf** .... **Die Gebühr ermäßigt sich auch, wenn mehrere Ermäßigungstatbestände erfüllt sind.**	**2,0**

1 KV 5112, 5113 betreffen (wie sich aus der Überschrift des Abschnitts 1 ergibt) **Prozessverfahren des ersten Rechtszugs,** für die aufgrund besonderer Vorschriften die **OVG/VGH** zuständig sind (zu erstinstanzlichen Verfahren des vorläufigen Rechtsschutzes vgl. KV 5220, 5221 iVm Vorb. 5.2.2.). In den Anwendungsbereich der Vorschriften fallen daher **Normenkontrollverfahren** nach § 47 VwGO (vgl. etwa OVG Mecklenburg-Vorpommern BeckRS 2017, 148155), die in **§ 48 VwGO** aufgeführten Streitigkeiten sowie Streitigkeiten über die Entschädigung wegen überlanger Gerichtsverfahren in der Verwaltungsjustiz nach **§§ 198 ff. GVG,** soweit sich die Klage gegen ein Land richtet. Die Gebührentatbestände entsprechen den für erstinstanzlichen Verfahren vor den VG geltenden KV 5110, 5111 (→ KV 5110, 5111 Rn. 1 ff.), die Gebührenhöhe entspricht indessen der für Berufungsverfahren gelten-

den (vgl. KV 5122, 5124). Zur anwaltlichen Vergütung für diese Verfahren → RVG VV 3300, 3301 Rn. 1 ff.

Unterabschnitt 3. Bundesverwaltungsgericht

Nr.	Gebührentatbestand	Gebühr oder Satz der Gebühr nach § 34 GKG
5114	**Verfahren im Allgemeinen ....**	**5,0**
5115	**Beendigung des gesamten Verfahrens durch** **1. Zurücknahme der Klage** **a) vor dem Schluss der mündlichen Verhandlung,** **b) wenn eine solche nicht stattfindet, vor Ablauf des Tages, an dem das Urteil oder der Gerichtsbescheid der Geschäftsstelle übermittelt wird,** **c) im Fall des § 93a Abs. 2 VwGO vor Ablauf der Erklärungsfrist nach § 93a Abs. 2 Satz 1 VwGO,** **2. Anerkenntnis- oder Verzichtsurteil,** **3. gerichtlichen Vergleich oder** **4. Erledigungserklärungen nach § 161 Abs. 2 VwGO, wenn keine Entscheidung über die Kosten ergeht oder die Entscheidung einer zuvor mitgeteilten Einigung der Beteiligten über die Kostentragung oder der Kostenübernahmeerklärung eines Beteiligten folgt,** **es sei denn, dass bereits ein anderes als eines der in Nummer 2 genannten Urteile, ein Gerichtsbescheid oder ein Beschluss in der Hauptsache vorausgegangen ist:** **Die Gebühr 5114 ermäßigt sich auf ....** **Die Gebühr ermäßigt sich auch, wenn mehrere Ermäßigungstatbestände erfüllt sind.**	**3,0**

KV 5114, 5115 betreffen (wie sich aus der Überschrift des Abschnitts 1 ergibt) **Prozessverfahren des ersten Rechtszugs,** für die aufgrund besonderer Vorschriften der **BVerwG** zuständig ist (zu erstinstanzlichen Verfahren des vorläufigen Rechtsschutzes vgl. KV 5230, 5321 iVm Vorb. 5.2.3.). Eine solche erstinstanzliche Zuständigkeit des BVerwG besteht für die in **§ 50 VwGO** aufgeführten Streitigkeiten sowie für Streitigkeiten über die Entschädigung wegen überlanger Gerichtsverfahren in der Verwaltungsjustiz nach **§§ 198 ff. GVG,** soweit sich die Klage gegen den Bund richtet. Die Gebührentatbestände entsprechen den für erstinstanzlichen Verfahren vor den VG geltenden KV 5110, 5111 (→ KV 5110, 5111 Rn. 1 ff.), die Gebührenhöhe entspricht indessen der für Revisionsverfahren geltenden (vgl. KV 5130, 5132). Zur anwaltlichen Vergütung für diese Verfahren → RVG VV 3300, 3301 Rn. 1 ff. **1**

Abschnitt 2. Zulassung und Durchführung der Berufung

Nr.	Gebührentatbestand	Gebühr oder Satz der Gebühr nach § 34 GKG
5120	**Verfahren über die Zulassung der Berufung:** **Soweit der Antrag abgelehnt wird ....**	**1,0**

Nr.	Gebührentatbestand	Gebühr oder Satz der Gebühr nach § 34 GKG
5121	**Verfahren über die Zulassung der Berufung: Soweit der Antrag zurückgenommen oder das Verfahren durch anderweitige Erledigung beendet wird**	**0,5**
	Die Gebühr entsteht nicht, soweit die Berufung zugelassen wird.	
5122	**Verfahren im Allgemeinen**	**4,0**

1 **I. Anwendungsbereich.** Zunächst → KV 1220, 5110, 5111 Rn. 1, 2. Soweit das Zulassungsverfahren nicht als ein Rechtsmittelverfahren abläuft, zB wegen einer Antragsrücknahme, entsteht keine Gebühr (Hornung Rpfleger 1997, 517; Otto JurBüro 1997, 286).

2 **II. Fälligkeit; Kostenschuldner.** Die Fälligkeit tritt nach § 9 I mit der Beendigung des Verfahrens ein. Der Kostenschuldner ist nach den §§ 22, 29 zu ermitteln. Der Streitwert wird nach den § 52, § 52 Anh. I berechnet. Die Sonderregelung nach KV 5210 tritt auch dann ein, wenn der Antragsteller seinen Antrag erstmals bei dem Berufungsgericht stellt.

Nr.	Gebührentatbestand	Gebühr oder Satz der Gebühr nach § 34 GKG
5123	**Beendigung des gesamten Verfahrens durch Zurücknahme der Berufung oder der Klage, bevor die Schrift zur Begründung der Berufung bei Gericht eingegangen ist: Die Gebühr 5122 ermäßigt sich auf**	**1,0**
	Erledigungserklärungen nach § 161 Abs. 2 VwGO stehen der Zurücknahme gleich, wenn keine Entscheidung über die Kosten ergeht oder die Entscheidung einer zuvor mitgeteilten Einigung der Beteiligten über die Kostentragung oder der Kostenübernahmeerklärung eines Beteiligten folgt.	
5124	**Beendigung des gesamten Verfahrens, wenn nicht Nummer 5123 erfüllt ist, durch 1. Zurücknahme der Berufung oder der Klage a) vor dem Schluss der mündlichen Verhandlung, b) wenn eine solche nicht stattfindet, vor Ablauf des Tages, an dem das Urteil oder der Beschluss in der Hauptsache der Geschäftsstelle übermittelt wird, oder c) im Fall des § 93a Abs. 2 VwGO vor Ablauf der Erklärungsfrist nach § 93a Abs. 2 Satz 1 VwGO, 2. Anerkenntnis- oder Verzichtsurteil, 3. gerichtlichen Vergleich oder 4. Erledigungserklärungen nach § 161 Abs. 2 VwGO, wenn keine Entscheidung über die Kosten ergeht oder die Entscheidung einer**	

Nr.	Gebührentatbestand	Gebühr oder Satz der Gebühr nach § 34 GKG
	zuvor mitgeteilten Einigung der Beteiligten über die Kostentragung oder der Kostenübernahmeerklärung eines Beteiligten folgt, **es sei denn, dass bereits ein anderes als eines der in Nummer 2 genannten Urteile oder ein Beschluss in der Hauptsache vorausgegangen ist:** **Die Gebühr 5122 ermäßigt sich auf ....**	**2,0**
	Die Gebühr ermäßigt sich auch, wenn mehrere Ermäßigungstatbestände erfüllt sind.	

Die Vorschriften stimmen weitgehend mit KV 1221, 1222 überein. Vgl. daher dort. Eine vorherige Zurückverweisung kann unschädlich sein (OVG Rheinland-Pfalz NVwZ-RR 2011, 711). Ein Einverständnis mit einer Kostentragung nach Erledigung der Hauptsache ist nicht stets ein Kostenvergleich nach KV 1000 (OVG Rheinland-Pfalz NVwZ-RR 2014, 862). **1**

Abschnitt 3. Revision

Nr.	Gebührentatbestand	Gebühr oder Satz der Gebühr nach § 34 GKG
5130	**Verfahren im Allgemeinen ....**	**5,0**
5131	**Beendigung des gesamten Verfahrens durch Zurücknahme der Revision oder der Klage, bevor die Schrift zur Begründung der Revision bei Gericht eingegangen ist:** **Die Gebühr 5130 ermäßigt sich auf ....**	**1,0**
	Erledigungserklärungen nach § 161 Abs. 2 VwGO stehen der Zurücknahme gleich, wenn keine Entscheidung über die Kosten ergeht oder die Entscheidung einer zuvor mitgeteilten Einigung der Beteiligten über die Kostentragung oder der Kostenübernahmeerklärung eines Beteiligten folgt.	
5132	**Beendigung des gesamten Verfahrens, wenn nicht Nummer 5131 erfüllt ist, durch** **1. Zurücknahme der Revision oder der Klage** **a) vor dem Schluss der mündlichen Verhandlung,** **b) wenn eine solche nicht stattfindet, vor Ablauf des Tages, an dem das Urteil oder der Beschluss in der Hauptsache der Geschäftsstelle übermittelt wird, oder** **c) im Fall des § 93a Abs. 2 VwGO vor Ablauf der Erklärungsfrist nach § 93a Abs. 2 Satz 1 VwGO,** **2. Anerkenntnis- oder Verzichtsurteil,** **3. gerichtlichen Vergleich oder**	

Nr.	Gebührentatbestand	Gebühr oder Satz der Gebühr nach § 34 GKG
	4. Erledigungserklärungen nach § 161 Abs. 2 VwGO, wenn keine Entscheidung über die Kosten ergeht oder die Entscheidung einer zuvor mitgeteilten Einigung der Beteiligten über die Kostentragung oder der Kostenübernahmeerklärung eines Beteiligten folgt,	
	es sei denn, dass bereits ein anderes als eines der in Nummer 2 genannten Urteile oder ein Beschluss in der Hauptsache vorausgegangen ist:	
	Die Gebühr 5130 ermäßigt sich auf	**3,0**
	Die Gebühr ermäßigt sich auch, wenn mehrere Ermäßigungstatbestände erfüllt sind.	

1 Die Vorschrift stimmen weitgehend mit KV 1230–1232 überein. Vgl. daher dort. Es ist bei KV 5131 unerheblich, ob die Revisionsbegründung bereits gleichzeitig mit der Revisionsschrift oder später beim Revisionsgericht eingeht. Es kommt nur darauf an, ob die Revision oder die Klage vor dem Eingang der Revisionsbegründung zurückgenommen wird (vgl. Bieler DStR 1975, 626).

Hauptabschnitt 2. Vorläufiger Rechtsschutz

Vorbemerkung 5.2:

I Die Vorschriften dieses Hauptabschnitts gelten für einstweilige Anordnungen und für Verfahren nach § 80 Abs. 5, § 80a Abs. 3 und § 80b Abs. 2 und 3 VwGO.

II 1 Im Verfahren über den Antrag auf Erlass und im Verfahren über den Antrag auf Aufhebung einer einstweiligen Anordnung werden die Gebühren jeweils gesondert erhoben. 2 Mehrere Verfahren nach § 80 Abs. 5 und 7, § 80a Abs. 3 und § 80b Abs. 2 und 3 VwGO gelten innerhalb eines Rechtszugs als ein Verfahren.

Abschnitt 1. Verwaltungsgericht sowie Oberverwaltungsgericht (Verwaltungsgerichtshof) und Bundesverwaltungsgericht als Rechtsmittelgerichte in der Hauptsache

Nr.	Gebührentatbestand	Gebühr oder Satz der Gebühr nach § 34 GKG
5210	**Verfahren im Allgemeinen ....**	**1,5**

1 **I. Anwendungsbereich.** Die Vorschrift gilt wie der ganze Hauptabschnitt 2 bei allen Arten von einstweiligen Anordnungen, also zB bei §§ 47 VIII, 80 III, V, 123 VwGO und zu Verfahren nach §§ 80 V, 80a III VwGO. Das Verfahren vor dem Vorsitzenden und das Verfahren vor Gericht gelten als dasselbe Verfahren.

2 Die Vorschrift gilt nur für die in der Überschrift des Abschnitts 1 genannten Instanzen. Abschnitte 2–4 enthalten für die in den amtlichen zugehörigen Vorbemerkungen genannten Zuständigkeiten formell eigene Regeln, ein reichlich kompliziert geratenes Nebeneinander.

3 Die Vorb. 5.2 II 2 ist auch dann anzuwenden, wenn der Kläger **mehrere Anträge** nacheinander stellt, wenn er zB zunächst die aufschiebende Wirkung des Widerspruchs und später die aufschiebende Wirkung der Klage begehrt hat (so schon

Waldner MDR 1982, 81; aA VG Ansbach MDR 1982, 80). Die Art der Entscheidungen der etwaigen mehreren Verfahren ist unerheblich (BFHE 134, 229, zu KV 1332 aF). Allerdings muss der Abschluss in derselben Instanz erfolgt sein. Im Fall eines Änderungsantrags nach § 80 V oder § 80a III VwGO gegen einen erstinstanzlichen Beschluss, den der Antragsteller in der Berufungsinstanz beim Gericht der Hauptsache stellt, entsteht die Gebühr KV 5210 noch einmal.

Nicht erfasst, § 1 S. 1, ist ein Verfahren nach § 80b II VwGO (OVG Sachsen JurBüro 1999, 260). 4

II. Streitwert. Der Streitwert richtet sich nach § 53 III. 5

III. Fälligkeit, Kostenschuldner usw. Die Fälligkeit tritt nach § 9 I mit der Beendigung des Verfahrens ein. Den **Kostenschuldner** ergeben §§ 22, 29. 6

Nr.	Gebührentatbestand	Gebühr oder Satz der Gebühr nach § 34 GKG
5211	**Beendigung des gesamten Verfahrens durch** **1. Zurücknahme des Antrags** **a) vor dem Schluss der mündlichen Verhandlung oder,** **b) wenn eine solche nicht stattfindet, vor Ablauf des Tages, an dem der Beschluss der Geschäftsstelle übermittelt wird,** **2. gerichtlichen Vergleich oder** **3. Erledigungserklärungen nach § 161 Abs. 2 VwGO, wenn keine Entscheidung über die Kosten ergeht oder die Entscheidung einer zuvor mitgeteilten Einigung der Beteiligten über die Kostentragung oder der Kostenübernahmeerklärung eines Beteiligten folgt,** **es sei denn, dass bereits ein Beschluss über den Antrag vorausgegangen ist:** **Die Gebühr 5210 ermäßigt sich auf** .... **Die Gebühr ermäßigt sich auch, wenn mehrere Ermäßigungstatbestände erfüllt sind.**	**0,5**

Abschnitt 2. Oberverwaltungsgericht (Verwaltungsgerichtshof)

Vorbemerkung 5.2.2:

Die Vorschriften dieses Abschnitts gelten, wenn das Oberverwaltungsgericht (Verwaltungsgerichtshof) auch in der Hauptsache erstinstanzlich zuständig ist.

Nr.	Gebührentatbestand	Gebühr oder Satz der Gebühr nach § 34 GKG
5220	**Verfahren im Allgemeinen**	**2,0**
5221	**Beendigung des gesamten Verfahrens durch** **1. Zurücknahme des Antrags** **a) vor dem Schluss der mündlichen Verhandlung oder,** **b) wenn eine solche nicht stattfindet, vor Ablauf des Tages, an dem der Beschluss der Geschäftsstelle übermittelt wird,**	

Nr.	Gebührentatbestand	Gebühr oder Satz der Gebühr nach § 34 GKG
	2. gerichtlichen Vergleich oder 3. Erledigungserklärungen nach § 161 Abs. 2 VwGO, wenn keine Entscheidung über die Kosten ergeht oder die Entscheidung einer zuvor mitgeteilten Einigung der Beteiligten über die Kostentragung oder der Kostenübernahmeerklärung eines Beteiligten folgt, es sei denn, dass bereits ein Beschluss über den Antrag vorausgegangen ist: Die Gebühr 5220 ermäßigt sich auf	0,75
	Die Gebühr ermäßigt sich auch, wenn mehrere Ermäßigungstatbestände erfüllt sind.	

Abschnitt 3. Bundesverwaltungsgericht

Vorbemerkung 5.2.3:

Die Vorschriften dieses Abschnitts gelten, wenn das Bundesverwaltungsgericht auch in der Hauptsache erstinstanzlich zuständig ist.

Nr.	Gebührentatbestand	Gebühr oder Satz der Gebühr nach § 34 GKG
5230	Verfahren im Allgemeinen	2,5
5231	Beendigung des gesamten Verfahrens durch: 1. Zurücknahme des Antrags a) vor dem Schluss der mündlichen Verhandlung oder, b) wenn eine solche nicht stattfindet, vor Ablauf des Tages, an dem der Beschluss der Geschäftsstelle übermittelt wird, 2. gerichtlichen Vergleich oder 3. Erledigungserklärungen nach § 161 Abs. 2 VwGO, wenn keine Entscheidung über die Kosten ergeht oder die Entscheidung einer zuvor mitgeteilten Einigung der Beteiligten über die Kostentragung oder der Kostenübernahmeerklärung eines Beteiligten folgt, es sei denn, dass bereits ein Beschluss über den Antrag vorausgegangen ist: Die Gebühr 5230 ermäßigt sich auf	1,0
	Die Gebühr ermäßigt sich auch, wenn mehrere Ermäßigungstatbestände erfüllt sind.	

Abschnitt 4. Beschwerde

Vorbemerkung 5.2.4:

Die Vorschriften dieses Abschnitts gelten für Beschwerden gegen Beschlüsse des Verwaltungsgerichts über einstweilige Anordnungen (§ 123 VwGO) und über die Aussetzung der Vollziehung (§§ 80, 80a VwGO).

Nr.	Gebührentatbestand	Gebühr oder Satz der Gebühr nach § 34 GKG
5240	**Verfahren über die Beschwerde**	**2,0**
5241	**Beendigung des gesamten Verfahrens durch Zurücknahme der Beschwerde:** **Die Gebühr 5240 ermäßigt sich auf**	**1,0**

Die Vorschriften stimmen teilweise mit KV 1240, 1430 überein. Vgl. daher dort. 1

Hauptabschnitt 3. Besondere Verfahren

Nr.	Gebührentatbestand	Gebühr oder Satz der Gebühr nach § 34 GKG
5300	**Selbständiges Beweisverfahren**	**1,0**

Vgl. KV 1610. Die Fälligkeit tritt bei der Anhängigkeit einer Hauptsache dann ein, wenn dort eine Kostenentscheidung ergeht oder wenn sich die Hauptsache anderweitig erledigt. Andernfalls tritt die Fälligkeit nach § 9 I mit der Beendigung des selbständigen Beweisverfahrens ein. 1

Nr.	Gebührentatbestand	Gebühr oder Satz der Gebühr nach § 34 GKG
5301	**Verfahren über Anträge auf gerichtliche Handlungen der Zwangsvollstreckung nach den §§ 169, 170 oder § 172 VwGO**	**22,00 €**

Die Vorschrift stimmt inhaltlich im Kern ganz mit KV 2110 überein. Vgl. daher dort. 1

Hauptabschnitt 4. Rüge wegen Verletzung des Anspruchs auf rechtliches Gehör

Nr.	Gebührentatbestand	Gebühr oder Satz der Gebühr nach § 34 GKG
5400	**Verfahren über die Rüge wegen Verletzung des Anspruchs auf rechtliches Gehör (§ 152a VwGO):** **Die Rüge wird in vollem Umfang verworfen oder zurückgewiesen**	**66,00 €**

KV 5400 betrifft Anhörungsrügeverfahren im Rahmen von Verfahren, für die Gebühren nach Teil 5 des KV erhoben werden. Die (verfassungsgemäße, vgl. OVG Rheinland-Pfalz NJW 2012, 1530; VGH Baden-Württemberg JurBüro 2012, 320) Vorschrift stimmt inhaltlich mit KV 1700 überein, daher → KV 1700 Rn. 1 ff. 1

Hauptabschnitt 5. Sonstige Beschwerden

Nr.	Gebührentatbestand	Gebühr oder Satz der Gebühr nach § 34 GKG
5500	**Verfahren über die Beschwerde gegen die Nichtzulassung der Revision:** **Soweit die Beschwerde verworfen oder zurückgewiesen wird ....**	2,0
5501	**Verfahren über die Beschwerde gegen die Nichtzulassung der Revision:** **Soweit die Beschwerde zurückgenommen oder das Verfahren durch anderweitige Erledigung beendet wird ....** Die Gebühr entsteht nicht, soweit die Revision zugelassen wird.	1,0
5502	**Verfahren über nicht besonders aufgeführte Beschwerden, die nicht nach anderen Vorschriften gebührenfrei sind:** **Die Beschwerde wird verworfen oder zurückgewiesen ....** Wird die Beschwerde nur teilweise verworfen oder zurückgewiesen, kann das Gericht die Gebühr nach billigem Ermessen auf die Hälfte ermäßigen oder bestimmen, dass eine Gebühr nicht zu erheben ist.	66,00 €

1 KV 5500 stimmt wesentlich mit KV 1241 überein. KV 5501 stimmt wesentlich mit KV 1242 überein. KV 5502 stimmt wesentlich mit KV 1812 überein. Vgl. daher jeweils dort.

Hauptabschnitt 6. Besondere Gebühren

Nr.	Gebührentatbestand	Gebühr oder Satz der Gebühr nach § 34 GKG
5600	**Abschluss eines gerichtlichen Vergleichs:** **Soweit ein Vergleich über nicht gerichtlich anhängige Gegenstände geschlossen wird ...** [1]Die Gebühr entsteht nicht im Verfahren über die Prozesskostenhilfe. [2]Im Verhältnis zur Gebühr für das Verfahren im Allgemeinen ist § 36 Abs. 3 GKG entsprechend anzuwenden.	0,25

1 Die Vorschrift stimmt weitgehend mit KV 1900 überein. Vgl. daher dort.

Nr.	Gebührentatbestand	Gebühr oder Satz der Gebühr nach § 34 GKG
5601	**Auferlegung einer Gebühr nach § 38 GKG wegen Verzögerung des Rechtsstreits ....**	wie vom Gericht bestimmt

1 Die Vorschrift stimmt wörtlich mit KV 1901 überein. Vgl. daher dort.

Teil 6. Verfahren vor den Gerichten der Finanzgerichtsbarkeit

Hauptabschnitt 1. Prozessverfahren

Abschnitt 1. Erster Rechtszug

Unterabschnitt 1. Verfahren vor dem Finanzgericht

Nr.	Gebührentatbestand	Gebühr oder Satz der Gebühr nach § 34 GKG
6110	**Verfahren im Allgemeinen, soweit es sich nicht nach § 45 Abs. 3 FGO erledigt**	4,0

I. Anwendungsbereich. Teil 6 ähnelt ebenfalls dem Teil 1 weitgehend. Vgl. daher KV 1210 ff. Prozessverfahren ist das Verfahren nach §§ 63 ff. FGO, soweit es sich um ein selbständiges Verfahren handelt. KV 6210, 6211 enthalten Sonderregelungen wegen der Verfahren nach §§ 69 III, V FGO. KV 6300 enthält eine Sonderregelung für das selbständige Beweisverfahren. KV 6600 regelt die Höhe einer Verzögerungsgebühr nach § 38. KV 6220, 6221, 6500–6502 enthalten die Regelung des Beschwerdeverfahrens. Das Vollstreckungsverfahren nach §§ 150 ff. FGO ist kein Prozessverfahren mehr. Wegen § 152 FGO gilt KV 6301. 1

II. Streitwert. Der Streitwert richtet sich nach § 58, s. dort. 2

III. Fälligkeit, Kostenschuldner usw. Die Fälligkeit tritt nach § 6 I Nr. 4 ein. Wegen der Auslagen gilt § 9. Der **Kostenschuldner** ergibt sich nach §§ 22, 29. Es besteht nach § 10 keine Vorauszahlungspflicht. 3

Nr.	Gebührentatbestand	Gebühr oder Satz der Gebühr nach § 34 GKG
6111	**Beendigung des gesamten Verfahrens durch** **1. Zurücknahme der Klage** **a) vor dem Schluss der mündlichen Verhandlung oder,** **b) wenn eine solche nicht stattfindet, vor Ablauf des Tages, an dem das Urteil oder der Gerichtsbescheid der Geschäftsstelle übermittelt wird, oder** **2. Beschluss in den Fällen des § 138 FGO, es sei denn, dass bereits ein Urteil oder ein Gerichtsbescheid vorausgegangen ist:** **Die Gebühr 6110 ermäßigt sich auf** .... **Die Gebühr ermäßigt sich auch, wenn mehrere Ermäßigungstatbestände erfüllt sind.**	2,0

Die Vorschrift stimmt im Kern mit KV 1211 überein. Vgl. daher dort. Wegen weitergehender Ermäßigungs- oder Wegfallmöglichkeiten § 69b. 1

Unterabschnitt 2. Verfahren vor dem Bundesfinanzhof

Nr.	Gebührentatbestand	Gebühr oder Satz der Gebühr nach § 34 GKG
6112	**Verfahren im Allgemeinen**	5,0
6113	**Beendigung des gesamten Verfahrens durch**	

Nr.	Gebührentatbestand	Gebühr oder Satz der Gebühr nach § 34 GKG
	1. Zurücknahme der Klage **a) vor dem Schluss der mündlichen Verhandlung oder,** **b) wenn eine solche nicht stattfindet, vor Ablauf des Tages, an dem das Urteil oder der Gerichtsbescheid der Geschäftsstelle übermittelt wird, oder** **2. Beschluss in den Fällen des § 138 FGO, es sei denn, dass bereits ein Urteil oder ein Gerichtsbescheid vorausgegangen ist:** **Die Gebühr 6112 ermäßigt sich auf ....** **Die Gebühr ermäßigt sich auch, wenn mehrere Ermäßigungstatbestände erfüllt sind.**	**3,0**

1 KV 6112, 6113 betreffen (wie sich aus der Überschrift des Abschnitts 1 ergibt) **Prozessverfahren des ersten Rechtszugs,** für die aufgrund besonderer Vorschriften der **BFH** zuständig ist. Derzeit wohl einziger Anwendungsbereich sind Streitigkeiten über die Entschädigung wegen überlanger Gerichtsverfahren in der Ziviljustiz nach **§§ 198 ff. GVG.** Die Gebührentatbestände entsprechen den für erstinstanzlichen Verfahren vor den FG geltenden KV 6110, 6111 (→ KV 6110 Rn. 1 ff., → KV 6111 Rn. 1), die Gebührenhöhe entspricht indessen der für Revisionsverfahren geltenden (vgl. KV 6120, 6122). Zur anwaltlichen Vergütung für diese Verfahren → RVG VV 3300, 3301 Rn. 1 ff.

Abschnitt 2. Revision

Nr.	Gebührentatbestand	Gebühr oder Satz der Gebühr nach § 34 GKG
6120	**Verfahren im Allgemeinen ....**	**5,0**

1 Vorschrift stimmt weitgehend mit KV 1230 überein. Vgl. daher dort.

Nr.	Gebührentatbestand	Gebühr oder Satz der Gebühr nach § 34 GKG
6121	**Beendigung des gesamten Verfahrens durch Zurücknahme der Revision oder der Klage, bevor die Schrift zur Begründung der Revision bei Gericht eingegangen ist:** **Die Gebühr 6120 ermäßigt sich auf ....** **Erledigungen in den Fällen des § 138 FGO stehen der Zurücknahme gleich.**	**1,0**

1 Die Vorschrift stimmt weitgehend mit KV 1231 überein. Vgl. daher dort.

Nr.	Gebührentatbestand	Gebühr oder Satz der Gebühr nach § 34 GKG
6122	**Beendigung des gesamten Verfahrens, wenn nicht Nummer 6121 erfüllt ist, durch** **1. Zurücknahme der Revision oder der Klage** **a) vor dem Schluss der mündlichen Verhandlung oder,** **b) wenn eine solche nicht stattfindet, vor Ablauf des Tages, an dem das Urteil, der Gerichtsbescheid oder der Beschluss in der Hauptsache der Geschäftsstelle übermittelt wird, oder** **2. Beschluss in den Fällen des § 138 FGO,** **es sei denn, dass bereits ein Urteil, ein Gerichtsbescheid oder ein Beschluss in der Hauptsache vorausgegangen ist:** **Die Gebühr 6120 ermäßigt sich auf ....** **Die Gebühr ermäßigt sich auch, wenn mehrere Ermäßigungstatbestände erfüllt sind.**	**3,0**

Die Vorschrift stimmt weitgehend mit KV 1232 überein. Vgl. daher dort. 1

Hauptabschnitt 2. Vorläufiger Rechtsschutz

Vorbemerkung 6.2:

I Die Vorschriften dieses Hauptabschnitts gelten für einstweilige Anordnungen und für Verfahren nach § 69 Abs. 3 und 5 FGO.

II 1 Im Verfahren über den Antrag auf Erlass und im Verfahren über den Antrag auf Aufhebung einer einstweiligen Anordnung werden die Gebühren jeweils gesondert erhoben. 2 Mehrere Verfahren nach § 69 Abs. 3 und 5 FGO gelten innerhalb eines Rechtszugs als ein Verfahren.

Abschnitt 1. Erster Rechtszug

Nr.	Gebührentatbestand	Gebühr oder Satz der Gebühr nach § 34 GKG
6210	**Verfahren im Allgemeinen ....**	**2,0**

I. Anwendungsbereich. Die Vorschrift stimmt im Kern mit KV 1410 überein. 1
Vgl. daher bedingt dort. Mehrere Verfahren nach der Vorb. 6.2 II 2 liegen auch dann vor, wenn der Antragsteller den ersten Antrag zurückgenommen hat und wenn das Gericht auch auf Grund des zweiten Antrags keine Sachentscheidung getroffen hat (BFH/NV 1996, 845; FG Münster EFG 1991, 502; aA FG Baden-Württemberg EFG 1999, 343; FG Saarland EFG 1985, 577).

Wenn das Gericht in einem Aussetzungsverfahren nach § 69 FGO dem **voll-** 2
machtlosen Vertreter des Steuerpflichtigen die Kosten auferlegt und in einem weiteren Aussetzungsverfahren desselben Rechtszugs dem Steuerpflichtigen, entfällt die Wirkung des ersten Kostenausspruchs (FG München EFG 1981, 204).

II. Streitwert. Der Streitwert ergibt sich aus § 53 III. 3

III. Fälligkeit, Kostenschuldner usw. Die Fälligkeit tritt nach § 6 I ein. Der 4
Kostenschuldner ergibt sich aus §§ 22, 29.

Nr.	Gebührentatbestand	Gebühr oder Satz der Gebühr nach § 34 GKG
6211	**Beendigung des gesamten Verfahrens durch** **1. Zurücknahme des Antrags** **a) vor dem Schluss der mündlichen Verhandlung oder,** **b) wenn eine solche nicht stattfindet, vor Ablauf des Tages, an dem der Beschluss (§ 114 Abs. 4 FGO) der Geschäftsstelle übermittelt wird, oder** **2. Beschluss in den Fällen des § 138 FGO,** **es sei denn, dass bereits ein Beschluss nach § 114 Abs. 4 FGO vorausgegangen ist:** **Die Gebühr 6210 ermäßigt sich auf ....** **Die Gebühr ermäßigt sich auch, wenn mehrere Ermäßigungstatbestände erfüllt sind.**	**0,75**

1 Die Vorschrift stimmt weitgehend mit KV 1421 überein. Vgl. daher dort.

Abschnitt 2. Beschwerde

Vorbemerkung 6.2.2:

Die Vorschriften dieses Abschnitts gelten für Beschwerden gegen Beschlüsse über einstweilige Anordnungen (§ 114 FGO) und über die Aussetzung der Vollziehung (§ 69 Abs. 3 und 5 FGO).

Nr.	Gebührentatbestand	Gebühr oder Satz der Gebühr nach § 34 GKG
6220	**Verfahren über die Beschwerde ....**	**2,0**
6221	**Beendigung des gesamten Verfahrens durch Zurücknahme der Beschwerde:** **Die Gebühr 6220 ermäßigt sich auf ....**	**1,0**

1 KV 6220 stimmt weitgehend mit KV 1423 überein. KV 6221 stimmt weitgehend mit KV 1430 überein. Vgl. daher jeweils dort.

Hauptabschnitt 3. Besondere Verfahren

Nr.	Gebührentatbestand	Gebühr oder Satz der Gebühr nach § 34 GKG
6300	**Selbständiges Beweisverfahren ....**	**1,0**

1 **I. Anwendungsbereich.** Die Vorschrift stimmt wörtlich mit KV 1610 überein. Vgl. daher dort.

2 **II. Fälligkeit, Kostenschuldner usw.** Soweit eine Hauptsache anhängig ist, tritt die Fälligkeit mit deren Kostenentscheidung oder anderweitiger Erledigung ein. Andernfalls tritt die Fälligkeit nach § 6 I ein. Der **Kostenschuldner** ergibt sich aus §§ 22, 29.

Nr.	Gebührentatbestand	Gebühr oder Satz der Gebühr nach § 34 GKG
6301	**Verfahren über Anträge auf gerichtliche Handlungen der Zwangsvollstreckung gemäß § 152 FGO**	**22,00 €**

Hauptabschnitt 4. Rüge wegen Verletzung des Anspruchs auf rechtliches Gehör

Nr.	Gebührentatbestand	Gebühr oder Satz der Gebühr nach § 34 GKG
6400	**Verfahren über die Rüge wegen Verletzung des Anspruchs auf rechtliches Gehör (§ 133a FGO):** **Die Rüge wird in vollem Umfang verworfen oder zurückgewiesen**	**66,00 €**

KV 6400 betrifft Anhörungsrügeverfahren im Rahmen von Verfahren, für die Gebühren nach Teil 6 des KV erhoben werden. Die Vorschrift stimmt inhaltlich mit KV 1700 überein, daher → KV 1700 Rn. 1 ff. 1

Hauptabschnitt 5. Sonstige Beschwerden

Nr.	Gebührentatbestand	Gebühr oder Satz der Gebühr nach § 34 GKG
6500	**Verfahren über die Beschwerde gegen die Nichtzulassung der Revision:** **Soweit die Beschwerde verworfen oder zurückgewiesen wird**	**2,0**
6501	**Verfahren über die Beschwerde gegen die Nichtzulassung der Revision:** **Soweit die Beschwerde zurückgenommen oder das Verfahren durch anderweitige Erledigung beendet wird** **Die Gebühr entsteht nicht, soweit die Revision zugelassen wird.**	**1,0**
6502	**Verfahren über nicht besonders aufgeführte Beschwerden, die nicht nach anderen Vorschriften gebührenfrei sind:** **Die Beschwerde wird verworfen oder zurückgewiesen** **Wird die Beschwerde nur teilweise verworfen oder zurückgewiesen, kann das Gericht die Gebühr nach billigem Ermessen auf die Hälfte ermäßigen oder bestimmen, dass eine Gebühr nicht zu erheben ist.**	**66,00 €**

KV 6500 stimmt wörtlich mit KV 1241 überein. KV 6501 stimmt wörtlich mit KV 1242 überein. KV 6502 stimmt wörtlich mit KV 1811 überein. Vgl. daher jeweils dort. 1

Hauptabschnitt 6. Besondere Gebühr

Nr.	Gebührentatbestand	Gebühr oder Satz der Gebühr nach § 34 GKG
6600	**Auferlegung einer Gebühr nach § 38 GKG wegen Verzögerung des Rechtsstreits ....**	**wie vom Gericht bestimmt**

1 Die Vorschrift stimmt wörtlich mit KV 1901 überein. Vgl. daher dort.

Teil 7. Verfahren vor den Gerichten der Sozialgerichtsbarkeit

1 → SGG Vor § 183 Rn. 3 ff.

Hauptabschnitt 1. Prozessverfahren

Abschnitt 1. Erster Rechtszug

Unterabschnitt 1. Verfahren vor dem Sozialgericht

Nr.	Gebührentatbestand	Gebühr oder Satz der Gebühr nach § 34 GKG
7110	**Verfahren im Allgemeinen ....**	**3,0**

1 Die Vorschrift stimmt weitgehend mit KV 1210 überein. Vgl. daher dort.

Nr.	Gebührentatbestand	Gebühr oder Satz der Gebühr nach § 34 GKG
7111	**Beendigung des gesamten Verfahrens durch 1. Zurücknahme der Klage a) vor dem Schluss der mündlichen Verhandlung oder, b) wenn eine solche nicht stattfindet, vor Ablauf des Tages, an dem das Urteil oder der Gerichtsbescheid der Geschäftsstelle übermittelt wird, 2. Anerkenntnisurteil, 3. gerichtlichen Vergleich oder angenommenes Anerkenntnis oder 4. Erledigungserklärungen nach § 197a Abs. 1 Satz 1 SGG i. V. m. § 161 Abs. 2 VwGO, wenn keine Entscheidung über die Kosten ergeht oder die Entscheidung einer zuvor mitgeteilten Einigung der Beteiligten über die Kostentragung oder der Kostenübernahmeerklärung eines Beteiligten folgt, es sei denn, dass bereits ein Urteil oder ein Gerichtsbescheid vorausgegangen ist: Die Gebühr 7110 ermäßigt sich auf .... Die Gebühr ermäßigt sich auch, wenn mehrere Ermäßigungstatbestände erfüllt sind.**	**1,0**

1 Die Vorschrift stimmt weitgehend mit KV 1211 überein. Vgl. daher dort.

Unterabschnitt 2. Verfahren vor dem Landessozialgericht

Nr.	Gebührentatbestand	Gebühr oder Satz der Gebühr nach § 34 GKG
7112	**Verfahren im Allgemeinen**	**4,0**
7113	**Beendigung des gesamten Verfahrens durch** **1. Zurücknahme der Klage** **a) vor dem Schluss der mündlichen Verhandlung oder,** **b) wenn eine solche nicht stattfindet, vor Ablauf des Tages, an dem das Urteil oder der Gerichtsbescheid der Geschäftsstelle übermittelt wird,** **2. Anerkenntnisurteil,** **3. gerichtlichen Vergleich oder angenommenes Anerkenntnis oder** **4. Erledigungserklärungen nach § 197a Abs. 1 Satz 1 SGG i. V. m. § 161 Abs. 2 VwGO, wenn keine Entscheidung über die Kosten ergeht oder die Entscheidung einer zuvor mitgeteilten Einigung der Beteiligten über die Kostentragung oder der Kostenübernahmeerklärung eines Beteiligten folgt,** **es sei denn, dass bereits ein Urteil oder ein Gerichtsbescheid vorausgegangen ist:** **Die Gebühr 7112 ermäßigt sich auf** .... **Die Gebühr ermäßigt sich auch, wenn mehrere Ermäßigungstatbestände erfüllt sind.**	**2,0**

KV 7112, 7113 betreffen (wie sich aus der Überschrift des Abschnitts 1 ergibt) **Prozessverfahren des ersten Rechtszugs,** für die aufgrund besonderer Vorschriften die **LSG** zuständig sind (und für die Kosten nach dem GKG erhoben werden, → SGG § 197a Rn. 1 ff.). In den Anwendungsbereich der Vorschriften fallen daher die in **§ 72 II–IV SGG** aufgeführten Streitigkeiten sowie Streitigkeiten über die Entschädigung wegen überlanger Gerichtsverfahren in der Verwaltungsjustiz nach **§§ 198 ff. GVG,** soweit sich die Klage gegen ein Land richtet. Die Gebührentatbestände entsprechen den für erstinstanzlichen Verfahren vor den SG geltenden KV 7110, 7111 (→ KV 7110 Rn. 1, → KV 7111 Rn. 1), die Gebührenhöhe entspricht indessen der für Berufungsverfahren geltenden (vgl. KV 7120, 7122). Zur anwaltlichen Vergütung für diese Verfahren → RVG VV 3300, 3301 Rn. 1 ff. **1**

Unterabschnitt 3. Verfahren vor dem Bundessozialgericht

Nr.	Gebührentatbestand	Gebühr oder Satz der Gebühr nach § 34 GKG
7114	**Verfahren im Allgemeinen**	**5,0**
7115	**Beendigung des gesamten Verfahrens durch** **1. Zurücknahme der Klage** **a) vor dem Schluss der mündlichen Verhandlung oder,** **b) wenn eine solche nicht stattfindet, vor Ablauf des Tages, an dem das Urteil oder der Gerichtsbescheid der Geschäftsstelle übermittelt wird,**	

Nr.	Gebührentatbestand	Gebühr oder Satz der Gebühr nach § 34 GKG
	2. Anerkenntnisurteil, 3. gerichtlichen Vergleich oder angenommenes Anerkenntnis oder 4. Erledigungserklärungen nach § 197a Abs. 1 Satz 1 SGG i. V. m. § 161 Abs. 2 VwGO, wenn keine Entscheidung über die Kosten ergeht oder die Entscheidung einer zuvor mitgeteilten Einigung der Beteiligten über die Kostentragung oder der Kostenübernahmeerklärung eines Beteiligten folgt, es sei denn, dass bereits ein Urteil oder ein Gerichtsbescheid vorausgegangen ist: Die Gebühr 7114 ermäßigt sich auf .... Die Gebühr ermäßigt sich auch, wenn mehrere Ermäßigungstatbestände erfüllt sind.	**3,0**

1 KV 7114, 7115 betreffen (wie sich aus der Überschrift des Abschnitts 1 ergibt) **Prozessverfahren des ersten Rechtszugs,** für die aufgrund besonderer Vorschriften der **BSG** zuständig ist (und für die Kosten nach dem GKG erhoben werden, → SGG § 197a Rn. 1 ff.). Eine solche erstinstanzliche Zuständigkeit des BSG besteht für die in **§ 39 II SGG** aufgeführten Streitigkeiten sowie für Streitigkeiten über die Entschädigung wegen überlanger Gerichtsverfahren in der Verwaltungsjustiz nach **§§ 198 ff. GVG,** soweit sich die Klage gegen den Bund richtet. Die Gebührentatbestände entsprechen den für erstinstanzlichen Verfahren vor den SG geltenden KV 7110, 7111 (→ KV 7110 Rn. 1, → KV 7111 Rn. 1), die Gebührenhöhe entspricht indessen der für Revisionsverfahren geltenden (vgl. KV 7130, 7132). Zur anwaltlichen Vergütung für diese Verfahren → RVG VV 3300, 3301 Rn. 1 ff.

Abschnitt 2. Berufung

Nr.	Gebührentatbestand	Gebühr oder Satz der Gebühr nach § 34 GKG
7120	**Verfahren im Allgemeinen ....**	**4,0**

1 Die Vorschrift stimmt weitgehend mit KV 1220 überein. Vgl. daher dort.

Nr.	Gebührentatbestand	Gebühr oder Satz der Gebühr nach § 34 GKG
7121	**Beendigung des gesamten Verfahrens durch Zurücknahme der Berufung oder der Klage, bevor die Schrift zur Begründung der Berufung bei Gericht eingegangen ist und vor Ablauf des Tages, an dem die Verfügung mit der Bestimmung des Termins zur mündlichen Verhandlung der Geschäftsstelle übermittelt wird und vor Ablauf des Tages, an dem die den Beteiligten gesetzte Frist zur Äußerung abgelaufen ist (§ 153 Abs. 4 Satz 2 SGG): Die Gebühr 7120 ermäßigt sich auf ....**	**1,0**

Nr.	Gebührentatbestand	Gebühr oder Satz der Gebühr nach § 34 GKG
	Erledigungserklärungen nach § 197a Abs. 1 Satz 1 SGG i. V. m. § 161 Abs. 2 VwGO stehen der Zurücknahme gleich, wenn keine Entscheidung über die Kosten ergeht oder die Entscheidung einer zuvor mitgeteilten Einigung der Beteiligten über die Kostentragung oder der Kostenübernahmeerklärung eines Beteiligten folgt.	
7122	**Beendigung des gesamten Verfahrens, wenn nicht Nummer 7121 erfüllt ist, durch** **1. Zurücknahme der Berufung oder der Klage** **a) vor dem Schluss der mündlichen Verhandlung oder,** **b) wenn eine solche nicht stattfindet, vor Ablauf des Tages, an dem das Urteil oder der Beschluss in der Hauptsache der Geschäftsstelle übermittelt wird,** **2. Anerkenntnisurteil,** **3. gerichtlichen Vergleich oder angenommenes Anerkenntnis oder** **4. Erledigungserklärungen nach § 197a Abs. 1 Satz 1 SGG i. V. m. § 161 Abs. 2 VwGO, wenn keine Entscheidung über die Kosten ergeht oder die Entscheidung einer zuvor mitgeteilten Einigung der Beteiligten über die Kostentragung oder der Kostenübernahmeerklärung eines Beteiligten folgt,** **es sei denn, dass bereits ein Urteil oder ein Beschluss in der Hauptsache vorausgegangen ist:** **Die Gebühr 7120 ermäßigt sich auf**	**2,0**
	Die Gebühr ermäßigt sich auch, wenn mehrere Ermäßigungstatbestände erfüllt sind.	

Die Vorschriften stimmen in etwa mit KV 1221, 1222 überein. Vgl. daher dort. 1

Abschnitt 3. Revision

Nr.	Gebührentatbestand	Gebühr oder Satz der Gebühr nach § 34 GKG
7130	**Verfahren im Allgemeinen**	**5,0**
7131	**Beendigung des gesamten Verfahrens durch Zurücknahme der Revision oder der Klage, bevor die Schrift zur Begründung der Revision bei Gericht eingegangen ist:** **Die Gebühr 7130 ermäßigt sich auf**	**1,0**
	Erledigungserklärungen nach § 197a Abs. 1 Satz 1 SGG i. V. m. § 161 Abs. 2 VwGO stehen der Zurücknahme gleich, wenn keine Entscheidung über die Kosten ergeht oder die Entscheidung einer zuvor mitgeteilten Einigung der Be-	

Nr.	Gebührentatbestand	Gebühr oder Satz der Gebühr nach § 34 GKG
	teiligten über die Kostentragung oder der Kostenübernahmeerklärung eines Beteiligten folgt.	
7132	**Beendigung des gesamten Verfahrens, wenn nicht Nummer 7131 erfüllt ist, durch** **1. Zurücknahme der Revision oder der Klage,** **a) vor dem Schluss der mündlichen Verhandlung oder,** **b) wenn eine solche nicht stattfindet, vor Ablauf des Tages, an dem das Urteil oder der Beschluss in der Hauptsache der Geschäftsstelle übermittelt wird,** **2. Anerkenntnisurteil,** **3. gerichtlichen Vergleich oder angenommenes Anerkenntnis oder** **4. Erledigungserklärungen nach § 197a Abs. 1 Satz 1 SGG i. V. m. § 161 Abs. 2 VwGO, wenn keine Entscheidung über die Kosten ergeht oder die Entscheidung einer zuvor mitgeteilten Einigung der Beteiligten über die Kostentragung oder der Kostenübernahmeerklärung eines Beteiligten folgt,** **wenn nicht bereits ein Urteil oder ein Beschluss in der Hauptsache vorausgegangen ist: Die Gebühr 7130 ermäßigt sich auf ....** **Die Gebühr ermäßigt sich auch, wenn mehrere Ermäßigungstatbestände erfüllt sind.**	**3,0**

1 Die Vorschriften stimmen weitgehend mit KV 1231, 1232 überein. Vgl. daher dort.

Hauptabschnitt 2. Vorläufiger Rechtsschutz

Vorbemerkung 7.2:

I Die Vorschriften dieses Hauptabschnitts gelten für einstweilige Anordnungen und für Verfahren nach § 86b Abs. 1 SGG.

II 1 Im Verfahren über den Antrag auf Erlass und im Verfahren über den Antrag auf Aufhebung einer einstweiligen Anordnung werden die Gebühren jeweils gesondert erhoben. 2 Mehrere Verfahren nach § 86b Abs. 1 SGG gelten innerhalb eines Rechtszugs als ein Verfahren.

Abschnitt 1. Erster Rechtszug

Nr.	Gebührentatbestand	Gebühr oder Satz der Gebühr nach § 34 GKG
7210	**Verfahren im Allgemeinen ....**	**1,5**

1 Die Vorschrift stimmt wesentlich mit KV 1410 überein. Vgl. daher dort.

Nr.	Gebührentatbestand	Gebühr oder Satz der Gebühr nach § 34 GKG
7211	**Beendigung des gesamten Verfahrens durch** **1. Zurücknahme des Antrags** **a) vor dem Schluss der mündlichen Verhandlung oder,** **b) wenn eine solche nicht stattfindet, vor Ablauf des Tages, an dem der Beschluss (§ 86b Abs. 4 SGG) der Geschäftsstelle übermittelt wird,** **2. gerichtlichen Vergleich oder angenommenes Anerkenntnis oder** **3. Erledigungserklärungen nach § 197a Abs. 1 Satz 1 SGG i. V. m. § 161 Abs. 2 VwGO, wenn keine Entscheidung über die Kosten ergeht oder die Entscheidung einer zuvor mitgeteilten Einigung der Beteiligten über die Kostentragung oder der Kostenübernahmeerklärung eines Beteiligten folgt,** **es sei denn, dass bereits ein Beschluss (§ 86b Abs. 4 SGG) vorausgegangen ist:** **Die Gebühr 7210 ermäßigt sich auf ....** **Die Gebühr ermäßigt sich auch, wenn mehrere Ermäßigungstatbestände erfüllt sind.**	0,5

Die Vorschrift stimmt wesentlich mit KV 1421 überein. Vgl. daher dort. 1

Abschnitt 2. Beschwerde

Vorbemerkung 7.2.2:

Die Vorschriften dieses Abschnitts gelten für Beschwerden gegen Beschlüsse des Sozialgerichts nach § 86b SGG.

Nr.	Gebührentatbestand	Gebühr oder Satz der Gebühr nach § 34 GKG
7220	**Verfahren über die Beschwerde ....**	2,0
7221	**Beendigung des gesamten Verfahrens durch Zurücknahme der Beschwerde:** **Die Gebühr 7220 ermäßigt sich auf ....**	1,0

KV 7220 stimmt wesentlich mit KV 1423 überein. KV 7221 stimmt wesentlich mit KV 1430 überein. Vgl. daher jeweils dort. 1

Hauptabschnitt 3. Beweissicherungsverfahren

Nr.	Gebührentatbestand	Gebühr oder Satz der Gebühr nach § 34 GKG
7300	**Verfahren im Allgemeinen ....**	1,0

Die Vorschrift stimmt fast wörtlich mit KV 1610 überein. Vgl. daher dort. 1

Hauptabschnitt 4. Rüge wegen Verletzung des Anspruchs auf rechtliches Gehör

Nr.	Gebührentatbestand	Gebühr oder Satz der Gebühr nach § 34 GKG
7400	**Verfahren über die Rüge wegen Verletzung des Anspruchs auf rechtliches Gehör (§ 178a SGG):** **Die Rüge wird in vollem Umfang verworfen oder zurückgewiesen**	66,00 €

1 KV 7400 betrifft Anhörungsrügeverfahren im Rahmen von Verfahren, für die Gebühren nach Teil 7 des KV erhoben werden. Die Vorschrift stimmt inhaltlich mit KV 1700 überein, daher → KV 1700 Rn. 1 ff.

Hauptabschnitt 5. Sonstige Beschwerden

Nr.	Gebührentatbestand	Gebühr oder Satz der Gebühr nach § 34 GKG
7500	**Verfahren über die Beschwerde gegen die Nichtzulassung der Berufung:** **Soweit die Beschwerde verworfen oder zurückgewiesen wird**	1,5
7501	**Verfahren über die Beschwerde gegen die Nichtzulassung der Berufung:** **Soweit die Beschwerde zurückgenommen oder das Verfahren durch anderweitige Erledigung beendet wird** .... **Die Gebühr entsteht nicht, soweit die Berufung zugelassen wird.**	0,75
7502	**Verfahren über die Beschwerde gegen die Nichtzulassung der Revision:** **Soweit die Beschwerde verworfen oder zurückgewiesen wird**	2,0
7503	**Verfahren über die Beschwerde gegen die Nichtzulassung der Revision:** **Soweit die Beschwerde zurückgenommen oder das Verfahren durch anderweitige Erledigung beendet wird** .... **Die Gebühr entsteht nicht, soweit die Revision zugelassen wird.**	1,0
7504	**Verfahren über nicht besonders aufgeführte Beschwerden, die nicht nach anderen Vorschriften gebührenfrei sind:** **Die Beschwerde wird verworfen oder zurückgewiesen** .... **Wird die Beschwerde nur teilweise verworfen oder zurückgewiesen, kann das Gericht die Gebühr nach billigem Ermessen auf die Hälfte ermäßigen oder bestimmen, dass eine Gebühr nicht zu erheben ist.**	66,00 €

Hauptabschnitt 6. Besondere Gebühren

Nr.	Gebührentatbestand	Gebühr oder Satz der Gebühr nach § 34 GKG
7600	**Abschluss eines gerichtlichen Vergleichs: Soweit ein Vergleich über nicht gerichtlich anhängige Gegenstände geschlossen wird . . .** **[1] Die Gebühr entsteht nicht im Verfahren über die Prozesskostenhilfe. [2] Im Verhältnis zur Gebühr für das Verfahren im Allgemeinen ist § 36 Abs. 3 GKG entsprechend anzuwenden.**	**0,25**

Die Vorschrift stimmt weitgehend mit KV 1900 überein. Vgl. daher dort. 1

Nr.	Gebührentatbestand	Gebühr oder Satz der Gebühr nach § 34 GKG
7601	**Auferlegung einer Gebühr nach § 38 GKG wegen Verzögerung des Rechtsstreits . . . .**	**wie vom Gericht bestimmt**

Teil 8. Verfahren vor den Gerichten der Arbeitsgerichtsbarkeit

→ ArbGG § 12a Rn. 3 ff. 1

Vorbemerkung 8:

[1] Bei Beendigung des Verfahrens durch einen gerichtlichen Vergleich entfällt die in dem betreffenden Rechtszug angefallene Gebühr; im ersten Rechtszug entfällt auch die Gebühr für das Verfahren über den Antrag auf Erlass eines Vollstreckungsbescheids oder eines Europäischen Zahlungsbefehls. [2] Dies gilt nicht, wenn der Vergleich nur einen Teil des Streitgegenstands betrifft (Teilvergleich).

Nach dem klaren Wortlaut muss ein „gerichtlicher" Vergleich vorliegen. Es reicht daher **kein** nur außergerichtlicher (LAG Hamm NZA-RR 2011, 272). Auch ein nach Verkündung des Urteils abgeschlossener Vergleich führt dann, wenn weder das Urteil bereits Rechtskraft erlangt hat noch bereits ein Rechtsmittel eingelegt worden ist (die Sache sich also noch „in der Schwebe" befindet) zum Entfallen der Gebühr nach Vorb. 8 (LAG Nürnberg JurBüro 2022, 477 mzustAnm Elzer ArbRAktuell 2022, 440; str., vgl. Nachw bei Mayer FD-RVG 2022, 450664). 1

Hauptabschnitt 1. Mahnverfahren

Nr.	Gebührentatbestand	Gebühr oder Satz der Gebühr nach § 34 GKG
8100	**Verfahren über den Antrag auf Erlass eines Vollstreckungsbescheids oder eines Europäischen Zahlungsbefehls . . . .** **[1] Die Gebühr entfällt bei Zurücknahme des Antrags auf Erlass des Vollstreckungsbescheids. [2] Sie entfällt auch nach Übergang in das streitige Verfahren, wenn dieses ohne streitige Verhand-**	**0,4 – mindestens 29,00 €**

Nr.	Gebührentatbestand	Gebühr oder Satz der Gebühr nach § 34 GKG
	lung endet; dies gilt nicht, wenn der Einspruch zurückgenommen wird, ein Versäumnisurteil oder ein Urteil nach § 46a Abs. 6 Satz 2 des Arbeitsgerichtsgesetzes ergeht. [3]Bei Erledigungserklärungen nach § 91a ZPO entfällt die Gebühr, wenn keine Entscheidung über die Kosten ergeht oder die Kostenentscheidung einer zuvor mitgeteilten Einigung der Parteien über die Kostentragung oder der Kostenübernahmeerklärung einer Partei folgt.	

1 **I. Anwendungsbereich.** Die Gebühr gilt für alle (nach § 2 ArbGG) in die Zuständigkeit der Gerichte für Arbeitssachen fallenden gerichtlichen Mahnverfahren, dh für das „normale" Mahnverfahren nach **§ 46a ArbGG** (der eine entspr. Anwendung der §§ 688 ff. ZPO mit näher geregelten Besonderheiten anordnet) und das Europäische Mahnverfahren nach der VO (EG) Nr. 1896/2006, für das **§ 46b ArbGG** mit näher geregelten Besonderheiten auf eine entspr. Anwendung der §§ 1087 ff. ZPO verweist.

2 **II. Gebührentatbestand.** KV 8100 sieht für arbeitsgerichtliche Mahnverfahren (wie KV 1100 für Mahnverfahren vor den ordentlichen Gerichten) eine **Verfahrensgebühr** vor, die das gesamte Verfahren abdeckt.

3 Diese **entsteht** im Mahnverfahren nach § 46a ArbGG (anders als nach der Rechtslage vor Inkrafttreten des KostRMoG, → Vor § 1 Rn. 16, und nach KV 1100) nicht bereits mit dem Antrag auf Erlass eines Mahnbescheids, sondern erst mit dem (anschließenden) Antrag auf Erlass des **Vollstreckungsbescheides.** Im Europäischen Mahnverfahren, das keinen vorhergehenden Mahnbescheid kennt, entsteht die Gebühr (wie nach KV 1100) mit dem Antrag auf Erlass des **Europäischen Zahlungsbefehls.** Maßgeblich ist die Stellung des Antrags, dh der Eingang eines entspr. Antrags bei dem ArbG. Dieses darf nach § 11 seine Tätigkeit nicht von der Sicherstellung oder Zahlung der Gebühr abhängig machen.

4 Die einmal entstandene Gebühr **entfällt** nachträglich wieder bei **Zurücknahme des Antrags** auf Erlass des Vollstreckungsbescheids, Anm. S. 1 (die Rücknahme muss vor Erlass des Vollstreckungsbescheides erfolgen).

5 **III. Gebührenhöhe.** Die Verfahrensgebühr des Mahnverfahrens ist eine Wertgebühr mit der (auch bei KV 1100 bestehenden Besonderheit) einer (den sich aus § 34 S. 1 ergebenden geringsten Betrag übersteigenden) **Mindestgebühr.**

6 **IV. Verhältnis zur Verfahrensgebühr des streitigen Verfahrens.** Wird das Mahnverfahren (nach Widerspruch bzw. Einspruch) in das streitige Verfahren übergeleitet, entsteht für dieses die Verfahrensgebühr nach KV 8210. Auf diese wird die Verfahrensgebühr für das Mahnverfahren **angerechnet** (KV 8210 Anm. I 1 Hs. 2). Sie **entfällt** (ebenso wie die Verfahrensgebühr für das streitige Verfahren, vgl. KV 8210 Anm. II 1, Vorb. 8 S. 1 Hs. 1), wenn das streitige Verfahren ohne streitige Verhandlung endet, Anm. S. 2 Hs. 1 (zu Ausnahmen sogleich), oder – auch nach streitiger Verhandlung – durch gerichtlichen (!) Vergleich insgesamt beendet wird, Vorb. 8 S. 1 Hs. 2.

7 **Besonderheiten** gelten, wenn der **Einspruch zurückgenommen** (und hierdurch der Vollstreckungsbescheid bzw. der Europäische Zahlungsbefehl rechtskräftig wird), Anm. S. 2 Fall 1, KV 8210 Anm. II 1 (Verfahrensgebühr für streitiges Verfahren entfällt, Verfahrensgebühr für Mahnverfahren bleibt erhalten), wenn im streitigen Verfahren **Versäumnisurteil** ergeht bzw. nach § 46a VI 2 ArbGG der **Einspruch verworfen** wird, Anm. S. 2 Fall 2, KV 8210 Anm. II 1 (beide Verfahrensgebühren bleiben – bei Anrechnung der Verfahrensgebühr für das Mahnverfahren auf die Verfahrensgebühr für das streitige Verfahren – erhalten) und bei **übereinstimmender Erledigterklärung** des streitigen Verfahrens, Anm. S. 3, KV 8210

Anm. II 2 (nur wenn das Gericht keine eigenständige Kostenentscheidung zu treffen hat, entfallen beide Verfahrensgebühren).

Hauptabschnitt 2. Urteilsverfahren

Abschnitt 1. Erster Rechtszug

Nr.	Gebührentatbestand	Gebühr oder Satz der Gebühr nach § 34 GKG
8210	**Verfahren im Allgemeinen ....** **I 1 Soweit wegen desselben Anspruchs ein Mahnverfahren vorausgegangen ist, entsteht die Gebühr nach Erhebung des Widerspruchs, wenn ein Antrag auf Durchführung der mündlichen Verhandlung gestellt wird, oder mit der Einlegung des Einspruchs; in diesem Fall wird eine Gebühr 8100 nach dem Wert des Streitgegenstands angerechnet, der in das Prozessverfahren übergegangen ist, sofern im Mahnverfahren der Antrag auf Erlass des Vollstreckungsbescheids gestellt wurde. 2 Satz 1 gilt entsprechend, wenn wegen desselben Streitgegenstands ein Europäisches Mahnverfahren vorausgegangen ist.** **II 1 Die Gebühr entfällt bei Beendigung des gesamten Verfahrens ohne streitige Verhandlung, wenn kein Versäumnisurteil oder Urteil nach § 46a Abs. 6 Satz 2 des Arbeitsgerichtsgesetzes ergeht. 2 Bei Erledigungserklärungen nach § 91a ZPO entfällt die Gebühr, wenn keine Entscheidung über die Kosten ergeht oder die Kostenentscheidung einer zuvor mitgeteilten Einigung der Parteien über die Kostentragung oder der Kostenübernahmeerklärung einer Partei folgt.**	**2,0**

I. Anwendungsbereich. Die Vorschrift erfasst als ein Teil des Hauptabschnitts 2 nur das Urteilsverfahren, wie seine Überschrift klärt. Das Beschlussverfahren des Hauptprozesses bleibt daher wegen des Worts „nur" in § 1 I 1 gebührenfrei. Dasselbe gilt für das Urteilsverfahren in den Fällen nach §§ 2a I, 103 III, 108 III, 109 ArbGG. Das ergibt sich aus § 2 II. 1

II. Fälligkeit (Anm. I Hs. 1). Sie tritt nach § 6 IV am Instanzende usw ein. Nach einem Mahnverfahren entsteht die Gebühr zwar schon nach der Anm. I Hs. 1 je nach der dort genannten Lage. Ihre Entstehung macht aber nicht stets auch schon fällig. Vielmehr bleibt es bei § 6 IV. 2

III. Anrechnung von KV 8100 (Anm. I Hs. 2). Sie erfolgt nach demjenigen Streitwert, der in das streitige Verfahren übergegangen ist, und auch nur dann, wenn der Antragsteller im deutschen oder Europäischen Mahnverfahren nach §§ 688 ff. ZPO oder §§ 1087 ff. ZPO den Antrag auf Vollstreckungsbescheid gestellt hatte. Das entspricht nach KV 1210 Anm. S. 1 Hs. 2 dem Prozess vor einem ordentlichen Gericht. Vgl. daher dort. 3

IV. Gebührenwegfall (Anm. II). Er erfolgt nach deren II 1 ähnlich KV 8100 Anmerkung S. 1 in einer vorrangigen spezielleren Abweichung von § 36 mit der Beendigung des „gesamten" Urteilsverfahrens ohne eine streitige Verhandlung, wenn auch kein Versäumnisurteil ergeht. Praktisch wichtig ist der Fall einer Klagerücknahme (LAG Köln NZA 2018, 1023; Natter NZA 2004, 690). Vgl. aber auch KV 8211 Nr. 1. Bei einem Kostenbeschluss nach § 91a ZPO entfällt die Verfahrensgebühr erst unter den in der Anm. II 2 genannten, KV 1211 Nr. 4 ähnlichen Voraussetzungen. Vgl. daher dort. Auch ein gerichtlicher Gesamtvergleich lässt die Gebühr 4 nach der Vorb. 8 S. 1 Hs. 1 entfallen. Ein Teilvergleich reicht nicht (LAG Köln NZA 2018, 1023).

5 **Nicht anzuwenden** ist II 1 bei einer bloßen Teilbeendigung, zB bei einer nur teilweisen Klagerücknahme (LAG Köln NZA 2018, 1023; Bader NZA 2005, 971).

Nr.	Gebührentatbestand	Gebühr oder Satz der Gebühr nach § 34 GKG
8211	**Beendigung des gesamten Verfahrens nach streitiger Verhandlung durch** **1. Zurücknahme der Klage vor dem Schluss der mündlichen Verhandlung, wenn keine Entscheidung nach § 269 Abs. 3 Satz 3 ZPO über die Kosten ergeht oder die Entscheidung einer zuvor mitgeteilten Einigung der Parteien über die Kostentragung oder der Kostenübernahmeerklärung einer Partei folgt,** **2. Anerkenntnisurteil, Verzichtsurteil oder Urteil, das nach § 313a Abs. 2 ZPO keinen Tatbestand und keine Entscheidungsgründe enthält, oder** **3. Erledigungserklärungen nach § 91a ZPO, wenn keine Entscheidung über die Kosten ergeht oder die Entscheidung einer zuvor mitgeteilten Einigung der Parteien über die Kostentragung oder der Kostenübernahmeerklärung einer Partei folgt,** **es sei denn, dass bereits ein anderes als eines der in Nummer 2 genannten Urteile vorausgegangen ist:** **Die Gebühr 8210 ermäßigt sich auf ....** **[1]Die Zurücknahme des Widerspruchs gegen den Mahnbescheid oder des Einspruchs gegen den Vollstreckungsbescheid stehen der Zurücknahme der Klage gleich. [2]Die Gebühr ermäßigt sich auch, wenn mehrere Ermäßigungstatbestände erfüllt sind oder Ermäßigungstatbestände mit einem Teilvergleich zusammentreffen.**	**0,4**

1 Die Vorschrift stimmt mit den für das arbeitsgerichtliche Verfahren ebenso verwertbaren Teilen von KV 1211 praktisch wörtlich überein. Vgl. daher dort. Dem gerichtlichen Gesamtvergleich nach KV 1211 Nr. 3 entspricht die Vorb. 8 S. 1 Hs. 1. Vgl. daher im Ergebnis ebenfalls bei KV 1211. Zum Gebührenwegfall vgl. die Vorb. 8 S. 1 Hs. 1. Zur Kostenfreiheit vgl. § 2 II. Wegen weitergehender Ermäßigungs- oder Wegfallmöglichkeiten § 69b.

Nr.	Gebührentatbestand	Gebühr oder Satz der Gebühr nach § 34 GKG
8212	**Verfahren wegen eines überlangen Gerichtsverfahrens (§ 9 Abs. 2 Satz 2 des Arbeitsgerichtsgesetzes) vor dem Landesarbeitsgericht:** **Die Gebühr 8210 beträgt ....**	**4,0**

Nr.	Gebührentatbestand	Gebühr oder Satz der Gebühr nach § 34 GKG
8213	**Verfahren wegen eines überlangen Gerichtsverfahrens (§ 9 Abs. 2 Satz 2 des Arbeitsgerichtsgesetzes) vor dem Landesarbeitsgericht:** **Die Gebühr 8211 beträgt**	**2,0**
8214	**Verfahren wegen eines überlangen Gerichtsverfahrens (§ 9 Abs. 2 Satz 2 des Arbeitsgerichtsgesetzes) vor dem Bundesarbeitsgericht:** **Die Gebühr 8210 beträgt**	**5,0**
8215	**Verfahren wegen eines überlangen Gerichtsverfahrens (§ 9 Abs. 2 Satz 2 des Arbeitsgerichtsgesetzes) vor dem Bundesarbeitsgericht:** **Die Gebühr 8211 beträgt**	**3,0**

KV 8212–8213 betreffen (wie sich aus der Überschrift des Abschnitts 1 ergibt) **erstinstanzliche** Verfahren (zum Rechtsmittelverfahren vgl. KV 8233–8235) über Streitigkeiten über die Entschädigung wegen überlanger Gerichtsverfahren in der Arbeitsgerichtsbarkeit nach **§ 9 II 2 ArbGG iVm §§ 198 ff. GVG,** für die, wenn sich die Klage gegen ein Land richtet, das **LAG** (dann KV 8212, 8213), oder, wenn sich die Klage gegen den Bund richtet, das **BAG** zuständig ist. Für diese Verfahren richten sich, da Teil 8 des KV – anders als die übrigen Teile (vgl. nur KV 1210–1215) – insoweit nicht nach der Zuständigkeit differenziert, die Gebühren nach den für alle erstinstanzlichen Verfahren im Urteilsverfahren geltenden **KV 8210, 8211.** Regelungsgehalt der KV 8212–8215 ist lediglich die Modifikation der **Gebührenhöhe,** die auf die in anderen Gerichtsbarkeiten insoweit geltenden Sätze (vgl. nur KV 1212–1215) angehoben wird (vgl. hierzu Begr. RegE ÜGRG BT-Drs. 17/3802, 29; im Unterschied zu den anderen Gerichtsbarkeiten, → KV 1212, 1213 Rn. 1, → KV 1214, 1215 Rn. 1, liegen damit die Gebühren noch über denen eines Berufungs- bzw. Revisionsverfahrens). Zur anwaltlichen Vergütung für diese Verfahren → RVG VV 3300, 3301 Rn. 1 ff. 1

Abschnitt 2. Berufung

Nr.	Gebührentatbestand	Gebühr oder Satz der Gebühr nach § 34 GKG
8220	**Verfahren im Allgemeinen**	**3,2**

Die Vorschrift stimmt wörtlich mit KV 1220 überein. Vgl. daher dort. Zum Gebührenwegfall vgl. die Vorb. 8 S. 1 Hs. 1 (Natter NZA 2004, 690). Zur Kostenfreiheit vgl. § 2 II. 1

Nr.	Gebührentatbestand	Gebühr oder Satz der Gebühr nach § 34 GKG
8221	**Beendigung des gesamten Verfahrens durch Zurücknahme der Berufung oder der Klage, bevor die Schrift zur Begründung der Berufung bei Gericht eingegangen ist:** **Die Gebühr 8220 ermäßigt sich auf**	**0,8**

Nr.	Gebührentatbestand	Gebühr oder Satz der Gebühr nach § 34 GKG
	Erledigungserklärungen nach § 91a ZPO stehen der Zurücknahme gleich, wenn keine Entscheidung über die Kosten ergeht oder die Entscheidung einer zuvor mitgeteilten Einigung der Parteien über die Kostentragung oder der Kostenübernahmeerklärung einer Partei folgt.	

1 Die Vorschrift stimmt weitgehend mit KV 1221 überein. Vgl. daher dort. Zum Gebührenwegfall vgl. die Vorb. 8 S. 1 Hs. 1. Zur Kostenfreiheit vgl. § 2 II.

Nr.	Gebührentatbestand	Gebühr oder Satz der Gebühr nach § 34 GKG
8222	**Beendigung des gesamten Verfahrens, wenn nicht Nummer 8221 erfüllt ist, durch** **1. Zurücknahme der Berufung oder der Klage vor dem Schluss der mündlichen Verhandlung,** **2. Anerkenntnisurteil, Verzichtsurteil oder Urteil, das nach § 313a Abs. 2 ZPO keinen Tatbestand und keine Entscheidungsgründe enthält, oder** **3. Erledigungserklärungen nach § 91a ZPO, wenn keine Entscheidung über die Kosten ergeht oder die Entscheidung einer zuvor mitgeteilten Einigung der Parteien über die Kostentragung oder der Kostenübernahmeerklärung einer Partei folgt,** **es sei denn, dass bereits ein anderes als eines der in Nummer 2 genannten Urteile vorausgegangen ist:** **Die Gebühr 8220 ermäßigt sich auf ....** **Die Gebühr ermäßigt sich auch, wenn mehrere Ermäßigungstatbestände erfüllt sind oder Ermäßigungstatbestände mit einem Teilvergleich zusammentreffen.**	1,6

1 Die Vorschrift stimmt weitgehend mit KV 1222, 8211 überein. Vgl. daher dort. Zum Gebührenwegfall vgl. die Vorb. 8 S. 1 Hs. 1. Zur Kostenfreiheit vgl. § 2 II.

Nr.	Gebührentatbestand	Gebühr oder Satz der Gebühr nach § 34 GKG
8223	**Beendigung des gesamten Verfahrens durch ein Urteil, das wegen eines Verzichts der Parteien nach § 313a Abs. 1 Satz 2 ZPO keine schriftliche Begründung enthält, wenn nicht bereits ein anderes als eines der in Nummer 8222 Nr. 2 genannten Urteile oder ein Beschluss in der Hauptsache vorausgegangen ist:**	

Nr.	Gebührentatbestand	Gebühr oder Satz der Gebühr nach § 34 GKG
	Die Gebühr 8220 ermäßigt sich auf .... **Die Gebühr ermäßigt sich auch, wenn daneben Ermäßigungstatbestände nach Nummer 8222 erfüllt sind oder Ermäßigungstatbestände mit einem Teilvergleich zusammentreffen.**	**2,4**

Die Vorschrift stimmt weitgehend mit KV 1223 überein. Vgl. daher dort. Den Fall § 313a II ZPO regelt KV 8222. Demgegenüber erfasst KV 8223 den Fall § 313a I 2 ZPO, also die Lage, dass ein Rechtsmittel unzweifelhaft unzulässig ist (Natter NZA 2004, 690). Dazu gehört das Urteil eines LAG wegen der Statthaftigkeit einer Nichtzulassungsbeschwerde grundsätzlich nicht (Natter NZA 2004, 690). Eine Ausnahme kann zB nach § 72 IV ArbGG im Eilverfahren gelten (Natter NZA 2004, 690, empfiehlt Klärung des Verzichtsgrunds im Protokoll). Zur Kostenfreiheit § 2 II. 1

Abschnitt 3. Revision

Nr.	Gebührentatbestand	Gebühr oder Satz der Gebühr nach § 34 GKG
8230	**Verfahren im Allgemeinen ....**	**4,0**

Die Vorschrift stimmt weitgehend mit KV 1230 überein. Vgl. daher dort. Zum Gebührenwegfall vgl. die Vorb. 8 S. 1 Hs. 1. Zur Kostenfreiheit vgl. § 2 II. 1

Nr.	Gebührentatbestand	Gebühr oder Satz der Gebühr nach § 34 GKG
8231	**Beendigung des gesamten Verfahrens durch Zurücknahme der Revision oder der Klage, bevor die Schrift zur Begründung der Revision bei Gericht eingegangen ist:** **Die Gebühr 8230 ermäßigt sich auf ....** **Erledigungserklärungen nach § 91a ZPO stehen der Zurücknahme gleich, wenn keine Entscheidung über die Kosten ergeht oder die Entscheidung einer zuvor mitgeteilten Einigung der Parteien über die Kostentragung oder der Kostenübernahmeerklärung einer Partei folgt.**	**0,8**

Die Vorschrift stimmt weitgehend mit KV 1231, überein. Vgl. daher dort. Wegen des Gebührenwegfalls vgl. die Vorb. 8 S. 1 Hs. 1. Zur Kostenfreiheit vgl. § 2 II. 1

Nr.	Gebührentatbestand	Gebühr oder Satz der Gebühr nach § 34 GKG
8232	**Beendigung des gesamten Verfahrens, wenn nicht Nummer 8231 erfüllt ist, durch** **1. Zurücknahme der Revision oder der Klage vor dem Schluss der mündlichen Verhandlung,**	

Nr.	Gebührentatbestand	Gebühr oder Satz der Gebühr nach § 34 GKG
	2. Anerkenntnis- oder Verzichtsurteil oder **3. Erledigungserklärungen nach § 91a ZPO, wenn keine Entscheidung über die Kosten ergeht oder die Entscheidung einer zuvor mitgeteilten Einigung der Parteien über die Kostentragung oder der Kostenübernahmeerklärung einer Partei folgt,** **es sei denn, dass bereits ein anderes als eines der in Nummer 2 genannten Urteile vorausgegangen ist:** **Die Gebühr 8230 ermäßigt sich auf ....**	**2,4**
	Die Gebühr ermäßigt sich auch, wenn mehrere Ermäßigungstatbestände erfüllt sind oder Ermäßigungstatbestände mit einem Teilvergleich zusammentreffen.	

1 Die Vorschrift stimmt weitgehend mit KV 1232 überein. Vgl. daher dort. Zur Kostenfreiheit vgl. § 2 II.

Nr.	Gebührentatbestand	Gebühr oder Satz der Gebühr nach § 34 GKG
8233	**Verfahren wegen eines überlangen Gerichtsverfahrens (§ 9 Abs. 2 Satz 2 des Arbeitsgerichtsgesetzes):** **Die Gebühr 8230 beträgt ....**	**5,0**
8234	**Verfahren wegen eines überlangen Gerichtsverfahrens (§ 9 Abs. 2 Satz 2 des Arbeitsgerichtsgesetzes):** **Die Gebühr 8231 beträgt ....**	**1,0**
8235	**Verfahren wegen eines überlangen Gerichtsverfahrens (§ 9 Abs. 2 Satz 2 des Arbeitsgerichtsgesetzes):** **Die Gebühr 8232 beträgt ....**	**3,0**

1 KV 8233–8235 gelten für Revisionsverfahren, die Urteile der LAG in Streitigkeiten über die Entschädigung wegen überlanger Gerichtsverfahren in der Arbeitsgerichtsbarkeit nach **§ 9 II 2 ArbGG iVm §§ 198 ff. GVG** betreffen (für das erstinstanzliche Verfahren → KV 8212–8215 Rn. 1). Auch für diese Verfahren entstehen Gebühren nach Maßgabe der allgemeinen Vorschriften in **KV 8230–8232.** Regelungsgehalt der KV 8233–8235 ist lediglich die Anhebung der **Gebührenhöhe** auf die in Revisionsverfahren vor anderen Gerichtsbarkeiten geltenden Sätze (vgl. hierzu Begr. RegE ÜGRG BT-Drs. 17/3802, 29). Zur anwaltlichen Vergütung für diese Verfahren → RVG VV 3300, 3301 Rn. 1 ff.

Hauptabschnitt 3. Arrest, Europäischer Beschluss zur vorläufigen Kontenpfändung und einstweilige Verfügung

Vorbemerkung 8.3:

(1) [1]Im Verfahren zur Erwirkung eines Europäischen Beschlusses zur vorläufigen Kontenpfändung werden Gebühren nach diesem Hautabschnitt nur im Fall des Artikels 5 Buchstabe a der Verordnung (EU) Nr. 655/2014 er-

hoben. [2]In den Fällen des Artikels 5 Buchstabe b der Verordnung (EU) Nr. 655/2014 bestimmen sich die Gebühren nach Teil 2 Hauptabschnitt 1.

II [1]Im Verfahren auf Anordnung eines Arrests oder auf Erlass einer einstweiligen Verfügung sowie im Verfahren über die Aufhebung oder die Abänderung (§ 926 Abs. 2, §§ 927, 936 ZPO) werden die Gebühren jeweils gesondert erhoben. [2]Im Fall des § 942 ZPO gilt das Verfahren vor dem Amtsgericht und dem Gericht der Hauptsache als ein Rechtsstreit.

III Im Verfahren zur Erwirkung eines Europäischen Beschlusses zur vorläufigen Kontenpfändung sowie im Verfahren über den Widerruf oder die Abänderung werden die Gebühren jeweils gesondert erhoben.

Abschnitt 1. Erster Rechtszug

Nr.	Gebührentatbestand	Gebühr oder Satz der Gebühr nach § 34 GKG
8310	Verfahren im Allgemeinen	0,4
8311	Es wird durch Urteil entschieden oder es ergeht ein Beschluss nach § 91a oder § 269 Abs. 3 Satz 3 ZPO, es sei denn, der Beschluss folgt einer zuvor mitgeteilten Einigung der Parteien über die Kostentragung oder der Kostenübernahmeerklärung einer Partei: Die Gebühr 8310 erhöht sich auf	2,0
	[1]Die Gebühr wird nicht erhöht, wenn durch Anerkenntnisurteil, Verzichtsurteil oder Urteil, das nach § 313a Abs. 2 ZPO keinen Tatbestand und keine Entscheidungsgründe enthält, entschieden wird. [2]Dies gilt auch, wenn eine solche Entscheidung mit einem Teilvergleich zusammentrifft.	

Abschnitt 2. Berufung

Nr.	Gebührentatbestand	Gebühr oder Satz der Gebühr nach § 34 GKG
8320	Verfahren im Allgemeinen	3,2
8321	Beendigung des gesamten Verfahrens durch Zurücknahme der Berufung, des Antrags oder des Widerspruchs, bevor die Schrift zur Begründung der Berufung bei Gericht eingegangen ist: Die Gebühr 8320 ermäßigt sich auf	0,8
	Erledigungserklärungen nach § 91a ZPO stehen der Zurücknahme gleich, wenn keine Entscheidung über die Kosten ergeht oder die Entscheidung einer zuvor mitgeteilten Einigung der Parteien über die Kostentragung oder der Kostenübernahmeerklärung einer Partei folgt.	
8322	Beendigung des gesamten Verfahrens, wenn nicht Nummer 8321 erfüllt ist, durch 1. Zurücknahme der Berufung oder des Antrags vor dem Schluss der mündlichen Verhandlung,	

Nr.	Gebührentatbestand	Gebühr oder Satz der Gebühr nach § 34 GKG
	2. Anerkenntnisurteil, Verzichtsurteil oder Urteil, das nach § 313a Abs. 2 ZPO keinen Tatbestand und keine Entscheidungsgründe enthält, oder **3. Erledigungserklärungen nach § 91a ZPO, wenn keine Entscheidung über die Kosten ergeht oder die Entscheidung einer zuvor mitgeteilten Einigung der Parteien über die Kostentragung oder der Kostenübernahmeerklärung einer Partei folgt,** **es sei denn, dass bereits ein anderes als eines der in Nummer 2 genannten Urteile vorausgegangen ist:** **Die Gebühr 8320 ermäßigt sich auf ....** **Die Gebühr ermäßigt sich auch, wenn mehrere Ermäßigungstatbestände erfüllt sind oder Ermäßigungstatbestände mit einem Teilvergleich zusammentreffen.**	**1,6**
8323	**Beendigung des gesamten Verfahrens durch ein Urteil, das wegen eines Verzichts der Parteien nach § 313a Abs. 1 Satz 2 ZPO keine schriftliche Begründung enthält, wenn nicht bereits ein anderes als eines der in Nummer 8322 Nr. 2 genannten Urteile oder ein Beschluss in der Hauptsache vorausgegangen ist:** **Die Gebühr 8320 ermäßigt sich auf ....** **Die Gebühr ermäßigt sich auch, wenn daneben Ermäßigungstatbestände nach Nummer 8322 erfüllt sind oder solche Ermäßigungstatbestände mit einem Teilvergleich zusammentreffen.**	**2,4**

Abschnitt 3. Beschwerde

Nr.	Gebührentatbestand	Gebühr oder Satz der Gebühr nach § 34 GKG
8330	**Verfahren über die Beschwerde** **1. gegen die Zurückweisung eines Antrags auf Anordnung eines Arrests oder eines Antrags auf Erlass einer einstweiligen Verfügung oder** **2. in Verfahren nach der Verordnung (EU) Nr. 655/2014 ....**	**1,2**
8331	**Beendigung des gesamten Verfahrens durch Zurücknahme der Beschwerde:** **Die Gebühr 8330 ermäßigt sich auf ....**	**0,8**

Hauptabschnitt 4. Besondere Verfahren

Nr.	Gebührentatbestand	Gebühr oder Satz der Gebühr nach § 34 GKG
8400	**Selbständiges Beweisverfahren**	**0,6**

Die Vorschrift stimmt fast wörtlich (zusammenfassend) mit KV 1610 überein. Vgl. daher dort. 1

Nr.	Gebührentatbestand	Gebühr oder Satz der Gebühr nach § 34 GKG
8401	**Verfahren über Anträge auf Ausstellung einer Bescheinigung nach § 57 oder § 58 AVAG *[Fassung mit noch unbekanntem Inkrafttreten: § 57, § 58 oder § 59 AVAG]* oder nach § 1110 ZPO sowie Verfahren über Anträge auf Ausstellung einer Bestätigung nach § 1079 ZPO** .	**17,00 €**

Hauptabschnitt 5. Rüge wegen Verletzung des Anspruchs auf rechtliches Gehör

Nr.	Gebührentatbestand	Gebühr oder Satz der Gebühr nach § 34 GKG
8500	**Verfahren über die Rüge wegen Verletzung des Anspruchs auf rechtliches Gehör (§ 78a des Arbeitsgerichtsgesetzes):** **Die Rüge wird in vollem Umfang verworfen oder zurückgewiesen**	**55,00 €**

KV 8500 betrifft Anhörungsrügeverfahren im Rahmen von Verfahren, für die Gebühren nach Teil 8 des KV erhoben werden. Die Vorschrift stimmt inhaltlich mit KV 1700, überein, daher → KV 1700 Rn. 1 ff. 1

Hauptabschnitt 6. Sonstige Beschwerden und Rechtsbeschwerden

Abschnitt 1. Sonstige Beschwerden

Nr.	Gebührentatbestand	Gebühr oder Satz der Gebühr nach § 34 GKG
8610	**Verfahren über Beschwerden nach § 71 Abs. 2, § 91a Abs. 2, § 99 Abs. 2, § 269 Abs. 5 oder § 494a Abs. 2 Satz 2 ZPO**	**77,00 €**
8611	**Beendigung des Verfahrens ohne Entscheidung:** **Die Gebühr 8610 ermäßigt sich auf** .... **I Die Gebühr ermäßigt sich auch im Fall der Zurücknahme der Beschwerde vor Ablauf des Tages, an dem die Entscheidung der Geschäftsstelle übermittelt wird.** **II Eine Entscheidung über die Kosten steht der Ermäßigung nicht entgegen, wenn die Entschei-**	**55,00 €**

Nr.	Gebührentatbestand	Gebühr oder Satz der Gebühr nach § 34 GKG
	dung einer zuvor mitgeteilten Einigung der Parteien über die Kostentragung oder der Kostenübernahmeerklärung einer Partei folgt.	
8612	Verfahren über die Beschwerde gegen die Nichtzulassung der Revision: Soweit die Beschwerde verworfen oder zurückgewiesen wird	1,6
8613	Verfahren über die Beschwerde gegen die Nichtzulassung der Revision: Soweit die Beschwerde zurückgenommen oder das Verfahren durch anderweitige Erledigung beendet wird .... Die Gebühr entsteht nicht, soweit die Revision zugelassen wird.	0,8
8614	Verfahren über nicht besonders aufgeführte Beschwerden, die nicht nach anderen Vorschriften gebührenfrei sind: Die Beschwerde wird verworfen oder zurückgewiesen .... Wird die Beschwerde nur teilweise verworfen oder zurückgewiesen, kann das Gericht die Gebühr nach billigem Ermessen auf die Hälfte ermäßigen oder bestimmen, dass eine Gebühr nicht zu erheben ist.	55,00 €

Abschnitt 2. Sonstige Rechtsbeschwerden

Nr.	Gebührentatbestand	Gebühr oder Satz der Gebühr nach § 34 GKG
8620	Verfahren über Rechtsbeschwerden in den Fällen des § 71 Abs. 1, § 91a Abs. 1, § 99 Abs. 2, § 269 Abs. 4, § 494a Abs. 2 Satz 2 oder § 516 Abs. 3 ZPO	160,00 €
8621	Beendigung des gesamten Verfahrens durch Zurücknahme der Rechtsbeschwerde, des Antrags oder der Klage, bevor die Schrift zur Begründung der Rechtsbeschwerde bei Gericht eingegangen ist: Die Gebühr 8620 ermäßigt sich auf	55,00 €
8622	Beendigung des gesamten Verfahrens durch Zurücknahme der Rechtsbeschwerde, des Antrags oder der Klage vor Ablauf des Tages, an dem die Entscheidung der Geschäftsstelle übermittelt wird, wenn nicht Nummer 8621 erfüllt ist: Die Gebühr 8620 ermäßigt sich auf	77,00 €
8623	Verfahren über nicht besonders aufgeführte Rechtsbeschwerden, die nicht nach anderen Vorschriften gebührenfrei sind: Die Rechtsbeschwerde wird verworfen oder zurückgewiesen	105,00 €

Nr.	Gebührentatbestand	Gebühr oder Satz der Gebühr nach § 34 GKG
	Wird die Rechtsbeschwerde nur teilweise verworfen oder zurückgewiesen, kann das Gericht die Gebühr nach billigem Ermessen auf die Hälfte ermäßigen oder bestimmen, dass eine Gebühr nicht zu erheben ist.	
8624	**Verfahren über die in Nummer 8623 genannten Rechtsbeschwerden:** **Beendigung des gesamten Verfahrens durch Zurücknahme der Rechtsbeschwerde, des Antrags oder der Klage vor Ablauf des Tages, an dem die Entscheidung der Geschäftsstelle übermittelt wird**	**55,00 €**

Zu KV 8620–8624: BAG NZA-RR 2008, 540 hält die Beschränkung auf die Gebühr KV 8623 für ein offensichtliches Redaktionsversehen des Gesetzgebers und wendet KV 8624 daher auch bei einer sonstigen Zurücknahme einer Rechtsbeschwerde an. 1

Hauptabschnitt 7. Besondere Gebühr

Nr.	Gebührentatbestand	Gebühr oder Satz der Gebühr nach § 34 GKG
8700	**Auferlegung einer Gebühr nach § 38 GKG wegen Verzögerung des Rechtsstreits**	**wie vom Gericht bestimmt**

Die Vorschrift stimmt praktisch wörtlich mit KV 1901 überein. Vgl. daher dort. 1

Teil 9. Auslagen

Vorbemerkung zu KV 9000–9020

I. Systematik. Auslagen schuldet man nur nach KV 9000 ff. Soweit diese Vorschriften keinen Auslagenersatz vorsehen, entsteht nach § 1 I 1 auch keine Ersatzpflicht. Das gilt insbesondere wegen der Verwendung von Papier, Verpackung usw. Ein Anspruch lässt sich auch nicht darauf stützen, dass aus der vom Staat bezahlten Auslage eine Bereicherung des Begünstigten entstanden sei. Denn die Gebühren gelten grundsätzlich die Auslagen schon mit ab. 1

II. Anwendungsbereich. KV 9000 ff. gelten für sämtliche Verfahren, auf die das GKG anzuwenden ist (LG Berlin JurBüro 2013, 263), zB in einer Markensache vor dem Patentgericht nach § 82 I 3 MarkenG, und vor dem BGH nach § 85 II 1 MarkenG sowie im Verfahren vor dem BPatG. 2

KV 9000 ff. gelten nicht für solche Auslagen, die ein **Dritter** veranlasst hat, etwa durch seinen Antrag auf die Erteilung einer Kopie. Solche Auslagen setzt die Justizverwaltung nach den Verwaltungsvorschriften fest, zB nach dem JVKostG. 3

III. Verauslagung. Die Barauslagen müssen wirklich entstanden sein. Sie sind ohne einen Mindestsatz und ohne eine Aufrundung zu ersetzen. Postentgelte entstehen grundsätzlich nicht. Die Verfahrenspauschgebühr gilt sie ab. Vgl. aber KV 9001, 9002 und die Vorb, 9 I, II. Das gilt auch für Ladungen und Zustellungen sowie für Aktenversendungen. Es entsteht **kein** Anspruch der Staatskasse auf den Ersatz ihrer **Fernsprechgebühren.** 4

5 **IV. Auslagenfreiheit.** Die Auslagenfreiheit ist von der Gebührenfreiheit zu unterscheiden. Eine Kostenfreiheit nach § 2 schließt eine Auslagenfreiheit ein. Der Auslagenschuldner ergibt sich aus § 27. Ein Auslagenvorschuss richtet sich nach § 17.

6 **V. Prozesskostenhilfe.** PKH befreit nach § 122 I ZPO grundsätzlich von allen baren Auslagen. Wenn das Gericht PKH nur für einen Teil bewilligt hat und wenn die Auslagen für den gesamten Anspruch entstanden sind, ist eine angemessene Verteilung vorzunehmen.

7 **VI. Nichterhebung.** Eine Nichterhebung der Auslagen ist evtl. nach § 21 I 2 erforderlich.

Vorbemerkung 9:

I Auslagen, die durch eine für begründet befundene Beschwerde entstanden sind, werden nicht erhoben, soweit das Beschwerdeverfahren gebührenfrei ist; dies gilt jedoch nicht, soweit das Beschwerdegericht die Kosten dem Gegner des Beschwerdeführers auferlegt hat.

II Sind Auslagen durch verschiedene Rechtssachen veranlasst, werden sie auf die mehreren Rechtssachen angemessen verteilt.

1 **I. Anwendungsbereich.** Nach der Vorb. 9 I entsteht eine Erstattungspflicht bei einer die Vorinstanz aufhebenden, stattgebenden oder zurückverweisenden Beschwerdeentscheidung nur in den folgenden Fällen.

2 **1. Gebührenpflicht.** Die Auslagen entstehen, soweit das Gericht eine Gebühr erhebt. Gebührenfrei ist eine erfolgreiche Beschwerde zB, soweit erst eine Verwerfung oder Zurückweisung gebührenpflichtig wäre. Trotzdem kann eine Auslagenpflicht entstehen, soweit schon der Vorderrichter sie hätte entstehen lassen müssen.

3 **2. Kostenauferlegung.** Auslagen entstehen auch insoweit, als das Gericht die Kosten dem Gegner des Beschwerdeführers auferlegt. Diese Entscheidung kommt aber nach → § 63 Rn. 77 zB nicht bei einer Streitwertbeschwerde in Betracht. Auslagenschuldner ist dann nach § 29 Nr. 4 dieser Gegner.

4 **II. Verfahren (I).** Wegen einer Nichterhebung vgl. § 21. Die Auslagen einer erfolglosen Beschwerde trägt der Beschwerdeführer. Bei einem Teilerfolg ist die Vorb. § 9 I entsprechend anzuwenden, soweit sich Auslagen aussondern lassen (OLG Frankfurt a. M. JurBüro 1978, 1849). Eine Zurückverweisung genügt auch dann, wenn der Vorderrichter anschließend erneut ebenso wie vor dem Rechtsmittel entscheidet. Eine Rücknahme oder sonstige Erledigung vor einer Beschwerdeentscheidung genügt nicht.

5 **III. Verteilung (II).** Verschiedene Rechtssachen liegen bei mehreren selbständigen Verfahren vor. Dabei kann es sich um Vorgänge handeln, die man teilweise nach anderen Gesetzen als dem GKG oder dem JVEG abrechnen muss, etwa nach dem GNotKG. Eine Verschiedenheit liegt nicht schon dann stets vor, wenn das Gericht nur mehrere Beweispersonen hört. Bei einer Anhörung in verschiedenen Sachen sind die Auslagen entsprechend zu verteilen.

Nr.	Auslagentatbestand	Höhe
9000	**Pauschale für die Herstellung und Überlassung von Dokumenten:** **1. Ausfertigungen, Kopien und Ausdrucke bis zur Größe von DIN A 3, die** **a) auf Antrag angefertigt oder auf Antrag per Telefax übermittelt worden sind oder** **b) angefertigt worden sind, weil die Partei oder ein Beteiligter es unterlassen hat, die erforderliche Zahl von Mehrfertigungen beizufügen; der Anfertigung steht es gleich, wenn per Tele-**	

Nr.	Auslagentatbestand	Höhe
	fax übermittelte Mehrfertigungen von der Empfangseinrichtung des Gerichts ausgedruckt werden: für die ersten 50 Seiten je Seite .... für jede weitere Seite .... für die ersten 50 Seiten in Farbe je Seite . für jede weitere Seite in Farbe	 0,50 € 0,15 € 1,00 € 0,30 €
2.	Entgelte für die Herstellung und Überlassung der in Nummer 1 genannten Kopien oder Ausdrucke in einer Größe von mehr als DIN A 3 .... oder pauschal je Seite .... oder pauschal je Seite in Farbe	 in voller Höhe 3,00 € 6,00 €
3.	Überlassung von elektronisch gespeicherten Dateien oder deren Bereitstellung zum Abruf anstelle der in den Nummern 1 und 2 genannten Ausfertigungen, Kopien und Ausdrucke: je Datei .... für die in einem Arbeitsgang überlassenen, bereitgestellten oder in einem Arbeitsgang auf denselben Datenträger übertragenen Dokumente insgesamt höchstens	 1,50 € 5,00 €
	I [1]Die Höhe der Dokumentenpauschale nach Nummer 1 ist in jedem Rechtszug und für jeden Kostenschuldner nach § 28 Abs. 1 GKG gesondert zu berechnen; Gesamtschuldner gelten als ein Schuldner. [2]Die Dokumentenpauschale ist auch im erstinstanzlichen Musterverfahren nach dem KapMuG gesondert zu berechnen. II Werden zum Zweck der Überlassung von elektronisch gespeicherten Dateien Dokumente zuvor auf Antrag von der Papierform in die elektronische Form übertragen, beträgt die Dokumentenpauschale nach Nummer 3 nicht weniger, als die Dokumentenpauschale im Fall der Nummer 1 für eine Schwarz-Weiß-Kopie ohne Rücksicht auf die Größe beantragen würde. III [1]Frei von der Dokumentenpauschale sind für jede Partei, jeden Beteiligten, jeden Beschuldigten und deren bevollmächtigte Vertreter jeweils 1. eine vollständige Ausfertigung oder Kopie oder ein vollständiger Ausdruck jeder gerichtlichen Entscheidung und jedes vor Gericht abgeschlossenen Vergleichs, 2. eine Ausfertigung ohne Tatbestand und Entscheidungsgründe und 3. eine Kopie oder ein Ausdruck jedes Protokolls über eine Sitzung. [2]§ 191a Abs. 1 Satz 5 GVG bleibt unberührt. IV Bei der Gewährung der Einsicht in Akten wird eine Dokumentenpauschale nur erhoben, wenn auf besonderen Antrag ein Ausdruck einer elektronischen Akte oder ein Datenträger mit dem Inhalt einer elektronischen Akte übermittelt wird.	

Übersicht

1 **I. Systematik.** Eine Pflicht zur Erstattung von Auslagen für eine Ausfertigung oder Kopie oder für einen Ausdruck der elektronischen Fassung besteht nur dann, wenn einer der Fälle → Rn. 5 ff. vorliegt (Bund JurBüro 2008, 625). Kopie ist auch ein Computerausdruck.

2 Infolge der Streichung des Begriffs **„Abschrift"** ist wegen des Worts „nur" in § 1 I 1 eine wirkliche Abschrift trotz des gegenüber einer bloßen Kopie ungleich höheren Zeitaufwands formell auslagenfrei. Es wäre eine systemwidrige Umgehung des Gesetzes, die Abschrift einer Kopie einfach gleichzustellen. Der Gesetzgeber hat eben nicht „Abschrift **oder** Kopie" geschrieben. Freilich hat er das ersichtlich nur in der richtigen Annahme getan, dass heute niemand mehr abschreibt statt zu kopieren. Mag sich die Praxis in den wenigen Restfällen mit einer formell systemwidrigen Entsprechung behelfen.

3 **II. Begriff der Ausfertigung (Anm. III Nr. 1, 2).** Dieser Begriff ist im GKG nicht derselbe wie in der ZPO. Nach der ZPO liegt eine Ausfertigung nur vor, soweit die Urschrift bei den Akten bleibt. Nach dem GKG liegt eine Ausfertigung vor, soweit es sich um ein beglaubigtes oder unbeglaubigtes Dokument urkundlichen Charakters handelt, das der Richter oder der Urkundsbeamte unterzeichnet hat und das zur Hinausgabe bestimmt ist und keine Urschrift darstellt. Eine Urschrift braucht dann nicht bei den Akten zurückzubleiben.

4 **Hierher gehören also auch:** Eine Ladung; ein Rechtskraftzeugnis zB nach § 706 ZPO; eine Auskunft aus dem Schuldnerverzeichnis nach §§ 882b ff. ZPO. KV 9000 hat den Vorrang vor dem Landesrecht, zB vor Nr. 2.2 der Anlage zu § 1 II des LJVerwKG Schleswig-Holstein.

5 **III. Höhe der Dokumentenpauschale (Nr. 1–3, Anm. I).** Für jede gerade vom Gericht erstellte und weder von der Partei noch von einem Zeugen oder Sachverständigen und dann nach KV 9005 mitzuvergütende angefangene Seite entstehen nach der **Anm. I 1** für jeden Rechtszug für die ersten 50 Seiten je 0,50 EUR (in Farbe 1,00 EUR) und für jede weitere Seite 0,15 EUR (in Farbe 0,30 EUR, vgl. zum alten Recht OLG Hamm Rpfleger 1991, 269; LG München I JurBüro 1997, 483). Das gilt unabhängig von deren Format, von dem Zeitaufwand oder von der Herstellungsart und von den tatsächlichen vermeidbar hohen oder unvermeidbaren Kosten (OLG München MDR 1989, 367; LG München I JurBüro 1997, 483; aA OLG Köln Rpfleger 1987, 433; LG München II Rpfleger 1989, 383). Es gilt ferner unabhängig davon, in welcher Form und in welcher Sprache man die Ausfertigung oder Kopie oder den Ausdruck der elektronischen Fassung verfasst hat, und unabhängig vom Marktpreis (LG München I JurBüro 1997, 484). Für die Seitenzahl ist die Kopie usw und nicht die Zahl der dort abgebildeten Vorlagen maßgeblich. Der Inhalt ist unmaßgeblich.

6 **I 2** stellt systematisch überflüssigerweise für das erstinstanzliche Verfahren nach dem KapMuG die Geltung von I 1 verdeutlichend klar. Das bedeutet aber nicht etwa

eine Unanwendbarkeit von I 1 im Rechtsbeschwerdeverfahren nach § 20 KapMuG. Denn es heißt in I 2 nicht etwa, die gesonderte Berechnung der Dokumentenpauschale erfolge **nur** im erstinstanzlichen Verfahren, sondern sie erfolge **„auch"** dort.

Die Berechnung ist **für jeden Kostenschuldner** gemäß § 28 nach der Anm. I Hs. 1 **gesondert** erforderlich. Gesamtschuldner nach §§ 421 ff. BGB gelten nach der Anm. I Hs. 2 als nur **ein** Schuldner. Eine Änderung oder Ergänzung eines Formulars oder eines dem Gericht zur Verfügung gestellten Entwurfs lässt gleichwohl die Dokumentenpauschale entstehen, wie bei KV 700 GvKostG. Wegen der Kostenerstattung VV 7000 RVG. **7**

Bei einer **Übertragung** von Papier auf Elektronik gibt die Anm. **II** nähere Berechnungsregeln. **8**

IV. Zahlungspflicht (Nr. 1–3). Eine Pflicht zur Erstattung einer Pauschale besteht nur, wenn einer der folgenden Fälle vorliegt. **9**

1. Anfertigung oder Übermittlung auf Antrag einer Partei usw (Nr. 1a). Das Gericht muss zunächst eine Kopie usw gerade nur auf Grund eines Antrags erteilt, anfertigt oder per Telefax übermittelt haben. Der Antrag darf sich aber nur auf die Ausfertigung oder Kopie usw beziehen, nicht auf die Entscheidung. Ein allgemeiner Antrag genügt. **10**

Gerade eine **Partei** oder ein Beteiligter muss den Antrag gestellt haben. Das ergibt sich aus Nr. 16, 2 mit. Beteiligt ist (selbstverständlich) auch ein Beschuldigter, Angeklagter, Verurteilter, Betroffener, ein Streitgenosse, ein Beigeladener und Beigetretener oder ein Streitgehilfe. Nicht beteiligt ist ein Dritter, etwa die Presse oder ein Wissenschaftler. Dann gilt § 4 JVKostG (BPatGE 32, 272 = GRUR 1992, 434; OLG Düsseldorf JurBüro 1978, 548). Ein ProzBev nach § 81 ZPO stellt einen Antrag meist erkennbar nur auf Kosten des Auftraggebers (OVG Sachsen JurBüro 2009, 543). **11**

2. Anfertigung oder Übermittlung als Amtspflicht (Nr. 1b). Soweit das Gericht die Ausfertigung oder Kopie usw auch ohne einen Antrag hätte erteilen müssen, etwa bei einer Entscheidung, entsteht die Dokumentenpauschale allenfalls nach Nr. 1 (noch strenger OLG Naumburg AGS 2013, 86: keine Auslagen). Das gilt bei allen von Amts wegen bekanntzugebenden Dokumenten, zB bei der Mitteilung des Pfändungs- und Überweisungsbeschlusses an den Gläubiger. Ein zugehöriger unnötiger „Antrag" oder eine entsprechende Anregung schaffen insoweit keine Auslagenpflicht. Eine Auskunft aus dem Schuldnerverzeichnis ist pauschalenfrei. Dasselbe gilt für ein Notfristzeugnis, für ein Rechtskraftzeugnis oder für eine Beglaubigung. **12**

3. Fehlen von Mehrfertigungen (Nr. 1b). Eine Zahlungspflicht besteht ferner, soweit eine Partei oder ein Beteiligter es unterlassen hat, einem von Amts wegen zuzustellenden Dokument die erforderliche Zahl von Mehrfertigungen beizufügen (OLG Koblenz NJW-RR 2017, 447; LG Stuttgart NJW-RR 2013, 649; AG Bersenbrück JurBüro 2011, 603), oder wenn die Empfangseinrichtung des Gerichts die per Telefax übermittelten Mehrfertigungen ausgedruckt hat. Das gilt aber dann nicht, wenn das gerichtliche Empfangsgerät fehlerhaft war (LG Hamburg AGS 2018, 275). **13**

4. Beifügungspflicht (Nr. 1 Hs. 2b). Eine Beifügungspflicht besteht zB nach §§ 103 II, 133 I, 169 II, 253 V, 340a, 520 IV, 550 I, 551 IV ZPO, § 381 StPO, also für die Kostenrechnung, vorbereitende Dokumente, Klage-, Einspruchs- und Rechtsmittelschriften, Berufungs-, Revisionsbegründung, Privatklage. Es ist unerheblich, ob eine förmliche Zustellung erforderlich ist oder ob eine formlose Mitteilung genügt. Hierher gehört auch der Fall, dass eine Partei die vorgeschriebenen Kopien usw nicht einreicht und dass das Gericht diese Kopien usw für eine gesetzlich notwendige Mitteilung anfertigen muss, etwa zum Zweck eines rechtlichen Gehörs nach Art. 103 I GG. **14**

5. Keine Beifügungspflicht (Nr. 1b). Sofern dagegen die Partei eine Erklärung zum Protokoll des Urkundsbeamten der Geschäftsstelle abgibt, entstehen zwar dem Staat infolge der Anfertigung von Kopien usw Kosten. Die Partei hat aber keine Obliegenheiten verletzt, und zwar auch nicht bei einer Erklärung nach § 129a ZPO. Dann können allenfalls Dokumentenauslagen zB nach KV 9001 wegen der Notwendigkeit einer Übersendung nach § 129a II ZPO entstehen. Bei § 105 II ZPO (Fest- **15**

setzungsgesuch durch die Einreichung der Kostenberechnung vor der Verkündung) ist die Anfertigung der Kopien usw auf Staatskosten ausdrücklich vorgeschrieben.

15a Alleiniger **Auslagenschuldner** ist nach § 28 I 2 derjenige, der die Einreichung versäumt hat. Soweit das GNotKG anzuwenden ist, gilt Nr. 1 nicht (vgl. LG Krefeld Rpfleger 1982, 488).

16 **6. Elektronisch gespeicherte oder bereitgestellte Dateien (Nr. 3).** Soweit es um die Überlassung oder Bereitstellung von elektronisch gespeicherten Dateien anstelle von Ausfertigungen oder Kopien geht, gilt vorrangig Nr. 2. Das kann auch für eine Datei im Zusammenhang mit einer Anlage nach der zu § 130a II 2 ZPO erlassenen ERVV gelten. Maßgeblich ist die Zahl der hergestellten Dateien (Meyer JurBüro 2013, 9.) Ein sog. Ordner kann also mehrere Dateien enthalten. Dabei ist der Höchstbetrag von 5 EUR zu beachten, soweit es nur um **einen** Arbeitsgang geht.

17 **V. Auslagenfreiheit (Anm. III).** Frei von Auslagen sind für jede Partei, jeden Beteiligten und jeden Beschuldigten und jeden ihrer bevollmächtigten Vertreter jeweils Ausfertigungen und Kopien oder Ausdrucke der elektronischen Fassung, soweit einer der folgenden, nebeneinander möglichen Fälle vorliegt.

18 **1. Vollständige Fassung einer Entscheidung oder eines Vergleichs (Anm. III 1 Nr. 1).** Frei von einer Zahlungspflicht ist eine erste vollständige Ausfertigung, Abschrift oder Kopie oder ein erster Ausdruck jeder gerichtlichen Entscheidung und jedes vor dem Gericht abgeschlossenen Prozessvergleichs einschließlich desjenigen nach § 278 VI 1 Hs. 1, 2 ZPO, sofern das Gericht sie der Partei, einem Beteiligten oder dem Beschuldigten erteilt. Eine bloße Vervollständigung, Ergänzung oder Berichtigung gehört zum Erstexemplar.

19 **Entscheidung** ist nur ein Urteil oder ein Beschluss mit einer unmittelbaren Rechtsfolge mit oder ohne eine Prozessbeendigung. Hierher zählen zB: ein Beweisbeschluss; ein Vollstreckungsbescheid; ein Arrestbefehl; eine einstweilige Anordnung oder Verfügung; ein Pfändungs- und Überweisungsbeschluss; ein Vorbescheid; ein Gerichtsbescheid.

20 **Nicht hierher** zählen zB: Ein nur außergerichtlicher Vergleich (§ 278 VI 1 Hs. 1 ZPO gehört aber sehr wohl zu Nr. 1); eine prozessleitende Verfügung, etwa ein Hinweis; eine Aufforderung; eine Anfrage (OVG Nordrhein-Westfalen Rpfleger 1981, 125); ein Erörterungsbeschluss, und zwar auch dann nicht, wenn eine solche prozessleitende Verfügung eine Frist in Lauf setzt. Denn auch dann soll die Verfügung erst eine etwa nachfolgende Entscheidung vorbereiten.

21 **2. Ausfertigung ohne Tatbestand und Entscheidungsgründe (Anm. III 1 Nr. 2).** Frei von einer Zahlungspflicht ist ferner die Erteilung einer Ausfertigung ohne einen Tatbestand und ohne Entscheidungsgründe. Das gilt unabhängig davon, ob ein Tatbestand oder Entscheidungsgründe überhaupt zu einer vollständigen Ausfertigung oder Kopie usw gehören würden (§§ 313a, 540 ZPO) und ob das Gericht schon eine vollständige Ausfertigung oder Kopie usw erteilt hat.

22 **3. Protokollablichtung (Anm. III 1 Nr. 3).** Frei von der Zahlungspflicht ist ferner die Erteilung einer Kopie usw jedes Protokolls „einer", genauer: jeder Sitzung auch zB des verordneten Richters nach § 362 II ZPO. Auslagenfrei ist gegenüber der nicht durch einen Bevollmächtigten vertretenen Partei nur eine einzige Kopie usw eines jeden Protokolls. Wegen der durch einen Bevollmächtigten vertretenen Partei → Rn. 15. Eine Protokollanlage gehört nach § 160 V ZPO zur Niederschrift usw, sofern das Gericht die Anlage im eigentlichen Protokoll auch als Anlage bezeichnet hat. Das gilt zB bei einem solchen Antrag, den die Partei nach § 297 I 2 ZPO verlesen hat. Auch die Kopie usw eines schriftlichen Gutachtens können wegen Art. 103 I GG hierher gerechnet werden (LG Münster Rpfleger 1992, 225; aA Meyer Rn. 26, aber man darf dabei nicht schon wegen § 411 I 1 ZPO zu formstreng sein). Auch ein Protokollentwurf kann hierzu zählen.

23 Bei einer Abschrift oder Kopie einer **Vermögensauskunft** nach § 802c ZPO gilt → Rn. 17.

24 Die Auslagenfreiheit ist lediglich eine Kostenregelung. Ihr ist **keineswegs** eine Pflicht des Gerichts zu entnehmen, **von Amts wegen eine Protokollkopie** usw **zu übermitteln,** noch gar unverzüglich. Daran ändert auch nicht ein verbreiteter

Brauch solcher Art etwas. Schon gar nicht kann eine Partei aus der Nichtübersendung einen prozessualen Anspruch etwa nach § 156 ZPO ableiten, solange nicht besondere Umstände hinzutreten.

4. Vertretung durch einen Bevollmächtigten (Anm. III 1 Nr. 1–3). Frei von der Zahlungspflicht ist die Erteilung einer weiteren vollständigen Ausfertigung oder Kopie usw bei der Vertretung durch einen Bevollmächtigten unabhängig von deren Notwendigkeit. Das gilt für alle Fälle → Rn. 10–19. Diese weitere Ausfertigung oder Kopie usw muss vollständig sein. Eine weitere abgekürzte reicht nicht aus. Es muss ferner ein Bevollmächtigter im Zeitpunkt des Antrags oder der Erteilung vorhanden sein. Jeder Bevollmächtigte erhält eine weitere vollständige Ausfertigung oder Kopie usw auslagenfrei. Eine Sozietät ist nur **ein** Bevollmächtigter. Der bloße Verkehrsanwalt ist kein Bevollmächtigter im vorstehenden Sinn. Eine aus mehreren Personen bestehende Partei kann je Person eine solche Auslagenfreiheit beanspruchen, selbst bei einer Vertretung durch denselben Bevollmächtigten. 25

5. Blindenschrift usw (Anm. III 2). Frei von der Erstattungspflicht sind die Auslagen(kosten) der Anfertigung oder der Bereitstellung in einer für den Blinden oder Sehbehinderten wahrnehmbaren Form eines für ihn bestimmten Dokuments vor Gericht. Das ergibt sich aus § 191a I 5 GVG. 26

VI. Akteneinsicht (Anm. IV). Voraussetzung einer Dokumentenpauschale ist ein besonderer Antrag nebst Ausdruck oder Datenträger als Folge. 27

Nr.	Auslagentatbestand	Höhe
9001	**Auslagen für Telegramme**	**in voller Höhe**

I. Anwendungsbereich. Nur noch Telegramme lassen eine Zahlungspflicht entstehen. Das gilt freilich stets unabhängig von der in KV 9002 Anm. nur für den dortigen Anwendungsbereich zu prüfenden Lage. Denn KV 9001 enthält keine solche Anm. 1

Telefax- und sonstige Telekommunikationskosten und insbesondere Telefon- oder Internetkosten zählen **nicht** zu KV 9001. Das besagt die eindeutige Beschränkung auf Telegramme im Gesetzestext. 2

Die Zahlungspflicht entsteht daher auch dann jedenfalls nicht nach KV 9001, wenn ein Beteiligter das **falsche Gericht** angerufen hat und wenn dieses den Vorgang zB per Telefax an das richtige **Gericht** weiterleitet usw. Sie entsteht ferner dann nicht, wenn bei § 129a II 1 ZPO die erforderliche Unverzüglichkeit der Weiterleitung an das richtige Gericht eine Übersendung per Telefax notwendig macht. Es ist unerheblich, ob infolge einer solchen Übermittlung anderweitige Kosten erspart bleiben. 3

Nicht hierher zählen erst recht die Kosten einer Telefonüberwachung (OLG Karlsruhe Rpfleger 1989, 172; aA OLG Frankfurt a. M. Rpfleger 1985, 170). 4

II. Höhe der Auslagen. Die Kosten der Erledigung per Telegramm sind in voller Höhe zahlungspflichtige Auslagen. Maßgeblich sind die jeweiligen Allgemeinen Geschäftsbedingungen und Preislisten der Deutschen Post AG. 5

Nr.	Auslagentatbestand	Höhe
9002	**Pauschale für Zustellungen mit Zustellungsurkunde, Einschreiben gegen Rückschein oder durch Justizbedienstete nach § 168 Abs. 1 ZPO je Zustellung**	**3,50 €**
	[1]Neben Gebühren, die sich nach dem Streitwert richten, mit Ausnahme der Gebühr 3700, wird die Zustellungspauschale nur erhoben, soweit in einem Rechtszug mehr als 10 Zustellungen anfallen. [2]Im erstinstanzlichen Musterverfahren nach dem KapMuG wird die Zustellungspauschale für sämtliche Zustellungen erhoben.	

1 **I. Systematik.** Kosten für eine Zustellung mittels einer Zustellungsurkunde oder für eine Zustellung nach § 168 I ZPO sind auslagenpflichtig. Im Übrigen sind Vorschriften des PostG zu beachten.

§ 33 PostG. Verpflichtung zur förmlichen Zustellung

I 1 Ein Lizenznehmer, der Briefzustelldienstleistungen erbringt, ist verpflichtet, Schriftstücke unabhängig von ihrem Gewicht nach den Vorschriften der Prozeßordnungen und der Gesetze, die die Verwaltungszustellung regeln, förmlich zuzustellen. 2 Im Umfang dieser Verpflichtung ist der Lizenznehmer mit Hoheitsbefugnissen ausgestattet (beliehener Unternehmer).

II 1 Die Regulierungsbehörde hat den verpflichteten Lizenznehmer auf dessen Antrag von der Verpflichtung nach Absatz 1 zu befreien, soweit der Lizenznehmer nicht marktbeherrschend ist. 2 Die Befreiung ist ausgeschlossen, wenn zu besorgen ist, daß hierdurch die förmliche Zustellung nach Absatz 1 nicht mehr flächendeckend gewährleistet wäre. 3 Die Befreiung kann widerrufen werden, wenn der Lizenznehmer marktbeherrschend wird oder die Voraussetzung des Satzes 2 vorliegt. 4 Der Antrag auf Befreiung kann mit dem Antrag auf Erteilung der Lizenz verbunden werden.

§ 34 PostG. Entgelt für die förmliche Zustellung

1 Der verpflichtete Lizenznehmer hat Anspruch auf ein Entgelt. 2 Durch dieses werden alle von dem Lizenznehmer erbrachten Leistungen einschließlich der hoheitlichen Beurkundung und Rücksendung der Beurkundungsunterlagen an die auftraggebende Stelle abgegolten. 3 Das Entgelt hat den Maßstäben des § 20 Absatz 1 und 3 zu entsprechen. 4 Es bedarf der Genehmigung durch die Regulierungsbehörde, soweit der Lizenznehmer marktbeherrschend ist. 5 Das Bundesministerium der Justiz und für Verbraucherschutz und das Bundesministerium des Innern, für Bau und Heimat sind unverzüglich über beabsichtigte Entgeltgenehmigungen zu informieren.

Die „Beleihung“ in § 33 I 2 PostG ist durch § 168 I 2 Hs. 1 ZPO in der Fassung Art. 1 ZustRG vom 25.6.2002 (BGBl. I 1206), überholt, soweit es um den Charakter der Postzustellungsurkunde (bisher nur: der Deutschen Post AG!) geht.

2 **II. Anwendungsbereich.** Solche Kosten sind nur dann ersatzpflichtig, wenn sie für eine nach dem Gesetz oder nach dem pflichtgemäßen gerichtlichen Ermessen notwendige förmliche Zustellung der vorstehenden Art entstehen (→ Rn. 5).

3 Auch diese Kosten treffen aber den Verlierer und geben ihm evtl. einen materiellrechtlichen Ersatzanspruch. Sie treffen stets den Verursacher. Denn §§ 91 ff. ZPO regeln die prozessuale Kostenpflicht abschließend. Das übersieht LAG Bremen Rpfleger 1988, 165.

III. Beispiele zur Frage des Anwendungsbereichs

4 **Aufgabe zur Post: Nicht anzuwenden** ist KV 9002 bei dieser Übermittlungsart nach § 184 ZPO. Denn dann gilt die Sendung nach § 184 II ZPO bestimmte Zeit nach der Aufgabe als zugestellt. Demgegenüber entscheidet bei einem Zustellungsauftrag die Übergabe durch den Zusteller nach § 193 ZPO.

Beschluss: Anzuwenden ist KV 9002 bei einer förmlichen Zustellung eines Beschlusses zB nach § 329 II Nr. 1, III ZPO.

EU-Zustellung: Im Verfahren nach §§ 1067–1071 ZPO richtet sich eine Erstattung zunächst nach Art. 11 VO (EU) Nr. 1393/2007, und erst sodann nach KV 9002.

Formlose Mitteilung: Nicht anzuwenden ist KV dann. Das gilt unabhängig davon, ob sie gesetzlich ausreicht.

Kostenfestsetzung: Anzuwenden ist KV 9002 auch bei ihr nach §§ 103, 104 ZPO (AG Itzehoe SchlHA 1996, 260; AG Kiel JurBüro 1996, 261; AG Rendsburg JurBüro 1996, 318; aA LG Kiel SchlHA 1996, 259; AG Kiel SchlHA 1996, 261, Meyer Rn. 40, aber die Kostenfestsetzung gehört zur Instanz).

Kein Rückschein: Nicht anzuwenden ist KV 9002, sofern das Gericht einen Einwurf- oder Übergabe-Einschreibebrief gerade ohne Rückschein anordnet. Denn die Vorschrift setzt gerade einen Rückschein voraus.

Sachverständiger: Anzuwenden ist KV 9002 bei seiner vom Gericht ordnungsgemäß angeordneten förmlichen Ladung durch Zustellungsurkunde, etwa nach §§ 377, 402 ZPO (LAG Bremen Rpfleger 1988, 165).

Urteil: Anzuwenden ist KV 9002 bei der Zustellung eines Urteils von Amts wegen nach §§ 310 III, 317 I ZPO iVm § 168 I 1 ZPO.

Wiederholung: Die Regeln gelten auch dann, wenn eine Wiederholung der Zustellung notwendig wird, zB wegen einer unrichtigen Anschrift.

Zeuge: Anzuwenden ist KV 9002 bei seiner vom Gericht ordnungsgemäß angeordneten förmlichen Ladung durch Zustellungsurkunde etwa nach § 377 ZPO (LAG Bremen Rpfleger 1988, 165).

IV. Erforderlichkeit der Zustellung. Einem Grundsatz steht eine nicht unerhebliche Ausnahme gegenüber. 5

1. Grundsatz: Notwendigkeit. Soweit das Gericht eine nach dem Gesetz oder nach einem pflichtgemäßen gerichtlichen Ermessen nicht erforderliche förmliche Zustellung gewählt hat, entstehen grundsätzlich keine Auslagen nach KV 9002. Vielmehr muss das Gericht evtl. die Auslagen nach § 21 niederschlagen. Das gilt etwa bei einer vorwerfbar unwirksam formfehlerhaft durchgeführten und deshalb wiederholungsbedürftigen Zustellung. Vgl. allerdings → Rn. 10 ff. Ob die Zustellung objektiv erforderlich war, lässt sich aber nicht nach dem abstrakten Gesetzestext beurteilen, sondern nur nach den Umständen des konkreten Einzelfalls und nach dem pflichtgemäßen gerichtlichen Ermessen. 6

Wegen der verbreiteten Nachlässigkeit gegenüber gerichtlichen Vorladungen usw ist im Interesse des dringend notwendigen zügigen Verfahrensablaufs und einer Vermeidung überflüssiger weiterer Termine grundsätzlich eine **förmliche Zustellung** mit einer Zustellungsurkunde oder zumindest mittels Einschreibens gegen Rückschein bei jeder Ladung objektiv notwendig. Das gilt insbesondere beim Zeugen, auch beim Polizisten als Zeugen. 7

Nur so kann das Gericht nämlich oft genügend **zuverlässig klären,** ob die Ladung den Prozessbeteiligten überhaupt und wann etwa erreicht hat. Nur bei einer Zustellung mit Zustellungsurkunde lässt sich darüber hinaus zuverlässig klären, ob das Gericht eine Ladungsfrist eingehalten hat usw. Nur so lassen sich auch zB die Voraussetzungen einer Verhängung von Ordnungsmitteln oder einer zwangsweisen Vorführung nach § 380 ZPO usw zuverlässig und ohne eine vermeidbare Mehrarbeit spätestens im Termin klären. Deshalb muss der Kostenbeamte grundsätzlich davon ausgehen, dass eine vom Gericht angeordnete förmliche Zustellung objektiv erforderlich war. 8

2. Ausnahme: Auch ohne Notwendigkeit. Ausnahmsweise entstehen Auslagen auch für alle nicht unter → Rn. 5 fallenden Zustellungen im Verfahren nach dem KapMuG. Das ergibt sich aus dem eindeutigen Wortlaut der Anm. S. 2: Bei „sämtlichen" Zustellungen werden Auslagen erhoben. Das ändert freilich nichts an der Geltung des § 21 auch in diesem Verfahren, etwa bei ganz offenkundig sinnlosen Zustellungsversuchen. Dergleichen sollte aber nur zurückhaltend angenommen werden. 9

V. Niederschlagung. Soweit statt einer an sich ausreichenden Zustellung mittels Einschreibens gegen Rückschein eine solche mit Zustellungsurkunde erfolgte, liegt meist schon wegen der etwaigen Unklarheit über den genauen Zustellungszeitpunkt beim bloßen Rückschein keine unrichtige Sachbehandlung vor. Im Übrigen → Rn. 9. 10

Im Zweifel muss er eine dienstliche **Auskunft des Richters** einholen. Er ist zu ihrer Abgabe verpflichtet, soweit sich die objektive Notwendigkeit nicht bereits eindeutig aus dem bisherigen Akteninhalt ergibt. 11

Nichterhebung nach Nr. 10–13 ist nicht mit einer Niederschlagung nach → Rn. 10 zu verwechseln. 12

VI. Höhe der Pauschale. Zunächst ist zu prüfen, ob eine Nichterhebung nach → Rn. 15–18 alle weiteren Fragen erübrigt. Wenn nicht, ergeben sich anstelle der tatsächlichen Aufwendungen (jetzt) je Zustellung pauschal 3,50 EUR. Im ersteren Fall ist nur diese Pauschale je Zustellung zu zahlen, nicht das außerdem erforderliche Porto. Das in § 34 PostG, abgedruckt in → Rn. 1, geregelte Entgelt darf nicht mit der Auslagenregelung des KV 9002 verwechselt werden. 13

VII. Erhebungsgrenzen (Anm. S. 1). Die Pauschale fällt nach der Anm. S. 1 evtl. dann **nicht** an, wenn die folgenden Voraussetzungen zusammentreffen. 14

1. Neben Wertgebühr. Die Pauschale muss neben einer vom Streitwert abhängigen Gebühr entstanden sein, zB neben der allgemeinen Verfahrensgebühr KV 1210. 15

Neben einer Festgebühr etwa nach KV 1810–1821 gibt es keine Auslagenbegrenzung.

16 **2. Kein Fall von KV 3700.** Es darf sich nicht um die Urteilsgebühr im sog. Adhäsionsverfahren nach § 406 StPO handeln.

17 **3. Je Rechtszug nicht mehr als 10 Zustellungen.** Es dürfen je Instanz nicht mehr als 10 Zustellungen angefallen sein, auch an Streitverkündete unabhängig von einem Beitritt (OLG Hamburg AGS 2016, 518).

18 **4. Folge: Nichterhebung.** Beim Zusammentreffen der Bedingungen → Rn. 15–17 darf das Gericht keine Pauschale nach KV 9002 erheben.

19 **VIII. Keine Erhebungsgrenzen (Anm. S. 2).** Es gilt das in → Rn. 9 Ausgeführte.

Nr.	Auslagentatbestand	Höhe
9003	**Pauschale für die bei der Versendung von Akten auf Antrag anfallenden Auslagen an Transport- und Verpackungskosten je Sendung**	12,00 €
	Die Hin- und Rücksendung der Akten durch Gerichte oder Staatsanwaltschaften gelten zusammen als eine Sendung.	

Schrifttum: Burhoff, Zum Abgeltungsbereich der Aktenversendungspauschale der Nr. 9003 GKG KostVerz., RVGreport 2006, 41; Büttner, Die Aktenversendungspauschale – Zankapfel zwischen Anwaltschaft und Justiz, NJW 2005, 3108; Enders, Die Aktenversendungspauschale, JurBüro 1997, 393; Euba, Die neue Aktenversendungspauschale im Meinungsstreit, ZAP Fach 24, 937; Hower, Die Aktenversendungspauschale – Unverständliche Verwirrung um eine verständliche Regelung?, NJW 2013, 2077; Notthoff, Auslagenpauschale bei Aktenversendung, AnwBl 1995, 538; Volpert, Aktuelle Fragestellungen zur Aktenversendungspauschale, NJW 2016, 218.

1 **I. Systematik.** Die Vorschrift ist zwingendes Bundesrecht (AG Leipzig JurBüro 2005, 547). Deshalb ist eine Vereinbarung mit einem privaten Dienstleister wie bei einem transportierenden Anwaltsverein nicht zu beachten (OLG Saarbrücken JurBüro 2016, 31 (32); aA OLG Köln NJW-RR 2015, 1342 (1343)). KV 9003 ist mit dem GG vereinbar (BVerfG NJW 1996, 2222 (zur aF)). „Akten" bedeutet: Mehr als einzelne lose Dokumente oder Anlagen mit oder ohne Kopien (OVG Nordrhein-Westfalen NJW 2013, 2378). Auch Aktenteile können unter dieser Voraussetzung die Gebühr KV 9003 auslösen (OVG Nordrhein-Westfalen NJW 2013, 2378). Das gilt auch für Beiakten (OVG Nordrhein-Westfalen NJW 2013, 2378).

2 **II. Anwendungsbereich: Versendung auf Antrag.** Die Vorschrift gilt bei einer Rücksendungspflicht (OVG Nordrhein-Westfalen NJW 2013, 2378). Sie gilt auch vor der Staatsanwaltschaft (OVG Rheinland-Pfalz NJW 2007, 2427) vor den Arbeitsgerichten (LAG Schleswig-Holstein NJW 2007, 2510), und vor den Sozialgerichten (LSG Schleswig-Holstein AnwBl 1997, 48, SG Stralsund JurBüro 1998, 370; aA SG Frankfurt a. M. NZS 1998, 256, aber KV 9003 gilt im Gesamtbereich des GKG). Es ist unerheblich, ob die Versendung der Akten zB an einen gerichtlich bestellten Verteidiger erfolgt (LG Frankenthal NJW 1995, 2801; aA LG Tübingen AnwBl 1995, 569).

3 Es ist **ferner unerheblich,** ob die Versendung innerhalb oder außerhalb des Gerichtsbezirks erfolgt (LG Frankenthal MDR 1996, 104). Es ist unerheblich, ob die Sendung aus einem oder mehreren Dokumenten besteht und auf welchem Weg und in welcher Art sie erfolgt (LG Kleve JurBüro 2015, 419). Eine wiederholte Versendung lässt KV 9003 mehrmals entstehen (LG Frankenthal NJW 1995, 2801).

4 **Keine** Versendung ist ein Transport zwischen verschiedenen Justizgebäuden an denselben Ort (LG Görlitz AnwBl 2014, 657). Keine Versendung ist ferner ist eine bloße Aushändigung bei der Einlegung in das oder bei der Abholung auf der Geschäftsstelle oder aus dem Gerichtsfach (LG Chemnitz JurBüro 2010, 257; AG

Düsseldorf JurBüro 1997, 433, auch wenn Staatsanwalt und LG nicht an demselben Ort residieren, OVG Rheinland-Pfalz NJW 2013, 2137; aA OLG Koblenz NStZ-RR 2013, 125, Anwaltsfach am Ort; OLG Köln MDR 2009, 955; LG Frankenthal NJW 1995, 2801, je: beim anwaltlichen Gerichtsfach eines örtlich entfernten Gerichts). Das gilt auch dann, wenn die Akte zwecks Abholung aus dem Anwaltsfach zwischen verschiedenen Justizgebäuden mittels Dienstwagen hin und her gelangen (OLG Koblenz AnwBl 2014, 657; OLG Nürnberg AGS 2016, 84).

Kostenpflichtig ist nach KV 9003 nur die Versendung **auf Antrag,** nicht diejenige von Amts wegen (OLG Jena JurBüro 2008, 602), etwa nach § 129a II 1 ZPO, oder diejenige im Weg einer Amtshilfe. Im letzteren Fall kann KV 9001, 9002 anzuwenden sein. Beantragte Einzelkopien statt Akten sind nach KV 9000 zu berechnen. Das wird daher meist teurer. Das kostenfreie Einsichtsrecht an der Gerichtsstelle bleibt auch sonst unberührt (OLG Koblenz MDR 1997, 202; AG Koblenz AnwBl 1995, 380). 5

III. Fälligkeit, Kostenschuldner. Die Fälligkeit tritt mit der Entstehung der Auslagen ein (LG Koblenz NJW 1996, 1223). Der Antragsteller selbst ist **Kostenschuldner** → § 28 Rn. 6 (vgl. LG Bayreuth JurBüro 1997, 433; VG Braunschweig NVwZ-RR 2003, 911 (912)). Das muss nicht stets die Partei sein, sondern kann auch der ProzBev sein (LG Düsseldorf AGS 2018, 274; LG Mainz JurBüro 2007, 597; VG Meiningen JurBüro 2006, 36; Bohnenkamp JurBüro 2007, 569), auch der Pflichtverteidiger (OLG Düsseldorf JurBüro 2002, 308; OLG Koblenz MDR 1997, 202; AG Mainz NStZ-RR 1999, 128). Es kommt darauf an, in wessen Namen der Antrag erfolgt. Nicht maßgeblich ist, in wessen Interesse sie erfolgt (aA VG Düsseldorf JurBüro 2006, 90; LG Mainz JurBüro 2007, 597). Im Zweifel liegt ein Antrag nur im Namen des Auftraggebers mit der Folge von nur dessen Haftung vor (LG Memmingen JurBüro 2008, 375 (Akteneinsicht); VG Braunschweig JurBüro 2003, 210; Weis AnwBl 2007, 529). 6

IV. Hin- und Rücksendung (Anm. I). Die Hin- und Rücksendung (nur) durch ein Gericht oder eine Staatsanwaltschaft gelten infolge dieser klarstellenden Vorschrift als nur **eine** Sendung (AG Leipzig JurBüro 2005, 547). Das gilt jedenfalls, solange es sich auch nur teilweise um dieselben Akten handelt. Daher löst zB eine Rücksendung durch mehrere Pakete statt des früheren einzigen Hinpakets doch nur *eine* Summe nach KV 9003 aus (Büttner NJW 2005, 3109; Hower NJW 2013, 2079; aA Henke AnwBl 2005, 494, aber Pauschale bleibt Pauschale). Folglich muss das Gericht keinen Freiumschlag für die Rücksendung beifügen (OLG Koblenz JurBüro 2006, 207 (2. StrS); aA OLG Koblenz NJW 2006, 1072 (14. ZS), aber keine Erstattung des vom Antragsteller bezahlten Rückportos). 7

Ob **Anwalts**auslagen entstehen, richtet sich nicht nach KV 9003 (OLG Jena JurBüro 2007, 598), sondern nach VV 7000 ff. RVG, hier also nach VV 7001, 7002 RVG (je zum alten Recht OLG Hamm NJW 2006, 1077; LG Koblenz JurBüro 2006, 89; AG Rockenhausen JurBüro 2005, 206 (207)). Das ergibt sich aus den (jetzigen) Wörtern „durch Gerichte oder Staatsanwaltschaften" in der Anm. I (aA OLG Naumburg NJW-RR 2008, 1666). Justizinterne Kosten sind keine Auslagen (OLG Celle AGS 2016, 224). 8

Nr.	Auslagentatbestand	Höhe
9004	**Auslagen für öffentliche Bekanntmachungen** **I 1 Auslagen werden nicht erhoben für die Bekanntmachung in einem elektronischen Informations- und Kommunikationssystem, wenn das Entgelt nicht für den Einzelfall oder nicht für ein einzelnes Verfahren berechnet wird. 2 Nicht erhoben werden ferner Auslagen für die Bekanntmachung eines besonderen Prüfungstermins (§ 177 InsO, § 18 SVertO).** **II Die Auslagen für die Bekanntmachung eines Vorlagebeschlusses gemäß § 6 Abs. 4 KapMuG gelten als Auslagen des Musterverfahrens.**	**in voller Höhe**

1 **I. Anwendungsbereich.** Zu erstatten sind die durch eine öffentliche Bekanntmachung entstehenden Kosten mit Ausnahme nur der Bekanntmachungskosten im Umfang der Anm. nach → Rn. 3, 4. Zur öffentlichen Bekanntmachung gehört auch die öffentliche Zustellung etwa nach §§ 185 ff. ZPO. Soweit das Gericht einen Auftrag zur öffentlichen Bekanntmachung zurücknimmt, sind die bereits entstandenen Kosten erstattungspflichtig.

2 **Außer Betracht** bleiben neben den Portokosten des Gerichts für den Antrag diejenigen für die Übersendung der Belege. Bei einer Beweisaufnahme nach §§ 1072–1075 ZPO richtet sich die Bezahlung zunächst nach Art. 10 II, IV, 18 VO (EG) Nr. 1206/2001 und sodann nach KV 9004.

3 **II. Elektronisches System (Anm. I 1).** Es kann auslagenfrei bleiben. Es kommt darauf an, ob der Staat für die Veröffentlichung zB im Internet auch auf Grund einer Vereinbarung mit einem gebietsmäßigen Anbieter entweder gar nichts oder jedenfalls kein Entgelt für den Einzelfall oder ein einzelnes Verfahren zahlen muss, sondern nur eine wie immer berechnete Pauschale.

4 **III. Prüfungstermin (Anm. I 2).** Er kann ebenfalls zur Auslagenfreiheit führen. Im Fall des § 177 InsO gilt nur KV 2340, freilich bei einer Verbindung mit einem Schlusstermin nur wegen des besonderen Prüfungstermins. Im Fall des § 18 SVertO gilt nur KV 2430.

5 **IV. Vorlagebeschluss (II).** Bei § 6 IV KapMuG gelten die Anm. II und damit §§ 16 II, 26 KapMuG.

Nr.	Auslagentatbestand	Höhe
9005	**Nach dem JVEG zu zahlende Beträge ....** **I Nicht erhoben werden Beträge, die an ehrenamtliche Richter (§ 1 Abs. 1 Satz 1 Nr. 2 JVEG) gezahlt werden.** **II 1 Die Beträge werden auch erhoben, wenn aus Gründen der Gegenseitigkeit, der Verwaltungsvereinfachung oder aus vergleichbaren Gründen keine Zahlungen zu leisten sind. 2 Ist aufgrund des § 1 Abs. 2 Satz 2 JVEG keine Vergütung zu zahlen, ist der Betrag zu erheben, der ohne diese Vorschrift zu zahlen wäre.** **III Auslagen für Übersetzer, die zur Erfüllung der Rechte blinder oder sehbehinderter Personen herangezogen werden (§ 191a Abs. 1 GVG), werden nicht, Auslagen für Kommunikationshilfen zur Verständigung mit einer hör- oder sprachbehinderten Person (§ 186 GVG) werden nur nach Maßgabe des Absatzes 4 erhoben.** **IV Ist für einen Beschuldigten oder Betroffenen, der der deutschen Sprache nicht mächtig, hör- oder sprachbehindert ist, im Strafverfahren oder im gerichtlichen Verfahren nach dem OWiG ein Dolmetscher oder Übersetzer herangezogen worden, um Erklärungen oder Schriftstücke zu übertragen, auf deren Verständnis der Beschuldigte oder Betroffene zu seiner Verteidigung angewiesen oder soweit dies zur Ausübung seiner strafprozessualen Rechte erforderlich war, werden von diesem die dadurch entstandenen Auslagen nur erhoben, wenn das Gericht ihm diese nach § 464c StPO oder die Kosten nach § 467 Abs. 2 Satz 1 StPO, auch i. V. m. § 467a Abs. 1 Satz 2 StPO, auferlegt hat; dies gilt auch jeweils i. V. m. § 46 Abs. 1 OWiG.**	**in voller Höhe**

Nr.	Auslagentatbestand	Höhe
	V Im Verfahren vor den Gerichten für Arbeitssachen werden Kosten für vom Gericht herangezogene Dolmetscher und Übersetzer nicht erhoben, wenn ein Ausländer Partei und die Gegenseitigkeit verbürgt ist oder ein Staatenloser Partei ist. **VI Auslagen für Sachverständige, die durch die Untersuchung eines Beschuldigten nach § 43 Abs. 2 JGG entstanden sind, werden nicht erhoben.**	

I. Anwendungsbereich. Die Vorschrift verstößt zumindest wegen eines Gebärdendolmetschers nach § 186 GVG für einen (jetzt) Hör- oder Sprachbehinderten nicht gegen Art. 3 GG (vgl. LG Hamburg JurBüro 1999, 599). Sie ist auch mit Art. 2 I, 20 III GG vereinbar (BVerfG NJW 2013, 2883). Erstattungspflichtig sind die Gebühren und solche Auslagen, die das Gericht an einen Zeugen zahlen muss (BPatGE 32, 11 = GRUR 1991, 309 (312)), auch an einen vorläufigen Insolvenzverwalter (OLG Düsseldorf JurBüro 2009, 266). Hierher gehören auch Zahlungen an einen Sachverständigen, Dolmetscher (OVG Mecklenburg-Vorpommern NVwZ-RR 2011, 712), oder Gebärdendolmetscher oder Übersetzer (Ausnahme: Übersetzer beim Hör- oder Sprachbehinderten, Anm. III). 1

Grundlage der Zahlungspflicht ist jeweils das JVEG. Für die Erstattungspflicht kommt es also nicht darauf an, welche Beträge das Gericht tatsächlich gezahlt hat, sondern auf diejenigen Beträge, die es zahlen muss oder musste, also auf die „zu zahlenden" Beträge, nicht auf „gezahlte" (OLG Düsseldorf AnwBl 1989, 237; OLG Frankfurt a. M. FamRZ 2018, 1172; OLG Schleswig MDR 1985, 79 (80)). Soweit das Gericht eine Überzahlung vorgenommen hat, kann der Auslagenschuldner freilich auch nach § 66 die Erinnerung einlegen. Wegen des Verhältnisses zu dort → JVEG § 13 Rn. 17. 2

Bei einer **schriftlichen Bekundung** nach § 377 III ZPO darf das Gericht dem Zeugen nur seine Auslagen erstatten, § 401 ZPO. Soweit das Gericht im Verfahren auf die Bewilligung von PKH eine Beweisaufnahme vorgenommen hat und den Antrag anschließend zurückweist, muss der Antragsteller die entstandenen Auslagen erstatten. Die Kosten einer nach der StPO zulässig erfolgten Telefonüberwachung werden nach (jetzt) § 23 JVEG erstattet (OLG Koblenz Rpfleger 2000, 565; LG Koblenz NStZ 2001, 221; LG Nürnberg-Fürth JurBüro 1992, 685). Das gilt freilich nicht für ein bloßes Hilfsmittel der Telefonüberwachung (OLG Celle NStZ 2001, 221, Computermiete). Bei einer Tätigkeit nach §§ 1072–1075 ZPO richtet sich die Erstattung zunächst nach Art. 18 VO (EG) Nr. 1206/2001, auch sodann nach KV 9005. 3

Verzinsung der Auslagen nach KV 9005 entsteht im erstinstanzlichen Musterverfahren nach dem KapMuG nach KV 9018 und dessen Anmerkung I–III, s. dort. 4

II. Keine Erhebung von Richterbeträgen (Anm. I). Solche Beträge, die die Staatskasse an ehrenamtliche Richter nach § 1 I 1 Nr. 2 JVEG gezahlt hat, werden nicht nach KV 9005 miterhoben. 5

III. Erhebung trotz Verwaltungsabreden usw (Anm. II 1). Der Kostenbeamte muss notfalls die Zeit- und sonstigen Angaben vom Sachverständigen erfragen. Diese Auslagen entstehen auch dann, wenn aus Gründen der Gegenseitigkeit, Verwaltungsvereinfachung usw tatsächlich die Gerichtskasse an die andere Kasse oder den Beamten nicht zu zahlen braucht, Anm. II 2. Denn der Schuldner hat von solchen Abrechnungsvereinfachungen keinen Vorteil. 6

IV. Erhebung auch für Behördenleistung (Anm. II 2). Sofern ein Sachverständiger usw nach § 1 II 2 JVEG deshalb keine Vergütung beanspruchen kann, weil er als ein Angehöriger einer Behörde oder sonstigen öffentlichen Stelle das Gutachten in einer Erfüllung seiner Dienstaufgaben erstattet, vertreten oder erläutert hat, entsteht 7 nach KV 9005 Anmerkung II 2 eine Erstattungspflicht evtl. trotzdem nach dem Einzelfall, allerdings keineswegs stets (OLG Stuttgart Rpfleger 1987, 388).

8 **V. Übersetzer für Blinden usw (Anm. III).** Die Anm. III erfasst mit unterschiedlichen Anweisungen auch einen hör- oder sprachbehinderten Inländer oder Ausländer.

9 **VI. Ausländer, Hörbehinderter usw (Anm. IV).** Art. 6 IIIe MRK verbietet die Auferlegung von Dolmetscherkosten, soweit der Betroffene deutsch nicht spricht oder nicht versteht. Dem trägt die Anm. IV scheinbar nur eingeschränkt Rechnung, indem sie die Erstattungspflicht bei §§ 464c, 467 II 1, 467a I 2 StPO (Auslagenauferlegung wegen Verschuldens) evtl. je iVm § 46 I OWiG bestehen lässt. Indessen soll (selbstverständlich) Art. 6 III lit. e EMRK ein solches Verschulden nicht belohnen (EGMR NJW 1979, 1091; OLG München NJW 1982, 2739 (2740), auch nicht als Pflichtverteidigungskosten; aA OLG Oldenburg Rpfleger 1981, 125; LG Mainz Rpfleger 1984, 35, aber sie übersehen dieses Problem). Da Art. 6 III lit. c EMRK jeden Betroffenen begünstigt, ist die Anm. IV unabhängig von der Frage der formellen Vorrangigkeit der EMRK auch im Bußgeldverfahren direkt anzuwenden. Der frühere Streit um seine entsprechende Anwendbarkeit ist damit überholt.

10 **VII. Heranziehung (Anm. II–IV).** Das alles gilt freilich nur, sofern das Gericht den Dolmetscher gerade herangezogen hat (OLG Düsseldorf NStZ 1986, 128; OLG Frankfurt a. M. NJW 1981, 533; LG Hamburg JurBüro 1999, 599, § 286 GVG). Der Begriff „herangezogen" ist derselbe wie bei § 1 JVEG.

11 **VIII. Besonderheiten in Arbeitssache (Anm. V).** Die Vorschrift enthält eine gegenüber KV 9005 Haupttext und Anm. I–V vorrangige Sonderregelung. Sie ist als solche wie stets eng auszulegen. Wegen der Besonderheiten vor den Arbeitsgerichten § 12 Va ArbGG.

12 **IX. Ermittlung des Entwicklungsstandes nach § 43 Abs. 2 JGG (Anm. VI).** VI wurde mWv 1.1.2020 eingefügt und bestimmt, dass in den Fällen des § 43 Abs. 2 JGG die Auslagen für Sachverständige nicht erhoben werden.

Nr.	Auslagentatbestand	Höhe
9006	**Bei Geschäften außerhalb der Gerichtsstelle** **1. die den Gerichtspersonen aufgrund gesetzlicher Vorschriften gewährte Vergütung (Reisekosten, Auslagenersatz) und die Auslagen für die Bereitstellung von Räumen ....** **2. für den Einsatz von Dienstkraftfahrzeugen für jeden gefahrenen Kilometer .....**	 **in voller Höhe** **0,42 €**

1 **I. Sachlicher Anwendungsbereich.** Ein Auslagenersatz kommt nur wegen einer Tätigkeit des Gerichts in einem der in § 1 genannten Verfahren gerade außerhalb der Gerichtsstelle in Betracht. Gerichtsstelle ist derjenige Raum, in dem das Gericht seine Tätigkeit bestimmungsgemäß regelmäßig vornimmt. Das ist auch am Ort des Gerichtstags der Fall, FG Rheinland-Pfalz EFG 1986, 626. Allerdings muss der Gerichtstag planmäßig bestehen. Unter KV 9006 fällt vor allem ein einzelner sog. Ortstermin. Infrage kommt jede Art von Amtshandlung.

2 Ein einzelner oder mehrere auswärtige **Termine** in einzelnen Sachen schaffen noch keinen Gerichtstag (FG Rheinland-Pfalz EFG 1986, 626; abl. Lappe NJW 1987, 1860, zust. Schall BB 1988, 380).

3 **Nicht hierher** gehört eine Tätigkeit in der Gerichts- oder Justizverwaltung. Bei dem Zusammentreffen beider Tätigkeitsarten ist KV 9006 auf denjenigen Teil anzuwenden, der sich nach § 1 beurteilen lässt.

4 **II. Persönlicher Anwendungsbereich.** Die hierher gehörigen Personen sind zum einen die Gerichtspersonen im engeren Sinn, also Richter, auch Handelsrichter, Referendare, Beamte der Staatsanwaltschaft, Urkundsbeamte, Gerichtswachtmeister, Fahrer, soweit alle diese Personen überhaupt auf Grund gesetzlicher Vorschriften eine

Vergütung erhalten haben. Die Höhe der Vergütung bemisst sich nach dem BRKG v. 26.5.2006 (BGBl. I 1418), dazu ARV v. 21.5.1991 (BGBl. I 1140), letzte Änderung v. 17.5.2021 (BGBl. I 660), in der jeweils festgesetzten Höhe. Hierher gehören aber auch die Gerichtspersonen im weiteren Sinn, also nichtbeamtete Beisitzer wie Schöffen, Beisitzer der Arbeitsgerichte, Mitschöffen usw.

Nicht hierher gehören ProzBev, sonstige gesetzliche oder rechtsgeschäftliche Vertreter, Parteien, Beweispersonen wie Zeugen, Sachverständige, sachverständige Zeugen, außergerichtliche Mediatoren (OLG Dresden NJW-RR 2007, 80 (81)) oder Rechtsanwälte. 5

III. Auslagenbegriff (Nr. 1). An Auslagen kommen jedoch nur Reisekostenvergütungen und der Auslagenersatz nach dem JVEG gerade wegen der auswärtigen Amtshandlung in Betracht. Eine Entschädigung wegen der Zeitversäumnis gehört nicht hierher. 6

Soweit das Gericht in derselben Sitzung mehrere Angelegenheiten erledigt, gilt die Vorb. 9 II. 7

Nicht hierher gehören Fahrtkosten zur Vertretung eines erkrankten, beurlaubten oder sonst wie ausgefallenen Amtskollegen oder Fahrtkosten des Vertreters der Amts- oder Staatsanwaltschaft. 8

IV. Höhe der Auslagen. Die „Kosten für die Bereitstellung von Räumen" umfassen die Miete, Heizung, Beleuchtung, Reinigung, Ausstattung gerade zu dieser auswärtigen Tätigkeit usw. Alle Auslagen lassen sich jedoch nur mit dem wirklich gezahlten und zahlbaren Betrag fordern. Dazu zählen freilich auch Kosten für einen Dienstwagen (je gefahrenen km 0,42 EUR), selbst wenn man sie dem Benutzer weder anlasten noch erstatten darf. 9

Nr.	Auslagentatbestand	Höhe
9007	**An Rechtsanwälte zu zahlende Beträge mit Ausnahme der nach § 59 RVG auf die Staatskasse übergegangenen Ansprüche ....**	**in voller Höhe**

I. Anwendungsbereich. Hierher gehören auch die Kosten des für ein Verfahren nach § 1 gerichtlich beigeordneten oder bestellten Rechtsanwalts nach (jetzt) §§ 44 ff. RVG (OLG Zweibrücken Rpfleger 1991, 125). 1

Das gilt nach → KV 9005 Rn. 9 freilich nur, soweit nicht **Art. 6 I EMRK** entgegensteht (BGH Rpfleger 1979, 412 (413); OLG Düsseldorf NStZ 1985, 370; LG Osnabrück JurBüro 1991, 718). Auch die Kosten des gegen den Willen des Angeklagten zusätzlich zum Wahlverteidiger rechtmäßig bestellten Pflichtverteidigers zählen ohne einen Verstoß gegen Art. 6 III e MRK hierher (OLG Düsseldorf AnwBl 1983, 462; OLG Hamm NStZ-RR 2000, 160). Vgl. freilich § 10 I KostVfg (OLG Hamm NStZ-RR 2000, 160; OLG Köln JurBüro 1991, 855 (856)). 2

Zu den nach KV 9007 zu erstattenden Beträgen gehören allerdings **nicht** die Kosten der Kopie des **Hauptverhandlungsprotokolls** (OLG München Rpfleger 1982, 486). 3

Nicht hierher gehören ferner nach KV 9007 die im **Prozesskostenhilfeverfahren** vom Staat an den beigeordneten Rechtsanwalt gezahlten Gebühren. Denn (jetzt) § 59 RVG regelt den Ersatz dieser Kosten abschließend (OLG Zweibrücken Rpfleger 1984, 118). Vgl. dazu die JBeitrG. Nicht hierher gehören Ablichtungskosten zum Hauptverhandlungsprotokoll beim Pflichtverteidiger (OLG München Rpfleger 1982, 486). Nicht hierher gehören auch die Kosten des vorläufigen Insolvenzverwalters als solchen (OLG Celle NZI 2000, 226). 4

II. Höhe der Auslagen. Die Zahlung erfolgt in voller Höhe der gesetzmäßig berechneten Kosten. 5

Nr.	Auslagentatbestand	Höhe
9008	**Auslagen für** **1. die Beförderung von Personen ....**	**in voller Höhe**

Nr.	Auslagentatbestand	Höhe
	2. Zahlungen an mittellose Personen für die Reise zum Ort einer Verhandlung, Vernehmung oder Untersuchung und für die Rückreise	**bis zur Höhe der nach dem JVEG an Zeugen zu zahlenden Beträge**

1 **I. Personenbeförderung (Nr. 1).** Der Auslagenschuldner muss nach Nr. 1 diejenigen Auslagen erstatten, die zur Beförderung von Personen entstanden sind.

2 **Hierher zählt zB:** Die Vorführung einer Partei, des Beschuldigten, eines Zeugen (OLG Hamm NStZ-RR 2000, 320), des Schuldners im Insolvenzverfahren; die Überführung des Verhafteten in die Haftanstalt, des Beschuldigten in eine Anstalt und die Beförderung zum Zweck der Vollstreckung einer Strafe (OLG Koblenz JurBüro 1991, 419 (420)), soweit nicht das JVKostG vorrangig gilt, s. unten; Gefangenentransportkosten, soweit der Transport zur Vernehmung als Zeuge in einem gerichtlichen oder staatsanwaltschaftlichen Verfahren oder zu einem gerichtlichen Termin in einer solchen Sache erfolgt, die nicht im Zusammenhang mit demjenigen Verfahren steht, in dem das Gericht eine Freiheitsstrafe verhängt oder die Untersuchungshaft angeordnet hat (OLG Hamm NStZ-RR 2000, 320). Reisekosten der Partei können ebenfalls hierher zählen, soweit das Gericht sie veranlasst hat (OLG Brandenburg NJW-RR 2004, 63).

3 Die Justizvollzugsanstalt braucht die **Höhe** der Gefangenentransportkosten evtl. nach dem Landesrecht nur insoweit mitzuteilen, als in dem Transportersuchen hierum gebeten wird (vgl. Nr. 7 bayGTV).

4 **Nicht hierher zählen zB:** Kosten der Beförderung zum Zweck der Vollstreckung einer Strafe.

5 **II. Unterstützung mittelloser Partei (Nr. 2).** Der Kostenschuldner muss ferner nach Nr. 2 die Kosten der Unterstützung einer mittellosen Partei insoweit als Auslagen ersetzen, als das Gericht das persönliche Erscheinen dieser Partei angeordnet hat oder sie vernehmen will. Hierher gehört auch die Zahlung an einen mittellosen Beschuldigten für die Hin- und Rückreise, auch zur Blutentnahme oder zur Vornahme einer erbbiologischen Untersuchung. Die Unterstützung kann auch zugunsten eines Streitverkündeten oder eines Schuldners im Verfahren nach §§ 802a ff. ZPO oder eines Beschuldigten oder einer Begleitperson notwendig geworden sein.

6 **III. Einzelheiten.** Zu den Reisekosten gehören die notwendigen Mehraufwendungen für Verpflegung und Übernachtung. Die Zahlung erfolgt infolge eines Vorschusses oder nachträglich. Wegen der Reiseentschädigung an mittellose Personen → Reiseentschädigung. Eine Einstufung als Auslagen erfolgt allerdings bei diesen Personen nur bis zur Höhe der nach dem JVEG möglichen Beträge. Der Kostenbeamte muss also evtl. insofern eine rechnerische Kürzung ungeachtet der tatsächlich gezahlten Beträge vornehmen. Zu „Reisekosten" zählen auch Übernachtungskosten, nicht aber ein Verdienstausfall oder ein Zeitaufwand.

7 Eine geleistete Zahlung bleibt mit dieser Einschränkung ein **Teil der Gerichtskosten,** nicht etwa der außergerichtlichen Kosten. Das gilt selbst dann, wenn die Landeskasse den Gegner nach § 22 I 1 in Anspruch genommen hat und wenn er sie nun von demjenigen erstattet fordert, dem das Gericht PKH bewilligt hatte (OLG Zweibrücken Rpfleger 1984, 118).

Nr.	Auslagentatbestand	Höhe
9009	**An Dritte zu zahlende Beträge für** **1. die Beförderung von Tieren und Sachen mit Ausnahme der für Postdienstleistungen zu zahlenden Entgelte, die Verwah-**	

Nr.	Auslagentatbestand	Höhe
	rung von Tieren und Sachen sowie die Fütterung von Tieren	**in voller Höhe**
	2. die Beförderung und die Verwahrung von Leichen	**in voller Höhe**
	3. die Durchsuchung oder Untersuchung von Räumen und Sachen einschließlich der die Durchsuchung oder Untersuchung vorbereitenden Maßnahmen	**in voller Höhe**
	4. Die Bewachung von Schiffen und Luftfahrzeugen	**in voller Höhe**

I. Anwendungsbereich. Eine Zahlungspflicht besteht wegen der folgenden Auslagen. 1

1. Beförderung von Tieren und Sachen usw (Nr. 1). Hierher gehört die Beförderung von Überführungsstücken, Beweisgegenständen, zB die Überführung eines zum Zweck des Beweises erforderlichen Kraftfahrzeugs. Hierher gehört auch die Beförderung eines der Einziehung unterworfenen Gegenstands. Denn Nr. 1 schränkt nicht auf einen bestimmten Beförderungszweck ein. Hierher gehört ferner der Transport von Akten außer denjenigen zu der Sache selbst. Hierher gehört nach dem Gesetzestext auch die Verwahrung eines Tieres oder einer Sache etwa wegen deren Beschlagnahme zB bei einer Behörde oder bei einem Dritten sowie die Fütterung eines Tieres einschließlich Pflege, Bewachung, tierärztlicher Betreuung und Versicherung. Soweit ein Eigentümer auf die Rückgabe verzichtet, so dass keine Entscheidung mehr insofern erfolgt, kommt es für die Höhe nach § 19 auf die Rechtskraft der Hauptsacheentscheidung an (OLG Koblenz NStZ-RR 1998, 128; Meyer JurBüro 1997, 619). Daher fallen zB spätere Verwahrungskosten nicht unter Nr. 1 (BGH NJW 2005, 988; OLG Koblenz NStZ-RR 1998, 128). 2

Die bei einer solchen Beförderung entstehenden **Postentgelte** sind ebenfalls nicht erstattungsfähig. Dagegen sind die Entgelte eines privaten Paketdienstes oder der Deutschen Bahn AG, der Lufthansa usw erstattungsfähig. **Nicht** unter Nr. 1 fallen Kosten einer Sequestration zB nach § 938 ZPO. Denn sie ist mehr als eine bloße Verwahrung. Sie gehören zu den Kosten nach § 788 ZPO, → ZPO § 788 Rn. 1 ff. 3

2. Beförderung und Verwahrung von Leichen (Nr. 2). Die Vorschrift stellt klar, dass auch die vorstehenden Vorgänge zu einer Zahlungspflicht in voller Höhe führen. 4

3. Durchsuchung oder Untersuchung von Räumen und Sachen usw (Nr. 3). Wie der Text klarstellt, gehört auch eine Vorbereitung dazu, etwa das Öffnen von Räumen zB durch die Inanspruchnahme eines Schlüsseldienstes und von Behältern, der Ausbau und das Zerlegen von Sachen. Ebenso gehört hierher das Wiedereinräumen nach der Durchsuchung usw (LG Flensburg JurBüro 1997, 147). Denn es sieht meist dann dort schlimm genug aus. 5

4. Bewachung eines Schiffes oder Luftfahrzeugs (Nr. 4). Diese Bewachung zB nach § 931 IV ZPO macht insoweit zahlungspflichtig, als die zugehörigen Kosten nicht bereits nach KV 9013, 9014 entstehen. 6

Nr.	Auslagentatbestand	Höhe
9010	**Kosten einer Zwangshaft, auch aufgrund eines Haftbefehls nach § 802g ZPO ....**	**in Höhe des Haftkostenbeitrags**
	Maßgebend ist die Höhe des Haftkostenbeitrags, der nach Landesrecht von einem Gefangenen zu erheben ist.	

Nr.	Auslagentatbestand	Höhe
9011	**Kosten einer Haft außer Zwangshaft, Kosten einer einstweiligen Unterbringung (§ 126a StPO), einer Unterbringung zur Beobachtung (§ 81 StPO) und einer einstweiligen Unterbringung in einem Heim der Jugendhilfe (§ 71 Abs. 2, § 72 Abs. 4 JGG)** .... [1] **Maßgebend ist die Höhe des Haftkostenbeitrags, der nach Landesrecht von einem Gefangenen zu erheben ist.** [2] **Diese Kosten werden nur angesetzt, wenn der Haftkostenbeitrag auch von einem Gefangenen im Strafvollzug zu erheben wäre.**	**in Höhe des Haftkostenbeitrags**

1 KV 9010, 9011 betreffen die **Kosten einer Haft** nach den Verfahren, für die Kosten nach dem GKG erhoben werden (nicht erfasst sind damit insbes. die Kosten einer Strafhaft, die sich nach dem StVollzG bzw. den Strafvollzugsgesetzen der Länder richtet; zur Erhebung dieser Kosten vgl. § 50 StVollzG und entspr. Regelungen in den Strafvollzugsgesetzen der Länder; aber auch nicht eine Zwangshaft in Verfahren nach dem FamFG, vgl. hierzu KV 2008, 2009 FamGKG, KV 31010, 31011 GNotKG, oder im Verwaltungsvollstreckungsverfahren). **KV 9010** betrifft nur die **Zwangshaft,** dh eine Haft zur Erzwingung einer Handlung (zB nach §§ 390 II, 802g, 888, 889 II ZPO, § 70 II StPO, §§ 86, 87 OWiG), **KV 9011** alle anderen Fälle von Haft (insbes. die **Ordnungshaft,** zB nach §§ 380 I 2, 890 ZPO, §§ 51 I 2, 70 I 2 StPO, §§ 177, 178 GVG, die **Sicherungshaft** nach § 933 ZPO, die **Untersuchungshaft,** vgl. § 464a I 2 StPO) und außerdem die in KV 9011 aufgezählten Fälle einer **Unterbringung.**

2 Die als Auslagen zu erhebenden Kosten einer solchen Haft sind in KV 9010, 9011 nicht eigenständig geregelt. Vielmehr verweisen KV 9010 Anm. 9011 Anm. S 1 – als bloße Rechtsfolgenverweisung – auf den **nach Landesrecht** von einem Gefangenen im Strafvollzug zu erhebenden **Haftkostenbeitrag,** vgl. **Baden-Württemberg:** § 51 II JVollzGB III (Gesetzbuch über den Justizvollzug in Baden-Württemberg – Justizvollzugsgesetzbuch – Drittes Buch: Strafvollzug v. 10.11.2009, BWGBl. 545, zuletzt geändert durch Art. 3 Gesetz v. 26.7.2022, GBl. 410, 413); **Bayern:** Art. 49 II BayStVollzG (Gesetz über den Vollzug der Freiheitsstrafe und der Jugendstrafe – Bayerisches Strafvollzugsgesetz – v. 10.12.2007, BayGVBl. 866; zuletzt geändert durch § 1 Gesetz v. 21.10.2022, BayGVBl. 642); **Berlin:** § 69 II StVollzG Bln (Gesetz über den Vollzug der Freiheitsstrafe in Berlin – Berliner Strafvollzugsgesetz – v. 4.4.2016, BlnGVBl. 152; zuletzt geändert durch Art. 2 Gesetz v. 27.9.2021, BlnGVBl. 1145); **Brandenburg:** § 72 II BbgJVollzG (Gesetz über den Vollzug von Freiheitsstrafe, der Jugendstrafe und der Untersuchungshaft im Land Brandenburg – Brandenburgisches Justizvollzugsgesetz – v. 24.4.2013, BbgGVBl. I Nr. 14, zuletzt geändert durch Art. 4 Gesetz v. 19.6.2019, BbgGVBl. I Nr. 43, 25); **Bremen:** § 62 II BremStVollzG (Bremisches Strafvollzugsgesetz v. 25.11.2014, Brem.GBl. 639, zuletzt geändert durch Art. 1 Gesetz v. 12.7.2022, Brem.GBl. 403); **Hamburg:** § 49 II HmbStVollzG (Gesetz über den Vollzug der Freiheitsstrafe – Hamburgisches Strafvollzugsgesetz – v. 14.7.2009, HmbGVBl. 257, zuletzt geändert durch Art. 2 Gesetz v. 5.4.2022, HmbGVBl. 250, 251); **Hessen:** § 43 IV HStVollzG (Hessisches Strafvollzugsgesetz v. 28.6.2010, HessGVBl. I 185, zuletzt geändert durch Art. 2 Gesetz v. 12.11.2020, HessGVBl. 778); **Mecklenburg-Vorpommern:** § 61 II StVollzG M-V (Gesetz über den Vollzug der Freiheitsstrafe in Mecklenburg-Vorpommern – Strafvollzugsgesetz Mecklenburg-Vorpommern – v. 7.5.2013, GVOBl. M-V 322, zuletzt geändert durch Art. 2 Gesetz v. 21.11.2020, GVOBl. M-V 1254, 1283); **Niedersachsen:** § 52 I NJVollzG (Niedersächsisches Justizvollzugsgesetz idF. v. 8.4.2014, Nds. GVBl. 106; zuletzt geändert durch Art. 6 Gesetz v. 22.9.2022, Nds.

GVBl. 593); **Nordrhein-Westfalen:** § 39 IV StVollzG NRW (Gesetz zur Regelung des Vollzuges der Freiheitsstrafe und zur Änderung des Jugendstrafvollzugsgesetzes in Nordrhein-Westfalen – Strafvollzugsgesetz Nordrhein-Westfalen – v. 13.1.2015, GV. NRW. 76; zuletzt geändert durch Art. 1 Gesetz v. 13.4.2022, GV. NRW. 543); **Rheinland-Pfalz:** § 71 II RhPfLJVollzG (Landesjustizvollzugsgesetz v. 8.5.2013, RhPfGVBl. 79; zuletzt geändert durch Art. 1 Gesetz v. 15.10.2020, RhPfGVBl. 571); **Saarland:** § 61 II SLStVollzG (Gesetz über den Vollzug der Freiheitsstrafe im Saarland – Saarländisches Strafvollzugsgesetz – v. 24.4.2013, SaarlAmtsbl. I 116; zuletzt geändert durch Art. 1 Gesetz v. 16./17.6.2021 SaarlAmtsbl. I 1822); **Sachsen:** § 61 II SächsStVollzG (Gesetz über den Vollzug der Freiheitsstrafe und des Strafarrests im Freistaat Sachsen – Sächsisches Strafvollzugsgesetz – v. 16.5.2013, SächsGVBl. 250); zuletzt geändert durch Art. 2 VIGesetz v. 19.8.2022, SächsGVBl. 486); **Sachsen-Anhalt:** § 72 II JVollzGB I LSA (Erstes Buch Justizvollzugsgesetzbuch Sachsen-Anhalt – Vollzug der Freiheitsstrafe, der Jugendstrafe, der Untersuchungshaft und des Strafarrestes – v. 18.12.2015, GVBl. LSA 666, zuletzt geändert durch Art. 2 Gesetz v. 25.3.2021, GVBl. LSA 120); **Schleswig-Holstein:** § 78 II LStVollzG SH (Gesetz über den Vollzug der Freiheitsstrafe in Schleswig-Holstein und zur Schaffung eines Justizvollzugsdatenschutzgesetzes – Landesstrafvollzugsgesetz Schleswig-Holstein v. 21.7.2016, SchlHGVOBl. 618; zuletzt geändert durch Art. 1 Gesetz v. 23.9.2021, SchlHGVOBl. 1170); **Thüringen:** § 72 II ThürJVollzGB (Thüringer Justizvollzugsgesetzbuch v. 27.2.2014, ThürGVBl. 13); die Übergangsregelung des § 73 ist inzwischen gegenstandslos, → § 73 Rn. 1. Maßgeblich ist das Recht des Landes, in dem die Kosten der Haft entstehen. Alle genannten Vorschriften verweisen allerdings jeweils auf die Höhe des Betrags, der nach **§ 17 I Nr. 4 SGB IV** zur Bewertung der Sachbezüge festgesetzt ist und sehen (außer in Hessen) vor, dass bei Selbstverpflegung die für die Verpflegung vorgesehenen Beträge entfallen und dass für den Wert der Unterkunft die festgesetzte Belegungsfähigkeit maßgebend ist.

Dieser Haftkostenbeitrag ist nach KV 9010, 9011 in voller Höhe anzusetzen, in den (kostenrechtlich privilegierten) Fällen einer unter **KV 9011** fallenden Haft nach KV 9011 Anm. S. 2 allerdings nur, soweit auch von einem Gefangenen im Strafvollzug ein Haftkostenbeitrag zu erheben wäre. Dies ist nach den landesrechtlichen Vorschriften regelmäßig dann der Fall, wenn der Gefangene sich in einem freien Beschäftigungsverhältnis befindet, sich selbst beschäftigt oder über anderweitige regelmäßige Einkünfte verfügt und ausgeschlossen, wenn er eine ihm von der Anstalt zugewiesene Arbeit ausübt (bzw. ohne sein Verschulden nicht arbeiten kann bzw. nicht arbeitet, weil er nicht zur Arbeit verpflichtet ist), vgl. im Einzelnen Art. 49 I BayStVollzG, § 51 I JVollzGB III, § 69 I StVollzG Bln, § 72 I BbgJVollzG, § 62 I BremStVollzG, § 49 I HmbStVollzG, § 43 I, II HStVollzG, § 61 I StVollzG M-V, § 52 II NJVollzG, § 39 II StVollzG NRW, § 71 I RhPfLJVollzG, § 61 I SLStVollzG, § 61 I SächsStVollzG, § 72 I JVollzGB I LSA, § 78 I LStVollzG SH, § 72 I ThürJVollzGB. 3

Nr.	Auslagentatbestand	Höhe
9012	**Nach § 12 BGebG, dem 5. Abschnitt des Konsulargesetzes und der Besonderen Gebührenverordnung des Auswärtigen Amts nach § 22 Abs. 4 BGebG zu zahlende Beträge**	**in voller Höhe**

I. Anwendungsbereich. Die Vorschrift erfasst die Kosten einer Amtshandlung einer deutschen Auslandsvertretung. Sie bestimmen sich nach den im Auslagentatbestand genannten Vorschriften. Das Auslandskostengesetz ist durch Art. 4 XXXXIII Gesetz vom 7.8.2013 (BGBl. I 3154), aufgehoben worden. Hierher gehören zB Kosten für die Tätigkeit eines Vertrauensanwalts nach § 3 III KonsularG vom 11.9.1974 BGBl. I 2317), zuletzt geändert durch Art. 20b Gesetz v. 28.3.2021 (BGBl. I 591). 1

II. Höhe der Auslagen. Die Zahlungspflicht besteht in voller Höhe der Auslagen. Das gilt bei KV 9012 anders als bei KV 9013, 9015, 9016 unabhängig von den für KV 9000–9011 bzw. bis 9013 geltenden Höchstsätzen. 2

Nr.	Auslagentatbestand	Höhe
9013	**An deutsche Behörden für die Erfüllung von deren eigenen Aufgaben zu zahlende Gebühren sowie diejenigen Beträge, die diesen Behörden, öffentlichen Einrichtungen oder Bediensteten als Ersatz für Auslagen der in den Nummern 9000 bis 9011 bezeichneten Art zustehen ....** **Die als Ersatz für Auslagen angefallenen Beträge werden auch erhoben, wenn aus Gründen der Gegenseitigkeit, der Verwaltungsvereinfachung oder aus vergleichbaren Gründen keine Zahlungen zu leisten sind.**	**in voller Höhe, die Auslagen begrenzt durch die Höchstsätze für die Auslagen 9000 bis 9011**

1 **I. Anwendungsbereich.** Zu KV 9013 gehören zB die folgenden Fälle.

2 **1. Heil- oder Pflegekosten.** Wegen der Unterbringung nach der StPO oder nach dem JGG vgl. KV 9011.

3 **2. Verpflichtung gegenüber Fachbehörde.** Eine Zahlung des Gerichts an eine Fachbehörde für ihr Gutachten oder für ihre Auskunft ist erstattungsfähig, KV 9005, 9015, § 12 I 2 Nr. 1 JVEG. Hierzu gehören auch die Kosten für eine behördliche Untersuchung, die dem Verurteilten zur Last fallen. Freilich kann die Behörde nach dieser Vorschrift Proben ohne ein Entgelt entnehmen. Vgl. auch § 5 II Nr. 2 KostVfg.

4 **3. Leistung an Gerichtsvollzieher.** Auch eine solche Leistung auf Grund eines Gerichtsauftrags etwa bei einer Zwangsversteigerung macht zahlungspflichtig. Denn auch der angestellte und nicht beamtete Gerichtsvollzieher etwa in den neuen Bundesländern ist „öffentlicher Bediensteter".

5 **4. Auslagen der Polizei.** Solche Auslagen machen zahlungspflichtig, soweit die Polizei das Ersuchen des Gerichts oder der Staatsanwaltschaft ausgeführt hat. Infrage kommt ferner die Tätigkeit der Polizei als Ermittlungspersonen nach § 163 StPO, § 5 III Nr. 1 KostVfg.

6 Eine Zahlung an den **Insolvenzverwalter** gehört nicht hierher. Eine solche Vergütung fällt vielmehr unter die Massekosten. Bei einer Zahlung an eine andere Behörde findet keine Nachprüfung durch das Gericht statt, auch nicht nach § 66.

7 In allen Fällen entstehen die Auslagen aber nur insoweit, als sie **dem Berechtigten** nach KV 9000–9011 **zustehen.** Wegen der Gegenseitigkeit usw → KV 9005 Rn. 4.

Nr.	Auslagentatbestand	Höhe
9014	**Beträge, die ausländischen Behörden, Einrichtungen oder Personen im Ausland zustehen, sowie Kosten des Rechtshilfeverkehrs mit dem Ausland ....** **Die Beträge werden auch erhoben, wenn aus Gründen der Gegenseitigkeit, der Verwaltungsvereinfachung oder aus vergleichbaren Gründen keine Zahlungen zu leisten sind.**	**in voller Höhe**

1 Über diese Auslagen §§ 98 ff. ZRHO. Hierher gehören auch die Auslagen einer Auslieferung. Anders als im Fall KV 9013 findet keine Begrenzung auf die Auslagen nach KV 9000–9011 oder auf deren Höchstsätze statt. Vielmehr sind die vollen den ausländischen Stellen zustehenden Beträge zu erheben.

Nr.	Auslagentatbestand	Höhe
9015	**Auslagen der in den Nummern 9000 bis 9014 bezeichneten Art, soweit sie durch die Vorbereitung der öffentlichen Klage entstanden sind ....**	**begrenzt durch die Höchstsätze für die Auslagen 9000 bis 9013**
9016	**Auslagen der in den Nummern 9000 bis 9014 bezeichneten Art, soweit sie durch das dem gerichtlichen Verfahren vorausgegangene Bußgeldverfahren entstanden sind ....** **Absatz 3 der Anmerkung zu Nummer 9005 ist nicht anzuwenden.**	**begrenzt durch die Höchstsätze für die Auslagen 9000 bis 9013**
9017	**An den vorläufigen Insolvenzverwalter, den Insolvenzverwalter, die Mitglieder des Gläubigerausschusses oder die Treuhänder auf der Grundlage der Insolvenzrechtlichen Vergütungsverordnung aufgrund einer Stundung nach § 4a InsO sowie an den Restrukturierungsbeauftragten, den Sanierungsmoderator und die Mitglieder des Gläubigerbeirats nach dem StaRUG zu zahlende Beträge ....**	**in voller Höhe**

Es geht um Zahlungen nach § 4a InsO, also um Zahlungen auf Grund der Beiordnung im Stundungsverfahren im Zusammenhang mit einer Restschuldbefreiung. KV 9017 ist nicht ausdehnend auszulegen (zum alten Recht OLG Düsseldorf JurBüro 2009, 266). 1

In voller Höhe machen solche Auslagen zahlungspflichtig. „Beträge" sind weit gemeint. 2

Nr.	Auslagentatbestand	Höhe
9018	**Im ersten Rechtszug des Prozessverfahrens: Auslagen des erstinstanzlichen Musterverfahrens nach dem KapMuG zuzüglich Zinsen ..** **I Die im erstinstanzlichen Musterverfahren entstehenden Auslagen nach Nummer 9005 werden vom Tag nach der Auszahlung bis zum rechtskräftigen Abschluss des Musterverfahrens mit 5 Prozentpunkten über dem Basiszinssatz nach § 247 BGB verzinst.** **II Auslagen und Zinsen werden nur erhoben, wenn der Kläger nicht innerhalb von einem Monat ab Zustellung des Aussetzungsbeschlusses nach § 8 KapMuG seine Klage in der Hauptsache zurücknimmt.** **III 1 Der Anteil bestimmt sich nach dem Verhältnis der Höhe des von dem Kläger geltend gemachten Anspruchs, soweit dieser von den Feststellungszielen des Musterverfahrens betroffen ist, zu der Gesamthöhe der vom Musterkläger und den Beigeladenen des Musterverfahrens in den Prozessverfahren geltend gemachten Ansprüche, soweit diese von den Feststellungszielen**	**anteilig**

Nr.	Auslagentatbestand	Höhe
	des Musterverfahrens betroffen sind. [2]Der Anspruch des Musterklägers oder eines Beigeladenen ist hierbei nicht zu berücksichtigen, wenn er innerhalb von einem Monat ab Zustellung des Aussetzungsbeschlusses nach § 8 KapMuG seine Klage in der Hauptsache zurücknimmt.	

1 Der Gebührentatbestand betrifft aufgrund eines Musterverfahrens nach dem KapMuG nach § 5 unterbrochenen bzw. nach § 8 I KapMuG ausgesetzte erstinstanzliche Prozessverfahren. In diesen (und nicht im Musterverfahren selbst, → § 22 Rn. 20) werden die im Musterverfahren angefallenen Auslagen (insbes. für eine etwaige Beweisaufnahme, KV 9005, sowie Dokumenten- und Zustellungspauschalen, vgl. KV 9000 Anm. I 2, KV 9002 Anm. S. 2) nach Maßgabe von § 24 II, III KapMuG und der Anm. erhoben.

2 **§ 24 II KapMuG, Anm. III** bestimmen hierfür eine **anteilige Verteilung** auf die einzelnen Prozessverfahren. Der auf ein einzelnes Prozessverfahren entfallende Anteil der im Musterverfahren angefallenen Auslagen entspricht im Grundsatz nach Anm. III 1 dem Verhältnis des vom Kläger im Prozessverfahren geltend gemachten Anspruchs zum Gesamtvolumen der vom Musterverfahren betroffenen Ansprüche. Letzteres wird gebildet aus der Summe der vom Musterkläger und den im Musterverfahren Beigeladenen (dh den Klägern aus den nach § 8 I KapMuG ausgesetzten Verfahren) in ihren jeweiligen Prozessverfahren geltend gemachten Ansprüchen, wobei allerdings nach § 24 III KapMuG, Anm. III 2 Ansprüche nicht zu berücksichtigen sind, wegen der innerhalb eines Monats nach Zustellung des Aussetzungsbeschlusses die Klage zurückgenommen worden ist. Alle Ansprüche sind allerdings nicht von vornherein in voller Höhe zu berücksichtigen, sondern nur, soweit sie von den Feststellungszielen (iSd § 2 I 1 KapMuG) des Musterverfahrens betroffen sind. ob dies der Fall ist, hängt entspr. § 8 I 1 KapMuG davon ab, ob die Entscheidung des Prozessverfahrens von den beschiedenen Feststellungszielen abhängt.

3 Nach **Anm. II** werden die anteiligen Auslagen im Prozessverfahren allerdings dann **nicht erhoben,** wenn der Kläger des Prozessverfahrens innerhalb eines Monats nach Zustellung des Aussetzungsbeschlusses die Klage **zurückgenommen** hat (so dass sein Anspruch nach Anm. III 2 auch nicht bei der Quotelung berücksichtigt wird).

4 **Anm. I** schließlich enthält eine in § 5 IV ausdrücklich vorbehaltene Sonderregelung für die **Verzinsung** der im Musterverfahren entstandenen Auslagen. Abweichend von der Grundregel des § 5 IV, dass Kostenforderungen nicht verzinst werden (zu den Gründen → § 5 Rn. 3) sieht diese eine Verzinsung in Höhe von fünf Prozentpunkten über dem BGB-Basiszinssatz ab rechtskräftigem Abschluss des Musterverfahrens vor (zu Einzelheiten → § 5 Rn. 16).

Nr.	Auslagentatbestand	Höhe
9019	**Pauschale für die Inanspruchnahme von Videokonferenzverbindungen: je Verfahren für jede angefangene halbe Stunde ....**	**15,00 €**

1 **I. Systematik.** Es handelt sich um eine vorrangige Spezialvorschrift. Sie ist als solche eher eng auszulegen.

2 **II. Regelungszweck.** Wie jede Pauschale gilt auch diese den Gesamtaufwand zwecks Vereinfachung der sonst kaum präzise ermittelbaren Einzelkosten ab, und zwar mit erstaunlich geringen Festbeträgen, wohl auch als Anreiz zur Nutzung der Möglichkeiten.

3 **III. Anwendungsbereich.** Die Vorschrift gilt bei: § 128a ZPO; § 91a FGO; § 110a SGG; §§ 58b, 118a II 2, 3, 138d IV 2, 163 III 1, 163a I 2, 233 II 2, 247a, 462 II 2 StPO; § 115 I a StVollzG; § 102a VwGO.

IV. Inanspruchnahme. Die Art der Verbindungen ist unerheblich. Mehrere Verbindungsarten erbringen nur **eine** Pauschale. Das zeigt schon der Wortlaut von KV 9019. 4

V. Auslagenhöhe. Je angefangene halbe Stunde = 15 EUR. Die Gesamtzeit aller Verbindungen ist maßgeblich. 5

Nr.	Auslagentatbestand	Höhe
9020	**Umsatzsteuer auf die Kosten** .... **Dies gilt nicht, wenn die Umsatzsteuer nach § 19 Abs. 1 UStG unerhoben bleibt.**	**in voller Höhe**

Soweit (ausnahmsweise) Kosten (dh Gebühren und Auslagen, § 1 I 1) der **Umsatzsteuer** unterfallen, sind diese nach KV 9020 (der – zusammen mit den entspr. Auslagentatbeständen in KV 2016 FamGKG, KV 31017 GNotKG, KV 717 GvKostG – durch das WEMoG, → Vor § 1 Rn. 16, eingefügt worden ist) als Auslagen zu erheben. Ob Kosten der Umsatzsteuer unterfallen, richtet sich ausschließlich nach den Bestimmungen des UStG. 1

Da der Staatskasse zustehende Gebühren nicht umsatzsteuerbar sind, wird die Umsatzsteuer nur bei Leistungen Dritter, die nach dem GKG als **Auslagen** zu erheben sind, vgl. etwa KV 9007 iVm § 45 RVG, VV 7008 RVG, von Bedeutung sein. Selbst Steuerschuldner ist die Staatskasse dann allerdings nur in den Ausnahmefällen des § 13a Nr. 2, 3, 5 UStG (als Erwerber oder Abnehmer). Soweit – wie regelmäßig – der Dritte Steuerschuldner ist, dürfte die Vorschrift überflüssig sein (die Umsatzsteuer erhöht lediglich den verauslagten Betrag). 2

Die **Anm.** betrifft als Auslagen zu erhebende Zahlungen an sog. **Kleinunternehmer** iSd § 19 I UStG. Diese brauchen Umsatzsteuer auf ihre Leistungen nicht zu erheben und abzuführen (können aber auch keine Vorsteuer geltend machen). Die Anm. stellt klar, dass eine nach der Kleinunternehmer-Regelung des § 19 I UStG unerhoben bleibende Umsatzsteuer (selbstverständlich) auch nicht als Auslagen erhoben werden kann. 3

II. Gesetz über die Vergütung der Rechtsanwältinnen und Rechtsanwälte (Rechtsanwaltsvergütungsgesetz – RVG)

In der Fassung der Bekanntmachung vom 15.3.2022 (BGBl. I 610)

Das Gesetz zur Umsetzung der Richtlinie (EU) 2020/1828 über Verbandsklagen zum Schutz der Kollektivinteressen der Verbraucher und zur Aufhebung der Richtlinie 2009/22/EG (Verbandsklagenrichtlinienumsetzungsgesetz – **VRUG**) lag bei Drucklegung lediglich als Referentenentwurf (Bearbeitungsstand 16.2.2023) vor. Die in seinem Art. 28 geplanten Einfügungen und Änderungen des RVG sind bereits in Grundzügen eingearbeitet.[1]

FNA 368-3

Zuletzt geändert durch Art. 3 Gesetz vom 21.12.2022 (BGBl. I 2817)

Inhaltsübersicht

[1] → Vor § 1 Rn. 9a.

Vorbemerkung zu § 1

Schrifttum: Asperger/Bestelmeyer/Dörndorfer, RVG, 2021; Bischof/Jungbauer/Bräuer, RVG, 9. Aufl. 2021; Enders, RVG für Anfänger, 20. Aufl. 2021; Gerold/Schmidt, Rechtsanwaltsvergütungsgesetz, 25. Aufl. 2021; Hartung/Schons/Enders, Rechtsanwaltsvergütungsgesetz, 3. Aufl. 2017; Jungbauer, Rechtsanwaltsvergütung, 7. Aufl. 2021; Jungbauer, RVG, GKG und FamGKG für Rechtsanwalts-Fachangestellte, 6. Aufl. 2014; Kilian, Die Vergütung des Anwalts – von der RAGebO über die BRAGO zum RVG, AnwBl 2011, 877; Mayer/Kroiß, Rechtsanwaltsvergütungsgesetz (HK-RVG), 8. Aufl. 2021; Riedel/Sußbauer, Rechtsanwaltsvergütungsgesetz, 10. Aufl. 2015; Scherer, Grundlagen des

Kostenrechts – RVG, 19. Aufl. 2022; N. Schneider, Fälle und Lösungen zum RVG, 6. Aufl. 2022; ders., RVG Praxiswissen, 6. Aufl. 2022; Schneider/Volpert/Fölsch, Gesamtes Kostenrecht (NK-GK), 3. Aufl. 2021; N. Schneider/Volpert, AnwaltKommentar RVG, 9. Aufl. 2021; v. Seltmann, BeckOK RVG, 58. Ed., 1.12.2022.

1 **I. Entwicklung des anwaltlichen Vergütungsrechts. 1. Gebührenordnung für Rechtsanwälte (1879–1957).** Zur Zeit der **Reichsgründung 1871** gab es außer im Herzogtum Sachsen-Coburg und Gotha in allen Bundesstaaten gesetzliche Regelungen über die Vergütung der anwaltlichen Tätigkeit in bürgerlichen Rechtsstreitigkeiten, die sehr unterschiedlich ausgestaltet waren (vgl. die Übersicht in Anhang B der Begr. RegE RAGebO Vhdlg. d. RT [4. Leg.-Per., II. Session 1879, Anlagen], Bd. 55, Anl. 6, 117 (161 ff.)). Da Gerichtsorganisation und Ausgestaltung der gerichtlichen Verfahren zunächst noch Sache der Bundesstaaten blieben, bestand für eine reichseinheitliche Regelung aber auch kein Anlass.

2 Dies änderte sich durch die Schaffung einer reichseinheitlichen Gerichtsorganisation und eines gemeinsamen Verfahrensrechts für (streitige) Zivil-, Straf- und Konkurssachen mit den vier sog. **„Reichsjustizgesetzen"** (GVG, ZPO, StPO, KO; → GKG Vor § 1 Rn. 3). Das Gesetzgebungsvorhaben hatte das Kostenrecht zwar zunächst nicht im Blick; gegen Ende der Behandlung im Reichstag wurde aber die Notwendigkeit der Schaffung auch eines reichseinheitlichen Kostenrechts jedenfalls für bürgerliche Rechtsstreitigkeiten erkannt (→ GKG Vor § 1 Rn. 4). Während daraufhin die Schaffung des GKG zügig umgesetzt wurde, wurde die reichseinheitliche Regelung der Anwaltsvergütung zunächst zurückgestellt, bis das Berufsrecht der Rechtsanwälte reichsrechtlich geregelt war. Nachdem die RAO (Rechtsanwaltsordnung v. 1.7.1878, RGBl. 177) vorlag, konnte etwa ein Jahr nach dem GKG schließlich die **RAGebO** (Gebührenordnung für Rechtsanwälte vom 1.7.1879, RGBl. 176; Entwurf mit Motiven Vhdlg. d. RT [4. Leg.-Per., II. Session 1879, Anlagen], Bd. 55, Anl. 6, 117; Bericht der VI. Kommission des Reichstags Vhdlg. d. RT [4. Leg.-Per., II. Session 1879, Anlagen], Bd. 56, Anl. 137, 1199; Nachtrag Vhdlg. d. RT [4. Leg.-Per., II. Session 1879, Anlagen], Bd. 57, Anl. 224, 1515; Neubekanntmachungen RGBl. 1898, 692; RGBl. 1927 I 162; zur Vorgeschichte vgl. Kilian AnwBl 2011, 877 (879 ff.)) folgen. Diese trat am **1.10.1879** zusammen mit den Reichsjustizgesetzen und dem GKG in Kraft. Nach den – bis heute in den Nachfolgereglungen fortlebenden (und verstärkten) – Grundprinzipien dieser RAGebO erfolgte die Vergütung der anwaltlichen Tätigkeit durch eine verbindliche **„gesetzlichen Taxe"** (zu der allerdings die erstmals 1944 zunächst für Strafsachen eingeführten Rahmengebühren, → § 14 Rn. 1, in einem gewissen Spannungsverhältnis stehen) mit (nicht für Einzeltätigkeiten, sondern auf der Grundlage weit gefasster Gebührentatbestände anfallenden) **Pauschgebühren,** deren Höhe regelmäßig **vom Wert des Gegenstandes der anwaltliche Tätigkeit abhängig** (hierzu auch → § 2 Rn. 2) war (vgl. Begr. RegE RAGebO Vhdlg. d. RT [4. Leg.-Per., II. Session 1879, Anlagen], Bd. 55, Anl. 6, 117 (124 ff.); Kilian AnwBl 2011, 877 (882 ff.)).

3 Dem beschränkten Regelungsbereich der Reichsjustizgesetze und des GKG (→ GKG Vor § 1 Rn. 7) folgend, regelte auch die RAGebO die Vergütung der anwaltlichen Tätigkeit lediglich für Verfahren vor den ordentlichen Gerichten nach der ZPO, der StPO und der KO (später auch der VglO, → GKG § 1 Rn. 6; § 91 RAGebO sah außerdem eine entspr. Anwendung für einzelne weitere Verfahren vor). Für die anwaltliche Tätigkeit in anderen Verfahren – auch soweit sie später reichs- bzw. bundesrechtlich geregelt worden sind (wie etwa das Verfahren der freiwilligen Gerichtsbarkeit 1898, → GKG Vor § 1 Rn. 3, das Verfahren vor den Finanzgerichten 1919, → GKG Vor § 1 Rn. 8, oder den Sozialgerichten 1953, → GKG Vor § 1 Rn. 9) – galten weiterhin zahlreiche landesrechtliche Vorschriften (vgl. zum Stand 1956 die Übersicht in Begr. RegE KostRÄndG 1957, Anlage zur Begründung zu Art. VII, BT-Drs. 2/2545, 274 ff.).

4 **2. Bundesrechtsanwaltsgebührenordnung (1957–2004).** Bei der dritten Lesung des KostRÄndG 1952 (→ GKG Vor § 1 Rn. 15), mit dem u. a. auch die RAGebO-Gebühren erhöht wurden, nahm der Bundestag auf Antrag des Ausschusses für Rechtswesen und Verfassungsrecht (BT-Drs. 1/3581) die Entschließung an, die Bundesregierung zu ersuchen, dem Bundestag den Entwurf eines Gesetzes vorzule-

gen, das eine umfassende organische Reform des seinerzeitigen Gebühren- und Kostenwesens zum Inhalt hat. In der Folge kam es zur Ablösung der RAGebO durch die **BRAGO** (Bundesgebührenordnung für Rechtsanwälte v. 26.7.1957, Art. VIII KostRÄndG 1957, → GKG Vor § 1 Rn. 15), die am **1.10.1957** in Kraft getreten ist.

Primäres Ziel der Neuregelung war – nicht zuletzt vor dem Hintergrund der 1953 erfolgten Schaffung des SGG und den seinerzeit laufenden (allerdings erst 1960 bzw. 1965 erfolgreichen) Gesetzgebungsvorhaben zur Schaffung von VwGO und FGO – eine auch an die Stelle bestehender landesrechtlicher Vorschriften tretende, alle anwaltliche Tätigkeiten umfassende **bundeseinheitliche Kodifikation des Gebührenrechts der Rechtsanwälte** (Begr. RegE KostRÄndG 1957 BT-Drs. 2/2545, 221 f.). Daneben sollte die Gelegenheit genutzt werden, die Regelungen der RAGebO sachlich und sprachlich zu überprüfen und sie mit den einzuarbeitenden landesrechtlichen Vorschriften zu einem einheitlichen Ganzen zusammenzufassen (Begr. RegE KostRÄndG 1957 BT-Drs. 2/2545, 221 f.). Die Grundstrukturen der RAGebO wurden indessen unverändert übernommen (Kilian AnwBl 2011, 877 (887)). 5

3. Rechtsanwaltsvergütungsgesetz (seit 2004). Bereits im Gesetzgebungsverfahren des KostRÄndG 1986 forderte der Rechtsausschuss des Deutschen Bundestages eine in nächster Zeit anzugehende strukturelle Reform des Kostenrechts insgesamt (BT-Drs. 10/6400, 41). 1998 legte der Deutsche Anwaltverein (DAV) von einer Arbeitsgruppe erarbeitete umfangreiche Strukturvorschläge für eine Änderung der BRAGO vor (Anlage zu Heft 5 des AnwBl 1998). Diese waren Ausgangspunkt für den 2001 vorgelegten Entwurf eines neuen Rechtsanwaltsvergütungsgesetzes durch eine vom Bundesministerium der Justiz eingesetzten Expertenkommission (vgl. DAV-Pressemitteilung AnwBl 2001, 666). Mit dem **KostRMoG** (→ GKG Vor § 1 Rn. 16) wurde dann mit Wirkung zum **1.7.2004** die BRAGO durch das **RVG** abgelöst (Rechtsanwaltsvergütungsgesetz, Art. 3 KostRMoG v. 5.5.2004, BGBl. I 718 (788 ff.)). 6

Wesentliche **Änderungen gegenüber der BRAGO** waren die Einbeziehung weiterer, bisher nicht geregelter anwaltlicher Tätigkeiten (u. a. Mediation, Hilfeleistung in Steuersachen, Zeugenbeistand), der Wegfall der Beweisgebühr bei gleichzeitiger Erhöhung der an die Stelle der Prozessgebühr getretenen Verfahrensgebühr und der Terminsgebühr, die Umgestaltung der bisherigen Vergleichsgebühr zu einer Einigungsgebühr für jede Form der vertraglichen Streitbeilegung, eine leistungsorientiertere Ausgestaltung der Vergütung für Tätigkeiten insbesondere in Straf- und Bußgeldverfahren und die (bis zum 1.6.2006 aufgeschobene) Deregulierung der Vergütung für Beratungstätigkeiten durch Verzicht auf entsprechende gesetzliche Gebühren. Außerdem wurde der Aufbau des RVG dem der übrigen Kostengesetze angeglichen und insbesondere – wie seit dem KostRÄndG 1975 im GKG, → GKG Vor § 1 Rn. 15 – Gebühren- und Auslagentatbestände in einem („ausgelagerten") Vergütungsverzeichnis zusammengestellt. 7

Seither hat es zahlreiche Änderungen des RVG gegeben (bis Ende 2020 können 69 ändernde Gesetze gezählt werden), die in ihrer großen Mehrzahl aber nur Folgeänderungen zu Änderungen von Verfahrensvorschriften sind. Änderungen mit Schwerpunkt im materiellen oder prozessualen Vergütungsrecht erfolgten insbesondere durch 8

- das **Anhörungsrügengesetz** (Gesetz über die Rechtsbehelfe bei Verletzung des Anspruchs auf rechtliches Gehör v. 9.12.2004 (BGBl. I 3220); RegE BT-Drs. 15/3706; Beschlussempfehlung und Bericht Rechtsausschuss BT-Drs. 15/4061), mit dem u. a. § 12a eingefügt wurde;
- das **JKomG** (→ GKG Vor § 1 Rn. 16), mit dem u. a. § 12b eingefügt wurde;
- das **2. JuMoG** (→ GKG Vor § 1 Rn. 16) mit verschiedenen kleineren Änderungen;
- das Gesetz zur Neuregelung des Verbots der Vereinbarung von Erfolgshonoraren (v. 12.6.2008, BGBl. I 1000; RegE BT-Drs. 16/8384; Beschlussempfehlung und Bericht Rechtsausschuss BT-Drs. 16/8916) mit der Einfügung neugefasster §§ 3a–4b;

– das Gesetz zur Einführung einer Rechtsbehelfsbelehrung im Zivilprozess und zur Änderung anderer Vorschriften (→ GKG Vor § 1 Rn. 16), mit dem u. a. § 12c eingefügt wurde;
– das **2. KostRMoG** (→ GKG Vor § 1 Rn. 16) mit einer linearen Erhöhung der Wertgebühren um ca. zehn Prozent und der Betragsrahmengebühren um ca. 19 Prozent sowie einer Reihe struktureller Änderungen;
– das **KostRÄG 2021** (→ GKG Vor § 1 Rn. 16), mit dem die Gebühren im Allgemeinen linear um 10 % erhöht sowie u. a. die §§ 14, 15a, 19, 48, 58, 60 geändert wurden,
– das **SanInsFoG** (→ GKG Vor § 1 Rn. 16), mit dem u. a. § 29a eingefügt wurde,
– das Gesetz zur Verbesserung des Verbraucherschutzes im Inkassorecht und zur Änderung weiterer Vorschriften (v. 22.12.2020, BGBl. I 3320; RegE BT-Drs. 19/20348; Beschlussempfehlung und Bericht Rechtsausschuss BT-Drs. 19/24735), mit dem u. a. § 13 II (nF) und VV 2300 Anm. II eingefügt sowie § 31b und VV 1000 neugefasst worden sind,
– und das **Gesetz zur Förderung verbrauchergerechter Angebote im Rechtsdienstleistungsmarkt** (v. 10.8.2021, BGBl. I 3415, RegE BT-Drs. 19/27673; Beschlussempfehlung und Bericht Rechtsausschuss BT-Drs. 19/30495), mit dem die §§ 3a, 4, 4b geändert und § 4a neugefasst worden sind.

9 Seit Redaktionsschluss der Vorauflage ist zunächst das RVG unter dem 15.3.2022 (auf der Grundlage von § 59b, → § 59b Rn. 1) unter Konsolidierung aller bisherigen Änderungen (und unter Vereinheitlichung der Normenzitate) neu bekanntgemacht worden (BGBl. 2022 I 610, **„RVG 2022“**). Bis zum Redaktionsschluss dieser Auflage erfolgten außerdem zwei Änderungen des RVG, nämlich durch Art. 5 **Gesetz zur Durchführung des Haager Übereinkommens vom 2.7.2019 über die Anerkennung und Vollstreckung ausländischer Entscheidungen in Zivil- und Handelssachen** v. 7.11.2022 (BGBl. I 1982 (1983), Ergänzung von § 19 I 2 Nr. 9a Buchst. c mit Wirkung (erst!) ab dem (derzeit noch unbestimmten) Tag, an dem das Haager Übereinkommen vom 2.7.2019 nach seinem Art. 28 für die EU mit Ausnahme des Königreiches Dänemark in Kraft tritt, und durch Art. 3 **Gesetz zur Beschleunigung der Asylgerichtsverfahren und Asylverfahren** v. 21.12.2022 (BGBl. I 2817 (2823), Ergänzung von § 30 I 1 (die beabsichtigte Änderung von – wohl – VV 3104 Anm. Abs. 1 Nr. 1 ist wegen unrichtiger und iÜ unvollständiger Benennung der geänderten Norm im Gesetzestext **nicht ausführbar**) mit Wirkung zum 1.1.2023.

9a Noch im Gesetzgebungsverfahren befand sich bei Redaktionsschluss das **Verbandsklagenrichtlinienumsetzungsgesetz (VRUG),** mit dem das RVG um Regelungen für die Verfahren nach dem künftigen Verbaucherrechtedurchsetzungsgesetz (VDuG) ergänzt (§§ 17 Nr. 5a, 23c, VV 3339) und außerdem § 19 I 2 Nr. 1a redaktionell angepasst werden soll (vgl. RefE VRUG, Stand 16.2.2023). Geplant ist bislang ein Inkrafttreten des VRUG zum Ablauf der Umsetzungsfrist der Verbandsklagen-RL am 25.6.2023, doch erscheint dies nach dem bisherigen Diskussionsstand fraglich. Auf der Grundlage des bislang nur vorliegenden Referentenentwurfs mit Stand 16.2.2023 wurden die voraussichtlichen Änderungen in der Kommentierung bereits berücksichtigt.

10 **II. Rechtliche Grundlagen der Rechtsanwaltsvergütung. 1. Zivilrecht.** Der Anspruch des Rechtsanwalts gegen seinen Mandanten auf Zahlung von Vergütung folgt nicht aus dem RVG, sondern aus dem der anwaltlichen Tätigkeit zugrundeliegenden Vertragsverhältnis, ist also vertraglicher und nicht etwa gesetzlicher Natur. Bei diesem Vertragsverhältnis handelt es sich regelmäßig um einen **Dienstvertrag** iSd § 611 BGB, dessen Gegenstand eine **Geschäftsbesorgung** iSd § 675 I BGB ist, ausnahmsweise (zB bei Erstellung eines Rechtsgutachtens oder Erteilung einer Rechtsauskunft) auch um einen **Werkvertrag** iSd § 631 BGB (vgl. nur BGH NJW 2019, 1870 Rn. 7 mwN). Dass der Rechtsanwalt die vertraglich geschuldete Dienstleistung bzw. das geschuldete Werk nur gegen Vergütung erbringt, kann nicht anders erwartet werden und gilt daher nach §§ 612 I, 632 I BGB als stillschweigend vereinbart (vgl. OLG Saarbrücken AGS 2003, 180; OLG Düsseldorf MDR 2009, 1420). Die Höhe dieser Vergütung ergibt sich dann aus dem RVG, das nach hM insoweit die Bedeutung einer **„Taxe“ iSd §§ 612 II, 632 II BGB** hat (vgl. nur Grüneberg/

Weidenkaff BGB § 612 Rn. 7; zweifelnd etwa Staudinger/Peters BGB § 612 Rn. 48); ist die Höhe der vom Mandanten geschuldeten Vergütung nicht anderweitig bestimmt, gilt daher die aus dem RVG folgende („taxmäßige") Vergütung als vereinbart.

Als eine anderweitige Bestimmung der Höhe der Vergütung kommt insbesondere eine Vereinbarung in Betracht. Für anwaltliche Tätigkeiten, die in einer Beratung, der Erstellung eines schriftlichen Gutachtens oder in einer Mediation besteht, sieht § 34 (in Ermangelung gesetzlicher Gebührentatbestände) eine Gebührenvereinbarung ausdrücklich vor (und verweist ansonsten auf die „übliche" Vergütung iSd §§ 612 II, 632 II BGB). Aber auch die Regelung einer „gesetzlichen" Vergütung im RVG schließt die **Vertragsfreiheit** nicht aus (→ § 3a Rn. 1). Vergütungsvereinbarungen sind daher in den sich aus § 3a III (→ § 3a Rn. 69 ff.), § 134 BGB iVm § 49b I BRAO, § 4 (→ § 4 Rn. 1) und § 4b (→ § 4b Rn. 1 ff.) sowie der allgemeinen Vorschriften wie insbesondere § 138 BGB (→ § 3a Rn. 82 ff.) und § 307 BGB (→ § 3a Rn. 86 ff.) ergebenden Grenzen zulässig und wirksam. 11

2. Berufsrecht. Nach dem anwaltlichen Berufsrecht ist es überdies unzulässig, eine niedrigere Vergütung als der gesetzliche (§ 49b I BRAO) bzw. ein Erfolgshonorar (§ 49b III BRAO) zu vereinbaren. Ein Verstoß gegen die sich hieraus ergebenden Berufspflichten kann berufsrechtliche Sanktionen (§§ 74, 113 ff. BRAO) nach sich ziehen. Darüber hinaus ist § 49b I BRAO iVm § 4 ein gesetzliches Verbot iSd § 134 BGB (→ § 4 Rn. 27 f.). Außerdem ist § 49b BRAO eine Marktverhaltensregelung iSd § 3a UWG, so dass ein Verstoß wettbewerbsrechtliche Ansprüche auslösen kann (vgl. BGH MMR 2020, 181). 12

3. Verfassungsrecht. Die gesetzliche Regelung der Rechtsanwaltsvergütung betrifft die von Art. 12 I GG geschützte **Berufsfreiheit** der Rechtsanwälte, die auch die wirtschaftliche Verwertung der beruflich erbrachten Leistung am Markt umfasst (BVerfGE 118, 1 (15) = NJW 2007, 2098 Rn. 65 f. mwN). Dass das RVG (wie seine Vorgängerregelungen) in generalisierender Form für die erfassten anwaltlichen Leistungen Pauschalvergütungssätze vorsieht, die im Einzelfall nicht genau dem Wert und dem Umfang der anwaltlichen Leistung entsprechen, begründet vor dem Hintergrund des Regelungszwecks, im Verhältnis zwischen Rechtsuchenden und Rechtsanwälten klare, vorhersehbare Abrechnungsbedingungen und im Verhältnis zu Dritten die Grundlage für eine praktikable Abwicklung von Erstattungsansprüchen zu schaffen (→ § 2 Rn. 2), noch keinen schwerwiegenden Eingriff in die Berufsfreiheit, solange das gesetzgeberische Ziel einer angemessenen Gesamtvergütung bestimmend bleibt; der Rechtsanwalt ist hierdurch zwar zu einer Mischkalkulation gezwungen, kann aber dafür andererseits die Vorteile eines umfassenden und geschlossenen Regelungssystems nutzen (BVerfGE 83, 1 (13 f.) = NJW 1991, 555; BVerfGE 107, 133 (143 f.) = NJW 2003, 737 (738); BVerfGE 118, 1 (17) = NJW 2007, 2098 Rn. 72). 13

Ein Eingriff in die **Berufsausübungsfreiheit** liegt freilich dann vor, wenn der Rechtsanwalt an der privatautonomen Ausgestaltung der Vergütung gehindert wird (BVerfGE 118, 1 (17) = NJW 2007, 2098 Rn. 74), oder wenn durch einzelne Regelungen – insbesondere aus sozialpolitischen Erwägungen – das geschlossene Regelungskonzept durchbrochen und hierdurch nicht mehr durch eine Mischkalkulation kompensierbare Nachteile entstehen (BVerfGE 83, 1 (14) = NJW 1991, 555). Derartige Eingriffe müssen durch ausreichende Gründe des Gemeinwohls gerechtfertigt sein und dem Grundsatz der Verhältnismäßigkeit genügen (BVerfGE 83, 1 (16) = NJW 1991, 555 (556); vgl. auch BVerfGE 107, 133 (145) = NJW 2003, 7 37 (738)). 14

Zu Regelungen der Bemessung des für die Gebührenhöhe maßgeblichen **Gegenstandwerts** → GKG Vor § 1 Rn. 29. 15

Abschnitt 1. Allgemeine Vorschriften

Geltungsbereich

§ 1 **I** [1] **Die Vergütung (Gebühren und Auslagen) für anwaltliche Tätigkeiten der Rechtsanwältinnen und Rechtsanwälte bemisst sich nach diesem Gesetz.** [2] [2] **Dies gilt auch für eine Tätigkeit als besonderer Vertreter nach den §§ 57 und 58 der Zivilprozessordnung, nach § 118e der Bundesrechtsanwaltsordnung, nach § 103b der Patentanwaltsordnung oder nach § 111c des Steuerberatungsgesetzes.** [3] **Andere Mitglieder einer Rechtsanwaltskammer, Partnerschaftsgesellschaften und sonstige Gesellschaften stehen einem Rechtsanwalt im Sinne dieses Gesetzes gleich.**

II [1] **Dieses Gesetz gilt nicht für eine Tätigkeit als Syndikusrechtsanwalt (§ 46 Absatz 2 der Bundesrechtsanwaltsordnung).** [2] **Es gilt ferner nicht für eine Tätigkeit als Vormund, Betreuer, Pfleger, Verfahrenspfleger, Verfahrensbeistand, Testamentsvollstrecker, Insolvenzverwalter, Sachwalter, Mitglied des Gläubigerausschusses, Restrukturierungsbeauftragter, Sanierungsmoderator, Mitglied des Gläubigerbeirats, Nachlassverwalter, Zwangsverwalter, Treuhänder oder Schiedsrichter oder für eine ähnliche Tätigkeit.** [3] **§ 1877 Absatz 3 des Bürgerlichen Gesetzbuchs und § 4 Absatz 2 des Vormünder- und Betreuervergütungsgesetzes bleiben unberührt.**

III **Die Vorschriften dieses Gesetzes über die Erinnerung und die Beschwerde gehen den Regelungen der für das zugrunde liegende Verfahren geltenden Verfahrensvorschriften vor.**

Historie: II 2 (früher II 1) geändert durch Art. 47 VI Nr. 2 FGG-RG v. 17.12.2008 (BGBl. I 2586 (2716)) mWv 1.9.2009; Materialien: BT-Drs. 16/6308 (Gesetzentwurf), BT-Drs. 16/9733 (Beschlussempfehlung und Bericht), BT-Drs. 16/9831 (Änderungsantrag). III eingefügt durch Art. 8 I Nr. 2 2. KostRMoG v. 23.7.2013 (BGBl. I 2586 (2688)) mWv 1.8.2013; Materialien: BT-Drs. 17/11471 (Gesetzentwurf), BT-Drs. 17/13537 (Beschlussempfehlung und Bericht), BT-Drs. 17/14120 (Beschlussempfehlung). II 1 eingefügt, dadurch bisherige II 1, 2 zu II 2, 3 und II. 2 redaktionell angepasst durch Art. 5 Nr. 1, 2 G zur Neuordnung des Rechts der Syndikusanwälte und zur Änd. der FGO v. 21.12.2015 (BGBl. I 2517 (2521)) mWv 1.1.2016; Materialien: BT-Drs. 18/5201 (Gesetzentwurf), BT-Drs. 18/6915 (Beschlussempfehlung und Bericht). II 2 geändert durch Art. 12 Nr. 2 SanInsFoG v. 22.12.2020 (BGBl. I 3256 (3296)) mWv 1.1.2021; Materialien: BT-Drs. 19/24181 (Gesetzentwurf), BT-Drs. 19/25303, 19/25353 (Beschlussempfehlung und Bericht). I 2 geändert durch Art. 22 Nr. 2 G zur Neuregelung des Berufsrechts der anwaltlichen und steuerberatenden Berufsausübungsgesellschaften v. 7.7.2021 (BGBl. I 2364 (2431)) mWv 1.8.2022; Gesetzesmaterialien: BT-Drs. 19/27670 (Gesetzentwurf), BT-Drs. 19/30516 (Beschlussempfehlung und Bericht); II 3 geändert durch Art. 15 XVI Vormundschafts- und BetreuungsrechtsreformG vom 4.5.2021 (BGBl. I 882 (936)) mWv 1.1.2023; Materialien: BT-Drs. 19/24445 (Gesetzentwurf); BT-Drs. 19/27287 (Beschlussempfehlung und Bericht).

Übersicht

A. Normzweck. § 1 enthält zunächst – allen Regelungen des RVG in I 1 vorangestellt – eine Klammerdefinition des Begriffs der im RVG geregelten „Vergütung" (→ Rn. 2 ff.). Sein eigentliches Regelungsziel ist indessen – in I, II – der in der amtlichen Überschrift (anders als zB bei § 1 GKG) als „Geltungsbereich" bezeichnete Anwendungsbereich des RVG in persönlicher (→ Rn. 6 ff.) und sachlicher (→ Rn. 16 ff.) Hinsicht (zu den Folgen → Rn. 27). Schließlich enthält § 1 noch – in III – eine (klarstellende) Regelung des für Erinnerungs- und Beschwerdeverfahren nach dem RVG geltenden Verfahrensrechts (→ Rn. 28). 1

B. Vergütungsbegriff (I 1). Das RVG bezeichnet – wie bereits seine Vorgänger (vgl. § 1 RAGebO, § 1 I BRAGO) – die dem Rechtsanwalt nach dem RVG für seine anwaltliche Tätigkeit auf privatrechtlicher Grundlage zustehenden (→ Vor § 1 Rn. 10 f.) Zahlungen (in Abgrenzung zu den eine öffentlich-rechtliche Abgabe darstellenden Gerichts-„Kosten", → GKG Vor § 1 Rn. 20) als „Vergütung". Sie umfasst nach der (aus § 1 I BRAGO übernommenen) Klammerdefinition in I 1 Gebühren und Auslagen. Diese auch im Gerichts- und Verwaltungskostenrecht bekannte (vgl. etwa § 1 I 1 GKG, § 1 I 1 FamGKG, § 1 I GNotKG, § 1 I JVKostG, § 1 I GvKostG, § 1 II Nr. 2 PatKostG sowie etwa § 80 I 1 GWB, § 19 I 1 VwVG) Unterscheidung entspricht dem unterschiedlichen Ziel beider Vergütungsteile (vgl. – zur RAGebO – RGZ 21, 349). 2

I. Gebühren. Gebühren sind der Teil der Vergütung, der als **Gegenleistung** für eine bestimmte anwaltliche Tätigkeit verlangt werden kann (vgl. – zur RAGebO – RGZ 21, 349 (351)). Soweit die Verwendung des Begriffs der „Gebühr" (auch) im Vergütungsrecht kritisiert wird, weil Gebühren für die Inanspruchnahme staatlicher Leistungen zu entrichten seien (so etwa Kilian AnwBl 2003, 708), verkennt dies jedenfalls den ursprünglichen Bedeutungsgehalt des Wortes „Gebühr" als das, was jemandem (insbes. auch privatrechtlich) zukommt (vgl. außer Grimm/Grimm, Deutsches Wörterbuch, „Gebühr", sub 2., auch etwa §§ 273 I, 320 I 2, 387 BGB); der besondere abgabenrechtliche Begriff der „Gebühr" (→ GKG Vor § 1 Rn. 20) ist bedeutend jünger und außerdem (wie der ebenfalls iÜ „unverdächtige" Begriff des „Beitrags") nur im abgabenrechtlichen Kontext von spezifischer Bedeutung. 3

Gebührentatbestände und -höhe sind in den Teilen 1–6 des VV geregelt. Das Vergütungsrecht beruht von Anfang an auf einem System sog. **Pauschgebühren** (oder Pauschalgebühren), → Vor § 1 Rn. 2, das mit der Schaffung des RVG noch ausgeweitet wurde, → Vor § 1 Rn. 7, bei denen nicht auf die Einzeltätigkeiten des Rechtsanwalts und deren Umfang im Einzelnen, sondern auf den dem Rechtsanwalt erteilten Auftrag abgestellt wird und nicht einzelne Tätigkeiten, sondern das gesamte Verfahren einer Instanz (mit einer – sich ggf. ermäßigenden – Verfahrensgebühr) unabhängig vom konkreten Tätigkeitsanfall pauschal abgerechnet werden. Nach der Ermittlung der Gebührenhöhe können im RVG die **Wertgebühr** (die vom Gegenstandswert abhängig ist, nach § 2 I gesetzlicher Regelfall) und die **(Fest-)Betragsgebühr** (in Höhe eines festen Betrages, zB VV 1255) unterschieden werden. Sowohl bei wertabhängigen als auch für betragsmäßig bestimmten Gebühren kennt das Vergütungsrecht (seit 1944, → § 14 Rn. 1) außerdem auch noch **(Satz- oder Betrags-) Rahmengebühren,** bei denen die konkrete Gebühr (im gewissen Widerspruch zum Konzept der gesetzlichen Gebühr) vom Rechtsanwalt innerhalb des gesetzlich vorgegebenen Rahmens nach Maßgabe vom § 14 zu bestimmen ist. 4

II. Auslagen. Auslagen sind der Teil der Vergütung, die der Erstattung von **Aufwendungen des Rechtsanwalts** dienen, die dieser in Erledigung des ihm erteilten Auftrags aus seinem eigenen Vermögen gemacht hat (vgl. – zur RAGebO – RGZ 21, 349 (351)). Welche Auslagen der Auftraggeber zu erstatten hat, ist in Teil 7 des VV geregelt. Aus diesen Regelungen ergibt sich auch, dass die Auslagen teilweise in der konkret angefallenen Höhe (so nach VV 7001, 7004, 7006, 7007, 7008), 5 teilweise aber zur Vereinfachung der Abrechnung auch lediglich in Höhe eine Pauschale (so nach VV 7000, 7002, 7003, 7005 vom Auftraggeber) zu erstatten sind.

6 **C. Anwendungsbereich des RVG (I, II). I. Persönlicher Anwendungsbereich. 1. Rechtsanwälte (I 1).** In den persönlichen Anwendungsbereich des RVG fallen nach I 1 zunächst (unabhängig von ihrer – allerdings kraft Gesetzes gegebenen, § 60 II Nr. 1 BRAO – Mitgliedschaft in einer Rechtsanwaltskammer) alle Rechtsanwälte. Gemeint sind damit Personen, die von einer Rechtsanwaltskammer (bzw. vor dem 1.6.2007 von einer Landesjustizverwaltung) nach § 1 BRAO **zur Rechtsanwaltschaft zugelassen** worden sind. Eine solche Zulassung setzt im Regelfall die **Befähigung zum Richteramt** nach §§ 5 ff. DRiG voraus (§ 4 S. 1 Nr. 1 BRAO), die ein Studium und ein Referendariat sowie das Ablegen beider Staatsprüfungen in Deutschland erfordert.

7 Sog. **europäische Rechtsanwälte,** dh natürliche Personen, die berechtigt sind, als Rechtsanwalt unter einer der in der Anlage zu § 1 EuRAG aufgeführten, in den Mitgliedsländern der EU bzw. der EFTA sowie der Schweiz vergebenen Berufsbezeichnungen selbständig tätig zu sein, § 1 EuRAG, können allerdings auch ohne Befähigung zum Richteramt unter bestimmten Voraussetzungen zur Rechtsanwaltschaft zugelassen werden (und sind dann ebenfalls „Rechtsanwalt" iSd I 1). Diese Voraussetzungen sind entweder eine **Eingliederung** nach mindestens dreijähriger effektiver und regelmäßiger Tätigkeit als sog. niedergelassener europäischer Rechtsanwalt in Deutschland auf dem Gebiet des deutschen Rechts nach §§ 11 EuRAG (§ 4 S. 1 Nr. 2 BRAO) oder die Erteilung einer **Bescheinigung einer gleichwertigen Qualifikation** nach § 16a EuRAG (§ 4 S. 1 Nr. 3 BRAO).

8 **2. Andere Mitglieder einer Rechtsanwaltskammer (I 3 Fall 1).** Nach I 3 Fall 1 fallen aber auch andere Mitglieder einer Rechtsanwaltskammer, mithin (natürliche oder juristische) Personen, die nicht zur Rechtsanwaltschaft zugelassen sind, aufgrund besonderer Vorschriften aber gleichwohl kraft Gesetzes oder aufgrund Aufnahme in Einzelfall einer Rechtsanwaltskammer als Mitglieder angehören, in den persönlichen Anwendungsbereich des RVG.

9 Dies sind vor allem nach § 60 II Nr. 2 BRAO von der Rechtsanwaltskammer **zugelassene** Rechtsanwaltsgesellschaften bzw. die seit Inkrafttreten des Gesetzes zur Neuregelung des Berufsrechts der anwaltlichen und steuerberatenden Berufsausübungsgesellschaften sowie zur Änderung weiterer Vorschriften im Bereich der rechtsberatenden Berufe v. 7.7.2021, BGBl. I 2363, am 1.8.2022 an ihre Stelle tretenden Berufsausübungsgesellschaften. Nach früherem Recht konnten als **Rechtsanwaltsgesellschaft** nach Maßgabe von §§ 59c ff. BRAO aF eine **GmbH** oder – über den Wortlaut des § 59c I BRAO aF hinaus (vgl. BGHZ 161, 376 (382 ff.) = NJW 2005, 1568 (1569 ff.)) – eine **AG** (nicht aber eine GmbH & Co. KG, BGH NJW 2011, 3036) zugelassen werden, deren Unternehmensgegenstand die Beratung und Vertretung in Rechtsangelegenheiten ist. Nach dem aktuellen, am 1.8.2022 im Kraft getretenen Recht können als **Berufsausübungsgesellschaften** nach Maßgabe von §§ 59b ff. BRAO nunmehr **alle Gesellschaften** nach deutschem Recht einschließlich der Handelsgesellschaften, Europäische Gesellschaften sowie nach dem Recht eines Mitglied- bzw. Vertragsstaats der EU oder des EWR zulässigen Gesellschaften, zugelassen werden, mit denen sich Rechtsanwälte und ggf. Angehörige sog. „sozietätsfähiger" Berufe (§ 59c BRAO) zur gemeinschaftlichen Ausübung ihres Berufs verbunden haben (haben Rechtsanwälte die Mehrheit der Stimmrechte inne und bilden auch die Mehrheit der Mitglieder des Geschäftsführungsorgans, darf die Berufsgesellschaft die – hergebrachte – Bezeichnung „Rechtsanwaltsgesellschaft" führen, § 59p BRAO). Mitglied der Rechtsanwaltskammer werden solche Berufsausübungsgesellschaften (bzw. früher: Rechtsanwaltsgesellschaft) nur und erst mit ihrer Zulassung. Mit dieser werden nach § 60 II Nr. 3 BRAO zugleich auch die nicht selbst als Rechtsanwalt zugelassenen Geschäftsführer einer zugelassenen Berufsausübungsgesellschaft (bzw. früher: Rechtsanwaltsgesellschaft) selbst Mitglied der Rechtsanwaltskammer, was allerdings für die Anwendung des RVG bedeutungslos ist, weil diese mit ihrer Geschäftsführertätigkeit keine anwaltliche Tätigkeit iSd I 1 (→ Rn. 16) ausüben (vgl. bereits Begr. RegE KostRMoG BT-Drs. 15/1971, 187).

Als Mitglieder in eine Rechtsanwaltskammer aufgenommen werden können außerdem unter bestimmten Voraussetzungen **ausländische Rechtsanwälte,** die nicht europäische Rechtsanwälte iSd § 1 EuRAG sind (→ Rn. 7), wenn sie Angehörige entweder eines Mitgliedsstaates der WHO (§ 206 I BRAO) sind oder wenn Gegenseitigkeit verbürgt ist (§ 206 II BRAO). Solche ausländischen Rechtsanwälte sind (anders als europäische Rechtsanwälte iSd § 1 EuRAG) nicht Rechtsanwälte iSd I 1 und führen die Berufsbezeichnung ihres Herkunftsstaates (unter zusätzlicher Angabe dieses Staates). **10**

Schließlich konnten nach Maßgabe von § 209 BRAO Personen, denen nach Art. 1 § 1 RBerG die bis zur Änderung durch das 5. BRAGO-ÄndG v. 18.8.1980 (BGBl. I 1503) mögliche uneingeschränkte Erlaubnis zur geschäftsmäßigen Rechtsbesorgung erteilt worden war, in eine Rechtsanwaltskammer als Mitglied aufgenommen werden und haben ihre Rechtsstellung auch nach der Änderung der Rechtslage behalten (sog. **Kammerrechtsbeistände;** deren Zahl ist allerdings überschaubar: nach der letzten Mitgliederstatistik der BRAK gab es nach kontinuierlichem Rückgang am 1.1.2022 bundesweit noch insgesamt 158 verkammerte Rechtsbeistände, die damit weniger als 0,1 % der Kammermitglieder ausmachen). Hingegen können Personen, denen die nach dem 27.8.1980 nur noch auf bestimmte Sachgebiete (als Rentenberater, Frachtprüfer, vereidigter Versteigerer, Inkassounternehmern oder Rechtskundigen in einem ausländischen Recht) beschränkt mögliche Erlaubnis zur Besorgung fremder Rechtsangelegenheiten nach dem früheren RBerG erteilt worden ist und die sich nach Inkrafttreten des RDG nach Maßgabe von § 1 RDGEG haben (vereinfacht) registrieren lassen (sog. **registrierten Erlaubnisinhaber**), nicht in eine Rechtsanwaltskammer aufgenommen werden (unrichtig daher zu Rentenberatern alten Rechts etwa Gerold/Schmidt/Müller-Rabe Rn. 4; Hartung/Schons/Enders/Enders Rn. 94). Gleiches gilt für die nach Inkrafttreten des RDG für die Erbringung von Inkassodienstleistungen (§ 10 I Nr. 1), von Rentenberatung (§ 10 I Nr. 2) oder von Rechtsdienstleistungen in einem ausländischen Recht (§ 10 I Nr. 3) sog. **registrierten Personen.** Auf die registrierten Erlaubnisinhaber und die registrierten Personen ist mithin auch das RVG nicht unmittelbar anwendbar; vgl. vielmehr zu Inkassodienstleistungen → RDG § 13c Rn. 1 ff., zu Rentenberatern → RDG § 13d Rn. 1 ff.; zu Rechtsdienstleistungen in einem ausländischen Recht → RDG § 13c Rn. 3 und zu den registrierten Erlaubnisinhabern → RDGEG § 4 Rn. 2. **11**

3. Partnerschafts- und sonstige Gesellschaften (I 3 Fall 2). Schließlich fallen in den Anwendungsbereich des RVG nach I 3 Fall 2 noch Partnerschaftsgesellschaften und „sonstige" Gesellschaften. **Partnerschaftsgesellschaften** sind einer OHG ähnliche Gesellschaften nach dem PartGG, zu denen sich Angehörige freier Berufe zur Ausübung ihrer Berufe zusammenschließen. Mitglieder einer Rechtsanwaltskammer und damit insbes. Rechtsanwälte können Gesellschafter einer solchen Partnerschaftsgesellschaft sein, vgl. § 1 II PartGG. Allerdings setzt I 3 Fall 2 dies nicht voraus, so dass im Grundsatz auch Gesellschaften von Angehörigen anderer Berufe erfasst werden; solche scheiden indessen aus dem Anwendungsbereich des RVG aus, weil derartige Gesellschaften ohne anwaltliche Beteiligung keine anwaltliche Tätigkeit iSd I 1 ausüben (vgl. Begr. RegE KostRMoG BT-Drs. 15/1971, 187). Da eine Partnerschaftsgesellschaft nach § 7 II PartGG iVm § 124 HGB selbst Rechte erwerben und Verbindlichkeiten eingehen kann, kann sie auch Partei eines Anwaltsvertrages und Gläubigerin von Anwaltsvergütung sein (vgl. etwa OLG Düsseldorf MDR 2012, 436). **12**

Was „sonstige" Gesellschaften sein sollen, erhellt der Gesetzeswortlaut nur bedingt. Es kann sich jedenfalls nur um Gesellschaften handeln, die nicht als zugelassene Berufsausübungsgesellschaft (bzw. früher: Rechtsanwaltsgesellschaft) Kammermitglied und auch keine Partnerschaftsgesellschaft sind. Gemeint sein dürften damit in erster Linie **Gesellschaften bürgerlichen Rechts,** die seit der Anerkennung ihrer Rechtsfähigkeit (BGHZ 146, 341 = NJW 2001, 1056) ebenfalls Partei eines Anwaltsvertrages sein können (BGHZ 193, 193 = NJW 2012, 2435 Rn. 14 ff.). Auch insoweit gilt, dass zwar nicht der Wortlaut des I 3 Fall 2 die Anwendung des RVG auf Gesellschaften von Rechtsanwälten einengt, wohl aber das weitere Erfordernis der anwaltlichen Tätigkeit iSd I 1. **13**

14 Seit Inkrafttreten des Gesetzes zur Neuregelung des Berufsrechts der anwaltlichen und steuerberatenden Berufsausübungsgesellschaften sowie zur Änderung weiterer Vorschriften im Bereich der rechtsberatenden Berufe v. 7.7.2021 (BGBl. I 2363) sind allerdings auch solche Gesellschaften **Berufsausübungsgesellschaften,** doch bedürfen sie, wenn Gesellschafter und Mitglieder der Geschäftsführungs- und Aufsichtsorgane ausschließlich Rechtsanwälte oder Angehörige sog. „sozietätsfähiger" Berufe iSd § 59c BRAO sind, nach § 59f I 2 BRAO **keiner Zulassung.** Sie werden daher nur dann Mitglied der Rechtsanwaltskammer und fallen unter I 3 Fall 1, wenn sie von der von § 59f I 3 BRAO eröffneten Möglichkeit eines freiwilligen Antrags auf Zulassung Gebrauch machen. Für die Anwendung des RVG spielt dies aber wegen I 3 Fall 2 keine Rolle.

15 **4. Nichtanwaltliche Prozessvertreter.** Außer Rechtsanwälten sind nach den einzelnen Prozessordnungen auch andere Personen als Prozessbevollmächtigte einer Partei im Verfahren vertretungsbefugt. Zu nennen sind hier etwa Patentanwälte (§§ 97 II, 113 PatG), Hochschullehrer (§ 67 II 1 VwGO, § 73 II 1 SGG), Notare (§ 10 II 2 Nr. 3 FamFG), Volljuristen (§ 79 II 2 Nr. 2 ZPO, § 10 II 2 Nr. 2 FamFG, § 67 II 2 Nr. 2 VwGO, § 73 II 2 Nr. 2 SGG, § 62 II 2 Nr. 2 FGO), Steuerberater und Wirtschaftsprüfer (§ 67 II 2 Nr. 3, 3a VwGO, § 73 II 2 Nr. 4 SGG, § 62 II 1 FGO), Rentenberater (§ 73 II 2 Nr. 3 SGG), Verbraucherzentralen (§ 78 II 2 Nr. 3 ZPO), Inkassodienstleister (§ 78 II 2 Nr. 4 ZPO, hierzu auch → Rn. 11) sowie Gewerkschaften und Arbeitgebervereinigungen (§ 11 II 2 ArbGG, § 67 II 2 Nr. 5 VwGO, § 73 II 2 Nr. 7 SGG, § 62 II 2 Nr. 6 FGO). Auf deren Tätigkeit ist das **RVG nicht unmittelbar anwendbar** (vgl. etwa zum Patentanwalt BGH GRUR 2015, 1253, und zum Rentenberater KG NStZ-RR 2011, 159). Für Steuerberater verweist allerdings § 45 StBVV auf die sinngemäße Anwendung des RVG (→ StBVV § 1 Rn. 3), die auch im Übrigen vielfach vertreten wird (vgl. etwa OLG Düsseldorf NJW-RR 2016, 313, und zur BRAGO BVerwG NJW 1978, 1173; OLG Düsseldorf NStZ 1996, 99; MDR 1995, 423).

16 **II. Sachlicher Anwendungsbereich. 1. Anwaltliche Tätigkeit (I 1).** Anzuwenden ist das RVG nach I 1 allerdings nur auf eine anwaltliche Tätigkeit der in I 1, 3 genannten Personen. Anwaltliche Tätigkeit in diesem Sinne ist die gerichtliche wie außergerichtliche (zumindest fachlich) **unabhängige und eigenverantwortliche Beratung und Vertretung in allen Rechtsangelegenheiten** eines Dritten (vgl. §§ 3 I, 46 III BRAO) bzw. nach der Definition einer Rechtsdienstleistung in § 2 I RDG jede Tätigkeit in konkreten fremden Angelegenheiten, sobald sie eine rechtliche Prüfung des Einzelfalls erfordert. Anders als insbes. die RAGebO (→ Vor § 1 Rn. 1 ff.; diese erfasste nur die Berufstätigkeit des Rechtsanwalts in Verfahren vor den ordentlichen Gerichten nach ZPO, StPO, KO oder VglO sowie seine beratende Berufstätigkeit, welche den Beginn oder die Fortsetzung eines solchen Verfahrens betraf, vgl. § 1 RAGebO) gilt das RVG für anwaltliche Tätigkeiten auf **allen Rechtsgebieten.** Zur Abgrenzung von anwaltlicher und notarieller Tätigkeit bei einem Anwaltsnotar vgl. § 24 II BNotO.

17 Aus dem Anwendungsbereich des RVG ausgenommen ist allerdings nach II 1 die (anwaltliche) Tätigkeit des Syndikusrechtsanwalts, → Rn. 21 ff. Von vornherein keine anwaltliche Tätigkeit sind außerdem die in II 2 konkret genannten Tätigkeiten, auch wenn sie durch einen Rechtsanwalt ausgeübt werden, → Rn. 24 ff.

18 **2. Tätigkeit als Prozesspfleger bzw. besonderer Vertreter (I 2).** Nach **I 2** gilt die Regelung des I 1 auch für die Tätigkeit als besonderer Vertreter („Prozesspfleger") nach §§ 57, 58 ZPO für eine prozessunfähige Partei oder – seit Inkrafttreten des G z. Neuregelung des Berufsrechts der anwaltlichen und steuerberatenden Berufsausübungsgesellschaften sowie zur Änderung weiterer Vorschriften im Bereich der rechtsberatenden Berufe, → Rn. 14 – für eine Berufsausübungsgesellschaft, die keinen gesetzlichen Vertreter hat oder diesen verliert (§ 118e BRAO, § 103b PatO, § 111c StBerG). Gemeint ist mit der missverständlichen Formulierung keine Erweiterung des persönlichen Anwendungsbereichs des RVG (auf alle Personen, die zum besonderen Vertreter bestellt werden), sondern nur um eine **Klarstellung zum Begriff der anwaltlichen Tätigkeit** (vgl. Begr. RegE KostRMoG BT-Drs. 15/1971, 187;

besser aufgehoben wäre die Regelung daher wohl in II), betrifft also insbes. nur die Tätigkeit eines **Rechtsanwalts** als besonderer Vertreter.

Die mit I 2 erfolgte Klarstellung war erforderlich, weil der besondere Vertreter nicht Prozessvertreter der Partei ist, sondern als ihr **(vorläufiger) gesetzlicher Vertreter** handelt (unter der Geltung der BRAGO wurde die Möglichkeit einer Vergütungsfestsetzung nach der BRAGO gegen die Partei für ausgeschlossen gehalten, vgl. etwa OLG München MDR 1972, 155; KG MDR 1977, 678; OLG Düsseldorf AnwBl 1980, 156). Da Inhalt dieser Vertretung aber gerade die prozessuale Vertretung durch eine auch postulationsfähige Person ist, wird zum besonderen Vertreter regelmäßig ein Rechtsanwalt bestellt, dessen Tätigkeit dann auch faktisch der eines Prozessbevollmächtigten entspricht. Infolgedessen lässt sich der Inhalt der Tätigkeit eines besonderen Vertreters von der – anwaltlichen – Tätigkeit als Prozessvertreter nicht unterscheiden. 19

Der zum besonderen Vertreter bestellte Rechtsanwalt erlangt mit seiner Bestellung einen gesetzlichen Vergütungsanspruch nach § 41 gegen die von ihm vertretene prozessunfähige Person und nach § 45 I daneben gegen die Staatskasse (→ § 41 Rn. 4 f.). 20

3. Nicht erfasste Tätigkeiten eines Rechtsanwalts (II). a) Tätigkeit als Syndikusrechtsanwalt (II 1). Aus dem Anwendungsbereich des RVG nimmt **II 1** die Tätigkeit des Syndikusrechtsanwalts iSd § 46 II BRAO **heraus.** Bei einem solchen Syndikusrechtsanwalt handelt es sich um einen Rechtsanwalt, der seinen Beruf als Angestellter eines nichtanwaltlichen Arbeitgebers fachlich unabhängig und eigenverantwortlich ausübt. 21

Während nach der früheren, von der Rspr. entwickelten sog. „Doppelberufstheorie" der Syndikusanwalt alten Rechts zwei Berufe hatte, nämlich einerseits als ständiger Rechtsberater in einem festen Dienst- oder Anstellungsverhältnis, der aufgrund des im Arbeitsverhältnis geltenden Prinzips der Über- und Unterordnung und seiner Weisungsgebundenheit nicht als Rechtsanwalt tätig ist, und andererseits als freier Rechtsanwalt, soweit er rechtlich und tatsächlich in der Lage ist, neben seiner Tätigkeit im Unternehmen Rechtsuchende als freier Anwalt zu beraten und zu vertreten (vgl. BGHZ 33, 266 = NJW 1961, 216), ist seit dem Inkrafttreten des G zur Neuordnung des Rechts der Syndikusanwälte und zur Änderung der Finanzgerichtsordnung v. 21.12.2015 (BGBl. I 2517) die Syndikustätigkeit Teil des einheitlichen Berufsbilds des Rechtsanwalts (Begr. RegE BT-Drs. 18/5201, 18). 22

Auch die Tätigkeit des Syndikusrechtsanwalts ist daher jetzt **anwaltliche Tätigkeit** iSd I 1, kann indessen nicht dem RVG unterfallen, weil seine **Vergütung** der **im Angestelltenverhältnis getroffenen Vereinbarung** überlassen bleiben muss. 23

b) Sonstige Tätigkeiten (II 2, 3). Die in **II 2** genannten Tätigkeiten sind von vornherein **keine anwaltlichen Tätigkeiten** und fallen daher auch dann nicht in den Anwendungsbereich des RVG, wenn sie von einem Rechtsanwalt ausgeübt werden. Bei diesen Tätigkeiten handelt es sich teils um ehrenamtliche Tätigkeiten, die von allen Staatsbürgern und daher auch von Rechtsanwälten idR unentgeltlich zu übernehmen sind, teils um Tätigkeiten, die in erheblichem Umfang auch Nichtanwälten übertragen werden und bei denen auch die Vergütung eines Rechtsanwalts nach besonderen Vorschriften festgesetzt wird, teils um Tätigkeiten, bei denen der Rechtsanwalt nicht im Auftrag einer Partei und in deren Interesse tätig wird und bei denen die Vergütung vereinbart zu werden pflegt (vgl. Begr. RegE KostRÄndG 1957 BT-Drs. 2/2545, 224). 24

Die Vergütung für die in II 2 genannten Tätigkeiten richtet sich bei der des **Vormunds** nach § 1808 BGB ggf. iVm VBVG, des **Betreuers** nach § 1875 I BGB iVm §§ 1876 ff. BGB bzw. – bei beruflicher Tätigkeit – nach § 1875 II BGB iVm VBVG, des **Pflegers** nach § 1888 iVm §§ 1875 ff. BGB, VBVG, des **Verfahrenspflegers** nach § 277 FamFG ggf. iVm VBVG, des **Verfahrensbeistands** nach § 158c FamFG, des **Testamentsvollstreckers** nach § 2221 BGB, des **Insolvenzverwalters** nach § 63 InsO iVm der InsVV, des **Sachwalters** nach § 274 I InsO iVm § 63 InsO, InsVV, des **Mitglieds des Gläubigerausschusses** nach § 73 InsO, des **Restrukturierungsbeauftragten** nach §§ 80 ff. StaRUG, des **Sanierungsmoderators** nach § 98 StaRUG, des **Mitglieds des Gläubigerbeirats** nach § 93 IV 25

StaRUG, des **Nachlassverwalters** nach § 1987 BGB, des **Zwangsverwalters** nach ZwVwV und des **Treuhänders** sowie des **Schiedsrichters** nach der insoweit getroffenen Vereinbarung.

26 Soweit aber der Rechtsanwalt im Rahmen einer der vorgenannten Tätigkeiten eine originär **anwaltliche Tätigkeit** erbringt (zB als Testamentsvollstrecker oder Insolvenzverwalter selbst als Prozessbevollmächtigter einen Prozess führt), kann er (nur) für diese Tätigkeit eine **Vergütung nach dem RVG** verlangen (vgl. BGH NJW 2011, 453 Rn. 14; 2012, 3307 Rn. 9). Dies ergibt sich (unnötig verklausuliert) aus **II 3** (der die früher in § 1 II 2 BRAGO enthaltene Regelung übernommen hat), der einen Vorbehalt zugunsten § 1877 III BGB anordnet. Der dort geregelte Rechtsgedanke, dass ein Vormund zu seinem Gewerbe oder Beruf gehörende Dienste als Aufwendungen ersetzt bekommen kann, gilt entspr. für alle in II 2 genannten Tätigkeiten (vgl. nur zum Insolvenzverwalter nach der BRAGO BGHZ 139, 309 = NJW 1998, 3567).

27 **D. Rechtsfolgen. I. Anwendung des RVG.** Liegen die persönlichen und sachlichen Voraussetzungen des § 1 vor, bemisst sich die Vergütung des Rechtsanwalts (soweit deutsches Recht anzuwenden ist, vgl. ausführlich HK-RVG/Mayer Rn. 211 ff.) nach dem RVG. Dies gilt sowohl für die regelmäßig auf vertraglicher Grundlage geschuldete Vergütung (→ Vor § 1 Rn. 10) als auch für einen im RVG ausnahmsweise vorgesehenen gesetzlichen Vergütungsanspruch (→ § 39 Rn. 3, 7; → § 40 Rn. 1; → § 41 Rn. 2, 4). Dass sich die Vergütung nach dem RVG „bemisst", bedeutet nicht lediglich, dass die Wertvorschriften und Gebühren- und Auslagentatbestände des RVG heranzuziehen sind, sondern dass auch die weiteren schuldrechtlichen Sonderregelungen des RVG wie zB §§ 8–10 für die Vergütung gelten. Heranzuziehen sind außerdem aber auch alle übrigen Vorschriften des RVG wie zB zur Beschränkung von Vergütungsvereinbarungen nach §§ 3a–4b sowie die verfahrensrechtlichen Vorschriften der §§ 11, 32 f., 51, 55 ff.

28 **II. Vergütungsrechtliche Rechtsbehelfsverfahren (III).** Verfahren der Erinnerung und Beschwerde in Vergütungssachen (§ 11 III 2, 33 III–VI, 56) sind (Neben-) Verfahren im Rahmen des Hauptsacheverfahrens und sind daher im Ausgangspunkt auch Verfahren nach der für das Hauptsacheverfahren geltenden Verfahrensordnung (mit aus dem RVG folgenden Besonderheiten). III stellt klar, dass im Verhältnis zwischen den Verfahrensvorschriften nach der zugrundeliegenden Verfahrensordnungen und denen des RVG nicht die erstgenannten, sondern die des RVG die spezielleren und damit vorrangigen sind (vgl. zur vergleichbaren Regelung in § 1 V GKG → GKG § 1 Rn. 49). So ist etwa nach § 33 VIII 1 (ggf. iVm § 56 II 1) auch dann durch den Einzelrichter zu entscheiden, wenn es – wie bei den obersten Bundesgerichten – nach der Verfahrensordnung des Hauptsacheverfahrens keinen institutionellen Einzelrichter gibt (vgl. zu § 1 V GKG → § 66 Rn. 67; BGH GSZ NJW 2021, 3191).

Höhe der Vergütung

2 **I Die Gebühren werden, soweit dieses Gesetz nichts anderes bestimmt, nach dem Wert berechnet, den der Gegenstand der anwaltlichen Tätigkeit hat (Gegenstandswert).**

II 1 Die Höhe der Vergütung bestimmt sich nach dem Vergütungsverzeichnis der Anlage 1 zu diesem Gesetz. 2 Gebühren werden auf den nächstliegenden Cent auf- oder abgerundet; 0,5 Cent werden aufgerundet.

1 **I. Normzweck.** Die Vorschrift ist (wie die vergleichbaren Vorschriften § 3 GKG, § 3 FamGKG, § 3 GNotKG, § 4 JVKostG, § 9 GvKostG für die nach diesen Gesetzen anfallenden Kosten) die Grundnorm für die dem Rechtsanwalt nach dem RVG gesetzlich zustehende **Vergütung** (= Gebühren und Auslagen, § 1 I 1). **II 1** verweist für die (nach dem Vorbild von GKG u. a., Begr. RegE BT-Drs. 15/1971, 187, zur Vereinfachung aus dem Gesetzestext „ausgelagerten") Vergütungstatbestände auf die Anlage I zum RVG (**Vergütungsverzeichnis** – VV).

I stellt für die Höhe der **Gebühren** den Grundsatz der Abhängigkeit vom **Wert des Gegenstandes** der anwaltlichen Tätigkeit (und nicht etwa vom Aufwand des Rechtsanwalts) auf. Der Gesetzgeber ist dabei davon ausgegangen, dass im Großen und Ganzen der Aufwand von Zeit und Aufwand der anwaltlichen Tätigkeit mit der Bedeutung und dem Wert der Rechtssache steigen, dass aber jedenfalls die regelmäßige Maßgeblichkeit des Wertes der Rechtssache für das Haftungsrisiko des Rechtsanwalts anzuerkennen sei (vgl. zu § 9 RAGebO 1879 Begr. RegE Vhdlg. d. RT [4. Leg.-Per., II. Session 1879, Anlagen], Bd. 55, Anl. 6, 117 (130)). Die Ausrichtung der Gebührenhöhe allein am Wert ist dabei eine typisierende Regelung, die hinnimmt, dass im konkreten Fall die Gebühren hinter dem Aufwand zurückbleiben oder ihn übersteigen (vgl. BVerfGE 118, 1 (17) = NJW 2007, 2098 (2099)). Dies ist jedoch unbedenklich, weil Ziel des RVG ist, den Rechtsanwälten für ihre Tätigkeit – auf der Grundlage einer Mischkalkulation – **insgesamt** eine angemessene Vergütung zu ermöglichen, und dem Rechtssuchenden, dem es regelmäßig nicht möglich ist, selbst den für die anwaltliche Tätigkeit erforderlichen Aufwand zu beurteilen, Rechtssicherheit bei der Kalkulation der möglichen Kosten zu geben (BVerfGE 118, 1 (17) = NJW 2007, 2098 (2099)). 2

Die – selbstverständliche und wohl ohnehin leerlaufende (→ Rn. 9) – **Rundungsregel** in **II 2** dürfte sich nur historisch erklären lassen: Sie geht auf eine durch das KostRÄndG 1952 (→ GKG Vor § 1 Rn. 15) „im Interesse der Einheitlichkeit des Kostenrechts" erfolgte Angleichung der damaligen RAGebO an einen seinerzeit im GKG und in der KostO geregelten „Grundsatz" zurück (vgl. Begr. RegE BT-Drs. 1/3336, 16), nach dem eine Rundung von (ganzen) Pfennigbeträgen auf zehn Pfennig erfolgte (ebenso § 11 II 2 BRAGO), was allerdings mit dem KostRMoG (→ GKG Vor § 1 Rn. 16, gleichzeitig mit der Schaffung des RVG!) nicht mehr in die Neufassung des GKG übernommen worden ist. 3

II. Verweisung auf Vergütungsverzeichnis (II 1). Soweit II 1 für die „Höhe" der Vergütung auf das als Anlage I dem Gesetz beigefügte VV verweist, ist die Gesetzesformulierung ungenau, denn zum einen bestimmt sich die „Höhe" gerade der in I angesprochenen Wertgebühren (→ Rn. 5) nicht allein nach dem VV (sondern auch nach § 13), zum anderen ergeben sich aus dem VV über die Höhe hinaus auch die einzelnen **Vergütungstatbestände.** II 1 verweist mithin insgesamt auf das VV (vgl. die – korrektere – Formulierung in § 3 II GKG) und macht dieses zum Inhalt der gesetzlichen Vergütungsregelungen. 4

III. Grundsatz der Wertabhängigkeit (I). 1. Wertgebühren. Für **Gebühren** (als Teil der Vergütung, § 1 I 1) bestimmt I, dass ihre Höhe sich regelmäßig nach dem **Gegenstandswert,** dh nach der Legaldefinition in I dem Wert des Gegenstandes der anwaltlichen Tätigkeit richtet. Solche wertabhängigen Gebühren („Wertgebühren iwS") kennt das VV in zwei Ausprägungen, nämlich als **Satzgebühr,** bei der die Vergütungshöhe als fester Multiplikator („Satz") der Gebühr nach § 13 angeben ist (zB VV 1000) und als sog. **Satzrahmengebühr,** bei der ein Rahmen angeben ist, innerhalb dessen der konkrete Multiplikator für die Gebühr nach § 13 (nach Maßgabe von § 14) zu bestimmen ist (zB VV 2100). 5

Der maßgebliche **Gegenstand der anwaltlichen Tätigkeit** wird durch das Recht oder das Rechtsverhältnis bestimmt, auf das sich die Tätigkeit des Rechtsanwalts im Rahmen des ihm von seinem Mandanten erteilten Auftrags bezieht (BGH NJW-RR 2018, 700 Rn. 13). Sein **Wert** wird nach den Vorschriften des Abschnitts 4 (§§ 22–33) ermittelt, die teilweise auf das GKG und dieses wiederum auf die prozessrechtlichen Wertvorschriften der §§ 3 ff. ZPO verweisen. 6

Auf die Wertabhängigkeit der für seine anwaltliche Tätigkeit anfallenden Gebühren muss der Rechtsanwalt seinen Auftraggeber vor Übernahme der Tätigkeit **hinweisen** (§ 49 V BRAO). 7

2. Andere Gebühren. Der Grundsatz der Wertabhängigkeit der Gebühren gilt allerdings nicht uneingeschränkt, sondern nur soweit durch das RVG nichts **anderes bestimmt** ist. In diesem Sinne anderes bestimmt ist in allen Fällen, in denen das Gesetz wertunabhängige Gebühren vorsieht, was im VV wiederum in zwei Ausprägungen geschieht, nämlich als (mit einem bestimmten Euro-Betrag ausgewiesene) **Festgebühr** (zB VV 2500) und als **Betragsrahmengebühr,** bei der nur ein aus zwei 8

Euro-Beträgen bestehender Rahmen geregelt ist, innerhalb dessen die konkrete Gebührenhöhe (nach Maßgabe von § 14) zu bestimmen ist (zB VV 2102).

9 **IV. Rundung (II 2).** Die Rundungsregelung in II 2 gilt nur für **Gebühren** (nicht also für Auslagen). Gebühr iSd II 2 ist nicht die (abstrakte) Gebühr iSd § 13, sondern die sich bei Anwendung des VV ergebende (konkrete) Gebühr, wobei es sich nicht um eine Wertgebühr iSd I handeln muss. Dem auf „die Gebühren" abstellenden Wortlaut ist zu entnehmen, dass jede einzelne Gebühr vor der Einstellung in die Kostenrechnung und nicht etwa erst der gesamte Gebührenanteil einer Kostenrechnung (nach Addition aller Gebühren) zu runden ist (also anders als bei der den nach dem Inhalt des Schuldverhältnisses insgesamt geschuldeten Betrag erfassenden Rundung in Euro umgerechneter Beträge in durch den Euro abgelösten Währungen, vgl. EuGH EuZW 2004, 629; BGH NZM 2005, 720). Anzuwenden ist die Regelung (anders als § 11 II 2 BRAGO) nur auf **Centbruchteile,** die sich allerdings bei der Anwendung des RVG schwerlich ergeben dürften. Die vorgesehene Rundung entspricht iÜ der allg. Regel kaufmännischen Rundens (vgl. DIN 1333).

Gebühren in sozialrechtlichen Angelegenheiten

3 **I [1]In Verfahren vor den Gerichten der Sozialgerichtsbarkeit, in denen das Gerichtskostengesetz nicht anzuwenden ist, entstehen Betragsrahmengebühren. [2]In sonstigen Verfahren werden die Gebühren nach dem Gegenstandswert berechnet, wenn der Auftraggeber nicht zu den in § 183 des Sozialgerichtsgesetzes genannten Personen gehört; im Verfahren nach § 201 Absatz 1 des Sozialgerichtsgesetzes werden die Gebühren immer nach dem Gegenstandswert berechnet. [3]In Verfahren wegen überlanger Gerichtsverfahren (§ 202 Satz 2 des Sozialgerichtsgesetzes) werden die Gebühren nach dem Gegenstandswert berechnet.**

II Absatz 1 gilt entsprechend für eine Tätigkeit außerhalb eines gerichtlichen Verfahrens.

Historie: I 3 eingefügt durch Art. 11 Nr. 1 Gesetz über den Rechtsschutz bei überlangen Gerichtsverfahren und strafrechtlichen Ermittlungsverfahren v. 24.11.2011 BGBl. I 2302 (2309)) mWv 3.12.2011. I 2 geändert durch Art. 8 I Nr. 3 2. KostRMoG v. 23.7.2013 (BGBl. I 2586 (2688)) mWv 1.8.2013; Materialien: BT-Drs. 17/11471 (Gesetzentwurf), BT-Drs. 17/13537 (Beschlussempfehlung und Bericht), BT-Drs. 17/14120 (Beschlussempfehlung).

Schrifttum: Dahn/Schmidt, Anwaltsgebühren im Sozialrecht, 3. Aufl. 2021; Hinne, Die gesetzliche Vergütung des Rechtsanwalts im Sozialrecht gemäß § 3 RVG, BRAK-Mitt 2009, 8; ders., Anwaltsvergütung im Sozialrecht, 3. Aufl. 2021; Klier, Höhe der gesetzlichen Gebühren im Sozialrecht nach § 3 Rechtsanwaltsvergütungsgesetz, NZS 2004, 469; Mayer, Die Neuregelung der Gebühren in sozialrechtlichen Angelegenheiten im neuen RVG, RVG-Letter 2004, 51.

1 **I. Normzweck.** Die Vorschrift betrifft die (gerichtliche wie außergerichtliche) Tätigkeit des Rechtsanwalts (dem nach § 1 I 3 Rechtsanwaltssozietäten in der Form einer GbR oder einer PartGG, → § 1 Rn. 12 ff., sowie andere Mitglieder einer Rechtsanwaltskammer wie Rechtsanwalts- bzw. Berufsausübungsgesellschaften, → § 1 Rn. 9, und aufgenommene ausländische Rechtsanwälte, → § 1 Rn. 10, oder – heute allerdings bedeutungslose – Kammerrechtsbeistände, → § 1 Rn. 11, gleichstehen) in sozialrechtlichen Angelegenheiten. Sie knüpft als Sonderregelung iSd § 2 I **an die für Gerichtskosten geltende Differenzierung** zwischen Verfahren, in denen Kosten nach den §§ 193–197b SGG erhoben werden (→ SGG § 197a Rn. 1 ff.), und solchen, in denen Kosten nach dem GKG erhoben werden (§ 197a SGG, § 1 II Nr. 3 GKG, → GKG § 1 Rn. 36) an und überträgt das dort geltende Gebührenprinzip (im ersten Fall Festgebühren, im zweiten Fall Wertgebühren) teilweise auf die Vergütung nach dem RVG (im ersten Fall idR Betragsrahmengebühren, I 1, im zweiten Fall idR Wertgebühren, I 2, 3); dementsprechend differenzieren die Gebührentatbestände des VV jeweils zwischen beiden Fällen.

I 1, 2 Hs. 1 übernehmen dabei (zusammen mit den entspr. Gebührentatbeständen) die Differenzierung des früheren § 116 BRAGO. Die in § 116 II BRAGO noch nicht enthaltene Beschränkung in I 2 Hs. 1 auf die Vertretung nicht nach § 183 SGG kostenprivilegierter Personen klärt (verkannt von Gerold/Schmidt/Mayer Rn. 171) einen zuvor bestehenden Meinungsstreit (→ Rn. 10). **II** beantwortet in Übernahme der von der Rspr. (vgl. BGHZ 48, 134 = NJW 1967, 2312; BSG MDR 1984, 524; 1984, 788) entwickelten Lösung die in der BRAGO nicht geregelte Frage der gebührenmäßigen Behandlung des sozialrechtlichen Verwaltungsverfahrens (Begr. RegE KostRMoG BT-Drs. 15/1971, 187). 2

Die sich hieraus ergebenden Grundregeln werden durch die später eingefügten vorrangigen Sonderregelungen in I 2 Hs. 2 und I 3 **modifiziert.** Der durch das 2. KostRMoG, → GKG Vor § 1 Rn. 16, eingefügte **I 2 Hs. 2** klärt für das Verfahren der Vollstreckung sozialgerichtlicher Entscheidungen gegen Behörden (§ 201 I SGG) die zuvor umstrittene Frage, ob dann, wenn in dem zugrundeliegenden Verfahren Betragsrahmengebühren nach I 1 entstehen, für das Vollstreckungsverfahren generell ebenfalls Betragsrahmengebühren (so etwa LSG Berlin-Brandenburg RVGreport 2008, 381 mwN) oder aber Wertgebühren (so etwa SG Berlin BeckRS 2009, 65179; VG Bremen BeckRS 2010, 33698) anfallen, im letztgenannten Sinne (vgl. Begr. RegE 2. KostRMoG, BT-Drs. 17/11471, 3: „Klarstellung"). Der zusammen mit der Schaffung des Verfahrens wegen eines überlangen Gerichtsverfahrens (§§ 198 ff. GVG, § 202 S. 2 SGG) eingefügte **I 3** bezweckt die einheitliche Vergütung der Tätigkeit in solchen Verfahren durch die Wertgebühr des VV 3300 rechtswegunabhängig und – abweichend von I 2 Hs. 1 – auch unabhängig von der Person des Auftraggebers (vgl. Begr. RegE BT-Drs. 17/3802, 29). 3

II. Sozialgerichtliche Verfahren (I). Die **Normstruktur** von I ist etwas verwickelt: **I 1** betrifft Verfahren, in denen das GKG nicht anzuwenden ist (→ Rn. 5), und **I 2 Hs. 1** Verfahren, in denen das GKG (ausnahmsweise) anzuwenden ist (→ Rn. 10); von der in I 2 Hs. 1 enthaltenen Ausnahme, dass er nicht für einen nicht nach § 193 SGG kostenprivilegierten Beigeladenen gilt (für den vielmehr I 1 analog heranzuziehen ist, → Rn. 7), macht **I 3** eine Gegenausnahme für das Verfahren wegen eines überlangen Gerichtsverfahrens (→ Rn. 11); **I 2 Hs. 2** schließlich macht einerseits dieselbe Gegenausnahme für Vollstreckungsverfahren nach § 201 I SGG (→ Rn. 12) und andererseits eine Ausnahme von I 1, als er auch solche Verfahren, in denen das GKG nicht anzuwenden ist, der Regelung des I 2 unterstellt (→ Rn. 6). 4

1. Betragsrahmengebühren (I 1). a) Anwendungsbereich. I 1 gilt für die anwaltliche Tätigkeit in sozialgerichtlichen Verfahren, in denen das **GKG nicht anzuwenden** ist. Da für sozialgerichtliche Verfahren vorrangig die Kostenvorschriften der §§ 183 ff. SGG (→ SGG Vor § 183 Rn. 3 ff.) gelten, sind dies alle Verfahren, in denen **nicht (ausnahmsweise) gemäß § 197a SGG Kosten nach dem GKG** (und damit nach Maßgabe der §§ 183 ff. SGG) erhoben werden (→ Rn. 10 ff.). Voraussetzung hierfür ist, dass Kläger oder Beklagter (im Rechtsmittelverfahren: Rechtsmittelführer oder Rechtsmittelgegner, auch wenn im vorinstanzlichen Verfahren das GKG anwendbar war, weil die kostenprivilegierte Person lediglich Beigeladener war (BSG NZS 2007, 111) eine Person ist, die nach § 183 SGG (→ SGG § 183 Rn. 1 ff.) – als Versicherter, Leistungsempfänger einschließlich Hinterbliebenenleistungsempfänger, behinderter Mensch oder Sonderrechtsnachfolger solcher Personen nach § 56 SGB I – kostenprivilegiert ist (ob sei Prozessgegner oder ein Beigeladener, § 69 Nr. 3 SGG, kostenprivilegiert sind, ist hingegen unerheblich). Da solche Verfahren der **Regelfall** vor den Gerichten der Sozialgerichtsbarkeit sind, ist auch I 1 die Grundregel für die anwaltlichen Gebühren. 5

Eine **Einschränkung** dieser Grundregel besteht indessen für Verfahren der **Vollstreckung sozialgerichtlicher Entscheidungen gegen Behörden** (§ 201 I SGG). Da deren gerichtskostenmäßige Behandlung der des zugrundeliegenden Verfahrens entspricht (vgl. SG München JurBüro 2020, 482), ist auch auf solche Vollstreckungsverfahren das GKG dann nicht anzuwenden, wenn dies im zugrundeliegenden Verfahren der Fall war. Für sie gilt gleichwohl nicht I 1, sondern die vorrangige Sonderregelung in **I 2 Hs. 2** (→ Rn. 12). 6

7 Aus I 2 Hs. 1 ergibt sich schließlich eine – ungeschriebene – **Erweiterung** des Anwendungsbereichs des I 1. Da **I 2 Hs. 1** in sonstigen, nicht unter I 1 fallenden Verfahren, nur für die Vertretung eines nicht nach § 183 SGG kostenprivilegierten Beteiligten anwendbar ist, mithin nicht für die Vertretung eines **Beigeladenen, der nach § 183 SGG kostenbefreit ist,** gilt (→ Rn. 10), kann die – nicht ausdrücklich geregelte – Frage, was in solchen Fällen gilt, nur dahingehend beantwortet werden, dass I 1 für solche Verfahren (auf die das GKG anwendbar ist) entsprechend herangezogen werden muss.

8 **b) Gebühren.** Für die unter I 1 fallenden Verfahren ist etwas „anderes" als in § 2 I bestimmt. Die Gebühren werden nicht nach dem Wert berechnet, sondern sind **Betragsrahmengebühren** (→ § 2 Rn. 8) und damit wie die Gerichtsgebühren – soweit sie überhaupt anfallen (vgl. § 183 SGG) – (als Festgebühren, § 184 SGG) wertunabhängig. Im unmittelbaren Anwendungsbereich des I 1 gilt dies auch bei Vertretung eines nach § 184 SGG eine Festgebühr schuldenden nicht kostenprivilegierten Verfahrensbeteiligten.

9 Für die unter I 1 fallenden Tätigkeiten enthält **Teil 3 des VV** daher jeweils **besondere Vergütungstatbestände** für Verfahren vor den Gerichten der Sozialgerichtsbarkeit, die einen Gebührenrahmen vorsehen (vgl. VV 1005, 1006, 3102, 3106, 3205, 3206, 3212, 3213, 3406, 3501, 3511, 3512, 3515, 3517, 3518; zum Mehrvertretungszuschlag vgl. VV 1008). Innerhalb des jeweiligen Gebührenrahmens ist die Gebühr vom Rechtsanwalt **nach § 14** zu bestimmen. Diese Gebührenrahmen differenzieren (anders als zB VV 4100 ff.) nicht zwischen einem Wahlanwalt und einem beigeordneten Rechtsanwalt, so dass auch der im Wege der **PKH** (§ 73a SGG) beigeordnete Rechtsanwalt den vollen Rahmen in Anspruch nehmen kann.

10 **2. Wertgebühren (I 2, 3). a) Anwendungsbereich.** Die anwaltliche Tätigkeit in „sonstigen", dh nicht unter I 1 fallenden (→ Rn. 5) sozialgerichtlichen Verfahren erfasst **I 2 Hs. 1.** Dabei handelt es sich – im Umkehrschluss zu I 1 – um Verfahren, in denen (ausnahmsweise) nach § 197a SGG, § 1 II Nr. 3 GKG Kosten **nach dem GKG** erhoben werden. Eine solche Kostenerhebung nach dem GKG erfolgt dann, wenn keine nach § 183 SGG kostenprivilegierte Person als **Kläger oder Beklagter** beteiligt ist bzw. – positiv formuliert – als Kläger oder Beklagter **nur nicht nach § 183 kostenprivilegierte Parteien** (zB Sozialversicherungsträger, Leistungserbringer oder Arbeitgeber, die nicht als selbst Sozialversicherte beteiligt sind) beteiligt sind (also zB Streitigkeiten zwischen Sozialversicherungsträgern oder zwischen Sozialversicherungsträgern und Leistungserbringern); dass ein Beigeladener (§ 69 Nr. 3 SGG), uU kostenprivilegiert ist, spielt für die Anwendung des GKG keine Rolle. Anders ist dies hingegen für die Anwendung des RVG, denn I 2 Hs. 1 gilt **nur** für die Vertretung eines **nicht kostenprivilegierten Auftraggebers** und nimmt damit (in Klärung eines zuvor insoweit bestehenden Streits, vgl. etwa LSG Hamburg Breith 1987, 170; 2002, 943; LSG Niedersachsen Breith 1991, 878; LSG Nordrhein-Westfalen Breith 1991, 74 mwN) die Vertretung eines **Beigeladenen,** der selbst **nicht kostenprivilegiert** ist, aus (für diesen gilt I 1 analog, → Rn. 7).

11 Nicht nach dem GKG werden Kosten auch im **Verfahren wegen eines überlangen Gerichtsverfahrens** nach § 202 S. 2 iVm §§ 198–201 GVG erhoben (auch wenn sie ein PKH-Verfahren betreffen, BSG BeckRS 2019, 14635 Rn. 9) erhoben. Für diese enthält indessen **I 3** eine besondere, die allg. Vorschrift des I 2 Hs. 1 verdrängende, einschränkungslose Regelung, deren Bedeutung sich im Ergebnis darin erschöpft, dass sie auch die Vertretung eines nicht kostenprivilegierten Beigeladenen erfasst.

12 Eine den Anwendungsbereich des I 2 Hs. 1 teilweise **erweiternde** (und insoweit I 1 verdrängende, → Rn. 6) Regelung enthält schließlich I 2 Hs. 2, nach dem die Rechtsfolge des I 2 in Verfahren der **Vollstreckung sozialgerichtlicher Entscheidungen gegen Behörden** (§ 201 I SGG) „immer" gilt. Da die gerichtskostenmäßige Behandlung solcher Vollstreckungsverfahren der des zugrundeliegenden Verfahrens entspricht (→ Rn. 6), fallen unter I 2 folglich auch Vollstreckungsverfahren, für die keine Kosten nach dem GKG erhoben werden, weil ihnen ein unter I 1 fallendes Erkenntnisverfahren zugrunde liegt. Dies gilt insbesondere auch für die Vertretung

eines nach § 183 SGG kostenprivilegierten Gläubigers (und ggf. – abweichend von I 2 Hs. 2 – auch die eines nicht kostenprivilegierten Beigeladenen).

b) Gebühren. In den unter I 2, 3 fallenden Verfahren werden die Gebühren für die anwaltliche Tätigkeit **nach dem Gegenstandswert** berechnet. Die unter I 2, 3 fallenden Tätigkeiten werden daher nach den allg. Vergütungstatbeständen des **Teils 3 des VV** vergütet. Für die Vertretung im sozialgerichtlichen Verfahren (I 2 Hs. 1) können mithin die („normalen") Verfahrens- und Terminsgebühren nach VV 3100, 3101, 3104, 3105, 3200–3203, 3206, 3207, 3210, 3211, 3500, 3504, 3505, 3513, 3517, für die Vertretung im Verfahren wegen eines überlangen Gerichtsverfahrens (I 3) die Verfahrens- und Terminsgebühren nach VV 3300, 3301, 3104, 3105 (iVm Vorb. 3.3.1), für die Vertretung im Vollstreckungsverfahren (I 2 Hs. 2) Verfahrens- und Terminsgebühren nach VV 3309, 3310 (LSG Berlin-Brandenburg BeckRS 2009, 62214; SG Berlin BeckRS 2009, 65179) sowie die Einigungsgebühren nach VV 1000 ff. anfallen. Für den im Wege der **PKH** (§ 73a SGG) beigeordneten Rechtsanwalt richtet sich die Gebührenhöhe nach § 49. 13

Zum **Gegenstandswert** → Streitwertkatalog für die Sozialgerichtsbarkeit (hinter → SGG § 197b Rn. 1). Für das Vollstreckungsverfahren nach § 201 SGG nennt A. VI.11. des Streitwertkatalogs (ebenso wie 1.7.1. des Streitwertkatalogs für die Verwaltungsgerichtsbarkeit) die Höhe des zur Festsetzung beantragten Zwangsgeldes (also nicht des Wertes des Verfahrensgegenstandes des Erkenntnisverfahrens) und, wenn es lediglich um die Androhung geht, dessen Hälfte als Wert. Dies entspricht auch der sozialgerichtlichen Rechtsprechung (vgl. etwa LSG Berlin-Brandenburg BeckRS 2009, 56374; SG München JurBüro 2020, 482; SG Berlin BeckRS 2009, 65179), ist aber nicht unumstritten (vgl. Riedel/Sußbauer/Pankatz Rn. 43; NK-GK/Hinne Rn. 16). Soweit im Erkenntnisverfahren das GKG nicht anzuwenden ist, kommt eine Gegenstandswertfestsetzung nur auf Antrag nach § 33 I in Betracht (SG München JurBüro 2020, 482). 14

III. Außergerichtliche Tätigkeit (II). Entsprechendes gilt nach II für außergerichtliche Tätigkeit des Rechtsanwalts in sozialrechtlichen Angelegenheiten, insbes. im **sozialrechtlichen Verwaltungsverfahren.** Betrifft dieses eine Angelegenheit, in der für das gerichtliche Verfahren Festgebühren nach Maßgabe von §§ 183, 184 SGG vorgesehen sind, fallen für die anwaltliche Tätigkeit Betragsrahmengebühren an (nach VV 2302 und bei Prüfung der Erfolgsaussichten eines Rechtsmittels nach VV 2102, 2103; zur Einigungsgebühr vgl. VV 1005, 1006). Geht es hingegen um eine Angelegenheit, bei der das gerichtliche Verfahren unter I 2, 3 fällt (→ Rn. 10 ff.), fallen Wertgebühren (also VV 2301, 2302 bzw. bei Erfolgsaussichtenprüfung nach VV 2100, 2101; zur Einigungsgebühr vgl. VV 1000 ff.). 15

Vergütungsvereinbarung

3a **I [1] Eine Vereinbarung über die Vergütung bedarf der Textform. [2] Sie muss als Vergütungsvereinbarung oder in vergleichbarer Weise bezeichnet werden, von anderen Vereinbarungen mit Ausnahme der Auftragserteilung deutlich abgesetzt sein und darf nicht in der Vollmacht enthalten sein. [3] Sie hat einen Hinweis darauf zu enthalten, dass die gegnerische Partei, ein Verfahrensbeteiligter oder die Staatskasse im Falle der Kostenerstattung regelmäßig nicht mehr als die gesetzliche Vergütung erstatten muss. [4] Die Sätze 1 und 2 gelten nicht für eine Gebührenvereinbarung nach § 34.**

II [1] In der Vereinbarung kann es dem Vorstand der Rechtsanwaltskammer überlassen werden, die Vergütung nach billigem Ermessen festzusetzen. [2] Ist die Festsetzung der Vergütung dem Ermessen eines Vertragsteils überlassen, so gilt die gesetzliche Vergütung als vereinbart.

III [1] Ist eine vereinbarte, eine nach Absatz 2 Satz 1 von dem Vorstand der Rechtsanwaltskammer festgesetzte oder eine nach § 4a für den Erfolgsfall vereinbarte Vergütung unter Berücksichtigung aller Umstände unangemessen hoch, kann sie im Rechtsstreit auf den angemessenen Betrag bis zur Höhe der gesetzlichen Vergütung herabgesetzt werden. [2] Vor der Herabsetzung hat das Gericht ein Gutachten des Vorstands der Rechtsanwaltskam-

mer einzuholen; dies gilt nicht, wenn der Vorstand der Rechtsanwaltskammer die Vergütung nach Absatz 2 Satz 1 festgesetzt hat. [3]Das Gutachten ist kostenlos zu erstatten.

IV [1]**Eine Vereinbarung, nach der ein im Wege der Prozesskostenhilfe beigeordneter Rechtsanwalt für die von der Beiordnung erfasste Tätigkeit eine höhere als die gesetzliche Vergütung erhalten soll, ist nichtig. [2]Die Vorschriften des bürgerlichen Rechts über die ungerechtfertigte Bereicherung bleiben unberührt.**

Historie: Vorschrift eingefügt durch Art. 2 Nr. 2 G zur Neuregelung des Verbots der Vereinbarung von Erfolgshonoraren v. 12.6.2008 (BGBl. I 1000) mWv 1.7.2008; Materialien: BT-Drs. 16/8384 (Gesetzentwurf), BT-Drs. 16/8916 (Beschlussempfehlung und Bericht). IV aF aufgehoben durch Art. 14 Nr. 1 G zur Änd. des PKH- und Beratungshilferechts v. 31.8.2013 (BGBl. I 3533 (3539)) mWv 1.1.2014; Materialien: BT-Drs. 17/11472 (Gesetzentwurf), BT-Drs. 17/13538 (Beschlussempfehlung und Bericht), BR-Drs. 542/13 (Einigungsvorschlag). BORA idF v. 1.11.2018. Neuer II eingefügt und II aF/III nF geändert durch Art. 2 Nr. 2 G zur Förderung verbrauchergerechter Angebote im Rechtsdienstleistungsmarkt v. 10.8.2021 (BGBl. I 3415) mWv 1.10.2021; Materialien: BT-Drs. 19/27673 (Gesetzentwurf), BT-Drs. 19/30495 (Beschlussempfehlung und Bericht).

Schrifttum: Deckenbrock, Grenzen anwaltlicher Vergütungsvereinbarungen, NJW 2020, 1776; Günther, Zeitabrechnung und Zeittaktklauseln in Vergütungsvereinbarungen, NJW 2019, 2591; Fölsch, Aktuelle Entwicklungen zur anwaltlichen Vergütungsvereinbarung, MDR 2016, 133; Hinne, Vergütungsvereinbarungen im Vorverfahren, ASR 2020, 137; Hinne/Klees/Müllerschön/Winkler, Vereinbarungen mit Mandanten, 4. Aufl. 2019; Jungbauer, Die Vergütungsvereinbarung im Familienrecht, FPR 2010, 348; Kilian, Die richterliche Kontrolle der Angemessenheit von Vereinbarungen über die Vergütung von Rechtsanwälten, BB 2009, 2098; Mayer, Die neue Vergütungsvereinbarung ab dem 1. Juli 2008, AnwBl 2008, 479; Mediger, Die Erstattung von Rechtsanwaltskosten bei Honorarvereinbarung, MDR 2017, 245; Römermann/Günther, Das Anwaltshonorar – Vereinbarung und Rückforderung, NJW 2016, 1001; N. Schneider, Die Vergütungsvereinbarung des Rechtsanwalts – was Anwälte wissen sollten, AnwBl 2016, 178; ders., Die neuen Regelungen zur Vergütungsvereinbarung, AGS 2021, 440; ders., Die Vergütungsvereinbarung des beigeordneten Anwalts, NJW 2021, 3286; St. M. Schmitt, Rechtsfolgen für Vergütungsvereinbarungen bei Verstoß gegen die Hinweispflicht des § 3a Abs. 1 Satz 3 RVG, NJ 2017, 59; N. Schneider/Onderka, Die erfolgreiche Vergütungsvereinbarung, 2022; Schrader/Mahler, Vergütungsvereinbarung bei arbeitsrechtlichen Mandaten, ArbRAktuell 2015, 593; 2016, 32; v. Seltmann, Die anwaltliche Vergütungsvereinbarung, 2006.

Übersicht

A. Normzweck, Übersicht. I. Regulierung von Vergütungsvereinbarungen. 1. Grundsatz: Vertragsfreiheit. Auch wenn die Regelung einer verbindlichen „gesetzlichen Taxe" zu den Grundprinzipien des Rechtsanwaltsvergütungsrechts seit seiner reichsrechtlichen Regelung gehört (→ Vor § 1 Rn. 2), stand nie in Frage, dass im Hinblick auf die Vertragsabschlussfreiheit des Rechtsanwalts die **Vergütung auch Gegenstand einer Vereinbarung** zwischen Rechtsanwalt und Auftraggeber sein kann, dass also (auch) insoweit **Vertragsfreiheit** besteht (vgl. § 93 RAGebO, hierzu Begr. RegE RAGebO Vhdlg. d. RT [4. Leg.-Per., II. Session 1879, Anlagen], Bd. 55, Anl. 6, 117 (125); nachfolgend § 3 BRAGO und jetzt § 3a). Diese ist, da sie den Bereich der beruflichen Tätigkeit betrifft, verfassungsrechtlich durch die von Art. 12 I GG gewährleistete Garantie der freien Berufsausübung geschützt (BVerfG NJW-RR 2010, 259 Rn. 11; BVerfGE 117, 163 (181) = NJW 2007, 979 Rn. 59 mwN). 1

2. Regulierung auf berufs- und schuldrechtlicher Ebene. Zugleich war und ist aber nicht zweifelhaft, dass der Abschluss von Vergütungsvereinbarungen im Hinblick auf einen notwendigen Schutz des Auftraggebers vor Missbrauch dieser Vertragsfreiheit und auf die allgemeinen Berufspflichten des Rechtsanwalts einer gewissen (am Maßstab des Art. 12 I GG zu messenden, → Rn. 1) **Regulierung** bedarf. Bei einer solchen Regulierung sind zwei Ebenen zu unterscheiden, nämlich die an die allgemeinen Berufspflichten (insbesondere die Pflicht zur gewissenhaften Berufsausübung, vgl. § 43 S. 1 BRAO) anknüpfende **standes- bzw. berufsrechtliche Ebene** und die im Vergütungsrecht geregelte **schuldrechtliche Ebene.** 2

a) Historischer Ausgangspunkt. Der historische Gesetzgeber der RAGebO (→ Vor § 1 Rn. 2) hielt eine lediglich standes- bzw. berufsrechtliche Regulierung im Ausgangspunkt zur Gewährleistung des Schutzes des Auftraggebers für unzureichend, weil diese zum einen keine unmittelbare Auswirkung auf das Schuldrechtsverhältnis hätte und zum anderen eine Sanktionierung ohnehin nur bei gravierenden Verstößen in Betracht komme (vgl. Begr. RegE RAGebO Vhdlg. d. RT [4. Leg.-Per., II. Session 1879, Anlagen], Bd. 55, Anl. 6, 117 (125)). 3

Gleichwohl wurden als **schuldrechtliche Beschränkungen** ursprünglich im Wesentlichen nur der Klarheit dienende formelle Anforderungen an die Vereinbarung (vgl. jetzt I und hierzu näher → Rn. 24 ff.) sowie eine Angemessenheitskontrolle (vgl. jetzt III, hierzu näher → Rn. 69 ff.) vorgesehen, während – nicht ganz widerspruchsfrei – insbesondere der Ausschluss der Vereinbarung einer erfolgsabhängigen Vergütung (weil dieser „leicht zu umgehen" sei, Begr. RegE RAGebO Vhdlg. d. RT [4. Leg.-Per., II. Session 1879, Anlagen], Bd. 55, Anl. 6, 117 (157)) zunächst ungere- 4 gelt blieb (dies änderte sich allerdings mit § 93 II 4 RAGebO idF von Art. 4 VO v. 21.4.1944, RGBl. I 104, nach dem die Vereinbarung einer erfolgsabhängigen Vergütung auch schuldrechtlich unwirksam war, → § 3b Rn. 2).

5 **b) Standesrecht (bis 1987).** Die im Berufsrecht nur generalklauselartig geregelten allgemeinen Berufspflichten des Rechtsanwalts (vgl. § 28 RAO 1878, → Vor § 1 Rn. 2; § 31 I RAO 1936; § 43 BRAO) wurden zunächst ohne weitere gesetzliche Grundlage von der Anwaltschaft selbst (auf der Grundlage der Rechtsprechung der damaligen Ehrengerichte) entsprechend der allg. anwaltlichen Standesauffassung („Standesehre") als **anwaltliches Standesrecht** durch Richtlinien konkretisiert. Die einheitliche schriftliche Fixierung solcher Standes-„Richtlinien für die Ausübung des Anwaltsberufs" erfolgte zunächst 1928 durch den DAV (undatierte RichtlRA 1928). Nach Errichtung der Reichs-Rechtsanwaltskammer (zunächst durch VO v. 18.3.1933, RGBl. I 109 (120) und sodann in neuer Form durch das 2. RAO-ÄndG v. 13.12.1935, RGBl. I 1470, vgl. §§ 46 ff. RRAO idF der Neubek. v. 21.2.1936, RGBl. I 107) durch diese im Jahre 1934 (RichtlRA 1934 v. 2.7.1934, abgedr. in Noack, RRAO, 2. Aufl. 1937, S. 271 ff.; vgl. hierzu etwa Neubert JW 1934, 1763) und erneut im Jahre 1938 (RichtlRA 1938 v. Okt. 1938, Beilage zu Mitt. der RRAK H. 10/1938). Nach Gründung der Bundesrepublik erfolgte (auf der Grundlage der RichtlRA 1928) wiederum eine Neufassung durch die Vereinigung der Anwaltskammervorstände im Bundesgebiet (RichtlRA 1957 v. 11.5.1957; zuvor gab es seit Kriegsende nur Richtlinien auf Ebene der örtlichen Kammern bzw. der Besatzungszonen).

6 Die **BRAO** v. 1.8.1959 (BGBl. I 565) übertrug dann der BRAK die Aufgabe, „die allgemeine Auffassung über Fragen der Ausübung des Anwaltsberufs in Richtlinien festzustellen" (§ 177 II Nr. 2 BRAO aF; eine Ermächtigung zur Aufstellung von Regeln mit normativem Charakter sollte damit ausdrücklich nicht verbunden sein, vgl. Begr. RechtsA § 191 E, BT-Drs. 3/778, 10). Diese stellte (durch Beschlüsse der in ihrer Hauptversammlung durch die jeweiligen Präsidenten vertretenen örtlichen Rechtsanwaltskammern) „Grundsätze des anwaltlichen Standesrechts" (erstmals RichtlRA 1963 v. 2./3.5.1963; vgl. hierzu etwa Hummel AnwBl. 1962, 105; Schmitz NJW 1963, 1284) fest, die zuletzt 1973 neugefasst wurden (RichtlRA 1973 v. 21.6.1973; vgl. zu diesen Klingenberg/Hummel/Zuck/Eich, Kommentar zu den Grundsätzen des anwaltlichen Standesrechts, 2. Aufl. 1988).

7 Alle diese Richtlinien bzw. Grundsätze enthielten standesrechtliche Regeln für den Abschluss von die Vergütung betreffenden Vereinbarungen (vgl. nur Abschn. J. I. [Nr. 82–90] RichtlRA 1928 und § 50–53 RichtlRA 1973). Unmittelbar für die Rechtsbeziehung zum Auftraggeber waren insbes. **über die gesetzlichen Regelungen hinausgehende Beschränkungen** einer Unterschreitung der gesetzlichen Gebühren (vgl. nur Nr. 82, 83 RichtlRA 1928, § 51 RichtlRA 1973) sowie der Vereinbarung von Erfolgshonoraren (vgl. nur Nr. 82, 83 RichtlRA 1928, § 51 RichtlRA 1973) und von Pauschalhonoraren (vgl. nur Nr. 82, 83 RichtlRA 1928, § 51 RichtlRA 1973) von Bedeutung. Verstöße hiergegen wurden nicht nur als Standespflichtverletzung, sondern von der Rechtsprechung frühzeitig auch regelmäßig als **Verstoß gegen die guten Sitten iSd § 138 BGB** angesehen (vgl. etwa RG SeuffArch Bd. 69 Nr. 255; RGZ 115, 141 = JW 1927, 513; RGZ 142, 70 = JW 1934, 227 mAnm. v. Hodenberg JW 1934, 553; BGH NJW 1987, 3203 (3204) mwN; BGHZ 133, 90 (94) = NJW 1996, 2499 (2500)), so dass diese standesrechtlichen Regulierungen von Vergütungsvereinbarungen sich im Ergebnis auch auf die schuldrechtliche Ebene auswirkten.

8 **c) Berufsrecht (1987/94 – 2006).** Indessen entschied das BVerfG mit seinen beiden sog. „Bastille-Beschlüssen" v. **14.7.1987** (die Bezeichnung nimmt Bezug auf den am 14.7.1789 erfolgten Sturm auf die Bastille, der am Beginn der französischen Revolution stand), dass die Standesrichtlinien keine ausreichende Grundlage für Einschränkungen der anwaltlichen Berufsausübung bilden, es vielmehr gesetzlicher Regelungen bedarf (BVerfGE 76, 171 = NJW 1988, 191; BVerfGE 76, 196 = NJW 1988, 194). **1994** wurden daher mit dem RPNeuOG (G z. Neuordnung des Berufsrechts der Rechtsanwälte und der Patentanwälte v. 2.9.1994, BGBl. I 2278) die **wesentlichen beruflichen Pflichten in der BRAO normiert** und deren Ausgestaltung im Einzelnen durch **Satzung (Berufsordnung – BORA)** der bei der

BRAK neu eingerichteten, jeweils für vier Jahre von allen zugelassenen Rechtsanwälten und sonstigen Mitgliedern der örtlichen Rechtsanwaltskammern gewählten (derzeit 7.) Satzungsversammlung (§§ 191a ff. BRAO) übertragen.

Dabei wurde auch die berufsrechtliche Unzulässigkeit von Vereinbarungen einer die gesetzlichen Gebühren unterschreitenden Vergütung (§ 49b I BRAO aF, vgl. jetzt § 4 und hierzu näher → § 4 Rn. 2) und einer erfolgsabhängigen Vergütung (§ 49b II BRAO aF, vgl. jetzt § 4a und hierzu näher → § 4a Rn. 2f.) gesetzlich geregelt. Diese berufsrechtlichen Beschränkungen von Vergütungsvereinbarungen wurden seither als **gesetzliches Verbot iSd § 134 BGB** angesehen (vgl. etwa BGH NJW 2003, 3486; NJW-RR 2004, 1145 (1146); NJW 2004, 1169 (1170); 2009, 3297 Rn. 14). 9

d) Vergütungsrecht (seit 2006). 2006 entschied allerdings das BVerfG, dass das in § 49b II BRAO aF geregelte Verbot anwaltlicher Erfolgshonorare mit Art. 12 I GG insoweit nicht vereinbar ist, als es keine Ausnahme für den Fall zulässt, dass der Rechtsanwalt mit der Vereinbarung einer erfolgsbasierten Vergütung besonderen Umständen in der Person des Auftraggebers Rechnung trägt, die diesen sonst davon abhielten, seine Rechte zu verfolgen (BVerfGE 117, 163 = NJW 2007, 979 mAnm Johnigk). Bei der hierdurch erforderlich gewordenen Neuregelung des Jahres **2008** wurde (durch das G z. Neuregelung des Verbots der Vereinbarung von Erfolgshonoraren v. 12.6.2008, BGBl. I 1000) nicht nur die bis dahin in § 49b II BRAO aF enthaltene Regelung nach den Vorgaben des BVerfG modifiziert, sondern zugleich die bisher berufsrechtlich erfolgte Regulierung (als §§ 3a–4b, → Rn. 12) weitgehend **in das Vergütungsrecht verlagert.** 10

Seither erfolgen die für den Abschluss von Vergütungsvereinbarungen geltenden Beschränkungen nahezu ausschließlich **auf schuldrechtlicher Ebene;** das Berufsrecht verweist heute für die Frage der Zulässigkeit von Vergütungsvereinbarungen (insoweit in Umkehrung der zuvor geltenden Rechtslage, → Rn. 7) insgesamt (und nicht – wie zuvor – nur für den Fall der Vergütungsunterschreitung) auf das RVG und sieht im Wesentlichen nur gegen dessen Bestimmungen verstoßende Vergütungsvereinbarungen (auch) als Berufsrechtsverstoß an (vgl. § 49b I, II BRAO). Die vergütungsrechtlichen Rechtsfolgen von Verstößen sind ebenfalls im RVG (§ 4b) geregelt. Ausgenommen sind allerdings aufgrund der Fokussierung des Gesetzgebers des Jahres 2008 auf Erfolgshonorarvereinbarungen die vergütungsrechtlichen Rechtsfolgen einer unzulässigen Vergütungsunterschreitung (§ 4); (nur) insoweit bedarf es nach wie vor des Rückgriffs auf das dem Berufsrecht zu entnehmende gesetzliche Verbot (→ § 4 Rn. 27 f.). 11

II. Regelungen des RVG. Die schuldrechtlichen Anforderungen an eine Vergütungsvereinbarung regeln heute die **§§ 3a–4b,** die 2008 (→ Rn. 10) an die Stelle des davor geltenden § 4 aF getreten sind. **§ 3a** (der die Regelungen des § 4 I, IV–VI aF übernommen hat) betrifft **alle Arten von Vergütungsvereinbarungen,** während die **§§ 4, 4a Sonderregelungen für bestimmte Arten von Vergütungsvereinbarungen** enthält, nämlich § 4 (der – mit Änderungen – den Inhalt von § 4 II aF übernommen hat) die Vereinbarung geringerer Gebühren als im RVG vorgesehen und § 4a die (zuvor nur standes- bzw. später berufsrechtlich geregelte) Vereinbarung einer erfolgsabhängigen Vergütung. Weitere Sonderregelungen – für die Vergütung einer anwaltlichen Beratungstätigkeit – enthält **§ 34** (vgl. hierzu auch → Rn. 18). **§ 4b** ergänzt die §§ 3a–4b schließlich um eine besondere Regelung der Rechtsfolgen eines Verstoßes gegen die in den §§ 3a, 4b enthaltenen gesetzlichen Anforderungen an Vergütungsvereinbarungen. 12

III. Allgemeine Anforderungen des § 3a. Der für alle Vergütungsvereinbarungen geltende **§ 3a** (dessen Regelungen auf § 3 BRAGO zurückgehen, der wiederum an § 93 RAGebO anknüpfte) stellt als vergütungsrechtliche Bestimmung des RVG, die als solche nach § 1 I 1 wie alle anderen Vorschriften des RVG für die Bemessung der anwaltlichen Vergütung gilt, zunächst (unausgesprochen) klar, dass eine **Vergütungsvereinbarung** (zum Begriff → Rn. 4) **zulässig** ist. 13

I regelt die allgemeinen formalen Anforderungen an eine solche Vergütungsvereinbarung (zu den hiermit verfolgten Zwecken → Rn. 27, 33, 44), **II** Fragen der Vereinbarung eines Bestimmungsrechts iSd §§ 315 ff. BGB (zu den hiermit verfolgten Zwecken → Rn. 49). **III** eröffnet eine gerichtliche Angemessenheitskontrolle der 14 vereinbarten Vergütung (zu den hiermit verfolgten Zwecken → Rn. 70). **IV** enthält schließlich eine Sonderregelung für den im Wege der PKH beigeordneten Rechtsanwalt (zu den hiermit verfolgten Zwecken → Rn. 55 f.).

15 **B. Anforderungen an Vergütungsvereinbarungen. I. Betroffene Vereinbarungen. 1. Sachlicher Anwendungsbereich.** § 3a setzt (wie die §§ 4–4b) tatbestandlich eine Vereinbarung „über die Vergütung" voraus. Gemeint ist dabei nur eine **vertraglich geschuldete Vergütung,** so dass die Vergütung eines beigeordneten Rechtsanwalts nur Gegenstand einer Vereinbarung sein kann, soweit diese auf einer neben der Beiordnung erfolgten privatrechtlichen Beauftragung beruht (zur Beiordnung bei PKH → Rn. 55 ff.), nicht aber, soweit es sich (wie zB nach §§ 39–41, → § 39 Rn. 2, → § 40 Rn. 1, → § 41 Rn. 2) um einen gesetzlichen Vergütungsanspruch handelt. Aus dem Regelungszusammenhang mit dem vergütungsrechtlichen Grundprinzip der „gesetzlichen Taxe" (→ Rn. 1) folgt iÜ, dass es sich dabei um eine Vereinbarung handeln muss, mit der die Vergütung für die anwaltliche Tätigkeit ohne Rückgriff auf die „gesetzliche Taxe" parteiautonom bestimmt wird (vgl. §§ 612 II, 632 II BGB). Erfasst werden daher nur Vereinbarungen über die Vergütung als solche und damit im Ergebnis nur solche über die **Höhe der Vergütung.**

16 Mit dem Begriff **„Vergütung"** nehmen die §§ 3a–4b Bezug auf die Klammerdefinition des § 1 I 1, so dass sowohl die Gegenleistung für die Tätigkeit des Rechtsanwalts (zum Begriff der Gebühr → § 1 Rn. 3) als auch die Erstattung seiner Aufwendungen im Zusammenhang mit dieser Tätigkeit (zum Begriff der Auslagen → § 1 Rn. 5) gemeint sind. Allerdings setzt eine Vergütungsvereinbarung nicht voraus, dass beides geregelt wird; ausreichend sind auch Vereinbarungen nur über die Gegenleistung oder die Erstattung von Aufwendungen (die Geltung des RVG iÜ ergibt sich dann, soweit kein Ausschluss vereinbart ist, unmittelbar aus § 1 I).

17 Wie die Vergütung **unabhängig von der „gesetzlichen Taxe"** bestimmt wird, ist Sache der Parteien; Grenzen ergeben sich zum einen aus der Angemessenheit (→ Rn. 71 ff.), zum anderen aus den Sonderregelungen der §§ 4, 4a für die dort genannten Formen der Vergütungsvereinbarung. In Betracht kommen insoweit insbesondere die Vereinbarung eines **Stundenhonorars** (bei dessen Geltendmachung hat der Rechtsanwalt, der die Darlegungs- und Beweislast für das tatsächliche Entstehen der berechneten Vergütung trägt, für die schlüssige Darlegung der geltend gemachten Stunden über pauschale Angaben hinaus die während des abgerechneten Zeitraums getroffenen Maßnahmen konkret und in nachprüfbarer Weise darzulegen, BGHZ 184, 209 = NJW 2010, 1364 Rn. 77; BGH BeckRS 2014, 23593 Rn. 2; BGHZ 224, 350 = NJW 2020, 1811 Rn. 37) oder eines **Pauschalhonorars.** Allerdings ist es nicht erforderlich, dass die Vergütung vollständig ohne Rückgriff auf die gesetzlichen Bestimmungen bestimmt wird. Eine Vergütungsvereinbarung in diesem Sinne liegt daher auch dann vor, wenn eine von den gesetzlichen Bestimmungen abweichende Vereinbarung zu einzelnen **Faktoren der Bestimmung der gesetzlichen Vergütung** erfolgt, zB zum Gegenstandswert, zum Anfall oder den Voraussetzungen einer bestimmten gesetzlichen Gebühr, zum Gebührensatz oder zur Gebührenhöhe innerhalb des gesetzlich vorgegebenen Gebührenrahmens (in Abhängigkeit zum Erfolg der anwaltlichen Tätigkeit darf sie allerdings nur nach Maßgabe von § 4a gesetzt werden).

18 Umstritten ist, ob auch die in **§ 34** genannte **„Gebührenvereinbarung"** tatbestandlich Vergütungsvereinbarung iSd §§ 3a–4b ist, mithin, ob § 34 als eine die allgemeinen Vorschriften der §§ 3a–4b (nur) teilweise verdrängende Sonderregelung (so etwa Hartung/Schons/Enders/Schons Rn. 2 f.) oder aber als Regelung eines von vornherein nicht von den §§ 3a–4b erfassten Sachverhalts (so etwa Gerold/Schmidt/Mayer Rn. 3, § 34 Rn. 4) zu verstehen ist. Die letztgenannte Auffassung stützt sich vor allem darauf, dass die nur für den Fall des Fehlens gesetzlicher Gebühren (§ 34 I 1) vorgesehene „Gebührenvereinbarung" iSd § 34 nicht auf eine von den gesetzlichen Bestimmungen abweichende Bestimmung der Vergütung ziele. Dies übergeht indessen, dass es bei der Vergütungsvereinbarung nicht primär um eine Abweichung von den gesetzlichen Bestimmungen, sondern um eine Bestimmung unabhängig von diesen geht (→ Rn. 5), was im Falle fehlender gesetzlicher Bestimmungen – erst recht – der Fall ist. Auch das Gesetz geht (unabhängig von der insoweit

dem Gesetzgeber eventuell vorzuwerfenden terminologischen Ungenauigkeit oder Redundanz) ausweislich der Regelung in I 4 davon aus, dass eine Gebührenvereinbarung iSd § 34 tatbestandlich von § 3a erfasst wird. Dem lässt sich nicht entgegenhalten, dass die auf eine Vereinbarung nach § 34 mangels gesetzlicher Vergütung als Maßstab nicht passende Regelung des I 3 in I 4 nicht erwähnt ist (so aber etwa Gerold/Schmidt/Mayer Rn. 3, § 34 Rn. 5), weil zum einen I 3 lediglich I 2 ergänzt und zum anderen in den von § 34 geregelten Fällen (Beratung, Gutachtenerstellung, Mediation) eine Kostenerstattung nicht in Betracht kommt, ein Hinweis auf diese mithin auch ohne gesetzliche Klarstellung überflüssig ist.

Unerheblich für das Vorliegen einer Vergütungsvereinbarung iSd §§ 3a–4b ist der Zeitpunkt ihres Abschlusses. Erfasst sind daher auch **nachträgliche Vereinbarungen,** mit denen die mangels vorheriger Vereinbarung nach den gesetzlichen Bestimmungen bereits angefallene Vergütung modifiziert werden. Dies gilt insbesondere für ein kausales oder abstraktes Schuldanerkenntnis und einen Vergleich (vgl. OLG Hamm BeckRS 2010, 22728 mAnm Mayer FD-RVG 2010, 308714), soweit nicht lediglich eine früher abgeschlossene formwahrende Vergütungsvereinbarung bestätigt wird (BGH NJW 2019, 71 Rn. 12). Bei solchen nachträglichen Vereinbarungen ist allerdings danach zu differenzieren, ob die Vergütung tatsächlich unabhängig von den gesetzlichen Bestimmungen festgelegt werden soll oder ob nur Unklarheiten oder ein Streit über die Anwendung einzelner vergütungsrechtlicher Bestimmungen (zB zum Gegenstandswert oder zum Anfall einer bestimmten Gebühr) beseitigt werden soll. Ist letzteres der Fall, wird nach der gesetzessystematischen Bedeutung der Vergütungsvereinbarung (→ Rn. 4) von einer solchen nicht gesprochen werden können. 19

Keine Vergütungsvereinbarung iSd §§ 3a–4b sind aber Vereinbarungen, die nicht die Vergütung als solche, sondern bloße **Zahlungsmodalitäten** für die geschuldete gesetzlichen Vergütung regeln. Dies gilt etwa für Vereinbarungen zur Fälligkeit, zu Ratenzahlungen, zur Verrechnung oder zur Verjährung. 20

2. Persönlicher Anwendungsbereich. a) Erbringer anwaltlicher Tätigkeiten. Da Inhalt einer Vergütungsvereinbarung iSd §§ 3a–4b die Bestimmung der Vergütung einer anwaltlichen Tätigkeit iSd § 1 I 1 ist, muss eine Partei in den persönlichen Anwendungsbereich des RVG fallen. Die §§ 3a–4b gelten danach nicht nur für Vergütungsvereinbarungen von **Rechtsanwälten** (zum beigeordneten Rechtsanwalt → Rn. 4), sondern nach § 1 I 3 auch für solche von **Rechtsanwaltssozietäten** in der Form einer GbR oder einer PartGG (→ § 1 Rn. 12 ff.; ein ausscheidender Sozius, der einen Mandanten „mitnimmt", kann sich diesem gegenüber nicht auf eine mit der Sozietät abgeschlossenen Vergütungsvereinbarung berufen, sondern muss eine neue abschließen, OLG München BeckRS 2014, 123857 Rn. 76) sowie von anderen Mitgliedern einer Rechtsanwaltskammer wie **Rechtsanwalts- bzw. Berufsausübungsgesellschaften** (→ § 1 Rn. 9) und aufgenommenen ausländischen Rechtsanwälte (→ § 1 Rn. 10) oder Kammerrechtsbeistände (die heute allerdings bedeutungslos sind, → § 1 Rn. 11). 21

Soweit die Vergütung für die rechtsberatende Tätigkeit **anderer Personen** nach den für diese geltenden gesetzlichen Bestimmungen entsprechend den Regelungen des RVG zu bestimmen sind, gelten auch die §§ 3a–4b entsprechend. Dies betrifft nach § 10 I Nr. 2 RDG registrierte Rentenberater (§ 13d I 1 RDG, → RDG § 13d Rn. 2) sowie Inhaber einer Erlaubnis nach dem früheren RBerG (mit Ausnahme der früheren Frachtberater), die sich nach Inkrafttreten des RDG (vereinfacht) registriert haben lassen (§ 4 I RDGEG iVm § 13d I 1 RDG, → RDGEG § 4 Rn. 2). Für nach dem RDG registrierte Inkassodienstleister (§ 10 I Nr. 1) und Rechtsdienstleistungen in einem ausländischen Recht (§ 10 I Nr. 3) gilt hingegen das RVG auch nicht entsprechend (→ RDG § 13c Rn. 1), doch enthält für deren Vergütungsvereinbarungen § 13c RDG den §§ 3a–4b weitgehend entsprechende Regelungen (→ RDG § 13c Rn. 2 f.). 22

b) Auftraggeber. Auf der anderen Seite der Vergütungsvereinbarung muss der Auftraggeber der die anwaltliche Tätigkeit erbringenden Person sein. Dies muss nicht notwendigerweise derjenige sein, dessen Interessen durch die anwaltliche Tätigkeit vertreten werden sollen. Auftraggeber ist vielmehr derjenigen, der im eigenen Namen und auf eigene Kosten – ggf. als Vertrag zugunsten Dritter – die Tätigkeit in Auftrag gibt. 23

24 **II. Allgemeine formale Anforderungen (I). I** regelt die **allgemeinen formalen Anforderungen,** denen jede Vergütungsvereinbarung (mit Ausnahme der Gebührenvereinbarung iSd § 34, I 4) genügen muss.

25 **1. Textform (I 1). a) Normzweck, -entwicklung. I 1** unterwirft Vergütungsvereinbarungen einem **besonderen Formerfordernis.** Bereits § 93 II RAGebO sah für Vergütungsvereinbarungen – zum **Schutz des Auftraggebers vor unüberlegtem Handeln** (Begr. RegE RAGebO Vhdlg. d. RT [4. Leg.-Per., II. Session 1879, Anlagen], Bd. 55, Anl. 6, 117 (157) – die Schriftform vor. Soweit diese Regelung vorübergehend (durch Art. 1 Nr. 20 KostRÄndG 1923 v. 28.8.1923, RGBl. I 813, bis zur Wiedereinführung durch Art. 4 VO v. 21.4.1944, RGBl. I 104) aufgehoben war, geschah dies lediglich in Reaktion auf die Hyperinflation des Jahres 1923 (vgl. Begr. RegE BRAGO, BT-Drs. 2/2545, S. 226; die Begr. zum RegE KostRÄndG 1923 verweist insoweit nur auf die „Vorgänge einiger neuerer Landesgebührenordnungen", Vhdlg. d. RT [I. Wahlper. 1920/24, Anlagen], Bd. 379, Anl. 6116, 7405 (7409)).

26 Die BRAGO hat das Schriftformerfordernis übernommen, allerdings (vergleichbar der Regelung in § 766 BGB) auf die Erklärung des Auftraggebers beschränkt (§ 3 I 1 BRAGO; im Hinblick auf das seinerzeit geltende standesrechtliche Verbot einer Gebührenunterschreitung war dies auf Vereinbarungen einer die gesetzliche Vergütung übersteigenden Vergütung beschränkt; mit der im Jahre 1994 erfolgten Neuordnung des Berufsrechts, → Rn. 8, und der eingeschränkten Zulassung der Vereinbarung einer niedrigeren als der gesetzlichen Vergütung, § 3 V BRAGO, wurde es als bloße „Sollvorschrift" auch auf diese ausgedehnt, § 3 I 3 BRAGO). In dieser differenzierten Gestalt hat es auch Eingang in § 4 I 1, II 4 aF gefunden.

27 Mit der 2008 erfolgten Neuregelung des Rechts der Vergütungsvereinbarung (→ Rn. 10) ist das Formerfordernis dann ua unter Hinweis auf seine **Beweisfunktion** wieder auf die Vereinbarung insgesamt ausgedehnt und iÜ einheitlich für alle Vereinbarungen – unabhängig davon, ob die vereinbarte Vergütung höher oder niedriger als die gesetzliche Vergütung ist – gefasst (vgl. Begr. RegE Erfolgshonorar-NeuregelungsG, BT-Drs. 16/8384, 10). Auf Vorschlag des Rechtsausschusses (vgl. BT-Drs. 16/8916) wurde allerdings die bisherige Schriftform durch die Textform abgelöst. Neben der Beweisfunktion kommt dem Textformerfordernis auch heute noch die Warnfunktion für den Auftraggeber zu (vgl. BGH NJW 2016, 1391 Rn. 14; OLG Karlsruhe NJW 2015, 418 Rn. 31, jew. mwN; hinsichtlich der Warnfunktion wird die Textform als unzureichend angesehen von HK-RVG/Winkler/Teubel Rn. 12).

28 **b) Inhalt des Formerfordernisses.** Das heute geltende gesetzliche Formerfordernis der **Textform** verweist auf **§ 126b BGB.** Danach müssen die Erklärungen in **lesbarer Form** auf einem **dauerhaften Datenträger** abgegeben sein und neben dem eigentlichen Erklärungsinhalt (anstelle der für die Schriftform erforderlichen eigenhändigen Unterzeichnung, § 126 I BGB) die **Person des Erklärenden nennen.**

29 Anforderungen an den dauerhaften Datenträger sind nach § 126b S. 2 BGB die Möglichkeit für den Empfänger, die Erklärung so aufzubewahren oder zu speichern, dass sie ihm für einen angemessenen Zeitraum zugänglich ist, und die Eignung zur unveränderten Wiedergabe. Dauerhafter Datenträger in diesem Sinne ist zunächst Papier, so dass auch nicht eigenhändig unterschriebene Schriftstücke oder die Kopie eines unterschriebenen Dokuments (zB ein Telefax) die Textform wahren. Erfolgt eine elektronische Übermittlung der Erklärung, muss es dem Empfänger möglich sein, diese in einer den Anforderungen des § 126b S. 2 BGB genügenden Weise zu speichern und zu lesen, wie es etwa bei einer E-Mail der Fall ist (vgl. allg. etwa Grüneberg/Ellenberger BGB § 126b Rn. 3).

30 Das Textformerfordernis bezieht sich auf den **gesamten Inhalt** der Vergütungsvereinbarung (vgl. hierzu auch I 2 und → Rn. 36 ff.); es gilt auch für einen **Schuldbeitritt** zur Vergütungsvereinbarung (BGH NJW-RR 2017, 124). Anders als bei dem früher nach § 3 I 1 BRAGO und § 4 I 1 aF geltenden „halbseitigen" Schriftformerfordernis müssen auch die Erklärungen **beider Vertragspartner** der Vergütungsvereinbarung die Textform wahren (BGH WM 2012, 760 Rn. 16; krit.

Schneider/Volpert/N. Schneider Rn. 35). Nicht erforderlich ist allerdings, dass die Erklärungen auf einem Datenträger abgegeben sind. Es genügt daher, wenn der Rechtsanwalt dem Auftraggeber in einer die Textform wahrenden Weise den Antrag auf Abschluss einer vollständig wiedergegebenen Vergütungsvereinbarung übermittelt und der Auftraggeber diesen Antrag durch bloße Zustimmung, die dem Rechtsanwalt wiederum in einer die Textform wahrenden Weise übermittelt wird, annimmt.

c) Ausnahme, Rechtsfolge eines Verstoßes. Vom Textformerfordernis des I 1 **ausgenommen** sind nach I 4 **Gebührenvereinbarungen** iSd § 34 (→ Rn. 6). Diese können **formfrei** abgeschlossen werden, also insbesondere auch mündlich (verkannt etwa von AG Augsburg AGS 2020, 369 (370) mablAnm N. Schneider). Zur Geltung bei grenzüberschreitenden Vereinbarungen vgl. Art. 11 II Rom-I VO (OLG Hamburg NJW-RR 2017, 1465 Rn. 43). 31

Die **Rechtsfolgen eines Verstoßes** gegen das Textformerfordernis sind in **§ 4b** besonders (und damit insbes. abweichend von § 125 S. 1 BGB) geregelt (→ § 4b Rn. 2, 8 ff.; verkannt etwa von AG Augsburg AGS 2020, 369 (370) mablAnm N. Schneider). 32

2. Äußere Gestaltung (I 2). a) Normzweck, -entwicklung. I 2 stellt **besondere Gestaltungsanforderungen** an eine Vergütungsvereinbarung, die vor allem der **Verdeutlichung** des Inhalts der Vereinbarung für den Auftraggeber und damit – wie das Formerfordernis des I 1 (→ Rn. 25) – ebenfalls dessen Schutz dienen (weitere Pflichtangaben schreibt § 4a III für Erfolgshonorarvereinbarungen vor, → § 4a Rn. 26 ff.). Die Einzelheiten dieser Anforderungen haben sich im Laufe der Zeit gewandelt. 33

Erstmals mit der VO v. 21.4.1944 (RGBl. I 104) ist in § 93 II RAGebO das Verbot der Aufnahme anderer Vereinbarungen oder Erklärungen in die Urkunde über die Vergütungsvereinbarung eingefügt worden. Bei der Übernahme in die BRAGO ist dieses Verbot dahingehend abgeschwächt worden, dass die Vergütungsvereinbarung nur nicht in der Vollmacht oder in einem auch andere Erklärungen umfassenden Vordruck enthalten sein darf (§ 3 I 1 BRAGO, hierzu Begr. RegE, BT-Drs. 2/2545, 226). 34

Mit Übernahme in § 4 I 1 aF erfolgte einerseits eine weitere Abschwächung durch Beschränkung auf die Aufnahme in die Vollmacht (vgl. hierzu Begr. RegE KostRMoG BT-Drs. 15/1971, 188), andererseits wurden die auch heute in I 2 enthaltenen weiteren Anforderungen ergänzt. Mit nur geringfügigen Änderungen wurden diese Regelungen schließlich mit der 2008 erfolgten Neuregelung des Rechts der Vergütungsvereinbarung (→ Rn. 10) als I 2 weitergeführt (vgl. hierzu Begr. RegE Erfolgshonorar-NeuregelungsG BT-Drs. 16/8384, 10). 35

b) Gestaltungsanforderungen. aa) Vollmachtsverbindungsverbot (I 2 Hs. 3). Nach I 2 darf die Vergütungsvereinbarung zunächst **nicht in der Vollmacht enthalten** sein (I 2 Hs. 3). Hierdurch soll die Vergütungsvereinbarung für den Auftraggeber verdeutlicht und hervorgehoben werden (vgl. etwa HK-RVG/Winkler/Teubel Rn. 46; NK-GK/Winkler Rn. 10), vor allem (wie die bei Übernahme in das RVG erfolgte Beschränkung des Verbindungsverbots, → Rn. 23, auf die Vollmacht zeigt, die nach der Entwurfsbegründung „dem Schutzinteresse der Auftraggeber ausreichend Rechnung tragen" dürfte, Begr. RegE KostRMoG BT-Drs. 15/1971, 188) deren Vereinbarungscharakter und damit die Freiwilligkeit ihrer Unterzeichnung (während die Vollmacht als einseitige Erklärung des Auftraggebers notwendige Voraussetzung für das Tätigwerden des Rechtsanwalts ist). 36

Das Verbot des I 2 Hs. 3 bedeutet, dass der Text der Vergütungsvereinbarung nicht in die (regelmäßig schriftliche, vgl. nur § 90 S. 1 ZPO) Vollmachtsurkunde aufgenommen werden darf (vgl. Gerold/Schmid/Mayer Rn. 15). Dieses Verbot ist absolut; es genügt also insbes. nicht, dass in einer Urkunde enthaltene Vergütungsvereinbarung und Vollmacht iSd I 2 Hs. 2 deutlich voneinander abgesetzt sind. 37

bb) Absetzungsgebot (I 2 Hs. 2). IÜ darf eine Honorarvereinbarung mit anderen Vereinbarungen in eine Urkunde verbunden werden; dies gilt auch für einseitige Erklärungen und Hinweise, wie sich aus der Nichtübernahme der der auch dies verbietenden Regelung in § 3 I 1 BRAGO ergibt (vgl. Begr. RegE KostRMoG BT- 38

Drs. 15/1971, 188). Sie müssen allerdings nach I 2 2. Hs. **deutlich abgesetzt** sein. Hierdurch soll der Auftraggeber davor geschützt werden, unbemerkt (auch) eine Vergütungsvereinbarung abzuschließen (vgl. BGH NJW-RR 2017, 124 Rn. 11, NJW 2016, 1596 Rn. 17 mwN).

39 Ein deutliches Absetzen erfordert nicht etwa eine typografische Unterscheidung, sondern eine **räumliche Trennung** der Vergütungsvereinbarung von anderen Vereinbarungen oder Erklärungen (vgl. Begr. RegE Erfolgshonorar-NeuregelungsG BT-Drs. 16/8384, 10). Hierfür genügt, dass in einem Vertrag die Vergütungsvereinbarung in einem gesonderten und entsprechend gekennzeichneten Abschnitt oder Paragraphen geregelt ist und (!) die Vergütungsvereinbarung optisch eindeutig von den anderen im Vertragstext enthaltenen Bestimmungen abgegrenzt (dh insbes. nicht durch äußerlich einheitliche Gestaltung aller Bestimmungen hierin gleichförmig eingebettet) ist (BGH NJW 2016, 1596 Rn. 18 f.).

40 **cc) Bezeichnungsgebot (I 2 Hs. 1).** Schließlich muss die Vereinbarung ausdrücklich als **„Vergütungsvereinbarung"** (oder in vergleichbarer Weise) bezeichnet werden, I 2 Hs. 1. Auch hierdurch soll dem Auftraggeber der Inhalt der von ihm abgeschlossenen Vereinbarung verdeutlicht werden. Die früher str. Frage, wie eng das gesetzliche Bezeichnungsgebot auszulegen ist (vgl. Nachw. bei NK-GK/Winkler Rn. 7), ist mit seiner Neufassung in § 3a erledigt. Da nunmehr ausdrücklich auch eine Bezeichnung in vergleichbarer Weise genügt, sind inhaltlich gleichartige Bezeichnungen wie etwa „Honorarvereinbarung", „Gebührenvereinbarung", „Entgeltvereinbarung", „Vergütungsabrede" usw. unbedenklich.

41 Die Bezeichnung muss allerdings in jedem Falle deutlich machen, dass Inhalt der so bezeichneten Erklärungen die erstmalige vertragliche Begründung eines von den gesetzlichen Vorschriften abweichende Vergütung ist. Unzureichend sind daher insbes. Bezeichnungen, die (scheinbar) auf einen bereits bestehenden, anderweitig begründeten Vergütungsanspruch Bezug nehmen wie zB „Vergütungsbestätigung", „Vergütungsvergleich", „Vergütungsanerkenntnis" usw.

42 **c) Ausnahme, Rechtsfolge eines Verstoßes. Ausgenommen** von den besonderen Gestaltungsanforderungen des I 2 sind nach I 4 wiederum **Gebührenvereinbarungen** iSd § 34 (→ Rn. 6). Diese können mithin nicht nur formfrei abgeschlossen werden (→ Rn. 15), sondern unterliegen auch keinerlei besonderen Anforderungen an ihre äußerliche Gestaltung.

43 Die **Rechtsfolgen eines Verstoßes** gegen die gesetzlichen Anforderungen des I 2 an die äußere Gestaltung einer Honorarvereinbarung sind in **§ 4b** besonders geregelt (→ § 4b Rn. 2, 8 ff.).

44 **3. Hinweis zur Kostenerstattung (I 3).** Nach I 3 trifft den Rechtsanwalt bei Abschluss einer Vergütungsvereinbarung außerdem die Pflicht zum Hinweis darauf, dass ein etwaiger Kostenerstattungsanspruch sich regelmäßig auf die gesetzliche Vergütung beschränkt (→ Rn. 91). Auch diese (bei der Neuregelung des Verbots der Vereinbarung von Erfolgshonoraren im Jahre 2008, → Rn. 10, neu aufgenommene) Hinweispflicht dient der Verdeutlichung der Folgen des Abschlusses einer Vergütungsvereinbarung, hier im Hinblick auf einen Kostenerstattungsanspruch (vgl. Begr. RegE Erfolgshonorar-NeuregelungsG BT-Drs. 16/8384, 10). Der Hinweis muss **in den Text der Vergütungsvereinbarung aufgenommen** werden.

45 Geht man davon aus, dass auch eine **Gebührenvereinbarung iSd § 34** Vergütungsvereinbarung iSd § 3a ist (→ Rn. 18), gilt dies im Grundsatz auch für diese, weil I – anders als nach I 4 hinsichtlich der Anforderungen in I 1, 2 – insoweit keine Ausnahme geregelt ist. Indessen gibt es zum einen in den von § 34 erfassten Fällen (Beratung, Gutachtenerstellung, Mediation) regelmäßig schon keine Kostenerstattung, die Gegenstand des Hinweises sein könnten, zum anderen wäre ein Verstoß jedenfalls folgenlos (→ Rn. 46).

46 Die **Rechtsfolgen** eines Verstoßes gegen die Hinweispflicht sind im RVG nicht besonders geregelt, insbes. nicht in § 4b. In Betracht kommt insoweit nur ein (vorvertraglicher) Schadensersatzanspruch des Auftraggebers, wenn er in Kenntnis des Umstandes einer nur beschränkten Kostenerstattung die Vergütungsvereinbarung nicht abgeschlossen hätte (was jedenfalls bei einer Gebührenvereinbarung nach § 34 mangels Kostenerstattungsanspruchs nicht in Betracht kommt).

III. Inhaltliche Anforderungen und Beschränkungen. a) Bestimmtheit. Schon frühzeitig hat die Rechtsprechung aus den gesetzlichen Anforderungen an die formale Gestaltung einer Vergütungsvereinbarung (heute I), der Beschränkung der Vereinbarung eines Leistungsbestimmungsrechts (heute II) und der Möglichkeit der Herabsetzung der vereinbarten Vergütung (heute III) die inhaltliche Anforderung abgeleitet, dass sich **die Vergütung aus der Vereinbarung selbst ergeben** muss (vgl. zu § 93 RAGebO RG JW 1908, 885; BGH NJW 1965, 1023; zu § 3 BRAGO BGHZ 162, 98 (101 f.) = NJW 2005, 2142, und zu § 4 aF bzw. § 3a OLG Karlsruhe NJW 2015, 418). Die Wirksamkeit der Vergütungsvereinbarung setzt daher voraus, dass die vereinbarte Vergütung **genügend bestimmt** ist. 47

Eine Bestimmtheit in diesem Sinne erfordert nicht zwingend eine konkrete Bezifferung der vereinbarten Vergütung. Vielmehr genügt es, dass Maßstäbe geregelt werden, die **ohne weiteres eine Berechnung der Vergütung** zulassen (vgl. RG JW 1908, 885), wie dies etwa bei der Vereinbarung eines Stundensatzes, eines Prozentsatzes des Gegenstandswertes oder eines der Berechnung zugrunde zu legenden konkreten Gegenstandswertes der Fall ist. **Nicht ausreichend** ist hingegen eine **bloße Bestimmbarkeit** unter Hinzuziehung von außerhalb des Vereinbarungstextes liegender Umstände wie etwa die „Angemessenheit“ der Vergütung bzw. des der Berechnung zugrunde zu legenden Gegenstandwerts (vgl. RG JW 1928, 2781; BGH NJW 1965, 1023) oder das Ermessen einer Person (vgl. RG JW 1908, 885). Die Verwendung von Begriffen, die zwar in der Vergütungsvereinbarung nicht weiter definiert sind, aber nach allgemeinem Sprachgebrauch ausgelegt werden können, nehmen der Vereinbarung nicht ihre Bestimmtheit (vgl. BVerfG NJW 2002, 3314 zu „Spesen“). 48

b) Vereinbarung eines Bestimmungsrechts (II). Das BGB lässt es grundsätzlich zu, durch Vereinbarung die vertragliche Leistung bzw. Gegenleistung der Bestimmung einer der Vertragsparteien (§§ 315, 316 BGB) oder auch eines Dritten (§ 317 BGB) zu überlassen; das RVG selbst regelt in § 14 ausdrücklich ein solches Leistungsbestimmungsrecht (→ § 14 Rn. 2). Schon in § 93 I 2 RAGebO (später § 93 II 3 RAGebO) wurde allerdings die Vereinbarung einer Leistungsbestimmung durch einen Dritten ausdrücklich ausgeschlossen, weil dies nicht ausschließen könne, dass letztlich doch die gesetzliche Vergütung maßgeblich bliebe (vgl. Begr. RegE RAGebO Vhdlg. d. RT [4. Leg.-Per., II. Session 1879, Anlagen], Bd. 55, Anl. 6, 117 (157)). Dies ist im Grundsatz auch in § 3 II BRAGO, § 4 III aF und (nach Überführung dieser Regelung in § 3a durch das G z. Förderung verbrauchergerechter Angebote im Rechtsdienstleistungsmarkt v. 10.8.2021, BGBl. I 3415, vgl. Begr. RegE, BT-Drs. 19/27673, 31) jetzt II übernommen worden, doch wurde die Vereinbarung eines Leistungsbestimmungsrechts des Vorstands der Rechtsanwaltskammer zugelassen, weil hierfür ein Bedürfnis bestehe, wenn sich der Umfang und die Schwierigkeit der von dem Rechtsanwalt zu entfaltenden Tätigkeit im Voraus nicht übersehen lasse (vgl. RegE BRAGO, BT-Drs. 2/2545, 226). 49

Die – lückenhafte – Formulierung des II muss nach dem Gesetzeszweck (→ Rn. 47) so verstanden werden, dass – abweichend von den §§ 315 ff. BGB – die **Vereinbarung eines Leistungsbestimmungsrechts** in einer Vergütungsvereinbarung **generell ausgeschlossen** ist, soweit nicht die in II 1 geregelte Ausnahme eingreift (vgl. BGH NJW 1965, 1023, zu § 3 II BRAGO). Zwar ist nunmehr weder geregelt, was hinsichtlich eines Leistungsbestimmungsrechts sonstiger, nicht unter II 1 fallender Dritter gilt (insoweit anders als in § 93 RAGebO), noch ist hinsichtlich eines Leistungsbestimmungsrechts einer Vertragspartei ein Ausschluss (sondern vielmehr positiv dessen Rechtsfolge) geregelt. Doch wollte der Gesetzgeber am Ausschluss des Leistungsbestimmungsrechts Dritter (in der aufgelockerten Form) festhalten und klarstellen, dass auch ein Leistungsbestimmungsrecht einer Vertragspartei nicht vereinbart werden kann (vgl. RegE BRAGO, BT-Drs. 2/2545, 226). Dies lässt sich dann dem Gesetzeswortlaut auch entnehmen, wenn man II als abschließende Regelung für die Vereinbarung von Leistungsbestimmungsrechten versteht, mithin ein Leistungsbestimmungsrecht eines Dritten nur im Ausnahmefall des II 1 zulässt und II 2, nach dem – ungeachtet des Leistungsbestimmungsrechts einer Vertragspartei – die gesetzlichen Bestimmungen gelten, im Ergebnis einen Ausschluss entnimmt. 50

Daher gilt folglich, dass die Vereinbarung eines **Leistungsbestimmungsrechts einer Vertragspartei** jedenfalls keine Wirkung hat, weil nach II 2 die gesetzliche 51

Vergütung als vereinbart gilt und diese (fiktive) Vereinbarung die Vereinbarung des Leistungsbestimmungsrechts verdrängt. Eine solche (unwirksame) Vereinbarung eines Leistungsbestimmungsrechts liegt auch dann vor, wenn die Vergütungsvereinbarung es dem Ermessen des Rechtsanwalts überlässt, ob er eine bestimmte Tätigkeit pauschal oder nach Zeitaufwand abrechnet (vgl. BGHZ 224, 350 = NJW 2020, 1811 Rn. 42).

52 Ein **Leistungsbestimmungsrechts eines Dritten** kann von vornherein nicht wirksam vereinbart werden, es sei denn, Dritter ist der **Vorstand der Rechtsanwaltskammer,** II 1. Dieser hat die Vergütung dann nach billigem Ermessen (zu diesem Rechtsbegriff → § 14 Rn. 6 ff.) festzusetzen. Praktische Bedeutung dürfte diese Möglichkeit allerdings nicht erlangt haben. Soweit der Wortlaut von II 1 es zulässt, den Vorstand irgendeiner Rechtsanwaltskammer zu benennen, wird nach dem Gesetzeszweck nur der Vorstand der Rechtsanwaltskammer in Betracht kommen, der der Rechtsanwalt angehört (vgl. zu § 14 III 1 → § 14 Rn. 101).

53 **c) Sonstige Beschränkungen.** Weitere inhaltliche Beschränkungen für Vergütungsvereinbarungen ergeben sich zum einen aus den Grenzen für die Vereinbarung einer **höheren als der gesetzlichen Vergütung** aus der Möglichkeit der Herabsetzung einer unangemessen hohen Vergütung nach III (→ Rn. 69 ff.) sowie nach Maßgabe der allgemeinen Regelungen des bürgerlichen Rechts, insbes. des § 138 BGB (→ Rn. 83 ff.) und des § 307 BGB (→ Rn. 87 ff.). Zum anderen folgen sie aus den besonderen gesetzlichen Bestimmungen für Vereinbarung einer Vergütung, die **niedriger als die gesetzliche** (§ 4) oder **erfolgsabhängig** (§ 4a) ist.

54 **IV. Prozesskosten-, Beratungshilfe, Pflichtverteidigung. Besonderheiten** für den Abschluss von Vergütungsvereinbarungen gelten für den im Wege der PKH beigeordneten Rechtsanwalt (→ Rn. 55 ff.) den Beratungshilfe nach dem BerHG gewährenden Rechtsanwalt (→ Rn. 64 f.) sowie den gerichtlich zum Verteidiger bestellten Rechtsanwalt (→ Rn. 66 f.).

55 **1. Prozesskostenhilfe (IV). a) Normzweck, -entwicklung.** Da die Möglichkeit des Abschlusses von Vergütungsvereinbarungen Folge der Abschlussfreiheit des Rechtsanwalts ist (→ Rn. 1), schloss § 98 I 1 RAGebO sie für den vom Gericht beigeordneten Rechtsanwalt generell aus. Grund hierfür war die insoweit bestehende **Verpflichtung des Rechtsanwalts zur Übernahme der Vertretung,** der sein Tätigwerden folglich nicht vom Abschluss einer Gebührenvereinbarung abhängig machen darf (vgl. RegE RAGebO Vhdlg. d. RT [4. Leg.-Per., II. Session 1879, Anlagen], Bd. 55, Anl. 6, 117 (125); RegE BRAGO, BT-Drs. 2/2545, 227). Bei der Übernahme dieser Regelung als **§ 3 IV BRAGO** wurde sie auf den Fall der Beiordnung bei PKH beschränkt und in ihren Rechtsfolgen abgemildert; danach konnte in diesem Fall durch die Vergütungsvereinbarung nur eine Verbindlichkeit nicht begründet werden, doch war – in Anlehnung an standesrechtliche Überzeugungen (vgl. RegE BRAGO, BT-Drs. 2/2545, 227) – die Rückforderung einer vom Auftraggeber „freiwillig und ohne Vorbehalt" geleisteten Zahlung ausgeschlossen. In dieser Fassung gelangte die Regelung als **§ 4 V aF** auch zunächst in das RVG.

56 Bei der Neuregelung des Rechts der Vergütungsvereinbarung im Jahre **2008** (→ Rn. 10) wurde die Regelung als **IV** übernommen, indessen wiederum modifiziert. Zum einen wurde als Rechtsfolge nunmehr die Nichtigkeit der Vereinbarung angeordnet, weil der zuvor geltende Ausschluss der Rückforderung freiwillig und vorbehaltloser Zahlungen selbst für den Fall, dass der Auftraggeber keine Kenntnis von seiner fehlenden Zahlungspflicht hatte, den Auftraggeber unangemessen benachteiligt habe (Begr. RegE Erfolgshonorar-NeuregelungsG BT-Drs. 16/8384, 10). Zum anderen wurde (auf Vorschlag des Rechtsausschusses, vgl. BT-Drs. 16/8916, 14) die Rechtsfolge auf die Vereinbarung einer höheren als der gesetzlichen Vergütung beschränkt und für Rückforderungsansprüche des Auftraggebers klarstellend auf die bereicherungsrechtlichen Vorschriften verwiesen.

57 **b) Anwendungsvoraussetzungen. aa) Persönliche Anwendungsvoraussetzungen.** In persönlicher Hinsicht setzt IV voraus, dass der Rechtsanwalt **im Wege der PKH beigeordnet** ist. Dies gilt nach § 12 gleichermaßen für den Fall einer Beiordnung **im Wege der VKH** oder **nach § 4a InsO.** Erfasst wird mithin der Rechtsanwalt, der nach § 121 ZPO, § 78 FamFG oder § 4a II InsO vom Gericht der Partei bzw. dem Schuldner zur Vertretung beigeordnet worden ist (zu dessen berufs-

rechtlicher Pflicht zur Übernahme der Vertretung vgl. § 48 I Nr. 1 BRAO) und infolgedessen nach § 122 I Nr. 3 ZPO (ggf. iVm § 76 I FamFG, §§ 172 III, 397a II, 404 V, 406h III StPO, § 166 I VwGO, § 73a I SGG, § 142 I FGO, § 11a I ArbGG ua) bzw. § 4a III 1 Nr. 2 InsO einen Vergütungsanspruch gegen die Partei nicht geltend machen kann.

Die Beschränkungen des IV gelten nur solange, wie die **Beiordnung andauert** 58 (Hartung/Schons/Enders/Schons Rn. 145). Wird die Beiordnung aufgehoben, unterliegt der Rechtsanwalt mithin keinen Beschränkungen hinsichtlich der Geltendmachung eines Vergütungsanspruchs und damit auch beim Abschluss von Vergütungsvereinbarungen mehr. Es ist daher rechtlich unbedenklich, wenn der im Wege der PKH beigeordnete Rechtsanwalt (vorsorglich) nur für den Fall der Aufhebung der Beiordnung eine Vergütungsvereinbarung mit dem Auftraggeber abschließ.

Andere Fälle der Beiordnung werden nach dem insoweit eindeutigen Wortlaut 59 des IV 1 **nicht** (mehr, → Rn. 51) erfasst (zum Pflichtverteidiger → Rn. 66 f.). Dies hat seinen Grund darin, dass in diesen Fällen die Beiordnung nicht zur für den Auftraggeber unentgeltlichen Wahrnehmung dessen Rechte erfolgt, der Rechtsanwalt daher seine Tätigkeit von einer Vergütungszahlung des Auftraggebers und damit auch vom Abschluss einer Vergütungsvereinbarung abhängig machen kann. Solches gilt insbes. auch für die Fälle der Beiordnung nach §§ 78b, 78c ZPO (vgl. MüKoZPO/Toussaint ZPO § 78c Rn. 10 mwN) oder nach § 138 FamFG (vgl. MüKoFamFG/Heiter FamFG § 138 Rn. 23 mwN), in denen der Rechtsanwalt ebenfalls berufsrechtlich zur Vertretungsübernahme verpflichtet ist (§ 48 I Nr. 2, 3 BRAO), sich aber bei Nichtzahlung nach § 48 II BRAO entpflichten lassen kann.

bb) Sachliche Anwendungsvoraussetzungen. In **sachlicher** Hinsicht setzt IV 60 zunächst voraus, dass es um die Vergütung einer **von der Beiordnung erfassten Tätigkeit** geht. Maßgeblich ist insoweit (wie nach § 48 I) der Inhalt des Beiordnungsbeschlusses. Daneben vom Rechtsanwalt für den Auftraggeber ausgeübte weitere Tätigkeiten fallen hingegen nicht unter die Beschränkung des IV.

Weitere sachliche Anwendungsvoraussetzung ist, dass die Vereinbarung eine **höhere** 61 **als die gesetzliche Vergütung** begründen soll. Gemeint sein dürfte damit nach der allg. Terminologie des RVG die gesetzliche Vergütung des Wahlanwalts und nicht die des PKH-Anwalts (Gerold/Schmidt/Mayer Rn. 42; Riedel/Sußbauer/Ahlmann Rn. 51). Nach der seit 2008 geltenden Fassung (→ Rn. 56) kann hingegen auch im Anwendungsbereich des IV die Zahlung einer der gesetzlichen Vergütung entsprechenden oder (in den Grenzen des § 4) einer niedrigeren als die gesetzliche Vergütung vereinbart werden (was eine Fehlleistung des Gesetzgebers sein dürfte, → Rn. 62).

c) Rechtsfolgen. Eine Vergütungsvereinbarung, die die vorgenannten Voraussetzungen erfüllt, ist nach IV 1 **nichtig.** Der im Wege der PKH beigeordnete Rechtsanwalt, der nach § 122 I Nr. 3 ZPO (ggf. iVm § 76 I FamFG, § 11a I ArbGG, § 166 I VwGO, § 142 I FGO, § 73a I SGG, §§ 379 III, 387a II, 404 II StPO) keinen Vergütungsanspruch gegen die Partei, sondern nur nach Maßgabe von §§ 45 ff. gegen die Staatskasse hat, kann sich folglich für die Vertretung daneben von der Partei oder einem Dritten (→ Rn. 55) nicht wirksam eine weitere Zahlung versprechen lassen. In der seit 2008 geltenden Fassung gilt dies allerdings nur noch für eine die höhere als die gesetzliche Vergütung (→ Rn. 56). Soweit es danach möglich wäre, dass die Partei sich verpflichtet, dem Rechtsanwalt zusätzlich zu der diesem aus der Staatskasse zu zahlenden Vergütung einer der gesetzlichen Vergütung entsprechenden Betrag (oder auch nur die Differenz zwischen der Vergütung eines Wahlanwalts und eines beigeordneten Anwalts) zu zahlen (was dann allerdings an der Zahlungssperre des § 122 I Nr. 3 ZPO scheitern dürfte, vgl. hierzu ausführlich Schneider/Volpert/N. Schneider Rn. 129 ff.; Gerold/Schmidt/Mayer Rn. 42 f.), dürfte dies mit Sinn und Zweck der Regelung schwerlich zu vereinbaren sein. 62

Der (lediglich) klarstellende Hinweis in IV 2 auf das **Bereicherungsrecht** betrifft 63 nicht den beigeordneten Rechtsanwalt (dessen Leistung aus der Staatskasse vergütet wird), sondern den **Auftraggeber,** der auf eine nach IV 1 nichtige Vergütungsvereinbarung Zahlungen leistet. Dass er in diesem Fall einen Rückzahlungsanspruch aus Leistungskondiktion (§ 812 I 1 Fall 1 BGB) hat, versteht sich von selbst. Der Hinweis in IV 2 soll vor allem verdeutlichen, dass aber auch in dieser Konstellation der Kondiktionsausschluss bei Kenntnis der Nichtschuld (§ 814 BGB) gilt (vgl. Begr.

Rechtsausschusses § 3a-E, BT-Drs. 16/8916, 14). Anders als nach der früheren Rechtslage (→ Rn. 56) genügt hierfür aber nicht eine „freiwillige“ Leistung; erforderlich ist vielmehr die positive Kenntnis des Auftraggebers von der Unwirksamkeit der Vereinbarung (vgl. Grüneberg/Sprau BGB § 814 Rn. 4 mwN).

64 **2. Beratungshilfe (§ 8 BerHG).** Für den Beratungshilfe nach dem BerHG gewährenden Rechtsanwalt bestimmte § 8 BerHG aF ursprünglich, dass Vereinbarungen über seine Vergütung nichtig sind (§ 4 VI aF und nachfolgend § 3a IV aF regelten für Rechtsanwälte als Beratungsperson daher ausdrücklich, dass diese Vorschrift unberührt blieb). Mit dem G z. Änderung des Prozesskostenhilfe- und Beratungshilferechts v. 31.8.2013 (BGBl. I 3533) wurde daran nicht festgehalten. Seither kann der Rechtsanwalt auch bei einem Beratungshilfemandat eine Vergütungsvereinbarung mit seinem Auftraggeber schließen, kann aber, wenn Beratungshilfe bewilligt wird, gegen diesen keinen Anspruch auf Vergütung mit Ausnahme der Beratungshilfegebühr (§ 44 S. 2, VV 2500) geltend machen (§ 8 II BerHG; zur Folge der Aufhebung der Bewilligung vgl. § 8a II BerHG). Vgl. auch → § 4 Rn. 20 f.

65 Zweck einer solchen Vergütungsvereinbarung (bzw. Gebührenvereinbarung iSd § 34) ist daher sicherzustellen, dass der Rechtsanwalt insbes. im Falle der Ablehnung der Beratungshilfe durch das Gericht eine Vergütung von seinem Auftraggeber erhält (für Beratung iSd § 34 gibt es keine gesetzlichen Gebühren mehr). Die Beseitigung der vorherigen Nichtigkeitsfolge im Jahre 2013 sollte gerade verhindern, dass die Beratungsperson wirtschaftlich das Risiko der Nichtgewährung der Beratungshilfe tragen muss (vgl. Begr. RegE § 8 BerHG, BT-Drs. 17/11472, 42 f.).

66 **3. Pflichtverteidiger.** Der (vom Wortlaut des IV nicht erfasste, → Rn. 59) gerichtlich zum Verteidiger bestellte Rechtsanwalt ist – anders als der im Wege der PKH beigeordnete Rechtsanwalt – **nicht gehindert,** eine Vergütungsvereinbarung abzuschließen, weil die Beiordnung eines Pflichtverteidigers nicht von den finanziellen Verhältnissen des Beschuldigten abhängig ist und vor allem auf dem Interesse eines Rechtsstaats an einem ordnungsmäßigen Verfahren und der dazugehörenden wirksamen Verteidigung beruht (BGH NJW 2019, 676 Rn. 6 mwN).

67 Den Rechtsanwalt trifft allerdings einer **Hinweispflicht** darauf, dass der zum Pflichtverteidiger bestellte Rechtsanwalt auch ohne den Abschluss der Honorarvereinbarung zur weiteren Verteidigung verpflichtet ist. Eine Verletzung dieser Hinweispflicht führt allerdings (anders als vor der Neuregelung der formalen Anforderungen an eine Vergütungsvereinbarung angenommen wurde, vgl. OLG Karlsruhe RVGReport 2016, 174) nicht zur Unwirksamkeit der Vergütungsvereinbarung (BGH NJW 2019, 676 Rn. 10), sondern ggf. zu Schadensersatzansprüchen des Auftraggebers wegen einer vorvertraglichen Pflichtverletzung (BGH NJW 2019, 676 Rn. 15 ff.).

68 **C. Inhaltskontrolle.** Hinsichtlich der **Höhe der vereinbarten Vergütung** unterliegen Vergütungsvereinbarungen gewissen inhaltlichen Grenzen. Diese ergeben sich zum einen vergütungsrechtlich aus der Möglichkeit, eine **unangemessen hohe Vergütung nach Maßgabe von III herabzusetzen** (→ Rn. 69 ff.), zum anderen aus den allgemeinen schuldrechtlichen Vorschriften über die **guten Sitten iSd § 138 BGB** (→ Rn. 83 ff.) und wenn es sich um AGB handelt, über die **unangemessenen Benachteiligung iSd § 307 BGB** (→ Rn. 87 ff.). Alle hiernach in Betracht kommende Möglichkeiten einer Inhaltskontrolle von Vergütungsvereinbarungen stehen im Grundsatz nebeneinander, unterscheiden sich aber in ihren Voraussetzungen und Rechtsfolgen.

69 **I. Gerichtliche Angemessenheitskontrolle (III). 1. Normzweck, -entwicklung.** Bereits **§ 93 IV RAGebO,** der auf Vorschlag der (dem heutigen Rechtsausschuss des Bundestages entsprechenden) VI. Kommission des Reichstags eingefügt wurde (vgl. Vhdlg. d. RT [4. Leg.-Per., II. Session 1879, Anlagen], Bd. 56, Anl. 137, 1200 (1213); Bd. 57, Anl. 224, 1516), sah eine Herabsetzung der vereinbarten Vergütung im Prozesswege vor, wenn der Rechtsanwalt „die Grenzen der Mäßigung überschritten“ hatte. Hieran knüpfte – mit Modifikationen – **§ 3 III BRAGO** an (vgl. RegE BRAGO, BT-Drs. 2/2545, 227), der wiederum Vorbild für **§ 4 IV aF** war (vgl. Begr. RegE KostRMoG BT-Drs. 15/1971, 188). Bei der Neuregelung des Rechts der Vergütungsvereinbarung im Jahre 2008 (→ Rn. 10) wurde die Regelung als **II aF** übernommen und auf Erfolgshonorare erstreckt (vgl. Begr. RegE Erfolgshonorar-

NeuregelungsG BT-Drs. 16/8384, 10). Durch Verlagerung des früheren § 4 III in § 3a als neuer II mit dem G z. Förderung verbrauchergerechter Angebote im Rechtsdienstleistungsmarkt v. 10.8.2021 (BGBl. I 3415) wurde aus II aF ohne Änderung der jetzige **III.**

Wie bei den übrigen Regelungen des § 3a handelt es sich auch bei III um eine **schuldrechtliche Beschränkung** des Abschlusses von Vergütungsvereinbarungen (→ Rn. 4, 12). III nimmt anders als die übrigen gesetzlichen Beschränkungen allein die **vereinbarte Höhe** der Vergütung in den Blick und begrenzt die sich aus der Vergütungsvereinbarung ergebenden Ansprüche des Rechtsanwalts normativ (BGH NJW-RR 2017, 377 Rn. 27), schränkt mithin insoweit die für den Abschluss von Vergütungsvereinbarungen im Allgemeinen geltenden Vertragsfreiheit (→ Rn. 1) ein. Die Vorschrift unterwirft den Rechtsanwalt einem **Mäßigungsgebot** bei Abschluss von Vergütungsvereinbarungen (BGHZ 162, 98 (106) = NJW 2005, 2142 (2144); BGH NJW 2009, 3301 Rn. 14; BGHZ 184, 209 = NJW 2010, 1364 Rn. 47, zu § 3 III BRAGO). Bezweckt ist damit nicht nur ein Schutz des Auftraggebers, sondern auch, Auswüchse bei vertraglichen Vergütungsregelungen zu beschneiden, die mit der besonderen Stellung des Rechtsanwalts als eines unabhängigen Organs der Rechtspflege (§ 1 BRAO) nicht vereinbar sind (BGHZ 162, 98 (103) = NJW 2005, 2142 (2143); NJW 1997, 2388 (2389) mwN, zu § 3 III BRAGO). Erreicht wird dies durch eine Herabsetzung der vereinbarten Vergütung (ähnlich § 343 BGB, → Rn. 80 ff.) durch einen **gestaltenden richterlichen Eingriff** in den von dem Rechtsanwalt mit dem Auftraggeber geschlossenen Vertrag (BGHZ 162, 98 (103) = NJW 2005, 2142 (2143), zu § 3 III BRAGO). 70

2. Unangemessenheit iSd III. Die Herabsetzung nach III setzt tatbestandlich voraus, dass die vereinbarte Vergütung unangemessen hoch ist. Unangemessen hoch ist die Vergütung, die unter Berücksichtigung aller Umstände **nicht** mehr einem **sachgerechten Interessenausgleich** entspricht (BGH NJW-RR 2017, 377 Rn. 27). **Ausgangspunkt** der Prüfung sind nach der Rechtsprechung des BGH (anders als bei der Frage der Sittenwidrigkeit iSd § 138 BGB, → Rn. 84) nicht die Maßstäbe des Marktes und damit der am Markt durchsetzbare Betrag, sondern die sich nach dem RVG ergebende **gesetzliche Vergütung** (BGH NJW-RR 2017, 377 Rn. 27; zu § 3 III BRAGO außerdem BGHZ 162, 98 (106) = NJW 2005, 2142 (2144)), so dass dieser faktisch Leitbildfunktion zukommt (vgl. BVerfG NJW-RR 2010, 259 Rn. 15). Es ist daher davon auszugehen, dass die gesetzliche Vergütung für den Regelfall auch einer angemessenen Vergütung entspricht. Allerdings führt die (auch mehrfache) Überschreitung der gesetzlichen Vergütung nicht per se zur Unangemessenheit, da die gesetzliche Vergütung im Einzelfall unauskömmlich sein kann und das Gesetz gerade (auch) für diesen Fall die Möglichkeit der Vergütungsvereinbarung eröffnet. 71

Ob die vereinbarte Vergütung unangemessen hoch oder aber wegen Unauskömmlichkeit der gesetzlichen Vergütung einen sachgerechten Interessenausgleich darstellt, ist nach III **unter Berücksichtigung aller Umstände** und damit einzelfallbezogen zu beurteilen. Zu berücksichtigende Umstände sind jedenfalls die **in § 14 I genannten Kriterien,** vor allem Umfang (→ § 14 Rn. 9 ff.) und Schwierigkeit (→ § 14 Rn. 24 ff.) der anwaltlichen Tätigkeit (vgl. BGH NJW-RR 2017, 377 Rn. 27, und zu § 3 III BRAGO BGHZ 162, 98 (104) = NJW 2005, 2142 (2144); BGHZ 184, 209 = NJW 2010, 1364 Rn. 49). Ebenfalls berücksichtigt werden können nach der Rechtsprechung des BGH das Ziel, das der Auftraggeber mit dem Auftrag angestrebt hat, sowie, in welchem Umfang dieses Ziel durch die Tätigkeit des Rechtsanwalts erreicht worden ist, wie weit also das Ergebnis tatsächlich und rechtlich als Erfolg des Rechtsanwalts anzusehen ist, ferner auch die Stellung des Rechtsanwalts (BGH NJW-RR 2017, 377 Rn. 27, und zu § 3 III BRAGO BGHZ 184, 209 = NJW 2010, 1364 Rn. 49). Maßgeblich ist dabei (anders als bei der Frage der Sittenwidrigkeit iSd § 138 BGB, → Rn. 83) nicht, was bei Vertragsschluss vorauszusehen war und der Vereinbarung zugrunde gelegt worden ist, sondern es ist auf den **Zeitpunkt der Abrechnung** abzustellen und die bis dahin eingetretene Entwicklung zu berücksichtigen (BGHZ 162, 98 (103 f.) = NJW 2005, 2142 (2144); BGHZ 184, 209 = NJW 2010, 1364 Rn. 50; grundlegend OLG München NJW 1967, 1571, jew. zu § 3 III BRAGO). 72

73 Nach der Rechtsprechung des BGH gilt allerdings die **Vermutung,** dass eine die gesetzliche (Höchst-)Vergütung um **mehr als das Fünffache übersteigende** Vergütung unangemessen ist (entwickelt zu § 3 III BRAGO für die Vergütung des Strafverteidigers von BGHZ 162, 98 (107) = NJW 2005, 2142 (2144); bestätigt zu III von BGH NJW 2009, 3301 Rn. 14; BGHZ 184, 209 = NJW 2010, 1364 Rn. 48, und übertragen auf die Tätigkeit in zivilrechtlichen Angelegenheiten von BGH NJW-RR 2017, 377 Rn. 27; abl. etwa Schneider/Volpert/N. Schneider Rn. 116). Hieraus folgt für die **Darlegungs- und Beweislast,** dass bei einer Überschreitung der gesetzlichen Vergütung um nicht mehr als das Fünffache der Auftraggeber beweisbewehrt darlegen muss, dass die vereinbarte Vergütung unter Berücksichtigung aller Umstände unangemessen hoch ist, → Rn. 77, während bei einer Überschreitung um mehr als das Fünffache der **Rechtsanwalt die Vermutung widerlegen** muss. Hierzu bedarf es nicht (mehr) der Darlegung ganz ungewöhnlicher, geradezu extremer einzelfallbezogener Umstände (so aber noch BGHZ 162, 98 (107) = NJW 2005, 2142 (2144)), vielmehr genügt der Nachweis, dass die vereinbarte Vergütung im konkreten Fall unter Berücksichtigung aller Umstände gleichwohl angemessen ist (BVerfG NJW-RR 2010, 259 Rn. 29 ff.; BGHZ 184, 209 = NJW 2010, 1364 Rn. 49).

74 **3. Verfahren. a) Herabsetzungsverlangen.** Da die Herabsetzung der Vergütung ein richterlicher Gestaltungsakt ist (→ Rn. 80), setzt sie einen **Rechtsstreit** über die Vergütung voraus (vgl. III 2: „im Rechtsstreit"). Die Ermöglichung der Herabsetzung durch III 2 begründet zugleich ein **subjektives Recht** auf eine solche Herabsetzung (vgl. zu § 343 BGB nur Staudinger/Rieble BGB § 343 Rn. 57). Dieses Recht steht dem **Vergütungsschuldner** zu, der nicht notwendigerweise der Mandant sein muss (vgl. zu einem Anwaltsvertrag zugunsten Dritter bzw. einem Schuldbeitritt BGH NJW 1997, 2388 (2389), zu § 3 III BRAGO).

75 Dieses Recht auf Herabsetzung muss vom Vergütungsschuldner im Rechtsstreit **geltend gemacht** werden (vgl. III 2: „kann"), es erfolgt also keinesfalls eine Angemessenheitsprüfung von Amts wegen. Die Geltendmachung des Rechts muss allerdings nicht durch eine ausdrückliche **Gestaltungs(wider)klage** erfolgen; das Herabsetzungsrecht kann der Vergütungsklage des Rechtsanwalt auch **einredeweise** (mit dem Ziel einer inzidenten bzw. „verdeckten" Gestaltung) entgegengehalten werden (vgl. zu § 343 BGB Staudinger/Rieble BGB § 343 Rn. 59 f.). Eine **Bezifferung** des Betrags, um den die Vergütung herabgesetzt werden soll, ist dabei **nicht** erforderlich (vgl. zu § 343 BGB Staudinger/Rieble BGB § 343 Rn. 98).

76 **b) Prüfung.** Das Gericht prüft nicht die Unangemessenheit der vereinbarten Vergütung und die angemessene Höhe, auf die die Vergütung herabzusetzen ist, gesondert (also keine „zweistufige" Prüfung wie bei § 14, bei der zunächst die Leistungsbestimmung des Rechtsanwalts überprüft und sodann ggf. durch eine Bestimmung des Gerichts ersetzt wird, → § 14 Rn. 70), sondern („einstufig") das **Bestehen** des vom Vergütungsschuldner geltend gemachten, aus III folgenden **Anspruchs auf Herabsetzung** (vgl. zu § 343 BGB Staudinger/Rieble BGB § 343 Rn. 110). Die Unangemessenheit der Vergütung auf der Tatbestandsseite und ihre Angemessenheit auf der Rechtsfolgenseite sind lediglich zwei Seiten derselben Medaille; eine Vergütung ist iSd III 1 unangemessen hoch, weil sie höher als die angemessene Vergütung ist, auf die Herabsetzung begehrt wird.

77 Da der Vergütungsschuldner einen Herabsetzungsanspruch geltend macht, trägt er nach allg. Regeln die **Darlegungs- und Beweislast** für die Unangemessenheit, doch kommt ihm ggf. die von der Rechtsprechung aufgestellte Vermutung der Unangemessenheit bei Überschreitung der gesetzlichen Vergütung um mehr als das Fünffache zugute, → Rn. 73. Zum maßgeblichen Zeitpunkt → Rn. 72. Die Angemessenheit ist **Rechtsfrage,** zu der ggf. nach Maßgabe von III 2, 3 ein Rechtsgutachten einzuholen ist, → Rn. 78 ff. Als solche unterliegt sie auch der revisionsrechtlichen Nachprüfung.

78 **c) Vergütungsgutachten (III 2, 3).** Als **verfahrensrechtliche Sonderregelung** (wie § 14 III, → § 14 Rn. 86) bestimmt III 2, dass das Gericht (außer in dem – praktisch wohl irrelevanten – Sonderfall, → Rn. 49, dass die Vergütung bereits nach II 1 von dem Vorstand der Rechtsanwaltskammer festgesetzt worden war, III 2 Hs. 2) vor seiner Entscheidung ein Gutachten des Vorstands der Rechtsanwaltskammer einzuholen hat. Hieraus folgt eine entsprechende Pflicht des Gerichts, die allerdings nur besteht, wenn das Gericht eine Herabsetzung der Vergütung beabsichtigt (BGHZ 162, 98 (104) = NJW 2005, 2142 (2143)). Bei diesem Gutachten handelt es sich (wie bei dem nach § 14 III einzuholenden Gutachten, → § 14 Rn. 87 f.) um ein **Rechtsgutachten** (BGH NJW 2004, 1043 (1046); BGHZ 162, 98 (104) = NJW 2005, 2142 (2143), zu § 3 III BRAGO; NK-GK/Winkler Rn. 24; HK-RVG/Winkler/Teubel Rn. 118) über die Unangemessenheit. Zur verfahrensrechtlichen Gestaltung seiner Einholung → § 14 Rn. 96 f.

Die **Rechtsanwaltskammer** (zur Zuständigkeit → § 14 Rn. 101), die diese Auf- 79
gabe nach § 73 II Nr. 8 BRAO durch ihren Vorstand wahrnimmt, ist ihrerseits **verpflichtet,** das Gutachten zu erteilen (hierzu → § 14 Rn. 103). Sie hat das Gutachten nach III 3 (wie nach § 14 III 2) **kostenlos** zu erstatten. Zur Verwertung des Gutachtens → § 14 Rn. 104 ff. Das Gericht ist an das Gutachten nicht gebunden, vielmehr unterliegt es seiner **freien richterlichen Würdigung** (BGH NJW 2004, 1043 (1046); BGHZ 162, 98 (104) = NJW 2005, 2142 (2143) zu § 3 III BRAGO).

d) Entscheidung. Die Herabsetzung der Vergütung wegen Unangemessenheit iSd 80
III 1 tritt nicht kraft Gesetzes ein, sondern erst durch einen entsprechenden **richterlichen gestaltenden Eingriff** (vgl. zu § 343 BGB Staudinger/Rieble BGB § 343 Rn. 56). Gelangt das Gericht zu der Auffassung, dass die Voraussetzungen einer Herabsetzung vorliegen, stellt es folglich nicht lediglich eine bereits eingetretene Herabsetzung fest, sondern gestaltet die Leistungspflicht durch Urteil entsprechend um. Diese Umgestaltung bedarf keines ausdrücklichen Ausspruchs im Urteil, sondern erfolgt regelmäßig „verdeckt" durch eine auf Unangemessenheit gestützte (ggf. teilweise) Abweisung der Vergütungsklage.

Herabzusetzen ist nach III 1 auf den **angemessenen Betrag.** Angemessen ist 81
allerdings regelmäßig nicht ein genau bezifferbarer Betrag, sondern jeder Betrag bis zur Grenze der Unangemessenheit. Da III 1 nur der Unangemessenheit einer vereinbarten Vergütung entgegenwirken soll, ist die Vergütung soweit herabzusetzen, dass sie nicht mehr unangemessen ist; die Herabsetzung erfolgt mithin auf den **gerade noch angemessenen Betrag** (vgl. zu § 343 BGB Staudinger/Rieble BGB § 343 Rn. 110; das Gericht hat sich also anders als bei § 14, → § 14 Rn. 79, nicht etwa an der Mitte des Bereichs angemessener Vergütung zu orientieren). **Untergrenze** ist nach III 1 die **gesetzliche Vergütung.**

Mit **Rechtskraft** des (ggf. „verdeckten") Gestaltungsurteils ist die Leistungspflicht 82
des Vergütungsschuldners aus der Vergütungsvereinbarung in Höhe des Betrags der Herabsetzung beseitigt. Die Rechtskraft eines Urteils über einen vereinbarten Vergütungsanspruch führt zugleich zur Präklusion eines insoweit etwa bestehenden Herabsetzungsanspruchs (vgl. zu § 343 BGB Staudinger/Rieble BGB § 343 Rn. 102), so dass dieser nachträglich nicht mehr geltend gemacht werden kann (auch nicht durch Vollstreckungsgegenklage, weil diese gem. § 767 II ZPO nur auf nachträglich entstandene Gründe gestützt werden kann und es bei Gestaltungrechten hierfür nicht auf den Zeitpunkt der Gestaltungserklärung, sondern den Zeitpunkt ihres Entstehens und der Befugnis zu ihrer Ausübung ankommt, vgl. BGHZ 225, 44 = NJW 2020, 2876 Rn. 13 mwN).

II. Inhaltskontrolle nach allgemeinen Vorschriften. 1. Sittenwidrigkeit 83
(§ 138 BGB). Die besondere vergütungsrechtliche Regelung des III schränkt den für alle Verträge zu beachtenden Geltungsbereich des § 138 I BGB nicht ein (BGHZ 144, 343 (345) = NJW 2000, 2669 (2771), zu § 3 III BRAGO). Eine Vergütungsvereinbarung ist daher unabhängig von der Frage der Unangemessenheit iSd III auch am Maßstab der Sittenwidrigkeit zu prüfen (vgl. ausführlich BGH NJW-RR 2017, 377 Rn. 17 ff.). Voraussetzungen einer solchen Sittenwidrigkeit sind allg. ein **auffälliges Missverhältnis zwischen Leistung und Gegenleistung** und das **Hinzutreten weiterer, die Sittenwidrigkeit begründender Umstände** wie insbes. eine verwerfliche Gesinnung oder die Ausbeutung der schwierigen Lage oder Unerfahrenheit des Anderen für das eigene unangemessene Gewinnstreben; maßgeblich sind (anders als bei der Prüfung der Unangemessenheit iSd III, → Rn. 72) die Verhältnisse **zum Zeitpunkt des Vertragsschlusses** (vgl. BGH NJW-RR 2017, 377 Rn. 17 mwN).

Für die Prüfung eines **Missverhältnisses** im vorgenannten Sinne ist ein Vergleich 84
zwischen dem **objektiven Wert (= Marktwert) der beiderseitigen Leistungen**

vorzunehmen (vgl. BGH NJW-RR 2017, 377 Rn. 17 mwN). Bei der Prüfung einer Vergütungsvereinbarung ist für die Feststellung des objektiven bzw. Marktwertes der zu vergütenden anwaltlichen Tätigkeit nach stRspr **nicht allein auf die gesetzliche Vergütung** abzustellen, weil diese nicht in jedem Falle die marktangemessene, adäquate Vergütung für bestimmte Tätigkeiten abbilden, sondern uU auch anderen Umständen Rechnung tragen soll (vgl. BGH NJW-RR 2017, 377 Rn. 18 mwN). Vielmehr ist stets der nach dem Anwaltsvertrag geschuldete **tatsächliche Aufwand,** insbesondere Umfang und Schwierigkeit der anwaltlichen Tätigkeit (vgl. hierzu → § 14 Rn. 9 ff.) zu berücksichtigen (vgl. BGH NJW-RR 2017, 377 Rn. 18 mwN). Ein auffälliges Missverhältnis liegt jedenfalls dann vor, wenn der Betrag einer aufwandsangemessenen Vergütung um etwa 100 % überschritten ist (vgl. BGH NJW 2003, 3486).

85 Die **Darlegungs- und Beweislast** trägt die Partei, die sich auf Sittenwidrigkeit beruft (vgl. BGH NJW-RR 2017, 377 Rn. 18 mwN), hier also regelmäßig der auf Zahlung aus der Vergütungsvereinbarung in Anspruch genommene Auftraggeber. Ist ein **besonders grobes Missverhältnis** zwischen Leistung und Gegenleistung nachgewiesen, begründet dies aber eine Vermutung für ein Handeln aus verwerflicher Gesinnung, das vom Anderen, hier also regelmäßig dem Rechtsanwalt entkräftet werden müsste (vgl. BGH NJW-RR 2017, 377 Rn. 18 mwN). Anderenfalls muss derjenige, der sich auf die Sittenwidrigkeit beruft, auch das Hinzutreten weiterer, die Sittenwidrigkeit begründender Umstände darlegen und ggf. beweisen.

86 Ist hiernach von einer Sittenwidrigkeit der Vergütungsvereinbarung auszugehen, ist diese nach § 138 I BGB **nichtig.** Der Rechtsanwalt kann mithin die vereinbarte Vergütung nicht verlangen. Die Nichtigkeit der Vergütungsvereinbarung ergreift allerdings nach allgM nicht den Anwaltsvertrag insgesamt (vgl. zu § 134 BGB etwa BGHZ 201, 334 = NJW 2014, 2653 Rn. 12 mwN; BGH WM 1976, 1135 (1136): idR ist als Parteiwille anzunehmen, dass der Vertrag iÜ entgegen der Grundregel des § 139 BGB aufrechterhalten bleiben soll, weil andernfalls Ansprüche des Auftraggebers auf Vertragserfüllung und Schadensersatz wegen schuldhafter Vertragsverletzung entfallen würden). Es bleibt damit bei der Entgeltlichkeit der anwaltlichen Geschäftsbesorgung, für die bei Unwirksamkeit der Vergütungsvereinbarung auf die gesetzlichen Bestimmungen des RVG zurückgegriffen werden muss. Im Falle der Sittenwidrigkeit eines vereinbarten Entgelts scheidet zwar im Allgemeinen eine Aufrechterhaltung des Vertrags mit einem nicht sittenwidrigen Entgelt aus, doch gilt anderes, wenn das Entgelt normativ bestimmt wist (vgl. nur Grüneberg/Ellenberger BGB § 139 Rn. 10 mwN). Der Rechtsanwalt kann daher die **gesetzliche Vergütung** geltend machen (so iErg BGH NJW-RR 2017, 377 Rn. 29).

87 **2. AGB-rechtliche Inhaltskontrolle (§ 307 BGB).** Ist eine Vergütungsvereinbarung **nach § 305 I BGB als AGB zu qualifizieren,** kommt außerdem eine Inhaltskontrolle nach § 307 BGB in Betracht. Kontrollfrei sind zwar nach § 307 III solche Regelungen, die nicht von Rechtsvorschriften abweichen oder diese ergänzen, was im Allgemeinen auch für Preisabreden gilt, die unmittelbar den Preis der vertraglichen Hauptleistung oder das Entgelt für eine rechtlich nicht geregelte, zusätzlich angebotene Sonderleistung bestimmen (vgl. nur Grüneberg/Grüneberg BGB § 307 Rn. 46 mwN). Der BGH geht indessen davon aus, dass der Preis einer anwaltlichen Tätigkeit ungeachtet der bestehenden Gestaltungsmöglichkeiten durch das RVG und damit durch Rechtsvorschriften vorgegeben ist, folglich eine – zwar im Rahmen des RVG erfolgende, von dessen gesetzlichen Vergütungsregelungen aber abweichende – Vergütungsvereinbarung **nicht nach § 307 III BGB kontrollfrei** ist (BGHZ 224, 350 = NJW 2020, 1811 Rn. 11).

88 Vergütungsvereinbarungen unterliegen daher der Kontrolle, ob sie den Vertragspartner des Verwenders unter Berücksichtigung von Treu und Glauben **iSd § 307 I 1 BGB unangemessen benachteiligen.** Eine solche unangemessene Benachteiligung liegt vor, wenn der Verwender der AGB durch einseitige Vertragsgestaltung **missbräuchlich eigene Interessen auf Kosten des Vertragspartners durchzusetzen** versucht, ohne von vornherein dessen Belange hinreichend zu berücksichtigen und ihm einen angemessenen Ausgleich zuzugestehen (vgl. nur Grüneberg/Grüneberg BGB § 307 Rn. 12 mwN), und ist nach § 307 II Nr. 1 BGB im Zweifel anzunehmen, wenn sie mit **wesentlichen Grundgedanken der gesetzlichen Regelung,** von der abgewichen wird, **nicht zu vereinbaren** sind. Ob das RVG in diesem Sinne Maßstab sein kann, an der eine Vergütungsvereinbarung gemessen werden kann, ist str., vom BGH aber inzwischen im Grundsatz bejaht (BGHZ 224, 350 = NJW 2020, 1811 Rn. 12 ff. mwN). Allerdings ist zu berücksichtigen, dass das Äquivalenzprinzip für Leistung und Gegenleistung als wesentlicher Grundgedanke des Schuldrechts für gegenseitige Verträge nach dem auf dem Gedanken einer Quersubventionierung beruhenden RVG nicht uneingeschränkt gilt (BGHZ 224, 350 = NJW 2020, 1811 Rn. 18).

Ausgehend von den Grundgedanken des RVG sind insbesondere Vergütungsvereinbarungen bedenklich, nach denen die vereinbarte Vergütung außer Verhältnis zum abgestrebten Erfolg steht (BGHZ 224, 350 = NJW 2020, 1811 Rn. 19) oder die Berechnung der Vergütung zwar entsprechend dem im Vergütungs- und Kostenrecht geltenden Grundgedanken an den Gegenstandswert anknüpft, diesen aber zum Nachteil des Vertragspartners des Verwenders bestimmt (BGHZ 224, 350 = NJW 2020, 1811 Rn. 21 ff.). Jedenfalls im Rechtsverkehr mit Verbrauchern stets unangemessen benachteiligend ist eine Fünfzehn-Minuten-Zeittaktklausel bei Vereinbarung eines Stundenhonorars (BGHZ 224, 350 = NJW 2020, 1811 Rn. 28 ff.). Zum Transparenzfordernis des Art. 4 II Verbraucherrechts-RL vgl. auch EuGH 12.1.2023 – C-395/21, GRUR-RR 2023, 78. 89

Eine iSd § 307 I 1 BGB unangemessen benachteiligende Klausel ist **unwirksam,** doch berührt dies nach § 306 I BGB **nicht die Wirksamkeit des Vertrags im Übrigen.** Nach wohl allgM sind inhaltlich (mit dem sog. „blue-pencil-Test") voneinander trennbare, einzeln aus sich heraus verständliche AGB-Regelungen auch dann gesondert zu prüfen, wenn sie in einem äußeren sprachlichen Zusammenhang mit anderen Reglungen stehen; die Unwirksamkeit beschränkt sich dann auf den unangemessen benachteiligenden Klauselteil (vgl. nur Grüneberg/Grüneberg BGB § 306 Rn. 7). So führt etwa die Unwirksamkeit einer Zeittaktklausel (→ Rn. 89) regelmäßig nicht zur Unwirksamkeit der Vereinbarung des Zeithonorars als solchen (vgl. BGHZ 224, 350 = NJW 2020, 1811 Rn. 26). 90

D. Kostenerstattung. Prozessuale Kostenerstattungsansprüche umfassen regelmäßig die „gesetzlichen Gebühren und Auslagen des Rechtsanwalts", vgl. insbes. § 91 II ZPO. Hierunter wird allg. nur die gesetzliche Vergütung nach dem RVG verstanden, nicht aber eine diese übersteigende (nach dem RVG zulässigerweise) vereinbarte Vergütung (vgl. zu § 91 II ZPO ausführlich BGH NJW 2018, 1477 Rn. 20 ff. mwN). Der Vergütungsanspruch eines gerichtlich beigeordneten oder bestellten Rechtsanwalts **gegen die Staatskasse** beschränkt sich gem. § 48 I 1 ebenfalls auf die gesetzliche Vergütung, so dass etwa ein Pflichtverteidiger, der grds. eine Vergütungsvereinbarung abschließen kann (→ Rn. 66), aus der Staatskasse nicht eine vereinbarte Vergütung verlangen kann. Auch der Leistungsumfang einer **Rechtsschutzversicherung** beschränkt sich regelmäßig auf die gesetzliche Vergütung eines Rechtsanwalts (vgl. 2.3.1.2 ARB 2021). 91

Unterschreitung der gesetzlichen Vergütung

4 **I** [1] **In außergerichtlichen Angelegenheiten kann eine niedrigere als die gesetzliche Vergütung vereinbart werden.** [2] **Sie muss in einem angemessenen Verhältnis zu Leistung, Verantwortung und Haftungsrisiko des Rechtsanwalts stehen.** [3] **Ist Gegenstand der außergerichtlichen Angelegenheit eine Inkassodienstleistung (§ 2 Absatz 2 Satz 1 des Rechtsdienstleistungsgesetzes) oder liegen die Voraussetzungen für die Bewilligung von Beratungshilfe vor, gilt Satz 2 nicht und kann der Rechtsanwalt ganz auf eine Vergütung verzichten.** [4] **§ 9 des Beratungshilfegesetzes bleibt unberührt.**

II Ist Gegenstand der Angelegenheit eine Inkassodienstleistung in einem der in § 79 Absatz 2 Satz 2 Nummer 4 der Zivilprozessordnung genannten Verfahren, kann eine niedrigere als die gesetzliche Vergütung vereinbart werden oder kann der Rechtsanwalt ganz auf eine Vergütung verzichten.

Historie: Überschrift, I geändert, II 1, 4, IV–VI aufgehoben, frühere II 2, 3 zu II 1, 2 geändert durch Art. 2 Nr. 3 G zur Neuregelung des Verbots der Vereinbarung von Erfolgshonoraren v. 12.6.2008 (BGBl. I 1000) mWv 1.7.2008; Materialien: BT-Drs. 16/

8384 (Gesetzentwurf), BT-Drs. 16/8916 (Beschlussempfehlung und Bericht). I 3, 4 eingefügt durch Art. 14 Nr. 2 G zur Änd. des PKH- und Beratungshilferechts v. 31.8.2013 (BGBl. I 3533 (3539)) mWv 1.1.2014; Materialien: BT-Drs. 17/11472 (Gesetzentwurf), BT-Drs. 17/13538 (Beschlussempfehlung und Bericht), BR-Drs. 542/13 (Einigungsvorschlag). Überschrift, I 3, II geändert und III aufgehoben durch Art. 2 Nr. 3 G zur Förderung verbrauchergerechter Angebote im Rechtsdienstleistungsmarkt v. 10.8.2021 (BGBl. I 3415) mWv 1.10.2021; Materialien: BT-Drs. 19/27673 (Gesetzentwurf), BT-Drs. 19/30495 (Beschlussempfehlung und Bericht).

Schrifttum: Doetsch, Die Vergütung bei vorzeitiger Beendigung eines anwaltlichen Stundenhonorars, MDR 2021, 841; Dux, Anwaltliche pro bono-Tätigkeit in Deutschland – Die Erweiterung des Zugangs zum Recht ist im Einklang mit berufsrechtlichen Vorgaben möglich, AnwBl 2011, 90; Goebel, Legal Tech und Erfolgsvergütung schon vor dem Inkrafttreten wieder geändert, FMP 2021, 117; Kilian, Das Gesetz zur Förderung verbrauchergerechter Rechtsdienstleistungsangebote und die Anwaltschaft, MDR 2021, 1297; ders., Verbrauchergerechte Angebote im Rechtsdienstleistungsmarkt – Warum der Gesetzesentwurf nicht das erreicht, was er vorgibt, erreichen zu wollen, AnwBl 2021, 92; Krüger/Raap, Stundensätze von Rechtsanwälten als Rechtsverfolgungskosten, MDR 2010, 422; N. Schneider, Die neuen Regelungen zur Vergütungsvereinbarung, AGS 2021, 440.

Übersicht

1 **I. Normzweck, Übersicht.** Solange noch die anwaltliche Tätigkeit dem **Standesrecht** (→ § 3a Rn. 5) unterlag, galt die Unterschreitung der gesetzlichen Gebühren stets als standeswidrig (vgl. Henssler/Prütting/Kilian BRAO § 49b Rn. 7 ff. mwN). Die ersten einheitlich fixierten Regelungen finden sich (nicht, wie Henssler/Prütting/Kilian BRAO § 49b Rn. 7 meint, erst in den RichtlRA 1934, sondern) in den RichtlRA 1928, die es als unzulässig angesehen haben, geringere als die gesetzlichen Gebühren im Voraus zu vereinbaren, soweit nicht im Einzelfall besonderen Umständen wie insbes. der Bedürftigkeit des Auftraggebers Rechnung getragen wird (Nr. 82, 83 RichtlRA 1928). Vergleichbare Regelungen enthielten die zuletzt geltenden RichtlRA 1973 (§ 51 I, III RichtlRA 1973), ergänzt um eine Ausnahme für zwischen Vertretern der Anwaltschaft und Wirtschaftsgruppen vereinbarte Pauschalhonorare (§ 51 II RichtlRA 1973). Als Grund für die angenommene Standeswidrigkeit einer Gebührenunterschreitung nannte Nr. 82 RichtlRA 1928, dass „darin ein Unterbieten gegenüber den Kollegen" liege „und der Verdacht unzulässigen Werbens um Praxis hervorgerufen" werde (ähnlich § 51 III 2 RichtlRA 1973 zu im Einzelfall zulässigen Ausnahmen: „Es ist jedoch darauf zu achten, daß der Anschein unzulässigen Werbens vermieden wird."). Die Bedenken richteten sich mithin gegen einen dem Stand der Anwaltschaft seiner Ansicht nach abträglichen **Preiswettbewerb.**

2 Bei der nach den sog. „Bastille-Beschlüssen" des BVerfG (→ § 3a Rn. 8) erforderlich gewordenen Ablösung des bisherigen Standesrechts durch eine umfassende gesetzliche Regelung der berufsrechtlichen Pflichten der Rechtsanwälte wurde das standesrechtliche Verbot der Vergütungsunterschreitung 1994 im Grundsatz unver-

ändert als **§ 49b I BRAO** übernommen. Dem Gesetzesentwurf lag die Annahme zugrunde, dass sich die bisherigen standesrechtlichen Regelungen insgesamt bewährt hätten, einen **Preiswettbewerb um Mandate zu verhindern** (Begr. RegE RPNeuOG, BT-Drs. 12/4993, 31). Anders als das frühere Standesrecht wurde hierin aber nur das Ziel, nicht der Grund der Regelung gesehen. Dieser wurde vielmehr in der Gewährleistung der **Chancengleichheit beim Zugang zum Recht und zu den Rechtsanwälten** gesehen: Sind Vergütungsunterschreitungen untersagt, können weder die Finanzkraft des Mandanten noch die Verlockung preisgünstiger Angebote das für die Wahl eines bestimmten Rechtsanwalts maßgebliche Vertrauen in diesen überlagern und verlangt die Rechtsverfolgung von Allen (soweit kein Anspruch auf gesetzliche Kostenhilfe besteht) gleiche finanzielle Lasten für die anwaltliche Vertretung ab (Begr. RegE RPNeuOG, BT-Drs. 12/4993, 31; vgl. auch Begr. RegE G zur Förderung verbrauchergerechter Angebote im Rechtsdienstleistungsmarkt, BT-Drs. 19/27673, 19).

Das allgemeine Verbot einer Vergütungsunterschreitung in § 49b I BRAO bedurfte allerdings nach den dem Gesetzesentwurf zugrunde liegenden Vorstellungen für bestimmte Fälle der Lockerung, die im Vergütungsrecht geregelt wurden und für die § 49b I 1 BRAO einen ausdrücklichen Vorbehalt enthält (vgl. Begr. RegE RPNeuOG, BT-Drs. 12/4993, 44). Eine entsprechende Regelung erfolgte zunächst in § 3 V BRAGO, dessen Inhalt später als **II aF** übernommen worden ist (vgl. Begr. RegE KostRMoG, BT-Drs. 15/1971, 188). Mit der bei der Neuregelung des Rechts der Vergütungsvereinbarung im Jahre 2008 (→ § 3a Rn. 10) erfolgten „Verschiebung“ von § 4 I, IV–VI aF in den neuen § 3a (→ § 3a Rn. 12) wurde dessen Inhalt auf die heutigen **I** und **II** aufgeteilt (vgl. Begr. G z. Neuregelung des Verbots der Vereinbarung von Erfolgshonoraren, BT-Drs. 16/8384, 10). Nachdem III aF 2021 ebenfalls in den § 3a verschoben worden ist (→ § 3a Rn. 49), beschränkt sich § 4 heute auf die Regelung von Lockerungen für vergütungsunterschreitende Vereinbarungen. Als solche enthält sie **Ausnahmen vom allgemeinen Verbot von Vergütungsunterschreitungen** in § 49b I BRAO. 3

II. Vereinbarung einer Vergütungsunterschreitung. Anwendungsbereich des § 4 ist die Vereinbarung (→ Rn. 5 f.) einer niedrigeren als der gesetzlichen Vergütung (→ Rn. 7 ff.) als Gegenleistung für eine anwaltliche Tätigkeit iSd § 1. 4

1. Vergütungsvereinbarung. Die Anwendung des § 4 setzt (wie § 49b I 1 BRAO) tatbestandlich voraus, dass eine niedrigere als die gesetzliche Vergütung vereinbart ist. Die Vorschrift knüpft damit an das Vorliegen einer (besonderen, weil vergütungsunterschreitenden) **Vergütungsvereinbarung iSd § 3a** an (auch eine unter § 4 fallende Vereinbarung muss daher den Anforderungen des § 3a genügen). Unerheblich ist, ob bei Beauftragung des Rechtsanwalts, während des Mandats oder auch erst nach dessen Beendigung abgeschlossen wird, entscheidend ist allein, dass die Beschränkung des Vergütungsanspruchs **rechtlich verbindlich** ist. Die Darlegungs- und Beweislast für den Abschluss einer solchen vergütungsbeschränkenden Vereinbarung liegt beim Auftraggeber (vgl. zu § 5 V BRAGO OLG Saarbrücken AGS 2003, 180 = BeckRS 2002, 17730). 5

Rechnet der Rechtsanwalt lediglich eine entstandene Vergütung nicht (vollständig) ab bzw. treibt sie nicht bei, ohne dass dem eine (auch konkludent) getroffene Vereinbarung zugrunde liegt, sind die tatbestandlichen Voraussetzungen des § 4 nicht erfüllt (vgl. zu § 49b I 1 Henssler/Prütting/Kilian BRAO § 49b Rn. 29). Soweit § 49b I 1 BRAO abweichend von § 4 auch das „fordern“ einer niedrigeren als der gesetzlichen Vergütung erfasst, betrifft dies Fälle, in denen der Rechtsanwalt einen Vergütungsanspruch ohne vertragliche Beziehung mit dem Vergütungsschuldner (insbes. der Staatskasse) hat (vgl. Henssler/Prütting/Kilian BRAO § 49b Rn. 19) und die daher von vornherein nicht in den Anwendungsbereich der §§ 3a ff. fallen. 6

2. Vergütungsunterschreitung. Gegenstand der Vergütungsvereinbarung muss eine **niedrigere Vergütung als die gesetzliche** sein. Der Bezugspunkt der „gesetzlichen Vergütung“ entspricht den **im RVG für die Angelegenheit bestimmten Gebühren und Auslagen** (→ § 1 Rn. 2 ff.). Sieht das RVG für eine anwaltliche Tätigkeit keine (Mindest-)Vergütung vor, kommt daher auch eine Vergütungsunterschreitung nicht in Betracht. Dies gilt insbes. für Beratung, Gutachtenerstellung und 7

Mediation iSd § 34 (BGH NJW 2017, 2554 Rn. 11 ff. mwN). Soweit aber das RVG in § 35 auf Vorschriften der StBVV und damit auf eine andere gesetzliche Taxe verweist, sind die sich danach ergebenden Gebühren ebenfalls „gesetzliche Vergütung" iSd § 4 (OLG Nürnberg NJW-RR 2015, 1199; § 4 III StBVV entspricht inhaltlich § 4 I 1, 2).

8 Dieser gesetzlichen Vergütung ist die **vereinbarte Vergütung** gegenüberzustellen. Niedriger ist jede Gegenleistung, die geringer ist, insbes. auch dann, wenn überhaupt keine Gegenleistung erbracht wird (Voraussetzung ist mithin, dass im Ergebnis auf die gesetzliche Vergütung ganz oder teilweise „verzichtet" wird). Dabei spielt keine Rolle, wie die vereinbarte Vergütung bestimmt wird.

9 Ohne weiteres unter § 4 fallen daher Vereinbarungen, mit denen **Regelungen des RVG** so **modifiziert** werden, dass die danach ermittelte Vergütung notwendigerweise geringer ausfallen muss als bei Anwendung der nicht modifizierten Regelungen. Dass ist etwa der Fall, wenn Gebühren oder Auslagen mit niedrigeren Beträgen oder Sätzen als im RVG vorgesehen angesetzt werden, wenn auf einzelne oder alle Gebühren oder Auslagen trotz Anfalls verzichtet werden oder wenn von den gesetzlichen Wertbestimmungen abweichende geringere Gegenstandswerte angesetzt werden. Wird bei einer **Rahmengebühr** iSd § 14 ein bestimmter Betrag oder Satz vereinbart, ist im Grundsatz jeder Betrag oder Satz innerhalb des gesetzlichen Rahmens, auch wenn dieser nach unten ausgeschöpft wird, noch nicht niedriger als die gesetzliche Gebühr (OLG Düsseldorf NZBau 2012, 318 (320), zurückhaltender Henssler/Prütting/Kilian BRAO § 49b Rn. 26).

10 Ebenso erfasst werden aber auch Fälle, in denen die **Vergütung unabhängig vom RVG bestimmt** wird (zB durch Vereinbarung eines Pauschal- oder Zeithonorars), der sich danach ergebende Betrag im Ergebnis aber niedriger ist als die nach dem RVG ermittelte Vergütung. Der danach vorzunehmende Vergleich erweist sich allerdings insbes. bei einem vereinbarten Zeithonorar als problematisch, weil der tatsächliche Zeitaufwand und damit die vertraglich geschuldete Vergütung erst nach Beendigung des Auftrags feststeht, die Vergütungsvereinbarung aber regelmäßig vorher abgeschlossen wird. Es bedarf daher in diesen Fällen (soweit nicht eine Mindestvergütung nach dem RVG vereinbart ist) einer Prognose ex ante des Rechtsanwalts, ob eine Unterschreitung der gesetzlichen Vergütung zumindest möglich ist (vgl. OLG München AGS 2016, 214 mAnm Schons; Henssler/Prütting/Kilian BRAO § 49b Rn. 22).

11 **Nicht** unter § 4 fallen die Vereinbarung einer **erfolgsabhängigen Vergütung,** hierzu → Rn. 25, und Vereinbarungen über die **Verwendung der Vergütung** durch den Rechtsanwalt, mit der kein Vergütungsverzicht gegenüber dem Auftraggeber einhergeht. Solche nicht von § 4 erfassten Vereinbarungen sind etwa die (berufsrechtlich unzulässige) sog. „echte" Gebührenteilung iSd § 49b III 1 BRAO zur Belohnung einer Mandatsvermittlung, die Vereinbarung einer umsatzbezogenen Miete mit einem Auftraggeber, der zugleich Vermieter des Anwaltsbüros ist (BGH NJW 2015, 1093 Rn. 11 ff.), oder die (auch berufsrechtlich unbedenkliche) sog. „unechte Gebührenteilung" iSd § 49b III 2 BRAO durch Verwendung eines Teils der Vergütung zur Bezahlung eines vom Rechtsanwalt im eigenen Namen beauftragten Unterbevollmächtigten (BGH NJW 2001, 753; 2006, 3569).

12 **III. Zulässigkeitsvoraussetzungen. 1. Grundsatz (I 1, 2, 4). a) Nur außergerichtliche Angelegenheiten (I 1).** Nach I 1 ist die Vereinbarung einer die gesetzliche unterschreitenden Vergütung in außergerichtlichen Angelegenheiten **stets zulässig.** Das Vorliegen dieser Voraussetzung hängt, wie sich aus dem Wortlaut des I 1 ergibt, nicht davon ab, ob die Tätigkeit des Rechtsanwalts außergerichtlich ausgeübt wird, sondern davon, dass sie sich auf eine außergerichtliche Angelegenheit (iSd §§ 16 ff.) bezieht (HK-RVG/Winkler/Teubel Rn. 3).

13 Auf eine außergerichtliche Angelegenheit beziehen sich jedenfalls alle Tätigkeiten, die nach **Teil 2 des VV** (VV 2100–2508) vergütet werden, und damit insbes. die **Vertretung** in privat- oder öffentlichrechtlichen Auseinandersetzungen. Weitere Fälle der Vergütung einer anwaltlichen Tätigkeit in außergerichtlichen Angelegenheiten regelt **Abschnitt 5** des RVG (§§ 34–36). Indessen ist zu beachten, dass es für Beratung, Gutachtenerstellung und Mediation iSd § 34 es bereits an gesetzlichen

Gebühren fehlt, die unterschritten werde könnten (→ Rn. 7). Für Hilfesachen in Steuerleistungen iSd § 35 mit seinem Verweis auf die Vergütung nach der StBVV gilt hingegen I 1 uneingeschränkt, zumal auch ein Steuerberater nach § 4 III StBVV in gleicher Weise wie nach I 1 eine niedrigere als die sich aus der StBVV ergebende gesetzliche Vergütung vereinbaren kann. Die Tätigkeit in schiedsrichterlichen Verfahren und vor Schiedsgerichten ist nach § 36 zwar wie eine Tätigkeit in gerichtlichen Verfahren zu vergüten, sich ändert dies nichts am außergerichtlichen Charakter der Angelegenheit.

Da § 4 eine Ausnahme vom allg. Verbot der Vergütungsunterschreitung in § 49b I BRAO normiert (→ Rn. 3), folgt aus der Beschränkung der Zulassung einer die gesetzliche unterschreitenden Vergütung auf außergerichtliche Angelegenheit zugleich, dass eine Vergütungsunterschreitung in **gerichtlichen Angelegenheiten** im Grundsatz **unzulässig** ist. (Weitere) Ausnahmen bestehen insoweit nur für gerichtliche Inkassodienstleistungen nach II (→ Rn. 18) und bei einer nach § 49b I 2 BRAO zulässigen Pro-Bono-Tätigkeit (→ Rn. 22). 14

b) Mindestvergütung (I 2). Auch soweit danach die Vereinbarung einer niedrigeren als der gesetzlichen Vergütung zulässig ist, darf allerdings im Grundsatz keine beliebig niedrige Vergütung vereinbart werden. Vielmehr muss die vereinbarte Vergütung nach I 2 im Allgemeinen in einem **angemessenen Verhältnis** zu **Leistung, Verantwortung und Haftungsrisiko des Rechtsanwalts** stehen. Dieses angemessene Verhältnis kann nur durch Berücksichtigung der Umstände des konkreten Auftrags bestimmt werden, weshalb die Vereinbarung einer sich auf eine unbestimmte Vielzahl von Fällen beziehenden Pauschalvergütung nur dann zulässig ist, wenn diese (zB durch eine Staffelung der Vergütung) Unterschiede hinsichtlich der nach I 2 in die Abwägung einzubeziehenden Umstände (wenigstens pauschalierend) berücksichtigt (BGH NJW 2009, 534 Rn. 20 mwN). 15

Da das nach I 2 angemessene Verhältnis nur gewahrt sein kann, wenn überhaupt irgendeine (Mindest-)Vergütung geschuldet ist, ist insbes. der vollständige **Verzicht** auf eine Vergütung **ausgeschlossen** (dies ergibt sich iÜ auch aus dem Umkehrschluss zu I 3). **Ausnahmen** von I 2 bestehen allerdings für außergerichtliche Inkassodienstleistungen (I 3 Fall 1, → Rn. 17) und bei nach I 3 Fall 2 (→ Rn. 21) oder nach § 49b I 2 BRAO zulässiger Pro-Bono-Tätigkeit (→ Rn. 22). 16

2. Ausnahmen. a) Inkassodienstleistungen (I 3 Fall 1, II). Über die allgemeinen Regelungen in I 1, 2 hinausgehend ist die Vereinbarung einer niedrigeren als der gesetzlichen Vergütung nach I 3 Fall 1, II dann zulässig, wenn Gegenstand der (außergerichtlichen oder gerichtlichen) Angelegenheit eine Inkassodienstleistung ist. Eine solche **Inkassodienstleistung** ist nach der in I 3 Fall 1 in Bezug genommenen Klammerdefinition in **§ 2 I 1 RDG** die Einziehung fremder oder zum Zweck der Einziehung auf fremde Rechnung abgetretener Forderungen, wenn die Forderungseinziehung als eigenständiges Geschäft betrieben wird, einschließlich der auf die Einziehung bezogenen rechtlichen Prüfung und Beratung. Sie ist eine Rechtsdienstleistung, deren Erbringung außer Rechtsanwälten auch nach §§ 10 ff. RDG registrierten Inkassodienstleistern erlaubt ist, so dass in diesem Bereich Inkassodienstleister, deren Vergütung nicht gesetzlich geregelt ist (→ RDG § 13c Rn. 2; § 13c RDG stellt allerdings für die Vergütungsvereinbarung gewisse, an die §§ 3a, 4a angelehnte formale und inhaltliche Anforderungen auf), und Rechtanwälte, die grundsätzlich an die im RVG geregelte gesetzliche Vergütung gebunden sind, miteinander konkurrieren. Zur Vermeidung einer Inkohärenz und einer berufsrechtlichen Ungleichbehandlung der Rechtsanwaltschaft (vgl. Begr. RegE, BT-Drs. 19/27673, 16 ff.) ist daher mit dem G zur Förderung verbrauchergerechte Angebote im Rechtsdienstleistungsmarkt v. 10.8.2021 (BGBl. I 3415) auch für Rechtsanwälte die Möglichkeit geschaffen worden, in diesem Bereich die Vergütung in gleichem Maße frei zu vereinbaren (vgl. außer I 3 Fall 1, II auch § 4a I 1 Nr. 2). 17

I 3 Fall 1 betrifft **außergerichtliche Inkassodienstleistungen.** Für diese gilt danach das Gebot des I 2 zur Vereinbarung jedenfalls einer angemessenen Mindestvergütung (→ Rn. 15 f.) nicht. Vielmehr kann jede beliebige (die sich nach dem Gesetz ergebenden Beträge unterschreitende) Vergütung vereinbart oder auch ganz auf eine Vergütung verzichtet werden und damit dem Umstand Rechnung getragen 18 werden, dass es sich regelmäßig um ein Massengeschäft mit standardisierten und häufig automatisierten Arbeitsabläufen handelt (vgl. Begr. RegE BT-Drs. 19/27673, 32).

19 Nach **II** ist außerdem – abweichend von I 1 (→ Rn. 14) – auch in einem der in § 79 II 2 Nr. 4 ZPO genannten Verfahren (Mahnverfahren und Verfahren der Zwangsvollstreckung wegen Geldforderungen in das bewegliche Vermögen) und damit für bestimmte **gerichtliche Inkassodienstleistungen** die Vereinbarung einer niedrigeren als der gesetzlichen Vergütung bzw. der vollständige Verzicht auf Vergütung möglich. Die Regelung ist an die Stelle der bereits in § 3 V BRAGO und nachfolgend II aF vorgesehene entsprechende Möglichkeit für Mahnverfahren und bestimmten Vollstreckungsverfahren getreten und hat diese erweitert. Soweit II 1 aF ausdrücklich eine Vereinbarung zuließ, nach der der Rechtsanwalt dann, wenn der Anspruch des Auftraggebers auf Erstattung der gesetzlichen Vergütung nicht beigetrieben werden kann, einen Teil des Erstattungsanspruchs an Erfüllungs statt annimmt, bleibt dies nach der jetzt geltenden Fassung des II (und ggf. § 4a I 1 Nr. 2) erlaubt (vgl. Begr. RegE BT-Drs. 19/27673, 33).

20 **b) Pro-Bono-Tätigkeit.** Außerdem kann der Rechtsanwalt aus bestimmten, **in der Person des Auftraggebers liegenden Umständen** unabhängig von den allgemeinen Voraussetzungen des § 4 die Vergütung ermäßigen oder ganz auf sie verzichten, mithin für den Auftraggeber für eine niedrigere als die gesetzliche Vergütung oder unentgeltlich tätig werden (sog. Pro-Bono-Tätigkeit).

21 **aa) Vorliegen der Voraussetzungen für Beratungshilfe (I 3 Fall 2, 4).** Dies ist zum einen nach **I 3 Fall 2** dann der Fall, wenn die Voraussetzungen für die Bewilligung von Beratungshilfe vorliegen. Erforderlich ist danach nicht, dass Beratungshilfe tatsächlich bewilligt (zu diesem Fall vgl. → § 3a Rn. 64 f.) oder auch nur beantragt ist (Schneider/Volpert/N. Schneider Rn. 22). Maßgeblich ist allein, dass der Auftraggeber die erforderlichen Mittel nach seinen persönlichen und wirtschaftlichen Verhältnissen nicht aufbringen kann, ihm keine anderen zumutbaren Möglichkeiten für eine Hilfe zur Verfügung stehen und die Inanspruchnahme der Beratungshilfe nicht mutwillig erscheint (vgl. § 1 BerHG), ihm also **Beratungshilfe bewilligt werden könnte.** Wie der Verweis auf die Beratungshilfe (vgl. § 2 BerHG) und iÜ die systematische Stellung des I 3 in § 4 I zeigen, betrifft dies allerdings nur die Vergütung für Tätigkeiten des Rechtsanwalts in **außergerichtlichen Angelegenheiten** (→ Rn. 13).

22 Der Rechtsanwalt kann dann durch Vergütungsvereinbarung iSd § 3a gegenüber dem Auftraggeber weitergehend als nach I 2 (→ Rn. 15 f.) – **auch im Voraus** – ganz auf eine Vergütung verzichten, ohne gegen das Vergütungsunterschreitungsverbot des § 49b I 1 BRAO zu verstoßen. Da dieser Verzicht auf den besonderen Verhältnissen des Auftraggebers gründet, soll allerdings ein dem Auftraggeber erstattungspflichtiger Dritter hiervon nicht profitieren (vgl. Begr. RegE PKH/BerHÄndG, BT-Drs. 17/11472, 49), weshalb **I 4** ausdrücklich **§ 9 BerHG** unberührt lässt, nach dem der Erstattungsanspruch sich auf die Vergütung nach den allgemeinen Vorschriften richtet und auf die Beratungsperson übergeht. Der Rechtsanwalt kann daher auch im Falle eines Vergütungsverzichts gegenüber dem Auftraggeber vom erstattungspflichtigen Dritten die volle gesetzliche Vergütung verlangen, wobei auch im Falle der Beratungshilfebewilligung nicht die Beratungshilfegebühren (VV 2500–2508), sondern die allgemeinen Gebühren nach VV 2100–2305 geschuldet sind (so bereits BGH NJW 2011, 2300 mwN zu der bis Ende 2013 geltenden Fassung des § 8 BerHG mit dem damaligen durchaus auslegungsbedürftigen Verweis auf die „gesetzliche" Vergütung).

23 **bb) Vorliegen besonderer Umstände (§ 49b I 2 BRAO).** Einen weiteren Fall zulässiger Pro-Bono-Tätigkeit des Rechtsanwalts regelt § 49b I 2 BRAO. Die dort vorgesehene Möglichkeit, die Vergütung zu ermäßigen oder ganz zu erlassen, geht einerseits über I 3 Fall 2, 4 hinaus, als sie **auch gerichtliche Angelegenheiten** erfasst, und bleibt andererseits dahinter zurück, weil sie nur eine Vereinbarung **nach Erledigung der Angelegenheit** zulässt (allerdings begegnet das Inaussichtstellen einer solchen Vereinbarung bereits zu Beginn der Tätigkeit keinen Bedenken, Henssler/Prütting/Kilian BRAO § 49b Rn. 44).

24 Voraussetzung sind **im Einzelfall** zu berücksichtigende **besondere Umstände in der Person des Auftraggebers,** der nach Sinn und Zweck der Norm allerdings mit dem Mandanten, dessen Interessen wahrgenommen werden, identisch sein muss (Henssler/Prütting/Kilian BRAO § 49b Rn. 44). Als in Betracht kommender besonderer Umstand nennt das Gesetz beispielhaft („insbesondere") die **Bedürftigkeit** des Auftraggebers. Daneben kommt vor allem eine besondere **persönliche Nähebeziehung** des Auftraggebers zum Rechtsanwalt in Betracht (vgl. Begr. RegE RPNeuOG, BT-Drs. 12/4993, 31: Vertretung von Verwandten und Freunden).

c) Erfolgshonorar (§ 49b II BRAO, § 4a). Auch die Vereinbarung einer erfolgsabhängigen Vergütung kann – jedenfalls für den Misserfolgsfall – zu einer niedrigeren als der gesetzlichen Vergütung führen. Ihre Zulässigkeit richtet sich indessen nicht nach § 49b I BRAO iVm § 4, sondern nach den **speziellen Vorschriften in § 49b II BRAO iVm § 4a** (→ § 4a Rn. 1 ff.). Zur Vermeidung einer Umgehung des grundsätzlichen Verbots einer Unterschreitung der gesetzlichen Vergütung lässt § 4a II die Vereinbarung eines teilweisen oder vollständigen Verzichts auf die gesetzliche Vergütung für den Fall des Misserfolgs außer für Inkassodienstleistungen nur zu, wenn für den Fall des Erfolgs ein angemessener Zuschlag auf die gesetzliche Vergütung vereinbart wird (→ § 4a Rn. 22 ff.). 25

IV. Folgen unzulässiger Vergütungsunterschreitung. 1. Berufsrecht. § 4 regelt nicht die Unzulässigkeit der Unterschreitung der gesetzlichen Vergütung durch Vereinbarung, sondern nur (wie auch § 49b I 2 BRAO, → Rn. 22 f.) Ausnahmen vom allgemeinen Verbot solcher Vereinbarungen in § 49b I BRAO (→ Rn. 3). **Unmittelbare Rechtsfolge des § 4** ist daher lediglich, dass eine ansonsten nach § 49b I BRAO verbotene **Vergütungsvereinbarung erlaubt** ist (dass dies, nicht aber die zivilrechtlichen Folgen für die Vergütungsvereinbarung im Vergütungsrecht geregelt ist, erscheint systematisch nicht recht gelungen). Ist mithin keiner der Ausnahmetatbestände des § 4 (oder des § 49b I 2 BRAO) erfullt, greift das berufsrechtliche Verbot des § 49b I 1 BRAO ein. Verstöße hiergegen sind zunächst berufsrechtlich sanktioniert (vgl. §§ 74 f., 113 ff. BRAO). 26

2. Vertragsrecht. Das berufsrechtliche Verbot der Unterschreitung einer gesetzlichen Vergütung ist indessen nicht nur berufsrechtlich sanktioniert, sondern ist auch ein **gesetzliches Verbot iSd § 134 BGB** (vgl. etwa OLG München NJW 2002, 3641; solange das Verbot noch standesrechtlich begründet war, → Rn. 1, wurde es als Teil der guten Sitten iSd § 138 BGB angesehen, vgl. zu § 4a → § 4a Rn. 1). Soweit die Ausnahmen des § 4 und des § 49b I 2 BRAO nicht eingreifen, ist die Vereinbarung einer Gebührenunterschreitung daher **nichtig.** Der Rechtsanwalt kann dann die vereinbarte Vergütung nicht verlangen und muss bereits (etwa als Vorschuss) geleistete Zahlungen nach bereicherungsrechtlichen Grundsätzen herausgeben. 27

Allerdings ergreift die Nichtigkeit der Vergütungsvereinbarung nach allgM nicht den Anwaltsvertrag insgesamt (vgl. BGHZ 201, 334 = NJW 2014, 2653 Rn. 12 mwN; BGH WM 1976, 1135 (1136): idR ist als Parteiwille anzunehmen, dass der Vertrag iÜ entgegen der Grundregel des § 139 BGB aufrechterhalten bleiben soll, weil andernfalls Ansprüche des Auftraggebers auf Vertragserfüllung und Schadensersatz wegen schuldhafter Vertragsverletzung entfallen würden). Die Entgeltlichkeit der anwaltlichen Geschäftsbesorgung wird daher nicht berührt. Damit ist im Grundsatz auf die gesetzlichen Bestimmungen des RVG zurückzugreifen. Indessen verwehrt **§ 242 BGB** dem Rechtsanwalt dann, wenn der Auftraggeber darauf vertraute, nur die vereinbarte niedrigere Vergütung zu schulden, sich die Nichtigkeit der Vergütungsvereinbarung zunutze zu machen und eine höhere Vergütung zu verlangen, als (unwirksam) vereinbart worden ist (vgl. etwa OLG Köln NJW-RR 2014, 241 (242), allerdings in Verkennung von § 4b). Im Ergebnis bleibt es daher dabei, dass der Rechtsanwalt jedenfalls nicht mehr als die (unwirksam) vereinbarte Vergütung verlangen kann. 28

3. Wettbewerbsrecht. Das Verbot der Unterschreitung der gesetzlichen Vergütung ist darüber hinaus eine im Interesse der Marktteilnehmer bestehende **Marktverhaltensregelung** iSd § 3a UWG (vgl. zu § 4 Nr. 11 UWG aF BGH NJW 2006, 3569 Rn. 11; AnwBl 2007, 870 Rn. 5). Seine Verletzung kann daher auch wettbewerbswidrig sein und wettbewerbsrechtliche Ansprüche (§§ 8–10 UWG) nach sich ziehen. 29

Erfolgshonorar

4a **I [1]Ein Erfolgshonorar (§ 49b Absatz 2 Satz 1 der Bundesrechtsanwaltsordnung) darf nur vereinbart werden, wenn**

1. sich der Auftrag auf eine Geldforderung von höchstens 2 000 Euro bezieht,
2. eine Inkassodienstleistung außergerichtlich oder in einem der in § 79 Absatz 2 Satz 2 Nummer 4 der Zivilprozessordnung genannten Verfahren erbracht wird oder
3. der Auftraggeber im Einzelfall bei verständiger Betrachtung ohne die Vereinbarung eines Erfolgshonorars von der Rechtsverfolgung abgehalten würde.

[2]Eine Vereinbarung nach Satz 1 Nummer 1 oder 2 ist unzulässig, soweit sich der Auftrag auf eine Forderung bezieht, die der Pfändung nicht unterworfen ist. [3]Für die Beurteilung nach Satz 1 Nummer 3 bleibt die Möglichkeit, Beratungs- oder Prozesskostenhilfe in Anspruch zu nehmen, außer Betracht.

II In anderen als den in Absatz 1 Satz 1 Nummer 2 genannten Angelegenheiten darf nur dann vereinbart werden, dass für den Fall des Misserfolgs keine oder eine geringere als die gesetzliche Vergütung zu zahlen ist, wenn für den Erfolgsfall ein angemessener Zuschlag auf die gesetzliche Vergütung vereinbart wird.

III In eine Vereinbarung über ein Erfolgshonorar sind aufzunehmen:

1. die Angabe, welche Vergütung bei Eintritt welcher Bedingungen verdient sein soll,
2. die Angabe, ob und gegebenenfalls welchen Einfluss die Vereinbarung auf die gegebenenfalls vom Auftraggeber zu zahlenden Gerichtskosten, Verwaltungskosten und die von diesem zu erstattenden Kosten anderer Beteiligter haben soll,
3. die wesentlichen Gründe, die für die Bemessung des Erfolgshonorars bestimmend sind, und
4. im Fall des Absatzes 1 Satz 1 Nummer 3 die voraussichtliche gesetzliche Vergütung und gegebenenfalls die erfolgsunabhängige vertragliche Vergütung, zu der der Rechtsanwalt bereit wäre, den Auftrag zu übernehmen.

Historie: Vorschrift (ebenso wie § 43b PatAnwO, § 9a StBerG, § 55 WiProO) eingefügt durch G zur Neuregelung des Verbots der Vereinbarung von Erfolgshonoraren v. 12.6.2008 (BGBl. I 1000) mWv 1.7.2008; Materialien: BT-Drs. 16/8384 (Gesetzentwurf), BT-Drs. 16/8916 (Beschlussempfehlung und Bericht). I 3 eingefügt durch Art. 14 Nr. 3 G zur Änd. des PKH- und Beratungshilferechts v. 31.8.2013 (BGBl. I 3533 (3539)) mWv 1.1.2014 Materialien: BT-Drs. 17/11472 (Gesetzentwurf), BT-Drs. 17/13538 (Beschlussempfehlung und Bericht), BR-Drs. 542/13 (Einigungsvorschlag). Vorschrift neugefasst durch Art. 2 Nr. 4 G zur Förderung verbrauchergerechter Angebote im Rechtsdienstleistungsmarkt v. 10.8.2021 (BGBl. I 3415) mWv 1.10.2021; Materialien: BT-Drs. 19/27673 (Gesetzentwurf), BT-Drs. 19/30495 (Beschlussempfehlung und Bericht).

Schrifttum: Blattner, Die output-basierte Vergütung – worauf es beim Erfolgshonorar ankommt, AnwBl 2012, 562; Enders, Neues bei Vergütungsvereinbarungen – Erfolgshonorar in welchen Fällen?, JurBüro 2008, 337; Hähnchen/Kuprian, Verbot von Erfolgshonorarvereinbarungen – Tradition ohne Rechtfertigung, AnwBl 2020, 412; Hansens, Erfolgshonorar- und Vergütungsvereinbarungen ab 1.7.2008, RVGreport 2008, 282; Henke, Das Erfolgshonorar wird künftig in Ausnahmefällen zulässig, AGS 2008, 265; Fölsch, Auswirkungen des Erfolgshonorargesetzes auf die Vergütungsvereinbarung, MDR 2008, 728; Kilian, Das Gesetz zur Neuregelung des Verbots der Vereinbarung von Erfolgshonoraren, NJW 2008, 1905; ders., Anwaltliche Erfolgshonorare? – Eine evidenzbasierte Annäherung, NJW 2021, 445; ders., Verbrauchergerechte Angebote im Rechtsdienstleistungsmarkt – Warum der Gesetzesentwurf nicht das erreicht, was er vorgibt, erreichen zu wollen, AnwBl 2021, 92; Mayer, Die Vereinbarung eines Erfolgshonorars nach § 4a RVG n.F., AnwBl 2008, 473; ders., Das „neue" Erfolgshonorar – was die Praxis jetzt wissen muss, AnwBl 2021, 477; ders., Das neue Erfolgshonorar, 2021; Overkamp, Auswirkungen des neuen anwaltlichen Erfolgshonorars auf die Kostenerstattung, NJW 2022, 998; Rücker/Bell, Das Erfolgshonorar für Rechtsanwälte – Denkbare Anwendungsbereiche der aktuellen Neuregelung, MDR 2022, 470; Schnee-Gronauer, Vom Erfolgshonorar zum Geschäftsmodell: Wie Kanzleien die neue Freiheit nutzen können, AnwBl 2021, 477; Schons, Der lange Weg zum Erfolgshonorar, FS Hartung, 2008, 185; ders., Wohl und Wehe des Erfolgshonorars in Deutschland – Zum Spannungsverhältnis Prozesskostenhilfe/ Erfolgshonorar, AnwBl 2017, 966; Skupin, Das neue Rechtsdienstleistungsrecht – Anwaltliche Erfolgshonorare und neue Pflichten für Legal Techs, GRURPrax 2021, 368; Teubel/ Schons, Erfolgshonorar für Rechtsanwälte, 2008; Vogeler, Das anwaltliche Erfolgshonorar, JA 2011, 321.

Übersicht

I. Normzweck, Übersicht. Die Vereinbarung einer erfolgsabhängigen Vergütung für die anwaltliche Tätigkeit wurde stets als bedenklich angesehen, war aber zunächst nicht Gegenstand einer gesetzlichen Regelung. Der Gesetzgeber der RAGebO hielt ein Verbot für praktisch wertlos, weil dieses „leicht zu umgehen" sei (Begr. RegE RAGebO Vhdlg. d. RT [4. Leg.-Per., II. Session 1879, Anlagen], Bd. 55, Anl. 6, 117 (157)). So war zunächst das frühere **Standesrecht** (→ § 3a Rn. 5) – auch für die **guten Sitten iSd § 138 BGB** (vgl. etwa RG SeuffArch Bd. 69 Nr. 255; RGZ 115, 141 = JW 1927, 513; RGZ 142, 70 = JW 1934, 227 mAnm. v. Hodenberg JW 1934, 553; BGH NJW 1987, 3203 (3204) mwN; BGHZ 133, 90 (94) = NJW 1996, 2499 (2500)) – der Maßstab, an dem die Zulässigkeit solcher Vereinbarungen gemessen wurde. Auf der Grundlage bestehender ehrengerichtlicher Rechtsprechung (vgl. die Nachw. etwa bei Henssler/Prütting/Kilian, BRAO, § 49b Rn. 58) sahen die ersten einheitlich fixierten Regelungen des Standesrechts vor, dass solche Vereinbarungen nur ausnahmsweise zulässig seien, dies insbes. dann, wenn die Partei erst durch den Erfolg in die Lage komme, ein angemessenes Honorar zu entrichten (Nr. 86 RichtlRA 1928). Die zuletzt geltenden RichtlRA 1973 regelten ebenfalls, dass die Vereinbarung einer erfolgsabhängigen Vergütung nur ausnahmsweise zulässig sei, allerdings nicht in der Weise, dass sich der Rechtsanwalt im Voraus einen Teil des erstrittenen Betrags als Honorar ausbedinge (§ 52 I–III RichtlRA 1973). 1

Mit VO v. 21.4.1944 (RGBl. I 104) wurde in **§ 93 II 4 RAGebO** zwischenzeitlich auch gesetzlich geregelt, dass die Vereinbarung einer erfolgsabhängigen Vergütung (generell) unwirksam ist. Diese bis zur Ablösung der RAGebO durch die BRAGO (→ Vor § 1 Rn. 4) geltende Regelung wurde allerdings nicht in die BRAGO übernommen, weil sie zu eng sei und die Abgrenzung der (ehrengerichtlichen) Rechtsprechung überlassen bleiben sollte (Begr. RegE BRAGO, BT-Drs. 2/ 2545, 226 f.). Mit der Ablösung des bisherigen Standesrechts durch gesetzliche Regelungen des Berufsrechts infolge der „Bastille-Beschlüsse" des BVerfG (→ § 3a Rn. 8) wurde 1994 als **§ 49b II BRAO aF** wiederum ein generelles und ausnahmsloses gesetzliches Verbot von Vereinbarungen einer erfolgsabhängigen Vergütung geschaffen, das sich zivilrechtlich auf die Vergütungsvereinbarung als **gesetzliches Verbot iSd § 134 BGB** auswirkte (vgl. BGH NJW 2003, 3486; NJW-RR 2004, 1145 (1146); NJW 2004, 1169 (1170); 2009, 3297 Rn. 14). 2

3 Für den Gesetzgeber des Jahres 1994 stand dabei die Frage der **Unabhängigkeit des Rechtsanwalts** im Vordergrund, die gefährdet sei, wenn bei der Führung der Sache wirtschaftliche Erwägungen den Ausschlag geben könnten (Begr. RegE RPNeuOG, BT-Drs. 12/4993, 31; vgl. auch etwa BGHZ 133, 90 (94) = NJW 1996, 2499 (2500)) und der Rechtsanwalt sich zumindest dem Verdacht aussetzt, mit seinem Auftraggeber eine wirtschaftliche Interessengemeinschaft zu bilden (vgl. Nr. 87 RichtlRA 1928; § 51 II RichtlRA 1973). Als weitere Gründe für die Bedenklichkeit der Vereinbarung einer erfolgsabhängigen Vergütung werden insbes. der Schutz der Rechtsuchenden vor einer Übervorteilung durch überhöhte Vergütungssätze und dem Vertrauen der Bevölkerung in die Integrität der Anwaltschaft (vgl. BVerfGE 117, 163 (184) = NJW 2007, 979 Rn. 67) sowie die Förderung der prozessualen Waffengleichheit im Hinblick darauf, dass der Beklagte anders als Kläger nicht über die Möglichkeit verfügt, sein Kostenrisiko auf vergleichbare Art zu verlagern (BVerfGE 117, 163 (185) = NJW 2007, 979 Rn. 69).

4 Diese Erwägungen hat das **BVerfG** im Jahre **2006** nicht beanstandet und es verfassungsrechtlich im Grundsatz für unbedenklich gehalten, den Abschluss von Erfolgshonorarvereinbarungen gesetzlich zu beschränken (BVerfGE 117, 163 (182 ff.) = NJW 2007, 979 Rn. 61 ff.). Allerdings hat es entschieden, dass die 1994 geschaffene Regelung insoweit mit Art. 12 I GG nicht vereinbar ist, als sie keine Ausnahme für den Fall zulässt, dass der Rechtsanwalt mit der Vereinbarung einer erfolgsbasierten Vergütung besonderen Umständen in der Person des Auftraggebers Rechnung trägt, die diesen sonst davon abhielten, seine Rechte zu verfolgen. In Umsetzung des damit verbundenen verfassungsgerichtlichen Auftrags wurde die Zulässigkeit von Erfolgshonorarvereinbarungen in § 49b II BRAO und § 4a durch das G zur Neuregelung des Verbots der Vereinbarung von Erfolgshonoraren v. 12.6.2008 (BGBl. I 1000) neu geregelt.

5 Die **jetzige Fassung** des § 4a beruht auf dem G zur Förderung verbrauchergerechte Angebote im Rechtsdienstleistungsmarkt v. 10.8.2021 (BGBl. I 3415), → § 4 Rn. 17. Dabei wurde die zuvor bestehende Ausnahme vom Verbot einer Erfolgshonorarvereinbarung (I 1 aF, jetzt I 1 Nr. 3) erweitert um weitere Ausnahmen für Kleinforderungen (I 1 Nr. 1) und Inkassodienstleistungen (I 1 Nr. 2). III enthält darüber hinaus inhaltliche Anforderungen für eine Erfolgshonorarvereinbarung. Vergleichbare Beschränkungen der Vereinbarung einer erfolgsabhängigen Vergütung regeln § 43b PAO, § 9a StBerG und § 55a WPO; dem III entspr. inhaltliche Anforderungen an solche Vereinbarungen gelten nach § 13c III RDG außerdem auch für Inkassodienstleister.

6 **II. Erfolgshonorarvereinbarung.** Anwendungsbereich des § 4a ist die Vereinbarung eines im Gesetz sog. Erfolgshonorars als Gegenleistung für eine anwaltliche Tätigkeit iSd § 1. Die Vorschrift knüpft damit an das Vorliegen einer **Vergütungsvereinbarung iSd § 3a** an, dessen Anforderungen mithin neben den besonderen, sich aus § 4a und § 49a II BRAO ergebenden besonderen Anforderungen ebenfalls erfüllt sein müssen (dies gilt insbes. auch für die Angemessenheitskontrolle nach § 3a III und der insoweit geltenden Maßstäbe, → § 3a Rn. 69 ff., sowie für die in § 3a IV 1 angeordnete Nichtigkeit einer Vergütungsvereinbarung eines im Wege der PKH beigeordneten Rechtsanwalts, → § 3a Rn. 55 ff.; iErg aA OLG Dresden NJW 2022, 1627 mablAnm Kilian). Inhalt der Vergütungsvereinbarung muss ein **Erfolgshonorar** sein. Für die Frage, wann ein solches vorliegt, verweist I 1 auf die Klammerdefinition in **§ 49b II 1 BRAO.** Danach fallen unter den Begriff des Erfolgshonorars zwei – wirtschaftlich wie rechtlich sehr unterschiedliche – Gestaltungen:

7 Zum einen ist nach § 49b I 1 Fall 1 BRAO ein Erfolgshonorar eine Vergütung, deren Anfall oder Höhe (nicht hingegen lediglich ihre Fälligkeit, BGH NJW-RR 2004, 1145 (1147)) vom Ausgang der Sache oder vom Erfolg abhängig ist (sog. **„palmarium"** oder Erfolgsprämie). Wie sich die Abhängigkeit auswirkt, spielt dabei keine Rolle. Ein Erfolgshonorar in diesem Sinne liegt daher insbes. dann vor, wenn nur im Fall des Erfolges ein bestimmter Betrag, im Fall des Misserfolges hingegen keine Vergütung zu entrichten ist („no win, no fee"), wenn an ein bestimmtes Ergebnis anwaltlicher Tätigkeit eine unterschiedliche Höhe der Vergütung geknüpft ist („no win, less fee") oder wenn im Fall des Erfolges eine höhere als die gewöhnliche

Vergütung und damit ein Zuschlag auf die gesetzliche Vergütung („top-up fee") anfällt (vgl. BVerfGE 117, 163 (165) = NJW 2007, 979). Die Erfolgsabhängigkeit führt dazu, dass der Erfolg (bzw. Misserfolg) Bedingung für den Anfall der Vergütung bzw. deren konkrete Höhe ist. Die Vereinbarung eines Erfolgshonorars iSd § 49b I 1 Fall 1 BRAO ist daher die Vereinbarung einer **aufschiebenden Bedingung iSd § 158 BGB** für das Entstehen einer bestimmten Vergütung (Henssler/Prütting/Kilian BRAO § 49b Rn. 79).

Zum anderen ist ein Erfolgshonorar nach § 49b I 1 Fall 2 BRAO auch eine Vergütung, die in einem Teil des erstrittenen Betrags besteht (sog. **„quota litis"** oder Streitanteilsvergütung). Eine solche Vergütung ist insoweit erfolgsbezogen, als der dem Rechtsanwalt zustehende Anteil von der Höhe des erfolgreich erstrittenen Betrages abhängt. Ihre Besonderheit besteht aber darin, dass sich Rechtsanwalt und Auftraggeber den wirtschaftlichen Erfolg der anwaltlichen Tätigkeit im Ergebnis teilen. Hierin kommt besonders deutlich die stets wegen der Gefährdung der anwaltlichen Unabhängigkeit problematische wirtschaftliche „Interessengemeinschaft" von Rechtsanwalt und Auftraggeber zum Ausdruck, weshalb etwa durch § 52 III RichtlRA 1973 und heute noch nach 3.3. der bei grenzüberschreitenden Tätigkeiten in der EU, im EWR und in der Schweiz sowie in den assoziierten Staaten und den Beobachterstaaten zu befolgenden Berufsregeln für Europäische Rechtsanwälte der CCBE vom 28.10.1988 idF der letzten Änderung vom 19.5.2006 quota-litis-Vereinbarungen standesrechtlich generell verboten waren bzw. sind. Rechtlich dürften sie die Begründung einer **Gesellschaft bürgerlichen Rechts** zwischen Rechtsanwalt und Auftraggeber darstellen (Henssler/Prütting/Kilian BRAO § 49b Rn. 79). 8

Keine Erfolgshonorarvereinbarung liegt nach **§ 49b II 3 BRAO** vor, wenn lediglich vereinbart wird, dass sich die gesetzlichen Gebühren „ohne weitere Bedingungen erhöhen". Gemeint ist damit die ohne weitere Bedingung erfolgende Erhöhung von bereits von Gesetzes wegen durch einen bestimmten Erfolg bedingter Gebühren, mithin die (bedingungslose) **Erhöhung von gesetzlichen Gebühren mit einer Erfolgskomponente** (vgl. Begr. RegE KostRMoG, BT-Drs. 15/1971, 232; Begr. RegE Erfolgshonorar-NeuregelungsG, BT-Drs. 16/8384, 9). Beispiele sind die Einigungsgebühr (VV 1000, 1005, 4146), die Aussöhnungsgebühr (VV 1001), die Erledigungsgebühr (VV 1002) und die Befriedungsgebühr (VV 4141, 5115). Werden diese durch Vergütungsvereinbarung erhöht, unterliegt die Vereinbarung daher nicht allein deswegen den besonderen Vorschriften des § 4a. 9

Zur Vereinbarung einer **Prozessfinanzierung** durch den Rechtsanwalt → Rn. 25. 10

III. Zulässigkeitsvoraussetzungen. 1. Zulässige Bereiche (I 1). a) Kleinforderungen (I 1 Nr. 1). Nach I 1 Nr. 1 ist eine Erfolgshonorarvereinbarung dann zulässig, wenn sich der Auftrag auf eine Geldforderung von höchstens 2.000 EUR bezieht. Diese Möglichkeit ist durch das G zur Förderung verbrauchergerechte Angebote im Rechtsdienstleistungsmarkt (→ Rn. 5) neu geschaffen worden (zuvor war eine Erfolgshonorarvereinbarung nur in dem heute in I 1 Nr. 3 geregelten Fall zulässig). Gründe für die Zulassung waren einerseits der Umstand, dass Rechtssuchende nach demoskopischen Erkenntnissen bei geringen Streitwerten (unterhalb 1.840 EUR) eine Inanspruchnahme der Gerichte wegen des damit verbundenen Kostenrisikos scheuen (sog. **„rationales Desinteresse"**), anderseits die durch Einsatz weitgehend automatisierter Massenabwicklung **(„Legal Tech")** eröffnete Möglichkeit neuer Vergütungsmodelle, die auch Rechtsanwälten eröffnet werden sollte, wodurch sich der Gesetzgeber insgesamt eine Verbesserung des Zugangs zum Recht erhoffte (vgl. Begr RegE, BT-Drs. 19/27673, 13 ff., 35). Eine Ausnahme für Kleinforderungen vom allgemeinen Verbot von Erfolgshonorarvereinbarungen hielt der Gesetzgeber für vertretbar, weil wegen des überschaubaren Kostenrisikos des Rechtsanwalts nur eine geringe Gefahr für seine Unabhängigkeit gegeben sei und wegen der Beschränkung der Möglichkeit auf Kleinforderungen und deren Öffnung für beide Seiten auch eine Gefahr für die prozessuale Waffengleichheit nicht bestehe (Begr RegE, BT-Drs. 19/27673, 36). 11

Voraussetzung ist, dass Gegenstand der Erfolgshonorarvereinbarung eine Angelegenheit ist, die eine Geldforderung und damit einen **Zahlungsanspruch** zum Inhalt hat. Auf welcher rechtlichen Grundlage sich dieser Anspruch ergibt und in welchem 12

Rechtsweg er zu verfolgen wäre, spielt keine Rolle, so dass außer zivilrechtlichen Ansprüchen auch verwaltungs-, sozial- oder steuerrechtliche Ansprüche in Betracht kommen (Begr RegE, BT-Drs. 19/27673, 35). Der Zahlungsanspruch darf **nicht mehr als 2.000 EUR** betragen, wofür allerdings nur maßgeblich ist, was letztlich Gegenstand des Auftrags an den Rechtsanwalt wird (es genügt mithin, dass der Rechtsanwalt wegen eines Teils oder Restes von höchstens 2.000 EUR einer höheren Geldforderung beauftragt wird).

13 Liegen diese Voraussetzungen vor, kann eine Erfolgshonorarvereinbarung unabhängig von den Voraussetzungen der weiteren, in I 1 Nr. 2, 3 eröffneten Möglichkeiten abgeschlossen werden. Möglich ist eine Erfolgshonorarvereinbarung bei Kleinforderungen daher anders als bei Inkassodienstleistungen nach I 1 Nr. 2 auch zur Forderungsabwehr und für streitige Gerichtsverfahren (vgl. Begr RegE, BT-Drs. 19/27673, 35) und abweichend von I 1 Nr. 3 auch unabhängig davon, dass der Auftraggeber ohne Abschluss der Vereinbarung von einer Rechtsverfolgung abgehalten würde (es muss also nicht etwa ein „rationales Desinteresse“ im Einzelfall auch vorliegen).

14 **b) Inkassodienstleistungen (I 1 Nr. 2).** Ebenfalls mit dem G zur Förderung verbrauchergerechte Angebote im Rechtsdienstleistungsmarkt (→ Rn. 5) ist mit I 1 Nr. 2 die Möglichkeit geschaffen worden, für bestimmte Inkassodienstleistungen ein Erfolgshonorar zu vereinbaren. Grund hierfür war wie für die Regelung in § 4 I 3 Fall 1, II (hierzu → § 4 Rn. 17) die in diesem Tätigkeitsbereich bestehende Konkurrenz mit Inkassodienstleistern, die grundsätzlich frei bei der Vergütungsgestaltung sind.

15 Voraussetzung ist, dass es sich bei der Angelegenheit, auf die sich die Erfolgshonorarvereinbarung bezieht, um eine **Inkassodienstleistung** handelt. Eine solche Inkassodienstleistung ist nach der Klammerdefinition in § 2 I 1 RDG die Einziehung fremder oder zum Zweck der Einziehung auf fremde Rechnung abgetretener Forderungen, wenn die Forderungseinziehung als eigenständiges Geschäft betrieben wird, einschließlich der auf die Einziehung bezogenen rechtlichen Prüfung und Beratung (so dass – im Unterschied zu I 1 Nr. 1, → Rn. 13 – insbes. nicht die Forderungsabwehr erfasst wird). I 1 Nr. 2 lässt allerdings nicht jegliche Inkassodienstleistung genügen. Vielmehr muss es sich entweder um eine (beliebige) **außergerichtliche** Inkassodienstleistung oder um eine der in § 79 II 2 Nr. 4 ZPO genannten bestimmten **gerichtlichen** Inkassodienstleistung (Mahnverfahren und Verfahren der Zwangsvollstreckung wegen Geldforderungen in das bewegliche Vermögen; ausgeschlossen sind mithin – anders als nach I 1 Nr. 1, → Rn. 13 – streitige Verfahren) handeln.

16 **c) Situation des Rechtssuchenden (I 1 Nr. 3).** Nachdem das BVerfG 2006 das ursprünglich in § 49b II aF BRAO (→ Rn. 2) enthaltene generelle Verbot von Erfolgshonorarvereinbarungen verfassungsrechtlich beanstandet hatte (→ Rn. 4), war mit I 2 aF eine eng an den Ausführungen des BVerfG orientierte (vgl. Begr. RegE Erfolgshonorar-NeuregelungsG, BT-Drs. 16/8384, 10 f.) Ausnahme geschaffen worden. Da das BVerfG eine Ausnahme „zumindest“ für Fälle verlangt hatte, „in denen auf Grund der wirtschaftlichen Situation des Auftraggebers bei verständiger Betrachtung erst die Vereinbarung einer erfolgsbasierten Vergütung die Inanspruchnahme qualifizierter anwaltlicher Hilfe ermöglicht“ (BVerfGE 117, 163 (200) = NJW 2007, 979 Rn. 110), wurden auch – nur – diese Fälle (mit nahezu identischer Formulierung) in I 2 aF geregelt. Diese Fokussierung auf die wirtschaftliche Situation hat der Gesetzgeber (durchaus im Einklang mit der Entscheidung des BVerfG) mit der Änderung von I 1 durch das G zur Förderung verbrauchergerechte Angebote im Rechtsdienstleistungsmarkt (→ Rn. 5) aufgegeben (vgl. Begr RegE, BT-Drs. 19/27673, 37). Seither spielt es keine Rolle mehr, welche Gründe den Rechtssuchenden von einer Rechtsverfolgung abhalten.

17 Voraussetzung ist damit, dass (im Ausgangspunkt beliebige) **Gründe** vorliegen, die den Rechtssuchenden **von einer Rechtsverfolgung abhalten** und die durch den Abschluss einer Erfolgshonorarvereinbarung entfallen. Als solche Gründe kommen heute außer der **wirtschaftlichen Situation** des Rechtssuchenden insbes. die sich für ihn aus der Rechtsverfolgung ergebenden **finanziellen Risiken** (vgl. Begr RegE, BT-Drs. 19/27673, 37; RechtsA, BT-Drs. 16/8916, 14) in Betracht. Soweit die wirtschaftliche Situation des Rechtssuchenden maßgeblich ist, hat nach **I 3** seine

Möglichkeit, Beratungshilfe oder PKH in Anspruch zu nehmen, außer Betracht zu bleiben (wegen deren engen wirtschaftlichen Voraussetzungen, vgl. Begr. RegE Erfolgshonorar-NeuregelungsG, BT-Drs. 16/8384, 11 unter Hinweis auf BVerfGE 117, 163 (195) = NJW 2007, 979 Rn. 100). Ist bereits PKH bewilligt, kann allerdings im Falle des nachträglichen Abschlusses einer Erfolgshonorarvereinbarung die Beiordnung des Rechtsanwalts (isoliert, dh unter Aufrechterhaltung der PKH-Bewilligung mit Wirkung für die Gerichtskosten) aufgehoben werden (OLG Hamm AGS 2018, 349 mAnm Mayer FD-RVG 2018, 406952; OLG Köln NJW-RR 2019, 179).

Maßgeblich ist in jedem Falle die **individuelle Situation** des einzelnen betroffenen Rechtssuchenden (vgl. Begr. RegE Erfolgshonorar-NeuregelungsG, BT-Drs. 16/8384, 10 f.). Diese ist indessen nach I 1 Nr. 3 einer **„verständigen Würdigung"** zu unterziehen, also auf eine gewisse Mindestrationalität hin zu überprüfen. **18**

2. Inhaltliche Beschränkungen (I 2, II, § 49b II 2 BRAO). Die nach I 1 im Allgemeinen zulässigen Erfolgshonorarvereinbarungen unterliegen allerdings einigen (unterschiedlich gelagerten) Beschränkungen: **19**

a) Unpfändbare Forderungen (I 2). Nach **I 1 Nr. 1 oder 2** zulässige Erfolgshonorarvereinbarungen dürfen sich nach I 2 nicht auf unpfändbare Forderungen beziehen. Unpfändbar sind nach den gesetzlichen Bestimmungen etwa der unpfändbare Grundbetrag des Arbeitseinkommens nach § 850c ZPO, nach § 850a ZPO unpfändbare Bezüge, Sozialleistungen nach Maßgabe von § 54 III, IV SGB I, § 42 IV SGB II, ein nach § 899 ZPO pfändungsfreies Guthaben auf einem Pfändungsschutzkonto oder einem Gefangenen bei der Entlassung in die Freiheit gezahltes Überbrückungsgeld und weitere Beihilfen nach Maßgabe von §§ 51 IV, 75 III StVollzG. Unpfändbar sind nach § 851 II ZPO darüber hinaus auch Forderungen, die sich auf (zB nach § 811 ZPO) unpfändbare Gegenstände richten. Eine solche unpfändbare Forderung darf mithin weder Gegenstand eines Rechtsverfolgungsauftrags iSd I 1 Nr. 1 noch eines Inkassoauftrags iSd I 1 Nr. 2 sein. **20**

Die (auf Vorschlag des Ausschusses für Recht und Verbraucherschutz eingefügte) Regelung folgt dem Rechtsgedanken des § 400 BGB und soll sicherstellen, dass von einer aus rechtspolitischen Gründen unpfändbaren Forderung auch kein Erfolgshonorar einbehalten wird (Begr. RechtsA, BT-Drs. 19/30495, 15). Hiervon ausgehend erschließt sich allerdings nicht, warum diese Beschränkung einerseits für nach I 1 Nr. 3 zulässige Erfolgshonorarvereinbarungen generell nicht gilt und andererseits im Anwendungsbereich des I 1 Nr. 1 auch die Forderungsabwehr (→ Rn. 13) betreffende Vereinbarungen erfasst. **21**

b) Vergütungsunterschreitung bei Misserfolg (II). In nach **I 1 Nr. 1 oder 3** zulässigen Erfolgsvereinbarungen darf außerdem eine **Unterschreitung der gesetzlichen Vergütung bei Misserfolg** nach II nur dann vereinbart werden, wenn zugleich für den Erfolgsfall ein angemessener Zuschlag auf die gesetzliche Vergütung vereinbart wird. Dies schließt eine Vergütungsvereinbarung aus, nach der im Voraus lediglich für den Fall des Misserfolgs ein Verzicht auf die Vergütung bzw. deren Reduzierung vereinbart wird. **22**

Zweck der Vorschrift ist es, eine **Umgehung** der für die (erfolgsunabhängige) Vereinbarung einer niedrigeren als der gesetzlichen Vergütung nach **§ 4** geltenden Beschränkung **zu verhindern** (Begr. RegE Erfolgshonorar-NeuregelungsG, BT-Drs. 16/8384, 11). Der ursprüngliche Wortlaut der Regelung (I 2 aF) beschränkte dies allerdings (im Hinblick auf das dort geltende grundsätzliche Verbot vergütungsunterschreitender Vereinbarungen, → § 4 Rn. 13) auf Vereinbarungen für gerichtliche Verfahren. Da für außergerichtliche Angelegenheiten im Grundsatz das Verbot einer (erfolgsunabhängigen) Unterschreitung einer angemessenen Mindestvergütung gilt (§ 4 I 2, → § 4 Rn. 15 f.), warf dies die Frage auf, ob § 4 I 2 auch für eine erfolgsabhängige Vergütungsunterschreitung in außergerichtlichen Angelegenheiten gilt bzw. ob die in gerichtlichen Verfahren geltende Vorschrift des § 4a entsprechend heranzuziehen ist (vgl. etwa Henssler/Prütting/Kilian BRAO § 49b Rn. 40). Zur Klarstellung ist die Vorschrift als II daher neugefasst worden und gilt nun ausdrücklich für alle von I Nr. 1 oder 3 erfassten und damit auch außergerichtlichen Angelegenheiten (Begr RegE, BT-Drs. 19/27673, 37). Damit ist zugleich geklärt, dass die weitergehende Beschränkung des **§ 4 I 2 für Erfolgshonorarvereinbarungen** in **23**

außergerichtlichen Angelegenheiten **nicht gilt,** weil es weder erforderlich noch angemessen ist, die Vereinbarungen eines Erfolgshonorars in außergerichtlichen Angelegenheiten einer stärkeren Beschränkung zu unterwerfen als in gerichtlichen Angelegenheiten (Begr RegE, BT-Drs. 19/27673, 37). Da Vergütungsvereinbarungen für Inkassodienstleistungen hinsichtlich einer Vergütungsunterschreitung keinen Beschränkungen mehr unterliegen (§ 4 I 2, II, → § 4 Rn. 17 ff.), sind diese auch aus dem Anwendungsbereich des II ausgeschlossen worden (Begr RegE, BT-Drs. 19/27673, 37).

24 Soll vereinbart werden, dass bei Misserfolg keine Vergütung oder eine geringere als die gesetzliche Vergütung (→ § 4 Rn. 7 ff.) zu zahlen ist, muss nach II zugleich vereinbart werden, dass im Erfolgsfall ein **angemessener Zuschlag** auf die gesetzliche Vergütung zu zahlen ist. Die Angemessenheit ist aus der Sicht der Vertragsschließenden bei Vertragsschluss zu beurteilen (Begr. RegE Erfolgshonorar-NeuregelungsG, BT-Drs. 16/8384, 11). Dabei sind insbes. das Ausmaß der Vergütungsunterschreitung bei Misserfolg und die Erfolgsaussichten zu berücksichtigen: Je weiter die gesetzliche Vergütung unterschritten wird und umso geringer die die Erfolgssausichten sind, umso größer muss der Zuschlag sein (vgl. Begr. RegE Erfolgshonorar-NeuregelungsG, BT-Drs. 16/8384, 11: beträgt die Erfolgsaussicht 50 %, ist im Allgemeinen ein Zuschlag angemessen, der dem Abschlag im Misserfolgsfall entspricht); in der praktischen Anwendung dürfte dies kaum rechtssicher handzuhaben sein (vgl. etwa Schneider/Volpert/N. Schneider Rn. 29; Berechnungsrichtwerte stellt Gerold/Schmidt/Mayer Rn. 16 ff. auf). Der Zuschlag muss dabei nur im rechnerischen Ergebnis, nicht aber notwendigerweise als solcher vereinbart werden.

25 **c) Prozessfinanzierung (§ 49b II 2 BRAO).** Schließlich sind Vereinbarungen, nach denen der Rechtsanwalt sich dem Auftraggeber gegenüber verpflichtet, für diesen anfallende Gerichtskosten, Verwaltungskosten oder Kosten anderer Beteiligter zu tragen, nach § 49b II 2 BRAO nur in nach I 1 Nr. 2 zulässigen Erfolgshonorarvereinbarungen gestattet (die im RegE vorgesehene Erstreckung auch auf nach I 1 Nr. 1 zulässige Erfolgshonorarvereinbarungen zu erstrecken, ist auf Vorschlag des Ausschusses für Recht und Verbraucherschutz, vgl. BT-Drs 19/30495, 15, nicht in das Gesetz übernommen worden), iÜ, mithin in Erfolgshonorarvereinbarungen nach **I 1 Nr. 1 oder 3** aber unzulässig. Grundsätzlich ist daher eine Prozessfinanzierung durch den Rechtsanwalt berufsrechtlich verboten.

26 **3. Pflichtangaben (III).** III (der mit geringen Änderungen die in II, III aF enthaltenen Regelungen übernommen hat) schreibt bestimmte (über die nach § 4 I 2, 3 für alle Vergütungsvereinbarungen geltenden formalen Anforderungen, → § 4 Rn. 33 ff., hinausgehende) Pflichtangaben vor, die **in die (in Textform zu haltende, § 3a I 1) Vergütungsvereinbarung aufgenommen** werden müssen. Mit ihnen sollen die kalkulatorischen Grundlagen des Erfolgshonorars und dessen Bedingungen zum Schutz des Auftraggebers und zur Vermeidung von Missverständnissen festgehalten werden (vgl. Begr. RegE Erfolgshonorar-NeuregelungsG, BT-Drs. 16/8384, 11).

27 Nach **III Nr. 1** (der den Wortlaut von II Nr. 2 aF übernommen hat) ist zum einen der **Erfolg,** von dem das Erfolgshonorar abhängen soll, genau zu bestimmen. Zum anderen ist auch der **Betrag der Vergütung** (bzw. der Streitanteil bei einer quota-litis-Vereinbarung), der bei Erfolg oder Misserfolg anfällt, anzugeben.

28 **III Nr. 2** (der weitgehend III 2 aF entspricht) verlangt einen Hinweis darauf, welchen Einfluss die Erfolgshonorarvereinbarung auf **vom Auftraggeber zu zahlende Drittkosten** – Gerichtskosten, Verwaltungskosten und anderen Verfahrensbeteiligten zu erstattende Kosten – hat. Damit soll ein möglicher Irrtum des Auftraggebers, er werde durch die Erfolgshonorarvereinbarung von sämtlichen Rechtsverfolgungskosten freigestellt, verhindert werden (Begr. RegE Erfolgshonorar-NeuregelungsG, BT-Drs. 16/8384, 12). Regelmäßig lautet dieser Hinweis wegen des allgemeinen Verbots der Prozessfinanzierung durch den Rechtsanwalt (→ Rn. 24) dahingehend, dass die Erfolgshonorarvereinbarung insoweit keinen Einfluss hat (so ausdrücklich III 2 aF). Da nunmehr aber bei Inkassodienstleistungen eine anwaltliche Prozessfinanzierung nach § 49b II 2 BRAO zulässig ist, ist der Wortlaut des III Nr. 2 im Vergleich zur Vorgängerregelung offener.

Nach **III Nr. 3** (der inhaltlich III 1 aF entspricht) sind außerdem die **Grundlagen in die Vergütungsvereinbarung** aufzunehmen, auf denen die der **Kalkulation des Erfolgshonorars** zugrundeliegende Einschätzung der Erfolgsaussichten Beruhen. Dabei sind sowohl die tatsächlichen Umstände als auch die rechtlichen Erwägungen darzustellen, auf denen die Einschätzung beruht, allerdings nur insoweit, wie sie bei Vertragsschluss bekannt sind (Begr. RegE Erfolgshonorar-NeuregelungsG, BT-Drs. 16/8384, 11). Ausreichend ist eine kurze Darstellung der wesentlichen Grundlagen (Begr. RegE Erfolgshonorar-NeuregelungsG, BT-Drs. 16/8384, 12: zB Hinweis auf – knapp zu erläuternde – Beweisschwierigkeiten oder rechtliche Unklarheiten) 29

Schließlich ist (nur) bei einer nach I 1 Nr. 3 zulässigen Erfolgshonorarvereinbarung nach **III Nr. 4** (der inhaltlich II Nr. 1 aF entspricht) zur Verdeutlichung von Alternativen zur erfolgsabhängigen Vergütung noch die **ohne Erfolgshonorarvereinbarung anfallende Vergütung** anzugeben. Dies ist im Normalfall die gesetzliche Vergütung, kann aber ggf. auch eine zulässigerweise vereinbare erfolgsunabhängige Vergütung sein, zu der der Rechtsanwalt zur Übernahme des Auftrags bereit wäre. 30

IV. Folgen einer unzulässiger Erfolgshonorarvereinbarung. Berufsrechtlich ist dem Rechtsanwalt nach § 49b II BRAO verboten, Erfolgshonorarvereinbarungen abzuschließen, die nicht nach § 4a zulässig bzw. nach § 49b II 2 BRAO unzulässig sind; ein Verstoß gegen dieses Verbot kann zu berufsrechtlichen Sanktionen führen (vgl. §§ 74 f., 113 ff. BRAO; ein Unterlassen der Pflichtangaben des III hat nur zivil-, nicht aber berufsrechtliche Folgen, Henssler/Prütting/Kilian BRAO § 49b Rn. 124). 31

Damit ist § 49b II BRAO auch ein gesetzliches Verbot iSd § 134 BGB (→ Rn. 2). Die **zivilrechtlichen** Folgen einer nach I, II (→ § 4b Rn. 4) unzulässigen oder die Pflichtangaben nach III Nr. 1 und 4 nicht enthaltenden Erfolgshonorarvereinbarung ergeben sich allerdings heute aus § 4b (→ § 4b Rn. 8 ff.). Fehlen die Pflichtangaben nach III Nr. 2, 3, kann sich der Rechtsanwalt dem Auftraggeber gegenüber schadensersatzpflichtig machen (→ § 4b Rn. 7). Auch die (nur berufsrechtliche) Regelung des § 49b II 2 BRAO ist ein gesetzliches Verbot iSd § 134 BGB, so dass eine danach unzulässige Prozessfinanzierungsvereinbarung (→ Rn. 25) nichtig ist. 32

Schließlich sind die Vorschriften des § 49a II BRAO und des § 4a Marktverhaltensregelungen iSd § 3a UWG (vgl. zu § 4 Nr. 11 UWG aF BGH NJW 2006, 3569 Rn. 11; AnwBl 2007, 870 Rn. 5), deren Verletzung **wettbewerbswidrig** sein und wettbewerbsrechtliche Ansprüche (§§ 8–10 UWG) nach sich ziehen kann. 33

Fehlerhafte Vergütungsvereinbarung

4b **[1] Aus einer Vergütungsvereinbarung, die nicht den Anforderungen des § 3a Absatz 1 Satz 1 und 2 oder des § 4a Absatz 1 und 3 Nummer 1 und 4 entspricht, kann der Rechtsanwalt keine höhere als die gesetzliche Vergütung fordern. [2] Die Vorschriften des bürgerlichen Rechts über die ungerechtfertigte Bereicherung bleiben unberührt.**

Historie: Vorschrift eingefügt durch Art. 2 Nr. 4 G zur Neuregelung des Verbots der Vereinbarung von Erfolgshonoraren v. 12.6.2008 (BGBl. I 1000 (1001)) mWv 1.7.2008; Materialien: BT-Drs. 16/8384 (Gesetzentwurf), BT-Drs. 16/8916 (Beschlussempfehlung und Bericht). S. 1 geändert durch Art. 2 Nr. 5 G zur Förderung verbrauchergerechter Angebote im Rechtsdienstleistungsmarkt v. 10.8.2021 (BGBl. I 3415) mWv 1.10.2021; Materialien: BT-Drs. 19/27673 (Gesetzentwurf), BT-Drs. 19/30495 (Beschlussempfehlung und Bericht).

Schrifttum: N. Schneider, Unverbindliche Vergütungsvereinbarungen, NZFam 2015, 1119; ders., Abrechnung bei fehlerhafter Vergütungsvereinbarung, NJW-Spezial 2017, 283.

I. Normzweck, Übersicht. Die mit der 2008 erfolgten Neuregelung des Rechts der Vergütungsvereinbarung (→ § 3a Rn. 10) eingefügte Vorschrift regelt die Rechtsfolgen der Nichteinhaltung bestimmter gesetzlicher Anforderungen an eine Vergütungsvereinbarung. Beabsichtigt war dabei keine Abweichung von der zuvor 1 geltenden Rechtslage (vgl. Begr. RegE Erfolgshonorar-NeuregelungsG, BT-Drs. 16/8384, 12). Im Ergebnis trifft dies auch zu, allerdings haben sich im Einzelnen rechtskonstruktive Änderungen ergeben.

2 **II. Fehlerhaftigkeit der Vergütungsvereinbarung (S. 1). 1. Allgemeine Formerfordernisse (§ 3a I 1, 2).** Nach S. 1 Fall 1 erfasst die Vorschrift die für **alle Vergütungsvereinbarungen** geltenden allgemeinen Formerfordernisses nach § 3a I 1, 2. Nach § 4b sind daher Verstöße gegen das **Textformerfordernis** des § 3a I 1 (→ § 3a Rn. 25 ff.) und die Gestaltungsanforderungen **(Vollmachtsverbindungsverbot, Absetzungs-, Bezeichnungsgebot)** des § 3a I 2 (→ § 3a Rn. 33 ff.) zu beurteilen.

3 **2. Anforderungen an Erfolgshonorarvereinbarungen (§ 4a I, III Nr. 1, 4).** S. 2 Fall 2 betrifft besondere Anforderungen an **Erfolgshonorarvereinbarungen** iSd § 4a. Nach § 4b zu beurteilen sind danach zwei – sehr unterschiedlich gelagerte – Verstöße gegen gesetzliche Vorschriften.

4 Zum einen erfasst S. 2 Fall 2 Erfolgshonorarvereinbarungen, die nicht den Anforderungen des § 4a I entsprechen. Da sich aus § 4a I ergibt, unter welchen Voraussetzungen eine Erfolgshonorarvereinbarung vereinbart werden darf, regelt § 4b insoweit die Rechtsfolgen einer **unzulässigen Erfolgshonorarvereinbarung** (die Bezeichnung des Regelungsgegenstands des § 4b als „Formfehler" in Begr. RegE Erfolgshonorar-NeuregelungsG BT-Drs. 16/8384, 12, greift daher zu kurz). S. 2 Fall 2 ist allerdings lückenhaft (geworden), weil § 4a I nach der 2021 erfolgten „Verselbständigung" der bisher in § 4a I 3 aF enthaltenen Regelung als neuer § 4a II (→ § 4a Rn. 23) die Zulässigkeitsvoraussetzungen nicht allein in § 4a I, sondern auch in § 4a II geregelt sind. Bei dieser Gelegenheit ist der Wortlaut des § 4b zwar an die ebenfalls erfolgte Änderung des § 4a II aF/III nF angepasst worden (vgl. Begr. RegE BT-Drs. 19/27673, 39), nicht aber an die Änderung von § 4a I aF/I, II nF. Dies dürfte allerdings nur ein redaktionelles Versehen sein, weil kein Grund ersichtlich ist, warum sich die Rechtsfolgen eines Verstoßes gegen die Anforderungen des (die Regelung in § 4a I 1 Nr. 1, 3 ergänzenden) § 4a II nicht (mehr) aus § 4b ergeben sollten.

5 Zum anderen erfasst S. 2 Fall 2 die besonderen formalen Anforderungen an eine Erfolgshonorarvereinbarung nach § 4a III Nr. 1, 4 (= § 4a II aF, → § 4a Rn. 27, 30). Dabei handelt es sich um das **besondere Bestimmtheitsgebot des § 4a III Nr. 1** und die **besondere Hinweispflicht des § 4 III Nr. 4** (zu § 4a III Nr. 2, 3 → Rn. 4).

6 **3. Sonstige Anforderungen.** Alle weiteren in den §§ 3a ff. geregelten Anforderungen an eine Vergütungsvereinbarung werden nicht von § 4b erfasst. Ihre Rechtsfolgen ergeben sich entweder unmittelbar aus der jeweiligen Regelung in den §§ 3a ff. oder sind nach den allgemeinen schuldrechtlichen Vorschriften zu bestimmen (vgl. zu § 49b I BTAO iVm § 4 BGH NJW 2015, 1093 Rn. 13). Im Einzelnen gilt:

7 Ein Verstoß gegen die **Hinweispflichten nach § 3a I 3, 4a III Nr. 2, 3** lässt den Anspruch des Rechtsanwalts auf die vereinbarte Vergütung unberührt, kann aber zu einem **Schadensersatzanspruch** des Auftraggebers führen (→ § 3a Rn. 46). Eine entgegen § 3a IV 1 abgeschlossene **Vergütungsvereinbarung eines beigeordneten PKH-Anwalts** ist nach § 3a IV 1 **nichtig** (→ § 3a Rn. 62 f.). Eine nach § 4 unzulässige **Gebührenunterschreitung** führt nach § 49b I 1 BRAO iVm § 134 BGB zur Nichtigkeit der Vergütungsvereinbarung mit nach § 242 BGB modifizierten Folgen (→ § 4 Rn. 28). Zu **§ 4a II** → Rn. 4).

8 **III. Rechtsfolgen. 1. Keine höhere als die gesetzliche Vergütung (S. 1).** Ein von § 4b erfasster Verstoß führt **nicht** zur **Nichtigkeit** der Vergütungsvereinbarung (BGHZ 201, 334 = NJW 2014, 2653; BGH NJW 2016, 1391 Rn. 8). Rechtsfolge ist nach S. 1 lediglich, dass der Vergütungsanspruch auf die **Höhe der gesetzlichen Vergütung** nach oben begrenzt ist **(„Deckelung")**. Es verbleibt ihm mithin der – nach oben begrenzte – vergütungsvertragliche Anspruch (BGHZ 201, 334 = NJW 2014, 2653 Rn. 26; in Missdeutung der Entscheidung des BGH aA OLG Düsseldorf AGS 2019, 162 (164): bereicherungsrechtlicher Anspruch). Hieraus folgt zugleich, dass der Rechtsanwalt sich in diesen Fällen an einer vereinbarten Vergütung, die

niedriger als die gesetzliche Vergütung ist, festhalten lassen muss (wozu es – entgegen Begr. RegE Erfolgshonorar-NeuregelungsG BT-Drs. 16/8384, 12 – keines Rückgriffs auf § 242 BGB bedarf).

Dies entsprach im Ergebnis auch der vor Einfügung des § 4b geltenden Rechtslage, ergab sich allerdings auf abweichenden Grundlagen. Für die von S. 1 Fall 1 erfassten allgemeinen Formerfordernissen ergab sich dies daraus, dass nach § 3 I BRAGO bzw. § 4 I aF bei einem Verstoß aus der Vereinbarung lediglich keine höhere als die gesetzliche Vergütung verlangt werden konnte (die Vereinbarung als solche wie nach der jetzt geltenden Rechtslage mithin wirksam war). Das früher in § 49b I BRAO enthaltene Verbot einer Erfolgshonorarvereinbarung führte zwar als gesetzliches Verbot iSd § 134 BGB bei Verstoß (abweichend von der jetzigen Rechtslage) zur Nichtigkeit der Honorarvereinbarung (→ § 4a Rn. 2), doch konnte der Rechtsanwalt (in den Grenzen von Treu und Glauben) die gesetzliche Vergütung verlangen (→ § 4a Rn. 2). 9

2. Anwendung des Bereicherungsrechts (S. 2). Nach der (lediglich klarstellenden) Regelung in S. 2 bleiben die allgemeinen Vorschriften des Bereicherungsrechts unberührt. Wie bei § 3a IV 2 (→ § 3a Rn. 63) betrifft dies nicht den Rechtsanwalt, sondern den **Auftraggeber,** der in den von § 4b erfassten Fällen auf die Vergütungsvereinbarung die vereinbarte Vergütung (zB als Vorschuss) gezahlt hat. Dass er den Teil der Vergütung, der die gesetzliche Vergütung übersteigt (vgl. S. 1), im Wege der Leistungskondiktion (§ 812 I 1 Fall 1 BGB) zurückverlangen kann, ergibt sich aus den allg. Vorschriften. Der Hinweis in S. 2 soll lediglich verdeutlichen, dass auch in dieser Konstellation der **Kondiktionsausschluss bei Kenntnis der Nichtschuld** (§ 814 BGB) gilt (vgl. Begr. Rechtsausschusses, BT-Drs. 16/8916, 14), die allerdings die positive Kenntnis des Auftraggebers von der gesetzlichen Begrenzung des Vergütungsanspruchs voraussetzt (BGH NJW 2016, 1391 Rn. 9; weitergehend Schneider/Volpert/N. Schneider Rn. 21). 10

3. Berufsrecht, Wettbewerbsrecht. Der Abschluss einer nach dem RVG unzulässigen Vergütungsvereinbarung ist primär ein Verstoß des Rechtsanwalts gegen seine Berufspflichten, § 49b I, II BRAO. Dies hat allerdings aufgrund der besonderen Regelung in § 4b für das Geschäftsbesorgungsverhältnis zwischen Rechtsanwalt und Auftraggeber heute nur (noch, → § 4a Rn. 2) Bedeutung im Falle der Vergütungsunterschreitung (→ § 4 Rn. 27 f.) und führt iÜ ggf. zu berufsrechtlichen Sanktionen nach Maßgabe der BRAO (vgl. §§ 74 f., 113 ff. BRAO). Die §§ 3a–4a sind außerdem Marktverhaltensregelungen iSd § 3a UWG (vgl. zu § 4 Nr. 11 UWG aF BGH NJW 2006, 3569 Rn. 11; AnwBl 2007, 870 Rn. 5), deren Verletzung wettbewerbswidrig sein und wettbewerbsrechtliche Ansprüche (§§ 8–10 UWG) nach sich ziehen kann. 11

Vergütung für Tätigkeiten von Vertretern des Rechtsanwalts

5 Die Vergütung für eine Tätigkeit, die der Rechtsanwalt nicht persönlich vornimmt, wird nach diesem Gesetz bemessen, wenn der Rechtsanwalt durch einen Rechtsanwalt, den allgemeinen Vertreter, einen Assessor bei einem Rechtsanwalt oder einen zur Ausbildung zugewiesenen Referendar vertreten wird.

Schrifttum: Burhoff, Die Vergütung des „Terminsvertreters" im Strafverfahren, RVGreport 2017, 242; Fromm, Der unterbevollmächtigte Rechtsanwalt in Bußgeldsachen, SVR 2015, 49; Hansens, Kosten des Terminsvertreters, RVGreport 2010, 201; ders., Die Kosten des Terminsvertreters im Kostenfestsetzungsverfahren – Glaubhaftmachung der RVG-Kosten durch Berechnung nach § 10 RVG an Mandanten, AnwBl 2011, 760; ders., Kostenerstattung bei Einschaltung eines Terminsvertreters im Namen des Prozessbevollmächtigten, RVGreport 2012, 248; ders., Eigene Terminsreise oder Terminsvertreter? – Praxishinweise für die Wahrnehmung auswärtiger Termine, RVGreport 2012, 122; Jungbauer, Der Rechtsfachwirt als Vertreter des Rechtsanwalts im Sinne des § 5 RVG?, JurBüro 2008, 228; Schnabl/Keller, Die Vergütung des Anwalts für Tätigkeiten des Rechtsreferendars, AnwBl 2008, 131; N. Schneider, Abwesenheitsgeld auch für den Vertreter des Rechtsanwalts?, RVGreport 2007, 52; ders., Kosten des Terminsvertreters bei Verfahrenskostenhilfe, NZFam 2016, 1094; ders., Abrechnung und Festsetzung der Kosten eines Terminsvertreters, AGS 2018, 489.

Übersicht

1 **I. Normzweck.** Nach § 1 I 1 bemisst sich die Vergütung für die anwaltliche Tätigkeit (nur) der Rechtsanwältinnen und Rechtsanwälte (sowie der in § 1 I 3 genannten weiteren Personen und Gesellschaften, hierzu → § 1 Rn. 8 ff.) nach dem RVG. Der im Wesentlichen der früheren Regelung in § 4 BRAGO (die keine Vorgängerin in der RAGebO hatte) entsprechende § 5 **erweitert den Anwendungsbereich des RVG** auf anwaltliche Tätigkeiten, die der beauftragte Rechtsanwalt (bzw. ihm nach § 1 I 1 gleichstehende Personen oder Gesellschaften) für den Auftraggeber **nicht persönlich vornimmt,** sondern durch eine der in der Vorschrift genannten Personen in seinem Namen vornehmen lässt. Rechtsfolge des § 5 ist mithin, dass auch solche durch Vertreter erbrachte Tätigkeiten vom Rechtsanwalt nach dem RVG (und nicht etwa den allg. Vorschriften des bürgerlichen Rechts, → Rn. 24 f.) gegenüber dem Auftraggeber abzurechnen sind.

2 Eine weitergehende Bedeutung hat § 5 hingegen nicht. Insbes. regelt die Vorschrift **nicht,** ob der Rechtsanwalt im Verhältnis zu seinem Auftraggeber auch **berechtigt** ist, die Tätigkeit nicht persönlich, sondern durch einen Vertreter zu erbringen (hierzu → Rn. 20), er also in einem solchen Fall überhaupt eine Vergütung beanspruchen kann; diese Frage ist vielmehr nach den allg. Regeln des bürgerlichen Rechts zu beantworten (vgl. zur BRAGO Begr. § 4 RegE, BT-Drs. 2/2545, 228). Auch regelt sie **nicht** das **(Innen-)Verhältnis zwischen Rechtsanwalt und Vertreter,** also die Frage, ob überhaupt und in welcher Höhe der Vertreter eine Vergütung erhält (hierzu → Rn. 21). Schließlich regelt sie **nicht** den Fall, dass eine der in § 5 genannten Personen nicht für den Rechtsanwalt, sondern (ggf. durch Vermittlung des Rechtsanwalts) **unmittelbar für den Auftraggeber tätig** wird (hierzu → Rn. 27 f.).

3 **II. Anwendungsvoraussetzungen. 1. Vertretung des Rechtsanwalts.** Voraussetzung der Anwendung des § 5 ist, dass der Rechtsanwalt (bzw. eine ihm nach § 1 I 3 gleichstehende Person oder Gesellschaft) eine anwaltliche Tätigkeit, die er dem Auftraggeber aus dem Mandatsvertrag schuldet, nicht selbst vornimmt, sondern durch einen Vertreter erbringen lässt. Dabei ist unerheblich, ob der Vertreter ein unter Aufsicht und Verantwortung des Rechtsanwalts tätiger **Gehilfe,** ein weitgehend selbständig tätiger, aber weisungsgebundener **Unterbeauftragter** oder ein die Geschäftsbesorgung ganz oder teilweise in eigener Verantwortung übernehmender sog. **Substitut** ist.

4 Welcher Art die **anwaltliche Tätigkeit** ist, spielt für die Anwendung des § 5 im Grundsatz keine Rolle, so dass die Vorschrift für Tätigkeiten sowohl in außergerichtlichen als auch in gerichtlichen Angelegenheiten gilt. Da der Rechtsanwalt die von ihm geschuldete Leistung nur erfüllen kann, wenn deren Erbringung möglich und wirksam ist, sind allerdings für **nach außen wirkende Tätigkeiten** des Vertreters dessen **(Unter-)Bevollmächtigung** durch den Rechtsanwalt (vgl. hierzu § 81 ZPO und MüKoZPO/Toussaint ZPO § 81 Rn. 17 ff.) und im Falle von Tätigkeiten in gerichtlichen Angelegenheiten außerdem die eigene **Postulationsfähigkeit bzw. Vertretungsberechtigung** des Vertreters (hierzu → Rn. 8, 12, 15, 17) erforderlich.

Im Übrigen ist die **Vertretung iSd § 5** aber nicht auf eine rechtsgeschäftliche Vertretung iSd §§ 164 BGB oder eine prozessuale Vertretung iSv §§ 80 ff. ZPO, § 11 FamFG, § 67 II–VI VwGO, § 73 II–VI SGG, § 62 II–VI FGO beschränkt, sondern erfasst **jeden Fall,** in dem **ein Dritter im Auftrag des Rechtsanwalts dessen** aufgrund des Mandatsvertrags geschuldete **Tätigkeit ganz oder teilweise im Namen des Rechtsanwalts ausführt.** Unerheblich ist daher die rechtliche Ausgestaltung des (Innen-)Verhältnisses zwischen Rechtsanwalt und Drittem, ob dem Dritten vom Rechtsanwalt eine Untervollmacht erteilt worden ist und ob der Dritte nach außen in Erscheinung tritt oder nur „im Verborgenen" handelt. Eine Vertretung in diesem Sinne liegt allerdings nur vor, wenn der im Namen des Rechtsanwalts tätige Vertreter nicht (auch) vom Auftraggeber beauftragt ist, die anwaltliche Tätigkeit also **nicht auch selbst unmittelbar dem Auftraggeber schuldet.** Es bedarf folglich für die Anwendung des RVG insbes. dann keines Rückgriffs auf § 5, wenn der Auftrag mehreren Rechtsanwälten oder einer Gesellschaft iSd § 1 I 3 (und nicht einem einzelnen Rechtsanwalt persönlich) erteilt worden ist und von einem der beauftragten Rechtsanwälte bzw. im Namen der Gesellschaft von einem der für diese tätigen Rechtsanwälte erledigt wird. 5

Dass im Zweifel der Rechtsanwalt nach § 613 S. 1 BGB die aus dem Mandatsvertrag geschuldeten Dienstleistungen persönlich erbringen muss (vgl. BGH NJW 1981, 2741 (2743); BGHZ 157, 361 (366 f.) = NJW 2004, 836 (837 f.)) und nach §§ 675 I, 664 I 1 BGB die Ausführung des ihm erteilten Auftrags nicht einem Dritten als Substituten übertragen darf, bleibt durch § 5 unberührt. Das Vorliegen einer Ausnahme von dieser Pflicht zur persönlichen Leistungserbringung ergibt sich mithin nicht aus § 5, sondern ist nach allg. vertragsrechtlichen Grundsätzen zu beantworten (→ Rn. 20). Für die Anwendung des § 5 mit seinem Verweis auf die vergütungsrechtlichen Bestimmungen des RVG ist die Zulässigkeit der Vertretung auch ohne Bedeutung; die Vergütung auch für ein unzulässiges Vertreterhandeln ist folglich nach § 5 zu bestimmen. Eine andere, nicht von § 5 beantwortete Frage ist aber, ob die so bestimmte Vergütung auch geschuldet ist, was wiederum von der vertragsrechtlichen Zulässigkeit der Übertragung der Tätigkeit auf einen Dritten abhängt. 6

2. Vertreter iSd § 5. § 5 erfasst nur Tätigkeiten, die von einer der in der Vorschrift abschließend aufgezählten Personen erbracht werden. Überträgt der Rechtsanwalt die Erledigung eines ihm erteilten Auftrag ganz oder teilweise auf eine dort nicht genannte Person, kann für die Bemessung der Vergütung des Rechtsanwalts für deren Tätigkeiten nicht auf § 5 zurückgegriffen werden (→ Rn. 24 ff.). 7

a) Rechtsanwalt. Zunächst genannt ist die Vertretung durch einen (nicht selbst vom Auftraggeber beauftragten, → Rn. 5) Rechtsanwalt. Der Begriff des **„Rechtsanwalts"** ist dabei nicht berufsrechtlich, sondern **im Sinne des RVG** zu verstehen und bezeichnet nicht nur Rechtsanwälte iSd § 1 I 1 (→ § 1 Rn. 6 f.), sondern auch ihm nach § 1 I 3 für die Anwendung des RVG gleichstehende andere Mitglieder einer Rechtsanwaltskammer (→ § 1 Rn. 8 ff.; aA in Verkennung von § 1 I 3 HK-RVG/Klees Rn. 28) sowie Partnerschaftsgesellschaften und sonstige Gesellschaften (→ § 1 Rn. 12 ff.). Er schließt daher für die Anwendung des § 5 auch einen (bis 1980 zugelassenen und daher heute seltenen) sog. Kammerrechtsbeistand (→ § 1 Rn. 11) ein (vgl. Schneider/Volpert/N. Schneider Rn. 43 f.; aA etwa Riedel/Sußbauer/Ahlmann Rn. 5), was aber heute weitgehend bedeutungslos sein dürfte. 8

Eine solche Vertretung des beauftragten Rechtsanwalts durch einen anderen Rechtsanwalt ist in aller Regel rechtlich unproblematisch, weil der anwaltliche Vertreter aufgrund der **identischen Befugnisse** anwaltliche Tätigkeiten regelmäßig mit derselben Wirkung wie der vertretene Rechtsanwalt vornehmen kann. Lediglich im Anwendungsbereich des qualifizierten Vertretungszwangs nach § 78 I 3 ZPO (hierzu etwa MüKoZPO/Toussaint ZPO § 78 Rn. 47 mwN), § 10 IV FamFG ist zu beachten, dass nur ein bei dem BGH zugelassener Rechtsanwalt wirksam Prozesshandlungen vornehmen und einen entsprechenden Auftrag erledigen kann (vgl. zum RVG nur BGH NJW 2007, 1461 Rn. 13). 9

Bei Einschaltung eines weiteren Rechtsanwalts zur Erledigung einer Angelegenheit erfasst allerdings § 5 nur solche Fälle, in denen der vom Auftraggeber beauftragte Rechtsanwalt sich vertreten lässt. Voraussetzung ist mithin, dass der vertretende 10

Rechtsanwalt **vom beauftragten Rechtsanwalt in eigenem Namen und im eigenen Interesse** mit der Vertretung betraut worden ist (vgl. etwa zum sog. Terminsvertreter → Rn. 23). Nicht unter § 5 fallen hingegen Fälle, in denen der weitere Rechtsanwalt vom Auftraggeber unmittelbar oder über Vermittlung durch den erstbeauftragten beauftragt worden ist und daher in einem unmittelbaren Mandatsverhältnis zum Auftraggeber steht, mithin neben den erstbeauftragten Rechtsanwalt tritt (zu den vergütungsrechtlichen Folgen → Rn. 27 f.).

11 **b) Allgemeiner Vertreter.** Weiter nennt § 5 die Vertretung des Rechtsanwalts durch seinen allgemeinen Vertreter. Gemeint ist damit ein Vertreter, der den Rechtsanwalt nicht lediglich in einer einzelnen Angelegenheit, sondern allgemein vertritt. Die Vorschrift nimmt damit Bezug auf die berufsrechtlichen Regelungen der **§§ 53, 54 BRAO** (und außerdem §§ 47, 161 I, 163, 173 BRAO) über die Bestellung einer Vertretung des Rechtsanwalts und deren Befugnisse (**kein** allg. Vertreter in diesem Sinne ist der von der Rechtsanwaltskammer nach § 55 BRAO bestellte **Abwickler** einer Rechtsanwaltskanzlei, der nicht als Vertreter des früheren Rechtsanwalts, sondern im eigenen Namen handelt, vgl. zu § 5 LG Lübeck NJW-RR 2021, 1071; aA HK-RVG/Klees Rn. 31). Da nach § 53 II 2 BRAO auch ein nicht zur Rechtsanwaltschaft zugelassener Volljurist oder ein Referendar im zweiten Jahr zum Vertreter bestellt werden kann, bedurfte es der gesonderten Nennung neben der Vertretung durch einen Rechtsanwalt. Ein solcher allgemeiner Vertreter, der nach § 54 I 2 BRAO eigenverantwortlich handelt, dürfte zwar Substitut iSd § 664 I 1, 2 BGB sein, da er nach § 54 I 2 BRAO aber im Interesse, für Rechnung und auf Kosten des Vertretenen tätig wird, mithin einem gesetzlichen Vertreter nahesteht, ist bei Fehlern des allgemeinen Vertreters anerkannt, dass der vertretene Rechtsanwalt nicht nur nach Maßgabe von §§ 670 I, 664 I 2 BGB ein eigenes Auswahlverschulden zu vertreten hat, sondern sich das Verhalten des Vertreters als seines Erfüllungsgehilfen nach § 278 BGB zurechnen lassen muss (RGZ 163, 377; OLG Frankfurt a. M. NJW 1986, 3091 (3092); OLG Köln NJWE-VHR 1997, 133).

12 Die Bestellung des allgemeinen Vertreters erfolgt, wenn dieser selbst Rechtsanwalt ist, idR durch den zu vertretenden Rechtsanwalt (§ 53 III 1 BRAO), iÜ (§ 53 III 2 BRAO) sowie in den in §§ 47 II, 53 IV, 161 I BRAO genannten Fällen durch die Rechtsanwaltskammer, der der zu vertretende Rechtsanwalt angehört (bzw. im Falle der bei dem BGH zugelassenen Rechtsanwälte durch das Bundesministerium der Justiz, § 163 S. 1 BRAO, das insoweit seine Aufgaben und Befugnisse auf der Grundlage von § 33 II 1 BRAO auf den Präsidenten des BGH übertragen hat, vgl. Ermächtigung v. 10.8.1959, BAnz 1959, Nr. 162). Da dem allgemeinen Vertreter nach § 54 I 1 BRAO (auch wenn er kein Rechtsanwalt bzw. kein bei dem BGH zugelassener Rechtsanwalt ist) die **anwaltlichen Befugnisse des vertretenen Rechtsanwalts** zustehen, ist die Vertretung (die allerdings deutlich gemacht werden muss, vgl. BGH NJW 2005, 3415 mwN) allg. und insbes. auch für die Anwendung des RVG unproblematisch.

13 **c) Assessor.** Von § 5 erfasst wird auch die Vertretung des Rechtsanwalts durch einen „Assessor bei einem Rechtsanwalt". Grund für diese Erweiterung gegenüber der Vorgängerregelung des § 4 BRAGO war insbes. dessen sogar höhere Qualifikation im Vergleich zu dem in § 5 ebenfalls genannten Stationsreferendar (Begr. RegE KostMoG, BT-Drs. 15/1971, 188). Hieraus ergibt sich, dass der Begriff des **„Assessors"** nach dem Bedeutungszusammenhang einschränkend dahin zu verstehen ist, dass diese Voraussetzung nur derjenige erfüllt, der nach dem juristischen Vorbereitungsdienst die zweite juristische Staatsprüfung bestanden hat und damit (wie etwa nach § 61 JAG NRW, § 10 I NJAG, § 68 II BayJAPO) berechtigt ist, die Bezeichnung „Assessor/-in" (wie etwa in Nordrhein-Westfalen oder Niedersachen) bzw. „Rechtsassessor/-in" (wie etwa in Bayern) zu führen (sonstige Berechtigungen zur Führung eines Assessorentitels – wie zB Notarassessor/-in, vgl. § 7 BNotO, oder Bergassessor/-in usw nach Abschluss des Vorbereitungsdienst für den höheren Verwaltungsdienst – genügen nicht).

14 Unter § 5 fällt allerdings nicht jeder Assessor in diesem Sinne, sondern nur einer **„bei einem Rechtsanwalt".** Die Bedeutung dieser Einschränkung ist unklar und wird auch durch die Gesetzesmaterialien nicht erhellt. Der den Materialien zu entnehmende Vergleich mit dem Stationsreferendar und der Hinweis auf die Qualifi-

kation legt nahe, dass eine gewisse Erfahrung mit anwaltlicher Tätigkeit für erforderlich gehalten wurde. „Bei" einem Rechtsanwalt ist ein Assessor daher dann, wenn er **in einem gewissen Umfang (und nicht nur in einem Einzelfall) für einen Rechtsanwalt tätig** ist. Dies ist etwa ein bei einem Rechtsanwalt angestellter Rechtsanwalt, doch kommt es auf die Gestaltung der Rechtsbeziehung zwischen Rechtsanwalt und Assessor nicht an. Im Übrigen ist dem eindeutigen Wortlaut des § 5 zu entnehmen, dass diese Rechtsbeziehung nicht zu „dem" zu vertretenden, sondern nur zu (irgend-)„einem" Rechtsanwalt bestehen muss (NK-GK/Pflüger Rn. 8; aA etwa Schneider/Volpert/N. Schneider Rn. 36). Weitergehende Anforderungen ergeben sich aus dem Gesetz nicht (vgl. auch NK-GK/Pflüger Rn. 8). Soweit unter Bezugnahme auf eine zwar nach Inkrafttreten des RVG, aber noch nur zur BRAGO ergangene Entscheidung des BGH (BGH NJW-RR 2004, 1143) gelegentlich vertreten wird, § 5 verlange, dass der Assessor bei dem zu vertretenden Rechtsanwalt angestellt sein (!) und seine Zulassung zur Rechtsanwaltschaft betreiben müsse (so etwa LG Kleve BeckRS 2016, 19011, II 3), verkennt dies, dass der BGH weder § 5 RVG noch § 4 BRAGO angewandt, sondern vielmehr geprüft hat, wie in diesem Fall die „übliche Vergütung" iSd § 612 II BGB zu bestimmen sei, und iÜ auch nur ausgesprochen hat, dass diese bei Vorliegen der genannten Voraussetzungen „jedenfalls" der vollen Vergütung nach der BRAGO entspreche. Auch die Gesetzesbegründung nimmt zwar auf die Übergangszeit bis zur Zulassung als Rechtsanwalt Bezug (vgl. Begr. RegE KostMoG, BT-Drs. 15/1971, 188), jedoch nur wegen der Bedeutung für den Assessor.

Ein Assessor darf allerdings aufgrund der Beschränkungen des RDG nicht weisungsunabhängig und geschäftsmäßig Rechtsdienstleistungen erbringen (vgl. OLG Düsseldorf MDR 2008, 414) und kann iÜ **keine Tätigkeit in gerichtlichen Verfahren** für den vertretenen Rechtsanwalt ausführen. Im Anwaltsprozess folgt dies daraus, dass er nicht zur Rechtsanwaltschaft zu gelassen ist und auch nicht zum Kreis der sonst in den Verfahrensordnungen genannten postulationsfähigen Personen bzw. Einrichtungen gehört (vgl. § 78 ZPO, § 10 IV FamFG, § 11 IV ArbGG, § 67 IV VwGO, § 73 IV SGG, § 62 IV FGO). Soweit kein Anwaltszwang besteht, wurde zwar aus Art. I § 6 RBerG, nach dem ua Angestellte von Personen, die (nach dem RBerG) die Besorgung fremder Rechtsangelegenheiten betreiben durften, ihrerseits fremde Rechtsangelegenheiten besorgen durften, dass auch Angestellte von Rechtsanwälten (auch Bürovorsteher) vor Gericht auftreten dürften, doch ist dies mit der im Jahre 2008 erfolgten Ablösung des RBerG durch das RDG Geschichte. Seither ist die Vertretungsberechtigung in den jeweiligen Verfahrensordnungen besonders und abschließend geregelt (vgl. § 79 II ZPO, § 10 II FamFG, § 11 II ArbGG, § 67 II VwGO, § 73 II SGG, § 62 II FGO). Nach § 79 II 2 Nr. 2 ZPO, § 10 II 2 Nr. 2 FamFG, § 11 II 2 Nr. 2 ArbGG, § 67 II 2 Nr. 2 VwGO, § 73 II 2 Nr. 2 SGG, § 62 II 2 Nr. 2 FGO, sind zwar auch Personen mit Befähigung zum Richteramt vertretungsbefugt, jedoch nur, wenn dies nicht im Zusammenhang mit einer entgeltlichen Tätigkeit (vgl. § 6 I RDG) steht (woraus OLG Celle, NJW-RR 2014, 1530, folgert, dass das Auftreten eines Assessors die konkludente Erklärung enthalte, unentgeltlich tätig zu werden). Soweit § 79 II 1 ZPO, § 10 II 1 FamFG, § 11 II 1 ArbGG, § 67 II 1 VwGO, § 73 II 1 SGG, § 62 II 1 FGO, auch im Parteiprozess die Vertretung durch einen Rechtsanwalt und damit im Grundsatz auch durch einen Vertreter des Rechtsanwalts zulässt, begründet dies nach hM keine weitergehende Vertretungsberechtigung des Vertreters (vgl. etwa OLG Hamburg VersR 2013, 1278 mwN; OLG Celle NJW-RR 2014, 1530; Stein/Jonas/Jacoby ZPO § 79 Rn. 12; MüKoZPO/Toussaint ZPO § 79 Rn. 8; Musielak/Voit/Weth ZPO § 79 Rn. 6; Zöller/Greger ZPO § 157 Rn. 2; aA etwa Zöller/Althammer ZPO § 79 Rn. 5 unter Hinweis auf § 79 III 2 ZPO). 15

d) Stationsreferendar. Schließlich nennt § 5 den Fall der Vertretung durch einen zur Ausbildung zugewiesenen Referendar. Wie im Falle des in der Vorschrift genannten Assessors (→ Rn. 13) ist damit nicht jeder Referendar, sondern nur ein **Rechtsreferendar** gemeint, also ein geprüfter Rechtskandidat im juristischen Vorbereitungsdienst. Einschränkend verlangt § 5 allerdings, dass der Referendar einem Rechtsanwalt zur Ausbildung zugewiesen ist, sich also in der **Anwaltsstation** oder auch einer **anwaltlichen Wahlstation** (Schnabl/Keller AnwBl 2008, 131 (132) 16 mwN) befindet (und somit anwaltliche Erfahrung sammeln kann). Unerheblich ist, ob der Referendar gerade dem vertretenen oder einem anderen Rechtsanwalt als Ausbilder zugewiesen ist (Schnabl/Keller AnwBl 2008, 131 (132); Schneider/Volpert/N. Schneider Rn. 40; NK-GK/Pflüger Rn. 10, jew. mwN; aA zum insoweit gleichlautenden § 4 BRAGO etwa OLG Düsseldorf JurBüro 2005, 364; LAG Schleswig-Holstein BeckRS 2003, 17121). Hingegen ist die Vorschrift nicht auf einen Referendar in einer anderen Ausbildungsstation anzuwenden, auch wenn er in Nebentätigkeit bei dem vertretenen (oder einem anderen) Rechtsanwalt beschäftigt ist (zu diesem → Rn. 24).

17 Wie der Assessor (→ Rn. 13) kann ein Referendar als Vertreter des Rechtsanwalts allerdings uneingeschränkt nur außergerichtlich tätig werden. Doch ermöglichen **§ 157 ZPO** und **§ 139 StPO** unter den dort genannten Voraussetzungen auch eine Vertretung in gerichtlichen Verfahren.

18 **3. Vertretungstätigkeit.** Damit § 5 zur Anwendung kommen kann, ist außerdem erforderlich, dass die in Vertretung des Rechtsanwalts vom Vertreter ausgeführte Tätigkeit den **Tatbestand einer Gebühr** nach dem RVG erfüllt.

19 **III. Vergütung. 1. Vertretung iSd § 5. a) Vertretener Rechtsanwalt.** Rechtsfolge des Vorliegens der tatbestandlichen Voraussetzungen des § 5 ist, dass der vertretene Rechtsanwalt die von seinem Vertreter für ihn ausgeführte Tätigkeit (über § 1 hinaus) **nach dem RVG abrechnen** kann. Er erhält mithin eine **eigene Anwaltsvergütung** für die nicht persönlich, sondern durch den Vertreter erbrachte Leistung.

20 Aufgrund seiner im Zweifel bestehenden Pflicht zur persönlichen Leistungserbringung (→ Rn. 6) setzt dies allerdings voraus, dass er seinem Auftraggeber gegenüber auch **berechtigt** war, sich vertreten zu lassen. Soweit der Vertreter als bloßer **Gehilfe** des Rechtsanwalts tätig wird, ist dies indessen regelmäßig jedenfalls dann anzunehmen, wenn kein besonderes Interesse des Auftraggebers an einer Leistungserbringung gerade durch den beauftragten Rechtsanwalt gegeben ist (vgl. etwa OLG Köln AGS 2013, 268). Eine **Substitution** hingegen setzt nach den allg. Vorschriften (§§ 675 I, 664 I 2 BGB) voraus, dass sie vom Auftraggeber gestattet worden ist, und kommt anderenfalls nur unter den Voraussetzungen des § 665 BGB in Betracht, dh wenn der Rechtsanwalt den Umständen nach annehmen darf, dass der Auftraggeber dies bei Kenntnis der Sachlage billigen würde. Eine Leistungserbringung durch einen allgemeinen Vertreter des Rechtsanwalts muss der Auftraggeber aber jedenfalls hinnehmen, da die Vertreterbestellung gerade wegen einer vorübergehenden Verhinderung des Rechtsanwalts (vgl. §§ 47 I 2, II, 53 I, 161 I 1 BRAO) erfolgt und der Auftraggeber mit solchen Verhinderungsfällen rechnen muss (RGZ 163, 377 (379)).

21 **b) Vertreter.** Da § 5 voraussetzt, dass die Beauftragung des Vertreters durch den Rechtsanwalt im eigenen Namen und damit auch auf eigene Rechnung erfolgt, kann sich ein Vergütungsanspruch des Vertreters nur gegen den Rechtsanwalt richten. Ob und in welcher Höhe ein solcher Vergütungsanspruch besteht, richtet sich nach dem der Beauftragung zugrundeliegenden Rechtsverhältnis. Dies ist etwa bei angestellten Rechtsanwälten oder Assessoren ein Arbeitsverhältnis und bei einem selbständigen Rechtsanwalt ein für den Einzelfall begründetes Dienst- oder Werkvertragsverhältnis (für das eine Vergütung ohne Bindung an das RVG vereinbart werden kann, vgl. BGH NJW 2006, 3569 Rn. 14 mwN). Letzteres gilt auch für einen vom Rechtsanwalt selbst bestellten Vertreter; ein von Amts wegen von der Rechtsanwaltskammer bestellter Vertreter hat gegen den vertretenen Rechtsanwalt nach § 54 IV BRAO einen gesetzlichen Anspruch auf angemessene Vergütung (vgl. hierzu BGH BRAK-Mitt 2021, 328; 2021, 337), die der Vorstand der Rechtsanwaltskammer auf Antrag eines Beteiligten festsetzt; die Rechtsanwaltskammer haftet dann für die Vergütung wie eine Bürgin.

22 Eine **Erstattung** der danach vom Rechtsanwalt an seinen Vertreter für die Vertretung zu zahlenden Vergütung **durch den Auftraggeber** kommt jedenfalls **nicht als Teil der gesetzlichen Vergütung** in Betracht (OLG Stuttgart AGS 2017, 540 mablAnm N. Schneider; OLG Köln NJW-RR 2022, 283; LAG Berlin-Brandenburg NZA-RR 2019, 384 Rn. 15). Anderes ergibt sich auch nicht aus VV Vorb. 7 I 2, wonach der Rechtsanwalt ihm entstandene, im Teil 7 des VV besonders geregelte

Aufwendungen nach den Grundsätzen von §§ 675 I, 670 BGB als Auslagen beanspruchen kann (OLG Hamm BeckRS 2019, 38868 Rn. 24 ff.; OLG München NJW-RR 2022, 1506; aA für den Fall, dass höhere Reisekosten gespart werden Hartung/Schons/Enders/Enders Rn. 7; Schneider/Volpert/N. Schneider Rn. 28 f.; NK-GK/Pflüger Rn. 3; Gerold/Schmidt/Müller-Rabe VV 3401 Rn. 137b; aber → Rn. 23). Soweit der Vertreter Angestellter des Rechtsanwalts ist, ergibt sich dies bereits daraus, dass insoweit anfallende Löhne und Gehälter allg. Geschäftskosten sind, die nach Vorb. 7 I 1 mit den Gebühren abgegolten sind. Ein Erstattungsanspruch auf gesetzlicher Grundlage scheidet aber darüber hinaus allgemein aus, weil der in § 670 BGB geregelte Aufwendungsersatzanspruch abzugrenzen ist von dem Anspruch auf die Vergütung für die Geschäftsbesorgung (vgl. BeckOGK/Riesenhuber BGB § 670 Rn. 17). Die Erbringung der vertraglichen Leistung wird allein durch die Vergütung abgegolten, so dass der damit verbundene Aufwand (zB auch der Einsatz der eigenen Arbeitskraft) nicht daneben und zusätzlich als Aufwendungsersatz verlangt werden kann. Dem Auftraggeber kann daher regelmäßig die vom Vertreter erbrachte Leistung nicht doppelt – mit der durch die Vertretertätigkeit vom vertretenen Rechtsanwalt verdiente Gebühr und zusätzlich mit der vom Rechtsanwalt an den Vertreter gezahlten Vergütung als Auslagen – in Rechnung gestellt werden.

Dies schließt es indessen nicht aus, im Einzelfall **Abweichendes zu vereinbaren.** 23
Dies wird insbes. dann in Betracht kommen, wenn durch die Einschaltung eines Vertreters anderweitig Kosten gespart werden können. Beauftragt etwa der Rechtsanwalt für die Wahrnehmung eines auswärtigen Termins einen ortsansässigen Rechtsanwalt, werden nach VV 7002 ff. als Auslagen zu erstattende Reiskosten des vertretenen Rechtsanwalts vermieden; dann liegt es nahe, mit dem Auftraggeber (gegen den es auch keinen Anspruch auf „fiktive Reisekosten" gibt) zu vereinbaren, dass er anstelle der eingesparten Reisekosten (jedenfalls bis zu deren Höhe) die für den Vertreter angefallenen Kosten übernimmt.

2. Andere Vertretungsfälle. a) Nicht in § 5 genannte Vertreter. Lässt sich der 24
Rechtsanwalt durch eine Person vertreten, die nicht zum Kreis der in § 5 abschließend aufgezählten Vertretungspersonen gehört, kann der Rechtsanwalt für deren Tätigkeit **keine Vergütung nach dem RVG** verlangen. Ausgeschlossen ist indessen nur ein (unmittelbarer) Rückgriff auf das RVG, so dass ggf. eine Vergütung nach Maßgabe von **§§ 612, 632 BGB** verlangt werden kann (Hartung/Schons/Enders/Enders Rn. 23, 27; HK-RVG/Klees Rn. 38; Schneider/Volpert/N. Schneider Rn. 58; NK-GK/Pflüger Rn. 12; Gerold/Schmidt/Mayer Rn. 10; zur BRAGO auch BGH NJW-RR 2004, 1143; RVGreport 2006, 55 = BeckRS 2005, 13657; aA zur BRAGO etwa OLG Düsseldorf JurBüro 1991, 671; LG Darmstadt AnwBl 2009, 463 mwN: Vergütungsanspruch ist ausgeschlossen). Dies kommt etwa (nur) in außergerichtlichen Angelegenheiten (→ Rn. 15, 17) bei Vertretung durch einen nicht bei einem Rechtsanwalt tätigen Assessor (→ Rn. 14) oder bei einem als wissenschaftlichen Mitarbeiter beschäftigten Referendar (→ Rn. 16) oder Studenten (aA Schneider/Volpert/N. Schneider Rn. 42 für einen zur Ausbildung zugewiesenen Studenten) und ggf. auch in gerichtlichen Angelegenheiten (vgl. § 67 II 1 VwGO, § 73 II 1 SGG) durch einen Hochschullehrer (hierzu auch → § 1 Rn. 15) in Betracht. Soweit in älterer Literatur und Rechtsprechung in diesem Zusammenhang auch Bürovorsteher genannt werden, hat dies jedenfalls seit Inkrafttreten des RDG keine Bedeutung mehr, weil nichtanwaltliche Büroangestellte anwaltliche Leistungen nicht selbständig erbringen dürfen (→ Rn. 15).

Die **Höhe** der Vergütung des Rechtsanwalts für die durch solche Vertreter 25
erbrachten anwaltlichen Tätigkeiten richtet sich gem. §§ 612 II, 632 II BGB nach der insoweit mit dem Auftraggeber getroffenen Vereinbarung bzw. – eine taxmäßige Vergütung gibt es insoweit mangels Geltung des RVG nicht – nach der **üblichen Vergütung.** Für deren Bestimmung wird allerdings vielfach wiederum auf die sich bei Anwendung des RVG ergebenden Beträge zurückgegriffen, von denen dann im Einzelfall ein bestimmter Bruchteil als übliche Vergütung angesehen wird (vgl. BGH NJW-RR 2004, 1143, der bei Anwendung der BRAGO für die Tätigkeit eines bei einem Rechtsanwalt tätigen Assessor, der in § 4 BRAGO noch nicht aufgeführt war, sogar den vollen Betrag der BRAGO-Vergütung als übliche Vergütung angesehen

hat). Bei Vertretung durch einen Stationsreferendar wird vielfach die Hälfte der sich nach dem RVG ergebenden Vergütung als üblich angesehen (vgl. Schnabl/Keller AnwBl 2008, 131 (133); Schneider/Volpert/N. Schneider Rn. 65, jew. mwN).

26 Eine vom Rechtsanwalt an seinen Vertreter gezahlte Vergütung kann er neben seiner sich nach den vorstehenden Grundsätzen ergebenden eigenen Vergütung nicht nach §§ 675 I, 670 BGB als Aufwendungsersatz verlangen (→ Rn. 22).

27 **b) Unmittelbare Vertretung des Auftraggebers.** Wird zur Erledigung einer Angelegenheit neben dem erstbeauftragten Rechtsanwalt ein weiterer Rechtsanwalt eingeschaltet, der nicht im Namen des Rechtsanwalts, sondern im Namen des Auftraggebers beauftragt wird, haben beide Rechtsanwälte jeweils ihren eigenen Vergütungsanspruch nach dem RVG (nur) für die von ihnen jeweils erbrachten anwaltlichen Leistungen gegen den Auftraggeber.

28 Nimmt etwa ein vom Auftraggeber oder in dessen Einvernehmen vom Rechtsanwalt beauftragter Terminsvertreter einen gerichtlichen Termin wahr, verdient der erstbeauftragte Rechtsanwalt die Verfahrensgebühr, während der Terminsvertreter die Terminsgebühr (VV 3402) zuzüglich einer Verfahrensgebühr in Höhe der Hälfte der dem erstbeauftragten Rechtsanwalt zustehenden Verfahrensgebühr (VV 3401) verdient. Auch wenn danach jeder Rechtsanwalt nur die durch seine Tätigkeit verwirklichten Gebühren verdient, können dabei insbes. eine Termins- oder Einigungsgebühr bei beiden Rechtsanwälten anfallen (nämlich, wenn mehrere Termine anfallen bzw. schriftliches Verfahren und mündliche Verhandlung zusammentreffen, vgl. etwa OLG Celle RVGReport 2018, 382 mAnm Mayer FD-RVG 2018, 407830, oder wenn beide Rechtsanwälte am Zustandekommen der Einigung beteiligt sind, vgl. etwa OLG München JurBüro 2009, 487).

29 **IV. Kostenerstattung.** Die sich in Anwendung von § 5 ergebende Vergütung des Rechtsanwalts für eine Tätigkeit seines Vertreters entspricht seiner gesetzlichen Vergütung und ist daher auch erstattungsfähig (vgl. § 91 II 1 ZPO). Lässt sich der Rechtsanwalt durch eine nicht in § 5 genannte Person vertreten, ist die durch deren Tätigkeit vom Rechtsanwalt nach Maßgabe von §§ 612 II, 632 II BGB verdiente Vergütung (→ Rn. 24 f.) regelmäßig nicht erstattungsfähig (vgl. NK-GK/Pflüger Rn. 14 ff. mwN; großzügiger Gerold/Schmidt/Mayer Rn. 14; Hartung/Schons/Enders/Enders Rn. 29).

30 Kosten, die dem Rechtsanwalt aus der im eigenen Namen erfolgten Beauftragung eines (insbes. Termins-)Vertreters (→ Rn. 22) sind daneben nicht erstattungsfähig (OLG Stuttgart AGS 2017, 540 mablAnm N. Schneider; OLG Hamm BeckRS 2019, 38868 mwN; aA etwa N. Schneider AGS 2017, 541; Schneider/Volpert/N. Schneider Rn. 102 ff. mwN). Wird ein Terminsvertreter im Auftrag des Auftraggebers tätig, ist also § 5 nicht anwendbar, sind dessen Kosten bis zur Höhe von 110 % der hierdurch gesparten („fiktiven") Reisekosten des erstbeauftragten Rechtsanwalts erstattungsfähig (BGH NJW-RR 2015, 761).

Mehrere Rechtsanwälte

6 Ist der Auftrag mehreren Rechtsanwälten zur gemeinschaftlichen Erledigung übertragen, erhält jeder Rechtsanwalt für seine Tätigkeit die volle Vergütung.

1 **I. Normzweck.** § 6 (der wortgleich mit § 5 BRAGO ist, der wiederum – mit lediglich sprachlichen Änderungen – auf § 2 RAGebO, → Einl. Rn. 1 ff., zurückgeht) betrifft den Fall, dass auf der Auftragnehmerseite **mehrere (einzelne) Rechtsanwälte** stehen (§ 7 regelt demgegenüber den Fall, dass auf der Auftraggeberseite mehrere Auftraggeber stehen; soweit mehrere Rechtsanwälte iSd § 6 für mehrere Auftraggeber iSd § 7 tätig werden, treffen beide Vorschriften zusammen, → Rn. 3). Eine solche Auftragserteilung an mehrere Rechtsanwälte führt nach allg. zivilrechtlichen Regeln dazu, dass mit jedem Rechtsanwalt ein gesonderter Mandatsvertrag begründet wird, aus dem **jeder Rechtsanwalt** einen **eigenen Vergütungsanspruch** gegen den oder die Auftraggeber erlangt.

2 Allerdings stellt sich dann, wenn die Rechtsanwälte **dieselbe Angelegenheit gemeinschaftlich erledigen** sollen, die vergütungsrechtliche Frage, wie sich die

damit verbundene Arbeitsteilung auf die **Höhe der Vergütung jedes einzelnen Rechtsanwalts** auswirkt. § 6 beantwortet sie dahin, dass **jeder Rechtsanwalt** – ungeachtet des Umstands, dass er die zur Erledigung der Angelegenheit erforderlichen Tätigkeiten selbst nicht vollständig erbracht hat und nach dem Auftrag auch nicht erbringen soll – die **volle Vergütung** nach dem RVG erhält. Die Rechtfertigung hierfür hat der Gesetzgeber darin gesehen, dass in den von § 6 erfassten Fällen der Wille des Auftraggebers auf die vollständige Befassung jedes Rechtsanwalts mit der ganzen Sache gerichtet sei, regelmäßig besonders schwierige oder verwickelte Rechtssachen betroffen seien und dass eine eventuelle Arbeitsaufteilung, die die Arbeit ohnehin nicht zwingend erleichtere, Sache der Rechtsanwälte ohne Belang für das Verhältnis zum Auftraggeber sei (vgl. Begr. RegE § 2 RAGebO, Vhdlg. d. RT [4. Leg.-Per., II. Session 1879, Anlagen], Bd. 55, Anl. 6, 117 (127)).

II. Anwendungsvoraussetzungen. 1. Auftraggeber. Ob der Auftrag zur Erledigung einer Angelegenheit von einem einzelnen Auftraggeber oder mehreren Auftraggebern iSd § 7 (→ § 7 Rn. 6 ff.) erteilt wird, ist für die Anwendung des § 6 ohne Belang. Ist der Auftrag von mehreren Auftraggebern erteilt worden, ist lediglich neben § 6 auch § 7 anzuwenden (vgl. etwa OLG Koblenz JurBüro 2010, 599; OLG Saarbrücken JurBüro 2019, 524; VG Düsseldorf AGS 2011, 215). 3

2. Mehrere Rechtsanwälte. § 6 setzt tatbestandlich vielmehr zunächst voraus, dass der Auftrag „mehreren Rechtsanwälten" von dem Auftraggeber bzw. den Auftraggebern erteilt wird. Der Begriff des Rechtsanwalts ist dabei, wie im RVG stets, nicht im Sinne des Berufsrechts, sondern **im Sinne des RVG** (§ 1 I 1, 3) zu verstehen, so dass er sich nicht auf zur Rechtsanwaltschaft zugelassene Personen (→ § 1 Rn. 6 f.) beschränkt, sondern auch diesen nach § 1 I 3 für die Anwendung des RVG gleichstehende andere Mitglieder einer Rechtsanwaltskammer (→ § 1 Rn. 8 ff.) sowie Partnerschaftsgesellschaften und sonstige Gesellschaften (→ § 1 Rn. 12 ff.) erfasst. 4

Wird eine (auch Schein-)Gesellschaft von Rechtsanwälten beauftragt, liegt daher regelmäßig keine Beauftragung mehrerer Rechtsanwälte vor, sondern die Beauftragung (nur) einer einem Rechtsanwalt gleichstehenden Gesellschaft (iErg. allgM; vgl. etwa BGH NJW-RR 2017, 374 Rn. 13; NJW 2017, 3788 Rn. 14). § 6 ist daher nur anwendbar, wenn mehrere Rechtsanwälte (oder Gesellschaften) unmittelbar und persönlich beauftragt werden, so dass mehrere selbständige Mandatsverträge zustande kommen. Dies kann aber im Einzelfall auch bei direkter Beauftragung mehrerer Rechtsanwälte einer Gesellschaft der Fall sein (vgl. zu einem Auftrag einer Rechtsanwaltsgesellschaft an mehrere Rechtsanwälte einer anderen Gesellschaft, jeweils einen Gesellschafter der Auftraggeberin zu beauftragen, etwa OLG Koblenz JurBüro 2010, 599). 5

3. Gemeinschaftliche Erledigung. Weitere Voraussetzung ist, dass die Rechtsanwälte zur „gemeinschaftlichen Erledigung" beauftragt werden. Dies erfordert zunächst, dass Gegenstand der Beauftragung jedes einzelnen Rechtsanwalts **dieselbe Angelegenheit** ist. Kein Fall des § 6 liegt daher insbes. dann vor, wenn die beauftragten Rechtsanwälte nach dem Inhalt ihrer jeweiligen Aufträge abgegrenzte Tätigkeitsbereiche haben (wie dies etwa im Falle der Beauftragung eines Terminsvertreters neben dem erstbeauftragten Rechtsanwalt der Fall ist, → § 5 Rn. 27 f.; auch dann kann aber im Einzelfall, etwa für den doppelten Anfall einer Einigungsgebühr, auf § 6 zurückzugreifen sein, → Rn. 10). 6

Sodann muss aber die Beauftragung gerade auf **gemeinschaftliches** Tätigkeitwerden der Rechtsanwälte gerichtet sein. Dies schließt eine Arbeitsteilung nicht aus, sondern erfordert lediglich, dass jeder beauftragte Rechtsanwalt einzelne anwaltliche Tätigkeiten erbringt, die in ihrer Gesamtheit der Erledigung der Angelegenheit dienen. Das Erfordernis der Gemeinschaftlichkeit führt damit zu einer zweifachen Abgrenzung: 7

Zum einen fordert es **kumulative Tätigkeiten** und schließt damit alternatives Tätigwerden aus. Nicht von § 6 erfasst wird daher (auch deshalb, vgl. bereits → Rn. 5) der Fall, dass zur gemeinsamen Berufsausübung verbundene Rechtsanwälte dergestalt beauftragt werden, dass (nur) einer von ihnen tätig werden soll (vgl. zu § 5 BRAGO Begr. RegE KostRÄndG 1957, BT-Drs. 2/2545, 228). Zum anderen fordert es ein **Nebeneinander** der Tätigkeiten und schließt damit Fälle aus, in denen 8 mehrere Rechtsanwälte nacheinander tätig werden sollen. Von § 6 ebenfalls nicht erfasst wird daher der Fall, dass ein Rechtsanwalt beauftragt wird, der sodann die Erledigung ganz oder teilweise auf einen anderen Rechtsanwalt als Vertreter iSd § 5 (→ § 5 Rn. 8 ff.) überträgt (vgl. OLG Saarbrücken JurBüro 2019, 524, und zu § 5 BRAGO BGH NJW 1963, 1301 (1302); zur Vergütung → Rn. 10); zwischen den Anwendungsbereichen von § 5 und § 6 gibt es folglich keine Überschneidung. Ebenso wenig erfasst ist der Fall, dass ein weiterer Rechtsanwalt überhaupt erst nach der Beendigung des Mandatsverhältnisses zum erstbeauftragten Rechtsanwalt beauftragt wird (zur Vergütung → Rn. 10).

9 **III. Vergütung. 1. Im Anwendungsbereich des § 6.** Rechtsfolge von § 6 ist, dass jeder mit der Erledigung der Angelegenheit beauftragte Rechtsanwalt die **volle Vergütung** erhält, die hierfür nach dem RVG anfällt. Eine Ermäßigung im Hinblick auf die Tätigkeit der übrigen Rechtsanwälte tritt nicht ein. Soweit allerdings der Umfang des Auftrags bei den beteiligten Rechtsanwälten nicht vollständig identisch ist, können sich Abweichungen etwa bei dem zugrunde zu legenden Gegenstandswert ergeben. Soweit der Auftrag von mehreren Auftraggebern erteilt wurde, ist daneben § 7 zu beachten.

10 **2. Nicht unter § 6 fallende Tätigkeit mehrerer Rechtsanwälte.** Sind mehrere Rechtsanwälte für **voneinander abgegrenzte Tätigkeiten** beauftragt (wie zB bei Einschaltung eines vom Auftraggeber direkt oder über den erstbeauftragten Rechtsanwalt beauftragten Terminsvertreter, → Rn. 6), richtet sich ihre jeweilige Vergütung nach dem ihnen jeweils erteilten Auftrag; nur soweit sich Überschneidungen ergeben (zB im Falle des Terminsvertreters, wenn sowohl dieser als auch der erstbeauftragte Rechtsanwalt am Zustandekommen einer Einigung iSv VV 1000 mitwirken), ist § 6 heranzuziehen. Ist ein Rechtsanwalt beauftragt und lässt die vom Auftrag umfasste Tätigkeit ganz oder teilweise in seinem Namen **von einem Vertreter** erledigen, verdient nur der beauftragte Rechtsanwalt nach § 5 die (ganze) Vergütung; eine eventuelle Vergütung des Vertreters erfolgt im Verhältnis zwischen dem beauftragten Rechtsanwalt und seinem Vertreter (→ § 5 Rn. 19 ff.). Wird vor Erledigung des Auftrags das Auftragsverhältnis mit dem zunächst beauftragten Rechtsanwalt (zB durch Kündigung oder Tod des Rechtsanwalts) beendet und **für die Fortführung ein anderer Rechtsanwalt** beauftragt, ist die jeweils verdiente Vergütung beider Rechtsanwälte getrennt voneinander zu ermitteln.

11 **IV. Kostenerstattung.** Kosten mehrerer Rechtsanwälte sind regelmäßig nicht in vollem Umfang erstattungsfähig. Nach § 91 II 2 ZPO kommt dies grds. nur in Betracht, wenn die Kosten der Beauftragung eines einzelnen Rechtsanwalts nicht überstiegen werden (was im Anwendungsbereich des § 6 denknotwendigerweise ausgeschlossen ist) oder in der Person des Rechtsanwalts ein Wechsel eintreten musste (was von § 6 nicht erfasst wird, → Rn. 8 aE).

Mehrere Auftraggeber

7 **I Wird der Rechtsanwalt in derselben Angelegenheit für mehrere Auftraggeber tätig, erhält er die Gebühren nur einmal.**

II 1 Jeder der Auftraggeber schuldet die Gebühren und Auslagen, die er schulden würde, wenn der Rechtsanwalt nur in seinem Auftrag tätig geworden wäre; die Dokumentenpauschale nach Nummer 7000 des Vergütungsverzeichnisses schuldet er auch insoweit, wie diese nur durch die Unterrichtung mehrerer Auftraggeber entstanden ist. 2 Der Rechtsanwalt kann aber insgesamt nicht mehr als die nach Absatz 1 berechneten Gebühren und die insgesamt entstandenen Auslagen fordern.

Schrifttum: N. Schneider, Richtig abrechnen bei mehreren Auftraggebern, NJW 2015, 998; Volpert, Mehrere Auftraggeber: was kann der Rechtsanwalt jedem Auftraggeber in Rechnung stellen?, VRR 2016, Nr. 11, 4. Vgl. ferner bei § 6.

Übersicht

I. Systematik. Die Vorschrift regelt als Gegenstück zu § 6 die Stellung des Rechtsanwalts bei einer Mehrheit von Auftrag**gebern.** Derjenige Rechtsanwalt, der mehrere Auftraggeber in derselben Angelegenheit nach § 15 II vertritt, erhält zwecks Kostendämpfung in einer Abweichung vom BGB Gebühren und Auslagen grundsätzlich nur in derselben Höhe wie dann, wenn ihn nur einer der Auftraggeber beauftragt hätte (OLG Frankfurt a. M. ZMR 1988, 231). § 7 gilt entsprechend seiner Stellung unter den allgemeinen Vorschriften des Abschnitts 1 für sämtliche Verfahrensarten, deren Vergütung das RVG regelt. Die Vorschrift gilt also zB für die Zwangsvollstreckung (AG Gelsenkirchen DGVZ 1986, 122; AG Neuwied DGVZ 2001, 94), und auch für den im Weg von PKH nach §§ 114 ff. ZPO usw beigeordneten Rechtsanwalt (BGH NJW 1993, 1715; BeckRS 2019, 17369), und bei einer außergerichtlichen Tätigkeit. Das gilt (selbstverständlich) nur wegen des davon begünstigten Auftraggebers, nicht auch wegen des ohne PKH prozessierenden Streitgenossen nach §§ 59 ff. ZPO (OLG Koblenz JurBüro 2004, 384). Vgl. aber auch zB § 146 StPO. 1

I regelt die **Gesamtvergütung,** also diejenige Vergütung, die ein für mehrere Auftraggeber tätiger Rechtsanwalt insgesamt von allen Auftraggebern fordern kann. Man nennt das auch einen Mehrvertreterzuschlag. Dabei gilt eine Anwaltssozietät mangels abweichender Verabredung als **ein** Rechtsanwalt. Die Gebührenhöhe regelt VV 1008. Diese Vorschrift ist mit dem GG vereinbar (BVerfG NJW-RR 2002, 7863; OLG Düsseldorf JurBüro 2002, 247). II regelt deren Haftung. Im Insolvenzverfahren gilt VV Vorb. 3.3.5 II als eine vorrangige Sondervorschrift. 2

II. Regelungszweck. Die Vorschrift bezweckt im Interesse der Gerechtigkeit eine möglichst differenzierte Vergütung von Mehrarbeit. Auf sie kommt es nach → Rn. 4 freilich im Einzelfall nicht an. Außerdem muss man die erhöhten Allgemeinkosten, die erhöhte Verantwortung und die erhöhte Haftungsgefahr beachten (OLG Düssel- 3 dorf NJW-RR 2001, 1655). Freilich soll auch eine unvertretbare Gebührenerhöhung unterbleiben. Zweck ist ferner im Interesse der Wirtschaftlichkeit eine einigermaßen praktikable und im Interesse der Rechtssicherheit eine möglichst einfache Ermittlung der Berechnungsgrundlagen in ihrem riesigen Anwendungsbereich. Alle diese teilweise gegenläufigen Ziele finden in der Ausgestaltung durch die Rechtsprechung und Lehre ihren oft genug mühsamen Ausdruck. Sie lassen Probleme offen. Sie zwingen zur vorsichtigen Abwägung ohne eine Notwendigkeit deutscher Überperfektion, die alles nur noch komplizierter macht. Das sollte man bei der Auslegung mitbeachten.

4 **Behutsamkeit** ist insbesondere bei der Behandlung der nicht wenigen schwierigen Fragen bei unterschiedlichem Erfolg mehrerer Auftraggeber nach → Rn. 29 ff. ratsam. Am ehesten hilft dann wohl oft die Baumbach'sche Formel → Rn. 40. Jedenfalls sollte man eine möglichst einfache Lösung vorziehen. Selbst bei ihr bleiben genug Einordnungs-Rechenaufgaben. Das Kostenrecht darf nicht den eigentlichen Streit überwuchern.

5 **III. Persönlicher Anwendungsbereich.** Die Vorschrift gilt im Gesamtbereich des § 1 I, also auch zB für den Rechtsanwalt nach VV 2300, 3400, auch für den Patentanwalt (OLG Düsseldorf GRUR 1979, 192; OLG Frankfurt a. M. Rpfleger 1993, 420).

6 **IV. Sachlicher Anwendungsbereich: Mehrheit von Auftraggebern (I 1).** Auftraggeber ist derjenige, der zumindest auch für sich selbst und zumindest auch auf seine eigene Rechnung den Rechtsanwalt zu arbeiten veranlasst. Vertragspartner und Auftraggeber sind meist und daher im Zweifel dieselbe Person. Sie können aber auch unterschiedliche Personen sein (BGH NJW 1987, 2240; BSG NJW 2012, 878; OLG München JurBüro 1990, 1156). Trotz der Auslegbarkeit des Begriffs Auftraggeber kommt es darauf an, wem die Tätigkeit des Rechtsanwalts eigentlich direkt nützen soll (BGH NJW-RR 1994, 516; BVerwG NJW 2000, 2288; OLG Düsseldorf Rpfleger 2010, 47; aA OLG Köln JurBüro 1985, 66). Dabei gilt im Wesentlichen folgendes.

7 **1. Grundsatz: Zahl der Auftraggeber, nicht Arbeitsumfang.** Es müssen gerade in derselben Angelegenheit nach → § 15 Rn. 8 ff. tatsächlich mehrere Auftraggeber vorhanden sein (OLG Düsseldorf NJW-RR 2001, 1655; OLG München Rpfleger 1990, 436). Diese können natürliche oder juristische Personen oder sonstige Personenmehrheiten sein (OLG Düsseldorf NJW-RR 2001, 1655; OLG Frankfurt a. M. GRUR 1984, 162). Es kommt grundsätzlich nicht darauf an, ob sie Kläger oder Bekl. sind, ob Widerkläger oder Rechtsmittelbeklagter, einfacher oder notwendiger Streitgenosse, Streithelfer, Dritter oder Beigeladener (OLG Hamburg MDR 1984, 413; OLG München MDR 1993, 582; VGH Bayern JurBüro 1980, 1017). Aber → Rn. 13 „Widerklage".

8 Es kommt nicht auf den Arbeitsumfang an, sondern grundsätzlich nur auf die **Zahl der Aufträge** oder Auftraggeber (BGH NJW-RR 1994, 516; OLG Nürnberg JurBüro 2001, 528; OLG Düsseldorf JurBüro 2002, 247; aA OLG Koblenz JurBüro 1990, 1448; OLG Köln JurBüro 1979, 1815). Das gilt zB auch dann, wenn von 10 Miterben nur 3 klagen (OLG Dresden JurBüro 2001, 27), oder wenn nur ein Teil der Miterben eine Beteiligung am Verfahren ablehnt, mehrere andere das aber nicht tun (OLG Düsseldorf NJW-RR 2001, 1655).

9 **Gar nicht selbstverständlich** ist die Unerheblichkeit des Arbeitsumfangs und der Schwierigkeit der Sach- und Rechtslage nach I. Denn das sind ganz erhebliche Aspekte einer sachgerechten Vergütung. Nun sind sie ja im Bereich des § 14 unverändert sehr wohl zu beachten, auch bei mehreren Auftraggebern. Im Übrigen kann (selbstverständlich) von Mandant zu Mitmandant eine Mehrzahl von Angelegenheiten nach § 15 II mit der Folge der Unanwendbarkeit von I vorliegen. Schließlich mag bei derselben Angelegenheit nach → § 15 Rn. 9 ff. die Mehrarbeit nur wegen mehrerer Auftraggeber meist wirklich nicht sonderlich ins Gewicht fallen. Es bleiben aber bei I doch deutlich Probleme. Sie lassen sich auch im Kern nicht über II ganz lösen. Zu versuchen ist, sehr sorgfältig zu klären, ob wirklich nur dieselbe Angelegenheit vorliegt. Das mag zumindest bei einem Teil der Tätigkeit anders sein.

10 Es ist grundsätzlich **unerheblich, ob** die mehreren Auftraggeber von vornherein oder **nacheinander** beteiligt sind (BGH Rpfleger 1978, 370; OLG Frankfurt a. M.

AnwBl 1980, 295; OLG Nürnberg AGS 2010, 167; aA OLG Düsseldorf Rpfleger 1982, 441; AG Münster JurBüro 1976, 1342, aber im Ergebnis hat der Rechtsanwalt zumindest zeitweise „mehrere" Auftraggeber gehabt). Eine Mindestzeitdauer mehrerer Aufträge ist nicht erforderlich (BGH MDR 1979, 39).

Wenn aber ein Auftraggeber aus dem Prozess **ausscheidet** und der Rechtsanwalt erst anschließend die Vertretung des im Prozess Verbleibenden übernimmt, muss er seine Vergütung sowohl gegenüber dem früheren als auch gegenüber dem jetzigen Auftraggeber einzeln berechnen (OLG Frankfurt a. M. VersR 1978, 573; LG Koblenz JurBüro 1997, 363). 11

Dasselbe gilt dann, wenn der bisherige Auftraggeber ausscheidet und dafür ein anderer Auftraggeber eintritt, also bei einer subjektiven Klagänderung nach § 59 ZPO (BGH Rpfleger 1978, 370; OLG Köln Rpfleger 1992, 217; OLG München JurBüro 1994, 480; aA AG St. Wendel JurBüro 2006, 374: nur **eine** Angelegenheit). Anders liegt es, falls neben dem Ausscheidenden noch ein weiterer Auftraggeber vorhanden ist und bleibt, den der Rechtsanwalt von vornherein vertreten hat (OLG Koblenz VersR 1983, 64). 12

2. Beispiele zur Frage einer Mehrheit von Auftraggebern

Abtretung: Beim Auftrag nach einer Abtretung ist der neue Gläubiger mangels einer nach § 4 zulässigen eindeutig anderen Abrede der **alleinige** Auftraggeber, selbst als ein bloßer Treuhänder. Denn auch dieser ist im Außenverhältnis der alleinige Rechtsinhaber und auch nicht ein bloßer Prozessstandschafter. Auch eine offene oder gar verdeckte Sicherungsabtretung oder ein sonstiges Prozessführungsrecht machen daher den Treugeber nicht zum Auftraggeber. § 7 spricht gerade nicht von „Beteiligten", sondern nur von „Auftraggebern". 13

Ärztegemeinschaft: Sie stellt eine Mehrheit von Auftraggebern dar, zB nach → Rn. 7 als BGB-Gesellschaft (aA OLG Köln MDR 1995, 1074; SG Dortmund JurBüro 1995, 586, aber hier liegt meist keine Gemeinschaft vor, sondern eine BGB-Gesellschaft).

Rechtsanwalts-GmbH: → „Anwaltssozietät" und → „Gesellschaft mit beschränkter Haftung".

Anwaltssozietät: Es gelten jetzt dieselben Regeln wie bei → „BGB-Gesellschaft" (OLG Hamburg MDR 2001, 773; LG Koblenz VersR 2002, 865). Das gilt auch bei einer Sozietät von Rechtsanwälten und Steuerberatern (BGH JurBüro 2004, 376). Oft ist nur die Sozietät und nicht eine Bündelung der Sozien gemeint, etwa beim wettbewerbsrechtlichen Unterlassungsanspruch der Sozietät (OLG Düsseldorf NJW-RR 2002, 645; aA OLG Koblenz VersR 2003, 386: es komme nur auf den Auftrag an, nicht auf dessen Verständnis durch das Gericht. Aber gerade dazu → „BGB-Gesellschaft"). Nur bei einer anderen Form, etwa einer Rechtsanwalts-GmbH usw, ist die weitgehend überzeugende Grundsatzentscheidung BGHZ 146, 341 = NJW 2001, 1056 nicht einschlägig, ferner nicht bei einer bloßen Innengesellschaft, etwa bei der Auseinandersetzung früherer Sozien. Dann kann § 7 anzuwenden bleiben (OLG Hamburg MDR 1999, 381). Die Vorschrift gilt auch dann, wenn nur die einzelnen Mitglieder als Gesamtschuldner Bekl. sind (OLG Schleswig NJW-RR 2004, 422).

Arbeitsgemeinschaft (ARGE): → „BGB-Gesellschaft".

Beteiligter: Es gilt dasselbe wie bei → „Partei".

BGB-Gesellschaft. Dazu Habersack BB 2001, 477; Jungbauer JurBüro 2001, 284; K. Schmidt NJW 2001, 993 (je: allgemeine dogmatische Üb.); Hansens AnwBl 2001, 581 (Auswirkungen auf § 7, ausf.). Infolge der Grundsatzentscheidung BGHZ 146, 341 = NJW 2001, 1056 ist wegen der Rechts-, Partei- und Prozessfähigkeit der Außengesellschaft bürgerlichen Rechts mit eigenen Rechten und Pflichten zunächst zu klären, ob die BGB-Gesellschaft als solche auftritt oder ob nur oder auch neben der Gesellschaft einzelne Gesellschafter handeln (OLG Naumburg JurBüro 2002, 26; OLG Schleswig NJW-RR 2004, 422).

Tritt eine BGB-Außengesellschaft **als solche auf,** muss man streng zwischen einem Gesellschafts- und einem Gesellschafterprozess unterscheiden (K. Schmidt NJW 2001, 993 (1003)). Dabei kann bei einer Aufzählung der Sozien mit einem Zusatz „als BGB-Gesellschaft" usw ein Gesellschaftsprozess vorliegen. Das gilt sowohl für den Aktiv- als auch für den Passivprozess und (selbstverständlich) auch für alle außerprozessualen Formen des Streits oder auch nur einer Forderung. Es gilt das alles auch in der Zwangsvollstreckung. Zum Altfall BGH JurBüro 2004, 146; OLG Koblenz MDR 2002, 721.

Soweit die BGB-Gesellschaft in Wahrheit nur als solche auftritt, liegt **keine** Mehrheit von Auftraggebern vor. Folglich kommt dann auch keine Erhöhungsgebühr nach VV 1008 in Betracht (BGH AnwBl 2004, 251; OLG Oldenburg MDR 2017, 179; LG Berlin JurBüro 2003, 531; aA LG Halle JurBüro 2002, 257). Dafür kann und muss die Sozietät auch sorgen (BGH AnwBl 2004, 251). Auf eine Eigenschaft als ein bloßer Auftragnehmer kommt es nicht bei § 7 an, sondern bei § 6, → § 6 Rn. 5 ff.

Wenn freilich auch oder sogar nur mehrere Gesellschafter eindeutig als solche bloßen **Einzelpersonen** auftreten, nicht als Gesamtheit der Gesellschafter, kann jeweils insoweit eine Mehrheit von Auftraggebern vorliegen (BGH NJW 2002, 2958; OLG Schleswig NJW-RR 2004, 422). Damit sind weite Teile der früheren Streitfrage erledigt. Wenn sowohl die Gesellschaft als solche auftritt als auch mehrere oder alle Gesellschafter eindeutig zusätzlich klagen oder verklagt werden, kann wegen dieser letzteren eine Mehrheit von Auftraggebern vorliegen (OLG Nürnberg JurBüro 2001, 528; NJW 2001, 3489).

Die bloße **Aufzählung von Gesellschaftern** ist aber kein eindeutiger Hinweis darauf, dass sie **zusätzlich** zu ihrer Gesellschaft auftreten. Im Zweifel ist eine Rückfrage zB nach § 139 ZPO ratsam. Indessen kann sie nicht diejenige Handhabung ändern, die das Prozessgericht bei **seiner** Beurteilung etwa erkennbar vorgenommen hat.

Beigeladener: Beteiligte nach § 57 FGO, § 69 SGG, § 63 VwGO, § 48 I, II WEG (Beigeladene) stellen zusammen mit der Hauptpartei oder untereinander eine Mehrheit von Auftraggebern dar (VGH Bayern JurBüro 1980, 1017).

Beratungshilfe: Vgl. bei VV 2501 ff.

Betriebsrat: Es liegt auch bei mehreren Angehörigen nur ein **einziger** Auftraggeber vor (BAG NZA 2000, 556).

Betreuer: Jeder Betreute kann Auftraggeber sein (OLG Frankfurt a. M. Rpfleger 1980, 310, Abwesenheitspfleger).

Bevollmächtigter: → „Vertreter".

Bietergemeinschaft: Im Vergabeprüfverfahren ist sie nur ein **einziger** Auftraggeber (OLG Jena JurBüro 2001, 208).

Bruchteilsgemeinschaft: Ihre Mitglieder stellen eine Mehrheit von Auftraggebern dar (OLG Frankfurt a. M. AnwBl 2005, 366).

Bürogemeinschaft: Sie stellt eine Mehrheit von Auftraggebern dar.

Ehegatten: Sie sind in eigener Sache unabhängig von der Art des Streitgegenstands und unabhängig von der Person des unmittelbar mit dem Rechtsanwalt in Kontakt tretenden Ehegatten regelmäßig mehrere Auftraggeber (OLG Düsseldorf AnwBl 1988, 70; FG Bremen EFG 1994, 316; FG Baden-Württemberg JurBüro 1997, 584; aA OLG Köln AnwBl 1980, 158: Fallfrage; mablAnm H. Schmidt). Das gilt erst recht bei verschiedenen Angelegenheiten nach §§ 15, 16 (LG Passau NJW-RR 2015, 1216). Es gilt auch bei einer Beratungshilfe.

Eigentum: Mehrere Bruchteilseigentümer sind mehrere Auftraggeber (OLG Düsseldorf JurBüro 1996, 584). Vertritt ein Rechtsanwalt mehrere durch dieselbe Enteignung Betroffene, liegt dieselbe Angelegenheit vor, soweit er für alle Auftraggeber gleichgerichtet vorgehen kann und muss (BGH AnwBl 1984, 501). Auch → „Streitgenossen", → „Wohnungseigentümergemeinschaft".

Eltern und Kind: Sie sind mehrere Auftraggeber (LG Stade Rpfleger 1986, 495; Groetschel NJW 1976, 664; aA OVG Bremen Rpfleger 1980, 310; OVG Niedersachsen JurBüro 1983, 696; Lappe MDR 1977, 279, aber jedes Rechtssubjekt ist ein eigener Auftraggeber, auch wenn für ihn ein Vertreter tätig werden muss). Es kann aber zB beim Unterhaltsverfahren eine Verschiedenheit der Gegenstände vorliegen. Dann ist § 22 I anzuwenden (vgl. OLG Bamberg JurBüro 1983, 129; OLG Frankfurt a. M. MDR 1981, 238; OLG Hamburg JurBüro 1982, 1179). Auch → „Kind."

Erbe: Der Erbe und der verstorbene Erblasser stellen (selbstverständlich) dann **nicht** mehrere Auftraggeber dar, wenn der Auftrag erst nach dem Erbfall erfolgte (FG

Baden-Württemberg JurBüro 1997, 585). Die Forderung eines Miterben zur Leistung an alle ändert nichts daran, dass nur ein einzelner Auftraggeber vorliegt (OLG Dresden JurBüro 2000, 27).

Erbengemeinschaft: Ihre Mitglieder sind bei einem Auftrag erst nach dem Tod des Erblassers grds. mehrere Auftraggeber (BGH Rpfleger 2004, 439, auch bei einer Vertretung durch nur **einen** Miterben (LG Berlin Rpfleger 2002, 589 mkritAnm Sendke; AG Neuwied DGVZ 2001, 94; aA OLG Düsseldorf Rpfleger 1982, 199; OLG Frankfurt a. M. AnwBl 1981, 403; OLG Nürnberg MDR 1993, 699, aber die Gemeinschaft bürgerlichen Rechts folgt anderen Regeln als die BGB-Gesellschaft).

Sie sind aber nach → § 8 Rn. 15 dann nur *ein* Auftraggeber, wenn der Rechtsanwalt den Auftrag schon vom **Erblasser** erhalten hatte (BayObLG JurBüro 2002, 473; OLG Koblenz MDR 1993, 284; LG Göttingen Rpfleger 1990, 91; aA OLG Düsseldorf MDR 1996, 1300; OLG Hamm AnwBl 1993, 577; OLG Zweibrücken Rpfleger 1995, 384, aber dann setzt der Rechtsanwalt nur einen Einzelauftrag fort).

Auch → „Nachlasspfleger", → „Testamentsvollstrecker".

Fiskus: Er ist nur **ein** Auftraggeber, selbst wenn mehrere Behörden auftreten. Das gilt unabhängig von etwa unterschiedlicher Interessenlage solcher Behörden.

Gemeinschaft: → „Bruchteilsgemeinschaft", „Bürogemeinschaft", → „Erbengemeinschaft", → „Wohnungseigentümergemeinschaft".

Geschäftsführung ohne Auftrag: Sie steht einem Auftrag gleich.

Gesellschaft: → „BGB-Gesellschaft" usw.

Gesellschaft mit beschränkter Haftung: Sie ist als juristische Person nur *ein* Auftraggeber, soweit nicht zusätzlich Gesellschafter als Partei usw den Rechtsanwalt beauftragen. Auch → „BGB-Gesellschaft" auch zur Rechtsanwalts-GmbH, → „Juristische Person".

Gesetzlicher Vertreter: Es handelt sich dann um mehrere Auftraggeber, wenn mehrere Beteiligte denselben gesetzlichen Vertreter haben (OLG Karlsruhe AnwBl 1981, 193; aA OLG Hamburg MDR 1982, 1030, aber es kommt nach → „Eltern und Kind" auf das Rechtssubjekt an und nicht auf den Vertreter). Es liegen auch dann mehrere Auftraggeber vor, wenn von mehreren Beteiligten einer auch der gesetzlichen Vertreter des anderen ist. Jedes minderjährige Kind ist ein eigener Auftraggeber, selbst bei mehreren gesetzlichen Vertretern. Soweit aber ein gesetzlicher Vertreter **persönlich** am Verfahren **unbeteiligt** ist und nur als gesetzlicher Vertreter eines einzelnen Vertretenen handelt, liegt **keine** Mehrheit von Auftraggebern vor, vgl. auch § 149 StPO (aA OLG Frankfurt a. M. AnwBl 1980, 260, aber auch hier kommt es nur auf den Vertretenen an).

Information: Es ist unerheblich, wie viele Personen den Rechtsanwalt informieren.

Insolvenzverwalter: Mehrere Insolvenzverwalter sind eine Mehrheit von Auftraggebern (BGH AnwBl 1994, 196; OLG Düsseldorf AnwBl 1983, 518; OLG Köln JurBüro 2009, 309; aA OLG Koblenz MDR 1979, 413). Bei einer Klage gegen eine Person als Insolvenzverwalter und gegen dieselbe Person persönlich liegt für deren Rechtsanwalt eine Mehrheit von Auftraggebern vor (OLG Frankfurt a. M. Rpfleger 1983, 499).

Interessenlage: Gerade bei gleicher Interessenanlage kann eine Mehrheit von Auftraggebern vorliegen.

Juristische Person: Sie ist wegen ihrer Rechtsfähigkeit als solche nur **ein** eigener Auftraggeber, selbst wenn mehrere sie vertreten. Natürlich liegt beim Nebeneinander mehrerer juristischer Personen eine Mehrheit von Auftraggebern vor (aA OLG Koblenz JurBüro 1992, 600).

Kind: Jedes Kind ist ein eigener Auftraggeber (OLG Bamberg JurBüro 1983, 129; OLG Hamburg JurBüro 1982, 1179; OLG Karlsruhe AnwBl 1981, 72; aA AG Neuss FamRZ 1995, 1282). Auch → „Eltern und Kind".

Klagänderung: Soweit der Rechtsanwalt den Ausscheidenden und den nun Bekl. zeitweise gemeinsam vertritt, stellen sie eine Mehrheit von Auftraggebern dar (OLG Koblenz NJW-RR 2000, 1370; OLG Schleswig JurBüro 1997, 584).

Kommanditgesellschaft: Bei ihr und der Komplementär-Gesellschaft und auch bei der GmbH & Co KG handelt es sich grds. **nicht** um eine Mehrheit von Auftraggebern (OLG Hamm MDR 1980, 152; OLG Köln JurBüro 1978, 1173; Meier

AnwBl 1987, 90; aA OLG Frankfurt a. M. Rpfleger 1982, 441; OLG Koblenz AnwBl 1988, 71; LAG Düsseldorf JurBüro 2001, 358, aber auch hier gelten die zur → BGB-Gesellschaft entwickelten Regeln im Ergebnis entsprechend). Freilich kann neben der KG auch eine aktive oder passive Rolle **einzelner** oder sogar aller **Gesellschafter** vorliegen. Diese können dann neben der KG weitere Auftraggeber sein (OLG Bamberg JurBüro 1986, 721; OLG Frankfurt a. M. AnwBl 1983, 182; OLG Koblenz Rpfleger 1985, 253).

Kraftfahrzeugführer, -halter, -versicherer: Sie stellen meist eine Mehrheit von Auftraggebern dar (OLG Koblenz JurBüro 1990, 42; OLG München AnwBl 1977, 112; OLG Oldenburg AnwBl 1993, 529; aA OLG Zweibrücken JurBüro 1988, 354, aber das ist ein geradezu klassischer Fall mehrerer Rechtssubjekte und daher mehrerer Auftraggeber).

Mieter: Mehrere Mieter stellen im Räumungsprozess eine Mehrheit von Auftraggebern dar (OLG Düsseldorf ZMR 1998, 492; LG Bonn Rpfleger 1990, 137; AG Dortmund Rpfleger 1994, 117).

Minderjähriger: → „Gesetzlicher Vertreter", → „Kind".

Nachlasspfleger: Auch soweit er „die" unbekannten Erben vertritt, ist er nur **ein** Auftraggeber (OLG Hamburg JurBüro 1988, 505; KG JurBüro 2002, 248). Denn er ist eine Partei kraft Amts.

Nebenintervenient: → „Streithelfer" (OLG Hamburg MDR 1984, 413; OLG München MDR 1994, 735).

Nebenkläger: Mehrere Nebenkläger stellen eine Mehrheit von Auftraggebern dar (OLG Hamburg JurBüro 1997, 195; OLG Naumburg JurBüro 1994, 157; LG Hamburg JurBüro 1997, 194).

Nichteingetragener Verein: → „Verein".

Offene Handelsgesellschaft: Sie bildet **keine** Mehrheit von Auftraggebern (SG Dortmund JurBüro 1994, 731). Denn die OHG ist ein eigenes Rechtssubjekt.

Freilich kann neben der OHG auch eine aktive oder passive Rolle **einzelner** oder sogar aller **Gesellschafter** vorliegen. Diese können dann neben der OHG weitere Auftraggeber sein.

Orchestervorstand: → „Verein".

Partei: Auftraggeber ist **nur die Partei.** Denn sonst verschwimmen alle Grenzen. Es könnte zu unabsehbaren Hintermännern kommen. Das RVG kennt gerade nicht den Begriff des Interessenschuldners. Unerheblich ist daher für § 7, wer nach dem Anwaltsvertrag die Vergütung zahlen soll, die Information erteilt oder beim Vertragsabschluss tätig ist.

Partei kraft Amts: Jede derartige Partei ist Auftraggeber (BGH NJW-RR 1994, 516; OLG Düsseldorf AnwBl 1983, 518; OLG Hamburg JurBüro 1982, 1024; aA OLG Koblenz MDR 1979, 413, aber dann liegen mehrere Rechtssubjekte vor).

Parteiwechsel: → § 15 Rn. 57.

Partnerschaftsgesellschaft: Ist nach §§ 1 ff. PartGG wie eine → Offene Handelsgesellschaft zu beurteilen (LG Berlin JurBüro 1998, 141).

Personalrat: → „Betriebsrat".

Pfleger: Jeder an der Pflegschaft Betroffene kann Auftraggeber sein (OLG Frankfurt a. M. Rpfleger 1980, 310, Abwesenheitspfleger; OLG Hamburg JurBüro 1982, 1505; OLG München MDR 1990, 933, Nachlasspfleger).

Praxisgemeinschaft: Es gelten grds. dieselben Regeln wie → „BGB-Gesellschaft", zB bei Ärzten, → „Ärztegemeinschaft".

Privatkläger: Mehrere Privatkläger bilden eine Mehrheit von Auftraggebern (LG Krefeld AnwBl 1981, 27).

Prozesskostenhilfe: Auftraggeber ist nicht der Staat oder die Staatskasse, sondern die Partei. Natürlich mag der Rechtsanwalt im Auftrag mehrerer Parteien tätig werden (OLG Hamm AnwBl 1980, 75). Dann entsteht ein Anspruch gegen die Landeskasse bei einer Beiordnung nur für einzelne Auftraggeber nur wegen deren Wertanteile (OLG Jena Rpfleger 2006, 663).

Prozessstandschaft: Trotz der etwaigen Rechtskrafterstreckung liegt nach → § 4 Rn. 25 nur *ein* Auftraggeber vor, soweit nicht eindeutig auch der Hintermann zum Partner des Anwaltsvertrags werden soll (OLG Koblenz JurBüro 2000, 529).

Prozessverbindung, -trennung: → § 15 Rn. 17.

Rechtsanwaltsgesellschaft: → „Anwaltssozietät", → „BGB-Gesellschaft".

Rechtsmissbrauch: Er ist auch bei § 7 schädlich (Versagung der Erhöhung) (OLG Celle AnwBl 1997, 351).

Rechtsnachfolger: → „Erbe", „Erbengemeinschaft".

Selbstvertretung: Soweit der Rechtsanwalt den Auftraggeber und sich selbst vertritt, liegt eine Mehrheit von Auftraggebern vor (OLG Hamburg JurBüro 1978, 1180). Vgl. aber ferner → Rn. 2 ff.

Sicherungsgeber: → „Abtretung".

Sozietät: → „Anwaltssozietät".

Steuerberater: → „Anwaltssozietät", → „BGB-Gesellschaft".

Streitgenossen: Mehrere Streitgenossen nach §§ 59 ff. ZPO, die gemeinschaftlich und nicht unabhängig voneinander auftreten (OLG Karlsruhe JurBüro 1992, 239), stellen eine Mehrheit von Auftraggebern dar (OLG Düsseldorf AnwBl 1996, 476; OLG Koblenz JurBüro 2014, 309; OLG München Rpfleger 1987, 388: Bruchteilseigentümer als Gesamtgläubiger oder -schuldner; aA KG JurBüro 1999, 79; OLG Köln MDR 1993, 1021, je: bei der Abwehr inhaltsgleicher Unterlassungsansprüche. Aber es kommt nur auf die Personenmehrheit an). Tritt derselbe Rechtsanwalt als ProzBev des Auftraggebers nach → § 11 Rn. 14 ff. und als Unterbevollmächtigter des ProzBev eines Streitgenossen des Auftraggebers auf, liegen mehrere Aufträge vor (LG Frankenthal Rpfleger 1984, 202). Wegen PKH → Rn. 1. § 7 ist auch bei mehreren Asylbewerbern anzuwenden. Auch → „BGB-Gesellschaft".

Streithelfer: Mehrere Streithelfer nach §§ 66 ff. ZPO stellen eine Mehrheit von Auftraggebern dar. Ein Streithelfer und seine Partei stellen ebenfalls eine Mehrheit von Auftraggebern dar.

Anders liegt es dann, wenn der Rechtsanwalt denselben Auftraggeber in diesen beiden Rollen vertritt (OLG München MDR 1994, 735; aA LG Verden JurBüro 1979, 1504, aber dann ist nur **ein** Rechtssubjekt Auftraggeber).

Testamentsvollstrecker: Mehrere Testamentsvollstrecker können mehrere Auftraggeber sein (BGH NJW-RR 1994, 516; OLG Düsseldorf AnwBl 1983, 518; OLG Hamburg MDR 1978, 1031; aA OLG Koblenz MDR 1979, 413).

Tod: Der selbst vor der Klagezustellung eingetretene Tod ändert nichts an § 7 (OLG Koblenz AGS 2016, 446).

Unterbevollmächtigter: VV 1008 kommt nur dann infrage, wenn er für mehrere Auftraggeber und nicht nur im Auftrag des Hauptbevollmächtigten tätig wird.

Unterhalt: → „Kind".

Unternehmensgruppe: → „BGB-Gesellschaft".

Verein: Es gilt jetzt infolge des Grundsatzurteils BGHZ 146, 341 = NJW 2001, 1056 im Ergebnis insbesondere beim nichteingetragenen Verein im Aktiv- wie Passivprozess dasselbe wie → „BGB-Gesellschaft". § 50 II ZPO ist gegenstandslos geworden (K. Schmidt NJW 2001, 993 (1003)).

Vergütungszahler: Es ist nahezu unerheblich, wer den Rechtsanwalt bezahlt.

Vermächtnisnehmer: Sie sind auch dann mehrere Auftraggeber, wenn das Gericht ihre Forderungen zu einem Gesamtstreitwert addiert (aA OLG Koblenz Rpfleger 1982, 441, aber es kommt auf die Personenzahl an).

Verschmelzung: Die Verschmelzung der Partei eines Rechtsstreits auf eine aufnehmende Gesellschaft führt nicht dazu, dass der Rechtsanwalt zwei Auftraggeber hat (OLG Dresden NJW-RR 2021, 1078).

Versicherung: Es ist nach → „Kraftfahrzeugführer, -halter, -versicherer" nach den Gesamtumständen zu klären, ob ein Auftrag oder mehrere etwa von Versicherungsnehmer, Halter und Versichertem vorliegen.

Verteidiger: Eine Verteidigung mehrerer Beschuldigter durch einen gemeinschaftlichen Verteidiger ist nach § 146 StPO unzulässig.

Wenn das Mandat zur Verteidigung mehrerer Beschuldigter deshalb in Einzelmandate aufgeteilt wird, ist § 7 **nicht anzuwenden** (LG Saarbrücken AnwBl 1975, 367). Wenn ein Verteidiger den Pflichtverteidiger eines anderen Mitangeklagten vertritt, ist **keine** Mehrheit von Auftraggebern vorhanden.

Vertrag zugunsten eines Dritten: Es liegt **keine** Mehrheit von Auftraggebern vor. Denn der Dritte wird trotz eigener Forderungsrechte kein Vertragspartner des Rechtsanwalts.

Vertrag mit Schutzwirkung zugunsten eines Dritten: Es liegt **keine** Mehrheit von Auftraggebern vor. Denn der Dritte wird noch weniger als beim Vertrag zugunsten eines Dritten ein Vertragspartner des Rechtsanwalts.

Vertreter: Nur der **Vertretene** ist Auftraggeber (OLG Frankfurt a. M. JurBüro 1989, 1111; LG Berlin AnwBl 1977, 469). Es ist zu klären, ob der Rechtsanwalt nur als Vertreter, auch als Vertreter oder nur im eigenen Namen handelt (OLG Bremen JurBüro 1987, 378; OLG Hamburg JurBüro 1978, 1180).

Vormund: Jedes Mündel kann Auftraggeber sein.

Widerklage: Da es sich zwischen dem Bekl. und dem Widerkläger um dieselbe Person handelt, liegt insofern **keine** Mehrheit von Auftraggebern vor.

Wohnungseigentümergemeinschaft: Sie ist nach § 10 VI WEG rechtsfähig, soweit sie bei der Verwaltung des gemeinschaftlichen Eigentums am Rechtsverkehr teilnimmt (so schon BGH NJW 2005, 2061; AG Schorndorf DGVZ 2006, 62). In diesem Umfang kann evtl. **keine** Mehrheit von Auftraggebern vorliegen (AG Schorndorf DGVZ 2006, 62). Das gilt auch, soweit der Verwalter nach § 27 III WEG im Namen der Gemeinschaft und mit einer Wirkung für und gegen sie handelt.

Nur in den von § 10 VI WEG **nicht erfassten** Bereichen gilt: Es kann sich nach § 10 I WEG um eine Mehrheit von Auftraggebern handeln (so schon BGH NJW 1998, 3279; OLG München ZMR 2003, 451; OLG Schleswig NZM 2004, 240; aA BayObLG AnwBl 2001, 183; OLG Schleswig NJW-RR 2004, 804; LG Aurich Rpfleger 1987, 128 mablAnm Smid Rpfleger 1987, 334). Das gilt auch, soweit der Verwalter nach § 27 II WEG im Namen aller Wohnungseigentümer und mit Wirkung für und gegen sie handelt.

Wenn aber der **Verwalter** nach § 27 I WEG, **nur im eigenen Namen** als Prozessstandschafter handelt, ist **nur er** Auftraggeber (BGH NJW 1987, 2240; OLG Hamm Rpfleger 1990, 225; OLG Koblenz JurBüro 2000, 529). Der Verwalter ist zwar oft, aber nicht stets berechtigt oder gar verpflichtet, zwecks Kostenersparnis im eigenen Namen vorzugehen (vgl. OLG München ZMR 2003, 451; LG München I ZMR 2003, 535; LG Essen Rpfleger 2002, 101; aA OLG Koblenz JurBüro 2000, 529; LG Hamburg ZMR 2002, 307; LG München I JurBüro 1998, 596, aber eine Kostenersparnis ist ein allgemeines Gebot der §§ 91 ff. ZPO). Das ist freilich nur für die Erstattungsfähigkeit von Bedeutung. Der Rechtsanwalt muss nicht auf eine Auftragserteilung nur eines Prozessstandschafters hinwirken (OLG Koblenz JurBüro 2000, 529).

Zeugen: Mehrere Auftraggeber in derselben Angelegenheit nach → § 15 Rn. 8 ff. liegen dann vor, wenn der Rechtsanwalt in einer Verhandlung für mehrere Zeugen tätig wird (OLG Koblenz JurBüro 2005, 589).

Zusammenwirken: Es ist nicht notwendig, dass mehrere Personen bei der Auftragserteilung bewusst zusammenwirken.

Zwangsversteigerung: § 7 gilt auch bei § 26 (aA LG Hamm Rpfleger 2001, 323, aber § 7 gilt allgemein, und § 26 spricht nur von „einem" Beteiligten oder Bieter).

14 **V. Derselbe Rechtsanwalt (I 1).** Die mehreren Auftraggeber müssen denselben Rechtsanwalt beauftragt haben. Er muss in derselben Stellung zu seinen mehreren Auftraggebern tätig geworden sein. Soweit sie eine Anwaltsgemeinschaft beauftragt haben, gilt dieser Vorgang nach → § 6 Rn. 3 ff. grundsätzlich als die Beauftragung nur eines Rechtsanwalts, nicht mehrerer nach § 6 (LG Bochum Rpfleger 1977, 333). Es reicht aus, dass der Rechtsanwalt mehrere Personen teils als ProzBev nach → § 11 Rn. 26 ff., teils als Verkehrsanwalt, Beistand, Beweisanwalt, Terminsanwalt oder als Unterbevollmächtigter vertritt. Das gilt bei jedem Beteiligten und jeder Partei, also auch zB beim Streitgenossen, Streitverkündeten, Widerkläger oder Beigeladenen.

15 Das ist aber **nicht** so, wenn derselbe Rechtsanwalt für den einen Auftraggeber als ProzBev, für den Streitgenossen dieses Auftraggebers aber lediglich als Unterbevollmächtigter des von diesem beauftragten ProzBev auftritt. Dann liegen zwei Aufträge vor. Daher ist § 6 anzuwenden. Wegen PKH → Rn. 1.

16 Soweit sich allerdings **Streitgenossen** getrennt vergleichen oder soweit das Gericht die Klage eines Streitgenossen rechtskräftig abweist, erst dann aber gegen den anderen getrennt verhandelt und entscheidet, kann § 7 anzuwenden sein. Eine vor der Trennung entstandene Pauschgebühr gilt nach § 15 II auch eine gleiche Tätigkeit nach der Trennung ab. Ebenso wenig entstehen die bereits entstandenen Pauschgebühren beim Hinzutreten oder beim Ausscheiden von Auftraggebern nochmals. Soweit der Rechtsanwalt aber vor einer Verbindung bereits eine besondere Gebühr verdient hatte, verbleibt ihm diese.

§ 7 ist nicht anzuwenden, soweit sich zwei Rechtsanwälte **selbst** vertreten (OLG Hamburg JurBüro 1978, 1015). 17

VI. Dieselbe Angelegenheit, derselbe Gegenstand (I 1). Der Rechtsanwalt muss für die mehreren Auftraggeber in derselben gemeinsamen Angelegenheit nach → § 15 Rn. 8 ff., §§ 17, 18 tätig geworden sein (BVerfGE 65, 72 (75); OLG Düsseldorf GRUR 2000, 825). Wie dort nach → § 15 Rn. 12 (BGH JurBüro 2005, 141) sind die Begriffe Angelegenheit und Gegenstand zu unterscheiden (OLG Koblenz JurBüro 2009, 249; LG Saarbrücken JurBüro 1999, 310). Für die Frage, ob dieselbe Angelegenheit vorliegt, kommt es auch bei § 7 auf den Umfang des Auftrags an. 18

Gegenstand ist dasjenige Recht oder Rechtsverhältnis, auf das sich die jeweilige anwaltliche Tätigkeit und nicht nur der jeweilige Auftrag tatsächlich bezieht (BVerfG NJW 2000, 3126, also bei mehreren Verfassungsbeschwerden evtl. mehrere Gegenstände; OLG Hamm NJW-RR 2011, 1566; OLG Koblenz JurBüro 2009, 249; OLG München JurBüro 2004, 376: Mehrheit gleichlautender Ansprüche; aA Jahns AnwBl 1988, 477). Es kann sich dabei um ein gegenwärtiges oder künftiges Recht oder Rechtsverhältnis handeln, auch um ein bedingtes oder betagtes, um ein behauptetes, erstrebtes oder geleugnetes, abgestrittenes. Beim bloßen Gläubigerwechsel bleibt es bei demselben Gegenstand (OLG Düsseldorf JurBüro 2011, 589). Aus zunächst einem einzigen Gegenstand können sich mehrere Angelegenheiten ergeben. 19

Eine Angelegenheit kann **mehrere Gegenstände** umfassen. Dann gilt § 22 I (BGH NJW-RR 1991, 119; OLG Frankfurt a. M. MDR 2002, 236; OLG Stuttgart JurBüro 1998, 303). 20

VII. Derselbe Rechtszug (I 1). Es muss sich um denselben Rechtszug handeln. Das ergibt sich aus § 15 II 2. → § 15 Rn. 52 ff., § 19. 21

VIII. Haftung des einzelnen Auftraggebers (II). Zwei Regeln sind zu beachten. 22

1. Grundsatz: Haftung eines jeden (II 1). Jeder Auftraggeber haftet gegenüber dem Rechtsanwalt für dessen Gebühren und mit der Ausweitung durch II 1 Hs. 2 (Dokumentenpauschale nach VV 7000) für dessen Auslagen so, als ob er allein den Auftrag erteilt hätte (OLG Frankfurt a. M. ZMR 1988, 231; LG Berlin Rpfleger 1992, 258). Also dann, wenn die Gesamtvergütung mehrere Gegenstände umfasst, ist zunächst die Gesamtvergütung nach dem zusammengerechneten Wert nach § 22 I zu errechnen. Anschließend ist die für den Auftrag jedes einzelnen Auftraggebers entstandene Vergütung su berechnen. Beide Summen sind dann miteinander zu vergleichen. 23

2. Gesamtschuldner. Jeder Auftraggeber haftet als Gesamtschuldner nach §§ 421 ff. BGB, also nicht nur als Teilschuldner nach § 420 BGB. Er haftet daher wegen II 1 Hs. 1 nur in Höhe des von ihm persönlich erteilten Auftrags, soweit dieser sich mit dem Auftrag der übrigen Auftraggeber deckt. II überlässt das Innenverhältnis der Gesamtschuldner untereinander dem § 426 BGB (OLG Köln NJW-RR 1999, 726; OLG München JurBüro 1978, 1493). Das gilt schon ab einem gemeinsamen Antrag (BGH NJW 1981, 1666). Der zahlende Gesamtschuldner hat dann den Ausgleichsanspruch des § 426 II 1 BGB (BGH NJW 1991, 97). 24

Die für die Berechnung der Gesamtvergütung erfolgten **Erhöhungen** nach VV 1008 bleiben für die Berechnung der von dem einzelnen Auftraggeber geschuldeten Vergütung außer Betracht (OLG Düsseldorf ZMR 1988, 23; OLG München JurBüro 1978, 1806; LG Berlin Rpfleger 1992, 258). Das gilt auch bei § 59 (LG Berlin Rpfleger 1992, 258). 25

3. Einzelschuldner. Für diejenige Tätigkeit des Rechtsanwalts, die nur auf dem Einzelauftrag **eines** der Auftraggeber beruht, haftet nur dieser Auftraggeber, falls es sich um eine gebührenrechtlich besonders erfassbare Tätigkeit handelt. Das gilt nach § 60 ZPO insbesondere also bei verschiedenen Gegenständen. Ein Streitgenosse 26 haftet zB nicht für diejenige Terminsgebühr, die nur bei den anderen Streitgenossen entstanden ist. Die Leistung eines Auftraggebers befreit die anderen gesamtschuldnerischen Auftraggeber in Höhe dieser Leistung. Der Ausgleich nach → Rn. 24 geschieht aber nicht im Verfahren nach § 11, sondern im Klageweg (BGH NJW 1991, 97; OLG München Rpfleger 1978, 337).

27 **4. Beim Patentanwalt.** II gilt auch für ihn (OLG Frankfurt a. M. GRUR 1979, 76).

28 **5. Höchstforderung (II 2).** Der Rechtsanwalt kann insgesamt nicht mehr als die nach I berechnete Gesamtvergütung nach → Rn. 23, 24 einschließlich der insgesamt entstandenen Auslagen fordern (OLG Schleswig SchlHA 1978, 178). „Fordern" meint: durchsetzen. Der Rechtsanwalt kann also jedem Auftraggeber zunächst eine höhere Rechnung schicken und abwarten, welchen Betrag jeder Auftraggeber zahlt. Er muss aber (selbstverständlich) nicht so handeln, sondern kann jedem Auftraggeber eine nur diesen betreffende Rechnung senden. Zur Verteilung auch OLG München AnwBl 1985, 42.

29 **IX. Erstattungsfähigkeit.** § 7 regelt nicht die Frage der Erstattungsfähigkeit, Meyer JurBüro 2008, 634. Diese richtet sich vielmehr nach §§ 91 ff. ZPO, § 85 FamFG, §§ 464 ff. StPO usw (OLG Bamberg MDR 2000, 790 (791)). Vgl. zunächst § 100 ZPO. Diese Vorschrift regelt nicht alle denkbaren Fälle ausdrücklich (Meyer JurBüro 2008, 634; Schroers VersR 1975, 110). Im Zivilprozess und im Verfahren nach § 113 I 2 FamFG gelten die folgenden Regeln.

30 **X. Alle Streitgenossen siegen (§ 100 I–IV ZPO).** Das Gegenstück zu dem in § 100 ZPO ausdrücklich geregelten Unterliegen mehrerer oder aller Streitgenossen nach §§ 59 ff. ZPO ist ein Sieg mehrerer oder aller Streitgenossen. Diesen Fall erfasst § 100 ZPO nicht ausdrücklich. Es haben sich im Wesentlichen die folgenden Regeln herausgebildet.

31 **1. Keine Gesamtgläubigerschaft.** Siegende einfache wie notwendige Streitgenossen nach §§ 59, 62 ZPO sind selbst dann, wenn das Gericht ihnen die Hauptsache ausdrücklich als Gesamtgläubigern zugesprochen hat, nicht auch wegen der Kosten Gesamtgläubiger (OLG Karlsruhe JurBüro 2006, 205). Sie sind vielmehr Gläubiger nach Kopfteilen, genauer hier: nach ihrem Anteil an der Hauptsache, also nicht stets zu gleichen Anteilen.

32 Das gilt auch dann, wenn das Gericht die Verlierer in der Hauptsache **„als Gesamtschuldner"** verurteilt hat und wenn sie daher wegen der Kosten nach § 100 IV ZPO ebenfalls als Gesamtschuldner haften. Das alles gilt jedenfalls, soweit das Gericht nicht im Urteil ausdrücklich die Sieger gerade auch wegen der Kosten fehlerhaft, aber nun einmal wirksam „als Gesamtgläubiger" bezeichnet hat. Diese Beurteilung wirkt sich nicht nur auf die Fassung der Kostenentscheidung aus, sondern vor allem auf die Kostenerstattung. Alle diese Fragen sind heftig umstritten.

33 **2. Bei erheblicher Verschiedenheit der Beteiligung: Entsprechende Kostenverteilung.** Soweit eine erheblich verschiedene Beteiligung am Rechtsstreit dazu führt, dass jeder dieser unterschiedlich beteiligten Streitgenossen jeweils voll siegt, sind die in § 100 II ZPO enthaltenen Grundsätze entsprechend anzuwenden. Für die Kostenentscheidung → Rn. 34 und für die Kostenerstattung → Rn. 48.

34 **XI. Ein Streitgenosse siegt, einer verliert (§ 100 I–IV ZPO).** Auch den Fall, dass von zwei Streitgenossen der eine voll siegt, der andere voll verliert, regelt § 100 ZPO nicht direkt. Dasselbe gilt für die Varianten, dass von mehr als zwei Streitgenossen einer oder mehrere ganz siegen, einer oder mehrere ganz verlieren oder dass zB der Streitgenosse A ganz siegt, B halb siegt, halb verliert und C ganz verliert usw. Diese Situationen können allerdings nur bei einfachen Streitgenossen entstehen, nicht bei notwendigen nach § 62 ZPO.

35 Für die Kosten**entscheidung** gelten die nachfolgenden Regeln. Für die Kosten**erstattung** ergeben sich daraus die in → Rn. 48 ff. dargestellten Folgen.

36 **1. Grundsatz der Kostenteilung.** Das Gericht muss in allen diesen Fällen zunächst § 92 ZPO anwenden und darf § 100 ZPO nur ergänzend mit heranziehen. Es muss immer bedenken, dass es sich in Wahrheit nur um eine willkürliche Zusammenfassung mehrerer Klagen in demselben Prozess handelt.

Der **siegende** Streitgenosse soll (selbstverständlich) grundsätzlich keine Kosten tragen, von § 96 ZPO abgesehen. Er soll vielmehr nur einen Erstattungsanspruch erhalten. Das Gericht darf den Gegner grundsätzlich nur seinem Teil entsprechend belasten (BGH NJW-RR 2006, 215; OLG Koblenz JurBüro 2014, 146). Ausnahmsweise mag bei einem vermögenden Elternteil und einem erwerbslosen Kind nur der erstere belastbar sein (OLG Koblenz JurBüro 2000, 145). **37**

2. Grundsatz der Kostentrennung. §§ 91 ff. ZPO gehen an sich von der Regel aus, dass das Gericht im Interesse der Einheit der Kostenentscheidung nicht zwischen den Gerichtskosten und den außergerichtlichen Kosten unterschiedliche Quoten bilden soll und darf. Bei Streitgenossen ist aber gerade der entgegengesetzte Grundsatz erforderlich. Denn es liegt ja eine andere Ausgangsgrundlage vor. Es wäre nicht zu verantworten, denjenigen Streitgenossen mit zu belasten, der in diesem Umfang gar nicht unterlegen ist, und umgekehrt. **38**

Daher muss das Gericht in der **Kostengrundentscheidung** über die Gerichtskosten (Gebühren und Auslagen) einerseits und über die außergerichtlichen Kosten (Gebühren und Auslagen) andererseits gesonderte Aussprüche formulieren. Darüber besteht Einigkeit. **39**

3. Baumbach'sche Formel. Streit besteht allerdings darüber, welche Fassung die Kostengrundentscheidung in solchen Mischfällen am zweckmäßigsten erhalten soll. Hierüber gingen die Meinungen früher noch erheblich stärker auseinander. Der von Baumbach angeregte Weg hat sich bewährt (VerfGH Bayern NJW 2001, 2962; Zöller/Herget ZPO § 100 Rn. 7, 8), „trotz seiner Tücken … seit vielen Jahrzehnten" (LG Bonn Rpfleger 1989, 521). Er „beherrscht die Praxis völlig" (OLG München Rpfleger 1989, 128; OLG Stuttgart Rpfleger 1990, 183, Herr DRiZ 1989, 87, er erstrebt mit seiner von ihm selbst als „Säcketheorie" referierten Fortentwicklung eine Präzisierung und Vereinfachung mit eindrucksvoll komplizierten Rechenbeispielen). **40**

Die sog. **Baumbach'sche Formel** erfasst einen Fall, in dem bei einer etwa gleichhohen Beteiligung der Bekl. X siegt, der Bekl. Y unterliegt. Sie lautet: **41**

„Die Gerichtskosten tragen der Kläger und der Beklagte Y je zur Hälfte. Von den außergerichtlichen Kosten tragen der Kläger die des Beklagten X voll und 1/2 der eigenen, der Beklagte Y die eigenen und 1/2 der dem Kläger erwachsenen Kosten".

Entsprechendes gilt dann, wenn von zwei Klägern der eine siegt, der andere unterliegt. Bei **mehr als zwei** Streitgenossen sind die Quoten entsprechend zu ändern. **42**

Diese Fassung ist **anderen** Lösungsversuchen etwa von Roeder DRiZ 1991, 93 (im Ergebnis ähnlich) erfahrungsgemäß **vorzuziehen.** Man sollte also nicht etwa schreiben, der Kläger und der Bekl. X trügen je die Hälfte der Kosten. Denn eine solche Fassung würde dem siegenden Bekl. X endgültig jeden Kostentitel nehmen. Unzweckmäßig wäre auch die Fassung, die dem siegenden Bekl. X entstandenen besonderen Kosten trage der Kläger. Denn sie würde dem Kostenaufbau der ZPO widersprechen. **43**

Wenn das Gericht trotzdem in solcher Weise entschieden hat, bleibt nur übrig, die Kostenentscheidung bei der Kostenfestsetzung so **auszulegen,** dass der Gegner und der unterliegende Streitgenosse die Kosten im Verhältnis ihrer Beteiligung und nach § 100 I–III ZPO tragen. **44**

XII. Ausscheiden eines Streitgenossen (§ 100 I–IV ZPO). An sich soll das Teilurteil überhaupt keine Kostenentscheidung enthalten. Jedoch bleibt § 100 ZPO auf den Zeitraum bis zum Ausscheiden eines Streitgenossen anzuwenden. Man darf also für diesen Zeitraum auch schon im Teilurteil eine Kostenentscheidung treffen. Sie ist dann im etwaigen Schlussurteil mit zu berücksichtigen (BGH NJW-RR 1991, 187). **45**

§ 100 IV ZPO ist auch dann anzuwenden, wenn das Gericht den einen Streitgenossen durch ein **Teilurteil** verurteilt hat, den anderen durch ein Schlussurteil. Es reicht aus, dass sich die gesamtschuldnerische Haftung zur Hauptsache aus dem Urteil ergibt. **46**

47 Wenn sich ein **ausgeschiedener** Streitgenosse nicht am Rechtsmittel beteiligt, ist § 100 ZPO nicht anzuwenden. Das gilt selbst dann, wenn es sich nach § 59 ZPO um einen einfachen und nicht nach § 62 ZPO notwendigen Streitgenossen handelt. Auf die restlichen Streitgenossen ist § 97 ZPO anzuwenden. Bei einer Klagerücknahme nach § 269 ZPO kann § 100 ZPO anzuwenden sein (BPatG GRUR-RR 2014, 216). Bei einer solchen gegenüber nur einzelnen Streitgenossen unterbleibt eine Kostenentscheidung. Wegen der Kostenerstattung → Rn. 48 ff.

48 **XIII. Erstattung im Einzelnen (§ 100 I–IV ZPO).** Die Frage, ob, wann und wie eine Kostengrundentscheidung notwendig ist und wie man sie berichtigen, ergänzen oder anfechten kann, ist von der Frage zu unterscheiden, welche Regeln im Einzelnen bei der aus der Kostengrundentscheidung (selbstverständlich) folgenden Kostenerstattung entstehen. Zwar darf der Rpfleger die Kostengrundentscheidung im Erstattungsverfahr nur auslegen, nicht ändern. Gerade bei der Auslegung können aber zusätzliche Probleme entstehen.

49 Fast alle Fragen zur Kostenerstattung sind vor allem in der Praxis **heftig umstritten.** Das hängt zum Teil damit zusammen, dass man vom erwünschten Ergebnis her argumentiert und Widersprüche zu den eigentlich als Ausgangspunkt geltenden Grundsätzen hinnimmt, nach denen man die Kostengrundentscheidung formulieren muss. Im Wesentlichen ergeben sich etwa die folgenden Meinungen. Nach einem Beitritt erst nach Urteilsverkündung (vor einem Rechtsmittel) gibt es keine erstinstanzliche Erstattung (OLG Naumburg BauR 2012, 843).

50 **1. Grundsatz: Nur anteilige Erstattung.** Aus den Grundsätzen der Kostenteilung und Kostentrennung nach → Rn. 36, 38 und aus der daraus am besten ableitbaren Baumbach'schen Formel nach → Rn. 40 folgt für die Kostenerstattung aus der Sicht des Gläubigers der Grundsatz: Jeder siegende Streitgenosse kann grundsätzlich die Erstattung nur, aber auch aller derjenigen nach → Rn. 56 notwendigen Kosten fordern, die **auf ihn persönlich** entfallen, also auf seinen **Kopfteil** (BGH NJW-RR 2006, 1508; OLG Düsseldorf MDR 2008, 594, auch nach einer Klagänderung; OLG München AGS 2013, 44), es sei denn, er hätte entweder mit seinen Streitgenossen eine für ihn abweichende Vereinbarung getroffen (OLG München MDR 1995, 856), oder er könnte glaubhaft machen, dass er im Innenverhältnis allein zahlungspflichtig sei (OLG Koblenz NJW-RR 2004, 72; Schütt MDR 2004, 137). Entsprechendes gilt beim ausgeschiedenen Streitgenossen: Er trägt seinen Kopfteil (OLG Brandenburg MDR 2004, 842).

51 Er kann also auch **nicht von vornherein** ohne die Notwendigkeit einer weiteren Glaubhaftmachung nach § 294 ZPO die Erstattung derjenigen gesamten Summe fordern, für die er einem gemeinsamen Rechtsanwalt als Gesamtschuldner haftet. Denn eine solche Lösung könnte zu einer Bereicherung des Siegers führen (OLG Koblenz NJW-RR 2004, 72: großzügig beim Haftpflichtversicherer; OLG Schleswig JurBüro 1999, 29; LG Saarbrücken JurBüro 1999, 310; aA OLG Düsseldorf MDR 1988, 325; OLG Frankfurt a. M. JurBüro 1986, 96; OLG Hamm JurBüro 2005, 91, aber → Rn. 67).

52 Die **weiteren Varianten** im Meinungsbild haben in der Praxis keine Bedeutung.

53 **2. Nur wegen notwendiger Kosten.** Auch soweit ein Streitgenosse nach → Rn. 31 ff. grundsätzlich eine Kostenerstattung fordern kann, gilt das doch nur, aber auch sehr wohl wegen aller derjenigen Kosten, die für ihn nach § 91 ZPO auch objektiv notwendig waren (BGH NJW 2013, 2827; OLG Koblenz JurBüro 2000, 85).

54 Solche Kosten, die er zwar für notwendig hielt, die aber ihrer Art oder Höhe nach schon außerhalb der Sonderfälle einer Streitgenossenschaft nach den Regeln des § 91 ZPO **nicht** erstattungsfähig wären, werden nicht dadurch erstattungsfähig, dass ein Streitgenosse sie geltend macht.

55 Diese **Einschränkung** der Erstattungsfähigkeit ist im Grunde unabhängig von dem Meinungsstreit zu → Rn. 50, 51 unstreitig. Streitig ist nur weiterhin die Frage der Glaubhaftmachung nach → Rn. 58.

56 **3. Notwendigkeit von Anwaltskosten.** Die Frage, ob insbesondere Rechtsanwaltskosten notwendig waren, ist nach § 91 ZPO zu beantworten. Hier nur einige Ergänzungen speziell für die Fälle der Streitgenossenschaft.

4. Aufträge an gesonderte Rechtsanwälte. Grundsätzlich darf jeder Streitgenosse einen eigenen Rechtsanwalt beauftragen. Der Erstattungspflichtige muss also die Kosten der Rechtsanwälte aller Streitgenossen erstatten, soweit es nicht mehr Rechtsanwälte als Streitgenossen gab (OLG Bamberg NJW-RR 2011, 935; OLG Frankfurt a. M. AnwBl 1988, 74; OLG Koblenz MDR 1995, 263: jedenfalls bei Interessengegensätzen, strenger OLG Düsseldorf JurBüro 2010, 431; OLG Frankfurt a. M. AnwBl 1988, 74; OLG Koblenz MDR 2010, 1158). Ein Rechtsmissbrauch ist nach → Rn. 63 unstatthaft, aber nicht einfach unterstellbar. 57

Das gilt **unabhängig von** etwaigen **AKB.** Denn sie berühren nur das Innenverhältnis. Der vorstehende Grundsatz gilt dann nur eingeschränkt, wenn eine Versicherung ihren Rechtsanwalt auch für den Versicherungsnehmer beauftragt hatte und wenn der Versicherungsnehmer außerdem einen eigenen Rechtsanwalt hat. 58

5. Aufträge an gemeinsamen Rechtsanwalt. Wenn alle Streitgenossen oder einige von mehreren Streitgenossen gemeinsam einen Einzelanwalt oder eine Anwaltssozietät beauftragt haben, muss man § 7 beachten. Die Streitgenossen können zusammen höchstens einmal die vollen Gebühren und Auslagen des gemeinsamen ProzBev nach → § 11 Rn. 26 fordern (OLG Hamburg JurBüro 1977, 199; OLG München Rpfleger 1988, 38). 59

Wenn ein Streitgenosse eine Kostenerstattung verlangt, kann er zunächst grundsätzlich die Festsetzung derjenigen Kosten fordern, die ihn allein betreffen (BGH NJW-RR 2003, 1217; OLG Frankfurt a. M. MDR 2002, 236; OLG München AGS 2013, 44). Er kann aber außerdem auch die Festsetzung derjenigen Kosten fordern, für die er dem Rechtsanwalt gesamtschuldnerisch haftet (OLG Stuttgart Rpfleger 2001, 566, Umsatzsteuer; LG Krefeld AnwBl 1980, 365; aA OLG Frankfurt a. M. AnwBl 1985, 263). Er muss aber dazu nach § 294 ZPO **glaubhaft** machen, dass er die Kosten **bezahlt hat oder** dass seine Streitgenossen wegen einer eigenen Vermögenslosigkeit nicht zahlen können. Es kommt also darauf an, ob er die Kosten dem Rechtsanwalt gegenüber **bezahlen muss.** 60

Soweit er nicht die Zahlung der gesamten gesamtschuldnerisch geschuldeten Vergütung nach → Rn. 61 glaubhaft machen kann, kann er nach → Rn. 50 **nur** eine Erstattung des bei einem Kostenausgleich **auf ihn fallenden** Kostenteils fordern (BGH NJW-RR 2003, 1217; OLG Koblenz BauR 2013, 2068; OLG München AGS 2013, 44; aA OLG Frankfurt a. M. VersR 1981, 194; KG NJW-RR 1999, 1159; LAG Köln MDR 2001, 357). 61

6. Gemeinsame Festsetzungsanträge. Wenn Streitgenossen die Kostenfestsetzung gemeinsam betreiben, muss der Rpfleger für jeden Streitgenossen auf seinen Bruchteil nach dem Innenverhältnis zwischen ihnen festsetzen, falls das den Gegner besonders berührt (KG NJW-RR 2001, 1435, evtl. auf ein Rechtsmittel hin). Viele beachten diese Notwendigkeit nicht. Im Zweifel liegt eine Gesamtgläubigerschaft vor (BGH AnwBl 1985, 524 mzustAnm Japes/Joswig). 62

7. Verbot des Rechtsmissbrauchs. Jeder Rechtsmissbrauch ist auch bei der Kostenerstattung unstatthaft (OLG Bamberg NJW-RR 2011, 935). Das gilt zB dann, wenn ein Komplementär einen eigenen ProzBev bestellt (OLG Hamm Rpfleger 1978, 329; OLG Stuttgart Justiz 1980, 20; aA OLG Düsseldorf JurBüro 1981, 762). Ein Rechtsmissbrauch liegt auch bei einem grundlosen Anwaltswechsel vor (OLG Bamberg JurBüro 1986, 923; OLG Hamburg JurBüro 1982, 767; OLG München MDR 1990, 555; aA OLG Hamburg JurBüro 1980, 761; OLG München JurBüro 1981, 138). 63

8. Notwendigkeit einer Glaubhaftmachung. ZZunächst → Rn. 54, 59. Die Glaubhaftmachung erfolgt wie sonst nach § 294 ZPO. Zusätzlich enthält § 104 II 1 ZPO denselben Grundsatz. § 104 II 2 ZPO enthält einige Ausnahmen wegen der einem Rechtsanwalt entstandenen Auslagen an Post-, Telefax- und Fernsprechgebühren. Dazu genügt die bloße anwaltliche Versicherung. 64

9. Weiteres Verfahren. Da der Rpfleger die Kostenerstattung praktisch im Kostenfestsetzungsverfahren prüfen muss, gelten §§ 103–107 ZPO, insbesondere § 104 ZPO. 65

66 **XIV. Teilunterliegen, Teilsieg mehrerer Streitgenossen (§ 100 I–IV ZPO).** Soweit von mehreren Streitgenossen der eine oder mehrere oder alle jeweils für die eigene Person teilweise siegen und teilweise unterliegen, liegt eine andere Situation als bei → Rn. 34 ff. vor. Die Grundsätze → Rn. 30 ff. sind aber auch auf ein Teilunterliegen und einen Teilsieg entsprechend zu anwenden und zusätzlich § 92 ZPO hinzuziehen. Stets sollte das Gericht auf eine möglichst gerechte, aber auch einfache und klare Fassung der Kostengrundentscheidung achten. Es sollte versuchen, die obigen Grundsätze für und gegen einen jeden der Streitgenossen einzuhalten.

67 **XV. Rechtsmittel (§ 100 I–IV ZPO).** Rechtsbehelfsbelehrung, Verstoß: §§ 12c, 33 V 2, 52 IV 2. Gegen die Kostengrundentscheidung sind diejenigen Rechtsmittel statthaft, die ihrer Form entsprechen, jeweils eingeschränkt durch § 99 ZPO. Gegen die Entscheidung im Kostenfestsetzungsverfahren sind die in § 104 ZPO genannten Rechtsbehelfe (befristete Erinnerung) oder Rechtsmittel (sofortige Beschwerde) möglich.

68 Stets muss man bei der Anfechtung einer Kostenentscheidung beachten, dass ein **Beschwerdewert** von mehr als 200 EUR nach § 567 II ZPO (Kostengrundentscheidung) eine Voraussetzung ist. Beim Rpfleger gilt § 11 RPflG.

Fälligkeit, Hemmung der Verjährung

8 **I 1 Die Vergütung wird fällig, wenn der Auftrag erledigt oder die Angelegenheit beendet ist. 2 Ist der Rechtsanwalt in einem gerichtlichen Verfahren tätig, wird die Vergütung auch fällig, wenn eine Kostenentscheidung ergangen oder der Rechtszug beendet ist oder wenn das Verfahren länger als drei Monate ruht.**

II 1 Die Verjährung der Vergütung für eine Tätigkeit in einem gerichtlichen Verfahren wird gehemmt, solange das Verfahren anhängig ist. 2 Die Hemmung endet mit der rechtskräftigen Entscheidung oder anderweitigen Beendigung des Verfahrens. 3 Ruht das Verfahren, endet die Hemmung drei Monate nach Eintritt der Fälligkeit. 4 Die Hemmung beginnt erneut, wenn das Verfahren weiter betrieben wird.

Historie: II 4 geändert durch Art. 47 VI Nr. 3 FGG-RG v. 17.12.2008 (BGBl. I 2586 (2716)) mWv 1.9.2009; Materialien: BT-Drs. 16/6308 (Gesetzentwurf), BT-Drs. 16/9733 (Beschlussempfehlung und Bericht), BT-Drs. 16/9831 (Änderungsantrag).

Schrifttum: Klüsener, Die Verjährung der Vergütungsforderung, JurBüro 2021, 505; H. Schneider, Fälligkeit der Anwaltsvergütung im gerichtlichen Verfahren, JurBüro 2018, 337.

Übersicht

I. Systematik. Es ist zwischen einem Vorschuss nach § 9 auf die Vergütung, der Entstehung eines Vergütungsanspruchs, seiner Fälligkeit nach §§ 4, 8, seiner Klagbarkeit nach § 10 und seiner Verjährung zu unterscheiden. Der Gebührenanspruch entsteht (erwächst), sobald der Rechtsanwalt die gebührenpflichtige Tätigkeit vorzunehmen beginnt (VGH Bayern NVwZ-RR 2008, 504), sobald er daher etwa in den Grenzen von → Vor § 1 Rn. 12 die auftragsgemäße Information entgegenzunehmen beginnt. Bei einer Pauschgebühr entsteht der Anspruch also schon durch die erste Tätigkeit, die zu der mit ihr abgegoltenen Tätigkeitsgruppe gehört (OLG Frankfurt a. M. NJW-RR 2004, 1665). Das gilt unabhängig davon, ob der Rechtsanwalt ihn jetzt schon klageweise geltend machen kann. Denn die Klagbarkeit ist nach → § 10 Rn. 1 gerade erst eine Folge der Fälligkeit. Eine spätere Wertänderung lässt die schon entstandene Gebühr weder ganz noch teilweise entfallen (VGH Bayern NVwZ-RR 2008, 504). 1

Ein **Verzugsschaden** nach § 288 IV BGB setzt eine solche Anwaltstätigkeit voraus, die erst **nach** dem Eintritt des Verzugs beginnt. Denn sonst ist der „Schaden“ schon vor einem Verzug eingetreten. Daher kann die erste Mahnung, die erst den Verzug herbeiführen soll, wegen § 8 iVm § 288 I 1 BGB noch nicht wegen ihrer Vergütung einen Verzugsschaden begründen. Das übersehen manche. 2

Die **Fälligkeit** setzt das Entstehen voraus. Sie kann bei jedem Auftraggeber nach § 7 unterschiedlich eintreten. Sie tritt nach → § 15 Rn. 1 erst dann ein, wenn die zeitlich erste der in § 8 genannten Voraussetzungen vorliegt. Damit gibt I eine gegenüber § 271 BGB vorrangige Sonderregelung. Zu ihr tritt die Notwendigkeit einer Berechnung nach § 10. Nach § 4 ist die Fälligkeit vorrangig abweichend von § 8 zu vereinbaren. Zum Ausgleich der gegenüber dem BGB hinausgeschobenen Fälligkeit gibt § 9 einen Anspruch auf einen Vorschuss. 3

Die Fälligkeit ist nach § 33 II 1 ihrerseits eine Voraussetzung für den Antrag des Rechtsanwalts auf eine **Wertfestsetzung,** soweit eine solche für die Gerichtsgebühren nicht erfolgt, und für eine Wertbeschwerde nach § 33 III. Die Fälligkeit ist auch eine Voraussetzung für die gesondert zu prüfende Einforderbarkeit nach § 10 und nach § 11 II 1 für den Antrag des Rechtsanwalts auf die Festsetzung seiner Vergütung gegenüber dem Auftraggeber und umgekehrt. Die Fälligkeit gibt dem Auftraggeber einen Anspruch auf eine dem § 10 entsprechende Abrechnung des Rechtsanwalts, auch nach einer Zahlung. Für den Anspruch des Auftraggebers gegenüber seinem Prozessgegner auf eine Kostenerstattung ist § 8 unerheblich (OLG Koblenz JurBüro 2012, 75). Die Fälligkeit einer weiteren Vergütung des bei PKH usw beigeordneten Rechtsanwalts nach § 50 gegenüber der Staatskasse tritt mit dem Festsetzungsbeschluss nach § 55 ein. 4

Änderungen sind durch eine Vereinbarung sowohl bei der Fälligkeit als auch bei der Verjährung statthaft. Soweit eine Vereinbarung den Rechtsanwalt besserstellt, muss man für sie § 4 beachten. 5

II. Regelungszweck. Die Vorschrift dient der Rechtssicherheit. Denn sie legt wesentliche Anknüpfungszeitpunkte mit ihren auch berufs- und strafrechtlichen Auswirkungen möglichst genau fest. Es geht sowohl um die Befriedigung des Rechtsanwalts als auch um die im Interesse aller Beteiligten liegende alsbaldige Klärung des Vergütungsanspruchs und des Beginns der Verjährungsfrist. Das muss man bei der Auslegung mitbeachten. 6

Vorleistungspflicht des Rechtsanwalts ist an sich (selbstverständlich) keine Selbstverständlichkeit. Sie besteht ja auch nur mit den ganz erheblichen Einschränkungen nach § 9 mit seinem Vorschussrecht des Rechtsanwalts. Andererseits ist dies letztere ja zB gegenüber dem Arztrecht eine ziemliche Besserstellung. Deshalb sollte man durchaus die Fälligkeitsauslösungen und daher die Begriffe Auftragserledigung, Angelegenheitsbeendigung, Kosten(grund)entscheidung und Rechtszugsbeendigung nicht in einer für den Auftraggeber allzu ungünstigen Weise auslegen. An eine anwaltsfreundlichere Vereinbarung sollte man folglich keine zu geringen Anforderungen stellen. Selbst ein umfassendes Vorschussrecht ändert nichts am Grundsatz der Vorleistungspflicht. Das gilt selbst bei einer solchen Tätigkeit, die einen hohen Einsatz von Zeit, Können, Organisation und weiteren Anwaltsfähigkeiten erfordert und bei der obendrein die Zahlungsfähigkeit oder -bereitschaft des Auftraggebers nicht sicher 7 sein könnte. Vorleistung ist im Kern auch eine Folge der Stellung als Organ der Rechtspflege nach § 1 BRAO.

8 Zwar löst der **früheste** der ja nicht wenigen Vorgänge in I die Fälligkeit aus. Der Rechtsanwalt soll nicht länger als wirklich nötig auf seine Vergütung warten müssen. Das darf nun aber ebenfalls nicht zu einer allzu anwaltsfreundlichen Handhabung der Begriffe Auftragserledigung oder Beendigung einer Angelegenheit, Rechtszugsende oder Ruhensdauer führen. Es kann notwendig sein, nur eine Teilfälligkeit anzunehmen oder eine vorsorgliche Rückfrage beim Auftraggeber zu stellen, wie dieser die obigen Fälligkeitsvoraussetzungen beurteilt. Natürlich muss der Rechtsanwalt auch kein offenkundiges Hinhalten hinnehmen. Es mag aber verständlich sein, wenn der Auftraggeber noch etwas zuwarten möchte, ob sich zB sein Gegner nun zufriedengibt. Dann mag der Auftrag schon deshalb noch nicht (ganz oder teilweise) erledigt sein usw.

9 **III. Anwendungsbereich.** Die Vorschrift gilt für jede anwaltliche Tätigkeit.

10 **1. Grundsatz: Umfassende Geltung.** § 8 gilt jedem gegenüber. Sie gilt also nicht nur im Verhältnis zwischen dem Rechtsanwalt und seinem Auftraggeber. Die Fälligkeit kann gegenüber Streitgenossen nach §§ 59 ff. ZPO zu verschiedenen Zeitpunkten eintreten, etwa bei einem Vergleich mit nur einem von ihnen. Die Vorschrift umfasst nach § 1 I 1 die gesamte Vergütung, also Gebühren und Auslagen.

2. Beispiele zur Frage des Anwendungsbereichs

11 **Bestellter Rechtsanwalt:** § 8 gilt auch für ihn, auch bei § 52.

Hebegebühr: → „Vorschuss".

Honorarvereinbarung: § 8 gilt auch für eine nach § 3a vereinbarte Vergütung. Das ist freilich abdingbar.

Mithaftung: § 8 gilt auch im Verhältnis zu einem mithaftenden Dritten. Auch → Rechtsschutzversicherung".

Patentanwalt: Wegen der Fälligkeit seines Gebührenanspruchs BGH NJW 1982, 2733.

Pauschale nach § 51: § 8 gilt auch für sie (OLG Braunschweig JurBüro 2001, 309; OLG Hamm JurBüro 2001, 309).

Pflichtverteidiger: § 8 gilt auch für ihn. Auch → „Pauschale nach § 51".

Prozessgegner: § 8 gilt **nicht** im Verhältnis zum Prozessgegner des Auftraggebers.

Prozesskostenhilfe: § 8 gilt nach § 122 I Nr. 3 ZPO, § 78 FamFG auch für den beigeordneten Rechtsanwalt.

Rechtsschutzversicherung: § 8 gilt auch ihr gegenüber.

Ruhen: I 2 Hs. 3 gilt **nicht** bei §§ 1025 ff. ZPO (OLG Köln JurBüro 1993, 345).

Schiedsrichterliches Verfahren: → „Ruhen".

Verfahrenskostenhilfe: → „Prozesskostenhilfe".

Vorschuss: § 8 gilt **nicht** auch für einen Vorschuss, auch nicht in der Form des VV 1009 Anm. II 2 (Hebegebühr). Wegen der **Auslagen** kann sich der Rechtsanwalt aber durch die Forderung nach der Zahlung eines Vorschusses nach § 9 schon vor der Fälligkeit eine Deckung verschaffen.

12 **IV. Voraussetzungen (I 1, 2).** Die Fälligkeit setzt das Entstehen voraus. Sie beginnt mit dem Eintritt des zeitlich ersten der nachfolgend geschilderten Ereignisse (BGH NJW-RR 1992, 255; OLG Braunschweig JurBüro 2001, 309; OLG Naumburg JurBüro 1998, 81; aA OLG Hamm JurBüro 2001, 309: erst bei der Möglichkeit einer abschließenden Gesamtschau. Aber → Rn. 1).

13 **1. Grundsatz: Maßgeblichkeit der Tätigkeitsart (I 1).** Die Fälligkeit richtet sich zunächst danach, ob der Rechtsanwalt in einem gerichtlichen Verfahren oder außerhalb eines solchen Verfahrens tätig wird. Soweit der Rechtsanwalt nur außerhalb eines gerichtlichen Verfahrens tätig wird, reicht es aus und ist es notwendig, dass eine der Voraussetzungen → Rn. 14–17 vorliegt. Bei dem im Wege der PKH oder VKH nach § 48 beigeordneten Rechtsanwalt schafft auch ein solcher Beschluss eine Fälligkeit, durch den der Rpfleger die PKH/VKH nach § 124 ZPO, § 76 FamFG aufhebt oder die Beiordnung aufhebt. Eine Verweisung an ein Gericht derselben Ebene schafft aber keine Fälligkeit.

2. Erledigung des Auftrags (I 1 Hs. 1). Zunächst → Rn. 12. Während zB § 15 I, IV von der Erledigung der Angelegenheit sprechen, enthält I 1 den Begriff der Erledigung des Auftrags (OLG Düsseldorf MDR 2012, 436), und gleichzeitig den Begriff der Beendigung der Angelegenheit. Aus den in demselben Satz auftretenden Worten „Auftrag" einerseits, „Angelegenheit" andererseits dürfen grundsätzlich keine Rückschlüsse auf einen unterschiedlichen Inhalt der beiden Begriffe gezogen werden. Denn für die Abgrenzung des Begriffs Angelegenheit, den § 15 zentral regelt, ist nach → § 15 Rn. 9 ff. in erster Linie der Umfang des Auftrags maßgeblich. Es ist aber möglich, dass der Auftrag erledigt ist, bevor die Angelegenheit erledigt oder beendet ist. Das gilt etwa beim Auftrag nur wegen eines Teils der Sache. Ebenso möglich ist, dass ein Auftrag mehrere Angelegenheiten nach §§ 16 ff. umfasst. Eine Kenntnis des Rechtsanwalts von der Erledigung ist nicht nötig (aA AG Waiblingen AnwBl 1999, 705, aber der Wortlaut von I 1 stellt eindeutig nur auf die objektive Erledigung ab. § 199 I BGB ändert daran nichts. Denn die Fälligkeit ist nicht anspruchsbegründend, sondern setzt einen vorhandenen Anspruch voraus. Die Verjährung ist erst eine Folge der Fälligkeit). 14

Beispiele zur Frage einer Erledigung des Auftrags

Abgabe: → „Verweisung". 15

Aufhebung: Erledigung des Auftrags kann auch dessen Aufhebung sein.

Beendigung: Erledigung des Auftrags ist seine Beendigung (BGHZ 167, 190 = NJW 2006, 2701 Rn. 25), also die vollständige Erfüllung der eigentlichen anwaltlichen Leistung ohne dessen bürotechnische Abwicklung (BGH NJW 1985, 257; AG Köln JurBüro 1999, 528, außergerichtlicher Vergleich).

Beiordnung: Bei dem im Wege der PKH oder VKH beigeordneten Rechtsanwalt erledigt sich der Auftrag auch durch den Tod des Auftraggebers oder durch die Aufhebung der Beiordnung oder Bestellung. Auch → „Tod".

Erfolg: Erledigung des Auftrags kann auch dessen Erfüllung ohne den vom Auftraggeber erhofften Erfolg sein, selbst wenn der Rechtsanwalt sich um ihn bemüht hatte. Das gilt nach → Vor § 1 Rn. 12 wohl zumindest meist beim Tätigwerden vor Gericht.

Erfüllung: → „Beendigung".

Insolvenz: Erledigung des Auftrags kann nach § 115 I InsO grds. auch beim Insolvenzverfahren über das Vermögen des Schuldners eintreten, soweit sich der Auftrag auf das zur Insolvenzmasse gehörige Vermögen bezieht.

Instanz: Keine Erledigung des Auftrags ist das Instanzende, soweit sich der Auftrag nicht eindeutig auf die Vertretung in dieser bisherigen Instanz beschränkt hat.

Kündigung: Erledigung des Auftrags kann auch dessen Kündigung durch den Auftraggeber oder den Rechtsanwalt sein. Dann ist es für die Fälligkeit evtl. unerheblich, ob der Rechtsanwalt später in derselben Sache nochmals einen Auftrag desselben Mandanten erhält (OLG Schleswig JurBüro 1980, 68). Ob freilich bei einer Kündigung **überhaupt** ein Gebührenanspruch entsteht oder bestehen bleibt, das ist nicht nach § 8 zu prüfen, sondern vor allem nur nach § 15.

Niederlegung: Erledigung des Auftrags ist auch eine Niederlegung des Mandats. Die Fälligkeit ändert sich dann durch eine spätere Wiedererneuerung der Vertretung nicht (OLG Schleswig JurBüro 1980, 68).

Pflichtverteidiger: → § 45 Rn. 28.

Rechtszug: → „Instanz".

Tod: Erledigung des Auftrags ist nach §§ 673, 675 BGB auch der Tod eines Einzelanwalts, soweit der Auftrag nicht nun auf einen Sozius oder auf einen Abwickler nach § 55 BRAO übergeht (Hartung MDR 2002, 1224).

Keine Erledigung ist nach § 672 S. 1 BGB, → § 7 Rn. 13 „Erbengemeinschaft" grds. der Tod des Auftraggebers (OLG Hamm JurBüro 1977, 350). Er kann freilich zB in einer Strafsache die Beendigung der Angelegenheit nach → Rn. 10 darstellen.

Auch → „Beiordnung".

Unmöglichkeit: Erledigung des Auftrags kann auch sein, dass sich die (weitere) Durchführung des Auftrags als objektiv unmöglich erwiesen hat.

Unvermögen: Erledigung des Auftrags kann auch das Eintreten eines Unvermögens des Rechtsanwalts zur weiteren Durchführung der Arbeit sein.

Vergleich: Erledigung des Auftrags kann ein außergerichtlicher Vergleich nach § 779 BGB sein (AG Köln JurBüro 1999, 528).

Verweisung: Erledigung des Auftrags kann auch eine Verweisung zB nach § 281 ZPO oder eine Abgabe nach § 20 sein, soweit der Rechtsanwalt beim übernehmenden BGH nicht zugelassen ist.

Zulassungsverlust: Erledigung des Auftrags kann auch der Verlust der Zulassung zur Anwaltschaft sein, gleich aus welchem Grund. Dasselbe gilt bei einer Aufgabe dieser Zulassung.

Keine Erledigung tritt nach → § 6 Rn. 5 beim Zulassungsverlust nur eines von mehreren gemeinsam beauftragten Sozien ein (Hartung MDR 2002, 1224).

16 **3. Beendigung der Angelegenheit (I 1 Hs. 2).** Zunächst → Rn. 12. Während zB § 15 I, IV von der „Erledigung" der Angelegenheit sprechen, nennt I 1 die „Beendigung" der Angelegenheit (vgl. BGHZ 167, 190 = NJW 2006, 2701 Rn. 25, zur BRAGO). Praktisch meint I 1 Hs. 2 dasselbe wie bei § 15. Maßgebend ist nicht eine gebührenrechtliche Beendigung, sondern eine prozessuale oder außergerichtliche (OLG Naumburg JurBüro 1998, 81; AG Köln AnwBl 1999, 487). Ein Auftrag kann auch hier mehrere Angelegenheiten umfassen, etwa beim Eil- und Hauptverfahren nach § 17 Nr. 4a, b, § 19 I 2 Nr. 11 (OLG Düsseldorf AnwBl 1990, 324; KG JurBüro 1986, 724), oder beim Beschwerdeverfahren nach § 15 II 2 (OLG Hamm AnwBl 1992, 400). Dadurch können unterschiedliche Fälligkeiten eintreten (OLG Stuttgart AGS 2018, 216). Im Wesentlichen kommt → Rn. 16, 17 für eine anwaltliche Tätigkeit außerhalb eines gerichtlichen Verfahrens in Betracht. Denn bei einer Tätigkeit in einem gerichtlichen Verfahren liegt in der Regel schon eine der Voraussetzungen → Rn. 18 ff. vor.

Beispiele zur Frage einer Beendigung der Angelegenheit

17 **Anrechenbarkeit:** Die Anrechenbarkeit einer Gebühr auf eine weitere Tätigkeit zB nach VV Vorb. 3 V zeigt, dass das Gesetz die bisherige Angelegenheit für abgeschlossen hält. Eine solche Anrechenbarkeit hindert also den Eintritt der Fälligkeit wegen einer Beendigung der vorangegangenen Angelegenheit nicht.

Auftragsende: Mit dem bisherigen Auftrag endet auch die bisherige Angelegenheit.

Kenntnis: Solange der Rechtsanwalt noch keine Kenntnis von solchen Tatsachen, die nach der Ansicht des Auftraggebers eine weitere Anwaltstätigkeit erübrigen, mag evtl. noch keine Beendigung vorliegen (AG Waiblingen AnwBl 1999, 705). Es kommt aber auf die Umstände an.

Prozessvergleich: Ein voller solcher Vergleich beendet die Angelegenheit (AG Köln VersR 2008, 815).

Rechtskraft: Eine formelle Rechtskraft zB nach § 705 ZPO braucht nicht vorzuliegen (aA OLG Braunschweig 2016, 359; KG JurBüro 2015, 519).

Tätigkeitsteil: Soweit das Gesetz einen Tätigkeitsteil als eine besondere Angelegenheit bezeichnet, kommt es auf die Beendigung dieses Tätigkeitsteils an (OLG Hamm JurBüro 1992, 94).

Teilerledigung: Keine Beendigung der Angelegenheit liegt bei ihrer nur teilweisen Erledigung und bei demselben Auftraggeber vor.

Teilurteil: Keine Beendigung der Angelegenheit erfolgt mit einem Teilurteil nach § 301 ZPO ohne eine Kostengrundentscheidung.

Urteil: Bei ihm endet die Angelegenheit erst mit seinem Erlass und mangels einer Verkündung erst mit seiner Zustellung (vgl. OLG Düsseldorf BeckRS 1998, 16019).

Vertragsentwurf: Er beendet die Angelegenheit erst dann, wenn der Auftraggeber ihn prüfen konnte (BGH AnwBl 1985, 257).

Weiterer Auftrag: Mit ihm endet die bisherige Angelegenheit. Das folgt aus § 15 V, VI.

18 **4. Ergehen einer Kostenentscheidung (I 2 Hs. 1).** Zunächst → Rn. 12. Es muss eine gerichtliche Entscheidung über Gerichts- und/oder Anwaltskosten (Gebühren und Auslagen) vorliegen.

Beispiele zur Frage einer Kostenentscheidung

19 **Anderes Verfahren: Keine** Kostenentscheidung liegt vor, solange sie erst in einem anderen Verfahren erfolgen soll (KG Rpfleger 1984, 625).

Arrest, einstweilige Verfügung: → „Wirksamkeit".

Bekanntgabe: → „Wirksamkeit".

Erledigung der Hauptsache: Keine Kostenentscheidung sind beiderseits wirksame Erledigterklärungen. Sie ermöglichen erst eine Kostenentscheidung. Dann gilt → Rn. 20.

Form: Kostenentscheidung kann jede Form sein, also ein Urteil, ein Beschluss oder eine Verfügung oder ein Schiedsspruch. Auch ein Vergleich kann ausreichen, soweit er nicht nur wie zB bei § 278 VI ZPO bloß etwas feststellt, selbst wenn das Gericht es vorgeschlagen hatte.

Gerichtskosten: Kostenentscheidung ist auch eine solche nur über Gerichtskosten zB nach § 27 Nr. 1 GNotKG oder nach § 114 GBO.

Gesetzliche Kostenfolge: Soweit sich eine Kostenfolge unmittelbar **aus dem Gesetz** ergibt, etwa nach § 269 III 2, IV ZPO oder nach § 22 I 1, 2 GKG liegt ungeachtet der etwaigen Bezeichnung durch das Gericht in Wahrheit gar keine Kosten-„Entscheidung" vor, sondern eine gesetzliche Kostenregelung, die ein gerichtlicher Ausspruch nur bekräftigt. Das gilt selbst dann, wenn dadurch ein zusätzlicher Vollstreckungstitel entsteht (aA Gerold/Schmidt/Mayer Rn. 13; Riedel/Sußbauer/Ahlmann Rn. 9, aber er ist nur die Folge einer unmittelbar vom Gesetz getroffenen Kostenentscheidung).

Kostenfestsetzung: Sie ist keine Fälligkeitsbedingung (BGH NJW 1978, 2670). Das gilt, zumal eine Erstattung durch einen Prozessgegner oft gar nicht infrage kommt, etwa bei § 61 I 2 ArbGG.

Kostengrundentscheidung: Ausreichend ist jede solche (OLG Koblenz JurBüro 1999, 304).

Mahnbescheid: Keine Kostenentscheidung, sondern eine bloße Kostenforderung enthält der Mahnbescheid nach § 692 ZPO. Er enthält auch keine Beendigung des Rechtszugs nach → Rn. 20 (Lappe Rpfleger 1981, 341; H. Schmidt MDR 1981, 724 (725); aA Weinbörner Rpfleger 1981, 222).

Mitteilung: → „Wirksamkeit".

Rechtskraft: Kostenentscheidung kann auch eine noch nicht zB nach §§ 322, 705 ZPO rechtskräftige sein.

Rechtswidrigkeit: Kostenentscheidung kann auch eine rechtswidrige sein.

Streitgenossen: → „Teilkostenentscheidung".

Teilkostenentscheidung: Ausreichend ist auch sie (OLG Naumburg JurBüro 1998, 81). Sie ist aber auch notwendig. Sie macht (selbstverständlich) nur die von ihr erfassten und ihretwegen entstandenen Kosten fällig. Das gilt auch bei einer Entscheidung über die Kosten nur eines von mehreren Streitgenossen nach §§ 59 ff. ZPO (OLG Braunschweig Nds. Rpfl. 1985, 15; OLG München Rpfleger 1998, 489).

Teilurteil: Keine Kostenentscheidung ist ein solches Urteil nach § 301 ZPO, das die Kostenbeurteilung dem Schlussurteil überlässt. Man weiß ja dann auch noch gar nicht, ob es überhaupt zu einem Schlussurteil kommen wird oder etwa zB zu einer nach § 269 ZPO wirksamen Klagerücknahme mit einer Zustimmung des Bekl. usw.

Vergleich: → „Form".

Verwaltungsakt: Keine Kostenentscheidung ist ein Verwaltungsakt.

Vollstreckungsbescheid: Kostenentscheidung ist dieser Bescheid nach § 699 ZPO.

Vorläufige Vollstreckbarkeit: Kostenentscheidung kann auch eine nach §§ 708 ff. ZPO nur vorläufig vollstreckbare sein.

Vorschussforderung: Keine Kostenentscheidung ist eine Vorschussforderung des Gerichts zB nach § 379 ZPO, § 12 GKG.

Wirksamkeit: Kostenentscheidung ist erst diejenige Entscheidung, die erkennbar wirksam werden soll. Daher liegt zB im Eilverfahren nach §§ 916 ff., 935 ZPO mit dem Satz „die Kosten folgen der Hauptsache" eine durch dieses oder durch sein endgültiges Ausbleiben bedingte Kostenentscheidung vor (KG AnwBl 1984, 625; aA Gerold/Schmidt/Mayer Rn. 13). Eine Kostenentscheidung ist im Übrigen auch erst dann ergangen, wenn sie nach der maßgeblichen Verfahrensordnung wirksam *ist*. Die jeweils einschlägigen Vorschriften über die Bekanntmachung oder Zustellung sind also zu beachten.

Zustellung: → „Wirksamkeit".

20 **5. Beendigung des Rechtszuges (I 2 Hs. 2).** Zunächst → Rn. 12. Es handelt sich hier nicht um den gebührenrechtlichen Begriff des Rechtszugs nach § 15 II 2, den I 1 Hs. 2 mitregelt, sondern um den verfahrensrechtlichen Begriff. Es ist also unerheblich, ob der Rechtsanwalt auch nach der Beendigung des verfahrensrechtlichen Rechtszugs noch eine Tätigkeit vornehmen muss, etwa zwecks einer Abwicklung, § 19 I 2 Nr. 9. Maßgebender Zeitpunkt ist auch hier die Verkündung (vgl. OLG Düsseldorf BeckRS 1998, 16019), oder der Zugang bei einer Entscheidung ohne eine Verkündung. Das etwa anschließende Kostenfestsetzungsverfahren zB nach §§ 103 ff. ZPO schiebt die Fälligkeit nicht hinaus.

21 Die Frage der Beendigung ist (selbstverständlich) für **jeden Rechtszug besonders** zu prüfen.

Beispiele zur Frage einer Beendigung des Rechtszugs

22 **Abschlussentscheidung:** Beendigung liegt in jeder solchen Entscheidung (OLG Düsseldorf AnwBl 1990, 324), unabhängig von ihrer Anfechtbarkeit. Das gilt freilich nur mangels einer Kostenentscheidung. Andernfalls gelten → Rn. 18, 19. Ausnahmsweise beendet das Berufungsurteil nach § 540 ZPO im Anschluss an einen Grund-Ersturteil nach § 304 ZPO den Rechtszug unabhängig von einer Kostenentscheidung.

Abwicklung: Beendigung bleibt trotz einer etwaigen Abwicklungstätigkeit zB nach § 19 I bestehen (BGH AnwBl 1985, 257, Kostenfestsetzung).

Anklagerücknahme: Beendigung liegt in diesem Vorgang.

Antragsrücknahme: Beendigung liegt in diesem Vorgang zB beim Arrest oder bei einer einstweiligen Anordnung oder Verfügung etwa nach §§ 916 ff., 935 ff. ZPO, §§ 49 ff. FamFG.

Beitreibung: Beendigung liegt in der Beitreibung zB nach § 788 ZPO.

Beschwerde: Beendigung liegt in einer diesen Rechtszug abschließenden Entscheidung.

Eilantragsentscheidung: Beendigung erfolgt durch eine Entscheidung über einen Antrag zB auf einen Arrest oder eine einstweilige Anordnung oder Verfügung etwa nach §§ 916 ff., 935 ff. ZPO, §§ 49 ff. FamFG wegen § 16 Nr. 5 oder § 17 Nr. 4a, auch ohne einen Kostenausspruch.

Endurteil: Beendigung liegt im wirksam gewordenen Endurteil, auch zB im Teilurteil nach § 301 ZPO im Umfang seiner Wirkung (OLG München JurBüro 1998, 644; OLG Naumburg JurBüro 1998, 81).

Erledigung der Hauptsache: Beendigung liegt in übereinstimmenden wirksamen vollen Erledigterklärungen unabhängig von einem zugehörigen Kostenausspruch (Hansen JurBüro 1988, 692; aA Gerold/Schmidt/Mayer Rn. 16).

Grundbuch: Beendigung liegt evtl. in einer Grundbucheintragung nach § 44 II GBO.

Grundurteil: Keine Beendigung des ersten Rechtszugs liegt grds. im Grundurteil nach § 304 ZPO. Denn das Betragsverfahren bildet mit dem Grundverfahren eine Einheit. Dasselbe gilt dann, wenn der Rechtsmittelführer das Rechtsmittel gegen das Grundurteil zurücknimmt oder wenn dieses unzulässig ist. Der erste Rechtszug endet aber grundsätzlich durch ein den Anspruch dem Grunde nach abweisendes Urteil oder mit einer Zurückverweisung im Betragsverfahren nach § 21.

Hiervon gilt eine **Ausnahme** für die Verfahrensgebühr, auch bei einem zurückverweisenden Urteil nach § 538 II 1 Nr. 4 ZPO. Denn dann liegt eine weitergreifende Beendigung der Angelegenheit wegen § 21 vor.

Hebegebühr: Beendigung liegt in der Ablieferung einer Hebegebühr nach VV 1009.

Klagerücknahme: Beendigung liegt in einer Klagerücknahme nach § 269 ZPO (LG Bonn AnwBl 1992, 239, unabhängig davon, ob noch ein ohnehin ja nur deklaratorischer Aussprache nach § 269 III 2, IV ZPO folgt).

Kostenfestsetzung: → „Abwicklung".

Rechtsmittelrücknahme: Beendigung liegt in ihr unabhängig von einem Kostenausspruch zB nach § 516 III 2 ZPO, Hansens JurBüro 1988, 692.

Rechtspfleger: Beendigung liegt in einer wirksamen abschließenden Entscheidung des Rpfl.

Teilurteil: → „Endurteil".
Urteil: → „Endurteil".
Vergleich: Beendigung liegt evtl. in einem außergerichtlichen, jedoch zugleich prozessabschließenden Vergleich nach § 779 BGB, erst recht im Prozessvergleich, soweit er wirksam ist, evtl. also erst nach dem Eintritt einer aufschiebenden Bedingung oder nach dem Wegfall einer auflösenden.
Verweisung: Beendigung kann in einem solchen Vorgang zB nach § 281 ZPO liegen, falls der Rechtsanwalt vor dem Adressatgericht nicht in dieser Sache weiter tätig wird (aA Riedel/Sußbauer/Ahlmann Rn. 13).
Vollstreckungsbescheid: Beendigung liegt im Vollstreckungsbescheid nach § 699 ZPO.
Vorbehaltsurteil: Beendigung liegt auch in einem solchen Urteil nach §§ 305, 780 ZPO.
Keine Beendigung liegt in einem solchen Urteil nach §§ 302, 599 ZPO. Freilich kann eine Fälligkeit nach I 1 Hs. 2 eintreten.
Widerklagerücknahme: Beendigung liegt in der Rücknahme einer Widerklage.
Zurückverweisung: Beendigung kann wegen § 21 in einer solchen Zurückverweisung zB nach § 538 II 1 Nr. 1 ZPO liegen, falls der Rechtsanwalt im anschließenden Verfahren nicht tätig bleibt, evtl. auch ohne diese weitere Voraussetzung.
Zwischenurteil: Keine Beendigung liegt grds. im Zwischenurteil nach § 303 ZPO. Vgl. freilich I 1 Hs. 2. Aber auch → Zurückverweisung".
Zwischenverfügung: Keine Beendigung liegt grds. in einer Verfügung zB des Grundbuchamts nach § 18 GBO.

6. Ruhen des Verfahrens für längere Zeit (I 2 Hs. 3). Diese Voraussetzung liegt vor, soweit das Gericht in der Angelegenheit längere Zeit hindurch nichts veranlasst hat, und zwar mindestens länger als drei Monate (OLG Schleswig SchlHA 1980, 223), oder gar jahrelang (BGH AnwBl 1985, 257; OVG Bremen JurBüro 1991, 929). Das gilt in jedem staatsgerichtlichen Verfahren unabhängig davon, ob es im Amts- oder Parteibetrieb abläuft. 23

Es kommt gebührenrechtlich also **nicht** auf den wesentlich engeren zivilprozessualen Begriff des Ruhens nach § 251 ZPO allein an, sondern auf die grundsätzlich aus irgendeinem Grund eintretende tatsächliche Untätigkeit des Gerichts (OVG Bremen JurBüro 1991, 929). Es genügt die Untätigkeit des beauftragten oder ersuchten Richters nach §§ 360, 361 ZPO), § 157 GVG. Das gilt zB auch bei §§ 148 ff., 239 ZPO, §§ 138c IV, 145, 205, 217 ff., 228, 246, 265 III, IV, 416 StPO. Vgl. zu § 205 StPO aber OLG Bamberg JurBüro 1990, 1281; OLG Düsseldorf JurBüro 1980, 392; OLG Hamm AnwBl 1985, 155 (je: Gesamtbetrachtung). Die Frist beginnt mit der Anordnung des Ruhens, der Unterbrechung, der Aussetzung oder der letzten Handlung der Partei. 24

Beispiele zur Frage einer Fälligkeit nach I 2 Hs. 3

Aktenversendung: Nicht fällig wird die Vergütung schon infolge einer bloßen Aktenversendung. 25
Aussetzung: Auch dann zB nach §§ 148 ff. ZPO müssen mehr als drei Monate vergangen sein.
Fortführung: Fällig bleibt eine Vergütung infolge einer Fortführung des Verfahrens (OLG Schleswig JurBüro 1980, 68). Das gilt auch bei einer Fortführung nur der Rechtsmittelinstanz für den nur erstinstanzlichen Rechtsanwalt. Sie lässt vielmehr evtl. eine nochmalige Vergütung entstehen (OLG Köln JurBüro 1993, 345).
Grundurteil: Fällig kann die Vergütung nach ihm nach § 304 ZPO schon beim Weiterbetreiben des Rechtsmittels nur für das Grundverfahren werden.
Insolvenz: Nicht fällig wird die Vergütung schon infolge der Eröffnung eines Insolvenzverfahrens.
Klagerweiterung: → „Untätigkeit".
Schiedsrichterliches Verfahren: Nicht fällig wird die Vergütung schon wegen eines Verfahrens nach §§ 1025 ff. ZPO (OLG Köln JurBüro 1993, 345).
Terminierung: Nicht fällig wird die Vergütung schon infolge einer späten Terminierung zB nach § 216 ZPO, noch gar wegen „Überlastung".
Überlastung: → „Terminierung".

Untätigkeit: Fällig wird eine Vergütung wegen des von ihr betroffenen Teils des Gesamtverfahrens, zB bei einer Klagerweiterung nach § 263 ZPO, einer Widerklage oder beim Verbundverfahren nach dem FamFG (OLG Düsseldorf FamRZ 1999, 1130).

Nicht fällig wird die Vergütung schon infolge einer Untätigkeit nur des Sachverständigen zB nach § 409 ZPO trotz des Drängens des Gerichts.

Unterbrechung: Auch dann zB nach § 240 ZPO müssen mehr als drei Monate vergangen sein.

Verbundverfahren: → „Untätigkeit".

Widerklage: → „Untätigkeit".

26 **7. Wiederaufnahme der Vertretung.** Den in § 8 ausdrücklich genannten Voraussetzungen der Fälligkeit steht eine Wiederaufnahme der Vertretung nach der vorangegangenen Niederlegung des Mandats gleich (OLG Schleswig SchlHA 1980, 223).

27 **8. Stundungsablauf.** Soweit der Rechtsanwalt mit dem Auftraggeber eine Stundung zulässigerweise vereinbart hat, wird die Vergütung mit dem Stundungsablauf erstmals oder erneut fällig. Eine einseitige Stundungserklärung reicht nicht. Soweit der Auftraggeber PKH usw erhalten hat, steht der hier wegen § 4 V 1 ohnehin unzulässigen vereinbarten Stundung die gesetzliche des § 122 I Nr. 3 ZPO bis zur Aufhebung der PKH nach § 124 ZPO gleich.

28 **Kein** Stundungsablauf liegt beim bestellten oder beigeordneten Rechtsanwalt des § 45 oder des § 53 vor. Denn § 52 hat keine Stundungswirkung.

29 **V. Verjährung des Vergütungsanspruchs (II 1–4).** Eine **Verwirkung** nach Grüneberg/Grüneberg BGB § 242 Rn. 87 ff. darf und muss das Gericht von Amts wegen unabhängig von einer Verjährungseinrede prüfen. Sie tritt freilich kaum vor einer Verjährung ein. II gilt schon nach dem klaren Wortlaut von II 1 nur bei der Vergütung der Tätigkeit in einem gerichtlichen Verfahren beliebiger Art. Eine Verwirkung kommt bei einer kurzen Verjährungsfrist kaum in Betracht (OLG Zweibrücken Rpfleger 2006, 572).

30 **1. Grundsatz: Maßgeblichkeit des BGB.** Das RVG regelt die Verjährung der Vergütung nur teilweise. Sie richtet sich grundsätzlich nach §§ 194 ff. BGB (vgl. BGH NJW 1998, 3486; OLG Düsseldorf FamRZ 2008, 1009; OLG Naumburg JurBüro 1998, 81). Eine Ausnahme besteht nach II. Das alles gilt unabhängig von der Ausgestaltung des Vertrags zwischen dem Auftraggeber und dem frei gewählten Rechtsanwalt im Einzelnen, zB bei einer Honorarvereinbarung nach § 3a (BGHZ 86, 98 (101) = NJW 1983, 1047). Vgl. freilich → Rn. 1. Für das Rechtsverhältnis zwischen dem amtlich bestellten oder beigeordneten Rechtsanwalt und der Staatskasse gelten nur teilweise abweichende Vorschriften nach §§ 45 ff. (OLG Düsseldorf FamRZ 2008, 1009). Wegen der Verjährung des Gebührenanspruchs eines Patentanwalts BGH NJW 1982, 2733.

31 **2. Fristbeginn.** Die Verjährungsfrist beträgt grundsätzlich drei Jahre, § 195 BGB, soweit die Vergütung (Gebühren und Auslagen) dem Rechtsanwalt und nicht der Staatskasse zufließt (BGHZ 86, 98 (101) = NJW 1983, 1047; OLG Hamburg JurBüro 1991, 234; OLG Hamm JurBüro 1992, 94). Das gilt auch bei dem im Wege der PKH oder VKH nach §§ 114 ff. ZPO, §§ 76 ff. FamFG beigeordneten Rechtsanwalt (OLG Düsseldorf FamRZ 2008, 1009; OLG Frankfurt a. M. JurBüro 1988, 1010; OLG Schleswig JurBüro 1990, 763). Es gilt ebenso beim beigeordneten Nebenklägervertreter (OLG Braunschweig JurBüro 2000, 475).

32 Die **Frist beginnt** nach § 199 I Nr. 1, 2 BGB mit dem Ablauf desjenigen Kalenderjahres, in dem der Anspruch nach **dieser** Vorschrift entstanden ist und der Rechtsanwalt (selbstverständlich) von den seinen Anspruch begründenden Umständen Kenntnis erlangt oder ohne eine grobe Fahrlässigkeit erlangen müsste. Der Vergütungsanspruch verjährt ferner nach § 199 III 1 Nr. 1, 2 BGB evtl. nach zehn oder 30 Jahren. Maßgeblich ist nach § 199 III 2 BGB die früher endende Frist (BGH AnwBl 1985, 257). Es gilt auch für die Pauschale nach §§ 42, 51 (OLG Braunschweig JurBüro 2001, 308; OLG Hamburg JurBüro 1991, 233).

3. Beispiele zur Frage einer Verjährung

Entstehung: Entstanden ist der Anspruch gerade nach dem hier allein maßgeblichen § 199 I Nr. 1 BGB anders als nach → Rn. 1 erst mit der bürgerlichrechtlichen Fälligkeit (Grüneberg/Ellenberger BGB § 199 Rn. 3). Sie hängt an sich von der Klagbarkeit ab (Grüneberg/Ellenberger BGB § 199 Rn. 3). Diese hängt nach → Rn. 32 von der Ordnungsmäßigkeit der Berechnung nach § 10 I 1 ab. Indessen macht § 10 I 2 die Verjährung gerade nicht von der Mitteilung der Berechnung abhängig. Daher hängt die Verjährungsfrist mit ihrem Beginn im Ergebnis doch nur von den Voraussetzungen → Rn. 5 ff. ab. Nur auf diesem Umweg bleibt die bisherige Rspr. verwertbar (vgl. BGH NJW 1998, 2670; OLG Brandenburg JurBüro 2000, 475; OLG Köln AnwBl 1999, 487). Das gilt auch bei Geschäftsführung des Rechtsanwalts ohne Auftrag (LG Wiesbaden AnwBl 1979, 390). 33

Erstattungsanspruch: Der rechtskräftige Kostenerstattungsanspruch des Auftraggebers gegenüber dem Prozessgegner zB nach § 91 ZPO verjährt nach § 197 I Nr. 3 BGB erst nach 30 Jahren (BGH NJW 2006, 1962).

Festsetzungsantrag: Ein solcher nach § 11 VII hemmt nach § 204 I Nr. 1 BGB die Verjährung unabhängig von einer Mitteilung der Berechnung (BGH NJW 1998, 3486).

Gebührenklage: Sie hemmt nach § 204 I Nr. 1 BGB die Verjährung unabhängig von einer Mitteilung der Berechnung (BGH NJW 1998, 3486).

Mitteilung: Es ist unerheblich, ob der Rechtsanwalt die Berechnung seiner Vergütung dem Auftraggeber während der Verjährungsfrist mitgeteilt hat (BGH NJW 1998, 3486; OLG Hamm JurBüro 1992, 94). Auch → „Entstehung", → „Festsetzungsantrag", „Gebührenklage".

Pauschale: Die Verjährung gilt auch für den Anspruch auf eine Pauschgebühr in einer Straf- oder Bußgeldsache nach § 51 (OLG Hamburg JurBüro 1991, 233).

Pflichtverteidiger: Auch bei ihm gilt grds. die Dreijahresfrist (vgl. OLG Celle JurBüro 1983, 699; OLG Hamm NStZ 1997, 41; KG JurBüro 1999, 26). Von diesem Grundsatz enthält § 52 V 1 eine Ausnahme (BGHZ 86, 98 (102) = NJW 1983, 1047). Wie jede Ausnahme ist sie eng auszulegen.

Ruhen: Nach seinem Ende kann eine zuvor verjährte Gebühr durch erneute Tätigkeit neu entstehen (VGH Baden-Württemberg NJW 2017, 1408).

Stundung: Sie kann nach Treu und Glauben gemäß § 242 BGB als stillschweigend vereinbart gelten (BGHZ 86, 98 (103) = NJW 1983, 1047).

Verbundverfahren: Zu den Folgen einer Abtrennung N. Schneider NZFam 2015, 57.

Vereinbarung: Die Parteien können eine vom Gesetz abweichende Fälligkeit vereinbaren (aA Gerold/Schmidt/Mayer Rn. 75, aber § 8 enthält nicht nur Schuldrecht, sondern eine gesetzliche Regelung der Stellung eines Organs der Rechtspflege).

Wertfestsetzung: Die Verjährung tritt auch dann ein, wenn eine Wertfestsetzung zunächst nicht oder überhaupt nicht erfolgt ist. Denn der Rechtsanwalt hätte sie nach Riedel/Sußbauer/Ahlmann Rn. 18 selbst beantragen können (aA BGH NJW 1998, 2670; OLG Koblenz AnwBl 1983, 172; OLG Oldenburg AnwBl 1976, 134).

4. Hemmung der Verjährung. Eine Hemmung der Verjährung für eine Tätigkeit beliebiger Art gerade und nur im gerichtlichen Verfahren beliebiger Art tritt nach II 1 **ferner** nach § 204 BGB durch die Anhängigkeit dieses Verfahrens einschließlich seiner Nebenverfahren wie einer Streitwert- und Kostenfestsetzung zB nach §§ 103 ff. ZPO ein. Sie beginnt mit dem Eingang des verfahrenseinleitenden Antrags beim Gericht (BGH NJW 1987, 3265). Die Anhängigkeit kann im Eilverfahren zB nach §§ 916 ff., 935 ff. ZPO mit der Rechtshängigkeit der §§ 253, 261 ZPO zusammenfallen. Sie ist aber der weitere Begriff. 34

Hemmungswirkung ist diejenige der §§ 204, 209 BGB. Nach dem Hemmungsende läuft also die restliche Verjährungsfrist weiter. 35

Beispiele zur Frage der Verjährungshemmung

Anerkenntnis: Hemmend wirkt eine Anerkenntnis nach § 781 BGB oder im Prozess. Auch → „Ratenzahlung", aber auch → „Ankündigung". 36

Ankündigung: Nicht hemmend wirkt schon eine bloß vage Ankündigung eines Anerkenntnisses oder einer Ratenzahlung (LG Oldenburg AnwBl 2001, 248).

Aufrechnung: Hemmend wirkt eine Aufrechnung des Anspruchs im Prozess.

Berechnung: Eine Hemmung tritt dann ein, wenn der Rechtsanwalt seine Berechnung nach § 10 erst nach dem Ablauf der normalen Verjährungsfrist erteilt (BGH NJW 1998, 1313).

Festsetzung: Hemmend wirkt ein Antrag auf eine Festsetzung der Vergütung nach § 11 VI (vgl. OLG Hamm JurBüro 1992, 94). Eine Hemmung tritt ferner zwischen einer ursprünglich niedrigeren und einer später höheren Wertfestsetzung ein (BGH NJW 1998, 2670).

Güteverfahren: Hemmend wirkt ein Güteantrag bei einer Gütestelle zB nach § 794 I Nr. 1 ZPO.

Insolvenz: Hemmend wirkt die Geltendmachung des Anspruchs im Insolvenzverfahren, auch bei der Vergütung des Insolvenzverwalters (BGH NZI 2010, 977).

Klage: Hemmend wirkt eine Klagerhebung nach §§ 253, 261 ZPO (vgl. BGH NJW 1998, 3486).

Mahnverfahren: Hemmend wirkt das Mahnverfahren nach §§ 688 ff. ZPO.

Ratenzahlung: Hemmend wirkt jede Ratenzahlung (OLG Köln JurBüro 1994, 688). Auch → „Anerkenntnis", „Ankündigung".

Streitverkündung: Hemmend wirkt eine Streitverkündung nach § 72 ZPO in demjenigen Prozess, von dessen Ausgang der Anspruch abhängt.

Zwangsvollstreckung: Hemmend wirkt jede Vollstreckungshandlung nach §§ 704 ff. ZPO.

Hemmungsende und -erneuerung

37 Beendet ist die Hemmung ab dem Ende der Anhängigkeit nach II 1 und mit der nach § 705 ZPO mit dem Ablauf der Rechtsmittelfrist eintretenden formellen Rechtskraft (BGH NJW 1995, 1096), oder mit einer beliebigen Art einer anderweitigen Beendigung des Verfahrens nach II 2. Hierher zählen zB: Eine Antrags- oder Klagerücknahme nach § 269 ZPO; ein Prozessvergleich; ein Ausscheiden des Bekl. durch eine Klagänderung nach §§ 263, 264 ZPO (BGH FamRZ 1987, 928); ein Ruhen des Verfahrens nach § 251a ZPO; nach II 3 der Ablauf des dritten Monats nach dem Eintritt der Fälligkeit nach § 8, falls das Verfahren ruht.

38 **Erneuter Hemmungsbeginn** erfolgt nach II 4, soweit eine der Parteien oder einer der Beteiligten oder das Gericht das Verfahren inhaltlich erkennbar weiterbetreibt. Das geschieht noch nicht durch eine bloße Sachstandsanfrage, wohl aber zB durch den Antrag auf eine Aufnahme oder auf eine Terminsbestimmung etwa nach § 216 ZPO.

Neubeginn der Verjährung

39 Er tritt nach § 212 BGB dann ein, wenn der Schuldner den Anspruch des Rechtsanwalts anerkennt, etwa durch eine Ratenzahlung. Auch eine Vollstreckungsmaßnahme kann zum Neubeginn ausreichen.

Vorschuss

9 Der Rechtsanwalt kann von seinem Auftraggeber für die entstandenen und die voraussichtlich entstehenden Gebühren und Auslagen einen angemessenen Vorschuss fordern.

Übersicht

I. Systematik. Der Vertrag zwischen dem Rechtsanwalt und dem Auftraggeber ist nach → Vor § 1 Rn. 10 grundsätzlich ein Geschäftsbesorgungsvertrag nach § 675 I BGB. 1

Infolgedessen hat der Rechtsanwalt schon nach **§ 669 BGB** grundsätzlich einen Anspruch gegen den Auftraggeber auf einen Vorschuss für alle zur Ausführung des Auftrags entstandenen und erforderlichen Aufwendungen, also auf seine Auslagen nach VV 7000 ff. (BGH VersR 1991, 122). § 9 enthält außerhalb einer vorrangigen spezielleren Ergänzung in § 47 für den beigeordneten oder bestellten Rechtsanwalt insofern wegen einer Vergütung gerade nach dem RVG und damit wegen § 34 auch als Mediator und wegen § 78c II ZPO auch als Notanwalt nach → Rn. 9 nur eine Bestätigung (AG München NJW-RR 2013, 95), und gewisse Ausweitung der Regelung des § 669 BGB. Für eine nicht nach dem RVG erfolgende Vergütung bleibt es ganz bei § 669 BGB. VV 1009 (Heberecht) hat den Vorrang. § 788 I 1 Hs. 2 ZPO bleibt anzuwenden. 1a

Darüber hinaus gibt § 9 dem Rechtsanwalt aber als einem **Organ der Rechtspflege** nach § 1 BRAO als Sicherung und darüber hinaus nach → Rn. 32 einen Anspruch auf einen angemessenen Vorschuss auch wegen der zwar schon entstandenen, aber noch nicht nach § 8 fälligen Kosten (BGH NJW 1985, 2264). Dasselbe gilt wegen der voraussichtlich entstehenden Kosten (BGHSt 35, 357 = NJW 1989, 1167 (1168)). Das Vorschussrecht gilt auch bei vereinbarten Gebühren und Auslagen. Der Rechtsanwalt kann schon die Übernahme des Auftrags von einem Vorschuss abhängig machen. Er ist nicht eine Bank des Auftraggebers. Das alles gilt nach → Rn. 26 jeweils einschließlich der Umsatzsteuer. Wegen einiger Ausnahmen → Rn. 11, 12. Der Rechtsanwalt ist zu einer Vorschussforderung zwar berechtigt („kann"), aber nicht verpflichtet (BGH NJW 2005, 1188). Er hat ein Ermessen zum Ob (BGH NJW 2005, 1188), auch als Verteidiger gegenüber der Staatskasse. 2

Insofern kann der Rechtsanwalt seine an sich aus § 8 und aus § 320 BGB folgende Vorleistungspflicht weitgehend in eine solche des Auftraggebers **abändern.** Es besteht keine Pflicht des Rechtsanwalts, ohne einen Vorschuss Auslagen zu machen. Er kann mangels eines Vorschusserhalts grundsätzlich sogar nach § 320 BGB zurückhalten, freilich nach 50 III 2 BRAO nur in den Grenzen von § 242 BGB. Der Rechtsanwalt kann mangels eines Vorschusserhalts seine weitere Tätigkeit nach einer Ankündigung einstellen und auch nach § 628 I 1 BGB kündigen und seine bisherige Vergütung fordern. 3

Der Rechtsanwalt kann auf sein Vorschussrecht auch ganz oder teilweise oder zeitweise **verzichten.** Sein bloßes Schweigen oder eine bloße Untätigkeit in der Vorschussfrage ist kein Verzicht. Andererseits ist auch ein stillschweigender Verzicht möglich. Es kommt daher auf die Gesamtumstände an. Ein Verzicht kann nach § 321 BGB widerruflich sein. Auch → Rn. 28. Ob der Rechtsanwalt zB gegenüber einer Zinszahlung zugunsten des Auftraggebers im Kostenfestsetzungsverfahren nach § 11 einen vom Rechtsanwalt aus eigener Kasse geleisteten Vorschuss verzinsen kann, ist eine nach den Fallumständen zu klärende Frage. 4

5 **II. Regelungszweck.** Die Vorschrift dient der wirtschaftlichen Sicherung des Rechtsanwalts (BGH NJW 2004, 1047), als eines vom „normalen" Gläubiger zu unterscheidenden Organs der Rechtspflege nach § 1 BRAO mit dessen zahlreichen zusätzlichen Obliegenheiten und Pflichten teils schon vor einer Auftragsannahme, teils über die Beendigung der eigentlichen Aufgaben weit hinaus. Sie soll aber auch eine mehr als angemessene Vorleistung des Auftraggebers verhindern. Alles das ist bei der Auslegung mit zu beachten.

6 **Voraussichtliche** Kosten sind zwar bei so manchem guten Handwerker vor Durchführung eines größeren Auftrags durchaus Gegenstand von Vorschussbitten, verständlicherweise. Indessen sollte sich der Rechtsanwalt zumindest bei derartigen vielleicht erst nach § 8 spürbar später fällig werdenden Gebühren zurückhalten. Zwar ist er keine Bank des Auftraggebers. Dasselbe gilt aber auch umgekehrt. Auch beim Arzt ist gegenüber einem Privatpatienten eine Vorschussforderung wohl eine ziemlich seltene Ausnahme. Natürlich kann eine umfangreiche schwierige Tätigkeit den Betrieb einer Anwaltskanzlei monatelang völlig beherrschen. Insbesondere Reisekosten usw mögen so hoch werden, dass man ihre Vorwegausgabe dem Rechtsanwalt nicht zumuten kann. Dennoch ehrt es ihn, möglichst erst einmal auftragsgemäß tätig zu sein, soweit finanziell einigermaßen erträglich.

7 **III. Anwendungsbereich.** Es gibt vier Tätigkeitsbereiche.

8 **1. Wahlanwalt.** Ein Vorschussrecht hat nicht nur der ProzBev nach → § 11 Rn. 14 ff., sondern jeder beauftragte Wahlanwalt, auch zB der nur außergerichtliche, zB der als Berater oder Gutachter beauftragte, der Wahlverteidiger, der Beratungs-, Termins-, Verkehrs- oder Beweisanwalt. Nur der Vormund, Betreuer oder Pfleger usw nach → § 1 Rn. 36 ff. kann einen angemessenen Vorschuss dem Vermögen des Mündels entnehmen (KG AnwBl 1984, 71). Ein unter § 1 II Fallender hat zwar kein Vorschussrecht nach § 9. Er kann aber ein Vorschussrecht zB nach §§ 669, 670, 1877 I 1 BGB haben.

9 **2. Notanwalt.** Der nach §§ 78b, 78c ZPO beigeordnete sog. Notanwalt kann einen Vorschuss auch nach § 78c II ZPO geltend machen.

10 Er kann verständigerweise auch **nach** der Übernahme der Vertretung einen Vorschuss fordern. Der Rechtsanwalt kann ihn für entstandene und für voraussichtliche Gebühren und Auslagen fordern.

11 **3. Sonstige Beiordnung oder Bestellung.** Der ohne VKH nach § 76 FamFG in einer **Scheidungssache** beigeordnete Rechtsanwalt erhält einen Vorschuss nach § 39 S. 1. Dasselbe gilt nach § 39 S. 2 für einen in einer Lebenspartnerschaftssache beigeordneten Rechtsanwalt. Soweit das Gericht den Rechtsanwalt im Weg der PKH nach §§ 114 ff. ZPO bestellt oder beigeordnet hat, kann er einen Vorschuss nach § 47 I 1 fordern. Das gilt freilich wegen § 122 I Nr. 3 ZPO nur gegenüber der Staatskasse. § 47 I 2 ist aber auch mit zu beachten (Vorschuss aus der Staatskasse nur beim Verzug des Zahlungspflichtigen). Dieselbe Regelung enthält die Vorschrift für den nach § 67a VwGO bestellten Rechtsanwalt als allgemeinen Vertreter. § 47 entspricht nur eingeschränkt dem § 9. Der Rechtsanwalt hat auch dann ein Vorschussrecht, wenn er PKH usw erst beantragen soll (Enders JurBüro 2003, 225). Das alles gilt entsprechend bei § 11a ArbGG. Wegen § 51 → § 51 Rn. 38. Eine Verrechnung eines vor der Beiordnung oder Bestellung erfolgten Vorschusses geschieht nach § 58. Der besondere Vertreter nach § 41 S. 1 erhält nach S. 2 keinen Vorschuss.

12 **4. Außerhalb Bestellung oder Beiordnung usw.** Soweit das Gericht den Rechtsanwalt wegen einer nur teilweisen Bewilligung von PKH usw außerhalb der Beiordnung beauftragt hat, kann er einen Vorschuss nach § 9 fordern. Bei einer Beratungshilfe kann der Rechtsanwalt nach § 47 II keinen Vorschuss fordern. Der gerichtlich bestellte Verteidiger kann nach § 51 I 1 einen Vorschuss fordern. Dasselbe gilt nach § 53 I iVm § 51 I 1 für denjenigen Rechtsanwalt, den das Gericht dem Privatkläger, dem Nebenkläger oder dem Antragsteller im Anklageerzwingungsverfahren oder sonst im Strafverfahren oder in einem Auslieferungsverfahren beigeordnet hat. Eine Bestellung zum gesetzlichen oder besonderen gesetzlichen Vertreter kann ein Vorschussrecht entsprechend § 1877 II BGB zur Folge haben.

IV. Forderungszeitraum. Das Vorschussrecht entsteht mit dem Anwaltsvertrag (BGHSt 35, 357 = NJW 1989, 1167 (1168)). Hinzutreten muss freilich schon nach dem klaren Gesetzeswortlaut eine Vorschuss-„Forderung" des Rechtsanwalts. Sie liegt keineswegs stets schon in der Annahme des Auftrags. Sie muss zwar nicht in der Form des § 10 erfolgen. Jedoch ist eine nachprüfbare Aufgliederung ratsam, um eine Klärung der Angemessenheit nach → Rn. 22 zu ermöglichen. Sie kann darin liegen, dass der Rechtsanwalt eine Berechnung nach § 10 vor der Fälligkeit nach § 8 übersendet. Andererseits braucht der Rechtsanwalt für die Geltendmachung des bloßen Vorschusses nicht die Form des § 10 einzuhalten, solange noch keine Fälligkeit nach § 8 vorliegt. 13

Freilich kann der Rechtsanwalt die Auftragsannahme **in den Grenzen des Vorschussrechts** nach § 150 II BGB von der Vorschusszahlung abhängig machen. Er sollte das dann auch wie bei § 121 I 1 BGB unverzüglich eindeutig klarstellen, auch als ein beigeordneter oder bestellter Rechtsanwalt bei § 47. Allerdings kann der Rechtsanwalt unaufschiebbare Tätigkeiten schon vorher vornehmen müssen, etwa ein Rechtsmittel rechtzeitig vor dem Fristablauf einlegen müssen. Der Auftraggeber kann mit der Zahlung bis zur genauen Bezifferung der Forderung auf einen Vorschuss warten. Das Vorschussrecht besteht, solange der Rechtsanwalt die gesetzliche oder vertragliche Vergütung (Gebühren und Auslagen) noch nicht nach § 10 fordern kann (BVerwG BeckRS 2019, 36922 Rn. 18; BGHZ 167, 190 = NJW 2006, 2701 Rn. 25; aA KG AnwBl 1982, 72, aber für einen Vorschuss besteht ab einer Klagbarkeit der endgültigen Forderung kein Rechtsschutzbedürfnis). Andererseits kann es sogar strafrechtlich und im Übrigen berufsrechtlich bedenklich sein, mit einer Vorschussforderung bis zum Eintritt wirtschaftlicher Schwierigkeiten des Auftraggebers zu warten (BGH NJW 1989, 1167). 14

V. Schuldner. Es gibt vier Personengruppen. 15

1. Auftraggeber, Staatskasse. Schuldner des Vorschusses ist der Auftraggeber sowie die Staatskasse, soweit das Gesetz die letztere bei → Rn. 1–12 als Schuldnerin benennt, ferner derjenige, der dem Rechtsanwalt kraft Gesetzes mithaftet. 16

2. Dritter. Ein Dritter ist nur insoweit vorschusspflichtig, als er selbst unmittelbar dem Rechtsanwalt gegenüber die Haftung übernommen hat. Im Übrigen ist ein Dritter keineswegs vorschusspflichtig. Das gilt selbst dann, wenn er seinerseits dem Auftraggeber des Rechtsanwalts gegenüber auf Grund eines Vertrags oder einer gesetzlichen Vorschrift vorschusspflichtig ist, wie der Ehegatte gegenüber dem anderen nach § 1360a IV BGB oder wie die Rechtsschutzversicherung des Auftraggebers diesem gegenüber nach §§ 1 II, 4 III Nr. 3a ARB (AG Köln AnwBl 2003, 60; Bergmann VersR 1981, 520). Sie zahlt dem Rechtsanwalt nur nach § 267 I 1 BGB und kann vom Rechtsanwalt nichts aus eigenem Recht zurückfordern (Bergmann VersR 1981, 520). Der Auftraggeber kann gegen sie einen Freistellungsanspruch haben (AG Köln AnwBl 2003, 60). 17

Der Rechtsanwalt darf aber einen Vorschuss **im Namen des Auftraggebers** gegenüber demjenigen Dritten fordern, der dem Auftraggeber gegenüber leisten muss. Der Rechtsanwalt darf insoweit die Forderung auch gerichtlich geltend machen. 18

3. Gesetzliche Vertreter. Auch der gesetzliche Vertreter ist mangels einer eigenen Haftungsübernahme nicht persönlich vorschusspflichtig, zB nicht der Betreuer. Das gilt (selbstverständlich) nur, soweit er den Anwaltsvertrag nur im Namen des Betreuten und nicht zumindest auch im eigenen Namen abgeschlossen hat. Ein Minderjähriger haftet als Auftraggeber (im Strafverfahren eher möglich) wegen §§ 104 ff. BGB (Ausnahme: § 110 BGB) erst nach einer Genehmigung des Anwaltsvertrags durch den gesetzlichen Vertreter. 19

4. Partei kraft Amts. Eine Partei kraft Amts ist kein gesetzlicher Vertreter. Sie ist selbst Partei. Sie haftet daher auch persönlich für einen Vorschuss, soweit sie den Anwaltsvertrag abgeschlossen hat oder soweit das Gericht ihr den Rechtsanwalt beigeordnet hat. 20

21 **Das gilt zB:** Für den Testamentsvollstrecker; den Insolvenzverwalter; den vorläufigen Insolvenzverwalter; den Sequester nach § 938 ZPO; den Zwangsverwalter; den Pfleger des Sammelvermögens; den Nachlasspfleger.

22 **VI. Angemessenheit der Höhe.** Der Vorschuss soll den Rechtsanwalt nach → Rn. 1 wegen aller Arten von entstandenen oder voraussichtlich entstehenden Gebühren und Auslagen sichern, also wegen seiner Gesamtvergütung (BGH VersR 1991, 122; OLG Bamberg NJW-RR 2011, 935; AG Dieburg NJW-RR 2004, 932). Aus dem Wesen eines Vorschusses folgt, dass er jedenfalls den voraussichtlich entstehenden Gesamtbetrag der endgültigen Vergütung des Rechtsanwalts in dieser Instanz nicht übersteigen soll (BGH NJW 2004, 1047). Dabei muss der Rechtsanwalt das voraussichtliche prozessuale Verhalten des Gegners seines Auftraggebers miterwägen. Andererseits braucht der Vorschuss grundsätzlich keineswegs hinter der voraussichtlich endgültig entstehenden Gesamtvergütung zurückzubleiben (OLG Bamberg NJW-RR 2011, 935). Er darf dem Sicherungszweck nach → Rn. 5 dienen. Er kann zB eine volle Gebühr betragen (AG Düsseldorf AnwBl 2003, 58). Der Rechtsanwalt ist nach → Rn. 1 kein kostenloser Kreditgeber. Er hat ein Ermessen zur Vorschusshöhe (BGH NJW 2004, 1047; AG Köln VersR 2015, 1003).

23 **1. Treu und Glauben.** Indessen können Treu und Glauben nach § 242 BGB in Verbindung mit den Berufsrichtlinien zu § 177 BRAO unter einer Beachtung der Umstände dazu führen, bereits einen unter der voraussichtlichen endgültigen Vergütung liegenden Betrag als angemessenen Vorschuss ausreichen zu lassen. Es kommt auf die Art und den Umfang der anwaltlichen Tätigkeit ebenso an wie auf die Einkommens- und Vermögensverhältnisse des Auftraggebers, ferner auf die voraussichtliche Dauer des Verfahrens und auf alle auch bei § 14 zu beachtende Gesichtspunkte. Der Rechtsanwalt braucht in keinem Fall ohne jeden Vorschuss tätig zu werden. Er mag notfalls nach → Rn. 28 ohne eine Bindung an § 315 BGB einen weiteren Vorschuss nachfordern.

24 **2. Keine Raten.** Der Rechtsanwalt braucht sich auch nicht mit Raten zufrieden zu geben. Denn der Auftraggeber kann und muss bei mangelnder Zahlungsfähigkeit PKH nach §§ 114 ff. ZPO usw beantragen. Im Allgemeinen kann ein Betrag in Höhe der voraussichtlichen Verfahrens- und Terminsgebühr als Vorschuss ausreichen. Soweit nur geringere Gebühren als erstinstanzlich zB nach VV 3100, 3104 bevorstehen, mag ein entsprechend geringerer Vorschuss ausreichen.

25 **3. Gebührenvereinbarung.** Auch eine Gebührenvereinbarung nach § 3a löst in angemessener Höhe eine Vorschusspflicht aus, und zwar grundsätzlich in voller Höhe. Soweit der Rechtsanwalt den ihm gezahlten Vorschuss ordnungsgemäß verbraucht hat, kann er nach → Rn. 23 vom Auftraggeber in Höhe der für die weitere Tätigkeit voraussichtlich noch anfallenden weiteren Vergütung wiederum einen angemessenen Vorschuss fordern (BGH NJW 2004, 1047), etwa bei einer Klagerhöhung oder wegen einer Widerklage, freilich nicht zur Unzeit.

26 **4. Berechnung.** Bei der Berechnung des Vorschusses sind die in § 10 genannten Regeln mit zu berücksichtigen. Die Vorschrift gilt aber für den Vorschuss nicht direkt. Daher ist auch eine mündliche oder telefonische Forderung wirksam, wenn auch kaum ratsam. Der Vorschuss kann in Bargeld oder in einer anderen Leistung bestehen (BGHSt 35, 357 = NJW 1989, 1167 (1168)). Der Rechtsanwalt kann sich auch einen Anspruch des Auftraggebers gegen einen Dritten als einen Vorschuss nach §§ 398 ff. BGB abtreten lassen. Wegen der Umsatzsteuer vgl. bei VV 7008.

27 **VII. Verstoß.** Soweit der Auftraggeber einen ordnungsgemäß angeforderten Vorschuss nicht pünktlich und vollständig zahlt, kann der Rechtsanwalt auf Zahlung klagen. Er kann auch die weitere Tätigkeit im Weg eines Zurückbehaltungsrechts nach § 320 BGB ablehnen, bis der Vorschuss eingegangen ist (BGH NJW 2012, 2043). Er kann nach § 628 I 2 BGB iVm §§ 8, 15 IV RVG für seine bisherige Tätigkeit die Vergütung fordern. Auch kommt ein Schadensersatzanspruch des Rechtsanwalts nach § 628 II BGB in Betracht. Es liegt dann auch ein wichtiger Grund für eine fristlose Kündigung nach § 671 II 1 BGB vor (BGH VersR 1989, 861). § 671 III BGB ist nach § 675 I BGB nicht mehr anzuwenden. Der Rechtsanwalt haftet dann auch dem Auftraggeber nach § 671 II 2 BGB nicht auf einen

Schadensersatz. Er braucht deshalb auch nach § 671 II 1 BGB keine unaufschiebbaren Geschäfte mehr vorzunehmen.

1. Scharfer Maßstab. Allerdings ist gemäß § 242 BGB nach Treu und Glauben und unter Berücksichtigung der BORA ein scharfer Maßstab an ein so weitgehendes Zurückbehaltungs-, Untätigkeits- oder sogar Kündigungsrecht des Rechtsanwalts anzulegen. Das gilt insbesondere dann, wenn ein Fristablauf bevorsteht. Deshalb darf jedenfalls eine fristlose Kündigung nicht zur Unzeit erfolgen. Der Rechtsanwalt muss zumeist auch schon die bloße Untätigkeit dem Auftraggeber ankündigen. 28

Im **bloßen Unterlassen** der Vorschussanforderung liegt nach → Rn. 1 grundsätzlich **kein** Verzicht. Selbst nach einem zumindest stillschweigenden Vorschussverzicht begründet eine nachträglich eintretende erhebliche Verschlechterung der Vermögensverhältnisse des Auftraggebers ein evtl. sogar erneutes Vorschussrecht. 29

2. Sicherheitsleistung. Der Rechtsanwalt kann auch anstelle eines Vorschusses eine Sicherheitsleistung fordern (BGHSt 35, 357 = NJW 1989, 1167 (1168)). Er muss aber etwa entgegenstehende Berufsregeln beachten. Besser ist es dann, dem Auftraggeber den Rat zu geben, PKH nach §§ 114 ff. ZPO usw zu beantragen. 30

3. Verzugszinsen. Der Rechtsanwalt darf auf bereits entstandene Gebühren und nicht auf Auslagen bei einem Vorschussverzug nach dem Ablauf von 30 Tagen seit dem Zugang der Vorschussforderung nach §§ 286 III 1 Hs. 1, 288 BGB Verzugszinsen fordern. Er muss einen Verbraucher nach §§ 13, 286 III 1 Hs. 2 BGB entsprechend belehren. Der Zinssatz richtet sich nach § 286 I, II BGB. Der Rechtsanwalt darf den Vorschuss grundsätzlich nach dem bürgerlichen Recht und auch nach dem RVG einklagen, sei es im eigenen Namen, sei es für den Fall → Rn. 15–21, dass er einen Anspruch des Auftraggebers gegenüber einem Dritten im Namen des ersteren einklagt, damit der Auftraggeber dem Rechtsanwalt einen Vorschuss zahlen kann. Dann ist stets das Berufsrecht zu berücksichtigen. Es kann theoretisch berufswidrig sein, den Vorschuss geltend zu machen. Berufsregeln dazu können freilich praktisch nicht zu beachten sein. Denn sie berühren kaum die Funktionsfähigkeit der Anwaltschaft. Soweit die Tätigkeit des Rechtsanwalts nicht von einem Vorschuss abhängig sein darf, kann er einen Vorschuss (selbstverständlich) erst recht nicht einklagen. Das Gegenteil wäre widersinnig. 31

VIII. Zahlungsfolgen. Zwei Fallgruppen sind zu unterscheiden. 32

1. Tilgung. Manche sehen beim Vorschuss nur den Sicherungszweck nach → Rn. 5. Das hätte zur Folge, dass eine Verrechnung jedenfalls insofern zunächst unterbleiben könnte, als noch Gebühren und Auslagen entstehen können. §§ 9, 47 lassen aber erkennen, dass der Vorschuss nicht nur ein Sicherungsmittel sein soll, sondern eine Vorauszahlung auf bereits entstandene und noch voraussichtlich entstehende Gebühren und Auslagen nach → Rn. 1. 33

Der Vorschuss geht daher bei richtiger Betrachtung in das Vermögen des Rechtsanwalts über, auch **steuerrechtlich.** Er bewirkt im Zeitpunkt der Zahlung eine Tilgung der bereits geschuldeten Vergütung nach § 362 BGB (LG Krefeld JurBüro 1976, 65). Soweit er über diese geschuldete Vergütung hinausgeht, bewirkt er die Tilgung derjenigen weiteren Gebühren und Auslagen, die erst nach dem Zahlungszeitpunkt entstehen (OLG Braunschweig JurBüro 1976, 1109). Wer zahlt, kann eine Quittung fordern. Sie muss die Umsatzsteuer wie sonst gesondert angeben. 34

Eine **Verrechnung** kommt nur innerhalb desselben Auftrags oder derselben Angelegenheit nach → § 15 Rn. 8 ff. infrage. 35

Soweit das Gericht den Rechtsanwalt im Weg der **Prozess- oder Verfahrenskostenhilfe** nach §§ 114 ff. ZPO, §§ 76 ff. FamFG beigeordnet hat, muss der Rechtsanwalt einen vom Auftraggeber oder von einem Dritten bezahlten Vorschuss nach § 58 II allerdings zunächst auf diejenigen Vergütungen anrechnen, für die ein Anspruch gegen die Bundes- oder Landeskasse nicht besteht. Wegen des Pflichtverteidigers und des beigeordneten Rechtsanwalts §§ 53, 58. 36

2. Rückzahlungspflicht. Der Rechtsanwalt muss nach Beendigung des Mandats erhaltene Vorschüsse abrechnen (BGH NJW 2019, 1458). Einen über die im Zahlungszeitpunkt entstandenen und voraussichtlich entstehenden Gebühren und Auslagen erheblich hinausgehenden Vorschuss nach §§ 242, 812 ff. BGB hat er grund- 37 sätzlich zurückzuzahlen (aber nicht allein wegen pflichtwidrig unterlassener Abrechnung, BGH NJW 2019, 1458). Auch der Auftraggeber ist ihm gegenüber ja kein kostenloser Kreditgeber. Das gilt auch dann, wenn der Rechtsanwalt noch eine weitere Angelegenheit später abrechnen muss (LG Gießen VersR 1995, 216 (217)). Der Rechtsanwalt kann sich gegenüber dem Rückforderungsanspruch nicht auf § 818 II BGB berufen, auch nicht auf § 4 I 3 (OLG Hamm AGS 1996, 122). Aber auch in diesem Zusammenhang sind alle Umstände zu berücksichtigen. Die sich oft rasch ändernde und damit für den Auftraggeber verteuernde Verfahrenslage ist in einer für den Rechtsanwalt nicht zu engherzigen Weise vorauszubedenken. Auch wäre es nicht sinnvoll, den Rechtsanwalt zur Zurückzahlung eines solchen Vorschuss-Teilbetrags zu zwingen, den er wenige Tage später auf Grund einer weitergehenden auftragsgemäßen Tätigkeit nun doch fordern könnte. Eine Aufrechnung bleibt in den Grenzen → Rn. 32 möglich (OLG Düsseldorf NJW-RR 1999, 643).

38 **3. Verzinsungspflicht.** Eine Verzinsungspflicht eines zuviel erhaltenen Vorschussbetrags kann sich nach denselben Regeln wie → Rn. 31 ergeben. Das gilt zB dann, wenn der Rechtsanwalt die voraussichtliche Vergütung schuldlos oder gar schuldhaft zu hoch veranschlagt hatte. Im letzteren Fall kann sich die Verzinsungspflicht sogar in Höhe eines über den gesetzlichen Zinsfuß hinausgehenden Betrags aus dem Gesichtspunkt einer vertraglichen Schadensersatzpflicht infolge einer Schlechterfüllung ergeben. Denn der Rechtsanwalt muss beim Erhalt des Vorschusses nochmals wenigstens in Umrissen prüfen, ob die gezahlte Summe nach der jetzigen Entwicklung seiner Tätigkeit zu hoch war.

39 Dann müsste er den Vorschuss wie bei § 121 I 1 BGB unverzüglich teilweise **zurückzahlen** oder mit dem Auftraggeber vereinbaren, dass er ihn zinslos behalten darf, um der Verzinsungspflicht zu entgehen. Er sollte den Überschussbetrag im Zweifel auf ein verzinsliches Anderkonto einzahlen.

40 **4. Grenzen der Rückzahlungspflicht.** Soweit allerdings der Rpfleger die Bewilligung von PKH oder VKH nach § 124 ZPO, § 76 FamFG aufhebt, muss der beigeordnete Rechtsanwalt den Vorschuss nicht zurückzahlen.

41 **5. Verjährung.** Der Rückforderungsanspruch zu viel gezahlten Vorschusses verjährt nach §§ 195, 199 BGB in drei Jahren seit dem Schluss desjenigen Jahres, in dem sich der Auftrag erledigt hat. Denn dann ist der Rückforderungsanspruch nach § 199 I Nr. 1 BGB entstanden. Die Fälligkeit nach § 8 reicht also nicht stets (aA OLG Düsseldorf OLG-Report Düsseldorf 1992, 75). Wegen der weiteren Voraussetzungen insoweit § 199 I Nr. 2, III 2 BGB.

Berechnung

10 **I [1]Der Rechtsanwalt kann die Vergütung nur aufgrund einer von ihm unterzeichneten und dem Auftraggeber mitgeteilten Berechnung einfordern. [2]Der Lauf der Verjährungsfrist ist von der Mitteilung der Berechnung nicht abhängig.**

II [1]In der Berechnung sind die Beträge der einzelnen Gebühren und Auslagen, Vorschüsse, eine kurze Bezeichnung des jeweiligen Gebührentatbestands, die Bezeichnung der Auslagen sowie die angewandten Nummern des Vergütungsverzeichnisses und bei Gebühren, die nach dem Gegenstandswert berechnet sind, auch dieser anzugeben. [2]Bei Entgelten für Post- und Telekommunikationsdienstleistungen genügt die Angabe des Gesamtbetrags.

III Hat der Auftraggeber die Vergütung gezahlt, ohne die Berechnung erhalten zu haben, kann er die Mitteilung der Berechnung noch fordern, solange der Rechtsanwalt zur Aufbewahrung der Handakten verpflichtet ist.

Schrifttum: Klüsener, Die Berechnung der Vergütung nach § 10 RVG, JurBüro 2021, 393.

Übersicht

I. Systematik. Es ist zwischen dem Entstehen (dem Erwachsen) der gerade nach § 1 I anwaltlichen und gerade nach dem RVG zu handhabenden Vergütung einschließlich einer Mediation nach § 34 mit dem Beginn der jeweiligen Tätigkeit auf Grund des Anwaltsvertrags, ihrer Fälligkeit nach § 8 (vorher nur Vorschuss nach § 9) und ihrer erst beim Zusammentreffen beider bisherigen Voraussetzungen möglichen außergerichtlichen oder gerichtlichen Einforderbarkeit (OLG Düsseldorf AnwBl 1988, 252; LG Köln JurBüro 1997, 203), zu unterscheiden. § 10 regelt die Möglichkeit dieser Geltendmachung. Die Vorschrift stellt eine Voraussetzung der Klagbarkeit auf (OLG Frankfurt a. M. AnwBl 1975, 163; KG AnwBl 1982, 72; LG Berlin MDR 1992, 524). Diese ist selbstverständlich und muss jedem Rechtsanwalt bekannt sein (OLG Koblenz NJW-RR 2011, 1205). Die Vorschrift enthält also keine Voraussetzung des materiellrechtlichen Anspruchs, sondern eine Prozessvoraussetzung nach → Rn. 18, 21. Zum Umgang mit dem Auftraggeber Heussen AnwBl 2009, 157 (rät auch vom Honorarprozess ab). 1

Sie ist auf ein nach § 3a **vereinbartes** Honorar nur insoweit anzuwenden, als die Partner kein Festhonorar vereinbart haben (OLG Düsseldorf NJW 2012, 622), oder als der Rechtsanwalt einen Vorschuss oder Auslagen abrechnen muss (Riedel/Sußbauer/Ahlmann Rn. 12, strenger Gerold/Schmidt/Mayer § 3a Rn. 38; Hartung/Schons/Enders/Enders Rn. 37, aber zumindest II passt nur sehr bedingt zur Honorarvereinbarung). Im Übrigen ist § 10 auf den Vorschuss nach § 9 nicht anzuwenden. Denn § 10 spricht von der eigentlichen „Vergütung". Freilich ist nach → § 9 Rn. 7, 8 eine nachprüfbare Aufgliederung auch beim Vorschuss ratsam. Hat der Rechtsanwalt freilich einen Vorschuss erhalten, gilt → Rn. 25. § 10 kann auch beim Terminsvertreter anzuwenden sein (BGH AGS 2011, 568; Hansens AnwBl 2011, 760). Gegenüber der Staatskasse haben §§ 55 ff. als Sondervorschriften den Vorrang (KG JurBüro 2015, 26). 2

Die **Verjährung** ist von der Berechnung nach § 10 unabhängig (so auch N. Schneider NZFam 2016, 1170). Das stellt I 2 klar. Das bedeutet freilich nur: Die Verjährungsfrist kann zwar erst ab Fälligkeit nach § 8 beginnen, dann aber schon vor der Mitteilung der Kostenberechnung (LG Berlin MDR 1992, 524). Dasselbe gilt von einer Hemmung der Verjährung (LG Zweibrücken NJW-RR 1996, 824). Dann hat eine verspätete Mitteilung auch keine Rückwirkung (OLG Köln AnwBl 1994, 471). Zur Verjährung → § 8 Rn. 21 ff. 3

Es besteht also eine **Obliegenheit** des Rechtsanwalts zur wie bei § 121 I 1 BGB unverzüglichen Erstellung seiner Berechnung: Erfüllt er sie nicht, können für ihn 4 erhebliche Nachteile eintreten. Deshalb handelt er völlig korrekt, wenn er seine Berechnung alsbald nach dem Eintritt ihrer Voraussetzungen absendet.

5 **Nicht anzuwenden** ist § 10 im Kostenfestsetzungsverfahren nach §§ 103 ff. ZPO (dort grundsätzlich nur Geltendmachung des Erstattungsanspruchs im Außenverhältnis) und bei einem materiellrechtlichen Ersatzanspruch (OLG Brandenburg AnwBl 2001, 306; LG Berlin ZMR 2010, 527).

6 **II. Regelungszweck.** Er besteht wie bei § 19 GNotKG vor allem in einer Nachprüfbarkeit der Berechnung (vgl. BGH NJW 2002, 2775). Das gilt für den Auftraggeber und für alle diejenigen, die die Berechnung ebenfalls überprüfen wollen oder müssen, zB die Rechtsschutzversicherung, einen Gegner des Auftraggebers, das Gericht beim Streit über die Vergütung usw. Der Rechtsanwalt als Organ der Rechtspflege nach § 1 BRAO soll sich aus allen diesen Gründen auch von vornherein wegen seiner Vergütungsforderungen eine Selbstkontrolle auferlegen, zumal die Berechnung in der Praxis wohl meist beim Personal erfolgt. Das alles muss man bei der Auslegung mitbeachten.

7 **Keinen Roman** braucht der Rechtsanwalt in seiner Berechnung zu schreiben. Er kann ein Grundvertrauen des Auftraggebers erwarten. Andererseits soll dieser nun auch nicht einen weiteren Rechtsanwalt oder sonstigen Kostenrechtskundigen benötigen müssen, um die Berechnung halbwegs verstehen zu können. Es muss ihm möglich sein, bei gutem Willen wenigstens im Kern nachzuvollziehen, ob der Rechtsanwalt auch alles dasjenige getan hat, was er berechnet. Ein paar Worte mehr können hier Wunder wirken und zusätzlichen Erklärungsaufwand erheblich verringern, um nur einen ersten Teil solcher Folgen anzusprechen. Eine Anwaltsrechnung sollte das Vertrauen zu ihm festigen statt zu schwächen.

8 **III. Begriff der Einforderung.** Die Einforderung liegt in jeder Geltendmachung des Anspruchs. Diese liegt zB in einer Zahlungsaufforderung durch die Übersendung einer Rechnung nach der Fälligkeit nach § 8 oder ohne eine solche oder in einem Festsetzungsgesuch nach § 11, soweit es auch eine dem § 10 entsprechende Berechnung enthält (OLG Düsseldorf AnwBl 1988, 253; LG Bochum JurBüro 2013, 638). Eine Rechnung vor der Fälligkeit lässt sich wegen § 9 meist als die Bitte um einen Vorschuss umdeuten. Sie liegt auch in einer Mahnung, ferner aber auch in einer außergerichtlichen oder prozessualen Aufrechnung (OLG Frankfurt a. M. AnwBl 1975, 163), oder in der Geltendmachung eines Zurückbehaltungsrechts gegenüber einem Zahlungsanspruch des Auftraggebers. Sie liegt (selbstverständlich) auch in der Klage nach § 253 ZPO oder Widerklage oder im Antrag auf einen Mahnbescheid nach § 890 ZPO (BGH AnwBl 1985, 257). Der bloße Antrag auf eine Wertfestsetzung stellt allerdings noch keine Einforderung nach I 1 dar.

9 Wenn ein **bestellter Verteidiger** seine Vergütung von der Staatskasse fordert, liegt keine Einforderung vor. Denn er ist insofern überhaupt kein beauftragter Rechtsanwalt.

10 **IV. Notwendigkeit einer schriftlichen Berechnung.** Der Rechtsanwalt muss eine Berechnung der Gebühren und Auslagen aufstellen. Ohne sie entsteht nach → Rn. 21 keine Zahlungspflicht des Auftraggebers und kein Schuldnerverzug. Das gilt unabhängig davon, ob er einen Vorschuss verlangt oder erhalten hat und ob der Auftraggeber weiß, dass der Gegner Anwaltskosten bezahlen muss (OLG Köln AnwBl 1994, 471). Der Auftraggeber kann ab der Fälligkeit der Vergütung nach § 8 jederzeit ihre Berechnung fordern und einklagen, etwa um seine etwaige restliche Zahlungspflicht baldmöglichst klären zu können. Für jeden Auftrag muss der Rechtsanwalt eine einheitliche Berechnung für den Auftraggeber unter einer Angabe der Angelegenheit nach → § 15 Rn. 8 anfertigen. Bei mehreren Auftraggebern muss man der Berechnung entnehmen können, wer in welcher Höhe haften soll.

11 Der **ehemalige** Rechtsanwalt hat dieselbe Pflicht, soweit der bestellte Abwickler nicht tätig geworden ist (BGH NJW-RR 2004, 1144). Wenn der Rechtsanwalt verstorben ist, muss der Praxisabwickler die Berechnung aufstellen. Ein Festsetzungsgesuch kann ausreichen (OLG Dresden JurBüro 1998, 599). Auch bei einer Honorarvereinbarung nach § 3a erwartet der Auftraggeber schon aus Steuergründen durchweg eine nachprüfbare Berechnung.

Die Berechnung muss nach → Rn. 13 ff. schon wegen der Notwendigkeit der Unterschrift nach I 1 **schriftlich** erfolgen. Ausreichend ist das erklärte Ziel, die Vergütung „einmal vorzurechnen" (BGH NJW 2002, 2775). Sie braucht nicht auf einem Extrablatt zu erfolgen. Ein solches ist aber ratsam (N. Schneider AnwBl 2004, 510). Sie muss mindestens die folgenden Angaben enthalten. 12

1. Grundsatz: Angabe der RVG-Vorschriften. Die Berechnung muss die angewandten RVG-Vorschriften (Gebühren und Auslagen) einzeln zuordnen und für den Auftraggeber überprüfbar darstellen. Der Rechtsanwalt muss also die Paragraphen und VV-Nummern nennen. 13

2. Beispiele zur Frage notwendiger RVG-Angaben

Vorb. oder Anm.: Es kann nach → Rn. 13 durchaus notwendig sein, dergleichen beim VV mitanzugeben. 14

Angelegenheit: Es ist zumindest ratsam, sie kurz zu umreißen.

Ins Blaue: Wenn der Rechtsanwalt nur irgendwelche Vorschriften ins Blaue aufgeführt hat, fehlt eine „Angabe" nach II 1 und damit schon die formelle Gültigkeit der Einforderung. Dasselbe gilt erst recht dann, wenn es in der Rechnung nur heißt „Berechnet nach dem RVG" usw (aA Gerold/Schmidt/Burhoff Rn. 8, aber damit könnte der Rechtsanwalt den klaren Regelungszweck der Nachprüfbarkeit der zugrunde gelegten Vorschriften → Rn. 6 glatt und allzu bequem umgehen. Es kommt oft genug auf eine Genauigkeit an, etwa nach VV 2300, 2302 usw bei der Abgrenzung von § 34).

Gebührentatbestand: Der Rechtsanwalt muss ihn kurz umreißen, zB „Verfahrensgebühr".

Mittelgebühr: Es kann ähnlich wie bei einer Arztrechnung notwendig sein, die Überschreitung einer gesetzlichen Mittelgebühr stichwortartig zu rechtfertigen, zB mit „besonders schwieriger Fall" usw.

Paragraph: Der Rechtsanwalt muss die angewandten §§ nennen. Denn ungeachtet des früheren Worts „Kostenvorschriften" meint „Gebührentatbestand" vernünftigerweise neben dem nur zusätzlich ausdrücklich genannten „Vergütungsverzeichnis" zwecks einer Verständlichkeit für den Auftraggeber nach → Rn. 6 auch die zugehörigen Paragraphen, die ja oft erst eine wirkliche Nachprüfung ermöglichen. Bei umfangreicheren Vorschriften kann es notwendig sein, auch den Absatz, den Satz, die Ziffer usw der Vorschrift mit anzugeben. Er muss auch die Nummern des meist ja zugehörigen Vergütungsverzeichnisses (VV) sowie evtl. die Vorb. oder Anm. in ihrer jeweiligen genauen hier angewandten Unterteilung als Bestandteile der Vorschriften angeben. Denn man kann nach → Rn. 6 evtl. nur durch alle diese Einzelheiten den Zweck erreichen, dem Empfänger den Nachvollzug zu ermöglichen, → GNotKG § 19 Rn. 8, 9.

Unanwendbare Vorschrift: Soweit der Rechtsanwalt eine nach seiner Meinung anwendbare, in Wahrheit aber unanwendbare Kostenvorschrift aufführt, beeinträchtigt dieser Mangel nicht die formelle Gültigkeit der Berechnung. Er löst aber (selbstverständlich) keine diesbezügliche Zahlungspflicht des Auftraggebers aus.

Vergütungsverzeichnis: → „Paragraph".

Vorschrift: → „Paragraph".

3. Ausnahme: Verzicht des Auftraggebers. Der Auftraggeber kann allerdings auf die Einhaltung dieser Erfordernisse ganz oder teilweise verzichten. Der Verzicht kann stillschweigend erfolgen. Das könnte zB in einem langandauernden Vertrauensverhältnis oder beim kleinen Endbetrag gegen einen begüterten Auftraggeber oder bei einer sofortigen Barzahlung in einem einfachen Fall so sein. Es ist also eine Fallfrage, etwa dann, wenn der Auftraggeber des ProzBev im folgenden Gebührenstreit seines früheren Rechtsanwalts insoweit keine Rüge erhebt, insbesondere dann nicht, wenn er gleichzeitig andere Rügen geltend macht, wenn er etwa die sonstige Arbeit des früheren Rechtsanwalts als einen Vertragsverstoß tadelt. In der auch ohne einen Erhalt der Berechnung (selbstverständlich) möglichen Erfüllung liegt nicht stets ein stillschweigender Verzicht, selbst wenn der Auftraggeber die Zahlung nicht ausdrücklich unter einem Vorbehalt leistet. Es gilt vielmehr III. Der Rechtsanwalt muss den Verzicht beweisen. 15

16 **4. Angabe des Gegenstandswerts.** Soweit es sich um eine solche Gebühr handelt, die sich nach § 2 I nach einem Gegenstandswert berechnet, muss der Rechtsanwalt auch den Gegenstandswert in der Berechnung angeben. Er muss ihn so darstellen, dass der Empfänger die Berechnung nachvollziehen kann (OLG Brandenburg AnwBl 2001, 306). Zu diesem Zweck kann es wie nach → GNotKG § 19 Rn. 9 erforderlich sein, den Gegenstandwert aufzuschlüsseln. Zwar braucht der Rechtsanwalt insofern keinen Roman zu schreiben. Die Berechnung muss aber nach → Rn. 6 jedenfalls die tragenden Überlegungen zum Gegenstandswert stichwortartig erkennen lassen.

17 Die Anführung derjenigen **Gesetzesvorschriften,** die der Rechtsanwalt dem Gegenstandswert zugrunde legt, ist nicht unbedingt stets erforderlich, wohl aber dann, wenn der Auftraggeber die Ermittlung anders nur schwer nachvollziehen könnte. Ein gewissenhafter Rechtsanwalt sollte die maßgeblichen Vorschriften wie bei → Rn. 13 stets angeben, und zwar bei umfangreicheren Vorschriften ihren Absatz, Satz, ihre Ziffer usw. Natürlich macht die Angabe einer nach der Ansicht des Auftraggebers oder des Gerichts unrichtigen Vorschrift usw die Berechnung nicht etwa schon deshalb unwirksam oder unfällig.

18 **5. Angabe der Beträge der Gebühren und eigenen Auslagen.** Der Rechtsanwalt muss in der Berechnung die Beträge der einzelnen Gebühren und eigenen Auslagen in EUR angeben. Selbstverständlich muss er die Beträge aufschlüsseln, soweit das erforderlich ist, um dem Empfänger die Nachprüfung zu ermöglichen. Das gilt zB bei einer Rahmengebühr nach § 14 iVm § 315 II BGB (OLG Köln JurBüro 2002, 581), insbesondere bei einer Überschreitung eines Mittel- oder Sollwerts. Er darf nicht etwa nur eine Gesamtforderung beziffern. Er muss auch die in Anrechnung gestellte Umsatzsteuer nachvollziehbar angeben. Dazu gehört der angesetzte Prozentsatz auch dann, wenn der Rechtsanwalt nicht ausnahmsweise nur eine ermäßigte Umsatzsteuer absetzt.

19 Soweit ein **Dritter** der Rechnungsempfänger sein soll, mag der Auftraggeber der Schuldner der ihm dann etwa gesondert zu berechnenden Umsatzsteuer sein sollen oder müssen. Das muss der Rechtsanwalt mit dem Auftraggeber zB zur Klärung von dessen Vorsteuer-Abzugsberechtigung erörtern.

20 Bei einem **Zeithonorar** nach → § 3a Rn. 26 ist an sich die Angabe der auftragsgemäßen Gesamtzeit je nach der Vereinbarungsart in Minuten oder Stunden ohne deren evtl. seitenlange Aufspaltung nach Tagen oder gar Wochen ausreichend. Es wäre glatter Betrug(sversuch), mehr als tatsächlich aufgewandt zu berechnen. Sorgfalt bei der Ermittlung der Gesamtzeit ist (selbstverständlich) Sache des Rechtsanwalts und damit etwa beim Großauftrag Sache einer sorgfältigen Organisation. Sie mag durchaus die Uhrzeiten im Innenbetrieb nachvollziehbar verzeichnen müssen.

21 Das wird freilich praktisch **fast unkontrollierbar,** soweit es zB darum geht, wieviel Zeit der Rechtsanwalt oder seine Assistenten zum Überdenken, Abschätzen, Einkalkulieren möglichen gegnerischen Verhaltens usw tatsächlich verbraucht haben. Es ist kaum zu verlangen, dass jeder Beteiligte jede Minute auftragsgemäßer Kopfarbeit sogleich mit der Uhr kontrolliert und aufschreibt. Erfahrungssätze gibt es kaum. Einer denkt schneller, der andere langsamer und deshalb vielleicht gründlicher (nicht immer). Hier liegen für den Rechtsanwalt wie für den Auftraggeber Risiken in evtl. hochstelligen Bereichen, wie etwa ein berühmter amerikanischer Krimi verdeutlicht hat.

22 Bei **Post- und Telekommunikationsdienstleistungen** genügt allerdings nach II 2 die Angabe des Gesamtbetrags. Der Rechtsanwalt hat nach VV 7002 die Wahl, ob er die tatsächlich entstandenen derartigen Auslagen oder einen Pauschsatz in Höhe von 20% der gesetzlichen Gebühren einschließlich Umsatzsteuer fordern will, in derselben Angelegenheit nach → § 15 Rn. 8 und im gerichtlichen Verfahren in demselben Rechtszug nach → § 19 Rn. 1 jedoch höchstens 20 EUR, und zwar auch in einer Strafsache oder im Bußgeldverfahren. Das Porto für die Übersendung der Rechnung usw gehört nach Vorb. 5 vor VV 7000 „Porto" zu den Auslagen nur, soweit es über die Allgemeinkosten hinausgeht.

23 **6. Angabe der verauslagten Gerichtskosten.** Der Rechtsanwalt muss in der Berechnung auch den Betrag der von ihm innerhalb dieses Auftrags tatsächlich ins-

gesamt verauslagten Gerichtskosten nennen. Soweit er Gerichtskosten in mehreren Teilbeträgen, zu unterschiedlichen Zeitpunkten und unter Umständen in irgendeiner für den Empfänger nicht sofort verständlichen Weise gezahlt hat, kann die Aufschlüsselung auch dieses Postens erforderlich sein.

7. Angaben zum Vorschuss. Der Rechtsanwalt muss in der Berechnung angeben, ob, wann, von wem und in welcher Höhe er Vorschüsse erbeten hatte oder ob der Auftraggeber unaufgefordert zahlte. Das gilt auch bei einer Honorarvereinbarung nach § 3a. Der Zeitpunkt der Empfangnahme ist jedenfalls insofern erforderlich, als Verzinsungsfragen davon abhängen können. Eine Verzinsung ist freilich von den Umständen abhängig. Der Auftraggeber kann auf die Erteilung einer Abrechnung klagen. **24**

8. Unterschrift. Der Rechtsanwalt muss die Berechnung nach I 1 unterzeichnen (OLG Düsseldorf JurBüro 2012, 586; OLG Koblenz NJW-RR 2002, 1366; Enders JurBüro 2012, 450). Die Unterschrift muss den gesamten notwendigen Inhalt der Berechnung decken. Zumindest das Begleitschreiben muss diese Anforderungen erfüllen (OLG Schleswig NJW-RR 2012, 1339). Erforderlich ist grundsätzlich eine eigenhändige handschriftliche Unterschrift. **25**

9. Beispiele zur Frage einer ausreichenden Unterschrift

Abtretung: Ausreichend ist die Unterschrift des neuen Gläubigers einer Anwaltsforderung (Bork NJW 1992, 2449; aA AG Waiblingen AnwBl 1991, 54 mablAnm Madert). **26**

Allgemeinvertretung: Ausreichend ist die Unterschrift des Allgemeinvertreters nach § 53 BRAO (OLG Brandenburg AnwBl 2001, 306).

Begleitschreiben: Ausreichend ist die Unterzeichnung eines Begleitschreibens, in dem der Rechtsanwalt sich die Berechnung zu Eigen macht und dafür die Verantwortung übernimmt.

Bürogemeinschaft: Nicht ausreichend ist die Unterschrift desjenigen Rechtsanwalts, der mit dem beauftragten Kollegen nur in einer Bürogemeinschaft arbeitet (AG Waiblingen AnwBl 1989, 400).

Bürovorsteher: Nicht ausreichend ist die handschriftliche oder gar faksimilierte Unterschrift des Bürovorstehers oder eines anderen Mitarbeiters, etwa eines „Kostenfachmanns".

Elektronische Fassung: Es gilt § 12b.

Faksimile: Nicht ausreichend ist eine solche Form der „Unterschrift".

Honorarprozessklage: Ausreichen kann die Klageschrift nach § 253 ZPO im Honorarprozess. Sie kann zumindest Mängel nach § 295 I heilen.

Kopie: Ausreichen kann die Übersendung eines solchen Schreibens nebst einer solchen Rechnung an den Rechtsschutzversicherer, die der Rechtsanwalt an den Auftraggeber leitet.

Namensabkürzung: Nicht ausreichend ist die bloße Paraphe (OLG Düsseldorf JurBüro 2012, 586).

Praxisübernehmer: Ausreichend ist die Unterschrift eines Praxisübernehmers (OLG Düsseldorf MDR 2000, 360; Fischer-Dorp AnwBl 1991, 89; aA AG Waiblingen AnwBl 1991, 54).

Rechtsschutzversicherung: → „Kopie".

Sozius: Ausreichend ist die Unterschrift eines Sozius (OLG Brandenburg AnwBl 2001, 306).

Verzicht: Nicht ausreichend ist ein Verzicht des Auftraggebers auf eine wirksame Unterschrift. Denn mit seiner Unterzeichnung übernimmt der Rechtsanwalt die zivilrechtliche, strafrechtliche und berufsrechtliche Verantwortung nach § 352 StGB usw (AG Waiblingen AnwBl 1989, 400).

Zulassung: Ausreichend ist die Unterschrift des ProzBev desjenigen Rechtsanwalts, der keine Zulassung nach der BRAO mehr hat (OLG Düsseldorf MDR 2000, 360, aber man darf die Worte „von ihm" nun auch nicht allzu streng verstehen. Das zeigt schon die Übung bei einer Sozietät).

10. Weitere Angaben. Natürlich muss der Rechtsanwalt seine Adresse angeben. **27**
Es ist wegen § 14 IV 1 Nr. 2 UStG ferner notwendig, entweder die allgemeine Steuernummer **oder** (so der eindeutige Gesetzestext) die etwaige zusätzliche Umsatz-

steuer-Identifikations-Nr. des Rechtsanwalts in der Rechnung anzugeben. Es hängt im Übrigen von den Umständen ab, ob der Rechtsanwalt in der Berechnung über die vorstehenden Angaben hinaus weitere Angaben machen muss. Das Fehlen der Erwähnung weiterer Angaben in § 10 bedeutet nicht die Entbehrlichkeit aller dort nicht ausdrücklich genannten Angaben. Andererseits enthält § 10 eine grundsätzlich vollständige Darstellung der notwendigen Angaben. Weitere Angaben sind daher nur ausnahmsweise notwendig. Rechtsbehelfsbelehrung: §§ 12c, 33 V 2, 52 IV 2.

28 **Hierher** können Angaben über die Angelegenheit nach → § 15 Rn. 8 zählen (OLG Düsseldorf NJOZ 2009, 3661), oder über die Höhe, den Empfangszeitpunkt und evtl. das Empfangskonto solcher Summen, bei denen es bereits streitig geworden ist, ob der Auftraggeber sie an den Rechtsanwalt als Vorschüsse oder zu anderen Zwecken gezahlt hat, etwa als eine Zahlung auf ein Treuhandkonto.

29 **11. Mitteilung.** Der Rechtsanwalt muss die Berechnung an den oder die mehreren Auftraggeber richten. Er muss sie ihm oder jedem von ihnen nach I 1 mitteilen (LG Mannheim AnwBl 2013, 150). Das gilt insbesondere auch nach dem Erhalt eines Vorschusses.

30 Der Rechtsanwalt muss den Auftraggeber genau und richtig bezeichnen (BayObLGZ 1990, 333 (338, zur KostO); OVG Hamburg AnwBl 2002, 116: die Bezeichnung nur des angeblich zahlungspflichtigen Dritten reicht nicht).

12. Beispiele zur Frage einer Mitteilung

31 **Dritter:** Eine Übersendung nur an einen Dritten, etwa an die Rechtsschutzversicherung ohne eine Vollmacht des Auftraggebers, reicht grundsätzlich nicht, ebenso wenig eine bloße Mitteilung davon an den Auftraggeber (OLG Köln AnwBl 1994, 471). Der Auftraggeber kann den Rechtsanwalt aber anweisen, die Berechnung auch oder sogar nur an einen Dritten zu senden, eben an den Rechtsschutzversicherer. Im Zweifel ist er damit stillschweigend einverstanden (AG Köln VersR 2008, 815). Zu einer zusätzlichen Überweisung auch an einen anderen als den Auftraggeber, etwa an seine Rechtsschutzversicherung, ist der Rechtsanwalt allerdings erst nach einer freiwilligen Übernahme auch dieser Aufgabe verpflichtet.

Einklagbarkeit: Der Auftraggeber kann nach → Rn. 25 eine Mitteilung einklagen.

Elektronische Mitteilung: § 12b (Enders JurBüro 2012, 450).

Ersatzanspruch: → „Mehrfache Mitteilung".

Festsetzungsgesuch: Ausreichen kann seine Übermittlung nach → Rn. 10 durch das Gericht (OLG Dresden JurBüro 1998, 599).

Klageschrift: Ausreichend ist eine Mitteilung zusammen mit der Klageschrift (BGH NJW 2002, 2775).

Mehrfache Mitteilung: Sie ist nur unter besonderen Voraussetzungen nötig, zB dann, wenn der zahlungswillige Auftraggeber die Berechnung verloren oder irrig vernichtet hat und wenn er sie evtl. auch für seine Steuererklärung oder zur Geltendmachung von Ersatzansprüchen braucht. Es besteht dann eine Nebenpflicht zur nochmaligen Mitteilung aus dem Anwaltsvertrag.

Mündliche Mitteilung: Sie reicht **nicht.**

Prozessschriftsatz: Ausreichend ist eine Mitteilung zusammen mit ihm (BGH NJW 2002, 2775).

Schriftform: Sie ist notwendig. Ein Telefax reicht.

Steuererklärung: → „Mehrfache Mitteilung".

Telefax: → „Schriftform".

Telefonform: Sie reicht **nicht.**

Verlust: → „Mehrfache Mitteilung".

Vernichtung: → „Mehrfache Mitteilung".

Zugang: Er muss nach § 130 BGB erfolgen. **Nicht** nötig ist eine förmliche Zustellung.

32 **13. Aufbewahrung.** Soweit der Auftraggeber die Vergütung gezahlt hat, ohne die Berechnung erhalten zu haben, kann er nach **III** die Mitteilung der Berechnung wegen §§ 666, 675 BGB noch fordern, solange der Rechtsanwalt die Handakten noch aufbewahren muss. Dieser Anspruch ist abtretbar. Die Aufbewahrungsfrist endet nach § 50 II BRAO fünf Jahre nach der Beendigung des Auftrags oder sechs Monate nach demjenigen Zeitpunkt, in dem der Rechtsanwalt den Auftraggeber aufgefordert

hat, die Handakten in Empfang zu nehmen, sofern der Auftraggeber dieser Aufforderung nicht nachgekommen ist. Nach einer Aktenrückgabe braucht der Rechtsanwalt wohl keine Berechnung mehr vorzunehmen.

Der Lauf der **Verjährungsfrist** ist nach I 2 von der Mitteilung der Berechnung nicht abhängig. 33

14. Nachforderung. Sie ist grundsätzlich im Rahmen der gesetzlichen oder vereinbarten Vergütung statthaft und nicht von einem Irrtum bei der bisherigen Berechnung abhängig (OLG Düsseldorf AnwBl 2008, 718; aA LG Nürnberg-Fürth AnwBl 1984, 94 mablAnm H. Schmidt). Auch → Rn. 36. Das Gericht ändert Unrichtigkeiten ab, soweit es nicht in ein Anwaltsermessen nach § 14 eingreifen müsste. Zum Problem BGH ZfS 1995, 269; OLG Hamburg MDR 1979, 235; Enders JurBüro 1996, 561. Freilich muss es eine Verwirkung von Amts wegen beachten. 34

V. Verstoß. Sofern die Berechnung nicht allen Anforderungen nach → Rn. 8–34 entspricht, braucht der Auftraggeber nicht zu zahlen und gerät nicht in einen Zahlungsverzug. Es tritt keine Verzinsungspflicht ein. Eine Aufrechnung vor dem Eintritt der Einforderbarkeit führt nicht zum Erlöschen der Aufrechnungsforderung des Auftraggebers. Der Rechtsanwalt kann schadensersatzpflichtig sein. 35

1. Keine Klagbarkeit. Das Gericht muss die Honorarklage des Rechtsanwalts insofern wegen des Fehlens der von Amts wegen zu beachtenden Prozessvoraussetzung der Klagbarkeit evtl. nach einem vergeblichen Hinweis nach § 139 ZPO durch ein sog. Prozessurteil als zumindest derzeit noch unzulässig abweisen (OLG Frankfurt a. M. AnwBl 1975, 163; LG Berlin MDR 1992, 524; aA Gerold/Schmidt/Burhoff Rn. 56; Riedel/Sußbauer/Ahlmann Rn. 3, je: Abweisung als zur Zeit unbegründet). Dasselbe gilt beim Mahnantrag. Denn die Prozessvoraussetzungen sind auch im Mahnverfahren beachten. 36

2. Heilbarkeit. Allerdings kann der Rechtsanwalt eine unvollständige Berechnung durch ergänzende Angaben und deren Mitteilung in der Klageschrift nach § 253 ZPO oder bis zum Schluss der mündlichen Verhandlung nach §§ 136 IV, 296a ZPO heilen (BGH AnwBl 1985, 257; OLG Düsseldorf AnwBl 1988, 252). Das gilt grundsätzlich bei jedem Punkt. Eine Unrichtigkeit bei einzelnen Posten etwa wegen eines Diktat- oder Schreibfehlers oder einer irrigen Gesetzesanwendung lässt zwar das Bestehen der Berechnung und deren Mitteilung unberührt. Sie verpflichtet aber allenfalls zur Zahlung der in Wahrheit richtigen Beträge (LG Nürnberg-Fürth AnwBl 1984, 94). Auch das gilt (selbstverständlich) erst nach einer Berichtigung. Denn es ist grundsätzlich nicht eine Aufgabe des Auftraggebers, sich die in Wahrheit anwendbaren Vorschriften herauszusuchen, gar mit der Hilfe eines Dritten. 37

3. Irrtum usw. Der Auftraggeber mag freilich bei einem offensichtlichen Additionsfehler usw nur den richtigen Betrag zahlen müssen. Auch → Rn. 34. Der Rechtsanwalt kann auch eine irrtümlich nicht geltend gemachte Gebühr sowie irrig nicht angesetzte Auslagen nachfordern, solange der Auftraggeber keine Verjährung geltend macht (OLG Hamburg MDR 1979, 235; LG Berlin MDR 1992, 524). Soweit der Auftraggeber ein sofortiges Anerkenntnis erklärt, bleibt er nach § 93 ZPO kostenfrei (OLG Düsseldorf MDR 2000, 420; OLG Köln MDR 2000, 910). 38

4. Berufsrecht. Ein Verstoß gegen die gesetzlichen Anforderungen der Berechnung ist ferner grundsätzlich ein ehrengerichtlich rügbarer Verstoß gegen § 43 BRAO. Er kann den Rechtsanwalt bei einem Verschulden auch seines Personals nach § 278 BGB schadensersatzpflichtig machen. Das gilt unabhängig von einer Versicherung der Richtigkeit. Denn das Schuldrecht sieht dergleichen nicht allgemein vor. Der Auftraggeber kann freilich nach → Rn. 11 auf eine Berechnung teilweise oder sogar gänzlich verzichten. 39

5. Zahlung. Soweit der Auftraggeber trotz einer mangelhaften oder fehlenden Berechnung gezahlt **hat,** mag er trotzdem eine in Wahrheit bestehende Schuld erfüllt haben. Denn der Vergütungsanspruch kann entstanden und nach § 8 fällig geworden sein. Deshalb hat der Auftraggeber unter solchen Voraussetzungen keinen Rückzahlungsanspruch, es sei denn, er hätte sich bei der Zahlung seine Rechte vorbehalten (OLG Frankfurt a. M. AnwBl 1975, 164; aA OLG Hamburg MDR 2000, 116). Sein Recht nach III bleibt unberührt. Die dort genannte Pflicht zur Aufbewahrung der 40

Handakten richtet sich nach § 50 II BRAO. Sie erlischt also mit der Aktenherausgabe an den Auftraggeber oder sechs Monate nach der Aufforderung zur Empfangnahme oder fünf Jahre nach der Auftragsbeendigung nach → § 8 Rn. 6–9.

41 **6. Rechte des Auftraggebers.** Der Auftraggeber kann vor dem Erhalt einer ausreichenden Berechnung keine wirksame Aufrechnung mit einer eigenen Gegenforderung erklären. Denn der Rechtsanwalt kann die endgültige Vergütung überhaupt noch nicht fordern, der Auftraggeber schuldet insofern unabhängig von der Frage der Fälligkeit der Vergütungsforderung nach § 8 noch nichts nach § 387 BGB (BGH AnwBl 1985, 257; OLG Frankfurt a. M. AnwBl 1975, 163; OLG Köln AnwBl 1994, 471). Der Auftraggeber kann sein Recht nach III auch im Klageweg durchsetzen und zugleich insofern eine Beschwerde beim Vorstand der Anwaltskammer einlegen. Der erstattungspflichtige Gegner hat nicht gegen den ProzBev des Siegers einen Herausgabeanspruch wegen des Festsetzungsbeschlusses nach der Zahlung (LG Darmstadt NJW-RR 1999, 584). Der Rechtsanwalt kann nur mit einer Honorarforderung aus **diesem** Auftrag aufrechnen (OLG Düsseldorf NJW-RR 1999, 643). Ein Zurückbehaltungsrecht lässt sich vor einer Erteilung der Kostenberechnung nicht ausüben.

Festsetzung der Vergütung

11 **I [1]Soweit die gesetzliche Vergütung, eine nach § 42 festgestellte Pauschgebühr und die zu ersetzenden Aufwendungen (§ 670 des Bürgerlichen Gesetzbuchs) zu den Kosten des gerichtlichen Verfahrens gehören, werden sie auf Antrag des Rechtsanwalts oder des Auftraggebers durch das Gericht des ersten Rechtszugs festgesetzt. [2]Getilgte Beträge sind abzusetzen.**

II [1]Der Antrag ist erst zulässig, wenn die Vergütung fällig ist. [2]Vor der Festsetzung sind die Beteiligten zu hören. [3]Die Vorschriften der jeweiligen Verfahrensordnung über das Kostenfestsetzungsverfahren mit Ausnahme des § 104 Absatz 2 Satz 3 der Zivilprozessordnung und die Vorschriften der Zivilprozessordnung über die Zwangsvollstreckung aus Kostenfestsetzungsbeschlüssen gelten entsprechend. [4]Das Verfahren vor dem Gericht des ersten Rechtszugs ist gebührenfrei. [5]In den Vergütungsfestsetzungsbeschluss sind die von dem Rechtsanwalt gezahlten Auslagen für die Zustellung des Beschlusses aufzunehmen. [6]Im Übrigen findet eine Kostenerstattung nicht statt; dies gilt auch im Verfahren über Beschwerden.

III [1]Im Verfahren vor den Gerichten der Verwaltungsgerichtsbarkeit, der Finanzgerichtsbarkeit und der Sozialgerichtsbarkeit wird die Vergütung vom Urkundsbeamten der Geschäftsstelle festgesetzt. [2]Die für die jeweilige Gerichtsbarkeit geltenden Vorschriften über die Erinnerung im Kostenfestsetzungsverfahren gelten entsprechend.

IV Wird der vom Rechtsanwalt angegebene Gegenstandswert von einem Beteiligten bestritten, ist das Verfahren auszusetzen, bis das Gericht hierüber entschieden hat (§§ 32, 33 und 38 Absatz 1).

V [1]Die Festsetzung ist abzulehnen, soweit der Antragsgegner Einwendungen oder Einreden erhebt, die nicht im Gebührenrecht ihren Grund haben. [2]Hat der Auftraggeber bereits dem Rechtsanwalt gegenüber derartige Einwendungen oder Einreden erhoben, ist die Erhebung der Klage nicht von der vorherigen Einleitung des Festsetzungsverfahrens abhängig.

VI [1]Anträge und Erklärungen können ohne Mitwirkung eines Bevollmächtigten schriftlich eingereicht oder zu Protokoll der Geschäftsstelle abgegeben werden. [2]§ 129a der Zivilprozessordnung gilt entsprechend. [3]Für die Bevollmächtigung gelten die Regelungen der für das zugrunde liegende Verfahren geltenden Verfahrensordnung entsprechend.

VII Durch den Antrag auf Festsetzung der Vergütung wird die Verjährung wie durch Klageerhebung gehemmt.

VIII [1]Die Absätze 1 bis 7 gelten bei Rahmengebühren nur, wenn die Mindestgebühren geltend gemacht werden oder der Auftraggeber der Höhe der Gebühren ausdrücklich zugestimmt hat. [2]Die Festsetzung auf Antrag des

Rechtsanwalts ist abzulehnen, wenn er die Zustimmungserklärung des Auftraggebers nicht mit dem Antrag vorlegt.

Historie: VI 2 geändert durch Art. 14 VI Nr. 2 JKomG v. 22.3.2005 (BGBl. I 837 (856)) mWv 1.4.2005; Materialien: BT-Drs. 15/4067 (Gesetzentwurf), BT-Drs. 15/4952 (Beschlussempfehlung und Bericht). VI 3 eingefügt durch Art. 18 V Nr. 1 G. zur Neuregelung des Rechtsberatungsrechts v. 12.12.2007 (BGBl. I 2840 (2859)) mWv 1.7.2008; Materialien: BT-Drs. 16/3655 (Gesetzentwurf), BT-Drs. 16/6634 (Beschlussempfehlung und Bericht). VI 1 geändert durch Art. 7 IV Nr. 2 G. zur Modernisierung von Verfahren im anwaltlichen und notariellen Berufsrecht, zur Errichtung einer Schlichtungsstelle der Rechtsanwaltschaft sowie zur Änd. sonstiger Vorschriften v. 30.7.2009 (BGBl. I 2449 (2470)) mWv 5.8.2009; Materialien: BT-Drs. 16/11385 (Gesetzentwurf), BT-Drs. 16/12717 (Beschlussempfehlung und Bericht), BR-Drs. 509/09 (Einigungsvorschlag).

Schrifttum: v. Eicken/Hellstab/Dörndorfer/Asperger, Die Kostenfestsetzung, 24. Aufl. 2021; Enders, Rechtsschutzbedürfnis einer Klage gegen den eigenen Mandanten bei Geltendmachung einer Vergütung für eine außergerichtliche und eine Tätigkeit im gerichtlichen Verfahren, JurBüro 2015, 57; Gierke, Das Vergütungsfestsetzungsverfahren nach § 11 RVG in der Sozialgerichtsbarkeit, SGb 2019, 729; Hansens, Vergütungsfestsetzung gegen den eigenen Auftraggeber nach dem 1.7.2004, RVGreport 2004, 415; ders., Vergütungsfestsetzung bei Vergütungsvereinbarung?, RVGreport 2008, 449; ders., Mitteilung der Kostenberechnung als Voraussetzung für die Vergütungsfestsetzung gem. § 11 RVG, RVGreport 2012, 47; ders., Vergütungsfestsetzungsantrag des Terminvertreters gegen den Hauptbevollmächtigten, RVGreport 2014, 256; ders., Einwendungen im Vergütungsfestsetzungsverfahren, RVGreport 2015, 373; ders., Aufrechnung mit Gegenanspruch aus anderem Rechtsverhältnis als außergebührenrechtlicher Einwand, RVGreport 2017, 330; ders., Wie sind außergebührenrechtliche Einwendungen in Vergütungsfestsetzungsverfahren zu behandeln?, AGS 2021, 17; ders., Was ist, wenn der Aufenthalt des Antragsgegners im Vergütungsfestsetzungsverfahren unbekannt ist?, AGS 2021, 58; Klüsener, Einwendungen oder Einreden im Rahmen der Vergütungsfestsetzung nach § 11 RVG, JurBüro 2022, 169; Baronin v. König, Kosten- und Vergütungsfestsetzung im Zivilprozess, 2. Aufl. 2018; Mankowski, Vergütungsfestsetzung bei Mandaten aus dem EU- und Nicht-EU-Ausland, AnwBl 2009, 124; Mayer, Problemfälle des Vergütungsfestsetzungsverfahrens nach § 11 RVG, RVG-Letter 2004, 122; N. Schneider, Vergütungsfestsetzungsverfahren nach § 11 RVG, VK 2020, 68; ders., Deckungsschutz im familiengerichtlichen Vergütungsfestsetzungsverfahren nach § 11 RVG, NZFam 2020, 135; ders., Zustellung im Vergütungsfestsetzungsverfahren nach § 11 RVG, NZFam 2020, 303; Seggewiße, Besonderheiten bei der streitigen Durchsetzung anwaltlicher Vergütungsforderungen, MDR 2021, 1033.

Übersicht

1 **A. Normzweck, Übersicht.** Die Vorschrift ermöglicht die **gerichtliche Festsetzung** der Anwaltsvergütung gegen den Auftraggeber in einem dem Kostenfestsetzungsverfahren nach den §§ 103 ff. ZPO nachgebildeten **vereinfachten Verfahren.** Sie hat die Regelungen des § 19 BRAGO mit einzelnen Modifikationen übernommen (vgl. Begr. RegE KostRMoG BT-Drs. 15/1971, 188 f.), grundlegend geändert wurde lediglich VIII (→ Rn. 13). Die „Kernregelungen" in § 19 I, II, V BRAGO (und damit auch die heutigen I, II, V) gehen wiederum auf den (erst) durch die VO v. 21.4.1944, RGBl. I 104 (106), mit Wirkung zum 6.5.1944 eingefügten § 86a RAGebO zurück (vgl. Begr. RegE KostRÄndG 1957 BT-Drs. 2/2545, 238 f.), mit dem die Vergütungsfestsetzung geschaffen wurde.

2 Unverkennbarer Zweck des § 11 ist es, dem **Rechtsanwalt** die Möglichkeit in die Hand zu geben, in einem einfachen und kostengünstigen Verfahren einen **Vollstreckungstitel** über seine Vergütungsforderung zu erlangen (vgl. BGHZ 21, 199 (204) = NJW 1956, 1518 (1519), zu § 86a RAGebO). Darin erschöpft sich allerdings der Normzweck nicht. Daraus, dass nach I 1 ausdrücklich auch der **Auftraggeber** antragsberechtigt ist (dessen Interesse jedenfalls nicht in der Schaffung eines Vollstreckungstitels gegen ihn liegt), folgt vielmehr, dass § 11 auch die **gerichtliche Überprüfung** einer anwaltlichen Vergütungsforderung ermöglichen soll (§ 86a I 3 RAGebO sah weitergehend sogar eine Pflicht des Rechtsanwalts zur Beantragung der Festsetzung vor, wenn entweder der Auftraggeber die Berechnung beanstandet oder der Präsident der RAK dies verlangt; in die BRAGO wurde diese Regelung als im Wesentlichen von standesrechtlicher Bedeutung nicht übernommen, Begr. RegE KostRÄndG 1957 BT-Drs. 2/2545, 239). Da die Möglichkeit einer Vergütungsfestsetzung nach § 11 das Rechtsschutzbedürfnis für eine Gebührenklage entfallen lässt (→ Rn. 108), dient die Vorschrift schließlich – jedenfalls mittelbar – auch der **Entlastung der Gerichte.**

3 Das Vergütungsfestsetzungsverfahren nach § 11 ist (wie das Kostenfestsetzungsverfahren nach §§ 103 ff. ZPO) als **selbständiges Nebenverfahren zu einem gerichtlichen Verfahren** ausgestaltet (vgl. RegE KostRÄndG 1957 BT-Drs. 2/2545, 238, zu § 19 BRAGO), denn nach I 1 können nur Beträge, die im Rahmen der anwalt-

lichen Tätigkeit in einem gerichtlichen Verfahren anfallen (→ Rn. 4 ff.), festgesetzt werden und zuständig ist das Gericht des ersten Rechtszuges eben dieses Verfahrens (→ Rn. 39 f.). Als solches beschränkt es sich auf die vergütungsrechtliche Bewertung der im Wesentlichen aus den Verfahrensakten ersichtlichen Umstände (so dass bei Erhebung sog. nichtgebührenrechtlicher Einwendungen oder Einreden durch den Auftraggeber der Rechtsanwalt auf die Vergütungsklage zu verweisen ist, V 1, → Rn. 65 ff.) und ist nachrangig gegenüber einer gerichtlichen Gegenstandswertfestsetzung nach den §§ 32, 33, 38 I (IV, → Rn. 58 ff.). Ebenso wie das Verfahren nach den §§ 103 ff. ZPO (hierzu vgl. BGH NJW 2007, 2048 Rn. 8) ist es auf eine zügige und möglichst unkomplizierte Abwicklung gerichtet und sieht daher keinen Vertretungszwang (VI 1, → Rn. 50) und auch weder eine förmliche Beweisaufnahme noch eine mündliche Verhandlung vor. Gleichwohl entsprechen die prozessualen und materiellrechtlichen Wirkungen des Festsetzungsantrags und der hierauf erfolgten Festsetzung denen einer Vergütungsklage und dem hierzu ergangenen Urteil. Insbesondere hemmt der Vergütungsantrag die Verjährung des Vergütungsanspruchs wie die Klageerhebung (VII, → Rn. 34 ff.) und der Festsetzungsbeschluss ist sowohl der materiellen Rechtskraft fähig (→ Rn. 101 ff.) als auch Vollstreckungstitel (II 2 iVm § 794 Nr. 2 ZPO, → Rn. 105 f.).

B. Gegenstand des Festsetzungsverfahrens (I 1). I. Kosten des gerichtlichen Verfahrens. Gegenstand der Festsetzung kann nach I 1 nur eine Vergütung sein, die zu den Kosten eines gerichtlichen Verfahrens gehört (weil nur insoweit das Gericht die für die Festsetzung erforderliche Sachkunde besitzt, vgl. Begr. § 11 RVG-E, BT-Drs. 15/1971, 189). 4

1. Gerichtliches Verfahren. „Gerichtliches Verfahren" iSd I 1 ist jedes Verfahren vor einem Gericht, in dem für die Tätigkeit des Rechtsanwalts **Gebühren nach den Teilen 3 ff. des VV** (VV 3100–6500) anfallen können. Außer Prozessverfahren fallen hierunter auch etwa Mahnverfahren (vgl. etwa OLG Naumburg NJW 2008, 1238; OLG Frankfurt a. M. AGS 2015, 277), Vollstreckungsverfahren (vgl. etwa OLG Celle AGS 2015, 451; zu § 19 BRAGO auch BGH NJW 2005, 1273), Insolvenzverfahren (vgl. etwa BGH NJW 2018, 1169 Rn. 14), Straf- oder OWi-Verfahren (vgl. etwa LG Zweibrücken AGS 2010, 238; LG Cottbus AGS 2013, 18; zu den dort vorgesehenen Rahmengebühren aber → Rn. 13 ff.) und auch isolierte PKH-Verfahren (vgl. etwa FG Sachsen-Anhalt AGS 2015, 330). 5

Eine Vergütungsfestsetzung nach § 11 kommt für die Tätigkeit des Rechtsanwalts in **jedem Gerichtszweig** in Betracht (vgl. zum Verfahren vor dem BVerfG etwa BVerfG RVGreport 2016, 253 mAnm. Hansens; BVerfG RVGreport 2020, 384 mAnm Hansens). IÜ umfasst sie die **gesamte Tätigkeit** des Rechtsanwalts im Gerichtsverfahren und damit auch etwa die (nach § 38 zu vergütende) Tätigkeit des Rechtsanwalts in einem Vorabentscheidungsverfahren vor dem EuGH (das nur ein Zwischenverfahren für die Entscheidung des Ausgangsverfahren ist). 6

2. Verfahrenskosten. „Kosten" eines gerichtlichen Verfahrens iSd I 1 sind alle Kosten, die von einer Kostenentscheidung zwischen den Parteien erfasst würden und **Gegenstand einer Kostenfestsetzung** nach §§ 103 ff. ZPO usw sein könnten; insoweit findet ein Gleichlauf zwischen Kosten- und Vergütungsfestsetzung statt (vgl. OLG Karlsruhe AGS 2020, 333 (336) mwN). 7

Festsetzungsfähig sind daher zunächst die in den VV 3100–6500 vorgesehenen **Verfahrens- und Terminsgebühren,** aber auch eine für die Erledigung eines gerichtlichen Verfahrens angefallene **Einigungsgebühr.** Gebühren sind dabei auch dann festsetzungsfähig, wenn der Tatbestand für ihre Verwirklichung **außerhalb des Gerichtsverfahrens** – etwa bei einer Verfahrensgebühr durch die bloße Beauftragung für ein bereits anhängiges Verfahren, wenn das Mandat noch vor Einreichung eines Schriftsatzes wieder gekündigt wird (AG Marburg AGS 2020, 578; LAG Baden-Württemberg BeckRS 2018, 50217), bei einer Terminsgebühr durch die Wahrnehmung von außergerichtlichen Terminen und Besprechungen nach VV Vorbem. 3 III 1 (OLG Karlsruhe AGS 2020, 333 (335); VG München BeckRS 2013, 45059; vgl. auch FG Baden-Württemberg JurBüro 2010, 30), bei einer Einigungsgebühr durch einen außergerichtlichen Vergleich (BGH WM 2020, 1689 Rn. 16 = AGS 2020, 330 (332) mwN) oder iÜ durch eine Vorpfändung nach § 845 ZPO (LG Freiburg 8

AGS 2012, 340) – eingetreten ist (zum Nachweis im Festsetzungsverfahren → Rn. 71, 73). Auch **Auslagen** (VV 7000–7008), die als Vergütung für eine anwaltliche Tätigkeit in einem gerichtlichen Verfahren neben den Gebühren anfallen, sind festsetzungsfähig.

9 Die Vergütung für eine **außergerichtliche Tätigkeit** ist nur dann festsetzungsfähig, wenn sie von einer gerichtlichen Kostenregelung erfasst wird. Dies ist in erster Linie bei den Kosten der anwaltlichen **Tätigkeit im verwaltungsrechtlichen Vorverfahren** der Fall, soweit sie nach § 162 I VwGO (ggf. iVm § 197a I 1 SGG), § 139 I FGO als Teil der Kosten des gerichtlichen Verfahrens erstattungsfähig sind (VGH Hessen NJW 2010, 3466; zu § 19 BRAGO: OVG Niedersachsen NVwZ-RR 1997, 198; aA FG Schleswig-Holstein EFG 1970, 291). **Sonstige außergerichtliche Kosten** sind dagegen **nicht** festsetzungsfähig; dies betrifft insbes. den nach VV Vorbem. 3 IV nicht anzurechnenden Teil der Geschäftsgebühr für vorgerichtliche Tätigkeiten (BGH NJW-RR 2006, 501; NJW 2006, 2560; 2008, 1323).

10 **II. Festsetzbare Vergütung (I 1, VIII).** Nach § 11 kann nicht jede Art der Vergütung der anwaltlichen Tätigkeit Gegenstand der Festsetzung sein, sondern nur die in I 1 Genannten, mithin eine **gesetzliche Vergütung** (→ Rn. 11 f.; Besonderheiten gelten nach VIII allerdings für **Rahmengebühren,** → Rn. 13 ff.), eine **nach § 42 festgestellte Pauschgebühr** (→ Rn. 17) und **nach § 670 BGB zu ersetzende Aufwendungen** (→ Rn. 18 f.).

11 **1. Gesetzliche Vergütung (I 1 Fall 1, VIII). a) Grundsatz.** Gesetzliche Vergütung ist die Vergütung, die nach den gesetzlichen Vergütungsregelungen (und nicht durch Vereinbarung, hierzu → Rn. 20) bestimmt wird. Diese umfasst nach der Klammerdefinition in § 1 I 1 **Gebühren** (nach den VV 1000–6500, → § 1 Rn. 3 f.) und **Auslagen** (VV 7000–7008, → § 1 Rn. 5). Zu den (festsetzungsfähigen) Auslagen gehört insbes. auch die auf die Vergütung anfallende **Umsatzsteuer** (VV 7008), ohne dass es (anders als nach § 104 II 3 ZPO, dessen entspr. Anwendung in II 3 ausdrücklich ausgenommen wird) insoweit auf die Vorsteuerabzugsberechtigung ankäme (denn hier geht es nicht um Erstattung fremder Vergütung in Höhe der tatsächlichen wirtschaftlichen Belastung, sondern um die Titulierung der die Umsatzsteuer umfassenden Vergütung). Zu sonstigen Aufwendungen wie insbes. verauslagte Gerichtskosten → Rn. 18 f.

12 Da nur die zu den Kosten des gerichtlichen Verfahrens gehörende Vergütung festsetzungsfähig ist (→ Rn. 4 ff.), sind im Verfahren nach § 11 Wertgebühren nur nach dem Wert des Streitgegenstands des gerichtlichen Verfahrens festsetzungsfähig. Ist also etwa ursprünglich ein umfassenderer Klageauftrag erteilt worden, als schließlich tatsächlich umgesetzt worden ist, kann im Festsetzungsverfahren nicht der Gegenstandswert des Klageauftrags, sondern nur der der Tätigkeit im gerichtlichen Verfahren zugrunde gelegt werden.

13 **b) Sonderfall Rahmengebühr (VIII).** Eingeschränkt ist allerdings die Festsetzungsfähigkeit bei gesetzlichen Rahmengebühren. Die **BRAGO** schloss die Festsetzung solcher Rahmengebühren noch generell aus (§ 19 VIII BRAGO), was darin seinen Grund fand, dass nach der Konzeption der BRAGO (→ § 14 Rn. 2) die Bemessung von Rahmengebühren im Streitfall im Ermessen des Gerichts stand, für eine solche Ermessensausübung im Festsetzungsverfahren aber kein Raum ist (vgl. Begr. § 19 BRAGO-E, BT-Drs. 2/2545, 239; eine Ausnahme für Satzrahmengebühren im Wege der einschränkenden Auslegung wurde zeitweise vertreten von OLG Stuttgart NJW 1971, 59; JurBüro 1984, 395; später aufgegeben, vgl. OLG Stuttgart Justiz 2003, 483 mwN). Aus dem (beschränkten) Gesetzeszweck wurde in der Gerichtspraxis vielfach gefolgert, dass aber jedenfalls eine Festsetzung lediglich der (keiner Ermessensausübung bedürfenden) Mindestgebühr zulässig sei (so etwa OLG Braunschweig FamRZ 1997, 384; OLG Koblenz NJW-RR 2001, 1655; OVG Niedersachsen NVwZ-RR 1997, 198; unter Hinweis auf den Gesetzeswortlaut aA etwa OLG Hamm AGS 2005, 14; offengelassen von BGH Rpfleger 1977, 59). Das **RVG** hat dies in VIII aufgegriffen und – damit die Beteiligten die Möglichkeit haben, einvernehmlich einen kostengünstigen Titel zu schaffen – um den Fall erweitert, dass der Auftraggeber der konkreten Höhe der Gebühr ausdrücklich zustimmt (vgl. Begr. § 11 RVG-E, BT-Drs, 15/1971, 189).

Ohne weiteres festgesetzt werden kann daher die **Mindestgebühr** einer Rahmengebühr (VIII 1 Fall 1), dh der Betrag, der dem unteren Rahmen der Satz- oder Betragsrahmengebühr entspricht (so etwa bei einer Verfahrensgebühr nach VV 3102 ein Betrag von 60 €). Nach Sinn und Zweck der Regelung (→ Rn. 13) kommt eine Festsetzung der Mindestgebühr allerdings nur in Betracht, wenn die **Geltendmachung einer darüber hinausgehenden Gebühr rechtlich ausgeschlossen** ist (BGH NJW 2013, 3102 Rn. 12 mwN), also nicht etwa als gesondert zu titulierender Teilbetrag einer weitergehenden Gebührenforderung. Soweit die Vergütung mit dem Festsetzungsantrag dem Auftraggeber gegenüber erstmals berechnet wird (→ Rn. 31), liegt daher in der Anmeldung der Mindestgebühr zur Festsetzung eine den Rechtsanwalt bindende (→ § 14 Rn. 67) Bestimmung der Rahmengebühr (BGH NJW 2013, 3102 Rn. 13 mwN). Hat der Rechtsanwalt bereits vor Beantragung der Vergütungsfestsetzung durch Erteilung einer Rechnung von seinem Leistungsbestimmungsrecht Gebrauch gemacht und eine die Mindestgebühr übersteigende Gebühr bestimmt, ist sein nachfolgender Antrag auf Festsetzung (nur) der Mindestgebühr als Antrag auf Erlass einer etwaigen weiteren Gebührenforderung auszulegen, der durch Hinnahme des Festsetzungsbeschlusses vom Auftraggeber angenommen wird (BGH NJW 2013, 3102 Rn. 14, 18). Beantragt der Rechtsanwalt die Festsetzung der Mindestgebühr gegen den Auftraggeber, ist er daher in jedem Falle mit einer Nachforderung wegen eines die Mindestgebühr übersteigenden Betrags ausgeschlossen. 14

Eine höhere Gebühr als die Mindestgebühr kann nur festgesetzt werden, wenn der Auftraggeber **der Höhe der Gebühr ausdrücklich zugestimmt** hat (VIII 1 Fall 2). Die Berücksichtigung der Rahmengebühr im vereinfachten Festsetzungsverfahren ist dann unbedenklich, weil die gerichtliche Billigkeitskontrolle der Ausübung des dem Rechtsanwalt in § 14 I eingeräumten einseitigen Leistungsbestimmungsrechts (→ § 14 Rn. 69 ff.) wegen der Zustimmung des Auftraggebers nicht in Betracht kommt. Dem Gesetz ist nicht unmittelbar zu entnehmen, zu welchem **Zeitpunkt** die Zustimmung erteilt sein muss. Daraus, dass nur eine gesetzliche Vergütung (und damit nicht eine vereinbarte Vergütung, → Rn. 20) festsetzungsfähig ist und dass bei Rahmengebühren die konkrete Höhe der Gebühr erst vom Rechtsanwalt nach § 14 I bestimmt werden muss, ist aber zu folgern, dass die Zustimmung erst nach der Leistungsbestimmung durch den Rechtsanwalt (insbes. durch Erteilung einer Rechnung, → § 14 Rn. 66) erteilt werden kann (N. Schneider, AGS 2013, 18; zu weitgehend etwa LG Zweibrücken AGS 2010, 238; LG Cottbus AGS 2013, 18, die eine Zustimmung erst nach Beendigung der Angelegenheit für zulässig halten). Unzureichend ist daher insbes. eine bereits bei Auftragserteilung erteilte Zustimmung zu einer bestimmten Gebührenhöhe (wie zB der Mittelgebühr, vgl. LG Zweibrücken AGS 2010, 238; LG Cottbus AGS 2013, 18), die im Ergebnis auf eine Vergütungsvereinbarung hinausliefe. Die Zustimmung muss vom Auftraggeber **ausdrücklich** erklärt werden und nach VIII 2 mit dem Vergütungsfestsetzung **vorgelegt** werden, woraus sich als weiteres Erfordernis ihre Verkörperlichung (vgl. hierzu Hansens ZfSch 2013, 108) ergibt. 15

Liegen die vorgenannten Voraussetzungen nicht vor, kann eine Rahmengebühr nicht im Verfahren nach § 11 festgesetzt werden. Allerding ist insoweit der Festsetzungsantrag nicht in der Sache zu bescheiden, weil die Möglichkeit zur Geltendmachung der Rahmengebühr mit einer Gebührenklage (→ Rn. 108 ff.) erhalten bleiben muss. Vielmehr ist die Festsetzung lediglich als unzulässig **abzulehnen** (vgl. VGH Hessen NJW 2010, 3466 (3467)). 16

2. Sonstige Ansprüche aufgrund gesetzlicher Regelungen. a) Festgestellte Pauschgebühr (I 1 Fall 2). Festsetzungsfähig ist nach I 1 Fall 2 auch eine nach § 42 festgestellte Pauschgebühr. Eine solche (erst mit dem RVG geschaffene) Pauschgebühr kann in den in § 42 I 1 bezeichneten Straf- und Bußgeldsachen sowie bestimmten sonstigen Verfahren auf Antrag des Wahlanwalts vom OLG bestimmt werden, wenn die gesetzlichen Gebühren eines Wahlanwalts wegen des besonderen Umfangs oder der besonderen Schwierigkeit nicht zumutbar sind. Sie tritt dann als Vergütung an die Stelle der gesetzlichen Vergütung des Wahlanwalts und ist als gerichtlich festgestellte Vergütung keine gesetzliche Vergütung iSd I 1 Fall 1. Das Gesetz lässt gleichwohl die Festsetzung der Pauschgebühr im vereinfachten Verfahren nach § 11 zu, weil sich 17

Anfall und Höhe aus einer im gerichtlichen Verfahren ergangenen gerichtlichen Entscheidung ergeben.

18 **b) Aufwendungen (I 1 Fall 3).** Schließlich sind nach I 1 Fall 3 Aufwendungen des Rechtsanwalts, die zu den Kosten des gerichtlichen Verfahrens gehören und **vom Auftraggeber nach § 670 BGB zu ersetzen** sind, festsetzungsfähig. Gemeint sind damit nicht Auslagen iSd VV 7000–7008, die als Teil der gesetzlichen Vergütung nach I 1 Fall 1 festsetzungsfähig sind (→ Rn. 11), sondern jede sonstige, von den Auslagenregelungen des RVG nicht erfasste Aufwendung (= freiwillige Aufopferung von Vermögenswerten im Interesse des Auftraggebers zur Erreichung eines bestimmten Zwecks), die der Rechtsanwalt den Umständen nach für erforderlich halten darf und deren Ersatz er aufgrund des Mandatsverhältnisses beanspruchen kann. Die (reichlich abstrakt formulierte) Regelung zielt auf **verauslagte Gerichtskosten** (vgl. Begr. § 11 RVG-E, BT-Drs. 15/1971, 189), die unter der Geltung des § 19 BRAGO nicht für festsetzbar gehalten wurden (vgl. hierzu nur BGH NJW 2003, 2834).

19 Für die Festsetzung von Aufwendungen des Rechtsanwalts im vereinfachten Verfahren nach § 11 ist daher zunächst zu prüfen, ob es sich um **Auslagen iSd VV 7000–7008** handelt oder nicht. Handelt es sich um solche Auslagen, ist nicht I 1 Fall 3, sondern I 1 Fall 1 einschlägig. Ergibt sich nach den VV 7000–7008 kein Zahlungsanspruch des Rechtsanwalts, ist nach I 1 Fall 3 jedenfalls eine Festsetzung vom Rechtsanwalt für den Auftraggeber **verauslagter Gerichtskosten** möglich. Gerichtskosten in diesem Sinne sind sämtliche nach dem GKG oder einem anderen Gerichtskostengesetz anfallende Gebühren und Auslagen, jedenfalls soweit sie zu dem gerichtlichen Verfahren gehören, in dem die Festsetzung beantragt wird. In anderen Verfahren anfallende Gerichtskosten (wie zB Gebühren für Register- oder Grundbuchauszüge; großzügiger Schneider/Volpert/N. Schneider Rn. 140) sind ebenso wie andere sog. **Vorbereitungskosten** dann festsetzungsfähig, wenn sie als Kosten des gerichtlichen Verfahrens aufgewendet wurden (insoweit dürften dieselben Einschränkungen wie im Rahmen der Kostenerstattung nach § 91 I 1 ZPO, hierzu etwa MüKoZPO/Schulz, § 91 Rn. 38 ff., gelten) und die Voraussetzungen des § 670 BGB vorliegen. Weitere Aufwendungen, die nur aufgrund **besonderer Vereinbarung** mit dem Auftraggeber erstattungsfähig sind, sind hingegen (als vereinbarte Vergütung) nicht festsetzungsfähig.

20 **3. Nicht: Vereinbarte Vergütung.** Generell nicht im vereinfachten Verfahren nach § 11 festsetzungsfähig ist jede Art von einer abweichend von den gesetzlichen Vergütungsregelungen vereinbarten Vergütung (→ § 3a Rn. 15 ff.). Hierunter fallen auch etwa Vereinbarungen über die Höhe noch anfallender (gesetzlicher) Rahmengebühren (→ Rn. 13 ff.; hierzu auch → § 3a Rn. 17) oder über die Erstattung nicht bereits nach den gesetzlichen Vorschriften erstattungsfähiger Auslagen und Aufwendungen (→ Rn. 11, 18 f.; auch → § 3a Rn. 16). Wird eine solche vereinbarte Vergütung zur Festsetzung angemeldet, ist die Festsetzung ohne Sachentscheidung als unzulässig **abzulehnen.** Eine vereinbarte Vergütung kann nur im Wege der Vergütungsklage (→ Rn. 108 ff.) geltend gemacht werden.

21 **C. Verfahren. I. Festsetzungsantrag. 1. Antragsteller.** Als mögliche Antragsteller eines Vergütungsfestsetzungsantrags nennt I 1 den **Rechtsanwalt** (→ Rn. 22 f.) und den **Auftraggeber** (→ Rn. 25 f.). Zur Frage, ob auch deren (Einzel- oder Gesamt-)Rechtsnachfolger Antragsteller (oder sonstige Beteiligte) sein können, → Rn. 27. Zum weiteren Beteiligten neben dem Antragsteller → Rn. 47.

22 **a) Rechtsanwalt.** Antragsberechtigt ist nach I 1 zunächst der Rechtsanwalt. Gemeint ist damit der Rechtsanwalt, der **einen eigenen Vergütungsanspruch im eigenen Namen** geltend macht. Rechtsanwalt in diesem Sinne kann nicht nur eine nach § 1 BRAO zur Rechtsanwaltschaft zugelassene natürliche Person sein, sondern nach § 1 I 3 auch eine Rechtsanwaltssozietät in der Form einer GbR bzw. einer PartGG (→ § 1 Rn. 12 ff.) oder ein anderes Mitglied einer Rechtsanwaltskammer wie eine Rechtsanwalts- bzw. Berufsausübungsgesellschaft (→ § 1 Rn. 9), ein aufgenommener ausländischer Rechtsanwalt (→ § 1 Rn. 10) oder ein (heute allerdings bedeutungsloser, → § 1 Rn. 11) Kammerrechtsbeistand. Zum Rechtsnachfolger eines Rechtsanwalts → Rn. 29.

Soweit es um die Festsetzung einer zu den Kosten des gerichtlichen Verfahrens gehörenden gesetzlichen Vergütung geht, die vom Auftraggeber (und nicht etwa aus der Staatskasse) zu zahlen ist, ist es ohne Bedeutung, auf welcher Grundlage und in welcher Rolle der Rechtsanwalt in dem gerichtlichen Verfahren tätig war. Antragsberechtigt ist daher auch etwa der von Amts wegen beigeordnete Rechtsanwalt (vgl. § 39) oder zum besonderen Vertreter („Prozesspfleger") bestellte Rechtsanwalt (BGH NJW 2018, 1169 Rn. 13, vgl. § 41). 23

Entsprechend anwendbar ist (auch) § 11 auf den – daher ebenfalls antragsberechtigten – **Steuerberater,** der er für eine Tätigkeit in einem gerichtlichen Verfahren gem. § 45 StBVV eine gesetzliche Vergütung entspr. den Bestimmungen des RVG erhält (vgl. FG Baden-Württemberg JurBüro 2010, 30, und zu § 19 BRAGO etwa FG Hamburg EFG 1984, 630; FG Berlin EFG 1985, 197; Schall StB 1990, 170). Nicht antragsberechtigt ist hingegen etwa der **Patentanwalt** (BGH GRUR 2015, 1253). 24

b) Auftraggeber. Nach I 1 ausdrücklich ebenfalls antragsberechtigt ist der Auftraggeber. Gemeint ist damit – wie im RVG stets – derjenige, der **den Rechtsanwalt im eigenen Namen mit der Vertretung im gerichtlichen Verfahren beauftragt** hat (zu einem Rechtsnachfolger → 28); unerheblich ist, ob er auch der Vertretene ist oder ob sich der Auftrag auf die Vertretung eines durch den Mandatsvertrag begünstigten Dritten richtet (Mayer/Kroiß/Mayer Rn. 12). 25

Die Antragsberechtigung auch des Auftraggebers erscheint zunächst überraschend, weil dieser jedenfalls kein Titulierungsinteresse hat. Sie ist aber vor dem Hintergrund zu sehen, dass bei Schaffung der RAGebO die in einigen Bundesstaaten vorgefundene generelle gerichtliche Festsetzung als Voraussetzung des Einforderns der Vergütung abgelehnt worden ist, weil Rechtsanwälte im Allgemeinen und darum auch ihre Gebührenrechnungen der Aufsicht der Gerichte nicht unterstünden und dem Interesse des Auftraggebers an einer Nachprüfung der Vergütungsforderung durch Mitteilung einer Berechnung (jetzt § 10) genügt werde (vgl. Begr. RAGebO-E Vhdlg. d. RT [4. Leg.-Per., II. Session 1879, Anlagen], Bd. 55, Anl. 6, 117 (154)). Die – nachträgliche (→ Rn. 1) – Schaffung der Antragsberechtigung des Auftraggebers im Festsetzungsverfahren richtet sich daher auf die **Nachprüfung der vom Rechtsanwalt erhobenen Vergütungsforderung.** Dementsprechend hat der Antrag des Auftraggebers – anders als der Antrag des Rechtsanwalts – nicht die Festsetzung einer vom Antragsteller berechneten Vergütung zum Ziel, sondern die Feststellung, ob dem Rechtsanwalt die von diesem berechnete Vergütung ganz oder teilweise zusteht (vgl. OLG Köln AGS 2016, 401). Das Rechtsschutzbedürfnis bezüglich dieses Interesses entfällt daher auch nicht, wenn die Vergütungsforderung bereits erfüllt wurde (vgl. etwa – iÜ allerdings zweifelhaft – OLG Karlsruhe AGS 2020, 333). 26

c) Rechtsnachfolger. Sind nach dem Wortlaut des I 1 (nur) Rechtsanwalt und Auftraggeber antragsberechtigt, stellt sich die weitere Frage, ob auch deren (Einzel- oder Gesamt-)Rechtsnachfolger antragsberechtigt sind bzw. nachträglich an die Stelle des ursprünglichen Antragstellers bzw. des in Anspruch genommenen weiteren Beteiligten treten. In Literatur und Rechtsprechung wird dies regelmäßig ohne weitere Problematisierung bejaht (vgl. etwa BeckOK RVG/v. Seltmann Rn. 2, 5; Gerold/Schmidt/Müller-Rabe Rn. 20, 24, 39; Hartung/Schons/Enders/Enders Rn. 42, 43), bedarf aber differenzierender Betrachtung, die einigen Klärungsbedarf zeigt. 27

Wird zunächst der **Auftraggeber** in den Blick genommen, ist wiederum zwischen Fällen der Gesamt- und der Einzelrechtsnachfolge zu unterscheiden. Bei einer – insbesondere durch Erbfolge (§ 1922 I BGB), aber auch durch gesellschaftsrechtliche Vorgänge wie etwa Verschmelzung, Ausgliederung etc eintretenden – **Gesamtrechtsnachfolge** nach dem Auftraggeber dürfte die Annahme, dass auch der oder die Rechtsnachfolger des Auftraggebers Beteiligte des Kostenfestsetzungsverfahrens sein können, unproblematisch (so zum Erbfall etwa Gerold/Schmidt/Müller-Rabe Rn. 39; Hartung/Schons/Enders/Enders Rn. 43, und zu § 19 BRAGO OLG Schleswig JurBüro 1984, 1517; KG RVGreport 2004, 184; jew. auch zur Behandlung von Einreden zur Beschränkung der Erbenhaftung, § 780 ZPO). Hierfür spricht bereits, dass das Gesetz mit dem Begriff des „Auftraggebers" lediglich auf die Beteiligtenstellung an dem Schuldverhältnis iwS anknüpft, in die ohne weiteres eine Gesamtrechtsnachfolge möglich ist. Eine **Einzelrechtsnachfolge** in den Vergütungsanspruch dürfte demgegenüber auf Auftraggeberseite praktisch ausscheiden (einziger 28 in Betracht kommender Fall dürfte wohl die befreiende Schuldübernahme sein). Soweit in diesem Zusammenhang regelmäßig der Rechtsschutzversicherer genannt wird (vgl. etwa OLG Karlsruhe AGS 2020, 333; BeckOK RVG/v. Seltmann Rn. 5; Gerold/Schmidt/Müller-Rabe Rn. 25), wird verkannt, dass dieser zwar durch den Übergang von Ersatzansprüchen nach § 86 I VVG Einzelrechtsnachfolger des Auftraggebers in einen Rückzahlungsanspruch bei Überzahlung werden mag, ein solcher Rückzahlungsanspruch aber nicht Gegenstand des Festsetzungsverfahrens ist (im Anwendungsbereich des § 11 gibt es keine „Rückfestsetzung", OLG Nürnberg JurBüro 2006, 257 = BeckRS 2006, 1854 Rn. 11; OLG Brandenburg AGS 2007, 461).

29 Problematischer erscheint die Rechtslage auf der Seite des **Rechtsanwalts.** Auch hier kommt zunächst eine **Gesamtrechtsnachfolge** etwa durch Erbgang oder durch gesellschaftsrechtliche Vorgänge wie etwa die Einbringung einer Kanzlei in die Sozietät in Betracht. Zwar mag aus „Symmetriegründen" zunächst naheliegen, eine solche Situation nicht anders zu beurteilen als eine Gesamtrechtsnachfolge auf der Seite des Auftraggebers. Ein gewisses „Störgefühl" ergibt sich indessen jedenfalls dann, wenn dies dazu führen soll, dass an der Stelle eines Rechtsanwalts auf der Seite des Anspruchsberechtigten Personen Beteiligte des Festsetzungsverfahrens sind, die selbst keine Rechtsanwälte sind. Dies ist (nur) dann hinzunehmen, wenn allein der Gegenstand des Festsetzungsverfahrens – der anwaltliche Vergütungsanspruch – in den Blick genommen wird, nicht aber, wenn § 11 als anwaltliches „Sonderrecht" gesehen wird. Jedenfalls insoweit unproblematisch(er) scheint eine **Einzelrechtsnachfolge** (insbesondere durch Abtretung), wenn der Rechtsnachfolger selbst Rechtsanwalt ist (etwa als Kanzleierwerber, zu einem solchen Fall etwa KG JurBüro 1986, 220, zu § 19 BRAGO).

30 **2. Besondere Zulässigkeitsvoraussetzungen. a) Fälligkeit (II 1).** Nach II 1 ist der Festsetzungsantrag erst zulässig, wenn die Vergütung fällig ist. Ob Fälligkeit eingetreten ist, beurteilt sich nach **§ 8 I.** Aus dem Erfordernis der Fälligkeit ergibt sich zugleich, dass ein **Vorschuss,** den der Rechtsanwalt vor Fälligkeit des Vergütungsanspruchs nach § 9 verlangen kann, **nicht festsetzungsfähig** ist (BGH NJW 2014, 2126 Rn. 8 mwN).

31 **b) Kostenberechnung (§ 10).** Ferner ist zu beachten, dass der Rechtsanwalt nach **§ 10 I 1** seine Vergütung nur aufgrund einer von ihm unterzeichneten und dem Auftraggeber mitgeteilten **Berechnung** einfordern kann. Dies gilt auch für die Festsetzung der Vergütung nach § 11 (Hansens RVGreport 2012, 47; Gerold/Schmidt/Müller-Rabe Rn. 226 f.). Nach Sinn und Zweck des Berechnungserfordernisses muss es aber genügen, dass eine den Anforderungen des § 10 genügende Berechnung der Vergütung dem Auftraggeber mit dem Festsetzungsantrag übermittelt wird (Gerold/Schmidt/Müller-Rabe Rn. 226, vgl. auch OLG Dresden JurBüro 1998, 599, zur BRAGO). Probleme ergeben sich dann allerdings, wenn die im Festsetzungsverfahren übermittelte Berechnung nicht dem **Schriftformerfordernis des § 10 I 1** genügt (vgl. OLG Düsseldorf MDR 2023, 63 mAnm N. Schneider AGS 2022, 545).

32 **c) Inhaltliche Anforderungen.** Für den **notwendigen Inhalt** des Festsetzungsantrags gilt im Grundsatz nichts anderes wie für eine Klageschrift (vgl. § 253 II ZPO). Es sind daher das für die Festsetzung zuständige **Gericht** (→ Rn. 39 ff.), der **Antragsteller** (→ Rn. 21 ff.) und der **weitere Beteiligte** (→ Rn. 47) zu benennen. **Gegenstand und Grund** des Festsetzungsbegehrens müssen im Antrag **hinreichend bestimmt** angegeben werden (vgl. § 253 II Nr. 2 ZPO). Es muss daher – regelmäßig durch Bezugnahme auf Rubrum und Aktenzeichen – angegeben werden, welches gerichtliche Verfahren die Vergütung betrifft. Jedenfalls der antragstellende Rechtsanwalt muss außerdem die den Gegenstand des Begehrens bildenden Vergütung (zu der auch die Umsatzsteuer gehört, VV 7008) **entsprechend § 10 II** mit den dort genannten Angaben berechnen (für den antragstellenden Auftraggeber wird es dagegen genügen, die an ihn konkret gerichtete Forderung des Rechtsanwalts zu bezeichnen). Daneben nur klarstellend verlangt **I 2** ausdrücklich die Absetzung bereits getilgter Beträge. Schließlich bedarf es eines **bestimmten Antrags,** nämlich die Festsetzung der angegebenen Vergütung gegen den Auftraggeber (zur Verzinsung → Rn. 75) bzw. – bei Antragstellung durch den Auftraggeber – die Feststellung, ob dem Rechtsanwalt die von diesem berechnete Vergütung ganz oder teilweise nicht

zusteht (vgl. OLG Köln AGS 2016, 401). Fehlt es an einem dieser notwendigen Bestandteile des Festsetzungsantrags, ist dieser **unzulässig.**

Zur Glaubhaftmachung der **tatsächlichen Voraussetzungen** der geltend gemachten Vergütung (die nicht zum notwendigen Inhalt als Zulässigkeitsvoraussetzung gehört) → Rn. 71. **33**

3. Wirkung auf Verjährung (VII). Durch den Festsetzungsantrag wird nach VII (der den Wortlaut von § 19 VII BRAGO unverändert übernommen hat) „wie durch Klageerhebung" die **Hemmung der Verjährung** des Vergütungsanspruchs (zur Verjährungsfrist und deren Beginn → § 8 Rn. 31 f.) herbeigeführt. Die Hemmung bewirkt, dass eine bei Eintritt der Hemmung noch nicht abgelaufene Verjährungsfrist „angehalten" wird und nach dem Ende der Verjährung wieder weiterläuft; nach VII iVm § 209 BGB wird der Zeitraum der Hemmung der Verjährung in die Verjährungsfrist nicht eingerechnet, verlängert diese mithin am Ende. **34**

Der **Eintritt** der Hemmung erfolgt nach dem insoweit eindeutigen Wortlaut (wie früher etwa nach § 477 II 1 BGB in der Fassung vor der Schuldrechtsmodernisierung) bereits **mit dem Eingang des Antrags bei Gericht,** setzt also nicht die Mitteilung oder gar Zustellung des Antrags an den weiteren Beteiligten (insbes. den Auftraggeber) voraus (so grundlegend zu § 19 VII BRAGO BGH NJW 1981, 825 und nachfolgend etwa OLG Köln JurBüro 1998, 201; LAG Bremen JurBüro 2000, 362; zum RVG ebenso etwa OLG Dresden JurBüro 2020, 417). Soweit die Wirkung des Feststellungsantrags nach VII „wie durch Klageerhebung" eintritt, verweist dies nur auf die verjährungsrechtlichen Folgen der Antragstellung, nicht aber auf die prozessualen Voraussetzungen (§ 253 I ZPO) einer Klageerhebung. Die Hemmung **endet** nach VII iVm § 204 II 1 BGB sechs Monate nach Rechtskraft der Entscheidung über den Vergütungsfestsetzungsantrag (mit der dann aber neue und eigenständige Titelverjährung beginnt, → Rn. 107) oder anderweitigen Beendigung des Verfahrens. Zur anderweitigen Verfahrensbeendigung führt nicht nur eine Antragsrücknahme, sondern auch die Ablehnung der Festsetzung nach V 1 (→ Rn. 69), nicht aber eine Verfahrensaussetzung nach IV (→ Rn. 59), weil während der Aussetzung das Festsetzungsverfahren selbst von den Beteiligten nicht weiter betrieben werden kann, der Verlauf mithin nicht in ihrer Hand liegt. **35**

Beispiel: Der Vergütungsanspruch des Rechtsanwalts für die Vertretung seines Auftraggebers in einem gerichtlichen Verfahren ist nach Maßgabe von § 8 I am 25.10.2019 fällig geworden. Die dreijährige Verjährungsfrist des § 195 BGB hat daher nach § 199 I BGB am 31.12.2019 begonnen. Wegen der drohenden Verjährung reicht er am 16.12.2022 einen Vergütungsfestsetzungsantrag ein. Da der Auftraggeber nichtgebührenrechtliche Einwendungen erhebt, lehnt das Gericht am 20.1.2023 nach V 1 die Festsetzung ab. Mit Ablauf der Nachlauffrist des § 204 II 1 BGB am 20.7.2023 endet die mit dem Festsetzungsantrag herbeigeführte Hemmung der Verjährung. Da die Zeit vom 17.12.2022 bis zum 31.12.2022 in die Verjährungsfrist nicht eingerechnet wird, werden die „nicht verbrauchten" 15 Tage der Verjährungsfrist hinten angehängt, so dass Verjährung nun mit Ablauf des 5.8.2023 abläuft, wenn nicht durch vorherige Erhebung einer Vergütungsklage die Verjährung neuerlich gehemmt wird. **36**

Voraussetzung der Hemmungswirkung ist die **Zulässigkeit** des Festsetzungsantrags (vgl. BGH NJW 1981, 825 (826)); insbesondere muss er hinreichend bestimmt sein (→ Rn. 32). Die Verjährungshemmung reicht so weit, wie der Vergütungsanspruch Gegenstand des Festsetzungsverfahrens ist, erfasst also im Festsetzungsverfahren nicht geltend gemachte Vergütungsteile nicht. **37**

II. Festsetzungsverfahren. 1. Grundsatz (II 3 Fall 1). Für das Vergütungsfestsetzungsverfahren (als „Erkenntnisverfahren") gelten nach II 3 Fall 1 die Vorschriften der jeweiligen Verfahrensordnung über das **Kostenfestsetzungsverfahren entsprechend** (zum Rechtsbehelfsverfahren → Rn. 76 ff.). „Jeweilige Verfahrensordnung" in diesem Sinn ist die Verfahrensordnung, die für das gerichtliche Verfahren gilt, zu dessen Kosten die festzusetzende Vergütung gehört. Entsprechend anzuwendende Vorschriften sind daher – je nach Ausgangsverfahren – **§ 104 ZPO** (der auch in Verfahren nach dem FamFG, § 85 FamFG, dem ArbGG, § 46 II 1 ArbGG, und dem LwVG, § 9 LwVG iVm § 85 FamFG, § 48 I LwVG, anzuwenden ist), die – lückenhaften und über § 173 S. 1 VwGO, § 155 S. 1 FGO durch Heranziehung von § 104 **38**

ZPO zu ergänzenden – Vorschriften in **§ 164 VwGO, § 149 FGO** sowie die teilweise selbst (und iÜ nach § 202 S. 1 SGG) auf § 104 ZPO verweisenden **§ 464b StPO, § 197 SGG.** Ausdrücklich ausgenommen von der entsprechenden Anwendung wird in II 3 Fall 1 allerdings § 104 II 3 ZPO (→ Rn. 11).

39 **2. Zuständigkeit. a) Sachliche Zuständigkeit (I 1).** Für das Vergütungsfestsetzungsverfahren (erster Instanz, zu Rechtsbehelfsverfahren → Rn. 76 ff.) sachlich zuständig ist nach I 1 das **Gericht des ersten Rechtszugs.** Mit dieser Bezugnahme auf die Zuständigkeit für das Hauptsacheverfahren bezweckt das Gesetz eine Zuständigkeitskonzentration bei dem Gericht, das als Eingangsinstanz für das zugrundeliegende gerichtliche Verfahren und auch das Kostenfestsetzungsverfahren zuständig ist (vgl. BGH NJW 2005, 1273, zu § 19 BRAGO).

40 Die danach **maßgebliche erstinstanzliche Zuständigkeit für das zugrundeliegende Hauptsacheverfahren** ist nach den für dieses geltenden Verfahrensvorschriften zu bestimmen. Nach diesen kann auch ein **oberstes Landes-** (zB nach § 201 I 1 GVG ggf. iVm § 9 II 2 ArbGG, § 173 S. 2 VwGO, § 202 S. 2 SGG; §§ 47, 48 VwGO; § 29 II–IV SGG; § 29 VGG; § 32 AgrarOLkG) **oder Bundesgericht** (zB nach § 201 I 2 GVG ggf. iVm § 9 II 2 ArbGG, § 173 S. 2 VwGO, § 202 S. 2 SGG, § 155 S. 2 FGO; § 50 VwGO, § 39 II SGG) Eingangsinstanz und damit für die Vergütungsfestsetzung zuständig sein. In verfassungsgerichtlichen Verfahren, die eigenständige Verfahren und nicht etwas „Rechtsbehelfsverfahren" zu vorangegangenen Verfahren vor den allgemeinen Gerichten sind, ist das jeweils zuständige **Verfassungsgericht** selbst auch für die Vergütungsfestsetzung zuständig (vgl. zum BVerfG etwa BVerfG BeckRS 2016, 45944). Wird das Hauptsacheverfahren vom zunächst angerufenen Gericht aus Zuständigkeitsgründen an ein anderes Gericht verwiesen, ist das Gericht, an das verweisen worden ist, nicht nur für das Hauptsacheverfahren und ein damit zusammenhängendes Kostenfestsetzungsverfahren, sondern auch für ein Vergütungsfestsetzungsverfahren zuständig (vgl. zu § 19 BRAGO LAG Düsseldorf JurBüro 1995, 649; SG Stuttgart AnwBl 1979, 188).

41 Geht es um die Vergütung für eine anwaltliche Tätigkeit in einem **Vollstreckungsverfahren,** ist das Hauptsacheverfahren im vorgenannten Sinne nicht das Erkenntnis-, sondern das Vollstreckungsverfahren. Nach I 1 zuständiges Gericht ist daher das Vollstreckungsgericht (OLG Celle AGS 2015, 451; zu § 19 BRAGO auch BGH NJW 2005, 1273). Hingegen ist ein **Mahnverfahren,** das kein eigenständiges Streitverfahren ist, sondern ein diesem nur vorgelagertes Verfahren zur vereinfachten und beschleunigten Erlangung eines Vollstreckungstitels, kein solches Hauptsacheverfahren. Wird das Verfahren auf Widerspruch (§ 696 I ZPO) oder Einspruch (§ 700 III ZPO) an das im Mahnbescheid als für das streitige Verfahren zuständig bezeichnete Gericht abgegeben, ist dieses (bzw. das Gericht, an das der Rechtsstreit zuständigkeitshalber weiterverwiesen wird) das auch für den Vergütungsfestsetzungsantrag zuständige Gericht des ersten Rechtszugs. Endet das Mahnverfahren ohne Übergang in ein streitiges Verfahren, ist für die Vergütungsfestsetzung entsprechend dem in § 796 III ZPO zum Ausdruck kommenden Rechtsgedanken das Gericht zuständig, das für eine Entscheidung im Streitverfahren zuständig gewesen wäre (OLG Naumburg NJW 2008, 1238; OLG Frankfurt a. M. AGS 2015, 277; zu § 19 BRAGO auch BGH NJW 1991, 2084).

42 Unerheblich für die Zuständigkeit für das Vergütungsfestsetzungsverfahren ist, ob die zur Festsetzung angemeldete Vergütung das Verfahren vor dem Gericht des ersten Rechtszugs oder ein Rechtsbehelfsverfahren vor höheren Gerichten betrifft. Auch für die Festsetzung der Vergütung eines Zwischenverfahrens ist es selbst dann zuständig, wenn dieses (wie zB das Vorabentscheidungsverfahren vor dem EuGH, → Rn. 6) vor einem anderen Gericht durchgeführt wird (maßgeblich ist nur, dass die Kosten des Zwischenverfahrens von der Kostenentscheidung des Ausgangsverfahren erfasst werden, Rn. 7; zum Vorabentscheidungsverfahren → § 38 Rn. 11). Das (aktenführende) Eingangsgericht ist insgesamt zuständig für die Festsetzung der im gerichtlichen Verfahren bis zu dessen Abschluss angefallene Vergütung.

43 **b) Funktionelle Zuständigkeit.** Die funktionelle Zuständigkeit innerhalb des nach I 1 sachlich zuständigen Gericht des ersten Rechtszugs ist für die einzelnen Gerichtsbarkeiten unterschiedlich geregelt:

In der **ordentlichen Gerichtsbarkeit** und der **Arbeitsgerichtsbarkeit** ist die Vergütungsfestsetzung dem **Rechtspfleger** übertragen (§§ 3 Nr. 3 Buchst. b, 21 Nr. 2 RPflG, § 9 III 1 ArbGG; dies gilt auch für Familiensachen und Angelegenheiten der freiwilligen Gerichtsbarkeit). Dies gilt auch, soweit ein oberstes Landes- oder Bundesgericht als Gericht des ersten Rechtszugs für die Festsetzung zuständig ist, → Rn. 40. 44

In der **Verwaltung-, Finanz- und Sozialgerichtsbarkeit** gibt es keine Rechtspfleger. III 1 überträgt die Aufgabe daher dem **Urkundsbeamten der Geschäftsstelle.** Auch dies gilt ebenso für eine Vergütungsfestsetzung bei einem ggf. als Gericht des ersten Rechtszugs zuständigen obersten Landes- oder Bundesgericht. 45

Die funktionelle Zuständigkeit für die Vergütungsfestsetzung in der **Verfassungsgerichtsbarkeit** hängt davon ab, ob bei dem betreffenden Verfassungsgericht (ohne ausdrückliche gesetzliche Regelung) Rechtspfleger eingesetzt sind oder nicht (hierzu allg. Flüß/Rellermeyer Rpfleger 1997, 98). Die Vergütungsfestsetzung erfolgt dann in der Praxis entweder in entspr. Anwendung der §§ 3 Nr. 3 Buchst. b, 21 Nr. 2 RPflG durch den **Rechtspfleger** (so etwa beim BVerfG, vgl. zB BVerfG BeckRS 2016, 45944 Rn. 1) oder (in entspr. Anwendung des § 164 VwGO) durch den **Urkundsbeamten der Geschäftsstelle** (vgl. auch Art. 28 III BayVfGHG, § 32 IV LVerfGG LSA). 46

3. Verfahrensbeteiligung. a) Beteiligte, Anhörung (VI 2). Beteiligt am Vergütungsfestsetzungsverfahren sind der die Vergütung beanspruchende **Rechtsanwalt** und der als **Auftraggeber** des Rechtsanwalts auf Zahlung der Vergütung in Anspruch Genommene (Voraussetzung ist mithin ein zumindest behauptetes rechtsgeschäftliches oder gesetzliches Schuldverhältnis im engeren Sinne zwischen den Beteiligten, vgl. OLG Köln MDR 1977, 678, zu § 19 BRAGO; zu Rechtsnachfolgern → Rn. 27 ff.). Da das Festsetzungsverfahren – wie sich bereits aus dem Umstand ergibt, dass nach I 1 auch der Auftraggeber Antragsteller sein kann (→ Rn. 25 f.) – jedenfalls auch der (objektiven) gerichtlichen Nachprüfung der Vergütungsforderung dient (→ Rn. 72), handelt es sich nicht um ein kontradiktorisches Verfahren (BVerfG NJW 1977, 145, zu § 19 BRAGO), so dass dem Antragsteller (ungeachtet der entspr. Benennung in V 1) kein formeller Antragsgegner, sondern in Gestalt des Gegenparts des Vergütungsanspruchs nur ein weiterer Beteiligter (vgl. die Formulierung in II 2, IV) gegenübersteht. 47

Nach VI 2 hat vor der Festsetzung eine **Anhörung** der Beteiligten durch das Gericht zu erfolgen (zum Fall der Rechtsnachfolge vgl. OLG Köln JurBüro 1982, 76, zu § 19 BRAGO). Aus der gesetzlichen Formulierung wird allg. eine (besondere) **Anhörungspflicht** des Gerichts im Festsetzungsverfahren gefolgert (vgl. VG Hannover AGS 2018, 501 mzustAnm Hansens RVGreport 2018, 410; Hansens AGS 2021, 58 (59); und zum gleichlautenden § 19 II 2 BRAGO etwa OLG Hamburg MDR 1976, 324), die allerdings wegen des aus Art. 103 Abs. 1 GG folgenden verfassungsrechtlichen Gebots in gerichtlichen Verfahren ohnehin und stets besteht (vgl. – zum Festsetzungsverfahren nach § 104 ZPO – BVerfGE 81, 123 (126 f.) = NJW 1990, 1104). Sie setzt eine Mitteilung der Anträge und Erklärungen eines Beteiligten an den gegnerischen Beteiligten durch das Gericht unter zumindest stillschweigender Ermöglichung einer Stellungnahme voraus. Dies betrifft zunächst den verfahrenseinleitenden Festsetzungsantrag, aber auch alle weiteren Äußerungen im Verfahren (so sind vom Auftraggeber erhobene Einwendungen dem Rechtsanwalt mitzuteilen und dessen Gegenäußerung wiederum dem Auftraggeber). Da die Anhörung in den Pflichtenkreis des Gerichts fällt, muss dieses selbst im Falle unbekannten Aufenthalts eines Beteiligten weitere Ermittlungen anstellen und ggf. zur Möglichkeit einer öffentlichen Zustellung greifen (VG Hannover AGS 2018, 501 mzustAnm Hansens RVGreport 2018, 410; Hansens AGS 2021, 58). Ohne eine Anhörung darf keine sachliche Entscheidung im Festsetzungsverfahren getroffen werden. 48

Die Mitteilung von Anträgen und Erklärungen eines Beteiligten an dessen Gegner als zentrales Element der Anhörung hat durch **Übersendung** der schriftlichen Erklärung bzw. des Protokolls der vor dem Urkundsbeamten der Geschäftsstelle abgegebenen Erklärung zu erfolgen. Gegenüber dem Auftraggeber hat diese (sofern nicht gerade für das Festsetzungsverfahren ein Bevollmächtigter beauftragt wurde) persön- 49 lich zu erfolgen und nicht etwa an dessen (ggf. neuen) Prozessbevollmächtigten im Hauptsacheverfahren, zu dessen Rechtszug iSd § 172 I 1 ZPO das Festsetzungsverfahren nicht zählt (OLG Koblenz AGS 2020, 179 mzustAnm Oeley = NZFam 2020, 303 mzustAnm N. Schneider). Eine **förmliche Zustellung** ist nicht vorgeschrieben, wird aber regelmäßig zur Sicherstellung der Gewährung rechtlichen Gehörs als ratsam empfohlen (vgl. etwa Hansens AGS 2021, 58 mwN). Im Einzelfall steht dies im Ermessen des Rechtspflegers bzw. Urkundsbeamten, bei dessen Ausübung zu berücksichtigen ist, dass die förmliche Zustellung nicht den Zugang selbst, sondern nur dessen Nachweis und iÜ seine bloße Fiktion durch Maßnahmen der Ersatzzustellung (und damit gerade das Gegenteil einer Gehörsgewährung) ermöglicht und iÜ zusätzliche Kosten (vgl. GKG KV 9002) auslöst, die – entgegen verbreiteter Übung – nicht nach II 5 in den Vergütungsfestsetzungsbeschluss aufgenommen werden können (→ Rn. 100).

50 **b) Vertretung.** Da im **Festsetzungsverfahren** nach **VI 1** Anträge und Erklärungen ohne Mitwirkung eines Bevollmächtigten gestellt bzw. abgeben werden können, besteht **kein Vertretungszwang.** Dies gilt im Festsetzungsverfahren unabhängig davon, welches Gericht als Gericht des ersten Rechtszugs für die Festsetzung im Einzelfall zuständig ist (→ Rn. 39 ff.), also ggf. auch etwa vor einem obersten Landes- oder Bundesgericht oder vor dem BVerfG. Für **Rechtsbehelfsverfahren** gelten hingegen die Vorschriften der jeweiligen Verfahrensordnung. Im **Erinnerungsverfahren** (→ Rn. 84 f., → Rn. 86) besteht, wenn sich die Erinnerung gegen eine Entscheidung des Rechtspflegers (→ Rn. 84 f.) richtet, generell kein Vertretungszwang (§ 13 RPflG, auch etwa beim BGH), und wenn sie sich gegen eine Entscheidung des Urkundsbeamten der Geschäftsstelle (→ Rn. 86) richtet, nur dann nicht, wenn dieser nicht einem obersten Landes- oder Bundesgericht angehört (so jedenfalls zu § 165 VwGO BVerwG NVwZ 2021, 78 Rn. 6 ff. mwN). Im **Beschwerdeverfahren** besteht vor der ordentlichen und Arbeitsgerichtsbarkeit (→ Rn. 78 ff.) kein Vertretungszwang (vgl. § 569 III Nr. 1 ZPO); für das Beschwerdeverfahren vor der Verwaltungsgerichtsbarkeit (→ Rn. 87) ist umstritten, ob der allg. nach § 147 I 2 VwGO iVm. § 67 IV 2 VwGO bestehende Vertretungszwang durch VI 1 als lex specialis verdrängt wird (dafür etwa OVG Nordrhein-Westfalen BeckRS 2011, 50446; 2019, 15029; VGH Hessen NVwZ-RR 2009, 902; dagegen etwa OVG Hamburg NVwZ-RR 2009, 452; offengelassen von VGH Bayern BeckRS 2013, 55323; OVG Nordrhein-Westfalen AGS 2017, 106; OVG Sachsen-Anhalt BeckRS 2022, 29600 Rn. 30 mwN; soweit ein Vertretungszwang im Beschwerdeverfahren verneint wird, knüpft dies allerdings ersichtlich an die zur BRAGO ergangene, auf den – von IV 1 abweichenden – Wortlaut des § 19 VI 1 BRAGO – „Anträge, Erklärungen und Beschwerden" – gestützte Rspr., vgl. nur VGH Baden-Württemberg NVwZ-RR 2003, 689 mwN; dagegen spricht auch, dass jedenfalls für ein Rechtsbeschwerdeverfahren als besonderes Beschwerdeverfahren IV 1 nicht gilt, vgl. nachfolgend). Für ein nur in der ordentlichen und Arbeitsgerichtsbarkeit in Betracht kommendes **Rechtsbeschwerdeverfahren** besteht Vertretungszwang nach Maßgabe der besonderen Vertretungsvorschriften der §§ 78 I 3 ZPO, 10 IV, 114 II FamFG, 11 IV ArbGG.

51 Unabhängig davon steht es den Beteiligten aber frei, das Verfahren nicht selbst zu führen, sondern sich **vertreten** zu lassen. Maßgeblich hierfür sind nach **VI 3** die Vertretungsregelungen der für das zugrundeliegende Verfahren geltenden Verfahrensordnung. Anzuwenden sind mithin die für das Hauptsacheverfahren geltenden Vorschriften, also etwa der ordentlichen Gerichtsbarkeit §§ 79 ff. ZPO bzw. §§ 10 f. FamFG, in der Arbeitsgerichtsbarkeit § 11 ArbGG, in der Verwaltungsgerichtsbarkeit § 67 VwGO usw. Diesen Vorschriften (ggf. iVm §§ 80 ff. ZPO) ist zu entnehmen, wer als Vertreter in Betracht kommt, wie die Bevollmächtigung erfolgt bzw. beendet wird und welche Wirkung sie hat. Zu den Kosten einer anwaltlichen Vertretung → Rn. 95 ff., zur Kostenerstattung → Rn. 99 f.

52 **c) Formerfordernisse (VI 1, 2).** Anträge und Erklärungen können – jedenfalls, soweit sie nicht durch einen Rechtsanwalt abgegeben werden (→ Rn. 55) – nach VI 1 schriftlich eingereicht (→ Rn. 53) oder zu Protokoll der Geschäftsstelle (→ Rn. 54) erklärt werden. Dies gilt sowohl für den verfahrenseinleitenden Festsetzungsantrag als auch für eine Stellungnahme des Auftraggebers als weiteren Beteiligten sowie für sonstige Äußerungen der Beteiligten im Verfahren.

Schriftliche Einreichung setzt die Wahrung der **prozessualen Schriftform** iSd § 130 Nr. 6 ZPO voraus, verlangt mithin – anders als die materiellrechtliche Schriftform des § 126 BGB – nicht stets eine eigenhändige (bzw. qualifizierte elektronische) Unterschrift des Erklärenden (vgl. VG Schwerin BeckRS 2022, 38209, zur Erinnerung). Entsprechend ihrem Zweck, zum einen die Identifizierung des Urhebers der schriftlichen Prozesshandlung zu ermöglichen und dessen unbedingten Willen zum Ausdruck zu bringen, die Verantwortung für den Inhalt des Schriftsatzes zu übernehmen, zum anderen sicherzustellen, dass es sich bei dem Schriftstück nicht nur um einen Entwurf handelt, sondern dass es mit Wissen und Willen des Berechtigten dem Gericht zugeleitet worden ist, kann es im Einzelfall genügen, dass die genannten Umstände auch ohne eigenhändige Unterschrift feststeht (vgl. allg. nur BGH MDR 2021, 1349 Rn. 8; NJW-RR 2022, 716 Rn. 10 mwN). Ausreichend ist daher insbesondere ein Telefax (vgl. allg. nur BGH NJW-RR 2015, 624 Rn. 10 ff. mwN). 53

Die Erklärung **zu Protokoll der Geschäftsstelle** kann nach VI 2 iVm § 129a I ZPO vor der Geschäftsstelle jedes Amtsgericht abgegeben werden. Diese hat sodann das Protokoll gem. VI 2 iVm § 129a II 1 ZPO unverzüglich an das Gericht zu übermitteln, an das die Erklärung gerichtet ist, hier also an das für das Festsetzungsverfahren zuständige Gericht des ersten Rechtszugs. Wirkung entfaltet die Erklärung allerdings erst mit Eingang bei dem zuständigen Gericht (VI 2 iVm § 129a II 2 ZPO), so dass auch erst damit eine ggf. gesetzte Frist gewahrt wird. 54

Für Anträge und Erklärungen eines **Rechtsanwalts** als eines sog. „professionellen Einreichers" ist allerdings die **beA-Nutzungspflicht** (§ 12b iVm ua § 130d ZPO, § 14b FamFG, § 46g ArbGG, § 65d SGG, § 55d VwGO, § 52d FGO) zu beachten. Ob diese auch für Erklärungen gilt, die nach den Verfahrensvorschriften auch zu Protokoll der Geschäftsstelle (mündlich) erklärt werden können erscheint fraglich (§ 130d S. 1 ZPO usw setzt „schriftlich einzureichende" Anträge und Erklärungen voraus, woran es bei zugelassener mündlicher Abgabe fehlen könnt), wird in der Rspr. aber regelmäßig angenommen (vgl. nun BGH BeckRS 2022, 40573 Rn. 8). 55

In Verfahren der **Erinnerung** (vgl. § 11 II 7 RPflG iVm § 569 II 1, III Nr. 1 ZPO; § 165 S. 2 VwGO iVm § 151 VwGO; § 131 I 2 FGO; § 178 S. 2 SGG iVm § 173 S. 2 SGG) und der **sofortigen Beschwerde** (§ 569 II 1, III Nr. 1 ZPO; § 147 I VwGO) gegen eine Entscheidung über den Kostenfestsetzungsantrag (→ Rn. 86, → Rn. 78 ff.) gilt iErg nichts anderes. 56

4. Einwendungen, Einreden. Das vereinfachte Verfahren des § 11 zur Vergütungsfestsetzung vor dem funktionell zuständigen Urkundsbeamten bzw. Rechtspfleger (→ Rn. 43 ff.) dient lediglich der Überprüfung der geltend gemachten Vergütung als solcher, dh nach Anfall und Höhe (→ Rn. 62 ff.). Einer Überprüfung im Festsetzungsverfahren entzogen ist allerdings der (Streit- bzw. Gegenstands-)Wert als Grundlage der Berechnung von Wertgebühren, für dessen Festsetzung gesetzlich besonders geregelte Verfahren vorgesehen sind (IV, → Rn. 58 ff.). Auch sonstige, nicht die Vergütung als solche, sondern das konkrete Schuldverhältnis betreffende („nicht gebührenrechtliche") Streitpunkte zwischen Rechtsanwalt und Auftraggeber können nicht im Festsetzungs-, sondern nur in einem „normalen" Klageverfahren vor dem Richter geklärt werden (V, → Rn. 65 ff.). Dementsprechend müssen Einwendungen und Einreden des Auftraggebers gegen den zur Überprüfung gestellten Vergütungsanspruch des Rechtsanwalts differenziert behandelt werden. 57

a) Gegenstandswert (IV). Soweit **Wertgebühren** (→ § 13 Rn. 2) Gegenstand des Festsetzungsantrags sind, kann eine Festsetzung der Vergütung nur auf der Grundlage des **nach den Bestimmungen des RVG maßgeblichen Gegenstandswertes** erfolgen. Wendet ein Beteiligter ein, der der Berechnung der Vergütung vom Rechtsanwalt zugrunde gelegte Gegenstandswert sei unrichtig bzw. nicht maßgeblich, ist zunächst – im Vergütungsfestsetzungsverfahren – zu prüfen, ob eine nach den Vorschriften des RVG **bindende gerichtliche Wertfestsetzung** vorliegt. Dabei ist nicht nur zu prüfen, ob überhaupt eine gerichtliche Wertfestsetzung existiert, sondern auch, ob eine etwa vorliegende (möglicherweise unrichtige) Wertfestsetzung noch abänderbar und, wenn sie den (für die Gerichtskosten maßgeblichen) Streitwert 58 betrifft, nach § 32 I auch für die Anwaltsgebühren maßgebend ist (vgl. OLG Brandenburg AGS 2014, 65 = BeckRS 2013, 14728 II. 1. b) bb) mwN).

59 Erweist danach sich die Einwendung als erheblich, kann allerdings im Vergütungsfestsetzungsverfahren über sie **keine Sachentscheidung** ergehen. Vielmehr ist nach IV das Verfahren (ggf. auch noch in der Rechtsmittelinstanz, FG Sachsen-Anhalt AGS 2014, 222; OLG Brandenburg AGS 2014, 65 = BeckRS 2013, 14728) **auszusetzen,** bis eine (für das Vergütungsfestsetzungsverfahren bindende) Wertfestsetzung in den dafür vorgesehenen besonderen Verfahren erfolgt ist. Dies gilt (über den Wortlaut des IV hinaus) iÜ im Grundsatz auch dann, wenn das Gericht unabhängig von Einwendungen (von Amts wegen) Zweifel an der Richtigkeit des zugrunde gelegten Gegenstandswertes hat (vgl. Schneider/Volpert/N. Schneider Rn. 186). Die Aussetzungsentscheidung ist wie die Festsetzungsentscheidung nach Maßgabe von II 3 iVm der jeweiligen Verfahrensordnung (→ Rn. 76 ff.) **anfechtbar** (vgl. OLG Hamm JurBüro 2021, 465 mAnm Hansens ZfSch 2022, 166).

60 Nach der Aussetzung ist die – aus dem Vergütungsfestsetzungsverfahren in das Wertfestsetzungsverfahren „ausgelagerte" – **Entscheidung über die Wertfestsetzung** herbeizuführen. Dabei kommt es zunächst darauf an, ob bereits eine gerichtliche Wertfestsetzung vorliegt oder nicht. Liegt eine solche Wertsetzung vor, kommt es weiter darauf an, ob diese für die Gebühren des Rechtsanwalts, die den Gegenstand des Vergütungsverfahren bilden, maßgebend sind oder nicht. Sind sie maßgebend – handelt es sich also um eine nach § 32 I auch für den Gegenstandswert der Vergütung bindende Streitwertfestsetzung oder um eine bereits nach § 33 ergangene Festsetzung des Gegenstandswerts, bedarf es einer Abänderung der Entscheidung in einem Rechtsmittelverfahren oder – soweit verfahrensrechtlich möglich – von Amts wegen. Ist eine vorliegende Wertfestsetzung für die Rechtsanwaltsvergütung nicht maßgebend oder fehlt eine Wertfestsetzung ganz, bedarf es einer Wertfestsetzung nach § 33 (bzw. bei der Vergütung für eine Tätigkeit in einem Vorabentscheidungsverfahren vor dem EuGH, → Rn. 6, 42, nach § 38 I 3). Soweit es für die Einleitung der betreffenden Verfahren eines Rechtsmittel- bzw. eines Festsetzungsantrags bedarf, kann davon ausgegangen werden, dass in dem Bestreiten des Werts durch einen Beteiligten zugleich das konkludente Erklären eines solchen Antrags liegt (vgl. LAG Berlin-Brandenburg AGS 2021, 34). Soweit das Gericht des Vergütungsfestsetzungsverfahren unabhängig von Einwendungen der Beteiligten das Verfahren zur Nachholung eines Wertfestsetzungsverfahrens ausgesetzt hat, wird man ihm in Konsequenz der im Vergütungsfestsetzungsverfahren zulässigen amtswegigen Prüfung auch die Möglichkeit einräumen müssen, jedenfalls eine Abänderung eines Wertfestsetzungsbeschlusses von Amts wegen oder eine Wertfestsetzung nach § 33 anzuregen (vgl. Schneider/Volpert/N. Schneider Rn. 186 f.); im letztgenannten Fall wird dann – abweichend von § 33 I – auch eine Wertfestsetzung ohne formellen Antrag zuzulassen sein (denn anderenfalls wäre der Fortgang des Verfahrens nicht sichergestellt).

61 Ist im Wertfestsetzungsverfahren eine für die Rechtsanwaltsvergütung bindende Wertfestsetzung erfolgt, ist dem **Vergütungsfestsetzungsverfahren** von Amts wegen **Fortgang zu geben** und die Vergütung ist nach Maßgabe der Wertfestsetzung festzusetzen.

62 **b) Gebührenrechtliche Einwendungen.** Sog. „gebührenrechtliche" (besser, weil auch Auslagen umfassend: „vergütungsrechtliche") Einwendungen und Einreden der Beteiligten gegen die festzusetzende Vergütung sind demgegenüber im Festsetzungsverfahren zu prüfen und idR auch abschließend sachlich zu bescheiden. Dies entspricht dem Zweck des Vergütungsfestsetzungsverfahrens, die vergütungsrechtlichen Voraussetzungen der verfahrensgegenständlichen Vergütung in einem vereinfachten Verfahren zu prüfen. Zu entscheiden ist dann nicht nur über die entscheidungserheblichen Rechtsfragen des Vergütungsrechts, sondern auch über streitige tatsächliche Grundlagen (vgl. LAG Baden-Württemberg BeckRS 2018, 50217; zur Feststellung von Tatsachen im Festsetzungsverfahren → Rn. 73).

63 In diesem Sinne „gebührenrechtlich" ist jedenfalls eine Einwendung oder Einrede, mit der geltend gemacht wird, dass die **Tatbestandsvoraussetzungen des RVG** für den Anfall einer Gebühr (oder auch einer Auslage iSv VV 7000–7008) nicht (bzw. nicht vollständig) vorlägen (BGH WM 2020, 1689 Rn. 23 = AGS 2020, 330 (332)), die abgerechnete Gebühr (oder Auslage) mithin nach den Vergütungsvorschriften des

RVG **nicht angefallen** sei. Beispiele hierfür sind etwa die Frage, ob die Voraussetzungen für den Anfall einer Verfahrensgebühr (vgl. AG Marburg AGS 2020, 578; LAG Baden-Württemberg BeckRS 2018, 50217 Rn. 7 ff.) oder eine Besprechungsgebühr (OLG Karlsruhe AGS 2020, 333 (335); VG München BeckRS 2013, 45059; vgl. auch FG Baden-Württemberg JurBüro 2010, 30) vorlagen, die Frage, ob für den Anfall einer Einigungsgebühr die Mitwirkung des Rechtsanwalts an der Einigung mitursächlich war ((BGH WM 2020, 1689 Rn. 16 = AGS 2020, 330 (332) mwN), oder die Frage, ob nach der zutreffenden Ziffer des VV abgerechnet worden ist (vgl. BGH WM 2020, 1689 Rn. 23 = AGS 2020, 330 (332) mwN). Dies gilt auch dann, wenn es darum geht, ob die tatbestandliche Voraussetzung des Vergütungstatbestandes außerhalb des Gerichtsverfahrens eingetreten ist (vgl. zur Mitwirkung an einer Einigung BGH WM 2020, 1689 Rn. 17 ff. = AGS 2020, 330 (332) mwN zu dem insoweit bis dahin bestehenden Meinungsstreit, OLG Brandenburg AGS 2023, 17); soweit allerdings eine Tatsachenfeststellung mit den im Festsetzungsverfahren nur möglichen beschränkten Mitteln nicht möglich ist, muss entspr. V 1 (→ Rn. 69) verfahren werden (→ Rn. 74).

„Gebührenrechtlich" ist aber auch eine Einwendung oder Einrede, die die **Rechtsfolgenseite eines Gebührentatbestandes** betrifft, mit der also geltend gemacht wird, dass eine Gebühr (oder Auslage) nach den Vergütungsvorschriften des RVG **nicht in der abgerechneten Höhe** entstanden sei (BGH WM 2020, 1689 Rn. 23 = AGS 2020, 330 (332) mwN). Neben Rechenfehlern ist dies etwa für die Frage von Bedeutung, welchen Umfang der dem Rechtsanwalt erteilte Auftrag hatte (vgl. LAG Baden-Württemberg BeckRS 2018, 50217 Rn. 13). Zu Rahmengebühren aber → Rn. 13 ff. 64

c) Nichtgebührenrechtliche Einwendungen (V). Nicht im Vergütungsfestsetzungsverfahren geprüft und sachlich beschieden werden können dagegen (wie im Kostenfestsetzungsverfahren, dort allerdings mit anderen Konsequenzen, vgl. BGH NJW 2006, 1962 Rn. 4; NJW-RR 2007, 422 Rn. 8, jew. mwN) sog. „nichtgebührenrechtliche" (auch hier besser: „nichtvergütungsrechtliche") Einwendungen und Einreden der Beteiligten gegen die festzusetzende Vergütung. „Nichtgebührenrechtlich" in diesem Sinne sind Einwendungen und Einreden, die ihren Grund in **materiellrechtlichen Vorschriften (außerhalb des Vergütungsrechts)** haben oder auf besondere **Abreden zwischen dem Rechtsanwalt und seinem Auftraggeber** gestützt werden (Hansens ZfSchR 2020, 42 (43); BGH WM 2020, 1689 Rn. 24 = AGS 2020, 330 (332)). 65

In materiellrechtlichen Vorschriften außerhalb des Vergütungsrechts haben Einwendungen und Einreden ihren Grund, wenn sie sich gegen **Entstehung oder Fortbestand** des dem Vergütungsanspruchs zugrundeliegenden Schuldverhältnisses iwS bzw. des Vergütungsanspruchs selbst als Schuldverhältnis ieS richten. Beispiele hierfür sind insbes. die Geltendmachung, dass dem Rechtsanwalt kein entsprechender **Auftrag** erteilt wurde (vgl. etwa BVerfG RVGreport 2016, 253 = BeckRS 2016, 45944 Rn. 5; VG Schwerin BeckRS 2022, 38209 Rn. 36, jw. mwN; dagegen kommt es vergütungsrechtlich nicht auf die Erteilung einer Vollmacht an, aA VGH Bayern ZfSch 2022, 284 mablAnm Hansens AGS 2022, 170) bzw. dass eine **andere Person Auftraggeber** ist (vgl. etwa BGH NJW 2018, 1169 Rn. 15); dass die Vergütungsforderung durch Zahlung **ganz oder teilweise erfüllt** worden ist (vgl. etwa VGH Bayern AGS 2021, 543 mAnm N. Schneider mwN, und zu § 19 BRAGO BGH Rpfleger 1976, 354); dass der Vergütungsforderung **eine aufrechenbare Gegenforderung** (insbes. wegen der Verletzung von Pflichten des Rechtsanwalts aus dem Mandatsverhältnis, vgl. etwa OLG Brandenburg BeckRS 2022, 16055; OLG Dresden JurBüro 2020, 417 mzustAnm Hansens RVGreport 2020, 293; LAG Schleswig-Holstein BeckRS 2022, 16594 mAnm Hansens AGS 2022, 352; jew. mwN) gegenübersteht oder dass die Vergütungsforderung **verjährt** ist (vgl. etwa OLG Brandenburg BeckRS 2022, 7218 Rn. 7 mwN; BeckOK RVG/v. Seltmann Rn. 69). 66

Auf Abreden zwischen Rechtsanwalt und Auftraggeber beruhen Einwendungen oder Einreden, mit denen eine Vereinbarung behauptet wird, nach der der Vergütungsanspruch ganz oder teilweise endgültig oder auch nur zeitlich begrenzt nicht geltend gemacht werden soll. Hierunter fallen etwa die Geltendmachung eines teilweisen oder vollständigen **Verzichts** auf die Vergütung oder auch einer **Stundung** der Vergütungsforderung (vgl. etwa OLG Naumburg AGS 2017, 117). 67

68 Werden solche Einwendungen bzw. Einreden erhoben, bedarf es grds. **keiner besonderen Substantiierung** und es findet im Festsetzungsverfahrens auch **keine (echte) Schlüssigkeitsprüfung** statt (vgl. aus neuerer Zeit etwa Hansens AGS 2021, 17; OLG Brandenburg BeckRS 2021, 17302; BeckRS 2022, 7218 Rn. 8; OVG Nordrhein-Westfalen JurBüro 2020, 528; VGH Bayern AGS 2021, 543 mAnm N. Schneider; FG Münster AGS 2020, 24 (26); LAG Schleswig-Holstein BeckRS 2022, 16594 Rn. 10 mzustAnm Hansens AGS 2022, 352 (354) mwN; VG Schwerin BeckRS 2022, 38209 Rn. 36). Allerdings ist eine Einwendung bzw. Einrede nur zu berücksichtigen, wenn sie ihrer Art nach jedenfalls **geeignet** ist, der Anspruchsdurchsetzung entgegenzustehen (vgl. etwa zum Fall des – ungeeigneten – Einwandes einer bestehenden Rechtschutzversicherung OLG Köln BeckRS 2016, 132333). IÜ bleiben nach allgM nur solche Einwendungen und Einreden unberücksichtigt, die **„offensichtlich unbegründet"** sind, weil die Haltlosigkeit der Einwendung bzw. Einrede ohne nähere Sachprüfung auf der Hand liegt, die Einwendung bzw. Einrede substanzlos ist oder erkennbar rechtsmissbräuchlich erhoben wird (vgl. etwa BVerfG RVGreport 2016, 252 sowie die vorstehenden Nachweise). Ob dies der Fall ist, lässt sich nur im Einzelfall beurteilen. Maßstab muss sein, ob ohne weitere Nachprüfung ausgeschlossen werden kann, dass die erhobene Einwendung oder Einrede auf der Grundlage von nur in einem normalen streitigen Verfahren möglichen Feststellungen und Prüfungen Erfolg haben könnte. Jedenfalls bei der Annahme von Missbrauch ist daher Zurückhaltung geboten (Hansens AGS 2021, 17).

69 Wird eine nichtgebührenrechtliche Einwendung oder Einrede erhoben, die nicht ausnahmsweise aus den vorstehend genannten Gründen unberücksichtigt bleiben kann, ist nach V 1 die **Festsetzung abzulehnen** (→ Rn. 74); der Vergütungsanspruch muss dann mit einer Vergütungsklage (→ Rn. 108a) geltend gemacht werden. Diese Ablehnung hat allerdings nur zu erfolgen, soweit die Einwendung oder Einrede reicht (vgl. V 1, Hansens AGS 2022, 352). Die Ablehnungsentscheidung ist wie die Festsetzungsentscheidung nach Maßgabe von II 3 iVm der jeweiligen Verfahrensordnung (→ Rn. 76 ff.) **anfechtbar** (vgl. OVG Nordrhein-Westfalen BeckRS 2020, 8784 mAnm Hansens RVGreport 2020, 254; FG Münster AGS 2020, 24).

70 **5. Verfahren.** Die Zulässigkeit des Festsetzungsantrags (→ Rn. 30 ff.) und die Berechtigung der zur Festsetzung angemeldeten Vergütungsforderung ist vom funktionell zuständigen Rechtspfleger oder Urkundsbeamten auf der Grundlage der von den Beteiligten eingereichten Anträge und Erklärungen ohne Möglichkeit einer mündlichen Erörterung zu prüfen. Dabei sind jedenfalls die vergütungsrechtlichen Voraussetzungen der Vergütungsforderung objektiv und damit **von Amts wegen** unabhängig von den erhobenen Einwendungen zu prüfen (→ Rn. 72). Soweit aus seiner Sicht Unklarheiten bestehen, hat er – jedenfalls dann, wenn diese behebbar erscheinen – die Beteiligten darauf hinzuweisen und ihnen Gelegenheit zu ergänzenden Erklärungen zu geben.

71 Soweit der Vergütungstatbestand vom Vorliegen bestimmter **tatsächlicher Voraussetzungen** abhängt (hierzu etwa → Rn. 63), findet hierzu kein förmliches Beweisverfahren (etwa iSd §§ 355 ff. ZPO) statt. Allerdings müssen die tatsächlichen Voraussetzungen der geltend gemachten Vergütung **glaubhaft gemacht** werden (II 3 iVm § 104 II 1 ZPO, → Rn. 38); abweichend von § 104 III 3 ZPO (dessen Anwendung in II 3 ausdrücklich ausgenommen ist) betrifft dies allerdings nicht – für die Geltendmachung eines eigenen Anspruchs bedeutungslose – Vorsteuerabzugsberechtigung des Rechtsanwalts. Die Verpflichtung zur Glaubhaftmachung betrifft indessen nur Umstände, die sich nicht unmittelbar aus der Verfahrensakte ergeben (zB bestimmte Auslagen oder sonstige Aufwendungen oder die Mitwirkung des Rechtsanwalts an einem Vergleichsabschluss, vgl. BGH WM 2020, 1689 Rn. 25 ff. = AGS 2020, 330 (332 f.)). **Mittel der Glaubhaftmachung** ist nach § 294 I ZPO im Grundsatz jedes Beweismittel einschließlich der eidesstattlichen Versicherung. Letztere, der eine **anwaltliche Versicherung** gleichsteht (vgl. zu letzterem allg. BGH NJW-RR 2017, 1266), dürfte praktisch alleine in Betracht kommen, aufgrund der Verfahrensgestaltung nur solche Glaubhaftmachungsmittel berücksichtigt werden können, die mit den Anträgen und Erklärungen vorgelegt werden können und deren Erhebung nicht (wie zB der Zeugenbeweis) einer mündlichen Verhandlung bedarf.

Soweit nach II 3 iVm § 104 II 2 ZPO für die Entstehung von Auslagen für Post- und Telekommunikationsdienstleistungen die „Versicherung des Rechtsanwalts" genügt, dürfte dies daher keine eigenständige Bedeutung haben.

6. Entscheidung. Ist der Festsetzungsantrag von einer hierzu antragsberechtigten Person (→ Rn. 21 ff.) gestellt und auch iÜ zulässig (→ Rn. 30 ff.), hat das Gericht durch den funktional zuständigen Rechtspfleger oder Urkundsbeamten bzw. – auf Erinnerung – durch den Richter unter Berücksichtigung etwa erhobener Einwendungen und Einreden (→ Rn. 57 ff.) **von Amts wegen zu prüfen,** ob die zur Festsetzung angemeldete **Vergütung tatbestandlich angefallen und zutreffend berechnet** ist (die unter V fallenden Einwendungen und Einreden sind demgegenüber nur zu prüfen, wenn sie erhoben werden, vgl. etwa LAG Niedersachsen AGS 2007, 626, zu § 19 BRAGO). Eine Bindung an eine vorangegangene, die verfahrensgegenständliche Vergütung betreffende Entscheidung in einem Kostenfestsetzungsverfahren nach §§ 103 ff. ZPO usw – die nur im Verhältnis der Parteien, nicht aber im Verhältnis zwischen Rechtsanwalt und Auftraggeber ergangen ist – besteht dabei nicht (OLG Karlsruhe AGS 2020, 333 (335)). Ergibt die Prüfung, dass zwar der geltend gemachte Gebührentatbestand für eine bestimmte Tätigkeit des Rechtsanwalts nicht erfüllt ist, wohl aber der einer anderen, wesensgleichen Gebühr, kann die tatsächlich angefallene Gebühr festgesetzt werden, soweit damit betragsmäßig nicht mehr als ursprünglich beantragt zugesprochen wird (VGH Bayern AGS 2018, 343). 72

Soweit tatsächliche Voraussetzungen streitig sind, ist zu prüfen, ob diese von dem Beteiligten, dem deren Vorliegen günstig ist, **glaubhaft gemacht** worden ist. Glaubhaft gemacht ist eine Behauptung, wenn eine überwiegende Wahrscheinlichkeit dafür besteht, dass sie zutrifft, also letztlich mehr für das Vorliegen der in Rede stehenden Behauptung spricht als dagegen (vgl. BGH WM 2020, 1689 Rn. 28 = AGS 2020, 330 (333) und allg. BGH NJW 2022, 3232 Rn. 14). Ob dies der Fall ist, ist durch freie Würdigung des gesamten Vorbringens zu würdigen. Von der Richtigkeit einer vorgelegten anwaltlichen Versicherung ist dabei allerdings grundsätzlich auszugehen, sofern nicht konkrete Anhaltspunkte es ausschließen, den geschilderten Sachverhalt mit überwiegender Wahrscheinlichkeit als zutreffend zu erachten (vgl. allg. BGH NJW 2022, 3232 Rn. 15 mwN). Soweit die angebotenen Mittel aus Sicht des Gerichts zur Glaubhaftmachung nicht ausreichen, muss der betroffene Beteiligte hierauf regelmäßig vor der Entscheidung hingewiesen werden und es muss ihm Gelegenheit zur Ergänzung der Glaubhaftmachung gegeben werden (vgl. allg. BGH NJW 2022, 3232 Rn. 18 f.). 73

Betreffen gegen die Festsetzung erhobene **Einwendungen** den **Gegenstandswert,** ist nach IV das Festsetzungsverfahren bis zur Entscheidung des Richters über diesen auszusetzen (→ Rn. 58 ff.), und nach Vorliegen der richterlichen Entscheidung fortzusetzen. Wird eine sog. **nichtgebührenrechtliche Einwendung** erhoben, ist nach V ggf. die Festsetzung ohne Sachentscheidung abzulehnen (→ Rn. 65 ff.). Wird eine **gebührenrechtliche Einwendung** (→ Rn. 62 ff.) erhoben und gelingt dem Rechtsanwalt die Glaubhaftmachung der (gebührenrechtlichen) Tatbestandsvoraussetzungen der geltend gemachten Gebühr nicht, ist der Vergütungsfestsetzungsantrag nicht etwa (mit der materiellen Rechtskraft zugänglicher „non liquet"-Entscheidung) zurückzuweisen (denn dem Rechtsanwalt kann nicht die Möglichkeit abgeschnitten werden, seinen Anspruch mit im Festsetzungsverfahren nicht zugelassenen Beweismitteln wie insbes. dem Zeugenbeweis nachzuweisen), sondern ebenfalls lediglich abzulehnen (vgl. BGH WM 2020, 1689 Rn. 28 = AGS 2020, 330 (333)), so dass dem Rechtsanwalt nachfolgend die Möglichkeit einer Vergütungsklage (→ Rn. 108 ff.) erhalten bleibt. 74

Soweit sich der zur Festsetzung angemeldete Vergütungsanspruch als begründet erweist, ist die **zu beziffernde Vergütung** des Rechtsanwalts gegen den Vergütungsschuldner nach I 1 durch Beschluss „festzusetzen". Der im Gesetz offenkundig in Analogie zum Kostenfestsetzungsverfahren verwendete Begriff passt hier allerdings nicht, da es – anders als im Kostenfestsetzungsverfahren – keine lediglich betragsmäßig auszufüllende Kostengrundentscheidung, die den Kostenschuldner zur Erstattung verpflichtet, gibt; tatsächlich wird der Vergütungsschuldner – erstmalig – 75 zur Zahlung verpflichtet (wie sinnvollerweise auch tenoriert werden sollte). Die Festsetzung kann nur **gegen den Auftraggeber** (zu dessen Rechtsnachfolger → Rn. 28) erfolgen und damit insbes. nicht gegen eine Person oder ein Vermögen, dass für diesen haftet (BGH NJW 2018, 1169 Rn. 15). (Nur) wenn ein entsprechender Antrag gestellt worden ist, ist außerdem auszusprechen, dass dieser Betrag ab dem zu benennenden Eingang des Festsetzungsantrags bei Gericht mit fünf Prozentpunkten über dem (jeweiligen) Basiszinssatz nach § 247 BGB zu **verzinsen** ist (II 3 iVm § 104 I 2 ZPO, → Rn. 38, vgl. etwa BGH NZG 2022, 361 Rn. 13). Der Beschluss ist (kurz) zu begründen und nach § 12c mit einer Rechtsbehelfsbelehrung zu versehen. Als vollstreckbare und rechtsmittelfähige Entscheidung (vgl. § 329 III ZPO) ist der Beschluss nach II 3 iVm § 104 I 3, 4 ZPO (→ Rn. 38), wenn dem Festsetzungsantrag ganz oder teilweise entsprochen wurde, dem Auftraggeber und, wenn der Festsetzungsantrag ganz oder teilweise zurückgewiesen wurde, dem Antragsteller von Amts wegen förmlich **zuzustellen** (iÜ genügt eine formlose Mitteilung).

76 **III. Rechtsbehelfe (II 3, III 2).** Der Verweis in **II 3** auf die Vorschriften der **jeweiligen Verfahrensordnung** über das **Kostenfestsetzungsverfahren** (→ Rn. 38) umfasst auch die dort vorgesehenen Rechtsbehelfe gegen die Entscheidung über den Festsetzungsantrag. Besonders (und damit insoweit II 3 verdrängend) ist in **III 2** für die Verwaltungs-, Finanz- und Sozialgerichtsbarkeit ein Verweis (nur und gerade) auf die Rechtsbehelfe im Kostenfestsetzungsverfahren nach den für die jeweilige Gerichtsbarkeit geltenden Vorschriften geregelt (die mit Wirkung zum 1.4.1991 erfolgte Einfügung dieser Vorschrift in die BRAGO stand im Zusammenhang mit der gleichzeitig erfolgten Änderung des § 104 III ZPO und den Unterschieden bei der funktionalen Zuständigkeit, → Rn. 43 ff., wobei offenbar verkannt worden ist, dass es dieser Sonderregelung – die zum selben Ergebnis wie II 3 führt – nicht bedarf, vgl. Begr. RegE Rechtspflege-VereinfG BT-Drs. 11/3621, 62). Für die Anfechtbarkeit der Festsetzungsentscheidung ist daher danach zu differenzieren, welche Vorschriften für ein Kostenfestsetzungsverfahren anzuwenden wären; Unterschiede ergeben sich danach, ob beim Gericht des ersten Rechtszugs der Rechtspfleger oder der Urkundsbeamte der Geschäftsstelle sachlich zuständig ist, und iÜ für den weiteren Instanzenzug.

77 **1. Ordentliche Gerichtsbarkeit, Arbeitsgerichtsbarkeit.** Soweit die „jeweilige Verfahrensordnung" iSd II 3 die ZPO ist, richtet sich die Anfechtung der im Verfahren nach § 11 auf den Festsetzungsantrag ergangenen Entscheidung gem. II 3 nach dem für das Kostenfestsetzungsverfahren geltenden **§ 104 III ZPO** in entspr. Anwendung. Dies gilt zum einen im unmittelbaren Anwendungsbereich der ZPO, also in Verfahren der **ordentlichen streitigen Gerichtsbarkeit.** Da in Verfahren nach dem FamFG (§ 85 FamFG), dem ArbGG (§ 46 II ArbGG) und dem LwVG (§ 9 LwVG iVm § 85 FamFG, § 48 I LwVG) auf das Kostenfestsetzungsverfahren die §§ 103 ff. ZPO entspr. anzuwenden sind, gilt dies aber auch in Verfahren vor den **Familien-** und **Landwirtschaftsgerichten,** der **freiwilligen Gerichtsbarkeit** sowie in Verfahren vor den **Arbeitsgerichten.**

78 **a) Sofortige Beschwerde.** Gegen ein in den vorgenannten Verfahren der ordentlichen oder der Arbeitsgerichtsbarkeit ergangene Entscheidung über den Vergütungsfestsetzungsantrag ist daher gem. II 3 iVm § 104 III 1 ZPO als statthafter Rechtsbehelf die **sofortige Beschwerde** gegeben. Dass jeweils der **Rechtspfleger** (→ Rn. 44) entschieden hat, ändert daran nach § 11 I RPflG, § 9 III 1 ArbGG nichts.

79 Das Verfahren dieser sofortigen Beschwerde richtet sich nach den **§§ 567 ff. ZPO.** Dies gilt auch dann, wenn das Hauptsacheverfahren nach dem FamFG oder dem ArbGG geführt wurde (vgl. zum ArbGG § 78 S. 1 ArbGG sowie etwa LAG Mecklenburg-Vorpommern BeckRS 2021, 36574 Rn. 11, und zum FamFG BGH NJW-RR 2014, 186 Rn. 10 ff., die §§ 58 ff. FamFG finden daher keine Anwendung). Zur Vertretung der Beteiligten → Rn. 50 f., zu den Formerfordernissen → Rn. 52 ff. Über die Beschwerde entscheidet beim Beschwerdegericht der Einzelrichter (§ 568 I 1 ZPO).

80 Allerdings ist sofortigen Beschwerde nicht unbeschränkt zulässig. Zum einen ist sie nach § 567 I Nr. 1 ZPO überhaupt **nur** gegen **im ersten Rechtszug ergangene**

Entscheidungen der AG (auch FamG, LwG), LG oder ArbG gegeben. Generell nicht statthaft ist sie daher, wenn die Entscheidung über die Festsetzung vom OLG, LAG, BayObLG, BGH oder BAG als nach I 1 zuständiges Gericht des ersten Rechtszugs (→ Rn. 40) getroffen wurde (BayObLG NJW-RR 2000, 141; OLG München AGS 2017, 51 mwN; aA – Beschwerde, über die das Gericht selbst entscheidet – OLG Düsseldorf RVGreport 2020, 120 = BeckRS 2019, 32858). Im Übrigen ist die (statthafte) sofortige Beschwerde nach § 567 II ZPO auch nur zulässig, wenn der Wert des Beschwerdegegenstands (= die nach dem Rechtsmittelantrag erstrebte Abänderung der angefochtenen Entscheidung) **200 Euro** übersteigt. Soweit hiernach die in II 3 iVm § 104 III 1 ZPO vorgesehene sofortige Beschwerde ausgeschlossen ist, kommt eine befristete Rechtspflegererinnerung nach § 11 II RPflG in Betracht (→ Rn. 84 f.).

b) Rechtsbeschwerde. Als Rechtsmittel (nur, → Rn. 85) gegen die Entscheidung 81 des Beschwerdegerichts ist nach § 574 I 1 Nr. 2 ZPO im Grundsatz die **Rechtsbeschwerde** zum BGH bzw. BAG gegeben (BGH NJW 2018, 1169 Rn. 12; BAGE 118, 286 = NJW 2006, 3022). Zulässig ist die Rechtsbeschwerde nach § 574 Abs. 1 S. 1 Nr. 2 ZPO, §§ 78 S. 2, 72 II ArbGG allerdings nur, wenn sie im Einzelfall vom Beschwerdegericht in seinem Beschluss **zugelassen** worden ist (BGH ZInsO 2022, 2120; BAG NJW 2019, 326 Rn. 3). Ist das nicht der Fall, ist die Entscheidung des Beschwerdegerichts nicht mit ordentlichen Rechtsmitteln anfechtbar (sondern nur ggf. mit der Anhörungsrüge oder der Verfassungsbeschwerde). Insbesondere ist auch die Nichtzulassung der Rechtsbeschwerde nicht anfechtbar (eine Nichtzulassungsbeschwerde gibt es in Rechtsbeschwerdeverfahren nach ZPO, FamFG oder ArbGG nicht).

Das Verfahren der Rechtsbeschwerde richtet sich nach den **§§ 574 ff. ZPO,** auch 82 wenn für das Hauptsacheverfahren das ArbGG oder das FamFG anzuwenden sind (zum ArbGG vgl. § 78 ArbGG und etwa BAG NJW 2019, 326; zum FamFG etwa BGH NJW-RR 2014, 186 Rn. 12; die §§ 70 ff. FamFG finden daher keine Anwendung). Zur Vertretung der Beteiligten → Rn. 50. Über die Rechtsbeschwerde entscheidet der Senat (beim BAG ohne Hinzuziehung der ehrenamtlichen Richter, BAG NJW 2019, 326 Rn. 8), weil ZPO, GVG und ArbGG keinen Einzelrichter beim BGH bzw. BAG kennen und eine vergütungsrechtliche Sonderregelung (wie §§ 33 VIII, 56 II 1; vgl. auch § 66 VI GKG) für die Vergütungsfestsetzung nicht existiert (BAG NJW 2019, 326 Rn. 8).

Zur Frage, ob eine Entscheidung über die Festsetzung vom OLG oder LAG als 83 nach I 1 zuständiges Gericht des ersten Rechtszugs anstelle der nicht statthaften sofortigen Beschwerde (→ Rn. 80) mit der (im Einzelfall zugelassenen) Rechtsbeschwerde angefochten werden kann → Rn. 85.

c) Befristete Rechtspflegererinnerung. Da in der ordentlichen und der Arbeits- 84 gerichtsbarkeit die Entscheidung über die Festsetzung dem Rechtspfleger übertragen ist (→ Rn. 44), kann die Entscheidung, wenn sie mit den in den allgemeinen verfahrensrechtlichen Vorschriften vorgesehenen Rechtsmitteln nicht angefochten werden kann, nach § 11 II RPflG (ggf. iVm § 9 III 1 ArbGG) mit der **befristeten Rechtspflegererinnerung** zur Nachprüfung gestellt werden. Dies ist dann der Fall, wenn die sofortige Beschwerde nicht statthaft ist oder der Mindestbeschwerdewert nicht erreicht wird (→ Rn. 80) und auch eine Rechtsbeschwerde jedenfalls nicht zugelassen worden ist. Eine unstatthafte oder nach § 567 II ZPO unzulässige Beschwerde ist ggf. in eine solche Erinnerung umzudeuten (vgl. BGH NJW-RR 2012, 1476 Rn. 11; 2013, 1020 Rn. 9). Die Erinnerung führt, soweit ihr der Rechtspfleger nicht abhilft, innerhalb der Instanz zur Entscheidung des Richters des Gerichts, dem der Rechtspfleger angehört. Auf das Verfahren sind die Vorschriften der ZPO über die sofortige Beschwerde (§§ 567 ff. ZPO) sinngemäß anzuwenden (§ 11 II 7 RPflG). Zur Vertretung der Beteiligten → Rn. 50 f., zu den Formerfordernissen → Rn. 52 ff.

Gegen die **richterliche Entscheidung** über die befristete Erinnerung nach Nicht- 85 abhilfe durch den Rechtspfleger ist im Grundsatz **kein Rechtsmittel** gegeben (vgl. BGH RVGreport 2016, 30 = BeckRS 2015, 10763). Denn die – abschließende – Regelung des § 11 RPflG ändert nichts daran, dass die zugrundeliegende Entscheidung über die Festsetzung nicht mit einem Rechtsmittel anfechtbar ist; sie soll lediglich aus verfassungsrechtlichen Gründen die Herbeiführung einer Entscheidung des Richters ermöglichen (vgl. Begr. 3. RPflG-ÄndG-RegE, BT-Drs. 13/10244, 7). Die gegen die Rechtspfleger-Entscheidung ausgeschlossene sofortige Beschwerde wird daher nicht zulässig, wenn der der Richter entscheidet. Jedenfalls AG und LG als für die Festsetzung zuständiges Gericht des ersten Rechtszugs können auch nicht wirksam die Rechtsbeschwerde zulassen, weil dies § 574 I Nr. 2 ZPO nur dem Beschwerde-, Berufungs- oder erstinstanzlich zuständigen Oberlandesgericht ermöglicht (BGH NJW-RR 2007, 285; RVGreport 2016, 30 = BeckRS 2015, 10763). Ob ein als Gericht des ersten Rechtszugs für die Festsetzung zuständiges OLG oder LAG die Rechtsbeschwerde (anstelle der im Gesetz vorgesehenen, aber nicht statthaften sofortigen Beschwerde, → Rn. 80) mit Bindungswirkung für den BGH bzw. das BAG zulassen könnte, erscheint im Hinblick auf den begrenzten Zweck der Rechtspflegererinnerung fraglich und könnte nur durch Besonderheiten der Zulassungs-Rechtsbeschwerde gerechtfertigt werden (zur Zulassung einer – „einfachen" – Beschwerde nach § 61 II FamFG nach Rechtspflegererinnerung vgl. BGH NJW-RR 2017, 900 Rn. 7; 2017, 901 Rn. 7, zum VBVG).

86 **2. Verwaltungs-, Finanz- und Sozialgerichtsbarkeit.** In Verfahren vor den Verwaltungs-, Finanz- und Sozialgerichten ist für die Vergütungsfestsetzung (wie auch für die Kostenfestsetzung) nicht der (dort nicht eingeführte) Rechtspfleger zuständig, sondern der **Urkundsbeamte der Geschäftsstelle** (→ Rn. 45). Die für die Anfechtung dessen Entscheidung sowohl nach III 2 als auch nach II 3 (→ Rn. 76) entspr. anzuwendenden Vorschriften der jeweiligen Verfahrensordnung für das Vergütungsfestsetzungsverfahren (§§ 165, 151 VwGO, §§ 149 II, 133 FGO, §§ 197 II, 178 SGG) sehen jeweils die (wertunabhängige) **befristete Erinnerung** vor, über die, wenn ihr der Urkundsbeamte nicht abhilft, innerhalb der Instanz der Richter entscheidet. Zur Vertretung der Beteiligten → Rn. 50 f., zu den Formerfordernissen → Rn. 52 ff.

87 Fällt das Vergütungsfestsetzungsverfahren in die Zuständigkeit des **VG,** ist die Entscheidung des Richters nach Maßgabe der §§ 146 ff. VwGO mit der **Beschwerde** anfechtbar (vgl. etwa VGH München ZfSch 2022, 284; aufgrund des in § 80 AsylG angeordneten Beschwerdeausschluss soll dies allerdings nicht für Verfahren nach dem AsylG gelten, so VGH Hessen AGS 2018, 149; 2018, 565 mzustAnm N. Schneider; BeckRS 2022, 14735; OVG Nordrhein-Westfalen AGS 2016, 443; offengelassen von OVG Nordrhein-Westfalen BeckRS 2019, 15029). § 197 II SGG wird hingegen von der **Sozialgerichtsbarkeit** als abschließende Regelung der Anfechtbarkeit der Entscheidung des Urkundsbeamten über den Festsetzungsantrag verstanden, weshalb in sozialgerichtlichen Verfahren eine Beschwerde gegen die richterliche Entscheidung überwiegend als nicht statthaft angesehen wird (vgl. etwa LSG Thüringen AGS 2018, 501 mzustAnm N. Schneider; LSG Schleswig-Holstein BeckRS 2011, 68488 jeweils mwN; aA etwa LSG Mecklenburg-Vorpommern BeckRS 2009, 53753). Im **finanzgerichtlichen Verfahren** ist die Beschwerde nach der ausdrücklichen Regelung in § 128 IV 1 FGO ausgeschlossen.

88 Gegen die Entscheidung über die Beschwerde gibt es **kein weiteres Rechtsmittel.** Soweit die Entscheidung über die Festsetzung vom Urkundsbeamten des OVG, LSG bzw. eines obersten Bundesgerichts als Gericht des ersten Rechtszugs iSd I 1 getroffen worden ist, ist die richterliche Entscheidung über die Erinnerung unanfechtbar.

89 **3. Verfassungsgerichtsbarkeit.** Im Verfahren vor dem **BVerfG** sind Entscheidungen des dort in entspr. Anwendung der §§ 3 Nr. 3 Buchs. B, 21 Nr. 2 RPflG zuständigen Rechtspflegers (→ Rn. 46) über einen Vergütungsfestsetzungsantrag entspr. § 104 III 1 ZPO, wenn der Wert des Beschwerdegegenstands 200 EUR übersteigt, (ungeachtet eines fehlenden „Beschwerdegerichts") mit der **sofortigen Beschwerde** entspr. § 11 I RPflG, § 567 ZPO (vgl. etwa BVerfG BeckRS 2016, 45944) und sonst mit der **befristeten Rechtspflegererinnerung** entspr. § 11 II RPflG (vgl. etwa BVerfG NJW 1977, 145 zu § 19 BRAGO und § 11 RPflG aF) anfechtbar. Soweit der Rechtspfleger nicht abhilft, entscheidet dann (in Ermangelung eines institutionellen Einzelrichters beim BVerfG) der Senat (mit der Folge der Ver-

öffentlichung in BVerfGE) bzw. – wenn die Hauptsache von der Kammer entschieden wurde – gem. § 93d II 1 BVerfGG die Kammer mit unanfechtbarem Beschluss.

Entsprechendes gilt in Verfahren vor den **Landesverfassungsgerichten,** soweit dort ebenfalls der Rechtspfleger funktional zuständig ist. Ist hingegen entspr. § 164 VwGO der Urkundsbeamte der Geschäftsstelle zuständig (→ Rn. 46), ist gegen dessen Entscheidung entspr. §§ 165, 151 VwGO die (wertunabhängige) **befristete Erinnerung** gegeben. 90

IV. Kosten. Das Vergütungsfestsetzungsverfahren ist aufgrund der in II 4 angeordneten sachlichen Gebührenfreiheit (→ Rn. 92 ff.) und der Beschränkung der Kostenerstattung durch II 6 (→ Rn. 99 f.) kostengünstiger als eine Vergütungsklage (→ Rn. 108 ff.). 91

1. Anfallende Kosten. a) Gerichtskosten (II 4). Zu den Gerichtskosten des Vergütungsfestsetzungsverfahrens regelt II 4, dass das Verfahren vor dem Gericht erster Instanz gebührenfrei ist (eine entspr. Regelung enthielt bereits § 86a II 5; bei der Übernahme in die BRAGO wurde sie zunächst vergessen, vgl. § 19 BRAGO-RegE KostRÄndG 1957 BT-Drs. 2/2545, aber im Gesetzgebungsverfahren noch eingefügt, vgl. Beschlüsse des Ausschusses für Rechtswesen und Verfassungsrecht BT-Drs. 2/3378, 119). Für das **erstinstanzliche Festsetzungsverfahren** besteht mithin eine auf die **Gebühren** (zum Begriff → GKG § 1 Rn. 3) beschränkte **sachliche Kostenfreiheit** iSd § 2 III 1 GKG, § 2 II FamGKG, § 2 II GNotKG (→ GKG § 2 Rn. 35). Dies betrifft nicht nur das Verfahren vor dem Rechtspfleger (→ Rn. 44) bzw. dem Urkundsbeamten der Geschäftsstelle (→ Rn. 45), sondern auch das Verfahren vor dem erstinstanzlichen Richter auf **Erinnerung** (→ Rn. 84 ff., 86) nach § 11 RpflG bzw. §§ 165, 151 VwGO, § 149 II FGO, § 197 II SGG (vgl. nur VGH München BeckRS 2018, 11852 Rn. 5 [insoweit ohne Abdr. in AGS 2018, 343]; außerdem § 11 IV RPflG). 92

Nicht von II 4 erfasst werden hingegen das **Beschwerde- und Rechtsbeschwerdeverfahren** (dies wurde bereits unter der Geltung von § 86a II 5 RAGebO und § 19 II 4 BRAGO, die jeweils die Gebührenfreiheit allg. des „Verfahrens“ nannten, von der ganz hM so gesehen, im Hinblick auf die gelegentlich vertretene Gegenansicht, vgl. etwa OLG Koblenz JurBüro 1980, 70, bei der Übernahme in das RVG aber ausdrücklich klargestellt, vgl. Begr. RegE KostRMoG BT-Drs. 15/1971, 189). Im **Beschwerdeverfahren** fällt dann, wenn die Beschwerde verworfen oder zurückgewiesen wird, eine **Festgebühr** (je nach Gerichtszweig) nach KV 1812, 3602, 4401, 5502, 6502, 7504, 8614 GKG, KV 1912 FamGKG, KV 19116 GNotKG in Höhe von 66 Euro bzw. (im Arbeitsgerichtsverfahren) 55 Euro an, die nach § 6 II GKG mit der gerichtlichen Entscheidung fällig wird; hat die Beschwerde hingegen Erfolg, ist das Verfahrens mangels eines Gebührentatbestands gebührenfrei (vgl. auch Hansens AGS 2022, 352 (355)). Entsprechendes gilt im **Rechtsbeschwerdeverfahren** (KV 1826, 8623 GKG, KV 1923 FamGKG, KV 19128 GNotKG), wobei hier die Festgebühr 132 Euro bzw. 105 Euro beträgt und im Falle der Beendigung des Verfahrens durch Beschwerde- oder Antragsrücknahme noch eine Festgebühr von 66 Euro bzw. 55 Euro entsteht (KV 1827, 8624 GKG, KV 1924 FamGKG, KV 19129 GNotKG). 93

Keine Kostenfreiheit besteht (auch im erstinstanzlichen) Verfahren hinsichtlich der im Festsetzungsverfahren anfallenden gerichtlichen **Auslagen** (zum Begriff → GKG § 1 Rn. 5). Dies betrifft insbesondere die Kosten der **Zustellung** des Festsetzungsbeschlusses (→ Rn. 75), für die nach GKG KV 9002 (unabhängig von GKG KV 9002 Anm. S. 1, da das Festsetzungsverfahren nicht zum Rechtszug des Hauptsacheverfahrens gehört, LG Lübeck AGS 2014, 558 mwN; aA wohl Mayer/Kroiß/Mayer Rn. 95 ff.) eine Pauschale in Höhe von 3,50 Euro (je Zustellung) erhoben wird. Für sie kann nach § 17 III GKG ein Vorschuss verlangt werden (vgl. OLG Köln AGS 2000, 208 = BeckRS 2004, 11478; BeckOK KostR/Toussaint GKG § 17 Rn. 4). 94

b) Rechtsanwaltsvergütung. Eine Vergütung für die anwaltliche Vertretung im Festsetzungsverfahren schließt § 11 hingegen nicht aus, „gebührenfrei“ iSd II 4 ist ein kostenrechtlicher (vgl. § 2 GKG, § 2 FamGKG, § 2 GNotKG) und kein vergütungsrechtlicher Begriff (aA wohl Mayer/Kroiß/Ebert § 19 Rn. 116; Riedel/Sußbauer/Schütz Rn. 153). Gleichwohl wird sie **regelmäßig nicht entstehen,** weil der 95

Rechtsanwalt, der seine eigene Vergütung festsetzen lässt, nicht im Auftrag seines Mandanten tätig ist und auch nicht etwa gegen sich selbst einen Vergütungsanspruch erwerben kann (vgl. auch VV 7001 Anm.), und der Auftraggeber keiner anwaltlichen Vertretung bedarf (→ Rn. 50). Dies gilt nicht nur für das erstinstanzliche Festsetzungsverfahren, sondern im Grundsatz ebenso für ein Erinnerungs- oder Beschwerdeverfahren (zum verwaltungsgerichtlichen Beschwerdeverfahren allerdings → Rn. 50).

96 Anderes kommt aber dann in Betracht, wenn der **Rechtsanwalt** einen **anderen Rechtsanwalt** mit der Festsetzung oder der Vertretung im Rechtsmittelverfahren oder der **Auftraggeber** (etwa nach Mandatskündigung) einen **neuen Rechtsanwalt** mit der Abwehr der Festsetzung im erstinstanzlichen oder einem Rechtsmittelverfahren beauftragt. Ein Vergütungsanspruch für die Vertretung auch im erstinstanzlichen Festsetzungsverfahren kann dann auch von § 19 I 2 Nr. 14, nach dem außer der Kostenfestsetzung auch die „Einforderung der Vergütung" zum Rechtszug oder dem Verfahren in der Hauptsache gehören, nicht ausgeschlossen werden (im Erinnerungs- und Beschwerdeverfahren gilt ohnehin anderes, § 18 I Nr. 3). Mit dem (an § 10 I 1 anknüpfenden) Begriff „Einforderung der Vergütung" dürfte § 19 I 2 Nr. 14 zwar auch auf das Festsetzungsverfahren nach § 11 verweisen (Gerold/Schmidt/Müller-Rabe § 19 Rn. 145 mwN; bestätigt wird diese Annahme schon dadurch, dass die in § 19 I 2 Nr. 14 übernommene Vorgängerregelung – § 37 Nr. 7 BRAGO – zur Erläuterung des Begriffs ausdrücklich § 19 BRAGO aufführte). Indessen kann die Regelung praktisch nicht eingreifen, weil in den hier erörterten Fällen der mit der Vertretung im Festsetzungsverfahren beauftragte Rechtsanwalt zu keinem Zeitpunkt für das Hauptsacheverfahren beauftragt war (vgl. Schneider/Volpert/N. Schneider Rn. 339), und läuft daher leer (die – an keine Vorgängerregelung anknüpfende – Regelung in der BRAGO hat wohl wegen der „Verwandtschaft" von Kosten- und Vergütungsfestsetzung beide Verfahren unreflektiert gleichgestellt, was sich schon daran zeigt, dass in der Begründung des Regierungsentwurfs allein auf das Kostenfestsetzungsverfahren abgestellt wird, vgl. Begr. § 36 RegE KostRÄndG 1957 BT-Drs. 2/2545, 244).

97 Kann nach den vorstehenden Ausführungen (die allerdings im Hinblick auf den Ausschluss der Kostenerstattung in II 6, → Rn. 99, nur von geringer praktischer Bedeutung sein dürften) ausnahmsweise für die Vertretung im Festsetzungsverfahren eine Anwaltsvergütung geschuldet sein, fällt im **erstinstanzlichen Verfahren** für das Betreiben des Geschäfts (wie bei einem Kostenfestsetzungsverfahren nach den §§ 103 ff. ZPO) eine Verfahrensgebühr für sonstige Einzeltätigkeiten nach **VV 3403 bzw. VV 3406** an (BeckOK RVG/v. Seltmann RVG Rn. 80; Schneider/Volpert/N. Schneider Rn. 339 f.; aA – allg. Verfahrensgebühr nach VV 3100 bzw. VV 3102 – Gerold/Schmidt/Müller-Rabe Rn. 343 f., dies würde allerdings voraussetzen, dass der Auftrag über den bloßen Festsetzungsantrag bzw. die Erhebung einer Einwendung oder Einrede hinausgeht). Im **Erinnerungs- und Beschwerdeverfahren** fällt eine Verfahrensgebühr nach **VV 3500, 3501** und im **Rechtsbeschwerdeverfahren** nach **VV 3502** an.

98 Der für die Anwaltsvergütung maßgebliche **Gegenstandswert** des erstinstanzlichen Festsetzungsverfahrens entspricht gem. § 23 I 2 iVm § 48 I GKG, §§ 3, 6 ZPO bzw. § 35 FamGKG, § 36 GNotKG dem Betrag der festzusetzenden (ggf. Rest-) Vergütung (aA Schneider/Volpert/N. Schneider Rn. 344, zust. BeckOK RVG/v. Seltmann RVG Rn. 81: eine abgesetzte Vorschusszahlung ist für die Wertbemessung zu addieren, weil diese keine Erfüllungswirkung habe; aber: ob die Vorschusszahlung Erfüllungswirkung hat oder nicht, spielt keine Rolle, denn es wird nur der Restbetrag geltend gemacht und nur über diesen ergeht eine der Rechtskraft zugängliche Entscheidung). Dies gilt aufgrund der normativen Wertbestimmungen auch für eine Festsetzung auf Antrag des Auftraggebers (→ Rn. 25 f.) ungeachtet dessen uU nur beschränkten Interesses (aA Schneider/Volpert/N. Schneider Rn. 345; aber: der Festsetzungsantrag ist kein Rechtsmittel auf – uU nur eingeschränkte – Abänderung einer Entscheidung). Im Erinnerungs-, Beschwerde- oder Rechtsbeschwerdeverfahren ist gem. § 23 II 1 das nach dem Vorstehenden zu bewertenden Interesse des Rechtsmittelführers an der Abänderung der vorangegangenen Entscheidung maßgeblich (also etwa der zusätzlich abzusetzende oder festzusetzende Teilbetrag). Eine gerichtliche **Wertfestsetzung** erfolgt, da im Vergütungsfestsetzungsverfahren keine

Gerichtsgebühren (→ Rn. 92) bzw. nur eine wertunabhängige Festgebühr (→ Rn. 93) erhoben werden, nur nach § 33 auf Antrag.

2. Kostenerstattung (II 5, 6). Eine Kostenerstattung ist im Festsetzungsverfahren nach II 6 im Grundsatz **ausgeschlossen.** Der unterlegene Teil hat daher dem obsiegenden Teil entstandene Kosten der Rechtsverfolgung bzw. -verteidigung nicht zu erstatten. Soweit einem Beteiligten Anwaltskosten eines anderen Rechtsanwalts entstanden sind (→ Rn. 96), kann er diese mithin nicht auf die Gegenseite abwälzen (vgl. FG Hamburg NJW-RR 2011, 720), und der seine eigene Vergütung zur Festsetzung anmeldende Rechtsanwalt kann auch nicht für seine Tätigkeit nach § 91 II 3 ZPO (fiktive) Kosten eines bevollmächtigten Rechtsanwalts erstattet verlangen. Dies gilt nicht nur für das erstinstanzliche Festsetzungsverfahren, sondern – aus Gründen der Gleichbehandlung (Begr. RegE KostRMoG BT-Drs. 15/1971, 189) – nach II 6 Hs. 2 auch für Rechtsbehelfsverfahren (vgl. auch Hansens AGS 2022, 352 (355)). 99

Eine **Ausnahme** von diesem Grundsatz macht II 5 für die vom antragstellenden Rechtsanwalt als Auslagen gezahlten **Zustellkosten** (→ Rn. 94), die – im Wege einer „vereinfachten Festsetzung" (vgl. § 105 ZPO) – in den Festsetzungsbeschluss aufzunehmen sind. Nach dem insoweit zweifelsfreien Wortlaut des II 5 gilt dies allerdings nur für die Kosten der Zustellung des **Festsetzungsbeschlusses.** Hat das Gericht die Zahlung von Kosten für weitere (gesetzlich nicht vorgesehene) Zustellungen (etwa des Festsetzungsantrags im Rahmen der Anhörung nach II 2, → Rn. 49) verlangt, können diese Zustellkosten mithin (entgegen weitverbreiteter Praxis) nicht nach II 5 in Festsetzungsbeschluss aufgenommen werden. 100

D. Wirkungen der Festsetzung. 1. Materielle Rechtskraft. Ungeachtet des Umstands, dass im Vergütungsfestsetzungsverfahren nur über vergütungsrechtliche Fragen entschieden wird (→ Rn. 57), wird – insoweit anders als in dem nur der betragsmäßigen Ausfüllung der Kostengrundentscheidung dienenden Kostenfestsetzungsverfahren – über den Vergütungsanspruch als solchen entschieden (vgl. BGHZ 21, 199 (203) = NJW 1956, 1518 (1519), zu § 86a RAGebO). Diese Entscheidung ist der **materiellen Rechtskraft** fähig (vgl. BGH NJW 1997, 743 mwN, zu § 19 BRAGO). 101

Wird der Festsetzungsbeschluss formell rechtskräftig, tritt daher, soweit über den Vergütungsanspruch in der Sache entschieden worden ist, eine **Präklusion von Einwendungen** ein, deren tatsächlichen Grundlagen bis zur Entscheidung vorlagen. Die Verfahrensbeteiligten (und ihre Rechtsnachfolger iSd § 325 ZPO) sind folglich mit solchen Einwendungen hinsichtlich der ganz oder teilweise zuerkannten bzw. aberkannten Einzelposten auch dann ausgeschlossen, wenn über sie im Vergütungsfestsetzungsverfahren keine Entscheidung ergangen ist (vgl. BGH NJW 1997, 743 mwN, zu § 19 BRAGO). Dies gilt auch für Einwendungen, über die (wie insbes. bei nichtgebührenrechtlichen Einwendungen, → Rn. 69, iÜ → Rn. 63) im Festsetzungsverfahren keine Entscheidung ergehen kann, die aber nicht zur Ablehnung der Festsetzung nach bzw. entspr. V 1 geführt haben (vgl. OVG Niedersachsen NVwZ-RR 2010, 662; VGH Hessen NJW 2009, 1624 (1626); RVGreport 2018, 136 = BeckRS 2017, 134037, und zu § 19 BRAGO BGH Rpfleger 1976, 354). Soweit hingegen die Festsetzung nach oder entspr. V 1 abgelehnt worden ist, liegt insoweit keine der materiellen Rechtskraft zugängliche Entscheidung vor (VGH Bayern ZfSch 2022, 284). 102

Zwar können Einwendungen gegen den im Festsetzungsbeschluss titulierten Vergütungsanspruch im Grundsatz noch mit der **Vollstreckungsabwehrklage** (§ 767 ZPO) geltend gemacht werden. In entspr. Anwendung des § 767 Abs. 2 ZPO ist dies (anders als im Kostenfestsetzungsverfahren, vgl. BGHZ 5, 251 (253 f.) = NJW 1952, 786 (787); BGH NJW-RR 2007, 422 Rn. 8) indessen nur möglich wegen Einwendungen, die erst **nach Erlass des Festsetzungsbeschlusses entstanden** sind (BGH NZG 2016, 221 Rn. 42 mwN; zu § 19 BRAGO vgl. auch BGH Rpfleger 1976, 354; NJW 1997, 743 jew. mwN). Zuständig ist das Prozessgericht des ersten Rechtszugs (zur Verwaltungsgerichtsbarkeit vgl. VGH Baden-Württemberg NVwZ-RR 2008, 581 mwN). Besonderheiten gelten, wenn über die **Anrechnung** eines gezahlten Vorschusses nicht entschieden worden ist; dies wird wie die Behandlung einer Prozessaufrechnung als unzulässig behandelt, so dass (nur) die Nichtberücksichtigung 103 der Anrechnung endgültig in Rechtskraft erwächst, ein materieller Rückzahlungsanspruch aber unberührt bleibt und ggf. gesondert geltend gemacht werden kann (BGH NJW 1997, 743, zu § 19 BRAGO)

104 Eine **Nachfestsetzung** ist jedenfalls möglich, soweit Vergütungsteile nicht Gegenstand des beschiedenen Festsetzungsantrags waren oder (entspr. § 321 ZPO) zwar Gegenstand des Antrags waren, aber bei der Entscheidung übergangen worden sind (zum letztgenannten Fall vgl. LG Berlin AnwBl Berlin 1995, 358, zu § 19 BRAGO). Kommt es zu einer nachträglichen Änderung der Streitwertfestsetzung, kommt nach Maßgabe von II 3 iVm § 107 ZPO ebenfalls eine (dann rechtskraftdurchbrechende) Nachfestsetzung in Kraft. Allerdings dürfte im Hinblick auf IV ein vom Rechtsanwalt erst nach Entscheidung über die Vergütungsfestsetzung gestellter Antrag auf Festsetzung eines höheren Streit- bzw. Gegenstandswertes (§ 63 GKG iVm § 32, § 33) unzulässig sein (vgl. FG Hamburg BeckRS 2017, 117005).

105 **2. Zwangsvollstreckung (II 3 Fall 2).** Nach II 3 Fall 2 gelten für die Vergütungsfestsetzung die **Vorschriften der ZPO über die Zwangsvollstreckung aus Kostenfestsetzungsbeschlüssen** entspr. Umstritten ist, ob diese Verweisung in die ZPO auch die gerichtliche **Zuständigkeit** im Zwangsvollstreckungsverfahren umfasst oder ob es (nur) insoweit (nach II 3 Fall 1) bei den Zuständigkeitsregelungen der jeweiligen Verfahrensordnung bleibt. Von praktischer Bedeutung dürfte dies nur für in der Verwaltungs- und Finanzgerichtsbarkeit erlassene Festsetzungsbeschlüsse sein, weil dort das VG (§ 167 I 2 VwGO; für zuständig gehalten etwa von VGH Bayern AGS 2008, 349; VG Magdeburg AGS 2014, 182; VG Cottbus AGS 2020, 127; vgl. zu § 19 BRAGO auch VGH Hessen NJW 2011, 1468 mwN; AG Hannover BeckRS 2009, 89286; LG Bonn NJW 1977, 814) bzw. das FG (§ 151 I 2 FGO) Vollstreckungsgericht ist (für Entscheidungen der Arbeits- und Sozialgerichtsbarkeit ist hingegen das AG Vollstreckungsgericht, § 62 II 1 ArbGG, § 198 I SGG). Indessen ist die Verweisung in II 3 Fall 2 ebenso umfassend formuliert wie die in § 62 II 1 ArbGG, § 198 I SGG, so dass sie auch die Zuständigkeit des **AG** als Vollstreckungsgericht (§ 764 I ZPO) einschließt (zuzugeben ist der Gegenansicht allerdings, dass bei der Zuständigkeit eine Differenzierung zwischen Kosten- und Vergütungsfestsetzungsbeschlüssen nicht sonderlich sinnvoll erscheint). Auch für in der Verwaltungs- und Finanzgerichtsbarkeit erlassene Festsetzungsbeschlüsse ist daher das AG zuständiges Vollstreckungsgericht (ebenso etwa OVG Nordrhein-Westfalen NJW 2001, 3141; OVG Niedersachsen NJW 1984, 2485; OVG Rheinland-Pfalz NJW 1980, 1541; VG Berlin NJW 1976, 1420; LG Heilbronn NJW-RR 1993, 575, jew. zu § 19 BRAGO; und die insoweit wohl einhellige vergütungsrechtliche Literatur, vgl. etwa Schneider/Volpert/N. Schneider Rn. 333).

106 Nach II 2 iVm § 794 I Nr. 2 ZPO ist der Vergütungsfestsetzungsbeschluss **Vollstreckungstitel.** Für die Zwangsvollstreckung bedarf es einer Vollstreckungsklausel (§ 725 ZPO) und der Zustellung des Beschlusses (§ 750 I ZPO). Die Vollstreckungsklausel kann bereits ab Erlass des Festsetzungsbeschlusses erteilt werden, die Zwangsvollstreckung darf aber erst nach Ablauf der Wartefrist des II 2 iVm § 798 ZPO nach Zustellung des Beschlusses beginnen.

107 **3. Verjährung (§§ 197 I Nr. 3, 201 BGB).** Wird der Festsetzungsbeschluss rechtskräftig, endet zwar mit Ablauf der Nachlauffrist des VII iVm § 204 II 1 BGB die durch die Antragstellung herbeigeführte Hemmung der Verjährung des Vergütungsanspruchs (→ Rn. 34 ff.), doch beginnt nunmehr nach § 201 BGB die rechtlich selbständige **Titelverjährung** des rechtskräftig festgestellten Anspruchs, deren Frist nach § 197 I Nr. 3 BGB 30 Jahre beträgt. Diese Verjährung beginnt nach § 212 I Nr. 2 BGB mit Beantragung jeder gerichtlichen Vollstreckungshandlung ohne zeitliche Begrenzung neu, so dass der Vergütungsanspruch durch die Titulierung auf Dauer gegen Verjährung gesichert werde kann.

108 **E. Vergütungsklage. 1. Verhältnis zur Vergütungsfestsetzung.** Da das Vergütungsfestsetzungsverfahren im Vergleich zu einem Klageverfahren eine einfachere und kostengünstigere Möglichkeit bietet, zum begehrten Rechtsschutzziel zu gelangen, fehlt es für eine Vergütungsklage regelmäßig am **Rechtsschutzbedürfnis** (vgl. BGHZ 21, 199 (201) = NJW 1956, 1518 (1519), zu § 86a RAGebO, seither stRspr; vgl. auch Enders JurBüro 2015, 57). Eine Vergütungsklage ist daher nur zulässig, wenn und soweit ein Festsetzungsverfahren nicht zur Titulierung des Vergütungsanspruchs führen kann. Dies ist zum einen dann der Fall, wenn eine Vergütung verlangt wird, die nicht Gegenstand einer Vergütungsfestsetzung sein kann wie insbes. eine vereinbarte Vergütung (→ Rn. 20), eine Vergütung, die nicht zu den Kosten eines gerichtlichen Verfahrens gehört (→ Rn. 4 ff.) oder eine die Mindestgebühr übersteigende Rahmengebühr, der der Auftraggeber nicht zugestimmt hat (→ Rn. 13 ff.; vgl. hierzu etwa BGH MDR 1977, 295, zu § 19 BRAGO). Zum anderen ist dies gegeben, wenn eine Einwendung erhoben wird, über die im Festsetzungsverfahren keine Entscheidung ergehen kann, wie dies insbes. bei sog. **nichtgebührenrechtlichen Einwendungen** (→ Rn. 69, iÜ → Rn. 63) der Fall ist. Der Rechtsanwalt muss allerdings nicht abwarten, dass eine Festsetzung nach bzw. entspr. V 1 abgelehnt wird; vielmehr besteht schon dann ein Rechtsschutzbedürfnis für eine Vergütungsklage, wenn der Auftraggeber außergerichtlich entsprechende Einwendungen erhoben hat (vgl. BGHZ 21, 199 (201) = NJW 1956, 1518 (1519), zu § 86a RAGebO).

Entsprechendes gilt im Grundsatz auch für die Geltendmachung eines Vergütungsanspruchs im gerichtlichen **Mahnverfahren.** Da allerdings das Rechtsschutzbedürfnis im Mahnantrag nicht darzulegen und im Verfahren auch nicht von Amts wegen zu prüfen ist, kann der Erlass eines Mahnbescheids über einen Vergütungsanspruch nicht wegen fehlenden Rechtsschutzbedürfnisses abgelehnt werden (BGH NJW 1981, 875). 109

2. Einzelheiten zur Vergütungsklage. Örtlich zuständig für eine Vergütungsklage ist nach § 12 ZPO jedenfalls das Gericht, bei dem der Auftraggeber seinen **allgemeinen Gerichtsstand** (§§ 13–19a ZPO) hat. Als wahlweise zur Verfügung stehender (vgl. § 35 ZPO) besonderer Gerichtsstand kommt der **Gerichtsstand des Erfüllungsortes** (§ 29 ZPO) in Betracht, doch liegt dieser nach § 269 I Fall 3 BGB regelmäßig ebenfalls am Wohnsitz des Vergütungsschuldners (BGHZ 157, 20 (22 ff.) = NJW 2004, 54 mwN; BGH NJW-RR 2004, 932, unter Aufgabe älterer Rspr., die noch einen einheitlichen Leistungsort iSd § 269 I Fall 2 BGB für die Leistungen beider Vertragsparteien am Kanzleiort angenommen hatte; letzteres gilt allerdings weiterhin für die internationale Zuständigkeit, soweit die Brüssel I-VO anzuwenden ist, vgl. BGH NJW 2006, 1806; OLG Düsseldorf WM 2022, 638). Die für die Vertretung in einem gerichtlichen Verfahren (nach zweifelhafter hM: nur nach der ZPO, vgl. BeckOK ZPO/Toussaint ZPO § 34 Rn. 2 f. mwN) vor den ordentlichen Gerichten angefallene (gesetzliche oder vereinbarte; BeckOK ZPO/Toussaint ZPO § 34 Rn. 5) Vergütung kann überdies an dem (offenbar wenig bekannten) besonderen **Gerichtsstand des Hauptprozesses** (§ 34 ZPO) eingeklagt werden. 110

Im Hinblick darauf, dass mit dem Vergütungsfestsetzungsverfahren eine einfachere und kostengünstigere Möglichkeit zur Titulierung eines Vergütungsanspruchs besteht, bedarf es zur Darlegung der Zulässigkeit Ausführungen dazu, warum (ausnahmsweise) ein Rechtsschutzbedürfnis für eine Klage besteht (→ Rn. 108). IÜ bestehen keine weiteren Besonderheiten (vgl. aber Seggewiße MDR 2021, 1033). 111

Anwendung von Vorschriften über die Prozesskostenhilfe

12 **[1]Die Vorschriften dieses Gesetzes für im Wege der Prozesskostenhilfe beigeordnete Rechtsanwälte und für Verfahren über die Prozesskostenhilfe sind bei Verfahrenskostenhilfe und im Fall des § 4a der Insolvenzordnung entsprechend anzuwenden. [2]Der Bewilligung von Prozesskostenhilfe steht die Stundung nach § 4a der Insolvenzordnung gleich.**

Historie: S. 1 geändert durch Art. 47 VI Nr. 4 FGG-RG v. 17.12.2008 (BGBl. I 2586 (2716)) mWv 1.9.2009; Materialien: BT-Drs. 16/6308 (Gesetzentwurf), BT-Drs. 16/9733 (Beschlussempfehlung und Bericht), BT-Drs. 16/9831 (Änderungsantrag). Außerdem geändert durch Art. 14 Nr. 4 G zur Änd. des PKH- und Beratungshilferechts v. 31.8.2013 (BGBl. I 3533 (3539)) mWv 1.1.2014; Materialien: BT-Drs. 17/11472 (Gesetzentwurf), BT-Drs. 17/13538 (Beschlussempfehlung und Bericht), BR-Drs. 542/13 (Einigungsvorschlag). Überschrift geändert durch Art. 7 I Nr. 2 KostRÄG 2021 v. 21.12.2020 (BGBl. I

3229 (3247)) mWv 1.1.2021; Materialien: BT-Drs. 19/23484 (Gesetzentwurf), BT-Drs. 19/24740 (Beschlussempfehlung und Bericht).

1 Die Vorschrift erstreckt die Anwendung von Regelungen des RVG, die sich auf Prozesskostenhilfe beziehen, auf Verfahrenskostenhilfe und die Stundung der Kosten des Insolvenzverfahrens nach § 4a InsO. Ihr alleiniger Zweck ist es, die anderenfalls notwendige Nennung aller drei Kostenhilfen in allen betroffenen Vorschriften **zu Vereinfachungszwecken** zu vermeiden (vgl. RegE KostRMoG BT-Drs. 15/1971, 189).

2 S. 1 bezieht sich auf zwei Gruppen von Vorschriften: (RVG-)Vorschriften **für im Wege der Prozesskostenhilfe beigeordnete Rechtsanwälte** sind insbes. die §§ 3a III, 4a I 3, 45–50, 54–59. (RVG-)Vorschriften **für Verfahren über die Prozesskostenhilfe** sind insbes. die §§ 16 Nr. 2, 3, 23a, VV 1003 Anm. I, Vorb. 3.3.6, 3335.

3 Die in S. 1 angeordnete entsprechende Anwendung betrifft zum einen die **Verfahrenskostenhilfe,** dh die Kostenhilfe nach §§ 76 ff. FamFG für FamFG-Verfahren, zum anderen die insolvenzrechtliche Kostenhilfe durch **Stundung der Kosten des Insolvenzverfahrens** nach § 4a InsO (zu dieser vgl. Lissner AGS 2022, 49). Sie bedeutet, dass Vorschriften des RVG, die von „Prozesskostenhilfe" sprechen, jeweils so zu lesen sind, dass sie „Prozesskostenhilfe, Verfahrenskostenhilfe und/oder Stundung der Kosten des Insolvenzverfahrens nach § 4a InsO" meinen. Soweit eine RVG-Vorschrift an die Bewilligung von Prozesskostenhilfe anknüpft (zB §§ 48 I, 53 III 1), entspricht dies im Anwendungsbereich des § 4a InsO nach S. 2 der Gewährung der Stundung.

4 Vorschriften des RVG, die auf anderer Rechtsgrundlage beigeordnete oder zu Vertretern bzw. Beiständen bestellte Rechtsanwälte betreffen (insbes. §§ 39–41a), bleiben von § 12 unberührt.

Abhilfe bei Verletzung des Anspruchs auf rechtliches Gehör

12a **I Auf die Rüge eines durch die Entscheidung nach diesem Gesetz beschwerten Beteiligten ist das Verfahren fortzuführen, wenn**

1. ein Rechtsmittel oder ein anderer Rechtsbehelf gegen die Entscheidung nicht gegeben ist und

2. das Gericht den Anspruch dieses Beteiligten auf rechtliches Gehör in entscheidungserheblicher Weise verletzt hat.

II 1 Die Rüge ist innerhalb von zwei Wochen nach Kenntnis von der Verletzung des rechtlichen Gehörs zu erheben; der Zeitpunkt der Kenntniserlangung ist glaubhaft zu machen. 2 Nach Ablauf eines Jahres seit Bekanntmachung der angegriffenen Entscheidung kann die Rüge nicht mehr erhoben werden. 3 Formlos mitgeteilte Entscheidungen gelten mit dem dritten Tage nach Aufgabe zur Post als bekannt gemacht. 4 Die Rüge ist bei dem Gericht zu erheben, dessen Entscheidung angegriffen wird; § 33 Absatz 7 Satz 1 und 2 gilt entsprechend. 5 Die Rüge muss die angegriffene Entscheidung bezeichnen und das Vorliegen der in Absatz 1 Nummer 2 genannten Voraussetzungen darlegen.

III Den übrigen Beteiligten ist, soweit erforderlich, Gelegenheit zur Stellungnahme zu geben.

IV 1 Das Gericht hat von Amts wegen zu prüfen, ob die Rüge an sich statthaft und ob sie in der gesetzlichen Form und Frist erhoben ist. 2 Mangelt es an einem dieser Erfordernisse, so ist die Rüge als unzulässig zu verwerfen. 3 Ist die Rüge unbegründet, weist das Gericht sie zurück. 4 Die Entscheidung ergeht durch unanfechtbaren Beschluss. 5 Der Beschluss soll kurz begründet werden.

V Ist die Rüge begründet, so hilft ihr das Gericht ab, indem es das Verfahren fortführt, soweit dies aufgrund der Rüge geboten ist.

VI Kosten werden nicht erstattet.

Historie: Vorschrift eingefügt durch Art. 17 Nr. 2 AnhörungsrügenG v. 9.12.2004 (BGBl. I 3220 (3228)) mWv 1.1.2005; Materialien: BT-Drs. 15/3966 (Gesetzentwurf), BT-Drs. 15/4061 (Beschlussempfehlung und Bericht). II 4 geändert durch Art. 18 V Nr. 2 G zur Neuregelung des Rechtsberatungsrechts v. 12.12.2007 (BGBl. I 2840 (2859)) mWv 1.7.2008; Materialien: BT-Drs. 16/3655 (Gesetzentwurf), BT-Drs. 16/6634 (Beschlussempfehlung und Bericht).

Schrifttum: Th. Schmidt, Das Anhörungsrügengesetz und die Auswirkungen auf das RVG, RVG-Berater 2005, 60.

Die Vorschrift ermöglicht den Angriff einer mit ordentlichen Rechtsbehelfen nicht mehr anfechtbaren Entscheidung nach dem RVG (dh insbes. solche nach §§ 11, 33, 42, 51, 55, 56, vgl. etwa VGH Bayern BeckRS 2011, 30543; OLG Hamm BeckRS 2013, 13754; OLG Naumburg BeckRS 2013, 14023; LSG Thüringen BeckRS 2017, 128716) mit der Rüge, das Gericht habe das grundrechtsgleiche Recht auf Gewährung rechtlichen Gehörs (Art. 103 I GG) des Beteiligten verletzt. Sie ist – mit Ausnahme der Verweisung in II 4 Hs. 2 – **wortgleich mit § 69a GKG,** so dass für Einzelheiten auf die Kommentierung dieser Vorschrift (→ GKG § 69a Rn. 1 ff.) verwiesen werden kann. Soweit abweichend von § 69a II 4 Hs. 2 GKG die entsprechende Anwendung von § 33 VII 1, 2 (anstelle von § 66 V 1, 2 GKG) angeordnet wird, ergibt sich kein inhaltlicher Unterschied, weil auch diese Vorschriften wortgleich sind. 1

Elektronische Akte, elektronisches Dokument

12b **[1] In Verfahren nach diesem Gesetz sind die verfahrensrechtlichen Vorschriften über die elektronische Akte und über das elektronische Dokument für das Verfahren anzuwenden, in dem der Rechtsanwalt die Vergütung erhält. [2] Im Fall der Beratungshilfe sind die entsprechenden Vorschriften des Gesetzes über das Verfahren in Familiensachen und in den Angelegenheiten der freiwilligen Gerichtsbarkeit anzuwenden.**

Historie: Vorschrift eingefügt durch Art. 14 VI Nr. 3 JKomG v. 22.3.2005 (BGBl. I 837 (856), ber. S. 2022; Materialien: BT-Drs. 15/4067 (Gesetzentwurf), BT-Drs. 15/4952 (Beschlussempfehlung und Bericht), und geändert durch Art. 8 I Nr. 4 2. KostRMoG v. 23.7.2013 (BGBl. I 2586 (2688)) mWv 1.8.2013; Materialien: BT-Drs. 17/11471 (Gesetzentwurf), BT-Drs. 17/13537 (Beschlussempfehlung und Bericht), BT-Drs. 17/14120 (Beschlussempfehlung).

Normzweck und Entstehungsgeschichte der (bei Einfügung durch das JKomG tlw. an die Stelle einer Regelung in § 130 VII 1 aF getretenen) Vorschrift entsprechen weitgehend der des **§ 5a GKG,** hierzu → GKG § 5a Rn. 1 f. 1

S. 1 gilt für alle Verfahren nach dem RVG (also insbes. die Festsetzungsverfahren nach §§ 11, 32, 33, 55, die Rechtsbehelfsverfahren nach §§ 12a, 33 oder das Bewilligungsverfahren nach § 51). Für diese verweist sie (regelmäßig, Ausnahme → Rn. 3) auf die für das jeweilige **Hauptsacheverfahren,** für das der Rechtsanwalt seine Vergütung erhält, geltenden verfahrensrechtlichen Vorschriften über die elektronische Akte und über das elektronische Dokument (also u. a. den §§ 130a–130d, §§ 298, 298a ZPO; §§ 14–14b FamFG; §§ 46c–46g ArbGG; §§ 65a–65d SGG; §§ 55a–55d VwGO; §§ 52a–52d FGO). Die Regelung stellt damit sicher, dass sich elektronische Kommunikation und Aktenführung für Hauptsache- und Kostenverfahren stets nach denselben rechtlichen Regeln richten. S. 1 ist **inhaltlich identisch mit § 5a GKG** (lediglich der Verweis auf das „zugrundeliegende Verfahren" ist hier – sachlich bedingt – anders formuliert), so dass für Einzelheiten auf die Kommentierung dieser Vorschrift (→ GKG § 5a Rn. 3 ff.) verwiesen werden kann. 2

Abweichend von der Grundregel des S. 1 verweist **S. 2** als (vorrangige) Sonderregelung für RVG-Verfahren, die eine Vergütung im Rahmen der **Beratungshilfe** betreffen, unabhängig vom Gegenstand der Beratung (mangels Hauptsacheverfahrens) stets auf die Vorschriften des FamFG, mithin insbes. auf die **§§ 14–14b FamFG** (die wiederum tlw. auf die Regelungen der ZPO verweisen). Soweit das nach § 1 Nr. 2 BerHFV für den Antrag auf Auszahlung einer Vergütung zu verwendende Formular 3 die Bestätigung verlangt, dass der „Berechtigungsschein im Original" beigefügt ist (von der in § 3 II BerHFV eröffneten Möglichkeit, Änderungen oder Anpassungen des Formulars vorzunehmen, die es „ermöglichen, das Formular in elektronischer Form auszufüllen und dem bearbeitenden Gericht als strukturierten Datensatz zu übermitteln", haben nicht alle Bundesländer Gebrauch gemacht), schließt dies die Einreichung als elektronisches Dokument nicht aus (OLG Oldenburg NJW-RR 2022, 923 mAnm Lissner AGS 2022, 282; OLG Saarbrücken NJW-RR 2020, 444, gegen die Vorinstanz LG Saarbrücken RVGReport 2019, 478 mablAnm. Hansens); S. 2 gestattet insoweit eine modifizierte Schriftform (→ GKG § 5a Rn. 1), so dass der ordnungsgemäß auf elektronischem Wege eingereichte Berechtigungsschein selbst das Original ist (vgl. auch Burhoff AK 2020, 042).

Rechtsbehelfsbelehrung

12c Jede anfechtbare Entscheidung hat eine Belehrung über den statthaften Rechtsbehelf sowie über das Gericht, bei dem dieser Rechtsbehelf einzulegen ist, über dessen Sitz und über die einzuhaltende Form und Frist zu enthalten.

Historie: Vorschrift eingefügt durch Art. 14 Nr. 2 G zur Einführung einer Rechtsbehelfsbelehrung im Zivilprozess und zur Änd. anderer Vorschriften v. 5.12.2012 (BGBl. I 2418 (2423)) mWv 1.1.2014: Materialien: BT-Drs. 17/10490 (Gesetzentwurf), BT-Drs. 17/11385 (Beschlussempfehlung und Bericht).

Schrifttum: Hansens, Folgen einer unterbliebenen oder fehlerhaften Rechtsbehelfsbelehrung, AGS 2021, 104; H. Schneider, Die Rechtsbehelfsbelehrung in den kostenrechtlichen Verfahren, AGS 2014, 106; Volpert, Die Rechtsbehelfsbelehrung gem. § 12c RVG, RVGreport 2013, 210; ders., Rechtsbehelfsbelehrungen gem. § 5b GKG und § 12c RVG in den verkehrsrechtlichen Kostenverfahren, VRR 2014, 244; ders., Rechtsbehelfsbelehrungen gem. § 12c RVG und § 5b GKG in den strafrechtlichen Kostenverfahren, StRR 2014, 244.

1 Die Vorschrift ist mit Wirkung zum 1.1.2014 zusammen mit § 232 ZPO und weitgehend gleichlautenden Vorschriften in anderen Kostengesetzen (§ 5b GKG, § 8a FamGKG, § 3a GvKostG, § 4c JVEG, § 7a GNotKG) geschaffen worden (→ GKG § 5b Rn. 1). Sie begründet eine generelle Rechtsbelehrungspflicht für alle auf der Grundlage des RVG getroffenen, nach dem RVG anfechtbaren Entscheidungen (vgl. etwa §§ 11, 33, 51, 52 II, 55, 56 RVG und H. Schneider AGS 2014, 106). Ihr Wortlaut ist weitgehend identisch mit dem des § 5b GKG (der auch noch gerichtliche, im Bereich des RVG nicht vorkommende Kostenrechnungen erfasst und außerdem anstelle des Begriffs „Gericht" den weiteren Begriff der „Stelle" verwendet), so dass für Einzelheiten auf die Kommentierung dieser Vorschrift (→ GKG § 5b Rn. 1 ff.) verwiesen werden kann. Eine dem § 68 II 2 GKG entsprechende Regelung zur Wiedereinsetzung bei unterbliebener oder fehlerhafter Rechtsbehelfsbelehrung (→ GKG § 5b Rn. 11) findet sich in § 33 V 2.

Abschnitt 2. Gebührenvorschriften

Wertgebühren

13 **I 1 Wenn sich die Gebühren nach dem Gegenstandswert richten, beträgt bei einem Gegenstandswert bis 500 Euro die Gebühr 49 Euro. 2 Die Gebühr erhöht sich bei einem**

Gegenstandswert bis … Euro	für jeden angefangenen Betrag von weiteren … Euro	um … Euro
2 000	500	39
10 000	1 000	56
25 000	3 000	52
50 000	5 000	81
200 000	15 000	94
500 000	30 000	132
über 500 000	50 000	165

3 Eine Gebührentabelle für Gegenstandswerte bis 500 000 Euro ist diesem Gesetz als Anlage 2 beigefügt.

II Bei der Geschäftsgebühr für eine außergerichtliche Inkassodienstleistung, die eine unbestrittene Forderung betrifft (Absatz 2 der Anmerkung zu Nummer 2300 des Vergütungsverzeichnisses), beträgt bei einem Gegenstandswert bis 50 Euro die Gebühr abweichend von Absatz 1 Satz 1 30 Euro.

III Der Mindestbetrag einer Gebühr ist 15 Euro.

Anlage 2
(zu § 13 Absatz 1 Satz 3)

Gegenstandswert bis … €	Gebühr … €	Gegenstandswert bis … €	Gebühr … €
500	49,00	35 000	1 036,00
1 000	88,00	40 000	1 117,00
1 500	127,00	45 000	1 198,00
2 000	166,00	50 000	1 279,00
3 000	222,00	65 000	1 373,00
4 000	278,00	80 000	1 467,00
5 000	334,00	95 000	1 561,00
6 000	390,00	110 000	1 655,00
7 000	446,00	125 000	1 749,00
8 000	502,00	140 000	1 843,00
9 000	558,00	155 000	1 937,00
10 000	614,00	170 000	2 031,00
13 000	666,00	185 000	2 125,00

Gegenstandswert bis … €	Gebühr … €		Gegenstandswert bis … €	Gebühr … €
16 000	718,00		**200 000**	2 219,00
19 000	770,00		**230 000**	2 351,00
22 000	822,00		**260 000**	2 483,00
25 000	874,00		**290 000**	2 615,00
30 000	955,00		**320 000**	2 747,00
350 000	2 879,00		**440 000**	3 275,00
380 000	3 011,00		**470 000**	3 407,00
410 000	3 143,00		**500 000**	3 539,00

Historie: Vorschrift geändert durch Art. 8 I Nr. 5 2. KostRMoG v. 23.7.2013 (BGBl. I 2586 (2688)) mWv 1.8.2013; Materialien: BT-Drs. 17/11471 (Gesetzentwurf), BT-Drs. 17/13537 (Beschlussempfehlung und Bericht), BT-Drs. 17/14120 (Beschlussempfehlung); Art. 7 I Nr. 3 KostRÄG 2021 v. 21.12.2020 (BGBl. I 3229 (3248)) mWv 1.1.2021; Materialien: BT-Drs. 19/23484 (Gesetzentwurf), BT-Drs. 19/24740 (Beschlussempfehlung und Bericht); neuer II eingefügt durch Art. 2 Nr. 1 G zur Verbesserung des Verbraucherschutzes im Inkassorecht u. zur Änd. weiterer Vorschriften v. 22.12.2020 (BGBl. I 3320 (3323)) mWv 1.10.2021; Materialien: BT-Drs. 19/20348 (Gesetzentwurf), BT-Drs. 19/24735 (Beschlussempfehlung und Bericht).

1 **I. Normzweck.** Die Vorschrift schließt an § 2 an und legt für wertabhängige Gebühren iSd § 2 I, deren Höhe nach § 2 II 1 iVm VV nur mit Multiplikatoren („Satz") der „Gebühr nach § 13" beschrieben ist, die zur Berechnung der konkreten Gebührenhöhe in EUR notwendigen Euro-Beträge fest.

2 **II. Anwendungsbereich.** Unter die Vorschrift fallen nach I 1 nur Gebühren, deren Höhe sich nach dem Gegenstandswert richten, mithin **Wertgebühren** in der Ausprägung entweder als **Satzgebühr** oder als **Satzrahmengebühr** (→ § 2 Rn. 5). Nicht erfasst werden daher zunächst alle (wertunabhängigen) Fest- und Betragsrahmengebühren, aber auch die Hebegebühr nach VV 1009, die zwar wertabhängig ist, jedoch nicht vom Wert des Gegenstandes der anwaltlichen Tätigkeit, sondern von der Höhe des aus- oder zurückbezahlten Geldbetrages. Im Rahmen einer Gebührenvereinbarung nach § 3a kann § 13 nur Bedeutung erlangen, soweit auf ihn (ggf. stillschweigend, zB durch eine Gegenstandswertabrede) Bezug genommen wird.

3 **III. Gebührenhöhe (I). 1. Grundsatz.** Für die Ermittlung der Gebührenhöhe in EUR bestimmt I zunächst (mit denen in § 34 I GKG bestimmten identische) **Wertstufen.** Soweit der Gegenstandswert die Grenze einer Wertstufe (oder mehrerer Wertstufen) übersteigt, ist er nicht insgesamt in die höchste Wertstufe einzuordnen, sondern die Gebührenhöhe ist für jede betroffene Wertstufe gesondert zu ermitteln (so ist etwa bei einem Gegenstandswert von 8.000 EUR die Gebühr für die ersten 500 EUR nach I 1, für die nächsten 2.000 EUR nach I 2 Zeile 1 und für die letzten 5.500 EUR nach I 2 Zeile 1 zu ermitteln). Für jede Wertstufe ist dabei als Gebührenhöhe ein bestimmter Euro-Betrag je einem von Wertstufe zu Wertstufe variierenden angefangenen Teil des Gegenstandswertes angegeben (zwischen 1923, vgl. das durch die Erfahrung mit dem damaligen Höhepunkt der Hyperinflation geprägte Gesetz über die Gebühren der Rechtsanwälte und die Gerichtskosten v. 18.8.1923, RGBl. I 813, und 1957, vgl. das KostRÄndG 1957, → GKG Vor § 1 Rn. 15, waren stattdessen für jede Wertstufe feste Prozentsätze von dem in diese Wertstufe fallenden Teil des Gegenstandswertes geregelt). Das Ergebnis ist dann für den konkreten Gegenstandswert eine (volle) „Gebühr nach § 13". Deren Höhe kann bis zu einem Wert von 500.000 EUR unmittelbar der in I 3 genannten, als **Anlage 2** dem RVG beigefügten **Gebührentabelle** entnommen werden (→ vor Rn. 1). Die konkrete Ge-

bührenhöhe ist durch Multiplikation mit dem aus dem VV ersichtlichen Multiplikator („Satz") zu berechnen (zur Rundung vgl. § 2 II 2, → § 2 Rn. 9). Die Frage, ob die durch das KostRÄG 2021 erhöhten Gebühren oder noch die zuvor geltenden heranzuziehen sind, beantwortet die Dauerübergangsregelung des § 60.

Die Wertabhängigkeit der Gebühren führt zu ihrem Anstieg mit steigenden Gegenstandswerten. Dieser **Anstieg** ist aber nach I erst ab einem Gegenstandswert **ab 500.000 EUR linear;** bei **niedrigeren Werten** verläuft der Anstieg **degressiv,** wobei die Degression langsam abflacht (dieser Verlauf entspricht in der Grundtendenz dem Anstieg der – mit einem deutlich niedrigeren Betrag beginnenden – Gerichtsgebühren nach § 34 I GKG, § 28 I FamGKG, § 34 II GNotKG [Tabelle A], doch ist dort die Degression bei den niedrigeren Werten flacher und der lineare Anstieg bei Werten ab 500.000 EUR steiler). Im Jahre 1923 sind die gesetzgeberischen Motive für einen solchen Verlauf folgendermaßen formuliert worden: „Es liegt im Wesen eines jeden auf dem Objektswerte aufgebauten Gebührentarifs, daß die Einnahmen aus den größeren Objekten einen Ausgleich für die geringeren Einnahmen aus den kleineren Objekten bilden müssen. Insofern besteht aber zwischen den Rechtsanwalts- und den Gerichtsgebühren ein grundlegender Unterschied, als die allgemeinen rechtspolitischen Gesichtspunkte, die dazu geführt haben, bei den kleinen Objekten die Gerichtskosten unter der selbst zur Deckung der baren Auslagen des Staates hinreichenden Grenze zu halten, bei der Vergütung der anwaltlichen Tätigkeit ausscheiden müssen. Es werden also die geringeren Objekte mit Anwaltskosten stärker belastet werden müssen, als dies bei den Gerichtskosten der Fall ist. Weiter bleibt zu berücksichtigen, daß bei den Anwaltsgebühren im Gegensatz zu den Gerichtskosten ein Ausgleich zwischen den kleinen und großen Objekten nur in dem Geschäftsbetriebe des einzelnen Rechtsanwalts stattfindet. Daraus folgt einmal, daß bei Ausstellung der für Durchschnittsverhältnisse bestimmten Taxe mit außergewöhnlich hohen Objekten, wie sie nur vereinzelt diesem oder jenem Rechtsanwalt anfallen, nicht ohne weiteres gerechnet werden darf. Andererseits ergibt sich aus diesem Gesichtspunkt aber auch, daß zur Vermeidung ungerechtfertigt hoher Gewinne bei den ganz großen Objekten eine Degression der Staffelung eintreten muß" (Begr. RegE Gesetz über die Geb. der RAe und die Gerichtskosten, Vhdlg. d. RT [I. Wahlper. 1920, Anlagen], Bd. 379, Aktenstück Nr. 6116, 7405 (7407)). 4

Für **aus der Staatskasse** (zB dem im Wege der Prozess- oder Verfahrenskostenhilfe beigeordneten Rechtsanwalt) zu zahlende Vergütung gelten abweichend von I die sich aus **§ 49** ergebenden Beträge. 5

2. Außergerichtliche Inkassodienstleistung (II). Für außergerichtliche Inkassodienstleistungen bestimmt II – abweichend von I 1 – mit Wirkung ab dem 1.10.2021 eine besondere („0.") Wertstufe, die nur von Bedeutung ist, wenn der Gegenstandswert höchstens 50 EUR beträgt. Hierdurch soll einem Missverhältnis zwischen Forderungsbetrag und Inkassokosten entgegengewirkt werden (Begr. RegE BT-Drs. 19/20348, 60 f.; eine 1,0-Gebühr zuzüglich Auslagenpauschale beträgt danach für einen Forderungsbetrag bis 50 EUR netto nur 36 EUR statt wie nach I 1 mehr als der Forderungsbetrag selbst, nämlich 58,80 EUR). Die Anwendung von II unterliegt allerdings zwei Einschränkungen. Zum einen gilt der Gebührenwert nur für die **Geschäftsgebühr** (und damit insbes. nicht für eine Einigungsgebühr, für die allerdings in den von II erfassten Fällen nach VV 1000 Nr. 2 ein ermäßigter Gebührensatz gilt). Zum anderen setzt II voraus, dass die Inkassodienstleistung eine **unbestrittene Forderung** betrifft (zum Gebührensatz der Geschäftsgebühr in diesem Fall vgl. VV 2300 Anm. II), weil nur dann von einem relativ geringen Arbeitsaufwand ausgegangen werden kann. 6

3. Mindest-, Höchstgebühr (III). Soweit III als **Mindestbetrag** einer „Gebühr" den Betrag von 15 EUR vorsieht, ist nicht die (volle) Gebühr iSd I (die mindestens 49 EUR beträgt) gemeint, sondern die konkrete Gebühr, die sich nach Anwendung des aus dem VV ersichtlichen Multiplikators ergibt (vgl. BGH NJW-RR 2006, 215 Rn. 8). IÜ ist aber der Anwendungsbereich des III derselbe wie der des I (→ Rn. 2, vgl. BGH NJW-RR 2006, 215 Rn. 8), so dass etwa für die Hebegebühr nach VV 1009 (für die in VV 1009 ein eigener Mindestbetrag vorgesehen ist) III nicht gilt. Die Anwendung des III führt etwa dazu, dass die 0,3-Gebühr für ein einfaches Schreiben nach VV 2301 nach einem Gegenstandswert bis 500 EUR nicht 14,70 EUR, sondern 15 EUR beträgt. Zu beachten ist, dass der Mehrvertretungszuschlag nach VV 1008 keine eigene Gebühr ist, sondern die Verfahrens- bzw. Geschäftsgebühr erhöht und daher für sich nicht nach III mindestens 15 EUR beträgt (vgl. FG Niedersachsen AGS 2010, 438; LG Berlin AGS 2006, 484; AG Stuttgart AGS 2005, 331; AG Hohenschönhausen AGS 2006, 117, alle mAnm N. Schneider).

7 Ein **Höchstbetrag** für Gebühren ist im RVG nicht vorgesehen. Eine Begrenzung der Gebühren in der Höhe ergibt sich nur mittelbar aus der Begrenzung des Gegenstandswertes durch § 22 II und etwa aus § 23 I iVm §§ 48 I 2, II 2, 52 IV GKG.

Rahmengebühren

14 **I** [1] **Bei Rahmengebühren bestimmt der Rechtsanwalt die Gebühr im Einzelfall unter Berücksichtigung aller Umstände, vor allem des Umfangs und der Schwierigkeit der anwaltlichen Tätigkeit, der Bedeutung der Angelegenheit sowie der Einkommens- und Vermögensverhältnisse des Auftraggebers, nach billigem Ermessen.** [2] **Ein besonderes Haftungsrisiko des Rechtsanwalts kann bei der Bemessung herangezogen werden.** [3] **Bei Rahmengebühren, die sich nicht nach dem Gegenstandswert richten, ist das Haftungsrisiko zu berücksichtigen.** [4] **Ist die Gebühr von einem Dritten zu ersetzen, ist die von dem Rechtsanwalt getroffene Bestimmung nicht verbindlich, wenn sie unbillig ist.**

II Ist eine Rahmengebühr auf eine andere Rahmengebühr anzurechnen, ist die Gebühr, auf die angerechnet wird, so zu bestimmen, als sei der Rechtsanwalt zuvor nicht tätig gewesen.

III [1] **Im Rechtsstreit hat das Gericht ein Gutachten des Vorstands der Rechtsanwaltskammer einzuholen, soweit die Höhe der Gebühr streitig ist; dies gilt auch im Verfahren nach § 495a der Zivilprozessordnung.** [2] **Das Gutachten ist kostenlos zu erstatten.**

Historie: II nF eingefügt durch Art. 7 I Nr. 4 KostRÄG 2021 v. 21.12.2020 (BGBl. I 3229 (3247 f.)) mWv 1.1.2021; Materialien: BT-Drs. 19/23484 (Gesetzentwurf), BT-Drs. 19/24740 (Beschlussempfehlung und Bericht).

Schrifttum: Noch zur **BRAGO:** Bohnenkamp, Die Gutachtertätigkeit des Vorstandes der Rechtsanwaltskammer, FS 125 Jahre RAK Hamm, 2004, 359; Braun, Die Rahmengebühr, FS 50 Jahre DAI, 2003, 369; Hommerich, Das Zeitbudget der Rechtsanwältinnen und Rechtsanwälte in Scheidungs- und Folgesachen, 2002; Madert, Die Bestimmung einer Rahmengebühr durch den Rechtsanwalt gem. § 12 BRAGO, AnwBl. 1994, 379; 1994, 445; N. Schneider, Gutachten des Vorstandes der Rechtsanwaltskammer im Honorarprozess, MDR 2002, 1295; ders., Fehler bei Einholung eines Gebührengutachtens des Kammervorstands, NJW 2004, 193.
Zum **RVG:** Bohnenkamp/Winkler, Das Gutachten des Vorstands der Rechtsanwaltskammer in Gebührensachen, FS 65 Jahre RAK Freiburg, 2011, 161; Burhoff, Rahmengebühren: Bindung an Ermessensausübung oder Nachfestsetzung möglich?, AK 2020, 021; Enders, Umfang der anwaltlichen Tätigkeit, JurBüro 2004, 459; Fölsch, Kombination von Regelgebühr und Toleranzbereich, NJW 2012, 267; Gerloff, Sind „Synergieeffekte" im Eilverfahren im Rahmen von § 14 RVG zu berücksichtigen?, ASR 2020, 194; Hinne, Gebührenbestimmung im einstweiligen Rechtsschutz, ASR 2020, 14; Merold, Bemessung der Rechtsanwaltsgebühren im Sozialrecht insbesondere unter Berücksichtigung der Regelung des § 15 RVG bei derselben Angelegenheit, ZFSH/SGB 2019, 196; Otto, Die angemessene Rahmengebühr nach dem RVG, NJW 2006, 1472; Winkler, Die Bedeutung der Angelegenheit in § 14 Abs. 1 RVG, AGS 2010, 579.

Übersicht

A. Bestimmung der Rahmengebühr (I). I. Normzweck, Übersicht. Soweit das RVG als Vergütung (Satz- oder Betrags-)**Rahmengebühren** (→ § 2 Rn. 5) vorsieht, bedarf es für den konkreten Einzelfall einer **Bestimmung der Gebühr** innerhalb des gesetzlich vorgegebenen Rahmens. Wie diese Bestimmung im Einzelnen zu erfolgen hat, regelt § 14 (der in modifizierter Form den Inhalt von § 12 BRAGO übernommen hat, vgl. Begr. RegE KostRMoG BT-Drs. 15/1971, 189, welcher wiederum auf den mit der erstmaligen Schaffung von Rahmengebühren – zunächst nur für Strafsachen – durch die VO v. 21.4.1944, RGBl. I 104 (106), eingefügten § 74 RAGebO aF zurückgeht, vgl. Begr. RegE KostRÄndG 1957 BT-Drs. 2/2545, 234; dem § 14 I nachgebildet ist § 11 StBVV, vgl. Begr. RegE JStG 2007, BT-Drs. 16/2712, 84). 1

Regelungsgehalt des I 1 ist zunächst, dass die Bestimmung durch den Rechtsanwalt erfolgt, dass also das **(Leistungs-)Bestimmungsrecht** (allein) dem **Rechtsanwalt** zusteht. Diese (auf das KostRÄndG 1975, → GKG Vor § 1 Rn. 15, zurückgehende) gesetzliche Konzeption der Gebührenbestimmung weicht damit ab von der ursprünglichen Konzeption der BRAGO (und kehrt insoweit zurück zur Konzeption des § 74 RAGebO), denn die in § 12 I BRAGO genannten Bemessungskriterien waren zunächst als objektive Gebührenvoraussetzungen ausgestaltet (vgl. Begr. RegE KostRÄndG 1957 BT-Drs. 2/2545, 234), so dass die Gebühr ggf. auch vom Gericht bestimmt werden konnte (vgl. etwa OLG Düsseldorf NJW 1974, 65). Die jetzige Fassung beruht darauf, dass der Rechtsanwalt die Umstände, die bei der Bemessung zu berücksichtigen sind, regelmäßig am besten kennt (vgl. Begr. RechtsA KostRÄndG 1975 BT-Drs. 7/3243, 8). 2

Die Ausübung dieses Bestimmungsrechts wird in I 1 sodann dadurch **begrenzt,** dass die Bestimmung nach **„billigem Ermessen"** zu erfolgen hat. Diese bereits in der ursprünglichen Fassung von § 12 I BRAGO – wohl im Widerspruch zur Gesetzeskonzeption, → Rn. 2 – enthaltene Formulierung dürfte auf die in § 93 III RAGebO aF – nur für eine vereinbarte Vergütung – vorgesehene gerichtliche Prüfung der Angemessenheit (am Maßstab damaliger Standespflichten) zurückgehen, die zunächst für die britische Zone durch Art. 2 VO v. 26.4.1948 (VOBl. BritZ 108 3

(109)) und dann bundesrechtlich durch Art. 7 Nr. 37 REinhG, → GKG Vor § 1 Rn. 15, auf die Bemessung von Rahmengebühren in Strafsachen ausgedehnt worden ist.

4 Das billige Ermessen wird wiederum durch die Vorgabe **bestimmter Bewertungskriterien** in I 1 (die bereits in § 74 RAGebO aF und § 12 I BRAGO genannt waren) sowie in I 2, 3 (hierzu weiter → Rn. 45 ff.) und II (hierzu weiter → Rn. 82) **konkretisiert.** Die Festlegung dieser Kriterien beantwortet die für § 315 BGB erörterte Streitfrage, ob die Billigkeit abstrakt nach der Marktüblichkeit oder aber konkret nach Vertragszweck, Interessenlage der Parteien und Bedeutung der Leistung für diese zu beurteilen ist (vgl. nur BGH ZIP 2016, 1030 Rn. 77 ff. mwN), im letztgenannten Sinne. Für das Verständnis der in I 1 genannten Kriterien ist zu berücksichtigen, dass sie ursprünglich nur Strafsachen erfassten (→ Rn. 1) und iÜ im Wesentlichen den (durch das KostRÄndG 1957, → GKG Vor § 1 Rn. 15, eingefügten, vgl. RechtsA BT-Drs. 2/3378, 2) Bewertungskriterien für nichtvermögensrechtlichen Streitigkeiten nach § 48 II 1 GKG (und nachfolgend auch § 42 II FamGKG) entsprechen (für die Bestimmung des Gegenstandswerts verweisen auch §§ 37 II, 38a S. 2 auf eine entspr. Anwendung des I).

5 Eine hiernach erfolgte Bestimmung betrifft zunächst nur das Verhältnis zum unmittelbaren Leistungsschuldner, dem Auftraggeber, und ist diesem gegenüber nach allg. Regeln (vgl. § 315 III 1 BGB) nur verbindlich, wenn sie im Ergebnis auch der Billigkeit entspricht. Die bei der Anwaltsvergütung praktisch besonders bedeutsame Frage, wie sich die gegenüber dem Auftraggeber vorgenommene Bestimmung auf das Verhältnis zu einem **erstattungspflichtigen Dritten** auswirkt, beantwortet **I 4** (der inhaltlich § 12 I 2 BRAGO entspricht); soweit danach die Bestimmung (nur) dann nicht verbindlich ist, wenn sie unbillig ist, wird einerseits klargestellt, dass sich auch der Erstattungspflichtige auf die Unbilligkeit der im Verhältnis zum Auftraggeber erfolgten Bestimmung berufen kann, anderseits, dass die im Verhältnis zum Auftraggeber geltende Rechtslage (und damit insbes. die Darlegungs- und Beweislast) ggü. einer außerhalb des Mandatsverhältnisses stehenden zahlungspflichtigen Person (sachgerechterweise) umgekehrt wird.

6 **II. Maßstab: Billiges Ermessen.** Die Ausübung des von I 1 dem Rechtsanwalt eingeräumten gesetzlichen **Leistungsbestimmungsrechts** (vgl. BGH NJW-RR 2009, 490 Rn. 11; NJW 2013, 3102 Rn. 14) ist nicht frei, sondern dahingehend **gebunden,** dass es (wie in den Fällen der §§ 23 III 2, 23a I, 25 II, 37 II 2, 38a S. 2 bei der Bestimmung des Gegenstandswertes) nach **„billigem Ermessen"** auszuüben ist (zur Nachprüfung → Rn. 69 ff.). Das Gesetz greift damit auf einen tradierten („arbitrium boni viri"), auch nach der Auslegungsregel des § 315 I BGB heranzuziehenden **Rechtsbegriff** (zu diesem allg. etwa MüKoBGB/Würdinger BGB § 315 Rn. 29 ff.; jurisPK-BGB/Völzmann-Stickelbrock BGB § 315 Rn. 16 ff.) zurück. Dieser Begriff ist insbes. zu unterscheiden von einem (etwa von § 3 ZPO eingeräumten, → ZPO § 3 Rn. 10, lediglich formal ordnungsgemäß auszuübenden) „freien Ermessen" oder einem (wohl noch von § 74 RAGebO aF eingeräumten, → Rn. 2, vgl. Braun SchlHA 1949, 221) „freien Belieben", die im Grundsatz bis zur Grenze offenbarer Unbilligkeit ausgeübt werden können.

7 Besonderheit des I ist, dass die Billigkeit insoweit konkretisiert wird, als zwar im Ausgangspunkt „alle Umstände", „vor allem" aber bestimmte **gesetzliche Bewertungskriterien** bei der Ermessensausübung zu berücksichtigen sind. Diese zielen auf unterschiedliche Aspekte, nämlich auf die zu vergütende Tätigkeit des Rechtsanwalts (I 1 Kriterium 1, → Rn. 9 ff.), die Bedeutung der Angelegenheit (I 1 Kriterium 2, → Rn. 31 ff.), die wirtschaftlichen Verhältnisse des Auftraggebers (I 1 Kriterium 3, → Rn. 40 ff.) und das Haftungsrisiko des Rechtsanwalts (I 2, 3, → Rn. 45 ff.).

8 Die vom Rechtsanwalt einseitig bestimmte Gebühr bzw. der bestimmte Satz entspricht dann der Billigkeit, wenn die im Gesetz genannten Kriterien in der gebotenen Weise berücksichtigt worden sind. Dabei ist – im Rahmen der dem Rechtsanwalt zur Verfügung stehenden Erkenntnismöglichkeiten – zu beurteilen, ob es sich in concreto um einen „normalen" (regelmäßig mit der sog. Mittelgebühr, → Rn. 63, abgegoltenen) oder aber um einen (höher bzw. niedriger zu vergütenden) über- bzw. unterdurchschnittlichen Fall handelt (vgl. BVerwG Buchholz 363 § 14 RVG Nr. 1 = BeckRS

2005, 30309 Rn. 28). „Billig" ist dann allerdings nicht allein eine bestimmte Gebühr bzw. ein bestimmter Satz (hiervon ging aber noch § 12 I BRAGO in seiner ursprünglichen Fassung aus, → Rn. 2). Vielmehr lässt der anzuwendende Maßstab für die Leistungsbestimmung einen **Spielraum** (vgl. zu § 315 BGB etwa BGH NJW 2014, 3089 Rn. 23; WM 2016, 2047 Rn. 18), der vom Rechtsanwalt (zum Gericht → Rn. 79) im Grundsatz (aber → Rn. 76) bis an seine Grenzen ausgeschöpft werden kann.

III. Gesetzliche Bewertungskriterien. 1. Umfang und Schwierigkeit der anwaltlichen Tätigkeit (I 1 Kriterium 1). a) Anwaltliche Tätigkeit. aa) Zweck und Bedeutung des Kriteriums. Das in I 1 (inzwischen, in § 74 RAGebO aF und § 12 I BRAGO stand es noch an zweiter Stelle hinter der Bedeutung der Angelegenheit) an erster Stelle (zur Gewichtung → Rn. 60 ff.) genannte Kriterium nennt die anwaltliche Tätigkeit und bezieht sich damit auf die Inanspruchnahme der **Arbeitsleistung des Rechtsanwalts.** Da eine nach § 14 zu bestimmende Gebühr Gegenleistung für die zu vergütende anwaltliche Tätigkeit ist und mithin der Abgeltung der Arbeitsleistung dient, liegt die (uneingeschränkte) Bedeutung dieses Kriteriums für alle Rahmengebühren unabhängig von ihrem Gegenstand und davon, ob sie – wertabhängig – als Satzrahmengebühr oder – wertunabhängig – als Betragsrahmengebühr ausgestaltet sind, auf der Hand. 9

bb) Bewertungsgegenstand. In den Blick zu nehmen ist (anders als bei dem auf die gerichtliche Tätigkeit bezogenen Kriterium des Umfangs der „Sache" iSd § 48 II GKG, → GKG § 48 Rn. 18) die **anwaltliche Tätigkeit** und nicht etwa der (abstrakte) Gegenstand des Auftrags (also nicht „eine Verkehrsunfallsache" usw, vgl. Otto NJW 2006, 1472 (1473)). Welche Tätigkeiten zu berücksichtigen sind, ist daher **konkret** in Bezug auf den dem Rechtsanwalt erteilten Auftrag zu ermitteln (vgl. BSGE 104, 30 = NJW 2010, 1400 Rn. 28 mwN). Zu berücksichtigen sind dabei alle Tätigkeiten, die für die Bearbeitung derjenigen Angelegenheit anfallen, deren (iSd § 15 I) vollständige Erledigung mit der zu bestimmenden Rahmengebühr vergütet wird (zur „Anwachsung" → Rn. 55). 10

Ungeachtet dieser konkreten Betrachtungsweise kommt es allerdings nicht auf die in dem vorgenannten Rahmen tatsächlich vom Rechtsanwalt ausgeübten, sondern auf die hierfür **erforderlichen Tätigkeiten** an (BSGE 104, 30 = NJW 2010, 1400 Rn. 28 mwN; aA Otto NJW 2006, 1472 (1474), der auch objektiv nicht erforderlichen Aufwand berücksichtigen und dem Auftraggeber insoweit ggf. einen Schadenersatzanspruch geben will). Denn es wäre ersichtlich unangemessen, wenn für die Erledigung derselben Angelegenheit etwa ein routinierter Spezialist auf dem fraglichen Gebiet eine geringere Vergütung erhielte als ein unerfahrener Berufsanfänger. Maßstab für die Erforderlichkeit ist daher die Sicht eines **kompetenten allgemein tätigen Rechtsanwalts** (vgl. etwa zum Umfang BeckOK RVG/v. Seltmann Rn. 31 und zur Schwierigkeit BVerwG Buchholz 363 § 14 RVG Nr. 1 = BeckRS 2005, 30309 Rn. 28; NZWehrr 2018, 253 Rn. 14). Allerdings ist der tatsächlichen Ausübung bestimmter Tätigkeiten im konkreten Fall regelmäßig **indizielle Bedeutung** für deren Erforderlichkeit beizumessen (weshalb deren Erfassung durch den Rechtsanwalt für eine ggf. erforderlich werdende spätere Darlegung, → Rn. 78, ratsam ist), so dass die fehlende Erforderlichkeit als Einwendung zu behandeln ist. Hiernach objektiv nicht erforderlicher Aufwand ist aber (selbstverständlich) dann zu berücksichtigen, wenn und soweit er gerade auf dem **Wunsch des Auftragsgebers** beruht (BSGE 104, 30 = NJW 2010, 1400 Rn. 29). 11

cc) „Skaleneffekt". Bearbeitet ein Rechtsanwalt mehrere gleichgelagerte Parallelsachen mit weitgehend identischen Sach- und Rechtslagen zum gleichen Streitstoff, kommt uU die **mehrfache Nutzung** einzelner Tätigkeiten (zB Literaturrecherche, Besprechung mit dem Auftraggeber oder der Gegenseite, Entwurf eines Musterschreibens bzw. -schriftsatzes) in allen Sachen in Betracht. 12

Dass die hierdurch insgesamt eintretende Arbeitserleichterung bei der Bewertung von Umfang und Schwierigkeit der anwaltlichen Tätigkeit im Grundsatz **zu berücksichtigen** ist (was häufig – begrifflich fehlerhaft – als „Synergieeffekt" bezeichnet wird; richtig ist „Skaleneffekt"), ist wohl allg. anerkannt (vgl. etwa BGH BKR 2013, 283 Rn. 62; 2013, 10833 Rn. 46; GRUR 2020, 1116 Rn. 56; MDR 2022, 917 Rn. 17; VGH Hessen JurBüro 2017, 309; LSG Schleswig-Holstein Breith 2021, 906 13

= BeckRS 2021, 9752 Rn. 23; LSG Thüringen ASR 2021, 88; LSG Baden-Württemberg AGS 2020, 383 (386); LSG Bayern AGS 2020, 276 (278); BeckRS 2022, 21853 Rn. 28 ff.; LSG Hessen AGS 2019, 514 (516); FG Hamburg EFG 2018, 686; aA unter Hinweis auf das gesteigerte, nach I 2, 3 zu berücksichtigende Haftungsrisiko BPatG BeckRS 2014, 13853). Dies gilt auch etwa bei der konsekutiven Tätigkeit im **Eil- und Hauptsacheverfahren** (BVerwG AGS 2020, 19 (20)).

14 Die Berücksichtigung eines solchen Skaleneffekts ist im Grundsatz geboten, um eine anderenfalls eintretende **Mehrfachvergütung** derselben Tätigkeit **zu verhindern.** Ausgeschlossen ist die Berücksichtigung allerdings in den von II besonders und abweichend geregelten **Anrechnungsfällen,** → Rn. 82. Soweit die Arbeitserleichterung im Rahmen des I 1 zu berücksichtigen ist, ist zu beachten, dass sie sich sowohl auf den Umfang als auch die Schwierigkeit der einzelnen Tätigkeit auswirken kann. Aus den Besonderheiten der insoweit in den Blick zu nehmenden Komponenten der anwaltlichen Tätigkeit ergeben sich allerdings bei der Berücksichtigung Unterschiede, → Rn. 16, 25.

15 **b) Umfang. aa) Zeitliche Komponente der Tätigkeit.** Der in I 1 zunächst genannte Gesichtspunkt „Umfang der anwaltlichen Tätigkeit" bezieht sich auf den (erforderlichen oder gewünschten, → Rn. 11) **zeitlichen Aufwand** des Rechtsanwalts bei der Bearbeitung der Sache (vgl. etwa BVerwG NZWehrr 2018, 253 Rn. 13; BSGE 104, 30 = NJW 2010, 1400 Rn. 28; OLG Jena NZBau 2005, 356 (357); OLG Frankfurt a. M. AGS 2015, 505, jew. mwN). Zu betrachten ist die Dauer aller (objektiv) bei der Erledigung der vom konkreten Auftrag erfassten (→ Rn. 10) Angelegenheit anfallenden Tätigkeiten. Bewertet wird mithin die zeitliche Komponente der Tätigkeit des Rechtsanwalts.

16 Wird ein- und dieselbe Tätigkeit für die Erledigung verschiedener inhaltlich gleichgelagerter Angelegenheiten genutzt („Skaleneffekt", → Rn. 12 ff.), muss der zeitliche Aufwand auf die einzelnen Angelegenheiten anteilig verteilt werden, darf also nicht in jeder Angelegenheit in voller Höhe berücksichtigt werden.

17 **bb) Zu berücksichtigende Tätigkeiten.** Bei der Bewertung des zeitlichen Aufwands **zu berücksichtigen** sind zunächst alle nach außen tretenden Tätigkeiten des Rechtsanwalts wie etwa die Erstellung von Schriftsätzen, Korrespondenz mit der Gegenseite, die Wahrnehmung von Gerichtsterminen, Verhandlungen mit der Gegenseite oder die Beratung des Auftraggebers. Ebenfalls zu berücksichtigen sind aber auch alle vorbereitenden Tätigkeiten (auch soweit sie sich letztlich nicht in sichtbaren Ergebnissen wie zB einem Schriftsatz wiederfinden) wie etwa Besprechungen mit dem Auftraggeber, die Anforderung von Unterlagen bei diesem oder Dritten und deren Sichtung, das Studium der Akten bzw. überlassener Unterlagen, eine Rechtsprechungs- und Literaturrecherche, die Vorbereitung eines Plädoyers, die Anfertigung sonstiger Notizen oder das Fertigen von Entwürfen sowie jede Korrespondenz mit dem Auftraggeber (vgl. nur BSGE 104, 30 = NJW 2010, 1400 Rn. 30; BSGE 121, 49 Rn. 18; vgl. auch NK-GK/Winkler Rn. 6 mwN).

18 **Nicht** zu berücksichtigen sind allerdings solche Tätigkeiten, die nach dem RVG gesondert vergütet werden; Beispiele hierfür sind die nach VV 7000 zu vergütende Anfertigung von Kopien und Ausdrucken (BSGE 104, 30 = NJW 2010, 1400 Rn. 29) oder die nach VV 7005 zu vergütenden Abwesenheitszeiten.

19 **cc) Vergleichsmaßstab.** Schwieriger ist die **Beurteilung,** ob der hiernach zu berücksichtigende Zeitaufwand „normal" oder über- bzw. unterdurchschnittlich war. Die „Nulllinie" eines **„Normalfalls"** ergibt sich jedenfalls aus zwei Komponenten, nämlich zum einen aus den üblicherweise für die zu vergütende Angelegenheit anfallenden Tätigkeiten, zum anderen aus der üblicherweise hierfür aufzuwendenden Zeit. Dabei ist der **durchschnittliche Zeitaufwand** nicht allgemein, sondern in Bezug auf das **von der konkreten Rahmengebühr vergütete Geschäft** festzustellen (BSGE 104, 30 = NJW 2010, 1400 Rn. 28). So kommt es etwa bei der Prüfung der Erfolgsaussichten eines Rechtsmittels (VV 2100 ff.), oder bei der Vertretung in Sozialgerichtsverfahren, in denen Betragsrahmengebühren entstehen (VV 3102, 3106, 3204 f., 3212 f., 3406, 3501, 3515, 3517 f., 3511 f.), in Straf- und Bußgeldsachen (VV 4100 ff., 5100 ff.) oder Freiheitsentziehungs- und Unterbringungssachen (VV 6300 ff.) auf den gerade für solche Geschäfte durchschnittlich anfallenden (und damit in den Rahmen „eingepreisten") Zeitaufwand an.

Zum durchschnittlichen Zeitaufwand für gerichtliche Verhandlungen in **Strafsachen** vgl. Burhoff/Volpert/Burhoff RVG VV Vorbem. 4 Rn. 73 mwN. Bei **Freiheitsentziehungs- und Unterbringungssachen** ist die Besonderheit zu berücksichtigen, dass die Gebühren innerhalb desselben Rahmens für jeden Rechtszug gesondert entstehen („Normalfall" ist daher ein erstinstanzliches Verfahren, Rechtsmittelverfahren können weniger oder mehr Zeit in Anspruch nehmen wie etwa das Rechtsbeschwerdeverfahren wegen des dort geltenden Begründungszwangs, der Erforderlichkeit des Studiums der Verfahrensakten und der Notwendigkeit, konkrete Rechtsfehler in wissenschaftlichen Anforderungen genügender Auseinandersetzung mit Rechtsprechung und Literatur darzulegen). 20

Eine allgemeinere Betrachtung ist allerdings bei der **Geschäftsgebühr nach VV 2300** (bei der überdies die Besonderheit der „Schwellengebühr" nach VV 2300 Anm. zu beachten ist) wegen deren weitgefassten Anwendungsbereichs, der konkrete Feststellungen ausschließt, erforderlich. Für die Ermittlung des allgemeinen Zeitaufwands für die Fallbearbeitung finden sich in der Literatur **zwei unterschiedliche Ansätze:** 21

Nahe liegen Versuche, den **tatsächlichen durchschnittlichen Zeitaufwand** der anwaltlichen Bearbeitung zu ermitteln. Hommerich hat dies 2002 in einer rechtstatsächlichen Untersuchung (nur) für die anwaltliche Bearbeitung einer Scheidung einschließlich Versorgungsausgleich und dazugehörender Vorfeldberatung unternommen und ist im Ergebnis zu etwa **vier Stunden** gelangt (Hommerich, Das Zeitbudget der Rechtsanwältinnen und Rechtsanwälte in Scheidungs- und Folgesachen, 2002; vgl. auch Begr. RegE KostRMoG BT-Drs. 15/1971, 148). Zum **selben Ergebnis** für die anwaltliche Fallbearbeitung insgesamt ist Braun im Jahre 2003 gelangt, allerdings nicht auf rechtstatsächlicher Grundlage, sondern ausgehend von schon damals älteren Daten zur durchschnittlichen Zahl der von einem Rechtsanwalt im Jahr bearbeiteten Fälle (236) und der durchschnittlichen Jahresarbeitszeit eines Rechtsanwalts (2.544 Stunden), von der nach nicht näher mitgeteilten wissenschaftlichen Erkenntnissen höchstens 40 % auf abrechenbare Tätigkeiten entfalle (Braun FS 50 Jahre DAI, 2003, 369 (379); die abweichende Angabe von „fünf Stunden" bei Gerold/Schmidt/Mayer Rn. 21 und folgend Hartung/Schons/Enders/Enders Rn. 31 beruht offensichtlich auf einem Lese- oder Wiedergabefehler). 22

Einen (umgekehrt) von der (angemessenen) **Vergütung** ausgehenden Ansatz hat Otto im Jahre 2006 gewählt; er hat unterstellt, dass die „Schwellengebühr" von 1,3 (VV 2300 Anm.) den Zeitaufwand eines „Normalfalls" angemessen vergütet, und hat daher den sich insoweit bei Zugrundelegung eines aus der Justizstatistik abgeleiteten Durchschnittsgegenstandswerts (6.000 EUR) ergebenden Gebührenbetrag (seinerzeit 439,40 EUR) zu dem (von ihm aufgrund des Zeitablaufs leicht angepassten) durchschnittlichen Regelstundensatz, der sich für das Jahr 2001 nach dem im Auftrag der BRAK erstellten STAR-Bericht 2003 ergab (150 EUR), ins Verhältnis gesetzt und ist so zu einem (angemessen) vergüteten Zeitaufwand von durchschnittlich etwa **drei Stunden** gelangt (Otto NJW 2006, 1472 (1474); bei Zugrundelegung der 2018 geltenden Schwellengebühr nach einem Gegenstandswert von 6.000 EUR, 460,20 EUR, und dem sich aus dem STAR-Bericht 2020 für 2018 ergebenden durchschnittlichen Regelstundensatz, 200 EUR, ergäbe sich – zumindest bei Annahme eines Anstiegs auch des durchschnittlichen Gegenstandswerts – ein ähnliches Ergebnis). 23

c) Schwierigkeit. aa) Qualitative Komponente der Tätigkeit. Der weitere Gesichtspunkt „Schwierigkeit der anwaltlichen Tätigkeit" bezieht sich auf den **inhaltlichen Aufwand** für die Bearbeitung der Sache (in Rspr. und Lit. regelmäßig – wenig aussagekräftig – als „Intensität" bezeichnet, vgl. etwa BSGE 104, 30 = NJW 2010, 1400 Rn. 32; BSG RVGReport 2020, 218 Rn. 21; BVerwG NZWehrr 2018, 253 Rn. 14; OLG Jena NZBau 2005, 356 (357); OLG Frankfurt a. M. AGS 2015, 505; FG Sachsen-Anhalt EFG 2010, 1923; 2012, 549; Otto NJW 2006, 1472 (1474), jew. mwN). Hierfür ist allein darauf abzustellen, wie **anspruchsvoll** die Tätigkeit des Rechtsanwalts war, während die zeitliche Komponente nur für die Beurteilung des „Umfangs" der Tätigkeit von Bedeutung ist (→ Rn. 15). 24

Fraglich ist, ob und wie die Nutzbarmachung des insoweit betriebenen Aufwands (zB die Prüfung des anzuwendenden Rechts, → Rn. 27, oder Klärung eines technischen Sachverhalts, → Rn. 30) für mehrere inhaltlich gleichgelagerte Angelegen- 25 heiten bei der Bemessung der Gebühren in den einzelnen Sachen zu berücksichtigen ist, ob also (wie bei der zeitlichen Komponente, → Rn. 16) auch bei der Schwierigkeit der anwaltlichen Tätigkeit ein **„Skaleneffekt"** (→ Rn. 12 ff.) von gebührenrechtlicher Relevanz eintritt. Da die qualitative Komponente der anwaltlichen Tätigkeit anders als die zeitliche nicht teilbar ist, scheidet jedenfalls die beim zeitlichen Aufwand mögliche und ggf. gebotene Aufteilung auf die einzelnen Angelegenheiten aus. Ein besonderer inhaltlicher Aufwand ist folglich jedenfalls bei einer Sache in vollem Umfang zu berücksichtigen. Richtigerweise dürfte er aber auch bei allen übrigen Sachen in voller Höhe anzusetzen sein, weil die Tätigkeit für diese gleichermaßen vergütungsrelevant anspruchsvoll ist und eine „Ersparnis" des Rechtsanwalts (der sich auch sonst besondere Kenntnisse nicht vergütungsmindernd anrechnen lassen muss) nicht eintritt (aA BGH MDR 2022, 917 Rn. 17, allerdings ohne hinreichende Unterscheidung zwischen Aufwand und Schwierigkeit).

26 **bb) Aufwand in rechtlicher Hinsicht.** In erster Linie kommt es auf den Aufwand bei der **rechtlichen Bearbeitung** der Sache an, der sich insbesondere aus dem Auffinden der einschlägigen Rechtsnormen sowie deren inhaltlichen Verständnis und deren Auslegung als Voraussetzungen einer notwendigen Subsumtion ergibt. Das **„Mittelmaß"** ergibt sich hier aus dem Aufwand eines Rechtsanwalts, der sich bei der Wahrnehmung des Mandats darauf beschränken kann und darf, den Fall mit den (ohne Schwierigkeiten auffindbaren) einschlägigen Rechtsvorschriften, ggf. unter Heranziehung von Rechtsprechung und Kommentarliteratur, zu bearbeiten (BSGE 104, 30 = NJW 2010, 1400 Rn. 32; BSG RVGReport 2020, 218 Rn. 21), auch wenn hierfür spezielle Kenntnisse und Fertigkeiten in eingeschränktem Umfang erforderlich sind (BVerwG MedR 2006, 114 Rn. 28, zu § 12 BRAGO).

27 Hiervon ausgehend liegt eine in rechtlicher Hinsicht **unterdurchschnittlich** schwierige Sache vor, wenn sich lediglich einfache, im Zweifel auch ohne Heranziehung des Gesetzes zu beantwortende Fragen stellen. **Überdurchschnittlicher** Aufwand hingegen ist etwa dann anzunehmen, wenn die anzuwendenden Rechtsnormen nicht ohne weiteres zu ermitteln sind (zB in IPR-Fällen), wenn ausländisches Recht anzuwenden ist (für die Anwendung von Unionsrecht dürfte dies hingegen heute – anders als eventuell in der Vergangenheit – nicht mehr ohne weiteres gelten), wenn anzuwendende Vorschriften weder aus sich heraus noch unter Heranziehung einschlägiger Literatur und Rechtsprechung verständlich sind oder wenn sich ungeklärte und nicht allein aus dem Gesetz zu beantwortende Rechtsfragen stellen (die bloße Erforderlichkeit umfangreicher Rechtsprechungs- oder Literaturrecherchen ist hingegen regelmäßig kein inhaltlicher, sondern ein zeitlicher Aufwand).

28 Die vielfach vertretene Annahme, **bestimmte Rechtsgebiete** seien (weil zu „entlegen", zu komplex, zu neu oder Gegenstand einer Fachanwaltschaft) per se („abstrakt") überdurchschnittlich schwierig (vgl. etwa BVerwG NZWehrr 2018, 253 Rn. 14; Otto NJW 2006, 1472 (1475); Gerold/Schmidt/Mayer Rn. 24 mwN), übergeht, dass nicht der Gegenstand des Auftrags, sondern stets die konkrete anwaltliche Tätigkeit zu bewerten ist (→ Rn. 10). Es bedarf daher immer einer einzelfallbezogenen Betrachtung nicht des Rechtsgebiets, sondern der **konkreten Fragestellung** (BSGE 104, 30 = NJW 2010, 1400 Rn. 35; AGS 2011, 27; BVerwG Buchholz 363 § 14 RVG Nr. 1 = BeckRS 2005, 30309 Rn. 28); auch etwa eine vergaberechtliche Fragestellung kann im Einzelfall mit einem Blick in das einschlägige Gesetz gelöst werden und ist dann jedenfalls nicht überdurchschnittlich schwierig (vgl. OLG Naumburg AGS 2007, 245 = NJOZ 2006, 4291 (4293)).

29 **cc) Aufwand in tatsächlicher Hinsicht.** Darüber hinaus kann aber auch der aus Schwierigkeiten auf **außerrechtlichem Gebiet** für die Fallbearbeitung resultierende Aufwand zu berücksichtigen sein (vgl. allg. FG Sachsen-Anhalt EFG 2010, 1923; 2012, 549). Hierauf wird es nur dann ankommen, wenn solcher Aufwand überdurchschnittlich ist, was dann der Fall ist, wenn sich **erhebliche, üblicherweise nicht stellende Probleme im tatsächlichen Bereich** ergeben (vgl. BSGE 104, 30 = NJW 2010, 1400 Rn. 33; BSG AGS 2011, 27).

30 Dies ist etwa der Fall, wenn der Sachverhalt besonders komplex oder ungewöhnlich ist (vgl. BSG AGS 2011, 27), wenn medizinische, technische oder vergleichbare Fragen (zB in Arzthaftungs- oder Bausachen) aufzuklären sind, wenn eine eingehende inhaltliche Auseinandersetzung mit im Verfahren eingeholten Fachgutachten erfor-

derlich ist (vgl. BSGE 104, 30 = NJW 2010, 1400 Rn. 33 mwN), wenn eine umfangreiche Beweiswürdigung vorzunehmen ist (vgl. BSGE 104, 30 = NJW 2010, 1400 Rn. 33 mwN), wenn weitere, nicht in das Mandatsverhältnis einbezogene Personen zu berücksichtigen sind (vgl. BSGE 104, 30 = NJW 2010, 1400 Rn. 34 mwN) oder wenn der Mandant problematisch ist oder mit ihm besondere sprachliche oder akustische Verständigungsprobleme bestehen (vgl. BSGE 104, 30 = NJW 2010, 1400 Rn. 33 mwN). Hinzukommen weitere tatsächliche Umstände, deren Berücksichtigung regelmäßig unabhängig vom Kriterium der Schwierigkeit erörtert wird, → Rn. 55.

2. Bedeutung der Angelegenheit (I 1 Kriterium 2). a) Zweck und Bedeutung des Kriteriums. I 1 nennt als zweites Kriterium (in § 74 RAGebO aF und § 12 I BRAGO stand es noch an erster Stelle) die „Bedeutung der Angelegenheit". In den Blick zu nehmen ist hier die **Angelegenheit** iSd §§ 15 I, II, 16 ff., mithin das Recht oder Rechtsverhältnis, auf das sich die vom Auftrag erfasste anwaltliche Tätigkeit bezieht (→ § 15 Rn. 12). 31

Deren **„Bedeutung"** ist zu bewerten, wobei der Wortlaut des Gesetzes offenlässt, auf die Bedeutung für wen (den Auftraggeber, den Rechtsanwalt zB an einem besonders prestigeträchtigen Mandat oder die Allgemeinheit zB an der Klärung rechtsgrundsätzlicher Fragen) es ankommt. Da es um die Vergütung innerhalb des Mandatsverhältnisses geht, kann aber kein Zweifel daran bestehen, dass allein die Bedeutung für den Auftraggeber maßgeblich ist und insbes. das Interesse der Allgemeinheit (dessen Berücksichtigung im Rahmen der analogen Anwendung des I nach § 37 II 2, → § 37 Rn. 14, eine aus dem Normzweck folgende Besonderheit ist) außer Betrachtung bleibt (aA Gerold/Schmidt/Mayer Rn. 33, 49; Winkler AGS 2010, 579). Dessen Bewertung ist aus der **(subjektiven) Sicht des Auftraggebers** vorzunehmen (vgl. nur BSGE 104, 30 = NJW 2010, 1400 Rn. 37; BSG RVGReport 2020, 218; BVerwG NZWehrr 2018, 253 Rn. 13). Das Kriterium bezieht sich mithin auf das **Interesse des Auftraggebers** an der Erledigung der Angelegenheit. 32

Anders als bei Umfang und Schwierigkeit der anwaltlichen Tätigkeit (→ Rn. 9) liegt allerdings die vergütungsrechtliche Relevanz dieses Kriteriums nicht auf der Hand. Die Bedeutung einer vermögensrechtlichen Angelegenheit entspricht regelmäßig deren Wert, so dass für ein eigenständiges Kriterium „Bedeutung" schwerlich Raum ist (→ Rn. 35 ff.). Ursprünglich war das Kriterium auch allein für Strafsachen konzipiert (→ Rn. 1), deren Bedeutung sich im Allgemeinen nicht aus einem wirtschaftlichen Wert des Gegenstands ergibt. IÜ zeigen § 48 II 1 GKG und § 42 II FamGKG (→ Rn. 4) die Funktion der (nicht wirtschaftlichen) Bedeutung der Sache für die (letztlich fiktive) Bewertung einer nichtvermögensrechtlichen Angelegenheit in Geld. Hieraus ist zu folgern, dass das Kriterium der „Bedeutung der Angelegenheit" im Allgemeinen **nur** für **nichtvermögensrechtliche Angelegenheiten** herangezogen werden kann und auch für diese – zur Vermeidung einer Doppelberücksichtigung – nur dann, wenn es nicht bereits nach § 23 iVm § 48 II 1 GKG, § 42 II FamGKG in den gebührenbestimmenden Gegenstandswert eingeflossen ist (vgl. BVerwG Buchholz 363 § 14 RVG Nr. 1 = BeckRS 2005, 30309 Rn. 29), mithin nur bei **Betragsrahmengebühren.** Darüber hinaus wird nur in Einzelfällen eine Berücksichtigung in Betracht kommen. 33

b) Maßgebliche Umstände. Maßgeblich ist jedenfalls die **unmittelbare tatsächliche, ideelle, gesellschaftliche, wirtschaftliche oder rechtliche Bedeutung** für den Auftraggeber (vgl. nur BSGE 104, 30 = NJW 2010, 1400 Rn. 37; BSG RVGReport 2020, 218; BVerwG NZWehrr 2018, 253 Rn. 13). 34

aa) Wirtschaftliche Bedeutung. Eine besondere wirtschaftliche Bedeutung kommt nur in Betracht, soweit die Angelegenheit überhaupt wirtschaftliche Belange des Auftraggebers berührt (also etwa in Straf- und Ordnungswidrigkeitssachen allenfalls, soweit es um Geldstrafen bzw. Bußgelder geht, vgl. etwa OLG Düsseldorf NStZ-RR 2012, 263, oder wenn es etwa um das Persönlichkeitsrecht geht und auch Geldansprüche umfasst sind). IÜ ist danach zu differenzieren, ob es um eine (wertabhängige) Satz- oder eine (wertunabhängige) Betragsrahmengebühr geht. 35

Bei **Satzrahmengebühren** ist regelmäßig davon auszugehen, dass die wirtschaftliche Bedeutung bereits ausreichend durch deren Wertabhängigkeit berücksichtigt ist, 36 mithin nicht nochmals in die Bestimmung nach I 1 einfließen kann (OVG Nordrhein-Westfalen BeckRS 2014, 58553; Otto NJW 2006, 1472 (1475); iErg aA OLG Düsseldorf AnwBl 2009, 70; OLG München VergabeR 2010, 294). Eine Ausnahme wird nur dann angenommen, wenn der Gegenstandswert (wie etwa nach § 23 I iVm § 41 GKG, § 50 II, § 52 I GKG iVm den Streitwertkatalogen oder § 51 FamGKG bzw. nach § 22 II) das wirtschaftliche Interesse des Auftraggebers uU nicht vollständig abbildet (Otto NJW 2006, 1472 (1475)). Unproblematisch ist diese Annahme nicht, denn sie ist schwer vereinbar mit den normativen Wertvorschriften (soll ein bei der Verfahrensgebühr etwa nach VV 3100 nicht zu berücksichtigender, den Gegenstandswert übersteigender wirtschaftlicher Wert wohl aber bei der Bestimmung der Gebühr innerhalb des Rahmens der vorgerichtlichen Geschäftsgebühr berücksichtigt werden?). Allerdings kommt in solchen Fällen auch die Annahme eines erhöhten Haftungsrisikos iSd I 2 in Betracht (→ Rn. 52).

37 Generell anders ist dies bei **Betragsrahmengebühren.** Insbes. für sozialrechtliche Angelegenheiten ist anerkannt, dass existenzsichernde Leistungen (BSGE 104, 30 = NJW 2010, 1400 Rn. 37; VG Bremen BeckRS 2010, 145407 Rn. 6; 2010, 55225) oder Lohnersatzleistungen (BSG AGS 2018, 290) als Gegenstand der Angelegenheit regelmäßig eine überdurchschnittliche (wirtschaftliche) Bedeutung begründen. Von einer (allenfalls) durchschnittlichen Bedeutung kann hier nur ausgegangen werden, wenn es lediglich um geringfügige Beträge geht, etwa monatliche Euro-Beträge im einstelligen Bereich und für einen nur kurzen streitigen Zeitraum von längstens sechs Monaten (vgl. – dort nicht entscheidungserheblich – BSGE 104, 30 = NJW 2010, 1400 Rn. 38) oder eine im Ergebnis einmalig um 10 % verminderte Auszahlung des monatlichen Regelbedarfs (BSG RVGReport 2020, 218 Rn. 22).

38 **bb) Sonstige Umstände.** Andere, nicht wirtschaftliche Umstände, die zu einer besonderen Bedeutung für den Auftraggeber führen können, spielen insbes. bei **strafrechtlichen Angelegenheiten** eine Rolle. Richtet sich die Strafverfolgung gegen den Auftraggeber, kann sich eine besondere Bedeutung für ihn etwa daraus ergeben, dass er wegen schwerer Verbrechen angeklagt ist (OLG Schleswig RVGReport 2017, 173 mAnm Burhoff; OLG Düsseldorf BeckRS 2010, 20001; OLG Hamm BeckRS 2010, 2547; OLG Köln AGS 2008, 32 = NJOZ 2007, 5806 (5807); unvereinbar ist mit I 1 ist die Annahme von OLG Rostock NStZ-RR 2017, 126 (127), dass eine Gebührenerhöhung nur in Betracht kommt, wenn sich die Bedeutung auch im erhöhten Arbeitsaufwand des Verteidigers widerspiegelt) oder die Unterbringung in einem psychiatrischen Krankenhaus droht (OLG Köln RVGReport 2016, 452), soweit dem nicht bereits durch den Gebührenrahmen Rechnung getragen ist (KG JurBüro 2012, 482). Ist der Auftraggeber Nebenkläger, kann sich eine besondere Bedeutung für ihn aus den Folgen der Straftat für ihn (OLG Celle JurBüro 2020, 523; OLG Nürnberg RVGReport 2015, 213) oder aus seiner Angehörigenstellung zum Getöteten (OLG Köln NStZ-RR 2011, 360) ergeben. Besondere Bedeutung kann sich auch aus einem großen medialen Interesse ergeben (OLG Düsseldorf JurBüro 2012, 358; NStZ-RR 2012, 263).

39 Fraglich ist, ob sich eine nach I 1 zu berücksichtigende Bedeutung der Angelegenheit auch aus deren **weiteren Folgen für den Auftraggeber** ergeben kann. Bejaht worden ist dies in der Rechtsprechung etwa für die Bedeutung eines beamtenrechtlichen Konkurrentenstreits für das berufliche Fortkommen des Auftraggebers (BVerwG BeckRS 2018, 25790 Rn. 11; AGS 2020, 19 (20)), einer Wehrbeschwerdesache wegen möglicher beruflicher Konsequenzen für den Auftraggeber (BVerwG NZWehrr 2018, 253), einer Prüfungsanfechtungssache wegen der Ablegung der Prüfung als Berufsvoraussetzung (OVG Sachsen NJW 2019, 1695 Rn. 15), einer Rehabilitierungssache wegen deren erheblicher persönlicher und wirtschaftlicher Folgen (OLG Naumburg NJ 2018, 338) oder einer Vergabenachprüfungssache wegen der Aussichten auf eine erhebliche Vertragslaufzeit (OLG Naumburg OLG-Report Naumburg 2009, 146 = BeckRS 2008, 22958; OLG Naumburg BeckRS 2009, 28581), verneint hingegen etwa bei einer Wehrtauglichkeitssache im Hinblick auf die Pflicht, einen erheblichen Teil seiner Lebenszeit dem Dienst an der Allgemeinheit widmen zu müssen (BVerwG Buchholz 363 § 14 RVG Nr. 1 = BeckRS 2005, 30309 Rn. 29). Die Berücksichtigung solcher Folgen ist indessen nicht unbedenklich, weil sie sich schlecht mit dem kostenrechtlichen Grundsatz, dass jedenfalls für den Streit-

bzw. Gegenstandswert nur auf den unmittelbaren Gegenstand der Angelegenheit abzustellen ist (vgl. BGH GSZ BGHZ 128, 85 (88 f.) = NJW 1995, 664), vereinbaren lässt (denn sie würde dazu führen, dass etwa in einer zivilrechtlichen Angelegenheit außerhalb des Gegenstands der Angelegenheit liegende Folgen vorgerichtlich bei der Bestimmung der Höhe der Geschäftsgebühr berücksichtigt würden, nicht aber mehr anschließend bei der Verfahrensgebühr für das gerichtliche Verfahren).

3. Einkommens- und Vermögensverhältnisse des Auftraggebers (I 1 Kriterium 3). Das dritte in I 1 genannte Kriterium nimmt die **wirtschaftlichen Verhältnisse des Auftraggebers** in den Blick. Dies ist nach allg. kostenrechtlichen Grundsätzen einigermaßen befremdlich, zumal im Hinblick auf die für minderbemittelte Auftraggebern bestehenden Möglichkeiten gerichtlicher Kostenhilfe, und erscheint im Erstattungsverhältnis vollkommen unverständlich (soll der Erstattungsschuldner einwenden können, dass der Auftraggeber minderbemittelt ist; soll dem Erstattungsschuldner entgegengehalten werden können, dass der Auftraggeber reich ist?). Erklären lässt sich das Kriterium wohl nur mit dem althergebrachten Verständnis des „Honorars" als „Gegengeschenk" für eine „unbezahlbare" geistige Leistung, das sich im Mittelalter üblicherweise (allein) nach den Vermögensverhältnissen des Auftraggebers richtete (vgl. hierzu Kilian AnwBl 2011, 877 (878) mwN). Weiter ist zu berücksichtigen, dass das Kriterium ursprünglich nur Strafsachen, für die es nur sehr eingeschränkt Kostenhilfe gibt, betraf (→ Rn. 1) und als Wertkriterium in § 48 II 1 GKG, § 42 II FamGKG der (fiktiven) Bewertung des Parteiinteresse an einer nichtvermögensrechtlichen Sache in Geld dient (→ Rn. 4). 40

Hieraus sollte richtigerweise die Konsequenz gezogen werden, dass das Kriterium (wie das der Bedeutung der Angelegenheit, → Rn. 33) auch im Rahmen des § 14 **nur** bei **nichtvermögensrechtlichen Angelegenheiten** herangezogen werden kann und bei diesen auch nur, soweit es um **Betragsrahmengebühren** geht, weil ein ansonsten für die Gebührenhöhe maßgeblicher Gegenstandswert die Vermögensverhältnisse des Auftraggebers bereits berücksichtigt. Erstaunlich ist auch die insbes. im Sozialrecht verbreitete Annahme (vgl. etwa BSGE 104, 30 = NJW 2010, 1400 Rn. 38 mwN), dass schlechte wirtschaftliche Verhältnisse des Auftraggebers insoweit doppelt berücksichtigt werden können, als sie eine überdurchschnittliche Bedeutung der Angelegenheit (→ Rn. 37) und zugleich unterdurchschnittliche wirtschaftliche Verhältnisse begründen sollen, was dann zu einer Kompensation der beiden Bewertungskriterien führe (und im Ergebnis zu einer vollständigen Nichtberücksichtigung führt); näher läge wohl, sie, wenn es sich – wie regelmäßig – um eine vermögensrechtliche Angelegenheit handelt – nur (weil es sich um Betragsrahmengebühren handelt, → Rn. 37) unter dem Gesichtspunkt der Bedeutung der Angelegenheit gebührenerhöhend zu berücksichtigen. 41

Die **Bewertung** der Einkommens- und Vermögensverhältnisse im Einzelfall wirft allerdings eine Reihe rechtlicher und praktischer Fragen auf. Da auch hier festzustellen ist, ob die Verhältnisse dem Durchschnitt entsprechen oder über- bzw. unterdurchschnittlich sind, muss zunächst ein Vergleichsmaßstab gefunden werden. Naheliegenderweise ist hierbei auf die Bevölkerung Deutschlands (und nicht etwa der EU oder gar der Welt) abzustellen, so dass auf die vom **Statistischen Bundesamt** (Destatis) ermittelten und auf seiner Homepage zur Verfügung gestellten Daten zurückgegriffen werden kann; ggf. muss im Hinblick auf die insoweit immer noch bestehenden nicht unerheblichen Unterschiede zwischen alten und neuen Bundesländern differenziert werden. Für das durchschnittliche Einkommen kann etwa auf die Tabellen des Destatis zu „Einkommen, Einnahmen und Ausgaben privater Haushalte" und für das durchschnittliche Vermögen auf die Tabellen des Destatis zu „Geld- und Immobilienvermögen sowie Schulden privater Haushalte" zurückgegriffen werden. Da diese Tabellen sich nicht auf Personen, sondern auf Haushalte beziehen, sind die dort zu findenden Zahlen auf der Grundlage der durchschnittlichen Haushaltsgröße (vgl. die Destatis-Tabelle „Entwicklung der Zahl der Privathaushalte nach Haushaltsgröße") auf Einzelpersonen umzurechnen. 42

Bei der Bewertung des **Einkommens** sind die Destatis-Zahlen entgegen in der Literatur verbreiteter Ansicht (vgl. etwa Schneider/Volpert/N. Schneider Rn. 44; Gerold/Schmidt/Mayer Rn. 35; NK-GK/Winkler Rn. 22) nicht noch um einkom- 43 menslose Personen zu bereinigen, weil sie alle Haushalte umfassen. Diese Zahlen sind dem Einkommen des Auftraggebers gegenüberzustellen. Ob dabei vom Netto- oder vom Bruttoeinkommen ausgegangen wird, ist unerheblich, solange jeweils die gleichen Kategorien miteinander verglichen werden. Bei der Bewertung des **Vermögens** ist auf das (schuldenbereinigte) Nettovermögen abzustellen, weil nur dieses die Lebensverhältnisse des Auftraggebers bestimmen kann. Für die Annahme eines über- oder unterdurchschnittlichen Einkommens bzw. Vermögens muss die Abweichung vom statistischen Mittel eine gewisse Erheblichkeit aufweisen (Schneider/Volpert/N. Schneider Rn. 44: 20 %).

44 Abzustellen ist in jedem Fall auf den **Auftraggeber** und damit nicht unbedingt auf die Person, die der Rechtsanwalt vertritt (vgl. zu – vermögenslosen – Kindern Schneider/Volpert/N. Schneider Rn. 44). Umstritten ist in der Literatur, welcher **Zeitpunkt** für die Bewertung maßgeblich ist. Vielfach wird auf den äußeren Rahmen zwischen Auftragserteilung und Gebührenfälligkeit abgestellt und der Zeitpunkt für maßgeblich gehalten, in dem der Auftraggeber während des laufenden Mandats wirtschaftlich am besten gestellt ist (so etwa Gerold/Schmidt/Mayer Rn. 36; HK-RVG/Winkler Rn. 30; NK-GK/Winkler Rn. 23). Richtigerweise kann es indessen allein auf den Zeitpunkt ankommen, zu dem der Rechtsanwalt die (ihn bindende, → Rn. 67) Bestimmung vornimmt (so auch etwa Schneider/Volpert/N. Schneider Rn. 48). Dabei hat der Rechtsanwalt insbes. auch keine Prognose einer künftigen Entwicklung vorzunehmen.

45 **4. Haftungsrisiko des Rechtsanwalts (I 2, 3). a) Zweck und Bedeutung des Kriteriums.** Das in I 2, 3 genannte Kriterium des Haftungsrisikos bezieht sich wie das in I 1 erstgenannte Kriterium (und anders als die beiden übrigen Kriterien des I 1) wieder auf den Rechtsanwalt, hat aber nicht dessen Arbeitsleistung bei der Auftragsbearbeitung, sondern die **haftungsrechtlichen Gefahren** im Blick, die der Rechtsanwalt mit der Übernahme des Auftrags auf sich nimmt. Die Berücksichtigung dieser Gefahren entspricht der Erwartung des Rechtsanwalts und eines verständigen Auftraggebers, dass die freiwillige Übernahme eines Haftungsrisikos auch in die Bemessung der Vergütung – gleichsam als **„Haftungsprämie“** – einfließen muss (vgl. Begr. RegE KostRMoG BT-Drs. 15/1971, 189). Dass der Rechtsanwalt eine (ohnehin Betriebskosten auslösende) Vermögensschadenhaftpflichtversicherung unterhält, ist hierfür unerheblich, weil dies zum einen an der Haftung als solcher nichts ändert und zum anderen der Rechtsanwalt hierfür Prämien aufbringt.

46 I 2, 3 haben kein Vorbild in der BRAGO, doch war auch unter ihrer Geltung – § 12 I BRAGO sah ebenso wie I 1 die Berücksichtigung „aller“ Umstände vor – anerkannt, dass das Haftungsrisiko des Rechtsanwalts bei der Bestimmung der Gebühr berücksichtigt werden konnte (vgl. nur BSG NJW 2010, 109 Rn. 14 mwN; OLG Frankfurt a. M. AG 2005, 658 (659); LSG Nordrhein-Westfalen BeckRS 2007, 41974 mwN; aA – das RVG hat die berücksichtigungsfähigen Umstände insoweit erweitert – OLG Naumburg OLG-Report Naumburg 2006, 178 = BeckRS 2005, 10239 Rn. 23). Die ausdrückliche Nennung des Haftungsrisikos im RVG geht auf die Vorschläge der vom DAV eingerichteten Arbeitsgruppe „Reform des Gebührenrechts“ vom 23.4.1998 zurück. Diese knüpften für die Bestimmung von Rahmengebühren an die frühere Regelung in § 3 V BRAGO (dessen Inhalt in den inzwischen aufgehobenen § 4 II aF übernommen worden ist) an (Anlage zu Heft 5 des AnwBl 1998, 5; auf § 3 V BRAGO verweist im Anschluss auch Begr. RegE KostRMoG BT-Drs. 15/1971, 189 f.), die indessen eine mit der Gebührenbestimmung nicht vergleichbare Frage betrifft (nämlich die „Aufteilung“ der gesetzlichen Gebühr zwischen Rechtsanwalt und Auftraggeber bei arbeitsteiligem Masseninkasso, vgl. Begr. RegE RPNeuOG BT-Drs. 12/4993, 45).

47 Anders als die in I 1 genannten Kriterien ist das Haftungsrisiko allerdings nicht generell zu berücksichtigen. Vielmehr enthalten die I 2, 3 hierfür eine **differenzierende Regelung: I 3** betrifft nur wertunabhängige Rahmengebühren, mithin **Betragsrahmengebühren** (→ Rn. 48 ff.), während **I 2** vom Wortlaut her zwar alle Rahmengebühren erfasst, wegen des Vorrangs der spezielleren Regelung des I 3 tatsächlich aber nur für wertabhängige Rahmengebühren, **Satzrahmengebühren,** gilt (→ Rn. 51 ff.). Die unterschiedliche Berücksichtigung des Haftungsrisikos bei

den beiden Arten der Rahmengebühren (I 2: „kann", I 3 „ist") beruht auf der Annahme, dass (nur) bei Satzrahmengebühren das Haftungsrisiko idR bereits ausreichend durch den zugrunde zu legenden Gegenstandswert berücksichtigt ist, weshalb einerseits bei wertabhängigen Rahmengebühren eine gesonderte Berücksichtigung des Haftungsrisikos nur im Einzelfall in Betracht kommt, bei wertunabhängigen Rahmengebühren hingegen grundsätzlich erfolgen soll (vgl. Begr. RegE KostRMoG BT-Drs. 15/1971, 189).

b) Betragsrahmengebühren (I 3). Die (Sonder-)Regelung in I 3 betrifft nur (wertunabhängige) Betragsrahmengebühren. Bei solchen Rahmengebühren „ist" das Haftungsrisiko bei der Bestimmung der Gebühr zu berücksichtigen, mithin **zwingend** (vgl. nur BSG NJW 2010, 109 Rn. 13; zu Unrecht krit. HK-RVG/Winkler Rn. 33 wegen der Annahme einer den Rechtsanwalt beeinträchtigenden Verpflichtung – indessen hindert I den Rechtsanwalt nicht, mit Bindungswirkung allein für ihn, → Rn. 67, eine im Einzelfall wegen Nichtberücksichtigung seines Haftungsrisikos unangemessen niedrige Gebühr zu bestimmen). Das wegen der Wertunabhängigkeit anders nicht zu vergütende Haftungsrisiko ist daher im Falle des I 3 stets zu bewerten und in die Gesamtabwägung einzubeziehen. 48

Mit dem Begriff „Haftungsrisiko" meint das Gesetz die Gefahr des Anwalts, sich im Rahmen der Erledigung des ihm erteilten Auftrags **gegenüber dem Auftraggeber schadensersatzpflichtig** zu machen. Dabei ist eine mögliche Haftung sowohl dem Grunde (dh überhaupt in Haftung zu geraten) als auch der Höhe (einer möglichen Inanspruchnahme) nach zu betrachten. Weil letztlich nur erkennbare Umstände in diese Betrachtung einbezogen werden können, ist das Ergebnis der Bewertung stets mit erheblicher Ungewissheit behaftet. Die Annahme eines nur unterdurchschnittlichen Haftungsrisikos wird daher allenfalls dann in Betracht kommen, wenn eine umfassende – allerdings ohnehin nur im Rahmen des § 52 BRAO mögliche – Haftungsbegrenzungsvereinbarung vorliegt (vgl. Gerold/Schmidt/Mayer Rn. 38), sich darüber hinaus aber regelmäßig verbieten. Im Ergebnis kann folglich nur ein im Einzelfall bestehendes **überdurchschnittliches** Haftungsrisiko in die Bestimmung der Gebühr einfließen (vgl. VerfG Brandenburg BeckRS 2021, 1585 Rn. 17; BSGE 104, 30 = NJW 2010, 1400 Rn. 39; LSG Mecklenburg-Vorpommern BeckRS 2008, 28872; iÜ ist schon nach dem Wortlaut von I 3 nur „das" Haftungsrisiko und nicht auch „kein" Haftungsrisiko zu berücksichtigen). 49

Bei der Bewertung des Haftungsrisikos ist – wie bei der von Umfang und Schwierigkeit der anwaltlichen Tätigkeit, → Rn. 11 – auf einen **kompetenten allgemein tätigen Rechtsanwalt** und nicht auf den die Vergütung beanspruchenden Rechtsanwalt abzustellen (zu Unrecht aA LG Paderborn BeckRS 2017, 135391 Rn. 38, das für eine Satzrahmengebühr ein verringertes Haftungsrisiko aufgrund der in zahlreichen Parallelverfahren gewonnenen Erfahrung des Rechtsanwalts annimmt). Für einen solchen Rechtsanwalt wird sich ein erhöhtes Haftungsrisiko zB aus der Notwendigkeit der Klärung schwieriger medizinischer und rechtlicher Fragen ergeben (vgl. AG München NJW-RR 2013, 95 (96) zu I 2). In der Literatur werden außerdem etwa der Abschluss von Abfindungs- oder Unterhaltsvergleichen, die Gestaltung letztwilliger Verfügungen, steuerrechtliche Gestaltungen oder die Auftragsübernahme unmittelbar vor Verjährungsablauf genannt (vgl. etwa Gerold/Schmidt/Mayer Rn. 38; HK-RVG/Winkler Rn. 35). In jedem Falle muss aber die Übernahme eines solchen Risikos durch den Rechtsanwalt auch dem Inhalt des ihm erteilten Auftrags entsprechen. 50

c) Satzrahmengebühren (I 2). Wegen der vorrangigen (Sonder-)Regelung für Betragsrahmengebühren in I 3 (→ Rn. 48) betrifft die allg. Regelung des I 2 im Ergebnis nur Satzrahmengebühren. Anders als in den von I 3 erfassten Fällen ist bei diesen nur ein **„besonderes" Haftungsrisiko** berücksichtigungsfähig (BSG NJW 2010, 109 Rn. 13). Bei der Bestimmung der Gebühr kann daher nur ein Haftungsrisiko berücksichtigt werden, dass im Einzelfall über das Haftungsrisiko **hinausgeht,** das bereits durch den der Gebührenberechnung zugrunde zu legenden **Gegenstandswert** berücksichtigt ist. 51

Ein solches „besonderes" Haftungsrisiko wird insbes. in Fällen angenommen, in denen das tatsächlich betroffene **wirtschaftliche Interesse** des Auftraggebers den für die Gebühr maßgeblichen **Gegenstandswert (deutlich) übersteigt** (Gerold/ 52

Schmidt/Mayer Rn. 38; HK-RVG/Winkler Rn. 34), wie dies etwa bei einer Wertbestimmung nach § 23 I iVm § 41 GKG, § 50 II GKG (vgl. etwa OLG München VergabeR 2007, 266; OLG Naumburg OLG-Report Naumburg 2007, 749 = NJOZ 2007, 3463 (3468); OLG-Report Naumburg 2009, 146 = BeckRS 2008, 22958), § 52 I GKG iVm den Streitwertkatalogen, § 51 FamGKG bzw. nach § 22 II der Fall sein kann. Dabei ist allerdings zu beachten, dass in solchen Fällen auch die Annahme einer gesteigerten Bedeutung der Angelegenheit angenommen wird (→ Rn. 36) und eine Mehrfachberücksichtigung eines Umstandes bei der Gebührenbestimmung schwerlich in Betracht kommt. IÜ kann sich ein besonderes Haftungsrisiko auch daraus ergeben, dass der Auftraggeber weiteren Kosten (zB von Sachverständigen, vgl. OLG Naumburg NJW-RR 2019, 1485 Rn. 51) ausgesetzt wird.

53 Soweit nach dem Wortlaut des I 2 ein derartiges besonderes Haftungsrisiko berücksichtigt werden **„kann"**, ist damit ersichtlich nicht mehr zum Ausdruck gebracht, als dass eben „nur" ein im Einzelfall festzustellendes besonderes Haftungsrisiko in die Gebührenbestimmung einfließen kann (aA LG Berlin JurBüro 2008, 200; entgegen HK-RVG/Winkler Rn. 33 lässt sich nicht die Wortwahl in I 3, vgl. → Rn. 48, sondern die in I 2 kritisieren). Ausgeschlossen ist die Annahme eines besonderen Haftungsrisikos allerdings dann, wenn eine auch ein solches Haftungsrisiko einschließende Haftungsbegrenzungsvereinbarung (§ 52 BRAO) vorliegt (Gerold/Schmidt/Mayer Rn. 38). Dies führt indessen nur dazu, dass das Haftungsrisiko sich nicht gebührenerhöhend auswirken kann; eine Gebührenminderung kann sich – anders als im Anwendungsbereich von I 3 – aus Ausschluss oder Minderung des Haftungsrisikos nicht ergeben (LG Potsdam NZV 2015, 565 (566); zu Unrecht aA LG Paderborn BeckRS 2017, 135391 Rn. 38).

54 **5. Weitere Kriterien.** Die in I ausdrücklich genannten Kriterien für die Bestimmung der Gebühr sind nach I 1 nur „vor allem" zu berücksichtigen, iÜ hat die Bestimmung aber unter Berücksichtigung „aller" Umstände zu erfolgen. Dieser Begriff bedarf zunächst der einschränkenden Auslegung dahin, dass (selbstverständlich) nur solche **Umstände** herangezogen werden können, die auch einen **Bezug zur anwaltlichen Tätigkeit, zur Angelegenheit oder zu den Verhältnissen des Auftraggebers oder des Rechtsanwalts** haben. Die sich hieraus ergebende Negativabgrenzung beantwortet allerdings nicht die Frage, welche Umstände konkret berücksichtigt werden können.

55 Unproblematisch dürfte die Berücksichtigung von besonderen, im Einzelfall vorliegenden, den Rechtsanwalt belastenden Umständen bei seiner Tätigkeit wie insbes. ein aus gesteigerter Eilbedürftigkeit folgender **Zeitdruck** oder die Notwendigkeit von **Wochenend- oder Nachtarbeit** (vgl. etwa Schneider/Volpert/N. Schneider Rn. 57; NK-GK/Winkler Rn. 28; Otto NJW 2006, 1472 (1477)) sein, für die es aber, weil sie als Aufwand in tatsächlicher Hinsicht (→ Rn. 29 f.) im Rahmen der Schwierigkeit der anwaltlichen Tätigkeit berücksichtigt werden können, keines eigenständigen Bewertungskriteriums bedarf. Im Grundsatz ebenfalls ist die Berücksichtigung des vielfach sog. **„Synergieeffekts"**, tatsächlich aber Skaleneffekts bei der Bearbeitung mehrerer gleichgelagerter Sachen, der allerdings richtigerweise nicht als gesonderter Umstand, sondern bei der Bewertung von Umfang und Schwierigkeit der anwaltlichen Tätigkeit in die Bewertung einfließt (→ Rn. 12 ff.). Das sog. **„Anwachsen"** bei mehreren jeweils erneut den Gebührentatbestand erfüllenden Tätigkeiten in derselben Angelegenheit bis zur Höchstgebühr (vgl. BGH NJW 2017, 3527 Rn. 16) ist kein Problem der Bestimmung nach I 1, sondern ergibt sich aus § 15 II, III.

56 Häufig wird als im Rahmen des I 1 zu berücksichtigender sonstiger Umstand auch der **Erfolg** der anwaltlichen Tätigkeit genannt (vgl. etwa BGH NJW 2010, 1364 Rn. 49; Schneider/Volpert/N. Schneider Rn. 57; NK-GK/Winkler Rn. 28; Gerold/Schmidt/Mayer Rn. 40). Indessen ist dies nicht unproblematisch. Schon der historische Gesetzgeber hielt den vom Auftraggeber angestrebten Erfolg allgemein und insbesondere in Strafsachen für ungeeignet als Bewertungsfaktor (Begr. RegE KostRÄndG 1957 BT-Drs. 2/2545, 234). Die Berücksichtigung des Erfolgs steht in evidentem Widerspruch zu den Zwecken der gesetzlichen Beschränkungen für die Vereinbarung eines Erfolgshonorars (§ 4a). Es ist nicht recht einsichtig, warum dasselbe Gesetz, dass die Vereinbarung einer erfolgsabhängigen Vergütung beschränkt, an anderer Stelle die Berücksichtigung des Erfolgs bei der Gebührenbemessung fordern sollte.

Als weiterer zu berücksichtigender Umstand wird gelegentlich die **Kostenstruktur der Kanzlei** des zu vergütenden Rechtsanwalts genannt (Schneider/Volpert/N. Schneider Rn. 57; Gerold/Schmidt/Mayer Rn. 40). Auch dies dürfte aber im Widerspruch zu den Grundgedanken des RVG stehen, das keine „teuren" oder „billigen" Rechtsanwälte kennt; im Übrigen kann es nicht zu Lasten des Auftraggebers auswirken, wenn der Rechtsanwalt entweder die Kostenstruktur seiner Kanzlei nicht im Griff hat oder besonderen, nicht allgemein erforderlichen Aufwand betreibt (so iErg auch VG Bremen BeckRS 2009, 30838). Auch die Berücksichtigung einer besonderen **Reputation des Rechtsanwalts** (so etwa Schneider/Volpert/N. Schneider Rn. 57; NK-GK/Winkler Rn. 28; Gerold/Schmidt/Mayer Rn. 40; vgl. auch BGH NJW 2010, 1364 Rn. 49) dürfte im Widerspruch zu den Prinzipien des RVG stehen. Ausscheiden dürfte schließlich auch die gelegentlich erwogene (vgl. Gerold/Schmidt/Mayer Rn. 40 mwN) Berücksichtigung eines langen zeitlichen **Abstands zur letzten Gebührenanpassung,** weil eine solche Gebührenanpassung dem Gesetzgeber vorbehalten ist und nicht im Einzelfall über die Gebührenbestimmung durch den Rechtsanwalt vorgenommen werden kann (vgl. zu § 12 BRAGO OLG München MDR 2004, 176). 57

Soweit aber im Einzelfall die Berücksichtigung weiterer, nicht in I 1–3 ausdrücklich genannter Umstände bei der Gebührenbestimmung in Betracht kommt, kann dieser jedenfalls **nur bei Vorliegen** zu einer Erhöhung, nicht aber bei Fehlen zu einer Absenkung der Gebühr führen. 58

IV. Bestimmung durch den Rechtsanwalt. 1. Abwägung. a) Bewertung der Kriterien des I. Die Bestimmung der konkreten Gebühr innerhalb des im VV bestimmten Rahmens durch den Rechtsanwalt muss unter angemessener Berücksichtigung der in I genannten Bewertungskriterien erfolgen, damit sie billigem Ermessen entspricht (→ Rn. 7 f.). Dabei hat der Rechtsanwalt – im Rahmen der ihm zur Verfügung stehenden Erkenntnismöglichkeiten – zu beurteilen, ob die vom Gebührentatbestand erfasste Tätigkeit in concreto eine „normale" (regelmäßig mit der sog. Mittelgebühr, → Rn. 63, abgegoltene) oder aber eine (höher bzw. niedriger zu vergütende) über- bzw. unterdurchschnittliche Sache handelt (vgl. BVerwG Buchholz 363 § 14 RVG Nr. 1 = BeckRS 2005, 30309 Rn. 28). 59

Wie aber die Berücksichtigung „aller" und „vor allem" der in I ausdrücklich genannten Umstände zu erfolgen hat, wirft Fragen auf. Allg. wird angenommen, die in I genannten Bewertungskriterien seien **gleichrangig** (vgl. nur BSGE 104, 30 = NJW 2010, 1400 Rn. 21 mwN; RVGReport 2020, 218 Rn. 17; aA Otto NJW 2006, 1472). Dies würde bedeuten, dass zumindest jeder der in I ausdrücklich genannten Umstände jeweils einzeln bewertet werden müsste. Ergibt dies, dass – erwartbar – nur einzelne Kriterien als über- oder unterschiedlich zu bewerten sind, stellt sich die Frage der Gesamtbewertung; immerhin besteht wohl Einigkeit darüber, dass Über- oder Unterdurchschnittlichkeit insgesamt nicht Über- oder Unterdurchschnittlichkeit aller Einzelkriterien voraussetzt und dass die Unterdurchschnittlichkeit eines Kriteriums durch die Überdurchschnittlichkeit eines anderen Kriteriums kompensiert werden kann (vgl. nur BSGE 104, 30 = NJW 2010, 1400 Rn. 39; Gerold/Schmidt/Mayer Rn. 11; NK-GK/Winkler Rn. 36; Schneider/Volpert/N. Schneider Rn. 66 mwN). Jedenfalls in der Rechtsprechung erweisen sich allerdings die Einkommens- und Vermögensverhältnisse des Auftragsgebers und das Haftungsrisiko als nahezu und die Bedeutung der Angelegenheit als weitgehend bedeutungslos, zumal es für diese regelmäßig – von Ausnahmefällen eher extremer Natur abgesehen – auch an jeglichen Erkenntnissen fehlt. 60

Richtiger dürfte sein, **primär** von **„Umfang und Schwierigkeit der anwaltlichen Tätigkeit"** auszugehen (so auch Otto NJW 2006, 1472 (1472 f., 1477)). Dass dies das zentrale Kriterium für die Bestimmung der Gebühr sein muss, folgt nicht nur aus der Notwendigkeit, Äquivalenz zwischen Tätigkeit und Gebühr herzustellen, sondern entspricht auch offenkundig der Vorstellung des Gesetzgebers des RVG, der bei der Übernahme der Kriterien aus § 12 I BRAGO die Reihenfolge geändert und 61 dieses an die Spitze gestellt hat (→ Rn. 9). Umfang und Schwierigkeit sind zwar gesondert zu betrachten, doch sollte das Ergebnis eine Gesamtbewertung der anwaltlichen Tätigkeit sein; dabei sollte die anwaltliche Tätigkeit insgesamt schon dann als überdurchschnittlich bewertet werden, wenn nur eines der beiden Unterkriterien überdurchschnittlich ist (insbes. sollte auch keine Kompensation vorgenommen werden, eine besonders schwierige Tätigkeit etwa sollte also nicht deshalb als durchschnittlich bewertet werden, weil sie schnell zu erledigen ist).

62 Anschließend sollte geprüft werden, ob das so gefundene Ergebnis **unter Berücksichtigung der übrigen Kriterien zu korrigieren** ist (so auch Otto NJW 2006, 1472 (1477)). Dabei wird zu beachten sein, dass die Kriterien „Bedeutung der Angelegenheit" und „Einkommens- und Vermögensverhältnisse des Auftraggebers" richtigerweise idR nur bei mit Betragsrahmengebühren vergüteten nichtvermögensrechtlichen Angelegenheiten (→ Rn. 33, 41) berücksichtigt werden sollten. Auch kann das Haftungsrisiko nach I 2 stets (→ Rn. 53) und nach I 3 (→ Rn. 49) regelmäßig nur für eine Erhöhung der Gebühr herangezogen werden (insbes. kann das Fehlen eines erhöhten bzw. besonderen Haftungsrisikos nicht zu einer Gebührenabsenkung führen, vgl. VerfG Brandenburg BeckRS 2021, 1585 Rn. 17). Soweit einzelne Bewertungskriterien hiernach nicht zu berücksichtigen sind, können sie auch nicht als „neutral" in die Gesamtbewertung einbezogen werden (liegen Umfang bzw. Schwierigkeit der anwaltlichen Tätigkeit erheblich über dem Durchschnitt, kann dies mithin nicht dadurch abgewertet werden, dass irrelevante Kriterien in eine Gesamtbetrachtung als durchschnittlich eingestellt werden). Dies gilt erst recht für Kriterien, die mangels weiterer Erkenntnisse nicht zu bewerten sind (anderenfalls würde ermessensfehlerhaft ein bestimmtes Bewertungsergebnis – Durchschnittlichkeit – unterstellt).

63 **b) Übertragung in den Gebührenrahmen.** Das Bewertungsergebnis ist schließlich auf den gesetzlichen Gebührenrahmen zu übertragen. Ausgangspunkt ist hierfür, dass einer als **durchschnittlich** zu bewertenden Angelegenheit regelmäßig die Mitte des Gebührenrahmens entspricht (BVerwG NJW 2006, 247 Rn. 26; Gerold/Schmidt/Mayer Rn. 10; NK-GK/Winkler Rn. 37 mwN). Diese sog. **Mittelgebühr** errechnet sich durch Halbierung der Spanne bzw. als Hälfte der Summe von Mindest- und Höchstgebühr. Bei einem Satzrahmen wie bei VV 2100 von 0,5 bis 1,0 beträgt die Mittelgebühr mithin 0,5: 2 + 0,5 = 0,75 bzw. [0,5 + 1,0]: 2 = 0,75, bei einem Betragsrahmen wie bei VV 2102 von 36 EUR bis 384 EUR beträgt sie 348 EUR: 2 + 36 EUR = 210 EUR bzw. [36 EUR + 384 EUR]: 2 = 210 EUR. Da von ihr im Grundsatz nur bei Vorliegen besonderer Umstände nach oben oder unten abgewichen werden kann, ist sie im Allgemeinen **Regelgebühr.**

64 Besonderes gilt insoweit allerdings für die **Geschäftsgebühr** nach VV 2300, 2302. Für diese ist zwar ein Rahmen von 0,5 bis 2,5 (VV 2300) bzw. 60 EUR bis 768 EUR (VV 2302) vorgesehen, doch kann bei VV 2300 nach VV 2300 Anm. I eine Gebühr von mehr als 1,3 (bzw. bei Inkassodienstleistungen 0,9, VV 2300 Anm. II 1; hierzu Goebel FMP 2021, 63) und bei VV 2302 nach VV 2302 Anm. eine Gebühr von mehr als 359 EUR nur verlangt werden, wenn die Tätigkeit umfangreich oder schwierig war. Diese – jeweils unter der Mittelgebühr (1,5 bzw. 414 EUR) liegenden – sog. **Schwellengebühren** sollen dem Umstand Rechnung tragen, dass wegen des weiten Anwendungsbereichs der Geschäftsgebühr der Rahmen oberhalb der Mitte erweitert wurde (vgl. Begr. RegE KostRMoG BT-Drs. 15/1971, 207). Die Bedeutung dieser Schwellengebühr für die Gebührenbestimmung nach § 14 wird unterschiedlich beurteilt. Einer Ansicht nach ist sie für die Geschäftsgebühr anstelle der Mittelgebühr die **Regelgebühr** für durchschnittliche Fälle (so bereits Begr. RegE KostRMoG BT-Drs. 15/1971, 207 und etwa der BGH in stRspr, vgl. BGH NJW-RR 2007, 420 Rn. 8; GRUR 2014, 206 Rn. 23 mwN). Nach anderer Ansicht bildet sie hingegen eine **Kappungsgrenze;** danach ist auch bei der Geschäftsgebühr die Gebühr zunächst ausgehend von der Mittelgebühr zu bestimmen und sodann in Höhe der Schwellengebühr zu kappen, sofern weder Umfang noch Schwierigkeit der anwaltlichen Tätigkeit mehr als durchschnittlich sind (so etwa das BSG in stRspr, vgl. BSGE 104, 30 = NJW 2010, 1400 Rn. 22 ff.; BSG AGS 2011, 27; BeckRS 2019, 38670 Rn. 18 = NZS 2020, 358 (Ls.); außerdem etwa Schneider/Volpert/Thiel/Reckin VV 2300 Rn. 10; Gerold/Schmidt/Mayer VV 2300 Rn. 33; NK-GK/

Winkler VV 2300 Rn. 18). Überzeugender ist die erste Ansicht, die die Erweiterung des Kostenrahmens nach oben durch Absenkung der Regelgebühr konsequent umsetzt; der Gegenauffassung stehen überdies aus der praktischen Handhabung folgende Bedenken entgegen (werden etwa ein besonderer Umfang bzw. eine besondere Schwierigkeit der anwaltlichen Tätigkeit durch andere Umstände – wenn man dies für möglich hält, vgl. → Rn. 60 ff. – kompensiert, bliebe es im ersten Schritt bei der Mittelgebühr, die dann, weil die Voraussetzungen der Kappung nicht vorlägen, ungekürzt bliebe, so dass die zuvor angenommene Kompensation iErg ihre Bedeutung wieder verlieren würde).

Von der Regelgebühr (= Mittel- bzw. Schwellengebühr) ausgehend ist bei einer festgestellten Über- oder Unterdurchschnittlichkeit der zu vergütenden Tätigkeit die Gebühr entsprechend höher bzw. niedriger zu bestimmen. Für eine rationale **Quantifizierung** fehlen allerdings Maßstäbe. Für die Vergütung in sozialgerichtlichen Verfahren hat es in der Vergangenheit Versuche gegeben, hierfür **schematische Kriterien** zu entwickeln, nämlich zum einen die sog. „Chemnitzer Tabelle“ des 6. Senats des LSG Sachsen (LSG Sachsen BeckRS 2010, 68357; inzwischen aufgegeben, LSG Sachsen BeckRS 2013, 68752; 2013, 70465; AGS 2013, 389; 2013, 394; NZS 2013, 880) und zum anderen das sog. „Kieler Kostenkästchen“ des SG Kiel (SG Kiel FD-RVG 2011, 320342 mAnm Mayer; AGS 2016, 172 mablAnm N. Schneider; vgl. auch BVerwG NZWehrr 2018, 253; abl. inzwischen LSG Schleswig-Holstein AGS 2018, 457, stRspr), die sich beide nicht haben durchsetzen können. Ihnen steht auch das bei der Ausübung des billigen Ermessens zu beachtende Gebot der Einzelfallabwägung entgegen, das jede Form von Schematismus von vornherein verbietet. 65

2. Vornahme und Wirkung. Das einseitige Bestimmungsrecht des Rechtsanwalts ist ein Gestaltungsrecht (vgl. zu § 315 BGB MüKoBGB/Würdinger BGB § 315 Rn. 35 mwN), das gem. § 315 II BGB durch **Erklärung gegenüber dem Auftraggeber,** mithin durch eine rechtsgeschäftliche, empfangsbedürftige Willenserklärung ausgeübt wird, die als solche keinem Formerfordernis unterliegt (OLG Frankfurt a. M. FamRB 2020, 324 = BeckRS 2020, 1728 Rn. 51). Sie muss nicht ausdrücklich erfolgen und bedarf auch keiner Begründung (aber → Rn. 78). Vielmehr genügt die Nennung des Ergebnisses der Bestimmung in der Kostenrechnung (für die dann aber die insoweit nach § 10 geltenden formalen Anforderungen zu beachten sind). 66

Mit Zugang der Erklärung beim Auftraggeber hat der Rechtsanwalt sein Leistungsbestimmungsrecht „verbraucht“. Er ist daher insbes. selbst an seine Bestimmung **gebunden** (zur Bindung seines Auftraggebers → Rn. 69), kann diese also nicht mehr ohne weiteres ändern (BGH NJW 2013, 3102 Rn. 7; WM 2022, 139 Rn. 19; BSG RVGReport 2020, 218 Rn. 29; auch die Feststellung einer Pauschgebühr nach § 42 soll ausgeschlossen sein, OLG Bamberg AGS 2011, 228; OLG Düsseldorf NStZ-RR 2013, 63, jew. mwN). Dies gilt selbst dann, wenn – ohne dies kenntlich zu machen – nur ein Vorschuss angefordert wird (OLG Köln AGS 2009, 525 mkritAnm N. Schneider ErbR 2016, 254). Eine Änderung kommt nur in Betracht, wenn sich der Rechtsanwalt diese ausdrücklich vorbehalten hat (soweit ein solcher Vorbehalt überhaupt zulässig ist, dagegen etwa N. Schneider NJW-Spezial 2014, 91; MüKoBGB/Würdinger BGB § 315 Rn. 59), bzw. – die Bindung betrifft nur die Gebührenbestimmung innerhalb des Rahmens – die Abrechnung aus anderen Gründen (unrichtiger Gegenstandswert, falsche oder unvollständige Gebührentatbestände) korrekturbedürftig ist (vgl. OLG Celle AGS 2020, 146; OLG Frankfurt a. M. FamRB 2020, 324 = BeckRS 2020, 1728 Rn. 51, und – zu § 12 I BRAGO – BGH NJW 1987, 3203). 67

Die Geltendmachung einer bestimmten Gebühr bzw. eines bestimmten Gebührensatzes innerhalb des gesetzlichen Rahmens allein gegenüber einem erstattungspflichtigen **Dritten** (dh einem Schuldner seines Auftraggebers) führt hingegen keine Bindung im Verhältnis zum Auftraggeber (und damit im Ergebnis auch im Erstattungsverhältnis) herbei (BSG RVGReport 2020, 218 Rn. 29). Bei einer Geltendmachung der Mindestgebühr im Vergütungsfestsetzungsverfahren gegen den eigenen Auftraggeber nach § 11 VIII (und damit durch Erklärung gegenüber dem Gericht) wird allerdings (aus im Festsetzungsverfahren liegenden Gründen) eine Bindung angenom- 68 men (BGH NJW 2013, 3102 Rn. 13; ist bereits eine höhere Gebühr gegenüber dem Auftraggeber bestimmt worden, soll im Festsetzungsantrag ein Verzicht auf die Gebührendifferenz liegen, BGH NJW 2013, 3102 Rn. 14 ff. mwN).

69 **3. Gerichtliche Billigkeitskontrolle. a) Überprüfbarkeit der Ausübung des Bestimmungsrechts.** Entspricht die vom Rechtsanwalt getroffene Bestimmung **nicht der Billigkeit,** ist sie seinem Schuldner gegenüber **unverbindlich** (vgl. § 315 III 2 BGB, § 14 I 4), allerdings nicht nichtig (vgl. zu § 315 BGB BGH NJW 2015, 3564 Rn. 18). Seinem Schuldner steht es daher frei, sich auf die Unbilligkeit zu berufen oder (insbes. bei Unbilligkeit zu Lasten des Rechtsanwalts) die Bestimmung ungeachtet ihrer Unverbindlichkeit hinzunehmen und den Rechtsanwalt an der getroffenen Bestimmung festzuhalten (vgl. BeckOGK BGB/Netzer BGB § 315 Rn. 80). Ist die getroffene Bestimmung tatsächlich unbillig, ist der bestimmte Betrag (insgesamt) **nicht geschuldet,** so dass insbes. auch kein Verzug eintreten kann. Aufgrund des mit seiner Ausübung eingetretenen „Verbrauchs" des Leistungsbestimmungsrechts (→ Rn. 67) kann der Rechtsanwalt dieser Rechtsfolge auch nicht durch erneute Bestimmung entgehen („halbseitige" Unverbindlichkeit, vgl. Staudinger/Rieble BGB § 315 Rn. 501). Es bleibt dann nur eine **gerichtliche Bestimmung** (vgl. § 315 III 2 BGB).

70 Hieraus ergibt sich, dass eine gerichtliche Billigkeitskontrolle notwendigerweise **zweistufig** erfolgt: Auf der ersten Stufe ist nach den allg. Regeln eines kontradiktorischen Verfahrens über den hinsichtlich der Billigkeit der getroffenen Bestimmung bestehenden Streit der Parteien durch **Überprüfung der Bestimmung am Maßstab der Billigkeit** im Sinne der Feststellung einer (als solchen allerdings nicht iSd § 256 I ZPO feststellungsfähigen, vgl. Staudinger/Rieble BGB § 315 Rn. 584) Rechtslage zu entscheiden (→ Rn. 73 ff.). Erweist sich danach die vom Rechtsanwalt getroffene Bestimmung als unbillig, erfolgt auf der zweiten Stufe die **gerichtliche Bestimmung der billigen Leistung** im Sinne einer richterlichen Gestaltung des Schuldverhältnisses (→ Rn. 79 ff.). In diese zweite Stufe ist (wenn nicht bloß die Feststellung einer fehlenden Leistungspflicht Verfahrensgegenstand ist) ohne besonderen Antrag der Parteien einzutreten, dh das Gericht hat stets dann, wenn es festgestellt hat, dass sich der Rechtsanwalt nicht an die Grenzen des ihm eingeräumten billigen Ermessens gehalten hat, von Amts wegen eine eigene Leistungsbestimmung vorzunehmen (vgl. § 315 III 2 BGB).

71 Diese Grundsätze gelten nicht nur im Verhältnis zwischen Rechtsanwalt und Auftraggeber, sondern auch im Verhältnis zu einem **Erstattungsschuldner** (vgl. I 4). Soll gegen diesen eine Rahmengebühr festgesetzt werden, ist daher auch im **Kostenfestsetzungsverfahren** auf entspr. Einwand zunächst zu prüfen, ob die getroffene Bestimmung sich in den Grenzen der Billigkeit hält und sodann ggf. – entsprechend § 315 III 2 BGB – eine Leistungsbestimmung durch das Gericht vorzunehmen (vgl. BVerwG AGS 2020, 19).

72 **Anderes** gilt wegen § 11 VIII im **Kostenfestsetzungsverfahren gegen den Auftraggeber.** In diesem Verfahren kann eine Rahmengebühr nach § 11 VIII 1 überhaupt nur festgesetzt werden, wenn entweder lediglich die Mindestgebühr oder ein der Höhe nach unstreitiger Betrag geltend gemacht wird (zu den Folgen für das Bestimmungsrecht → Rn. 68). Da sich in beiden Fällen die Frage der Unbilligkeit nicht stellt, gibt es in diesem Verfahren keinen Raum für eine Überprüfung der getroffenen Bestimmung oder gar einer gerichtlichen Bestimmung.

73 **b) Ausübungskontrolle. aa) Maßstab.** Da der bestimmte Betrag nicht geschuldet ist, wenn die Bestimmung nicht der Billigkeit entspricht und daher unverbindlich ist, → Rn. 69, ist dann, wenn **Unbilligkeit** eingewandt wird, diese eine für das Bestehen der Schuld zu beantwortende **Vorfrage** (unabhängig davon, ob es um eine Vergütungsklage des Rechtsanwalts gegen seinen Auftraggeber, eine Rückforderungsklage des Auftraggebers auf bereicherungsrechtlicher Grundlage, entsprechende auf das Bestehen oder Nichtbestehen der Forderung gerichtet Feststellungsklagen oder einen Kostenfestsetzungsantrag gegen einen Erstattungsschuldner geht). Liegen die prozessualen Voraussetzungen (→ Rn. 78) hierfür vor, hat das Gericht dann zunächst zu überprüfen, ob die vom Rechtsanwalt getroffene Bestimmung der Billigkeit entspricht.

Dass die Bestimmung der Billigkeit entspricht, kann nicht deshalb verneint werden, weil das Gericht eine andere Bestimmung für richtig hält; das Gericht ist auf dieser Stufe (noch) nicht befugt, das dem Rechtsanwalt eingeräumte Ermessen an sich zu ziehen (BVerwG AGS 2020, 19; zu § 315 BGB vgl. auch BGH NJW 2014, 3089 Rn. 23; BGHZ 163, 119 (130) = GRUR 2005, 757 (760) mwN). Vielmehr kann nur überprüft werden, ob der Rechtsanwalt die **Grenzen des billigen Ermessens** bei der Bestimmung der Gebühr überschritten hat („lediglich Subsumtion", jurisPK-BGB/Völzmann-Stickelbrock BGB § 315 Rn. 94). Dabei sind sowohl eine **(objektive) Ergebniskontrolle** als auch eine **(subjektive) Verfahrenskontrolle** vorzunehmen (vgl. Staudinger/Rieble BGB § 315 Rn. 416 ff.). **74**

In objektiver Hinsicht ist daher zu überprüfen, ob der Rechtsanwalt sein ihm von I eingeräumtes **Ermessen ausgeübt** (er also zB nicht etwa der Auffassung war, generell die Höchstgebühr verlangen zu können) und dessen Grenzen nicht überschritten hat, was insbes. dann der Fall ist, wenn die bestimmte Gebühr **unverhältnismäßig** ist, weil sie die in vergleichbaren Fällen für angemessen erachtete Gebühr (iErg, dh unabhängig von den im Einzelfall vorliegenden Umständen) **deutlich übersteigt** (vgl. Schneider/Volpert/N. Schneider Rn. 80 mwN). In subjektiver Hinsicht ist zu überprüfen, ob der Rechtsanwalt bei der Leistungsbestimmung die in **I genannten Kriterien in der gebotenen Weise berücksichtigt,** insbes. keine Umstände zu Unrecht herangezogen oder unberücksichtigt gelassen hat, und sich vor allem **nicht von sachfremden Gesichtspunkten** hat leiten lassen (vgl. zu letzterem im Zusammenhang mit § 315 BGB etwa BAGE 164, 82 = NZA 2019, 387 Rn. 78; BGH BetrAV 2016, 61 = BeckRS 2015, 21000, jew. mwN). **75**

Weitgehend anerkannt ist für die Ausübungskontrolle im Rahmen des I eine **Toleranzgrenze von 20 %** (vgl. nur BGH NJW-RR 2007, 420; NJW 2011, 1603 Rn. 18; NJW-RR 2012, 887; NJW 2012, 2813 Rn. 10; NJW-RR 2013, 1020 Rn. 8; BVerwG AGS 2020, 19 Rn. 15; NZWehrr 2018, 253 Rn. 18; BSGE 104, 30 = NJW 2010, 1400 Rn. 19; BSG BeckRS 2020, 24117 Rn. 4; NK-GK/N. Schneider Rn. 89 mwN; in Bezug auf die Mittelgebühr aA BVerwG NJW 2006, 247), deren dogmatische Grundlage allerdings weitgehend im Dunkeln liegt („Ermessenspielraum", BGH NJW 2012, 2813 Rn. 10; NJW-RR 2013, 1020 Rn. 8; „Spielraum", BGH NJW-RR 2007, 420; NJW-RR 2012, 887 Rn. 4). Werden Ausübungskontrolle und richterliche Leistungsbestimmung strikt getrennt, kann jedenfalls weder die nach Ansicht des Gerichts „billige" Gebühr Maßstab für die Ausübungskontrolle und Ausgangspunkt einer hinzunehmenden Toleranz noch die „unbillige", aber innerhalb der Toleranzgrenze liegende Gebühr Grundlage der nachfolgenden Bestimmung sein. Die Toleranzgrenze wird daher nur so verstanden werden können, dass im Rahmen der Ausübungskontrolle eine Abweichung von einer in vergleichbaren Fällen für angemessen gehaltenen Gebühr um 20 % nach oben oder unten generell „unverdächtig" ist, was aber nicht ausschließen darf, dass sich die Abweichung aufgrund der besonderen Umstände im Einzelfall rechtfertigen lässt. IÜ rechtfertigt die Toleranzgrenze **nicht** das **Überschreiten der Schwellengebühr** nach VV 2300, 2302 (→ Rn. 64), ohne dass im Einzelfall die Tätigkeit umfangreich oder schwierig war (BGH NJW 2012, 2813 Rn. 11 f.; NJW-RR 2013, 1020 Rn. 8; zur Mittelgebühr vgl. auch BVerwG NJW 2006, 247 Rn. 27). **76**

bb) Verfahren. Für die zunächst vorzunehmende Ausübungskontrolle gelten die normalen Regeln eines **kontradiktorischen Prozesses.** Ob sich die Bestimmung durch den Rechtsanwalt noch in den Grenzen des billigen Ermessens hält, ist daher nicht von Amts wegen, sondern nur auf entspr. Einwand hin zu prüfen. Die dann notwendige Verfahrens- und Ergebniskontrolle mit allen dabei vorzunehmenden Abwägungen ist als reiner Subsumtionsprozess vom Gericht **von Amts wegen** vorzunehmen (vgl. Staudinger/Rieble BGB § 315 Rn. 625; zur Revisibilität vgl. allg. etwa BAGE 164, 82 = NZA 2019, 387 Rn. 76; BGH NJW 2018, 46 Rn. 18 mwN). Hingegen gilt für die dabei zu berücksichtigenden **tatsächlichen Umstände** der Beibringungsgrundsatz. **77**

Für die **Darlegungs- und Beweislast** hinsichtlich solcher tatsächlichen Umstände ist nach dem Gesetz danach zu unterscheiden, ob der Auftraggeber oder ein Dritter die Unbilligkeit einwendet. Im Verhältnis zum **Auftraggeber** folgt aus § 315 III 1 BGB („nur verbindlich"), dass die Billigkeit der Bestimmung Anspruchsvoraussetzung **78** und daher nach allg. Regeln (vgl. nur BGHZ 41, 271 (279) = NJW 1964, 1617 (1620)) ihre tatsächlichen Voraussetzungen **vom Rechtsanwalt** darzulegen (s. aber → Rn. 66) und ggf. zu beweisen sind (insbes. im Hinblick auf das Kriterium „Umfang und Schwierigkeit der anwaltlichen Tätigkeit" ist es daher für ihn ratsam, zur Erleichterung einer späteren Darlegung über Art und Dauer der der im Einzelnen entfalteten Tätigkeit Notizen zu fertigen, vgl. BSGE 104, 30 = NJW 2010, 1400 Rn. 29). Für das Verhältnis zu einem **Drittem** ist hingegen I 4 („nicht verbindlich") zu entnehmen, dass insoweit nicht die Billigkeit Anspruchsvoraussetzung, sondern die Unbilligkeit Einwendung des Erstattungspflichtigen ist; deren tatsächlichen Voraussetzungen sind daher auch **von dem Dritten** darzulegen und ggf. zu beweisen (BGH ASR 2011, 211 Rn. 10 mwN).

79 **c) Gerichtliche Leistungsbestimmung.** Hat die Ausübungskontrolle ergeben, dass der Rechtsanwalt bei seiner Bestimmung der Gebühr die Grenzen des ihm von I eingeräumten billigen Ermessens überschritten hat, **ersetzt das Gericht** im zweiten Schritt dessen Bestimmung durch eine richterliche Bestimmung der Gebühr (vgl. § 319 I BGB), bei der es kein Verbot der „reformatio in peius" gibt (vgl. Staudinger/Rieble BGB § 315 Rn. 616). Das Gericht entscheidet damit über den im Verfahren geltend gemachten Gebührenanspruch durch eine **richterliche Ermessensentscheidung.** Es muss daher eine eigene Abwägung der nach I zu berücksichtigenden Umstände treffen und diese in den Gebührenrahmen der betreffenden Rahmengebühr umsetzen. Ergibt sich dabei ein Spielraum, hat sich das Gericht – anders als der Rechtsanwalt (→ Rn. 8) – an dessen Mitte zu orientieren (vgl. allg. zu § 315 BGB BGH ZfBR 2017, 612 Rn. 27).

80 Da der Richter seine Ermessensentscheidung aus eigenem Recht trifft, handelt es sich insoweit – anders als bei der Ausübungskontrolle (→ Rn. 77) – nicht um ein echtes kontradiktorisches Verfahren. Der Richter muss zwar in den durch den Klageantrag gezogenen Grenzen des Prozesses entscheiden, trifft sein Ermessen hingegen **von Amts wegen** (vgl. allg. zu § 315 BGB BAG NZA 2016, 1334 Rn. 30 mwN). Soweit er dies nur auf der Grundlage der ihm zur Verfügung stehenden Erkenntnisse tun kann, enthebt ihn dies nicht von der Pflicht zur Entscheidung. Hieraus folgen auch keine Darlegungs- und Erwiderungspflichten der Parteien, sondern nur eine im eigenen Interesse zu erfüllende Obliegenheit, den Richter mit ausreichenden Informationen zu versorgen.

81 Mit der durch Urteil vorgenommenen Bestimmung wird der Inhalt des Schuldverhältnisses mit Wirkung für die Parteien entspr. **umgestaltet.** Das Urteil ist daher ein (verdecktes) Gestaltungsurteil (vgl. Staudinger/Rieble BGB § 315 Rn. 592 ff.; zur revisionsrechtlichen Überprüfbarkeit der tatrichterlichen Entscheidung vgl. BGH BeckRS 2013, 10833 Rn. 45; AUR 2021, 87 = BeckRS 2020, 40582 Rn. 41).

82 **B. Anrechnung (II). I. Normzweck.** II (der mit dem KostRÄG 2021 mit einer allgemeiner gefassten Formulierung an die Stelle der entspr., ihrem Wortlaut nach allerdings nur auf den Umfang der Tätigkeit abstellenden Bestimmungen in VV Vorb. 2.3 IV 3, Vorb. 3 IV 4 getreten ist) ist eine gegenüber I besondere Regelung für Fälle, in denen nach dem RVG eine teilweise Anrechnung der für eine vorangegangene Tätigkeit verdienten Geschäfts- oder Verfahrensgebühr auf die für ein nachfolgendes Verfahren verdiente Geschäfts- oder Verfahrensgebühr vorsieht. Er stellt klar, dass bei einer solchen gesetzlichen „Anrechnungslösung" der **ersparte Aufwand** („Skaleneffekt", → Rn. 12 ff.) **allein durch die Anrechnung** und nicht – erneut – bei der Gebührenbestimmung nach I berücksichtigt wird (vgl. Begr. RegE KostRÄG 2021, BT Drs. 19/23484, 77).

83 **II. Anwendungsvoraussetzung.** Die Regelung des II greift ein, wenn **Rahmengebühren aufeinander anzurechnen** sind. Solche Anrechnungen einer Rahmengebühr auf eine andere sind insbes. bei der Vertretung in sozialgerichtlichen Verfahren, für die das GKG nicht gilt (vgl. VV Vorb. 3 IV, VI, 3511 Anm., 3512 Anm.), bei der Vertretung in Straf- und Bußgeldsachen (vgl. VV 4100 Anm. II, Vorb. 4.3. IV, 5200 Anm. IV), und bei der Vertretung im Verwaltungs- und anschließenden Widerspruchsverfahren (VV Vorb. 2.3. IV), vorzunehmen (vgl. außerdem VV 6215 Anm., Vorb. 6.4. II, 6500 Anm. III). Sie berücksichtigen den gegenüber einer

isolierten Bearbeitung insgesamt verminderten Aufwand des in beiden Angelegenheiten tätigen Rechtsanwalts (→ § 15a Rn. 1).

Soweit II voraussetzt, dass auch die anzurechnende Gebühr eine Rahmengebühr ist, verdeckt die Vorschrift allerdings, dass das von ihr geregelte Problem nicht durch die Anrechnung einer Rahmengebühr, sondern durch die Anrechnung (von was auch immer) auf eine Rahmengebühr begründet wird. Indessen dürfte das RVG Fälle der Anrechnung einer Satz- oder Festgebühr auf eine Rahmengebühr nicht vorsehen. 84

III. Rechtsfolge. Liegt ein von II erfasster Anrechnungsfall vor, ist die Gebühr, auf die anzurechnen ist, so (nach I) zu bestimmen, als sei der Rechtsanwalt in der Angelegenheit, für die die anzurechnende Gebühr angefallen ist, nicht tätig gewesen. Eine Berücksichtigung des durch die Vorbefassung ersparten Aufwands scheidet bei der Bestimmung der Gebühr (hierzu → Rn. 13 f.) in einem solchen Fall daher aus; vielmehr sind beide Gebühren voneinander unabhängig zu bestimmen. Der durch die Tätigkeit in den beiden Angelegenheiten eintretende „Skaleneffekt" wird somit allein durch die Anrechnung (zu dieser iÜ → § 15a Rn. 1 ff.) und nicht – erneut – bei der Gebührenbestimmung nach I berücksichtigt, eine doppelte Berücksichtigung ist hierdurch ausgeschlossen. 85

C. Gebührengutachten (III). I. Normzweck, Rechtsnatur des Gebührengutachtens. III (bzw. II aF vor dem KostRÄG 2021; inhaltlich identisch mit § 12 II BRAGO, der wiederum auf den bereits in § 93 III RAGebO aF enthaltenen Rechtsgedanken zurückgeht) ist eine **verfahrensrechtliche Sonderregelung** für einen Rechtsstreit über die vom Rechtsanwalt nach I, II bestimmte Höhe einer Rahmengebühr. Sie verpflichtet (wie die vergleichbare Regelung in § 3a III 2) das Gericht, ein **Gutachten des Vorstands der Rechtsanwaltskammer** einzuholen und (zusammen mit § 73 II Nr. 8 BRAO) den Vorstand, dieses Gutachten zu erstellen. Hierdurch soll das Gericht in die Lage versetzt werden, sich bei der Beurteilung insbes. der tätigkeitsbezogenen Abwägungskriterien Erfahrung und Sachverstand der Berufsvertretung nutzbar zu machen (vgl. Begr. RegE KostRMoG BT-Drs. 15/1971, 190; BGH NJW 2008, 3641 Rn. 6; Bohnenkamp FS 125 Jahre RAK Hamm, 2004, 275 (284); aktualisiert: Bohnenkamp/Winkler FS 65 Jahre RAK Freiburg, 2011, 161 (167)). 86

Über die **verfahrensrechtliche Einordnung dieses Gutachtens** besteht in Rspr. und Lit. ersichtlich Unklarheit. Einerseits wird es als „Beweismittel eigener Art" bezeichnet (so von BeckOK RVG/v. Seltmann Rn. 65; allerdings nicht widerspruchsfrei zu den übrigen Ausführungen), anderseits soll die Einholung des Gutachtens kein Akt der Beweisaufnahme sein (so Riedel/Sußbauer/Pankatz Rn. 67). Nach mehrheitlicher Auffassung ist es jedenfalls kein Sachverständigengutachten (so etwa KG AGS 2012, 599 mzustAnm Hansens RVGreport 2012, 342; HK-RVG/Winkler Rn. 76; BeckOK RVG/v. Seltmann Rn. 65; Gerold/Schmidt/Mayer Rn. 65; Schneider/Volpert/N. Schneider Rn. 146, jew. mwN, vgl. zu § 12 BRAGO auch OLG Schleswig JurBüro 1989, 1679; OLG Celle NJW 1973, 203). Die verbreitete Annahme, es handele sich stattdessen um eine amtliche Auskunft (so etwa Bohnenkamp/Winkler FS 65 Jahre RAK Freiburg, 2011, 161 (166)); Gerold/Schmidt/Mayer Rn. 65 mwN; Schneider/Volpert/N. Schneider Rn. 146), führt im Ergebnis nicht weiter, denn die (in der ZPO nur andeutungsweise geregelte, vgl. §§ 273 II Nr. 2, 358a S. 2 Nr. 2 ZPO) Einholung einer solchen amtlichen Auskunft ist in der Sache die Erhebung (je nach Inhalt) einer Zeugenaussage oder eben eines Sachverständigengutachtens (bzw. ersetzt diese) und ist entspr. den für diese Beweismittel geltenden Vorschriften zu behandeln (vgl. BGHZ 62, 93 (95) = NJW 1974, 701; BGHZ 89, 114 (119) = NJW 1984, 438 (439 f.)). Die auch anzutreffende Bezeichnung als „besonders ausgestaltetes Informationsmittel" (vgl. zu § 12 I BRAGO etwa OLG Celle NJW 1973, 203; OLG München NJW 1975, 884; OLG Frankfurt a. M. VersR 1983, 1039; OLG Schleswig JurBüro1989, 1679; Mümmler JurBüro 1985, 9 (12)) beseitigt die bestehende Unklarheit nicht, sondern benennt sie nur. 87

Da Voraussetzung der Gutachteneinholung nach III 1 die Streitigkeit der Gebührenhöhe ist, ist Gegenstand des Gutachtens notwendigerweise die Überprüfung der vom Rechtsanwalt vorgenommenen Bestimmung und damit die Billigkeitskontrolle 88

(→ Rn. 69 ff.). Ob die vorgenommene Bestimmung der Billigkeit entspricht, ist Rechtsfrage (→ Rn. 74). Das nach III 1 einzuholende Gutachten ist daher ein **Rechtsgutachten** (so auch KG AGS 2012, 599; NK-GK/Winkler Rn. 67; HK-RVG/Winkler Rn. 66, 76; BeckOK RVG/v. Seltmann Rn. 65; zu § 12 I BRAGO ebenso BGH NJW 2004, 1043 (1046); BGHZ 162, 98 (104) = NJW 2005, 2142 (2143)). Als solches ist es, weil es eben nicht der Feststellung von Tatsachen dient (vgl. § 286 I ZPO), **kein Beweismittel.** Vielmehr dient es der Rechtsfindung des Gerichts (vgl. → Rn. 86) und damit der Unterstützung des Gerichts bei seiner Rechtsfindung. Die Rechtsanwaltskammer ist in ihrer verfahrensrechtlichen Stellung daher mit dem im US-amerikanischen Rechtskreis bekannten **amicus curiae** vergleichbar. Im Ergebnis führt die Regelung des III (wie auch die des § 3a III 2) zur **Beteiligung eines Dritten am Rechtsstreit,** so dass sie als durchaus singulär im deutschen Prozessrecht anzusehen ist (auch der § 14 I nachgebildete § 11 StBVV, → Rn. 1, sieht eine Beteiligung der Steuerberaterkammer nicht vor, vgl. nur OLG Köln StB 1990, 381 = BeckRS 1990, 116232 Rn. 6; OLG Celle DStRE 2002, 1152 (1153), die allerdings in der Praxis gleichwohl – rechtsgrundlagenlos – vorkommt, vgl. etwa OLG Frankfurt a. M. DStRE 2018, 831).

89 **II. Verfahren. 1. Einholung. a) Voraussetzungen. aa) Rechtsstreit.** Die verfahrensrechtliche Sonderregelung des III gilt nach III 1 nur für einen „Rechtsstreit". Dies ist nach allgemeinem Verständnis ein **in der Hauptsache geführtes kontradiktorisches Verfahren vor dem Richter.** In anderen – insbes. formalisierten und vereinfachten – Verfahren ist kein Raum für eine Gutachteneinholung. **Kein** „Rechtsstreit" iSd III 1 sind daher insbes. **Kostenfestsetzungsverfahren** (NK-GK/Winkler Rn. 71; Gerold/Schmidt/Mayer Rn. 64; BeckOK RVG/v. Seltmann Rn. 57), unabhängig davon, ob sie einen prozessualen Kostenerstattungsanspruch (wie zB das Verfahren nach §§ 104 ff. ZPO, vgl. etwa OLG Koblenz MDR 2009, 716), eine aus der Staatskasse zu zahlende Vergütung (wie nach § 55, vgl. etwa LSG Hessen AGS 2016, 197) oder den Gebührenanspruch gegen den Auftraggeber (wie nach § 11; aufgrund der Sonderregelung in § 11 VIII kommt dort aber ohnehin die Geltendmachung einer nach I, II bestimmten Rahmengebühr nicht in Betracht) betreffen, und **Mahnverfahren** (NK-GK/Winkler Rn. 71; HK-RVG/Winkler Rn. 73; Riedel/Sußbauer/Pankatz Rn. 61).

90 Überdies erfasst III nach ganz hM nicht jeden Rechtsstreit, sondern nur einen solchen **zwischen Rechtsanwalt und seinem Auftraggeber** (vgl. nur BGH GRUR 2015, 1189 Rn. 104; BFH/NV 2012, 962 Rn. 11; BSG NJW 2012, 877 Rn. 14; 2010, 3533 Rn. 14; BVerwG MedR 2006, 114 = BeckRS 2005, 30309 Rn. 15 f.; OLG Hamm NJW-RR 2021, 888 Rn. 69; OLG Frankfurt a. M. NJW-RR 2021, 63 Rn. 52; Gerold/Schmidt/Mayer Rn. 64; NK-GK/Winkler Rn. 65, jew. mwN; aA Schons NJW 2005, 1024 (1025)). **Ausgeschlossen** wird dadurch die Geltung des III in **Rechtsstreiten mit Dritten** (wie zB einem Rechtsschutzversicherer oder Schädiger) über deren Verpflichtung zur Erstattung von anwaltlicher Vergütung (bzw. Freistellung), unabhängig davon, ob auf der Gegenseite der Auftraggeber oder – als Zedent – der Rechtsanwalt steht (vgl. etwa NK-GK/Winkler Rn. 66; Schneider/Volpert/N. Schneider Rn. 131; Gerold/Schmidt/Mayer Rn. 64; Hartung/Schons/Enders/Enders Rn. 57; HK-RVG/Winkler Rn. 67; Riedel/Sußbauer/Pankatz Rn. 61).

91 Diese – allenfalls mit der systematischen Stellung des III im Recht der anwaltlichen Vergütung begründete (vgl. etwa Schneider/Volpert/N. Schneider Rn. 130 oder Mümmler JurBüro 1985, 9 (10); zu § 12 I BRAGO) – Annahme kann sich nicht auf den Wortlaut des III 1 stützen. Sie trifft gleichwohl im Ergebnis zu, weil sich die Beteiligung der Rechtsanwaltskammer als Drittem (→ Rn. 88) nur für Verfahren rechtfertigen lässt, an denen der Rechtsanwalt als der Berufsaufsicht der Rechtsanwaltskammer Unterworfener (vgl. § 73 II Nr. 4 BRAO) beteiligt ist. Voraussetzung für die Geltung des III ist mithin, dass jedenfalls **der Rechtsanwalt** (als solcher, dh nicht lediglich als Rechtsnachfolger seines Auftraggebers aufgrund Abtretung) **an dem Rechtsstreit beteiligt** ist.

92 **bb) Streitigkeit der Gebührenhöhe.** Weitere Voraussetzung ist, dass in diesem Rechtsstreit die Höhe der Gebühr streitig ist. **„Höhe der Gebühr"** bezieht sich auf

die übrigen Teile des § 14. Hieraus folgt zum einen, dass III nur für **Rahmengebühren** iSd I 1 gilt und damit insbes. nicht für die Beratungsgebühr nach § 34 I 3, deren Höhe zwar entspr. I zu bestimmen ist, mangels eines gesetzlichen Rahmens dieser Bestimmung aber keine Rahmengebühr ist (AG Brühl AGS 2014, 387). Zum anderen muss sich der Streit auf die auf die vom Rechtsanwalt nach I, II vorgenommene **Bestimmung** der konkreten Gebühr innerhalb des Satz- bzw. Betragsrahmens der Rahmengebühr beziehen (Schneider/Volpert/N. Schneider Rn. 129). Andere gebührenrechtliche Fragen oder gar nicht gebührenrechtliche Fragen werden von III nicht erfasst. III ist daher etwa dann **nicht** einschlägig, wenn es um die Bemessung des Gegenstandswerts (BGH AGS 2009, 569) oder das Vorliegen des Gebührentatbestandes geht.

„Streitig" ist die Gebührenhöhe, wenn zwischen den Parteien Streit darüber besteht, ob die bestimmte Gebühr der Billigkeit entspricht (der Begriff bezieht sich mithin – abweichend vom sonst üblichen Sprachgebrauch – nicht auf Tatsachenvortrag). Zwar liegt die Darlegungs- und Beweislast für die der Billigkeitsbewertung zugrundeliegenden Umstände beim Rechtsanwalt (→ Rn. 78), doch bedarf es konkreter Darlegungen grundsätzlich nur, wenn der **Auftraggeber sich auf Unbilligkeit beruft** (vgl. Gerold/Schmidt/Mayer Rn. 66 und zu § 315 BGB etwa OLG Rostock NJW-RR 2000, 1005). 93

Ist dies nicht der Fall, ist die Gebührenhöhe auch dann **nicht** iSd III 1 streitig, wenn das Gericht die vom Rechtsanwalt geltend gemachte Gebührenhöhe – etwa auf der Grundlage „überschießender" Ausführungen des Rechtsanwalts – für **unschlüssig** hält. Im **Säumnisverfahren** findet III daher (auch, wenn ein sog. „unechtes Versäumnisurteil" erlassen werden soll) **keine Anwendung** (NK-GK/Winkler Rn. 69; Schneider/Volpert/N. Schneider Rn. 140; Riedel/Sußbauer/Pankatz Rn. 66, jew. mwN; BeckOK RVG/v. Seltmann Rn. 60; aA – ungeachtet des Wortlauts der Norm – unter Verweis auf den Zweck des Gutachtens Gerold/Schmidt/Mayer Rn. 67; die vor der Änderung der BRAGO im Jahre 1975 ergangene, die Einholung eines Gutachtens fordernde Rspr., vgl. etwa OLG München NJW 1975, 884 mwN, betrifft eine andere Rechtslage). 94

cc) Entscheidungserheblichkeit. Dass die Gebührenhöhe streitig ist, muss schließlich aber (selbstverständlich) auch entscheidungserheblich sein. Dass ist dann **nicht** der Fall, wenn entweder nur die **Mindestgebühr** geltend gemacht wird (Gerold/Schmidt/Mayer Rn. 66; vgl. zu § 12 II BRAGO auch OLG Schleswig SchlHA 2009, 295), das Bestimmungsrecht mithin im Ergebnis nicht genutzt wird, oder wenn aus anderen Gründen **kein Gebührenanspruch** besteht (Gerold/Schmidt/Mayer Rn. 66), etwa weil der Tatbestand der Rahmengebühr oder die Fälligkeit der Gebühr zu verneinen oder der Gebührenanspruch durch Erfüllung oder (Primär-)Aufrechnung (bei einer Hilfsaufrechnung bedarf es hingegen Feststellungen zur Gebührenhöhe) untergegangen oder wegen Verjährung nicht durchsetzbar ist. 95

b) Verfahrensrechtliche Gestaltung der Einholung. Da das in III geregelte Gutachten kein Beweismittel, sondern ein (sonst im Verfahrensrecht nicht vorgesehenes) Rechtsgutachten ist (→ Rn. 88), ist seine Einholung keine Beweisaufnahme iSd § 284 ZPO, so dass die **Vorschriften für das Beweisaufnahmeverfahren** (§§ 355 ff. ZPO) **keine unmittelbare Anwendung** finden (allenfalls kommt die analoge Heranziehung einzelner Regelungen in Betracht). Insbes. bedarf es keines Beweisantrags einer Partei (etwa iSd § 403 ZPO), vielmehr erfolgt die Gutachteneinholung **von Amts wegen.** Da III 1 festlegt, bei wem das Gutachten einzuholen ist (hierzu → Rn. 101), findet dabei keine Gutachterauswahl iSd § 404 ZPO statt. Aus demselben Grund scheidet auch die (gelegentlich erwogene, vgl. etwa NK-GK/Winkler Rn. 75; Riedel/Sußbauer/Pankatz Rn. 67; zu § 3a II auch BGH NJW 2010, 1364 Rn. 42) Möglichkeit einer Ablehnung des (gesetzlich berufenen) Gutachters entspr. § 406 ZPO aus. 96

Liegen die Voraussetzungen des III 1 vor, „hat" das Gericht das Gutachten einzuholen. Es besteht mithin eine **verfahrensrechtliche Pflicht** des Gerichts zur Gutachteneinholung. Wie III 1 Hs. 2 klarstellt (vgl. Begr. RegE KostRÄndG 1994 BT-Drs. 12/6962, 102), kann sich das Gericht auch im sog. **Bagatellverfahren iSd § 495a ZPO** hiervon nicht durch eine entsprechende (iÜ durch § 495a S. 1 ZPO in sein Ermessen gestellte) Verfahrensgestaltung befreien. Unterbleibt entgegen III 1 97 eine Gutachteneinholung (etwa, weil die Vorschrift übersehen wurde), ist der darin liegende **Verfahrensmangel** ein iSd § 538 II 1 Nr. 1 ZPO wesentlicher, kann also im Berufungsverfahren auf entsprechenden Parteiantrag hin zur Zurückverweisung an das Gericht des ersten Rechtszuges führen (vgl. OLG Brandenburg JurBüro 2008, 364, und zu § 12 II BRAGO, § 539 ZPO aF OLG Bamberg, OLGZ 1976, 351 (354); OLG Frankfurt a. M. MDR 1998, 800; ein solcher – einfachgesetzlicher – Verfahrensmangel allein hat allerdings keine verfassungsrechtliche Relevanz, VerfGH Nordrhein-Westfalen, BeckRS 2021, 16065 Rn. 34, kann aber jedenfalls kein Grund zur Annahme einer Verfassungsbeschwerde zur Entscheidung nach § 93a II BVerfGG sein, BVerfG NJW-RR 2002, 786).

98 **c) Einholung unabhängig von den Voraussetzungen des III 1?** Liegen die Voraussetzungen des III 1 nicht vor (ist also etwa an dem Rechtsstreit der Rechtsanwalt nicht beteiligt, → Rn. 90 f., oder ist eine andere Frage als die Gebührenhöhe streitig, → Rn. 92), ist das Gericht jedenfalls **nicht verpflichtet,** ein Gutachten des Vorstands der Rechtsanwaltskammer einzuholen. Allerdings soll es nach wohl allgM (vgl. etwa NK-GK/Winkler Rn. 66 mwN; Schneider/Volpert/N. Schneider Rn. 132, 135; BeckOK RVG/v. Seltmann Rn. 61; Riedel/Sußbauer/Pankatz Rn. 61) **berechtigt** sein, auch in solchen Fällen ein („nützliches") Gutachten einzuholen, um die Auffassung der Rechtsanwaltskammer zu erfahren und ggf. für die Entscheidung nutzbar zu machen.

99 Diese Ansicht begegnet indessen **erheblichen Bedenken,** denn über III (und § 3a II) hinaus bietet das Verfahrensrecht weder eine Grundlage dafür, dass das **Gericht** (in seinem Interesse) einen Dritten („amicus curiae", → Rn. 88) am Verfahren beteiligt, noch dafür, dass es (auf Kosten des Gutachters entspr. III 2 oder der Parteien entspr. dem JVEG) für seine Entscheidungsfindung ein Rechtsgutachten einholt (auch ein im Rahmen des § 293 ZPO eingeholtes Gutachten dient nicht der Klärung einer Rechtsfrage, sondern der Ermittlung des in der Rechtspraxis tatsächlich angewandten ausländischen Rechts). Soweit § 73 II Nr. 8 BRAO als Aufgabe des Vorstands der Rechtsanwaltskammer allgemein die Erstattung von Gutachten u. a. auf Anforderung eines Gerichts nennt, ist dies lediglich eine Kompetenznorm, die für die Gestaltung des Rechtsstreits ohne Bedeutung ist (vgl. BGH AGS 2009, 569). Selbstverständlich steht es dem **Rechtsanwalt** frei, seinerseits die Rechtsanwaltskammer (zur Beratungspflicht des Vorstands vgl. § 73 II Nr. 1 BRAO) um Stellungnahme zu bitten und diese als Parteivortrag im Verfahren vorzulegen.

100 Will man gleichwohl ein Recht des Gerichts zur Einholung eines Gutachtens der Rechtsanwaltskammer außerhalb des Anwendungsbereichs des III 1 annehmen, ist dies jedenfalls **nicht nach III 2 kostenlos** zu erstatten (NK-GK/Winkler Rn. 81). Auf welcher Grundlage die Rechtsanwaltskammer in einem solchen Fall Kosten geltend machen könnte, ist allerdings nicht ersichtlich. Die im JVEG vorgesehenen Honorare beziehen sich nur auf Sachverständige im Beweisaufnahmeverfahren (vgl. § 413 ZPO) und das Gebührenverzeichnis des JVEG kennt für die Leistung eines Rechtsgutachters keinen Gebührensatz (vgl. Schneider/Volpert/N. Schneider Rn. 150; aA NK-GK/Winkler Rn. 81; HK-RVG/Winkler Rn. 89 und zu einem vergleichbaren Rechtsgutachten der Steuerberaterkammer BVerwGE 160, 327 = RVGReport 2018, 155). Die Kammerversammlung der Rechtsanwaltskammer hat zwar die Befugnis, eine Gebührenordnung zu beschließen (§ 89 II Nr. 2 BRAO, vgl. Schneider/Volpert/N. Schneider Rn. 151), doch kann sie hierdurch (selbstverständlich) nur die Kammermitglieder verpflichten.

101 **2. Erteilung.** Gutachter nach III 1 ist die Rechtsanwaltskammer, die als Körperschaft des öffentlichen Rechts (§ 62 I BRAO) diese Aufgabe gem. § 73 II Nr. 8 BRAO durch ihren Vorstand wahrnimmt, der wiederum nach Maßgabe von § 77 BRAO dieses Geschäft an eine vom Vorstand gebildete Gebührenabteilung übertragen kann. **Zuständig** ist die Rechtsanwaltskammer, der **der Rechtsanwalt,** der die Gebührenhöhe bestimmt hat, (durch Zulassung oder Aufnahme, § 60 II BRAO) kraft Gesetzes **angehört.** Welche Rechtsanwaltskammer zuständig ist, wenn der Rechtsanwalt zwischenzeitlich (infolge Kanzleiverlegung und Aufnahme, § 27 III BRAO) die Rechtsanwaltskammer gewechselt hat, ist fraglich; regelmäßig wird die Zuständigkeit der Rechtsanwaltskammer angenommen, der der Rechtsanwalt zum

Zeitpunkt der Gebührenbestimmung angehört hat (vgl. etwa NK-GK/Winkler Rn. 72; Schneider/Volpert/N. Schneider Rn. 144 mwN; BeckOK RVG/v. Seltmann Rn. 64), doch dürfte der mit dem Wechsel verbundene Übergang der Berufsaufsicht (→ Rn. 91) auf die neue Rechtsanwaltskammer eher für deren Zuständigkeit sprechen.

Die nach III 1 zuständige Rechtsanwaltskammer ist zur Erteilung des Gutachtens **verpflichtet.** Sie erteilt das Gutachten auf der Grundlage des für das gerichtliche Verfahren relevanten Parteivortrags (weshalb ihr mit der Beauftragung Einsicht in die Gerichtsakte zu gewähren ist) und trifft insbes. keine eigenen Feststellungen in tatsächlicher Hinsicht (Schneider/Volpert/N. Schneider Rn. 147). Die Rechtsanwaltskammer nimmt mithin dieselbe Billigkeitskontrolle vor, die auch das Gericht (→ Rn. 69 ff.) vorzunehmen hat. 102

Da die Rechtsanwaltskammer nicht die Stellung eines Sachverständigen iSd §§ 402 ff. ZPO hat (→ Rn. 96), sind die **für Sachverständigen geltenden Vorschriften** für die Gutachtenerstellung **nicht anzuwenden.** Insbes. kommen weder eine Ordnungsgeldfestsetzung nach §§ 409, 411 II ZPO (KG AGS 2012, 599 mzustAnm Hansens, RVGreport 2012, 342) noch eine Vereidigung nach § 410 ZPO in Betracht. Das Gutachten wird (anders als nach § 411 I ZPO) stets **schriftlich** erteilt, eine Anordnung des Erscheinens vor Gericht zur Erläuterung des Gutachtens nach § 411 III ZPO ist ausgeschlossen (vgl. zu § 12 II BRAGO OLG Celle NJW 1973, 203; OLG München NJW 1975, 884; selbstverständlich steht dem Gericht frei, eine schriftliche Ergänzung oder Klarstellung des Gutachtens anzufordern). Auch eine Vergütung der Gutachtertätigkeit nach § 413 ZPO iVm JVEG ist ausgeschlossen, vielmehr erfolgt die Erteilung nach III 2 **kostenlos.** 103

3. Verwertung. Das Gericht muss den Parteien nach erfolgter Einholung des Gutachtens dieses den Parteien zur Kenntnis geben und ihnen Gelegenheit geben, hierzu Stellung zu nehmen. Das Gutachten muss auch zum Gegenstand der mündlichen Verhandlung gemacht werden, diese darf mithin nicht geschlossen werden, bevor das Gutachten den Parteien bekannt ist. 104

Für seine Entscheidung ist das Gericht nicht an das Gutachten gebunden. Dieses unterliegt vielmehr seiner **freien richterlichen Würdigung** (BGH NJW 2008, 3641 Rn. 6 mwN). Das Gericht muss sich aber hinreichend mit dem Gutachten auseinandersetzen und dann, wenn es vom Gutachten abweichen will, hierfür ausreichende Gründe darlegen (vgl. zu § 3a II BGHZ 184, 209 = NJW 2010, 1364 Rn. 94; BGH NJW 2011, 63 Rn. 17). 105

Hilfreich für die Gutachtertätigkeit der Rechtsanwaltskammer ist es, wenn das Gericht nach Abschluss des Verfahrens dieser eine **Abschrift seines Urteils** erteilt; etwa in Nordrhein-Westfalen ist die kostenfreie Erteilung einer solchen Abschrift an die Rechtsanwaltskammer allgemein angeordnet (AV d. JMin. NRW v. 3.2.2014 (5605 – Z. 37), JMBl. NRW S. 44, idF d. AV d. JMin. NRW v. 24.7.2019 (5605 – Z. 37), JMBl. NRW S. 351). 106

Abgeltungsbereich der Gebühren

15 **I Die Gebühren entgelten, soweit dieses Gesetz nichts anderes bestimmt, die gesamte Tätigkeit des Rechtsanwalts vom Auftrag bis zur Erledigung der Angelegenheit.**

II Der Rechtsanwalt kann die Gebühren in derselben Angelegenheit nur einmal fordern.

III Sind für Teile des Gegenstands verschiedene Gebührensätze anzuwenden, entstehen für die Teile gesondert berechnete Gebühren, jedoch nicht mehr als die aus dem Gesamtbetrag der Wertteile nach dem höchsten Gebührensatz berechnete Gebühr.

IV Auf bereits entstandene Gebühren ist es, soweit dieses Gesetz nichts anderes bestimmt, ohne Einfluss, wenn sich die Angelegenheit vorzeitig erledigt oder der Auftrag endigt, bevor die Angelegenheit erledigt ist.

V [1] Wird der Rechtsanwalt, nachdem er in einer Angelegenheit tätig geworden ist, beauftragt, in derselben Angelegenheit weiter tätig zu werden, erhält er nicht mehr an Gebühren, als er erhalten würde, wenn er von vornherein hiermit beauftragt worden wäre. [2] Ist der frühere Auftrag seit mehr als zwei Kalenderjahren erledigt, gilt die weitere Tätigkeit als neue Angelegenheit und in diesem Gesetz bestimmte Anrechnungen von Gebühren entfallen. [3] Satz 2 gilt entsprechend, wenn ein Vergleich mehr als zwei Kalenderjahre nach seinem Abschluss angefochten wird oder wenn mehr als zwei Kalenderjahre nach Zustellung eines Beschlusses nach § 23 Absatz 3 Satz 1 des Kapitalanleger-Musterverfahrensgesetzes der Kläger einen Antrag nach § 23 Absatz 4 des Kapitalanleger-Musterverfahrensgesetzes auf Wiedereröffnung des Verfahrens stellt.

VI Ist der Rechtsanwalt nur mit einzelnen Handlungen oder mit Tätigkeiten, die nach § 19 zum Rechtszug oder zum Verfahren gehören, beauftragt, erhält er nicht mehr an Gebühren als der mit der gesamten Angelegenheit beauftragte Rechtsanwalt für die gleiche Tätigkeit erhalten würde.

Historie: VI geändert durch Art. 20 Nr. 1 2. JuMoG v. 22.12.2006 (BGBl. I 3416 (3429)) mWv 31.12.2006; Materialien: BT-Drs. 16/3038 (Gesetzentwurf), BT-Drs. 16/3640 (Beschlussempfehlung und Bericht). V 3: Eingef. durch Art. 6 Nr. 2 G zur Reform des KapMuG und zur Änd. anderer Vorschriften v. 19.10.2012 (BGBl. I 2182 (2190)) mWv 1.11.2012; Materialien: BT-Drs. 17/8799 (Gesetzentwurf), BT-Drs. 17/10160 (Beschlussempfehlung und Bericht). II 2 aF aufgeh. durch Art. 8 I Nr. 6 2. KostRMoG v. 23.7.2013 (BGBl. I 2586 (2688)) mWv 1.8.2013; Materialien: BT-Drs. 17/11471 (Gesetzentwurf), BT-Drs. 17/13537 (Beschlussempfehlung und Bericht), BT-Drs. 17/14120 (Beschlussempfehlung).

Schrifttum: Müller-Rabe, Angelegenheit und Auftrag in Familiensachen, FS Madert, 2006, 159; N. Schneider Mehrere Auftraggeber – mehrere Gegenstände – mehrere Angelegenheiten, AnwBl 2008, 773.

Übersicht

I. Systematik. I enthält den das RVG beherrschenden Grundsatz der Verfahrenspauschgebühr. Der Rechtsanwalt erhält also nicht für jede einzelne Tätigkeit eine Vergütung (Einzelaktgebühr). Es bestehen vielmehr Pauschgebühren, die jeweils eine ganze Gruppe von Einzeltätigkeiten unabhängig vom Umfang und Grad der im einzelnen aufgewandten Mühe vergüten (BGH NJW 2020, 932 Rn. 11). Daneben gibt es auch Erfolgsgebühren, VV 1000 ff. usw (Chemnitz FS Schmidt, 1981, 6, auch zur Gesamtproblematik). 1

Solche **Pauschgebühren** gelten nicht nur wiederholte gleichartige Tätigkeiten derselben Tätigkeitsgruppe ab, zB die Wahrnehmung mehrerer Termine in demselben Verfahren, sondern auch solche, die sich in die besonderen Gebührentatbestände des VV nicht einreihen lassen. 2

Die Fälligkeit einer Pauschgebühr nach § 8 tritt bereits dann ein, wenn der Rechtsanwalt die zu dieser Tätigkeitsgruppe erforderlichen **Arbeiten verrichtet hat,** wenn sich also sein diesbezüglicher Auftrag erledigt hat. Das gilt selbst dann, wenn es sich für ihn um eine vorzeitige Erledigung der Angelegenheit oder Beendigung des Auftrags handelt und wenn es im Verfahren später nach IV zu einer anderen Tätigkeitsgruppe kommt, die ein anderer Rechtsanwalt wahrnimmt. Die Pauschgebühr entsteht für den zunächst beauftragten Rechtsanwalt unabhängig davon, ob der Auftraggeber gleichzeitig oder später einen weiteren Rechtsanwalt beauftragt, zusätzlich innerhalb derselben Tätigkeitsgruppe tätig zu werden. 3

II. Regelungszweck. Die Vorschrift dient sowohl der Kostengerechtigkeit als auch der Vereinfachung und damit auch in diesem wirtschaftlich so wichtigen Bereich des Prozesses der Prozesswirtschaftlichkeit. Dem Wesen der Pauschgebühr entsprechend kommt es grundsätzlich nicht darauf an, ob der Rechtsanwalt in derselben Angelegenheit und innerhalb derselben Tätigkeitsgruppe viel oder wenig tun musste. II soll eine Häufung von anteiliger Gesamtgebühr und Einzelgebühr verhindern (VGH Bayern NVwZ-RR 2017, 992). 4

III. Anwendungsbereich. Die Vorschrift enthält in I nach ihrem Wortlaut nur eine Hilfsregelung für den Fall, dass keine vorrangigen anderen Regeln bestehen. Indessen beherrscht das Prinzip der Pauschgebühr nach → Rn. 1 in Wahrheit das ganze RVG. Daher handelt es sich bei abweichenden Vorschriften in Wahrheit um Ausnahmeregeln vom Grundsatz der Pauschgebühr. Dessen ungeachtet sind solche Ausnahmeregeln vorrangig. 5

Vorrangige Sonderregeln sind zB die als besondere Angelegenheit geregelten Fälle des § 18 (BGH NJW 2020, 2196 Rn. 11). In allen diesen Fällen entstehen besondere Gebühren. 6

§ 15 gilt auch für ein solches Verfahren, für das man die Gebühr nach § 37 bestimmen muss (KG Rpfleger 1979, 435). 7

IV. Dieselbe Angelegenheit (II). Der Rechtsanwalt kann die Gebühren in derselben Angelegenheit nach → Rn. 20 nur einmal fordern. Bei verschiedenen Angelegenheiten gilt § 17. 8

1. Begriff der Angelegenheit. Das RVG bestimmt den in ihm verschiedentlich genannten Begriff der Angelegenheit nicht ausdrücklich (BGH Rpfleger 1978, 370; OLG Frankfurt a. M. NJW-RR 2016, 384; Lissner FamRZ 2013, 1272). 9

Das RVG erwähnt den Begriff zB in §§ 7 I, 14 I 1, 15 ff., 22 I. Es handelt sich um einen **gebührenrechtlichen Begriff.** Das muss man bei der Ermittlung seines Umfangs und Inhalts mitberücksichtigen. Der Begriff Angelegenheit dient gebührenrechtlich zur Abgrenzung desjenigen anwaltlichen zusammengehörenden Tätigkeitsbereichs, den eine Pauschgebühr abgelten soll (OLG Frankfurt a. M. NJW-RR 2010, 176). Der Begriff ist derselbe wie derjenige im BerHG (AG Leverkusen FamRZ 2008, 166). 10

Grundsätzlich soll die Pauschgebühr nach I die **gesamte Tätigkeit** des Rechtsanwalts vom Erhalt des jeweiligen Auftrags bis zur Erledigung dieses Auftrags oder bis zu seinem Ausscheiden abgelten (BGH NJW 2015, 3782 Rn. 35, ohne Abdr. in BGHZ 205, 260; OLG Frankfurt a. M. NJW-RR 2010, 176; AG Luckenwalde JurBüro 2011, 256). Daraus wird bereits deutlich, dass es wesentlich auf die Art und den Umfang des Auftrags des Rechtsanwalts ankommt (BGH NJW-RR 2014, 1341; OLG Düsseldorf AnwBl 2009, 70; LG Passau NJW-RR 2015, 1216). Ein Auftrag 11 kann mehrere Angelegenheiten umfassen (BGH NJW 2006, 2703; OLG Köln AGS 2010, 188). Rechtsmissbrauch durch Aufspaltung ist unstatthaft (KG GRUR-RR 2012, 482).

12 **2. Abgrenzung zum Begriff des Gegenstands.** Vom Begriff der Angelegenheit ist der Begriff des Gegenstands zu unterscheiden (OLG Frankfurt a. M. NJW-RR 2016, 384; OLG Koblenz JurBüro 2009, 249). Auch diesen Begriff bestimmt das RVG nicht unmittelbar. Er findet sich zB in VV 1008 Anm. I. Es handelt sich dabei um dasjenige Recht oder Rechtsverhältnis, auf das sich die jeweilige anwaltliche Tätigkeit bezieht (BGH NJW 2004, 1045; OLG Koblenz JurBüro 2009, 249; Meyer JurBüro 2007, 518).

13 **Mehrdeutig** ist dabei zumindest der Begriff Rechtsverhältnis. Er kann ein materiellrechtliches oder ein prozessrechtliches oder beides bedeuten. Materiellrechtlich muss eine aus einem greifbaren tatsächlichen Sachverhalt entstandene Rechtsbeziehung von Personen zu Personen oder Sachen bestehen (BGH NZM 2012, 641; BAG NZA 2014, 804; OLG Koblenz NZI 2012, 891). Es kann auch ein sog. Drittrechtsverhältnis reichen (BGHZ 194, 39 = NJW 2012, 3647 Rn. 24 mwN). Prozessrechtlich besteht viel Unklarheit. Es handelt sich um die Beziehungen der Parteien untereinander, zum Gericht oder eben auch zum Rechtsanwalt. Viel ist mit keiner dieser Deutungen zu gewinnen.

14 Der **Streitgegenstand** könnte am ehesten zur Abgrenzung helfen. Auch dieser Begriff erweist sich freilich als kompliziert genug. § 2 ZPO bezeichnet den sog. prozessualen Anspruch. Das ist die auf Grund eines bestimmten tatsächlichen Sachverhalts aufgestellte Forderung, über deren Berechtigung der Kläger einen Ausspruch des Gerichts begehrt (BGH NJW 2013, 542; BAG NJW 2014, 718; OLG Saarbrücken NJW-RR 2010, 327). Das hilft aber auch nur bei einer Tätigkeit des Rechtsanwalts vor Gericht weiter. Auch hier besteht die Gefahr eines Argumentierens vom gewünschten (Kosten-)Ergebnis her. Auch den Gegenstandsbegriff muss man daher möglichst interessenneutral behutsam abwägen.

15 Eine Angelegenheit kann mit dem Gegenstand **übereinstimmen.** Sie kann aber auch nach § 22 I **mehrere** Gegenstände umfassen (OLG Düsseldorf MDR 2012, 740; OLG Koblenz JurBüro 2009, 249; Meyer JurBüro 2010, 521). Mehrere Gegenstände können also dieselbe Angelegenheit bilden (BVerfG NJW-RR 2001, 139; BGH AnwBl 1984, 501; OVG Nordrhein-Westfalen JurBüro 1999, 470). Das gilt zB bei dem einen Unfallopfer für den Sachschaden, bei dem anderen für ein Schmerzensgeld.

16 **3. Abgrenzung zum Begriff des Rechtszugs.** Schließlich muss man von den Begriffen Angelegenheit und Gegenstand den Begriff Rechtszug unterscheiden. Auch diesen Begriff bestimmt das Gesetz nicht ausdrücklich. Man findet ihn zB in § 17 Nr. 1 und in § 19 I 1.

17 **4. Identitätsprüfung.** Man muss die Frage, ob dieselbe Angelegenheit oder verschiedene Angelegenheiten vorliegen, im Einzelfall nach seinen gesamten Umständen prüfen (OLG Frankfurt a. M. FamRZ 2011, 672; LG Tübingen ZMR 2002, 128; Meyer JurBüro 2008, 239). Es muss regelmäßig ein einheitlicher Lebensvorgang vorliegen (BVerfG NJW-RR 2001, 139; BGH NJW 2015, 3782 Rn. 37, ohne Abdr. in BGHZ 205, 260; LG Passau NJW-RR 2015, 1216).

18 Maßgeblich sind nach → Rn. 11 die Art und der **Umfang des Auftrags** (BGH NJW 2015, 3782 Rn. 37, ohne Abdr. in BGHZ 205, 260; OLG Frankfurt a. M. FamRZ 2011, 672; Lensing VersR 2013, 1499). Es kommt auf den erstrebten Erfolg gerade dieses Einzelauftrags an, nicht auf allgemeine Gewinnwünsche oder sonstige allgemeine Ziele des Auftraggebers über den konkreten Einzelauftragserfolg hinaus.

19 **Problematisch genug** bleibt das Abstellen auf den Auftrag. Abgesehen davon, dass damit ein materiellrechtlicher Begriff auch kostenrechtlich maßgeblich wird, kann man (selbstverständlich) auch den Auftragsbegriff äußerst unterschiedlich verstehen. Dabei besteht stets die Gefahr, vom gewünschten Ende her zu denken: Bei mehreren Angelegenheiten evtl. höhere Gebühr als bei nur einer einzigen Angelegenheit, also den Auftragsbegriff möglichst eng fassen, und umgekehrt, je nach Funktion des Beurteilenden, zB Rechtsanwalt einerseits, Kostenbeamter andererseits.

Besonders schwierig kann die Sache auf diesem Boden dann werden, wenn man herausfinden soll, ob sich der Auftraggeber zum endgültigen Umfang der Anwaltstätigkeit im Grunde von Anfang an oder erst nach und nach entschlossen hat und ob der Rechtsanwalt ebenso wie der Auftraggeber dachte. Dabei mag es seinem Gebühreninteresse durchaus mehr entgegenkommen, anfangs nicht so weitgehend beauftragt worden zu sein. 20

Die **Beweislast** dürfte daher für diesen letzteren Fall mit der Folge einer Mehrheit von Angelegenheiten grundsätzlich beim Rechtsanwalt liegen. Das alles wird durch das Problem der Abgrenzung von Angelegenheit und Gegenstand nach → Rn. 12 nicht gerade einfacher. Behutsame Abwägung bei möglichster Interessenneutralität ist das Gebot einer brauchbaren Handhabung. 21

5. Innerer Zusammenhang. Allerdings muss man einen bei objektiver Betrachtung vorhandenen inneren Zusammenhang der einzelnen Tätigkeiten des Rechtsanwalts mitbeachten (BVerfGE 137, 345; BGH NJW-RR 2016, 884; LG Passau NJW-RR 2015, 1216; aA OLG Düsseldorf GRUR 2000, 825, aber auch bei einer Wahrnehmung von teilweise unterschiedlichen Interessen der Auftraggeber kann im Kern ein einheitlicher Lebensvorgang bestehen; AG Leverkusen FamRZ 2008, 166). Der erforderliche innere Zusammenhang kann auch bei zeitlich aufeinander folgenden Aufträgen vorliegen (OLG Celle Rpfleger 2011, 47; OLG Frankfurt a. M. NJW-RR 2005, 68; OLG Köln JurBüro 1995, 470). 22

Schillernd ist auch der Begriff des inneren Zusammenhangs. Er soll wohl von einem äußeren Zusammenhang abgrenzen. Was ist der Unterschied zB bei einer zeitlichen Reihenfolge? Liegt nach einer Woche nur noch ein äußerer Zusammenhang vor, wenn überhaupt? Oder kann auch noch nach drei Monaten infolge etwa eines gegnerischen oder auch eines gerichtlichen Verhaltens sehr wohl sogar ein innerer Zusammenhang offensichtlich sein? Auch hier bleibt wieder die Gefahr eines Argumentierens vom gewünschten (Kosten-)Ergebnis wie bei → Rn. 17 bestehen. Der Satz, es bestehe ein oder kein innerer Zusammenhang, kommt erfahrungsgemäß leider ziemlich oft ohne nähere Begründung daher, ähnlich wie etwa der Satz von einer Lebenserfahrung beim sog. Anscheinsbeweis. Vorsichtige und nachvollziehbar begründete Abwägung sind auch hier dringend notwendig. Es kann um ganz erhebliche Gebührenunterschiede gehen. 23

Es muss eine **einheitliche Behandlung** möglich sein (BGH NJW 2010, 3038). Ein Auftrag leitet grundsätzlich eine neue Angelegenheit ein, vgl. aber auch V. Vieles ist eine Auslegungsfrage (BGH NJW 2010, 3036). Ein Auftrag kann sich auf mehrere Angelegenheiten beziehen (OLG Schleswig JurBüro 1985, 394; LG Kleve AnwBl 1981, 509; Meyer JurBüro 2008, 239; aA Klimke AnwBl 1982, 219). Sie können sich auch erst allmählich zusätzlich ergeben. Bis zur Erledigung des Auftrags erfolgt die etwa erweiterte Tätigkeit meist innerhalb dieses bisherigen Auftrags und nicht etwa auf Grund eines (selbstverständlich) möglichen neuen (OLG Frankfurt a. M. OLGR 1995, 107). 24

Es kann aber auch für dieselbe Angelegenheit eine **Mehrzahl von Aufträgen** an denselben Rechtsanwalt vorliegen (BVerfG NJW-RR 2001, 139; BGH NJW 2011, 157; LG Tübingen ZMR 2002, 128). Erforderlich sind die Gleichartigkeit des Verfahrens und auch hier ein innerer Zusammenhang, ein einheitlicher Lebensvorgang (BVerfG NJW 2000, 3126; BGH NJW 2011, 157; AG Koblenz FamRZ 2002, 480). Eine Mehrheit von Auftraggebern nach → § 7 Rn. 6 ff. (zur BGB-Gesellschaft → § 7 Rn. 13) ist nicht dasselbe wie eine Mehrheit von Aufträgen oder Angelegenheiten (BGH NJW 2011, 157). 25

6. Bei Gerichtsverfahren. Für den in der Praxis häufigsten Fall, dass der Rechtsanwalt in einem gerichtlichen oder behördlichen Verfahren tätig werden soll, ist die Angelegenheit im Allgemeinen mit dem Verfahren identisch (KG Rpfleger 1979, 434; OLG München AnwBl 1995, 48; LG Saarbrücken JurBüro 1999, 310, je: Drittwiderklage). Das gilt auch bei einer echten Klagenverbindung (OLG Hamm Rpfleger 1989, 170; OLG Schleswig FamRZ 1991, 52; VGH Stuttgart BaWüBl 1982, 397; aA OLG München MDR 1986, 329, aber auch dann besteht ja im Ergebnis nur ein einziges Verfahren). Das gilt auch bei der Verbindung mehrerer Verfahren (BGH NJW-RR 2016, 884; LG Koblenz Rpfleger 2005, 278). Der 26

Rechtsanwalt darf nicht nur zwecks einer Gebührenerhöhung Verfahren vereinzeln (BGH NJW 2004, 1045). Bei § 113 SGG kann der Rechtsanwalt ein Wahlrecht haben (LSG Nordrhein-Westfalen JurBüro 2015, 21).

27 **7. Verfahrensmehrheit.** Eine Prozessverbindung liegt aber nicht schon bei einer gleichzeitigen Terminierung stets vor (OLG München Rpfleger 1990, 184; OLG Saarbrücken NJW-RR 1989, 1216; LG Potsdam JurBüro 2013, 587). Mehrere Verfahren bedeuten grundsätzlich mehrere Angelegenheiten, auch bei gleichartigen Sachverhalten (AG Köln AnwBl 1988, 357; AG Tecklenburg AnwBl 1995, 48, strenger LG Cottbus Rpfleger 2001, 569: 52 Einzelverfahren sind evtl. dennoch nur **eine** Angelegenheit).

28 Etwas anderes kann aber zB dann gelten, wenn nach einem einheitlichen **Mahnantrag** nach § 690 ZPO gegen zwei Schuldner das Streitgericht erst mehrere Prozesse anordnet und sie später doch wieder verbindet (OLG Düsseldorf AnwBl 1997, 624).

29 Nicht leicht ist die Abgrenzung dann, wenn **verschiedene Stellen** zur Erledigung der Angelegenheit **mitwirken** müssen. Der Umfang des Auftrags ist auch bei der Beantwortung der Frage maßgeblich, ob man mehrere Gegenstände dann nach § 22 I zusammenrechnen muss, so dass der Rechtsanwalt nur eine Gebühr erhält, oder ob er jede Sache als eine besondere Angelegenheit vergütet erhält (OLG Koblenz JurBüro 1977, 61; LG Aachen JurBüro 1978, 230).

30 **8. Einmaligkeit der Gebühr.** In derselben Angelegenheit kann der Rechtsanwalt in demselben prozessualen Rechtszug die Verfahrens-, Termins- und Einigungsgebühr sowie die Auslagenpauschale nach VV 7002 nur einmal fordern (BGH NJW 2017, 3527; BPatG GRUR-RR 2013, 312; OLG Naumburg JurBüro 2014, 581; aA OLG Hamm JurBüro 1978, 854 wegen § 927 ZPO). Der Grundsatz der Einmaligkeit gilt auch für eine etwa anwendbare Bruchteilsgebühr. Der Rechtsanwalt verdient also die 0,5-Gebühr auch dann nur einmal, wenn er an mehreren nichtstreitigen Verhandlungsterminen teilgenommen hat, zB VV 3105.

31 Soweit eine **höhere und eine geringere** Gebühr zusammentreffen, geht die geringe in der höheren auf. Es entsteht also nur eine volle Terminsgebühr, wenn der Rechtsanwalt in der Sache einmal streitig und einmal nichtstreitig verhandelt hat. Soweit der Rechtsanwalt für eine nichtstreitige Verhandlung die 0,5-Gebühr verdient hat, kann er nicht daneben noch eine 0,5-Gebühr für einen Vertagungsantrag nach VV 3105 verdienen.

32 **9. Beispiele zur Frage derselben Angelegenheit (II).** Vgl. vor allem die Aufzählungen in §§ 16–18. Ergänzend gilt folgendes.

Abmahn- und Abschlussschreiben: → Rn. 74 „Wettbewerbssache".

Abschlussschreiben: → „Wettbewerbssache".

Abtretung: Dieselbe Angelegenheit liegt dann vor, wenn der frühere Gläubiger dem jetzigen beitritt (OLG Nürnberg MDR 2008, 352).

Abwicklung: Sie gehört nach → Rn. 33 mangels einer besonderen gesetzlichen Regelung zur Hauptangelegenheit.

Adhäsionsverfahren: Dieselbe Angelegenheit liegt grds. mit einer Verteidigung in derselben Instanz vor (LG Düsseldorf AGS 2017, 28). Dieselbe Angelegenheit kann auch bei mehreren solchen Verfahren vorliegen (OLG Stuttgart JurBüro 2015, 248; LG Düsseldorf AGS 2017, 28). Es kann aber auch eine Addition nötig sein (OLG Oldenburg JurBüro 2017, 82).

Ärztliche Schlichtungsstelle: Verschiedene Angelegenheiten liegen bei der Tätigkeit vor der Schlichtungsstelle und im Prozess vor (Enders JurBüro 2008, 227 (ausf.); aA AG Wiesbaden JurBüro 2009, 191).

Akteneinsicht: → „Vorbereitungshandlung".

Aktenzeichen: Dieselbe Angelegenheit liegt vor, soweit es nach einem rechtskräftigen Feststellungsurteil zu einer unzulässigen Leistungsklage unter dem bisherigen Aktenzeichen statt in einem neuen Verfahren kommt (aA OLG Koblenz JurBüro 1991, 72, aber es bleibt bei nur einem Verfahren).

Anhörungsrüge: Dieselbe Angelegenheit liegt nach § 19 I 2 Nr. 5 beim Verfahren nach § 321a ZPO, § 44 FamFG usw vor.

Anrechnung: Soweit das Gesetz zB in VV Vorb. 3 IV 1, V, VI eine Anrechnung vorschreibt, sieht es die Angelegenheit als eine **besondere** an. Man muss also für jede Angelegenheit nach ihrem Gegenstandswert zunächst besondere Gebühren und Auslagen berechnen (aA LG Köln MDR 1991, 65 mablAnm N. Schneider). Der Rechtsanwalt erhält jedoch nur den höheren Betrag.

Anspruchsmehrheit: → „Mehrheit von Ansprüchen".

Arbeitsrecht: Dieselbe Angelegenheit liegt vor, soweit es um die Kündigung des Arbeitgebers und um die Bemühung des Arbeitnehmers um eine einvernehmliche Lösung des Arbeitsverhältnisses geht (AG Mettmann JurBüro 1992, 321; aA OLG Frankfurt a. M. NJW-RR 2010, 176), oder soweit mehrere Arbeitnehmer ihren Lohn einklagen (LAG Nürnberg JurBüro 2002, 363, mehrere Gegenstände nach § 22 I). Dieselbe Angelegenheit ist die Erteilung eines Zeugnisses und dessen Änderung (LG Frankfurt a. M. JurBüro 2014, 637).

Verschiedene Angelegenheiten sind die Einholung einer Zustimmung des Integrationsamts und die Kündigung eines Schwerbehinderten (Enders JurBüro 2008, 396).

S. auch § 16 Nr. 9.

Arrest, einstweilige Anordnung oder Verfügung: § 16 Nr. 5, § 17 Nr. 4. Dieselbe Angelegenheit liegt ausnahmsweise vor, soweit der Rechtsanwalt denselben Auftraggeber in einem Rechtfertigungsverfahren vor dem Hauptsachegericht nach § 942 I ZPO und in einem Verfahren zwecks einer Aufhebung der einstweiligen Verfügung gegen eine Sicherheitsleistung nach § 939 ZPO vertritt (OLG Koblenz VersR 1984, 1194). Auch eine Schutzschrift nach § 945a I 2 ZPO gehört zur Angelegenheit Eilverfahren.

Verschiedene Angelegenheiten liegen bei § 17 Nr. 4 vor, ferner bei einer Abänderung nach Ablauf von zwei Jahren (N. Schneider NZFam 2015, 301).

Asylverfahren: Dieselbe Angelegenheit kann beim Verfahren nach § 80 VII VwGO nach einem solchen nach § 80 V VwGO vorliegen (VG München JurBüro 2015, 407).

Verschiedene Angelegenheiten liegen vor, soweit es sich um mehrere Verfahren eines Bewerbers handelt (OLG Frankfurt a. M. FamRZ 2011, 672, Umverteilung und Aufenthaltserlaubnis; Finke JurBüro 1999, 231, Anerkennung und Umverteilung), oder gar mehrerer Bewerber (LG Kiel JurBüro 1996, 544; LG Lüneburg JurBüro 1988, 1332), auch mehrerer Familienmitglieder (LG Stade JurBüro 1998, 196; AG Aachen AnwBl 1986, 345; AG Köln AnwBl 1985, 335; aA LG Berlin Rpfleger 1996, 464; LG Koblenz JurBüro 1997, 33; LG Osnabrück JurBüro 1999, 248 mablAnm Enders). Aber die Verfahrenszahl und die Personenzahl treffen sogar zur Mehrheit zusammen. Auch → „Mehrheit von Verfahren".

Aufenthaltserlaubnis: Verschiedene Angelegenheiten liegen bei Anträgen mehrerer Familienmitglieder jeweils für sich selbst vor (VG Berlin NVwZ-RR 2011, 790). Aber auch → „Asylverfahren".

Aufenthaltsermittlung: Der Prozessauftrag umfasst sie mit.

Auftragserweiterung: → Rn. 22.

Auftragsinhalt: → Rn. 17, 22.

Auskunft: Dieselbe Angelegenheit liegt meist beim Auskunftsanspruch gegen mehrere Bekl. vor (OLG Frankfurt a. M. JurBüro 2002, 139), ebenso bei einer Stufenklage nach § 254 ZPO. Aber auch → „Unterhalt", → „Vorbereitungshandlung".

Außergerichtliche Regelung: Dieselbe Angelegenheit liegt dann vor, wenn es sich um einen einheitlichen Auftrag handelt, eine außergerichtliche Regelung aller Schulden durchzuführen (LG Bielefeld Rpfleger 1989, 375; AG Bayreuth JurBüro 1991, 543), selbst wenn er den Rest notgedrungen einklagt (BGH NJW-RR 2014, 1341), oder wenn es um eine Unfallschadensregulierung geht (BGH NJW 1995, 1431).

Eine regelmäßige Neuberechnung kann eine **neue** Angelegenheit bilden (LG Kleve AnwBl 1982, 219; AG Siegburg VersR 2004, 396). Verschiedene Angelegenheiten können auch nach VV Vorb. 3 IV 1 vorliegen (AG Kleve AnwBl 1994, 197). Das gilt zB dann, wenn der Rechtsanwalt wegen eines Teils außergerichtlich und wegen des Rests als Verkehrsanwalt tätig wird (OLG Brandenburg JurBüro 1999, 21).

Aussetzung: Dieselbe Angelegenheit kann auch nach Jahr und Tag bei einer Aufnahme vorliegen (OLG Oldenburg NJW 2011, 1615, Versorgungsausgleich).

Baulandsache: Verschiedene Angelegenheiten können bei einer Verletzung gegenüber mehreren Anträgen auf eine Gerichtsentscheidung gegen einen Umlegungsplan bis zur Verfahrensverbindung vorliegen.

Bebauung: Dieselbe Angelegenheit liegt vor, soweit es darum geht, die Bebauungsmöglichkeit eines Grundstücks vorzubereiten und hierzu die behördlichen Genehmigungen zu beschaffen sowie mit dem Nachbarn wegen des Verzichts auf seine Grunddienstbarkeit zu verhandeln, oder wenn mehrere Eigentümer den Bebauungsplan angreifen (OVG Nordrhein-Westfalen AGS 2000, 226, mehrere Gegenstände, § 22 I).

Verschiedene Angelegenheiten liegen vor, soweit die Baubehörde die Baugenehmigung verweigert und der Auftraggeber daher die Behörde verklagen muss.

Bedingung: Dieselbe Angelegenheit liegt dann vor, wenn der Rechtsanwalt zunächst wegen einer Bedingung und dann wegen der bedingt gewesenen Hauptsache tätig wird (BGH JurBüro 1976, 749).

Beratung: Sie gehört mangels einer besonderen gesetzlichen Regelung zB in § 34 zur Hauptangelegenheit.

Beratungshilfe. Dazu Lissner FamRZ 2013, 1271 (Üb.). Der Begriff Angelegenheit ist derselbe wie bei → Rn. 9 (OLG Naumburg AGS 2013, 353; LG Halle NJW-RR 2012, 895). Die Zahl der Beratungshilfescheine ist nicht zu beachten (OLG München NZFam 2014, 233; OLG Naumburg AGS 2013, 353; OLG Schleswig AGS 2013, 301). Dieselbe Angelegenheit kann bei der Aufenthaltsbestimmung dieses minderjährigen Kindes bei einem Elternteil vorliegen (AG Hannover JurBüro 2006, 138), oder bei der Beratung zum Unterhalt, Haushaltssachen und Umgang (OLG Düsseldorf AGS 2012, 591; LG Osnabrück JurBüro 2007, 586; aA OLG Düsseldorf AnwBl 2009, 69; OLG Köln FamRZ 2009, 1245; LG Mönchengladbach MDR 2009, 534), oder bei Unterhalt, Güterrecht und Vermögensauseinandersetzung (OLG Frankfurt a. M. NJW-RR 2014, 1351), oder wegen einer Waschmaschine, einer Versicherung, wegen des Schornsteinfegers und wegen Schulbücher (LG Osnabrück JurBüro 2008, 600). Zum sog. Download LG Kaiserslautern Rpfleger 2011, 44.

Verschiedene Angelegenheiten können bei einer Beratungshilfe und einem folgenden Prozess vorliegen (Fallfrage, OLG Düsseldorf Rpfleger 2009, 90; OLG Stuttgart JurBüro 2007, 21; AG Pforzheim FamRZ 2012, 1415). Haushalt und Kindschaft sind zwei Angelegenheiten (AG Syke JurBüro 2011, 600), ebenso Sorgerecht und Haushaltsgegenstände (OLG München NZFam 2014, 233). Auskunft, Ehegattenunterhalt und Kindesunterhalt sind drei Angelegenheiten (OLG Brandenburg JurBüro 2011, 425). Scheidung, Personensorge, Umgangsrecht, Ehewohnung, Haushalt, Unterhalt, Güterrecht, Vermögensauseinandersetzung können zusammen 4 Angelegenheiten bilden (OLG München NJW 2015, 2436).

Auch → „Sozialhilfe", die VV Vorb. 2.5 II und bei VV 2500.

Berufung: Dieselbe Angelegenheit liegt dann vor, wenn eine Partei die Berufung zunächst beim LG und vor dessen Entscheidung vorsorglich auch beim OLG einlegt (BGH NJW 2007, 769), oder wenn ein Streitgenosse nach §§ 59 ff. ZPO die Berufung nach § 516 zurücknimmt und sein Rechtsanwalt nun den anderen Streitgenossen vertritt (OLG Koblenz MDR 2007, 684). **Verschiedene** Angelegenheiten liegen dann vor, wenn nach der unanfechtbaren Verwerfung einer früheren Berufung nun eine weitere auf andere Gründe gestützte folgt (OLG Hamburg MDR 1994, 948). Vgl. auch § 17 Nr. 1.

Beschwerde: § 16 Nr. 12, § 17 Nr. 1.

Besoldung: Verschiedene Angelegenheiten sind eine Neuberechnung und eine Rückforderung.

Betreuung: Verschiedene Angelegenheiten liegen vor, soweit das Gericht den Rechtsanwalt im Betreuungsverfahren beiordnet und soweit er dann im Zusammenhang mit einer betreuungsgerichtlichen Genehmigung tätig wird (LG Stade AnwBl 1998, 668; AG Hanau AGS 2003, 350).

Beweismaterial: Seine Beschaffung gehört meist zur Hauptsache.

Bruchteilseigentum: Dieselbe Angelegenheit liegt bei einer Klage gegen mehrere solche Personen vor (OLG Schleswig JurBüro 1980, 1505, Wertaddition, § 22 I).

Bußgeldverfahren: → „Ordnungswidrigkeit".

Darlehen: Dieselbe Angelegenheit liegt vor bei der Abwehr eines solchen Anspruchs und bei seiner Freistellung (AG Ettlingen FamRZ 2016, 254).

Download: → „Beratungshilfe".

Drittschuldner: Verschiedene Angelegenheiten liegen dann vor, wenn sich der Rechtsanwalt an mehrere unterschiedlich residierende Drittschuldner nach § 840 ZPO wendet (OLG Köln Rpfleger 2001, 149; AG Detmold JurBüro 2016, 550).

Drittwiderklage: → „Widerklage".

Drittwiderspruchsklage: Dieselbe Angelegenheit liegt bei einer Klage nach § 771 ZPO gegen mehrere Pfändungsgläubiger nach § 829 ZPO wegen derselben Sache vor, auch bei unterschiedlichen Forderungen (OLG Düsseldorf AnwBl 1978, 422; OLG München AnwBl 1995, 47, je: Wertaddition nach § 22 I).

Ehelichkeitsanfechtung: Diejenige wegen mehrerer Kinder in demselben Verfahren bildet dieselbe Angelegenheit.

Ehescheidung: Dieselbe Angelegenheit liegt in folgenden Fällen vor: Es geht um den Übergang vom Aufhebungs- zum Scheidungsantrag (KG AGS 2011, 65; OLG München MDR 1994, 948); es geht um einen Auftrag zur Herbeiführung einer Ehescheidung nebst einer VKH, selbst wenn der Rechtsanwalt zB wegen eines Umzugs des Gegners Anträge bei mehreren Familiengerichten nacheinander auf Grund derselben Vollmacht einreicht (OLG Hamm MDR 1985, 774); es geht überhaupt bei einer gerichtlichen Tätigkeit um die Scheidung nebst ihren nicht abgetrennten Folgesachen nach § 16 Nr. 4 (KG JurBüro 2011, 81; OLG Köln AGS 2013, 516; LG Darmstadt FamRZ 2012, 813; aA OLG Celle NJW 2011, 3110; OLG Stuttgart AGS 2012, 589; AG Pforzheim FamRZ 2016, 396). Wegen wechselseitiger Scheidungsanträge OLG Bamberg JurBüro 1976, 775; KG MDR 1975, 1029; es geht um die Scheidung und den Unterhalt (AG Koblenz FamRZ 2002, 480; aA OLG Koblenz JurBüro 2012, 419). Vgl. auch bei § 41.

Verschiedene Angelegenheiten sind grds. ein erstes, durch Antragsrücknahme beendetes Verfahren und ein danach mit anderem Sachverhalt folgendes weiteres (OLG Zweibrücken AGS 2017, 72).

Auch → „Getrenntleben", → „Mehrheit von Verfahren", → „Trennung".

Einfuhrabgabe: Dieselbe Angelegenheit liegt vor, soweit der Rechtsanwalt verschiedene Eingangsabgaben für dieselbe Einfuhr anficht.

Einsicht: → Rn. 48 „Vorbereitungshandlung".

Einspruch: Dieselbe Angelegenheit liegt mit der Hauptsache vor (BGH NJW 2018, 1322 Rn. 6 mwN).

Einstellung und Abgabe: Verschiedene Angelegenheiten liegen bei einer endgültigen Einstellung des Strafverfahrens und einer Abgabe an die Verwaltungsbehörde vor (AG Lemgo JurBüro 2009, 254).

Einstweilige Anordnung oder Verfügung: § 18 I Nr. 1. Auch → „Arrest, einstweilige Anordnung oder Verfügung".

Einzeltätigkeit: Verschiedene Angelegenheiten liegen nach VV Vorb. 4.3 III 1, VV 4300 zwischen ihr und der Tätigkeit als ProzBev oder Verteidiger vor.

Elterngeld: Dieselbe Angelegenheit liegt bei einer Verletzung mehrerer Kinder desselben Elternteils vor, so schon LG Münster Rpfleger 2000, 220.

Enteignung: Dieselbe Angelegenheit liegt vor, soweit der Rechtsanwalt über die Zulässigkeit der Enteignung und zugleich über die Höhe einer etwaigen Enteignungsentschädigung verhandelt, oder wenn der Rechtsanwalt mehrere Eigentümer mit nahezu demselben Ziel vertritt (BGH JurBüro 1984, 537). **Verschiedene** Angelegenheiten sind freihändige Erwerbsverhandlungen einerseits, nachfolgende Besitzeinweisungs- und Enteignungsverfahren andererseits (KG JurBüro 2009, 642).

Erbrecht: Dieselbe Angelegenheit liegt vor, soweit der Rechtsanwalt einen Auftrag hat, ein Grundstück von einer Erbengemeinschaft zu kaufen, oder wenn er mehrere Vermächtnisnehmer gegen denselben Erben vertritt (OLG Koblenz JurBüro 1982, 1828; OLG München JurBüro 1990, 602, je: Wertaddition; OLG Schleswig JurBüro 1980, 1505, keine Addition), oder wenn er die Nachlassauseinandersetzung auch steuerlich regeln soll (Mümmler JurBüro 1987, 1326), oder wenn mehrere Erben den Erblasserprozess fortsetzen.

Verschiedene Angelegenheiten liegen dann vor, wenn der Rechtsanwalt zunächst einen Erbvertrag anfechten und dann wider Erwarten klagen muss oder wenn er zunächst einen Nichterben als Bekl. des einen Rechtsstreits, dann den oder die Erben als Bekl. eines weiteren Rechtsstreits vertritt oder wenn der Rechtsanwalt auf Grund eines umfassenden Auftrags zunächst das Erbscheinsverfahren und später die Erbauseinandersetzung betreibt (kein genügender innerer Zusammenhang) (LG Hannover MDR 1995, 1076; Meyer JurBüro 2010, 521), oder wenn der Notar zunächst den Erbschein für den Auftraggeber beantragt und ihn dann im Antragsverfahren eines anderen Erben vertritt (Meyer JurBüro 2010, 521), oder wenn er im Erbscheinsverfahren mehrere Auftraggeber von vornherein vertritt (LG Mannheim AnwBl 2013, 149 (150)).

Erinnerung: Dieselbe Angelegenheit liegt nach § 16 Nr. 12 vor, soweit es um den Kostenansatz und um die Kostenfestsetzung geht.

Ermittlungsverfahren: Verschiedene Angelegenheiten können zwischen ihm und dem Hauptverfahren vorliegen (Fallfrage) (aA LG Aachen JurBüro 1978, 230; LG Köln JurBüro 1991, 1331). Auch → „Ordnungswidrigkeit".

Erneuter Auftrag: → „Neuer Auftrag".

Familiensache: Vgl. Müller-Rabe FS Madert, 2006, 159 (zum alten Recht, ausf.).

Feststellung und Anspruchshöhe: Es können eine oder **mehrere** Angelegenheiten vorliegen (großzügiger Enders JurBüro 2000, 3: stets mehrere Angelegenheiten mangels eines einheitlichen Auftrags und eines gleichen Rahmens. Beide Merkmale lassen sich aber nach → Rn. 9 ff. nur nach den Gesamtumständen des Einzelfalls prüfen).

Flurbereinigung: Dieselbe Angelegenheit liegt vor, soweit der Rechtsanwalt Widersprüche gegen die Wertermittlung nach § 27 FlurbG und gegen den Bereinigungsplan nach § 58 FlurbG einlegt (Wielgoss JurBüro 1999, 408).

Folgesache: → „Ehescheidung".

Freiheitsentziehungsverfahren: Verschiedene Angelegenheiten liegen vor für das zivilgerichtliche Verfahren auf eine Freiheitsentziehung, auf eine Unterbringung und auf deren Aufhebung usw, VV 6300 ff. (BGH NJW 2012, 3728; OLG Köln MDR 2012, 1499).

Gebührenvereinbarung: Verschiedene Angelegenheiten können auf Grund einer Vereinbarung nach § 3a als vorhanden gelten, soweit sie wirksam erfolgte.

Gegendarstellung: Dieselbe Angelegenheit liegt bei mehreren Geschädigten wegen derselben unrichtigen Darstellung vor (BGH NJW 2010, 3036; OLG Hamburg JurBüro 1987, 1037, mehrere Gegenstände nach § 22 I). Dieselbe Angelegenheit ist auch eine Gegendarstellung und die zugehörige einstweilige Verfügung (BGH NJW 2011, 2509 (2510), aber auch → § 17 Rn. 12). Aber auch → „Unterlassung".

Gehörsrüge: → „Anhörungsrüge".

Gesamtschuldner: Dieselbe Angelegenheit liegt dann vor, soweit der Rechtsanwalt mehrere Gesamtschuldner vertritt (OLG Düsseldorf GRUR 2000, 825; OLG Köln BeckRS 2015, 6588; LG Köln JurBüro 2010, 301).

Gesellschaft: Dieselbe Angelegenheit liegt dann vor, wenn der Rechtsanwalt den vom Ausschluss bedrohten Gesellschafter in mehreren Versammlungen vertritt (OLG Düsseldorf OLGR 1993, 160), oder wenn es um eine Klage gegen mehrere GmbH-Gesellschafter wegen einer Nichtzahlung ihrer Stammeinlagen geht (OLG Koblenz JurBüro 1992, 601, Wertaddition nach § 22 I).

Verschiedene Angelegenheiten liegen bei Anfechtungsklagen verschiedener Kläger gegen einen Beschluss einer Aktiengesellschaft bis zur Verbindung der Prozesse vor (BGH NJW-RR 2010, 1697).

Gesetzliche Bezeichnung: Verschiedene Angelegenheiten liegen (selbstverständlich) insoweit vor, als das Gesetz die Vorgänge als besondere Angelegenheiten bezeichnet, zB in § 18, und soweit nur eine Person dem Rechtsanwalt einen Auftrag erteilt.

Getrenntleben: Dieselbe Angelegenheit liegt vor, soweit der Rechtsanwalt einen Ehegatten wegen mehrerer Gegenstände im Zusammenhang mit der Regelung des Getrenntlebens vertritt (LG Berlin Rpfleger 1984, 162; aA AG Köln AnwBl 1986, 414).

Verschiedene Angelegenheiten liegen vor, soweit es zunächst um einen Trennungsunterhalt, später um die Haushaltsteilung geht (LG Detmold Rpfleger 1992, 205; aA LG Trier Rpfleger 2002, 161, aber dann hat ein deutlicher Wechsel im Auftrag stattgefunden) oder später um die Scheidung (OLG Brandenburg FamRZ 2010, 834; AG Detmold FamRZ 2009, 2029).

Auch → Rn. 31 „Ehescheidung".

Grundbucheinsicht: → „Vorbereitungshandlung".

Grunddienstbarkeit: → „Bebauung".

Güteverfahren: Verschiedene Angelegenheiten liegen zwischen dem in § 17 Nr. 7a genannten Güteverfahren und dem nachfolgenden Prozess vor.

Haushaltssache: → „Getrenntleben".

Hebegebühr: VV 1009 bildet eine besondere Angelegenheit.

Hilfsantrag: Dieselbe Angelegenheit bilden nach § 45 I 2 GKG der Hilfsauftrag und der Hauptantrag.

Hilfsaufrechnung: Sie bildet nach § 45 III, IV GKG keine neue Angelegenheit (allenfalls Werterhöhung).

Hindernis: Dieselbe Angelegenheit liegt dann vor, wenn sich der Rechtsanwalt von vornherein der Zustimmung seines Auftraggebers bei einem von vornherein möglichen Hindernis vergewissert, dessen Beseitigung mit einem gewissen Risiko verbunden ist und das dann auch eintritt.

Hinterlegung: Dieselbe Angelegenheit liegt nach § 19 I 2 Nr. 7 dann vor, wenn es zunächst um eine Zahlung und dann um eine Zustimmung zur Auskehr statt um eine Zahlung des Hinterlegten geht (OLG Hamburg NZM 1999, 806), oder wenn es nur um die Rückgabe der Sicherheit nach §§ 109 I, II, 715 ZPO geht.

Verschiedene Angelegenheiten liegen dann vor, wenn der ProzBev zwecks einer Einleitung oder Abwehr der Zwangsvollstreckung eine Sicherheit hinterlegt (OLG Karlsruhe MDR 1997, 509, VV 2300).

Internet: → „Verlag".

Jährliche Handlung: Je dieselbe Angelegenheit kann bei einer sich so wiederholenden Abrechnung usw vorliegen (LG Nürnberg-Fürth JurBüro 2010, 592).

Kartellsache: Verschiedene Angelegenheiten sind das Gestattungsverfahren nach § 115 II 1 GWB und das Hauptsacheverfahren (OLG Naumburg BauR 2015, 1723).

Klagänderung: Sie ändert nicht den Rechtszug (OLG Hamburg JurBüro 1978, 1807).

Klagerweiterung: Dieselbe Angelegenheit liegt grds. vor (OLG Schleswig JurBüro 1985, 394). Aber auch → „Trennung".

Kompetenzkonflikt: → „Zuständigkeitsbestimmung".

Kostenansatz, -festsetzung: § 16 Nr. 12.

Kündigung: → „Mieterhöhung", „Mietvertrag", → „Räumung".

Lebenspartnerschaft: § 16 Nr. 4.

Mahnverfahren: Dieselbe Angelegenheit liegt bei §§ 688 ff. ZPO in folgenden Fällen vor: Es geht um Mahnverfahren gegen mehrere Schuldner (OLG Schleswig SchlHA 1988, 66), auch wenn das eine Verfahren später als das andere nach § 697 ZPO in das streitige Verfahren übergeht (OLG Düsseldorf JurBüro 1992, 799); es handelt sich um das Mahnverfahren und das nachfolgende streitige Verfahren nach einem Widerspruch (KG Rpfleger 2000, 238; OLG Naumburg AGS 2012, 122; LG Hannover Rpfleger 2001, 620; aA BGH NJW-RR 2005, 939; OLG Brandenburg Rpfleger 2007, 508; AG Salzwedel JurBüro 2008, 88, aber infolge des Widerspruchs gibt es im Ergebnis doch nur ein einheitliches Verfahren. Man kann auch nie sicher sein, dass der Antragsgegner weder einen Widerspruch noch einen Einspruch einlegen wird).

Verschiedene Angelegenheiten können bei einer außergerichtlichen Tätigkeit und einem nachfolgenden Mahnverfahren vorliegen (AG Alzey AnwBl 1982, 399; AG Hamburg AnwBl 1993, 293; AG Kleve AnwBl 1994, 197).

Mehrheit von Anklagen: Dieselbe Angelegenheit liegt bei einer Wesentlichen Inhaltsgleichheit zwischen zurückgenommener erster und dann eingereichter zweiter vor (OLG Düsseldorf RVGreport 2015, 64).

Mehrheit von Ansprüchen: Dieselbe Angelegenheit liegt dann vor, wenn der Rechtsanwalt in demselben Schreiben oder in derselben Klage oder Klagerwiderung mehrere Ansprüche behandelt, oder wenn er zunächst wegen aller und sodann nach demselben Auftrag nochmals wegen eines einzelnen dieser Ansprüche tätig wird (OLG Köln JurBüro 1995, 470).

Verschiedene Angelegenheit liegen meist bei der Beratung derselben Auftraggeber zu verschiedenen Problemen auf Grund mehrerer nacheinander erfolgender Besuche vor (AG Köln AnwBl 1986, 414), oder bei der Behandlung mit einer Erlaubnis des Auftraggebers in getrennten Vorgängen (OLG Frankfurt a. M. MDR 1978, 500; LG Hagen AnwBl 1978, 67; Madert ZfS 1999, 97), oder bei solchen mehreren unterschiedlichen Verfahren, die man unabhängig voneinander beurteilen muss (BGH JurBüro 2015, 466).

Mehrheit von Aufträgen: Dieselbe Angelegenheit liegt vor, soweit der Rechtsanwalt auf Grund desselben Auftrags nacheinander mehrere Auftraggeber nach § 7 zunächst teilweise gleichzeitig betreut (BGH NJW 2011, 3167; OLG Hamm JurBüro 2002, 192; OLG Koblenz JurBüro 2012, 77), und damit bei einem Teil von ihnen scheitert, oder eine Forderung zunächst außergerichtlich und dann teilweise gerichtlich verfolgt (BGH NJW-RR 2014, 1341).

Verschiedene Angelegenheiten liegen vor, soweit der Rechtsanwalt von vornherein mehrere Aufträge hat (LG Mannheim AnwBl 2013, 150; OVG Niedersachsen NJW 2007, 395; aA BGH NJW 2011, 784; AG Köln JurBüro 2010, 474), oder soweit er zunächst nur von **einem** Interessenten einen Auftrag hatte und erst nach dessen Beendigung einen Auftrag von einem anderen Interessenten erhält (OLG Hamburg MDR 2002, 1339; OLG Koblenz JurBüro 2002, 191).

Mehrheit von Entwürfen: Es können **verschiedene** Angelegenheiten oder Gegenstände vorliegen (BGHZ 197, 304 = NJW 2013, 3636).

Mehrheit von Gegnern: Dieselbe Angelegenheit kann auch dann vorliegen, wenn der Rechtsanwalt mit mehreren Gegnern des Auftraggebers verhandelt oder sie verklagt (BGH NJW 2011, 7823; OLG Stuttgart AGS 2011, 271; LG München I JurBüro 2009, 589), oder sie abmahnt (LG Saarbrücken ZMR 2013, 68), oder sie abwehrt (aA BGH JurBüro 2008, 416).

Mehrheit von Gläubigern: Verschiedene Angelegenheiten liegen vor, soweit es um eine Mehrheit von Gläubigern geht (OLG Koblenz NJW 1978, 2400; aA AG Koblenz FamRZ 2011, 668), oder zunächst um den Mahnantrag nach § 690 ZPO und dann um den Antrag auf einen Vollstreckungsbescheid nach § 699 ZPO, VV 3305, 3308 (AG Kelheim JurBüro 2000, 368; aA LG Essen JurBüro 2002, 246 mzustAnm N. Schneider; AG Koblenz FamRZ 2001, 512; LAG Nürnberg JurBüro 2002, 363, aber trotz mancher Einheitlichkeit des Lebensvorgangs bleibt doch die Sache jedes Gläubigers, auch des minderjährigen, bei einer Gesamtabwägung ein in sich geschlossener Aufgabenkreis). Verschiedene Angelegenheiten liegen ferner vor, soweit der Rechtsanwalt im Rahmen eines Sanierungsauftrags die Gläubiger einzeln ansprechen und verschieden behandeln soll (AG Stuttgart AnwBl 1986, 415), oder soweit es sich um eine Widerspruchsklage nach § 771 ZPO gegen mehrere Gläubiger wegen unterschiedlicher Forderungen und mehrerer Pfändungen handelt (OLG Bamberg JurBüro 1977, 489).

Mehrheit von Schuldnern: → „Mahnverfahren", → „Mehrheit von Gegnern", → „Räumung", → „Unfallschadensregulierung".

Mehrheit von Tätigkeiten: Dieselbe Angelegenheit kann auch dann vorliegen, wenn der Rechtsanwalt dasselbe mehrfach tut, also zB ein Rechtsmittel vorsorglich noch einmal einlegt.

Mehrheit von Verfahren: Zunächst → Rn. 27, 30. Dieselbe Angelegenheit liegt vor, sobald und solange eine Verbindung nach § 147 ZPO wirksam ist (VGH Baden-Württemberg NVwZ-RR 2006, 855). Bei § 113 SGG kann der Rechtsanwalt ein Wahlrecht haben (LSG Nordrhein-Westfalen JurBüro 2015, 21).

Verschiedene Angelegenheiten liegen bis zu einer etwaigen Verbindung grds. vor, soweit es sich um mehrere Verfahren handelt (KG ZIP 2009, 1087; OVG Nordrhein-Westfalen JurBüro 2009, 530; aA OVG Nordrhein-Westfalen NJW 2010, 1016 (Ls.)). Das gilt selbst bei gleichartigen Sachverhalten (BGH NJW-RR 2010, 1697; KG ZIP 2009, 1087; LG Bonn Rpfleger 2012, 651; aA BFHE 112, 119 = NJW 1975, 371; BVerwG NJW 2000, 2289, Parallelverfahren. Aber sie bleiben selbständig), zB bei verschieden begründeten zeitlich aufeinander folgenden

Scheidungsverfahren (OLG Zweibrücken AGS 2017, 72). Unterschiedliche Rechtsschutzziele können selbst bei Bearbeitung der Verfahren durch Sozien zur Annahme verschiedener Angelegenheiten führen (VGH München NJW-RR 2018, 508).

Ausnahmen bestehen zB bei einer Mehrheit von Erinnerungen, § 16 Nr. 10, oder von Beschwerden, oder nach § 19 I 2 Nr. 1, 2 bei einer Mehrheit von einstweiligen Anordnungen.

Auch → „Asylverfahren", → „Erbrecht", → „Folgesache", → „Trennung".

Mehrheit von Verträgen: Verschiedene Angelegenheiten liegen vor, soweit es um verschiedene Verträge geht (OLG Frankfurt a. M. NJW-RR 2005, 68), zB um Forderungen aus Kauf- und Werklieferungsverträgen (LG Stade AnwBl 1987, 198).

Mehrheit von Vorwürfen: Dieselbe Angelegenheit liegt innerhalb desselben Verfahrens vor (KG JurBüro 2013, 363).

Mieterhöhung: Dieselbe Angelegenheit liegt dann vor, wenn der Rechtsanwalt sowohl in einem Mieterhöhungsverfahren als auch im Rahmen einer Wohnraumkündigung tätig wird (LG Koblenz JurBüro 1995, 201; aA Gerold/Schmidt/Mayer Rn. 60, aber zunächst liegt in beiden Fällen ein Mietvertrag vor).

Mietvertrag: Üb. bei N. Schneider MDR 2003, 1162. Dieselbe Angelegenheit liegt dann vor, wenn der Rechtsanwalt Eheleute berät, solange die Ehe intakt ist (LG Berlin JurBüro 1984, 894; LG Göttingen AnwBl 1984, 516; AG Bochum AnwBl 1986, 46). Dasselbe gilt bei einer zeitgleichen Tätigkeit wegen zweier Nebenkostenabrechnungen desselben Vermieters (OLG Köln AGS 2010, 188).

Eine Zahlungsaufforderung und eine Kündigungsandrohung sind **verschiedene** Angelegenheiten (LG Detmold JurBüro 1981, 214).

Möglichkeit mehrerer Wege: Dieselbe Angelegenheit liegt dann vor, wenn der Rechtsanwalt den Auftraggeber entscheiden lässt, welchen von mehreren möglichen Wegen er einschlagen soll, und dann weisungsgemäß weiterhandelt.

Nachbarrecht: → „Bebauung".

Nachlasssache: → „Erbrecht".

Nachverfahren: Verschiedene Angelegenheiten liegen nach § 17 Nr. 5 zwischen ihm und dem Urkunden-, Wechsel- oder Scheckprozess nach §§ 592 ff. ZPO vor.

Nebenintervention: → „Streithilfe".

Nebenkläger: Dieselbe Angelegenheit liegt vor, soweit der Rechtsanwalt mehrere Nebenkläger in demselben Verfahren vertritt (OLG Düsseldorf JurBüro 1991, 70). Sie kann sogar beim Zusammentreffen von Nebenklage und Verteidigung vorliegen (OLG Celle Rpfleger 2011, 47).

Nebentätigkeit: Sie gehört mangels einer besonderen gesetzlichen Regelung zur Hauptangelegenheit.

Neuer Antrag: Derjenige nach einer Zurücknahme oder Abweisung des vorangegangenen begründet keine neue Angelegenheit (OVG Niedersachsen AGS 2001, 9).

Neuer Auftrag: Verschiedene Angelegenheiten liegen grds. vor, soweit es sich jetzt um einen neuen Auftrag handelt (OLG Hamburg MDR 1989, 78, auch zu einer Ausnahme; OLG Stuttgart AnwBl 2010, 807; AG Itzehoe ZfS 1988, 44).

Neue Situation: Verschiedene Angelegenheiten liegen vor, soweit der Rechtsanwalt angesichts einer völlig unerwarteten neuen Lage den Auftrag erhält, nunmehr dieser entsprechend tätig zu werden.

Neuer Streitgegenstand: → „Prozessvergleich".

Nichtzulassungsbeschwerde: Dieselbe Angelegenheit ist grds. die Vertretung des einen Antragstellers und die Verteidigung gegenüber dem anderen (OLG München JurBüro 2016, 634, auch zu einer Ausnahme). **Verschiedene** Angelegenheiten bilden dasjenige Verfahren, in dem keine Zulassung nach § 544 ZPO erfolgte, und die zugehörige Beschwerde nach II 2. Das auf eine Beschwerde zugelassene Rechtsmittel ist ein neuer Rechtszug nach § 17 Nr. 9.

Normenkontrolle: Dieselbe Angelegenheit liegt zwischen dem Verfahren nach § 47 I VwGO und demjenigen nach § 57 V VwGO vor (OVG Bremen JurBüro 1988, 865).

Ordnungswidrigkeit: Dieselbe Angelegenheit liegt oft vor, soweit der Rechtsanwalt zunächst im Verwaltungs- oder Ermittlungsverfahren und dann im Bußgeldverfahren tätig wird (BGH NJW 2013, 1610; LG Potsdam JurBüro 2013, 367; AG Luckenwalde JurBüro 2011, 256; aA LG Düsseldorf AnwBl 1977, 265; AG Frankenberg JurBüro 2011, 367; AG Friedberg NJW-RR 2009, 560, aber das gehört im Ergebnis zusammen), oder wenn er im Ermittlungsverfahren erst den Halter, dann den Fahrer vertritt (AG Tübingen JurBüro 2002, 419).

Vgl. aber auch § 17 Nr. 10. Selbständige nicht formell verbundene Verfahren bilden **mehrere** Angelegenheiten (LG Bonn JurBüro 2016, 476).

Parteinämlichkeit: Verschiedene Angelegenheiten liegen beim Fehlen der Nämlichkeit vor (OLG Koblenz JurBüro 1998, 359). Auch → „Selbständiges Beweisverfahren".

Parteiwechsel: Dieselbe Angelegenheit liegt dann vor, wenn auf der Klägerseite ein Parteiwechsel eintritt (OLG Celle MDR 1999, 1348; OLG Oldenburg AGS 2018, 323). Das gilt auch dann, wenn der Bekl. widerspricht, auch wenn er einen neuen Auftrag erteilt hat. Wegen eines Parteiwechsels des Auftraggebers vgl. freilich → § 7 Rn. 3, 4 und OLG Nürnberg AGS 2010, 167. Dieselbe Angelegenheit liegt auch dann vor, wenn es zu einem Parteiwechsel des Prozessgegners kommt (OLG Celle MDR 1999, 1348; OLG Stuttgart AGS 2010, 7; AG St. Wendel JurBüro 2006, 374; aA OLG München JurBüro 1995, 37, aber für den Auftraggeber bleibt es bei demselben Verfahren). Das gilt erst recht bei einem nur scheinbaren Parteiwechsel (OLG München Rpfleger 1991, 175, in Wahrheit nur anfänglich falsche Parteibezeichnung).

Verschiedene Angelegenheiten liegen dann vor, wenn der erste Auftraggeber ausscheidet, bevor der zweite den Rechtsanwalt beauftragt (OLG Karlsruhe JurBüro 2001, 89; OLG Köln JurBüro 2006, 249; LG Koblenz JurBüro 1997, 363). Soweit sich aber solche Phasen überschneiden, liegt nur **eine** Angelegenheit vor (OLG Hamm JurBüro 2002, 192; OLG Koblenz JurBüro 2002, 191; OLG Köln JurBüro 2006, 249).

Persönlichkeitsrecht: Zum Problem bei mehreren getrennten Abmahnungen BGH NJW-RR 2010, 428.

Pressedelikt: Dieselbe Angelegenheit liegt dann vor, wenn sich Abmahnungen auf eine Print- wie auf eine Internetausgabe erstrecken (BGH NJW 2010, 3038), oder wenn derselbe Verstoß in mehreren Medien erfolgt (OLG Köln JurBüro 2011, 536).

Verschiedene Angelegenheiten liegen beim Zusammentreffen von Ansprüchen auf Gegendarstellung, Richtigstellung und Unterlassung vor (BGH NJW 2010, 3038). Auch → „Mehrheit von Aufträgen".

Privatklage: Dieselbe Angelegenheit liegt nach § 16 Nr. 12 evtl. bei der Kombination mit einer Widerklage vor. **Verschiedene** Angelegenheiten liegen beim Sühneversuch nach § 380 StPO und beim anschließenden Gerichtsverfahren vor (aA AG Mainz AnwBl 1981, 512).

Prospekthaftung: Dieselbe Angelegenheit kann auch bei zeitlich versetzten Schadensersatzforderungen mehrerer Gesellschafter vorliegen, auch in zweiter Instanz (BGH NJW 2014, 2126).

Prozesskostenhilfe: § 16 Nr. 4, 5.

Prozessvergleich: Dieselbe Angelegenheit ist grds. das Verfahren bis zum Abschluss des Prozessvergleichs und das Nachverfahren über dessen Wirksamkeit (BGH VersR 2010, 1665; OLG Hamm JurBüro 2000, 470; LG Bonn Rpfleger 1990, 39; aA H. Schmidt AnwBl 1977, 111, aber das Verfahren sollte mit dem Vergleich gerade beendet sein).

Verschiedene Angelegenheiten liegen dann vor, wenn der Vergleich auch einen neuen Streitgegenstand umfasst (BGHZ 87, 227 (231) = NJW 1983, 2034; OLG Frankfurt a. M. FamRZ 1984, 408), oder wenn eine Vergleichsanfechtung erst nach 2 Jahren erfolgt (BGH VersR 2010, 1665).

Auch → „Vergleich".

Räumung: Dieselbe Angelegenheit kann bei einer Mehrheit von Schuldnern für den Gläubigeranwalt vorliegen (OLG Köln JurBüro 1992, 318; LG Tübingen ZMR 2002, 182).

Verschiedene Angelegenheiten liegen bei einer Kündigung und einem Räumungsantrag vor (OLG Karlsruhe NZM 2006, 259; LG Mönchengladbach NZM

2006, 174; Peter NZM 2006, 801; aA BGH NJW 2007, 2050; LG Bonn NZM 2006, 658; AG Hamburg-Altona NZM 2006, 775, aber das sind zwei durchaus verschiedene Vorgänge).

Auch → „Mieterhöhung".

Räumungsfrist: Es kommt darauf an, ob das Gericht das Verfahren mit dem Hauptprozess nach § 147 ZPO verbunden hat.

Rat: Verschiedene Angelegenheiten liegen nach § 34 zwischen dem Rat und einer sonstigen Tätigkeit vor, die mit dem Rat oder der Auskunft zusammenhängt.

Rechtsmittel: Dieselbe Angelegenheit liegt bei § 16 Nr. 11 vor.

Verschiedene Angelegenheiten liegen nach § 17 Nr. 1 für jedes Rechtsmittel vor, auch beim Teilurteil nach § 301 ZPO.

Rechtsschutzversicherung: → „Versicherung".

Rechtszug: Verschiedene Angelegenheiten liegen nach § 17 Nr. 1 grds. erst bei einem neuen Rechtszug vor (BAG NJW 2008, 1341; BGH NJW 2018, 1322 Rn. 6). Ausnahmen bestehen zB bei § 19 I 2 Nr. 10.

Registereinsicht: → „Vorbereitungshandlung".

Rehabilitierungsverfahren: Dieselbe Angelegenheit liegt vor, soweit der Rechtsanwalt mehrere Strafentscheidungen gegen denselben Auftraggeber bekämpft und auch dann anschließend seine Rehabilitierung betreibt (OLG Brandenburg JurBüro 1995, 418), oder soweit mehrere Antragsteller ihre Rehabilitierung nach einem gegen alle gerichteten Strafurteil fordern (OLG Naumburg JurBüro 1994, 157).

Revision: Dieselbe Angelegenheit liegt bei der Revision des Auftraggebers und derjenigen der Staatsanwaltschaft vor (OLG Düsseldorf MDR 1993, 699; OLG München JurBüro 2008, 249).

Verschiedene Angelegenheiten sind aber nach § 17 Nr. 1 eine Berufung und eine folgende Revision oder nach § 17 Nr. 9 das Nichtzulassungs- und das anschließende Revisionsverfahren.

Richtigstellung: → „Unterlassung".

Ruhen des Verfahrens: Dieselbe Angelegenheit liegt grds. dann vor, wenn es nach dem Ruhen zur Fortsetzung des Verfahrens kommt (VGH Bayern NJW 2015, 648 (649)). Eine Ausnahme kann nach V 2 Hs. 2 eintreten, ferner nach einer Verjährung der zunächst entstandenen Gebühr wegen einer nun erneuten Tätigkeit (VGH Baden-Württemberg NJW 2017, 1408).

Säumnis: → „Einspruch".

Sanierung: → „Mehrheit von Gläubigern".

Schadensersatz: Dieselbe Angelegenheit liegt vor, auch wenn sich die Erledigung des Auftrags über mehrere Jahre hinzieht und sich auch auf die jeweils neu hinzukommenden Schadensbeträge aus derselben Ursache (Unfall) erstreckt (BGH NJW 1995, 1431; aA LG Kleve AnwBl 1981, 509; Schütt JurBüro 1999, 72, aber dann besteht durchaus ein innerer Zusammenhang nach → Rn. 22), oder wenn der Geschädigte auf Grund desselben Vorfalls einen Sachschadensersatz und ein Schmerzensgeld fordert.

Verschiedene Angelegenheiten liegen dann vor, wenn zwei Jahre nach der Schadensregulierung eine Abänderung der Unfallrente erfolgen soll (AG Siegburg VersR 2004, 396), oder wenn der Rechtsanwalt nach einem Schmerzensgeld(vergleich) nun auf Grund eines neuen Auftrags den Ersatz des materiellen Schadens fordert.

Scheckprozess: Verschiedene Angelegenheiten liegen nach § 17 Nr. 5 RVG iVm § 605a ZPO zwischen ihm und dem Nachverfahren vor.

Scheidungssache: → „Ehescheidung", → „Mehrheit von Verfahren".

Schiedsrichterliches Verfahren: → „Vollstreckbarerklärung", § 16 Nr. 7–9.

Schuldenregulierung: → „Außergerichtliche Regelung".

Schutzschrift: Dieselbe Angelegenheit liegt bei ihr nach § 945a I 2 ZPO zum Eilverfahren nach §§ 916 ff., 935 ff. ZPO vor (OLG Brandenburg AGS 2003, 537).

Selbständiges Beweisverfahren: Es kommt bei §§ 485 ff. ZPO auf die Umstände an. Bei einer Nämlichkeit des Gegenstands und der Parteien liegt dieselbe Angelegenheit vor (OLG Brandenburg JurBüro 2007, 142; aA KG NJW-RR 2009, 1439). Ein bloßer Gegenstandswechsel ändert nichts an derselben Angelegenheit (OLG München MDR 1999, 1347). Ein Rollenwechsel ändert nichts an der Parteinämlichkeit (OLG Köln NJW-RR 2000, 361).

Verschiedene Angelegenheiten liegen nach → „Parteinämlichkeit" mangels einer Gegenstands- **und** Parteinämlichkeit zum Hauptprozess vor (OLG Koblenz JurBüro 2006, 134; aA OLG München MDR 2000, 603), oder nach → Rn. 63 dann, wenn bis zum Hauptprozess über zwei Jahre vergingen (OLG Zweibrücken JurBüro 1999, 414), oder wenn der Rechtsanwalt nach dem Gutachten nun die dort ermittelten Mangelbeseitigungskosten im Hauptprozess fordert (Mümmler JurBüro 1996, 240; 1996, 347).

Sicherheitsleistung: → „Hinterlegung".

Sicherungsvollstreckung: Dieselbe Angelegenheit sind die Sicherungsvollstreckung nach § 720a ZPO und die anschließende Verwertung (LG München II DGVZ 2007, 43).

Sorgerecht: Dieselbe Angelegenheit liegt vor, soweit es um das Sorgerecht und das Umgangsrecht geht (OLG Düsseldorf AGS 2016, 538; KG FamRZ 2018, 702; AG Ludwigslust FamRZ 2016, 1196; aA OLG Naumburg FPR 2008, 256, Aufenthaltsbestimmung und Umgang). Auch ein Unterhalt und das Sorgerecht können dieselbe Angelegenheit darstellen (BVerfG NJW 2002, 429, dort ausdrücklich als vertretbar bezeichnet; LG Kleve Rpfleger 2003, 304, einschließlich Wohnungszuweisung; LG Mönchengladbach FamRZ 2004, 216; aA LG Marburg JurBüro 2011, 652; LG Mönchengladbach MDR 2009, 534; AG Unna FamRZ 2008, 800). Eine bloße Gegenstandsveränderung lässt dieselbe Angelegenheit bestehen (aA OLG Köln JurBüro 1984, 97). **Verschiedene** Angelegenheiten sind Sorgerecht und Haushaltsgegenstände (OLG München NZFam 2014, 233).

Sozialhilfe: Dieselbe Angelegenheit sind eine Heimunterbringung und Gebührenfragen (Telekom, GEZ) (AG Koblenz Rpfleger 1999, 30). Die Anfechtung mehrerer an dieselbe Person gerichteter Sozialhilfebescheide im Rahmen der Beratung stellt dieselbe Angelegenheit dann dar, wenn man die Anträge gemeinsam behandeln soll (LG Göttingen Rpfleger 2002, 160; AG Osnabrück FamRZ 1999, 392).

Verschiedene Angelegenheiten können beim Anspruch auf die Heimunterbringung eines Obdachlosen und auf eine Abwehr von Schadensforderungen der Sozialbehörde aus einer früheren Vermietung vorliegen (LG Bayreuth JurBüro 1989, 1675).

Sozialrechtliches Vorverfahren: Verschiedene Angelegenheiten liegen zwischen ihm und dem Hauptprozess vor (SG Stuttgart AnwBl 1980, 127).

Sprungrevision: → „Revision".

Steuerrecht: Je Kalenderjahr = Steuerjahr gibt es eine **eigene** Angelegenheit, wie beim Steuerberater. Auch → „Einfuhrabgabe".

Strafsache: Dieselbe Angelegenheit sind das vorgerichtliche und das gerichtliche Verfahren (OLG Saarbrücken NStZ-RR 2007, 127; LG Aachen JurBüro 1978, 230; LG Köln AnwBl 1979, 75). In demselben Verfahren mag der Rechtsanwalt mehrere Beteiligte mit sogar unterschiedlichen Zielen vertreten (LG Krefeld AnwBl 1979, 79), oder soweit er für denselben Auftraggeber in einer Doppelfunktion tätig wird (LG Freiburg AnwBl 1982, 390).

Streitgenossen: Dieselbe Angelegenheit liegt vor, soweit sie nach §§ 59 ff. ZPO in demselben Rechtsstreit Bekl. sind (KG JurBüro 1999, 79), oder soweit es um getrennte Versäumnisurteile gegen Streitgenossen geht (OLG Hamm Rpfleger 1989, 170).

Verschiedene Angelegenheiten können trotz einer Streitgenossenschaft mehrerer Kläger vorliegen (AG Münster VersR 2008, 1257, unterschiedliche Prüfungen nötig).

Streithilfe: Dieselbe Angelegenheit liegt vor, soweit der Rechtsanwalt einen solchen Streithelfer nach §§ 66 ff. ZPO vertritt, der zunächst die eine Hauptpartei und sodann deren Prozessgegner unterstützt (OLG Hamm Rpfleger 1989, 127; KG Rpfleger 1983, 125; OLG München Rpfleger 1989, 128), oder soweit der Rechtsanwalt die Partei und ihren Streithelfer vertritt (OLG Celle AGS 2014, 116; aA KG AnwBl 2015, 99), oder die zum Streithelfer gewordene frühere Partei vertritt (OLG Stuttgart JurBüro 1983, 857). Das gilt jedenfalls insoweit, als nur einer dieser Auftraggeber der wahre Schuldner des Prozessgegners sein kann (OLG Koblenz VersR 1990, 637). Auch → „Parteinämlichkeit".

Streitschlichtung: → „Güteverfahren".

Stufenklage: Grundsätzlich dieselbe Angelegenheit liegt in allen Stufen nach § 254 ZPO vor. Ausnahmsweise kann nach der Zurückverweisung einer Stufe eine diesbezügliche **neue** Angelegenheit entstehen.

Sühneversuch: → „Privatklage".

Teilforderung: Dieselbe Angelegenheit liegt dann vor, wenn der Gläubiger mehrere Schuldner wegen ihrer Anteile an derselben Schuld beansprucht (OLG Hamburg JurBüro 1979, 53).

Teilurteil: Dieselbe Angelegenheit liegt bei § 301 ZPO vor, soweit der Rechtsanwalt wegen des in der Instanz gebliebenen Rechts tätig wird. Auch → „Rechtsmittel".

Terminierung: → Rn. 27.

Therapieunterbringung: Vgl. § 20 III 2 ThUG, → ThUG § 20 Rn. 3 f.

Trennung: Verschiedene Angelegenheiten können bei verschiedenen Folgesachen bestehen (OLG Düsseldorf AGS 2016, 538; OLG Hamm FamRZ 2011, 1686). Vgl. freilich dazu auch → § 16 Rn. 6. Verschiedene Angelegenheiten liegen dann vor, wenn nach einer Klagerweiterung oder ohne sie eine Trennung in mehrere Verfahren erfolgt (LG Saarbrücken MDR 2001, 1442; aA OLG Nürnberg JurBüro 1978, 708, aber es liegen im Ergebnis mehrere selbständige Verfahren vor), oder wenn das FamG eine Folgesache abtrennt (OLG Karlsruhe JurBüro 1999, 420; OLG Köln FamRZ 2007, 647), oder wenn es um die Scheidung einerseits und einen Trennungsunterhalt andererseits geht (OLG München AGS 2012, 25; OLG Stuttgart AGS 2012, 589; LG München I Rpfleger 2011, 614). Die Prüfung einer Vergütung (nur) bei einer Beratungshilfe führt aber nach VV Vorb. 2.5 II zum gegenteiligen Ergebnis.

Umgangsrecht: → „Sorgerecht".

Unfallschadenregulierung: Die Inanspruchnahme zB von Fahrer, Halter und Versicherer desselben Kfz ist dieselbe Angelegenheit (LG Flensburg JurBüro 1986, 723; aA OLG Hamm AnwBl 1983, 141).

Verschiedene Angelegenheiten können bei mehreren gegnerischen Kfz vorliegen (AG Herborn AGS 2003, 442). Auch → „Außergerichtliche Regelung".

Unterbrechung: Grundsätzlich dieselbe Angelegenheit bleibt grds. nach der Aufnahme nach § 250 ZPO bestehen (Meyer JurBüro 2007, 518). Eine **Ausnahme** gilt nach V 2.

Unterhalt: Dieselbe Angelegenheit liegt auf Grund eines einheitlichen Auftrags bei jährlich neuen Berechnungen vor (BGH NJW 1995, 1431; aA LG Kleve AnwBl 1981, 509; Schütt JurBüro 1999, 72).

Verschiedene Angelegenheiten sind Auskunft über Unterhalt und über Zugewinnausgleich (AG Darmstadt FamRZ 2011, 137). Auch → „Ehescheidung", → „Mehrheit von Gläubigern", → „Sorgerecht" sowie VV 3335.

Unterlassung: Dieselbe Angelegenheit liegt beim Unterlassungsanspruch gegen mehrere Täter vor (OLG Hamburg JurBüro 1998, 541; OLG Hamm JurBüro 1996, 312; OLG Stuttgart JurBüro 1998, 302, mehrere Gegenstände, nach § 22 I; aA LG Berlin JurBüro 2009, 421, gegen Autor und Verlag). Dasselbe gilt bei der entsprechenden Abwehr (OLG Stuttgart JurBüro 1998, 302).

Verschiedene Angelegenheiten liegen vor bei einem Unterlassungs-, einem Gegendarstellungs- und einem Richtigstellungsanspruch (BGH NJW 2016, 1245).

Auch → „Pressedelikt".

Urkunde: In derselben Urkunde nach §§ 415 ff. ZPO können **verschiedene** Angelegenheiten zusammentreffen (LG Stuttgart AnwBl 1987, 341).

Urkundenprozess: Verschiedene Angelegenheiten liegen nach § 17 Nr. 5 zwischen ihm nach §§ 592 ff. ZPO und dem Nachverfahren nach § 600 ZPO vor.

Verbindung: Zunächst → Rn. 27, 30. Ferner → „Mehrheit von Verfahren", → „Verfassungsbeschwerde".

Verbundverfahren: → „Ehescheidung".

Vereinfachtes Verfahren: VV 3335, 3336.

Vereinzelung: Der Rechtsanwalt darf nicht nur zwecks einer Gebührenerhöhung Verfahren vereinzeln (BGH NJW 2004, 1045).

Verfassungsbeschwerde: Verschiedene Angelegenheiten liegen vor, soweit es sich um äußerlich verbundene Verfassungsbeschwerden handelt (BVerfG AnwBl 1976, 164).

Vergleich: Dieselbe Angelegenheit liegt vor, soweit der Rechtsanwalt zunächst am Vergleich oder Zwischenvergleich und dann an der Klärung seiner Wirksamkeit oder sonstwie an seiner Durchführung mitwirkt (OLG Frankfurt a. M. AGS 2017, 499; OLG Schleswig Nds. Rpfl. 2000, 23; LG Hamburg MDR 1994, 518), oder am Streit um seine Wirksamkeit (OLG Hamm AnwBl 1980, 155), oder bei einer Einbeziehung nicht anhängiger Ansprüche in den Prozessvergleich (OLG Schleswig JurBüro 1980, 1516).

Verschiedene Angelegenheiten liegen dann vor, wenn der Rechtsanwalt zunächst die Erfolgsaussichten geprüft und nach einer seinem Rat folgenden Klagerücknahme nach § 269 ZPO nun den Auftrag zu außergerichtlichen Vergleichsverhandlungen erhält (OLG Stuttgart AnwBl 2010, 807).

Auch → „Prozessvergleich".

Vergütungsfestsetzung: Verschiedene Angelegenheiten sind das Hauptverfahren und das Verfahren nach § 11 (OLG Köln AGS 2000, 208).

Verkehrsanwalt: → „Wechsel der Anwaltsfunktion".

Verlag: Dieselbe Angelegenheit kann beim Verstoß sowohl im Druckbereich als auch im Onlinebereich vorliegen (BGH NJW 2011, 2591).

Versäumnisurteil: → „Einspruch".

Versicherung: Dieselbe Angelegenheit liegt dann vor, wenn der ProzBev beim Rechtsschutzversicherer eine Deckungszusage einholt (BGH NJW 2012, 920; LG München I JurBüro 1993, 163; AG Charlottenburg JurBüro 2002, 25; aA OLG Celle AGS 2011, 152; LG München I AnwBl 2009, 238; AG Rostock JurBüro 2011, 317, aber dann besteht durchaus ein innerer Zusammenhang nach → Rn. 22).

Verschiedene Angelegenheiten können vorliegen, soweit der Rechtsanwalt zunächst den Kaskoversicherer und dann den Haftpflichtversicherer oder umgekehrt zur Zahlung auffordert oder soweit er zunächst einen Versicherer und dann den Schädiger auffordert (Schmidt AnwBl 1975, 222; aA Klimke AnwBl 1975, 220), oder wenn der Rechtsanwalt bei einer Lebensversicherung verschiedenen Anspruchstellern gegenüber auftritt (OLG München AnwBl 1980, 504).

Vertrag: Dieselbe Angelegenheit liegt vor, soweit der Rechtsanwalt zunächst einen Vertrag beurkunden lassen soll und dann prüft, ob die notarielle Urkunde das von dem Auftraggeber Gewollte richtig wiedergibt (BGH AnwBl 1985, 257).

Verwaltungsverfahren: Vgl. VV 2401. **Verschiedene** Angelegenheiten liegen auch vor, soweit der Rechtsanwalt zunächst die Vornahme eines Verwaltungsakts erreichen und dann den Widerruf dieses Verwaltungsakts verhindern soll oder soweit der Rechtsanwalt eine Sache vor verschiedenen Behörden durchfechten soll und soweit es auch nicht um ein der Klage voraufgehendes Nachprüfungsverfahren geht. Auch → „Ordnungswidrigkeit".

Verweisung: Dieselbe Angelegenheit liegt bei einer Tätigkeit in derselben Funktion vor und nach einer Verweisung nach § 20 I 1 vor (OLG Hamburg MDR 1986, 596).

Verschiedene Angelegenheiten liegen vor, soweit der bisherige Verkehrsanwalt nach einer Verweisung der ProzBev nach § 81 ZPO wird (OLG Hamburg MDR 1989, 78), oder soweit nach § 20 I 2 die Verweisung an ein niedrigeres Gericht erfolgt.

Auch → „Zurückverweisung".

Vollstreckbarerklärung: Verschiedene Angelegenheiten liegen beim Hauptverfahren und demjenigen nach §§ 537, 558 ZPO vor, soweit es nicht nach § 19 I 2 Nr. 9 ein Teil der Hauptsache ist (N. Schneider AGS 1996, 85). Auch die Vollstreckbarerklärung eines Schiedsspruches nach §§ 1059 ff. ZPO bildet eine gesonderte Angelegenheit, → VV 3327 Rn. 3.

Vollstreckungsabwehrklage: Verschiedene Angelegenheiten liegen zwischen der Zwangsvollstreckung nach §§ 704 ff. ZPO und der Abwehrklage nach § 767 ZPO vor.

Vorbereitungshandlung: Sie rechnet mangels einer abweichenden gesetzlichen Regelung nach → Rn. 75 zur Hauptangelegenheit.

Vorläufige Anordnung: Sie gehört meist zur Angelegenheit der Hauptsache (OLG Celle JurBüro 1982, 222; OLG Frankfurt a. M. JurBüro 1985, 1818). Auch ein

Abänderungsverfahren nach § 80 VII VwGO kann neue Gebühren und Erstattbarkeiten auslösen (Enders JurBüro 2016, 393).

Vorläufige Einstellung: Dieselbe Angelegenheit liegt nach § 19 I 2 Nr. 11 grds. mit dem Vollstreckungsverfahren vor. **Verschiedene** Angelegenheiten bestehen bei einer abgesonderten Verhandlung, VV 3328 Anm. S. 1.

Vorläufige Vollstreckbarkeit: Verschiedene Angelegenheiten liegen beim derartigen Verfahren nach § 19 I 2 Nr. 11 bei einer besonderen mündlichen Verhandlung vor.

Vormundschaft: Dieselbe Angelegenheit liegt bei einer Vertretung mehrerer Mündel vor demselben Gericht in demselben Verfahren vor. **Verschiedene** Angelegenheiten liegen meist dann vor, wenn der Rechtsanwalt zunächst die Bestellung des Vormunds fordert und wenn er dann die Genehmigung eines Rechtsgeschäfts und schließlich die Abberufung des Vormunds beantragt. Es kommt aber auf die Umstände an. Auch → „Betreuung".

Wechsel der Anwaltsfunktion: Dieselbe Angelegenheit liegt zB beim Wechsel vom ProzBev nach § 81 ZPO zum Verkehrsanwalt und umgekehrt vor.

Wechsel des Auftraggebers: Dieselbe Angelegenheit liegt dann vor, wenn der Gesamt-Rechtsnachfolger an die Stelle des Vorgängers tritt. **Verschiedene** Angelegenheiten entstehen grds. beim Eintritt eines Einzelrechtsnachfolgers auch innerhalb desselben Rechtszugs (OLG Stuttgart JurBüro 1982, 551).

Wechsel des Gegners: Er bleibt nicht zu beachten (OLG Frankfurt a. M. JurBüro 1979, 1506; OLG Hamm JurBüro 1980, 859; OLG Köln JurBüro 1983, 80).

Wechselprozess: Dieselbe Angelegenheit liegt vor bei einer Klage aus mehreren Wechseln nach §§ 602 ff. ZPO (OLG Düsseldorf AGS 1997, 133, Wertaddition, § 22 I). **Verschiedene** Angelegenheiten liegen zwischen ihm und dem Nachverfahren vor, § 17 Nr. 5.

Weitere vollstreckbare Ausfertigung: Verschiedene Angelegenheiten liegen nach § 18 Nr. 5 zwischen diesem Verfahren nach § 733 ZPO und der übrigen Tätigkeit vor.

Wettbewerbssache: Dieselbe Angelegenheit liegt vor, soweit der Rechtsanwalt beim Fehlen eines Klagauftrags ein Abmahn- und dann ein Abschlussschreiben fertigt (OLG Hamburg AnwBl 1982, 397; aA BGH NJW 2008, 1744), oder soweit er gleichlautende Abmahnungen an viele Konzernunternehmer richtet (OLG Düsseldorf AnwBl 1983, 31), oder soweit er erst eine Abmahnung oder deren Zurückweisung und dann die Arrest- oder Verfügungssache betreibt (KG JurBüro 2009, 28, dort als derselbe „Gegenstand" eingeordnet). Bei getrennten Abmahnungen zum Persönlichkeitsrecht nach Wort- und Bildverstößen kommt es auf die Umstände an (BGH GRUR 2008, 367). Rechtsmissbrauch durch Aufspaltung ist unstatthaft (KG GRUR-RR 2012, 482).

Widerklage: Dieselbe Angelegenheit sind grds. die Klage und eine Widerklage (OLG Bamberg JurBüro 1978, 866). Dasselbe gilt bei Versetzung des Klägers und eines Drittwiderbeklagten (OLG Celle FGPrax 2015, 132; OLG Stuttgart AGS 2016, 315). **Verschiedene** Angelegenheiten können aber bei einer Widerklage nur gegen einen Dritten vorliegen (OLG Stuttgart NJW-RR 2013, 64).

Widerklage bei Privatklage: § 16 Nr. 12.

Widerruf: Dieselbe Angelegenheit liegt dann vor, wenn der Kläger mehrere Täter wegen derselben Tat verklagt (OLG Hamburg JurBüro 1990, 855, Wertaddition nach § 22 I).

Wiederaufnahme: Verschiedene Angelegenheiten sind nach § 17 Nr. 12 das Wiederaufnahmeverfahren zB nach §§ 578 ff. ZPO und das wiederaufgenommene nach VV 4100 ff., 5100 ff.

Wiedereinsetzung: Dieselbe Angelegenheit sind das Haupt- und ein Wiedereinsetzungsverfahren zB nach §§ 233 ff. ZPO.

Wohnraumkündigung: → „Mieterhöhung".

Wohnungszuweisung: → „Sorgerecht".

Zeitablauf: → Rn. 63.

Zugewinnausgleich: → „Unterhalt".

Zulassung eines Rechtsmittels: § 16 Nr. 11.

Zurückverweisung: Verschiedene Angelegenheiten liegen nach § 21 I vor, soweit der Rechtsanwalt vor und nach einer Zurückverweisung zB nach § 538 II ZPO tätig wird (vgl. OLG Düsseldorf JurBüro 1978, 1808; OLG Karlsruhe MDR 2008, 473; SG Hamburg JurBüro 1993, 219; aA Riedel/Sußbauer/Ahlmann Rn. 10, aber die Zurückverweisung leitet ein doch meist wesentlich anderes weiterlaufendes Verfahren ein). Ficht der Auftraggeber nach einer Zurückverweisung den Verwaltungsakt erneut an, entstehen vor dem Gericht erneut Gebühren (Gerold/Schmidt/Mayer Rn. 3). Auch → „Verweisung".

Zuständigkeit: Durchweg **verschiedene** Angelegenheiten liegen vor, soweit für mehrere Gegenstände auch verschiedene Gerichte zuständig sind (LG Münster Rpfleger 1990, 78).

Zuständigkeitsbestimmung: Verschiedene Angelegenheiten liegen vor, soweit der Rechtsanwalt auch im Verfahren auf die Bestimmung des zuständigen Gerichts nach § 36 I Nr. 5, 6 ZPO tätig wird. Denn dann liegt bereits eine rechtskräftige Vorentscheidung zur Zuständigkeitsfrage vor. Die auf die Bestimmung des zuständigen Gerichts gerichtete Tätigkeit gehört aber zur Instanz nach § 19 I 2 Nr. 3.

Zwangsversteigerung, -verwaltung: Dieselbe Angelegenheit liegt vor, soweit der Rechtsanwalt auftragsgemäß mehreren Zwangsversteigerungsverfahren beitritt (OLG Köln AnwBl 1990, 323), oder soweit er mehrere Beteiligte in demselben Verfahren vertritt.

Zwangsvollstreckung: Verschiedene Angelegenheiten sind das Erkenntnisverfahren nach §§ 253 ff. ZPO und das Vollstreckungsverfahren nach §§ 704 ff. ZPO (OLG Koblenz JurBüro 1999, 328). Vgl. im Übrigen § 58. Jede selbständige Zwangsvollstreckungssache ist nach § 18 Nr. 1 eine eigene Angelegenheit. Auch → „Drittschuldner", → „Hinterlegung".

33 **10. Umfang der Abgeltung.** Entsprechend dem Wesen der Pauschgebühr nach → Rn. 1, 4 gilt sie nicht nur die im Gebührentatbestand bezeichnete Tätigkeit des Rechtsanwalts ab, sondern nach § 19 auch die zur Vorbereitung oder zur Abwicklung erforderliche. Sie gilt also zB mit ab: Die Einsicht in ein Register; die Gestellung eines Fotokopier- oder Fotoapparats (Crämer AnwBl 1977, 51). Wegen der Sachkosten der Filme usw gilt VV 7000. Freilich muss man nach § 19 I 2 Nr. 1, 9 prüfen, ob etwa ein besonderes Verfahren erforderlich ist.

34 **V. Verschiedene Gebührensätze für Teile eines Gegenstands (III).** Die Vorschrift hat Nachrang nach der VV Vorb. 3 IV (OLG Karlsruhe AGS 2011, 165). Sie wiederholt für den gesamten Anwendungsbereich des RVG den in § 36 III GKG, § 30 III FamFG, § 94 I GNotKG ausgesprochenen Grundsatz. Man muss für einen ausscheidbaren Teil eines gebührenrechtlichen Gegenstands bei einer gesonderten Tätigkeit des Rechtsanwalts auch eine gesonderte Gebührenberechnung vornehmen. Der Rechtsanwalt kann aber nicht mehr als die aus dem Gesamtbetrag der Teile errechnete Gebühr nach dem höchsten Gebührensatz verdienen. Dieser Grundsatz gilt nicht nur dann, wenn man verschiedene Gebührensätze anwenden müsste, sondern auch bei der Anwendbarkeit gleicher Gebührensätze.

35 III gilt **entsprechend,** wenn für den einen Teilgegenstand eine Geschäftsgebühr usw nach VV 2300, für einen anderen aber eine Verfahrensgebühr usw nach VV 3100 angefallen ist (OLG Düsseldorf Rpfleger 1992, 526).

36 Wenn das Gericht also über einen **Teil des Gegenstands** gesondert verhandeln lässt, muss man die Terminsgebühr für jeden Teil besonders berechnen. Sie kann aber auch bei einer Verbindung erst nach der Verhandlung nicht mehr betragen als für den ganzen Gegenstand. Dasselbe gilt bei einem Teilvergleich.

37 Verschiedene Gebührensätze kommen zB dann in Betracht, wenn die Partei nur für einen Teil des Streitgegenstandes eine **Prozess- oder Verfahrenskostenhilfe** erhalten hat (Mümmler JurBüro 1984, 643; aA OLG Zweibrücken Rpfleger 1995, 75; OLG Hamburg JurBüro 1995, 426; Riedel/Sußbauer/Ahlmann Rn. 30: der beigeordnete Rechtsanwalt erhalte die Differenz zwischen den Wahlanwaltsgebühren für den vollen Streitwert und denjenigen für den von der Bewilligung gedeckten Teil. Das ist unnötig kompliziert und nicht kostengerechter).

38 **Verschiedene Gebührensätze** kommen **ferner zB** dann in Betracht, wenn die Parteien zunächst über die Hauptsache streitig verhandeln, wenn sich die Hauptsache

dann erledigt und wenn die Parteien daher nur noch über die Kostenfolge streiten. Eine Terminsgebühr kann zur Kostenfrage nicht entstehen. Denn sie ist bereits voll in der Hauptsache entstanden (KG Rpfleger 1977, 72).

Wenn ein gerichtlicher Vergleich über den Klaganspruch und gleichzeitig über einen weiteren bisher nicht anhängigen Anspruch zustande kommt, ist Höchstgrenze die Einigungsgebühr nach VV 1000 über den ganzen Gegenstand nach dem zusammengerechneten Wert (OLG Koblenz JurBüro 1997, 633). 39

Verschiedene Gebührensätze sind diejenigen der Tabelle zu **§ 13 I 3** und der Tabelle zu **§ 49.** § 22 II bleibt zu beachten (Enders JurBüro 2017, 339). 40

VI. Vorzeitige Erledigung usw (IV). Der nachfolgende Grundsatz zeigt seine Wirkung sowohl bei einer zeitlichen als auch bei einer inhaltlichen Beschränkung der ursprünglich vorgesehenen Anwaltstätigkeit (LG Berlin AnwBl 1982, 122). Es gibt Auswirkungen in mehreren Fallgruppen. Bei einer Pauschalvergütung ist IV nicht anzuwenden (OLG Düsseldorf JurBüro 2010, 199). 41

1. Grundsatz: Bestehenbleiben der Vergütung. Die Vorschrift ist eine Folge des Pauschcharakters der Gebühren (LG Hamburg AnwBl 1985, 261; Madert AnwBl 1997, 678). Eine einzelne Pauschgebühr ermäßigt sich grundsätzlich nicht schon deshalb, weil sich herausstellt, dass der Rechtsanwalt einen geringeren Arbeitsaufwand hatte als man im Zeitpunkt der Auftragserteilung annehmen konnte oder musste. Diese Erwägung gilt auch für den Einzelauftrag, auch für eine vereinbarte Vergütung in den Grenzen von §§ 3a, 4. Freilich muss die Gebühr bereits entstanden sein, zB nach VV 4200. 42

IV ist also **nicht** auf eine solche Gebühr anzuwenden, die erst infolge einer nicht stattgefundenen weiteren Durchführung des Auftrags entstanden wäre. Auch bei einer Rahmengebühr kann sich eine vorzeitige Erledigung ausnahmsweise gebührenverringernd oder -erhöhend auswirken, freilich nur innerhalb des Rahmens. 43

Der Grundsatz, dass die bereits entstandene Gebühr bestehen bleibt (LG Berlin VersR 1988, 702), gilt nur mit gesetzlichen **Ausnahmen** zB in VV 2300, 3101, 3414, 4105. Der Mindestbetrag nach § 13 II bleibt stets bestehen. Es gilt die Regel: Erst anrechnen, dann kürzen (OLG München NJW-RR 2012, 767). 44

2. Kündigung des Rechtsanwalts wegen Vertragswidrigkeit des Auftraggebers. Die nach → Vor § 1 Rn. 3 auf das Vertragsverhältnis zwischen dem Rechtsanwalt und dem Auftraggeber anwendbaren materiellrechtlichen Vorschriften bleiben in den Grenzen von IV unberührt. Daher gelten grundsätzlich nach → Vor § 1 Rn. 13 auch die materiellrechtlichen Kündigungsfolgen nach §§ 627 ff. BGB, soweit nicht IV vorrangig etwas anderes bestimmt. Nur beim Dauerberatungsvertrag mag zur fristlosen Kündigung eine Begründung notwendig sein (OLG Hamm NJW-RR 1995, 1530). 45

Der Auftraggeber kann eine vom Rechtsanwalt erklärte Kündigung nach §§ 276, 278 BGB **verschuldet** haben. Das muss der Rechtsanwalt beweisen (BGH NJW 1997, 188; OLG Düsseldorf AGS 1993, 74). Die Fortsetzung des Auftrags muss dem Rechtsanwalt also unzumutbar geworden sein. Dann hat der Rechtsanwalt nach § 628 I 1 BGB einen Anspruch auf den seiner bisherigen Leistung entsprechenden Vergütungsteil. Ferner behält der Rechtsanwalt nach § 628 II BGB einen Anspruch auf den Ersatz des durch die Aufhebung des Anwaltsvertrags entstehenden Schadens. Dieser besteht im Fortfall solcher Gebühren, die erst durch eine weitere Tätigkeit des Rechtsanwalts entstanden wären. Freilich würde eine deshalb freiwerdende Arbeitskraft des Rechtsanwalts schadensmindernd wirken können. 46

Eine Kündigung dieser Art kann zB dann vorliegen, wenn sich der Auftraggeber dem Rechtsanwalt gegenüber zwar evtl. sogar mehr oder minder schuldlos, aber doch zumindest objektiv **vertragswidrig** verhalten hat. 47

3. Beispiele zur Frage einer Vertragswidrigkeit des Auftraggebers (IV)

Abwegigkeit: → „Rechtsansicht". 48

Berufsehre: Vertragswidrig ist die Forderung des Auftraggebers nach einem solchen Verhalten des Rechtsanwalts, das gegen seine Berufsehre verstoßen würde. Freilich kann eine Vertragspflicht durchweg den Vorrang vor allgemeinen Berufsregeln haben.

Ersatzanspruch: Vertragswidrig handelt der Auftraggeber bei einem völlig unbegründeten Ersatzanspruch.

Gerichtsentscheidung: Nicht vertragswidrig ist ein Beharren des Auftraggebers auf einer Entscheidung des Gerichts statt des Rechtsanwalts (OLG Karlsruhe AnwBl 1994, 522), es sei denn, die Unsinnigkeit der Fortführung des Prozesses würde für den Rechtsanwalt als ein Organ der Rechtspflege nach § 1 BRAO zur Unzumutbarkeit führen (LG Hamburg AnwBl 1985, 261; AG Köln AnwBl 1989, 624).

Hartnäckigkeit: → „Information", „Rechtsansicht".

Information: Vertragswidrig ist meist ein hartnäckiges Unterlassen der notwendigen Information des Rechtsanwalts. Auch → „Hartnäckigkeit".

Mandatswechsel: Vertragswidrig handelt der Auftraggeber dann, wenn er vor der Beendigung des Auftrags das Mandat grundlos einem anderen Rechtsanwalt überträgt.

Rechtsansicht: Vertragswidrig ist meist eine aus der Sicht des Rechtsanwalts nun wirklich völlig abwegige und daher inhaltlose Rechtsansicht, soweit der Auftraggeber sie hartnäckig aufrechterhält.

Revision: Vertragswidrig handelt der Auftraggeber bei einem Revisionsauftrag entgegen dem wohlbegründeten Rat des Rechtsanwalts (OLG Karlsruhe MDR 1994, 519).

Standesehre: → „Berufsehre".

Überhöhte Anforderungen: Vertragswidrig handelt der Auftraggeber bei eindeutig zu hohen Anforderungen an den Rechtsanwalt (OLG Hamm AGS 1996, 16).

Umformulierung: Vertragswidrig sein kann die Forderung des Auftraggebers nach unzumutbar weitgehenden Umformulierungen (LG Hamburg AnwBl 1985, 261; AG Köln AnwBl 1989, 624).

Vertrauen: Vertragswidrig ist eine Zerstörung des notwendigen Vertrauensverhältnisses zwischen dem Auftraggeber und dem Rechtsanwalt durch den ersteren (OLG Hamm AGS 1996, 16).

Vorschuss: Vertragswidrig ist die Nichtzahlung eines zulässigerweise vom Rechtsanwalt nach § 9 erbetenen Vorschusses trotz seines klaren Hinweises auf eine mögliche Kündigungsfolge (OLG Düsseldorf AGS 1993, 74). Einen Vorschuss muss der Rechtsanwalt nur insoweit nach §§ 628 I 2, 812 ff. BGB in den Grenzen von § 818 III BGB herausgeben, als der Vorschuss die dem Rechtsanwalt nach → Rn. 50 zustehende Teilvergütung übersteigt.

Vorwurf: Vertragswidrig ist erst ein völlig unbegründeter Vorwurf des Auftraggebers (OLG Karlsruhe MDR 2010, 415).

49 **4. Kündigung des Rechtsanwalts ohne Vertragswidrigkeit des Auftraggebers.** Zunächst → Rn. 49. Soweit der Rechtsanwalt kündigt, ohne dass sich der Auftraggeber ihm gegenüber vertragswidrig verhalten hätte, hat der Rechtsanwalt nach § 628 I 2 BGB auch wegen der bereits entstandenen und daher an sich nach § 628 I 1 BGB forderbaren Gebühren keinen Anspruch, falls seine bisherigen Leistungen infolge seiner eigenen Kündigung für den Auftraggeber kein Interesse mehr haben (BGH NJW 1985, 41; OLG Hamburg MDR 1981, 768). Eine Aufrechnung usw durch den Auftraggeber ist ab einem objektiven Wegfall seines Interesses nicht nötig. Das alles gilt erst recht dann, wenn ein objektiv wichtiger Kündigungsgrund vorliegt, zB aus einem gesundheitlichen Grund, falls nicht zugleich ein vertragswidriges Verhalten des Auftraggebers vorhanden ist, für den es ja nicht auf ein etwaiges Verschulden ankommt.

50 Soweit daher der Auftraggeber nunmehr die Angelegenheit einem anderen Rechtsanwalt **überträgt,** hat der frühere Rechtsanwalt grundsätzlich in demjenigen Umfang keinen Gebührenanspruch, in dem der Auftraggeber dem folgenden Rechtsanwalt für eine gleiche Tätigkeit gleiche Gebühren zahlen muss (BGH NJW 1985, 41; OLG Karlsruhe JurBüro 1984, 1659), es sei denn, die Leistung des bisherigen Rechtsanwalts behielte ihren Wert (OLG Karlsruhe MDR 1994, 519). Das letztere kann zB dann geschehen, wenn der Auftraggeber aufbauend auf der Tätigkeit des bisherigen Rechtsanwalts nun selbst tätig wird (Pabst MDR 1978, 449). Die Honorarforderung erlischt ohne die Notwendigkeit einer Aufrechnung (BGH NJW 1985, 41). Der Auftraggeber ist für ein Verschulden des Rechtsanwalts dann beweispflichtig (BGH

NJW 1982, 437). Er kann zB wegen einer Kündigung des Rechtsanwalts zur Unzeit einen Schadensersatzanspruch nach § 671 II 1, 2 BGB haben.

5. Kündigung des Auftraggebers wegen Vertragswidrigkeit des Rechtsanwalts. Soweit der Auftraggeber infolge eines vertragswidrigen Verhaltens des Rechtsanwalts kündigt, bleibt zwar der Anspruch des Rechtsanwalts auf die bisher entstandenen Gebühren nach § 628 I 1 iVm § 627 I BGB theoretisch bestehen (Neuhofer AnwBl 2004, 583). 51

Indessen **entfällt** sein Vergütungsanspruch ähnlich wie bei → Rn. 49 nach § 628 I 2 Hs. 2 BGB, soweit seine bisherige Leistung infolge der Kündigung des Auftraggebers für diesen kein Interesse mehr hat, etwa weil dieser nun einen anderen Rechtsanwalt beauftragen und bezahlen muss (Neuhofer AnwBl 2004, 583). Außerdem muss man auch hier § 628 II 1 BGB beachten (LG Hamburg AnwBl 1985, 261). Der Auftraggeber hat nach § 628 II BGB einen Anspruch auf den Ersatz des durch die Kündigung entstehenden Schadens. Er kann mit diesem Schadensersatzanspruch gegenüber dem Vergütungsanspruch des Rechtsanwalts aufrechnen (Neuhofer AnwBl 2004, 583). Freilich muss ein wirklicher Schaden entstanden sein. Er würde zB bei einer ohnehin bestehenden Zahlungsunfähigkeit des zu Unrecht beklagten Prozessgegners fehlen (Neuhofer AnwBl 2004, 584). Dabei darf der Auftraggeber am Ende nicht besser dastehen als nach einer vertragsgemäßen Anwaltstätigkeit (Neuhofer AnwBl 2004, 584). 52

6. Beispiele zur Frage einer Vertragswidrigkeit des Rechtsanwalts (IV)

Beratungsfehler: Vertragswidrig sein kann ein solcher Vorgang. 53

Fristversäumung: Vertragswidrig sein kann ein solcher Vorgang (BGH NJW 1982, 438).

Honorarmehrforderung: Vertragswidrig ist es, unberechtigt nach der Annahme des Auftrags ein höheres Honorar nach § 3a zu fordern (LG Karlsruhe MDR 1991, 548).

Interessenkollision: Vertragswidrig ist eine Tätigkeit trotz einer solchen Lage ohne Zustimmung des Auftraggebers (BGH NJW 1985, 41).

Sozietätswechsel: Vertragswidrig ist sein schon bei der Auftragsannahme ihm bekannter Plan, zumindest in die gegnerische Sozietät (OLG Düsseldorf JurBüro 1993, 731).

Straftat: Vertragswidrig sein kann sie sogar dann, wenn der Rechtsanwalt ihretwegen Selbstmord begeht.

Tatsachenvortrag: Vertragswidrig sein kann der Vortrag einer dem Auftraggeber schädlichen Tatsache (Pabst MDR 1978, 449).

Terminsversäumung: Vertragswidrig sein kann ein solcher Vorgang.

Treuepflichtverletzung: Vertragswidrig ist der Verstoß gegen eine gesetzliche oder vertragliche Treuepflicht.

Unterlassung: Vertragswidrig sein kann es, eine Anfrage des Gerichts nicht zu beantworten oder dessen Auflage nicht zu erfüllen (BGH NJW 1982, 438, der Auftraggeber ist beweispflichtig).

Untersuchungshaft: → „Veruntreuung“.

Vertrauensverlust: Vertragswidrig sein kann es, durch einen Fehler in einem anderen Verfahren das Vertrauen des jetzigen Auftraggebers im jetzigen Fall zu zerstören.

Veruntreuung: Vertragswidrig ist ein solcher Vorgang nebst Untersuchungshaft des Rechtsanwalts (BGH VersR 1996, 99).

Weisungsverstoß: Vertragswidrig sein kann ein solcher Vorgang zB gegenüber dem Gericht oder Jugendamt bei einer Erklärung zur Unterhaltspflicht des Auftraggebers (BGH AnwBl 1977, 164).

Zulassungsverlust: Vertragswidrig ist er bei einem Verschulden des Rechtsanwalts daran (OLG Düsseldorf MDR 1979, 147; OLG Koblenz MDR 1991, 1098).

Zulassungsverzicht: Vertragswidrig ist folgender Vorgang: Der Rechtsanwalt verschweigt bei der Annahme des Auftrags, dass er demnächst (nicht: schon ein Jahr vorher (OLG Düsseldorf MDR 1979, 147) aus freier Entschließung auf die Rechte aus der Zulassung verzichten will, und gibt anschließend die Verzichtserklärung ab (OLG Frankfurt a. M. JurBüro 1980, 141; OLG Hamburg MDR 1981, 767).

Zuvielforderung: Vertragswidrig sein kann es, für den Auftraggeber eine zu hohe Forderung einzuklagen.

54 **7. Kündigung des Auftraggebers ohne Vertragswidrigkeit des Rechtsanwalts.** Soweit der Auftraggeber kündigt, ohne durch ein vertragswidriges Verhalten des Rechtsanwalts dazu veranlasst worden zu sein, steht dem Rechtsanwalt nach § 628 I 1 BGB die bisher entstandene Vergütung zu (OLG Düsseldorf AnwBl 1985, 259). Der Auftraggeber muss dann einen nun etwa eingeschalteten weiteren Rechtsanwalt auch entsprechend zusätzlich zum bisherigen vergüten.

55 Ein vertragswidriges Verhalten des Rechtsanwalts kann zB in folgenden Fällen **fehlen:** Der Rechtsanwalt nimmt einen Auftrag an, obwohl er sich bereits für ein Amt im Staatsdienst beworben hat. Das gilt jedenfalls solange, wie er nicht übersehen kann, ob und wann die Behörde der Bewerbung stattgibt; er legt das Mandat wegen der Aussichtslosigkeit der Sache nieder (LG Hamburg AnwBl 1985, 261); er gibt die Zulassung auf Grund eines nach der Auftragsannahme gefassten Entschlusses wegen Alters oder Krankheit auf (OLG Koblenz JurBüro 1978, 1068); er entschließt sich erst ein Jahr nach der Auftragsannahme zur freiwilligen Aufgabe der Zulassung (OLG Düsseldorf MDR 1979, 147).

56 **8. Erstattungsfähigkeit.** Wegen der Erstattungsfähigkeit der Kosten bei einer Tätigkeit mehrerer Rechtsanwälte in derselben Angelegenheit.

57 **9. Weitere Ausnahmefälle.** Abweichend von dem Grundsatz → Rn. 35 gelten folgende weitere Sonderregeln neben denjenigen zur Kündigung nach → Rn. 45–50: VV 3101, 3201 usw (vorzeitige Beendigung des Auftrags in den dort genannten Fällen).

58 **VII. Auftrag zum weiteren Tätigwerden (V).** Ein Grundsatz hat eine Ausnahme.

59 **1. Grundsatz: Keine weitere Vergütung (V 1).** Soweit der in derselben Angelegenheit tätig gewordene Rechtsanwalt nunmehr von demselben Auftraggeber den zusätzlichen Auftrag erhält, in derselben Angelegenheit weiter tätig zu werden, erhält er grundsätzlich nach V 1 nicht mehr an Gebühren, als er erhalten würde, wenn man ihn von vornherein auch mit dieser weiteren Tätigkeit beauftragt hätte. Das gilt zB dann, wenn der Rechtsanwalt zunächst einen Einzelauftrag erhalten hat, später aber einen weiteren Einzelauftrag erhielt oder gar nun der ProzBev wurde (LG Köln VersR 1975, 73 mablAnm Klimke VersR 1975, 291). Die ursprüngliche Angelegenheit darf aber beim Auftrag zum weiteren Tätigwerden noch nicht endgültig beendet gewesen sein (Meyer DRiZ 2004, 291).

60 **2. Keine neue Angelegenheit.** Der neue Auftrag darf im Rahmen von V 1 keine neue Angelegenheit begründen. Man muss die Sache vielmehr so ansehen, als wenn die Erledigung der Angelegenheit immer in denselben Händen gelegen hätte. Der schon bei einer Beweisaufnahme tätig gewordene Verkehrsanwalt erhält also nicht mehr, wenn er für die Vertretung bei einer weiteren Beweisaufnahme einen selbständigen Auftrag erhält.

61 **3. Verkehrsanwalt wird Prozessbevollmächtigter.** Wenn der Rechtsanwalt bisher nach VV 3400 Verkehrsanwalt war und infolge einer Verweisung nun der ProzBev nach § 81 ZPO wird, erhält er keine Gebühr 3100 und umgekehrt (OLG Frankfurt a. M. GRUR 1988, 646; OLG Hamburg MDR 1986, 596; OLG Koblenz JurBüro 1995, 251, auch zur Erstattungsfrage). War der Rechtsanwalt zunächst Beweisanwalt und wird er nun ProzBev nach § 81 ZPO, erhält er neben der schon entstandenen Gebühr VV 3402 keine weitere Terminsgebühr, wohl aber eine Verfahrensgebühr. Denn jetzt hat sich sein Auftrag erweitert. Bei einer Betrags- oder Satzrahmengebühr darf und muss man eine Erweiterung nach § 14 mitbeachten. V ist auch dann anzuwenden, wenn ein früherer Praxisabwickler in derselben Angelegenheit einen neuen Auftrag erhält (OLG Frankfurt a. M. AnwBl 1980, 71; KG MDR 1977, 238; OLG Koblenz JurBüro 1979, 1314).

62 **4. Ausnahme bei Werterhöhung.** Man muss aber (selbstverständlich) eine etwaige spätere **Erhöhung** des Gegenstandswerts berücksichtigen. Das gilt etwa dann, wenn sich die Vertretung des Rechtsanwalts in einem Beweistermin nur auf einen Teil des späteren Streitgegenstands bezog. Soweit sich der Gegenstandswert dem-

gegenüber verringert, behält der Rechtsanwalt die bereits entstandene höhere Gebühr. Wegen der Anrechnung von Einzelgebühren in einer Strafsache VV Vorb. 4.3 III.

5. Weitere Ausnahme bei 2-Jahres-Zeitablauf (V 2, 3). Als Ausnahme vom Grundsatz des V 1, → Rn. 59–62, gilt eine weitere Tätigkeit als neue Angelegenheit mit der Folge einer zusätzlichen Vergütung, soweit der frühere Auftrag beim Beginn der Entgegennahme der zur weiteren Tätigkeit gehörigen Information bereits **seit mehr als zwei Kalenderjahren erledigt** war (OLG Stuttgart JurBüro 2002, 526; VGH Bayern NJW 2015, 648 (649); VG Potsdam Rpfleger 2009, 700). V 2, 3 haben den Vorrang vor § 21 I (OLG Köln MDR 2009, 1365; N. Schneider MDR 2003, 727 (728); NZFam 2014, 1127). Die Frist errechnet sich nach §§ 186 ff. BGB. „Erledigt" ist dasselbe wie bei I, IV. Der Rechtsanwalt muss den Auftrag also vollständig erfüllt haben (BGH NJW 2018, 1322 Rn. 9 mwN; VGH Bayern NJW 2015, 648 (649)). Maßgeblich ist also die Fälligkeit nach § 8 (OLG Karlsruhe JurBüro 1998, 26; OLG Stuttgart JurBüro 2002, 526). Es kommt nicht auf die Verkündung an, sondern auf die Kenntnisnahme von ihr (OLG Hamburg AGS 2014, 267). V 2, 3 sind nicht anzuwenden, soweit der Rechtsanwalt während der zwei Jahre außergerichtlich tätig blieb (BGH NJW 2006, 1525; OLG Nürnberg Rpfleger 2004, 378). Es muss ein neuer Auftrag vorliegen (OLG Brandenburg FamRZ 2017, 303). 63

Nach BGH FamRZ 2010, 1723 Rn. 13; KG NJW-RR 2011, 371, setzen V 2, 3 allerdings die Erteilung eines **neuen Auftrags** voraus, str. vgl. die Übersicht über den Meinungsstand bei BGH NJW 2018, 1322 Rn. 13. Jedenfalls auf den Fall, dass mehr als zwei Kalenderjahren nach Erlass eines Versäumnisurteils Einspruch eingelegt und das Verfahren fortgesetzt wird, ist V 2 nach BGH NJW 2018, 1322 Rn. 17, entsprechend anzuwenden. 64

VIII. Mehrere Einzelaufträge usw (VI). Die Vorschrift gilt auch in einer Straf- oder Bußgeldsache. Wenn der Rechtsanwalt in derselben Angelegenheit beliebiger Art einen oder mehrere Aufträge zur Vornahme einer oder mehrerer einzelner Handlungen erhält, kann die Gesamtgebühr nicht mehr als dann betragen, wenn er von vornherein einen Auftrag zur umfassenden Erledigung dieser Angelegenheit erhalten hätte. Dasselbe gilt bei einem Auftrag nur zu einer solchen Tätigkeit, die nach § 19 zum Rechtszug oder zum Verfahren gehört. Die Pauschgebühr für eine bestimmte Tätigkeit begrenzt nach II 2 auch die Gesamtgebührenhöhe für Einzeltätigkeiten unter der Voraussetzung, dass es sich um denselben Rechtszug oder dasselbe Verfahren handelt. Eine noch so häufige Anfertigung von Schriftsätzen oder die noch so häufige Erteilung von Ratschlägen in derselben Angelegenheit kann nicht mehr als **eine** Verfahrensgebühr ergeben. 65

Derjenige Rechtsanwalt, der den Auftraggeber im Termin vertritt, kann auch für die Wahrnehmung **mehrerer** solcher Termine nicht mehr als eine Terminsgebühr verlangen. Man muss also für jede Gebührenart eine besondere Prüfung wegen der Höhe der Einzelgebühr und derjenigen Gebühr vornehmen, die sonst höchstens für die Tätigkeit entstehen kann. Dementsprechend kann zB eine Mehrzahl von Einzeltätigkeiten im Zwangsvollstreckungsverfahren nach §§ 704 ff. ZPO gemäß VV 3309, 3310 immer nur insgesamt 0,3-Gebühr jeder Art bringen. 66

Nicht anzuwenden ist VI aber, soweit aus einem oder mehreren Einzelaufträgen jetzt ein Gesamtauftrag zB als ProzBev wird. Denn das ist nach → Rn. 61 eine bloße Auftragserweiterung. Nicht anzuwenden ist VI ferner dann, wenn man nach V 2 von mehreren Angelegenheiten ausgehen muss (VG Potsdam Rpfleger 2009, 700). 67

Anrechnung einer Gebühr

15a **I Sieht dieses Gesetz die Anrechnung einer Gebühr auf eine andere Gebühr vor, kann der Rechtsanwalt beide Gebühren fordern, jedoch nicht mehr als den um den Anrechnungsbetrag verminderten Gesamtbetrag der beiden Gebühren.**

II 1 Sind mehrere Gebühren teilweise auf dieselbe Gebühr anzurechnen, so ist der anzurechnende Betrag für jede anzurechnende Gebühr gesondert zu ermitteln. 2 Bei Wertgebühren darf der Gesamtbetrag der Anrechnung je-

doch denjenigen Anrechnungsbetrag nicht übersteigen, der sich ergeben würde, wenn eine Gebühr anzurechnen wäre, die sich aus dem Gesamtbetrag der betroffenen Wertteile nach dem höchsten für die Anrechnungen einschlägigen Gebührensatz berechnet. [3]Bei Betragsrahmengebühren darf der Gesamtbetrag der Anrechnung den für die Anrechnung bestimmten Höchstbetrag nicht übersteigen.

[III] Ein Dritter kann sich auf die Anrechnung nur berufen, soweit er den Anspruch auf eine der beiden Gebühren erfüllt hat, wegen eines dieser Ansprüche gegen ihn ein Vollstreckungstitel besteht oder beide Gebühren in demselben Verfahren gegen ihn geltend gemacht werden.

Historie: Vorschrift (I, III) eingefügt durch Art. 7 IV Nr. 3 G zur Modernisierung von Verfahren im anwaltlichen und notariellen Berufsrecht, zur Errichtung einer Schlichtungsstelle der Rechtsanwaltschaft sowie zur Änd. sonstiger Vorschriften v. 30.7.2009 (BGBl. I 2449 (2470)) mWv 5.8.2009; Materialien: BT-Drs. 16/11385 (Gesetzentwurf), BT-Drs. 16/12717 (Beschlussempfehlung und Bericht), BR-Drs. 509/09 (Einigungsvorschlag); II eingefügt durch Art. 7 I Nr. 5 KostRÄG 2021 v. 21.12.2020 (BGBl. I 3229 (3248)) mWv 1.1.2021; Materialien: BT-Drs. 19/23484 (Gesetzentwurf), BT-Drs. 19/24740 (Beschlussempfehlung und Bericht).

Schrifttum: Dahn, Anrechnung der vorgerichtlichen Geschäftsgebühr in sozialrechtlichen Mandaten, AGS 2021, 385; Enders, Die neuen §§ 15a und 55 Abs. 5 RVG, JurBüro 2009, 393 und 449; Fölsch, Die aktuelle Rechtslage zur Anrechnung der anwaltlichen Geschäftsgebühr, MDR 2009, 1137; Dahn, Anrechnung der vorgerichtlichen Geschäftsgebühr in sozialrechtlichen Mandaten, AGS 2021, 385; Hansens, Die Anrechnung der Beratungsgebühr nach § 34 Abs. 2 RVG, RVG-report 2007, 323; ders., Die Gebührenanrechnung nach §§ 15a, 55 Abs. 5 Satz 2 und 3 RVG, RVGreport 2009, 201, 323; ders., Drei berichtigende Absätze des Gesetzgebers zur Gebührenanrechnung – Überblick zur Neuregelung der §§ 15a, 55 Abs. 5 RVG, AnwBl 2009, 535; Baronin von König, Die Anrechnung von Rechtsanwaltsgebühren nach der Einführung des § 15a RVG, Rpfleger 2009, 487; Kindermann, Die Anrechnung der Geschäftsgebühr, FPR 2010, 351; Lappe, RVG – Mehrere-Auftraggeber-Erhöhung bei Anrechnung, Rpfleger 2006, 583; Müller-Rabe, § 15a RVG!, NJW 2009, 2913; H. Schneider, Aktuelle Rechtsprechung des BGH zur Anrechnung der Geschäftsgebühr, AGS 2011, 107; N. Schneider, Anrechnung nach dem neuen § 15a RVG, AGS 2009, 361; ders., Die Kettenanrechnung – Tipps und Kniffe bei mehrstufigen Mandaten, AnwBl 2015, 220; ders., Anrechnung bei mehreren Geschäftsgebühren, NZFam 2017, 339; ders., Anrechnung mehrerer Geschäftsgebühren – nicht das letzte Wort?, AnwBl 2018, 30; ders., Anrechnung der Geschäftsgebühr auf Mahn- und Streitverfahren, NJW-Spezial 2020, 91; ders., Gesetzgeber löst Problem bei Anrechnung mehrerer Teilgebühren, NJW-Spezial 2020, 731; ders., Anrechnung der Geschäftsgebühr bei quotaler Kostenerstattung, AGS 2021, 469; ders., Anrechnung der Geschäftsgebühr gegenüber der Landeskasse, AGS 2021, 76; ders., Fälle zur Anrechnung der Geschäftsgebühr in Zivilsachen, AGS 2021, 337; Volpert, Rechtsschutzversicherung: Geschäftsgebühr und § 15a RVG, VRR 2016, Nr. 5, 4; ders., Geplante Änderungen bei der Anwaltsvergütung durch des KostRÄG 2021 – Teil 1, RVGreport 2020, 362.

1 **I. Normzweck, Übersicht.** Das RVG sieht vielfach vor, dass eine für eine Angelegenheit angefallene Gebühr auf eine für eine andere Angelegenheit angefallene Gebühr **anzurechnen** ist (vgl. §§ 34 II, 38 III, VV 2100 Anm., 2102 Anm., Vorb. 2.3 IV, VI, 2501 Anm. II, 2503 Anm. II, Vorb. 3 IV–VI, 3100 Anm. I, II, 3101 Anm. I, 3104 Anm. II, IV, 3201 Anm. I 2, 3305 Anm., 3307 Anm., 3504 Anm., 3506 Anm., 3511 Anm., 3512 Anm., 4100 Anm. II, 4143 Anm. II, Vorb. 4.3 IV, 5200 Anm. III, 6215 Anm., Vorb. 6.4 II, 6402 Anm., 6500 Anm. III). Zweck einer solchen Anrechnung ist die Berücksichtigung des Umstandes, dass der in beiden Angelegenheiten beauftragte Rechtsanwalt insgesamt weniger Aufwand hat als bei einer vollständig getrennten Bearbeitung beider Angelegenheiten anfiele („Skaleneffekt", vgl. etwa NK-GK/Winkler Rn. 1; Schneider/Volpert/N. Schneider Rn. 45). Zur Anrechnung von Rahmengebühren aufeinander vgl. auch § 14 II, → § 14 Rn. 82 ff.

2 Die **Rechtsfolgen** solcher Anrechnungsbestimmungen wurden streitig, nachdem im Jahre 2007 der VIII. ZS des BGH zur Anrechnung einer Geschäftsgebühr auf die Verfahrensgebühr des gerichtlichen Verfahrens nach VV Vorb. 3 IV (abweichend von

der zu Anrechnungsbestimmungen der BRAGO allg. vertretenen Auffassung, vgl. Nachw. bei BGH NJW 2010, 1375 Rn. 17) entschieden hatte, dass diese zu einer ex lege eintretenden und auch im Verhältnis zu einem kostenerstattungspflichtigen Dritten wirkenden Verminderung der Verfahrensgebühr führt (erstmals BGH NJW 2007, 2049 Rn. 11, danach ständig bis zum Inkrafttreten des § 15a). Dies ist auf Widerspruch – auch fast aller anderen Zivilsenate des BGH – gestoßen, und hat den Gesetzgeber (auf Vorschlag des Rechtsausschusses) 2009 veranlasst, die Rechtsfolgen einer Anrechnung (abweichend von der Auffassung des VIII. ZS des BGH) durch Einfügung des (zunächst nur aus den jetzigen Absätzen I und III bestehenden) § 15a iS des geringstmöglichen Eingriffs in den Vergütungsanspruch zu formulieren (vgl. Begr. RegE BT-Drs. 16/12717, 58). Dabei betrifft **I** die Wirkungen der Anrechnung im **Innenverhältnis** zwischen Auftraggeber und Rechtsanwalt, → Rn. 5 ff., und **III** ihre Wirkung im **Außenverhältnis** zu einem erstattungs- oder ersatzpflichtigen Dritten, → Rn. 8 ff. Die Regelungen ändern nicht eine bestehende Rechtslage, sondern dienen nur der **Klarstellung** der auch vorher nahezu allg. anerkannten Wirkungen einer Anrechnung (die Grundsätze des I und III sind daher auch auf „Altfälle" vor Inkrafttreten des § 15a anzuwenden, vgl. nur BGH NJW 2009, 3101 Rn. 8; NJW 2010, 1375 Rn. 21; JurBüro 2012, 420 Rn. 5 mwN).

Der mit dem KostRÄG 2021 eingefügte **II** betrifft die **Anrechnung mehrerer** 3 **Gebühren** auf eine nur einmal anfallende andere Gebühr, → Rn. 8 ff. In Rspr. und Lit. war streitig geworden, ob in einem solchen Fall die Gebühren einzeln anzurechnen sind (so etwa BGH NJW 2017, 1821 mwN zum Meinungsstand; OLG Hamm BeckRS 2016, 117103) oder ob (nach dem Gedanken des § 15 III) der Anrechnungsbetrag auf den Gebührenbetrag begrenzt ist, der sich aus der Addition der Einzelwerte und dem höchsten der bei den einzelnen Anrechnungen anzuwendenden Gebührensätze ergibt (so etwa OLG Koblenz AGS 2009, 167; OVG Nordrhein-Westfalen AGS 2017, 497). Mit der Einfügung von II wollte der Gesetzgeber die Streitfrage iS der zweiten Auffassung entscheiden (Begr. RegE KostRÄG 2021 BT-Drs. 19/23484, 76).

II. Wirkung der Anrechnung. Aus den Regelungen in I und III ergibt sich 4 zunächst, dass eine im Gesetz vorgesehene Anrechnung den **Bestand** sowohl der anzurechnenden Gebühr als auch der Gebühr, auf die angerechnet wird, **unberührt** lässt, also nicht etwa zu einem (tlw.) Erlöschen kraft Gesetzes einer der Gebühren führt (→ Rn. 5). IÜ unterscheidet § 15a für die Wirkung der Anrechnung einer Gebühr auf eine andere Gebühr zwischen dem Innenverhältnis zwischen Auftraggeber und Rechtsanwalt (I, II, → Rn. 5 ff.) und dem Außenverhältnis zu einem erstattungs- oder ersatzpflichtigen Dritten (III, → Rn. 15).

1. Verhältnis zum Auftraggeber. a) Grundsatz (I). Im Innenverhältnis zum 5 Auftraggeber beschränkt eine Anrechnung nach I nur das Einforderungsrecht des Rechtsanwalts. Hieraus folgt, dass die Anrechnung die Gebührenansprüche aus der anzurechnenden Gebühr und der Gebühr, auf die anzurechnen ist, unberührt lässt, beide Ansprüche also in unverminderter Höhe erhalten bleiben. Der Rechtsanwalt kann daher beide Gebührenansprüche unabhängig voneinander geltend machen. I verwehrt ihm nur, **insgesamt** mehr zu fordern, als ihm unter Berücksichtigung der Anrechnung zusteht. Im Ergebnis hat er daher ein **Wahlrecht,** wie und bei welcher Gebühr er die Anrechnung berücksichtigt.

Beispiel: Eine 1,3 Geschäftsgebühr gem. VV 2300 nach einem Geschäftswert von 6 1.000 EUR (= 114,40 EUR) ist nach VV Vorb. 3 IV 1 zur Hälfte, höchstens aber mit einem Gebührensatz von 0,75 (mithin iHv 57,20 EUR) auf eine 1,3 Verfahrensgebühr gem. VV 3100 nach einem Streitwert von 1.700 EUR (= 215,80 EUR) anzurechnen. Nach I bleiben beide Gebührenansprüche erhalten, der Rechtsanwalt kann nur insgesamt nicht mehr als den um den Anrechnungsbetrag (57,20 EUR) verminderten Gesamtbetrag beider Gebühren (330,20 EUR) verlangen, also nicht mehr als 273 EUR. Es steht ihm aber frei, ob er die Geschäftsgebühr in voller Höhe und die Verfahrensgebühr in der um den Anrechnungsbetrag gekürzten Höhe oder umgekehrt die Verfahrensgebühr in voller Höhe und die Geschäftsgebühr in gekürzter Höhe einfordert.

Aus der Vorschrift folgt mithin eine **Einrede** des Auftraggebers, die er nicht gegen 7 die einzelne Gebührenforderung erheben kann, sondern erst dann, wenn bei gleichzeitiger oder sukzessiver Einforderung die aus I folgende Obergrenze überschritten ist. Dies gilt auch, wenn die Vergütung aus der Staatskasse zu zahlen ist, vgl. iÜ § 55 V 3.

8 **b) Anrechnung mehrerer Gebühren (II).** Sind nach den Anrechnungsbestimmungen (→ Rn. 1) mehrere Gebühren nur teilweise auf eine andere Gebühr anzurechnen, lässt sich den Anrechnungsbestimmungen allein der genaue Anrechnungsbetrag nicht entnehmen.

9 **Beispiel:** Für drei Geschäfte sind vorprozessual drei 1,3 Geschäftsgebühren gem. VV 2300 angefallen, einmal nach dem Gegenstandswert von 5.000 EUR (= 434,20 EUR), einmal nach 12.000 EUR (= 865,80 EUR) und einmal nach 15.000 EUR (= 933,40 EUR). Alle drei Gegenstände werden vom Auftraggeber in einem Prozess weiterverfolgt, so dass alle Geschäftsgebühren (insges. 2.233,40 EUR) in nach VV Vorb. 3 IV 1 begrenzter Höhe auf die 1,3 Verfahrensgebühr gem. VV 3100 nach einem Streitwert von insgesamt 32.000 EUR (= 1.346,80 EUR) anzurechnen sind. Aus VV Vorb. 3 IV 1 ergibt sich allerdings nicht, wie in diesem Falle der Anrechnungsbetrag zu ermitteln ist: Betrachtet man die Geschäftsgebühren jeweils einzeln, wären die jeweils hälftigen Beträge, insgesamt also 1.116,70 EUR anzurechnen (so dass von der Verfahrensgebühr 230,10 EUR verbleiben); geht man hingegen jedenfalls für die „Deckelung" des Anrechnungsbetrags von einer einzigen 1,3 Geschäftsgebühr nach dem Gesamtwert (1.346,80 EUR) aus, wäre lediglich ein Betrag in Höhe von 673,40 EUR anzurechnen.

10 Die notwendige Ergänzung der Anrechnungsbestimmungen für den Fall der Anrechnung mehrerer Gebühren enthält II (in Kraft getreten am 1.1.2021, zur zeitlichen Anwendbarkeit vgl. § 60). Nach **II 1** ist zwar im Ausgangspunkt der Anrechnungsbetrag für jede anzurechnende Gebühr nach der im Einzelfall einschlägigen Anrechnungsbestimmung **gesondert zu ermitteln.** Nach **II 2** für Wertgebühren und nach **II 3** für Betragsrahmengebühren gibt es aber in diesem Fall eine weitere Höchstgrenze für den Anrechnungsbetrag, die dem Höchstbetrag nach der jeweiligen Anrechnungsbestimmung bezogen auf den Gesamtwert entspricht (die Entscheidung BGH NJW 2017, 1821 ist daher überholt, → Rn. 3).

11 **Beispiel:** In dem in → Rn. 9 beschriebenen Fall sind danach zwar nach II 1 die einzelnen sich aus VV Vorb. 3 IV 1 ergebenden („gedeckelten") Anrechnungsbeträge (217,10 EUR, 432,90 EUR, 466,70 EUR) zu berücksichtigen. Nach II 2 ist die Anrechnung aber insgesamt „gedeckelt" durch den Betrag, der sich nach VV Vorb. 3 IV 1 für eine Geschäftsgebühr nach der Summe des Wertes aller anzurechnenden Geschäftsgebühren ergibt, also auf 673,40 EUR.

12 **c) „Kettenanrechnung".** Der in II geregelte Fall der (gleichzeitigen) Anrechnung mehrerer Gebühren ist zu unterscheiden von der **gestaffelten Anrechnung von Gebühren** (sog. „Kettenanrechnung"), wie sie etwa vorzunehmen ist, wenn zunächst vorgerichtlich eine (nach VV Vorb. 3 IV auf Verfahrensgebühren anzurechnende) Geschäftsgebühr, sodann eine (nach VV 3305 Anm. auf die Verfahrensgebühr für das streitige Verfahren anzurechnende) Verfahrensgebühr für ein Mahnverfahren und schließlich eine Verfahrensgebühr für das anschließende streitige Verfahren anfallen. Auch hier gilt, dass der Rechtsanwalt nach I von seinem Auftraggeber insgesamt nicht mehr verlangen kann, als ihm unter Berücksichtigung der jeweiligen Anrechnungen zusteht. Dies führt dazu, dass bei einer „Einzelbetrachtung" **jeweils eine Anrechnung der (vollen) „Gebühr"** (und nicht etwa nur der um eine vorherige Anrechnung verbleibende Restbetrag) angerechnet werden muss (vgl. BGH NJW 2011, 1368; OLG Hamm AGS 2014, 453; anderenfalls würde der Rechtsanwalt uU mehr als ohne Anrechnung erhalten).

13 **Beispiel 1:** Eine 1,5-(Mittel-)Geschäftsgebühr nach VV 2300 ist gem. Vorb. 3 IV zur Hälfte, höchstens aber mit einem Satz von 0,75 auf die Verfahrensgebühr des gerichtlichen Verfahrens wegen desselben Gegenstandes anzurechnen. Im anschließenden Mahnverfahren fällt eine 1,0-Verfahrensgebühr nach VV 3305 an die gem. VV 3305 Anm. auf die Verfahrensgebühr für das nachfolgende streitige Verfahren anzurechnen ist, wo schließlich eine 1,6-Verfahrensgebühr nach VV 3200 entsteht. Aufgrund der Anrechnungsvorschriften – die Mahn-Verfahrensgebühr geht bei anschließendem streitigen Verfahren „verloren" und von der Geschäftsgebühr soll dem Rechtsanwalt nur der anrechnungsfreie Teil (0,75) verbleiben – kann der Rechtsanwalt an Geschäfts- und Verfahrensgebühren insgesamt nicht

mehr als einen Satz von (0,75 + 1,6 =) 2,35 verlangen. In welcher Reihenfolge die Anrechnung vorgenommen wird, darf dabei keine Rolle spielen. Macht daher etwa der Rechtsanwalt zunächst nur den nach Anrechnung der Geschäftsgebühr verbleibenden Teil der Mahn-Verfahrensgebühr (0,25) geltend, muss er bei der Einforderung der Verfahrensgebühr für das nachfolgende streitige Verfahren nicht etwa nur diese verbleibenden 0,25 anrechnen (denn dann würde er insgesamt 1,5 + 0,25 + 1,35 = 3,1 verlangen), sondern den ungekürzten Satz von 1,0.

Beispiel 2: Nichts anderes gilt, wenn alle Anrechnungen nur für Teile einer Gebühr vorgeschrieben sind. Ist etwa in einer verwaltungsrechtlichen Angelegenheit zunächst außergerichtlich eine (nach Vorb. 2.3 IV zur Hälfte, maximal aber in Höhe von 0,75 auf die Geschäftsgebühr für ein nachfolgendes Widerspruchsverfahren anzurechnende) 1,5-Geschäftsgebühr, sodann im Widerspruchsverfahren eine weitere 1,0-Geschäftsgebühr und schließlich im verwaltungsgerichtlichen Verfahren eine 1,6-Verfahrensgebühr angefallen, kann der Rechtsanwalt nach den Anrechnungsvorschriften – von beiden Geschäftsgebühr soll ihm jeweils nur der anrechnungsfreie Teil von 0,75 bzw. 0,5 verbleiben, auf die Verfahrensgebühr ist nach Vorb. 3 IV 2 nur die letzte Geschäftsgebühr anzurechnen – insgesamt einen Satz von (0,75 + 0,5 + 1,6) 2,85 verlangen. Verlangt der Rechtsanwalt zunächst unter Berücksichtigung der insoweit vorzunehmenden Anrechnung die beiden Geschäftsgebühren (1,5 + 0,25), ist bei der Einforderung der Verfahrensgebühr die Geschäftsgebühr für das Widerspruchsverfahren nicht mit den verbliebenen 0,25, sondern mit 0,5 anzurechnen, so dass noch eine 1,1 Gebühr verlangt werden kann (vgl. SG Aachen BeckRS 2017, 114696, und im Übrigen auch die Berechnungsbeispiele bei N. Schneider AnwBl 2015, 220; NZFam 2017, 339; NJW-Spezial 2020, 91). 14

2. Verhältnis zu erstattungspflichtigem Dritten (III). Da die Anrechnung den Gebührenanspruch gegenüber dem Auftraggeber (der nur ggf. die Einrede aus I hat) unberührt lässt, kann sie sich auch im Verhältnis zu einem Dritten, der dem Auftraggeber die Kosten (auf prozess- oder materiellrechtlicher Grundlage) zu erstatten bzw. zu ersetzen hat, **nicht auswirken** und steht insbes. einer Kostenfestsetzung nicht entgegen. 15

Beispiel: Beantragt in dem in → Rn. 6 beschriebenen Fall der obsiegende Auftraggeber die Festsetzung der Verfahrensgebühr gegen seinen Prozessgegner, spielt es im Grundsatz keine Rolle, ob im Innenverhältnis zwischen dem Auftraggeber und seinem Rechtsanwalt wegen desselben Gegenstandes bereits eine anzurechnende Geschäftsgebühr angefallen ist. 16

III stellt nur sicher, dass auch der Dritte **insgesamt** keinen höheren Betrag erstatten bzw. ersetzen muss, als der Rechtsanwalt im Innenverhältnis von seinem Auftraggeber verlangen kann. Er kann sich daher (nur) in den in III genannten Fällen, in denen eine Inanspruchnahme in einer die Obergrenze des I, II überschreitenden Höhe konkret droht, auf die Verminderung des Gesamtbetrags beider Gebühren um den Anrechnungsbetrag berufen. Auch der Dritte hat daher aufgrund einer im Gesetz vorgeschriebenen Anrechnung eine (beschränkte) **Einrede,** die, wenn ihre Voraussetzungen unstreitig oder ohne weiteres festzustellen sind, auch in einem Kostenfestsetzungsverfahren zu berücksichtigen ist (vgl. BGH NJW 2011, 861 Rn. 9). 17

Auf die Anrechnung kann sich der Dritte nach III in **drei Fällen** berufen: Nach III Fall 1 hat er die (materiellrechtliche) Einrede der **Erfüllung des Anspruchs auf eine der beiden Gebühren,** die nach I im Umfang der Anrechnung auf die Höhe des insgesamt geschuldeten Betrages „durchschlägt". Nach III Fall 2 kann er sich aber auch schon auf das Vorliegen eines **Vollstreckungstitels wegen einer der beiden Ansprüche** gegen ihn, der die Inanspruchnahme der titulierten Gebühr in ungekürzter Höhe ermöglicht, berufen. Eine solche Situation ist etwa gegeben, wenn im Hauptsacheverfahren vorgerichtliche Anwaltskosten als Nebenforderung tituliert worden sind (vgl. BGH NJW 2011, 1368 Rn. 6; 2012, 781 Rn. 6). Die Titulierung muss unmissverständlich sein und die Höhe der titulierten Gebühr erkennen lassen (OLG Stuttgart AGS 2010, 212). Für die Geltendmachung der Einrede genügt die Vollstreckbarkeit des Titels; auf seine Rechtskraft kommt es hingegen nicht an (vielmehr führt die Aufhebung oder Abänderung des Titels zum Vorfall der Einrede). Schließlich kann der Dritte sich nach III Fall 3 auf die Anrechnung berufen, wenn **beide Gebühren in demselben Verfahren geltend gemacht werden.** Eine solche Situation kann insbes. eintreten, wenn in einem Kostenfestsetzungsverfahren Gebüh- 18 ren zur Festsetzung angemeldet sind, die von einer Anrechnungsvorschrift betroffen sind (zB Verfahrensgebühren für Mahn- und Streitverfahren, BGH NJW 2011, 1368 Rn. 7; für selbständiges Beweisverfahren und Hauptsacheverfahren, BGH NJW 2014, 3518 Rn. 19).

Abschnitt 3. Angelegenheit

Dieselbe Angelegenheit

16

Dieselbe Angelegenheit sind

1. **das Verwaltungsverfahren auf Aussetzung oder Anordnung der sofortigen Vollziehung sowie über einstweilige Maßnahmen zur Sicherung der Rechte Dritter und jedes Verwaltungsverfahren auf Abänderung oder Aufhebung in den genannten Fällen;**
2. **das Verfahren über die Prozesskostenhilfe und das Verfahren, für das die Prozesskostenhilfe beantragt worden ist;**
3. **mehrere Verfahren über die Prozesskostenhilfe in demselben Rechtszug;**

3a. **das Verfahren zur Bestimmung des zuständigen Gerichts und das Verfahren, für das der Gerichtsstand bestimmt werden soll; dies gilt auch dann, wenn das Verfahren zur Bestimmung des zuständigen Gerichts vor Klageerhebung oder Antragstellung endet, ohne dass das zuständige Gericht bestimmt worden ist;**

4. **eine Scheidungssache oder ein Verfahren über die Aufhebung einer Lebenspartnerschaft und die Folgesachen;**
5. **das Verfahren über die Anordnung eines Arrests, zur Erwirkung eines Europäischen Beschlusses zur vorläufigen Kontenpfändung, über den Erlass einer einstweiligen Verfügung oder einstweiligen Anordnung, über die Anordnung oder Wiederherstellung der aufschiebenden Wirkung, über die Aufhebung der Vollziehung oder die Anordnung der sofortigen Vollziehung eines Verwaltungsakts und jedes Verfahren über deren Abänderung, Aufhebung oder Widerruf;**
6. **das Verfahren nach § 3 Absatz 1 des Gesetzes zur Ausführung des Vertrages zwischen der Bundesrepublik Deutschland und der Republik Österreich vom 6. Juni 1959 über die gegenseitige Anerkennung und Vollstreckung von gerichtlichen Entscheidungen, Vergleichen und öffentlichen Urkunden in Zivil- und Handelssachen in der im Bundesgesetzblatt Teil III, Gliederungsnummer 319-12, veröffentlichten bereinigten Fassung, das zuletzt durch Artikel 23 des Gesetzes vom 27. Juli 2001 (BGBl. I S. 1887) geändert worden ist, und das Verfahren nach § 3 Absatz 2 des genannten Gesetzes;**
7. **das Verfahren über die Zulassung der Vollziehung einer vorläufigen oder sichernden Maßnahme und das Verfahren über einen Antrag auf Aufhebung oder Änderung einer Entscheidung über die Zulassung der Vollziehung (§ 1041 der Zivilprozessordnung);**
8. **das schiedsrichterliche Verfahren und das gerichtliche Verfahren bei der Bestellung eines Schiedsrichters oder Ersatzschiedsrichters, über die Ablehnung eines Schiedsrichters oder über die Beendigung des Schiedsrichteramts, zur Unterstützung bei der Beweisaufnahme oder bei der Vornahme sonstiger richterlicher Handlungen;**
9. **das Verfahren vor dem Schiedsgericht und die gerichtlichen Verfahren über die Bestimmung einer Frist (§ 102 Absatz 3 des Arbeitsgerichtsgesetzes), die Ablehnung eines Schiedsrichters (§ 103 Absatz 3 des Arbeitsgerichtsgesetzes) oder die Vornahme einer Beweisaufnahme oder einer Vereidigung (§ 106 Absatz 2 des Arbeitsgerichtsgesetzes);**
10. **im Kostenfestsetzungsverfahren und im Verfahren über den Antrag auf gerichtliche Entscheidung gegen einen Kostenfestsetzungsbescheid (§ 108 des Gesetzes über Ordnungswidrigkeiten) einerseits und im Kostenansatzverfahren sowie im Verfahren über den Antrag auf gerichtliche Entscheidung gegen den Ansatz der Gebühren und Auslagen (§ 108 des**

Gesetzes über Ordnungswidrigkeiten) andererseits jeweils mehrere Verfahren über
a) die Erinnerung,
b) den Antrag auf gerichtliche Entscheidung,
c) die Beschwerde in demselben Beschwerderechtszug;

11. das Rechtsmittelverfahren und das Verfahren über die Zulassung des Rechtsmittels; dies gilt nicht für das Verfahren über die Beschwerde gegen die Nichtzulassung eines Rechtsmittels;

12. das Verfahren über die Privatklage und die Widerklage und zwar auch im Fall des § 388 Absatz 2 der Strafprozessordnung und

13. das erstinstanzliche Prozessverfahren und der erste Rechtszug des Musterverfahrens nach dem Kapitalanleger-Musterverfahrensgesetz.

Historie: Nr. 11–13 (= Nr. 13–15 aF) durch Art. 6 Nr. 2 Buchst. b KapMuG-EinfG v. 16.8.2005 (BGBl. I 2437 (2444)) mWv 1.11.2005 zunächst bis zum 31.10.2010 befristet eingefügt: Materialien: BT-Drs. 15/5091 (Gesetzentwurf), BT-Drs. 15/5695 (Beschlussempfehlung und Bericht). Durch Art. 12 2. JuMoG v. 22.12.2006 (BGBl. I 3416 (3422), ist die Befristung mWv 31.12.2006 aufgehoben; Materialien: BT-Drs. 16/3038 (Gesetzentwurf), BT-Drs. 16/3640 (Beschlussempfehlung und Bericht). Nr. 4 eingefügt, Nr. 4, 5 und 8 aF aufgehoben, die Nummerierung entspr. angepasst und Nr. 5 nF geändert durch Art. 47 VI Nr. 5 FGG-RG v. 17.12.2008 (BGBl. I 2586 (2716)) mWv 1.9.2009; Materialien: BT-Drs. 16/6308 (Gesetzentwurf), BT-Drs. 16/9733 (Beschlussempfehlung und Bericht), BT-Drs. 16/9831 (Änderungsantrag). Nr. 3a eingefügt und Nr. 5, 10 geändert durch Art. 8 I Nr. 7 2. KostRMoG v. 23.7.2013 (BGBl. I 2586 (2689)) mWv 1.8.2013; Materialien: BT-Drs. 17/11471 (Gesetzentwurf), BT-Drs. 17/13537 (Beschlussempfehlung und Bericht), BT-Drs. 17/14120 (Beschlussempfehlung). Nr. 5 geändert durch Art. 13 Nr. 1 EuKoPfVODG v. 21.11.2016 (BGBl. I 2591 (2600)) mWv 18.1.2017; Materialien: BT-Drs. 18/7560 (Gesetzentwurf), BT-Drs. 18/9698 (Beschlussempfehlung und Bericht).

Schrifttum: N. Schneider, Mehrere Auftraggeber – mehrere Gegenstände – mehrere Angelegenheiten, AnwBl 2008, 773.

Übersicht

I. Systematik. Die Vorschrift eröffnet als Ergänzung zu § 15 I die lange Reihe von Aufzählungen zahlreicher ziemlich verwirrend aneinandergereihter Situationen, in denen bald dieselbe Angelegenheit vorliegt, bald „verschiedene" und bald „besondere" Angelegenheiten sprachlich noch weniger klar voneinander getrennt folgen und schließlich Rechtszugszuordnungen die Unübersichtlichkeit nochmals steigern. Bei deren Aufzählung bildet dann § 19 II plötzlich eine Rückkehr zur Einordnung nach dem Begriff der Angelegenheit die „Krönung" dieses Wirrwarrs. 1

Nur beispielhaft sind alle diese Aufzählungen. Daher bleibt das Absuchen in §§ 16 ff. ohnehin nur eine Krücke zum notwenigen Nachdenken. Das bei der eigentlichen Kernvorschrift zum Begriff der Angelegenheit in → § 15 Rn. 25 ff. abgedruckte ABC mag eine weitere Hilfe bilden. 2

II. Regelungszweck. Die Vorschrift dient zusammen mit §§ 17–19 der etwas bequemeren Ermittlung, ob eine oder mehrere Angelegenheiten vorliegen und damit in demselben Rechtszug nach § 15 I nur einmal die jeweilige Gebühr entsteht usw. Dabei muss man in den eben genannten Vorschriften Regelungen nicht ganz selten an ganz verschiedenen Stellen der §§ wie auch des VV suchen. Ob das Gesetz den Regelungszweck damit erreicht hat, lässt sich füglich bezweifeln. Der nur beispielhafte Charakter der Einzelvorschrift verbietet bei aller gesetzlichen Verbindlichkeit doch zudem ihre allzu strikte Auslegung. Eine behutsame Abwägung hilft im Einzelfall am ehesten. Dabei mag man mitbeachten, dass der gebührenbegrenzende Ausdruck „nur" aus zB § 1 I 1 GKG in § 1 I RVG fehlt. Im Zweifel also keineswegs stets zulasten des Rechtsanwalts und damit nicht stets eine einzige Angelegenheit. 3

III. Sofortige Vollziehung usw (Nr. 1). Innerhalb der Verwaltungsverfahren gibt es die engeren Fälle einer Aussetzung oder Anordnung der sofortigen Vollziehung sowie einstweiliger Maßnahmen zur Sicherung der Rechte Dritter nach § 69 II FGO, § 86 III SGG, §§ 80 IV, 80a I, II VwGO und die hierzu gehörigen Abänderungs- oder Aufhebungslagen nach den vorgenannten Bestimmungen. Sie gehören nach Nr. 1 zu der Tätigkeit des Rechtsanwalts im Verwaltungsverfahren im weiteren Sinn, also zu derjenigen Tätigkeit, die **§ 17** Nr. 1 umschreibt. Solange also kein gerichtliches Verfahren folgt, erhält der Rechtsanwalt neben der Vergütung nach VV Teile 1 und 2 für die in § 16 Nr. 1 genannten engeren Fälle wegen § 15 I keine besondere Vergütung. Erst wenn ein Gerichtsverfahren folgt, werden aus den in § 16 Nr. 1 genannten Tätigkeiten gegenüber derjenigen im gerichtlichen Verfahren nach § 69 III, VI VwGO, § 86b SGG, §§ 80 V, VII, 80a III iVm § 80 V, VII VwGO verschiedene Angelegenheiten. 4

IV. Prozesskostenhilfe (Nr. 2). Das Verfahren nach §§ 114 ff. ZPO einschließlich der Aufhebung der Bewilligung nach § 124 ZPO ist dann dieselbe Angelegenheit nach § 15 I, wenn der im PKH-Verfahren tätige Rechtsanwalt im gleichzeitig anlaufenden oder der Bewilligung erst nachfolgenden Hauptprozess als ProzBev nach § 81 ZPO tätig wird (OLG Bamberg NZFam 2015, 462; OLG Celle AGS 2011, 495, dort verneint; OLG Frankfurt a. M. AGS 2017, 376). Andernfalls entsteht ein Vergütungsanspruch nach VV 3334. 5

Nicht hierher gehört (selbstverständlich) die Gebühr für eine nach VV 1000 ff. zu vergütende Einigung, zB für einen nach § 118 I 3 Hs. 2 ZPO im PKH-Verfahren abgeschlossenen Vergleich. Ein PKH-Antrag für das Rechtsmittel oder für die Verteidigung dagegen gehört zum Rechtsmittelzug auch beim erstinstanzlich tätig gewesenen ProzBev. 6

Nr. 1 gilt in derselben Weise für den Rechtsanwalt des Antrags**stellers** wie für den Rechtsanwalt seines Prozess**gegners.** Soweit das Gericht nach § 127 ZPO keine PKH bewilligt, kommt ebenfalls VV 3334 in Betracht. 7

V. Mehrheit von Prozesskostenhilfeverfahren (Nr. 3). Hierher kann auch ein neuer PKH-Antrag mit einer neuen Begründung zählen, ebenso ein Antrag nun auch des Gegners oder ein Antrag auf eine Änderung oder Aufhebung der bisherigen Bewilligung im Ganzen oder etwa zur Ratenfrage. Die mehreren derartigen Verfahren bilden eine einzige Angelegenheit nach § 15 I, soweit sie zu demselben Rechtszug nach §§ 15 II 2, 19 I 1 gehören (OLG Bamberg NZFam 2015, 462). Vgl. im Übrigen bei → Rn. 5. Das Beschwerdeverfahren nach § 127 ZPO ist eine be- 8 sondere Angelegenheit nach § 18 Nr. 3 Hs. 1. Es löst die Gebühr VV 3500 aus, und zwar jedes Beschwerdeverfahren.

9 **VI. Bestimmung von Gericht und Gerichtsstand (Nr. 3a).** Dieselbe Angelegenheit bilden das Verfahren zur Bestimmung des zuständigen Gerichts und dasjenige Hauptverfahren, für das diese Bestimmung erfolgen soll oder muss. Das gilt nach Nr. 3 Hs. 2 auch dann, wenn das Bestimmungsverfahren zB nach §§ 35 ff. ZPO vor der Klagerhebung nach §§ 253, 261 oder vor einer Antragstellung zB nach §§ 23 ff. FamFG ohne eine Bestimmung endet (OLG München NJW-RR 2017, 1024). Dadurch sind die bisher beim inzwischen aufgehobenen § 19 I 2 Nr. 3 Fall 2 entstandenen Streitfragen überholt.

10 **VII. Scheidungssache, Lebenspartnerschaftssache und Folgesachen (Nr. 4).** Dazu N. Schneider/Thiel NZFam 2016, 108 (Üb.). Die in diesen Vorschriften genannten Fälle einschließlich zugehöriger einstweiliger Maßnahmen sind dieselbe Angelegenheit nach dem RVG, also vor allem nach § 15 I (vgl. OLG Düsseldorf AnwBl 1991, 273; OLG München NJW-RR 1999, 648; LG Bayreuth JurBüro 1990, 1274; aA OLG Düsseldorf AnwBl 2009, 69 mzustAnm Nielsen AnwBl 2011, 212; LG Gießen FamRZ 2010, 400; AG Brandenburg Rpfleger 2006, 200 = NJOZ 2006, 668). Das gilt auch nach einer Abtrennung (OLG Düsseldorf JurBüro 2000, 413; OLG Nürnberg AGS 2013, 386; OLG Stuttgart AGS 2018, 216; zum Problem einer Abtrennung N. Schneider NZFam 2014, 984). Nr. 4 erfasst nur den Verhandlungs- und Entscheidungsverbund (OLG Nürnberg NJW 2011, 3108), einschließlich der an das Gericht der Ehesache übergeleiteten Verfahren (OLG Frankfurt a. M. FamRZ 2010, 231 = NJOZ 2009, 4576). Trotzdem kommt Nr. 4 auch dann in Betracht, wenn das FamG über die Scheidung eher als über die Folgesache entscheidet (OLG Düsseldorf AnwBl 1983, 556; OLG München MDR 1984, 321: man muss das weitere Verfahren nach § 15 II, III wie im Restverfahren nach einem Teilurteil nach § 301 ZPO behandeln (aA Göppinger AnwBl 1977, 436 (441)). Ein Verfahren auf eine Ehetrennung nach ausländischem Recht und das Sorgerechtsverfahren sind verschiedene Angelegenheiten (OLG München FamRZ 1993, 459). Auch § 15 V 2 macht nach über zwei Kalenderjahren eine Folgesache zu einer neuen Angelegenheit.

11 Da § 23 nur für den Gegenstandswert auf das GKG verweist, nicht auch für die Abgrenzung des Begriffs Angelegenheit, sind bei mehreren Kindern die in → § 15 Rn. 9 ff. genannten Regeln anzuwenden (aA OLG Stuttgart AnwBl 1984, 203, auch bei mehreren Kindern liege stets nur eine Angelegenheit vor).

12 **Nicht anzuwenden** ist Nr. 4 auf ein vorgerichtliches Beratungshilfeverfahren (OLG Dresden NJW-RR 2011, 713; OLG Nürnberg NJW 2011, 3108; LG Marburg JurBüro 2011, 652).

13 Zu einer **Honorarvereinbarung** wegen Nr. 4 Mümmler JurBüro 1977, 1335).

14 **VIII. Abschnitte des Eilverfahrens untereinander (Nr. 5).** Man muss fünf Aspekte unterscheiden.

15 **1. Grundsatz: Nur einmal Gebühren.** Es sind sowohl ein oder mehrere Abänderungsverfahren als auch entsprechende Aufhebungs- oder Widerrufsverfahren gegenüber dem voraufgegangenen Antragsverfahren dieselbe Angelegenheit. Daher erhält der Rechtsanwalt für eine Tätigkeit in diesen einzelnen Abschnitten desselben Eilverfahrens nur einmal Gebühren (KG NJW-RR 2009, 1438; VGH Bayern NJW 2007, 2715; OVG Nordrhein-Westfalen NVwZ-RR 2017, 435). Das gilt für alle Verfahrensarten, auch für diejenigen der freiwilligen Gerichtsbarkeit nach → Rn. 19 (zum Zusammentreffen von § 80 V, VII VwGO vgl. OVG Nordrhein-Westfalen NVwZ-RR 2017, 435; VG München JurBüro 2015, 639).

16 Freilich kann (selbstverständlich) zB **sowohl** ein neues Arrestverfahren **als auch** ein Verfahren auf den Erlass einer einstweiligen Verfügung vorliegen, etwa beim Antrag auf die „Verlängerung" einer befristeten einstweiligen Verfügung (vgl. OLG Hamburg JurBüro 1991, 1084). In jedem dieser Eilverfahren kann der Rechtsanwalt unabhängig von dem anderen Eilverfahren Gebühren verdienen, außerdem Gebühren im Hauptprozess.

17 Das **Widerspruchsverfahren** nach §§ 924, 936 ZPO gilt selbst dann als dieselbe Angelegenheit wie das Anordnungsverfahren, wenn der Rechtsanwalt mehrere Widersprüche einlegt. Dasselbe gilt beim Abänderungsverfahren nach §§ 927, 936 ZPO

unabhängig davon, ob er zB eine Erhöhung oder eine Herabsetzung der Unterhaltsrente fordert.

Nicht hierher gehört das Zusammentreffen von Eil- und Hauptverfahren. Das sind nach § 17 Nr. 4 verschiedene Angelegenheiten. 18

2. Rechtfertigungsverfahren (§ 942 ZPO). Wenn dasjenige AG, in dessen Bezirk der Streitgegenstand befindet, in einem dringenden Fall nach § 942 I 1 ZPO eine einstweilige Verfügung unter der Bestimmung einer Frist erlassen hat, innerhalb der man die Ladung des Gegners zur mündlichen Verhandlung über die Rechtmäßigkeit der einstweiligen Verfügung beim Gericht der Hauptsache beantragen muss, bilden das Verfahren vor dem AG und das Verfahren vor dem Gericht der Hauptsache über die Rechtmäßigkeit dieselbe Angelegenheit (OLG Schleswig JurBüro 1989, 637). Daher entsteht die Verfahrensgebühr nur einmal, soweit derselbe Rechtsanwalt in beiden Verfahren tätig wird. 19

Soweit ein **Anwaltswechsel** erfolgt ist, liegt allerdings keine einheitliche Angelegenheit vor (vgl. OLG Stuttgart JurBüro 1976, 192). Wenn der Antragsgegner unzulässigerweise beim unzuständigen AG einen Widerspruch erhebt, ist das weitere Verfahren vor dem AG eine besondere Angelegenheit. Dasselbe gilt dann, wenn der Antragsgegner ein Widerspruchsverfahren vor einem sonst unzuständigen Gericht einleitet. 20

In der Regel ist ein Verfahren vor dem **Gericht der Hauptsache** im Anschluss an dasjenige vor dem AG der Belegenheit erforderlich. Daher können die Mehrkosten grundsätzlich erstattungsfähig sein. 21

3. Berufungsinstanz. Nr. 5 gilt auch im Berufungsrechtszug, soweit das Anordnungs-, Aufhebungs- oder Abänderungsverfahren dort stattfindet (OLG München JurBüro 1988, 474). Das gilt aber auch dann, wenn derselbe Rechtsanwalt in mehreren Berufungsverfahren gegen mehrere Urteile im Hinblick auf dieselbe Anordnung tätig wird. 22

4. Beschwerdeinstanz. Der Beschwerderechtszug bleibt von der ersten Instanz getrennt. Soweit das Beschwerdegericht zB eine einstweilige Verfügung erlässt und soweit der Antragsgegner einen Widerspruch einlegt, gehört dieser zur betreffenden Instanz. Denn beide Verfahren beziehen sich auf die Anordnung. Wenn dagegen das Beschwerdegericht einen Arrest erlassen hat und wenn der Antragsgegner beim Erstgericht die Aufhebung des Arrests wegen veränderter Umstände betreibt, bilden das Beschwerde- und das Aufhebungsverfahren zusammen dieselbe Instanz. 23

Die Beschwerdeinstanz ist ein **besonderer Rechtszug.** In ihr entstehen Gebühren nach VV 3500. 24

5. Vollziehung. Die Vollziehung zB des Arrests oder der einstweiligen Verfügung nach §§ 929, 936 ZPO ist ein Teil der Zwangsvollstreckung nach §§ 704 ff. ZPO und nicht ein Teil des vorläufigen Erkenntnisverfahrens. Der Rechtsanwalt erhält daher für seine Tätigkeit im Vollziehungsverfahren eine besondere Vergütung nach VV 3309, 3310, soweit nicht die Vollziehung mit der unter § 19 I 2 Nr. 9 fallenden vergütungsfreien Zustellung wie meist zusammenfällt (vgl. OLG Düsseldorf MDR 1990, 733; OLG Hamm Rpfleger 2001, 458; OLG Karlsruhe JurBüro 1997, 193). 25

Die **Aufhebung** der Vollziehung ist eine Aufhebung der Zwangsvollstreckung und nicht eine Aufhebung der Anordnung des Arrests. Sie fällt daher unter VV 3309, 3310. Eine Fristsetzung nach § 926 I ZPO ist durch die Verfahrensgebühr abgegolten. 26

6. Einstweilige Anordnung. Nr. 5 gilt einheitlich im Verfahren des VG oder FG über den Antrag auf eine Wiederherstellung oder Anordnung der aufschiebenden Wirkung nach § 80 V VwGO, oder auf eine Aussetzung oder Aufhebung der Vollziehung nach § 69 III FGO (vgl. VGH Hessen DVBl 1990, 721; OVG Rheinland-Pfalz NVwZ 1985, 354; OVG Nordrhein-Westfalen NJW 2001, 843), sowie im Verfahren auf den Erlass einer einstweiligen Anordnung nach § 49 FamFG, § 123 VwGO, § 114 FGO. Auch im Verfahren über die Wiederherstellung der hemmenden Wirkung nach § 69 IV FGO gilt Nr. 5. Hierher gehört auch die Klage auf eine einstweilige Einstellung nach § 258 AO (vgl. FG Niedersachsen EFG 1984, 521). 27

28 Ein **Verlängerungsantrag** ist eine neue Angelegenheit (OLG Zweibrücken NJW-RR 2012, 1095).

29 **IX. Deutsch-österreichischer Vertrag (Nr. 6).** Statt des in Nr. 6 genannten Vertrags gelten weitgehend Art. 36 ff. Brüssel Ia-VO, → GKG KV 1512 Vor Rn. 1. Daher ist Nr. 6 von vornherein praktisch gegenstandslos.

30 **X. Vorläufige Maßnahme usw im schiedsrichterlichen Verfahren (Nr. 7).** Nach § 17 Nr. 6 sind das schiedsrichterliche Verfahren nach §§ 1025 ff. ZPO und das Zulassungs- sowie das Aufhebungs- oder Änderungsverfahren verschiedene Angelegenheiten. § 16 Nr. 9 betrifft demgegenüber nur das Verhältnis zwischen dem Zulassungs- und dem Änderungs- oder Aufhebungsverfahren. Nr. 7 bestimmt, dass beim Zusammentreffen dieser letzteren Verfahren nach § 1041 II und III ZPO diese beiden Verfahren bei demselben Rechtsanwalt für denselben Auftraggeber nur eine einzige Angelegenheit bilden.

31 Ist er sowohl nach § 1041 II ZPO als auch nach § 1041 III ZPO als auch in einem **anderen Zusammenhang** tätig, können zwei oder mehr Angelegenheiten vorliegen. Für die Abgeltung der nach diesen Regeln bestehenden jeweils einen Angelegenheit gilt § 15 wie sonst.

32 **XI. Bestellung eines Schiedsrichters usw (Nr. 8).** Die Vorschrift stellt klar, dass das Verfahren nach §§ 1025 ff. ZPO und die in Nr. 8 genannten Unterverfahren dieselbe Angelegenheit nach § 15 I sind.

33 **1. Bestellung (Nr. 8 Hs. 1).** Die Vorschrift erfasst das Verfahren vor dem OLG nach § 1062 I Nr. 1 Hs. 1 ZPO wegen der Bestellung eines Einzelschiedsrichters, weil sich die Parteien nicht nach § 1035 III 1 ZPO auf ihn einigen können. Dasselbe gilt bei der Notwendigkeit nach § 1035 III 3 ZPO, durch das OLG den Vorsitzenden des Schiedsgerichts bestellen zu lassen, oder bei der Notwendigkeit einer Maßnahme des OLG nach § 1035 IV ZPO. Denn auch sie gehört noch zum Bestellungsverfahren. Schließlich gehört hierher eine Tätigkeit des Rechtsanwalts vor dem OLG bei der Bestellung eines Ersatzschiedsrichters. Denn § 1039 I 2 ZPO verweist mangels einer abweichenden Parteivereinbarung in § 1039 II ZPO auf das Verfahren beim Schiedsrichter und damit auf § 1035 ZPO. Auf diese Vorschrift nimmt § 1062 I Nr. 1 Hs. 1 ZPO Bezug.

34 **2. Ablehnung (Nr. 8 Hs. 2 Fall 1).** Die Vorschrift erfasst die Tätigkeit des Rechtsanwalts im Verfahren vor dem OLG nach § 1062 I Nr. 1 Hs. 2 ZPO zwecks einer Entscheidung über die Ablehnung eines Schiedsrichters nach § 1037 III 1 ZPO. Sie gilt auch, soweit das Schiedsgericht einschließlich des abgelehnten Schiedsrichters das schiedsrichterliche Verfahren nach § 1037 III 2 ZPO fortsetzt und einen Schiedsspruch erlässt, obwohl zugleich das staatsgerichtliche Verfahren nach § 1037 III 1 ZPO anhängig ist. Das gilt freilich nur, falls der Rechtsanwalt nicht auch in anderen staatsgerichtlichen Verfahren tätig wird, die mit dem schiedsrichterlichen Verfahren zusammenhängen.

35 **3. Beendigung des Schiedsrichteramtes (Nr. 8 Hs. 2 Fall 2).** Die Vorschrift erfasst die Tätigkeit des Rechtsanwalts vor dem OLG nach § 1062 I Nr. 1 Hs. 3 ZPO im Verfahren zwecks einer Entscheidung des Staatsgerichts über die Beendigung des Schiedsrichteramts nach § 1038 I 2 ZPO oder des Amts des Ersatzschiedsrichters nach § 1039 I ZPO iVm § 1038 I 2 ZPO.

36 **4. Unterstützung bei Beweisaufnahme, sonstige richterliche Handlung (Nr. 8 Hs. 3).** Die Vorschrift erfasst schließlich die Tätigkeit des Rechtsanwalts vor dem AG nach § 1062 IV ZPO im Verfahren zwecks einer staatsgerichtlichen Unterstützung bei einer schiedsrichterlichen Beweisaufnahme oder nach § 1050 ZPO zwecks Vornahme einer solchen Handlung des Staatsgerichts, zu der das Schiedsgericht nicht befugt ist. Das gilt unabhängig davon, ob die Schiedsrichter nach § 1050 S. 2 ZPO von ihrer Berechtigung Gebrauch machen, an einer staatsgerichtlichen Beweisaufnahme teilzunehmen und Fragen zu stellen. Denn es handelt sich auch dann nach Nr. 10 um eine anwaltliche Tätigkeit vor dem AG. Das gilt gerade insoweit, als der Rechtsanwalt in demselben schiedsrichterlichen Verfahren auch noch vor einem Staatsgericht anderweitig tätig wird.

XII. Arbeitsrechtliches Schiedsverfahren (Nr. 9). Für die Tätigkeit im schiedsrichterlichen Verfahren nach §§ 102 ff. ArbGG entstehen Gebühren nach § 36 I Nr. 2, II iVm VV 3100 ff. Soweit der Rechtsanwalt in demselben Rechtszug auch eine Tätigkeit nach Nr. 9 ausübt, sind die Tätigkeiten dieselbe Angelegenheit nach § 15 I. 37

XIII. Mehrheit von Rechtsmitteln bei Kostenansatz und -festsetzung usw (Nr. 10). Die Vorschrift macht sowohl mehrere Erinnerungen als auch mehrere Beschwerden als auch derartige Rechtsmittelkombinationen gegen einen Kostenansatz oder gegen die Kostenfestsetzung oder im Verfahren nach § 108 OWiG zu derselben Angelegenheit nach § 15 I. Das gilt aber nur innerhalb entweder des Kostenansatzes oder der Kostenfestsetzung und jeweils innerhalb desselben Rechtzugs nach §§ 15 II, 19 I 1. 38

XIV. Zulassung eines Rechtsmittels (Nr. 11). Zwei Fallgruppen sind zu unterscheiden. 39

1. Zulassung und Rechtsmittelverfahren (Nr. 11 Hs. 1). Soweit das Verfahren über die Zulassung eines Rechtsmittels Erfolg hat, bildet dieses Zulassungsverfahren mit dem daraus folgenden weiteren Verfahren über das inzwischen ja zugelassene Rechtsmittel nach Hs. 1 dieselbe Angelegenheit nach § 15 I. Der Rechtsanwalt erhält also in demselben Rechtszug die Gebühren nur einmal. Das Zulassungs- und das Rechtsmittelverfahren gelten dabei auch als derselbe Rechtszug nach § 15 II (vgl. VGH Hessen NVwZ-RR 2000, 19; OVG Nordrhein-Westfalen AGS 2000, 147). 40

2. Nichtzulassungsbeschwerde und Rechtsmittelverfahren (Nr. 11 Hs. 2). Das Verfahren über die Beschwerde gegen die Nichtzulassung zB nach § 544 ZPO und das anschließende Rechtsmittelverfahren sind verschiedene Angelegenheiten nach § 17 Nr. 9. Die Vorschrift ist als eine Auffangbestimmung weit auszulegen. Unter Hs. 2 fällt also auch das Asylverfahrensrecht (vgl. VGH Baden-Württemberg NVwZ-RR 2004, 156), und derjenige Teil einer Nichtzulassungsbeschwerde usw, der eben keinen Erfolg hatte (vgl. VGH Baden-Württemberg NVwZ 2000, 1318). 41

XV. Widerklage (Nr. 12). Wenn nicht der Verletzte, sondern nach § 374 II StPO ein Dritter die Klage erhoben hat und wenn der Beschuldigte nach § 388 II StPO eine Widerklage gegen den Verletzten erhebt, bildet die Tätigkeit des Rechtsanwalts als Beistand oder Vertreter des Privatklägers und des Widerbekl. sowie des Verteidigers des Angeklagten nach Nr. 12 dieselbe Angelegenheit nach § 15 I. Freilich dürfte dann wegen der Vertretung mehrerer Auftraggeber durchweg VV 1008 mit seiner Erhöhung der Gebühr anzuwenden sein. 42

XVI. Kapitalanleger-Musterverfahren (Nr. 13). Das Verfahren nach §§ 1 ff. KapMuG schiebt sich als eine Art Zwischenverfahren mit freilich weit über die Rechtskraft des Musterentscheids nach § 16 KapMuG hinausgehender Wirkung in jeden betroffenen Hauptprozess hinein. Daher liegt in erster Instanz dieselbe Angelegenheit vor, soweit der Rechtsanwalt im Hauptprozess und im Musterverfahren nach §§ 688 ff. ZPO tätig ist (krit. B. Schneider BB 2005, 2249 (2258)). 43

Nicht anzuwenden ist Nr. 15 aber im zugehörigen Rechtsbeschwerdeverfahren vor dem BGH nach § 26 KapMuG. 44

Verschiedene Angelegenheiten

17 **Verschiedene Angelegenheiten sind**

1. **das Verfahren über ein Rechtsmittel und der vorausgegangene Rechtszug, soweit sich aus § 19 Absatz 1 Satz 2 Nummer 10a nichts anderes ergibt,**

1a. **jeweils das Verwaltungsverfahren, das einem gerichtlichen Verfahren vorausgehende und der Nachprüfung des Verwaltungsakts dienende weitere Verwaltungsverfahren (Vorverfahren, Einspruchsverfahren, Beschwerdeverfahren, Abhilfeverfahren), das Verfahren über die Beschwerde und die weitere Beschwerde nach der Wehrbeschwerdeordnung, das**

Verwaltungsverfahren auf Aussetzung oder Anordnung der sofortigen Vollziehung sowie über einstweilige Maßnahmen zur Sicherung der Rechte Dritter und ein gerichtliches Verfahren,

2. das Mahnverfahren und das streitige Verfahren,

3. das vereinfachte Verfahren über den Unterhalt Minderjähriger und das streitige Verfahren,

4. das Verfahren in der Hauptsache und ein Verfahren

a) auf Anordnung eines Arrests oder zur Erwirkung eines Europäischen Beschlusses zur vorläufigen Kontenpfändung,

b) auf Erlass einer einstweiligen Verfügung oder einer einstweiligen Anordnung,

c) über die Anordnung oder Wiederherstellung der aufschiebenden Wirkung, über die Aufhebung der Vollziehung oder über die Anordnung der sofortigen Vollziehung eines Verwaltungsakts sowie

d) über die Abänderung, die Aufhebung oder den Widerruf einer in einem Verfahren nach den Buchstaben a bis c ergangenen Entscheidung,

5. der Urkunden- oder Wechselprozess und das ordentliche Verfahren, das nach Abstandnahme vom Urkunden- oder Wechselprozess oder nach einem Vorbehaltsurteil anhängig bleibt (§§ 596, 600 der Zivilprozessordnung),

[geplante Fassung nach dem VRUG:]

5a. jeweils das Abhilfeverfahren, das Verfahren über die Erhöhung des kollektiven Gesamtbetrags und das Umsetzungsverfahren nach dem Verbraucherrechtedurchsetzungsgesetz,

6. das Schiedsverfahren und das Verfahren über die Zulassung der Vollziehung einer vorläufigen oder sichernden Maßnahme sowie das Verfahren über einen Antrag auf Aufhebung oder Änderung einer Entscheidung über die Zulassung der Vollziehung (§ 1041 der Zivilprozessordnung),

7. das gerichtliche Verfahren und ein vorausgegangenes

a) Güteverfahren vor einer durch die Landesjustizverwaltung eingerichteten oder anerkannten Gütestelle (§ 794 Absatz 1 Nummer 1 der Zivilprozessordnung) oder, wenn die Parteien den Einigungsversuch einvernehmlich unternehmen, vor einer Gütestelle, die Streitbeilegung betreibt (§ 15a Absatz 3 des Einführungsgesetzes zur Zivilprozessordnung),

b) Verfahren vor einem Ausschuss der in § 111 Absatz 2 des Arbeitsgerichtsgesetzes bezeichneten Art,

c) Verfahren vor dem Seemannsamt zur vorläufigen Entscheidung von Arbeitssachen und

d) Verfahren vor sonstigen gesetzlich eingerichteten Einigungsstellen, Gütestellen oder Schiedsstellen,

8. das Vermittlungsverfahren nach § 165 des Gesetzes über das Verfahren in Familiensachen und in den Angelegenheiten der freiwilligen Gerichtsbarkeit und ein sich anschließendes gerichtliches Verfahren,

9. das Verfahren über ein Rechtsmittel und das Verfahren über die Beschwerde gegen die Nichtzulassung des Rechtsmittels,

10. das strafrechtliche Ermittlungsverfahren und

a) ein nachfolgendes gerichtliches Verfahren und

b) ein sich nach Einstellung des Ermittlungsverfahrens anschließendes Bußgeldverfahren,

11. das Bußgeldverfahren vor der Verwaltungsbehörde und das nachfolgende gerichtliche Verfahren,

12. das Strafverfahren und das Verfahren über die im Urteil vorbehaltene Sicherungsverwahrung und

13. das Wiederaufnahmeverfahren und das wiederaufgenommene Verfahren, wenn sich die Gebühren nach Teil 4 oder 5 des Vergütungsverzeichnisses richten.

Historie: Nr. 1a (= Nr. 1 aF) eingef. durch Art. 6 Nr. 1 WehrRÄndG 2008 v. 31.7.2008 (BGBl. I 1629 (1638)) mWv 1.2.2009; Materialien: BT-Drs. 16/7955 (Gesetzentwurf), BT-Drs. 16/8640 (Beschlussempfehlung und Bericht), BR-Drs. 410/08 (Einigungsvorschlag). Nr. 4, 8 geänd. durch Art. 47 VI Nr. 6 FGG-RG v. 17.12.2008 (BGBl. I 2586 (2716)) mWv 1.9.2009; Materialien: BT-Drs. 16/6308 (Gesetzentwurf), BT-Drs. 16/9733 (Beschlussempfehlung und Bericht), BT-Drs. 16/9831 (Änderungsantrag). Nr. 1, 11 eingefügt, Nr. 4, 10 geänd. und die Nummerierung angepasst durch Art. 8 I Nr. 8 2. KostRMoG v. 23.7.2013 (BGBl. I 2586 (2689)) mWv 1.8.2013; Materialien: BT-Drs. 17/11471 (Gesetzentwurf), BT-Drs. 17/13537 (Beschlussempfehlung und Bericht), BT-Drs. 17/14120 (Beschlussempfehlung). Nr. 4 geänd. durch Art. 13 Nr. 1 EuKoPfVODG v. 21.11.2016 (BGBl. I 2591 (2600)) mWv 18.1.2017; Materialien: BT-Drs. 18/7560 (Gesetzentwurf), BT-Drs. 18/9698 (Beschlussempfehlung und Bericht); Nr. 1 geänd. durch Art. 7 I Nr. 6 KostRÄG 2021 v. 21.12.2020 (BGBl. I 3229 (3248)) mWv 1.1.2021; Materialien: BT-Drs. 19/23484 (Gesetzentwurf), BT-Drs. 19/24740 (Beschlussempfehlung und Bericht); Nr. 5a Einfügung geplant durch Art. 28 Nr. 2 VRUG, Referentenentwurf des BMJ eines Gesetzes zur Umsetzung der Richtlinie (EU) 2020/1828 über Verbandsklagen zum Schutz der Kollektivinteressen der Verbraucher und zur Aufhebung der Richtlinie 2009/22/EG (Verbandsklagenrichtlinienumsetzungsgesetz – VRUG), Stand 16.2.2023.

Schrifttum: N. Schneider, Mehrere Auftraggeber – mehrere Gegenstände – mehrere Angelegenheiten, AnwBl 2008, 773.

Übersicht

1 **I. Systematik, Regelungszweck.** Die Vorschrift bildet das Gegenstück zu § 16. Ihre Aufzählung ist abschließend wie bei § 18. Vgl. im Übrigen → § 16 Rn. 1, 2, (selbstverständlich) mit umgekehrtem Ergebnis.

2 **II. Rechtsmittelverfahren (Nr. 1).** Die Vorschrift klärt die Verschiedenheit von Vorinstanz und Rechtsmittelzug.

3 Die Vorschrift gilt in allen gerichtlichen Verfahrensarten. Der Begriff Rechtszug ist nicht ohne Schwierigkeiten bestimmbar. Vgl. zunächst § 19.

4 **1. Grundsatz: Kein gesetzlicher Rechtszugsbegriff.** Das RVG gibt keine ausdrückliche Bestimmung des Begriffs Rechtszug. Man kann zur Klärung des gebührenrechtlichen Begriffs des Rechtszugs die verfahrensrechtlichen Begriffe etwa der ZPO nicht voll heranziehen (N. Schneider Rpfleger 1991, 175). Aber auch § 36 GKG ist nur bedingt anzuwenden. Denn es ergeben sich Abweichungen zum Teil ausdrücklich aus dem RVG, zum Teil auch aus der Art der Tätigkeit des Rechtsanwalts.

5 **Nur nach der ZPO** umfasst der Rechtszug den Zeitraum von der Klagerhebung nach §§ 253, 261 ZPO oder der Einreichung eines Gesuchs oder Rechtsmittels bis zum Eintritt der formellen Rechtskraft des Urteils nach § 705 ZPO mit den Ausnahmen → Rn. 2b oder bis zur Einlegung eines Rechtsmittels nach §§ 511 ff. ZPO (N. Schneider Rpfleger 1991, 175). Jedoch gehören nach der ZPO das Kostenfestsetzungsverfahren nach §§ 103 ff. ZPO und das Verfahren vor einem Vollstreckungsgericht noch zum Rechtszug. Das ist nur eine der bemerkenswerten Abweichungen vom Gebührenrecht, wo zB nach § 19 I 2 Nr. 11, 13, 16, II, VV 3309, 3310 die Tätigkeit des Rechtsanwalts in der Zwangsvollstreckung eine besondere Vergütung auslöst.

6 Das Gesetz bezeichnet manche Tätigkeitsarten des Rechtsanwalts als **gebührenrechtlich zum Rechtszug gehörig,** zB in §§ 19, 20. Wegen der Verfahren vor den Verfassungs-, Verwaltungs- und Finanzgerichten zB § 37 II. Ergänzende Bestimmungen zum Umfang des Rechtszugs enthält zB § 21.

7 Eine **sofortige Beschwerde** in einer bürgerlichen Rechtsstreitigkeit nach §§ 567 ff. ZPO gilt gebührenrechtlich als ein besonderer Rechtszug. Er löst allerdings nach VV 3500 nur eine 0,5-Gebühr aus. Das gilt auch in einem Verfahren vor den Verwaltungs- oder Finanzgerichten nach § 37 oder vor dem EuGH nach § 38.

8 **In anderen Fällen** gilt die Verteidigergebühr die Vergütung für das Beschwerdeverfahren in einer Strafsache und in den im VV Teil 4, 5 genannten Fällen ab, zB durch VV 4100, 4105 (OLG Düsseldorf MDR 1986, 607). Es gibt aber auch gesetzliche Sonderregeln. Danach ist die Gebühr in der Beschwerdeinstanz ebenso hoch wie im ersten Rechtszug oder noch höher, zB nach VV Vorb. 3.2.1 I Nr. 3 (Vollstreckbarerklärung einer ausländischen Entscheidung).

9 **2. Abgrenzung.** Die gebührenrechtliche Abgrenzung mehrerer Rechtszüge voneinander folgt nach → Rn. 4 aus dem gebührenrechtlichen Begriff Rechtszug. Die Tätigkeit des Rechtsanwalts braucht aber mit dem Beginn eines gebührenrechtlichen Rechtszugs nicht zusammenzufallen. Sie kann später beginnen und früher als der gebührenrechtliche Rechtszug enden. Auch eine Kündigung beendet zB den Auftrag. §§ 627, 628 BGB sind nach → § 3 Rn. 54 ff. grundsätzlich anzuwenden (BGH NJW 1982, 438).

10 Der Rechtszug kann auch dann **wieder aufleben,** wenn sich zB herausstellt, dass der Antrag nicht völlig erledigt war, etwa wenn die Parteien in demselben gerichtlichen Verfahren über die Wirksamkeit eines zuvor abgeschlossenen Prozessvergleichs streiten (OLG Hamm Rpfleger 1985, 415; OLG Koblenz NJW 1978, 2399; OLG Stuttgart JurBüro 1978, 1654). Wiederaufleben kann der Rechtszug ferner, wenn ein Prozessvergleich widerrufen wird.

11 Die formelle **Rechtskraft** nach § 705 ZPO beendet den gebührenrechtlichen Rechtszug nicht unbedingt. Es gehören zB die Streitwertfestsetzung sowie einige der in § 19 I 2 Nr. 9 genannten Tätigkeiten noch zum Rechtszug. Zum unteren Rechtszug gehört auch die Prüfung der Erfolgsaussicht eines Rechtsmittels durch den nur für die Vorinstanz beauftragten Rechtsanwalt, solange er dazu kein Gutachten nach

§ 34 erstellt, sowie ein vor dem Zeitpunkt der Einlegung des Rechtsmittels abgeschlossener Vergleich.

3. Beispiele zur Frage desselben Rechtszugs (Nr. 1). Vgl. zunächst § 19. 12
Ergänzend gilt Folgendes.

Abänderungsverfahren: Es kann einen **neuen** Rechtszug bilden.

Abgabe: → „Verweisung".

Ablehnung: → „Befangenheit".

Abwicklungstätigkeit: Sie gehört zum Rechtszug (BGH NJW 2013, 312).

Anhörungsrüge: Die Fortsetzung nach § 321a V ZPO, § 44 FamFG erfolgt in demselben Rechtszug.

Auftragsannahme: Mit ihr beginnt kostenrechtlich bereits der Rechtszug.

Auftragsumfang: Seine Erweiterung begründet nicht stets einen neuen Rechtszug.

Befangenheit: Der Antrag zB nach § 44 ZPO gehört zum Rechtszug nach § 19 I 2 Nr. 3 (N. Schneider MDR 2001, 130). Das Beschwerdeverfahren ist (selbstverständlich) ein **neuer** Rechtszug.

Berufung: → „Rechtsmittel".

Beschwerde: Sie begründet in Zivilsachen auch bei einer Abhilfe durch den Vorderrichter nach § 572 I 1 ZPO einen **neuen** Rechtszug (Gerold/Schmidt/Müller-Rabe Rn. 92; aA LG Hannover Rpfleger 1989, 376). → Rn. 64 „Rechtsmittel".

Betragsurteil: → „Rechtsmittel".

Beweisanwalt: Seine Tätigkeit in einem weiteren Termin kann auch kostenrechtlich in demselben Rechtszug erfolgt sein.

Bußgeldverfahren: → „Ordnungswidrigkeit".

Dasselbe Gericht: → „Verschiedene Kollegien".

Dauerverfahren: → „Abänderungsverfahren".

Einspruch: Derselbe Rechtszug bleibt bestehen nach → § 15 Rn. 32 „Einspruch", schon mangels einer sog. Anfallwirkung. Das gilt auch im Steuerrecht (BFHE 112, 119 = NJW 1975, 371).

Endurteil: → „Zwischenurteil".

Erbrecht: Derselbe Rechtszug liegt dann vor, wenn es sich um die Fortsetzung des Rechtsstreits für die Erben durch den ProzBev des Erblassers nach § 81 ZPO handelt oder wenn im Erbscheinsverfahren das AG einer Beschwerde nicht abhilft und das LG entscheidet. Auch → „Unterbrechung".

Erledigung: Hatte man sie nach § 91a ZPO irrig angenommen, bleibt die weitere Tätigkeit solche in demselben Rechtszug.

Geschäftsverteilung: → „Verschiedene Kollegien".

Grundurteil: → „Rechtsmittel".

Information: Ihre Entgegennahme gehört zum Rechtszug.

Klagänderung: Diejenige nach § 263 ZPO gehört zum Rechtszug.

Mahnverfahren: Wegen seiner Eigenständigkeit kann es gegenüber dem streitigen Verfahren scheinbar einen eigenen Rechtszug darstellen (so AG Miesbach NJW-RR 1997, 1431). Indessen ist die Möglichkeit des Widerspruchs nach § 694 ZPO oder des Einspruchs nach § 700 ZPO dem Mahnverfahren doch so miteigen, dass auch kostenrechtlich unabhängig von § 19 keine zwei Rechtszüge vorliegen.

Nachverfahren: → „Rechtsmittel".

Nebentätigkeit: Sie gehört zum Rechtszug (BGH NJW 2013, 312).

Ordnungswidrigkeit: Derselbe Rechtszug liegt vor, soweit der Rechtsanwalt wegen einer Ordnungswidrigkeit zunächst vor der Verwaltungsbehörde und dann vor dem AG tätig wird (AG Bremen AnwBl 1977, 264 (265); aA OLG Düsseldorf AnwBl 1977, 265).

Parteiwechsel: Derjenige beim Prozessgegner gehört zum Rechtszug (OLG Köln JurBüro 1983, 80; OLG Schleswig AnwBl 1987, 387).

Prozesshindernde Einrede: → „Zulässigkeitsrüge".

Prozessvergleich: Derselbe Rechtszug liegt vor, soweit das Verfahren vor demselben Gericht wegen der Unwirksamkeit eines Prozessvergleichs seinen Fortgang nimmt.

Rechtsbehelf: → „Einspruch".

Rechtsmittel: Es gibt zahlreiche Situationen.

– **(Anschlussberufung):** Derselbe Rechtszug besteht bei einer Anschlussberufung nach § 524 ZPO zeitlich nach der Rücknahme einer selbständigen Berufung (vgl. OLG Bamberg JurBüro 1981, 381; OLG München AnwBl 1978, 108).
– **(Erneute Einlegung):** Derselbe Rechtszug besteht dann, wenn dieselbe Partei vor einer Entscheidung über ihr Rechtsmittel oder nach der Rücknahme oder Verwerfung ihres Rechtsmittels zB nach §§ 516, 522 ZPO innerhalb der Rechtsmittelfrist das Rechtsmittel nochmals einlegt (BGH NJW-RR 2007, 1000; KG JurBüro 1989, 1542; Pantle NJW 1988, 2773 (2775); aA OLG Hamburg JurBüro 1995, 31; LG Berlin JurBüro 1986, 389; Gerold/Schmidt/Müller-Rabe Rn. 134).
– **(Grund und Betrag): Verschiedene** Rechtszüge bestehen bei Rechtsmitteln gegen ein Grundurteil und das zughörige Betragsurteil je nach § 304 ZPO (aA OLG Frankfurt a. M. Rpfleger 1978, 110).
– **(KapMuG):** BGH AGS 2016, 186.
– **(Mehrere Urteile): Verschiedene** Rechtszüge bestehen, soweit der Rechtsanwalt für mehrere Rechtsmittel gegen verschiedene Urteile tätig wird (OLG Düsseldorf AnwBl 1988, 414).
– **(Nichtzulassungsbeschwerde): Verschiedene** Rechtszüge bestehen beim Verfahren nach dem Erfolg einer Nichtzulassungsbeschwerde nach § 544 VI 1 ZPO. Das folgt aus § 16 Nr. 11 Hs. 2.
– **(Rechtsmittelgericht): Verschiedene** Rechtszüge bestehen, soweit das Rechtsmittelverfahren nun auch vor das Rechtsmittelgericht kommt (LG Hannover Rpfleger 1989, 376).
– **(Streitgenossen):** Derselbe Rechtszug besteht dann, wenn mehrere Streitgenossen nach §§ 59 ff. ZPO vor der Zurücknahme oder Verwerfung einer ersten Berufung nun auch ihrerseits gegen dasselbe Urteil Berufung einlegen (LG Berlin MDR 1988, 329).
– **(Teilurteile): Verschiedene** Rechtszüge bestehen bei Rechtsmitteln gegen mehrere Teilurteile nach § 301 ZPO wegen derselben Partei.
– **(Unteres Gericht):** Derselbe Rechtszug besteht, soweit das Erstgericht über ein Rechtsmittel entscheidet (LG Hannover Rpfleger 1989, 376).
– **(Vorbehalt und Nachverfahren): Verschiedene** Rechtszüge bestehen bei Rechtsmitteln gegen ein Vorbehaltsurteil und gegen das Urteil im Nachverfahren nach §§ 302, 600 ZPO.
– **(Wechselseitige Rechtsmittel):** Derselbe Rechtszug besteht bei Rechtsmitteln beider Parteien gegen dasselbe Urteil.
– **(Zulassung):** Derselbe Rechtszug besteht beim Verfahren über die Zulassung des Rechtsmittels nach § 16 Nr. 11 Hs. 1 (Ausnahme: § 16 Nr. 11 Hs. 2). Auch → „Nichtzulassungsbeschwerde".

Revision: → „Rechtsmittel".

Ruhen des Verfahrens: Derselbe Rechtszug liegt dann vor, wenn es nach der Anordnung des Ruhens zur Fortsetzung des Verfahrens nach § 251 ZPO kommt.

Selbständiges Beweisverfahren: → § 19 Rn. 19 „Selbständiges Beweisverfahren".

Sofortige Beschwerde: → „Rechtsmittel".

Streitgenossen: Derselbe Rechtszug liegt in folgenden Fällen vor: Der Rechtsanwalt vertritt in demselben Verfahren mehrere Streitgenossen nach §§ 59 ff. ZPO. Es ist dann unerheblich, ob das Gericht die Klage schon sämtlichen Streitgenossen zugestellt hat. Es handelt sich um mehrere nacheinander eingelegte Rechtsmittel von Streitgenossen gegen dasselbe Urteil, selbst wenn der Rechtsanwalt des Rechtsmittelbekl. vor der Verbindung gesonderte Abweisungsanträge gestellt hat (LG Berlin MDR 1988, 329).

Streitverkündung: Die Tätigkeit für den zuvor als Partei Ausgeschiedenen und nun nach § 74 I ZPO als Streithelfer Beigetretenen bildet denselben Rechtszug (OLG Stuttgart JurBüro 1983, 857).

Stufenklage: Derselbe Rechtszug liegt für die Durchführung aller Stufen nach § 254 ZPO (vor demselben Gericht) vor (OLG Schleswig JurBüro 1975, 473).

Teilurteil: → „Rechtsmittel".

Trennung: Derselbe Rechtszug liegt dann vor, wenn es zu einer Verfahrenstrennung nach § 145 ZPO kommt.

Unterbrechung: Derselbe Rechtszug liegt dann vor, wenn der Rechtsstreit nach der Urteilsverkündung, aber vor dem Eintritt der formellen Rechtskraft nach § 705 ZPO durch den Tod des Rechtsvorgängers nach § 239 ZPO unterbrochen worden war und wenn die Parteien jetzt im Aufnahmeverfahren nach § 250 ZPO über den Eintritt einer Rechtsnachfolge streiten.

Verbindung: Derselbe Rechtszug liegt vor, soweit der Rechtsanwalt vom Zeitpunkt der Verbindung nach § 147 ZPO an im nunmehr einheitlichen Verfahren tätig wird (OLG Bamberg JurBüro 1986, 219; OLG Koblenz MDR 1986, 861). **Verschiedene** Rechtszüge können bis zur Verkündung vorliegen (OLG Bamberg JurBüro 1989, 1544). Auch → „Streitgenossen".

Verbundverfahren: Dasjenige nach § 137 FamFG gehört zum Rechtszug (OLG Düsseldorf AnwBl 1983, 556).

Vergleich: Derselbe Rechtszug liegt grds. beim Verfahren infolge einer Anfechtung oder eines Widerrufs usw vor (OLG Hamm JurBüro 2000, 469; OLG Saarbrücken JurBüro 1990, 97; OLG Schleswig SchlHA 2000, 23).

Außergerichtliche Vergleichsverhandlungen bilden nur dann einen **besonderen** Rechtszug, wenn sie nach einem unbedingten Prozessauftrag erfolgt sind (OLG Hamm NJW-RR 1992, 927). Ein Prozessvergleich nach dem Urteilserlass vor einer Rechtsmitteleinlegung gehört zum ersten Rechtszug. Nach einem Vergleichswiderruf oder einer Vergleichsanfechtung wird der Rechtsanwalt nach → Rn. 2b nicht schon deshalb in einem neuen Rechtszug tätig.

Verschiedene Kollegien: Derselbe Rechtszug liegt dann vor, wenn das Verfahren nacheinander vor verschiedenen Senaten, Kammern oder Kollegien desselben Gerichts abläuft, zB zunächst vor der Zivilkammer und dann vor der Kammer für Handelssachen.

Verwaltungsverfahren: → „Ordnungswidrigkeit".

Verweisung: Derselbe Rechtszug liegt nach § 20 S. 1 grds. vor, soweit der Rechtsanwalt im Verfahren vor dem verweisenden oder abgebenden Gericht und im Verfahren vor dem übernehmenden Gericht tätig wird. **Verschiedene** Rechtszüge liegen nach § 20 S. 2 ausnahmsweise vor, soweit die Verweisung an ein Gericht eines niedrigeren Rechtszugs erfolgt. Im Verhältnis vom Erstgericht des verweisenden OLG zum VG besteht nur derselbe Rechtszug (VGH Bayern NVwZ-RR 2010, 663). Auch → „Zurückverweisung".

Vollstreckungsabwehrklage: Verschiedene Rechtszüge liegen vor, soweit der Rechtsanwalt zunächst im Erkenntnisverfahren und nun im Verfahren einer Vollstreckungsabwehrklage nach § 767 ZPO tätig wird.

Vorbehaltsurteil: → „Rechtsmittel".

Vorbereitungsmaßnahme: Sie gehört zum Rechtszug.

Vorlage: Derselbe Rechtszug liegt bei einer Vorlage beim Großen oder Gemeinsamen Senat nach § 132 GVG vor. **Verschiedene** Rechtszüge liegen bei einer Vorlage beim EuGH, beim BVerfG oder beim VerfGH eines Landes vor.

Wiederaufnahme: Verschiedene Rechtszüge liegen vor, soweit der Rechtsanwalt zunächst im Erkenntnisverfahren nach §§ 253 ff. ZPO usw und nun im Wiederaufnahmeverfahren nach §§ 578 ff. ZPO tätig wird (Seetzen NJW 1984, 347 (348)).

Wiedereinsetzung: Derselbe Rechtszug liegt vor, soweit es sich um eine Wiedereinsetzung in den vorigen Stand nach §§ 233 ff. ZPO und um das anschließende Verfahren zur Hauptsache handelt.

Zulässigkeitsrüge: Derselbe Rechtszug liegt dann vor, wenn es sich um das Verfahren über eine Zulässigkeitsrüge und um dasjenige zur Hauptsache handelt, auch im Fall eines Zwischenurteils über die Zulässigkeitsrüge nach § 303 ZPO.

Zurückverweisung: Verschiedene Rechtszüge liegen nach § 21 I grds. vor, soweit es um das weitere Verfahren vor demjenigen Gericht geht, an das die Zurückverweisung zB nach § 538 II ZPO erfolgte. Dasselbe gilt, soweit es um die Einlegung eines Rechtsmittels gegen eine solche Entscheidung geht, die auf Grund einer Zurückverweisung erging. Auch → „Rechtsmittel".

Zwangsvollstreckung: → „Vollstreckungsabwehrklage".

Zwischenurteil: Verschiedene Rechtszüge liegen vor, soweit es zunächst um die Berufung gegen ein Zwischenurteil nach §§ 280, 303 ZPO geht, sodann um die nach der Rücknahme dieses Rechtsmittels eingelegte Berufung gegen das Endurteil (OLG Düsseldorf MDR 1988, 508). Auch → „Rechtsmittel", → „Zulässigkeitsrüge".

13 **III. Verwaltungsverfahren usw (Nr. 1a).** Im Verfahren vor einer beliebigen Verwaltungsbehörde entstehen grundsätzlich die Gebühren VV 2300 (OVG Sachsen NVwZ-RR 2018, 542 Rn. 6). Dieses Verfahren beginnt mit den einleitenden Maßnahmen der Verwaltungsbehörde oder mit einem Antrag des einzelnen und endet mit dem Erlass eines Verwaltungsakts. Hierher zählen auch zB: Das Verfahren vor einer Selbstverwaltungsbehörde; ein solches vor einer öffentlich-rechtlichen Stiftung, Anstalt oder Körperschaft; ein Zulassungsverfahren beim Rechtsanwalt, Notar, Steuerberater, Wirtschaftsprüfer usw; eine Enteignung; eine Flurbereinigung; eine Umlegung nach dem BauGB. An dieses erste Verwaltungsverfahren kann sich ein weiteres Verfahren vor einer Verwaltungsbehörde anschließen, das der Nachprüfung des Verwaltungsakts dient. Nr. 1a nennt diesen Abschnitt „weiteres Verwaltungsverfahren" und bezeichnet dessen Unterarten näher.

14 **Ferner** gibt es ein Widerspruchsverfahren nach § 68 VwGO sowie zB ein Verwaltungsverfahren auf eine **Aussetzung** als gerichtliche Zulässigkeitsvoraussetzung nach § 80 VI VwGO oder auf eine Anordnung der sofortigen Vollziehung des Verwaltungsakts. Schließlich kennt das Gesetz die einstweilige Verwaltungsmaßnahme zur Sicherung der Rechte Dritter. Alle diese Verwaltungsverfahren können in ein gerichtliches Verfahren münden.

15 Zu Nr. 1a zählt ferner das Verfahren über die **Beschwerde** und die weitere Beschwerde nach der **WBO.**

16 **Keine** verschiedene Angelegenheit entsteht beim Antrag nach § 149 I 2 VwGO (OVG Sachsen-Anhalt NVwZ-RR 2012, 780).

16a Jedes der vorgenannten Verfahren ist gebührenrechtlich eine eigene Angelegenheit nach § 15 II (OVG Sachsen-Anhalt NVwZ-RR 2011, 85 (86)). Daher kann der Rechtsanwalt die Gebühren jeweils nebeneinander erhalten (OVG Hamburg Rpfleger 2009, 416; Tysper AnwBl 2004, 644 (645)). Erfolgt eine Entscheidung über mehrere Widersprüche oder Einsprüche gemeinsam, handelt es sich um mehrere Nachprüfungsverfahren (FG Bremen EFG 1994, 313; FG Düsseldorf EFG 1990, 332). Dasselbe gilt für getrennte Entscheidungen nach einer gemeinsamen Verhandlung. Nr. 1a gilt auch für die Tätigkeit desjenigen Rechtsanwalts, der einen formlosen Rechtsbehelf im Verwaltungsweg einlegt.

17 **IV. Mahnverfahren usw (Nr. 2).** Die Vorschrift gilt für jede Art von Mahnverfahren, also sowohl für dasjenige nach §§ 688 ff. ZPO als auch für dasjenige nach § 46a ArbGG oder nach § 182a SGG. Wegen des Endes des zivilprozessualen Mahnverfahrens Anders/Gehle/Becker ZPO § 696 Rn. 12. Nr. 2 macht das Mahnverfahren und das streitige Verfahren zu verschiedenen Angelegenheiten (BGH FamRZ 2004, 1721).

18 **1. Sachlicher Zusammenhang.** Dabei kommt es nicht darauf an, dass das zugehörige streitige Verfahren dem Mahnverfahren „nachfolgt". Trotzdem muss es sich (selbstverständlich) zum einen um dasjenige streitige Verfahren handeln, das auf Grund eines Widerspruchs gegen den Mahnbescheid nach § 694 ZPO oder auf Grund eines Einspruchs gegen den Vollstreckungsbescheid nach § 700 ZPO entsteht und daher zumindest zunächst den im Mahnverfahren geltend gemachten Anspruch ganz oder bei einer zulässigen Beschränkung des Widerspruchs oder Einspruchs teilweise erfasst (OLG Köln JurBüro 2000, 77 (78)). Es reicht auch, dass zB wegen einer nachträglichen Klärung der Unzulässigkeit eines Mahnverfahrens etwa wegen der Notwendigkeit einer Auslandszustellung eine selbständige Klage nachfolgt (OLG Hamburg MDR 1992, 1091).

19 **2. Zeitlicher Zusammenhang.** Es muss aber auch noch ein gewisser zeitlicher Zusammenhang zwischen dem Mahnverfahren und dem zugehörigen streitigen Verfahren oder der folgenden selbständigen Klage nach → Rn. 17 bestehen (OLG Hamm JurBüro 2002, 28). Zwar braucht keine „alsbaldige" Abgabe nach § 696 III ZPO erfolgt zu sein. Auch schadet ein Ruhen des Verfahrens nach § 251 ZPO nicht, sofern die Anordnung des Ruhens erst nach dem Beginn des streitigen Verfahrens nach § 697 ZPO erfolgt ist. Andererseits fehlt das streitige Verfahren nach Nr. 2

dann, wenn zwischen der Einlegung des Widerspruchs oder Einspruchs und der nächsten Tätigkeit des Gerichts im streitigen Verfahren aus irgendeinem Grund nichts geschehen ist, etwa eine Reihe von Monaten (OLG Hamm JurBüro 2002, 28: sechs Monate noch unschädlich) oder gar Jahre hindurch (OLG München NJW-RR 2000, 1727).

3. Derselbe Rechtsanwalt. Sowohl im Mahnverfahren als auch im nachfolgenden Rechtsstreit muss derselbe Rechtsanwalt tätig sein. Soweit ein anderer Rechtsanwalt im streitigen Verfahren tätig wird, entstehen für ihn unter den dortigen Voraussetzungen neue selbständige Gebühren. Wegen der Kostenerstattung → Rn. 39 ff. 20

V. Vereinfachtes Unterhaltsverfahren usw (Nr. 3). Die Vorschrift gilt für die Erstfestsetzung nach §§ 249 ff. FamFG. 21

Wie bei Nr. 2 kommt es **nicht** mehr auf ein zeitliches ausdrückliches **„Nachfolgen“** des streitigen Verfahrens an. Dennoch gelten vernünftigerweise im Kern dieselben zeitlichen Erwägungen wie bei → Rn. 19. 22

VI. Hauptsache- und Eilverfahren (Nr. 4a–d). Man sollte mehrere Aspekte beachten. 23

1. Abgrenzung. Die Vorschriften enthalten vorrangige Ausnahmeregelungen gegenüber § 15 II. Daneben gilt gleichrangig § 16 Nr. 5. Die Vorschriften sind daher eng auszulegen. § 16 Nr. 5 enthält eine Klarstellung dahin, dass nicht jeder der in § 17 Nr. 4a, b, d genannten Abschnitte des Eilverfahrens nun auch noch für sich als eine besondere Angelegenheit gilt, sondern dass das Eilverfahren in sich wiederum nur als eine Angelegenheit gilt. 24

2. Zweck. Die Vorschriften bezwecken eine angemessene Beachtung der besonderen Anforderungen, die ein Eilverfahren erfahrungsgemäß an den Rechtsanwalt stellt. Das muss man bei der Auslegung mitbeachten. 25

3. Erfasste Verfahren. Die Regelungen gelten für den Zivilprozess, das arbeitsgerichtliche, finanzgerichtliche, sozialgerichtliche Verfahren (Klier NZS 2004, 469 (470)). Sie gelten ferner für das verwaltungsgerichtliche Verfahren sowie das streitige Verfahren der freiwilligen Gerichtsbarkeit. 26

Sie gelten aber **nicht** für das Strafverfahren. Eine einstweilige Anordnung nach § 21 V 5 ArbGG gehört ebenfalls nicht hierher (OLG Hamm NZA 1993, 960). 27

4. Eilverfahren: Verschiedene Angelegenheit. Das jeweilige Eilverfahren gilt gegenüber dem Hauptprozess als eine „verschiedene“ Angelegenheit (BGH NJW 2009, 2068; OLG Köln JurBüro 1975, 186). Das gilt auch dann, wenn das Eilverfahren und der Hauptprozess zeitlich zusammenfallen oder miteinander verbunden sind (Abramenko AnwBl 2006, 270 (273)). Die Einstufung als verschiedene Angelegenheit gilt auch dann, wenn der Rechtsanwalt Anträge zum Hauptprozess und zum Eilverfahren gleichzeitig oder im Verhältnis von Haupt- und Hilfsantrag stellt (BGH NJW 2011, 2509 (2511): Abschlusserklärung als Hauptsache). Voraussetzung ist (selbstverständlich), dass der Rechtsanwalt Aufträge sowohl zum Haupt- als auch zum Eilverfahren hat (OLG Köln JurBüro 1975, 185). 28

Infolge der Einstufung des Eilverfahrens als **verschiedene Angelegenheit** findet keine Zusammenrechnung nach § 22 I und keine Anrechnung einer Gebühr auf eine andere statt. Lediglich beim Abschluss einer Einigung erhält der Rechtsanwalt nur eine einheitliche Einigungsgebühr, sofern die Beteiligten Gegenstände des Eilverfahrens und des Hauptprozesses in die Einigung einbezogen haben, freilich nach den zusammengerechneten Gegenstandswerten (OLG Karlsruhe FamRZ 2007, 1114; OLG Koblenz MDR 2008, 1068). 29

5. Maßgeblichkeit des Antrags. Maßgeblich dafür, ob mehrere Verfahrensgebühren entstehen, sind die Anträge. Sofern der Rechtsanwalt nur einen einheitlichen Antrag stellt, ist es unerheblich, ob das Gericht diesem Antrag erst nach und nach in mehreren Entscheidungen stattgibt. Sofern der Rechtsanwalt aber einen Antrag nach seiner Abweisung wiederholt, kann eine neue Angelegenheit vorliegen. Demgegenüber bleibt es bei derselben Angelegenheit dann, wenn der Rechtsanwalt eine Aufhebung des Arrests oder der einstweiligen Verfügung mehrfach beantragt. Das gilt selbst dann, wenn zwischen diesen Anträgen ein erheblicher zeitlicher 30

Abstand liegt und wenn das frühere Aufhebungs- oder Widerspruchsverfahren im Zeitpunkt des erneuten Aufhebungsantrags bereits formell rechtskräftig geendet hatte.

31 **VII. Urkundenprozess und ordentliches Verfahren (Nr. 5).** Die Vorschrift gilt als eine gegenüber § 15 vorrangige Sonderregel wegen der Wesensverschiedenheit des Urkundenverfahrens nach § 592 ZPO und des Nachverfahrens nach § 600 ZPO und der im letzteren sowie nach einer Abstandnahme vom Urkundenprozess nach § 596 ZPO oft notwendigen gesteigerten Tätigkeit des Rechtsanwalts (OLG Schleswig SchlHA 1987, 190). Sie erfasst nur die beiden Situationen → Rn. 33–37, nicht aber die einfachere Lage → Rn. 38.

32 Die Vorschrift **dient** sowohl der Kostengerechtigkeit als auch der Rechtssicherheit durch eine Klarstellung des auch gebührenrechtlichen Eigenlebens des Nachverfahrens. Sie dient wegen des Abstellens auf den Begriff der Angelegenheit in VV 7000, 7002 zugleich auch der Klärung im Auslagenbereich. Zwar muss man vorrangige Sonderregeln grundsätzlich eng auslegen. Der Sinn von Nr. 5 ist aber gerade die Verhütung einer zu geringen Vergütung. Das sollte man bei seiner Anwendung mitbedenken.

33 **1. Nach Abstandnahme (§ 596 ZPO).** Der Kläger des Urkunden-, Wechsel- oder Scheckprozesses kann auch ohne eine Einwilligung des Bekl. bis zum Schluss der mündlichen Verhandlung nach §§ 136 IV, 296a ZPO von dem besonderen Prozess in der Weise Abstand nehmen, dass der Rechtsstreit im ordentlichen Verfahren anhängig bleibt (OLG Köln VersR 1993, 902). Er kann also den Antrag auf eine Verhandlung in dem besonderen Prozess zurücknehmen, ohne die Klage nach § 269 ZPO zurückzunehmen (Vollkommer NJW 2000, 1682 (1685)). Er kann dadurch unter anderem eine Prozessabweisung vermeiden (BGHZ 80, 97 = NJW 1982, 1536 mablAnm Zeiss JR 1981, 333). Ein Abstand für einen zum Teilurteil nach § 301 ZPO geeigneten Teil des Anspruchs ist zulässig.

34 **2. Abstandserklärung.** Sie erfolgt entweder in der mündlichen Verhandlung bis zu deren Schluss oder noch nach einer Erledigung der Hauptsache nach § 91a ZPO oder schriftlich im schriftlichen Verfahren zB nach § 128 II ZPO oder im Aktenlageverfahren etwa nach § 251a ZPO. Der Kläger kann seine Erklärung auch bei einer Säumnis des Bekl. nach § 331 ZPO abgeben. Die Erklärung muss unbedingt und vorbehaltlos sein. Sie kann auch durch eine schlüssige Handlung erfolgen. Die Erklärung ist eine unwiderrufliche und unanfechtbare Parteiprozesshandlung (OLG Naumburg NZM 1999, 1007 (1008)). Sie bewirkt einen tatsächlichen Stillstand des Verfahrens bis zu einer neuen Ladung, sofern das Gericht nicht im Einverständnis mit den Parteien sofort im ordentlichen Verfahren weiterverhandeln lässt.

35 **3. Erklärungsfolgen.** Die Abstandserklärung lässt die Rechtshängigkeit nach § 261 ZPO mit ihren prozessualen und materiellrechtlichen Wirkungen fortdauern. Alle bisherigen Prozesshandlungen bleiben voll wirksam. Das gilt auch für alle bisherigen Entscheidungen. Nr. 5 erfasst das Verfahrensstadium nach der wirksamen Abstandserklärung bis zur Beendigung des nun bestehenbleibenden Rechtsstreits im ordentlichen Verfahren dieser Instanz.

36 Die Vorschrift gilt auch für den **Scheckprozess** nach § 605a ZPO. Ihn erwähnt sie infolge eines erneuten offensichtlichen Redaktionsversehens des Gesetzgebers nicht besonders. Er enthält aber durch die Verweisung auf die Regeln des Wechselprozesses nach § 602 ZPO keine andere gebührenrechtliche Situation.

37 **4. Nachverfahren nach Urkundenprozess (§ 600 ZPO).** Soweit der Bekl. des Urkunden-, Wechsel- oder Scheckprozesses dem geltend gemachten Anspruch widersprochen hat, muss das Gericht ihm bei seiner Verurteilung nach § 599 I ZPO die Ausführung seiner Rechte von Amts wegen vorbehalten. Soweit das Urteil keinen Vorbehalt enthält, kann der Bekl. nach § 599 II ZPO die Ergänzung des Urteils beantragen (OLG Hamm BB 1992, 236). Infolge des Vorbehalts bleibt der Rechtsstreit nach § 600 I ZPO im ordentlichen Verfahren kraft Gesetzes anhängig Nr. 5 erfasst auch dieses Verfahrensstadium. Wegen des Scheckprozesses → Rn. 36.

38 **5. Nachverfahren nach Aufrechnung (§ 302 ZPO).** In diesem Verfahren ist Nr. 5 nicht anzuwenden (OLG Schleswig SchlHA 1987, 190).

6. Verschiedene Angelegenheit. Das Nachverfahren gilt bei → Rn. 33–37 als eine „verschiedene" Angelegenheit. Es können also in diesem Verfahren Gebühren unabhängig von denjenigen entstehen, die der Rechtsanwalt im Urkunden-, Wechsel- oder Scheckprozess verdient hatte. 39

7. Anrechnung (VV 3100 Anm. II). Die Verfahrensgebühr des Urkunden-, Wechsel- oder Scheckprozesses nach §§ 592 ff. ZPO ist aber auf dieselbe Gebührenart des nachfolgenden ordentlichen Verfahrens anrechenbar. Das gilt auch für die Verkehrsgebühr nach VV 3400 als einer Unterart der Verfahrensgebühr. 40

8. Weiteres Verfahren. Soweit der Gegenstandswert im Urkundenprozess usw und im Nachverfahren übereinstimmt, entsteht im Nachverfahren nach § 600 ZPO keine neue Verfahrens- oder Verkehrsgebühr. Sofern der Wert im Nachverfahren geringer ist, gilt dasselbe. Sofern der Wert im Nachverfahren höher ist, muss man die Verfahrensgebühr nach dem höheren Wert berechnen und um die im Urkundenprozess usw verdiente Verfahrensgebühr kürzen. Beim Gegenstandswert des späteren Verfahrens bleiben die Kosten des Urkundenprozesses und die Rückzahlung auf Grund des dort ergangenen Urteils außer Betracht. 41

Im Übrigen bleiben die im Urkundenprozess usw entstandenen Gebühren von den im **Nachverfahren** entstehenden unberührt. Soweit der ProzBev des Klägers nach der Stellung der eigenen Anträge nach § 596 ZPO erklärt hat, dass er vom Urkundenprozess usw Abstand nehme, hat in jenem Prozess keine Verhandlung stattgefunden. Soweit sich der Bekl. lediglich die Ausführung seiner Rechte vorbehalten, im Übrigen aber nichtstreitig verhandelt hat, liegt eine nichtstreitige Verhandlung vor. 42

VIII. Abhilfeverfahren nach VDuG (Nr. 5a). Nr. 5a soll mit dem künftigen (der Umsetzung der Verbandsklagenrichtlinie v. 25.11.2020, RL (EU) 2020/1828, dienenden) Verbandsklagenrichtlinienumsetzungsgesetz (VRUG) voraussichtlich mit Wirkung zum 25.6.2023 (zusammen mit § 23c, VV 3339 und der redaktionellen Anpassung in § 19 I 2 Nr. 1a) eingefügt werden. Er enthält eine Sonderregelung für das Abhilfeverfahren nach dem VDuG (→ GKG § 26a Rn. 2). Danach sind einerseits das Klageverfahren (§§ 14 ff. VDuG) und andererseits das Umsetzungsverfahren (§§ 27 ff. VDuG, → GKG § 26a Rn. 3; zu der hier anfallenden Verfahrensgebühr vgl. VV 3339, § 23c) und darüber hinaus auch das während des Umsetzungsverfahrens zulässige Klageverfahren auf nachträgliche Erhöhung des im Klageverfahren zunächst festgelegten kollektiven Gesamtbetrages (§ 21 VDuG) gebührenrechtlich verschiedene Angelegenheiten und jeweils selbständig zu vergüten. 42a

IX. Vollziehung beim einstweiligen Rechtsschutz (Nr. 6). Die Vorschrift enthält eine vorrangige Sonderregelung für den Fall, dass der Rechtsanwalt im Rahmen eines Verfahrens vor dem OLG nach § 1062 I Nr. 3 ZPO wegen der Zulassung der Vollziehung einer vorläufigen oder sichernden Maßnahme des Schiedsgerichts nach § 1041 I, II ZPO oder wegen der Aufhebung des OLG-Zulassungsbeschlusses oder seiner Änderung nach § 1041 III ZPO tätig wird. Nr. 6 stellt klar, dass das Verfahren nach § 1041 II ZPO gegenüber sonstigen Tätigkeiten des Rechtsanwalts im Zusammenhang mit einem schiedsrichterlichen Verfahren grundsätzlich als eine „verschiedene" Angelegenheit nach § 15 gilt und dass man das Verfahren nach § 1041 III ZPO ebenso beurteilen muss. Demgegenüber betrifft § 16 Nr. 9 nur das Verhältnis zwischen dem Zulassungs- und dem Änderungs- oder Aufhebungsverfahren. 43

X. Güteverfahren und weiteres Verfahren (Nr. 7a–d). Die Vorschrift bezieht sich grundsätzlich auf jedes bundes- oder landesrechtliche Einigungs-, Güte- oder Schiedsverfahren. Das ergibt sich aus Nr. 7d. Dazu zählen Nr. 7a–c einige dieser Verfahrensarten beispielhaft und nicht abschließend auf. Gemeinsam ist: Das Güteverfahren usw und das anschließende weitere gerichtliche Verfahren sind „verschiedene" Angelegenheiten. Sie können also gesondert Gebühren entstehen lassen. 44

1. Gütestelle (Nr. 7a). Es geht um das Verfahren vor einer vor einem deutschen Gericht oder vor einer durch die Landesjustizverwaltung eingerichteten oder anerkannten Gütestelle nach § 794 I Nr. 1 ZPO oder nach § 15a EGZPO (dazu Hartmann NJW 1999, 3745 (3748); N. Schneider AnwBl 2001, 327; Zietsch/Roschmann NJW 2001, Beilage zu Heft 51, 3, je: Üb.). Gütestellen sind derzeit nur 45 durch die Landesjustizverwaltungen eingerichtet, und zwar bei der Sozialverwaltung Hamburg (Öffentliche Rechtsauskunfts- und Vergleichsstelle), VO zuletzt vom 1.2.2011 (HamVOBl. 49; BGHZ 123, 337 (340) = NJW-RR 1993, 1495; OLG Hamburg FamRZ 1984, 68 (69)), GebO vom 1.2.2011 (HamVOBl. 51), ferner für Lübeck, AV LJM vom 4.8.1949 (SchlHA 276), und 17.12.1952 (SchlHA 1953, 9), ferner für München, Traunstein, Würzburg, Bek. vom 31.7.1984 (BayJMBl. 146; dazu Bethke DRiZ 1994, 16).

46 **2. Obligatorisches Güteverfahren.** Für das obligatorische Güteverfahren nach § 15a EGZPO haben die Länder folgende Regelungen getroffen:

Baden-Württemberg: ./. (früheres BWSchlG vom 28.6.2000 (BWGVBl. 470), aufgehoben durch Gesetz vom 16.4.2013 (BWGBl. 53)) mWv 1.5.2013; zum früher geltenden Recht vgl. BGH NJW-RR 2005, 501; NJW-RR 2010, 1725; NZI 2011, 687; VersR 2014, 601; Heck AnwBl 2000, 596; Kothe, SchlichtungsG Baden-Württemberg, 2001; Wolfram-Korn/Schmarsli, Außergerichtliche Streitschlichtung in Deutschland, dargestellt anhand des Schlichtungsgesetzes Baden-Württemberg, 2001);

Bayern: BaySchlG vom 25.4.2000 (BayGVBl. 268, berichtigt BayGVBl. 2002, 39), zuletzt geändert am 8.4.2013 (BayGVBl. 174), dazu BGH NJW-RR 2009, 1239; NJW-RR 2014, 1358; LG München I ZMR 2014, 574; AG Nürnberg NJW 2001, 3489, Ott, Außergerichtliche Konfliktbeilegung in Zivilsachen, 2000; Kosten: Art. 13 ff. BaySchlG;

Berlin: ./.

Brandenburg: BbgSchlG vom 5.10.2000 (BbgGVBl. 134), zuletzt geändert durch Art. 3 Gesetz vom 8.3.2018 (BbgGVBl. I Nr. 4), dazu BGH NJW 2021, 2887; Kosten: §§ 38 ff. BbgSchG idF der Bek. vom 21.11.2000 (BbgGVBl. I Nr. 13, S. 158, ber. BbgGVBl. I 2001, Nr. 3, S. 38), zuletzt geändert durch Art. 2 Gesetz vom 8.3.2018 (GVBl. I Nr. 4);

Bremen: ./.

Hamburg: ./.

Hessen: HessSchlichtG vom 6.2.2001 (HessGVBl. 98), zuletzt geändert durch Art. 2 Gesetz vom 22.8.2018 (HessGVBl. 362); dazu BGH NJW 2007, 519; NJW-RR 2009, 1238; Kosten: §§ 37 ff. HSchAG vom 23.3.1994 (GVBl. I 148), zuletzt geändert durch Art. 2 Gesetz vom 22.8.2018 (GVBl. 362);

Mecklenburg-Vorpommern: SchStG M-V vom 13.9.1990 (GVOBl. M-V 1527), zuletzt geändert durch Art. 1 Gesetz vom 26.5.2021 (GVOBl. M-V 598); Kosten: §§ 46 ff. SchStG M-V;

Niedersachsen: NSchlG vom 17.12.2009 (Nds. GVBl. 482), zuletzt geändert durch Art. 2 Gesetz vom 16.12.2014 (Nds. GVBl. 436); Kosten § 3 NSchlG iVm §§ 43 ff. NSchÄG vom 1.12.1989 (Nds. GVBl. 389), zuletzt geändert durch Art. 9 Gesetz vom 16.12.2014 (Nds. GVBl. 436);

Nordrhein-Westfalen: früher GüSchlG NRW vom 9.5.2000 (GV. NRW 476), aufgehoben durch Art. 2 N. 46 Gesetz vom 26.1.2010 (GV. NRW 30)) mWv 1.1.2011, jetzt § 53 JustG NRW v. 26.1.2010 (GV. NRW 30), zuletzt geändert durch Art. 7 Gesetz vom 13.4.2022 (GV. NRW 543); dazu BGH NJW 2004, 2453; NJW-RR 2008, 1662; NJW-RR 2010, 1726; NZM 2012, 435; Böhm AnwBl 2000, 596, Dieckmann NJW 2000, 2802, Serwe, Gütestellen- und Schlichtungsgesetz NRW, 2002; Wiemers/Schulte, Schiedsamtsgesetz Nordrhein-Westfalen, 7. Aufl. 2014); §§ 41 ff. SchAG NRW vom 16.12.1992 (GV. NW. 1993, 32), zuletzt geändert durch Gesetz vom 9.11.2021 (GV. NRW. 1198);

Rheinland-Pfalz: RhPfLSchlG vom 10.9.2008 (RhPfGVBl. 204); dazu BGH NJW-RR 2016, 823; Kosten: § 3 I RhPfLSchlG iVm §§ 32 ff. RhPfSchO idF vom 12.4.1991 (RhPfGVBl. 209), zuletzt geändert durch Art. 5 Gesetz vom 15.10.2020 (GVBl. 571);

Saarland: §§ 37a ff. SaarlAGJusG vom 5.2.1997 (SaarlAbl. 258), zuletzt geändert durch Art. 54 Gesetz vom 8.12.2021 (SaarlAbl. I 2629), dazu BGHZ 161, 145 = NJW 2005, 437; BGH NJW-RR 2010, 357; NJW-RR 2017, 443; Kosten: § 37b I SaarlAGJusG iVm §§ 37 ff. SaarlSSchO idF der Bek. vom 19.4.2001 (SaarlAbl. 1313), zuletzt geändert durch Art. 51 Gesetz vom 8.12.2021 (SaarlAbl. I 2629);

Sachsen: SächsSchiedsGütStG vom 27.5.1999 (SächsGVBl. 247), zuletzt geändert durch Art. 2 XIII Gesetz vom 5.4.2019 (SächsGVBl. 245); Kosten §§ 44 ff. SächsSchiedsGütStG;

Sachsen-Anhalt: SchStG LSA vom 22.6.2001 (GVBl. LSA 214), zuletzt geändert durch Art. 6 Gesetz vom 8.3.2021 (GVBl. LSA 88 (89)); Kosten: §§ 46 ff. SchStG LSA;

Schleswig-Holstein: SchlHLSchliG vom 11.12.2001 (SchlHGVOBl. 361, berichtigt SchlHGVBl. 2002 218), zuletzt geändert durch Art. 17 Gesetz v. 17.3.2022 (SchlHGVOBl. 301); dazu BGH NJW-RR 2018, 394; Kosten: § 9 SchlHLSchliG;

Thüringen: ./.

3. Schlichtungsausschuss (Nr. 7b). Es handelt sich um das Verfahren vor dem zur Beilegung von Streitigkeiten zwischen Ausbildenden und Auszubildenden aus einem bestehenden Berufsausbildungsverhältnis von den Handwerksinnungen und im Übrigen von den zuständigen Stellen nach dem Berufsbildungsgesetz gebildeten Ausschüssen nach § 111 II ArbGG (LAG Hamm MDR 1989, 186). 47

4. Seemannsamt (Nr. 7c). Es handelte sich um das Verfahren vor dem Seemannsamt, soweit es zur vorläufigen Entscheidung einer Arbeitssache zuständig war, § 111 I 2 ArbGG iVm § 69 SeemG aF vom 26.7.1957 (BGBl. I 713). Die Regelung ist seit der Aufhebung des SeemG durch das SeeArbG v. 1.8.2013 (BGBl. I 868) gegenstandslos. 48

5. Sonstige Einigungsstelle, Gütestelle oder Schiedsstelle (Nr. 7d). Hierher gehören alle weiteren bundes- oder landesrechtlich eingerichteten Stellen dieser Art. In Betracht kommt zunächst das Verfahren vor einer Einigungsstelle nach § 40 I BetrVG (BAG NZA 1996, 892), bzw. nach § 76 BetrVG (BAG NZA 1996, 892, Mümmler JurBüro 1981, 1147 (1148)). Für die Mitglieder einer Einigungsstelle gelten an sich §§ 612, 315, 316 BGB, soweit keine besondere Vereinbarung besteht (BAG NJW 1991, 1846). Für die Mitglieder einer Einigungsstelle nach dem BetrVG gilt 49

§ 76a BetrVG Kosten der Einigungsstelle

I Die Kosten der Einigungsstelle trägt der Arbeitgeber.

II 1 Die Beisitzer der Einigungsstelle, die dem Betrieb angehören, erhalten für ihre Tätigkeit keine Vergütung; § 37 Abs. 2 und 3 gilt entsprechend. 2 Ist die Einigungsstelle zur Beilegung von Meinungsverschiedenheiten zwischen Arbeitgeber und Gesamtbetriebsrat oder Konzernbetriebsrat zu bilden, so gilt Satz 1 für die einem Betrieb des Unternehmens oder eines Konzernunternehmens angehörenden Beisitzer entsprechend.

III 1 Der Vorsitzende und die Beisitzer der Einigungsstelle, die nicht zu den in Absatz 2 genannten Personen zählen, haben gegenüber dem Arbeitgeber Anspruch auf Vergütung ihrer Tätigkeit. 2 Die Höhe der Vergütung richtet sich nach den Grundsätzen des Absatzes 4 Satz 3 bis 5.

IV 1 Das Bundesministerium für Arbeit und Soziales kann durch Rechtsverordnung die Vergütung nach Absatz 3 regeln. 2 In der Vergütungsordnung sind Höchstsätze festzusetzen. 3 Dabei sind insbesondere der erforderliche Zeitaufwand, die Schwierigkeit der Streitigkeit sowie ein Verdienstausfall zu berücksichtigen. 4 Die Vergütung der Beisitzer ist niedriger zu bemessen als die des Vorsitzenden. 5 Bei der Festsetzung der Höchstsätze ist den berechtigten Interessen der Mitglieder der Einigungsstelle und des Arbeitgebers Rechnung zu tragen.

V Von Absatz 3 und einer Vergütungsordnung nach Absatz 4 kann durch Tarifvertrag oder in einer Betriebsvereinbarung, wenn ein Tarifvertrag dies zulässt oder eine tarifliche Regelung nicht besteht, abgewichen werden.

Soweit der Rechtsanwalt nicht als Beisitzer tätig wird, sondern als **Parteivertreter,** bleibt Nr. 7d anzuwenden (Bauer/Röder DB 1989, 224). 50

Weiter kommen in Betracht: Das Verfahren vor dem Schiedsmann nach der preußischen SchiedsmannO; das Verfahren vor der bei der Industrie- und Handelskammer eingerichteten Einigungsstelle nach § 15 UWG; das Verfahren vor der beim Patentamt eingerichteten Schiedsstelle nach §§ 28 ff. ArbNEG; das Verfahren vor einer Schiedsstelle nach § 14 des Gesetz über die Wahrnehmung von Urheberrechten und verwandten Schutzrechten (OLG München Rpfleger 1994, 316). Im Verfahren nach § 15 dieses Gesetzes gilt allerdings VV 3302 Nr. 1 als vorrangige Sondervorschrift (OLG München Rpfleger 1994, 316); das Verfahren vor der Schiedsstelle wegen eines Anspruchs gegenüber dem Entschädigungsfonds nach § 14 Nr. 3a Gesetz vom 5.4.1965 (BGBl. I 213); das Verfahren vor der Einigungsstelle nach §§ 39 ff. ErstrG vom 23.4.1992 (BGBl. I 938); das Verfahren vor einer Schiedsstelle nach § 17 51

BPflegesatzVO; das Verfahren vor einer bayerischen Schlichtungsstelle (BayJMBl. 1984, 146).

52 Auch **weitere Verfahren** vor sonstigen gesetzlich eingerichteten Einigungsstellen oder Schiedsstellen oder Gütestellen könne hierher zählen. Das setzt nicht voraus, dass ein solches Verfahren einen bürgerlichen Rechtsstreit durch die Betätigung jener Stelle verhindern soll. Denn § 17 steht im Abschnitt 3 „Angelegenheit", der für alle Teile des VV gilt.

53 **6. Unanwendbarkeit (Nr. 7a–d).** Nicht hierher gehören: Die gerichtliche Güteverhandlung nach § 54 ArbGG. Denn mit ihr beginnt bereits die mündliche Verhandlung. Insofern gelten VV 3100 ff.; ein Verfahren vor einer der zahlreichen privat eingerichteten Schieds- und Schlichtungsstellen, etwa vor einer Gutachterkommission der Ärztekammer (Madert AGS 2001, 50). Insofern gelten § 34, VV 2100 ff., 3403.

54 **XI. Vermittlungsverfahren nach § 165 FamFG (Nr. 8).** Die Vorschrift erfasst das gerichtliche Verfahren nach § 165 FamFG zur Vermittlung beim Streit der Eltern darüber, ob der eine dem anderen die Durchführung einer gerichtlichen Verfügung über den Umgang mit einem gemeinschaftlichen Kind vereitelt oder erschwert. Dieses Vermittlungsverfahren gilt als „verschiedene" Angelegenheit gegenüber allen anderen Verfahren. Es können also gesondert Gebühren entstehen.

55 **XII. Nichtzulassungsbeschwerde und Rechtsmittelverfahren (Nr. 9).** Vgl. bei → § 16 Rn. 30.

56 **XIII. Ermittlungs- und Straf- oder Bußgeldverfahren (Nr. 10).** Die Vorschrift erfasst zum einen nach **Nr. 10a** in seiner Neufassung (KG NStZ-RR 2017, 159), die Tätigkeit zunächst in strafrechtlichen Ermittlungsverfahren und sodann im zugehörigen nachfolgenden gerichtlichen Verfahren, zum anderen nach **Nr. 10b** die Fälle, dass die Staatsanwaltschaft ihr Verfahren nur wegen einer Straftat einstellt oder die Verfolgung nicht übernimmt, dass sich aber nach § 43 I OWiG ein Bußgeldverfahren anschließt, oder dass die Staatsanwaltschaft zwar zunächst die Verfolgung übernommen hatte, die Sache dann aber an die Verwaltungsbehörde nach § 43 II OWiG abgegeben hat und dass dort nun ein Bußgeldverfahrens beginnt. In allen diesen Fällen bilden das Verfahren der Staatsanwaltschaft und dasjenige des Gerichts oder der Verwaltungsbehörde „verschiedene" Angelegenheiten.

57 **XIV. Bußgeld- und gerichtliche Verfahren (Nr. 11).** Die Vorschrift erfasst die Tätigkeit zunächst im Bußgeldverfahren vor der Verwaltungsbehörde und sodann im zugehörigen gerichtlichen Verfahren (AG Kempen JurBüro 2014, 302).

58 **XV. Strafverfahren und vorbehaltene Sicherungsverwahrung (Nr. 12).** Die Vorschrift erfasst die Tätigkeit des Rechtsanwalts für den Auftraggeber, soweit es um die Entscheidung des erstinstanzlichen Gerichts über eine im Urteil vorzubehaltende Sicherungsverwahrung geht, § 275a StPO iVm § 66a StGB, §§ 246a S. 1, 267 VI 1, 268d, 454 II 6 StPO. Beide Verfahren sind „verschiedene" Angelegenheiten. Vgl. ferner § 20 III 2 ThUG (→ ThUG § 20 Rn. 1 ff.). Folglich können Gebühren gesondert entstehen.

59 **XVI. Wiederaufnahme (Nr. 13).** Die Vorschrift erfasst nur eine Tätigkeit nach VV Teile 4, 5, also nicht ein zivilrechtliches Wiederaufnahmeverfahren nach §§ 578 ff. ZPO. Das straf- oder bußgeldrechtliche Wiederaufnahmeverfahren beginnt mit einem neuen Zwischenrechtszug. Er ist eine von Ersetzenden Verfahren „verschiedene" Angelegenheit. Sie lässt daher nach VV 4137, 4138 gesonderte Gebühren entstehen.

60 Nr. 12 gilt auch im **Wiederaufnahmeverfahren** eines **Adhäsionsverfahrens** und dann, wenn sich das Wiederaufnahmeverfahren nach § 406c I StPO darauf beschränkt, eine wesentlich andere Entscheidung über den vermögensrechtlichen Anspruch herbeizuführen. Soweit sich der Wiederaufnahmeantrag nach § 406c II StPO nur gegen den strafrechtlichen Teil des Urteils richtet, gilt Nr. 12 für die Vertretung im Wiederaufnahmeverfahren, soweit durch den erstrebten Erfolg auch nach § 406a III StPO eine Aufhebung der vermögensrechtlichen Entscheidung eintreten kann.

61 Eine erneute Einstellung nach § 154 II StPO zählt **nicht** hierher (AG Osnabrück JurBüro 2008, 588).

1. Vergütungszweck. Die Vorschrift bezweckt eine angemessene Vergütung in einem solchen Verfahren, das oft ganz außerordentliche Fähigkeiten des Rechtsanwalts erfordert. Denn die zu bekämpfende Rechtskraft stellt eine schon psychologisch kaum überwindbare Barriere dar (AG Osnabrück JurBüro 2008, 588). Zwar können irgendwelche formell als Wiederaufnahmeantrag aufgezogene Maßnahmen nicht schon wegen dieser Form Gewicht haben, solange nicht die vom Gesetz mit Recht verlangten streng begrenzten Umstände wenigstens einigermaßen ausreichend nachvollziehbar zutage treten. Trotzdem sollte der Rechtsanwalt auch gebührenmäßig dann eine Unterstützung erwarten können, wenn er um die Beseitigung einer solchen Entscheidung kämpft, die nun einmal nicht mehr rechtsmittelfähig ist und doch ein schreckliches Unrecht bedeuten kann. Man sollte diese Lage bei der Auslegung stets mitbedenken. 62

2. Antrag; aufhebendes Verfahren. Nr. 12 umfasst das Stadium vor der Vorbereitung eines Antrags auf eine Wiederaufnahme einschließlich des etwaigen Rats, einen solchen Antrag nicht zu stellen, sowie die beiden anschließenden Verfahrensabschnitte, also zunächst die Zulässigkeitsprüfung, die mit der Entscheidung nach §§ 367, 368 StPO endet, und sodann das anschließende aufhebende Verfahren (iudicium rescindens), die mit der Entscheidung über das Begründetsein des Antrags nach § 370 StPO endet. 63

3. Ersetzendes Verfahren. Eine Tätigkeit des Rechtsanwalts in dem schließlich folgenden ersetzenden Verfahren (iudicium rescissorium), das mit einer Entscheidung nach einer erneuten Hauptverhandlung nach § 373 StPO endet, stellt demgegenüber einen anderen Verfahrensabschnitt dar, nämlich das „wiederaufgenommene" Verfahren. Für diesen können gesondert Gebühren entstehen. 64

Besondere Angelegenheiten

18 **I Besondere Angelegenheiten sind**

1. jede Vollstreckungsmaßnahme zusammen mit den durch diese vorbereiteten weiteren Vollstreckungshandlungen bis zur Befriedigung des Gläubigers; dies gilt entsprechend im Verwaltungszwangsverfahren (Verwaltungsvollstreckungsverfahren);

2. jede Vollziehungsmaßnahme bei der Vollziehung eines Arrests oder einer einstweiligen Verfügung (§§ 928 bis 934 und 936 der Zivilprozessordnung), die sich nicht auf die Zustellung beschränkt;

3. solche Angelegenheiten, in denen sich die Gebühren nach Teil 3 des Vergütungsverzeichnisses richten, jedes Beschwerdeverfahren, jedes Verfahren über eine Erinnerung gegen einen Kostenfestsetzungsbeschluss und jedes sonstige Verfahren über eine Erinnerung gegen eine Entscheidung des Rechtspflegers, soweit sich aus § 16 Nummer 10 nichts anderes ergibt;

4. das Verfahren über Einwendungen gegen die Erteilung der Vollstreckungsklausel, auf das § 732 der Zivilprozessordnung anzuwenden ist;

5. das Verfahren auf Erteilung einer weiteren vollstreckbaren Ausfertigung;

6. jedes Verfahren über Anträge nach den §§ 765a, 851a oder § 851b der Zivilprozessordnung und jedes Verfahren über Anträge auf Änderung oder Aufhebung der getroffenen Anordnungen, jedes Verfahren über Anträge nach § 1084 Absatz 1, § 1096 oder § 1109 der Zivilprozessordnung, jedes Verfahren über Anträge auf Aussetzung der Vollstreckung nach § 44f des Internationalen Familienrechtsverfahrensgesetzes und über Anträge nach § 31 des Auslandsunterhaltsgesetzes;

7. das Verfahren auf Zulassung der Austauschpfändung (§ 811a der Zivilprozessordnung);

8. das Verfahren über einen Antrag nach § 825 der Zivilprozessordnung;

9. die Ausführung der Zwangsvollstreckung in ein gepfändetes Vermögensrecht durch Verwaltung (§ 857 Absatz 4 der Zivilprozessordnung);

10. das Verteilungsverfahren (§ 858 Absatz 5, §§ 872 bis 877, 882 der Zivilprozessordnung);
11. das Verfahren auf Eintragung einer Zwangshypothek (§§ 867, 870a der Zivilprozessordnung);
12. die Vollstreckung der Entscheidung, durch die der Schuldner zur Vorauszahlung der Kosten, die durch die Vornahme einer Handlung entstehen, verurteilt wird (§ 887 Absatz 2 der Zivilprozessordnung);
13. das Verfahren zur Ausführung der Zwangsvollstreckung auf Vornahme einer Handlung durch Zwangsmittel (§ 888 der Zivilprozessordnung);
14. jede Verurteilung zu einem Ordnungsgeld gemäß § 890 Absatz 1 der Zivilprozessordnung;
15. die Verurteilung zur Bestellung einer Sicherheit im Fall des § 890 Absatz 3 der Zivilprozessordnung;
16. das Verfahren zur Abnahme der Vermögensauskunft (§§ 802f und 802g der Zivilprozessordnung);
17. das Verfahren auf Löschung der Eintragung im Schuldnerverzeichnis (§ 882e der Zivilprozessordnung);
18. das Ausüben der Veröffentlichungsbefugnis;
19. das Verfahren über Anträge auf Zulassung der Zwangsvollstreckung nach § 17 Absatz 4 der Schifffahrtsrechtlichen Verteilungsordnung;
20. das Verfahren über Anträge auf Aufhebung von Vollstreckungsmaßregeln (§ 8 Absatz 5 und § 41 der Schifffahrtsrechtlichen Verteilungsordnung) und
21. das Verfahren zur Anordnung von Zwangsmaßnahmen durch Beschluss nach § 35 des Gesetzes über das Verfahren in Familiensachen und in den Angelegenheiten der freiwilligen Gerichtsbarkeit.

II **Absatz 1 gilt entsprechend für**

1. die Vollziehung eines Arrestes und
2. die Vollstreckung

nach den Vorschriften des Gesetzes über das Verfahren in Familiensachen und in den Angelegenheiten der freiwilligen Gerichtsbarkeit.

Historie: (I) Nr. 6 (= Nr. 8 aF) geändert durch Art. 2 V Nr. 1 EG-Vollstreckungstitel-Durchführungsgesetz v. 18.8.2005 (BGBl. I 2477 (2480)) mWv 21.10.2005, Materialien: BT-Drs. 15/5222 (Gesetzentwurf), BT-Drs. 15/5482 (Beschlussempfehlung und Bericht). (I) Nr. 8 geändert durch Art. 6 Nr. 1 G zur Verbesserung der grenzüberschreitenden Forderungsdurchsetzung und Zustellung v. 30.10.2008 (BGBl. I 2122 (2128)) mWv 12.12.2008; Materialien: BT-Drs. 16/8839 (Gesetzentwurf), BT-Drs. 16/9639 (Beschlussempfehlung und Bericht). (I) Nr. 6 (= Nr. 8 aF) geändert durch Art. 7 IV Nr. 4 G zur Modernisierung von Verfahren im anwaltlichen und notariellen Berufsrecht, zur Errichtung einer Schlichtungsstelle der Rechtsanwaltschaft sowie zur Änd. sonstiger Vorschriften v. 30.7.2009 (BGBl. I 2449 (2470)) mWv 5.8.2009; Materialien: BT-Drs. 16/11385 (Gesetzentwurf), BT-Drs. 16/12717 (Beschlussempfehlung und Bericht), BR-Drs. 509/09 (Einigungsvorschlag). (I) Nr. 1 geändert, (I) Nr. 2, 3 aF aufgehoben, die Nummerierung angepasst, I Nr. 3, 13, 16, 19 und 20 (nF) geändert, I Nr. 22 und II angefügt durch Art. 47 VI Nr. 7 FGG-RG v. 17.12.2008 (BGBl. I 2586 (2716)) mWv 1.9.2009; Materialien: BT-Drs. 16/6308 (Gesetzentwurf), BT-Drs. 16/9733 (Beschlussempfehlung und Bericht), BT-Drs. 16/9831 (Änderungsantrag). I Nr. 6, 16 und 17 geändert durch Art. 3 IV G zur Reform der Sachaufklärung in der Zwangsvollstreckung v. 29.7.2009 (BGBl. I 2258 (2269)) mWv 1.1.2013; Materialien: BT-Drs. 16/10069 (Gesetzentwurf), BT-Drs. 16/13432 (Beschlussempfehlung und Bericht). I Nr. 3 geändert durch 2. KostRMoG v. 23.7.2013 (BGBl. I 2586 (2689)) mWv 1.8.2013; Materialien: BT-Drs. 17/11471 (Gesetzentwurf), BT-Drs. 17/13537 (Beschlussempfehlung und Bericht), BT-Drs. 17/14120 (Beschlussempfehlung); I Nr. 19 berichtigt durch Art. 7 I Nr. 7 KostRÄG 2021 v. 21.12.2020 (BGBl. I 3229 (3248)) mWv 29.12.2020; Materialien: BT-Drs. 19/23484 (Gesetzentwurf), BT-Drs. 19/24740 (Beschlussempfehlung und Bericht); I Nr. 6 geändert durch Art. 7 Nr. 1 G zur Durchführung der Verordnung (EU) 2019/1111 v. 10.8.2021 (BGBl. I 3424 (3431)) mWv 1.8.2022; Materialien: BT-Drs. 19/28681 (Gesetzentwurf), BT-Drs. 19/29813 (Beschlussempfehlung und Bericht).

Übersicht

I. Systematik. Als eine gegenüber § 15 II vorrangige Sonderregelung gilt § 18 für die in I Nr. 1–21 abschließend aufgezählten Verfahren (vgl. OLG Düsseldorf FamRZ 1992, 1329). 1

II. Regelungszweck. Die Vorschrift bezweckt eine angemessene Beachtung der auch bei I Nr. 1–21 besonderen Anforderungen an den Rechtsanwalt. Das muss man bei der Auslegung mitbeachten. 2

III. Vollstreckungsmaßnahme usw (I Nr. 1). Abweichend von §§ 7 I 1, 15 II enthält I Nr. 1 eine ausdrückliche vorrangige Begriffsbestimmung dahin, dass jede Vollstreckungsmaßnahme zusammen mit den durch diese vorbereiteten weiteren Vollstreckungshandlungen bis zur Befriedigung des Gläubigers in der Zwangsvollstreckung grundsätzlich **eine** Angelegenheit darstellt (LG Memmingen DGVZ 2018, 18 (19); LG Mönchengladbach Rpfleger 2006, 210; AG Hechingen AGS 2017, 391). Gleichwohl gilt auch in der Zwangsvollstreckung nach §§ 704 ff. ZPO keineswegs jeder einzelne Akt als eine besondere Angelegenheit (OLG Bamberg JurBüro 1992, 607; LG Konstanz Rpfleger 2000, 463; AG Wuppertal DGVZ 2011, 35). Das gilt auch für eine gütliche Einigung. Das verdeutlichen § 16 einerseits (AG Meißen DGVZ 2017, 183), und die abschließenden Aufzählungen in §§ 17, 18 andererseits. I Nr. 1 gilt im Verwaltungszwangs- oder -vollstreckungsverfahren. 3

1. Innerer Zusammenhang. Dieselbe Angelegenheit bilden grundsätzlich die gesamten zu einer bestimmten Vollstreckungsmaßnahme gehörenden und miteinander in einem inneren Zusammenhang stehenden Einzelmaßnahmen gleicher Art von der Vorbereitung der Vollstreckung (AG Worms DGVZ 1998, 127, zB der Ermittlung einer Anschrift; Lorenschat DGVZ 1989, 150 (151)), über einen Wohnungswechsel des Schuldners (OLG München JurBüro 1992, 326; LG Hagen JurBüro 2016, 661; AG Melsungen DGVZ 1995, 13), und über einen Auftrag zur Vollstreckung in der Wohnung nach einem vergeblichen Versuch im Geschäftslokal (AG Schleiden DGVZ 2005, 1421), bis zur Befriedigung des Gläubigers (AG Brake 4

JurBüro 2016, 326), oder bis zum sonstigen Abschluss der Zwangsvollstreckung (AG Wuppertal DGVZ 2011, 35). Eine Kostenforderung reicht als Vollstreckungstitel (VG Gelsenkirchen NVwZ-RR 2013, 984).

5 **2. Sonst: Verschiedene Maßnahmen.** Nur diejenigen Einzelmaßnahmen stehen in einem inneren Zusammenhang, die die einmal eingeleitete Maßnahme mit demselben Ziel der Befriedigung fortsetzen (LG Bonn Rpfleger 1990, 226). Bei verschiedenen Maßnahmen liegen immer besondere Angelegenheiten vor (OLG Düsseldorf AnwBl 1987, 619; OLG Hamburg JurBüro 1979, 854). Die Vollstreckung gegen mehrere Gesamtschuldner ist nicht stets eine Mehrheit von Angelegenheiten (BGH AnwBl 2006, 856 (857); OLG Schleswig JurBüro 1996, 89; aA OLG Düsseldorf InVO 1997, 196; OLG Hamm AnwBl 1988, 357; LG Düsseldorf JurBüro 1993, 217, je: systemwidrig). Besondere Angelegenheit ist auch der Antrag des Gläubigers auf Einholung von Drittauskünften gemäß §§ 802a II 1 Nr. 3, 802l ZPO (BGH DGVZ 2019, 32 mwN auch zu Gegenauffassungen).

6 **IV. Vollziehung beim Arrest usw (I Nr. 2).** Es gibt drei Aspekte.

7 **1. Begriff.** Die Vollziehung entspricht einer Vollstreckung. Sie regeln §§ 928 ff., 936 ZPO. Sie beginnt mit der Parteizustellung des Arrestbefehls oder der einstweiligen Verfügung an den Schuldner (LG Berlin AnwBl 1982, 122; LG Düsseldorf NJW-RR 1999, 303; aA LG Bielefeld AnwBl 1989, 109: es seien VV 3100 ff. anzuwenden. Aber die Zustellung ist der klassische Vollzugsbeginn). Freilich reicht die bloße Zustellung nach I Nr. 2 Hs. 2 noch nicht (OLG Braunschweig Rpfleger 2006, 43 (44)). Bei einer solchen einstweiligen Verfügung nach §§ 890, 935 ff. ZPO, durch die das Gericht dem Schuldner etwas gebietet oder verbietet, genügt die fristgemäße Parteizustellung zur Vollziehung.

8 **2. Besondere Angelegenheit.** Da die Vollziehung einer Zwangsvollstreckung entspricht, gelten dieselben Regeln wie nach I Nr. 1 für eine Vollstreckungsmaßnahme mit der Abweichung, dass es sich auch nicht nur um die Zustellung nach §§ 929, 936 ZPO handeln darf. Jede neue Vollziehung ist also eine neue Angelegenheit. Das gilt zB dann, wenn die erste Vollziehung ergebnislos oder unzulässig war (aA KG MDR 2009, 892), oder wenn das Gericht auf Grund einer Erinnerung des Schuldners eine Pfändung zunächst für unzulässig erklärt hatte, wenn der Gläubiger aber im Beschwerdeverfahren die Aufhebung der Entscheidung des Erstgerichts erreicht hatte und erneut pfänden muss.

9 Soweit der Rechtsanwalt den Arrestbefehl oder die einstweilige Verfügung dem Schuldner nach einer Tätigkeit als ProzBev nach § 81 ZPO zustellen lässt, gilt nämlich § 19 I 2 Nr. 9 die **Zustellung** mit ab (OLG Düsseldorf VersR 1988, 860 (861); OLG Koblenz JurBüro 2003, 137; OLG Schleswig SchlHA 1984, 62).

10 Soweit ein nur mit der **Vollziehung** nach § 929 ZPO beauftragter Rechtsanwalt die Zustellung veranlasst, gilt die Vergütung für seine sonstige Tätigkeit in dieser Sache diese Tätigkeit mit ab. Die Entgegennahme des Pfändungsbeschlusses nach § 829 ZPO lässt noch keine Gebühr nach I Nr. 2 entstehen. Wenn der Gläubiger den Antrag auf eine Pfändung gleichzeitig mit dem Antrag auf eine Anordnung des Arrests oder einer einstweiligen Verfügung stellt, verdient der Rechtsanwalt die Vergütung nach I Nr. 2 nur dann, wenn das Gericht den Arrest oder die einstweilige Verfügung auch anordnet. Denn es handelt sich dann um einen durch die Anordnung bedingten Pfändungsantrag (OLG Düsseldorf Rpfleger 1984, 161).

11 **3. Gebot, Verbot.** Bei einer solchen einstweiligen Verfügung, durch die das Gericht dem Schuldner etwas nach § 890 ZPO gebietet oder verbietet, entsteht eine Situation nach I Nr. 2 durch den Antrag auf die Eintragung einer Arresthypothek nach § 932 III ZPO (KG MDR 1991, 66). Dasselbe gilt bei einer Vormerkung (OLG Frankfurt a. M. JurBüro 1983, 1667; OLG Hamm Rpfleger 2002, 541; OLG München AnwBl 1998, 349). Das gilt auch bei einem Widerspruch nach §§ 924, 936 ZPO oder einer Verfügungsbeschränkung (OLG Frankfurt a. M. Rpfleger 1978, 269).

12 Wenn das Gericht das **Grundbuchamt** nach § 941 ZPO um eine Eintragung ersucht hat, erhält der dieses Ersuchen anregende Rechtsanwalt keine gesonderte Vergütung (OLG Düsseldorf VersR 1988, 860 (861); OLG Frankfurt a. M. Rpfleger

1978, 269). Der Rechtsanwalt des Schuldners erhält nach der Aufhebung einer einstweiligen Verfügung für den Antrag auf eine Berichtigung des Grundbuchs ebenfalls keine Vergütung nach I Nr. 2. Denn es handelt sich insofern nicht mehr um eine Maßnahme in der Zwangsvollstreckung.

Die vorstehenden Regeln gelten entsprechend beim Antrag auf eine Eintragung in 13 das **Handelsregister** oder auf eine Löschung eines Gebrauchsmusters oder einer Marke beim Patentamt.

V. Beschwerde, Erinnerung (I Nr. 3). Vier Arten von Rechtsbehelfen sollten 14 unterschieden werden.

1. Beschwerde. Die Vorschrift erfasst grundsätzlich jede Art von Beschwerde, also 15 die einfache Beschwerde, die sofortige Beschwerde, etwa nach § 11 II 3 iVm § 11 I RPflG, und auch die etwa zulässige weitere Beschwerde oder eine Rechtsbeschwerde unabhängig von ihrer Bezeichnung, also auch zB dann, wenn man sie irrtümlich als Berufung bezeichnet hat.

Die Vorschrift gilt grundsätzlich für jede Beschwerde im Verfahren von 16 VV 3100–3518 und auch dann, wenn dieser Teil 3 entsprechend anzuwenden ist. Ausnahmeregeln enthält § 16 Nr. 10 (Mehrheit solches Verfahren in demselben Rechtszug). I Nr. 3 ist auch im Verfahren über die Zulassung oder Nichtzulassung eines Rechtsmittels anzuwenden (VV Vorb. 3.2 I).

Das Gericht mag über die Beschwerde auf Grund einer mündlichen Verhandlung 17 durch ein **Endurteil** entscheiden. Dann gelten vom Zeitpunkt der Anordnung der mündlichen Verhandlung an VV 3100 oder 3200 ff. unmittelbar (OLG Frankfurt a. M. AnwBl 1978, 313; OLG München NJW-RR 1996, 447; OVG Bremen AnwBl 1984, 561 (562); aA BGH NJW-RR 2003, 645 mablAnm N. Schneider MDR 2003, 529; OLG Brandenburg NJW-RR 2000, 511 (512); OLG Hamburg JurBüro 1996, 248). Eine Beschwerde oder Erinnerung ist stets eine besondere Angelegenheit (Bischof JurBüro 2006, 346 (347)).

2. Erinnerung gegen die Kostenfestsetzung. Die Vorschrift gilt im Verfahren 18 nach § 104 III ZPO, auch für die sofortige Erinnerung nach § 11 II 3 iVm § 11 II RPflG (N. Schneider NJW 2014, 522 (523)). Das gilt sowohl im dortigen Verfahren vor dem Rpfleger nach § 11 II 2 RPflG, als auch im Verfahren vor dem Richter nach § 11 II 3 RPflG, als auch zB im verwaltungsgerichtlichen Verfahren vor dem Urkundsbeamten (BVerwG NVwZ-RR 2007, 717; aA VG Regensburg JurBüro 2005, 595, aber entgegen dem scheinbar klaren Wortlaut ist der Sache nach das gesamte Kostenfestsetzungsverfahren gemeint). Für den vorangegangenen Kostenfestsetzungsantrag erhält der ProzBev nach § 19 I 2 Nr. 14 keine Vergütung (OLG Koblenz Rpfleger 1981, 245). Mehrere derartige Verfahren bilden wegen der Verweisung auf § 16 Nr. 10 nur eine und dieselbe Angelegenheit.

Soweit das Gericht des Rpfleger über die nur scheinbare Erinnerung nicht selbst 19 abschließend entscheidet oder die Erinnerung an den Rpfleger zurückverweist, sondern die Akten an das in Wahrheit zuständige Rechtsmittelgericht zB bei → § 11 Rn. 125 **abgibt,** wird aus dem Erinnerungsverfahren das in Wahrheit ja von Anfang an vorliegende Beschwerdeverfahren. Daher kann auch die Gebühr nach VV 3500 entstehen, und zwar insgesamt nur einmal (OLG Bamberg JurBüro 1993, 88; aA OLG Hamm Rpfleger 1990, 409). Die Vergütung kann auch dann erstattungsfähig sein, wenn der Rpfleger oder sein Gericht der Erinnerung abhelfen.

3. Erinnerung gegen den Kostenansatz. I Nr. 3 ist ferner für das Verfahren 20 nach § 66 GKG, § 57 FamGKG, § 18 GNotKG, § 5 GvKostG anzuwenden, nicht aber im bloßen Erinnerungsverfahren nach § 6 II BerHG. Mehrere Verfahren bilden wegen der Verweisung auf § 16 Nr. 10 nur eine und dieselbe Angelegenheit.

4. Sonstige Erinnerung. I Nr. 3 erfasst auch alle sonstigen Erinnerungen gegen 21 Entscheidungen des Rpfleger in einer Sache mit Gebühren nach VV Teil 3.

VI. Einwendung gegen Vollstreckungsklausel (I Nr. 4). Es handelt sich ledig- 22 lich um die Einwendung gegen die Erteilung einer Vollstreckungsklausel nach § 732 ZPO (OLG Hamburg JurBüro 1995, 547; OLG Koblenz JurBüro 2000, 77). Die bloße Prüfung des gegnerischen Antrags reicht (OLG Koblenz JurBüro 2000, 77). Das ist auch zB nach §§ 738, 742, 744, 749, 795 ZPO so. I Nr. 4 gilt ferner bei einer

Einwendung gegen eine Vollstreckungsklausel auf Grund einer gerichtlichen oder notariellen Urkunde nach §§ 797 III, VI, 797a II ZPO und auf Grund des Vergleichs vor einer Gütestelle nach § 747a II ZPO. Denn diese Fälle stehen der in § 732 ZPO genannten Situation rechtlich so weitgehend gleich, dass I Nr. 4 trotz der notwendigen engen Auslegung anzuwenden ist.

23 Eine **einstweilige Anordnung** auf die Einstellung nach § 732 II ZPO beendet die Zwangsvollstreckung nicht, selbst wenn sie auf eine Aufhebung der Zwangsvollstreckungsmaßnahme gegen eine Sicherheitsleistung lautet. Wenn der ProzBev im Zusammenhang etwa mit einem Rechtsmittel, einem Antrag auf die Wiedereinsetzung oder einem solchen auf eine Wiederaufnahme des Verfahrens eine vorläufige Einstellung der Zwangsvollstreckung beantragt, gilt die Verfahrensgebühr nach § 19 I 2 Nr. 1 diese Tätigkeit ab, es sei denn, dass eine abgesonderte mündliche Verhandlung darüber stattfindet. Im letzteren Fall gilt VV 3328 nach dort Anm. S. 1.

24 **VII. Weitere vollstreckbare Ausfertigung (I Nr. 5).** Die Vorschrift erfasst das Verfahren nach § 733 ZPO, § 95 FamFG. Es handelt sich stets um eine besondere Angelegenheit, auch für den früheren ProzBev (OLG Hamm JurBüro 2001, 29; OLG Zweibrücken JurBüro 1999, 160; Enders JurBüro 2001, 29), und auch dann, wenn der Rechtsanwalt schon sonst wie in der Zwangsvollstreckung tätig war (OLG Koblenz JurBüro 2000, 77). Soweit das Gericht den Schuldner anhört, erhält auch sein Rechtsanwalt eine Vergütung nach VV 3310. Eine zugehörige Erinnerung ist mit abgegolten.

25 **Keine** besondere Angelegenheit ist demgegenüber (nur) für den Rechtsanwalt des ursprünglichen Gläubigers eine **Umschreibung** nach § 727 ZPO (OLG Hamm JurBüro 2001, 29; OLG Karlsruhe JurBüro 1990, 349; OLG Köln JurBüro 1995, 474, es sei denn, der Rechtsnachfolger hätte den Auftrag erteilt). Das gilt selbst dann, wenn das Gericht auch nach § 733 ZPO verfahren könnte.

26 **VIII. Vollstreckungsschutz usw (I Nr. 6).** Die Vorschrift nennt eine Reihe von Vollstreckungsschutzmöglichkeiten und beim Europäischen Vollstreckungstitel über eine unbestrittene Forderung sowie bei § 31 AUG die Möglichkeit einer Verweigerung, Aussetzung oder Beschränkung der Zwangsvollstreckung. Ein Antrag nach jeder der in I Nr. 6 genannten Bestimmungen löst eine besondere Angelegenheit aus. Das gilt allerdings nur insofern, als er ein gerichtliches Verfahren verursacht, also nicht, wenn es zB nur um einen Aufschub durch den Gerichtsvollzieher nach § 765a II ZPO oder um eine Erinnerung nach § 766 ZPO geht (OLG München MDR 1991, 66). Eine Fortsetzung etwa nach einem ersten Fristablauf bildet für den bisherigen Rechtsanwalt dieselbe Angelegenheit.

27 Auch jedes Verfahren auf die **Änderung** einer getroffenen Vollstreckungsschutzmaßnahme oder ihre Ablehnung gilt gegenüber dem vorangegangenen zugehörigen Verfahren als besondere Angelegenheit. Dasselbe gilt bei einer Mehrheit von Schuldnern (LG Mannheim Rpfleger 1982, 238, Räumungsschutz für Eheleute). Es können alle Gebühren nach VV 3309, 3310 entstehen.

28 Wegen § 721 ZPO ist VV 3333 als eine vorrangige **Sondervorschrift** anzuwenden. § 850f zählt nicht hierher, sondern VV 3309, 3310 (OLG Frankfurt a. M. AnwBl 1998, 105).

29 **IX. Austauschpfändung (I Nr. 7).** Es handelt sich um das Verfahren nach § 811a ZPO. Mehrere Austauschanträge des Schuldners betreffen dieselbe Angelegenheit. Eine vorläufige Austauschpfändung nach § 811b ZPO gehört wegen der abschließenden Aufzählung in § 18 nicht hierher.

30 **X. Besondere Verwertung (I Nr. 8).** Hierher zählen die Verfahren nach § 825 I oder II ZPO. Sie erfassen jede Art von besonderer Verwertung, die nach diesen Bestimmungen zulässig ist. Mehrere Maßnahmen nach § 825 I ZPO können untereinander verschiedene Angelegenheiten darstellen. Es kommt darauf an, ob sie sich auf denselben Gegenstand beziehen, ob sie vielleicht einen Teil des Gegenstands der einen Verwertungsart, einen weiteren Teil der anderen unterwerfen, jedoch gleichzeitig ergehen und daher vernünftigerweise doch nur eine Angelegenheit bilden usw. Nach dem Fehlschlagen eines ersten Verwertungsversuchs kann jeder weitere eine neue Angelegenheit bilden.

Obwohl der Rechtsanwalt auch bei **§ 844 ZPO** dieselbe Verantwortung und Mühe hat wie bei § 825 ZPO, ist wegen der abschließenden Regelung in § 18 dessen I Nr. 8 auf die besondere Verwertung nach § 844 ZPO nicht anzuwenden (vgl. LG Berlin Rpfleger 1990, 92). Soweit keine gerichtliche Anordnung stattfindet, kann VV 2300 anzuwenden sein. 31

XI. Verwaltung eines gepfändeten Vermögensrechts (I Nr. 9). Hierher gehört lediglich die in § 857 IV ZPO vorgesehene Verwaltung eines solchen gepfändeten unveräußerlichen Rechts, dessen Ausübung man einem anderen überlassen kann. Die Vorschrift umfasst die gesamte Verwaltung bis zu ihrer Beendigung. Die besondere Angelegenheit beginnt mit der ersten Verwaltungshandlung. Sie endet mit der Befriedigung des Gläubigers. Für das der Anordnung vorangegangene Verfahren erhält der Rechtsanwalt eine weitere Gebühr nach VV 3309, 3310. Sie gilt auch die Pfändung ab. 32

XII. Verteilungsverfahren (I Nr. 10). Hierher gehört das Verfahren nach §§ 858 V, 872–877, 882 ZPO. 33

XIII. Zwangshypothek (I Nr. 11). Die Vorschrift erfasst nur das Verfahren der Eintragung nach §§ 867, 870a ZPO (LG Stuttgart JurBüro 1997, 106). Sie gilt auch die Verteilung der Hypothek auf mehrere Grundstücke nach § 867 II ZPO ab. 34

Demgegenüber entstehen **besondere Vergütungen** für folgende Tätigkeiten: Die Erwirkung eines Erbscheins nach § 792 ZPO. Denn er ist zu einem Verfahren nach §§ 867, 870a ZPO nicht stets notwendig. Dann kann eine Vergütung nach VV 2300 entstehen; den Antrag auf eine Berichtigung des Grundbuchs nach § 14 GBO; die Beschaffung einer behördlichen Genehmigung; die Erteilung eines Zeugnisses nach § 27 II ZVG; die Löschung der Zwangshypothek. Eine Grundbuchbeschwerde löst die Gebühr VV 3500 aus. 35

I Nr. 11 ist dann **nicht anzuwenden,** wenn es um eine Vormerkung, um einen Widerspruch oder um eine Verfügungsbeschränkung geht (OLG Frankfurt a. M. Rpfleger 1978, 269), oder wenn es um die Pfändung einer Hypothek nach § 830 ZPO oder einer Reallast, Grund- oder Rentenschuld nach § 857 VI ZPO geht. 36

XIV. Vorauszahlung zur Vornahme einer Handlung (I Nr. 12). Es geht nur um das Verfahren nach § 887 II ZPO. Das Verfahren zur Ausführung der Zwangsvollstreckung auf die Vornahme selbst richtet sich nach I Nr. 13. Soweit wegen desselben Betrags mehrere Vollstreckungen erforderlich sind, können innerhalb von I Nr. 12 mehrere Angelegenheiten vorliegen. Keine neue Angelegenheit entsteht bei einer Vollstreckung wegen einer Nachforderung. Denn es handelt sich um dieselbe Vollstreckungsmaßnahme. 37

Das Verfahren auf die **Verurteilung** zur Vorauszahlung gehört zum Ermächtigungsverfahren nach § 887 I ZPO. Es bildet mit ihm ebenfalls eine Angelegenheit. Erst mit dem Antrag oder Auftrag auf eine Vorauszahlung nach § 887 II ZPO beginnt die besondere Angelegenheit von I Nr. 12. 38

Gegenstandswert ist bei § 887 I ZPO der vorauszahlende Kostenbetrag, bei § 887 II ZPO der Wert des geschützten Rechts. 39

XV. Vornahme einer Handlung (I Nr. 13). Es gibt zwei Anwendungsbereiche. Die Vorschrift erfasst das Verfahren nach § 888 ZPO und nur dieses, nicht die Vornahme einer vertretbaren Handlung nach § 887 I ZPO und auch nicht die Verurteilung zur Vorauszahlung der Kosten nach § 887 II ZPO. Für das letztere gilt I Nr. 12. Es muss sich also um die Zwangsvollstreckung wegen einer unvertretbaren Handlung handeln. Zum Begriff der Vertretbarkeit oder Unvertretbarkeit BeckOK ZPO/Stürner ZPO § 887 Rn. 7 f., ZPO § 888 Rn. 6. Die bloße Androhung genügt (vgl. OLG Hamm MDR 1988, 506). 40

Jeder neue Antrag begründet eine neue Angelegenheit (aA BGH NJW 2020, 2196 mN zum Meinungsstand). Sie endet mit der Ahndung oder Zurückweisung des Antrags. Ein Aufforderungsschreiben und das sodann durchgeführte Verfahren nach § 888 ZPO sind aber nur eine einheitliche Zwangsvollstreckungsmaßnahme (OLG Hamm Rpfleger 1984, 117). 41

Gegenstandswert ist das Interesse an der zu erzwingenden Handlung. Im Beschwerdeverfahren muss man die Höhe des Zwangs- oder Ordnungsmittels beachten 42

(OLG Düsseldorf MDR 1977, 676). Da man bei der Zwangsvollstreckung auf die Leistung der materiellrechtlichen eidesstattlichen Versicherung nach § 889 II ZPO gemäß § 888 ZPO verfahren muss, ist auch trotz der engen Auslegbarkeit I Nr. 13 bei § 889 II ZPO anzuwenden.

43 **XVI. Ordnungsgeld wegen Duldung oder Unterlassung (I Nr. 14).** Es handelt sich um das Verfahren nach § 890 I ZPO. Man muss es von der einer Verurteilung vorausgehenden Androhung eines Ordnungsgelds nach § 890 II ZPO unterscheiden. Das letztere Verfahren bildet keine besondere Angelegenheit, sondern gehört zum Rechtszug.

44 **Jeder Antrag** nach § 890 I ZPO stellt eine **neue** Angelegenheit dar (LG Mannheim Rpfleger 2008, 160). Sie endet mit der Ahndung oder mit der Zurückweisung des Antrags. Soweit der Rechtsanwalt wegen mehrerer selbständiger Zuwiderhandlungen mehrere Anträge stellt, liegen also mehrere Angelegenheiten vor, insbesondere bei mehreren Schuldnern (OLG Düsseldorf JurBüro 1987, 72; KG JurBüro 2004, 46). Das gilt selbst dann, wenn das Gericht über die mehreren Zuwiderhandlungen in demselben Beschluss entscheidet.

45 Soweit aber das Gericht mehrere in Tateinheit begangene Verstöße durch **denselben Beschluss** ahndet, liegt nur eine Angelegenheit vor (vgl. OLG Bamberg JurBüro 1992, 607; OLG Hamburg JurBüro 1993, 96; OLG Koblenz JurBüro 2000, 325).

Die Verfahrensgebühr entsteht mit dem **Eingang des Antrags** beim Gericht.

46 **Gegenstandswert** ist das Interesse an der zu erzwingenden Handlung, nicht die Höhe der Verurteilung. Denn um sie geht nicht der eigentliche jetzige Streit.

47 **XVII. Bestellung einer Sicherheit (I Nr. 15).** Es handelt sich nur um das Verfahren nach § 890 III ZPO. Das Verfahren nach § 890 I ZPO richtet sich nach I Nr. 14. Man muss zwischen der Zwangsvollstreckung zur Bewirkung der Sicherheit und dem Verfahren zur Bestellung der Sicherheit unterscheiden. Jedes dieser Verfahren stellt eine besondere Angelegenheit dar. **Gegenstandswert** ist der Wert des geschützten Rechts.

48 **XVIII. Vermögensauskunft (I Nr. 16).** Dazu Enders JurBüro 2015, 617 (Üb.). Das Verfahren erfasst die Vermögensauskunft nach §§ 802fff. ZPO (Winterstein DGVZ 1999, 38 (42)). Sie gilt nur ab dem Vorliegen der Voraussetzungen, also zB nicht, soweit man den Schuldner nicht ermitteln kann, soweit er ganz oder nach § 802b II ZPO zulässigerweise in Raten zahlt (AG Korbach DGVZ 2003, 61 (62)), oder wenn eine Pfändung volle Deckung verspricht (Enders JurBüro 1999, 1 (2); Winterstein DGVZ 1999, 38 (42)). Demgegenüber gehört das Verfahren zur Abnahme der materiellrechtlichen eidesstattlichen Versicherung nach I Nr. 13. Zur Drittauskunft AG Meißen DGVZ 2017, 183.

49 Das **gesamte Verfahren** ist **eine** Angelegenheit vom Eingang des Antrags bis zur Abgabe der Auskunft. Es erfasst, soweit insgesamt beantragt, auch die Verhaftung und Vorschussleistung. Ein Verfahren nach § 802d ZPO lässt eine gesonderte Gebühr entstehen, ein solches auf eine bloße Nachbesserung nicht (Enders JurBüro 1999, 1 (3); Winterstein DGVZ 1999, 38 (42)). Die Gebühr entsteht mit der Antragstellung. Es können sämtliche Gebühren entstehen.

50 Die **Verfahrensgebühr** entsteht auch dann, wenn der Rechtsanwalt nur eine Abschrift oder Ablichtung des Vermögensverzeichnisses beantragt (LG Darmstadt JurBüro 1992, 399; Enders JurBüro 1999, 1 (2); Winterstein DGVZ 1999, 38 (42); etwas anderes gilt beim bloßen Verhaftungsauftrag, Enders JurBüro 1999, 1 (3); aA LG Detmold Rpfleger 1990, 391; AG Kaiserslautern DGVZ 1989, 44: nur, wenn beim Antrag schon ein Verzeichnis vorlag).

51 Die **Terminsgebühr** entsteht, sobald der Rechtsanwalt in einem vom Gericht anberaumten Termin den Auftraggeber vertritt (VV Vorb. 3 III Hs. 1). Auch der Termin vor dem Gerichtsvollzieher reicht, zumal er ja einem AG zugeordnet ist, Enders JurBüro 1999, 1 (3)). Sie entsteht auch dann, wenn der Schuldner nicht erscheint und der Rechtsanwalt des Gläubigers den Erlass des Haftbefehls beantragt. Bloß ergänzende Fragen können reichen. Denn es ist für die Terminsgebühr kein Sachantrag mehr nötig.

52 Unter den Voraussetzungen VV 1000 kann eine **Einigungsgebühr** in voller Höhe entstehen.

Die Verfahren gegenüber **mehreren Schuldnern** bilden mehrere Angelegenheiten. Das gilt auch bei solchen Gesamtschuldnern, die das Gericht in demselben Urteil verurteilt hatte. Für den **Gegenstandswert** ist § 25 I Nr. 1 maßgeblich. 53

XIX. Löschung der Eintragung im Schuldnerverzeichnis (I Nr. 17). Es handelt sich um das Verfahren nach § 882e III ZPO. Der Rechtsanwalt muss in diesem Verfahren tatsächlich tätig geworden sein. Die bloße Löschungsbewilligung reicht nicht. Denn erst der Löschungsantrag des Schuldners löst das Verfahren aus (Enders JurBüro 1999, 1 (4)). Die Angelegenheit endet mit der Entscheidung. Ein neuer Antrag stellt eine neue Angelegenheit dar. 54

Nicht hierher gehört die bloße Einholung einer Auskunft aus dem Schuldnerverzeichnis nach §§ 882f ff. ZPO (AG Lahnstein DGVZ 2002, 190). 55

XX. Veröffentlichungsbefugnis (I Nr. 18). Die Vorschrift erfasst das Verfahren zur Ausübung einer Veröffentlichungsbefugnis. Auch wenn der Gläubiger die Entscheidung zB in mehreren Zeitungen veröffentlichen darf, handelt es sich nur um eine Angelegenheit. 56

XXI. Zulassung der Zwangsvollstreckung (I Nr. 19). Das Verteilungsgericht muss das Verfahren dann einstellen, wenn es die Haftungssumme nach der Eröffnung höher festgesetzt hat, wenn der Mehrbetrag jedoch nicht innerhalb der vom Gericht zu bestimmenden Frist nach § 5 IV SVertO eingeht oder wenn keine entsprechende Sicherheitsleistung erfolgt oder der Eröffnungsantrag nach § 17 I Nr. 3 SVertO nachträglich wegfällt. 57

Bereits **vor dieser Einstellung** kann das Gericht die an sich nach § 8 IV SVertO noch unzulässige Zwangsvollstreckung auf Grund des Antrags eines am Verfahren teilnehmenden Gläubigers unter den in § 17 IV SVertO bestimmten Voraussetzungen zulassen. 58

Nur diesen Fall erfasst I Nr. 19, also **nicht andere Anträge** wegen einer Vollstreckungsmaßnahme. VV 3322 gilt die Tätigkeit des Rechtsanwalts wegen solcher anderen Anträge ab. 59

XXII. Aufhebung einer Vollstreckungsmaßregel (I Nr. 20). Nach der Eröffnung des Verteilungsverfahrens ist ähnlich wie im Insolvenzverfahren eine Einzelzwangsvollstreckung bis zur Verfahrensbeendigung grundsätzlich unzulässig. Auf Grund eines Antrags können aber das Prozessgericht und in einem dringenden Fall das Vollstreckungsgericht nach §§ 8 V, 41 SVertO unter anderem die Einstellung der Zwangsvollstreckung gegen oder ohne eine Sicherheitsleistung anordnen. 60

Soweit das Gericht eine solche Einstellung **angeordnet** hat, kann das Vollstreckungsgericht nach § 8 V 1 SVertO auf Grund des Antrags des Schuldners eine Vollstreckungsmaßregel gegen eine Sicherheitsleistung aufheben. Solange der Schuldner die Unzulässigkeit der Zwangsvollstreckung durch eine Klage nach § 8 V 2 SVertO geltend macht, ist zu einer solchen Anordnung nach § 8 V 3 SVertO das Prozessgericht zuständig. 61

I Nr. 22 erfasst diese Aufhebungsanträge, also **nicht andere Anträge** wegen einer Vollstreckungsmaßnahme. Solche anderen Anträge gilt jeweils VV 3323 ab. 62

XXIII. Zwangsmaßnahmen nach § 35 FamFG (I Nr. 21). Es geht um die Durchsetzung der Verpflichtung zur Vornahme oder Unterlassung einer Handlung nach § 35 I–III FamFG oder der Verpflichtung zur Herausgabe einer Sache usw nach § 35 IV FamFG. 63

XXIV. Arrestvollziehung, Vollstreckung nach FamFG (II). Besondere Angelegenheiten sind, auch untereinander, jede Anwaltstätigkeit auf einem der beiden nachfolgenden Gebiete, dort jeweils für alle zu derselben Gruppe gehörenden Tätigkeiten. 64

1. Arrestvollziehung (II Nr. 1). Nach § 95 I FamFG iVm §§ 928 ff. ZPO kann es auch im FamFG-Verfahren zu einem persönlichen oder dinglichen Arrestvollzug kommen. Das gilt auch im Zusammenhang mit einer einstweiligen Anordnung nach §§ 49 ff. FamFG. Diese Fälle erfasst II Nr. 1. 65

2. Vollstreckung (II Nr. 2). Die Vorschrift erfasst jede Art von Vollstreckung nach §§ 86 ff. FamFG, auch diejenige nach § 95 FamFG iVm §§ 704 ff. ZPO und diejenige nach §§ 120, 216, 270, 371, 409 FamFG. 66

Rechtszug; Tätigkeiten, die mit dem Verfahren zusammenhängen

19 **(1) [1] Zu dem Rechtszug oder dem Verfahren gehören auch alle Vorbereitungs-, Neben- und Abwicklungstätigkeiten und solche Verfahren, die mit dem Rechtszug oder Verfahren zusammenhängen, wenn die Tätigkeit nicht nach § 18 eine besondere Angelegenheit ist. [2] Hierzu gehören insbesondere**

1. die Vorbereitung der Klage, des Antrags oder der Rechtsverteidigung, soweit kein besonderes gerichtliches oder behördliches Verfahren stattfindet;

1a. die Einreichung von Schutzschriften und die Anmeldung von Ansprüchen oder Rechtsverhältnissen zum Klageregister für Musterfeststellungsklagen *[geplante Fassung nach dem VRUG: Verbandsklageregister]* **sowie die Rücknahme der Anmeldung;**

1b. die Verkündung des Streits (§ 72 der Zivilprozessordnung);

2. außergerichtliche Verhandlungen;

3. Zwischenstreite, die Bestellung von Vertretern durch das in der Hauptsache zuständige Gericht, die Ablehnung von Richtern, Rechtspflegern, Urkundsbeamten der Geschäftsstelle oder Sachverständigen, die Entscheidung über einen Antrag betreffend eine Sicherungsanordnung, die Wertfestsetzung, die Beschleunigungsrüge nach § 155b des Gesetzes über das Verfahren in Familiensachen und in den Angelegenheiten der freiwilligen Gerichtsbarkeit;

4. das Verfahren vor dem beauftragten oder ersuchten Richter;

5. das Verfahren

a) über die Erinnerung (§ 573 der Zivilprozessordnung),

b) über die Rüge wegen Verletzung des Anspruchs auf rechtliches Gehör,

c) nach Artikel 18 der Verordnung (EG) Nr. 861/2007 des Europäischen Parlaments und des Rates vom 13. Juni 2007 zur Einführung eines europäischen Verfahrens für geringfügige Forderungen,

d) nach Artikel 20 der Verordnung (EG) Nr. 1896/2006 des Europäischen Parlaments und des Rates vom 12. Dezember 2006 zur Einführung eines Europäischen Mahnverfahrens und

e) nach Artikel 19 der Verordnung (EG) Nr. 4/2009 über die Zuständigkeit, das anwendbare Recht, die Anerkennung und Vollstreckung von Entscheidungen und die Zusammenarbeit in Unterhaltssachen;

6. die Berichtigung und Ergänzung der Entscheidung oder ihres Tatbestands;

7. die Mitwirkung bei der Erbringung der Sicherheitsleistung und das Verfahren wegen deren Rückgabe;

8. die für die Geltendmachung im Ausland vorgesehene Vervollständigung der Entscheidung und die Bezifferung eines dynamisierten Unterhaltstitels;

9. die Zustellung oder Empfangnahme von Entscheidungen oder Rechtsmittelschriften und ihre Mitteilung an den Auftraggeber, die Einwilligung zur Einlegung der Sprungrevision oder Sprungrechtsbeschwerde, der Antrag auf Entscheidung über die Verpflichtung, die Kosten zu tragen, die nachträgliche Vollstreckbarerklärung eines Urteils auf besonderen Antrag, die Erteilung des Notfrist- und des Rechtskraftzeugnisses;

9a. die Ausstellung von Bescheinigungen, Bestätigungen oder Formblättern einschließlich deren Berichtigung, Aufhebung oder Widerruf nach

a) § 1079 oder § 1110 der Zivilprozessordnung,

b) § 39 Absatz 1 und § 48 des Internationalen Familienrechtsverfahrensgesetzes,

c) § 57 oder § 58 *[Fassung mit noch unbekanntem Inkrafttreten: § 57, § 58 oder § 59]* **des Anerkennungs- und Vollstreckungsausführungsgesetzes,**

d) § 14 des EU-Gewaltschutzverfahrensgesetzes,
e) § 71 Absatz 1 des Auslandsunterhaltsgesetzes,
f) § 27 des Internationalen Erbrechtsverfahrensgesetzes und
g) § 27 des Internationalen Güterrechtsverfahrensgesetzes;

10. die Einlegung von Rechtsmitteln bei dem Gericht desselben Rechtszugs in Verfahren, in denen sich die Gebühren nach Teil 4, 5 oder 6 des Vergütungsverzeichnisses richten; die Einlegung des Rechtsmittels durch einen neuen Verteidiger gehört zum Rechtszug des Rechtsmittels;

10a. Beschwerdeverfahren, wenn sich die Gebühren nach Teil 4, 5 oder 6 des Vergütungsverzeichnisses richten und dort nichts anderes bestimmt ist oder keine besonderen Gebührentatbestände vorgesehen sind;

11. die vorläufige Einstellung, Beschränkung oder Aufhebung der Zwangsvollstreckung, wenn nicht eine abgesonderte mündliche Verhandlung hierüber stattfindet;

12. die einstweilige Einstellung oder Beschränkung der Vollstreckung und die Anordnung, dass Vollstreckungsmaßnahmen aufzuheben sind (§ 93 Absatz 1 des Gesetzes über das Verfahren in Familiensachen und in den Angelegenheiten der freiwilligen Gerichtsbarkeit), wenn nicht ein besonderer gerichtlicher Termin hierüber stattfindet;

13. die erstmalige Erteilung der Vollstreckungsklausel, wenn deswegen keine Klage erhoben wird;

14. die Kostenfestsetzung und die Einforderung der Vergütung;

15. (weggefallen)

16. die Zustellung eines Vollstreckungstitels, der Vollstreckungsklausel und der sonstigen in § 750 der Zivilprozessordnung genannten Urkunden und

17. die Herausgabe der Handakten oder ihre Übersendung an einen anderen Rechtsanwalt.

II Zu den in § 18 Absatz 1 Nummer 1 und 2 genannten Verfahren gehören ferner insbesondere

1. gerichtliche Anordnungen nach § 758a der Zivilprozessordnung sowie Beschlüsse nach den §§ 90 und 91 Absatz 1 des Gesetzes über das Verfahren in Familiensachen und in den Angelegenheiten der freiwilligen Gerichtsbarkeit,
2. die Erinnerung nach § 766 der Zivilprozessordnung,
3. die Bestimmung eines Gerichtsvollziehers (§ 827 Absatz 1 und § 854 Absatz 1 der Zivilprozessordnung) oder eines Sequesters (§§ 848 und 855 der Zivilprozessordnung),
4. die Anzeige der Absicht, die Zwangsvollstreckung gegen eine juristische Person des öffentlichen Rechts zu betreiben,
5. die einer Verurteilung vorausgehende Androhung von Ordnungsgeld und
6. die Aufhebung einer Vollstreckungsmaßnahme.

Historie: I 2 Nr. 5 geändert durch Art. 17 Nr. 3 AnhörungsrügenG v. 9.12.2004 (BGBl. I 3220 (3229)) mWv 1.1.2005; Materialien: BT-Drs. 15/3966 (Gesetzentwurf), BT-Drs. 15/4061 (Beschlussempfehlung und Bericht). I 2 Nr. 9 geändert durch Art. 2 X Gesetz zum internat. FamilienR v. 26.1.2005 (BGBl. I 162 (173)) mWv 1.3.2005, Materialien: BT-Drs. 15/3981 (Gesetzentwurf), BT-Drs. 15/4168 (Beschlussempfehlung und Bericht). I 2 Nr. 8, 9 geändert durch Art. 2 V Nr. 2 EG-Vollstreckungstitel-Durchführungsgesetz v. 18.8.2005 (BGBl. I 2477 (2480)) mWv 21.10.2005, Materialien: BT-Drs. 15/5222 (Gesetzentwurf), BT-Drs. 15/5482 (Beschlussempfehlung und Bericht). Nr. 2 eingefügt und Nummerierung angepasst durch Art. 20 Nr. 2 2. JuMoG v. 22.12.2006 (BGBl. I 3416 (3429)) mWv 31.12.2006; Materialien: BT-Drs. 16/3038 (Gesetzentwurf), BT-Drs. 16/3640 (Beschlussempfehlung und Bericht). I 2 Nr. 5 geändert durch Art. 6 Nr. 2 G zur Verbesserung der grenzüberschreitenden Forderungsdurchsetzung und Zustellung v. 30.10.2008 (BGBl. I 2122 (2128)) mWv 12.12.2008; Materialien: BT-Drs. 16/ 8839 (Gesetzentwurf), BT-Drs. 16/9639 (Beschlussempfehlung und Bericht). I 2 Nr. 9 geändert, I 2 Nr. 16 aF aufgehoben, eine neue I 2 Nr. 12 eingefügt, die Nummerierung in

I 2 angepasst und II Nr. 1 geändert durch Art. 47 VI Nr. 8 FGG-RG v. 17.12.2008 (BGBl. I 2586 (2716)) mWv 1.9.2009; Materialien: BT-Drs. 16/6308 (Gesetzentwurf), BT-Drs. 16/9733 (Beschlussempfehlung und Bericht), BT-Drs. 16/9831 (Änderungsantrag). 2 I Nr. 15 aufgehoben durch Art. 15 VAStrRefG v. 3.4.2009 (BGBl. I 700 (721)) mWv 1.9.2009; Materialien: BT-Drs. 16/10144 (Gesetzentwurf), BT-Drs. 16/11903 (Beschlussempfehlung und Bericht). I 2 Nr. 5, 9 geändert durch Art. 11 Nr. 2 G zur Durchführung der VO (EG) Nr. 4/2009 und zur Neuordnung bestehender Aus- und Durchführungsbestimmungen auf dem Gebiet des internationalen Unterhaltsverfahrensrechts v. 23.5.2011 (BGBl. I 898 (917)) mWv 18.6.2011; Materialien: BT-Drs. 17/4887 (Gesetzentwurf), BT-Drs. 17/5240 (Beschlussempfehlung und Bericht). I 2 Nr. 3 geändert durch Art. 8 MietRÄndG v. 11.3.2013 (BGBl. I 434 (440)) mWv 1.5.2013; Materialien: BT-Drs. 17/10485 (Gesetzentwurf), BT-Drs. 17/11894 (Beschlussempfehlung und Bericht). I 2 Nr. 3, 7 geändert. I 2 Nr. 10a eingefügt durch Art. 8 Nr. 10 2. KostRMoG v. 23.7.2013 (BGBl. I 2586 (2689)) mWv 1.8.2013; Materialien: BT-Drs. 17/11471 (Gesetzentwurf), BT-Drs. 17/13537 (Beschlussempfehlung und Bericht), BT-Drs. 17/14120 (Beschlussempfehlung). I 2 Nr. 3, 9 geändert durch Art. 10 Nr. 2 G zur Durchführung der VO (EU) Nr. 1215/2012 sowie zur Änderung sonstiger Vorschriften v. 8.7.2014 (BGBl. I 890 (895)) mWv 10.1.2015, BT-Drs. 18/823 (Gesetzentwurf), BT-Drs. 18/1492 (Beschlussempfehlung und Bericht). I 2 Nr. 9, 10a geändert und I 2 Nr. 9a eingefügt durch Art. 4 Nr. 1 G zur Umsetzung der RL 2011/99/EU über die Europäische Schutzanordnung und zur Durchführung der VO (EU) Nr. 606/2013 über die gegenseitige Anerkennung von Schutzmaßnahmen in Zivilsachen v. 5.12.2014 (BGBl. I 1964) mWv 11.1.2015; Materialien: BT-Drs. 18/2955 (Gesetzentwurf), BT-Drs. 18/3200 (Beschlussempfehlung und Bericht). I 2 Nr. 9a: d. Art. 14 Gesetz zum Internationalen Erbrecht und zur Änderung von Vorschriften zum Erbschein sowie zur Änd. sonstiger Vorschriften v. 29.6.2015 (BGBl. I 1042 (1058)) mWv 17.8.2015; Materialien: BT-Drs. 18/4201 (Gesetzentwurf), BT-Drs. 18/4961 (Beschlussempfehlung und Bericht). I 2 Nr. 9a geändert durch Art. 4 G zur Durchführung des Haager Übereinkommens vom 30.6.2005 über Gerichtsstandsvereinbarungen sowie zur Änd. des RPflG, des GNotKG, des Altersteilzeitgesetzes und des SGB III v. 10.12.2014 (BGBl. I 2082 (2083) iVm Bek. v. 23.6.2015 (BGBl. I 1034) mWv 1.10.2015; Materialien: BT-Drs. 18/2846 (Gesetzentwurf), BT-Drs. 18/3068 (Beschlussempfehlung und Bericht). II 1 Nr. 1a eingefügt durch Art. 8 G zur Änd. des Unterhaltsrechts und des Unterhaltsverfahrensrechts sowie zur Änderung der ZPO und kostenrechtlicher Vorschriften v. 20.11.2015 (BGBl. I 2018 (2021)) mWv 1.1.2016; Materialien: BT-Drs. 18/5918 (Gesetzentwurf), BT-Drs. 18/6380 (Beschlussempfehlung und Bericht). I 2 Nr. 3 geändert durch Art. 5 Abs. 3 G zur Änd. des Sachverständigenrechts und zur weiteren Änd. des FamFG sowie zur Änderung des SGG, der VwGO, der FGO und des GKG v. 11.10.2016 (BGBl. I 2222 (2224)) mWv 15.10.2016; Materialien: BT-Drs. 18/6985 (Gesetzentwurf), BT-Drs. 18/9092 (Beschlussempfehlung und Bericht). I 2 Nr. 1a geändert durch Art. 5 G zur Einf. einer zivilprozessualen Musterfeststellungsklage v. 12.7.2018 (BGBl. I 1151 (1154)) mWv 1.11.2018; Materialien: BT-Drs. 19/2507 (Gesetzentwurf), BT-Drs. 19/2741 (Beschlussempfehlung und Bericht). I 2 Nr. 9a geändert durch Art. 8 Nr. 1 Gesetz zum Internationalen Güterrecht und zur Änd. von Vorschriften des IPR v. 17.12.2018 (BGBl. I 2573 (2582)) mWv 29.1.2019; Materialien: BT-Drs. 19/4852 (Gesetzentwurf), BT-Drs. 19/5578 (Beschlussempfehlung und Bericht); I 2 Nr. 1b eingefügt durch Art. 7 I Nr. 8 KostRÄG 2021 v. 21.12.2020 (BGBl. I 3229 (3248)) mWv 1.1.2021; Materialien: BT-Drs. 19/23484 (Gesetzentwurf), BT-Drs. 19/24740 (Beschlussempfehlung und Bericht); I 2 Nr. 9a Buchst. b geändert durch Art. 7 Nr. 2 G zur Durchführung der Verordnung (EU) 2019/1111 v. 10.8.2021 (BGBl. I 3424 (3431)) mWv 1.8.2022; Materialien: BT-Drs. 19/28681 (Gesetzentwurf), BT-Drs. 19/29813 (Beschlussempfehlung und Bericht); I 2 Nr. 9a Buchst. c geändert durch Art. 5 Gesetz zur Durchführung des Haager Übereinkommens vom 2.7.2019 über die Anerkennung und Vollstreckung ausländischer Entscheidungen in Zivil- und Handelssachen v. 7.11.2022 (BGBl. I 1982 (1983)), das nach seinem Art. 6 an dem Tag in Kraft tritt, an dem das Haager Übereinkommen vom 2.7.2019 nach seinem Art. 28 für die EU mit Ausnahme des Königreiches Dänemark in Kraft tritt; Materielien: BT-Drs. 20/2164 (Gesetzentwurf), BT-Drs. 20/3584 (Beschlussempfehlung und Bericht); I 2 Nr. 1a Änderung geplant durch Art. 28 Nr. 3 VRUG, Referentenentwurf des BMJ eines Gesetzes zur Umsetzung der Richtlinie (EU) 2020/1828 über Verbandsklagen zum Schutz der Kollektivinteressen der Verbraucher und zur Aufhebung der Richtlinie 2009/22/EG (Verbandsklagenrichtlinienumsetzungsgesetz – VRUG), Stand 16.2.2023.

Übersicht

I. Systematik. Der Begriff des Rechtszugs weicht im Kostenrecht teilweise vom Prozessrecht ab (N. Schneider Rpfleger 1991, 175). Im Prozessrecht beginnt der Rechtszug im Allgemeinen mit der Einreichung eines Antrags, einer Klage, eines Rechtsmittels usw (Anhängigkeit) und endet mit der formellen Rechtskraft des Urteils nach § 705 ZPO oder mit der Einlegung eines Rechtsmittels. Demgegenüber gehören zum Rechtszug im gebührenrechtlichen Sinn gewisse Tätigkeiten des Rechtsanwalts ab dem Erhalt des Prozessauftrags vor dem prozessrechtlichen Beginn und nach dem prozessrechtlichen Ende der Instanz (KG AnwBl 1986, 545; OLG Karlsruhe NJW-RR 2008, 658). Das letzte übersieht LG Freiburg VersR 1991, 689. Das ändert freilich nichts daran, dass § 19 zB in I 2 Nr. 2 nur in dem jeweiligen Rechtszug gilt und dass zB § 21 I durch eine Rückverweisung eben einen neuen Rechtszug schafft. Daher gilt I 2 Nr. 2 dann erst innerhalb **dieses** neuen erstrechtlichen Rechtszugs. 1

§ 19 umschreibt zusammen mit §§ 20, 21 den für die Vergütung des Rechtsanwalts im bürgerlichen Rechtsstreit maßgebenden Begriff des Rechtszugs nach § 15 II 2 2

(OLG Schleswig SchlHA 1989, 161). Die Aufzählung ist nur beispielhaft. Das verdeutlicht das Wort „insbesondere" in I 2. Sie ist also **nicht abschließend** (vgl. BGH NJW 1991, 2085; KG AnwBl 1986, 545; OLG Karlsruhe FamRZ 2009, 2026). Man muss also nach den Umständen unter einer Abwägung des jeweiligen Schwerpunkts der anwaltlichen Tätigkeit prüfen, ob sie schon oder noch zum gebührenrechtlichen Rechtszug zählt (OLG Karlsruhe Rpfleger 1997, 233).

3 **II. Regelungszweck.** Die in → Rn. 1 genannte Zuordnung erfolgt aus Zweckmäßigkeitsgründen (OLG Köln JurBüro 2007, 303), und deshalb, weil zB eine Einordnung der Tätigkeit zur Vorbereitung einer Klage unter VV 2300 dann ungerechtfertigt ist, wenn es wenigstens zur anschließenden Klageinreichung kommt, weil die für das Verfahren vor dem Gericht vorgesehenen Pauschgebühren VV 3100 ff. auf solche vorbereitenden, begleitenden und nachfolgenden abschließenden Tätigkeiten mit zugeschnitten sind.

4 **III. Anwendungsbereich.** Grundsätzlich ist einerseits der Beginn des Auftrags und andererseits die Erledigung dieser Angelegenheit ein wesentlicher Anhaltspunkt für den Beginn und das Ende des gebührenrechtlichen Rechtszugs. Das gilt auch bei VV 3101 ff. Sie stellen ja nur Ergänzungen oder besondere Ausgestaltungen der Grundgedanken VV 3100 dar.

5 **1. Pauschvergütung.** Aus dem Pauschcharakter der Gebühren folgt weiter, dass § 19 sinngemäß auch für diejenigen anderen Verfahren gilt, für die VV Teil 3 besondere Vorschriften enthält, also zB für das Mahnverfahren nach VV 3305–3308 (AG Bonn Rpfleger 1991, 175 mablAnm N. Schneider), für das Aufgebotsverfahren nach VV 3324, für das Beschwerdeverfahren nach VV 3500 ff., für das Güteverfahren nach VV 3403, usw. Wegen der Zugehörigkeit des Vergleichs zum Rechtszug vgl. bei VV 1000, auch wegen der Fortsetzung des Rechtsstreits wegen eines Streits über die Wirksamkeit eines Vergleichs.

6 **2. Abgrenzung.** Eine der in § 19 genannten Tätigkeiten des ProzBev ist nach § 15 V auch dann mit der für diesen Rechtszug vorgesehenen Vergütung abgegolten, wenn der Auftraggeber ihn zu einzelnen oder mehreren der in § 19 genannten Tätigkeiten besonders beauftragt hat. Das gilt aber nicht, sofern eine solche Tätigkeit als eine besondere Angelegenheit gilt, etwa eine Gutachtenerstattung nach § 34 oder die Zahlung an einen Rechtsanwalt oder eine Auszahlung durch den Rechtsanwalt oder die Ablieferung von Wertpapieren und Kostbarkeiten nach VV 1009 oder eine Vertretung nur im Zwischenstreit, etwa nach § 387 ZPO (vgl. OLG Hamburg MDR 1987, 947), oder eine Tätigkeit in der Zwangsvollstreckung nach VV 3309, 3310 oder eine solche im Beschwerdeverfahren.

7 **IV. Vorbereitung der Klage usw (I 2 Nr. 1).** Ein einfacher Grundsatz zeigt viele Auswirkungen.

8 **1. Grundsatz: Maßgeblichkeit des Auftrags.** Maßgeblich ist der Auftrag.

2. Beispiele zur Frage einer Vorbereitung (I 2 Nr. 1)

9 **Antrag:** Zur Vorbereitung der Klage zählt diejenige eines zugehörigen Antrags oder Gesuchs (OLG Hamm NJW-RR 2006, 242; Meyer JurBüro 2009, 182).

Arrest, einstweilige Verfügung: Zur Vorbereitung zählt auch diejenige eines Eilantrags zB nach §§ 916 ff., 935 ff. ZPO. Hierher gehört auch eine Schutzschrift nach § 945a I 2 ZPO sowie eine Aufforderung zur Anerkennung der Wirksamkeit einer Eilanordnung.

Auskunft: → „Verteidigung".

Beratung: Zur Vorbereitung zählt die Beratung zB über die Art des einzuschlagenden Wegs. Man muss eine dadurch entstehende Ratsgebühr nach VV 2100 Anm. II auf die Verfahrensgebühr anrechnen.

Besonderes Verfahren: Es kann eine Vorbereitungsmaßnahme auf der Seite des Antragstellers oder Klägers wie auf derjenigen des Antragsgegners oder Bekl. besonders zu vergüten sein, sofern ein „besonderes gerichtliches oder behördliches Verfahren stattfindet". Es muss sich aber eben auch um ein besonderes Verfahren handeln, also nicht um das ohnehin mit der Klage usw beabsichtigte.

Deckungszusage: Nicht anzuwenden ist Nr. 1 auf die Einholung der Deckungszusage eines Rechtsschutzversicherers. Denn das betrifft das Innenverhältnis des

Auftraggebers zu einem noch Dritten und damit einen anderen Gegenstand (AG Charlottenburg JurBüro 2002, 25; AG Ahaus JurBüro 1976, 57; Enders JurBüro 2002, 25; aA OLG München JurBüro 1993, 163).

Dritter: → „Verteidigung".

Grundbuch: Zur Vorbereitung zählt auch eine Einsicht in ein am Ort der Kanzlei oder auswärts liegendes Grundbuch (OLG Schleswig SchlHA 1980, 218).

Information: Zur Vorbereitung zählt die auftragsgemäße Entgegennahme der Information. Es ist unerheblich, wer dem Rechtsanwalt die Information gibt und ob er sich Material selbst besorgt.

Klagandrohung: Zur Vorbereitung zählt eine Klagandrohung usw (AG Hannover WuM 2009, 731).

Kündigung: Zur Vorbereitung zählt eine Kündigung nebst Klagandrohung.

Mahnung: Zur Vorbereitung zählt eine Mahnung oder Zahlungsaufforderung (OLG Hamm NJW-RR 2006, 242).

Rechtsmittel: Zur Vorbereitung zählt auch diejenige eines Rechtsmittels nach §§ 511 ff. ZPO.

Register: Zur Vorbereitung zählt auch eine Einsicht in ein am Ort der Kanzlei oder auswärts befindliches Register. Auch → „Grundbuch".

Verteidigung: Zur Vorbereitung zählt auch diejenige einer Rechtsverteidigung zB durch Einholung einer Auskunft bei einem Dritten oder einer Behörde oder beim Auftraggeber. Das ergibt schon die VV Vorb. 3 II.

Zahlungsaufforderung: → „Mahnung".

V. Schutzschrift, Anmeldung (I 2 Nr. 1a). Die Vorschrift erfasst als Fall 1 die Einreichung einer jeden Schutzschrift nach §§ 945a, 945b ZPO usw. Schon der Vorgang der elektronischen Einreichung auch nach der SRV vom 24.11.2015 (BGBl. I 2135) löst die Gebühr aus, und zwar je Schutzschrift. Sie deckt die weitere Tätigkeit gegenüber der das Register führenden Justizverwaltung Hessen nach der SRV. Als Fall 2 erfasst die Vorschrift die Anmeldung zum Klageregister (geplante Änderung durch das VRUG: Verbandsklageregister) nach §§ 606 I, 608 ZPO (bzw. künftig §§ 41 I, 46 VDuG) im Musterfeststellungsverfahren. Jede Anmeldung zählt gesondert, ebenso jede Rücknahme nach § 608 III ZPO (bzw. künftig § 46 IV VDuG). Beide müssen zur Gebührenentstehung auch wirksam erfolgen, also insbesondere rechtzeitig und formgerecht nach Maßgabe der genannten Vorschriften. 10

Va. Streitverkündung (I 2 Nr. 1b). Die Vorschrift stellt klar, dass eine Streitverkündung an einen Dritten (§ 72 ZPO) zum Rechtszug des Verfahrens gehört, in dem der Streit verkündet wird. Sie betrifft indessen nur die Einreichung der Streitverkündungsschrift, nicht aber den Grund der Streitverkündung. Dieser bezieht sich auf die Sicherung bzw. Verbesserung der Durchsetzung eines eventuell im Fall des ungünstigen Ausgangs des Rechtsstreits, in dem der Streit verkündet wird, bestehenden Anspruchs gegen den Dritten. Anwaltliche Tätigkeiten, die sich auf diesen Anspruch beziehen, gehören nicht zu dem Verfahren, in dem der Streit verkündet wird, und können Gegenstand einer eigenständigen Vergütung sein. 10a

VI. Außergerichtliche Verhandlung (I 2 Nr. 2). Die Verfahrensgebühr gilt eine außergerichtliche Verhandlung dann bereits mit ab, wenn es zur Klage oder zum Widerspruch gegen einen Mahnbescheid nach § 694 ZPO und damit nach § 697 ZPO zum streitigen Verfahren kommt oder bereits gekommen ist (OLG Hamm JurBüro 1992, 413; OLG Karlsruhe Justiz 1990, 21; VGH Hessen AnwBl 1984, 52). Das übersieht LG Freiburg VersR 1991, 689. Das gilt auch dann, wenn der Auftraggeber mit dem Klagauftrag zugleich den Auftrag zu einer außergerichtlichen Vergleichsverhandlung verbunden hat (OLG Köln VersR 2012, 1387). Durch eine Einigung, zB durch einen Vergleich, kann zusätzlich die Einigungsgebühr nach VV 1000 entstehen (VGH Hessen AnwBl 1984, 52). Wegen eines anderen mitverglichenen Anspruchs → VV 1000 Rn. 84. 11

VII. Zwischenstreit usw (I 2 Nr. 3). Die Vorschrift fasst eine Reihe von untereinander mehr oder minder verschiedenen Nebenverfahren zusammen. Auch die Aufzählung in I 2 Nr. 3 ist in sich nur beispielhaft und keineswegs abschließend. Das Gesetz nennt im Einzelnen die folgenden Situationen. 12

13 **1. Anwendungsbereich.** Hierher gehört nur ein Zwischenstreit vor demselben Prozessgericht, etwa über eine einstweilige Anordnung nach § 49 FamFG innerhalb einer isolierten Familiensache (OLG Düsseldorf JurBüro 1991, 215), oder über die Zulassung eines Streithelfers nach § 71 ZPO oder über eine Streitverkündung nach §§ 72 ff. ZPO (Bischof MDR 1999, 790), oder über die Rechtmäßigkeit der Aussageverweigerung eines Zeugen oder der Gutachtenverweigerung eines Sachverständigen nach §§ 387, 402, 408 ZPO (OLG Hamburg MDR 1987, 947), oder über die Verpflichtung zur Rückgabe einer dem gegnerischen Rechtsanwalt übergebenen Urkunde nach § 135 ZPO oder über eine Aussetzung nach §§ 148, 149 ZPO (OLG Hamburg MDR 2002, 479).

14 Das **Normenkontrollverfahren** vor dem BVerfG nach § 37 gehört nicht hierher. Dasselbe gilt für ein Verfahren nach Art. 267 AEUV vor dem EuGH nach § 38 oder über ein ähnliches Verfahren vor dem VerfGH eines Landes oder vor einem VG.

15 Im Übrigen kann eine besondere Gebühr entstehen, soweit zB nur im **Zwischenstreit** eine Verhandlung stattfindet. Dann ist aber für die etwaige Terminsgebühr auch nur der Wert des Zwischenstreits maßgeblich. Ferner kommt (selbstverständlich) eine besondere Vergütung für denjenigen Rechtsanwalt zur Anwendung, der nur etwa den Streithelfer, den Zeugen oder den Sachverständigen im Zwischenstreit vertritt. Seine Gebühren richten sich nach VV 3100 ff. (OLG Hamburg MDR 1987, 948).

16 Der **Gegenstandswert** bemisst sich nach dem Wert des Zwischenstreits. Die Einmischungsklage nach §§ 64, 65 ZPO ist eine besondere Angelegenheit. Wegen einer Berufung erst gegen das Zwischenurteil, dann nach einer Rücknahme der ersteren gegen das Endurteil → § 15 Rn. 57 ff.

17 **2. Nicht mehr: Bestimmung des zuständigen Gerichts.** Das Verfahren nach §§ 36, 37 ZPO, § 5 FamFG bildet jetzt zusammen mit dem Hauptverfahren nach § 16 Nr. 3a dieselbe Angelegenheit. Dadurch sind die einschlägigen früheren Streitfragen überholt. Das übersieht OLG Rostock GRUR 2014, 304.

18 **3. Bestellung eines Vertreters durch in der Hauptsache zuständige Gericht.** In Betracht kommt eine Bestellung nach §§ 57, 58, 494 II, 779, 787 ZPO. Bei einer Anordnung durch das Vollstreckungsgericht bildet dieses Verfahren zusammen mit der Zwangsvollstreckung dieselbe Angelegenheit.

19 **4. Ablehnungsverfahren.** Dazu N. Schneider NZFam 2015, 413 (Üb.). Hierher zählt die Ablehnung eines Richters, eines Rpfleger, eines Urkundsbeamten der Geschäftsstelle oder eines Sachverständigen nach §§ 42 ff., 406 ZPO, § 6 FamFG, § 10 RPflG. Auch das Verfahren über die Ablehnung eines Schiedsgutachters zählt hierher.

20 **Nicht hierher** gehört das Verfahren über die Ablehnung eines Schiedsrichters nach § 1036 ZPO. Dann ist § 16 Nr. 10 anzuwenden. Das zugehörige Beschwerdeverfahren zählt nicht zum Rechtszug (OLG Saarbrücken JurBüro 1992, 742).

21 **5. Sicherungsanordnung.** Hierher zählt das Verfahren nach § 283a ZPO im Räumungsprozess.

22 **6. Wertfestsetzung.** Hierher zählt das Verfahren zur Festsetzung sowohl des Zuständigkeitsstreitwerts nach §§ 3 ff. ZPO als auch des Kostenwerts nach § 63 GKG, ferner nach § 55 FamFG und nach §§ 32, 33. Das gilt auch nach der Rechtskraft des Urteils.

23 Soweit allerdings das höhere Gericht den Festsetzungsbeschluss des unteren für diese zB nach § 63 III 1 GKG **mitabändert,** zählt dieses Verfahren zur höheren Instanz. Ein Beschwerdeverfahren nach VV 3500 ff. ist ein besonderer Rechtszug. Soweit sich der Rechtsanwalt im eigenen Namen beschwert, muss er bei einer Zurückweisung der Beschwerde die Kosten dieses Verfahrens selbst tragen. Soweit er siegt, hat er gegen die Parteien keinen Kostenerstattungsanspruch. Denn sie sind nicht seine Verfahrensgegner.

24 Eine **Gegenvorstellung** gehört schon wegen des Fehlens einer Anfallwirkung zum jeweiligen vorangegangenen Rechtszug. Soweit der Rechtsanwalt nur einen Auftrag für die Einlegung einer Gegenvorstellung erhalten hat, gilt → VV 3500 Rn. 2.

7. Beschleunigungsrüge. Hierher zählt ferner das Verfahren nach § 155b FamFG, nicht auch das Beschwerdeverfahren nach § 155c FamFG. 25

8. Antrag zur Prozess- oder Sachleitung. Diesen Fall erwähnt I 2 Nr. 3 nicht ausdrücklich. Soweit der Rechtsanwalt einen Antrag gestellt hat, der über die Prozess- oder Sachleitung hinausgeht, gelten allenfalls VV 3105, 3106. 26

VIII. Verfahren vor dem verordneten Richter (I 2 Nr. 4). Wegen des Verfahrens §§ 361, 362 ZPO. Soweit sich die Tätigkeit des Rechtsanwalts auf eines dieser Verfahren beschränkt, ist VV 3331 anzuwenden. Wegen einer Erinnerung → Rn. 28. 27

IX. Erinnerung usw (I 2 Nr. 5). Soweit es sich um eine Anrufung des Gerichts oder um eine befristete Erinnerung gegen eine Entscheidung des beauftragten oder ersuchten Richters, des Rpfleger oder des Urkundsbeamten der Geschäftsstelle handelt, etwa nach § 573 I ZPO, § 11 II RPflG, § 178 SGG, § 151 VwGO (Nr. 5 gilt dann jeweils entsprechend), oder um die Rüge der Verletzung des Anspruchs auf rechtliches Gehör nach § 12a, liegt die Zugehörigkeit zum Rechtszug nach I 2 Nr. 5 vor. Dasselbe gilt beim Verfahren nach §§ 1087 oder §§ 1097 ff. ZPO auf Grund der jeweiligen EU-Verordnung und nach Art. 19 VO (EG) Nr. 4/2009. Soweit sich die Tätigkeit des Rechtsanwalts auf eines dieser Verfahren beschränkt, gelten VV 3330, 3331. 28

X. Berichtigung oder Ergänzung der Entscheidung usw (I 2 Nr. 6). Die Vorschrift fasst ähnlich wie I 2 Nr. 3 mehrere unterschiedliche Vorgänge zusammen. Auch Nr. 6 ist in sich ebenso wenig wie Nr. 3 und ebenso wenig wie überhaupt § 19 eng auszulegen. Wegen des Verfahrens §§ 319–321, 716 ZPO, § 120 VwGO (VGH Bayern JurBüro 2010, 29). Soweit sich die Tätigkeit des Rechtsanwalts nur auf ein solches Verfahren beschränkt, erhält er Gebühren nach VV 3309 an (OLG Koblenz AnwBl 2002, 252), und zwar auf Grund eines Gegenstandswerts nach der Höhe des Berichtigungs- oder Ergänzungsanspruchs. 29

XI. Sicherheitsleistung (I 2 Nr. 7). In dieses Verfahren gehört sowohl die Mitwirkung, bei ihrer Erbringung (OLG Koblenz MDR 1990, 732; OLG Stuttgart JurBüro 1985, 1344), als auch die Rückgabe und daher zB der Antrag auf eine Fristbestimmung für die Einwilligung in die Rückgabe nach dem Wegfall des Grundes nach § 109 I ZPO als auch der Antrag auf die Anordnung der Rückgabe nach §§ 109 II, 715 ZPO. Ebenso zählt hierher jetzt nach dem ausdrücklichen Gesetzestext das Verfahren auf die Anordnung einer Sicherheitsleistung und die Art ihrer Erbringung behandeln. Es entsteht also keine Gebühr nach VV 2300, auch nicht für die Ausführung der Hinterlegung (LG München II ZMR 1986, 365), obwohl es sich um ein Verfahren vor einer Justizverwaltungsstelle handelt. 30

Man muss das Verfahren wie diejenigen Tätigkeiten behandeln, die erforderlich sind, um ein Urteil rechtskräftig werden zu lassen oder die **Einstellung der Zwangsvollstreckung** zu erreichen (vgl. OLG Frankfurt a. M. MDR 1977, 760; KG MDR 1976, 767; OLG Köln JurBüro 1977, 1397; aA KG JurBüro 1977, 501; OLG Karlsruhe Rpfleger 1997, 233, aber die vorstehende Lösung ist eleganter). 31

Hierhin zählt auch das Verfahren wegen der **Rückgabe einer Bürgschaftsurkunde.** Der Rechtsanwalt kann aber für eine Einzahlung oder Auszahlung eine Hebegebühr beanspruchen. 32

XII. Vervollständigung einer Entscheidung mit Auslandswirkung und Bezifferung beim dynamisierten Unterhalt (I 2 Nr. 8). Eine deutsche Gerichtsentscheidung, die der Gläubiger zB in Großbritannien und Nordirland geltend machen will, muss nach § 313 V ZPO eine Begründung enthalten, um den dortigen Stellen die Nachprüfung im Rahmen des Abkommens zu ermöglichen. Das gilt auch allgemein für ein solches Versäumnis- oder Anerkenntnisurteil nach § 313b III ZPO, das der Gläubiger im Ausland geltend machen will. Soweit das Gericht seine Entscheidung nur in abgekürzter Form erlassen hat, muss es nach § 9 AusfG auf Grund eines Antrags den Tatbestand und die Entscheidungsgründe nachträglich anfertigen. Dieser Antrag und die Tätigkeit des ProzBev gehören zum Rechtszug. Sie sind also durch die nach VV 3100 erhaltene Gebühr abgegolten. 33

Ein **Mindestbetrags-Unterhaltstitel** nach § 1612a BGB erhält vor einer Auslandsvollstreckung nach § 790 ZPO von der ausstellenden Stelle eine Bezifferung, 34 wiederum zwecks einer Ermöglichung oder doch Erleichterung der Nachprüfung der Höhe durch die Auslandsbehörden. Auf dieses Bezifferungsverfahren bezieht sich Nr. 8 ebenfalls.

35 **XIII. Zustellung und Empfangnahme von Entscheidungen usw (I 2 Nr. 9, 9a).** Die Vorschrift enthält ähnlich wie Nr. 3, 6 eine Reihe von untereinander recht unterschiedlichen Situationen. Die Vorschrift ist ebenso wenig wie I 2 Nr. 3, 6 und wie überhaupt § 19 eng auszulegen (BGH NJW 1991, 2085; OLG Koblenz AnwBl 1988, 415; Hansens NJW 1992, 1148). Sie erfasst auch die Zustellung zwecks einer Vollziehung nach §§ 929, 936; OLG Frankfurt a. M. JurBüro 2002, 140). Freilich kann VV 3201 nach dort → VV 3201 Rn. 1 anzuwenden sein (KG MDR 2009, 470).

36 **1. Zustellung oder Empfangnahme einer Entscheidung oder Rechtsmittelschrift, Mitteilung an den Auftraggeber.** Sie müssen ja noch jeweils an den ProzBev der bisherigen Instanz erfolgen, solange der Auftraggeber für den höheren Rechtszug dafür noch keinen anderen ProzBev bestellt hat. Das gilt auch dann, wenn der Revisionsanwalt mit ihm korrespondiert und wenn der Berufungsanwalt den Auftraggeber noch in diesem Zusammenhang berät (KG MDR 1979, 319; aA KG AnwBl 1982, 112), oder wenn der Berufungsanwalt zum Antrag auf eine Verlängerung der Revisionsbegründungsfrist zB nach § 551 II 5, 6 ZPO Stellung nimmt (KG AnwBl 1986, 545).

2. Beispiele zur Frage einer Zustellung und Empfangnahme (I 2 Nr. 9)

37 **Arrest, einstweilige Verfügung:** Hierher gehört die Zustellung und Empfangnahme einer solchen Eilentscheidung nach §§ 916 ff., 935 ff. ZPO. Das gilt auch dann, wenn dadurch gleichzeitig der Vollzug nach §§ 929, 936 ZPO erfolgt oder beginnt (OLG Düsseldorf MDR 1990, 733; OLG Koblenz AnwBl 1988, 415; OLG Naumburg JurBüro 2000, 362).

Auslandsunterhaltsgesetz: Hierher gehört die Ausstellung des Formblatts oder der Bescheinigung nach § 71 I AUG.

Kostenfestsetzungsbeschluss: Hierher gehört die Zustellung und Empfangnahme einer solchen Entscheidung zB nach § 104 ZPO.

Nichtzulassungsbeschwerde: Hierher gehören zB bei § 544 ZPO das Abraten an den Auftraggeber, einen BGH-Rechtsanwalt zu bestellen (OLG Köln JurBüro 2013, 81), sowie die Weiterleitung der Information des Gegners über dessen Einlegung, die Besprechung mit dem Auftraggeber sowie eine Zustimmung, auch zur Fristverlängerung (OLG Hamburg AGS 2013, 385).

Rechtsmittelbegründungsschrift: Hierher gehört die Zustellung und Empfangnahme einer solchen Schrift zB nach § 520 ZPO (KG JurBüro 1998, 20; OLG Karlsruhe NJW-RR 2008, 658). Auch → „Verlängerung".

Rechtsmittelschrift: Hierher gehört die Zustellung und Empfangnahme einer Rechtsmittelschrift (BGH NJW-RR 2017, 640), zB nach § 517 ZPO (OLG Hamburg MDR 2003, 835; OLG Karlsruhe NJW-RR 2008, 658; OLG Koblenz AGS 2010, 171).

Urteil: Hierher gehört die Zustellung und Empfangnahme eines Urteils (LAG Düsseldorf JurBüro 1992, 467).

Verlängerung: Hierher gehört die Zustellung einer Entscheidung über die Verlängerung einer Frist zB zur Berufungsbegründung nach § 520 II 2, 3 ZPO (OLG Koblenz AnwBl 1988, 415).

Versäumnisurteil: Hierher gehört die Zustellung eines solchen Urteils des höheren Gerichts zB nach § 539 ZPO, solange die Partei noch keinen etwa gewünschten anderen ProzBev bestellt hat.

Verwerfung: Hierher gehört die Zustellung eines Verwerfungsbeschlusses zB nach § 522 I 3 ZPO (so schon OLG Koblenz AnwBl 1988, 415).

38 **3. Einwilligung zur Sprungrevision oder Sprungrechtsbeschwerde.** Wegen des Verfahrens § 566 I ZPO, § 75 FamFG. Das Verfahren gehört zu demjenigen Rechtszug, dessen ProzBev oder VerfBev die Einwilligung erwirkt.

39 **4. Ausspruch über die Verpflichtung, die Kosten zu tragen.** Vgl. §§ 91a, 269 III 2 und 3, 346, 516 III ZPO, § 83 FamFG. Die Abgeltung der Tätigkeit des

Rechtsanwalts in diesem Verfahren erfolgt durch die Verfahrensgebühr (vgl. OLG Frankfurt a. M. Rpfleger 1982, 81; OLG Schleswig SchlHA 1989, 131; aA OLG Düsseldorf MDR 1999, 1155; OLG Nürnberg AnwBl 1985, 206, es entstehe zusätzlich eine volle Verfahrensgebühr nach dem Kostenstreitwert. Aber Nr. 9 hat als eine Spezialvorschrift den Vorrang und umfasst auch diese Tätigkeit).

Sofern der Rechtsanwalt einen jetzt ohnehin überflüssig gewordenen Antrag in einer mündlichen **Verhandlung** stellt, gilt die Terminsgebühr VV 3104 diese Tätigkeit ab. 40

5. Vollstreckbarerklärung eines Urteils. Es handelt sich um das Verfahren nach §§ 537, 558 ZPO, also in den Rechtsmittelinstanzen. Soweit der Rechtsmittelführer nur einen Teil des Urteils angefochten hat, erhält der ProzBev des Rechtsmittelgegners für einen derartigen Antrag 0,5 Verfahrensgebühr nach VV 3329 und 0,5 Terminsgebühr nach VV 3331 jeweils nach dessen Wert (OLG Düsseldorf MDR 1990, 733). Denn dieser Teil bleibt für den Wert des Berufungsgegenstands unberücksichtigt. I 2 Nr. 9 ist also nur dann anzuwenden, wenn es um ein Rechtsmittel gegen das gesamte Urteil geht und wenn der Rechtsmittelführer dieses Rechtsmittel anschließend beschränkt hat oder wenn sich im Weg einer Ausdehnung der Berufung oder durch eine Anschlussberufung nach § 524 ZPO das Rechtsmittel auf einen weiteren Teil oder das ganze angefochtene Urteil erstreckt. Denn nur dann ist der gesamte Anspruch in der Rechtsmittelinstanz (LG Bonn MDR 2001, 417). 41

Hierher zählt ferner das Verfahren auf die Zulassung einer Vollstreckung aus einem Titel gegen die öffentliche Hand, soweit dazu nach dem Landesrecht iVm § 15 Nr. 3 EGZPO und mit einem Vorrang gegenüber § 882a ZPO ein besonderer Antrag notwendig ist (OLG Koblenz MDR 1990, 733). 42

6. Notfrist- oder Rechtskraftzeugnis. Wegen des Erteilungsverfahrens § 706 ZPO. Es ist unerheblich, ob den Antrag der ProzBev desjenigen Rechtszuges stellt, in dem das Gericht das Zeugnis erteilen muss, oder ob ein Rechtsanwalt eines anderen Rechtszugs diesen Antrag stellt. Auch für einen Antrag im Rahmen der Zwangsvollstreckung entstehen keine besonderen Gebühren. 43

7. Ausstellung von Bescheinigungen usw (I 2 Nr. 9a). Hier geht es um die in I 2 Nr. 9a unter a–f abschließend aufgezählten Bescheinigungen, Bestätigungen oder Formblätter sowie um deren etwaige Berichtigung, Aufhebung oder deren etwaigen Widerruf. Während KV 1511 GKG, KV 1711 FamGKG die Gerichtsgebühren für diese Tätigkeiten regeln, erhält der in diesen Nebenverfahren tätige Rechtsanwalt keine besondere Vergütung, soweit sie zu demjenigen Rechtszug gehört, in dem er ohnehin tätig ist. 44

XIV. Einlegung von Rechtsmitteln (I 2 Nr. 10). Soweit der Rechtsanwalt in einem nach VV Teile 4–6 vergütbaren Verfahren für den Auftraggeber ein Rechtsmittel einlegen soll, gelten die folgenden Unterscheidungen. 45

Soweit der Verteidiger den Auftraggeber dahin **berät,** ob dieser ein Rechtsmittel einlegen soll, gilt eine nach VV 4100, 4101 entstandene Gebühr diese Tätigkeit mit ab (OLG Zweibrücken Rpfleger 1978, 28; LG Köln JurBüro 2011, 307). 46

Soweit der Verteidiger das Rechtsmittel des Auftraggebers bei demjenigen Gericht des **bisherigen Rechtszugs** einlegen darf und einlegt, in dem er bisher tätig war, gehört diese Tätigkeit nach Hs. 1 zu diesem Rechtszug (LG Köln JurBüro 2011, 307). Das gilt insbesondere auch, soweit er eine Beschwerde einlegt (OLG Köln JurBüro 1998, 642, auch wenn er die Beschwerde erst nach einem weiteren Verhandlungstag einlegt) oder wenn der Berufungs-Pflichtverteidiger Revision einlegt (OLG Jena JurBüro 2006, 365). Soweit der Verteidiger freilich in der Vorinstanz nicht als solcher tätig war, entsteht die Gebühr für die Rechtsmittelinstanz nach Hs. 2 aber bereits mit der Einlegung des Rechtsmittels. 47

XV. Beschwerdeverfahren nach VV Teile 4–6 (I 2 Nr. 10a). Das an die Einlegung anschließende Verfahren fällt unter Nr. 10a dann, wenn es dafür keine oder gerade keine besonderen Gebührentatbestände gibt. 48

XVI. Vorläufige Einstellung usw (I 2 Nr. 11). In Betracht kommt ein Verfahren nach § 108 ZPO (OLG Karlsruhe Rpfleger 1997, 233; OLG Koblenz MDR 1990, 732), ferner zB ein erstinstanzliches Verfahren nach § 570 III ZPO (VGH 49

Hessen NJW 2008, 679), ferner nach §§ 707, 719, 769 ZPO (OLG Koblenz NZM 2008, 184; LAG Köln NZA-RR 2017, 674), ferner nach § 771 III ZPO (OLG Celle JurBüro 1997, 101; OLG Hamburg MDR 1996, 1298; OLG Koblenz Rpfleger 2008, 49, auch außerhalb einer Klage nach § 767 ZPO), oder ein Verfahren nach §§ 785, 786, 805 IV, 810 II, 924 III ZPO.

50 Es muss allerdings ein Verfahren **ohne** eine abgesonderte **mündliche Verhandlung** vorliegen (OLG Hamm MDR 2001, 1441; OLG Karlsruhe FamRZ 2013, 326; OLG München MDR 1991, 66). Andernfalls gilt grundsätzlich VV 3328 (VGH Hessen NJW 2008, 679). Bei § 718 ZPO gilt allerdings wiederum I 2 Nr. 11 (OLG Hamm MDR 1975, 501).

51 **XVII. Einstweilige Einstellung der Vollstreckung (I 2 Nr. 12).** Es geht um die in § 93 I Nr. 1–5 FamFG abschließend aufgezählten Fälle einer Wiedereinsetzung, Wiederaufnahme, Beschwerde, Abänderung und Durchführung eines Vermittlungsverfahrens nach § 165 FamFG. Jede dieser Tätigkeitsgruppen zählt für sich. In jeder Gruppe wird die gesamte Gerichtstätigkeit nur einmal vergütet.

52 **XVIII. Erstmalige Erteilung der Vollstreckungsklausel (I 2 Nr. 13).** Wegen des Verfahrens vgl. § 725 ZPO. Hier gilt dasselbe wie bei → Rn. 43 (OLG Köln JurBüro 1995, 474; LAG Düsseldorf JurBüro 1992, 467). Soweit man auf die Erteilung der Klausel nach § 731 ZPO klagen muss, handelt es sich schon nach dem Gesetzestext um eine besondere Angelegenheit. Hatte das Gericht im Unterhaltsprozess für den Zeitraum A den Titel auf den Rechtsnachfolger umgeschrieben und eine Vollstreckungsklausel erteilt, stellt die Erteilung einer weiteren vollstreckbaren Ausfertigung für den Zeitraum B keine erstmalige Erteilung nach I 2 Nr. 13 dar (OLG Schleswig AnwBl 1991, 656).

53 **XIX. Kostenfestsetzung, Einforderung der Vergütung (I 2 Nr. 14).** Das Verfahren nach §§ 104, 107 ZPO zählt zum Rechtszug. Hierher gehört also auch die nach dieser letzteren Bestimmung anderweitige Festsetzung wegen einer Streitwertänderung. Das Erinnerungsverfahren gegen die Kostenfestsetzung und gegen den Kostenansatz nach § 104 III ZPO, § 66 I GKG, § 57 I FamGKG lässt eine Gebühr nach VV 3500 entstehen.

54 Auch die **Einforderung** nach §§ 10, 11, 55 zählt zum Rechtszug (Meyer JurBüro 2008, 410). Zum Vergütungsfestsetzungsverfahren nach § 11 → § 11 Rn. 96. Im Erinnerungs- und Beschwerdeverfahren entsteht eine Gebühr nach VV 3500.

55 **XX. Zustellung des Vollstreckungstitels usw (I 2 Nr. 16).** Es handelt sich um die Zustellung des Urteils, des Arrests oder der einstweiligen Verfügung auch durch einen Beschluss (OLG Hamm Rpfleger 2001, 458), der Vollstreckungsklausel nach §§ 724 ff. ZPO und der in § 750 ZPO genannten sonstigen Urkunden zur Vorbereitung der Zwangsvollstreckung. Die Zustellung einer Bürgschaftsurkunde nach § 751 II ZPO gehört zur Zwangsvollstreckung (OLG Düsseldorf JurBüro 1998, 103 mablAnm Schroeder). Sie stellt eine besondere Angelegenheit dar (LG Landshut AnwBl 1980, 267; aA OLG Frankfurt a. M. Rpfleger 1990, 270: § 19).

56 **XXI. Herausgabe der Handakten usw (I 2 Nr. 17).** Sowohl die Herausgabe der Handakten als auch ihre Übersendung an einen anderen Rechtsanwalt gehört zum Rechtszug. Hierher zählt auch diejenige Übersendung, die nicht an den Rechtsanwalt einer anderen Instanz für denselben Rechtsstreit erfolgt.

57 Allerdings können **Telekommunikationsgebühren** nach VV 7001, 7002 entstehen. Für die Abgabe einer gutachtlichen Äußerung im Zusammenhang mit der Übersendung der Handakten an den Rechtsanwalt des höheren Rechtszugs kann eine Gebühr nach VV 3400 Anm. entstehen.

58 **XXII. Zwangsvollstreckungssache (II).** Die Vorschrift steht systematisch verunglückt nicht in § 18, sondern in II. Sie fasst in einer wiederum durch das Wort „insbesondere" als nicht abschließend gekennzeichneten Art einige typische Anwendungsfälle von § 18 I Nr. 1, 2 zusammen. Besondere Angelegenheiten sind also auch innerhalb der Gruppe von Vollstreckungs- oder Vollziehungsmaßnahmen die folgenden Vorgänge.

59 **1. Nachtzeit, Sonntag, Feiertag, Wohnungsdurchsuchung (II Nr. 1).** Es handelt sich um in § 758a I–V ZPO, §§ 90, 91 I FamFG vorgesehenen Maßnahmen.

Die Tätigkeit des hiermit beauftragten Rechtsanwalts gilt nach § 15 I als eine besondere Angelegenheit nach § 18 I Nr. 1. Die Verfahrensgebühr des ProzBev gilt diese Tätigkeiten also nicht ab. VV 3403 ist daneben nicht anzuwenden (vgl. AG Bad Homburg DGVZ 1996, 46). Vgl. die Feiertagsgesetze, → GNotKG KV 26000 Rn. 4.

2. Erinnerung (II Nr. 2). Es handelt sich um eine Erinnerung gegen die Art und Weise der Zwangsvollstreckung nach §§ 766, 95 I FamFG; aA (zum alten Recht, schon wegen II Nr. 2 nF mit seiner Verweisung auf § 766 ZPO und auf § 18 I Nr. 1, 2 nF überholt) BGH FamRZ 2010, 810). 60

3. Bestimmung des Gerichtsvollziehers oder Sequesters (II Nr. 3). Es handelt sich um Bestimmungen nach §§ 827 I, 848, 854 I, 855 ZPO. 61

Soweit der Rechtsanwalt des Drittschuldners einen derartigen Antrag stellt, erhält er eine Vergütung nach VV 3309, 3310. 62

4. Anzeige der Vollstreckungsabsicht (II Nr. 4). Es handelt sich um die nach § 882a ZPO erforderliche Anzeige der Vollstreckungsabsicht gegenüber einer juristischen Person des öffentlichen Rechts (OLG Schleswig JurBüro 1978, 391). Das gilt, sofern alle sonst notwendigen Voraussetzungen der Zwangsvollstreckung beim Zugang der Ankündigung vorlagen (OLG Frankfurt a. M. Rpfleger 1981, 158). Die Anzeige der Vollstreckungsabsicht ist eine die Zwangsvollstreckung vorbereitende Handlung. Sie lässt bereits eine Gebühr nach II Nr. 4 entstehen (LAG Hamm AnwBl 1984, 161). Das gilt selbst dann, wenn es nicht mehr zur Zwangsvollstreckung kommt. 63

Soweit der Rechtsanwalt in der Zwangsvollstreckung **noch weiter tätig** wird, ist die Tätigkeit im Zusammenhang mit der Anzeige der Vollstreckungsabsicht jetzt ebenfalls nach II Nr. 4 iVm § 18 I Nr. 1 wegen § 15 I besonders zu vergüten. 64

Eine entsprechende Regelung gilt für den Antrag an das Gericht, nach **§ 152 II FGO** zu verfahren. OLG Düsseldorf Rpfleger 1986, 109 stellt einen Antrag nach § 114 GemO NRW gleich. OLG Frankfurt a. M. Rpfleger 1974, 448 wendet bei einem Antrag auf die Zulassung der Zwangsvollstreckung nach § 146 Hessische GemO § 31 an. 65

5. Androhung von Ordnungsgeld (II Nr. 5). Wenn das Prozessgericht in demjenigen Urteil, das die Verpflichtung zu einer Duldung oder Unterlassung ausspricht, noch keine Androhung für den Fall der Zuwiderhandlung vorgenommen hatte, muss es auf Grund eines Antrags des Gläubigers die Androhung nach § 890 II Hs. 2 ZPO durch einen besonderen Beschluss nachholen. Nur den letzteren Fall erfasst II Nr. 5. Die Verfahrensgebühr des ProzBev gilt eine bereits im Urteil ausgesprochene Androhung ab (BGH NJW 1979, 217). Die besondere Androhung rechnet zur Zwangsvollstreckung. Soweit sich die Tätigkeit des Rechtsanwalts darauf beschränkt, diese besondere Androhung zu beantragen, erhält er unabhängig davon eine Gebühr nach VV 3309, ob er ProzBev war oder nicht. 66

Soweit der Rechtsanwalt aber auch im anschließenden **Ahndungsverfahren** nach § 890 I, III ZPO tätig wird, regelt § 18 I Nr. 14 seine Vergütung als eine ebenfalls besondere Angelegenheit. Daher gilt § 15 I die Tätigkeit für die Androhung mit ab. 67

6. Aufhebung einer Vollstreckungsmaßnahme (II Nr. 6). Eine solche Tätigkeit gibt ebenfalls nach § 18 I Nr. 1 iVm § 15 I keine besondere Gebühr. Das gilt sowohl dann, wenn der Rechtsanwalt nicht etwa nur insofern tätig wird, als auch dann, wenn er nur wegen dieser Aufhebung tätig wird, etwa als Rechtsanwalt des Schuldners (vgl. BGHZ 69, 144 (148) = NJW 1977, 1881). 68

Hierhin gehört auch eine **außergerichtliche Auseinandersetzung** wegen einer Zwangsvollstreckung in einen schuldnerfremden Wert. Hierher gehört auch das Ersuchen an den Gerichtsvollzieher um eine Freigabe sowie die Rücknahme des Pfändungsantrags nach § 829 ZPO oder das Ersuchen, den Pfändungsbeschluss aufzuheben, ferner auch eine Erinnerung, etwa des Drittschuldners nach § 840 ZPO (BGHZ 69, 144 (148) = NJW 1977, 1881). 69

Verweisung, Abgabe

20 [1] **Soweit eine Sache an ein anderes Gericht verwiesen oder abgegeben wird, sind die Verfahren vor dem verweisenden oder abgebenden und vor dem übernehmenden Gericht ein Rechtszug.** [2] **Wird eine Sache an ein Gericht eines niedrigeren Rechtszugs verwiesen oder abgegeben, ist das weitere Verfahren vor diesem Gericht ein neuer Rechtszug.**

1 **I. Systematik.** Die Vorschrift ist ebenso wie § 21 eine Ergänzung zu § 15 II 2. Sie gibt den Umfang und die Abgrenzung des Rechtszugs bei einer Verweisung oder einer Abgabe an. Demgegenüber enthält § 21 die Regelung bei einer Zurückverweisung. Soweit nach S. 1 derselbe Rechtszug vorliegt, entstehen neue Gebühren. Das gilt aber zwecks der Kostengerechtigkeit dann nicht, wenn derselbe Rechtsanwalt tätig werden kann, sei es auch in veränderter Eigenschaft, etwa vorher als ProzBev nach § 81 ZPO, jetzt als Verkehrsanwalt. Für ihn ist dann (selbstverständlich) nicht VV 3100 anzuwenden, sondern VV 3400. Andernfalls richtet sich die Erstattungsfähigkeit der Mehrkosten nach § 91 II 3 ZPO.

2 Wenn das Gericht eine Klage wegen des Fehlens eines notwendigen Verweisungsantrags **als unzulässig abweist,** wenn der Kläger dann aber vor dem in Wahrheit zuständigen Gericht neu klagt, handelt es sich um eine neue Angelegenheit, nicht etwa um eine Fortsetzung des Rechtszugs.

3 **II. Regelungszweck.** Er ist einerseits die Vermeidung einer zu hohen Vergütung, andererseits die Sicherstellung einer angemessenen in den im Einzelnen sehr unterschiedlichen Fallgruppen von S. 1, 2, bei denen der Rechtsanwalt sehr unterschiedlich schwierige Aufgaben lösen muss. Diese letzteren Gesichtspunkte sind bei der Auslegung besonders mitbeachtlich.

4 **III. Anwendungsbereich.** § 20 gilt für ein gerichtliches Verfahren auf Verweisung oder Abgabe jeder Art. Der bisherige und der neue Gerichtszweig sind also unerheblich. Es ist für die gebührenrechtliche Beurteilung unerheblich, ob das Gericht prozessual zulässigerweise verwiesen hat.

5 § 20 gilt **nicht** bei einer Verweisung oder Abgabe an eine andere **Verwaltungsbehörde** oder von dieser an eine weitere. Es kommt dann darauf an, ob es sich um dieselbe Angelegenheit handelt, ob also § 15 I, II 1 anzuwenden sind. § 20 gilt auch nicht bei der Zulassung eines Rechtsmittels. Dann gilt § 16 Nr. 11, § 17 Nr. 9, oder § 21 bei einer Zurückverweisung.

6 **IV. Abhängigkeit von der Verweisungsebene.** Es gibt einen breiten Anwendungsbereich. Es kommt nicht darauf an, ob die Abgabe oder Verweisung mit Recht erfolgte.

7 **1. Grundsatz.** Die Verfahren vor dem verweisenden oder abgebenden und vor dem übernehmenden Gericht bilden nach S. 1 nur für denselben Rechtsanwalt nur dann denselben Rechtszug nach § 15 II 2 und damit dieselbe Angelegenheit nach § 15 I, wenn die Sache in derselben prozessualen Instanz und damit als sog. Horizontalverweisung auf derselben Ebene bleibt.

8 Demgegenüber liegen nach **S. 2** mehrere Rechtszüge vor, soweit eine Abgabe oder Verweisung und damit auch etwa eine Zurückverweisung nach § 21 erst in der höheren Instanz (unabhängig davon, ob das erstinstanzliche Gericht seine Zuständigkeit bejaht oder ebenfalls verneint hatte, BGH NJW 2020, 932 Rn. 11) und damit eine sog. vertikale oder Diagonalverweisung erfolgt (OLG Frankfurt a. M. GRUR 1988, 646; LG Düsseldorf JurBüro 1983, 1035; VGH Bayern NVwZ-RR 2010, 663). Das gilt auch dann, wenn zB das LG als Berufungsgericht an eine erstinstanzliche Kammer desselben LG verweist (KG JurBüro 1987, 696; OLG München MDR 1992, 523; OLG Oldenburg AnwBl 1985, 262).

2. Beispiele zur Frage einer Anwendbarkeit von S. 1 oder S. 2

9 **AG an LG:** → „Sachliche Unzuständigkeit".

Arbeitsgerichtsverfahren: → „Rechtswegeverweisung".

BSG an SG: S. 2 ist anzuwenden, soweit das BSG als Erstgericht an ein SG abgibt, zB nach §§ 39 II, 51, 98 SGG.

BVerwG an VG: S. 1 ist anzuwenden, soweit das BVerwG als Erstgericht an ein VG verweist, zB nach § 50 VwGO.

Einstweilige Verfügung: S. 1 ist auf eine Verfügung nach § 942 I ZPO und das weitere Eilverfahren vor dem LG anzuwenden (OLG Koblenz JurBüro 1982, 1103).

Finanzgerichtsverfahren: S. 1 ist anzuwenden, § 70 FGO.

Funktionelle Unzuständigkeit: S. 1 ist anzuwenden, soweit es um eine Abgabe wegen der funktionellen Zuständigkeit einer anderen Abteilung usw desselben Gerichts nach dem Geschäftsverteilungsplan geht, zB bei §§ 97 ff. GVG.

Genossenschaftsrecht: → „Sachliche Unzuständigkeit".

Gerichtsbarkeit: → „Rechtswegeverweisung".

Geschäftsverteilungsplan: → „Funktionelle Unzuständigkeit".

Handelssache: → „Funktionelle Unzuständigkeit".

Haushaltssache: → „Sachliche Unzuständigkeit".

Kompetenzkonflikt: → „Zuständigkeitsbestimmung".

Landwirtschaftsverfahren: → „Sachliche Unzuständigkeit".

LG an AG: → „Sachliche Unzuständigkeit", → „Schifffahrtssache".

Markensache: → „Sachliche Unzuständigkeit".

Örtliche Unzuständigkeit: S. 1 ist anzuwenden, zB bei § 70 FGO, § 83 VwGO, § 281 ZPO. S. auch bei den anderen Stichwörtern.

OVG an BVerwG: S. 1 ist anzuwenden, soweit das OVG oder ein VGH als Berufungsgericht an einen Wehrdienstsenat des BVerwG verweist (BVerwG Rpfleger 1982, 310). Auch → „Sachliche Unzuständigkeit".

OLG an VG: S 2 ist hier anzuwenden. Die Verfahren vor dem Erstgericht (LG) und dem VG sind zwei verschiedene Angelegenheiten, BGH NJW 2020, 932 Rn. 12 ff. mNachw zum Meinungsstand; aA hier bis zur 50. Aufl.).

Pflichtverteidiger: S. 1 ist auch bei ihm anzuwenden (OLG Hamm Rpfleger 1999, 235).

Prozessgericht an FamFG-Gericht: → „Sachliche Unzuständigkeit".

Rechtswegeverweisung: S. 1 ist anzuwenden, soweit eine Verweisung mit der Begründung erfolgt, es sei ein anderer Rechtsweg statthaft, zB nach §§ 17 ff. GVG, § 12 I 1 ArbGG (OLG Hamburg AGS 2016, 312), § 48a ArbGG, § 52 III SGG, § 34 III FGO, § 41 III VwGO, sofern die Sache auf derselben Ebene bleibt.

Sachliche Unzuständigkeit: S. 1 ist anzuwenden, soweit eine Verweisung wegen einer sachlichen Unzuständigkeit auf derselben Ebene erfolgt. Das gilt auch bei einer derartigen Verweisung vom AG an das erstinstanzliche LG zB nach §§ 281, 506, 696, 700 III ZPO, § 112 II GenG, § 270 StPO, oder vom erstinstanzlichen LG an das AG (OLG Hamm JMBl. NRW 1979, 119), zB nach §§ 281, 506, 696, 700 III ZPO, § 82 MarkenG, § 112 II GenG, ferner zB nach §§ 50 II, 83 VwGO, § 98 SGG, § 12 LwVG (Abgabe), §§ 209, 270 StPO, § 102 S. 2 JGG. S. auch bei den anderen Stichwörtern.

Schifffahrtssache: S. 1 ist anzuwenden, soweit ein erstinstanzliches LG an ein Schifffahrtsgericht verweist (OLG Nürnberg JurBüro 1991, 1636). Auch → Rn. 10 „Sacliche Unzuständigkeit".

SG (VG) an gleichartiges Gericht: S. 1 ist anzuwenden, soweit ein SG oder VG wegen örtlicher Unzuständigkeit an ein gleichartiges anderes Gericht verweist, zB § 98 SGG.

Sozialgerichtsverfahren: → „BSG an SG", → „Rechtswegeverweisung", → „SG (VG) an gleichartiges Gericht", → „Übergang kraft Gesetzes".

Strafverfahren: S. 1 ist anzuwenden, zB bei §§ 209, 270 StPO, auch bei § 51, soweit der Verteidiger vor dem übernehmenden Gericht ebenfalls irgendwie tätig wird (OLG Hamm JurBüro 1999, 194). → „Sachliche Unzuständigkeit", → „Übergang kraft Gesetzes".

Übergang kraft Gesetzes: S. 1 ist anzuwenden, soweit eine Sache kraft Gesetzes an ein anderes Gericht übergeht, zB nach § 215 SGG, § 13a, 14, 15 StPO, § 36 I Nr. 1–4 ZPO.

Überörtliche Sozietät: Werden vor dem verweisenden und vor dem nunmehr zuständigen Gericht Mitglieder derselben überörtlichen Sozietät tätig, fallen dieselben Gebühren nur einmal an (OLG Frankfurt a. M. NJW-RR 1999, 435).

Verwaltungsgerichtsverfahren: → „BVerwG an VG", → „Örtliche Zuständigkeit", „OVG an BVerwG", → „Rechtswegeverweisung".

Vorverfahren: S. 1 ist **nicht anzuwenden,** soweit es um die ja schon endgültig verdiente Gebühr nach § 84 geht (OLG Hamm JurBüro 2001, 362).

Wehrdienstsache: → „OVG an BVerwG".

Zuständigkeitsbestimmung: S. 1 ist **nicht anzuwenden,** soweit es um die Bestimmung des zuständigen Gerichts zur Behebung eines positiven oder negativen Kompetenzkonflikts nach § 36 I Nr. 5, 6 ZPO, § 5 FamFG geht. Denn dann liegt eine neue Angelegenheit vor, weil bereits eine rechtskräftige Vorentscheidung vorhanden ist (aA Gerold/Schmidt/Mayer Rn. 4). Die auf die Bestimmung des zuständigen Gerichts gerichtete Tätigkeit gehört zur Instanz nach § 19 I 2 Nr. 3.

10 **3. Gebührenfolgen.** Bei einer Verweisung oder Abgabe auf derselben Ebene nach → Rn. 7 ff. entstehen diejenigen Gebühren nicht nochmals, die vor dem zunächst angerufenen Gericht entstanden waren (BVerwG AnwBl 1981, 191; OLG Frankfurt a. M. MDR 1979, 682). Das gilt nach → Rn. 1 freilich nur, soweit derselbe Rechtsanwalt tätig bleibt und soweit der Gebührentatbestand dort bereits abgeschlossen war (OLG Frankfurt a. M. GRUR 1988, 646; OLG Hamburg MDR 1990, 361; LG Krefeld Rpfleger 1981, 320). Wenn er an einem Termin teilgenommen hatte und wenn das Gericht anschließend verwiesen hat, ist seine volle Terminsgebühr bereits entstanden. Dasselbe gilt dann, wenn der Kläger einen Sachantrag stellt und wenn der Bekl. demgegenüber eine Unzuständigkeit einwendet, selbst wenn der Kläger daraufhin hilfsweise einen Verweisungsantrag stellt.

11 Eine erst **nach der Verweisung** anfallende Gebühr tritt zu der bereits entstandenen Vergütung (selbstverständlich) hinzu (OLG Bamberg JurBüro 1979, 366; SG Stuttgart AnwBl 1979, 188). Für die einheitliche Grundgebühr usw nach VV 4100 ff. ist derjenige Rahmen maßgeblich, der vor dem höchsten der beteiligten Gerichte gilt (OLG Hamburg Rpfleger 1990, 223; OLG Hamm JurBüro 2001, 362; OLG Schleswig JurBüro 1984, 867).

12 Wegen der **Anrechnung** der Gebühr des Verkehrsanwalts nach VV 3400 auf die Verfahrensgebühr und umgekehrt → § 15 Rn. 94. Wenn das SG nach § 52 III SGG an das VG oder an das Zivilgericht verweist, muss man jede Gebühr gesondert berechnen, die Rahmengebühr für die Tätigkeit vor dem SG unter Berücksichtigung der weiteren Tätigkeit vor dem anderen Gericht nach § 14.

13 Entsprechendes gilt bei einer Verweisung vom **VG** an ein anderes Gericht des ersten Rechtszugs (BVerwG AnwBl 1981, 191). Das gilt mit der Einschränkung, dass man die Tätigkeit des Rechtsanwalts vor dem VG höher bewerten muss als diejenige Tätigkeit, die dann erforderlich gewesen wäre, wenn der Antrag unmittelbar beim anderen Gericht erfolgt wäre. Der Rechtsanwalt erhält die höhere Gebühr.

14 **V. Kostenerstattung.** Sie richtet sich nach den allgemeinen Vorschriften, zB §§ 91 ff. ZPO, § 113 I 2 FamFG. Wegen eines Anwaltswechsels Anders/Gehle/Gehle ZPO § 91 Rn. 124 ff. Vgl. ferner → Rn. 1.

Zurückverweisung, Fortführung einer Folgesache als selbständige Familiensache

21 [I] **Soweit eine Sache an ein untergeordnetes Gericht zurückverwiesen wird, ist das weitere Verfahren vor diesem Gericht ein neuer Rechtszug.**

[II] **In den Fällen des § 146 des Gesetzes über das Verfahren in Familiensachen und in den Angelegenheiten der freiwilligen Gerichtsbarkeit, auch in Verbindung mit § 270 des Gesetzes über das Verfahren in Familiensachen und in den Angelegenheiten der freiwilligen Gerichtsbarkeit, bildet das weitere Verfahren vor dem Familiengericht mit dem früheren einen Rechtszug.**

[III] **Wird eine Folgesache als selbständige Familiensache fortgeführt, sind das fortgeführte Verfahren und das frühere Verfahren dieselbe Angelegenheit.**

Historie: Überschrift, II und III geändert durch Art. 47 VI Nr. 9 FGG-RG v. 17.12.2008 (BGBl. I 2586 (2717)) mWv 1.9.2009; Materialien: BT-Drs. 16/6308 (Gesetzentwurf), BT-Drs. 16/9733 (Beschlussempfehlung und Bericht), BT-Drs. 16/9831 (Änderungsantrag).

I. Systematik. § 21 schafft einen neuen Rechtszug. Erst in ihm gilt § 19 und dort zB I 2 Nr. 2. Über das Verhältnis von § 21 zu §§ 15 ff. → § 20 Rn. 1 I bildet eine Ausnahme von § 15 I. II bildet eine Ausnahme von der Ausnahme des I und damit eine Rückkehr zum Grundsatz des § 15 I. § 15 V 2 hat nach dort → § 15 Rn. 97 beim dortigen Zeitraum von über 2 Kalenderjahren den Vorrang. § 21 gilt für jedes gerichtliche Verfahren, auch für das Strafverfahren (OLG Düsseldorf Rpfleger 1994, 38). Das übersieht OLG Schleswig JurBüro 1997, 418 offenbar. Die Vorschrift gilt auch für das Verfahren vor dem BVerfG (BGH NJW 2013, 3453), oder nach dem FamFG (vgl. OLG Stuttgart JurBüro 1996, 588; AG Tiergarten AnwBl 1984, 111), oder in der Finanzgerichtsbarkeit oder im SGG-Verfahren. 1

II. Regelungszweck. Die Vorschrift dient einer angemessenen Berücksichtigung besonders schwieriger Anwaltsaufgaben (vgl. BGH NJW-RR 2004, 1294). Der Rechtsanwalt muss ja gerade nach einer Zurückverweisung im Allgemeinen besonders darauf achten, dass dem Fehler des Erstgerichts nicht neue andere Verfahrensfehler folgen. Sie können leider erfahrungsgemäß dem mit einer Zurückverweisung konfrontierten Richter aus Nervosität usw passieren. Der Rechtsanwalt muss ferner besonders berücksichtigen, dass überhaupt immerhin oft fast das gesamte erstinstanzliche Verfahren praktisch noch einmal beginnt. Das muss man bei der Auslegung mitbeachten, ebenso wie die Regel, dass I als eine Ausnahmevorschrift eng auszulegen ist, II als eine Rückkehr zum Grundsatz nach → Rn. 1 aber weit auszulegen ist. 2

III. Anwendungsbereich (I). § 21 gilt in jedem gerichtlichen Verfahren, nicht aber bei einer Zurückverweisung vom Gericht an die Staatsanwaltschaft oder Verwaltungsbehörde. Die Vorschrift enthält auch im Bereich außerhalb von VV 3100 ff. einen allgemeinen Vergütungsgrundsatz. Die Vorschrift gilt auch beim Verkehrsanwalt. 3

1. Zurückverweisung. Die Vorschrift versteht unter einer Zurückverweisung nur eine solche den Rechtsmittelzug beendende Entscheidung. Sie braucht nicht ausdrücklich „Zurückverweisung" zu lauten. Sie muss zumindest teilweise statt einer an sich möglichen eigenen Sachentscheidung zB nach § 538 II ZPO zur abschließenden nochmaligen Beurteilung zunächst wieder gerade nur durch ein diesem Rechtsmittelgericht untergeordnetes Gericht erfolgen (OLG Hamburg JurBüro 1983, 1515; OLG Oldenburg AnwBl 1985, 261). Dabei mag sie an einen anderen Senat, eine andere Kammer oder eine andere Abteilung dieses untergeordneten Gerichts gehen. Die Zurückverweisung darf nach → § 20 Rn. 18 nur nicht an ein solches Gericht eines niedrigeren Rechtszugs gehen, das einem anderen Rechtsweg angehört. Die Sache muss also nach → Rn. 8 „Sachentscheidung" an das zurückverweisende Gericht durch ein Rechtsmittel gelangt sein. Bei einer Beschwerde muss aber auch die Hauptsache durch das Rechtsmittel zu dem zurückverweisenden Gericht gelangt sein. Das vorgeordnete Gericht darf nach → § 20 Rn. 3 ff. nicht erstinstanzlich tätig geworden sein. 4

Untergeordnetes Gericht nach § 21 ist auch ein solches oberes Bundesgericht, an das das BVerfG die Sache auf Grund einer Verfassungsbeschwerde zurückverweist. Auch dann ergibt sich die Notwendigkeit einer weiteren Verhandlung unter einer Berücksichtigung der beim BVerfG ergangenen Entscheidung. 5

Keine Unterordnung liegt vor, soweit das Rechtsmittelgericht an **sein** erstinstanzliches Gremium „zurückverweist". Denn das ist in Wahrheit eine Verweisung nach § 20, → § 20 Rn. 4. 6

Es ist **nicht erforderlich,** dass die Zurückverweisung nach § 563 I 2 ZPO, § 354 II 2, III StPO, § 144 V VwGO, § 170 III SGG gerade an dasjenige Gericht erfolgt, gegen dessen Entscheidung sich das Rechtsmittel richtet. 7

2. Beispiele zur Frage einer Anwendbarkeit (I)

Abgabe: → „Verweisung". 8

Ablehnung: → „Sachentscheidung".

Anerkenntnisentscheidung: Eine Zurückverweisung kann mit einem (teilweisen) Anerkenntnisurteil nach § 307 ZPO zusammen ergehen.

Aussetzung: → „Grundentscheidung".

Erledigung der Hauptsache: Eine Zurückverweisung **fehlt** mangels einer Sachentscheidung des Rechtsmittelgerichts nach beiderseitigen wirksamen Erledigterklärungen.

Grundentscheidung: Eine Zurückverweisung liegt der Sache nach dann vor, wenn in der Rechtsmittelinstanz eine Grundentscheidung zB nach § 304 ZPO ergeht (OLG Hamm AnwBl 2002, 112; OLG Koblenz JurBüro 1997, 642; OLG Oldenburg AGS 2000, 167 (2. ZS); aA BGH FamRZ 2004, 1194; OLG Bremen MDR 2002, 298; OLG Oldenburg JurBüro 2002, 474 (6. ZS, aber auch dann können alle Merkmale → Rn. 3 vorliegen)).

Es mag das **Rechtsmittel** gegen die Grundentscheidung sachlich teilweise Erfolg gehabt haben (OLG Schleswig JurBüro 1996, 135, oder auch ganz geblieben sein (OLG Düsseldorf JurBüro 1997, 364; OLG Koblenz JurBüro 1997, 643; OLG Oldenburg AGS 2000, 167; aA BGH NJW-RR 2004, 1294; OLG Bremen MDR 2002, 298; OLG Oldenburg JurBüro 2002, 474, aber auch dann können alle Voraussetzungen → Rn. 3 vorliegen). Das gilt auch bei einer Zurückverweisung durch eine Versäumnisentscheidung nach § 539 ZPO (OLG Düsseldorf JurBüro 1978, 1808).

Weiteres Beispiel: Der BGH nimmt eine Revision gegen ein Grundurteil nicht an (OLG Frankfurt a. M. AnwBl 1984, 98; OLG Koblenz JurBüro 1997, 643; aA OLG Hamburg JurBüro 1987, 233).

Eine Zurückverweisung **fehlt** in folgenden Fällen: Ein Grundurteil ist ohne die Einlegung eines Rechtsmittels rechtskräftig geworden; es ist keine Sachentscheidung des Rechtsmittelgerichts ergangen, etwa wegen einer Rechtsmittelrücknahme nach → „Rechtsmittelrücknahme", oder wegen einer Verwerfung als unzulässig nach → „Unzulässigkeit des Rechtsmittels"; die Parteien haben einen Zwischenvergleich geschlossen. Denn das getrennte Verfahren über den Grund und den Betrag in derselben Instanz ohne eine Entscheidung des Rechtsmittelgerichts begründet keinen neuen Rechtszug. Das gilt selbst dann, wenn die Parteien über den Betrag weiter verhandeln, ohne die Entscheidung des Rechtsmittelgerichts im Verfahren über das Grundurteil abzuwarten.

Eine andere Beurteilung kann dann gelten, wenn die Parteien zwar in der eben genannten Situation zunächst weiterverhandeln, wenn das Gericht aber das **Betragsverfahren** wegen der Einlegung eines Rechtsmittels gegen das Grundurteil aussetzt.

Auch → „Stillschweigende Entscheidung".

Nebenentscheidung: → „Sachentscheidung".

Prozesshindernde Einrede: → „Zwischenentscheidung".

Prozesskostenhilfe: → „Sachentscheidung".

Rechnungslegung: → „Teilentscheidung".

Rechtsmittelrücknahme: Eine Zurückverweisung **fehlt** mangels einer Sachentscheidung des Rechtsmittelgerichts wegen einer Rechtsmittelrücknahme zB nach § 516 ZPO.

Rechtsmittelverwerfung: → „Sachentscheidung".

Rest der Klageforderung: → „Teilurteil", → „Übernahme einer Rechtsansicht".

Revision: → „Grundentscheidung".

Ruhen des Verfahrens: Eine Zurückverweisung **fehlt** mangels einer Sachentscheidung des Rechtsmittelgerichts nach einem Ruhen nach § 251 ZPO.

Sachentscheidung: Eine Zurückverweisung **fehlt** nach → Rn. 3, soweit die Sache ohne eine Sachentscheidung durch ein Urteil oder einen Beschluss des übergeordneten Gerichts an das Erstgericht zurückfällt. Eine solche Lage kann zB nach einem Ablehnungs-, Prozess- oder Verfahrenskostenhilfe- oder sonstigen Neben- oder Zwischenverfahren vorliegen, ferner nach einer → „Rechtsmittelrücknahme" oder → „Rechtsmittelverwerfung".

Scheidung: Nach ihrem erstinstanzlichen Ausspruch gilt vor dem Beschwerdegericht I. **Nicht anzuwenden** ist I nach einer erstinstanzlichen Abweisung. Dann gilt nach → Rn. 13 vielmehr II.

Sprungrevision: Eine Zurückverweisung liegt zB bei § 566 ZPO auch dann vor, wenn zB der BGH die vorher beim LG anhängig gewesene Sache an das OLG zurückverweist.

Stillschweigende Entscheidung: Eine Zurückverweisung kann auch dann vorliegen, wenn das Gericht sie zwar nicht ausdrücklich ausspricht, wenn sie sich aber verfahrensrechtlich ergibt (OLG Koblenz JurBüro 1997, 642). Ein Verzicht auf die Notwendigkeit einer Sachentscheidung bei einer Zurückverweisung wäre allerdings unrichtig. Auch → „Grundentscheidung".

Stufenklage: Eine Zurückverweisung liegt bei § 254 ZPO dann vor, wenn das Berufungsgericht die Berufung gegen ein Auskunftsurteil zurückweist, und nach → „Teilentscheidung" dann, wenn das Erstgericht nun zur Höhe entscheiden muss (OLG Koblenz JurBüro 1975, 474; OLG Schleswig JurBüro 1975, 473).

Eine Zurückverweisung **fehlt** dann, wenn das Rechtsmittelgericht selbst zur Auskunft verurteilt und die Sache nur zur restlichen Entscheidung zurückgibt (OLG München NJW-RR 2011, 717).

Teilentscheidung: Eine Zurückverweisung liegt vor, soweit das Rechtsmittelgericht über ein Rechtsmittel gegen eine Teilentscheidung nach § 301 ZPO entscheidet, während das Erstgericht über den Rest der Forderung weiter verhandeln lässt (OLG Düsseldorf MDR 1993, 1021; aA OLG München JurBüro 1981, 1677; Gerold/Schmidt/Mayer Rn. 6, 25, aber auch dann können alle Merkmale → Rn. 3 vorliegen). Diese Situation kann auch dann eine Zurückverweisung nach § 21 dann darstellen, wenn das Teilurteil des Rechtsmittelgerichts nur die erste Stufe einer Stufenklage nach § 254 ZPO, also nur die Auskunft und Rechnungslegung betrifft und wenn der Kläger anschließend die Leistungsklage weiter betreibt (OLG Hamm AnwBl 2002, 112; OLG Schleswig JurBüro 1975, 473; aA OLG München MDR 1998, 1501; LG Berlin Rpfleger 1999, 239), oder wenn das Berufungsgericht den nach einem erstinstanzlichen Teilurteil über § 538 I ZPO nun in die Berufung gelangten Anspruch dort dem Grunde nach mitbeurteilt (so schon OLG München AnwBl 1985, 589), oder wenn das Berufungsverfahren gegen das Teilurteil zur ersten Stufe durch einen Vergleich endet und der Rest in der ersten Instanz bleibt (OLG Hamm JurBüro 2000, 302; OLG Schleswig JurBüro 1975, 473).

Übernahme einer Rechtsansicht: Eine Zurückverweisung **fehlt** dann, wenn sich das Erstgericht wegen eines bei ihm anhängig gebliebenen Teils der Klageforderung der Auffassung des Rechtsmittelgerichts zum dort entschiedenen weiteren Teil anschließt (OLG München Rpfleger 1981, 456).

Unzulässigkeit des Rechtsmittels: Eine Zurückverweisung **fehlt** nach → „Sachentscheidung", soweit das Rechtsmittelgericht ein Rechtsmittel zB nach § 522 ZPO als unzulässig verwirft.

Vergleich: Eine Zurückverweisung **fehlt** grds. mangels einer → Sachentscheidung des Rechtsmittelgerichts, soweit sich die Parteien in der Rechtsmittelinstanz vergleichen, auch nur über den Grund.

Versäumnisentscheidung: Eine Zurückverweisung liegt auch beim bloßen Versäumnisentscheid des Rechtsmittelgerichts nach § 539 ZPO unter den übrigen Voraussetzungen vor. Denn auch das ist eine Sachentscheidung (OLG Düsseldorf JurBüro 1978, 1808).

Verwaltungsbehörde: Eine Zurückverweisung **fehlt,** soweit das Gericht an diese Behörde abgibt. Denn sie ist kein untergeordnetes „Gericht" nach I. Nach einer solchen Abgabe liegt nach → § 15 Rn. 74 „Zurückverweisung" eine neue Angelegenheit vor.

Verweisung: An der Zurückverweisung ändert sich nichts dadurch, dass das Erstgericht die Sache anschließend wirksam an ein anderes, auch an das vorgeordnete, Gericht verweist oder „abgibt" (OLG Hamm JurBüro 1979, 54). Natürlich muss man die Tätigkeit ab einer solchen Verweisung wie sonst evtl. zusätzlich vergüten.

Verwerfung: → „Unzulässigkeit des Rechtsmittels".

Zulässigkeitsrüge: Eine Zurückverweisung liegt vor, soweit das Rechtsmittelgericht die Verwerfung einer Zulässigkeitsrüge bestätigt, → „Zwischenentscheidung". Auch → „Unzulässigkeit des Rechtsmittels".

Zurückfallen der Sache: → „Sachentscheidung".

Zurücknahme des Rechtsmittels: Eine Zurückverweisung **fehlt,** soweit der Rechtsmittelführer ein Rechtsmittel zB nach § 516 ZPO zurücknimmt.

Zwischenentscheidung: Soweit auf ein Zwischenurteil des LG zB nach §§ 280, 302 ZPO nur das OLG die Berufung verworfen oder zurückgewiesen hat und der Prozess vor dem LG weiterläuft, entsteht eine Gebühr nach § 21 (OLG Hamburg JurBüro 1983, 1515; OLG Koblenz JurBüro 1997, 642; aA OLG München JurBüro 1984, 1177, aber auch dann liegen alle Merkmale → Rn. 3 vor). Das gilt selbst dann, wenn das OLG keine ausdrückliche Zurückverweisung ausgesprochen hatte (OLG Koblenz JurBüro 1997, 642).

Zwischenverfahren: → „Sachentscheidung".

9 **IV. Neuer Rechtszug (I).** Es stehen sich ein Grundsatz und eine Ausnahme gegenüber. Zum Vorrang von I gegenüber § 19 → § 19 Rn. 1.

10 **1. Grundsatz (I).** Der schon vor der Zurückverweisung in dieser Angelegenheit tätig gewesene Rechtsanwalt erhält eine Gebühr für seine weitere Tätigkeit außerhalb → Rn. 12 unabhängig von derjenigen Gebühr, die er im früheren erstinstanzlichen Verfahren und/oder in der Rechtsmittelinstanz vor dem Rechtsmittelgericht verdient hat. Das gilt wegen → Rn. 1 und wegen → § 19 Rn. 1 auch für die Geschäftsgebühr nach VV 2300. Denn sie steht der in → Rn. 12 genannten Verfahrensgebühr nicht gleich (vgl. LG Aachen MDR 1988, 593; aA OLG Düsseldorf JurBüro 1983, 697).

11 Das gilt aber (selbstverständlich) nur insoweit, als durch seine Tätigkeit im Verfahren nach der Zurückverweisung **neue Gebühren** entstehen, etwa nach VV 3104 (Gerold/Schmidt/Mayer Rn. 7), oder nach VV 4105 (OLG Düsseldorf Rpfleger 1994, 38). Er erhält für diese weitere Tätigkeit eine Gebühr (selbstverständlich) nur nach dem jetzigen Gegenstandswert. Wenn also das Rechtsmittelgericht eine Entscheidung des Erstgerichts zum Teil bestätigt, bleibt dieser Wert außer Betracht (OLG Köln JurBüro 1979, 697). Soweit sich der Gegenstandswert nach der Zurückverweisung erhöht, ist er für diejenige Gebühr maßgeblich, die erst jetzt entsteht. Dabei kommt es zB für die Terminsgebühr darauf an, wann das Gericht den jetzt erheblichen Termin durchgeführt hat. Eine Anrechnung einer früher entstandenen Einigungsgebühr erfolgt nicht.

12 **2. Verfahrensgebühr.** Zu ihr ist als Ausnahme eine Anrechnungsvorschrift in VV Vorb. 3 VI vorrangig. Das setzt (selbstverständlich) eine frühere gleichartige Tätigkeit desselben Rechtsanwalts im bisherigen Verfahren voraus. Das alles gilt auch bei der Verfahrensgebühr eines Verkehrsanwalts (OLG München JurBüro 1992, 167). Es gilt auch im Verfahren der freiwilligen Gerichtsbarkeit (BayObLGZ 2000, 63 = JurBüro 2000, 582 (583)).

13 **V. §§ 146, 270 FamFG (II).** Soweit das Rechtsmittelgericht ein den Scheidungsantrag abweisenden Beschluss aufhebt, muss es die Sache nach § 146 I 1 FamFG, in einer Lebenspartnerschaftssache iVm § 270 FamFG, dann an dasjenige Gericht zurückverweisen, das die Abweisung ausgesprochen hat, wenn bei diesem Gericht eine Folgesache zur Entscheidung ansteht. Dann bildet das weitere Verfahren vor dem FamG mit dem früheren Verfahren abweichend von I denselben Rechtszug. Die nach der Zurückverweisung bereits vorher für diesen Rechtsanwalt angefallenen Gebühren entstehen also nicht noch einmal. Das gilt auch dann, wenn nach dem Geschäftsverteilungsplan des FamG jetzt eine andere Abteilung funktionell zuständig ist, → Rn. 3 (vgl. OLG Hamm JurBüro 1995, 139).

14 Natürlich erhält der erst **nach** der Zurückverweisung tätig gewordene Rechtsanwalt, eine volle Vergütung wie sonst. Der bisherige Rechtsanwalt erhält solche Gebühren, die ihm vor der Zurückverweisung noch nicht entstehen konnten, jetzt aber für ihn aus seiner weiteren Tätigkeit anfallen, etwa infolge einer erstmals jetzt über eine Folgesache anfallenden Tätigkeit (OLG Frankfurt a. M. AnwBl 1983, 519, Erhöhung des Gegenstandswerts, → Rn. 16, evtl. unerheblich bei § 47). Eine Kostenerstattung richtet sich nach §§ 150 ff. FamFG (OLG Hamburg MDR 1975, 852).

15 **VI. Fortführung als selbständige Familiensache (III).** Die Vorschrift erfasst den Fall § 142 II 2, 3 FamFG (OLG Zweibrücken FamRZ 2012, 1413). → Rn. 14 bleibt zu beachten.

Abschnitt 4. Gegenstandswert

Grundsatz

22 **I In derselben Angelegenheit werden die Werte mehrerer Gegenstände zusammengerechnet.**

II 1 Der Wert beträgt in derselben Angelegenheit höchstens 30 Millionen Euro, soweit durch Gesetz kein niedrigerer Höchstwert bestimmt ist. 2 Sind in derselben Angelegenheit mehrere Personen wegen verschiedener Gegenstände Auftraggeber, beträgt der Wert für jede Person höchstens 30 Millionen Euro, insgesamt jedoch nicht mehr als 100 Millionen Euro.

Historie: II 1 geändert durch Art. 20 Nr. 3 2. JuMoG v. 22.12.2006 (BGBl. I 3416 (3429)) mWv 31.12.2006; Materialien: BT-Drs. 16/3038 (Gesetzentwurf), BT-Drs. 16/3640 (Beschlussempfehlung und Bericht). II 2 geändert durch Art. 8 I Nr. 11 2. KostRMoG v. 23.7.2013 (BGBl. I 2586 (2689)) mWv 1.8.2013; Materialien: BT-Drs. 17/11471 (Gesetzentwurf), BT-Drs. 17/13537 (Beschlussempfehlung und Bericht), BT-Drs. 17/14120 (Beschlussempfehlung).

I. Zusammenrechnung (I). Die den § 39 I GKG, § 33 FamGKG ähnelnde Vorschrift ergänzt § 2 I. Wenn eine und dieselbe Angelegenheit nach → § 15 Rn. 9 und nach §§ 15, 16, → VV 1008 Rn. 3 und im gerichtlichen Verfahren in demselben Rechtszug nach § 15 II mehrere Gegenstände nach → § 7 Rn. 27 umfasst, muss man die Werte für jede Gebühr schon wegen § 15 II 1 meist zusammenrechnen (BVerfGE 96, 251 = NJW 1997, 3430 (3431); OLG Köln NJW 2009, 3586; OLG Stuttgart JurBüro 2015, 248). Vgl. auch §§ 5 ZPO, 48 I GKG. Das gilt also zB auch dann, wenn mehrere Rechtsstreite oder Verfahren oder ein Rechtsstreit oder ein außergerichtlicher Vergleich nach § 779 BGB die Ansprüche für oder gegen eine oder mehrere Personen regeln (OLG Koblenz 2009, 249; OVG Nordrhein-Westfalen JurBüro 2009, 252; OLG Zweibrücken AnwBl 2000, 695), oder gegen mehrere Drittschuldner nach § 840 ZPO (LG Koblenz JurBüro 2010, 49; aA BGH NJW-RR 2011, 933), oder wenn ein eingeforderter Anspruch und ein noch nicht anhängiger weiterer Anspruch unter einen gemeinsamen Vergleich oder eine Einigung fallen (Meyer JurBüro 2010, 521), oder wenn ein Teilgegenstand ausscheidet und ein anderer hinzukommt (KG JurBüro 2008, 148). Die Mehrheit von Gegenständen mag sich also erst im Verlauf derselben Angelegenheit ergeben. Die Folge dieser Zusammenrechnung ist der Umstand, dass die Gebühr wegen der Degression der Gebührentabelle meist niedriger ausfällt als zwei Einzelgebühren auf Grund der Einzelwerte. Das darf der Rechtsanwalt nicht durch eine Vereinzelung der Angelegenheiten unterlaufen (BGH NJW 2004, 1045). 1

Die Zusammenrechnung nach I ist aber rechtssystematisch die **Ausnahme.** Man muss die Vorschrift also eng auslegen (OLG Hamburg MDR 1984, 166; E. Schneider Rpfleger 1982, 370). Das gilt insbesondere im Verfahren nach dem GNotKG etwa beim Kauf nebst einer Belastungsvollmacht (LG Duisburg JurBüro 2007, 428). Es gibt viele Zusammenrechnungsverbote. Eine Zusammenrechnung findet zB nicht statt bei VV 1009 Anm. III und auch nicht bei § 28, ferner nicht bei § 44 GKG (OLG Schleswig JurBüro 1975, 473), und nicht bei §§ 45, 48 II–IV GKG. Nach I kann man dann verfahren müssen, wenn der Rechtsanwalt nach einer Tätigkeit im Erkenntnisverfahren nun im Kostenfestsetzungsverfahren tätig wird (LG Berlin JurBüro 1999, 33). Führt I nicht zu einer Erhöhung der Vergütung, kann VV 1008 entsprechend anzuwenden sein (BGHZ 81, 40 = NJW 1981, 2757; aA OLG Köln Rpfleger 1987, 263). 2

Nicht anzuwenden sind I, II bei verschiedenen Angelegenheiten. 3

II. Grundsatz: Absoluter Höchstwert (II 1 Hs. 1). Die Vorschrift ist verfassungsgemäß (BVerfGE 118, 1 = NJW 2007, 2098; vgl. freilich DAV AnwBl 2006, 532; Henke AnwBl 2006, 55). Sie gilt bei einem einzigen Auftraggeber. Bei mehreren gilt II 2. II 1 Hs. 1 entspricht § 39 II Hs. 1 GKG, § 33 II Hs. 1 FamGKG. Sie 4 gilt allgemein, aber nur für den gesetzlich ermittelten Gegenstandswert. Sie gilt auch bei § 15 III (Enders JurBüro 2017, 339). Sie gilt auch bei mehreren Gegenständen innerhalb derselben Angelegenheit nach → § 15 Rn. 9ff. als die Obergrenze des Gesamtwerts. Sie gilt sogar bei unterschiedlichen Parteirollen desselben Auftraggebers innerhalb derselben Angelegenheit. Sie gilt also nicht etwa auch für den nach → § 3a Rn. 25 zulässig vereinbarten höheren Wert. Denn § 3a hat den Vorrang. Andernfalls würde einer der Grundsätze des RVG an dieser Stelle seine Grenze finden. Das ist zwar vielleicht der Wunschtraum manchen Politikers, aber nicht der erkennbare Text und nicht der allein erkennbare Sinn und Zweck des RVG.

5 Das gilt umso mehr seit der erheblich weiteren Liberalisierung der Vereinbarkeit zB im Bereich des § 34 (Beratung, Gutachten und Mediation). Denn jetzt **darf** der Rechtsanwalt die ganze Honorarfrage nicht nur aushandeln, sondern **soll** das sogar tun. II soll sogar dann keine unabdingbare absolute Grenze ziehen.

6 **III. Abdingbarkeit (II 1 Hs. 1).** Sie ist also die wahre Geltungsgrenze von II. Die Partner des Anwaltsvertrags müssen lediglich die Bedingungen des § 3a einhalten und mögen eine Erstattung nur in den Grenzen von II herbeiführen können. Das passt auch allein zur unveränderten Grundhaltung des RVG, den Rechtsanwalt evtl. für nur sehr wenig Geld erheblich arbeiten zu lassen, und umgekehrt.

7 **IV. Vorrang anderer Bestimmungen (II 1 Hs. 2).** Wie bei §§ 39 II Hs. 2 GKG, 33 II Hs. 2 FamGKG stellt auch § 22 II 1 in Hs. 2 klar, dass eine andere gesetzliche Bestimmung vor Hs. 1 den Vorrang hat. Das gilt zB bei § 23 III 2 lt. Hs. (Höchstwert dort nur 500.000 EUR) usw. Auch diese geringeren Höchstwerte gelten wie bei Hs. 1 nach → Rn. 4, 5 aber nicht bei einer wirksamen Vereinbarung höherer Werte nach § 4.

8 **V. Mehrheit von Auftraggebern (II 2).** Die Vorschrift gibt bei jedem Auftraggeber je Angelegenheit unter Mitbeachtung von § 7 I zunächst rein rechnerisch einen Höchstwert von 30 Mio. EUR in derselben Angelegenheit nach → § 15 Rn. 9ff. (OLG Köln NJW 2009, 3586). Drei Auftraggeber würden also einen Höchstwert von 90 Mio. EUR ausmachen. Den vierten könnte man aber nur noch mit weiteren 10 Mio. EUR bewerten. Denn auch bei einer Mehrheit von Auftraggebern lautet der gesetzliche Höchstwert je Angelegenheit auf 100 Mio. EUR (Enders JurBüro 2017, 396). Auf die Zahl der Gegenstände nach → § 15 Rn. 12 kommt es innerhalb derselben Angelegenheit ebenfalls an (vgl. BGH NJW 2010, 1373). Denn der Wortlaut spricht jetzt eindeutig zusätzlich von verschiedenen Gegenständen.

9 **Abdingbarkeit** nach → Rn. 5 gilt (selbstverständlich) auch hier. Es kommt dabei auf jeden einzelnen Auftraggeber an. Hat der Rechtsanwalt mit dem Mandanten A nichts nach § 4 zum Wert vereinbart, darf er für ihn höchstens 30 Mio. EUR als Wert ansetzen. Hat er mit B eine wirksame Wertvereinbarung getroffen, mag er ihm gegenüber entsprechend mehr ansetzen dürfen, usw. Das gilt umso mehr, als die evtl. nach VV 7007 zu beanspruchende Erstattung der etwaigen Prämie einer Haftpflichtversicherung beim Haftungsbetrag von über 30 Mio. keinen vollen Haftungsausgleich garantieren kann.

Allgemeine Wertvorschrift

23 I [1]**Soweit sich die Gerichtsgebühren nach dem Wert richten, bestimmt sich der Gegenstandswert im gerichtlichen Verfahren nach den für die Gerichtsgebühren geltenden Wertvorschriften.** [2]**In Verfahren, in denen Kosten nach dem Gerichtskostengesetz oder dem Gesetz über Gerichtskosten in Familiensachen erhoben werden, sind die Wertvorschriften des jeweiligen Kostengesetzes entsprechend anzuwenden, wenn für das Verfahren keine Gerichtsgebühr oder eine Festgebühr bestimmt ist.** [3]**Diese Wertvorschriften gelten auch entsprechend für die Tätigkeit außerhalb eines gerichtlichen Verfahrens, wenn der Gegenstand der Tätigkeit auch Gegenstand eines gerichtlichen Verfahrens sein könnte.** [4]**§ 22 Absatz 2 Satz 2 bleibt unberührt.**

II [1]**In Beschwerdeverfahren, in denen Gerichtsgebühren unabhängig vom Ausgang des Verfahrens nicht erhoben werden oder sich nicht nach dem**

Wert richten, ist der Wert unter Berücksichtigung des Interesses des Beschwerdeführers nach Absatz 3 Satz 2 zu bestimmen, soweit sich aus diesem Gesetz nichts anderes ergibt. [2]Der Gegenstandswert ist durch den Wert des zugrunde liegenden Verfahrens begrenzt. [3]In Verfahren über eine Erinnerung oder eine Rüge wegen Verletzung des rechtlichen Gehörs richtet sich der Wert nach den für Beschwerdeverfahren geltenden Vorschriften.

III [1]Soweit sich aus diesem Gesetz nichts anderes ergibt, gelten in anderen Angelegenheiten für den Gegenstandswert die Bewertungsvorschriften des Gerichts- und Notarkostengesetzes und die §§ 37, 38, 42 bis 45 sowie 99 bis 102 des Gerichts- und Notarkostengesetzes entsprechend. [2]Soweit sich der Gegenstandswert aus diesen Vorschriften nicht ergibt und auch sonst nicht feststeht, ist er nach billigem Ermessen zu bestimmen; in Ermangelung genügender tatsächlicher Anhaltspunkte für eine Schätzung und bei nichtvermögensrechtlichen Gegenständen ist der Gegenstandswert mit 5 000 Euro, nach Lage des Falles niedriger oder höher, jedoch nicht über 500 000 Euro anzunehmen.

Historie: I 2, III 1 geändert durch Art. 47 VI Nr. 10 FGG-RG v. 17.12.2008 (BGBl. I 2586 (2717)) mWv 1.9.2009; Materialien: BT-Drs. 16/6308 (Gesetzentwurf), BT-Drs. 16/9733 (Beschlussempfehlung und Bericht), BT-Drs. 16/9831 (Änderungsantrag). III 1 und 2 geändert durch Art. 8 I Nr. 12 2. KostRMoG v. 23.7.2013 (BGBl. I 2586 (2689)) mWv 1.8.2013; Materialien: BT-Drs. 17/11471 (Gesetzentwurf), BT-Drs. 17/13537 (Beschlussempfehlung und Bericht), BT-Drs. 17/14120 (Beschlussempfehlung).

Schrifttum: Bertelsmann, Gegenstandswerte in arbeitsgerichtlichen Beschlussverfahren, 2000; Brinkmann, Die Ermittlung des Gegenstandswertes in arbeitsgerichtlichen Beschlußverfahren, JurBüro 2010, 119; Kallenbach, Wie bestimme ich den Gegenstandswert für meine Anwaltsgebühren?, AnwBl 2012, 246.

Übersicht

I. Systematik. Die Vorschrift bestimmt zunächst allgemein die Regeln zur Ermittlung desjenigen Gegenstandswerts des Gegenstands nach → § 15 Rn. 12, nach dem sich die Gebühren des Rechtsanwalts richten. Ergänzend gelten §§ 24 ff. für die dort genannten Tätigkeitsbereiche als vorrangige Sondervorschriften. Für das Wertfestsetzungsverfahren gelten §§ 32, 33. Man muss grundsätzlich unterscheiden, und zwar zwischen einem gerichtlichen Verfahren, einer solchen Tätigkeit, deren Gegenstand auch derjenige eines gerichtlichen Verfahrens sein könnte, und einer anderen Angelegenheit nach → § 15 Rn. 9 ff. Wegen der Hinweispflicht auf Wertgebühren → Vor § 1 Rn. 17. 1

II. Regelungszweck. I, II dienen der Vereinfachung und Vereinheitlichung bei der Wertermittlung vor Gericht. Man muss die Vorschrift daher so weit wie irgend vertretbar in diesem Sinn auslegen. III bezweckt im Bereich der Notwendigkeit einer 2 solchen selbständigen Wertbemessung eine Abwägung zwischen einem Ermessens und festen Ermessensgrenzen. Letztere sind (selbstverständlich) auch schon bei der Ermessensausübung mitbeachtbar. Man darf zB keinen Durchschnittsfall hart an der festen Obergrenze bewerten.

3 **III. Gerichtliches Verfahren (I, II).** Bei diesem Tätigkeitsbereich bestimmt der Streit- oder Geschäftswert für die Gerichtsgebühren im Grundsatz auch den Gegenstandswert für die Anwaltsgebühren (BGH NJW-RR 2018, 700 Rn. 21). Vier Aspekte sind zu beachten.

4 **1. Begriff (I 1).** Gerichtliches Verfahren ist jedes Verfahren vor einem Gericht irgendwelcher Art mit einem oder mehreren unabhängigen staatlichen Richtern nach Art. 92, 97 GG zur Herbeiführung einer Entscheidung, auch dasjenige der freiwilligen Gerichtsbarkeit (Enders JurBüro 2009, 281, Üb.). Es ist nur die Anwaltstätigkeit „in" dem Verfahren nötig, nicht eine solche direkt vor dem Gericht. Es reicht daher zB die Tätigkeit eines Verkehrsanwalts nach VV 3400. Es kommt nicht darauf an, ob das Verfahren vor dem Urkundsbeamten der Geschäftsstelle, dem Rpfleger, dem Richter oder dem Gerichtsvollzieher bei einer Zwangsvollstreckung stattfindet. Das übersehen Ahlemeier/Pautz DGVZ 1990, 39.

5 **„Verfahren"** ist dabei jeder durch Prozessregeln geordnete Ablauf zwecks einer gerichtlichen Entscheidung oder Rechtsgestaltung oder Entscheidungsdurchsetzung. Jedes Verfahren hat seinen eigenen Wert (OLG Hamburg AnwBl 2003, 114). **Mangels einer Gerichtsgebühr** oder deren Wertabhängigkeit gilt III, → Rn. 15.

2. Beispiele zur Frage einer Anwendbarkeit von I 1

6 **Adhäsionsverfahren:** Anzuwenden (BGH NStZ-RR 2018, 263).

Arbeitssache: Anzuwenden ist I 1 in einem solchen Verfahren, § 1 Nr. 5 GKG (vgl. freilich auch § 2 II GKG) (BAGE 94, 336 = NJW-RR 2001, 495; LAG Berlin MDR 2003, 1021; LAG Rheinland-Pfalz NZA-RR 2007, 542). Wegen eines Ausschlusses eines Betriebsratsmitglieds LAG Hamm BB 1985, 994 (zum alten Recht).

Betragsrahmengebühr: Nicht anzuwenden ist I 1 bei einer solchen Gebühr etwa einer in Strafsache oder Sozialgerichtssache (aA BSG BB 1978, 663 (Ls.), aber das ist eine gänzlich andere Bewertungsmethode).

Betreuungssache: Anzuwenden ist I 1 in einem solchen Verfahren (OVG Sachsen NVwZ-RR 2016, 119, Kindertagesstätte).

Betriebsrat: → „Arbeitssache".

Bürgerlicher Streit: Anzuwenden ist I 1 in jedem solchen Prozess.

Festgebühr: Nicht anzuwenden ist I 1 hier. Es gilt → Rn. 6.

Finanzgericht: Anzuwenden ist I 1 in einem solchen Verfahren.

Freiwillige Versteigerung: Nicht anzuwenden ist I 1 außerhalb der Zwangsvollstreckung.

Gutachterausschuss: → „Verwaltungsbehörde".

Insolvenz: Vorrang hat § 28.

Landwirtschaftsgericht: Anzuwenden ist I 1 in einem solchen Verfahren.

Mahnverfahren: Anzuwenden ist I 1 bei §§ 688 ff. ZPO (OLG Karlsruhe JurBüro 2007, 428).

Nachlassache: Anzuwenden ist I 1 in einem solchen Verfahren.

Räumung: → „Zwangsvollstreckung".

Registersache: Anzuwenden sein kann I 1 in einer solchen Sache.

Schifffahrtsrechtliches Verteilungsverfahren: Vorrang hat § 29.

Sozialgericht: Anzuwenden sein kann I 1 auch in einem solchen Verfahren. Aber → „Betragsrahmengebühr", „Festgebühr".

Spruchstelle: → „Verwaltungsbehörde".

Unterbringung: Anzuwenden ist I 1 in einem solchen Verfahren (LG München I AnwBl 1983, 31).

Verfassungsgericht: Anzuwenden ist I 1 in einem solchen Verfahren (OVG Nordrhein-Westfalen FamRZ 2008, 800).

Verwaltungsbehörde: Anzuwenden ist I 1 insoweit, als das Gesetz für eine anwaltige Tätigkeit vor einer nicht staatlichen Stelle ausdrücklich auf Gebührenvorschriften für gerichtliche Verfahren **verweist,** etwa in § 36 oder in VV Vorb. 6.2 III.

Denn dann muss man auch die zugehörige Bewertung ebenso wie bei einem gerichtlichen Verfahren vornehmen. Ferner mag ein Verwaltungsverfahren die notwendige Vorstufe eines Gerichtsverfahrens sein. Insoweit kann I 3 anzuwenden sein.

Nicht anzuwenden ist I 1 grds. bei einer Tätigkeit des Rechtsanwalts vor einer Verwaltungsbehörde oder vor einer Spruchstelle oder einem Gutachterausschuss und einem ähnlichen nichtgerichtlichen Spruchkörper (aA BayObLG AnwBl 2003, 182), auch nicht seine Mitwirkung bei einer Beurkundung oder Beglaubigung. Denn die letzteren Vorgänge stellen kein gerichtliches Verfahren dar. Auch → Rn. 8 ff.

Verwaltungsgericht: Anzuwenden ist I 1 in einem solchen Verfahren (OVG Nordrhein-Westfalen NVwZ-RR 2010, 999).

Zwangsversteigerung, Zwangsverwaltung: Anzuwenden sein kann I 1 auch in einem solchen Verfahren nach § 869 ZPO usw. Es gibt aber eigene vorrangige Wertvorschriften nach §§ 26, 27 (LG Bonn JurBüro 1980, 887).

Zwangsvollstreckung: Anzuwenden ist I 1 grds. im Verfahren nach §§ 704 ff. ZPO einschließlich einer Räumung nach § 885 ZPO (aA Ahlemeier/Pautz DGVZ 1990, 39). **Vorrang** hat aber § 25.

3. Festgebühr nach GKG oder FamGKG (I 2). Oft nennt das GKG eine Festgebühr, zB in KV 1121, 1123, 1510 GKG. Dasselbe gilt beim FamGKG, zB in KV 1311, 1312, 1600–1603, 1710 ff. FamGKG. Der Grundsatz der Anknüpfung an einen Streitwert würde dann unbrauchbar sein. Deshalb macht I 2 dann die Wertvorschriften des GKG oder FamGKG wenigstens entsprechend anzuwenden. 7

4. Außergerichtliche prozessbezogene Tätigkeit usw (I 3). Die Vorschrift gilt, soweit der Rechtsanwalt zB im Hinblick auf ein gerade in dieser und nicht nur in irgendeiner anderen Angelegenheit nach → § 15 Rn. 9 bevorstehendes oder bereits stattfindendes gerichtliches Verfahren und damit in einem inneren Zusammenhang mit ihm nach → Rn. 3–8 tätig wird, jedoch nicht gerade **in** ihm. Es kommt also nur darauf an, ob der Gegenstand seiner Tätigkeit erfahrungsgemäß und im Allgemeinen auch der Gegenstand eines gerichtlichen Verfahrens sein könnte (OLG München AGS 2017, 39). Das ist so, soweit es um einen materiellrechtlichen Anspruch geht. Dann richtet sich der Gegenstandswert ebenfalls nach den für das gerichtliche Verfahren voraussichtlich geltenden Vorschriften. Das gilt (selbstverständlich) nur, soweit der Streitwert und der Gegenstandswert übereinstimmen (OLG Bamberg JurBüro 1981, 923; OLG Saarbrücken JurBüro 1991, 835). Das Hauptanwendungsgebiet ist die Tätigkeit in dem ein gerichtliches Verfahren vorbereitenden Abschnitt sowie diejenige, die ein gerichtliches Verfahren vermeiden soll. Dabei ist eine weite Auslegung notwendig. 8

Eine Gebühr entsteht für eine solche Tätigkeit allerdings nur dann, wenn der Rechtsanwalt **keinen Prozessauftrag** erhält, sei es, dass sich die Angelegenheit ohne ein gerichtliches Verfahren erledigt, sei es, dass der Rechtsanwalt in dem anschließenden gerichtlichen Verfahren nicht tätig werden soll und auch nicht tätig wird. Soweit er im gerichtlichen Verfahren tätig wird, muss man nach VV Vorb. 3 IV 1 die Gebühr für die vorangehende oder gleichzeitige außergerichtliche Tätigkeit unter Umständen auf die Verfahrensgebühr für das gerichtliche Verfahren anrechnen. 9

Soweit eine Klageinreichung nach § 42 V GKG **fehlt,** ist auf die erste Geltendmachung des Anspruchs oder auf die Erledigung abzustellen. 10

5. Beispiele zur Frage einer außergerichtlichen prozessbezogenen Tätigkeit (I 3)

Allgemeine Geschäftsbedingungen: Nicht hierher gehört ihr Entwurf mangels ausreichenden Zusammenhangs mit einem konkreten Verfahren. 11

Aufhebungsvertrag: Hierher gehört ein solcher die Kündigung des Arbeitgebers vermeidender Vorgang (BAGE 94, 336 = NJW-RR 2001, 495).

Auskunft: Hierher gehört eine Auskunft wegen eines bevorstehenden Verfahrens (BGH NJW 2007, 2051, Räumung).

Nicht hierher gehört dergleichen außerhalb eines Gerichtsverfahren(splans).

Aussöhnungsversuch: Hierher gehört eine solche Bemühung.

Einigungsversuch: Hierher gehört der Versuch einer gütlichen Einigung.

Erbteilung: Hierher gehört wegen § 2042 BGB ein Erbteilungsvorschlag.

Folgesache: Hierher gehört die Verhandlung in einer beliebigen Scheidungsfolgesache nach §§ 137 ff. FamFG.

Kündigung: Hierher gehört ein solcher Vorgang beliebigen Ursprungs (OVG Niedersachsen JurBüro 2014, 305, Schwerbehinderter; Gerold/Schmidt/Müller-Rabe Rn. 25; Riedel/Sußbauer/Potthoff Rn. 11; differenzierend Gerold/Schmidt/Müller-Rabe Rn. 24; aA N. Schneider MDR 2000, 685, aber es kann zB die Wirksamkeit einer Kündigung ein tragender rechtskraftfähiger Bestandteil eines Räumungsurteils sein und beim Feststellungsurteil auf eine Beendigung des Mietverhältnisses ebenso wirken).

Mahnung: Hierher gehört ein solcher Vorgang beliebigen Ursprungs.

Rat: Es gilt dasselbe wie bei einer „Auskunft".

Rechtsmittel: Hierher gehört das Abraten von einem Rechtsmittel.

Sanierungsversuch: Hierher gehört eine solche Bemühung.

Vergleich: Hierher gehört ein außergerichtlicher Vergleich nach § 779 BGB.

Vertragsentwurf: Nicht hierher gehört eine solche Tätigkeit nach VV 2300.

Vorbereitung: Hierher gehört die Vorbereitung zB einer Klage oder einer Rechtsverteidigung.

Vorverfahren: Hierher gehört ein Einspruchs-, Widerspruchs- oder Beschwerdeverfahren als Vorstufe für ein auch nur evtl. nachfolgendes verwaltungs- oder finanzgerichtliches Verfahren (OVG Berlin NJW 1982, 2517).

Zahlungsaufforderung: Hierher gehört eine solche Aufforderung. Das gilt selbst dann, wenn der Rechtsanwalt derzeit noch nicht klagen soll.

Zwangsvollstreckung: Hierher gehört die Vorankündigung eines solchen Verfahrens gegen den Fiskus nach § 882a ZPO.

12 **6. Maßgebliche Wertvorschriften (I 1–4).** Vgl. im Einzelnen §§ 39 ff. GKG, §§ 33 ff. FamGKG und die in den Anh. nach §§ 48, 51, 52 GKG kommentierten weiteren Vorschriften der ZPO, der InsO usw, ferner § 83 GNotKG (LG München I AnwBl 1983, 31), auch iVm § 34 LwVG. Die Regelung ist verfassungsgemäß. Das gilt insbesondere insoweit, als er auch auf die Einkommens- und Vermögensverhältnisse der Parteien oder Beteiligten abstellt (BVerfGE 80, 106 = NJW 1989, 1985). I 4 verweist überflüssigerweise auf den ohnehin geltenden § 22 II 2. Das bedeutet nicht etwa, dass § 22 II 1 nicht anzuwenden wäre. Denn auch diese Vorschrift gilt außerhalb einer wirksamen Wertvereinbarung allgemein. Grundsätzlich bleibt nicht zu beachten, in welcher Instanz das Verfahren abläuft (BPatG GRUR 2012, 1176).

13 **IV. Beschwerdeverfahren (II).** Es handelt sich um Klarstellungen dahin, dass der Rechtsanwalt auch dann Wertgebühren fordern kann, wenn seine Tätigkeit in einem solchen Verfahrensabschnitt erfolgt, für den es entweder keine Gerichtsgebühr oder nur eine wertunabhängige Gerichtsgebühr gibt oder für die eine gerichtliche Festgebühr entsteht. Es gilt dann nach II 1 grds. die Verweisung auf III 2 mit einer Berücksichtigung des wirtschaftlichen Interesses des Beschwerdeführers (BGH GRUR 2018, 654; OVG Sachsen NVwZ-RR 2010, 207), und mit der in II 2 genannten Begrenzung. II 3 verweist für den Wert einer Erinnerung oder der Rüge der Verletzung des rechtlichen Gehörs nach § 12a GKG, § 44 FamFG auf die Regeln zum Beschwerdeverfahren. Maßgeblich sind nicht die vom Beschwerdeführer behaupteten Verhältnisse, sondern die evtl. vom Sachverständigen ermittelten tatsächlichen (BGH NJW-RR 2005, 101).

14 **V. Andere Angelegenheit (III).** Soweit es für die Gerichtsgebühren des gerichtlichen Verfahrens keine Wertvorschriften gibt, muss man den Gegenstandswert nach III bestimmen (vgl. BayObLGR 1999, 7 = NJW-RR 1999, 1375). Das gilt vor allem dann, wenn das Verfahren gerichtsgebührenfrei ist (OLG Düsseldorf JurBüro 1993, 554; OLG Brandenburg FamRZ 2006, 1860; LG Hannover JurBüro 1987, 231; aA LAG Bremen MDR 1986, 260; VGH Bayern BayVBl. 1982, 60, aber das ist gerade ein typischer Fall). Es gilt auch dann, wenn sich die Gerichtsgebühr nicht nach einem Streitwert, Geschäftswert usw richtet, sondern wenn sie zB eine Rahmengebühr darstellt. Insofern gelten jedoch vielfach Sonderregeln. Ratsam ist eine Honorarvereinbarung nach § 3a. Mangels einer solchen Vereinbarung sollte man in drei Prüfschritten vorgehen.

1. Begriff (III 1). III ist eine Auffangvorschrift (LAG Bremen AnwBl 1984, 165; LAG Schleswig-Holstein JurBüro 2007, 258). Das wird schon durch die Formulierung „soweit sich aus diesem Gesetz nichts anderes ergibt" und durch das Wort „andere" deutlich. Man muss also zunächst prüfen, ob ein gerichtliches Verfahren mit wertabhängigen Gebühren nach → Rn. 2, 12 vorliegt oder ob es sich um eine der Tätigkeiten → Rn. 8–11 handelt. Erst wenn beides nicht so ist, liegt eine andere Angelegenheit nach III 1 vor. 15

Man muss also auch darauf achten, dass diejenige Tätigkeit des Rechtsanwalts, die einem gerichtlichen Verfahren **vorausgeht** oder die sich lediglich in einer außergerichtlichen Förderung eines gerichtlichen Verfahrens erstreckt, evtl. gemäß I 3 nach den für das gerichtliche Verfahren geltenden Wertvorschriften und nicht etwa nach III bewertbar ist. Es kommt also nicht nur darauf an, ob der Rechtsanwalt auch unmittelbar vor einem Gericht tätig geworden ist. 16

2. Beispiele zur Frage einer anderen Angelegenheit (III 1)

Aufhebungsverhandlung: Nach III gehört eine Verhandlung zwecks Aufhebung eines Arbeitsverhältnisses (LAG Köln MDR 1997, 600; AG Hamburg AnwBl 1989, 241). 17

Außergerichtlicher Streit: Nach III gehört die Vertretung eines Beteiligten bei einer solchen Auseinandersetzung (Stecher FamRZ 1989, 1038).

Beratung: Nach III gehört eine außergerichtliche Beratung.

Betriebsratsanfechtung: Nach III gehört die Anfechtung einer Wahl eines Betriebsrats (LAG Hamm NZA-RR 2005, 435).

Betriebsratsauflösung: Nach III gehört der Streit um die Auflösung eines Betriebsrats (LAG Berlin-Brandenburg NZA 2010, 967; LAG Köln JurBüro 1998, 366).

Betriebsratsbüro: Nach III gehört der Streit um ein Büro für den Betriebsrat (ArbG Stralsund JurBüro 2001, 594).

Betriebsratsfreistellung: Nach III gehört der Streit um die weitere Freistellung eines Betriebsratsmitglieds (LAG Düsseldorf JurBüro 1992, 94), oder eine Freistellung an einem bestimmten Einzeltag (LAG Köln NZA-RR 2007, 605).

Betriebsratskündigung: Nach III gehört der Streit um die Ersetzung der Zustimmung zur Kündigung eines Mitglieds des Betriebsrats (LAG Nürnberg JurBüro 2001, 595).

Betriebsratswahl – Abbruch: Derzeit 10.000 EUR (LAG Schleswig-Holstein NZA-RR 2014, 495).

Erbvertrag: Nach III gehört seine Anfechtung.

Gebrauchsmuster-Löschungsverfahren: III ist anzuwenden (BPatG JurBüro 2017, 74, sehr ausf.).

Kooperationsvertrag: Nach III gehört eine Mitwirkung an ihm (BGH VersR 1989, 103 mablAnm Madert AnwBl 1990, 223).

Patentrecht: Vgl. BGH GRUR 2018, 654.

Personalvertretungs-Beschlussverfahren: Nach III gehört der Streit um ein Beschlussverfahren zur Personalvertretung (OVG Mecklenburg-Vorpommern NVwZ-RR 2004, 159; OVG Sachsen-Anhalt JurBüro 2007, 427).

Sozialplan: Nach III gehört der Streit um die Anfechtung eines Sozialplans (BAG NZA 2005, 1136; LAG Düsseldorf JurBüro 2002, 314), oder der Streit um eine Zusatzleistung (BAG NZA 2017, 518).

Streitbeendigung: Es gilt dasselbe wie beim „Vergleich".

Testamentsentwurf: Nach III gehört eine solche Tätigkeit.

Umgruppierung: Nach III gehört der Streit um eine Umgruppierung (LAG Hamm NZA-RR 2005, 435).

Vergleich: Nicht nach III, sondern nach I 3 gehört ein solcher streitbeendender Vorgang.

Vertragsentwurf: Nach III gehört der Entwurf oder die Verhandlung über einen Vertrag (Stecher FamRZ 1989, 1038).

3. Maßgebliche Wertvorschriften (III 1). Man vergleiche die dort genannten Vorschriften des GNotKG. Der maßgebende Zeitpunkt für die Bewertung ist derjenige, in dem der Rechtsanwalt die Gebühren verdient, nicht derjenige der Fälligkeit nach § 8. Das Gericht prüft im Rahmen eines pflichtgemäßen Ermessens, ob Ver- 18 bindlichkeiten abzuziehen sind (OLG Hamm FamRZ 2011, 242). Ein Abzug ist insoweit berechtigt, als die Beteiligten eine Verbindlichkeit bei der Beratungstätigkeit usw als feststehend angesehen hatten. Das ist regelmäßig bei einer öffentlichen Last so. Wenn die Verbindlichkeit aber ein Gegenstand der beratenden Tätigkeit des Rechtsanwalts war, sind sie nicht abzuziehen. Eine rückwirkende nachträgliche Änderung des Einheitswerts kann sich auch hier auswirken (OLG Karlsruhe JurBüro 1982, 112). „Bei" der Bestellung nach § 43 S. 1 GNotKG wird der Rechtsanwalt auch dann tätig, wenn es nicht zu ihr kommt.

19 Während bei der Bewertung in einem gerichtlichen Verfahren oder der nach I 3 wertmäßig gleichstehenden Tätigkeit sämtliche Wertvorschriften des GNotKG anzuwenden sind, sind in einer **anderen Angelegenheit** nach III nur die in III 1 genannten abschließend aufgezählten Wertvorschriften des GNotKG heranzuziehen. Andernfalls muss man eine Schätzung nach III 2 vornehmen. Bei einem Leistungsaustauschvertrag ist jede Anwaltstätigkeit zwecks des Abschlusses eines Austauschvertrags einzubeziehen.

20 Manche gehen bei einer Veräußerung eines **Geschäftsanteils** von seinem objektiven Wert aus und errechnen diesen im Allgemeinen aus dem Endpreis (aA H. Schmidt NJW 1975, 1418). Bei der Neufassung eines Gesellschaftsvertrags muss man alle Einlagen und den Firmenwert zusammenziehen, auch wenn der Rechtsanwalt nur einen einzelnen Gesellschafter vertritt (OLG Stuttgart AnwBl 1976, 440; aA BGH NJW-RR 1995, 758, aber der Rechtsanwalt hat eine Mitverantwortung an der Neugestaltung des gesamten Rechtsverhältnisses). Bei der Mitwirkung an einer Kooperationsvereinbarung ist ein Bruchteil des Umsatzes angemessen (BGH VersR 1989, 103).

21 **4. Fehlen von Wertvorschriften (III 2).** Soweit sich der Gegenstandswert nicht aus den in III 1 genannten Vorschriften ergibt und soweit er auch wirklich nicht sonst feststeht, gilt III 2 als eine Auffangvorschrift (BPatG GRUR-RR 2015, 230; OLG München NZM 2017, 94; Brinckmann JurBüro 2010, 120). Das Gericht muss den Wert dann nach seinem „billigen" und in Wahrheit wie stets pflichtgemäßen Ermessen durch eine Schätzung bestimmen (BAG NZA 2017, 518; BPatG JurBüro 2017, 74, sehr ausf.). Soweit es sich eindeutig um eine bestimmte Summe handelt, etwa bei einem Darlehen, einer Schenkung oder einer Steuererklärung, steht der Gegenstandswert fest (LAG Bremen AnwBl 1984, 165; aA Mümmler JurBüro 1990, 949; Schall AnwBl 1991, 614, aber bei einer selbst nur schwierig erkennbaren eindeutigen Summe bleibt kein Platz für eine andere Bewertung). Eine Ausnahme mag bei einem weit übersetzten Scheinantrag vorliegen.

22 Oft liegen **keine genügenden** tatsächlichen **Anhaltspunkte** für eine pflichtgemäße Schätzung vor oder es handelt sich um eine nichtvermögensrechtliche Angelegenheit nach § 36 II GNotKG (LAG Köln NZA-RR 2008, 541; LAG Nürnberg NZA-RR 2006, 491; LAG Baden-Württemberg JurBüro 1992, 601). Dann richtet sich der Wert nach dem Schwierigkeitsgrad und dem Umfang der Anwaltstätigkeit (LAG Bremen NZA 2007, 1390). Man muss das wirtschaftliche Interesse des Antragstellers mitbeachten (BPatG GRUR-RR 2015, 230; OVG Niedersachsen NVwZ-RR 2011, 423). Es beträgt der Gegenstandswert grundsätzlich 5.000 EUR, III 2 Hs. 2 (BGH JurBüro 2007, 315; BAG NZA 2017, 518; OVG München NZM 2017, 94).

5. Beispiele zur Frage einer Anwendbarkeit von III 2

23 **Arbeitgebervertreter:** III 2 gilt bei der Beleidigung eines solchen Funktionärs (LAG Baden-Württemberg NZA-RR 2008, 93).

Bebauungsplan: Meist nicht gilt III 2 in einem solchen Streit.

Beschlussverfahren des Arbeitsgerichts: Vgl. zB auch BAG NZA 2000, 556; LAG Hamburg NZA-RR 2005, 210; LAG Nürnberg NZA-RR 2006, 491.

Betreuungsverfahren: III 2 gilt hier (LG Frankfurt a. M. NZFam 2015, 786).

Betriebsratsgröße: Sie ist nicht zu beachten (LAG Schleswig-Holstein NZA-RR 2015, 157; VGH Bayern JurBüro 2000, 534; aA LAG Köln MDR 2005, 342).

Betriebsratsvorsitzender: III 2 gilt beim Streit um ein Zutrittsrecht dieses Funktionärs (LAG Hamm NZA-RR 2007, 153).

Betriebsratszutritt: Maßgebend ist III 2, nicht eine Monatsvergütung (LAG Hamburg NZA-RR 1927, 317).

BetrVG: III 2 gilt zB in einem Verfahren nach

§ 5 III, IV BetrVG (LAG Hamburg JurBüro 2012, 308; LAG Hamm NZA-RR 2016, 610);

§ 9 BetrVG (LAG Hamburg NZA-RR 2016, 159 (bis 20 Beschäftigte); LAG Köln NZA-RR 2008, 541);

§ 19 BetrVG (LAG Hamm JurBüro 2012, 532; aA LAG Dresden NZA-RR 2015, 56, evtl. 20.000 EUR);

§ 23 I BetrVG (LAG Nürnberg JurBüro 2014, 77);

§ 37 VI BetrVG (LAG Dresden NZA-RR 2014, 497; LAG Düsseldorf JurBüro 2017, 199 (LAG Schleswig-Holstein NZA-RR 2014, 97);

§ 38 BetrVG (LAG Schleswig-Holstein NZA-RR 2008, 93);

§ 40 BetrVG (LAG Berlin-Brandenburg JurBüro 2014, 586);

§ 48 III 1 BetrVG (LAG Baden-Württemberg JurBüro 2011, 595);

§ 76 II BetrVG (LAG Berlin NZA-RR 2004, 342; LAG Thüringen JurBüro 1997, 421; LAG München DB 1983, 2044 (Ls.));

§ 77 VI BetrVG (LAG Hamm NZA-RR 2006, 154);

§ 78 IV Nr. 2 BetrVG (LAG Hamburg NZA-RR 2007, 154);

§ 87 I Nr. 1 BetrVG (LAG Hamm NZA-RR 2006, 96);

§ 87 I Nr. 2 BetrVG (LAG Köln NZA-RR 2007, 152);

§ 87 I Nr. 3 BetrVG (LAG Rheinland-Pfalz NZA-RR 2008, 376);

§ 87 I Nr. 10, 11 BetrVG (LAG Rheinland-Pfalz NZA-RR 2007, 658);

§ 99 I 1 BetrVG (LAG Hamburg JurBüro 2014, 22; LAG Schleswig-Holstein NZA 2015, 1344);

§ 99 IV BetrVG (LAG Dresden NZA-RR 2015, 96; LAG Schleswig-Holstein NZA-RR 2015, 665; LAG Köln NZA-RR 2015, 100; aA LAG Hamburg NZA-RR 2013, 432: § 33, Monatsgehalt; LAG Hamm NZA-RR 2015, 49: § 42 II GKG; LAG Nürnberg NZA-RR 2014, 212: nach Einstellungsdauer $^{1}/_{3}$-$^{1}/_{1}$-Hilfswert);

§ 100 II 3 BetrVG: wie bei § 99 IV BetrVG (LAG Baden-Württemberg NZA-RR 2010, 102; aA LAG Hamburg NZA-RR 2013, 432: 0,5 Monatsgehalt);

§ 103 II BetrVG (LAG Hamburg NZA-RR 2011, 489; LAG Rheinland-Pfalz NZA-RR 2011, 215);

§§ 111 ff. BetrVG (LAG Düsseldorf NZA-RR 2009, 276; LAG Hamm NZA-RR 2011, 271; OVG Niedersachsen JurBüro 2014, 484).

Einigungsstelle: III 2 gilt bei einer Anfechtung des Spruchs einer solchen Stelle (LAG Hamburg JurBüro 2012, 364; LAG Hamm NZA-RR 2014, 385: grds. 5.000 EUR, evtl. Abzug; LAG Rheinland-Pfalz NZA-RR 2007, 380: 2–3facher Ausgangswert).

FamFG: III 2 gilt bei § 107 FamFG (vgl. BayObLGR 1999, 7 = NJW-RR 1999, 1375). Im Vermittlungsverfahren nach § 165 FamFG mag § 36 GNotKG entsprechend anzuwenden sein (OLG Nürnberg JurBüro 2006, 200: 3.000 EUR (OLG Brandenburg FamRZ 2006, 1860: 1.000 EUR).

Jugendhilfe: III 2 gilt (OVG Niedersachsen JurBüro 2014, 145).

Lizenzgebühr: III 2 gilt bei einer umsatzabhängigen solchen Gebühr.

Personalvertretung: 5.000 EUR (OVG Niedersachsen JurBüro 2014, 144), aber auch 15.000 EUR (OVG Berlin-Brandenburg NZA-RR 2017, 41). VGH Bayern NVwZ-RR 2017, 799 wendet 5.000 EUR auch bei einem Massenverfahren an.

Rundfunkgebühr: III 2 gilt im Streit um Befreiung von ihr (OVG Niedersachsen JurBüro 2009, 539).

Unterlassung: III 2 gilt beim Filesharing (BGH GRUR-RR 2017, 426, 15.000 EUR; VGH Bayern NZA-RR 2017, 439: auch im Massenverfahren).

Urheberrecht: III 2 gilt auch bei einer Abmahnung wegen Filesharings (BGH GRUR-RR 2017, 496, doppelte Lizenzgebühr).

VwGO: III 2 gilt im gerichtskostenfreien verwaltungsgerichtlichen Verfahren (VG Hannover NVwZ-RR 2009, 224, kein Rückgriff auf § 52 II GKG).

6. Ausgangswert: 5.000 EUR (III 2). Der Wert von 5.000 EUR ist kein Regelwert, sondern ein bloßer Ausgangs- oder Hilfswert (BAG NZA 2017, 518; LAG Hamburg JurBüro 2012, 308; LAG Rheinland-Pfalz NZA-RR 2011, 215; aA LAG **24**

Schleswig-Holstein JurBüro 2001, 643, aber schon der Gesetzestext zeigt den bloßen Hilfscharakter).

25 **7. Wertabweichung (III 2).** Er kann nach der Lage des Einzelfalls niedriger oder höher liegen. Eine Abweichung vom Ausgangswert ist aber nicht stets schon wegen einer grundsätzlichen Bedeutung der Sache nötig (LAG Bremen BB 1979, 1096; LAG Rheinland-Pfalz NZA-RR 2005, 385). Der Aufwand des Gerichts oder eines ProzBev oder VerfBev ist nicht maßgebend, sondern nur die Bedeutung der Sache (LAG Schleswig-Holstein JurBüro 2007, 258). Beim Zusammentreffen eines vermögensrechtlichen und eines nichtvermögensrechtlichen Gegenstands nach → GKG § 48 Rn. 6 ff. muss man die Werte nach § 22 I zusammenrechnen. Jeder Anspruch hat überhaupt grundsätzlich seinen eigenen Wert (LAG Köln NZA-RR 2008, 158). 500.000 EUR sind nach III 2 lt. Hs. stets der Höchstsatz (BAG NZA 2017, 518).

8. Beispiele zur Frage einer Wertabweichung (III 2)

26 **1.250 EUR:** LAG Rheinland-Pfalz JurBüro 2016, 358.
1.333 EUR: LAG Düsseldorf NZA-RR 2007, 265.
2.000 EUR: LAG Schleswig-Holstein NZA-RR 2007, 659 (§ 100 BetrVG).
3.000 EUR: LAG Köln NZA-RR 2007, 31.
5.000 EUR: BVerwG JurBüro 2012, 197.
8.000 EUR: LAG Hamburg NZA-RR 2011, 488; LAG Rheinland-Pfalz NZA-RR 2007, 539.
12.000 EUR: LAG Schleswig-Holstein NZA-RR 2006, 660 (Eilverfahren); LAG Köln NZA-RR 2007, 152.
20.000 EUR: BPatG GRUR-RR 2015, 230 (markenrechtliches Widerspruch – Beschwerdeverfahren); LAG Köln NZA-RR 2007, 381 (Unwirksamkeit einer Gesamtbetriebsratsvereinbarung).
25.000 EUR: BPatG JurBüro 2012, 310 (markenrechtliche Löschung – Beschwerdeverfahren).
50.000 EUR: BPatG GRUR-RR 2016, 382 (markenrechtlicher Widerspruch).
10.000.000 EUR: BGH GRUR 2017, 320.

Gegenstandswert im Verfahren über die Prozesskostenhilfe

23a **I Im Verfahren über die Bewilligung der Prozesskostenhilfe oder die Aufhebung der Bewilligung nach § 124 Absatz 1 Nummer 1 der Zivilprozessordnung bestimmt sich der Gegenstandswert nach dem für die Hauptsache maßgebenden Wert; im Übrigen ist er nach dem Kosteninteresse nach billigem Ermessen zu bestimmen.**

II Der Wert nach Absatz 1 und der Wert für das Verfahren, für das die Prozesskostenhilfe beantragt worden ist, werden nicht zusammengerechnet.

Historie: Vorschrift eingefügt durch Art. 8 I Nr. 13 2. KostRMoG v. 23.7.2013 (BGBl. I 2586 (2690)) mWv 1.8.2013; Materialien: BT-Drs. 17/11471 (Gesetzentwurf), BT-Drs. 17/13537 (Beschlussempfehlung und Bericht), BT-Drs. 17/14120 (Beschlussempfehlung). I geändert durch Art. 15 Nr. 5 G zur Änd. des PKH- und Beratungshilferechts v. 31.8.2013 (BGBl. I 3533 (3539)) mWv 1.1.2014; Materialien: BT-Drs. 17/11472 (Gesetzentwurf), BT-Drs. 17/13538 (Beschlussempfehlung und Bericht), BR-Drs. 542/13 (Einigungsvorschlag).

1 **I. Normzweck, Übersicht.** Die **§§ 23a–31b** enthalten gegenüber der allgemeinen Wertvorschrift des § 23 vorrangige Sonderregelungen für eine von § 23 abweichende Ermittlung des für die Anwaltsgebühren maßgeblichen Wertes in bestimmten Verfahren. **§ 23a,** der mit dem 2. KostRMoG (→ GKG Vor § 1 Rn. 16) an die Stelle der bisherigen, inhaltsgleichen Regelungen in VV 3335 Anm. I, II aF getreten ist, betrifft die Tätigkeit des Rechtsanwalts in **Kostenhilfeverfahren** (→ Rn. 2) und verdrängt für diese den anderenfalls (→ Rn. 9) einschlägigen § 23 I 2. Für Kostenhilfeverfahren war bis zum Inkrafttreten der BRAGO streitig, ob der Gegenstandswert der Hauptsache oder aber das Kosteninteresse (dh das Interesse an der Befreiung von bestimmten Verfahrenskosten durch das Kostenhilfeverfahren) maßgeblich ist (vgl. etwa Nachw. bei LG Kassel NJW 1961, 371 (372)); **I** dient (wie die Vorgänger-

regelung § 51 II BRAGO) der Klärung dieser Streitfrage (vgl. RegE § 50 BRAGO BT-Drs. 2/2545, 247: der geringeren Bedeutung der genannten Verfahren sei bereits durch die geringeren Gebührensätze ausreichend Rechnung getragen). **II** berücksichtigt, dass gleichwohl die Gegenstände von Kostenhilfe- und Hauptsacheverfahren verschiedene sind, dass aber die Tätigkeit des Rechtsanwalts in beiden Verfahren idR inhaltlich deckungsgleich ist (zB Fertigung des Entwurfs einer Klageschrift für das Kostenhilfeverfahren und Erstellung der Klageschrift für das Hauptsacheverfahren, vgl. RegE VV 3334 BT-Drs. 15/1971, 218).

II. Anwendungsbereich. 1. Erfasste Verfahren. Der Anwendungsbereich des § 23a ergibt sich nicht unmittelbar aus dem Wortlaut der Norm, weil seit der „Hebung" der Regelungen aus dem VV durch das 2. KostRModG (→ Rn. 1) der ursprünglich in VV 3335 (und davor in § 51 I BRAGO) enthaltene Bezugspunkt dafür fehlt, welche Verfahren iSd I Hs. 2 „im Übrigen" gemeint sind. Er kann (wie regelmäßig im VV) nur der amtlichen Überschrift entnommen werden. Die dort genannten „Verfahren über die Prozesskostenhilfe" sind nach § 12 nicht nur die Verfahren nach den **§§ 114 ff. ZPO** (auch iVm u. a. § 11a I ArbGG, § 166 VwGO, § 142 FGO, § 73a SGG, §§ 379 III, 387a II, 404 II StPO oder etwa in verfassungsgerichtlichen Verfahren, → BVerfGG § 34a Rn. 3 ff.), sondern auch die Verfahren über die VKH nach den **§§ 76 ff. FamFG** oder etwa nach §§ 129 ff. PatG, §§ 81a, 88 I MarkenG, § 21 II GebrMG, § 24 DesignG und das Verfahren über die Stundung der Kosten des Insolvenzverfahrens nach **§ 4a InsO** (→ § 12 Rn. 2 f.). Nicht unter § 23a fällt das Verfahren über die Beratungshilfe; eine etwaige Mitwirkung des Rechtsanwalts im Bewilligungsverfahren (nach § 6 II BerHG, sog. „Direktzugang") ist mit der Vergütung für die Beratungshilfe (§ 44) mitabgegolten. 2

Eine Wertermittlung nach § 23a ist daher insbes. für die anwaltliche Tätigkeit im **Bewilligungsverfahren** (§§ 117 ff. ZPO, § 77 FamFG, § 4a I InsO), im (ggf. isolierten) **Beiordnungsverfahren** (§ 121 ZPO, § 78 FamFG, § 4a II InsO), im **Überprüfungsverfahren** (§ 120a ZPO, § 76 I FamFG, § 4b InsO) und im **Aufhebungsverfahren** (§ 124 ZPO, § 76 I FamFG, § 4c InsO) vorzunehmen. Dies ist nicht nur die jeweiligen Verfahren des ersten Rechtszugs, sondern – wie jedenfalls mit der „Hebung" der Regelung aus dem VV (→ Rn. 1) klargestellt ist – auch für solche Verfahren betreffende **Beschwerdeverfahren** (§ 127 II, III ZPO, § 76 I FamFG, § 4d InsO) von Bedeutung (BGH FGPrax 2010, 321 Rn. 7 mwN; VGH Bayern NJW 2022, 2558 Rn. 5; aA noch VGH Bayern AGS 2019, 234 (235) mablAnm. Hansens RVGreport 2019, 153; iÜ → Rn. 7). 3

2. Erfasste Gebühren. Die Wertvorschrift gilt (was vor ihrer „Hebung" aus VV 3335 durch das 2. KostRModG zweifelhaft sein konnte) für **alle Wertgebühren,** die für Tätigkeiten in den vorgenannten Verfahren anfallen können. Betroffen sind daher insbes. die Verfahrensgebühr nach **VV 3335,** die Terminsgebühr nach **VV Vorb. 3.3.6.** sowie Verfahrens- und Terminsgebühren für die Tätigkeit in einem die Kostenhilfe betreffenden Beschwerdeverfahren (VV 3500, 3513; VV 3501, 3515; VV 3502, 3503, 3516). Zu Einzelheiten s. dort. 4

III. Gegenstandswert. 1. Tätigkeit im Kostenhilfeverfahren (I). Für die Bestimmung des Wertes unterscheidet I zwei Fälle. I Hs. 1 betrifft (nur) die Tätigkeit des Rechtsanwalts im **Bewilligungsverfahren** (§§ 117 ff. ZPO, § 77 FamFG, § 4a I InsO) sowie im **Aufhebungsverfahren nach § 124 I Nr. 1 ZPO** wegen unrichtiger Darstellung des Streitverhältnisses (dies gilt auch im Rahmen einer analogen Anwendung des § 124 I Nr. 1 ZPO, etwa nach § 77 FamFG, sowie wegen § 12 für das entspr. Aufhebungsverfahren nach § 4c Nr. 1 InsO; die Tätigkeit in einem Verfahren über die Aufhebung der Bewilligung nach § 124 I Nr. 2–5 ZPO fällt hingegen unter I Hs. 2). Da es in diesen Verfahren im Ergebnis darum geht, den Auftraggeber in die Lage zu versetzen, das Hauptsacheverfahren zu führen (vgl. BGH FGPrax 2010, 321 Rn. 7), entspricht ihr Gegenstandswert dem nach den insoweit geltenden Vorschriften zu bestimmendem **Wert der Hauptsache,** für die PKH, VKH bzw. Kostenstundung beantragt wird. 5

In **allen übrigen** (wie sich – nur – aus der Überschrift iVm § 12 ergibt, → Rn. 2: PKH-, VKH- und Kostenstundungs-)**Verfahren** (wie insbes. dem Überprüfungsverfahren und den Verfahren nach § 124 I Nr. 2–5 ZPO, aber auch im – selbst kein 6

„Verfahren über die PKH" darstellenden – Entpflichtungsverfahren nach § 48 II BRAO, KG BeckRS 2021, 44263 mAnm Mayer FD-RVG 2022, 445354) ist der Wert demgegenüber gem. I Hs. 2 **nach billigem Ermessen** (vgl. zum Begriff → § 14 Rn. 6) zu bestimmen. Damit räumt das Gesetz (wie in §§ 14, 37 II, 38a) dem Rechtsanwalt ein **einseitiges Leistungsbestimmungsrecht** iSd § 315 I BGB ein, dessen Ausübung nach Maßgabe von § 319 BGB nachprüfbar ist (vgl. hierzu allg. → § 14 Rn. 69 ff.). Maßstab für die Beurteilung der Billigkeit ist das **Kosteninteresse** des Auftraggebers (vgl. BGH FGPrax 2010, 321 Rn. 6; AGS 2013, 32); nur eine diesem entsprechende Bestimmung des Gegenstandswerts ist daher verbindlich.

7 Bei (auch Rechts-)**Beschwerdeverfahren** (vgl. etwa § 127 II–IV ZPO) bestimmt sich der Gegenstandswert, weil für gerichtliche Verfahren – bei Misserfolg – Festgebühren vorgesehen sind (vgl. KV 1812, 1826 GKG u. a.), nach **§ 23 II.** Maßgeblich ist nach § 23 II 1, III 2 das Interesse des Rechtsmittelführers, dessen Wert nach billigem Ermessen zu bestimmen ist (→ Rn. 6). Das Interesse des Rechtsmittelführers entspricht der **Beschwer,** die er mit seinem Rechtsmittel behoben haben will. Für deren Bewertung ist auf die Regelungen des I zurückzugreifen. Betrifft die Beschwerde die **Bewilligung** bzw. deren **Aufhebung nach § 124 I Nr. 1 ZPO,** entspricht der Gegenstandswert daher nach I Hs. 1 dem Wert der Hauptsache (vgl. iErg VGH Bayern NJW 2022, 2558; OVG Nordrhein-Westfalen NJW 2022, 2559; bei teilweiser Bewilligung bzw. Aufhebung dem Wert des entspr. Teils der Hauptsache); dies gilt auch dann, wenn die Beschwerde nur die Beiordnung eines Rechtsanwalts betrifft (BGH FGPrax 2010, 321 Rn. 8 f.; OLG Celle AGS 2020, 523). Betrifft die Beschwerde allerding nur eine verfahrensrechtliche Vorfrage, ist lediglich ein Bruchteil dieses Wertes anzunehmen (vgl. zu Rechtswegverweisung BGH RVGReport 2016, 233). Bezieht sich die Beschwerde auf Teile der Vergütung, ist hingegen das insoweit bestehende Kosteninteresse maßgeblich (vgl. BGH AGS 2020, 239 mAnm N. Schneider). Betrifft die Beschwerde eines der **übrigen Verfahren iSd I Hs. 2** (zB die Herabsetzung von Raten, vgl. BGH AGS 2013, 32 mAnm N. Schneider), ist auch für das Beschwerdeverfahren der Gegenstandswert nach billigem Ermessen auf der Grundlage des mit der Beschwerde verfolgten Kosteninteresses zu bestimmen.

8 **2. Tätigkeit auch im Hauptsacheverfahren (II).** Nach § 16 Nr. 2 bilden das Kostenhilfe- und das Hauptsacheverfahren, für das die Kostenhilfe beantragt wurde, dieselbe Angelegenheit. Der in beiden Verfahren tätige Rechtsanwalt kann daher die Gebühren (insbes. eine Verfahrensgebühr) nur einmal verlangen, § 15 II. Da beide Verfahren aber unterschiedliche Gegenstände (Kostenbefreiung bzw. das Begehren in der Hauptsache) haben, wären an sich nach § 22 I die Werte beider Gegenstände zusammenzurechnen, was II (als vorrangige Sondervorschrift ggü. § 22 I) ausschließt.

9 **IV. Wertfestsetzung.** Eine gerichtliche Festsetzung des nach § 23a zu bestimmenden Wertes von Amts wegen scheidet aus, weil eine solche voraussetzt, dass sich die Gerichtsgebühren nach dem Streitwert richten (vgl. § 63 GKG, § 55 FamGKG), in den erstinstanzlichen Kostenhilfeverfahren aber überhaupt keine Gerichtsgebühren und in den solche Kostenhilfeverfahren betreffenden Beschwerdeverfahren allenfalls (bei Erfolglosigkeit) Festgebühren (etwa KV 1812, 5502, 6502, 7504, 8614 GKG) anfallen. Möglich ist nur eine Festsetzung **auf Antrag nach § 33.** Wird die Festsetzung eines nach I Hs. 2 zu bestimmenden Wertes beantragt, ist das insoweit bestehende Leistungsbestimmungsrecht (→ Rn. 6) vom Gericht auszuüben (vgl. BGH AGS 2020, 239).

Gegenstandswert im Musterverfahren nach dem Kapitalanleger-Musterverfahrensgesetz

23b **Im Musterverfahren nach dem Kapitalanleger-Musterverfahrensgesetz bestimmt sich der Gegenstandswert nach der Höhe des von dem Auftraggeber oder gegen diesen im Ausgangsverfahren geltend gemachten Anspruchs, soweit dieser Gegenstand des Musterverfahrens ist.**

Historie: Vorschrift als § 23a aF durch Art. 6 Nr. 3 KapMuG-EinfG v. 16.8.2005 (BGBl. I 2437 (2444)) mWv 1.11.2005 zunächst bis zum 31.10.2010 befristet eingefügt:

Materialien: BT-Drs. 15/5091 (Gesetzentwurf), BT-Drs. 15/5695 (Beschlussempfehlung und Bericht). Durch Art. 12 2. JuMoG v. 22.12.2006 (BGBl. I 3416 (3422)) ist die Befristung mWv 31.12.2006 aufgehoben; Materialien: BT-Drs. 16/3038 (Gesetzentwurf), BT-Drs. 16/3640 (Beschlussempfehlung und Bericht). Geändert durch Art. 6 Nr. 3 G zur Reform des KapMuG und zur Änd. anderer Vorschriften v. 19.10.2012 (BGBl. I S 2182 (2190)) mWv 1.11.2012; Materialien: BT-Drs. 17/8799 (Gesetzentwurf), BT-Drs. 17/10160 (Beschlussempfehlung und Bericht). Zu § 23b geworden durch Art. 8 I Nr. 14 2. KostRMoG v. 23.7.2013 (BGBl. I 2586 (2690)) mWv 1.8.2013; Materialien: BT-Drs. 17/11471 (Gesetzentwurf), BT-Drs. 17/13537 (Beschlussempfehlung und Bericht), BT-Drs. 17/14120 (Beschlussempfehlung).

Das **erstinstanzliche Musterverfahren** nach dem **KapMuG** gilt für die Gerichtskosten als Teil des erstinstanzlichen Ausgangsverfahrens, weitere Gerichtsgebühren entstehen insoweit nicht (GKG KV Vorb. 1.2.1., zu den Auslagen vgl. KV 9018 GKG). Wegen der aus dem Verfahren folgenden Besonderheiten (→ Rn. 2), die einen Rückgriff auf allg. Vorschriften ausschließen, bedarf es daher für die Ermittlung des für die Anwaltsgebühren maßgeblichen Gegenstandswerts mit § 23b einer besonderen Regelung. Zu beachten ist allerdings, dass Ausgangsverfahren und erstinstanzliches KapMuG-Verfahren nach § 16 Nr. 13 dieselbe Angelegenheit sind, die Vergütung des Rechtsanwalts sich mithin nach VV 3100 ff. richtet und die anwaltliche Tätigkeit des bereits im Ausgangsverfahren tätigen Rechtsanwalts grds. keine zusätzlichen Gebühren auslöst (zum Prozessvertreter des Musterklägers vgl. außerdem § 41a). 1

Wertbestimmend ist danach der Wert des den Auftraggeber des Rechtsanwalts betreffenden Anspruchs aus dem Ausgangsverfahren, soweit dieser von den Feststellungszielen des Musterverfahrens abhängt. Damit wird der Gegenstandswert der anwaltlichen Tätigkeit im Musterverfahren einerseits beschränkt auf den den Auftraggeber des Rechtsanwalts betreffenden Teil des Streitgegenstands **(„persönlicher Gegenstandswert")**, anderseits dieser aber ungeachtet der Beschränkung des Musterverfahrens auf die Feststellungsziele **in voller Höhe** berücksichtigt (vgl. Begr. RegE § 23a BT-Drs. 15/5091, 37 f.). Ist der Rechtsanwalt im Musterverfahren für den Musterkläger (vgl. hierzu auch § 41a) oder einen nach § 9 III KapMuG beizuladenden Kläger eines im Hinblick auf das Musterverfahren nach § 8 KapMuG ausgesetzten Verfahrens tätig, bemisst sich der Gegenstandswert nach den vom Kläger bzw. Beigeladenen im Ausgangsverfahren verfolgten Anspruch (vertritt der Rechtsanwalt im Musterverfahren mehrere Beteiligte, handelt es sich um dieselbe Angelegenheit, so dass die persönlichen Gegenstandswerte nach § 22 I zusammenzurechnen sind und iÜ § 7 gilt, BGH AGS 2016, 186 Rn. 9 ff.). Ist er für den Musterbeklagten tätig, ergibt sich der Gegenstandswert aus der Summe der vom Musterkläger im Ausgangsverfahren und der von den Beigeladenen in den ausgesetzten Verfahren verfolgten Ansprüche (vgl. BGH NJW-RR 2012, 491 Rn. 56; WM 2014, 1946 Rn. 67; BGHZ 203, 1 = NJW 2015, 236 Rn. 167). 2

Im **Rechtsbeschwerdeverfahren** nach § 20 KapMuG (für das Gerichtsgebühren nach KV 1821 GKG erhoben werden) richtet sich der Gegenstandswert für die dort nach Vorb. 3.2.2. Nr. 1 Buchst. b) iVm VV 3206 ff. anfallenden Gebühren gem. § 23 I 1 iVm § 47 I GKG nach der den Gegenstand des Rechtsbeschwerdeverfahrens bildenden **Beschwer** des Auftraggebers (Begr. RegE § 23a BT-Drs. 15/5091, 38), die wiederum regelmäßig seinem persönlichen Gegenstandswert nach § 23b entspricht (BGH NJW-RR 2012, 491 Rn. 56; WM 2014, 1946 Rn. 67; AGS 2016, 186 Rn. 6; zu dem für die Gerichtskosten maßgeblichen Streitwert vgl. demgegenüber § 51a II GKG). 3

Da im erstinstanzlichen Musterverfahren keine Gerichtsgebühren anfallen und für das Rechtsbeschwerdeverfahren im GKG eine abweichende Wertregelung vorgesehen ist, kommt eine **Wertfestsetzung** des für die Rechtsanwaltsvergütung maßgeblichen (ggf. nach § 22 I summierten) persönlichen Gegenstandswerts nur auf Antrag nach § 33 in Betracht (BGH AGS 2016, 186). 4

[geplante Fassung nach dem VRUG]

Gegenstandswert im Umsetzungsverfahren nach dem Verbraucherrechtedurchsetzungsgesetz

23c ***I Der Gegenstandswert im Umsetzungsverfahren nach dem Verbraucherrechtedurchsetzungsgesetz ist unter Berücksichtigung des wirtschaftlichen Interesses, das der Auftraggeber im Verfahren verfolgt, nach § 23 Absatz 3 Satz 2 zu bestimmen.***

Historie: Einfügung geplant durch Art. 28 Nr. 4 VRUG, Referentenentwurf des BMJ eines Gesetzes zur Umsetzung der Richtlinie (EU) 2020/1828 über Verbandsklagen zum Schutz der Kollektivinteressen der Verbraucher und zur Aufhebung der Richtlinie 2009/22/EG (Verbandsklagenrichtlinienumsetzungsgesetz – VRUG), Stand 16.2.2023.

1 Die Vorschrift soll mit dem künftigen (der Umsetzung der Verbandsklagenrichtlinie v. 25.11.2020, RL (EU) 2020/1828, dienenden) Verbandsklagenrichtlinienumsetzungsgesetz (VRUG, → GKG § 26a Rn. 1) voraussichtlich mit Wirkung zum 25.6.2023 (zusammen mit § 17 Nr. 5a, VV 3339 und der redaktionellen Anpassung in § 19 I 2 Nr. 1a) eingefügt werden (vgl. RefE VRUG, Stand 16.2.2023). Sie betrifft nur das künftige **Umsetzungsverfahren** nach den §§ 22 VDuG (→ GKG § 26a Rn. 3) und regelt für dieses den für die Anwaltsvergütung maßgeblichen Gegenstand besonders. Nicht erfasst wird das vorangegangene Klageverfahren nach den §§ 14 ff. VDuG, für das kosten- und vergütungsrechtlich keine Besonderheiten gelten (→ GKG § 26a Rn. 2).

2 Der im Umsetzungsverfahren tätige Rechtsanwalt verdient eine Verfahrensgebühr nach VV 3339. Den für die Bemessung dieser Gebühr maßgebliche Wert bestimmt § 23c besonders. Dies ist erforderlich, weil die anderenfalls nach § 23 I heranzuziehende Wertvorschrift des GKG für das Umsetzungsverfahren (§ 59a GKG) auf den Gesamtwert der von dem Umsetzungsverfahren insgesamt erfassten Ansprüche beteiligter Verbraucher abstellt, der den Auftraggeber des Rechtsanwalts betreffende Teil des Streitgegenstands (zB der individuelle Anspruch des einzelnen beteiligten Verbrauchers) aber regelmäßig nur einen Bruchteil dieses Gesamtwertes ausmachen wird. Wie bei § 23b, dem dieselben Erwägungen zugrunde liegen (→ § 23b Rn. 2), muss daher vergütungsrechtlich für den Auftraggeber des die Vergütung beanspruchenden Rechtsanwalts ein **„persönlicher Gegenstandswert"** ermittelt werden.

3 Dieser „persönliche Gegenstandswert" bestimmt sich nach dem **wirtschaftlichen Interesse des Auftraggebers.** Ist Auftraggeber ein einzelner Verbraucher, ist dessen Individualanspruch für das wirtschaftliche Interesse maßgeblich; ist Auftraggeber hingegen der Unternehmer, bestimmt sich das wirtschaftliche Interesse nach dem im Abhilfeklageverfahren bestimmten kollektiven Gesamtbetrag. Da es regelmäßig (wenn nicht ausschließlich) um eine vermögensrechtliche Angelegenheit gehen wird, entspricht das wirtschaftliche Interesse dem **Wert** des Anspruchs, den der Auftraggeber im Umsetzungsverfahren durchsetzen will, bzw. der Ansprüche, denen der Auftraggeber insgesamt ausgesetzt ist. Aus dem Umstand, dass das Gesetz abstrakt von „wirtschaftlichem Interesse" spricht, folgt nichts anderes (insbesondere sind also nicht etwa – wie auch sonst nicht – mittelbare wirtschaftliche Folgen zu berücksichtigen), denn der Gesetzgeber hat die Formulierung lediglich im Hinblick darauf gewählt, dass auch nicht in Geldzahlung bestehende und daher eigenständig zu bewertende Leistungen Gegenstand des Umsetzungsverfahrens sein können (vgl. Begr. RefE-VRUG, S. 141).

Gegenstandswert im Sanierungs- und Reorganisationsverfahren nach dem Kreditinstitute-Reorganisationsgesetz

24 **Ist der Auftrag im Sanierungs- und Reorganisationsverfahren von einem Gläubiger erteilt, bestimmt sich der Wert nach dem Nennwert der Forderung.**

Historie: Früherer § 24 (Gegenstandswert für bestimmte einstweilige Anordnungen) aufgehoben durch Art. 47 Abs. 6 Nr. 11 FGG-RG v. 17.12.2008 (BGBl. I 2586 (2717)) mWv 1.9.2009; Materialien: BT-Drs. 16/6308 (Gesetzentwurf), BT-Drs. 16/9733 (Beschlussempfehlung und Bericht), BT-Drs. 16/9831 (Änderungsantrag). Jetzige Vorschrift eingefügt durch Art. 10 Nr. 2 RestrukturierungsG v. 9.12.2010 (BGBl. I 1900 (1931)) mWv 1.1.2011; Materialien: BT-Drs. 17/3024 (Gesetzentwurf), BT-Drs. 17/3407 (Beschlussempfehlung), BT-Drs. 17/3547 (Bericht).

Die Vorschrift betrifft die anwaltliche Tätigkeit in Verfahren nach dem KreditReorG. Nach der allg. Regelung in § 22 I iVm § 53a GKG entspricht der Gegenstandswert einer solchen Tätigkeit der Bilanzsumme des letzten Jahresabschlusses des betroffenen Kreditinstituts vor der Stellung des Antrags auf Durchführung des Verfahrens. Dies bildet zwar das Interesse des Kreditinstituts ab, nicht aber das eines einzelnen Gläubigers. § 24 stellt daher (vgl. Begr. RegE § 24 BT-Drs. 17/3024, 83 f.) für den Fall der Vertretung eines Gläubigers abweichend von der allg. Regelung auf den Nennwert dessen Forderung ab. Da das KreditReorG zum 29.12.2020 ersatzlos aufgehoben worden ist (→ GKG § 23a Rn. 1), ist die Vorschrift, deren Existenz dabei (ebenso wie die von §§ 6 I Nr. 2, 23a, 53a GKG, KV 1650–1653 GKG) offenbar übersehen worden ist, **gegenstandslos.** 1

Gegenstandswert in der Vollstreckung und bei der Vollziehung

25 **I In der Zwangsvollstreckung, in der Vollstreckung, in Verfahren des Verwaltungszwangs und bei der Vollziehung eines Arrests oder einer einstweiligen Verfügung bestimmt sich der Gegenstandswert**

1. **nach dem Betrag der zu vollstreckenden Geldforderung einschließlich der Nebenforderungen; soll ein bestimmter Gegenstand gepfändet werden und hat dieser einen geringeren Wert, ist der geringere Wert maßgebend; wird künftig fällig werdendes Arbeitseinkommen nach § 850d Absatz 3 der Zivilprozessordnung gepfändet, sind die noch nicht fälligen Ansprüche nach § 51 Absatz 1 Satz 1 des Gesetzes über Gerichtskosten in Familiensachen und § 9 der Zivilprozessordnung zu bewerten; im Verteilungsverfahren (§ 858 Absatz 5, §§ 872 bis 877 und 882 der Zivilprozessordnung) ist höchstens der zu verteilende Geldbetrag maßgebend;**
2. **nach dem Wert der herauszugebenden oder zu leistenden Sachen; der Gegenstandswert darf jedoch den Wert nicht übersteigen, mit dem der Herausgabe- oder Räumungsanspruch nach den für die Berechnung von Gerichtskosten maßgeblichen Vorschriften zu bewerten ist;**
3. **nach dem Wert, den die zu erwirkende Handlung, Duldung oder Unterlassung für den Gläubiger hat, und**
4. **in Verfahren über die Erteilung der Vermögensauskunft (§ 802c der Zivilprozessordnung) sowie in Verfahren über die Einholung von Auskünften Dritter über das Vermögen des Schuldners (§ 802l der Zivilprozessordnung) nach dem Betrag, der einschließlich der Nebenforderungen aus dem Vollstreckungstitel noch geschuldet wird; der Wert beträgt jedoch höchstens 2.000 Euro.**

II In Verfahren über Anträge des Schuldners ist der Wert nach dem Interesse des Antragstellers nach billigem Ermessen zu bestimmen.

Historie: I Nr. 1 geändert durch Art. 47 Abs. 6 Nr. 12 FGG-RG v. 17.12.2008 (BGBl. I 2586 (2717)) mWv 1.9.2009; Materialien: BT-Drs. 16/6308 (Gesetzentwurf), BT-Drs. 16/9733 (Beschlussempfehlung und Bericht), BT-Drs. 16/9831 (Änderungsantrag). I Nr. 4 geändert durch Art. 3 IV Nr. 3 G zur Reform der Sachaufklärung in der Zwangsvollstreckung v. 29.7.2009 (BGBl. I 2258 (2269)) mWv 1.1.2013; Materialien: BT-Drs. 16/10069 (Gesetzentwurf), BT-Drs. 16/13432 (Beschlussempfehlung und Bericht). Überschrift, I Eingangssatz, I Nr. 1, 4 geändert durch Art. 8 I Nr. 15 2. KostRMoG v. 23.7.2013 (BGBl. I 2586 (2690)) mWv 1.8.2013; Materialien: BT-Drs. 17/11471 (Gesetzentwurf), BT-Drs. 17/13537 (Beschlussempfehlung und Bericht), BT-Drs. 17/14120 (Beschlussempfehlung); I Nr. 4 geändert durch Art. 2 Nr. 2 G zur Verbesserung des Verbraucherschutzes im Inkassorecht u. zur Änd. weiterer Vorschriften v. 22.12.2020 (BGBl. I 3320 (3323)) mWv 1.1.2021; Materialien: BT-Drs. 19/20348 (Gesetzentwurf), BT-Drs. 19/24735 (Beschlussempfehlung und Bericht).

Schrifttum: Enders, Die Auswirkungen der Reform der Sachaufklärung auf die Anwaltsvergütung in der Zwangsvollstreckung, JurBüro 2012, 633; ders., Anwaltsvergütung in der Zwangsvollstreckung, JurBüro 2013, 1; 2013, 57; Goebel, Wie ist der Gegenstandswert bei einer erfolglosen Vollstreckung zu bestimmen?, FoVo 2020, 206; Mayer, Zur Vergütung des Rechtsanwalts für die Abwehr von Zwangsvollstreckungsmaßnahmen bei Kontenpfändung, JurBüro 2012, 15; Mock, Gebühren und Streitwerte in der Zwangsvollstreckung, AGS 2004, 177; H. Schneider, Anwalts- und Gerichtskosten für die Zwangsmittelverfahren nach § 35 FamFG, AGS 2020, 555; N. Schneider, Gegenstandswerte in der Zwangsvollstreckung, AGS 2010, 469; ders., Streitwertfestsetzung in Zwangs- und Ordnungsgeldverfahren, NJW 2019, 24; ders., Kosten und Gebühren bei Vollstreckung von Auskunftsansprüchen, NZFam 2020, 285; Volpert, Vermögensauskunft und Einholung von Drittauskünften durch den Gerichtsvollzieher – besondere gebührenrechtliche Angelegenheiten für den Rechtsanwalt?, RVGreport 2017, 82.

Übersicht

1 **I. Normzweck, Übersicht.** Die Vorschrift enthält eine besondere, § 23 verdrängende Wertvorschrift für Verfahren der (Einzel-, zum Insolvenz- und Schifffahrtsrechtl. Verteilungsverfahren vgl. §§ 28, 29) **Vollstreckung nach allen Verfahrensordnungen** (→ Rn. 6 ff.), die für die Zwangsvollstreckung nach dem ZVG durch die §§ 26, 27 ergänzt wird. Die Vorgängerregelung in § 57 II BRAGO aF beruhte vor allem darauf, dass für gerichtliche Verfahren der Zwangsvollstreckung nur Festgebühren vorgesehen waren, für diesen Fall nach § 8 II BRAGO aF aber die (wenig passenden) Wertvorschriften der KostO heranzuziehen waren bzw. eine Wertbestimmung nach billigem Ermessen zu erfolgen hatte (vgl. RegE KostRÄndG 1975, 7/2016, 101; RegE KostRÄndG 1994 BT-Drs. 12/6962, 105). Unter der jetzt geltenden Rechtslage, die nunmehr in § 23 I 2 auch für den Fall der Erhebung von Festgebühren im gerichtlichen Verfahren die (entspr.) Anwendung der Wertvorschriften von GKG bzw. FamGKG vorschreibt, liegt die Bedeutung der Vorschrift in ihrer rechtswegübergreifenden Geltung, der Aufstellung fester Grundsätze sowie in der Regelung bzw. Klarstellung von Einzelfragen.

2 **I Nr. 1** stellt für Vollstreckungen wegen Geldforderungen mit seinem Hs. 1 zunächst klar, dass es auf das **Befriedigungsinteresse** des Gläubigers ankommt. IÜ regelt er mit seinen ersten drei Halbsätzen die (von § 43 I GKG, § 37 I FamGKG abweichende) Berücksichtigung von Nebenforderungen und stellt zum einen klar, dass der Wert der zu vollstreckenden Geldforderung dann nicht maßgeblich ist, wenn ein Gegenstand mit geringerem Wert gepfändet werden soll, zum anderen, dass bei der Bewertung laufender Unterhalts- oder Rentenansprüche die für die Gerichtskosten maßgeblichen Vorschriften heranzuziehen sind (vgl. zu § 57 II BRAGO aF RegE KostRÄndG 1975 BT-Drs. 7/2016, 101; Stellungnahme RechtsA BT-Drs. 7/3243, 9). Die (auf § 39 II RAGebO zurückgehende) Regelung in I Nr. 1 Hs. 4 sollte ursprünglich sicherstellen, dass nicht stets die ganze Verteilungsmasse, sondern höchstens die zu vollstreckende Geldforderung wertbestimmend ist (vgl. RegE RAGebO Vhdlg. d. RT [4. Leg.-Per., II. Session 1879, Anlagen], Bd. 55, Anl. 6, S. 140), was sich heute indessen bereits aus Hs. 1 ergibt.

3 Mit **I Nr. 2, 3** wird der Grundgedanke des I Nr. 1 Hs. 1 (Maßgeblichkeit des Befriedigungsinteresses) auf andere Vollstreckungen übertragen (vgl. zu § 57 II BRA-

GO aF RegE KostRÄndG 1994 BT-Drs. 12/6962, 105); der (bei Änderung des § 57 II BRAGO aF im Jahre 1997 für erforderlich gehaltene, Stellungnahme RechtsA zum RegE 2. Zwangsvollstreckungsnovelle BT-Drs.3/9088, 25; v. Eicken AGS 1998, 33) Verweis auf die Wertvorschrift in § 41 II GKG für die Räumungsvollstreckung hat heute im Hinblick auf § 23 I 2 allenfalls klarstellende Funktion (→ Rn. 1).

Die Regelung in **I Nr. 4** findet ihre Grundlage in dem Umstand, dass in den dort genannten Verfahren keine Gebühren nach dem GKG oder FamGKG erhoben werden, weil sie dem Gerichtsvollzieher zugewiesen sind, und es daher im Hinblick auf die sonst gem. § 23 III nach den Vorschriften des GNotKG bzw. nach billigem Ermessen vorzunehmende Bewertung einer Sondervorschrift bedarf (die mWv 1.1.2021 erfolgte Ausdehnung auf die Einholung von Auskünften Dritter beruht auf BGH DGVZ 2019, 32, vgl. RegE Gesetz zur Verbesserung d. Verbraucherschutzes im Inkassorecht BT-Drs. 19/20348, 61; die Vorgängernorm, § 58 III Nr. 11 BRAGO, war allerdings eine Folge der Aufhebung der entspr. Bewertungsvorschrift in § 17 GKG aF, RegE KostRÄndG 1975, 7/2016, 101, mit der eine zuvor streitige Frage für die damals den Gerichten zugewiesenen Verfahren geklärt worden war, RegE KostRÄndG 1957 BT-Drs. 2/2545, 159). **4**

II regelt den Gegenstandswert von Vollstreckungsschutzanträgen des Schuldners abweichend von I besonders, weil er vom Antrag abhängig ist und daher vom Wert des zu vollstreckenden Anspruchs abweichen kann (vgl. zu § 57 II BRAGO aF RegE KostRÄndG 1994 BT-Drs. 12/6962, 105). **5**

II. Anwendungsbereich. Die Aufzählung von Verfahren im Eingang von § 25 I wirft für die Bestimmung des Anwendungsbereichs der Wertvorschrift mehr Fragen auf als sie beantwortet. Dieser kann nur durch Auslegung der gesamten Norm, also unter Heranziehung insbes. der Regelungen in I Nr. 1–4, ermittelt werden. Danach ist der für die Vergütung des Rechtsanwalts maßgebliche Gegenstandswert nach § 25 für die Tätigkeit in allen Verfahren zu bestimmen, die die **Durchsetzung anderweitig titulierter Ansprüche bzw. Verpflichtungen** durch staatliche Zwangsmittel zum Gegenstand haben oder der unmittelbaren Vorbereitung einer solchen Durchsetzung dienen (hingegen fallen insbes. Verfahren, die die Vollstreckbarkeit als solche betreffen, nicht unter § 25). **6**

Dies gilt zunächst für die (nach VV 3309 ff. zu vergütende) Tätigkeit in allen insoweit in Betracht kommenden **gerichtlichen Verfahren.** Der in § 25 I genannte Begriff der **Zwangsvollstreckung** verweist hierzu auf die in Buch 8 der ZPO geregelten Verfahren, auch soweit die Vorschriften der ZPO kraft Verweisung (wie zB in § 62 ArbGG) Anwendung finden. Dies gilt allerdings nicht uneingeschränkt, weil zum einen für die Verfahren nach § 869 ZPO iVm ZVG die §§ 26, 27 vorgehende Sonderregelungen enthalten und zum anderen eine Anwendung auf die Vollstreckungsabwehrklage (§ 767 ZPO) oder die Drittwiderspruchsklage (§§ 771 ff. ZPO) wegen deren von den Regelungen des § 25 nicht erfassten Gegenstände ausscheidet (zum Gegenstandswert bei der Vollstreckungsabwehrklage vgl. BGH NJW-RR 2015, 1471, → ZPO § 3 Rn. 23: Umfang der erstrebten Ausschließung der Zwangsvollstreckung; bei der Drittwiderspruchsklage vgl. BGH AGS 2017, 403; → ZPO § 6 Rn. 22: Wert der Forderung, wegen derer die Zwangsvollstreckung betrieben wird, höchstens Wert der gepfändeten Vermögensgegenstände). Dagegen führt der Umstand, dass es sich um Vollstreckungsmaßnahmen im Rahmen einer **Sicherungsvollstreckung** nach § 720a ZPO handelt, zu keinen Besonderheiten (aA OVG Magdeburg AGS 2013, 65: § 25 ist unanwendbar; Hansens RVGreport 2012, 474: § 25 ist zwar anwendbar, der sich hiernach ergebende Wert ist aber nur mit einem Bruchteil anzusetzen); dass es bei ihr nicht um eine endgültige Befriedigung, sondern um Sicherung geht, spielt für die Normanwendung, wie die ausdrückliche Einbeziehung von Arrest und einstweilige Verfügung zeigt, keine Rolle. Der weiter genannte Begriff **Vollstreckung** verweist (u. a.) dem dort üblichen Sprachgebrauch folgend auf die entsprechenden Verfahren nach anderen Verfahrensordnungen (vgl. etwa in §§ 86 ff. FamFG, §§ 167 ff. VwGO, §§ 150 ff. FGG, §§ 198 ff. SGG; vgl. zur VwGO etwa VG Gelsenkirchen, BeckRS 2022, 10271). **7**

Weiter gilt dies aber auch für die (nach VV 2300 ff. zu vergütende, s aber auch VV Vorb. 3.3.3. I Nr. 3) Tätigkeit in **Verwaltungsverfahren** der (Verwaltungs-)Voll- **8** streckung. Dies betrifft sowohl die **Beitreibung** (= Vollstreckung wegen Geldforderungen, insbes. nach §§ 259 ff. AO, §§ 1 ff. VwVG des Bundes und der entspr. Regelungen der VwVG der Länder oder dem JBeitrG) als auch den – in § 25 I gesondert genannten – **Verwaltungszwang** (= Erzwingung von Handlungen, Duldungen oder Unterlassungen, insbes. nach §§ 6 ff. VwVG des Bundes und der entspr. Regelungen der VwVG der Länder).

9 Für die Tätigkeit des Rechtsanwalts im Zusammenhang mit einem **Arrest** oder einer **einstweiligen Verfügung** ist (ungeachtet deren vollständigen Regelung für den Zivilprozess in Buch 8 der ZPO) zu differenzieren: Das Verfahren der **Anordnung** eines Arrestes oder einer einstweiligen Verfügung dient der Schaffung der Grundlage für den zwangsweisen Zugriff auf Vermögen oder die Person des Schuldners und damit gleichsam der Titulierung. Vergütungsrechtlich wird das Verfahren wie ein Erkenntnisverfahren behandelt, dh für die Vertretung fallen die Gebühren nach VV 3100 ff., für die der maßgebliche Gegenstandswert nach § 23 I 1 iVm § 48 I GKG (Bruchteil des Wertes der zu sichernden Forderung, → ZPO § 3 Rn. 23) zu bestimmen ist. Die anschließende **Vollziehung** des Arrestes bzw. der einstweiligen Verfügung, mit der auf das Vermögen oder die Person des Schuldners zugegriffen wird, entspricht hingegen der Zwangsvollstreckung und wird vergütungsrechtlich auch so behandelt (vgl. VV Vorb. 3.3.3. I 1 Nr. 4); für sie gilt daher auch § 25 I (was nicht unproblematisch ist, → Rn. 12). Dies betrifft nicht nur die Vergütung für die Vollziehung nach §§ 930 ff. ZPO, sondern auch die nach §§ 950 ff. ZPO eines Beschlusses zur (grenzüberschreitenden) vorläufigen Kontenpfändung (§§ 946 ff. ZPO), die nach anderen Verfahrensordnungen wie etwa nach §§ 111c, 111f StPO (vgl. zur StPO OLG Hamm AGS 2008, 175; zur vergütungsrechtlichen Behandlung des Anordnungsverfahrens BGH AGS 2018, 558) und auch eine verwaltungsrechtliche Vollziehung wie nach § 324 III AO (auch iVm § 5 I VwVG).

10 Schließlich fällt, wie II zeigt, auch die (nach VV 3328 zu vergütende) anwaltliche Tätigkeit in allen solche Vollstreckungsverfahren betreffenden **Vollstreckungsschutzverfahren** in den Anwendungsbereich der Vorschrift. II zeigt zudem, dass die alle Regelungen des § 25 sowohl für die Vertretung des **Gläubigers** als auch des **Schuldners** in allen vorgenannten Verfahren gleichermaßen gelten. Für die gebührenrechtliche Behandlung der von § 25 erfassten Verfahren vgl. iÜ auch die diese betreffenden Regelungen in den §§ 16–19.

11 **III. Gegenstandswert.** Für die Bestimmung des Gegenstandswertes differenzieren I Nr. 1–3 – dem Aufbau von Buch 8 der ZPO folgend – nach dem Inhalt des durchzusetzenden Anspruchs. I Nr. 4 betrifft ein die eigentliche Zwangsvollstreckung vorbereitendes Verfahren und II (insoweit die Regelungen in I Nr. 1–3 verdrängend) Vollstreckungsschutzanträge des Schuldners.

12 **1. Zwangsvollstreckung wegen Geldforderungen (I Nr. 1). a) Ausgangspunkt: Zu vollstreckender Betrag einschließlich Nebenforderungen (I Nr. 1 Hs. 1, 3).** I Nr. 1 betrifft den Fall der Zwangsvollstreckung wegen Geldforderungen. Die Vorschrift knüpft damit an die **§§ 802a ff. ZPO** an (zur Sicherungsvollstreckung → Rn. 7), erfasst aber gleichermaßen die verwaltungsverfahrensrechtliche **Beitreibung** einer Geldforderung, → Rn. 8. Wortlaut und Systematik der Norm erfassen auch die **Vollziehung eines Arrestes,** → Rn. 9, wegen einer Geldforderung, doch wird dies im Hinblick auf die für das Anordnungsverfahren geltenden Wertgrundsätze mit dem Argument, es sei nicht gerechtfertigt, den Gegenstandswert für die Vollziehung des Arrestes höher anzusetzen als den Wert für die Anordnung des Arrestes, in Frage gestellt (vgl. etwa OLG Brandenburg BeckRS 2021, 14882 mwN; die Bedenken sind nachvollziehbar, die zur Lösung vorgeschlagene Nichtanwendung von § 25 setzt sich indessen über die ausdrückliche Nennung der Vollziehung in der Norm hinweg).

13 Ausgangspunkt für die Bestimmung des Gegenstandswerts für die anwaltliche Tätigkeit in diesen Verfahren ist der Betrag der **zu vollstreckenden Geldforderungen.** Maßgeblich ist mithin nicht, welcher Betrag tituliert ist oder letztendlich beigetrieben wird, sondern auf welchen (ggf. Teil-)Betrag sich der **Vollstreckungsauftrag** erstreckt. Dieser ist nach allg. Grundsätzen entspr. § 6 ZPO mit dem **Nennbetrag** zu bewerten, auch wenn sich die Forderung nicht durchsetzen lässt. Werden

mehrere Gegenstände (insbes. Forderungen) gepfändet, liegen zwar gebührenrechtlich mehrere Gegenstände der anwaltlichen Tätigkeit iSd § 22 I vor, doch erfolgt für die Wertermittlung nach II Nr. 1 Hs. 1 wegen wirtschaftlicher Identität – es geht stets nur um das durch die Forderung bestimmte (einmalige) Befriedigungsinteresse – keine Zusammenrechnung (vgl. – allerdings verunklarend formuliert – BGH NJW-RR 2011, 933 Rn. 12 ff.); zu II Nr. 1 Hs. 2 → Rn. 18).

Eine **besondere Bewertungsvorschrift** enthält II Nr. 1 Hs. 3 für die Vollstreckung von laufenden **Unterhaltsansprüchen** iSd § 850c I ZPO und **Rentenansprüchen** wegen einer Verletzung des Körpers oder der Gesundheit durch Pfändung künftig fällig werdenden Arbeitseinkommens nach § 850c III ZPO; hiernach werden diese (noch nicht fälligen; bereits fällige sind mit dem vom Vollstreckungsauftrag erfassten Betrag anzusetzen) Ansprüche als zu vollstreckende Forderung im Falle von Unterhaltsansprüchen nach § 51 I 1 FamGKG mit dem für die ersten zwölf Monate nach Einreichung des Antrags geforderten Betrag und im Falle von Rentenansprüchen nach § 9 ZPO mit dem dreieinhalbfachen Wert des einjährigen Bezugs – jeweils gedeckelt auf den (bei zeitlicher Begrenzung) geforderten Gesamtbetrag – bewertet (die Annahme von Gerold/Schmidt/Müller-Rabe Rn. 30, die Bewertungsvorschrift beziehe sich auf das gepfändete Arbeitseinkommen und nicht auf den zu vollstreckenden Anspruch, beruht wohl auf ihrer – ein Missverständnis herausfordernden – unglücklichen Formulierung und verfehlten Einreihung zwischen I Nr. 1 Hs. 2 und I Nr. 1 Hs. 4, ist aber mit den für entspr. anwendbar erklärten Vorschriften und dem Sinn der Vorschrift unvereinbar). 14

Abweichend von allg. Regelungen (vgl. § 43 I GKG, § 37 I FamGKG, § 4 ZPO) sind bei der Berechnung des Betrags nach I Nr. 1 Hs. 1 auch vom Vollstreckungsauftrag mitumfasste **Nebenforderungen** zu berücksichtigen. Bezieht sich die Zwangsvollstreckung auch auf mittitulierte **Zinsen,** erhöht sich der Gegenstandswert daher um diese Zinsen. Deren Höhe richtet sich wiederum nach den Angaben im Vollstreckungsauftrag (zur juristischen Zinsberechnung allg. vgl. etwa Toussaint JA 2001, 142 (148 f.). Nimmt dieser nur auf den Titel Bezug und nennt keinen Endzeitpunkt, sind die Zinsen vom titulierten Beginn des Zinslaufs jedenfalls bis zum Zeitpunkt des Vollstreckungsauftrags erfasst (Riedel/Sußbauer/Potthoff Rn. 9); die vielfach vertretene Annahme, Zinsen seien bis zur Durchführung der Vollstreckung zu berücksichtigen (so etwa Gerold/Schmidt/Müller-Rabe Rn. 7; HK-RVG/Gierl Rn. 5; BeckOK RVG/K. Sommerfeldt/M. Sommerfeldt Rn. 6; Hartung/Schons/Enders/Enders Rn. 4), mag dogmatische Gründe für sich haben, dürfte aber praktischen Schwierigkeiten bei der Umsetzung begegnen. 15

Kosten sind zu berücksichtigen, soweit sie als **Kosten der Zwangsvollstreckung** nach § 788 I ZPO zugleich mit dem zur Zwangsvollstreckung stehenden Anspruch (also ohne gesonderte Titulierung) beigetrieben werden. Hierunter fallen sowohl die Kosten der laufenden Vollstreckungsmaßnahme (vgl. iErg BGH BeckRS 2021, 36457 Rn. 3; begründungslos aA die hM, vgl. etwa Gerold/Schmidt/Müller-Rabe Rn. 7; HK-RVG/Gierl Rn. 5; BeckOK RVG/K. Sommerfeldt/M. Sommerfeldt Rn. 7; Riedel/Sußbauer/Potthoff Rn. 8; Hartung/Schons/Enders/Enders Rn. 4) als auch die Kosten vorangegangener, erfolgloser Vollstreckungsmaßnahmen. **Nicht** unter I Nr. 1 Hs. 1 fallen dagegen die für die Erlangung des Vollstreckungstitels im Erkenntnisverfahren angefallenen Kosten (aA HK-RVG/Gierl Rn. 5; BeckOK RVG/K. Sommerfeldt/M. Sommerfeldt Rn. 7; Hartung/Schons/Enders/Enders Rn. 4; Riedel/Sußbauer/Potthoff Rn. 8); diese müssen aufgrund eines eigenen Titels, eines Kostenfestsetzungsbeschlusses, beigetrieben werden und sind insoweit dann Hauptforderung. 16

b) Begrenzung auf den Wert des zu pfändenden Gegenstands (I Nr. 1 Hs. 2, 4). Richtet sich der Vollstreckungsauftrag allein auf die **Pfändung eines bestimmten Gegenstandes** (= bewegliche Sache, sonstiger Vermögensgegenstand, Forderung), ist der Gegenstandswert für die anwaltliche Tätigkeit indessen nach I Nr. 1 Hs. 2 durch den **Wert dieses Gegenstandes** (zum Gegenstandswert bei Pfändung von Forderungen gegen mehrere Drittschuldner BGH NJW-RR 2011, 933) nach oben **„gedeckelt“** (gleiches gilt für durch Pfändung erfolgende verwaltungsrechtliche Beitreibungen oder Vollziehungen eines Arrestes bzw. einer einstweiligen Verfügung); entsprechendes muss in der Immobiliarvollstreckung für die 17

Eintragung einer Sicherungshypothek auf einem bestimmten Grundstück gelten. Ist der Gegenstand für mehrere Gläubiger gepfändet und findet deshalb ein **Verteilungsverfahren** statt, tritt für die Wertobergrenze an die Stelle des Wertes des Gegenstandes nach I Nr. 1 Hs. 4 der zu verteilende Geldbetrag, mithin die **Verteilungsmasse** (nach Abzug der Kosten des Verteilungsverfahrens nach § 874 II ZPO, weil dieser Betrag nicht zu verteilen ist, Gerold/Schmidt/Müller-Rabe Rn. 31; Hartung/Schons/Enders/Enders Rn. 19; aA etwa HK-RVG/Gierl Rn. 20; Riedel/Sußbauer/Potthoff Rn. 15; N. Schneider AGS 2010, 469 (470)).

18 Die **Bewertung des Gegenstands** erfolgt nach den allg. Grundsätzen (insbes. § 48 I GKG iVm §§ 3 ff. ZPO, vgl. etwa zu einem Wohnungs- und Mitbenutzungsrecht OLG München BeckRS 2014, 21854), maßgeblich ist der Verkehrswert (so dass insbes. den wirtschaftlichen Wert des Gegenstandes selbst nicht mindernde Belastungen wie zB vorrangige Pfändungen unberücksichtigt bleiben, → ZPO § 6 Rn. 12 mwN). Erweist sich der Gegenstand als (bereits bei Auftragserteilung) tatsächlich **wertlos oder inexistent,** ist nur der Mindestwert nach § 13 I 1 anzusetzen (OLG Brandenburg AGS 2017, 84 mablAnm Hansens RVGreport 2016, 470; Riedel/Sußbauer/Potthoff Rn. 12; Gerold/Schmidt/Müller-Rabe Rn. 17, jew. mwN; str., aA OLG Naumburg NJW-RR 2014, 1151 mablAnm Mayer FD-RVG 2014, 362156: Wert nach I Nr. 1 Hs. 1 bleibt ungedeckelt; OLG Karlsruhe NJW-RR 2011, 501 mablAnm N. Schneider AGS 2010, 539: subjektive Vorstellung des Vollstreckungsgläubigers vom Wert des Pfändungsgegenstands ist maßgeblich). Werden **mehrere** Gegenstände (insbes. Forderungen) gepfändet, ist deren Wert für die Berechnung des Deckelungsbetrags nach I Nr. 1 Hs. 2 (zu I Nr. 1 Hs. 1 hingegen → Rn. 13) zu addieren, weil sich durch die mehrfachen Zugriffsmöglichkeiten ein Mehrwert für den Gläubiger ergibt (vgl. – allerdings verunklarend formuliert – BGH NJW-RR 2011, 933 Rn. 15; die Wertbegrenzung nach I Nr. 1 Hs. 3 greift daher in einem solchen Fall nur ein, wenn der Wert aller gepfändeten Gegenstände kleiner als die zu vollstreckende Forderung ist).

19 **2. Herausgabevollstreckung (I Nr. 2).** Nach I Nr. 2 ist der Gegenstandswert immer dann zu bestimmen, wenn die Zwangsmaßnahme auf die Herausgabe oder Leistung einer (beweglichen oder unbeweglichen) Sache gerichtet ist, es also um die Durchsetzung eines entspr. Herausgabe- oder Leistungsanspruchs geht. Anwendungsfälle sind vor allem die Zwangsvollstreckung nach **§§ 883–886 ZPO,** aber auch die (Verwaltungs-)Vollstreckung eines auf die Herausgabe einer Sache gerichteten Verwaltungsakts durch Verwaltungszwang (vgl. etwa § 6 I VwVG des Bundes und der entspr. Landesgesetze) und im Grundsatz auch die Vollziehung einer zur Sicherung eines Herausgabe- oder Leistungsanspruchs angeordneten einstweiligen Verfügung (zu der sich hieraus ergebenden Unstimmigkeit mit dem Gegenstandswert des Anordnungsverfahrens → Rn. 12).

20 In diesen Fällen entspricht der Gegenstandswert der anwaltlichen Tätigkeit im Ausgangspunkt dem Wert der Sache, auf die die Vollstreckungsmaßnahme gerichtet ist. Maßgeblich ist der objektive Wert, mithin der **Verkehrswert.** Dieser ist – auf den Zeitpunkt des Vollstreckungsauftrags – nach allg. bewertungsrechtlichen Grundsätzen (nach denen insbes. Lasten nur zu berücksichtigen sind, wenn diese die wirtschaftliche Nutzungsmöglichkeit der Sache beeinträchtigen, vgl. zu § 6 ZPO BGH NJW-RR 2001, 518 mwN) zu ermitteln.

21 Dieser Wert ist aber nach oben begrenzt auf den Wert, der sich für die Bewertung eines Herausgabe- oder Räumungsanspruchs aus den für die Berechnung von Gerichtskosten maßgeblichen Vorschriften ergibt **(„Deckelung").** Besondere Wertvorschriften für Gerichtskosten enthalten **§ 41 GKG** und **§ 48 FamGKG.** Soweit der Anspruch, um dessen Vollstreckung es geht, unter einer dieser Vorschriften fällt, ist mithin auch eine Bewertung nach diesen Wertvorschriften vorzunehmen (vgl. hierzu etwa BGH WuM 2020, 801); gelangt diese Bewertung zu einem geringeren Betrag als dem Wert der Sache, ist dieser allein maßgeblich.

22 IÜ sind nach I Nr. 1 zu berücksichtigende **Kosten der Zwangsvollstreckung** (→ Rn. 16) auch im Rahmen des I Nr. 2 als Nebenforderung hinzuzusetzen.

23 **3. Erwirkung von Handlung, Duldung oder Unterlassung (I Nr. 3).** I Nr. 3 betrifft die Vollstreckung eines Anspruchs auf Handlung, Duldung oder Unterlassung

(mit Ausnahme der besonders und damit vorrangig in I Nr. 1, 2 geregelten Fälle der Zahlung oder Herausgabe bzw. Leistung einer Sache). Hierunter fallen insbes. die Zwangsvollstreckung nach **§§ 887–898 ZPO** (auch iVm § 167 I VwGO, VGH Bayern BeckRS 2021, 28456 Rn. 19), die (Verwaltungs-)Vollstreckung eines auf Handlung (nicht: Herausgabe oder Leistung einer Sache, → Rn. 19), Duldung oder Unterlassung gerichteten Verwaltungsakts durch **Verwaltungszwang** und im Grundsatz auch die Vollziehung einer zur Sicherung eines Anspruchs auf Handlung, Duldung oder Unterlassung angeordneten einstweiligen Verfügung (zu der sich hieraus ergebenden Unstimmigkeit mit dem Gegenstandswert des Anordnungsverfahrens → Rn. 12).

Maßgeblich für die Bestimmung des Gegenstandswerts ist in diesen Fällen der Wert der Erfüllung des Anspruchs für den Gläubiger (**„Erfüllungsinteresse“,** OLG Karlsruhe FamRZ 2017, 468). Mithin ist der wirtschaftliche Wert, den die Vornahme der Handlung durch den Schuldner, die Duldung einer Handlung durch den Schuldner oder das Unterlassen einer Handlung durch den Schuldner für den Gläubiger hat, zu bestimmen. Ausgangspunkt hierfür kann regelmäßig der **Wert der Hauptsache** (nicht: Wert des Ordnungsmittels wie insbes. Höhe des Ordnungsgeldes, OLG Hamm AGS 2014, 518; 2015, 523; 2016, 296; GRUR-RR 2017, 359; OLG München FamRZ 2011, 1686; WRP 2015, 1164; LAG Hamburg NZA-RR 2015, 213; LAG Hessen NZA-RR 2014, 496; LG Flensburg AGS 2020, 187 mAnm Volpert; LG Konstanz AGS 2018, 22; anders im Rechtsmittelverfahren, → Rn. 28) sein; ob und in welchem Umfang hiervon ggf. nur ein Bruchteil zu berücksichtigen ist, ist str. (vgl. etwa LAG Hamburg NZA-RR 2015, 213; OLG München FamRZ 2011, 1686; AGS 2018, 233; OLG Celle JurBüro 2009, 441 mwN; offengelassen von BGH BeckRS 2022, 38228 Rn. 5). IÜ ist der Wert nach allg. Regeln zu bestimmen (vgl. etwa zum Auskunftsanspruch BGH NJW-RR 2016, 1287 Rn. 19; OLG Bremen NZFam 2021, 428 mAnm N. Schneider; OLG Karlsruhe FamRZ 2017, 468; zum Anspruch auf Abschluss eines Vertrages OLG Brandenburg MDR 2014, 1414; zur Verpflichtung zur Fortschreibung eines Luftreinhalteplans VGH Bayern BayVBl 2019, 569; zum Anspruch auf Erteilung und Aushändigung von Arbeitspapieren LAG Rheinland-Pfalz BeckRS 2009, 72188; zum Anspruch auf Löschung einer Grundschuld OLG Köln NJOZ 2005, 2277; zum Anspruch auf Duldung der Wegnahme eines Stromzählers BGH BeckRS 2021, 31914 mwN mAnm Hansens AGS 2021, 561; zum Rückgriff auf § 52 II GKG vgl. VGH München BeckRS 2021, 28456). Hinzuzusetzen sind nach I Nr. 1 zu berücksichtigende **Kosten der Zwangsvollstreckung** (→ Rn. 16). 24

4. Vermögensauskunft (I Nr. 4). I Nr. 4 betrifft (nur) die Verfahren über die Erteilung einer Vermögensauskunft nach **§ 802c ZPO** und über die Einholung von Auskünften Dritter über das Vermögen des Schuldners nach **§ 802l ZPO** (soweit BGH DGVZ 2019, 32, die Geltung von I Nr. 4 für das letztgenannte Verfahren verneint hat, ist dies durch die nachfolgende Ergänzung des Gesetzes überholt, → Rn. 4). Maßgeblich ist der aus dem Vollstreckungstitel **noch geschuldete Betrag** an Hauptforderung (→ Rn. 13) und mitvollstreckbaren Nebenforderungen (→ Rn. 15 f.), allerdings nach oben **„gedeckelt“** auf den in I Nr. 4 genannten Betrag. 25

5. Anträge des Schuldners (II). Der Gegenstandswert der anwaltlichen Tätigkeit in Verfahren über Anträge des Schuldners, dh vor allem Vollstreckungsschutzanträge, entspricht nach II dem **Interesse des antragstellenden Schuldners („Schutzinteresse“).** Erstrebt der Schuldner etwa mit einem Vollstreckungsschutzantrag nach § 765a ZPO lediglich einen kurzen Aufschub der Räumung der Mietsache, entspricht dieses Interesse dem auf diesen Zeitraum entfallenden Nutzungsentgelt (OLG Koblenz NZM 2005, 360). IÜ wird regelmäßig ein Bruchteil des sich nach I ergebenden Werts in Betracht kommen (Gerold/Schmidt/Müller-Rabe Rn. 46 mwN). 26

Der Wert dieses Interesses ist **nach billigem Ermessen** (vgl. zum Begriff → § 14 Rn. 6) zu bestimmen. Damit räumt das Gesetz (wie in §§ 14, 37 II, 38a) dem Rechtsanwalt ein **einseitiges Leistungsbestimmungsrecht** iSd § 315 I BGB ein, dessen Ausübung nach Maßgabe von § 319 BGB nachprüfbar ist (vgl. hierzu allg. → § 14 Rn. 69 ff.). 27

28 **6. Rechtsmittelverfahren.** Der Gegenstandswert für die anwaltliche Tätigkeit in Zwangsvollstreckungssachen betreffenden Rechtsmittelverfahren ist in § 25 (anders als in § 57 II BRAGO aF) nicht unmittelbar geregelt (VGH München BeckRS 2012, 58479 Rn. 5 mwN; Hansens AGS 2022, 35 (36)). Er ist, weil für gerichtliche Verfahren – bei Misserfolg – Festgebühren vorgesehen sind (vgl. KV 2121, 2124 GKG u. a.), nach **§ 23 II** zu bestimmen. Nach § 23 II 1, III 2 ist das Interesse des Rechtsmittelführers maßgeblich, dessen Wert nach billigem Ermessen zu bestimmen ist (→ Rn. 27). Das Interesse des Rechtsmittelführers entspricht der **Beschwer,** die er mit seinem Rechtsmittel behoben haben will. Für die Bewertung dieser Beschwer kann wiederum auf die in § 25 geregelten Kriterien zurückgegriffen werden (vgl. zum Rechtsbeschwerdeverfahren etwa BGH WuM 2020, 801). Richtet sich das Rechtsmittel gegen die Verurteilung zu einem Ordnungsgeld, entspricht die wertbestimmende Beschwer dem Ordnungsgeld (LAG Hamm BeckRS 2008, 50096 mwN; anders im erstinstanzlichen Verfahren auf Anordnung oder Festsetzung von Ordnungsmitteln, → Rn. 24). Fehlt es an genügenden tatsächlichen Anhaltspunkten für eine Bewertung, kann auf den Auffangwert nach § 23 II 1, III 2 Hs. 2 zurückgegriffen werden. Nach oben begrenzt ist der Wert nach § 23 II 3 auf den Wert des zugrundeliegenden Verfahrens.

29 **IV. Wertfestsetzung.** Eine gerichtliche Festsetzung des nach § 25 zu bestimmenden Gegenstandswertes von Amts wegen scheidet aus, weil eine solche voraussetzt, dass sich die Gerichtsgebühren nach dem Streitwert richten (vgl. § 63 GKG, § 55 FamGKG), in gerichtlichen Vollstreckungsverfahren aber ebenso wie für die solche Verfahren betreffenden Rechtsmittelverfahren idR Festgebühren vorgesehen sind (etwa KV 2110 ff. GKG, → Rn. 28). Bei gerichtlichen Vollstreckungsverfahren (nicht also in Verfahren der Verwaltungsvollstreckung) ist aber eine Festsetzung **auf Antrag nach § 33** möglich. Wird die Festsetzung eines nach II zu bestimmenden Wertes beantragt, ist das insoweit bestehende Leistungsbestimmungsrecht (→ Rn. 27) vom Gericht auszuüben.

Gegenstandswert in der Zwangsversteigerung

26 In der Zwangsversteigerung bestimmt sich der Gegenstandswert

1. **bei der Vertretung des Gläubigers oder eines anderen nach § 9 Nummer 1 und 2 des Gesetzes über die Zwangsversteigerung und die Zwangsverwaltung Beteiligten nach dem Wert des dem Gläubiger oder dem Beteiligten zustehenden Rechts; wird das Verfahren wegen einer Teilforderung betrieben, ist der Teilbetrag nur maßgebend, wenn es sich um einen nach § 10 Absatz 1 Nummer 5 des Gesetzes über die Zwangsversteigerung und die Zwangsverwaltung zu befriedigenden Anspruch handelt; Nebenforderungen sind mitzurechnen; der Wert des Gegenstands der Zwangsversteigerung (§ 66 Absatz 1, § 74a Absatz 5 des Gesetzes über die Zwangsversteigerung und die Zwangsverwaltung), im Verteilungsverfahren der zur Verteilung kommende Erlös, sind maßgebend, wenn sie geringer sind;**
2. **bei der Vertretung eines anderen Beteiligten, insbesondere des Schuldners, nach dem Wert des Gegenstands der Zwangsversteigerung, im Verteilungsverfahren nach dem zur Verteilung kommenden Erlös; bei Miteigentümern oder sonstigen Mitberechtigten ist der Anteil maßgebend;**
3. **bei der Vertretung eines Bieters, der nicht Beteiligter ist, nach dem Betrag des höchsten für den Auftraggeber abgegebenen Gebots, wenn ein solches Gebot nicht abgegeben ist, nach dem Wert des Gegenstands der Zwangsversteigerung.**

1 **I. Normzweck, Anwendungsbereich.** Die **§§ 26, 27** ergänzen die für Zwangsvollstreckungsverfahren die allgemeine Wertvorschrift des § 23 verdrängende Sonderregelung des § 25 für die Zwangsvollstreckung nach dem ZVG und schließen einen Rückgriff auf § 23i iVm §§ 54, 55 GKG aus (vgl. BGH BeckRS 2012, 11293 Rn. 3; 2012, 11373). § 26 betrifft dabei die Zwangsversteigerung (§§ 15 ff., 162 ff., 172 ff. ZVG), § 27 die Zwangsverwaltung (§§ 146 ff. ZVG). Die für die insoweit anfallenden

Gerichtsgebühren maßgeblichen Wertvorschriften (§§ 54–56 GKG) sind ungeeignet, das **individuelle Interesse des Auftraggebers** des Rechtsanwalts abzubilden, weshalb es für die Rechtsanwaltsgebühren dieses angemessen berücksichtigender besonderer Wertvorschriften bedarf (vgl. zu den Vorgängervorschriften von §§ 26, 27, §§ 68 III, 69 II BRAGO aF, Begr. RegE BRAGO BT-Drs. 2/2545, 251). Demgemäß differenzieren die §§ 26, 27 (anders als § 25, → § 25 Rn. 10) auch nach der Beteiligung des Auftraggebers im Zwangsversteigerungs- bzw. Zwangsverwaltungsverfahren.

Anwendungsbereich des **§ 26** sind alle (gerichtlichen) Verfahren der **Zwangsversteigerung nach den §§ 15 ff., 162 ff., 172 ff. ZVG** (zu den Gebührentatbeständen vgl. VV 3311, 3312). Sie gelten daher insbes. etwa auch für die Tätigkeit des Rechtsanwalts im Teilungsversteigerungsverfahren nach § 180 ZVG (BGH RVGReport 2020, 432; WM 2021, 346 Rn. 36), für die Zwangsvollstreckung gegen den Ersteher in das Grundstück nach § 133 ZVG hingegen nur, soweit sie wiederum in einer Zwangsversteigerung besteht (sonst § 25 I). Dies gilt auch, soweit das ZVG aufgrund Verweisung in einem anderen Gesetz (zB in § 322 AO, ggf iVm § 5 I VwVG des Bundes oder entspr. landesrechtliche Regelungen) anzuwenden ist. **Keine** Anwendung findet § 26 hingegen auf freiwillige Versteigerungen (zB nach §§ 383 ff., 966 II, 979, 1219 ff., 1235 ff. BGB), für die nicht das Vollstreckungsgericht, sondern Gerichtsvollzieher (nach Maßgabe von § 15 bayGVO bzw. der inhaltsgleichen Regelungen in anderen Bundesländern), Notare (§ 20 III BNotO) oder nach § 34b V GewO öffentlich bestellte Versteigerer zuständig sind (der Wert für die insoweit anfallenden Gebühren nach VV 2300 ff. ist nach § 23 III iVm §§ 116, 117 GNotKG zu bestimmen). 2

II. Gegenstandswert. Wie der Gegenstandswert zu bestimmen ist, hängt von der Art der Beteiligung des Auftraggebers im Zwangsversteigerungsverfahren ab: 3

1. Vertretung des Gläubigers oder eines als Berechtigter Beteiligten (Nr. 1). Nr. 1 ist einschlägig, wenn der Auftraggeber entweder Gläubiger oder einer der in § 9 Nr. 1, 2 ZVG genannten – was den Schuldner ausschließt, für den Nr. 2 gilt – Beteiligten ist. **Gläubiger** in diesem Sinne ist sowohl der die Zwangsversteigerung betreibende Gläubiger als auch ein nach § 27 ZVG zum Beitritt zugelassener Gläubiger. Von Nr. 1 erfasste weitere **Beteiligte** sind alle diejenigen, die bei Eintragung des Vollstreckungsvermerks im Grundbuch ein Recht am Grundstück haben (auch zB als Miteigentümer) oder für die ein solches Recht (zB durch Vormerkung) grundbuchlich gesichert ist (§ 9 Nr. 1 ZVG), und diejenigen, die ein in der Zwangsversteigerung zu berücksichtigendes sonstiges Recht angemeldet und glaubhaft gemacht haben (§ 9 Nr. 2 ZVG). Unter Nr. 1 fallen mithin alle Personen, die in der Zwangsversteigerung zu berücksichtigende Rechte an dem Grundstück haben bzw. für sich geltend machen. 4

In diesen Fällen ist der maßgebliche **Gegenstandswert** (soweit nicht § 25 II vorrangig ist, → Rn. 10) aus der Sicht desjenigen zu beurteilen, der als Beteiligter in der Zwangsversteigerung ein Recht an dem Grundstück berücksichtigt wissen will. Er entspricht nach Nr. 1 dem (individuellen) Wert des dem ihm zustehenden **Rechts,** mit dem er nach § 9 ZVG am Zwangsversteigerungsverfahren beteiligt ist **(„Befriedigungsinteresse").** Dies gilt im Grundsatz (wegen der Haftung des Grundstücks für das ganze Recht) auch dann, wenn das Verfahren nur wegen eines **Teilbetrags** betrieben wird; ein solcher Teilbetrag ist (anstelle des Werts des Rechts) aber (nur) maßgeblich, wenn der Gläubiger bzw. Beteiligte nach § 10 I Nr. 5 ZVG nur nachrangig zu berücksichtigen ist. Die Bewertung des Rechts erfolgt nach allg. Regeln. Wie bei § 25 I Nr. 1 (hierzu → § 25 Rn. 15 f.) sind die im Zwangsversteigerungsverfahren zu berücksichtigenden **Nebenforderungen** hinzuzurechnen. 5

Nach oben begrenzt wird der so ermittelte Gegenstandswert durch den vom Vollstreckungsgericht festgesetzten **Wert des Gegenstands der Zwangsversteigerung** (denn mehr kann kein Beteiligter erlangen). Im Verteilungsverfahren (§§ 105 ff. ZVG) tritt für diese Deckelung an die Stelle des Werts des Gegenstands der Betrag des zur Verteilung kommenden Erlöses (hierzu → § 25 Rn. 17). 6

2. Vertretung des Schuldners oder anderen Beteiligten (Nr. 2). Ist Auftraggeber hingegen ein anderer, nicht bereits unter Nr. 1 fallender Beteiligter am 7

Zwangsversteigerungsverfahren (und ist nicht § 25 II vorrangig, → Rn. 10), ist der Wert nach Nr. 2 zu ermitteln. Dies gilt in erster Linie für den **Schuldner.** Die in der Literatur zu § 26 genannten Beispiele **anderer Beteiligter** fallen regelmäßig unter die insoweit auch alleine ein angemessenes Ergebnis liefernde Nr. 1 (dies gilt insbes. für den Miteigentümer, den Wohnungseigentümer oder den an die Stelle des Schuldners tretenden Insolvenzverwalter über das Vermögen des Schuldners). Soweit kraft besonderer Vorschriften bestimmte Personen als Beteiligte (iSd § 9 ZVG) gelten (vgl. § 163 III ZVG: Träger der Sozialversicherung in der Zwangsversteigerung von Schiffen; § 24 ErbbauRG: Eigentümer des Erbbaugrundstücks in der Zwangsversteigerung von Erbbaurechten), sprechen schon der Verweis auf § 9 ZVG und iÜ der auch in diesen Fällen angemessene Regelungsgehalt für eine Anwendung von Nr. 1. Unter Nr. 2 fällt aber jedenfalls der Berechtigte nach dem VermG, der in einem das von seinem Restitutionsanspruch erfassten Grundstück betreffenden Zwangsversteigerungsverfahren nach § 3b II VermG zu beteiligen ist.

8 Maßgeblich für den Gegenstandswert ist in diesen Fällen nicht das Recht, mit dem eine Beteiligung im Zwangsversteigerungsverfahren erfolgt bzw. erfolgen soll, sondern der Gegenstand, auf den im Wege der Zwangsversteigerung zugriffen wird bzw. werden soll **(„Abwehrinteresse“).** Nach Nr. 2 entspricht der Gegenstandswert dem **Wert des Gegenstands der Zwangsversteigerung** bzw. der im Verteilungsverfahren zur Verteilung kommende Erlös (entspricht mithin dem Deckelungsbetrag nach Nr. 1). Fehlt es an einem nach §§ 66, 74a V ZVG festgesetzten Wert, entspricht dieser Wert mangels besonderer Vorschriften dem Verkehrswert (und nicht, wie nach § 54 I GKG, dem Einheitswert, LG Zweibrücken JurBüro 2006, 382).

9 **3. Vertretung des Bieters (Nr. 3).** Bei einer Vertretung des Bieters ist danach zu differenzieren, ob der Bieter Beteiligter ist oder nicht. Ist er bereits Beteiligter des Zwangsversteigerungsverfahrens, ist der Gegenstandswert nach den vorrangigen Bestimmungen in Nr. 1, 2 zu bestimmen. Ist er als Außenstehender nicht Beteiligter, entspricht der Gegenstandswert nach Nr. 3 dem Betrag seines höchsten abgegeben **Gebots** (= Bargebot, § 49 ZVG, zzgl. Wert der nach § 52 ZVG bestehenbleibenden Rechte, vgl. BGH WM 2011, 1604 Rn. 18), bzw., wenn er ein solches Gebot nicht abgegeben hat, dem Wert des Gegenstands der Zwangsversteigerung.

10 **4. Anträge des Schuldners, Rechtsmittel.** Für Verfahren über (Schutz-)**Anträge des Schuldners** ist die Bewertung nicht nach I, sondern nach dem hierfür vorrangigen **§ 25 II** vorzunehmen, weil § 26 nur eine die allg. Bewertungsvorschrift für Zwangsvollstreckungsverfahren ergänzende Vorschrift ist (→ Rn. 1) und insoweit keine Regelung enthält (vgl. BGH AGS 2010, 541 zu einem Antrag nach § 765a ZPO). Maßgeblich ist daher das nach billigem Ermessen zu bewertende Interesse des Schuldners an dem Antrag (→ § 25 Rn. 26f., **„Schutzinteresse“**).

11 Der für die anwaltliche Tätigkeit in **Rechtsmittelverfahren** maßgebliche Gegenstandswert ist nach § 23 II zu bestimmen (LG Düsseldorf RVGreport 2007, 155 = BeckRS 2011, 10163). Das nach § 23 II 1, III 2 maßgebliche Interesse des Rechtsmittelführers entspricht der **Beschwer,** die er mit seinem Rechtsmittel behoben haben will. Für deren Bewertung kann auf die Kriterien des § 26 zurückgegriffen werden (vgl. etwa BGH WM 2011, 1604 Rn. 18; 2012, 1497 (1499); NJW 2012, 3376 Rn. 18; NJW-RR 2018, 140 Rn. 16; 2018, 1336 Rn. 13; WM 2021, 346 Rn. 36; LG Düsseldorf RVGreport 2007, 155 = BeckRS 2011, 10163).

12 **III. Festsetzung.** Da der für die Anwaltsvergütung maßgebliche Gegenstandswert in § 26 abweichend von dem für die Gerichtskosten maßgeblichen Wert (§ 54 GKG) geregelt ist, kann der hier maßgebliche Wert nur auf **Antrag nach § 33** festgesetzt werden.

Gegenstandswert in der Zwangsverwaltung

27 [1]**In der Zwangsverwaltung bestimmt sich der Gegenstandswert bei der Vertretung des Antragstellers nach dem Anspruch, wegen dessen das Verfahren beantragt ist; Nebenforderungen sind mitzurechnen; bei Ansprüchen auf wiederkehrende Leistungen ist der Wert der Leistungen eines Jahres maßgebend.** [2]**Bei der Vertretung des Schuldners bestimmt sich der Gegen-**

standswert nach dem zusammengerechneten Wert aller Ansprüche, wegen derer das Verfahren beantragt ist, bei der Vertretung eines sonstigen Beteiligten nach § 23 Absatz 3 Satz 2.

Schrifttum: Drasdo, Die Vergütung des Rechtsanwalts im Zwangsverwaltungsverfahren, NZI 2020, 937.

Zum Normzweck → § 26 Rn. 1. Anwendungsbereich des § 27 sind alle (gerichtlichen) Verfahren der **Zwangsverwaltung nach den §§ 146 ff. ZVG** (zu den Gebührentatbeständen vgl. VV 3311, 3312). Nach § 27 ist aber nur der Gegenstandswerts eines Streits aus dem Zwangsverwaltungsverfahren selbst zu bestimmen. Keine Anwendung findet er daher insbes. bei einem Streit über die Zwangsverwaltervergütung (BGH NJW-RR 2007, 1150; maßgeblich ist insoweit nach § 23 I iVm § 48 I GKG, §§ 3, 6 ZPO der streitige Betrag der Vergütung). Wie bei § 26 ist nach der Beteiligung des Auftraggebers des Rechtsanwalts zu unterscheiden (→ Rn. 2 ff.), wobei allerdings die auch im Anwendungsbereich des § 27 geltende Sondervorschrift des § 25 II vorrangig ist (→ Rn. 5). 1

Vertritt der Rechtsanwalt den **Antragsteller,** ist der Gegenstandswert nach S. 1 zu bestimmen (zum Insolvenzverwalter aber → Rn. 4). Danach ist **dessen Anspruch** maßgeblich, für den er Befriedigung im Zwangsverwaltungsverfahren sucht **(„Befriedigungsinteresse“).** Wie nach § 25 I Nr. 1 sind außer der Hauptforderung auch vom Antrag mitumfasste Nebenforderungen hinzuzurechnen, → § 25 Rn. 15 f. Sind wiederkehrende Leistungen antragsgegenständlich, sind diese nach S: 1 Hs. 2 mit dem Jahreswert anzusetzen (dies gilt nach dem insoweit eindeutigen Wortlaut auch dann, wenn der Gesamtbetrag der verlangten wiederkehrenden Leistungen geringer ist, Schneider/Volpert/Mock Rn. 4; NK-GK/H. Schneider Rn. 2; HK-RVG/Gierl Rn. 9; aA Riedel/Sußbauer/Potthoff Rn. 10; Gerold/Schmidt/Mayer Rn. 2), daneben verlangte Rückstände (die nicht als „wiederkehrende Leistungen“ verlangt werden) sind zu addieren (Riedel/Sußbauer/Potthoff Rn. 10; Gerold/Schmidt/Mayer Rn. 2; HK-RVG/Gierl Rn. 9; aA Schneider/Volpert/Mock Rn. 4; NK-GK/H. Schneider Rn. 2). Anders als nach § 25 I Nr. 1 (→ § 25 Rn. 17) ist der Gegenstandswert in Ermangelung einer solchen Regelung in § 27 nicht nach oben begrenzt auf den Wert des Grundstücks, auf das zugegriffen wird (BGH BeckRS 2007, 12829). 2

Bei der Vertretung des **Schuldners** entspricht der Gegenstandswert hingegen im Allgemeinen (Ausnahme → Rn. 5) dem zusammengerechneten Wert **aller Ansprüche,** wegen derer das Verfahren beantragt ist, S. 2 Hs. 1 **(„Abwehrinteresse“).** Dies gilt für alle von § 27 erfassten Streitigkeiten aus dem Zwangsverwaltungsverfahren unabhängig von den im Einzelfall betroffenen konkreten Interessen des Schuldners und daher zB auch dann, wenn es lediglich um die uU nur kurzzeitige Fortsetzung der Zwangsverwaltung geht (BGH BeckRS 2012, 11293; 2012, 11373). 3

Vertritt der Rechtsanwalt einen **sonstigen Beteiligten** am Zwangsverwaltungsverfahren, ist der Gegenstandswert aufgrund der Verweisung in S. 2 Hs. 2 nach **§ 23 III 2** zu bestimmen. Als solche sonstigen Beteiligten kommen insbes. sonstige dingliche Berechtigte in Betracht; anzuwenden ist S. 2 Hs. 2 jedenfalls iErg auch bei Vertretung des **nach § 172 ZVG antragstellenden Insolvenzverwalters,** der sowohl in der Rolle des Schuldners als auch des beitreibenden Gläubigers tätig ist (vgl. Schneider/Volpert/Mock Rn. 5; HK-RVG/Gierl Rn. 14; Gerold/Schmidt/Mayer Rn. 5). Vorzunehmen ist danach ausgehend vom Interesse des Auftraggebers eine Bestimmung nach billigem Ermessen, → § 23 Rn. 21 f., bzw. es ist, fehlen hierfür genügende tatsächliche Anhaltspunkte, der in § 23 III 2 vorgesehene Auffangwert anzunehmen. 4

Abweichendes gilt für die Tätigkeit des Rechtsanwalts in Verfahren über (Schutz-) **Anträge des Schuldners** nach der ebenso wie im Anwendungsbereich des § 26 (→ § 26 Rn. 9) hierfür geltenden Sonderregelung in **§ 25 II** (vgl. iErg BGH AGS 2020, 337 mAnm Hansens RVGreport 2020, 433, dort allerdings unter Rückgriff auf § 23 I 1 iVm § 48 I GKG, ohne dass sich insoweit Unterschiede ergäben). Maßgeblich ist danach das nach billigem Ermessen zu bewertende Interesse des Schuldners an dem Antrag, das wiederum nach allgemeinen Regeln zu bewerten ist (zB bei einem Streit über einen dem Schuldner nach § 850i ZPO zu belassenden Betrag in 5

Höhe des dreieinhalbfachen Wertes des Jahresbetrages, § 9 S. 1 ZPO, BGH AGS 2020, 337). Für die Bestimmung des Gegenstandswertes der anwaltlichen Tätigkeit in **Rechtsmittelverfahren** gelten die Ausführungen zu § 26 entsprechend, → § 26 Rn. 11.

6 Im Hinblick darauf, dass der für die Anwaltsvergütung maßgebliche Gegenstandswert nach § 27 von dem für die Gerichtskosten maßgeblichen Wert (§ 54 GKG) abweicht, kann der hier maßgebliche Wert nur auf **Antrag nach § 33** festgesetzt werden (vgl. BGH AGS 2020, 337).

Gegenstandswert im Insolvenzverfahren

28 **I [1]Die Gebühren der Nummern 3313, 3317 sowie im Fall der Beschwerde gegen den Beschluss über die Eröffnung des Insolvenzverfahrens der Nummern 3500 und 3513 des Vergütungsverzeichnisses werden, wenn der Auftrag vom Schuldner erteilt ist, nach dem Wert der Insolvenzmasse (§ 58 des Gerichtskostengesetzes) berechnet. [2]Im Fall der Nummer 3313 des Vergütungsverzeichnisses beträgt der Gegenstandswert jedoch mindestens 4.000 Euro.**

II [1]Ist der Auftrag von einem Insolvenzgläubiger erteilt, werden die in Absatz 1 genannten Gebühren und die Gebühr nach Nummer 3314 nach dem Nennwert der Forderung berechnet. [2]Nebenforderungen sind mitzurechnen.

III Im Übrigen ist der Gegenstandswert im Insolvenzverfahren unter Berücksichtigung des wirtschaftlichen Interesses, das der Auftraggeber im Verfahren verfolgt, nach § 23 Absatz 3 Satz 2 zu bestimmen.

Schrifttum: Fischer, Rechtsanwaltsvergütung nach dem RVG bei der Vertretung von Schuldnern im Verbraucherinsolvenzverfahren, RVGreport 2004, 249; ders., Rechtsanwaltsgebühren nach dem RVG bei der Vertretung von Gläubigern im Verbraucherinsolvenzverfahren, RVGreport 2004, 463; Hansens, Anwaltsgebühren im Insolvenzeröffnungsverfahren, RVGreport 2010, 443; Keller, Vergütung und Kosten im Insolvenzverfahren, 5. Aufl. 2021; Lissner, Insolvenzverfahren – was kann ich eigentlich verdienen? – Verwalter und Bevollmächtigter, AGS 2022, 289; Lorenz/Klanke, InsVV – GKG – RVG, 3. Aufl. 2017; Mock, Anwaltsvergütung im Verfahren über die Erteilung der vorzeitigen Restschuldbefreiung, AGS 2020, 53.

1 **I. Normzweck, Anwendungsbereich.** § 28, der im Wesentlichen auf § 77 BRAGO (der wiederum § 59 RAGebO folgte) zurückgeht, enthält eine besondere, die allg. Regelung nach § 23 iVm § 58 GKG verdrängende Wertvorschrift für die **anwaltliche Vertretung eines an einem Insolvenzverfahren Beteiligten.** Ihr Zweck ist es, abweichend von § 58 GKG auf das jeweilige wirtschaftliche Interesse des Auftraggebers abzustellen. Die Regelung differenziert daher zum einen zwischen verschiedenen Tätigkeiten (vgl. I, II einerseits und III andererseits), zum anderen aber auch zwischen der Vertretung von Schuldner (I) und Gläubiger (II).

2 **II. Gegenstandswert. 1. Vertretung im Eröffnungs- oder Insolvenzverfahren (I, II).** Die Regelungen in I, II betreffen die Tätigkeit des Anwalts im Eröffnungsverfahren und im Insolvenzverfahren. Aufgrund der unterschiedlichen wirtschaftlichen Interessen der Beteiligten differenzieren die Vorschriften dabei zwischen der Vertretung des Schuldners (I) und der eines Insolvenzgläubigers (II).

3 **a) Vertretung des Schuldners (I).** Nach I ist der Gegenstandswert der Tätigkeit für den Schuldner zu bestimmen (dies gilt nach der insoweit eindeutigen Gesetzesfassung auch dann, wenn sich die Tätigkeit für den antragstellenden Gläubiger nach II richtet und daher regelmäßig geringer zu bewerten ist, vgl. OLG Saarbrücken NJW-RR 2015, 764 Rn. 19 ff. mwN zum Streitstand). Konkret gilt die Wertvorschrift für die im Eröffnungsverfahren (VV 3313) und im Insolvenzverfahren (VV 3317) anfallenden Verfahrensgebühren sowie für die in einem den Eröffnungsbeschluss betreffenden Beschwerdeverfahren anfallenden Verfahrens- (VV 3500) und Terminsgebühr (VV 3513). Für alle übrigen Tätigkeiten des Anwalts ist der Gegenstandswert nach III zu bestimmen.

Maßgeblich ist jeweils der nach § 58 GKG zu bestimmende, dem **„Abwehrinteresse"** entsprechende **Wert der Insolvenzmasse** (→ GKG § 51 Rn. 4 ff.). (Nur) für die im Eröffnungsverfahren nach VV 3313 anfallende Verfahrensgebühr gilt allerdings der **Mindestwert** des I 2. 4

b) Vertretung des Insolvenzgläubigers (II). Wird der Rechtsanwalt hingegen für den Insolvenzgläubiger tätig, ist der Gegenstandswert nach II zu bestimmen. II erfasst dabei dieselben Gebühren wie I (mit dem einzigen Unterschied, dass für die Vertretung des Gläubigers im Eröffnungsverfahren die Verfahrensgebühr nicht nach VV 3313, sondern nach VV 3314 anfällt und dass bei der bloßen Anmeldung einer Forderung die Verfahrensgebühr im Insolvenzverfahren nach VV 3320 reduziert ist). 5

Für den für diese Verfahrensgebühren maßgeblichen Gegenstandswert kommt es auf das **„Beitreibungsinteresse"** des Insolvenzgläubigers an. Vergleichbar der Regelung in § 25 I Nr. 1 bestimmt sich der Gegenstandswert nach dem **Nennbetrag der Forderung,** die der Insolvenzgläubiger im Insolvenzverfahren verfolgt (vgl. allg. → § 25 Rn. 13); dies gilt auch, wenn die nach I maßgebliche Insolvenzmasse geringer ist. Hinzukommen ebenfalls verfahrensgegenständlicher **Nebenforderungen** (vgl. allg. → § 25 Rn. 15). 6

2. Sonstige Tätigkeiten im Insolvenzverfahren (III). Für alle sonstigen, nicht unter die vorrangigen Regelungen in I, II fallenden anwaltlichen Tätigkeiten (zB im Verfahren über einen Antrag auf Versagung der Restschuldbefreiung nach § 290 InsO, vgl. etwa LG Bamberg NZI 2020, 964; AG Köln ZInsO 2018, 1824; AG Ludwigshafen ZInsO 2021, 1657; oder in Rechtsmittelverfahren, vgl. BGH JurBüro 2007, 315) ist der Gegenstandswert aufgrund der Verweisung in III nach **§ 23 III 2** zu bestimmen. Diese Bestimmung ist ausgehend vom Interesse des Auftraggebers nach billigem Ermessen vorzunehmen, → § 23 Rn. 21 f.; fehlen hierfür genügende tatsächliche Anhaltspunkte, ist auf den in § 23 III 2 geregelten Auffangwert zurückzugreifen. 7

III. Wertfestsetzung. Aufgrund der von § 58 GKG abweichenden Regelung des für die Anwaltsvergütung maßgeblichen Gegenstandswert kann der hierfür maßgebliche Wert nur auf **Antrag nach § 33** festgesetzt werden (BGH NJW-RR 2014, 765). 8

Gegenstandswert im Verteilungsverfahren nach der Schifffahrtsrechtlichen Verteilungsordnung

29 **Im Verfahren nach der Schifffahrtsrechtlichen Verteilungsordnung gilt § 28 entsprechend mit der Maßgabe, dass an die Stelle des Werts der Insolvenzmasse die festgesetzte Haftungssumme tritt.**

Der für die im **see- und binnenschifffahrtsrechtlichen Verteilungsverfahren** nach der SVertO zur Errichtung und Verteilung eines (Haftungs-)Fonds mit Haftungsbeschränkungswirkung anfallenden Gerichtsgebühren maßgebliche Streitwert entspricht nach § 59 GKG der vom Gericht nach § 5 SVertO (ggf. iVm § 34 II 1 SVertO) festzusetzenden, in den Fonds einzuzahlenden Haftungssumme. Da dieser Wert nicht dem wirtschaftlichen Interesse aller Verfahrensbeteiligten am Verfahren gleichermaßen entspricht, regelt § 29 den für die anwaltliche Tätigkeit maßgeblichen Gegenstandswert besonders und damit vorrangig vor § 23 iVm § 59 GKG. 1

Da **§ 28 entspr.** anzuwenden ist, ist für die Bestimmung des Gegenstandswerts einerseits zwischen der Tätigkeit im Eröffnungs- oder Verteilungsverfahren (§ 28 I, II analog, VV 3313, 3314, 3317, 3500, 3513) und sonstigen Tätigkeiten (§ 28 III analog) und anderseits bei der Tätigkeit im Eröffnungs- oder Verteilungsverfahren zwischen der Vertretung eines nach § 1 III SVertO bzw § 35 SVertO Haftenden (I analog, VV 3313, 3317, 3500, 3513) und der eines am Verfahren teilnehmenden Gläubiger (II analog, VV 3314, 3317, 3500, 3513) zu differenzieren, → § 28 Rn. 2 ff. Soweit nach § 28 I der Wert der Insolvenzmasse maßgeblich ist, tritt bei der analogen Anwendung nach § 29 an ihre Stelle die Haftungssumme nach § 5 SVertO. 2

Gegenstandswert in Verfahren nach dem Unternehmensstabilisierungs- und -restrukturierungsgesetz

29a **Der Gegenstandswert in Verfahren nach dem Unternehmensstabilisierungs- und -restrukturierungsgesetz ist unter Berücksichtigung des wirtschaftlichen Interesses, das der Auftraggeber im Verfahren verfolgt, nach § 23 Absatz 3 Satz 2 zu bestimmen.**

Historie: Eingefügt durch Art. 12 Nr. 3 SanInsFoG v. 22.12.2020 (BGBl. I 3256 (3296) mWv 1.1.2021; Materialien: BT-Drs. 19/24181 (Gesetzentwurf), BT-Drs. 19/25303 (Beschlussempfehlung), BT-Drs. 19/25353 (Bericht).

Schrifttum: Thole, Der Entwurf eines Unternehmensstabilisierungs- und restrukturierungsgesetzes (StaRUG-RefE), ZIP 2020, 1985.

1 Die Vorschrift enthält eine Sonderreglung für die anwaltliche Tätigkeit in Verfahren nach dem **StaRUG** (v. 22.12.2020, BGBl. I 3256 → GKG § 25a Rn. 2). Die hierfür anfallende Vergütung richtet sich nach **VV 3313 ff.,** Vorb. 3.3.5. Für diese Wertgebühren bedarf es im Hinblick auf die unterschiedlichen Interessen der Beteiligten eines solchen Verfahrens und des Fehlens einer dies berücksichtigenden besonderen Wertvorschrift im GKG (das Festgebühren vorsieht, KV 2510 ff. GKG) einer eigenständigen Bewertungsvorschrift.

2 Maßgeblich für den Gegenstandswert ist nach § 29a das im Verfahren verfolgte **wirtschaftliche Interesse des Auftraggebers** des Rechtsanwalts (und damit insbes. nicht etwa ohne weiteres der volle Nennbetrag der in das Restrukturierungsverfahren einbezogenen Forderungen, Rechte oder Beteiligungen, Begr. RegE § 29a BT-Drs. 19/24181, 220). Dieses ist nach § 23 III 2 **vom Rechtsanwalt nach billigem Ermessen** (vgl. zum Begriff → § 14 Rn. 6) zu bestimmen, dh ihm steht insoweit ein einseitiges Leistungsbestimmungsrecht iSd § 315 BGB zu (zur Nachprüfungsmöglichkeit vgl. § 319 BGB, vgl. hierzu allg. → § 14 Rn. 69 ff.). Da ein (konkretes) wirtschaftliches Interesse zu bewerten ist, ist ein Rückgriff auf den Regelwert in § 23 III 2 Hs. 2 nicht möglich. Für die Vertretung im Beschwerde- bzw. Rechtsbeschwerdeverfahren gilt nach § 23 II 2, III 2 entsprechendes, nur mit dem Unterschied, dass sich das Interesse des Auftraggebers auf die verfahrensgegenständliche Beschwer bezieht.

Gegenstandswert in gerichtlichen Verfahren nach dem Asylgesetz

30 **I [1]In Klageverfahren nach dem Asylgesetz beträgt der Gegenstandswert 5.000 Euro, in den Fällen des § 77 Absatz 4 Satz 1 des Asylgesetzes 10.000 Euro, in Verfahren des vorläufigen Rechtsschutzes 2.500 Euro. [2]Sind mehrere natürliche Personen an demselben Verfahren beteiligt, erhöht sich der Wert für jede weitere Person in Klageverfahren um 1.000 Euro und in Verfahren des vorläufigen Rechtsschutzes um 500 Euro.**

II Ist der nach Absatz 1 bestimmte Wert nach den besonderen Umständen des Einzelfalls unbillig, kann das Gericht einen höheren oder einen niedrigeren Wert festsetzen.

Historie: Vorschrift neugefasst durch Art. 8 I Nr. 16 2. KostRMoG v. 23.7.2013 (BGBl. I 2586 (2690)) mWv 1.8.2013; Materialien: BT-Drs. 17/11471 (Gesetzentwurf), BT-Drs. 17/13537 (Beschlussempfehlung und Bericht), BT-Drs. 17/14120 (Beschlussempfehlung). Überschrift und I 1 geändert durch Art. 14 Nr. 8 AsylverfahrensbeschleunigungsG vom 20.10.2015 (BGBl. I 1722 (1734)) mWv 1.11.2015; Materialien: BT-Drs. 18/6185 (Gesetzentwurf), BT-Drs. 18/6386 (Beschlussempfehlung und Bericht). I 1 ergänzt durch Art. 3 G v. 21.12.2022 (BGBl. I 2817 (2823)) mWv 1.1.2023; Materialien: BT-Drs. 20/4327 (Gesetzentwurf), BT-Drs. 20/4703 (Beschlussempfehlung und Bericht).

Schrifttum: Göbel-Zimmermann/Skrzypczak, Die Untätigkeitsklage im asylgerichtlichen Verfahren, ZAR 2016, 357; Jendrusch, Gebührenansprüche des Rechtsanwalts in asylrechtlichen Streitigkeiten, NVwZ 2017, 516.

I. Normzweck, Übersicht. Die (die Regelung von § 83b II AsylVfG aF übernehmende, verfassungsrechtlich unbedenkliche, vgl. BVerfG AGS 2006, 141 mkrit-Anm Ton AGS 2006, 142) Vorschrift betrifft die anwaltliche Tätigkeit in (nach § 83b AsylG gerichtskostenfreien, → GKG § 2 Rn. 39) Klageverfahren nach dem AsylG. Sie verdrängt für diese die allg. Regelung in § 22 I iVm § 52 GKG und soll durch die Festlegung bestimmter (am Auffangstreitwert des § 52 II GKG orientierter) Beträge in **I** eine einheitliche Handhabung der Wertfestsetzung sicherstellen (Begr. RegE § 83b AsylVfG BT-Drs. 12/4450, 29). Der mit dem 2. KostRMoG (→ GKG Vor § 1 Rn. 16) angefügte **II** soll eine Korrekturmöglichkeit für besonders einfach gelagerte und für die Betroffenen weniger bedeutsame Verfahren einerseits und für besonders umfangreiche und schwierige Verfahren andererseits bieten (Begr. RegE 2. KostRMoG BT-Drs. 17/11471, 269). 1

II. Anwendungsbereich. Der Anwendungsbereich der Wertvorschrift ist nach § 30 S. 1 die Tätigkeit des Rechtsanwalts in Klageverfahren und Verfahren des vorläufigen Rechtsschutzes nach dem AsylG. Der eindeutige Wortlaut der Norm beschränkt die Anwendung zum einen auf die Vergütung der **gerichtlichen Tätigkeit** (in jedem Rechtszug, nach VV 3100 ff.) und schließt die einer außergerichtlichen Tätigkeit im Verwaltungsverfahren (nach VV 2300 ff.) aus. Zum anderen wird die Anwendung beschränkt auf Verfahren **„nach dem AsylG“,** mithin auf die Tätigkeit in Klageverfahren gegen eine Entscheidung nach dem AsylG (vgl. §§ 74 ff. AsylG) bzw. in einem eine solche Entscheidung betreffenden Verfahren des einstweiligen Rechtschutzes. Ob der Wortlaut (wie nach hM die sinngemäß entspr. Formulierung in § 80 AsylG, vgl. hierzu etwa OVG Bremen JurBüro 2021, 144; OVG NRW AGS 2020, 488; OVG Thüringen NJ 2019, 308, jew. mwN, und → Rn. 12) auch **Nebenverfahren** umschließt, ist str. Für das gerichtliche Antragsverfahren auf gerichtliche Handlungen der Zwangsvollstreckung nach § 172 VwGO wird dies teilw. bejaht (so etwa von VG Stuttgart BeckRS 2017, 121771; VG Trier BeckRS 2018, 53365; VG Gelsenkirchen BeckRS 2019, 13109), teilw. unter Verweis auf den (engen) Wortlaut der Vorschrift aber verneint (so etwa von VG Hamburg BeckRS 2018, 48427; VG München BeckRS 2018, 32291; 2018, 2794; 2019, 15740; 2019, 16517). 2

Soweit hiernach eine Anwendung des § 30 auf eine anwaltliche Tätigkeit im Zusammenhang mit Verfahren nach dem AsylG ausscheidet, muss der Wert nach **§ 22 I 2, 3 iVm § 52 GKG** bestimmt werden. Dies erscheint im Hinblick auf den Gesetzeszweck des § 30 (→ Rn. 1) inkonsequent und lässt sich nur mit der historischen Fixierung des Gesetzgebers (ursprünglich des § 83b II AsylVerfG aF) auf das gerichtliche Verfahren nach dem AsylG erklären. Allerdings wird auch dann ein Rückgriff auf die dem § 30 zugrundeliegende gesetzgeberische Wertung regelmäßig zu demselben Ergebnis führen (vgl. etwa VG München BeckRS 2018, 32291; 2018, 2794; 2019, 15740; 2019, 16517, wo im konkreten Fall die Anwendung von § 30 abgelehnt, → Rn. 2, bei der Wertbemessung nach § 52 GKG aber iErg auf den dort geregelten Wert zurückgegriffen wird). 3

III. Gegenstandswert. Während nach § 52 I, II GKG die Regel eine nach den Umständen des Einzelfalls billige Wertbestimmung ist und der Rückgriff auf einen gesetzlich festgelegten (Auffang-)Streitwert nur ausnahmsweise dann, wenn hierfür genügende Anhaltspunkte fehlen, zulässig ist, kehrt § 30 dieses **Regel-Ausnahme-Verhältnis** um: Die Regel ist hier nach I der dort näher bestimmte (Regel-)Gegenstandswert und nach II die nur bei Unbilligkeit dieses Wertes aufgrund im Einzelfall vorliegender besonderer Umstände zulässige Ausnahme die einzelfallbezogene Bestimmung nach Billigkeitskriterien. 4

1. Regelgegenstandswert (I). Im Ausgangspunkt ist daher regelmäßig **ohne Prüfung** von Bedeutung, Umfang oder Schwierigkeit der anwaltlichen Tätigkeit der Gegenstandswert in Höhe der in I geregelten Werte (Regelgegenstandswert) anzunehmen. I 1 unterscheidet seit dem 2. KostRMoG nicht mehr nach dem Gegenstand des Verfahrens, sondern sieht für alle erfassten Verfahren einen einheitlichen Regelgegenstandswert vor. Er orientiert sich an der Höhe des Auffangstreitwertes nach § 52 II GKG und entspricht diesem im Allgemeinen **(I 1 Fall 1).** Hiervon abgeleitete Sonderfälle sind vorgesehen für den Fall einer Ersetzung des verfahrens- 5 gegenständlichen Verwaltungsaktes (Unbegründetheits- statt Unzulässigkeitsentscheidung) während des Gerichtsverfahren nach § 77 Abs. 4 S. 1 AsylG (**I 1 Fall 2:** Verdopplung wegen Zusammenrechnung beider Streitgegenstände) und für das Verfahren des einstweiligen Rechtsschutzes (**I 1 Fall 3:** Halbierung entsprechend der Praxis im Anwendungsbereich des § 52 II GKG).

6 Umfasst die Tätigkeit des Rechtsanwalts in einem von § 30 erfassten Verfahren **mehrere Gegenstände,** ist zu unterscheiden: Sind **mehrere Personen** an dem Verfahren (auf Auftraggeberseite) beteiligt, schließt I 2 eine Einzelbewertung der jeweiligen Gegenstände (nach I 1) und eine Zusammenrechnung dieser Werte nach § 22 I aus und führt stattdessen zu einer Erhöhung des sich aus I 1 ergebenden (Gesamt-)Wertes nach Maßgabe von I 2 (da der Gegenstand der anwaltlichen Tätigkeit der einzelnen Personen allerdings nicht derselbe ist, erhöhen sich die nach dem erhöhten Wert berechneten Wertgebühren nicht noch nach VV 1008, → VV 1008 Anm. II; zum Fall späterer Verfahrenstrennung vgl. VG Gelsenkirchen BeckRS 2022, 17216). In allen übrigen Fällen einer Gegenstandsmehrheit **(objektive Klagehäufung)** findet aufgrund der Pauschalierung eine Werterhöhung **nicht** statt, so dass es für die einzelnen Gegenstände auch keinen Einzelwert gibt (krit. Jendrusch NVwZ 2017, 516 (519 f.)). Diese Pauschalierung führt bei mehreren Gegenständen dann zu Problemen, wenn eine Klage nur teilweise erfolgreich ist, PKH nur für einen Teil der Streitgegenstände gewährt wird oder eine Verfahrenstrennung erfolgt. Konsequenz des dem § 30 zugrundeliegenden Pauschalierungsgedankens wäre die Bewertung jedes der Teile mit dem vollen Wert nach I (so iErg etwa N. Schneider AGS 2020, 116; Mayer FD-RVG 2020, 430399, und für nur teilweise bewilligte PKH [stattdessen anteilige Herabsetzung der Vergütung] OVG Berlin-Brandenburg NVwZ-RR 2017, 73; VG Karlsruhe AGS 2020, 587; VG Freiburg i. Br., BeckRS 2018, 15064; VG Würzburg BeckRS 2018, 5257; Gerold/Schmidt/Mayer Rn. 18 mwN), in der Praxis wird aber vielfach eine – wie auch immer ermittelte – Quotelung des Werts vorgenommen (so etwa für den Fall der Kostenentscheidung VG München BeckRS 2016, 50598; VG Würzburg BeckRS 2011, 31666; 2018, 18686, der teilweisen PKH-Bewilligung VGH Hessen NVwZ-RR 2020, 271 mablAnm Mayer FD-RVG 2019, 420961; VG München AGS 2015, 293 mzustAnm N. Schneider, für den Fall der Verfahrenstrennung VG Würzburg AGS 2020, 114 mkritAnm. N. Schneider; BeckRS 2020, 13843 mkritAnm Mayer FD-RVG 2020, 430399).

7 Im **Rechtsmittelverfahren** ist für den Gegenstandswert nach § 23 I 2 iVm § 47 I GKG die den Gegenstand des Rechtsmittelverfahrens bildenden Beschwer des Auftraggebers des Rechtsanwalts maßgeblich, die aber wiederum nach § 30 zu bewerten ist.

8 **2. Herauf-, Herabsetzung (II).** Nur wenn sich der aus I folgende Wert unter Berücksichtigung der besonderen Umstände ausnahmsweise als unbillig erweist, kommt eine Herauf- oder Herabsetzung des Gegenstandswertes nach II (auf einen der Billigkeit entsprechenden Betrag) in Betracht. Maßstab für die Billigkeitsprüfung sind **Bedeutung** des Verfahrens für den Betroffenen sowie **Umfang** und **Schwierigkeit** der anwaltlichen Tätigkeit (Begr. RegE 2. KostRMoG BT-Drs. 17/11471, 269; BVerwG RVGReport 2019, 116 Rn. 3), für deren Beurteilung dasselbe gilt wie für die entspr. Kriterien in § 14 I 1 (→ § 14 Rn. 9 ff.).

9 Beispiele für eine **Herabsetzung** nach II in der Praxis sind: Nur auf die Fortsetzung des Asylverfahrens gerichtete Untätigkeitsklage nach § 75 VwGO (ja: BVerwG RVGReport 2019, 116 mAnm Mayer FD-RVG 2018, 408101; zust. etwa OVG Berlin-Brandenburg BeckRS 2019, 36072; VG München AGS 2020, 520; VG Schwerin BeckRS 2019, 38548; VG Würzburg (8. Kammer) BeckRS 2022, 16863; ebenso bereits etwa Göbel-Zimmermann/Skrzypczak ZAR 2016, 357 (365); abl. Etwa VG Berlin AGS 2018, 515; VG Würzburg (2. Kammer) BeckRS 2021, 40164); nur auf Mitteilung nach § 24 IV AsylG gerichtete Klage (ja: VG Gelsenkirchen BeckRS 2017, 104685); nur Befristung eines Einreise- und Aufenthaltsverbots nach § 11 AufenthG betreffende Klage (ja: VG Düsseldorf BeckRS 2016, 41617); nur einen Folgeantrag betreffende Klage (ja: VG Düsseldorf BeckRS 2021, 9940); Vollstreckungsverfahren nach § 172 VwGO (→ Rn. 2; ja: VG Stuttgart BeckRS 2017, 121771; VG Aachen BeckRS 2018, 22737; VG Trier BeckRS 2018, 53365; nein:

VG Gelsenkirchen BeckRS 2019, 13109); Teilbewilligung von PKH (→ Rn. 7; ja: VG Würzburg BeckRS 2019, 20321).

Die **Heraufsetzung** des Gegenstandswertes wurde erörtert für den Fall der Vorwegnahme der Hauptsache im Verfahren des einstweiligen Rechtsschutzes (nein: OVG Berlin-Brandenburg AGS 2019, 525 (526); VG Magdeburg BeckRS 2020, 12750). 10

IV. Wertfestsetzung. Da die Verfahren nach dem AsylG gem. § 83b AsylG gerichtskostenfrei sind (→ Rn. 1), kommt eine gerichtliche Wertfestsetzung nur auf Antrag nach **§ 33** in Betracht. Bei Beteiligung mehrerer Personen ist nur die Festsetzung des sich aus I 2 ergebende (Gesamt-)Gegenstandswerts (→ Rn. 6) möglich, nicht aber die von persönlichen (Teil-)Gegenstandswerten (VG Augsburg AGS 2019, 477; VG Würzburg BeckRS 2020, 7914). Wird eine Heraufsetzung des Wertes nach II wegen Unbilligkeit begehrt, trägt der Antragsteller für deren Voraussetzungen (→ Rn. 8) die Darlegungs- und Nachweislast. 11

Soweit in der Vergangenheit dem in § 80 AsylG geregelten **Beschwerdeausschluss** für Rechtsstreitigkeiten nach dem AsylG vielfach auch ein Ausschluss der Beschwerde nach § 33 III entnommen worden ist (etwa von OVG Niedersachsen BeckRS 2011, 55079; VGH Bayern AGS 2013, 290), ist dieser Ansicht jedenfalls mit dem durch das 2. KostRMoG in § 1 III aufgenommenen Vorrang der Rechtsbehelfsvorschriften des RVG die Grundlage entzogen (OVG Berlin-Brandenburg NVwZ-RR 2017, 73 Rn. 4 ff.; AGS 2019, 525; VGH Hessen NVwZ-RR 2020, 271 Rn. 3 mwN; Gerold/Schmidt/Mayer Rn. 17; NK-GK/Fölsch/Thiel Rn. 14; **aA** etwa OVG NRW AGS 2019, 419; OVG Thüringen NJ 2019, 308; OVG Saarland RVGReport 2020, 359; OVG Rheinland-Pfalz AGS 2020, 522; OVG Sachsen-Anhalt AGS 2020, 486; VGH Bayern BeckRS 2020, 14580; 2020, 14582; Riedel/Sußbauer/Potthoff Rn. 37). 12

§ 31 Gegenstandswert in gerichtlichen Verfahren nach dem Spruchverfahrensgesetz

I [1] **Vertritt der Rechtsanwalt im Verfahren nach dem Spruchverfahrensgesetz einen von mehreren Antragstellern, bestimmt sich der Gegenstandswert nach dem Bruchteil des für die Gerichtsgebühren geltenden Geschäftswerts, der sich aus dem Verhältnis der Anzahl der Anteile des Auftraggebers zu der Gesamtzahl der Anteile aller Antragsteller ergibt.** [2] **Maßgeblicher Zeitpunkt für die Bestimmung der auf die einzelnen Antragsteller entfallenden Anzahl der Anteile ist der jeweilige Zeitpunkt der Antragstellung.** [3] **Ist die Anzahl der auf einen Antragsteller entfallenden Anteile nicht gerichtsbekannt, wird vermutet, dass er lediglich einen Anteil hält.** [4] **Der Wert beträgt mindestens 5 000 Euro.**

II Wird der Rechtsanwalt von mehreren Antragstellern beauftragt, sind die auf die einzelnen Antragsteller entfallenden Werte zusammenzurechnen; Nummer 1008 des Vergütungsverzeichnisses ist insoweit nicht anzuwenden.

Schrifttum: Deiß, Die Vergütung der Verfahrensbevollmächtigten und des gemeinsamen Vertreters im Spruchverfahren, NZG 2013, 248; Günal/Kemmerer, Die Vergütung des gemeinsamen Vertreters der Minderheitsaktionäre, NZG 2013, 16.

I. Normzweck, Übersicht. Die Vorschrift betrifft die Tätigkeit des Rechtsanwalts in Verfahren nach dem (2003 an die Stelle früheren Regelungen in §§ 305 ff. UmwG aF getretenen) **SpruchG.** Der für die in diesen Verfahren anfallenden Gerichtskosten maßgebliche Geschäftswert entspricht nach §§ 1 II Nr. 5, 74 GNotKG – innerhalb bestimmter Mindest- und Höchstgrenzen – dem Betrag, der von allen in § 3 SpruchG jeweils für das betreffende Verfahren genannten Antragsberechtigten nach der Entscheidung des Gerichts zusätzlich zu dem ursprünglich angebotenen Betrag insgesamt gefordert werden kann (→ GNotKG § 74 Rn. 1 ff.). Dieser Betrag entspricht zwar dem wirtschaftlichen Interesse des Antragsgegners (dem eine Inanspruchnahme in Höhe des Gesamtbetrages droht), nicht aber dem eines einzelnen (nur den auf ihn entfallenden Teilbetrag begehrenden) Antragstellers. 1

2 Für die Vertretung des **Antragsgegners** kann daher die Bemessung des Gegenstandswerts nach **§ 23 I 1 iVm § 74 GNotKG** (der nach § 6 II 3 SpruchG außerdem auch für die gem. § 6 II 1 SpruchG in entspr. Anwendung des RVG zu ermittelnde Vergütung des für nicht antragstellende Antragsberechtigte vom Gericht nach Maßgabe von § 6 I SpruchG zu bestellenden **gemeinsamen Vertreter** maßgeblich ist, Günal/Kemmerer NZG 2013, 16 (17); Deiß NZG 2013, 248 (250)) erfolgen, nicht aber für die – nicht gegenstandsgleiche – Vertretung eines Antragstellers (vgl. bereits BGH NZG 1999, 346). Mit der Neuordnung des Spruchverfahrens hat der Gesetzgeber deshalb (vgl. Begr. RegE SpruchG BT-Drs. 15/371, 19) **für die Vertretung des Antragstellers** eine die allg. Regelung des § 23 I 1 iVm § 74 GNotKG verdrängende Sonderregelung (zunächst als § 8 Ia BRAGO aF, der als § 31 übernommen wurde) geschaffen.

3 **II. Gegenstandswert.** Für die Vertretung nur **eines von mehreren Antragstellern** bestimmt I 1 daher (in Anknüpfung an BGH NZG 1999, 346) als für die anwaltliche Vergütung (nach VV 3100 ff., vgl. VV Vorb. 3.1. I) maßgeblichen Gegenstandswert einen **Bruchteil** des nach § 74 GNotKG zu ermittelnden (Gesamt-) Geschäftswerts (der allerdings auch Ansprüche von Personen einschließt, die zwar antragsberechtigt sind, aber keinen Antrag gestellt haben, vgl. OLG Düsseldorf NZG 2018, 351 Rn. 4). Ausgangspunkt ist danach der (bindend) nach § 79 GNotKG festzusetzende Geschäftswert (vgl. OLG Düsseldorf AG 2016, 367; NZG 2018, 351 Rn. 4). Der hiervon als Gegenstandswert heranzuziehende Bruchteil bestimmt sich nach dem Verhältnis zwischen der (nach § 4 II 4 SpruchG in der Antragsbegründung zu nennenden) Anzahl der Anteile dieses Antragstellers an der von den Strukturmaßnahmen betroffenen Gesellschaft (zum Zeitpunkt seiner Antragstellung, I 2) und der Anzahl der Anteile aller Antragsteller (der für die Gerichtsgebühren maßgebliche Geschäftswert wird mithin nach dem Verhältnis des Anteilseigentums auf alle Antragsteller „verteilt"). Dabei bleiben allerdings Anteile solcher Antragsteller, die ihre Aktionärsstellung nicht nachgewiesen haben und deren Anträge infolgedessen bereits unzulässig sind, mangels deren formaler Beteiligung am Spruchverfahren außer Betracht (OLG Düsseldorf NZG 2018, 351 Rn. 4). Bezogen auf den einzelnen Antragsteller gilt aber jedenfalls der **Mindestwert** nach I 4.

4 Vertritt der Rechtsanwalt **mehrere Antragsteller,** sind die nach I für jeden einzelnen Antragsteller ermittelten Werte nach II HS 1 (wie nach § 22 I) zu **addieren.** Unterschreitet der nach I 1 für einen einzelnen Antragsteller ermittelte Wert den Mindestbetrag nach I 4, ist nicht etwa der nach I 1 ermittelte Betrag, sondern der Mindestbetrag nach I 4 in die Addition einzustellen (OLG Karlsruhe AGS 2020, 141). Die Vergütung des Rechtsanwalts berechnet sich dann nach diesem erhöhten Wert, hingegen findet eine zusätzliche Erhöhung der Gebühren nach VV 1008 (dessen tatbestandliche Voraussetzungen mangels Gegenstandsgleichheit iSd VV 1008 Anm. II der Ansprüche der Antragsteller allerdings schon nicht vorliegen dürften) nach II Hs. 2 nicht statt.

5 Vertritt der Rechtsanwalt den **einzigen Antragsteller** oder **alle Antragsteller,** ist der Gegenstandswert nach § 23 I 1 iVm § 74 GNotKG zu ermitteln; entspricht also dem für die Vertretung des Antragsgegners maßgeblichen Wert. Dies folgt im Grundsatz auch aus einer Anwendung von II Hs. 1 (weil der Bruchteil dann 1/1 ist), doch führt anders als nach II der Umstand, dass für einzelne Antragsteller bei Einzelbetrachtung der Mindestbetrag nach I 4 anzusetzen wäre, nicht zu einer Erhöhung des Gegenstandswertes.

6 Bei der Vertretung eines oder mehrerer Antragsteller im **Rechtsmittelverfahren** (zur Vergütung vgl. VV Vorb. 3.2.1. Nr. 2 Buchst. i, Vorb. 3.2.2. Nr. 1 Buchst. a) ist maßgeblicher Gegenstandswert nach § 23 I 2 iVm § 61 I GNotKG der Wert der den Gegenstand des Beschwerde- bzw. Rechtsbeschwerdeverfahrens bildenden Beschwer des Auftraggebers des Rechtsanwalts maßgeblich, die indessen wiederum nach § 31 zu bewerten ist. Wird nur eine Zwischenentscheidung angegriffen, ist nur ein angemessener Teil des Hauptsachewerts als Wert (auch für die Gerichtskosten) zugrunde zu legen (OLG Düsseldorf NZG 2019, 749).

7 **III. Wertfestsetzung.** Weil für die Anwaltsvergütung bei Vertretung der Antragsteller ein anderer Wert als für die Gerichtskosten maßgeblich ist (→ Rn. 2), kommt

eine **Wertfestsetzung** regelmäßig nur auf Antrag nach § 33 in Betracht (ausgeschlossen ist eine Festsetzung nach § 33 aber dann, wenn der für die anwaltliche Vergütung maßgebliche Wert ausnahmsweise dem – nach § 79 GNotKG festzusetzenden – Geschäftswert für die Gerichtskosten entspricht, OLG Düsseldorf NZG 2019, 749).

Die für die Berechnung maßgebliche Anzahl der Anteile des oder der Antragsteller 8
(→ Rn. 3) ist dann den Angaben des Antragstellers in der Antragsschrift (§ 4 II 4 SpruchG) zu entnehmen, oder, wenn solche fehlen, der Vermutung nach I 3, die vom Antragsteller ggf. bis zum Ablauf einer hierzu gesetzten Frist widerlegt werden kann (OLG Düsseldorf NZG 2018, 351 Rn. 6 f.). Gleiches gilt für die Anzahl der Anteile der übrigen Antragsteller, die bei der Bruchteilsberechnung nach I 1 zu berücksichtigen sind; fehlen hierzu Angaben des Antragstellers bzw. ist hierzu sonst nichts bekannt, gilt auch für diese die Vermutung des I 3 (OLG Düsseldorf AG 2016, 367; NZG 2018, 351 Rn. 7).

Ausschlussverfahren nach dem Wertpapiererwerbs- und Übernahmegesetz

31a [1]**Vertritt der Rechtsanwalt im Ausschlussverfahren nach § 39b des Wertpapiererwerbs- und Übernahmegesetzes einen Antragsgegner, bestimmt sich der Gegenstandswert nach dem Wert der Aktien, die dem Auftraggeber im Zeitpunkt der Antragstellung gehören.** [2]**§ 31 Absatz 1 Satz 2 bis 4 und Absatz 2 gilt entsprechend.**

Historie: Vorschrift eingefügt durch Art. 3 Nr. 2 Übernahmerichtlinie-Umsetzungsgesetz v. 8.7.2006 (BGBl. I 1426 (1431)) mWv 14.7.2006; Materialien: BT-Drs. 16/1003 (Gesetzentwurf), BT-Drs. 16/1541 (Beschlussempfehlung und Bericht).

Wie beim Spruchverfahren (→ § 31 Rn. 1) stellt sich auch **beim Ausschlussver-** 1
fahren nach § 39b WpÜG das Problem, dass der für die Gerichtskosten maßgebliche Geschäftswert (§§ 1 II Nr. 6, 73 GNotKG: Wert aller Aktien innerhalb bestimmter Mindest- und Höchstgrenzen, auf die sich der Ausschluss bezieht, → GNotKG § 73 Rn. 1 f.) zwar dem wirtschaftlichen Interesse des antragstellenden Bieters (der alle verbliebenen Aktionäre der Zielgesellschaft durch Übergang der Aktien auf ihn ausschließen will) entspricht, nicht aber dem der auf Antragsgegnerseite stehenden einzelnen Aktionäre. Für die anwaltliche Tätigkeit in einem solchen Ausschlussverfahren kann der Gegenstandswert daher nach der allg. Regelung des § 23 I 1 iVm § 73 GNotKG nur bei Vertretung des Antragstellers herangezogen werden. Die **Vertretung eines Antragsgegners** hat hingegen nur dessen Aktien zum Gegenstand und ist daher nicht gegenstandsgleich. Vielmehr ist es sachgerecht, mit der für den Fall der Vertretung eines Antragsgegners durch die die allg. Regelung verdrängende Sonderregelung des § 31a für die Wertbestimmung allein auf den **Wert dessen Aktien** abzustellen (vgl. Begr. RegE § 31a BT-Drs. 16/1003, 24).

Für die Vergütung (nach VV 3100 ff., vgl. VV Vorb. 3.1. I) des einen oder 2
mehrere Antragsgegner vertretenden Rechtsanwalts kommt es mithin auf den **Aktienbestand** seines Auftraggebers bzw. seiner Auftraggeber an. **Stichtag** für die für die Wertbestimmung maßgebliche Anzahl an Aktien ist nach S. 1 der **Zeitpunkt der Antragstellung;** ein späterer Hinzuerwerb weiterer Aktien bzw. Veräußerungen nach diesem Zeitpunkt sind mithin für den Gegenstandswert unerheblich. Für die **Bewertung** dieser Aktien kann auf die angemessene Abfindung iSd § 39a I 1 WpÜG oder einen eventuell vorhandenen Börsenkurs zurückgegriffen werden (vgl. MüKoAktG/Grunewald WpÜG § 39b Rn. 28). Auf welchen Bewertungsstichtag abzustellen ist, ergibt sich weder aus § 31b noch aus § 73 GNotKG, doch liegt nahe, auch insoweit auf den Zeitpunkt der Antragstellung abzustellen. IÜ gilt für den Gegenstandswert der **Mindestwert** nach S. 2 iVm § 31 I 4.

IÜ verweist S. 2 auf § 31, was außer den Mindestwert nach § 31 I 4 insbes. die 3
Vermutungsregelung des § 31 S. 3 (→ § 31 Rn. 8) und die Berechnung des Gegenstandswertes bei Vertretung mehrerer Antragsgegner (§ 31 II, → § 31 Rn. 4) betrifft. Die Verweisung auf § 31 I 2 dürfte demgegenüber in Hinblick auf die Regelung in S. 1 gegenstandslos sein. Zur Wertfestsetzung → § 31 Rn. 7.

4 Für die Vergütung des Rechtsanwalts in Beschwerde- oder Rechtsbeschwerdeverfahren (vgl. VV Vorb. 3.2.1. Nr. 2 Buchst. j, Vorb. 3.2.2. Nr. 1 Buchst. a) gilt, nach § 23 I 1 (für das gerichtliche Verfahren fallen Wertgebühren an, vgl. KV 13610 ff. GNotKG) iVm § 61 GNotKG im Ergebnis nichts anderes, nur ist Ausgangspunkt zunächst die verfahrensgegenständliche Beschwer.

Gegenstandswert bei Zahlungsvereinbarungen

31b **Ist Gegenstand der Einigung eine Zahlungsvereinbarung (Gebühr 1000 Nummer 2 des Vergütungsverzeichnisses), beträgt der Gegenstandswert 50 Prozent des Anspruchs.**

Historie: Vorschrift eingefügt durch Art. 8 I Nr. 17 2. KostRMoG v. 23.7.2013 (BGBl. I 2586 (2690)) mWv 1.8.2013; Materialien: BT-Drs. 17/11471 (Gesetzentwurf), BT-Drs. 17/13537 (Beschlussempfehlung und Bericht), BT-Drs. 17/14120 (Beschlussempfehlung); geändert durch Art. 2 Nr. 2 G zur Verbesserung des Verbraucherschutzes im Inkassorecht u. zur Änd. weiterer Vorschriften v. 22.12.2020 (BGBl. I 3320 (3323)) mWv 1.10.2021; Materialien: BT-Drs. 19/20348 (Gesetzentwurf), BT-Drs. 19/24735 (Beschlussempfehlung und Bericht).

Schrifttum: Jungbauer, Vergütung bei Inkassodienstleistungen – … wirklich verbrauchergerecht?, Bln. AnwBl 2022, 40.

1 Dass der Gegenstandswert der für die Mitwirkung des Rechtsanwalts am Zustandekommen einer bloßen **(insbes. Raten-)Zahlungsvereinbarung** anfallende Einigungsgebühr (VV 1000 Nr. 2) nach § 23 I iVm § 48 I 1 GKG, § 3 ZPO nicht der volle Betrag des von der Einigung erfassten Anspruchs, sondern nur ein **Bruchteil („Stundungsinteresse")** hiervon sein kann, stand wohl nie in Zweifel (vgl. zur Rechtslage vor Inkrafttreten des § 31b etwa OLG Jena FamRZ 2006, 1692 (1693); AG Lüdenscheid AGS 2008, 251, jew. mwN). Der mit dem 2. KostRModG (→ GKG Vor § 1 Rn. 16) eingefügte § 31b stellt dies klar (RegE 2. KostRMoG BT-Drs.17/11471, 269) und legt überdies – als vorrangige Sonderregelung gegenüber § 23 I – die Höhe des Bruchteils konkret fest (ursprünglich 20 %, angehoben mWv 1.10.2021 zum Ausgleich der zeitgleich erfolgten Absenkung des Gebührensatzes in VV 1000 Nr. 2 auf den jetzigen Betrag, RegE Gesetz zur Verbesserung d. Verbraucherschutzes im Inkassorecht BT-Drs. 19/ 20348, 61; vgl. hierzu die allg. Übergangsregelung in § 60).

2 Die ursprüngliche Fassung des § 31b und von VV 1000 (der nur eine Einigungsgebühr kannte) konnte es zweifelhaft erscheinen lassen, ob bereits jede zugleich erfolgende – auch nur formale – Beseitigung einer Ungewissheit des Bestehens des Anspruchs die Anwendung des § 31b ausschließt (hM, vgl. etwa OLG Schleswig-Holstein AGS 2019, 19 mwN mzustAnm N. Schneider) oder ob er auch dann Anwendung findet, wenn die Zahlungsvereinbarung mit der Titulierung des unstreitigen Anspruchs verbunden wird (so etwa OLG München AGS 2014, 411 mablAnm N. Schneider). Mit der zum 1.10.2021 erfolgten Neufassung sowohl des § 31b als auch von VV 1000 (insbes. VV Anm. I) hat der Gesetzgeber klarstellen wollen, dass ein (bloßes) **Anerkenntnis** bzw. ein (bloßer) **Verzicht** auf die Hauptforderung weder die Anwendung der (nunmehr besonderen, ermäßigten) Einigungsgebühr nach VV 1000 Nr. 2 noch des hierauf bezogenen ermäßigten Gegenstandswerts nach § 31b ausschließen (vgl. RechtsA, G z. Verbesserung d. Verbraucherschutzes im Inkassorecht BT-Drs. 19/24735, 13 f.). Mit dem Verzicht auf das Wort „nur" bei der Neufassung der Vorschrift ist überdies klargestellt, dass auch mit der Zahlungsvereinbarung getroffene **Nebenabreden** (zB zur Sicherheitenstellung, zu Zinsen und Kosten, insoweit zu § 31b aF aA etwa LG Gera AGS 2020, 322 mAnm N. Schneider; AG Vaihingen AGS 2016, 400 mablAnm N. Schneider, auch soweit der Gläubiger teilweise auf Ansprüche verzichtet) die Anwendung des § 31b nicht ausschließen.

3 Soweit neben der Einigungsgebühr nach VV 1000 Nr. 2 (nur) für die Einigung auch eine Geschäftsgebühr anfällt, sind die besonderen Regelungen in § 13 II, VV 2300 Anm. II zu beachten.

Wertfestsetzung für die Gerichtsgebühren

32 **I Wird der für die Gerichtsgebühren maßgebende Wert gerichtlich festgesetzt, ist die Festsetzung auch für die Gebühren des Rechtsanwalts maßgebend.**

II 1 Der Rechtsanwalt kann aus eigenem Recht die Festsetzung des Werts beantragen und Rechtsmittel gegen die Festsetzung einlegen. 2 Rechtsbehelfe, die gegeben sind, wenn die Wertfestsetzung unterblieben ist, kann er aus eigenem Recht einlegen.

Übersicht

I. Systematik. §§ 32, 33 beziehen sich in einer Ergänzung von § 23 I 1 nur auf die Wertfestsetzung für ein gerichtliches Verfahren vor einem beliebigen Gericht aller Gerichtsbarkeiten. Eine solche Wertfestsetzung gilt nach § 23 I 3 dann auch für diejenige Tätigkeit des Rechtsanwalts, die das gerichtliche Verfahren in diesem Gebührenrechtszug vorbereitet oder außergerichtlich begleitet, etwa bei einem Verkehrsanwalt oder bei einer außergerichtlichen Einigung. Die Vorschrift gilt auch für einen Unterbevollmächtigten, Terminsanwalt, Beweisanwalt oder Beistand. Zum gerichtlichen Verfahren gehört (selbstverständlich) auch das Mahnverfahren zB nach §§ 688 ff. ZPO. Es reicht also aus, dass die Sache anhängig ist. Eine Rechtshängigkeit nach §§ 253 I, 261 I ZPO ist nicht erforderlich. § 32 erfasst auch denjenigen Rechtsanwalt, der keinen Antrag stellt (OVG Mecklenburg-Vorpommern NJW 2008, 2936). 1

Beim **Abweichen** des Streitwerts vom Gegenstandswert gilt nach → § 33 Rn. 4. 2

Soweit es wegen des gesamten oder eines teilweisen Anspruchs des Auftraggebers **überhaupt nicht** zu einer **gerichtlichen** Anhängigkeit kommt, findet (selbstverständlich) keine Festsetzung des Streitwerts für Gerichtsgebühren statt. §§ 32, 33 sind ferner dann nicht anzuwenden, wenn es sich um eine solche Anwaltstätigkeit handelt, die ein etwa vorhandenes gerichtliches Verfahren nicht betrifft, etwa um eine Beratung im Zusammenhang mit dem Abschluss eines solchen Vertrags, um den die Partner anschließend vor Gericht streiten. Dann muss der Rechtsanwalt den Gegenstandswert selbst ansetzen. Soweit der Wert streitig ist, muss ihn das Gericht im Zusammenhang mit einer etwaigen Gebührenklage festsetzen. 3

II. Regelungszweck. Die Vorschrift dient in I, II unterschiedlichen Zwecken. I bezweckt wie §§ 22, 23 eine Vereinheitlichung und Vereinfachung beim wesentlichen Anknüpfungspunkt der Vergütung dem Grunde nach im gerichtlichen Verfahren. Man muss die Vorschrift daher als eine Zweckmäßigkeitsvorschrift ebenso großzügig auslegen wie den der Gerechtigkeit dienenden II mit einer notwendigen Ergänzung des Rechtsmittelsystems. Denn sonst könnte dem Rechtsanwalt wegen des Fehlens einer eigenen Beschwerdemöglichkeit nach § 66 II GKG (er ist nicht Partei) oder nach § 57 II FamGKG (er ist kein Beteiligter) die Möglichkeit fehlen, eine angemessene Vergütung auch gegen die „Billigkeits"-Interessen des Auftrag- 4 gebers und gar des etwa erstattungspflichtigen Gegners durchzusetzen, soweit der richtige Wert streitig ist (KG JurBüro 1984, 578; OLG München JurBüro 1985, 1085).

5 **III. Maßgeblichkeit des Streitwerts (I).** Der nachfolgende Grundsatz hat mancherlei Auswirkungen.

6 **1. Grundsatz: Abhängigkeit vom gerichtlichen Wert.** Soweit das Gericht einen Streitwert für seine Gebühren nach § 63 I 1 GKG, § 55 I 1 FamGKG vorläufig oder nach § 63 II 1 GKG, § 55 II FamGKG endgültig festsetzt, gilt die Festsetzung grundsätzlich auch für die Gebühren des Rechtsanwalts wegen einer Tätigkeit in diesem gerichtlichen Verfahren und wegen desselben Gegenstands nach → § 15 Rn. 12 (BGH NJW-RR 2018, 700 Rn. 21; OLG Hamburg AnwBl 2003, 114). Das gilt (selbstverständlich) nur für ein solches gerichtliches Verfahren, in dem eine Festsetzung des Streitwerts kraft Gesetzes in Betracht kommt (OLG Karlsruhe NJW-RR 2009, 1366), sei es durch einen Beschluss oder im Urteil. Auf eine Anfechtbarkeit einer solchen Festsetzung kommt es für I nicht an. Eine persönliche Gebührenfreiheit ändert an der Anwendbarkeit von I nichts. Vgl. §§ 63–66 GKG, §§ 55 ff. FamGKG, § 79 GNotKG, § 61 I ArbGG, § 114 PatG, § 142 MarkenG, auch iVm § 8 II 3 MarkenG, ferner § 26 GebrMG, § 54 II DesignG, § 12 UWG, § 247 AktG, § 182 InsO, § 164 VwGO (VGH Hessen JurBüro 2017, 309).

7 **Mangels einer Wertabhängigkeit** ist I nicht anzuwenden (OLG Karlsruhe NJW-RR 2009, 1366), und § 33 anzuwenden.

2. Beispiele zur Frage einer Anwendbarkeit von I

8 **Änderung:** Soweit das Gericht den Streitwert ändert, ist der neue Wert maßgebend. Falls bereits eine Festsetzung der Anwaltsgebühren erfolgt war, muss man auch sie entsprechend nach § 11 II 3 RVG, § 17 ZPO, § 85 FamFG auf einen Antrag ändern, solange keine Verjährung vorliegt. Nach Ablauf der Frist des § 33 III 1 ist eine Änderung selbst dann unstatthaft, wenn das Gericht nach § 43 GKG hätte festsetzen müssen (LAG Berlin-Brandenburg NZA-RR 2017, 558).

Auftraggeber: Der gerichtlich festgesetzte Streitwert ist auch für den Auftraggeber maßgebend.

Außergerichtliche Einigung: Soweit ein gerichtliches Verfahren schwebt, kann die Streitwertfestsetzung auch eine außergerichtliche Einigung nach § 779 BGB umfassen.

Aussetzung: Bei einem Rechtsmittel des Rechtsanwalts muss das Gericht die anderen Verfahren bis zur Klärung der Streitfrage über den Wert nach § 11 IV RVG, § 148 ZPO, § 21 FamFG usw aussetzen.

Bindung: Die Festsetzung bindet das Gericht im Gebührenrechtsstreit (OLG Celle VersR 2011, 1579). Wenn der Rechtsanwalt in diesem Verfahren oder im Festsetzungsverfahren gegen den Streitwert eine Einwendung erheben will, muss er nach II 1 im Festsetzungsverfahren das zulässige Rechtsmittel einlegen (OLG Bamberg JurBüro 1976, 186). Eine Streitwertfestsetzung durch das Gericht bindet den Rechtsanwalt im Übrigen nur insoweit, als sich seine Tätigkeit mit dem für die Streitwertfestsetzung maßgebenden Gegenstand deckt (BayObLG Rpfleger 1979, 434). Sie bindet nicht, soweit die Partner des Anwaltsvertrags eine nach §§ 3a, 4 wirksame Einigung über einen höheren bezifferten und nicht nur „angemessenen" Gegenstandswert als den gerichtlich festgesetzten Streitwert getroffen haben. Das gilt aber nur für die an dieser Vereinbarung schon und noch Beteiligten (OLG Frankfurt a. M. JurBüro 1980, 579). Soweit der Urkundsbeamte der Geschäftsstelle einen Streitwert angenommen hat, bindet dieser Vorgang den Rechtsanwalt nicht.

Erledigung: Nicht anzuwenden ist I dann, wenn sich der Auftrag vor der Klagerhebung nach §§ 253, 261 ZPO oder vor der Einlegung eines Rechtsmittels teilweise oder vor einer Festsetzung des Streitwerts ganz erledigt, etwa infolge des Tods oder einer Kündigung, und wenn der Streitwert danach höher geworden ist.

Erstattungsfähigkeit: Sie richtet sich stets nach dem gesetzlichen Gegenstandswert iVm §§ 91 ff. ZPO usw (OLG Frankfurt a. M. JurBüro 1980, 579; OLG Hamm AnwBl 1975, 95).

Gegenstand: Wenn der Gegenstand einer Anwaltstätigkeit über denjenigen des gerichtlichen Verfahrens hinausgeht oder hinter ihm zurückbleibt, ist I evtl. **nicht**

anzuwenden und stattdessen § 33 anzuwenden (BayObLG AnwBl 1992, 331; LAG Hamm JurBüro 1987, 231; LAG Köln MDR 1999, 121). Beim Vergleich kommt es bei der Einbeziehung eines Zusatzanspruchs zur Hauptforderung darauf an, ob er im Vergleich eine Mitregelung findet (OLG Stuttgart AGS 2016, 415).

Kündigung: → „Erledigung".

Miterbe: Nicht anzuwenden ist I, soweit der Rechtsanwalt im Erbscheinserteilungsverfahren nur einen Miterben vertritt (BayObLG JurBüro 1978, 1374).

Mithaftung: Der gerichtlich festgesetzte Streitwert ist auch für einen Mithaftenden maßgebend.

Nach dem Prozess: Es gilt dasselbe wie bei → „Vor dem Prozess".

Rechtsmittel: Anzuwenden ist I auch in Verbindung zB mit § 47 I 1 GKG (BGH WM 2013, 3088). Auch → „Aussetzung", „Bindung".

Rechtsnachfolger: Der gerichtlich festgesetzte Streitwert ist auch für einen Rechtsnachfolger maßgebend.

Rechtspfleger: Solange er ein gerichtliches Verfahren bearbeitet, ist er nach § 4 RPflG auch für die Wertfestsetzung zuständig.

Staatskasse: Der gerichtlich festgesetzte Streitwert ist auch für die Staatskasse maßgebend.

Streitgenosse: Nicht anzuwenden ist I, soweit der Rechtsanwalt nur einen von mehreren Streitgenossen nach §§ 59 ff. ZPO vertritt, während die übrigen andere Ansprüche oder solche in anderer Höhe geltendmachen oder auf die Zahlung abweichender Beträge verklagt worden sind, wenn das Gericht also zusammengerechnet hat (vgl. BGH Rpfleger 1977, 60).

Tod: → „Erledigung".

Verwaltungsbehörde: Wegen des Widerspruchsverfahren vor ihr VG Augsburg AnwBl 1984, 319.

Vor dem Prozess: Die gerichtliche Streitwertfestsetzung kann eine solche Tätigkeit miterfassen, die dem Prozess vorausgeht und die nach § 19 I 2 Nr. 3 zum Gebührenrechtszug gehört.

IV. Antragsrecht des Rechtsanwalts (II 1). Der Rechtsanwalt hat nach 9
→ Rn. 13 schon wegen seiner grundsätzlichen Bindung an die gerichtliche Wertfestsetzung ein eigenes Recht, eine noch nicht erfolgte Wertfestsetzung zu beantragen. Dieses Recht besteht für sämtliche gerichtlichen Verfahren. Das gilt nach → Rn. 15 auch dann, wenn das Gericht den Streitwert von Amts wegen festsetzen soll oder soweit das Gericht den Wert schon ohne einen Widerspruch des Auftraggebers festgesetzt hat, soweit der Rechtsanwalt aber beschwert ist (OLG Rostock JurBüro 2014, 194; VGH Bayern NVwZ-RR 2014, 447; OVG Nordrhein-Westfalen Rpfleger 2010, 80; aA OLG Köln GRUR 1988, 724, aber eine Beschwer ist stets ein ausreichender Grund).

1. Notwendigkeit eigenen Interesses. Da nach § 32 aber nur die Festsetzung 10
des Werts für die Gebühren des Gerichts in Betracht kommt, besteht ein Antragsrecht des Rechtsanwalts nur, soweit er ein eigenes rechtliches Interesse an der Festsetzung hat, falls also die Wertfestsetzung für seine Gebühr maßgebend ist (BayObLG AnwBl 1992, 331).

Es ist immerhin auch denkbar, ein eigenes rechtliches Interesse des Rechtsanwalts 11
an einer **niedrigeren** Wertfestsetzung dann zu bejahen, wenn er etwa fürchtet, auf Grund eigener früherer Angaben mit einer geringeren Werteinschätzung jetzt einem Schadensersatzanspruch des Auftraggebers ausgesetzt zu werden oder dessen Vertrauen und damit angekündigte Folgeaufträge mit vielleicht hohen Gegenstandswerten zu verlieren usw. Dergleichen könnte auch über ein „nur" wirtschaftliches und als solches nicht ausreichendes Interesse durchaus hinausgehen.

2. Beispiele zur Frage eines Antragsrechts (II 1)

Abgrenzung: Man muss einen Antrag nach II 1 von einem solchen nach § 33 I 12
unterscheiden. Auch → „Auslegung".

Anhörung: Wenn sich der Rechtsanwalt durch einen Antrag oder auch ohne einen förmlichen Antrag der Sache nach in ein anhängiges Wertsetzungsverfahren eingeschaltet, muss das Gericht ihm als einem von jetzt an auch persönlich Beteiligten im weiteren Verfahrensgang vor einer ihm nachteiligen Wertänderung nach Art. 103 I

GG das rechtliche Gehör geben. Das Gericht muss dann auch der von diesem Rechtsanwalt vertretenen Partei selbst das rechtliche Gehör geben. Denn sie mag zB an einer dem Rechtsanwalt günstigeren Wertfestsetzung aus berechtigten Gründen nicht interessiert sein. Soweit allerdings das Gericht gar nicht weiß, dass der Rechtsanwalt ein gerichtliches Verfahren mit seiner Tätigkeit begleitet, wenn sich etwa seine Mitwirkung auf eine außergerichtliche Beratung beschränkt, kann das Gericht den Rechtsanwalt solange nicht anhören, bis er sich wenigstens wegen der Wertfestsetzung beim Gericht meldet.

Antragsfrist: II 1 schreibt **keine** solche Frist vor. Aber auch → „Verwirkung".

Arbeitsgerichtliches Verfahren: Ein Antragsrecht besteht auch in diesem Verfahren (LAG Bremen MDR 1986, 261; LAG Schleswig-Holstein AnwBl 2002, 186; LAG Nürnberg JurBüro 1993, 172). Zur Verweisung an ein Gericht der ordentlichen Gerichtsbarkeit OLG Frankfurt a. M. NJW-RR 2018, 254.

Auslegung: Man darf und muss evtl. den Antrag wie jede Prozesshandlung auslegen (OVG Nordrhein-Westfalen NVwZ-RR 2013, 903; Natter NZA 2004, 689).

Finanzgericht: Kein Antragsrecht besteht dort (BFH JurBüro 2016, 244).

Gegenstandswert: Ausreichen kann nach → Rn. 15 ein zu gering festgesetzter Wert.

Instanz: → „Rechtszug".

Rechtsschutzbedürfnis: Zunächst → Rn. 10. Für den Antrag muss also wie für jede Prozesshandlung ein Rechtsschutzbedürfnis bestehen. Dieses Rechtsschutzbedürfnis kann aber auch nach der formellen Rechtskraft der Sachentscheidung nach § 705 ZPO usw vorliegen. Freilich kann das Rechtsschutzinteresse auch dann bestehen, wenn der Rechtsanwalt dem Auftraggeber die Gebühren nicht voll in Rechnung stellen will (OLG Karlsruhe AnwBl 1985, 41).

Rechtszug: Zum Antrag ist der Rechtsanwalt desjenigen **Rechtszugs** berechtigt, für den das Gericht den Wert festsetzen soll. Innerhalb dieses Rechtszugs ist nach § 11 I jeder Rechtsanwalt antragsberechtigt, für den die Wertfestsetzung auch nach seinem Ausscheiden maßgebend ist.

Sozius: Antragsberechtigt ist auch der diese Sache an sich nicht bearbeitende Sozius (VGH Hessen AnwBl 1982, 309). Auch der erst nachträglich eingetretene Sozius ist antragsberechtigt (VGH Hessen AnwBl 1982, 309), ferner der nur außergerichtlich mitwirkende Rechtsanwalt, soweit zB ein Vertretungsverbot vorliegt.

Überhöhte Wertangabe: Sie kann zumindest ein Betrugsversuch sein (OLG Köln GRUR-RR 2013, 341, freilich keineswegs stets).

Unterbleiben einer Wertfestsetzung: Ein Antragsrecht besteht auch in solcher Lage, falls ein für die Gerichtsgebühren nach § 23 maßgebender Wert an sich vorhanden ist und falls sich auch die Anwaltsgebühr nach diesem Wert richten soll.

Vertretungsverbot: → „Sozius".

Verwirkung: Eine Verwirkung kann beim Zusammentreffen des sog. Zeitmoments und des sog. Umstandsmoments nach § 242 BGB eintreten.

Wertvereinbarung: Eine beabsichtigte oder erfolgte solche Vereinbarung nach § 3a beseitigt das Antragsrecht grds. **nicht** (BFH NJW 1976, 208; OLG Karlsruhe AnwBl 1985, 41; aA VGH Baden-Württemberg NVwZ-RR 1995, 126).

13 **V. Beschwerderecht des Rechtsanwalts (II 2).** Der Rechtsanwalt hat in jedem gerichtlichen Verfahren ein eigenes Beschwerderecht (LAG Bremen NZA 2004, 1180; LAG Schleswig-Holstein AnwBl 2002, 186; OVG Nordrhein-Westfalen NVwZ-RR 2013, 903), und zwar nach → Rn. 24 in demselben Rahmen, in dem sein Auftraggeber nach den einzelnen Verfahrensordnungen dasselbe Recht hat. Eine Beschwerde kann auch hinter dem Wort „Erinnerung" stecken. Es müssen die folgenden Voraussetzungen zusammentreffen.

14 **1. Beschwerdefähige Entscheidung.** Zunächst muss eine beschwerdefähige Entscheidung vorliegen. Sie besteht auch dann, wenn das Gericht etwa nur in seinen Entscheidungsgründen „Wert X EUR" formuliert hat (OVG Saarland JurBüro 1997, 198). Auch eine vorläufige Festsetzung nach § 62 S. 1 GKG ist beschwerdefähig (OLG Bremen AnwBl 1988, 71; aA OLG Karlsruhe NJW-RR 2009, 499). Dasselbe gilt für eine vorläufige Festsetzung nach § 63 I 1 GKG (E. Schneider MDR 2000, 381; aA OLG Frankfurt a. M. BeckRS 2009, 7886; OLG Koblenz MDR 2014, 560).

Keine solche Entscheidung ist aber die bloße Annahme eines Werts durch den Urkundsbeamten der Geschäftsstelle. Es mag auch nur eine Entscheidung zum Zuständigkeitswert vorliegen (OLG München MDR 1998, 1242). Im Zweifel liegt aber nicht nur sie vor (aA OLG München MDR 1998, 1242). Eine Urteilsaufhebung durch das Rechtsmittelgericht umfasst den Satz „Wert X EUR" der Entscheidungsgründe meist mit. Eine Fälligkeit der Anwaltsvergütung nach § 8 braucht hier anders als bei § 33 II 1 noch nicht vorzuliegen. Es genügt ein Vorschussanspruch nach § 9 (OLG Bremen AnwBl 1988, 71; aA OLG Frankfurt a. M. BeckRS 2009, 7886). 15

Zur Beschwerde ist der Rechtsanwalt der ersten **Instanz** auch gegen eine Festsetzung durch das Berufungsgericht dann berechtigt, wenn diese Festsetzung den Wert der ersten Instanz mit einbezieht. Wenn der Rechtsanwalt während einer Instanz wechselt, ist der neue Rechtsanwalt selbständig beschwerdeberechtigt, soweit es sich um seine Gebühren handelt. Er ist aber nicht beschwerdeberechtigt, soweit nur die Gebühren des bisherigen Rechtsanwalts infrage stehen. Soweit der Rechtsanwalt die Partei gar nicht vor diesem Gericht vertreten hat, hat er auch kein Beschwerderecht (OLG Bamberg FamRZ 1997, 37). 16

2. Beschwer. Der Rechtsanwalt muss selbst beschwert sein (OLG Saarbrücken FamRZ 2009, 1172; OVG Niedersachsen JurBüro 2015, 85; VGH Bayern NVwZ-RR 2014, 447). Das gilt beim „bloßen" ProzBev nach § 81 ZPO, der sich nicht selbst vertritt, nur dann so, wenn das Gericht den Wert zumindest indirekt auch ihm gegenüber zu niedrig festgesetzt hat (LAG Hamm NZA-RR 2006, 268; VGH Bayern NVwZ-RR 2014, 447; OVG Nordrhein-Westfalen NVwZ-RR 2010, 80, dort verneint; aA OVG Nordrhein-Westfalen NVwZ-RR 2013, 309). 17

3. Beispiele zur Frage einer Beschwer (II 2)

Rechtsanwalt als Partei: Soweit der Rechtsanwalt **selbst Partei** ist, kommt es zwar theoretisch darauf an, ob er sich selbst zum ProzBev bestellt hat. Im Ergebnis ist dann aber die Frage unerheblich, in welcher Eigenschaft er das Rechtsmittel einlegt. 18

Herabsetzung: → „Zu hoher Wert".

Heraufsetzung: → „Zu niedriger Wert".

Rechtsschutzversicherer: → „Zu hoher Wert".

Verbesserung: Stets muss eine Verbesserung der Lage des Rechtsanwalts erhoffbar sein (OLG Köln VersR 1997, 601). Man muss im Zweifel davon ausgehen, dass er die Beschwerde nur im eigenen Namen und nicht auch in demjenigen der Partei, eingelegt hat (OLG Brandenburg FamRZ 2007, 2000; OLG Stuttgart NJW-RR 2011, 715; OVG Nordrhein-Westfalen NVwZ-RR 2013, 903). Im Zweifel empfiehlt sich aber doch zunächst nach § 139 ZPO, § 113 I 2 FamFG eine Rückfrage beim Rechtsanwalt dazu, was er gemeint hat.

Zu hoher Wert: Soweit der Rechtsanwalt die Beschwerde mit einer zu hohen Wertfestsetzung begründet, muss man im Zweifel davon ausgehen, dass er die Beschwerde in Wahrheit nur für den Auftraggeber und nicht persönlich eingelegt hat (BayObLG ZMR 2001, 296; OLG Brandenburg FamRZ 2007, 71; LAG Bremen NZA 2004, 1180). Denn sonst wäre sie unstatthaft (VGH Baden-Württemberg NVwZ-RR 2010, 943; aA OVG Nordrhein-Westfalen NVwZ-RR 2013, 309). Eine nur auf Anweisung des Rechtsschutzversicherers erhobene Herabsetzungsbeschwerde ist unzulässig (LAG Düsseldorf MDR 1995, 1074).

Honorarvereinbarung: Bei ihr mit einer wertunabhängigen Gebühr kann eine Beschwer darin liegen, dass der Rechtsanwalt einer Herabsetzung nach § 3a II vorbeugen will (BFH NJW 1976, 268). Sie kann auch sonst trotz § 3a vorliegen (Gerold/Schmidt/Mayer Rn. 87; aA VGH Baden-Württemberg NVwZ-RR 1995, 126).

Kein Widerspruch des Auftraggebers: Eine Beschwer besteht aber auch dann, wenn das Gericht den Wert ohne einen Widerspruch des Auftraggebers festgesetzt hat (aA OLG Köln GRUR 1988, 724, aber hier geht es ja gerade um das eigene Recht eines unabhängigen Organs der Rechtspflege, § 1 BRAO).

Zu niedriger Wert: Soweit der Rechtsanwalt seine Beschwerde damit begründet, das Gericht habe den Wert zu niedrig festgesetzt, ist seine Formulierung „namens und im Auftrag des Mandanten" dennoch auslegungsbedürftig (LAG

Hamm MDR 2001, 1442). Es kommt auf das prozessual Vernünftige an (OLG Dresden NJW-RR 2001, 792; OVG Nordrhein-Westfalen NVwZ-RR 2013, 903).

Zweifel: → „Verbesserung".

19 **4. Entweder: Beschwerdewert.** Der Wert des Beschwerdegegenstands muss entweder nach II 1 iVm § 68 I 1 GKG, § 59 I 1 FamGKG auch ohne eine solche ausdrückliche Verweisung der Sache nach grundsätzlich 200 EUR übersteigen (OLG Düsseldorf MDR 2012, 433; KG ZMR 2008, 449). Eine Ausnahme gilt nach → Rn. 23. Beschwerdewert ist der Unterschiedsbetrag zwischen derjenigen entstandenen und voraussichtlich noch entstehenden Gesamtvergütung (Gebühren und Auslagen), die sich auf Grund der bisherigen Festsetzung gerade für diesen Rechtsanwalt als Beschwerdeführer ergibt, und derjenigen entstandenen und voraussichtlichen Gesamtvergütung, die sich nach dem behaupteten und vom Rechtsanwalt mit seiner Beschwerde auch jetzt erstrebten Wert ergibt (OLG Hamburg AnwBl 1981, 501; OLG Naumburg NZA-RR 2008, 206; Chemnitz AnwBl 1982, 438; aA LG Stade AnwBl 1982, 438, aber es kommt auf das Ergebnis an).

20 **Das gilt** etwa bei § 567 II ZPO, § 68 I GKG, § 59 I FamGKG, § 83 GNotKG, § 146 III VwGO, § 128 III FGO. Dabei ist die Grundlage eine Wahlanwaltsvergütung und nicht nur die Vergütung aus der Staatskasse (OLG Celle FamRZ 2006, 1690). Auch in einer Prozess- oder VKH-Sache muss man den Beschwerdewert wegen § 126 ZPO, §§ 76 ff. FamFG nach dem vollen Gebührenbetrag berechnen (aA LAG Sachsen-Anhalt NZA-RR 2013, 605; LAG Rheinland-Pfalz NZA-RR 2011, 424, je: nur nach dem aus § 49 errechneten Betrag; systemwidrig). Nach einer teilweisen Abhilfe durch das Erstgericht ist nur noch der restliche Beschwerdewert maßgeblich (OLG Hamm JurBüro 1982, 582; OLG Koblenz JurBüro 1986, 893).

21 Man muss die **Umsatzsteuer** nach VV 7008 einrechnen. Denn sie stellt einen Teil der Gesamtvergütung dar (OVG Hamburg AnwBl 1981, 501 mzustAnm H. Schmidt). Die Gerichtskosten bleiben hier unbeachtet.

22 Es erfolgt **keine Zusammenrechnung** der Werte der etwaigen Beschwerden der Rechtsanwälte beider Parteien (aA VGH Stuttgart MDR 1976, 609, aber jeder Rechtsanwalt hat seine eigenen Rechte mit deren Grenzen). Es gibt auch keine Zusammenrechnung der Werte der Beschwerden des ProzBev und des Verkehrsanwalts.

23 **5. Oder: Zulassung.** Statt der Voraussetzung → Rn. 19 genügt nach § 68 I 2 GKG, § 59 I 2 FamGKG auch eine Zulassung der Beschwerde durch das Erstgericht wegen einer grundsätzlichen Bedeutung der zur Entscheidung stehenden Rechtsfragen. Die Zulassung muss aber bereits im Festsetzungsbeschluss erfolgt sein und lässt sich nicht nachholen.

24 **6. Weitere Voraussetzungen.** Der Rechtsanwalt hat ein Antragsrecht nur im Umfang eines sonst am Wertfestsetzungsverfahren Beteiligten. Soweit also die Wertfestsetzung unanfechtbar oder nur zusammen mit der Entscheidung in der Hauptsache anfechtbar ist, ist der Rechtsanwalt nicht persönlich zur Beschwerde berechtigt, soweit die Festsetzung nicht auch für seine Gebühren maßgebend ist (OLG Bremen AnwBl 1988, 71; OLG Hamm FamRZ 2005, 1767; aA OLG Köln AGS 2000, 230 = BeckRS 2000, 16885). Das gilt auch nach 61 I ArbGG. Der Rechtsanwalt kann auf ein Beschwerderecht verzichten. Ein Verzicht auf die Begründung der Festsetzung ist kein Rechtsmittelverzicht.

25 **„Abänderungsantrag"** oder „Erinnerung" reichen zur Einleitung eines Beschwerdeverfahrens aus (OLG Dresden NJW-RR 2001, 792; OLG Frankfurt a. M. JurBüro 1979, 1873).

26 In einem bürgerlichen Rechtsstreit und in einem solchen Verfahren, das auf die Wertfestsetzungsvorschriften des bürgerlichen Rechtsstreits für die Gerichtsgebühren verweist, ist der persönlich beschwerdeführende Rechtsanwalt grundsätzlich auch an die in §§ 63 III 2, 68 I 3 Hs. 1 GKG iVm § 63 III 2 GKG und in §§ 55 III 2, 59 I 3 Hs. 1 FamGKG iVm § 55 III 2 FamGKG genannte **Beschwerdefrist** seit der formellen Rechtskraft der Hauptsacheentscheidung oder seit einer anderweitigen Erledigung des Hauptverfahrens gebunden. Ausnahmsweise läuft die Beschwerdefrist nach II, § 68 I 3 Hs. 2 GKG, § 59 I 3 Hs. 2 FamGKG dann, wenn das Gericht den

Streitwert später als einen Monat vor dem Ablauf der vorgenannten Sechsmonatsfrist festgesetzt hatte, erst einen Monat nach der Zustellung oder formlosen Mitteilung des Festsetzungsbeschlusses ab. Eine Wiedereinsetzung ist nach § 68 II GKG, § 59 II FamGKG statthaft. Soweit für einen der Beteiligten die Frist noch läuft, läuft sie allerdings auch zugunsten des Rechtsanwalts. Ist sie zwar abgelaufen, hat das Gericht aber über die Beschwerde noch nicht entschieden, kann der Rechtsanwalt sich noch unselbständig anschließen.

VI. Unterbleiben einer Wertfestsetzung (II 2). Soweit das Gericht eine nach dem Gesetz notwendige Wertfestsetzung unterlassen hat, kann der Rechtsanwalt den zulässigen Rechtsbehelf aus eigenem Recht ergreifen (BVerfG NJW 2001, 961; OLG Saarbrücken NJW-RR 1999, 1280; Schneider MDR 1999, 1397). Das kommt nach § 61 I ArbGG zB dann in Betracht, wenn das ArbG die Wertfestsetzung in seinem Urteil unterlassen hat. Zwar hat die Wertfestsetzung keine Bedeutung mehr für die Rechtsmittelfähigkeit. Trotzdem ist § 61 I ArbGG nicht wegen eines bloßen Redaktionsversehens bestehengeblieben (aA LAG Hamm AnwBl 1979, 431). Die Vorschrift hat vielmehr ihren Sinn behalten. Denn es handelt sich um eine Zusatzvorschrift zu § 63 GKG, § 55 FamGKG. 27

Der Rechtsanwalt kann also eine Ergänzung nach **§ 321 ZPO** oder evtl. eine Abhilfe nach § 12a GKG, § 44 FamGKG oder auch eine Berichtigung nach **§ 319 ZPO** beantragen. Das Gericht muss ihn als einen Beteiligten aus eigenem Recht auch bei einer von Amts wegen oder von einem anderen Beteiligten beantragten Änderung oder Berichtigung anhören, soweit es den Rechtsanwalt durch seine geplante Entscheidung benachteiligen würde. Es muss ihm auch seine Entscheidung mitteilen. Eine Berichtigung kann aber nicht zu einer anderen Festsetzung führen. Eine Anfechtung der Wertfestsetzung durch den Rechtsanwalt kommt nicht in Betracht. Das arbeitsgerichtliche Beschlussverfahren nach § 2a I ArbGG ist nach § 2 II GKG gebührenfrei. Infolgedessen erfolgt in einem solchen Verfahren eine Wertfestsetzung nach § 33. 28

VII. Weiteres zum Rechtsmittelverfahren (II). Vgl. § 68 GKG (OLG Brandenburg FamRZ 2007, 2000; OLG Saarbrücken FamRZ 2009, 1172; OLG Schleswig MDR 2009, 1355), § 59 FamGKG sowie § 83 GNotKG, ferner § 567 ZPO, § 34 II LwVG, §§ 146, 165 VwGO. Der Einzelrichter des § 568 I 1 ZPO ist funktionell auch hier zuständig. Es besteht kein Anwaltszwang. Es gibt nach → GKG § 68 Rn. 19 kein Verschlechterungsverbot. Der auf die einfache oder sofortige Beschwerde ergehende Beschluss bindet alle Beteiligten, nicht nur den Rechtsanwalt. Soweit der Rpfleger den Wert festgesetzt hat, ist je nach einem Erreichen oder Nichterreichen des Beschwerdewerts die sofortige Beschwerde wie nach einer Entscheidung des Richters nach § 11 I RPflG oder die sofortige Erinnerung nach § 11 II 1 RPflG statthaft, → § 11 Rn. 82–126 zum jeweiligen Verfahren, das hier entsprechend abläuft. 29

Soweit der Rechtsanwalt unterliegt, braucht er nur seine **Auslagen** zu tragen. Denn § 68 III 1 GKG, § 59 III 1 FamGKG sind gegenüber KV 1811 GKG vorrangig. Soweit der Rechtsanwalt im Beschwerdeverfahren siegt, entstehen keine Kosten. Denn es handelt sich um einen Streit ohne einen Gegner. Zwischen dem Rechtsanwalt und der Gegenpartei besteht nämlich kein Prozessverhältnis. Die Gegenpartei unterliegt daher nicht nach § 91 ZPO. 30

Daran ändert sich auch dann nichts, wenn sie im Beschwerdeverfahren **Stellung** genommen und dem Beschwerdeantrag widersprochen hat. Die Unhaltbarkeit einer gelegentlichen früheren Gegenmeinung, die eine Parallele zum Zwischenstreit zog, ergibt sich zB dann, wenn beide Rechtsanwälte eine Erhöhung des Streitwerts erstreben, beide Parteien aber wegen einer Kostenteilung daran interessiert sind, den Streitwert niedrig zu halten. 31

Wertfestsetzung für die Rechtsanwaltsgebühren

33 **I Berechnen sich die Gebühren in einem gerichtlichen Verfahren nicht nach dem für die Gerichtsgebühren maßgebenden Wert oder fehlt es an einem solchen Wert, setzt das Gericht des Rechtszugs den Wert des**

Gegenstands der anwaltlichen Tätigkeit auf Antrag durch Beschluss selbstständig fest.

II 1 Der Antrag ist erst zulässig, wenn die Vergütung fällig ist. 2 Antragsberechtigt sind der Rechtsanwalt, der Auftraggeber, ein erstattungspflichtiger Gegner und in den Fällen des § 45 die Staatskasse.

III 1 Gegen den Beschluss nach Absatz 1 können die Antragsberechtigten Beschwerde einlegen, wenn der Wert des Beschwerdegegenstands 200 Euro übersteigt. 2 Die Beschwerde ist auch zulässig, wenn sie das Gericht, das die angefochtene Entscheidung erlassen hat, wegen der grundsätzlichen Bedeutung der zur Entscheidung stehenden Frage in dem Beschluss zulässt. 3 Die Beschwerde ist nur zulässig, wenn sie innerhalb von zwei Wochen nach Zustellung der Entscheidung eingelegt wird.

IV 1 Soweit das Gericht die Beschwerde für zulässig und begründet hält, hat es ihr abzuhelfen; im Übrigen ist die Beschwerde unverzüglich dem Beschwerdegericht vorzulegen. 2 Beschwerdegericht ist das nächsthöhere Gericht, in Zivilsachen der in § 119 Absatz 1 Nummer 1 des Gerichtsverfassungsgesetzes bezeichneten Art jedoch das Oberlandesgericht. 3 Eine Beschwerde an einen obersten Gerichtshof des Bundes findet nicht statt. 4 Das Beschwerdegericht ist an die Zulassung der Beschwerde gebunden; die Nichtzulassung ist unanfechtbar.

V 1 War der Beschwerdeführer ohne sein Verschulden verhindert, die Frist einzuhalten, ist ihm auf Antrag von dem Gericht, das über die Beschwerde zu entscheiden hat, Wiedereinsetzung in den vorigen Stand zu gewähren, wenn er die Beschwerde binnen zwei Wochen nach der Beseitigung des Hindernisses einlegt und die Tatsachen, welche die Wiedereinsetzung begründen, glaubhaft macht. 2 Ein Fehlen des Verschuldens wird vermutet, wenn eine Rechtsbehelfsbelehrung unterblieben oder fehlerhaft ist. 3 Nach Ablauf eines Jahres, von dem Ende der versäumten Frist an gerechnet, kann die Wiedereinsetzung nicht mehr beantragt werden. 4 Gegen die Ablehnung der Wiedereinsetzung findet die Beschwerde statt. 5 Sie ist nur zulässig, wenn sie innerhalb von zwei Wochen eingelegt wird. 6 Die Frist beginnt mit der Zustellung der Entscheidung. 7 Absatz 4 Satz 1 bis 3 gilt entsprechend.

VI 1 Die weitere Beschwerde ist nur zulässig, wenn das Landgericht als Beschwerdegericht entschieden und sie wegen der grundsätzlichen Bedeutung der zur Entscheidung stehenden Frage in dem Beschluss zugelassen hat. 2 Sie kann nur darauf gestützt werden, dass die Entscheidung auf einer Verletzung des Rechts beruht; die §§ 546 und 547 der Zivilprozessordnung gelten entsprechend. 3 Über die weitere Beschwerde entscheidet das Oberlandesgericht. 4 Absatz 3 Satz 3, Absatz 4 Satz 1 und 4 und Absatz 5 gelten entsprechend.

VII 1 Anträge und Erklärungen können ohne Mitwirkung eines Bevollmächtigten schriftlich eingereicht oder zu Protokoll der Geschäftsstelle abgegeben werden; § 129a der Zivilprozessordnung gilt entsprechend. 2 Für die Bevollmächtigung gelten die Regelungen der für das zugrunde liegende Verfahren geltenden Verfahrensordnung entsprechend. 3 Die Beschwerde ist bei dem Gericht einzulegen, dessen Entscheidung angefochten wird.

VIII 1 Das Gericht entscheidet über den Antrag durch eines seiner Mitglieder als Einzelrichter; dies gilt auch für die Beschwerde, wenn die angefochtene Entscheidung von einem Einzelrichter oder einem Rechtspfleger erlassen wurde. 2 Der Einzelrichter überträgt das Verfahren der Kammer oder dem Senat, wenn die Sache besondere Schwierigkeiten tatsächlicher oder rechtlicher Art aufweist oder die Rechtssache grundsätzliche Bedeutung hat. 3 Das Gericht entscheidet jedoch immer ohne Mitwirkung ehrenamtlicher Richter. 4 Auf eine erfolgte oder unterlassene Übertragung kann ein Rechtsmittel nicht gestützt werden.

IX 1 Das Verfahren über den Antrag ist gebührenfrei. 2 Kosten werden nicht erstattet; dies gilt auch im Verfahren über die Beschwerde.

Historie: VII 2 eingefügt, dadurch bisheriger VII 2 zu VII 3 durch Art. 18 V Nr. 3 G zur Neuregelung des Rechtsberatungsrechts v. 12.12.2007 (BGBl. I 2840 (2859)) mWv 1.7.2008; Materialien: BT-Drs. 16/3655 (Gesetzentwurf), BT-Drs. 16/6634 (Beschlussempfehlung und Bericht). IV 2 geändert durch Art. 47 VI Nr. 13 FGG-RG v. 17.12.2008 (BGBl. I 2586 (2717)) mWv 1.9.2009; Materialien: BT-Drs. 16/6308 (Gesetzentwurf), BT-Drs. 16/9733 (Beschlussempfehlung und Bericht), BT-Drs. 16/9831 (Änderungsantrag). VII 1 geändert durch Art. 7 IV Nr. 5 G zur Modernisierung von Verfahren im anwaltlichen und notariellen Berufsrecht, zur Errichtung einer Schlichtungsstelle der Rechtsanwaltschaft sowie zur Änd. sonstiger Vorschriften v. 30.7.2009 (BGBl. I 2449 (2470)) mWv 5.8.2009; Materialien: BT-Drs. 16/11385 (Gesetzentwurf), BT-Drs. 16/12717 (Beschlussempfehlung und Bericht), BR-Drs. 509/09 (Einigungsvorschlag). V 2 eingefügt und dadurch nachfolgende Sätze neu nummeriert durch Art. 14 Nr. 3 G zur Einführung einer Rechtsbehelfsbelehrung im Zivilprozess und zur Änd. anderer Vorschriften v. 5.12.2012 (BGBl. I 2418 (2423)) mWv 1.1.2014: Materialien: BT-Drs. 17/10490 (Gesetzentwurf), BT-Drs. 17/11385 (Beschlussempfehlung und Bericht).

Übersicht

I. Systematik. Die Vorschrift gibt in einer Ergänzung zu § 32 und zur Schließung dortiger Lücken im Interesse einer klaren Berechnungsgrundlage die Möglichkeit einer Wertfestsetzung dann, wenn die Voraussetzung → Rn. 4–9 und außerdem mindestens eine der beiden Voraussetzungen → Rn. 5 oder → Rn. 6 vorliegen. Es ist nach → Rn. 9 nur entweder § 32 oder lediglich hilfsweise § 33 anzuwenden, soweit die Gegenstände nach → § 15 Rn. 12 übereinstimmen. Ein Antragsrecht nach § 33 nimmt einem Antrag nach § 32 das Rechtsschutzbedürfnis (BayObLG AnwBl 1992, 331). Ein solches kann auch mangels einer kostenauslösenden Anwaltstätigkeit fehlen (BGH NJW-RR 2017, 640). 1

II. Regelungszweck. Als eine Ergänzung zu §§ 22 ff. enthält § 33 die Vorschriften zum Wertfestsetzungsverfahren, soweit es nicht schon zur Festsetzung der Ge- 2 richtsgebühren nach dem GKG oder FamGKG stattfindet (BayObLG JurBüro 1979, 1505). Wie jede Verfahrensregel bezweckt auch § 33 eine abgewogene Berücksichtigung der Interessen des Rechtsanwalts, seines Auftraggebers wie auch indirekt eines etwa erstattungspflichtigen Gegners des Auftraggebers. Man sollte die Vorschrift dementsprechend weder zu großzügig noch zu eng auslegen. Das gilt insbesondere bei III–V.

3 **III. Anwendungsbereich (I).** Die Vorschrift gilt in jeder Gerichtsbarkeit. Sie gilt nur hilfsweise. Sie gilt nur für diejenigen Anwaltsgebühren, die sich nicht nach dem für die Gerichtsgebühren maßgeblichen Wert richten. Die Festsetzung ist für jeden Rechtszug neu erforderlich. Es empfehlen sich die folgenden Unterscheidungen.

4 **1. Gerichtliches Verfahren.** Der Rechtsanwalt muss für einen beliebigen Beteiligten wegen des hier vorhandenen Gegenstands in einem gerichtlichen Verfahren tätig geworden sein. Die bloße Möglichkeit eines gerichtlichen Verfahrens nach § 23 I 3 genügt nicht. Der Rechtsanwalt braucht in dem gerichtlichen Verfahren aber nicht auch vor dem Gericht aufgetreten zu sein (LG Dessau-Roßlau JurBüro 2008, 89). Er mag zB lediglich eine beratende Tätigkeit ausgeübt haben; er mag Verkehrsanwalt oder Beweisanwalt oder Terminsanwalt gewesen sein; sein Auftrag mag vor dem Beginn des gerichtlichen Termins geendet haben; ein anderer Rechtsanwalt mag den Auftraggeber vor dem Gericht vertreten haben; es mag während des gerichtlichen Verfahrens zu einer außergerichtlichen Einigung gekommen sein.

5 Wenn es **nicht** zu einem gerichtlichen Verfahren kommt, ist § 33 nicht anzuwenden (OLG Karlsruhe AGS 2015, 420, außergerichtlicher Vergleich nach § 779 BGB; AG Tempelhof-Kreuzberg FamRZ 2008, 1102). Es reicht auch kein Auftrag erst nach dem Ende eines Gerichtsverfahrens (LG Dessau-Roßlau JurBüro 2008, 89). Das alles gilt auch dann, wenn zB die Verwaltungsbehörde den angefochtenen Verwaltungsakt auf Grund des Widerspruchs aufhebt und wenn es daher nicht zu einer Klage vor dem VG kommt. Dann bleibt nur eine Gebührenklage übrig. Dann muss das Prozessgericht den Gegenstandswert klären. Eine Wertfestsetzung zB durch das Patentamt ist unstatthaft (BPatG GRUR 2009, 704).

6 Ein Antrag nach § 33 ist aber auch dann jedenfalls nicht direkt zulässig, wenn sich die Wertfestsetzung nach **§ 32** erreichen lässt und wenn diese Festsetzung für die anwaltliche Tätigkeit auch maßgebend ist. Dann ist § 33 allenfalls hilfsweise und keineswegs wahlweise anzuwenden (LAG Schleswig-Holstein AnwBl 2002, 186). Die Vorschrift gilt andererseits für eine anwaltliche Tätigkeit in einem gerichtlichen Verfahren jeder Art, sofern überhaupt § 22 anzuwenden ist.

7 Auch das PKH- oder VKH-Verfahren nach §§ 114 ff. ZPO, § 76 FamFG reicht aus (OLG Oldenburg AGS 2018, 135). Freilich müssen die Gegenstände nach → § 15 Rn. 12 übereinstimmen (LAG Köln AnwBl 2002, 185).

8 Wenn eine Festsetzung nach § 33 möglich ist, aber bisher nicht erfolgte und wenn der Gegenstandswert bei der Festsetzung der Vergütung des Rechtsanwalts streitig wird, muss nach § 11 IV eine **Aussetzung** erfolgen, bis der Wert formell rechtskräftig feststeht.

9 **2. Streitwert unmaßgeblich.** Der für die Gerichtsgebühren maßgebende Wert darf für die anwaltliche Tätigkeit in dem gerichtlichen Verfahren wegen § 2 I nicht maßgebend sein (BayObLG AnwBl 1992, 331). Der Streitwert und der Gegenstandswert dürfen sich also nicht decken.

3. Beispiele zur Frage einer Unmaßgeblichkeit des Streitwerts (I)

10 **Abweichung des Gegenstands:** Unmaßgeblichkeit des Streitwerts dann, wenn der Gegenstand der Anwaltstätigkeit nach → § 15 Rn. 12 von demjenigen der Gerichtstätigkeit abweicht (BayObLGZ 2001, 345 (346) = FamRZ 2002, 1203; OLG Düsseldorf AGS 2018, 184).

Abweichung bei Streitgenossen: Unmaßgeblichkeit des Streitwerts dann, wenn der Rechtsanwalt nur einen Streitgenossen nach §§ 59 ff. ZPO vertritt und wenn die übrigen Ansprüche entweder anderer Art oder anderer Höhe geltend machen (OLG Frankfurt a. M. JurBüro 1980, 1661).

Anschlussrevision: Unmaßgeblichkeit des Streitwerts dann, wenn es um eine wirkungslos gewordene Anschlussrevision zB nach § 566 ZPO geht (BGH JurBüro 1979, 358).

Arbeitsfreistellung: Unmaßgeblichkeit des Streitwerts dann, wenn es um eine Freistellung von der Arbeitspflicht bei vollem Lohn geht (LAG Rheinland-Pfalz MDR 2002, 1397).

Aufrechnung: Unmaßgeblichkeit des Streitwerts dann, wenn es um eine Hilfsaufrechnung oder um eine Hauptaufrechnung geht (LAG Hamm MDR 1989, 852; aA OLG Hamm JurBüro 2007, 205; KG JurBüro 2007, 488).

Besondere Wertvorschrift: Unmaßgeblichkeit des Streitwerts dann, wenn es für den Rechtsanwalt eine besondere Wertvorschrift gibt.

Derselbe Antrag: Keine Unmaßgeblichkeit des Streitwerts dann, wenn der Streithelfer nach § 66 ZPO denselben Antrag stellt wie seine Hauptpartei (BGH JurBüro 2013, 477, oder wenn er keinen Antrag stellt (BFH NJW-RR 2016, 831).

Erbschein – Erbanteil: Unmaßgeblichkeit des Streitwerts dann, wenn der Auftraggeber im Verfahren auf die Einziehung und andersartige Neuerteilung eines Erbscheins nur einen Erbanteil beansprucht (BayObLGZ 2001, 345 (346) = FamRZ 2002, 1203).

Hilfsantrag: Keine Unmaßgeblichkeit des Streitwerts dann, wenn es um einen unbeschiedenen Hilfsantrag iVm § 45 I 2 GKG geht (aA – zum alten Recht – LAG Düsseldorf JurBüro 1994, 359; LAG Hamm MDR 1989, 852).

Hilfswiderklage: Unmaßgeblichkeit des Streitwerts dann, wenn es um sie nach Anders/Gehle/Anders ZPO § 253 Anh. Rn. 12 geht.

Klagerücknahme: Unmaßgeblichkeit des Streitwerts dann, wenn der Rechtsanwalt des Bekl. den Vertretungsauftrag erst nach der Wirksamkeit einer teilweisen Klagerücknahme erhält (OLG Koblenz Rpfleger 1988, 161).

Mehrheit von Ansprüchen: Unmaßgeblichkeit des Streitwerts dann, wenn sich der Streitwert mehrerer Ansprüche nur nach dem höheren Anspruch richtet, etwa bei § 48 IV GKG der Rechtsanwalt aber wegen beider tätig wird.

Mehrheit von Auftraggebern: Unmaßgeblichkeit des Streitwerts bei mehreren Auftraggebern nach § 7 mit unterschiedlichen Interessen (BGH GRUR 2013, 1287; BayObLG JurBüro 2001, 644).

Streithelfer: → „Derselbe Antrag".

Zurückbehaltungsrecht: Keine Unmaßgeblichkeit des Streitwerts.

4. Fehlen eines Streitwerts. Es mag ein Streitwert wegen des Fehlens einer Gerichtsgebührenpflicht nicht zu beachten sein. Es mag auch an einem für vorhandene Gerichtsgebühren maßgebenden Wert fehlen (vgl. BayObLGR 1999, 7 = NJW-RR 1999, 1375). OVG Nordrhein-Westfalen BauR 2014, 2085 wendet § 33 auch dann an, wenn ein Mehrvergleich keinen vollen Bezug zum bisherigen Streitgegenstand hat. 11

Beispiele: Weil für das Gericht eine Festgebühr gilt (OLG München FamRZ 2011, 1687; aA OLG Nürnberg NJW-RR 2012, 1417); weil sich die Gerichtsgebühren nach einem Gebührenrahmen richten, wenn es um ein Beschlussverfahren mit dem Betriebsrat geht (BAG NZA 2000, 556); weil das Verfahren gerichtsgebührenfrei ist (BSG JurBüro 2005, 543, Vertragsarzt; OLG Hamm GRUR-RR 2017, 360, Ordnungsmittelverfahren nach § 890 ZPO; LAG Rheinland-Pfalz NZA-RR 2012, 552). Vgl. auch wegen § 188 S. 2 VwGO → GKG § 2 Rn. 16.

IV. Festsetzungsantrag (I, II, VII). Die Festsetzung erfolgt nur auf Grund eines Antrags (BGH AGS 2016, 186; OLG Düsseldorf ZIP 2016, 823), also nicht von Amts wegen (BAG NZA 2000, 556; OLG Rostock NJW-RR 2014, 320). Die Festsetzung erfolgt nur für den jeweiligen Antragsteller. Man muss einen Antrag nach I und einen solchen nach § 32 II 1 unterscheiden. Dazu darf und muss das Gericht den Antrag auslegen (Natter NZA 2004, 689). Für einen Antrag nach II ist eine nachvollziehbare Begründung erforderlich. Der Rechtsanwalt muss zwar an sich keinen bezifferten Wertvorschlag machen (OVG Sachsen NVwZ-RR 2010, 207), insbesondere nicht bei einem klar bezifferten oder bezifferbaren Gegenstandswert (BayObLG JurBüro 1992, 341). Es ist aber wegen → Rn. 27 doch evtl. ein bestimmter Antrag nötig. Das Gericht muss imstande sein, nach seinem pflichtgemäßen Ermessen eine Schätzung vorzunehmen. Es müssen die folgenden Anforderungen vorliegen. 12

1. Rechtsanwalt. Natürlich ist derjenige Rechtsanwalt antragsberechtigt, der für die Berechnung seiner Gebühren die Festsetzung des Werts benötigt (BAG NZA 13

2000, 556; BayObLG FamRZ 2004, 1302; OLG München AGS 2018, 233). Das gilt auch für den Terminsanwalt nach VV 3301 und für den nur mit einer Einzeltätigkeit nach VV 3304 beauftragten Rechtsanwalt. Der sich selbst vertretende Rechtsanwalt kann die Festsetzung nicht gegen sich selbst betreiben, soweit ein erstattungspflichtiger Gegner fehlt (LAG München AnwBl 1988, 72).

14 **2. Verkehrsanwalt.** Auch der Verkehrsanwalt ist wegen seiner Gebühr VV 3400 beschwerdeberechtigt. Für einen weitergehenden Antrag würde grundsätzlich bei ihm das Rechtsschutzbedürfnis fehlen.

15 **3. Auftraggeber.** Auch der Auftraggeber ist berechtigt, von sich aus eine Wertfestsetzung zu beantragen. Denn auch er mag an einem amtlich ermittelten korrekten Ausgangspunkt für die Berechnung der Anwaltsgebühren selbst dann interessiert sein, wenn es wegen der letzteren noch nicht zu Meinungsverschiedenheiten gekommen ist. Auch der nach § 40 I BetrVG unter Umständen zahlungspflichtige Auftraggeber hat ein eigenes Antragsrecht (LAG Baden-Württemberg BB 1980, 1695 (Ls.) = BeckRS 1980, 30453440). Auch eine erstattungsberechtigte juristische Person des öffentlichen Rechts kann antragsberechtigt sein (VG München NVwZ-RR 2003, 907: II 2 entsprechend). Auch ein Rechtsanwalt kann der Auftraggeber eines Kollegen sein, auch als eines im Namen nur des ProzBev beauftragten Unterbevollmächtigten.

16 **4. Erstattungspflichtiger Gegner.** Der Prozessgegner ist insofern zum Antrag berechtigt, als er Anwaltsgebühren erstatten soll (OLG Düsseldorf AGS 2018, 184). Auch der nach § 40 I BetrVG unter Umständen zahlungspflichtige Auftraggeber ist antragsberechtigt (LAG Baden-Württemberg BB 1980, 1695 (Ls.) = BeckRS 1980, 30453440).

17 **5. Staatskasse.** Soweit das Gericht den Rechtsanwalt bei PKH oder VKH nach § 45 beigeordnet hatte, ist auch die Bundes- oder Landeskasse zur Antragstellung berechtigt.

18 **6. Frist (II 1).** Der Antrag ist erst dann zulässig, wenn die Vergütung nicht nur entstanden, sondern auch nach § 8 fällig ist (LAG Schleswig-Holstein NZA-RR 2006, 321). Er ist also nicht schon zum Zweck der Zahlung eines Vorschusses nach § 9 zulässig (LAG Schleswig-Holstein NZA-RR 2006, 321). Ein unzulässig früh eingereichter Antrag gibt dem Gericht in der Regel die Pflicht zur Rückfrage nach § 139 ZPO, ob es den Antrag bis zur Fälligkeit der Gebühr unbearbeitet liegen lassen soll. Man kann den Antrag evtl. auch ohne eine Rückfrage in diesem Sinn auslegen. Nach der Fälligkeit braucht man keinen Antrag zu wiederholen. Ein Antrag ist auch noch nach dem Erhalt einer Vergütung zulässig, etwa wegen gegnerischer Wertbedenken auch nach § 107 ZPO oder wegen einer angeblichen Überzahlung. Er ist solange zulässig, wie ein Rechtsschutzbedürfnis besteht.

19 **7. Form (VII).** Der Antrag ist zum Protokoll des Urkundsbeamten der Geschäftsstelle oder schriftlich oder in elektronischer Form nach § 12b zulässig. Ein unzuständiges Gericht ist nach VII 1 ebenfalls zur Entgegennahme berechtigt und zur wie bei § 121 I 1 BGB unverzüglichen Weiterleitung nach § 129a ZPO verpflichtet. Es besteht nach VII 1 Hs. 1 kein Bevollmächtigten- oder gar Anwaltszwang (vgl. Wenzel DB 1977, 722).

20 **V. Zuständigkeit (I).** Die Vorschrift hat den Vorrang vor § 68 GKG, § 59 FamGKG. Zur Festsetzung ist das Gericht der Hauptsache desjenigen Rechtszugs nach → § 15 Rn. 52 zuständig, für den der Rechtsanwalt tätig geworden ist. Der Rpfleger entscheidet nach § 4 I RPflG, soweit er das zugrunde liegende Geschäft bearbeitet hat. Die Festsetzung erfolgt auch nur für diesen Rechtszug. Sie erfolgt also abweichend von § 32 nicht durch das obere Gericht für die untere Instanz, sondern für jeden Rechtszug gesondert. Das höhere Gericht darf auch anders als bei § 63 III 1 GKG, § 55 III 1 FamGKG nicht die Festsetzung des unteren von Amts wegen ändern.

21 **VI. Weiteres Verfahren (II, VII 1, VIII).** Es besteht keine Amtsermittlung, sondern der Beibringungsgrundsatz. Das Gericht muss vor einer Entscheidung alle von ihr evtl. benachteiligten Beteiligten anhören, Art. 2 I, 20 III GG (Rpfleger) (BVerfGE 101, 397 (404) = NJW 2000, 1709), Art. 103 I GG (Richter). Beteiligte

sind alle Antragsberechtigten. Der Arbeitgeber ist auch dann ein Beteiligter, wenn der VerfBev des Betriebsrats die Festsetzung gegen diesen betreibt (LAG München DB 1983, 2044 (Ls.)). Ein solcher Rechtsanwalt, der nicht vor dem Gericht aufgetreten ist, ist aber nur insoweit beteiligt, als er sich eingeschaltet hat oder als seine Beteiligung aus den Akten ersichtlich ist. Der Umfang der Anhörungspflicht ergibt sich aus dem Streitstoff (BVerfGE 89, 28 (35) = NJW 1993, 2229). Freilich muss der Beteiligte sich auch selbst Gehör verschaffen (BVerfGE 21, 132 (137) = NJW 1967, 492). Die Anhörung erstreckt sich auch auf eine Rechtsfrage (BVerfG WuM 1999, 383). Lückenhafte Antragsangaben rechtfertigen keineswegs stets eine Zurückweisung (LAG Hamm MDR 1982, 876). Der Rechtsanwalt eines erstattungspflichtigen Prozessgegners ist mangels eines eigenen Antrags nicht selbst beteiligt. Eine mündliche Verhandlung ist zulässig, aber nicht notwendig. Das Gericht darf nicht über einen Antrag nach I hinausgehen (OLG Düsseldorf ZIP 2016, 823).

VII. Entscheidung (I, VIII). Das Gericht entscheidet nach I durch einen Beschluss. Es entscheidet nach VIII 1 Hs. 1 grundsätzlich durch eines seiner Mitglieder als Einzelrichter (OVG Sachsen-Anhalt JurBüro 2007, 427). 22

Er **überträgt** nach VIII 2 das Verfahren dem Kollegium ähnlich dem § 348 III 1 Nr. 1, 2 ZPO dann, wenn die Sache besondere Schwierigkeiten tatsächlicher oder rechtlicher Art aufweist oder wenn die Rechtssache eine grundsätzliche Bedeutung hat. Ein ehrenamtlicher Richter wirkt nach VIII 3 nie mit. Die Übertragung oder ihre Unterlassung sind unanfechtbar, VIII 4. Diese ganze Regelung stimmt – hier sogar schon erstinstanzlich – mit derjenigen für eine Erinnerung oder Beschwerde nach § 66 VI GKG, § 57 V FamGKG überein. Das Gericht muss seinen Beschluss grundsätzlich begründen (BVerfGE 58, 353 (357) = NJW 1982, 30). Das gilt auch zur Zulassung oder Nichtzulassung nach → Rn. 28, §§ 547, 576 III ZPO (BGH WuM 2004, 162). Die Nichtbehandlung eines wesentlichen Tatsachenvortrags lässt auf eine Nichtbeachtung schließen (BVerfGE 86, 146). Eine Kostenentscheidung erfolgt wegen IX 2 nicht, → Rn. 26. Rechtsbehelfsbelehrung, Verstoß: §§ 12c, 33 V 2, 52 IV 2. 23

VIII. Mitteilung (I, VIII). Das Gericht muss seinen Beschluss zumindest allen von der Entscheidung auch nur evtl. benachteiligten Beteiligten und daher auch den Parteien persönlich nach der in Betracht kommenden Verfahrensordnung bekannt machen. Es muss ihn im bürgerlichen Rechtsstreit also nach §§ 329 II 2, 569 I 2 ZPO von Amts wegen zustellen (LAG Köln JurBüro 1991, 1678). Denn der Beschluss setzt die Beschwerdefrist nach III 3 in Lauf. Er wirkt nur für die Gebühren dieses Antragstellers, nicht anderer Beteiligter, also nicht als ein sog. Vorratsbeschluss (Natter NZA 2004, 689). Vielmehr muss ein anderer Beteiligter entweder einen eigenen Antrag nach § 33 stellen oder eine Honorarklage erheben. 24

IX. Gegen Entscheidung des Richters: Befristete Beschwerde (III–IX). Gegen den Festsetzungsbeschluss des Richters ist die Beschwerde zulässig, soweit eine Beschwer vorliegt (LAG Rheinland-Pfalz NZA-RR 2012, 552; LAG München AnwBl 1997, 679) und soweit entweder die Voraussetzungen → Rn. 27, 31 ff. oder diejenigen → Rn. 28, 31 ff. zusammentreffen. 25

Eine **Beschwer** ist stets erforderlich (OLG Karlsruhe NJW-RR 2009, 1366; LAG Köln NZA-RR 2006, 598, sie fehlt dann, wenn der Rechtsanwalt nur im Namen der Partei eine Werterhöhung fordert; NZA-RR 2014, 153, sie fehlt dann, wenn die Partei eine Werterhöhung zugunsten ihres Rechtsanwalts fordert). Bei einer unklaren Beschwerdeschrift gilt der Rechtsanwalt als Beschwerdeführer wegen einer Werterhöhung (OVG Berlin-Brandenburg NJW 2014, 2973). Es erfolgt keine Absenkung des Werts von Amts wegen (OVG Berlin-Brandenburg NJW 2014, 2973). 26

1. Entweder: Beschwerdewert (III 1). Entweder muss der Wert des Beschwerdegegenstands und damit der die Höhe der vom Rechtsanwalt jetzt erstrebten Vergütung bei der Einlegung der Beschwerde 200 EUR übersteigen (LG Koblenz FamRZ 2007, 232; LAG Köln NZA-RR 2007, 660; LAG Rheinland-Pfalz NZA-RR 2011, 434; aA OLG Brandenburg FamRZ 2010, 2098, aber III 1 ist eindeutig). Man muss die Umsatzsteuer miteinrechnen (OVG Hamburg AnwBl 1981, 501). Gerichtsgebühren sind nicht zu beachten (LAG Rheinland-Pfalz NZA-RR 2012, 443). Wegen der Berechnung → § 32 Rn. 17. Aus diesem Grund ist ein in EUR 27 bezifferter Antrag des Beschwerdeführers erforderlich (LAG Bremen NZA 2004, 1180). Bei einer teilweisen Abhilfe bleibt der restliche Beschwerdewert maßgeblich (OLG Düsseldorf JurBüro 1987, 1260; OLG Frankfurt a. M. Rpfleger 1988, 30). Soweit das Erstgericht allerdings eine Wertfestsetzung aus verfahrensrechtlichen Gründen abgelehnt hatte, ist eine Beschwerdesumme nicht erforderlich. Nach einer bloßen Teilabhilfe des Erstgerichts bleibt die Beschwerde nach IV 1 Hs. 2 nach einem anfänglichen Beschwerdewert von über 200 EUR zulässig. Ein erst jetzt durch einen Vergleich in das Verfahren hineingenommener Wert kann erhöhend wirken (LAG Rheinland-Pfalz NZA-RR 2008, 271).

28 **2. Oder: Zulassung wegen grundsätzlicher Bedeutung (III 2).** Statt der Voraussetzung → Rn. 27 kann es auch ausreichen, dass das Gericht der angefochtenen Entscheidung die Beschwerde wegen einer grundsätzlichen Bedeutung der zur Entscheidung stehenden Frage bereits in seinem Beschluss zugelassen hat (BGH FamRZ 2004, 530; LG Koblenz FamRZ 2007, 232). Dazu besteht unter den Voraussetzungen von III 2 auch eine Pflicht zwecks Wahrung der Rechtseinheit. Das ist dieselbe Regelung wie bei § 66 II 2 GKG, § 57 II 2 FamGKG und bei § 83 I 2 GNotKG. Eine Nichtzulassung ist nach IV 4 unanfechtbar. Eine nachträgliche Zulassung ist unstatthaft (KG Rpfleger 2007, 554; OLG München AGS 2010, 545). Eine Berichtigung entsprechend § 319 ZPO ist möglich. Eine Nichterwähnung der Zulassungsfrage kann aber eine Nichtzulassung bedeuten (OLG Saarbrücken NJW-RR 1999, 214).

29 **Nicht** ausreichend ist eine Zulassung entgegen einem gesetzlichen Verbot (BGH NJW-RR 2017, 253).

30 **3. Keine Beschwerde an Obersten Gerichtshof des Bundes (IV 3).** Eine Beschwerde an einen Obersten Gerichtshof des Bundes nach Art. 95 I GG ist grundsätzlich unstatthaft. Schon deshalb ist auch eine Beschwerde an den BFH unzulässig (BGH VersR 1994, 1089 (Ausnahme allenfalls bei greifbarer Gesetzwidrigkeit). Eine Entscheidung des BPatG nach § 144 PatG ist nicht mit der Beschwerde an den BGH anfechtbar (BGH GRUR 1982, 672).

31 **4. Frist (III 3, V, VII 3).** Die Beschwerdefrist beträgt zwei Wochen seit der ordnungsgemäß förmlichen Zustellung der Entscheidung. Das gilt unabhängig davon, ob für das Hauptverfahren andere Beschwerdefristen gelten (LSG Nordrhein-Westfalen AnwBl 1995, 203). Eine formlose Mitteilung setzt die Frist des III 3 nicht in Lauf (LG Potsdam Rpfleger 2013, 649; LAG Schleswig-Holstein NZA-RR 2017, 157), wohl aber die Fünfmonatsfrist des § 569 I 2 ZPO (OLG Koblenz FamRZ 2004, 208). Eine Verkündung reicht für den Fristbeginn nur dann aus, wenn sie auch für eine Entscheidung in der Hauptsache ausreicht. Es handelt sich nicht um eine Notfrist nach § 224 I 2 ZPO, § 113 I 2 FamFG. Denn § 33 bezeichnet sie nicht als solche.

32 Eine unselbständige **Anschlussbeschwerde** ist unstatthaft (BayObLGZ 82, 20 (24) = JurBüro 1982, 1024; aA Gerold/Schmidt/Mayer Rn. 39). Man muss ihre Begründung aber von Amts wegen mitbeachten (BayObLGZ 82, 20 (26) = JurBüro 1982, 1024). Zur Fristwahrung ist nach VII 3 der Eingang bei demjenigen Gericht notwendig, das die angefochtene Entscheidung erlassen hat.

33 **Wiedereinsetzung** ist nach V in einer Anlehnung an §§ 233 ff. ZPO und entsprechend § 68 II GKG möglich.

34 **5. Form (VII 1–3).** Es ist ein Beschwerdeantrag erforderlich (LAG Rheinland-Pfalz MDR 2007, 370). Der Antrag muss hinreichend bestimmt sein (LAG Hamburg AGS 2018, 185). Die Beschwerde ist nach → Rn. 31 statthaft schriftlich oder in elektronischer Form nach § 12b oder zum Protokoll des Urkundsbeamten der Geschäftsstelle desjenigen Gerichts, dessen Wertfestsetzungsbeschluss der Beschwerdeführer anficht. Ein Bevollmächtigten- oder gar Anwaltszwang besteht dafür nach VII 1 Hs. 1 nicht. Wegen einer erfolgten Bevollmächtigung gelten nach VII 2 die Regeln der jeweils zugrundeliegenden Verfahrensordnung nach zB §§ 79, 80 ZPO entsprechend.

35 **6. Weiteres Verfahren (IV 1, 2, VIII).** Es gelten dieselben Regeln wie bei § 66 III 1, 2, VI GKG, § 57 FamGKG und bei § 83 GNotKG. Es gelten also

ergänzend die Regeln des jeweiligen Beschwerdeverfahrens, im Zivilprozess also §§ 567 ff. ZPO.

Zuständig ist als Beschwerdegericht gegen eine Wertfestsetzung des AG das LG, gegen eine solche des FamG das OLG nach § 119 I Nr. 1a GVG. Wegen eines neuen Vorbringens gilt dort auch im Abhilfeverfahren § 571 II 1 ZPO (OLG Brandenburg FamRZ 2004, 653). Eine Änderung im Beschwerdeverfahren ist schon bei dem etwa abhelfenden Erstgericht statthaft (vgl. LAG Sachsen-Anhalt MDR 1998, 741). 36

Das Erstgericht darf bis zur Vorlage beim Beschwerdegericht der Beschwerde **abhelfen** und muss das evtl. auch tun. Ein Verstoß führt zur Zurückverweisung (OLG Hamburg MDR 2004, 412; OLG München MDR 2004, 291; OLG Nürnberg MDR 2004, 169). Das Erstgericht muss seinen Nichtabhilfebeschluss begründen. Auch ein solcher Verstoß kann zur Zurückverweisung führen (OLG Hamburg MDR 2004, 412; OLG München MDR 2004, 291; OLG Nürnberg MDR 2004, 169). Das Erstgericht muss seine Nichtabhilfeentscheidung den Beteiligten bekanntgeben. Das kann nach § 329 II ZPO formlos geschehen. Ab einer Nichtabhilfe muss das Erstgericht die Beschwerde unverzüglich dem Beschwerdegericht vorlegen, also wie bei § 121 I 1 BGB ohne ein schuldhaftes Zögern (OLG Hamm Rpfleger 1986, 483). Das Gericht ist an § 308 I ZPO und das Verschlechterungsverbot gebunden (OLG München AGS 2018, 233; OVG Hamburg AGS 2015, 90; LAG Rheinland-Pfalz NZA-RR 2007, 543; LAG Köln MDR 2000, 670; aA BayObLG JurBüro 1993, 309). 37

7. Entscheidung (IV–IX). Auch das im Rechtszug nächsthöhere Gericht als Beschwerdegericht entscheidet durch einen Beschluss (LAG Rheinland-Pfalz NZA-RR 2007, 543). Es muss ihn grundsätzlich begründen. Rechtsbehelfsbelehrung, Verstoß: §§ 12c, 33 V 2, 52 IV 2. Es muss ihn insoweit förmlich zustellen, als eine weitere Beschwerde in Betracht kommt und nach der einschlägigen Verfahrensordnung nur binnen einer gesetzlichen Frist zulässig ist oder als die Frist des § 107 I 1 ZPO in Betracht kommt. 38

Es entstehen im Antragsverfahren erster Instanz nach IX 1 keine **Gerichtsgebühren.** Im Beschwerdeverfahren können Gebühren zB nach KV 1811 GKG entstehen (vgl. LAG Hamm JurBüro 1988, 998; aA BayObLGZ 1986, 362 = Rpfleger 1987, 37; KG JurBüro 1988, 327), oder nach KV 8613 GKG (Natter NZA 2004, 689). Stets können Auslagen nach KV 9000 ff. GKG entstehen. Eine Kostenentscheidung erfolgt nicht. Außergerichtliche Kosten werden nach IX 2 weder erstinstanzlich noch in der höheren Instanz erstattet (Brinkmann JurBüro 2010, 119). 39

X. Gegen Entscheidung des Rechtspflegers: Beschwerde oder sofortige Erinnerung (III 1–4, IV, § 11 I, II RPflG). Soweit der Rpfleger nach → Rn. 20 entschieden hat, ist je nachdem, ob gegen eine richterliche Entscheidung die Beschwerde nach → Rn. 27–34 statthaft wäre, je nach der Verfahrensart die einfache oder eine sofortige Beschwerde auch hier nach § 11 I RPflG oder die sofortige Erinnerung nach § 11 II 1 RPflG statthaft. 40

XI. Weitere Beschwerde (VI). Sie ist eine Rechtsbeschwerde nach § 574 ZPO. Man sollte die folgenden Prüfschritte vornehmen. 41

1. Zulässigkeit. Die weitere Beschwerde ist gegen eine Beschwerdeentscheidung des LG nach VI 1 statthaft, soweit das Beschwerdegericht sie wegen der grundsätzlichen Bedeutung der zur Entscheidung stehenden Frage zulässt. Die Zulassung muss schon in dem Beschluss mit der Beschwerdeentscheidung im Tenor oder in den Gründen erfolgen (BGH FamRZ 2004, 530). Die Nichterwähnung der Zulassungsfrage kann aber eine Nichtzulassung bedeuten (OLG Saarbrücken NJW-RR 1999, 214). Eine Zulassung ist nicht nachträglich statthaft (OLG Köln JurBüro 1997, 474). Daher ist eine Ergänzung entsprechend § 321 ZPO nicht (mehr) statthaft (BGH NJW 1981, 2755; OLG Köln VersR 1997, 1509). Indessen ist eine Berichtigung entsprechend § 319 ZPO sinnvollerweise zulässig. Es kommt bei der weiteren Beschwerde nicht auf einen Beschwerdewert an, sondern eben nur auf die Zulassung wegen einer grundsätzlichen Bedeutung wie bei → Rn. 28 und (selbstverständlich) auf eine Beschwer, also auf eine Benachteiligung durch die Vorentscheidung. Die Zulassung bindet das OLG, VI 4 iVm IV 4 Hs. 1. Es darf aber zur Sache frei entscheiden. 42

43 Eine weitere Beschwerde an einen **Obersten Gerichtshof des Bundes** ist ebenso wie eine Erstbeschwerde nach IV 3 unstatthaft, auch wenn VI 4 den IV 3 nicht mitnennt. Eine Nichtzulassungsbeschwerde ist nach VI 4 iVm IV 4 Hs. 2 unstatthaft (vgl. OLG Köln JurBüro 1997, 474).

44 **2. Frist, Form.** Maßgeblich sind die einschlägigen Verfahrensvorschriften nach VI 4 iVm III 3. Eine Wiedereinsetzung ist nach VI 4 iVm V statthaft. Man kann die weitere Beschwerde nach VII 1, § 129a ZPO zum Protokoll der Geschäftsstelle einlegen. Daher besteht nach § 78 III Hs. 2 ZPO kein Anwaltszwang (Wenzel DB 1977, 722). Eine elektronische Einreichung ist nach § 12b statthaft.

45 **3. Zuständigkeit.** Zur Entscheidung über die weitere Beschwerde ist nach der Beendigung des nach VI 4 iVm IV 1 notwendigen Abhilfeprüfungsverfahrens das OLG zuständig. Soweit ein Bundesland mehrere OLG hat, ist nach § 30a III EGGVG, die Übertragung der Zuständigkeit auf eines der OLG durch den Landesgesetzgeber zulässig.

46 **4. Weiteres Verfahren.** Man kann die weitere Beschwerde nur darauf stützen, dass die Entscheidung auf einer Verletzung des Rechts beruhe. §§ 546, 547 ZPO gelten entsprechend. Im Übrigen ist eine Begründung nicht notwendig. Ein neuer Tatsachenvortrag ist nicht zulässig. Das OLG prüft nur Rechtsfragen.

47 **5. Entscheidung.** Auch das Gericht der weiteren Beschwerde entscheidet durch einen Beschluss. Es ist zwar an die Zulassung der weiteren Beschwerde gebunden, nicht aber auf die Prüfung der Frage beschränkt, derentwegen die Zulassung erfolgte. Das Beschwerdegericht sollte ihn unabhängig von seiner grundsätzlichen Unanfechtbarkeit im Allgemeinen wenigstens stichwortartig begründen. Das Gericht teilt seine Entscheidung wegen ihrer grundsätzlichen Unanfechtbarkeit den Beteiligten formlos mit. Kosten: KV 1812 GKG, nicht § 33 IX (bezieht sich hier auf den Antrag nach I) (LAG Hamm NZA-RR 2007, 491).

48 **XII. Gegenvorstellung.** Eine solche ist allenfalls innerhalb der Frist des III 3 statthaft (BPatG GRUR 1980, 331). Zur Problematik → § 12a Rn. 63. Im Übrigen gelten die für die Beschwerde genannten Regeln entsprechend.

Abschnitt 5. Außergerichtliche Beratung und Vertretung

Beratung, Gutachten und Mediation

34 **I [1] Für einen mündlichen oder schriftlichen Rat oder eine Auskunft (Beratung), die nicht mit einer anderen gebührenpflichtigen Tätigkeit zusammenhängen, für die Ausarbeitung eines schriftlichen Gutachtens und für die Tätigkeit als Mediator soll der Rechtsanwalt auf eine Gebührenvereinbarung hinwirken, soweit in Teil 2 Abschnitt 1 des Vergütungsverzeichnisses keine Gebühren bestimmt sind. [2] Wenn keine Vereinbarung getroffen worden ist, erhält der Rechtsanwalt Gebühren nach den Vorschriften des bürgerlichen Rechts. [3] Ist im Fall des Satzes 2 der Auftraggeber Verbraucher, beträgt die Gebühr für die Beratung oder für die Ausarbeitung eines schriftlichen Gutachtens jeweils höchstens 250 Euro; § 14 Absatz 1 gilt entsprechend; für ein erstes Beratungsgespräch beträgt die Gebühr jedoch höchstens 190 Euro.**

II Wenn nichts anderes vereinbart ist, ist die Gebühr für die Beratung auf eine Gebühr für eine sonstige Tätigkeit, die mit der Beratung zusammenhängt, anzurechnen.

Historie: Vorschrift geändert durch Art. 5 I Nr. 3 KostRMoG v. 5.5.2004 (BGBl. I 718 (847)) mWv 1.7.2006; Materialien: BT-Drs 15/1971 (Gesetzentwurf), BT-Drs. 15/2487 (Beschlussempfehlung und Bericht).

Schrifttum: Ebert, Anwaltsvergütung in der Mediation, FS Madert, 2006 67; Enders, Anwaltsvergütung im Zusammenhang mit einer Mediation, JurBüro 2013, 169; 2013, 225; Haft/Schlieffen, Handbuch Mediation, 3. Aufl. 2016; Weiler/Schlickum, Praxishandbuch Mediation, 3. Aufl. 2020.

Übersicht

1 **I. Systematik.** Auch § 34 erfordert einen Auftrag nach → Vor § 1 Rn. 12 (OLG Karlsruhe JurBüro 2001, 473).

2 **1. Rat, Auskunft (Beratung).** Soweit sich die Tätigkeit des Rechtsanwalts auf einen Rat oder eine Auskunft (Beratung) nach I 1 beschränken, entsteht nur die dortige Gebühr (BGH GRUR 2010, 1122; VG München JurBüro 2001, 90). Dabei ist I 1, 2 der Grundsatz und I 3 die vorrangige Ausnahme (nur) wegen der Obergrenze der Gebühr (AG Jena AnwBl 1998, 539; AG Karlsruhe AnwBl 1997, 500). Freilich kann auch für eine über I 1 hinausgehende Tätigkeit im bloßen Innenverhältnis eine Gebühr nach VV 2300 mit oder ohne Außenwirkung entstehen (Engels AnwBl 2008, 361; aA BGH GRUR 2010, 1122). Soweit der Rechtsanwalt im Zusammenhang mit einer Tätigkeit nach I 1, 2 auch nach außen tätig wird, ist bei einer Mediation I 1 anzuwenden, VV Vorb. 2 I. Im Übrigen gilt schon für eine einfache diesbezügliche Tätigkeit des Rechtsanwalts VV 2302 und für weitergehende Tätigkeiten außergerichtlicher Art VV 2300 (BGH GRUR 2010, 1122; AG Braunschweig AnwBl 1984, 517; Gellwitzki JurBüro 2010, 456) und VV 3101 (LG Stade AnwBl 1982, 539). Das gilt also bei einer Tätigkeit gegenüber dem Gegner des Auftraggebers, mag dieser eine natürliche Person oder eine juristische Person oder Behörde sein. **VV 1000** bleibt anzuwenden.

3 **2. Gutachten.** Die Vorschrift schafft ferner eine besondere Regelung der Vergütung eines Gutachters. Die Begriffe Gutachten, Schriftsatz, Rat, Auskunft sind zu unterscheiden. Das Gutachten wendet sich an den Auftraggeber und gibt diesem auf einem beliebigen Gebiet des in- oder ausländischen Rechts eine Entscheidungshilfe (OLG Köln JurBüro 1978, 870). Das tun allerdings auch ein Rat oder eine Auskunft. Zwischen dem Gutachten einerseits, dem Rat oder einer Auskunft andererseits bestehen aber graduelle und evtl. auch formelle Unterschiede. In einem Gutachten spricht der Rechtsanwalt als Wissenschafter, bei einem Rat oder einer Auskunft spricht er zwar als Volljurist, vorwiegend aber als Praktiker. Anders ausgedrückt: In einem Gutachten übernimmt der Rechtsanwalt die Verantwortung dafür, dass seine Überlegungen und deren Ergebnisse auch einer wissenschaftlichen Prüfung standhalten (OLG München MDR 1992, 194).

4 Bei einem **Rat** oder einer **Auskunft** mögen taktische, psychologische und andere Elemente der Berufserfahrung zu solchen Erwägungen und Ergebnissen führen, die zwar den Stand von Rechtsprechung und Lehre nicht unbeachtet lassen dürfen, die wissenschaftliche Haltbarkeit aber nicht in den Vordergrund zu stellen brauchen.

5 Demgegenüber wendet sich ein Schriftsatz **an den Gegner** des Auftraggebers und/oder an ein Gericht oder an eine Behörde und kündigt überdies in der Regel einen mündlichen Vortrag an.

6 I 1 regelt das „Normalgutachten". Den Spezialfall eines Gutachtens über die Erfolgsaussichten eines Rechtsmittels erfassen vorrangig VV 2101, 2103.

7 **3. Mediation.** Dazu Bischof FPR 2012, 258 (Üb.). Die Vorschrift bringt schließlich eine vorrangige Spezialregelung der Vergütung in einem in § 278a ZPO und im MediationsG näher bestimmten Bereich anwaltlicher Tätigkeit (AG Lübeck NJW 2007, 3792). Das gilt ungeachtet von dessen Vereinbarkeit mit den bisherigen Grenzen anwaltlicher Befugnisse. Insoweit ist die Brauchbarkeit des § 34 von Vorfragen mitabhängig, die das RVG bewusst unbeantwortet lässt. Vielmehr gilt das BGB (AG Lübeck NJW 2007, 3792).

II. Regelungszweck (II). Er ist bei den drei Erscheinensformen etwas unterschiedlich. 8

1. Rat, Auskunft (Beratung). Die Vorschrift soll schon in diesem Teil ihres Anwendungsbereichs eine zwar angemessene, aber auch weder zu geringe noch zu großzügige Vergütung bereitstellen. Sie sollte zugleich sichern, dass der Rechtsanwalt auch in einem Grenzfall nicht umsonst arbeiten muss. Das ist gerade wegen der vielfältigen Abgrenzungsprobleme ein bei der Auslegung stets mitzubeachtender Gesichtspunkt. Er darf freilich nicht zu einer grundsätzlichen Abweichung von den bei einer Rahmengebühr maßgebenden Merkmalen des § 14 zugunsten des Rechtsanwalts führen. Das übersehen manche. 9

2. Gutachten. Die Vorschrift stellt auch für diesen Teil ihres Anwendungsbereichs die denkbar weitest mögliche Breite bei der Berechnung der Vergütung sicher. Das ist wegen des enorm weitgespannten Begriffs „Gutachten" auch kaum anders regelbar. Durch I 3 Hs. 2 mit seiner Verweisung auf § 14 wird immerhin klar, dass der Rechtsanwalt innerhalb seines weiten Ermessens nicht beliebig ansetzen darf. Er muss vielmehr die zu § 14 entwickelten feingestuften Berechnungsregeln nachprüfbar beachten. Ihre Einhaltung ist daher auch bei VV 2103 sorgfältig bei der Auslegung mit zu beachten. 10

3. Mediation. Die Begriffsbestimmung in § 1 MediationsG nach → Rn. 7 ändert nichts daran, dass der Gesetzgeber wohl auch die Entwicklung der Praxis abwarten will. Demgemäß hat die Praxis die Aufgabe, diesen Begriff mit Leben auszufüllen. Das sollte in einer ruhiger Abwägung und unter einer Besinnung auf den Umstand erfolgen, dass jedenfalls im Bereich der gerichtlichen Anwaltstätigkeit eine auch an den Prozessordnungen orientierte Auslegung notwendig und durchaus sinnvoll und hilfreich bleibt. 11

III. Anwendungsbereich. Es gibt drei Bereiche. 12

1. Rat, Auskunft (Beratung). Die Vorschrift gilt grundsätzlich für Angelegenheiten jeder Art auf jedem materiellrechtlichen oder prozessrechtlichen Gebiet jeder Gerichtsbarkeit. Es kann sich auch um eine familienrechtliche Angelegenheit handeln (Clauss-Hasper NZFam 2016, 735; Kitzinger FamRZ 2005, 11; zur Testamentsgestaltung BGH NJW 2018, 1479). Es muss sich aber stets um eine solche Angelegenheit handeln, für die nach → § 15 Rn. 9 ff. überhaupt das RVG gilt. Daher ist § 34 nicht anzuwenden, soweit es sich nur um eine Tätigkeit nach § 1 II handelt (OLG Stuttgart AnwBl 2007, 230 mzustAnm Henke). 13

Soweit der Rechtsanwalt den Rat oder die Auskunft im Rahmen einer **Beratungshilfe** nach dem BerHG erteilt, gilt VV 2501 als eine vorrangige Sondervorschrift. 14

Soweit der Rechtsanwalt in derselben Angelegenheit nach → § 15 Rn. 8 ff. dem Auftraggeber **mehrere Ratschläge** erteilt, entsteht nach § 15 II 1 nur eine Gebühr. Das gilt auch dann, wenn sich die mehreren Ratschläge auf verschiedene Rechtsfragen beziehen. Soweit der Rechtsanwalt mehrere Ratschläge für verschiedene **Gegenstände** nach → § 15 Rn. 12 erteilt, ist eine Zusammenrechnung nach § 22 I vorzunehmen. Soweit der Rechtsanwalt in verschiedenen **Angelegenheiten** mehrere Ratschläge erteilt, entsteht für jede Angelegenheit eine Ratgebühr. 15

2. Gutachten. Die Vorschrift erfasst nur ein schriftliches Gutachten nach → Rn. 2 (OLG München MDR 1992, 194). Dieses kann auf jedem beliebigen gerichtlichen oder außergerichtlichen Rechtsgebiet erfolgen, auch zB im ausländischen oder internationalen oder supranationalen Recht. 16

3. Mediation. Dazu Bischof JurBüro 2017, 230 (Üb.). Die Vorschrift erfasst jede Art von Mediation innerhalb oder außerhalb eines gerichtlichen Verfahrens zB nach dem MediationsG nach → Rn. 7. Das gilt vor, gleichzeitig mit oder nach ihm. Sie gilt auch bei einer solchen Tätigkeit ohne ein zugehöriges Gerichtsverfahren etwa nach dem VSBG. Sie gilt ebenso innerhalb oder außerhalb eines schiedsrichterlichen Verfahrens nach §§ 1025 ff. ZPO. Sie gilt aber nur, soweit der Rechtsanwalt gerade „als Mediator" und nicht als ein weisungsgebundener Bevollmächtigter nur eines der Beteiligten tätig wird (OLG Braunschweig AnwBl 2007, 89). 17

18 **IV. Rat, Auskunft.** Drei Aspekte sind zu beachten.

19 **1. Begriffe.** Rat ist die gerade anwaltliche juristische Empfehlung eines Verhaltens im Hinblick auf eine bestimmte Lage (AG Brühl AnwBl 2008, 888; Schall BB 1989, 956). Sie bezieht sich auf eine für die Angelegenheit erhebliche Frage. Auch ein Abraten kann ein Rat sein, zB wegen einer Rechtsmittelzulassung (KG JurBüro 1998, 21). Beim Rat soll der Rechtsanwalt in einer bestimmten Situation eine Empfehlung oder einen Vorschlag machen. Er soll dazu auch im Kern ein Ergebnis nennen, mit oder ohne eine mehr oder weniger knappe Begründung. Er soll aber keine wissenschaftlich fundierte abschließend begründete gutachterliche Äußerung von sich geben. Der Rat kann in derselben Angelegenheit nach → § 15 Rn. 9 ff. eine oder mehrere tatsächliche oder rechtliche Fragen betreffen. Dann gilt § 15 I.

20 **Auskunft** ist die Beantwortung einer genauen tatsächlichen oder rechtlichen Frage allgemeiner Art ohne eine Beziehung auf einen bestimmten Einzelfall (AG Brühl AnwBl 2008, 888; Schall BB 1989, 956), zB die Mitteilung eines Aktenzeichens (AG Saarbrücken AnwBl 1978, 192). Ein Rat und eine Auskunft können auf Grund eines ausdrücklichen oder stillschweigenden Auftrags erfolgen. Sie können mündlich, fernmündlich, elektronisch, per Telefax oder schriftlich geschehen. Eine einmalige oder wiederholte Besprechung kann zu einem Rat oder mehreren auch unterschiedlichen Ratschlägen führen. Sie kann sich aber auch auf eine bloße Erörterung beschränken. Sie ist also der weitere wie unklarere Begriff. Die Geschäftsgebühr nach VV 2300 schließt eine Ratsgebühr nach I 1 aus. Eine bloße Weiterleitung von Schriftsätzen ist kein Rat (OLG Hamm AnwBl 2001, 371).

21 **2. Kein Zusammenhang mit anderer gebührenpflichtiger Tätigkeit.** I 1 kommt nach seinem klaren Wortlaut nur dann in Betracht, wenn der Rat oder die Auskunft des Rechtsanwalts nicht mit einer anderen gebührenpflichtigen Tätigkeit zusammenhängen. Die Ratsgebühr entsteht nur dann, wenn der Rechtsanwalt in derselben Angelegenheit nach → § 15 Rn. 9 nicht eine Gebühr für eine sonstige Tätigkeit verdient (OLG Düsseldorf AnwBl 1999, 287; OLG Schleswig JurBüro 1981, 1347; AG Hamburg AnwBl 1980, 80). Andernfalls erfolgt nach II eine Anrechnung der Ratgebühr auf die sonstige Gebühr. Das gilt auch dann, wenn zum Rat- oder Auskunftauftrag nachträglich ein weitergehender Auftrag hinzutritt. Zum Anrechnungsbegriff LG Stade AnwBl 1982, 540.

22 Grundsätzlich ist **jede** anwaltliche Tätigkeit mit einer Raterteilung verknüpft. Daher macht an sich jede beliebige andere Gebühr des RVG die Ratsgebühr hinfällig, sofern eine solche weitere Tätigkeit mit der Raterteilung im Zusammenhang steht (BAG NZA 2015, 632; OLG Koblenz VersR 1982, 1011). Das kann zB gelten: Für die Verkehrsgebühr nach VV 3400; für die Gebühr des Beweisanwalts nach VV 3401; für eine Gebühr nach VV 2300 (OLG Düsseldorf JurBüro 2012, 583; OLG Schleswig SchlHA 1981, 207; Engels AnwBl 2008, 361), für eine Gebühr nach VV 2501 (OLG Düsseldorf MDR 1986, 158), für einen Rat des bisherigen ProzBev zur Frage der Aussichten eines Rechtsmittels nach VV 2100 ff. (BGH NJW 1991, 2084; aA OLG Düsseldorf JurBüro 1992, 39; OLG Hamm AnwBl 1992, 286; Enders JurBüro 1997, 115, aber das gehört noch zur Prüfung der instanzabschließenden Entscheidung).

23 **Bestehen** bleibt die Ratsgebühr aber (selbstverständlich), soweit der Rat oder die Auskunft über dasjenige hinausgeht, was im Rahmen der weiteren Tätigkeit notwendig ist (BAG NZA 2015, 632), zB wenn sich der Rat auf einen solchen Anspruchsteil erstreckt, den der Rechtsanwalt nicht mit einklagen soll. Es kann freilich auch für diese weitergehende Tätigkeit VV 3101 anzuwenden sein. Maßgebend ist dafür der Umfang des Hauptauftrags.

24 **3. Persönliche Erteilung.** Die Gebühr nach § 34 entsteht nur, soweit gerade der Rechtsanwalt und kein anderer den mündlichen oder schriftlichen Rat oder die Auskunft erteilen. Auch bei § 34 gilt § 5. Nach den dortigen Regeln ist zu prüfen, ob die Auskunft oder der Rat eines Mitarbeiters des Rechtsanwalts seiner persönlichen Tätigkeit gleichstehen. Danach genügt ein Rat oder eine Auskunft des Büropersonals selbst dann grundsätzlich nicht, wenn der Rechtsanwalt von dieser Tätigkeit wusste und sie billigte. Das gilt sogar dann, wenn der Rechtsanwalt für ein solches Verhalten seines Personals haftet (KG JurBüro 1998, 20; AG Essen AnwBl 1998, 214). Wenn freilich ein Mitarbeiter den vom Rechtsanwalt erarbeiteten Rat nur als sein

Erklärungsbote weitergibt, liegt rechtlich doch eine persönliche Erteilung durch den Rechtsanwalt vor.

V. Schriftliches Gutachten (I). Sechs Aspekte sind zu beachten. 25

1. Schriftlichkeit. Sie liegt auch bei einem Telefax vor, ebenso bei einer elektronisch sonst wie übermittelten Form einer Niederschrift oder eines diktierten oder sonstwie eingegebenen Textes. 26

Eine nur **mündliche** oder **fernmündliche** Äußerung ist auch dann **kein** schriftliches Gutachten, wenn sie höchsten wissenschaftlichen Ansprüchen genügt und das Ergebnis wochenlanger Überlegungen oder Prüfungen ist. Natürlich kann eine stichwortartige oder jedenfalls knappe schriftliche Bestätigung einer umfassenden bereits zuvor mündlich erteilten gutachterlichen Äußerung nun ihrerseits ein schriftliches Gutachten sein. Aus der schriftlichen Fassung muss aber wenigstens im Kern zusammenhängend der Gedankengang und das Ergebnis des Rechtsanwalts erkennbar werden. 27

2. Bezeichnung. Die bloße Bezeichnung eines Schriftstücks als „Gutachten" reicht ebenso wenig zur Annahme eines Gutachtens nach I 1 aus wie eine äußerliche Aufmachung in der bei Gutachten üblichen Form, wie sie sich gerade bei inhaltlich dürftigen derartigen Stellungnahmen leider nicht ganz selten findet (OLG München MDR 1992, 194). 28

3. Rang. Andererseits erfordert I 1 keine eingehende Auseinandersetzung mit der wissenschaftlichen Lehre, ebenso wenig wie das JVEG. Vielmehr genügt ein Gutachten gewöhnlicher Art. Allerdings muss der Rechtsanwalt auch bei einem solchen Gutachten eine gesonderte Darstellung des Sachverhalts und eine wenigstens wissenschaftliche Ausrichtung von dessen Beurteilung liefern. Dazu muss er wenigstens im Kern den Meinungsstand der Rechtsprechung und Lehre nennen und sodann eine gewisse Auseinandersetzung mit vorhandenen Gegenmeinungen und vor allem (selbstverständlich) eine Begründung der eigenen Stellungnahme abgeben (OLG Karlsruhe MDR 1976, 670; OLG München JurBüro 1999, 298). 29

4. Unerheblichkeit einer Überzeugungskraft. Für das Vorliegen eines Gutachtens ist es an sich unerheblich, ob der Gedankengang des Rechtsanwalts oder gar sein Ergebnis überzeugt. Andererseits genügt nicht irgendeine krause Aneinanderreihung verworrener Gedanken und auch nicht im ungenügend erstellten sog. Gefälligkeitsgutachten nach → Rn. 33. Es muss ein immerhin im Prinzip einer wissenschaftlichen Arbeitsweise entsprechender Aufbau vorhanden sein, der die Gesetze der Logik einhält. Ein Gutachten darf auch nicht zu einseitig ausfallen, ungeachtet aller Entschlossenheit zur Herausstellung einer für den Auftraggeber günstigen Standpunkts. Der Stil ist unerheblich. Ein Gutachten mag einen reinen Urteilsstil („Denn"-Stil) aufweisen. Die Kürze oder Länge eines gutachtlichen Gedankengangs kann, sie muss aber keineswegs ein Anhaltspunkt für das Vorliegen eines Gutachtens im Sinn von I 1 sein. 30

5. Bedeutung von Fundstellen. Die Anführung von Fundstellen usw kann zwar ein Anhaltspunkt dafür sein, dass der Rechtsanwalt überhaupt eine Auseinandersetzung mit dem Stand der Meinungen vorgenommen hat. Sie ist aber für sich allein betrachtet kein Anscheinsbeweis für das Vorliegen eines Gutachtens. Das Fehlen solcher Belege besagt nur sehr bedingt etwas gegen die Qualität als Gutachten. Gerade bei der Ausfüllung von Gesetzeslücken oder auf einem bisher wissenschaftlich noch kaum erarbeiteten Gebiet und daher beim Fehlen von anderen Meinungen kann eine Äußerung ein hochrangiges Gutachten darstellen. 31

Einseitige, lückenhafte Angabe von Fundstellen kann zum Fehlen des nach → Rn. 29 notwendigen Rangs führen. Das gilt trotz erkennbarer Tendenzen auch in sogar hochrangigen Urteilen, ungeachtet äußerer Länge in Wahrheit ziemlich „sportlich" mit früheren Maßstäben wissenschaftlicher Genauigkeit und Vollständigkeit umzugehen. Wehret den Anfängen. 32

6. Unabhängigkeit. Problematisch ist das sog. „Gefälligkeitsgutachten". Bei ihm wird für den außenstehenden Dritten während der Lektüre nur zu rasch deutlich, dass der Verfasser in Wahrheit nur irgendeine Untermauerung des vom Auftraggeber gewünschten oder von ihm selbst für ratsam gehaltenen Ergebnisses versucht hat, 33 ohne den Stand der Meinungen einigermaßen zuverlässig zu ermitteln oder gar zu verarbeiten (OLG Naumburg NJW 2009, 1679). Zwar muss der Rechtsanwalt grundsätzlich lediglich die rechtlich haltbaren Interessen seines Auftraggebers vertreten. Wenn er aber ein schriftliches Gutachten erstatten soll, trägt er als ein unabhängiges Organ der Rechtspflege nach § 1 BRAO auch eine wissenschaftliche Verantwortung.

34 Das gilt sowohl dann, wenn er damit rechnen kann, dass der Auftraggeber das Gutachten nur **zur eigenen Information** verwenden will, als auch dann, wenn der Auftraggeber wie so oft das Gutachten in erster Linie zur Stärkung seiner Verhandlungsführung einem Gegner oder dem Gericht zusenden will. Zwar ist ein vom Gericht direkt beauftragter Sachverständiger (selbstverständlich) beiden Parteien gegenüber unabhängig. Der Rechtsanwalt ist aber auftragsgemäß gebunden.

35 Der Rechtsanwalt muss andererseits schon aus **Berufsgründen** die Anfertigung eines solchen Gutachtens **ablehnen,** dessen Gedankengang und/oder Ergebnisse seiner Überzeugung und wissenschaftlichen Mindestanforderungen nicht entsprechen, mögen sie dem Auftraggeber auch scheinbar noch so nützen. Er darf und muss sich in einem solchen Konflikt auf die Erteilung eines Rats oder einer Auskunft oder auf die Anfertigung eines Schriftsatzes beschränken. Auch hier werden die Unterschiede zwischen diesen Begriffen deutlich.

36 **7. Verständlichkeit.** Der Auftraggeber oder die von ihm betreute Person muss auf Grund des schriftlichen Gutachtens stets die rechtlichen Probleme des Sachverhalts einigermaßen übersehen und deren Beurteilung mit ihrem Für und Wider nachprüfen können. Freilich braucht der Rechtsanwalt ein Gutachten nicht unbedingt so zu formulieren, dass sein Auftraggeber es in allen Einzelheiten ohne zusätzliche Erläuterungen verstehen kann. Das Gutachten muss in erster Linie wissenschaftlichen Mindestanforderungen genügen. Erst in diesem Rahmen muss es für den Auftraggeber verständlich sein.

37 **8. Auftrag.** Der Rechtsanwalt muss einen Auftrag gerade zur Ausarbeitung eines schriftlichen Gutachtens mit juristischer Begründung erhalten haben. Im Zweifel erstreckt sich der Auftrag nur auf die Erteilung eines Rats oder einer Auskunft, insbesondere im Fall VV 2100. Es kommt darauf an, ob der Auftraggeber ersichtlich eine ausgearbeitete juristische Begründung wünschte und auch zusätzlich vergüten wollte. Das gilt besonders dann, wenn der Rechtsanwalt zugleich in derselben Angelegenheit nach → § 15 Rn. 9 ff. der ProzBev zB nach § 81 ZPO ist (OLG Karlsruhe MDR 1976, 670; OLG Köln JurBüro 1978, 870; Mümmler JurBüro 1978, 496). Das gilt, obwohl I 1 nicht ausdrücklich dergleichen wünscht. Denn eine ausgearbeitete juristische Begründung ist ein selbstverständlicher Bestandteil einer solchen Arbeit, die den Begriff Gutachten verdient. Ein Gutachtenvertrag ist grundsätzlich kein Dienst-, sondern ein Werkvertrag nach §§ 631 ff. BGB (LG Hamburg AnwBl 1975, 237). Er stellt stets eine eigene Angelegenheit ohne eine Anrechnung auf andere Gebühren dar (OLG Karlsruhe MDR 1976, 670; Mümmler JurBüro 1978, 496).

38 Soweit der Auftraggeber ein schriftliches Gutachten über die **Aussichten einer Berufung oder einer Revision** wünschte, gilt VV 2103 als eine vorrangige Sondervorschrift.

39 **VI. Tätigkeit als Mediator (I).** Dazu Enders JurBüro 2006, 505 (Üb.). § 1 MediationsG enthält eine Begriffsbestimmung. Grundgedanke ist die gleichzeitige Tätigkeit für mehrere oder alle Beteiligten über Interessengegensätze hinweg zwecks einer eigenverantwortlichen freiwilligen Einigung (BGH NJW 2002, 2948), ähnlich wie zB § 278 VI ZPO beim richterlichen Vergleichsvorschlag. Diesen letzteren soll ein Mediator aber möglichst ganz oder doch möglichst lange zurückhalten. Vgl. zB Haft/Schlieffen, Handbuch Mediation, 3. Aufl. 2016. Mediator ist der Rechtsanwalt nur, soweit und solange er die bisher „eigentlich" strikt verbotene Vertretung gegensätzlicher Interessen vornimmt. Soweit er in einem Mediationsverfahren nur im Auftrag eines einzelnen Beteiligten oder mehrerer auf derselben Interessenseite auftritt, ist er dessen oder deren Bevollmächtigter und ist § 34 nicht anzuwenden. Vielmehr ist dann das übrige RVG anzuwenden. Ein unstatthaft vom Gericht bestell-

ter Mediator kann einen Vergütungsanspruch nach §§ 670, 675 BGB iVm dem JVEG (entsprechend anzuwenden) haben (OLG Koblenz MDR 2014, 681).

VII. Gebührenvereinbarungsziel (I 1). Dazu Streck AnwBl 2006, 149 (Üb.). Der Rechtsanwalt „soll“ auf eine Gebührenvereinbarung nach § 3a oder nach § 4 hinwirken (LG Essen NJW-RR 2014, 380). Er hat aber zur Erwirkung oder auch nur zum Versuch der Erwirkung einer solchen Gebührenvereinbarung keineswegs stets auch eine Pflicht (aA Enders JurBüro 2006, 1; Graf von Westphalen AnwBl 2006, 47, aber mangels einer Vereinbarung gelten nach I 2 die Vorschriften des bürgerlichen Rechts nach → Rn. 41 als **dann** sehr wohl gesetzliche Gebührentatbestände, wenn auch nicht so bequem bereits in EUR lautende). Seine Tätigkeit bleibt nach I 2 keineswegs insoweit völlig unvergütet, als er keine wirksame Gebührenvereinbarung erzielt. „Hinwirken“ bedeutet auch nicht: drängen, gar einen Verbraucher „verkaufen“ (Schons AnwBl 2006, 566), oder nötigen oder gar erpressen. I 1 gibt bei einer Gesetzmäßigkeit einer Mediation zwar ein Recht und auch eine gesetzliche Aufforderung, aber weder eine Pflicht noch auch nur eine Obliegenheit. Denn die letztere zieht beim Verstoß immerhin Rechtsnachteile nach sich. I 2 regelt das Fehlen einer Gebührenvereinbarung aber gänzlich anders. Ein Formzwang besteht aber nur, soweit es zu einer Vereinbarung nach § 3a kommt (Toussaint AnwBl 2007, 68). 40

VIII. Mangels Vereinbarung: Grundsatz: Bürgerliches Recht (I 2). Soweit es nicht für gerade diesen Rechtsanwalt nach I 1 zu einer wirksamen Gebührenvereinbarung kommt, bleibt nach → Vor § 1 Rn. 13 das bürgerliche Recht nach I 2 maßgeblich (BVerwG NZA-RR 2017, 112; OLG Naumburg NJW 2009, 1679; Meyer JurBüro 2011, 123), praktisch also §§ 612 II, 632 II, ferner §§ 662 ff., 675 ff. BGB, → Vor § 1 Rn. 12 ff. Vgl. dazu die Kommentare zum BGB und zur „üblichen“ Vergütung AG Emmerich JurBüro 2009, 303 (0,75-Gebühr); AG Stuttgart JurBüro 2014, 473 (kein Stundensatz von 150 EUR beim Wert von nur 331 EUR), Kilian MDR 2008, 780 (Üb.). Gestaltungsanregungen zB bei Enders JurBüro 2006, 225). § 14 II ist nicht anzuwenden. Denn der ganze § 14 gilt nach seiner Überschrift und seinem I 1 nur bei Rahmengebühren. Dazu zählen die nach §§ 662 ff. BGB anwendbaren §§ 612 II und vor allem 632 II BGB keineswegs. 41

Keine Vereinbarung liegt erst dann vor, wenn auch keine nach § 3a II 1 mögliche Herabsetzung erfolgt ist. Das setzt (selbstverständlich) voraus, dass es zuvor überhaupt zu einer eben nur unangemessen hohen Vereinbarung gekommen war. Scheitert das Hinwirken nach I 1 schon vorher, braucht man (selbstverständlich) nicht nach § 3a II 1 vorzugehen. 42

IX. Mangels Vereinbarung: Sonderregeln beim Verbraucher (I 3). In einer Abweichung vom Grundsatz → Rn. 28, 29 gelten nach I 3 vorrangige Sonderregeln mit geringeren Höchstbeträgen unter den folgenden Voraussetzungen. 43

1. Auftraggeber ist Verbraucher (I 3 Hs. 1, 2). Der Auftraggeber muss in allen Fällen des I 3 jeweils nach § 13 BGB Verbraucher sein. Das gilt trotz des dortigen Begriffswirrwarrs (Fischer NZA 2004, 1188; ausf. zum Arbeitsrecht). Es muss sich also um ein Verbrauchergeschäft handeln, Enders JurBüro 2005, 58). Dazu zählt keineswegs nur der Anwaltsvertrag (aA Hümmerich/Brieske AnwBl 2006, 749, aber I 3 verweist ganz allgemein auf § 13 BGB). Maßgeblich ist der objektive Inhalt des Vorgangs. Auch eine Rücksendung unbestellter Ware zählt hierher, ebenso eine Beratung im Arbeitsrecht (AG Hamburg-St. Georg JurBüro 2005, 645), oder im Erbrecht (AG Einbeck JurBüro 2005, 646). 44

2. Rahmengebühr (I 3 Hs. 1). Unter der Voraussetzung → Rn. 44 ergibt sich bei einer Beratung nach → Rn. 18 oder bei einem schriftlichen Gutachten nach → Rn. 25–38 eine Rahmengebühr nach § 14 I, der nach § 34 I 3 Hs. 1 ausdrücklich anzuwenden ist. Vgl. daher im Einzelnen → § 14 Rn. 1–26. 45

3. Höchstgebühr außerhalb Erstberatung (I 3 Hs. 1). Soweit es um die Anwaltstätigkeit außerhalb eines ersten Beratungsgesprächs nach §§ 34 ff. geht, entsteht die in → Rn. 32 genannte Gebühr höchstens mit 250 EUR. 46

4. Höchstgebühr für Erstberatung (I 3 Hs. 2). Soweit es um ein bloßes erstes Beratungsgespräch geht, entsteht die in → Rn. 45 genannte Gebühr höchstens mit 190 EUR. 47

48 Es muss sich also um eine erste **mündliche oder telefonische** Beratung dieses Rechtsanwalts oder dieser Sozietät in dieser Angelegenheit auf einem beliebigen Rechtsgebiet nach → § 15 Rn. 8 ff. handeln. Eine schriftliche oder elektronische Tätigkeit ist kein Beratungs"gespräch" (Fischer NZA 2004, 1188). Freilich darf sie nicht kostenträchtig unerwartbar erfolgen. Der Begriff Erstberatung ergibt sich bei einer erlaubten und nur bei Willkür angreifbaren Auslegung (VerfGH Bayern NJW-RR 1998, 1778).

49 **5. Mehr als Erstberatung.** Sobald die Tätigkeit des Rechtsanwalts **über** die bloße meist nur überschlägige und oft notgedrungen vorbehaltliche Raterteilung hinausgeht, sei es auch nur durch ein Telefonat usw, ist der als eine Sonderregel eng auszulegende I 3 Hs. 2 nicht anzuwenden (vgl. KG AnwBl 2002, 305). Das darf (selbstverständlich) nicht zu einer Umgehung und Unterwanderung durch irgendwelche in Wahrheit keineswegs angezeigte Aktivitäten führen. Man sollte den Verstoß gegen eine derart notwendige Zurückhaltung allerdings auch nicht durch eine systematisch unhaltbare Ausweitung des Begriffs der bloßen Beratung ahnden.

50 Soweit erhebliche Anhaltspunkte dafür bestehen, dass bereits eine *frühere* Beratung stattfand, ist der Auftraggeber für I 3 Hs. 2 beweispflichtig (AG Karlsruhe AnwBl 1997, 500). Der Rat des vorinstanzlichen ProzBev, im Rechtsmittelverfahren etwas zu tun oder zu unterlassen, ist keine Erstberatung (KG JurBüro 1998, 21; AG Essen AnwBl 1998, 214; N. Schneider MDR 2001, 1032).

51 **6. Weitere Besprechung.** Sie tritt in derselben Angelegenheit nach → § 15 Rn. 9 ff. erst nach dem Ende, dem Abbruch oder nach einer nicht nur technisch bedingten und nicht nur ganz kurzen echten Unterbrechung der ersten Besprechung ein (KG AnwBl 2002, 305; OLG München NJW-RR 2000, 655; AG Brühl JurBüro 1998, 136). Sie ist auch dann keine Erstberatung, wenn sie auf jener aufbaut (KG AnwBl 2002, 305). Sie kann auch dann eine echte weitere und nicht nur die fortgesetzte Erstberatung sein, wenn der Rechtsanwalt zuvor noch nicht abschließend Stellung nehmen konnte oder sollte. Denn dann hatte er zuvor nicht etwa nur teilweise erfüllt, sondern den Auftrag der Erstberatung zu **ihren** Bedingungen sehr wohl erfüllt gehabt. Grundsätzlich muss der Rechtsanwalt beweisen, dass mehr als eine Erstberatung erfolgte. Dafür kann es aber einen Anscheinsbeweis mit einer Beweislastumkehr geben (AG Karlsruhe AnwBl 1997, 500).

52 **7. Keine Untergrenze.** Die Anwaltstätigkeit muss sich auf die erste mündliche Beratung beschränken. Eine Begrenzung nach unten ist im RVG nicht mehr enthalten (OLG Stuttgart AnwBl 2007, 230 mit zust. Anm. Henke mit an nordamerikanische Warenhausbräuche – Rechtsrat im Kaufhaus für 5 Dollar – erinnernden Erwägungen zum Einführungsangebot einer Erstberatung gegen Kaffee, Kuchen und 5 EUR Draufgeld für den Kunden).

53 **X. Kostenerstattung bei Rat, Auskunft.** Dazu Dittmar NJW 1986, 2091 (ausf.). Es gibt viele Aspekte.

54 **1. Begründetheit des Anspruchs.** Die Erstattungsfähigkeit besteht allerdings nur insoweit, als der zugrundeliegende Anspruch auch begründet ist.

2. Beispiele zur Frage einer Kostenerstattung bei Rat, Auskunft (I, II)

55 **Beitritt:** → „Stellungnahme".

Eignung: → „Zuständigkeit".

Einlassung: Erstattungsfähig sein können die Kosten einer Beratung dazu, ob sich der künftige Bekl. auf einen bevorstehenden Prozess einlassen soll (OLG Frankfurt a. M. JurBüro 1985, 1410; OLG Hamburg JurBüro 1985, 297; KG JurBüro 1989, 1114).

Hausanwalt: → „Verkehrsanwalt".

Parteiprozess: Zu erstatten sein können auch Kosten im sog. Parteiprozess (LG Berlin MDR 1982, 499).

Rechtsmittelaussicht: Erstattungsfähig sein kann eine Ratsgebühr des erstinstanzlichen Rechtsanwalts oder eines sonstigen Rechtsanwalts wegen der Aussichten eines gegnerischen Rechtsmittels (OLG Düsseldorf JurBüro 1992, 39; OLG München Rpfleger 1981, 32; aA KG JurBüro 1998, 20; OLG Zweibrücken NStZ 1998, 101; aber → Rn. 33).

Stellungnahme: Soweit jemand die Aufforderung erhalten hat, zu einem *bereits anhängigen* Verfahren eine *Stellungnahme* abzugeben, sich dann den Rat eines Rechtsanwalts geholt und unter Umständen auch die erbetene Stellungnahme abgegeben hat, dem Verfahren aber nicht förmlich beigetreten ist, kommt für oder gegen ihn im Verfahren grundsätzlich auch keine Kostenentscheidung in Betracht. Dann ist diejenige Gebühr, die der Auftraggeber seinem Rechtsanwalt zahlen muss, nicht nach den prozessualen Grundsätzen erstattungsfähig. Aus dem sachlichen Recht mag sich aber nach Anders/Gehle/Gehle ZPO Vor § 91 Rn. 43 ff. eine Ersatzpflicht desjenigen ergeben, der die Aufforderung zur Stellungnahme ausgesprochen hat. Eine solche Pflicht besteht freilich nicht, soweit die „Aufforderung" in Wahrheit nur eine „Anheimgabe" war.

Verkehrsanwalt: Erstattungsfähig sein können Kosten unabhängig davon, ob die Voraussetzungen für die Bestellung eines Verkehrsanwalts nach VV 3400 vorlagen (OLG Karlsruhe Justiz 1992, 126, Vertrauensanwalt; aA OLG Oldenburg JurBüro 1978, 1811).

Vertrauensanwalt: → „Verkehrsanwalt".

Verwaltungsverfahren: Erstattungsfähig sein können Kosten eines verwaltungsgerichtlichen Vorverfahrens (OVG Berlin AnwBl 1985, 53; VGH Bayern JurBüro 2006, 77, auch zu den Grenzen).

Vorprozessuale Verhandlungen: Nicht automatisch erstattungsfähig sind Kosten für solche Tätigkeit (BGH NJW-RR 1988, 1199; OLG Düsseldorf Rpfleger 1996, 526; OLG Koblenz AnwBl 1985, 214).

Zusammenhang: Zunächst → Rn. 11–13, ferner OLG Düsseldorf AnwBl 1999, 290.

Zuständigkeit: Erstattungsfähig ist zumindest eine Beratungsgebühr dazu, welches Gericht zuständig ist und welcher Rechtsanwalt empfehlenswert ist (OLG Bamberg JurBüro 1991, 959; OLG Düsseldorf MDR 1994, 842; OLG Karlsruhe MDR 1982, 1024).

XI. Kostenerstattung beim Gutachten (I). Auch die Beibringung eines Gutachtens nach I 1 kann zur zweckentsprechenden Rechtsverfolgung oder Rechtsverteidigung als sog. Vorbereitungskosten notwendig sein. Im Übrigen ist die folgende Unterscheidung zu treffen. 56

1. Waffengleichheit. In diesem Zusammenhang ist der Grundsatz der Waffengleichheit für beide Parteien zu beachten (LG München I VersR 1986, 1246; FG Niedersachsen EFG 1986, 303). Er kann es erforderlich machen, die Erstattungsfähigkeit dann zu bejahen, wenn der Gegner auf dem betreffenden Sachgebiet kundig ist. 57

2. Beispiele zur Frage einer Kostenerstattung beim Gutachten (I)

Auslandsrecht: Beim ausländischen Recht ist § 293 ZPO zu beachten (Mankowski MDR 2001, 199). 58

Eilverfahren: Die Regeln „Erforderlichkeit" gelten auch im Verfahren nach §§ 916 ff., 935 ff. ZPO zur Glaubhaftmachung nach §§ 294, 920 II, 936 ZPO (KG AnwBl 1987, 239; OLG Schleswig JurBüro 1979, 1518).

Einflusslosigkeit: → „Prozessausgang".

Erfolgsaussicht: Erstattungsfähig sein können solche Kosten, die man zur Beurteilung der Prozessaussicht hat (BGHZ 153, 235 = NJW 2003, 1398 (Üb.); OLG Bremen VersR 1982, 362; aA OLG Hamm JurBüro 1976, 94; OLG Koblenz JurBüro 1995, 87; OLG Köln JurBüro 2003, 313).

Erforderlichkeit: Erstattungsfähig sind die aus der Sicht einer vernünftigen Partei nach § 91 ZPO usw erforderlichen Kosten (BGHZ 153, 235 = NJW 2003, 1398; OLG Karlsruhe JurBüro 2005, 544; OLG Nürnberg NJW-RR 2005, 1664).

Sachliche Fundierung: Erstattungsfähigkeit kann dann vorliegen, wenn die Partei sonst gar nicht sachlich fundiert vortragen konnte (BGH NJW 2006, 2415; OLG Düsseldorf NJW-RR 1996, 572; OLG Hamburg JurBüro 1990, 1476).

Mieterhöhung: Nicht erstattungsfähig sind die Kosten eines nach § 558 BGB vor einer Mieterhöhung eingeholten Privatgutachtens (LG Köln WuM 1997, 269; LG Mainz NZM 2005, 15; LG Saarbrücken AnwBl 1985, 210). Das gilt erst recht für die Kosten eines weiteren derartigen Gutachtens (aA AG Lehrte WuM 1983, 320 mablAnm Röchling).

Privatgutachten. Dazu Hannes, Die zivilprozessuale Erstattungsfähigkeit von Privatgutachtenkosten usw, 2012. Die Kosten eines von der Partei eingeholten sog. Privatgutachtens sind nur nach einer strengen Prüfung erstattungsfähig (OLG Koblenz JurBüro 2013, 205; OLG Köln NJW-RR 2010, 752; OLG Naumburg MDR 2013, 1065). Sie sind jedenfalls im Zivilprozess (anders als bei einer Amtsermittlung, VGH Bayern NVwZ-RR 2010, 663) grundsätzlich insoweit erstattungsfähig, als die Partei persönlich ihre Behauptungen nur mithilfe eines solchen Privatgutachtens ausreichend darlegen und unter Beweis stellen kann (BGH BauR 2017, 1424; OLG Nürnberg DS 2016, 296). Maßgeblich ist der Zeitpunkt der Beauftragung des Privatgutachters (OLG Koblenz JurBüro 2016, 149). Der Gutachter muss freilich unabhängig sein (OLG Dresden JurBüro 2003, 312).

– **(Abtretung):** Maßgeblich ist die Lage des neuen Gläubigers als Kläger (OLG Koblenz BauR 2011, 1868).
– **(Arrest, einstweilige Verfügung):** Die Erstattungsfähigkeit ist insbesondere für ein solches Privatgutachten vorhanden, das man in einem vorläufigen Verfahren nach §§ 916 ff., 935 ff. ZPO oder nach §§ 49 ff. FamFG eingeholt hat (BGH NJW 1990, 123; BAG NZA 2008, 71; OLG Nürnberg BauR 2012, 1288). Freilich gelten schärfere Anforderungen (OVG Niedersachsen JurBüro 2014, 201). Das gilt auch für die Kosten eines solchen Sachverständigen, den die Partei zB in der Verhandlung über einen Antrag auf den Erlass eines Arrests oder einer einstweiligen Verfügung wegen der Notwendigkeit einer sofortigen Glaubhaftmachung nach §§ 920 II, 936, 294 II ZPO gestellt hat (OLG Düsseldorf VersR 1981, 862, das OLG billigt mit Recht dann einen frei vereinbarten Stundensatz im Rahmen des Üblichen zu; OLG Koblenz VersR 1992, 1277).
– **(Bauprozess):** OLG Brandenburg NJW-RR 2015, 1243; OLG Koblenz JurBüro 2016, 149; OLG Köln NJW-RR 2010, 752 (je: ausf.).
– **(Beweisbeschluss):** Ein folgender fast gleichartiger Beweisbeschluss spricht *gegen* die Erstattungsfähigkeit der Kosten (LG Wiesbaden JurBüro 2017, 94). Er zwingt evtl. zum Abbruch des Privatgutachtens (OLG Bremen MDR 2010, 719).
– **(Brauchbarkeit):** Die Kosten der Brauchbarkeitsprüfung eines Gutachtens sind grds. als Allgemeinkosten **nicht** erstattungsfähig (OLG Koblenz Rpfleger 2003, 384).
– **(Darlegungspflicht):** Dem Gegner muss nicht der voraussichtliche Kostenrahmen dargelegt werden (aA OLG Jena Rpfleger 2006, 625, aber das sprengt den Umfang des prozessualen Treu und Glaubens nun doch). Die Grenzen eigener Darlegungspflicht haben auch bei der Frage der Erforderlichkeit eines Privatgutachtens Bedeutung (OLG Koblenz NJW-RR 2013, 348).
– **(Einführung in den Prozess):** Es lässt sich noch während des Prozesses einführen (OLG Hamm NJW-RR 2013, 895; OLG Köln NJW 2014, 2131). Es ist zwar grds. die Einführung des Privatgutachtens in den Prozess notwendig (OLG München JurBüro 1995, 372; aA OLG Saarbrücken JurBüro 1995, 623, aber nur eine solche Einführung stellt den Bezug zum Prozess und damit zu den Prozesskosten her). Ein Privatgutachten kann aber ausnahmsweise auch zwecks Klärung der Prozessaussichten erstattungsfähig sein (BGH NJW 2013, 1823; OLG München NJW-RR 2013, 1107; aA OLG Köln JurBüro 2003, 313, aber das ist sogar eine typisch sinnvolle Situation).
– **(Einsparung):** Die Erstattungsfähigkeit besteht dann, wenn das Privatgutachten ein vom Gericht sonst benötigtes Gutachten nach §§ 402 ff. ZPO ersparte (OLG Nürnberg Rpfleger 2002, 482; LG Düsseldorf VersR 1992, 472), nicht aber nach dessen Auftragserteilung (OLG Koblenz VersR 1996, 1561), oder soweit der Parteiaufwand die Kosten des Gehilfen eines gerichtlichen Sachverständigen erspart (OLG Koblenz VersR 2006, 243).
– **(Entscheidungseinfluss):** Soweit nicht nur eine ganz einseitige „gutachterliche" und in Wahrheit völlig unbrauchbare Stellungnahme vorliegt (OLG Karlsruhe JurBüro 1992, 746), hängt die Erstattungsfähigkeit auch **nicht** davon ab, ob und welchen **Einfluss** das Privatgutachten auf die Entscheidung des Gerichts gehabt hat (BGH NJW 2012, 1371; BPatG GRUR 1981, 815; OLG München NJW-RR 2013, 1107; aA BGH NJW 2017, 1397; OLG Düsseldorf NJW-RR 1997, 1431; OVG Niedersachsen JurBüro 2016, 653, aber notwendig konnte

auch dasjenige sein, was aus evtl. ganz unvorhersehbaren anderen Gründen dann doch nicht mehr entscheidungserheblich geworden ist).

- **(Erfolgsaussicht):** Die Kosten eines Gutachtens über die Aussichten eines Rechtsmittels können erstattungsfähig sein (aA OLG München MDR 1992, 194; OLG Schleswig SchlHA 1984, 47, aber man kann die Notwendigkeit nicht schon grds. je Instanz unterschiedlich beurteilen). Freilich ist in der höheren Instanz eher eine gewisse Zurückhaltung nötig (OLG Dresden JurBüro 2003, 312; OLG Hamburg MDR 1997, 784).
- **(Ergänzung):** Erstattungsfähigkeit besteht dann, wenn es um die sachkundige Ergänzung eines Vortrags geht (OLG Koblenz VersR 2002, 1531; LG Saarbrücken NJW-RR 2015, 722).
- **(Kindschaftssache):** OLG Köln FamRZ 2013, 319 Ls.
- **(Mehrheit von Verwendungen):** Bei der Verwendung des Gutachtens in mehreren Prozessen sind seine Kosten aufzuteilen. Dafür sind die Streitwerte nach §§ 3 ff. ZPO zu beachten, aber (selbstverständlich) auch die jeweilige Bedeutung des Gutachtens für den Prozess.
- **(Meinungsumfrage):** Ihre Kosten können erstattungsfähig sein (KG Rpfleger 1987, 262).
- **(Musterprozess):** → „– (Schwierige wirtschaftliche Frage)".
- **(Nachlasssache):** Es gelten grds. keine besonderen Regeln (OLG Düsseldorf FamRZ 2016, 2143, auch zu Ausnahmen).
- **(Patentrecht):** → „Schwierige technische Frage".
- **(Prozessbezug):** Es muss also ein direkter Prozessbezug bestehen (BGH NJW 2013, 1823; OLG Bremen NJW 2015, 509; OLG Koblenz DS 2016, 262). Dabei ist insbesondere der Grundsatz der sog. Waffengleichheit zu beachten, ebenso wie beim vorprozessualen Gutachten (OLG Bremen NJW 2015, 509; OLG Zweibrücken MDR 2009, 415; LG Hamburg JurBüro 2003, 311).
- **(Rechtsmittelaussicht):** → „– (Erfolgsaussicht)".
- **(Sachdienlichkeit):** Sie ist stets mit zu beachten (OLG Dresden MDR 2016, 397).
- **(Materiellrechtlicher Ersatzanspruch):** Natürlich kann mangels einer prozessualen Erstattungsfähigkeit ein materiellrechtlicher Ersatzanspruch nach Anders/Gehle/Gehle ZPO Vor § 91 Rn. 43 vorliegen (OLG Nürnberg JurBüro 1978, 117).
- **(Schwierige medizinische Frage):** Erstattungsfähigkeit hängt von den Umständen ab (strenger OLG Stuttgart NJW-RR 1993, 1339). Es kommt nicht auf eine Beschränkung auf die haftungsbegründende Ursächlichkeit nach Anders/Gehle/Nober ZPO § 287 Rn. 6 an (aA OLG Hamm JurBüro 2007, 596).
- **(Schwierige Rechtsfrage):** Erstattungsfähigkeit besteht dann, wenn es um ein schwieriges Rechtsproblem geht (BVerfGE 88, 382 = NJW 1993, 2793, dort freilich ein in Wahrheit vorprozessuales Gutachten; OLG München Rpfleger 2000, 425; Mankowski MDR 2001, 199, strenger OLG Karlsruhe JurBüro 2006, 35, je: ausländisches Recht; OLG Hamburg NJW-RR 2000, 877, ausländisches Recht nur bei Zeitdruck). Ausreichend sind auch Gebührenprobleme auf einem Spezialgebiet (BVerwG Rpfleger 2008, 666; OLG Koblenz Rpfleger 1986, 108; OLG München MDR 1992, 194). Zwar ist die Rechtsprechung oft zu engherzig. Eine Verweisung zB auf § 293 ZPO ist oft nur ein Ausdruck einer Selbsttäuschung des Gerichts. Andererseits sind nach → Rn. 46 die Kosten eines juristischen Privatgutachtens keineswegs automatisch erstattungsfähig (OLG Frankfurt a. M. NJW-RR 1987, 380).
- **(Schwierige technische Frage):** Bei schwierigen technischen Fragen sind die Kosten des Privatgutachtens fast immer erstattungsfähig (OLG Düsseldorf JurBüro 2009, 319; OLG Frankfurt a. M. Rpfleger 1987, 172; OLG Koblenz JurBüro 2012, 256). Das gilt zB dann, wenn der Gutachter einen anderen privaten oder gerichtlich bestellten Gutachter widerlegen soll (OLG Koblenz MDR 2003, 1142; OLG Saarbrücken BeckRS 2001, 17715; OLG Stuttgart BauR 2002, 665).
- **(Schwierige wirtschaftliche Frage):** Erstattungsfähigkeit besteht dann, wenn es um eine schwierige wirtschaftliche Frage geht (OLG Zweibrücken NJW-

RR 1997, 613, Unternehmensbewertung). Erstattungsfähigkeit besteht ferner dann, wenn es sich um einen Musterprozess mit schwierigen wirtschaftlichen Überlegungen und einer großen rechtlichen oder wirtschaftlichen Tragweite handelt.

– **(Selbständiges Beweisverfahren):** Erstattungsfähigkeit kann zB nach § 494a II ZPO bestehen (BGH NJW 2013, 1821, auch nach Einführung eines vorprozessualen Gutachtens; OLG Köln NJW 2014, 2131).
– **(Straftatverdacht):** Erstattungsfähigkeit besteht dann, wenn es zB um den Verdacht der Vortäuschung eines Unfalls geht (OLG Brandenburg VersR 2008, 1132; OLG Celle NJW-RR 2011, 1057; OLG Frankfurt a. M. BeckRS 2014, 21548).
– **(Ungewöhnlichkeit):** Erstattungsfähigkeit besteht grds. auch bei einer ungewöhnlichen Klage (OLG Hamburg JurBüro 1976, 97; OLG Hamm Rpfleger 1986, 141).
– **(Urkundenprozess):** Erstattungsfähigkeit kann bestehen (aA OLG Koblenz NJW 2011, 942).
– **(Ursächlichkeit):** Zum Problem allgemein BVerfG NJW 2011, 1276. Auch → „Schwierige medizinische Frage".
– **(Vergleich):** Ein Vergleich mag auch auf einem Privatgutachten beruhen. Dann können dessen Kosten erstattungsfähig sein (OLG Nürnberg FamRZ 2002, 1719). Ein Vergleich nach § 779 BGB oder im Prozess schließt die Erstattungsfähigkeit mangels anderweitiger Absprachen nicht aus (LG Braunschweig MDR 1979, 320).
– **(Verjährung):** Die Möglichkeit einer Verjährungseinrede ist nicht zu beachten (OLG Koblenz MDR 2008, 1179).
– **(Versicherungsbetrug):** Ein solcher Verdacht macht ein Privatgutachten meist erstattbar (LG Köln VersR 2013, 76; aA OLG Köln JurBüro 2013, 320).
– **(Widerlegungszweck):** → „Schwierige Frage". Auch → „Arrest, einstweilige Verfügung".
– **(Zusatzgutachten):** Neben einem vom Gericht eingeholten Gutachten kommt eine Erstattung der Kosten eines nun erst eingeholtes Parteigutachtens nur dann in Betracht, wenn es das Gerichtsgutachten widerlegen sollte (OLG Koblenz Rpfleger 1991, 389), wenn die Partei es dazu auch mangels eigener Sachkunde benötigte (OLG Düsseldorf MDR 2012, 53; OLG Koblenz JurBüro 2007, 652; OLG Zweibrücken MDR 2009, 415), und wenn das Gericht es wenigstens für zu beachten hielt (OLG Köln VersR 1993, 716).
– **(Zwangsvollstreckung):** Es gelten nach §§ 704 ff. ZPO dieselben Regeln wie im Erkenntnisverfahren nach §§ 253 ff. ZPO (OLG Brandenburg JurBüro 2008, 271).

Prozessausgang: Erstattungsfähigkeit besteht auch dann, wenn das Gutachten den Prozessausgang nicht beeinflusst hat (OLG Düsseldorf NJW-RR 1996, 572; OLG Hamm BeckRS 1998, 16235; OLG Saarbrücken JurBüro 1990, 623; aA OLG Hamm NJW-RR 1996, 830; OLG München NJW-RR 1995, 1470; LG Berlin JurBüro 1985, 126, aber auch andere Beweiskosten sind unabhängig vom Ausgang der Beweisaufnahme zu erstatten). Natürlich besteht ein Anzeichen für eine Erstattbarkeit bei einer Verwendung des Gutachtens durch das Gericht (OLG Stuttgart VersR 1979, 849), oder bei seiner Ursächlichkeit für eine Einigung (OLG Nürnberg Rpfleger 2002, 482; LG Braunschweig MDR 1979, 320).

Rechtsfrage: Nicht erstattungsfähig sind Kosten eines Gutachtens über nur innerdeutsche Rechtsfragen (OLG Düsseldorf BeckRS 2016, 12578; OLG Frankfurt a. M. Rpfleger 1978, 385; OLG Koblenz Rpfleger 1986, 107), es sei denn, man braucht es zB zum Nachweis eines Verstoßes des Berufungsgerichts gegen Denkgesetze usw zwecks Revision (OLG Hamm JurBüro 1978, 1079). Auch → „Auslandsrecht".

Sachkundigkeit: Eine Erstattungsfähigkeit kann dann vorliegen, wenn die Partei sonst gar nicht sachlich fundiert vortragen kann (BGH NJW 2006, 2415; OLG Düsseldorf NJW-RR 1996, 572; OLG Hamburg JurBüro 1990, 1476), oder wenn der Gegner auf dem betreffenden Sachgebiet kundig ist (OLG Karlsruhe JurBüro 2005, 544; OLG München NJW 1972, 2273).

Materiellrechtlicher Ersatzanspruch: Eine Erstattungsfähigkeit besteht unabhängig von einem gleichartigen materiellrechtlichen Ersatzanspruch, etwa nach § 2314 I 2 BGB (OLG München Rpfleger 1983, 486).

Selbständiges Beweisverfahren: Eine Erstattungsfähigkeit besteht unabhängig davon, ob ein solches Verfahren nach §§ 485 ff. ZPO möglich gewesen wäre (OLG Stuttgart Justiz 1980, 328).

Ursächlichkeit: → „Prozessausgang".

Versicherung: Die Kosten eines Privatgutachtens können insbesondere dann erstattungsfähig sein, wenn die Versicherung es vor dem Prozess eingeholt hat (BGH Rpfleger 2009, 176; OLG Brandenburg VersR 2006, 287; OLG Koblenz MDR 2008, 472, je: jedenfalls nach einem angeblichen Versicherungsbetrug, strenger OLG Celle JurBüro 2000, 205; OLG Karlsruhe VersR 2004, 931 mzustAnm Otto); OLG Koblenz VersR 2004, 803 (aber die Grundregeln bleiben auch zugunsten einer Versicherungsgesellschaft bestehen).

Eine Erstattungsfähigkeit besteht auch dann, wenn die **gegnerische** Versicherungsgesellschaft nunmehr ihrerseits ein Privatgutachten eingeholt hat (OLG Bremen VersR 1982, 362; OLG Frankfurt a. M. VersR 1981, 69; LG München I VersR 1986, 1246; aA KG VersR 1980, 387; OLG Karlsruhe VersR 1980, 337). Eine Erstattungsfähigkeit besteht ferner dann, wenn die Versicherungsgesellschaft das Gutachten während eines Strafverfahrens mit Rücksicht auf einen bestimmt gegen den Versicherten bevorstehenden Schadensersatzprozess eingeholt hat. Dann gelten zur Höhe des erstattungsfähigen Betrags die Regeln des JVEG als Richtsätze (OLG Koblenz VersR 1976, 1051). Wenn man im Zeitpunkt der Einholung des Privatgutachtens noch keineswegs an einen Prozess denken konnte, sind die Kosten dieses Gutachtens unter Umständen zusammen mit der Klageforderung geltend zu machen. Man darf die Erledigung eines Strafverfahrens gegen sich abwarten (OLG Hamburg JurBüro 1990, 1469).

Vorbereitungskosten: Für eine Erstattungsfähigkeit als Vorbereitungskosten muss ein gewisser Bezug zum bevorstehenden Prozess bestehen (BGH NJW 2008, 1598; OLG Frankfurt a. M. NJW-RR 2009, 1076; OLG Koblenz MDR 2008, 472). Das kann auch und gerade dann gelten, wenn man den Prozess eigentlich vermeiden möchte, wie wohl fast stets (aA OLG Brandenburg JurBüro 2009, 145). Es kommt darauf an, ob die Partei ohne ein Gutachten ausreichend vortragen kann (BGH NJW 2006, 2415; OLG Hamm NJW-RR 1996, 830; OLG Nürnberg NJW-RR 2005, 1664). Die Kosten von Arbeiten der Partei zur Vorbereitung einer vom Gericht anzuordnenden Begutachtung, etwa vom Aufbau eines Baugerüsts oder von Abschlepparbeiten am Unfallwagen oder von Arbeiten zur Freilegung eines Mauerwerks, sind grds. erstattungsfähig (OLG Düsseldorf NJW-RR 1997, 1360; OLG Hamburg MDR 1993, 87; OLG Koblenz MDR 2004, 1025).

Erstattungsfähig sind auch die Kosten der Beseitigung von solchen Schäden, die der Sachverständige nicht verhindern konnte (OLG Koblenz JurBüro 1978, 120; aA OLG Düsseldorf MDR 1997, 886; KG JurBüro 1978, 1247, aber sie sind die unvermeidbare Folge seines korrekten Einsatzes). Erstattungsfähig sind die Beträge jeweils in Höhe der üblichen Vergütung, soweit sie zum Geschäftsbereich der Partei zählen und deren gewöhnlichen zumutbaren Prozessaufwand übersteigen (OLG Schleswig SchlHA 1984, 132; aA KG Rpfleger 1981, 203), oder soweit sie die Kosten eines gerichtlich bestellten Sachverständigen übersteigen (OLG Koblenz AnwBl 1988, 298). Die Stundensätze des JVEG sind nur Anhaltspunkte (OLG Koblenz VersR 1988, 702).

Hilfeleistung in Steuersachen

35 **I Für die Hilfeleistung bei der Erfüllung allgemeiner Steuerpflichten und bei der Erfüllung steuerlicher Buchführungs- und Aufzeichnungspflichten gelten die §§ 23 bis 39 der Steuerberatervergütungsverordnung in Verbindung mit den §§ 10 und 13 der Steuerberatervergütungsverordnung entsprechend.**

II 1 Sieht dieses Gesetz die Anrechnung einer Geschäftsgebühr auf eine andere Gebühr vor, stehen die Gebühren nach den §§ 23, 24 und 31 der Steuerberatervergütungsverordnung, bei mehreren Gebühren deren Summe, einer Geschäftsgebühr nach Teil 2 des Vergütungsverzeichnisses gleich. 2 Bei der Ermittlung des Höchstbetrags des anzurechnenden Teils der Geschäftsgebühr ist der Gegenstandswert derjenigen Gebühr zugrunde zu legen, auf die angerechnet wird.

Historie: II angefügt durch Art. 8 I Nr. 18 2. KostRMoG v. 23.7.2013 (BGBl. I 2586 (2690)) mWv 1.8.2013; Materialien: BT-Drs. 17/11471 (Gesetzentwurf), BT-Drs. 17/13537 (Beschlussempfehlung und Bericht), BT-Drs. 17/14120 (Beschlussempfehlung). I geändert durch Art. 10 Nr. 3 G zur Durchführung der VO (EU) Nr. 1215/2012 sowie zur Änderung sonstiger Vorschriften v. 8.7.2014 (BGBl. I 890 (895)) mWv 10.1.2015, BT-Drs. 18/823 (Gesetzentwurf), BT-Drs. 18/1492 (Beschlussempfehlung und Bericht).

1 **I. Systematik.** Der Rechtsanwalt darf nach § 3 Nr. 1 StBerG unbeschränkt in einer Steuersache helfen. § 35 I RVG macht diejenigen Teile der zugehörigen StBVV (→ StBVV § 1 Rn. 1 ff.) entsprechend anzuwenden, die solche Tätigkeiten erfassen, für die es im RVG sonst keine genauen Vorschriften gäbe. § 35 I 1 versteht aber darunter nur die Hilfe bei einer Erfüllung der allgemeinen Steuerpflichten wie etwa der Erstellung einer Steuererklärung oder bei der Erfüllung steuerlicher Buchführungs- und Aufzeichnungspflichten. Die Prüfung eines Steuerbescheids ist eine Hilfeleistung nach § 35 (OLG Nürnberg NJW-RR 2015, 1199). Im restlichen Gesamtbereich einer steuerlichen Anwaltstätigkeit gilt das RVG direkt. Das gilt auch insoweit, als auch die StBVV ähnliche Regelungen enthält. Man prüft also zunächst, ob §§ 10–13, 23–39 StBVV anzuwenden sind, und man wendet mangels deren Anwendbarkeit das RVG an, etwa bei Auslagen.

2 **II. Regelungszweck.** Die Vorschrift bezweckt die gebührenrechtliche Gleichstellung des Rechtsanwalts mit dem Steuerberater. In diesem Sinn ist § 35 auszulegen.

3 **III. Anwendungsbereich.** Vgl. bei den in § 35 genannten Vorschriften der StBVV. Die Vorschrift gilt auch für einen zum Betreuer bestellten solchen Rechtsanwalt, der zu den von § 3 StBerG erfassten Personen zählt (LG Düsseldorf NJW-RR 2008, 1606).

4 **IV. Gegenstandswert.** Er ergibt sich aus dem Interesse des Auftraggebers.

5 **V. Anrechnung (II).** Bei §§ 23, 24, 31 StBVV stehen die Gebühren einer Geschäftsgebühr nach VV 2200 usw nach **II 1** gleich. Wegen des Höchstbetrags einer Anrechnung vgl. **II 2.**

Schiedsrichterliche Verfahren und Verfahren vor dem Schiedsgericht

36 **I Teil 3 Abschnitt 1, 2 und 4 des Vergütungsverzeichnisses ist auf die folgenden außergerichtlichen Verfahren entsprechend anzuwenden:**
1. schiedsrichterliche Verfahren nach Buch 10 der Zivilprozessordnung und
2. Verfahren vor dem Schiedsgericht (§ 104 des Arbeitsgerichtsgesetzes).

II Im Verfahren nach Absatz 1 Nummer 1 erhält der Rechtsanwalt die Terminsgebühr auch, wenn der Schiedsspruch ohne mündliche Verhandlung erlassen wird.

Historie: I Nr. 1 geändert durch Art. 20 Nr. 5 2. JuMoG v. 22.12.2006 (BGBl. I 3416 (3422), ist die Befristung mWv 31.12.2006 aufgehoben; Materialien: BT-Drs. 16/3038 (Gesetzentwurf), BT-Drs. 16/3640 (Beschlussempfehlung und Bericht). I Eingangssatz geändert durch Art. 8 I Nr. 19 2. KostRMoG v. 23.7.2013 (BGBl. I 2586 (2690)) mWv 1.8.2013; Materialien: BT-Drs. 17/11471 (Gesetzentwurf), BT-Drs. 17/13537 (Beschlussempfehlung und Bericht), BT-Drs. 17/14120 (Beschlussempfehlung).

Schrifttum: Enders, Die Vergütung des Anwalts für eine Tätigkeit im schiedsrichterlichen Verfahren, JurBüro 1998, 169; 1998, 281; Schwab/Walter, Schiedsgerichtsbarkeit, 7. Aufl. 2005 (8. Aufl. gepl. 2023).

Übersicht

I. Systematik. Die Vorschrift enthält nach VV Vorb. 2 I formell vor § 34, VV 2100 ff. vorrangige Sonderregeln. Infolge der weitgehenden Verweisungen handelt es sich sachlich aber um bloße Klarstellungen. Das gilt freilich nicht für die den Rechtsanwalt besonders begünstigende Regelung in II. Bei einer bloßen Einzeltätigkeit gilt VV 3326. § 11 ist nicht anzuwenden (KG JurBüro 1998, 307). 1

II. Regelungszweck. Ob man das schiedsrichterliche Verfahren nach §§ 1025 ff. ZPO usw dem staatlichen Zivilprozess vergütungsmäßig grundsätzlich gleichstellen sollte, lässt sich keineswegs stets einfach beantworten. Die Aufgaben des Rechtsanwalts vor dem Schiedsgericht dürften durchweg schwieriger sein. Das gilt schon im Hinblick auf verborgene Befangenheitsgefahren. Sie dürften im schiedsrichterlichen Verfahren noch stärker als im Zivilprozess eintreten. 2

Der **Gegenstandswert** lässt sich zwar großzügig festlegen. Er ist aber auch kein gesetzmäßiges Steuerungsmittel für die ihm ja formell erst folgenden Gebührenhöhen. Andererseits darf man die Parteien eines schiedsrichterlichen Verfahrens nun auch nicht für eine solche Verfahrenswahl kostenmäßig überbelasten. Alles das sollte man bei der Auslegung insbesondere der in Bezug genommenen Vorschriften etwa über die Tätigkeit im Beweisverfahren oder bei einer rechtlichen Erörterung mitbedenken. 3

III. Anwendungsbereich. Es lassen sich zwei Fallgruppen unterscheiden. 4

1. Anwendbarkeit. Die Vorschrift bezieht sich zunächst nach I Nr. 1 auf das schiedsrichterliche Verfahren nach §§ 1025 ff. ZPO vor dem nach § 1029 ZPO vereinbarten oder durch eine letztwillige Verfügung oder Satzung nach § 1066 ZPO bestimmten Schiedsgericht von der Auftragserteilung bis zur Verfahrensbeendigung nach § 1056 ZPO. Sie gilt darüber hinaus auch für ein Verfahren vor einem solchen gesetzlich eingesetzten Schiedsgericht, auf das §§ 1025 ff. ZPO anzuwenden sind, etwa nach § 8 Gesetz über die Verbände der gesetzlichen Krankenkassen vom 17.8.1955 (BGBl. I 524), zuletzt geändert durch Art. 437 VO v. 31.8.2015 (BGBl. I 1474). Sie gilt schließlich nach I Nr. 2 für das Verfahren vor dem Schiedsgericht der §§ 104 ff. ArbGG und bei VV Teil 3 Abschnitt 4. 5

2. Unanwendbarkeit. In einem Verfahren wegen des Schiedsrichtervertrags gelten für eine außergerichtliche Tätigkeit des Rechtsanwalts §§ 1029 ff. ZPO sowie § 34, VV 2100 ff. (hilfsweise, → Rn. 1) und im Rechtsstreit vor dem staatlichen Gericht nach §§ 1032 II, 1040 II, III, 1041, 1059, 1060, 1061 III, 1065 ZPO über die Schiedsvereinbarung oder den Schiedsrichtervertrag VV 3100–3213 infolge der Verweisung auf sie in I unmittelbar. Im Verfahren über die Vollstreckbarerklärung eines Schiedsspruchs und eines Anwaltsvergleichs nach §§ 796a–c ZPO gilt VV 3327 als eine gegenüber § 36 vorrangige Sonderregelung. Bei einem bloßen Schiedsgutachten gilt VV 2300. Das gilt auch bei einem internationalen Schiedsgericht nach § 1061 ZPO. 6

Soweit der Rechtsanwalt lediglich im Verfahren auf eine gerichtliche Entscheidung über die **Bestellung oder Ablehnung** eines Schiedsrichters oder Ersatzschiedsrichters nach §§ 1034 II, 1035 III, IV, 1037, 1039 ZPO oder über die Beendigung des Schiedsrichteramts nach § 1038 I ZPO oder zur Unterstützung bei der Beweisaufnahme durch das Staatsgericht oder bei der Vornahme einer sonstigen Handlung des Staatsgerichts nach § 1050 ZPO tätig wird, enthalten VV 3327, 3332 ebenfalls eine 7 gegenüber § 36 vorrangige Sonderregelung. Soweit der Rechtsanwalt allerdings ein ProzBev nach § 81 ZPO ist und in diesem Zusammenhang auch nach VV 3327, 3332 tätig wird, sind teilweise §§ 16, 17 anzuwenden (OLG Frankfurt a. M. AnwBl 1979, 116; OLG Karlsruhe JurBüro 1975, 481).

8 **IV. Gebühren.** Der folgende Grundsatz wirkt sich bei allen Gebührenarten aus.

9 **1. Grundsatz: Möglichkeit mehrerer Gebühren.** VV 3100–3213 ff. gelten entsprechend. Es können grundsätzlich alle dort genannten Gebühren entstehen. Die Gebühren entstehen grundsätzlich in voller Höhe.

10 **2. Verfahrensgebühr.** Die Verfahrensgebühr entsteht nach § 16 Nr. 8 mit jeder auftragsgemäßen Tätigkeit des Rechtsanwalts im schiedsrichterlichen Verfahren, auch vor dem Staatsgericht. Dazu gehört bereits die Entgegennahme der Information. Das Verfahren beginnt mit dem Antrag auf die Einberufung des Schiedsgerichts. Der Verfahrensauftrag kann also schon vorher erfolgen. Der Rechtszug endet mit der Übersendung des Schiedsspruchs nach § 1054 IV ZPO oder des Beschlusses der Feststellung der Beendigung des Verfahrens nach § 1056 ZPO. § 19 ist anzuwenden. Bei einer vorzeitigen Auftragsbeendigung ist VV 3101 anzuwenden.

11 **3. Terminsgebühr.** Die Terminsgebühr entsteht nach I Nr. 1, II nicht nur dann, wenn das Schiedsgericht eine mündliche Verhandlung durchführt, sondern als eine Ausnahme von VV 3104 I auch ohne eine solche, falls nur das Schiedsgericht überhaupt anschließend einen Schiedsspruch nach §§ 1051 ff. ZPO erlässt. Das beruht darauf, dass das Schiedsgericht sein Verfahren grundsätzlich gemäß §§ 1042 III, IV, 1047 ZPO nach seinem freien Ermessen bestimmen kann, dass es also grundsätzlich keine mündliche Verhandlung vornehmen muss, sondern das erforderliche rechtliche Gehör nach §§ 1042 I 2, 1047 I ZPO auch schriftlich gewähren kann.

12 Nach **§ 105 ArbGG** ist allerdings eine mündliche Verhandlung notwendig. Daher gilt II nicht im Fall I Nr. 2.

13 Ein **Termin** liegt schon dann vor, wenn eine Erörterung des Streitstoffs erfolgt, VV Vorb. 3 III Hs. 1 Fall 1. Das kann schon zwecks einer Vermeidung des Antrags auf eine Einberufung des Schiedsgerichts geschehen. Im Übrigen braucht der Rechtsanwalt nur im Termin verhandlungsbereit zu erscheinen, auch bei einer gegnerischen Säumnis. Ein Sachantrag ist nicht erforderlich. Vielmehr genügt die bloße Terminswahrnehmung. VV 3105 ist anzuwenden.

14 Eine Terminsgebühr entsteht nach VV Vorb. 3 III Hs. 1 Fall 3 auch, sobald der Rechtsanwalt als ProzBev nach § 81 ZPO den Antraggeber in einem *Beweis*aufnahmeverfahren vor dem Schiedsgericht vertritt. Es kann sich um eine Beweisaufnahme mit gesetzlichen Beweismitteln handeln. Wegen der weitgehenden Gestaltungsfreiheit des Schiedsgerichts bei seinem Verfahren darf man an die Entstehung der Terminsgebühr dann erst recht nur geringe Anforderungen stellen. Wegen einer staatsrichterlichen Unterstützung der schiedsrichterlichen Beweisaufnahme usw → Rn. 3.

15 Auch eine **Erörterung** oder Besprechung mit zumindest auch einem Verfahrensbeteiligten außer dem Auftraggeber ohne eine Beteiligung des Schiedsgerichts zwecks einer Vermeidung oder Erledigung des schiedsrichterlichen Verfahrens kann nach VV Vorb. 3 III Hs. 1 Fall 2 Hs. 2 eine Terminsgebühr entstehen lassen. Man darf sie nicht schon kraft Gesetzes auf die Verfahrensgebühr anrechnen.

16 Eine Terminsgebühr entsteht für den im schiedsrichterlichen Verfahren tätigen Rechtsanwalt schon dann, wenn das **staatliche Gericht** nach § 1050 ZPO in einem Termin tätig wird. Denn nach § 15 II kommt dieselbe Gebührenart je Angelegenheit nur einmal in Betracht, und nach § 16 Nr. 8 bildet das schiedsrichterliche Verfahren mit dem staatsgerichtlichen nach § 1050 ZPO dieselbe Angelegenheit.

17 **Mehr als ein bloßes Betreiben** des Geschäfts ist freilich auch bei II notwendig. Sonst würde eine Terminsgebühr automatisch neben jeder Verfahrensgebühr entstehen. Das kann nicht der Sinn von II sein.

18 **4. Einigungsgebühr.** Eine solche Gebühr kann unter den Voraussetzungen VV 1000 wegen einer gerichtlichen oder außergerichtlichen Einigung entstehen. Dann kann eine Ermäßigung entsprechend VV 1003 bei einer außerschiedsgerichtlichen Einigung eintreten (Hilger JurBüro 2008, 287; Riedel/Sußbauer/Potthoff Rn. 12, aber Teil 1 und daher auch VV 1003 gilt VV Vorb. 1 **neben** den in § 36 I

genannten Teilen 3 Abschnitt 1, 2 des VV. Daher ist unerheblich, dass kein staatsgerichtliches Verfahren vorliegt, aA Gerold/Schmidt/Mayer Rn. 14).

5. Berufung, Revision. Soweit die Schiedsvereinbarung oder das gesetzliche schiedsrichterliche Verfahren mehrere Rechtszüge vorsieht, erhöhen sich nach I die Gebühren im Berufungs- und Revisionsverfahren nach VV 3200–3213. Im Verfahren auf die Zulassung der Sprungrevision nach § 566 ZPO sind VV 3206 ff. nach VV Vorb. 3.2 I ebenfalls anzuwenden. II gilt auch in der Rechtsmittelinstanz. 19

6. Einzeltätigkeit. Auch im schiedsrichterlichen Verfahren können für den lediglich mit Einzeltätigkeiten beauftragten Rechtsanwalt zB VV 3330, 3401, 3402–3405 anzuwenden sein. 20

V. Gegenstandswert. Das Schiedsgericht darf den Wert nicht selbst festsetzen (BGH NJW 1985, 1903, § 41 ZPO). Es ist aber im allseitigen Einverständnis eine Wertvereinbarung möglich (Enders JurBüro 1998, 172). Andernfalls muss das Staatsgericht tätig werden. Zur Bemessung des Werts durch das staatliche Gericht → ZPO § 3 Rn. 23 „Schiedsrichterliches Verfahren". 21

VI. Kostenerstattung. Mangels einer abweichenden Regelung in der Schiedsvereinbarung kann das Schiedsgericht ohne eine Bindung an §§ 91 ff. ZPO über die Kostenverteilung nach § 1057 ZPO nach seinem pflichtgemäßen Ermessen unter einer Berücksichtigung der Umstände und insbesondere des Verfahrensausgangs entscheiden. Es kann zB vermeidbare Kosten auferlegen und erstattungsfähige streichen. Dazu kommt auch nach § 1057 II 2 ZPO eine Ergänzung des Schiedsspruchs infrage (BGH WM 1977, 319). Ist die Kostenfestsetzung unterblieben oder erst nach der Beendigung des schiedsrichterlichen Verfahrens möglich, ergeht hierüber nach § 1057 II 2 ZPO eine gesonderte Entscheidung. 22

Abschnitt 6. Gerichtliche Verfahren

Verfahren vor den Verfassungsgerichten

37 **I Die Vorschriften für die Revision in Teil 4 Abschnitt 1 Unterabschnitt 3 des Vergütungsverzeichnisses gelten entsprechend in folgenden Verfahren vor dem Bundesverfassungsgericht oder dem Verfassungsgericht (Verfassungsgerichtshof, Staatsgerichtshof) eines Landes:**

1. Verfahren über die Verwirkung von Grundrechten, den Verlust des Stimmrechts, den Ausschluss von Wahlen und Abstimmungen,
2. Verfahren über die Verfassungswidrigkeit von Parteien,
3. Verfahren über Anklagen gegen den Bundespräsidenten, gegen ein Regierungsmitglied eines Landes oder gegen einen Abgeordneten oder Richter und
4. Verfahren über sonstige Gegenstände, die in einem dem Strafprozess ähnlichen Verfahren behandelt werden.

II 1 In sonstigen Verfahren vor dem Bundesverfassungsgericht oder dem Verfassungsgericht eines Landes gelten die Vorschriften in Teil 3 Abschnitt 2 Unterabschnitt 2 des Vergütungsverzeichnisses entsprechend. 2 Der Gegenstandswert ist unter Berücksichtigung der in § 14 Absatz 1 genannten Umstände nach billigem Ermessen zu bestimmen; er beträgt mindestens 5 000 Euro.

Historie: II 2 geändert durch Art. 8 I Nr. 20 2. KostRMoG v. 23.7.2013 (BGBl. I 2586 (2690)) mWv 1.8.2013; Materialien: BT-Drs. 17/11471 (Gesetzentwurf), BT-Drs. 17/13537 (Beschlussempfehlung und Bericht), BT-Drs. 17/14120 (Beschlussempfehlung).

Schrifttum: Burhoff, Anwaltsvergütung im Verfassungsbeschwerdeverfahren, RVGreport 2013, 298; Heimann, Festsetzung des Gegenstandswertes gemäß § 113 Absatz 2 BRAGO, JurBüro 2002, 314; Zuck, Die Festsetzung des Gegenstandswertes im Verfassungsbeschwerdeverfahren, AnwBl 1978, 333.

1 **I. Normzweck.** Die (dem früheren § 113 BRAGO entsprechende) Vorschrift regelt die Vergütung des Rechtsanwalts (dem nach § 1 I 3 Rechtsanwaltssozietäten in der Form einer GbR oder einer PartGG, → § 1 Rn. 12 ff., sowie andere Mitglieder einer Rechtsanwaltskammer wie Rechtsanwalts- bzw. Berufsausübungsgesellschaften, → § 1 Rn. 9, und aufgenommene ausländische Rechtsanwälte, → § 1 Rn. 10, oder – heute allerdings bedeutungslose – Kammerrechtsbeistände, → § 1 Rn. 11, gleichstehen) in einem Verfahren vor dem **BVerfG** oder den **Landesverfassungsgerichten** besonders (zu den Gerichtskosten in verfassungsgerichtlichen Verfahren → BVerfGG § 34 Rn. 1 ff.). Damit trägt das Gesetz dem Umstand Rechnung, dass diese Gerichte **selbständige Verfassungsorgane** sind (vgl. Art. 93, 94 GG und Art. 99 GG iVm etwa mit Art. 68 BWVerf, Art. 60–69 BayVerf, Art. 75, 76 LVerf NRW).

2 **II. Anwaltsvergütung.** Für die Anwaltsvergütung unterscheidet § 37 zwischen straf- (I) und verwaltungsprozessähnlichen (II) Verfahren vor dem BVerfG oder den Landesverfassungsgerichten:

3 **1. Strafprozessähnliche Verfahren (I). a) Anwendungsbereich.** I erfasst zunächst die in **I Nr. 1–3** konkret aufgezählten, im BVerfGG bzw. den landesrechtlichen Regelungen vorgesehenen Verfahren. Diesen ist gemeinsam, dass sie strafprozessähnlich ausgestaltet sind (zB eine Anklageschrift, vgl. etwa § 49 BVerfGG, Art. 31 BayVfGHG, oder ein Vorverfahren, vgl. etwa §§ 37, 45 BVerfGG, § 34 VGHG NW, kennen), dass vielfach für das Verfahren allgemein oder für einzelne Verfahrensabschnitte Vorschriften der StPO anzuwenden sind (vgl. etwa § 38 I BVerfGG, Art. 42, 43 BayVfGHG, § 33 VGHG NW) und dass das Gericht schließlich wegen verfassungswidrigen Verhaltens Rechtsnachteile verhängen kann.

4 Darüber hinaus sind nach **I Nr. 4** alle weiteren (auch erst in Zukunft geschaffenen) strafprozessähnlichen Verfahren vor dem BVerfG oder den Landesverfassungsgerich-

ten erfasst. Derzeit sieht das BVerfGG keine nicht bereits unter I Nr. 1–3 fallende weitere strafprozessähnliche Verfahren vor und auch die in den landesrechtlichen Regelungen vorgesehenen strafprozessähnlichen Verfahren vor den Landesverfassungsgericht lassen sich in aller Regel unter einer der in I Nr. 1–3 genannten Fälle subsummieren. Unter I Nr. 4 dürften zurzeit nur die in Hamburg vorgesehenen Verfahren über Anträge auf Versetzung oder Entlassung eines Mitglieds des Rechnungshofes (Art. 65 III Nr. 8 HmbVerf, § 14 Nr. 8 HmbVerfGG) und über Anträge auf Aberkennung von Übergangsgeld, Ruhegehalt und Hinterbliebenenversorgung für ausgeschiedene Mitglieder des Senats (Art. 65 IV HmbVerf iVm § 17 HmbSenG, § 14 Nr. 9 HmbVerfGG) fallen.

b) Anzuwendende Vorschriften des VV. Der strafprozessähnlichen Ausgestaltung der in I genannten Verfahren folgend verweist das Gesetz für die Vergütung des Rechtsanwalts auf den Strafsachen betreffenden Teil 4 des VV und ordnet (wegen der besonderen Bedeutung dieser Verfahren, Begr. RegE § 37 RVG BT-Drs. 15/1971, 197) die entspr. Anwendung der für die **Revision in Strafsachen** vorgesehenen Vorschriften **(VV 4130–4135)** an. Für seine Tätigkeit in einem verfassungsrechtlichen Verfahren iSd I erhält der Rechtsanwalt daher dieselbe Verfahrens- und ggf. Terminsgebühr wie ein Strafverteidiger im Revisionsverfahren (und damit Betragsrahmengebühren). 5

Anzuwenden sind außerdem im Grundsatz die **Teile 1, 2 und 7 des VV** (vgl. zu den Auslagen – noch zur BRAGO – etwa BVerfGE 96, 217 = NJW 1997, 2668 (2669)), so dass der Rechtsanwalt insbes. Auslagen nach VV 7000 ff. und für eine außergerichtliche Tätigkeit in verfassungsrechtlichen Angelegenheiten Gebühren nach VV 2100 ff. verlangen kann. Eine Erledigungsgebühr nach VV 1002, 1003 wird allerdings in einem Verfahren vor dem BVerfG oder einem Landesverfassungsgericht regelmäßig nicht anfallen können, weil es meist an der anwaltlichen Mitwirkung an der Erledigung fehlen wird (vgl. BVerfG RVGreport 2020, 384). 6

2. Sonstige Verfahren (II). a) Anwendungsbereich. II erfasst alle übrigen, nicht unter I fallende und mithin nicht strafprozessähnliche Verfahren vor dem BVerfG oder den Landesverfassungsgerichten. Hierunter fallen insbes. Verfassungsbeschwerden, Organstreitverfahren, Bund-Länder-Streitverfahren, Normenkontrollverfahren und Wahlprüfungsbeschwerden nach dem BVerfGG und den landesrechtlichen Regelungen. 7

b) Anzuwendende Vorschriften des VV. Die sonstigen Verfahren iSd II ähneln am ehesten Verfahren vor den Verwaltungsgerichten. Dementsprechend verweist II für die Vergütung der Tätigkeit des Rechtsanwalts in diesen Verfahren auf den u. a. Verfahren der öffentlich-rechtlichen Gerichtsbarkeiten betreffenden Teil 3 des VV und ordnet (wiederum im Hinblick auf die besondere Bedeutung der Verfahren) die entspr. Anwendung der für die **Revision u. a. in Verfahren vor der Verwaltungs-, Finanz- und Sozialgerichtsbarkeit** vorgesehenen Vorschriften (VV 3206–3213) an. Anzuwenden sind allerdings nur die insoweit vorgesehenen Wertgebühren (vgl. II 2, nicht also die Betragsrahmengebühren nach VV 3212, 3213; dies gilt auch dann, wenn die Tätigkeit im Ausgangsverfahren mit Betragsrahmengebühren vergütet wird). Von diesen Wertgebühren können wiederum nur die nach **VV 3206, 3207, 3210** anfallen, weil die tatbestandlichen Voraussetzungen der Gebühren nach VV 3208, 3209 (Vertretungszwang durch einen bei dem BGH zugelassenen Rechtsanwalt, vgl. – auch zur Frage der analogen Anwendung – BVerfGE 132, 294 = NJW 2013, 676) und nach VV 3211 (Säumnisverfahren) in den verfassungsgerichtlichen Verfahren nicht eintreten können. 8

Auch in Verfahren vor dem BVerfG oder einem Landesverfassungsgericht kann eine **Terminsgebühr** nach VV 3210 gem. VV 3210 Anm. iVm VV 3104 Anm. I Nr. 1 anfallen, wenn **ohne mündliche Verhandlung** (zB gem. § 25 I BVerfGG aufgrund Verzichts aller Beteiligten) entschieden wird. Voraussetzung ist, dass die mündliche Verhandlung gesetzlich vorgeschrieben ist. Das ist **nicht** der Fall, wenn das Gesetz nur eine Entscheidung ohne mündliche Verhandlung vorsieht (so zB nach dem BVerfGG für die Kammerentscheidung über eine Verfassungsbeschwerde, § 93d I 1 BVerfGG, oder für die Entscheidung über eine Verzögerungsbeschwerde, § 97d II 3 BVerfGG), aber auch dann, wenn das Gesetz dem BVerfG bzw. dem 9

Landesverfassungsgericht ein **Ermessen** einräumt (wie dies insbes. bei einer Senatsentscheidung über eine Verfassungsbeschwerde in § 94 V 2 BVerfGG vorgesehen ist, vgl. außerdem etwa §§ 32 II 1, 82a III, 96c BVerfGG), von der Durchführung einer mündlichen Verhandlung abzusehen (vgl. – noch zur BRAGO – zum Verfassungsbeschwerdeverfahren BVerfGE 35, 34 = Rpfleger 1973, 243; BVerfGE 41, 228; VerfGH Sachsen AGS 2004, 15).

10 IÜ können auch für die Anwaltsvergütung in den sonstigen Verfahren iSd II die Vorschriften der **Teile 1, 2 und 7 des VV** angewendet werden (→ Rn. 6). Vertritt der Rechtsanwalt in einem Verfassungsbeschwerdeverfahren, in dem die Verfassungswidrigkeit einer Norm geltend gemacht wird (Rechtssatzverfassungsbeschwerde), mehrere Beschwerdeführer, kann er keinen Mehrvertretungszuschlag nach **VV 1008** verlangen, weil zwar eine Angelegenheit vorliegt, die anwaltliche Tätigkeit sich aber nicht auf einen einzigen Gegenstand bezieht (sondern auf die subjektive Beschwer jedes einzelnen Beschwerdeführers in seinem Grundrecht oder grundrechtsgleichen Recht, BVerfGE 137, 345 mwN; zust. StGH Baden-Württemberg LVerfGE 25, 3; die Tätigkeit für mehrere Auftraggeber ist ggf. bei der Wertbestimmung zu berücksichtigen, → Rn. 13).

11 **c) Gegenstandswert (II 2).** Anders als in den strafprozessähnlichen Verfahren (→ Rn. 5) erfolgt die Vergütung der Tätigkeit des Rechtsanwalts in den sonstigen Verfahren iSd II durch Wertgebühren, so dass es (nur) hier (und wegen der Gerichtskostenfreiheit verfassungsrechtlicher Verfahren, → BVerfGG § 34 Rn. 1 ff., auch nur für die Anwaltsvergütung) der Bestimmung eines Gegenstandswertes bedarf.

12 **aa) Bestimmung.** Gem. II 2 erfolgt diese Bestimmung nach billigem Ermessen, womit die Vorschrift (wie § 14, → § 14 Rn. 6) auf § 315 I BGB verweist und daher dem Rechtsanwalt ein **einseitiges Leistungsbestimmungsrecht** einräumt, dessen Ausübung nach Maßgabe von § 319 BGB nachprüfbar ist. Der Rahmen, innerhalb dessen der Gegenstandswert zu bestimmen ist, ergibt sich aus dem in II 2 geregelten **Mindestwert** von 5.000 EUR und dem sich aus § 22 ergebenden **Höchstwert** von 30 Mio. EUR.

13 Für die **Bewertungskriterien** verweist II 1 auf § 14 I (hierzu → § 14 Rn. 9 ff.), die der Sache nach den Kriterien der Bewertung einer nichtvermögensrechtlichen Streitigkeit nach § 48 II 1 GKG entsprechen. Maßgeblich sind daher namentlich **Umfang und Schwierigkeit** der Tätigkeit, ihre **Bedeutung** für den Auftraggeber sowie dessen **Einkommens- und Vermögensverhältnisse.** Zu berücksichtigen sind allerdings „alle" und damit auch weitere Umstände, wie insbes. die Vertretung **mehrere Auftraggeber** (BVerfGE 137, 345 Rn. 19; VerfG Brandenburg BeckRS 2020, 38773 mwN). Diese Kriterien nehmen (der Funktion von § 14 I und § 48 II 1 GKG entsprechend) auf den konkreten Aufwand des Rechtsanwalts und das subjektive Interesse des Auftraggebers Bezug.

14 Nach der Rspr. des BVerfG ist aber wegen der über den jeweiligen Fall hinausgehenden umfassenden Bedeutung des verfassungsgerichtlichen Rechtsschutzes bei der Bewertung auch die über das subjektive Interesse für den Auftraggeber hinausgehende und davon unabhängige **objektive Bedeutung** (vgl. § 31 BVerfGG) der Entscheidung des Verfassungsgerichts zu berücksichtigen (BVerfGE 79, 365 = NJW 1989, 2047; BVerfGE 137, 345 Rn. 19; BVerfGK 20, 336 = NJW 2013, 2738 Rn. 9 mwN; VerfGH Sachsen BeckRS 2022, 11194). Maßgebliche Bedeutung kommt daher auch dem **Erfolg** (bzw. Misserfolg) der Tätigkeit zu; so sind etwa erfolglose Verfassungsbeschwerden in aller Regel nur mit dem gesetzlichen Mindestwert des II 2 zu bewerten (vgl. etwa BVerfG BeckRS 2021, 11683; VerfGH Nordrhein-Westfalen BeckRS 2020, 20708 Rn. 16; zu § 14 vgl. → § 14 Rn. 56).

15 Der Gegenstandswert eines Verfahrens auf Erlass einer einstweiligen Anordnung ist regelmäßig erheblich niedriger als derjenige für das Hauptsacheverfahren (vgl. VerfGH Rheinland-Pfalz DVBl 2019, 58 mwN).

16 **bb) Festsetzung.** Eine **gerichtliche** Wertfestsetzung durch das BVerfG bzw. das Landesverfassungsgericht erfolgt nur auf **Antrag nach § 33** (über den beim BVerfG der Senat bzw. – wenn die Hauptsache von der Kammer entschieden wurde – gem. § 93d II 1 BVerfGG die Kammer entscheidet). Dieser setzt voraus, dass eine anwaltliche Tätigkeit in dem verfassungsgerichtlichen Verfahren (und nicht lediglich außer- oder vorgerichtlich) erfolgt ist (BVerfG BeckRS 2012, 45913 Rn. 3; 2013, 59934;

VerfGH Nordrhein-Westfalen BeckRS 2020, 20444). Bleibt eine Individualverfassungsbeschwerde erfolglos, fehlt es nach der Rspr. des BVerfG allerdings wegen des in aller Regel nur mit dem Mindestwert des II 2 anzunehmenden, → Rn. 14, Gegenstandswerts regelmäßig an einem Rechtsschutzbedürfnis für einen Festsetzungsantrag (vgl. nur BVerfGE 79, 365 (369) = NJW 1989, 2047; BVerfG BeckRS 2021, 11683).

Gegen einen Wertfestsetzungsbeschluss des BVerfG oder eines Landesverfassungsgerichts ist ein Rechtsmittel mangels Existenz eines „nächsthöheren Gerichts" iSd § 33 IV 2 nicht gegeben (BVerfGE 137, 345 Rn. 18 = BeckRS 2014, 59296; VerfGH Sachsen BeckRS 2011, 142008; VerfGH Rheinland-Pfalz NVwZ-RR 2019, 439); in Betracht kommt nur eine Gegenvorstellung. 17

III. Weitere Fragen. Zur Gewährung von **Prozesskostenhilfe** für Verfahren vor den Verfassungsgerichten → BVerfGG § 34a Rn. 3 ff.; zur **Kostenerstattung** in Verfahren vor den Verfassungsgerichten vgl. § 34a BVerfGG, hierzu im Einzelnen → BVerfGG § 34a Rn. 6 ff.; zur **Vergütungsfestsetzung** gegen den eigenen Mandanten nach § 11 → § 11 Rn. 6, 40, 46. 18

Verfahren vor dem Gerichtshof der Europäischen Gemeinschaften

38 **I [1] In Vorabentscheidungsverfahren vor dem Gerichtshof der Europäischen Gemeinschaften gelten die Vorschriften in Teil 3 Abschnitt 2 Unterabschnitt 2 des Vergütungsverzeichnisses entsprechend. [2] Der Gegenstandswert bestimmt sich nach den Wertvorschriften, die für die Gerichtsgebühren des Verfahrens gelten, in dem vorgelegt wird. [3] Das vorlegende Gericht setzt den Gegenstandswert auf Antrag durch Beschluss fest. [4] § 33 Absatz 2 bis 9 gilt entsprechend.**

II Ist in einem Verfahren, in dem sich die Gebühren nach Teil 4, 5 oder 6 des Vergütungsverzeichnisses richten, vorgelegt worden, sind in dem Vorabentscheidungsverfahren die Nummern 4130 und 4132 des Vergütungsverzeichnisses entsprechend anzuwenden.

III Die Verfahrensgebühr des Verfahrens, in dem vorgelegt worden ist, wird auf die Verfahrensgebühr des Verfahrens vor dem Gerichtshof der Europäischen Gemeinschaften angerechnet, wenn nicht eine im Verfahrensrecht vorgesehene schriftliche Stellungnahme gegenüber dem Gerichtshof der Europäischen Gemeinschaften abgegeben wird.

Historie: II 2 geändert durch Art. 8 I Nr. 21 2. KostRMoG v. 23.7.2013 (BGBl. I 2586 (2690)) mWv 1.8.2013; Materialien: BT-Drs. 17/11471 (Gesetzentwurf), BT-Drs. 17/13537 (Beschlussempfehlung und Bericht), BT-Drs. 17/14120 (Beschlussempfehlung).

Schrifttum: Burhoff, Die anwaltliche Vergütung in Verfahren vor dem Gerichtshof der Europäischen Gemeinschaften, RVGreport 2013, 454; Ilg, Die Anwaltsvergütung im Vorabentscheidungsverfahren nach Art. 267 AEUV, RpflStud 2018, 111; Kokott/Henze, Der Anwalt vor dem Europäischen Gerichtshof – Praktische Fragen zur Beratung und Prozessvertretung in Vorabentscheidungsverfahren, AnwBl 2007, 309; Mohsseni, Kostentragung und Erstattung für Kosten im Vorabentscheidungsverfahren vor dem EuGH, JurBüro 2012, 340.

I. Normzweck. Die Vorschrift regelt die Vergütung des Rechtsanwalts (dem nach § 1 I 3 Rechtsanwaltssozietäten in der Form einer GbR oder einer PartGG, → § 1 Rn. 12 ff., sowie andere Mitglieder einer Rechtsanwaltskammer wie Rechtsanwalts- bzw. Berufsausübungsgesellschaften, → § 1 Rn. 9, und aufgenommene ausländische Rechtsanwälte, → § 1 Rn. 10, oder – heute allerdings bedeutungslose – Kammerrechtsbeistände, → § 1 Rn. 11, gleichstehen) in einem Vorabentscheidungsverfahren vor dem **EuGH** (soweit das Gesetz noch von den durch die römischen Verträge von 1957 gegründeten „Europäischen Gemeinschaften" spricht, ist bislang übersehen worden, dass der EuGH nicht mehr ein Organ der – iÜ mit dem Vertrag von Maastricht aus dem Jahre 1992 in EG umbenannten – EWG, sondern ein Organ der mit dem Vertrag von Maastricht gegründeten und mit dem Vertrag von Lissabon aus dem Jahre 2007 zur eigenen Rechtspersönlichkeit gewordenen EU ist). Sie geht auf den mit dem KostRÄndG 1975 (→ GKG Vor § 1 Rn. 15) eingefügten § 113a 1

BRAGO zurück, dem die Erwägung zugrunde lag, dass das Vorabentscheidungsverfahren zwar den Charakter eines Zwischenstreits hat, es aber im Hinblick auf die hier im Vordergrund stehenden unionsrechtlichen Fragen und damit die Besonderheit des Verfahrens vor dem EuGH nicht gerechtfertigt wäre, es kostenrechtlich als zum Rechtszug gehörig zu betrachten und dementsprechend die Tätigkeit nicht besonders zu vergüten (Begr. RegE § 113a BRAGO BT-Drs. 7/2016, 105 f., vgl. auch BGH NJW 2012, 2118 Rn. 14; BVerwG NVwZ 2022, 1216 Rn. 5).

2 **II. Anwendungsbereich.** § 38 erfasst die anwaltliche Tätigkeit (nur) in einem **Vorabentscheidungsverfahren** nach Art. 267 AEUV (das als nichtstreitiges Verfahren ausgestaltet ist, so dass die Parteien des zugrundeliegenden Verfahrens allerdings ohne Gefahr verfahrensrechtlicher Nachteile auf eine aktive Beteiligung verzichten können). In diesem Verfahren werden auf Vorlage des Gerichts eines Mitgliedsstaates in einem nationalen Verfahren klärungsbedürftige (also nicht: „acte clair" bzw. „acte éclairé") und entscheidungsrelevante Fragen der Auslegung der der EU zugrundeliegenden Verträge bzw. der Gültigkeit oder Auslegung von Handlungen der Organe, Einrichtungen und sonstiger Stellen der EU zum Zwecke der Einheitlichkeitssicherung vom EuGH mit Bindungswirkung (nur) inter partes beantwortet. Ist in einem Verfahren vor einem deutschen Gericht vorzulegen (eine Vorlagepflicht trifft nur das letztinstanzliche Gericht, Art. 267 III AEUV), erlässt das Gericht einen Beschluss, mit dem es das Verfahren aussetzt und dem EuGH die zu klärenden Fragen vorlegt (zum notwendigen Inhalt des Vorabentscheidungsersuchens vgl. Art. 94 VerfO EuGH). Das Vorabentscheidungsverfahren ist ein (gerichtskostenfreies) Zwischenverfahren, nach dessen Beendigung das Ausgangsverfahren fortgesetzt wird.

3 Soweit ausnahmsweise für das Vorabentscheidungsverfahren nicht der EuGH, sondern nach Art. 256 III AEUV das EuG zuständig ist, wird § 38 jedenfalls entsprechend anzuwenden sein. Die anwaltliche Tätigkeit in anderen Verfahren vor den Gerichten der EU (auf die der besondere Normzweck, → Rn. 1, auch nicht zutrifft) wird hingegen von § 38 nicht erfasst.

4 **III. Anwaltsvergütung.** Die Vergütung der anwaltlichen Tätigkeit in einem Vorabentscheidungsverfahren vor dem EuGH richtet sich gem. I, II nach dem Ausgangsverfahren, → Rn. 5 ff. Sie kann nach III teilweise auf die Vergütung der anwaltlichen Tätigkeit im Ausgangsverfahren anzurechnen sein, → Rn. 9 f.

5 **1. Maßgeblichkeit des Ausgangsverfahrens.** Welche Vergütung der Rechtsanwalt für seine Tätigkeit im Vorabentscheidungsverfahren erhält, hängt davon ab, ob die anwaltliche Tätigkeit im Ausgangsverfahren regelmäßig mit Wert- (I, → Rn. 6 f.) oder mit Betragsgebühren (II, → Rn. 8) vergütet wird.

6 **a) Zivil-, Verwaltungs-, Strafvollzugsverfahren (I).** Richtet sich die anwaltliche Vergütung im Ausgangsverfahren nach Teil 3 des VV, handelt es sich also um eine Zivilsache, ein Verfahren vor den öffentlich-rechtlichen Gerichtsbarkeiten (Verwaltungs-, Finanz- und Sozialgerichtsbarkeit) oder um ein Verfahren nach dem StVollzG, erfolgt die Vergütung für die Tätigkeit im Vorabentscheidungsverfahren gem. I 1 (wie gem. § 37 II) entsprechend den für die **Revision in diesen Verfahren** geltenden Vorschriften (VV 3206–3213). Legt der BGH in einem Verfahren, für das das besondere Vertretungserfordernis des § 78 I 3 ZPO gilt, soll sich auch die Vergütung des BGH-Rechtsanwalts für seine (zulässige) Tätigkeit vor dem EuGH nicht nach VV 3208, sondern nach VV 3206 richten (BGH NJW 2012, 2118 Rn. 11 ff.; zweifelhaft, vgl. MüKoZPO/Toussaint ZPO § 78 Rn. 21). Eine Terminsgebühr fällt nach Ansicht des BGH gem. VV 3210 Anm. iVm VV 3104 Anm. I Nr. 1 auch dann an, wenn der EuGH nach dem vorgesehenen schriftlichen Verfahren die der Gewährung rechtlichen Gehörs dienende mündliche Verhandlung für entbehrlich gehalten hat (BGH NJW 2012, 2118 Rn. 22 ff.). Außer den in I 1 genannten Vorschriften sind außerdem im Grundsatz die **Teile 1, 2 und 7 des VV** anzuwenden, so dass der Rechtsanwalt insbes. Auslagen nach VV 7000 ff. verlangen kann.

7 Da die entsprechend anzuwendenden Gebührenvorschriften regelmäßig **Wertgebühren** vorsehen, bedarf es der Bestimmung eines **Gegenstandswertes.** I 2 verweist auch insoweit auf die für das zugrundeliegende Verfahren geltenden Vorschriften. I 3 sieht vor, dass auf Antrag eine **gerichtliche Wertfestsetzung** durch das **vorlegende Gericht** (was allerdings von der Regelung des § 33 I nicht abweichen

dürfte) erfolgen kann, für die die Regelungen in § 33 II–IX entsprechend gelten (vgl. etwa BVerwG NVwZ 2022, 1216 Rn. 8).

b) Straf-, Bußgeld-, sonstige Verfahren (II). Richtet sich die Vergütung für die Tätigkeit im Ausgangsverfahren hingegen nach den Teilen 4, 5 oder 6 des VV, handelt es sich also um Straf- oder Bußgeldsachen bzw. um sonstige Verfahren iSd Teil 6 VV, erfolgt die anwaltliche Vergütung für die Tätigkeit im Vorabentscheidungsverfahren entsprechend den für die Revision in Strafsachen geltenden Vorschriften (VV 4130–4135) und damit durch Betragsgebühren (zur Terminsgebühr → Rn. 6). Daneben sind außerdem die Vorschriften der Teile 1, 2 und 7 des VV anzuwenden. 8

2. Anrechnung (III). Die Regelungen in I, II führen dazu, dass für die Tätigkeit des Rechtsanwalts neben der Vergütung für das Ausgangsverfahren vor dem EuGH eine weitere (nach den Revisionsvorschriften zu ermittelnde und damit ggf. sogar höhere) Verfahrens- und ggf. Terminsgebühr entstehen kann. Nicht ganz ohne Widerspruch zum Gesetzeszweck, → Rn. 1, sieht III allerdings (unter der Voraussetzung der Tätigkeit desselben Rechtsanwalts in beiden Verfahren) eine Anrechnung (nur) der **Verfahrensgebühr** aus dem Ausgangsverfahren auf die Verfahrensgebühr aus dem Vorabentscheidungsverfahren vor (eine im Verfahren vor dem EuGH entstandene Terminsgebühr bleibt demgegenüber ungeschmälert erhalten). 9

Ausgeschlossen ist die Anrechnung aber dann, wenn gegenüber dem EuGH eine **im Verfahrensrecht vorgesehene schriftliche Stellungnahme** abgegeben worden ist. Ungeschmälert bleibt die Verfahrensgebühr daher nur, wenn der Rechtsanwalt sich im Vorabentscheidungsverfahren dem EuGH gegenüber schriftlich geäußert hat. Die einschränkende Voraussetzung, dass dies auch im Verfahrensrecht des EuGH vorgesehen sein muss, dürfte bedeutungslos sein, weil nach den verfahrensrechtlichen Bestimmungen die Parteien des Ausgangsrechtsstreits im Vorlageverfahren (jedenfalls innerhalb bestimmter Fristen) ohne weiteres schriftliche Stellungnahmen einreichen können (vgl. Art. 23 II EuGH-Satzung, Art. 96 I Buchst. a VerfO EuGH). 10

IV. Kostenerstattung. Der EuGH trifft keine Kostenentscheidung; wie er regelmäßig in seinen Vorabentscheidungen ausspricht, ist das Verfahren für die Parteien des Ausgangsverfahrens ein Zwischenstreit in dem beim vorlegenden Gericht anhängigen Rechtsstreit, weshalb die Kostenentscheidung Sache dieses Gerichts ist (vgl. exemplarisch nur EuGH BKR 2020, 248 Rn. 51 [insoweit ohne Abdr. in NJW 2020, 1423]). Da die im Zwischenstreit vor dem EuGH angefallene Kosten solche des Ausgangsverfahrens sind, richtet sich die Erstattung von Anwaltskosten für das Vorabentscheidungsverfahren sich nach der (abschließenden) Kostenentscheidung im Ausgangsrechtsstreit (vgl. BGH NJW 2012, 2118 Rn. 13; auch ohne ausdrückliche Erwähnung in der Kostenentscheidung, BVerwG NVwZ 2022, 1216 mAnm Burret) und im Übrigen nach § 91 ZPO (zu letzterem vgl. etwa LG Ravensburg BeckRS 2016, 18065). 11

Verfahren vor dem Europäischen Gerichtshof für Menschenrechte

38a **[1]In Verfahren vor dem Europäischen Gerichtshof für Menschenrechte gelten die Vorschriften in Teil 3 Abschnitt 2 Unterabschnitt 2 des Vergütungsverzeichnisses entsprechend. [2]Der Gegenstandswert ist unter Berücksichtigung der in § 14 Absatz 1 genannten Umstände nach billigem Ermessen zu bestimmen; er beträgt mindestens 5 000 Euro.**

Historie: Vorschrift eingefügt durch Art. 8 I Nr. 21 2. KostRMoG v. 23.7.2013 (BGBl. I 2586 (2690)) mWv 1.8.2013; Materialien: BT-Drs. 17/11471 (Gesetzentwurf), BT-Drs. 17/13537 (Beschlussempfehlung und Bericht), BT-Drs. 17/14120 (Beschlussempfehlung).

Schrifttum: Burhoff, Anwaltsvergütung in Verfahren vor dem EGMR, RVGreport 2013, 421; Deumeland, Kostenerstattung für die Vertretung beim EuGMR als Teil des Schadensausgleiches, NJ 2012, 195.

1 **I. Normzweck.** Die Vorschrift regelt die Vergütung des Rechtsanwalts (dem nach § 1 I 3 Rechtsanwaltssozietäten in der Form einer GbR oder einer PartGG, → § 1 Rn. 12 ff., sowie andere Mitglieder einer Rechtsanwaltskammer wie Rechtsanwalts- bzw. Berufsausübungsgesellschaften, → § 1 Rn. 9, und aufgenommene ausländische Rechtsanwälte, → § 1 Rn. 10, oder – heute allerdings bedeutungslose – Kammerrechtsbeistände, → § 1 Rn. 11, gleichstehen) in einem Verfahren vor dem von den Mitgliedstaaten des Europarats zur Sicherstellung der Einhaltung der EMRK errichteten **EGMR** (dessen Kosten nach Art. 50 EMRK vom Europarat getragen werden, so dass für die Verfahrensbeteiligten keine Gerichtskosten anfallen). Sie wurde 2013 mit dem 2. KostRMoG (→ GKG Vor § 1 Rn. 16) eingefügt, um insoweit eine zuvor in der Literatur vielfach kritisierte Lücke (vgl. für „Altfälle" OLG Düsseldorf NJW-RR 2016, 313) zu schließen (Begr. § 38a RegE BT-Drs. 17/11471, 269).

2 **II. Anwendungsbereich.** § 38a erfasst die anwaltliche Tätigkeit in allen Verfahren vor dem EGMR, die die EMRK vorsieht. Von praktischer Bedeutung sind dabei in erster Linie **Individualbeschwerden** natürlicher Personen, nichtstaatlicher Organisationen oder von Personengruppen (Art. 34 EMRK). Anzuwenden ist § 38a aber auch dann, wenn (ausnahmsweise) eine anwaltliche Tätigkeit im Rahmen einer Staatenbeschwerde (Art. 33 EMRK) oder der auf Antrag des Ministerkomitees nach Art. 46, 47 EGMR durchzuführenden Verfahren erfolgt.

3 **III. Anwaltsvergütung (S. 1).** Der für verwaltungsprozessähnliche Verfahren vor Verfassungsgerichten geltenden Regelung des § 37 II folgend (vgl. Begr. § 38a RegE BT-Drs. 17/11471, 269) verweist S. 1 auch für die Vergütung des Rechtsanwalts in Verfahren vor dem EGMR auf die entspr. Anwendung der Vergütungsvorschriften für die Revision u. a. in verwaltungsrechtlichen Verfahren, namentlich auf **VV 3206, 3207, 3210,** hierzu → § 37 Rn. 8 ff.

4 **IV. Gegenstandswert (S. 2).** Da die Vergütung durch Wertgebühren erfolgt, bedarf es der Bestimmung eines Gegenstandswertes. S. 2 verweist hierzu – gleichlautend mit § 37 II 2 – auf die **Kriterien des § 14 I,** hierzu → § 37 Rn. 13. Abweichend von den zu § 37 II 2 entwickelten Grundsätzen (→ § 37 Rn. 14) wird hier allerdings mangels unmittelbarer innerstaatlicher Wirkungen des EGMR eine objektive Bedeutung des Verfahrens keine Rolle spielen können. Da eine Wertfestsetzung durch den EGMR nicht in Betracht kommt, ist der Gegenstandswert vom **Rechtsanwalt** durch das ihm von S. 2 gewährte einseitige Leistungsbestimmungsrecht innerhalb des durch den Mindestwert von 5.000 EUR nach S. 2 und dem Höchstwert von 30 Mio. EUR nach § 22 gesteckten Rahmens – nach Maßgabe von § 319 BGB nachprüfbar – zu bestimmen.

Von Amts wegen beigeordneter Rechtsanwalt

39 **I Der Rechtsanwalt, der nach § 138 des Gesetzes über das Verfahren in Familiensachen und in den Angelegenheiten der freiwilligen Gerichtsbarkeit, auch in Verbindung mit § 270 des Gesetzes über das Verfahren in Familiensachen und in den Angelegenheiten der freiwilligen Gerichtsbarkeit, dem Antragsgegner beigeordnet ist, kann von diesem die Vergütung eines zum Prozessbevollmächtigten bestellten Rechtsanwalts und einen Vorschuss verlangen.**

II Der Rechtsanwalt, der nach § 109 Absatz 3 oder § 119a Absatz 6 des Strafvollzugsgesetzes einer Person beigeordnet ist, kann von dieser die Vergütung eines zum Verfahrensbevollmächtigten bestellten Rechtsanwalts und einen Vorschuss verlangen.

Historie: I geändert durch Art. 47 VI Nr. 14 FGG-RG v. 17.12.2008 (BGBl. I 2586 (2717)) mWv 1.9.2009; Materialien: BT-Drs. 16/6308 (Gesetzentwurf), BT-Drs. 16/9733 (Beschlussempfehlung und Bericht), BT-Drs. 16/9831 (Änderungsantrag). Überschrift geändert und II angefügt durch Art. 6 Nr. 2 G zur bundesrechtlichen Umsetzung des Abstandsgebotes im Recht der Sicherungsverwahrung v. 5.12.2012 (BGBl. I 2425 (2429)) mWv 1.6.2012; Materialien: BT-Drs. 17/9874 (Gesetzentwurf), BT-Drs. 17/11388 (Beschlussempfehlung und Bericht).

Schrifttum: Burhoff, Die Vergütung des Rechtsanwalts in Verfahren nach dem Strafvollzugsgesetz, RVGreport 2020, 122; H. Schneider, Beiordnung eines Anwalts nach § 138 FamFG im Scheidungsverfahren, FamRB 2010, 384; Volpert, Vergütung des Rechtsanwalts in Verfahren nach dem Strafvollzugsgesetz, RVGreport 2012, 362.

I. Normzweck, Übersicht. Das Verfahrensrecht kennt für bestimmte Fälle die Möglichkeit, einem Verfahrensbeteiligten durch gerichtliche Entscheidung einen Rechtsanwalt beizuordnen. Eine solche (öffentlich-rechtliche) **Beiordnung** begründet als solche noch **kein (zivilrechtliches) Mandatsverhältnis** (vgl. zur Beiordnung nach § 121 ZPO etwa BGHZ 60, 255 (259 f.) = NJW 1973, 757 (758)), sondern nur eine berufsrechtliche Übernahmepflicht des Rechtsanwalts nach Maßgabe von § 48 BRAO. 1

Dies hat Auswirkungen auf den **Vergütungsanspruch** des Rechtsanwalts (dem nach § 1 I 3 Rechtsanwaltssozietäten in der Form einer GbR oder einer PartGG, → § 1 Rn. 12 ff., sowie andere Mitglieder einer Rechtsanwaltskammer wie Rechtsanwalts- bzw. Berufsausübungsgesellschaften, → § 1 Rn. 9, und aufgenommene ausländische Rechtsanwälte, → § 1 Rn. 10, oder – heute allerdings bedeutungslose – Kammerrechtsbeistände, → § 1 Rn. 11, gleichstehen) gegen den Beteiligten, dem er beigeordnet wurde. Erfolgt die Beiordnung (nur) auf Antrag des Verfahrensbeteiligten (in allein seinem Interesse), kann ein Vergütungsanspruch nur durch gesondert neben der Beiordnung erfolgende (zivilrechtliche) Beauftragung des Rechtsanwalts durch den Verfahrensbeteiligten begründet werden (vgl. zur Beiordnung nach § 78b ZPO etwa OLG Düsseldorf, OLG-Report Düsseldorf 2001, 191 = BeckRS 2000, 30095056; im Falle der PKH-Beiordnung unterliegt dieser Vergütungsanspruch allerdings einer Durchsetzungssperre, vgl. § 122 I Nr. 3 ZPO, während der Rechtsanwalt einen besonderen Vergütungsanspruch – zu niedrigeren Sätzen – gegen die Staatskasse hat, § 45 I). 2

Bei einer **von Amts wegen erfolgenden Beiordnung** (im öffentlichen Interesse, auch gegen den Willen des Verfahrensbeteiligten) kann der Rechtsanwalt hingegen für seine Vergütung nicht auf die Notwendigkeit einer (uU nicht zu erlangenden) Beauftragung verwiesen werden. § 39 sieht daher für solche Fälle einen **gesetzlichen Vergütungsanspruch** des Rechtanwalts gegen den Beteiligten, dem er beigeordnet wurde, vor (vergleichbare Situationen regeln die §§ 41, 42), der ergänzt wird durch einen in **§ 45 II** begründeten nachrangigen Anspruch gegen die Staatskasse. 3

II. Anwendungsbereich. § 39 gilt für zwei sehr unterschiedliche Fälle einer verfahrensrechtlich vorgesehenen Beiordnung von Amts wegen: 4

I betrifft den Fall, dass in einem **erstinstanzlichen Ehescheidungs- oder Lebenspartnerschaftsaufhebungsverfahren** dem anwaltlich nicht vertretenen (und ggf. „vertretungsunwilligen") Antragsgegner nach § 138 FamFG (ggf. iVm § 270 FamFG) von Amts wegen ein Rechtsanwalt beigeordnet wird. Der beigeordnete Rechtsanwalt erlangt mit der Beiordnung nach § 138 II FamFG die prozessuale Stellung (nur) eines **Beistands** (iSd § 12 FamFG bzw. § 113 I FamFG iVm § 90 ZPO). 5

II betrifft zwei Fälle von Verfahren, die die Unterbringung eines Gefangenen in der **Sicherungsverwahrung** oder dem vorhergehenden Strafvollzug betreffen, nämlich zum einen das Verfahren über die Einforderung bzw. Anfechtung bestimmter Maßnahmen im Rahmen dieser Unterbringung durch den Gefangenen (durch Antrag auf gerichtliche Entscheidung nach § 109 StVollzG), zum anderen die periodische strafvollzugsbegleitende (allg.) gerichtliche Kontrolle der Unterbringung nach § 119a StVollzG. In beiden Fällen ist dem Gefangenen nach Maßgabe von § 109 III StVollzG bzw. § 119a VI StVollzG (zur Verwirklichung des verfassungsrechtlichen Rechtsschutz- und Unterstützungsgebots, vgl. BVerfGE 128, 326 = NJW 2011, 1931 Rn. 117) von Amts wegen ein Rechtsanwalt beizuordnen. Mit einer solchen Beiordnung erlangt der Rechtsanwalt die prozessuale Stellung eines **Verfahrensbevollmächtigten** (vgl. Begr. RegE Gesetz zur bundesrechtl. Umsetzung des Abstandsgebotes im Recht der Sicherungsverwahrung BT-Drs. 17/9874, 27). 6

III. Anwaltsvergütung. Rechtsfolge ist in allen von der Vorschrift erfassten Fällen, dass der Rechtsanwalt mit seiner Beiordnung im Umfang dieser Beiordnung einen gesetzlichen Vergütungsanspruch gegen den **Beteiligten,** dem er beigeordnet 7 wurde, erwirbt. Dieser besteht in Höhe der Vergütung eines zum Verfahrensbevollmächtigten bestellten Rechtsanwalts (sog. **Wahlanwaltsvergütung**) einschließlich eines entspr. **Vorschussanspruchs** (nach Maßgabe von § 9). Der Rechtsanwalt kann mithin vom Beteiligten eine Vergütung in voller Höhe nach Maßgabe von VV 3100 ff., 7000 ff. verlangen (und diese Vergütung ggf. auch nach § 11 festsetzen lassen, vgl. zum insoweit vergleichbaren Fall des § 41 BGH NJW 2018, 1169 Rn. 14).

8 Neben diesem Anspruch gegen den Beteiligten erlangt der Rechtsanwalt mit der Beiordnung außerdem einen allerdings nur **nachrangigen Vergütungsanspruch** gegen die **Staatskasse.** Unter der Voraussetzung, dass sich der Beteiligte mit der nach § 39 von ihm geschuldeten Zahlung der Vergütung bzw. des Vorschusses in **Verzug** befindet, kann der Rechtsanwalt die Zahlung der Vergütung bzw. des Vorschusses aus der Staatskasse verlangen, §§ 45 II, 47 I 2. Dieser Anspruch unterliegt dann allerdings den sich aus §§ 46, 49 ergebenden Beschränkungen, besteht also insbes. nur in Höhe der sog. **PKH-Sätze.** Soweit die Staatskasse Zahlungen an den Rechtsanwalt leistet, kann sie idR wiederum Rückgriff auf den Beteiligten nehmen. In den von I erfassten Fällen geschieht dies durch Übergang des Vergütungsanspruchs des Rechtsanwalts auf die Staatskasse nach § 59 I. IÜ fallen die Zahlungen als Auslagen nach KV 9007 GKG dem Gerichtskostenschuldner zur Last (aA – allerdings mit dem Wortlaut der Norm schwerlich vereinbar – NK-GK/Stollenwerk § 59 Rn. 5: § 59 erfasst auch die aus II folgenden Ansprüche); anders ist dies allerdings in einem erstinstanzlichen Verfahren nach § 119a StVollzG, dort fallen nach § 121 III 1 StVollzG die Kosten des Verfahrens und die notwendigen Auslagen stets vollständig der Staatskasse zur Last.

9 Ein eigener Anspruch des Rechtsanwalts gegen einen **erstattungspflichtigen Verfahrensgegner** besteht hingegen **nicht.** Für den Fall einer bloßen Beiordnung des Rechtsanwalts iSd § 39 sieht das Gesetz keinen eigenen Beitreibungsanspruch vor, wie ihn insbes. § 126 ZPO und der auf ihn verweisende § 41 S. 2 regeln.

10 **IV. Nachträgliche Beauftragung.** Erteilt der Beteiligte dem ihm iSd § 39 beigeordneten Rechtsanwalt schließlich ein Mandat, enden die vergütungsrechtlichen Wirkungen der Beiordnung. Der Rechtsanwalt erwirbt dann einen **schuldrechtlichen Vergütungsanspruch** (nur) gegen den Mandanten, der an die Stelle des gesetzlichen Anspruchs nach § 39 tritt. Der Mandant hat allerdings die Möglichkeit, PKH bzw. VKH und eine neuerliche Beiordnung, nunmehr nach § 121 ZPO, zu beantragen.

Als gemeinsamer Vertreter bestellter Rechtsanwalt

40 Der Rechtsanwalt kann von den Personen, für die er nach § 67a Absatz 1 Satz 2 der Verwaltungsgerichtsordnung bestellt ist, die Vergütung eines von mehreren Auftraggebern zum Prozessbevollmächtigten bestellten Rechtsanwalts und einen Vorschuss verlangen.

1 In einem Verwaltungsprozess, an dem mehr als zwanzig nicht anwaltlich vertretene Personen im gleichen Interesse beteiligt sind, die auch nach gerichtlicher Aufforderung hierzu keinen gemeinsamen Bevollmächtigten bestellen, kann das Gericht diesen von Amts wegen nach § 67a I 2 VwGO (zur Sicherung der Durchführbarkeit des gerichtlichen Verfahrens) einen Rechtsanwalt (dem nach § 1 I 3 Rechtsanwaltssozietäten in der Form einer GbR oder einer PartGG, → § 1 Rn. 12 ff., sowie andere Mitglieder einer Rechtsanwaltskammer wie Rechtsanwalts- bzw. Berufsausübungsgesellschaften, → § 1 Rn. 9, und aufgenommene ausländische Rechtsanwälte, → § 1 Rn. 10, oder – heute allerdings bedeutungslose – Kammerrechtsbeistände, → § 1 Rn. 11, gleichstehen) als gemeinsamen Vertreter bestellen (praktische Bedeutung hat diese Vorschrift allerdings nicht erlangt, weil in Betracht kommende Verfahren idR nach § 48 VwGO in die erstinstanzliche Zuständigkeit des OVG fallen und dort nach § 67 IV VwGO Anwaltszwang besteht, BeckOK VwGO/Kintz VwGO § 67a Rn. 1). Ähnlich wie im Falle einer von Amts wegen erfolgenden Beiordnung (hierzu → § 39 Rn. 1 ff.) begründet eine solche (öffentlich-rechtliche) Bestellung **kein (zivilrechtliches) Mandatsverhältnis** und kann daher nicht ohne Weiteres Grundlage eines Vergütungsanspruchs des Rechtsanwalts sein. § 40 knüpft daher an eine solche

Bestellung einen **gesetzlichen Vergütungsanspruch** des Rechtsanwalts gegen die Personen, für die er als Prozessvertreter bestellt worden ist.

Dieser Vergütungsanspruch besteht in Höhe des Anspruchs, den der Rechtsanwalt im Falle der Beauftragung gegen seine Auftraggeber erwerben würde. Er entspricht daher **der vollen Vergütung nach VV 1008, 3100 ff., 7000 ff.,** für die er nach Maßgabe von § 9 auch einen Vorschuss verlangen kann. Nur wenn die von ihm vertretenen Personen mit der Zahlung der Vergütung bzw. des Vorschusses in Verzug geraten, hat der Rechtsanwalt nach §§ 45 II, 47 I 2 einen (nachrangigen) Anspruch gegen die Staatskasse, der allerdings den Beschränkungen aus §§ 46, 49 unterliegt (die insoweit gezahlten Beträge sind als Auslagen nach KV 9007 GKG Teil der Gerichtskosten). 2

Bestellen die vom Rechtsanwalt nur nach § 67a I VwGO vertretenen Personen den Rechtsanwalt schließlich doch als gemeinsamen Prozessvertreter, erlischt der gesetzliche Vergütungsanspruch nach § 40; an seine Stelle tritt der schuldrechtliche Vergütungsanspruch aus dem Mandatsvertrag. 3

Besonderer Vertreter

41 [1] **Der Rechtsanwalt, der nach § 57 oder § 58 der Zivilprozessordnung, § 118e der Bundesrechtsanwaltsordnung, § 103b der Patentanwaltsordnung oder § 111c des Steuerberatungsgesetzes als besonderer Vertreter bestellt ist, kann von dem Vertretenen die Vergütung eines zum Prozessbevollmächtigten oder zum Verteidiger gewählten Rechtsanwalts verlangen.** [2] **Er kann von diesem keinen Vorschuss fordern.** [3] **§ 126 der Zivilprozessordnung ist entsprechend anzuwenden.**

Historie: Überschrift und S. 1 geändert durch Art. 22 Nr. 3 G zur Neuregelung des Berufsrechts der anwaltlichen und steuerberatenden Berufsausübungsgesellschaften v. 7.7.2021 (BGBl. I 2363 (2431)) mWv 1.8.2022; Gesetzesmaterialien: BT-Drs. 19/27670 (Gesetzentwurf), BT-Drs. 19/30516 (Beschlussempfehlung und Bericht).

I. Normzweck, Anwendungsbereich. Soll eine prozessunfähige Person, die keinen gesetzlichen Vertreter hat, verklagt werden bzw. verliert diese während des Verfahrens ihre Prozessfähigkeit oder ihren gesetzlichen Vertreter (eine analoge Anwendung auf den prozessunfähigen Kläger ist str.), hat das Gericht auf Antrag für die Zeit bis zum Eintritt des (ggf. neuen) gesetzlichen Vertreters in das Verfahren für die prozessunfähige Person einen besonderen Vertreter, den sog. **Prozesspfleger,** zu bestellen, § 57 ZPO (ggf. iVm § 9 V FamFG, §§ 46 II, 80 I ArbGG, § 62 IV VwGO, § 58 II 2 FGO, § 71 VI SGG; nach § 58 ZPO kann außerdem ein Prozesspfleger für den – bis zu einer Aneignung nicht existierenden – Eigentümer eines herrenlosen Grundstücks oder Schiffs bestellt werden). Gleiches gilt nach § 118e BRAO, § 103b PatO, § 111c StBerG für berufsrechtliche Verfahren gegen eine **Berufsausübungsgesellschaft,** die keinen gesetzlichen Vertreter hat bzw. diesen verliert. 1

Mit der Bestellung erlangt der besondere Vertreter die Stellung eines (vorläufigen) gesetzlichen Vertreters der prozessunfähigen Person. Wird – wie regelmäßig – ein Rechtsanwalt (dem nach § 1 I 3 Rechtsanwaltssozietäten in der Form einer GbR oder einer PartGG, → § 1 Rn. 12 ff., sowie andere Mitglieder einer Rechtsanwaltskammer wie Rechtsanwalts- bzw. Berufsausübungsgesellschaften, → § 1 Rn. 9, und aufgenommene ausländische Rechtsanwälte, → § 1 Rn. 10, oder – heute allerdings bedeutungslose – Kammerrechtsbeistände, → § 1 Rn. 11, gleichstehen) als ein solcher besonderer Vertreter bestellt, richtet sich seine Vergütung gem. § 1 I 2 nach dem RVG (und nicht etwa nach § 1808 BGB, VBVG). Die (öffentlich-rechtliche) Bestellung kann aber **kein (zivilrechtliches) Mandatsverhältnis** zu der prozessunfähigen Person als kausales Rechtsverhältnis begründen und damit insbes. nicht Grundlage eines schuldrechtlichen Vergütungsanspruchs sein. Da die Rechtslage vergleichbar mit der Situation bei einer von Amts wegen erfolgten Beiordnung eines Rechtsanwalts (→ § 39 Rn. 1 ff.) ist, sieht § 41 wie dort einen **gesetzlichen Vergütungsanspruch** des zum besonderen Vertreter bestellten Rechtsanwalts vor (vgl. Begr. RegE KostRMoG BT-Drs. 15/1971, 198). 2

3 **Kein** Fall des § 41 ist die im Falle einer führungslos gewordenen juristischen Person alternativ mögliche Bestellung eines **Notgeschäftsführers,** auch wenn dieser Rechtsanwalt ist (zu dessen Vergütungsanspruch vgl. etwa BeckOK BGB/Schöpflin BGB § 29 Rn. 13). Ebenfalls **nicht** unter § 41 fällt der nach § 276 FamFG bestellte **Verfahrenspfleger;** dessen Vergütung für anwaltliche Tätigkeit kann aber unter bestimmten Voraussetzungen nach Maßgabe von § 277 I 1 FamFG iVm §§ 1877 I 1, 670 BGB entspr. § 1877 III BGB ebenfalls nach dem RVG zu bestimmen sein (vgl. BGH NJW 2012, 3307 Rn. 7; 2014, 3036 Rn. 10; NJW-RR 2021, 321 Rn. 17; OLG Bremen FGPrax 2021, 41 mAnm Hansens AGS 2021, 357).

4 **II. Anwaltsvergütung.** Rechtsfolge der Bestellung des Rechtsanwalts zum besonderen Vertreter iSd § 41 ist, dass dieser einen gesetzlichen Vergütungsanspruch **gegen die von ihm vertretene prozessunfähige Person** erlangt. Dieser besteht in voller Höhe der Vergütung eines zum Verfahrensbevollmächtigten bestellten Rechtsanwalts (sog. **Wahlanwaltsvergütung**), richtet sich mithin nach den allg. Vorschriften. Allerdings schließt S. 2 (anders als in den vergleichbaren Fällen der §§ 39, 40) einen Anspruch des Rechtsanwalts auf **Vorschuss** (§ 9) ausdrücklich aus (aber → Rn. 5). Auch wenn dem Vergütungsanspruch kein Auftrag, sondern allein die Bestellung zugrunde liegt, kann der Rechtsanwalt diesen im Verfahren nach § 11 festsetzen lassen (BGH NJW 2018, 1169 Rn. 14; dort auch zur Frage, ob bei Insolvenz des Vergütungsschuldners die Masse oder das insolvenzfreie Vermögen des Schuldners haftet).

5 **Daneben** (OLG Düsseldorf Rpfleger 2009, 157; also nicht, wie in den Fällen der §§ 39, 40, nur nachrangig) hat der Rechtsanwalt nach § 45 I außerdem auch einen Vergütungsanspruch **gegen die Staatskasse,** den er wahlweise geltend machen kann (und dessen Bestehen, anders als im Falle von PKH, vgl. § 122 I Nr. 3 ZPO – auch keine Durchsetzungssperre im Verhältnis zur vertretenen Person begründet). Allerdings unterliegt dieser Anspruch den sich aus §§ 46, 49 ergebenden Beschränkungen, besteht also insbes. nur in Höhe der sog. **PKH-Sätze.** Andererseits besteht, anders als im Verhältnis zur vertretenen Person (→ Rn. 4), gegen die Staatskasse auch ein Anspruch auf Zahlung eines **Vorschusses** nach Maßgabe von § 47 I 1 (der uneingeschränkt auf § 45 I Bezug nimmt). Soweit die Staatskasse Zahlungen an den Rechtsanwalt leistet, fallen die Zahlungen als Auslagen nach KV 9007 GKG dem Gerichtskostenschuldner zur Last (OLG Düsseldorf Rpfleger 2009, 157).

6 Soweit die von ihm vertretene Person einen prozessualen Kostenerstattungsanspruch **gegen den Verfahrensgegner** hat, hat der Rechtsanwalt (anders als in den iÜ vergleichbaren Fällen der §§ 39, 40) schließlich nach S. 3 ein **eigenes Beitreibungsrecht** in entspr. Anwendung der insoweit für den PKH-Anwalt geltenden Regelungen (§ 126 ZPO). Auch dieses besteht wahlweise neben der Inanspruchnahme der vertretenen Person oder der Staatskasse (ist die vertretene Person nicht uneingeschränkt zahlungsfähig, wird sich regelmäßig eine Inanspruchnahme der Staatskasse in Höhe der PKH-Sätze und wegen der überschießenden Beträge daneben des Erstattungsschuldners empfehlen).

7 **III. Nachträgliche Beauftragung.** Erlangt die Person, für die der besondere Vertreter iSd § 41 bestellt wurde, ihre Prozessfähigkeit oder eine anderweitige gesetzliche Vertretung, endet die Stellung des besonderen Vertreters (vgl. nur BGHZ 182, 293 = NJW 2010, 157 Rn. 19 mwN). Wird dann der zuvor zum besonderen Vertreter bestellte Rechtsanwalt mit der (weiteren) Vertretung beauftragt, erwirbt er für die Zukunft einen schuldrechtlichen Vergütungsanspruch. Dieser fällt aber nicht zusätzlich zum gesetzlichen Anspruch nach § 41 an, vielmehr bilden beide Ansprüche vergütungsrechtlich eine Einheit, so dass insbes. § 15 I, II gelten.

Vertreter des Musterklägers

41a **(1) [1] Für das erstinstanzliche Musterverfahren nach dem Kapitalanleger-Musterverfahrensgesetz kann das Oberlandesgericht dem Rechtsanwalt, der den Musterkläger vertritt, auf Antrag eine besondere Gebühr bewilligen, wenn sein Aufwand im Vergleich zu dem Aufwand der Vertreter der beigeladenen Kläger höher ist. [2] Bei der Bemessung der Gebühr**

sind der Mehraufwand sowie der Vorteil und die Bedeutung für die beigeladenen Kläger zu berücksichtigen. ³Die Gebühr darf eine Gebühr mit einem Gebührensatz von 0,3 nach § 13 Absatz 1 nicht überschreiten. ⁴Hierbei ist als Wert die Summe der in sämtlichen nach § 8 des Kapitalanleger-Musterverfahrensgesetzes ausgesetzten Verfahren geltend gemachten Ansprüche zugrunde zu legen, soweit diese Ansprüche von den Feststellungszielen des Musterverfahrens betroffen sind, höchstens jedoch 30 Millionen Euro. ⁵Der Vergütungsanspruch gegen den Auftraggeber bleibt unberührt.

II ¹Der Antrag ist spätestens vor dem Schluss der mündlichen Verhandlung zu stellen. ²Der Antrag und ergänzende Schriftsätze werden entsprechend § 12 Absatz 2 des Kapitalanleger-Musterverfahrensgesetzes bekannt gegeben. ³Mit der Bekanntmachung ist eine Frist zur Erklärung zu setzen. ⁴Die Landeskasse ist nicht zu hören.

III ¹Die Entscheidung kann mit dem Musterentscheid getroffen werden. ²Die Entscheidung ist dem Musterkläger, den Musterbeklagten, den Beigeladenen sowie dem Rechtsanwalt mitzuteilen. ³§ 16 Absatz 1 Satz 2 des Kapitalanleger-Musterverfahrensgesetzes ist entsprechend anzuwenden. ⁴Die Mitteilung kann durch öffentliche Bekanntmachung ersetzt werden, § 11 Absatz 2 Satz 2 des Kapitalanleger-Musterverfahrensgesetzes ist entsprechend anzuwenden. ⁵Die Entscheidung ist unanfechtbar.

IV ¹Die Gebühr ist einschließlich der anfallenden Umsatzsteuer aus der Landeskasse zu zahlen. ²Ein Vorschuss kann nicht gefordert werden.

Historie: Vorschrift eingefügt durch Art. 6 Nr. 4 G zur Reform des KapMuG und zur Änd. anderer Vorschriften v. 19.10.2012 (BGBl. I S 2182 (2190)) mWv 1.11.2012; Materialien: BT-Drs. 17/8799 (Gesetzentwurf), BT-Drs. 17/10160 (Beschlussempfehlung und Bericht).

Schrifttum: Fölsch, Die besondere Gebühr für den Rechtsanwalt des Musterklägers, NJW 2013, 507.

I. Normzweck, Anwendungsbereich. Die Vorschrift betrifft die Tätigkeit des Rechtsanwalts (dem nach § 1 I 3 Rechtsanwaltssozietäten in der Form einer GbR oder einer PartGG, → § 1 Rn. 12 ff., sowie andere Mitglieder einer Rechtsanwaltskammer wie Rechtsanwalts- bzw. Berufsausübungsgesellschaften, → § 1 Rn. 9, und aufgenommene ausländische Rechtsanwälte, → § 1 Rn. 10, oder – heute allerdings bedeutungslose – Kammerrechtsbeistände, → § 1 Rn. 11, gleichstehen) im **erstinstanzlichen Musterverfahren nach dem KapMuG** vor dem OLG (für die Schaffung einer vergleichbaren Vorschrift für die Musterfeststellungsverfahren nach §§ 606 ff. ZPO plädiert Fölsing BB 2020, 1555 (1559)). Dieses bildet nach § 16 Nr. 13 mit dem (nach § 5 KapMuG während des Musterverfahrenes unterbrochenen) erstinstanzlichen Prozessverfahren dieselbe Angelegenheit, so dass die anwaltliche Tätigkeit im Musterverfahren im Grundsatz nicht besonders vergütet wird. Für den Rechtsanwalt des aus den Klägern der Ausgangsverfahren bestimmten **Musterklägers** kann dies im Einzelfall zu einem unbilligen Ergebnis führen. Dies ist dann der Fall, wenn er auf Musterklägerseite die Prozessführung allein oder weitgehend allein übernimmt, die übrigen beigeladenen Kläger der Ausgangsverfahren also überwiegend passiv bleiben, und damit im Ergebnis allein einem Musterbeklagten gegenübersteht, dessen Rechtsanwalt nach dem Wert der Summe aller Ansprüche aus den Ausgangsverfahren vergütet wird (→ § 23b Rn. 2). 1

Daher gewährt § 41a dem Prozessvertreter des Musterklägers die Möglichkeit, unter bestimmten Voraussetzungen zusätzlich zu seinem Vergütungsanspruch gegen seinen Mandanten eine **besondere Gebühr** zu erhalten, die – zur Reduzierung des Kostenrisikos der Beteiligten und im Hinblick darauf, dass die Bestimmung des Musterklägers eine Entscheidung des OLG ist – allein **aus der Staatskasse** gezahlt und dann als Auslage nach KV 9007, 9018 GKG umgelegt wird (vgl. Begr. RegE 2. KapMuG BT-Drs. 17/8799, 28 f.). 2

Diese Möglichkeit besteht nach § 41a nur im erstinstanzlichen Musterverfahren. Eine entspr. Anwendung der Vorschrift auf die Vertretung des Musterklägers im **Rechtsbeschwerdeverfahren** (§ 20 KapMuG) ist **ausgeschlossen,** weil diese Tä- 3 tigkeit nach § 17 Nr. 1 eine von der Tätigkeit im erstinstanzlichen Prozessverfahren verschiedene Angelegenheit ist, die (anders als die Tätigkeit im erstinstanzlichen Musterverfahren, → Rn. 1) besonders vergütet wird, so dass Regelungs- und Interessenlage nicht vergleichbar sind (BGHZ 213, 65 Rn. 122 = AGS 2017, 499; BGH NJW-RR 2019, 38 Rn. 158; BeckRS 2020, 40730 Rn. 384 [insoweit ohne Abdr. in NJW-RR 2021, 430 u. a.]).

4 **II. Besondere Gebühr. 1. Voraussetzung, Höhe (I 1–4). Voraussetzung** für die Gewährung der besonderen Gebühr ist nach I 1, dass der **Aufwand des Musterklägervertreters** im Vergleich zu dem Aufwand der Vertreter der beigeladenen Kläger höher ist. Es ist mithin ein Vergleich zwischen seinem (tatsächlichen) Aufwand im Musterverfahren und dem **Aufwand aller Beigeladenenvertreter** vorzunehmen. Dieser Vergleich muss nach dem Normzweck (→ Rn. 2) ergeben, dass sein (vergütungsrelevanter) Aufwand **deutlich höher** ist. Dies ist insbes. dann der Fall, wenn der Musterklägervertreter sich mit einem oder mehreren Schriftsätzen am Musterverfahren beteiligt und Termine wahrnimmt, während die Beigeladenenvertreter (wie dies in der Praxis meistens der Fall ist) passiv bleiben.

5 Die zur Abgeltung dieses Mehraufwandes nach § 41a zu gewährende besondere Gebühr ist eine **Wertgebühr,** die nach I 3 den Satz von **0,3** nicht übersteigen darf. **Gegenstandswert** dieser Gebühr ist nicht (wie nach § 23b, → § 23b Rn. 2) nur der Wert des den Auftraggeber betreffenden Teils des Streitgegenstands des Musterverfahrens, sondern nach I 4 die **Summe der in den Ausgangsverfahren geltend gemachten Ansprüche** (also auch, soweit diese von den Beigeladenen in deren Ausgangsverfahren geltend gemacht werden), wobei auch hier, wie in I 4 klargestellt ist, der Höchstwert des § 22 II 1 (30 Mio. EUR) gilt.

6 Die konkrete **Bemessung** der Gebühr (dh die Festlegung des Satzes) erfolgt durch das für die Bewilligung zuständige OLG (→ Rn. 7). Dieses hat insoweit ein einseitiges Leistungsbestimmungsrecht, das nach dem allg. Grundsatz in § 315 I BGB nach billigem Ermessen auszuüben ist. Für die Billigkeit maßgeblich sind nach I 2 einerseits der vergütungsrelevante **Mehraufwand des Musterklägervertreters,** andererseits **die Vorteile und die Bedeutung seiner Tätigkeit für die Beigeladenen** im konkreten Fall (vgl. etwa OLG München BeckRS 2017, 109263 Rn. 22; die Annahme von Fölsch NJW 2013, 507 (508), ein außergewöhnlich hoher Arbeitsaufwand rechtfertige die Bewilligung auch dann, wenn der Aufwand des Musterklägervertreters nicht höher ist als der der Beigeladenenvertreter, dürfte mit dem Wortlaut der Norm schwerlich vereinbar sein). Eine Überprüfung der Billigkeitsentscheidung ist ausgeschlossen (III 5, → Rn. 10).

7 **2. Verfahren (II, III).** Verfahrensrechtliche Voraussetzung für die Bewilligung der besonderen Gebühr ist ein **Antrag** durch den insoweit (als alleiniger Begünstigter) selbst antragsberechtigten Musterklägervertreter, der nach II 1 im Musterverfahren spätestens **vor Schluss der mündlichen Verhandlung** zu stellen ist. Der Antrag kann in der Verhandlung mündlich gestellt werden (Fölsch NJW 2013, 507 (509)); bei schriftlicher Antragstellung gelten die allg. prozessualen Formvorschriften. Ein formales Begründungserfordernis enthält das Gesetz nicht. Da aber nach allg. Grundsätzen der antragstellende Rechtsanwalt die Voraussetzungen für die begehrte Bewilligung darzulegen hat und jedenfalls die materielle Beweislast trägt, muss mit dem Antrag auch dargelegt werden, woraus sich eine besondere Gebühr im konkreten Fall rechtfertigt (vgl. Fölsch NJW 2013, 507 (509)).

8 Antrag und ergänzende Schriftsätze sind vom Gericht nach II 2 iVm § 12 II KapMuG unter Fristsetzung für etwaige Erklärungen (II 3) allen Beteiligten in dem für das Musterverfahren vorgesehenen elektronischen Informationssystem **bekanntzugeben** (dieses Beteiligungserfordernis ergibt sich aus den Kostenfolgen für diese, → Rn. 12). Die Landeskasse ist nach II 4 (zur Vermeidung einer Verfahrensverzögerung und weil die Grundlagen für die Gebührenbemessung idR nur durch das Gericht und die Verfahrensbeteiligten beurteilt werden können, Begr. RegE 2. KapMuG BT-Drs. 17/8799, 29) nicht zu hören.

9 Die Entscheidung über den Antrag ergeht (in voller Besetzung, Fölsch NJW 2013, 507 (509)) durch **Beschluss,** der aber nach III 1 zusammen mit dem Musterbescheid

getroffen (und damit auch – wie zB bei einem Streitwertbeschluss – räumlich zusammengefasst werden kann. Die Bekanntgabe hat nach III 2, 4 zu erfolgen.

Nach III 5 ist der Beschluss über die Bewilligung der besonderen Gebühr **unanfechtbar.** Dies gilt sowohl für die Zurückweisung des Antrags als auch für die Bewilligung einer Gebühr. Auch wenn der Beschluss räumlich mit dem Musterentscheid zusammengefasst ist, führt die nach Maßgabe von § 20 KapMuG statthafte Rechtsbeschwerde gegen den Musterentscheid nicht dazu, dass auch die Entscheidung über die besondere Gebühr beim Rechtsbeschwerdegericht anfällt. 10

3. Zahlung (IV). Die Zahlung der bewilligten Gebühr (einschließlich der auf sie anfallenden Umsatzsteuer) erfolgt (nur) aus der **Landeskasse.** Die Zahlung kann erst nach der Bewilligung erfolgen, ein Vorschuss (der eine gesonderte Bewilligung bedürfte) ist nach IV 2 ausgeschlossen (im Hinblick auf die Regelung in § 51 I 5 für verfassungsrechtlich bedenklich gehalten von Fölsch NJW 2013, 507 (509)). 11

Dieser an den für den Musterkläger tätigen Rechtsanwalt zu zahlende Betrag ist eine (gerichtliche) Auslage im Musterverfahren (vgl. KV 9007 GKG), die nach KV 9018 GKG im Verhältnis der vom Musterverfahren (das für die Gerichtskosten als Teil des ersten Rechtszugs des Ausgangsverfahrens gilt, Vorb. 1.2.1. GKG) betroffenen Ansprüche auf die Ausgangsverfahren verteilt und dort auf der Grundlage der im Ausgangsverfahren ergehenden Kostenentscheidung erhoben werden. 12

III. Verhältnis zum Auftraggeber (I 5). Die Bewilligung einer besonderen Gebühr nach § 41a lässt das Verhältnis des Rechtsanwalts zu seinem Auftraggeber unberührt (I 5). Der Rechtsanwalt kann daher aus der Bewilligung keinen Vergütungsanspruch gegen seinen Auftraggeber herleiten. Umgekehrt hat eine Zahlung der Landeskasse auf die besondere Gebühr auch keine Erfüllungswirkung für Vergütungsverbindlichkeiten des Auftraggebers. 13

Abschnitt 7. Straf- und Bußgeldsachen sowie bestimmte sonstige Verfahren

Feststellung einer Pauschgebühr

42 **I 1In Strafsachen, gerichtlichen Bußgeldsachen, Verfahren nach dem Gesetz über die internationale Rechtshilfe in Strafsachen, in Verfahren nach dem IStGH-Gesetz, in Freiheitsentziehungs- und Unterbringungssachen sowie in Verfahren nach § 151 Nummer 6 und 7 des Gesetzes über das Verfahren in Familiensachen und in den Angelegenheiten der freiwilligen Gerichtsbarkeit stellt das Oberlandesgericht, zu dessen Bezirk das Gericht des ersten Rechtszugs gehört, auf Antrag des Rechtsanwalts eine Pauschgebühr für das ganze Verfahren oder für einzelne Verfahrensabschnitte durch unanfechtbaren Beschluss fest, wenn die in den Teilen 4 bis 6 des Vergütungsverzeichnisses bestimmten Gebühren eines Wahlanwalts wegen des besonderen Umfangs oder der besonderen Schwierigkeit nicht zumutbar sind. 2Dies gilt nicht, soweit Wertgebühren entstehen. 3Beschränkt sich die Feststellung auf einzelne Verfahrensabschnitte, sind die Gebühren nach dem Vergütungsverzeichnis, an deren Stelle die Pauschgebühr treten soll, zu bezeichnen. 4Die Pauschgebühr darf das Doppelte der für die Gebühren eines Wahlanwalts geltenden Höchstbeträge nach den Teilen 4 bis 6 des Vergütungsverzeichnisses nicht übersteigen. 5Für den Rechtszug, in dem der Bundesgerichtshof für das Verfahren zuständig ist, ist er auch für die Entscheidung über den Antrag zuständig.**

II 1Der Antrag ist zulässig, wenn die Entscheidung über die Kosten des Verfahrens rechtskräftig ist. 2Der gerichtlich bestellte oder beigeordnete Rechtsanwalt kann den Antrag nur unter den Voraussetzungen des § 52 Absatz 1 Satz 1, Absatz 2, auch in Verbindung mit § 53 Absatz 1, stellen. 3Der Auftraggeber, in den Fällen des § 52 Absatz 1 Satz 1 der Beschuldigte, ferner die Staatskasse und andere Beteiligte, wenn ihnen die Kosten des Verfahrens ganz oder zum Teil auferlegt worden sind, sind zu hören.

III 1Der Senat des Oberlandesgerichts ist mit einem Richter besetzt. 2Der Richter überträgt die Sache dem Senat in der Besetzung mit drei Richtern, wenn es zur Sicherung einer einheitlichen Rechtsprechung geboten ist.

IV Die Feststellung ist für das Kostenfestsetzungsverfahren, das Vergütungsfestsetzungsverfahren (§ 11) und für einen Rechtsstreit des Rechtsanwalts auf Zahlung der Vergütung bindend.

V 1Die Absätze 1 bis 4 gelten im Bußgeldverfahren vor der Verwaltungsbehörde entsprechend. 2Über den Antrag entscheidet die Verwaltungsbehörde. 3Gegen die Entscheidung kann gerichtliche Entscheidung beantragt werden. 4Für das Verfahren gilt § 62 des Gesetzes über Ordnungswidrigkeiten.

Historie: I 1 geändert durch Art. 8 I Nr. 24 2. KostRMoG v. 23.7.2013 (BGBl. I 2586 (2690)) mWv 1.8.2013; Materialien: BT-Drs. 17/11471 (Gesetzentwurf), BT-Drs. 17/13537 (Beschlussempfehlung und Bericht), BT-Drs. 17/14120 (Beschlussempfehlung). III 2 geändert durch Art. 10 Nr. 4 G zur Durchführung der VO (EU) Nr. 1215/2012 sowie zur Änderung sonstiger Vorschriften v. 8.7.2014 (BGBl. I 890 (895)) mWv 10.1.2015, BT-Drs. 18/823 (Gesetzentwurf), BT-Drs. 18/1492 (Beschlussempfehlung und Bericht). I 1 geändert durch Art. 4 Nr. 1 G zur Einführung eines familiengerichtlichen Genehmigungsvorbehaltes für freiheitsentziehende Maßnahmen bei Kindern v. 17.7.2017 (BGBl. I 2424) mWv 1.10.2017; Materialien: BT-Drs. 18/11278 (Gesetzentwurf), BT-Drs. 18/12938 (Beschlussempfehlung und Bericht). I 1 geändert durch Art. 6 Nr. 1 G zur Stärkung der Rechte von Betroffenen bei Fixierungen im Rahmen von Freiheitsentziehungen v. 19.6.2019 (BGBl. I 848) mWv 28.6.2019; Materialien: BT-Drs. 19/8939 (Gesetzentwurf), BT-Drs. 19/10243 (Beschlussempfehlung und Bericht).

Übersicht

I. Systematik. Die Vorschrift gilt ebenso wie § 43 nur für den Wahlanwalt. Demgegenüber gilt § 51 nur für den gerichtlich bestellten oder beigeordneten Rechtsanwalt. Beide Vorschriften stehen also nebeneinander. Sie haben weitgehend übereinstimmende Inhalte. § 42 ist dem § 51 weitgehend nachgebildet. Im Folgenden sind zur Vermeidung von Wiederholungen grundsätzlich nur diejenigen Teile des § 42 näher dargestellt, die von § 51 abweichen. Diese Abweichungen haben freilich teilweise eine grundsätzliche Bedeutung. 1

II. Regelungszweck. Die Vorschrift dient ähnlichen Zwecken wie → § 51 Rn. 2. Sie soll auch die Erstattbarkeit einer über den gesetzlichen einfachen Vergütungsmaßstab hinausgehenden vereinbarten Vergütung nach § 3a erleichtern. Denn auch § 42 schafft eine gesetzliche und damit erstattungsfähige Vergütung. 2

Es gibt freilich einen **erheblichen Unterschied.** Der bestellte oder beigeordnete Rechtsanwalt erhält nach VV 4100 ff., 5100 ff. fast stets eine Festgebühr. Der Wahlanwalt erhält nach denselben Vorschriften durchweg eine Betragsrahmengebühr. Sie erlaubt es schon nach diesen „Normalregeln", die in I 1 genannten Umstände schon weitgehend mit zu berücksichtigen. Daher verbleibt für die Anwendbarkeit bei § 42 von vornherein ein wesentlich engerer Bereich als bei § 51. Das ist bei der Auslegung ganz wesentlich mitzubedenken. Anders ausgedrückt: Unzumutbarkeit nach I 1 liegt bei § 42 wesentlich seltener vor als bei § 51 (BGH JurBüro 2007, 531). 3

Angemessene kostendeckende Vergütung ist trotzdem das Ziel auch beim Wahlanwalt (BVerfG NJW 2001, 1269). Auch das darf und muss man bei der Auslegung stets mitbeachten. 4

III. Persönlicher Anwendungsbereich. Abgesehen von dem in → Rn. 1 genannten wesentlichen Unterschied zwischen dem hier allein geregelten Wahlanwalt und dem allein in § 51 geregelten gerichtlich bestellten oder beigeordneten Rechtsanwalt gilt dasselbe wie bei → § 51 Rn. 3. § 42 gilt also für: Den Verteidiger; den nur mit einer Einzeltätigkeit beauftragten Rechtsanwalt; den Beistand; den Rechtsanwalt als den Vertreter eines Privat- oder Nebenklägers oder eines Einziehungsberechtigten oder sonstigen Nebenbeteiligten; den bestellten oder beigeordneten Rechtsanwalt nach §§ 52, 53. 5

IV. Sachlicher Anwendungsbereich: Besonders umfangreiche oder schwierige Straf- oder Bußgeldsache usw. Es muss eines der in I 1, V aufgezählten Verfahren vorliegen, also: Eine Strafsache; ein gerichtliches Bußgeldverfahren; ein Bußgeldverfahren vor der Verwaltungsbehörde; ein Gnadenverfahren; ein Verfahren nach dem Gesetz über die internationale Rechtshilfe in Strafsachen; ein Verfahren nach dem IStGH-Gesetz; eine Freiheitsentziehungs- oder Unterbringungssache oder eine solche Sache nach § 151 Nr. 6, 7 FamFG. Dabei mag es um das gesamte Verfahren gehen oder nur um einen einzelnen Verfahrensabschnitt. 6

7 **Besonders** umfangreich oder schwierig ist etwas erst dann, wenn es über „normalen" Umfang oder „normale" Schwierigkeiten eindeutig hinausgeht. Denn die „normalen" Grade fallen schon unter VV 4100 ff. ohne § 42. Es gelten beim Wahlanwalt praktisch dieselben Erwägungen wie beim nach § 51 geregelten bestellten oder beigeordneten Rechtsanwalt, → § 51 Rn. 4–23. Es ist eben nur stets mitzubedenken, dass schon die Begriffe des besonderen Umfangs und/oder der besonderen Schwierigkeit wegen der durchweg anwendbaren Betragsrahmengebühren enger auszulegen sind als bei § 51.

8 **1. Grundsatz: Unzumutbarkeit der Normalgebühren.** Es gelten verstärkt die Erwägungen bei → § 51 Rn. 8 f. Man darf also die Unzumutbarkeit der „Normal"-Gebühren des VV noch weniger rasch feststellen als beim gerichtlich bestellten oder beigeordneten Rechtsanwalt. Das gilt umso mehr, als der Wahlanwalt innerhalb eines Rahmens bestimmen kann, wieviel er an Vergütung fordert. Andererseits soll die Zubilligung einer Pauschgebühr auch beim Wahlanwalt nicht praktisch unmöglich sein. Vielmehr ist unter einer Abwägung der Umstände des § 14 vorzugehen (OLG Düsseldorf NStZ-RR 2012, 263; OLG Jena NJW 2006, 933). Dabei ist wegen des besonderen Umfangs und/oder der besonderen Schwierigkeit der Tätigkeit hier des Wahlanwalts in dem fraglichen Verfahrensabschnitt oder gar im gesamten Verfahren zu klären, ob sogar die Obergrenze der einschlägigen Gebühr(en) des VV doch nur zu einer unzumutbaren Unterbezahlung führt (KG JurBüro 2010, 140). Würde man praktisch alles mithilfe der Höchstgebühr des VV vergüten können, wäre § 42 überflüssig. So darf die Vorschrift also eindeutig nicht verstanden werden. Es bleibt sehr wohl ein eine Zubilligung durchaus erfordernder Bereich.

9 **2. Beispiele zur Anwendbarkeit von I 1.** Die bei → § 51 Rn. 15 genannten Beispiele nebst Fundstellen beziehen sich weitgehend noch auf den früheren § 99 I BRAGO. Bei § 42 ist jetzt außerdem zu bedenken, dass eben nach → Rn. 5 der verbleibende Bereich beim Wahlanwalt noch kleiner ist als beim gerichtlich bestellten oder beigeordneten Rechtsanwalt. Mit diesen Einschränkungen gelten ähnliche Erwägungen wie bei → § 51 Rn. 15. Auch hier mag es sich um tatsächliche oder rechtliche Umstände handeln. Umfang und Schwierigkeit sind zwei gleichwertige Merkmale. Eines von beiden reicht aus und ist nötig. Nicht ausreichend wäre es, wenn erst bei einer Gesamtbewertung beider Merkmale der erforderliche „besondere" Grad vorliegen würde.

10 **V. Unanwendbarkeit bei Wertgebühr (I 2).** Eine Pauschgebühr kommt auch bei § 42 selbst unter den Voraussetzungen → Rn. 1–9 nicht in Betracht, soweit nach dem VV Wertgebühren entstehen, also nicht bei einer sog. Betragsrahmengebühr. Das würde nämlich zur Folge haben, dass alle solche Fälle einer Betragsrahmengebühr für eine Pauschgebühr nach § 42 ausfielen. Das ist nicht der Sinn der Vorschrift. Sie soll ja gerade in den für die Tätigkeit des Wahlanwalts fast ausschließlich nach Betragsrahmen „normal" zu vergütenden Fällen die wenigen verbleibenden Unzumutbarkeiten verhindern. § 42 gilt also gerade bei einer Betragsrahmengebühr nach VV 4100 ff., 5100 ff. Die Pauschgebühr bleibt dem Wahlanwalt daher nur in den wenigen Fällen VV 4142–4145, 5116 von vornherein versagt.

11 **VI. Obergrenze der Pauschgebühr (I 4).** In einer Abweichung von § 51 bestimmt I 4 beim Wahlanwalt eine absolute Höchstgrenze einer etwaigen überhaupt zulässigen Pauschgebühr nach → Rn. 12. Sie beträgt das Doppelte der für die Gebühren des Wahlanwalts geltenden Höchstbeträge nach VV Teile 4–6. Die Pauschgebühr darf also zB im Fall VV 4112 (Verfahrensgebühr im ersten Rechtszug vor der Strafkammer) wegen des dortigen „Normalrahmens" von 55–352 EUR den Betrag von 704 EUR nicht übersteigen. War ein Angeklagter nicht auf freiem Fuß, beträgt demgemäß nach VV 4113 die „Normalgebühr" 55–440 EUR, die Pauschale also höchstens 880 EUR.

12 Jede Pauschgebühr lässt sich auf diese Weise **gesondert** errechnen. Treffen also zB die zuletzt genannte Verfahrensgebühr und die Terminsgebühr des Wahlanwalts nach VV 4115 für zwei Hauptverhandlungstage zusammen, tritt zu den eben errechneten 880 EUR höchstens für jeden Tag das Doppelte von 770 EUR = 1.540 EUR hinzu, für zwei Tage also = 3.080 EUR, mithin insgesamt 880 + 3.080 = 3.960 EUR und außerdem bei der Grundgebühr VV 4101 das Doppelte von 495 EUR. Das alles sind

dann die absoluten Höchstwerte einer gesetzlichen, gerichtlich festgestellten Pauschale. Ein darüber hinausgehendes Honorar braucht eine Vereinbarung nach § 4.

VII. Verfahren (I–III). Es gelten grundsätzlich dieselben Regeln wie bei → § 51 Rn. 17–43. 13

1. Antrag. Ein Antrag hier des Wahlanwalts ist nach I 1 wie bei → § 51 Rn. 18 notwendig. Es erfolgt also keine Feststellung einer Pauschgebühr von Amts wegen ohne einen Antrag. Abweichend von § 51 ist der Antrag aber nach II 1 erst dann zulässig, wenn die Kostengrundentscheidung bereits rechtskräftig ist. Denn erst dann kennt das Gericht die Beteiligten und ihre Verhältnisse endgültig oder kann sie nach → Rn. 21 anhören. Außerdem kann der gerichtlich bestellte oder beigeordnete Rechtsanwalt nach II 2 einen Antrag nur unter den Voraussetzungen des § 52 I 1, II stellen, auch iVm § 53 I. Er muss dazu also die Gebühren eines Wahlverteidigers vom Begünstigten fordern können, weil dieser entweder aus der Staatskasse eine Erstattung fordern kann oder zur Zahlung mit oder ohne Raten imstande ist. Das ist eine wohl irrig in § 42 aufgenommene Überflüssigkeit. Denn § 42 gilt gerade für den Wahlanwalt, und für den gerichtlich beigeordneten oder bestellten besagt bereits § 51 zumindest scheinbar abschließend, welche Voraussetzungen dort nötig sind. Immerhin bedeutet die nun einmal verwirrend nach § 42 geratene Vorschrift mit ihren Verweisungen eine Beschränkung der Antragsmöglichkeiten im Rahmen des § 51. Der Antrag hemmt die dreijährige Verjährung des § 195 BGB. § 193 BGB gilt entsprechend (OLG Hamm NStZ 1997, 41). 14

Zeitlich ist wegen IV möglichst so vorzugehen, dass die Entscheidung nach → Rn. 24 noch vor der Kostenfestsetzung ergeht (OLG Jena AGS 2011, 287). Ein späterer Antrag wird aber nicht schon deshalb unstatthaft (aA OLG Düsseldorf NStZ-RR 2013, 63; OLG Jena AGS 2011, 287, aber eine schon rechtskräftige Kostenfestsetzung kann dann eben eine Entscheidung nach § 42 nicht mehr beachten). 15

Inhaltlich muss der Antrag (selbstverständlich) ergeben, für welchen Umfang des Verfahrens die Pauschgebühr gelten soll und worin der gerade besondere Grad der Leistung bestanden hat, den I 1 voraussetzt. Der Antragsteller muss daher auch die Unzumutbarkeit sogar eines Normal-Höchstbetrags nach → Rn. 8 darlegen und im Zweifel zumindest nach dem entsprechend anwendbaren § 294 ZPO glaubhaft machen. Eine Bezifferung ist zwar nicht formell notwendig. Sie ist aber erlaubt und oft ratsam. 16

2. Zuständigkeit des OLG. Es gelten nach I 1 dieselben Regeln wie bei § 51 II 1 Hs. 1, → § 51 Rn. 22. 17

3. Zuständigkeit des BGH. Es gelten nach I 5 dieselben Regeln wie bei → § 51 Rn. 23, in Wahrheit auch OLG Hamm JurBüro 2007, 529. Wegen der Ähnlichkeit von § 51 mit § 42 und der Verweisung in § 51 II 4 auf § 42 III insgesamt ist III 1 entgegen dem nur scheinbar auf das OLG beschränkten Wortlaut auch auf den BGH zu beziehen. Daher ist der Einzelrichter auch des BGH zuständig. Er kann die Sache aber nach III 2 dem Senat übertragen. 18

4. Zuständigkeit eines sonstigen Gerichts. Es gelten dieselben Regeln wie bei → § 51 Rn. 24. 19

5. Keine Zuständigkeit wegen Vorschusses. Das zur Feststellung der Pauschgebühr zuständige Gericht darf dem Wahlanwalt anders als bei § 51 dem beigeordneten oder bestellten Rechtsanwalt keinen Vorschuss bewilligen. Denn § 42 enthält keine dem § 51 I 5 entsprechenden Vorschuss, und der Wahlanwalt kann auch nicht nach § 47 vom Gericht einen Vorschuss fordern. Denn diese Vorschrift steht im Abschnitt 8 „Beigeordneter oder bestellter Rechtsanwalt …". Der Wahlanwalt kann also allenfalls nach § 9 einen Vorschuss von seinem Auftraggeber fordern. Das ist umso misslicher, als der Wahlanwalt ja nach → Rn. 14 schon mit der bloßen Feststellung einer dann freilich allseits nach IV bindenden Pauschgebühr bis zur Rechtskraft der Kostengrundentscheidung warten muss. 20

6. Anhörung. Es gelten nach II 3 fast dieselben Regeln wie bei → § 51 Rn. 26. Das Gericht muss alle in II 3 genannten Beteiligten schon wegen der Bindungswirkung nach → Rn. 25 anhören. Das gilt zumindest zusätzlich vor einer dem Beteiligten sonst wie nachteiligen Entscheidung. 21

22 **7. Prüfungsumfang.** Es gelten praktisch fast dieselben Regeln wie bei → § 51 Rn. 27–33. Auch bei § 42 liegt bei einer Erfüllung der Voraussetzungen dem Grunde nach ein Rechtsanspruch vor. Die Höhe der Pauschgebühr steht aber im pflichtgemäßen Ermessen des Gerichts. Es muss dabei alle Umstände nachvollziehbar abwägen. **Nach oben** begrenzt I 4 das Ermessen nach → Rn. 12. **Nach unten** gilt dasselbe wie bei → § 51 Rn. 34. Freilich ist eben der Bereich einer bloßen Feststellungsmöglichkeit aus den Gründen → Rn. 2, 4 enger als bei § 51. Das Gericht prüft zB keine Einwendung zum Grund der Vergütungsforderung (OLG Jena Rpfleger 2008, 98). Soweit das Gericht die Feststellung einer Pauschgebühr auf einen oder mehrere Verfahrensabschnitte beschränkt, darf und muss es nach I 3 diejenigen Gebühren des VV bezeichnen, an deren Stelle die Pauschgebühr tritt. Dabei ist „Verfahrensabschnitt" jeder Teil, für den das VV mindestens eine selbständige Gebühr bringt (KG JurBüro 2016, 132).

23 **8. Auslagen.** Es gilt dasselbe wie bei → § 51 Rn. 37.

24 **9. Entscheidung.** Es gilt dasselbe wie bei → § 51 Rn. 40–43. § 42 gibt aber im Gegensatz zu § 51 keine „Bewilligung" und damit keinen Vollstreckungstitel im engeren Sinn, sondern nur der Höhe nach eine formell bloße „Feststellung". Es bleibt daher eine Festsetzung nach § 11 oder ein Kostenfestsetzungsverfahren oder ein Honorarprozess notwendig. Vgl. → Rn. 23. Nach I 3 muss das Gericht bei einer Feststellung nur für einzelne „Verfahrensabschnitte" diejenigen Gebühren nach dem VV bezeichnen, an deren Stelle die Pauschgebühr tritt. Verfahrensabschnitt ist jeder Teil, für den das VV eine besondere Gebühr nennt. Die Entscheidung ist nach I 1 unanfechtbar. Das Gericht muss ihn wegen § 304 IV StPO trotzdem begründen. Eine Gegenvorstellung ist statthaft. Rechtsbehelfsbelehrung, Verstoß: §§ 12c, 33 V 2, 52 IV 2.

25 **VIII. Bindung der Feststellung (IV).** Die Feststellung nach → Rn. 24 bindet nach IV für das Kostenfestsetzungsverfahren gegenüber dem Gegner oder der Staatskasse, für das Vergütungsfestsetzungsverfahren nach § 11 und für einen Rechtsstreit des Rechtsanwalts auf die Zahlung der Vergütung der Höhe nach (OLG Jena Rpfleger 2008, 98). Deshalb ist auch kein Gutachten wie nach § 11 II erforderlich. Damit stellt die Feststellung einen inhaltlichen Hauptteil des formell zusätzlich erforderlichen Vollstreckungstitels dar.

26 **Materiellrechtliche** Einwendungen zum Grund der Vergütungsforderung etwa wegen einer angeblichen Schlechterfüllung oder Verjährung unterliegen aber **nicht** der Bindung nach IV.

27 **IX. Bußgeldverfahren vor Verwaltungsbehörde (V).** Die Vorschrift enthält in S. 1, 2 praktisch dieselben Regeln wie bei → § 51 Rn. 44. S. 3, 4 gibt zusätzlich eine Möglichkeit, die Feststellung der Verwaltungsbehörde gerichtlich anzufechten, und zwar im Verfahren nach § 62 OWiG, also mit einer Entscheidungszuständigkeit des nach § 68 OWiG berufenen AG.

28 **X. Erstattungsfähigkeit.** Nach § 464a I 1, II Nr. 2 StPO hängt eine Erstattungsfähigkeit unter anderem davon ab, ob eine Anwaltsvergütung nach § 91 II ZPO erstattungsfähig wäre. Nach I–V kann eine höhere vereinbarte Vergütung auch beim Wahlanwalt als eine gesetzliche Vergütung anfallen. Daran ändert die Notwendigkeit einer gerichtlichen Feststellung nach I 1 nichts. Infolgedessen kann auch sie erstattungsfähig sein.

Abtretung des Kostenerstattungsanspruchs

43 **[1] Tritt der Beschuldigte oder der Betroffene den Anspruch gegen die Staatskasse auf Erstattung von Anwaltskosten als notwendige Auslagen an den Rechtsanwalt ab, ist eine von der Staatskasse gegenüber dem Beschuldigten oder dem Betroffenen erklärte Aufrechnung insoweit unwirksam, als sie den Anspruch des Rechtsanwalts vereiteln oder beeinträchtigen würde. [2] Dies gilt jedoch nur, wenn zum Zeitpunkt der Aufrechnung eine Urkunde über die Abtretung oder eine Anzeige des Beschuldigten oder des Betroffenen über die Abtretung in den Akten vorliegt.**

I. Systematik. Der Beschuldigte oder Betroffene kann einen gesetzlichen Anspruch auf die Erstattung von Anwaltskosten als notwendigen Auslagen nach §§ 464b, 464a II Nr. 2 StPO evtl. iVm §§ 105 ff. OWiG in den Grenzen der §§ 134, 138 BGB und unter einer Beachtung der §§ 398 ff. BGB grundsätzlich an den Verteidiger abtreten, um seine Verpflichtungen gegenüber dem Verteidiger ganz oder teilweise zu erfüllen. Ohne § 43 könnte die Staatskasse infolgedessen nach §§ 404 ff. BGB auch dem Verteidiger gegenüber unbegrenzt aufrechnen, soweit überhaupt eine Aufrechnung zulässig ist (§ 30a EGGVG). 1

II. Regelungszweck. § 43 soll verhindern, dass eine derartige Aufrechnung der Staatskasse den Honoraranspruch des Verteidigers gefährdet oder vereitelt (LG Saarbrücken NJW-RR 2010, 1647 (1648)). Ohne die Vorschrift würde der Verteidiger infolge einer gesetzlich zulässigen Maßnahme des Auftraggebers im Ergebnis aus vom Verteidiger nicht vertretbaren Gründen sein bereits verdientes Honorar ganz oder teilweise gefährden können. Das ist nicht im Interesse einer geordneten Rechtspflege. 2

III. Persönlicher Anwendungsbereich. Diese Regelung gilt nach dem Wortlaut der Vorschrift freilich nur zugunsten eines als Verteidiger oder mit einer Einzeltätigkeit beauftragten Rechtsanwalts oder eines nach § 138 II StPO als Verteidiger zugelassenen Rechtsbeistands. Sie gilt also nicht für einen anderen Verteidiger, etwa einen Hochschullehrer. Sie gilt auch nicht für Auslagen des Angeklagten (LG Bamberg JurBüro 1976, 1353). 3

IV. Sachliche Voraussetzungen. Es müssen die folgenden sachlichen Voraussetzungen zusammentreffen, damit eine von der Staatskasse gegenüber dem Beschuldigten oder Betroffenen erklärte Aufrechnung dem Rechtsanwalt gegenüber unwirksam ist. 4

1. Anspruch der Staatskasse. Sie muss aus demselben oder einem anderen Verfahren einen fälligen Anspruch haben (OLG Nürnberg JurBüro 1990, 1167 = BeckRS 2014, 10036). Er mag sich auf eine Geldstrafe und/oder nur auf Kosten beziehen. 5

2. Erstattungs- oder Honoraranspruch. Der Beschuldigte oder Betroffene muss einen Anspruch gegen die Staatskasse aus diesem oder auch aus einem anderen Verfahren auf die Erstattung gerade von Anwaltskosten nach dem RVG oder BGB oder GKG als eines Teils der notwendigen Auslagen nach §§ 464b, 464a II Nr. 2 StPO haben, evtl. iVm §§ 105 ff. OWiG. Der Anspruch muss im Zeitpunkt des Zugangs der Abtretungsanzeige beim Gericht oder der Verwaltungsbehörde nach → Rn. 9 schon und noch bestehen. Er muss fällig sein. Er darf auch bei einer Vereinbarung nach § 3a die gesetzliche Vergütung nicht übersteigen (KG Rpfleger 1992, 38; OLG München Rpfleger 1979, 76 mablAnm Chemnitz). Er muss zu beziffern sein. 6

Nicht anzuwenden ist S. 1 auf einen Anspruch aus § 464a II Nr. 1 StPO oder auf einen Haftentschädigungsanspruch (LG Saarbrücken NJW-RR 2010, 1647 (1648)). Dann bleibt die Aufrechnung also voll möglich (AG Bamberg JurBüro 1976, 257; 1976, 764). 7

Der **Rechtsanwalt** muss gegen den Beschuldigten oder Betroffenen einen Anspruch auf die Zahlung von Gebühren und/oder Auslagen haben (BVerfG NJW 2009, 2735; LG Bamberg JurBüro 1976, 1353; AG Bonn AnwBl 1976, 312). Der Anspruch muss auch durch eine Tätigkeit gerade in diesem Verfahren entstanden sein. Das setzt S. 1 als selbstverständlich voraus (aA OLG Nürnberg JurBüro 1990, 1533). Es muss sich um einen gesetzlichen Anspruch handeln. Ein vereinbartes höheres Honorar reicht nicht aus (KG Rpfleger 1992, 38 mzustAnm Hansens; OLG München Rpfleger 1979, 76 mablAnm Chemnitz). Ein Anspruch des Beschuldigten oder Betroffenen auf die Erstattung eigener Auslagen gehört nicht hierher (LG Bamberg JurBüro 1976, 1353; AG Bamberg AnwBl 1976, 257). 8

3. Abtretung. Der Beschuldigte oder Betroffene muss seinen Erstattungsanspruch nach → Rn. 5 an den Rechtsanwalt formwirksam nach § 398 BGB ganz oder teilweise nach → Rn. 1, 2 materiellrechtlich wirksam abgetreten haben. Der Erstattungsanspruch des Auftraggebers muss gerade aus denjenigen Forderungen des Rechts- 9 anwalts hervorgehen, die der Rechtsanwalt gegen den Auftraggeber hat (LG Bamberg JurBüro 1976, 1353).

10 **Unzureichend** ist eine bloße Befugnis zur Entgegennahme oder Einziehung auf Grund eines Erstattungsanspruchs oder gar eine solche in der Vollmachtsurkunde (OLG Braunschweig Nds. Rpfl. 1985, 147 = BeckRS 2010, 11998; KG AnwBl 1980, 379 = BeckRS 1980, 3846; OLG Nürnberg AGS 2015, 274).

11 **4. Abtretungszeitpunkt.** Die Abtretung muss nach S. 2 vor dem Zugang der Aufrechnungserklärung der Staatskasse erfolgt sein (so schon OLG Düsseldorf JurBüro 1993, 730; OLG Schleswig JurBüro 1997, 313; LG Mainz JurBüro 2001, 93 mablAnm Wedel). Damit ist eine frühere Streitfrage geklärt. Das Wort „Urkunde" in S. 2 belegt klar die Notwendigkeit der Schriftform. Die Urkunde mit der Anzeige des Beschuldigten oder Betroffenen von der Abtretung muss gerade von diesen Personen stammen. Eine Abtretungsmitteilung des Rechtsanwalts reicht also nicht. Die ausreichende Anzeige muss im Zeitpunkt der Aufrechnung (Zugang nach § 130 BGB und nicht schon bloße Aufrechenbarkeit nach § 389 BGB) bereits in den Akten vorliegen. Der bloße Eingang beim Aufrechnenden reicht noch nicht. Es empfiehlt sich daher für den Rechtsanwalt, die Abtretungsanzeige sogleich bei oder nach dem Auftragserhalt vorsorglich einzureichen.

12 Die **Beweislast** für eine solche Rechtzeitigkeit liegt beim Rechtsanwalt oder Auftraggeber. Der Rechtsanwalt muss die Abtretungsurkunde auch dann einreichen, wenn seine Prozessvollmacht eine Ermächtigung zum Geldempfang umfasst (KG AnwBl 1980, 379 = BeckRS 1980, 3846). Freilich ist auch eine einwandfrei mit dem Original ersichtlich übereinstimmende Kopie „eine" Urkunde nach S. 2, der nicht „die" Urkunde fordert. „In **den** Akten" meint aber nicht nur irgendwelche (Parallel-) Akten, sondern die Akten des betreffenden Verfahrens. Sonst würde sich S. 2 mit „in Akten" begnügen (aA Gerold/Schmidt/Burhoff Rn. 28, 29). Zu spät wäre danach eine Abtretung erst nach der Aufrechnung.

13 **5. Abtretungsgleicher Vorgang.** LG Berlin Rpfleger 1980, 119 setzt der Abtretung einen Auftrag zur Einziehung nebst einer Vollmacht zur freien Verfügung gleich. Ein solcher Vorgang lässt sich aber nur nach einer Prüfung der Umstände einer Abtretung gleichsetzen (KG AnwBl 1980, 379 = BeckRS 1980, 3846).

14 **6. Aufrechnungserklärung.** Die Staatskasse muss gegenüber dem Beschuldigten oder Betroffenen wegen eines Anspruchs aus demselben oder einem anderen Verfahren eine Aufrechnung erklärt haben. Zum Zeitpunkt → Rn. 11. Die Aufrechnung muss den Anforderungen der §§ 387 ff. BGB entsprechen. Soweit der Aufrechnungsbetrag gegenüber dem Honoraranspruch höher ist, bleibt die Aufrechnung (selbstverständlich) wirksam.

15 **7. Vereitelung oder Beeinträchtigung.** Die Aufrechnung nach → Rn. 14 muss gerade einen in diesem Verfahren schon und noch bestehenden Honoraranspruch des Rechtsanwalts nach → Rn. 5 und nicht etwa den an den Rechtsanwalt abgetretenen Erstattungsanspruch des Beschuldigten oder Betroffenen ganz oder teilweise vereiteln oder beeinträchtigen. Es genügt jede nicht ganz unerhebliche Art einer objektiven solchen Störung, um die Aufrechnung unwirksam zu machen, also jede Verschlechterung der Vermögenslage des Rechtsanwalts (BVerfG NJW 2009, 2735; KG NJW 1979, 2255; OLG Rostock AGS 2018, 330). Es genügt zB eine bloße Verzögerung des Zahlungseingangs oder die Notwendigkeit einer Vollstreckung (KG NJW 1979, 2255), oder ein bloßes Ratenzahlungsangebot des Auftraggebers oder dessen Stundungsbitte. Denn auch durch sie kann es zumindest unsicher werden, ob der Rechtsanwalt unter diesen Umständen den Auftraggeber trotz seiner Abtretung dennoch in Anspruch nehmen könnte. Die Lage muss nicht für den Rechtsanwalt unzumutbar geworden sein.

16 Der Rechtsanwalt muss die Höhe seiner noch offenen Honorarforderung gerade aus diesem Verfahren und daher auch einen erhaltenen Vorschuss sowie die Vereitelung oder Beeinträchtigung seines Anspruchs beim Streit darlegen und **beweisen** (OLG Bamberg JurBüro 1977, 1251; 1977, 1576: er müsse sie zumindest nach § 294 ZPO glaubhaft machen; aA Gerold/Schmidt/Burhoff Rn. 44: Glaubhaftmachung genüge stets).

Eine **Vereitelung oder Beeinträchtigung fehlt,** soweit der Auftraggeber und der Rechtsanwalt in einer nach § 3a zulässigen Honorarvereinbarung festgelegt haben, dass sich der Rechtsanwalt bei einer etwaigen Aufrechnung der Staatskasse stets an den Auftraggeber halten kann, und soweit der Auftraggeber dann auch zahlungsfähig und zahlungswillig ist oder soweit der Auftraggeber und der Rechtsanwalt einen Vorschuss vereinbart haben und soweit dieser beizutreiben ist (Mümmler JurBüro 1976, 713; aA. Schmidt AnwBl 1975, 336, aber → Rn. 2) oder soweit der Rechtsanwalt bereits befriedigt worden ist. Der Rechtsanwalt braucht sich aber nicht auf Ratenzahlungen einzulassen (AG Bamberg AnwBl 1976, 257). 17

V. Verfahren. Über eine Verweigerung der Zahlung der Staatskasse entscheidet einem Zivilverfahren das Gericht (OLG Frankfurt a. M. JurBüro 1983, 89), im Verfahren nach dem in → Rn. 1 genannten § 30a EGGVG das AG im Bezirk der zur Kosteneinziehung oder Anspruchsbefriedigung zuständigen Kasse, also nicht der Aufrechnungsstelle. Es entscheidet ohne die Notwendigkeit einer mündlichen Verhandlung durch einen zu begründenden Beschluss, den es den Beteiligten mitteilt. Vgl. ferner § 462a StPO (BGHSt 44, 19 = NJW 1988, 2066). 18

VI. Rechtsmittel. Rechtsbehelfsbelehrung, Verstoß: §§ 12c, 33 V 2, 52 IV 2. Gegen den Beschluss nach → Rn. 18 ist die Beschwerde und evtl. die weitere Beschwerde nach § 83 GNotKG statthaft (vgl. OLG Hamburg AnwBl 1986, 42; KG NJW 1979, 225; OLG Nürnberg AnwBl 1990, 49). 19

Abschnitt 8. Beigeordneter oder bestellter Rechtsanwalt, Beratungshilfe

Vergütungsanspruch bei Beratungshilfe

44 **[1] Für die Tätigkeit im Rahmen der Beratungshilfe erhält der Rechtsanwalt eine Vergütung nach diesem Gesetz aus der Landeskasse, soweit nicht für die Tätigkeit in Beratungsstellen nach § 3 Absatz 1 des Beratungshilfegesetzes besondere Vereinbarungen getroffen sind. [2] Die Beratungshilfegebühr (Nummer 2500 des Vergütungsverzeichnisses) schuldet nur der Rechtsuchende.**

Historie: S. 2 geändert durch Art. 20 Nr. 6 2. JuMoG v. 22.12.2006 (BGBl. I 3416 (3429)) mWv 31.12.2006; Materialien: BT-Drs. 16/3038 (Gesetzentwurf), BT-Drs. 16/3640 (Beschlussempfehlung und Bericht).

Schrifttum: Dörndorfer, Prozesskosten-, Verfahrenskosten- und Beratungshilfe für Anfänger, 7. Aufl. 2020; Gottschalk/H. Schneider, Prozess- und Verfahrenskostenhilfe, Beratungshilfe, 10. Aufl. 2021; Groß, Beratungshilfe, Prozesskostenhilfe, Verfahrenskostenhilfe, 15. Aufl. 2021; Lissner/Dietrich/Schmidt, Beratungshilfe mit Prozesskosten- und Verfahrenskostenhilfe, 3. Aufl. 2018 (4. Aufl. gepl. 2022); Möbius, Das Prinzip der Rechtschutzgleichheit im Recht der Prozesskostenhilfe, 2013; Poller/Hörtl/Kopf, Gesamtes Kostenhilferecht, 3. Aufl. 2018; Zimmermann, Straf- und Verfahrenskostenhilfe insbesondere in Familiensachen, 6. Aufl. 2021.

1 **I. Systematik.** Für die Fälle einer Beiordnung des Rechtsanwalts im Wege von PKH im Zivilprozess nach §§ 114 ff. ZPO und den ihm gebührenrechtlich gleichgestellten anderen gerichtlichen Verfahren zB nach § 76 FamFG ist die Anwaltsvergütung den Vorschriften der §§ 45 ff. zu entnehmen. Demgegenüber enthalten § 44, VV 2500 eine Regelung der Vergütung des Rechtsanwalts oder desjenigen Rechtsbeistands, der Mitglied einer Anwaltskammer ist (LG Münster Rpfleger 1990, 26 (27)), der im Rahmen einer außergerichtlichen Beratungshilfe tätig wird (OLG Köln NJW-RR 2011, 1295). Wird die Beratungshilfe in einer gem. § 3 I 3 BerHG auf Grund einer zwischen Berufsvertretungen und der Landesjustizverwaltung getroffenen Vereinbarung eingerichteten Beratungsstellen gewährt (zur anwaltlichen Mitwirkungspflicht vgl. § 49a II BRAO), kann die Vereinbarung gem. S. 1 Hs. 2 auch eine von den Bestimmungen des RVG abweichende Vergütung regeln.

2 **II. Regelungszweck.** §§ 45 ff. bezwecken eine angemessene, differenzierte und doch nicht zu komplizierte Vergütung des Rechtsanwalts auf dem Gebiet der Beratungshilfe, das ähnlich der PKH als eine Folge staatlicher Fürsorgeaufgaben dem freiberuflichen Rechtsanwalt eine Fülle teils schwieriger und oft undankbarer Aufgaben gegenüber einer Gruppe solcher Menschen auferlegt, die sich nicht leicht behandeln lassen. Das alles ist bei der Auslegung mit zu beachten.

3 **III. Sachlicher Anwendungsbereich.** Bundesrechtliche Grundlage ist das BerHG. Es basiert unter anderem auf der Sozialstaatsverpflichtung des Art. 20 I GG. Es gilt auch für Ausländer (Deumeland JurBüro 1993, 707). Es hat als ein Bundesgesetz auf dem Gebiet der konkurrierenden Gesetzgebung nach Art. 74 Nr. 1 GG den Vorrang vor Länderregelungen, vgl. Art. 72 GG. § 2 II 1 BerHG ermöglicht auch eine Beratungshilfe in Angelegenheiten, für deren Entscheidung die Gerichte für Arbeitssachen zuständig sind. Es besteht in § 12 für die Länder, Berlin, Bremen und Hamburg folgende Sonderregelung:

§ 12 BerHG Länderklausel

[I] In den Ländern Bremen und Hamburg tritt die eingeführte öffentliche Rechtsberatung an die Stelle der Beratungshilfe nach diesem Gesetz, wenn und soweit das Landesrecht nichts anderes bestimmt.

[II] Im Land Berlin haben Rechtsuchende die Wahl zwischen der Inanspruchnahme der dort eingeführten öffentlichen Rechtsberatung und Beratungshilfe nach diesem Gesetz, wenn und soweit das Landesrecht nichts anders bestimmt.

[III, IV] …

Das Gesetz enthält mit dieser Regelung **kein Verbot Öffentlicher Rechtsauskunfts- oder Beratungsstellen** usw auf Grund von Landes- oder Gemeinderecht, etwa der Lübecker Stelle, AV vom 4.8.1949, SchlHA 276, und vom 17.12.1952, SchlHA 1953, 9. Solche Institutionen unterfallen aber nicht dem BerHG. Der vor ihnen tätige Rechtsanwalt erhält Gebühren jedenfalls nicht nach § 44, VV 2500 ff., sondern evtl. zB nach VV 2302 oder nach VV 2300. 4

IV. Persönlicher Anwendungsbereich. Die Vorschrift gilt für den Rechtsanwalt und für seinen Vertreter nach § 5, aber evtl. nicht für den Rechtsbeistand (vgl. LG Bielefeld Rpfleger 1989, 202 mablAnm Feuerich; aA EGH München AnwBl 1982, 446 (447); LG Münster Rpfleger 1990, 26; Gerold/Schmidt/Mayer Rn. 2). Der folgende Grundsatz hat zwei Hauptauswirkungen. 5

1. Grundsatz: Vergütung ohne Beiordnung. Das Vergütungssystem nach dem BerHG weicht sowohl von demjenigen für PKH bzw. VKH nach §§ 114 ff. ZPO, § 76 FamFG als auch von demjenigen des sonstigen RVG ab. Das ist zu beachten, um den vollen Vergütungsanspruch zu erfassen, der dem Rechtsanwalt im Rahmen seiner Tätigkeit nach dem BerHG zusteht. 6

Der Rechtsanwalt wird **nicht beigeordnet.** Dennoch bestehen nach § 16 I BORA eine Berufspflicht, bei einem begründeten Anlass auf die Möglichkeit einer Beratungshilfe hinzuweisen, und nach § 49a S. 1 BRAO eine grundsätzliche Pflicht zur Übernahme der Beratungshilfe. Derjenige Rechtsanwalt, an den sich eine Partei mit oder ohne einen Berechtigungsschein wendet, darf seine Tätigkeit nach § 49a S. 2 BRAO nur aus einem wichtigen Grund ablehnen (Meyer JurBüro 2011, 123). 7

2. Festgebühr gegen Auftraggeber. Vgl. VV 2500. § 11 ist nicht anzuwenden (vgl. AG Mainz Rpfleger 1985, 342). 8

3. Sonstiger Vergütungsanspruch gegen Landeskasse. VV 2501 ff. geben weitere Vergütungsansprüche des Rechtsanwalts, und zwar nicht gegenüber dem Auftraggeber, sondern gegenüber der Landeskasse. Voraussetzung ist ein Berechtigungsschein zugunsten des Auftraggebers (OLG Stuttgart FamRZ 2009, 1243). Diese Vergütungsansprüche bestehen also auch, soweit der Auftraggeber diejenige Festgebühr nach VV 2500 schuldet oder gezahlt hat, die der Rechtsanwalt ihm nicht erlassen durfte, oder soweit eine Vollstreckung wegen dieser Festgebühr erfolglos war oder sein dürfte. 9

V. Kostenschuldner. Es gelten zwei gegensätzliche Prinzipien. 10

1. Landeskasse (S. 1). Grundsätzlich ist Kostenschuldner nach S. 1 Hs. 1 die Landeskasse, soweit nicht nach Hs. 2 andere Stellen vorrangig haften. 11

2. Rechtssuchender (S. 2). Für die Gebühr VV 2500 haftet nur der Rechtssuchende. Der Rechtsanwalt kann sie erlassen (Klier NZS 2004, 469 (470)). 12

VI. Erstattungspflicht des Gegners. Hierzu bestimmt 13

§ 9 BerHG Kostenersatz durch den Gegner

[1] Ist der Gegner verpflichtet, Rechtsuchenden die Kosten der Wahrnehmung ihrer Rechte zu ersetzen, hat er für die Tätigkeit der Beratungsperson die Vergütung nach den allgemeinen Vorschriften zu zahlen. [2] Der Anspruch geht auf die Beratungsperson über. [3] Der Übergang kann nicht zum Nachteil der Rechtsuchenden geltend gemacht werden.

Der Rechtsanwalt kann im Rahmen einer Beratungshilfe Ansprüche **gegen drei Schuldner** erhalten: Gegen den Auftraggeber; gegen die Landeskasse; gegen den Prozessgegner des Auftraggebers. 14

VII. Formular und -zwang. Hierzu bestimmt 15

§ 11 BerHG Verordnungsermächtigung

Das Bundesministerium der Justiz und für Verbraucherschutz wird ermächtigt, zur Vereinfachung und Vereinheitlichung des Verfahrens durch Rechtsverordnung mit Zustimmung des Bundesrates Formulare für den Antrag auf Gewährung von Beratungshilfe und auf Zahlung der Vergütung der Beratungsperson nach Abschluß der Beratungshilfe einzuführen und deren Verwendung vorzuschreiben.

Vgl. die BerHFV v. 2.1.2014 (BGBl. I 2), in Kraft seit 9.1.2014, § 4 S. 1 BerHFV. Sie ersetzt die frühere BerHVV, § 4 S. 2 BerHFV. 16

Vergütungsanspruch des beigeordneten oder bestellten Rechtsanwalts

45 **I Der im Wege der Prozesskostenhilfe beigeordnete oder zum besonderen Vertreter im Sinne des § 41 bestellte Rechtsanwalt erhält, soweit in diesem Abschnitt nichts anderes bestimmt ist, die gesetzliche Vergütung in Verfahren vor Gerichten des Bundes aus der Bundeskasse, in Verfahren vor Gerichten eines Landes aus der Landeskasse.**

II Der Rechtsanwalt, der nach § 138 des Gesetzes über das Verfahren in Familiensachen und in den Angelegenheiten der freiwilligen Gerichtsbarkeit, auch in Verbindung mit § 270 des Gesetzes über das Verfahren in Familiensachen und in den Angelegenheiten der freiwilligen Gerichtsbarkeit, nach § 109 Absatz 3 oder § 119a Absatz 6 des Strafvollzugsgesetzes beigeordnet oder nach § 67a Absatz 1 Satz 2 der Verwaltungsgerichtsordnung bestellt ist, kann eine Vergütung aus der Landeskasse verlangen, wenn der zur Zahlung Verpflichtete (§ 39 oder § 40) mit der Zahlung der Vergütung im Verzug ist.

III 1 Ist der Rechtsanwalt sonst gerichtlich bestellt oder beigeordnet worden, erhält er die Vergütung aus der Landeskasse, wenn ein Gericht des Landes den Rechtsanwalt bestellt oder beigeordnet hat, im Übrigen aus der Bundeskasse. 2 Hat zuerst ein Gericht des Bundes und sodann ein Gericht des Landes den Rechtsanwalt bestellt oder beigeordnet, zahlt die Bundeskasse die Vergütung, die der Rechtsanwalt während der Dauer der Bestellung oder Beiordnung durch das Gericht des Bundes verdient hat, die Landeskasse die dem Rechtsanwalt darüber hinaus zustehende Vergütung. 3 Dies gilt entsprechend, wenn zuerst ein Gericht des Landes und sodann ein Gericht des Bundes den Rechtsanwalt bestellt oder beigeordnet hat.

IV 1 Wenn der Verteidiger von der Stellung eines Wiederaufnahmeantrags abrät, hat er einen Anspruch gegen die Staatskasse nur dann, wenn er nach § 364b Absatz 1 Satz 1 der Strafprozessordnung bestellt worden ist oder das Gericht die Feststellung nach § 364b Absatz 1 Satz 2 der Strafprozessordnung getroffen hat. 2 Dies gilt auch im gerichtlichen Bußgeldverfahren (§ 85 Absatz 1 des Gesetzes über Ordnungswidrigkeiten).

V 1 Absatz 3 ist im Bußgeldverfahren vor der Verwaltungsbehörde entsprechend anzuwenden. 2 An die Stelle des Gerichts tritt die Verwaltungsbehörde.

Historie: I geändert durch Art. 22 Nr. 4 G zur Neuregelung des Berufsrechts der anwaltlichen und steuerberatenden Berufsausübungsgesellschaften v. 7.7.2021 (BGBl. I 2364 (2431)) mWv 1.8.2022; Gesetzesmaterialien: BT-Drs. 19/27670 (Gesetzentwurf), BT-Drs. 19/30516 (Beschlussempfehlung und Bericht). II geändert durch Art. 47 VI Nr. 15 FGG-RG v. 17.12.2008 (BGBl. I 2586 (2717)) mWv 1.9.2009; Materialien: BT-Drs. 16/6308 (Gesetzentwurf), BT-Drs. 16/9733 (Beschlussempfehlung und Bericht), BT-Drs. 16/9831 (Änderungsantrag). Erneut geändert durch Art. 6 Nr. 3 G zur bundesrechtlichen Umsetzung des Abstandsgebotes im Recht der Sicherungsverwahrung v. 5.12.2012 (BGBl. I 2425 (2429)) mWv 1.6.2012; Materialien: BT-Drs. 17/9874 (Gesetzentwurf), BT-Drs. 17/11388 (Beschlussempfehlung und Bericht).

Schrifttum: Vgl. bei § 44.

Übersicht

I. Systematik. Der Anspruch des im Weg von PKH oder VKH nach §§ 114 ff. ZPO, §§ 76 ff. FamFG oder nach § 12 iVm § 11a ArbGG oder mit § 4a II InsO oder nach §§ 57, 58 ZPO oder §§ 138, 270 FamFG oder nach §§ 109 III, 119 VI StVollzG oder nach § 67a I 2 VwGO oder sonstwie gerichtlich bestellten oder beigeordneten Rechtsanwalts gegen die Staatskasse ist öffentlich-rechtlich (OLG Frankfurt a. M. FamRZ 1988, 1184; KG Rpfleger 1988, 122). Ihn regeln teils § 45, teils § 47 und wegen des Umfangs einer Beiordnung § 48, wegen der Höhe §§ 49, 50. Die Festsetzung regelt § 55. §§ 56, 57 regeln Rechtsmittel. Eine Anrechenbarkeit kann sich aus § 58 ergeben. Einen Anspruchsübergang regelt § 59. 1

Beim von der **Staatsanwaltschaft** nach § 163 III 2 StPO oder vom **Bundesamt für Justiz** nach §§ 53, 87e IRG bestellten Zeugenbeistand gilt vorrangig § 59a. 2

Zur Ungenauigkeit des **Begriffs Vergütung** Chemnitz AnwBl 1985, 597. Er richtet sich direkt gegen die Staatskasse. Er hat seine Grundlage nur in § 45. Der ordentliche Rechtsweg ist nach § 55 unstatthaft. Das gilt auch für den Rechtsnachfolger des beigeordneten Rechtsanwalts. 3

II. Regelungszweck. Die Vorschrift wirkt bei der Durchführung der ähnlich wie bei der PKH stattfindenden Fürsorge des Staats (LAG Hamm MDR 1997, 405). Sie bezweckt eine Klarstellung, wer dem bestellten oder beigeordneten Rechtsanwalt haftet. Sie dient also der Klärung des Kostenschuldners. 4

III. Persönlicher Anwendungsbereich. Es müssen die folgenden Voraussetzungen zusammentreffen. 5

1. Rechtsanwalt. Der Vergütungsanspruch steht nur einem Rechtsanwalt zu. Er muss also zur Anwaltschaft zugelassen sein. Er kann sich durch seinen allgemeinen Vertreter nach § 5 vertreten lassen. Soweit das geschieht, entsteht der Vergütungsanspruch grundsätzlich für den bestellten oder beigeordneten Rechtsanwalt nach → § 5 Rn. 9 und nicht für seinen Vertreter. Von dieser Regel gilt für denjenigen Rechtsanwalt eine Ausnahme, den das Gericht nach § 121 III ZPO, § 76 FamFG zur Wahrnehmung eines Termins zur Beweisaufnahme vor dem ersuchten Richter oder zur Vermittlung des Verkehrs mit dem ProzBev nach § 81 ZPO beigeordnet hat. Im Übrigen kann sich der bestellte oder beigeordnete Rechtsanwalt auf Grund einer Vollmacht des Auftraggebers vertreten lassen, soweit nicht ein gesetzlicher Anwaltszwang engere Grenzen setzt. Er muss dann den Vertreter aus eigenen Mitteln vergüten. 6

2. Nichtanwalt. Das Gericht kann einen Prozessagenten oder einen Rechtsbeistand nicht als einen Vertreter des Mittellosen beiordnen. Denn § 121 II ZPO, § 76 FamFG lassen nur die Beiordnung eines Rechtsanwalts zu. Daher entsteht für denjenigen Parteivertreter vor dem ArbG, der kein Rechtsanwalt ist, jedenfalls grundsätzlich kein Vergütungsanspruch nach §§ 45 ff. Davon kann nach → Rn. 10 auf Grund einer fälschlichen Beiordnung wegen ihrer Wirkung als ein Staatshoheitsakt eine Ausnahme gelten (OLG Düsseldorf JurBüro 1983, 715). Auch ein Nur-Notar, 7

Hochschullehrer oder ausländischer Rechtsanwalt ist wie ein Rechtsbeistand nicht geeignet, ein beigeordneter Rechtsanwalt zu werden. Über einen Patentanwalt → Rn. 8f. Der durch PKH oder VKH unterstützte Mittellose erlangt keinen Anspruch nach §§ 45ff.

8 **3. Patentanwalt.** Drei Fallgruppen sind zu unterscheiden.

– **Patentsache.** Im Verfahren vor dem Patentamt, dem Patentgericht und dem BGH kann ein Beteiligter VKH nach §§ 129–142 PatG, § 12 II GebrMG, § 36 SortenschutzG erhalten. Die Vorschriften sehen vielfach eine entsprechende Anwendung der §§ 114ff. ZPO vor.

– **Patentstreitsache.** Für den Patentanwalt bestimmt in einer Patentstreitsache vor einem ordentlichen Gericht § 4a PAO:

§ 4a PAO Beiordnung von Patentanwälten bei Prozesskostenhilfe

I Wird in einem Rechtsstreit, in dem ein Anspruch aus einem der in § 4 Absatz 1 genannten Gesetze geltend gemacht wird oder für dessen Entscheidung eine der in § 3 Absatz 3 Nummer 1 genannten Fragen oder Rechtsfragen von Bedeutung ist, einer Partei Prozesskostenhilfe bewilligt, so kann ihr auf Antrag zu ihrer Beratung und zur Unterstützung eines Rechtsanwalts ein zur Vertretung bereiter Patentanwalt beigeordnet werden, wenn dies zur sachgemäßen Rechtsverfolgung oder Rechtsverteidigung erforderlich erscheint.

II § 117 Absatz 1 Satz 1 und 2, die §§ 118 und 119 Absatz 1 Satz 1, § 121 Absatz 3 und 5, § 122 Absatz 1 Nummer 1 Buchstabe b und Nummer 3 sowie die §§ 124, 126 und 127 der Zivilprozessordnung gelten entsprechend.

III Auf die Erstattung der Gebühren und Auslagen des beigeordneten Patentanwalts sind die Vorschriften des Rechtsanwaltsvergütungsgesetzes, die für die Vergütung bei Prozesskostenhilfe gelten, sinngemäß mit folgenden Maßgaben anzuwenden:

1. der Patentanwalt erhält eine Gebühr mit einem Gebührensatz von 1,0 und, wenn er eine mündliche Verhandlung oder einen Beweistermin wahrgenommen hat, eine Gebühr mit einem Gebührensatz von 2,0 nach § 49 des Rechtsanwaltsvergütungsgesetzes;
2. Reisekosten für die Wahrnehmung einer mündlichen Verhandlung oder eines Beweistermins werden nur ersetzt, wenn das Prozessgericht vor dem Termin die Teilnahme des Patentanwalts für geboten erklärt hat.

– **Beigeordneter Vertreter.** Nach § 4a III PAO sind die für PKH geltenden Vorschriften des RVG auf den beigeordneten Patentanwalt mit den Einschränkungen Nr. 1, 2 entsprechend anzuwenden.

9 **4. Beiordnung.** Den Rechtsanwalt mag nach I–IV das Gericht oder bei V eine Verwaltungsbehörde aus wirtschaftlichen Erwägungen beigeordnet haben (OLG Karlsruhe FamRZ 1996, 1448). Das ist zwar begrifflich etwas anderes als eine „Bestellung“ nach → Rn. 9. Der Sache nach gibt es aber kaum Unterschiede. Eine Beiordnung kann erfolgt sein auch nach §§ 121ff. ZPO, § 12 iVm § 4a II InsO (vgl. LG Hannover AnwBl 1985, 596), nach § 11a ArbGG, nach § 48 I Nr. 1 BRAO oder nach entsprechenden Vorschriften anderer Verfahrensordnungen, etwa nach §§ 138, 270 FamFG (vgl. OLG Bamberg JurBüro 1985, 1419; OLG Hamm AnwBl 1983, 34; OLG Zweibrücken NJW-RR 1986, 160) oder nach §§ 109 III, 119 VI StVollzG oder nach § 142 FGO oder nach § 73a SGG oder nach §§ 67a I 2, 166 VwGO.

5. Beispiele zur Frage einer Beiordnung

10 **Antrag:** Der bloße Beiordnungsantrag einer Partei führt (selbstverständlich) noch nicht automatisch zu einer Beiordnung, und zwar auch dann nicht, wenn das Gericht den Antrag übersehen hatte.

Aufhebung der Prozesskostenhilfe: → „Bewilligung“, „Rückwirkung“.

Bedingung: Eine Bedingung der Beiordnung ist grds. unstatthaft und unwirksam (aA Riedel/Sußbauer/Ahlmann Rn. 21). Davon ist eine Ausnahme bei einer Beschränkung der Beiordnung auf die Bedingungen eines im Bezirk des Prozessgerichts Niedergelassenen zu machen.

Beweisanwalt: Es gelten dieselben Regeln wie beim ProzBev nach § 81 ZPO. Der Beweisanwalt braucht für eine Vergütung aus der Staatskasse wegen eines Vergleichs eine entsprechend ausgeweitete Beiordnung (KG JurBüro 1995, 420; aA OLG Düsseldorf AnwBl 1983, 187).

Bewilligung: Ein Beschluss mit der Bewilligung von PKH oder VKH ist weder stets erforderlich noch anstelle der allein maßgebenden Beiordnung ausreichend. Das gilt trotz der praktischen Verknüpfung beider Maßnahmen. Selbst eine Aufhebung der Bewilligung nach § 124 ZPO, § 76 FamFG beendet nicht stets die Beiordnung. Das gilt wiederum trotz der praktischen Verbindung auch dieser beiden Maßnahmen.

Eigene Sache: Eine Beiordnung kann theoretisch auch in einer eigenen Sache des Rechtsanwalts erfolgen (OLG München AnwBl 1981, 507, praktisch aber kaum; aA KG NJW 2009, 2754, lässt offen, ob fehlerhaft).

Fehler: Auch eine fehlerhafte Beiordnung etwa ohne die vorherige Bewilligung von PKH kann nach → Rn. 4 einen Anspruch nach § 56 auslösen (OLG München MDR 1986, 242; OLG Schleswig JurBüro 1991, 227). Unschädlich ist zB die Beiordnung durch den Rpfleger statt durch den Richter oder ohne einen Antrag (OLG Zweibrücken Rpfleger 2002, 627) oder ohne eine Notwendigkeit (OLG Zweibrücken Rpfleger 1995, 364). Das gilt freilich **nicht** bei einem so schweren Verstoß dass der Staatsakt der Beiordnung nichtig ist.

Form: Die Beiordnung erfordert einen Beschluss. Ihn kann auch das Beschwerdegericht treffen (OLG Köln Rpfleger 1983, 124; LSG Thüringen JurBüro 2000, 669). Die Beiordnung kann nicht stillschweigend erfolgen, vgl. § 48 IV (OLG Hamm JurBüro 1998, 643; OLG Koblenz AnwBl 1998, 218). Auch → „Mitteilung".

Gesetzlicher Vertreter: Ihn darf das Gericht beiordnen, soweit er eben ein Rechtsanwalt ist.

Mitteilung: Die bloße Mitteilung des erforderlichen ausdrücklichen Beiordnungsbeschlusses kann dann formlos erfolgen (OLG Zweibrücken JurBüro 1980, 1204), auch telefonisch oder durch ein Telefax, sogar durch eine Überlassung der Akte zur Einsicht. **Nicht** genügt zur Mitteilung eine bloße Ladung.

Nebenkläger: Zu seiner Vertretung darf das Gericht beiordnen (BGH NJW 2011, 2966 (2968)).

Notanwalt: Den Notanwalt nach §§ 78b, 78c ZPO ordnet das Gericht nach III 1 bei. Daran ändert sich nichts durch sein Vorschussrecht nach § 78c II ZPO. Denn I ist eindeutig.

Rechtsmittel: Gegen die Beiordnung hat der Rechtsanwalt grds. kein Rechtsmittel (OLG Düsseldorf JurBüro 1986, 298).

Rückwirkung: Die Beiordnung kann rückwirkend erfolgen (BGH NJW 1982, 446, wie bei § 119 ZPO; strenger OLG Köln FamRZ 1997, 683). Das darf freilich nur mit dem Einverständnis des beigeordneten Rechtsanwalts geschehen. Eine Beiordnung gilt mangels einer klaren Rückwirkung erst ab der Bekanntgabe an den Beigeordneten. Eine **Aufhebung** der PKH nach § 124 ZPO beendet zwar auch die Beiordnung, aber **nicht** rückwirkend (OLG Düsseldorf AnwBl 1983, 94).

Sozius: Nur der nach § 121 ZPO beigeordnete Sozius kann die Vergütung fordern. Das gilt auch dann, wenn er einen anderen Sozius unterbeauftragt hatte (OLG Düsseldorf AnwBl 1991, 223).

Terminsvertreter: Er kann je nach dem Ausmaß seiner Tätigkeit alle Gebühren nach VV 4001 ff. verlangen können (OLG Nürnberg AGS 2015, 29).

Umfang: Über den Umfang einer Beiordnung § 48.

Unterauftrag: → „Sozius".

Verkehrsanwalt: Es gelten dieselben Regeln wie beim ProzBev nach § 81 ZPO. Der Verkehrsanwalt braucht für eine Vergütung aus der Staatskasse wegen eines Vergleichs keine entsprechend ausgeweitete Beiordnung (KG JurBüro 1995, 420; aA OLG Düsseldorf AnwBl 1983, 187).

Verstoß: → „Fehler".

Wirkung: Die Beiordnung bewirkt grds. kein besonderes Gewaltverhältnis zwischen der Justizverwaltung und dem beigeordneten Rechtsanwalt (OLG Karlsruhe NJW-RR 1996, 1339). Sie bewirkt daher auch keine Weisungsgebundenheit des letzteren (Kleinwegener FamRZ 1990, 1065). Deshalb berührt sie auch nicht die Freiheit der Ausübung des Anwaltsberufs (OLG Hamm AnwBl 1975, 95). Sie verpflichtet den Rechtsanwalt nur dann zur Tätigkeit, wenn die Partei keinen zur Vertretung bereiten Rechtsanwalt findet. Auch → Rückwirkung".

6. Bestellung. Das Gericht mag statt einer Beiordnung eine Bestellung des **11**
Rechtsanwalts nach §§ 57, 58 ZPO, §§ 140 ff. StPO, §§ 138, 270 FamFG, § 67a I 2 VwGO vorgenommen haben (OLG Düsseldorf AnwBl 1991, 409 (410)).

7. Beispiele zur Frage einer Bestellung

12 **Von Amts wegen:** Es ist unerheblich, ob das Gericht den Rechtsanwalt von Amts wegen oder auf einen Antrag bestellt hat.

Antrag: Es ist unerheblich, ob das Gericht den Rechtsanwalt von Amts wegen oder auf einen Antrag bestellt hat.

Anwaltstätigkeit: Die Bestellung muss sich gerade auf die Tätigkeit als Rechtsanwalt richten. Es ist dann unerheblich, ob die Bestellung auch noch einen anderen Zweck als die Verteidigung erfasst.

Bedingung: Das Gericht kann den Anspruch nach III nicht durch solche Bedingungen wirksam einschränken oder ausschließen, die es der Bestellung beifügt (OLG Düsseldorf AnwBl 1985, 152; OLG Frankfurt a. M. NJW 1980, 1703 (1704); OLG Hamm AnwBl 1982, 214). Es kann also zB nicht einen zweiten Pflichtverteidiger mit der Maßgabe beiordnen, dass insgesamt nur eine Gebühr erstattet werde. Wenn der Verteidiger allerdings überraschend mitteilt, der Angeklagte habe ihn damit beauftragt, einen Rechtsmittelverzicht zu erklären, werden etwa abweichende vorangegangene Ausführungen des Verteidigers unerheblich. Auch → „Beschränkung".

Beschränkung: Das Gericht kann eine Bestellung zB auf einen Anhörtermin wegen eines Widerrufs der Bewährungsfrist oder auf eine ähnliche Einzeltätigkeit beschränken. Auch → „Rechtsmittelinstanz".

Einzeltätigkeit: → „Beschränkung".

Form: Die Bestellung kann anders als eine Beiordnung auch durch ein schlüssiges Verhalten des Gerichts erfolgen (vgl. LG Koblenz NJW 2004, 962).

Gerichtsfehler: Es ist unerheblich, ob die Nachricht von der Bestellung auf einem Gerichtsfehler beruht, solange der Bestellte gutgläubig bleibt.

Niederlegung: Wegen einer Niederlegung des Mandats erst während der Hauptverhandlung LG Frankfurt a. M. Rpfleger 1982, 238.

Prozesspfleger: I gilt auch für den nach §§ 57, 58 ZPO bestellten Prozesspfleger.

Rechtsgrund: Der Rechtsgrund der Bestellung ist unerheblich. Maßgebend ist allein die Tatsache einer Bestellung. Auch → „Gerichtsfehler".

Rechtsmittelinstanz: Die Bestellung gilt über die Instanz hinaus, auch für die Beschwerde, die Rechtsbeschwerde, die Berufung und die Revision. Das ist auch dann so, wenn eine Revision unzulässig wäre, wenn das Gericht aber über diese Frage noch entscheiden muss. Sie gilt ferner für die Anfertigung der Revisionsbegründung oder der Revisionsbeantwortung. Denn auch diese Maßnahmen gehören zur notwendigen Verteidigung. Sie gilt weiter für eine Tätigkeit im Haftprüfungstermin des Revisionsverfahrens.

Das Gericht kann die Bestellung auch für die mündliche **Verhandlung** im Revisionsverfahren vornehmen. Es kann die Bestellung dann auf den ersten Rechtszug beschränken, falls es sich nicht um eine notwendige Verteidigung handelt.

Auch → „Revisionsverhandlung".

Revisionsverhandlung: Die Bestellung gilt nach § 350 III StPO grds. **nicht** für die mündliche Verhandlung im Revisionsverfahren, weil es dort keine notwendige Verteidigung gibt. Freilich kann das Gericht die Bestellung gerade auch auf diese Verhandlung erstrecken.

Rückwirkung: Die Bestellung gilt **grds. ab** ihrer **Vornahme.**

Sie gilt jedoch nach III, § 141 III StPO **ausnahmsweise** ohne Rücksicht auf den Zeitpunkt ihres Erlasses auch für ein Vorverfahren (OLG Koblenz Rpfleger 1981, 246; OLG Stuttgart JurBüro 1999, 415, Berufungsinstanz), → Rn. 1 (stillschweigende Bestellung) und → Rn. 51, 52, oder wegen der Anreisekosten (OLG Koblenz JurBüro 1993, 675), oder wegen einer Wahlverteidigertätigkeit vor einer Bestellung und Verbindung (OLG Hamm NStZ-RR 2002, 158).

Überflüssigkeit: Nicht anzuwenden ist III soweit der Rechtsanwalt zwar formell innerhalb der Bestellung tätig wird, jedoch überflüssige oder wertlose Handlungen vornimmt.

Umfang: Die Bestellung ergibt grds., in welchem Umfang das Gericht den Rechtsanwalt bestellt. Sofern es keine Einschränkungen gemacht hat, gilt die Bestellung für die gesamte Verteidigung in ihrem gesetzlichen Umfang bis zur Rechtskraft der

Entscheidung. Sie gilt evtl. sogar für das Wiederaufnahmeverfahren bis zur Entscheidung über den Antrag. Die Bestellung hat denselben Umfang, soweit das Gericht den Rechtsanwalt nur für die Hauptverhandlung bestellt hat. Denn die StPO lässt eine Bestellung nur für einen einzelnen Prozessabschnitt grds. nicht zu.

Vermögensrechtlicher Anspruch: Die Bestellung gilt auch für einen im Strafverfahren erhobenen solchen Anspruch (OLG Schleswig NStZ 1998, 101; strenger OLG Celle JurBüro 2017, 197).

Verordneter Richter: Die Bestellung gilt auch für einen Termin vor dem zB nach §§ 361, 362 ZPO beauftragten oder ersuchten Richter.

Vollmacht: Es ist unerheblich, ob der Beschuldigte eine Vollmacht zB nach § 80 ZPO erteilt.

Wahlverteidiger: Nicht anzuwenden ist III auf den bloßen Wahlverteidiger (OLG Hamburg MDR 1976, 952).

8. Vollmacht. Zur Anwaltseigenschaft und zur Beiordnung oder Bestellung muss grundsätzlich eine Vollmacht hinzutreten, um einen Vergütungsanspruch entstehen zu lassen (BGHZ 60, 252 (258) = NJW 1973, 757; OLG Zweibrücken JurBüro 1994, 749). Denn die Partei hat die Freiheit der Wahl desjenigen Rechtsanwalts, den das Gericht ihr nach § 121 I–III ZPO, § 76 FamFG beiordnen soll. Nur dann, wenn die Partei keinen zur Vertretung bereiten Rechtsanwalt findet, erfolgt die Beiordnung oder Bestellung eines vom Gericht ausgewählten Rechtsanwalts. Auch das ändert aber nichts an der Notwendigkeit einer Vollmacht. **13**

Die Vollmacht braucht **nicht schriftlich** zu erfolgen. Man kann sie auch stillschweigend erteilen. Sie liegt meist schon im eigenen PKH- oder VKH-Antrag. Sie kann sich auch aus einer aktenkundigen Tätigkeit des Rechtsanwalts ergeben (LG Berlin Rpfleger 1978, 270). Sie kann nachträglich erfolgen. Allerdings ergibt sie sich noch nicht aus einer allgemeinen Prozessförderung durch den Rechtsanwalt oder stets aus einer auftraglosen Geschäftsführung (aA KG Rpfleger 1985, 39, aber ein bestenfalls vermutbares Einverständnis ist noch keine erteilte Vollmacht). Eine Tätigkeit gegen den Willen des Nicht-Auftraggebers verhindert eine Vergütung. Das gilt unabhängig vom Beweggrund des Nicht-Auftraggebers und davon, ob seine Haltung nur einem Dritten bekannt war (vgl. BGHZ 138, 281 (287) = VIZ 1998, 401 (402 f.)), es sei denn, der Rechtsanwalt handelte im übergeordneten öffentlichen Interesse nach § 679 BGB. Auch ist Treu und Glauben mit zu beachten (BGH NJW 1990, 2542). **14**

9. Fehlen einer Vollmacht. Ohne eine Vollmacht liegt kein Vertragsverhältnis zB zum Mittellosen vor (BGHZ 60, 255 (258) = NJW 1973, 757; OLG Bamberg JurBüro 1978, 887). Der beigeordnete oder bestellte Rechtsanwalt hat dann einen Vergütungsanspruch gegen die Staatskasse noch nicht stets wegen seiner Bemühung um einen Auftrag und um eine Vollmacht (OLG Bamberg JurBüro 1978, 886). Er hat einen Vergütungsanspruch damit vielmehr nur insoweit, als er auf Grund seiner Fürsorgepflicht für die begünstigte Partei eine unaufschiebbare Handlung vornimmt (KG Rpfleger 1985, 39). Er muss gewissenhaft prüfen, ob die Handlung unaufschiebbar ist. Unter dieser Voraussetzung handelt er als ein Geschäftsführer ohne Auftrag. Er erhält daher gegenüber der begünstigten Partei einen Vergütungsanspruch nach §§ 677 ff., 812 ff. BGB (BGHZ 140, 355 = NJW 1999, 1464; BAG AP BRAGO § 121 Nr. 1; KG AnwBl 1985, 218), auch schon nach § 674 BGB (OLG Düsseldorf AnwBl 1983, 94; OLG Koblenz AnwBl 1997, 240; OLG Zweibrücken Rpfleger 1984, 115). Das kann zB dann eintreten, wenn der Rechtsanwalt im Verhandlungstermin einen Sachantrag stellt, um den Erlass eines Versäumnisurteils zu verhüten. **15**

IV. Sachlicher Anwendungsbereich. Ein einfacher Grundsatz wirft viele Fragen auf. **16**

1. Grundsatz: Tätigkeit innerhalb der Beiordnung oder Bestellung. Zur Anwaltseigenschaft, zur Beiordnung oder Bestellung und zur Vollmacht muss eine nach dem RVG gebührenpflichtige Tätigkeit nur oder zumindest auch gerade personell und sachlich im Rahmen der Beiordnung oder Bestellung und der Vollmacht hinzutreten (LG München II AnwBl 1984, 508). Sie mag auch durch einen Vertreter nach § 5 erfolgen. Ausnahmsweise mag sogar die Tätigkeit eines nicht zu § 5 gehörenden Vertreters reichen (OLG Stuttgart Rpfleger 1996, 83; LG Mainz MDR 1997, **17**

406; LAG Sachsen-Anhalt AnwBl 1995, 561; 1995, 562). Natürlich reicht erst recht die Tätigkeit eines anderen Mitglieds einer als solcher bevollmächtigten Sozietät (OLG Düsseldorf JurBüro 1991, 969 (970); OLG Frankfurt a. M. MDR 1988, 874). Auch die Tätigkeit eines Praxisabwicklers nach §§ 53 IX, 55 III BRAO reicht.

2. Beispiele zur Frage einer Tätigkeit innerhalb der Beiordnung oder Bestellung (I–V)

18 **Ablehnung der Tätigkeit:** Dann entsteht **kein** Anspruch nach § 45 (aA Gerold/Schmidt/Müller-Rabe Rn. 39, aber eine Tätigkeit ist die erste Anspruchsvoraussetzung).

Abtretung: Bei einer Abtretung des Vergütungsanspruchs ist die Angabe derjenigen einzelnen Rechtsstreitigkeit zu fordern, für die ein Vergütungsanspruch entstanden sein soll. Auch die Auszahlungsbehörde ist anzugeben. Bei einem künftigen Vergütungsanspruch ist wenigstens eine schon wirksam erfolgte Beiordnung oder Bestellung erforderlich. Daher ist eine Pfändung nach § 829 ZPO jedenfalls nicht zB für einen Anspruch „auf Auszahlung von Prozess- oder Verfahrenskostenhilfekosten" oder „aus einer künftigen Beiordnung oder Bestellung" zulässig. Ein Pfändungsgläubiger kann nach § 55 vorgehen.

Anwaltsfehler: Der Anspruch ist zwar grds. nicht von einem Erfolg der Tätigkeit des beigeordneten oder bestellten Rechtsanwalts abhängig (OLG Karlsruhe MDR 1992, 619). Wenn dieser aber wegen eines vertragswidrigen Verhaltens gegen seinen Auftraggeber auch beim Fehlen zB von PKH bzw. VKH keinen Anspruch hätte, erhält er auch keine Vergütung aus der Staatskasse (BVerwG Rpfleger 1995, 75; OLG Karlsruhe MDR 1992, 619).

Aufrechnung: Den Anspruch nach § 45 berührt eine Aufrechnung des Kostenschuldners gegenüber dem Kostengläubiger (Prozessgegner) nicht (AG Nürnberg AnwBl 1986, 455).

Erfolg: → „Anwaltsfehler".

Erledigung der Hauptsache: Es entsteht dann **kein** Anspruch nach § 45, wenn der Rechtsanwalt eine schon vor der Bewilligung dvon PKH oder VKH eingetretene Erledigung der Hauptsache nach § 91a ZPO dem Gericht nicht wie bei § 121 I 1 BGB unverzüglich angezeigt hat.

Erstattungsanspruch des Rechtsanwalts: Derjenige Anspruch des beigeordneten oder bestellten Rechtsanwalts auf eine Erstattung seiner Vergütung durch den in die Kosten verurteilten Gegner, den sich der Rechtsanwalt zB nach § 126 I ZPO, § 76 FamFG auch auf den eigenen Namen festsetzen lassen kann, bleibt durch den Anspruch gegenüber der Staatskasse nach §§ 45 ff. unberührt.

Mehrheit von Schuldnern: Es besteht zwischen den Schuldnern solcher mehreren Ansprüche auch kein Gesamtschuldverhältnis. Der Rechtsanwalt kann jeden Schuldner in Anspruch nehmen. Wegen der Anrechnung der Zahlungen § 58 II.

Pfändung: Es gilt dasselbe wie bei → „Abtretung".

Rückwirkung: Die Tätigkeit muss grds. der Beiordnung oder Bestellung **zeitlich nachfolgen** (OLG Schleswig JurBüro 1991, 227 (228); OLG Zweibrücken JurBüro 1994, 352; LSG Rheinland-Pfalz JurBüro 2018, 77). Sofern das Gericht den Rechtsanwalt allerdings mit einer Rückwirkung beigeordnet oder bestellt hat, kann auch die vor der Beiordnung oder Bestellung liegende Tätigkeit ausreichen. Eine Tätigkeit, die erst dem Zustandekommen des Auftrags dient, begründet grundsätzlich keinen Anspruch nach §§ 45 ff. Von dieser Regel gilt eine Ausnahme dann, wenn die Partei nach der Beiordnung oder Bestellung zunächst die Vollmacht erteilt hatte und wenn der Rechtsanwalt sie erst anschließend zur Erteilung der Information usw aufgefordert hat. Im Übrigen kann nach → Rn. 10–12 eine Tätigkeit nach der Beiordnung oder Bestellung, aber **vor der Vollmachtserteilung** ausreichen.

Verzicht: Ein Verzicht des beigeordneten oder bestellten Rechtsanwalts auf eine Zahlung gegenüber dem Auftraggeber berührt nicht seinen Anspruch gegen die Staatskasse (KG Rpfleger 1982, 396). Er kann aber auch ihr gegenüber zumindest wegen einer noch nicht angefallener Vergütung wirksam verzichten (KG Rpfleger 1982, 396; OLG Stuttgart FamRZ 2002, 1504 (1505); OVG Brandenburg NVwZ-RR 2003, 906).

Zahlungsunfähigkeit: Der Anspruch des beigeordneten oder bestellten Rechtsanwalts gegen einen später zahlungsfähigen Auftraggeber bleibt vom Anspruch nach § 45 unberührt. Diesen Anspruch kann der Rechtsanwalt allerdings erst nach einer Aufhebung zB der Bewilligung der PKH nach § 124 ZPO, § 76 FamFG geltend machen (OLG Hamburg MDR 1985, 941). Das gilt nur bei einer Erschleichung von PKH bzw. VKH oder der Beiordnung nicht.

V. Schuldner. Drei Beteiligte sind zu unterscheiden. Der Rechtsanwalt kann die 19 Reihenfolge einer Inanspruchnahme selbst bestimmen (aA OLG Celle JurBüro 1984, 1248, aber das Gesetz enthält keine Rangfolge, auch nicht in § 59).

1. Staatskasse. Zur Zahlung der Vergütung nach §§ 45 ff. ist die Staatskasse un- 20 mittelbar als Kostenschuldnerin (Erstschuldnerin) Schuldnerin (OLG München FamRZ 2006, 1461). Sie ist daher auch nicht ein bloßer Dritter nach § 14 I 4. Soweit es sich um ein Verfahren vor einem Bundesgericht handelt, ist die Bundeskasse Schuldnerin. Im Übrigen ist die Landeskasse Schuldnerin. Im Einzelnen ist diejenige Kasse zuständig, die für den Bezirk des beiordnenden Gerichts tätig wird, vgl. auch § 5 KostVfg. Die zuständige Staatskasse kann eine Einwendung nur aus § 54 erheben, nicht aus dem Recht des zB durch PKH oder VKH Begünstigten. Der Anspruch des beigeordneten Rechtsanwalt bleibt auch dann bestehen, wenn der Rechtsanwalt auch einen Streitgenossen nach §§ 59 ff. ZPO als Wahlanwalt vertritt (OLG Düsseldorf NJW-RR 1997, 1493; LG Frankenthal MDR 1997, 208; Riedel/Sußbauer/Ahlmann Rn. 45; aA BGH NJW 1993, 1715; LG Berlin NJW-RR 1997, 382, aber dann liegen zwei selbständige Rechtsverhältnisse des Rechtsanwalts vor). Freilich erhöht sich dann der Anspruch gegen die Staatskasse auch nicht. Eine solche Erhöhung nach VV 1008 erfolgt erst bei einer Beiordnung für mehrere Begünstigte.

2. Gegner. Der beigeordnete oder bestellte Rechtsanwalt kann einen Vergütungs- 21 anspruch gegenüber dem nach §§ 91 ff. ZPO, §§ 80 ff., 113 I 2 FamFG oder auf Grund eines Vergleichs auch wegen der Anwaltskosten erstattungspflichtigen Prozessgegner des Auftraggebers haben, zB nach § 126 I ZPO. Das gilt, soweit der Vergütungsanspruch nicht schon nach § 59 auf die Staatskasse übergegangen ist. Eine Einrede aus der Person der Partei ist nach § 126 II 1 ZPO unstatthaft. Der Prozessgegner kann nach § 126 II 2 ZPO mit solchen Kosten aufrechnen, die die Partei nach der in demselben Rechtsstreit über die Kosten erlassenen Entscheidung erstatten muss.

3. Mitteloser. Der beigeordnete Rechtsanwalt kann auch gegen den durch PKH 22 oder VKH Begünstigten einen Anspruch haben, sei es auf Grund des Anwaltsvertrags vor oder nach der Beiordnung oder Bestellung mit einer Vollmacht nach → Rn. 13, 14, sei es auch nach → Rn. 15 ohne eine Vollmacht nach §§ 677 ff. BGB. Das übersieht OLG München FamRZ 2006, 1461. Freilich schränken § 122 I Nr. 3 ZPO, § 76 FamFG die Geltendmachung ein. Soweit der Rechtsanwalt auch einen Streitgenossen oder Streithelfer des Mittellosen vertreten hat, können diese ihm (selbstverständlich) ebenfalls haften.

VI. Vergütungshöhe. Der Anspruch nach §§ 45 ff. umfasst die „gesetzliche Ver- 23 gütung" für dasjenige Verfahren und dort für denjenigen Umfang, für den das Gericht den Rechtsanwalt nach § 48 beigeordnet oder bestellt hat. Die gesetzliche Vergütung umfasst Gebühren und Auslagen (AG Aachen JurBüro 2005, 475). Sie findet freilich nach § 49 Grenzen. Sie lässt sich ohne eine Zustimmung des beigeordneten oder bestellten Rechtsanwalts nicht beschränken (OLG Oldenburg JurBüro 1995, 138). Eine Beschränkung lässt sich nicht einseitig nachholen (Fischer JurBüro 1999, 341 (344)). Auch der anstelle eines anderen Rechtsanwalts Beigeordnete oder Bestellte hat den vollen Vergütungsanspruch (OLG Celle NJW 2008, 2511; OLG Nürnberg AGS 2015, 29). Soweit es nach VV nicht auf den Umfang oder Schwierigkeitsgrad der Tätigkeit des Wahlanwalts ankommt, gilt dasselbe auch beim beigeordneten oder bestellten Rechtsanwalt. Seine Beiordnung kann nicht wirksam zu einem nur eingeschränkten Vergütungsanspruch erfolgen (OLG Karlsruhe JurBüro 1991, 80). Umsatzsteuer kommt wie sonst infrage (KG NJW 2009, 2754). Ein Vorsteuerabzugsrecht der bedürftigen Partei ist für den Vergütungsanspruch nicht zu beachten (Klüsener JurBüro 2017, 1 (2)).

24 Dazu kann auch eine **Einigungsgebühr** nach VV 1000 zählen (BGH JurBüro 1988, 1376; OLG Düsseldorf AnwBl 1992, 48 (3. ZS); OLG Zweibrücken AGS 2016, 492, auch zB eine Terminsgebühr; aA OLG Düsseldorf AnwBl 1983, 320 (6. FamS), mablAnm Chemnitz). Die Beiordnung kann sinnvollerweise gerade auch für eine Einigung erfolgen).

25 Bei den Gebühren darf der Festsetzungsbeamte **nicht prüfen, ob der Rechtsanwalt sachgemäß gehandelt** hat. Andernfalls würde der Festsetzungsbeamte den Rechtsanwalt in seiner Entschlussfreiheit beeinträchtigen können (aA OLG Düsseldorf MDR 1993, 1132 (10. FamS); MDR 1993, 584 (11. ZS); OLG Saarbrücken AnwBl 1988, 420, vgl. aber § 55).

26 Allerdings hat der beigeordnete oder bestellte Rechtsanwalt keinen Anspruch auf die Bezahlung solcher Gebühren, die er wegen einer offensichtlich **zwecklosen** oder gar unzulässigen Handlung entstehen ließ (OLG Karlsruhe NJW-RR 1987, 62 (63); OLG Saarbrücken JurBüro 2005, 484, Treu und Glauben beachten), insbesondere etwa nur zur Erzielung von Einkünften (LAG Baden-Württemberg BB 1989, 296 (Ls.) = BeckRS 1988, 30862089, aber grundsätzlich ist der Beiordnungs- oder Bestellungsumfang maßgebend; OLG Düsseldorf MDR 1989, 827). § 14 I ist anzuwenden (OLG Düsseldorf AnwBl 1982, 254; aA OLG München Rpfleger 1991, 464 (465), nur eingeschränkt anzuwenden. Aber man muss sich auf die Beiordnung oder Bestellung auch insofern verlassen können).

27 Bei **Auslagen** ist dagegen nach § 46 I eine Prüfung der Sachdienlichkeit erforderlich. Eine **Gebührenvereinbarung** der später begünstigten Partei mit dem damaligen Wahlanwalt vor dem Zeitpunkt seiner Beiordnung ist nach § 3a III 1 unerheblich.

28 **VII. Fälligkeit.** Sie richtet sich nach § 8, dabei nach den frühesten von mehreren Fälligkeitsterminen (BGH NJW-RR 1992, 254; OLG Köln JurBüro 1993, 345; OLG München AnwBl 1985, 596 (597) mzustAnm Chemnitz). Zu den dort erörterten Gründen der Beendigung der Beiordnung oder Bestellung meist mit der Beendigung der Angelegenheit treten: ein Vertretungsverbot; die Aufhebung der Beiordnung nach § 48 II BRAO und nicht erst das Instanzende (aA OLG Hamburg JurBüro 1991, 233), oder gar die Rechtskraft (aA OLG Bamberg JurBüro 1990, 1281; OLG Hamm NStZ 1997, 41).

29 **Weiter zählen hierzu:** Die Aufhebung der Bewilligung von PKH oder VKH nach § 124 ZPO, § 76 FamFG; beim Beweisanwalt die Beendigung der dortigen Beweisaufnahme. Allerdings kann der Rechtsanwalt für eine solche Einigung noch eine Vergütung nach §§ 45 ff. fordern, an der er mitgewirkt hat und die erst nach dem Zeitpunkt der Verweisung abgeschlossen oder wirksam wurde.

30 **Weiterer Beendigungsgrund:** Der Tod der begünstigten Partei. Das gilt freilich nur mit der Einschränkung, dass der beigeordnete oder bestellte Rechtsanwalt entsprechend § 674 BGB eine Vergütung für eine solche Tätigkeit erhält, bei deren Vornahme er vom Tod noch keine Kenntnis hatte und auch nicht zu haben brauchte. Soweit er allerdings als ein Wahlanwalt des Rechtsnachfolgers der Partei von diesem eine Gebühr erhalten kann, kann er für die Tätigkeit nach dem Tod des Rechtsvorgängers keine Vergütung nach §§ 45 ff. beanspruchen. Ein **Vorschuss** kommt nach § 47 schon vor der Fälligkeit infrage.

31 **VIII. Verjährung.** Der Anspruch des beigeordneten oder bestellten Rechtsanwalts verjährt nach § 8 II (LAG München AnwBl 1994, 424; aA Riedel/Sußbauer/Ahlmann Rn. 39, 30 Jahre), evtl. erst nach einer dortigen Hemmung. Eine Verjährung berechnet sich je Angelegenheit nach → § 15 Rn. 9 ff. (OLG Düsseldorf AnwBl 1990, 324; OLG Frankfurt a. M. JurBüro 1988, 1010; OLG München AnwBl 1999, 78). Sie beginnt dann nach derselben Zeit wie gegenüber dem Auftraggeber auch gegenüber der Staatskasse (OLG Stuttgart JurBüro 2002, 538), also nach § 195 BGB nach drei Jahren (vgl. BGH NJW-RR 1992, 254; OLG Braunschweig JurBüro 2001, 308; OLG Stuttgart JurBüro 2002, 538). Die Frist beginnt nach §§ 199 I, 201 Nr. 1 BGB mit dem Ablauf desjenigen Kalenderjahrs, in dem der Anspruch entstanden ist und in dem der Rechtsanwalt von den anspruchsbegründenden Umständen und der Person des Schuldners Kenntnis erlangt oder ohne grobe Fahrlässigkeit erlangen

müsste (BGH NJW-RR 1992, 254; KG Rpfleger 1988, 122; LAG München MDR 1994, 738).

Die **Staatskasse** hat die Einrede der Verjährung aus einem eigenem Recht. Der Lauf der Frist ist also von einer Verjährungsfrist für einen Anspruch des beigeordneten oder bestellten Rechtsanwalts gegen die begünstigte Partei unabhängig. Die Berufung auf eine Verjährung kann ausnahmsweise wegen eines Rechtsmissbrauchs nicht zu beachten sein (OLG Frankfurt a. M. FamRZ 1988, 1184 (1185)). Der rechtskräftig festgestellte Vergütungsanspruch verjährt nach § 197 I Nr. 3 BGB nach 30 Jahren. 32

IX. Zurückzahlung. Der beigeordnete oder bestellte Rechtsanwalt muss einen zuviel erhaltenen Betrag an die Staatskasse zurückzahlen. Das gilt auch bei einer grob fahrlässigen Vereitelung des Übergangs der Forderung auf die Landeskasse (LG Berlin VersR 1985, 460). Denn er ist insofern ungerechtfertigt bereichert. Der Rückzahlungsanspruch der Staatskasse ist aber öffentlich-rechtlich (LG Ulm AnwBl 1978, 264 (264); Krämer AnwBl 1979, 168). Die Staatskasse kann diesen Rückzahlungsanspruch nach § 1 Nr. 8 JustBeitrG geltend machen. Der Rechtsanwalt kann nicht einwenden, er sei nicht mehr bereichert. 33

Er hat aber den Einwand, er habe **darauf vertrauen können,** den erhaltenen Betrag behalten zu dürfen (OLG Frankfurt a. M. NJW 1975, 706; LG Bochum AnwBl 1984, 105 (106); aA LG Ulm AnwBl 1978, 263 (264)). 34

Das Recht der **Nachforderung** nach § 20 GKG, § 19 FamGKG gilt auch hier (LG Ulm AnwBl 1978, 263 (264)). Die dort genannte Frist beginnt nicht vor der formellen Rechtskraft des Abschlusses des Hauptverfahrens oder vor der Kenntnis von der erstmaligen Festsetzung (KG Rpfleger 1976, 110). Der beigeordnete oder bestellte Rechtsanwalt kann nicht auf die Feststellung klagen, dass der Staatskasse ein Rückzahlungsanspruch nicht zustehe. Denn darin würde eine Umgehung des Ausschlusses des ordentlichen Rechtswegs liegen. 35

X. Anspruch gegen die Staatskasse (II). Die Voraussetzungen und das Verfahren sind zu beachten. 36

1. Beiordnung oder Bestellung. Das Gericht muss den Rechtsanwalt nach → Rn. 3 ff. entweder nach §§ 138, 270 FamFG oder nach §§ 109 III, 119 VI StVollzG nach § 47 I 2 beigeordnet haben, oder es muss ihn nach § 67a I 2 VwGO nach § 40 bestellt haben. 37

2. Verzug. Der Antragsgegner muss für denjenigen Zeitraum mit der Zahlung der Vergütung im Verzug sein, in dem das Gericht den Rechtsanwalt bereits nach → Rn. 37 beigeordnet oder bestellt hat und soweit auch nicht ein nachfolgender Vertrag zwischen dem Antragsgegner und dem Rechtsanwalt und eine vertragsgemäße Zahlung des Auftraggebers diese Beiordnung oder Bestellung überholt hat. Erst dann hat der Rechtsanwalt im Anschluss an ein vorher bloßes Anwartschaftsrecht einen nicht mehr aufschiebend bedingten, sondern endgültigen Vergütungsanspruch gegenüber der Staatskasse. Das folgt nach → Rn. 2 aus dem mit der Beiordnung oder Bestellung entstehenden Rechtsverhältnis zwischen dem Rechtsanwalt und dem beiordnenden oder bestellenden Staat. 38

Der Antragsgegner muss sich gerade mit der Zahlung der gesetzlichen Vergütung eines bestellten oder beigeordneten Rechtsanwalts gänzlich oder mit einem nicht völlig unbedeutenden Teilbetrag im **Verzug** befinden, also nicht etwa mit einer Zahlung auf Grund des inzwischen zustande gekommenen Vertragsverhältnisses mit dem Rechtsanwalt. 39

Der Verzug ist nach **§§ 286 ff. BGB** zu beurteilen (großzügiger BGH NJW 1998, 1870: Glaubhaftmachung nach § 294 ZPO reicht). Es muss also zunächst die Vergütungsforderung nach § 8 I fällig geworden sein. Sodann muss der Rechtsanwalt dem Antragsgegner eine dem § 10 entsprechende Rechnung zugesandt haben. Schließlich muss der Antragsgegner nach § 286 III 1 BGB binnen 30 Tagen seit der Fälligkeit und dem Rechnungszugang nicht geleistet haben. Der Rechtsanwalt muss den Verzug beweisen. 40

Einen **Vorschuss** kann der beigeordnete oder bestellte Rechtsanwalt aus der Staatskasse unter den Voraussetzungen des § 47 I 2 fordern. 41

42 **3. Verfahren.** Zunächst ist der Umfang der Beiordnung nach § 48 zu ermitteln (OLG Koblenz FamRZ 1985, 618 (619)). Der Vergütungsanspruch geht nur auf denjenigen Betrag, den ein im PKH-Verfahren nach § 121 ZPO beigeordneter Rechtsanwalt hat. Der Anspruch unterliegt den von Amts wegen beachtbaren, wenn auch nicht von Amts wegen ermittelbaren allgemeinen rechtshindernden oder -vernichtenden Umständen wie zB der Erfüllung oder einem Rechtsmissbrauch. Er kann auch bei einem sonstigen Verschulden des beigeordneten oder bestellten Rechtsanwalts nach § 54 entfallen, etwa bei der vorwerfbaren Verursachung einer zu teuren Tätigkeit, also bei einer Schlechterfüllung (OLG München JurBüro 2004, 37; LG Köln Rpfleger 1990, 371; LAG Baden-Württemberg JurBüro 1992, 401), auch bei der Versäumung einer Wiedereinsetzung (BVerwG Rpfleger 1995, 75; OLG Karlsruhe MDR 1992, 619). Die bloße Tätigkeit innerhalb der Beiordnung ist aber (selbstverständlich) nicht vorwerfbar (OLG Düsseldorf MDR 1989, 827; aA OLG Düsseldorf JurBüro 1994, 547; OLG München JurBüro 1993, 617).

43 Der beigeordnete oder bestellte Rechtsanwalt erhält seine **Auslagen** entsprechend § 46 erstattet. Ein Auslagenverzicht ist widerruflich (OLG Hamm AnwBl 1980, 39). Die aus der Staatskasse zahlbare Vergütung wird im Verfahren nach § 55 **festgesetzt** (OLG Koblenz FamRZ 1985, 618 (619)). Eine Anrechnung solcher Vorschüsse oder Zahlungen, die der beigeordnete oder bestellte Rechtsanwalt von dem Antragsgegner oder von einem Dritten vor oder nach der Beiordnung oder Bestellung erhalten hat, richtet sich nach § 58 II.

44 Soweit dem beigeordneten oder bestellten Rechtsanwalt wegen seiner Vergütung ein Anspruch gegen den Antragsgegner oder den ersatzpflichtigen Prozessgegner des Antragsgegners zusteht, **geht der Anspruch** entsprechend § 59 mit der Befriedigung des Rechtsanwalts durch die Staatskasse auf diese **über.**

45 **XI. Sonstige Bestellung oder Beiordnung (III).** Die Vorschrift regelt in einem Auffangtatbestand, welche Kasse dem außerhalb → Rn. 36–44 auf einen Antrag oder von Amts wegen wirksam ausdrücklich oder eindeutig stillschweigend gerichtlich oder bei V verwaltungsbehördlich bestellten oder beigeordneten Rechtsanwalt Gebühren und Auslagen zahlen muss. Das kann etwa nach §§ 118a II 3, 140 I–III, 141, 350 III StPO, § 68 JGG geschehen sein. III gilt auch beim anstelle eines Pflichtverteidigers bestellten Verteidiger (OLG Karlsruhe NJW 2008, 2935). Es ist eine unbeschränkte Bestellung möglich. Die Kasse braucht nach § 55 I keineswegs demselben Gericht zuzugehören, dessen Urkundsbeamter die Vergütung festgesetzt hat. III nennt auch diejenige Kasse, an die der Rechtsanwalt nach § 58 III 2, 3 eine **Rückzahlung** leisten oder eine Mitteilung richten muss.

46 Die Vorschrift **dient** der Klarstellung der Zuständigkeiten und damit der Rechtssicherheit. Deshalb ist sie streng auszulegen, freilich nicht nur zulasten, sondern auch zugunsten des Rechtsanwalts. Sein Anspruch hängt nicht von einer Zahlungsfähigkeit des Beschuldigten ab.

47 **1. Staatskasse (III 1).** Es kommt für die Zuständigkeit darauf an, welches Gericht den Rechtsanwalt bestellt oder beigeordnet hat, also nicht darauf, vor welchen Gerichten der Bestellte oder Beigeordnete tätig geworden ist. Soweit ein Bundesgericht tätig wurde, ist die Bundeskasse zuständig, im Übrigen die Landeskasse.

48 **Wahlweise** gegen die Staatskasse oder nach § 52 gegen den Beschuldigten kann der Rechtsanwalt vorgehen. Er muss sich aber nach § 58 III eine Zahlung des Beschuldigten auf den Anspruch gegen die Staatskasse anrechnen lassen.

49 **2. Bestellung oder Beiordnung durch mehrere Gerichte (III 2, 3).** Soweit zunächst ein Gericht des Bundes und anschließend ein Gericht des Landes den Rechtsanwalt bestellt oder beigeordnet hat, kommen unterschiedliche Zahlstellen in Betracht. Maßgeblich ist, welche Vergütung der Rechtsanwalt bereits durch die Tätigkeit bei demjenigen Gericht verdient hatte, das ihn bestellt oder beigeordnet hat. Es kommt also darauf an, welche Gebühren bereits durch jene Tätigkeit des Rechtsanwalts entstanden sind und welchen Umfang der Tätigkeit sie abgelten.

50 Diese Gebühren trägt diejenige Kasse, deren Gericht beigeordnet hat. Das nach einer **Verweisung** entstandene Mehr an Gebühren zahlt diejenige Kasse, an deren Gericht die Sache nunmehr gekommen ist. Bei Auslagen entscheidet der Zeitpunkt der Entstehung. III 3 schafft die entsprechende Regelung für den Fall, dass zunächst

ein Gericht eines Landes und sodann ein Gericht des Bundes eine Bestellung oder Beiordnung vorgenommen hatten.

Soweit zunächst ein Gericht des **einen** Bundeslandes, sodann ein Gericht eines **anderen** Bundeslandes die Bestellung oder Beiordnung vorgenommen hatten, ist III entsprechend anzuwenden. 51

Nach **V** tritt in der Lage → Rn. 45–52 im Bußgeldverfahren die Verwaltungsbehörde an die Stelle des Gerichts. 52

XII. Abraten von Wiederaufnahme (IV). Für die Vorbereitung des Antrags auf die Wiederaufnahme zB nach §§ 578 ff. ZPO, die Stellung eines solchen Antrags und die Vertretung im Verfahren bis zur Entscheidung über den Antrag, erhält der Rechtsanwalt Gebühren nach VV 4137–4141 und im Bußgeldverfahren solche nach allenfalls VV 5200. Denn dort fehlt eine den VV 4137–4141 entsprechende direkte Regelung. Nach VV 4137 Anm. entsteht nach IV 1 eine Geschäftsgebühr grundsätzlich auch dann, wenn der Rechtsanwalt dem Auftraggeber davon abrät, einen Wiederaufnahmeantrag zu stellen. Das gilt nach IV 2 auch entsprechend im Wiederaufnahmeverfahren nach § 85 OWiG. 53

Falls der Rechtsanwalt aber als ein **gerichtlich bestellter oder beigeordneter** Verteidiger tätig wird, ist diese Regelung nur anzuwenden, sofern das Gericht ihn bereits vor diesem Abraten nach § 364b I 1 Nr. 1 oder 2 oder 3 StPO bestellt hatte oder falls das Gericht in demjenigen Zeitpunkt, in dem der Verteidiger dem Auftraggeber vom Wiederaufnahmeantrag abriet, nach § 364b I 2 StPO durch einen Beschluss festgestellt hatte, dass die Voraussetzungen einer Bestellung nach § 364b I 1 Nr. 1–3 StPO vorlagen. Auf eine Vollmacht des Verurteilten kommt es dann nicht an. 54

XIII. Bußgeldverfahren vor Verwaltungsbehörde (V). Infolge der Verweisung in V 1 gilt III nach → Rn. 45 ff. entsprechend. Die Zuständigkeit ergibt sich aus V 2. Maßgebend ist, welches Verfahren tatsächlich stattfindet. 55

Auslagen und Aufwendungen

46 **I Auslagen, insbesondere Reisekosten, werden nicht vergütet, wenn sie zur sachgemäßen Durchführung der Angelegenheit nicht erforderlich waren.**

II 1 Wenn das Gericht des Rechtszugs auf Antrag des Rechtsanwalts vor Antritt der Reise feststellt, dass eine Reise erforderlich ist, ist diese Feststellung für das Festsetzungsverfahren (§ 55) bindend. 2 Im Bußgeldverfahren vor der Verwaltungsbehörde tritt an die Stelle des Gerichts die Verwaltungsbehörde. 3 Für Aufwendungen (§ 670 des Bürgerlichen Gesetzbuchs) gelten Absatz 1 und die Sätze 1 und 2 entsprechend; die Höhe zu ersetzender Kosten für die Zuziehung eines Dolmetschers oder Übersetzers ist auf die nach dem Justizvergütungs- und -entschädigungsgesetz zu zahlenden Beträge beschränkt.

III 1 Auslagen, die durch Nachforschungen zur Vorbereitung eines Wiederaufnahmeverfahrens entstehen, für das die Vorschriften der Strafprozessordnung gelten, werden nur vergütet, wenn der Rechtsanwalt nach § 364b Absatz 1 Satz 1 der Strafprozessordnung bestellt worden ist oder wenn das Gericht die Feststellung nach § 364b Absatz 1 Satz 2 der Strafprozessordnung getroffen hat. 2 Dies gilt auch im gerichtlichen Bußgeldverfahren (§ 85 Absatz 1 des Gesetzes über Ordnungswidrigkeiten).

Übersicht

1 **I. Systematik.** Zu der in § 45 genannten gesetzlichen Vergütung, auf die der beigeordnete oder bestellte Rechtsanwalt einen Anspruch hat, zählen nach § 1 I auch die Auslagen für seine Berufstätigkeit nach VV 7000 ff. Von diesem Grundsatz enthält § 46 Ausnahmen.

2 **II. Regelungszweck.** Die Vorschrift bezweckt eine Eingrenzung der Möglichkeit des beigeordneten oder bestellten Rechtsanwalts, Auslagen geltend zu machen. Das dient der Kostendämpfung. Als eine Ausnahmevorschrift gegenüber der in → Rn. 1 genannten Regelung ist § 46 ungeachtet des vorgenannten Zwecks regelmäßig einschränkend auszulegen. Andererseits darf die Auslegung nicht zu einer nach Art. 12 GG unzumutbaren Unterstützung führen (BVerfG NJW 2001, 1269). II dient einer Erleichterung des beigeordneten oder bestellten Rechtsanwalts bei der Prüfung, ob eine Auslage als erforderlich bewertbar sein wird, und einer Erleichterung seiner Partei bei der Prüfung, ob sie solche Auslagen selbst bezahlen will. Auch das ist bei der Auslegung mit zu beachten.

3 **III. Anwendungsbereich. I 1** erfasst nach → Rn. 5 alle gerade durch die Beiordnung oder Bestellung verursachten und dazu erforderlichen Arten von Auslagen des beigeordneten oder bestellten Rechtsanwalts ab der Wirksamkeit seiner Beiordnung oder Bestellung und nicht nur Reisekosten nach § 91 ZPO. Das ergibt sich aus dem Wort „insbesondere". I 1 erfasst auch den örtlich zugelassenen Rechtsanwalt (AG Büdingen FamRZ 2008, 1461).

4 **II 1, 2** erfasst nur Reisekosten. **II 3** erfasst auch „andere Auslagen" nach VV 7000 ff.

5 **1. Auslagenarten.** Hierher zählen auch die Auslagen für einen Dolmetscher, den der beigeordnete oder bestellte Rechtsanwalt zuzieht, um überhaupt eine brauchbare Information zu erlangen (OLG Hamm FamRZ 2008, 1463; LG Koblenz JurBüro 2001, 642 = NStZ-RR 2001, 351 (Ls.), Grenzen beim auswärtigen „Vertrauensdolmetscher"; LG Bochum JurBüro 2002, 147; AG Wermelskirchen AGS 2002, 20, je zur Beratungshilfe; aA LAG Hamm MDR 1985, 435, aber solche Dolmetscherhilfe ist oft unentbehrlich und darum eine typische Auslage).

2. Beispiele zur Frage der Auslagenarten

6 **Allgemeine Geschäftsunkosten: Nicht hierher zählen** allgemeine Geschäftsunkosten nach VV Vorb. 7 I (VG Oldenburg Rpfleger 1991, 160), etwa der Kaufpreis oder die Miete für eine Schreibmaschine oder die Kosten der in jedem Anwaltsbüro erforderlichen Fachliteratur.

BGB-Anwendbarkeit: Hierher gehören solche Auslagen, für die der beigeordnete oder bestellte Rechtsanwalt nach den §§ 670, 675 I BGB vom Auftraggeber eine Erstattung fordern könnte (LG Lübeck MDR 1978, 1033).

Beiordnung usw: Nicht hierher gehören Aufwendungen vor der Wirksamkeit einer Beiordnung oder Bestellung, auch einer evtl. rückwirkenden (OLG Düsseldorf Rpfleger 1979, 35; aA LG Bielefeld AnwBl 1979, 185).

Ortstermin: Hierher gehören Kosten aus Anlass der Teilnahme an demjenigen Ortstermin, den ein Sachverständiger zur Vorbereitung eines Gutachtens anberaumt hat.

Terminsvertretung: Hierher gehören die Kosten für einen wegen eigener schuldloser Verhinderung notwendigen Terminsvertreter (LAG Niedersachsen NZA-RR 2006, 597 (598)).

Umsatzsteuer: Hierher gehört diese Steuer nach VV 7008.

Vorschuss aus eigenen Mitteln: Nicht hierher gehören solche in Wahrheit nur der Partei entstehenden Aufwendungen, die der Rechtsanwalt ihr lediglich aus eigenen Mitteln vorschießt.

3. Beiordnungsarten. § 46 gilt grundsätzlich auch für den in einer Strafsache beigeordneten oder in einem Bußgeldverfahren bestellten Rechtsanwalt (OLG Koblenz JurBüro 1993, 675, auch wegen Anreisekosten vor der Bestellung im Ausnahmefall), oder für den in einem Auslieferungsverfahren beigeordneten Rechtsanwalt oder für den im gerichtlichen Verfahren auf eine Freiheitsentziehung beigeordneten Rechtsanwalt (VV 6300–6303). § 46 gilt auch im Rahmen einer Beratungshilfe. Wegen des beigeordneten Vertreters im Patentanmeldeverfahren BPatG GRUR 1991, 130). **7**

4. Anwendungsgrenzen. Soweit wegen § 46 kein Anspruch auf einen Auslagenersatz gegenüber der Staatskasse besteht, kann nach § 58 II ein entsprechender Anspruch gegenüber dem Auftraggeber bestehen bleiben. Wegen des Vorschusses vgl. § 47. Der sich selbst verteidigende Rechtsanwalt hat keinen Anspruch. Das gilt trotz der Verweisung des § 464a II Nr. 2 StPO auf § 91 II 3 ZPO (BVerfG NJW 1998, 2205; LG Berlin NJW 2007, 1477; LG Potsdam Rpfleger 2014, 338). **8**

Wegen der eventuellen Zuständigkeit des **EuGH** BSG NJW 1984, 576. **9**

IV. Nicht erforderliche Auslagen (I). Der folgende Grundsatz hat zahlreiche Auswirkungen. **10**

1. Grundsatz: Beweislast der Staatskasse. Zunächst → Rn. 1–6. Ein Anspruch auf einen Auslagenersatz entfällt nur insofern, als die Auslagen nicht erforderlich waren. Aus der Fassung folgt, dass die Staatskasse nach → Rn. 15 beweisen muss, dass die Auslagen nicht erforderlich waren. Im Zweifel bleibt also der Ersatzanspruch bestehen, anders als beim Erstattungsanspruch gegenüber dem unterliegenden Prozessgegner des Auftraggebers nach §§ 91 ff. ZPO usw. **11**

Daran **ändert** auch die Fassung von **II nichts** (BPatG GRUR 1991, 130; OLG Düsseldorf MDR 1984, 426; KG Rpfleger 1995, 226; aA KG JurBüro 2009, 31). Aber auch → Rn. 16. **12**

Unzulässig ist die Erstattung der Kosten von objektiv **nicht notwendigen Fotokopien.** Das gilt auch dann, wenn die Kosten 3% der Gesamtkosten nicht übersteigen (aA OLG Düsseldorf MDR 1984, 426, aber kein Rechtsanwalt darf schludrig arbeiten). **13**

2. Auslagenbegriff. Zunächst → Rn. 1–6 und VV 7000 ff. Es kommen grundsätzlich nur solche Auslagen in Betracht, die der Rechtsanwalt für eine Tätigkeit nach der Beiordnung oder Bestellung tatsächlich gemacht hatte. Solche Auslagen, die vor dem Zeitpunkt der Beiordnung oder Bestellung entstanden sind, zählen jedenfalls insoweit nicht hierher, als die Beiordnung oder Bestellung nicht rückwirkend erfolgte (OLG Düsseldorf Rpfleger 1979, 35; OLG Koblenz Rpfleger 1981, 246; aA LG Bielefeld AnwBl 1979, 185). **14**

3. Sachgemäße Durchführung der Angelegenheit. Für die Frage, ob die Auslagen nicht erforderlich waren, kommt es darauf an, ob der beigeordnete oder bestellte Rechtsanwalt die Angelegenheit auch ohne diese Auslagen sachgemäß durchführen konnte. Auch insofern trägt die Staatskasse nach → Rn. 10 die Beweislast (KG Rpfleger 1995, 226). Im Zweifel zugunsten des Rechtsanwalts (OLG Schleswig SchlHA 1998, 318; Mümmler JurBüro 1995, 249). Maßgebend ist dabei der Entstehungs- und nicht der spätere Festsetzungszeitpunkt. **15**

4. Kostensparsamkeit. Allerdings ist in diesem Zusammenhang der allgemeine Kostengrundsatz zu berücksichtigen, dass jede Partei und daher auch jeder für sie tätige Rechtsanwalt die Kosten und damit auch die Auslagen möglichst niedrig halten **16**

müssen (BGH NJW-RR 2011, 230; 2013, 337; LAG Berlin-Brandenburg NZA-RR 2013, 260). Im Übrigen kann ein Anscheinsbeweis gegen die Erforderlichkeit sprechen und die Beweislast umkehren (OLG Rostock JurBüro 2014, 638).

17 **5. Abwägung.** Die Prüfung, ob die Erforderlichkeit fehlte, ist vor allem aus der Sicht des Rechtsanwalts und nicht nur des Gerichts und unter einer Berücksichtigung aller Umstände vorzunehmen (OLG Naumburg JurBüro 2001, 481 (482); OLG Rostock JurBüro 2014, 638; VG Oldenburg Rpfleger 1991, 160). Es kommt auf den Sachverhalt an, auf die Prozesslage (LAG Hamm AnwBl 1984, 316), auf einen etwaigen Zeitdruck infolge einer kurzen gerichtlichen Frist ebenso wie auf die Entfernungen zum Wohnsitz eines Zeugen oder Sachverständigen, zum Unfallort oder auf die Schriftgewandtheit des Auftraggebers. Es kann darauf ankommen, ob eine entlegene Rechtsmaterie vorliegt, ob eine Berührung mit einem Auslandsrecht stattfindet, ob die Entscheidung für den Auftraggeber eine besondere wirtschaftliche oder immaterielle Bedeutung hat usw.

18 Der beigeordnete oder bestellte Rechtsanwalt darf trotz des Umstands, dass ihn in erster Linie die Staatskasse bezahlen soll, **keineswegs fiskalische Interessen** dem Interesse des Auftraggebers an einer sachgerechten Bearbeitung vorziehen. Er hat freilich oft einen etwas geringeren finanziellen Spielraum als ein Wahlanwalt. Er muss den Kostengesichtspunkt und die übrigen Aspekte sorgfältig abwägen.

19 **6. Zweckmäßigkeit.** Was bei dieser Abwägung nachträglich betrachtet zumindest zweckmäßig oder ratsam war, das braucht zwar nicht unbedingt erforderlich zu sein. Wegen der nötigen engen Auslegung von I reicht eine objektive Zweckmäßigkeit aber durchweg doch aus, um den Anspruch bestehen zu lassen.

20 **Nicht erforderlich** ist aber dasjenige, was nur auf einer objektiv unnötige Kosten auslösenden Anweisung des Auftraggebers beruht. Mag er dem Rechtsanwalt solche Zusatzauslagen bezahlen müssen. Das kann jedoch die Staatskasse nicht schon deshalb ebenfalls binden.

7. Beispiele zur Frage einer Erforderlichkeit (I)

21 **Ablichtung:** Kosten einer Ablichtung (zB Fotokopie) statt einer Abschrift sind bei einem weder zu strengen noch zu großzügigen Maßstab meist grds. erforderliche Auslagen (BVerwG NJW 1971, 209; OLG Stuttgart JurBüro 1983, 577; AG Bonn AnwBl 1998, 217; aA OLG Schleswig SchlHA 1985, 78; VG Oldenburg Rpfleger 1991, 160, aber VV 7000 Nr. 1 usw erwähnen angesichts der heutigen Verhältnisse die Abschrift schon gar nicht mehr).

Ablichtungskosten können **entbehrlich** sein, soweit der beigeordnete oder bestellte Rechtsanwalt die Akten ungesichtet Blatt für Blatt abgelichtet hat (BFHE 140, 426 = BB 1984, 1351), oder soweit der Rechtsanwalt einen Anspruch auf eine unentgeltliche Anfertigung und Überlassung durch das Gericht hat.

Auch → „Abschrift".

Abschrift: Die Kosten einer zusätzlichen Abschrift können erforderliche Auslagen sein, zB bei § 23 BVerfGG (BVerfG AnwBl 1961, 21). Das gilt, obwohl VV 7000 Nr. 1 usw die Abschrift neben der Ablichtung schon gar nicht mehr erwähnt. Denn das kann verständigerweise nicht einfach bedeuten, dass der Rechtsanwalt überhaupt keine Abschrift mehr auf fremde Kosten machen dürfte.

Eine **Entbehrlichkeit** kann vorliegen, soweit eine Abschrift nur deshalb notwendig wurde, weil der Auftraggeber sich durch ein eigenes Verschulden die Möglichkeit genommen hatte, seinem Rechtsanwalt die Unterlagen zu beschaffen, oder soweit es sich um solche zusätzliche Abschriften handelt, die nicht unter Sondervorschriften fallen. In solchen Normalfällen kommt es auch nicht auf das Einverständnis zB des durch die PKH begünstigten Auftraggebers an. Daher kann die Erforderlichkeit zB dann fehlen, wenn der Bekl. zur Begründung seiner Einwendungen eine Berechnung beigefügt hat. Auch → „Ablichtung".

Aktenauszug: Kosten von Abschriften oder Ablichtungen einer Akte können in folgenden Fällen erforderliche Auslagen sein: Es geht um die erstinstanzliche Akte, und der etwa mit Recht gesondert beauftragte zweitinstanzliche Rechtsanwalt benötigt diese, es sei denn, der erstinstanzliche Rechtsanwalt hätte diese Teile aus seiner Handakte entfernt; der Rechtsanwalt braucht einen Auszug aus der Strafakte zur Durchführung der Verteidigung (AG Brilon Rpfleger 1993, 206; AG Kassel AnwBl 1988, 126).

Alles das gilt, soweit man dem Auftraggeber die Beschaffung der Unterlagen **nicht zumuten** kann.

Aktenversendung: Es gelten dieselben Maßstäbe wie bei KV 9003 GKG (KG JurBüro 1980, 1198).

Anschrift: Kosten der Anschriftenermittlung etwa wegen eines dringend erforderlichen Zeugen können erforderlich sein.

Auskunft: Ihre Kosten können erforderlich sein.

Beiordnung, Bestellung: Unkosten können **entbehrlich** sein, soweit sie vor der Beiordnung oder Bestellung des Rechtsanwalts entstanden sind (OLG Düsseldorf Rpfleger 1979, 35; OLG Koblenz Rpfleger 1981, 246; aA LG Bielefeld AnwBl 1979, 185, aber dann würden die Grenzen verschwimmen). Eine Entbehrlichkeit kann ferner vorliegen, soweit der beigeordnete oder bestellte Rechtsanwalt dem Auftraggeber einen Betrag vorgeschossen hat (OLG Karlsruhe JurBüro 1975, 487).

Dokumentenpauschale: → „Ablichtung", → „Abschrift".

Dolmetscher: Kosten eines Dolmetschers können zB dann erforderliche Aufwendungen nach I 3 sein, wenn ihn der Rechtsanwalt zur Verständigung mit dem Auftraggeber usw wirklich benötigt (vgl. BVerfG Rpfleger 2004, 179; OLG Brandenburg Rpfleger 2002, 367; AG Wermelskirchen AGS 2002, 20). Der Höhe nach begrenzen §§ 8 ff. JVEG die Erstattung. Auch → Rn. 31 „Übersetzung".

Eigenes Interesse: Unkosten können **entbehrlich** sein, soweit der Rechtsanwalt sie nur im eigenen Interesse entstehen lässt, etwa zur Durchsetzung seines Vergütungsanspruchs gegenüber der Staatskasse oder zur Ergänzung einer Fallsammlung usw.

Einverständnis des Auftraggebers: Es ist anders als bei VV 7000 weder erforderlich noch ausreichend.

Fotokopie: → „Ablichtung"

Gutachten: Kosten eines Arztgutachtens zur Vorklärung eines Kunstfehlers können erforderliche Auslagen sein (AG Hanau AnwBl 1989, 62 (63) mzustAnm Greissinger).

Hilfskraft: Die Kosten einer qualifizierten Hilfskraft können zB in einem umfangreichen Strafverfahren erforderlich sein (OLG Brandenburg NStZ-RR 1997, 64).

Information durch Auftraggeber: Unkosten können **entbehrlich** sein, soweit der Auftraggeber sie hat, um dem Rechtsanwalt die notwendige Information zu erteilen. Insofern kann der Auftraggeber allerdings gegenüber dem unterliegenden Prozessgegner einen Erstattungsanspruch nach § 91 I ZPO haben.

Informationsreise: Kosten einer Informationsreise des **Rechtsanwalts** können im Rahmen von VV 7003 ff. erforderliche Auslagen sein, zB wenn er dasjenige Material beschaffen will, dessen Besorgung man wegen der Schwierigkeit der zu behandelnden Frage der Partei nicht zumuten kann, oder wenn er einen Bau oder eine Unfallstelle usw besichtigt.

Kosten einer Reise des **Auftraggebers** können **entbehrlich** sein, soweit man ihm zB diese Beschaffung von Beweismaterial auch selbst zumuten kann (OLG Düsseldorf MDR 1990, 947: noch nicht bekannter Alibizeuge im Ausland; OLG Karlsruhe JurBüro 1975, 487; aA OLG Düsseldorf VersR 1981, 1131; OLG Stuttgart AnwBl 1979, 392: Auftraggeber zur Bezahlung nicht imstande, Aufwendung für den Erfolg des Prozesses wichtig), oder soweit man sich Unterlagen schriftlich beschaffen kann (AG Koblenz JurBüro 2000, 415). Die Erstattung erfolgt höchstens bis zur Höhe der Kosten eines Verkehrsanwalts nach § 121 IV ZPO, § 76 FamFG (OLG Hamm MDR 2005, 538).

Kopie: → „Ablichtung", „Abschrift".

Luftpost: Luftpostporto kann zu den erforderlichen Auslagen gehören, soweit dieser Weg aus Zeitnot oder aus anderen vernünftigen Gründen notwendig oder doch dringend ratsam ist. Wegen der Möglichkeit, den Postgebührenpauschsatz zu fordern, VV 7001, 7002.

Privatgutachten: → § 47 Rn. 5 (OLG Hamm AGS 2013, 348).

Terminswahrnehmung: Mangels einer rechtzeitigen Abladung sind ihre Kosten grds. erforderlich (OLG Nürnberg JurBüro 1994, 32). Das gilt auch beim Fehlen eines gegnerischen Hinweises, er werde einen Termin nicht wahrnehmen (OLG

Koblenz JurBüro 2010, 209), unabhängig vom Wohn- oder Kanzleisitz des beigeordneten oder bestellten Rechtsanwalts. Es gilt auch bei einem Termin vor dem beauftragten oder ersuchten Richter, jedenfalls durch den beigeordneten oder bestellten Rechtsanwalt oder seinen Vertreter nach § 5. Auch → „Vorschuss".

Übersetzung: Kosten einer Übersetzung können erforderliche Auslagen sein (KG JurBüro 2009, 31. Das gilt auch dann, wenn der Rechtsanwalt die Übersetzung selbst anfertigt (OLG Hamm JurBüro 2001, 248; KG Rpfleger 1995, 226; OLG München NJW 1982, 2739 (2740)). Freilich muss die Partei die deutsche Sprache nicht beherrschen können (OLG Celle FamRZ 1991, 215; KG Rpfleger 1995, 226; OLG Oldenburg JurBüro 1996, 255). Sie mag auch zumutbar selbst eine Übersetzung beschaffen können. Auch → „Dolmetscher".

Unterbevollmächtigter: Seine Terminsgebühr ist nach § 46 zu erstatten (OLG Brandenburg AnwBl 2007, 728; OLG Hamm AGS 2014, 194).

Vergleichsverhandlung: Reisekosten zu ihrem Ort können erforderlich sein.

Vorschuss: Er kann erforderlich sein, um eine Information zu erhalten oder dem Auftraggeber eine Informationsreise zu ermöglichen, soweit dafür eine Reiseentschädigung nach § 25 Anh. JVEG anfallen kann.

22 **V. Mehrkosten des auswärtigen Rechtsanwalts (I).** Es gibt keine direkte Regelung. Man darf und muss daher I auch hier anwenden und dabei die zB zu § 91 ZPO entwickelten Regeln mitbeachten. Dann sind vor allem zwei Aspekte zu beachten. § 121 III ZPO bleibt bestehen, ist aber großzügig auszulegen geworden (OLG Nürnberg NJW 2005, 687).

23 **1. Grundsatz: Notwendigkeit eines Kostenvergleichs.** Soweit Mehrkosten dadurch entstehen, dass der beigeordnete oder bestellte Rechtsanwalt seinen Wohnsitz oder seine Kanzlei nicht im Bezirk des Prozessgerichts hat, gilt dasselbe wie bei § 91 II 2 ZPO. Der Grundgedanke lautet: Die Staatskasse soll nicht mehr als denjenigen Betrag zahlen müssen, den sie zahlen müsste, wenn der Rechtsanwalt im Bezirk des Prozessgerichts oder dessen auswärtige Abteilung residiert hätte.

24 Diejenigen Kosten, die dem beigeordneten Rechtsanwalt **tatsächlich** entstanden sind, sind mit denjenigen zu **vergleichen,** die bei einer Kanzlei im Gerichtsbezirk entstanden wären (OLG Nürnberg JurBüro 2002, 589). Das gilt unabhängig von einer Feststellung der Erforderlichkeit der Reisekosten (OLG München MDR 1998, 439; OLG Stuttgart Rpfleger 1987, 265). Das gilt auch für die Reisekosten des beigeordneten Rechtsanwalts zu einem auswärtigen Beweistermin.

25 Dann sind aber die Kosten einer **Informationsreise** des Auftraggebers usw **nicht zu berücksichtigen.** Denn der Auftraggeber hat diese Kosten grundsätzlich selbst zu tragen (OLG Schleswig JurBüro 1975, 1346; OLG Stuttgart Rpfleger 1987, 265; LAG München MDR 2002, 1277 (1278)). Es ist aber zulässig, im Umfang von § 121 II 1 ZPO, § 76 FamFG einen auswärtigen Rechtsanwalt nur unter der Bedingung beizuordnen, dass er auf einen Anspruch auf den Ersatz der Mehrkosten verzichtet (OLG Celle AGS 2011, 365; LAG Bremen MDR 1988, 698, großzügiger OLG Hamm Rpfleger 2007, 33, ferner aA OLG Celle AnwBl 1981, 196; OLG Düsseldorf FamRZ 1993, 819, aber dann entstehen eben keine weiteren Kosten. Außerdem sind der Wortlaut und Entlastungssinn hier auch eindeutig. Wenn das Gericht dann einen Termin am Wohnort des Rechtsanwalts und nicht am Gerichtssitz abhält, sind die Reisekosten zum Terminsort nicht zu berücksichtigen).

26 **2. Zulassungsfragen.** Die Vorschrift stellt wegen § 78 ZPO nur noch auf die Zulassung zur Anwaltschaft infolge des Wegfalls des sog. Lokalisierungsgebots in den meisten Fällen ab.

27 Eine Prüfung darf beim beigeordneten oder bestellen Rechtsanwalt nach § 121 II 2 ZPO, § 76 FamFG nur dahin ergehen, dass der Beigeordnete gegenüber dem Bezirksansässigen keine weiteren Kosten verursacht. Nur soweit solche Beschränkungen nicht erfolgt sind, muss die Staatskasse dem Rechtsanwalt die durch seine Niederlassung außerhalb des Gerichtsbezirks entstehenden Mehrkosten vergüten (OLG Brandenburg MDR 2009, 175; OLG Dresden JurBüro 2009, 358; OLG Nürnberg MDR 2008, 112; strenger OLG Düsseldorf Rpfleger 2004, 710; OLG Stuttgart FamRZ 2008, 261).

Diese Vorschrift ist als eine **Ausnahme von einer Ausnahme** und mithin als eine Rückkehr zum Grundsatz der Ersatzfähigkeit weit auszulegen (BGH NJW 2003, 893; OLG Bremen JurBüro 2001, 532; OLG Düsseldorf MDR 2002, 151). Daher kommen dann auch die Kosten des Unterbevollmächtigten als erstattungsfähig in Betracht, soweit sie Reisekosten des bestellten oder beigeordneten Hauptbevollmächtigten erübrigen (OLG Brandenburg JurBüro 1997, 591 (592); KG Rpfleger 2005, 200). 28

Das gilt auch zB bei einem im Weg der VKH für eine **Familiensache** beigeordneten Rechtsanwalt (OLG Rostock FamRZ 2001, 510; aA OLG Brandenburg JurBüro 1997, 591; LAG Köln MDR 1999, 1469, wohl überholt). Es gilt im Übrigen dann, wenn ein zweiter geeigneter Rechtsanwalt fehlt oder wenn dieser verhindert ist oder wenn die Reise erforderlich war. Es gilt auch für ein Verfahren außerhalb der ordentlichen Gerichtsbarkeit. Denn es ist auch dann oft notwendig, einen Rechtsanwalt am Wohnsitz des Auftraggebers beizuordnen, etwa für die Wahrnehmung eines Verkündungstermins vor dem BVerfG (BVerfGE 36, 308 = NJW 1974, 492), oder vor einem ArbG (aA ArbG Hamburg MDR 1988, 434, aber das Gericht legt zu Unrecht eng aus). 29

In einer **Ehesache** ist ein Rechtsanwalt allerdings grundsätzlich bei allen Gerichten postulationsfähig. Er hat keinen Ersatzanspruch wegen der Kosten der Wahrnehmung eines Termins bei einem auswärtigen FamG (vgl. OLG Dresden JurBüro 1998, 268; OLG Naumburg MDR 2002, 177; aA OLG Braunschweig AnwBl 1983, 570; OLG Celle AnwBl 1981, 196). Dasselbe gilt beim sog. Außenbezirksanwalt nach § 105 V UrhG (vgl. OLG Karlsruhe GRUR 1983, 605 (606)). 30

Freilich bekommt derjenige beigeordnete oder bestellte auswärtige Rechtsanwalt, der in einem nach **nicht dem Anwaltszwang unterliegenden** Verfahren außerhalb des Gerichtsbezirks seiner Niederlassung tätig wird, seine notwendigen Reisekosten erstattet (vgl. OLG München AnwBl 1984, 210 mzustAnm H. Schmidt). 31

VI. Sonstige Reisekosten und Aufwendungen (I, II). I stellt ausdrücklich klar, dass auch Reisekosten zu den grundsätzlich ersatzfähigen Auslagen zählen und dass daher auch der Ersatz von Reisekosten nur dann entfällt, wenn sie nicht erforderlich waren. Man darf die Regelung in II nur in diesem Zusammenhang sehen. Man darf aus der Fassung von II nicht etwa bei einer isolierten Betrachtung folgern, dass Reisekosten nur dann ersatzfähig wären, wenn der beigeordnete oder bestellte Rechtsanwalt nachweisen könnte, dass die Reise erforderlich gewesen sei. 32

Vielmehr stellt **II** nur eine **zusätzliche Sicherungsmöglichkeit** des beigeordneten oder bestellten Rechtsanwalts bei den Reisekosten dar. Er kann nach II 1 beantragen, die Erforderlichkeit der Reise vor deren Antritt festzustellen. Soweit das Gericht diese Feststellung trifft, bindet diese Entscheidung für die Feststellung der Ersatzfähigkeit der Reisekosten dem Grunde nach, II 1. Im Festsetzungsverfahren nach § 55 ist dann nur noch eine Prüfung der Höhe dieser Kosten zulässig. 33

Der Rechtsanwalt muss aber zu einem Antrag nach II 1 **keineswegs stets** stellen (OLG Schleswig Rpfleger 2002, 85). Soweit er ihn nicht stellt oder soweit keine Entscheidung nach II erfolgt oder das Gericht die Erforderlichkeit nach II verneint, bleibt es bei dem Grundsatz nach I. Freilich enthält eine die Erforderlichkeit verneinende Entscheidung nach II eine erhebliche Beweiserleichterung für die Staatskasse dahin, dass die Reisekosten auch wirklich nicht erforderlich waren. 34

Die Regelung ist nach II 1, 2 grundsätzlich auf **Reisekosten** anzuwenden. Nach II 3 gelten II 1, 2 aber für Aufwendungen des Rechtsanwalts nach § 670 BGB entsprechend. 35

VII. Feststellungsverfahren (II). Fünf Abschnitte sollten geprüft werden. Das Verfahren kommt nach II 3 auch für andere Auslagen als Reisekosten infrage. 36

1. Antrag. Es ist ein Antrag erforderlich. Antragsberechtigt sind sowohl der beigeordnete oder bestellte Rechtsanwalt als auch der Bezirksrevisor als der Vertreter der Staatskasse (aA Riedel/Sußbauer/Ahlmann Rn. 30, aber auch sie kann erheblich an der Dämpfung von Auslagen aus ihren Mitteln interessiert sein). Der Auftraggeber des Rechtsanwalts oder dessen Prozessgegner sind nicht antragsberechtigt. Der Antrag ist nach II 1 nur „vor Antritt der Reise" zulässig. Denn später fehlt das Rechtsschutzinteresse für eine Entscheidung. Sie hat ja gerade den Sinn, die Erforderlichkeit vor dem Entstehen der Reisekosten zu prüfen. Eine Feststellung nach II bezieht sich nur 37 auf eine bestimmte Aufwendung und ist keine Beiordnung (OLG Hamm FamRZ 2008, 1463, Dolmetscher).

38 **2. Zuständigkeit.** Zur Entscheidung ist dasjenige Gericht zuständig, das den Rechtsanwalt beigeordnet oder bestellt hat. Im Bußgeldverfahren ist die Verwaltungsbehörde nach II 2 zuständig. Das Gericht oder die Behörde entscheiden in voller Besetzung. Das gilt auch dann, wenn sein Vorsitzender die Beiordnung nach § 121 IV ZPO, § 76 FamFG angeordnet hatte. Beim Gericht ist keineswegs der Rpfleger oder der Urkundsbeamte der Geschäftsstelle zur Feststellung zuständig. Denn es geht um solche Fragen, die nur das erkennende Gericht aus seiner Beurteilung der materiellrechtlichen und prozessualen Gesamtsituation beantworten kann. Das übersieht BVerwG NJW 1994, 3243 (Urkundsbeamter).

39 Das gilt unabhängig davon, ob der Urkundsbeamte wegen seiner Zuständigkeit nach § 55 im Allgemeinen eine größere Erfahrung mit Reisekosten hat. Denn das Verfahren nach II bezweckt nicht die Festsetzung der Höhe der Reisekosten, sondern die Feststellung ihrer **Notwendigkeit** dem Grunde nach.

40 **3. Verfahren.** Das Gericht muss bei einem Antrag des beigeordneten oder bestellten Rechtsanwalts den Bezirksrevisor schon wegen → Rn. 36 nach Art. 103 I GG anhören (insoweit auch Riedel/Sußbauer/Ahlmann Rn. 30, inkonsequent gegenüber seiner Meinung → Rn. 43), und umgekehrt. Eine mündliche Verhandlung ist zulässig. Eine Anhörung des Auftraggebers des beigeordneten Rechtsanwalts oder des Prozessgegners ist nicht erforderlich, aber zulässig. Eine Beiordnung nur zu den Bedingungen eines Ortsansässigen nach § 121 III ZPO, § 76 FamFG bindet auch für das Feststellungsverfahren nach II (OLG München MDR 2000, 1455 (1456)).

41 **4. Entscheidung.** Das Gericht oder bei II 2 die Verwaltungsbehörde entscheidet durch einen Beschluss. Es muss ihn grundsätzlich begründen.

42 Das Gericht oder bei II 2 die Verwaltungsbehörde kann feststellen, dass die Reise **erforderlich** ist. Es muss dann die Reise in ihrem voraussichtlichen Umfang auf der Grundlage des Antrags so genau wie möglich bestimmen. Freilich deckt ein die Erforderlichkeit feststellender Beschluss oft auch spätere tatsächliche Abweichungen von der zunächst geplanten Reiseroute oder ihrer Dauer. Es empfiehlt sich, in dem Beschluss vorbeugend wenigstens stichwortartig klarzustellen, dass und in welchem ungefähren Umfang solche etwaigen Abweichungen zulässig sein sollen.

43 Soweit eine solche Erläuterung fehlt, ist der Beschluss auf der Grundlage des Feststellungsverfahrens nach II **auszulegen.** Eine Feststellung zum Protokoll, dass die Gegenwart des ProzBev notwendig ist, dürfte meist ausreichen (strenger OLG Naumburg JurBüro 1999, 370). Im Zweifel ist eine solche Abweichung zulässig, die den im Antrag genannten Reisezweck fördert oder zu seiner Erreichung notwendig ist. Auch hier ist kein allzu enger Maßstab erlaubt (LG Karlsruhe AnwBl 1986, 46).

44 Das Gericht oder bei II 2 die Verwaltungsbehörde kann auch den Antrag als unzulässig oder unbegründet **zurückweisen.** Im letzteren Fall hat es zugleich festgestellt, dass die ihm zur Entscheidung unterbreitete Reise nicht erforderlich ist. Freilich entsteht dadurch keine Bindungswirkung nach → Rn. 48 ff.

45 Die Entscheidung ist auch dahin möglich, dass die Reise zu einem möglichst genau zu bezeichnenden **Teil** erforderlich sei und im Übrigen nicht erforderlich sei. Die Entscheidung des Gerichts ist als solche auch dann wirksam, wenn das Gericht erst nach dem Antritt der Reise entscheidet. Wegen der Bindungswirkung in diesem Fall → Rn. 49, 50. Die Entscheidung enthält keinen Kostenausspruch.

46 **5. Unanfechtbarkeit.** Die zurückweisende oder auch die stattgebende Entscheidung sind grundsätzlich unanfechtbar. Denn es liegt kein Fall des § 55 vor, und es fehlen auch die Voraussetzungen des § 567 ZPO (OLG Celle JurBüro 2012, 528; OLG Düsseldorf Rpfleger 1994, 226; OLG München NStZ 1989, 126; aA LG Hamburg AnwBl 1980, 307: § 56 sei entsprechend anzuwenden. Diese Vorschrift bezieht sich aber nur auf § 55).

47 Eine **weitere Beschwerde** ist **unstatthaft** (so schon KG MDR 1986, 505) Im Verwaltungsprozess ist aber § 146 III VwGO zu beachten (VGH Hessen NJW 1985, 218). Auch eine außerordentliche Beschwerde ist unstatthaft.

6. Bindungswirkung. Soweit das Gericht die Notwendigkeit der Reise feststellt, bindet diese Feststellung nach II 1 für das Festsetzungsverfahren nach § 55 zwischen dem beigeordneten oder bestellten Rechtsanwalt und der Staatskasse dem Grunde nach. Sie erlaubt nur noch eine Prüfung der Höhe der Reisekosten. Soweit das Gericht die Notwendigkeit verneint oder den Antrag als unzulässig verwirft oder erst nach dem Antritt der Reise eine Entscheidung getroffen hat, sind der Urkundsbeamte der Geschäftsstelle und im Erinnerungsverfahren das zuständige Gericht in der Beurteilung der Erforderlichkeitsfrage nach § 55 grundsätzlich frei (OLG Celle JurBüro 2012, 528). Denn die Feststellung der Erforderlichkeit durch das Gericht vor dem Antritt der Reise ist keine Voraussetzung der Ersatzfähigkeit. 48

Freilich bietet eine solche Entscheidung, die die Erforderlichkeit der Reise verneint, in der Regel einen **Anscheinsbeweis** dafür, dass die dann stattgefundene Reise auch wirklich nicht erforderlich war. Zu bedenken ist aber, dass das Gericht im Verfahren nach II ja durchweg vor dem Antritt der Reise entschieden hat und dass sich während der Reise etwa im Verlauf eines auswärtigen Beweistermins oder rückwirkend im weiteren Verfahrensablauf zeigen kann, dass die Reise doch sehr wohl erforderlich war. 49

Keine Bindung tritt für ein Vergütungsfestsetzungsverfahren nach § 11 oder für die Kostenfestsetzung nach §§ 103 ff. ZPO ein. 50

VIII. Auslagen bei Wiederaufnahmeprüfung (III). Die Vergütung derjenigen Auslagen, die im Zusammenhang mit der Vorbereitung eines Wiederaufnahmeantrags entstehen, ist nach III 1 im Strafverfahren nur insoweit möglich, als das Gericht entweder den Verteidiger schon vor der Entstehung dieser Auslagen nach § 364b I 1 StPO bestellt hatte oder als es eine Feststellung nach § 364b I 2 StPO getroffen hat. Unter diesen Voraussetzungen entsteht der Anspruch auf den Auslagenersatz allerdings unabhängig davon, ob der Rechtsanwalt dem Auftraggeber davon abgeraten hat, den Wiederaufnahmeantrag zu stellen. 51

Das Gericht darf auch nicht prüfen, ob die Nachforschungen des Rechtsanwalts notwendig waren. Es darf und muss nur prüfen, ob seine Auslagen **notwendig** waren (Krägeloh NJW 1975, 137 (140)). Das Gericht darf in diesem Zusammenhang nicht zu engherzig vorgehen (Krägeloh NJW 1975, 137 (140)). 52

Im **bußgeldrechtlichen** Wiederaufnahmeverfahren nach § 85 I OWiG gelten die Regeln → Rn. 51, 52 nach III 2 entsprechend. 53

Vorschuss

47

I 1 Wenn dem Rechtsanwalt wegen seiner Vergütung ein Anspruch gegen die Staatskasse zusteht, kann er für die entstandenen Gebühren und die entstandenen und voraussichtlich entstehenden Auslagen aus der Staatskasse einen angemessenen Vorschuss fordern. 2 Der Rechtsanwalt, der nach § 138 des Gesetzes über das Verfahren in Familiensachen und in den Angelegenheiten der freiwilligen Gerichtsbarkeit, auch in Verbindung mit § 270 des Gesetzes über das Verfahren in Familiensachen und in den Angelegenheiten der freiwilligen Gerichtsbarkeit, nach § 109 Absatz 3 oder § 119a Absatz 6 des Strafvollzugsgesetzes beigeordnet oder nach § 67a Absatz 1 Satz 2 der Verwaltungsgerichtsordnung bestellt ist, kann einen Vorschuss nur verlangen, wenn der zur Zahlung Verpflichtete (§ 39 oder § 40) mit der Zahlung des Vorschusses im Verzug ist.

II Bei Beratungshilfe kann der Rechtsanwalt aus der Staatskasse keinen Vorschuss fordern.

Historie: I 1 geändert durch Art. 47 VI Nr. 16 FGG-RG v. 17.12.2008 (BGBl. I 2586 (2717)) mWv 1.9.2009; Materialien: BT-Drs. 16/6308 (Gesetzentwurf), BT-Drs. 16/9733 (Beschlussempfehlung und Bericht), BT-Drs. 16/9831 (Änderungsantrag). I 2 geändert durch Art. 6 Nr. 4 G zur bundesrechtlichen Umsetzung des Abstandsgebotes im Recht der Sicherungsverwahrung v. 5.12.2012 (BGBl. I 2425 (2429)) mWv 1.6.2012; Materialien: BT-Drs. 17/9874 (Gesetzentwurf), BT-Drs. 17/11388 (Beschlussempfehlung und Bericht). II geändert durch Art. 14 Nr. 6 G zur Änd. des PKH- und Beratungshilferechts v. 31.8.2013 (BGBl. I 3533 (3539)) mWv 1.1.2014; Materialien: BT-Drs. 17/11472 (Gesetzentwurf), BT-Drs. 17/13538 (Beschlussempfehlung und Bericht), BR-Drs. 542/13 (Einigungsvorschlag).

1 **I. Systematik, Regelungszweck.** § 9 enthält den Grundgedanken. § 47 enthält die im Bereich der §§ 45 ff. spezielle Auswirkung einer zwecks Kostengerechtigkeit auch hier erforderlichen Vorschusspflicht diesmal der Staatskasse. Der beigeordnete oder bestellte Rechtsanwalt soll nicht zu lange auf seine Vergütung warten müssen.

2 **II. Anwendungsbereich.** § 47 enthält die Regelung der Vorschusspflicht der Staatskasse gegenüber dem beigeordneten oder bestellten Rechtsanwalt. Die Vorschrift gilt auch zugunsten eines nach §§ 57, 58 ZPO zum Prozesspfleger bestellten Rechtsanwalts. Er kann auch gegenüber dem Auftraggeber einen Vergütungsanspruch haben. Insofern ist § 9 dann trotz des Umstands anzuwenden, dass er auch als beigeordneter oder bestellter Rechtsanwalt tätig wird. § 47 gilt grundsätzlich auch für den gerichtlich bestellten Verteidiger und den bei einer Privatklage usw beigeordneten Rechtsanwalt. In einer Straf- oder Bußgeldsache gilt aber § 51 I 5 bei einer Pauschgebühr wegen eines Vorschusses vorrangig. § 47 gilt ferner in einer Auslieferungssache und im gerichtlichen Verfahren auf eine Freiheitsentziehung.

3 Für das **Festsetzungsverfahren** nach § 55 erhält der beigeordnete oder bestellte Rechtsanwalt keine Gebühr und daher auch insofern keinen Vorschuss. II stellt klar, dass der Rechtsanwalt auch bei einer Beratungshilfe aus der Staatskasse keinen Vorschuss fordern kann.

4 **III. Vorschuss (I).** Es gibt fünf Aspekte.

5 **1. Rechtsnatur.** Soweit § 47 dem beigeordneten oder bestellten Rechtsanwalt ein Vorschussrecht gibt, hat er einen Rechtsanspruch. Der ordentliche Rechtsweg ist aber unstatthaft. Vielmehr muss der Rechtsanwalt den Anspruch im Verfahren nach § 55 geltend machen. Gegen eine Ablehnung sind die Erinnerung und dann die Beschwerde nach § 56 statthaft.

6 **2. Gebührenvorschuss.** Ein Anspruch auf einen Gebührenvorschuss besteht (selbstverständlich) nur insoweit, als Gebühren auch wirklich schon „entstanden" sind, anders als nach § 9 (OLG Jena JurBüro 2014, 597), und anders als bei den Auslagen nach → Rn. 7. Ein Gebührenanspruch entsteht, sobald der Rechtsanwalt eine gebührenpflichtige Tätigkeit vorgenommen hat. Er entsteht auch bei einer Rahmengebühr (LSG Baden-Württemberg JurBüro 1990, 883). Er entsteht meist in Höhe der Mittelgebühr nach → § 14 Rn. 14. Der Eintritt der Fälligkeit nach § 8 ist nicht erforderlich (Mümmler JurBüro 1975, 1001).

7 **3. Auslagenvorschuss.** Ein solcher Anspruch besteht sowohl wegen der bereits tatsächlich entstandenen Auslagen nach VV 7000 ff. als auch wegen der „voraussichtlich entstehenden" und auch nach § 46 I erforderlichen Auslagen. Diese letztere Voraussetzung ist bei einem objektiven Maßstab unter einer Berücksichtigung aller Umstände bei einer weder zu engen noch zu weiten Auslegung zu prüfen. Beim vorbehaltlos beigeordneten Auswärtigen sind auch dessen Reisekosten mitzubevorschussen (LG Bautzen JurBüro 2007, 655), ebenso Kosten eines notwendigen Privatgutachtens (OLG Hamm AGS 2013, 348). Eine Fälligkeit des Anspruchs auf einen Auslagenersatz ist nicht erforderlich. Ein Zurückhaltungsrecht mangels eines Vorschusses besteht nicht.

8 **4. Angemessenheit.** Der Anspruch erstreckt sich nach I 1 auf einen „angemessenen" Vorschuss. → § 9 Rn. 13 ff. Der beigeordnete oder bestellte Rechtsanwalt kann also für die vollen entstandenen Gebühren und die vollen voraussichtlich entstehenden Auslagen einen Vorschuss fordern (BSG MDR 1991, 680; OLG Bamberg JurBüro 1990, 725; OLG Hamm AGS 2013, 348; aA AG Alzey AnwBl 1981, 113: angemessen seien nur 80 % der entstandenen Vergütung. Das findet im Gesetz keine Stütze). Die Vorschusshöhe hängt auch davon ab, bei welchem Gericht eine Anklage erfolgt oder erfolgen kann, im Zweifel beim niedrigeren (LG Hamburg AnwBl 1988, 358). Wegen des Feststellungsverfahrens gelten → § 46 Rn. 43 ff. Eine Nachforderung bleibt statthaft.

9 **5. Verzug (I 2).** Soweit das Gericht den Rechtsanwalt nach §§ 138, 270 FamFG oder nach §§ 109 III, 119 VI StVollzG beigeordnet oder nach § 67a I 2 VwGO bestellt hat, kann er aus der Staatskasse nach I 2 einen Vorschuss nur bei einem

mindestens glaubhaften Verzug des nach §§ 39, 40 Zahlungspflichtigen fordern. Der Verzug eines der Vertretenen genügt (v. Eicken AnwBl 1991, 187 (190); aA Hansens NJW 1991, 1137 (1140), aber auch dann liegt ein Verzug „des" einen Zahlungspflichtigen vor. Er ist durchweg ohnehin ein Gesamtschuldner). Ein Verzug ist nach §§ 286 ff. BGB prüfbar. Er setzt die Fälligkeit nach § 8, die ordnungsgemäße Berechnung nebst einer angemessenen Zahlungsfrist nach § 10 und die vorwerfbare Nichteinhaltung der Frist voraus.

6. Rückforderung. Die Staatskasse darf und muss einen überhöhten Vorschuss im Kostenfestsetzungsverfahren nach § 11 zurückfordern (OVG Niedersachsen JurBüro 1991, 1348). Das gilt auch ohne einen solchen Vorbehalt. In Betracht kommt eine Rückforderung auch zB bei einer Herabsetzung des Gegenstandswerts nach §§ 22 ff. (OVG Niedersachsen JurBüro 1991, 1348). Nach Jahr und Tag besteht aber auch hier ein Vertrauensschutz des Rechtsanwalts (aA OVG Niedersachsen JurBüro 1991, 1348 (1349), aber § 242 BGB und der Verwirkungsgedanke gelten auch hier, wie stets). Freilich muss auch das Festsetzungsverfahren längst beendet sein. 10

IV. Rechtsmittel. Es gilt § 56. 11

Umfang des Anspruchs und der Beiordnung

48 **I [1]Der Vergütungsanspruch gegen die Staatskasse ist auf die gesetzliche Vergütung gerichtet und bestimmt sich nach den Beschlüssen, durch die die Prozesskostenhilfe bewilligt und der Rechtsanwalt beigeordnet oder bestellt worden ist, soweit nichts anderes bestimmt ist. [2]Erstreckt sich die Beiordnung auf den Abschluss eines Vertrags im Sinne der Nummer 1000 des Vergütungsverzeichnisses oder ist die Beiordnung oder die Bewilligung der Prozesskostenhilfe hierauf beschränkt, so umfasst der Anspruch alle gesetzlichen Gebühren und Auslagen, die durch die Tätigkeiten entstehen, die zur Herbeiführung der Einigung erforderlich sind.**

II [1]In Angelegenheiten, in denen sich die Gebühren nach Teil 3 des Vergütungsverzeichnisses bestimmen und die Beiordnung eine Berufung, eine Beschwerde wegen des Hauptgegenstands, eine Revision oder eine Rechtsbeschwerde wegen des Hauptgegenstands betrifft, wird eine Vergütung aus der Staatskasse auch für die Rechtsverteidigung gegen ein Anschlussrechtsmittel und, wenn der Rechtsanwalt für die Erwirkung eines Arrests, einer einstweiligen Verfügung oder einer einstweiligen Anordnung beigeordnet ist, auch für deren Vollziehung oder Vollstreckung gewährt. [2]Dies gilt nicht, wenn der Beiordnungsbeschluss ausdrücklich etwas anderes bestimmt.

III [1]Die Beiordnung in einer Ehesache erstreckt sich im Fall des Abschlusses eines Vertrags im Sinne der Nummer 1000 des Vergütungsverzeichnisses auf alle mit der Herbeiführung der Einigung erforderlichen Tätigkeiten, soweit der Vertrag

1. den gegenseitigen Unterhalt der Ehegatten,
2. den Unterhalt gegenüber den Kindern im Verhältnis der Ehegatten zueinander,
3. die Sorge für die Person der gemeinschaftlichen minderjährigen Kinder,
4. die Regelung des Umgangs mit einem Kind,
5. die Rechtsverhältnisse an der Ehewohnung und den Haushaltsgegenständen,
6. die Ansprüche aus dem ehelichen Güterrecht oder
7. den Versorgungsausgleich

betrifft. [2]Satz 1 gilt im Fall der Beiordnung in Lebenspartnerschaftssachen nach § 269 Absatz 1 Nummer 1 und 2 des Gesetzes über das Verfahren in Familiensachen und in den Angelegenheiten der freiwilligen Gerichtsbarkeit entsprechend.

IV [1]Die Beiordnung in Angelegenheiten, in denen nach § 3 Absatz 1 Betragsrahmengebühren entstehen, erstreckt sich auf Tätigkeiten ab dem Zeitpunkt der Beantragung der Prozesskostenhilfe, wenn vom Gericht nichts

anderes bestimmt ist. [2]Die Beiordnung erstreckt sich ferner auf die gesamte Tätigkeit im Verfahren über die Prozesskostenhilfe einschließlich der vorbereitenden Tätigkeit.

V [1]In anderen Angelegenheiten, die mit dem Hauptverfahren nur zusammenhängen, erhält der für das Hauptverfahren beigeordnete Rechtsanwalt eine Vergütung aus der Staatskasse nur dann, wenn er ausdrücklich auch hierfür beigeordnet ist. [2]Dies gilt insbesondere für

1. die Zwangsvollstreckung, die Vollstreckung und den Verwaltungszwang;
2. das Verfahren über den Arrest, den Europäischen Beschluss zur vorläufigen Kontenpfändung, die einstweilige Verfügung und die einstweilige Anordnung;
3. das selbstständige Beweisverfahren;
4. das Verfahren über die Widerklage oder den Widerantrag, ausgenommen die Rechtsverteidigung gegen den Widerantrag in Ehesachen und in Lebenspartnerschaftssachen nach § 269 Absatz 1 Nummer 1 und 2 des Gesetzes über das Verfahren in Familiensachen und in den Angelegenheiten der freiwilligen Gerichtsbarkeit.

VI [1]Wird der Rechtsanwalt in Angelegenheiten nach den Teilen 4 bis 6 des Vergütungsverzeichnisses im ersten Rechtszug bestellt oder beigeordnet, erhält er die Vergütung auch für seine Tätigkeit vor dem Zeitpunkt seiner Bestellung, in Strafsachen einschließlich seiner Tätigkeit vor Erhebung der öffentlichen Klage und in Bußgeldsachen einschließlich der Tätigkeit vor der Verwaltungsbehörde. [2]Wird der Rechtsanwalt in einem späteren Rechtszug beigeordnet, erhält er seine Vergütung in diesem Rechtszug auch für seine Tätigkeit vor dem Zeitpunkt seiner Bestellung. [3]Werden Verfahren verbunden und ist der Rechtsanwalt nicht in allen Verfahren bestellt oder beigeordnet, kann das Gericht die Wirkungen des Satzes 1 auch auf diejenigen Verfahren erstrecken, in denen vor der Verbindung keine Beiordnung oder Bestellung erfolgt war.

Historie: II 1, III 2, V 2 (= IV 2 aF) geändert durch Art. 47 VI Nr. 17 FGG-RG v. 17.12.2008 BGBl. I 2586 (2717)) mWv 1.9.2009; Materialien: BT-Drs. 16/6308 (Gesetzentwurf), BT-Drs. 16/9733 (Beschlussempfehlung und Bericht), BT-Drs. 16/9831 (Änderungsantrag). II 1, III 1 V 2 (= IV 2 aF) geändert, IV (nF) eingefügt und die Nummerierung der nachfolgenden Absätze angepasst durch Art. 8 I Nr. 25 2. KostRMoG v. 23.7.2013 (BGBl. I 2586 (2690)) mWv 1.8.2013; Materialien: BT-Drs. 17/11471 (Gesetzentwurf), BT-Drs. 17/13537 (Beschlussempfehlung und Bericht), BT-Drs. 17/14120 (Beschlussempfehlung). V 2 Nr. 2 geändert durch Art. 13 Nr. 1 EuKoPfVODG v. 21.11.2016 (BGBl. I 2591 (2600)) mWv 18.1.2017; Materialien: BT-Drs. 18/7560 (Gesetzentwurf), BT-Drs. 18/9698 (Beschlussempfehlung und Bericht); I neugefasst, III 1 und VI 3 geändert durch Art. 7 I Nr. 9 KostRÄG 2021 v. 21.12.2020 (BGBl. I 3229 (3248)) mWv 1.1.2021; Materialien: BT-Drs. 19/23484 (Gesetzentwurf), BT-Drs. 19/24740 (Beschlussempfehlung und Bericht).

Schrifttum: Dörndorfer, Prozesskosten-, Verfahrenskosten- und Beratungshilfe Kostenhilferecht für Anfänger, 7. Aufl. 2020; Poller/Hörtl/Kopf, Gesamtes Kostenhilferecht, 3. Aufl. 2018; N. Schneider, Erstreckung der Verfahrenskostenhilfe in Familiensachen, NZFam 2014, 257.

Übersicht

I. Systematik. Es ist zwischen der Bewilligung von PKH bzw. VKH, der Beiordnung oder Bestellung eines Rechtsanwalts zB nach § 67a I 2 VwGO und dem Vertrag zwischen dem beigeordneten oder bestellten Rechtsanwalt und des Begünstigten zu unterscheiden (OLG Düsseldorf MDR 1989, 827; LG Ulm AnwBl 1996, 63). Die Bewilligung erfolgt nach §§ 119, 120 ZPO, §§ 76 ff. FamFG für das Erkenntnisverfahren durch das Prozessgericht (Familiengericht) des Rechtszugs und für die Zwangsvollstreckung oder den Verwaltungszwang durch das Vollstreckungsgericht nach §§ 764, 802 ZPO. Soweit das Prozessgericht statt des Vollstreckungsgerichts entschieden hat, bleibt seine Entscheidung als ein Staatshoheitsakt bis zu einer Aufhebung wirksam. Die Beiordnung nach § 121 I ZPO erfolgt zwar im Anwaltsprozess stets. Sie erfolgt im Parteiprozess jedoch nur auf Grund eines Antrags der Partei und nach § 121 II ZPO nur insoweit, als eine Vertretung durch einen Rechtsanwalt erforderlich erscheint oder als den Gegner ein Rechtsanwalt vertritt. 1

Die Beiordnung oder Bestellung eines Rechtsanwalts nur zur Wahrnehmung eines **Beweisaufnahmetermins** vor dem etwa nach § 362 ZPO ersuchten Richter oder 2 eines Verkehrsanwalts erfolgt sowohl im Anwaltsprozess nach § 78 ZPO als auch im Parteiprozess (ohne Anwaltszwang) nur beim Vorliegen besonderer Umstände zB nach § 121 III ZPO. In allen diesen Fällen muss der Rechtsanwalt zur Übernahme der Tätigkeit bereit sein. Nur dann, wenn die Partei keinen derartigen Rechtsanwalt findet, kommt eine Beiordnung oder Bestellung von Amts wegen in Betracht, zB nach § 121 IV ZPO.

3 **II. Regelungszweck.** § 122 I Nr. 3 ZPO stellt klar, dass der beigeordnete Rechtsanwalt einen Vergütungsanspruch gegen die Partei nicht geltend machen kann. Der beigeordnete Rechtsanwalt braucht aber (selbstverständlich) nicht ohne jede Vergütung tätig zu werden. Er hat einen Vergütungsanspruch gegenüber der Staatskasse. Den Umfang dieses Anspruchs regeln §§ 48 ff. (vgl. OLG Celle Rpfleger 1990, 27; OLG München AnwBl 1982, 442 (443)). Entsprechendes gilt für den nach § 67a I 2 VwGO bestellten Rechtsanwalt.

4 **III. Anwendungsbereich.** Neben dem in → Rn. 3 genannten Anspruch, den § 48 regelt, kann der Rechtsanwalt evtl. einen Vergütungsanspruch gegenüber der begünstigten Partei haben. Das gilt etwa insoweit, als das Gericht die Bewilligung der PKH aufhebt. Denn diese Aufhebung hat stets eine Rückwirkung. Ein solcher Vergütungsanspruch gegenüber der Partei errechnet sich nicht nach § 48, sondern nach den in Betracht kommenden materiellrechtlichen Vorschriften, also meist nach § 675 I BGB. Soweit er besteht, kann der Vergütungsanspruch nach § 48 grundsätzlich bestehen bleiben. Jedoch sind §§ 58, 59 zu beachten. Zum Asylverfahren Jendrusch NVwZ 2017, 516 (Üb.). **Nicht anzuwenden** ist § 48 im Adhäsionsverfahren nach § 404 StPO (OLG Hamm NJW 2013, 326, dort auch zur Gegenansicht; LG Potsdam JurBüro 2011, 135).

5 Für den Anspruch auf einen **Auslagenersatz** gilt § 46.

6 **IV. Umfang der Beiordnung oder Bestellung (I).** Dazu N. Schneider NZFam 2014, 732 (Üb.). Die Beiordnung erfolgt nach §§ 119 I 1 ZPO, 76 FamFG nur für den jeweiligen Rechtszug. Zum Begriff des Rechtszugs → § 15 Rn. 52 ff. und § 19. Drei Aspekte sind zu beachten.

7 **1. Grundsatz: Maßgeblichkeit der Beiordnung oder Bestellung.** Der Vergütungsanspruch des beigeordneten oder bestellten Rechtsanwalts gegen die Staatskasse ist nach seinem Grund und seiner Höhe von dem Umfang der Beiordnung oder Bestellung abhängig (OLG Frankfurt a.M. FamRZ 2013, 906; OLG Karlsruhe JurBüro 2012, 594; OLG Koblenz FamRZ 2015, 434). Zwar macht I nach seinem Wortlaut auch den Bewilligungsbeschluss zur Grundlage des Vergütungsanspruchs. Die Bewilligung und die Beiordnung müssen nach → Rn. 1 aber nicht unbedingt inhaltlich übereinstimmen. Gerade deshalb kommt es in Wahrheit bei PKH oder VKH nur auf den Umfang der Beiordnung und nur hilfsweise auf den Umfang der Bewilligung an (OLG Bamberg FamRZ 2008, 2143, wohl auch OLG Koblenz NZFam 2014, 749, ferner OLG Oldenburg NJW-RR 2011, 716; aA OLG Hamburg AnwBl 1983, 572; LG Berlin MDR 1989, 366; Gerold/Schmidt/Müller-Rabe/Burhoff Rn. 10, aber auch eine von der Bewilligung abweichende Beiordnung bleibt nach → Rn. 9 gebührenrechtlich maßgeblich). Erst ganz hilfsweise ist der Beiordnungsantrag maßgeblich. Bewilligung und Beiordnung umfassen nur notwendige Kosten (OLG Koblenz FamRZ 2015, 434).

8 Wenn der Rechtsanwalt zwar im Rahmen des Bewilligungsbeschlusses, aber **über den** Rahmen des **Beiordnungsbeschlusses hinaus** tätig wurde, mag ein Anspruch auf die zugehörige Vergütung infolge einer nachträglichen Erweiterung der Beiordnung entstehen. Solange das nicht geschieht, hat der Rechtsanwalt wegen der von der Beiordnung nicht gedeckten Tätigkeit jedenfalls keinen Anspruch nach §§ 48 ff. (vgl. OLG Düsseldorf AGS 2005, 501; OLG Koblenz NZFam 2014, 749; VG Kassel NVwZ-RR 2010, 744).

9 Soweit der Rechtsanwalt auf Grund einer solchen Beiordnung tätig wurde, die **über** den Rahmen der **Bewilligung hinausging,** mag das Gericht fehlerhaft gehandelt haben. In der Regel wird es infolgedessen die Bewilligung nachträglich erweitern. Soweit das nicht geschieht, bleibt der Vergütungsanspruch im gesamten Umfang der Beiordnung bestehen. Eine Auslegung durch das beiordnende Gericht

kann eine bei einer Einwilligung des Rechtsanwalts sogar rückwirkend zulässige Erweiterung der Beiordnung oder Bestellung bedeuten.

Ein etwaiger **Kostenniederschlagungsbeschluss** nach § 21 GKG, § 20 FamGKG beeinträchtigt einen Anspruch nach dem RVG ohnehin nicht. Denn diese Vorschriften gelten nur für die Gerichtskosten. 10

2. Form. Die Beiordnung erfolgt bei PKH oder VKH nach § 121 ZPO, § 76 FamFG bei I–III 1, 2 durch das gesamte Prozessgericht, bei III 3, 4 durch den Vorsitzenden. Sie geschieht durch einen Beschluss. Das Gericht muss seinen Beschluss zumindest insoweit stichwortartig begründen, als es die Beiordnung etwa teilweise ablehnt. 11

Eine **stillschweigende** Beiordnung ist nicht wirksam. Denn es gibt keinen stillschweigenden Beschluss. Daher ist auch eine stillschweigende Ausdehnung der Bewilligung der PKH unzulässig. Soweit das Gericht zwar ausdrücklich eine Beiordnung ausspricht, jedoch nicht ausdrücklich eine Bewilligung erklärt, ist freilich davon auszugehen, dass im Umfang der Beiordnung auch eine Bewilligung erfolgt ist. Diese Möglichkeit besteht nur dann nicht, wenn es sich um eine Beiordnung nach § 121 IV ZPO handelt. Denn der Vorsitzende darf PKH nicht allein bewilligen. 12

3. Wirksamkeit. Die Beiordnung wird bei PKH oder VKH mit der Mitteilung wirksam (LSG Nordrhein-Westfalen JurBüro 2015, 20). Sie erfolgt an den Antragsteller, seinen Prozessgegner oder einen sonst am Verfahren Beteiligten, (selbstverständlich) auch an den beigeordneten Rechtsanwalt. Eine formlose Mitteilung genügt sowohl, soweit das Gericht die Beiordnung ausspricht, als auch insoweit, als es eine Beiordnung nach § 329 II 1 ZPO iVm § 127 II 1 ZPO ablehnt. 13

Die **erste gesetzmäßige Mitteilung** macht den Beschluss gegenüber allen Beteiligten wirksam. In anderen Verfahren gelten die eben genannten Regeln entsprechend. Für die Mitteilung ist ausreichend: Die Verkündung; die Übersendung durch die Post; die Aushändigung durch einen Gerichtsboten; der Einwurf in einen Briefkasten; ein Telefonat; ein Telefax; eine elektronische Nachricht nach §§ 130a–130d ZPO; eine mündliche Mitteilung des Urkundsbeamten der Geschäftsstelle. 14

Ein als **unzustellbar** zurückkommender Brief ist nicht mitgeteilt worden. § 184 II 1 ZPO ist nicht anzuwenden. Denn es handelt sich nicht um eine Zustellung durch eine Aufgabe zur Post. Ein Aktenvermerk über die Mitteilung ist nicht notwendig. Er ist aber ratsam. Eine förmliche Zustellung statt einer formlosen Mitteilung genügt immer. 15

Für die Wirksamkeit der Beiordnung ist es **unerheblich,** ob das Gericht sie überhaupt oder in diesem Rahmen **anordnen durfte.** Die Zulässigkeit der Beiordnung ist jedenfalls in der Kosteninstanz nicht nachprüfbar. Für den Kostenbeamten und das Beschwerdegericht ist auch die gesetzwidrige Beiordnung eines auswärtigen Rechtsanwalts außerhalb von § 121 III, IV ZPO bindend. Auch eine Beiordnung durch einen Einzelrichter oder durch den ersuchten Richter ist für die Kosteninstanz bindend. Bei einer Abweichung der Urschrift von der dem Rechtsanwalt zugestellten Ausfertigung gilt nach → Rn. 64 zu seinen Gunsten die letztere. 16

V. Bewilligungszeitpunkt (§ 119 I 1, 2 ZPO). Zu unterscheiden ist zwischen demjenigen Zeitpunkt, zu dem die Bewilligung erfolgen soll und muss, und demjenigen Zeitpunkt, zu dem sie tatsächlich erfolgt **ist.** 17

1. Ausdrückliche Festsetzung im Bewilligungsbeschluss. Maßgeblich ist zunächst derjenige Zeitpunkt, von dem ab das Gericht die PKH ausdrücklich festsetzt (BGH FamRZ 2006, 548; OVG Berlin-Brandenburg NJW 2015, 106; OLG Saarbrücken MDR 2010, 176). Das gilt unabhängig davon, ob die Festsetzung zu einem früheren oder späteren Zeitpunkt hätte erfolgen müssen oder gar nicht hätte erfolgen dürfen (OLG Düsseldorf JurBüro 1994, 176; OLG Köln FamRZ 1997, 1545; LAG Hamm NZA-RR 2007, 602; aA OLG Nürnberg MDR 2000, 657, aber es liegt ein wirksamer Staatsakt vor). Im letzteren Fall mag der Beschluss anfechtbar sein. Er ist aber zunächst einmal nicht schon wegen einer fehlerhaften Festsetzung des Bewilligungsbeginns etwa unwirksam. Er bleibt vielmehr bis zu seiner Abänderung oder Aufhebung ebenso gültig wie andere gerichtliche Entscheidungen. Es liegt auch keineswegs stets schon wegen einer fehlerhaften Rückwirkung eine greifbare Gesetz- 18 widrigkeit vor (zum problematischen Begriff OLG Frankfurt a. M. Rpfleger 1993, 251).

19 Zur **Bindungswirkung** Anders/Gehle/Becker ZPO § 329 Rn. 16 „§ 318“. Das Gericht bestimmt zweckmäßigerweise in seinem Bewilligungsbeschluss ausdrücklich den Anfangstag seiner Wirkung (OLG Koblenz AnwBl 1978, 316).

20 **2. Mangels ausdrücklicher Festsetzung: Bewilligungsreife.** Soweit das Gericht den Anfangstag der PKH-Bewilligung nicht nach → Rn. 18 im Beschluss ausdrücklich festgesetzt hat, nehmen zwar manche an, dass die Bewilligung grundsätzlich nur für die Zukunft gelte, also für die Zeit seit der formlosen Mitteilung der Bewilligung an den Antragsteller (BGH NJW 1985, 921; OLG Dresden MDR 2017, 171; OLG Köln JurBüro 2006, 657). Es kann aber nicht einfach der Wunsch des Antragstellers allein maßgeblich sein. Er kann ja nicht einfach mit einem sofortigen Gehorsam des Gerichts rechnen.

21 **3. Begriff.** In Wahrheit gilt vielmehr die Regel: Maßgeblich ist grundsätzlich der Zeitpunkt der Bewilligungsreife (OLG Stuttgart FamRZ 2016, 395, auch zu einer Ausnahme). Das ist derjenige Zeitpunkt, zu dem das Gericht die PKH bei einem ordnungsgemäßen wie bei § 121 I 1 BGB unverzüglichen Geschäftsgang bewilligen muss oder musste (BVerfG NJW 2005, 3489; BGH NJW-RR 1998, 642; VGH Bayern NVwZ-RR 2016, 48; aA BGH NJW 1982, 1104; OLG Düsseldorf FamRZ 2000, 1224; OLG Zweibrücken FamRZ 1997, 683: wegen Bedürftigkeit stets nur der aktuelle Stand; OLG Brandenburg JurBüro 2007, 656; VG Karlsruhe JurBüro 2015, 200, je: Antragseingang; OVG Niedersachsen FamRZ 2005, 463: tatsächlicher Entscheidungszeitpunkt. Aber auch ein Urteil gehört in den Zeitpunkt der Entscheidungsreife, nicht vorher und nicht später).

22 **4. Unentbehrlichkeit.** Diese Regel ist praktisch unentbehrlich, um grobe Unbilligkeiten zu verhüten, evtl. sogar einen Verstoß gegen Art. 2 I, 20 III GG (Rpfleger) (BVerfGE 101, 397 (404) = NJW 2000, 1709), Art. 103 I GG (Richter) (OLG Düsseldorf FamRZ 1989, 81). Sie ist auch deshalb unentbehrlich, um den Antragsteller vor denjenigen Nachteilen zu schützen, die eine für ihn unverschuldete Verzögerung des Verfahrens bringen würde (OLG Düsseldorf FamRZ 1997, 1088; aA OLG Hamm FamRZ 1997, 1018; OLG Köln NJW-RR 2000, 1606, aber der Antragsteller hat einen Anspruch auf eine unverzügliche Entscheidung, OLG Köln FamRZ 2010, 52; OLG Schleswig NJOZ 2011, 1929). Der Zeitpunkt der Bewilligungsreife entspricht dem Regelungszweck der gesamten PKH und der gerichtlichen Fürsorgepflicht im gesamten Bewilligungsverfahren.

23 Er schließt einerseits die Notwendigkeit einer **sorgfältigen** Prüfung der Bewilligungsvoraussetzungen ein, andererseits das Gebot der **Zügigkeit** des Verfahrens. Die Bewilligungsreife setzt eine Kenntnis des beabsichtigten Sachantrags nach § 253 II Nr. 2 ZPO voraus. Der Bewilligungsantrag muss nach § 118 ZPO vollständig belegt vorliegen (OLG Köln FamRZ 2001, 232; OVG Rheinland-Pfalz NVwZ-RR 2014, 76 (77)). Der Antragsgegner soll meist eine Stellungnahme abgegeben haben können (BGH NZFam 2015, 179).

24 In der **Beschwerdeinstanz** tritt die Bewilligungsreife für das Beschwerdegericht frühestens mit der Vorlage des etwa notwendigen Nichtabhilfebeschlusses des Erstgerichts ein (VGH Hessen AnwBl 1998, 55).

25 **5. Folge: evtl. Rückwirkung.** Aus dem Grundsatz der Bewilligungsreife kann sich nach → Rn. 30 die Notwendigkeit einer Rückwirkung der Bewilligung ergeben (BGH NJW-RR 1998, 642; KG FamRZ 2000, 838; FamRZ 2000, 839; OLG Zweibrücken FamRZ 2004, 1500; aA BGH NJW 1987, 2379; OLG Düsseldorf FamRZ 1989, 81; OLG Stuttgart NJW-RR 1987, 508: grundsätzlich nur für die Zukunft. Aber das ist nicht konsequent. Alle Beteiligten können und müssen sich auf eine Wirkung ab der Bewilligungsreife einstellen. Auch ein Urteil kann und muss evtl. rückwirkend ergehen).

26 Ebenso ergibt sich ein **Verbot** der Rückwirkung vor der Bewilligungsreife. Daher gibt es keine Bewilligung für einen vom Antragsgegner zu vertretenden Verzögerungszeitraum (OLG Karlsruhe FamRZ 1996, 1287; VGH Baden-Württemberg JurBüro 1991, 1114 (1115)).

6. Entsprechende Auslegbarkeit der Bewilligung. Nach dem Grundsatz der Bewilligungsreife nach → Rn. 20 darf und muss man eine solche Entscheidung auslegen, die über den Zeitpunkt des Beginns der PKH keine ausdrückliche nach → Rn. 18, 19 bindende abweichende Festsetzung enthält. Denn dem Gericht ist ein Willen zu einer sachgemäßen Entscheidung zu unterstellen. Deshalb kann eine Bewilligung auch ohne eine ausdrückliche rückwirkende Festsetzung rückwirkend erfolgt sein (OLG Bamberg FamRZ 1988, 1080 (1081); OLG Celle JurBüro 1978, 125; OVG Berlin JurBüro 1994, 350). **27**

Freilich muss die Absicht der Rückwirkung doch einigermaßen **eindeutig erkennbar** sein (BGH NJW 1982, 446; OLG Hamm Rpfleger 1984, 448). Man kann nicht aus der Erkenntnis, dass eine PKH ab der Bewilligungsreife erfolgen soll, stets darauf schließen, dass das Gericht auch den richtigen Zeitpunkt gewählt **hat** (Christl MDR 1983, 624 (628); aA OLG Düsseldorf Rpfleger 1986, 108; OLG München Rpfleger 1986, 108; LAG Bremen AnwBl 1982, 443: im Zweifel wirke der Beschluss stets auf den Tag der Antragstellung zurück. Aber das ist ohnehin nur ausnahmsweise möglich). **28**

Man darf also **keine gewaltsame** Auslegung im Sinn des Gesollten statt des Gewollten vornehmen. **29**

VI. Rückwirkung der Bewilligung (§ 119 I 1, 2 ZPO). Es gelten wegen des Grundsatzes der Bewilligungsreife nach → Rn. 20–25 zur Rückwirkung ziemlich komplizierte oft verkannte Regeln. **30**

1. Grundsätzlich keine Rückwirkung vor Antragseingang. Eine rückwirkende Bewilligung auf einen Zeitpunkt **vor** dem Eingang des PKH-Antrags ist grundsätzlich unzulässig (BGH JurBüro 1993, 823; OLG Brandenburg FamRZ 2012, 319; LAG Nürnberg JurBüro 2011, 377). Man beantragt sie infolgedessen bei einer vernünftigen Auslegung nach → Rn. 22 auch nicht (OLG Karlsruhe FamRZ 1993, 216; LG Landau Rpfleger 1985, 375; LAG Hessen MDR 2001, 2017). Soweit unklar bleibt, ob der rechtzeitig gefertigte Antrag auch vor dem Instanzende eingegangen ist, muss das Gericht den Antrag jedenfalls dann zurückweisen, wenn sich der Antragsteller nicht im Verfahren nach seinem Schicksal erkundigt hat (OLG Brandenburg AnwBl 1998, 670; OLG Celle JurBüro 1996, 141). **31**

Allerdings muss das Gericht ausnahmsweise im **Amtsprüfungsverfahren** auch einen PKH-Antrag anregen und beim eigenen Verstoß rückwirkend ab einem möglichen Auftragseingang entscheiden (OLG Brandenburg FamRZ 1997, 1542; OLG Karlsruhe FamRZ 2001, 1155 (1156)). **32**

Fälschlich erfolgte absichtliche derartige Rückwirkung **vor** Antragseingang bindet allerdings grundsätzlich nach → Rn. 19 (OLG Bamberg FamRZ 1989, 884). **33**

2. Ausnahmsweise Rückwirkung ab Antragseingang. Das Gericht kann zu Recht oder zu Unrecht nach → Rn. 18 bindend die Bewilligung rückwirkend auf den Zeitraum seit dem Antragseingang festgesetzt haben (KG FamRZ 1980, 580). Andernfalls kommt eine Rückwirkung auf diesen frühestmöglichen Bewilligungszeitpunkt nach → Rn. 31 nur ausnahmsweise in Betracht (OLG Stuttgart Rpfleger 2003, 200; LAG Sachsen-Anhalt FamRZ 2010, 315; OVG Berlin-Brandenburg NVwZ-RR 2008, 288). **34**

Das kann zB dann erfolgen, wenn das Gericht den **Prozessgegner nicht** nach § 118 I 1 ZPO **hört,** weil das nach Anders/Gehle/Dunkhase ZPO § 118 Rn. 8 f. „aus besonderen Gründen als unzweckmäßig erscheint". Die Bewilligungsreife nach → Rn. 20 kann etwa dann bereits im Zeitpunkt des Antragseingangs eintreten, wenn der Antrag erst während einer mündlichen Verhandlung im Hauptprozess erfolgt und wenn die Klagerwiderung usw schon vorliegt oder wenn schon eine Beweisaufnahme zB nach §§ 355 ff. ZPO erfolgt ist oder wenn der Antragsteller zwar eine Frist voll ausnutzt, das Gericht aber eben deshalb nicht mehr vor dem Fristablauf entscheiden kann (KG ZfSch 1988, 389; ArbG Regensburg JurBüro 1991, 1230). Es reicht kaum aus, den Antrag erst am Schluss der letzten Verhandlung nach §§ 136 IV, 296a ZPO zu stellen. Denn dann braucht man kaum noch Hilfe (OLG Karlsruhe FamRZ 1996, 1288). **35**

Der Antrag muss (selbstverständlich) **vollständig** vorliegen (BGH JurBüro 1992, 823, StPO; LG Regensburg JurBüro 2002, 8; LAG Sachsen-Anhalt AnwBl 2000, 62). **36**

Der Antragsteller muss insbesondere die persönlichen Voraussetzungen nach § 117 ZPO rechtzeitig ausreichend dargetan und nach § 118 ZPO etwa belegt haben (BGH JurBüro 1992, 823; BVerwG JurBüro 1995, 304; LG Regensburg JurBüro 2002, 84; aA OLG Oldenburg JurBüro 1992, 248; LAG Niedersachsen MDR 1993, 91, aber eine Bewilligungsreife nach → Rn. 20 liegt eben doch erst ab dem Eingang des zuvor Fehlenden vor. Das gilt auch dann, wenn das Gericht das Fehlende pflichtgemäß nachfordert). Eine unrichtige Namensschreibweise kann bei einer Eindeutigkeit der Nämlichkeit und bei einer formell ordnungsgemäßen Zustellung unschädlich sein (OLG Bamberg FamRZ 2001, 291).

37 **3. Rückwirkung erst nach Prüfung.** Der Zeitpunkt des Antragseingangs kann also eigentlich niemals mit demjenigen der Bewilligungsreife nach → Rn. 20 zusammenfallen. Dazwischen muss immer die ordnungsgemäße Prüfung des Gesuchs liegen. Sie mag aber ja nur wenige Sekunden dauern müssen (BGH NJW 1982, 446; OLG Düsseldorf FamRZ 1989, 81; OLG Karlsruhe NJW-RR 1989, 1465 (1466); aA OLG Düsseldorf Rpfleger 1986, 108; OLG Frankfurt a. M. AnwBl 1986, 255; OLG Hamburg JurBüro 1985, 655: Rückbeziehung für den Bekl. schon vom Zeitpunkt des Klageingangs beim Gericht ab. Aber dann liegt grundsätzlich noch gar kein Prozessverhältnis vor).

38 **4. Rückwirkung erst nach Unterlagenvorlage.** Man darf die Bewilligung auch nicht etwa schon dann auf den Zeitpunkt des Antragseingangs zurückbeziehen, wenn der Antragsteller die erforderlichen Unterlagen zwar nicht schon vollständig oder gar nicht vorgelegt hatte, wenn das Gericht aber eine angemessene Frist zur Nachreichung eingehalten hat (OLG Karlsruhe FamRZ 1996, 1288). Denn die Bewilligungsreife nach → Rn. 20 ist dann eben erst mit dem Eingang des noch Fehlenden und nach seiner anschließenden unverzüglichen Prüfung eingetreten (OLG Karlsruhe FamRZ 1996, 1288; OLG Saarbrücken MDR 2010, 176; LAG Köln NZA-RR 2016, 101; aA OLG Frankfurt a. M. Rpfleger 1993, 251; OLG Nürnberg FamRZ 2002, 759; OLG Oldenburg JurBüro 1992, 248, aber die fristgemäße Nachreichung ändert nichts am anfänglichen Fehlen des für eine PKH Entscheidungserheblichen). Eine Rückwirkung kann aber dann notwendig sein, wenn das Gericht das Fehlen der Unterlagen weder gerügt noch ihre Nachreichung befristet hatte (OLG Karlsruhe FamRZ 1999, 305), oder wenn es einen sonstigen Verfahrensfehler gemacht hatte (OLG Naumburg FamRZ 2015, 947, nur zur Erfolgsaussicht).

39 **5. Sonstige Rückwirkung vor Instanzende.** Soweit das Gericht nicht zu Recht oder zu Unrecht nach → Rn. 18 bindend den Beginn der PKH im Bewilligungsbeschluss ausdrücklich festgesetzt hatte, kommt nach dem Grundsatz der Bewilligungsreife nach → Rn. 20 eine sonstige Rückwirkung eines vor dem Ende dieser Instanz ergangenen oder zu erlassenden Bewilligungsbeschlusses auf einen Zeitpunkt nach dem Antragseingang in Betracht.

40 Maßgebend ist also auch hier wiederum, ob der Gericht bei einer **einerseits gründlichen, andererseits zügigen** Behandlung über den Bewilligungsantrag früher hätte entscheiden können und müssen (OLG Hamm MDR 2012, 1118; OLG Karlsruhe FamRZ 1990, 80 (81)), oder ob es einen Vertrauenstatbestand geschaffen hatte, wie oft durch Güteverhandlungen usw, etwa nach § 278 II–VI ZPO oder im Arbeitsgerichtsverfahren (LAG Sachsen-Anhalt AnwBl 2000, 62).

41 **Beispiele:** Das Gericht hat den Antrag zunächst übersehen; es hat das Formular nach § 117 ZPO vermeidbar verspätet geprüft; es hätte eine Frist zur Nachreichung von Belegen oder zur Glaubhaftmachung nach §§ 118 II 1, 294 ZPO früher setzen müssen; es hat einen Beweisbeschluss erlassen und damit die Erfolgsaussicht bejaht, gleichwohl noch ergänzende Angaben zur Erfolgsaussicht gefordert und erst nach deren Eingang entschieden; es hat die Bezugnahme auf ein bei ihm schwebendes Parallelverfahren zunächst als ausreichend erachtet und dann jene Akten versandt (OLG Köln FamRZ 1988, 1297).

42 Freilich darf **kein Verschulden** des Antragstellers mitwirken (OLG Köln FamRZ 1999, 1143; aA OLG Karlsruhe FamRZ 2006, 1852, aber die Pflicht nach § 117 II ZPO gilt uneingeschränkt).

43 **6. Rückwirkung bei Antrag vor Instanzende.** Soweit der Antrag vor dem Abschluss der Instanz eingegangen war, kommt es mangels einer abweichenden

ausdrücklichen Festsetzung im Bewilligungsbeschluss nach → Rn. 18 zunächst darauf an, ob schon vor dem Instanzende eine Bewilligungsreife nach → Rn. 20 eingetreten war (OLG Hamm MDR 2012, 1118; OVG Hamburg NJW 2010, 695; OVG Sachsen-Anhalt NJW 2012, 632). Nur insoweit ist die Rückwirkung zulässig und notwendig (BGH NJW 1985, 922; OLG Hamm FamRZ 2005, 463; OVG Niedersachsen NJW 2012, 248; aA OVG Bremen JurBüro 1990, 1191: nicht mehr nach einer Erledigung. Aber es kommt für die „Beabsichtigung" eben auf die Bewilligungsreife an).

Freilich muss der Wahlanwalt auch **bereit** gewesen sein, sich beiordnen zu lassen (Christl MDR 1983, 537 (538); 1983, 624). **44**

7. Beispiele zur Frage einer Rückwirkung vor Instanzende

Beiordnungsfehler: Rückwirkung entsteht dann, wenn das Gericht nicht rechtzeitig von Amts wegen nach § 121 ZPO einen Rechtsanwalt beigeordnet hatte (OLG Karlsruhe FamRZ 2001, 1155; OLG München FamRZ 2002, 1196). **45**

Belehrungsfehler: Rückwirkung entsteht dann, wenn das Gericht den Antragsteller durch eine unrichtige Belehrung von einem rechtzeitigen Antrag abgehalten hatte (OLG Brandenburg FamRZ 1997, 1542).

Entscheidung vor Fristablauf: Rückwirkung entsteht dann, wenn das Gericht zur Hauptsache vor dem Ablauf seiner Frist zur Stellungnahme des Prozessgegners entschieden hat (OLG Düsseldorf MDR 1987, 941, zum gegenteiligen Fall).

Nachreichung: Rückwirkung entsteht dann, wenn der Antragsteller die nach § 117 II ZPO erforderlichen oder sonstigen Unterlagen erst nach dem Schluss der Verhandlung nach §§ 136 IV, 296a ZPO oder noch später nachreichen konnte (BGH JurBüro 1985, 141; OLG Zweibrücken FamRZ 2004, 1500).

Unzumutbarkeit: Rückwirkung entsteht dann, wenn es dem Antragsteller nicht zuzumuten war, den Bewilligungsantrag nach § 117 ZPO vor dem Sachantrag der Hauptsache zu stellen (OLG Karlsruhe FamRZ 1987, 1166 (1167)).

Widerrufsvergleich: Rückwirkung entsteht dann, wenn die Widerrufsfrist eines Vergleichs noch nicht abgelaufen war (LG Hamburg FamRZ 1999, 600).

Zurückverweisung: Rückwirkung entsteht dann, wenn das Beschwerdegericht erst nach dem Instanzende zurückverweisen konnte (OLG Koblenz FamRZ 1996, 44).

8. Unzulässigkeit bei Antrag nach Instanzende. Soweit das Gericht nicht nach → Rn. 18 bindend eine rückwirkende PKH im Bewilligungsbeschluss nach → Rn. 31 ausdrücklich festgesetzt hat (OLG Bamberg FamRZ 1989, 884), ist eine Rückwirkung grundsätzlich unzulässig (strenger LAG Köln NZA-RR 2016, 101: überhaupt nicht statthaft). Das gilt, soweit der Bewilligungsantrag erst nach dem Ende dieser Instanz nach § 119 I 1 ZPO beim Gericht vollständig eingegangen war (BGH NJW-RR 1990, 1212; OLG Koblenz MDR 2015, 898 mzustAnm Dörndorfer NZFam 2015, 932; OLG Naumburg FamRZ 2015, 947; aA OLG Karlsruhe NJOZ 2007, 5728). Dasselbe gilt dann, wenn die Erklärung nach § 117 II–IV ZPO erst nach dem Instanzende eingeht, ohne dass das Gericht eine so lange Frist gesetzt hatte (OLG Bamberg FamRZ 2001, 628; LAG Nürnberg Rpfleger 2013, 344; OVG Nordrhein-Westfalen NJW 2007, 1485). Dasselbe gilt (selbstverständlich) erst recht dann, wenn die Darlegung usw nicht einmal in einer bewilligten Frist einging (OLG Saarbrücken FamRZ 2010, 1750). Eine Ausnahme kann im FamFG-Verfahren vor einer Kostenentscheidung bestehen (OLG München FamRZ 2001, 1309). Das Gericht dieser Instanz kann den erst nach ihrem Ende eingegangenen Antrag unbearbeitet zu den Akten nehmen. Es kann aber die rückwirkende Bewilligung auch zur Klarstellung ausdrücklich ablehnen (BGH AnwBl 1987, 55; BVerwG JurBüro 1992, 346; OLG Hamburg WuM 1993, 462). **46**

Eine **rückwirkende** Bewilligung kommt nur ausnahmsweise bei einer Schuldlosigkeit des Antragstellers infrage (OLG Frankfurt a. M. NJW 2014, 2367 mzustAnm Reichling; OLG Karlsruhe FamRZ 2011, 1608, Nachreichung in gerichtlicher Frist; OLG Naumburg FamRZ 2015, 947). Eine Rückwirkung kann auch bei einer Zulassung der Revision nach § 543 II 1 Nr. 1 ZPO wegen Art. 3 GG infragekommen (BVerfG NJW 2015, 2174). Dem Antragsteller bleibt evtl. ein neuer Antrag ohne eine Rückwirkung offen. Ein Anwaltsverschulden gilt auch hier als ein solches der Partei (OVG Hamburg NVwZ-RR 1992, 668). **47**

48 Es kommt dann allenfalls eine Entscheidung der **Justizverwaltung** in Betracht, und zwar nicht nach § 23 EGGVG, sondern nach § 30a EGGVG. Man kann sie auch nach dieser Vorschrift anfechten (vgl. OLG Hamburg MDR 1983, 234).

49 **9. Zulässigkeit bei Beschwerde gegen Ablehnung von Prozesskostenhilfe.** Soweit nicht das Gericht nach → Rn. 15 bindend im Bewilligungsbeschluss einen abweichenden Zeitpunkt bestimmt hat, kommt eine Rückwirkung auch bei einer Entscheidung erst nach dem Abschluss dieser Instanz nach § 119 I 1 ZPO auch dann in Betracht, wenn der Antragsteller gegen einen die PKH-Bewilligung ablehnenden Beschluss eine mit Gründen versehene sofortige Beschwerde nach § 127 eingelegt hat (LG Dortmund AnwBl 1984, 222 mablAnm Chemnitz).

50 **Das gilt** zunächst dann, wenn das Erstgericht den dortigen PKH-Antrag verzögerlich behandelt hatte (OLG Schleswig JurBüro 2002, 85). Es gilt ferner auch dann, wenn die Beschwerde gegen die PKH-Ablehnung vor dem Ende der Instanz der Hauptsache einging. Es gilt schließlich auch dann, wenn der Antragsteller seine sofortige Beschwerde schuldlos erst später eingelegt hatte, etwa deshalb, weil das Gericht die ablehnende Entscheidung dem Antragsgegner nicht vor dem Instanzende der Hauptsache nach § 329 ZPO mitgeteilt hatte (BFHE 141, 494 = DB 1984, 2495; OLG Bamberg FamRZ 1990, 181; OLG Karlsruhe FamRZ 1990, 82; aA KG FamRZ 1986, 825; OLG Schleswig SchlHA 1984, 174 (175); OLG Zweibrücken FamRZ 1980, 909, aber das würde auf einen Verstoß zumindest gegen Art. 103 I GG hinauslaufen).

51 **Unstatthaft** ist eine Rückwirkung jedoch, soweit erstinstanzlich kein Bedürfnis für die Beiordnung eines Rechtsanwalts nach § 121 ZPO bestand (VGH Baden-Württemberg NVwZ-RR 2005, 367), oder nach einer Klagerücknahme nach § 269 ZPO (VGH Bayern FamRZ 2014, 960).

52 **10. Zulässigkeit während Vergleichs-Widerrufsfrist.** Soweit das Gericht nicht in seinem Beschluss nach → Rn. 18 bindend einen abweichenden Zeitpunkt des Beginns der PKH festgesetzt hat, ist eine rückwirkende Bewilligung auch dann statthaft, wenn der Antragsteller das Bewilligungsgesuch erst nach dem Abschluss eines widerruflichen Prozessvergleichs vor dem Ablauf der Widerrufsfrist eingereicht hat (LG Hamburg FamRZ 1999, 600; AG Groß Gerau MDR 1981, 853).

53 **11. Zulässigkeit nach Rechtskraft einer günstigen Entscheidung.** Soweit das Gericht den Bewilligungsbeginn nicht nach → Rn. 18 bindend ausdrücklich abweichend festgesetzt hat, steht die formelle Rechtskraft eines dem Antragsteller günstigen Urteils nach § 705 ZPO einer Rückwirkung der Bewilligung grundsätzlich nicht entgegen (OLG Frankfurt a. M. MDR 1983, 137; OLG Hamburg FamRZ 1983, 1230; OLG Karlsruhe NJW-RR 1998, 1085 (1086); aA OLG Frankfurt a. M. AnwBl 1982, 533, zu einer Feststellungsklage. Aber auch dann ist die Bewilligungsreife nach → Rn. 20 der richtige Zeitpunkt). Der günstigen Entscheidung steht die Rücknahme des gegnerischen Rechtsmittels gleich (BGH AnwBl 1988, 420, wegen § 516 III ZPO).

54 **12. Unzulässigkeit nach Rechtskraft einer ungünstigen Entscheidung usw.** Soweit das Gericht nicht nach → Rn. 18 bindend den Bewilligungsbeginn ausdrücklich abweichend festgesetzt hatte, kommt eine Rückwirkung jedenfalls insoweit nicht mehr in Betracht, als im Zeitpunkt der Entscheidung über das Bewilligungsgesuch bereits ein dem Antragsteller ungünstiges Urteil formell nach § 705 ZPO rechtskräftig geworden ist (OLG Frankfurt a. M. MDR 1986, 857; OLG Hamm FamRZ 1985, 825; OVG Niedersachsen NVwZ 2005, 470; aA OLG Hamm FamRZ 1985, 825; VGH Baden-Württemberg FamRZ 1988, 857, aber auch dann ist die Bewilligungsreife nach → Rn. 20 der richtige Zeitpunkt).

55 Der dem Antragsteller ungünstigen Entscheidung steht seine **Klagerücknahme** nach § 269 ZPO in der Regel gleich (LAG Berlin DB 1989, 2440 (Ls.) = BeckRS 1989, 30453767; aA OLG Köln MDR 1997, 690, aber wer die Klage zurücknimmt, gibt zumindest zunächst den Kampf auf, wie es nicht einmal der Verlierer stets tut).

56 **13. Zulässigkeit bei Erledigung der Hauptsache.** Soweit das Gericht nicht nach → Rn. 15 bindend den Bewilligungszeitpunkt ausdrücklich abweichend festgesetzt hat, kommt nach einer wirksamen Erledigung der Hauptsache eine rück-

wirkende Bewilligung jedenfalls nicht mehr für den früheren Hauptantrag in Betracht (BFHE 144, 407 = BB 1986, 187; LAG Hamm NZA 2004, 102; Pentz NJW 1985, 1820; aA Thomas/Putzo/Seiler ZPO § 119 Rn. 4, auch dann könne das Gericht unter den übrigen Voraussetzungen rückwirkend bewilligen. Aber inzwischen ist die Rechtshängigkeit entfallen). Freilich kommt eine rückwirkende Bewilligung wenigstens noch im Umfang der inzwischen stattgefundenen Erledigterklärungen in Betracht (OLG Köln FamRZ 1981, 486).

14. Schädlichkeit von Verschulden des Antragstellers. Sofern nicht das Gericht nach → Rn. 18 bindend den Beginn der PKH im Bewilligungsbeschluss ausdrücklich abweichend festgesetzt hatte, schadet bei → Rn. 49–56 ein Verschulden des Antragstellers wie sonst. Er muss sich das Verschulden eines gesetzlichen Vertreters nach § 51 II ZPO wie dasjenige eines ProzBev nach § 85 II ZPO anrechnen lassen. 57

Ein solches Verschulden **fehlt,** soweit der Antragsteller die Entscheidung **abwartet,** statt das Gericht zu mahnen (OLG Düsseldorf AnwBl 1978, 418). Dagegen ist nicht nur deshalb ein Verschulden zu verneinen, weil ein stillschweigender Antrag vorliege. Denn er reicht nicht aus (aA AG Stuttgart AnwBl 1982, 254). 58

15. Keine Rückwirkung bei Tod, Erlöschen, Ausscheiden usw. Durch den Tod des Antragstellers würde eine PKH ohnehin enden (OLG Frankfurt a. M. FamRZ 2011, 385; OLG Koblenz FamRZ 1996, 808 (809)). Mit ihm erledigt sich das bisherige Bewilligungsverfahren. Daher kommt jetzt auch grundsätzlich keine rückwirkende oder sonstige Bewilligung mehr in Betracht (BFH BFH/NV 2010, 2289, Ausnahme: Bewilligungsreife vor dem Tod; OLG Celle JurBüro 2012, 208; OLG Koblenz FamRZ 2016, 2025; aA LSG Hessen Rpfleger 1997, 392, aber es liegt kein Rechtschutzbedürfnis mehr vor). 59

Das scheint **nicht selbstverständlich** zu sein. Der Erbe rückt ja materiellrechtlich in die Position des Erblassers ein. Er kann und muss indessen für seine Person eine PKH und die etwaige Beiordnung eines Rechtsanwalts nach § 121 ZPO neu beantragen (OVG Niedersachsen NJW 2007, 1224, Ende des Insolvenzverfahrens). Eine Anrechnung der vom Erblasser erbrachten Zahlungen ist übrigens nur in demselben Prozess denkbar (aA KG Rpfleger 1986, 281; LG Bielefeld Rpfleger 1989, 113, wegen der vor dem Erbfall entstandenen Kosten. Aber man sollte prozesswirtschaftlich bewerten). 60

Entsprechendes gilt beim **Erlöschen** der antragstellenden **juristischen** Person oder beim Ausscheiden und ähnlichen endgültigen Vorgängen der Beendigung der Parteistellung nach § 114 S. 1 ZPO oder bei vollständiger Erledigung auf Grund einer Versöhnung (OLG München OLG-Report München 1994, 215). 61

Mit dem Ausscheiden usw des Begünstigten erlischt sie nämlich. Das gilt unabhängig davon, dass eine Prozessvollmacht nach § 86 ZPO nicht automatisch erlischt. Daher kann der Ausgeschiedene evtl. entsprechend § 674 BGB gegen die Staatskasse vorgehen. Dem Erlöschen steht auch die Beendigung der **Liquidation** gleich. 62

VII. Zu vergütende Tätigkeiten. Der folgende Grundsatz hat zahlreiche Auswirkungen. 63

1. Grundsatz: Maßgeblichkeit der Beiordnung oder Bestellung. Ihren Umfang ergibt der Beiordnungs- oder Bestellungsbeschluss (OLG Brandenburg MDR 2009, 175; OLG Celle NJW 2011, 1296; OLG Koblenz AGS 2015, 141). Er muss einen oder mehrere Ansprüche bestimmt erfassen, sei es auch durch eine unmissverständliche Verweisung oder Bezugnahme etwa auf die Klageschrift. Soweit die Ausfertigung von der Urschrift abweicht, ist grundsätzlich die Ausfertigung maßgebend. Denn nur sie ist nach außen in Erscheinung getreten, und der Rechtsanwalt konnte und musste sich nach → Rn. 17 auf sie verlassen. 64

Etwas anderes gilt dann, wenn der Irrtum aus der Ausfertigung ersichtlich war oder wenn sie ernste Zweifel an ihrer Richtigkeit aufkommen ließ. Dann hat der Rechtsanwalt eine Erkundigungspflicht. Der Umfang der Beiordnung oder Bestellung ist nach → Rn. 1 ff. auch dann maßgeblich, wenn er zB vom Umfang der Bewilligung der PKH etwa abweicht. Eine Beiordnung kann stillschweigend erfolgen. Eine Auslegung des Beiordnungsbeschlusses ist statthaft und oft notwendig. 65

Soweit der **Umfang der Beiordnung oder Bestellung unklar** ist, ist grundsätzlich kein Vergütungsanspruch nach §§ 48 ff. entstanden. Eine Ausnahme gilt 66 dann, wenn die in II 2 vorgesehene Einschränkung der Beiordnung nicht eindeutig ist. Im Übrigen bildet der Umfang der Bewilligung den meist maßgeblichen Anhaltspunkt für den Umfang der Beiordnung. In diesem Zusammenhang ist § 119 I 1 ZPO zu beachten. Nach dieser Vorschrift erfolgt die Bewilligung der PKH für jeden Rechtszug besonders. „Rechtszug" ist hier dasselbe wie „Instanz" nach § 27. Denn es handelt sich auch bei § 119 I 1 ZPO um eine Kostenvorschrift.

67 **2. Erste Instanz: Umfassende Beiordnung oder Bestellung (I).** Der beigeordnete oder bestellte Rechtsanwalt darf in der Instanz umfassend tätig werden, also auch in einem Beweistermin vor einem beauftragten oder ersuchten Richter. Vgl. freilich § 46 II. Für einen Beweisaufnahmetermin vor dem ersuchten Richter usw enthält § 121 III ZPO die Möglichkeit der zusätzlichen Beiordnung eines Verkehrsanwalts.

68 Die **Zwangsvollstreckung** stellt ein neues Verfahren dar. Dafür kann und muss man unter den Voraussetzungen der §§ 114 ff. ZPO gesondert PKH beantragen. Das ergibt sich auch aus V 2 Nr. 1 und aus § 20 I Nr. 5 RPflG. Entsprechendes gilt für die Beiordnung. Für eine Ehesache enthält III vorrangige Sonderregeln.

3. Beispiele zur Frage des Umfangs einer Beiordnung oder Bestellung (I)

69 **Anspruchsbestimmtheit:** → Rn. 63.

Anwaltszwang: Eine Beiordnung oder Bestellung erfasst auch die Tätigkeit in einem solchen Verfahrensabschnitt, der zwar nicht dem Anwaltszwang unterliegt, den der beigeordnete oder bestellte Rechtsanwalt aber im Rahmen seiner Vertragspflichten wahrnehmen muss. Das kann etwa für die Teilnahme an einer Beweisaufnahme vor dem nach §§ 361, 362 ZPO ersuchten oder beauftragten Richter gelten.

Aufhebung der Prozesskostenhilfe: Eine Beiordnung erfasst auch die Verhandlung über die Aufhebung der Bewilligung der PKH nach § 124 ZPO zugunsten der eigenen Partei oder des Prozessgegners. Diese Tätigkeit ist freilich wohl stets durch die Gebühren im Hauptverfahren mitabgegolten. **Keine** Erfassung tritt ein, soweit das Gericht die Bewilligung rückwirkend aufhebt, etwa wegen einer Erschleichung (OLG Düsseldorf MDR 1989, 365). Ein bereits entstandener Vergütungsanspruch des Rechtsanwalts bleibt aber auch dann bestehen (OLG Düsseldorf JurBüro 1986, 298; OLG Koblenz FamRZ 1997, 755; OLG Zweibrücken Rpfleger 1984, 115).

Außergerichtliche Tätigkeit: Trotz § 19 I 2 Nr. 2 erfasst eine Beiordnung im Zweifel (bei einer eindeutigen Beiordnung gilt → Rn. 100) **nicht** auch eine außergerichtliche Tätigkeit, zB eine Vergleichsverhandlung. Denn das Gericht darf den Rechtsanwalt nur für das gerichtliche Verfahren beiordnen (OLG Bamberg FamRZ 2008, 2143; OLG Dresden JurBüro 2016, 87; OLG Düsseldorf FamRZ 2006, 628; aA BGH NJW 1988, 494; OLG Brandenburg FamRZ 2005, 1264; OLG München FamRZ 2004, 966, aber das ganze PKH-Verfahren darf sich eben nur auf eine Hilfe für einen „Prozess" beschränken).

Beratung, Besprechung usw (VV 2300): Die Beiordnung erfasst grds. **keine** Tätigkeit des Rechtsanwalts nach VV 2300 (OLG Düsseldorf FamRZ 1998, 1036). **Etwas anderes gilt** nur dann, wenn die außergerichtliche Tätigkeit des Rechtsanwalts auf den Abschluss eines Vertrags im Sinn von III 1 abzielt (OLG Düsseldorf VersR 1982, 882). Auch → „Prozessvergleich".

Beweisaufnahme: → „Anwaltszwang", → „Verkehrsanwalt".

Drittwiderspruchsklage: → Rn. 85.

Einigung: → „Außergerichtlicher Vergleich", → „Prozessvergleich".

Familiensache: Die Beiordnung kann sich auf eine Folgesache nach § 137 FamFG auswirken (OLG Bamberg JurBüro 2009, 591; OLG Karlsruhe NJW 2010, 1383).

Bei einer Trennung einer Folgesache aus dem Verbund wirkt die Bewilligung **nicht** mehr fort (OLG Braunschweig AGS 2003, 167).

Feststellungsklage: → „Übergang zur Leistungsklage".

Güteverhandlung: Eine Beiordnung für die erste Instanz erfasst eine Güteverhandlung nach § 278 II–V ZPO oder vor dem ArbG nach § 62 II ArbGG.

Hilfsaufrechnung: Eine Beiordnung oder Bestellung erfasst auch die Tätigkeit im Rahmen einer Hilfsaufrechnung (LG Berlin AnwBl 1979, 273).

Klagänderung, -erweiterung: Eine Beiordnung oder Bestellung erfasst im Zweifel **nicht** auch eine Klagänderung oder -erweiterung nach §§ 263, 264 ZPO. Auch → „Übergang zur Leistungsklage".

Leistungsklage: → „Übergang zur Leistungsklage".

Mahnverfahren: Die Beendigung für das Mahnverfahren nach §§ 688 ff. ZPO umfasst **nicht** auch das folgende streitige Verfahren. Der Rpfleger oder der etwa landesrechtlich zuständige Urkundsbeamte darf eine solche Erstreckung wegen § 8 IV RPflG auch gar nicht vornehmen.

Nachverfahren: Eine Beiordnung erfasst auch die Tätigkeit im Nachverfahren nach einem solchen Urkundenprozess gemäß § 600 ZPO, für den das Gericht den Rechtsanwalt beigeordnet hatte (OLG Düsseldorf Rpfleger 1987, 263).

Prozessvergleich: Eine Beiordnung kann einen außergerichtlichen und auch einen Prozessvergleich umfassen (OLG Karlsruhe NJW 2010, 1383; OLG Köln FamRZ 2008, 707; OLG München AnwBl 2008, 74). Sie tut das meist (OLG Düsseldorf VersR 1982, 882; OLG Koblenz JurBüro 2016, 137; OLG Rostock FamRZ 2008, 708), aber nicht stets (OLG Dresden FamRZ 2012, 242). Freilich kann sich die Beiordnung nach → auf den Prozessvergleich beschränken (OLG Celle NJW 2011, 1296). Bei einer Erstreckung auf nicht nach § 261 ZPO rechtshängige Ansprüche erfasst sie nach I 2 (der mit dem KostRÄG 2021 im Anschluss an BGH NZFam 2018, 361 eingefügt wurde, vgl. BT-Drs. 19/23484, 79) nicht nur die Einigungsgebühr nach VV 1000, sondern auch die Verhandlungs- oder Terminsgebühr. Eine nachträgliche Bewilligung kann auch zugehörige Verhandlungen und Erörterungen nach dem Antrag auf eine PKH umfassen (OLG Düsseldorf JurBüro 2009, 250). Auch → „Beratung, Besprechung usw (VV 2300)".

Reisekosten: Eine ohne örtliche Begrenzung nach § 121 III ZPO erfolgte Beiordnung umfasst die Reisekosten (OLG Brandenburg MDR 2009, 175; KG AGS 2010, 612; OLG Nürnberg MDR 2008, 113).

Sammelklage: Sie kann zwecks einer Kostenersparnis bei gleichartigen Sachverhalten notwendig sein (LAG Berlin NJW 2006, 1998).

Streitgenosse: Der Vergütungsanspruch des beigeordneten oder bestellten Rechtsanwalts verringert sich nicht dadurch, dass er einen anderen Streitgenossen nach §§ 59 ff. ZPO als Wahlanwalt vertritt (OLG Hamm Rpfleger 2003, 447; OLG Zweibrücken Rpfleger 2009, 88; AG Buchen JurBüro 2011, 378; aA BGH NJW 1993, 1715; OLG Koblenz JurBüro 2004, 384, aber der Rechtsanwalt hat bei solcher „Misch"-Vertretung keineswegs nur Vorteile). Eine Erhöhung nach § 7 steht ihm nur zu, soweit er nicht nur einen, sondern mehrere Streitgenossen als beigeordneter Rechtsanwalt vertritt (OLG Koblenz JurBüro 2013, 137; OLG München AGS 2011, 76; LAG Rheinland-Pfalz MDR 1997, 1167). Dabei kommt es nur auf den Umfang der Beiordnung oder Bestellung an (OLG Koblenz JurBüro 2013, 137; OLG München AGS 2011, 76; OLG Naumburg AGS 2013, 131).

Soweit das Gericht den Rechtsanwalt für einen Rechtsstreit gegen **mehrere Streitgenossen** beigeordnet hat, hat er einen Vergütungsanspruch nur einmal, falls er die Streitgenossen in getrennten Prozessen verklagt. Etwas anderes gilt dann, wenn das Gericht den Rechtsstreit gegen einen Streitgenossen abtrennt.

Stufenklage: Mangels einer ausdrücklichen Beschränkung gilt die Beiordnung für alle Stufen nach § 254 ZPO (OLG Hamm FamRZ 2007, 152; OLG München FamRZ 1994, 1184; OLG Saarbrücken JurBüro 1984, 1250).

Teilanspruch: Bei einer Beschränkung der PKH und der Beiordnung erhält der beigeordnete Rechtsanwalt die Vergütung nach § 48 aus dem Teilwert, insoweit aber uneingeschränkt (OLG München MDR 1995, 209).

Tod: Die Bewilligung endet mit dem Tod der begünstigten Partei (OLG Düsseldorf NJW-RR 1999, 1086; OLG Frankfurt a. M. NJW 1985, 751). Das gilt freilich nicht etwa rückwirkend (OLG Düsseldorf NJW-RR 1999, 1086; KG Rpfleger 1986, 281; aA OLG Frankfurt a. M. JurBüro 1996, 141).

Trennung: Eine Beiordnung bleibt auch nach einer Verfahrenstrennung nach § 145 ZPO bestehen.

Übergang zur Leistungsklage: Eine Beiordnung erfasst im Zweifel **nicht** auch den Übergang von einer Feststellungsklage nach § 256 ZPO zu einer höher bewertbaren Leistungsklage nach § 253 ZPO, es sei denn, dass das Gericht von vornherein die Beiordnung oder Bestellung wegen des gesamten noch etwa entstehenden Schadens ausgesprochen hatte.

Übersetzung: Eine Beiordnung oder Bestellung erfasst im Zweifel **nicht** auch eine eigene Übersetzertätigkeit. Der Rechtsanwalt müsste sich insofern aus Anlass der Protokollierung beiordnen lassen.

Urkundenprozess: → „Nachverfahren".

Verbindung: Maßgeblich ist der Beiordnungszeitpunkt (Enders JurBüro 2009, 116). Denn sie wirkt sonst nicht zurück (OLG Hamm JurBüro 1979, 865; KG JurBüro 2009, 532).

Vergleich: → „Außergerichtliche Tätigkeit", → „Prozessvergleich".

Verkehrsanwalt: Der nur als Verkehrsanwalt beigeordnete Rechtsanwalt kann die Vergütung zur Wahrnehmung eines auswärtigen Beweistermins nur insoweit fordern, als das Gericht ihn auch nach § 121 III ZPO beigeordnet hatte (OLG München AnwBl 1989, 58). Der Verkehrsanwalt ist **nicht** stets auch zur Mitwirkung am Vergleichsabschluss beigeordnet (KG JurBüro 1995, 420).

Verweisung: Eine Beiordnung oder Bestellung erfasst im Zweifel **jetzt** auch die Tätigkeit nach einer Verweisung zB nach § 281 ZPO, §§ 17, 17a GVG an ein anderes Gericht. Das gilt auch nach einer **Zurückverweisung** zB nach § 538 ZPO (vgl. OLG Düsseldorf AnwBl 1988, 422; OVG Nordrhein-Westfalen JurBüro 1994, 176).

Vollstreckbarerklärung: Diejenige nach § 537 ZPO unterfällt der ersten Instanz.

Vollstreckungsabwehrklage: → Rn. 85.

Vollziehung: → Rn. 75.

Widerklage: → Rn. 90 ff.

Zurückverweisung: → „Verweisung".

Zwangsvollstreckung: → Rn. 85.

70 **4. Beschwerdeverfahren.** Es ist ein besonderer Rechtszug. Das gilt nach → Rn. 85 auch in der Zwangsvollstreckung. Zum Beschwerdeverfahren gehört schon die Beschwerdeschrift oder ihre Begründung auch dann, wenn der Rechtsanwalt sie bei demjenigen Erstgericht einlegt, das ihn beigeordnet oder bestellt hatte. Das gilt selbst dann, wenn dieses Gebiet der Beschwerde abhilft (OLG Hamm Rpfleger 1981, 322; aA OLG Karlsruhe AnwBl 1980, 198). Demgemäß kann der Rechtsanwalt auf Grund derjenigen Bewilligung, die das Beschwerdegericht „für die erste Instanz" erteilt, für die Tätigkeit im Beschwerdeverfahren keine Vergütung nach § 48 fordern (OLG Koblenz VersR 1985, 273). Er muss vielmehr für das Beschwerdeverfahren eine gesonderte Beiordnung haben. Vgl. aber auch wegen einer Anschlussbeschwerde → Rn. 72.

71 **5. Berufung, Beschwerde, Revision, Rechtsbeschwerde: Umfassende Beiordnung (II).** In einem solchen Verfahren gelten nach → Rn. 67 ff. grundsätzlich dieselben Regeln wie in der 1. Instanz. Jedes selbständige Rechtsmittelverfahren erfordert eine gesonderte Beiordnung, etwa gegen ein Zwischenurteil und gegen das Hauptsacheurteil. Die Beiordnung des Rechtsanwalts des Rechtsmittelbekl. umfasst den Antrag, den Gegner nach dessen Rechtsmittelrücknahme des Rechtsmittels nach § 516 III 2 ZPO für verlustig zu erklären.

72 **6. Anschlussrechtsmittel (II).** Die Vorschrift erweitert die Beiordnung grundsätzlich ausdrücklich auch auf den Fall, dass der Prozessgegner der begünstigten Partei eine Anschlussberufung nach § 524 ZPO mit oder ohne eine Klagerweiterung oder eine Anschlussrevision nach § 554 ZPO oder ein anderes Anschlussrechtsmittel einlegt. Das Gericht kann freilich die Beiordnung für ein solches Anschlussrechtsmittel ausschließen. II 2 macht die Wirksamkeit eines solchen Ausschlusses davon abhängig, dass das Gericht den Ausschluss ausdrücklich bestimmt. Im Zweifel liegt also kein derartiger Ausschluss der Beiordnung vor. II gilt ferner für eine Anschlussberufung oder Anschlussrevision usw gerade des Prozessgegners. Für ihre Einlegung durch den Mittellosen ist demgegenüber stets eine besondere Beiordnung **seines** Rechtsanwalts notwendig. Eine **Anschlussbeschwerde** nach § 567 III ZPO macht wegen gleicher Interessenlage II entsprechend anzuwenden.

73 **7. Arrest, vorläufige Kontenpfändung, einstweilige Verfügung, einstweilige Anordnung: Notwendigkeit der Beiordnung (II, V).** Für ein Verfahren über

einen Arrest nach § 916 ZPO, eine vorläufige Kontenpfändung nach §§ 946 ff. ZPO, eine einstweilige Verfügung nach § 935 ZPO oder eine einstweilige Anordnung zB nach § 49 FamFG, die mit dem Hauptprozess nur zusammenhängt, ist nach V 2 Nr. 2 eine besondere ausdrückliche Beiordnung erforderlich (OLG Bamberg FamRZ 1986, 701). Das gilt auch bei einer Beiordnung nach § 138 FamFG (OLG Koblenz FamRZ 1985, 618 (619)). Zum Verfahren über den Arrest und über die einstweilige Verfügung gehören das Anordnungsverfahren und das Widerspruchsverfahren nach §§ 924 ff. ZPO. Für das Aufhebungsverfahren nach §§ 926 ff. ZPO ist nochmals eine besondere ausdrückliche Beiordnung erforderlich.

Das in V 2 Nr. 2 genannte Verfahren auf eine einstweilige Anordnung umfasst 74 diejenige in einer **Ehesache** nach §§ 49 ff. FamFG mit den sich aus III 1 ergebenden Abweichungen, ferner das übrige FamFG-Verfahren oder das Verfahren eines FG oder eines VG. Das Abänderungsverfahren zählt zum Anordnungsverfahren (OLG Hamm MDR 1983, 847).

8. Vollziehung (II, V). Soweit das Gericht den Rechtsanwalt zur Erwirkung eines 75 Arrests oder einer einstweiligen Verfügung oder einstweiligen Anordnung nach V 2 Nr. 2 usw ausdrücklich beigeordnet hat, gilt diese Beiordnung nach II 1 auch für die Vollziehung des Arrests oder der einstweiligen Verfügung nach §§ 929, 936 ZPO, es sei denn nach II 2, dass das Gericht ausdrücklich bestimmt hat, dass die Beiordnung nicht für die Vollziehung erfolgt. Das gilt nicht, soweit ein Anwaltszwang nach § 78 ZPO besteht (BGH NJW 2002, 2179). Im Zweifel liegt kein solcher Ausschluss vor.

9. Ehesache: Anwendungsbereich (III 1). Dazu N. Schneider/Thiel NZFam 76 2016, 844 (Üb.). Nach der Neuregelung durch §§ 76 ff. FamFG hat III 1 eine Bedeutung insoweit nur dann, wenn das Gericht die Folgesache ausdrücklich ausgenommen hat (vgl. KG AnwBl 1981, 302; Göppinger FamRZ 1978, 326).

Im Übrigen hat III 1 eine Bedeutung für einen solchen Vertrag der dort genannten 77 Art, der **nicht im Rahmen einer Scheidungssache** beabsichtigt ist oder zustande kommt. Freilich tritt dieser Fall nur theoretisch ein.

10. Ehesache: Jeder Vertrag, jede erforderliche Tätigkeit (III 1). Die Bei- 78 ordnung des Rechtsanwalts erstreckt sich auf den Abschluss eines Vertrags der in III 1 Nr. 1–6 genannten Art (OLG Saarbrücken NJW 2008, 3150). Die Frage, ob ein solcher Vertrag vorliegt, ist großzügig zu beantworten. Denn III 1 stellt nicht etwa eine Ausnahme von V 1 dar. Außerdem soll III 1 aus rechtspolitischen Erwägungen den Abschluss eines Vertrags in einer Ehesache auch gebührenrechtlich erleichtern. Freilich muss der Vertrag zumindest auch einen der in III 1 genannten Punkte mitregeln (OLG Düsseldorf AnwBl 1982, 378; OLG München MDR 1986, 770; OLG Zweibrücken FamRZ 1984, 74; aA OLG Düsseldorf JurBüro 1981, 563; KG Rpfleger 1980, 78; OLG München JurBüro 1983, 716).

Jede zur Herbeiführung der Einigung **erforderliche** Tätigkeit fällt unter eine 79 Beiordnung. Erstattungsfähig ist daher neben der Einigungsgebühr VV 1000 auch eine Differenzverfahrens- wie -terminsgebühr.

11. Beispiele zur Frage einer Anwendbarkeit von III 1 Nr. 1–7

Anhängigkeit: Anzuwenden ist III 1 grds. auch auf eine nicht mit anhängige Sache 80 (OLG Karlsruhe JurBüro 1996, 638). Aber auch → „Außergerichtliche Verhandlung".

Außergerichtliche Verhandlung: Nicht anzuwenden ist III 1 auf einen solchen Vorgang ohne jede Absicht zum Abschluss einer Einigung. Das kann selbst dann gelten, wenn er zum außergerichtlichen Vertrag führt (vgl. OLG Brandenburg Rpfleger 2001, 140; OLG Hamm Rpfleger 1987, 82; OLG Koblenz FamRZ 2016, 659; aA Riedel/Sußbauer/Ahlmann Rn. 12, aber → Rn. 69).

Aussöhnung: Anzuwenden ist III 1 für den in einer Ehesache beigeordneten Rechtsanwalt auch auf die Tätigkeit bei einer Aussöhnung. Denn die Aussöhnung betrifft die Hauptsache.

Dauer: Anzuwenden ist III 1 evtl. bei einer Einigung nur für die Dauer des Scheidungsverfahrens auch eben nur für diesen Tätigkeitszeitraum (OLG Karlsruhe JurBüro 1990, 231; OLG Stuttgart Rpfleger 1980, 120).

Kosten: Anzuwenden ist III 1 auch auf eine von der Entscheidung abweichende Vereinbarung der Parteien über die Kosten (OLG Schleswig JurBüro 1976, 1229).

Rückwirkung: Anzuwenden ist III 1 dann, wenn die Beiordnung nach → Rn. 31 ff. rückwirkend erfolgt ist, auch für diesen Zeitraum.

Schulden: Anzuwenden ist III 1 auf eine Einigung über die Regelung ehegemeinschaftlicher Schulden (aA – zum alten Recht – OLG Koblenz FamRZ 2004, 1805).

Sorgerecht: → „Umgangsvereinbarung".

Umfang: Anzuwenden ist III 1 wenn überhaupt, dann auf den gesamten Inhalt der Einigung (OLG Schleswig FamRZ 2012, 1418). Auch → Anhängigkeit", „Aussöhnung", „Kosten".

Umgangsvereinbarung: Anzuwenden ist III 1 Nr. 3, 4 bei einer Beiordnung für das isolierte Sorgerechtsverfahren wegen des Regelungszwecks → Rn. 78 auch die mitgetroffene Umgangsvereinbarung (aA OLG Koblenz JurBüro 2001, 311; OLG München MDR 1999, 1328; OLG Zweibrücken Rpfleger 2001, 557, aber auch letzteres dient dem ersteren mit).

Vergleich: Anzuwenden ist III 1 auch auf eine Erweiterung der Bewilligung auf den Vergleich (OLG Celle JurBüro 2016, 470; OLG Koblenz FamRZ 2017, 318; OLG Stuttgart JurBüro 2016, 246). Zur Problematik OLG Dresden NJW-RR 2015, 1159; Enders JurBüro 2016, 59; N. Schneider NZFam 2015, 451; 2015, 1052 (je: Üb.).

Verkehrsanwalt: Nicht anzuwenden ist III 1 auf ihn (OLG München JurBüro 2003, 469; OLG Zweibrücken JurBüro 1986, 223; aA OLG Düsseldorf JurBüro 1981, 563; OLG Oldenburg JurBüro 1992, 100; OLG Stuttgart Justiz 1979, 865).

Vor Beiordnung: Nicht anzuwenden ist III 1 grds. auf eine Anwaltstätigkeit vor der Beiordnung. Auch → „Rückwirkung".

Wirksamkeit: Anzuwenden sein kann III 1 evtl. auch dann, wenn der Einigungsvertrag nicht wirksam ist.

81 **12. Lebenspartnerschaftssache (III 2).** Soweit das Gericht den Rechtsanwalt in einem Verfahren nach § 269 I Nr. 1, 2 FamFG beigeordnet hat, gelten die Regeln → Rn. 76–80 sinngemäß. Infrage kommen nur: Die Aufhebung der Lebenspartnerschaft nach §§ 14–19 LPartG (§ 661 I Nr. 1 ZPO); die Feststellung des Bestehens oder Nichtbestehens der Lebenspartnerschaft nach § 1 LPartG; die Verpflichtung zur Fürsorge und Unterstützung in der partnerschaftlichen Lebensgemeinschaft nach § 2 LPartG.

82 **13. Sozialrecht (IV).** Eine Beiordnung bei § 3 I mit Betragsrahmengebühren erstreckt sich auf die in IV abschließend aufgezählten Verfahren nach §§ 114 ff. ZPO.

83 **14. Mit dem Hauptprozess zusammenhängende Angelegenheit: Notwendigkeit der Beiordnung (V 1).** In einer solchen Angelegenheit, die mit dem Hauptprozess nur zusammenhängt und ihn nicht selbst darstellt, erhält der für den Hauptprozess beigeordnete Rechtsanwalt eine Vergütung nur insoweit, als das Gericht ihn ausdrücklich auch für die andere Angelegenheit beigeordnet hat. Im Zweifel liegt keine solche Erstreckung der Beiordnung vor (großzügiger OLG Karlsruhe FamRZ 1984, 920). Eine stillschweigende Beiordnung reicht wegen des Worts „ausdrücklich" in V 1 nicht (aA Riedel/Sußbauer/Ahlmann Rn. 37).

84 V 2 nennt in Nr. 1–4 einige **Beispiele ohne eine abschließende Aufzählung.** Das ergibt sich schon aus dem Wort „insbesondere" in IV 2. Zu V 1 zählen ferner zB: Das Kostenfestsetzungsverfahren; eine Genehmigung etwa der Baubehörde oder des Vormundschaftsgerichts; ein Verfahren vor der Hinterlegungsstelle; ein Adhäsionsverfahren nach § 404 V StPO (LG Osnabrück JurBüro 2013, 85).

85 **15. Zwangsvollstreckung, Vollstreckung, Verwaltungszwang (V 2 Nr. 1).** Zunächst → Rn. 67 ff. Es ist also eine ausdrückliche Beiordnung gerade für die Zwangsvollstreckung nach §§ 704 ff. ZPO oder für eine Vollstreckung nach §§ 86 ff. FamFG oder für einen Verwaltungszwang durch das Vollstreckungsgericht nach § 119 II ZPO im dort genannten jeweiligen Umfang erforderlich (BGH NJW 1979, 1048). Eine solche Beiordnung umfasst dann alle notwendigen Vollstreckungshandlungen bis zur Befriedigung des Gläubigers, also auch die Abwehr einer Beschwerde des Schuldners (LG Detmold AnwBl 1983, 34). Man darf auch nicht etwa für jede Vollstreckungsmaßnahme zwischen der Beiordnung für die Zwangsvollstreckung „ganz allgemein" und derjenigen für die Instanz unterscheiden. Damit würde man

nämlich dem beigeordneten Rechtsanwalt unzumutbare Schwierigkeiten machen, erst recht der Partei. Der Schuldner braucht zur Abwehr einer Zwangsvollstreckungsmaßnahme wie zur Aufhebung aller Zwangsvollstreckungsmaßnahmen ebenfalls einen ausdrücklichen Beiordnungsbeschluss.

Eine Beiordnung für die Zwangsvollstreckung deckt aber **nicht** die Tätigkeit des Rechtsanwalts in einem Prozess auf Grund einer Vollstreckungsabwehrklage nach § 767 ZPO oder einer Widerspruchsklage nach §§ 771 ff. ZPO. Das Beschwerdeverfahren beurteilt sich auch in der Zwangsvollstreckung nach → Rn. 70. Auch eine Erinnerung gegen eine Entscheidung des Erstgerichts braucht eine zugehörige Beiordnung (AG Brandenburg Rpfleger 2010, 331). Wegen einer Teilungsversteigerung LG Saarbrücken Rpfleger 1986, 72. 86

16. Arrest, vorläufige Kontenpfändung, einstweilige Verfügung, einstweilige Anordnung (V 2 Nr. 2). → Rn. 73–75. 87

17. Selbständiges Beweisverfahren (V 2 Nr. 3). Für das selbständige Beweisverfahren ist eine besondere Beiordnung sowohl dann erforderlich, wenn es nach § 486 II 1, III ZPO vor der Anhängigkeit des zugehörigen Hauptprozesses stattfinden soll, als auch dann, wenn es nach § 486 I, III ZPO im Rahmen des Hauptprozesses stattfinden soll. Denn auch dann hängt das selbständige Beweisverfahren mit dem Hauptprozess nur nach V 1 zusammen und stellt eine andere Angelegenheit dar. 88

Soweit das selbständige Beweisverfahren nach der **Anhängigkeit eines Hauptprozesses** anläuft, gilt § 19 I 1 die Tätigkeit des Rechtsanwalts grundsätzlich durch seine Vergütung für den Hauptprozess mit ab. 89

18. Widerklage (V 2 Nr. 4). Zur Tätigkeit im Verfahren über eine Widerklage für den Widerkläger oder für den Widerbekl. ist grundsätzlich eine ausdruckliche besondere Beiordnung erforderlich. Das gilt auch in einer Ehe- oder Lebenspartnerschaftssache. Denn Hs. 2 gilt nur für eine Rechtsverteidigung nach → Rn. 92. Eine Beiordnung liegt im Zweifel nicht vor. Mit einer Klagerücknahme nach § 269 ZPO erlischt eine Beiordnung für die Verteidigung gegen die bisherige Widerklage. Denn dann ist auch gebührenrechtlich die Instanz beendet. Das alles gilt auch bei einer Wider-Widerklage. 90

Die **Hilfsaufrechnung** zählt nicht hierher. 91

Soweit es sich um die Rechtsverteidigung gegenüber einem Gegenantrag in einer **Ehesache** nach §§ 121 ff. FamFG handelt, ist **ausnahmsweise keine** besondere ausdrückliche Beiordnung erforderlich. Denn dann wird die Ehe in ihrem ganzen Bestand angegriffen und lässt sich daher nur einheitlich beurteilen. Dasselbe gilt bei der Rechtsverteidigung gegenüber einem Gegenantrag in einem Verfahren über eine Lebenspartnerschaft nach § 269 I Nr. 1, 2 FamFG, also über die Aufhebung der Lebenspartnerschaft nach §§ 14–19 LPartG (Nr. 1), über die Feststellung des Bestehens oder Nichtbestehens einer Lebenspartnerschaft nach § 1 LPartG (Nr. 2) oder über die Verpflichtung zur Fürsorge und Unterstützung in der partnerschaftlichen Lebensgemeinschaft nach § 2 LPartG (Nr. 3). Wegen einer Antragsrücknahme → Rn. 90, 91. 92

VIII. Vergütungshöhe (I–III). Der folgende Grundsatz wirkt sich auf alle Gebührenarten aus. 93

1. Grundsatz: Möglichkeit mehrerer Gebühren. Der beigeordnete Rechtsanwalt kann sämtliche Gebühren und Auslagen beanspruchen, die sich aus seiner Tätigkeit ab der Wirksamkeit seiner Beiordnung und unter der Voraussetzung einer wirksamen Vollmacht der begünstigten Partei zB nach § 80 ZPO ergeben (OLG Nürnberg NJW 2011, 1297; OLG Oldenburg NJW-RR 2007, 792; OLG Schleswig SchlHA 1982, 48). Seine Tätigkeit ist so zu beurteilen, als sei er mit der Beiordnung in den Rechtsstreit eingetreten, selbst wenn er vorher als Wahlanwalt tätig war. 94

Der beigeordnete Rechtsanwalt erhält also alle diejenigen Gebühren, die seit seiner Beiordnung erstmals oder wiederholt entstehen (aA OLG Köln JurBüro 1978, 869). Soweit sich im Beiordnungszeitpunkt bereits seine Tätigkeit **erledigt** hatte, etwa durch den Tod der begünstigten Partei, entsteht kein Anspruch gegen die Staatskasse. 95

Soweit das Gericht den Rechtsanwalt dem dann **Verstorbenen** beigeordnet hatte und die Beiordnung auch zugunsten des Rechtsnachfolgers wiederholt, entstehen 96 dem Rechtsanwalt die bereits zu Lebzeiten des Verstorbenen verdienten Gebühren nicht schon infolge des Wechsels der Person nochmals.

97 **2. Verfahrensgebühr.** Der beigeordnete Rechtsanwalt erhält nach → Rn. 94 die Verfahrensgebühr in einem anhängigen Rechtsstreit ab seiner Beiordnung vor, und daher auch schon für die Einholung seiner auftragsgemäßen Erstinformation. Eine Tätigkeit vor der Beiordnung geht in derjenigen nach der Beiordnung auf (OLG Bamberg JurBüro 1990, 204). Nur die letztere zählt also (BGH NJW 1992, 840). Der Rechtsanwalt erhält die Verfahrensgebühr nach dem Gegenstandswert im Zeitpunkt des Wirksamwerdens seiner Beiordnung. Sie mag nur 0,8-Gebühr betragen (LAG Nürnberg Rpfleger 2015, 345). Eine Herabsetzung des Streitwerts etwa nach § 144 PatG oder nach § 12 UWG oder nach § 247 AktG (→ PatG § 144 Rn. 1 ff., → UWG § 12 Rn. 1 ff.; → AktG § 247 Rn. 1 ff.), erfolgt lediglich im Interesse der wirtschaftlich schwächeren Partei. Sie bewirkt nicht, dass der beigeordnete Rechtsanwalt seine Vergütung nur nach diesem herabgesetzten Wert erhält.

98 **3. Terminsgebühr.** Der beigeordnete Rechtsanwalt erhält die Terminsgebühr nach VV 3104, soweit das Gericht ihn vor dem Beginn des Termins wirksam beigeordnet hatte oder soweit es die spätere Beiordnung rückwirkend angeordnet hat (OLG Hamburg MRD 1986, 65; OLG Saarbrücken NJW 2008, 3150). Er erhält dann keine Terminsgebühr, soweit das Gericht ihn nur zu einem Vertrag nach VV 1000 beigeordnet hat (OLG Celle Rpfleger 1989, 333; OLG Hamm FamRZ 2013, 394; OLG München FamRZ 2009, 1780; aA OLG Koblenz FamRZ 2009, 143; OLG Köln FamRZ 2008, 707; OLG Stuttgart FamRZ 2008, 1010). Eine Beiordnung für die „Vereinbarung zum Umgangsrecht" umfasst nach einem Termin dazu zB nach § 118 I 3, II 2, 3 ZPO auch die zugehörige Termingebühr (aA OLG Düsseldorf FamRZ 2009, 714).

99 **4. Einigungsgebühr.** Der eindeutig beigeordnete Rechtsanwalt (andernfalls → Rn. 69) kann eine Einigungsgebühr nach VV 1000 auch dann erhalten, wenn die Parteien den Vertrag zwar nach dem Erlass des Urteils schließen, aber noch vor dem Eintritt der Rechtskraft zB nach § 705 ZPO, und wenn der Vertrag in demjenigen Rechtszug zustande kommt, für den das Gericht ihn beigeordnet hatte, und sofern er nach der Beiordnung am Vertragsabschluss mitgewirkt hat (OLG Düsseldorf AnwBl 1982, 378; OLG Schleswig SchlHA 1982, 48).

5. Beispiele zur Frage einer Einigungsgebühr (I–III)

100 **Außergerichtlicher Vertrag:** Die Regeln → Rn. 99 gelten auch bei einem außergerichtlichen Vertrag (vgl. BGH NJW 1988, 494; OLG Düsseldorf MDR 2003, 415; OLG München JurBüro 2004, 37; aA BGH NJW 2002, 3713; OLG Koblenz NJW-RR 1995, 1339; LAG Köln JurBüro 1994, 481, aber der Vertrag diente dann der Beendigung auch des Rechtsstreits).

Einbeziehung: Eine Einigungsgebühr erhält der beigeordnete Rechtsanwalt bei einer Einbeziehung weiterer Punkte in den Vertrag nach dem Gesamtwert nur dann, wenn das Gericht ihn vor dem Vertragsabschluss auch im weitergehenden Umfang beigeordnet hat (OLG Koblenz JurBüro 1997, 81; OLG Nürnberg NJW 2011, 1297; AG Koblenz JurBüro 1997, 82). Eine solche Beiordnung kann nicht stillschweigend wirksam erfolgen (LG Berlin MDR 1989, 366).

Gegenstandswert: Der beigeordnete Rechtsanwalt kann aus der Staatskasse eine Einigungsgebühr stets nur nach dem Wert desjenigen Anspruchs verlangen, für den das Gericht ihn beigeordnet hatte.

Mehrheit von Gebühren: Zur Frage des Zusammentreffens der Gebühren → Rn. 97–99 Nickel FamRZ 2009, 1643 (ausf.).

Prozesskostenhilfe: Auch hier ist zwischen der allein maßgebenden Beiordnung und einer PKH-Bewilligung nach § 119 ZPO zu unterscheiden.

Nach Rechtskraft: Keine Einigungsgebühr entsteht beim Vertragsabschluss erst nach dem Eintritt der formellen Rechtskraft der Entscheidung nach § 705 ZPO. Das gilt selbst dann, wenn die Vertragsverhandlungen schon vor der Rechtskraft begonnen hatten (OLG Schleswig SchlHA 1987, 48).

Verkehrsanwalt: Keine Einigungsgebühr erhält der nur als Verkehrsanwalt Beigeordnete mangels einer eindeutigen Erstreckung auf einen weitergehenden Vertrag (OLG Bamberg MDR 1999, 569; OLG Düsseldorf MDR 1991, 258; KG JurBüro 1995, 426).

IX. Vor Bestellung (VI). Die Vorschrift gilt für jede Tätigkeit nach VV Teile 4–6. Jede Instanz ist gesondert zu beurteilen. 101

1. Erster Rechtszug (VI 1). Eine Bestellung des Verteidigers mit einer Rückwirkung ist grundsätzlich unzulässig (OLG Hamm AnwBl 1995, 562; OLG Jena Rpfleger 2009, 171; OLG Köln NJW 2003, 2038; aA OLG Düsseldorf MDR 1988, 989, wegen der Auslagen; Gerold/Schmidt/Müller-Rabe/Burhoff Rn. 5). Das gilt auch bei einer Verbindung mehrerer Verfahren zB nach § 147 ZPO (OLG Koblenz Rpfleger 2001, 514). 102

V macht von diesem Grundsatz insofern eine **Ausnahme,** als es auf den Zeitpunkt der Bestellung für die erste Instanz (und nur für sie!) nicht ankommt (OLG Jena JurBüro 2006, 424; OLG Koblenz JurBüro 2007, 645; OLG Köln NJW 2003, 2038). Das mag so sein, wenn der Rechtsanwalt also schon vor der Anklageerhebung gerade als Wahlverteidiger tätig war (LG Kiel JurBüro 1996, 469), oder wenn er am ersten Verhandlungstag noch Wahlverteidiger war (KG JurBüro 1997, 361). V ist zwingend (OLG Köln NJW 2003, 2038). Der Verteidiger erhält die Vergütung nach VI 1 auch dann, wenn das Gericht ihn erst während des Hauptverfahrens bestellt, zB am zweiten Verhandlungstag. Bei einer Beiordnung erst nach einer Zurückverweisung gilt VI 1 nicht rückwirkend (LG Köln JurBüro 1996, 532). 103

2. Berufungsverfahren, Revisionsverfahren (VI 2). Soweit der Verteidiger in diesen Abschnitten tätig wird, erhält er nach VI 2 seine Vergütung in diesem Rechtszug auch für seine Tätigkeit vor seiner Bestellung. 104

3. Verfahrensverbindung (VI 3). Hier kann das Gericht nach seinem pflichtgemäßen Ermessen die Wirkungen → Rn. 98, 99 auch auf diejenigen Verfahren erstrecken, in denen vor der Verbindung zB nach § 147 ZPO keine Beiordnung oder Bestellung erfolgt war. Das gilt aber nicht nur dann, wenn es den Rechtsanwalt in einem der Verfahren schon vor der Verbindung beigeordnet hatte (LG Dessau-Roßlau JurBüro 2015, 643), sondern auch in einem der dann durch die Verbindung hinzugekommenen (OLG Koblenz NStZ-RR 2012, 295 mwN zum Meinungsstand; OLG Braunschweig NStZ-RR 2014, 232; OLG Hamburg JurBüro 2018, 17; OLG Zweibrücken NStZ-RR 2018, 64; aA OLG Hamm JurBüro 2005, 535; OLG Jena Rpfleger 2009, 171; OLG Rostock JurBüro 2014, 300). 105

Wertgebühren aus der Staatskasse

49 Bestimmen sich die Gebühren nach dem Gegenstandswert, werden bei einem Gegenstandswert von mehr als 4 000 Euro anstelle der Gebühr nach § 13 Absatz 1 folgende Gebühren vergütet:

Gegenstandswert bis … Euro	Gebühr … Euro	Gegenstandswert bis … Euro	Gebühr … Euro
5 000	284	22 000	399
6 000	295	25 000	414
7 000	306	30 000	453
8 000	317	35 000	492
9 000	328	40 000	531
10 000	339	45 000	570
13 000	354	50 000	609
16 000	369	über	
19 000	384	50 000	659

Historie: Vorschrift geändert durch Art. 8 I Nr. 26 2. KostRMoG v. 23.7.2013 (BGBl. I 2586 (2691)) mWv 1.8.2013; Materialien: BT-Drs. 17/11471 (Gesetzentwurf), BT-Drs. 17/13537 (Beschlussempfehlung und Bericht), BT-Drs. 17/14120 (Beschlussempfehlung), neugefasst durch Art. 7 I Nr. 10 KostRÄG 2021 v. 21.12.2020 (BGBl. I 3229 (3248)) mWv 1.1.2021; Materialien: BT-Drs. 19/23484 (Gesetzentwurf), BT-Drs. 19/24740 (Beschlussempfehlung und Bericht).

1 **I. Systematik.** Auch für den im Weg der PKH oder VKH nach §§ 114 ff. ZPO, § 76 FamFG beigeordneten Rechtsanwalt gilt an sich die Tabelle nach § 13 I. Der beigeordnete Rechtsanwalt erhält die dort vorgesehenen Gebühren bei einem Gegenstandswert bis zu 4.000 EUR. In diesem Bereich ist seine gesetzliche Gebühr also ebenso hoch wie diejenige des Wahlanwalts. § 49 schafft als eine vorrangige Sonderregel wegen seiner Tätigkeit nur während der Beiordnung (AG Göttingen ZInsO 2014, 800), und auch dann nur für den Bereich von mehr als 4.000 EUR Gebühren, die gegenüber denjenigen nach § 13 I geringer sind. Die Vorschrift gilt nur für den Anspruch gegenüber der Staatskasse. Das ergibt sich aus der Überschrift.

2 Diese Regelung ist **verfassungsmäßig** (vgl. BVerfG NJW 2008, 1063; aA Benkelberg FuR 1998, 339). Denn ein Organ der Rechtspflege nach § 1 BRAO hat manchmal erhöhte soziale Pflichten und zumindest **einen** stets zahlungsfähigen Schuldner, die Staatskasse. Freilich ist die Beibehaltung der Gebührenhöhen trotz der sonst im Gesamtbereich des RVG kräftig angestiegenen Kosten problematisch.

3 **II. Regelungszweck.** Die Vorschrift dient der Kostendämpfung. Sie lässt zu einer Auslegung kaum Raum. Soweit eine Auslegung dennoch erforderlich werden sollte, ist sie zwecks Rechtssicherheit beim Rechenwerk strikt vorzunehmen.

4 **Problematisch** bleibt die Deckelung der Anwaltsgebühren nach § 49 trotz aller verständlichen Bemühung um Kostenbegrenzung zugunsten der Staatskasse. Der Rechtsanwalt hat auch beim Auftraggeber mit PKH oder VKH genau dieselbe Sorgfaltspflicht wie beim nicht derart Bedürftigen. Es mögen durchaus sogar einmal noch schwierigere tatsächliche wie rechtliche Verhältnisse gerade infolge der Bedürftigkeit bestehen. Wenn der Staat sich gottlob angehalten sieht, dem Bedürftigen keinen sinnvollen Rechtsschutz aus Kostengründen zu versagen, dann ist es eigentlich inkonsequent, den Rechtsanwalt schon deswegen jedenfalls ab 4.000 EUR Gegenstandswert nach oben kräftig zunehmend auf Ertrag mitverzichten zu lassen, weil auch er nach § 1 BRAO ein Organ der Rechtspflege ist. Wer weniger als sonst erhält, hat menschlich verständlich evtl. auch ein geringeres Engagement für solch Mandat, auch wenn er das (selbstverständlich) nicht einräumt. Natürlich gilt das nicht für denjenigen, der gerade für den bedürftigen Mandanten besonders intensiv eintritt.

5 **Nur bedingt** hilft § 51 mit seinen strengen Voraussetzungen auf einem bloßen Teilgebiet.

6 **III. Anwendungsbereich.** Die Tabelle gilt zunächst dann, wenn der Rechtsanwalt eine Wertgebühr beanspruchen kann. Das gilt also dann, wenn sich der Betrag unmittelbar aus dem Streitwert, Geschäftswert, Gegenstandswert oder aus dem Ausmaß der rechtskräftig erkannten Strafe ergibt.

7 Die Tabelle gilt ferner dann, wenn ein **Gebührensatzrahmen** anzuwenden ist. Das gilt also dann, wenn man also den Gegenstandswert usw ermitteln und dann innerhalb eines gesetzlichen Rahmens den passenden Bruchteil ermitteln muss.

8 Dagegen bleibt die Tabelle des § 49 theoretisch nicht zu beachten, soweit das Gesetz als Vergütung eine **Betragsrahmengebühr** vorsieht, also zB im sozialgerichtlichen Angelegenheiten nach § 3 I 1 (Klier NZS 2004, 469 (471)). Das gilt also, soweit das Gesetz für die fragliche Tätigkeit unmittelbar und unabhängig von einem Gegenstandswert usw einen Rahmen zwischen einer in EUR bezifferten Mindest- und Höchstgebühr vorsieht. Der beigeordnete Rechtsanwalt erhält aber nach dem VV praktisch nur eine jeweilige Festgebühr. Daher hat sich die theoretisch fortbestehende Frage praktisch derzeit erledigt.

9 **IV. Berechnung.** § 49 nennt volle 1,0-Gebühren. Soweit der Rechtsanwalt eine Bruchteilsgebühr verdient, etwa eine 0,5-Gebühr, ist der entsprechende Bruchteil der in § 49 genannten Gebühr anzusetzen (OLG Bamberg JurBüro 2009, 305). Eine etwaige Herabsetzung des Streitwerts nach § 144 PatG, § 142 MarkenG, § 26 GebrMG, § 12 UWG, § 51 Anh. I, II GKG bleibt bei § 49 nicht zu beachten. Der volle Streitwert ist auch dann zugrunde zu legen. § 15 III bleibt anzuwenden. Liegt der Gebührensatz über 1,0, ist er entsprechend anzuwenden und zB bei einer 1,3-Gebühr und einem Gegenstandswert über 30.000 EUR das 1,3fache zu errechnen.

Das gilt auch zB bei VV 1008 (OLG Hamm MDR 1980, 152; VGH Baden-Württemberg JurBüro 2009, 490), und zwar entsprechend auch bei verschiedenen Gegenständen (vgl. BGH NJW 1981, 2757). Es gilt nach → Rn. 11 auch im höheren Rechtszug.

V. Mindestgebühr. Der Mindestbetrag nach § 13 II ist auch bei § 49 = 15 EUR. Eine Aufrundung findet nicht mehr statt. Das erstere ergibt sich daraus, dass § 45 I mit den Worten „gesetzliche Vergütung" grundsätzlich auf § 13 verweist. § 49 enthält weder zum Mindestbetrag noch zur Aufrundung abweichende Sonderregeln. 10

VI. Rechtsmittelverfahren. Im Beschwerdeverfahren, Berufungsverfahren oder Revisionsverfahren sind die Gebühren aus § 49 nach VV 3200 ff. zu erhöhen. Denn auch die letzteren Vorschriften gehören zu der „gesetzlichen Vergütung" nach § 13 I, auf die § 49 alle Instanzen verweist. Auch **§ 7 I** ist anzuwenden (OLG Hamm MDR 1980, 152). 11

Weitere Vergütung bei Prozesskostenhilfe

50 **I** [1]**Nach Deckung der in § 122 Absatz 1 Nummer 1 der Zivilprozessordnung bezeichneten Kosten und Ansprüche hat die Staatskasse über die auf sie übergegangenen Ansprüche des Rechtsanwalts hinaus weitere Beträge bis zur Höhe der Regelvergütung einzuziehen, wenn dies nach den Vorschriften der Zivilprozessordnung und nach den Bestimmungen, die das Gericht getroffen hat, zulässig ist.** [2]**Die weitere Vergütung ist festzusetzen, wenn das Verfahren durch rechtskräftige Entscheidung oder in sonstiger Weise beendet ist und die von der Partei zu zahlenden Beträge beglichen sind oder wegen dieser Beträge eine Zwangsvollstreckung in das bewegliche Vermögen der Partei erfolglos geblieben ist oder aussichtslos erscheint.**

II Der beigeordnete Rechtsanwalt soll eine Berechnung seiner Regelvergütung unverzüglich zu den Prozessakten mitteilen.

III Waren mehrere Rechtsanwälte beigeordnet, bemessen sich die auf die einzelnen Rechtsanwälte entfallenden Beträge nach dem Verhältnis der jeweiligen Unterschiedsbeträge zwischen den Gebühren nach § 49 und den Regelgebühren; dabei sind Zahlungen, die nach § 58 auf den Unterschiedsbetrag anzurechnen sind, von diesem abzuziehen.

Historie: I 1 geändert durch Art. 8 I Nr. 27 2. KostRMoG v. 23.7.2013 (BGBl. I 2586 (2691)) mWv 1.8.2013; Materialien: BT-Drs. 17/11471 (Gesetzentwurf), BT-Drs. 17/13537 (Beschlussempfehlung und Bericht), BT-Drs. 17/14120 (Beschlussempfehlung).

Schrifttum: Dörndorfer, Prozesskosten-, Verfahrenskosten- und Beratungshilfe Kostenhilferecht für Anfänger, 7. Aufl. 2020; Poller/Hörtl/Kopf, Gesamtes Kostenhilferecht, 3. Aufl. 2018.

Übersicht

1 **I. Systematik.** Der im Weg der PKH oder VKH nach §§ 114 ff. ZPO, § 76 FamFG beigeordnete Rechtsanwalt erhält nach §§ 122 I Nr. 3 ZPO, 76 FamFG keinen Vergütungsanspruch gegenüber dem Auftraggeber, seiner Partei. Er erhält vielmehr nach § 45 einen Vergütungsanspruch gegenüber der Staatskasse. § 59 ist anzuwenden. Die Höhe der Gebühr richtet sich zunächst nach § 13 I 1, 2, jedoch im Bereich des § 49 nur nach dieser Vorschrift. Die Gebühren nach § 49 sind deutlich niedriger als die Regelgebühren. Falls nicht infolge einer Aufhebung der Bewilligung der PKH bzw. VKH eine Verbesserung der Gebührenansprüche des beigeordnet gewesenen Rechtsanwalts entsteht, verdient er also grundsätzlich im Rahmen der Hilfe evtl. weniger als ein nicht beigeordneter Wahlanwalt außerhalb einer solchen Hilfe. Eine Wertabsenkung kommt nicht zusätzlich infrage (BVerfG NJW 2007, 1445).

2 **II. Regelungszweck.** Diese Schlechterstellung soll § 50 unter bestimmten Voraussetzungen beseitigen oder doch mildern (OLG Düsseldorf AnwBl 1984, 445; OLG Hamm MDR 1985, 149). I 1 gibt dem beigeordneten Rechtsanwalt einen Anspruch auf eine zusätzliche Zahlung aus der Staatskasse. Das Gesetz nennt sie eine „weitere Vergütung".

3 Sie kann so viel ausmachen, dass der beigeordnete Rechtsanwalt auch im Anwendungsbereich von § 49 die „Regelgebühren" des § 13 I 1, 2 verdient. Anders ausgedrückt: Der beigeordnete Rechtsanwalt steht evtl. finanziell ebenso gut da, wie wenn der Auftraggeber ihn **außerhalb einer Prozess- oder Verfahrenskostenhilfe** eingeschaltet hätte. Er steht unter Umständen sogar noch besser als ein nicht beigeordneter Wahlanwalt da. Denn Gebührenschuldner des beigeordneten Rechtsanwalts ist die Staatskasse. Sie ist stets zahlungsfähig und meist auch sogleich zahlungswillig. Er braucht auch nicht auf etwaige Zahlungen eines erstattungspflichtigen Gegners des Auftraggebers zu warten.

4 Diese gewisse gebührenrechtliche in → Rn. 6 ff. näher dargestellte Besserstellung eines beigeordneten Rechtsanwalts gegenüber einem ohne PKH oder VKH tätigen Wahlanwalt ist um so überraschender, als sie **zulasten der Staatskasse** entstehen kann. Die Verfassungsmäßigkeit der Vorschrift ist zweifelhaft (vgl. OLG Düsseldorf Rpfleger 1989, 31; LAG Hamm MDR 1987, 258 mablAnm Klüsener Rpfleger 1987, 475; Theisen AnwBl 1988, 280; aA OLG Bamberg FamRZ 1988, 193; OLG München AnwBl 1987, 102; OLG Zweibrücken FamRZ 1987, 403).

5 **III. Weitere Vergütung (I 1).** Vier Gesichtspunkte sind zu beachten.

6 **1. Grundsatz: Kein Vorteil der Staatskasse.** Der beigeordnete Rechtsanwalt kann die Differenz zwischen den auf die Staatskasse übergegangenen Ansprüchen des Rechtsanwalts und denjenigen nach § 13 I 1, 2 beanspruchen, soweit die Staatskasse von einem oder mehreren Gebührenschuldnern insgesamt mehr als diejenige Summe eingezogen hat, die zur Bezahlung der nach § 122 I Nr. 1 ZPO entstandenen Kosten und der Ansprüche nach § 59 I erforderlich geworden ist, also bis zu den Regelgebühren. Diese Regelung ist zulässig (OLG Hamm MDR 1985, 149; Enders JurBüro 2002, 184; aA LAG Hessen MDR 1986, 1054). Zur Berechnung bei verschiedenen Instanzen oder bei mehreren Beiordnungen H. Schneider JurBüro 2018, 113.

7 **Gerichtskosten** sind dabei nicht in Rechnung zu stellen, soweit § 31 II Hs. 1 GKG, § 26 II Hs. 1 FamGKG zu beachten (OLG Düsseldorf Rpfleger 1988, 164). Es gibt eine weitere Vergütung nach I 1 auch dann, wenn aus einer ratenlosen PKH oder VKH in derselben Instanz eine solche mit Raten wird (OLG München Rpfleger 1995, 365, anders also dann, wenn die Vorinstanz ratenfrei bewilligt hatte; LG Nürnberg-Fürth Rpfleger 1994, 259).

8 **2. Einstellung von Raten.** Eine Einstellung von Ratenzahlungspflichten nach § 120 III Nr. 1 ZPO kommt also erst nach einer vollen instanzübergreifenden Deckung der Regelgebühren des beigeordneten Rechtsanwalts (sog. **Differenzgebühren**) in Betracht (OLG Köln Rpfleger 1997, 313; LG Mainz AnwBl 2003, 374; aA OLG Hamm Rpfleger 1994, 469; LAG Hamburg AnwBl 1995, 204; LAG Schleswig-Holstein AnwBl 2002, 62, aber → Rn. 6).

3. Überschuss. Es müssen Zahlungen der Gebührenschuldner die rückständigen 9
und die entstehenden Gerichtskosten und Gerichtsvollzieherkosten (je: Gebühren und Auslagen) sowie die auf die Staatskasse übergegangenen Ansprüche beigeordneter Rechtsanwälte gegen die begünstigte Partei in demjenigen Umfang decken, in dem die Staatskasse nach § 120 ZPO von der begünstigten Partei Zahlungen fordern durfte. Es muss außerdem ein Überschuss vorliegen. Es ist unerheblich, ob nur auf eine bestimmte Kostenart Überzahlungen eingingen. Es genügt für den Ausgleichsanspruch des beigeordneten Rechtsanwalts, dass der Saldo einen Überschuss der vorgenannten Art ausweist.

4. Verrechnung. Diesen Überschuss muss die Staatskasse also zunächst zur Ver- 10
besserung der Vergütung des beigeordneten Rechtsanwalts verwenden. Soweit er zur vollen Vergütung nach § 13 nicht ausreicht, erhält der beigeordnete Rechtsanwalt den Überschuss voll (OLG Düsseldorf MDR 1988, 243). Er geht aber wegen der verbleibenden Differenz leer aus (OLG Düsseldorf JurBüro 1991, 236; OLG Saarbrücken JurBüro 1988, 368). Soweit der Überschuss Vergütungen nach § 13 I ermöglicht, darf die Staatskasse unter den weiteren Voraussetzungen des § 50 den Überschuss nur an den beigeordneten Rechtsanwalt auskehren. Erst wenn der Überschuss so groß ist, dass trotz einer weiteren Vergütung bis zur Höhe der Beträge nach § 13 I 1, 2 noch ein Überschussrest in der Staatskasse verbleibt, kommt eine Rückzahlungspflicht an den Gebührenschuldner und ein entsprechender Rückzahlungsanspruch des letzteren in Betracht. Hat die Staatskasse eine objektiv nicht gerechtfertigte Rückzahlung an den Begünstigten verfügt, bleibt der Anspruch des beigeordneten Rechtsanwalts auf eine weitere Vergütung nach § 50 bestehen (OLG München AnwBl 1984, 105).

5. Auslagen. I 1 erwähnt übergegangene „Ansprüche", also auch Auslagen. Die 11
Überschrift des § 50 und sein weiterer Text sprechen überdies von weiterer „Vergütung" als dem Oberbegriff für Gebühren und Auslagen nach der Legaldefinition des § 1 I 1. Wegen VV 7001, 7002 (Pauschalen) kann § 50 auch einen Anspruch auf eine weitere Auslagenerstattung gegen die Staatskasse bedeuten. Daher muss sie den beigeordneten Rechtsanwalt unter Umständen auch wegen seiner Auslagen so befriedigen, als ob er außerhalb von PKH oder VKH tätig geworden wäre.

IV. Zuständigkeit (I 1). Zur Zahlung einer weiteren Vergütung ist diejenige 12
Staatskasse verpflichtet, die die Beträge nach I 1 fordern konnte, also nach § 120 II ZPO oder nach § 59 I 1 RVG. Es kommt nicht darauf an, ob auch diese Staatskasse alle ihr zustehenden Beträge erhalten hat. Es reicht vielmehr aus, dass irgendeine Staatskasse insgesamt solche Beträge erhalten oder eingezogen hat, die die Gesamtschuld nach § 122 I Nr. 1a–b ZPO übersteigen.

V. Festsetzungszeitpunkt (I 2). Durchweg ist erst am Ende eines gerichtlichen 13
Verfahrens übersehbar, ob ein Überschuss nach → Rn. 9 entstanden ist (OLG Düsseldorf MDR 1991, 550). Daher sieht I 2 eine Festsetzungspflicht des Gerichts mit der Folge der Fälligkeit eines etwaigen Zahlungsanspruchs erst nach der Rechtskraft oder sonstigen Beendigung des Verfahrens etwa durch einen Vergleich oder infolge beiderseitiger wirksamer Vollerledigterklärungen vor (OLG Düsseldorf MDR 1991, 550, also zB nicht beim bloßen Ruhen nach § 251 ZPO; OLG Oldenburg JurBüro 1995, 536). Das gilt auch beim abgetrennten Verfahren über einen Versorgungsausgleich, selbst wenn das Gericht es erst nach langer Zeit abschließen kann (OLG Koblenz MDR 2000, 851). Die Festsetzung macht die weitere Vergütung gegenüber der Staatskasse nach → § 8 Rn. 1 fällig.

Eine zusätzliche Voraussetzung der Festsetzungspflicht besteht (selbstverständlich) 14
darin, dass der Schuldner sämtliche nach § 122 I Nr. 1a–b ZPO geschuldeten Beträge entweder **freiwillig** beglichen hat, auch nach einer irrtümlichen Rückzahlung (OLG Koblenz AnwBl 1989, 243), oder dass die Staatskasse sie nicht mehr weiter beitreiben kann (OLG Oldenburg JurBüro 1995, 536).

VI. Berechnung der Vergütung (II). Damit die Staatskasse prüfen kann, ob und 15
in welcher Höhe der beigeordnete Rechtsanwalt einen Anspruch auf die Zahlung einer weiteren Vergütung nach I 1 haben kann, benötigt sie eine entsprechende Berechnung (OLG Hamm MDR 1985, 149). Das gilt allerdings nur, soweit der

beigeordnete Rechtsanwalt überhaupt eine weitere Vergütung nach → Rn. 6 ff. gerade aus der Staatskasse erhalten möchte, also zB mangels seiner Befriedigung durch den Gegner nach § 126 ZPO oder durch den Auftraggeber oder durch einen Dritten, etwa durch den Rechtsschutzversicherer. Diese Berechnung muss (selbstverständlich) auf eine Wahlanwaltsvergütung nach § 13 I 1, 2 abstellen. Denn nur so lässt sich die fragliche Differenz zwischen den mindestens nach § 49 vergütbaren Beträgen und der evtl. nach § 50 darüber hinaus entstehenden Summe klären.

16 **1. Abgrenzung zu § 55.** Demgemäß unterscheidet der ergänzend zu beachtende § 55 zwischen der „aus der Staatskasse zu gewährenden Vergütung" nach § 55 I 1, also derjenigen nach § 49, und nach § 55 VI 1 den „Vergütungen, für die ihm (gemeint: dem beigeordneten Rechtsanwalt) **noch** Ansprüche gegen die Staatskasse zustehen". Das sind solche nach § 50.

17 **2. Obliegenheit.** Der beigeordnete Rechtsanwalt hat zu einer so verstandenen Berechnung einer „Idealvergütung" zwar keine Pflicht. Es handelt sich aber um eine berufsrechtliche und gebührenrechtliche Obliegenheit. Er „soll" so handeln. Das ergibt sich auch aus § 55 VI 2. Kommt nämlich der Rechtsanwalt einer Aufforderung des Gerichts zu einer fristgerechten Einreichung eines Kostenfestsetzungsantrags nach § 55 I, VI 1 nicht nach, erlöschen seine Ansprüche auf eine weitere Vergütung nach § 55 VI 2.

18 **3. Unverzüglichkeit.** Ein Formularzwang kann wegen der weiteren Vergütung nicht entstehen, anders als zB bei § 13 BerHG. Unabhängig von § 55 VI 2 soll der beigeordnete Rechtsanwalt seine Vergütungsberechnung unverzüglich zu den Prozessakten mitteilen. Diese bloße Sollvorschrift hat wegen der Regelung des § 55 kaum Bedeutung. „Unverzüglich" in II bedeutet: ohne vorwerfbares Zögern wie bei § 121 I 1 BGB, also alsbald nach der Fälligkeit einer Wahlanwaltsvergütung nach § 8.

19 **4. Mitteilung.** Der beigeordnete Rechtsanwalt muss seine Berechnung dem Gericht nach II mitteilen. Er hält die Frist des § 55 VI nur dann ein, wenn der eigentliche Kostenfestsetzungsantrag rechtzeitig bei demjenigen Gericht eingeht, dessen Urkundsbeamter den beigeordneten Rechtsanwalt zur Antragstellung aufgefordert hat. Ein solcher Antrag darf eine Bezugnahme auf eine bereits zu den Prozessakten eingereichte Berechnung nach II enthalten.

20 **VII. Beiordnung mehrerer Rechtsanwälte (III).** Die Vorschrift enthält Sonderregeln für den Fall, dass das Gericht mehrere Rechtsanwälte beigeordnet hatte, sei es gleichzeitig, zeitlich überlappend oder für mehrere zeitlich nicht überlappende Verfahrensabschnitte derselben Instanz oder auch anderer Rechtszüge (OLG Hamm Rpfleger 1994, 469; aA OLG München MDR 1995, 422). Der etwaige Gesamtüberschuss in der Staatskasse nach → Rn. 2 ff. errechnet sich nach dem Verhältnis der Ausgleichsansprüche eines jeden beigeordneten Rechtsanwalts. Dabei spielen (selbstverständlich) die Art und der Umfang der Auftragserteilung der Partei an die verschiedenen beigeordneten Rechtsanwälte sowie die Art und der Umfang ihrer vertragsgemäßen Tätigkeit eine erhebliche Rolle. Man darf die nach § 58 anrechenbaren Vorschüsse und Zahlungen nach III Hs. 2 nicht abziehen.

21 Für den **Zeitpunkt** der Einreichung der Vergütungsberechnung und die etwaige gerichtliche Frist sind für jeden beigeordneten Rechtsanwalt die in → Rn. 13–19 erörterten Gesichtspunkte maßgeblich.

22 **VIII. Beweislast.** Jeder beigeordnete Rechtsanwalt ist dafür beweispflichtig, dass seine weitere Vergütung nach I 1 in dem von ihm behaupteten Umfang aus der Staatskasse zu erstatten und dass die Zahlung nach → § 8 Rn. 1 fällig ist. Die Staatskasse ist dafür beweispflichtig, dass ein solcher Anspruch im von ihr behaupteten Umfang nach § 55 VI 2 erloschen ist.

Festsetzung einer Pauschgebühr

51 **I** [1]**In Strafsachen, gerichtlichen Bußgeldsachen, Verfahren nach dem Gesetz über die internationale Rechtshilfe in Strafsachen, in Verfahren nach dem IStGH-Gesetz, in Freiheitsentziehungs- und Unterbringungssachen sowie in Verfahren nach § 151 Nummer 6 und 7 des Gesetzes über**

das Verfahren in Familiensachen und in den Angelegenheiten der freiwilligen Gerichtsbarkeit ist dem gerichtlich bestellten oder beigeordneten Rechtsanwalt für das ganze Verfahren oder für einzelne Verfahrensabschnitte auf Antrag eine Pauschgebühr zu bewilligen, die über die Gebühren nach dem Vergütungsverzeichnis hinausgeht, wenn die in den Teilen 4 bis 6 des Vergütungsverzeichnisses bestimmten Gebühren wegen des besonderen Umfangs oder der besonderen Schwierigkeit nicht zumutbar sind. [2]Dies gilt nicht, soweit Wertgebühren entstehen. [3]Beschränkt sich die Bewilligung auf einzelne Verfahrensabschnitte, sind die Gebühren nach dem Vergütungsverzeichnis, an deren Stelle die Pauschgebühr treten soll, zu bezeichnen. [4]Eine Pauschgebühr kann auch für solche Tätigkeiten gewährt werden, für die ein Anspruch nach § 48 Absatz 6 besteht. [5]Auf Antrag ist dem Rechtsanwalt ein angemessener Vorschuss zu bewilligen, wenn ihm insbesondere wegen der langen Dauer des Verfahrens und der Höhe der zu erwartenden Pauschgebühr nicht zugemutet werden kann, die Festsetzung der Pauschgebühr abzuwarten.

II [1]**Über die Anträge entscheidet das Oberlandesgericht, zu dessen Bezirk das Gericht des ersten Rechtszugs gehört, und im Fall der Beiordnung einer Kontaktperson (§ 34a des Einführungsgesetzes zum Gerichtsverfassungsgesetz) das Oberlandesgericht, in dessen Bezirk die Justizvollzugsanstalt liegt, durch unanfechtbaren Beschluss. [2]Der Bundesgerichtshof ist für die Entscheidung zuständig, soweit er den Rechtsanwalt bestellt hat. [3]In dem Verfahren ist die Staatskasse zu hören. [4]§ 42 Absatz 3 ist entsprechend anzuwenden.**

III [1]**Absatz 1 gilt im Bußgeldverfahren vor der Verwaltungsbehörde entsprechend. [2]Über den Antrag nach Absatz 1 Satz 1 bis 3 entscheidet die Verwaltungsbehörde gleichzeitig mit der Festsetzung der Vergütung.**

Historie: Überschrift, I 1 und 4 geändert durch Art. 8 I Nr. 28 2. KostRMoG v. 23.7.2013 (BGBl. I 2586 (2691)) mWv 1.8.2013; Materialien: BT-Drs. 17/11471 (Gesetzentwurf), BT-Drs. 17/13537 (Beschlussempfehlung und Bericht), BT-Drs. 17/14120 (Beschlussempfehlung). I 1 erneut geändert durch Art. 4 Nr. 2 G zur Einführung eines familiengerichtlichen Genehmigungsvorbehaltes für freiheitsentziehende Maßnahmen bei Kindern v. 17.7.2017 (BGBl. I 2424) mWv 1.10.2017; Materialien: BT-Drs. 18/11278 (Gesetzentwurf), BT-Drs. 18/12938 (Beschlussempfehlung und Bericht). I 1 geändert durch Art. 6 Nr. 1 G zur Stärkung der Rechte von Betroffenen bei Fixierungen im Rahmen von Freiheitsentziehungen v. 19.6.2019 (BGBl. I 848) mWv 28.6.2019; Materialien: BT-Drs. 19/8939 (Gesetzentwurf), BT-Drs. 19/10243 (Beschlussempfehlung und Bericht); I 1 geändert durch Art. 7 I Nr. 11 KostRÄG 2021 v. 21.12.2020 (BGBl. I 3229 (3248)) mWv 1.1.2021; Materialien: BT-Drs. 19/23484 (Gesetzentwurf), BT-Drs. 19/24740 (Beschlussempfehlung und Bericht).

Schrifttum: Burhoff, Die Pauschgebühr des Pflichtverteidigers, Rpfleger 2016, 515; Dörndorfer, Prozesskosten-, Verfahrenskosten- und Beratungshilfe für Anfänger, 7. Aufl. 2020; Fromm, Die Vergütung des Strafverteidigers im Großverfahren – ein Praxiseinblick nach über 200 Hauptverhandlungstagen; ders., Vergütung des Verteidigers in Ausführungsverfahren und Vollstreckungsübernahmeversuchen nach IRG, JurBüro 2016, 508; Poller/Härtl/Köpf, Gesamtes Kostenhilferecht, 3. Aufl. 2018.

Übersicht

1 **I. Systematik.** Die Vorschrift ist aus Art. 12 I GG ableitbar (BVerfG NJW 2007, 1445). Sie gilt im Gegensatz zu § 42 nur für einen gerichtlich bestellten oder beigeordneten Rechtsanwalt. Es schafft inhaltlich ähnlich wie beim Wahlverteidiger der für ihn und bei § 52 III auch für den Pflichtverteidiger anzuwenden bleibende § 42 einen Rechtsanspruch auf einen festen Pauschbetrag für die gesamte Tätigkeit (OLG Hamm AnwBl 1985, 155). Er hat theoretisch einen Vorrang vor VV 4100 ff., 5100 ff. (OLG Hamm AnwBl 1996, 479; OLG Koblenz JurBüro 2000, 251, daher Anrechnung bereits erfolgter Gebührenzahlung). Indessen schränken die vielen Spezialregeln der VV 4100 ff., 5100 ff. praktisch den verbleibenden Regelungsbedarf nach § 51 doch auch wieder erheblich ein. § 20 bleibt anzuwenden (OLG Hamm JurBüro 1999, 194).

2 **II. Regelungszweck.** Die Vorschrift soll verhindern, dass der bestellte oder beigeordnete Verteidiger im Verhältnis zu seiner Vergütung unzumutbare Nachteile hat (BVerfG NJW 2007, 3420; OLG Düsseldorf JurBüro 1999, 134; OLG Karlsruhe JurBüro 2017, 467). Die sonst maßgebliche Gebühr muss unzumutbar sein, also augenfällig unzureichend und unbillig (OLG Koblenz Rpfleger 1976, 331). Dabei hat das Gericht einen weiten Beurteilungsspielraum (OLG Hamm JurBüro 2002, 143). Man kann ihn als eine nahezu bestehende Blankovollmacht bezeichnen (Eisenberg/Classen NJW 1990, 1023).

3 Diese Situation tritt **keineswegs** schon **bei jeder** solchen Straf- oder Bußgeldsache ein, deren Umfang oder Schwierigkeit das Normale übersteigt. Das gilt seit der Einführung des VV mit seiner Fülle von Spezialgebühren bei einem größeren Aufwand des Rechtsanwalts an Zeit und Mühe erst recht. Die Gebühr nach I soll dem Verteidiger auch keinen zusätzlichen Gewinn bringen. Sie soll eben nur eine unzumutbare Benachteiligung verhindern. Deshalb ist nach → Rn. 1 grundsätzlich keine Pauschalierung der Beurteilung erlaubt, sondern es ist eine sorgfältige Einzelfallabwägung erforderlich, großzügiger im Ausnahmefall OLG Jena Rpfleger 2005, 277.

4 **III. Persönlicher Anwendungsbereich.** Die Vorschrift gilt nur für den gerichtlich bestellten oder beigeordneten Rechtsanwalt, meist also den Pflichtverteidiger (OLG Bamberg JurBüro 1977, 1103). Ihm steht derjenige Rechtsanwalt gleich, den das Gericht dem Privatkläger, dem Nebenkläger oder im Anklageerzwingungsverfahren nach § 53 beigeordnet hat (OLG Hamm JurBüro 2001, 530 (531)). Ferner gilt I für den in einer Auslieferungssache beigeordneten Rechtsanwalt sowie dann, wenn die gerichtliche Bestellung oder Beiordnung eines Rechtsanwalts nach VV Teilen 4–6 sonstwie in Betracht kommt. Sie gilt ferner nach § 37 in einer vor einem Verfassungsgericht anhängigen Sache, soweit sie einen strafrechtlichen Charakter hat. Auch der beigeordnete Zeugenbeistand kann hierher gehören (OLG Düsseldorf JurBüro 2001, 27; KG JurBüro 2013, 360; OLG Köln Rpfleger 2002, 96). Wegen des Vertreters § 5.

5 Der **frei gewählte** Rechtsanwalt eines Privatklägers, Nebenklägers oder im Anklageerzwingungsverfahren und anderer Personen gehören nicht hierher (OLG Hamburg AnwBl 1979, 236; OLG Hamm JurBüro 2001, 530; OLG Koblenz Rpfleger 1985, 169). Der Wahlverteidiger kann eine Gebührenvereinbarung nach § 3a treffen. Er hat aber einen Erstattungsanspruch nur in Höhe der gesetzlichen Gebühren. Zu

ihnen zählen diejenigen nach § 51 nicht (OLG Koblenz Rpfleger 1985, 169; aA OLG Bamberg JurBüro 1982, 90).

IV. Sachlicher Anwendungsbereich: Besonders umfangreiche oder schwierige Straf- oder Bußgeldsache usw (I 1). Die Vorschrift gilt für jede Tätigkeit, für die das Gericht oder die Verwaltungsbehörde den Rechtsanwalt beigeordnet oder bestellt hat, zB in einer Vollstreckungssache (OLG Hamm AnwBl 1991, 1206). Sie gilt auch im Verfahren nach dem Gesetz über die internationale Rechtshilfe in Strafsachen und im Verfahren nach dem IStGH-Gesetz, in einem Freiheitsentziehungsverfahren nach §§ 415 ff. FamFG und in einer Unterbringungssache usw nach § 151 Nr. 6, 7 oder nach §§ 312 ff. FamFG. Dabei kommt eine Pauschgebühr für das ganze Verfahren in Betracht (BGH NJW 2006, 1536), oder auch nur für einen oder mehrere einzelne Verfahrensabschnitte, also nach I 3 für jeden Teil, der eine gesonderte Festgebühr entstehen lässt (KG JurBüro 2016, 132). Der folgende Grundsatz hat zahlreiche Auswirkungen. 6

Nicht anzuwenden ist § 51 im Verfahren nach der Wehrdisziplinarordnung (BVerwG NVwZ-RR 2016, 311). 7

1. Grundsatz: Unzumutbarkeit „normaler" Festgebühren. Wegen der erheblichen Anhebung der Gebühren im Jahr 1975 (vorher musste eine „außergewöhnlich" umfangreiche oder schwierige Strafsache vorliegen) ist § 51 nicht mehr nur auf ganz seltene Ausnahmen anzuwenden. Es dürfen also nicht mehr so strenge Anforderungen wie nach dem ganz früheren Recht gestellt werden (OLG Hamm JurBüro 2006, 255; Gerken Rpfleger 1990, 480; strenger OLG Koblenz JurBüro 2000, 415). 8

Dennoch bleibt eine gewisse **Zurückhaltung** ratsam (je zum Recht bis Juni 2004) OLG Bamberg JurBüro 1975, 203 mzustAnm Mümmler; OLG Düsseldorf JurBüro 1999, 134; OLG München AnwBl 1977, 118). Das gilt aus den Gründen → Rn. 2 erst recht seit der Einführung des VV. Denn es bringt für manche Sondertätigkeit bereits eine besondere gesetzliche Normalgebühr (BVerfG NJW 2007, 3420). Eine solche Tätigkeit reicht daher für § 51 trotz seiner Ausweitung von einer „außergewöhnlichen" Tätigkeit auf eine „besonders" umfangreiche oder schwierige nicht mehr aus. 9

2. Zeitraum seit Bestellung. Für die Prüfung, ob eine Gebühr nach I erforderlich wird, ist grundsätzlich nur der Zeitraum seit der Bestellung des Verteidigers maßgeblich (OLG Düsseldorf AnwBl 1992, 402; OLG Karlsruhe Rpfleger 1997, 451, auch bei einer nicht alsbaldigen Entscheidung und beim Ausbleiben einer Erinnerung; OLG Stuttgart Rpfleger 1999, 412; aA OLG Hamm Rpfleger 2001, 450, aber das widerspricht dem Regelungszweck). Von dieser Regel gilt an sich nur bei § 16 Nr. 4, 5 eine Ausnahme (OLG Jena JurBüro 1999, 133; OLG Saarbrücken JurBüro 1997, 361). Aber auch eine gerichtlich verursachte vermeidbare Verzögerung der Beiordnung darf nicht zum Nachteil des Beigeordneten führen (OLG Hamm JurBüro 1997, 362). 10

3. Erhebliche Abweichung vom Durchschnitt. Insgesamt muss die Tätigkeit des Verteidigers das Durchschnittsmaß der infrage kommenden Gebührenvorschrift des VV **erheblich** überschritten haben (BGH NStZ-RR 2020, 296 (Ls.) = BeckRS 2020, 17684 Rn. 9 mwN). Sie muss das Mittelmaß zumindest **deutlich** überschritten haben (OLG München AnwBl 1976, 178). Eine nur **etwas überdurchschnittliche** Schwierigkeit usw reicht also nach wie vor nicht aus. 11

Allerdings stellt das Wort **„oder"** in I 1 klar, dass sowohl ein besonderer Umfang als auch eine besondere Schwierigkeit ausreichen. Sie brauchen also nicht zusammenzutreffen. Beim Zusammentreffen von Umfangs- und Schwierigkeitsmerkmalen liegt durchweg eine Unzumutbarkeit vor (OLG Hamm NJW 2007, 858). Es mögen dann insgesamt bei diesen Einzelfaktoren etwas geringere Anforderungen als dann ausreichen, wenn nur der Umfang oder nur die Schwierigkeit bei einer **Gesamtbewertung** überdurchschnittliche Anforderungen stellen (OLG Hamm JurBüro 2007, 308; vgl. auch OLG München AnwBl 1976, 178). Es kommt auf die Umstände für den fraglichen Gebührenabschnitt an (OLG Jena JurBüro 2005, 476). Jeder Schematismus ist unzulässig (OLG Hamburg MDR 1987, 607; OLG Hamm Rpfleger 2001, 146). Daher sind Leitlinien etwa von OLG Schleswig JurBüro 1986, 197 jedenfalls nicht verbindlich. Es ist unerheblich, ob die besondere Schwierigkeit oder der besondere 12

Umfang tatsächlicher oder rechtlicher Art ist. Bei einer Gesamtbewertung kann Überdurchschnittliches und Unterdurchschnittliches abwägbar werden (OLG Bamberg JurBüro 2017, 631).

13 Maßgeblich ist eine objektive **Unzumutbarkeit** der „normalen" gesetzlichen Festgebühren gerade wegen des besonderen Umfangs oder der besonderen tatsächlichen und/oder rechtlichen Schwierigkeit (BVerfG NJW 2007, 3420; BGH NStZ-RR 2020, 160 Rn. 5; NStZ-RR 2020, 296 (Ls.) = BeckRS 2020, 17684 Rn. 9, jew. mwN). Es soll kein Sonderopfer des Rechtsanwalts entstehen (so schon BVerfGE 68, 237 = NJW 1985, 727). Eine Unzumutbarkeit entsteht aber nicht schon wegen einer allgemeinen „Unbilligkeit" oder „Ungerechtigkeit" (OLG Köln AnwBl 2002, 113), oder „Unwirtschaftlichkeit" (OLG Koblenz JurBüro 2008, 313). Ein auswärtiger Wohnsitz des Verteidigers usw ist bei § 51 nicht zu berücksichtigen (BGH NJW 2015, 2437), sondern man darf ihn nur bei der Auslagenberechnung beachten (BayObLGSt 1987, 39 = MDR 1987, 870). Die Ansicht der Vorsitzenden ist stets zu beachten, aber nicht stets bindend (OLG Hamm JurBüro 1999, 194).

14 **4. Rechtsanspruch.** Soweit die gesetzlichen Voraussetzungen vorliegen, besteht ein Rechtsanspruch auf die erhöhte Pauschgebühr unabhängig von den Haushaltsmitteln (Gerold/Schmidt/Burhoff Rn. 17; aA OLG Düsseldorf AGS 1999, 71; OLG Hamburg MDR 1990, 272, aber I 1 spricht von „ist… zu bewilligen").

15 **5. Beispiele zur Frage einer Anwendbarkeit von I 1.** Fundstellen beziehen sich vielfach noch auf § 99 I BRAGO. Daher zunächst → Rn. 8–14.

Abfallbeseitigung: I kann anzuwenden sein (OLG Hamm JurBüro 2000, 250).

Aktenumfang: Er ist (selbstverständlich) ein gewichtiges Anzeichen für den Umfangsgrad der Sachen (OLG Dresden AGS 2000, 109; OLG Stuttgart AnwBl 1992, 89; Marberth-Kubicki AnwBl 2004, 574; strenger OLG München JurBüro 2017, 410). Hierher gehören meist auch notwendige Vor- und Beiakten.

Allgemeine Bedeutung: Sie allein macht I **nicht** anzuwenden. Es muss auch eine besondere Bedeutung gerade für den Auftraggeber vorliegen.

Aufmerksamkeit: Man kann ausnahmsweise die allgemeine Aufmerksamkeit mitbeachten, die der Prozess fand (OLG Hamm Rpfleger 2002, 480).

Ausländer: I kann anzuwenden sein, soweit der Angeklagte deutsch nicht sprechen oder nicht verstehen kann (OLG Bamberg JurBüro 1988, 1178; OLG Hamm AnwBl 1998, 416; aA OLG Karlsruhe Rpfleger 1987, 176: Fallfrage). I kann ferner anzuwenden sein, soweit der Verteidiger sogar einen Dolmetscher ersetzt (aA OLG Düsseldorf Rpfleger 2009, 644; OLG Hamm JurBüro 1997, 195). Es kommt aber auch hier auf die Umstände an (OLG Karlsruhe JurBüro 2017, 467; OLG Koblenz JurBüro 2008, 313).

Auslandsrecht: Seine Erörterung kann mit zu berücksichtigen sein (BayObLGSt 1987, 39 = MDR 1987, 870).

Auslandsreise: Die Teilnahme an ihr kann zu berücksichtigen sein (OLG Hamm JurBüro 2002, 143).

Aussage gegen Aussage: I kann anzuwenden sein (OLG Hamm JurBüro 2003, 365).

Außenwirtschaftsrecht: Seine Erörterung kann mit zu berücksichtigen sein (OLG Hamm AnwBl 1998, 612).

Aussetzung: Die anschließende Neueinarbeitung kann mit zu berücksichtigen sein.

Auswärtiger Termin: Besonders ein solcher Beweistermin spricht für einen besonderen Umfang. Freilich muss das gesetzlich schon differenzierende Vergütungsmaß zur angemessenen Vergütung nicht ausreichen.

Baader-Meinhoff-Prozesse: Wegen der Anwendbarkeit von I in solcher Art von Verfahren usw OLG Frankfurt a. M. NJW 1975, 948.

Beiordnung: I kann bei § 140 II StPO anzuwenden sein (OLG Hamm AnwBl 1998, 416).

Besprechung: I kann dann anzuwenden sein, soweit zahlreiche langwierige Besprechungen erforderlich waren (OLG Hamm JurBüro 2001, 248; OLG Nürnberg JurBüro 2000, 476). Das gilt auch für eine vor der Hauptverhandlung stattfindende verfahrensverkürzende Besprechung (OLG Koblenz Rpfleger 2005, 627). 16 Stunden können reichen (OLG Hamm JurBüro 2005, 649).

Beweisantrag: Seine Gesamtzahl und/oder sein Schwierigkeitsgrad sind mitbeachtlich.

Beweiswürdigung: I kann dann anzuwenden sein, wenn der Verteidiger einen solchen Beweis würdigen muss, zu dessen Beurteilung das Gericht 70 Seiten brauchen wird (OLG Hamm JurBüro 2002, 78). Auch → „Aussage gegen Aussage".

Dauer: → „Verfahrensdauer".

Dolmetscher: → „Ausländer".

Eigenermittlung: Sie kann mitbeachtbar sein.

Einarbeitungszeit: → „Vorbereitungszeit".

Einkommensverlust: Man darf und muss ihn im Rahmen der Zumutbarkeitsprüfung nach → Rn. 11 mitbeachten (BVerfGE 68, 237 (255) = NJW 1985, 727).

Einstellung: I kann auch dann anzuwenden sein, wenn es erst nach der Anwaltstätigkeit zur Einstellung des Verfahrens kommt. **Nicht anzuwenden** ist I aber auf eine Tätigkeit **nach** der Verfahrenseinstellung (OLG Hamm AnwBl 1998, 614).

Einzelne Teile des Verfahrens: Das Gericht darf und muss sie theoretisch mitbeachten. Das bestimmt I ausdrücklich.

Innerhalb der Hauptverhandlung ist aber die gesonderte Bewilligung einer Pauschvergütung für einzelne Verhandlungs**tage** wegen der Berücksichtigung der Gesamtdauer bereits bei den „Normalgebühren" des VV praktisch **nicht** zulässig (vgl. OLG Koblenz JurBüro 1993, 607).

Einziehungsverfahren: Eine dortige Zusatzarbeit kann mitbeachtbar sein.

Fahrtzeit: Sie hat grds. **keine** Bedeutung (BGH NJW 2015, 2437; aA OLG Hamm NJW 2007, 311; OLG Nürnberg Rpfleger 2016, 372, aber sie kann auch bei einer einfachen Lage auftreten). Aber auch → „Besprechung".

Federführung: Sie bedeutet **keine** „besondere Schwierigkeit" (OLG Hamm AnwBl 1998, 612).

Fremdsprache: Sie bedeutet **nicht stets** eine „besondere Schwierigkeit" (OLG Karlsruhe JurBüro 2017, 410).

Grobes Missverhältnis: Es kann ausreichen (KG JurBüro 2013, 360).

Großverfahren: Vgl. OLG Düsseldorf Rpfleger 2015, 668).

Grundsatzfrage: Sie kann zB bei einer erstmaligen Klärung eine Pauschale rechtfertigen (BGH NJW 2006, 1536).

Haft: Sie findet im sog. Zuschlag schon grds. eine ausreichende Beachtung (OLG Koblenz JurBüro 2008, 313). Die Zahl der Besuche oder ihre Begleitumstände bleiben aber mit zu berücksichtigen. Auch → „Zeitaufwand".

Haftprüfungstermin: I ist bei einer Teilnahme des Rechtsanwalts wegen VV 4102 Nr. 3 nur noch ausnahmsweise anzuwenden.

Hauptverhandlungsdauer: → „Verfahrensdauer".

Hilfskraft: I kann anzuwenden sein, soweit der Verteidiger eine oder gar mehrere besondere Hilfskräfte einstellen musste.

Höchstgebühr: Grundsätzlich bildet die Höchstgebühr eines Wahlverteidigers auch im Rahmen von I die Obergrenze (OLG Hamm JurBüro 2003, 138; 2003, 139; KG JurBüro 1992, 742; OLG Koblenz Rpfleger 1992, 268). Diese Grenze kann aber durchaus erreicht werden (OLG Hamm JurBüro 2002, 78). Sie kann sogar ausnahmsweise überschritten werden (OLG Düsseldorf AnwBl 1982, 265; OLG Hamm JurBüro 2002, 251; OLG Koblenz Rpfleger 1992, 268).

Das gilt etwa: Bis zum Doppelten der Höchstgebühr des Wahlanwalts (OLG Köln JurBüro 2003, 81; OLG München AnwBl 1982, 213; OLG Nürnberg AnwBl 2000, 56), darüber hinaus (OLG Karlsruhe AnwBl 1989, 113); bis zum Dreifachen (OLG Hamm JurBüro 1997, 84, nur, wenn die Arbeitskraft des Verteidigers lange Zeit hindurch ganz oder fast ganz notwendig wurde), bis zum Vierfachen (OLG München AnwBl 1977, 118), bis zum Fünffachen (OLG Bamberg JurBüro 1980, 1043; OLG Koblenz Rpfleger 1992, 268), bis zum Sechsfachen (OLG Hamm NStZ 2000, 555), über das Sechsfache hinaus (OLG Hamm JurBüro 1994, 102).

Justizvollzugsanstalt: → „Haft".

Kostensteigerung: Sie reicht **nicht** aus.

Mehrzahl von Pflichtverteidigern: Sie kann den Umfang oder die Schwierigkeit beim Einzelnen verringern (OLG Hamburg JurBüro 1990, 354).

Öffentlichkeit: Ihre besondere Aufmerksamkeit reicht für I erst bei einem entsprechenden Mehraufwand des Rechtsanwalts (OLG Hamm JurBüro 2002, 420).
Patentrecht: → „Spezialrecht".
Pause: Man darf und muss eine nicht zu lange Pause jeweils mitrechnen (OLG Jena JurBüro 1997, 86), eine kurze unter einer Stunde **nicht stets** (OLG Karlsruhe AGS 1993, 77).
Persönlichkeit: I kann anzuwenden sein, soweit man einen Beteiligten in seiner Persönlichkeit nur besonders schwer beurteilen kann (OLG Hamm JurBüro 2001, 641), etwa weil er besonders uneinsichtig ist oder weil er die Verteidigung sehr behindert (OLG München AnwBl 1981, 462; OLG Nürnberg JurBüro 2000, 476).
Psychiater: Seine Hinzuziehung reicht für I **nicht stets** aus, wohl aber bei vielen Fachfragen (OLG Brandenburg AGS 1999, 41). Aber auch → „Persönlichkeit".
Reisezeit: → „Zeitaufwand".
Revision: Das RVG vergütet die zugehörige Tätigkeit bereits gesondert.
Sachverständigengutachten: Seine Begleitung und Bewertung können mit zu berücksichtigen sein, besonders bei mehreren widersprüchlichen Gutachten.
Sachverständigenzahl: Sie ist meist ein erhebliches Merkmal.
Schwierig, aber nicht umfangreich: I kann nach → Rn. 11 dann anzuwenden sein, wenn die Sache zwar besonders schwierig, nicht aber besonders umfangreich ist (OLG Karlsruhe AnwBl 1978, 358; OLG München AnwBl 1981, 462; Oswald AnwBl 1975, 434).
Sicherungsverwahrung: I kann anzuwenden sein, soweit dem Angeklagten eine Sicherungsverwahrung droht (OLG München JurBüro 1975, 1475).
Spezialrecht: I kann anzuwenden sein, soweit sich der Verteidiger in ein deutsches Spezialrecht einarbeiten musste (BayObLGSt 1987, 39 = AnwBl 1987, 619; OLG Koblenz Rpfleger 1985, 508), oder in ausländisches Recht, → „Auslandsrecht".
Sprachprobleme: → „Ausländer".
Staatsschutzverfahren: III, IV können anzuwenden sein (KG Rpfleger 2015, 48).
Steuerrecht: Seine Erörterung kann mitbeachtbar sein.
Termine außerhalb der Hauptverhandlung: I kann trotz VV 4102 ganz ausnahmsweise dann anzuwenden sein, wenn mehrere Termine außerhalb der Hauptverhandlung stattfinden. Mit zu beachten ist, dass VV 4102 jetzt bis zu drei Terminsgebühren je Rechtszug ermöglicht und damit den Anwendungsbereich von § 51 verkleinert. Die Wahrnehmung eines einzelnen Beweistermins außerhalb der Hauptverhandlung reicht aber noch **nicht** aus.
Terminsdauer: → „Verfahrensdauer".
Umfangreich und besonders schwierig: Insbesondere bei zB 410 Stunden Verfahrensdauer ist eine weit über die RVG hinausgehende Pauschvergütung nötig (BVerfG NJW 2011, 3079; OLG Düsseldorf AnwBl 2015, 981: 3400 Sachen).
Umfangreich, aber nicht schwierig: I kann nach → Rn. 11 dann anzuwenden sein, wenn die Sache zwar besonders umfangreich, nicht aber besonders schwierig ist (OLG Hamm MDR 1991, 1206). Auch → „Vielzahl von Schriftsätzen", → „Vielzahl von Taten".
Uneinsichtigkeit: → „Persönlichkeit".
Ungerechtigkeit: → Rn. 11.
Unnötige Maßnahme: Sie bleibt grds. **unberücksichtigt** (OLG Hamburg JurBüro 1988, 598; OLG Karlsruhe JurBüro 1985, 353; OLG Schleswig AGS 1998, 7). Man sollte aber nicht zu streng sein.
Unterbrechung: Die anschließende Neueinarbeitung kann mitbeachtbar sein.
Unterbringungssache: Schon die Notwendigkeit der Prüfung eines psychiatrischen und psychologischen Gutachtens kann I anzuwenden machen (OLG Düsseldorf Rpfleger 2001, 371; OLG Koblenz JurBüro 2000, 415).
Untersuchungshaft: I kann dann anzuwenden sein, wenn der Angeklagte in einer Untersuchungshaft einsitzt (OLG München JurBüro 1975, 1475). Freilich gibt das VV dann ja ohnehin erhöhte „Normalgebühren", nämlich nach VV Vorb. 4 IV solche „mit Zuschlag", etwa in VV 4101 usw. I kommt aber bei besonders vielen oder schwierigen Besuchen in der Untersuchungshaft infrage.
Veränderung des rechtlichen Gesichtspunkts: Ein Hinweis nach § 265 StPO reicht für I **nicht stets** aus.

Verbindung: Bei ihr ist eine Mehrzahl von Gebühren mit zu beachten (OLG Jena Rpfleger 2009, 171).

Verfahrensdauer: I kann wegen der im VV eingeführten Berücksichtigung längerer Verhandlungsdauern bei den „Normalgebühren" etwa in VV 4110, 4111 usw **grds. nicht mehr** nur wegen einer solchen Verhandlungsdauer gelten. Die Vorschrift kann vielmehr insoweit nur dann in Betracht kommen, wenn zum reinen Zeitablauf eine von VV 4110, 4111 usw nicht schon mitbedachte wirklich unzumutbare Belastung hinzutritt (BVerfG NJW 2011, 3079; OLG Hamm NJW 2006, 75). Nur insoweit können die bisherigen Fundstellen noch mitberücksichtigt werden.

Danach kann I mit der vorgenannten Einschränkung **anzuwenden** sein, soweit es sich um eine besonders lange Verfahrensdauer handelt (OLG Düsseldorf AnwBl 2015, 981; OLG Hamm AnwBl 2000, 378: 4,5 Stunden beim Jugendschöffengericht; OLG München JurBüro 1975, 1475: 13 Stunden Terminsdauer mit nur 2 Stunden Pause; OLG München AnwBl 1976, 179: 9,25 Stunden Terminsdauer, Vernehmung von 14 Zeugen und einem Sachverständigen usw; aA OLG Bamberg JurBüro 1979, 71: bei der Strafkammer ist eine Verhandlungsdauer von 8 Stunden noch normal). 410 Stunden erfordern eine erheblich über die Norm hinausgehende Pauschalvergütung (BVerfG NJW 2011, 3079). Die Vorschriften des VV mit einer Erwähnung der Verhandlungsdauer können auch nicht stets die jeweils zugehörige Vor- und Nacharbeit voll berücksichtigen (OLG Bamberg JurBüro 1988, 1350).

Unter solchen Voraussetzungen ist es dann ungeachtet VV 4111, 4112 usw **nicht zu beachten,** welche Dauer einzelne Verhandlungen haben (OLG Hamm JurBuro 2000, 249; aA OLG Hamburg Rpfleger 1990, 479 mablAnm Gerken; OLG Hamm (2. StS) AnwBl 2002, 433, aber es ist eine Gesamtabwägung vorzunehmen, → Rn. 2; OLG Bamberg JurBüro 1992, 327).

Auch → „Einzelne Teile des Verfahrens", → „Pause", → „Zeitaufwand".

Vermögensrechtlicher Anspruch: Das RVG vergütet die zugehörige Tätigkeit bereits gesondert.

Vernehmung: I ist bei einer Teilnahme des Rechtsanwalts an einer Vernehmung wegen VV 4102 Nr. 1, 2 nur noch ausnahmsweise anzuwenden, etwa bei einer ganz besonders langen oder mühsamen Vernehmung.

Verteuerung: → „Kostensteigerung".

Verzögerndes Verhalten: Man darf ein das Verfahren verzögerndes Verhalten des Verteidigers keineswegs außer Betracht lassen, soweit es nur gesetzlich zulässig war (aA OLG Hamburg NStZ 1988, 230; OLG Karlsruhe JurBüro 1985, 353; OLG Schleswig NStZ 1996, 443, aber dann würden die Grenzen des Erlaubten rasch unklar).

Vielzahl von Schriftsätzen: I kann anzuwenden sein, soweit viele sehr umfangreiche Schriftsätze erforderlich waren. Auch → Rn. 16 „Umfangreich, aber nicht schwierig".

Vielzahl von Taten: I kann anzuwenden sein, soweit es sich um eine große Zahl von Einzeltaten handelt. Auch → „Umfangreich, aber nicht schwierig".

Vorbereitungszeit: I kann anzuwenden sein, soweit die Vorbereitungszeit ungewöhnlich kurz war (OLG Hamm JurBüro 2006, 591: Wochenende), aber auch, soweit sie ungewöhnlich lang oder schwierig sein musste (OLG Bamberg JurBüro 1984, 1191; OLG Düsseldorf Rpfleger 2018, 501; OLG Hamburg JurBüro 2006, 535: 13 Besuche in der Haftanstalt; aA BGH Rpfleger 1996, 169, aber eine überlange Verfahrensdauer nebst der zugehörigen Vorbereitungszeit des Verteidigers sollten hier stets reichen).

Vorfrage: Ihre Klärung zB bei Vorstrafen kann beim „Zeitaufwand" nach → durchaus mitbeachtbar sein.

Vorzeitige Beendigung der Verteidigung: Soweit der bestellte Verteidiger eine vorzeitige Beendigung seiner Tätigkeit verschuldet hat, kann eine entsprechende **Verringerung** der nach I sonst zu bemessenden Vergütung notwendig sein (KG JR 1979, 43). Auch → „Wartezeit".

Wahlverteidiger: Seine zusätzliche Tätigkeit wirkt nicht stets dahin, den Umfang oder die Schwierigkeit für den bestellten oder beigeordneten Rechtsanwalt zu vermindern (OLG Düsseldorf JurBüro 2001, 247; OLG Hamm AGS 1998, 138; aA OLG Stuttgart Rpfleger 1999, 412).

Wartezeit: I kann anzuwenden sein, soweit der Verteidiger sehr lange warten musste, etwa deswegen, weil das Gericht eine andere Strafsache zwischengeschaltet hatte oder weil durch einen vorangegangenen anderen Termin eine Verzögerung eingetreten war (OLG Hamm MDR 1982, 263).

Wiederaufnahmeverfahren: Die Tätigkeit des Verteidigers in diesem Stadium ist mitbeachtlich (OLG Hamm AnwBl 2001, 246).

Wirtschaftsstrafsache: I ist **nicht** schon deshalb anzuwenden, weil es sich um eine Wirtschaftsstrafsache handelt (OLG Koblenz Rpfleger 1985, 508; aA OLG Hamm JurBüro 2006, 137). Wohl aber ist eine etwaige besondere rechtliche Schwierigkeit zu berücksichtigen (OLG Bamberg JurBüro 1977, 951; OLG Hamm NJW 2006, 74).

Zeitaufwand: I kann seinetwegen anzuwendenanzuwenden sein (BVerfG NJW 2001, 1269; OLG Düsseldorf Rpfleger 2018, 501; OLG Karlsruhe Rpfleger 2005, 694: 10 Stunden Haftbesuch; OLG Köln JurBüro 2009, 255, zu § 42: 3 1/2 Stunden Ermittlungen; aA OLG Bamberg JurBüro 1989, 965; BayObLG AnwBl 1987, 610). Es kommt auf die objektive Dauer der tatsächlichen Anwaltstätigkeit an (OLG Hamburg Rpfleger 1990, 479; OLG Stuttgart Rpfleger 2014, 692: weniger als 1 Stunde im ganztägigen Termin). Maßgeblich ist das Verhältnis zu vergleichbaren anderen gleichartigen Straftaten. Man darf nur gleichrangige Sachen vergleichen. Eine Überspannung der Anforderungen sollte unterbleiben (BGH Rpfleger 1996, 169; OLG Hamm Rpfleger 1999, 235; OLG Koblenz NStZ 1988, 371). Vgl. aber auch → Rn. 5 mit den Sondervorschriften für längere Terminsdauern. Daher ist I nur noch ausnahmsweise anzuwenden. Eine durch den Rechtsanwalt erreichte erhebliche Abkürzung lässt sich zu seinen Gunsten mitbeachten (OLG Hamm JurBüro 2006, 138). **Nicht anzuwenden** ist I wegen eines nur persönlichen Umstands beim Verteidiger (BGH NJW 2015, 2437). Auch → „Verfahrensdauer".

Zeugenzahl: Sie kann ein erhebliches Merkmal sein, soweit es nicht nur um jeweils eine kurze Alltagsfrage geht.

16 **V. Unanwendbarkeit bei Wertgebühr (I 2).** Eine Pauschgebühr kommt selbst unter den Voraussetzungen → Rn. 1–15 nicht in Betracht, soweit nach dem VV Wertgebühren entstehen. I 1 gilt also nur, soweit das VV eine Festgebühr vorsieht. Das ist freilich beim gerichtlich bestellten oder beigeordneten Rechtsanwalt ganz die Regel. I 2 hat also eine Bedeutung nur in verhältnismäßig wenigen Fällen, VV 4142–4146, 5116 (Fromm JurBüro 2008, 509), also dort, wo schon die „Normalgebühr" eine Berücksichtigung schwieriger Umstände usw erlaubt.

17 **VI. Verfahren (I, II).** Es empfiehlt sich, in der folgenden Reihe zu prüfen.

18 **1. Antrag.** Eine Pauschvergütung nach I erfolgt nur auf Grund eines möglichst, aber nicht zwingend schriftlichen Antrags. Antragsberechtigt ist nach → Rn. 1 der gerichtlich bestellte oder beigeordnete Rechtsanwalt. Ihm steht der amtlich bestellte Vertreter oder derjenige Rechtsanwalt gleich, den er bevollmächtigt. Der Erhalt der gesetzlichen „Normal"-Vergütung ist kein Antragshindernis. Man kann den Antrag nach I 1 für das ganze Verfahren oder für nur einen oder mehrere einzelne Verfahrensabschnitte stellen. Man kann den Antrag ungeachtet der Zuständigkeiten → Rn. 22, 23 beim erstinstanzlichen Gericht einreichen. Der Antragsteller muss den (rechtzeitigen) Antragseingang beweisen (KG JurBüro 2011, 254).

19 **Antragsinhalt** ist eine aus sich heraus nachvollziehbare Darlegung und evtl. eine Glaubhaftmachung wie nach § 294 ZPO aller derjenigen Umstände, die eine besondere Pauschgebühr nach → Rn. 6–15 rechtfertigen. Eine Bezifferung ist nicht notwendig. Eine Ergänzung der Angaben ist bis zur Entscheidung statthaft.

20 Der Antrag ist ab der Fälligkeit nach § 8 **bis zum Ende des** gesamten **Straf- oder Bußgeldverfahrens zulässig.** Diese Gesamtzeit ist maßgeblich (OLG Bamberg JurBüro 2017, 632). Eine zu lange Verzögerung des Antrags kann als ein vorheriger Verzicht gelten. Nach dem Verjährungseintritt ist der Antrag unzulässig (KG JurBüro 1999, 26). Die Verjährungsfrist beträgt drei Jahre, und zwar grundsätzlich seit dem Schluss desjenigen Jahres, in dem der Anspruch entstand, §§ 195, 199 I Nr. 1 BGB

(vgl. OLG Frankfurt a. M. JurBüro 1988, 1010; OLG Hamm Rpfleger 1998, 38; OLG München JurBüro 1984, 1830). Der Lauf der Verjährungsfrist ist nicht während eines Festsetzungsverfahrens der allgemeinen Pflichtverteidigergebühren gehemmt (OLG Hamm Rpfleger 1998, 38). Wegen eines Gebührenvorschusses → Rn. 37.

Eine **Antragsbeschränkung** ergibt sich gerade für den bestellten oder beigeordneten Rechtsanwalt aus dem systematisch verfehlt angesiedelten § 42 II 2 mit seinen Verweisungen auf § 52 I 1, II, auch iVm § 53 I (aA OLG Hamm MDR 1987, 608). Vgl. dazu dort. 21

2. Zuständigkeit des OLG. Über den Antrag entscheidet grundsätzlich nach §§ 42 III, 51 II 1 der Strafsenat desjenigen OLG, zu dessen Bezirk dasjenige Gericht gehört, bei dem die Sache nach II 1 Hs. 1 im ersten Rechtszug anhängig ist oder war (BGH NJW 2016, 2352; OLG Karlsruhe Rpfleger 2017, 479; so wohl auch BGH NJW 2012, 167). Nach einer Verweisung ist das neue Gericht zuständig. Bei der Beiordnung einer Kontaktperson nach § 34a EGGVG ist nach II 1 Hs. 2 dasjenige OLG zuständig, in dessen Bezirk die Justizvollzugsanstalt liegt. Das OLG entscheidet nach dem in II 4 für entsprechend anzuwenden erklärten § 42 III 1 grundsätzlich durch einen Einzelrichter. Dieser überträgt die Sache entsprechend § 42 III 2 bindend und unanfechtbar dann auf den dreiköpfig besetzten Senat, wenn es zur Sicherung einer einheitlichen Rechtsprechung notwendig ist. 22

3. Zuständigkeit des BGH. Soweit der BGH den Rechtsanwalt bestellt hat, ist nach II 2 sein Strafsenat zur Entscheidung über den Antrag zuständig (BGH NJW 2012, 167). Die Vorschrift meint die seltenen Fälle, in denen der BGH nach § 350 III StPO auch für die Hauptverhandlung in der Revisionsinstanz einen Rechtsanwalt bestellt. Sie erfasst also nicht schon diejenigen Fälle, in denen der BGH im Vorverfahren oder vor einer Abgabe an das OLG einen Rechtsanwalt bestellt hatte (BGH NJW 2016, 2352, dann ist evtl. das für das Hauptverfahren zuständige OLG zuständig). Die Entscheidung des BGH erfasst nur die Pauschale für die Vorbereitung und Wahrnehmung der Revisionsverhandlung. Sie erfasst nicht schon die Tätigkeit des Verteidigers für die Einlegung der Revision und für deren Begründung. Für diese letztere Tätigkeit bleibt das OLG zuständig, selbst wenn sich dann eine Hauptverhandlung vor dem BGH mit dafür dessen Zuständigkeit anschließt (vgl. BGH BeckRS 2019, 15735). Das OLG ist auch dann für das ganze Verfahren nach § 120 GVG zuständig, wenn der BGH im Vorverfahren einen Verteidiger bestellt hatte (BGH NJW 2016, 2351. 23

4. Zuständigkeit eines sonstigen Gerichts. In einem Disziplinarverfahren ist im ersten Rechtszug das Truppendienstgericht zuständig, nicht das Bundesdisziplinargericht oder das BVerwG (BVerwG JurBüro 1991, 1619). Im ehrengerichtlichen Verfahren ist der Ehrengerichtshof zuständig. Es kann ein Landesberufsgericht für Heilberufe zuständig sein (LBerG Heilberufe München AnwBl 2002, 434). 24

5. Zuständigkeit wegen Vorschusses. Das zur Bewilligung zuständige Gericht ist nach → Rn. 37 auch zur Entscheidung über einen aus der Staatskasse erbetenen Vorschuss zuständig. Das gilt etwa wegen einer überlangen Wartezeit nach einer vorläufigen Einstellung (OLG Düsseldorf Rpfleger 1995, 39), oder dann, wenn nach über 50 erstinstanzlichen Verhandlungstagen die Dauer der Revisionsverfahren noch nicht absehbar ist (OLG Hamm AnwBl 2001, 245). 25

6. Anhörung. Das Gericht entscheidet im Rahmen eines selbständigen Verfahrens. Es muss den Gegner vor einer ihm nachteiligen Entscheidung nach Art. 103 I GG anhören (BVerfGE 18, 49 = Rpfleger 1964, 210). Es muss nach II 3 auch stets den Bezirksrevisor als den Vertreter der Staatskasse anhören, anschließend also evtl. den Antragsteller zur ihm anzuratenden Stellungnahme zur Äußerung des Bezirksrevisors (BVerfGE 18, 49 = Rpfleger 1964, 210). 26

7. Prüfungsumfang. Das Gericht prüft den Zeitraum seit dem Eingang des Antrags (OLG Hamm JurBüro 1997, 362), und evtl. den davor gelegenen nach § 48 V. Es prüft nur, ob die Voraussetzungen nach I für alle Verfahrensabschnitte oder wenigstens für einzelne Verfahrensabschnitte oder für einzelne Gebührenanteile zutreffen oder nicht (OLG Jena Rpfleger 2005, 277). 27

28 **8. Zum Grund: Rechtsanspruch.** Es besteht dem Grunde nach beim Vorliegen der Voraussetzungen ein Rechtsanspruch. Soweit sich diese Frage nicht übersehen lässt, muss das Gericht eine vorläufige Entscheidung treffen und diese unter Umständen später abändern (OLG Düsseldorf NStZ-RR 2004, 159). Das gilt etwa nach einer vorläufigen Einstellung oder dann, wenn man im Anschluss an eine erstinstanzliche Entscheidung nach der Fälligkeit einer Vergütung nach § 8 I 2 ein Rechtsmittel erwarten muss, ohne dass schon der weitere Umfang der Sache feststeht.

29 Das **Gericht prüft** grundsätzlich die Berechtigung eines Verhaltens des Verteidigers nicht nach (OLG Hamm JurBüro 2001, 194, Ausnahme: ersichtlicher Missbrauch der Verteidigerrechte). Es berücksichtigt alle Umstände (OLG Hamm JurBüro 2001, 413). Es ermittelt den Umfang und die sonstigen Umstände der Tätigkeit des Rechtsanwalts aber nicht von Amts wegen. Es darf und muss vielmehr eine aus sich heraus nachvollziehbare Begründung abwarten, insbesondere zu nicht aktenkundigen Vorgängen wie einem Anstaltsbesuch, einer Erörterung mit der Polizei usw (OLG Hamm JurBüro 2002, 195).

30 Es ist auch möglich, dass der Rechtsanwalt **nach dem Erhalt der Regelgebühr** und auch/oder nach der Erwirkung eines Beschlusses nach § 52 ohne eine besondere Verzögerung einen Anspruch nach I geltend macht. Er kann einen Antrag auch dann begründen, wenn das Gericht nach sehr umfangreichen Bemühungen des Verteidigers das Verfahren einstellt. Das Gericht muss bedenken, dass im Gegensatz zur früheren Fassung von I, die eine Zubilligung der Pauschvergütung in das Ermessen des Präsidenten stellte, jetzt ein Rechtsanspruch besteht.

31 **9. Zur Höhe: Ermessen.** Der Höhe nach hat das Gericht ein pflichtgemäßes Ermessen in den Grenzen nach unten von → Rn. 34. Keineswegs muss die Pauschale lediglich kostendeckend sein. Daher kann die Pauschgebühr die Gebühr eines Wahlverteidigers überschreiten (aA KG Rpfleger 2016, 244; OLG Koblenz JurBüro 2017, 195 mkritAnm Fromm). Das gilt freilich nur bis zur Obergrenze des § 42 I 4. Die Pauschvergütung soll die gesamte Tätigkeit des Rechtsanwalts für das ganze Verfahren oder für den der Bewilligung zugrunde gelegten einzelnen Verfahrensabschnitt abgelten (OLG Koblenz AnwBl 2000, 760; OLG Schleswig SchlHA 1987, 14).

32 Es lässt sich die Vergütung auch **für jede Instanz gesondert** und dabei unterschiedlich hoch ansetzen. Daher muss das Gericht den unterschiedlichen Ablauf des Verfahrens zB mit unterschiedlichen Schwierigkeitsgraden je Instanz berücksichtigen (OLG Hamm JurBüro 2005, 538; OLG Karlsruhe JurBüro 1975, 487). Es kann zB eine Pauschale oberhalb des Antrags bewilligen (OLG Hamm JurBüro 2001, 413). Man kann zB das Doppelte einer Wahlverteidigergebühr ansetzen (OLG Stuttgart Rpfleger 2008, 442). Es kann aber auch etwa wegen einer vorübergehenden Vertretung des Rechtsanwalts trotz § 5 eine entsprechend niedrigere Pauschale zubilligen. Etwas anderes gilt dann, wenn der Vertreter für den vertretenen Rechtsanwalt tätig wurde und wenn die notwendige Fortdauer der Information des letzteren teurer würde. § 20 ist dort nach → Rn. 15 „Pflichtverteidiger" anzuwenden. Das Urkundenverlesungsverfahren nach § 249 II StPO wirkt evtl. nicht als ein Erhöhungsgrund (OLG Düsseldorf JurBüro 2003, 23).

33 Nach I 1, 3 ist eine Bewilligung für nur **einzelne Verfahrensabschnitte** zulässig (OLG Bamberg JurBüro 1988, 1347; aA OLG Hamburg JurBüro 1989, 1556). Sie ist freilich nicht stets ratsam (OLG Düsseldorf MDR 1993, 1133; OLG Hamburg JurBüro 1989, 1556; OLG Koblenz JurBüro 1993, 607). Jedenfalls muss das Gericht nach I 3 in seinem Beschluss den behandelten Verfahrensabschnitt angeben und diejenigen Gebühren nach dem VV kennzeichnen, an deren Stelle die Pauschgebühr treten soll. Eine Anrechnung schon erhaltener Vorschüsse und sonstiger Zahlungen nach § 52 findet erst im Festsetzungsverfahren des § 55 statt. Dasselbe gilt von der Prüfung der Verjährung (aA KG JurBüro 1999, 26).

34 **10. Mindestgebühr.** Nach unten ist das Ermessen zur Höhe durch den Betrag derjenigen Gebühr begrenzt, die dem Rechtsanwalt nach den VV zustehen würde und die sie überschreiten muss. Eine vorherige Festsetzung nach § 45 ist nicht erforderlich (OLG Hamm Rpfleger 1998, 39). Im Übrigen tritt die Gebühr des § 51 zwar evtl. neben den Anspruch nach § 52 (OLG Hamm AnwBl 1988, 358). Vgl.

freilich § 52 I 2. Sie tritt aber nicht neben, sondern an die Stelle der Gebühr des § 45. Deshalb muss das Gericht die letztere, etwa ausgezahlte Gebühr anrechnen.

Die **Umsatzsteuer** ist zusätzlich zur erhöhten Gebühr anzusetzen. Denn sie entsteht nach VV 7008 auf die „Vergütung" insgesamt (OLG Koblenz JurBüro 1985, 417). Sie ist erstattungsfähig (LAG Rheinland-Pfalz JurBüro 1997, 29). Eine Verzinsung ist nicht statthaft. **35**

11. Nach Wahlverteidigung. Beachtung findet auch nach dem in **I 4** für entsprechend anzuwenden erklärten § 48 V, was der Verteidiger etwa als vorher beauftragter Wahlanwalt schon erhalten hatte (OLG Düsseldorf JurBüro 2001, 247; OLG Jena JurBüro 1999, 132; OLG Saarbrücken JurBüro 1997, 361; aA OLG Karlsruhe AnwBl 1997, 571). **36**

12. Auslagen. Wegen der Umsatzsteuer → Rn. 34. Die restlichen Auslagen fallen nicht unter die Pauschgebühr des § 51. Der Urkundsbeamte setzt sie gesondert fest. **37**

13. Vorschuss. Grundsätzlich ist ein Vorschuss aus der Staatskasse nicht zulässig. Wegen des Vorschusses vom Beschuldigten → § 52 Rn. 6. Dem Rechtsanwalt ist ein Vorschuss aus der Staatskasse aber auf seinen Antrag nach **I 5** unabhängig von § 46 zuzubilligen. Das geschieht ausnahmsweise zur Vermeidung einer unzumutbaren wirtschaftlichen Notlage des Rechtsanwalts und aus anderen Billigkeitsgründen wenigstens auf eine erbrachte Teilleistung wegen der mit Sicherheit zu erwartenden Pauschale (vgl. OLG Bamberg JurBüro 1982, 94; OLG Hamm JurBüro 2000, 586: nach über 50 Verhandlungstagen; OLG Jena JurBüro 2002, 643, ausf.). **38**

Das gilt **„insbesondere"** dann, wenn man dem Rechtsanwalt wegen einer langen Verfahrensdauer und wegen der Höhe der voraussichtlichen Pauschgebühr nicht zumuten kann, die Festsetzung der Pauschgebühr abzuwarten (BVerfG NJW 2005, 3699). Das kann auch nach einer längeren vorläufigen Einstellung nach § 205 StPO geschehen (OLG Düsseldorf JurBüro 1995, 93). Es ist auch ein weiterer Vorschuss möglich (OLG Hamm AGS 1998, 141). Ein Vorschuss ist auch mangels einer alsbaldigen Entscheidungsreife nach der Rechtskraft des Hauptverfahrens zulässig (OLG Hamm JurBüro 1999, 639). Es ist aber auch die Möglichkeit mit zu berücksichtigen, die § 47 I bietet (BVerfG NJW 2005, 3699). Der Rechtsanwalt muss seine Einnahmen und Ausgaben im Einzelnen darstellen (BVerfG NJW 2007, 1445). Zur Rückforderung nach Verjährung KG JurBüro 2011, 255). **39**

14. Entscheidung. Das Gericht entscheidet, sobald die zu vergütende Tätigkeit beendet ist (OLG Düsseldorf JurBüro 2006, 315), meist also nach dem Abschluss der Instanz, in der Revisionsinstanz nach dem Vorliegen der Revisionsbegründung (OLG Düsseldorf Rpfleger 1993, 305; aA OLG Bamberg JurBüro 1990, 1282; OLG Düsseldorf MDR 1993, 1133, grundsätzlichsei die Rechtskraft abzuwarten). **40**

Das Gericht entscheidet **in voller Besetzung.** Das OLG entscheidet freilich nach → Rn. 22 grundsätzlich durch den Einzelrichter. Die Entscheidung ergeht durch einen Beschluss. Das Gericht muss ihn trotz seiner in II 1 betonten Unanfechtbarkeit nach § 304 IV StPO grundsätzlich begründen. Die Pauschvergütung wird nach → Rn. 34 nicht verzinst. Das darf das Gericht mitbedenken. Das Gericht teilt die Entscheidung den Beteiligten formlos mit. **41**

Eine **Gegenvorstellung** ist denkbar (OLG Nürnberg JurBüro 1975, 201). Sie kann zu einer Änderung des Beschlusses führen. Sie hat aber nicht schon wegen einer Änderung der Rechtsprechung stets Erfolg (OLG Hamm Rpfleger 2002, 45). **42**

Auszahlung erfordert im Anschluss an die Entscheidung → Rn. 40, 41 eine Festsetzung nach § 55. **43**

VII. Bußgeldverfahren vor Verwaltungsbehörde (III). I gilt auch dort, und zwar nach III 1 entsprechend. Nach III 2 ist die Verwaltungsbehörde statt des Gerichts zuständig. Sie darf und muss gleichzeitig mit der Festsetzung der Vergütung auch über einen Pauschgebührenantrag mitentscheiden. Nach dem Übergang des Bußgeldverfahrens in ein gerichtliches Verfahren, gelten I, II direkt. **§ 57** bleibt anzuwenden. Für den dortigen Antrag auf eine gerichtliche Entscheidung gilt nach § 57 S. 2 nun § 62 OWiG. **44**

Anspruch gegen den Beschuldigten oder den Betroffenen

52 **I [1]Der gerichtlich bestellte Rechtsanwalt kann von dem Beschuldigten die Zahlung der Gebühren eines gewählten Verteidigers verlangen; er kann jedoch keinen Vorschuss fordern. [2]Der Anspruch gegen den Beschuldigten entfällt insoweit, als die Staatskasse Gebühren gezahlt hat.**

II [1]Der Anspruch kann nur insoweit geltend gemacht werden, als dem Beschuldigten ein Erstattungsanspruch gegen die Staatskasse zusteht oder das Gericht des ersten Rechtszugs auf Antrag des Verteidigers feststellt, dass der Beschuldigte ohne Beeinträchtigung des für ihn und seine Familie notwendigen Unterhalts zur Zahlung oder zur Leistung von Raten in der Lage ist. [2]Ist das Verfahren nicht gerichtlich anhängig geworden, entscheidet das Gericht, das den Verteidiger bestellt hat.

III [1]Wird ein Antrag nach Absatz 2 Satz 1 gestellt, setzt das Gericht dem Beschuldigten eine Frist zur Darlegung seiner persönlichen und wirtschaftlichen Verhältnisse; § 117 Absatz 2 bis 4 der Zivilprozessordnung gilt entsprechend. [2]Gibt der Beschuldigte innerhalb der Frist keine Erklärung ab, wird vermutet, dass er leistungsfähig im Sinne des Absatzes 2 Satz 1 ist.

IV [1]Gegen den Beschluss nach Absatz 2 ist die sofortige Beschwerde nach den Vorschriften der §§ 304 bis 311a der Strafprozessordnung zulässig. [2]Dabei steht im Rahmen des § 44 Satz 2 der Strafprozessordnung die Rechtsbehelfsbelehrung des § 12c der Belehrung nach § 35a Satz 1 der Strafprozessordnung gleich.

V [1]Der für den Beginn der Verjährung maßgebende Zeitpunkt tritt mit der Rechtskraft der das Verfahren abschließenden gerichtlichen Entscheidung, in Ermangelung einer solchen mit der Beendigung des Verfahrens ein. [2]Ein Antrag des Verteidigers hemmt den Lauf der Verjährungsfrist. [3]Die Hemmung endet sechs Monate nach der Rechtskraft der Entscheidung des Gerichts über den Antrag.

VI [1]Die Absätze 1 bis 3 und 5 gelten im Bußgeldverfahren entsprechend. [2]Im Bußgeldverfahren vor der Verwaltungsbehörde tritt an die Stelle des Gerichts die Verwaltungsbehörde.

Historie: IV 2 eingefügt durch Art. 14 Nr. 4 G zur Einführung einer Rechtsbehelfsbelehrung im Zivilprozess und zur Änd. anderer Vorschriften v. 5.12.2012 (BGBl. I 2418 (2423)) mWv 1.1.2014: Materialien: BT-Drs. 17/10490 (Gesetzentwurf), BT-Drs. 17/11385 (Beschlussempfehlung und Bericht).

Schrifttum: Dörndorfer, Prozesskosten-, Verfahrenskosten- und Beratungshilfe für Anfänger, 7. Aufl. 2020; Poller/Härtl/Köpf, Gesamtes Kostenhilferecht, 3. Aufl. 2018.

Übersicht

I. Systematik. Die Vorschrift regelt die Einzelheiten des gesetzlichen an sich öffentlich-rechtlichen Vergütungsanspruchs des gerichtlich bestellten Verteidigers gegen den Beschuldigten nach der Person des Berechtigten, der Anspruchentstehung und der Durchsetzbarkeit. Sie steht neben §§ 51, 55, 56 (OLG Rostock JurBüro 1997, 37). Wegen der entsprechenden Anwendbarkeit von I–III, V vgl. § 20 II ThUG. 1

II. Regelungszweck. Rechtsgrund der Vorschrift ist die Erwägung, dass der Pflichtverteidiger einerseits keinen Vertrag mit dem Beschuldigten erzwingen kann, dass er aber auch nicht „nur" einen Anspruch gegen die Staatskasse haben soll, soweit der Beschuldigte zahlungsfähig ist. Andererseits soll der Beschuldigte an einen bestellten Verteidiger auch nicht mehr als an einen Wahlverteidiger zahlen müssen (OLG Düsseldorf Rpfleger 1978, 233). 2

III. Persönlicher Anwendungsbereich. Drei Fallgruppen sind zu erkennen. 3

1. Direkte Anwendbarkeit. Nur der gerichtlich bestellte Rechtsanwalt kann neben dem Vergütungsanspruch an die Staatskasse und allenfalls in dessen Höhe auch einen Anspruch auf eine Vergütung im Umfang seiner Bestellung und für die Dauer seiner Tätigkeit als Pflichtverteidiger wie ein Wahlanwalt gegenüber dem Beschuldigten haben (BGHZ 86, 98 (99) = NJW 1983, 1047). 4

2. Entsprechende Anwendbarkeit. I ist nach § 53 entsprechend anzuwenden auf denjenigen Rechtsanwalt, den das Gericht dem Privatkläger oder Nebenkläger oder im Anklageerzwingungsverfahren beigeordnet hat, ferner auf den im Disziplinarverfahren beigeordneten Verteidiger, ferner auf den im Verfahren auf eine Freiheitsentziehung beigeordneten Verteidiger und schließlich nach → § 37 Rn. 3 in dem Verfahren vor einem Verfassungsgericht, soweit es sich um ein strafrechtsähnliches Verfahren handelt. 5

3. Unanwendbarkeit. Dagegen ist die Vorschrift nicht anzuwenden, soweit der Rechtsanwalt aus einem zusätzlich mit dem Beschuldigten geschlossenen Anwaltsvertrag und dann insbesondere aus einer ganz freiwilligen Honorarvereinbarung nach § 3a eine Forderung erhebt (BGH NJW 1980, 1394; OLG Düsseldorf AnwBl 1984, 265). Das gilt sowohl für eine **vor** der Bestellung zum Pflichtverteidiger zustande gekommene Vereinbarung als auch für eine der Bestellung **nach**folgende (BGHZ 86, 98 (100) = NJW 1983, 1047). Auch ein denkbarer Anspruch auf Grund einer Geschäftsbesorgung usw entsteht jedenfalls nicht nach § 52, sondern allenfalls zB nach dem BGB. Der Beschuldigte mag den Rechtsanwalt auch über dessen Bestellung oder Beiordnung hinaus beauftragt haben. 6

Auch bei einer **Kündigung** des Anwaltsvertrags über eine Wahlverteidigung ist § 52 bis zum Zeitpunkt einer Bestellung zum Pflichtverteidiger nicht anzuwenden 7

(BGHZ 86, 98 (100) = NJW 1983, 1047). § 52 gilt ferner nicht im Verfahren nach dem Gesetz über die internationale Rechtshilfe in Strafsachen. Die Vorschrift gilt allerdings auch, soweit der bestellte Verteidiger gegenüber dem Beschuldigten auf eine Vergütung von diesem verzichtet. Denn das wäre nach → Rn. 22 unzulässig.

8 **IV. Anspruchsentstehung (I 1 Hs. 1).** Der Anspruch nach § 52 entsteht kraft Gesetzes mit der Wirksamkeit der gerichtlichen Bestellung des Rechtsanwalts und in ihrem Umfang (OLG Düsseldorf AnwBl 1997, 682). Er entsteht also zB nicht schon nach § 52 in einer Gnadensache. Er ist von einem Auftrag des Beschuldigten ebenso unabhängig wie überhaupt vom Willen des Beschuldigten (BGHZ 86, 98 (100) = NJW 1983, 1047). Er kann also sogar bei einer Bestellung gegen den Willen des Beschuldigten entstehen. Es ist unerheblich, ob es sich um ein Verfahren nach der StPO oder nach dem JGG handelt. Die Bestellung kann und muss ja unter Umständen auch dann erfolgen, wenn der Beschuldigte sie ablehnt. Der Anspruch entsteht für den gerichtlich bestellten Verteidiger auch dann, wenn der Beschuldigte einen Wahlverteidiger hat (OLG Düsseldorf AnwBl 1978, 358). Er entsteht in der vollen Höhe der Gebühren eines Wahlverteidigers.

9 Der Anspruch entsteht **unabhängig davon, ob** das Gericht den Angeklagten **verurteilt oder freispricht** oder ob es das Verfahren einstellt. Denn der bestellte Verteidiger soll beim Freispruch usw nicht weniger erhalten als bei einer Verurteilung. Der Anspruch entsteht nach II 2 sogar dann, wenn die Sache überhaupt nicht gerichtlich anhängig wurde. Da die Entstehung des Anspruchs von der Bestellung abhängt, geht der Anspruch nicht über die in VV 4100 ff. genannten Fälle hinaus.

10 Der Anspruch nach § 52 ist **unabhängig von** dem etwaigen **Anspruch nach** §§ 42, 51, solange die Staatskasse nicht zahlt und der Anspruch gegen den Beschuldigten nicht deshalb nach I 2 wegfällt.

11 Die Ansprüche gegenüber der Staatskasse und gegenüber dem Beschuldigten können also nebeneinander bestehen (OLG Frankfurt a. M. JurBüro 2011, 34; OLG Hamm MDR 1987, 608; OLG Saarbrücken Rpfleger 1999, 507). Freilich hängt ihre Durchsetzbarkeit von unterschiedlichen gesetzlichen Voraussetzungen ab. Soweit der Beschuldigte dem Pflichtverteidiger einen Auftrag erteilt, gelten die Regeln zugunsten eines **Wahlverteidigers.** Aber auch insoweit ist I 2 zu beachten.

12 **V. Vorschuss (I 1 Hs. 2).** Der gerichtlich bestellte Verteidiger kann wegen eines Anspruchs nach § 52 grundsätzlich keinen Vorschuss fordern. Aber → § 51 Rn. 37. Der Rechtsanwalt kann zwar eine wirklich ganz freiwillig vom Beschuldigten geleistete Zahlung annehmen (BGH NJW 1980, 1394). Er muss aber aus berufsrechtlichen Gründen den Beschuldigten darüber aufklären, dass dieser zu einer Zahlung nicht verpflichtet ist. Der bestellte Verteidiger darf seine Tätigkeit nicht von einer Zahlung abhängig machen.

13 Eine erfolgte **Zahlung** ist auf die von der Staatskasse zu zahlenden Gebühren **anrechenbar.** Das gilt auch für eine solche Zahlung, die der Rechtsanwalt vor seiner gerichtlichen Bestellung für seine Tätigkeit in dieser Strafsache erhalten hat. Es gilt auch unabhängig davon, ob der Rechtsanwalt diese Zahlung in Höhe der gesetzlichen Gebühren eines Wahlverteidigers oder auf Grund einer Honorarvereinbarung nach § 3a erhalten hat. Soweit der Beschuldigte bereits gezahlt hat, muss der Rechtsanwalt nach § 58 III 1 die von der Staatskasse erhaltenen Beträge in einer entsprechenden Höhe an diese zurückzahlen. Soweit der Beschuldigte den Rechtsanwalt auch von sich aus über den Rahmen des Pflichtverteidigers hinaus beauftragt hat, gilt § 9, etwa in einem Gnadenverfahren.

14 **VI. Anspruchswegfall (I 2).** Der Anspruch nach I 1 entfällt nach I 2 insoweit, als die Staatskasse den gerichtlich bestellten Rechtsanwalt nach §§ 42, 51 insgesamt vergütet hat (OLG Hamburg Rpfleger 1999, 413; OLG Karlsruhe Rpfleger 1977, 335). Andernfalls könnte der vom Gericht bestellte Verteidiger mehr Vergütung als ein vom Beschuldigten gewählter Verteidiger erhalten. Das ist nicht der Sinn der Regelung (OLG Düsseldorf Rpfleger 1978, 233). Denn § 52 stellt nur eine Folgeregelung des Umstands dar, dass das Gericht unter bestimmten Voraussetzungen einen Verteidiger schon wegen der Art des Vorwurfs bestellen muss, also unabhängig von den Vermögensverhältnissen des Beschuldigten, vielmehr vor allem im Interesse eines

geordneten Verfahrensablaufs, im Interesse der Wahrheitsfindung und der Herbeiführung eines gerechten Urteils.

Der bestellte Verteidiger muss sich auch eine Zusatzgebühr nach § 48 V 1 auf eine Wahlverteidigergebühr nach § 52 **anrechnen** lassen (aA OLG Düsseldorf AnwBl 1984, 264 mzustAnm Chemnitz; aber → Rn. 12). Die Zusatzgebühr für ihn entfällt aber dann, wenn er die Wahlverteidigergebühr voll erhält. Beim Teilfreispruch sind gezahlte Pflichtverteidigergebühren nur im anteiligen Verhältnis von Freispruch und Verurteilung anrechenbar (OLG Düsseldorf JurBüro 1999, 83; aA OLG Saarbrücken Rpfleger 2000, 564, aber „insoweit" in I 2 ist gerade ein Differenzierungsgebot). 15

VII. Auslagen (I). § 52 gibt dem gerichtlich bestellten Rechtsanwalt grundsätzlich keine Befugnis, vom Beschuldigten die Erstattung von Auslagen zu fordern (OLG Düsseldorf Rpfleger 2001, 46; OLG Koblenz MDR 1980, 163; OLG Stuttgart MDR 1985, 959). Ein solcher Anspruch ist auch nicht erforderlich. Denn der bestellte Verteidiger erhält nach §§ 45 I, 46 seine notwendigen Auslagen aus der Staatskasse ersetzt. Nicht erforderliche Auslagen mag der Rechtsanwalt nach § 3a verlangen können. **Mehrwertsteuer** ist zwar nach VV 7008 eine Auslage. Sie lässt sich aber ersetzt fordern (OLG Düsseldorf AnwBl 1987, 339; OLG Stuttgart MDR 1985, 959). 16

VIII. Grundregeln zur Geltendmachung (II). Es ist zwischen der Entstehung des materiellrechtlichen Vergütungsanspruchs nach I und der Möglichkeit seiner Geltendmachung nach II zu unterscheiden. Während die Entstehung nach → Rn. 5–9 nur von der Bestellung zum Verteidiger und von einer überhaupt kostenpflichtigen Tätigkeit abhängt, ist die Möglichkeit der einer Einforderung nach § 20 I ähnlichen gerichtlichen oder außergerichtlichen Geltendmachung davon abhängig, dass entweder die Voraussetzungen → Rn. 16–18 oder die Voraussetzungen → Rn. 21 ff. vorliegen (aA BGH NJW 1983, 1047). 17

IX. Erstattungsanspruch (II 1 Hs. 1). Es reicht aus, dass dem Beschuldigten ein Erstattungsanspruch gegen die Staatskasse zusteht (OLG Düsseldorf Rpfleger 1991, 475, oder gegen einen Dritten, etwa nach §§ 1360a IV, 1610 BGB, auch gegen eine Rechtsschutzversicherung (aA Gerold/Schmidt/Burhoff Rn. 26). Dann findet auch anders als bei → Rn. 21 im Umfang eines solchen Erstattungsanspruchs kein gerichtliches Feststellungsverfahren statt. 18

1. Freispruch. Ein Erstattungsanspruch kann sich aus §§ 467, 467a StPO zugunsten des Freigesprochenen ergeben. Seine Existenz soll dem Freigesprochenen ja keinen Gewinn bringen. Er soll nur so stehen, wie er vor dem Beginn des Verfahrens wirtschaftlich dastand. Da andererseits die Bestellung des Verteidigers nicht von der Vermögenslage abhängt, sondern von der Art und Schwere des Vorwurfs, ist es grundsätzlich nicht zu verantworten, die Staatskasse zum Vorteil des Beschuldigten zu belasten. Es kommt auch ein Erstattungsanspruch nach § 473 II 1 StPO (erfolgloses Rechtsmittel der Staatsanwaltschaft) oder nach § 473 III StPO in Betracht (erfolgreich beschränktes Rechtsmittel). Bei der Rücknahme eines Rechtsmittels des Nebenklägers ist § 52 anzuwenden (OLG Celle JurBüro 1995, 365). 19

2. Härtefall. Auch ein Härtefall rechtfertigt es nicht, den Erstattungsanspruch unberücksichtigt zu lassen. Unter der Voraussetzung, dass ein etwaiger Erstattungsanspruch gegenüber einem Privatkläger mit einiger Sicherheit durchsetzbar wäre, gelten diese Erwägungen auch bei einem solchen Anspruch. Sie gelten auch bei einem Teilfreispruch (LG Mainz MDR 1981, 428). Die Geltendmachung des Anspruchs aus I ist von der Höhe des durchsetzbaren Erstattungsanspruchs abhängig. Das ergibt sich aus den Worten „nur insoweit" in II 1 Hs. 1. Natürlich muss sich der bestellte Verteidiger die etwa aus der Staatskasse schon erhaltene Vergütung anrechnen lassen. 20

X. Zahlungsfähigkeit (II 1 Hs. 2, III). Es reicht auch statt → Rn. 18–20 aus, dass der Beschuldigte nach → Rn. 29–32 ohne eine Beeinträchtigung des für ihn und seine Familie notwendigen Unterhalts zur Zahlung oder wenigstens zu solcher in Raten an den bestellten Verteidiger imstande ist. Dann findet anders als bei → Rn. 16–18 ein gerichtliches Feststellungsverfahren statt. Im Einzelnen müssen die folgenden Voraussetzungen zusammentreffen. 21

22 **1. Antrag.** Der bestellte Verteidiger muss einen Antrag auf die Feststellung der Zahlungsfähigkeit des Beschuldigten stellen. Ein Anspruchsverzicht ist nach § 49b I 1 BRAO ja unzulässig. Der Antrag kann zum Protokoll des Urkundsbeamten der Geschäftsstelle, entsprechend § 12b elektronisch oder schriftlich erfolgen. Es besteht nach § 33 VI 1 kein Anwaltszwang. Es gibt keine Antragsfrist. Der Antrag braucht nicht diejenige Summe zu enthalten, die der Rechtsanwalt von dem Beschuldigten fordern will. Denn es geht zunächst nur um die Klärung, ob und inwieweit der Beschuldigte überhaupt zahlen kann (aA Riedel/Sußbauer/Kremer Rn. 19). Deshalb stellt auch eine bezifferte Forderung noch keine Einforderung nach § 10 I 1 dar.

23 Der Rechtsanwalt muss aber trotz der Pflicht zur Amtsermittlung nach → Rn. 25–39 wenigstens in Umrissen **darlegen,** auf Grund welcher Tatsachen er den Beschuldigten für zahlungsfähig hält (OLG Düsseldorf JurBüro 1985, 725; strenger OLG Koblenz Rpfleger 1993, 506, es fordert genaue Angaben zur Leistungsfähigkeit).

24 Der Antragsteller muss den Anspruch **im Einzelnen begründen.** Man kann die Angabe des Wohnorts oder Aufenthaltsorts und der Tatsachen verlangen, aus denen sich die nach II maßgeblichen Vermögensverhältnisse ergeben (OLG Düsseldorf JurBüro 1985, 725).

25 **2. Fälligkeit.** Die Gebühr muss nach § 8 fällig sein (aA Gerold/Schmidt/Burhoff Rn. 31: Fälligkeit evtl. wegen V 1 erst ab Rechtskraft. Aber V I regelt nur die Verjährung). Denn es besteht nach → Rn. 12 f. keine Möglichkeit, einen Vorschuss zu fordern. Das Gericht prüft noch nicht im Verfahren nach → Rn. 25–39, freilich im etwa folgenden Gebührenprozess, ob eine Verjährung eingetreten ist. Deshalb ist ein Antrag auch nach dem Verjährungseintritt zulässig. Der Rechtsanwalt kann nach → Rn. 55–58 abwarten, ob sich der Beschuldigte auf die Verjährung beruft und ob die Verjährung nach V abweichend von § 8 eingetreten ist.

26 **3. Zuständigkeit (II 1, 2).** Soweit das Verfahren bereits vor einem Gericht anhängig wurde, ist nach II 1 das Gericht des ersten Rechtszuges zuständig. Das gilt auch dann, wenn das Gericht den Verteidiger erst in einer höheren Instanz bestellt hatte. Nach einer Abgabe oder Verweisung wird dasjenige Gericht zuständig, an das die Abgabe oder Verweisung erfolgte.

27 Soweit das Verfahren zB nach § 81 II StPO **nicht** gerichtlich **anhängig** geworden ist, ist nach II 2 dasjenige Gericht zuständig, das den Verteidiger bestellt hat.

28 **4. Anhörung.** Das zuständige Gericht muss den Beschuldigten nach Art. 103 I GG, III 1 anhören. Zu diesem Zweck muss es ihm eine nach den Umständen ausreichende Frist zur Stellungnahme auf den gleichzeitig übersandten oder nachgereichten Antrag nebst dessen Begründung geben. Die Frist sollte mindestens etwa zwei Wochen und grundsätzlich nicht mehr als etwa einen Monat betragen. Der Beschuldigte muss nichts darlegen. Erfüllt er aber eine solche Obliegenheit nicht, darf und muss nach III 2 das Gericht nach → Rn. 30 seine Leistungsfähigkeit nach → Rn. 32–36 vermuten.

29 **5. Prüfungsmaßstab.** Das Gericht muss trotz der gewissen Darlegungslast des Rechtsanwalts nach → Rn. 20, 21 von Amts wegen prüfen, ob die Voraussetzungen II 1 Hs. 2 vorliegen (LG Lübeck JurBüro 1978, 547). Maßgeblich ist der Zeitraum zwischen der gerichtlichen Bestellung des Rechtsanwalts und der Erledigung der Angelegenheit (OLG Hamburg MDR 1978, 164 mablAnm H. Schmidt MDR 1978, 425; OLG Koblenz Rpfleger 1995, 83; AG Freiburg AnwBl 1982, 266; aA AG Aachen JurBüro 2002, 308: Antragszeitpunkt; OLG Bamberg JurBüro 1990, 482; OLG Düsseldorf Rpfleger 1985, 327; AG Aachen JurBüro 2002, 308, je: maßgeblich sei der Zeitpunkt der Entscheidung nach II. Die Folge wäre aber unter anderem, dass das Gericht nach dem Tod des Beschuldigten den Anspruch nicht mehr versagen könnte).

30 **6. Ermittlungspflicht.** Das Gericht muss die ihm zugänglichen Ermittlungsmöglichkeiten ausschöpfen. Es kann auch ein Ersuchen an die Polizei oder an die Staatsanwaltschaft richten. Es erfolgen aber keine Fahndungsmaßnahmen. III 1 fordert eine Fristsetzung des Gerichts an den Beschuldigten zur Darlegung seiner persönlichen und wirtschaftlichen Verhältnisse wie bei § 117 II–IV ZPO. Der Beschuldigte muss

also auch den nach § 117 IV ZPO notwendigen Vordruck benutzen. Vgl. im Einzelnen bei Anders/Gehle/Dunkhase ZPO § 117 Rn. 24–34. Eine Fristüberschreitung führt unabhängig von einem Verschulden nach III 2 zur gesetzlichen Vermutung der Leistungsfähigkeit nach II 1. Mangels einer ausdrücklich vorgeschriebenen Unwiderleglichkeit der Vermutung lässt sich nach dem Grundgedanken des § 292 ZPO ein Beweis des Gegenteils theoretisch konstruieren. Indessen könnte man damit den Fristablauf fast völlig unterlaufen. Das ist ersichtlich nicht der Sinn von III 2. Daher sollte das Gericht grundsätzlich wie stets bei einer Frist streng sein. Maßgeblich sind die Verhältnisse des Beschuldigten, nicht diejenigen der Staatskasse (LG Krefeld AnwBl 1980, 38).

7. Prüfungsgrenzen. Das Gericht prüft nicht, ob die Forderung des Rechtsanwalts dem § 14 entspricht. Es prüft vielmehr nur, bis zu welcher Summe der Beschuldigte leistungsfähig ist (Gerold/Schmidt/Burhoff Rn. 39; aA KG JR 1977, 172). Manche halten das Verfahren nach Hs. 2 nur bei einem Teilfreispruch für sinnvoll (Matzen AnwBl 1976, 287). Ein Rechtsschutzbedürfnis ist wie stets erforderlich. Es kann nach II 1 Hs. 1 zB bei einem Freispruch fehlen. Eine Verjährungsprüfung findet jetzt noch nicht statt (OLG Düsseldorf Rpfleger 1981, 368; OLG München AnwBl 1982, 389). 31

8. Leistungsfähigkeit. Der Beschuldigte muss den Anspruch auf eine Vergütung nach I ohne eine Beeinträchtigung des für sich selbst oder seine Familie notwendigen Unterhalts zumindest in Raten zahlen können. Diese Anforderungen erinnern an die umgekehrten Regeln zur Bedürftigkeit bei PKH nach §§ 114 ff. ZPO. Diese Regeln sind insofern bedingt mitverwendbar. 32

9. Unterhaltsfragen. Eine Zahlungsfähigkeit lässt sich bejahen, soweit zwar eine gewisse Beeinträchtigung des Unterhalts stattfinden würde, nicht aber auch das notwendige Mindestmaß des Unterhalts gefährdet ist, wenn der Beschuldigte zB den Höchstsatz der gesetzlichen Ausbildungsförderung erhält (OLG Düsseldorf MDR 1984, 1043). Andererseits darf der Beschuldigte im notwendigen Umfang einen Unterhalt auch für seine Familie vorgehen lassen. Zur Familie zählen diejenigen Personen, die mit ihm in einer ständigen häuslichen Gemeinschaft zusammenleben und mit ihm verwandt oder verschwägert sind oder als solche gelten, zumindest: Der Ehegatte; der eingetragene Lebenspartner; die Kinder; die Eltern; die Enkel; die Großeltern; ein Stiefangehöriger nahen Grades; auch Tante oder Onkel, soweit sie im Haushalt leben; **nicht** aber der Bruder oder die Schwester. Denn diese sind überhaupt nicht unterhaltsberechtigt. 33

10. Pfändbarkeitsfragen. Auch die Lohnpfändungsbestimmungen nach §§ 850c ff. ZPO geben einen gewissen, wenn auch nicht allein maßgeblichen Anhalt (aA KG JR 1977, 173). Dasselbe gilt für die Anwendbarkeit der Maßstäbe des § 115 ZPO (OLG Celle Nds. Rpfl. 1982, 224). Man kann auch vom Mindestbetrag des Doppelten der Sozialhilfe ausgehen (LG Mainz MDR 1981, 428). Soweit der Beschuldigte ein Darlehen aufgenommen hat, steht seine Zahlungsfähigkeit erst dann fest, wenn unter anderem auch die Fähigkeit feststeht, das Darlehen zurückzuzahlen. Mitbeachtbar sein kann ein durchsetzbarer Anspruch gegen einen Dritten oder nach dem StrEG (LG Hamburg AnwBl 1985, 594). 34

11. Sonstige Fragen. Ein etwaiges Schuldanerkenntnis oder Schuldversprechen des Beschuldigten vor der Wirksamkeit der gerichtlichen Feststellung seiner Leistungsfähigkeit ist nicht zu beachten. Einen Verzug und eine etwaige Aufrechnungsmöglichkeit ist nach dem BGB zu beurteilen. 35

12. Entscheidung. Das Gericht entscheidet durch einen Beschluss. Es muss ihn grundsätzlich begründen. Er enthält nur die Feststellung der Zahlungsfähigkeit nach II 1 Hs. 2. Das Gericht setzt also nicht etwa die Vergütungsforderung nach I fest (LG Gießen NJW 1978, 1933 mzustAnm H. Schmidt MDR 1978, 249). Vielmehr stellt das Gericht ohne eine Verurteilung zu einer Zahlung und damit ohne den Erlass eines Vollstreckungstitels nur fest, dass der Beschuldigte die Gebührenforderung in der beanspruchten Höhe oder bis zu einem darunter liegenden Betrage auf einmal oder wenigstens in vom Gericht bestimmbaren Raten zu zahlen imstande ist. Das Gericht 36 mag auch feststellen, dass überhaupt keine Zahlungsfähigkeit besteht. Dann weist es den Antrag ab.

37 Eine Anordnung von **Ratenzahlungen** einschließlich festsetzbarer Zahlungstermine ist also zulässig. Das ergibt sich aus II 1 lt. Hs. Sie ist oft die Voraussetzung dafür, die Zahlungsfähigkeit überhaupt zu bejahen. Das Gericht muss die Ratenhöhe, -zahl und -zeit im Beschluss festsetzen. Der Beschluss enthält keine Verurteilung zu einer in EUR bestimmten Zahlung. Er ist auch nicht wegen der Raten ein Vollstreckungstitel. Er klärt nur die Leistungsfähigkeit. Daher muss der Rechtsanwalt notfalls mangels einer Festsetzbarkeit nach § 11 V, VIII auf eine Zahlung klagen (Hartung/Schons/Enders/Hartung Rn. 44; aA Gerold/Schmidt/Burhoff Rn. 37).

38 Es besteht erstinstanzlich eine **Gerichtskostenfreiheit** nach § 1 I 1 GKG. Außergerichtliche Kosten sind nicht zu erstatten.

39 **13. Mitteilung.** Das Gericht muss den Beschluss dem Antragsteller und dem Beschuldigten förmlich zustellen. Denn gegen die Entscheidung ist die sofortige Beschwerde und damit ein fristgebundenes Rechtsmittel zulässig ist, IV iVm § 311 II StPO. Zur Rechtsmittelbelehrung nach § 35a StPO → Rn. 46.

40 **XI. Sofortige Beschwerde (IV).** Gegen den Feststellungsbeschluss nach → Rn. 36 ist die sofortige Beschwerde nach §§ 304 ff. StPO statthaft, sofern nicht das OLG oder der BGH nach § 304 IV 2 Hs. 1 StPO entschieden hat.

41 **1. Beschwerdeberechtigte.** Zur sofortigen Beschwerde sind der Beschuldigte sowie der gerichtlich bestellte Rechtsanwalt berechtigt (OLG Düsseldorf Rpfleger 1979, 393). Auch der Freigesprochene ist beschwerdeberechtigt, soweit das Gericht fälschlich gegen ihn einen Beschluss erlassen hat.

42 Die **Staatskasse** ist selbst dann **nicht** beschwerdeberechtigt, wenn das Gericht ihr die notwendigen Auslagen des Angeklagten auferlegt hat (OLG Düsseldorf JMBlNRW 1979, 67; LG Würzburg JurBüro 1981, 1836; Gerold/Schmidt/Burhoff Rn. 14; aA OLG Düsseldorf MDR 1979, 1045; OLG Hamburg MDR 1984, 251). Auch ein erstattungspflichtiger Dritter ist nicht beschwerdeberechtigt.

43 **2. Beschwerdewert.** Der Beschwerdewert muss 200 EUR übersteigen, IV iVm §§ 35 II 1, 304 III StPO. Denn es handelt sich um eine „Entscheidung über Kosten" nach § 304 III StPO (aA OLG München AnwBl 1978, 265, Gerold/Schmidt/Burhoff Rn. 14, aber auch die Klärung der Leistungsfähigkeit ist ein Teil der Kostentragungsfrage). Wert ist auch hier der Unterschiedsbetrag zwischen dem in der angefochtenen Entscheidung zugebilligten und dem in der Beschwerdeinstanz beantragten Betrag, also die Differenz, um die sich der Beschwerdeführer verbessern will.

44 Maßgeblich ist der Wert im **Zeitpunkt der Einlegung** der sofortigen Beschwerde. Daher bleibt eine spätere Verminderung außer Betracht, soweit sie nicht auf einer willkürlichen Beschränkung des Beschwerdeantrags beruht. Die Umsatzsteuer ist zu berücksichtigen. Der Beschwerdeführer muss den Beschwerdewert wie bei § 294 ZPO glaubhaft machen.

45 **3. Form, Frist.** Die sofortige Beschwerde kann zum Protokoll des Urkundsbeamten der Geschäftsstelle, entsprechend § 12b elektronisch oder schriftlich erfolgen. Ein Anwaltszwang besteht nach IV 1 iVm § 306 I StPO nicht. Die Einlegung beim Beschwerdegericht genügt zur Fristwahrung nicht.

46 Die **Einlegungsfrist** beträgt nach IV 1 iVm §§ 35 II 1, 311 II StPO eine Woche seit der Bekanntmachung der Entscheidung. Bei einer Therapieunterbringung beträgt die Beschwerdefrist 2 Wochen, § 20 II 2 Hs. 2 iVm § 16 II ThUG (→ ThUG § 20 Rn. 1 ff.). Infolge der Verweisung von § 311 II StPO auf § 35 StPO liegt bei einer in der Anwesenheit der Beteiligten auf Grund einer mündlichen Verhandlung ergangenen Entscheidung die Bekanntmachung in der Verkündung, andernfalls in der Zustellung. Maßgeblich ist die Zustellung an den jeweiligen Beschwerdeführer. Wegen der Notwendigkeit einer Rechtsbehelfsbelehrung nach § 12c stellt IV 2 im Rahmen des § 44 S. 2 StPO diesen Vorgang der Belehrung nach § 35 StPO gleich. Verstoß: § 33 V 2.

47 **4. Zuständigkeit.** Zur Entscheidung über die sofortige Beschwerde ist das Beschwerdegericht zuständig. Dasjenige Gericht, das nach II 1 Hs. 2 oder nach II 2

entschieden hat, ist grundsätzlich zu einer Änderung seiner durch die sofortige Beschwerde angefochtenen Feststellungen nicht befugt. Es hilft jedoch nach IV iVm § 311 III StPO der Beschwerde dann ab, wenn es zum Nachteil des Beschwerdeführers solche Tatsachen oder Beweisergebnisse verwertet hat, zu denen es ihn noch nicht gehört hatte, und soweit es auf Grund des nachträglichen Vorbringens die Beschwerde für begründet hält.

Bei einer **Abhilfeentscheidung** erlässt das Gericht einen erneuten Beschluss nebst einer nachprüfbaren Begründung nach → Rn. 50. Es stellt ihn den Beteiligten förmlich zu. Gegen diesen Beschluss ist nach IV iVm §§ 304 ff. StPO wiederum eine sofortige Beschwerde zulässig. 48

5. Prüfungsumfang. Das Beschwerdegericht prüft in den Grenzen der Beschwerdeanträge die Angelegenheit von Amts wegen im vollen Umfang und nach allen Richtungen. Die sofortige Beschwerde lässt eine Aussetzung der Vollziehung der angefochtenen Entscheidung zu (§ 307 StPO). 49

6. Entscheidung. Das Beschwerdegericht entscheidet bei einer Stattgabe durch einen Beschluss. Es muss ihn nach → Rn. 52 grundsätzlich begründen, auch wenn eine weitere Beschwerde nicht zulässig ist. Die Entscheidung ergeht wegen des Fehlens einer Gebührenvorschrift nach § 1 I 1 GKG gebührenfrei, soweit das Gericht der sofortigen Beschwerde stattgibt. Soweit eine Verwerfung oder Zurückweisung erfolgt, entsteht nach KV 4401 GKG eine Gebühr von 30 EUR. Eine Erstattung außergerichtlicher Kosten findet nicht statt. Das Beschwerdegericht teilt seine Entscheidung den Beteiligten formlos mit. 50

7. Nachträgliche Änderung. Es gelten dieselben Regeln wie bei → Rn. 41–47. 51

8. Unzulässigkeit weiterer Beschwerde. Eine weitere Beschwerde gegen eine Stattgabe ist nach IV iVm § 310 II StPO nicht statthaft (OLG Hamm MDR 1998, 185). 52

XII. Änderung der Verhältnisse (II 1, 2, IV). Soweit nicht das Beschwerdegericht gemäß IV iVm § 311a StPO nach → Rn. 47 eine nachträgliche Entscheidung treffen muss, ist bei einer Verbesserung der Vermögenslage des Beschuldigten nach der Beendigung der Tätigkeit des bestellten Rechtsanwalts kein neuer Antrag nach II 1 Hs. 2 und daher auch keine abweichende Entscheidung zulässig (Gerold/Schmidt/Burhoff Rn. 72, 74; aA Riedel/Sußbauer/Kremer Rn. 27). 53

Der Beschuldigte ist bei einer **Verschlechterung seiner Vermögensverhältnisse** gegenüber einem vom Rechtsanwalt wegen der Feststellung nach II 1 Hs. 2 im Gebührenprozess erwirkten rechtskräftigen Urteil auf den dortigen Vollstreckungsschutz angewiesen (aA Riedel/Sußbauer/Kremer Rn. 24: § 323 ZPO entsprechend). 54

XIII. Verjährung (V). Zunächst → Rn. 25 ff. 55

1. Frist. Es gilt die dreijährige Verjährungsfrist nach § 195 BGB. Sie beginnt nach V 1 abweichend von § 8 erst mit dem Schluss desjenigen Jahres, in dem die das Verfahren abschließende Entscheidung rechtskräftig wurde oder in dem beim Fehlen einer solchen Entscheidung das Verfahren aus irgendeinem Grund endete, wenn auch nur faktisch. Die Verjährungsfrist beginnt also nicht schon mit der Beendigung des Rechtszugs. V 1 ist auch dann anzuwenden, wenn sich der Auftrag schon im Lauf des Verfahrens erledigt. Das alles gilt unabhängig davon, ob der Pflichtverteidiger vor dem Eintritt der Rechtskraft ausscheidet. 56

2. Hemmung. Eine Hemmung tritt nicht dadurch ein, dass der Rechtsanwalt keinen Antrag stellt oder dass das Gericht über den Antrag noch nicht entschieden hat. Der Rechtsanwalt muss also nach V 2 den Antrag rechtzeitig stellen. Das gilt insbesondere dann, wenn noch Ermittlungen notwendig sind. Der Antrag hemmt die Verjährung nach V 2. Die Hemmung endet nach V 3 sechs Monate nach der Rechtskraft der Entscheidung des Gerichts über den Antrag oder nach einer Antragsrücknahme. Der rechtskräftig festgestellte Vergütungsanspruch verjährt nach § 197 I Nr. 3 BGB nach 30 Jahren. 57

3. Unanwendbarkeit. V ist bei einer Wahlverteidigung nicht anzuwenden (vgl. BGHZ 86, 98 (102) = NJW 1983, 1047). 58

59 **XIV. Bußgeldverfahren (VI).** Im gesamten Bußgeldverfahren, auch dem gerichtlichen, gelten I–III, V entsprechend, VI 1. Im Verfahren vor der Verwaltungsbehörde tritt nach VI 2 an die Stelle des Gerichts (selbstverständlich) die Verwaltungsbehörde.

Anspruch gegen den Auftraggeber, Anspruch des zum Beistand bestellten Rechtsanwalts gegen den Verurteilten

53 **I Für den Anspruch des dem Privatkläger, dem Nebenkläger, dem Antragsteller im Klageerzwingungsverfahren oder des sonst in Angelegenheiten, in denen sich die Gebühren nach Teil 4, 5 oder 6 des Vergütungsverzeichnisses bestimmen, beigeordneten Rechtsanwalts gegen seinen Auftraggeber gilt § 52 entsprechend.**

II 1 Der dem Nebenkläger, dem nebenklageberechtigten Verletzten oder dem Zeugen als Beistand bestellte Rechtsanwalt kann die Gebühren eines gewählten Beistands aufgrund seiner Bestellung nur von dem Verurteilten verlangen. 2 Der Anspruch entfällt insoweit, als die Staatskasse die Gebühren bezahlt hat.

III 1 Der in Absatz 2 Satz 1 genannte Rechtsanwalt kann einen Anspruch aus einer Vergütungsvereinbarung nur geltend machen, wenn das Gericht des ersten Rechtszugs auf seinen Antrag feststellt, dass der Nebenkläger, der nebenklageberechtigte Verletzte oder der Zeuge zum Zeitpunkt des Abschlusses der Vereinbarung allein auf Grund seiner persönlichen und wirtschaftlichen Verhältnisse die Voraussetzungen für die Bewilligung von Prozesskostenhilfe in bürgerlichen Rechtsstreitigkeiten nicht erfüllt hätte. 2 Ist das Verfahren nicht gerichtlich anhängig geworden, entscheidet das Gericht, das den Rechtsanwalt als Beistand bestellt hat. 3 § 52 Absatz 3 bis 5 gilt entsprechend.

Historie: II 1 geändert und III angefügt durch Art. 5 2. Opferrechtsreformgesetz v. 29.7.2009 (BGBl. I 2280 (2285)) mWv 1.10.2009; Materialien: BT-Drs. 16/12098 (Gesetzentwurf), BT-Drs. 16/13671 (Beschlussempfehlung und Bericht). II 1 erneut geändert durch Art. 5 Nr. 1 G zur Stärkung des Rechts des Angeklagten auf Vertretung in der Berufungsverhandlung und über die Anerkennung von Abwesenheitsentscheidungen in der Rechtshilfe v. 17.7.2015 (BGBl. I 1332 (1336)) mWv 25.7.2015; Materialien: BT-Drs. 18/3562 (Gesetzentwurf), BT-Drs. 18/5254 (Beschlussempfehlung und Bericht).

1 **I. Systematik.** Die Vorschrift enthält vorrangige Sonderregeln für die beiden in I, II etwas unterschiedlich behandelten Fälle einer Beiordnung einerseits, einer Bestellung als Beistand andererseits. Die jeweiligen Verweisungen stellen die weitgehende Gleichbehandlung mit einem Verteidiger sicher und dienen damit der Kostengerechtigkeit. Das ist bei der Auslegung zu berücksichtigen.

2 **II. Regelungszweck.** Es gelten die zu den Regelungszwecken bei VV 4100–6404 ff. jeweils in → Rn. 2 genannten Erwägungen entsprechend. Im Wesentlichen ist also eine großzügige Handhabung ratsam, auch → Rn. 8.

3 **III. Beiordnung (I).** Die Beiordnung erfolgt nur im Weg der PKH nach §§ 114 ff. ZPO entsprechend (BGH NJW 2011, 2966 (2968); OLG Bamberg AnwBl 1985, 319; OLG Düsseldorf JurBüro 1986, 74). Anzuwenden ist auch § 117 II–IV ZPO (OLG Schleswig JurBüro 1994, 673; LG Duisburg AnwBl 1980, 124), nicht aber § 121 II 1 Hs. 2 ZPO (BVerfGE 63, 380 = NJW 1983, 1599; OLG Düsseldorf JurBüro 1986, 47; OLG Hamburg AnwBl 1985, 319). Die Beiordnung erfolgt für den Privatkläger nach § 379 III StPO (Jacobs/Molketin AnwBl 1981, 483; Kaster MDR 1994, 1073), für den Nebenkläger nach §§ 397a I, 406g III Nr. 1 StPO (Schwab MDR 1983, 810), im Klageerzwingungsverfahren nach § 172 III 2 Hs. 2 StPO. Der Privatkläger und der Nebenkläger können einen Revisionsantrag oder einen Antrag auf die Wiederaufnahme des Verfahrens nach § 390 II StPO wirksam nur durch einen Rechtsanwalt stellen (Ruppert MDR 1995, 556). Der Verletzte kann ein Klageerzwingungsverfahren nach § 172 III 2 Hs. 1 StPO wirksam nur durch einen Rechtsanwalt beantragen.

Die Beiordnung erfolgt **für jede Instanz besonders** (OLG Hamburg AnwBl 1986, 455). Über einen Antrag auf eine Beiordnung zum Zweck der Einlegung und Rechtfertigung einer Revision entscheidet das Revisionsgericht (BGH AnwBl 1987, 55). Nach dem Instanzende besteht für diese Instanz kein Beiordnungsbedürfnis mehr (BGH AnwBl 1987, 55). 4

Soweit der Beschuldigte ein **Widerkläger** ist, kann das Gericht auch ihm einen Rechtsanwalt beiordnen, allerdings nur wegen der Widerklage. Im Übrigen kommt nur eine Bestellung nach § 140 StPO in Betracht. Eine sonstige Beiordnung ist nach § 434 II StPO zB für den Einziehungsbeteiligten statthaft. 5

Da der beigeordnete Rechtsanwalt ProzBev ist, genügt dann nicht die bloße Beiordnung. Vielmehr muss nach → Vor § 1 Rn. 16 ein wirksamer **Auftrag** des Privatklägers, Nebenklägers oder Verletzten **hinzukommen.** Soweit ein solcher Auftrag fehlt, kommen als Anspruchsgrundlage freilich auch eine Geschäftsführung ohne Auftrag nach §§ 677 ff. BGB oder eine ungerechtfertigte Bereicherung §§ 812 ff. BGB in Betracht. 6

IV. Anwendbare Vorschriften (I). Obwohl es sich um eine Beiordnung im Weg der PKH handelt, → Rn. 1, gelten nicht §§ 45 ff. voll, sondern es gilt § 52 entsprechend. 7

V. Beispiele zur Frage anwendbarer Vorschriften (I)

Anrechnung: Soweit der beigeordnete Rechtsanwalt von einem in die Kosten verurteilten Auftraggeber eine Zahlung erhält, muss er sie sich nach § 58 III anrechnen lassen. 8

Beitreibung: § 126 ZPO ist anzuwenden (OLG Hamburg Rpfleger 1975, 319).

Einziehung: Der beigeordnete Rechtsanwalt erhält auch eine Gebühr bei einer Einziehung nach VV 4143. Denn auch diese Vorschrift gehört zu den von I erfassten.

Erinnerung: Über eine Erinnerung des beigeordneten Rechtsanwalts gegen die Gebührenfestsetzung durch den Urkundsbeamten der Geschäftsstelle entscheidet nach § 56 I nicht der Vorsitzende des Gerichts desjenigen Rechtszugs, bei dem die Festsetzung erfolgt ist, sondern sein Kollegium.

Mehrere Auftraggeber: Soweit der beigeordnete Rechtsanwalt mehrere Auftraggeber vertritt, ist § 7 anzuwenden.

Besonderer Umfang: Es ist eine Gebühr bei einer Strafsache besonderen Umfangs nach § 51 möglich.

Vermögensrechtlicher Anspruch: Der beigeordnete Rechtsanwalt erhält auch eine Gebühr für die Geltendmachung eines solchen Anspruchs nach VV 4144. Denn auch diese Vorschrift gehört zu den von I erfassten.

Vorverfahrensgebühr: Der beigeordnete Rechtsanwalt erhält auch diese Gebühr nach VV 4105, 4106 (OLG Düsseldorf Rpfleger 2001, 199; OLG Koblenz JurBüro 2007, 645). Das gilt allerdings wegen der Zeitschranken des § 395 I StPO aF, soweit diese noch gelten (BGBl. 1987 I 1074 (1132, Fn.)), nicht beim Vertreter des ja erst zukünftigen Nebenklägers (OLG Oldenburg JurBüro 1991, 943; aA OLG Hamm AnwBl 1985, 321; OLG Schleswig SchlHA 1986, 16; LG Duisburg AnwBl 1994, 248).

Wahlanwaltskosten: Der dem Nebenkläger beigeordnete Rechtsanwalt kann Wahlanwaltskosten nur insoweit festgesetzt erhalten, als sie die Pflichtanwaltskosten übersteigen.

Wahlverteidiger: Für den in § 52 I 1 Hs. 1 ja in Bezug genommenen Wahlverteidiger gelten wegen → Rn. 7 die Regeln VV 4100 ff.

Weiterer Verhandlungstag: Der beigeordnete Rechtsanwalt erhält die Gebühr eines Wahlanwalts für jeden weiteren Verhandlungstag, VV 4109, 4110 usw.

Zurückliegende Tätigkeit: Ein Anspruch für sie setzt eine rückwirkende Beiordnung voraus (OLG Zweibrücken Rpfleger 1984, 203).

VI. Bestellung als Beistand (II). Für den Sonderfall der Bestellung als ein bloßer Beistand gibt II 1 eine Verweisung auf die Gebühren eines Wahlverteidigers. Vgl. bei den in Bezug genommenen Vorschriften, zB §§ 42, 45–48, 51, 55–57. II 1, 2 stellen einen Gebührenerstattungsanspruch klar und begrenzen ihn. § 52 ist bei II nicht 9 entsprechend anzuwenden. Dabei ist der vorrangige III mit zu beachten. Der Anspruch nach II verjährt nach 30 Jahren (KG JurBüro 2017, 129).

10 **VII. Vergütungsvereinbarung (III).** Man prüft am besten in folgender Weise.

11 **1. Bestellung nach II 1.** Die Bestellung des Rechtsanwalts muss gerade nach II 1 erfolgt sein. Es darf also keine Beiordnung nach I vorliegen. Also zunächst → Rn. 9.

12 **2. Vergütungsvereinbarung (III 1).** Der bestellte Rechtsanwalt muss mit seinem Auftraggeber eine Vereinbarung nach §§ 3a ff. wirksam geschlossen haben. Vgl. insofern also dort.

13 **3. Keine Bedürftigkeit des Auftraggebers (III 1).** Der Auftraggeber darf nicht nach § 114 ZPO nach seinen persönlichen und wirtschaftlichen Verhältnissen zur Zeit der Vergütungsvereinbarung außerstande gewesen sein, die Kosten des Verfahrens auch nur zum Teil oder in Raten aufzubringen.

14 **4. Antrag (III 1).** Der bestellte Rechtsanwalt muss die Feststellung nach → Rn. 13 beim Gericht beantragen. Der Antrag ist nicht fristabhängig. Er braucht das Fehlen einer Bedürftigkeit des Auftraggebers nicht schlüssig wie bei § 253 II 2 ZPO darzulegen. Er sollte aber insofern auch keine offensichtlich haltlosen Floskeln enthalten.

15 **5. Zuständigkeit (III 1, 2).** Während einer gerichtlichen Anhängigkeit desjenigen Verfahrens, für das die Bestellung erfolgte, ist nach **III 1** das Gericht des ersten Rechtszugs zuständig. Andernfalls ist nach **III 2** dasjenige Gericht zuständig, das den Rechtsanwalt bestellt hat.

16 **6. Weiteres Verfahren (III 3).** Es gelten § 52 III–V entsprechend. Also → § 52 Rn. 25 ff. zur Fristsetzung, Entscheidung und Anfechtbarkeit usw.

Vergütungsanspruch bei gemeinschaftlicher Nebenklagevertretung

53a **[1]Stellt ein Gericht gemäß § 397b Absatz 3 der Strafprozessordnung fest, dass für einen nicht als Beistand bestellten oder beigeordneten Rechtsanwalt die Voraussetzungen einer Bestellung oder Beiordnung vorgelegen haben, so steht der Rechtsanwalt hinsichtlich der von ihm bis zu dem Zeitpunkt der Bestellung oder Beiordnung eines anderen Rechtsanwalts erbrachten Tätigkeiten einem bestellten oder beigeordneten Rechtsanwalt gleich. [2]Der Rechtsanwalt erhält die Vergütung aus der Landeskasse, wenn die Feststellung von einem Gericht des Landes getroffen wird, im Übrigen aus der Bundeskasse.**

Historie: Eingefügt durch Art. 8 G zur Modernisierung des Strafverfahrens v. 10.12.2019 (BGBl. I 2121) mWv 13.12.2019; Materialien: BT-Drs. 19/14747 (Gesetzesentwurf), BT-Drs. 19/15161 (Beschlussempfehlung und Bericht).

1 **I. Normzweck.** Mit dem Gesetz zur Modernisierung des Strafverfahrens wurde u. a. die Möglichkeit einer Bündelung der Nebenklagevertretung durch Bestellung oder Beiordnung eines **gemeinschaftlichen Nebenklagevertreters** (in dem neuen § 397b StPO) institutionalisiert. Im Ausgangspunkt kann jeder Nebenkläger beantragen, dass ihm das Gericht einen Rechtsanwalt seiner Wahl (§ 397a III StPO iVm § 142 V StPO) nach § 397a I StPO als Beistand bestellt oder – wenn die Voraussetzungen des § 397a I StPO nicht vorliegen – nach § 397a II StPO im Wege der PKH entspr. den Vorschriften der ZPO beiordnet. Verfolgen aber mehrere Nebenkläger gleichgelagerte Interessen, kann das Gericht nach § 397b I StPO für sie einen gemeinschaftlichen Rechtsanwalt als Beistand bestellen bzw. beiordnen. Soweit danach von einzelnen Nebenklägern gewählte Rechtsanwälte nicht bestellt oder beigeordnet werden, würden ohne besondere Regelung für diese die sich aus § 53 iVm § 52 ergebenden Beschränkungen bei der Inanspruchnahme ihrer Auftraggeber nicht gelten und sie könnten ihre Auftraggeber unbeschränkt in Höhe der Wahlanwaltsgebühren in Anspruch nehmen. Um dies zu vermeiden (vgl. Begr. § 53a RVG-RegE BT-Drs. 19/47747, 51), wurde zeitgleich § 53a in das RVG eingefügt.

2 **II. Voraussetzung: Feststellung nach § 397b III StPO.** § 53a erfasst die Situation, dass ein Rechtsanwalt, dessen Bestellung oder Beiordnung von einem Nebenkläger nach § 397a I, II StPO beantragt worden ist, vom Gericht zugunsten eines

gemeinschaftlichen Rechtsanwaltes iSd § 397b I StPO **nicht bestellt oder beigeordnet** worden ist. In diesem Fall hat das Gericht nach § 397b III StPO im Beschlusswege festzustellen, ob in Bezug auf diesen Rechtsanwalt die **Voraussetzungen nach § 397a III 2 StPO vorgelegen hätten,** insbes. also, ob – bei der Bestellung – kein wichtiger Grund entgegenstand (§ 142 V 3 StPO) bzw. – bei der Beiordnung – die Voraussetzungen für die Bewilligung von PKH vorlagen. Voraussetzung für die Anwendung des § 53a ist, dass positiv festgestellt wird, dass die Voraussetzungen vorlagen, den Rechtsanwalt auf den Antrag des Nebenklägers zu bestellen bzw. beizuordnen (er also nur deshalb nicht bestellt bzw. beigeordnet worden ist, weil das Gericht stattdessen von der Möglichkeit des § 397b I StPO Gebrauch gemacht hat, einen gemeinschaftlichen Rechtsanwalt zu bestellen bez. beizuordnen).

III. Folge: Anspruch gegen Staatskasse. Vergütungsrechtliche Folge einer (positiven) Feststellung nach § 397b III StPO ist, dass der (nicht bestellte bzw. beigeordnete) Rechtsanwalt hinsichtlich der von ihm bis zu dem Zeitpunkt der Bestellung oder Beiordnung des gemeinschaftlichen Rechtsanwalts erbrachten Tätigkeiten rechtlich so behandelt wird, wie wenn er bestellt bzw. beigeordnet worden wäre, S. 1. Er erhält daher insbes. gem. § 45 III 1 die Vergütung (vgl. VV Vorb. 4 I) aus der Staatskasse (aus welcher, regelt – analog § 45 III – S. 2) nach den insoweit im VV vorgesehenen niedrigeren Gebühren. Weitere Folge ist, dass er gem. § 53 I seinen Auftraggeber wegen seiner (vollen) Wahlanwaltsvergütung nur mit den sich aus § 52 ergebenden Beschränkungen in Anspruch nehmen kann. 3

Verschulden eines beigeordneten oder bestellten Rechtsanwalts

54 Hat der beigeordnete oder bestellte Rechtsanwalt durch schuldhaftes Verhalten die Beiordnung oder Bestellung eines anderen Rechtsanwalts veranlasst, kann er Gebühren, die auch für den anderen Rechtsanwalt entstehen, nicht fordern.

I. Systematik. Die Vorschrift regelt anders als § 15 IV nur den öffentlich-rechtlichen Vergütungsanspruch gegenüber der Staatskasse. Sie nennt nur einen der Gründe, aus denen ein beigeordneter oder bestellter Rechtsanwalt einen Vergütungsanspruch verlieren kann. Der Vergütungsanspruch hängt nicht nur vom Umfang der Beiordnung oder Bestellung ab, sondern auch von dem Umfang einer wirksamen Vollmacht der begünstigten Partei. Deshalb kann der Vergütungsanspruch zB für eine Tätigkeit des Rechtsanwalts nach der Beendigung des Auftragsverhältnisses entfallen. Der Vergütungsanspruch des bisher beigeordneten oder bestellten Rechtsanwalts ist auch unabhängig vom Vergütungsanspruch eines anderen Rechtsanwalts jedenfalls insoweit zu kürzen, als der bisher beigeordnete oder bestellte Rechtsanwalt objektiv unzulässige oder völlig zwecklose Maßnahmen getroffen hat. 1

§ 54 behandelt dabei nur den Fall, dass gerade ein **schuldhaftes** Verhalten des Rechtsanwalts A die Beiordnung oder Bestellung eines Rechtsanwalts B veranlasst hat. Es darf also kein solcher Anwaltswechsel stattgefunden haben, der ohne ein Anwaltsverschulden notwendig wurde, etwa wegen einer Erkrankung des bisherigen Rechtsanwalts (LG Landshut JurBüro 2004, 144 (145); LG Regensburg FamRZ 2005, 1189). 2

§ 54 erfasst nur **Gebühren,** nicht Auslagen (OLG Jena Rpfleger 2006, 435). 3

II. Regelungszweck. Es kann sich aus vielen Gründen im Lauf eines Verfahrens die Notwendigkeit ergeben, einen anderen als den bisher beigeordneten oder bestellten Rechtsanwalt derart zu behandeln. Eine bloße Zweckmäßigkeit würde dazu freilich nicht ausreichen. Dieser andere nun einmal vom Gericht beigeordnete oder bestellte Rechtsanwalt hat (selbstverständlich) einen öffentlich-rechtlichen Vergütungsanspruch nach § 45 auch iVm § 67a I 2 VwGO. Die Staatskasse kann ihm seine Vergütung nicht mit der Begründung kürzen oder gar verweigern, sie habe schon an seinen Vorgänger etwas gezahlt (OLG Hamm FamRZ 1995, 748; OLG Karlsruhe JurBüro 1991, 80; LG Mönchengladbach AnwBl 1978, 358). 4

Würde der **bisher** beigeordnete oder bestellte Rechtsanwalt seinen Vergütungsanspruch **daneben** ungeschmälert behalten, könnte es zu einer mehrfachen Belastung 5 der Staatskasse kommen. Diese Mehrbelastung ist insoweit unzumutbar, als die weitere Beiordnung oder Bestellung auf einem Verschulden des bisher beigeordneten oder bestellten Rechtsanwalts beruht. Deshalb sieht § 54 vor, dass der bisherige Rechtsanwalt dann die Gebühren eines nun anderen Rechtsanwalts nicht fordern kann.

6 **III. Anwendungsbereich.** Man darf im Festsetzungsverfahren nach § 55 keineswegs umfassend prüfen, ob die Tätigkeit des beigeordneten oder bestellten Rechtsanwalts zweckentsprechend war und ob eine andere Handhabung kostengünstiger zu demselben Erfolg für den Auftraggeber geführt hätte. Die Staatskasse kann keineswegs jede etwaige Pflichtwidrigkeit des beigeordneten oder bestellten Rechtsanwalts einwenden. Das wäre ein Einwand aus einem fremden Recht (aA BVerwG Rpfleger 1995, 75). Er würde die Entscheidungsfreiheit des Rechtsanwalts als eines selbständigen Organs der Rechtspflege nach § 1 BRAO beeinträchtigen.

7 Im Übrigen bestehen der Anspruch gegenüber der Staatskasse und der etwaige Anspruch gegenüber dem Auftraggeber grundsätzlich **unabhängig voneinander.** Außerdem kann der Festsetzungsbeamte die Zweckmäßigkeit der Handlungsweise des beigeordneten oder bestellten Rechtsanwalts schon nach seiner Ausbildung und seinen Kenntnissen unter Umständen nicht ausreichend beurteilen.

8 Vgl. wegen der zum Teil weitergehenden **Einwendungsmöglichkeiten des Auftraggebers** → § 15 Rn. 82 ff. Allerdings können sich die Einwendungen der Staatskasse mit den Einwendungen des Auftraggebers decken. Ein Anspruch gegenüber der Staatskasse entfällt ferner dann, wenn der gesamte Vergütungsanspruch in einer nach § 13 I bezifferbaren Höhe getilgt ist oder wenn der Rechtsanwalt die gesamte Tätigkeit seinem Referendar überlässt. Ferner kann ein Anspruch nach → § 59 Rn. 12 ff. entfallen, soweit der Rechtsanwalt arglistig handelte.

9 Die Staatskasse kann sich aber nicht auf eine etwaige **Vereinbarung** zwischen dem Rechtsanwalt und seinem Auftraggeber über eine Unentgeltlichkeit der Tätigkeit des Rechtsanwalts berufen. Es kommt auch nicht darauf an, ob die Staatskasse einen Erstattungsanspruch gegenüber dem Prozessgegner der durch die Beiordnung oder Bestellung begünstigten Partei hat oder haben könnte.

10 § 54 gilt im Rahmen einer **Beratungshilfe.** Zum Verhältnis zu VV 3330 H. Schmidt AnwBl 1984, 496.

11 **IV. Voraussetzung: schuldhaftes Verhalten. 1. Grundsatz.** Ein schuldhaftes Verhalten des zunächst beigeordneten oder bestellten Rechtsanwalts kann sowohl bei einem direkten oder bedingten Vorsatz als auch bei einer bewussten oder unbewussten Fahrlässigkeit vorliegen (OLG Frankfurt a. M. JurBüro 1975, 1612; OLG Koblenz JurBüro 2003, 470). Ein grobes Verschulden ist nach dem Gesetzeswortlaut wie nach dem Sinn der Regelung nicht erforderlich. Es genügt also schon eine leichte Fahrlässigkeit. Das Verschulden eines Erfüllungsgehilfen reicht wie stets nach § 278 BGB.

12 Der zunächst beigeordnete oder bestellte Rechtsanwalt handelt nur insofern vorwerfbar, als er gegen dasjenige Sorgfaltsmaß verstößt, das man von ihm unter einer Berücksichtigung der gesamten **Umstände** und bei einer Zugrundelegung durchschnittlicher rechtlicher Kenntnisse und bei einer Beachtung der Berufserfahrung dieses Rechtsanwalts erwarten konnte. Es ist weder ein zu strenger noch ein zu großzügiger Maßstab ratsam.

13 Ein Verschulden kann **schon alsbald nach der Beiordnung oder Bestellung** eingetreten sein. Ein Verschulden kann auch in einem späteren Zeitpunkt eingetreten sein, vor allem wegen einer vorwerfbaren Zerstörung des Vertrauensverhältnisses (OLG Zweibrücken NJW-RR 1999, 436).

2. Beispiele

14 **Abrechnung:** Schuldhaft sein kann eine objektiv überhöhte Kostenabrechnung (OLG Koblenz JurBüro 2003, 470).

Kein Aufhebungsantrag: Schuldhaft ist es, dass der Rechtsanwalt nach einem vorwerfbaren Verhalten der Partei nicht die Aufhebung der Beiordnung oder Bestellung beantragt hat.

Ausbleiben: Schuldhaft sein kann ein solcher Vorgang (LG Osnabrück JurBüro 2011, 527). Freilich kann eine Verhinderung schuldlos sein.

Beratung: Schuldhaft sein kann (selbstverständlich) eine unrichtige Beratung (OLG Koblenz JurBüro 2003, 470).

Beweislast: Die Beweislast für ein Verschulden oder für ein entscheidungserhebliches Mitverschulden des bisher beigeordneten oder bestellten Rechtsanwalts liegt in den Grenzen der Amtsermittlung grundsätzlich bei der Staatskasse. Denn IV gibt ihr eine Einwendung. Er muss aber einen Entpflichtungsantrag wegen Schuldlosigkeit darlegen.

Bewerbung: → „Hindernis".

Ehrengericht: Schuldhaft ist die Erschleichung oder sonst wie unredliche Erwerbung der Zulassung mit der Folge ihres Entzugs durch ein Ehrengericht. Schuldhaft ist die Aufgabe der Zulassung zur Vermeidung eines Ehrengerichtsverfahrens.

Entlassung: Schuldhaft ist die Entlassung infolge eines dem Rechtsanwalt vorwerfbaren Verhaltens gegenüber dem Auftraggeber oder sonst durch eine vorwerfbare Sachbehandlung.

Schuldlos sein kann das Anwaltsverhalten nach → § 15 Rn. 90 dann, wenn der Auftraggeber durch eigene Schuld die Entlassung veranlasst hat, etwa durch einen grundlosen Vollmachtsentzug.

Vor Erledigung: Schuldhaft ist eine freiwillige Aufgabe der Zulassung vor der Erledigung der Aufgabe aus der Beiordnung oder Bestellung.

Fehler: Schuldhaft ist (selbstverständlich) ein vermeidbarer Fehler.

Hindernis: Schuldhaft ist die Unterlassung des Hinweises auf einen solchen Umstand, der den Rechtsanwalt voraussichtlich daran hindert, die Angelegenheit zu übernehmen oder zu Ende zu führen (OLG Bamberg JurBüro 1984, 1562; OLG Frankfurt a. M. AnwBl 1984, 205). Das mag zB dann gelten, wenn er eine frühere Tätigkeit in derselben Angelegenheit evtl. sogar unter einem Verstoß gegen § 356 StGB unterdrückt oder wenn er einen Zulassungsmangel nicht erwähnt oder wenn er verschwiegen hat, dass er seine Zulassung höchstwahrscheinlich demnächst aufgeben wollte (OLG Frankfurt a. M. AnwBl 1984, 205).

Er braucht aber eine etwaige Bewerbung um eine Einstellung in den Staatsdienst oder um ein politisches Mandat jedenfalls solange **nicht** anzugeben, wie er noch nicht übersehen kann, ob und wann seine Bewerbung einen Erfolg haben wird (OLG Bamberg JurBüro 1984, 1562; OLG Frankfurt a. M. AnwBl 1984, 205).

Krankheit: Schuldlos sein kann die Aufgabe der Zulassung wegen einer dauernden erheblichen Erkrankung.

Kritik: Schuldlos sein kann die Aufgabe der Beiordnung (Antrag auf Aufhebung) wegen einer völlig grundlosen Kritik des Auftraggebers nach § 48 II BRAO. Auch → „Wichtiger Grund".

Kündigung: Schuldhaft ist eine objektiv grundlose Kündigung des Rechtsanwalts. **Schuldlos** sein kann eine wirksame Kündigung des Rechtsanwalts.

Mitverschulden des Gerichts: Ein gerichtliches Mitverschulden lässt sich am besten nach den zu § 254 BGB entwickelten Regeln beurteilen. Es kann etwa im Amtsermittlungsverfahren bei der Unterlassung derjenigen Aktivität vorliegen, die zumindest auch das Gericht hätte vornehmen müssen. Ob im Prozess mit einer Parteiherrschaft etwa schon ein objektiver Verstoß gegen § 139 ZPO als ein den Rechtsanwalt auch nur teilweise entlastendes gerichtliches Mitverschulden zu beurteilen wäre, lässt sich nur bei einer sehr zurückhaltenden Abwägung der Gesamtumstände klären.

Nachteilszufügung: Schuldhaft ist ein solches Verhalten, das dem Auftraggeber erhebliche vermeidbare Rechtsnachteile drohen (OLG Frankfurt a. M. JurBüro 1975, 1614).

Niveau des Berufsstands: Ein Absinken des allgemeinen Niveaus des Berufsstands darf zwar nicht völlig unbeachtet bleiben. Es darf aber auch nicht zum Vorwand für eine allzu eilfertige Verneinung jeglicher Schuld des Rechtsanwalts dienen. Es ist nicht die Aufgabe der Justiz, derartige Verfallserscheinungen auch nur indirekt zu unterstützen, schon gar nicht zulasten des Steuerzahlers. Die Berufsrichtlinien nach § 177 II Nr. 2 BRAO sind mit zu beachten. Sie sind aber nicht verbindlich für die Beurteilung der Frage, ob der beigeordnete oder bestellte Rechtsanwalt schuldhaft handelt.

Notlage: Schuldlos sein kann die Aufgabe der Zulassung wegen einer unverschuldeten wirtschaftlichen Notlage.

Pflichtwidrigkeit: Schuldhaft ist die Aufgabe der Zulassung wegen einer eigenen Pflichtwidrigkeit.
Politisches Mandat: → „Hindernis".
Sozietät: Schuldlos sein kann ein zunächst unvorhersehbar gewesener Eintritt in die gegnerische Sozietät (OLG Düsseldorf JurBüro 1993, 731).
Staatsdienst: → „Hindernis".
Straftat: Schuldhaft ist die Aufgabe der Zulassung wegen einer eigenen Straftat.
Verkehrsunfall: Schuldlos sein kann (selbstverständlich) ein solcher Vorgang.
Vertretungsverbot: Schuldhaft ist meist ein solches Verhalten, das zu einem gerichtlichen Vertretungsverbot führt.
Vollmachtsentzug: → „Entlassung".
Weisung des Auftraggebers: Schuldlos ist die Nichtbefolgung einer objektiv unhaltbaren Weisung des Auftraggebers. Denn der Rechtsanwalt ist ein Organ der Rechtspflege und daher nach § 1 BRAO auch unabhängig.
Wichtiger Grund: Schuldlos sein kann die Aufgabe der Beiordnung (Aufhebungsauftrag) aus einem wichtigen Grund nach § 48 II BRAO. Auch → „Notlage".
Zulassungsmangel: → „Hindernis".

15 **V. Rechtsfolge: Verlust des Vergütungsanspruchs. 1. Gebühren.** Eine Verringerung des Gebührenanspruchs tritt nur dann ein, wenn das Gericht infolge eines schuldhaften Verhaltens des bisher beigeordneten oder bestellten Rechtsanwalts nach → Rn. 11 ff. nach dessen Anhörung gemäß Art. 103 I GG einen anderen Rechtsanwalt wirksam beiordnet oder bestellt. Auch dann behält der bisherige Rechtsanwalt seinen Gebührenanspruch grundsätzlich. Dieser verringert sich nur um diejenigen gleichartigen Gebühren, die der nunmehrige Rechtsanwalt von der Staatskasse fordern kann. Eine solche letztere Forderung besteht durchweg zumindest in einer Verfahrens- oder Grundgebühr (OLG Zweibrücken NJW-RR 1999, 436), aber auch zB in einer auch beim neuen Rechtsanwalt angefallenen Terminsgebühr (OLG Hamburg JurBüro 1985, 1655). Auch das gilt aber nur bis zur Höhe der Gebühren des bisherigen Rechtsanwalts.

16 Bis zur Klärung der Frage, welche Gebühren der nunmehr beigeordnete oder bestellte Rechtsanwalt beanspruchen darf, kann das Gericht das Festsetzungsverfahren für den bisherigen Rechtsanwalt **aussetzen** (OLG Frankfurt a. M. JurBüro 1975, 1613; OLG Nürnberg AnwBl 2003, 374 (375)). § 125 ist bei einem unverschuldeten Anwaltswechsel nicht anzuwenden (OLG Nürnberg AnwBl 2003, 374). Daher darf das Gericht die neue Beiordnung oder Bestellung nicht etwa unter der Bedingung vornehmen, dass es dem nun beigeordneten oder bestellten Rechtsanwalt Gebühren nur in derjenigen Höhe zubilligen würde, in der sie dem bisherigen Rechtsanwalt entstanden oder nicht entstanden wären (KG JurBüro 1981, 706; OLG Naumburg NJW 2003, 2921, keine Bindung des Urkundsbeamten; aA OLG Köln FamRZ 2004, 124). Freilich kann der neue Rechtsanwalt in den Grenzen einer Berufswidrigkeit auf Gebühren verzichten (KG Rpfleger 1982, 396; OLG Zweibrücken JurBüro 1994, 749).

17 **2. Auslagen.** Obwohl § 54 nur von Gebühren und nicht von Auslagen spricht, gelten seine Regeln auch für Auslagen, nach § 46 (OLG Hamburg Rpfleger 1977, 420; aA Riedel/Sußbauer/Kremer Rn. 10).

Festsetzung der aus der Staatskasse zu zahlenden Vergütungen und Vorschüsse

55 **I** [1] **Die aus der Staatskasse zu gewährende Vergütung und der Vorschuss hierauf werden auf Antrag des Rechtsanwalts von dem Urkundsbeamten der Geschäftsstelle des Gerichts des ersten Rechtszugs festgesetzt.** [2] **Ist das Verfahren nicht gerichtlich anhängig geworden, erfolgt die Festsetzung durch den Urkundsbeamten der Geschäftsstelle des Gerichts, das den Verteidiger bestellt hat.**

II In Angelegenheiten, in denen sich die Gebühren nach Teil 3 des Vergütungsverzeichnisses bestimmen, erfolgt die Festsetzung durch den Ur-

kundsbeamten des Gerichts des Rechtszugs, solange das Verfahren nicht durch rechtskräftige Entscheidung oder in sonstiger Weise beendet ist.

III **Im Fall der Beiordnung einer Kontaktperson (§ 34a des Einführungsgesetzes zum Gerichtsverfassungsgesetz) erfolgt die Festsetzung durch den Urkundsbeamten der Geschäftsstelle des Landgerichts, in dessen Bezirk die Justizvollzugsanstalt liegt.**

IV **Im Fall der Beratungshilfe wird die Vergütung von dem Urkundsbeamten der Geschäftsstelle des in § 4 Absatz 1 des Beratungshilfegesetzes bestimmten Gerichts festgesetzt.**

V [1] **§ 104 Absatz 2 Satz 1 und 2 der Zivilprozessordnung gilt entsprechend.** [2] **Der Antrag hat die Erklärung zu enthalten, ob und welche Zahlungen der Rechtsanwalt bis zum Tag der Antragstellung erhalten hat.** [3] **Bei Zahlungen auf eine anzurechnende Gebühr sind diese Zahlungen, der Satz oder der Betrag der Gebühr und bei Wertgebühren auch der zugrunde gelegte Wert anzugeben.** [4] **Zahlungen, die der Rechtsanwalt nach der Antragstellung erhalten hat, hat er unverzüglich anzuzeigen.**

VI [1] **Der Urkundsbeamte kann vor einer Festsetzung der weiteren Vergütung (§ 50) den Rechtsanwalt auffordern, innerhalb einer Frist von einem Monat bei der Geschäftsstelle des Gerichts, dem der Urkundsbeamte angehört, Anträge auf Festsetzung der Vergütungen, für die ihm noch Ansprüche gegen die Staatskasse zustehen, einzureichen oder sich zu den empfangenen Zahlungen (Absatz 5 Satz 2) zu erklären.** [2] **Kommt der Rechtsanwalt der Aufforderung nicht nach, erlöschen seine Ansprüche gegen die Staatskasse.**

VII [1] **Die Absätze 1 und 5 gelten im Bußgeldverfahren vor der Verwaltungsbehörde entsprechend.** [2] **An die Stelle des Urkundsbeamten der Geschäftsstelle tritt die Verwaltungsbehörde.**

Historie: V 2–4 an Stelle von V 2 aF eingefügt durch Art. 7 IV Nr. 5 G zur Modernisierung von Verfahren im anwaltlichen und notariellen Berufsrecht, zur Errichtung einer Schlichtungsstelle der Rechtsanwaltschaft sowie zur Änd. sonstiger Vorschriften v. 30.7.2009 (BGBl. I 2449 (2470)) mWv 5.8.2009; Materialien: BT-Drs. 16/11385 (Gesetzentwurf), BT-Drs. 16/12717 (Beschlussempfehlung und Bericht), BR-Drs. 509/09 (Einigungsvorschlag); V 1 geändert durch Art. 7 I Nr. 12 KostRÄG 2021 v. 21.12.2020 (BGBl. I 3229 (3248)) mWv 1.1.2021; Materialien: BT-Drs. 19/23484 (Gesetzentwurf), BT-Drs. 19/24740 (Beschlussempfehlung und Bericht).

Übersicht

1 **I. Systematik.** Das Festsetzungsverfahren nach § 55 hat zwar eine gewisse Ähnlichkeit mit der Kostenfestsetzung nach §§ 103 ff. ZPO. Während aber dort die Klärung einer Erstattungspflicht der einen Prozesspartei gegenüber der anderen erfolgt (OLG Zweibrücken FamRZ 2000, 756), hat § 55 die Erstattungspflicht der Staatskasse gegenüber dem beigeordneten Rechtsanwalt zum Gegenstand (OLG München FamRZ 2006, 1461). Das gilt unabhängig von dem Ausgang des zugrunde liegenden Rechtsstreits. Das Verfahren nach § 55 ist damit von einem Kostenfestsetzungsverfahren nach §§ 103 ff. ZPO grundsätzlich unabhängig (AG Lübeck Rpfleger 1984, 75; Bratfisch Rpfleger 1989, 308; aA OLG Naumburg NJW-RR 2013, 1340 (1341)). Deshalb ist zB § 104 I 2 ZPO (Verzinsung) mangels einer Miterwähnung in § 55 nicht anzuwenden (AG Schöneberg JurBüro 2002, 375). Es ist auch anders als im Kostenfestsetzungsverfahren grundsätzlich kein Vollstreckungstitel erforderlich. Das Abrechnungsverbot gegenüber dem Prozessgegner des Auftraggebers nach § 126 ZPO bleibt. Man darf ferner das Verfahren nach § 55 nicht mit einer Streitwertbeschwerde nach dem GKG verwechseln (LAG Nürnberg NZA-RR 2014, 560).

2 Die in § 56 genannte Erst-„Erinnerung" gegen die Festsetzung ist von der dort behandelten befristeten **Zweiterinnerung** zu unterscheiden, ähnlich wie bei § 66 GKG. Die Festsetzung erfolgt in einem justizförmigen Verwaltungsverfahren (OLG Düsseldorf Rpfleger 2008, 315 (317); OVG Niedersachsen JurBüro 1988, 1501). Sie ist aber kein Justizverwaltungsakt nach § 23 EGGVG (OLG Naumburg NJW 2003, 2921; aA AG Lübeck Rpfleger 1984, 75 mzustAnm Lappe). Ergänzend regeln §§ 56, 57 die Anfechtbarkeit einer Entscheidung nach § 55. Eine Feststellungsklage beim FG (SG oder VG ist wegen der Spezialregelung des § 55 unstatthaft, vgl. auch § 1 I Nr. 8 und § 8 I JBeitrG. Das gilt zumindest mangels einer unzumutbaren Verzögerung der Entscheidung nach § 55. § 464b StPO tritt zurück (OLG Jena Rpfleger 2006, 435).

3 Zur **Verwaltungsvorschrift** in Baden-Württemberg Lissner JurBüro 2017, 233 (Üb.).

4 **II. Regelungszweck.** Die Vorschrift dient der Klarstellung und Vereinfachung, indem sie insbesondere das Rechtsbehelfsverfahren in einer wohltuenden Form vom zivilrechtlichen Kostenfestsetzungverfahren unabhängig sowie zügiger und einfacher gestaltet (OLG Nürnberg NJW-RR 2006, 1367). Diese Zweckmäßigkeit sollte auch der Auslegung stets mit zugrundeliegen. Es bleiben ja leider genug Zweifelsfragen, wie die folgende Kommentierung zeigt.

5 **III. Anwendungsbereich.** Die Vorschrift gilt nach I 1 für die gesamte Vergütung aus der Staatskasse. Diese umfasst nach § 1 I 1 die Gebühren und die Auslagen und auch einen Vorschuss. Die Vorschrift gilt für den vom Gericht bestellten oder beigeordneten Rechtsanwalt.

6 Die Vorschrift gilt **nicht für den Wahlverteidiger.** Eine Entscheidung über seine Gebühr ist nach § 11 VIII abgesehen von der Mindestgebühr oder einer Zustimmung des Auftraggebers nur im Klageweg möglich. Die Vorschrift gilt auch nicht für diejenigen Kosten, die ein Beteiligter dem anderen erstatten muss. Für die Festsetzung dieser letzten Kosten gilt § 464 II StPO. Die Vorschrift gilt ferner nicht für Parteiauslagen (AG Koblenz JurBüro 2009, 329).

7 **IV. Antrag (I, V, VI).** Zum Antrag ist nur der vom Gericht oder von einer Verwaltungsbehörde in einem beliebigen Verfahren einer Gerichtsbarkeit beigeordnete oder bestellte Rechtsanwalt und nicht etwa eine Partei oder deren Prozessgegner berechtigt. Die letzteren sind auf die Rechtsbehelfe gegen die Zulassungsforderung der Staatskasse angewiesen. Es müssen die folgenden Voraussetzungen zusammentreffen. Die Vergütungsfestsetzung erfolgt also nicht von Amts wegen. Das weitere Ver-

fahren erfolgt aber nach → Rn. 36 von Amts wegen. Ein Verzicht ist statthaft. Er führt zum Anspruchsverlust (LG Koblenz JurBüro 2010, 646 (647)).

1. Rechtsanwalt (I 1). Zum Antrag ist nur eine zur Anwaltschaft zugelassene Person berechtigt. Die Antragsberechtigung bleibt auch nach dem Ausscheiden aus der Anwaltschaft bestehen. Auch der Kanzleiabwickler nach § 55 BRAO ist antragsberechtigt. Nach dem Tod des beigeordneten oder bestellten Rechtsanwalts sind seine Erben und sein Sozius berechtigt. Auch ein Abtretungs- oder ein Pfändungsgläubiger nach § 829 ZPO ist berechtigt (OLG Saarbrücken JurBüro 2013, 416). Ein Rechtsbeistand ist ab einer rechtmäßigen oder rechtswidrigen Beiordnung oder Bestellung als einem wirksamen Staatshoheitsakt antragsberechtigt (LG Bielefeld JurBüro 1989, 1256). Wegen der Beiordnung als eine Kontaktperson → Rn. 20. 8

Die von der Beiordnung oder Bestellung **begünstigte Prozesspartei** oder gar deren Prozessgegner sind nicht antragsberechtigt (BGH Rpfleger 1978, 54). Denn im Verfahren nach § 55 handelt es sich nur um die Feststellung der Vergütungsforderung des Rechtsanwalts gegenüber der Staatskasse (OLG Zweibrücken JurBüro 1999, 590). Diese Feststellung ist für die von der Beiordnung oder Bestellung begünstigte Partei nicht bindend. Sie kann sich dann, wenn ein Anspruch des beigeordneten oder bestellten Rechtsanwalts gegen seinen Auftraggeber infolge der Befriedigung des Rechtsanwalts durch die Staatskasse auf diese nach § 59 übergegangen ist, nach § 66 GKG gegen einen solchen ihr etwa nach KV 9007 GKG in Rechnung gestellten Betrag wenden (BGH Rpfleger 1978, 54). 9

2. Beiordnung oder Bestellung (I 1). Das Gericht muss den Rechtsanwalt erstmalig oder erneut beigeordnet oder bestellt haben (OLG Brandenburg FamRZ 2012, 898). Das kann auch für eine Vereinbarung über einen zunächst nicht mit rechtshängig gewesenen Anspruch geschehen sein (OLG Stuttgart NJOZ 2008, 2067). Es genügt eine solche Maßnahme für einen Beweis- oder Termins- oder Verkehrsanwalt. Einzelheiten §§ 45 ff. Die Tätigkeit darf also nicht außerhalb der Beiordnung oder Bestellung erfolgt sein (OLG Zweibrücken JurBüro 1999, 590; LG Osnabrück JurBüro 2008, 247). Die Beiordnung oder Bestellung bindet unabhängig von deren formeller oder inhaltlicher Zulässigkeit und Begründetheit den Urkundsbeamten (OLG Düsseldorf NStZ-RR 2017, 296; OLG München Rpfleger 1986, 108). Jede Beiordnung führt zu einem eigenständigen Verfahren (OLG Düsseldorf JurBüro 2008, 592; aA LAG München JurBüro 2010, 26 mablAnm Enders). 10

3. Form (I 1). Der Antrag unterliegt keiner gesetzlichen Form (KG JurBüro 2015, 25). Man kann ihn nach § 78 III Hs. 2, auch VI ZPO zum Protokoll des Urkundsbeamten der Geschäftsstelle oder auch nach § 12b elektronisch und ohne einen Anwaltszwang einreichen. 11

4. Frist (I, V, VI). Der Antrag ist grundsätzlich schon vor der Fälligkeit einer Vergütung nach § 8 zulässig (aA Riedel/Sußbauer/Ahlmann Rn. 17). Denn der beigeordnete oder bestellte Rechtsanwalt hat einen Anspruch auf einen Vorschuss nach § 47. Im Übrigen ist der Antrag grundsätzlich nicht fristabhängig. Die Verjährung richtet sich nach §§ 195 ff. BGB. Sie beginnt nach § 199 I BGB mit dem Schluss desjenigen Jahres, in dem der Anspruch entstanden ist und der Rechtsanwalt von den anspruchsbegründenden Umständen und der Person seines Kostenschuldners eine Kenntnis erhalten hatte oder sie ohne eine grobe Fahrlässigkeit hätte erhalten müssen. Eine Verwirkung ist denkbar, aber nur unter strengen Voraussetzungen annehmbar (OLG Hamm JurBüro 1982, 877; LAG Hamm AnwBl 1994, 97). 12

Sofern der Urkundsbeamte der Geschäftsstelle den Rechtsanwalt vor einer Festsetzung nach § 50 auffordert, einen Antrag auf die Festsetzung einer **weiteren Vergütung** zu stellen, muss der Rechtsanwalt freilich ausnahmsweise nach VI 1 eine Ausschlussfrist von einem Monat seit dem Zugang der Aufforderung einhalten, um das Erlöschen seines Anspruchs zu verhindern. Zur Wirksamkeit der Frist ist eine volle Namensunterzeichnung des Urkundsbeamten erforderlich (BGH NJW 1980, 1168; OLG Bamberg JurBüro 1993, 89; OLG Düsseldorf MDR 1989, 556). Auch ein Ausfertigungsvermerk muss die volle Unterschrift tragen (BGH NJW 1987, 2868). 13

Ein **Fristverstoß** unterliegt der Darlegungs- und Beweislast der Staatskasse. Er hat die Rechtsfolgen → Rn. 40. Eine Wiedereinsetzung findet nicht statt (OLG Bamberg 14

JurBüro 1993, 89; KG JurBüro 1984, 1652; OLG Köln NJW-RR 1999, 1582 (1583)).

15 **5. Inhalt (V 2, 3).** Dazu Enders JurBüro 2009, 397 (Üb.). Der Antrag muss das Verlangen auf die Festsetzung der Vergütung und/oder eines Vorschusses enthalten. Der Rechtsanwalt muss eindeutig klären, dass er gerade nach § 55 vorgeht. Der Antrag muss eine Berechnung nach § 10 enthalten. Der Rechtsanwalt muss sie unterzeichnen (OLG Koblenz FamRZ 2002, 1506). Der Antragsteller muss wegen § 58 außerdem erklären, ob und welche Zahlungen er im Zusammenhang mit dieser Angelegenheit von dem Auftraggeber, von der Staatskasse oder von einem Dritten bis zum Tag der Antragstellung erhalten hat (OLG Frankfurt a. M. JurBüro 2013, 21 (22)), also bis zur Unterzeichnung des Antrags oder seiner Erklärung zum Protokoll des Urkundsbeamten. Er kann (selbstverständlich) in diesem Zeitpunkt nur solche Zahlungen angeben, die er bereits bis dahin kennt. Zahlungen, die er erst nach diesem Zeitpunkt objektiv erhält oder die er erst nach diesem Zeitpunkt etwa infolge des Zugangs einer Gutschriftsanzeige erfährt, muss er unverzüglich und daher wie bei § 121 I 1 BGB ohne sein schuldhaftes Zögern nachträglich angeben.

16 Einer Zahlung steht eine **gleichwertige Art der Leistung** gleich, etwa der Empfang eines Verrechnungsschecks, sofern der Rechtsanwalt ihn nach seinem Inhalt bereits einlösen kann. Der Rechtsanwalt muss auch solche Leistungen angeben, von denen er noch nicht sicher ist, ob sie tatsächlich erfolgen werden. Er muss also zB auch einen solchen Wechsel nennen, den er zwar zur Einlösung vorlegen könnte, bei dem er sich aber über die Deckung nicht sicher ist. Er darf auf solche Zweifel (selbstverständlich) hinweisen. Im Übrigen braucht er nur solche Angaben zu machen, die nicht schon aktenkundig sind. Mangels eines ausreichenden Vortrags ist die Bestimmung des Rechtsanwalts nach § 14 nicht bindend (OLG Düsseldorf Rpfleger 2002, 271; OLG Köln JurBüro 1996, 356 (357)).

17 Bei einer **ausrechenbaren** Gebühr muss der Rechtsanwalt auch die Angaben nach V 3 machen, um dem Urkundsbeamten alle nach § 58 I, II nötigen Daten zu nennen.

18 **6. Kein Anwaltszwang (I 1).** Der Antrag unterliegt keinem Anwaltszwang. Das ergibt sich auch nach → Rn. 11 schon daraus, dass man ihn zum Protokoll des Urkundsbeamten der Geschäftsstelle stellen kann.

19 **7. Glaubhaftmachung (V 1).** Der Antragsteller muss die Vergütungsforderung nach Grund und Höhe mangels Offenkundigkeit nach § 291 ZPO glaubhaft machen (BGH NJW-RR 2014, 958 (960); OLG Düsseldorf AnwBl 2009, 72; AG Plön JurBüro 2012, 591). Die Glaubhaftmachung erfolgt stets wie bei § 294 ZPO (LAG Rheinland-Pfalz FamRZ 1997, 947) und ist grundsätzlich auch ausreichend (OLG Köln MDR 2009, 345, Reisekosten; OLG Saarbrücken GRUR-RR 2009, 326, Patentanwalt; aA KG FamRZ 2009, 1781). Beides ergibt sich aus V 1 iVm § 104 II 1 ZPO (OLG Düsseldorf JurBüro 2009, 370; AG Magdeburg JurBüro 2005, 651, je: Beratungshilfe).

20 **Was ist** „Wahrscheinlichkeit", was ist ein „Überwiegen"? Beides sind ziemlich schillernde Begriffe. Theoretisch können 50,1 % etwas überwiegen lassen. Aber wovon 50,1 %? Und wie grenzt man überwiegende Wahrscheinlichkeit von einiger Wahrscheinlichkeit ab, um nur einen zB bei § 448 ZPO auftauchenden Abgrenzungsstreitpunkt anzudeuten? In Wahrheit sind ja auch die gesetzlichen Ausgangsworte „glaubhaft" oder glaubwürdig vieldeutig. Daher ist eine nicht stets sonderlich überzeugende Abwägung in Kauf zu nehmen.

21 Eine Glaubhaftmachung muss **schriftlich oder** entsprechend § 12b **elektronisch oder zum Protokoll** der Geschäftsstelle erfolgen. Denn sonst fehlt der Beleg. Glaubhaftmachung ist überwiegende Wahrscheinlichkeit (BVerfGE 38, 35 (39) = NJW 1974, 1902; BGH NJW-RR 2011, 136; VGH Bayern NVwZ-RR 2013, 946). Eine vollständige Gewissheit ist also nicht erforderlich. Bei ungewöhnlich hohen Auslagen entstehen entsprechend hohe Anforderungen an die Darlegung und auch an die Glaubhaftmachung (KG NJW 1976, 1272). Aus der Stellung der Verweisungsvorschrift V 1 vor V 2 lässt sich ableiten, dass der Rechtsanwalt die Erklärung darüber nicht glaubhaft zu machen braucht, ob und welche Zahlungen er bis zur Antragstellung vom Auftraggeber oder von einem Dritten erhalten hat. Zur Glaubhaftma-

chung kann ausnahmsweise eine anwaltliche Versicherung oder/und die Vorlage der Handakten trotz des BDSG ratsam oder sogar notwendig sein (LG Göttingen JurBüro 1986, 242; aA LG Hannover Rpfleger 1986, 72; AG Braunschweig AnwBl 1985, 538; AnwBl 1985, 539, aber auch der Urkundsbeamte ist schweigepflichtig). Die Dokumentenpauschale nach VV 7000 erfordert eine Glaubhaftmachung nicht nur zum Ob, sondern auch zum Umfang.

8. Bloße Versicherung (V 1). Nach § 104 II 2 ZPO genügt es zur Berücksichtigung eines Ansatzes, dass der Rechtsanwalt wegen der Auslagen an Post- und sonstige Telekommunikationsgebühren versichert, dass diese Auslagen auch tatsächlich entstanden sind (OLG Köln GRUR 1986, 196; OLG München MDR 1992, 1005; LG Aachen AnwBl 1999, 59; aA OLG Frankfurt a. M. AnwBl 1982, 202). Es kann eine stichwortartige Angabe der Tatsachen ausreichen (LG Köln AnwBl 1982, 83 (84)). Allerdings dürfen die Anforderungen nicht zu gering bemessen werden (OLG Frankfurt a. M. JurBüro 1982, 555; OLG Koblenz VersR 1987, 914; strenger OLG Hamburg JurBüro 1981, 454: Einzelnachweis; großzügiger OLG München AnwBl 1983, 569). Soweit ein Streit über die Notwendigkeit der Porto- und Telefonauslagen usw besteht, genügt jetzt die Versicherung des Rechtsanwalts (aA AG Koblenz FamRZ 2007, 233). Freilich bleiben unrichtige Angaben strafbar (§ 263 StGB). 22

Auch die **Umsatzsteuer** gehört zur Vergütung, unabhängig davon, ob der Auftraggeber Vorsteuer abziehen darf (OLG Braunschweig JurBüro 2017, 526; OLG Hamburg AGS 2013, 428 = NJOZ 2013, 1616; aA OLG Celle JurBüro 2014, 31). Bei ihr genügt nach V 1 iVm § 104 II 3 ZPO die Erklärung des Antragstellers, dass er die Beträge nicht als Vorsteuer abziehen könne (BGH NJW 2003, 1534; OLG SaarbrückenAGS 2014, 202; LAG Schleswig-Holstein NZA-RR 2014, 97 (98); aA OLG Celle JurBüro 2014, 31; LAG Rheinland-Pfalz FamRZ 1997, 947). Der Rechtsanwalt braucht diese Erklärung also weder nach § 294 ZPO glaubhaft zu machen (LAG Schleswig-Holstein NZA-RR 2014, 97 (98)), noch sonst wie zu bekräftigen (LG Hannover JurBüro 1999, 28 (29)). Die bloße Erklärung genügt aber nur dann, wenn sie wenigstens dem Sinn nach eindeutig ist (OLG Saarbrücken MDR 1999, 60 (61)). Die Erklärung muss auch unmissverständlich sein (KG MDR 1995, 321). Sie muss sich auf den Zeitpunkt der Fälligkeit nach § 8 beziehen (OLG Koblenz JurBüro 1999, 304). Man darf eine stillschweigende Erklärung nur ausnahmsweise unter einer Berücksichtigung aller Umstände annehmen (LG Karlsruhe JurBüro 1996, 428; AG Charlottenburg JurBüro 1996, 425). Sie liegt nicht schon im bloßen Ansatz der Umsatzsteuer (OLG Karlsruhe JurBüro 2000, 477; LAG Hessen DB 1989, 2272; Hansens JurBüro 1995, 173). Der Urkundsbeamte braucht insofern nicht nachzufragen (OLG Düsseldorf JurBüro 2002, 590; OLG Schleswig NJW-RR 2004, 356; VGH Baden-Württemberg NVwZ-RR 2004, 310 (311)). 23

V. Weiteres Festsetzungsverfahren. Sechs Abschnitte sind zu beachten. 24

1. Zuständigkeit bei gerichtlicher Anhängigkeit (I 1). Sobald das Beiordnungs- oder Bestellungsverfahren gerichtlich anhängig ist, wird der Urkundsbeamte der Geschäftsstelle des Gerichts des ersten Rechtszugs zuständig (OLG Stuttgart AGS 2011, 224). Das gilt bis zum Ende dieser Instanz. Es gilt auch dann, wenn die Beiordnung oder Bestellung erst in einem höheren Rechtszug erfolgt ist. Eine Anhängigkeit ist gegenüber der Rechtshängigkeit meist der weitere Begriff. Die Anhängigkeit beginnt mit dem Antragseingang auf der Posteinlaufstelle. 25

Dasjenige Gericht, **an das** der Prozess **verwiesen wurde,** ist für den ganzen Rechtszug zuständig, soweit der Rechtsanwalt auch nach der Verweisung beigeordnet oder bestellt geblieben ist. Das gilt auch bei einer Verweisung in ein anderes Bundesland für die erst jetzt fällige Vergütung. Wegen der Zuständigkeit bei einer Verweisung an das Gericht eines anderen Landes vgl. die Ländervereinbarung zum Kostenausgleich. 26

Der **Rechtspfleger ist als solcher in keinem Fall zuständig.** Denn § 21 Nr. 1–3 RPflG nennt im Gegensatz zu §§ 103 ff. ZPO, § 11 RVG den § 55 nicht (OLG Dresden FamRZ 1997, 951; OLG Hamm Rpfleger 1989, 319; OLG Stuttgart AGS 2011, 224). 27

Wenn das Beiordnungsverfahren im Zeitpunkt der Entscheidung über den Vergütungsantrag bereits durch eine rechtskräftige Entscheidung oder in sonstiger Weise 28 insgesamt **beendet ist,** bleibt der Urkundsbeamte der Geschäftsstelle des Gerichts des ersten Rechtszugs zuständig (vgl. LSG Niedersachsen JurBüro 1999, 589 (590); OVG Saarland JurBüro 1992, 31). Das gilt auch für die infolge einer Beiordnung für die Zwangsvollstreckung nach §§ 704 ff. ZPO entstandenen Kosten (OLG Schleswig SchlHA 1982, 111 (112); aA OLG München JurBüro 1985, 1841: Zuständigkeit des Vollstreckungsgerichts nach §§ 764, 802 ZPO). Denn die Akten befinden sich dann wieder beim Gericht des ersten Rechtszugs oder sollen sich jedenfalls dann wieder dort befinden.

29 **2. Zuständigkeit ohne gerichtliche Anhängigkeit (I 2).** Wenn das Verfahren etwa bei § 81 II StPO mit der Tätigkeit des Rechtsanwalts überhaupt nicht nach → Rn. 24 anhängig geworden ist, erfolgt die Festsetzung der Vergütung durch den Urkundsbeamten der Geschäftsstelle desjenigen Gerichts, das den Verteidiger bestellt hat. Das ist dann nicht so, wenn das gerichtliche Verfahren auch nur vorübergehend anhängig war. Eine irrige Einreichung macht dennoch anhängig. Dasselbe gilt von einer Einreichung bei einem sachlich, örtlich oder funktionell unzuständigen Gericht der Hauptsache.

30 **3. Zuständigkeit bei Tätigkeit nach VV Teil 3 (II).** Soweit man die Vergütung des Rechtsanwalts nach VV 3100–3518 errechnen muss, erfolgt die Festsetzung durch den Urkundsbeamten der Geschäftsstelle des Gerichts des jeweiligen Rechtszugs der Beiordnung, solange das Verfahren nicht durch eine rechtskräftige Entscheidung oder in sonstiger Weise beendet ist. Hier ist also evtl. der Urkundsbeamte eines höheren Rechtszugs zuständig. Das alles gilt auch bei einer Abgabe oder Verweisung, auch bei einer Rechtswegverweisung. **Nach** der Rechtskraft oder sonstigen Verfahrensbeendigung gelten wieder → Rn. 29, 30.

31 **4. Zuständigkeit bei Beiordnung nach § 34a EGGVG (III).** Bei der Beiordnung einer Kontaktperson erfolgt die Festsetzung durch den Urkundsbeamten der Geschäftsstelle desjenigen LG, in dessen Bezirk diejenige Justizvollzugsanstalt liegt, in der sich der Inhaftierte im Zeitpunkt des Eingangs des Festsetzungsantrags oder nach einer Verlegung im Zeitpunkt der Fälligkeit nach § 8 jetzt aufhält. Denn das ist im Zusammenhang mit dem allgemeinen Grundgedanken der möglichsten Sach- und Personennähe der sinnvollste Anknüpfungsort wie bei → Rn. 34. Eine ausreichende Glaubhaftmachung bindet den Urkundsbeamten nach → § 14 Rn. 23 ff. (OLG Düsseldorf JurBüro 1982, 871; OLG Saarbrücken JurBüro 1982, 714).

32 **5. Zuständigkeit bei Beratungshilfe (IV).** In diesem Fall setzt der Urkundsbeamte der Geschäftsstelle des in § 4 I BerHG bestimmten Gerichts die Vergütung fest. Er beachtet nach → § 44 Rn. 13 den Vordruckzwang nach der BerHFV. Das gilt auch dann, wenn der Rechtssuchende den Rechtsanwalt vor einem Antrag auf einen Berechtigungsschein nach § 6 BerGH beauftragt hat.

§ 4 BerHG Verfahren

I 1 Über den Antrag auf Beratungshilfe entscheidet das Amtsgericht, in dessen Bezirk die Rechtsuchenden ihren allgemeinen Gerichtsstand haben. 2 Haben Rechtsuchende im Inland keinen allgemeinen Gerichtsstand, so ist das Amtsgericht zuständig, in dessen Bezirk ein Bedürfnis für Beratungshilfe auftritt.

33 Der **allgemeine Gerichtsstand** ergibt sich aus §§ 12 ff. ZPO (BayObLG JurBüro 1995, 366). Maßgebend ist auch hier wie bei → Rn. 31 die Zeit des Antragseingangs (OLG Hamm FamRZ 2008, 2294; OLG Zweibrücken JurBüro 1998, 197). Wegen des Verfahrens bei einem Zuständigkeitsstreit BayObLG Rpfleger 1988, 470). Beim Verstoß gegen den Vordruckzwang gilt dasselbe wie bei § 117 IV ZPO (nach vergeblichem Hinweis Ablehnung).

34 **6. Zuständigkeit im Bußgeld-Verwaltungsverfahren (VII).** Die Vorschrift verweist in S. 1 auf I, V und macht in S. 2 statt des Urkundsbeamten der Geschäftsstelle die Verwaltungsbehörde zur Festsetzung zuständig. VI gilt nicht auch nur entsprechend mit.

35 **7. Prüfungsumfang (VI).** Der Urkundsbeamte prüft die Voraussetzungen → Rn. 7 ff. Er wird als ein unabhängiges Gerichtsorgan tätig. Er prüft in den nachfolgenden Grenzen von Amts wegen. Er berücksichtigt nur tatsächlich erfolgte Zahlungen (OVG Niedersachsen NJW 2009, 1226).

8. Beispiele zur Frage des Prüfungsumfangs (VI)

Keine Aktenvorlage: Wegen der Weisungsfreiheit des Urkundsbeamten darf er die Sache auch bei einer Zweifelsfrage weder dem Richter noch dem Rpfleger vorlegen. § 5 RPflG gilt für ihn **nicht.** **36**

Amtshilfe: Der Urkundsbeamte darf nach Art. 35 GG eine Amtshilfe beanspruchen.

Anrechnung: Der Urkundsbeamte kann sich auf eine Anrechnung nach VV Vorb. 3 IV erst nach einer Tilgung einer anrechenbaren Geschäftsgebühr durch den Begünstigten an den beigeordneten Rechtsanwalt berufen (OLG Stuttgart Rpfleger 2008, 208).

Antragsbindung: Die Antragsforderung bindet wegen des Antragszwangs nach → Rn. 7 auch ähnlich wie bei § 308 I ZPO das Gericht. Das gilt selbst dann, wenn nach der Akte ein höherer Anspruch möglich scheint (aA Riedel/Sußbauer/Ahlmann Rn. 21). Der Urkundsbeamte darf aber einen höheren Antrag anregen. Er darf auch in den Antragsgrenzen Einzelposten austauschen (KG AnwBl 1977, 510).

Auskunft: Der Urkundsbeamte darf eine Auskunft einholen.

Austausch: → „Antragsbindung".

DB-PKH: → „Prozesskostenhilfe".

Fristsetzung: Sofern der Urkundsbeamte einen seiner Überprüfung zugänglichen und behebbaren Mangel vorfindet, setzt er dem Antragsteller eine angemessene Frist zur Behebung nach Art. 2 I, 20 III GG (BVerfGE 101, 397 (404) = NJW 2000, 1709, gilt hier entsprechend).

Insolvenz: Der Urkundsbeamte prüft **nicht** ein Insolvenzverfahren gegen den Prozessgegner des Auftraggebers des beigeordneten Rechtsanwalts. Denn eine solche Insolvenz kann erst nach einem Forderungsübergang auf die Staatskasse nach § 59 I 1 zu ihrem Nachteil erheblich werden, und die Staatskasse kann das nach → § 59 Rn. 17 wegen § 59 I 2 nicht dem beigeordneten Rechtsanwalt anlasten.

Kostenerforderlichkeit: Der Urkundsbeamte prüft sie mit (OLG Koblenz FamRZ 2015, 433; aA OLG Hamm AGS 2017, 141).

Kostenfestsetzungsbeschluss: Dieser bindet den Urkundsbeamten **nicht.**

Kostengrundentscheidung: Der Urkundsbeamte ist von einer solchen Entscheidung unabhängig. Sie bindet ihn also nicht. Er darf sie nur nicht unterlaufen (AG Saarlouis AnwBl 1982, 262).

Prozesskostenhilfe: Der Urkundsbeamte beachtet die DB-PKH. Der Urkundsbeamte prüft **nicht,** ob das Gericht PKH und Beiordnung hätte einschränken müssen (OLG Naumburg NJOZ 2008, 4059), oder ob es sie hätte versagen müssen (OLG Düsseldorf Rpfleger 2008, 316 (317); OLG Schleswig FamRZ 2009, 537; LAG Nürnberg NZA-RR 2016, 36; aA OLG Düsseldorf JurBüro 1990, 612; OLG Frankfurt a. M. AnwBl 1982, 381; OLG München JurBüro 1987, 442, aber es handelt sich nach → Rn. 1 um ein bloßes justizförmiges Verwaltungsverfahren). Auch eine Aufhebung der PKH nach § 124 ZPO lässt einen vorher entstandenen Anspruch des beigeordneten Rechtsanwalts gegen die Staatskasse nicht wegfallen (OLG Koblenz AnwBl 1997, 240).

Rahmengebühr: Der Urkundsbeamte darf eine Rahmengebühr festsetzen, auch oberhalb ihres Mindestbetrags. Das gilt, zumal die Staatskasse kein Dritter nach § 14 I 4 ist.

Schlechterfüllung: Der Urkundsbeamte prüft evtl. eine Schlechterfüllung zB durch vermeidbar hohe Kosten getrennter Verfahren vergütungsmindernd (OLG Hamm MDR 2009, 294 (295)).

Staatskasse: Sie bindet den Urkundsbeamten **nicht.** Er unterliegt daher keiner Weisung des Bezirksrevisors.

Übergang auf Staatskasse: § 59 ist in diesem Verfahrensabschnitt nicht zu beachten.

Umsatzsteuer: Ihre Erstattbarkeit richtet sich nach dem UStG (OVG Berlin-Brandenburg NVwZ-RR 2016, 157). Das Recht zum Vorsteuerabzug wirkt sich auf die Höhe der Vergütung nicht aus (OLG Düsseldorf AGS 2016, 485; OLG München AGS 2016, 528).

Unbilligkeit: Der Urkundsbeamte darf und muss nur ganz ausnahmsweise wegen einer Unbilligkeit kürzen (OLG Düsseldorf AnwBl 1982, 254; OLG Köln JurBüro 1996, 356 (357)).

Vereinbarung wegen Staatskasse: Der Urkundsbeamte beachtet die Vereinbarung über die Festsetzung der aus der Staatskasse zu zahlenden Vergütung der Rechtsanwälte und Steuerberater.

Keine Verhandlung: Es findet **keine** mündliche Verhandlung statt.

Vermeidbare Kosten: → „Schlechterfüllung".

Verzicht: Der Urkundsbeamte prüft **nicht** einen etwaigen Verzicht des Rechtsanwalts auf Gebühren und/oder auf Auslagen gegenüber dem Auftraggeber.

Weisungsfreiheit: Der Urkundsbeamte ist nicht weisungsgebunden (OLG Koblenz MDR 1975, 75).

Wertansatz: Der Urkundsbeamte ist bis zu einer gerichtlichen Festsetzung des Werts zur eigenen Wertannahme dann befugt und verpflichtet, wenn das Gericht nicht auf Grund einer Anregung festsetzt und wenn er nicht bis zur gerichtlichen Wertfestsetzung aussetzt. Mehrere Festsetzungsbeschlüsse können wegen ihres Zusammenhangs eine einheitliche Bewertung nach § 304 III StPO erfordern (KG Rpfleger 2017, 117).

Zahlungen: Der Urkundsbeamte berücksichtigt nur tatsächlich erfolgte Zahlungen (OVG Niedersachsen NJW 2009, 1226).

37 **9. Aufforderung (VI).** Soweit eine weitere Vergütung nach § 50 in Betracht kommt, kann und muss der Urkundsbeamte vor einer Festsetzung den Antragsteller auffordern, einen Antrag auf die Festsetzung derjenigen Vergütungen einzureichen, für die ihm noch Ansprüche gegen die Staatskasse zustehen, oder sich zu den empfangenen Zahlungen nach V 2 zu erklären. Eine solche Aufforderung kommt (selbstverständlich) nur insoweit in Betracht, als der beigeordnete Rechtsanwalt noch keine nach § 50 I, II ausreichende Berechnung nach § 10 eingereicht hat.

38 Das Wort **„kann"** in VI 1 legt nur die Zuständigkeit des Urkundsbeamten zu dieser Aufforderung fest. Es gibt ihm kein Ermessen (aA Riedel/Sußbauer/Ahlmann Rn. 29, aber der Urkundsbeamte kann evtl. gar nicht anders seine Schlusskostenrechnung erstellen). Der Urkundsbeamte muss also nach → Rn. 35 vor einer für den beigeordneten Rechtsanwalt nachteiligen Entscheidung die in VI 1 zwingend genannte Ausschlussfrist von mindestens einem Monat setzen, Art. 2 I, 20 III GG (BVerfGE 101, 397 (404) = NJW 2000, 1709, gilt hier entsprechend). Sie ist keine Notfrist nach § 224 I 2 ZPO (OLG Bamberg JurBüro 1993, 89; OLG Köln NJW-RR 1999, 1582 (1583); LSG Niedersachsen JurBüro 1999, 589). Daher gibt es gegen ihre Versäumung auch keine Wiedereinsetzung (OLG Bamberg JurBüro 1993, 89; OLG Köln NJW-RR 1999, 1582 (1583)). Die Aufforderung braucht keinen Hinweis auf die Wirkung eines ergebnislosen Fristablaufs zu enthalten. Sie sollte aber wenigstens einen Hinweis auf die Existenz der Vorschrift VI 2 geben. Das ist eine Anstandspflicht. In einem besonders umfangreichen oder aus anderem Grund schwierigen Fall kann eine Frist von über einem Monat erforderlich sein (aA Riedel/Sußbauer/Ahlmann Rn. 32, aber dann könnte eine bloße Monatsfrist einen Verstoß gegen das Verfassungsgebot eines fairen Verfahrens bedeuten. Daher ist eine teleologische Handhabung der Monatsfrist dann statthaft). Die Aufforderung kann auch vor dem Verfahrensabschluss wirksam sein (OLG Koblenz AGS 2013, 136).

39 Der Urkundsbeamte muss diejenige Verfügung oder denjenigen Beschluss, durch den er die Frist setzt, mit seinem vollen Namen **unterzeichnen** (OLG Bamberg JurBüro 1993, 89; OLG Düsseldorf JurBüro 2007, 42). Eine bloße Abkürzung (Paraphe) genügt also nicht (BGH NJW 1990, 2389 (2390); OLG Brandenburg NJW-RR 1998, 862; OLG Düsseldorf JurBüro 2007, 42). Denn es handelt sich um eine fristschaffende Maßnahme. Der Urkundsbeamte muss die Aufforderung dem beigeordneten Rechtsanwalt nach § 329 II 2 Hs. 2 ZPO förmlich zustellen lassen. Eine Zustellung durch ein Empfangsbekenntnis genügt nach § 174 ZPO. Zur Fristwahrung muss der Antrag beim fristsetzenden Gericht eingehen.

40 **10. Verstoß (VI).** Zwei Fallgruppen sind zu unterscheiden:

Beim **Verstoß des Rechtsanwalts** gegen die Frist **erlöschen** seine Ansprüche, auch derjenige auf eine Grundvergütung nach § 49 (OLG Zweibrücken AGS 2013, 530). Sie erlöschen freilich nach VI 2 nur gegen die Staatskasse auf eine weitere Vergütung nach § 50, nicht aber auch diejenigen gegen den Begünstigten oder dessen Prozessgegner nach § 126 ZPO. Es erlöschen die Ansprüche nach § 49 wie auch diejenigen nach § 50 (vgl. OLG Koblenz NJW-RR 2004, 67; OLG Köln NJW-RR 1999, 1582 (1583); AG Andernach JurBüro 2003, 536). Der Urkundsbeamte kann dieses Erlöschen durch einen gesonderten Beschluss feststellen (KG JurBüro 1984, 1692). Ein Verstoß des Rechtsanwalts gegen die Pflicht zur Mitteilung erhaltener Zahlungen des Auftraggebers führt nicht zwingend zur Kürzung der Vergütung (OLG Hamm NJW-RR 2016, 885).

Ein **Verstoß des Gerichts** hat die Unbeachtlichkeit der Aufforderung nach VI zur Folge. Die Ausschlusswirkung tritt mangels einer wirksamen Festsetzung nicht ein (vgl. OLG Zweibrücken Rpfleger 2005, 445). 41

VI. Entscheidung (VI). Es gelten die folgenden Regeln: 42

1. Beschluss oder Verfügung. Der Urkundsbeamte der Geschäftsstelle lehnt eine Festsetzung ganz oder teilweise als derzeit überhaupt unzulässig oder unbegründet ab (OLG Frankfurt a. M. JurBüro 1975, 1612), oder er setzt die Vergütung ganz oder teilweise in einer bestimmten Höhe fest. Das erfolgt durch einen Beschluss oder eine Verfügung oder durch eine Auszahlungsanordnung (OLG Naumburg Rpfleger 2012, 155 (156)). Beides ist nach → Rn. 1 kein Verwaltungsakt nach § 23 EGGVG. Die Entscheidung ist nach § 56 anfechtbar. 43

Der Urkundsbeamte muss wie bei § 121 I 1 BGB **unverzüglich** entscheiden, wie jeder Beamte (E. Schneider MDR 1991, 124, auch zum Verstoß). Bei ihm sind neben § 839 I, III BGB die vorrangigen §§ 23 ff. EGGVG sowie die Möglichkeit einer Dienstaufsichtsbeschwerde zu beachten, insbesondere auch bei einer bloßen Untätigkeit). Das gilt in allen Gerichtsbarkeiten. 44

2. Notwendigkeit einer Begründung. Der Urkundsbeamte muss den Beschluss grundsätzlich mit einer wenigstens stichwortartigen Begründung versehen (OLG Bamberg JurBüro 1977, 381). Denn sonst würden die Grundlagen der Nachprüfbarkeit durch den beigeordneten Rechtsanwalt wie durch das Gericht fehlen (BVerfGE 6, 32 (44) = NJW 1957, 297 (298); OLG Bamberg JurBüro 1978, 1360). Der Urkundsbeamte muss eine zunächst fehlende Begründung spätestens dann nachholen, wenn er einer Erinnerung gegen seinen Beschluss nicht abhilft (LG Berlin JurBüro 1976, 1542). Rechtsbehelfsbelehrung, Verstoß: §§ 12c, 33 V 2, 52 IV 2. 45

3. Entbehrlichkeit einer Begründung. Soweit allerdings der Beschluss in keinerlei Rechte eines Beteiligten eingreift, darf eine Begründung ausnahmsweise fehlen (BVerfGE 6, 32 (44) = NJW 1957, 297 (298)). Das gilt zB dann, wenn der Urkundsbeamte in seinem Beschluss dem Antrag voll stattgegeben hat und wenn bereits erkennbar ist, dass die Staatskasse keinerlei Bedenken hat. Denn dann wäre eine Beschwerde unzulässig (OLG Bamberg JurBüro 1975, 1463). Eine Begründung ist auch dann entbehrlich, wenn alle Beteiligten die Erwägungen des Urkundsbeamten einwandfrei kennen, etwa aus einer mündlichen Erörterung. Es empfiehlt sich dann aber, in die Akten einen Vermerk darüber aufzunehmen. Eine Begründung ist schließlich dann entbehrlich, wenn alle Beteiligten einen Rechtsmittelverzicht wirksam erklärt haben. 46

4. Keine Zinsen, Kosten. Eine Kostenentscheidung findet nicht statt. Denn das Verfahren vor dem Urkundsbeamten ist kostenfrei. Es gibt nach → Rn. 1 auch keine Verzinsung wie bei § 104 I 2 ZPO. 47

5. Mitteilung. Der Urkundsbeamte muss seine Entscheidung förmlich zustellen. Denn sie unterliegt zwar keinem befristeten Rechtsmittel. Sie ist aber ein Vollstreckungstitel nach §§ 329 III Hs. 1, 794 I Nr. 2 ZPO (aA Riedel/Sußbauer/Ahlmann Rn. 46). Das gilt auch dann, wenn der Urkundsbeamte im Verfahren eine Aufforderung nach VI 1 erlassen hatte. Es genügt also keine formlose Mitteilung von Amts wegen. Eine bloße Verfügung ohne eine mindestens inhaltlich abschließende Entscheidung ist keine Feststellung (LG Karlsruhe NJW 1976, 1274). 48

6. Wirkung. Die Festsetzung macht die weitere Vergütung des § 50 gegenüber der Staatskasse nach → § 8 Rn. 1 fällig. Sie wirkt für und gegen alle an diesem Festsetzungsverfahren Beteiligten. Sie wirkt mangels eines Antragsrechts nach → Rn. 4 also nicht auch gegenüber dem Prozessgegner. Sie bindet die Staatskasse nach § 56 solange, bis das Gericht den Beschluss auf Grund einer Erinnerung ändert oder aufhebt. Die Entscheidung erwächst allerdings nicht in eine formelle Rechts- 49 kraft. Eine endgültige falsche Berechnung der Vergütung kann nach → Rn. 42 eine Amtshaftung auslösen (Matzen AnwBl 1976, 333).

50 **7. Änderung, Nachforderung.** Abweichend von § 63 III GKG sieht § 55 keine Änderungsbefugnis vom Amts wegen mehr vor, (vgl. OLG Frankfurt a. M. FamRZ 1991, 1462: Heilung infolge zulässiger Erinnerung; OLG Hamm NJW-RR 2016, 885; H. Schmidt MDR 1983, 637; Kraemer AnwBl 1979, 168; aA KG Rpfleger 1978, 312; OLG Stuttgart AnwBl 1978, 462 (463)). Eine Nachforderung etwa wegen eines irrig zunächst zu niedrigen Antrags ist statthaft (OLG Schleswig FamRZ 2009, 451 (452)). Wegen eines Rechtsbehelfs der Staatskasse § 56.

Erinnerung und Beschwerde

56 I [1] **Über Erinnerungen des Rechtsanwalts und der Staatskasse gegen die Festsetzung nach § 55 entscheidet das Gericht des Rechtszugs, bei dem die Festsetzung erfolgt ist, durch Beschluss. [2] Im Fall des § 55 Absatz 3 entscheidet die Strafkammer des Landgerichts. [3] Im Fall der Beratungshilfe entscheidet das nach § 4 Absatz 1 des Beratungshilfegesetzes zuständige Gericht.**

II [1] **Im Verfahren über die Erinnerung gilt § 33 Absatz 4 Satz 1, Absatz 7 und 8 und im Verfahren über die Beschwerde gegen die Entscheidung über die Erinnerung § 33 Absatz 3 bis 8 entsprechend. [2] Das Verfahren über die Erinnerung und über die Beschwerde ist gebührenfrei. [3] Kosten werden nicht erstattet.**

Historie: II 1 geändert durch Art. 14 VI Nr. 4a JKomG v. 22.3.2005 (BGBl. I 837 (856)) mWv 1.4.2005; Materialien: BT-Drs. 15/4067 (Gesetzentwurf), BT-Drs. 15/4952 (Beschlussempfehlung und Bericht).

Übersicht

1 **I. Systematik, Regelungszweck.** Es gelten dieselben Erwägungen wie bei → § 55 Rn. 1, 2.

2 **II. (Erst-)Erinnerung (I 1).** Die Vorschrift geht § 30a EGGVG vor (OLG Köln NJW-RR 2003, 575). I 1 geht auch § 27 EGGVG vor (vgl. OLG Naumburg NJW 2003, 2921). Es gelten für die (Erst-)Erinnerung die folgenden Regeln.

1. Berechtigung des Rechtsanwalts. Der nach §§ 45 ff. usw beigeordnete oder bestellte Rechtsanwalt ist zur (Erst-)Erinnerung berechtigt. Das gilt (selbstverständlich) auch zugunsten seines Rechtsnachfolgers, auch infolge einer Abtretung (OLG Düsseldorf NJW-RR 1997, 1493). 3

2. Berechtigung der Staatskasse. Auch die Staatskasse ist zur (Erst-)Erinnerung berechtigt (OLG Düsseldorf NJW-RR 1996, 441; KG NJW 2009, 456). Der Bezirksrevisor oder der Leiter des Rechnungsamts vertritt sie. Die Staatskasse kann auch eine Verjährung des Anspruchs geltend machen. Sie soll allerdings nur bei einer grundsätzlichen Streitfrage eine (Erst-)Erinnerung einlegen, soweit es ihr als angemessen erscheint, eine gerichtliche Entscheidung herbeizuführen. In anderen Fällen soll die Staatskasse den Weg der Anweisung zur Berichtigung im Verwaltungsverfahren wählen. 4

Die Staatskasse kann sowohl dann die (Erst-)Erinnerung einlegen, wenn ihr die Vergütung als **zu niedrig** erscheint (KG FamRZ 1987, 727), als auch dann, wenn sie ihr als **zu hoch** erscheint (KG Rpfleger 1977, 227). Im letzteren Fall ist die (Erst-)Erinnerung keineswegs eine solche zugunsten einer der Parteien des Hauptverfahrens, sondern zugunsten der Staatskasse. 5

Die (Erst-)Erinnerung ist **nach der Auszahlung** der festgesetzten Vergütung nicht mehr zulässig (OLG Hamburg AnwBl 1982, 256 mzustAnm H. Schmidt MDR 1983, 637; aA BVerfG JurBüro 1983, 1325; KG NJW 2009, 456; OLG Schleswig FamRZ 2009, 451 (452), aber der Vertrauensschutz sollte im öffentlichen Recht stets eine überzeugende Miterörterung finden, bevor man ihn ablehnt). 6

3. Keine Berechtigung anderer Personen. Andere als die in → Rn. 3, 4 genannten Personen sind zur (Erst-)Erinnerung nicht berechtigt (VGH Hessen NJW 2018, 2281 Rn. 7; VG Karlsruhe JurBüro 2015, 200). Das gilt insbesondere für die durch die PKH begünstigte Partei und ihren Prozessgegner oder für den Beschuldigten. Er kann nur nach § 66 GKG vorgehen. 7

4. Gegenstand der Erinnerung. Die (Erst-)Erinnerung richtet sich gegen die Entscheidung über die Festsetzung der Vergütung insgesamt. Die Unrichtigkeit eines einzelnen Postens begründet die (Erst-)Erinnerung nicht, soweit das Gesamtergebnis richtig ist. Freilich gilt das nur in rechnerischer Hinsicht. 8

5. Form, Frist. Die (Erst-)Erinnerung ist nicht an eine Form gebunden. Es ist kein bestimmter Antrag erforderlich. Das ergibt sich aus II 1 Hs. 1 iVm § 33 VII 1. Man kann die (Erst-)Erinnerung nach diesen Vorschriften schriftlich oder nach § 12b elektronisch nach §§ 78 III Hs. 2, 129a ZPO ohne einen Anwaltszwang und auch zum Protokoll der Geschäftsstelle einlegen. 9

Es gibt **keine Frist** (OLG Düsseldorf AGS 2017, 350; OLG Naumburg Rpfleger 2012, 155 (156)). Das ergibt sich aus II 1 Hs. 1 iVm § 33 III 3 (OLG Jena Rpfleger 2006, 435; LAG München NZA-RR 2014, 612 (613); Riedel/Sußbauer/Ahlmann Rn. 5). Daher ist die frühere Frage einer etwaigen Verwirkung teilweise überholt (OLG Brandenburg JurBüro 2010, 307 (308); AG Halle (Saale) Rpfleger 2012, 266; LAG München NZA-RR 2014, 612 (613); aA OLG Düsseldorf AGS 2017, 350; OLG Rostock JurBüro 2012, 197 (198)). § 20 GKG ist nicht entsprechend anzuwenden (OLG Düsseldorf AGS 2017, 350; KG FamRZ 2004, 1805; aA OLG Brandenburg JurBüro 2010, 307 (308); OLG Düsseldorf JurBüro 1981, 1847; OLG Frankfurt a. M. JurBüro 1991, 1649; OLG Hamm JurBüro 1982, 877). 10

6. Beschwer. Für das Erinnerungsverfahren verweist II 1 Hs. 1 nicht auf § 33 III insgesamt. Auch passt ein Beschwerdewert nach § 33 III 1 oder die Notwendigkeit einer Zulassung nach § 33 III 2 nicht schon zum Erinnerungsverfahren. Daher dürfen diese Voraussetzungen in diesem Rechtsbehelfsstadium vernünftigerweise nicht mitgefordert werden. Es ist keine bezifferte Mindestbeschwer erforderlich. Natürlich muss aber irgendeine messbare Beschwer vorliegen. Sonst würde ein Rechtsschutzbedürfnis fehlen. Eine Beschwer kann sich auch aus einer vorwerfbaren erheblichen Verzögerung des Festsetzungsverfahrens ergeben (OLG Naumburg NJW 2003, 2921), oder aus einem Verstoß gegen das Gebot kostensparender Prozessführung (OLG Hamm AGS 2014, 144, zB durch vermeidbare Mehrheit von Verfahren). 11

12 Mit der (Erst-)Erinnerung ist die **Unrichtigkeit** der Festsetzung insgesamt oder in einzelnen für das Ergebnis maßgeblichen Punkten zu rügen. Man kann auch als ein beigeordneter oder bestellter Rechtsanwalt weitere Kosten nachschieben (OLG Saarbrücken AnwBl 1977, 509 (510)). Eine (Erst-)Erinnerung der Staatskasse kann sich gegen die Notwendigkeit oder gegen die Höhe auch von Auslagen richten.

13 **III. Weiteres (Erst-)Erinnerungsverfahren.** Der Urkundsbeamte darf und muss evtl. nach seiner pflichtgemäßen Erkenntnis die Gegenseite anhören (BVerfGE 101, 397 = NJW 2000, 1709). Er kann dann ohne einen Kostenausspruch der Erinnerung ganz oder teilweise abhelfen (OLG Frankfurt a. M. JurBüro 1991, 1694; OLG Köln FamRZ 2010, 232; OLG Naumburg FamRZ 2007, 1115). Dagegen ist (erneut) Erinnerung statthaft (LG Düsseldorf AGS 2017, 28). Er muss mangels Abhilfe die Akten wegen des Charakters der Erinnerung als eines bloßen Rechtsbehelfs wie bei § 121 I 1 BGB unverzüglich dem Gericht seiner Instanz zur Entscheidung über die Erinnerung vorlegen (OLG Naumburg FamRZ 2007, 1115). Er muss das in einem Vermerk nicht nur floskelhaft begründen (andernfalls Rückgabe an ihn (aA OLG Düsseldorf JurBüro 1979, 48). Für das weitere Erinnerungsverfahren ergeben sich zwei Aspekte:

14 **1. Zuständigkeit.** Zur Entscheidung über die (Erst-)Erinnerung im Umfang einer Nichtabhilfe durch den Urkundsbeamten ist stets das Gericht desjenigen Rechtszugs zuständig, dessen Beamter die angefochtene Vergütung festgesetzt hat, also zB der Familienrichter (KG FamRZ 1987, 727). Das kann also bei § 55 II das Erstgericht sein (OLG Naumburg FamRZ 2007, 1115), auch als Familiengericht (OLG Köln AGS 2012, 481). Das gilt nach I 2 auch dann, wenn das Hauptverfahren in einem anderen Rechtszug endete. Bei § 55 III (Beiordnung einer Kontaktperson nach § 34a EGGVG) entscheidet die Strafkammer desjenigen LG, in dessen Bezirk im Zeitpunkt des Eingangs der Erinnerung oder nach einer Verlegung jetzt die Justizvollzugsanstalt liegt. Bei einer Beratungshilfe entscheidet nach I 3 das nach § 4 I BerHG, abgedruckt in → § 55 Rn. 32, zuständige Gericht (OLG Frankfurt a. M. NJW-RR 2012, 1024).

15 Das Gericht entscheidet nach II 1 iVm § 33 VIII 1 grundsätzlich durch den Einzelrichter (BVerwG NVwZ-RR 2006, 359). Er kann freilich nach II 1 iVm § 33 VIII 2 die Sache dem Kollegium unanfechtbar und bindend übertragen. Soweit das Gesetz das zugrunde liegende Geschäft nach § 4 RPflG dem Rpfleger übertragen hatte, entscheidet der Rpfleger (AG Lübeck Rpfleger 1984, 75). Beim ArbG entscheidet der Vorsitzende ohne eine Mitwirkung der Arbeitsrichter. Wegen der gegen seine (Erst-)Entscheidung evtl. statthaften befristeten Zweiterinnerung → Rn. 33.

16 Soweit statt des Urkundsbeamten fälschlich der **Rechtspfleger** entschieden hat, ist sein Richter zuständig (OLG Hamm Rpfleger 1989, 319). § 11 RPflG ist nicht anzuwenden. Denn diese Vorschrift erfasst nur eine gesetzmäßige Erstentscheidung des Rpfleger, und I, II sind ohnehin als Spezialregeln vorrangig. Es liegt erst recht keine Durchgriffserinnerung vor (OLG Bamberg JurBüro 1991, 696; OLG Koblenz AnwBl 1989, 243). Deshalb ist ein bloßer Nichtabhilfebeschluss des Richters nebst einer Vorlage beim höheren Gericht unzulässig. Es müsste ihn unter einer Zurückverweisung aufheben (OLG Bamberg JurBüro 1991, 696; OLG Köln AGS 2012, 481).

17 **2. Prüfungsumfang.** Das Gericht prüft nach → Rn. 8 die gesamte Festsetzung (LAG Berlin NZA-RR 2006, 432; aA LSG Bayern AnwBl 2016, 771). Es darf aber keine Änderung zum Nachteil des Erinnerungsführers vornehmen (OLG Düsseldorf AnwBl 1980, 463; Riedel/Sußbauer/Ahlmann Rn. 7; aA Mümmler JurBüro 1975, 1626). Das Gericht kann auf Grund einer freigestellten mündlichen Verhandlung entscheiden. Sie kommt aber praktisch kaum vor.

18 **IV. Entscheidung über die (Erst-)Erinnerung (I).** Drei Gesichtspunkte sind zu beachten.

19 **1. Beschluss.** Das Gericht entscheidet durch einen Beschluss. Das ergibt sich aus I 1. Er bindet weder für das Verfahren nach §§ 103 ff., 126 ZPO noch für dasjenige nach § 11, und umgekehrt.

20 **2. Begründung, Kosten.** Der Beschluss braucht grundsätzlich eine Begründung. Der Beschluss enthält keine Kostenentscheidung. Denn das (Erst-)Erinnerungsverfah-

ren ist nach II 2 gebührenfrei (aA OLG Köln MDR 2013, 816), ebenso wie übrigens das Zweiterinnerungsverfahren. Es findet nach II 3 keine Kostenerstattung statt. Das Gericht kann den (Erst-)Erinnerungsführer auch schlechter stellen. Rechtsbehelfsbelehrung, Verstoß: §§ 12c, 33 V 2, 52 IV 2.

3. Mitteilung. Das Gericht stellt den Beschluss dem (Erst-)Erinnerungsführer förmlich zu. Denn gegen die Entscheidung ist nach → Rn. 23 eine fristgebundene Beschwerde zulässig. Das Gericht stellt auf Grund einer (Erst-)Erinnerung des Rechtsanwalts auch der Staatskasse, auf Grund einer (Erst-)Erinnerung der Staatskasse auch dem Rechtsanwalt seine Entscheidung förmlich zu. Denn auch er ist nach → Rn. 23 befristet beschwerdeberechtigt. 21

V. Befristete Beschwerde (II). Sieben Punkte sind zu klären. 22

1. Zulässigkeit. Erst gegen den Beschluss des Gerichts über die (Erst-)Erinnerung ist nach II 1 iVm § 33 III 1 die befristete Beschwerde statthaft. Soweit der Rpfleger nach → Rn. 19 über die (Erst-)Erinnerung entschieden hat, ist die befristete Zweiterinnerung nach → Rn. 33 statthaft. Beschwerdeberechtigt ist auch die Staatskasse, also der Bezirksrevisor (OLG Koblenz FamRZ 1985, 618 (619)). 23

Im **Asylrechtsstreit** ist eine Beschwerde nach § 80 AsylG **unstatthaft** (OVG Berlin-Brandenburg NVwZ-RR 2017, 73; OVG Hamburg JurBüro 1994, 103). 24

2. Entweder: Beschwerdewert über 200 EUR (II 1, § 33 III 1). Die Beschwerde ist nach II 1 iVm § 33 III 1, dort zu den Einzelheiten dann zulässig, wenn der Beschwerdewert über 200 EUR liegt. Es muss also der Beschluss im (Erst-) Erinnerungsverfahren, nicht etwa der ursprünglich vom Urkundsbeamten festgesetzte Betrag, den Beschwerdeführer um mehr als 200 EUR beschweren (vgl. KG FamRZ 1987, 727, LG Koblenz FamRZ 2007, 232). Maßgebend ist die Beschwer beim aus der Staatskasse zahlbaren Betrag, nicht eine Wahlanwaltsvergütung. 25

Die **Umsatzsteuer** ist in die Rechnung des Beschwerdewerts einzubeziehen. Denn sie stellt einen Teil des Gesamtanspruchs des beigeordneten Rechtsanwalts dar, VV 9008 (KG AnwBl 1980, 467; LSG Schleswig-Holstein AnwBl 1989, 114). Soweit es sich um die Nachprüfung der Richtigkeit der Gesamtforderung auf Grund einer Beschwerde der Staatskasse handelt, ist nur prüfen, ob die tatsächlich vorhandene Gesamtforderung den festgesetzten Betrag nicht übersteigt. 26

3. Oder: Zulassung wegen grundsätzlicher Bedeutung (II 1, § 33 III 2). Die Beschwerde ist nach II 2 iVm § 33 III 2, dort zu den Einzelheiten auch dann zulässig, wenn das Gericht der angefochtenen Entscheidung die Beschwerde wegen einer grundsätzlichen Bedeutung der zur Entscheidung stehenden Frage nach dem eindeutigen Gesetzestext bereits in seinem Beschluss zugelassen hat (LG Koblenz FamRZ 2007, 232). Eine nachträgliche Zulassung ist also unstatthaft und daher unwirksam (BGH NJW 2004, 779; OLG München AGS 2010, 545; LG Koblenz FamRZ 2005, 741). Nur eine wirksame Zulassung bindet das Beschwerdegericht nach II 2 iVm § 33 IV 4 Hs. 1 (OLG München AGS 2010, 545). Mangels einer ausdrücklichen Zulassung hat keine Zulassung stattgefunden. Die Nichtzulassung ist nach II 2 iVm § 33 IV 4 Hs. 2 unanfechtbar. 27

4. Keine Beschwerde an Obersten Gerichtshof des Bundes. Eine Beschwerde an einen Obersten Gerichtshof des Bundes ist nach II 1 iVm § 33 IV 3 unstatthaft. 28

5. Form, Frist. Die Beschwerde ist ohne die Einhaltung einer besonderen Form zulässig. Dasselbe gilt nach II 1 iVm § 33 VII 1 für alle weiteren Anträge oder Erklärungen beliebiger Art im Beschwerdeverfahren. Man kann sie nach II 1 iVm § 33 VII 1, 2 schriftlich einlegen, auch nach § 129a ZPO, oder nach § 12b elektronisch auch nach einem dem Anwaltszwang unterliegenden Hauptverfahren doch in diesem Beschwerdeverfahren ohne einen Anwaltszwang (OVG Hamburg Rpfleger 2008, 46), und auch zum Protokoll des Urkundsbeamten der Geschäftsstelle des Gerichts der angefochtenen Entscheidung. Danach ist eine Einlegung beim Beschwerdegericht unstatthaft. Erfolgt sie trotzdem dort, leitet das Beschwerdegericht sie wie bei § 121 I 1 BGB unverzüglich an das Erinnerungsgericht weiter, ohne dazu alles andere stehen und liegen lassen zu müssen. Zur Fristwahrung ist der Eingang beim Erinnerungsgericht notwendig. Nach II 1 iVm § 33 III 3 ist eine Zweiwochenfrist seit der Zustellung der angefochtenen Entscheidung einzuhalten. 29

30 Eine **Wiedereinsetzung** ist nach II 1 iVm § 33 V 1, 2 statthaft. Sie wird aber meist am Verschulden des Rechtsanwalts nach § 33 VII 2 scheitern. Gegen die Ablehnung einer Wiedereinsetzung ist nach II 1 iVm § 33 V 3–6 eine befristete Beschwerde statthaft.

6. Beispiele zum weiteren Verfahren (II)

31 **Abhilfe:** Das Erinnerungsgericht darf und muss evtl. der Beschwerde nach II 1 iVm § 33 IV 1 Hs. 1 abhelfen (OLG Hamm Rpfleger 1986, 483, zu § 572 ZPO). Gegen einen Abhilfebeschluss ist eine sofortige Beschwerde des Gegners statthaft. Auch → Nichtabhilfe".

Anhörung: Das Beschwerdegericht muss schon wegen Art. 103 I GG den Beschwerdegegner vor einer ihm nachteiligen Entscheidung stets anhören (BVerfGE 34, 346). Das geschieht mit einer oder ohne eine dem Gericht ja freistehende mündliche Verhandlung.

Ehrenamtlicher Richter: Das Kollegium entscheidet nach II 1 iVm § 33 VIII 3 stets ohne ihn (OLG Stuttgart AGS 2011, 224).

Einzelrichter: Er ist nach II 1 iVm § 33 VIII 1 grds. funktionell zuständig. Er kann aber nach § 33 VIII 2 die Sache wegen einer grundsätzlichen Bedeutung dem Kollegium übertragen. Auch → Funktionelle Zuständigkeit".

Funktionelle Zuständigkeit: Abgesehen von → Rn. 16 ist funktionell zuständig die Zivilkammer des LG, nicht der Familiensenat des OLG (vgl. BGH NJW 1985, 2537; aA OLG Braunschweig AnwBl 1984, 514; OLG Schleswig SchlHA 1983, 55; LG Köln MDR 1985, 945). Auch → Einzelrichter".

Mündliche Verhandlung: Sie steht dem Beschwerdegericht frei. Aber auch → „Anhörung".

Nichtabhilfe: Sie erfolgt durch einen Aktenvermerk des Erinnerungsgerichts. Ihn muss es begründen. Das darf nicht nur floskelhaft erfolgen. Unverzüglich wie bei § 121 I 1 BGB muss das Erinnerungsgericht sodann die Sache dem Beschwerdegericht nach II 1 iVm § 33 IV 1 Hs. 2 vorlegen und davon die Beteiligten informieren.

Sachliche Zuständigkeit: Beschwerdegericht ist das gegenüber dem Erinnerungsgericht nächsthöhere Gericht. Das kann also zB das LG sein (OLG Koblenz NJW 2012, 944), oder das OLG nach → Rn. 28, **nicht** aber der BGH. Bei § 119 I Nr. 1, III GVG ist das OLG das Beschwerdegericht.

Staatskasse: Sie braucht keinen Volljuristen zu ihrer Vertretung (OVG Bremen NVwZ-RR 2015, 439).

32 **7. Beschluss.** Das Gericht entscheidet durch einen Beschluss. Es verweist eine nicht ordnungsgemäß vorgelegte Beschwerde zurück (OLG Frankfurt a. M. Rpfleger 1990, 276; OLG Hamm MDR 1988, 871). Es kann auch nach § 319 ZPO von Amts wegen berichtigen. Das Gericht muss bei einer begründeten Erinnerung die Vergütung festsetzen (OLG Brandenburg JurBüro 2007, 656). Der Beschluss braucht grundsätzlich eine Begründung. Es ergeht keine Kostenentscheidung. Denn das Beschwerdeverfahren ist nach II 2 gerichtsgebührenfrei (OLG Schleswig JurBüro 1977, 1581), und es findet nach II 3 keine Kostenerstattung statt (OLG Zweibrücken JurBüro 1999, 591). Das Beschwerdegericht prüft auch nicht den Umfang der Bewilligung der PKH durch das Prozessgericht (OLG Oldenburg NJW 2011, 1615). Rechtsbehelfsbelehrung, Verstoß: §§ 12c, 33 V 2, 52 IV 2.

33 **VI. Gegen Rechtspfleger mangels Beschwerdewerts: Befristete Zweiterinnerung (I, II, § 11 II 1 RPflG).** Soweit der Rpfleger über die (Erst-)Erinnerung nach → Rn. 13 entschieden hat und soweit eine Beschwerdemöglichkeit wegen des Nichterreichens des Beschwerdewerts nach → Rn. 25 oder aus anderen Gründen entfällt, ist wie in den vergleichbaren Fällen zu beachten: → GKG § 66 Rn. 37, § 4 JVEG, § 11 II 1 RPflG. Nach dieser letzteren Vorschrift findet dann aus den in → § 11 Rn. 88 erläuterten verfassungsrechtlichen Gründen eine befristete Erinnerung in dem dort → § 11 Rn. 106–126 erläuterten besonderen Verfahren statt. Über sie entscheidet zunächst der Rpfleger (AG Kiel Rpfleger 2010, 127, auch zu seinem etwaigen Ausschluss wegen Vorbefassung), und mangels dessen Abhilfe sein Richter abschließend. Sie ist also in Wahrheit auch hier eine Zweiterinnerung.

VII. Weitere Beschwerde (II 1, § 33 VI). Eine weitere Beschwerde ist verfassungsgemäß statthaft (OLG Düsseldorf AGS 2017, 350). Sie ist als eine Rechtsbeschwerde nach II 1 iVm § 33 VI 2 nach ihrer Zulassung durch das LG wegen einer grundsätzlichen Bedeutung bereits in seiner Erstbeschwerdeentscheidung und in voller Besetzung statthaft (BGH NJW 2004, 223; OLG Celle NStZ-RR 2014, 128). Sie kommt auch dann in Betracht, wenn das LG als das Erstbeschwerdegericht ohne eine vorherige Entscheidung des Vorderrichters entschieden hat. Eine Rechtsbeschwerde zum BGH ist unstatthaft. Denn II 1 iVm § 33 VII 1, 2 enthalten eine vorrangige Sonderregelung gegenüber § 574 ZPO (BGH NJW-RR 2011, 142). Sie ist ihm inhaltlich ohnehin so ähnlich, dass seine zusätzliche Anwendung nun wirklich eine Überspitzung der Anfechtungsmöglichkeiten auf diesem ohnehin bis zum Äußersten ausgebauten Nebenschauplatz wäre. Das gilt auch beim beigeordneten Vertreter in einer Patentsache (BGH GRUR 1988, 116). 34

Zum **weiteren Verfahren** der befristeten weiteren Beschwerde → § 33 Rn. 28 ff. 35
Eine Zulassung bindet das OLG nach § 33 VI 4 iVm IV 4 (OLG Celle NStZ-RR 2014, 128). Auch das Verfahren über die weitere Beschwerde ist nach II 2 gerichtsgebührenfrei und kennt nach II 3 keine Kostenerstattung.

VIII. Gegenvorstellung, Verfassungsbeschwerde (I, II). Sie kommt wie sonst 36
infrage. Zu ihren Voraussetzungen Anders/Gehle/Hunke ZPO Vor § 567 Rn. 6. Eine Verfassungsbeschwerde des nach § 55 IV zurückgewiesenen Rechtsanwalts im eigenen Namen ist mangels einer Beschwer unzulässig (BVerfG NJW 2006, 1504). Ein Beratungshilfeempfänger muss beschwert sein (BVerfG NJW 2011, 2570).

Rechtsbehelf in Bußgeldsachen vor der Verwaltungsbehörde

57 **[1] Gegen Entscheidungen der Verwaltungsbehörde im Bußgeldverfahren nach den Vorschriften dieses Abschnitts kann gerichtliche Entscheidung beantragt werden. [2] Für das Verfahren gilt § 62 des Gesetzes über Ordnungswidrigkeiten.**

§ 62 OWiG Rechtsbehelf gegen Maßnahmen der Verwaltungsbehörde

I [1] Gegen Anordnungen, Verfügungen und sonstige Maßnahmen, die von der Verwaltungsbehörde im Bußgeldverfahren getroffen werden, können der Betroffene und andere Personen, gegen die sich die Maßnahme richtet, gerichtliche Entscheidung beantragen. [2] Dies gilt nicht für Maßnahmen, die nur zur Vorbereitung der Entscheidung, ob ein Bußgeldbescheid erlassen oder das Verfahren eingestellt wird, getroffen werden und keine selbständige Bedeutung haben.

II [1] Über den Antrag entscheidet das nach § 68 zuständige Gericht. [2] Die §§ 297 bis 300, 302, 306 bis 309 und 311a der Strafprozeßordnung sowie die Vorschriften der Strafprozeßordnung über die Auferlegung der Kosten des Beschwerdeverfahrens gelten sinngemäß. [3] Die Entscheidung des Gerichts ist nicht anfechtbar, soweit das Gesetz nichts anderes bestimmt.

I. Anwendungsbereich (S. 1). Diese vorrangige Spezialvorschrift ist als solche 1
eng auszulegen. Sie gilt nach S. 1 für das Bußgeldverfahren gerade und nur vor der Verwaltungsbehörde gegen jede ihrer Entscheidungen. Demgegenüber gilt ab einer Abgabe an das AG § 55. § 57 gilt auch dann, wenn es sich objektiv um eine Straftat handelte, wenn die Behörde sie aber als eine bloße Ordnungswidrigkeit behandelt hat.

II. Verfahren (S. 2). Vgl. bei den in § 62 I, II OWiG genannten Vorschriften. 2

Zuständig ist nach § 68 I OWiG dasjenige AG, in dessen Bezirk die Verwaltungsbehörde ihren Sitz hat, deren Maßnahme der Antragsteller anficht. Der Antrag ist nach § 62 II 2 OWiG iVm § 306 I StPO zum Protokoll der Geschäftsstelle möglich. Man kann ihn auf einzelne Teile des Verwaltungsakts beschränken. Man sollte ihn nachvollziehbar begründen. Eine Frist besteht nicht. Eine Verwirkung ist wie sonst denkbar (OLG Koblenz FamRZ 1999, 1362: nach drei Monaten; LSG Niedersachsen JurBüro 1999, 589 (590): nach einem Jahr). Eine Beschwer ist wie stets erforderlich. Es gibt keinen Mindestwert. Die Verwaltungsbehörde darf und muss nach §§ 62 II OWiG, 306 II StPO evtl. abhelfen. Es besteht ein Verschlechterungsverbot. Mangels einer Abhilfe legt sie binnen drei Tagen dem Gericht vor. 3

4 Das Gericht muss den Gegner vor einer ihm nachteiligen Entscheidung nach S. 2 iVm §§ 62 II 2 OWiG iVm § 308 I 1 StPO **anhören** und kann das nach § 311a StPO nachholen. Eine mündliche Verhandlung ist statthaft.

5 **III. Entscheidung.** Das AG verwirft einen unzulässigen Antrag und weist einen unbegründeten ab. Einen zulässigen und begründeten Antrag bescheidet es nach S. 2 iVm §§ 62 II 2 OWiG, 309 II StPO durch die Aufhebung der angefochtenen Maßnahme und durch eine eigene Entscheidung zur Sache. Diese Sachentscheidung kann auch zulasten des Antragstellers ausfallen. Eine Zurückverweisung kann bei einem erheblichen Verfahrensfehler der Verwaltungsbehörde erfolgen. Die Entscheidung erfolgt durch einen Beschluss nach S. 2 iVm §§ 62 II 2 OWiG, 309 I. Wegen seiner Unanfechtbarkeit nach S. 2 iVm § 62 II 3 OWiG braucht das AG ihn nicht zu begründen, soweit es den Antrag nicht verwirft. Das Gericht kann den Beschluss deshalb auch formlos mitteilen. Rechtsbehelfsbelehrung, Verstoß: §§ 12c, 33 V 2, 52 IV 2.

6 **IV. Kosten.** Bei einer Antragsrücknahme, Verwerfung oder Abweisung trägt der Antragsteller die Kosten einschließlich der Auslagen nach S. 2 iVm §§ 62 II 2 Hs. 2 OWiG, 473 I StPO. Beim Antragserfolg trägt nach S. 2 iVm §§ 62 II 2 Hs. 2 OWiG, 467 StPO die Staatskasse die gesamten Kosten.

Anrechnung von Vorschüssen und Zahlungen

58 **[I] Zahlungen, die der Rechtsanwalt nach § 9 des Beratungshilfegesetzes erhalten hat, werden auf die aus der Landeskasse zu zahlende Vergütung angerechnet.**

[II] [1] In Angelegenheiten, in denen sich die Gebühren nach Teil 3 des Vergütungsverzeichnisses bestimmen, sind Vorschüsse und Zahlungen, die der Rechtsanwalt vor oder nach der Beiordnung erhalten hat, zunächst auf die Vergütungen anzurechnen, für die ein Anspruch gegen die Staatskasse nicht oder nur unter den Voraussetzungen des § 50 besteht. [2] Ist eine Gebühr, für die kein Anspruch gegen die Staatskasse besteht, auf eine Gebühr anzurechnen, für die ein Anspruch gegen die Staatskasse besteht, so vermindert sich der Anspruch gegen die Staatskasse nur insoweit, als der Rechtsanwalt durch eine Zahlung auf die anzurechnende Gebühr und den Anspruch auf die ohne Anrechnung ermittelte andere Gebühr insgesamt mehr als den sich aus § 15a Absatz 1 ergebenden Gesamtbetrag erhalten würde.

[III] [1] In Angelegenheiten, in denen sich die Gebühren nach den Teilen 4 bis 6 des Vergütungsverzeichnisses bestimmen, sind Vorschüsse und Zahlungen, die der Rechtsanwalt vor oder nach der gerichtlichen Bestellung oder Beiordnung für seine Tätigkeit in einer gebührenrechtlichen Angelegenheit erhalten hat, auf die von der Staatskasse für diese Angelegenheit zu zahlenden Gebühren anzurechnen. [2] Hat der Rechtsanwalt Zahlungen empfangen, nachdem er Gebühren aus der Staatskasse erhalten hat, ist er zur Rückzahlung an die Staatskasse verpflichtet. [3] Die Anrechnung oder Rückzahlung erfolgt nur, soweit der Rechtsanwalt durch die Zahlungen insgesamt mehr als den doppelten Betrag der ihm ohne Berücksichtigung des § 51 aus der Staatskasse zustehenden Gebühren erhalten würde. [4] Sind die dem Rechtsanwalt nach Satz 3 verbleibenden Gebühren höher als die im Vergütungsverzeichnis vorgesehenen Höchstgebühren eines Wahlanwalts, ist auch der die Höchstgebühren übersteigende Betrag anzurechnen oder zurückzuzahlen.

Historie: III 1 geändert und III 4 eingefügt durch Art. 8 I Nr. 29 2. KostRMoG v. 23.7.2013 (BGBl. I 2586 (2691)) mWv 1.8.2013; Materialien: BT-Drs. 17/11471 (Gesetzentwurf), BT-Drs. 17/13537 (Beschlussempfehlung und Bericht), BT-Drs. 17/14120 (Beschlussempfehlung); II 2 eingefügt und III 4 geändert durch Art. 7 I Nr. 13 KostRÄG 2021 v. 21.12.2020 (BGBl. I 3229 (3248)) mWv 1.1.2021; Materialien: BT-Drs. 19/23484 (Gesetzentwurf), BT-Drs. 19/24740 (Beschlussempfehlung und Bericht).

Übersicht

I. Systematik. Die Vorschrift enthält zwecks Kostengerechtigkeit zwingende Regeln. Der Rechtsanwalt kann sie nicht durch eine Sondervereinbarung ausschließen (OLG Düsseldorf Rpfleger 1996, 368; OLG Hamm AnwBl 1996, 175 (176)). Daher ist auch eine solche Vereinbarung unwirksam, nach der der Rechtsanwalt einen ihm vom Beschuldigten oder von einem Dritten gezahlten Betrag an diesen zurückzahlen müsse, soweit die Staatskasse eine Zahlung an den Rechtsanwalt leistet. 1

Der beigeordnete Rechtsanwalt hat zwar einen **Anspruch** gegen die begünstigte Partei, seinen Auftraggeber. Er kann diesen Anspruch aber nach § 122 I Nr. 3 ZPO iVm § 124 ZPO nur insoweit geltend machen, als das Prozessgericht zB die Bewilligung der PKH aufgehoben hat. Deshalb geben §§ 45 ff. dem beigeordneten Rechtsanwalt den Anspruch auf eine gesetzliche Vergütung aus der Staatskasse. Der Rechtsanwalt kann nach § 126 ZPO auch gegen den in die Prozesskosten verurteilten Gegner seines Auftraggebers einen Vergütungsanspruch haben. 2

Soweit nun die Staatskasse nach §§ 45 ff. an den beigeordneten Rechtsanwalt eine Vergütung gezahlt hat, kann sie unter den Voraussetzungen des § 59 zur **Minderung** der Belastung des Staats die auf sie kraft Gesetzes übergegangenen Ansprüche des beigeordneten Rechtsanwalts gegenüber dem Auftraggeber oder gegenüber dem in die Prozesskosten verurteilten Gegner grundsätzlich erstattet fordern. Von diesem Grundsatz macht II für die dort genannten Fälle eine Einschränkung. 3

Von II weichen wiederum die **Sonderregelungen** in III ab. Zur Neufassung KG NStZ-RR 2017, 159. 4

II. Regelungszweck. Die Vorschrift dient der Verminderung von Überzahlungen. Sie dient damit der Kostendämpfung. Das darf aber nicht zu einer formalistischen Anwendung führen. Natürlich soll es keine problematische Bereicherung des Rechtsanwalts geben. Ebenso wenig soll aber die Staatskasse bei Zweifeln oder Unklarheiten einen Vorteil haben. Das ist bei der Auslegung mit zu bedenken. 5

II entspricht auch dem Grundgedanken des § 366 II BGB. Danach soll unter anderem mangels einer abweichenden Bestimmung des Schuldners durch seine nicht völlig ausreichende Zahlung zunächst diejenige Forderungstilgung eintreten, die dem Gläubiger eine geringere Sicherheit bietet. Das gilt auch dann, wenn das Gericht den Rechtsanwalt rückwirkend beigeordnet hat. Das alles stellt eine gewisse Begünstigung des beigeordneten Rechtsanwalts dar. Diesen Zweck ist bei der Auslegung mit zu beachten. 6

III zeigt die Bemühung des Gesetzes um einen Ausgleich der Interessen einerseits der Staatskasse, andererseits des beigeordneten oder bestellten Rechtsanwalts. Auch das hat für die Auslegung seine Bedeutung. 7

III. Anwendungsbereich. I gilt im Bereich der Beratungshilfe nach § 44, VV 2501, 2502 (OLG Naumburg Rpfleger 2012, 155 (156)). § 9 BerGH ist abgedruckt → § 44 Rn. 13. Die Beratungshilfegebühr VV 2500 schuldet aber nach § 44 8

S. 2 hier der Rechtsuchende. Insofern ist daher § 9 BerHG und damit § 58 I nicht anzuwenden (aA OLG Celle NJW-RR 2011, 719).

9 **II** gilt für den beigeordneten Rechtsanwalt im Gesamtbereich der Gebühren nach VV 3100–3518).

10 I gilt **nicht** für eine solche Zahlung, die der Auftraggeber oder dessen Gegner oder ein Dritter dem beigeordneten Rechtsanwalt mit der eindeutigen, wenn auch vielleicht nur stillschweigenden Bestimmung zur Weiterleitung an einen Verkehrsanwalt oder zur Weiterleitung an das Gericht als einen Kostenvorschuss gezahlt haben und die der Rechtsanwalt auch entsprechend behandelt hat. Die Staatskasse gehört nicht zu II (LG Berlin AnwBl 1983, 478).

11 **III** gilt für den beigeordneten oder bestellen Rechtsanwalt im Gesamtbereich nach VV 4100–6404.

12 **IV. Anrechnung nach II.** Dazu Al-Jumaili JurBüro 2000, 565 (Üb.). Drei Aspekte sind zu beachten.

13 **1. Grundsatz: Anrechnungspflicht.** Grundsätzlich muss die Staatskasse jede Zahlung und jeden Vorschuss anrechnen, den ein Auftraggeber oder dessen Gegner oder ein Dritter dem beigeordneten Rechtsanwalt in derselben kostenrechtlichen Angelegenheit gerade aus dem Bereich VV 3100–3518 vor oder nach der Beiordnung nicht nur zahlen soll, will oder muss, sondern auch tatsächlich gezahlt hat (AG Mosbach NJW-RR 2011, 699). Eine Zahlung nur an die Landeskasse nach § 120 II ZPO ohne deren Weiterleitung nach § 50 an den Rechtsanwalt reicht für eine Anrechnung noch nicht aus. Dasselbe gilt für eine nur bedingt erfolgte Zahlung oder für nur durchlaufende Gelder. Die Anrechnung erfolgt zunächst auf diejenige Vergütung, für die der beigeordnete Rechtsanwalt einen Anspruch gegen die Staatskasse nicht oder nur unter den Voraussetzungen des § 50 hat (sog. Differenzbetrag) (OLG Frankfurt a. M. JurBüro 2014, 411; OLG Zweibrücken AGS 2010, 329; aA OLG Düsseldorf JurBüro 2009, 188; LAG Hessen JurBüro 2009, 586). Davon nimmt II nur eine solche Zahlung aus, die der Auftraggeber mithilfe eines ihm erteilten Darlehens geleistet hat (LSG Nordrhein-Westfalen AnwBl 1992, 45 (46)). Zur außergerichtlichen Geschäftsgebühr OLG Frankfurt a. M. NJW-RR 2013, 320; OLG Oldenburg AGS 2011, 611.

14 Es ist also **wie folgt zu rechnen:** Zunächst ist die volle gesetzliche Vergütung zu ermitteln, die dem beigeordneten Rechtsanwalt als einem Wahlanwalt gegen seinen Auftraggeber zustehen würde. Sodann ist diejenige Vergütung zu errechnen, die ihm infolge der Beiordnung gegenüber der Staatskasse zusteht. Dabei ergibt sich meist eine Differenz wegen der geringeren Höhe des letzteren Betrags gegenüber dem ersteren.

15 Ein etwa an den beigeordneten Rechtsanwalt vom Auftraggeber oder dessen Gegner oder einem Dritten gezahlter **Vorschuss** usw ist nun zunächst auf diese Differenz zu verrechnen (so auch OLG Schleswig MDR 2008, 947). Erst wenn der an den beigeordneten Rechtsanwalt geleistete Betrag höher ist als diese Differenz, hat der Rechtsanwalt den entsprechenden Restbetrag des erhaltenen Vorschusses usw nunmehr an die Staatskasse zu zahlen.

16 **Keineswegs** ist nach → Rn. 3 mangels einer Verrechnungsanweisung des Kostenschuldners einfach eine **anteilige Verrechnung** auf außergerichtliche und gerichtliche Kosten mit dem Wortlaut und dem Regelungszweck vereinbar (aA OLG Stuttgart FamRZ 1999, 390).

17 **2. Gesetzlicher Betrag.** Soweit der Auftraggeber oder dessen Gegner oder ein Dritter einen Vorschuss oder eine sonstige Zahlung nur in derjenigen Höhe geleistet haben, für die der beigeordnete Rechtsanwalt als Wahlanwalt eine gesetzliche Vergütung hätte, findet die Anrechnung voll statt (OLG Naumburg Rpfleger 2012, 155 (156)). Es kommt insoweit nicht darauf an, wer die Zahlung erbringt. Es reicht also aus, dass ein Streitgenosse des Auftraggebers nach §§ 59 ff. ZPO oder dass der Prozessgegner des Auftraggebers zahlen oder dass der Rechtsanwalt von ihnen entsprechende Beträge beitreibt. Auch eine vom Auftraggeber gezahlte Rate ist anrechenbar.

18 **Nicht** anrechenbar sind Auslagen nach VV 7002 oder Umsatzsteuer nach VV 7008 (KG AGS 2015, 387).

3. Vereinbarte Höhe. Soweit der beigeordnete Rechtsanwalt mit dem Auftraggeber für dieselbe kostenrechtliche Angelegenheit nach → § 15 Rn. 9 eine Vergütungsvereinbarung nach § 3a zulässig getroffen hat, kommt eine Anrechnung der daraufhin an ihn gezahlten Beträge doch nur bis zur Höhe der ihm als einem Wahlanwalt zustehenden gesetzlichen Vergütung in Betracht. Im Übrigen ist die Honorarvereinbarung im Verhältnis zur Staatskasse unwirksam, soweit sie diese benachteiligen würde. Eine Vergütungsvereinbarung kann also die Staatskasse nicht benachteiligen. 19

Soweit der Auftraggeber und der Rechtsanwalt für mehrere kostenrechtlich selbständige Angelegenheiten eine einheitliche **Sondervergütung** oberhalb der gesetzlichen Vergütung vereinbart haben und soweit das Gericht der Partei zB eine PKH nach § 119 ZPO nur für eine dieser Angelegenheiten bewilligt hat, sind die an den Rechtsanwalt geleisteten Zahlungen usw zunächst im Verhältnis des Werts der mehreren Angelegenheiten aufzuspalten und dann die Anrechnung desjenigen Teils, der auf die PKH-Sache entfällt, nach den obigen anderen Grundsätzen vorzunehmen. 20

4. Rückzahlungsvereinbarung. Eine vor der Beiordnung getroffene Vereinbarung dahin, dass der Rechtsanwalt einen solchen Betrag an den Auftraggeber oder dessen Gegner oder einen Dritten zurückzahlen soll, der nach seiner etwaigen Beiordnung auf den durch die Staatskasse gedeckten Teil entfällt, ist allerdings wirksam. 21

5. Vorschuss. Ein Vorschuss deckt nicht die volle gesetzliche Verfahrensgebühr des Wahlanwalts ab, sondern nur den nach § 49 nicht gedeckten Teil. Soweit die Zahlung für einen bestimmten Rechtszug erfolgt, ist eine Anrechnung nur auf die Gebühren dieses Rechtszugs zulässig. 22

6. Anrechnungsgrenzen nach II. Eine Zahlung wegen der gesetzlichen Vergütung des Wahlanwalts ist für eine kostenrechtlich andere Angelegenheit nach → § 15 Rn. 9 unberücksichtigt zu lassen. Dasselbe gilt für eine solche Zahlung, die ein Rechtsanwalt vor einer Zurückverweisung zB nach § 21 erhalten hat, wenn die Beiordnung ohne eine Rückwirkung erst nach der Zurückverweisung erfolgt ist. Bei einer Beiordnung nur für einen Anspruchsteil darf die Anrechnung nur wegen der gerade auf diesen Teil geleisteten Zahlungen erfolgen. Dasselbe gilt bei einer Beiordnung nur für die Klage nach § 253 ZPO oder Widerklage. Über die Anrechenbarkeit eines Teils eines einheitlichen Sonderhonorars für mehrere Angelegenheiten s. oben. 23

Wegen einer **rückwirkenden** Beiordnung OLG Bamberg JurBüro 1985, 730; OLG Düsseldorf AnwBl 1982, 382. 24

7. Mitteilungspflicht. Wegen der Notwendigkeit einerseits und der Begrenztheit einer Anrechnung andererseits besteht für den beigeordneten Rechtsanwalt nach § 55 V 2 Hs. 1 eine Pflicht zur Erklärung darüber, ob und welche Zahlungen er von der Partei oder von dem Gegner oder von einem Dritten bis zum Antrag auf eine Vergütung erhalten hat. Nach Hs. 2 jener Bestimmung besteht ferner eine Pflicht zur Anzeige solcher Zahlungen, die der Rechtsanwalt nach jenem Zeitpunkt erhalten hat. Das gilt auch beim Fehlen einer Abführungspflicht. Denn der Urkundsbeamte muss eine Möglichkeit zur Überprüfung behalten. Der Rechtsanwalt muss seine jeweilige Mitteilung genau beziffern. 25

V. Anrechnung, Rückzahlung nach III. Es gibt sechs Aspekte. Der Rechtsanwalt muss sie in seiner Berechnung nach § 10 so genau beziffert beachten, dass die Staatskasse ihre Lage nach → Rn. 16–26 prüfen kann. Auch der Auftraggeber hat ein Recht darauf, die Frage der Anrechenbarkeit überprüfen zu können. 26

1. Vorschuss, Zahlung. III umfasst jede Art von Vorschuss zB nach §§ 9, 47 oder von einer solchen Zahlung, die der Rechtsanwalt nach VV 4100–6404 erhalten hat (OLG Düsseldorf JurBüro 1993, 537). Der Barzahlung steht die Überweisung, die Hergabe eines Schecks usw gleich. 27

2. Vom Beschuldigten oder Dritten. In Betracht kommt jede Leistung einer dieser Personen in dieser Angelegenheit aus irgendeinem Rechtsgrund und in einem beliebigen Rechtszug. Es reicht zB aus, dass Angehörige des Auftraggebers oder dass der Ehegatte des Beschuldigten für diesen oder dass ein Mitbeschuldigter oder dass 28 ein erstattungspflichtiger Dritter als eine natürliche oder juristische Person etwa als ein Rechtsschutzversicherer oder dass der Gegner des Beschuldigten in einer Privatklagesache gezahlt hat. Wegen einer Selbstverteidigung des Rechtsanwalts → § 1 Rn. 35.

29 **3. Vor oder nach der Bestellung.** Es ist für die Anrechenbarkeit oder die Rückzahlungspflicht unerheblich, ob der Rechtsanwalt den Vorschuss oder die Zahlung vor oder nach seiner gerichtlichen Bestellung erhalten hat (OLG Stuttgart Rpfleger 2007, 682). Es ist hier auch unerheblich, ob die Leistung auf Grund einer Gebührenvereinbarung nach § 3a oder wegen der gesetzlichen Zahlungspflicht erfolgt ist (OLG Düsseldorf JurBüro 1993, 537). Anrechenbar und rückzahlbar ist auch ein solcher Betrag, den der Beschuldigte oder ein Dritter nach einer Feststellung seiner Leistungsfähigkeit nach § 52 II gezahlt hat.

30 **4. Tätigkeit in der Strafsache.** Der Vorschuss oder die Zahlung müssen wegen der Tätigkeit gerade als beigeordneter oder bestellter Rechtsanwalt gerade in dieser Strafsache von dem vorbereitenden Verfahren (OLG Oldenburg JurBüro 2007, 415), bis zur Rechtskraft oder sonstigen endgültigen Beendigung erfolgt sein. Es findet also keine Anrechnung solcher Gebühren statt, die der Rechtsanwalt für eine solche Tätigkeit erhalten hat, die eine Gebühr nach §§ 45 ff. nicht abgilt, etwa als Wahlverteidiger vor der Beiordnung oder Bestellung als Pflichtverteidiger (OLG Düsseldorf JurBüro 1987, 1800; OLG München AnwBl 1979, 399; aA OLG Stuttgart Rpfleger 2007, 682). Es erfolgt eine Anrechnung auch nur solcher Zahlungen, die die Staatskasse schuldet (OLG Bamberg JurBüro 1991, 1347).

31 **Anrechenbar sind zB:** Ein solcher Vorschuss, den der Rechtsanwalt für seine Reiseunkosten als Verteidiger erhalten hat (vgl. OLG Düsseldorf Rpfleger 1996, 368; aA OLG Stuttgart Rpfleger 1979, 78, aber auch eine Reise ist eine Tätigkeit in der Strafsache); eine Zahlung des Auftraggebers für einen Antrag auf eine Wiederaufnahme. Denn die Bestellung zum Verteidiger umfasst das Verfahren zur Entscheidung über die Begründetheit des Wiederaufnahmegesuchs nach § 370 StPO mit; die Zahlung eines Dritten an den Pflichtverteidiger, auch wenn er keine Festsetzung für das Ermittlungsverfahren beantragt hat (OLG Oldenburg JurBüro 2007, 415).

32 **Nicht anrechenbar sind zB:** Eine solche Zahlung, die der Auftraggeber dem Rechtsanwalt für dessen Tätigkeit in einer anderen Instanz oder für eine Tätigkeit leistet, die §§ 45 ff. nicht abgelten (OLG Düsseldorf JurBüro 1993, 537; OLG Stuttgart Rpfleger 2007, 682; Enders JurBüro 1996, 449), etwa für die Geltendmachung eines vermögensrechtlichen Anspruchs oder für ein Gnadengesuch (OLG München JurBüro 1979, 860); eine Zahlung auf Auslagen.

33 Der zunächst als **Wahlverteidiger** und anschließend in derselben Sache als Pflichtverteidiger tätige Rechtsanwalt kann nach III 4 für dieselbe Instanz höchstens denjenigen Betrag beanspruchen, den er als Wahlverteidiger als Höchstgebühr verlangen könnte.

34 **5. Anrechnung (III 1, 4).** Soweit die Staatskasse noch nicht gezahlt hat, verringert sich ihre Zahlungspflicht um denjenigen Vorschuss oder diejenige Zahlung, die der Rechtsanwalt erhalten hat. Anrechenbar sind nur echte Gebühren, diese allerdings ohne Umsatzsteuer (OLG Hamm AnwBl 1996, 175 (176); OLG Stuttgart JurBüro 1996, 134), und keine tatsächlichen bloßen Auslagen (OLG Hamm AnwBl 1996, 175 (176)).

35 **Höchstens** die Höchstgebühr eines Wahlverteidigers darf dem Pflichtverteidiger nach III 4 verbleiben. Zu ihrer Berechnung ausführlich OLG Jena RPfleger 2018, 231.

36 **6. Rückzahlung (III 2, 4).** Soweit die Staatskasse in demjenigen Zeitpunkt bereits gezahlt hatte, in dem der Vorschuss oder die Zahlung des Beschuldigten oder des Dritten beim Rechtsanwalt eingingen, muss der Rechtsanwalt grundsätzlich an die Staatskasse zurückzahlen. Diese Pflicht lässt sich nicht irgendwie abbedingen. Maßgeblich ist bei einer Überweisung usw die Gutschrift auf dem Konto des Rechtsanwalts. Höchstens die Höchstgebühr eines Wahlverteidigers darf dem Pflichtverteidiger auch hier nach III 4 verbleiben.

VI. Grenzen der Anrechnung oder Rückzahlung (III 3). Es gibt zwei Gesichtspunkte. 37

1. Grundsatz. III 3 weicht von der Regelung des II ab. Nach II ist ein solcher Vorschuss oder eine Zahlung, die der beigeordnete Rechtsanwalt von seinem Auftraggeber oder einem Dritten vor oder nach der Beiordnung erhalten hat, zunächst auf diejenige Vergütung anrechenbar, für die der Rechtsanwalt einen Anspruch gegen die Staatskasse nicht oder nur unter den Voraussetzungen des § 50 hat (LG Osnabrück JurBüro 2014, 83). Demgegenüber erfolgt eine Anrechnung nach III 1 auf jede von der Staatskasse geschuldete oder geleistete Zahlung. 38

III 3 belässt dem Rechtsanwalt aber in dem dort bestimmten Umfang den **Vorteil** der besonderen Zahlung des Beschuldigten oder eines Dritten. Das gilt auch bei einer Pauschvergütung (OLG Zweibrücken NStZ-RR 1998, 63). 39

2. Berechnung. Die Anrechnung erfolgt nur insoweit, als der Rechtsanwalt durch eine Zahlungen mehr als den doppelten Betrag nach § 51 einschließlich aller Auslagen erhalten würde (OLG Stuttgart JurBüro 1996, 134). 40

Beispiel: Der gerichtlich bestellte Verteidiger hat einen Anspruch in Höhe von 600 EUR. Der Auftraggeber hat ihm 1.500 EUR gezahlt. Von diesen 1.500 EUR braucht sich der Rechtsanwalt auf seinen Zahlungsanspruch gegen die Staatskasse nur 300 EUR anrechnen zu lassen. Denn es bleiben ihm zweimal 600 EUR = 1.200 EUR anrechnungsfrei. 41

Übergang von Ansprüchen auf die Staatskasse

59 **I [1] Soweit dem im Wege der Prozesskostenhilfe oder nach § 138 des Gesetzes über das Verfahren in Familiensachen und in den Angelegenheiten der freiwilligen Gerichtsbarkeit, auch in Verbindung mit § 270 des Gesetzes über das Verfahren in Familiensachen und in den Angelegenheiten der freiwilligen Gerichtsbarkeit, beigeordneten oder nach § 67a Absatz 1 Satz 2 der Verwaltungsgerichtsordnung bestellten Rechtsanwalt wegen seiner Vergütung ein Anspruch gegen die Partei oder einen ersatzpflichtigen Gegner zusteht, geht der Anspruch mit der Befriedigung des Rechtsanwalts durch die Staatskasse auf diese über. [2] Der Übergang kann nicht zum Nachteil des Rechtsanwalts geltend gemacht werden.**

II [1] Für die Geltendmachung des Anspruchs sowie für die Erinnerung und die Beschwerde gelten die Vorschriften über die Kosten des gerichtlichen Verfahrens entsprechend. [2] Ansprüche der Staatskasse werden bei dem Gericht des ersten Rechtszugs angesetzt. [3] Ist das Gericht des ersten Rechtszugs ein Gericht des Landes und ist der Anspruch auf die Bundeskasse übergegangen, wird er insoweit bei dem jeweiligen obersten Gerichtshof des Bundes angesetzt.

III Absatz 1 gilt entsprechend bei Beratungshilfe.

Historie: I 1 geändert durch Art. 47 VI Nr. 18 FGG-RG v. 17.12.2008 (BGBl. I 2586 (2718)) mWv 1.9.2009; Materialien: BT-Drs. 16/6308 (Gesetzentwurf), BT-Drs. 16/9733 (Beschlussempfehlung und Bericht), BT-Drs. 16/9831 (Änderungsantrag). II 1 geändert und II 4 aF aufgehoben durch Art. 8 I Nr. 30 2. KostRMoG v. 23.7.2013 (BGBl. I 2586 (2691)) mWv 1.8.2013; Materialien: BT-Drs. 17/11471 (Gesetzentwurf), BT-Drs. 17/13537 (Beschlussempfehlung und Bericht), BT-Drs. 17/14120 (Beschlussempfehlung).

Übersicht

1 **I. Systematik.** Der bei PKH nach § 121 ZPO oder nach §§ 138 oder 270 FamFG beigeordnete oder nach § 67a I 2 VwGO bestellte Rechtsanwalt hat auf Grund dieser Tätigkeit einen Vergütungsanspruch nach § 45 I, II. Er kann diesen gegenüber seinem Auftraggeber allerdings nach §§ 122 I Nr. 3, 124 ZPO nur nach der etwaigen Aufhebung der Bewilligung der PKH geltend machen. Gegenüber dem zur Zahlung der Prozesskosten verurteilten Prozessgegner des Auftraggebers kann der beigeordnete Rechtsanwalt seinen Vergütungsanspruch im Umfang seiner Beiordnung und in den Grenzen der §§ 91 ff. ZPO nach § 126 ZPO geltend machen. Unabhängig davon hat der beigeordnete Rechtsanwalt aber eben schon auf Grund der Beiordnung und längst vor einer etwaigen Kostenentscheidung des Prozesses den gesetzlichen Vergütungsanspruch gegenüber der Staatskasse nach §§ 45 ff. § 59 gibt der Staatskasse gegen die vorgenannten Personen einen Rückgriffsanspruch. Das geschieht mithilfe eines gesetzlichen Forderungsübergangs.

2 **II. Regelungszweck.** Selbst unter einer Berücksichtigung etwaiger anrechnungsfähiger Vorschüsse oder Zahlungen des Auftraggebers oder eines Dritten an den beigeordneten Rechtsanwalt nach § 58 II hat die Staatskasse im Umfang der Befriedigung des beigeordneten Rechtsanwalts nach §§ 45 ff. ein Interesse daran, von den sonstigen Kostenschuldnern einen Ersatz zu erlangen, damit sie die Staatsmittel im Ergebnis möglichst geringfügig in Anspruch nehmen muss.

3 **Deshalb** enthält I ähnlich wie §§ 412, 774 BGB einen gesetzlichen Forderungsübergang auf die Staatskasse (LG Berlin Rpfleger 1992, 258), soweit diese leistet. Diese Konstruktion entspricht vielen vergleichbaren Vorschriften. Damit wird also eine sonst etwa notwendige Abtretung nach §§ 398 ff. BGB überflüssig.

4 **III. Anwendungsbereich.** Die Vorschrift gilt direkt im Verfahren der PKH nach § 121 ZPO und bei dem nach §§ 138 oder 270 FamFG beigeordneten oder nach § 67a I 2 VwGO bestellten Rechtsanwalt. I gilt nach III entsprechend im Rahmen einer Beratungshilfe nach dem BerHG.

5 **IV. Forderungsübergang (I 1).** Es sind vier Fragenkreise vorhanden.

6 **1. Grundsatz: Übergang kraft Gesetzes.** Zunächst → Rn. 1, 2. Der Forderungsübergang tritt also kraft Gesetzes ein. Maßgeblicher Zeitpunkt ist nicht etwa derjenige der Entstehung des Vergütungsanspruchs gegenüber dem Auftraggeber oder dem ersatzpflichtigen Prozessgegner und auch nicht derjenige der Festsetzung nach § 55 II, sondern erst der Zeitpunkt der „Befriedigung des Rechtsanwalts", also der tatsächlichen Leistung der Staatskasse an ihn (BGH NJW-RR 1998, 1534; OLG München FamRZ 2006, 1461; LG Berlin Rpfleger 1992, 258).

7 **2. Umfang.** Der Anspruch geht so über, wie er im Zeitpunkt der Befriedigung nach → Rn. 4 rechtlich bestand (OLG Düsseldorf Rpfleger 2011, 446). Er ändert ja seinen Rechtscharakter überhaupt nicht (OLG Celle MDR 2014, 923; OLG Düsseldorf NJWE-FER 2000, 42; OLG Karlsruhe JurBüro 1999, 370; aA LG Frankenthal JurBüro 1986, 1383). Die gesetzliche Stundung nach § 122 I Nr. 3 ZPO bleibt bestehen. Das gilt auch zugunsten eines nicht bedürftigen Erben des Auftraggebers (aA Riedel/Sußbauer/Schneider Rn. 13). Die Staatskasse kann daher erst nach einer Änderung oder Aufhebung der PKH gemäß §§ 120a oder 124 ZPO und auch nur in den Grenzen → Rn. 21 ff. gegen die begünstigte Partei vorgehen (KG Rpfleger 2006, 662). Sie kann aber auch in diesen Grenzen den Beitreibungsanspruch nach § 126 ZPO nun kraft Übergangs auf sie selbst geltend machen (AG Koblenz FamRZ 2012, 1238). Dasselbe gilt für einen Zinsanspruch und für ein Sicherungsrecht des Rechtsanwalts. Die Kosten bleiben außergerichtliche Parteikosten (KG MDR 1988, 420). § 123 ZPO gilt nach dem Forderungsübergang auch zugunsten der Staatskasse (BGH NJW-RR 1998, 70; OLG Koblenz FamRZ 2008, 805; LG Mönchengladbach AnwBl 2003, 595; aA OLG München JurBüro 2001, 310). Freilich muss die Staatskasse dann §§ 122 I Nr. 1, 125 I ZPO beachten. Der Anspruch bleibt aber auch dann

bestehen, wenn auch der Gegner PKH oder VKH erhalten hat (OLG Celle MDR 2014, 923).

3. Anwendbarkeit des Gerichtskostenrechts. Deshalb sind auch die Vorschriften für die Gerichtskosten grundsätzlich nicht anzuwenden, vor allem §§ 22, 29, 32 GKG Eine PKH für den erstattungspflichtigen Prozessgegner ist hier nicht zu beachten (BGH NJW-RR 1998, 70; OLG Dresden FamRZ 2010, 583; OLG Karlsruhe FamRZ 2005, 2002; aA OLG Zweibrücken Rpfleger 1989, 114). Auch eine etwaige Gerichtskostenfreiheit ist nicht zu beachten (OLG Düsseldorf NJWE-FER 2000, 42). Zu beachten bleibt aber § 6 GKG, auf den II 4 verweist. Zu beachten bleibt ferner zB § 9 S. 2 AUG. Denn dort findet eine „endgültige" Kostenbefreiung statt, soweit nicht das Gericht die Bewilligung der PKH nach § 124 I Nr. 1 ZPO aufhebt. **8**

Der Verlierer **haftet** also nicht etwa als Antragsteller für die Kosten des durch eine PKH begünstigten Siegers (OLG Karlsruhe JurBüro 1999, 370; OLG München AGS 2014, 84). Allerdings kann seine Haftung bei einer Übernahme der Kosten gegenüber dem Gericht nach § 29 Nr. 2 GKG, § 24 Nr. 2 FamGKG eintreten. Dann liegt aber kein Forderungsübergang vor, sondern ein selbständiger Rechtsgrund. **9**

4. Verhältnis zur Staatskasse. Soweit das Gericht die Kosten nach § 92 ZPO, § 81 FamFG gegeneinander aufhebt, entsteht keine Kostenpflicht gegenüber der Staatskasse. Zwischen dem beigeordneten oder bestellten Rechtsanwalt und der Staatskasse besteht ein bürgschaftsähnliches Verhältnis. Darum gehen alle Nebenrechte des beigeordneten oder bestellten Rechtsanwalts entsprechend §§ 401, 406, 407 I, II, 412 BGB über, auch ein Pfandrecht an einer vom verurteilten Prozessgegner geleisteten Ausländersicherheit. Sie haftet der Staatskasse in Höhe der ersetzten Kosten, dem beigeordneten oder bestellten Rechtsanwalt in Höhe des überschießenden Betrags. **10**

5. Wahlrecht des Rechtsanwalts. Der beigeordnete oder bestellte Rechtsanwalt kann nach → Rn. 18 wählen, ob er die Staatskasse oder den in die Prozesskosten verurteilten Prozessgegner des Auftraggebers in Anspruch nimmt (Dörndorfer Rpfleger 1987, 448), oder ob er jeden dieser Kostenschuldner zu einem Teil seiner Vergütung beansprucht. Das gilt auch bei der Vertretung mehrerer Streitgenossen. Ein Forderungsübergang nach → Rn. 4 erfolgt (selbstverständlich) nur, soweit das Gericht den Rechtsanwalt auch einem Streitgenossen beigeordnet hat. Der beigeordnete Wahlanwalt kann also zB nach § 126 ZPO vorgehen. Das muss die Staatskasse bis zu seiner auf solchem Weg erfolgten gänzlichen oder teilweisen Befriedigung wegen → Rn. 6, 7 abwarten. **11**

6. Kostenverteilung nach Bruchteilen. Soweit das Gericht die Kosten nach Bruchteilen verteilt hat, sind die dem beigeordneten oder bestellten Rechtsanwalt aus der Staatskasse ersetzten Kosten bei einer Ausgleichung nach § 106 ZPO nicht abzuziehen. Vielmehr erfolgt zunächst eine Festsetzung so, als ob das Gericht zB überhaupt keine PKH nach § 119 ZPO bewilligt hätte (OLG München Rpfleger 1982, 119; OLG Oldenburg JurBüro 1980, 1052 mkritAnm Mümmler). Die Anwaltskosten sind gesondert von den etwa zu erstattenden Gerichtskosten auszugleichen. Soweit sich für die mittellose Partei oder für den beigeordneten oder bestellten Rechtsanwalt ein solcher Erstattungsanspruch ergibt, der zuzüglich der von der Staatskasse erstatteten Gebühren und Auslagen denjenigen Betrag nicht übersteigt, den der Rechtsanwalt ohne eine Beiordnung oder Bestellung von seiner Partei als Wahlanwalt verlangen könnte, bleibt es bei der errechneten Erstattung. **12**

Soweit der Erstattungsbetrag höher ist als diese Summe, steht der **Mehrbetrag** der Staatskasse zu. Man kann ihn also nicht für die begünstigte Partei oder ihren Rechtsanwalt festsetzen. Denn in dieser Höhe hat ein Übergang auf die Staatskasse stattgefunden. Infolgedessen bleiben bei der Kostenausgleichung die dem beigeordneten oder bestellten Rechtsanwalt aus der Staatskasse bezahlten Beträge insoweit unberücksichtigt, als sie zusammen mit den festgesetzten Kosten nicht mehr ergeben, als dem beigeordneten oder bestellten Rechtsanwalt gegenüber seinem Auftraggeber dann zustehen würde, wenn er ihn nicht im Rahmen der Beiordnung oder Bestellung vertreten hätte (OLG Brandenburg JurBüro 1999, 419). **13**

Soweit der Urkundsbeamte der Geschäftsstelle bei der Kostenausgleichung **keine Auskunft** der Parteien erhält, muss er so gut wie möglich auf Grund der Akten **14** ausgleichen. Der Rechtsanwalt kann dann die Unrichtigkeit durch eine Erinnerung nach § 56 geltend machen.

15 **7. Kostenvergleich.** Ein Vergleich über die Prozesskosten ist trotz I zulässig, soweit die Kostenpflicht noch nicht rechtskräftig feststeht (OLG Stuttgart MDR 1989, 744; LG Köln AnwBl 1984, 624). Er kann auch dahin gehen, dass die Beteiligten die außergerichtlichen Kosten gegeneinander aufheben (OLG Stuttgart MDR 1989, 744). Er ist auch dahin zulässig, dass eine Partei auf die Erstattung der außergerichtlichen Kosten verzichtet. In diesen Fällen ist kein Übergang auf die Staatskasse möglich (OLG Stuttgart MDR 1989, 744; LG Köln Rpfleger 1990, 371 (372)).

16 Soweit die Staatskasse im Anschluss an einen solchen Kostenvergleich **gezahlt** hat, ist ebenfalls nichts auf sie übergegangen. Soweit die Staatskasse den erstattungspflichtigen Prozessgegner der begünstigten Partei in Anspruch genommen hat, muss sie an ihn zurückzahlen.

17 Soweit die Staatskasse den Kostenvergleich **vor der Rechtskraft** zur Kenntnis erhalten hat, kann sie sich auf den Übergang nicht berufen (OLG Düsseldorf Rpfleger 2001, 88). Wenn eine Partei nach der formellen Rechtskraft des Urteils nach § 705 ZPO einwendet, man habe vor dem Eintritt der Rechtskraft den Kostenvergleich geschlossen, kommt eine Geltendmachung nur nach § 767 ZPO in Betracht.

18 **8. Arglistfolgen.** Soweit eine Partei durch den Einwand des Kostenvergleichs die Staatskasse arglistig schädigen würde, ist dieser Einwand unzulässig (LG Köln Rpfleger 1990, 371 (372)). Dafür genügt das Bewusstsein, die Staatskasse ohne einen zwingenden Grund sachlich zu beeinträchtigen. Das gilt zB dann, wenn die Parteien im Kostenvergleich gerade nur den von der Staatskasse erstatteten Kostenbetrag aus der Erstattungspflicht der unterlegenen, nicht von einer PKH begünstigten Partei ausgenommen hatten. Eine grobe Fahrlässigkeit genügt.

19 Sie liegt allerdings **noch nicht dann** vor, wenn der beigeordnete oder bestellte Rechtsanwalt eine Festsetzung auf den Namen des Auftraggebers vornehmen lässt und damit die Aufrechnung ermöglicht (aA OLG München NJW-RR 1997, 1356, aber man kann dem Rechtsanwalt nicht zumuten, auf seine gesetzlichen Möglichkeiten zu verzichten).

20 Nur bei einer **wirklich arglistigen** Schädigung der Staatskasse hat diese gegenüber dem Anspruch des beigeordneten oder bestellten Rechtsanwalts den Einwand der Arglist und nach einer etwaigen Zahlung ein Rückforderungsrecht.

21 **V. Kein Übergang zum Nachteil des Rechtsanwalts (I 2).** Der Forderungsübergang nach → Rn. 3 lässt sich nicht zum Nachteil des beigeordneten oder bestellten Rechtsanwalts geltend machen. Er behält mit seinem Anspruch den Vorrang (LAG Nürnberg AnwBl 1988, 181 (182)). Das gilt auch bei der Zwangsvollstreckung nach §§ 104 ff. ZPO oder nach → § 55 Rn. 24 bei einer Insolvenz des Prozessgegners des Auftraggebers des beigeordneten Rechtsanwalts. Soweit der Rechtsanwalt seine Vergütung nur zum Teil erhalten hat, darf er sich aus dem auf ihn übergegangenen Erstattungsanspruch gegenüber dem Prozessgegner des Auftraggebers zB nach § 126 ZPO befriedigen, bevor die Staatskasse den Forderungsübergang nach I geltend machen darf (LAG Nürnberg AnwBl 1988, 181 (182); aA OLG Schleswig AnwBl 1994, 304). Das gilt selbst dann, wenn die Festsetzung auf den Namen der zB durch die PKH begünstigten Partei erfolgt ist. Denn es handelt sich um einen materiellrechtlichen Anspruch des beigeordneten oder bestellten Rechtsanwalts. Auf diesen Vorrang des beigeordneten oder bestellten Rechtsanwalts darf sich auch der Kostenschuldner berufen.

22 Soweit der vom Prozessgegner des Auftraggebers erstattbare Betrag **zur Deckung** der Anwaltskosten **nicht ausreicht,** darf der beigeordnete oder bestellte Rechtsanwalt die Zahlungen der Staatskasse zunächst auf diejenigen Kosten verrechnen, für die der Gegner nicht haftet (LAG Nürnberg AnwBl 1988, 181 (182)). Das gilt auch dann, wenn der Prozessgegner einen bezifferten Teilbetrag gezahlt hat. Der Rechtsanwalt kann nach → Rn. 11 zunächst die Staatskasse beanspruchen, aber auch sogleich nach § 126 ZPO vorgehen. Dieser letztere Anspruch geht im Umfang der Befriedigung ebenfalls auf die Staatskasse über (OLG Bremen JurBüro 1990, 749; OLG Koblenz Rpfleger 1994, 422 (423); OLG München AnwBl 1991, 167; aA OLG Zweibrücken JurBüro 1984, 1044 mablAnm Mümmler).

VI. Verfahren (II). Der Anspruch der Staatskasse ändert durch den Forderungsübergang nach I seinen rechtlichen Charakter nicht (OLG München AnwBl 1991, 167). Trotzdem gelten die Vorschriften über die Einziehung der Kosten des gerichtlichen Verfahrens sinngemäß. Wegen der Zuständigkeit enthält II 2, 3 Einzelheiten. Man kann ihn also in Verwaltungszwangsverfahren geltend machen, im Bereich der ordentlichen Gerichtsbarkeit nach dem JBeitrG. Gegenüber der bisher begünstigten Partei ist die Gerichtskostenrechnung der Vollstreckungstitel. Gegenüber dem Prozessgegner ist das rechtskräftige Urteil der Vollstreckungstitel. 23

VII. Beispiele zur Frage des Verfahrens (II)

Arglist: Statthaft ist eine solche Einwendung (OLG München NJW-RR 1998, 214; LG Berlin JurBüro 1984, 74; LG Würzburg JurBüro 1987, 1193). Auch → „Einwendung". 24

Aufrechnung: Statthaft ist eine solche des erstattungspflichtigen Gegners im Rahmen von § 126 II ZPO (OLG München AnwBl 1991, 167; LG Berlin AnwBl 1983, 327; aA OLG Brandenburg JurBüro 2009, 147; OLG Zweibrücken JurBüro 1984, 1044; LG Osnabrück JurBüro 2018, 203). Sie ist ferner dann erlaubt, wenn die Gegenforderung anerkannt oder gerichtlich festgestellt worden ist. Das folgt aus § 8 I 2 JBeitrG.

Beschwerdesumme: → „Einwendung".

Einwendung: Statthaft ist sie gemäß II 1 nach §§ 1 Nr. 4, 8 I JBeitrG im Weg von § 66 GKG, § 57 FamGKG usw. Also ist auch eine Beschwerdesumme von über 200 EUR erforderlich. Im Übrigen hat der in Anspruch Genommene gegenüber der Staatskasse dieselben Einwendungen wie gegenüber dem beigeordneten oder bestellten Rechtsanwalt (OLG Düsseldorf JurBüro 1985, 99), zB nach § 122 I Nr. 1b, 3 ZPO.

Erfüllung: Statthaft ist eine solche Einwendung. Auch → „Einwendung".

Klagerücknahme: Nicht anzuwenden ist § 269 III 4 ZPO für die Landeskasse (OLG Düsseldorf Rpfleger 1999, 133; OLG Köln Rpfleger 1998, 129; OLG Nürnberg JurBüro 1989, 803; aA LG Aschaffenburg JurBüro 1990, 1020; LG Osnabrück JurBüro 1987, 1379).

Kostenaufhebung gegeneinander: Statthaft ist eine solche Einwendung nach einer Vereinbarung im Sinn von § 92 I 2 ZPO (OLG Düsseldorf Rpfleger 2011, 446 (447)). Auch → „Einwendung".

Rechtsmittelrücknahme: Nicht anzuwenden sind §§ 516 III 2, 565 ZPO für die Landeskasse (BGH NJW-RR 1998, 1534).

Verjährung: Es gilt § 195 BGB, nicht § 197 I Nr. 3 BGB (VGH Hessen NJW 2018, 2281 Rn. 7).

Zuvielforderung: Statthaft ist eine solche Einwendung (BGH Rpfleger 1978, 54). Auch → Einwendung".

Beiordnung und Bestellung durch Justizbehörden

59a I [1]**Für den durch die Staatsanwaltschaft bestellten Rechtsanwalt gelten die Vorschriften über den gerichtlich bestellten Rechtsanwalt entsprechend.** [2]**Ist das Verfahren nicht gerichtlich anhängig geworden, tritt an die Stelle des Gerichts des ersten Rechtszugs das Gericht, das für die gerichtliche Bestätigung der Bestellung zuständig ist.**

II [1]**Für den durch die Staatsanwaltschaft beigeordneten Zeugenbeistand gelten die Vorschriften über den gerichtlich beigeordneten Zeugenbeistand entsprechend.** [2]**Über Anträge nach § 51 Absatz 1 entscheidet das Oberlandesgericht, in dessen Bezirk die Staatsanwaltschaft ihren Sitz hat.** [3]**Hat der Generalbundesanwalt einen Zeugenbeistand beigeordnet, entscheidet der Bundesgerichtshof.**

III [1]**Für den nach § 87e des Gesetzes über die internationale Rechtshilfe in Strafsachen in Verbindung mit § 53 des Gesetzes über die internationale Rechtshilfe in Strafsachen durch das Bundesamt für Justiz bestellten Beistand gelten die Vorschriften über den gerichtlich bestellten Rechtsanwalt entsprechend.** [2]**An die Stelle des Urkundsbeamten der Geschäftsstelle tritt**

das Bundesamt. [3] Über Anträge nach § 51 Absatz 1 entscheidet das Bundesamt gleichzeitig mit der Festsetzung der Vergütung.

IV [1] Gegen Entscheidungen der Staatsanwaltschaft und des Bundesamts für Justiz nach den Vorschriften dieses Abschnitts kann gerichtliche Entscheidung beantragt werden. [2] Zuständig ist das Landgericht, in dessen Bezirk die Justizbehörde ihren Sitz hat. [3] Bei Entscheidungen des Generalbundesanwalts entscheidet der Bundesgerichtshof.

Historie: Vorschrift eingefügt durch Art. 8 I Nr. 31 2. KostRMoG v. 23.7.2013 (BGBl. I 2586 (2691)) mWv 1.8.2013; Materialien: BT-Drs. 17/11471 (Gesetzentwurf), BT-Drs. 17/13537 (Beschlussempfehlung und Bericht), BT-Drs. 17/14120 (Beschlussempfehlung). I eingefügt und die Folgeabsätze neu nummeriert durch Art. 7 G zur Neuregelung des Rechts der notwendigen Verständigung v. 10.12.2019 (BGBl. I 2128 (2134)) mWv 13.12.2019; Materialien: BT-Drs. 19/13829 (Gesetzentwurf), BT-Drs. 19/15151 (Beschlussempfehlung und Bericht).

1 **I. Systematik.** Es handelt sich um eine gegenüber § 45 III vorrangige Spezialregelung für nicht gerichtlich, sondern von der Staatsanwaltschaft nach § 163 III 2 StPO oder vom Bundesamt für Justiz nach §§ 53, 87e IRG bestellten Zeugenbeistand.

2 **II. Regelungszweck.** Es gilt dasselbe wie bei → § 45 Rn. 2.

3 **III. Entsprechende Anwendung des § 45 (I 1, II 1).** Vgl. daher dort.

4 **IV. Zuständigkeiten (I 2, II 2, 3, IV 2, 3).** Es gelten die dortigen klaren Regelungen.

5 **V. Rechtsbehelfe (IV 1).** Es gilt eine dem § 57 entsprechende Regelung. Vgl. dort.

Abschnitt 9. Übergangs- und Schlussvorschriften

Bekanntmachung von Neufassungen

59b **[1]Das Bundesministerium der Justiz kann nach Änderungen den Wortlaut des Gesetzes feststellen und als Neufassung im Bundesgesetzblatt bekannt machen. [2]Die Bekanntmachung muss auf diese Vorschrift Bezug nehmen und angeben**

1. den Stichtag, zu dem der Wortlaut festgestellt wird,
2. die Änderungen seit der letzten Veröffentlichung des vollständigen Wortlauts im Bundesgesetzblatt sowie
3. das Inkrafttreten der Änderungen.

Historie: Eingefügt (als § 59a aF) durch Art. 16 Nr. 2 G zur Umsetzung der Dienstleistungsrichtlinie in der Justiz und zur Änd. weiterer Vorschriften v. 22.12.2010 (BGBl. I 2248 (2253)) mWv 28.12.2010; Materialien: BT-Drs. 17/3356 (Gesetzentwurf), BT-Drs. 17/4064 (Beschlussempfehlung und Bericht). Unnummeriert durch Art. 8 I Nr. 32 2. KostRMoG v. 23.7.2013 (BGBl. I 2586 (2692)) mWv 1.8.2013; Materialien: BT-Drs. 17/11471 (Gesetzentwurf), BT-Drs. 17/13537 (Beschlussempfehlung und Bericht), BT-Drs. 17/14120 (Beschlussempfehlung). S. 1 geändert durch Art. 178 10. ZuständigkeitsanpassungsVO v. 31.8.2015 (BGBl. I 1474 (1501)) mWv 8.9.2015.

Die Neubekanntmachung eines (um zwischenzeitliche Änderungen konsolidierten) Gesetzestextes bedarf der gesetzlichen Ermächtigung, die üblicherweise in umfangreicheren Änderungsgesetzen aufgenommen wird (vgl. etwa Art. 5 § 4 KostÄndG 1975 betr. GKG). Wegen der bei Kostengesetzen infolge ihrer Abhängigkeit von zahlreichen Verfahrensgesetzen häufigen Änderungen und der bei parallelen Gesetzgebungsvorhaben nicht abschätzbaren zeitlichen Folge hat der Gesetzgeber 2010 mit § 59b für das RVG (ebenso wie mit § 70a GKG für das GKG und § 62a FamGKG für das FamGKG) eine allgemeine Erlaubnis zur Bekanntmachung von Neufassungen eingeräumt (vgl. Begr. § 70a GKG-RegE BT-Drs. 17/3356, 20), die seither spezielle Neubekanntmachungsermächtigungen erübrigt (eine entspr. Regelung ist später auch von vornherein in das GNotKG aufgenommen worden, vgl. § 133 GNotKG). Erstmals Gebrauch gemacht wurde von ihr bei der Bekanntmachung der Neufassung des RVG vom 15.3.2022 (BGBl. I 610, vgl. Präambel). 1

Übergangsvorschrift

60 **(1) [1]Für die Vergütung ist das bisherige Recht anzuwenden, wenn der unbedingte Auftrag zur Erledigung derselben Angelegenheit vor dem Inkrafttreten einer Gesetzesänderung erteilt worden ist. [2]Dies gilt auch für einen Vergütungsanspruch gegen die Staatskasse (§ 45, auch in Verbindung mit § 59a). [3]Steht dem Rechtsanwalt ein Vergütungsanspruch zu, ohne dass ihm zum Zeitpunkt der Beiordnung oder Bestellung ein unbedingter Auftrag desjenigen erteilt worden ist, dem er beigeordnet oder für den er bestellt wurde, so ist für diese Vergütung in derselben Angelegenheit bisheriges Recht anzuwenden, wenn die Beiordnung oder Bestellung des Rechtsanwalts vor dem Inkrafttreten einer Gesetzesänderung wirksam geworden ist. [4]Erfasst die Beiordnung oder Bestellung auch eine Angelegenheit, in der der Rechtsanwalt erst nach dem Inkrafttreten einer Gesetzesänderung erstmalig beauftragt oder tätig wird, so ist insoweit für die Vergütung neues Recht anzuwenden. [5]Das nach den Sätzen 2 bis 4 anzuwendende Recht findet auch auf Ansprüche des beigeordneten oder bestellten Rechtsanwalts Anwendung, die sich nicht gegen die Staatskasse richten. [6]Die Sätze 1 bis 5 gelten auch, wenn Vorschriften geändert werden, auf die dieses Gesetz verweist.**

II Sind Gebühren nach dem zusammengerechneten Wert mehrerer Gegenstände zu bemessen, gilt für die gesamte Vergütung das bisherige Recht auch dann, wenn dies nach Absatz 1 nur für einen der Gegenstände gelten würde.

III In Angelegenheiten nach dem Pflegeberufegesetz ist bei der Bestimmung des Gegenstandswerts § 52 Absatz 4 Nummer 4 des Gerichtskostengesetzes nicht anzuwenden, wenn der unbedingte Auftrag zur Erledigung derselben Angelegenheit vor dem 15. August 2019 erteilt worden ist.

Historie: I 1, 2 geändert durch Art. 8 I Nr. 33 2. KostRMoG v. 23.7.2013 (BGBl. I 2586 (2692)) mWv 1.8.2013; Materialien: BT-Drs. 17/11471 (Gesetzentwurf), BT-Drs. 17/13537 (Beschlussempfehlung und Bericht), BT-Drs. 17/14120 (Beschlussempfehlung). III eingefügt durch Art. 10b G für mehr Sicherheit in der Arzneimittelversorgung v. 9.8.2019 (BGBl. I 1202) mWv 16.8.2019; Materialien: BT-Drs. 19/8753 (Gesetzentwurf), BT-Drs. 19/10681 (Beschlussempfehlung und Bericht); I neugefasst durch Art. 7 I Nr. 14 KostRÄG 2021 v. 21.12.2020 (BGBl. I 3229 (3248 f.)) mWv 30.12.2020; Materialien: BT-Drs. 19/23484 (Gesetzentwurf), BT-Drs. 19/24740 (Beschlussempfehlung und Bericht).

Schrifttum: Klüsener, Die Übergangsregelung zum Kostenrechtsänderungsgesetz 2021 (KostRÄG 2021), JurBüro 2021, 169; N. Schneider, KostRÄG 2021: Das neue Übergangsrecht nach dem Kostenrechtsänderungsgesetz, AGS 2021, 1; ders., Kostenrechtsänderungsgesetz 2021: Das neue Übergangsrecht nach § 60 RVG, ZAP 2021, 45; ders., Übergangsrecht, ErbR 2021, 28; Volpert, KostRÄG 2021: Neues Übergangsrecht in Strafsachen nach § 60 RVG, StRR 2021, Nr. 2, 5; ders., Das neue Übergangsrecht für die Vergütung der Verteidiger/Rechtsanwälte in Straf- und Bußgeldsachen durch das KostRÄG 2021, StraFo 2021, 188.

Übersicht

1 **A. Normzweck.** Die Vorschrift enthält eine **Dauerübergangsregelung** für Änderungen des RVG (→ Rn. 3) sowie (nach I 5) solcher Vorschriften, auf die das RVG verweist (→ Rn. 4). Eine solche allgemeine (auch in anderen Kostengesetzen enthaltene, vgl. §§ 71 GKG, 63 FamGKG, 134 GNotKG) Dauerübergangsregelung tritt (aus Gründen der „Benutzerfreundlichkeit", vgl. Begr. RegE § 134 BRAGO BT-Drs. 8/3691, 20) an die Stelle von konkreten Übergangsbestimmungen, die sonst in die jeweiligen Änderungsgesetze aufzunehmen wären (und diese zu das RVG dauerhaft ergänzenden Nebengesetzen machen würden). Sie ist zu unterscheiden von der in § 61 enthaltenen Übergangsregelung für das Inkrafttreten des RVG selbst am 1.7.2004.

2 § 60 übernahm den Wortlaut der letzten Fassung des § 134 BRAGO, der 1980 (durch das 5. Gesetz zur Änderung der BRAGO) eingefügt und 1986 (durch das

KostÄndG 1986, auf Vorschlag des BRates) im Sinne der auch heute geltenden Grundsätze umgestaltet wurde. Er enthält eine Modifikation des allgemeinen Rechtsgrundsatzes, dass Schuldverhältnisse in Bezug auf Inhalt und Wirkung dem Recht unterstehen, das zur Zeit der Verwirklichung ihres Entstehungstatbestandes galt (vgl. nur BGH WM 2018, 1099 Rn. 12 mwN), in dem er nicht an die Begründung des Anwaltsmandatsvertragsverhältnisses, sondern an die in **I 1–4** genannten Tatbestände (→ Rn. 6 ff.) anknüpft und damit uU eine **teilweise Rückwirkung von Gesetzesänderungen** sowie insoweit einen Eingriff in zum Zeitpunkt der Gesetzesänderung bereits bestehende Rechtsverhältnisse zulässt (vgl. Begr. BRat BT-Drs. 10/5113, S. 58). Soweit aber nach den in I 1–4 formulierten Grundregeln das bisherige Recht anzuwenden bleibt, gilt dies nach **II** – zur Entbehrlichmachung einer getrennten Berechnung und, bei Unterstellung des gesamten Sachverhalts unter einheitliches Recht, zur Vermeidung einer weitergehenden Rückwirkung des neuen Rechts (vgl. Begr. BRat BT-Drs. 10/5113, 58) – auch für später hinzuzurechnende Gegenstände (→ Rn. 25). **III** ist eine zur Vermeidung einer sonst eintretenden Rückwirkung erforderliche Sonderregelung (→ Rn. 26).

B. Grundregeln (I). I. Gesetzesänderung. 1. Änderung des RVG. I setzt eine Gesetzesänderung voraus. Gemeint ist damit zunächst die Änderung einer Vorschrift des **RVG,** im Grundsatz auch des § 60 selbst (vgl. – zu § 134 BRAGO – OLG Karlsruhe Rpfleger 1989, 524; die Neufassung von **I** durch das **KostRÄG 2021** ist aber nach der vorrangigen Sonderregelung in Art. 11 I KostRÄG 2021 am 30.12.2020 in Kraft getreten; für im Zusammenhang mit der Änderung oder Neuschaffung von Verfahrensvorschriften geänderte oder eingefügte Vorschriften des RVG wie zB der mit dem SanInsFoG geschaffene § 29a gelten – notwendigerweise – allein die Inkrafttretensregelung des verfahrensändernden oder -schaffenden Gesetzes). ISd I geändert ist die Vorschrift nur, wenn die bis dahin bestehende Rechtslage tatsächlich geändert werden soll, nicht aber, wenn der Gesetzgeber lediglich die bestehende (und daher auch bereits vorher geltende) Rechtslage klarstellen will; in einem solchen Fall scheidet auch eine analoge Anwendung des § 60 aus (vgl. – zu § 15a – BGH RVGreport 2010, 425 = BeckRS 2010, 25144 Rn. 9). Keine Änderung in diesem Sinne ist auch das Inkrafttreten des RVG am 1.7.2004; für dieses gilt die Übergangsvorschrift des § 61. 3

2. Änderung anderer Vorschriften (I 6). Nach I 6 gelten die Grundregeln des I aber nicht nur für unmittelbare Änderungen des RVG, sondern auch für die Änderung von **Vorschriften, auf die das RVG (dynamisch) verweist.** Eine solche Verweisungsvorschrift ist insbes. § 23, der die Heranziehung der Wertvorschriften des GKG anordnet. I 6 gilt nur für Vorschriften, die allein kraft Verweisung im RVG für die Vergütungsberechnung Geltung haben. Die Geltung von Vorschriften, die zwar im RVG genannt oder angesprochen werden, die aber unabhängig davon zu beachten sind (zB das in VV 7008 angesprochene UStG, vgl. Volpert AGS 2020, 313), richtet sich allein nach den für diese Vorschriften geltenden Übergangsvorschriften. 4

3. Reichweite. Welche Änderungen des RVG und von in Bezug genommenen Vorschriften von § 60 erfasst werden, ist durch die Neufassung von I durch das KostRÄG 2021 verunklart worden. Nach **I 1 aF** („Die Vergütung ist nach bisherigem Recht zu berechnen …") konnte kein Zweifel daran bestehen, dass die Dauerübergangsregelung nur für die Änderung von Vorschriften galt, die gerade für die Berechnung der **Vergütung** (dh Gebühren und Auslagen, § 1 I 1) maßgeblich sind, mithin insbes. Wert- und Berechnungsvorschriften, Gebührentatbestände und Gebührenbeträge bzw. -sätze. **Nicht** erfasst waren damit (anders als nach § 61, → § 61 Rn. 1) **verfahrensrechtliche Vorschriften** (LSG Schleswig-Holstein NZS 2014, 959, und – zu § 134 BRAGO – BVerfG NJW 1996, 382 (383)). Für diese (zB §§ 11, 12a, 32 II, 33, 51 II, 55–57) galten allein die konkreten Übergangsvorschriften im jeweiligen Änderungsgesetz oder in Ermangelung solcher die allgemeinen intertemporalen Grundsätze (nach diesen erfasst neues Verfahrensrecht vorbehaltlich abweichender ausdrücklicher gesetzlicher Übergangsregelungen mit Inkrafttreten auch alle bereits anhängigen, noch nicht rechtskräftig abgeschlossenen Verfahren, soweit es nicht um unter der Geltung des alten Rechts abgeschlossene Prozesshandlungen und 5 abschließend entstandene Prozesslagen geht, vgl. nur BVerfGE 87, 48 (64 f.) = NJW 1993, 1123 (1124)).

6 Mit der Neufassung von I 1 durch das **KostRÄG 2021** („… ist das bisherige Recht anzuwenden …") sollte „klargestellt" werden, dass die Dauerübergangsregelung für **das Vergütungsrecht insgesamt** und nicht „beschränkt auf die Höhe der Vergütung" anzuwenden sei (Begr. RegE KostRÄG 2021 BT-Drs, 19/23484, 80). Wie die Bezugnahme auf die Vergütungshöhe zeigt, lag dem wohl ein Anschauungsirrtum hinsichtlich der bisherigen Reichweite der Regelung zugrunde. Die „Zementierung" von Verfahrensrecht mit der Folge, dass uU alte Verfahrensvorschriften noch jahrelang angewendet (und Beteiligte verfahrensrechtlich ungleich behandelt) werden, dürfte (anders als beim Übergang von der BRAGO auf das RVG) weder sinnvoll noch verfassungsrechtlich undenklich sein. **§ 60 sollte daher weiterhin im bisherigen, eingeschränkten Sinne verstanden werden;** Anknüpfungspunkt für eine solche Auslegung mag die (einschränkende) Formulierung in I 1 sein, dass das bisherige Recht nur „für die Vergütung" gelten soll.

7 **II. Maßgebliche Zeitpunkte.** Der (durch das KostRÄG 2021 mit Wirkung zum 1.1.2021 in teilweiser Abkehr vom bisherigen Recht neugefasste) I enthält teilweise unterschiedliche Regelungen für die Vergütung des Wahlanwalts (I 1 und I 4 teilweise) und den beigeordneten bzw. bestellten Rechtsanwalt (I 2, 3 und I 4 teilweise; diese gelten dann nach I 5 auch im Verhältnis zum Auftraggeber bzw. Dritten, die erstattungs- oder ersatzpflichtig sind), die nach den Tatbeständen, an die jeweils für die Abgrenzung zwischen der Geltung des bisherigen und es geänderten Rechts angeknüpft wird, in drei Fallgruppen zusammengefasst werden können.

8 **1. Maßgeblichkeit des Auftrags (I 1, 2). a) Unbedingter Auftrag.** Die in I 1, 2 geregelte, an die unbedingte Auftragserteilung anknüpfende erste Fallgruppe zeichnet sich (in Abgrenzung zu der in I 3 geregelten zweiten Fallgruppe, → Rn. 14) durch die (ungeschriebene) Tatbestandsvoraussetzung aus, dass – wie regelmäßig – eine solche Auftragserteilung notwendige Bedingung dafür ist, dass der Rechtsanwalt (vom Auftraggeber, I 1, oder aus der Staatskasse, I 2) eine Vergütung fordern kann (anderenfalls gelten I 3, 4, → Rn. 14 ff.). Ist dies der Fall, kommt es darauf an, ob der unbedingte Auftrag (iSv VV Vorb. 3 I) zur Erledigung einer Angelegenheit iSd § 15 vor oder nach Inkrafttreten einer Gesetzesänderung erteilt worden ist.

9 **Auftrag** ist dabei weder der Abschluss des Mandatsvertrages noch die Erteilung einer Vollmacht (zu letzterem Gerold/Schmidt/Müller-Rabe Vorb. 3 VV Rn. 12), sondern die im Rahmen eines bestehenden oder zeitgleich zustande gekommenen Mandatsvertrages erteilte Einzelweisung zur Erledigung einer Angelegenheit. Diese muss sich auf eine bestimmte **Angelegenheit** iSd Vergütungsrechtes beziehen, die mithin nach Maßgabe der §§ 15–21 gesondert und einheitlich zu vergüten ist (zB Klageauftrag). Dabei muss die Weisung **unbedingt** sein, also nicht etwa noch vom Eintritt weiterer Umstände (zB PKH-Gewährung, Rechtsschutz-Deckungszusage, Anklageerhebung im gerichtlichen Strafverfahren, zu letzterem vgl. OLG Celle JurBüro 2022, 518 = BeckRS 2022, 25040) abhängen; soweit die Bedingung allerdings eintritt, ist der ursprünglich bedingte Auftrag ab diesem Zeitpunkt für die Anwendung des I 1 als unbedingter Auftrag zu behandeln. Werden mehrere Rechtsanwälte nacheinander beauftragt, kommt es auf den Zeitpunkt der Weisung an den Rechtsanwalt an, um dessen Vergütung es geht (vgl. zum Anwaltswechsel VG Schleswig AGS 2022, 266 mAnm Hansens).

10 **b) Rechtsmittelverfahren.** I 2 aF enthielt eine vielfach kritisierte Sonderregelung für Rechtsmittelverfahren, nach der es dann, wenn der Rechtsanwalt im Zeitpunkt des Inkrafttretens einer Gesetzesänderung „in derselben Angelegenheit bereits tätig" war, auf den Zeitpunkt der Rechtsmitteleinlegung ankommen sollte. Diese lief allerdings bei richtigem Verständnis leer (→ 50. Aufl. 2020, Rn. 9 ff.), weil das Rechtsmittelverfahren nach § 17 Nr. 1 eine eigene Angelegenheit ist und auch im Rechtsmittelverfahren – jedenfalls nach der Vorstellung des Gesetzgebers (vgl. vgl. Begr. RegE KostRÄndG 1994 BT-Drs. 12/6962, 109 f.; gegen BGH NJW 1988, 2671) – die auf die Auftragserteilung abstellende Regelung des I 1 aF anwendbar sein sollte, so dass es (wollte man nicht mit der vom Gesetzgeber „bekämpften" Auffassung des BGH in I 2 aF eine die des I 1 verdrängende Regelung sehen) letztlich der

regelmäßig vor der Rechtsmitteleinlegung erforderliche Rechtsmittelauftrag maßgeblich war; die tatbestandliche Einschränkung auf eine bereits vorliegende Tätigkeit in derselben Angelegenheit (= Rechtsmittelverfahren) konnte vor diesem Hintergrund keine Bedeutung haben.

Mit dem KostRÄG 2021 ist die Kritik – jedenfalls im Ergebnis – aufgenommen und die Sonderregelung gestrichen worden (vgl. Begr. RegE KostRÄG 2021 BT-Drs. 19/23484, 80). Auch im Rechtsmittelverfahren richtet sich die Frage, ob im Falle einer Gesetzesänderung altes oder neues Recht anzuwenden ist, allein nach den allgemeinen Regelungen in I 1–4. Dies ist allerdings wohl mit einem (weiteren, → Rn. 6) Anschauungsirrtum verbunden gewesen. Solange unterschiedliche Rechtszüge nach der Gesetzessystematik nur solche, aber nicht verschiedene Angelegenheiten waren, diente die frühere Sonderregelung ersichtlich einer Begrenzung der Fortgeltung des bisherigen Rechts auf die Vorinstanz (vgl. BT-Drs. 10/5113, 39; 12/6962, 110); im Falle einer Gesetzesänderung (insbes. Gebührenerhöhung) sollte das alte Recht mithin nicht noch jahrelang auch für erst später beschrittene Rechtszüge fortgelten. Die Streichung der Regelung wurde nun aber – umgekehrt – mit der Vorstellung verbunden, ein „gespaltenes Vergütungsrecht“ in ein und derselben Angelegenheiten zu vermeiden (Begr. RegE KostRÄG 2021 BT-Drs. 19/23484, 80), also anscheinend dauerhaft die Anwendung von Alt-Recht über die Instanzen zu sichern. Dies ist allerdings tatsächlich (und glücklicherweise) mit der jetzigen Gesetzesfassung nicht gelungen. 11

Denn jedenfalls unter zeitlicher Geltung (→ Rn. 3) von I nF ist im Rechtsmittelzug im Falle der Gesetzesänderung die Frage der Anwendung alten oder neuen Rechts allein nach Maßgabe der Regelungen in I 1–4 zu beantworten. Da die Rechtsmittelzüge nach § 17 Nr. 1 jeweils eigene Angelegenheiten sind, ist dies für **jeden Rechtszug gesondert** zu beurteilen. Nach I 1 kommt es dabei regelmäßig auf den Zeitpunkt der **Erteilung des unbedingten Rechtsmittelauftrags** an (Volpert AGS 2020, 455 (457)). Bedarf es wie insbes. bei der verwaltungsgerichtlichen Berufung, § 124 VwGO, eines vorherigen Antragsverfahren auf Zulassung, kommt es – Zulassungsantrags- und anschließendes Rechtsmittelverfahren sind nach § 16 Nr. 11 dieselbe Angelegenheit – auf den Auftrag zur Beantragung der Zulassung des Rechtsmittels an; Nichtzulassungsbeschwerdeverfahren und anschließendes Rechtsmittel sind demgegenüber verschiedene Angelegenheiten, § 17 Nr. 9, und daher auch hinsichtlich der Rechtsanwendung gesondert zu beurteilen. 12

c) Vergütungsanspruch gegen die Staatskasse (I 2). Auf die Erteilung eines unbedingten Auftrags kommt es nach I 2 auch an, wenn der Rechtsanwalt seine Vergütung aus der Staatskasse erhält, weil er nach § 45 vom Gericht oder nach § 59a von der Staatsanwaltschaft bzw. dem Bundesamt für Justiz (etwa nach §§ 78b, 121 ZPO, § 138 I FamFG, § 397a II StPO) **beigeordnet** oder (etwa nach §§ 141, 397a I StPO) **bestellt** worden ist (nach I 1 aF kam es dagegen auf den Zeitpunkt der Beiordnung bzw. Bestellung an, wenn diese vor der Auftragserteilung erfolgte). Die Regelung des I 2 wird allerdings ggf. durch die Regelung des **I 3 verdrängt,** → Rn. 14 f., und durch die Regelung des **I 4 ergänzt,** → Rn. 16 ff. 13

2. Maßgeblichkeit der Beiordnung/Bestellung (I 3). Die zweite Fallgruppe betrifft nur die Vergütung des beigeordneten bzw. bestellten Rechtsanwalts. Im Unterschied zu dem von I 2 erfassten Fall ist ihre Voraussetzung, dass der Vergütungsanspruch nur von der Beiordnung bzw. Bestellung, **nicht** aber von einem unbedingten Auftrag des Mandanten abhängig ist, wie dies etwa bei einem **Pflichtverteidiger** der Fall ist. 14

Maßgeblich für die Abgrenzung der Geltung zwischen altem und geändertem Recht ist dann das **Wirksamwerden von Beiordnung bzw. Bestellung.** Danach kommt es nicht darauf an, zu welchem Zeitpunkt die diesbezügliche gerichtliche bzw. justizbehördliche Entscheidung als solche (durch Einleitung der Zustellung bzw. Mitteilung durch die Geschäftsstelle, vgl. allg. BGH NZM 2017, 147 Rn. 12 mwN; NJW 2017, 3239 Rn. 3; aA BGH NJW 2004, 2125 (2125): Vollendung des Zustellungs- bzw. Mitteilungsaktes) rechtlich existent wird, sondern auf den **Wirkungszeitraum** der Bestellung oder Beiordnung. Anders als nach I 1 aF (vgl. zu diesem LSG Hessen AGS 2014, 397 (399) mwN) ist daher im Falle einer rückwirkenden 15

Bestellung oder Beiordnung das Recht maßgeblich, dass zu dem Zeitpunkt galt, für den die Bestellung oder Beiordnung erfolgte. IÜ ist auch hier ggf. ergänzend I 4 heranzuziehen, → Rn. 16 ff.

16 **3. Maßgeblichkeit von Beauftragung/Tätigwerden (I 4).** Auch die dritte Fallgruppe betrifft nur die Vergütung des beigeordneten bzw. bestellten Rechtsanwalts und regelt für diese eine Ergänzung zu den beiden ersten Fallgruppen. Ihre Voraussetzung ist, dass die Beiordnung oder Bestellung **mehr als eine bestimmte Angelegenheit** iSd §§ 15–21 erfasst.

17 **Beispiele:** Dies ist etwa der Fall bei der (nach § 143 I StPO erst mit der Einstellung oder dem rechtskräftigen Abschluss des Strafverfahrens endenden und daher auch Rechtsmittelverfahren einschließenden, vgl. § 17 Nr. 1) Bestellung des Pflichtverteidigers oder dder Beiordnung im Rahmen einer (nach § 119 II ZPO alle Vollstreckungshandlungen umfassende, vgl. § 18 I Nr. 1) Bewilligung von PKH für die Zwangsvollstreckung in das bewegliche Vermögen.

18 Während für die ursprüngliche Angelegenheit die I 2, 3 gelten (unbedingter Auftrag, Beiordnung oder Bestellung), kommt für eine von der Beiordnung oder Bestellung umfassten weitere (neue) Angelegenheit neues Recht zur Anwendung, wenn der Rechtsanwalt hierfür **erstmalig beauftragt oder tätig** wird. Das Erfordernis der **erstmaligen Beauftragung** bezieht sich dabei auf die erste Fallgruppe, betrifft also einen nur unter der Bedingung eines Auftrags entstehenden Vergütungsanspruch, → Rn. 19, und setzt wie dort einen **unbedingten Auftrag** für diese Angelegenheit voraus, → Rn. 9. Auf das **erstmalige Tätigwerden** kommt es hingegen in der zweiten Fallgruppe an, in der der Vergütungsanspruch nicht von der Erteilung eines Auftrags abhängt, → Rn. 14. Tätigwerden bedeutet hier die **Verwirklichung des Gebührentatbestandes** in der weiteren Angelegenheit.

19 Hat sich das Vergütungsrecht nach der ursprünglichen Beauftragung bzw. der Beiordnung oder Bestellung (aber vor dem nach I 4 maßgeblichen Tatbestand) geändert, führt mithin I 4 dazu, dass die Tätigkeit in der weiteren Angelegenheit nicht mehr nach dem alten, sondern nach dem geänderten Recht vergütet wird. Dies entspricht im Ergebnis der Rechtslage bei einem Wahlanwalt, bei dem nach I 1 allein die Auftragserteilung für die jeweilige Angelegenheit maßgeblich ist, → Rn. 9, 12. Mit I 4 wird daher eine Gleichstellung des beigeordneten oder bestellten Rechtsanwalts mit einem Wahlanwalt erreicht (vgl. Begr. Rechtsausschuss BT-Drs. 19/24740, 92).

20 **III. Ermittlung nach bisherigem Recht. 1. Grundsatz.** Rechtsfolge des Eintritts der jeweils genannten Tatbestände in den Fallgruppen von I 1–4 vor Inkrafttreten der Gesetzesänderung ist, dass jedenfalls (→ Rn. 5 f.) die Ermittlung der Vergütung nach bisherigem Recht vorzunehmen ist. Umgekehrt richtet sich dann, wenn der maßgebliche Tatbestand frühestens gleichzeitig mit oder nach Inkrafttreten der Gesetzesänderung eintritt, die Vergütungsermittlung nach dem geänderten Recht. Die Darlegungs- und Beweislast hierfür trifft ggf. den Rechtsanwalt, der eine bestimmte Vergütung geltend macht (vgl. etwa zum Kostenfestsetzungsverfahren BPatG GRUR 2007, 910 (911)). Werden in einer Angelegenheit mehrere Rechtsanwälte (gleichzeitig oder – im Falle des Anwaltswechsels – nacheinander) tätig, kommt es für jeden individuell darauf an, wann er beauftragt, bestellt oder beigeordnet worden ist, so dass ihre Vergütung nach unterschiedlichen Rechtslagen zu berechnen sein kann (zu mehreren Auftraggebern → Rn. 13).

21 **2. Nur erfasste Angelegenheit.** Betroffen ist die gesamte Vergütung für die von dem Auftrag des Mandanten bzw. der Beiordnung oder Bestellung erfasste **Angelegenheit iSd § 15 RVG.** Die Anwendung des bisherigen Rechts erstreckt sich damit einerseits auf die Vergütung für die gesamte Tätigkeit des Rechtsanwalts vom Auftrag bis zur Erledigung der Angelegenheit (§ 15 I), soweit diese einheitlich vergütet wird. Hat der Rechtsanwalt mehrere Auftraggeber, ist, weil der Rechtsanwalt nur einmal Gebühren erhält (§ 7 I), das bisherige Recht für alle Auftraggeber anzuwenden, wenn nur bei einem der Auftraggeber einer der Tatbestände der I 1–3 verwirklicht ist, also etwa zunächst ein Auftraggeber dem Rechtsanwalt einen unbedingten Auftrag erteilt und die übrigen Auftraggeber erst nach der Gesetzesänderungen folgen (hM, vgl. etwa Gerold/Schmidt/Mayer Rn. 13; Riedel/Sußbauer/Schneider Rn. 15, jeweils

mwN); dies gilt entsprechend auch für den ebenfalls nach § 7 I zu behandelnden Fall des Parteiwechsels bei gleichbleibender anwaltlicher Vertretung (BGH NJW 2007, 769 Rn. 22; zu § 61).

Andererseits beschränkt sich die Anwendung des bisherigen Rechts aber auch auf 22 die konkrete vom Auftrag bzw. von der Bestellung oder Beiordnung erfassten Angelegenheit iSd §§ 15 II, 16. Tätigkeiten, die damit nicht dieselbe Angelegenheit bilden und dementsprechend auch eigenständig zu vergüten sind, werden nicht erfasst und sind für die Frage, welches Recht anzuwenden ist, gesondert zu betrachten.

3. Erstreckung auf weitere Ansprüche des beigeordneten/gestellten Rechtsanwalts (I 5). 23 Für den beigeordneten bzw. bestellten Rechtsanwalt ist das nach I 2–4 maßgebliche Recht nach I 5 nicht nur bei der Ermittlung seines Vergütungsanspruchs gegen die Staatskasse maßgeblich, sondern auch **im Verhältnis zu Dritten.** Soweit er nach den §§ 52, 53 die Vergütung auch vom Beschuldigten, für den er bestellt worden ist, oder etwa gegen einen Privat- oder Nebenkläger, dem er beigeordnet wurde, beanspruchen kann (vgl. Begr. Rechtsausschuss BT-Drs. 19/24740, 92), ist die Vergütung auf identischer rechtlicher Grundlage zu ermitteln. Gleiches gilt aber auch etwa dann, wenn er nach § 126 ZPO einen Kostenerstattungsanspruch der Partei, der er beigeordnet wurde, im eigenen Namen vom Gegner einziehen kann.

4. Verfahrensrecht. 24 Die Anwendung des bisherigen oder des geänderten Rechts betrifft richtigerweise nur **für die Ermittlung der Vergütung selbst maßgebliche Vorschriften;** insbes. die Anwendung geänderter verfahrensrechtlicher Vorschriften des RVG (wie zB §§ 11, 12a, 32 II, 33, 51 II, 55–57) oder vom RVG in Bezug genommener verfahrensrechtlicher Vorschriften richtet sich allein nach den Übergangsvorschriften der betreffenden Änderungsgesetze oder, fehlen solche, nach den Grundsätzen des intertemporalen Verfahrensrechts (→ Rn. 5).

C. Wertzusammenrechnung (II). 25 Ist nach I für die Berechnung der Vergütung für einen einzelnen Gegenstand das bisherige Recht maßgeblich, erstreckt II dessen Anwendung auch auf weitere Gegenstände, deren Wert für die Ermittlung der (Gesamt-)Vergütung hinzuzuaddieren ist. Anwendungsfälle sind insbes. Erweiterungen des ursprünglichen Streitgegenstandes durch Klageerweiterung, Prozessverbindung oder weitere Verfahren, die nach § 16 als dieselbe Angelegenheit gelten (§ 23 I iVm § 39 I GKG), aber auch die in § 45 GKG genannten Fälle von Klage und Widerklage (§ 23 I IVm § 45 I 1 GKG), Haupt- und Hilfsanspruch (§ 23 I iVm § 45 I 2 GKG), wechselseitigen Rechtsmittel (§ 23 I iVm § 45 II GKG) und beschiedene Hilfsaufrechnung (§ 23 I iVm § 45 III GKG). Kein Fall des II hingegen ist der sog. Mehrvergleich, bei dem – ohne Zusammenrechnung – unterschiedliche Gebührensätze auf die anhängigen und noch nicht anhängigen Teile des Streitgegenstands anzuwenden sind (OLG Hamburg AGS 2014, 557).

D. Schiedsstellenverfahren nach PflBG (III). 26 Für Verfahren über Entscheidungen der nach dem am 1.1.2019 in Kraft getretenen § 36 PflBG zu bildenden Schiedsstellen gilt nach dem durch das G für mehr Sicherheit in der Arzneimittelversorgung v. 9.8.2019 (BGBl. I 1202 (1209)), eingefügten § 52 IV Nr. 4 GKG ein Höchststreitwert von 1.500.000 EUR, der nach § 23 I auch für die Anwaltsvergütung maßgeblich ist. Da die Änderung des GKG rückwirkend auf den Zeitpunkt des Inkrafttretens des § 36 PflBG erfolgte, würde im Falle der Erteilung eines unbedingten Auftrags zur Erledigung einer solchen Angelegenheit im Zeitraum zwischen Inkrafttreten des § 36 PflBG und der Änderung des GKG die Anwendung von I 1, 3 uU zu einer nachträglichen Herabsetzung der bereits entstandenen Anwaltsvergütung führen. Zur Vermeidung eines solchen Eingriffs in bestehende Ansprüche ist (nur) für diese Fälle zusammen mit § 52 IV Nr. 4 GKG die Regelung des III geschaffen worden, nach der der Höchststreitwert (allein) für die Anwaltsvergütung abweichend von I 1, 3 nur dann maßgeblich ist, wenn der unbedingte Auftrag zur Erledigung der Angelegenheit (nicht nach Inkrafttreten des § 52 IV Nr. 4 GKG, I 1, 3, sondern erst) ab dem 15.8.2019 (Tag der Verkündung des Gesetzes für mehr Sicherheit in der Arzneimittelversorgung) erteilt worden ist.

Übergangsvorschrift aus Anlass des Inkrafttretens dieses Gesetzes

61 **I 1 Die Bundesgebührenordnung für Rechtsanwälte in der im Bundesgesetzblatt Teil III, Gliederungsnummer 368-1, veröffentlichten bereinigten Fassung, zuletzt geändert durch Artikel 2 Absatz 6 des Gesetzes vom 12. März 2004 (BGBl. I S. 390), und Verweisungen hierauf sind weiter anzuwenden, wenn der unbedingte Auftrag zur Erledigung derselben Angelegenheit im Sinne des § 15 vor dem 1. Juli 2004 erteilt oder der Rechtsanwalt vor diesem Zeitpunkt gerichtlich bestellt oder beigeordnet worden ist. 2 Ist der Rechtsanwalt am 1. Juli 2004 in derselben Angelegenheit und, wenn ein gerichtliches Verfahren anhängig ist, in demselben Rechtszug bereits tätig, gilt für das Verfahren über ein Rechtsmittel, das nach diesem Zeitpunkt eingelegt worden ist, dieses Gesetz. 3 § 60 Absatz 2 ist entsprechend anzuwenden.**

II Auf die Vereinbarung der Vergütung sind die Vorschriften dieses Gesetzes auch dann anzuwenden, wenn nach Absatz 1 die Vorschriften der Bundesgebührenordnung für Rechtsanwälte weiterhin anzuwenden und die Willenserklärungen beider Parteien nach dem 1. Juli 2004 abgegeben worden sind.

Schrifttum: Müller-Rabe, Übergangsrecht nach § 61 RVG in Zivilsachen, NJW 2005, 1609; N. Schneider, Übergangsrecht, AGS 2004, 221.

1 Die Vorschrift enthält die Übergangsregelung (nur) für das Inkrafttreten des RVG am 1.7.2004 und regelt die Abgrenzung, wann die Vergütung (noch) nach der BRAGO oder (schon) nach dem RVG zu berechnen war. Sie dürfte im Hinblick auf den Zeitlauf inzwischen ohne praktische Bedeutung sein. Die in I 1, 2 genannten Tatbestände entsprechen den in § 60 I 1, 2 genannten und I 3 erklärt ausdrücklich § 60 II für entsprechend anzuwenden. Insoweit kann auf die Kommentierung zu § 60 verwiesen werden. Anders als § 60 (→ § 60 Rn. 5) regelt § 61 allerdings auch das Übergangsrecht für verfahrensrechtliche Vorschriften der BRAGO bzw. des RVG (BVerwG NVwZ-RR 2006, 359).

Verfahren nach dem Therapieunterbringungsgesetz

62 **Die Regelungen des Therapieunterbringungsgesetzes zur Rechtsanwaltsvergütung bleiben unberührt.**

Historie: Eingefügt durch Art. 6 Nr. 2 G zur Neuordnung des Rechts der Sicherungsverwahrung und zu begleitenden Regelungen v. 22.12.2010 (BGBl. I 2300 (2308)) mWv 1.1.2011; Materialien: BT-Drs. 17/3403 (Gesetzentwurf), BT-Drs. 17/4062 (Beschlussempfehlung und Bericht).

1 Mit dem ThUG vom 22.12.2010 (→ ThUG § 20 Rn. 1) sind in § 20 ThUG besondere Regelungen für die Vergütung einer anwaltlichen Tätigkeit in Verfahren nach dem ThUG über die Anordnung, Verlängerung oder Aufhebung der Therapieunterbringung geschaffen worden (→ ThUG § 20 Rn. 2 ff.). Da das RVG hinsichtlich seines in § 1 beschriebenen Anwendungsbereichs keinen allgemeinen Vorbehalt für abweichende anderweitige bundesrechtliche Regelungen enthält, hielt der Gesetzgeber eine entsprechende, nur das ThUG erfassende Ergänzung des RVG für erforderlich (vgl. Begr. § 62 RegE BT-Drs. 17/3403, 60).

Anlage 1 (zu § 2 Abs. 2)

Vergütungsverzeichnis (VV)

Die Anhebung der Gebühren zum 1.1.2021 durch das Kostenrechtsänderungsgesetz 2021 erfasst Altfälle nicht; zur Abgrenzung in zeitlicher Hinsicht vgl. die Dauerübergangsregelung des § 60.

Übersicht

Teil 1. Allgemeine Gebühren

Vorbemerkung 1:

Die Gebühren dieses Teils entstehen neben den in anderen Teilen bestimmten Gebühren oder einer Gebühr für die Beratung nach § 34 RVG.

1 Sämtliche Gebühren des Teil 1 entstehen nie allein, sondern nur neben den in den Teilen 2–6 bestimmten Gebühren, sowie neben der Beratungsgebühr nach § 34. Letztes wurde klargestellt durch das KostRÄG 2021. Dies gilt aber nur, soweit in den übrigen Teilen des VV keine speziellere Regelung zu einer Gebühr nach Teil 1 enthalten (zB VV 4147).

Nr.	Gebührentatbestand	Gebühr oder Satz der Gebühr nach § 13 RVG
1000	**Einigungsgebühr für die Mitwirkung beim Abschluss eines Vertrags**	
	1. durch den der Streit oder die Ungewissheit über ein Rechtsverhältnis beseitigt wird	**1,5**
	2. durch den die Erfüllung des Anspruchs geregelt wird bei gleichzeitigem vorläufigem Verzicht auf seine gerichtliche Geltendmachung oder, wenn bereits ein zur Zwangsvollstreckung geeigneter Titel vorliegt, bei gleichzeitigem vorläufigem Verzicht auf Vollstreckungsmaßnahmen (Zahlungsvereinbarung)	**0,7**
	I 1 Die Gebühr nach Nummer 1 entsteht nicht, wenn der Hauptanspruch anerkannt oder wenn auf ihn verzichtet wird. 2 Im Privatklageverfahren ist Nummer 4147 anzuwenden.	
	II Die Gebühr entsteht auch für die Mitwirkung bei Vertragsverhandlungen, es sei denn, dass diese für den Abschluss des Vertrags im Sinne dieser Vorschrift nicht ursächlich war.	
	III Für die Mitwirkung bei einem unter einer aufschiebenden Bedingung oder unter dem Vorbehalt des Widerrufs geschlossenen Vertrag entsteht die Gebühr, wenn die Bedingung eingetreten ist oder der Vertrag nicht mehr widerrufen werden kann.	

Nr.	Gebührentatbestand	Gebühr oder Satz der Gebühr nach § 13 RVG
	IV Bei Rechtsverhältnissen des öffentlichen Rechts entsteht die Gebühr, soweit über die Ansprüche vertraglich verfügt werden kann. Absatz 1 Satz 1 und Absatz 2 sind anzuwenden. **V Die Gebühr entsteht nicht in Ehesachen und in Lebenspartnerschaftssachen (§ 269 Abs. 1 Nr. 1 und 2 FamFG). Wird ein Vertrag, insbesondere über den Unterhalt, im Hinblick auf die in Satz 1 genannten Verfahren geschlossen, bleibt der Wert dieser Verfahren bei der Berechnung der Gebühr außer Betracht. In Kindschaftssachen entsteht die Gebühr auch für die Mitwirkung an einer Vereinbarung, über deren Gegenstand nicht vertraglich verfügt werden kann. Absatz 1 Satz 1 ist entsprechend anzuwenden.**	

Schrifttum: Jäckle, Das neue Inkassorecht, VuR 2021, 293; Mayer, Die Änderungen der Anwaltsvergütung durch das Gesetz zur Verbesserung des Verbraucherschutzes im Inkassorecht, NJW 2021, 2313; N. Schneider, Gerichtskostenhaftung bei Vergleich trotz Prozesskostenhilfe, NJW-Spezial 2021, 1; ders., Umgangsvergleich im Sorgerechtsverfahren, NZFam 2020, 335; ders., Der Streitwert des Vergleichs und seine Festsetzung, NJW-Spezial 2020, 155; ders., Kosten des Vergleichs bei Mitvergleichen eines anderweit anhängigen Verfahrens, NZFam 2019, 992; A. Uhl, Die Neuerungen bei den Inkassokosten, DGVZ 2021, 205; Volpert, Kostenrechtsänderungsgesetz 2021 – Die wichtigsten geplanten Änderungen im RVG, AGS 2020, 445.

Übersicht

1 **I. Normzweck, Abgrenzung.** Die Vorschrift enthält zur Förderung jeder streitbeendenden Einigung eine besondere Vergütung. Diese Regelung gilt grundsätzlich für jeden Bereich der anwaltlichen Berufstätigkeit. Sie erfasst also nicht nur die Mitwirkung an der Beilegung eines Verfahrens, sondern auch diejenige an der Beilegung einer außergerichtlichen Auseinandersetzung. Für den Fall der Erledigung einer Rechtssache nach der Zurücknahme oder Änderung des mit einem Rechtsbehelf angefochtenen Verwaltungsakts enthält **VV 1002** eine vorrangige Sondervorschrift (OVG Rheinland-Pfalz NVwZ-RR 2007, 565). Weitere vorrangige Sonderregeln enthalten **VV 1003–1007.** Die Einigungsgebühr ist eine Erfolgsgebühr, → Rn. 8 ff. Sie tritt stets **neben** eine Tätigkeitsgebühr, zB neben die Verfahrensgebühr nach VV 3100 usw. (OLG Schleswig FamRZ 2012, 1418) oder neben eine Terminsgebühr nach der Vorb. 3 III iVm VV 3104 usw (OLG München JurBüro 2009, 487), oder neben eine Geschäftsgebühr VV 2300 (OLG Schleswig MDR 2011, 394). Die Einigungsgebühr kann nicht unabhängig von diesen Gebühren entstehen (BGH AGS 2020, 172 = BeckRS 2019, 35764). Der Anwalt kann auf sie verzichten (OLG Hamm JurBüro 2002, 364).

2 Eine außergerichtliche Einigung verdient insbesondere schon deshalb Anerkennung, weil sie meist einen Prozess erübrigt und somit auch zu einer Entlastung der Gerichte führt. Ein Prozessvergleich nach § 794 I 1 Nr. 1 ZPO (vgl. BeckOK ZPO/Hoffmann ZPO § 794 Rn. 1 ff.) beugt wenigstens einer Fortsetzung des Streits vor (Dittrich JurBüro 2014, 11). Er verhindert auch eine Rechtsmittelinstanz mit dem Risiko, dass dort auch noch eine Zurückverweisung zB nach § 538 ZPO erfolgen könnte. Die Bemühung des Anwalts um eine solche dem Rechtsfrieden, der Rechtssicherheit und zumindest meist auch der Gerechtigkeit dienende zweckmäßige Streitbeilegung verdient daher auch eine beachtliche Vergütung. Der Anwalt hat auch eine besondere Verantwortung für die Wahrung der Interessen des Auftraggebers und für die Brauchbarkeit und Eindeutigkeit sowie für die Vollstreckbarkeit der Einigung. Das gilt ungeachtet der bei einer näheren Betrachtung nur bedingt erzielten Verbesserung der Anwaltsvergütung bei einer außergerichtlichen Streitbeilegung (Meyer JurBüro 2004, 575 (ausf.)).

3 Soweit auch das Gericht bereits wegen **§ 278 ZPO** gleichartige Bemühungen anstellen muss, soll die Anwaltsvergütung trotz ihres im Einzelfall äußerst unterschiedlichen Anteils am Gelingen doch nicht so hoch ausfallen wie dann, wenn er und auch evtl. sein gegnerischer Kollege ohne das Gewicht einer richterlichen Förderung ans Vergleichswerk gehen muss. Diese Abstufung findet in VV 1003 ihren Ausdruck. Sie mag bei einem hohen Anwaltsanteil am Zustandekommen der Einigung zwar unbefriedigend bleiben, ist aber ein Ausdruck von Erfahrungssätzen. Deshalb sollte die Abstufung respektiert werden. Das alles sollte bei der Auslegung berücksichtigt werden.

4 **II. Anwendungsvoraussetzungen. 1. Sachlicher Anwendungsbereich.** Die Vorschrift gilt nach → Rn. 8 ff. grundsätzlich für jede Art einer gerichtlichen oder außergerichtlichen Einigung, (teils zum alten Recht LSG NRW JurBüro 2015, 470; Enders JurBüro 1998, 57 (113), Henssler AnwBl 1997, 129). Das gilt auch in jedem Güteverfahren nach § 36 (Gerold/Schmidt/Mayer Rn. 13). Es gilt auch bei der Einigung wegen einer „Vergleichsgebühr" (OLG Naumburg JurBüro 2010, 645). Es gilt auch in der Zwangsvollstreckung nach §§ 704 ff. ZPO (BGH NJW 2006, 1599), in einem Arbeitsgerichtsverfahren (LAG Berlin-Brandenburg Beschl. v. 3.9.2021 – 26 Ta (Kost) 6178/21; LAG München NZA-RR 2017, 272), in einer sozialrechtlichen Angelegenheit (Klier NZS 2004, 471), im Schieds- und Güteverfahren, im Rahmen einer Beratung nach § 34 RVG und ebenfalls für den Verkehrsanwalt oder Terminsvertreter. Die Einigungsgebühr kann also in jedem Verfahrensstadium und, soweit nicht ausgeschlossen, in jeder Verfahrensart entstehen.

5 VV 1000 ist **unanwendbar,** soweit es sich um eine solche gebührenrechtliche Angelegenheit (zum Begriff: → § 15 Rn. 9 ff.) handelt, die **keine wirksame Eini-**

gung zulässt, Anm. IV (OLG Dresden FamRZ 2008, 1010; OLG Koblenz MDR 2010, 1350), zB: in einer Abstammungssache nach §§ 169 ff. FamFG (OLG München FamRZ 2011, 247); in einer Ehesache nach §§ 121 ff. FamFG oder Lebenspartnerschaftssache nach §§ 269 f. FamFG als solcher, Anm. V 1 (anders zB beim Unterhaltsvertrag, Anm. V 2, oder bei einer Aussöhnung, VV 1001, → „Ehesache"); bei §§ 1666, 1669 BGB (OLG Düsseldorf JurBüro 2017, 308; OLG Koblenz MDR 2010, 1350; aA OLG Karlsruhe AGS 2019, 453 = BeckRS 2019, 17358) → Rn. 44 „Sorgerecht"; im Beratungshilfeverfahren nach dem BerHG (VV 2508), Vorb. 2.6; im Verfahren vor den Finanzgerichten, Anm. IV; im Privatklageverfahren nach §§ 374 ff. StPO, Anm. I 2 (Anwendbarkeit von VV 4147). Bei einer dortigen Einbeziehung einer nichtstrafrechtlichen Forderung kommt insofern VV 1000 in Betracht. Im Rahmen des § 34 kommt eine Anwendung von VV 1000 nicht in Betracht für den Mediator (→ Rn. 44 „Mediation") oder einem schriftlichen Gutachten.

2. Persönlicher Anwendungsbereich. Die Vorschrift gilt nach → § 1 Rn. 8 ff., 6
soweit der Anwalt als solcher auftragsgemäß tätig wird oder der Auftraggeber die Mitwirkung wirksam genehmigt. Auch seine Tätigkeit im Rahmen einer Mediation, als Terminsanwalt, Verkehrsanwalt usw. oder als Vertreter eines Streithelfers nach §§ 66 ff. ZPO kann anwaltstypisch sein. Dennoch verweist der vorrangige § 34 auf eine Gebührenvereinbarung nach § 3a und mangels einer solchen auf das bürgerliche Recht und damit nicht auf VV 1000. Auch für einen Schiedsrichter nach § 1035 ZPO usw. kann eine Einigungsgebühr entstehen (Bork NJW 2008, 1921).

3. Einigung. Es sind zahlreiche Aspekte zu beachten. **Maßstab** der Prüfung, ob 7
eine Einigung vorliegt, ist weder die Ansicht des einen Partners noch diejenige des gegnerischen, auch nicht die Meinung des einen oder anderen Anwalts als Prozessbevollmächtigter, sondern die objektive, wahre Entwicklung nach der Beurteilung entweder des Gerichts oder außergerichtlich eines gedachten verständigen Dritten, soweit irgendein Beteiligter unabhängig von seiner Funktion überhaupt zu mehr als subjektiv um Wahrheit bemühter Haltung imstande ist. Alle müssen also um Selbstkritik und um die Erkenntnis bemüht bleiben, eine Situation nur sehr schwer von allen Seiten gleichgenau und vorurteilsfrei einschätzen zu können. Das bedeutet nicht von vornherein im Zweifel gegen eine Einigungsgebühr, aber auch nicht im Zweifel für sie. **Erforderlich** ist stets ein Vertrag, mit dem ein Rechtsstreit oder die Ungewissheit über ein Rechtsverhältnis beendet wird, VV 1000 Nr. 1. Dies setzt gerade keinen Vergleich iSd § 779 BGB voraus (BGH AGS 2020, 172), → Rn. 17 f. Ebenfalls ausreichend ist der Abschluss einer vertraglichen Zahlungsvereinbarung, VV 1000 Nr. 2.

Bei den Einigungs- und Erledigungsgebühren nach VV 1000 ff. handelt es sich stets 7a
um **Erfolgsgebühren** (OLG München Rpfleger 1992, 272). Die jeweilige Gebühr entsteht also stets nur, wenn eine Einigung tatsächlich zustande kommt oder sich der Streit tatsächlich erledigt, dagegen entsteht die jeweilige Gebühr nicht nur für den Versuch einer Einigung oder Erledigung.

a) Vertrag mit Streitbeseitigung (Nr. 1). Durch diese Vorschrift wird deutlich, 8
dass ein **Vertrag** nötig ist (LG Münster Rpfleger 2008, 391), und dass nur ein solcher Vertrag die Gebühr VV 1000 auslösen kann, durch den die Beteiligten des gerade zwischen ihnen nach der Entstehung oder nach dem Umfang streitigen sachlich-rechtlichen und der Parteiherrschaft nach BGH NJW-RR 2016, 887 unterliegenden gesetzlichen oder vertraglichen privat- oder öffentlich-rechtlichen Rechtsverhältnisses im weitesten Sinn den Streit oder die Ungewissheit selbst und nicht etwa erst durch einen Dritten **beseitigen** wollen und auch wirksam können (Meyer JurBüro 2009, 240). Ein Streit liegt vor, wenn nach der subjektiven Vorstellung der Parteien tatsächliche oder rechtliche Zweifel vorliegen. Eine Ungewissheit besteht schon bei der Unsicherheit einer Durchsetzbarkeit. Es kommt auf die Sicht der beiden Parteien und nicht auf diejenige eines Dritten an (BGHZ 66, 250). Entbehrlich geworden ist das bisherige Erfordernis eines gegenseitigen Nachgebens und damit eines Vergleichs nach § 779 BGB (LAG Berlin-Brandenburg NZA-RR 2021, 88; AG Bremen ZMR 2013, 836). Ein solcher Vergleich genügt aber auch bei VV 1000 ff. Andererseits reicht nach Anm. I 1 eine einseitige Beschränkung auf entweder ein Anerkenntnis

nach § 307 ZPO oder einen Verzicht nach § 306 ZPO **nicht** aus (AG Bremen ZMR 2013, 836).

9 Es muss **im Zeitpunkt der Einigung** (KG JurBüro 2007, 33) ein Streit oder eine Ungewissheit über ein Rechtsverhältnis beliebiger sachlich- oder prozessrechtlicher Art bestanden haben. Es muss sich also mindestens ein Beteiligter eines Rechts berühmt haben (OLG Düsseldorf AGS 2003, 496). Ein bloßes erstmaliges Vertragsaushandeln oder die Begründung eines Rechtsverhältnisses durch die Einigung genügen jeweils nicht. Scheiden ein Anerkenntnis wie ein Verzicht als Einigungsformen aus, bleibt praktisch fast nur ein Vergleich. Damit erweist sich VV 1000 als die praktische Übernahme fast aller bisherigen Bedingungen trotz des weitergehenden Worts „Einigung". Auf dieser Basis lässt sich die umfangreiche Rspr. und Lehre zum alten Recht weiter mit verwerten. Sofern eine Einigung überhaupt derart zustande kommt, ist es unerheblich, ob dieser Erfolg im Prozess oder außergerichtlich entsteht (OLG Düsseldorf JurBüro 1992, 95; OLG Frankfurt a. M. MDR 1977, 590; VGH Hessen AnwBl 1984, 52). Es ist ebenso unerheblich, ob eine Einigung dem Ziel der Verhütung eines Prozesses oder seiner Beendigung dient (OLG Brandenburg JurBüro 2017, 572; OLG München Rpfleger 1992, 272; LG Karlsruhe AnwBl 1975, 442). Ausreichend ist also auch eine Einigung vor der Klage- oder Antragseinreichung oder gar vor der Klagerhebung nach §§ 253, 261 ZPO und damit vor einer Anhängigkeit oder gar Rechtshängigkeit (OLG Stuttgart AnwBl 2008, 303).

10 Wenn die Parteien einen Rechtsstreit wegen eines Streits um die Wirksamkeit eines Vergleichs **fortsetzen,** entsteht nach § 15 II 1, dort → § 15 Rn. 30, 31 für einen in der Folgezeit zustande kommenden „weiteren" Vergleich keine Einigungsgebühr, es sei denn, sie würden nach § 15 II 2 den weiteren Vergleich in einem anderen Rechtszug schließen (Mümmler JurBüro 1985, 1631) oder außergerichtliche Vergleichsverhandlungen und ein Prozess wären nach → § 15 Rn. 8, 11 verschiedene Angelegenheiten.

11 **b) Auch BGB-Vergleich.** Es kommt nicht darauf an, ob die Parteien die Einigung so oder als einen Vergleich bezeichnen (KG Rpfleger 2004, 64; LAG Hamm MDR 2001, 654; LAG Nürnberg MDR 2002, 544). Andererseits deutet „Vergleich" auf eine wenigstens prozessuale und rechtsverbindliche Einigung und nicht nur auf deren bloße Absicht hin. Das gilt selbst dann, wenn objektiv kein weiteres Nachgeben erfolgt (LAG LSA MDR 2000, 1034; Gerold/Schmidt/Müller-Rabe Rn. 5). Es kommt auch nicht darauf an, ob die Beteiligten überhaupt erkennen, dass objektiv eine Streitbeseitigung zustande kommt (OLG Hamm MDR 1981, 63; OLG Stuttgart MDR 2011, 636). Zu einem tatsächlichen Nachgeben dürfte auch eine stillschweigende Einigungsbereitschaft genügen (LG Stuttgart AnwBl 2000, 375). Eine Form ist nur insoweit erforderlich, als sie sachlich-rechtlich notwendig ist, etwa beim Grundstücksgeschäft nach § 311b I 1 BGB usw. Aber → Rn. 45 „Protokoll".

12 Die Einigungsgebühr kann auch dann entstehen, wenn eine Einigung nicht zwischen dem Auftraggeber und seinem bisherigen Verhandlungs- oder Prozessgegner zustande kommt, sondern **mit einem Dritten,** zB mit dem Haftpflichtversicherer. Es reicht auch aus, dass der Auftraggeber einem zwischen anderen Personen geschlossenen streitbeseitigenden Vertrag beitritt oder dass der Vertrag auch Beziehungen zwischen einem Streitverkündeten nach § 71 ZPO und einer Prozesspartei regelt (OLG München JurBüro 1992, 397).

13 **c) Auch Prozessvergleich.** Der Prozessvergleich ist nach der in § 794 I Nr. 1 ZPO steckenden teilweisen Begriffsbestimmung eine vor dem Gericht oder vor einer durch die Landesjustizverwaltung eingerichteten oder anerkannten Gütestelle abgegebene beiderseitige Parteierklärung, die den Streit ganz oder zu einem teilurteilsfähigen Teil beilegt. § 127a BGB besagt nichts anderes. Die dortige Formulierung „gerichtlicher Vergleich" nötigt nicht zur Unterstellung des Prozessvergleichs auch unter § 779 BGB. Das gilt schon wegen der Nichterwähnung dieser Vorschrift in § 127a BGB, obwohl das nur zu nahe gelegen hätte. Ein gegenseitiges Nachgeben ist insbesondere hier unnötig (Keßler DRiZ 1978, 79).

14 Nach der absolut herrschenden Meinung (zum problematischen Begriff BeckOK ZPO/Hoffmann ZPO § 794 Rn. 1, 1.1; Zasius DGVZ 1987, 80) hat der Prozessvergleich ebenso wie **sein** Widerruf eine **Doppelnatur** (BGH NJW 2011, 2141; BAG NJW 2012, 3391; BVerwG NVwZ 2013, 212). Er ist einerseits ein sachlich-

rechtliches Geschäft nach § 779 BGB, andererseits eine Parteiprozesshandlung nach → Rn. 16. Holzhammer FS Schima, 1969, 217 sieht den privatrechtlichen Vergleich und einen Prozessbeendigungsvertrag isoliert nebeneinander (Doppeltatbestand), ähnlich Tempel FS Schiedermair, 1976, 543. RG 153, 67 nannte ihn plötzlich wieder hochmodern einen „bloßen Privatvertrag", ähnlich BayObLG DNotZ 1988, 113 („Vertrag"). Es braucht kein Vollstreckungstitel nach § 794 I Nr. 1 ZPO zu entstehen (OLG Frankfurt a. M. AnwBl 1982, 248).

Ein **sachlich-rechtliches** Geschäft kann gleichzeitig erfolgen (OLG Düsseldorf Rpfleger 2007, 77; OLG Stuttgart OLGZ 1989, 416, je: Erbvertrag), auch wenn es als solches den Prozess nicht beenden kann. Für den Prozessvergleich ist gerade die Mitwirkung des Gerichts eigentümlich. Das Gericht trägt die volle Verantwortung für die Form nach §§ 160 III Nr. 1, 162 ZPO, und auch für den Inhalt zumindest insofern, dass der Vergleich nicht gegen ein gesetzliches Gebot verstoßen darf (Keßler DRiZ 1978, 80, weitergehend). Das Gericht darf erst recht einen Vorschlag nach § 278 VI ZPO nicht mit einem gesetzwidrigen Inhalt und insbesondere nicht mit einem nicht nach §§ 704 ff. ZPO vollstreckungsfähigen Inhalt machen. **15**

Der Prozessvergleich ist also auch eine Prozess- oder Verfahrenshandlung der Parteien oder Beteiligten, soweit er gegenüber dem Prozessgericht erfolgt (AG Mosbach FamRZ 1977, 813). Das gilt auch bei den Annahmeerklärungen nach § 278 VI 1 ZPO. Sie müssen zur Wirksamkeit gerade „gegenüber dem Gericht" erfolgen. Das nicht nur einseitige, sondern gerade gegenseitige, wenn auch ganz geringe, Nachgeben ist nur theoretisch nicht mehr erforderlich. Jedenfalls genügt es nach → Rn. 17. Es braucht sich nicht auf die Hauptsache zu beziehen. Es genügt erst recht ein ganz geringes einseitiges Nachgeben (OLG Düsseldorf JurBüro 1992, 96; LAG München JurBüro 1992, 96). Es genügt, dass eine Partei einen Bruchteil der Kosten und der Zinsen übernimmt (OLG Düsseldorf JurBüro 2012, 301; LAG Köln MDR 2001, 656), oder dass der Bekl. in eine Klagerücknahme nach § 269 ZPO dann einwilligt, wenn diese Einwilligung notwendig ist (aA OLG München MDR 1985, 328), oder dass eine (Teil-)Klagerücknahme und dann ein gegnerischer (Teil-) Anerkenntnis erfolgen. Manche lassen sogar eine volle Anerkennung dann genügen, wenn der Kläger sein auf eine der inneren Rechtskraft nach § 322 ZPO usw fähige Entscheidung gerichtetes Ziel aufgibt. Erst ein Anerkenntnis ohne jede weitere Art der Streitbelegung ist nach der Anm. I 1 Hs. 2 schädlich. **16**

d) Kein gegenseitiges Nachgeben nötig. Eine Einigung lässt auch dann eine Gebühr VV 1000 Nr. 1 entstehen, wenn jedenfalls kein gegenseitiges Nachgeben erfolgt, also kein Nachgeben auch um eines gegnerischen Nachgebens willen (BGH FamRZ 2009, 44; OLG Brandenburg JurBüro 2017, 522; SG Frankfurt a. M. SG Frankfurt a. M. BeckRS 2018, 31438; AG Bremen ZMR 2013, 836; aA OLG Celle FamRZ 2009, 715; OLG Koblenz MDR 2012, 876, lässt ein ganz geringes Nachgeben genügen). Es kann dann reichen, wenn eine Partei nur eine Klage oder ein Rechtsmittel usw. ohne eine gegenseitige diesbezügliche Verpflichtung zB nach §§ 269, 516 ZPO zurücknimmt, nämlich schon auf einen Hinweis des Gerichts zur Zweifelhaftigkeit der Erfolgsaussicht (OLG Schleswig JurBüro 2001, 307; LG Köln JurBüro 2001, 307). Es reicht aber eben dann nicht, wenn der Schuldner nur seine Zahlungspflicht bestätigt, (zum alten Recht LG Mainz JurBüro 2002, 646). **17**

Schwierig kann die Klärung sein, ob denn überhaupt bisher eine tatsächliche oder rechtliche Meinungsverschiedenheit und daher überhaupt ein Anlass oder Bedürfnis zu einem Einigungsversuch bestand. Wenn etwa nur unklar war, was ein glaubwürdiger Zeuge wirklich gesehen hat, mag nach der Klärung dieses Details die „Einigung" in Wahrheit nur die Bestätigung der unstreitigen Rechtsfolgen der einen oder anderen Zeugenversion sein. Es heißt daher stets behutsam abzuwägen, ob überhaupt eine Einigung erfolgt ist. **18**

e) (Vollstreckbarer) Anwaltsvergleich nach §§ 796a–796c ZPO. Die Vorschrift enthält für die Mitwirkung beim Zustandekommen eines sog. Anwaltsvergleichs keine Sonderregel. Die Parteien können einen nach § 261 ZPO rechtshängigen Anspruch einbeziehen. Den Anwaltsvergleich nach §§ 796a–c ZPO müssen nicht nur die Parteien und deren Anwälte unterschrieben haben, sondern er muss auch die Unterwerfungserklärung unter eine sofortige Zwangsvollstreckung enthalten und damit einen zusätzlichen Prozess zwecks Erhalts eines Vollstreckungstitels erübrigen. **19**

Die Mitwirkungsfrage ist wie bei einer sonstigen Einigung beurteilen. Auch → Rn. 34, 40; → Rn. 11 „Anwaltsvergleich".

20 Wegen der **Vollstreckbarerklärung** eines Anwaltsvergleichs gelten VV 3100 ff. (Gerold/Schmidt/Müller-Rabe VV 3100 Rn. 3). Sie ist keine aufschiebende Bedingung, sondern ein beanspruchbares Ziel. Der Anwaltsvergleich kann aber nach seinem Inhalt bedingt sein.

20a **f) Zahlungsvereinbarung (Nr. 2).** Nur die reduzierte Einigungsgebühr nach VV 1000 Nr. 2 entsteht für Zahlungsvereinbarungen, die in Nr. 2 legal definiert werden. Eine Zahlungsvereinbarung liegt vor, wenn (nur) die **Erfüllung eines Anspruchs** vertraglich geregelt wird (zB durch Stundung oder Ratenzahlung). Nr. 1 und nicht Nr. 2 ist anwendbar, wenn in der Einigung nicht nur die Anspruchserfüllung geregelt wird, sondern auch eine Einigung zum Anspruch selbst erfolgt oder wenn nur eine einseitige Erklärung vorliegt (AG Heidelberg AGS 2016, 333) oder wenn die Vereinbarung nicht Zahlungsansprüche betrifft. Dagegen hindert die vertragliche Regelung zu einer zusätzlichen Sicherheitsleistung nicht die Anwendbarkeit der Nr. 2 (BT-Drs. 19/20348, 62; Gerold/Schmidt/Müller-Rabe Rn. 241; aA LG Gera AGS 2020, 322). Zusätzlich bedarf es zur Anwendbarkeit der Nr. 2 noch, dass der Gläubiger entweder auf die gerichtliche Geltendmachung seines Anspruchs oder, soweit bereits ein zur Zwangsvollstreckung geeigneter Titel vorliegt, auf die Vornahme bzw. (weitere) Durchführung von Vollstreckungsmaßnahmen **verzichtet.** Somit ist Nr. 2 nicht anwendbar, wenn ein gerichtliches Verfahren anhängig ist (OLG München AGS 2014, 411; Gerold/Schmidt/Müller-Rabe Rn. 238). Es genügt, wenn der Verzicht nur vorläufig oder bedingt erklärt wird (Gerold/Schmidt/Müller-Rabe Rn. 232, 234). Eine gütliche Erledigung durch den Gerichtsvollzieher im Rahmen des § 802b ZPO unterfällt weder Nr. 1 noch Nr. 2 (AG St. Goar BeckRS 2021, 24302; AG Dortmund DGVZ 2021, 98; AG Osterode DGVZ 2021, 178).

20b **4. Kein Ausschlussgrund für Einigung oder Zahlungsvereinbarung. a) Nicht nur Anerkenntnis oder Verzicht (Anm. I 1).** Nach der Anm. I 1 entsteht keine Einigungsgebühr nach VV 1000 Nr. 1, wenn die Parteien in dem Vertrag lediglich den Anspruch anerkennen oder darauf verzichten. Dies gilt sowohl für **einseitige Erklärungen** materiell-rechtlicher oder prozess-rechtlicher Natur. Geht die Erklärung aber über den bloßen Verzicht bzw. das bloße Anerkenntnis hinaus, kann es sich um eine Einigung handeln und die Gebühr entsteht (OLG Stuttgart AGS 2012, 128 = BeckRS 2011, 03432; AG Zeitz AGS 2020, 225 = BeckRS 2019, 3066). Die Einigungsgebühr entsteht auch, wenn die Parteien wechselseitig anerkennen oder verzichten (BGH NJW 2009, 922) oder wenn vereinbart wird, dass eine Partei teilweise anerkennt und im Gegenzug die andere Partei teilweise verzichtet (Gerold/Schmidt/Müller-Rabe Rn. 193). Ausführlich dazu Gerold/Schmidt/Müller-Rabe Rn. 170 ff.

21 **b) Aufschiebende Bedingung (Anm. III Fall 1).** Aus der Anm. III ergibt sich, dass die Einigungsgebühr unter anderem die volle Wirksamkeit der Einigung voraussetzt (OLG München MDR 1991, 263). Sofern die Parteien die Einigung nach § 158 I BGB ausdrücklich oder nach den Umständen stillschweigend unter einer aufschiebenden Bedingung geschlossen haben, muss die Bedingung eingetreten sein. Eine solche Bedingung kann zB dann vorliegen, wenn es um eine Scheidungsvereinbarung nach § 134 FamFG geht (OLG Bamberg JurBüro 1980, 1347; OLG Düsseldorf FamRZ 1999, 1683; OLG Hamm JurBüro 1980, 1518). Ob die Mitwirkung eines Dritten eine Bedingung sein soll, ist eine Frage der Auslegung im Einzelfall.

22 **c) Auflösende Bedingung.** Sofern die Parteien den Vertrag nach § 158 II BGB unter einer nur vom Willen beider oder auch nur eines Partners abhängigen auflösenden Bedingung geschlossen haben, so ist die Einigung erstmal wirksam. Aber soweit die auflösende Bedingung vom Willen einer oder beider Parteien abhängt, ähnelt dies zwar dem Widerrufsvorbehalt, jedoch wird unter Aufgabe der bisher vertretenen Meinung nicht verkannt, dass die auflösende Bedingung anders als Widerruf und aufschiebende Bedingung nicht in Anm. III erwähnt ist. Wenn der Gesetzgeber die Entstehung der Einigungsgebühr ausdrücklich nur bei einer aufschiebenden Bedingung und einem Widerrufsvorbehalt auf einen späteren Zeitpunkt hinausschiebt, so

heißt das, dass in allen anderen Fällen die Einigungsgebühr sofort entsteht und auch nicht wieder entfällt (KG AGS 2019, 269; so auch Gerold/Schmidt/Müller-Rabe Rn. 84 f).

d) Rücktritt. Nicht unter die Anm. III fällt ein gesetzlich bestehendes oder vertraglich vereinbartes Rücktrittsrecht. Ein ausgeübtes Rücktrittsrecht berührt eine vorher entstandene Gebühr nicht. Nach Erklärung des Rücktritts erfolgt eine Rückabwicklung nach § 346 BGB, der Vergleich entfällt nicht rückwirkend (Gerold/Schmidt/Müller-Rabe Rn. 86 f.). Auch eine Verwirkungsklausel gehört hierher. 23

e) Widerrufsvorbehalt (Anm. III 1 Fall 2). Der Hauptfall der Anm. III ist der **Widerruf.** Entgegen in den Vorauflagen vertretenden Meinung ist ein Widerruf **nicht** als eine aufschiebende Bedingung des Nichtwiderrufs auslegbar (so noch BGHZ 88, 367; BAG DB 1998, 1924; BVerwG NJW 1993, 2193). Nach der Anmerkung III entsteht die Einigungsgebühr erst, wenn kein rechtzeitiger und auch im Übrigen kein wirksamer Widerruf vorliegt und damit feststeht, dass die Einigung wirksam ist und bleibt (OLG Frankfurt a. M. JurBüro 1979, 849; LG Hamburg AnwBl 1999, 488; Gerold/Schmidt/Müller-Rabe Rn. 82 f.). 24

f) Formmangel (§ 125 BGB). Es besteht grundsätzlich Formfreiheit und ein Vertrag kann auch stillschweigend vorliegen (BGH BB 2006, 2780; OLG Stuttgart AGS 2008, 595; OLG Koblenz MDR 2007, 245). Ist jedoch für ein Rechtsgeschäft eine bestimmte Form vorgeschrieben (zB. § 311b BGB), so kann Unwirksamkeit auch wegen eines etwaigen **Formmangels** eingetreten sein, § 125 BGB (BGH NJW 2006, 1523; LG Hanau AnwBl 1987, 243). 25

g) Weitere Unwirksamkeitsgründe. Der Vertrag mit der streitbeendenden Einigung kann auch unabhängig von einer etwaigen aufschiebenden oder auflösenden Bedingung unwirksam sein, etwa wegen der Sittenwidrigkeit oder Gesetzwidrigkeit seines Inhalts nach **§§ 134, 138 BGB** (OLG Bamberg JurBüro 1987, 1796; OLG Karlsruhe OLGR 1999, 332; OLG Schleswig JurBüro 1991, 932; aA OLG München AnwBl 1991, 273). Die Unwirksamkeit kann sich auch aus **§§ 109, 117, 142 BGB** mit ex tunc-Wirkung ergeben (OLG Jena AGS 2012, 127; OLG München MDR 1991, 263; OLG Schleswig JurBüro 1991, 933). Hängt die Wirksamkeit der Einigung von einer **Genehmigung** einer Partei ab, so wird die Einigung erst mit der Genehmigung wirksam (OLG Koblenz Rpfleger 1982, 441). Wenn der Vergleich eine Genehmigung des Betreuungsgerichts oder einer Behörde usw. braucht, ist der Vergleich bis zur Entscheidung schwebend unwirksam. Wenn das Gericht bzw. die Behörde die Genehmigung nicht erteilt oder wenn es seine Genehmigung wirksam widerruft, entsteht keine Gebühr VV 1000. Die Einigungsgebühr kann dagegen weiterhin beansprucht werden, wenn die Einigung wegen Störung der Geschäftsgrundlage nach **§ 313 BGB** angepasst oder rückabgewickelt wird oder wenn die Parteien den Einigungsvertrag einvernehmlich aufheben oder schlicht nicht durchführen. 26

5. Mitwirkung des Rechtsanwalts. Eine Einigungsgebühr setzt voraus, dass eine Mitwirkung des Anwalts an der Einigung vorliegt (LSG NRW JurBüro 2015, 470). Das heißt, es muss eine anwaltliche Tätigkeit vorliegen, die auf den Abschluss einer Einigung gerichtet ist, und diese Tätigkeit muss für die erfolgte Einigung mitursächlich sein. 27

a) Anwaltseigenschaft. Der Anwalt muss gerade als solcher mitgewirkt haben. Ihm stehen nur die im § 5 genannten Personen gleich. Der Anwalt braucht nicht persönlich anwesend gewesen zu sein. Er braucht nicht persönlich verhandelt zu haben. Bei einem Prozessvergleich nach § 794 I Nr. 1 ZPO braucht er auch nicht der Prozessbevollmächtigte nach § 81 ZPO gewesen zu sein. Die Parteien müssen die Einigung nach VV 1000 aber in derjenigen Instanz erzielt haben, für die der Anwalt etwa bestellt worden ist (OLG München Rpfleger 1982, 202), oder er muss die Verhandlungen mit dem Gegner eingeleitet oder als Verkehrsanwalt mitgewirkt haben. Letzteres genügt (OLG Frankfurt a. M. JurBüro 1984, 59; AG Hamburg AnwBl 1989, 399). Auch der bloße Terminsvertreter kann ausreichen (AG Berlin-Mitte JurBüro 2006, 422; AG Köln JurBüro 2007, 139). 28

Es **reicht nicht aus,** dass der Anwalt lediglich als Insolvenzverwalter oder in einer anderen der in § 1 II genannten Eigenschaften mitgewirkt hat. 29

30 **b) Mitursächlichkeit.** Die anwaltliche Tätigkeit muss zumindest irgendwie auch nur mitursächlich für die Einigung nach VV 1000 geworden sein (OVG Nordrhein-Westfalen AnwBl 1993, 639; AG Meiningen JurBüro 1999, 244). Es genügt jede Tätigkeit zwecks einer Einigung (BGH FamRZ 2009, 325), zB eine Beratung oder eine Prüfung (OVG Hamburg Rpfleger 2008, 46; AG Berlin-Mitte JurBüro 2006, 422; SG Koblenz MDR 2002, 607). Es genügen auch eine Stellungnahme oder eine Begutachtung (LSG Thüringen JurBüro 2001, 474). Auch ein gewisses Abweichen des endgültigen Vertrags vom Rat des Anwalts schadet nicht, soweit doch der Vertragskern dem Rat entspricht. Auch die auftragsgemäße Entgegennahme der Information kann ausreichen (aA Kessel DGVZ 2004, 180). Sogar ein bloßes Abraten vom Widerruf reicht → Rn. 45 „Abraten vom Widerruf".

31 **Allzu großzügige Bejahung** einer Mitursächlichkeit kann keineswegs der Sinn der Regelung sein. Zwar mag ein Halbsatz oder ein äußerlich ganz unscheinbarer Einschub wie auch dessen Streichung rechtlich wie wirtschaftlich enorme Auswirkungen haben. Andererseits ist nicht jedes Komma oder jeder eventuell einmal denkbare weitere Anwendungsfall oder jede theoretisch nicht ganz ausschließbare Variante mehr auch nur mitursächlich für die Bereitschaft zur abschließenden oder wenigstens zwischenzeitlichen Einigung. Die Anforderungen dürfen ähnlich wie bei § 286 ZPO nicht zu gering angesetzt werden. Eine Fälligkeit 5 oder 7 Tage früher muss nicht wirklich mitursächlich gewesen sein, selbst nicht bei einer höheren Gesamtsumme, allenfalls bei einer riesigen. Dagegen können die Umstände des Einzelfalls die Vermutung der Mitursächlichkeit widerlegen (OLG Brandenburg AGS 2020, 124 = BeckRS 2019, 22233; OLG Köln NJOZ 2013, 508 = BeckRS 2012, 22232).

32 **c) Mitwirkung an der Verhandlung (Anm. II).** Es kann nach der Anm. II ausreichen, ist aber nicht stets erforderlich, dass der Anwalt lediglich zeitweise oder auch durchgängig nur bei den Verhandlungen zwecks einer Streitbeendigung und nicht beim anschließenden Vertragsabschluss mitgewirkt hat (AG Euskirchen DGVZ 2005, 29). Dann muss aber seine Mitwirkung an der Verhandlung irgendwie ursächlich für die gerade diesen Streit beendende Einigung geworden sein (OLG Koblenz JurBüro 1992, 603; LG Frankfurt a. M. Rpfleger 1985, 166; Kessel DGVZ 2004, 180). Auch das ergibt sich aus der VV sowie aus der Anm. II. Ihr Hs. 2 stellt lediglich die Beweislast klar, → Rn. 36 ff. Auch eine erst später mit einem anderen Anwalt zustande gekommene Einigung mag eine ihrer Ursachen in der Tätigkeit des früheren Anwalts gehabt haben (OLG München AnwBl 1997, 119).

33 **d) Mitwirkung beim Vertragsabschluss.** Sofern der Anwalt nicht oder nicht nur an den Verhandlungen mitgewirkt hat, sondern zumindest oder auch beim Abschluss des Vertrags, kommt erst recht die Einigungsgebühr in Betracht. Die Unterscheidung zwischen der bloßen Verhandlung nach der Anm. II und dem Vertragsabschluss nach Nr. 1 oder Nr. 2 ist nur dann sinnvoll, wenn die zum Abschluss führende Verhandlung zeitlich nicht mit anderen Teilen der Gesamtverhandlungen zusammenfällt. Sachlich liegen dieselben Voraussetzungen für das Entstehen einer Verfahrensgebühr vor. Es kann eine Beratung nur des Auftraggebers ohne eine weitere Mitwirkung ausreichen (OVG Nordrhein-Westfalen NJW 2011, 3113). Deshalb ist auch nicht die Anwesenheit bei der Einigung notwendig. Dagegen reicht lediglich passive Anwesenheit des Rechtsanwalts nicht aus.

34 Beim vollstreckbaren **Anwaltsvergleich** nach → Rn. 19, 20 genügt die Mitwirkung nach §§ 796a–796c ZPO.

35 **e) Bedingung, Widerruf.** Es reicht nach der Anm. III aus, dass die Einigung unter einer aufschiebenden Bedingung oder unter dem Vorbehalt des Widerrufs stand, sofern der Anwalt irgendwie an dieser Einigung mitgewirkt hat. Das gilt aber nur, sofern die aufschiebende Bedingung dann auch wirklich eingetreten ist oder der Widerruf eindeutig nicht mehr zulässig ist (→ Rn. 21 ff.).

36 **f) Beweislast.** Sofern der Anwalt sich auf eine Mitwirkung bei der Einigung beruht, muss er schon nach dem Wortlaut der VV 1000 diese Mitwirkung beweisen. Sofern er sich lediglich auf die Mitwirkung an vorangegangenen Verhandlungen und auf das auch dann notwendige anschließende Zustandekommen einer Einigung beruft, muss der Auftraggeber oder sonstige Gebührenschuldner beweisen, dass die vom Anwalt zu beweisende Mitwirkung für die Einigung nicht zumindest irgendwie mitursächlich war (BGH AGS 2020, 330 = BeckRS 2020, 10984; OLG Düsseldorf

JurBüro 1993, 72; OLG Karlsruhe AnwBl 2003, 116; aA OLG Koblenz JurBüro 1992, 603, aber die unstreitige Mitwirkung hat einen Anscheinsbeweis auch für deren Ursächlichkeit zur Folge).

Andernfalls bleibt die durch die Mitwirkung ausgelöste Einigungsgebühr bestehen. Sie ist nur dann nicht entstanden, wenn erwiesenermaßen keinerlei Ursächlichkeit der Mitwirkung des Anwalts für den Inhalt oder auch nur für den Zeitpunkt und für die Form der abschließenden Einigung vorliegt (OLG Koblenz JurBüro 1992, 603). **37**

Jede Mitursächlichkeit reicht zur Entstehung der Einigungsgebühr aus (OVG Nordrhein-Westfalen NJW 2011, 3113). Es ist muss nach den Umständen zu beurteilen, ob eine Mitursächlichkeit vorliegt. Dabei ist nicht nur das Interesse des Auftraggebers zu beachten, sondern es ist auch das Interesse des Partners zu berücksichtigen. **38**

III. Gebührenhöhe. Dazu Engels MDR 2000, 1287 (Üb.): § 7 ist anwendbar (LG Bonn JurBüro 1995, 527, Beitritt eines Dritten). Im Übrigen sind drei Situationen zu unterscheiden. **39**

1. Außergerichtliche Einigung (VV 1000 Nr. 1). Es entsteht beim außergerichtlichen Vertrag nach VV 1000 Nr. 1 eine 1,5-Gebühr (OLG Naumburg FamRZ 2008, 1968). Das gilt auch bei einem außergerichtlichen Vergleich während einer **Zwangsvollstreckung** oder bei einem **Vergleich** in einem Verfahren nach § 80 VwGO oder nach § 69 FGO. Im **Prozesskostenhilfeverfahren** nach §§ 114 ff. ZPO kann für den Vergleichsmehrwert eine 1,5-Gebühr entstehen (LAG Nürnberg BeckRS 2021, 2655), → Rn. 44, 45 je „Prozesskostenhilfe", → VV 1003 Rn. 11 „Prozesskostenhilfeverfahren". Erfasst wird nach → Rn. 19, 20 auch ein Anwaltsvergleich nach §§ 796a–c ZPO. Es ist § 15 II, III zu beachten. Den Vorrang hat VV 1004. **40**

2. Gerichtliche Einigung (VV 1003). Bei der gerichtlichen Einigung entsteht die geringere Gebühr nach VV 1003 in Höhe von 1,0 → VV 1003 Rn. 3 ff., VV 1004. **41**

3. Zahlungsvereinbarung (VV 1000 Nr. 2). Für die Zahlungsvereinbarung entsteht seit dem 1.10.2021 nur die reduzierte Gebühr nach VV 1000 Nr. 2 in Höhe von 0,7. **41a**

IV. Gegenstandswert. Der Gegenstandswert bestimmt sich nach dem Wert der Ansprüche, **über** die sich geeinigt wurde und **nicht** danach, worauf sich konkret geeinigt wurde (Gerold/Schmidt/Müller-Rabe RVG Anh. VI Rn. 87 ff.). Es gelten die allgemeinen Wertvorschriften. Somit ist grundsätzlich nach § 32 I nur im Umfang eines gerichtlichen Verfahrens § 23 I beachtlich (Maßgeblichkeit des Streitwerts nach dem GKG). Ist der Geschäftswert unrichtig, hat der Anwalt ein Beschwerderecht nach § 32 II. Für den Streit- oder Verfahrenswert gilt das ganze GKG und FamGKG. Das Fehlen einer gerichtlichen Vergleichsgebühr führt nicht zur Gebührenlosigkeit des Anwalts. Dann kommt ein Antrag nach § 33 in Betracht. **42**

Bei einer bloßen Zahlungsvereinbarung nach VV 1000 Nr. 2 gilt § 31b, d. h. seit 1.10.2021 bestimmt sich der Gegenstandswert nach 50 % des Anspruchs, → § 31b Rn. 1 ff. Die neue Wertstufe des § 13 Abs. 2 ist nicht anwendbar. Werden in einer Einigung nach VV 1000 Nr. 1 auch Vereinbarungen zur Zahlung oder Stundung getroffen, verbleibt es bei der Wertbestimmung nach → Rn. 42 und § 31b ist nicht anwendbar (LAG Berlin-Brandenburg NZA-RR 2021, 88 = BeckRS 2020, 33728; OLG Schleswig AGS 2019, 108 = BeckRS 2018, 33557). **42a**

V. Kostenerstattung, Rechtsschutzversicherung. Die Einigungsgebühr ist grundsätzlich erstattungsfähig. Eine Ausnahme gilt für das Verfahren vor dem ArbG (§ 12a I 1 ArbGG). Um Unklarheiten zu vermeiden, sollte die Frage, wer die Gebühr zu tragen hat, mit in den Vergleich aufgenommen werden (BGH AGS 2011, 257 = BeckRS 2011, 7353; OLG Frankfurt a. M. NJW 2005, 2466). Enthält der Vergleich (gerichtlich, aber auch außergerichtlich nach BGH NJW 2007, 1213) keine Regelung zur Kostentragung, gilt § 98 ZPO (Gerold/Schmidt/Müller-Rabe Rn. 312 ff.). Eine Kostenfestsetzung kommt nur beim Vorliegen eines vollstreckungsfähigen Titels in **43**

Betracht, § 103 ZPO. Zur Frage der Anwendbarkeit des § 788 ZPO → § 788 ZPO Rn. 11.

43a Für die Frage der Deckung durch die Rechtsschutzversicherung ist stets die **Deckungszusage** maßgebend. Eine Zusage für das erstinstanzliche gerichtliche Verfahren erfasst auch eine außergerichtliche Einigung zur Vermeidung des Prozesses (Gerold/Schmidt/Müller-Rabe Rn. 379). Bei einem Mehrvergleich (VV 1000, 1003, § 15 Abs. 3 RVG) kommt es auf den rechtlichen Zusammenhang mit dem Gegenstand des ursprünglichen Rechtsstreits an (Gerold/Schmidt/Müller-Rabe Rn. 380f.).

VI. ABC. 1. ABC zur streitbeendenden Einigung

44 **Abfindung:** Wenn der Versicherer die Unterschrift einer Abfindungserklärung anfordert, liegt darin ein Anhaltspunkt für ein Vergleichsangebot. Denn das ist der erkennbare Sinn der Aufforderung. Sofern also der Adressat trotz einer Rechtspflicht zum Reden schweigt oder die Erklärung abgibt, kann ein Vergleich zustande gekommen sein, und zwar auch nach einer Teilzahlung ein Gesamtvergleich (LG Karlsruhe AnwBl 1983, 5; AG Tettnang AGS 2020, 271). Aber auch → „Teilzahlungsvergleich".

Abgabenstreit: Da eine Einigungsgebühr nach der Anm. IV nur entstehen kann, soweit die Parteien bei einem Rechtsverhältnis des öffentlichen Rechts über den Anspruch vertraglich verfügen können, kommt es darauf an, ob das Gesetz ausnahmsweise einen Vertragsabschluss zulässt.

Unanwendbar ist VV 1000 zB bei einer „Einigung" über einen Prozentsatz des Gewinnanteils am Umsatz (FG Düsseldorf EFG 1987, 582).

Adhäsionsverfahren: → „Strafsache".

Anerkenntnis: Das bloße prozessuale oder vorprozessuale oder sachlich-rechtliche Anerkenntnis lässt nach der Anm. I 1 **keine** Gebühr VV 1000 zu (BGH BB 2006, 2780; OLG Brandenburg JurBüro 2017, 522; OVG Münster AGS 2020, 21 = BeckRS 2019, 1930; OLG Nürnberg NJOZ 2021, 537; AG Köln VersR 2013, 180 zu VV 1003).

Ein **Vertrag** nach VV 1000 kann allerdings dann vorliegen, wenn zB die Parteien etwas darüber hinaus vereinbaren (UG MDR 2014, 500).

– **(Beiderseitiges Anerkenntnis):** Anwendbar sein kann VV 1000 in einem solchen Fall (OLG Koblenz NJW 2006, 850).
– **(Einwendung):** → „– (Wegfall von Beweiszwang)".
– **(Klagerücknahme):** Anwendbar sein kann VV 1000 dann, wenn durch ein Anerkenntnis eine Klagerücknahme und eine vom Gesetz abweichende Kostenregelung zustande kommt (OLG Nürnberg JurBüro 2000, 583; OLG Brandenburg AGS 2021, 164 = BeckRS 2021, 2658). Dies gilt aber nur, wenn Anerkenntnis und Klagerücknahme dasselbe Verfahren betreffen (OLG Stuttgart JurBüro 2021, 356 = BeckRS 2021, 14073). Auch → „– (Teilrücknahme)".
– **(Kostenaufhebung gegeneinander):** Anwendbar sein kann VV 1000 dann, wenn der Schuldner sie erreicht (LAG Düsseldorf MDR 1991, 284).
– **(Kostenerstattung):** → „– (Verzicht)".
– **(Ratenzahlung):** Anwendbar ist VV 1000 dann, wenn der Gläubiger nur einen Teil der Forderung erhalten will und sich gleichzeitig und nicht etwa erst zeitlich nach einem Anerkenntnis des Schuldners verpflichtet, bei pünktlichen Ratenzahlungen stillzuhalten (aA OLG Karlsruhe Justiz 1989, 348; AG Nürnberg VersR 1983, 473, aber das geht über ein bloßes Anerkenntnis hinaus). Auch → „(Ratenzahlung)".
– **(Stundung):** → „– (Verzicht)".
– **(Teilrücknahme):** Anwendbar sein kann VV 1000 dann, wenn auf eine teilweise Klagerücknahme oder Rücknahme einer Widerklage ein Anerkenntnis über den Restanspruch folgt (OLG Frankfurt a. M. Rpfleger 1990, 91; OLG Stuttgart MDR 2011, 636; aA OLG Brandenburg Rpfleger 2005, 700; OLG Hamburg MDR 1999, 189; OLG Zweibrücken FamRZ 1999, 799, aber VV 1000 erfordert keinen Vergleich mehr).
– **(Umstellungsfrist):** Anwendbar sein kann VV 1000 dann, wenn der Gläubiger dem Unterlassungsschuldner eine solche Frist einräumt (KG MDR 2014, 500).

– **(Verzicht):** Anwendbar sein kann VV 1000 dann, wenn bei einem formellen Anerkenntnis auch ein Gläubigerverzicht auf die Erstattung von Vergleichs- oder Einigungskosten liegt (OLG Stuttgart NJW 2005, 2162), oder wenn der Gläubiger für einen bestimmten Zeitraum auf die Vollstreckung aus einem Anerkenntnisurteil verzichtet, etwa nach Nr. 2 mittels einer Zahlungsvereinbarung (Raten, Stundung, OLG Rostock MDR 2008, 1307), oder wenn eine Partei auf eine Kostenerstattung verzichtet.
– **(Wegfall von Beweiszwang):** Anwendbar sein kann VV 1000 dann, wenn der Schuldner eine solche Einwendung fallen lässt, die evtl. zur Notwendigkeit einer Beweisaufnahme geführt hätte (OLG Hamburg MDR 1983, 589; Dietrich JurBüro 2014, 11).

Anfechtung: Die Anfechtbarkeit ist keine Bedingung (aA OLG Jena JurBüro 2012, 142). Es ist für VV 1000 zunächst unerheblich, ob der Anwalt eine Anfechtbarkeit verschuldet hat (OLG Bamberg JurBüro 1987, 1796; OLG Karlsruhe OLGR 1999, 332; OLG Schleswig JurBüro 1991, 932; aA OLG München MDR 1991, 263), aber VV 1000 schafft eine Erfolgsgebühr, → Rn. 8 ff.

Angelegenheit: Jede Angelegenheit nach → § 15 Rn. 9 lässt nach § 15 II 1 grds. nur **eine** Einigungsgebühr zu.

Anhängigkeit: Sie ist nach → Rn. 8 ff. nicht erforderlich.

Anspruchsverzicht: → „Verzicht".

Anwaltsvergleich: → Rn. 19, 20.

Arbeitsrecht: Eine Vereinbarung über einen Gegenstand der Verfügungsbefugnis der Parteien nach § 83a ArbGG ist ausreichend, zB eine solche, dass nach einer Rücknahme der Kündigung des Arbeitgebers das Arbeitsverhältnis ungekündigt fortbestehen soll (AG Köln VersR 2003, 197; LAG Düsseldorf JurBüro 2005, 643 und 644; LAG Schleswig-Holstein NZA-RR 2006, 381), oder das Zusammentreffen der Rücknahme einer Kündigung und einer Kündigungsschutzklage (BAG NJW 2006, 1997). Eine Einigung kann auch im Gütetermin erfolgen. Auch → „Kündigungsschutz", → „Sozialplan".

Arrest, einstweilige Verfügung: Sofern die Parteien im einstweiligen Verfahren nach §§ 916 ff., 935 ff. ZPO, §§ 49 ff. FamFG eine Einigung erzielen, kann VV 1000 anwendbar sein (OLG Celle NJOZ 2020, 736 = BeckRS 2020, 14394; MDR 2008, 713, weitergehende Einigung). Das gilt auch dann, wenn die Vereinbarung dahin geht, dass eine schon erlassene einstweilige Verfügung bis zur Entscheidung über die Hauptsache bestehen bleiben soll. Es entsteht bei einer Einbeziehung der schon oder noch nicht anhängigen Hauptsache nur **eine** Einigungsgebühr aus dem vollen Wert der Hauptsache, wenn die einstweilige Regelung praktisch eine Hauptsacheregelung vorwegnimmt oder sie erübrigt (OLG Celle NJOZ 2020, 736 = BeckRS 2020, 14394; OLG Schleswig, FamRZ 2011, 1424; BeckOK KostR/Schindler FamGKG § 41 Rn. 11) und durch die endgültige Vereinbarung ein Hauptsacheverfahren überflüssig wird. Im Widerspruchsverfahren nach § 924 ZPO kann eine Einigung vorliegen, soweit der Antragsteller auf ein Recht und der Antragsgegner auf die weitere Durchführung des Verfahrens usw. verzichten.

Der Vertrag darf sich nach der Anm. I 2 **nicht** ausschließlich auf einen **Verzicht** beschränken (OLG Celle MDR 2008, 713, dort verneint). Unanwendbar ist VV 1000 auch beim nur objektiv übereinstimmenden, aber nicht aufeinander abgestimmten Verhalten.

Auch → „Rechtsschutzbedürfnis".

Aufbrauchsfrist: Ihre Einräumung durch den Gläubiger kann die Gebühr VV 1000 auslösen (OLG Frankfurt a. M. GRUR 1985, 239).

Aufenthaltserlaubnis: VV 1000 kann dann vorliegen, wenn der Antragsteller statt seit dem Antragseingang jetzt erst für die Zukunft eine Entscheidung haben will (OVG Bremen AGS 2001, 7).

Außergerichtliche Einigung: Eine außergerichtliche Einigung nach § 779 BGB kann nach Nr. 1 ausreichen, soweit sie zumindest teilweise einen Streit oder eine Ungewissheit über ein Rechtsverhältnis beseitigen soll und kann (OLG Hamm AnwBl 2005, 76 zum alten Recht). Dasselbe gilt für eine gerichtliche Einigung im Streit um die Wirksamkeit einer außergerichtlichen. Auch → Rn. 11, 12.

Bedingung: → Rn. 21–24.

Behörde: Auch eine Einigung mit ihr kann reichen, zB mit dem Jugendamt (aA OLG Karlsruhe FamRZ 2007, 1672).

Beigeladener: Soweit überhaupt nach der Anm. IV eine Einigungsgebühr in Betracht kommt, kann die Zustimmung eines notwendig Beigeladenen eine der Voraussetzungen der Wirksamkeit des Vertrags sein.

Beratung: Auch in ihrem Rahmen ist eine Einigung nach § 34 möglich.

Beratungshilfeverfahren: Nach der Vorb. 2.5 kommt statt einer Gebühr VV 1000 ff. die Festgebühr VV 2508 infrage.

Berufsrecht: Soweit die Voraussetzungen der Anm. IV vorliegen, kann nach § 33 I Nr. 3 FGO auch ein das Berufsrecht betreffender Vergleich ausreichen.

Berufungsrücknahme: → „Rechtsmittelrücknahme".

Beschränkung des Streitstoffs: Durch die bloße Beschränkung des Streitstoffs braucht noch **keine** Einigung entstanden zu sein.

Beschwerderücknahme: → „Rechtsmittelrücknahme".

Besprechung: → „Erfolgreiche Besprechung".

Bewertung: Auch bei einer Einigung über eine sachlich-rechtliche oder prozessuale oder kostenrechtliche Bewertungsfrage kann eine Einigung nach VV 1000 vorliegen (OLG Hamm JurBüro 2002, 27).

Daseinsvorsorge: Bei einem Streit im Bereich der Daseinsvorsorge ist der Abschluss eines Vertrags nach der Anm. IV meist zulässig.

Dritter: Eine Erklärung des Schuldners, er werde die sofortige Bezahlung seiner Schuld durch einen Dritten veranlassen, falls der Gläubiger die Forderung ermäßige, kann zur Gebühr VV 1000 ausreichen (LG Augsburg AnwBl 1984, 516). Es ist Vorsicht angeraten. Es mag auch die Beauftragung eines der Prozessbevollmächtigten zusätzlich durch einen Dritten ausreichen (LG Bonn JurBüro 1995, 527). **Unanwendbar** ist VV 1000, soweit ein Dritter nur durch einen Vertrag mit der vom Anwalt nicht vertretenen anderen Partei der Einigung beitritt (aA BGH 1986, 160). Auch → „Schiedsvereinbarung", → „Streithelfer".

Durchsetzbarkeit: Ein Zweifel an ihr kann eine Ungewissheit nach → Rn. 8 ff. begründen.

Ehesache: Der vom FamG einer Inhalts- und Ausübungskontrolle unterzogenen teilweisen oder gänzlichen Ausschluss des Versorgungsausgleichs nach §§ 217 ff. FamFG kann eine Einigung darstellen (OLG Nürnberg NJW 2007, 1071; OLG Hamm MDR 2012, 1468; OLG Karlsruhe NZFam 2015, 324; AG Heidelberg FamRZ 2013, 395; aA OLG Karlsruhe NJW 2007, 1072; OLG Stuttgart NJW 2007, 1072), aber das ist etwas anderes als ein schon nach dem eindeutigen Wortlaut von Anm. I 1 nicht ausreichender bloßer Verzicht, zu ihm (aA OLG Düsseldorf FamRZ 2013, 1422; OLG Frankfurt a. M. FamRZ 2010, 922; AG Heidelberg FamRZ 2013, 395). Dasselbe gilt beim Verzicht auf den Versorgungsausgleich zwecks Beseitigung einer rechtlichen Unsicherheit (OLG Karlsruhe FamRZ 2012, 395; OLG München NJW 2012, 1090; OLG Oldenburg JurBüro 2011, 415 und 416), und bei einem im Zusammenhang mit einer Ehesache geschlossenen vermögensrechtlichen Vertrag zB über Unterhalt oder Haushalt usw. Eine Einigung während einer fortbestehenden Unsicherheit zum Ob und Wie des Versorgungsausgleichs reicht (OLG Hamm MDR 2012, 1468; OLG Oldenburg AnwBl 2011, 229; OLG Zweibrücken MDR 2009, 1314). **Unanwendbar** ist VV 1000 nach der Anm. V 1 in der Ehesache selbst (Ausnahme: Unterhalt, Anm. V 2). Denn die Parteien können über sie mit der Ausnahme ihrer vermögensrechtlichen Auswirkungen keine wirksame Einigung treffen (Kitzinger FamRZ 2005, 10). VV 1000 ist aber in Folgesachen anwendbar (OLG Koblenz FamRZ 2005, 1846), dabei bleibt bei der Geschäftswertermittlung die Ehesache selbst außer Betracht. Auch → „Umgangsrecht".

Eingriffsverwaltung: Ein Vertragsabschluss ist auch in einem Enteignungsverfahren zulässig (OLG Köln JurBüro 1976, 190). Soweit er zulässig ist, kann der Vertrag auch zur Erledigung eines Verfahrens nach § 80 VwGO geschlossen werden. Im Bereich der Eingriffsverwaltung ist ein Vertragsabschluss nach der Anm. IV dagegen meist **unzulässig,** soweit es sich um zwingendes Recht handelt.

Einspruch: Der Verzicht auf seine Einlegung zB nach §§ 338, 700 ZPO kann ausreichen. Die Einigung darf sich nach der Anm. I 1 nicht ausschließlich auf einen Verzicht beschränken.

Einstweilige Verfügung: → „Arrest, einstweilige Verfügung".

Enteignung: → „Eingriffsverwaltung".

Erbrecht: Jede Einigung der Erben untereinander oder mit einem Nichterben kann ausreichen. (Nach einer Ansicht gilt dies nur bei einer Abfindung. Aber es genügt jede Art des Nachgebens).

„Erfolgreiche Besprechung": Diese pauschale Behauptung reicht nicht (OLG Koblenz BauR 2013, 1916).

Erlassvertrag: → „Verzicht".

Erledigung der Hauptsache: Übereinstimmende wirksame Erledigterklärungen beider Parteien nach BeckOK ZPO/Jaspersen ZPO § 91a Rn. 10 ff. sind als solche bloße Parteiprozesshandlungen. Sie beenden lediglich die Rechtshängigkeit der bisher streitigen Ansprüche unmittelbar (OLG Frankfurt a. M. MDR 1981, 676; OLG Hamm MDR 2014, 839; OLG Köln JurBüro 2011, 526). Sie besagen nur, dass die Parteien an einer Sachentscheidung durch das Gericht kein Interesse mehr haben (Koenigk NJW 1975, 529). Sofern die Parteien also nicht gleichzeitig in einem sachlich-rechtlichen Streitpunkt eine Einigung erzielen, liegt nach einer unstreitigen Erledigung in den bloßen übereinstimmenden Erledigterklärungen **keine Einigung** nach VV 1000 (OLG Celle FamRZ 2014, 1938; OLG Hamm MDR 2014, 839; LG Neubrandenburg AGS 2019, 498 = BeckRS 2019, 21513; OLG Nürnberg NJOZ 2021, 537; AG Berlin-Tempelhof-Kreuzberg FamRZ 2013, 907; aA OLG Frankfurt a. M. JurBüro 1979, 53). Die Erledigterklärungen können sich evtl. nur auf das Rechtsmittelverfahren beziehen (BGH NJW 2009, 234). Soweit die Parteien jedoch nicht einfach jede für sich eine Erledigterklärung abgegeben wollen, sondern damit auch eine materiell-rechtliche Erklärung bezüglich einer Einigung unter Beteiligung des Gerichts verbunden ist, so liegt eine Einigung iSd VV 1000 vor (OLG Stuttgart BeckRS 2020, 6413; OLG Köln AGS 2016, 457 = BeckRS 2016, 9168).

Etwas anderes kann dann gelten, wenn **zunächst umstritten** war, ob ein erledigendes Ereignis eingetreten ist, und wenn erst anschließend übereinstimmende Erledigterklärungen wirksam zustande kommen (OLG Köln JurBüro 2006, 588; OLG Stuttgart FamRZ 2009, 144; AG Ottweiler JurBüro 2012, 20). Auch dann kann aber zB bei streitigen Kosten-„Anträgen" eine Einigung nach VV 1000 **fehlen** (OLG Schleswig SchlHA 1983, 199). Nach einer Teilerledigung kommt es auf die Gesamtumstände an: es ist zu klären, ob ein anschließender Vertrag den erledigten Teil irgendwie miterfasst (meist wohl nicht; vgl. KG JurBüro 2007, 33). Beim Fehlen auch einer Einigung zur Kostenverteilung fällt evtl. trotzdem eine Einigungsgebühr an (OLG Köln Rpfleger 2016, 610).

Eine einseitige Erledigungserklärung lässt grds. keine Einigungsgebühr entstehen (LSG Baden-Württemberg JurBüro 2020, 296 = BeckRS 2020, 5166; KG JurBüro 2019, 354). Etwas anderes kann nur dann gelten, wenn der einseitigen Erklärung eine Einigung vorausgegangen ist (KG JurBüro 2019, 354).

Fälligkeit: Es reicht aus, dass die Parteien eine andere als die bisher vereinbarte oder die gesetzliche Fälligkeit vereinbaren (OLG Stuttgart MDR 2011, 636; AG Hildesheim AnwBl 1976, 301; aA AG Koblenz FamRZ 2009, 1089).

Finanzgerichtliche Verfahren: Es ist die Anm. IV zu beachten (FG Düsseldorf EFG 1987, 582). Auch → „Abgabenstreit", → „Berufsrecht".

Form: Soweit die Wirksamkeit eines Vertrags von einer Form abhängt, etwa nach § 311b I 1 BGB, entsteht die Einigungsgebühr erst bei einer Einhaltung der Form (LG Hanau AnwBl 1987, 244).

Genehmigung: Sofern die Wirksamkeit eines Vertrags von einer Genehmigung abhängt, etwa derjenigen des gesetzlichen Vertreters oder des Beigeladenen oder des Betreuungsgerichts oder einer Behörde, entsteht die Einigungsgebühr nach der Anm. III allenfalls erst mit der wirksamen Erteilung der Genehmigung, (teils zum alten Recht OLG Hamm Rpfleger 2011, 668; OLG Koblenz VersR 1983, 567; OLG Saarbrücken JurBüro 1991, 378; aA OLG Zweibrücken JurBüro 1983, 226). Auch → Rn. 21–24.

Gerichtsentlastung: Sie braucht nicht einzutreten (BGH NJW 2009, 234).

Gerichtsvollzieher: Seine bloße Ratenbewilligung nach § 802b ZPO oder seine bloße Aussetzung der Verwertung bedeutet **keine** Einigung nach VV 1000 (OLG Kassel DGVZ 2004, 179; AG Euskirchen DGVZ 2005, 29), ebenso wenig sein Auftrag zu einer gütlichen Einigung neben anderen Maßnahmen ohne Bedingung (AG Augsburg DGVZ 2014, 26). Sie kann aber **vorliegen,** soweit auch der Gläubiger auf die Entscheidung des Gerichtsvollziehers nachgebend eingewirkt hat (Enders JurBüro 1999, 58). Auch → „Teilzahlungsvergleich".

Geschäftsgrundlage: Soweit sie nach § 779 I Hs. 2 BGB bei einem Vergleich fehlte, kann auch eine an sich weitergehende Einigung nach VV 1000 wohl meist objektiv **nicht** zustande gekommen sein.

Gesellschaftsvertrag: Das bloße Aushandeln seines Abschlusses, seiner Änderung oder seiner Aufhebung genügt nach → Rn. 8 ff. mangels eines Streits **nicht** (OLG Düsseldorf JurBüro 2001, 87).

Gesetzliche Folge: Soweit die Parteien nur eine ohnehin bereits eingetretene gesetzliche Folge formell bestätigen, liegt **keine Einigung** nach VV 1000 vor. Diese Situation tritt zB dann ein, wenn der Kläger bereits vor dem „Vergleichsabschluss" die Klage nach § 269 III ZPO wirksam zurückgenommen hatte (OLG München MDR 1996, 1194), oder wenn der Kläger eine Erklärung des Beklagten mit der Verpflichtung zu einer Unterlassung annimmt, um einer Klageabweisung wegen des jetzt weggefallenen Rechtsschutzbedürfnisses zu entgehen (OLG Hamburg MDR 1977, 502).

Grund des Anspruchs: Ein Vertrag nach VV 1000 ist auch über ihn möglich, auch erst im Betragsverfahren nach § 304 ZPO (Auslegungsfrage).

Güteverfahren: Auch im Verfahren nach § 15a EGZPO oder VV 2303 Nr. 4 oder nach § 278 ZPO kann eine Einigung zustande kommen (OLG Naumburg JurBüro 2010, 645).

Gutachten: → „Sachverständiger".

Haftungsanteil: Eine Einigung über ihn kann ausreichen, → „Zwischeneinigung". **Nicht ausreichend** ist die Einigung nur zur Höhe des Gesamtschadens.

Jugendamt: → „Behörde".

Klagerücknahme: Eine bloß einseitige Klage- oder Antragsrücknahme ist keine Vereinbarung und somit keine Einigung. Soweit die Einigung dahin geht, dass der Bekl. eine Leistung erbringt und der Kläger deshalb die Klage ganz oder im Rest zurücknimmt, kann ungeachtet der prozessualen Folge des § 269 III 1 ZPO kostenrechtlich doch eine Einigung nach VV 1000 vorliegen, zumal auch § 269 III 2 ZPO kostenmäßig vom „Rechtsstreit" spricht (OLG Koblenz MDR 2007, 245; OLG Nürnberg JurBüro 2000, 583; LG Wuppertal JurBüro 2008, 363; aA LG Koblenz JurBüro 1996, 418; LAG Koblenz MDR 1999, 445; AG Hamburg VersR 2003, 387). Auch die Rücknahme des Scheidungsantrags nach § 141 FamFG kann ausreichen. Ausreichen kann auch eine Klagerücknahme mit einem Verzicht auf den Anspruch unter einer Übernahme der Kosten nebst einer Zustimmung des Gegners zur Rücknahme. Denn sie ist mehr als ein bloßer Anspruchsverzicht (OLG München AGS 2019, 178 = BeckRS 2019, 2002). Ausreichen kann ferner eine bloße „Bereitschaft" des Bekl. zur Kostenübernahme nach § 269 III 2 ZPO bei einer Klagerücknahme (aA OLG Karlsruhe JurBüro 2006, 361), oder nebst einer Kostenübernahme durch einen Dritten. Bei einer Kostenvereinbarung erst nach der Klagerücknahme nach § 269 III 3 ZPO liegt nur ein Kostenvertrag vor. **Nicht ausreichend** ist die bloße Zustimmung zur erfolgten Klagerücknahme (OLG Düsseldorf Rpfleger 2009, 53; OLG Koblenz MDR 2007, 245), oder die bloße Vereinbarung des Ruhens des Verfahrens nebst anschließender Klagerücknahme (OLG Brandenburg Rpfleger 2008, 668) oder wenn Anerkenntnis und Klagerücknahme verschiedene Verfahren betreffen (OLG Stuttgart JurBüro 2021, 356 = BeckRS 2021, 14073). Auch → „Anerkenntnis".

Klageerweiterung: Erfolgt sie nach § 263 ZPO innerhalb einer dann nicht ausgenutzten Widerrufsfrist, bleibt sie unbeachtlich. Etwas anderes gilt dann, wenn die Einigung die Klageerweiterung miterledigt.

Kosten: Es genügt eine Einigung im kleinsten Punkt, etwa bei den Kosten zB nach §§ 91 ff. ZPO (OLG Düsseldorf JurBüro 2012, 301; zum alten Recht OLG Nürnberg JurBüro 2000, 583; ferner VG Regensburg JurBüro 2015, 524). Ausreichend ist auch der Verzicht einer Partei auf einen Kostenerstattungsanspruch (OLG Hamm MDR 1981, 63, Ausnahme: Anm. I 1) oder dessen Zusprechen zugunsten eines Streithelfers nach §§ 66 ff., 101 ZPO (OLG Karlsruhe NJW-RR 1996, 447), oder die Übernahme von objektiv gar nicht entstandenen Kosten.

Kündigung: Ausreichend ist die Erklärung, die Kündigung sei gegenstandslos (LAG München JurBüro 1992, 96), oder man nehme sie „zurück" (LAG Bln MDR 2005, 1379). Ein Schlichtungsspruch hindert nicht (AG Koblenz NJW-RR 2006, 1152).

Kündigungsschutz: Im arbeitsrechtlichen Kündigungsschutzverfahren kann eine Einigung nach VV 1000 auch dann vorliegen, wenn die Parteien nicht die Rechtswirksamkeit, sondern die Gegenstandslosigkeit der angegriffenen Kündigung vereinbaren (LAG München JurBüro 1992, 96), oder wenn die Parteien nach → „Arbeitsrecht" vereinbaren, nach der Kündigungs- oder Klagerücknahme bestehe das Arbeitsverhältnis fort.

Lebenspartnerschaftssache: Es gilt dasselbe wie bei → „Ehesache".

Mahnverfahren: Auch im Mahnverfahren zB nach §§ 688 ff. ZPO kann eine Einigung erfolgen.

Mediation: Eine solche zB nach § 34 kann VV 1000 auslösen (OLG Braunschweig AGS 2007, 127). Dies gilt aber nicht für den Mediator, sondern nur für die als Vertreter beteiligten Rechtsanwälte.

Mietvertrag: Das bloße Aushandeln seiner Entstehung, Änderung oder Aufhebung genügt mangels Streits nach → Rn. 8 ff. nicht.

Musterprozess: Seine Verabredung zB nach dem KapMuG, als maßgeblich reicht (Meyer JurBüro 2009, 241).

Nach einem Urteil: → „Rechtskraft".

Nachlassgericht: Auch vor ihm kann eine Einigung zustande kommen.

Nebenforderung: Soweit eine Einigung über sie erfolgt, kann eine Einigung nach VV 1000 vorliegen.

Nebenintervention: → „Streithelfer".

Nichtigkeit: → Rn. 25, 26.

Öffentliches Recht: Es ist die Anm. IV zu beachten. In diesem Rahmen ist eine Einigung nach VV 1000 nach § 106 VwGO, § 101 I SGG in jedem beliebigen Verfahren wegen einer solchen öffentlich-rechtlichen Streitigkeit möglich, über die die Parteien vertraglich verfügen dürfen. Eine solche Einigung ist zB im Umlegungsverfahren möglich (OLG Frankfurt a. M. AnwBl 1974, 396; AG Frankfurt a. M. AnwBl 1985, 266). Sie ist auch im Verfahren vor einem Entschädigungsgericht nach § 177 BEG grds. zulässig, ferner im Verfahren über einen Erschließungsbeitrag (OVG Nordrhein-Westfalen AnwBl 1993, 639). Ob die Parteien über den Anspruch vertraglich verfügen können, lässt sich nur unter einer Berücksichtigung der Umstände entscheiden. Im Übrigen gilt VV 1002. Auch → „Abgabestreit", → „Beigeladener", „Berufsrecht", → „Daseinsvorsorge", → „Eingriffsverwaltung".

Personensorge: → „Sorgerecht", → „Umgangsrecht".

Privatklage: Es gilt Anm. I 2 und damit VV 4147. Auch → „Strafsache".

Prozesskostenhilfeverfahren: Eine Einigung ist nach § 118 I 3 ZPO auch im Prozesskostenhilfeverfahren zulässig (OLG Hamburg JurBüro 1996, 62). Vgl. im Einzelnen → VV 1003 Rn. 11.

Prozessvergleich: → Rn. 4 ff.

Räumungsfrist: Ihre Einräumung durch den Vermieter kann durch eine Einigung nach VV 1000 erfolgen, (zum alten Recht AG München WuM 1992, 33).

Ratenzahlung: Wird nur eine Vereinbarung zur Ratenzahlung getroffen, entsteht nur die reduzierte Gebühr nach VV 1000 Nr 2. Auch→ „Teilzahlungsvertrag".

Rechtsfrage: Eine Ungewissheit nach → Rn. 8 ff. kann auch wegen einer Rechtsfrage vorliegen. Es muss aber nach → „Verzicht" insofern eine endgültige Einigung zu irgendeinem Teil des Streits in der Sache selbst erfolgen.

Rechtshängigkeit: Eine solche zB nach § 261 ZPO ist nach → Rn. 8 ff. nicht erforderlich.

Rechtskraft: Bis zu ihrem formellen Eintritt nach § 705 ZPO ist eine Einigung noch möglich, wenn auch nach dem Urteil allenfalls in der höheren Instanz oder außergerichtlich, etwa zwischen den Instanzen. **Nach** ihrem Eintritt ist grds. **kein** Streit und keine Ungewissheit der Parteien über das betreffende Rechtsverhältnis nach VV 1000 Nr. 1 mehr vorhanden. Indessen können neue Streitfragen auftauchen und zumindest zu einer solchen Unsicherheit über die Verwirklichung eines Anspruchs führen, die der Ungewissheit eines Rechtsverhältnisses gleichsteht, etwa zur Zulässigkeit eines Wiedereinsetzungsgesuch nach §§ 233 ff. ZPO, einer Vollsteckungsabwehrklage nach § 767 ZPO, einer Wiederaufnahmeklage nach §§ 578 ff. ZPO. Auch ist ein Ratenzahlungsvertrag auch nach dem Eintritt der Rechtskraft nach → „Teilzahlungsvergleich" zulässig. Auch → „Durchsetzbarkeit", → „Rechtsmittelrücknahme".

Rechtsmittelrücknahme: Ausreichend ist eine Rechtsmittelrücknahme der einen Partei zB nach § 516 ZPO (OLG Koblenz JurBüro 1991, 535), der Verzicht der anderen auf einen weitergehenden Anspruch (OLG Frankfurt a. M. MDR 1977, 599; LG Tübingen AnwBl 1998, 346), oder auf die Erstattung ihrer Kosten (OLG Hamm JurBüro 2002, 364), es kann ein Verzicht auch auf die Vergleichsgebühren vorliegen (LG Saarbrücken MDR 2013, 307), oder die Einigung auf eine vom Gesetz abweichende Kostenfolge (OLG Düsseldorf AnwBl 2009, 72). Ausreichend ist auch eine Rechtsmittelrücknahme wegen einer inzwischen erfolgten oder versprochenen Leistung des Gegners (VGH Hessen AnwBl 1984, 52; LG Berlin AnwBl 1984, 450; aA OLG Hamm AGS 2002, 173). Ausreichend ist ferner eine Rechtsmittelübernahme wegen eines Verzichts des Rechtsmittelbeklagten auf die Vollstreckung für längere Zeit (LG Berlin VersR 1989, 409). Ausreichend sind erst recht die Rücknahmen der wechselseitigen Rechtsmittel (OLG Hamm JurBüro 2000, 528). Ausreichend ist auch die bloße Einwilligung in die Rechtsmittelrücknahme des Gegners.

Rechtsmittelverzicht: Es kommt auch zB bei § 515 ZPO auf die Umstände der Einigung an (aA OLG Saarbrücken Rpfleger 2012, 470).

Rechtsschutzbedürfnis: Es kann dann eine Einigung nach VV 1000 vorliegen, wenn der Kläger eine Erklärung des Bekl. mit einer Verpflichtung zu einer Unterlassung nur deshalb annimmt, um einer Klagabweisung wegen des jetzt weggefallenen Rechtsschutzbedürfnisses zu entgehen. Denn es kommt nicht auf ein Nachgeben an, (je zum alten Recht OLG Frankfurt a. M. AnwBl 1978, 467; Schmidt AnwBl 1984, 306).

Revisionsrücknahme: → „Rechtsmittelrücknahme".

Rücktritt: → Rn. 22 ff.

Ruhen des Verfahrens: Nicht ausreichend ist eine bloße Einigung auf ein Ruhen nach § 251 ZPO nebst anschließender Klagerücknahme nach § 269 ZPO (OLG Brandenburg Rpfleger 2008, 668).

Sachverständiger: Beim Streit über seine Eignung usw. zB nach §§ 406 ff. ZPO kann eine Einigung vorliegen, soweit sich die Parteien auch seiner Sachbeurteilung als Schiedsgutachter nach § 1025 ZPO beugen wollen (KG JurBüro 1985, 1499; OLG Koblenz JurBüro 1986, 1526; LAG Düsseldorf JurBüro 2000, 529; aA OLG Stuttgart JurBüro 1984, 550), aber der Sachverständige ist kein Richter, dem man sich auch formell beugen müsste.

Sanierung: Maßgeblich ist zunächst die Anm. IV.

Es liegt dann **keine Einigung** nach VV 1000 vor, wenn ein im Sanierungsgebiet liegendes Grundstück vor der Aufstellung oder wenigstens vor der Auslegung des Entwurfs des Bebauungsplans an den Sanierungsträger verkauft wird (BGH NJW 1980, 889).

Scheidungsvereinbarung: → Rn. 21.

Schiedsgutachter: → „Sachverständiger".

Schiedsvereinbarung: Die bloße Einigung auf ein Schiedsgericht nach § 1029 ZPO beseitigt den Streit oder die Ungewissheit zur Hauptsache noch **nicht,** auch nicht teilweise. Sie klärt vielmehr nur, wie die Parteien den Streit usw. weiter prüfen lassen wollen. Wird mit der Schiedsvereinbarung der Rechtsstreit beendet, so entsteht die Einigungsgebühr

Schuldenbereinigung: → „Außergerichtliche Einigung".

Selbständiges Beweisverfahren: Ein solches nach §§ 485 ff. ZPO reicht für VV 1000 (keine Ermäßigung, VV 1003).

Sittenwidrigkeit: → Rn. 25.

Sorgerecht: Die nach § 1671 BGB evtl. das Gericht bindende wirkliche erst im Ergebnis entstandene Vereinbarung der Eltern genügt (OLG Hamm JurBüro 2013, 79; OLG Naumburg FamRZ 2014, 1939; OLG Oldenburg FamRZ 2014, 1938; krit. Spangenberg FamRZ 2015, 435; aA OLG Düsseldorf JurBüro 2008, 416; OLG Zweibrücken JurBüro 2002, 530 mangels Beteiligtenherrschaft). Aber die Einigung der Eltern gibt durchweg auch für das FamG den Ausschlag. Das gilt auch bei der Notwendigkeit einer gerichtlichen Bestätigung (OLG Bremen MDR 2009, 1341; OLG Naumburg JurBüro 2013, 305). Es gilt auch im Beschwerdeverfahren (OLG Schleswig JurBüro 2008, 415). Es gilt auch dann, wenn Dritte sie vorbereitet hatten (OLG Bamberg FamRZ 1988, 1193). **Keine** Einigungsgebühr entsteht bei einer bloßen Zustimmung ohne Bedenken (OLG Hamm JurBüro 2013, 79), oder dann, wenn sich die Beteiligten nur wegen eines Teils der Kinder einigen (OLG Celle MDR 2013, 1286; OLG Zweibrücken JurBüro 2005, 645), oder bei einer Entscheidung nach §§ 1666, 1666a BGB (OLG Brandenburg AGS 2019, 268 = BeckRS 2019, 11065; OLG Brandenburg BeckRS 2020, 35747; OLG Celle FamRZ 2011, 246; OLG Hamm MDR 2014, 37; OLG Stuttgart MDR 2011, 699; AG Fulda BeckRS 2020, 48203; nach **aA** wird jede Kindschaftssache und damit auch §§ 1666, 1666a BGB von VV 1000 erfasst; KG AGS 2019, 267 = BeckRS 2019, 9346; OLG Karlsruhe AGS 2019, 453 = BeckRS 2019, 17358; OLG Frankfurt a. M. JurBüro 2021, 408 = BeckRS 2021, 15001; OLG Hamburg 1.7.2021 – 2 WF 46/21, BeckRS 2021, 23954), oder bei § 1688 I BGB (OLG Koblenz FamRZ 2017, 1958). Der Wortlaut der Anm. V 3 ist insoweit eindeutig und es erfolgt keine Differenzierung einzelner Kindschaftssachen. Ungenügend ist auch eine bloße Zwischeneinigung (aA KG FamRZ 2014, 1940; OLG Oldenburg FamRZ 2014, 1939; OLG Zweibrücken FamRZ 2014, 1939, aber es liegt eben keine abschließende Regelung vor) Etwas anderes gilt dann, wenn durch die Zwischeneinigung eine gerichtliche Entscheidung entbehrlich wird (OLG Hamburg AGS 2020, 505 = BeckRS 2020, 15975). Auch → „Umgangsrecht".

Sozialgericht: Es ist die Anm. IV zu beachten.

Sozialplan: Sein Abschluss stellt jedenfalls **keinen** Vergleich nach § 779 BGB dar (BAG BB 1999, 426, ArbG Berlin NZA 2006, 543) und mangels Bestehens eines Rechtsverhältnisses entsteht auch keine Einigungsgebühr (BAG AGS 1999, 426;

Strafsache: Eine wirksame Einigung ist sowohl nach der Entscheidung zur Geldstrafe als auch vor allem bei vermögensrechtlichen Ansprüchen möglich (OLG Dresden JurBüro 2017, 128).

Streithelfer: Eine Einigung nach VV 1000 zwischen den Parteien kann, muss aber nicht auch eine Einigung über das Rechtsverhältnis zum Streithelfer nach §§ 66 ff. ZPO enthalten, wenn auch evtl. nur zu einer Kostenfrage. Die Gebühr entsteht für den Streithelfer nur, wenn die Einigung auch eine Regelung zum Rechtsverhältnis des Streithelfers enthält (OLG Düsseldorf JurBüro 2012, 301; KG JurBüro 2007, 360; OLG Koblenz MDR 2002, 296; strenger OLG München JurBüro 1990, 1619; OLG Stuttgart Justiz 1999, 396). Auch → „Kosten".

Stundung: Für VV 1000 genügt nach Nr. 2 eine Einigung bei der Stundung, also einer Form von Zahlungsvereinbarung. Der Schuldner kann gleichzeitig zB außerdem auf Einwendungsmöglichkeiten verzichten (LG Berlin JurBüro 1985, 545; LG Heidelberg JurBüro 1986, 1166), oder er mag irgendeine Sicherheit leisten (OLG Hamburg JurBüro 1983, 1039; LG Koblenz JurBüro 1990, 1620).

Teileinigung: Anwendbar sein kann VV 1000 trotz des nur scheinbar entgegenstehenden Begriffs „Beseitigung des Streits über ein Rechtsverhältnis" in VV 1000 Nr. 1. Denn auch eine teilweise Einigung kann eine eben wenigstens teilweise Beseitigung bedeuten (OLG Brandenburg JurBüro 2017, 522). Die Anm. spricht nicht von „gänzlicher" oder „völliger" oder „restloser" Beseitigung. Unter Rechtsverhältnis kann auch ein teilweises Rechtsverhältnis verstanden werden. Es ist eine Beziehung zwischen mindestens zwei Parteien, nicht weniger, aber auch nicht mehr. Wie § 301 I 1 ZPO zeigt, darf und muss das Gericht zumindest im Zivilprozess sogar durch ein Teilurteil unter den dortigen Voraussetzungen befinden. Die Teilbarkeit ist nötig, aber evtl. auch ausreichend. Über sie BeckOK ZPO/Elzer ZPO § 301 Rn. 19 ff. Durch eine Einigung kann ein **bestimmter Teil** des

Streitstoffs erledigt werden (OLG Celle MDR 2015, 984; OLG Karlsruhe NZFam 2015, 324), zB die Hauptsache oder einen Unterhaltsanspruch für einen bestimmten Teilzeitraum. Das gilt selbst dann, wenn die Kostenfrage offenbleibt. Ein Teilgesamtvergleich beseitigt verschiedene Streitpunkte, aber nicht alle, zB Teile mehrerer streitiger Gegenstände oder den einen ganz, den anderen zum Teil. Demgegenüber beseitigt eine Gesamteinigung die gesamte Streitigkeit. Auch in einem „Teilvergleich" kann etwa bei einer Vereinbarung seiner Regeln für den Rest eine Gesamteinigung liegen. Auch ein Teilerlass kann ausreichen (OLG München MDR 1999, 1286). Bei mehreren Teileinigungen in derselben Angelegenheit ist § 15 III zu beachten.

Teilzahlungsvertrag: Eine Einigungsgebühr kann nach VV 1000 Nr. 1zB in folgenden Situationen einer „Zahlungsvereinbarung" entstehen (OLG München RVG Report 2014, 410). Rechtspolitisch Henke AnwBl 2011, 289.

– **(Abfindung):** → „Abfindung".
– **(Abtretung):** Vorliegen kann eine Einigung nach Nr. 1 dann, wenn der Schuldner den nach §§ 850 ff. ZPO pfändbaren Teil seines Arbeitseinkommens an den Gläubiger abtritt (KG Rpfleger 2005, 697; LG Frankenthal JurBüro 1980, 1668; LG Fulda JurBüro 1984, 255; aA LG Wuppertal DGVZ 1996, 94; AG Birkenfeld DGVZ 1985, 175; AG München DGVZ 1982, 13, aber die Abtretung ist ein Nachgeben über die Zahlungspflicht hinaus), oder wenn er einen Steuererstattungsanspruch abtritt (LG Heidelberg Rpfleger 1984, 36; LG Osnabrück DGVZ 1992, 121; aA LG Hannover JurBüro 1987, 1789).
– **(Bürgschaft):** Vorliegen kann eine Einigung dann, wenn der Schuldner eine Bürgschaft beibringt.
– **(Gegenforderungsverzicht):** Vorliegen kann eine Einigung dann, wenn der Schuldner zB auf Grund eines Gutachtens eine eigene Gegenforderung aufgibt und einen Teilbetrag anbietet.
– **(Gerichtsvollzieher):** → „Gerichtsvollzieher".
– **(„Kostenübernahme"): Fehlen** kann eine Einigung dann, wenn der Schuldner mit der „Übernahme der Kosten des Teilzahlungsvergleichs" nach § 99 ZPO in Wahrheit gar nichts Neues oder Zusätzliches übernimmt (OLG München JurBüro 1993, 156; LG Berlin JurBüro 1997, 367; LG Wuppertal JurBüro 1988, 260).
– **(Mehrere Vereinbarungen):** Enders JurBüro 2017, 169 (Üb.).
– **(Keine Mehrzahlungsbereitschaft): Fehlen** kann eine Einigung dann, wenn der Versicherer einen Teilbetrag zahlt, aber eine Mehrzahlung ablehnt (aA AG Ansbach AnwBl 1978, 70).
– **(Rechtsbehelfsverzicht):** Vorliegen kann eine Einigung dann, wenn der Schuldner zB wegen einer Bereitschaft des Gläubigers zum Stillhalten auf die Möglichkeit eines Rechtsbehelfs verzichtet (LG Heidelberg JurBüro 1988, 1166; LG Koblenz JurBüro 1990, 1620; AG Bingen DGVZ 1991, 79).
– **(Rücknahme):** → „– (Widerspruchsrücknahme)".
– **(Sicherheitsabrede):** Wird zusammen mit einer Teilzahlungsvereinbarung auch eine Sicherheit geleistet (zB Sicherungsabtretung des Lohnanspruchs) und eine entsprechende Sicherungsabrede getroffen, so liegt eine Einigung vor (LG Gera AGS 2020, 322 mAnm von Schneider).
– **(Sicherheitsleistung):** Vorliegen kann eine Einigung dann, wenn der Schuldner zB nach §§ 108 ff., 707 ff. ZPO eine Sicherheitsleistung erbringt (KG JurBüro 2006, 530; Enders JurBüro 1999, 58).
– **(Stillhalten):** Vorliegen kann eine Einigung dann, wenn sich der Gläubiger unter einer Beschränkung auf einen Teil der bisherigen Forderung verpflichtet, bei einer pünktlichen Ratenzahlung stillzuhalten (LG Tübingen AnwBl 1998, 347; Bräuer JurBüro 2008, 65; aA BGH NJW 2006, 3640; AG Nürnberg VersR 1983, 474).
– **(Stillschweigende Vereinbarung): Fehlen** kann eine Einigung bei einer nur solchen Verhaltensweise des Schuldners (AG Heidelberg DGVZ 2012, 127; aA AG Heidelberg DGVZ 2016, 113).
– **(Teileinzug): Fehlen** kann eine Einigung dann, wenn der Gläubiger nur einem Teileinzug nach § 802b ZPO zustimmt (LG Koblenz DGVZ 2005, 170; AG Bersenbrück DGVZ 2006, 203).

– **(Teilverzicht nebst Teilzahlung): Fehlen** kann eine Einigung dann, wenn ein Teilverzicht und eine Teilzahlung zusammentreffen (OLG München MDR 1999, 1286; LG München JurBüro 1999, 81).
– **(Bloße Teilzahlungsbereitschaft): Fehlen** kann eine Einigung dann, wenn sich der Schuldner nur zu Teilzahlungen verpflichtet oder bereit erklärt (OLG Hamm JurBüro 2005, 588; AG Bad Hersfeld DGVZ 2007, 75; AG Nidda DGVZ 2007, 75).
– **(Verzicht):** → „– (Gegenforderungsverzicht)", „– (Rechtsbehelfsverzicht)".
– **(Widerspruchsrücknahme):** Vorliegen kann eine Einigung dann, wenn der Schuldner seinen Widerspruch gegen einen Mahnbescheid nach § 694 ZPO zurücknimmt (KG Rpfleger 2005, 697).
– **(Zahlungsmodalitäten): Fehlen** kann eine Einigung dann, wenn es nur um Einzelfragen der Zahlung geht (AG Koblenz DGVZ 2012, 127; AG Plön DGVZ 2011, 135).
– **(Zahlungsvereinbarung):** Es gilt VV 1000 Nr. 2 (Enders JurBüro 2013, 561 (ausf.); aA AG Obernhof JurBüro 2013, 586).
– **(Zinsaufschlag): Fehlen** kann eine Einigung dann, wenn der Schuldner einem Zinsaufschlag zustimmt (KG JurBüro 1981, 1361; LG Berlin JurBüro 1985, 545).
– **(Zwangsvollstreckung):** Vorliegen kann eine Einigung auch im Zwangsvollstreckungsverfahren nach §§ 704 ff. ZPO (OLG Jena JurBüro 2006, 473; LG Tübingen DGVZ 2006, 61; Hergenröder DGVZ 2011, 122; aA LG Bonn DGVZ 2006, 62; AG Düsseldorf DGVZ 2013, 219 (zu § 788 ZPO); AG Wiesbaden DGVZ 2007, 159 zu § 806 ZPO. Aber ein Nachgeben ist nicht mehr nötig). **Fehlen** kann eine Einigung dann, wenn der Gerichtsvollzieher einen Zahlungsplan nach § 802b ZPO abschließt (AG Stockach DGVZ 2017 63).

Übereinstimmende Erledigterklärungen: → „Erledigung der Hauptsache".

Umgangsrecht: Vorliegen kann eine Einigung bei einer Regelung (OLG Celle MDR 2015, 984; OLG Köln FamRZ 2009, 539; OLG Saarbrücken NJW-RR 2012, 522; aA LG Hannover FamRZ 2003, 467, aber auch dann ist kein gegenseitiges Nachgeben mehr nötig). Dasselbe gilt aber auch beim ehelichen Kind (OLG Düsseldorf JurBüro 1997, 636; OLG Koblenz JurBüro 1997, 633; OLG Oldenburg JurBüro 2001, 587). Das gilt auch bei einer Umgangseinigung im Sorgerechtsverfahren (OLG Stuttgart JurBüro 1998, 472; und bei § 138 FamFG; OLG Brandenburg JurBüro 2006, 474; OLG Zweibrücken JurBüro 2006, 589). Auch → „Sorgerecht".

Unterhalt: Vorliegen kann eine Einigung (OLG Brandenburg JurBüro 2009, 592; OLG Frankfurt a. M. FamRZ 2007, 843; OLG Koblenz NJW 2006, 850), nach der Anm. V 2 auch beim ehelichen oder nachehelichen Unterhalt. Dabei ist die dortige Wertanweisung zu beachten. Fehlen kann eine Einigung bei einem Trennungsunterhaltsverfahren und einem gleichzeitigen Scheidungsverfahren (OLG Koblenz FamRZ 2017, 322).

Unterlassung: Wird nur ein Unterlassungsanspruch klageweise geltend gemacht, so entsteht keine Einigungsgebühr, wenn der Schuldner die Unterlassungserklärung abgibt und in Folge dessen die Klage zurückgenommen oder für erledigt erklärt wird (OLG München AGS 2019, 178 = BeckRS 2019, 2002; OLG Frankfurt a. M. AGS 2019, 320).

Unterwerfung: Sie kann für eine Einigung nach VV 1000 ausreichen (LAG Düsseldorf JurBüro 2000, 529). Aber auch → „Anerkenntnis".

Verfahrensabsprache: Sie kann eine Einigung darstellen, zB für einen Musterprozess oder für eine Nichteinlegung eines Rechtsmittels oder für eine Antragsrücknahme oder über die Vereinbarkeit eines Gutachtens nach → „Sachverständiger".

Vergleich: → Rn. 4 ff.

Vergleich mit einem Dritten: Ein solcher Vergleich kann nach → Rn. 12 ausreichen.

Verkehrsunfall: Auch seinetwegen kann VV 1000 entstehen (Enders JurBüro 2005, 617; Jungbauer FS Madert, 2006, 133 (je: ausf.)).

Vermögensrechtlicher Anspruch: → „Strafsache".

Versorgungsausgleich: → „Ehesache".

Vertrag: Eine Einigung nach VV 1000 kann im Entwurf eines dann auch geschlossenen Vertrags mit der Beseitigung (auch) einer Unsicherheit liegen (BGH FamRZ 2009, 325).

Verwaltungsgericht: Es ist die Anm. IV zu beachten. Eine Einigung nach VV 1000 kann einen bürgerlich-rechtlichen Anspruch mit umfassen und sich auch auf die Kostenregelung beschränken. Auch → „Abgabenstreit", → „Beigeladener", „Berufsrecht", → „Daseinsvorsorge", → „Eingriffsverwaltung".

Verwirkung: → Rn. 23.

Verzicht: Eine Einigung nach VV 1000 kann auch darin liegen, dass der Gläubiger nach § 306 ZPO sachlich-rechtlich vorprozessual oder prozessual auf einen Anspruch verzichtet (OLG Dresden FamRZ 2009, 1782; KG MDR 2014, 500; OLG Saarbrücken FamRZ 2008, 1464 (auch zu den Grenzen); aA OLG Brandenburg JurBüro 2017, 522), oder dass der Gläubiger auf eine Kostenerstattung verzichtet (LAG Köln NZA-RR 2006, 44). Auch ein Honorarverzicht eines Prozessbevollmächtigten nach § 81 ZPO kann hierher gehören (OLG Köln JurBüro 2006, 589). Auch ein Teilverzicht kann ausreichen, etwa darauf, den Anspruch auch auf eine unerlaubte Handlung zu stützen, oder auf Vollstreckungsmaßnahmen nach der Anm. I 1. Die Grenzen liegen dort, wo die Parteiherrschaft nach der Anm. IV endet (Musielak/Voit/Lackmann ZPO Vor § 704 Rn. 11). Im Übrigen ist ein bloßer Verzicht für VV 1000 nach der Anm. I 1 unzureichend (BGH BB 2006, 2780; OLG Celle MDR 2008, 713; AG Bremen ZMR 2013, 836). Das gilt zB für einen Verzicht auf die Weiterverfolgung (OLG Stuttgart JurBüro 2006, 135), oder auf die sofortige Einleitung der Zwangsvollstreckung (AG Neu-Ulm DGVZ 2005, 47). Daran ändert sich nach dem eindeutigen Sinn der letzteren Vorschrift auch nichts dadurch, dass ein sachlich-rechtlicher vertraglicher Anspruchsverzicht nach dem Wortlaut von § 397 I, II Erlassvertrag heißt. Auch → „Einspruch".

Vollstreckbarer Anwaltsvergleich: → Rn. 19, 20.

Vollstreckungsabwehrklage: Schon ihre Möglichkeit nach § 767 ZPO eröffnet die Entstehung einer etwaigen Einigung.

Vollstreckungstitel: Seine Entstehung nach §§ 704, 794 ZPO usw. bedeutet nicht stets eine Einigung nach VV 1000. Andererseits ist eine solche Einigung nicht stets von seiner Vollstreckbarkeit abhängig (BGH BB 2007, 1302; OLG Frankfurt a. M. JurBüro 1982, 716).

Vollstreckungsvertrag: Er ist im Rahmen der in der Zwangsvollstreckung begrenzten Parteiherrschaft zulässig (Musielak/Voit/Lackmann ZPO Vor § 704 Rn. 11, Kuhles/Kaltenbach AnwBl 2010, 207, unvollständig zitierend). Das gilt vor allem für einen Raten- oder Teilzahlungsvertrag, → „Teilzahlungsvertrag".

Vorbehalt: → Rn. 23.

Vorgreiflichkeit: Ausreichend kann eine Vereinbarung sein, dass der Ausgang eines erst bevorstehenden Prozesses auch für weitere Streitfragen gleicher Art maßgebend sein soll. Denn damit beseitigen die Parteien ebenfalls eine Ungewissheit nach VV 1000 Nr. 1, wenn auch erst für die Zukunft (LAG Düsseldorf JurBüro 2000, 529). Auch → „Arrest, einstweilige Verfügung".

Widerruf: → Rn. 23.

Zahlungsfähigkeit: Auch ihretwegen kann eine Ungewissheit nach VV 1000 Nr. 1 vorliegen.

Zahlungsvereinbarung: → „Teilzahlungsvertrag".

Zahlungswilligkeit: Für eine Einigung nach VV 1000 reicht eine nunmehr eingeräumte Zahlungsbereitschaft aus (LG Itzehoe AnwBl 2000, 696; LG Wuppertal DGVZ 2008, 185).

Zinsen: Ausreichend ist eine Einigung bei den Zinsen (AG Hildesheim AnwBl 1976, 301).

Zurückbehaltungsrecht: Ausreichend ist der Verzicht auf seine Ausübung. Ein bloßer Verzicht ist für VV 1000 nach der Anm. I 1 unzureichend.

Zuständigkeit: Es ist zu prüfen, ob über die Zuständigkeit ein Streit herrschte und ob die Vereinbarung eines bestimmten Gerichts zB nach § 38 ZPO wenigstens bei einem der Beteiligten ein Nachgeben darstellt (großzügiger Gerold/Schmidt/Müller-Rabe Rn. 161).

Zwangsversteigerung: → „Verzicht", „Vollstreckungsvertrag".

Zwangsverwaltung: → „Verzicht", „Vollstreckungsvertrag".
Zwangsvollstreckung: Zumindest bei einer nur vorläufigen Vollstreckbarkeit nach §§ 708 ff. ZPO kann eine Einigung eintreten. Eine vorherige Unsicherheit über die Erfolgsaussicht einer Maßnahme reicht (LG Wuppertal DGVZ 2008, 185). Auch → „Teilzahlungsvertrag", → „Verzicht", „Vollstreckungsabwehrklage", „Vollstreckungsvertrag".
Zwingendes Recht: Es ist die Anm. IV zu beachten.
Zwischeneinigung: Dazu Meyer JurBüro 2010, 520 (Üb.). Soweit er nur eine solche Zwischenlösung bringt, die für sich noch keine Beilegung des Rechtsstreits oder eines Teils darstellt, sondern die zB nur eine vorläufige Lösung oder gar nur eine Verfahrensfrage betrifft, entsteht keine Einigungsgebühr (OLG Brandenburg AGS 2003, 206; OLG Jena JurBüro 2015, 640; LAG Düsseldorf JurBüro 2000, 529; großzügiger OLG Celle MDR 2015, 984; OLG Zweibrücken NZFam 2014, 654). Etwas anderes gilt, sofern die Zwischeneinigung bereits eine praktisch dauerhafte oder gar eine endgültige Regelung eines Teils des gesamten Streits nach → „Teileinigung" herbeiführt (OLG Hamm MDR 2012, 1468; OLG Koblenz FamRZ 2017, 319; OLG Köln FamRZ 2009, 715; aA OLG Stuttgart JurBüro 1984, 550, aber dann liegt insofern sogar ein endgültiges Nachgeben vor). Eine Einigungsgebühr kann auch dann entstehen, wenn die endgültige Regelung auch nur für eine bestimmte Zeit gelten soll, etwa in einer Ehesache für die Dauer des Verfahrens wegen des Unterhalts.

2. ABC zur Mitwirkung

Abraten von Einigung: Eine Anwaltstätigkeit kann beim anschließenden Durchsetzen einer günstigeren Bedingung doch mit ursächlich für den Enderfolg gewesen sein, → „Rat". **45**

Eine Mitwirkung liegt dann **nicht** vor, wenn der Anwalt nur von der Einigung abgeraten hat, wenn er also ihren Abschluss nicht gefördert, sondern eher erschwert hat, so dass sie nicht wegen, sondern trotz der Tätigkeit des Anwalts zustande gekommen ist.

Abraten vom Widerruf: Diese Tätigkeit kann die Einigungsgebühr auslösen (OLG Frankfurt a. M. AnwBl 1983, 187; OLG Schleswig SchlHA 1982, 143; OLG Stuttgart AnwBl 1980, 263).
Abweichung von Einigung: Eine nicht nur ganz unwesentliche Abweichung ist **keine** Mitwirkung. Nur eine erlaubte Abweichung wäre noch auftragsgemäß. Der Gesichtspunkt einer Geschäftsführung ohne Auftrag ist zu beachten.
Anderer Prozess: Soweit die Parteien in der Einigung einen anderweitig anhängigen Rechtsstreit mit beenden, muss der Anwalt nicht an jenem anderen Rechtsstreit beteiligt gewesen sein. Er muss aber bei der Einigung mitgewirkt haben. Ein Anwalt, der in einem jener anderen Rechtsstreite tätig war, kann die für die Mitwirkung bei der jetzigen Einigung etwa verdiente Einigungsgebühr nur im vorliegenden Verfahren geltend machen.
Anwaltsvergleich: → Rn. 33.
Anwaltswechsel: → „Mehrheit von Anwälten", → „Verkehrsanwalt".
Anwesenheit: Sie allein reicht **nicht** aus (LG Frankfurt a. M. Rpfleger 1985, 166).
Auftragsüberschreitung: Soweit der Anwalt über seinen Auftrag hinausgegangen ist, etwa die Einigung gegen den Willen seines Auftraggebers abgeschlossen oder ein Rechtsmittel zB nach § 516 ZPO zurückgenommen hat, liegt grds. **keine** Mitwirkung nach VV 1000 vor. Es ist allerdings das evtl. vorhandene Recht des Anwalts zu beachten, von den Weisungen des Auftraggebers dann abzuweichen, wenn er nach §§ 665, 675 I 1 BGB den Umständen nach annehmen darf, dass der Auftraggeber bei einer Kenntnis der Sachlage die Abweichung billigen werde, vgl. auch §§ 678 ff. BGB. Insofern sind allerdings strenge Anforderungen zu stellen.
Bemühung: Der Anwalt muss irgendwelche Bemühungen mit dem Ziel des Zustandekommens einer Einigung nach VV 1000 vorgenommen haben (OLG Frankfurt a. M. VersR 1981, 138; AG Hamburg AnwBl 1989, 399; OVG Hamburg Rpfleger 2008, 46, „Hamburger Vergleich" bei Hochschulzulassung). Es genügt dann, dass die Einigung im Großen und Ganzen mit dem Vorschlag des Anwalts

oder seinen Bemühungen übereinstimmt (OLG München JurBüro 2009, 487; LG Köln BB 1999, 1929).
- **(Abraten):** → „Abraten von Einigung".
- **(Beratung):** Ausreichen kann sie (OVG Nordrhein-Westfalen NJW 2011, 3113).
- **(Briefwechsel):** Ausreichen kann er.
- **(Einigungsrat):** Nicht ausreichend ist ein solcher allgemeiner Rat. Denn dann kann die Ursächlichkeit fehlen.
- **(Entwurf):** Ausreichen kann seine Anpassung oder sonstige Überprüfung des Entwurfs seiner Partei (OLG Karlsruhe AnwBl 2003, 116).
- **(Ohne diesen Anwalt):** Ausreichen kann es auch dann, wenn sich der Auftraggeber entschließt, die Einigung ohne Anwalt oder doch ohne den bisherigen herbeizuführen. **Nicht** ausreichend ist es, wenn der Anwalt mitteilt, die Verhandlungen seien gescheitert, und wenn die Einigung dann doch noch ohne ihn zustande kommt, gar mit ganz anderem Inhalt (OLG Koblenz JurBüro 1992, 603), es sei denn, die Inhaltsänderung wäre ganz gering. Die Ursächlichkeit **fehlt** auch, soweit sich die Parteien zur entscheidenden Besprechung gerade ohne den Anwalt treffen, sei es allein, sei es vor dem Gericht, und wenn sie dann auch so ohne den Anwalt zur Einigung kommen.
- **(Telefonat):** Ausreichen kann es.
- **(Verhandlung):** Es ist eine solche mit dem Gegner nicht unbedingt nötig (Enders JurBüro 1999, 58; Meyer JurBüro 2002, 241). Auch → „Scheitern von Verhandlungen".

Beratung: Sie kann ausreichen, → Rn. 33.

Empfehlung: Eine nur allgemeine Empfehlung reicht **nicht** aus.

Genehmigung: Die Besorgung einer notwendigen Genehmigung reicht als Mitwirkung grundsätzlich aus.

Glaubhaftmachung: Sie kann ausreichen, strenger LSG Nordrhein-Westfalen JurBüro 2015, 470 (aber sie kann zB im Eilverfahren durchaus entscheidend sein).

Information: Ihre bloße Erteilung mag für eine Gebühr VV 1000 **unzureichend** sein (OLG Frankfurt a. M. JurBüro 1983, 573).

Insolvenzverwalter: → Rn. 29.

Instanz: Die Parteien müssen die Einigung grds. in derjenigen Instanz abschließen, für die der Auftraggeber den Anwalt bestellt hat (OLG München Rpfleger 1980, 202). Es reicht allerdings ausnahmsweise aus, dass der Anwalt die Verhandlungen mit dem Gegner eingeleitet hat oder dass der etwa gesondert beauftragte gegnerische Rechtsmittelanwalt die Verhandlungen mit dem erstinstanzlichen Anwalt eingeleitet hat (OLG Koblenz JurBüro 1991, 535), oder dass der Anwalt als Verkehrsanwalt beratend und vermittelnd mitgewirkt hat, → „Verkehrsanwalt".

Korrespondenz: Sie kann ausreichen, also für den Verkehrsanwalt nach → „Verkehrsanwalt".

Kündigungsrücknahme: Sie kann ausreichen (LAG Bln MDR 2005, 1379).

Mehrheit von Anwälten: Eine solche nach § 6 ist unschädlich, mag sie gleichzeitig oder in zeitlicher Reihenfolge vorliegen (Anwaltswechsel). Jeder kann an der Einigung mitgewirkt haben (OLG Hamburg MDR 1984, 949). Auch → „Verkehrsanwalt".

Mitteilung: Zunächst → „Bemühung". Die bloße Mitteilung eines Vorschlags des Gerichts oder des Gegners an den Auftraggeber ohne eine allgemeine Stellungnahme oder begrenzt auf den allgemeinen Rat einer Einigung ist **keine** Mitwirkung nach VV 1000. Die bloße Mitteilung an das Gericht, dass sich die Parteien geeinigt hätten, reicht **nicht** aus, soweit der Anwalt an dem Zustandekommen der Einigung nicht mitgewirkt hat. Das gilt selbst dann, wenn er in einer Ausführung der Einigung die Zurücknahme des Rechtsmittels zB nach § 516 ZPO erklärt. Die bloße Mitteilung der Teilnahme an einem bevorstehenden oder stattgefundenen Sühnetermin reicht **nicht** aus. Aber auch → „Protokoll".

Protokoll: Die Mitwirkung des Anwalts bei der gerichtlichen Protokollierung einer Einigung zB nach §§ 159 ff. ZPO reicht aus, auch wenn die Parteien den Inhalt zuvor selbst untereinander vereinbart hatten (aA OLG Brandenburg FamRZ 1996, 681; OLG Bremen JurBüro 1980, 1667; OLG Düsseldorf JurBüro 1993, 728, aber die Protokollierung hat meist sogar einen wesentlichen Anteil). Ein Protokoll ist meist nötig (BGH NJW 2002, 3713; OLG Nürnberg JurBüro 2006, 76). Das gilt auch beim Vergleich ab einer Festsetzungsgrundlage (OLG München MDR 2007, 1226).

Prozesskostenhilfe: Der im Weg der Prozesskostenhilfe nach § 121 ZPO beigeordnete Anwalt kann eine Einigungsgebühr von der Staatskasse verlangen, soweit das Gericht ihn für denjenigen Rechtszug beigeordnet hat, in dem die Einigung zustande kommt, und zwar im Umfang seiner Beiordnung, dann auch nach → § 48 Rn. 93 ff., 100 für einen außergerichtlichen Vertrag (BGH VersR 1988, 941; OLG Brandenburg JurBüro 1996, 23; OLG Köln Rpfleger 1997, 187; aA Schneider MDR 1985, 815, aber die Beiordnung erstreckt sich meist auch darauf). Vgl. → Rn. 44 „Prozesskostenhilfe", → VV 1003 Rn. 11.

Rat: Bei einem Rat ist zu unterscheiden, ob es sich um einen allgemeinen Rat hat (der nicht für VV 1000 ausreicht) oder einen abratenden Rat (→ Abraten von Einigung) oder einen fördernden Rat, der für die Einigungsgebühr genügt (OVG Münster NJW 2011, 3113; LSG Erfurt JurBüro 2001, 474).

Ratenzahlungsvergleich: → „Zwangsvollstreckung".

Scheitern der Verhandlungen: Das Scheitern der Verhandlungen ist für die Entstehung der Einigungsgebühr insoweit unerheblich, als frühere Verhandlungen später doch zum Erfolg führen, wenn vielleicht auch nur mit einigen Abweichungen, vielleicht sogar erst nach dem Tod des Anwalts oder mittels eines anderen Anwalts (OLG München NJW 1997, 1315). Soweit ein Rechtsnachfolger des Auftraggebers in die vom Anwalt ausgehandelten Bedingungen eintritt, ohne den Anwalt von sich aus erneut hinzuzuziehen, entsteht durch die Einigung dennoch für den Anwalt die Gebühr nach VV 1000. Etwas anderes gilt dann, wenn eine ganz **andere** Einigung als die vom Anwalt vorgeschlagene zustande kommt oder wenn der Anwalt von der Einigung nur abgeraten hat, → „Abraten von Einigung", oder wenn er nur die Verhandlungen für gescheitert erklärt hat (OLG Koblenz JurBüro 1990, 603).

Sorgerecht: Die Einigungsgebühr kann auch entstehen (OLG Celle NJW 2010, 2962, nicht bei § 1666 BGB; OLG Stuttgart NJW 2007, 3218, keine Protokollierung nötig)). Sie entsteht auch dann, wenn zwar Dritte die Einigung vorbereitet hatten, wenn der Anwalt aber nach einer Beratung mit seinem Auftraggeber am Abschluss mitwirkt (OLG Bamberg FamRZ 1988, 1193).

Streithelfer: Der Anwalt des Streithelfers nach §§ 66 ff. ZPO kann die Einigungsgebühr verdienen, soweit er an der Einigung mitgewirkt hat **und** soweit sie auch die Rechtsverhältnisse des Streithelfers mit regelt (OLG Hamm JurBüro 2002, 194; OLG Karlsruhe NJW-RR 1996, 447; OLG München Rpfleger 2013, 238, nicht bei Beibehaltung der gesetzlichen Vergleichskostenregeln). Aber auch → „Instanz".

Teilanerkenntnis, -verzicht: Er kann jeweils ausreichen.

Teilzahlungsvergleich: → „Zwangsvollstreckung".

Terminsanwalt: Es gilt dasselbe wie beim Verkehrsanwalt nach → „Verkehrsanwalt".

Terminsvermittlung: Die bloße Vermittlung löst **keine** Einigungsgebühr aus (OLG Naumburg JurBüro 2008, 141).

Unterbevollmächtigter: Es kommt auf die Umstände an, ob der Prozessbevollmächtigte nach § 81 ZPO oder Hauptanwalt mitgewirkt hat oder ob das auch oder nur der Unterbevollmächtigte getan hat (meist nicht bei § 4).

Untervertreter: Der vom Anwalt bestellte Untervertreter kann die Einigungsgebühr für den Anwalt verdienen. Vgl. auch § 5, ferner §§ 53–54.

Vergleichsangebot: → „Mitteilung".

Verkehrsanwalt: Eine über die bloße Übermittlung eines Einigungsvorschlags hinausgehende beratende oder vermittelnde oder sonst um den Abschluss einer Einigung bemühte Tätigkeit des Verkehrsanwalts nach VV 3400 kann ausreichen (OLG Düsseldorf JurBüro 1993, 728; KG NJW-RR 2007, 212 (sogar im Revisionsverfahren); AG Berlin-Charlottenburg JurBüro 2001, 86; aA OLG Düsseldorf MDR 1983, 327, abl. Schmidt MDR 1983, 589).

Versorgungsausgleich: Die Einigungsgebühr kann durch einen beiderseitigen Verzicht auf den Versorgungsausgleich entstehen (OLG Nürnberg NJW 2007, 1071;

AG Berlin-Tempelhof/Kreuzberg JurBüro 2010, 421; Schneider NZFam 2016, 934). Zum Grundlagenvergleich Schneider JurBüro 2016, 646.

Verzicht: Ein vollständiger Anspruchsverzicht reicht für VV 1000 ebenso wenig aus wie ein vollständiges Anerkenntnis nach → Rn. 20. Ein Teilverzicht kann ausreichen. Auch → „Versorgungsausgleich".

Vollstreckbarer Anwaltsvergleich: → Rn. 19, 20.

Weitergabe: → „Mitteilung".

Widerruf: → „Abraten vom Widerruf".

Zwangsvollstreckung: Auch für eine auf echten gegenseitigen Nachgeben beruhende Vereinbarung im Vollstreckungsverfahren nach §§ 704 ff. ZPO kann der mitwirkende Anwalt eine Einigungsgebühr fordern (LG Berlin AnwBl 1987, 197; AG Aachen DGVZ 1987, 62; Murken/Meyer MDR 2008, 1080; aA LG Bonn DGVZ 2006, 62, Teilzahlungsvergleich. Aber er erfolgt jedenfalls auch zur Beendigung der Zwangsvollstreckung und zumindest im Vollstreckungsverfahren).

3. ABC zum Gegenstandswert

46 **Arrest, einstweilige Anordnung oder Verfügung:** Wenn eine Einigung gleichzeitig ein solches Eilverfahren zB nach §§ 916 ff., 935 ff. ZPO, §§ 49 ff. FamFG und den Hauptprozess beendet, handelt es sich um mehrere Gegenstände. Keineswegs steckt der Wert des Eilverfahrens im Hauptprozess. Beide Verfahren dienen verschiedenen Zwecken nach § 53 GKG (OLG Hamburg JurBüro 1991, 1065; OLG Koblenz FamRZ 2017, 392; OLG München AnwBl 1993, 530; aA OLG München FamRZ 1991, 1217). Nur **ein Gegenstand** liegt aber dann vor, wenn eine solche Einigung nach VV 1000 zustande kommt, der einen Hauptprozess und ein Verfahren nach § 80 VwGO oder nach § 69 FGO erledigt. Auch → „Mehrheit von Gegenständen".

Einbeziehung in höherer Instanz: Einen eigenen Wert kann die Einbeziehung eines anderen Anspruchs (erst) in der höheren Instanz haben (Gerold/Schmidt/Müller-Rabe Rn. 179; aA OLG Hamburg MDR 1981, 945; OLG Hamm JurBüro 1996, 148, aber auch das hat eine wirtschaftliche Auswirkung).

Einbeziehung und Rechtshängigkeit. Dazu Enders JurBüro 2011, 57 (Üb.). Durch die Einbeziehung eines bisher nicht nach § 261 ZPO rechtshängigen Anspruchs in eine prozessbeendende Einigung erhöht sich der Wert evtl. nach den Wertangaben der Parteien (OLG Bamberg JurBüro 1989, 494; OLG Nürnberg AnwBl 2011, 230).

Einbeziehung von Unstreitigem: Bei der Einbeziehung eines bisher unstreitigen Rechtsverhältnisses ist der Begriff „Unsicherheit" der Nr. 1 weit auszulegen (OLG Brandenburg JurBüro 1990, 1619; OLG Nürnberg JurBüro 1985, 1395; Bräuer JurBüro 2008, 65, je: Interesse an der Titulierung; aA OLG Koblenz JurBüro 1984, 1218; LAG Rheinland-Pfalz JurBüro 1985, 397, je: Bruchteil). Es ist unterscheiden, ob die Einbeziehung nur einen **feststellenden** (deklaratorischen) Charakter hat (OLG Hamm JurBüro 1996, 148, dann muss man sie wohl oft mangels einer Streitbeendigung unberücksichtigt lassen; OLG Stuttgart JurBüro 1995, 248; LAG BW DB 1984, 784), oder ob die Parteien auch für den einbezogenen Anspruch einen besonderen Vollstreckungstitel zB nach §§ 704, 794 ZPO schaffen wollten. Deshalb geht der Wert auch bei einer Einigung nach VV 1000 nur zwecks ihrer Vollstreckbarkeit über ein solches Protokollinteresse hinaus (OLG Bamberg JurBüro 1985, 740; OLG Hamm JurBüro 1986, 745; OLG Koblenz AnwBl 1984, 204 (je: Bruchteil); OLG Naumburg FamRZ 2008, 1968; OLG Nürnberg JurBüro 1985, 1395 (je: evtl. voller Betrag); aA OLG Hamm JurBüro 1978, 1563).

Einigungsgegenstand: → „Einigungssumme".

Einigungssumme: Es kommt **nicht** darauf an, **worauf** sich die Parteien geeinigt haben, sondern darauf, **worüber** sie sich einigten, → ZPO § 3 Rn. 23 „Vergleich". Der Vergleich oder die Einigung ergreift also alle irgendwie streitigen und auch einbezogenen Ansprüche (OLG Brandenburg JurBüro 1991, 222; OLG Schleswig SchlHA 1991, 115; OLG Stuttgart JurBüro 1995, 248). Die **Einigungssumme** ist also nicht immer maßgeblich (OLG Hamburg MDR 1981, 945; KG JurBüro 2007, 360; LAG Düsseldorf NZA 2017, 1079). Die Einigungssumme kann sich zB dadurch erhöhen, dass später ein höherer Betrag als der zunächst Zugrundegelegte herauskommt (AG Frankfurt a. M. AnwBl 1985, 267; aA OLG Stuttgart JurBüro 1996, 358; Gerold/Schmidt/Müller-Rabe Rn. 41, aber oft genug bewertet zB das Gericht ein Schmerzensgeld höher als die Parteien usw.).

Keine Festsetzbarkeit: Soweit der Wert nicht nach §§ 32, 33 gerichtlich festgesetzt werden kann, ist eine Klärung des Gegenstandswerts nur in einem Gebührenrechtsstreit möglich. Eine endgültige Festsetzung bindet auch dann, wenn sie unrichtig ist (OLG Brandenburg FamRZ 2004, 46).

Bloße Feststellung: → „Einbeziehung von Unstreitigem"

Hilfsaufrechnung: Bei einer Einigung über die Klageforderung und über eine Hilfsaufrechnung sind die Werte nach § 45 III, IV GKG zu errechnen.

Kostenübernahme: Bei einer Übernahme der Kosten eines Eilverfahrens in einer Einigung im Hauptprozess nach § 99 ZPO erhöht sich dessen Gegenstandswert um die Kosten (OLG Frankfurt a. M. JurBüro 1981, 818).

Mehrheit von Anspruchsteilen: Wenn die Parteien mehrere Teile desselben Anspruchs vergleichen, entsteht nach § 15 III keine höhere Gebühr, als wenn sie die ganze Sache verglichen hätten. § 15 II 1 führt meist zu demselben Ergebnis.

Mehrheit von Gegenständen: Bei einer Einigung über mehrere Gegenstände ist eine Zusammenrechnung nach § 22 I vorzunehmen (OLG Hamburg JurBüro 1991, 1065; OLG München AnwBl 1993, 530). Auch → „Arrest, einstweilige Anordnung oder Verfügung".

Mehrvergleich: LAG Hmb NZA-RR 2016, 211; Reckus AnwBl 2014, 51 (Üb.).

Miete, Pacht: → „Wiederkehrende Leistung".

Prozesskostenhilfe – Anwalt: Der im Weg einer Prozesskostenhilfe nach § 121 ZPO beigeordnete Anwalt bekommt immer nur die Höchstgebühr aus der Staffel des § 49.

Ratenbewilligung: Die nachträgliche Ratenbewilligung auf Grund eines schon titulierten Anspruchs kann einen eigenen Wert haben.

Teilermäßigung: → „Teilzahlung"

Teilzahlung: Ob eine Teil- oder Abschlagszahlung oder eine Teilermäßigung den Restwert mindern, ist eine Auslegungsfrage, strenger Mümmler JurBüro 1979, 1136. Zum Wert in einer Unfallsache bei Teilregulierung Enders JurBüro 2017, 281 (ausf.),

Vollstreckungstitelschaffung: → „Einbeziehung von Unstreitigem".

Widerklage: Beim Zusammentreffen von Klage nach § 253 ZPO und Widerklage ist der Wert des erledigten Teils maßgebend (OLG Düsseldorf AnwBl 1993, 530; OLG Hamburg JurBüro 1981, 1518; aA OLG Karlsruhe FamRZ 2004, 43 = BeckRS 2004, 10453, auch dann der Gesamtbetrag. Aber für den Restvergleich gibt es nun einmal keine höhere Verantwortung des Anwalts mehr).

Wiederkehrende Leistung: Es ist denkbar, dass bei §§ 41, 42 GKG, die Einigungssumme höher als der Gegenstandswert ist.

Zahlungsvereinbarung: Es gilt § 31b.

4. ABC zur Erstattbarkeit

Auslegung: Es kommt wie stets auf die Auslegung der Einigung an (OLG Bamberg AnwBl 1989, 111; OLG Karlsruhe JurBüro 1991, 89). **47**

Außergerichtlicher Vertrag: Nach § 98 ZPO kann eine teilweise Erstattbarkeit bestehen (BGH NJW 2011, 1681; OLG Brandenburg JurBüro 2012, 475). **Nicht** erstattbar ist die Gebühr der Mitwirkung an einer nur außergerichtlichen Einigung über einen nicht gerichtlich anhängigen Gegenstand (OLG Karlsruhe FamRZ 2008, 802). Auch → „Kostengrundentscheidung".

Kostengrundentscheidung: Vorrang hat eine formell rechtskräftige Kostengrundentscheidung nach § 91a ZPO (LG München JurBüro 1998, 85).

Parteiregelung: Es ist zu prüfen, ob und in welchem Umfang die Parteien in der Einigung nach VV 1000 zur Erstattbarkeit ebenfalls eine nach § 98 ZPO vorrangige Regelung getroffen haben (BGH NJW 2011, 1681; OLG Frankfurt a. M. NJW 2005, 2466; KG NJW-RR 2007, 212).

Prozesskostenhilfe: Wegen des nach § 48 Beigeordneten s. dort.

Terminsanwalt: Es kann für den Prozessbevollmächtigten und für den Terminsanwalt je eine Einigungsgebühr erstattbar sein (OLG München JurBüro 2009, 487).

Verkehrsanwalt: VV 3400.

Nr.	Gebührentatbestand	Gebühr oder Satz der Gebühr nach § 13 RVG
1001	**Aussöhnungsgebühr** .... [1]**Die Gebühr entsteht für die Mitwirkung bei der Aussöhnung, wenn der ernstliche Wille eines Ehegatten, eine Scheidungssache oder ein Verfahren auf Aufhebung der Ehe anhängig zu machen, hervorgetreten ist und die Ehegatten die eheliche Lebensgemeinschaft fortsetzen oder die eheliche Lebensgemeinschaft wieder aufnehmen.** [2]**Dies gilt entsprechend bei Lebenspartnerschaften.**	**1,5**

1 **I. Normzweck.** Die Vorschrift schafft eine zusätzliche Erfolgsgebühr (Vorb. 1). Sie enthält eine gegenüber VV 1000 vorrangige, weil speziellere Regelung. Das stellt zusätzlich VV 1000 Anm. V klar. Die Vorschrift gilt nach der Anm. S. 1 nur bei einer noch nicht gerichtlich anhängigen Ehesache nach §§ 121 ff. FamFG. Die Anhängigkeit einer sonstigen Sache etwa über einen Unterhalt nach §§ 231 ff. FamFG ist unerheblich. Andererseits hat VV 1003 bei einer erstinstanzlichen Anhängigkeit den Vorrang gegenüber VV 1001. Ferner gilt VV 1004 bei einer Rechtsmittelanhängigkeit sogar gegenüber VV 1003, und VV 1005 nochmals auch gegenüber VV 1001 vorrangig. Zusätzlich zu VV 1001 entstehen Gebühren nach den Teilen 2–6 und ggf. Auslagen nach Teil 7. Ersteres ergibt sich aus der Vorb. 1, letzteres daraus, dass die Teile 1–6 keine Auslagen mit regeln. Ohnehin anwendbar bleiben §§ 1 ff., soweit nicht VV 1001 eine Sonderregelung bringt.

2 VV 1001 zieht im Interesse der Kostengerechtigkeit die Konsequenz aus dem nach dem Gesetz besonders anerkennungswerten Mitwirken des Anwalts an einer Aufrechterhaltung der Ehe, vgl. auch Art. 6 I GG. Denselben Zwecken dient auch die Erstreckung auf die Lebenspartnerschaft gemäß der Anm. S. 2 mit der Ausnahme des hier gerade nicht einschlägigen Art. 6 I GG. Daher sollte die Vorschrift großzügig ausgelegt werden. Ob die jedenfalls zunächst erzielte Aussöhnung im wohlverstandenen Interesse des Auftraggebers oder gar seines Partners liegt, darf dabei keine Rolle spielen, ebenso wenig wie die Frage, ob die Aussöhnung eine Dauer verspricht.

3 **II. Mitwirkung an der Aussöhnung. 1. Ehe bzw. Lebenspartnerschaft.** Grundvoraussetzung für die Anwendbarkeit der Nr. 1001 ist das Bestehen einer Ehe. Die Anm. S. 2 macht im Verfahren nach § 269 FamFG über die Aufhebung einer Lebenspartnerschaft nach §§ 15–19 LPartG die Regelung des S. 1 entsprechend anwendbar.

4 **2. Gefährdung der Ehe bzw. Lebenspartnerschaft.** Der Bestand oder Weiterbestand der Ehe bzw. Lebenspartnerschaft muss gefährdet sein. Die Vorschrift nennt als typische Erkennungsmerkmale das Hervortreten des ernstlichen Willens eines Ehegatten bzw. Lebenspartners, eine Scheidungssache nach §§ 133 ff. FamFG anhängig zu machen (AG Oberhausen JurBüro 2011, 246). **Unanwendbar** ist VV 1001 also vor oder nach einer Ehe. Dann kann § 34 anwendbar sein.

5 **3. Ernstlicher Gefährdungswille.** Es muss ein ernstlicher Wille zur Anhängigmachung auch schon vor der Einreichung des Scheidungsantrags usw. beim Gericht „hervorgetreten" und daher nach außen erkennbar geworden sein. Insofern stellt VV 1001 eine Durchbrechung des Grundgedankens dar, dass die Tätigkeit des Rechtsanwalts vor einer gerichtlichen Anhängigkeit beim Ausbleiben eines anschließenden Gerichtsverfahrens nicht unter VV 3100 fällt, sondern unter VV 2300 ff. Insofern ist VV 1001 gegenüber VV 2300 eine vorrangige Sondervorschrift.

6 **4. „Hervortreten".** Das heißt nach außen deutlich werden. Dazu ist zwar eine Androhung des Scheidungsantrags nicht unbedingt erforderlich. Sie ist aber meist das

einzig wirklich sichere Merkmal. Die bloße Beauftragung eines Anwalts, Material für ein Eheverfahren zu sammeln, reicht auch schon aus.

Denn es kommt nicht darauf an, dass auch der andere Ehepartner oder gar dessen Anwalt oder ein Dritter die Scheidungsabsicht usw. erkannte. Es reicht vielmehr aus, dass der scheidungswillige Ehegatte seine Absicht seinem eigenen Anwalt ernstlich **kundgetan** hat (AG Oberhausen JurBüro 2011, 246). Indessen ist bei der Annahme einer solchen Kundgabe eine gewisse Vorsicht ratsam. Jedenfalls muss der Anwalt beweisen, dass auch schon im Innenverhältnis zum Auftraggeber der ernstliche Wille des Ehegatten eindeutig erkennbar ist. 7

5. Grenzfälle. Ein Antrag auf eine Verfahrenshilfe nach §§ 114 ff. ZPO, § 76 FamFG darf nicht schon beim Gericht vorliegen. Denn dann beginnt ein nach dem vorrangigen VV 1003 vergütetes Verfahren mit Ausnahme des in der dortigen Anm. Hs. 2 bezeichneten Sonderfalls. Es kommt wegen des Hervortretens eines ernstlichen Willens zur Anhängigmachung auch nicht darauf an, ob der Ehepartner nun tatsächlich ein Verfahren anhängig macht und ob dieses auch Erfolg hat oder haben kann. 8

Nicht ausreichend sind zB der ernstliche, hervorgetretene Wille eines Ehegatten, einen behauptenden oder verneinenden Ehefeststellungsantrag oder einen Herstellungsantrag einzureichen. Denn VV 1001 nennt nicht alle Ehesachen nach § 121 FamFG, sondern aus jenem Kreis nur die Scheidungssache und das Eheaufhebungsverfahren. Ferner reicht zB die bloße Aufhebung der ehelichen Lebensgemeinschaft oder der Auszug eines Ehegatten für sich allein nicht aus. Das gilt selbst dann, wenn ein Ehepartner bereits in diesem Zusammenhang den Anwalt um eine Beratung bat. 9

Ein nur **tatsächliches Getrenntleben** kann, muss aber nicht ein „Hervortreten" nach → Rn. 6, 7 bedeuten. Es kommt dann auf die Umstände an. Maßgeblich ist dabei nicht der Wille zum Getrenntleben, sondern der Scheidungs- oder Aufhebungswille. Manche Eheleute leben hervorragend getrennt, ohne an eine Scheidung auch nur im Entferntesten zu denken. Eine bloße Bitte um eine Beratung über die Möglichkeiten, Voraussetzungen oder Rechtsfolgen eines Scheidungsantrags zeigt meist noch nicht den erforderlichen ernsthaften Willen, zumindest nicht nach außen, allenfalls gegenüber dem zunächst schweigepflichtigen Anwalt. Vgl. beim letzteren → Rn. 6, 7. 10

6. Aussöhnung: Fortsetzung oder Wiederaufnahme der Lebensgemeinschaft. In einer Situation nach → Rn. 3 ff. ist eine Aussöhnung eine weitere Voraussetzung. Es müssen also beide Ehegatten die eheliche Lebensgemeinschaft tatsächlich ernstlich fortgesetzt oder wieder aufgenommen haben (OLG Koblenz OLGR 2000, 428). Unter der ehelichen Lebensgemeinschaft ist diejenige nach § 1353 I BGB gemeint, also die Geschlechtsgemeinschaft, die häusliche Gemeinschaft, die Pflicht zur Familienplanung usw. Es ist nach den gesamten objektiv erkennbaren Umständen des Einzelfalls zu prüfen, ob eine Fortsetzung oder Wiederaufnahme vorliegt. Manche halten eine gewisse Zeitdauer der Aussöhnung für erforderlich (OLG Koblenz OLGR 2000, 428). Aber schon das erste „Hervortreten" reicht bei einer anschließenden überhaupt erfolgenden Fortsetzung nach der Anm. S. 1 (AG Oberhausen JurBüro 2011, 246). Das gilt selbst dann, wenn schließlich doch alles nach ein paar Tagen scheitert, noch gar aus neuen Gründen. Der Anwalt muss beweisen, dass diese Voraussetzung eingetreten war. 11

7. Mitwirkung an der Aussöhnung. Soweit die Voraussetzungen → Rn. 4 ff. vorliegen, muss der Anwalt an der auch wirklich eingetretenen Aussöhnung nachweisbar auch für sie zumindest mitursächlich und damit erfolgreich mitgewirkt haben (OLG Bamberg JurBüro 1985, 233). Er muss einen Auftrag gerade auch zu einer solchen Mitwirkung gehabt haben. Dieser Auftrag kann stillschweigend vorgelegen haben. Es genügt ein bloßer Mitwirkungsauftrag, soweit auch der Erfolg → Rn. 11 vorliegt. Es ist also kein Auftrag zum direkten Hinarbeiten auf die Aussöhnung erforderlich. Eine Teilnahme am Aussöhnungsgespräch ist nicht erforderlich (OLG Zweibrücken JurBüro 2000, 199). 12

Mitursächlichkeit lässt sich ähnlich wie bei → VV 1000 Rn. 30 f., 45 beurteilen, bei VV 1001 wohl meist immateriell als Haupt- oder Alleingegenstand des Ver- 13 söhnungsauftrags. Maßstab sollte dabei wie bei → VV 1000 Rn. 8 ff. eine Bemühung um objektive Einschätzung sein. Gerade bei Ehegefährdung im Stadium ihres Hervortretens nach → Rn. 6, 7 wird die eigentliche Ursache einer Aussöhnung nur in den Köpfen der Eheleute liegen. Gerade deshalb ist an eine Mitursächlichkeit der Anwaltstätigkeit keine zu hohen Anforderungen zu stellen. Ein enormes Zureden, Warnen vor dem Versorgungsausgleich oder einer Sorgerechtsregelung sind nicht stets vonnöten. Es dürfte aber eine höfliche formelle Äußerung des Bedauerns für den Scheidungsfall meist noch keine Mitursächlichkeit einer Aussöhnung sein und VV 1001 auslösen. Behutsame Abwägung gerade auch unter Mitbeachtung der Art und des Tons des Anwalts kann durchaus beachtlich sein. Erster oder letzter Anstoß können genügen.

14 **III. Gebührenhöhe.** Soweit die Voraussetzungen → Rn. 4 ff. vorliegen, entsteht nach VV 1001 mangels einer Anwendbarkeit von VV 1003–1005 eine 1,5-Gebühr, (AG Oberhausen JurBüro 2011, 246). Sie tritt zusätzlich zu den anderen Gebühren. Soweit die Aussöhnung in der Berufungs- oder Revisionsinstanz erfolgt, tritt eine Gebührenermäßigung nach VV 1004 ein. Wegen der Gebühr eines im Weg der Verfahrenskostenhilfe beigeordneten Anwalts §§ 42 ff.

15 **IV. Gegenstandswert.** Maßgeblich ist § 23 iVm § 48 GKG.

V. ABC. 1. ABC zur Aussöhnung

16 **Antragsrücknahme:** Ausreichen kann die Rücknahme eines Antrags auf eine Scheidung nach § 133 FamFG.

Antragsunterlassung: Nicht ausreichend ist der nur vorläufige Entschluss den Scheidungsantrag zu unterlassen, soweit sich der Ehegatte anschließend doch bald zum Scheidungsverfahren entschlossen hat.

Aussagegefahr: Nicht ausreichend ist die bloße Absicht, eine belastende Aussage des anderen nach einer Scheidung zu verhindern.

Aussetzung: Ausreichen kann eine längere Aussetzung des Verfahrens nach § 146 FamFG.

Bedingung: Ausreichen kann ihre Erfüllung.

Eheliche Gemeinschaft: Ausreichen kann es, dass wieder eine nicht mehr akut gefährdete eheliche Gemeinschaft nach einer Aussöhnung entstanden ist (OLG Koblenz OLGR 2000, 428).

Einverständnis: Nicht ausreichend ist es mangels einer weiteren Klärung der künftigen Lebensgemeinschaft. Das gilt selbst dann, wenn die häusliche Gemeinschaft vorläufig fortdauert, aber nicht die Geschlechtsgemeinschaft.

Finanzüberlegung: Nicht ausreichend ist eine nur finanzielle Beibehaltung des „Ehe"zustands.

Gesellschaftsüberlegung: Nicht ausreichend ist eine nur gesellschaftliche Beibehaltung des „Ehe"zustands.

Häusliche Gemeinschaft: → „Einverständnis".

Rücknahme: → „Antragsrücknahme".

Steuerüberlegung: Nicht ausreichend ist eine nur steuerliche Beibehaltung des „Ehe"zustands.

Trennungsfortdauer: Nicht ausreichend ist das derzeitige Absehen vom Scheidungsantrag trotz fortdauernder Trennung.

Urlaubsreise: Ausreichen kann eine lange gemeinsame Urlaubsreise mit einer harmonischen Klärung der Zukunftsfragen und einer erst späteren erneuten Scheidungsüberlegung nur eines Partners.

Nicht ausreichend ist eine gemeinsame Urlaubsreise ohne eine solche Klärung.

Bloßer Versuch: Nicht ausreichend ist der bloße Versuch, nochmals zusammenzuziehen, unter der gleichzeitigen Abrede, bei seinem Scheitern das Scheidungsverfahren fortzusetzen.

Vorläufigkeit: → „Antragsunterlassung", → „Einverständnis".

Widerruf: → „Antragsrücknahme".

Zurückname: → „Antragsrücknahme".

Zusammenziehen: Ausreichen kann es, dass der Ehegatte wieder zum anderen gezogen ist.

2. ABC zur Mitwirkung an der Aussöhnung

17 **Abraten von Scheidung: Nicht** ausreichend ist ein solches Verhalten des Anwalts.

Aussetzung des Eheverfahrens: Nicht ausreichend die bloße Herbeiführung einer Einigkeit der Eheleute über eine Aussetzung des Eheverfahrens nach § 136 FamFG.

Aussöhnungsanregung des Gerichts: Sie hindert nicht, soweit der Anwalt nicht dazu ganz passiv geblieben ist.

Aussöhnungsanzeige: Nicht ausreichend ist eine Anzeige der schon stattgefundenen Versöhnung an einen Dritten oder an das Gericht.

Aussöhnungsbereitschaft: Ausreichend ist ihr Wecken und Fördern (OLG Bamberg JurBüro 1985, 233; OLG Zweibrücken JurBüro 2000, 199). Es ist bei einer Anwesenheit der Partei im hier allein maßgeblichen außergerichtlichen Versöhnungsgespräch anzunehmen. Ausreichend ist also eine nicht völlig untergeordnete Mitursächlichkeit (OLG Zweibrücken JurBüro 2000, 199).

Aussöhnungsentgegennahme: Sie ist **nicht** ausreichend.

Aussöhnungsrat: Ausreichend ist ein mit tatkräftigen Anregungsmaßnahmen verbundener Rat des Anwalts an den Auftraggeber zur Aussöhnung. **Nicht** ausreichend ist ein allgemeiner Aussöhnungsrat ohne jede weitere Tätigkeit in dieser Richtung.

Erfolgschance: Ausreichend ist der Umstand, dass die Tätigkeit des Anwalts eine maßgebliche Ursache war, selbst wenn er den Erfolg nicht persönlich herbeigeführt hat.

Glaubhaftmachung: Soweit der Anwalt wie nach § 294 ZPO bei nicht zu hohen Anforderungen glaubhaft macht, dass er sich um eine Aussöhnung bemüht habe, die dann allerdings unstreitig ohne seine unmittelbare Mitwirkung alsbald zustande gekommen ist, kann die Vermutung für eine Ursächlichkeit seiner Bemühungen sprechen (OLG Bamberg JurBüro 1985, 233). Der Kostenschuldner kann sie aber entkräften.

Protokoll: Sein Schweigen kann unschädlich sein (OLG Bamberg JurBüro 1985, 233).

Ruhensantrag: Ausreichend ist ein Antrag des Anwalts auf das Ruhen des Scheidungsverfahrens wegen einer möglichen Aussöhnung.

Nr.	Gebührentatbestand	Gebühr oder Satz der Gebühr nach § 13 RVG
1002	**Erledigungsgebühr, soweit nicht Nummer 1005 gilt**	**1,5**
	[1]Die Gebühr entsteht, wenn sich eine Rechtssache ganz oder teilweise nach Aufhebung oder Änderung des mit einem Rechtsbehelf angefochtenen Verwaltungsakts durch die anwaltliche Mitwirkung erledigt. [2]Das Gleiche gilt, wenn sich eine Rechtssache ganz oder teilweise durch Erlass eines bisher abgelehnten Verwaltungsakts erledigt.	

Übersicht

1 **I. Normzweck.** In einer Verwaltungssache im weitesten Sinn wird der Anwalt für seine erfolgreichen Bemühungen um eine gütliche Erledigung häufig die an sich nach VV 1000 mögliche Einigungsgebühr nach VV 1000 Anm. IV, deshalb nicht verdienen, weil die Beteiligten über den Gegenstand des Verfahrens nicht vertraglich verfügen können. Dann und vor allem im Verfahren der Finanzgerichte und -behörden greift die Tätigkeits- und Erfolgsgebühr VV 1002 als lex specialis ein (OVG Rheinland-Pfalz NJW 2017, 905; OVG Niedersachsen NVwZ-RR 2008, 500; VG Würzburg BeckRS 2021, 24807). Da es sich um einen Ersatz für die Einigungsgebühr handelt, erhält der Anwalt meist nur entweder nach VV 1000 oder nach VV 1002 eine Gebühr. Eine Auswechslung dieser Gebühren ist meist zulässig (OVG Nordrhein-Westfalen NVwZ-RR 1999, 348). VV 1000 und 1002 können auch nebeneinander entstehen, je nach dem Gesamtvorgang. Im Verfahren der Sozialgerichte gelten vorrangig VV 1005, 1006, (BSG JurBüro 2014, 300). Die Erledigungsgebühr VV 1002 tritt nach der Vorb. 1 stets zu mindestens einer Gebühr der Teile 2 ff. VV hinzu, zB zu VV 2300 oder 3100 ff.

2 Soweit die Anwaltstätigkeit im Rahmen einer **Beratungshilfe** nach dem BerHG zur Erledigung der Rechtssache führt, gilt der vorrangige VV 2608. Für den Steuerberater gilt VV 1002 nur im Gerichtsverfahren nach § 45 StBVV, § 35 Anh.

3 Es ist wünschenswert, dass sich gerade ein Verwaltungsprozess erübrigt, indem die Verwaltung wenigstens auf Grund eines Rechtsbehelfs des Bürgers nachgibt. Deshalb soll eine Mitwirkung des Anwalts an einem solchen Ergebnis eine großzügige Vergütung erhalten (OVG Niedersachsen NVwZ-RR 2008, 500). Das gilt selbst dann, wenn es nur teilweise gelingt, den Streit beizulegen. Der Streit mit der öffentlichen Hand ist für den Rechtsfrieden oft besonders schädlich (OVG Niedersachsen NVwZ-RR 2008, 500). Das darf zwar nicht zur uferlosen Begünstigung des Anwalts führen, aber auch nicht zu einer kleinlichen Einengung des Begriffs der ursächlichen Mitwirkung, zumal die Mitwirkung auf anderen Rechtsgebieten ohnehin meist wesentlich eher bejaht wird. Das sollte bei der Auslegung berücksichtigt werden, auch wenn es dabei eine traditionelle Zurückhaltung zu überwinden gilt. Vgl. auch → Rn. 13 ff.

4 **II. Anwendungsvoraussetzungen. 1. Rechtssache (Anm. S. 1, 2).** VV 1002 gilt in jeder Rechtssache, deren Gegenstand ein begehrter oder abgelehnter oder ein mit einem Rechtsbehelf angefochtener Verwaltungsakt ist. Das gilt außergerichtlich wie gerichtlich.

5 VV 1002 beschränkt sich nicht auf ein solches Anfechtungsverfahren, in dem nur die Aufhebung oder Änderung eines belastenden Verwaltungsakts erstrebt wird. Auch in einem Verfahren auf den Erlass eines begünstigenden Verwaltungsakts kann die Gebühr VV 1002 nach der Anm. S. 2 entstehen, (je zum alten Recht OVG Bremen AnwBl 1992, 94; OVG Nordrhein-Westfalen NWBl 1998, 73; Just NVwZ 2003, 181; aA SG Freiburg AGS 2003, 211). Das folgt schon daraus, dass es in der Regel zugleich um die Aufhebung des ablehnenden Verwaltungsakts geht, mag dieser Antrag auch oft keine selbständige Bedeutung haben. Fehlt es an einem ablehnenden Bescheid zB bei einer Untätigkeitsklage, ist VV 1002 entsprechend anwendbar (VGH Mannheim JurBüro 1991, 1357; Schürmann SGb 1993, 364; aA FG Berlin EFG 1981, 526).

6 **a) Gerichtsverfahren.** Rechtssache ist ein gerichtliches Verfahren ohne eine Rücksicht darauf, welchem Zweig der Gerichtsbarkeit das Gericht angehört (wegen der Sozialgerichte → Rn. 1). Eine Erledigungsgebühr kann deshalb auch im Verfahren vor einem Zivilgericht entstehen, zB nach §§ 217 ff. BauGB, §§ 23 ff. EGGVG, § 223 BRAO, § 111 BNotO, § 212 BEG, § 62 GWB, § 2 LwVG, ebenso nach § 66 GKG, § 83 GNotKG, §§ 6 und 8 JBeitrG, ferner im Beratungshilfeverfahren, VV 2508 (LG Koblenz JurBüro 1996, 378; LG Osnabrück JurBüro 1996, 378). Hierin gehören auch ein sog. Aussetzungsverfahren nach §§ 80 V, VI VwGO, 69 III FGO, und ein Verfahren des einstweiligen Rechtschutzes etwa bei einer

Aussetzung der Vollziehung (HessLSG RVGreport 2010, 417; VG Darmstadt NJW 1975, 1716; aA FG Baden-Württemberg EFG 1986, 578; FG Köln EFG 1990, 268; OVG Hamburg JurBüro 1999, 361), oder eine Klage auf die Feststellung der Nichtigkeit eines Verwaltungsakts oder seiner Unwirksamkeit (OVG Rheinland-Pfalz NVwZ-RR 1989, 336; Just NVwZ 2003, 181). Nicht hierher gehört ein Normenkontrollverfahren (VGH Mannheim BauR 2018, 1262).

b) Verwaltungsverfahren. Rechtssache ist ferner jedes Verfahren vor einer Verwaltungsbehörde über einen begehrten oder einen mit einem Rechtsbehelf angefochtenen Verwaltungsakt einschließlich etwaiger Nebenverfahren zB nach §§ 80 IV VwGO, 69 II FGO. Die Rechtssache muss anhängig sein. Denn sonst kann sie sich schon begrifflich nicht erledigen. Eine Erledigungsgebühr entsteht nach der Anm. S. 2 evtl. auch schon im Verwaltungsverfahren erster Stufe, das dem Erlass eines Verwaltungsakts vorangeht. Sie entsteht aber nicht im Verwaltungsverfahren zwischen Gleichgeordneten gleich welcher Stufe. Denn hier kann kein Verwaltungsakt ergehen. Dann kann der Anwalt eine Einigungsgebühr VV 1000 verdienen, soweit diese Gebühr entstehen kann (VV 1000 Anm., besonders IV). 7

c) Unanwendbarkeit. Dagegen entsteht **keine** Erledigungsgebühr bei einer reinen Zwischenverfügung oder -auflage oder dann, wenn es sich um eine Feststellungs- oder eine reine Leistungsklage oder um ein entsprechendes Verwaltungsverfahren handelt. 8

Nicht hierher zählt zB ein Normenkontrollverfahren nach § 47 VwGO (OVG Rheinland-Pfalz JurBüro 1984, 227). Dann kann der Anwalt aber eine Einigungsgebühr nach VV 1000 erhalten, sofern deren Voraussetzungen vorliegen. Nicht hierher gehört auch die Beschwerde im Prozesskostenhilfeverfahren (OVG Bremen JurBüro 1986, 1360). 9

2. Erledigung (Anm. S. 1, 2). Die Rechtssache muss wegen des Charakters von VV 1002 als auch einer Erfolgsgebühr nach → Rn. 1 erledigt sein. 10

Eine Erledigung liegt vor, soweit keine oder keine weitere belastende Entscheidung in der Sache mehr ergehen muss. Unerheblich ist dabei, ob das Verhalten der Behörde zu einer Rücknahme der Klage oder des Rechtsbehelfs führt (OVG Bremen AnwBl 1992, 94), zu einem gegenseitigen Nachgeben, zu übereinstimmenden wirksamen Erledigterklärungen (VG Münster AnwBl 1981, 163), oder zu einer Einigung der Beteiligten (VGH Bayern AnwBl 1981, 162; VG Wiesbaden JurBüro 2001, 250; Just NVwZ 2003, 181). Die Gebühr kann daher auch dann entstehen, wenn der Bekl. die Erledigung bestreitet und wenn das Gericht sie nun durch ein Urteil feststellt (FG Neustadt/W EFG 1989, 33; VG Wiesbaden JurBüro 2001, 250). Es muss sich aber um eine ohne streitige Entscheidung erzielte Erledigung handeln (OVG Rheinland-Pfalz NJW 2017, 905; VG Kassel JurBüro 2017, 632). Daher gibt eine auf die maßgebliche Rechtslage abstellende Entscheidung in der Sache niemals eine Erledigung nach VV 1002 (BVerwG NVwZ 1982, 36; krit. Schmidt AnwBl 1982, 27; OVG Nordrhein-Westfalen NWVBl 1998, 73). Bei übereinstimmenden wirksamen Erledigterklärungen zur Hauptsache ist ein verbleibender Streit über die Kosten unschädlich (LSG Erfurt JurBüro 2018, 81). 11

Erforderlich ist eine über anwaltliche Normalpflichten von vornherein hinausgehende Tätigkeit (OVG Münster BeckRS 2019, 14318; LSG Thüringen BeckRS 2019, 4326; LSG Baden-Württemberg AGS 2020, 67 = BeckRS 2019, 23240; OVG Berlin-Brandenburg JurBüro 2015, 246; VG München BeckRS 2019, 15743). Die bisher vertretene Meinung wird aufgegeben. 12

3. Mitwirkung des Anwalts. Wegen des Charakters von VV 1002 als auch einer Tätigkeitsgebühr nach → Rn. 1 ist eine erfolgsbezweckende Mitwirkung des Anwalts erforderlich und ausreichend (BSG JurBüro 2009, 481; VGH München BeckRS 2020, 14693; OVG Rheinland-Pfalz NVwZ-RR 2007, 565). Bei der Erledigung der Rechtssache **nach** einer Aufhebung oder Änderung des Verwaltungsakts muss der Anwalt nach der Anm. S. 1, 2 also nicht nur rein formell mitgewirkt haben (OVG Niedersachsen NVwZ-RR 2013, 984). Eine Tätigkeit **vor** der Abhilfe durch die Behörde reicht nicht (OVG Nordrhein-Westfalen NJW 2013, 3740). 13

14 Unter einer **Mitwirkung** ist im Kern dasselbe wie bei → VV 1000 Rn. 27 ff. zu verstehen (LSG Thüringen BeckRS 2020, 8772; LSG Bayern JurBüro 2019, 574 = BeckRS 2019, 20250; OVG Rheinland-Pfalz NJW 2017, 905). Es reicht keine solche Tätigkeit, für die schon eine andere Gebühr entsteht (BSG JurBüro 2009, 481; LSG Thüringen JurBüro 2018, 81; OVG Münster JurBüro 2018, 353, Verfahrensgebühr): Die Tätigkeit muss also über die normale durch eine Tätigkeitsgebühr bereits abgegoltene Tätigkeit hinausgehen (OVG Münster JurBüro 2022, 413; OVG Lüneburg 24.9.2021 – 13 OA 362/21, BeckRS 2021, 28111; OVG Saarlouis AGS 2021, 364 = BeckRS 2021, 15213). Auch eine Mitwirkung des Rechtsanwalts, die allgemein auf Verfahrensförderung gerichtet ist, ist nicht ausreichend (OVG Bremen BeckRS 2022, 29171). Eine Mitwirkung des Anwalts nur bei der Einlegung eines Rechtsbehelfs oder bei der formellen Beendigung des Verfahrens zB durch die Erklärung der Klagerücknahme oder durch einen Ruhensantrag usw genügt nach → Rn. 21 „Ruhen" nicht (OVG Niedersachsen NJW 2009, 460). Da die Gebühr an die Stelle der Einigungsgebühr tritt, ist vielmehr eine Mitwirkung des Anwalts an der die Erledigung verursachenden Maßnahme nötig (OVG Bremen NJW 2015, 2603). Ohne eine besondere auf die Beilegung der Sache ohne eine Entscheidung gerichtete Tätigkeit, die zur Erledigung nach → Rn. 10 ff. nicht nur ganz unwesentlich beigetragen hat, entsteht die Gebühr nicht (BSG AGS 2013, 519 = BeckRS 2013, 69894; VGH München BeckRS 2020, 28718; LSG Bayern JurBüro 2019, 574 = BeckRS 2019, 20250; JurBüro 2018, 81; LSG Thüringen NJW-RR 2010, 1378 = BeckRS 2010, 8772; VG Dresden JurBüro 2009, 482; aA FG Berlin EFG 1981, 523; FG Baden-Württemberg EFG 1982, 534, aber Mitwirkung bedeutet nun einmal bei einer vernünftigen Auslegung irgendeine Mitursächlichkeit; OVG Rheinland-Pfalz NVwZ-RR 2007, 565). Es genügt eine Tätigkeit nach dem Eintritt des erledigenden Ereignisses vor der Abgabe der Erledigterklärung (BSG JurBüro 2009, 133; VGH Baden-Württemberg AnwBl 2006, 497; VG Ansbach JurBüro 2008, 197). Eine prozessuale Mitwirkung reicht, eine sachlich-rechtliche Mitwirkung ist nicht nötig (aA OVG Mecklenburg-Vorpommern JurBüro 2010, 646), aber eine schlichte Beratung des Mandanten über die weiteren Erfolgsaussichten des Verfahrens genügt nicht (LSG Nordrhein-Westfalen BeckRS 2022, 12288).

15 Bei einer Erledigung der Rechtssache **ohne Zutun** des Anwalts kann weder nach VV 1000 noch nach VV 1002 eine zusätzliche **Erfolgsgebühr** entstehen. Dieses Zutun darf aber nicht nur in der Führung des Geschäfts im Rechtsstreit durch die Erhebung und Begründung der Klage oder anderer Anträge bestehen. Denn einen Erfolg auf Grund dieser Tätigkeit im Verwaltungsverfahren darf gebührenrechtlich nicht anders als im Zivilverfahren bewertet werden. Vielmehr gilt eine Verfahrens-, Geschäfts- oder Terminsgebühr überall die Geltendmachung oder Abwehr eines Anspruchs ab (zum alten Recht BVerwG AnwBl 1986, 41).

16 **Unzumutbare Strenge** ist aber ebenso wenig erlaubt wie anderswo (OVG Rheinland-Pfalz NJW 2017, 905). Von einem Anwalt sollten keine Wunder erwartet werden. Auch im kostenrechtlichen Bereich neigen viele Verwaltungs-, Sozial- und Finanzgerichte immer noch dazu, auf Grund einer zu weitgehenden oft unbewussten Vermutung der völligen Korrektheit der Behörde zu harte Anforderungen an den Nachweis ihres fehlerhaften Einzelverhaltens zu stellen. Das schlägt dann auf eine ebensolche Härte vor der Bejahung einer Mitwirkung des Anwalts an der Aufdeckung solcher Fehler durch. Dergleichen passt durchaus nicht mehr zu der Erkenntnis, dass auch der Staat irren kann. Auf dem Boden wohlwollender wie kritischer Distanz zur Staatsmacht braucht so manche bisherige einschlägige Entscheidung eine frische Überprüfung. Es gibt eine gewisse Vermutung dafür, dass ein Einsatz des Anwalts zumindest mit ursächlich für die dann auch eingetretene Wirkung war (FG Berlin EFG 1985, 517; OVG Niedersachsen JurBüro 2009, 307, auch zu den Grenzen).

17 **III. Gebührenhöhe.** Eine Erledigungsgebühr entsteht in Höhe einer 1,5-Gebühr nach VV 1002, soweit sich nicht aus den vorrangigen VV 1003–1005 andere Höhen ergeben. Der in Prozesskostenhilfe beigeordnete Anwalt erhält die Gebühr nach der Tabelle in § 49. Es erfolgt keine Anrechnung der Geschäftsgebühr aus dem Widerspruchsverfahren (OVG Nordrhein-Westfalen NVwZ-RR 2007, 500).

IV. Gegenstandswert. Vgl. §§ 23 ff. 18

V. Kostenerstattung. Es gilt dasselbe wie bei → VV 1000 Rn. 43, 47. 19

VI. ABC. 1. ABC zur Erledigung

Abhilfe: Ausreichend ist es, dass die Behörde einen inhaltlich genügenden Änderungsbescheid erlässt (VGH Baden-Württemberg AnwBl 1982, 208), noch dazu nach einer vorherigen Ablehnung (LG Berlin JurBüro 1984, 1854; VGH Baden-Württemberg JurBüro 1991, 1358), oder dass sie einen ihm entsprechenden neuen Bescheid erlässt (OVG Niedersachsen AnwBl 1983, 292). 20

Nicht ausreichend ist es, dass die Ausgangsbehörde dem Widerspruch durch eine Aufhebung ihres Bescheids abhilft (FG Saarland EFG 1995, 226; aA Plagemann NJW 1990, 2719), oder wenn die Widerspruchsbehörde ihr das empfiehlt (BVerwG MDR 1982, 433), oder wenn sich die Behörde nur aufschiebend bedingt verpflichtet, dem früheren Antrag stattzugeben (LG Braunschweig JurBüro 1985, 398). Dies hat nun das OVG Lüneburg (DÖV 2021, 136 = BeckRS 2020, 29818) bestätigt: auch die Möglichkeit der Erhebung eines Fortsetzungsfestsetzungsantrag und das Unterlassen der Erhebung desselben reicht nicht aus.

Änderung der Auswirkungen: Nicht ausreichend ist es, dass sich infolge einer Übereinkunft der Beteiligten nur die Auswirkungen eines Verwaltungsakts zugunsten des Betroffenen ändern (FG Baden-Württemberg EFG 1986, 519), dass zB der Kläger seine Klage gegen einen Abgabenbescheid zurücknimmt, weil die Behörde eine Stundung oder den Erlass auch einer anderen unstreitigen Forderung bewilligt (AG Koblenz NJW-RR 2006, 1367).

Änderung des Verwaltungsakts: Die Erledigung muss nach der Anm. S. 1 nach der Aufnahme oder Änderung des angefochtenen Verwaltungsakts durch die Verwaltungsbehörde eingetreten sein. Sie muss also dadurch verursacht worden sein (LG Koblenz JurBüro 1996, 378). Eine Änderung von Nebenbestimmungen reicht, wenn sich dadurch der Streit erledigt (VGH Bayern BayVBl. 1984, 92).

Änderung der Rechtsgrundlage: Wird die Rechtsgrundlage nachträglich geändert und nachträglich in den Prozess eingeführt, ist auch in diesem Fall eine Erledigung möglich (OVG Lüneburg NVwZ-RR 2020, 84 = BeckRS 2019, 12333).

Andere Behörde: Nicht ausreichend ist die Erteilung des beantragten Bescheids lediglich durch eine andere Behörde (OVG Hamburg NVwZ-RR 1994, 621).

Anfechtung des Änderungsbescheids: Sie lässt die Erledigungsgebühr **nicht** entfallen (FG Berlin EFG 1985, 41).

Aufschiebende Wirkung: Ausreichend ist es, wenn sich ein Verfahren nach § 80 V VwGO ohne eine streitige Entscheidung dadurch erledigt, dass der Anwalt die Rücknahme des Verwaltungsakts oder die Aufhebung der Vollziehbarkeit oder auch nur die Aussetzung des Vollzugs erreicht (VG Darmstadt NJW 1975, 1716). Dasselbe muss auch bei § 69 III FGO gelten (FG Berlin EFG 1981, 526; aA FG Köln EFG 1990, 268, aber es wäre eine Förmelei, die Gebühr nur bei der Änderung der sofortigen Vollziehung zu bewilligen).

Bedingung: → „Abhilfe", → „Verpflichtungsbegehren".

Dritte Behörde: Ihr Handeln reicht **nicht.** Denn es muss stets gerade die an diesem Verfahren beteiligte Behörde diejenige Maßnahme treffen, die eine Erledigung herbeiführt (OVG Hamburg NVwZ-RR 1994, 621).

Einlenken der Behörde: Es reicht evtl. noch **nicht** (VG Regensburg JurBüro 2015, 424).

Forderungserlass: → „Änderung der Auswirkungen".

Formelle Art und Weise: Ihr Aushandeln reicht **nicht** (OVG Saarlouis NVwZ-RR 2014, 206).

Inhaltlich gleicher Neubescheid: Nicht ausreichend ist sein Erlass statt des aufgehobenen (FG Niedersachsen EFG 1997, 373).

Mitteilung über Verfahrensstand: Eine regelmäßige Information einer Behörde über den Stand eines Verfahrens reicht nicht aus (BVerfG RVGReport 2020, 384 = BeckRS 2020, 14879).

Nachbesserung: Nicht ausreichend ist eine bloße Nachbesserung des Antragstellers (LG Berlin MDR 1989, 923).

Nebenbestimmung: → „Änderung des Verwaltungsakts".

Rechtsansicht: Keine Erledigungsgebühr entsteht bei einer bloßen Aufgabe der Rechtsansicht (FG Baden-Württemberg EFG 1986, 519).

Rechtskraft: Ab der formellen Rechtskraft ist **keine** Erledigung mehr möglich (BVerwG NVwZ 1982, 36; OVG Nordrhein-Westfalen VBlNRW 1998, 73).

Rechtsmittelrücknahme: Keine Erledigung liegt dann vor, wenn die Behörde ihr Rechtsmittel gegen ein solches Urteil zurücknimmt, das ihren Verwaltungsakt aufgehoben hatte. Es gibt dann also keine Gebühr VV 1002 für den ProzBev des Klägers (VGH Hessen AnwBl 1986, 411; OVG Niedersachsen JurBüro 1991, 1068).

Resterledigung: Ausreichend kann eine Erledigterklärung der restlichen sachlichrechtlich noch nicht ganz erledigten Sache sein (OVG Nordrhein-Westfalen NJW 2012, 329; VG München BeckRS 2020, 41839).

Stundung: → „Änderung der Auswirkungen".

Teilerfolg: Ausreichend ist ein zufriedenstellender (OVG Nordrhein-Westfalen RVGreport 2015, 19).

Urteilsanerkennung: Ausreichend ist es, dass die Behörde die Geltung des Urteils in einem anderen Verfahren auch hier anerkennt (aA OVG Niedersachsen AnwBl 1982, 537; abl. Schmidt).

Verpflichtungsbegehren: Ausreichend ist es, dass die Behörde entweder den beantragten oder einen ähnlichen Verwaltungsakt erlässt, der den Antragsteller ebenfalls zufriedenstellt (VGH Baden-Württemberg VBlBW 1990, 374), oder dass sie sich zu seinem Erlass aufschiebend bedingt verpflichtet (LG Braunschweig Nds. Rpfl. 1984, 261).

Vollstreckungsverzicht: Ausreichend ist die Erklärung der Behörde, nicht (mehr) vollstrecken zu wollen (OVG Rheinland-Pfalz NVwZ-RR 1989, 335).

Vollziehbarkeit: → „Aufschiebende Wirkung".

Widerspruch: → „Abhilfe".

2. ABC zur Mitwirkung

21 **Abgabenprozess:** → „Tatsächliche Verständigung".

Abhilfe: Nicht ausreichend ist sie allein (LSG Erfurt JurBüro 2018, 81).

Abnicken: Nicht ausreichend ist ein bloßes Abnicken (OVG Niedersachsen JurBüro 2001, 249).

Aktenkundigkeit: Die Mitwirkung des Anwalts muss nicht aktenkundig sein.

Anderes Verfahren: Nicht ausreichend ist das Erstreiten der für die Erledigung maßgeblichen Entscheidung oder ein sonstiges Tätigwerden in einem anderen Verfahren (FG Hessen EFG 1989, 140; FG Köln EFG 2003, 124; VGH Bayern NVwZ-RR 1994, 299). Auch → „Ruhen".

Anerkenntnis: Es gilt dasselbe wie bei → „Erledigtanzeige" (LSG JurBüro 2018, 81; LSG Bayern JurBüro 2011, 476).

Anfrage: Sie allein reicht nicht (OVG Niedersachsen JurBüro 2009, 308).

Anwesenheit: Sie allein reicht nicht (BSG JurBüro 2007, 584).

Außergerichtliche Einwirkung: Ausreichen kann eine erfolgreiche außergerichtliche Einwirkung auf die Behörde oder deren Aufsichtsbehörde (FG Hessen EFG 1995, 1077; FG Saarland EFG 1989, 254), oder auf den Gegner (VG Ansbach JurBüro 2008, 197). Diese Einwirkung muss nicht aktenkundig sein.

Aussetzung: Nicht ausreichend ist ein Einverständnis mit der Aussetzung des Verfahrens (BSG Breith 1993, 700).

Behördentermin: → „Erörterungstermin".

Beschwerde: Nicht ausreichend ist eine bloße Beschwerde (OVG Bremen JurBüro 1986, 1360; VGH Baden-Württemberg JurBüro 1990, 1450; VG Schleswig SchlHA 1990, 40).

Beweismittel: Ausreichen kann ihre Beibringung (BSG JurBüro 2014, 300, zu VV 1005).

Dritter: Ausreichen kann der Einsatz eines Dritten (FG Düsseldorf EFG 1985, 577).

Eidesstattliche Versicherung: Ausreichen kann die Vorlegung einer eidesstattlichen Versicherung auf Grund eines Hinweises der Behörde (FG Bremen EFG 1990, 596).

Einigung: Beruht die Erledigterklärung auf einer unter der Mitwirkung des Anwalts erzielten Einigung, kann dadurch eine Einigungsgebühr VV 1002 entstehen

(SG Hamm Nds. Rpfl. 1995, 144; OVG Nordrhein-Westfalen Rpfleger 1994, 127).

Einlenken der Behörde: Nicht ausreichend ist ihr bloßes Einlenken als eine Folge schriftlicher oder mündlicher Ausführungen des Anwalts im Verfahren (BSG MDR 1996, 642; BVerwG NVwZ 1992, 36; OVG Niedersachsen JurBüro 2001, 249; aA FG Saarland EFG 1983, 253; OVG Rheinland-Pfalz NVwZ-RR 1989, 335; AG Delbrück AnwBl 2001, 184).

Einreichung von Unterlagen: Nicht ausreichend ist die bloße Einreichung von Unterlagen bei der Behörde unter einer Umgehung des Gerichts (FG Hessen EFG 2000, 236).

Erledigtanzeige: Nicht ausreichend ist eine bloße Erledigtanzeige, auch nicht bei einer vollen Erledigung (OVG Münster BeckRS 2021, 142; LSG Bayern JurBüro 2011, 476; OVG Hamburg JurBüro 1999, 361; OVG Nordrhein-Westfalen NVwZ-RR 1999, 812). Das gilt selbst dann, wenn der Anwalt geraten hat, der Erledigterklärung zuzustimmen (OVG Mecklenburg-Vorpommern AnwBl 1998, 346), oder von einem Antrag nach § 113 I 2 VwGO abzusehen (OVG Nordrhein-Westfalen NVwZ-RR 1999, 812). Nicht ausreichend sind ferner übereinstimmende Vollerledigterklärungen in einem Zivilprozess (FG Baden-Württemberg EFG 1976 Nr. 578). Nicht ausreichend ist ein bloßer Hinweis auf Voraussetzungen einer Erledigterklärung (OVG Niedersachsen NVwZ-RR 2008, 500). Anders kann es zu beurteilen sein, wenn der Rechtsanwalt seinem Mandant nach einem Teilanerkenntnis von einer Teilerledigterklärung überzeugt (SG Fulda AGS 2020, 571).

Erörterungstermin: Er kann ausreichen (FG Berlin EFG 1989, 537; FG Bremen EFG 1993, 344; FG Münster JurBüro 2004, 485).

Hinnahme des Verwaltungsakts: Ausreichend ist ein Einwirken des Anwalts auf seinen Auftraggeber dahin, das Verfahren durch eine wenigstens teilweise Hinnahme eines geänderten Verwaltungsakts zu beenden (FG Düsseldorf EFG 1994, 318; OVG Bremen AnwBl 1992, 94; OVG Nordrhein-Westfalen NVwZ-RR 1999, 348; aA OVG Nordrhein-Westfalen NVwZ-RR 1993, 112).

Klagerücknahme: Nicht ausreichend ist eine Klagerücknahme auf den Rat des Anwalts (FG Hessen EFG 1990, 268).

Mandant: Bloßes Einwirken auf den Mandanten, er möge einen anhängigen Anspruch nicht weiterverfolgen, reicht nicht aus (LSG Baden-Württemberg JurBüro 2020, 296 = BeckRS 2020, 5166).

Musterverfahren: Nicht ausreichend ist die bloße Umsetzung eines Musterverfahrens (OVG Berlin-Brandenburg JurBüro 2015, 246). Auch → „Ruhen".

Rechtsmittelrücknahme: Nicht ausreichend ist eine Rechtsmittelrücknahme auf den Rat des Anwalts (LSG Erfurt JurBüro 2018, 81; VGH Hessen AnwBl 1986, 411).

Rechtsprechungsnachweis: Ausreichen kann ein bloßer Rechtsprechungsnachweis (FG Saarlouis EFG 1983, 253; SG Köln JurBüro 1993, 606).

Ruhen: Ausreichen kann eine Bemühung während des Ruhens des Verfahrens (VGH Baden-Württemberg JurBüro 1992, 96). Nicht ausreichend ist ein Antrag auf das Ruhen des Verfahrens wegen eines Musterverfahrens (VGH Hessen NVwZ-RR 1994, 300; OVG Niedersachsen NVwZ-RR 2007, 817; aA FG Baden-Württemberg EFG 1982, 534; OVG Nordrhein-Westfalen MDR 1983, 872).

Schriftsatz: Nicht ausreichend ist seine bloße Anfertigung (VGH Baden-Württemberg NVwZ-RR 2008, 654).

Selbstanzeige: Nicht ausreichend ist eine Anregung zu ihr (OVG Niedersachsen JurBüro 2011, 132).

Tatsächliche Verständigung: Ausreichen kann eine Mitwirkung an einer „tatsächlichen Verständigung" im Abgabenprozess (BFH BStBl. II 1985, 354; FG Bremen EFG 1993, 344; FG Münster JurBüro 2004, 485).

Teilerledigung: Nicht ausreichend ist eine volle Erledigterklärung bei einer Teilerledigung dann, wenn sie der eigenen Entschließung des Anwalts entspricht (OVG Nordrhein-Westfalen NVwZ-RR 1999, 812).

Terminsbesprechung: Ausreichend ist eine solche Besprechung im Termin, die zur außergerichtlichen Erledigung führt, mögen auch vorher streitige Anträge erfolgt sein (FG Hessen EFG 1975, 26).

Unterzeichnung: Ausreichen kann die Veranlassung einer Unterzeichnung (VG Ansbach AnwBl 1984, 54).

Urkundenvorlegung: Ausreichen kann die unaufgeforderte Vorlegung einer Urkunde (FG Bremen EFG 1993, 547).

Widerspruch: Nicht ausreichend ist ein bloßer Widerspruch (BSG Rpfleger 2007, 346; LG Koblenz JurBüro 1997, 639; LSG Baden-Württemberg JurBüro 2006, 422), oder seine mündliche Begründung (BVerwG AnwBl 1986, 41).

Nr.	Gebührentatbestand	Gebühr oder Satz der Gebühr nach § 13 RVG
1003	**Über den Gegenstand ist ein anderes gerichtliches Verfahren als ein selbstständiges Beweisverfahren anhängig: Die Gebühr 1000 Nr. 1 sowie die Gebühren 1001 und 1002 betragen . . . .** **I 1 Dies gilt auch, wenn ein Verfahren über die Prozesskostenhilfe anhängig ist, soweit nicht lediglich Prozesskostenhilfe für ein selbständiges Beweisverfahren oder die gerichtliche Protokollierung des Vergleichs beantragt wird oder sich die Beiordnung auf den Abschluss eines Vertrags im Sinne der Nummer 1000 erstreckt (§ 48 Abs. 1 und 3 RVG). 2 Die Anmeldung eines Anspruchs zum Musterverfahren nach dem KapMuG steht einem anhängigen gerichtlichen Verfahren gleich. 3 Das Verfahren vor dem Gerichtsvollzieher steht einem gerichtlichen Verfahren gleich.** **II In Kindschaftssachen entsteht die Gebühr auch für die Mitwirkung am Abschluss eines gerichtlich gebilligten Vergleichs (§ 156 Abs. 2 FamFG) und an einer Vereinbarung, über deren Gegenstand nicht vertraglich verfügt werden kann, wenn hierdurch eine gerichtliche Entscheidung entbehrlich wird oder wenn die Entscheidung der getroffenen Vereinbarung folgt.**	**1,0**

Schrifttum: Fromm, Vergütung des Strafverteidigers für Bemühungen zur Schadenswiedergutmachung, NJW 2013, 1720 (1722, StPO); Hansens, Fragen und Lösungen, AGS 2021, 151; N. Schneider, Die Einigungsgebühr bei Mehrwertvergleichen mit PKH und VKH, NJW-Spezial 2021, 91; ders., Kostenrechtsänderungsgesetz 2021 – Mehrwertvergleich, NJW-Spezial 2021, 283.

1 **I. Normzweck.** Es handelt sich um eine gegenüber VV 1000 Nr. 1, 1001, 1002 vorrangige Sondervorschrift. Sie steht neben VV 1004, 1005 und erweist sich bei näherer Prüfung als ziemlich schwerverständlich gegliedert. VV 3104 kann nach → VV 3103, 3104 Rn. 16 nicht hinzutreten (aA OVG Niedersachsen AnwBl 2007, 156).

2 Eine Überteuerung infolge einer Einigung sollunterbleiben. Es war dem Anwalt nicht gelungen, eine außergerichtliche Einigung zu erzielen. Für das gerichtliche Verfahren entstehen aber schon andere Gebühren, sodass die Gebühr für die gerichtliche Einigung niedriger ist als für eine außergerichtliche Einigung.

3 **II. Anwendungsbereich, Anwendungsvoraussetzungen. 1. Anhängigkeit eines, nicht aber jedes gerichtlichen Verfahrens.** Es muss gerade auch oder nur über den Gegenstand der Einigung nach VV 1000 Nr. 1 im Zeitpunkt dieser Einigung die Anhängigkeit eines gerichtlichen Verfahrens schon und noch vorliegen (LAG Schleswig-Holstein NZA-RR 2017, 215; FG Köln EFG 2019, 816 = BeckRS

2019, 8204). Das gilt nicht in jedem Gerichtsverfahren. Der Kreis der ausreichenden Verfahrensarten ergibt sich erst bei der Berücksichtigung der Anm. I, II (zur letzteren Schneider NZFam 2015, 825).

2. Anhängigkeit. Erste Voraussetzung ist eine Anhängigkeit in dem in → Rn. 3 genannten Zeitpunkt. VV 1003 bestimmt den Anhängigkeitsbegriff nicht. Er ist daher den Verfahrensordnungen zu entnehmen. Im Bereich der ZPO und daher zB nach § 113 I 2 FamFG auch in einem der dort aufgeführten FamFG-Verfahren gilt das folgende. 4

a) Schweben des Verfahrens ab Eingang. Anhängigkeit bedeutet das Vorhandensein, meist als „Schweben" bezeichnet, eines beliebigen Verfahrens und nicht nur desjenigen Verfahrens, in dem die Einigung erfolgt, vor einem Gericht ab seinem Eingang in der dortigen Posteinlaufstelle (BGH NJW 1987, 3265; OLG Nürnberg Rpfleger 1996, 129; OLG Saarbrücken MDR 1996, 1193). Es reicht also auch der Eingang bei einem örtlich und/oder sachlich unzuständigen Gericht. Es kann die Uhrzeit maßgeblich sein (OLG Schleswig SchlH 1989, 161). Bei einer erstmals in einer Verhandlung erfolgenden Geltendmachung beginnt die Anhängigkeit mit diesem Vorgang (BGH NJW 1987, 3265). Auf die Kenntnis des Anwalts kommt es sonst für die Anhängigkeit nicht an, ebenso wenig auf eine Genehmigung zum Verfahren. 5

b) Nicht notwendig auch Rechtshängigkeit. Nicht erforderlich ist es, dass das gerichtliche Verfahren auch schon und noch rechtshängig ist. Die Rechtshängigkeit tritt nach §§ 253, 261 I ZPO grundsätzlich erst mit der Klagerhebung ein, also nicht schon mit dem Eingang der Klageschrift beim Gericht, sondern erst mit deren amtlicher wirksamer Zustellung an den Bekl. Von diesem Grundsatz macht im Eilverfahren zB § 920 ZPO indirekt eine Ausnahme, weil im Eilverfahren eine Entscheidung evtl. ohne eine vorherige Anhörung des Gegners erfolgt: Anhängigkeit bedeutet (nur) dort auch bereits Rechtshängigkeit (BGH JZ 1995, 316; OLG Hamburg NJW-RR 2007, 791; AG Neuruppin Rpfleger 2010, 551). 6

c) Unabhängigkeit von Vorschuss. Die Zahlung eines Kostenvorschusses zB nach § 12 GKG, § 12 FamGKG, ist keine Bedingung der Anhängigkeit, sondern allenfalls als Auflage eine Folge. 7

3. Gerichtliches Verfahren. Als zweite Voraussetzung muss eine Einigung gerade in einem gerichtlichen Verfahren erfolgen. Dabei scheint VV 1003 im Haupttext fast sämtliche Verfahrensarten ausreichen zu lassen und nur ein selbständiges Beweisverfahren zB nach §§ 485 ff. ZPO auszunehmen. Wegen des KapMuG vgl. I 2. In Wahrheit bringt die Anm. I, II erhebliche weitere Einschränkungen. **Keine** Einigung liegt bei einer bloßen Feststellung des Gerichts vor (AG Koblenz JurBüro 2010, 474). Für unanwendbar hält das VGH Mannheim (BauR 2018, 1262) die Vorschrift im Normenkontrollverfahren. 8

III. Gebührenhöhe. Soweit der Vertrag neben anhängigen Gegenständen auch nichtanhängige Gegenstände regelt, tritt die etwaige Ermäßigung auf 1,0 nur nach dem Wert der anhängigen Gegenstände ein. Für die korrekte Gebührenerhebung (1,0 Gebühr auf die anhängigen Gegenstände und 1,5 Gebühr auf die nichtanhängigen Gegenstände) ist nach § 15 III 1 ein Vergleich vorzunehmen: Die Gebühren nach VV 1000 Nr. 1, 1003 dürfen nach § 15 III 1,5-Gebühr aus dem Gesamtwert nicht übersteigen. 9

Die Einigungsgebühr gilt grundsätzlich die **gesamte** Mitwirkung des Anwalts beim Abschluss des Vertrags ab. Wegen desselben Gegenstands kann keine weitere Einigungsgebühr entstehen (LAG Nürnberg NZA-RR 2009, 558; vgl. aber auch LAG Nürnberg NZA-RR 2009, 557), und zwar auch dann nicht, wenn der zunächst abgeschlossene Vertrag unter einer auflösenden Bedingung stand. 10

IV. ABC zum Anwendungsbereich

Anwaltsvergleich: Unanwendbar ist VV 1003 auf ein Verfahren nur zur Vollstreckbarerklärung eines Anwaltsvergleichs nach § 796a ZPO. 11

Aufrechnung: Anwendbar ist VV 1003 auch bei einer Aufrechnung mit ihrem Gegenstand. Unanwendbar ist VV 1003 bei einer bloßen Hilfsaufrechnung (BGH MDR 1996, 349; OLG Hamm JurBüro 1999, 470).

Außergerichtliche Einigung: Anwendbar kann VV 1003 auch dann sein, wenn der beigeordnete Anwalt an einer während des gerichtlichen Verfahrens (nur) außergerichtlichen Einigung nach § 779 BGB mitwirkt (VGH Bayern NJW-RR 2010, 504; aA OLG Nürnberg NJW-RR 2006, 1367).

Ehewohnungs-, Haushaltseinigung: Unanwendbar ist VV 1003 auf eine solche Einigung, die die Rechtsverhältnisse an der Ehewohnung und den Haushaltsgegenständen nach §§ 200 ff. FamFG erfasst. Das ergibt sich aus der Anm. I 1 Hs. 4 iVm § 48 III 1 oder (bei Lebenspartnern) § 48 III 2.

Eilverfahren: Anwendbar ist VV 1003 grds. auch im Verfahren zB nach §§ 916 ff., 935 ff. ZPO, §§ 49 ff. FamFG (OLG Hamm FamRZ 2009, 540), soweit durch den Vergleich das Hauptsacheverfahren entbehrlich wird.

Gerichtsvollzieherverfahren: Anwendbar ist VV 1003 auch im Verfahren vor ihm nach §§ 753 ff. ZPO usw, Anm. I 3. Denn er ist bei einem AG als staatliches Organ tätig. Daher steht sein Verfahren einem gerichtlichen gleich.

Güterrechtseinigung: Unanwendbar ist VV 1003 auf eine solche Einigung, die die Ansprüche aus dem ehelichen Güterrecht nach §§ 261 ff. FamFG erfasst. Das ergibt sich aus der Anm. I 1 Hs. 4 iVm § 48 III 1 oder (bei Lebenspartnern) § 48 III 2.

Hilfswiderklage: Anwendbar ist VV 1003 auch bei einer Hilfswiderklage (BGH NJW 1996, 2307, zur Rechtshängigkeit).

Kapitalanleger-Musterverfahren: Vgl. die Anm. I 2.

Kindschaftssache: VV 1003 ist anwendbar auf eine Einigung im Sorgerechtsverfahren nach § 1666 BGB (OLG Köln AGS 2022, 411; OLG Frankfurt a. M. JurBüro 2021, 408 = BeckRS 2021, 15001; OLG Karlsruhe, BeckRS 2019, 2948; aA OLG Brandenburg BeckRS 2020, 35747; AGS 2019, 268 = BeckRS 2019, 11065), genauso auch im Sorgerechtsverfahren nach § 1671 BGB (KG AGS 2019, 267 = BeckRS 2019, 9346).

Mahnverfahren: Anwendbar ist VV 1003 auch im Mahnverfahren nach §§ 688 ff. ZPO (vgl. OLG Brandenburg AGS 2019, 106 mAnm Schneider).

Mehrvergleich: Es muss über ihn vor Gericht eine Verhandlung erfolgen (Meyer JurBüro 2013, 462). Vgl. zur Berechnung nach § 15 Abs. 3 RVG → § 15 Rn. 34 ff. Auch → „Prozesskostenhilfeverfahren (Mitvergleich, Mehrvergleich)“.

Personensorge: Unanwendbar ist VV 1003 auf eine solche Einigung, die die Sorge für die Person der gemeinschaftlichen minderjährigen Kinder nach §§ 151 ff. FamFG erfasst (OLG Saarbrücken Rpfleger 2012, 470; AG Koblenz FamRZ 2011, 1814). Das ergibt sich aus der Anm. I 1 Hs. 4 iVm § 48 III 1, 2.

Prozesskostenhilfeverfahren:

– **(Anwendbarkeit):** Anwendbar ist VV 1003 schon nach dem Haupttext auf ein solches gerichtliches Verfahren nach §§ 114 ff. ZPO (BGH Rpfleger 2011, 404; OLG Stuttgart MDR 2017, 1452). Das bestätigt die Anm. I 1 Hs. 1, (zum neuem Recht KG Rpfleger 2007, 669; je zum alten Recht OLG Koblenz MDR 1997, 507; Meyer JurBüro 2013, 462; aA OLG Brandenburg JurBüro 1997, 638; OLG Dresden JurBüro 1997, 637; OLG Koblenz (11. ZS) MDR 1998, 801, aber auch dieses Verfahren ist eindeutig grundsätzlich ein gerichtliches). Das Prozesskostenhilfeverfahren muss sich allerdings auf die Durchführung eines gerichtlichen Hauptverfahrens richten (OLG Dresden FamRZ 1999, 391; OLG Köln Rpfleger 1998, 294; OLG Rostock FamRZ 1999, 387; aA LAG Düsseldorf MDR 1997, 853, auch im letzteren Fall).

– **(Mitvergleich, Mehrvergleich):** Wenn die Parteien im Rahmen eines Prozessvergleichs **bisher nichtanhängige** Gegenstände mitvergleichen, entsteht nach dem Wert dieser nun mitverglichenen Gegenstände aufgrund der Anm I eine 1,5 Einigungsgebühr, wenn ein Beteiligter für den streitbeendenden Vertrag eine Prozesskostenhilfe beantragt oder erhalten hatte, (LAG Nürnberg BeckRS 2021, 26554; LAG Rheinland-Pfalz AGS 2020, 111 = BeckRS 2020, 346; LAG Sachsen-Anhalt AGS 2019, 139; LAG Nürnberg BeckRS 2019, 21480; OLG Bamberg BeckRS 2022, 26494; OLG Zweibrücken JurBüro 2005, 539; ArbG München BeckRS 2021, 41545). Dagegen entsteht nur eine 1,0-Gebühr, wenn das Gericht am Mehrvergleich mitgewirkt hat und noch über die Erstreckung der Prozesskostenhilfe auf die mitverglichenen Gegenstände zu entscheiden hatte

(LAG München BeckRS 2022, 3882, BeckRS 2022, 10345, NZA-RR 2017, 272; aA LAG Düsseldorf AnwBl 2015, 100).

– **(Unanwendbarkeit):** Unanwendbar ist VV 1003 allerdings ausnahmsweise nach der Anm. I 1 Hs. 2 bei einem Prozesskostenhilfeverfahren, das nach → Rn. 4 noch nicht oder nicht mehr anhängig ist oder das lediglich einem selbständigen Beweisverfahren nach §§ 485 ff. ZPO oder der gerichtlichen Protokollierung eines Prozessvergleichs dient oder sich nur auf die Beiordnung eines Anwalts in einer Ehesache nach §§ 121 ff. FamFG zwecks des Abschlusses eines Vertrags nach VV 1000 Nr. 1 nach § 48 III über einen der folgenden Gegenstände erstreckt: Über den gegenseitigen Unterhalt der Ehegatten; über den Unterhalt gegenüber den Kindern im Verhältnis der Ehegatten zueinander; über die Sorge für die Person der gemeinschaftlichen minderjährigen Kinder (OLG Koblenz FamRZ 2006, 720); über die Regelung des Umgangs mit einem Kind; über die Rechtsverhältnisse an der Ehewohnung und den Haushaltssachen; über die Ansprüche aus dem ehelichen Güterrecht.

Schiedsrichterliches Verfahren: Unanwendbar ist ein solches Verfahren zB nach §§ 1025 ff. ZPO. Denn das Schiedsgericht ist gerade kein Staatsgericht, von dem VV 1003 unter dem nur scheinbar weiteren Begriff „anderes gerichtliches Verfahren" der Sache nach eindeutig spricht. Unanwendbar ist VV 1003 erst recht auf ein Verfahren nur zur Vollstreckbarerklärung eines Schiedsspruchs nach § 1059 ZPO.

Selbständiges Beweisverfahren: Unanwendbar ist VV 1003 schon nach dem Haupttext für ein solches Verfahren zB nach §§ 485 ff. ZPO und nach der Anm. I 1 Hs. 2 für ein zugehöriges Prozesskostenhilfeverfahren nach §§ 114 ff. ZPO. Soweit die Beteiligten im Hauptsacheverfahren einen Vergleich geschlossen haben und sich damit auch ein selbständiges Beweisverfahren erledigt, so ist VV 1003 anwendbar und es entsteht eine Einigungsgebühr, und zwar im Hauptsacheverfahren, da hier der Vergleich geschlossen worden ist (OLG Koblenz NZFam 2020, 226).

Sorgerechtsverfügung: → „Kindschaftssache"; → „Vereinbarung trotz Verfügungsbegrenzung".

Teilklage: Anwendbar ist VV 1003 auch im Prozess auf Grund einer bloßen Teilklage.

Teilungsversteigerung: Anwendbar ist VV 1003 auf das Verfahren nach §§ 180 ff. ZVG. Denn § 180 ZVG bezeichnet diese Versteigerung als Zwangsversteigerung, und sie findet vor Gericht statt, auch soweit es durch den Rechtspfleger amtiert. Auch → „Vollstreckungsverfahren".

Umgangsrechtseinigung: Die Anm. II gilt auch hier (OLG Dresden MDR 2016, 241). Unanwendbar ist VV 1003 auf eine solche Einigung, die die Regelung des Umgangs mit einem Kind nach §§ 151 ff. FamFG erfasst (OLG Zweibrücken AGS 2021, 236 = BeckRS 2021, 4111; OLG Saarbrücken Rpfleger 2012, 470; AG Koblenz FamRZ 2011, 1814). Das ergibt sich aus der Anm. I 1 Hs. 4 iVm § 48 III 1, 2. Es gilt erst recht bei einer nur vorläufigen Einigung (OLG Hamm JurBüro 2013, 243). Wird durch den Vergleich im einstweiligen Anordnungsverfahren ein Rechtstreit entbehrlich, so ist VV 1003 anwendbar (OLG Bremen AGS 2020, 235 = BeckRS 2020, 4727). Eine Einigungsgebühr entsteht auch für eine Zwischenvereinbarung, wenn eine gerichtliche Billigung der Vereinbarung unterblieben ist, soweit dadurch eine gerichtliche Entscheidung entbehrlich wird (OLG Hamburg AGS 2020, 505 = BeckRS 2020, 15975).

Unterhaltseinigung: Unanwendbar ist VV 1003 auf eine solche Einigung, die den gegenseitigen Unterhalt der Ehegatten oder gegenüber den Kindern im Verhältnis der Ehegatten zueinander je nach §§ 231 ff. FamFG erfasst. Das ergibt sich aus der Anm. I 1 Hs. 4 iVm § 48 III 1. Bei eingetragenen Lebenspartnern gilt dasselbe iVm § 48 III 2.

Vereinbarung trotz Verfügungsbegrenzung: Anwendbar ist VV 1003 auch dann, wenn es in einem Kindschaftsverfahren nach §§ 151 ff. FamFG, zu einer solchen Vereinbarung kommt, über deren Gegenstand die Beteiligten nach § 36 I 1 FamFG jedenfalls nicht verfügen können. Das setzt außerdem voraus, dass durch eine solche Einigung eine Entscheidung des FamG in der Sache selbst entbehrlich wird (OLG Bamberg NJOZ 2020, 870 = BeckRS 2019, 40074; OLG Oldenburg MDR 2016, 674), oder dass eine dann doch noch ergehende solche Entscheidung im Ergebnis der getroffenen Vereinbarung zumindest in allen wesentlichen Punkten voll folgt (OLG Zweibrücken AGS 2021, 236 = BeckRS 2021, 4111). Beides ergibt sich aus der Anm. II Hs. 2, 3. Vgl. iÜ → „Kindschaftssache".

Vergleichsbilligung: Anwendbar ist VV 1003 auch dann, wenn es in einem Kindschaftsverfahren nach §§ 151 ff. FamFG zur Mitwirkung des Anwalts am gerichtlich gebilligten Vergleich nach § 156 II FamFG kommt. Das ergibt sich aus der Anm. II Hs. 1. Aber auch → „Vergleichsprotokollierung"; → „Kindschaftssache".

Vergleichsprotokollierung: Unanwendbar ist VV 1003 nach der Anm. I 1 Hs. 3 dann, wenn es nur um die gerichtliche Protokollierung eines Vergleichs zB nach § 278 VI ZPO, evtl. iVm § 113 I 2 FamFG, geht → „Vergleichsbilligung".

Zwangsvollstreckungsverfahren: Anwendbar ist VV 1003 grds. auch im Verfahren nach §§ 704 ff. ZPO usw. Auch → „Teilungsversteigerung", aber auch → „Anwaltsvergleich".

Zwischenvereinbarung: Anwendbar sein kann VV 1003, soweit damit ein gerichtliches Verfahren vermieden wird (OLG Hamburg AGS 2020, 505 = BeckRS 2020, 15975; OLG Celle FamRZ 2016, 255).

Nr.	Gebührentatbestand	Gebühr oder Satz der Gebühr nach § 13 RVG
1004	**Über den Gegenstand ist ein Berufungs- oder Revisionsverfahren, ein Verfahren über die Beschwerde gegen die Nichtzulassung eines dieser Rechtsmittel oder ein Verfahren vor dem Rechtsmittelgericht über die Zulassung des Rechtsmittels anhängig: Die Gebühr 1000 Nr. 1 sowie die Gebühren 1001 und 1002 betragen ....** **I Dies gilt auch in den in den Vorbemerkungen 3.2.1 und 3.2.2 genannten Beschwerde- und Rechtsbeschwerdeverfahren.** **II Absatz 2 der Anmerkung zu Nummer 1003 ist anzuwenden.**	**1,3**

1 **I. Normzweck.** Während VV 1003 gegenüber VV 1000 Nr. 1, 1001, 1002 eine vorrangige Sonderregelung für die erste Gerichtsinstanz trifft, schafft VV 1004 eine nochmals speziellere oder mindestens mit VV 1003 gleichrangige Sonderregelung für die Berufungs- wie Revisionsinstanz. Im Beschwerdeverfahren in einer FamFG-Sache gilt VV 1004 nach der Anm. I, II mit ihren Verweisungen auf die Vorbemerkungen 3.2.1, 3.2.2 und auf VV 1003 Anm. II in den dort genannten Einzelbereichen ebenfalls (OLG Schleswig JurBüro 2008, 415 zum alten Recht).

2 Es gelten dieselben Erwägungen wie bei → VV 1003 Rn. 2. Die Verantwortung des Anwalts schlägt sich im Beschwerde-, Berufungs- wie Revisionsverfahren nicht in einer Erhöhung nieder, sondern in einer Ermäßigung von 1,5- auf 1,3-Gebühr. Damit bleibt es auch in den höheren Instanzen beim Grundgedanken, dass das Gesetz die Tätigkeit des Anwalts am höchsten doch noch beim außergerichtlichen Erfolg vergütet. Ob das demjenigen Grad von Anstrengung und Können gerecht wird, den der Beschwerde-, Berufungs- oder gar der Revisionsanwalt aufwenden muss, bleibt allerdings mehr als fraglich. Man kann das Ziel einer außergerichtlichen vorprozessualen Einigung auch überbetonen.

3 **II. Anwendungsbereich: 1. Zulassungsbeschwerde-, Berufungs- oder Revisionsverfahren.** Der Gegenstand muss dort anhängig sein. Das erstinstanzliche finanzgerichtliche Verfahren steht allenfalls nach der Vorb. 3.2.1 I Nr. 1 dem Berufungsverfahren gebührenrechtlich gleich (FG Baden-Württemberg JurBüro 2007, 198). Daher ist dann VV 1004 nicht anwendbar (FG Köln BeckRS 2019, 8204; 2011,

96031; aA Schneider AnwBl NJW 2007, 2668 (Üb.)). Auch die Beschwerde gegen die Nichtzulassung der Berufung oder Revision zB nach § 544 ZPO zählt hierher (Schneider NJW 2014, 523). Zur Anhängigkeit reicht der Eingang der Rechtsmittelschrift beim Rechtsmittelgericht. Die Zustellung an den Rechtsmittelgegner ist nicht zur Anhängigkeit erforderlich. Es reicht auch die Rechtsmitteleinlegung eines Streithelfers nach §§ 66 ff. ZPO (BGH NJW 1995, 199).

Beide Instanzen stehen **gleichrangig** nebeneinander. In jeder kann die 1,3-Gebühr entstehen. Es erhält auch derjenige Anwalt der ersten Instanz die Gebühr VV 1004, der in der oberen am Vergleichsabschluss usw. mitgewirkt hat (OLG Frankfurt a. M. AnwBl 1998, 537; OLG Hamm JurBüro 1998, 584). 4

2. Mitvergleich. Ein Mitvergleich in erster Instanz über einen in der höheren Instanz anhängigen Anspruch führt zur Anwendung von VV 1004 (KG JurBüro 1998, 189; aA OLG Bamberg JurBüro 1986, 1529; LG Berlin JurBüro 1997, 639, Teilung nach Instanzen). 5

Wenn die Parteien **in der höheren Instanz anhängige** Ansprüche in der ersten Instanz **mitvergleichen,** gilt ein einheitlicher Gebührensatz des höheren Rechtszugs (KG JurBüro 1998, 189; Riedel/Sußbauer/Schütz Rn. 42; aA OLG Bamberg JurBüro 1986, 1529; LG Berlin JurBüro 1997, 639, Teilung nach Instanzen). 6

Bei einer Einbeziehung **nichtanhängiger** Ansprüche im Rechtsmittelverfahren bleibt es insoweit bei einer 1,5-Gebühr, (je zum alten Recht BGH NJW 2002, 3712; aA OLG Nürnberg FamRZ 2002, 475; OLG Schleswig MDR 2002, 421; LG Dresden Rpfleger 2003, 47, aber das Einbezogene war noch nicht einmal erstinstanzlich anhängig gewesen). Deshalb kommt es auch nicht auf Unterschiede zwischen dem prozessualen und dem kostenrechtlichen Begriff der Instanz an). 7

III. Gebührenhöhe. Es entsteht in jeder Rechtsmittelinstanz eine 1,3-Gebühr. Sie tritt an die Stelle von VV 1000 Nr. 1, 1001, 1002, nicht etwa hinzu. Es handelt sich auch nicht etwa um eine zu VV 1003 hinzutretende Gebühr. Denn VV 1004 nennt VV 1003 nicht mit. 8

IV. Gegenstandswert; Kostenerstattung. Es gilt dasselbe wie bei VV 1000–1002. 9

Nr.	Gebührentatbestand	Gebühr oder Satz der Gebühr nach § 13 RVG
1005	**Einigung oder Erledigung in einem Verwaltungsverfahren in sozialrechtlichen Angelegenheiten, in denen im gerichtlichen Verfahren Betragsrahmengebühren entstehen (§ 3 RVG):** **Die Gebühren 1000 und 1002 entstehen .....** **I 1 Die Gebühr bestimmt sich einheitlich nach dieser Vorschrift, wenn in die Einigung Ansprüche aus anderen Verwaltungsverfahren einbezogen werden. 2 Ist über einen Gegenstand ein gerichtliches Verfahren anhängig, bestimmt sich die Gebühr nach Nummer 1006. 3 Maßgebend für die Höhe der Gebühr ist die höchste entstandene Geschäftsgebühr ohne Berücksichtigung einer Erhöhung nach Nummer 1008. 4 Steht dem Rechtsanwalt ausschließlich eine Gebühr nach § 34 RVG zu, beträgt die Gebühr die Hälfte des in der Anmerkung zu Nummer 2302 genannten Betrags.** **II Betrifft die Einigung oder Erledigung nur einen Teil der Angelegenheit, ist der auf diesen Teil der Angelegenheit entfallende Anteil an der**	 **in Höhe der Geschäftsgebühr**

Nr.	Gebührentatbestand	Gebühr oder Satz der Gebühr nach § 13 RVG
	Geschäftsgebühr unter Berücksichtigung der in § 14 Abs. 1 RVG genannten Umstände zu schätzen.	
1006	**Über den Gegenstand ist ein gerichtliches Verfahren anhängig: Die Gebühr 1005 entsteht ....**	**in Höhe der Verfahrensgebühr**
	I 1 Die Gebühr bestimmt sich auch dann einheitlich nach dieser Vorschrift, wenn in die Einigung Ansprüche einbezogen werden, die nicht in diesem Verfahren rechtshängig sind. 2 Maßgebend für die Höhe der Gebühr ist die im Einzelfall bestimmte Verfahrensgebühr in der Angelegenheit, in der die Einigung erfolgt. 3 Eine Erhöhung nach Nummer 1008 ist nicht zu berücksichtigen. II Betrifft die Einigung oder Erledigung nur einen Teil der Angelegenheit, ist der auf diesen Teil der Angelegenheit entfallende Anteil an der Verfahrensgebühr unter Berücksichtigung der in § 14 Abs. 1 RVG genannten Umstände zu schätzen.	
1007	**(weggefallen)**	

1 **I. Normzweck.** Die KV regeln die Einigungs- oder Erledigungsgebühr in sozialrechtlichen Angelegenheiten, in denen Betragsrahmengebühren entstehen. Dies ist der Fall, wenn in einem Verfahren der Sozialgerichtsbarkeit das GKG nicht anwendbar ist, § 3 RVG iVm § 1 II Nr. 3 GKG iVm §§ 183, 197a SGG. Auch → § 3 Rn. 1, 2.

2 **II. Einigung oder Erledigung.** Soweit die Beteiligten nach § 101 SGG einen Vergleich schließen können, weil der Gegenstand der Dispositionsbefugnis unterliegt, kann zu den Voraussetzungen einer Einigung auf → VV 1000 Rn. 4 ff. verwiesen werden. Die Gebühren können auch für eine Erledigung einer Angelegenheit entstehen, dazu → VV 1002 Rn. 10 ff. Dagegen entsteht keine Gebühr, wenn lediglich ein Anerkenntnis abgegeben wird (LSG Sachsen-Anhalt JurBüro 2021 412).

3 Sowohl bei der Einigung als auch bei der Erledigung ist es erforderlich für die Gebührenentstehung, dass der Rechtsanwalt qualifiziert tätig geworden ist und dieses Mitwirken ursächlich für die Erledigung des Rechtsstreits ist (LSG Sachsen-Anhalt JurBüro 2021, 412; LSG Thüringen RVGReport 2020, 96 = BeckRS 2019, 16935; LSG Bayern FD-RVG 2017, 386694 = BeckRS 2017, 100678) → VV 1002 Rn. 13 ff.

4 **III. Gebührenhöhe.** VV 1005 findet Anwendung bei Verwaltungsverfahren in sozialgerichtlichen Angelegenheiten und VV 1006 bei anhängigen, gerichtlichen Verfahren in sozialgerichtlichen Angelegenheiten, VV 1005 Anm. I 2 und VV 1006 Anm. I 1.

5 Die Gebühren bestimmten sich auch dann nach diesen VV, wenn in diese Einigung auch Ansprüche aus anderen Verwaltungsverfahren oder Ansprüche, die nicht in diesem gerichtlichen Verfahren anhängig sind, einbezogen werden, VV 1005 Anm. I 1, VV 1006 Anm. I 1.

6 Im Rahmen der VV 1005 entsteht die Gebühr für eine Einigung (VV 1000) oder für die Erledigung (VV 1002) stets in derselben Höhe, wie die höchste entstandene Geschäftsgebühr. Im Rahmen der VV 1006 entsteht die Gebühr für Einigung oder

Erledigung in Höhe der Verfahrensgebühr unter Berücksichtigung der Anm. I 2. Eine Erhöhung nach VV 1008 wird nicht berücksichtigt, VV 1005 Anm. I 3 HS. 2, VV 1006 Anm. I 3.

Soweit im Rahmen der VV 1005 der Rechtsanwalt eine Gebühr nach § 34 RVG für eine Beratung zusteht, so beträgt die Gebühr für die Einigung oder Erledigung die Hälfte des in VV 2302 Anm. genannten Betrags. 7

Lediglich bei einer Teileinigung oder -erledigung ist nach VV 1005 Anm. II bzw. VV 1006 Anm. II der Anteil der Geschäftsgebühr bzw. der Verfahrensgebühr unter Berücksichtigung der in § 14 I 2 genannten Umstände zu schätzen. 8

Nr.	Gebührentatbestand	Gebühr oder Satz der Gebühr nach § 13 RVG
1008	**Auftraggeber sind in derselben Angelegenheit mehrere Personen:** **Die Verfahrens- oder Geschäftsgebühr erhöht sich für jede weitere Person um ....** **I Dies gilt bei Wertgebühren nur, soweit der Gegenstand der anwaltlichen Tätigkeit derselbe ist.** **II Die Erhöhung wird nach dem Betrag berechnet, an dem die Personen gemeinschaftlich beteiligt sind.** **III Mehrere Erhöhungen dürfen einen Gebührensatz von 2,0 nicht übersteigen; bei Festgebühren dürfen die Erhöhungen das Doppelte der Festgebühr und bei Betragstragrahmengebühren das Doppelte des Mindest- und Höchstbetrags nicht übersteigen.** **IV Im Fall der Anmerkung zu den Gebühren 2300 und 2302 erhöht sich der Gebührensatz oder Betrag dieser Gebühren entsprechend.**	**0,3** **oder 30 % bei Festgebühren, bei Betragsrahmengebühren erhöhen sich der Mindest- und Hochstbetrag um 30 %**

Schrifttum: Jungbauer, Einigungsgebühr in Unfallsachen, Erhöhung nach Nr. 1008 VV RVG usw, FS Madert, 2006, 141; Schneider, Gebührenerhöhung bei Fortsetzung eines Rechtsstreits mit dem bzw. den Erben, ErbR 2018, 17.

Übersicht

I. Normzweck. Es handelt sich in einer Ergänzung von § 7 I und von § 15 II 1 um die Bestimmung der Gebührenhöhen im Einzelnen. Die Vorschrift gilt nur bei mehreren Personen als Auftraggeber nach § 7 (BVerfGE 137, 348; BGH NJW 2011, 3723; AG Solingen DGVZ 2015, 155; aA BGH ZIP 2013, 2427 ohne Vorlage nach § 132 GVG, Staat als Auftraggeber zugunsten mehrerer Personen; OLG Karlsruhe Rpfleger 2007, 684 (Bündelung von Beschaffungsbedarf. Aber der Wortlaut ist eindeutig)). **Regelungszweck** ist derselbe wie bei → § 7 Rn. 3 (BGH NJW 2010, 1

1377; BSG AGS 2014, 458 = BeckRS 2014, 69660, Abgeltung des Mehraufwands für den Anwalt). Bei der Mehrvertretungsgebühr handelt es sich nicht um eine gesonderte, von der Geschäftsgebühr bzw. Verfahrensgebühr isoliert zu betrachtende Gebühr, sondern die Gebühr nach Nr. 1008 entsteht nur und ausschließlich i. V. m. der geltend gemachten „Grundgebühr“ und ist von dieser abhängig (LSG Nordrhein-Westfalen BeckRS 2020, 13391).

2 **II. Anwendungsbereich. 1. Persönlicher Anwendungsbereich.** Der Rechtsanwalt hat eine Mehrheit von Auftraggebern zu vertreten. Dies ist im Sinne des § 7 Abs. 2 zu verstehen (→ § 7 Rn. 5, 6 ff.) und liegt vor, wenn derselbe Rechtsanwalt für verschiedene natürliche oder juristische Personen auftragsgemäß in derselben Angelegenheit gleichzeitig tätig wird (LG Wuppertal BeckRS 2019, 22957; KG NJOZ 2007, 2962).

3 **2. Sachlicher Anwendungsbereich.** Die Vorschrift gilt auch im Beratungshilfeverfahren (OLG Jena JurBüro 2012, 140; OLG Naumburg JurBüro 2010, 473). Es kommt nicht darauf an, ob und in welchem Ausmaß die mehreren Auftraggeber auch im Einzelfall einen erhöhten Aufwand an Zeit, Mühe und Verantwortungsbewusstsein mit sich bringen (BGH NJW 1984, 2296; BVerwG AGS 2000, 173). Die Vorschrift gilt im Gesamtgebiet einer Tätigkeit für jede Geschäftsgebühr und zusätzlich auch für jede Verfahrensgebühr (LG Ulm AnwBl 2008, 73), auch bei einer bloßen Einzeltätigkeit. § 5 ist anwendbar. § 7 II ist mit anwendbar. Es sind vielmehr nur die folgenden Aspekte zu beachten.

4 Soweit eine Mehrheit von Gegenständen nach → § 15 Rn. 12 vorliegt, gilt § 22 I. Nur soweit der Gegenstand innerhalb derselben Angelegenheit nach → § 15 Rn. 9 für die mehreren Auftraggeber gerade dieses Anwalts in welcher Funktion nach dem RVG auch immer nach → § 7 Rn. 6 ff. übereinstimmt, erhöht sich für jeden weiteren Auftraggeber nach dem Gesetzeswortlaut eine Gebühr (BVerfGE 137, 345). Dazu muss ein innerer Zusammenhang bestehen (BVerfGE 137, 345). Es erhöht sich nur die Verfahrens- oder die Geschäftsgebühr zunächst nach der Gebührenspalte (BVerfG NJW 1997, 3431; AG Stuttgart MDR 2007, 1107; KG MDR 2006, 177; großzügiger OLG Koblenz JurBüro 2012, 428, auch nach irriger Zugrundelegung desselben Gegenstands).

5 Trotz der Verweisungen auf lediglich die jeweilige Verfahrens- oder Geschäftsgebühr ist eine **weite Auslegung** dieser Vorschriften vorzunehmen (je zum alten Recht: BGHZ 81, 40; OLG Frankfurt a. M. NJW-RR 2011, 1579; LG Stuttgart NZM 2002, 800; aA OLG Köln AnwBl 1987, 242; AG Traunstein FamRZ 2009, 717). Soweit jeder Mitmieter eine von anderen unabhängige Pflicht hat, mögen mehrere Gegenstände vorliegen (OLG Koblenz JurBüro 2012, 245; OLG Köln AnwBl 2000, 375).

6 Durch eine Erhöhung nach VV 7008 tritt nicht etwa auch beim Anwalt der **Gegenpartei** eine entsprechende Erhöhung ein, soweit er unverändert nur einen Auftraggeber vertritt.

7 **III. Gebührenhöhe. 1. Berechnung und Begrenzung der Erhöhung.** Die Berechnung der Erhöhung erfolgt nach der Anm. II nur nach demjenigen Betrag, an dem die mehreren Auftraggeber nach § 7 gemeinschaftlich beteiligt sind (OLG Hamburg MDR 2001, 56 (abl. Engels MDR 2001, 355); OLG München MDR 1998, 1439; LG Lüneburg ZMR 2016, 747). Ist das der bisherige Gegenstand der anwaltlichen Tätigkeit nach → § 15 Rn. 3, ist die Erhöhung von diesem Gegenstand zu berechnen. Erhöht sich der Gegenstand, ist die Verfahrensgebühr entsprechend zu erhöhen, während sich die Beitrittsgebühr nur nach der gemeinschaftlichen Beteiligung richtet. Wegen der Erhöhungsmöglichkeiten beim Fehlen einer besonderen Untauglichkeit oder Schwierigkeit vgl. die Anm. IV.

8 **Beispiel:** Der Gegenstand der anwaltlichen Tätigkeit hat zunächst einen Wert von 2.000 EUR. Es erfolgt ein Beitritt wegen eines Werts von 1.000 EUR, von denen aber nur 500 EUR in den eben erwähnten 2.000 EUR stecken. Dann wird die Verfahrensgebühr nach einem Gegenstandswert von 2.500 EUR berechnet, die Beitrittsgebühr nach einem Wert von 500 EUR.

0,3-Gebühr (und nicht etwa 30% der Ausgangsgebühr, also nicht etwa nur 30% von zB 0,3) entstehen als Erhöhung je weiteren Auftraggeber (LG Düsseldorf JurBüro 2007, 480; Herold/Rudy JurBüro 2009, 567; Schneider NZM 2007, 721; aA AG Recklinghausen DGVZ 2005, 30 (aber der Wortlaut ist eindeutig)). Es werden also zB bei zwei Auftraggebern aus 1,0-Gebühr jetzt insgesamt 1,3-Gebühr, aus 0,5-Gebühr jetzt insgesamt 0,8-Gebühr. Auf den Umfang einer Mehrarbeit kommt es nicht an (BGH NJW 2011, 3723). 9

Bei einer nur dem Mindest- und Höchstbetrag in EUR nach gesetzlich bestimmten sog. **Betragsrahmengebühr** (→ § 2 Rn. 8) etwa in einer Straf-, Bußgeld- oder Sozialgerichtssache erhöhen sich zunächst sowohl der Mindest- als auch der Höchstbetrag um 30%. § 14 bleibt innerhalb dieses erhöhten Rahmens beachtlich. Das verkennt OLG Köln MDR 2014, 1052. Auch die Mittelgebühr erhöht sich dann also um 30% ihres vorigen Betrags. Wegen der Unterschiede zwischen den Begriffen Gegenstand und Angelegenheit → § 7 Rn. 18 ff. Das sollte wenigstens im Kern auch bei einer sog. Satzrahmengebühr (→ § 2 Rn. 5) gelten. 10

Die Anm. III Hs. 1 zeigt, dass nur die „Erhöhungen" insgesamt **nicht mehr als 2,0-Gebühr** ausmachen dürfen. Die Ausgangsgebühr für den ersten Auftraggeber kann hinzutreten (nur insoweit SG Berlin JurBüro 2011, 25). Das ist kein Redaktionsversehen des Gesetzgebers (LG Frankfurt a. M. NJW 2004, 3642). 11

Beispiel: Der Anwalt vertritt acht Kläger. Seine Tätigkeit löst lediglich Verfahrensgebühren nach VV 3100 aus. Er erhält: 1,3-Gebühr (für den ersten Auftraggeber) + 7 × 0,3-Gebühr für die weiteren 7 Auftraggeber) = eigentlich weitere 2,1-Gebühr. Nach der Anm. III Hs. 1 darf schon diese Erhöhung höchstens 2,0-Gebühr ausmachen (OLG Frankfurt a. M. NJW 2004, 3642). Der Anwalt erhält also insgesamt 1,3 + 2,0 = 3,3-Gebühr. 12

Dasselbe gilt bei allen anderen Ausgangsgebühren. Die Berechnung ist so vornehmen, als ob **alle Auftraggeber von Anfang an** beteiligt gewesen wären. 13

Beispiel: Für den Auftraggeber A hat der Gegenstand einen Wert von 5.000 EUR, für den Auftraggeber B einen solchen von 3.000 EUR, von denen 1.000 EUR in den 5.000 EUR stecken; es erfolgen Beitritte der Auftraggeber C–F mit einem Gegenstandswert von je 5.000 EUR, die sämtlich in den 5.000 EUR des A stecken. Die höchste Beitrittsgebühr macht zwei Gebühren nach einem Wert von 5.000 EUR aus, obwohl der Streitgegenstand insgesamt 7.000 EUR beträgt. 14

Die Verfahrensgebühr entsteht vor allem in einem Zivilprozess oder einem FamFG-Verfahren nach VV Teil 3. Die vorstehenden Regeln gelten aber auch in einem Verfahren vor dem **Verfassungsgericht** oder in einem Verfahren vor dem **Finanzgericht** oder **Verwaltungsgericht** oder in einem Verfahren vor einem **Ehrengericht** oder einem sonstigen **Berufsgericht,** soweit nicht vorrangige Sondervorschriften gelten. 15

2. Verschiedene Gegenstände. Wegen der Begriffe Angelegenheit und Gegenstand → § 7 Rn. 18 ff. Es kommt auf die tatsächliche Tätigkeit und nicht nur auf den Auftrag an (OVG Münster AGS 2012, 235 = BeckRS 2012, 48577). Bei einer Gesamtschuldnerschaft liegt meist derselbe Gegenstand vor. Aus § 5 ZPO kann keine Abgrenzung abgeleitet werden (VGH Hessen MDR 1994, 375). Soweit die Gegenstände der jeweiligen Beteiligung der Auftraggeber nicht übereinstimmen, etwa bei unabhängig voneinander geforderten oder geschuldeten Leistungen, so sind nach § 22 I ihre Werte innerhalb derselben Angelegenheit zusammenzurechnen und danach die Gebühr zu bemessen (OLG München MDR 1990, 560; LG Saarbrücken JurBüro 1999, 310; OVG Nordrhein-Westfalen NJW 2012, 1750; aA OLG Köln Rpfleger 1987, 264). 16

3. Gegenstandswert. Dabei kommt den Auftraggebern die **Degression der Gebührenstaffel** zugute (LG Saarbrücken JurBüro 1999, 310). Wenn der Anwalt zB in demselben Rechtsstreit zwei Pflichtteilsberechtigte vertritt und wenn der eine von ihnen 3.000 EUR, der andere 7.000 EUR einklagt, berechnet sich eine volle Gebühr aus einem Wert von 10.000 EUR, nicht aus Einzelwerten von 3.000 EUR + 7.000 EUR. 17

18 VV 1008 kann auch auf den im Weg der **Prozess- oder Verfahrenskostenhilfe** nach § 119 ZPO, § 76 FamFG beigeordneten Anwalt mehrerer Auftraggeber (LSG Sachsen-Anhalt BeckRS 2021, 33672) bei verschiedenen Gegenständen insoweit angewendet werden, als sich die Zusammenrechnung der Streitwerte wegen § 49, VV 4144 ff. nicht auswirkt (BGHZ 81, 43; OLG Hamm AnwBl 2003, 179; Schneider Rpfleger 2003, 409). Auch → § 7 Rn. 1.

19 **4. Festgebühr, Betragsrahmengebühr.** Bei einer **Festgebühr** nach → § 2 Rn. 8 dürfen die Erhöhungen für sämtliche Auftraggeber nach der Anm. III Hs. 2 Fall 1 das Doppelte der einfachen Festgebühr nicht überschreiten (OVG Schleswig-Holstein AGS 2018, 528 = BeckRS 2018, 26126; AG Offenbach DGVZ 2005, 47). Bei einer nur nach dem Mindest- und Höchstbetrag bestimmten sog. **Betragsrahmengebühr** nach → § 2 Rn. 8 erhöht sich der Mindest- und Höchstbetrag zwar zunächst durch jeden weiteren Auftraggeber um 0,3-Gebühr. Mehrere Erhöhungen dürfen aber nach der Anm. III Hs. 2 Fall 2 insgesamt das Doppelte des einzelnen Mindest- und Höchstbetrags nicht übersteigen. Es muss sich auch hier um dieselbe Angelegenheit nach → § 15 Rn. 9 handeln (KG JurBüro 1991, 533), nicht aber auch um denselben Gegenstand nach → § 15 Rn. 12 (Schmidt AnwBl 1985, 388; aA SG Münster AnwBl 1985, 387, Mümmler JurBüro 1986, 360). Aus dem so erhöhten Rahmen ist dann die Gebühr im Einzelfall nach § 14 zu bestimmen (LSG Baden-Württemberg AGS 2020, 383 = BeckRS 2020, 15302).

20 Dabei sind die **Verhältnisse aller Auftraggeber** zu berücksichtigen. Bei einer Strafsache kommt wegen des Verbots der Verteidigung mehrerer Beschuldigter nach § 146 StPO eine solche Berechnung nur noch insoweit in Betracht, als der Anwalt mehrere Privatkläger oder mehrere Nebenkläger vertritt (OLG Düsseldorf RPfleger 2010, 47; LG Hanau AnwBl 1982, 494; LG Heilbronn AnwBl 1980, 213). Ferner kommt diese Berechnung im Verfahren vor einem VerfG, im Verfahren vor dem SG und für eine Raterteilung in einer strafrechtlichen, bußrechtlichen oder sonstigen Angelegenheit in Betracht, etwa bei VV 2100 ff. (OLG Saarbrücken JurBüro 1988, 860; LG Dortmund JurBüro 1990, 22; OLG Köln Rpfleger 1992, 223). Das gilt auch zB im kartellrechtlichen Bußgeldverfahren (KG JurBüro 1981, 533).

21 Die Anm. III erfasst aber **nicht** den sog. **Gebührensatzrahmen** nach → § 2 Rn. 5, also eine solche Gebühr, die das Gesetz nach Bruchteilen bestimmt. Diese Vorschrift ist also zB bei einer Raterteilung in einer zivilrechtlichen Angelegenheit nach § 34 unanwendbar (OLG Stuttgart AnwBl 1984, 209).

22 In einer **Auslieferungssache** muss dasselbe Auslieferungsverfahren vorliegen, nicht nur dasselbe Strafverfahren im Ausland. Es reicht auch aus, dass der Anwalt mehrere Beteiligte in dem Verfahren auf die Herausgabe eines Gegenstands vertritt.

23 Demgemäß ist VV 1008 dann **unanwendbar,** wenn derselbe Anwalt auf Grund desselben Auslandsverfahrens den einen Auftraggeber im Auslieferungsverfahren und den anderen im Durchlieferungsverfahren vertritt oder wenn er denselben Auftraggeber in einem Auslieferungsverfahren und im Durchlieferungsverfahren vertritt.

24 Eine Gebührenerhöhung nach I 3 infolge einer **Verfahrensverbindung** zB nach § 147 ZPO tritt nur für diejenigen Tätigkeiten ein, die der Anwalt nach der Verbindung vornimmt. Sie gilt also nicht für die schon vorher verdienten Gebühren.

IV. ABC. 1. ABC zum persönlichen Anwendungsbereich. Auch → § 7 Rn. 13.

25 **Angeklagter und Nebenkläger: Unanwendbar** ist VV 1008 dann, wenn der Anwalt diese beiden Funktionen gegenüber einem weiteren Angeklagten vertritt (LG Krefeld AnwBl 1979, 79; LG Verden JurBüro 1979, 1504).

BGB-Gesellschaft: Anwendbar ist VV 1008 dann, wenn einzelne Gesellschafter mit verschiedenen Zielen auftreten oder wenn neben der Gesellschaft auch einzelne Gesellschafter auftreten (BGH NJW 2011, 3723; OLG Koblenz JurBüro 2012, 77; LG Bremen ZMR 2011, 567; aA BGH NJW 2010, 1007; LG Wuppertal Rpfleger 2009, 52). Dies gilt auch, wenn im Prozess die Nichtexistenz der Gesellschaft geltend gemacht wird (OLG Saarbrücken AGS 2021, 274 = BeckRS 2021, 10740). Unanwendbar ist die Vorschrift dann, wenn nur die Gesellschaft auftritt oder nur GbR Verfahrensbeteiligte ist und nicht auch zugleich ein oder mehrere Gesellschafter (LAG Nürnberg FD-RVG 2019, 419380 = BeckRS 2019, 15643). Denn sie ist rechts- und parteifähig (BVerfG NJW 2002, 3533; BGHZ 146, 341 (ausf.) und NJW 2006, 2191; BAG NZA 2010, 226; strenger Beuthien ZIP 2011, 1594). Das gilt auch bei einer Nennung einzelner Gesellschafter schon zwecks Beachtung von § 788 ZPO (AG Euskirchen DGVZ 2015, 260). Ab dem **1.1.2024** gelten die genannten Grundsätze weiterhin für die nichtrechtsfähige BGB-Gesellschaft (§ 740 BGB nF). Für eine rechtsfähige BGB-Gesellschaft ist **ab 1.1.2024** VV 1008 weiterhin dann anwendbar, wenn neben der BGB-Gesellschaft weitere Auftraggeber hinzutreten.

Bedarfsgemeinschaft: VV 1008 ist anwendbar bei einheitlichen Lebenssachverhalt (§ 15 II 1), soweit der Rechtsanwalt inhaltlich Ansprüche mehrerer Mitglieder der Bedarfsgemeinschaft geltend macht (BSG NJW 2012, 877; AGS 2014, 458; LSG Thüringen BeckRS 2019, 3926). Kein Fall der VV 1008 liegt vor, wenn nur eine Partei einer Bedarfsgemeinschaft durch den Verwaltungsakt/Klage betroffen ist (LSG Sachsen-Anhalt BeckRS 2021, 4171; LSG Thüringen ASR 2021, 88 = BeckRS 2021, 359; LSG Thüringen 1.8.2019 – L 1 SF 333/18 B BeckRS 2019, 22379; LSG Rheinland-Pfalz BeckRS 2018, 38436) und die Entscheidung die Verhältnisse der Bedarfsgemeinschaft zu berühren vermag (BSG NZS 2020, 358 = BeckRS 2019, 38670).

Beiordnung, Bestellung: Anwendbar sein kann VV 1008 auch in einem dieser Fälle (BGH AGS 2020, 240; VGH Baden-Württemberg JurBüro 2009, 490).

Beratungshilfe: Die im Beratungshilfeschein aufgeführten Personen sind nicht maßgebend bei der Beurteilung, ob Nr. 1008 anwendbar ist, sondern die Mehrvertretungsgebühr entsteht auch für Auftraggeber, die im Beratungshilfeschein nicht genannt sind (LG Wuppertal BeckRS 2019, 22957).

Eltern und Minderjähriger: Anwendbar ist VV 1008 auf solche Gruppe (SG Berlin JurBüro 2011, 252). Jedes Kind ist ein Auftraggeber (OLG Bamberg JurBüro 1983, 129; aA AG Neuss FamRZ 1995, 1282), zugleich sind auch die Eltern Auftraggeber, wenn diese nicht nur als gesetzliche Vertreter, sondern auch im eigenen Namen ihr Elternrecht geltend machen (VG Berlin AGS 2022, 122)

Erbengemeinschaft: Anwendbar ist VV 1008 auf eine anfängliche oder nachfolgende solche Gemeinschaft (OLG Brandenburg JurBüro 2007, 524; OLG Köln MDR 2014, 1052). Dies gilt auch bei ursprünglicher Vertretung des Erblassers, der während des laufenden Rechtsstreits verstirbt und der Prozess durch die Erben fortgesetzt wird (OLG Hamm, JurBüro 1989, 192; OLG Saarbrücken, JurBüro 1990, 1612; OLG Stuttgart, JurBüro 1990, 1610; OLG Bamberg, JurBüro 1991, 821; LG Karlsruhe AGS 2019, 265 = BeckRS 2019, 10010, aA OLG Koblenz MDR 1993, 284).

Familienmitglieder: Unanwendbar ist VV 1008 dann, wenn sie zB jeweils nur für sich eine Aufenthaltserlaubnis beantragen (VG Berlin NVwZ-RR 2011, 790).

Gesellschaft bürgerlichen Rechts: → „BGB-Gesellschaft".

Hauptpartei und Streithelfer: Unanwendbar ist VV 1008 dann, wenn der Anwalt beide vertritt (BGH NJW 2010, 1378; OLG Celle MDR 2014, 117; OLG Koblenz JurBüro 2011, 597; aA KG AnwBl 2015, 99).

Insolvenz: → „Partei kraft Amts – natürliche Person".

Juristische Person: Unanwendbar ist VV 1008 dann, wenn sie als nur ein einziger Auftraggeber auftritt.

Kläger und Widerbeklagter: Unanwendbar ist VV 1008 beim Zusammentreffen beider Funktionen.

Kommanditgesellschaft: Anwendbar ist VV 1008 hier (SG Dortmund JurBüro 1994, 731), soweit neben der KG auch einzelne Gesellschafter Auftraggeber sind.

Miteigentümer: VV 1008 ist anwendbar, wenn neben der Miteigentümergemeinschaft auch einzelne Miteigentümer durch den Anwalt vertreten werden (OLG Brandenburg BeckRS 2019, 7602).

Nichtexistenz einer Partei: VV 1008 ist anwendbar, insbesondere wenn der Anwalt beauftragt ist, sich im Verfahren auf die Nichtexistenz seiner Partei zu berufen (OLG Saarbrücken AGS 2021, 274 = BeckRS 2021, 10740).

Offene Handelsgesellschaft: Anwendbar ist VV 1008 hier (SG Dortmund JurBüro 1994, 731).

Partei kraft Amts – natürliche Person: Unanwendbar ist VV 1008 bei solcher Doppelfunktion derselben Seite des Prozesses (OLG Köln JurBüro 2009, 408, Insolvenzverwalter), iÜ ist jede derartige Partei Auftraggeber (BGH NJW-RR 1994, 516).

Rechtsmissbrauch: Er ist stets unstatthaft (OLG Celle AnwBl. 1997, 351; LG Hamburg NJW-RR 2013, 1516).

Sozius: Unanwendbar ist VV 1008 dann, wenn ein Sozius andere Sozien derselben Sozietät vertritt (AG Euskirchen DGVZ 2012, 103).

Streithelfer: → „Hauptpartei und Streithelfer".

Verein: Anwendbar ist VV 1008 beim nichtrechtsfähigen Verein als Beklagte. Unanwendbar ist die Vorschrift bei ihm als Kläger (BGH NJW 2008, 69).

Verkehrsanwalt: Anwendbar sein kann VV 1008 auch bei ihm nach VV 3400.

Verschmelzung: Unanwendbar ist VV 1008, wenn der Anwalt den übertragenden Rechtsträger vertritt und nach wirksamer Verschmelzung den übernehmenden Rechtsträger (OLG Dresden AGS 2021, 354 = BeckRS 2021, 17195, abl. Mayer FD-RVG 2021, 440464).

Vor-GmbH: Unanwendbar ist VV 1008 bei ihr als Klägerin (BGH NJW 1998, 1079).

Wohnungseigentum: Anwendbar ist VV 1008 bei zwar mehreren, aber nicht sämtlichen Mitgliedern der WEG (OLG Hamburg ZMR 2015, 324; LG Düsseldorf ZMR 2011, 160). Unanwendbar ist die Vorschrift bei allen Mitgliedern wegen der Rechts- und Parteifähigkeit der WEG (BGH NJW 2007, 1952); oder dann, wenn der Verwalter im eigenen Namen der Auftraggeber ist (KG NJW 2006, 1983; OLG Schleswig MDR 2008, 713; AG Emden DGVZ 2007, 47). Seit 1.12.2020 und der Beschlussklage gegen den Verband nach § 44 II 1 WEG ist VV 1008 **nun nicht** mehr anwendbar (Kappus NJW 2020, 3617 (3621)).

2. ABC zum sachlichen Anwendungsbereich – erfasste Gebührenarten

26 **Beratungsgebühr:** Unanwendbar ist VV 1008 wohl bei der andersgearteten Beratungsgebühr nach § 34 oder nach VV 2501 (OLG Frankfurt a. M. NJW 2018, 1697).

Betragsrahmengebühr: Anwendbar ist VV 1008 auch bei einer sog. Betragsrahmengebühr nach → § 2 Rn. 8. Auch → Rn. 10.

Erfolgsgebühr: Unanwendbar ist VV 1008 auf eine solche Gebühr. Sie tritt stets nur zu einer erhöhten Tätigkeitsgebühr hinzu.

Ermäßigte Gebühr: Auch bei VV 3101, 3105 und ähnlich ermäßigten Gebühren erhöht VV 1008 wegen der Notwendigkeit einer weiten Auslegung die volle Gebühr (je zum alten Recht OLG Düsseldorf AnwBl 1980, 75; LG Nürnberg-Fürth AnwBl 1982, 202; LG Tübingen AnwBl 1984, 506; aA BGH NJW 1981, 1103; OLG Hamburg MDR 1985, 773; Krauthausen DGVZ 1984, 181, Ausgangsgebühr sei diejenige, die für die gesamte Sache anfalle. Aber das würde dem Sinn von VV 1008 nicht entsprechen. Denn es geht dort um eine angemessene Vergütung der jeweiligen Mehrarbeit. Sie fällt auch in den eben genannten weiteren Fällen an).

Festgebühr: Anwendbar ist VV 1008 auch auf eine Festgebühr nach → § 2 Rn. 8.

Geschäftsgebühr: Anwendbar ist VV 1008 auch auf eine solche Gebühr (OLG Frankfurt a. M. NJW-RR 2011, 1579; KG Rpfleger 2007, 554; AG Traunstein FamRZ 2009, 717).

Grundgebühr: Anwendbar ist VV 1008 auch auf eine sog. Grundgebühr zB nach VV 4100, 5100.

Gutachtengebühr: Unanwendbar ist VV 1008 wohl bei der andersgearteten Gutachtengebühr nach § 34.

Hebegebühr: Unanwendbar ist VV 1008 bei der Hebegebühr nach VV 1009.

Höchstgebühr: → „Betragsrahmengebühr".

Kontaktgebühr: Unanwendbar ist VV 1008 bei einer solchen Gebühr nach VV 4304.

Mindestgebühr: → „Betragsrahmengebühr"

Mittelgebühr: → „Betragsrahmengebühr".

Satzrahmengebühr: Anwendbar ist VV 1008 auch bei einer sog. Satzrahmengebühr nach → § 2 Rn. 5. Vgl. auch → Rn. 10.
Wertgebühr: Anwendbar ist VV 1008 auch bei einer sog. Wertgebühr nach → § 2 Rn. 5 (BGH NJW 2010, 1007).

3. ABC zur Gebührenhöhe – verschiedene Gegenstände

Asylanträge: Hierher zählen solche Anträge von zB Eltern und Kindern (LG Berlin Rpfleger 1994, 454; OLG Osnabrück JurBüro 2000, 140; LG Stade JurBüro 1998, 196). Es handelt sich also um verschiedene Gegenstände, wenn mehrere Erinnerungsführer zwar in demselben Klageverfahren aber je die ihnen individuell zustehenden Ansprüche auf Asyl oder internationalen Schutz und/oder Feststellung von Abschiebungsverboten geltend machen (VG Bremen AGS 2020, 510). 27

Aufenthaltserlaubnisse: Hierher zählen Aufenthaltserlaubnisse für mehrere Ausländer (OVG Nordrhein-Westfalen NJW 2012, 1750; aA KG JurBüro 2007, 554).

Beurteilungen: Hierher zählen Beurteilungen über mehrere Beamte.

Bruchteilseigentümer: Hierher zählen mehrere solche Personen (BGH JurBüro 1978, 1481; OLG Brandenburg BeckRS 2019, 7602; OLG Köln MDR 2012, 1256; LG Köln JurBüro 1990, 857; aA OLG Düsseldorf JurBüro 1998, 535; LG Bonn Rpfleger 1990, 136).

Drittwiderspruchsklage: Hierher zählt eine Klage nach § 771 ZPO gegen mehrere Gläubiger (OLG Bamberg JurBüro 1977, 489; OLG Düsseldorf AnwBl 1978, 422).

Flurbereinigung: Hierher zählt ein solches Verfahren mit mehreren Beigeladenen (VGH Baden-Württemberg Rpfleger 1990, 270).

Forderungen: Hierher zählen unterschiedliche Forderungen mehrerer Gläubiger (OLG Hamburg MDR 2007, 1044).

Gegendarstellungen: Hierher zählen mehrere solche Vorgänge (OVG Hamburg JurBüro 1987, 1037).

Gesellschafter: Hierher zählt ein Streit um die Stammeinlagen mehrerer Gesellschafter (OLG Koblenz JurBüro 2002, 601), oder überhaupt um die Klage wegen mehrerer Gesellschafter (OLG Köln JurBüro 2006, 248; OLG Stuttgart BB 2006, 967).

Haupt- und Hilfsantrag: Hierher zählt dergleichen gegen mehrere Personen (LG Köln Rpfleger 1990, 477).

Kauf: Hierher zählt die Abnahme einer gemeinsam verkauften Sache (OLG Köln JurBüro 1987, 1354).

Rechtsfolgen: Hierher zählen verschiedene Rechtsfolgen.

Sachverhalte: Hierher zählen verschiedene Sachverhalte oder Lebensvorgänge.

Schutzrechte: Verschiedene Gegenstände liegen vor, wenn in einem Verfahren für verschiedene Antragssteller unterschiedliche Schutzrechte geltend gemacht werden (OLG Frankfurt aM FD-RVG 2020, 433108).

Schulwegstreit: Hierher zählt ein solcher Vorgang wegen mehrerer Kinder verschiedener Eltern (OVG Bremen Rpfleger 1980, 310).

Trennung von Verfahren: Hierher kann ein solcher Vorgang zB nach § 145 ZPO zählen.

Unterhalt: Hierher zählt ein Streit um Unterhalt verschiedener Gläubiger gegen verschiedene Schuldner (BGH NJW-RR 1991, 119; OLG Düsseldorf JurBüro 1982, 712; OLG Köln AnwBl 2000, 375).

Unterlassung: Hierher zählt ein Anspruch auf eine Unterlassung gegen mehrere Streitgenossen (OLG Hamburg JurBüro 1990, 855; aA OLG Hamburg MDR 2000, 727; OLG Köln JurBüro 1994, 157).

Verwaltungsakt: Ist jeder Auftraggeber bei einem Verwaltungsakt nur in seinem persönlichen Recht betroffen, liegen verschiedene Gegenstände vor (OVG Magdeburg NVwZ-RR 2018, 751).

Verfassungsbeschwerden: Hierher zählen mehrere Verfassungsbeschwerden gegen dieselbe Vorschrift (BVerfG Rpfleger 1998, 82).

Nr.	Gebührentatbestand	Gebühr oder Satz der Gebühr nach § 13 RVG
1009	**Hebegebühr** **1. bis einschließlich 2 500,00 € ....** **2. von dem Mehrbetrag bis einschließlich 10 000,00 € ....** **3. von dem Mehrbetrag über 10 000,00 € ..** **I Die Gebühr wird für die Auszahlung oder Rückzahlung von entgegengenommenen Geldbeträgen erhoben.** **II 1 Unbare Zahlungen stehen baren Zahlungen gleich. 2 Die Gebühr kann bei der Ablieferung an den Auftraggeber entnommen werden.** **III Ist das Geld in mehreren Beträgen gesondert ausgezahlt oder zurückgezahlt, wird die Gebühr von jedem Betrag besonders erhoben.** **IV Für die Ablieferung oder Rücklieferung von Wertpapieren und Kostbarkeiten entsteht die in den Absätzen 1 bis 3 bestimmte Gebühr nach dem Wert.** **V Die Hebegebühr entsteht nicht, soweit Kosten an ein Gericht oder eine Behörde weitergeleitet oder eingezogene Kosten an den Auftraggeber abgeführt oder eingezogene Beträge auf die Vergütung verrechnet werden.**	 **1,0 %** **0,5 %** **0,25 %** **des aus- oder zurückgezahlten Betrags – mindestens 1,00 €**

Schrifttum: Hansens, Die Hebegebühr des Rechtsanwalts, JurBüro 1990, 417 (Üb.); Schneider, Die Hebegebühr das unbekannte Wesen, NJW 2022, 2318.

Übersicht

1 **I. Normzweck.** Nr. 1–3 und die Anm. I–V stimmen mit KV 25300, 25301 GNotKG, vielfach überein. Die Hebegebühr oder Inkassogebühr entsteht stets besonders, also zusätzlich. Es handelt sich nicht um eine Vermögensverwaltung oder um eine Treuhänderschaft. Daher findet bei Einwendungen gegen die Kostenberechnung des Anwalts ein Verfahren nach § 11 und kein Zivilprozess statt. Soweit VV 1009 unanwendbar ist, kommt mangels einer besonderen Abrede für eine Tätigkeit wegen einer Hingabe von Geld usw. keine Hebegebühr in Betracht. Für eine solche Abrede ist der Anwalt beweispflichtig. § 3a ist anwendbar. Es ist zu prüfen, ob daneben VV 1009 anwendbar bleibt. VV 1008 ist unanwendbar.

2 Wie beim Notar ist auch beim Anwalt der Umgang mit fremdem Geld in bar oder unbar eine über die Rechtsberatung hinausgehende verantwortungsvolle, gefährliche und verführerische Tätigkeit. Ihre gesonderte Vergütung dient der Abgeltung der etwaigen besonderen organisatorischen, zeitlichen und personellen Mühe.

VV 7000 ff. gelten die etwaigen Auslagen wie sonst zusätzlich ab. Die gesonderte Vergütung dient auch ein wenig der Verhütung von Übergriffen mit ihren straf-, zivil- und berufsrechtlichen Gefahren. Schließlich ist der Anwalt als ein Verwalter fremder Gelder aber keine Bank. Er soll keine Geschäfte damit machen. Dies alles ist bei der Auslegung zu beachten.

II. Anwendungsbereich. 1. Sachlicher Anwendungsbereich. Das Verwahrungsgeschäft umfasst die Erhebung. Das ist die Empfangnahme von einem Dritten zwecks einer Ablieferung an den Auftraggeber oder vom Auftraggeber zwecks einer Weiterleitung an den Prozessgegner oder einen sonst wie Beteiligten oder Dritten. Das Verwahrungsgeschäft ergreift auch die Ablieferung, also die Weitergabe von Schecks usw. des Auftraggebers an einen Dritten. Es umfasst auch eine zugehörige Rücklieferung. Es erstreckt sich auf deutsches wie ausländisches gültiges Geld oder eine ihm nach der Anm. II 1 gleichstehende unbare Zahlung, etwa auf eine Überweisung. Es erstreckt sich ferner auf Wertpapiere, also auf Träger des verbrieften Rechts, zB auf Aktien, Wechsel, Schecks, Inhaberschuldverschreibungen, Pfandbriefe, nicht aber auf Bürgschaftsurkunden oder auf bloße Beweisurkunden oder Ausweispapiere, etwa auf einen Grundpfandrechtsbrief oder Versicherungsschein. Es erstreckt sich ferner auf Kostbarkeiten nach BeckOK ZPO/Uhl ZPO § 808 Rn. 20. Es genügt, dass der Anwalt eine Mitverfügungsgewalt hat. 3

VV 1009 gilt aber nur, soweit der Anwalt das im Rahmen seiner Tätigkeit erhaltene Geld dann auch tatsächlich nicht nur ungeprüft weitergibt, sondern kontrolliert auszahlt, zurückzahlt, ausliefert oder zurückliefert und nicht nur zB zwecks einer Befriedigung seiner eigenen Forderung erhebt oder annimmt. 4

a) Auftrag. Es muss ein Auftrag zur Empfangnahme, Verwahrung oder Aus- oder Rückzahlung vorliegen (BGHZ 70, 251). Er kann in der Prozessvollmacht nach § 80 ZPO liegen oder besonders und auch stillschweigend bestehen. Er liegt im Zweifel nicht vor (OLG Köln JurBüro 1977, 1399), schon gar nicht bei einer angeblich nachträglichen Vollmacht (LG Hagen AnwBl 1982, 541; LG Traunstein AnwBl 1977, 261). Die Prozessvollmacht ermächtigt mangels einer besonderen Absprache zwar zur Empfangnahme der vom Gegner oder aus der Staatskasse zu erstattenden Kosten, § 81 ZPO (Mümmler JurBüro 2001, 295). Jeder Auftrag begründet nach → Rn. 10 eine eigene Angelegenheit. 5

Sie ermächtigt aber mangels einer solchen Absprache **nicht** auch zur Entgegennahme der Streitsumme vom Prozessgegner oder von einem Dritten (aA AG Westerstede AGS 1994, 84). Darin, dass der Auftraggeber sich den von seinem Anwalt in Empfang genommenen Betrag usw. auszahlen lässt, liegt nicht schon das vorangegangene Einverständnis mit der Zahlung des Schuldners an den Auftraggeber gerade durch die Hand des Anwalts. Denn der Auftraggeber legt meist Wert darauf, nicht auch noch eine Hebegebühr zahlen zu müssen. Das gilt nach → Rn. 25 auch deshalb, weil ihre Erstattungsfähigkeit problematisch ist. Zahlt jedoch der Prozessgegner ohne Aufforderung nicht an den Mandanten, sondern auf ein Konto des Anwalts, entsteht die Hebegebühr, die dem Mandaten nach § 91 ZPO durch den Prozessgegner zu erstatten ist (LG Karlsruhe AGS 2019, 253), soweit nicht ein Fall nach Anm. V vorliegt. 6

Wenn der Auftraggeber dem Anwalt Geld zur kontrollierten **Weiterleitung an den Gegner oder einen Dritten** gibt usw., liegt darin im Allgemeinen die Erteilung eines Auftrags nach VV 1009. Dasselbe gilt dann, wenn der Auftraggeber den Anwalt ausdrücklich mit der Einziehung der Streitsumme oder des Erlöses einer Zwangsvollstreckung nach §§ 704 ff. ZPO und mit der Ablieferung an den Auftraggeber beauftragt (AG Speyer VersR 1978, 930). Es ist im Rahmen eines Auftrags unerheblich, ob ein Dritter für den Auftraggeber leistet oder ob der Auftraggeber für einen Dritten leistet, etwa zur Hinterlegung. Das folgt aus der Fassung „Werden an den Rechtsanwalt Zahlungen geleistet“ in I. 7

b) Umfassende Abgeltung. Die Hebegebühr gilt alle mit diesem Verwahrungsauftrag zusammenhängenden Tätigkeiten ab. Es ist unerheblich, ob die Zahlung oder Leistung über ein besonderes Konto erfolgte und wie lange der Anwalt sie verwahrt (LG Traunstein AnwBl 1977, 261). 8

9 **2. Persönlicher Anwendungsbereich.** Die Vorschrift gilt nach § 1 I nur für denjenigen Anwalt, der gerade in dieser Eigenschaft tätig wird. Sie gilt also nicht, soweit er in einer der in § 1 II genannten Positionen Gelder usw. erhält, verwahrt oder weiterleitet (OLG Frankfurt a. M. AGS 2002, 222, dann können zB §§ 631 ff. BGB gelten). Den Anwaltsnotar vergütet VV 1009 nur im Rahmen der Anwaltstätigkeit. Soweit er als Notar tätig wird, gilt KV 25300, 25301 GNotKG. Der Rechtsbeistand kann dem Anwalt nach § 209 BRAO gleichstehen.

10 **III. Gebühren, Auslagen.** Eine Hebegebühr entsteht nur, soweit ein Auftrag auf das Verwahrungsgeschäft als solches oder auf einen seiner Teile vorliegt. Jeder Auftrag lässt nach → Rn. 5 die zugehörige Hebegebühr entstehen. Es ist unter den vorstehenden Voraussetzungen nicht erforderlich, dass der Anwalt zu einer Zahlung usw. an ihn selbst aufgefordert hat. Die Hebegebühr entsteht aber nach der Anm. I nicht schon mit der Entgegennahme, sondern erst mit der Auszahlung oder Rückzahlung. Sie kann für jeden solchen Vorgang anfallen. Der Einzahler ist unerheblich. Eine falsche Kontobezeichnung löst nur technisch eine neue Anweisung aus, aber keine nochmalige Hebegebühr.

11 Die **Höhe** der Gebühren hängt vom auszuzahlenden oder zurückzuzahlenden Betrag oder vom Kurswert oder vom sonstigen Wert der abzuliefernden oder zurückzuliefernden Wertpapiere oder Kostbarkeiten im Zeitpunkt der Ablieferung oder Rücklieferung ab. Soweit der Anwalt die Gesamtsumme in Teilbeträgen auszahlt oder zurückzahlt, entstehen nach der Anm. III die in I genannten Gebühren nach II von jedem jeweils ausgezahlten oder zurückgezahlten Betrag besonders. Dann ist die Gesamtvergütung des Anwalts also im Allgemeinen höher als bei einer einmaligen Zahlung. § 15 III ist wegen seiner umfassenden Geltung anwendbar (aA Enders JurBüro 1999, 59, vgl. aber → § 15 Rn. 34 ff.).

12 Der Anwalt muss im Kosteninteresse des Antraggebers die Auszahlung, Zurückzahlung, Ablieferung oder Zurücklieferung grundsätzlich in **einem** Arbeitsgang vornehmen. Andernfalls kann eine unrichtige Sachbehandlung vorliegen. Sie kann eine Schadensersatzpflicht des Anwalts auslösen. Bei jeder Auszahlung, Zurückzahlung, Ablieferung oder Zurücklieferung beträgt die Mindestgebühr 1 EUR, abweichend von, aber wegen speziellerer Regelung vorrangig vor § 13 II, → § 13 Rn. 6.

13 Der Anwalt erhält die Hebegebühr nach der Anm. V **nicht,** soweit er Geld usw. nach → Rn. 5 lediglich empfängt oder soweit er Kosten an ein Gericht oder an eine Behörde weiterleitet oder eingezogene Kosten an den Auftraggeber abführt oder eingezogene Beträge auf seine Vergütung verrechnet. Soweit er einen ausdrücklichen Einziehungsauftrag hatte, darf die Hebegebühr nur von dem eingezogenen Betrag abzüglich der eigenen Vergütung berechnet werden.

14 **Auslagen** sind wie sonst zusätzlich nach VV 7000 ff. zu erstatten.

15 **IV. Gegenstandswert.** Soweit es sich um Bargeld handelt, ist der Nominalwert maßgeblich. Bei einer Zahlung in einer ausländischen Währung ist der Kurswert im Zeitpunkt der Belastung des Kontos des Anwalts maßgeblich. Zwar erlischt die Zahlungspflicht erst mit der Gutschrift beim Empfänger. Aber der Zeitraum zwischen der Belastung des Anwaltskontos und der Gutschrift beim Empfänger ist von der Tätigkeit des Anwalts bei einer pflichtgemäßen Zahlungsanweisung weitgehend unabhängig. Der Zeitraum ist nicht zulasten des Kostenschuldners gebührenerhöhend zu berücksichtigen. Andererseits wäre es unbillig, eine Kursminderung in einem solchen Zeitraum, in dem der Anwalt über das Geld keinerlei Anweisungen mehr erteilen konnte, zu seinen Lasten gebührenmindernd zu berücksichtigen.

16 Bei einem Wertpapier ist der **Kurswert** im Zeitpunkt der Abbuchung vom Wertpapierkonto des Anwalts oder seiner Aushändigung des Wertpapiers usw. maßgeblich.

17 Soweit ein Kurswert fehlt, ist der **Verkehrswert** in dem vorgenannten Zeitpunkt maßgeblich. Das gilt auch bei einer Kostbarkeit.

18 **V. Fälligkeit.** Die Fälligkeit tritt nach § 8 mit der Auszahlung oder Zurückzahlung oder mit der Ablieferung oder Zurücklieferung ein. Bei der Auszahlung oder Zurückzahlung eines Teilbetrags usw. ist dieser Zeitpunkt maßgeblich, nicht erst derjenige der endgültigen Abrechnung (KG DNotZ 1977, 56, zu KV 25300, 25301 GNotKG). Die Verjährung beginnt unabhängig vom Auszahlungszeitpunkt (AG Köln AnwBl 1999, 487).

VI. Gebührenschuldner. Grundsätzlich ist derjenige Auftraggeber der Gebührenschuldner, der den Auftrag und die Vollmacht zur Auszahlung usw an den Anwalt erteilt hat. Das gilt wegen § 49b I 1 BRAO (abgedruckt vor → § 3a Rn. 1) unabhängig von einer Erstattungsfähigkeit nach → Rn. 22 f., 25. 19

VII. Entnahmerecht (Anm. II 2). Liefert der Anwalt das Verwahrte an den Auftraggeber ab, kann er eine nach → Rn. 18, 19 fällige Hebegebühr dem Betrag entnehmen. Er kann auch mit seinem Vergütungsanspruch nach dem allgemeinen Recht aufrechnen oder Geld oder Wertpapiere nach § 273 BGB zurückbehalten, soweit er einen nach §§ 8, 10 fälligen Anspruch hat. Er braucht nach § 320 BGB bei einem Wertpapier oder einer Kostbarkeit nach → Rn. 3 nur Zug um Zug gegen die Zahlung der Hebegebühr abzuliefern. 20

Diese Befugnisse **bestehen aber nicht,** soweit der Anwalt eine Summe an einen Dritten auszahlen soll. Das ergibt sich aus dem klaren Wortlaut der Anm. II 2 (Ablieferung „an den Auftraggeber") (Gerold/Schmidt/Mayer Rn. 18). Unzulässig ist auch die Einbehaltung einer vom Auftraggeber oder Übergeber oder Einzahler zweckbestimmten Summe oder Sache. Der Anwalt darf auch nicht mit der Auszahlung usw. bis zum Erhalt der Hebegebühr warten. Denn sie wird nach → Rn. 18 erst mit der Auszahlung fällig. 21

VIII. Kostenerstattung. Die Hebegebühr gehört vernünftigerweise jedenfalls im Ergebnis zu den Kosten des Prozesses (Gerold/Schmidt/Mayer Rn. 19; aA OLG München NJW-RR 1998, 1452). Sie fällt daher auch unter das Kostenfestsetzungsverfahren nach §§ 103 ff. ZPO (BGH NJW 2007, 1535; OLG Nürnberg JurBüro 1992, 107). 22

Ihre Erstattungsfähigkeit richtet sich nach **§§ 91, 788 ZPO** und den entsprechenden Vorschriften in anderen Verfahren. Die Erstattungsfähigkeit setzt also voraus, dass die Auszahlung oder Rückzahlung, Ablieferung oder Rücklieferung durch den Anwalt zur zweckentsprechenden Rechtsverfolgung oder Rechtsverteidigung notwendig war (OLG München MDR 1998, 438; LG Detmold Rpfleger 2003, 36; LG München DGVZ 2007, 43; aA AG Cloppenburg DGVZ 2008, 15; AG Eisenhüttenstadt Rpfleger 2005, 384). Es ist eine strenge Prüfung dieser Voraussetzungen erforderlich (OLG Nürnberg JurBüro 1992, 107; LG Detmold Rpfleger 2003, 36; LG Münster Rpfleger 1980, 402). Die Hebegebühr ist auch dann erstattungsfähig, wenn der Schuldner an den Rechtsanwalt des Gläubigers zahlt, ohne vom Gläubiger oder dessen Rechtsanwalt dazu aufgefordert zu sein und ohne dass die Kosten durch den Rechtsanwalt eingezogen worden (LG Frankfurt a. M. AGS 2022, 224; LG München I BeckRS 2022, 21439 mit Besprechung in NJW-Spezial 2022, 604). 23

IX. ABC. 1. ABC zum sachlichen Anwendungsbereich

Anweisung: Anwendbar ist VV 1009 bei der Prüfung einer Anweisung des Einzahlers, auch einer vom Vertrag abweichenden. 24

Unanwendbar ist VV 1009 bei der Verwahrung einer Anweisung nach §§ 783 ff. BGB, selbst einer unwiderruflichen, es sei denn, dass das Geld auf dem Sparkonto in die alleinige Verfügungsgewalt des Anwalts gekommen ist oder kommen soll.

Auszahlung: Anwendbar ist VV 1009 auf die eigentliche Auszahlung. Aber auch → „Hinterlegung".

Auszahlungsreife: Anwendbar ist VV 1009 auf die Prüfung der Auszahlungsreife.

Auszahlungsunterlagen: Anwendbar ist VV 1009 auf die Prüfung von Auszahlungsunterlagen.

Bote: Unanwendbar ist VV 1009 nach der Anm. V auf eine bloße Botentätigkeit, etwa bei einer bloß technischen und sachlich unkontrollierten Weitergabe irgendwelchen Geldes usw. (BGH NJW 2007, 1536; LG Berlin JurBüro 1985, 221).

Darlehen: Anwendbar ist VV 1009 auf die Abführung des eigenen Gelds des Anwalts an den Gegner oder als eine Sicherheit (Darlehen des Anwalts, aA Riedel/Sußbauer/Schütz Rn. 4, aber auch das ist ein sogar typischer Anwendungsfall).

Erlös: Anwendbar ist VV 1009 auf die Einziehung eines Erlöses.

Freigabe: Unanwendbar ist VV 1009 auf das bloße Einverständnis mit einer Freigabe.

Hinterlegung: Anwendbar ist VV 1009 auf eine auftragsgemäße Hinterlegung etwa nach §§ 110, 707, 709, 710, 713, 719, 732, 769, 771, 890, 921, 923, 925, 927, 936,

939 ZPO und auf die Rücknahme und Rückleitung einer solchen Hinterlegung. Unanwendbar ist VV 1009 beim bloßen Antrag des Anwalts auf die Auszahlung eines hinterlegten Betrags.

Rückzahlung: Anwendbar ist VV 1009 auf die Rückzahlung zB eines Überschusses.

Schriftwechsel: Anwendbar ist VV 1009 auf einen Schriftwechsel zB wegen eines Anderkontos.

Stimmrecht: Unanwendbar ist VV 1009 bei der Ausübung eines Stimmrechts an einem Wertpapier.

Umtausch: Unanwendbar ist VV 1009 beim Umtausch von Geld oder Wertpapieren.

Unechtes Wertpapier: Unanwendbar ist VV 1009 bei einer Verwahrung zB einer Sparcard.

Verkauf: Unanwendbar ist VV 1009 beim Verkauf einer Sache etwa zwecks Verteilung ihres Erlöses. Dann gilt VV 2300.

Verrechnung: Anwendbar ist VV 1009 auf eine Verrechnung eines von der Staatskasse zurückgezahlten Betrags. Dasselbe gilt bei einer Verrechnung vom Anderkonto auf das Privatkonto des Anwalts (aA Zenker NJW 2003, 3461, wendet §§ 670, 675 BGB oder [damals] §§ 137, 141 KostO an).

Verwaltung: Anwendbar ist VV 1009 auf eine Verwaltungshandlung des Anwalts (LG Traunstein AnwBl 1977, 261).

Weiterleitung: Anwendbar ist VV 1009 bei einer auftragsgemäßen Weiterleitung des auf ein Anderkonto 1 des Anwalts eingezahlten Betrags auf sein Anderkonto 2.

Keine Zweckbestimmung: Anwendbar ist VV 1009 bei der Verwendung eines solchen Betrags, den der Auftraggeber ohne eine besondere Zweckbestimmung auf ein Anderkonto des Anwalts eingezahlt hat.

2. ABC zur Kostenerstattung

25 **Abwendung der Vollstreckung:** → „Freiwilligkeit der Zahlung".

Aufforderung zur Zahlung: Die Erstattungsfähigkeit kann dann **fehlen,** wenn der Anwalt den Gegner des Auftraggebers zu einer Zahlung an den Anwalt auffordert oder sich für einziehungsermächtigt erklärt, ohne den Gegner zugleich auf die Entstehung einer Hebegebühr bei diesem Zahlungsweg hinzuweisen. Denn dann muss der Gegner des Auftraggebers zur Vermeidung der Gefahr einer Zwangsvollstreckung nach §§ 704 ff. ZPO vorsichtshalber an den Anwalt und nicht an den Gläubiger direkt zahlen (OLG Hamm JurBüro 1975, 1609; OLG München JurBüro 1992, 178; AG Bonn VersR 1984, 196). Auch → „Freiwilligkeit der Zahlung".

Auftrag zur Entgegennahme: → „Freiwilligkeit der Zahlung".

Auslandswohnsitz: Erstattungsfähigkeit kann dann vorliegen, wenn der Gläubiger oder Hinterleger im Ausland wohnt(e) (AG Bruchsal VersR 1986, 689).

Eilbedürfnis: Erstattungsfähigkeit kann vorliegen, soweit ein besonderes Eilbedürfnis bestand.

Freiwilligkeit der Zahlung: Erstattungsfähigkeit liegt grds. vor, soweit der Schuldner „freiwillig" zwecks einer Vermeidung der Zwangsvollstreckung nach §§ 704 ff. ZPO oder wirklich aus freien Stücken an den Prozessbevollmächtigten nach § 81 ZPO statt an den Gläubiger zahlt (LG Saarbrücken JurBüro 2006, 316), und soweit der Anwalt auch einen Auftrag zur Entgegennahme hat (OLG München JurBüro 1992, 178; OLG Schleswig JurBüro 1999, 137; LG Frankfurt a. M. AnwBl 1989, 109 (auch zu einer Ausnahme); aA OLG Düsseldorf JurBüro 1995, 50; AG Berlin-Neukölln DGVZ 1995, 13; AG Erlangen DGVZ 1995, 15, aber dergleichen zählt zur typischen Begleittätigkeit eines Prozessbevollmächtigten und ist durchaus sinnvoll). Auch → „Aufforderung zur Zahlung", aber auch → „Ratenzahlung".

Gerichtsvollzieher: Die Weiterleitung von Zahlungen des Schuldners durch den Gerichtsvollzieher an den Anwalt lässt **nicht** schon als solche eine Erstattungsfähigkeit der Hebegebühr zu (LG Detmold Rpfleger 2003, 36).

Hinterlegung: → „Auslandswohnsitz", → „Schwierigkeit der Rechtslage".

Kreditkosten: Eine Erstattungsfähigkeit kann **fehlen,** soweit es sich um Kreditkosten für die Beschaffung von Geldmitteln zur Bezahlung von Prozesskosten handelt. Diese sind ggf. gesondert einklagen (OLG Koblenz FamRZ 1988, 161).

Prozesskosten: → „Kreditkosten".

Prozesskostenhilfe: Auch gegenüber der Staatskasse gelten für den nach § 121 ZPO beigeordneten Anwalt die Regeln der §§ 91, 788 ZPO auch bei der Hebegebühr (strenge Prüfung nach → Rn. 23).

Ratenzahlung: Erstattungsfähigkeit kann vorliegen, soweit der Gläubiger den Anwalt zwecks einer Überwachung von unregelmäßigen Ratenzahlungen des Schuldners eingeschaltet hat (OLG Düsseldorf JurBüro 1995, 50; LG Frankenthal JurBüro 1979, 1325; LG Koblenz JurBüro 1984, 870). Aber auch → „Freiwilligkeit der Zahlung".

Rechtsschutzversicherung: Sie braucht die Hebegebühr **nicht** zu erstatten (AG Schorndorf JurBüro 1982, 1348).

Scheck: Eine Erstattungsfähigkeit kann **fehlen,** soweit der Gläubiger einen ungedeckten Scheck des Vollstreckungsschuldners zurückgewiesen und dann einen Scheck des Schuldnervertreters angenommen hat (OLG Nürnberg JurBüro 1992, 107).

Schutzbedürfnis: Erstattungsfähigkeit kann vorliegen, soweit der Gläubiger ein besonderes Schutzbedürfnis zur Einschaltung des Anwalts hatte, etwa wegen unregelmäßiger Ratenzahlungen oder Schwierigkeiten bei der Beitreibung. Auch → „Ratenzahlung", → „Schwierigkeit der Rechtslage".

Schwierigkeit der Rechtslage: Erstattungsfähigkeit kann vorliegen, soweit die Rechtslage schwierig war, etwa dann, wenn der Anwalt eine Hinterlegung vorgenommen hat (aA AG Bruchsal VersR 1986, 689).

Sicherheitsleistung: Es kommt auf die Umstände an, nach OLG Düsseldorf JurBüro 2007, 525 = BeckRS 2007, 18545 ist die Hebegebühr aufgrund der Hinterlegung der Sicherheit erstattungsfähig.

Unterhaltspflicht: Die Erstattungsfähigkeit ist unabhängig davon, ob der Anwalt gegenüber seinem Auftraggeber unterhaltspflichtig ist (LG Berlin JurBüro 1977, 1447).

Vergleich: Die Erstattungsfähigkeit entsteht dadurch, dass sich der Erstattungspflichtige in einem solchen Prozessvergleich nach § 794 I Nr. 1 ZPO verpflichtet, den Vergleichsbetrag an den Prozessbevollmächtigten des Gegners nach § 81 ZPO zu zahlen (KG Rpfleger 1981, 410; Enders JurBüro 1999, 60; aA BGH NJW 2007, 1536). Sie entsteht aber **nicht** schon dadurch, dass er sich dazu nur bereiterklärte (OLG München MDR 1998, 438; aA AG Berlin-Charlottenburg JurBüro 1996, 607).

Weisungswidrigkeit: Die Erstattungsfähigkeit kann dann vorliegen, wenn der Schuldner sie entgegen der Weisung eines anderen zahlt (OLG Frankfurt a. M. JurBüro 1995, 321).

Zahlung: → „Aufforderung zur Zahlung", → „Freiwilligkeit der Zahlung".

Zwangsversteigerung: → „Freiwilligkeit der Zahlung" → „Schutzbedürfnis" (strenger LG Münster JurBüro 1980, 1687).

Zwangsvollstreckung: → „Freiwilligkeit der Zahlung" → „Schutzbedürfnis".

Nr.	Gebührentatbestand	Gebühr oder Satz der Gebühr nach § 13 RVG
1010	**Zusatzgebühr für besonders umfangreiche Beweisaufnahmen in Angelegenheiten, in denen sich die Gebühren nach Teil 3 richten und mindestens drei gerichtliche Termine stattfinden, in denen Sachverständige oder Zeugen vernommen werden ....** **Die Gebühr entsteht für den durch besonders umfangreiche Beweisaufnahmen anfallenden Mehraufwand.**	**0,3** **oder bei Betragsrahmengebühren erhöhen sich der Mindest- und Höchstbetrag der Terminsgebühr um 30 %**

Schrifttum: *Enders,* Die wichtigsten Änderungen durch das 2. KostRMoG im Bereich der Anwaltsvergütung, JurBüro 2013, 507; *N. Schneider,* Zusatzgebühr für besonders umfangreiche Beweisaufnahmen – zugleich Anmerkung zu OLG München Beschl. v. 26.6.2020 – 11 W 674/20, ErbR 2020, 624; *N. Schneider/Thiel,* Die neue Zusatzgebühr für besonders umfangreiche Beweisaufnahmen, AGS 2013, 53.

1 **I. Normzweck.** Es handelt sich um eine formell als Zusatzgebühr bezeichnete Ergänzung eines Systems, in dem es an sich keine Beweisgebühren mehr gibt. VV 1010 enthält der Sache nach indes eine klare Beweisgebühr, die an eine Terminsgebühr anknüpft (so in der Gebührenspalte), aber doch eindeutig mehr als die Wahrnehmung **eines** Termins erfordert.

2 Den Normzweck nennt die Anm. zusätzlich zum Gebührentatbestand nochmals mit praktisch denselben Worten. Diese erweisen sich als höchst schwierig. Denn manche werden (wie die amtliche Begründung im ersten Regierungsentwurf) meinen, VV 1010 erfordere nicht mehr als drei Vernehmungstermine. Das passt aber schon nicht zum Wortlaut, der durchaus mehr als bloße 3 solche Termine fordert, nämlich zumindest insgesamt eine besonders umfangreiche Beweisaufnahme durch die Vernehmung von Zeugen oder Sachverständigen in diesen Terminen. Ein Abstellen auf eine lange Dauer des Verfahrens, den Umfang der Akten, den erheblichen Aufwand der Anwälte etc., ist nicht möglich, dazu bedarf es einer entsprechenden Gesetzesänderung (OLG München AGS 2020, 374 = BeckRS 2020, 13993).

3 **II. Anwendungsvoraussetzungen. 1. Anwendungsbereich.** Ihn begrenzt VV 1010 auf den Teil 3 des Vergütungsverzeichnisses, also auf VV 3100–3518, dort aber ohne weitere Eingrenzung. Mithin ist VV 1010 auch zB in der Zwangsvollstreckung anwendbar.

4 **2. Mindestens drei gerichtliche Vernehmungstermine.** Die gerichtlichen Vernehmungstermine müssen im Anwendungsbereich → Rn. 3 stattfinden. Die Termine müssen vor Gericht erfolgen und es muss sich um mindestens drei Termine handeln (OLG München NJW-RR 2020, 1199). Der Einzelrichter oder der Vorsitzende reichen, auch der Rpfleger oder der Urkundsbeamte der Geschäftsstelle, auch der Güterichter nach § 278 V ZPO oder ein nach §§ 361, 362 ZPO verordneter (beauftragter oder ersuchter) Richter.

5 **a) Vernehmungen von Sachverständigen oder Zeugen.** Solche Vernehmungen müssen stattfinden „(… vernommen werden)“. Eine bloße Planung reicht nicht. Das gilt selbst dann, wenn sie ihrerseits erhebliche Mühe und Zeit kostete. Auch bleibt unbeachtlich, ob eine Vernehmung aus einem Grund im Bereich des Gerichts oder einer Beweisperson oder eines sonstigen Beteiligten unterblieb, solange sie eben nicht stattfand. Ausreichend ist die Vernehmung eines sachverständigen Zeugen zB nach § 414 ZPO.

6 **Nicht** ausreichend ist die Vernehmung nur als Partei nach §§ 445 ff. ZPO, weder auf Antrag noch von Amts wegen, weder zwecks Information noch zwecks Beweises.

7 **b) Vernehmungen in jedem der drei Termine.** Das Gericht muss in jedem der mindestens drei Termine (OLG München NJW-RR 2020, 1199) mindestens **einen** Zeugen usw. vernehmen. Es braucht in keinem dieser Termine mehrere Beweispersonen zu vernehmen. Die jeweilige Vernehmung muss nicht zum Abschluss schon in einem oder mehreren dieser drei Termine zu kommen. Sie muss aber eine wirkliche Vernehmung zwecks Beweisaufnahme sein. Bloße Information reicht auch beim Zeugen oder Sachverständigen nicht außerhalb eines Beweiszwecks.

8 **c) Unerheblichkeit von Vernehmungsschwierigkeiten.** VV 1010 spricht weder von besonderer Schwierigkeit noch von ihr „oder“ besonderem Umfang, sondern stellt nur auf besonderen Umfang ab, und zwar nicht schon auf denjenigen auch nur einer der Vernehmungen, sondern nur auf den besonderen Umfang der (gesamten) Beweisaufnahme, auch schon dieser Vernehmungen. Dabei mag sich der besondere Umfang aus der Zahl der Beweisthemen und/oder aus der Dauer ihrer Beantwortungen mit oder ohne Fragen auch der Beteiligten und nicht nur des Gerichts ergeben.

9 **Kurze** Fragen und Antworten können genügen. Die Vernehmung von 20 Mitbewohnern zur Frage, ob der Bekl. stets sein Fahrrad im Flur abstellt, mag je Zeuge nur 1 Minute dauern und trotzdem eine besonders umfangreiche Beweisaufnahme ergeben.

3. Besonderer Umfang. Er muss über einen normalen deutlich hinausgehen. Das mag sich nach der Zahl der Beweispersonen ergeben, nach der Art, dem Ort oder der Dauer, nach weiteren Umständen wie Störungen usw. VV 2301 lässt grüßen, obwohl es dort gerade um das Fehlen von Umfang geht. Daher lässt sich auch die Vielzahl von Meinungen zu jener Vorschrift (nach altem Recht VV 2300) mit zur Abgrenzung heranziehen. 10

4. Mehraufwand. Der Anwalt muss gerade für eine besonders umfangreiche Beweisaufnahme einen Mehraufwand haben. Das ergibt sich aus der Anm. Ob dieser Mehraufwand finanziell oder zeitlich oder sonst wie entsteht, ist unbeachtlich. Es muss für ihn aber gerade die Beweisaufnahme zumindest mitursächlich gewesen sein. Hierbei ist aber nicht erforderlich, dass der Anwalt in einem bzw. in allen Termin eine spezifische Tätigkeit ausübt (vgl. Gerold/Schmidt/Mayer Rn. 2). 11

III. Gebührenhöhe. Die Gebührenhöhe beträgt eine 0,3-Gebühr. Die Gebühr entsteht nur zusätzlich zu einer Terminsgebühr. Ist letztere durch einen Mindest- und Höchstbetrag als sog. Betragsrahmengebühr nach → § 2 Rn. 8 bestimmt, so ist sowohl die Mindest- als auch die Höchstgebühr jeweils um 30 % zu erhöhen, um den jetzt maßgebenden Rahmen zB bei § 14 zu erhalten. 12

IV. Gegenstandswert. VV 1010 enthält keine Besonderheiten. Dasselbe gilt für §§ 1–60. 13

Teil 2. Außergerichtliche Tätigkeiten einschließlich der Vertretung im Verwaltungsverfahren

Vorbemerkung 2:

I Die Vorschriften dieses Teils sind nur anzuwenden, soweit nicht die §§ 34 bis 36 RVG etwas anderes bestimmen.

II 1 Für die Tätigkeit als Beistand für einen Zeugen oder Sachverständigen in einem Verwaltungsverfahren, für das sich die Gebühren nach diesem Teil bestimmen, entstehen die gleichen Gebühren wie für einen Bevollmächtigten in diesem Verfahren. 2 Für die Tätigkeit als Beistand eines Zeugen oder Sachverständigen vor einem parlamentarischen Untersuchungsausschuss entstehen die gleichen Gebühren wie für die entsprechende Beistandsleistung in einem Strafverfahren des ersten Rechtszugs vor dem Oberlandesgericht.

Abschnitt 1. Prüfung der Erfolgsaussicht eines Rechtsmittels

Nr.	Gebührentatbestand	Gebühr oder Satz der Gebühr nach § 13 RVG
2100	**Gebühr für die Prüfung der Erfolgsaussicht eines Rechtsmittels, soweit in Nummer 2102 nichts anderes bestimmt ist ....** **Die Gebühr ist auf eine Gebühr für das Rechtsmittelverfahren anzurechnen.**	**0,5 bis 1,0**

I. Systematik. VV 2101 hat den Vorrang. VV 2102 hat den Vorrang vor VV 2100, VV 2103 hat den Vorrang vor VV 2101. 1

II. Voraussetzungen. VV 2100 ist anzuwenden, sofern die folgenden Voraussetzungen zusammentreffen. 2

1. Prüfungsauftrag. Die Belehrung über die Statthaftigkeit eines Rechtsmittels beliebiger Art löst neben der Vergütung des vorinstanzlichen ProzBev keine zusätzliche Gebühr aus. Der Rechtsanwalt muss daher für VV 2100 einen weiteren Auftrag erhalten haben (AG Lahr JurBüro 2007, 87). Dieser Auftrag muss dahin gegangen sein, neben der allgemeinen Statthaftigkeit auch die Zulässigkeit und Begründetheit in diesem Einzelfall und damit die Erfolgsaussicht einer Berufung oder einer Revision oder eines sonstigen Rechtsmittels genauer zu prüfen (OLG Stuttgart AGS 2009, 220 3 mAnm N. Schneider; Meyer JurBüro 2014, 407). Nach dem eindeutigen Wortlaut von VV 2100 reicht der Auftrag zur Prüfung der Aussichten eines jeden Rechtsmittels beliebiger Art und daher auch einer Beschwerde aus. Soweit der Rechtsanwalt den Auftrag erhält, zur Frage der Erfolgsaussichten der Berufung oder Revision oder eines sonstigen Rechtsmittels sogar ein schriftliches Gutachten auszuarbeiten, sind VV 2101 oder VV 2103 nach → Rn. 1 als vorrangige Sondervorschriften anzuwenden (Meyer JurBüro 2014, 406 (407)).

4 **2. Auch nach bisheriger Befassung mit der Sache.** Der Rechtsanwalt darf bis zum Auftrag der Prüfung der Erfolgsaussichten nach → Rn. 3 auch schon mit derselben Angelegenheit nach § 15 bisher befasst gewesen sein. Das ergibt sich aus der Stellung von VV 2100 im Teil 2 „Außergerichtliche Tätigkeiten". Denn auch der bisherige ProzBev mag außerhalb des Prozessauftrags wegen des weiteren Prozessverlaufs einen nun insofern nur noch außergerichtlichen Beratungsauftrag vor der Erteilung eines Prozessauftrags für die höhere Instanz an ihn oder einen anderen Rechtsanwalt erhalten haben (OLG Düsseldorf JurBüro 2006, 635). Freilich kann eine Anrechnung nach → Rn. 9 erforderlich werden. Das gilt auch wegen der Erfolgsaussicht eines weiteren Rechtsmittels.

5 **3. Verhältnis zum Auftrag zur Rechtsmitteleinlegung.** Der Rechtsanwalt mag im Zeitpunkt der Prüfung der Erfolgsaussichten auch schon einen Auftrag zur Einlegung einer Berufung oder Revision oder eines anderen Rechtsmittels haben (aA Hartung AnwBl 2005, 206). Die Anwendung nach → Rn. 10 gilt dann seine Prüfungstätigkeit nach → Rn. 7, 10 mit ab.

6 **4. Zu- oder Abraten.** Der Rechtsanwalt mag dem Auftraggeber zu der Einlegung irgendeines Rechtsmittels raten oder von ihr abraten. Es reicht also aus, dass er den Auftrag hatte, nur die Erfolgsaussichten einer Berufung oder Revision zu prüfen. Es ist nicht stets nötig, dass er zu einem klaren Ergebnis kommt, ein Rechtsmittel sei erfolgversprechend oder nicht erfolgsversprechend, und dass er das dem Auftraggeber mitteilt. Vielmehr können auch Zweifel sein Ergebnis sein. VV 2100 verlangt daher erst recht weder das Zuraten noch das Abraten von der Einlegung eines Rechtsmittels.

7 **5. Keine Rechtsmitteleinlegung.** Der Rechtsanwalt darf nach → Rn. 5 auch nicht für diesen Auftraggeber in dieser Angelegenheit irgendein Rechtsmittel einlegen (OLG Hamm NJW-RR 1996, 571). Bei einem Teilrechtsmittel werden evtl. VV 3200 ff. anwendbar (LG Köln NJW-RR 2012, 1471). Soweit der Auftraggeber allerdings einen anderen Rechtsanwalt mit der Einlegung des Rechtsmittels beauftragt, bleibt die Gebühr VV 2100 bestehen.

8 **6. Vorhandensein eines Gegenstandswerts.** Die Prüfung muss sich auf eine solche Angelegenheit beziehen, für die man die Gebühren nach einem Gegenstandswert berechnen kann. Denn sonst passt die Satzrahmengebühr nicht. Gegenstandswert ist der Rechtsmittelwert im Zeitpunkt der § 40 GKG, § 34 FamGKG. Es kommt also darauf an, in welchem Umfang der Auftraggeber ein Rechtsmittel erwägt, nicht darauf, in welchem Umfang er es dann einlegt oder nicht. Soweit ein Gegenstandswert fehlt, kommt eine Gebühr nach VV 2100 nicht in Betracht.

9 **7. Höhe der Gebühr.** Soweit die Voraussetzungen → Rn. 1–8 vorliegen, entsteht eine 0,5-1,0-Satzrahmengebühr. Auf sie ist § 14 anzuwenden. Bei einer Erstberatung kommt eine Gebühr unter der Mittelgebühr infrage. Erstberatung ist eine pauschale überschlägige Einstiegsberatung (BGH AnwBl 2007, 871). Die **Mittelgebühr** beträgt 0,75.

10 **8. Anrechnung, Anm.** Zunächst → Rn. 5, 7. Soweit eine Tätigkeit in diesem Rechtsmittelverfahren folgt, ist die etwa zunächst nach VV 2100 entstandene Gebühr nach der Anm. voll auf jede im Rechtsmittelverfahren entstehende Gebühr anzurechnen (LG Köln NJW-RR 2012, 1471). Das kann zu einer nur noch geringen Restgebühr führen.

11 **III. Kostenerstattung.** Es gilt dasselbe wie bei § 34. Zur Erstattungsfähigkeit OLG Frankfurt a. M. AGS 2009, 25 (26) mAnm Onderka AGS 2009, 26.

Nr.	Gebührentatbestand	Gebühr oder Satz der Gebühr nach § 13 RVG
2101	**Die Prüfung der Erfolgsaussicht eines Rechtsmittels ist mit der Ausarbeitung eines schriftlichen Gutachtens verbunden: Die Gebühr 2100 beträgt**	**1,3**

I. Systematik, Regelungszweck. Die Vorschrift hat als eine gegenüber § 34 speziellere Regelung den Vorrang. Sie stellt zwecks einer angemessenen Vergütung einer besonders verantwortungsvollen Tätigkeit eine eng auszulegende Sonderregelung dar. Zur Abgrenzung der Prüfung der Aussichten eines jeden Rechtsmittels von anderen Tätigkeiten VV 2200. VV 2203 ist vorrangig. 1

II. Sachlicher Anwendungsbereich. Die Vorschrift gilt nur für eine Tätigkeit wegen eines jeden Rechtsmittels. Sie gilt vernünftigerweise trotz → Rn. 1 auch wegen einer zugehörigen Nichtzulassungsbeschwerde nach § 544 ZPO. Auf ein Gutachten über die Aussichten eines anderen Rechtsbehelfs ist VV 2101 nicht anzuwenden. 2

III. Persönlicher Anwendungsbereich. Die Vorschrift gilt grundsätzlich für jeden Rechtsanwalt. Er braucht nicht beim BGH zugelassen zu sein. Es kann sich zB um einen Rechtsanwalt mit besonderen technischen oder rechtlichen Kenntnissen handeln. 3

IV. Aussichtengutachten. Zum Begriff des Gutachtens → § 34 Rn. 15 ff. Es ist nicht erforderlich, dass der Rechtsanwalt mit der Angelegenheit vorher noch nicht befasst war. Es ist auch nicht erforderlich, dass ein Auftrag zur Einlegung des Rechtsmittels unterblieben ist. Es kommt auch nicht darauf an, ob der Rechtsanwalt abgeraten oder zugeraten hat. Es ist unerheblich, ob der Rechtsanwalt nun schließlich ein Rechtsmittel ganz oder teilweise eingelegt hat. Das Rechtsmittel kann, braucht aber noch keineswegs bereits eingelegt worden zu sein. Auftraggeber kann jeder Interessierte sein, auch zB der Sieger der Vorinstanz wegen etwaiger Vergleichserwägungen oder eine Versicherung. 4

V. Gebührenhöhe. Es entsteht stets eine 1,3 Gebühr. Es kommt also nicht zu einer Angemessenheitsprüfung etwa nach § 14. 5

VI. Gegenstandswert. Maßgeblich ist der Wert des vorhandenen oder etwaigen Beschwerdegegenstands, soweit der Beschwerte ein Rechtsmittel einlegen will oder eingelegt hat. Maßgeblich ist derselbe Zeitpunkt wie bei → VV 2100 Rn. 7. In den in → Rn. 4 genannten anderen Fällen von Auftraggebern ist das Interesse maßgeblich. Bei einer bloßen Teilanfechtung ermäßigt sich der Wert entsprechend. Vgl. ferner § 7. 6

VII. Keine Anrechnung. Die Gebühr für das Aussichtengutachten ist nicht auf eine solche Gebühr anzurechnen, die im Rechtsmittelverfahren entsteht (Meyer JurBüro 2004, 16). Denn VV 2101 verweist zwar auf die „Gebühr 2100", und diese enthält in ihrer Anm. eine Anrechnungsvorschrift. Indessen enthält VV 2101 nicht auch selbst eine entsprechende Anrechnungsklausel. „Gebühr 2100" meint jedenfalls keineswegs eindeutig mehr als den eigentlichen Gebührentatbestand und damit keineswegs eindeutig auch dessen Anm. Es heißt auch nicht etwa: „VV 2100 gilt entsprechend", sondern nur: „Die Gebühr 2100". Daher gilt trotz des Fehlens des Worts „nur" in § 1 I 1 doch im Ergebnis der bei → GKG § 1 Rn. 15, 16 dargelegte Grundsatz einer Kostenerhebung nur nach dem Gesetz nach → RVG § 1 Rn. 1 auch hier zumindest entsprechend. 7

VIII. Kostenerstattung. Es gelten §§ 91 ff. ZPO usw. 8

Nr.	Gebührentatbestand	Gebühr oder Satz der Gebühr nach § 13 RVG
2102	**Gebühr für die Prüfung der Erfolgsaussicht eines Rechtsmittels in sozialrechtlichen Angelegenheiten, in denen im gerichtlichen Verfahren Betragsrahmengebühren entstehen (§ 3 RVG), und in den Angelegenheiten, für die nach den Teilen 4 bis 6 Betragsrahmengebühren entstehen ....**	**36,00 bis 384,00 €**
	Die Gebühr ist auf eine Gebühr für das Rechtsmittelverfahren anzurechnen.	
2103	**Die Prüfung der Erfolgsaussicht eines Rechtsmittels ist mit der Ausarbeitung eines schriftlichen Gutachtens verbunden:**	
	Die Gebühr 2102 beträgt	**60,00 bis 660,00 €**

1 **I. Systematik. Regelungszweck.** Vgl. bei VV 2100, 2101.

2 **II. Anwendungsbereich.** Es gibt mehrere Gebiete.

3 **1. Sozialgerichtliches Verfahren nach § 3.** Vgl. dort.

4 **2. Tätigkeit im Straf- oder Bußgeldverfahren nach VV Teilen 4, 5.** Vgl. dort.

5 **3. Tätigkeit im Verfahren nach VV Teil 6.** Vgl. dort.

6 **III. Gebührenhöhen.** Die Regeln zur Betragrahmengebühr sind zu beachten. § 14 ist anzuwenden.

7 **IV. Anrechnungsfragen.** Es gilt dasselbe wie einerseits bei → VV 2100 Rn. 9, andererseits bei → VV 2101 Rn. 7. Die Anrechnung ist nötig, weil es sich nicht um eine Abrategebühr handelt (Klier NZS 2004, 469 (472)).

8 **V. Kostenerstattung.** Vgl. bei VV 2100, 2101.

Abschnitt 2. Herstellung des Einvernehmens

Nr.	Gebührentatbestand	Gebühr oder Satz der Gebühr nach § 13 RVG
2200	**Geschäftsgebühr für die Herstellung des Einvernehmens nach § 28 EuRAG ....**	**in Höhe der einem Bevollmächtigten oder Verteidiger zustehenden Verfahrensgebühr**
2201	**Das Einvernehmen wird nicht hergestellt:**	
	Die Gebühr 2200 beträgt	**0,1 bis 0,5 oder Mindestbetrag der einem Bevollmächtigten oder Verteidiger zustehenden Verfahrensgebühr**

Übersicht

I. Systematik. Die Vorschriften schaffen eine Sonderregelung für den Fall, dass ein zum Alleinauftreten vor deutschen Gerichten oder Behörden befugter Rechtsanwalt den Auftrag erhält, prüft und annimmt, das nach § 28 EuRAG erforderliche Einvernehmen mit einem nicht derart befugten europäischen Rechtsanwalt usw nach § 1 EuRAG herzustellen, damit dieser vor den deutschen Stellen tätig werden kann. Dabei schaffen VV 2200, 2201 keine Erfolgsgebühren, sondern bloße Geschäftsgebühren, vergleichbar Verfahrensgebühren. VV 1000 kann neben VV 2200 anzuwenden sein. 1

Die Vorschriften setzen **nicht** voraus, dass der Rechtsanwalt den **Auftrag** gerade von der Partei, dem Beschuldigten usw des Verfahrens mit der Herstellung dieses Einvernehmens erhalten hat. Denn nach § 28 III EuRAG kommt zwischen dem Rechtsanwalt und dem „Mandanten" kein Vertragsverhältnis zustande, sofern die Beteiligten nicht etwas anderes bestimmt haben (v. Eicken AnwBl 1991, 187). Dieser Gesetzestext zeigt aber auch, dass es (selbstverständlich) auch nicht schadet, dass der Auftraggeber selbst oder über seinen ausländischen Rechtsanwalt den deutschen Rechtsanwalt gebeten hat, das Einvernehmen mit dem Hauptbevollmächtigten des Auftraggebers herzustellen (v. Eicken AnwBl 1991, 187 (188)), oder dass der ausländische und der inländische Rechtsanwalt jeweils neben dem anderen als Bevollmächtigte tätig werden sollen. 2

Soweit der Rechtsanwalt schon und noch einen Auftrag hat und annimmt, über die Herstellung eines solchen Einvernehmens hinaus tätig zu sein, zB als **ProzBev,** Verkehrsanwalt oder Verteidiger, treten VV 2200, 2201 nicht zurück. Denn es findet keine Anrechnung statt. VV 2200, 2201 ermöglichen also die Vergütung einer zusätzlichen oder alleinigen Tätigkeit wegen des erforderlichen Einvernehmens. 3

II. Regelungszweck. Die Bemühung des Rechtsanwalts im Rahmen der Herstellung des Einvernehmens sind materiellrechtlich nach § 28 EuRAG iVm §§ 611, 675 BGB einzustufen, wie sonst jede Anwaltstätigkeit nach → VV 2200, 2201 Rn. 12, 13 schließen zur Erfüllung der Ergänzungsfunktion des RVG nach → Vor § 1 Rn. 17, 18 die sonst entstehende Lücke in dem System, dass kein Rechtsanwalt grundsätzlich umsonst tätig werden muss. 4

III. Tätigkeit zur Herstellung des Einvernehmens. VV 2200, 2201 gelten, soweit der Rechtsanwalt den Auftrag zur Herstellung eines Einvernehmens annimmt und demgemäß anschließend tätig wird. Dabei behandelt VV 2200 das Zustandekommen, VV 2201 das Nichtzustandekommen des Einvernehmens trotz einer Tätigkeit nach VV 2200. Die Vorschriften regeln nicht den Fall, dass der Rechtsanwalt eine Bitte zu seinem Tätigwerden zwar prüft, aber dann vor dem Beginn einer entsprechenden Tätigkeit ablehnt. 5

1. Alle Gebührenarten. Es ist bei VV 2200 unerheblich, ob man die Gebühren nach einem Gegenstandswert berechnen müsste, zB nach VV 3100 ff., oder ob es zB beim Verteidiger um einen Betragsrahmen oder gar um eine Festgebühr geht. Vielmehr ist zunächst zu klären, in welcher Höhe eine Verfahrensgebühr dann angefallen wäre, wenn der Rechtsanwalt selbst „Bevollmächtigter" wäre, wenn er also ProzBev oder Verkehrsanwalt usw gewesen wäre. Dabei sind §§ 7, 14 usw anzuwen- 6 den. Eine Grundgebühr wie bei VV 4100, 5100 scheidet nach der Gebührenspalte als Anknüpfungspunkt aus.

7 **2. Pauschale.** Sodann ist grundsätzlich diese Verfahrensgebühr schon für die bloße Herstellung des erforderlichen Einvernehmens anzusetzen. Sie gilt aber die gesamte Tätigkeit im Rahmen des so begrenzten Auftrags ab. Soweit der Auftrag über die Herstellung des Einvernehmens hinausging, ist die Vergütung zusätzlich nach dieser weiteren Tätigkeit zu errechnen. Eine Anrechnung der Gebühren VV 2200, 2201 auf solche weiteren Gebühren findet nicht statt.

8 **3. Strafsache.** Beim Verteidiger oder Beistand ist zunächst zu klären, in welcher Höhe eine Verfahrensgebühr dann als angemessene angefallen wäre, wenn der Rechtsanwalt als „Bevollmächtigter oder Verteidiger" tätig gewesen wäre, sei es vor Gericht, sei es vor einer solchen Behörde oder sonstigen Stelle, vor der nach § 28 EuRAG ein Einvernehmen mit ihm nötig ist. Eine Zuschlagsgebühr entsteht unter den Voraussetzungen der VV Vorb. 4 IV nur neben einer Verfahrensgebühr (Geschäftsgebühr).

9 **4. Weitere Berechnungsfragen.** Das gilt auch bei mehrtätigen Verhandlungen im Strafverfahren, bei der internationalen Rechtshilfe und im Disziplinarverfahren für den Verteidiger oder Beistand usw. Denn die frühere ausdrückliche Unanwendbarkeit einer Reihe von Vergütungsvorschriften für solche Lagen ist entfallen.

10 Die im **konkreten** Fall als angemessen ermittelte Gebühr wird **nicht halbiert,** sondern entsteht unverkürzt. Sie gilt die gesamte Tätigkeit im Rahmen des so begrenzten Auftrags ab.

11 Soweit der Antrag über die Herstellung des Einvernehmens **hinausging,** ist die Vergütung zunächst nach dieser weiteren Tätigkeit zu errechnen.

12 Beim **Zusammentreffen** von Verfahren mit und ohne einen Gegenstandswert ist die Gebühr für jedes Verfahren gesondert zu errechnen. Am Schluss sind die ermittelten Gebühren zu addieren.

13 **IV. Keine Herstellung des Einvernehmens (VV 2201).** Soweit der Rechtsanwalt einen derartigen Auftrag zwar erhält und auch in eine entsprechende Tätigkeit eintritt, dann aber doch kein Einvernehmen erzielt, ist VV 2201 anzuwenden, also eine Satzrahmengebühr. Ob der Rechtsanwalt eine derartige Bemühung vorgenommen hat, lässt sich nur unter einer Abwägung der Umstände klären. Es gelten dieselben Regeln wie bei einem beliebigen anderen Auftrag, etwa auf die Übernahme einer Tätigkeit als ProzBev oder Verteidiger.

14 **Entsprechend** anzuwenden ist VV 2201 dann, wenn zB VV 3101 vorliegt oder wenn der Beschuldigte vor einer Prüfung der Sache durch den Rechtsanwalt stirbt.

15 **1. Verfahren mit Gegenstandswert.** Soweit der Rechtsanwalt das Einvernehmen für ein Verfahren mit Gebühren nach einem Gegenstandswert hergestellt hätte, erhält er für die Bemühung eine Rahmengebühr. Sie errechnet sich wie folgt.

16 Zunächst ist zu klären, welche Gebühr für ihn bei einer Herstellung des Einvernehmens angefallen wäre. Dabei ist nach VV 2200 zu verfahren. Das gilt auch beim Zusammentreffen von Verfahrensarten mit und ohne einen Gegenstandswert.

17 Von der so ermittelten Gebühr ist sodann denjenigen **Rahmen abzulesen,** den VV 2200 gibt. Welche Endgebühr angemessen ist, ist wie sonst bei einer Rahmengebühr nach § 14 zu ermitteln, im Prozess des Rechtsanwalts also evtl. unter einer Einschaltung seiner Rechtsanwaltskammer nach § 14 II.

18 **2. Verfahren ohne Gegenstandswert.** Soweit der Rechtsanwalt das Einvernehmen für ein Verfahren mit solchen Gebühren hergestellt hätte, die nicht von einem Gegenstandswert abhängig gewesen wären, erhält er für seine Bemühung nicht eine Rahmengebühr, sondern einen festen Betrag. Er errechnet sich wie folgt.

19 Zunächst ist zu klären, welche Rahmengebühr er dann erhalten hätte, wenn er eine Herstellung des Einvernehmens **erreicht** hätte. Das gilt nach → Rn. 15–17 auch beim Zusammentreffen von Verfahrensarten mit und ohne einen Gegenstandswert. Welche Rahmengebühr angefallen wäre, ist nach den in → Rn. 8–12 erläuterten Regeln zu klären. Von der so ermittelten Rahmengebühr nicht des Verteidigers usw, sondern des das Einvernehmen mit ihm herstellenden Rechtsanwalts ist dann ihr Mindestbetrag diejenige Summe, die sich als Vergütung ergibt. Da diese Mindest-

summe nicht mehr einem Ermessen unterliegt, findet insoweit kein Verfahren nach § 14 statt.

V. Fälligkeit. Es gelten die allgemeinen Regeln. 20

VI. Gebührenschuldner. Gebührenschuldner ist derjenige, der dem Rechtsanwalt gerade den Auftrag zur Herstellung des Einvernehmens erteilt oder hat. Das kann nach → Rn. 1–3 muss aber keineswegs der „Mandant" nach § 28 I, III EuRAG sein. 21

VII. Gegenstandswert. Soweit das zugehörige Hauptverfahren eine Gebührenberechnung nach einem Gegenstandswert erfordert, ist er wie sonst zu ermitteln. Nicht etwa darf der Wert der Herstellung des Einvernehmens abweichend angesetzt werden. Das Gesetz trägt der Art und Schwierigkeit des Auftrags zur Herstellung des Einvernehmens schon durch seine besondere Gebührenbemessung Rechnung. 22

VIII. Kostenerstattung. Die Erstattungsfähigkeit lässt sich im bürgerlichen Rechtsstreit stets nach § 91 I, II 3 ZPO beurteilen, also nach der Notwendigkeit der Einschaltung mehrerer Rechtsanwälte nebeneinander (OLG München NJW-RR 1998, 1692; aA EuGH NJW 2004, 833 mkritAnm Kilian MDR 2004, 358, in der Tat lässt sich der Notwendigkeitsgrundsatz wohl kaum schon wegen einer Grenzüberschreitung beseitigen; Bach Rpfleger 1991, 8). 23

Abschnitt 3. Vertretung

Vorbemerkung 2.3:

I Im Verwaltungszwangsverfahren ist Teil 3 Abschnitt 3 Unterabschnitt 3 entsprechend anzuwenden.

II Dieser Abschnitt gilt nicht für die in den Teilen 4 bis 6 geregelten Angelegenheiten.

III Die Geschäftsgebühr entsteht für das Betreiben des Geschäfts einschließlich der Information und für die Mitwirkung bei der Gestaltung eines Vertrags.

IV 1 Soweit wegen desselben Gegenstands eine Geschäftsgebühr für eine Tätigkeit im Verwaltungsverfahren entstanden ist, wird diese Gebühr zur Hälfte, bei Wertgebühren jedoch höchstens mit einem Gebührensatz von 0,75, auf eine Geschäftsgebühr für eine Tätigkeit im weiteren Verwaltungsverfahren, das der Nachprüfung des Verwaltungsakts dient, angerechnet. 2 Bei einer Betragsrahmengebühr beträgt der Anrechnungsbetrag höchstens 207,00 €. 3 Bei einer Wertgebühr erfolgt die Anrechnung nach dem Wert des Gegenstands, der auch Gegenstand des weiteren Verfahrens ist.

V Absatz 4 gilt entsprechend bei einer Tätigkeit im Verfahren nach der Wehrbeschwerdeordnung, wenn darauf eine Tätigkeit im Beschwerdeverfahren oder wenn der Tätigkeit im Beschwerdeverfahren eine Tätigkeit im Verfahren der weiteren Beschwerde vor den Disziplinarvorgesetzten folgt.

VI 1 Soweit wegen desselben Gegenstands eine Geschäftsgebühr nach Nummer 2300 entstanden ist, wird diese Gebühr zur Hälfte, jedoch höchstens mit einem Gebührensatz von 0,75, auf eine Geschäftsgebühr nach Nummer 2303 angerechnet. 2 Absatz 4 Satz 3 gilt entsprechend.

Nr.	Gebührentatbestand	Gebühr oder Satz der Gebühr nach § 13 RVG
2300	**Geschäftsgebühr, soweit in den Nummern 2302 und 2303 nichts anders bestimmt ist ...** **I Eine Gebühr von mehr als 1,3 kann nur gefordert werden, wenn die Tätigkeit umfangreich oder schwierig war.** **II 1 Ist Gegenstand der Tätigkeit eine Inkassodienstleistung, die eine unbestrittene Forderung**	**0,5 bis 2,5**

Nr.	Gebührentatbestand	Gebühr oder Satz der Gebühr nach § 13 RVG
	betrifft, kann eine Gebühr von mehr als 0,9 nur gefordert werden, wenn die Inkassodienstleistung besonders umfangreich oder besonders schwierig war. [2]In einfachen Fällen kann nur eine Gebühr von 0,5 gefordert werden; ein einfacher Fall liegt in der Regel vor, wenn die Forderung auf die erste Zahlungsaufforderung hin beglichen wird. [3]Der Gebührensatz beträgt höchstens 1,3.	

Schrifttum: Brieske, Die Geschichte der Vergütung für die außergerichtliche Tätigkeit usw, FS Madert, 2006, 57; Enders, Anrechnungsprobleme rund um die Geschäftsgebühren, FS Madert, 2006, 75.

Übersicht

1 **I. Systematik.** Während VV 2100 ff. vorrangig das Innenverhältnis zwischen dem Auftraggeber und seinem Rechtsanwalt regeln, erfassen VV 2300 ff. in erster Linie die nach außen gegenüber einem Partner oder Gegner des Auftraggebers in Erscheinung tretende Anwaltstätigkeit. Die Grenzen fließen freilich. Das gilt zB beim Entwurf einer Urkunde. VV 2302, 2303 und 2305 haben Vorrang (BGH NJW 2018, 1479 Rn. 8 ff.). VV 2400, 2401 regeln Sonderfälle der Vertretung und haben den Vorrang vor VV 2300–2303, 2305. Ergänzend gelten VV 1000 ff., 1008 (OLG Schleswig AGS 2011, 115 mAnm N. Schneider). VV 2504 ff. stellen weitere vorrangige Sondervorschriften dar. §§ 34–36 haben nach der VV Vorb. 2 I ebenfalls den Vorrang. Eine Ermäßigung nach Art zB des VV 3101 tritt nur über § 14 ein.

Unanwendbar sind VV 2300 ff. bei den in Abschnitt 5 des RVG genannten Tätigkeiten, also bei einer Mediation nach § 34 oder bei einer Hilfeleistung in Steuersachen nach § 35 oder im schiedsrichterlichen Verfahren usw nach § 36. Natürlich sind 2300 ff. ebenso nicht anzuwenden, soweit eine der in § 1 II genannten Tätigkeiten vorliegt. Ferner sind VV 2300 ff. nach der VV Vorb. 2.3 I nicht anzuwenden, soweit der Rechtsanwalt im Verwaltungszwangsverfahren tätig ist. Dann gilt VV Teil 3 Abschnitt 3 entsprechend. 2

II. Regelungszweck. Die Beschränkung auf nur eine einzige Gebührenart stellt eine wesentliche Vereinfachung dar. Andererseits bildet die wesentliche Erhöhung des früheren Gebührenrahmens das notwendige Gegenstück zu dieser Vereinfachung. Die Merkmale „umfangreich oder schwierig" führen alsbald zu neuen Abgrenzungsproblemen, zumal sie ja zu den Problemen des ohnehin mit zu beachtenden § 14 hinzutreten. Eine weder zu großzügige noch zu strenge Handhabung dieser praktisch entscheidenden Merkmale kann helfen, die Vorschriften nicht zu einem weiteren Tummelplatz der Meinungen werden zu lassen. 3

III. Anwendungsbereich. Die Vorschrift gilt im fast gesamten Bereich außergerichtlicher Anwaltstätigkeit (Meyer JurBüro 2013, 171), auch bei einer Eigenvertretung (AG Frankfurt a. M. JurBüro 2015, 531), einschließlich derjenigen in einer solchen Angelegenheit nach → § 15 Rn. 9, für die im gerichtlichen Verfahren das FamFG gilt, oder in einer Verwaltungsstreitsache (N. Schneider NJW 2014, 522 (523) ausf.), mit Ausnahme der in → Rn. 1 genannten vorrangig anderweit geregelten Gebiete. Maßgeblich sind stets die Art und der Umfang des Auftrags, nicht der etwaigen Vollmacht. Die Vorschrift erfasst auch den Fall, dass einem Auftrag zu einer nur außergerichtlichen Tätigkeit etwa zwecks Vermeidung eines Prozesses erst nach deren Scheitern später dann notgedrungen doch noch ein Prozessführungsauftrag folgt (OLG München WM 2010, 1622 (1623); LG Limburg JurBüro 2008, 86; aA BGH AGS 2013, 252 mAnm N. Schneider; OLG Celle JurBüro 2008, 319). Die Partner müssen also auf einen außergerichtlichen Erfolg gehofft haben (OLG Hamm NZV 2008, 521). Dann ist die Gebühr VV 2300 auf die Verfahrensgebühr VV 3100 usw nach den in der VV Vorb. 3 IV genannten Regeln anzurechnen (OLG Stuttgart NVwZ-RR 2009, 272). 4

Unanwendbar sind VV 2300, 2301, soweit der Auftrag von vornherein unbedingt auf eine Prozessführung lautet und soweit der Rechtsanwalt nur in diesem Rahmen tätig wird (OLG Oldenburg NJW-RR 2008, 1670; Steenbuck MDR 2006, 423 (425)). Das gilt selbst dann, wenn es anschließend nicht zum Prozess kommt. Ein von vornherein bedingter Prozessführungsauftrag steht einem unbedingten hier gleich (OLG München WM 2010, 1622 (1623); aA OLG Celle JurBüro 2008, 319). Denn auch dann dient eine außergerichtliche Tätigkeit ja zumindest auch der direkten Vorbereitung der Prozessführung, etwa zwecks einer Klärung des Rechtsschutzbedürfnisses. Freilich kann eine Prozessführung zu einer zusätzlichen außergerichtlichen Tätigkeit außerhalb des Prozessauftrags führen. Dann kann VV 2300 insoweit anzuwenden sein. Bei einer möglichen Beratungshilfe sind die Voraussetzungen streng zu prüfen (OLG Koblenz JurBüro 2010, 197 mAnm Enders). 5

IV. Pauschgebühr. Auch die Geschäftsgebühr VV 2300 ist eine Pauschgebühr. Sie entsteht nach § 15 II 1 in derselben Angelegenheit nach → § 15 Rn. 9 nur einmal (LG Bonn NJW 2006, 2641). Das gilt nach § 15 II 2 freilich je Rechtszug. Sie gilt nach der VV Vorb. 2.3 III die gesamte Tätigkeit des Rechtsanwalts ab, die sich auf dieselbe Angelegenheit bezieht. Das gilt einschließlich der zugehörigen Nebentätigkeit, zB der Akteneinsicht, auch in Vorakten, oder einer Registereinsicht, oder der Schriftsätze und Besprechungen oder der Entwurfstätigkeit (OLG Schleswig SchlHA 1987, 16). 6

Soweit eine Entscheidung die bisherige Angelegenheit abschließt, kann durch eine **Beschwerde** nach § 15 II 2 eine neue Angelegenheit eintreten. Eine Gebührenerhöhung tritt aber nicht ein. 7

Die **Mindestgebühr** von 15 EUR nach § 13 II gilt auch hier (Wielgoss JurBüro 1999, 14 (16)). 8

V. Ergänzende Vorschriften. Der folgende Grundsatz wirkt sich in fünf Richtungen aus. 9

10 **1. Grundsatz.** Die Vorschriften des Teil 1 und der VV Vorb. 2 und 2.3 ergänzen VV 2300.

11 **2. Gebührenvereinbarung (§§ 3a, 4).** Sie ist zulässig und oft ratsam. Denn man kann den Umfang der Angelegenheit meist bei der Auftragserteilung noch nicht oder nur schwer übersehen. Soweit die Parteien für ein gerichtliches Verfahren eine Vereinbarung über eine besonders hohe Anwaltsvergütung getroffen haben, kann daraus ableitbar sein, dass sie auch die Tätigkeit des Rechtsanwalts außerhalb des gerichtlichen Verfahrens mit abgelten wollten. **Unanwendbar** sind §§ 3a, 4 auf eine Vereinbarung zwischen der Versicherung des Auftraggebers und seinem Rechtsanwalt, etwa bei einer Unfallschadensregulierung, solange die Versicherung dabei im eigenen Namen handelt.

12 **3. Beratung usw (§ 34).** Soweit sich eine Tätigkeit des Rechtsanwalts auf die Erteilung eines Rats oder einer Auskunft oder auf die Erstellung eines Gutachtens oder auf die Tätigkeit als ein Mediator nach § 34 erstreckt, erhält er nach jener Vorschrift eine Vergütung. Vgl. freilich → VV 2101 Rn. 1.

13 Soweit es allerdings zu einer solchen Tätigkeit des Rechtsanwalts kommt, die **über** einen **Rat oder eine Auskunft hinausgeht,** entsteht eine Gebühr nach VV 2300 (BGH GRUR 2010, 1122; OLG Frankfurt a. M. AnwBl 1986, 210; KG JurBüro 1998, 20 (21)). Das mag bei einer Tätigkeit nach außen oder einer solchen nur dem Auftraggeber gegenüber eintreten (aA OLG Düsseldorf JurBüro 2012, 583; OLG Nürnberg AnwBl. 2010, 805 (806); krit. Kuhles AnwBl 2010, 788). Auf die erstere ist freilich die Gebühr nach § 34 anzurechnen.

14 **4. Einigungsgebühr (VV 1000).** Neben einer Gebühr VV 2300 kann eine Einigungsgebühr entstehen.

15 Soweit der Auftraggeber den Rechtsanwalt **lediglich** beauftragt hat, einen außergerichtlichen **streitbeendenden Vertrag herbeizuführen,** erhält der Rechtsanwalt außer der Einigungsgebühr VV 1000 die Geschäftsgebühr VV 2300.

16 **5. Erledigungsgebühr (VV 1002).** Auch sie kann neben der Gebühr VV 2300 entstehen.

17 **VI. Geschäftsgebühr (VV Vorb. 2, 3 III).** Sie ist an die Stelle auch der früheren Besprechungs- oder Beweisgebühr getreten. Es gibt zwei Aspekte.

18 **1. Rechtsnatur.** Die Geschäftsgebühr entspricht der Verfahrensgebühr VV 3100 (vgl. Wielgoss JurBüro 1999, 16). Es handelt sich nach → Rn. 6 um eine Pauschgebühr. Sie gilt nach → Rn. 6, 19 ff. die gesamte Tätigkeit des Rechtsanwalts ab. Die Geschäftsgebühr entsteht nicht, soweit sich die Tätigkeit des Rechtsanwalts auf die Erteilung eines Rats oder einer Auskunft nach § 34 beschränkt (OLG Nürnberg NJW 2011, 621).

19 **2. Betreiben des Geschäfts.** Eine Geschäftsgebühr kann mit jeder auf die Ausführung des Auftrags gerichteten Tätigkeit entstehen (Engels AnwBl 2008, 361). Die Tätigkeit beginnt mit der auftragsgemäßen Entgegennahme der ersten Information, selbst wenn diese zunächst nur telefonisch und lückenhaft ist. Der Umfang der Tätigkeit des Rechtsanwalts ist nicht für die Frage maßgeblich, ob eine Geschäftsgebühr entsteht, sondern nur für die anschließende Frage, welche bestimmte Gebühr innerhalb des Gebührenrahmens angemessen ist.

20 **Abgegolten sind zB:** Die erste auftragsgemäße Unterhaltung mit dem Auftraggeber; die anschließende Anlegung einer Handakte; der Entwurf eines Schreibens oder Schriftsatzes; seine Übersendung an den Auftraggeber zur Prüfung; die Durchsicht der Stellungnahme des Auftraggebers; die Reinschrift des Schriftsatzes; seine Unterzeichnung; seine Absendung und Einreichung; der Entwurf und die weitere Tätigkeit bis zur Fertigstellung einer Urkunde, etwa eines Vertrags, eines Formulars, einer Bürgschafts- oder sonstigen Erklärung, eines Testaments; eine Akteneinsicht (AG Braunschweig AnwBl 1984, 517; AG Nienburg AnwBl 1992, 455). **Keine** Geschäftsgebühr ist ein Pauschal- oder Zeithonorar für vorgerichtliche Tätigkeiten (OLG München Rpfleger 2009, 593).

21 **3. Rechtsanwalt und Notar.** Soweit der Rechtsanwalt auch Notar ist, entstehen nach § 24 II BNotO dann Notargebühren, wenn sein Entwurf nach dem Auftrag eine Beurkundung vorbereiten, fördern oder ausführen soll (OLG Hamm MDR

1976, 152; OVG Bremen MDR 1980, 873; Mümmler JurBüro 1988, 693 (696)). Soweit er dagegen nur den Auftrag hat, den Entwurf zu fertigen, ohne eine Beurkundung vorzubereiten, können beim Anwaltsnotar KV 24100 ff. GNotKG anzuwenden sein. Er mag aber auch nur als Rechtsanwalt beauftragt und tätig geworden sein (LG Bochum Rpfleger 1980, 313; LG Essen Rpfleger 1980, 313). Dann braucht er zunächst nicht darauf hinzuweisen, dass infolge einer Auftragserweiterung auch noch Notargebühren entstehen könnten (OLG Düsseldorf MDR 1984, 844).

4. Mehrere Auftraggeber. Soweit der Rechtsanwalt nach § 7 für mehrere Auftraggeber in derselben Angelegenheit nach → § 15 Rn. 9 tätig wird, kommt bei demselben Gegenstand der Tätigkeit eine Erhöhung der Geschäftsgebühr durch jeden weiteren Auftraggeber nach VV 1008 in Betracht. Das gilt auch bei ihrer gleichzeitigen Beauftragung. Mehrere gleichliegende selbständige Verfahren sind unabhängig voneinander zu beurteilen (FG Köln JurBüro 2001, 191). 22

5. Einfaches Schreiben. Der Rechtsanwalt erhält dafür beim Fehlen eines umfassenderen Auftrags auch zB in einer Angelegenheit des gewerblichen Rechtsschutzes eine Vergütung nur nach VV 2301 (vgl. OLG Köln GRUR 1979, 76). 23

6. Vertragsgestaltung. Es mag auch um die Gestaltung eines Vertrags beliebiger Art gehen (Enders JurBüro 2016, 172 (175) (Mietaufhebung); Meyer JurBüro 2016, 189 (190) (Trennungsunterhalt)). 24

Für VV 2300 muss der Rechtsanwalt bei dieser Gestaltung **mitwirken.** Das bestimmt die Vorb. 2. 3 III ausdrücklich. Eine Mitwirkung liegt nicht schon vor, soweit der Rechtsanwalt lediglich eine mündliche oder fernmündliche Nachfrage hält. Andererseits ist aber ein Erscheinen zur mündlichen Verhandlung oder ein befugtes Mithören bei der fernmündlichen Verhandlung oder Besprechung ausreichend (vgl. LG Gießen VersR 1981, 963, aber auch → § 5 Rn. 1). Freilich reichen die bloße Anwesenheit oder das Einreden auf den anderen ohne eine Besprechungs- oder Verhandlungsabsicht nicht aus (vgl. AG Bonn VersR 1984, 196). 25

Es ist eine Mitwirkung an einer diesbezüglichen Verhandlung oder Besprechung zwar ausreichend, aber keineswegs stets notwendig. Vielmehr reichen auch eine Beratung oder ein Urkundenentwurf oder eine bloße Vorprüfung im Büro usw aus, soweit sie eben über eine bloße Nachfrage hinausgehen. 26

7. Abgrenzung zu bloßer Nachfrage. Die Abgrenzung zwischen einer bloßen Nachfrage und einer darüber hinausgehenden Mitwirkung ist nach den Umständen unter einer Beachtung von Treu und Glauben nach § 242 BGB vorzunehmen. 27

Beispiele zur bloßen Nachfrage: AG Bersenbrück VersR 1983, 647; AG Göttingen VersR 1981, 964; AG Kandel VersR 1987, 1024. 28

Eine beratende oder beobachtende Teilnahme **ohne eine Wortmeldung** kann ausreichen (KG AnwBl 1984, 452). 29

Wesentlich ist, dass sich der Gesprächspartner auf ein irgendwie **sachbezogenes, verfahrensförderndes Gespräch** einlässt (AG Hannover JurBüro 1992, 36; AG Heidelberg VersR 1983, 70; AG Saarbrücken AnwBl 1994, 145). 30

Dabei brauchen aber **keine gegensätzlichen Standpunkte** vorhanden zu sein (AG Ahaus AnwBl 1983, 472). Eine direkte Eignung der Besprechung zur Beilegung des Streits ist dann nicht erforderlich (LG Köln AnwBl 1987, 294). 31

VII. Gebührenhöhe. Dazu Otto NJW 2004, 1420 (Üb.). Es entsteht nach → Rn. 4 gemäß VV 2300 eine Pauschgebühr von grundsätzlich 0,5-2,5 (in Inkassotätigkeit vgl. künftig Anm. II und → § 13 Rn. 6). Sie gilt also die gesamte auftragsgemäße Tätigkeit einschließlich aller Nebentätigkeiten ab. Sie entsteht nach → Rn. 19 ff. bereits mit der auftragsgemäßen Informationsaufnahme. Sie bleibt auf Grund eines Auftrags nach VV 2300 auch dann dem Grunde nach bestehen, wenn die Tätigkeit dann doch nur auf einen Rat nach § 34 hinausläuft. Diesen Umstand darf und muss man dann aber (selbstverständlich) bei der Bemessung der Gebührenhöhe mitbeachten. Zur Abgrenzung von materiellrechtlichen Schadensersatzansprüchen bei vorgerichtlichen Rechtsverfolgungskosten Ruess MDR 2005, 313 (ausf. mit Rechenbeispielen). VV 1008 ist anzuwenden. Eine Anrechnung erfolgt nach der Vorb. 2, 3 IV–VI. 32

33 **1. Grundsatz.** Es handelt sich um eine Satzrahmengebühr (OVG Sachsen-Anhalt NVwZ-RR 2011, 85 (86); VG Ansbach AnwBl 1984, 54). Daher ist zur Feststellung der jeweils entstandenen Gebühr § 14 hinzuziehen (OLG München VersR 1977, 1036; AG Hagen AGS 2013, 51 mAnm N. Schneider; Schons NJW 2005, 1024 (1025); aA OLG München Rpfleger 1991, 464 (465), nur eingeschränkte Anwendung). Diese Vorschrift tritt freilich hinter VV 2300 zurück (BGH NJW 2012, 2813; OLG Jena NZBau 2005, 356). Spezialkenntnisse wirken innerhalb des Rahmens evtl. erhöhend (OLG Frankfurt a. M. DB 1992, 672; OLG Jena JurBüro 2001, 208). Dasselbe gilt für hohe inhaltliche Anforderungen (AG Frankfurt a. M. AnwBl 2003, 373). Im Gebührenrechtsstreit kann nach → § 14 Rn. 89 ff. ein Gutachten des Vorstands der Rechtsanwaltskammer nach § 14 II notwendig sein, nicht aber stets im Kostenfestsetzungsverfahren.

34 **2. Mittelgebühr.** Sie ist bei einer Zugrundelegung nur der Gebührenspalte zwar theoretisch = 1,5-Gebühr (AG Bielefeld AnwBl 2005, 223; AG Hagen AnwBl 2005, 223; AG Karlsruhe AnwBl 2005, 223). Nach VV 2300 darf der Rechtsanwalt aber eine Gebühr von mehr als 1,3 nicht dann fordern, wenn seine Tätigkeit weder schwierig noch umfangreich war. Damit ist im Ergebnis Mittelgebühr oder sog. Schwellengebühr oder **Regelgebühr** je Auftraggeber unter einer Beachtung von VV 1008 Anm. III meist nur der „Schwellen"-Betrag oder „Regelwert" einer 1,3-Gebühr (BGH GRUR 2010, 1122; OLG Jena NZBau 2005, 356; OLG Stuttgart AGS 2014, 118). **Nicht** etwa entsteht ein Regel**rahmen** zwischen 0,5- und 1,3-Gebühr. VV 1008 bleibt nach → Rn. 22 auch dann anzuwenden. Man kann auch nicht einfach hilfsweise nur 0,75-Gebühr ansetzen (aA OVG Niedersachsen JurBüro 2011, 133).

35 Eine **durchschnittliche** Tätigkeit rechtfertigt nach dem klaren Sinn der Anm. ohne Möglichkeit inhaltsändernder Auslegung nur die 1,3-Gebühr (BGH NJW 2012, 2813; OLG Koblenz JurBüro 2012, 75 mzustAnm Wedel; VG Stuttgart JurBüro 2013, 359; großzügiger BGH NJW-RR 2012, 887 (1,5-Gebühr als Regel)). Denn die Anm. ist als Ausnahmeregelung erkennbar: „nur, wenn" meint nicht die Regel. Das bedeutet im Ergebnis: Nur eine überdurchschnittliche umfangreiche oder schwierige Tätigkeit erlaubt mehr als eine 1,3-Gebühr (vgl. OLG Düsseldorf JurBüro 2009, 587 (588); OLG Koblenz JurBüro 2012, 75 mzustAnm Wedel; großzügiger LG Itzehoe JurBüro 2012, 469). Zum Problem N. Schneider AnwBl 2012, 806.

36 Eine **unterdurchschnittliche** Tätigkeit löst deshalb eine Gebühr unterhalb 1,3 aus (vgl. LG Coburg NZV 2005, 483; AG Gütersloh NJW-RR 2005, 939: 0,8-Gebühr; AG Mainz JurBüro 2005, 308 = BeckRS 2008, 22778: 1,0-Gebühr; AG Hamburg AnwBl 2005, 588; AG Heidelberg JurBüro 2005, 592: je: 1,3-Gebühr; Kitzinger FamRZ 2005, 10 (11); aA AG Hagen AnwBl 2005, 508; AG Lörrach JurBüro 2005, 255). Diese Handhabung löst freilich wieder die Frage aus, was durchschnittlich ist. Darüber kann man endlos streiten. Trotzdem ist die Zurückhaltung des Gesetzgebers weise. Solche Klärungen im Text lösen dieselben Streitigkeiten aus. Dann lieber Klärung durch Rspr. und Lehre. Eine 0,5-Gebühr entsteht nur bei denkbar einfachster Tätigkeit (BGH NJW 2015, 3782 Rn. 38, insoweit ohne Abdr. in BGHZ 205, 260).

37 **3. Umfang oder Schwierigkeit (Anm).** Auch → § 14 Rn. 9 ff. Eine Gebühr über der Mittelgebühr nach → Rn. 34 ff. ist nur dann statthaft, wenn die Tätigkeit entweder umfangreich oder schwierig war. Das Gesetz erläutert keinen dieser beiden Begriffe selbst näher, sondern überlässt die Handhabung der Praxis. Es verlangt keine „besondere" Umfangreiche oder Schwierigkeit, auch nicht ausdrückliche eine „überdurchschnittliche", dazu freilich → Rn. 35 f.

38 **Umfang** ist ein quantitativer Begriff. Schon ein einzelner Schriftsatz mag dazu ausreichen, etwa bei 30 oder mehr Seiten. Die Zahl der Aktenblätter kann, muss aber nicht einen ausreichenden Anhalt geben. Die Verfahrensdauer ist ein ähnlich beurteilbarer Aspekt. Dasselbe gilt von der Zahl der Anträge oder der Parteien usw.

39 **Schwierigkeit** ist ein qualitativer Begriff. Man kann ihn kaum ohne Rückgriff auch auf den Durchschnittsbegriff → Rn. 34 ff. handhaben. Schwierig kann ein rechtlicher wie ein tatsächlicher oder ein psychologischer Aspekt sein. Er kann sich aus sachlichen wie aus persönlichen Gründen ergeben. Sprache des Gesetzes wie Sprache

der Beteiligten kann maßgeblich sein, um nur einen kleinen Teil der zahllosen Abgrenzungsmöglichkeiten anzusprechen.

Entweder – oder muss eine der vorstehenden Voraussetzungen vorliegen. Natürlich kann erst recht ihr Zusammentreffen reichen. Dann mag ein etwas geringerer Grad von Umfang und/oder Schwierigkeit genug Anlass zur höheren Gebühr sein. **40**

Maßgeblich ist weder die Einschätzung des Rechtsanwalts noch diejenige seines Auftraggebers oder diejenige von dessen Gegner, sondern diejenige bei einer auch aus der Sicht des etwa später entscheidenden Gerichts, sonst aus objektiv vernünftiger Sicht vertretbaren Beurteilung, so verschieden man auch dazu denken mag. Erfahrung dürfte dabei eine erhebliche Rolle spielen. **41**

4. Beispiele zur Frage von Umfang oder Schwierigkeit (Anm). Es gibt dazu bereits reichlich Stoff. Die nachfolgenden Fundstellen sind teils zum alten Recht mit umgekehrten Voraussetzungen, aber derselben Art, ergangen. **42**

Abmahnung: Sie mag auch beim finanzstarken Auftraggeber nur 1,3-Gebühr rechtfertigen, zB bei einer Domain-Verwendung (LG Düsseldorf NJW-RR 2006, 1149).

Abschlussschreiben: Ein solches nach § 93 ZPO kostet meist 1,3-Gebühr (BGH NJW 2015, 3244).

Aktenstudium: Es kann mehr als 1,3-Gebühr rechtfertigen (Henke AnwBl 2004, 579).

Arbeitsrecht: Eine vierseitige Forderung nach der Entfernung einer Abmahnung aus der Personalakte rechtfertigt 1,3-Gebühr (AG Stuttgart NJW 2005, 1956). Es kann auch ein so schwieriger Fall vorliegen, dass eine 2,1-Gebühr entsteht (AG Koblenz JurBüro 2006, 250). In einer Kündigungsschutzsache ist nicht stets 2,5-Gebühr erlaubt (aA AG Hamburg-St. Georg JurBüro 2006, 309 mzustAnm Kitzmann). Sie ist aber möglich (AG Tempelhof-Kreuzberg JurBüro 2007, 486).

Arztrecht: → „Spezialrecht“.

Auftraggeber: Seine Persönlichkeit kann mehr als 1,3-Gebühr rechtfertigen (Henke AnwBl 2004, 579).

Bausache: → „Spezialrecht“.

Bedeutung der Angelegenheit: Sie führt keineswegs stets zur Gebühr von mehr als 1,3 (Kitzinger FamRZ 2005, 10 (11)).

Besprechung: Ihre Dauer und/oder Schwierigkeit kann mehr als 1,3-Gebühr rechtfertigen (Henke AnwBl 2004, 579). Das darf aber nicht zu Aushöhlung der 1,3-Gebühr führen, auch nicht von vornherein in einer Familiensache (großzügiger Kitzinger FamRZ 2005, 10 (12)).

Einkommen und Vermögen: Es führt keineswegs stets zur Gebühr von mehr als 1,3 (Kitzinger FamRZ 2005, 10 (11)).

Fremdsprache: Sie kann nach → Rn. 39 mehr als 1,3-Gebühr rechtfertigen (Henke AnwBl 2004, 579).

Gutachten: Seine kritische Auswertung kann mehr als 1,3-Gebühr rechtfertigen (Henke AnwBl 2004, 579), oder auch 1,8-Gebühr (AG Köln JurBüro 2005, 647).

Haft: Sie kann mehr als 1,3-Gebühr rechtfertigen (Henke AnwBl 2004, 579).

Haftungsrisiko: Es lässt sich innerhalb § 14 mitbeachten.

Markenrecht: Ein Mahnschreiben mit einer Vielzahl von Rechtsfolgen kann eine 2,0-Gebühr auslösen (LG Frankfurt a. M. GRUR-RR 2007, 256). Eine Abmahnung muss aber nicht schon wegen des Sachgebiets mehr als 1,3-Gebühr wert sein (OLG Frankfurt a. M. GRUR-RR 2013, 272; OLG Hamburg AnwBl 2010, 880, auch nicht beim Verzicht auf einen zusätzlichen Patentanwalt).

Mietrecht: Eine Vermieterkündigung wegen eines Zahlungsverzugs rechtfertigt evtl. nur 0,5-Gebühr (LG Karlsruhe NJW 2006, 1526).

Ortstermin: Er kann mehr als 1,3-Gebühr rechtfertigen (Henke AnwBl 2004, 579).

Pressesache: Es gilt nichts Besonderes (KG JurBüro 2010, 243).

Rechtsprechung: Ihr Studium kann mehr als 1,3-Gebühr rechtfertigen (Henke AnwBl 2004, 579).

Schadensersatz: Eine einfache Regelung kann 1,3-Gebühr entstehen lassen (OLG München NZV 2007, 211, großzügig). Das gilt erst recht bei der Beurteilung eines Sachverständigen (AG Münster AnwBl 2016, 604).

Schriftsatz: Ihr Umfang kann nach → Rn. 38 mehr als 1,3-Gebühr rechtfertigen (Henke AnwBl 2004, 579), aber auch bei zB vier Seiten Auseinandersetzung mit der Sach- und Rechtslage usw evtl. nur 1,3-Gebühr (AG Pinneberg JurBüro 2005, 308). Ein kurzes Schreiben mag nur 0,9-Gebühr rechtfertigen (AG Stuttgart JurBüro 2005, 308).

Schrifttum: Sein Studium kann mehr als 1,3-Gebühr rechtfertigen (Henke AnwBl 2004, 579).

Spezialrecht: Es kann mehr als 1,3-Gebühr rechtfertigen (SG Marburg JurBüro 2008, 365 (366, Arztrecht); Henke AnwBl 2004, 579). Baurecht ist nicht stets schwierig (VG Mainz NJW 2006, 1994).

Steuersache: → „Spezialrecht".

Vergaberecht: Es ist grds. eine Überschreitung von 1,3-Gebühr statthaft (OLG Jena NZBau 2005, 356). Im Durchschnittsfall billigt BayObLG NZBau 2005, 415 sogar 2,4-Gebühr zu (sehr großzügig) (KG Rpfleger 2010, 126) billigt 2,0-Gebühr zu. Bei einem einfachen Fall kann eine Unterschreitung von 1,3 Gebühr infrage kommen (OLG Jena NZBau 2005, 356; KG JurBüro 2014, 74, evtl. nur 1,0-Gebühr). Eine Anrechnung erfolgt auch bei einer Stundenhonorarvereinbarung (BGH NJW 2014, 3164).

Verkehrsunfall: Dazu Enders JurBüro 2005, 590; Onderka, Anwaltsgebühren in Verkehrssachen, 2006; Sonderkamp NJW 2006, 1477 (je: Üb.). Er kann mehr als 1,3-Gebühr rechtfertigen, zB 1,8-Gebühr (LG Saarbrücken JurBüro 2005, 306 (schwere Verletzung eines Selbständigen); AG Ansbach AnwBl 2006, 857 (gegnerische Versicherung verlangt Gutachten); AG Leipzig JurBüro 2009, 187 (sog. 130%-Fall)), oder 1,6-Gebühr (AG Coburg JurBüro 2007, 74; AG Essen JurBüro 2012, 246; AG Hamburg-Bergedorf JurBüro 2005, 389), oder 1,5-Gebühr (AG Hamburg-Harburg JurBüro 2007, 139; AG Kempen JurBüro 2005, 592; aA AG Nürnberg JurBüro 2005, 363; AG Wuppertal JurBüro 2005, 363, AG Landstuhl NJW 2005, 161 (aber es kommt auf die Umstände an)).

Ein **Durchschnittsfall** mag 1,3-Gebühr erlauben (BGH NJW-RR 2007, 420 mzustAnm Wendt AnwBl. 2007, 144; OLG Koblenz JurBüro 2012, 75 mzustAnm Wedel; AG Kehl JurBüro 2011, 477).

Ein **einfacher** Unfall mag aber auch nur 1,0-Gebühr rechtfertigen (LG Mannheim NJW-RR 2006, 574; AG Düsseldorf JurBüro 2009, 593; AG Nürnberg JurBüro 2007, 414), oder nur 0,9-Gebühr (AG Duisburg-Hamborn NJW 2005, 911; AG Osnabrück JurBüro 2005, 308), oder sogar nur 0,8-Gebühr (AG Herne JurBüro 2005, 255; großzügiger AG Coburg JurBüro 2005, 307 (1,3-Gebühr)).

Wettbewerbssache: Auch bei ihr kommt 1,3-Gebühr infrage (OLG Hamburg MDR 2007, 57 (58)).

Zeitaufwand: Er kann mehr als 1,3-Gebühr rechtfertigen (Henke AnwBl 2004, 579).

Zeugnisberichtigung: Sie muss nicht umfangreich oder schwierig sein (AG Düsseldorf NZA-RR 2012, 496).

43 **VIII. Gegenstandswert.** Es kommt auf die Art der Gerichtsbarkeit an. Zur außergerichtlichen Unfallregelung Poppe NJW 2015, 3355.

44 **1. Grundsatz.** Der Gegenstandswert richtet sich nach den für die Gerichtsgebühren geltenden Wertvorschriften, soweit ein gerichtliches Verfahren vorliegt. Das gilt dann auch für diejenige Tätigkeit des Rechtsanwalts, die dem gerichtlichen Verfahren vorausging (LG Aachen AnwBl 2015, 720). Der Streitwert ist nach § 23 I auch dann maßgeblich, wenn es nicht mehr zu einem gerichtlichen Verfahren kommt oder wenn der Rechtsanwalt in ihm nicht mehr tätig wird. Im Übrigen gilt das Interesse des Auftraggebers (OLG Karlsruhe AnwBl 2003, 118 (119)), also auch die Schadenshöhe (AG Mitte AnwBl 2015, 981). Auch gilt § 23 III. In derselben Angelegenheit nach → § 15 Rn. 9 sind nach § 22 I mehrere Werte zusammenzurechnen.

45 Im Verhältnis **zwischen dem Auftraggeber und dem Rechtsanwalt** ist evtl. ein anderer Gegenstandswert maßgeblich als im Verhältnis zwischen dem Auftraggeber und dem Verfahrensgegner (OLG München VersR 1977, 1036).

46 **2. Freiwillige Gerichtsbarkeit.** Im Verfahren der freiwilligen Gerichtsbarkeit gelten in Familiensachen einschließlich der Vollstreckung durch das Familiengericht

und im Verfahren vor dem OLG nach § 107 FamFG das FamGKG, und in den übrigen Sachen die Vorschriften über den Gegenstandswert nach dem GNotKG.

3. Allgemeine Verwaltungsbehörde. Im Verfahren vor einer Verwaltungs- 47
behörde bemisst sich der Gegenstandswert nach § 23. Dieser ist nach § 23 I 3 nach den für die Gerichtsgebühren geltenden Vorschriften zu ermitteln, soweit es sich um eine Tätigkeit des Rechtsanwalts im Widerspruchsverfahren, Beschwerdeverfahren oder Abhilfeverfahren handelt. Damit ist sicher, dass im Verwaltungsverfahren und im anschließenden gerichtlichen Verfahren derselbe Gegenstandswert maßgeblich ist. Demgemäß ist bei demselben Gegenstand nach → § 15 Rn. 12 der vom Gericht festgesetzte Streitwert auch für die im Vorverfahren entstandenen Anwaltsgebühren maßgeblich.

Für die Tätigkeit des Rechtsanwalts im **Verwaltungsverfahren der ersten Stufe** 48
gilt § 23 I 2 ebenfalls. Das folgt aus der Überschrift von VV Teil 2.

Das **Nachprüfungsverfahren** bildet mit dem vorangehenden Verwaltungsverfah- 49
ren verschiedene Angelegenheiten nach § 17 Nr. 1. Daher können verschiedene Bewertungsmaßstäbe zugrundegelegt werden.

4. Finanzverwaltungsbehörde. In dem Veranlagungsverfahren tritt an die Stelle 50
des streitigen Steuerbetrags der gesamte steuerliche Wert des Auftrags. Also etwa bei der Abfassung einer Steuererklärung ist derjenige Wert zugrunde zu legen, der sich aus der nach der Erklärung zu zahlenden Steuer ergibt (FG Düsseldorf EFG 1968, 77).

5. Wertfestsetzung. Sie erfolgt nach § 33. Denn es genügt nach → § 33 Rn. 3, 51
dass der Rechtsanwalt zwar in einem gewöhnlichen Verfahren tätig wird, dabei aber nicht vor dem Gericht.

IX. Kostenerstattung. Es gibt zwei Aspekte. 52

1. Grundsatz: Sachdienlichkeit. Die Vorbereitungskosten sind in demjenigen 53
Umfang erstattungsfähig, der gerade der Vorbereitung dieses bestimmten Prozesses mit seinen Anträgen dient (BPatG GRUR 1980, 986; AG Hamburg JurBüro 2007, 264, grds. auch Meyer JurBüro 2015, 237 (238); aA BGH NJW-RR 2006, 501; OLG Köln FamRZ 2006, 1050 (1051); LG Dortmund JurBüro 2012, 151, aber § 91 ZPO ist nach → Rn. 52 nicht so eng).

2. Prozesswirtschaftlichkeit. Eine solche Sachdienlichkeit ist aus Gründen der 54
Prozesswirtschaftlichkeit großzügig anzunehmen (BPatG GRUR 1980, 987; LG Stendal MDR 2007, 389; AG Stuttgart AnwBl 2009, 800; aA BGH MDR 2006, 353; OLG Frankfurt a. M. JurBüro 2003, 201; OLG Köln MDR 2007, 118 (119), aber es ist von der Lage bei der Auftragserteilung auszugehen.

Das **Kostenfestsetzungsverfahren** nach §§ 103 ff. ZPO oder das Verfahren nach 55
§ 11 ist oft der nicht nur richtige, sondern eigentlich sogar zwingende Durchsetzungsweg (krit. Meyer JurBüro 2015, 237 (238)). Schon das Gebot der Prozesswirtschaftlichkeit erfordert ja den einfacheren, schnelleren Weg der Durchsetzung gegenüber einer Gebührenklage womöglich vor einem mit der Sache bisher gar nicht befassten Gericht. Ihr könnte deshalb sogar das Rechtsschutzbedürfnis fehlen. Das übersehen viele. Nach → Rn. 52 umfassen die Vorbereitungskosten sehr oft auch eine Beratung nach VV 2300. Lehnt der Rpfleger bei der Kostenfestsetzung die Mitprüfung ab, kann man immer noch klagen.

3. Erforderlichkeit. Die Maßnahme muss (selbstverständlich) zur Rechtsverfol- 56
gung erforderlich sein (BPatG GRUR 1980, 987; KG GRUR 1976, 665; OLG München GRUR 1976, 609 Testkauf). Sie erfordert also eine gewisse Erfolgsaussicht (AG Geldern JurBüro 2005, 363; aA AG Hamburg JurBüro 2007, 264). Die Maßnahme muss außerdem in einem vernünftigen Verhältnis zur Sache stehen (BPatG GRUR 1980, 987, stellt auf die Angemessenheit ab).

4. Erstattungsgrenzen. Die Kosten der Beratung durch einen Rechtsanwalt dazu, 57
ob sich der Bekl. auf den bevorstehenden Prozess einlassen soll, sind erstattungsfähig, KG MDR 1985, 1038. Das gilt allerdings nur insoweit, als der zugrunde liegende Anspruch auch begründet ist. Anwaltskosten für vorprozessuale Verhandlungen sind aber nicht automatisch erstattungsfähig (OLG Koblenz AnwBl 1985, 213 (214); AG Emmerich AnwBl 1993, 641; Schneider MDR 1975, 325). Nicht erstattungsfähig ist

ein nur materiellrechtlicher Anspruch (Eulerich NJW 2005, 3097 (3099)). Es muss Verzug vor der ersten Mahnung vorliegen (OLG Oldenburg JurBüro 2009, 362).

58 Zur **Erstattungsfähigkeit** Dittmar NJW 1986, 2088 (2089), Steenbuck MDR 2006, 423 (427).

Nr.	Gebührentatbestand	Gebühr oder Satz der Gebühr nach § 13 RVG
2301	**Der Auftrag beschränkt sich auf ein Schreiben einfacher Art:** **Die Gebühr 2300 beträgt**	**0,3**
	Es handelt sich um ein Schreiben einfacher Art, wenn dieses weder schwierige rechtliche Ausführungen noch größere sachliche Auseinandersetzungen enthält.	

1 **I. Systematik.** Die Vorschrift bringt eine Pauschale zur Abgeltung auch der Vorbereitung und Prüfung (AG Meldorf NJW-RR 2011, 1629). Sie ergänzt im außergerichtlichen Bereich des Teils 2 die VV 2300, 2301 (vgl. BGH NJW 1983, 2452; LG Hannover AnwBl 1989, 687; LG Hildesheim AnwBl 1985, 54 mkritAnm Schmidt). Im gerichtlichen Bereich ist die fast wortgleiche Vorschrift VV 3403 anzuwenden. Auch die Gebühr VV 2301 ist auf eine spätere Tätigkeit unter den Voraussetzungen der Vorb. 3 IV anrechenbar. Oft ergibt sich schon bei einem späteren Prozessauftrag aus §§ 18 I Nr. 1, 19 I 2 Nr. 1 iVm § 15 V, dass die Verfahrensgebühr eine Mahnung usw abgilt, soweit der Gegenstandswert für beide Tätigkeiten derselbe ist. § 34 (Rat, Gutachten) hat den Vorrang.

2 **II. Regelungszweck.** Für die hier genannten Einzeltätigkeiten kommt ein gegenüber jenen Vorschriften niedrigerer Gebührenrahmen in Betracht. Er ist nach dem klaren Wortlaut des VV 2301 nur dann anzuwenden, wenn der Rechtsanwalt einen nicht über VV 2301 hinausgehenden Auftrag hatte und wenn er auch nur in diesem Rahmen tätig geworden ist (BGH NJW 2015, 3782 Rn. 35, insoweit ohne Abdr. in BGHZ 205, 260). Diese Zweckbegrenzung ist bei der Auslegung mit zu beachten.

3 **III. Schreiben einfacher Art.** Der Auftrag ist nach → Rn. 8 allein maßgeblich, nicht die wirklich ausgeführte Arbeit allein (BGH AGS 2013, 252 mAnm. N. Schneider; AG Duisburg JurBüro 2006, 421). Er muss sich auf eine einfache Anfrage zB beim Einwohnermeldeamt oder auf eine einfache Mahnung oder Zahlungsaufforderung beschränken (AG Meldorf AGS 2011, 311; Jäckle NJW 2016, 980; großzügiger BGH NJW-RR 2015, 3794 (Verzug)), oder zB auf einen Widerruf (AG München MDR 1995, 969 (VerbrKrG)), oder auf eine schlichte Kündigung (Mümmler JurBüro 1988, 1131; Schneider MDR 2000, 685), insofern evtl. auch auf eine mündliche oder fernmündliche (LG Hildesheim AnwBl 1985, 54, krit. Schmidt, der diese Alternativen übersieht)). Es muss zwar rechtliche oder sachliche Ausführungen darstellen.

4 **Nicht mehr einfach** ist evtl. ein sog. Abschlussschreiben nach einer einstweiligen Verfügung. Dann gilt daher VV 2300 (BGH GRUR 2010, 1038 mkritAnm Möller AnwBl 2011, 52).

5 **1. Weder schwierig noch umfangreich.** Das Schreiben darf nach der Anm. aber weder eine schwierige rechtliche Ausführung noch eine größere sachliche Auseinandersetzung enthalten. Ob lediglich eine solche letztere Tätigkeit stattfinden soll, lässt sich nur unter einer Berücksichtigung der Umstände und nach § 242 BGB unter einer Beachtung von Treu und Glauben ermitteln. Das gilt auch im gewerblichen Rechtsschutz nach → VV 2300 Rn. 23 (großzügiger OLG Hamburg MDR 2009, 1062 (0,8-Gebühr)).

6 **2. Durchschnittsbedeutung.** Wegen der Ähnlichkeit mit VV 2300 Anm. liegt an sich eine Anknüpfung an die dortigen Erwägungen zur Durchschnittsbedeutung

→ VV 2300 Rn. 35 nahe. Indessen gilt auch: Wegen der Maßgeblichkeit nur des Auftrags nach → Rn. 3 kommt es bei VV 2301 nicht allein darauf an, ob man bei einer Zugrundelegung durchschnittlicher rechtlicher Kenntnisse und durchschnittlicher taktischer Erfahrungen sowie durchschnittlicher äußerlicher Anforderungen sagen muss, dass das Schreiben nur einfacher Art ist. Auf den Empfänger kommt es kaum an. Freilich mag ein unstreitig oder erwiesenermaßen genau dem Auftrag entsprechendes Ergebnis immerhin nach seinem äußeren Bild die Abgrenzung durchaus zusätzlich klären oder doch erleichtern. Der Rechtsanwalt muss einen weitergehenden Auftrag als denjenigen nach VV 2301 darlegen und im Honorarprozess beweisen.

Man kann keineswegs schon **im Zweifel** von einem umfangreicheren Auftrag und von einer umfangreicheren Tätigkeit ausgehen. Es kommt dabei also nicht nur darauf an, was der Rechtsanwalt getan **hat,** sondern außerdem und zunächst darauf, was er tun **sollte** und **durfte.** Das erschwert die Beurteilung erheblich. **7**

3. Formular. Es mag selbst ein formularmäßig verfasstes oder entworfenes Schreiben über den Tätigkeitsbereich des VV 2301 deshalb hinausgehen, weil es nach seinem Inhalt unabhängig von der Herstellungsart eine auftragsgemäße weitergehende anfängliche Mühe kundgibt (BGH NJW 1983, 2451; LG Berlin JurBüro 1981, 1528; LG Hannover AnwBl 1989, 687). Schon der Entwurf eines Formulars, das der Rechtsanwalt dann massenhaft benutzen kann, kann eine sehr erhebliche Mühe darstellen. **8**

Die Verwendung des **Formulars** erfordert jeweils bei der an sich erforderlichen Sorgfalt nochmals eine Überlegung, ob das Formular überhaupt anzuwenden ist usw. **9**

4. Länge usw. Die Länge eines Schreibens gibt einen Anhaltspunkt, aber kein entscheidendes Merkmal zur Abgrenzung. Die Anführung von Vorschriften, die Wiedergabe ihres Inhalts und ähnliche Merkmale sind nur bedingt Anhaltspunkte für eine solche Tätigkeit, die über VV 2301 hinausgeht. **10**

5. Mehrere Schreiben. Die Abfassung mehrerer derartiger Schreiben in derselben Angelegenheit nach → § 15 Rn. 9 macht VV 2301 je Angelegenheit nur einmal anzuwenden. Das ergibt sich zwar nicht schon aus der Fassung des Haupttextes und seiner Anm. Beide sprechen nämlich von nur „einem" Schreiben. Der Haupttext betont die „Beschränkung" auf „ein" Schreiben. Der Rechtsanwalt kann aber dennoch nur scheinbar durch 2, 3 oder 4 Mahnungen usw zweimal, dreimal oder viermal nach VV 2302 verdienen. Denn nach § 15 II, VI kann dieselbe Gebührenart je Angelegenheit unverändert nur einmal entstehen. **11**

6. Verfahrensschreiben. Ein Schreiben für den Verfahrensbetrieb hat keine geringere Vergütung als ein sonstiges Schreiben einfacher Art zur Folge. Das gilt zB bei einer Aufenthaltsermittlung (vgl. BGH NJW 2004, 1101), oder bei einer mündlichen oder fernmündlichen **Nachfrage** der genannten Art. **12**

IV. Anrechnung (VV Vorb. 3 IV). Dazu N. Schneider NZFam 2016, 64 (Üb.): Bei demselben Gegenstand nach → § 7 Rn. 27, 28 mist eine Gebühr VV 2301 nach der VV Vorb. 3 IV Hs. 1 zur Hälfte auf eine Verfahrensgebühr des etwa folgenden gerichtlichen Verfahrens aus dem Bereich des Teils 3 des VV anzurechnen. Jedoch ist nach Hs. 2 dieser VV Vorb. höchstens einen Gebührensatz von 0,75 anzurechnen. Bei mehreren Gebühren ist für die Anrechnung nach der VV Vorb. IV 3 die zuletzt entstandene Gebühr maßgebend. Die Anrechnung erfolgt nach der VV Vorb. 3 IV 3 nach demjenigen Gegenstandswert, der auch der Gegenstand des gerichtlichen Verfahrens ist. Der etwa über den späteren Prozessauftrag hinausgehende Teil VV 2302 bleibt für den Rechtsanwalt bestehen. **13**

V. Kostenerstattung. Eine Kostenerstattung unterliegt anderen Regeln, zB den §§ 91 ff., 788 ZPO (LG Konstanz Rpfleger 1992, 365). Ein zu weiter Auftrag mag einen Verzugsschaden begrenzen (AG Meldorf NJW-RR 2011, 1629). **14**

Nr.	Gebührentatbestand	Gebühr oder Satz der Gebühr nach § 13 RVG
2302	**Geschäftsgebühr in** **1. sozialrechtlichen Angelegenheiten, in denen im gerichtlichen Verfahren Betragsrahmengebühren entstehen (§ 3 RVG), und** **2. Verfahren nach der Wehrbeschwerdeordnung, wenn im gerichtlichen Verfahren das Verfahren vor dem Truppendienstgericht oder vor dem Bundesverwaltungsgericht an die Stelle des Verwaltungsrechtswegs gemäß § 82 SG tritt**	**60,00 bis 768,00 €**
	Eine Gebühr von mehr als 359,00 € kann nur gefordert werden, wenn die Tätigkeit umfangreich oder schwierig war.	

Schrifttum: Enders, Das 2. KostRMoG – sozialrechtliche Angelegenheiten – Anrechnung in der Kostenfestsetzung – Abrechnung mit dem Rechtsschutzversicherer, JurBüro 2013, 617.

1 Die Vorschrift gilt als vorrangige Spezialregelung nur in den in Nr. 1, 2 abschließend genannten Bereichen. Inhaltlich gilt im Ergebnis dasselbe wie bei VV 2300. Vgl. daher insofern dort.

Nr.	Gebührentatbestand	Gebühr oder Satz der Gebühr nach § 34 GKG
2303	**Geschäftsgebühr für** **1. Güteverfahren vor einer durch die Landesjustizverwaltung eingerichteten oder anerkannten Gütestelle (§ 794 Abs. 1 Nr. 1 ZPO) oder, wenn die Parteien den Einigungsversuch einvernehmlich unternehmen, vor einer Gütestelle, die Streitbeilegung betreibt (§ 15a Abs. 3 EGZPO),** **2. Verfahren vor einem Ausschuss der in § 111 Abs. 2 des Arbeitsgerichtsgesetzes bezeichneten Art,** **3. Verfahren vor dem Seemannsamt zur vorläufigen Entscheidung von Arbeitssachen und** **4. Verfahren vor sonstigen gesetzlich eingerichteten Einigungsstellen, Gütestellen oder Schiedsstellen**	**1,5**

1 **I. Systematik.** Die Vorschrift enthält vorrangige Sonderregeln. Sie sprechen auch einen teilweisen ausdrücklichen Ausschluss der allgemeinen Vergütung aus. Sie schaffen stattdessen eine systematisch wie wirtschaftlich abweichende, wenn auch im Ergebnis ähnliche Spezialvergütung. Bei einem Sühneversuch nach § 380 StPO gilt VV 4102 Nr. 5.

2 **II. Regelungszweck.** Die auf einen folgenden Prozess nur bedingt anrechenbaren Sondergebühren sind in den einzelnen Anwendungsbereichen zwecks einer Vereinfachung gleich hoch. Das gilt, obwohl vor allem das Güteverfahren wegen seiner rechtspolitisch oft als besonders wichtig erachteten Funktion der Entlastung der

Gerichte und der Streitbeilegung eigentlich eine nochmals hervorgehobene Vergütung nahelegen würde. Die Regelung dient der Vereinfachung. Ihre Anwendung darf daher nicht indirekt dadurch erschwert werden, dass die zum anwendbar bleibenden VV 1000 entwickelten Überlegungen zum Begriff der Einigung nun doch wieder „hintenherum" mitberücksichtigt werden. Freilich bedeuten ein Vergleich und eine Einigung im Ergebnis nahezu dasselbe.

III. Anwendungsbereich. → § 17 Rn. 27–34. Die Vorschrift gilt sowohl für den mit dem gesamten Verfahren beauftragten ProzBev nach § 81 ZPO als auch für denjenigen Rechtsanwalt, der nur einzelne Handlungen vornehmen soll (Meyer JurBüro 2010, 184 (185), etwa als ein Beistand oder Verkehrsanwalt. **Unanwendbar** ist VV 2305 bei einer kirchlichen Vermittlungsstelle (BGH NJW-RR 2011, 573). 3

IV. Pauschalgebühr. Bei Nr. 1–4 entsteht eine Pauschalgebühr von 1,5. Außergerichtlich entsteht also nicht eine Verfahrens- oder Terminsgebühr. Die Geschäftsgebühr gilt als eine Pauschale die gesamte auftragsgemäße Tätigkeit im Verfahren ab (Enders JurBüro 2000, 114). Der Rechtsanwalt erhält sie auch bei einer bloßen Einzeltätigkeit. Der Anspruch entsteht mit der auftragsgemäßen Entgegennahme der Information. VV 3100, 3401, 3309, 3500 sind nicht auch nur entsprechend anzuwenden. VV 1008 ist anzuwenden (vgl. OLG München JurBüro 1982, 1676 mablAnm Mümmler). 4

V. Anrechnungen. Es gibt keine Besonderheiten (mehr). 5

VI. Gegenstandswert. Es gilt § 23. 6

VII. Kostenerstattung. Sie hängt bei den sog. Vorbereitungskosten von § 91 ZPO ab und sonst von einer diesbezüglichen Parteivereinbarung. Sie ist nach den einschlägigen Vorschriften der Güteverfahren freilich teilweise unstatthaft. Sie entfällt, soweit ein Güteverfahren nicht zwingend ist (OLG München NJWE-WettbR 1999, 185). Vgl. aber auch § 76 BetrVG. 7

Abschnitt 4. (weggefallen)

Abschnitt 5. Beratungshilfe

Vorbemerkung 2.5:

Im Rahmen der Beratungshilfe entstehen Gebühren ausschließlich nach diesem Abschnitt.

Nr.	Gebührentatbestand	Gebühr oder Satz der Gebühr nach § 13 RVG
2500	**Beratungshilfegebühr** .... **[1] Neben der Gebühr werden keine Auslagen erhoben. [2] Die Gebühr kann erlassen werden.**	**15,00 €**

Schrifttum: Dörndorfer, Kostenhilferecht für Anfänger, 6. Aufl. 2014; Dürbeck/Gottschalk, Prozess- und Verfahrenskostenhilfe, Beratungshilfe, 8. Aufl. 2016; Groß, Beratungshilfe, Prozesskostenhilfe, Verfahrenskostenhilfe, 14. Aufl. 2018; Lissner/Dietrich/Schmidt, Beratungshilfe mit Prozess- und Verfahrenskostenhilfe, 3. Aufl. 2018; Künzl/Koller, Prozesskostenhilfe, 2. Aufl. 2003; Poller/Härtl/Köpf, Gesamtes Kostenhilferecht, 3. Aufl. 2018.

I. Festgebühr gegen Auftraggeber. Sobald der Rechtsanwalt eine Beratungshilfe gewährt, entsteht für ihn gegen den Auftraggeber nach § 44 S. 2 allenfalls ein Anspruch auf eine Festgebühr von 15 EUR nach VV 2500. Die übrigen Gebühren VV 2501–VV 2508 entstehen gegenüber der Staatskasse. 1

Der Anspruch nach VV 2500 ff. ist weder von der Vorlage eines Berechtigungsscheins nach § 6 I BerHG noch überhaupt von einer vorangegangenen oder nach- 2 träglichen Antragstellung beim AG auf eine Beratungshilfe abhängig (aA OLG Düsseldorf JurBüro 2010, 304 (305)). Es reicht vielmehr aus, dass der Rechtsanwalt eine Beratungshilfe nach § 2 BerHG **tatsächlich geleistet** hat (Grunsky NJW 1980, 2041 (2048)); aA LG Berlin Rpfleger 1982, 239). Freilich muss sich der Auftraggeber als ein Rechtsuchender nach § 1 BerHG an den Rechtsanwalt gewandt und gerade um eine Beratungshilfe gebeten haben. Soweit der Auftrag unter anderen Voraussetzungen oder in einem weiteren Umfang erging, kommt nach §§ 60, 61 RVG eine Vergütung nach dem übrigen VV in Betracht. Im Übrigen muss der Rechtsanwalt nach → § 44 Rn. 13 ein Formular nach der BerHFV benutzen.

3 **II. Abgrenzung.** Hier bringt das BerHG zahlreiche Abgrenzungsprobleme mit sich. Der Rechtsanwalt muss von vornherein eine Klärung darüber herbeiführen, ob sich der Auftraggeber nur im Rahmen des BerHG an ihn wendet und daher auch nur die Festgebühr VV 2500 entrichten will. Diese Pflicht entsteht sowohl aus dem vorvertraglichen Verhältnis zum Auftraggeber als auch aus dem Berufsrecht. Im Zweifel schuldet der Auftraggeber nur die Festgebühr des VV 2500 (aA zur BRAGO AG Minden AnwBl 1984, 516, der Auftraggeber müsse sofort von sich aus auf seine finanziellen Verhältnisse hinweisen. Das ist eine glatte Überforderung gerade dieser Bevölkerungsgruppe).

4 **III. Beweislast.** Der Rechtsanwalt muss beweisen, dass er wenigstens eine Beratungshilfe geleistet hat. Ihr Umfang ist aber für die Festgebühr unerheblich.

5 **IV. Steuerfragen.** Neben der Schutzgebühr in Höhe einer Festgebühr von 15 EUR kann der Rechtsanwalt nach der Anm. S. 1 keinen Auslagenersatz vom Auftraggeber fordern, also auch keine Erstattung der Umsatzsteuer (Fischer NZA 2004, 1185). Er darf und muss also die Umsatzsteuer aus der Bruttogebühr VV 2500 herausrechnen (Henke AnwBl 2006, 484). Der Rechtsanwalt darf sogar die Festgebühr nach der Anm. S. 2 dem Auftraggeber erlassen, und zwar nach seinem pflichtgemäßen Ermessen und ohne eine nähere Prüfung der Verhältnisse, aber (selbstverständlich) nicht generell und schon gar nicht allgemein etwa aus Werbegründen.

6 **V. Dieselbe Angelegenheit.** Die Abgrenzung der einen Beratung von einer weiteren erfolgt im Allgemeinen am ehesten entsprechend § 15 II 1 nach dem Begriff derselben Angelegenheit. Stets sind alle Umstände zu berücksichtigen (LG Kleve Rpfleger 2003, 303 (304); Enders JurBüro 2000, 337 (341)). Es müssen zusammentreffen: Eine Gleichzeitigkeit oder Einheitlichkeit des Auftrags, eine Gleichartigkeit oder ein gleicher Rahmen der Tätigkeit oder des Verfahrens, ein innerer Zusammenhang nach → § 9 Rn. 15 (Greißinger AnwBl 1993, 11 (12)). Die Zahl der Berechtigungsscheine ist nicht maßgeblich (LG Kleve Rpfleger 2003, 303 (304); LG Münster Rpfleger 2000, 281; AG Kelheim FamRZ 2000, 1589; aA OLG Oldenburg VersR 2010, 688; ferner aA wegen Scheidung und Folgesachen LG Göttingen JurBüro 1986, 1843). Familiensachen nach § 111 FamFG können verschiedene Angelegenheiten sein (AG Eisleben FamRZ 2012, 327).

7 **§ 22 I** ist wegen des Festgebührensystems nach VV 2501 ff. jedenfalls nicht direkt anzuwenden (vgl. LG Berlin Rpfleger 1984, 162).

Nr.	Gebührentatbestand	Gebühr oder Satz der Gebühr nach § 13 RVG
2501	**Beratungsgebühr** . . . . **I Die Gebühr entsteht für eine Beratung, wenn die Beratung nicht mit einer anderen gebührenpflichtigen Tätigkeit zusammenhängt.** **II Die Gebühr ist auf eine Gebühr für eine sonstige Tätigkeit anzurechnen, die mit der Beratung zusammenhängt.**	**38,50 €**

1 **I. Systematik.** Zunächst → § 44 Rn. 1 und → VV 2500 Rn. 1. Die Vorschrift weist teilweise Übereinstimmungen oder Ähnlichkeiten mit anderen Vergütungstatbeständen des RVG auf. Gleichwohl geht VV 2501 als eine Spezialvorschrift vor. Hier

geht VV 2502 vor. Ergänzend gelten VV 2503 ff. VV 1008 ist nicht anzuwenden (KG Rpfleger 2007, 401; AG Koblenz FamRZ 2008, 912 (Streitfrage)).

II. Regelungszweck. Die Vorschrift bezweckt zusammen mit VV 2503 ff. eine den recht unterschiedlichen Teilbereichen einer Beratungshilfe entsprechende differenzierte und doch einigermaßen einfache Bemessung der Gebühren. Das System von Festgebühren erspart nur sehr bedingt Auseinandersetzungen über die Frage, ob es den Arbeitsumfang ausreichend abgilt. Umso eher verlagert man die Streitfragen auf die Abgrenzung der einzelnen Tätigkeitsbereiche, etwa auf die Frage, ob die Tätigkeit des Rechtsanwalts für einen Vergleich wenigstens nach III mitursächlich war. Eine weder zu strenge noch zu großzügige Auslegung hilft auch hier am ehesten. Strengere Anforderungen als bei PKH dürfen nicht gestellt werden (BVerfG NJW-RR 2007, 1369). 2

III. Anwendungsbereich. Soweit also der Rechtsanwalt nach → § 44 Rn. 7 nur im Rahmen einer Beratungshilfe tätig wird, erhält er neben der vom Auftraggeber geschuldeten Festgebühr VV 2500 zusätzlich aus der Staatskasse als eine öffentlich-rechtliche Vergütung oder Entschädigung die Festgebühren VV 2501 ff. Das gilt unabhängig davon, ob der Gegenstandwert nach den sonstigen Vorschriften des RVG eine höhere oder eine niedrigere Gebühr auslösen würde (Bischof NJW 1981, 894 (898)). Der Rechtsanwalt ist für die Entstehung einer Gebühr VV 2501 ff. beweispflichtig. Je Angelegenheit nach → § 15 Rn. 9 entsteht die Beratungsgebühr auch bei mehreren Beratungen nur einmal. Bei mehreren Asylbewerbern liegen mehrere Angelegenheiten nach → § 15 Rn. 25 vor. Zur Abgrenzung mehrerer Beratungen oder Angelegenheiten → VV 2500 Rn. 5. OLG Frankfurt a. M. NJW-RR 2016, 384 wendet VV 2501 ff. evtl. auch auf einen Ergänzungspfleger an. 3

IV. Beratung. VV 2501 stimmt fast wörtlich mit § 34 I 1 überein. Beratung ist eine solche Äußerung, die für die gerade anwaltliche Beurteilung und Auffassung einer Angelegenheit und für die Art und Weise ihrer Behandlung eine Bedeutung hat (vgl. Bischof NJW 1981, 894 (898)). Dazu gehören etwa die Beratung im zugehörigen Prozess- oder Verfahrenskostenhilfeverfahren nach §§ 114 ff. ZPO, § 76 FamFG (OLG München NJW-RR 1999, 648), nicht auch stets die dortige Vertretung (AG Osnabrück JurBüro 1998, 196 (197)). Hierher gehört auch eine Einsicht in eine Ermittlungsakte (LG Osnabrück JurBüro 2016, 137), oder eine Auskunft oder ein Rat, auch sogar der Rat, von einer Maßnahme abzusehen (Bischof NJW 1981, 894 (898)), oder ein auf Nebenfragen beschränkter Rat (Hansens JurBüro 1986, 169 (170); Riedel/Sußbauer/Schneider Rn. 107; aA Mümmler JurBüro 1980, 1601 (1606)), oder ein solcher Rat, den der Rpfleger nach § 3 II BerHG erteilen könnte, aber eben nicht erteilen will (Hansens JurBüro 1986, 169 (171)). Die Beratung kann schriftlich, per Telefax, elektronisch, telefonisch, mündlich erfolgen. In derselben Angelegenheit nach → § 15 Rn. 9 fällt VV 2501 nur einmal an, § 15 II 1, → § 15 Rn. 22 ff. Bei einer nur mit dem Auftraggeber stattfindenden Erörterung liegt meist ein Rat vor. Demgegenüber erfüllt eine nach außen wirkende Tätigkeit durchweg andere Gebührentatbestände (Bischof NJW 1981, 894 (898)). 4

Unanwendbar ist VV 2501 bei einer nicht gerade als eine Anwaltstätigkeit nach → § 1 Rn. 23 einstufbaren Tätigkeit, etwa bei einer Kreditvermittlung (OLG Frankfurt a. M. AnwBl 1981, 152). 5

Derjenige Rechtsanwalt, der die Beratung **im Rahmen einer Beratungshilfe** nach → Rn. 1, 2 erteilt, erhält statt der Vergütung des § 34 eine Festgebühr nach VV 2501 (vgl. Forstmann AnwBl 1982, 181 (182)). Daher ist der Gegenstandswert insofern unerheblich (Forstmann AnwBl 1982, 181 (182)). Die Anm. II zwingt zur dort näher bestimmten Anrechnung (vgl. Bischof NJW 1981, 894 (898); Klier NZS 2004, 469 (470)). Bei der dort genannten „sonstigen" Tätigkeit kann es sich um eine gerichtliche oder außergerichtliche handeln. 6

V. Kein Zusammenhang mit anderer Tätigkeit. Die Festgebühr VV 2501 entsteht nach der Anm. I nur, soweit die Beratung nicht mit einer anderen gebührenpflichtigen Tätigkeit zusammenhängt (AG Koblenz FamRZ 1998, 1038). Dieser Begriff ist zwar weit auszulegen. Er erfordert aber doch eine innerliche Verknüpfung (OLG Düsseldorf MDR 1986, 157 (158)). Sie kann zB bei einer Scheidungs- und Scheidungsfolgesache nach §§ 133 ff. FamFG fehlen (OLG Düsseldorf MDR 1986, 7

157 (158)). Ein solcher Zusammenhang kann bei VV 2502 bestehen. Er kann auch dann vorliegen, wenn zB eine Tätigkeit für ein gerichtliches Verfahren noch nicht oder nicht mehr erfolgt. Er kann bei VV 2503 nach einem vorsorglichen Widerspruch gegen einen Mahnbescheid nach § 694 ZPO bestehen (AG Regensburg Rpfleger 2006, 416). Er kann fehlen, obwohl der Rechtsanwalt schon oder noch auch im Bezug auf ein gerichtliches Verfahren tätig ist (LG Mainz Rpfleger 1987, 160). Er kann dann fehlen, wenn es für dieselbe Tätigkeit einen weiteren Gebührenschuldner gibt.

Nr.	Gebührentatbestand	Gebühr oder Satz der Gebühr nach § 13 RVG
2502	**Beratungstätigkeit mit dem Ziel einer außergerichtlichen Einigung mit den Gläubigern über die Schuldenbereinigung auf der Grundlage eines Plans (§ 305 Abs. 1 Nr. 1 InsO): Die Gebühr 2501 beträgt**	**77,00 €**

1 **I. Systematik, Regelungszweck.** Vgl. VV 2501. Die Verdoppelung der Gebührenhöhe gegenüber VV 2501 ist der einzige Zweck (OLG Zweibrücken JurBüro 2008, 423). Sie hat ihren Grund in der oft besonderen Mühe des Rechtsanwalts im Schuldenbereinigungsverfahren.

2 **II. Anwendungsbereich: Beratung zwecks Schuldenbereinigung.** Mit dem Antrag auf die Eröffnung des Insolvenzverfahrens nach § 13 I InsO oder wie bei § 121 I 1 BGB unverzüglich danach muss der Schuldner unter anderem nach § 305 I Nr. 1 InsO eine Bescheinigung vorlegen, wonach man eine außergerichtliche Einigung mit dem Gläubigern über die Schuldenbereinigung auf der Grundlage eines Plans innerhalb der letzten sechs Monate vor dem Eröffnungsantrag erfolglos versucht hat. Für die Beratung durch den Rechtsanwalt im Rahmen einer bloßen Beratungshilfe zur Herbeiführung einer solchen außergerichtlichen Einigung gibt VV 2502 dem Rechtsanwalt eine Vergütung (AG Köln Rpfleger 1999, 497; Vallender MDR 1999, 598). Zum Beratungsbegriff → VV 2501 Rn. 4. Soweit es zu einer Tätigkeit auch oder nur nach VV 2503 Anm. I kommt, kann außerdem eine Geschäftsgebühr nach VV 2503 entstehen.

3 **Zur Herbeiführung** muss die Beratung dienen, nicht zur Verhinderung oder auch nur ausschließlich zur Verzögerung der Einigung (Enders JurBüro 2002, 169 (170)). Dabei ist aber kein zu kleinlicher Maßstab zulasten des Rechtsanwalts erlaubt (Enders JurBüro 2002, 169 (170)). Auch eine vorübergehende gewisse Verzögerung usw kann einer schließlichen Einigung förderlich und daher nach VV 2502 ausreichend sein.

Nr.	Gebührentatbestand	Gebühr oder Satz der Gebühr nach § 13 RVG
2503	**Geschäftsgebühr** .... **I Die Gebühr entsteht für das Betreiben des Geschäfts einschließlich der Information oder die Mitwirkung bei der Gestaltung eines Vertrags.** **II 1 Auf die Gebühren für ein anschließendes gerichtliches oder behördliches Verfahren ist diese Gebühr zur Hälfte anzurechnen. 2 Auf die Gebühren für ein Verfahren auf Vollstreckbarerklärung eines Vergleichs nach den §§ 796a, 796b und 796c Abs. 2 Satz 2 ZPO ist die Gebühr zu einem Viertel anzurechnen.**	**93,50 €**

Übersicht

I. Systematik. VV 2503 nennt demselben Begriff wie VV 2300. Die Anm. I 1
stimmt mit der Vorb. 2.3 III überein. Damit nennt das Gesetz zwei verschiedene Tätigkeitsbereiche, nämlich zum einen das Betreiben des Geschäfts und zum anderen die Mitwirkung bei einer Vertragsgestaltung. Vgl. dazu bei VV 2300. Beide Bereiche ergeben aber nur einmal eine Geschäftsgebühr. Sie entsteht nur gegenüber der Landeskasse als eine öffentlich-rechtliche Vergütung oder Entschädigung. Vgl. auch dazu bei VV 2300. Allerdings kann sie nach VV 1008 bei mehreren Auftraggebern nach § 7 erhöht anfallen (OLG Naumburg JurBüro 2010, 472 (473); OLG Oldenburg NJW-RR 2007, 431; AG Kiel AGS 2010, 96; aA LG Osnabrück JurBüro 2000, 140 (141); AG Geldern JurBüro 1996, 545; AG Koblenz FamRZ 2002, 474). VV 2503 hat den Vorrang vor VV 2501.

II. Regelungszweck. Das Gesetz soll ersichtlich mit seinem System fester Gebüh- 2
ren eine kostenrechtliche Erleichterung bei der Abrechnung bewirken. Es nimmt in Kauf, dass die Festgebühr wie jede Gebühr solcher Art im einen Fall rasch entsteht, dass der Rechtsanwalt sie aber im anderen nur langsam und mühsam verdient.

III. Anwendungsbereich (Anm. I). Es gelten dieselben Erwägungen wie bei 3
→ VV 2300 Rn. 4 ff. Maßgebend sind auch hier die Art und der Umfang des Auftrags (vgl. BGH NJW 1983, 2451). Der Beratungshilfeantrag muss vor dem Beginn der Anwaltstätigkeit vorgelegen haben (AG Konstanz NJW-RR 2007, 209).

1. Betreiben des Geschäfts (Hs. 1). Die Tätigkeit beginnt mit der auftragsgemä- 4
ßen Entgegennahme der Information nicht nur zur Beratung (OLG Köln AGS 2018, 34). Der Umfang und die Schwierigkeit sowie die Zeitdauer usw sind freilich anders als bei VV 2300 hier unerheblich. Denn es entsteht eine Festgebühr.

2. Mitwirkung bei Vertragsgestaltung (Hs. 2). Es gelten auch insofern diesel- 5
ben Erwägungen wie bei VV 2300. Auch diese Tätigkeit beginnt mit der auftragsgemäßen Information. Auch hier sind der Umfang und die Schwierigkeit sowie die Zeitdauer usw unerheblich. Denn es entsteht ja eben eine Festgebühr.

3. Ursächlichkeit der Anwaltstätigkeit (Hs. 1, 2). Die Tätigkeit des Rechts- 6
anwalts muss für das Geschäft oder den Vertrag nach der Anm. I zumindest mitursächlich gewesen sein (vgl. LG Frankenthal Rpfleger 1987, 337 (338); Forstmann AnwBl 1982, 182). Diese Mitursächlichkeit braucht nicht so weit zu gehen wie eine Mitwirkung nach VV 1000, 1002. Eine besondere Bemühung ist nicht nötig (LG Aachen JurBüro 1999, 20). Der Rechtsanwalt braucht also nicht noch beim Abschluss des Vertrags mitgewirkt zu haben. Er braucht aber auch nicht bei den Vertragsverhandlungen usw direkt mitgewirkt zu haben. Er braucht überhaupt nicht nach außen in Erscheinung getreten zu sein (aA OLG Bamberg NJW-RR 2016, 640 bloße Akteneinsicht).

Irgendeine Tätigkeit reicht aus, die dem Geschäft oder der Vertragsgestaltung 7
förderlich war (LG Osnabrück JurBüro 2018, 20 (21)). Das gilt selbst dann, wenn die Tätigkeit diese Verfahrensbeendigung nicht oder nicht vorrangig oder nur vorübergehend bezweckte (Klinge AnwBl 1981, 166 (167)). Es muss also seine Tätigkeit

nicht geradezu erforderlich gewesen sein (aA LG Koblenz JurBüro 2003, 366; AG Halle Rpfleger 2012, 266, aber auch etwas nicht gerade Erforderliches kann zum Vertrag „führen"). In der Praxis sind freilich die Maßstäbe für die Ursächlichkeit bei VV 2503 einerseits und bei VV 1000, 1002 andererseits Im Wesentlichen dieselben.

8 Die bloße **Glaubhaftmachung** nach § 294 ZPO **reicht hier nicht aus** (LG Bielefeld Rpfleger 1984, 248; aA LG Dortmund Rpfleger 1986, 321; AG Konstanz NJW-RR 2007, 211; von Bühren MDR 1998, 89, aber das Gesetz verlangt eine klare Sicherheit). Erst recht reicht nicht eine anwaltliche Versicherung (AG Konstanz NJW-RR 2007, 210).

9 Zu den Anforderungen bei **Zweifelsfragen** im Festsetzungsverfahren Forstmann AnwBl 1982, 181 (183).

10 **IV. Anrechnung (Anm. II).** Sie erfolgt nicht etwa nach § 58 II, III. Denn der Rechtsanwalt wird hier nicht nach VV Teilen 3–6 tätig. Das Gericht hat ihn ja auch nicht beigeordnet. Vielmehr gilt nur die Anm. II. Nach II 1 findet eine Anrechnung nur zur Hälfte statt (OLG Stuttgart MDR 2009, 113), bei II 2 nur zu 25 %. Die Gebühren des Rechtsanwalts aus der Staatskasse sind abzusetzen von den späteren Ansprüchen aus einer weiteren Tätigkeit in derselben Angelegenheit (Enders JurBüro 2001, 169 (172)). Man kann auch die Pauschale VV 7002 nicht anteilig anrechnen, → Rn. 17. Eine Anrechnung wäre **verfassungswidrig** (BVerfG AnwBl 2011, 867).

11 **1. Grundsatz: Keine zu hohe Vergütung (S. 1, 2).** Die Vorschriften enthalten Regelungen zur Verhinderung einer übermäßigen Vergütung des Rechtsanwalts (Meyer JurBüro 2000, 630). Das gilt dann, wenn sich an seine Tätigkeit außerhalb eines gerichtlichen oder behördlichen Verfahrens eine Tätigkeit in derselben Angelegenheit in einem anschließenden gerichtlichen oder behördlichen Verfahren nach S. 1 oder in einem Vollstreckbarkeitsverfahren nach S. 2 anschließt. Dabei geht S. 1 weiter als § 15 II (vgl. OLG Koblenz AnwBl 1989, 626 (627), sonst wäre S. 1 überflüssig).

12 S. 1 erfasst zum einen den Fall, dass der Rechtsanwalt **zunächst nur** den **Auftrag zur** Durchführung einer **außergerichtlichen Beratungshilfe** usw erhielt und dass er erst nach dem Scheitern dieser Bemühungen den weiteren Auftrag erhält, **nun** ein gerichtliches Verfahren einzuleiten (OLG Karlsruhe AnwBl 2003, 119; Meyer JurBüro 2000, 630). Dann liegen zwar zwei Aufträge und daher auch zwei Angelegenheiten nach → § 15 Rn. 9 vor (KG VersR 1976, 641 (642)). Dennoch schreibt S. 1 eine Anrechnung der Geschäftsgebühr und nur noch dieser vor, solange sich das gerichtliche Verfahren anschließt. Das übersieht OLG Stuttgart JurBüro 1976, 339.

13 S. 1 erfasst weiterhin den Fall, dass der Rechtsanwalt zwar zunächst eine außergerichtliche Beratungshilfe erteilen sollte, dass er jedoch **von vornherein** beim Scheitern seiner Bemühungen eine insoweit **bedingte Prozessvollmacht** nach § 80 ZPO erhalten hatte (unklar BGH NJW-RR 1988, 1199).

14 S. 1 erfasst schließlich den Fall, dass der Rechtsanwalt zwar den Auftrag zur außergerichtlichen Beratungshilfe hatte, dass er aber **unabhängig** von ihrem Ergebnis **von vornherein** außerdem einen insoweit **unbedingten Prozessauftrag** erhalten hatte. Dann würde die Verfahrensgebühr seine bisherige außergerichtliche Tätigkeit abgegolten haben (vgl. OLG München NJW-RR 1994, 1484; AG Dortmund JurBüro 1977, 958). Daher ist insofern die Anrechnung der bisher verdienten Geschäftsgebühr angemessen.

15 Die **Praxis** rechnet entgegen dem Wortlaut von S. 1 nicht so, dass sie die Gebühren VV 3100 ff. um die Geschäftsgebühr VV 2503 kürzt. Sie kürzt vielmehr die letztere Gebühr (vgl. OLG Frankfurt a. M. AnwBl 1985, 327), und auch sie nur zögernd (OLG Frankfurt a. M. AnwBl 1985, 327 (328)).

16 Eine Anrechnung nach S. 1, 2 findet statt, soweit die folgenden Voraussetzungen zusammentreffen.

17 **2. Geschäftsgebühr (S. 1, 2).** Anrechenbar ist bestenfalls die Geschäftsgebühr, VV 2503 (OLG Dresden NJW 2017, 1185; OVG Niedersachsen Nds. RPfl. 2008, 290). Eine Auslagenpauschale nach VV 7002 gehört nicht hierher (vgl. AG Hamburg AnwBl 1993, 294; AG Kleve AnwBl 1994, 197; aA LG Berlin Rpfleger 1988, 42).

18 **3. Zunächst außergerichtliches oder außerbehördliches Verfahren (S. 1).** Der Rechtsanwalt muss zunächst in einem solchen Verfahren tätig geworden sein

(OLG Dresden NJW 2017, 1185; Enders JurBüro 1999, 505 (506)). Es kommt nur darauf an, ob ein solches Verfahren stattfand und ob er in ihm tätig wurde, nach → Rn. 11 ff. nicht darauf, ob sein Auftrag darauf beschränkt war oder weiterging. Lag schon von Anfang an ein behördliches Verfahren vor, ist S. 2 nicht anzuwenden (SG Hannover JurBüro 1999, 78).

4. Anschließend gerichtliches oder behördliches Verfahren (S. 1). An das außergerichtliche oder außerbehördliche Verfahren muss sich ein gerichtliches oder behördliches Verfahren anschließen (OLG Dresden NJW 2017, 1185; aA LG Hildesheim NJW-RR 2001, 56, auch bei umgekehrter Reihenfolge, dann entsprechende Anwendung. Aber der eindeutige Text deckt sie gerade nicht). Hier gelten im Einzelnen die folgenden Regeln. 19

5. Dieselben Beteiligten (S. 1, 2). Beide Verfahrensabschnitte müssen denselben Rechtsanwalt oder dieselbe echte Sozietät betreffen (KG NJW-RR 1997, 824). Beide Verfahren müssen auch denselben Gegner betreffen (OLG München JurBüro 1995, 85 (86); AG Bonn AnwBl 2001, 246; Enders JurBüro 1999, 505 (507)). Soweit der Rechtsanwalt insbesondere nur einen von zwei Schuldnern des Auftraggebers berät, findet dort keine Anrechnung der gegenüber dem nur außergerichtlich abgemahnten weiteren Schuldner entstandenen Gebühr statt (OLG München MDR 1989, 273; LG Frankenthal AnwBl 1996, 176; AG Nordhorn AnwBl 1994, 93; aA OLG München NJW-RR 1994, 1484; LG Karlsruhe NZV 1994, 76, inkonsequent). 20

6. Derselbe Streit (S. 1, 2). Beide Verfahrensabschnitte müssen ferner denselben Streit betreffen (OLG Düsseldorf AnwBl 1990, 629; OLG München JurBüro 1995, 85 (86); Enders JurBüro 1999, 505 (507)). Es reicht aus, dass nur ein Teil des Anspruchs gegen denselben Schuldner zum Rechtsstreit führt (LG Berlin VersR 1983, 763), oder nur einer von mehreren Ansprüchen (LG Augsburg AnwBl 1982, 318; aA OLG Frankfurt a. M. GRUR 1987, 654; AG Plön ZfS 1988, 9 (10), grenzen eine vorprozessuale Abmahntätigkeit von der prozessual folgenden zu stark ab). 21

7. Zeitlicher Zusammenhang (S. 1, 2). Zwischen dem außergerichtlichen und dem gerichtlichen Verfahren muss schließlich ein gewisser zeitlicher Zusammenhang bestehen (KG VersR 1976, 641 (642); Enders JurBüro 1999, 505 (508); Schmidt AnwBl 1975, 4). Soweit diese Voraussetzung vorliegt, ist es unerheblich, ob der Rechtsanwalt in demjenigen gerichtlichen oder behördlichen Verfahren tätig wird, das sich an das außergerichtliche oder außerbehördliche Verfahren unmittelbar anschließt, oder ob er erst in einem zeitlich nachfolgenden weiteren gerichtlichen oder behördlichen Folgeverfahren tätig wird (OLG Hamburg MDR 1977, 325). Nach einem außergerichtlichen Vergleich liegt nach § 779 BGB bei einer Notwendigkeit, die dort vereinbarten Leistungen gerichtlich geltend zu machen, nicht mehr derselbe Streit vor (OLG München JurBüro 1995, 85 (86)). 22

8. Zunächst außergerichtliches Verfahren, anschl. Vollstreckbarkeitsverfahren nach §§ 796a, 796b, 796c ZPO (S. 2). Eine Anrechnung muss in einem gegenüber S. 1 verringerten Umfang von nur einem Viertel auch dann stattfinden, wenn der Rechtsanwalt im Verfahren auf die Vollstreckbarerklärung eines sog. vollstreckbaren Anwaltvergleichs nach §§ 796a, 796b, 796c II 2 ZPO irgendwie mitwirkt, VV 1000. 23

9. Tätigkeit (S. 1, 2). Der Rechtsanwalt muss im anschließenden gerichtlichen oder behördlichen Verfahren nach S. 1 oder im Vollstreckbarkeitsverfahren nach S. 2 tätig geworden sein (OLG Dresden NJW 2017, 1185), zB als Verkehrsanwalt des Widerklägers (LG München I AnwBl 1986, 45). Zur Tätigkeit reicht irgendeine verfahrensfördernde Verhaltensweise aus, zB eine Akteneinsicht (KG Rpfleger 2007, 553 (554)). Soweit der Schuldner nach einer außergerichtlichen Verhandlung einen Teilbetrag gezahlt hat und der Auftraggeber den Rest eingeklagt hat, entstehen für den bezahlten Teil Gebühren nach VV 2300. Die Geschäftsgebühr ist auf die Gebühren für den eingeklagten Teil anrechenbar (KG VersR 1976, 641 (642); LG Köln VersR 1975, 72 (73)). Zur Ermäßigung bei ratenweiser PKH OLG Dresden FamRZ 2009, 1858. 24

25 Wenn dagegen der Rechtsanwalt **zunächst in einem solchen gerichtlichen oder behördlichen Verfahren** tätig wurde, in dem er zB eine gerichtliche oder behördliche Genehmigung besorgt hat, erfolgt keine Anrechnung der dort verdienten Geschäftsgebühr auf die Gebühren für ein solches anschließendes gerichtliches Klageverfahren, für das der Auftraggeber diese Genehmigung benötigt (Enders JurBüro 1999, 505 (506)). Denn die Gebühr VV 2503 ist nur für eine Tätigkeit des Rechtsanwalts in einem gerichtlichen oder behördlichen (Vor-)Verfahren entstanden, also nicht außerhalb eines solchen Verfahrens.

26 Dasselbe gilt dann, wenn der Rechtsanwalt beim Gericht die Bestellung eines **Pflegers oder Betreuers** beantragt und wenn sich ein solches streitiges gerichtliches Verfahren anschließt, in dem der Pfleger oder Betreuer den Auftraggeber vertritt. Denn es handelt sich dann jeweils um zwei getrennte Angelegenheiten nach → § 15 Rn. 9. Auf sie § 15 V ist auch dann nicht anzuwenden, wenn der Rechtsanwalt die Aufträge nacheinander erhielt.

27 Eine **Anrechnung** nach S. 1 erfolgt aber dann, wenn der Rechtsanwalt zB in einer Mietpreisangelegenheit eine Geschäftsgebühr VV 2503 verdient hat und nun den Auftrag erhält, ein Verfahren vor einer Verwaltungsbehörde einzuleiten, sofern er diesen Auftrag anschließend erhielt, oder wenn es vorprozessual um das Erfüllungsverlangen ging, prozessual um einen Verzugsschaden (OLG Koblenz AnwBl 1989, 626).

28 Eine solche Anrechnung erfolgt **nicht** auf die Gebühr für ein anschließendes gerichtliches Verfahren. Denn dann handelt es sich wieder um zwei verschiedene Angelegenheiten. Das Verwaltungsverfahren und das Nachprüfungsverfahren sind verschiedene Angelegenheiten nach § 17 Nr. 1.

29 **V. Anrechnungshöhe (Anm. II).** Es erfolgt keine volle Anrechnung. Vielmehr ist bei S. 1 eine Anrechnung nur zur Hälfte statthaft. Bei S. 2 ist sie sogar nur zu einem Viertel statthaft, beides von VV 2503. → Rn. 10.

Nr.	Gebührentatbestand	Gebühr oder Satz der Gebühr nach § 13 RVG
2504	**Tätigkeit mit dem Ziel einer außergerichtlichen Einigung mit den Gläubigern über die Schuldenbereinigung auf der Grundlage eines Plans (§ 305 Abs. 1 Nr. 1 InsO):** **Die Gebühr 2503 beträgt bei bis zu 5 Gläubigern**	**297,00 €**
2505	**Es sind 6 bis 10 Gläubiger vorhanden:** **Die Gebühr 2503 beträgt**	**446,00 €**
2506	**Es sind 11 bis 15 Gläubiger vorhanden:** **Die Gebühr 2503 beträgt**	**594,00 €**
2507	**Es sind mehr als 15 Gläubiger vorhanden:** **Die Gebühr 2503 beträgt**	**743,00 €**

1 **I. Systematik, Regelungszweck.** Es gilt dasselbe wie bei → VV 2502 Rn. 1, 2.

2 **II. Anwendungsbereich.** Während VV 2502 die Beratungsgebühr regelt, bestimmt die Gruppe VV 2504–2507 die Höhe einer Geschäftsgebühr des VV 2503. Vgl. daher zunächst die dortigen Anm. Es muss bei VV 2504 überhaupt eine Beratungshilfe erfolgen, LG Osnabrück JurBüro 2018, 20, und ein schriftlicher Plan vorliegen, KG Rpfleger 2008, 647. Es ergeben sich lediglich für den bei → VV 2502 Rn. 3 geschilderten besonderen Anwendungsbereich, mit dem derjenige des VV 2504 übereinstimmt, eine vorrangige Staffelung nach der Zahl der Gläubiger (OLG Frankfurt a. M. JurBüro 2008, 422). Dabei ist es ausreichend, wenn in irgendeinem Zeitpunkt während der von VV 2502, 2504 genannten Tätigkeitsart diejenige Gläubigerzahl vorhanden war, von der jeweils VV 2504–2507 sprechen. Es genügt also zB, dass kurz vor dem Abschluss der Einigung 16 Gläubiger vorhanden waren, um VV 2507 anzuwenden. Maßgebend ist die Gläubigerzahl, nicht die Forderungs-

zahl (AG Hannover JurBüro 2006, 531). Bei gesamtschuldnerisch haftenden Eheleuten zählen Gesamtgläubiger bei jedem der Ehepartner (OLG Frankfurt a. M. NJW-RR 2010, 1008). Ein Fast-Nullplan kann reichen (OLG Stuttgart Rpfleger 2017, 219).

Hinzutreten kann die Einigungsgebühr des VV 2508 als eine Erfolgsgebühr gegenüber den bloßen Tätigkeitsgebühren des VV 2504–2507. 3

Kein Plan nach § 305 I Nr. 1 InsO sind Einzelschreiben an die Gläubiger des Auftraggebers (LG Hannover JurBüro 2007, 251). Unanwendbar ist VV 2504 bei nur einem Gläubiger (OLG Bamberg, NZI 2010, 949), oder bei einem sog. starren Nullplan (OLG Bamberg, NZI 2010, 949; aA OLG Köln VuR 2017, 32; OLG Nürnberg AGS 2017, 293). 4

Nr.	Gebührentatbestand	Gebühr oder Satz der Gebühr nach § 13 RVG
2508	**Einigungs- und Erledigungsgebühr** .... **I Die Anmerkungen zu Nummern 1000 und 1002 sind anzuwenden.** **II Die Gebühr entsteht auch für die Mitwirkung bei einer außergerichtlichen Einigung mit den Gläubigern über die Schuldenbereinigung auf der Grundlage eines Plans (§ 305 Abs. 1 Nr. 1 InsO).**	**165,00 €**

I. Systematik. Es handelt sich um eine neben VV 2501–2507 mögliche zusätzliche Erfolgsgebühr. Sie ist also nicht nur neben der Geschäftsgebühr möglich, sondern auch neben der Beratungsgebühr (AG Aachen JurBüro 2006, 487 (488)). Letztere entsteht als eine Tätigkeitsgebühr schon mit der Bemühung um eine Einigung oder Erledigung. Die Gebühr VV 2508 entsteht aber erst durch einen solchen Erfolg (AG Koblenz NJW-RR 2006, 1367). VV 1000, 1002 sind nach der Anm. II ausdrücklich zur Auslegung nur in ihren Anm. heranziehbar. 1

II. Regelungszweck. Wie bei VV 1000, 1002 belohnt das Gesetz eine Einigung. Aber auch eine Erledigung soll eine solche Anerkennung erhalten. Das passt nach → VV 1000 Rn. 2 zum Leitbild einer fast um jeden Preis um eine Streitbeendigung ohne ein Urteil bemühten Rechtsordnung mit allen zugehörigen Anreizen wie Problemen. 2

III. Anwendungsbereich. Die Vorschrift gilt für alle diejenigen Gebiete, auf denen eine Beratungshilfe zulässig ist und der Rechtsanwalt auch innerhalb einer Beratungshilfe tätig wird. 3

IV. Einigung oder Erledigung der Rechtssache (Anm. I). Es gilt dasselbe wie bei VV 1000, 1002 (LG Kaiserslautern Rpfleger 2011, 447 (448); AG Hannover JurBüro 2006, 79; AG Koblenz NJW-RR 2006, 1367). Es muss kein gegenseitiges Nachgeben erfolgen (LG Mönchengladbach JurBüro 2007, 306). Die Gebühr VV 2508 kann bei einer Einigung **und** Erledigung doppelt entstehen. Für die Einigung ist der Antragsteller darlegungspflichtig (AG Aachen JurBüro 2006, 487 (488)). 4

V. Mitwirkung bei Einigung nach InsO (Anm. II). Zunächst VV 2502. Gegenüber der dortigen Beratungsgebühr regelt VV 2508 Anm. II die Auswirkung an einer im Lauf einer solchen bloßen Beratung mit den Gebühren VV 2504–2507 dann auch noch wirklich zustande gekommenen außergerichtlichen Einigung. Es findet keine Erhöhung nach der Gläubigerzahl statt (OLG Stuttgart Rpfleger 2008, 502). 5

Teil 3. Zivilsachen, Verfahren der öffentlich-rechtlichen Gerichtsbarkeiten, Verfahren nach dem Strafvollzugsgesetz, auch in Verbindung mit § 92 des Jugendgerichtsgesetzes, und ähnliche Verfahren

Vorbemerkung 3:

I 1 Gebühren nach diesem Teil erhält der Rechtsanwalt, dem ein unbedingter Auftrag als Prozess- oder Verfahrensbevollmächtigter, als Beistand für einen Zeugen oder Sachverständigen oder für eine sonstige Tätigkeit in einem gerichtlichen Verfahren erteilt worden ist. 2 Der Beistand für einen Zeugen oder Sachverständigen erhält die gleichen Gebühren wie ein Verfahrensbevollmächtigter.

II Die Verfahrensgebühr entsteht für das Betreiben des Geschäfts einschließlich der Information.

III 1 Die Terminsgebühr entsteht sowohl für die Wahrnehmung von gerichtlichen Terminen als auch für die Wahrnehmung von außergerichtlichen Terminen und Besprechungen, wenn nichts anderes bestimmt ist. 2 Sie entsteht jedoch nicht für die Wahrnehmung eines gerichtlichen Termins nur zur Verkündung einer Entscheidung. 3 Die Gebühr für außergerichtliche Termine und Besprechungen entsteht für

1. **die Wahrnehmung eines von einem gerichtlich bestellten Sachverständigen anberaumten Termins und**
2. **die Mitwirkung an Besprechungen, die auf die Vermeidung oder Erledigung des Verfahrens gerichtet sind; dies gilt nicht für Besprechungen mit dem Auftraggeber.**

IV 1 Soweit wegen desselben Gegenstands eine Geschäftsgebühr nach Teil 2 entsteht, wird diese Gebühr zur Hälfte, bei Wertgebühren jedoch höchstens mit einem Gebührensatz von 0,75, auf die Verfahrensgebühr des gerichtlichen Verfahrens angerechnet. 2 Bei Betragsrahmengebühren beträgt der Anrechnungsbetrag höchstens 207,00 €. 3 Sind mehrere Gebühren entstanden, ist für die Anrechnung die zuletzt entstandene Gebühr maßgebend. 4 Bei einer wertabhängigen Gebühr erfolgt die Anrechnung nach dem Wert des Gegenstands, der auch Gegenstand des gerichtlichen Verfahrens ist.

V Soweit der Gegenstand eines selbstständigen Beweisverfahrens auch Gegenstand eines Rechtsstreits ist oder wird, wird die Verfahrensgebühr des selbstständigen Beweisverfahrens auf die Verfahrensgebühr des Rechtszugs angerechnet.

VI Soweit eine Sache an ein untergeordnetes Gericht zurückverwiesen wird, das mit der Sache bereits befasst war, ist die vor diesem Gericht bereits entstandene Verfahrensgebühr auf die Verfahrensgebühr für das erneute Verfahren anzurechnen.

VII Die Verfahrensgebühr für einen Urkunden- oder Wechselprozess wird auf die Verfahrensgebühr für das ordentliche Verfahren angerechnet, wenn dieses nach Abstandnahme vom Urkunden- oder Wechselprozess oder nach einem Vorbehaltsurteil anhängig bleibt (§§ 596 und 600 ZPO).

VIII Die Vorschriften dieses Teils sind nicht anzuwenden, soweit Teil 6 besondere Vorschriften enthält.

Abschnitt 1. Erster Rechtszug

Vorbemerkung 3.1:

Die Gebühren dieses Abschnitts entstehen in allen Verfahren, für die in den folgenden Abschnitten dieses Teils keine Gebühren bestimmt sind.

Nr.	Gebührentatbestand	Gebühr oder Satz der Gebühr nach § 13 RVG
3100	**Verfahrensgebühr, soweit in Nummer 3102 nichts anderes bestimmt ist** .... **I Die Verfahrensgebühr für ein vereinfachtes Verfahren über den Unterhalt Minderjähriger wird auf die Verfahrensgebühr angerechnet, die in dem nachfolgenden Rechtsstreit entsteht (§ 255 FamFG).** **II Die Verfahrensgebühr für ein Vermittlungsverfahren nach § 165 FamFG wird auf die Verfahrensgebühr für ein sich anschließendes Verfahren angerechnet.**	**1,3**

Übersicht

I. Systematik. VV 3100 ist eine der wichtigsten Vorschriften des RVG. Sie regelt zusammen mit VV 3104 den Kernbereich der anwaltlichen Tätigkeit vor Gericht im Regelfall. VV 3101, 3105 stellen demgegenüber solche vorrangigen Sonderregeln dar, die die Regelung des VV 3100 teils erweitern, teils beschränken, teilweise die dem Prozess vorgeordneten und zugeordneten Begleitverfahren umfassen. VV 6100–6404 haben nach der VV Vorb. 3 VII den Vorrang. 1

Die Gebühren sind Pauschgebühren. Bereits der **Beginn einer Tätigkeit** nach dem jeweiligen Gebührentatbestand löst die volle Einzelgebühr aus. 2

Die Gebühren sind **teilweise voneinander unabhängig.** Es entsteht stets die Verfahrensgebühr. Die Terminsgebühr kann bei einer entsprechenden Tätigkeit des Rechtsanwalts hinzukommen. Allerdings können nach der VV Vorb. 3 IV–VI sowie nach der Anm. I–III verschiedene Anrechnungen auf die Verfahrensgebühr erfolgen. 3

II. Regelungszweck. Die Vorschrift bezweckt wie fast alle Regelungen des RVG einen Ausgleich zwischen den Grundsätzen einer Kostengerechtigkeit einerseits und einer Vereinfachung der Berechnung im Interesse der Prozesswirtschaftlichkeit ande- 4 rerseits. Diesem Ziel dienen auch die Anrechnungsregeln in den bei → Rn. 1 genannten weiteren Vorschriften.

5 **III. Sachlicher Anwendungsbereich.** Es gibt einen einfachen Grundsatz.

6 **1. Grundsatz: Umfassende Anwendbarkeit.** VV 3100 gilt nach der VV Vorb. 3.1 II grundsätzlich für alle erstinstanzlichen von der Überschrift des VV Teil 3 erfassten Verfahrensarten.

2. Beispiele zur Frage des sachlichen Anwendungsbereichs

7 **Adhäsionsverfahren:** Anwendbar ist VV 3100 in ihm nach §§ 403 ff. StPO.

Arbeitsgerichtsverfahren: Anwendbar ist VV 3100 in einem Beschluss- wie Urteilsverfahren nebst Schiedsverfahren und Güteverfahren.

Arrest, einstweilige Verfügung: Anwendbar ist VV 3100 bei §§ 916 ff., 935 ff. ZPO. Auch → „Schutzschrift".

Aufschiebende Wirkung: → „Verwaltungsakt".

Einstweilige Anordnung: Anwendbar ist VV 3100 bei einer solchen beliebiger Art etwa nach §§ 49 ff. FamFG.

Entschädigungsverfahren: Anwendbar ist VV im Bereich des § 13 StrEG. Auch → „Adhäsionsverfahren".

Europäisches Mahnverfahren: Anwendbar ist VV 3100 bei §§ 1087 ff. ZPO (OLG Nürnberg AGS 2010, 12).

Familiensache: Anwendbar ist VV 3100 bei ihr (Schneider NZFam 2014, 403). Dabei kann für ein vorangegangenes isoliertes FamFG-Verfahren das GNotKG anzuwenden bleiben (OLG Zweibrücken JurBüro 2006, 425), aber auch das FamGKG anzuwenden sein (zu den Problemen *Groß* FPR 2012, 263; von König FPR 2012, 267).

Freiwillige Gerichtsbarkeit: Wegen einer Familiensache s. dort. Im restlichen FamFG-Verfahren ist VV 3100 ebenfalls anzuwenden.

Geschäftsführung ohne Auftrag: Anwendbar sein kann VV 3100 bei ihr nach §§ 677 ff. BGB.

Schutzschrift: Anwendbar sein kann VV 3100 auf eine solche Tätigkeit nach zB §§ 945a, b ZPO.

Schiedsrichterliches Verfahren: Anwendbar ist VV 3100 bei einer Tätigkeit nach zB §§ 1025 ff. ZPO. Das gilt auch bei einer dortigen staatsgerichtlichen Handlung etwa nach § 1050 ZPO. Auch → „Vollstreckbarerklärung".

Selbständiges Beweisverfahren: Anwendbar ist VV 3100 bei §§ 485 ff. ZPO.

Sozialgerichtsverfahren: Anwendbar ist VV 3100 (LSG Nordrhein-Westfalen JurBüro 2015, 470).

Unzuständigkeit: Anwendbar bleibt VV 3100, solange das Verfahren noch vor einem der nach der Überschrift des Teils 3 VV hierher gehörenden Gerichte anhängig ist.

Urkundenprozess: Anwendbar ist VV 3100 bei §§ 592 ff. ZPO.

Verwaltungsakt: Anwendbar ist VV 3100 bei seiner Aussetzung oder Aufhebung seiner Vollziehung oder bei der Anordnung oder Wiederherstellung einer aufschiebenden Wirkung.

Verwaltungsgerichtsverfahren: Anwendbar ist VV 3100 bei ihm nach der VwGO, soweit sie keine vorrangigen Sonderbestimmungen enthält, etwa in § 87 I VwGO, (vgl. VG Wiesbaden JurBüro 1999, 587).

Wiederaufnahmeverfahren: Anwendbar ist VV 3100 bei §§ 578 ff. ZPO.

Zwangsvollstreckung: Anwendbar ist VV 3100 bei §§ 704 ff. ZPO.

8 **IV. Persönlicher Anwendungsbereich.** Der Rechtsanwalt verdient eine Verfahrensgebühr VV 3100 nur, sofern der Auftraggeber ihn bedingungslos zum ProzBev oder VerfBev oder Beistand bestellt hat, Vorb. 3 I (OLG Brandenburg JurBüro 2002, 365; OLG Bremen MDR 2003, 1142 (1143); Meyer JurBüro 2008, 16).

9 **1. Prozessbevollmächtigter oder Beistand usw.** I übernimmt insofern den Begriff der Prozessvollmacht nach § 80 ZPO und der entsprechenden Verfahrensvollmacht nach § 11 FamFG. Der Rechtsanwalt muss also für den ganzen Prozess oder das ganze Verfahren mindestens in dieser Instanz und daher nicht nur für einzelne Prozess- oder Verfahrenshandlungen oder -abschnitte innerhalb der Instanz einen unbedingten

Auftrag haben. Der Auftraggeber muss ihn zu allen den Rechtsstreit oder das sonstige Verfahren betreffenden Parteiprozesshandlungen zwecks Angriffs oder Verteidigung ermächtigt haben, einschließlich derjenigen, die durch eine Widerklage, einen Gegenantrag, eine Wiederaufnahme des Verfahrens nach §§ 578 ff. ZPO und die Zwangsvollstreckung nach §§ 704 ff. ZPO nötig werden. Er muss zur Bestellung eines Vertreters sowie eines Bevollmächtigten für die höheren Instanzen befugt sein. Er muss die Ermächtigung haben, das Verfahren durch einen etwa zulässigen Vergleich, eine Verzichtleistung auf den Streitgegenstand oder durch eine Anerkennung des von dem Gegner erhobenen Anspruchs zu beenden. Er muss schließlich die Erlaubnis zur Empfangnahme der vom Gegner zu erstattenden Kosten haben.

Eine **sonstige Tätigkeit** nach der VV Vorb. 3 I 1 scheint höchst unklar: Sie scheint jede Einzelbeauftragung und jede auf Einzelakte beschränkte Tätigkeit schon auch dem VV 3100 zuzuordnen. Indessen ergeben VV 3105 ff. die richtige Abgrenzung auch hier: VV 3100 erfasst nur denjenigen Rechtsanwalt, der auftragsgemäß für die ganze Instanz tätig wird. 10

2. Beispiele zur Frage eines Prozessbevollmächtigten usw

Beigeordneter Rechtsanwalt: VerfBev ist auch der nach §§ 138, 269 FamFG beigeordnete Rechtsanwalt. Der im Weg einer Prozess- oder Verfahrenskostenhilfe nach § 121 ZPO, § 76 FamFG beigeordnete Rechtsanwalt sowie ein nach §§ 78b, 78c ZPO beigeordneter Notanwalt erhalten auch für eine unaufschiebbare Tätigkeit vor der Erteilung der Vollmacht eine Vergütung in einer entsprechenden Anwendung des VV 3100. Darüber hinaus haben sie ohne eine Vollmacht keinen Anspruch nach VV 3100. 11

Beistand: Der Beistand eines Zeugen oder Sachverständigen nach § 90 ZPO ist zwar kein ProzBev oder VerfBev. Er steht diesem aber im Bereich VV 3100 ff. nach der VV Vorb. 3 I gebührenmäßig gleich.

Beweisanwalt: Kein ProzBev oder VerfBev ist der bloße Beweisanwalt.

Rechtsmittelanwalt: ProzBev oder VerfBev ist auch der auf Grund seiner Vollmacht vom etwa gesonderten erstinstanzlichen ProzBev für ein Rechtsmittelverfahren gesondert beauftragte Rechtsanwalt.

Rechtsmittelverzicht: Die Regeln „Nach Verfahrensende" gelten zB beim Auftrag nur auf einen Rechtsmittelverzicht (OLG Brandenburg JurBüro 2002, 365; OLG Frankfurt a. M. OLG-Report Frankfurt 1993, 290; KG JurBüro 1986, 1366).

Terminsanwalt: Kein ProzBev oder VerfBev ist der bloße Terminsanwalt.

Unterbevollmächtigter: Kein ProzBev oder VerfBev ist der bloße Unterbevollmächtigte.

Nach Verfahrensende: Soweit der Auftrag erst nach dem Ende des Verfahrens wegen einzelner noch nach dem Urteil erforderlicher Bescheinigungen usw ergeht, handelt es sich unabhängig von einer etwa jetzt noch formell erteilten „Prozessvollmacht" in Wahrheit doch nur um Einzeltätigkeiten nach VV 3400 ff., soweit nicht zB eine Beauftragung für die gesamte Zwangsvollstreckung vorliegt, VV 3309, 3310.

Verkehrsanwalt: Kein ProzBev oder VerfBev ist der bloße Verkehrsanwalt.

Vollmachtszeitpunkt: Es ist unerheblich, ob der Rechtsanwalt vor dem Prozessbeginn oder erst **im Lauf des Prozesses** eine Prozessvollmacht erhalten hat. Allerdings muss sein Auftrag auf die gesamte Führung des weiteren Verfahrens mindestens in dieser Instanz lauten.

Zustellungsbevollmächtigter: Kein ProzBev oder VerfBev ist der bloße Zustellungsbevollmächtigte.

Zwangsvollstreckung: → „Nach Verfahrensende".

V. Rechtszug. Die Verfahrensgebühr VV 3100 entsteht in demselben Rechtszug nur einmal. Sie gilt also nach §§ 15 II 2, 19 die gesamte einschlägige Tätigkeit des Rechtsanwalts in diesem Rechtszug ab. 12

Besondere Gebühren entstehen neben VV 3100 nur insoweit, als **Sondervorschriften** das ausdrücklich anordnen. Im Höchstfall können dem Rechtsanwalt in derselben Instanz wegen desselben Gegenstands mehrere Regelgebühren entstehen, nämlich die Verfahrensgebühr VV 3100, die Terminsgebühr VV 3104 und die Einigungsgebühr VV 1000 oder die Erledigungsgebühr VV 1002. Denkbar ist allerdings 13 auch eine Erhöhung nach § 7, VV 1008. Der Umfang der Mühe sowie die Prozessdauer bleiben bei allen diesen Gebühren grundsätzlich unberücksichtigt.

14 **VI. Derselbe Gegenstand.** Wie sich aus der VV Vorb. 3 IV ergibt, erfolgt eine Anrechnung dort insoweit, als es unter anderem um denselben Gegenstand geht (KG JurBüro 2009, 27; LSG Bayern AnwBl 2016, 771). Auch unabhängig von dem Anrechnungsfall erhält der Rechtsanwalt für jeden selbständigen Gegenstand nach § 15 II 2 in einem Rechtszug die Verfahrensgebühr VV 3100. Das gilt unabhängig davon, ob für eine anwaltliche Tätigkeit wegen eines anderen Gegenstands in demselben Rechtszug weitere Gebühren nach einer anderen Vorschrift entstehen. Zum Begriff des Gegenstands → § 9 Rn. 12.

15 Der **Gegenstandswert** für die Gebühren braucht nicht jeweils derselbe zu sein, insbesondere dann, wenn es nur um eine Teilklage oder zB um eine Beweisaufnahme nur über einen Teil des Klaganspruchs geht.

16 **VII. Verfahrensgebühr.** Es gibt fünf Hauptgesichtspunkte.

17 **1. Grundsatz: Pauschale Gesamtabgeltung.** Die Verfahrensgebühr ist eine Pauschgebühr. Sie entsteht nach → Rn. 22 mit dem Beginn der auftragsgemäßen Tätigkeit. Sie gilt nach der VV Vorb. 3 II das Betreiben des Geschäfts und damit den gesamten Umfang der anwaltlichen Tätigkeit innerhalb dieser gebührenrechtlichen Angelegenheit nach → § 15 Rn. 9 bis zum Instanzende außerhalb eines Termins ab (vgl. OLG Bremen MDR 2003, 1142 (1143)). Das gilt grundsätzlich einschließlich der Besprechung oder Erläuterung des Instanzergebnisses und der Möglichkeit sowie des Sinns eines etwaigen Rechtsmittels (OLG Saarbrücken NJW-RR 1997, 189). Sie vergütet insbesondere auch die auftragsgemäße Beschaffung oder Entgegennahme der Information sowie die Beratung, die Schriftsätze und Anträge, die Angabe von Beweismitteln. Das stellt die VV Vorb. 3 II ausdrücklich klar. Die Erwähnung dieses Teils der anwaltlichen Tätigkeit bedeutet nur eine beispielhafte Erwähnung. Die Verfahrensgebühr gilt nach der VV Vorb. 7 I 1 auch die allgemeinen Geschäftsunkosten ab.

18 **2. Auftrag.** Es ist zu prüfen, ob der Rechtsanwalt einen unbedingten Auftrag zum Tätigwerden als ProzBev oder VerfBev gerade in diesem Verfahren und in dieser Instanz hatte (AG Coburg JurBüro 2007, 641), also zur grundsätzlich umfassenden Erledigung aller den Auftraggeber betreffenden Pflichten und zur Wahrnehmung aller ihn betreffenden Rechte in diesem Verfahren. Maßgeblich ist also das Innenverhältnis zwischen dem Rechtsanwalt und dem Auftraggeber (OLG Saarbrücken NJW-RR 1997, 189; AG Coburg JurBüro 2007, 641; VG Dessau JurBüro 1999, 79).

3. Beispiele zur Frage eines Auftrags

19 **Gegnerische Behauptung:** Sie schafft weder einen Auftrag noch übrigens eine zB für eine Zustellung nach § 172 ZPO erforderliche Vollmacht.

Bevollmächtigter: Der Auftrag kann durch einen Bevollmächtigten im Namen des Vollmachtgebers erfolgen, erst recht durch einen Generalbevollmächtigten. Die Vollmacht kann auch nachträglich erfolgen (OLG Koblenz JurBüro 1975, 1210). Auch → „Genehmigung".

Beweislast: Der Rechtsanwalt muss das Ob, Wann und Wie der Auftragserteilung beweisen. Dazu reicht ein Gerichtsprotokoll oder eine Erwähnung in einer Gerichtsentscheidung nicht stets aus. Es kann aber (selbstverständlich) auch dazu genügen. Das dortige Schweigen mag aber am Auftrag nichts ändern.

Form: Auch mündlich, telefonisch, durch Telefax oder elektronisch kann der Auftrag erfolgen. Das kann nach §§ 133, 157 BGB auch stillschweigend geschehen.

Genehmigung: Der Auftraggeber kann das Handeln des Rechtsanwalts nachträglich genehmigen, auch stillschweigend (OLG Koblenz JurBüro 1975, 1210).

Gesetzlicher Vertreter: Der Auftrag kann durch einen gesetzlichen Vertreter im Namen des Vertretenen erfolgen.

Nachreichung: → „Genehmigung", „Prozessvollmacht".

Prokurist: → „Gesetzlicher Vertreter".

Protokoll: → „Beweislast".

Prozessvollmacht: Ihr Zeitpunkt oder Umfang haben nur insofern eine Bedeutung, als die Vollmacht überhaupt vorliegen muss. Sie haben keine Bedeutung für die Frage, ob der Rechtsanwalt einen Auftrag zur Prozessführung hatte (OLG Hamm

JurBüro 1997, 311; OLG Saarbrücken NJW-RR 1997, 189; AG Coburg JurBüro 2007, 641). Deshalb reicht zB eine nachgereichte Vollmacht nach § 89 ZPO aus (OLG Koblenz JurBüro 1975, 1210 (1211)).

Umfang: Der Umfang des Auftrags ist (selbstverständlich) insofern bedeutsam, als zB statt der Verfahrensgebühr VV 3100 evtl. die geringere Verfahrensgebühr VV 3101 oder trotz einer nach außen umfassenden Vollmacht doch nur eine Gebühr für eine Einzeltätigkeit nach VV 3403 entstehen mag.

4. Entstehung. Die Gebühr VV 3100 entsteht nach der Vorb. 3 II, sobald der ProzBev oder VerfBev vor oder nach dem Prozessbeginn irgendeine Tätigkeit zur Ausführung des prozessbezogenen Auftrags vorgenommen hat (OLG München JurBüro 2010, 255 (zu VV 3200); Meyer JurBüro 2011, 575). Das gilt unabhängig vom Umfang dieser Tätigkeit und unabhängig davon, wann sich der Rechtsanwalt zum ProzBev bestellt hat (BGH NJW-RR 2010, 1697 Rn. 21), ob die Anfangstätigkeit schon vor Gericht erfolgt ist (OLG Hamm AnwBl 2005, 587), und ob nach der Anhängigkeit auch schon die Rechtshängigkeit eingetreten ist (KG MDR 1988, 1067; OLG Koblenz MDR 2016, 1476). 20

Jede Tätigkeit nach → Rn. 24 lässt an sich eine Verfahrensgebühr entstehen. Der Rechtsanwalt kann sie aber in demselben Rechtszug nach § 15 II 1, 2 in derselben Angelegenheit nach → § 15 Rn. 9 insgesamt nur einmal fordern. Aber auch → „Mahnschreiben". 21

5. Gebührenhöhe. Sie beträgt grundsätzlich 1,3-Gebühr. Sie kann aber nach VV 3101 auf 0,8-Gebühr absinken. Das alles gilt nach der VV Vorb. 3 I 2 auch beim Beistand eines Zeugen oder Sachverständigen. 22

6. Fälligkeit. Sie richtet sich nach § 8. 23

7. Beispiele zur Frage einer Verfahrensgebühr

Akteneinsicht: Sie kann die Verfahrensgebühr auslösen (OLG München AnwBl 1976, 168). 24

Antrag: Er kann die Verfahrensgebühr auslösen. Sie kann auch schon zB im Eilverfahren vor dem Erhalt eines gegnerischen Eilantrags entstehen (aA OLG Naumburg Rpfleger 2016, 443 (444), viel zu streng).

Antragsrücknahme: → „Prozesserklärung".

Anwaltszwang: Er ist grds. unerheblich.

Aufenthaltsermittlung: Die Verfahrensgebühr gilt sie meist ab (BGH NJW-RR 2004, 501; OLG Zweibrücken MDR 1998, 1183).

Aufruf der Sache: → „Terminswahrnehmung".

Auskunft: Ein auf ihre Erteilung beschränkter Auftrag kann nach VV 2100 ff. die Verfahrensgebühr **nicht** auslösen. Bei einer Erweiterung des Auftrags kann eine Anrechnung nach VV 2100 Anm. II notwendig werden.

Beitreibung der Urteilssumme: → „Zwangsvollstreckung".

Beklagter: Natürlich kann auch die Tätigkeit für ihn die Verfahrensgebühr auslösen (OLG Hamburg JurBüro 1976, 163; KG AnwBl 2003, 182), evtl. auch im PKH-Verfahren (VG Dessau JurBüro 1999, 79).

Belehrung: Die „Belehrung" des Auftraggebers über die Zulässigkeit und die Voraussetzungen einer Prozesshandlung und insbesondere eines Rechtsbehelfs kann die Verfahrensgebühr auslösen.

Beratung: → „Rat".

Berufung, Beschwerde, Revision: Soweit der Prozessgegner des Auftraggebers das Rechtsmittel eingelegt hat, entsteht für den Rechtsanwalt des Rechtsmittelgegners im Allgemeinen schon dann die auch erstattungsfähige Verfahrensgebühr VV 3200 oder VV 3206, wenn er sofort einen Antrag auf die Zurückweisung des Rechtsmittels einreicht (BGH AGS 2013, 251; OLG Koblenz JurBüro 2013, 91; OLG München JurBüro 2014, 80; aA BAG NJW 2003, 3796; OLG München NJW 2010, 1371; MDR 2010, 1157; LAG Düsseldorf MDR 2006, 659, aber das Prozessrechtsverhältnis schafft auch Rechte der Verteidigung). Das gilt unabhängig vom weiteren Verfahrensverlauf (BGH NJW-RR 2014, 185). Es gilt auch in einem einfachen Fall (LG Berlin VersR 1988, 303; aA AG Aschaffenburg FamRZ 1992, 1342; AG Dortmund VersR 1984, 88, aber ein Rechtsschutz besteht auch dann). Das gilt auch dann, wenn die Rechtsmittelbegründung noch nicht beim Gericht eingegangen ist (KG MDR 1990, 732; OLG Koblenz NJW-RR 2000, 1735; OLG Oldenburg JurBüro 1992, 682; aA BGH NJW 2014, 558; OLG München JurBüro 1994, 93; OLG Nürnberg AnwBl 1997, 501, aber zumindest im Innenverhältnis ist also schon jetzt fast stets eine vergütungstypische Anwaltstätigkeit notwendig).

Diese Gebühr ist auch dann erstattungsfähig, wenn der Gegner das Rechtsmittel nur zur **Fristwahrung** eingelegt hatte (BGH NJW 2003, 756; aA BGH NJW 2003, 1324; OLG Bamberg FamRZ 2000, 624; OLG Karlsruhe JurBüro 2005, 544, aber auch dann erhöht sich schon durch die Einlegung des gegnerischen Rechtsmittels das Risiko des Rechtsmittelbekl.).

Der Rechtsanwalt des Rechtsmittelgegners kann jedoch nur denjenigen Gegenstandswert zugrunde legen, der sich mit Rücksicht auf den in der **gegnerischen** Rechtsmittelbegründung gestellten **Antrag** nach § 520 III Nr. 1 ZPO ergibt. Denn der Rechtsmittelführer braucht im Zeitpunkt der Einlegung des Rechtsmittels noch keinen bestimmten Antrag zu stellen, sondern er kann sich überlegen, in welchem Umfang er die Berufung anschließend durchführen will.

Soweit der Rechtsanwalt für diese Instanz keinen (Mit-)Auftrag hat, entsteht nach → Rn. 19, 20 **keine** Verfahrensgebühr (OLG Saarbrücken NJW-RR 1997, 189). Soweit er lediglich vom Prozessgegner des Auftraggebers das Ersturteil zugestellt erhält, weil der Auftraggeber noch keinen zweitinstanzlichen ProzBev bestellt hat, entsteht keine besondere Verfahrensgebühr.

Besprechung: Jede Besprechung mit dem Auftraggeber auf Grund seines Auftrags zur Tätigkeit als ProzBev nach § 81 ZPO oder mit dem Gegner, seinem ProzBev oder einem Dritten kann die Verfahrensgebühr auslösen. Allerdings gibt es im Fall der VV Vorb. 3 III bereits eine Terminsgebühr. Sie entsteht nicht bei einer bloßen Zustimmung zum Ruhen des Verfahrens (BGH NJW-RR 2014, 958).

Bestellungsanzeige: Die Verfahrensgebühr ist von dieser Anzeige bei Gericht nicht abhängig.

Beweismittel: Ihre Angabe kann die Verfahrensgebühr auslösen.

Beweistermin: → „Terminswahrnehmung".

Eidesstattliche Versicherung: Die Verfahrensgebühr gilt den Entwurf, die Aufnahme und die Einreichung einer eidesstattlichen Versicherung ab (OLG Frankfurt a. M. GRUR 1985, 401 mAnm Mümmler JurBüro 1985, 1029; OLG Köln JurBüro 1982, 399; OLG Nürnberg Rpfleger 1996, 42). Das gilt unabhängig davon, welcher der Beteiligten sie abgegeben hat. Das ergibt sich daraus, dass man diese Art der Beschaffung eines Mittels der Glaubhaftmachung nach § 294 ZPO nicht anders behandeln kann als die Herbeischaffung eines anderen Beweismittels. Die Vertretung im Verfahren der eidesstattlichen Versicherung nach §§ 260, 261 BGB vor dem Prozessgericht kann die Verfahrensgebühr auslösen.

Neben der Verfahrensgebühr kann eine **Terminsgebühr** VV 3104 entstehen, wenn das Gericht die eidesstattliche Versicherung aufnimmt (vgl. LG Münster JurBüro 1977, 959).

Einreichung: Diejenige zB einer Antragsschrift kann reichen (LSG Nordrhein-Westfalen JurBüro 2015, 470).

Einsicht: → „Urkundeneinsicht".

Einspruch: Der Einspruch gegen ein Versäumnisurteil nach § 338 ZPO oder gegen einen Vollstreckungsbescheid nach § 700 ZPO löst die Verfahrensgebühr aus (OLG München MDR 1992, 617).

Einstellungsantrag: Er kann die Verfahrensgebühr auslösen.

Einstweilige Verfügung: Die Verfahrensgebühr kann auch im Hauptsacheverfahren wegen einer Stellungnahme zu einem angedrohten Eilverfahren entstehen (OLG Dresden NJW-RR 2018, 704).

Einwilligung: → „Prozesserklärung".

Einwohnermeldeamt: → „Aufenthaltsermittlung".

Empfang der Streitsumme: Dieser Vorgang löst die Verfahrensgebühr **ebenso wenig** wie eine Ablieferung der Streitsumme aus. Für eine solche Tätigkeit gilt vielmehr die Hebegebühr nach § 22.

Entgegennahme: Sie mag die Verfahrensgebühr evtl. noch **nicht** auslösen (OLG München JurBüro 2010, 255 (zu VV 3200)).

Erledigungserklärung: → „Prozesserklärung".

Ermittlung: Eine Ermittlungstätigkeit des Rechtsanwalts kann die Verfahrensgebühr auslösen. Neben einer bereits entstandenen Verfahrensgebühr entsteht für die Ermittlung zB der Anschrift eines Zeugen oder Sachverständigen keine zusätzliche Gebühr für denselben Rechtsanwalt.

Fremdsprachenkenntnis: Die Verfahrensgebühr gilt sie mit ab, auch wenn der Rechtsanwalt in der fremden Sprache eine Korrespondenz führt.

Eine Ausnahme von diesem Grundsatz kann gelten, wenn es sich um eine besonders genau zu übersetzende **schwierige Urkunde** usw handelt (OLG Stuttgart Rpfleger 1981, 32 (mablAnm *Ott* AnwBl 1981, 172; aA LG Mannheim AnwBl 1978, 62).

Genehmigung: Die Verfahrensgebühr gilt eine Tätigkeit des Rechtsanwalts vor einer anderen Behörde als dem Verfahrensgericht, etwa vor dem Betreuungsgericht zur Erwirkung einer Genehmigung etwa des Verfahrensvergleichs **nicht** mit ab.

Gerichtsakten: Ihre Einsicht kann bereits die → Verfahrensgebühr auslösen.

Gutachten: Es kann auch die Verfahrensgebühr auslösen (BVerwG Rpfleger 1991, 388; OLG Frankfurt a. M. NJW-RR 1987, 380).

Handakten: Die Anlage der Handakten kann bereits die Verfahrensgebühr entstehen lassen (aA OLG Schleswig JurBüro 1978, 384, aber das ist bereits eine pflichtgemäße und durchaus sinnvolle Tätigkeit zwecks einer Vertragserfüllung).

Herbeischaffung eines Beweismittels: Der ein Beweismittel herbeischaffende Rechtsanwalt erhält dafür **keine** Sondergebühr. Das gilt unabhängig vom Umfang seiner Mühe. Freilich kann er entsprechende Auslagen haben und dann ersetzt fordern. Auch → „Eidesstattliche Versicherung".

Hinterlegung: Die Verfahrensgebühr gilt eine Verhandlung mit der Hinterlegungsstelle sowie die Hinterlegung **nicht** mit ab. Insofern kann eine Gebühr nach VV 2300 entstehen (vgl. KG JurBüro 1977, 501; OLG Karlsruhe JurBüro 1989, 74; OLG München JurBüro 1990, 866; aA OLG Düsseldorf JurBüro 1992, 400).

Informationsaufnahme: Sie kann nach der VV Vorb. 3 II bereits die Verfahrensgebühr auslösen (OLG Koblenz JurBüro 2000, 77; LSG Nordrhein-Westfalen JurBüro 2015, 470).

Klagerücknahme: → „Prozesserklärung".

Kostenfestsetzungsverfahren: Der Antrag des Rechtsanwalts auf eine Kostenfestsetzung nach § 104 ZPO kann die Verfahrensgebühr auslösen. Wegen einer Erinnerung oder Beschwerde VV 3500.

Kündigung: Ein die Klage vorbereitendes Kündigungsschreiben fällt unter § 19 I 2 Nr. 1, vgl. VV 2300 (vgl. OLG München ZMR 1985, 299).

Mahnschreiben: Ein die Klage vorbereitendes Mahnschreiben, fällt unter § 19 I 2 Nr. 1, vgl. VV 2300 (Meyer JurBüro 2009, 182). Stellt der ProzBev des Antragsgegners nach § 81 ZPO wegen einer Untätigkeit des Antragstellers den Antrag auf die Durchführung des streitigen Verfahrens nach § 697 ZPO, erhält er die Verfahrensgebühr (OLG Hamburg JurBüro 1993, 95). Auch → „Zwangsvollstreckung".

Mahnverfahren: → „Einspruch", → „Widerspruch".

Nebenintervention: → „Streithilfe", „Streitverkündung".

Niederlegung des Mandats: Soweit der Rechtsanwalt lediglich dem Gericht die Niederlegung des Mandats mitteilt, entsteht **keine** Verfahrensgebühr (OLG Hamm Rpfleger 1977, 458).

Parteiwechsel: Der Rechtsanwalt des Prozessgegners erhält wegen der Maßgeblichkeit des Innenverhältnisses die Verfahrensgebühr nur **einmal** (OLG Koblenz AnwBl 1985, 44).

Privates Wissen: Die Verfahrensgebühr gilt das private Wissen des Rechtsanwalts und seine normalen Kenntnisse ab. Auch → „Fremdsprachenkenntnis".

Prozesserklärung: Die Abgabe einer Prozesserklärung kann die Verfahrensgebühr auslösen und sich auf diese Wirkung beschränken, soweit der Rechtsanwalt nicht zugleich in eine Verhandlung eintritt. Die Verfahrensgebühr kann zB durch die folgenden Vorgänge entstehen.

– **(Einwilligung):** → „– (Klagerücknahme)".

– **(Erledigterklärung):** Prozesserklärung ist eine → Erledigterklärung im Anschluss an die entsprechende gegnerische (OLG Frankfurt a. M. MDR 1984, 63;

OLG Koblenz NJW-RR 1996, 182). Auch eine einseitige Erledigterklärung ist eine Prozesshandlung. Sie ist kein bloßer Prozessantrag. Denn nach ihr kann eine Sachentscheidung notwendig werden.

– **(Klagerücknahme):** Prozesserklärung ist eine Klagerücknahme nach § 269 ZPO (OLG Frankfurt a. M. VersR 1980, 123; OLG Koblenz JurBüro 1996, 370). Das gilt selbst dann, wenn sie nach der Verkündung des Urteils, aber vor der Einlegung eines Rechtsmittels erfolgt. Es reicht auch eine Einwilligung zur gegnerischen Klagerücknahme. Ferner reicht ein Kostenantrag nach der gegnerischen Klagerücknahme (OLG Brandenburg Rpfleger 2008, 668; LG Berlin NJW-RR 1997, 61 zu § 269 III 2, IV ZPO, ausf.).
– **(Kostenantrag):** → „– (Klagerücknahme)".
– **(Kostenlast):** → „– (Klagerücknahme)".
– **(Rechtsmittelrücknahme):** Es gilt zB bei § 516 ZPO dasselbe wie bei einer „– (Klagerücknahme)".
– **(Rechtsmittelverzicht):** Prozesserklärung ist ein solcher Vorgang (OLG Schleswig SchlHA 1983, 143).
– **(Rücknahmekenntnis):** Prozesserklärung kann die Einreichung eines Schriftsatzes auch dann sein, wenn sie bei einer schuldlosen Unkenntnis der Rücknahme eines gegnerischen Antrags usw erfolgt (OLG Koblenz AnwBl 2002, 252; OLG Naumburg JurBüro 2003, 419; OLG Saarbrücken JurBüro 2015, 190; strenger OLG Koblenz JurBüro 2001, 414).
– **(Teilrücknahme):** Prozesserklärung ist der Antrag des Klägers nach einer teilweisen Klagerücknahme zur Zahlung des Restbetrags (Wert ist dann dieser, OLG Frankfurt a. M. AnwBl 1983, 567).
– **(Teilzahlung):** Prozesserklärung kann die Ankündigung eines Klagabweisungsantrags sein, nachdem der Auftraggeber die Klagesumme teilweise gezahlt hat, bevor der Kläger eine Teil-Klagerücknahme erklärt oder bevor beide Parteien Teil-Erledigterklärungen abgegeben haben (OLG Frankfurt a. M. Rpfleger 1984, 37, es gilt der volle ursprüngliche Wert).
– **(Zuständigkeitsrüge):** Prozesserklärung ist die Rüge einer Unzuständigkeit (OLG Schleswig JurBüro 1997, 87).

Prozess- oder Verfahrenskostenhilfe: Soweit der Rechtsanwalt einen Auftrag zur Durchführung des Verfahrens hat und nun einen Antrag auf die Bewilligung einer Prozess- oder Verfahrenskostenhilfe nach § 117 ZPO, § 76 FamFG stellt, entsteht die Verfahrensgebühr schon durch diese Antragstellung (KG Rpfleger 2007, 669; OLG Nürnberg MDR 2003, 835). Das gilt auch beim Gegner (VG Dessau JurBüro 1999, 79). Die Verfahrensgebühr entsteht auch dann, wenn der beigeordnete Rechtsanwalt vor einer Beauftragung durch den Begünstigten schon für sie aus einer prozessualen Fürsorge tätig wird (BAG BB 1980, 1428). Mit der Bewilligung von Prozess- oder Verfahrenskostenhilfe nach § 119 ZPO, § 76 FamFG entsteht für die in demselben Umfang bedingt eingereichte Klage oder den entsprechenden Antrag die Verfahrensgebühr (OLG München MDR 1988, 972).

Dagegen begründet der bloße **Auftrag** zum Antrag auf die Bewilligung einer Prozess- oder Verfahrenskostenhilfe für sich noch keine Verfahrensgebühr. Vielmehr entsteht dann nur eine Gebühr aus VV 3334. Dasselbe gilt, wenn der Auftrag eine Anwaltstätigkeit zunächst nur im Prozess- oder Verfahrenskostenhilfeverfahren erfordert (OLG Karlsruhe JurBüro 1999, 191).

Rat: Ein auf seine Erteilung beschränkter Auftrag kann die Verfahrensgebühr **nicht** auslösen, § 34. Bei einer Erweiterung des Auftrags kann eine Anrechnung nach § 34 II notwendig werden.

Rechtsgutachten: → „Gutachten".

Rechtsmittelbelehrung: → „Belehrung".

Rechtsmittelrücknahme: → „Prozesserklärung".

Revision: → „Berufung, Beschwerde, Revision".

Rücknahme: → „Prozesserklärung".

Säumnis: Der ProzBev des nach § 331 ZPO säumigen Bekl. erhält die Verfahrensgebühr auch zB bei einem unechten Versäumnisurteil gegen den Kläger (OLG Düsseldorf JurBüro 2002, 474).

Schriftsatz: Die Anfertigung eines Schriftsatzes kann die Verfahrensgebühr auslösen.

Schriftverkehr: Seine Durchführung oder auch nur seine Einsicht kann bereits die Verfahrensgebühr auslösen (OLG Stuttgart Justiz 1979, 104). Natürlich muss ein Schriftsatz eine wirksame Unterschrift haben (OLG München MDR 1982, 418).

Schutzschrift: Es können bei ihr nach § 945a I 2 ZPO je nach der Art des Auftrags VV 2300 oder VV 3100 ff. anzuwenden sein (BGH NJW-RR 2008, 1093; OLG Hamburg Rpfleger 2015, 733; OLG München Rpfleger 2007, 685; aA OLG Köln Rpfleger 1995, 518). Auch VV 3101 kann aber anzuwenden sein (LG Düsseldorf GRUR-RR 2017, 167 (auch zu einer Ausnahme); aA OLG Hamburg MDR 2007, 493; OLG München Rpfleger 2007, 685).

Selbständiges Beweisverfahren: Zum Verfahren nach §§ 485 ff. ZPO, § 113 I 2 FamFG Hambloch JurBüro 2014, 624; Schneider NZFam 2014, 128 (je: Üb.).

Sicherheitsleistung: Die Verfahrensgebühr gilt die Bestellung oder die Rückgabe einer prozessualen Sicherheit ab. Die Bestellung usw kann ihrerseits eine Verfahrensgebühr auslösen. Die Bestellung fällt allerdings immer unter die Verfahrensgebühr. Denn es handelt sich um eine zum Prozessbetrieb gehörige Tätigkeit. Daneben kann unter Umständen eine Hebegebühr nach VV 1009 entstehen. § 19 I 2 Nr. 7 gilt auch das Verfahren nach §§ 109 oder 715 ZPO mit ab.

Spezialkenntnis: Sie löst grds. keine besondere Gebühr aus, mit Ausnahme evtl. einer Sprachkenntnis (OLG Düsseldorf Rpfleger 1983, 367; OLG Karlsruhe MDR 1978, 674).

Streithilfe: Sie gehört zum Prozess (OLG Koblenz JurBüro 1982, 723).

Streitverkündung: Sie gehört zu demjenigen Prozess, in dem die Streitverkündung nach § 72 ZPO erfolgte. Deshalb gilt die Verfahrensgebühr sie ab. Beim Beitritt ohne einen eigenen Sachantrag kann VV 3101 gelten (OLG Nürnberg JurBüro 1994, 671, es kommt für VV 3100 darauf an, ob der Beitretende zumindest im Kern angedeutet hat, wie das Gericht entscheiden soll).

Streitwertantrag: Der Antrag, das Gericht möge den Kostenstreitwert nach § 63 GKG, § 57 FamGKG oder den Gegenstandswert nach §§ 23, 32 RVG festsetzen, kann die Verfahrensgebühr auslösen. Das gilt auch dann, wenn das Urteil bereits im Zeitpunkt der Antragstellung nach § 705 ZPO formell rechtskräftig ist.

Überschreitung des Auftrags: Soweit der Rechtsanwalt zwar im Rahmen der Prozessvollmacht nach § 81 ZPO handelt, aber unter einer Überschreitung des im Innenverhältnis erhaltenen Auftrags, entsteht **keine** Verfahrensgebühr.

Unterrichtung des Auftraggebers: Sie kann die Verfahrensgebühr auslösen.

Unzuständigkeit: Auch die Klageinrichtung beim unzuständigen Gericht löst die Verfahrensgebühr aus (OLG Hamburg MDR 1986, 679).

Urkundeneinsicht: Eine solche Maßnahme kann die Verfahrensgebühr auslösen.

Terminswahrnehmung: Sie führt zur Vergütung nach VV 3104 iVm der VV Vorb. 3 III.

Vergleich: Wegen der Mitwirkung des Rechtsanwalts beim Abschluss eines Vergleichs über einen außerhalb des Rechtsstreits anhängigen Anspruch vgl. bei VV 1000. Im Übrigen kann die Mitwirkung des Rechtsanwalts beim Vergleichsabschluss die Verfahrensgebühr auslösen (vgl. OLG Bremen MDR 2003, 1142 (1143)), daneben aber die Einigungsgebühr VV 1000.

Verkehr mit dem Gericht: Er kann die Verfahrensgebühr auslösen.

Verkehr mit dem Gerichtsvollzieher: Er kann die Verfahrensgebühr auslösen.

Verkehr mit der Partei: Er kann die Verfahrensgebühr auslösen.

Vormundschaftssache: Die Erwirkung einer betreuungsgerichtlichen Genehmigung eines Verfahrensvergleichs lässt die Verfahrensgebühr **nicht** entstehen.

Widerklage: Die Verfahrensgebühr für eine Widerklage entsteht für den Rechtsanwalt des Widerklägers erst mit dem Auftrag zur Einlegung der Widerklage, nicht schon damit, dass der Widerkläger im Parteiprozess ohne Anwaltszwang die Widerklage selbst einlegt, sofern in diesem Zeitpunkt noch ein Auftrag an den Rechtsanwalt fehlt. Die Geltendmachung einer Widerklage in einem anwaltlichen Schriftsatz gilt im Allgemeinen nicht als eine bloße Ankündigung, sondern als die Erhebung der Widerklage.

Widerspruch: Der Widerspruch gegen den Mahnbescheid nach § 694 ZPO kann für denjenigen Rechtsanwalt, der auch für das streitige Verfahren nach § 697 ZPO der ProzBev ist, ab dem Übergang in das streitige Verfahren die Verfahrensgebühr auslösen (OLG Hamburg Rpfleger 2014, 228; OLG Koblenz Rpfleger 2012, 356). Eine Zahlung nach KV 1210 GKG reicht als ein stillschweigender Antrag auf ein streitiges Verfahren nur nach einer Anfrage, ob es erfolgen soll, sonst nicht (OLG München MDR 1997, 890; Liebheit NJW 2000, 2235 (2240); aA LG München I JurBüro 2005, 540; Meyer JurBüro 2008, 17).

Widerspruchsklage: Diejenige zB nach § 771 ZPO löst die Verfahrensgebühr aus.

Wiedereinsetzung: Dasjenige Verfahren nach §§ 233 ff. ZPO kann die Verfahrensgebühr auslösen.

Zeugenanschrift: Ihre Mitteilung kann die Verfahrensgebühr auslösen.

Zeugenermittlung: → „Aufenthaltsermittlung".

Zustellung: Die Verfahrensgebühr kann entstehen, sobald der Rechtsanwalt im Prozess tätig wird. Das gilt selbst dann, wenn das Gericht in diesem Zeitpunkt die Klage noch nicht nach §§ 253, 261 ZPO zugestellt hatte (OLG Hamburg JurBüro 1976, 193). Etwas anderes gilt nur, wenn er zB nur die Niederlegung des Mandats mitteilt (OLG Hamm Rpfleger 1977, 458).

Zwangsvollstreckung: Diejenige anwaltliche Tätigkeit, die der Beitreibung der im Urteil dem Auftraggeber zugesprochenen Leistung dient, gehört grds. **nicht** zum Erkenntnisverfahren, sondern zur Vollstreckungsinstanz nach §§ 704 ff. ZPO, einschließlich der zugehörigen Mahnschreiben und dergleichen nach § 57. Das übersieht OLG Koblenz JurBüro 2016, 413. Eine Stellungnahme zu einem Antrag nach § 769 ZPO kann reichen (OLG Koblenz MDR 2016, 1476).

Zwischenantrag: Die Geltendmachung eines Zwischenantrags in einem Schriftsatz gilt im Allgemeinen nicht als seine bloße Ankündigung, sondern schon als seine Erhebung. Sie kann daher die Verfahrensgebühr auslösen.

25 **8. Gegenstandswert.** Die Verfahrensgebühr richtet sich nach dem Gegenstandswert. Maßgebend ist zunächst der Zeitpunkt der Entstehung der Verfahrensgebühr. Der spätere Verlauf des Rechtsstreits ist nach §§ 23 ff. grundsätzlich unerheblich. Freilich auch → Rn. 26.

9. Beispiele zur Frage des Gegenstandswerts

26 **Beistand:** Beim Beistand nach der Vorb. 3 I entscheidet das nach § 23 II 2 ermittelbare Interesse des Zeugen oder Sachverständigen.

Erledigung der Hauptsache: Der volle Gegenstandswert gilt auch dann für den Klägeranwalt, wenn eine teilweise oder volle wirksame Erledigung der Hauptsache nach § 91a ZPO eintritt. Beim Rechtsanwalt des Bekl. reicht es, dass er nur im Anschluss an eine außergerichtliche Erledigung der Hauptsache mit einem Antrag nach § 91a ZPO erstmals dem Gericht gegenüber tätig wurde (OLG Hamm JurBüro 1977, 663).

Hilfsaufrechnung: § 45 III GKG ist zu beachten.

Hilfswiderklage: → „Widerklage".

Höchstwert: Es entscheidet der höchste Gegenstandswert während der Tätigkeit. Soweit nicht das Verfahren nach § 251 ZPO ruht, kann man vermuten, dass der Rechtsanwalt eine auf den Rechtsstreit gerichtete Tätigkeit ausübt. Wenn der Kläger ihn also mit einer Klage in Höhe von 10.000 EUR beauftragt hatte und der Rechtsanwalt sie nur in Höhe von 5.000 EUR einlegt, entsteht eine Verfahrensgebühr aus 10.000 EUR, aus 5.000 EUR aber nur nach VV 3101. Wenn der Rechtsanwalt die Klageforderung später auf 15.000 EUR erhöht, ist der letztere Wert maßgeblich (OLG Hamm JurBüro 1977, 552).

Klagerhöhung: → „Höchstwert".

Klagerücknahme: Der volle Gegenstandswert gilt auch nach einer Klagerücknahme nach § 269 ZPO für den Klägeranwalt. Für den Beklagtenanwalt kommt es darauf an, ob er vor der Klagerücknahme tätig wurde.

Nur Kostenpunkt: Wenn der Rechtsanwalt nur im Kostenpunkt tätig wird, entsteht die Verfahrensgebühr nur nach dem Kostenwert (BPatG GRUR 1984, 444; OLG Köln JurBüro 1999, 246 (bei § 924 ZPO); OLG Oldenburg MDR 1977, 149; aA OLG München AnwBl 2005, 795; LG Berlin NJW-RR 1997, 61).

Mindestwert: Die Verfahrensgebühr kann nicht unter dem Betrag einer Terminsgebühr liegen. Für den ProzBev des Bekl. nach § 81 ZPO ist mindestens der Wert des Klagantrags maßgebend.

Prozesskostenhilfe: → „Rücknahme des Rechtsschutzgesuchs".

Prozessvergleich: Bei der Einbeziehung eines in der Berufungsinstanz streitigen Teilbetrags in einen in der ersten Instanz nunmehr erfolgten Prozessvergleich ist der Gesamtbetrag maßgeblich.

Rechtsmittelinstanz: Hier ist der Antrag des Rechtsmittelklägers maßgeblich. Die Beschwer ist nach § 47 I GKG maßgeblich, sofern kein Antrag erfolgte oder soweit ein Rechtsmittelantrag unzulässig war (OLG Celle Nds. Rpfl. 1975, 138). Eine Einschränkung des Rechtsmittelantrags in der mündlichen Verhandlung bleibt für die Verfahrensgebühr bedeutungslos (KG AnwBl 1977, 470). Bei wechselseitigen Rechtsmitteln ist die Summe der Werte nach § 45 II GKG dann maßgeblich, wenn die Rechtsmittel verschiedene Gegenstände haben. Auch → Prozessvergleich".

Rücknahme des Rechtsschutzgesuchs: Nur der Kostenwert gilt dann, wenn es zur Rücknahme der „Klage" vor deren Zustellung an den Gegner kommt. Das gilt selbst dann, wenn das Gericht zB den Klagentwurf im PKH-Verfahren nach §§ 114 ff. ZPO dem Gegner nur zur Kenntnis oder nur zur Stellungnahme zum Gesuch auf PKH übersandt hatte (KG MDR 1990, 935).

Trennung: Auch nach einer Prozesstrennung nach § 145 ZPO bleiben die vor ihr nach § 15 IV verdienten Verfahrensgebühren erhalten (aA OLG Düsseldorf JurBüro 2001, 136; Riedel/Sußbauer/Ahlmann Rn. 36, je: Wahlrecht nach dem Verfahren vor der Trennung oder nach zwei Verfahren).

Verbindung: Bis zu einer eindeutigen Prozessverbindung nach § 147 ZPO sind die Verfahrensgebühren mehrerer bisher selbständiger Rechtsstreite getrennt zu berechnen, also auch deren Gegenstandswerte.

Verweisung: Der volle Gegenstandswert gilt auch dann, wenn der Rechtsanwalt den Auftrag erst nach einer Verweisung zB nach § 281 ZPO erhalten hatte (OLG Frankfurt a. M. AnwBl 1983, 567).

Widerklage: Zumindest für den ProzBev des Widerklägers ist dieser höhere Wert maßgeblich. Bei einer Hilfswiderklage nach → GKG § 45 Rn. 12 ist § 45 I 2 GKG zu beachten.

VIII. Anrechnung. Ihr Zweck ist die Vermeidung einer Doppelhonorierung (FG Niedersachsen NVwZ-RR 2010, 704; VGH Hessen NJW 2006, 1992). Sie bezieht sich auf das Innenverhältnis zwischen dem Auftraggeber und dem Rechtsanwalt (OLG Naumburg FamRZ 2010, 60; VGH Baden-Württemberg NJW 2008, 2361; VGH Bayern JurBüro 2008, 27 (auch zu einer Ausnahme); OVG Nordrhein-Westfalen NJW 2006, 1991). Sie kann auf die Verfahrensgebühr in vielerlei Form erfolgen. Sie hat den Vorrang vor § 15 III (OLG Karlsruhe JurBüro 2012, 357). Stets ist § 15a mit zu beachten (OLG Düsseldorf JurBüro 2011, 581; OLG Frankfurt a. M. FamRZ 2013, 323). Im Wesentlichen gelten die folgenden Regeln (dazu Enders JurBüro 2007, 449 (Üb.)). Vgl. auch die Vorb. 2.3 IV–VI. 27

1. Bei einer Geschäftsgebühr (Vorb. 3 IV). Dazu N. Schneider NJW 2007, 2001 (ausf. krit.). Die Vorschrift ist wegen ihres klaren Wortlauts kaum auslegbar (VG Minden NVwZ 2007, 568). Soweit es um denselben Gegenstand geht, hatte sich der Rechtsanwalt ja schon vorprozessual eingearbeitet (VG Minden NVwZ-RR 2007, 567). 28

Dabei **vermindert** sich nicht die schon entstandene Geschäftsgebühr, sondern die im späteren gerichtlichen Verfahren anfallende Verfahrensgebühr (BGH NJW-RR 2012, 313; BVerwG JurBüro 2009, 594; KG JurBüro 2013, 414; aA BGH GRUR-RR 2011, 288; OLG Hamburg JurBüro 2008, 139; OLG Oldenburg MDR 2008, 1185). Der Rechtsanwalt muss sie auch erhalten haben (OLG Frankfurt a. M. JurBüro 2013, 22). Dadurch verschlechtert sich die Stellung des Prozesssiegers auch keineswegs stets. Denn zB eine Geschäftsgebühr infolge eines Schuldnerverzugs gehört nach → Rn. 30 „Kostenfestsetzung", „Vorbereitungskosten" zu den Vorbereitungskosten, schon wegen der materiellrechtlichen wie prozessualen Kostenminderungspflicht, und damit zu den erstattungsfähigen und nach §§ 103 ff. ZPO mitfestsetzbaren Prozesskosten der §§ 91 ff. ZPO. 29

2. Beispiele zur Frage der Anrechnung bei einer Geschäftsgebühr

Abtretung: Eine Anrechnung erfolgt bei ihr wegen der vorgerichtlichen Tätigkeit für den bisherigen Gläubiger auf die Gebühr für den neuen (BGH NJW 2012, 781; OLG Hamm NJW-RR 2011, 1566). 30

Altes Recht: Keine Anrechnung erfolgt bei einer Geschäftsgebühr nach altem Recht (OLG München Rpfleger 2005, 572).

Angelegenheit: Eine Anrechnung erfolgt je selbständige Angelegenheit nach → § 15 Rn. 9 (BGH NJW 2014, 3518; OLG Brandenburg JurBüro 2008, 640; OLG Oldenburg MDR 2008, 1006 (VV 2503); aA OLG Koblenz JurBüro 2016, 132; OLG Oldenburg JurBüro 2009, 21; VGH Bayern NVwZ-RR 2008, 653).

Keine Anrechnung erfolgt bei einer solchen selbständigen Angelegenheit, die eine Vergütung gar nicht nach VV 2300–2510 erhält, sondern nach VV 3100 ff.

Anrechnungshöhe: Die Geschäftsgebühr ist höchstens in dem in der Vorb. 3 IV jeweils genannten Umfang auf die Verfahrensgebühr des gerichtlichen Verfahrens anzurechnen. Das gilt auch dann, wenn die außergerichtliche Tätigkeit erst an eine gerichtliche anschließt, zB nach einer abgeschlossenen Verhandlung über einen Mehrvergleich (IV 1 sagt nicht mehr „entstanden ist", sondern „entsteht"). Das Gericht ist dabei unabhängig von einem Gutachten einer Rechtsanwaltskammer (BGH NJW 2008, 3641).

Anwaltswechsel: Keine Anrechnung erfolgt nach einem Anwaltswechsel (BGH NJW 2014, 3518; OLG Koblenz FamRZ 2009, 1244; OLG München NJW 2009, 1220). Das gilt insbesondere nach einem außerprozessualen solchen Wechsel (OLG Koblenz MDR 2009, 533).

Beratungshilfe: Keine Anrechnung erfolgt auch, soweit die vorgerichtliche Tätigkeit keine Geschäftsgebühr auslöste, sondern als Beratungshilfe erfolgte. Denn die Vorb. 3 IV 1 nennt den ganzen VV-Teil 2.

Betragsrahmengebühr: Bei einer solchen beträgt der Anrechnungsbetrag nach der Vorb. IV 2 höchstens 207 EUR. Dabei ist IV 4 mit zu beachten.

Dritter: § 15a II (dazu BGH NJW 2009, 3101; OLG Hamm FamRZ 2018, 376).

Eilverfahren: Eine Anrechnung erfolgt auch im Eilverfahren nach §§ 916 ff., 935 ff. ZPO, 49 ff. FamFG usw (KG JurBüro 2009, 78; jede Verfahrensart; N. Schneider NJW 2009, 2017).

Ersatzanspruch: Eine Anrechnung erfolgt unabhängig von einem etwaigen materiellrechtlichen Ersatzanspruch (BGH VersR 2008, 1667; OLG Jena JurBüro 2009, 24; OLG Oldenburg JurBüro 2009, 21; aA AG Mitte JurBüro 2015, 576).

Gegenstand: → „Verschiedene Gegenstände", „Wert"

Honorarvereinbarung: Keine Anrechnung erfolgt bei einer Honorarvereinbarung nach § 3a (BGH AGS 2015, 147; OLG Hamburg Rpfleger 2015, 304; KG JurBüro 2010, 528; aA VG Frankfurt a. M. JurBüro 2012, 420 (aber → Rn. 28)).

Kettenanrechnung: N. Schneider AnwBl 2015, 220 (Üb.).

Klagevorbereitung: Keine Anrechnung erfolgt bei einer bloßen Tätigkeit zur Klagevorbereitung. Denn sie gehört nach § 19 I 2 Nr. 1 zum Rechtszug.

Kostenfestsetzung: Die in diesem ABC genannten Regeln gelten auch im Kostenfestsetzungsverfahren nach §§ 103 ff. ZPO (BGH NJW-RR 2008, 1528; OLG Köln Rpfleger 2014, 341, auch zu Grenzen). Auch → „Vorbereitungskosten".

Mehrere Rechtsanwälte: Keine Anrechnung erfolgt, soweit zwei verschiedene Rechtsanwälte nach § 6 tätig waren (BGH AGS 2010, 52).

Mehrere Auftraggeber: Bei VV 1008 ist jede erhöhte Gebühr der Ausgangspunkt.

Mehrere Gebühren. Dazu Klüzener JurBüro 2017, 505 (Üb.). Eine Anrechnung erfolgt auf der Basis der zuletzt für diesen Auftraggeber entstandenen Gebühr, Vorb. 3 IV 3. BGH NJW 2017, 1821 rechnet alle Geschäftsgebühren anteilig auf die Verfahrensgebühr an. Zum Problem allgemein Schneider AnwBl 2017, 616; NZFam 2017, 339.

Pauschale: Keine Anrechnung erfolgt bei ihr (BGH NJW 2009, 3364).

Prozess- oder Verfahrenskostenhilfe. Dazu N. Schneider NZFam 2017, 604 (Üb.). Eine Anrechnung erfolgt auch bei einer solchen Lage nach §§ 114 ff. ZPO, § 76 FamFG (OLG Bremen JurBüro 2009, 420; OLG Frankfurt a. M. NJW 2009, 2964; OLG Koblenz MDR 2009, 773). Vgl. auch Lappe Rpfleger 2006, 583. Sie erfolgt zunächst auf die Wahlanwaltstabelle (OLG Braunschweig FamRZ 2011, 1684), und nur beim Übersteigen des sog. Differenzbetrags weitergehend (OLG Frankfurt a. M. JurBüro 2013, 467; OLG München Rpfleger 2010, 273).

Prozessvergleich: Wegen → Rn. 28 erfolgt bei ihm keine Anrechnung über mehr als 75 % (OLG Jena JurBüro 2012, 142; aA OLG Düsseldorf JurBüro 2012, 141).

Prozesswirtschaftlichkeit: Eine Anrechnung oder ihre Ablehnung darf nicht einfach nur auf Überlegungen zur Prozesswirtschaftlichkeit abstellen. Vgl. vielmehr „Unstreitigkeit oder Titulierung" und „Vorbereitungskosten" (aA VGH Bayern JurBüro 2008, 26).

Steuerberater: Eine Anrechnung erfolgt auch bei ihm (FG Düsseldorf JurBüro 2012, 530; FG Niedersachsen NVwZ-RR 2010, 704).

Titulierung: → „Unstreitigkeit oder Titulierung".

Unstreitigkeit oder Titulierung: Die Anrechnung erfolgt schon wegen der Möglichkeit der Einstufung von Vorbereitungskosten als Prozesskosten, → „Vorbereitungskosten", unabhängig von einer Unstreitigkeit oder Titulierung (BGH FamRZ 2009, 225; OLG Bamberg Rpfleger 2009, 474; OLG Düsseldorf MDR 2009, 354; aA BGH NJW 2011, 862; OLG München JurBüro 2009, 473).

Verfahrensart: Eine Anrechnung erfolgt in jeder Verfahrensart (KG JurBüro 2009, 78).

Vergabe: Eine Anrechnung kann auch in einer Sache vor der Vergabekammer erfolgen (BGH NJW 2010, 76; KG JurBüro 2009, 78, jede Verfahrensart; aA OLG Frankfurt a. M. JurBüro 2008, 644).

Verschiedene Gegenstände: Keine Anrechnung erfolgt zwischen verschiedenen Gegenständen nach → § 15 Rn. 12 (OLG München JurBüro 2013, 303; LG Mönchengladbach NJW 2006, 705; *Peter* AnwBl 2007, 143, je: erst Kündigung, dann Räumung; krit. N. Schneider NZM 2006, 252; aA OVG Nordrhein-Westfalen AnwBl 2017, 1006).

Versicherung: Eine Anrechnung einer Geschäftsgebühr auf die Verfahrensgebühr erfolgt nach einer außergerichtlichen Regulierungsbemühung auch dann, wenn nur der Versicherungsnehmer Bekl. wurde (KG JurBüro 2013, 415, OLG München JurBüro 2012, 244).

Vorbereitungskosten: Eine Anrechnung erfolgt hauptsächlich deshalb, weil die Geschäftsgebühr VV 2300 durchaus als ein Teil der Vorbereitungskosten zu den folgenden Prozesskosten zählen kann (BGH NJW-RR 2008, 1095; KG JurBüro 2009, 78; OLG Oldenburg JurBüro 2007, 35; aA BGH NJW 2008, 1324; zust. Fölsch MDR 2008, 886; krit. Schons AnwBl 2008, 136; OLG Frankfurt a. M. NJW 2005, 759, OVG Niedersachsen NJW 2008, 535). Das gilt (selbstverständlich) dann nicht, wenn zwei verschiedene Rechtsanwälte tätig waren (BGH AGS 2010, 52). **Keine** Anrechnung erfolgt dann, wenn § 15a II nicht anzuwenden ist (OLG Saarbrücken JurBüro 2016, 488).

Wert: Die Anrechnung erfolgt nach dem Wert desjenigen Gegenstands, der auch Gegenstand des gerichtlichen Verfahrens ist, Vorb. 3 IV 5 (OLG Koblenz FamRZ 2009, 1089; Tomson NJW 2007, 296).

Zahlung: Eine Anrechnung erfolgt unabhängig davon, ob der Auftraggeber zB die bisherige Verfahrensgebühr schon bezahlt hatte (OLG Frankfurt a. M. NJW 2009, 2964; aA OLG Frankfurt a. M. FamRZ 2013, 323 (4. FamS); OLG München JurBüro 2009, 472).

3. Beim selbständigen Beweisverfahren (Vorb. 3 V). Soweit der Gegenstand des nach §§ 485 ff. ZPO selbständigen Beweisverfahrens auch der Gegenstand eines Rechtsstreits ist oder wird, ist die Verfahrensgebühr des Beweisverfahrens zunächst auf diejenige des jeweiligen Rechtszugs nach § 19 anzurechnen, Vorb. 3 V (BGH FamRZ 2007, 1006 (Altfall); OLG Düsseldorf JurBüro 2010, 422; OLG München JurBüro 2009, 475). Das setzt für beide Verfahren die Nämlichkeit des Rechtsanwalts (auch als Verkehrsanwalt) voraus (aA OLG Hamburg MDR 2007, 559), ferner die Nämlichkeit der Parteien. Eine Stellung als bloßer Streithelfer nach §§ 66 ff. ZPO im Hauptverfahren reicht (OLG Celle JurBüro 2016, 18). Unterschiedliche Bewertungen im Beweisverfahren einerseits und im Hauptprozess andererseits ändern nichts an der grundsätzlichen Anrechenbarkeit. 31

Keine Anrechnung erfolgt dann, wenn der Antragsteller des Beweisverfahrens den Anspruch im späteren Prozess als Bekl. zur Hilfsaufrechnung stellt und wenn das Gericht nicht über ihn mitentscheidet (OLG Hamburg JurBüro 1989, 976; KG JurBüro 1982, 441). Ein Eilverfahren ist kein Hauptprozess (KG JurBüro 1984, 1243; OLG München NJW-RR 1999, 655; OLG Schleswig JurBüro 1987, 1223; aA OLG 32

Koblenz JurBüro 1995, 481, aber dann gäbe es nur einen „zweiten" Hauptprozess). Keine Anrechnung erfolgt auch bei der Terminsgebühr. Das ergibt der klare Wortlaut der Anm. 3 V. Denn sie nennt nur die Verfahrensgebühr.

33 **4. Bei Zurückverweisung (Vorb. 3 VI).** Soweit das übergeordnete Gericht die Sache zB nach § 538 ZPO an ein untergeordnetes zurückverweist, das sich mit der Sache schon befasst hatte, also nicht an ein neues anderes Gericht, ist die vor dem früheren Gericht schon entstandene Verfahrensgebühr nach der Vorb. 3 VI grundsätzlich auf diejenige für das dort erneute Verfahren anzurechnen. Das gilt auch im FamFG-Verfahren. Das gilt auch beim Verkehrsanwalt (OLG München JurBüro 1992, 167).

34 **Unanwendbar** mag diese Vorschrift freilich dann sein, wenn zwischen dem Ende des ersten Verfahrens und dem Beginn des zweiten mehr als zwei Kalenderjahre liegen (OLG München AnwBl 2006, 588), oder bei einem erst jetzt neu beauftragten anderen Rechtsanwalt (OLG Celle BauR 2016, 157).

35 **5. Nach vereinfachtem Unterhaltsverfahren (Anm. I).** Soweit ein vereinfachtes Verfahren über den Unterhalt eines Minderjährigen nach §§ 249 ff. FamFG stattgefunden hatte, ist nach der Anm. I die dortige Verfahrensgebühr auf diejenige anzurechnen, die in der nach § 17 Nr. 3 weiteren Angelegenheit des etwa nachfolgenden Rechtsstreits nach § 255 FamFG entsteht. Der Gegenstandswert ergibt sich in beiden Angelegenheiten nach → § 15 Rn. 9 aus § 42 GKG oder § 51 FamGKG. Das gilt auch für den Verkehrsanwalt. Eine im Urkundenprozess nach §§ 592 ff. ZPO verdiente Gebühr bleibt unberührt. Aber → Rn. 36.

36 **6. Nach Urkunden- oder Wechselprozess (Anm. II).** Die im Verfahren nach §§ 592–599 ZPO entstandene Verfahrensgebühr ist nach der Anm. II auf diejenige für das Nachverfahren anzurechnen, soweit es entweder infolge einer Abstandnahme des Klägers nach § 596 ZPO oder infolge eines Vorbehaltsurteils nach § 599 ZPO nur gemäß § 600 ZPO stattfindet.

37 **7. Nach Vermittlungsverfahren (Anm. III).** Eine im Vermittlungsverfahren nach § 165 FamFG entstandene Verfahrensgebühr ist nach der Anm. III auf diejenige für ein sich anschließendes Gerichtsverfahren anzurechnen. Das kommt praktisch nur bei einem gegenüber dem Vermittlungsverfahren höheren Gegenstandswert des anschließenden Gerichtsverfahrens in Betracht. Das letztere muss in einem gewissen sachlichen und zeitlichen Zusammenhang mit dem ersteren stehen, um noch „anschließend" zu verlaufen, Riedel/Sußbauer/Ahlmann Rn. 18.

38 **8. Unanwendbarkeit von VV 3100 ff. bei VV 6100 ff. (Vorb. 3 VII).** Da nach dieser Vorschrift VV 3100–3518 in den sonstigen Verfahren nach VV 6100–6404 gänzlich nicht anzuwenden sind, entfällt (selbstverständlich) auch insoweit jede Anrechnung.

Nr.	**Gebührentatbestand**	**Gebühr oder Satz der Gebühr nach § 34 GKG**
3101	**1. Endigt der Auftrag, bevor der Rechtsanwalt die Klage, den ein Verfahren einleitenden Antrag oder einen Schriftsatz, der Sachanträge, Sachvortrag, die Zurücknahme der Klage oder die Zurücknahme des Antrags enthält, eingereicht oder bevor er einen gerichtlichen Termin wahrgenommen hat;** **2. soweit Verhandlungen vor Gericht zur Einigung der Parteien oder der Beteiligten oder mit Dritten über in diesem Verfahren nicht rechtshängige Ansprüche geführt werden; der Verhandlung über solche Ansprüche steht es gleich, wenn beantragt ist, eine Einigung zu Protokoll zu nehmen oder das Zustandekommen einer Einigung**	

Nr.	Gebührentatbestand	Gebühr oder Satz der Gebühr nach § 34 GKG
	festzustellen (§ 278 Abs. 6 ZPO), oder wenn eine Einigung dadurch erfolgt, dass die Beteiligten einen in der Form eines Beschlusses ergangenen Vorschlag schriftlich oder durch Erklärung zu Protokoll in der mündlichen Verhandlung gegenüber dem Gericht annehmen (§ 101 Abs. 1 Satz 2 SGG, § 106 Satz 2 VwGO); oder	
	3. soweit in einer Familiensache, die nur die Erteilung einer Genehmigung oder die Zustimmung des Familiengerichts zum Gegenstand hat, oder in einem Verfahren der freiwilligen Gerichtsbarkeit lediglich ein Antrag gestellt und eine Entscheidung entgegengenommen wird,	
	beträgt die Gebühr 3100	**0,8**
	I Soweit in den Fällen der Nummer 2 der sich nach § 15 Abs. 3 RVG ergebende Gesamtbetrag der Verfahrensgebühren die Gebühr 3100 übersteigt, wird der übersteigende Betrag auf eine Verfahrensgebühr angerechnet, die wegen desselben Gegenstands in einer anderen Angelegenheit entsteht.	
	II Nummer 3 ist in streitigen Verfahren der freiwilligen Gerichtsbarkeit, insbesondere in Verfahren nach dem Gesetz über das gerichtliche Verfahren in Landwirtschaftssachen, nicht anzuwenden.	

Übersicht

1 **I. Systematik (Nr. 1–3).** Die Vorschrift ergänzt VV 3100 als eine vorrangige Sondervorschrift mit einer sog. Differenzverfahrensgebühr. Sie bezieht sich also nur auf die Verfahrensgebühr, nicht auf die Terminsgebühr. Sie enthält zugleich eine Einschränkung des § 15 IV. Auch gegenüber jener Vorschrift ist VV 3101 vorrangig. Der vorzeitigen Beendigung des Auftrags steht auch eine vorzeitige Erledigung der Angelegenheit gleich. Denn auch sie erübrigt die weitere Durchführung des Auftrags (aA OLG München NJW 1980, 106). Ähnliche Bestimmungen wie VV 3101 enthalten VV 3201, 3207, 3301 usw. VV 3101 kann zu VV 1000 hinzutreten (OLG Stuttgart MDR 2008, 1067).

2 **II. Regelungszweck (Nr. 1–3).** Die Regelung soll eine an sich ja bereits mit der auftragsgemäßen Entgegennahme der Information entstandene Vergütung einschränken, soweit die Tätigkeit des Rechtsanwalts nicht nach außen hervortritt (OLG Koblenz JurBüro 1996, 307; OLG Nürnberg JurBüro 1995, 191; Buchwaldt NJW 1994, 638 (639), auch zum Schiedsrichter). Die Vorschrift gibt demgemäß diejenige Mindesttätigkeit des Rechtsanwalts an, die zur Auftragsannahme hinzukommen muss, damit er eine 0,8 Verfahrensgebühr verdient (OLG Nürnberg JurBüro 2005, 191). Im Übrigen gilt VV 3101 unabhängig vom tatsächlichen Umfang der Tätigkeit des Rechtsanwalts.

3 **III. Persönlicher Anwendungsbereich (Nr. 1–3).** Die Vorschrift setzt wie VV 3100 voraus, dass der Rechtsanwalt ProzBev nach § 81 ZPO oder VerfBev ist, sei es des Klägers, des Bekl., eines Beteiligten, eines Streitgenossen nach §§ 59 ff. ZPO oder eines Beigeladenen oder Streithelfers nach §§ 66 ff. ZPO (OLG Nürnberg JurBüro 1994, 671). Die Vorschrift ist auf den Verkehrsanwalt nach VV 3400 entsprechend anzuwenden (vgl. OLG Düsseldorf MDR 1989, 1112). Sie ist dann nicht anzuwenden, wenn das Gericht die Verfahrensgebühr infolge eines geringeren gebührenmäßigen Gewichts des Verfahrens auf einen anderen Betrag als 1,3-Gebühr festgesetzt hat oder wenn es sich um eine feste Bruchteilsgebühr handelt.

4 Soweit der Rechtsanwalt nach seiner Beiordnung im Weg der **Prozess- oder Verfahrenskostenhilfe** nach §§ 114 ff. ZPO, § 76 FamFG keine der in VV 3101 genannten Tätigkeiten ausübt, entscheidet der Umfang der Beiordnung nach §§ 44 ff. darüber, ob eine vor ihr stattgefundene Tätigkeit noch unter die Beiordnung fällt. Das gilt etwa bei einer ausdrücklichen oder stillschweigenden Beiordnung für die Instanz. Die Beiordnung wirkt für die Berechnung grundsätzlich nicht zurück (OLG Schleswig SchlHA 1987, 142).

5 Es kommt also zB bei der Einreichung eines Rechtsmittels **vor der Beiordnung** unter Umständen nur 0,8-Verfahrensgebühr in Betracht.

6 **IV. Vorzeitige Beendigung des Auftrags (Nr. 1).** Der folgende Grundsatz hat zahlreiche Auswirkungen.

7 **1. Grundsatz: Enge Auslegung.** Beim Vorliegen einer der in VV 3101 genannten Gründe ist im Allgemeinen davon auszugehen, dass die Tätigkeit des Rechtsanwalts wesentlich geringer ist als bei einer nicht vorzeitigen Beendigung des Auftrags usw. Daher muss der Rechtsanwalt unter den Voraussetzungen der Vorschrift eine Verringerung der eigentlichen Gebühr hinnehmen. Als eine vorrangige Sonderregel gegenüber VV 3100 ist VV 3101 eng auszulegen. Diese Vorschrift enthält also eine abschließende Aufzählung der Voraussetzungen (OLG Koblenz Rpfleger 1999, 567). Es müssen sämtliche folgenden Voraussetzungen vorliegen.

8 **2. Auftragsbeendigung.** Der Auftrag muss (selbstverständlich) zunächst einmal überhaupt wirksam entstanden sein. Er muss sodann geendet haben, bevor der Rechtsanwalt eine der Tätigkeiten → Rn. 12–24 begonnen hat. Die Art der Beendigung des Auftrags ist unerheblich. Das beendigende Ereignis muss sich zumindest auch auf diesen Verfahrensauftrag beziehen (BGH NJW 2002, 3712). Je nach der Art des beendigenden Ereignisses ist zu prüfen, ob die Beendigung vor dem Beginn der Tätigkeit nach → Rn. 12–24 wirksam geworden ist.

9 Das **weitere Schicksal** des materiellrechtlichen Anspruchs ist unerheblich.

10 Es kann je nach der Art des beendigenden Ereignisses nach §§ 674, 675 I BGB auch darauf ankommen, ob der Rechtsanwalt eine Kenntnis hatte oder haben musste

(OLG Hamburg MDR 1998, 561; OLG Koblenz JurBüro 1998, 537; OLG Naumburg JurBüro 2003, 419).

3. Beispiele zur Frage einer Auftragsbeendigung (Nr. 1)

Einspruchsrücknahme: Auftragsbeendigung ist die Rücknahme eines Einspruchs zB nach §§ 346, 700 IV 1 ZPO. 11

Erfüllung: Auftragsbeendigung ist eine Erfüllung.

Erledigung: Auftragsbeendigung ist jeder erledigende Vorgang.

Geschäftsunfähigkeit: Auftragsbeendigung ist der Eintritt der Geschäftsunfähigkeit des Auftraggebers nach § 672 BGB.

Insolvenz: Auftragsbeendigung ist eine Insolvenz des Auftraggebers, soweit der Auftrag die Insolvenzmasse betrifft.

Klagerücknahme: Auftragsbeendigung ist die Klagerücknahme nach § 269 ZPO (OLG Hamburg JurBüro 1975, 1607).

Kündigung: Auftragsbeendigung ist (selbstverständlich) auch eine wirksame Kündigung. Maßgebend ist ihr Zugang nach § 130 BGB. Es ist unerheblich, ob der Rechtsanwalt oder der Auftraggeber gekündigt haben und wer den Anlass gegeben hat.

Mahnbescheids-„Rücknahme“: Auftragsbeendigung für den Antragsgegner ist auch die Rücknahme des Antrags nach § 690 ZPO selbst dann, wenn auch der Auftraggeber (Antragsgegner) Widerspruch nach § 694 ZPO einlegen ließ (OLG Koblenz JurBüro 2010, 257).

Rechtsmittelrücknahme: Auftragsbeendigung ist die Rücknahme eines Rechtsmittels zB nach §§ 516, 555 ZPO.

Tod: Auftragsbeendigung ist der Tod des Auftraggebers oder des Rechtsanwalts als Alleinbeauftragten.

Vergleich: Auftragsbeendigung ist ein gerichtlicher Vergleich oder ein außergerichtlicher Vergleich nach § 779 BGB.

Zahlung: Auftragsbeendigung ist eine Zahlung.

Zeitablauf: Auftragsbeendigung kann ein Zeitablauf sein.

4. Vor Klage. Der Auftrag muss geendet haben, bevor der Rechtsanwalt eine dem § 253 ZPO entsprechende Klage ordnungsgemäß eingereicht hat. Eine „Klage“ ohne einen Antrag oder eine Begründung ist nicht ordnungsgemäß (AG St. Wendel JurBüro 2006, 363). „Eingereicht“ ist die Klage, wenn die Klageschrift so auf den Weg gebracht worden ist, dass ihr Zugang ausschließlich von der Tätigkeit Dritter, etwa eines Postbeförderungsunternehmens, abhängig ist (BGHZ 217, 287 = NJW 2018, 1403 Rn. 12 mNachw zum Meinungsstand. Maßgeblich ist die Einreichung bei dem Gericht, an das die Klageschrift nach dem Willen des Rechtsanwalts gehen sollte. Das gilt unabhängig davon, ob dieses Gericht sachlich und/oder örtlich wirklich zuständig war. Ein Eingang beim Gegner ist weder erforderlich noch ausreichend. Das Gericht braucht noch nichts veranlasst zu haben (KG JurBüro 1985, 1030). Es braucht auch noch kein etwa zB nach § 12 GKG erforderlicher Vorschuss eingegangen zu sein. Der bloße Sachvortrag in einer Schutzschrift nach § 945a I 2 ZPO lässt dennoch VV 3101 anwendbar bleiben (OLG Hamburg MDR 2005, 1196). Die **Widerklage** unterliegt denselben vorstehenden Regeln. 12

5. Vor Einleitungsantrag. Der Auftrag muss geendet haben, bevor der Rechtsanwalt zB im FamFG-Verfahren den ein Verfahren einleitenden ordnungsgemäß unterschriebenen Antrag eingereicht hat (OLG Karlsruhe FamRZ 2014, 1941; OLG München MDR 1982, 118; AG Oberhausen JurBüro 2011, 246). Das gilt auch beim Eilantrag nach §§ 920, 936 ZPO oder beim Antrag auf ein streitiges Verfahren nach einem Widerspruch gegen den Mahnbescheid nach § 697 ZPO (LG Kiel JurBüro 1998, 360; Meyer JurBüro 2008, 16 (17)), oder beim Antrag auf die Vollstreckbarerklärung eines Schiedsspruchs nach § 1060 ZPO. Es reicht aus, dass der Antrag gerade ein gerichtliches Verfahren in dieser Instanz einleiten sollte (BGH NJW 2002, 3712), also etwa das streitige Verfahren nach → Rn. 25 „Mahnverfahren“. Auch hier ist wie bei → Rn. 12 die Absendung an dasjenige Gericht maßgeblich, an das der Antrag adressiert war. Das gilt auch hier unabhängig davon, ob dieses Gericht in Wahrheit sachlich und/oder örtlich zuständig war. 13

14 **6. Vor Sachantrag.** Der Auftrag muss geendet haben, bevor der Rechtsanwalt zum Beginn oder im Verlauf des Verfahrens einen ordnungsgemäß unterschriebenen Schriftsatz mit zumindest auch einem Sachantrag eingereicht oder wiederholt hat. Zum Begriff des Sachantrags Anders/Gehle/Bünnigmann ZPO § 297 Rn. 4 ff. Sachantrag ist also derjenige, der den Inhalt der gewünschten Sachentscheidung bestimmt und nach § 308 I ZPO usw begrenzt (BAG NJW 2003, 1548; KG Rpfleger 2009, 52; LG Mönchengladbach Rpfleger 2006, 169). Das kann auch stillschweigend erfolgen (BGH NJW 1992, 839; OLG München JurBüro 1991, 227). Auch hier kommt es nur auf Absendung an das Gericht an, an das der Schriftsatz gerichtet werden sollte (→ Rn. 12). Das gilt auch hier unabhängig davon, ob dieses Gericht sachlich und/oder örtlich zuständig war. Eine Begründung des Sachantrags ist kostenrechtlich entbehrlich. Eine förmliche Zustellung nach §§ 166 ff. ZPO ist kein zwingendes Erfordernis (aA OLG Hamburg JurBüro 1983, 1819, aber es kommt allein auf den Inhalt und erst dann auf dessen Übermittlungsart an).

15 **7. Vor Sachvortrag.** Der Auftrag muss geendet haben, bevor der Rechtsanwalt einen eigenen Schriftsatz mit einem Sachvortrag eingereicht hat (OLG Hamburg MDR 1979, 211; OLG Karlsruhe MDR 1997, 107; OLG München JurBüro 2013, 73). Seine Zustellung an den Gegner ist hier nicht erforderlich. Sachvortrag ist etwas anderes als der eigentliche Sachantrag nach → Rn. 14 (OLG München JurBüro 2009, 478 (zu VV 3201)). Ein Schriftsatz ohne jeden Sach**antrag** kann also dennoch einen Sach**vortrag** enthalten. Sachvortrag ist das Vorbringen eines jeden Angriffs- oder Verteidigungsmittels, also jede Ausführung zur Sache selbst. Sachvortrag ist nicht auch dasjenige, was nur zur Zuständigkeit oder zu einer sonstigen Zulässigkeitsfrage oder zu einer sonstigen bloßen Verfahrensfrage erfolgt, also zB eine Bitte um eine Terminierung oder Terminsverlegung, ein Aussetzungsantrag, eine Insolvenzmitteilung, die Bestellung eines ProzBev (aA Gerold/Schmidt/Müller-Rabe Rn. 35). Sie fordert zwar nicht weniger Sorgfalt und hängt stets eng mit dem Streitgegenstand zusammen. Indessen ist beim Vortrag ebenso wie beim Antrag eben zwischen demjenigen zur Sache und demjenigen zum Prozessablauf zu unterscheiden. Hierher gehört auch nach → Rn. 25 „Arrest, einstweilige Verfügung" die Schutzschrift gegen einen erwarteten gegnerischen Eilantrag nach § 945a I 2 ZPO (OLG Düsseldorf Rpfleger 2007, 48; OLG Nürnberg MDR 2005, 1317).

16 Eine **Bezugnahme,** sogar in einem anderen Schriftsatz, etwa in einem Prozess- oder Verfahrenskostenhilfegesuch nach § 117 ZPO, § 76 FamFG, kann bei einem engen zeitlichen und sachlichen Zusammenhang ausreichen (BGH NJW 1992, 840 (großzügig), vgl. freilich auch BGH NJW 1992, 840).

17 **8. Vor Klagerücknahme.** Der Auftrag muss geendet haben, bevor der Rechtsanwalt eine schriftsätzliche teilweise oder gänzliche Zurücknahme der Klage oder Widerklage nach § 269 ZPO oder des Rechtschutzgesuchs erklärt hat (Hansens JurBüro 1986, 495), oder bevor er nach → Rn. 19 die Rücknahme eines Widerspruchs gegen einen Mahnbescheid nach § 694 ZPO eingereicht hat (OLG München JurBüro 1985, 402). Der Rechtsanwalt braucht die Klagerücknahme nicht ausdrücklich als solche bezeichnet zu haben. Sie muss aber unbedingt sein. Im Übrigen ist auch hier die Absendung an das Gericht maßgeblich. Es kommt also insbes. nicht darauf an, ob und wann das Gericht die Klagerücknahme dem Bekl. zugestellt oder übersandt hat.

18 Hier kommt es wegen § 269 III 3 lt. Hs. ZPO evtl. nicht mehr darauf an, ob der Schriftsatz bei dem Gericht eingereicht wird, bei dem die Klage derzeit nach § 261 ZPO wirklich **rechtshängig** war. Es ist unerheblich, ob dieses Gericht in jenem Zeitpunkt sachlich und/oder örtlich zuständig war. Die Einreichung bei einem solchen Gericht, bei dem die Klage nicht schwebte, löst allerdings keine wirksame Klagerücknahme aus.

19 **9. Vor Antragsrücknahme.** Der Auftrag muss geendet haben, bevor der Rechtsanwalt einen Schriftsatz mit der Zurücknahme eines Antrags eingereicht hat. Auch hier kommt es lediglich auf den Einreichung bei demjenigen Gericht an, an das der Rechtsanwalt seinen Schriftsatz gerichtet hatte, nicht auf die Zustellung oder Übersendung durch dieses Gericht an den Antragsgegner. Sofern der Rechtsanwalt seinen Schriftsatz bei demjenigen Gericht eingereicht hat, bei dem das Verfahren bisher

schwebte, kommt es nicht darauf an, ob dieses Gericht in diesem Zeitpunkt sachlich und/oder örtlich zuständig war. Die Mitteilung einer Aussöhnung nach → VV 1001 Rn. 8ff. steht einer Rücknahme des (Scheidungs-)Antrags gleich. Auch hierher gehört die Rücknahme des Widerspruchs gegen den Mahnbescheid nach → Rn. 17 (OLG München JurBüro 1985, 402).

10. Vor Terminswahrnehmung. Der Auftrag muss geendet haben, bevor der Rechtsanwalt einen gerichtlichen Termin wahrgenommen hat. Die Art des Termins ist unerheblich. Es genügt ein Güte- oder Sühne- oder Beweistermin auch vor dem nach §§ 361, 362 ZPO beauftragten oder ersuchten Richter. Auch ein Verkündungstermin reicht (aA Gerold/Schmidt/Müller-Rabe Rn. 60, aber VV 3100, auf das VV 3101 Bezug nimmt, schafft eine Verfahrensgebühr, und die Verkündung gehört nicht nur wegen des Anlaufs einer Frist usw zum Verfahren). Es kommt nicht darauf an, ob das Gericht den Termin in der Ladung usw richtig bezeichnet hat. Es kommt auch nicht darauf an, ob das Gericht eine Einlassungs- oder Ladungsfrist nach § 274 ZPO beachtet hat. Ein Termin des gerichtlich bestellten Sachverständigen ist wegen dessen Stellung als eines Gehilfen des Gerichts auf Grund der Vorb. 3 III ausreichend. 20

11. Terminsbeginn. Der Termin beginnt mit dem Aufruf der Sache im Sitzungssaal nach § 220 I ZPO. Ein vorheriger Aufruf dieser Sache vor dem Sitzungssaal ist auch dann nicht zu beachten, wenn das Gericht zu dieser Terminsstunde nur diese Sache anberaumt hatte. Denn erst durch den Aufruf im Sitzungssaal gibt das Gericht durch den Vorsitzenden seine Bereitschaft und seinen Willen zu erkennen, sich jetzt dieser Sache zuzuwenden. 21

Wenn der Vorsitzende im Sitzungssaal gleichzeitig **mehrere** Sachen „aufrufen" lässt, liegt noch kein Aufruf dieser Sache vor. Vielmehr muss der Vorsitzende die einzelne Sache unmittelbar vor der Beschäftigung mit ihr erneut im Sitzungssaal aufrufen. 22

12. Verhandlungsbereitschaft. Dementsprechend ist es erforderlich und ausreichend, dass der Rechtsanwalt in diesem letzteren Zeitpunkt für die Partei gerade als der ProzBev nach § 81 ZPO und nicht nur als ein Terminsvertreter verhandlungsbereit im Sitzungssaal anwesend ist (OLG Hamm MDR 1978, 151; OLG München JurBüro 1994, 542), oder dass er während des weiteren Verlaufs dieses Termins in einer solchen Absicht und Bereitschaft den Sitzungssaal betritt und sich als der ProzBev für die Partei dem Gericht gegenüber zu erkennen gibt. Es ist unter dieser Voraussetzung nicht erforderlich, dass der Rechtsanwalt einen Antrag stellt usw (KG MDR 1988, 787, Vergleich). Der Rechtsanwalt des Streitverkündeten nach § 72 ZPO nimmt einen Termin aber erst dann für den Auftraggeber wahr, wenn dieser dem Rechtsstreit nach § 74 I ZPO beigetreten ist (OLG Hamm MDR 1975, 943; OLG Köln JurBüro 2014, 377). Eine Vertagung alsbald nach einem Einzelaufruf etwa wegen der Abwesenheit eines entschuldigten Beteiligten ist unerheblich. 23

Eine Anwesenheit nur zum Zweck der **Mitteilung der Niederlegung** des Mandats oder der Absicht, keinen Sachantrag zu stellen, ist keine Termins-„Wahrnehmung" (OLG Hamm Rpfleger 1977, 458; OLG München JurBüro 1994, 542). Es reicht aber die bloße Absicht eines Vergleichsabschlusses (KG MDR 1988, 787, oder eines Teilanerkenntnisses usw, KG JurBüro 1977, 1379). Es ist unerheblich, ob sich der Termin auch auf einen bisher nicht nach § 261 ZPO rechtshängigen Anspruch erstrecken sollte und erstreckt hat. Es reicht aus, dass der Rechtsanwalt den Auftrag hatte, zumindest wegen desjenigen Anspruchs am Termin teilzunehmen, den er für den Auftraggeber durchsetzen oder abwehren sollte. Das Erscheinen trotz einer vorherigen Kenntnis von der Terminsaufhebung reicht nicht. Ebenso wenig reicht eine Erörterung mit dem Gericht außerhalb des Sitzungssaals oder Ortstermins (OLG Koblenz AnwBl 1983, 91), oder ein Telefonat mit dem Richter (OLG Düsseldorf AnwBl 1984, 616; OLG München Rpfleger 1993, 40). Es ist unerheblich, ob der Prozessgegner oder dessen ProzBev erschienen ist. 24

13. Beispiele zur Frage einer vorzeitigen Beendigung (Nr. 1)

Abmahnung: Sie kann dann zu Nr. 1 zählen, wenn auch schon ein Klagauftrag für den Fall des Scheiterns vorlag (LG Hamburg GRUR-RR 2009, 199). 25

Akteneinsichtsantrag: Er ist **kein** Sachantrag (OLG Hamm AnwBl 1982, 70).

Aktenlageverfahren: Ein Antrag auf eine Entscheidung nach der Aktenlage nach §§ 251a II, 331a ist **kein** Sachantrag.

Anerkenntnis: Es kann zu Nr. 1 zählen (OLG Celle Nds. Rpfl. 1987, 282; OLG Dresden JurBüro 1998, 470).

Ankündigung: Eine bloße Ankündigung selbst eines Sachantrags nach → Rn. 12 ist gerade noch **kein** solcher (OLG Düsseldorf Rpfleger 2000, 567).

Antragsrücknahme: Zunächst → Rn. 19. Zwar spricht Nr. 1 in seinem Wortlaut einerseits von der Stellung eines „Sachantrags", andererseits von der Zurücknahme „des Antrags", nicht des „Sachantrags". Indessen bringt das Wort „des" (Antrags) zum Ausdruck, dass es sich um die Zurücknahme eben eines Antrags der vorgenannten Art und daher eines Sachantrags nach → Rn. 14 handeln muss. Es reicht also nicht aus, dass der Schriftsatz nur die Zurücknahme eines Prozessantrags enthält.

Die **Art** desjenigen Sachantrags, den der Rechtsanwalt im Schriftsatz zurücknimmt, ist unerheblich. Ein Sachantrag ist insbesondere derjenige auf eine **Klagabweisung,** OLG Koblenz VersR 1978, 353. Das gilt freilich erst, wenn der Rechtsanwalt des Bekl. diesen Antrag nach der Rechtshängigkeit nach § 261 ZPO stellt (OLG Köln JurBüro 1995, 81; OLG München MDR 1982, 418).

Auch der Antrag auf die Zurückweisung oder Verwerfung des **Rechtsmittels** oder Rechtsbehelfs reicht (für VV 3201) aus (OLG Frankfurt a. M. NJW-RR 1986, 1320; OLG Karlsruhe JurBüro 1994, 159; OLG Oldenburg MDR 2006, 418; aA OLG München Rpfleger 1997, 540; OLG Naumburg FamRZ 2001, 1392; LAG Thüringen MDR 2001, 477, aber aus der Sicht des Rechtsmittelbekl war der Sachantrag stets vorsorglich statthaft und sinnvoll).

Hierher gehört auch die **Rücknahme** eines Rechtsmittels (OLG Brandenburg MDR 2001, 111; OLG Jena FamRZ 2004, 47; OLG Stuttgart Rpfleger 1998, 261; aA KG AnwBl 1984, 621; OLG Nürnberg MDR 2000, 415).

Es kommt nicht darauf an, ob das Gericht den Antrag dem Gegner förmlich **zustellen** muss. Die Zurücknahme eines Sachantrags außerhalb eines Schriftsatzes fällt nicht unter Nr. 1. Das ergibt sich aus dem klaren Wortlaut, der „einen Schriftsatz" erfordert. Es ist unerheblich, ob der Schriftsatz eine förmliche Zustellung erfordert. Vgl. allerdings → „Arrest, einstweilige Verfügung".

Anwaltsbestellung: Die bloße Mitteilung einer Bestellung zum Rechtsanwalt ist **kein** Sachantrag nach → Rn. 14 (OLG Koblenz JurBüro 1987, 1365). Auch → „Verteidigungsanzeige".

Arbeitsgerichtsverfahren: Ein Gütetermin nach § 54 ArbGG ist ebenso wie ein Verhandlungstermin im Urteils- oder Beschlussverfahren ein Termin nach Nr. 1.

Arrest, einstweilige Verfügung: Das Verfahren über einen Antrag auf die Anordnung, Abänderung oder Aufhebung eines Arrests oder einer einstweiligen Verfügung nach §§ 920, 936 ZPO gilt zusammen mit dem Anordnungsverfahren nach § 16 Nr. 5 als dieselbe Angelegenheit nach → § 15 Rn. 9. Daher ist ein Anordnungsantrag **kein** Einleitungsantrag nach → Rn. 13. Indessen ist aus der Sicht des Antragsgegners ein Abänderungs- oder Aufhebungsantrag nach § 927 ZPO jedenfalls dann der Beginn des Verfahrens für ihn, wenn er sich zuvor noch nicht gewehrt hatte. Das gilt unabhängig davon, ob er sich zuvor hätte wehren können.

Nr. 1 kann auch dann anzuwenden sein, wenn der Rechtsanwalt eine **Schutzschrift** nach § 945a I 2 ZPO im Auftrag des Antragsgegners vor dem Eingang des gegnerischen erwarteten und vielleicht auch hochgradig wahrscheinlichen Antrags auf den Erlass eines Arrests oder einer einstweiligen Verfügung eingereicht hat (BGH NJW 2003, 1257 mzustAnm *Teplitzky* LMK 2003, 95; OLG Hamburg MDR 2002, 1153; KG NJWE-WettbR 2000, 24; aA OLG Düsseldorf JurBüro 1991, 942; OLG Koblenz JurBüro 1990, 1160), oder gar vor dessen Rücknahme (BGH NJW-RR 2007, 1575). Freilich zeigen sich hier die problematischen Folgen einer Zulassung der sog. Schutzschrift auch kostenrechtlich. Bei ihrer Zulassung muss man aber auch insoweit konsequent bleiben. Ein Widerspruch ist grds. ein Sachantrag (OLG München MDR 1991, 165).

Legt der Rechtsanwalt einen **auf die Kosten beschränkten Widerspruch** gegen eine Beschlussverfügung ein, erhält er nicht etwa zusätzlich zu den nach dem Kostenwert entstehenden Gebühren eine erstattungsfähige 0,8 Gebühr nach dem

Streitwert des Verfügungsanspruchs (BGH NJW 2013, 3104; OLG Hamburg JurBüro 1989, 1737; OLG Koblenz Rpfleger 1986, 407; aA KG MDR 1985, 770; OLG Köln JurBüro 1992, 803, aber es geht um einen Anspruchsverzicht).

Aussetzung: Der bloße Aussetzungsantrag zB nach §§ 148 ff. ZPO ist **kein** Sachantrag, sondern ein Prozessantrag. Dasselbe gilt beim Aufnahmeantrag (OLG Karlsruhe JurBüro 1997, 138).

Beiladung: Es gilt dasselbe wie in → „Streitverkündung".

Drittschuldnerklage: Nr. 1 kann anzuwenden sein (LG Bonn JurBüro 2001, 26).

Ehesache: Die Zustimmung zur Scheidung nach § 134 FamFG ist ein Sachantrag nach → Rn. 12 (OLG Frankfurt a. M. JurBüro 1981, 1527; KG AnwBl 1984, 375). Der Antrag auf den Erlass einer einstweiligen Anordnung nach §§ 49 ff. FamFG leitet nach → Rn. 13 ein Verfahren ein (OLG Oldenburg FamRZ 2007, 575). Die Ankündigung, keinen Antrag zu stellen, ist (selbstverständlich) ihrerseits **kein** Sachantrag (OLG München AnwBl 1980, 259).

Ein **Vergleich** im Hinblick auf eine Ehesache ist nach § 72 EheG (wegen einer Altehe), § 1585c BGB rechtlich begrenzt zulässig. In ihn können die Parteien solche Streitpunkte einbeziehen, für die weder die sachliche noch die örtliche Zuständigkeit des angerufenen Gerichts besteht (BGHZ 48, 334 (336) = NJW 1968, 52). Er ist gebührenrechtlich evtl. nach VV 1000 zu beurteilen (OLG Koblenz MDR 2008, 1423), aber auch evtl. nach VV 1001 oder nach → Rn. 32.

Einspruch: Ein solcher zB nach §§ 338, 700 ZPO enthält meist einen Sachantrag (OLG München AnwBl 1992, 400).

Einstweilige Anordnung: → „Ehesache".

Einstweilige Verfügung: → „Arrest, einstweilige Verfügung".

Einzelrichter: Der Antrag auf eine Übertragung auf ihn oder zurück zB nach §§ 348 III, 348a II ZPO ist **kein** Sachantrag.

Erledigung der Hauptsache: Die Ankündigung einer Erledigterklärung nach § 91a ZPO in einem Schriftsatz bedeutet nicht stets ein Ende des Auftrags (OLG Düsseldorf JurBüro 1983, 1334; aA OLG Hamm JurBüro 1985, 873). Es kann trotz einer Erledigung der Hauptsache die Kostenfrage klärungsbedürftig sein (LG Berlin NJW-RR 1997, 61).

Erörterungstermin: Die Wahrnehmung eines Erörterungstermins ist nach → Rn. 20–24 eine Terminswahrnehmung.

Erscheinen der Partei: Ein solcher Schriftsatz, in dem der Rechtsanwalt lediglich mitteilt, sein Auftraggeber sei am Erscheinen in einem Termin verhindert, enthält **keinen** Sachantrag nach → Rn. 12.

Fristverlängerung: Ein solcher Schriftsatz, in dem der Rechtsanwalt lediglich eine Fristverlängerung beantragt oder vorsorglich gegen die etwaige Verlängerung einer Frist seine Bedenken anmeldet, enthält **keinen** Sachantrag nach → Rn. 14 (OLG Koblenz AnwBl 1987, 338).

Haushaltssache: Ein Antrag dazu leitet nach → Rn. 13 ein Verfahren nach §§ 200 ff. FamFG ein.

Hilfsantrag: Er kann ein Sachantrag sein, auch wenn das Gericht nicht über ihn entscheidet (BGHZ 132, 390 (397) = NJW 1996, 2306 (Hilfswiderklage); LAG Köln AnwBl 2002, 185).

Klagabweisung: Zunächst → Rn. 14. Der Klagabweisungsantrag ist ein Sachantrag (OLG Koblenz VersR 1978, 353; OLG München JurBüro 1991, 227). Das gilt freilich erst dann, wenn der Rechtsanwalt des Bekl. ihn nach der Rechtshängigkeit nach § 261 ZPO eingereicht hat (OLG München, MDR 1982, 418, fordert die Unterschrift des Rechtsanwalts), es sei denn, es liegt eine falsche, aber rechtskräftige Kostenentscheidung nach § 269 III, IV vor (OLG Nürnberg MDR 2001, 535).

Soweit der Rechtsanwalt die gegnerische Klage oder das gegnerische Rechtsmittel beantwortet, ohne zu wissen oder wissen zu müssen, dass der Gegner die Klage oder sein Rechtsmittel bereits zB nach § 516 ZPO **zurückgenommen** hat, entsteht die Gebühr VV 3100. Denn der Auftrag an den Rechtsanwalt des Bekl. erlischt noch nicht durch den Eingang der gegnerischen Maßnahme beim Gericht (OLG Hamburg MDR 1998, 561; OLG Köln JurBüro 1995, 641; OLG Naumburg JurBüro 2003, 419; aA OLG Hamm NJW-RR 1996, 576; KG JurBüro 2001, 251; OLG Nürnberg JurBüro 1995, 473).

Soweit allerdings der klägerische Rechtsanwalt dem Rechtsanwalt des Bekl. von der Klagerücknahme oder von der Rücknahme des Rechtsmittels eine **unmittelbare Kenntnis** gegeben hat, steht diese Mitteilung einer solchen durch das Gericht gleich (OLG Hamm JurBüro 1975, 1609). Damit endet dann grds. auch der Auftrag des Rechtsanwalts des Bekl. oder des Rechtsmittelbekl.

Auch → „Verteidigungsanzeige".

Klagebeschränkung: Derjenige Schriftsatz, in dem der Rechtsanwalt des Klägers eine „Beschränkung" der Klage vornimmt, enthält grds. eine teilweise Klagerücknahme. Vgl. daher → Rn. 13.

Klageeinreichung: Zunächst → Rn. 12. Die folgenden Situationen sind zu unterscheiden.

– **(Nur Klage):** Mit der bloßen Einreichung der Klageschrift nach § 253 ZPO zur Terminsbestimmung nach § 216 hat der Rechtsanwalt bereits die Gebühr VV 3100 verdient. Das gilt selbst dann, wenn das Gericht noch nichts weiter veranlasst hat. Die Einreichung ist mit der Empfangnahme durch einen zuständigen und auch zur Vornahme des Eingangsvermerks befugten Beamten bewirkt, also durch die Annahme in der Briefannahmestelle oder durch den Urkundsbeamten der Geschäftsstelle. Die Einreichung beim unzuständigen Gericht reicht nach → Rn. 10 aus, selbst wenn die Klage dann erst verspätet beim zuständigen Gericht eingeht.

– **(Klage und Prozesskostenhilfeantrag):** Es steht dem Antragsteller frei, eine Klage zusammen mit dem Antrag auf die Bewilligung von PKH nach § 117 ZPO oder später einzureichen (BGH NJW-RR 1989, 675; OLG Köln NJW 1994, 3361; OLG Zweibrücken NJW-RR 2001, 1653), sei es während des Verfahrens über seinen Antrag, sei es erst nach der Entscheidung über ihn. Durch die Klageeinreichung beginnt grds. neben dem Verfahren auf die Bewilligung von PKH auch der Rechtsstreit als solcher (OLG Bamberg JurBüro 1976, 1195). Das ist im Interesse der Klarheit und wegen der weittragenden Rechtsfolgen der Klagerhebung nach §§ 253, 261 ZPO notwendig. Die Klage gilt nach § 167 ZPO als eingereicht.

– **(Bedingte Klage):** Der Kläger mag die Klage usw auch nur für den Fall der Bewilligung von PKH nach § 119 ZPO einreichen wollen. Das ist eine Bedingung (BGH NJW-RR 2007, 1565; OLG Naumburg NJW 2014, 800; OLG Zweibrücken JurBüro 2008, 94; aA AG Luckenwalde FamRZ 2006, 1130; VG Neustadt NVwZ-RR 2009, 983, je: nicht prozesswirtschaftlich). Er muss diese Bedingung aber eindeutig zum Ausdruck bringen (BGH NJW-RR 2007, 1565; OLG Schleswig FamRZ 2010, 1360; OLG Zweibrücken JurBüro 2008, 94).

Er kann auch die Durchführung eines **Rechtsmittels** abhängig machen (BGH NJW-RR 2007, 1565).

Unter diesen Voraussetzungen liegt dann noch keine Klageeinreichung vor.

Deren Wirkung tritt erst dann ein, wenn das Gericht die PKH in dem beantragten Umfang **bewilligt** hat und wenn es seine Bewilligungsentscheidung dem Antragsteller auch zumindest formlos nach § 329 II 1 ZPO mitgeteilt hat. Es ist allerdings eine solche Entscheidung möglich, die eine Terminsbestimmung enthält oder eine Frist in Lauf setzt. Eine solche Entscheidung muss das Gericht dem Betroffenen nach § 329 II 2 ZPO förmlich zustellen, es sei denn, dass es sich um die Ladung gerade des Klägers zum ersten Termin vor dem AG nach § 497 I 1 ZPO handelt.

– **(Beispiele zur Frage einer bedingten Klage):**

Abhängigkeit von Rechtsmittel: Es kann ausreichen, die Durchführung des Rechtsmittels derart abhängig zu machen (BGH NJW-RR 2007, 1565).

Ankündigung: Trotz einer dem Wortlaut nach bloßen „Ankündigung" kann eine Auslegung ergeben, dass die Parteiprozesshandlung in Wahrheit schon vorliegt (BGH FamRZ 1990, 995; LG Saarbrücken FamRZ 2002, 1261).

Auslegung: → „Ankündigung".

Beabsichtigung: Ausreichen kann es (selbstverständlich), in demselben Schriftsatz eine objektive Kombination von Klage und PKH-Gesuch dahin zu bezeichnen, er beantrage die PKH „für die beabsichtigte Klage" (BGH NJW-RR 2000, 879; aA LG Saarbrücken FamRZ 2002, 1261).

Bedingtheit: Ausreichen kann es (selbstverständlich) von einer „bedingten Klage" zu schreiben (BGH NJW-RR 2003, 1558; aA AG Luckenwalde FamRZ 2006, 1130).

Berufung: Wegen eines Antrags auf PKH in Verbindung mit einer Berufung oder deren Begründung (BGH VersR 1991, 937; OLG Frankfurt a. M. FamRZ 1999, 1150). Auch → „Entwurf".

Entwurf: Ausreichen kann die Kennzeichnung der Klageschrift nach § 253 ZPO als einen bloßen Entwurf (BGH NJW-RR 2003, 1558 (zur Klage); NJW-RR 2000, 879 (zur Berufung); OLG Karlsruhe FamRZ 2003, 1935 (dann ist sogar eine unterschriebene Klageschrift nur bedingt); aA LG Saarbrücken FamRZ 2002, 1260).

Gegenantrag: Ausreichen kann es, den eigenen Antrag von einem Gegenantrag abhängig zu machen (OLG Brandenburg FamRZ 2014, 1722).

Klage und Prozesskostenhilfegesuch: Ausreichen kann diese ausdrückliche Bezeichnung (OLG Düsseldorf FamRZ 1987, 1281; OLG Schleswig FamRZ 2010, 1360; VGH Baden-Württemberg FamRZ 1997, 681). Indes insoweit Vorsicht (OLG Koblenz FamRZ 1998, 312; OLG Köln FamRZ 1997, 375 (ein Antrag nach § 14 Nr. 1 GKG genügt als solche nicht); OLG Zweibrücken NJW-RR 2001, 1653).

Im Prozesskostenhilfe-Prüfungsverfahren: Ausreichen kann es, die Klageschrift nach § 253 ZPO „im Prozesskostenhilfe-Prüfungsverfahren" einzureichen.

Rückwirkung: Nicht ausreichen kann eine Bitte um Rückwirkung (OLG Köln JurBüro 2005, 546; OLG München MDR 1997, 1063).

Sodann-Antrag: Ausreichen kann es, erst „sodann" um zB die Klagezustellung nach § 270 zu bitten (OLG Karlsruhe FamRZ 1988, 92).

Unterschrift: Ausreichen kann es, die Klageschrift entgegen §§ 129, 253 IV ZPO noch nicht zu unterzeichnen.

Vorab-Antrag: Ausreichen kann es, „vorab" um PKH zu bitten (KG MDR 2008, 585; OLG Karlsruhe FamRZ 1989, 716; OLG Koblenz MDR 2004, 177).

Widerspruch: Nicht ausreichen kann ein Antrag nach einem Widerspruch gegen den Mahnbescheid nach § 694 ZPO.

Klagerücknahme: → Rn. 17, → „Klagabweisung".

Klagerweiterung: Ein Schriftsatz, der die Klage erweitert, gilt nach → Rn. 13 als ein das erweiterte Verfahren einleitender Antrag.

Kostenfestsetzung: Nr. 1 kann bei einer Beschränkung des Auftrags auf das Kostenfestsetzungsverfahren nach §§ 103 ff. ZPO anzuwenden sein (LG Berlin JurBüro 1984, 1034).

Landwirtschaftssache: Ein Antrag dazu kann ein Verfahren nach → Rn. 13 einleiten.

Mahnverfahren: Der Antrag des Antragsgegners auf die Durchführung des streitigen Verfahrens nach § 697 ZPO löst die Gebühr VV 3100 aus (vgl. OLG Hamburg MDR 1994, 520; OLG Koblenz MDR 1994, 521; LG Kiel JurBüro 1998, 360; aA OLG München MDR 2001, 296, aber der Antragsgegner hatte das verständliche Recht, sich auf das streitige Verfahren sogleich mit dessen erster Ankündigung vorzubereiten). Dasselbe gilt beim Antrag des Antragstellers auf eine Überleitung ins streitige Verfahren (OLG Hamburg MDR 1994, 520; OLG Schleswig JurBüro 1984, 405; LG Kiel JurBüro 1998, 360) und beim Klagabweisungsantrag auch vor dem Vorliegen einer Anspruchsbegründung (aA OLG Brandenburg Rpfleger 2008, 668). Beim Auftrag erst nach einer Terminierung mag 0,8-Gebühr aus VV 3101 Nr. 1 nach dem Hauptsachewert und 1,3-Gebühr aus VV 3100 nach dem Kostenwert entstehen (AG Zwickau JurBüro 2006, 251, § 15 III beachten). Auch → „Antragsrücknahme".

Nebenintervention: → „Streithelfer".

Niederlegung: Die bloße Mitteilung des Rechtsanwalts über die Niederlegung des Mandats ist **kein** Sachantrag (OLG Hamm Rpfleger 1977, 458).

Patentanwalt: Nach einer Mitwirkungsanzeige kommt VV 3101 auch beim Patentanwalt in Betracht (OLG München AnwBl 1994, 198).

Prozess- oder Verfahrenskostenhilfe: Der Antrag auf die Bewilligung nach § 117 ZPO, § 76 FamFG leitet nach → Rn. 13 ein Verfahren ein (aA OLG Saarbrücken JurBüro 1987, 713). Ein nach §§ 118 I 3 Hs. 2 ZPO, 76 FamFG im Prozess- oder Verfahrenskostenhilfeverfahren geschlossener Vergleich fällt unter Nr. 2, → Rn. 60 ff. Auch → „Klageinreichung".

Prozessleitung: Ein Antrag zu ihr ist nach → Rn. 12 **kein** Sachantrag.

Rechtsbehelfsrücknahme: → „Antragsrücknahme".

Rechtsmittelbeantwortung: → „Klagabweisung".

Rechtsmitteleinlegung: Derjenige Schriftsatz, mit dem der Rechtsanwalt ein Rechtsmittel zB nach § 519 I ZPO einlegt, leitet unabhängig von einem schon etwa beigefügten Rechtsmittelantrag oder gar dessen Begründung nach → Rn. 13 stets schon ein Verfahren nach VV 3335 ein (OLG Hamm FamRZ 1997, 947; OLG München Rpfleger 1987, 389; OLG Zweibrücken JurBüro 1998, 26). Auch → „Klageinreichung".

Rechtsmittelrücknahme: → „Antragsrücknahme".

Rechtsmittelverzicht: Soweit der Rechtsanwalt erst nach der Einreichung des Rechtsmittels als ProzBev tätig geworden ist, erhält er für die Erklärung eines Rechtsmittelverzichts zB nach § 515 ZPO in der mündlichen Verhandlung die Gebühr VV 3200 oder VV 3403 (vgl. OLG Schleswig SchlHA 1983, 143; aA OLG Zweibrücken Rpfleger 1977, 112, aber dann war es schon zum vollen Rechtsmittelverfahren gekommen).

Rechtsmittelzurückweisung: Die Gebühr VV 3200 des Rechtsanwalts des Rechtsmittelgegners ermäßigt sich, soweit das Gericht das Rechtsmittel zurückweist, bevor er einen Antrag gestellt hat (VG Dessau JurBüro 1999, 79; aA OLG Hamburg MDR 2003, 1318).

Ruhen des Verfahrens: Ein derartiger Antrag nach § 251 ZPO ist **kein** Sachantrag (OLG Düsseldorf JurBüro 1991, 686).

Sachantrag: Zunächst → Rn. 14. Ferner → „Klagabweisung", → „Klagerweiterung".

Schriftliches Verfahren: Ein Antrag auf seine Vornahme zB nach § 128 II ZPO ist **kein** Sachantrag.

Schutzschrift: → „Arrest, einstweilige Verfügung".

Selbständiges Beweisverfahren: Nr. 1 ist bei §§ 485 ff. ZPO anzuwenden (OLG Köln BeckRS 1999, 30072715). Auch der Gegenantrag ist ein Sachantrag (OLG Köln BeckRS 1999, 30072715; OLG München Rpfleger 2000, 425). Derjenige Rechtsanwalt, der keinen Gegenantrag stellt und keinen Termin wahrnimmt, kann die 0,8-Gebühr VV 3101 und bei § 494a II ZPO evtl. auch 1,3-Gebühr aus dem Kosteninteresse verdienen (OLG München Rpfleger 2000, 425).

Streithelfer: Sein Beitritt nach § 70 ZPO ist als solcher noch **kein** Sachantrag (OLG Nürnberg AnwBl 1994, 197). Er kann aber (selbstverständlich) anschließend oder gleichzeitig einen Sachantrag stellen.

Streitverkündung: Der Rechtsanwalt vertritt den Streitverkündeten nach VV 3101 vor Gericht erst vom Zeitpunkt der Wirksamkeit des Beitritts des Streitverkündeten nach § 74 I ZPO an (OLG Hamm MDR 1975, 943). Dazu reicht ungeachtet des § 70 ZPO eine bloße Beitrittserklärung nicht aus. Vielmehr ist kostenrechtlich auch ein Sachantrag des Streithelfers erforderlich (OLG Nürnberg AnwBl 1994, 197). Soweit er im Termin nur die Niederlegung des Mandats mitteilt, nimmt er den Termin **nicht** nach → Rn. 20–24 wahr (OLG Hamm Rpfleger 1977, 458).

Streitwert: Der Festsetzungsantrag ist **kein** Sachantrag.

Tatbestandsberichtigung: Der Antrag nach § 320 ZPO leitet ein Verfahren nach → Rn. 13 ein.

Terminsbestimmung: Der bloße derartige Antrag zB nach § 216 ZPO ist **kein** Sachantrag (OLG Karlsruhe MDR 1993, 1246). Auch → „Klageinreichung".

Terminsverlegung: Ein Antrag auf sie zB nach § 227 ZPO ist **kein** Sachantrag (OLG Frankfurt a. M. AnwBl 1982, 376).

Terminswahrnehmung: Zunächst → Rn. 20–24. Soweit der Rechtsanwalt im Termin nicht erscheint, nimmt er (selbstverständlich) den Termin **nicht** wahr. Das gilt auch dann, wenn der Rechtsanwalt des Prozessgegners lediglich nach § 227 ZPO usw eine Vertagung beantragt und erreicht.

Ein Termin bezieht sich zunächst nur auf die bisher **rechtshängigen** Ansprüche dieses Rechtsstreits. Die Einbeziehung eines anderen Anspruchs in einen in diesem Termin zustande kommenden Prozessvergleich löst dann, wenn der Rechtsanwalt einen Prozessauftrag hatte, nur die 0,8 Verfahrensgebühr aus, diese aber sehr wohl (aA OLG Dresden MDR 2015, 713). Auch → „Erörterungstermin", → „Streitverkündung", → „Vergleich".

Trennung: Ein derartiger Antrag ist **kein** Sachantrag.

Unterbrechung: Ein Antrag auf sie ist **kein** Sachantrag. Dasselbe gilt beim Aufnahmeantrag nach § 250 ZPO (OLG Karlsruhe JurBüro 1997, 138; aA Gerold/Schmidt/Müller-Rabe Rn. 55, aber bloße Verfahrensaufnahme zwingt noch nicht zu einem Sachantrag).

Urteilsempfang: Nr. 1 kann bei einer Beschränkung des Auftrags auf den Urteilsempfang anwendbar sein (LG Berlin JurBüro 1984, 1034).

Urteilsergänzung: Ein Antrag nach § 321 ZPO leitet ein Verfahren nach → Rn. 13 ein.

Verbindung: Ein derartiger Antrag nach § 147 ZPO ist **kein** Sachantrag.

Verfahrenseinleitung: Zunächst → Rn. 13. Ferner → „Arrest, einstweilige Verfügung", → „Einstweilige Anordnung", → „Hausratssache", → „Klageinreichung", → „Klagerweiterung", → „Landwirtschaftssache", → „Prozess- oder Verfahrenskostenhilfe", → „Rechtsmitteleinlegung", → „Tatbestandsberichtigung", → „Urteilsergänzung", → „Widerklage", „Wohnungseigentumssache", → „Zwangsvollstreckung".

Vergleich: Zur Terminswahrnehmung genügt der Abschluss eines Prozessvergleichs ohne die Stellung eines weiteren Antrags. Im Übrigen → Rn. 30 ff. Auch → „Terminswahrnehmung".

Versäumnisurteil: → „Einspruch".

Vertagung: Es ist unerheblich, wie der Termin endet, ob zB mit einer Vertagung nach § 227 ZPO dann, wenn der Rechtsanwalt nur zuvor verhandlungsbereit erschienen war. Auch → „Terminswahrnehmung".

Verteidigungsanzeige: Die bloße Anzeige der Verteidigungsabsicht nach § 276 I 1 ZPO stellt **keinen** Sachantrag dar (OLG Düsseldorf Rpfleger 2000, 567; OLG Koblenz AnwBl 1987, 338; aA Gerold/Schmidt/Müller-Rabe Rn. 41, aber die bloße Verteidigungsanzeige lässt nicht erkennen, ob der Bekl. nicht nur Zeit gewinnen will).

Vertretungsanzeige: Die bloße Anzeige des Rechtsanwalts, dass er einen am Prozess Beteiligten nach § 81 ZPO vertrete, enthält **keinen** Sachantrag (OLG Düsseldorf Rpfleger 2000, 567).

Verweisungsantrag: Er kann zB bei § 281 ZPO ein Sachantrag sein (OLG Bamberg JurBüro 1987, 1675; OLG Schleswig AnwBl 1997, 125; aA LG Mönchengladbach Rpfleger 2006, 169). Das gilt aber **nicht** bei einer bloß funktionellen Unzuständigkeit (OLG Hamburg JurBüro 1989, 202).

Die bloße Zustimmung ist **kein** Sachauftrag (KG JurBüro 1987, 709; OLG Köln JurBüro 1986, 1041).

Verwerfung des Rechtsmittels: Der Antrag auf die Verwerfung des Rechtsmittels enthält einen Sachantrag (OLG Hamm AnwBl 1978, 138).

Vollstreckbarkeit: Der Antrag auf eine nicht schon von Amts wegen zu gewährende vorläufige Vollstreckbarkeit nach §§ 708 ff. ZPO enthält einen Sachantrag. Das gilt auch insoweit, als das Gericht von Amts wegen entscheiden muss.

Vollstreckungsbescheid: → „Einspruch".

Vollstreckungsschutzantrag: Derjenige nach § 712 ZPO ist ein Sachantrag (BGH FamRZ 2003, 598).

Widerklage: Der Widerklagantrag ist ein Sachantrag und darüber hinaus nach → Rn. 12, 15 ein Klagantrag. Denn die Widerklage ist eine richtige Klage (OLG Hamburg MDR 1989, 272; *Gaul* JZ 1984, 63), ein Angriff, nicht ein bloßes Angriffs- oder Verteidigungsmittel nach § 282 ZPO (BGH NJW 1995, 1224; Schneider MDR 1977, 796), oder nach § 296 ZPO (BGH NJW 1995, 1224), oder nach § 528 II ZPO (BGH NJW 1986, 2258), oder nach §§ 530, 531 ZPO (BGH

NJW 1995, 1223). Er ist auch keine bloße Klagänderung nach § 263 ZPO (BGH NJW-RR 1996, 65, zur Wider-Widerklage). Der Antrag auf die Abweisung einer Widerklage ist ein Antrag auf eine Klagabweisung nach → Rn. 33 ff. Auch → Rn. 32 „Hilfsantrag".

Wiedereinsetzungsantrag: Derjenige zB nach § 236 ZPO ist ein Sachantrag. Dasselbe gilt vom zugehörigen Gegenantrag (OLG München JurBüro 1994, 603).

Zurückbehaltungsrecht: Seine Geltendmachung ist ein Sachantrag.

Zurücknahme: → „Antragsrücknahme", → „Klagerücknahme", → „Rechtsbehelfsrücknahme".

Zustellung: Einer Zustellung von Amts wegen nach §§ 166 ff. ZPO steht eine Zustellung von Rechtsanwalt zu Rechtsanwalt nach § 195 ZPO und im gesetzlich zulässigen Umfang eine Zustellung im Parteibetrieb nach §§ 191 ff. ZPO gleich.

Zwangsvollstreckung: VV 3101 ist bei §§ 704 ff. ZPO **nicht anzuwenden.** Denn VV 3309 hat den Vorrang.

26 **14. Gebührenhöhe (Nr. 1).** Unter den Voraussetzungen → Rn. 6 ff. erhält der Rechtsanwalt selbst bei einer erheblich umfangreichen derart begrenzten Tätigkeit doch nur eine 0,8 Verfahrensgebühr (vgl. OLG Hamm JurBüro 2003, 22). Sie entsteht wie jede Verfahrensgebühr mit der auftragsgemäßen Entgegennahme der Information. VV 1008 bleibt anzuwenden (LG Tübingen AnwBl 1984, 506). In der Berufungsinstanz tritt die Erhöhung nach VV 3201 ein. Soweit der Auftrag nur zu einem Teil endet, tritt die Ermäßigung auch nur für diesen Teil ein. Es ist also zB von den nicht erledigten 200 EUR eine 1,3-Gebühr zu errechnen, von den erledigten 100 EUR eine 0,8-Gebühr.

27 Manchmal kann man den nicht erledigten Teil aus dem Gegenstandswert **betragsmäßig nicht aussondern.** Das gilt nach § 42 I GKG etwa dann, wenn in einem Unterhaltsstreit nach §§ 231 ff. FamFG mehr als ein Jahresbetrag streitig ist und wenn der Bekl. den Unterhalt für ein Jahr bezahlt hat, während der Rest streitig bleibt. Dann ist eine 0,8-Gebühr vom Jahresbetrag + eine 0,8-Gebühr vom Gegenstandswert für die restlichen Monate zu berechnen, also die 1,3-Gebühr für den streitigen Betrag, für den überschießenden vorzeitig erledigten Betrag nur die 0,8-Gebühr, jedoch unter einer Berücksichtigung der Degression der Tabelle.

28 Die **Summe** der einzelnen Gebühren darf nach § 15 III nicht die Verfahrensgebühr nach dem Gesamtbetrag übersteigen (vgl. OLG Düsseldorf MDR 1983, 764). Soweit nur die Hauptsache erledigt ist, entsteht demgemäß nach → § 15 Rn. 76 ff. eine 0,8-Gebühr nach dem Wert der Hauptsache sowie eine 1,3-Gebühr nach dem Wert der Kosten.

29 **V. Einigung der Parteien oder Beteiligten oder mit Dritten (Nr. 2).** Möglich ist eine Einigung nur zwischen den Prozessparteien oder Beteiligten oder zwischen einer Partei oder einem Beteiligten und einem Dritten oder jeweils mehreren derartigen Beteiligten über bisher nicht rechtshängige Ansprüche. Es gibt zwei Prüfpunkte.

30 **1. Begriff.** Der Begriff Einigung geht hier ebenso wie bei VV 1000 weiter als derjenige des Vergleichs. Beim außergerichtlichen Vergleich nach § 779 BGB oder beim Prozessvergleich ist nach § 779 I BGB ein gegenseitiges Nachgeben erforderlich. Eine Einigung erfordert nach → VV 1000 Rn. 5 ff. kein gegenseitiges Nachgeben, sondern nur einen streitbeendenden oder sonstigen und nicht nur bekräftigenden Vertrag ohne ein bloßes Anerkenntnis oder einen bloßen Verzicht. Natürlich fällt jeder Vergleich zugleich unter den Begriff Einigung, aber eben nicht umgekehrt. Das gilt in einer Ehesache nach §§ 121 ff. FamFG und in einer anderen Sache. Jede Art von Vergleich enthält eine Einigung, auch der nach § 118 I 3 Hs. 2 ZPO zustandegekommene.

31 **2. Anwendungsbereich.** Nr. 2 gilt nach → Rn. 30, sofern es sich um die Protokollierung einer Einigung in irgendeinem „normalen" Rechtsstreit handelt, auch im zugehörigen PKH-Verfahren nach § 118 I 3 Hs. 2 ZPO. Nötig ist zwar ein Antrag auf eine Einigungsprotokollierung, nicht aber das Zustandekommen einer solchen Einigung (OLG Düsseldorf JurBüro 1981, 70). Es reicht ja nach Nr. 2 Hs. 2 sogar eine bloße Verhandlung vor Gericht. Auch ein Widerrufsvergleich reicht deshalb bei VV 3101 (OLG Düsseldorf JurBüro 1981, 70; OLG Frankfurt a. M. JurBüro

1979, 1664; OLG Hamm JurBüro 1980, 1517). In jedem Fall kommt es auf den Umfang des Auftrags an den Rechtsanwalt an.

3. Beispiele zur Frage einer Einigung usw (Nr. 2)

Anderes Verfahren: Nr. 2 erfasst eine Protokollierung oder Feststellung nach § 278 VI ZPO über eine solche Einigung, die man nur in einem anderen Verfahren erzielt und dort noch nicht ausreichend protokolliert hatte. 32

VV 1000 erfasst nach der Vorb. 1 grds. die Mitwirkung eines Rechtsanwalts an einer sonstigen Einigung in einem anderen Fall innerhalb des jetzigen Verfahrens (vgl. OLG München JurBüro 1994, 25). Eine Ausnahme gilt nach der Anm. V 1 Hs. 1 beim Zustandekommen einer Einigung in einer Ehesache nach §§ 121 ff. FamFG.

Soweit das Gericht einen solchen Anspruch als **verglichen** protokolliert, der bisher in der Vorinstanz oder in einem anderen Verfahren anhängig war und für den der Rechtsanwalt dort bereits die Gebühr VV 3100 verdient hat, ist VV 3101 nicht anzuwenden (vgl. OLG München MDR 2000, 544 (11. ZS); OLG Nürnberg MDR 2004, 1263; OLG Zweibrücken Rpfleger 2003, 323; aA KG MDR 2000, 1459; OLG München (LwS) MDR 1999, 704, aber Verbindung nach § 147 ZPO bleibt auch insoweit Verbindung).

Außergerichtliche Einigung: Nr. 2 erfasst eine Protokollierung oder Feststellung nach § 278 VI ZPO über eine bisher nur außergerichtliche Einigung nach § 779 BGB (KG MDR 1988, 787).

Dritter: Nr. 2 kann auch den Anspruch eines Dritten erfassen, zB eines Streithelfers nach §§ 66 ff. ZPO oder eines Zeugen.

Ehesache: Zunächst → Rn. 34. Soweit die Parteien einen Vergleich im Hinblick auf eine Ehesache nach §§ 121 ff. FamFG schließen, kann VV 2300 anzuwenden sein (Kitzinger FamRZ 2005, 10 (12)). Es kommt darauf an, ob der Rechtsanwalt zunächst lediglich außergerichtlich verhandeln sollte. Dann ist meist davon auszugehen, dass der Auftraggeber einen Wert darauf legte, das erzielte Ergebnis gerichtlich protokollieren zu lassen, schon um einen Vollstreckungstitel nach § 794 I Nr. 1 ZPO, § 86 FamFG zu erhalten und diesen nach § 323a ZPO, § 239 FamFG bei einem Bedarf abändern lassen zu können. Der Auftrag zielte also zumindest stillschweigend grundsätzlich auf die Bearbeitung einer Angelegenheit des VV Teil 3 ab.

Einbeziehung: → „Mehrwertvergleich".

Einigung erst vor Gericht: Nr. 2 Hs. 2 erfasst auch einen solchen zunächst außergerichtlich erhobenen Anspruch, über den eine Einigung erst in einer Verhandlung vor diesem Gericht erfolgte.

Mehrwertvergleich: Nr. 2 erfasst den sog. Mehrwertvergleich. Bei ihm beziehen die Parteien nach Nr. 2 Hs. 2 einen bisher zumindest in diesem Verfahren oder überhaupt nicht rechtshängigen Anspruch in der ersten oder zweiten Instanz in einen Prozessvergleich ein (vgl. OLG Hamburg MDR 1979, 506; OLG Köln MDR 2001, 453 mablAnm Schneider; Enders JurBüro 1995, 115; aA OLG München AnwBl 1993, 579, zu eng).

Protokollierung: Es kommt für die außergerichtliche Tätigkeit keine Gebühr nach VV 2300 in Betracht, wohl aber diejenige nach VV 1000 und für die Protokollierung der Einigung diejenige nach VV 3101 Nr. 2 (vgl. OLG Hamm AnwBl 1980, 363; OLG München AnwBl 1982, 115; OLG Schleswig SchlHA 1975, 202; krit. Ladda SchlHA 1977, 90; aA OLG Frankfurt a. M. Rpfleger 1989, 516).

Wenn sich der Auftrag demgegenüber auf eine **außergerichtliche** Verhandlung beschränkt hatte, etwa um lediglich eine privatschriftliche Festlegung zu erhalten oder eine Einigung „nur" notariell zu protokollieren, ist nicht Nr. 2 maßgeblich, sondern es ist VV 2300 und unter Umständen VV 1000 anzuwenden (vgl. OLG Koblenz VersR 1987, 207). Wenn es dann doch aus irgendeinem Grund zu einer gerichtlichen Protokollierung kommt, entstehen Gebühren nach Nr. 2 (Meyer JurBüro 2008, 463).

S. auch bei den einzelnen weiteren Stichwörtern dieses ABC.

Bisher keine Rechtshängigkeit: Nr. 2 Hs. 1 erfasst eine Protokollierung oder Feststellung nach § 278 VI ZPO über einen bisher noch nicht nach § 261 ZPO rechtshängig gewesenen Anspruch (KG MDR 1988, 787).

Rechtshängigkeit vor Einigung: Soweit der Rechtsanwalt bei der Durchsetzung oder Abwehr eines solchen Anspruchs tätig geworden ist, den der Gläubiger in diesem Verfahren bereits nach § 261 ZPO rechtshängig gemacht hatte, bevor dann eine Einigung der Parteien erfolgte, entfällt für diesen Rechtsanwalt VV 3101. Denn er hat durch seine vorangegangene Tätigkeit bereits die Gebühr VV 3100 verdient (vgl. KG Rpfleger 1998, 374; LAG Nürnberg MDR 2001, 1079; OVG Berlin JurBüro 2000, 303 mablAnm Wedel; aA OLG Düsseldorf JurBüro 1988, 461; OLG Hamburg MDR 1997, 203).

Keine Rechtshängigkeit mehr: Nr. 2 Hs. 1 erfasst eine Protokollierung oder Feststellung nach § 278 VI ZPO über einen zuvor nicht mehr nach § 261 ZPO rechtshängig gebliebenen Anspruch (KG MDR 1988, 787).

Streithelfer: → „Dritter".

Vorinstanz: → „Anderes Verfahren".

Zeuge: → „Dritter".

33 **4. Gebührenhöhe (Nr. 2).** Es entsteht nach dem eindeutigen Gesetzestext 0,8-Gebühr (Enders JurBüro 2007, 113, ausf. zur Streitfrage, ob 1,3-Gebühr). Nach der Anm. I ist auf die Geschäftsgebühr 2300 dann die durch die Protokollierung ausgelöste 0,8-Gebühr nach Nr. 2 **anzurechnen.** Die Gebühr VV 2300 ist auch dann schon wegen § 11 VII meist nicht nach § 11 I ff. festsetzbar. Auch auf die Gebühr VV 3100 kann eine Anrechnung nötig sein (OLG Hamm JurBüro 2007, 200). Beim Zusammentreffen mit § 15 III ist zunächst die Geschäftsgebühr auf die wegen desselben Gegenstands nach → § 15 Rn. 2 entstandene Verfahrensgebühr anzurechnen und erst dann die Obergrenze des § 15 III zu prüfen (OLG Stuttgart JurBüro 2009, 246).

34 **VI. Familiensache-Antrag usw (Nr. 3).** Es reicht auch aus, dass der VerBev in einer solchen Familiensache nach § 111 FamFG, die nur die Erteilung einer Genehmigung oder die Zustimmung des Familiengerichts zum Gegenstand hat, oder in einem sonstigen unstreitigen Verfahren der freiwilligen Gerichtsbarkeit nach dem FamFG auftragsgemäß lediglich einen Antrag zur Verfahrens- oder Sachlage mit oder ohne eine Begründung gestellt **und** dann die zugehörige Entscheidung entgegengenommen hat. Soweit er in einem solchen Verfahren von sich aus oder infolge einer Auftragserweiterung oder zB auf eine Veranlassung des Gerichts irgendwie darüber hinaus tätig geworden ist, ist VV 3100 anzuwenden (OLG Nürnberg JurBüro 2005, 191). **Unanwendbar** ist Nr. 3 im streitigen FamFG-Verfahren und im Verfahren nach dem LwVG, Anm. II.

35 **VII. Kostenerstattung (Nr. 1–3).** Wenn der Auftrag unter den Voraussetzungen des VV 3101 endet, ist keine Kostenerstattung möglich (OLG Hamm Rpfleger 1978, 427, wegen einer Berufung). Die folgenden Situationen sind zu unterscheiden.

36 **1. Vor Klagezustellung.** Sofern das Gericht die Klage bei der Beendigung des Auftrags noch nicht nach § 253 I ZPO zugestellt hatte, mag noch keine Rechtshängigkeit nach § 261 I ZPO eingetreten sein. Infolgedessen kommt auch keine Klagänderung nach § 263 ZPO in Betracht. Zur Erzielung eines Erstattungsanspruchs muss der Gläubiger dann die bisherigen Anwaltskosten als die jetzige Hauptforderung in einer neuen Klage beziffert geltend machen. Er darf nicht die bisherige Klage noch zustellen lassen. Andernfalls treffen ihn mangels eines etwa möglichen günstigeren Kostenbeschlusses aus § 269 III 3, IV ZPO die Kosten jenes Rechtsstreits.

37 Wenn allerdings die Beendigung des Auftrags im Zeitraum **zwischen der Einreichung der Klage und deren Zustellung** durch das Gericht eingetreten war und wenn der Kläger die Zustellung und damit den Eintritt der Rechtshängigkeit nicht mehr verhindern konnte, ist die Kostenerstattung wie bei → Rn. 71 zu beurteilen. Der Kläger kann aber auch dann die Anwaltskosten in einer besonderen weiteren Klage geltend machen.

38 **2. Nach Klagezustellung.** Wenn das Gericht die Klage bei der Beendigung des Auftrags bereits nach § 253 I ZPO zugestellt hatte, kann der Kläger seinen materiellrechtlichen bezifferbaren Kostenanspruch unter den Voraussetzungen einer Klagänderung nach §§ 263, 264 ZPO an die Stelle des bisherigen Hauptanspruchs setzen. Wegen der Situation dann, wenn der Auftrag im Zeitraum zwischen der Einreichung

und der Zustellung der Klage endete und wenn man die Zustellung nicht mehr verhindern konnte, gelten → Rn. 36, 37. Wenn ein Prozessvergleich die Erstattung der „Kosten des Vergleichs" nach § 99 ZPO besonders regelt, gehört die Gebühr nach VV 3101 zu diesen Kosten (OLG Hamm JurBüro 2003, 22; OLG München Rpfleger 2006, 572; aA OLG Köln JurBüro 2001, 192, aber die stets zulässige und notwendige Auslegung einer Parteiprozesshandlung legt die erstere Lösung näher). Bei einer verspäteten Tätigkeit entfällt die Erstattungsfähigkeit (OLG Schleswig JurBüro 1990, 1621; LG Berlin JurBüro 1987, 707).

Im **hochschulrechtlichen** Zulassungsverfahren lehnt VG Berlin NVwZ-RR 2011, 264 die Erstattungsfähigkeit einer Gebühr VV 3100 evtl. ab, bejaht aber 3101 für einen Klagabweisungsantrag vor einem inhaltlichen Klägervortrag. 39

Nr.	Gebührentatbestand	Gebühr oder Satz der Gebühr nach § 13 RVG
3102	**Verfahrensgebühr für Verfahren vor den Sozialgerichten, in denen Betragsrahmengebühren entstehen (§ 3 RVG) ....**	**60,00 bis 660,00 €**

Schrifttum: Enders, Das 2. KostRMoG – Sozialrechtliche Angelegenheiten – Anrechnung in der Kostenfestsetzung – Abrechnung mit dem Rechtsschutzversicherer, JurBüro 2013, 618.

I. Systematik. VV 3101 ist eine vorrangige Sondervorschrift gegenüber VV 3100. Zur Verfahrensgebühr kann eine Terminsgebühr VV 3106 hinzutreten. 1

II. Regelungszweck. Es geht um eine Anpassung an den Grundsatz der Anwendbarkeit von Betragsrahmengebühren im sozialgerichtlichen Verfahren nach § 3. 2

III. Anwendungsbereich. Vgl. § 3. 3

IV. Gebührenhöhe. § 14 ist anzuwenden. Die Mittelgebühr ist im Normalfall heranzuziehen (LSG Nordrhein-Westfalen NZA-RR 2008, 606). Das Haftungsrisiko kann eine Erhöhung rechtfertigen (Klier NZS 2004, 469 (472)). Beim Streit um eine Erwerbsminderungsrente kann der Höchstbetrag durchaus infrage kommen (SG Detmold AnwBl 2008, 638). 4

IV. Anrechnung. → VV 3100 Rn. 23–34. Anrechenbar ist nur eine tatsächliche Zahlung auf die Geschäftsgebühr (LSG Bayern JurBüro 2016, 84). 5

V. Kostenerstattung. Über sie entscheidet das Gericht nach § 193 SGG im Urteil. Dabei sind die gesetzlichen Gebühren und Auslagen eines Rechtsanwalts nach § 193 III SGG stets erstattungsfähig. Nicht erstattungsfähig sind nach § 193 IV SGG die Aufwendungen der in § 184 I SGG nicht genannten Gebührenpflichtigen. Eine Kostenfestsetzung erfolgt auf einen Antrag nach § 197 SGG. 6

Nr.	Gebührentatbestand	Gebühr oder Satz der Gebühr nach § 13 RVG
3103	**(weggefallen)**	
3104	**Terminsgebühr, soweit in Nummer 3106 nichts anderes bestimmt ist ....**	**1,2**
	I Die Gebühr entsteht auch, wenn	
	1. in einem Verfahren, für das mündliche Verhandlung vorgeschrieben ist, im Einverständnis mit den Parteien oder Beteiligten oder gemäß § 307 oder § 495a ZPO ohne mündliche Verhandlung entschieden oder in einem solchen Verfahren mit oder ohne Mitwirkung des Gerichts ein Vertrag im Sinne der Nummer 1000 geschlossen wird oder eine Erledi-	

Nr.	Gebührentatbestand	Gebühr oder Satz der Gebühr nach § 13 RVG
	gung der Rechtssache im Sinne der Nummer 1002 eingetreten ist, **2. nach § 84 Abs. 1 Satz 1 VwGO oder § 105 Abs. 1 Satz 1 SGG durch Gerichtsbescheid entschieden wird und eine mündliche Verhandlung beantragt werden kann oder** **3. das Verfahren vor dem Sozialgericht, für das mündliche Verhandlung vorgeschrieben ist, nach angenommenem Anerkenntnis ohne mündliche Verhandlung endet.** **II Sind in dem Termin auch Verhandlungen zur Einigung über in diesem Verfahren nicht rechtshängige Ansprüche geführt worden, wird die Terminsgebühr, soweit sie den sich ohne Berücksichtigung der nicht rechtshängigen Ansprüche ergebenden Gebührenbetrag übersteigt, auf eine Terminsgebühr angerechnet, die wegen desselben Gegenstands in einer anderen Angelegenheit entsteht.** **III Die Gebühr entsteht nicht, soweit lediglich beantragt ist, eine Einigung der Parteien oder der Beteiligten oder mit Dritten über nicht rechtshängige Ansprüche zu Protokoll zu nehmen.** **IV Eine in einem vorausgegangenen Mahnverfahren oder vereinfachten Verfahren über den Unterhalt Minderjähriger entstandene Terminsgebühr wird auf die Terminsgebühr des nachfolgenden Rechtsstreits angerechnet.**	

Schrifttum: Hansens, Der Terminsvertreter in Zivilsachen, FS Madert, 2006, 111; Onderka, Terminsgebühr nach dem RVG usw, FS Madert, 2006, 177; Weller, Einzelfragen zur Terminsgebühr usw, FS Madert, 2006, 231. Rechtpolitisch Schneider NJW 2012, 2711.

Übersicht

1 **I. Systematik.** VV 3104 gibt eine neben VV 3100 selbständige Vergütung (, OLG Koblenz NJW-RR 2012, 447). Die Vorschrift gibt bereits dann eine erstinstanzliche Terminsgebühr, wenn die Voraussetzungen der Vorb. 3 III vorliegen. Diese Vorschrift verlangt keineswegs einen Sachantrag nach → VV 3101 Rn. 12 oder auch nur überhaupt einen Antrag im Termin, sondern nur die Wahrnehmung eines Termins (VGH Bayern NVwZ-RR 2008, 504), oder gar nur die Mitwirkung an einer Besprechung ohne eine Gerichtsbeteiligung dann, wenn auch mit mindestens einem anderen als dem Auftraggeber. Es muss aber ein Gerichtsverfahren anhängig sein (LG Freiburg JurBüro 2006, 476; AG Düsseldorf JurBüro 2006, 476). Das gilt auch zB im Mahnverfahren nach §§ 688 ff. ZPO wegen § 12a (OLG Brandenburg Rpfleger 2007, 508; Schons NJW 2005, 3123, je zu § 321a ZPO).

2 **Vorrang** hat ausdrücklich VV 3106. Überhaupt keine Terminsgebühr entsteht im Fall der Anm. III. Auch VV 3105 hat den Vorrang. Nach einem Mahnverfahren kann nach der Vorb. 3.3.2 eine Terminsgebühr theoretisch nochmals im streitigen Verfahren nach § 697 ZPO entstehen (vgl. Enders JurBüro 2005, 225 (230)), freilich nur in den Anrechnungsgrenzen der Anm. IV und daher praktisch nicht (aA OLG Brandenburg Rpfleger 2007, 508). Im Anwendungsbereich VV Teil 6 ist VV 3104 nach der Vorb. 3 VII nicht anzuwenden. VV 1000 ff. sind anzuwenden.

3 **II. Regelungszweck.** Dazu Onderka (vor → Rn. 1). Die Terminsgebühr bezweckt eine Vereinfachung ohne eine Verdiensteinbuße (OVG Berlin-Brandenburg JurBüro 2009, 426). So ist die Vorschrift auch zu handhaben. Das darf freilich nicht zu einer grenzenlosen Ausdehnung ihres Anwendungsbereichs führen.

4 **III. Anwendungsbereich.** Es ist derjenige der Überschrift von Teil 3, also: Zivilsachen, arbeitsgerichtliches Urteilsverfahren (BAG NJW 2006, 3022), Verfahren der öffentlichrechtlichen Gerichtsbarkeiten, Verfahren nach dem Strafvollzugsgesetz und ähnliche Verfahren, → VV 3100 Rn. 3 VV 3104 gilt auch beim Rechtsanwalt des Streithelfers nach §§ 66 ff. ZPO (BGH NJW 2006, 3571; OLG Hamburg MDR 2007, 181). Wegen des finanzgerichtlichen Verfahrens FG Baden-Württemberg JurBüro 2010, 30.

5 **IV. Terminswahrnehmung.** Eine Terminsgebühr entsteht nach der Vorb. 3 III für die Wahrnehmung eines der nachfolgenden gerichtlichen oder vom gerichtlichen Sachverständigen anberaumten Termine.

6 **1. Termin.** Es reicht zB ein Termin mit einer Bild- und Tonübertragung nach § 128a ZPO (Enders JurBüro 2002, 57 (60)). Es ist unerheblich, ob das Gericht eine Ladungsfrist nach § 274 ZPO usw oder -form eingehalten hat, sofern es nun eben zum Aufruf kommt (OVG Nordrhein-Westfalen NJW 2015, 2602). Es ist unerheblich, ob nur der Vorsitzende oder das Kollegium auftritt. Eine Vertagung im Saal statt eines Aufrufs gilt als eine solche nach einem Aufruf. Der Termin beginnt nach § 220 I ZPO mit dem ausdrücklichen oder in der Sachbehandlung liegenden stillschweigenden Aufruf im Sitzungsraum (BGH NJW 2011, 389; VGH Bayern NVwZ-RR 2008, 504; OVG Nordrhein-Westfalen NJW 2015, 2602).

7 Maßgeblich ist zunächst der jetzt verfolgte **Terminszweck.** Er kann sich aber im Terminsverlauf ändern. Erforderlich ist eine verhandlungsbereite Anwesenheit des Rechtsanwalts im Termin (OLG Hamm FamRZ 2018, 377; OLG Karlsruhe NJW 2010, 1384; FG Düsseldorf JurBüro 2012, 529). Die bloße Anwesenheit reicht nur dann, wenn sie mitdenkend erfolgt (OLG Bamberg JurBüro 1992, 741). Deshalb

muss der Rechtsanwalt sich (selbstverständlich) des Charakters des Termins bewusst sein. Denn nur dann vertritt der Rechtsanwalt den Auftraggeber „im" Termin. Sein Mitdenken fehlt erst bei eindeutig entgegengesetzten Anzeichen. Erst bei solcherart Verdächtigkeit muss der Rechtsanwalt beweisen, dass er mitdachte und daher im Termin vertrat.

8 **Unerheblich** ist, ob es im → Rn. 10 „Termin zur Verhandlung" oder zur → Rn. 10 „Erörterung" oder zur → Rn. 10 „Beweisaufnahme" kommt oder nur zu prozessualen Punkten.

9 **Nicht selbstverständlich** ist das Ausreichen des „Mitdenkens" des Rechtsanwalts im Termin. Das gilt schon wegen der faktischen Schwierigkeit zu erkennen, ob sein Kopf gerade zumindest auch das Geschehen in diesem Termin und bei dieser Sache halbwegs mitverfolgt. Wenn er aber überhaupt erschienen ist, besteht meist dafür ein Anscheinsbeweis. Zwar scheint auch eigentlich irgendein Antrag oder zumindest eine sachbezogene sonstige Äußerung notwendig. Schließlich entsteht eine weitere 1,2-Gebühr. Es kann aber durchaus eine solche Situation bestehen, bei der zumindest vorläufiges aufmerksames Abwarten und Zuhören ratsam oder doch nachvollziehbar ist (strenger LSG Nordrhein-Westfalen AnwBl 2015, 350, Austausch von Rede und Gegenrede nötig). Der Vorsitzende und/oder der Gegner mögen zB zur Frage, ob die Einlassungs- oder Ladungsfrist nach § 274 ZPO eingehalten wurde, oder zur Zuständigkeit derart verhandeln, dass eine eigene Äußerung des Rechtsanwalts nicht unbedingt zweckmäßig scheint. Nach alledem ist erst recht zur Terminsgebühr nicht auch ein Sachantrag nach → VV 3101 Rn. 12 stets nötig.

2. Beispiele zur Frage einer Terminswahrnehmung

10 **Abgelenktheit: Keine** Terminswahrnehmung ist eine offensichtliche solche Verhaltensweise für eine nicht nur ganz kurze Zeit.

Ablehnung: Terminswahrnehmung ist auch eine Tätigkeit im Ablehnungsverfahren nach §§ 42 ff. oder § 406 ZPO (LG Paderborn JurBüro 2015, 35).

Antragstellung: Terminswahrnehmung kann auch ohne Antragstellung vorliegen, solange der Rechtsanwalt nicht erklärt, er werde gar keinen Antrag stellen. Auch → „Vertagung", „Verweisung".

Beweisperson: Keine Terminswahrnehmung ist eine bloße Klärung der Personalien oder Anschrift einer Beweisperson.

Erledigung der Hauptsache: Keine Terminswahrnehmung erfolgt beim Unterbleiben eines Aufrufs zB wegen einer Gesamterledigung vor dem Termin (OLG Stuttgart JurBüro 2005, 303).

Klagerücknahme: Terminswahrnehmung ist eine Rücknahme nach dem Terminsbeginn nach → Rn. 6. Denn sie ist etwas anderes als ein bloßer „Nichtauftritt".

Ladung: Keine Terminswahrnehmung ist eine bloße Entgegennahme der Ladung.

Lärmen: Keine Terminswahrnehmung ist ein bloßes Lärmen während seiner Dauer.

Nichtauftritt: Keine Terminswahrnehmung ist die bloße Erklärung, nicht auftreten oder verhandeln zu wollen.

Rechtsmittelverzicht: Keine Terminswahrnehmung ist ein bloßer solcher Verzicht zB nach § 515 ZPO nach der Verkündung der Endentscheidung.

Sachstandsanfrage: Keine Terminswahrnehmung ist eine bloße solche Anfrage (OLG Köln JurBüro 2006, 251).

Schlaf: Keine Terminswahrnehmung ist die Anwesenheit des Schlafenden (Ausnahme: Sekundenschlaf usw).

Störer: Keine Terminswahrnehmung ist ein bloßes Stören während seiner Dauer.

Telefonat: Keine Terminswahrnehmung ist nach der Vorb. 3 III lt. Hs. eine bloß telefonische Rücksprache usw außerhalb eines Termins (OLG Dresden FamRZ 2013, 729; OLG Köln MDR 2009, 1365; LAG Köln NZA-RR 2011, 437).

Terminsdauer: Terminswahrnehmung kann auch bei einer Tätigkeit nur während eines Teils der Terminsdauer vorliegen.

Terminsnachricht: Keine Terminswahrnehmung ist eine bloße Entgegennahme der Terminsnachricht oder -stunde.

Terminsverzögerung: Keine Terminswahrnehmung ist das Verlassen des Raumes wegen der Ankündigung einer Verzögerung des Terminsbeginns (OLG Zweibrücken FamRZ 2012, 326).

Unbotmäßigkeit: Keine Terminswahrnehmung ist ein bloß stures derartiges Verhalten während seiner Dauer nach § 178 GVG.

Verfrühter Terminsbeginn: Keine Terminswahrnehmung ist das Erscheinen nach Schluss des verfrüht begonnenen Termins (OLG Oldenburg NJW 2011, 3590).

Verkündung: Terminswahrnehmung kann auch dann vorliegen, wenn sich am Schluss der mündlichen Verhandlung nach §§ 136 IV, 296a ZPO die Verkündung nach einer sofortigen Beratung nach §§ 310 I 1 Hs. 1, 329 ZPO oder gar ohne sie direkt anschließt (aA OLG München JurBüro 2009, 481, aber eine Erklärung kann noch bis zum Verkündungsende zu beachten sein). Auch → „Wiedereröffnung".

Versäumnis: Terminswahrnehmung ist auch das Erscheinen usw trotz Abwesenheit des Gegners (OLG Jena JurBüro 2015, 521).

Vertagung: Terminswahrnehmung kann auch ein bloßer Vertagungsantrag zB nach § 227 ZPO sein.

Verweisung: Terminswahrnehmung kann auch ein bloßer Verweisungsantrag zB nach § 281 ZPO sein.

Vorgerichtliche Prüfung: Keine Terminswahrnehmung ist eine bloße solche Prüfung oder Besprechung (AG Frankfurt a. M. JurBüro 2006, 252).

Wiedereröffnung: Terminswahrnehmung ist auch die Tätigkeit nach einer Wiedereröffnung nach § 156 ZPO.

3. Gerichtlicher Termin (Vorb. 3 III 1 Hs. 1). Ausreichend ist jeder gericht- 11
liche Termin. Dazu zählt jede Terminsart bis auf einen bloßen Verkündungstermin nach → Rn. 11.

4. Jedoch kein bloßer Verkündungstermin (Vorb. 3 III 2). Nicht ausreichend 12
ist ein bloßer Verkündungstermin.

5. Sachverständigentermin (Vorb. 3 III 1 Hs. 2, III 3 Nr. 1). Ausreichend ist 13
ferner ein gerade vom gerichtlich bereits zB nach § 404 ZPO wirksam bestellten Sachverständigen anberaumter und dann auch stattfindender außergerichtlicher Termin vor oder nach einem gerichtlichen Termin. Er kann unterschiedlichen Zwecken dienen, von der Klärung der Methode einer geplanten Untersuchung bis zur Information über solche Umstände, die ein Beteiligter dem Sachverständigen vielleicht zur Erleichterung seiner Beurteilung des vorgefundenen oder ermittelten Sachverhalts liefern könnte. Im Übrigen gelten dieselben Erwägungen wie zum Verhandlungstermin. Es kommt auf die Umstände an (OLG Zweibrücken NJW-RR 2017, 63). Die Terminsdauer und die Anwesenheitsdauer des Rechtsanwalts sind unerheblich.

Unzureichend ist eine Ortsbesichtigung nach § 273 II Nr. 4 ZPO durch einen 14
noch nicht als Beweisperson bestellten, sondern nur vorbereitend geladenen Sachkundigen oder Privatgutachter, selbst wenn das Gericht später sein Gutachten verwendet.

V. Mitwirkung an Besprechung (Vorb. 3 III 1 Hs. 3, III 3 Nr. 2). Dazu 15
Klüsener JurBüro 2016, 225 (fiktive Terminsgebühr). Eine Terminsgebühr entsteht auch für die Mitwirkung gerade des ProzBev oder VerfBev nach § 81 ZPO oder des Verkehrsanwalts oder Terminsanwalts oder eines Beistands. Sie entsteht also nicht schon für die Mitwirkung nur eines Dritten, etwa eines ProzBev einer weiteren Partei (BAG NZA 2013, 396), oder eines vom ProzBev beauftragten Steuerberaters (OLG Köln JurBüro 2006, 590). Sie entsteht für die Mitwirkung an einer notwendigen oder ratsamen und auch spontanen streitigen oder unstreitigen Besprechung beliebiger Dauer, dabei an einer mündlichen oder fernmündlichen Erörterung (BGH NJW 2007, 1214, LAG Hessen NZA-RR 2007, 37; FG Köln JurBüro 2013, 82; aA OVG Berlin-Brandenburg JurBüro 2009, 426, nicht beim Telefonat) oder einer elektronischen (OLG Koblenz MDR 2007, 985; aA BGH NJW 2010, 381 (aber E-Mail steht dem Teletext durchaus gleich); Henke AnwBl 2007, 857). Auch bei einer Abwesenheit des Gegners reicht eine Erörterung mit dem Gericht (KG MDR 2008, 1424; aA LAG Berlin-Brandenburg NZA-RR 2012, 37). Das gilt aber nur unter den nachfolgenden Bedingungen. Sie dürfen freilich auch nicht überspannt werden (BGH NJW 2007, 2858). Besprechung ist ein Erklärungsaustausch. Gegensatz ist eine Korrespondenz oder auch ein einseitiges aufdrängendes Einreden (LAG Hessen NZA-RR 2007, 37). Mitwirkung ist dasselbe wie eine Terminsvertretung nach → Rn. 6.

16 **Jede Art** von Besprechung reicht (BGH NJW-RR 2007, 1578; OLG Köln FamRZ 2013, 1062, Jugendamt), auch eine spontan beschlossene, kurze, beiläufige, aber ernsthafte. VV 1000 gilt dann allein, wenn erst eine Besprechung zur Einigung führte (BGH NZM 2017, 440; OLG Koblenz JurBüro 2006, 192). Sonst würden VV 1000 Anm. II und VV 3104 dasselbe vergüten. Das ist nicht der Sinn beider Vorschriften, obwohl sie nach ihrem bloßen Wortlaut zur Anwendung beider Gebühren führen könnten. Auch hier gibt es freilich einen reichlichen Auseinandersetzungsstoff (OVG Niedersachsen AnwBl 2007, 156). Beim Streit muss der Rechtsanwalt die Voraussetzungen im Einzelfall beweisen (OLG Koblenz NJW 2005, 2162).

17 **1. Vermeidung oder Erledigung des Verfahrens.** Die Besprechung muss entweder eine Vermeidung oder eine Erledigung des Verfahrens nach VV Teil 3 bezwecken (BGH NJW 2011, 530; OLG Köln FamRZ 2017, 1337; LG Rostock ZMR 2016, 747 mzustAnm Greiner; LAG Köln NZA-RR 2017, 673). Es muss also um eine Zivilsache einschließlich einer FamFG-Sache gehen (OLG Naumburg FPR 2008, 185; OLG Oldenburg JurBüro 2007, 199; Kitzinger FamRZ 2005, 10 (13, Unterhalt usw), auch um ein Mahnverfahren nach §§ 688 ff. ZPO (LG Regensburg JurBüro 2006, 420), oder um ein Verfahren einer der öffentlichrechtlichen Gerichtsbarkeiten oder um ein Verfahren nach dem Strafvollzugsgesetz oder um ein ähnliches Verfahren, also um praktisch alle Verfahren außer denjenigen, die VV Teile 4–6 regeln. Es mag auch um die Vermeidung eines Verfahrens B anlässlich eines Verfahrens A gehen (OLG Rostock JurBüro 2007, 137). Die Vorb. 3 III setzt keinen auch nur teilweisen Einigungserfolg voraus, aber auch kein bloßes Vorgespräch (OLG Karlsruhe JurBüro 2006, 192; AG Frankfurt a. M. JurBüro 2006, 252), und keinen auch nur anfänglichen Streit, sondern eine Erledigungszielsetzung (KG JurBüro 2012, 191; OLG Karlsruhe JurBüro 2006, 192; OLG Stuttgart VersR 2014, 853).

18 Der **ernsthafte Versuch** nur dieses Rechtsanwalts reicht, selbst wenn der Gegner im Verlauf keine entsprechende Zielsetzung zeigt (OLG Koblenz JurBüro 2012, 526; aA OLG Naumburg AnwBl 2007, 725 mablAnm Schons AnwBl 2007, 726; OVG Hamburg NJW 2006, 1544; OVG Niedersachsen NJW 2011, 1620). So mag zB die Klärung bestimmter Rahmenbedingungen reichen (BGH NJW 2007, 2858). Der Rechtsanwalt muss gerade für dieses bevorstehende oder schon begonnene Verfahren der ProzBev oder VerfBev nach → VV 3100 Rn. 4 oder Beistand sein (OLG Koblenz JurBüro 2006, 192). Es braucht noch keine Anhängigkeit oder Rechtshängigkeit nach § 261 ZPO vorzuliegen, sondern nur ein Prozessauftrag (Bonnen MDR 2005, 1085; aA LG Hamburg AnwBl 2007, 727 mablAnm Nieberler). Es kann aber (selbstverständlich) schon die Rechtshängigkeit eingetreten sein (OLG Köln JurBüro 2006, 247).

19 **2. Vermeidung.** Das ist eine Tätigkeit mit engstem Bezug zu derjenigen nach VV 2300. Diese letztere Tätigkeit muss sich außergerichtlich abspielen und erfolgt durchweg vor der Anhängigkeit (BGH NJW 2011, 530 (nach einem Klagauftrag); OLG Hamm NJW-RR 2007, 720; OLG Nürnberg JurBüro 2007, 21, vor einem Mahnantrag). Jedenfalls darf ein Verfahren noch nicht begonnen haben (LG Krefeld JurBüro 2014, 527; LAG Nürnberg JurBüro 2011, 589). Eine Klage oder Antragsschrift darf zwar fertig sein. Sie darf aber noch nicht beim Gericht vorliegen. Wenn der Rechtsanwalt aber nach der Vorb. 3 III ein gerichtliches Verfahren vermeiden soll, wird er praktisch so gut wie stets ebenfalls außergerichtlich tätig. Man sollte die Unterscheidung daher eher danach ausrichten, ob der Rechtsanwalt seine Vermeidungsversuche gerade als der ProzBev oder VerfBev oder Beistand oder nur als ein außergerichtlicher Bevollmächtigter vornimmt. Ein Einigungsversuch unmittelbar vor der Klageinreichung ist ausreichend.

20 Schon ein Auftrag zur evtl. **nachfolgenden** Tätigkeit im Prozess oder im sonstigen Gerichtsverfahren dürfte VV 3104 anzuwenden und gegenüber VV 2300 vorrangig machen. Inzwischen hat sich auch an dieser Stelle einiger Zündstoff gesammelt. Wie hier BGH NJW 2011, 530; LG Memmingen NJW 2006, 1295; OVG Niedersachen AGS 2018, 272 (bloße Anspruchsankündigung reicht nicht). Es geht ja auch um durchaus unterschiedlich hohe Vergütungen. VV 3104 steht im Teil 3, VV 2300 im Teil 2 des VV. Das sollte ein Hauptmerkmal der Abgrenzung sein.

3. Erledigung. Das ist nicht nur diejenige nach § 91a ZPO (KG JurBüro 2007, 413), sondern jede Art von Beilegung nach der Anhängigkeit oder gar Rechtshängigkeit nach § 261 ZPO (BGH NJW 2011, 530; KG JurBüro 2007, 587; OLG Nürnberg JurBüro 2007, 21). 21

4. Beispiele zur Frage einer Erledigung

Ablehnung gegnerischen Vorschlags: Unzureichend ist die sofortige (OLG Brandenburg AnwBl 2014, 1061). 22

Anerkenntnis: → „Information".

Einstellung der Zwangsvollstreckung: Unzureichend ist dieser Zweck (LAG Köln NZA-RR 2017, 673).

Erledigungserklärung: Ausreichend ist eine Anregung zur Abgabe solcher Erklärung (OLG Hamburg AGS 2017, 448 mAnm N. Schneider).

Familiensache: N. Schneider NZFam 2016, 495 (Üb.).

(Rein) **formelle Tätigkeit: Unzureichend** ist sie (OVG Niedersachsen NJW 2009, 460; OVG Saarland NVwZ-RR 2014, 206).

Fristverlängerung: Unzureichend ist eine Tätigkeit nur zu solchem Thema zB nach § 224 II ZPO.

Gegnerische Erklärung: Ausreichend ist ihre Entgegennahme zwecks ihrer Prüfung usw (BGH NJW-RR 2007, 286; OLG Stuttgart VersR 2014, 853; AG Krefeld JurBüro 2014, 527).

Gesamtvergleich: Ausreichend ist eine neue Verhandlung wegen der Einbeziehung eines rechtskräftigen Titels in einen folgenden solchen Vergleich (OLG München FamRZ 2006, 1696). Damit kommt man in die Nähe von VV 1000, einer Vorschrift, die nach der Vorb. 1 ja ausdrücklich auch neben VV 3104 gilt. Der Rechtsanwalt muss keine Ursache der späteren Entscheidung gesetzt haben (OVG Bremen JurBüro 2008, 531).

(Bloße) **Information: Unzureichend** ist sie (OLG Köln MDR 2013, 248; LAG Berlin-Brandenburg JurBüro 2013, 191; OVG Berlin-Brandenburg NJW 2016, 3546, Anerkenntnis), auch ihre Einholung zum Sach- und Streitstand.

Kostenfestsetzung: Ausreichend ist die Erledigung eines solchen Verfahrens zB nach §§ 103 ff. ZPO (OLG Hamburg MDR 2007, 181).

Prozessuales Vorgehen: Unzureichend ist eine nur darauf ergehende Abrede (BGH NJW-RR 2014, 959; OLG Köln MDR 2012, 1439; LAG Berlin-Brandenburg JurBüro 2013, 191). Freilich kommt es auf die Umstände an.

Ratenzahlungen: Unzureichend ist eine Abrede nur zu solchen Leistungen (OLG Koblenz JurBüro 2011, 590).

Rechtsmittelerledigung: Ausreichend ist eine solche (BGH NJW-RR 2012, 314).

Rechtsmittelrücknahme: Ausreichend ist eine solche zB nach § 516 ZPO (OLG Dresden NJW-RR 2008, 1667; LAG Hessen NZA-RR 2007, 38, gegen Verzicht auf Kostenerstattung).

Rücknahme: Ausreichend ist die Anregung einer Antrags- oder Klagerücknahme nach § 269 ZPO (OLG Koblenz NJW-RR 2014, 1152; OLG Köln MDR 2017, 180; OLG Stuttgart VersR 2014, 853). Auch → „Rechtsmittelrücknahme".

Ruhen des Verfahrens: Unzureichend ist eine bloße Zustimmung dazu nach § 251 ZPO (BGH NJW-RR 2014, 959; KG JurBüro 2012, 191; OLG Stuttgart JurBüro 2009, 250).

Sicherheitsabsprache: Unzureichend ist eine Tätigkeit nur zu solchem Thema zB nach §§ 108 ff. ZPO.

Terminsverlegung: Unzureichend ist eine Tätigkeit nur zu solchem Thema nach § 227 ZPO.

5. Mit oder ohne Gerichtsbeteiligung. Die Besprechung mag mit oder ohne jede Beteiligung des Gerichts stattfinden, um eine Terminsgebühr auch ohne einen Termin des Gerichts herbeizuführen (BGH NJW-RR 2012, 314; OLG Naumburg FRR 2008, 185; OLG Stuttgart VersR 2014, 853 strenger OVG Bremen NJW 2015, 2603). Das kann zB bei einer Mediation nach § 34 so sein (OLG Hamm AnwBl 2006, 287). Es ergibt sich aus dem Wort „auch" (ohne Beteiligung des Gerichts). Beteiligung ist die direkte auch nur teilweise oder zeitlich begrenzte Teilnahme am Gespräch. Diese Teilnahme läge bei den heutigen Telekommunikationsmöglichkei- 23 ten auch schon dann vor, wenn eine Gerichtsperson telefonisch oder per Telefax oder per Videokonferenz nach § 128a ZPO irgendwie zu mehr als etwa einer bloßen Absprache eines Gerichtstermins hinzutritt. Es reicht andererseits, dass das Gericht jedenfalls nicht an dem Vermeidungs- und/oder Erledigungsziel während dieser Besprechung beteiligt ist.

24 **6. Keine bloße Besprechung mit Auftraggeber.** Die Besprechung darf schließlich nach der Vorb. 3 III 3 Nr. 2 Hs. 2 nicht nur mit dem Auftraggeber des Rechtsanwalts stattfinden (OLG Koblenz AnwBl 2005, 794). Sie darf auch nicht nur mit dessen gesetzlichem Vertreter, Prokuristen, Geschäftsführer, sonstigem Bevollmächtigten, Boten, Verkehrsanwalt oder sonstigem Berater stattfinden. Denn dann gilt § 34 usw. Besprechungsteilnehmer darf und muss irgendein Dritter sein, sei es der Gegner oder dessen Bevollmächtigter, Angehöriger, Berater, eine Behörde, ein anderes Gericht als gerade das Prozessgericht dieses Verfahrens, ein Zeuge, ein Sachverständiger, eine Versicherungsgesellschaft oder ein sonstiger Dritter.

25 Ein **Einverständnis** des Auftraggebers ist weder stets notwendig noch stets erforderlich. Der Rechtsanwalt darf aber bei einer auch von VV 3104 (selbstverständlich) voraussetzten auftragsgemäßen Arbeit grundsätzlich nicht gegen den erklärten oder erkennbaren Willen des Auftraggebers gehandelt haben, allenfalls als ein Geschäftsführer ohne Auftrag nach dem mutmaßlichen Willen (§§ 677 ff. BGB).

26 **VI. Eigentlich mündliche Verhandlung vorgeschrieben (Anm. I Nr. 1).** Es muss sich um ein solches Verfahren handeln, für das das Gesetz grundsätzlich eine mündliche Verhandlung vorschreibt (BGH NJW 2008, 668; BAG NJW 2006, 3022; OLG Köln FamRZ 2017, 1337; aA OLG München Rpfleger 2012, 355; Mahmoudi NJW 2010, 2173, aber der Gesetzeswortlaut ist eindeutig).

27 **1. Grundsatz: Notwendigkeit.** Im bürgerlichen Rechtsstreit ist die mündliche Verhandlung im Verfahren auf den Erlass eines Urteils nach § 128 I ZPO grundsätzlich notwendig (LG Stuttgart NJW 2005, 3153). Das gilt auch dann, wenn es im Rahmen des Urteilsverfahrens zunächst um eine Verweisung geht (KG AnwBl 1984, 507).

2. Beispiele zur Frage eigentlicher Notwendigkeit mündlicher Verhandlung (I Nr. 1)

28 **Antrag:** Anwendbar sein kann I Nr. 1 dann, wenn eine mündliche Verhandlung jedenfalls auf Antrag nötig ist (BGH NJW 2012, 459).

Arrest, einstweilige Anordnung oder Verfügung: Anwendbar sein kann I Nr. 1 in einem solchen Eilverfahren, in dem das Gericht durch Urteil entscheiden will oder muss. Denn dann ist nach §§ 922 I 1 Hs. 1, 936 ZPO grds. eine mündliche Verhandlung notwendig (Schneider NZFam 2016, 739). Wegen einer Ausnahme vgl. § 495a S. 1 (nicht S. 2) ZPO. Ein ohne mündliche Verhandlung ergangenes Urteil reicht wegen seiner Wirksamkeit als Staatsakt (OLG Zweibrücken RVGreport 2015, 20; aA OLG Köln JurBüro 2012, 653).

Unanwendbar ist I Nr. 1 in einem derartigen Beschlussverfahren nach §§ 922 I 1 Hs. 2, 936 ZPO (aA OLG Köln JurBüro 2012, 21, aber das ist systemwidrig), oder bei §§ 49 ff. FamFG (OLG Köln FamRZ 2017, 1337), oder bei § 123 VwGO (OVG Nordrhein-Westfalen NVwZ-RR 2010, 864).

Auch → „Kostenwiderspruch".

Berufung: → „Zulässigkeitsprüfung".

Berufungsrücknahme: Unanwendbar ist I Nr. 1 grds. bei einer Berufungsrücknahme nach § 516 III ZPO (BGH NJW 2008, 668; KG NZM 2007, 451; OLG Stuttgart JurBüro 1998, 23).

Beschlussverfahren: Unanwendbar ist I Nr. 1 grds. bei einem solchen Verfahren, das nur auf einen Beschluss abzielt (BGH NJW 2008, 668; OLG Karlsruhe NJW-RR 2007, 503; Meyer JurBüro 2012, 70). Denn dann ist eine mündliche Verhandlung nach § 128 IV ZPO grds. entbehrlich. Auch → „FamFG".

Beschlussverwerfung: → „Zulässigkeitsprüfung".

Beweisaufnahme: Anwendbar ist I Nr. 1 bei einer solchen mündlichen nach §§ 356 ff. ZPO (OVG Nordrhein-Westfalen NVwZ-RR 2010, 864).

Einspruch: Unanwendbar ist I Nr. 1 bei der Prüfung der Zulässigkeit eines Einspruchs gegen ein Versäumnisurteil nach § 341 II ZPO (OLG Koblenz JurBüro 2011, 590), oder gegen einen Vollstreckungsbescheid nach dieser Vorschrift in

Verbindung mit § 700 ZPO (OLG Koblenz JurBüro 2003, 420; OLG Köln Rpfleger 1994, 932; LG Marburg Rpfleger 1996, 377).

Erledigung der Hauptsache: Unanwendbar ist I Nr. 1 gemäß § 128 III ZPO nach beiderseits wirksamen vollen Erledigterklärungen (KG NJW 2007, 2194; OLG Karlsruhe Rpfleger 2007, 49; OLG Rostock MDR 2008, 1067; aA OLG Köln Rpfleger 2016, 609).

Erörterung: Unanwendbar ist I Nr. 1 bei einem notwendigen bloßen Erörterungstermin etwa nach §§ 155, 175 FamFG (OLG Karlsruhe FamRZ 2014, 1941; OLG München Rpfleger 2012, 355; aA OLG Stuttgart NJW 2010, 3524).

FamFG: Unanwendbar ist I Nr. 1 bei einem bloßen Erörterungstermin, OLG Hamm JurBüro 2017, 635, und zB bei einem Verfahren nach § 38 FamFG (auch § 32 I FamFG gibt nicht stets einen Terminszwang (OLG Hamm JurBüro 2013, 79; KG Rpfleger 2013, 53; OLG Naumburg JurBüro 2013, 306; aA *Keuter* NJW 2009, 2923 je zum Sorgerechtsverfahren) oder nach § 51 II 2 FamFG. Bei § 54 II FamFG entsteht keine Terminsgebühr (aA N. Schneider NZFam 2014, 780 (781), aber eine Umwandlung findet nur „auf Antrag" statt). Bei § 68 III 2 FamFG entsteht **keine** Terminsgebühr (KG FamRZ 2012, 812). Das gilt auch bei § 113 I 2 FamFG (OLG Hamm FamRZ 2012, 246, selbst bei Versäumnisentscheidung im schriftlichen Verfahren). Bei § 155 II 1 FamFG kann I Nr. 1 anzuwenden sein (OLG Stuttgart MDR 2011, 200; aA OLG Hamm FamRZ 2013, 1512; OLG Schleswig NZFam 2014, 470, aber es kommt auf die Umstände an). Unanwendbar ist I Nr. 1 ferner nach → „Versorgungsausgleich" bei § 221 I FamFG (kein Erörterungstermin). Zu dieser Verfahrensart (teils nach altem Recht) BGH NJW 2003, 3133; KG FamRZ 2009, 720; OLG Koblenz FGPrax 2008, 178.

Freigestellte mündliche Verhandlung: Unanwendbar ist I Nr. 1 in einer solchen Lage (LG Osnabrück JurBüro 2011, 641; VGH Baden-Württemberg NJW 2007, 860). Dazu gehört jetzt grds. das FamFG-Verfahren, s. dort.

Kindschaftssache: → „FamFG".

Klagerücknahme: Unanwendbar ist I Nr. 1 dann, wenn der Bekl. nach einer Klagerücknahme nach § 269 III 2, IV ZPO beantragt, durch einen Beschluss festzustellen, dass der Rechtsstreit als nicht anhängig geworden anzusehen sei, dass ein noch nicht rechtskräftiges Urteil wirkungslos sei und dass der Kläger verpflichtet sei, die Kosten zu tragen (OLG Koblenz JurBüro 1975, 1083; OLG Naumburg NJW-RR 2013, 896).

Kleinverfahren: Wegen des Verfahrens nach § 495a ZPO → Rn. 33.

Kostenwiderspruch: Unanwendbar ist I Nr. 1 beim bloßen Kostenwiderspruch im Eilverfahren nach §§ 916 ff., 935 ff. ZPO. Denn trotz § 924 II 2 ZPO liegt dann doch wegen §§ 128 III, 307 S. 2 ZPO keine Notwendigkeit einer Verhandlung vor (OLG Frankfurt a. M. GRUR-RR 2007, 63; KG Rpfleger 2008, 100).

LwVG: Unanwendbar ist I Nr. 1 grds. im dortigen ja durchweg vorliegenden Beschlussverfahren.

Mahnverfahren: Unanwendbar ist I Nr. 1 bei einer Rücknahme des Widerspruchs (OLG Hamburg MDR 2016, 361).

Mediation: Unanwendbar ist I 1 bei einer Mediation, selbst wenn ein „Mediationsrichter" mitwirkt oder eine „gerichtsnahe" Mediation erfolgt (aA KG NJW 2009, 2754; OVG Mecklenburg-Vorpommern JurBüro 2007, 136).

Normenkontrollverfahren: Unanwendbar ist I Nr. 1 in einem solchen Verfahren nach § 47 V 1 VwGO (VGH Baden-Württemberg JurBüro 1995, 421; OVG Nordrhein-Westfalen Rpfleger 1996, 477, oder bei § 94 V 2 BVerfGG, BVerfG Rpfleger 1973, 243).

PKH-Verfahren: Unanwendbar ist I Nr. 1 bei einer ja nicht stets vorgeschriebenen bloßen Erörterung nach § 118 I 3 ZPO (BGH NJW 2012, 1294; OLG Braunschweig Rpfleger 2008, 427; OLG Oldenburg Rpfleger 2009, 515; aA KG Rpfleger 2007, 669).

Revision: → „Zulässigkeitsprüfung".

Unterhaltsverfahren: Unanwendbar ist I Nr. 1 im Vereinfachten Verfahren nach §§ 249 ff. FamFG (OLG Brandenburg FamRZ 2009, 1089).

Vergleich: Unanwendbar ist I Nr. 1 nach → Rn. 30 grds. bei einem schriftlichen Vergleich nach § 278 VI ZPO (aA N. Schneider NZFam 2016, 695 (697)).

Versäumnisverfahren: Unanwendbar ist I Nr. 1 beim sog. unechten Versäumnisurteil nach § 331 III ZPO, → VV 3105 Rn. 7. Aber auch → „Einspruch", „FamFG".

Versorgungsausgleich: Anwendbar sein kann I Nr. 1 (OLG Rostock JurBüro 2012, 192; aA OLG Oldenburg JurBüro 2016, 355). **Unanwendbar** ist I Nr. 1 dann, wenn das FamG von einem Termin nach § 221 I FamFG absieht (OLG Dresden FamRZ 2013, 729; OLG Köln NZFam 2015, 282; OLG Nürnberg NZFam 2014, 854).

Verweisung: Unanwendbar ist I Nr. 1 bei einem Verweisungsverfahren nach § 281 I 1 ZPO (OLG Karlsruhe JurBüro 2005, 596).

Vorverfahren: Unanwendbar ist I Nr. 1 im schriftlichen Vorverfahren nach § 276 ZPO.

Wiedereinsetzung: Unanwendbar ist I Nr. 1 bei einem Beschluss nach § 238 I 2 ZPO.

Wohnungseigentum: Anwendbar ist I Nr. 1 nach § 44 WEG (LG Duisburg ZMR 2008, 75; LG Hamburg ZMR 2008, 76).

Zulässigkeitsprüfung: Unanwendbar ist I Nr. 1 bei der Prüfung der Zulässigkeit eines Rechtsmittels nach §§ 128 III, 522 I 3, II ZPO (großzügiger BGH NJW-RR 2012, 314), ferner bei §§ 552 II, 556 V 1 ZPO (OLG Dresden AGS 2003, 203; OLG Nürnberg AGS 2003, 161), oder bei der entsprechenden Prüfung eines anderen Rechtsbehelfs, zB eines Einspruchs nach → „Einspruch".

29 **VII. Tatsächlich keine mündliche Verhandlung (Anm. I Nr. 1).** In einem Verfahren nach → Rn. 6–12 muss das Gericht im gesamten Verfahren tatsächlich ohne eine mündliche Verhandlung entschieden haben (LG Mönchengladbach MDR 2009, 472). Insofern muss eine der folgenden abschließenden Voraussetzungen vorliegen (OLG Koblenz JurBüro 2008, 196 (also zB nicht bei Klagerücknahme vor Terminsbeginn); OLG Nürnberg JurBüro 2003, 249 (also zB nicht bei § 522 II ZPO)).

30 **1. Einverständnis der Parteien (§ 128 II ZPO) oder der Beteiligten.** Das Gericht mag mit einer wirksamen Zustimmung der Parteien oder der sonstigen Beteiligten zB nach § 7 FamFG ohne eine mündliche Verhandlung entschieden haben (OLG Hamburg MDR 2007, 181; LG Düsseldorf JurBüro 2006, 363; OVG Saarland NVwZ-RR 2018, 79, dort verneint). Im FamFG-Verf. erfolgt eine wirksame Zustimmung, soweit die Beteiligten nach § 36 I 1 FamFG über den Verfahrensgegenstand verfügen können. Nr. 1 meint mit den Worten „im Einverständnis" die nach § 128 II ZPO oder nach § 101 II VwGO oder nach § 124 II SGG erforderliche „Zustimmung" der Parteien. Die Zustimmung ist eine einseitige, dem Gericht gegenüber erfolgende Parteiprozesshandlung. Sie muss unzweideutig sein (BVerwG NJW 1981, 1853).

2. Beispiele zur Frage eines Einverständnisses (I Nr. 1)

31 **Aktenlageentscheidung:** Ein Antrag auf eine Entscheidung nach Lage der Akten nach §§ 251a, 331a ZPO kann nicht als eine Zustimmung zum schriftlichen Verfahren umgedeutet werden. Denn eine Entscheidung nach Lage der Akten ist etwas ganz anderes als eine schriftliche Entscheidung.

Anhörung: Vorliegen kann ein Einverständnis dann, wenn das Gericht in einem solchen Verfahren, für das das Gesetz an sich eine mündliche Verhandlung oder Erörterung vorschreibt, und bei einer klaren Sachlage zur Vermeidung eines Umwegs ohne eine mündliche Verhandlung nach einer Anhörung beider Parteien oder Beteiligten ohne deren erkennbaren Widerspruch entschieden hat (OLG Düsseldorf JurBüro 2009, 26; OLG Frankfurt a. M. MDR 1988, 1068; OLG Schleswig SchlHA 1986, 76).

Bedingung: Kein Einverständnis enthält eine nur bedingte Zustimmung (BAG BB 1975, 1486). Das gilt etwa „für den Fall, dass ein Beweisbeschluss ergeht".

Erklärungsinhalt: Vorliegen kann ein Einverständnis nach dem objektiven Erklärungsinhalt (OLG Zweibrücken FamRZ 1999, 456).

Erledigterklärungen: Vorliegen kann ein Einverständnis bei übereinstimmenden wirksamen Erledigterklärungen (Meyer JurBüro 2016, 126). Es ist dann aber nach § 91a I ZPO auch gar nicht erforderlich.

Form: Das Einverständnis muss entweder in der mündlichen Verhandlung oder schriftlich erfolgen, um wirksam zu sein.

Nächste Entscheidung: Ein Einverständnis darf sich stets nur auf die nächste Entscheidung des Gerichts beziehen (BSGE 44, 292 = MDR 1978, 348).

Schweigen: Zunächst → „Erklärungsinhalt". Vorliegen kann ein Einverständnis ausnahmsweise zB bei einer klaren Unzuständigkeit und beim Schweigen auf eine Anfrage des Gerichts, ob gegen eine Verweisung Bedenken bestehen (BGHZ 102, 338 (341) = NJW 1988, 1794). Auch kann dann im Schweigen eine nachträgliche Billigung liegen (OLG Bamberg JurBüro 1986, 1362; OLG Frankfurt a. M. MDR 1988, 1067; strenger OLG Schleswig JurBüro 1985, 1832; OLG Zweibrücken JurBüro 1982, 84).

Grundsätzlich **fehlt** aber beim Schweigen ein Einverständnis (OLG Zweibrücken JurBüro 1982, 84; Beuermann DRiZ 1978, 312; aA OLG Koblenz AnwBl 1988, 294; OLG Stuttgart FamRZ 2009, 146). Wenn das Gericht der Partei geschrieben hat, es werde beim Schweigen auf seine Anfrage eine Zustimmung annehmen, kann das Schweigen der Partei nicht stets als eine wirksame Zustimmungserklärung umgedeutet werden (LG Nürnberg-Fürth NJW 1981, 2586).

Teileinverständnis: Statthaft ist ein Einverständnis wegen desjenigen Teils des Prozessstoffs, den das Gericht durch eine selbständige Entscheidung zB nach § 301 ZPO erledigen kann. Auch → „Nächste Entscheidung".

Zeitgrenze: Bei einer wirksamen Zustimmung ist ein Verstoß des Gerichts gegen die Dreimonatsfrist des § 128 II 3 ZPO unschädlich.

3. Schriftliches Anerkenntnisurteil (§ 307 ZPO). Das Gericht mag mit oder ohne einen Antrag des Klägers ein Anerkenntnisurteil gefällt haben (OLG Düsseldorf GRUR-RR 2011, 118; OLG Karlsruhe JurBüro 2006, 195; OLG Oldenburg NJW 2017, 1251 mzustAnm N. Schneider). Das gilt im FamFG-Verfahren auch bei einem Anerkenntnisbeschluss (OLG Stuttgart FamRZ 2017, 971). Es gilt auch beim Vorbehaltsurteil nach §§ 302, 599 ZPO (OLG München FamRZ 2006, 1474). 32

4. Kleinverfahren (§ 495a S. 2 ZPO). Soweit eine mündliche Verhandlung im Ermessen des Gerichts steht (freigestellte mündliche Verhandlung), soweit also zB kein Antrag auf eine Verhandlung nach § 495a S. 2 ZPO vorliegt, ist sie zwar nicht nach Nr. 1 „vorgeschrieben". Dennoch ist die Vorschrift schon nach dem eindeutigen Wortlaut des Gesetzes insoweit grundsätzlich auch im sog. Kleinverfahren nach § 495a S. 1 ZPO anzuwenden (vgl. LG München I JurBüro 1999, 303; LG Stuttgart MDR 1993, 86). Mangels einer Verhandlung entsteht nur 0,5-Gebühr (AG Freising JurBüro 2008, 142). 33

VIII. Erlass einer Entscheidung (Anm. I Nr. 1). Das Gericht muss in einem jeden der Fälle → Rn. 26–34 eine Entscheidung getroffen haben. Es kommt dann nicht darauf an, ob der Rechtsanwalt beim Erlass der Entscheidung noch ProzBev oder VerfBev nach § 81 ZPO, § 113 FamFG war. Soweit keine Entscheidung ergeht, unterstellt Nr. 1 keine mündliche Verhandlung. 34

Entscheidung ist jede sachliche Vorbereitung oder Durchführung der instanzbeendenden Lösung. 35

Eine Entscheidung liegt **nicht** vor, sofern das Gericht eine solche Anordnung getroffen hat, die auch unabhängig von den in Nr. 1 genannten Voraussetzungen grundsätzlich nach § 128 IV ZPO nach § 227 III ZPO ohne eine mündliche Verhandlung ergehen kann (OLG Koblenz Rpfleger 2003, 539; LG München I JurBüro 1999, 303). 36

Es ist unerheblich, ob das Gericht seine Entscheidung noch so treffen **durfte,** wie es sie eben getroffen **hat** (OLG Frankfurt a. M. JurBüro 1978, 1344; OLG Stuttgart AnwBl 1985, 265). Es kommt auch nicht darauf an, ob das Gericht seine Entscheidung den Beteiligten ordnungsgemäß mitgeteilt hat. Eine Entscheidung nach Nr. 1 liegt zB dann nicht vor, wenn es um eine Sommersache geht oder wenn lediglich eine Vorbereitung nach § 273 ZPO erfolgt oder eine bloße Terminsladung oder wenn ein bloßer Feststellungsbeschluss nach § 278 VI ZPO vorliegt (OLG Koblenz JurBüro 2003, 533). Im Verfahren nach dem Flurbereinigungsgesetz steht ein Ortstermin des beauftragten Berichterstatters einer mündlichen Verhandlung gleich. 37

38 **IX. Schriftlicher Vergleich (Anm. I Nr. 1).** Dazu allg. Schneider NJW 2018, 523. Die Vorschrift bezieht sich mangels einer Entscheidung nur auf einen solchen gerade mit oder ohne eine Besprechung zustandegekommenen und dann schriftlichen Vergleich, der gerade in einem Verfahren mit einer notwendigen mündlichen Verhandlung zustande kommt. Denn das meint Nr. 1 aE mit der Formulierung „in einem solchen Verfahren".

39 Deshalb zählt der nach **§ 278 VI ZPO** zustandekommende Vergleich gerade in Wahrheit **nicht** hierher. Denn § 278 ZPO erfasst **nicht** die „mündliche" Verhandlung. Der Gesetzgeber hätte das bei der Abfassung von Nr. 1 beachten können und müssen (BGH NJW 2004, 2311; OLG Düsseldorf NJW-RR 2006, 1583 (für Hs. 2); OLG Naumburg NJW-RR 2006, 504; aA BGH NJW-RR 2007, 1149; BAG NJW 2006, 3022; OLG Celle AnwBl 2013, 772, aber fast alle diese anderen Meinungen wirken mehr oder minder versteckt als vom gewünschten Ergebnis her sehr mitbestimmt, statt sich mit dem Kerngedanken auseinanderzusetzen, dass das Verfahren des § 278 VI ZPO der „mündlichen Verhandlung" gerade vorausgeht, um gerade sie zu ersparen). Freilich gilt die Vorb. 3 III auch hier (OLG Nürnberg JurBüro 2005, 530).

40 **Ebenso wenig** reichen ein Arrestverfahren nach §§ 916 ff. ZPO, ein Verfahren auf eine einstweilige Anordnung oder Verfügung nach § 49 FamFG, §§ 935 ff. ZPO (aA BGH NJW 2020, 2474 Rn. 11 ff. mNachw zum Meinungsstand), ein Kleinverfahren nach § 495a ZPO bis zum Antrag auf eine mündliche Verhandlung (OLG Karlsruhe FamRZ 2013, 1423; VG Schleswig NVwZ-RR 2007, 216), oder ein Verfahren nach §§ 80, 123 VwGO oder überhaupt außerhalb von § 106 S. 2 VwGO (OVG Berlin-Brandenburg NVwZ-RR 2018, 167 (168)).

41 Ein **Vergleich** und nicht nur eine Einigung nach VV 1000 müssen vorliegen. Er ist also ein irgendwie geartetes Nachgeben wie bei § 779 BGB nötig. Der Vergleich muss wirksam sein. Eine Widerrufsfrist muss also abgelaufen sein, eine Scheidung muss beim Folgenvergleich rechtskräftig sein (OLG Bamberg JurBüro 1980, 1347). Der Vergleich kann auch einen noch nicht nach § 261 ZPO rechtshängigen weiteren Anspruch einbeziehen. Dann freilich → Rn. 49.

42 **X. Gerichtsbescheid (Anm. I Nr. 2).** Ausreichend ist ferner die Zustellung der Anhörungsverfügung und sodann eine Entscheidung nach §§ 84 I 1, 2 VwGO oder nach § 105 I 1 SGG durch einen Gerichtsbescheid, also ohne eine an sich statthafte mündliche Verhandlung.

43 **Nicht** hierher gehören die Fälle, dass ein Gerichtsbescheid nach § 84 III Hs. 2 VwGO oder nach § 105 III Hs. 2 SGG als nicht ergangen gilt oder dass das LSG nach § 153 IV SGG die Berufung ohne eine mündliche Verhandlung einstimmig als unbegründet durch einen Beschluss zurückweist. Nicht hierher gehört ferner ein Beschlussverfahren nach § 93a II VwGO (BVerwG JurBüro 2008, 142).

44 **XI. Angenommenes Anerkenntnis vor Sozialgericht (Anm. I Nr. 3).** Ausreichend ist schließlich diese Situation nach § 101 II SGG. Der Rechtsanwalt braucht das Anerkenntnis oder dessen Annahme nicht persönlich erklärt zu haben. Auch ein Teilanerkenntnis und dessen Annahme kommen in Betracht.

45 **XII. Anrechnung (Anm. II).** Sie setzt eine bereits entstandene Terminsgebühr voraus (OLG Stuttgart JurBüro 2005, 303; Meyer JurBüro 2010, 630 (631)). Sie erfolgt zwecks einer Vermeidung doppelter Terminsgebühren bei einer Einbeziehung eines bisher entweder überhaupt nicht anhängigen Anspruchs (OLG Koblenz AnwBl 2006, 587; OLG München AnwBl 2006, 587), oder eines doch jedenfalls nicht gerade „in diesem Verfahren" nach § 261 ZPO rechtshängigen Anspruchs gerade in eine „Verhandlung zur Einigung" (Meyer JurBüro 2010, 630 (631)), nicht notwendig zu einem Vergleich. Sie erfolgt aber (selbstverständlich) erst recht dann, wenn die Verhandlung sogar zum Mitvergleich führt (OLG Hamm JurBüro 2007, 482; OLG Stuttgart MDR 2008, 1067). Die Verhandlung muss „geführt worden" sein. Sie muss also tatsächlich stattgefunden haben (OLG Stuttgart JurBüro 2005, 303; LG Regensburg JurBüro 2005, 647). Die Anrechnung erfasst die nach VV 3104 entstehende Gebühr nach dem Wert des bisher nicht hier rechtshängig gewesenen Anspruchs. Sie erfolgt nur unter den in der Anm. II umständlich genannten engen Voraussetzungen in einem anderen Verfahren über dieselbe Angelegenheit nach §§ 15 ff. Sie setzt die

Nämlichkeit der Parteien und einen Auftrag zur Tätigkeit als ProzBev nach § 81 ZPO auch wegen dieser einbezogenen Ansprüche voraus (Meyer JurBüro 2011, 406 (407)).

Keine eigene Terminsgebühr entsteht schon wegen des Verfahrens 1 dann, wenn der Gegenstand nur im Verfahren 2 anhängig war (BAG NZA 2014, 1105). 46

XIII. Keine Terminsgebühr bei bloßem Protokollierungsantrag (Anm. III). Eine Gebühr VV 3104 entfällt, soweit der Rechtsanwalt nur eine der dort genannten Einigungsarten zu protokollieren beantragt, wenn also keine Erörterung der nicht nach § 261 ZPO rechtshängigen Ansprüche stattfindet (OLG Karlsruhe FamRZ 2011, 1683; LAG München NZA-RR 2015, 329). Im Umkehrschluss lässt sich eine Miterörterung statt einer bloßen Protokollierung auch beim gar nicht anhängigen Anspruch vergüten (OLG München AnwBl 2006, 587). Das schließt eine Terminsgebühr über solche Ansprüche in einem anderen Termin nicht aus. 47

Unanwendbar ist die Anm. III beim bloßen Protokollantrag wegen einer Einigung über einen bereits in diesem Verfahren rechtshängigen Anspruch. 48

XIV. Anrechnung (Anm. IV). Die Vorschrift entspricht für die Terminsgebühr den bei der Verfahrensgebühr geltenden Regelungen VV 3305 (Mahnverfahren) und VV 3100 Anm. I (vereinfachtes Unterhaltsverfahren). Die Terminsgebühr bei einer außergerichtlichen Besprechung zwecks einer Vermeidung oder Erledigung des Verfahrens soll in einem nachfolgenden Rechtsstreit nicht doppelt anfallen. 49

XV. Gebührenhöhe. Soweit die Voraussetzungen → Rn. 5–34 vorliegen, entsteht je Angelegenheit eine 1,2-Terminsgebühr. Sie entsteht in demselben Rechtszug nach § 15 II 1, 2 insgesamt nach → § 15 Rn. 20 nur einmal. § 15 III ist anzuwenden. Sie verringert oder ändert sich nur nach VV 3105, 3106. Sie erhöht sich um den Wert eines einbezogenen anderen Gegenstands (OLG München FamRZ 2009, 1858). 50

Die Gebühr wird im Zeitpunkt der Entscheidung nach § 310 ZPO oder des Vergleichsabschlusses **fällig.** Der Rechtsanwalt braucht in diesem Zeitpunkt nicht mehr ein Verfahrensbevollmächtigter zu sein. Die Ordnungsmäßigkeit der Mitteilung der Entscheidung ist keine Voraussetzung ihrer Entstehung. Der Rechtsanwalt muss die Voraussetzungen der Terminsgebühr beweisen. 51

XVI. Gegenstandswert. Es gibt zwei Aspekte. 52

1. Zeitpunkt. Für die Wertberechnung ist bei § 128 II ZPO der Zeitpunkt der Einreichung der letzten erforderlichen Zustimmungserklärung maßgeblich. Im Übrigen kommt es auf den Zeitpunkt der Einreichung desjenigen Schriftsatzes an, den das Gericht bei der Entscheidung noch verwertet hat, sofern dadurch eine Werterhöhung eingetreten ist (OLG Frankfurt a. M. FamRZ 2013, 488 (Stufenklage)). Die bloße Möglichkeit einer Erledigterklärung nach § 91a ZPO reicht keineswegs (aA BGH NJW 2011, 529, aber es ist dann eben gerade nicht zu einer Terminsaufhebung gekommen, zumal ja offenblieb, ob sich der Gegner anschließen werde). Bei einer teilweisen schriftlichen Entscheidung gilt Entsprechendes. Beim schriftlichen Vergleich kommt es auf seinen Abschluss an (LAG Nürnberg NZA-RR 2009, 558). Bei einer Lage nach der Anm. I Nr. 2 kommt es auf den Entscheidungszeitpunkt an, bei der Anm. I Nr. 3 auf den Zeitpunkt des Anerkenntnisses. Eine Werterhöhung nach der Anwaltstätigkeit erhöht seine Terminsgebühr nicht (OLG Koblenz JurBüro 1994, 671; OLG Köln JurBüro 2002, 244). 53

2. Höhe. Der Höhe nach entscheidet der Wert desjenigen Gegenstands, zu dessen Erörterung oder Verhandlung das Gericht oder der Sachverständige den Termin anberaumt hat oder dessen höherer Betrag sich im Termin ergibt (OLG Hamm JurBüro 2007, 482; OLG München JurBüro 2007, 588 (Rest); OLG Naumburg FamRZ 2008, 1968). 54

3. Beispiele zur Frage einer Höhe

Anrechnung: Vgl. die Anm. II. 55

Beweistermin: Es entscheidet dasjenige, über das die Beweisaufnahme stattfinden soll. Auch → „Teil des Klaggegenstands".

Hauptsachewert: Maßgeblich ist er und grds. nicht nur der Kostenwert (OLG Karlsruhe JurBüro 2008, 417). Auch → „Kosten".

Kosten: Sie bleiben nicht zu beachten, solange sie nicht zur restlichen Hauptsache geworden sind (BGH NJW-RR 1995, 1089; OLG Hamm NJW-RR 1996, 1279; OLG Köln JurBüro 1992, 115; aA OLG Koblenz JurBüro 1992, 626). Auch → „Hauptsachewert".

Mehrere Verfahren: Bei ihrer Einbeziehung kann der Wert eines jeden Verfahrens und nicht eine Wertaddition maßgeblich sein (OLG München MDR 2010, 532). Auch → „Verbindung".

Ohne Gerichtsbeteiligung: Bei einer solchen Besprechung entscheidet derjenige Anspruch, dessentwegen man das Verfahren von vornherein oder infolge seiner Einbeziehung in die Besprechung vermeiden oder erledigen möchte.

Stufenklage: → „Teil des Klaggegenstands".

Teil des Klagegegenstands: Er mag ausreichen, etwa bei einer Beweisaufnahme (OLG Düsseldorf JurBüro 1986, 1833; OLG Frankfurt a. M. JurBüro 1983, 1822; OLG München JurBüro 1991, 1087), bei einer Stufenklage nach § 254 ZPO (OLG Hamm JurBüro 1997, 139), oder bei einer Teilrücknahme (OLG Brandenburg NJOZ 2018, 1119).

Verbindung: Eine solche nach § 147 ZPO im Verlauf des Termins lässt eine schon entstandene Gebühr und deren Gegenstandswert nach → § 8 Rn. 1 unverändert (BVerwG NJW 2010, 1391; OVG Niedersachsen JurBüro 2010, 191; VGH Bayern NVwZ-RR 2008, 504). Auch → „Mehrere Verfahren".

Versäumnisurteil: Ein solches nach §§ 330 ff. ZPO kann trotzdem 1,2-Gebühr entstehen lassen (ArbG Suhl JurBüro 2012, 247).

Wahlrecht: Der Rechtsanwalt kann ein solches haben (BGH NJW 2010, 377).

Wertverringerung: Zu beachten ist eine solche erst im Terminsverlauf (OLG Koblenz JurBüro 2009, 425).

Nr.	Gebührentatbestand	Gebühr oder Satz der Gebühr nach § 13 RVG
3105	**Wahrnehmung nur eines Termins, in dem eine Partei oder ein Beteiligter nicht erschienen oder nicht ordnungsgemäß vertreten ist und lediglich ein Antrag auf Versäumnisurteil, Versäumnisentscheidung oder zur Prozess-, Verfahrens- oder Sachleitung gestellt wird: Die Gebühr 3104 beträgt** .... **I Die Gebühr entsteht auch, wenn** **1. das Gericht bei Säumnis lediglich Entscheidungen zur Prozess-, Verfahrens- oder Sachleitung von Amts wegen trifft oder** **2. eine Entscheidung gemäß § 331 Abs. 3 ZPO ergeht.** **II § 333 ZPO ist nicht entsprechend anzuwenden.**	**0,5**

Schrifttum: Onderka/N. Schneider, Verschenkte Gebühren beim Versäumnisurteil in der ersten Instanz, AnwBl 2006, 643 (Nachtrag: AnwBl. 2006, 843); H. Schneider, Die Entstehung der reduzierten Terminsgebühren nach Nrn. 3105, 3203, 3211 VV RVG, JurBüro 2019, 393.

1 **I. Systematik.** Es handelt sich um eine gegenüber VV 3104 vorrangige Sondervorschrift. Sie gilt auch in der Güteverhandlung nach § 54 ArbGG. Ihr gegenüber ist VV 3106 wegen des dortigen Anwendungsbereichs nochmals vorrangig.

2 **II. Regelungszweck.** Die im Termin nach Art des VV 3105 gegenüber der Mühe bei VV 3104 deutlich geringeren Anforderungen sollen zu einer ebenfalls deutlich verringerten Vergütung führen. Das bedeutet nicht, dass man den Anwendungsbereich dieser Sondervorschrift allzu weit ausdehnen darf. Eine genaue Protokollie-

rung der tatsächlichen Terminsvorgänge nach § 160 II, IV 1 ZPO liegt im allseitigen Interesse.

III. Nur eine Partei oder ein Beteiligter erschienen oder vertreten. Voraussetzung ist zunächst, dass in einem ordnungsgemäß anberaumten und aufgerufenen gerichtlichen Termin gerade auch zu einer mündlichen Verhandlung nur die von diesem verhandlungsbereiten Rechtsanwalt vertretene Partei oder der entsprechende Beteiligte persönlich erscheint oder eben ordnungsgemäß vertreten ist, während der Gegner gar nicht erscheint oder zB im Anwaltsprozess oder -verfahren ohne einen ProzBev oder VerfBev nach § 81 ZPO, § 113 FamFG auftritt. Der Bev des Erschienenen muss verhandlungsbereit anwesend sein und entsprechend auftreten. Die Säumigkeit eines Streitgenossen nach §§ 59 ff. ZPO oder Streithelfers des einen oder anderen Beteiligten nach §§ 66 ff. ZPO ist unerheblich. 3

Auch **§ 345 ZPO** gehört hierher. Denn in VV 3105 liegt der Ton nicht auf dem Wort **„eines"** (Termins), sondern auf dem dort sinngemäß zu ergänzenden weiteren Wort „solchen", so dass man lesen muss: „nur eines **solchen** Termins". Dann aber gehört auch der zweite Termin hierher, nämlich derjenige des § 345 ZPO (OLG Brandenburg JurBüro 2010, 243; OLG Nürnberg MDR 2008, 1128; Hansens JurBüro 2004, 243 (251); aA BGH NJW 2006, 2927; OLG Koblenz JurBüro 2015, 577; OLG München AnwBl 2006, 286). 4

Eine ordnungsgemäße Vertretung **fehlt,** soweit der ProzBev oder VerfBev von vornherein oder auch nach einem bloßen Hinweis des Gerichts auf eine etwaige Erfolglosigkeit noch vor einer Antragstellung oder wenigstens Erörterung nun lediglich sogleich (selbstverständlich) als „Flucht in die Säumnis" und damit auch zwecks einer Kostenersparnis für den Auftraggeber erklärt, er „trete nicht auf" oder „stelle keine Anträge" (aA OLG Koblenz NJW 2005, 1955; zust. Henke AnwBl 2005, 433; Onderka FS Madert, 2006, 179; N. Schneider AnwBl 2004, 129 (138), aber solche Äußerung ist nun wirklich keine „Wahrnehmung", sondern allenfalls eine Zuschauer-Beobachtung des Termins). Auch ein Hinweis auf § 78 ZPO ohne eine Schlüssigkeitserörterung usw lässt VV 3105 bestehen und macht nicht VV 3104 anzuwenden (OLG Köln NJW 2007, 1694). **Nicht hierher** zählt der Fall, dass **beide** Parteien usw erscheinen, aber nicht verhandeln, auch wenn dann ein Versäumnisurteil oder ein Versäumnisbeschluss ergeht. Nicht hierher zählt ferner nach der Anm. III der Fall des § 333 ZPO, dass also eine Partei usw zwar erscheint, aber nicht verhandelt, also keinen Sachantrag zB nach § 297 ZPO stellt, im Ergebnis ebenso *Bischof* JurBüro 2010, 566. Dann gilt vielmehr VV 3104. Unanwendbar ist VV 3105 ferner bei zweimaliger Säumnis (OLG Koblenz Rpfleger 2015, 671, auch dann VV 3104) oder bei einem vom beauftragten oder ersuchten Richter nach §§ 361, 362 ZPO oder vom Sachverständigen nach §§ 402 ff. ZPO anberaumten Termin oder Beweistermin sowie bei einem streitigen Endurteil im Kleinverfahren nach § 495a S. 1 ZPO (OLG Düsseldorf JurBüro 2009, 364). 5

IV. Säumnisfolgen. Weitere Voraussetzung ist, dass infolge der Säumnis nach → Rn. 3 ff. wahlweise die eine oder die andere oder mehrere der nachfolgenden Situationen eintritt. Das alles gilt auch bei bloßer Teilsäumnis usw. 6

1. Entweder: Bloßer Antrag auf Versäumnisurteil oder -entscheidung oder zur Prozess-, Verfahrens- oder Sachleitung. Es reicht, dass der Erschienene durch seinen Bev zulässigerweise nur beantragt, gegen den Gegner ein Versäumnisurteil oder einen Versäumnisbeschluss oder eine bloße Entscheidung zur Prozess-, Verfahrens- oder Sachleitung zu erlassen (aA OLG Frankfurt a. M. JurBüro 2017, 528), oder dass der Bev nur einen derartigen Antrag stellt, etwa nach § 143 ZPO, § 113 I 2 FamFG (OLG Hamm AnwBl 1982, 70), oder nach §§ 227, 246, 251 ZPO. Ist der Rechtsanwalt für einen Bekl. tätig, geht es um ein Versäumnisurteil nach § 330 ZPO. Ist er für den Kläger tätig, geht es um seinen Antrag nach § 331 I 1 ZPO. Dieser Antrag lautet auf ein Versäumnisurteil. Ob das Gericht es dann auch antragsgemäß nach § 331 II Hs. 1 ZPO erlässt oder ob es die Klage trotz der Säumnis des Bekl. nach § 331 II Hs. 2 ZPO abweist, ist in diesem Antragsfall für VV 3105 unerheblich. Ein Zweites Versäumnisurteil nach § 345 ZPO genügt (AG Kaiserslautern JurBüro 2005, 475). In einer Ehesache ist ein Versäumnisbeschluss gegen den 7

Antragsgegner nach § 130 II FamFG unzulässig. Im Verfahren der Sozial- oder Verwaltungsgerichtsbarkeit ist ein Versäumnisurteil unstatthaft.

8 Zur **Prozess-, Verfahrens- und Sachleitung** zählen Anträge zB nach §§ 227, 246 ff., 251, 299 ZPO und zugehörige Gegenanträge (OLG Hamm AnwBl 1982, 70).

8a **Protokoll-Lücken** lassen sich auf andere Weise schließen (OLG Düsseldorf AnwBl 1993, 353; OLG Frankfurt a. M. AnwBl 1980, 508).

9 **Nicht hierher** gehören zB: Die Antrags- oder Klagerücknahme nach § 269 ZPO; die Einwilligung zur Klagerücknahme nach § 269 II 1 ZPO (OLG Koblenz JurBüro 1975, 1082); der Antrag nach §§ 251a, 331a ZPO auf eine Entscheidung nach Lage der Akten. Nicht hierher gehört ferner eine Erörterung auch nur eines Teils der Klaganspüche. Insoweit kann eine volle Vergütung nach einem solchen Teilwert hinzutreten (BGH NJW 2007, 1692 mzustAnm N. Schneider; LAG Hessen NZA-RR 2006, 437).

10 **2. Oder: Entscheidung nur zur Prozess-, Verfahrens- oder Sachleitung (Anm. I Nr. 1).** Es reicht auch statt → Rn. 5, dass das Gericht bei der Säumnis nur eine Entscheidung zur Prozess-, Verfahrens- oder Sachleitung erlässt, etwa auf eine Verweisung nach § 281 ZPO oder eine Vertagung nach § 227 ZPO oder auf das Ruhen des Verfahrens nach §§ 251a, 331a ZPO oder auf einen Beweisbeschluss nach §§ 358 ff. ZPO usw. Es ist dann unerheblich, ob die erschienene Partei durch ihren ProzBev einen wie immer gearteten Antrag gestellt oder ob das Gericht insoweit von Amts wegen entschieden hat. Maßgeblich ist, wie das Gericht entschieden **hat,** nicht, wie es hätte entscheiden sollen, dürfen oder müssen (OLG Frankfurt a. M. MDR 1982, 765). Der Fall I Nr. 1 entsteht aber (selbstverständlich) **nicht,** wenn das Gericht bei einer beiderseitigen Säumnis eine Entscheidung nur zur Prozess-, Verfahrens- oder Sachleitung trifft oder nach Lage der Akten gemäß §§ 251a, 331a ZPO entscheidet. Denn dann entsteht ja überhaupt keine Terminsgebühr, Vorb. 3 III.

11 **3. Oder: Schriftliches Urteil, § 331 III ZPO (Anm. I Nr. 2).** Das Gericht mag schließlich im schriftlichen Vorverfahren wegen des Ausbleibens einer Verteidigungsanzeige des Bekl. nach § 276 I 1 ZPO auf einen Antrag des Klägers die Entscheidung ohne eine mündliche Verhandlung getroffen haben, also nicht irrig ohne ihn (OLG Düsseldorf MDR 1984, 950; OLG Oldenburg MDR 2008, 887; aA BGH NJW 2017, 1483; OLG Jena Rpfleger 2006, 289; OLG Koblenz WuM 1997, 1566; OLG München JurBüro 2007, 589).

12 Dann kann nicht nur ein **Versäumnisurteil gegen den Beklagten** nach § 331 II Hs. 1 ZPO ergehen, sondern auch unter den Voraussetzungen des § 331 II Hs. 2 ZPO (fehlende Schlüssigkeit der Klage) ein „unechtes Versäumnisurteil", also ein streitiges Endurteil (OLG Düsseldorf MDR 1984, 950). Ein zu Unrecht ergangenes Urteil ist eine Entscheidung nach I Nr. 2 (OLG München JurBüro 2007, 589).

13 Es kann also auch ein solches Urteil ergehen, das teilweise ein Versäumnisurteil, **teilweise** aber ein **unechtes Versäumnisurteil** ist. Nr. 2 erfasst alle diese Fälle mit. Denn die Vorschrift setzt nur voraus, dass das Gericht nach § 331 III ZPO ohne eine mündliche Verhandlung „entschieden" hat. Auch ein unechtes Versäumnisurteil ist eine Entscheidung. Deshalb liegt beim unechten Versäumnisurteil auch keine Gesetzeslücke und daher kein Fall des VV 3104 Anm. I Nr. 1 vor (aA Gerold/Schmidt/Müller-Rabe VV 3104 Rn. 12).

Der Rechtsanwalt ist nach dem Eingang einer gegnerischen **Verteidigungsanzeige** nicht zur Zurücknahme des Antrags nach § 331 III ZPO verpflichtet (OLG Stuttgart AnwBl 1985, 265).

14 **V. Gebührenhöhe.** Es entsteht eine 0,5-Gebühr. Eine Säumnis kann für den Auftraggeber kostengünstiger als ein Anerkenntnis sein (König NJW 2005, 1243). Es kann aber auch umgekehrt sein (Schroeder/Riechert NJW 2005, 2187).

15 **VI. Gegenstandswert.** Er richtet sich gemäß § 23 nach dem Streitwert der Hauptsache (OLG Frankfurt a. M. JurBüro 1982, 1199; LG Düsseldorf JurBüro 1994, 158).

Nr.	Gebührentatbestand	Gebühr oder Satz der Gebühr nach § 13 RVG
3106	**Terminsgebühr in Verfahren vor den Sozialgerichten, in denen Betragsrahmengebühren entstehen (§ 3 RVG)** .... **[1] Die Gebühr entsteht auch, wenn** **1. in einem Verfahren, für das mündliche Verhandlung vorgeschrieben ist, im Einverständnis mit den Parteien ohne mündliche Verhandlung entschieden oder in einem solchen Verfahren mit oder ohne Mitwirkung des Gerichts ein Vertrag im Sinne der Nummer 1000 geschlossen wird oder eine Erledigung der Rechtssache im Sinne der Nummer 1002 eingetreten ist,** **2. nach § 105 Abs. 1 Satz 1 SGG durch Gerichtsbescheid entschieden wird und eine mündliche Verhandlung beantragt werden kann oder** **3. das Verfahren, für das mündliche Verhandlung vorgeschrieben ist, nach angenommenem Anerkenntnis ohne mündliche Verhandlung endet.** **[2] In den Fällen des Satzes 1 beträgt die Gebühr 90 % der in derselben Angelegenheit dem Rechtsanwalt zustehenden Verfahrensgebühr ohne Berücksichtigung einer Erhöhung nach Nummer 1008.**	**60,00 bis 610,00 €**

Schrifttum: Roth, Terminsgebühr und „fiktive“ Terminsgebühr in sozialrechtlichen Angelegenheiten, ASR 2013, 192.

I. Anwendungsbereich. Die an sich auch vor den Sozialgerichten nach VV 3104 geregelte Terminsvertretung erfordert in den Fällen einer Betragsrahmengebühr nach § 3 auch hier eine Sonderregelung. Wegen der Anm. Nr. 1–3 gilt dasselbe wie bei VV 3104 Anm. I Nr. 3. Es reicht daher, dass das Gericht im Einverständnis der Parteien nach § 124 II SGG ohne einen Termin durch ein Urteil entscheidet oder dass ohne eine an sich statthafte mündliche Verhandlung nach § 105 SGG ein Gerichtsbescheid ergeht oder dass das Verfahren nach § 101 II SGG mit Verhandlungszwang nach einem vom Kläger angenommenen Anerkenntnis oder Teilanerkenntnis des Bekl. ohne eine mündliche Verhandlung endet (SG Koblenz JurBüro 2009, 311; SG Saarland JurBüro 2012, 361; 2012, 362; SG Trier JurBüro 2012, 526). Auch ein stillschweigendes Anerkenntnis reicht (SG Hildesheim AnwBl 2006, 588, Abhilfebescheid). Auch ein gerichtskostenfreies sozialgerichtliches Verfahren kann eine Terminsgebühr auslösen (SG Mannheim NJW-RR 2009, 573). Ein schriftlicher Vergleich nach § 101 I 2 SGG oder nach § 202 SGG iVm § 278 VI ZPO reicht (LSG Bayern JurBüro 2015, 468). Ein anderer Vergleich reicht nicht (LSG Bayern JurBüro 2012, 143), erst recht keine bloße Vergleichserörterung ohne das Gericht (aA LSG Thüringen JurBüro 2012, 422). 1

Keine Terminsgebühr entsteht im Beschlussverfahren ohne mündliche Verhandlung nach § 86b IV SGG (LSG Nordrhein-Westfalen JurBüro 2009, 480). 2

II. Gebührenhöhe. § 14 ist anzuwenden. Die Terminsdauer ist mit zu beachten (LSG Darmstadt JurBüro 2014, 413, Durchschnitt: ca. 30 Minuten). Das Haftungsrisiko kann eine Erhöhung rechtfertigen (Klier NZS 2004, 469 (473)). Es ist zu prüfen, in welcher Höhe voraussichtlich eine Terminsgebühr entstanden wäre (SG Hannover JurBüro 2010, 529). 3

Abschnitt 2. Berufung, Revision, bestimmte Beschwerden und Verfahren vor dem Finanzgericht

Vorbemerkung 3.2:

I Dieser Abschnitt ist auch in Verfahren vor dem Rechtsmittelgericht über die Zulassung des Rechtsmittels anzuwenden.

II 1 Wenn im Verfahren auf Anordnung eines Arrests, zur Erwirkung eines Europäischen Beschlusses zur vorläufigen Kontenpfändung oder auf Erlass einer einstweiligen Verfügung sowie im Verfahren über die Aufhebung, den Widerruf oder die Abänderung der genannten Entscheidungen das Rechtsmittelgericht als Gericht der Hauptsache anzusehen ist (§ 943, auch i. V. m. § 946 Abs. 1 Satz 2 ZPO), bestimmen sich die Gebühren nach den für die erste Instanz geltenden Vorschriften. 2 Dies gilt entsprechend im Verfahren der einstweiligen Anordnung und im Verfahren auf Anordnung oder Wiederherstellung der aufschiebenden Wirkung, auf Aussetzung oder Aufhebung der Vollziehung oder Anordnung der sofortigen Vollziehung eines Verwaltungsakts. 3 Satz 1 gilt ferner entsprechend in Verfahren über einen Antrag nach § 169 Abs. 2 Satz 5 und 6, § 173 Abs. 1 Satz 3 oder nach § 176 GWB.

Schrifttum: Kroiß, Die Gebühren im Rechtsmittelverfahren in bürgerlichen Streitigkeiten, RVG-Letter 2004, 87; N. Schneider, Rechtsmittelverfahren in bürgerlichen Rechtsstreitigkeiten, AGS 2004, 89.

1 **I. Allgemeiner Anwendungsbereich des Abschn. 2.** Der Anwendungsbereich der im Abschnitt 2 von Teil 3 des VV geregelten Gebührentatbestände (VV 3200–3213) ergibt sich zunächst (nur) aus den Überschriften von Teil 3 und des Abschnitts 2. Danach gilt er für Berufungs- und Revisionsverfahren sowie (nach Maßgabe weiterer Regelungen) „bestimmte" Beschwerde- und Rechtsbeschwerdeverfahren in Zivilsachen (= bürgerliche Rechtsstreitigkeiten, Familiensachen und Angelegenheiten der freiwilligen Gerichtsbarkeit, § 13 GVG), in Verfahren der Verwaltungs-, Finanz- und Sozialgerichtsbarkeiten, in Verfahren nach dem StVollzG (auch iVm § 92 JGG) sowie in „ähnlichen" Verfahren (wie insbes. Verfahren vor den Arbeitsgerichten). Die VV 6300–6303 in Teil 6 des VV („Sonstige Verfahren") enthalten allerdings für die Vergütung in den dort genannten Angelegenheiten der freiwilligen Gerichtsbarkeit (gerichtliche Verfahren bei Freiheitsentziehung und in Unterbringungssachen, §§ 271–341, 415–432 FamFG) besondere und gem. Vorb. 3 VII vorrangige (auch die Rechtsmittelverfahren umfassende) Bestimmungen (vgl. BGH NJW-RR 2012, 959 Rn. 6; 2013, 67 Rn. 3).

2 Der Abschnitt 2 regelt damit die Vergütung der anwaltlichen Tätigkeit in **Rechtsmittelverfahren** (aber auch vor den Finanzgerichten, Vorb. 3.2.1 Nr. 1). Dabei betrifft der Unterabschnitt 1 **(VV 3200–3205)** die Tätigkeit im **Berufungsverfahren** sowie den in Vorb. 2.2.1 Nr. 2, 3 aufgelisteten („berufungsähnlichen") **Beschwerdeverfahren** (außerdem in Verfahren vor den Finanzgerichten, Vorb. 3.2.1 Nr. 1, und in Rechtsbeschwerdeverfahren nach dem StVollzG). Unterabschnitt 2 **(VV 3206–3213)** erfasst demgegenüber die Tätigkeit im **Revisionsverfahren** sowie in den in Vorb. 3.2.2 Nr. 1 genannten (revisionsrechtlich ausgestalteten) **Rechtsbeschwerdeverfahren** (außerdem in den tlw. berufungsrechtlichen Rechtsmittelverfahren des gewerblichen Rechtsschutzes vor dem BGH, Vorb. 3.2.2 Nr. 2, und in Entscheidungen des einstweiligen Rechtsschutzes betreffenden Beschwerdeverfahren vor dem BFH, Vorb. 3.2.2 Nr. 3). Die Gebührentatbestände sind als Verfahrens- und Terminsgebühren weitgehend analog zu den die entsprechenden Verfahren des ersten Rechtszugs betreffenden Regelungen des Abschnitts 1 gebildet, sehen aber im Hinblick auf die größere Bedeutung und Schwierigkeit der Rechtsmittelverfahren höhere Gebührensätze vor (vgl. Begr. RegE KostRMoG BT-Drs. 15/1971, 213).

3 Die Tätigkeit in allen **anderen,** nicht in den Vorb. 3.2.1 und 3.2.1 genannten **Beschwerde- und Rechtsbeschwerdeverfahren** wird nach den Vorschriften in Abschnitt 5 („Beschwerde, Nichtzulassungsbeschwerde und Erinnerung", **VV 3500–3518**) bzw. im Falle der Freiheitsentziehungs- und Unterbringungssachen nach den gem. Vorb. 3 VII vorrangigen VV 6300–6303, → Rn. 1, vergütet. Die Ver-

gütung für Rechtsbeschwerden in Schiedssachen (§ 1065 ZPO), die früher hiervon abweichend nach Abschnitt 1 erfolgte (Vorb. 3.1 II aF), richtet sich seit der Änderung durch das KostRÄG 2021, → GKG Vor § 1 Rn. 16, nunmehr ausdrücklich ebenfalls nach Abschnitt 2 (Vorb. 3.2.2 I Nr. 1 Buchst. c; zur zeitlichen Anwendbarkeit der Neuregelung vgl. § 60).

Verfahren über eine **Nichtigkeits- oder Restitutionsklage** (§§ 578 ff. ZPO, ggf. 4 iVm § 118 FamFG, § 153 VwGO, § 179 I SGG, § 134 FGO) sind keine Rechtsmittelverfahren im Sinne der Regelungen des Abschnitts 2. Soweit aber nach Maßgabe von § 584 I ZPO das Rechtsmittelgericht zuständig ist, gehört das Verfahren über eine Nichtigkeits- oder Restitutionsklage, mit dem die Weiterführung des Rechtsmittelverfahrens erreicht werden soll, zum Rechtsmittelverfahren (vgl. RGZ 57, 231) und ist daher genauso wie dieses zu vergüten (vgl. zur BRAGO BPatG NJW-RR 1998, 934; OLG Koblenz JurBüro 1975, 1080; KG 3.7.1979 – 1 W 1746/79, und zum GKG BFHE 142, 411; BFH RVGreport 2012, 317; KG JW 1939, 181; aA OLG Nürnberg NJW-RR 1996, 512).

II. Zulassungsverfahren vor dem Rechtsmittelgericht (I). 1. Normzweck. 5 Ein vor dem eigentlichen Rechtsmittelverfahren zunächst erforderliches Verfahren über die Zulassung des Rechtsmittels ist selbst kein Rechtsmittel in der Hauptsache, sondern hat lediglich die Zulassungsvoraussetzungen zum Gegenstand. I erweitert den Anwendungsbereich von Abschnitt 2 über die Rechtsmittelverfahren hinaus auf diese Zulassungsverfahren und trägt damit dem Umstand Rechnung, dass die anwaltliche Tätigkeit in den Zulassungsverfahren nach Umfang und Schwierigkeit (mindestens) der im anschließenden Rechtsmittelverfahren entspricht.

2. Erfasste Zulassungsverfahren. In den Verfahrensordnungen finden sich zwei 6 unterschiedliche Ausgestaltungen der Zulassungsverfahren, nämlich als **Antragsverfahren** und als **Beschwerdeverfahren.** Jedenfalls der Gesetzgeber der Vorläuferregelung von I, § 11 I 6 BRAGO (vgl. Begr. RegE KostRMoG BT-Drs. 15/1971, 213), wollte mit dem (insoweit identischen) weiten Wortlaut beide Ausgestaltungen erfassen (vgl. Begr. § 11 I 6 RegE BRAGO BT-Drs.12/6962, 101). Dieses weite Verständnis von „Verfahren über die Zulassung des Rechtsmittels" liegt ersichtlich auch § 16 Nr. 11 zugrunde, in dem die Beschwerdeverfahren ausdrücklich von der Regelung ausgenommen werden (was anderenfalls nicht erforderlich wäre).

a) Antragsverfahren. Unproblematisch von I erfasst werden jedenfalls als Antrags- 7 verfahren auf Zulassung ausgestaltete Verfahren, sofern sie „vor dem Rechtsmittelgericht" stattfinden. Für letzteres ist maßgeblich, dass das Rechtsmittelgericht über den Antrag entscheidet (unerheblich ist daher, dass etwa nach § 124a IV 2 VwGO der Zulassungsantrag bei dem VG zu stellen ist). Unter I fallen insbes. die **Berufungszulassung nach der VwGO** (§ 124a IV–VI VwGO, dies gilt entspr. in verwaltungsrechtlichen Berufssachen, vgl. etwa § 112e BRAO, § 94d PAO, § 111d BNotO), die **Sprungrevisionszulassung nach der ZPO** (§ 566 ZPO) sowie die (funktionsgleiche) **Sprungrechtsbeschwerdezulassung nach dem FamFG** (§ 75 FamFG). **Nicht** unter I fallen hingegen Zulassungs-Antragsverfahren, die vollständig in der Vorinstanz erledigt werden, wie dies zB bei der **Sprungrevisionszulassung** nach dem **ArbGG** (§ 76 ArbGG; dies gilt auch für die funktionsgleiche Sprungrechtsbeschwerdezulassung im Beschlussverfahren, § 96a ArbGG) oder dem **SGG** (§ 161 SGG) der Fall ist (sie sind Teil des erstinstanzlichen Verfahrens und werden nicht besonderes vergütet). Dies gilt erst recht, wenn über die Zulassung in der Vorinstanz von Amts wegen zu entscheiden ist (zB nach §§ 511 IV, 543 II, 74 III ZPO, § 70 II FamFG, § 66 IV GKG, § 33 III) und daher von den Verfahrensbeteiligten ohnehin nur angeregt werden kann.

Soweit ein Antragsverfahren unter I fällt, erhält der Rechtsanwalt dieselbe Ver- 8 gütung wie für das Rechtsmittel, dessen Zulassung er beantragt (also etwa bei einer Berufungszulassung nach der VwGO eine Verfahrensgebühr nach VV 3200 und bei einer Sprungrechtsbeschwerdezulassung nach dem FamFG eine Verfahrensgebühr nach VV 3206). Allerdings handelt es sich bei dem Zulassungsverfahren in solchen Fällen nach § 16 Nr. 11 um **dieselbe Angelegenheit** wie das Rechtsmittelverfahren, so dass der in beiden Verfahren tätige Rechtsanwalt nur einmal eine Vergütung erhält.

9 **b) Beschwerdeverfahren.** Als Beschwerde gegen die Nichtzulassung ausgestalteten Verfahren über die Zulassung des Rechtsmittels werden vom Wortlaut des I ebenfalls erfasst, → Rn. 6. Indessen ist die Vergütung für Nichtzulassungsbeschwerden, die die **Revision** (vgl. § 544 ZPO, § 72a ArbGG, § 133 VwGO, § 116 FGG, § 160a SGG), die in Vorb. 3.2.2 genannten **Rechtsbeschwerden** (vgl. § 92a ArbGG, § 83 II BPersVG, § 75 GWB, § 87 EnWG, § 35 IV 2 KSpG, § 25 EU-VSchDG) und die **Berufung nach dem SGG** (§ 145 SGG) betreffen, in Abschnitt 5 („Beschwerde, Nichtzulassungsbeschwerde und Erinnerung) besonders und damit jedenfalls vorrangig geregelt **(VV 3506–3509, 3511, 3512, 3516–3518).** Weder unter diese Vorschriften noch (weil sie keines der in den Anwendungsbereich des Abschnitts 2 fallendes Rechtsmittel betrifft, → VV Vorb. 3.5 Rn. 4) unter Vorb. 3.2 I fällt allerdings die Beschwerde gegen die Nichtzulassung einer **Revisionsbeschwerde** nach § 77 ArbGG (zu dieser → VV 3500, 3501 Rn. 2).

10 Diese im Hinblick auf die Identität der Gebührentatbestände und -sätze (besonders geregelt ist lediglich die Anrechnung der Verfahrensgebühr für das Zulassungsverfahren auf die Verfahrensgebühr für das anschließende Rechtsmittelverfahren, VV 3506 Anm.) wohl überflüssige Sonderregelung beruht auf der inkonsistenten Übernahme verschiedener Regelung der BRAGO in das RVG. Die BRAGO sah für Beschwerden (und damit auch für Nichtzulassungsbeschwerden) in § 61 BRAGO eine Vergütung in Höhe von 5/10 der in § 31 BRAGO bestimmten Prozessgebühren vor; in Verfahren vor dem Rechtsmittelgericht über die Zulassung des Rechtsmittels erhöhte sich gem. § 11 I 6 BRAGO (nicht der Satz, sondern) der Betrag der Gebühr (vgl. etwa zur Nichtzulassungsbeschwerde nach § 166 VwGO BVerwG AGS 1999, 183 mwN); mit der ZPO-Reform wurde mit § 61a I Nr. 2 BRAGO die Vergütung (nur) für die Nichtzulassungsbeschwerde nach der ZPO auf die volle Prozessgebühr nach § 31 BRAGO erhöht (vgl. Begr. RegE ZPO-RG BT-Drs. 14/4722, 142). Im RVG ist die Regelung des § 11 I 6 als I übernommen worden, → Rn. 6, allerdings im Ergebnis nicht im Sinne einer Anhebung des Gebührenbetrags für die Zulassungsverfahren auf den für das Rechtsmittelverfahren, sondern einer tatbestandlichen Gleichstellung beider Verfahren. Dies ist bei der Übernahme (und Ausdehnung auf alle Verfahrensordnungen) der Regelung des § 61a I Nr. 1 BRAGO als VV 3506, 3507 (vgl. Begr. RegE KostRMoG BT-Drs. 15/1971, 219) offensichtlich aus dem Blick geraten.

11 Die Vergütung für Tätigkeiten in Nichtzulassungsbeschwerdeverfahren nach VV 3506–3509, 3511, 3512, 3516–3518 entspricht im Ergebnis der Vergütung nach den VV 3206–3213. Anders als bei den Antragsverfahren, → Rn. 8, sind das Beschwerdeverfahren und das anschließende Rechtsmittelverfahren nach § 17 Nr. 9 **verschiedene Angelegenheiten.** Der in beiden Verfahren tätige Rechtsanwalt erhält daher für beide Verfahren eine gesonderte Vergütung, allerdings ist nach VV 3506 Anm., 3511 Anm., 3512 Anm. die Verfahrensgebühr für das Zulassungsverfahren auf die Verfahrensgebühr für das Rechtsmittelverfahren **anzurechnen** (zur Anrechnung vgl. § 15a).

12 **III. Vorläufiger Rechtsschutz durch das Rechtsmittelgericht (II). 1. Normzweck.** Wird nach Anhängigkeit der Hauptsache in der Rechtsmittelinstanz vorläufiger Rechtsschutz begehrt, ist regelmäßig das Rechtsmittelgericht als „Gericht der Hauptsache" hierfür zuständig (so ausdrücklich § 943 I ZPO). Da aber in solchen Fällen das Rechtsmittelgericht nicht über das Rechtsmittel, sondern über einen eigenständigen („erstinstanzlichen") Antrag entscheidet (Rechtsmittelverfahren und Verfahren des einstweiligen Rechtsschutzes sind kostenrechtlich verschiedene Angelegenheiten, vgl. § 17 Nr. 4), bestimmt II, dass die Vergütung der anwaltlichen Tätigkeit in den erfassten Verfahren des einstweiligen Rechtsschutzes nicht nach den Bestimmungen des Abschnitts 2, sondern nach den für die erste Instanz geltenden Vorschriften, Abschnitt 1, **VV 3100–3106** erfolgt. Da die in II genannten Verfahren aber bereits vom Anwendungsbereich des Abschnitts 2 nicht erfasst sein dürften, hat die Vorschrift nur klarstellende Funktion.

13 **2. Erfasste Verfahren des vorläufigen Rechtsschutzes.** Welche Verfahren des einstweiligen Rechtsschutzes nicht unter die Vorschriften des Abschnitts 2, sondern denen des Abschnitts 1 fallen, ergibt sich im Einzelnen aus II. Genannt sind drei

Gruppen, nämlich die in II 1 genannten Verfahren nach der **ZPO** (Arrest, vorläufige Kontenpfändung, einstweilige Anordnung; einschließlich Aufhebung, Widerruf, Abänderung), die in II 2 genannten Verfahren vor den öffentlich-rechtlichen Gerichtsbarkeiten (insbes. **VwGO, FGO, SGG;** einstweilige Anordnung, Anordnung bzw. Wiederherstellung der aufschiebenden Wirkung eines Rechtsbehelfs, Aussetzung bzw. Aufhebung der Vollziehung bzw. Anordnung der sofortigen Vollziehbarkeit eines Verwaltungsaktes) sowie schließlich die in II 3 genannten Verfahren nach dem **GWB** (Wiederherstellung des Verbots des Zuschlags bzw. Gestattung des von der Vergabekammer verbotenen Zuschlags, Verlängerung der aufschiebenden Wirkung der sofortigen Beschwerde, Gestattung des – vorläufigen – weiteren Fortgang des Vergabeverfahrens und des Zuschlags).

Hinzukommen muss, dass das Verfahren **vor dem Rechtsmittelgericht** zu führen 14
ist. Dies ist in den Fällen des einstweiligen Rechtsschutzes nach der ZPO und den öffentlich-rechtlichen Verfahrensordnungen der Fall, wenn das Hauptsacheverfahren bei dem Rechtsmittelgericht anhängig ist und das Rechtsmittelgericht daher insoweit als „Gericht der Hauptsache" anzusehen ist (vgl. § 943 I ZPO). In den Verfahren des einstweiligen Rechtsschutzes nach dem GWB ist das Beschwerdegericht (für Beschwerden gegen Entscheidungen der Vergabekammern) stets zuständig.

Unterabschnitt 1. Berufung, bestimmte Beschwerden und Verfahren vor dem Finanzgericht

Vorbemerkung 3.2.1:

Dieser Unterabschnitt ist auch anzuwenden in Verfahren

1. vor dem Finanzgericht,
2. über Beschwerden
a) gegen die den Rechtszug beendenden Entscheidungen in Verfahren über Anträge auf Vollstreckbarerklärung ausländischer Titel oder auf Erteilung der Vollstreckungsklausel zu ausländischen Titeln sowie über Anträge auf Aufhebung oder Abänderung der Vollstreckbarerklärung oder der Vollstreckungsklausel,
b) gegen die Endentscheidung wegen des Hauptgegenstands in Familiensachen und in den Angelegenheiten der freiwilligen Gerichtsbarkeit,
c) gegen die den Rechtszug beendenden Entscheidungen im Beschlussverfahren vor den Gerichten für Arbeitssachen,
d) gegen die den Rechtszug beendenden Entscheidungen im personalvertretungsrechtlichen Beschlussverfahren vor den Gerichten der Verwaltungsgerichtsbarkeit,
e) nach dem GWB,
f) nach dem EnWG,
g) nach dem KSpG,
h) nach dem EU-VSchDG,
i) nach dem SpruchG,
j) nach dem WpÜG,
k) nach dem WRegG,
3. über Beschwerden
a) gegen die Entscheidung des Verwaltungs- oder Sozialgerichts wegen des Hauptgegenstands in Verfahren des vorläufigen oder einstweiligen Rechtsschutzes,
b) nach dem WpHG,
c) gegen die Entscheidung über den Widerspruch des Schuldners (§ 954 Abs. 1 Satz 1 ZPO) im Fall des Artikels 5 Buchstabe a der Verordnung (EU) Nr. 655/2014,
4. über Rechtsbeschwerden nach dem StVollzG, auch i. V. m. § 92 JGG.

I. Normzweck. Unterabschnitt 1 regelt die Vergütung der anwaltlichen Tätigkeit 1
in Berufungsverfahren und solchen Verfahren, in denen die Tätigkeit des Rechtsanwalts mit der in einem Berufungsverfahren vergleichbar ist. Die Gebührentatbestände entsprechen den in Abschnitt 1 für die Tätigkeit im ersten Rechtszug

geregelten (lediglich die Reihenfolge weicht insoweit geringfügig ab, als die Gebühren für Sozialgerichtsverfahren, in denen Betragsrahmengebühren entstehen, an das Ende gestellt und nicht – wie in Abschnitt 1 – in die Verfahrensgebühren einerseits und die Terminsgebühren anderseits eingereiht sind), sehen aber für die Verfahrensgebühren (VV 3200, 3201, 3204) höhere Sätze bzw. Beträge der Gebühr als in Abschnitt 1 vor (die Höhe der Terminsgebühren, VV 3202, 3203, 3205, entspricht demgegenüber der der korrespondierenden Gebühren des Teils 1; der Gesetzgeber wollte damit das Ziel der ZPO-Reform, die erste Instanz zu stärken, kostenrechtlich umsetzen, vgl. Begr. RegE KostRMoG BT-Drs. 15/1971, 214).

2 **II. Anwendungsbereich. 1. Berufungsverfahren.** Hauptanwendungsbereich des Unterabschnitts 1 ist (wie sich – nur – aus der Überschrift ergibt) die anwaltliche Tätigkeit in der Berufungsinstanz in einem der unter Teil 2 fallenden Verfahren (→ VV Vorb. 3.2 Rn. 1). **Ausgenommen** sind allerdings nach der vorrangigen Vorb. 3.2.2 Nr. 2 **Berufungsverfahren des gewerblichen Rechtsschutzes vor dem BGH** (zu diesen im Einzelnen → PatKostG Vor § 1 Rn. 1 ff.), die in den Anwendungsbereich von Unterabschnitt 2 fallen.

3 Außer der Tätigkeit im Berufungsverfahren ist gem. Vorb. 3.2 I auch die Tätigkeit in einem vorgeschalteten, als Antragsverfahren ausgestalteten **Verfahren auf Zulassung der Berufung** nach den Vorschriften in Unterabschnitt 1 zu vergüten, sofern dieses (wie nach § 124a IV–VI VwGO, auch etwa iVm § 112e BRAO, § 94d PAO, § 111d BNotO) vor dem Rechtsmittelgericht stattfindet, → VV Vorb. 3.2 Rn. 7 ff. Beide Verfahren sind allerdings nach § 16 Nr. 11 dieselbe Angelegenheit, so dass der in beiden Verfahren tätige Rechtsanwalt nur einmal eine Vergütung erhält.

4 Zu **Verfahren des vorläufigen Rechtsschutzes,** die in die Zuständigkeit des Berufungsgerichts als Gericht der Hauptsache fallen, → VV Vorb. 3.2 Rn. 12 ff.

5 **2. Verfahren vor den Finanzgerichten (Nr. 1).** Abweichend vom allgemeinen Anwendungsbereich des Teils 2 sind nach Nr. 1 in die Anwendung des Unterabschnitts 1 auch die (erstinstanzlichen) Verfahren vor den Finanzgerichten einbezogen. Dies setzt kostenrechtlich um, dass die anwaltliche Tätigkeit vor einem FG nicht mit der Tätigkeit in der ersten Instanz vergleichbar ist, weil das FG seiner Struktur nach ein Obergericht wie das OVG und außerdem die erste und gleichzeitig letzte Tatsacheninstanz ist, so dass es idR die einzige und letzte gerichtliche Instanz darstellt (Begr. RegE KostRMoG BT-Drs. 15/1971, 213).

6 **3. Bestimmte Beschwerdeverfahren (Nr. 2, 3). a) Erfasste Verfahren.** Anzuwenden sind die Vorschriften des Unterabschnitts 1 außerdem auf die anwaltliche Tätigkeit in „bestimmten" Beschwerdeverfahren, nämlich den in Nr. 2, 3 aufgezählten.

7 In den in **Nr. 2** aufgeführten Verfahren ist (im Unterschied zu den in Nr. 3 aufgeführten, vgl. Begr. RegE 2. KostRMoG BT-Drs. 17/11471, 276 f.; die Unterscheidung dient der Verweisung in Vorb. 3.2.2 Nr. 1) eine Rechtsbeschwerde zum BGH, BAG bzw. BVerwG vorgesehen (für die später – unsystematisch – in Buchst. i–k aufgenommenen Verfahren gilt dies allerdings nicht). Die Tätigkeit in den in **Nr. 2 Buchst. a** genannten Beschwerdeverfahren, die die Vollstreckbarerklärung bzw. die Klauselerteilung für ausländische Titel betreffen, erfolgt die Vergütung wie bei einem Berufungsverfahren zur Abgeltung des erhöhten Arbeitsaufwands, der dort durch die erneute Prüfung des Sachverhalts und Bewertung der Rechtslage anfällt (Begr. RegE KostRMoG BT-Drs. 15/1971, 213). Die in **Nr. 2 Buchst. b–d** genannten Beschwerdeverfahren gegen instanzabschließende Beschlüsse in Familiensachen, Angelegenheiten der freiwilligen Gerichtsbarkeit sowie in arbeitsgerichtlichen und personalvertretungsrechtlichen Beschlussverfahren entsprechen strukturell einem Berufungsverfahren und sind nur aufgrund der Besonderheiten der betreffenden Verfahrensordnung als Beschwerdeverfahren ausgestaltet; erfasst werden nur die dort in der Hauptsache ergehenden Entscheidungen (die Tätigkeit in Nebenentscheidungen betreffenden Beschwerdeverfahren erfolgt demgegenüber nach Teil 5, vgl. etwa zu einer Kostenentscheidung OLG Köln AGS 2012, 462 mzustAnm Thiel). Entsprechendes gilt für die in **Nr. 2 Buchst. e–k** genannten Beschwerdeverfahren.

8 In den in **Nr. 3** aufgezählten Beschwerdeverfahren gibt es kein weiteres Rechtsmittel zu einem obersten Bundesgericht (vgl. § 152 I VwGO, § 177 SGG, § 113

WpHG iVm § 55 WpÜG, § 957 ZPO). Die in Nr. 3 Buchst. a) genannten **verwaltungs- und sozialgerichtlichen Verfahren des vorläufigen oder einstweiligen Rechtsschutzes** nehmen regelmäßig die Entscheidung in der Hauptsache vorweg, so dass die Beschwerdeverfahren im Ergebnis einem Berufungsverfahren gleichkommen und daher auch wie ein solches vergütet werden (Begr. RegE 2. KostRMoG BT-Drs. 17/11471, 277; vgl. zur korrespondierenden Regelung für die Finanzgerichtsbarkeit Vorb. 3.2.2 Nr. 3 Buchst. a, → VV Vorb. 3.2.2 Rn. 8; die frühere Rspr., die eine Vergütung nach VV 3500, 3501 annahm, vgl. etwa LSG Thüringen NZS 2013, 798; OVG Sachsen-Anhalt NVwZ-RR 2012, 780, jew. mwN, ist damit überholt). Bei der in Nr. 3 Buchst. c genannten Beschwerde gegen die Entscheidung des Vollstreckungsgerichts über den Widerspruch des Schuldners gegen einen im Inland erlassenen **europäischen Beschluss zur vorläufigen Kontenpfändung** (nach der VO (EU) 655/2014 iVm §§ 946 ff. ZPO) ist (auch) vergütungsrechtlich danach zu differenzieren (vgl. Begr. RegE EuKoPfVODG BT-Drs. 18/7560, 52; Volpert RVGreport 2017, 122), ob der Gläubiger noch keinen Zahlungstitel (Art. 5 Buchst. a VO (EU) 655/2014) oder aber bereits in einem Mitgliedstaat eine gerichtliche Entscheidung, einen gerichtlichen Vergleich oder eine öffentliche Urkunde erwirkt hat (Art. 5 Buchst. b VO (EU) 655/2014). Nr. 3 Buchst. c betrifft nur den Fall, dass **der Gläubiger noch keinen Zahlungstitel hat,** der kostenrechtlich – wegen der auch hier erforderlichen gerichtlichen Prüfung des dem Antrag zugrunde liegenden Zahlungsanspruchs – einem Arrestverfahren gleichgestellt ist (vgl. zur Vergütung für die anwaltliche Tätigkeit in erster Instanz Vorb. 3.3.3 II S. 2 und für die Gerichtskosten Vorb. 1.4 I S. 1 GKG; der Fall, dass bereits ein zumindest vorläufig vollstreckbarer Titel vorliegt, wird demgegenüber kostenrechtlich wie eine Forderungspfändung behandelt, vgl. für die Anwaltsvergütung Vorb. 3.3.3 II S. 1 und für die Gerichtskosten Vorb. 1.4 I S. 2 GKG).

b) Nicht erfasste Verfahren. Die Aufzählung in Nr. 2, 3 ist **abschließend** 9
(BGH NJW-RR 2011, 286 Rn. 7). Nicht aufgeführte Beschwerdeverfahren fallen mithin **nicht** in den Anwendungsbereich des Unterabschnitts 1.

Besonders geregelt sind **Beschwerdeverfahren des gewerblichen Rechtsschutzes vor dem BGH,** die nach Vorb. 3.2.2 Nr. 2 von Unterabschnitt 2 erfasst werden (zu diesen im Einzelnen → PatKostG Vor § 1 Rn. 1 ff.), und **gerichtliche Verfahren bei Freiheitsentziehung und in Unterbringungssachen** (§§ 271–341, 415–432 FamFG), für die die Vergütungsregelung – auch für Rechtsmittelverfahren – den gem. Vorb. 3 VII vorrangigen VV 6300–6303 zu entnehmen ist (vgl. BGH NJW-RR 2012, 959 Rn. 6; 2013, 67 Rn. 3). 10

Für alle übrigen **(„einfachen") Beschwerdeverfahren** ist die Vergütung in Abschnitt 5 („Beschwerde, Nichtzulassungsbeschwerde und Erinnerung", VV 3500–3518) geregelt. Letzteres gilt ungeachtet Vorb. 3.2 I auch für die – besonders und vorrangig von VV 3506–3509, 3511, 3512, 3516–3518 erfassten – **Nichtzulassungsbeschwerden,** → VV Vorb. 3.2 Rn. 9 ff. 11

4. Rechtsbeschwerdeverfahren nach StVollzG (Nr. 4). Schließlich erfolgt gem. Nr. 4 auch die Vergütung der anwaltlichen Tätigkeit in einem (wie stets revisionsähnlich ausgestalteten) Rechtsbeschwerdeverfahren nach § 116 StVollzG nach den Bestimmungen des Unterabschnitts 1. Im Hinblick auf Bedeutung und Schwierigkeit ist die Vergütung für dieses Verfahren besonders geregelt (unterfällt also nicht den Vorschriften in Abschnitt 5); weil aber das Verfahren nicht vor einem obersten Bundesgericht, sondern dem OLG stattfindet, erfolgt die Vergütung – anders als in den in Vorb. 3.2.2 Nr. 1 genannten Fällen – nicht nach Unterabschnitt 2 (vgl. Begr. RegE 2. KostRMoG BT-Drs. 17/11471, 277). 12

Nr.	Gebührentatbestand	Gebühr oder Satz der Gebühr nach § 13 RVG
3200	**Verfahrensgebühr, soweit in Nummer 3204 nichts anderes bestimmt ist**	**1,6**

Übersicht

1 **I. Übersicht.** Die Gebührentatbestände des Unterabschnitts 1 des Teils 2 sehen (wie die des das erstinstanzliche Verfahren betreffenden Teils 1) zwei Gebührenarten vor, nämlich Verfahrensgebühren (VV 3200, 3201, 3204) und Terminsgebühren (VV 3203, 3205). VV 3200 regelt die „allgemeine" Verfahrensgebühr für die vom Unterabschnitt 1 erfassten Verfahren, soweit nicht die Voraussetzungen der („besonderen") Verfahrensgebühr nach VV 3204 vorliegen. Sie kann nach Maßgabe von VV 3201 allerdings lediglich in ermäßigter Höhe anfallen.

2 **II. Gebührentatbestand. 1. Anwendungsbereich.** VV 3200 gilt im Grundsatz für alle vom Unterabschnitt 1 erfassten Verfahren, → VV Vorb. 3.2.1 Rn. 2 ff., also insbes. solche über **Berufungen** nach ZPO, ArbGG, VwGO, SGG, über (berufungsähnliche) **Beschwerden gegen Endentscheidungen** nach dem FamFG und in Beschlussverfahren nach dem ArbGG und in **verwaltungs- und sozialgerichtlichen Verfahren des vorläufigen oder einstweiligen Rechtsschutzes** (die frühere Rspr., die in diesen Verfahren eine Vergütung nach VV 3500, 3501 annahm, vgl. etwa LSG Thüringen NZS 2013, 798; OVG Sachsen-Anhalt NVwZ-RR 2012, 780, jew. mwN, ist durch das 2. KostRMoG überholt, → VV Vorb. 3.2.1 Rn. 8) sowie (erstinstanzlich) **vor den Finanzgerichten.** Ausgenommen ist lediglich das Berufungsverfahren nach dem SGG, (nur) soweit dieses nach Maßgabe von § 3 zu vergüten ist, vgl. VV 3204.

3 Bei Berufungsverfahren nach dem **SGG** ist daher – wie stets im Kostenrecht, → SGG Vor § 183 Rn. 3 ff. – zu differenzieren zwischen den Verfahren, in denen gem. § 197a I 1 SGG das GKG anzuwenden ist (und nach dem RVG Wertgebühren, → § 2 Rn. 5, anfallen), und den Verfahren, in denen – wie idR – das GKG nicht anzuwenden ist (und gem. § 3 Betragsrahmengebühren anfallen). Die Verfahrensgebühr richtet sich nach VV 3200 nur, wenn das GKG anzuwenden ist, im Übrigen nach VV 3204.

4 **2. Verfahrensgebühr.** Als Verfahrensgebühr entsteht die Gebühr nach VV 3200 gem. Vorb. 3 II für das Betreiben des Geschäfts und der Information. Bei der Gebühr nach VV 3200 ist das Geschäft, dessen Betreiben durch den Rechtsanwalt vergütet wird, nur – nach § 17 Nr. 1 sind das Verfahren über ein Rechtsmittel und der vorangegangene Rechtszug vergütungsrechtlich verschiedene Angelegenheiten – das **Rechtsmittelverfahren** (bzw. finanzgerichtliche Verfahren).

5 Als **Pauschgebühr** deckt die Verfahrensgebühr – unabhängig vom Zeit- und Arbeitsaufwand im Einzelfall – die Vertretung des Mandanten im Rechtsmittelverfahren (bzw. finanzgerichtlichen Verfahren) von dessen Anfang bis zum Abschluss der Instanz (§ 15 I), einschließlich der Information des Mandanten über den Verfahrensverlauf ab. Mit abgedeckt sind aber auch alle zum Rechtsmittelverfahren (bzw. finanzgerichtlichen Verfahren) gehörenden **Vorbereitungs-, Neben- und Abwicklungstätigkeiten** iSd § 19, sofern es sich nicht nach § 18 um besondere Angelegenheiten handelt. Danach können auch Tätigkeiten, die Bezug zur nachfolgenden Instanz haben, noch von der Verfahrensgebühr für die Vorinstanz abge-

golten sein. So ist insbes. nach § 19 I 2 Nr. 9 die **bloße Entgegennahme der Rechtsmittelschrift** der Gegenseite und deren **Mitteilung an den eigenen Mandanten** noch eine zur Vorinstanz gehörende Nebentätigkeit. Dies gilt nach Rechtsmitteleinlegung durch die Gegenseite ebenso noch für die Entgegennahme und Weiterleitung der Bitte eines Rechtsmittelführers, dass für das Rechtsmittelverfahren vor einer Entscheidung über dessen tatsächliche Durchführung noch kein Prozessbevollmächtigter bestellt werden möge (vgl. BGH NJW 2013, 312 Rn. 11; NJW-RR 2017, 640 Rn. 4; NJW 2019, 3459 Rn. 16, jew. mwN), oder eines gerichtlichen Hinweises auf die Formunwirksamkeit der Rechtsmitteleinlegung (vgl. BAG NJW 2008, 1340 Rn. 9). Über eine bloße Nebentätigkeit im Rahmen des für die Vorinstanz erteilten Auftrags hinaus geht allerdings die inhaltliche Prüfung der Rechtsmittelschrift und die Erörterung des weiteren Vorgehens in der Rechtsmittelinstanz (!) mit dem Mandanten (vgl. BGH NJW 2013, 312 Rn. 11; 2019, 3459 Rn. 16; RVGReport 2020, 18 Rn. 13; OLG Frankfurt NJW-RR 2020, 318 Rn. 13).

Die Verfahrensgebühr deckt nicht nur die Vertretung einer Partei des Rechtsstreits **6** ab, sondern auch die eines sonstigen am Verfahren Beteiligten, so dass auch etwa die Vertretung jedes in einer Angelegenheit der freiwilligen Gerichtsbarkeit Beteiligten, eines Beigeladenen oder eines Dritten, der sich an einem zivilprozessualen Rechtsstreit als Nebenintervenient beteiligt, mit der Verfahrensgebühr vergütet wird. Der Vertretung eines Verfahrensbeteiligten gleichsteht nach Vorb. 3 I die Tätigkeit als Zeugen- oder Sachverständigenbeistand.

3. Voraussetzungen. a) Auftrag. Der Anfall der Verfahrensgebühr setzt (auch **7** im Falle der Beiordnung, vgl. nur NK-GK/H. Schneider § 45 Rn. 9) einen **unbedingten Auftrag** des Mandanten an den Rechtsanwalt voraus, das betreffende Verfahren für ihn als Prozess- bzw. Verfahrensbevollmächtigter zu führen, vgl. Vorb. 3 I 1. Dieser muss sich gerade auf das (umfassende) Betreiben des nach VV 3200 zu vergütende Rechtsmittelverfahrens (bzw. finanzgerichtlichen Verfahrens) beziehen (und insbes. nicht lediglich auf eine zur Vorinstanz gehörende Nebentätigkeit, → Rn. 5, oder eine Einzeltätigkeit wie zB die bloße Prüfung des weiteren Vorgehens), wovon aber bei einem umfassenden Prozessauftrag idR ausgegangen werden kann. Ein inhaltlich auf Einzeltätigkeiten beschränkter Auftrag kann nur ggf. Gebühren nach VV 3403, 3406 auslösen.

b) Tätigkeit. Allein die Beauftragung bzw. Beiordnung genügt allerdings nicht, **8** um eine Verfahrensgebühr zu verdienen. Vielmehr muss der Rechtsanwalt auch (im Rechtsmittelverfahren: über die zur Vorinstanz gehörenden Neben- und Abwicklungstätigkeiten hinaus, → Rn. 5) im Rahmen der Erfüllung seines Auftrags tatsächlich **in irgendeiner Weise tätig geworden** sein, ohne dass dies aber nach außen erkennbar sein muss (BGH NJW 2005, 2233 Rn. 6; 2013, 312 Rn. 11).

III. Vergütung. 1. Wertgebühr. Die Gebühr nach VV 3200 ist eine Wertgebühr **9** (→ § 2 Rn. 5; anders die Verfahrensgebühr des VV 3204 für Tätigkeit in Verfahren vor dem LSG, in denen das GKG nicht anzuwenden ist, die eine Betragsrahmengebühr ist). Ihre Höhe ergibt ich mithin aus den (wertabhängigen) Gebührenbeträgen des § 13, auf die der Faktor („Satz") von 1,6 anzuwenden ist (im Falle der vorzeitigen Beendigung des Auftrags oder einer nur eingeschränkten Tätigkeit des Rechtsanwalts ermäßigt sich der Faktor bzw. „Satz" nach Maßgabe von VV 3201 auf 1,1). Die Frage, ob die durch das KostRÄG 2021 erhöhten Beträge oder noch die zuvor geltenden heranzuziehen sind, beantwortet die Dauerübergangsregelung des § 60.

Der für die Gebührenberechnung maßgebliche **Gegenstandswert** bemisst sich im **10** Rechtsmittelverfahren nach § 23 I iVm § 47 GKG, § 40 FamGKG bzw. § 61 GNotKG. Er entspricht daher im Grundsatz dem **Wert der Anträge des Rechtsmittelführers** bzw., wenn solche nicht angekündigt sind, nach dem **Wert seiner Beschwer** aus der Vorinstanz. Wechselseitige Rechtsmittel, die in einem Verfahren verbunden geführt werden, sind eine Angelegenheit, und ihr Wert ist nach § 22 I RVG (soweit keine „Nämlichkeit" besteht) zusammenzurechnen (vgl. – zu Nichtzulassungsbeschwerden – BGH NJW 2018, 3586). Entsprechendes gilt für Haupt- und Anschlussrechtsmittel (ein zulässiges Anschlussrechtsmittel bleibt auch dann wertmäßig zu berücksichtigen, wenn es etwa nach §§ 524 IV, 554 IV ZPO, §§ 66 S. 2, 73

S. 3 FamFG wirkungslos wird, vgl. BGHZ 72, 339 = NJW 1979, 878; NJW 1984, 2952). Ein gerichtlicher Wertfestsetzungsbeschluss ist nach § 32 I bindend.

11 Besonderheiten gelten allerdings, wenn ein Rechtsmittel zunächst unbeschränkt eingelegt und – insbes. nach Prüfung der Erfolgsaussichten – **später beschränkt durchgeführt** wird. Der für die **Gerichtskosten** maßgebliche Streitwert richtet sich dann gem. § 47 I 1 GKG, § 40 I 1 FamGKG bzw. § 61 I 1 GNotKG nur nach den (beschränkten) Rechtsmittelanträgen. Anderes gilt für die **Anwaltsvergütung** dann, wenn dem ein unbedingter Auftrag zur umfassenden Rechtsmitteleinlegung, Aussichtenprüfung und Durchführung des Rechtsmittels im erfolgversprechenden Umfang zugrunde lag. Dann fehlt es an der für die Anwendung der §§ 23 I, 32 I notwendigen Identität des Gegenstands der anwaltlichen Tätigkeit mit dem der gerichtlichen Tätigkeit; Gegenstandswert der die volle Beschwer aus der Vorinstanz umfassenden anwaltlichen Tätigkeit ist der **Wert der Beschwer;** die nachfolgende Beschränkung des Rechtsmittels hat keine vergütungsrechtliche Auswirkung (vgl. – zur Nichtzulassungsbeschwerde – BGH NJW-RR 2018, 700 Rn. 20 ff.; Gebühren nach VV 2100 ff. für die Aussichtenprüfung können nur anfallen, soweit kein unbedingter Rechtsmittelauftrag vorliegt, so etwa bei einem nur bedingt für den Fall erteilten Auftrag, dass die ausdrücklich beauftragte Vorprüfung des Rechtsanwalts hinreichende Erfolgsaussichten aufzeigt, vgl. BGH NJW-RR 2018, 700 Rn. 17 mwN).

12 **2. Anrechnung.** Die in Vorb. 3 IV vorgeschriebene Anrechnung (vgl. § 15a) der wegen desselben Gegenstands entstandenen **Geschäftsgebühr** auf die Verfahrensgebühr gilt auch für die Verfahrensgebühren nach VV 3200 ff. (BGH DAR 2012, 295 Rn. 5; NJW-RR 2012, 313 Rn. 5 mwN; zur Anrechnung der in einem Nachprüfungsverfahren vor der Vergabekammer entstandenen Geschäftsgebühr auf die im anschließenden Beschwerdeverfahren nach GWB anfallende Verfahrensgebühr BGH NJW 2010, 76). Voraussetzung ihrer Anrechnung auf eine im Rechtsmittelverfahren entstandene Verfahrensgebühr ist lediglich, dass sie nicht bereits auf die vorinstanzlich angefallene Verfahrensgebühr angerechnet (und damit „verbraucht“) worden ist.

13 Bei einer **Zurückverweisung** auf eine Revision oder Rechtsbeschwerde ist das wiedereröffnete Berufungs- bzw. Beschwerdeverfahren zwar vergütungsrechtlich nach § 21 I ein neuer Rechtszug, so dass die zeitlichen Abschnitte des Berufungs- bzw. Beschwerdeverfahren bis zum vorläufigen Abschluss durch die später aufgehobene Endentscheidung und nach der Zurückverweisung (nur) vergütungsrechtlich verschiedene Angelegenheiten sind. Nach Vorb. 3 V ist aber die im ersten Abschnitt bereits angefallene Verfahrensgebühr auf die im zweiten Abschnitt entstehende Verfahrensgebühr anzurechnen.

14 **IV. Prozess-, Verfahrenskostenhilfe.** Für den Rechtsmittelführer ist stets die Möglichkeit eines sog. **isolierten PKH-Antrags** mit ggf. nachfolgendem Antrag auf Wiedereinsetzung gegen die Versäumung der Fristen zur Einlegung und Begründung des Rechtsmittels zu bedenken (vgl. im Einzelnen *Toussaint* NJW 2014, 3209). Die Gewährung von PKH für den (in der Vorinstanz notwendigerweise erfolgreichen) Rechtsmittelgegner hängt nicht von den Erfolgsaussichten und fehlender Mutwilligkeit dessen Rechtsverfolgung bzw. -verteidigung ab, § 119 I 2 ZPO (sog. **„notwendige PKH“**).

15 **V. Kostenerstattung. 1. Grundsatz.** Wird ein Rechtsmittel eingelegt, aber nicht durchgeführt und zurückgenommen, hat der Rechtsmittelführer regelmäßig die Kosten des Rechtsmittels zu tragen, vgl. etwa § 97 I ZPO, § 84 FamFG, § 154 II VwGO, und dem Rechtsmittelgegner erwachsene (insbes. Rechtsanwalts-)Kosten zu erstatten, „soweit sie zur zweckentsprechenden … Rechtsverteidigung **notwendig** waren“, § 91 I 1 ZPO, § 162 I VwGO, vgl. außerdem § 80 S. 1 FamFG, was vom Standpunkt einer verständigen und wirtschaftlich vernünftigen Partei zum Zeitpunkt der Vornahme der kostenverursachenden Handlung aus zu beurteilen ist (vgl. nur BGHZ 209, 120 = NJW 2016, 2751 Rn. 8 mwN). Die Partei kann eine Erstattung der aufgewandten Kosten nur insoweit erwarten, als sie der ihr aus dem Prozessrechtsverhältnis obliegenden Pflicht nachgekommen ist, die Kosten möglichst niedrig zu halten (**„Kostenschonungsgebot“,** stRspr, vgl. nur BVerfG NJW 1990, 3072 (3073); BGH NJW 2007, 3723 Rn. 7; 2014, 557 Rn. 13 mwN; BAG NJW 2003, 3796; OVG Berlin-Brandenburg AGS 2018, 355 mwN).

2. Problemfälle. a) Fristwahrendes Rechtsmittel. Hat der Rechtsmittelgegner bereits einen Rechtsanwalt mit seiner Vertretung im Rechtsmittelverfahren beauftragt (und ist dieser auch tätig geworden, → Rn. 8), bevor überhaupt feststand, ob das Rechtsmittel auch tatsächlich durchgeführt wird, wirft das Kostenschonungsgebot hinsichtlich der Erstattungsfähigkeit der hierdurch ausgelösten Kosten zwei Fragen auf: 16

Die erste Frage ist, ob ein Rechtsmittelgegner auch vor Klarheit über die Durchführung des Rechtsmittels die **Beauftragung eines Rechtsanwalts** mit der Vertretung im Rechtsmittelverfahren für „notwendig" iSd des Kostenschonungsgebots halten darf. Diese Frage ist (nahezu ausnahmslos) zu **bejahen** (vgl. etwa BGH NJW 2007, 3723 Rn. 5 mwN; BAG NJW 2003, 3796). Der Rechtsmittelgegner kann regelmäßig nicht selbst beurteilen, was zur Rechtsverteidigung sachgerecht zu veranlassen ist, und die anwaltliche **Beratung zu Angelegenheiten der Rechtsmittelinstanz** ist nicht mehr als Nebentätigkeit iSd § 19 I 1 mit der Verfahrensgebühr für die Vorinstanz abgegolten, → Rn. 5. Dies gilt auch, wenn der Rechtsmittelführer ausdrücklich auf den fristwahrenden Charakter der Rechtsmitteleinlegung hingewiesen und gebeten hat, zunächst von der Beauftragung eines Rechtsanwalts abzusehen, weil dies zu einer aus Sicht des Empfängers offenen Situation führt und es ihm nicht zugemutet werden kann, zunächst die weiteren Entschließungen des anwaltlich vertretenen Rechtsmittelführers abzuwarten. Ausgenommen ist allerdings der in § 91 II 3 ZPO geregelte Fall der **Selbstvertretung** eines Rechtsanwalts (BGH NJW 2008, 1087); im Übrigen ist aber unerheblich, dass der Rechtsmittelgegner rechtskundig ist oder über eine eigene Rechtsabteilung verfügt (BGH NJW-RR 2014, 240 Rn. 8). Für das (von Unterabschnitt 1 erfasste, → VV Vorb. 3.2.1 Rn. 3) Antragsverfahren auf **Zulassung der Berufung nach § 124a IV–VI VwGO** (auch etwa iVm § 112e BRAO, § 94d PAO, § 111d BNotO) nimmt die Rechtsprechung an, dass vor Übermittlung der Begründung kein Anlass zur Beauftragung eines Rechtsanwalts für das Zulassungsverfahren besteht (vgl. etwa OVG Berlin-Brandenburg AGS 2018, 484; VG Würzburg BeckRS 2016, 127289; VG Augsburg BeckRS 2012, 53242; fragl.). 17

Die zweite Frage ist, ob auch schon Tätigkeiten, die eine Ermäßigung der Verfahrensgebühr im Falle der Rechtsmittelrücknahme nach VV 3201 ausschließen wie insbes. die (vorzeitige) **Stellung eines Zurückweisungsantrags** (→ VV 3201 Rn. 4) vor Begründung des Rechtsmittels ebenfalls schon „notwendig" ist. Dies ist indessen zu **verneinen,** so dass ungeachtet einer solchen (im Innenverhältnis zum Mandanten eine Ermäßigung nach VV 3201 ausschließenden) Antragstellung **nur eine ermäßigte Verfahrensgebühr erstattungsfähig** ist (vgl. etwa BGH NJW 2007, 3723 Rn. 6 mwN; anderes kann gelten, wenn es aufgrund einer von Amts wegen vorzunehmenden Rechtsprüfung nicht maßgeblich auf die Begründung ankommt, vgl. zum Normenkontrollantrag OVG Berlin-Brandenburg AGS 2018, 355; wird nach dem verfrühten Zurückweisungsantrag das Rechtsmittel begründet, ist dagegen – selbstverständlich – die volle Verfahrensgebühr erstattungsfähig, vgl. BGH NJW 2009, 2220; AGS 2010, 513; 2011, 44; NJW-RR 2014, 185; JurBüro 2015, 90). Wird nach Ablauf der Begründungsfrist wegen Verfristung ein Verwerfungsantrag gestellt, ist grds. die volle Verfahrensgebühr erstattungsfähig (BGH NJW 2009, 3102); anderes gilt nur, wenn das Rechtsmittelgericht zuvor auf die eingetretene Unzulässigkeit hingewiesen hat (BGH NJW-RR 2010, 1224 Rn. 10). 18

b) Bereits zurückgenommenes Rechtsmittel. Nimmt der Rechtsmittelgegner kostenauslösende Schritte erst zu einem Zeitpunkt vor, zu dem das Rechtsmittel bereits zurückgenommen war, sind die Kosten gleichwohl erstattungsfähig, wenn der Rechtsmittelgegner die Rücknahme nicht kannte und auch nicht kennen konnte (BGH AnwBl 2017, 447; VersR 2018, 1469; BGHZ 217, 287 = NJW 2018, 1403). Soweit eine vieldiskutierte Entscheidung des III. ZS des BGH (BGHZ 209, 120 = NJW 2016, 2751; zust. I. ZS: BGH AGS 2018, 154) – naheliegenderweise – anders verstanden worden ist, handelt es sich nach später mitgeteilter Ansicht dieses Senats um ein Missverständnis (vgl. BGHZ 217, 287 = NJW 2018, 1403 Rn. 30). 19

c) Bereits gefällte Entscheidung. Dass das Rechtsmittelgericht zu dem Zeitpunkt, zu dem der Rechtsmittelgegner kostenauslösende Schritte vorgenommen hat, bereits seine Entscheidung über das Rechtsmittel gefällt hat, schließt die erstattungs- 20 rechtliche „Notwendigkeit" dieser Schritte jedenfalls dann nicht aus, wenn der Rechtsmittelgegner noch keine Kenntnis von der Entscheidung hatte und auch nicht haben konnte (vgl. BAG AGS 2013, 98).

21 **d) Beschlusszurückweisung nach § 522 II ZPO.** Ist in einem zivilprozessualen Berufungsverfahren eine Begründung eingereicht, muss der Berufungsbeklagte vor Stellung eines (die Ermäßigung der Verfahrensgebühr nach VV 3201 ausschließenden, → VV 3201 Rn. 4) Zurückweisungsantrags nicht abwarten, ob das Berufungsgericht auf eine Absicht, die Berufung im Beschlusswege zurückzuweisen (§ 522 II ZPO), hinweist; ein unmittelbar nach der Berufungsbegründung eingereichter Zurückweisungsantrag ist daher iSd § 91 I 1 ZPO „notwendig" (BGH NJW-RR 2009, 859 Rn. 12). Nach einem Hinweis des Berufungsgerichts, nach § 522 II ZPO verfahren zu wollen, sind kostenauslösende Schritte des Rechtsmittelgegners gleichwohl dann noch „notwendig", wenn der Rechtsmittelführer auf den Hinweis reagiert hat und an der Berufung festhält (BGH NJW 2018, 557).

Nr.	Gebührentatbestand	Gebühr oder Satz der Gebühr nach § 13 RVG
3201	**Vorzeitige Beendigung des Auftrags oder eingeschränkte Tätigkeit des Rechtsanwalts:** **Die Gebühr 3200 beträgt ....** **I 1 Eine vorzeitige Beendigung liegt vor,** **1. wenn der Auftrag endigt, bevor der Rechtsanwalt das Rechtsmittel eingelegt oder einen Schriftsatz, der Sachanträge, Sachvortrag, die Zurücknahme der Klage oder die Zurücknahme des Rechtsmittels enthält, eingereicht oder bevor er einen gerichtlichen Termin wahrgenommen hat, oder** **2. soweit Verhandlungen vor Gericht zur Einigung der Parteien oder der Beteiligten oder mit Dritten über in diesem Verfahren nicht rechtshängige Ansprüche geführt werden; der Verhandlung über solche Ansprüche steht es gleich, wenn beantragt ist, eine Einigung zu Protokoll zu nehmen oder das Zustandekommen einer Einigung festzustellen (§ 278 Abs. 6 ZPO).** **2 Soweit in den Fällen der Nummer 2 der sich nach § 15 Abs. 3 RVG ergebende Gesamtbetrag der Verfahrensgebühren die Gebühr 3200 übersteigt, wird der übersteigende Betrag auf eine Verfahrensgebühr angerechnet, die wegen desselben Gegenstands in einer anderen Angelegenheit entsteht.** **II Eine eingeschränkte Tätigkeit des Anwalts liegt vor, wenn sich seine Tätigkeit** **1. in einer Familiensache, die nur die Erteilung einer Genehmigung oder die Zustimmung des Familiengerichts zum Gegenstand hat, oder** **2. in einer Angelegenheit der freiwilligen Gerichtsbarkeit** **auf die Einlegung und Begründung des Rechtsmittels und die Entgegennahme der Rechtsmittelentscheidung beschränkt.**	**1,1**

I. Übersicht. VV 3201 regelt, unter welchen Voraussetzungen die Verfahrensgebühr nach VV 3200 lediglich in ermäßigter Höhe anfällt. Die Vorschrift setzt daher zunächst voraus, dass die Gebühr nach VV 3200 tatbestandlich angefallen ist. Diese angefallene Gebühr bemisst sich nicht mit nach dem Satz von VV 3200, sondern lediglich nach dem niedrigeren Satz von VV 3201, wenn entweder eine vorzeitige Beendigung des Auftrags iSv Anm. 1 eintritt, → Rn. 2 ff., oder aber die Tätigkeit des Rechtsanwalts lediglich iSv Anm. II eingeschränkt ist, → Rn. 9. 1

II. Vorzeitige Beendigung (Anm. I). Unter die Tatbestandsvoraussetzung der vorzeitigen Beendigung des Auftrags fallen nach Anm. I zwei unterschiedliche Konstellationen: 2

1. Auftragsende vor Entfaltung bestimmter Mindesttätigkeiten (Anm. I 1 Nr. 1). Eine vorzeitige Beendigung iSv Anm. I 1 Nr. 1 setzt zunächst voraus, dass der dem Rechtsanwalt erteilte **Auftrag endigt.** Ein solches Auftragsende tritt zum einen (wegen Zielerreichung) mit der Erledigung der den Gegenstand des Auftrags bildenden Angelegenheit, also mit der Beendigung des Verfahrens, für das die Verfahrensgebühr nach VV 3200 angefallen ist (durch gerichtliche Entscheidung, aber insbes. auch durch Rechtsmittelrücknahme), ein. Zum anderen endigt der Auftrag, wenn der zugrunde liegende Mandatsvertrag auf Auftraggeber gekündigt wird. 3

Hinzukommen muss, dass der Rechtsanwalt bis zum Zeitpunkt des Auftragsendes keine der in Anm. I 1 Nr. 1 genannten Tätigkeiten entfaltet hat. Danach schließen insbes. die (auch zunächst nur fristwahrende) **Rechtsmitteleinlegung,** ein **schriftsätzlicher Sachantrag** und eine **Terminswahrnehmung** eine Reduktion der Verfahrensgebühr aus. Auch die Einreichung eines Schriftsatzes mit einem **Zurückweisungsantrag** durch den Rechtsanwalt des Rechtsmittelgegners führt, selbst wenn der Schriftsatz noch keine Begründung enthält, daher dazu, dass die volle Verfahrensgebühr nach VV 3200 angefallen ist und eine Ermäßigung mit der Rücknahme des Rechtsmittels nicht mehr eintreten kann (BGH NJW-RR 2009, 859 Rn. 9; NJW 2010, 3170 Rn. 7). Geschah dies vorzeitig (weil noch nicht feststand, ob das Rechtsmittel durchgeführt wird), kann jedenfalls im Außenverhältnis eine Kostenerstattung der vollen Verfahrensgebühr ausgeschlossen sein, → VV 3200 Rn. 18; darüber hinaus kann dieses Verhalten im Innenverhältnis zum Auftraggeber pflichtwidrig und daher gebührenrechtlich unbeachtlich sein. 4

2. Miterledigung nicht rechtshängiger Ansprüche (Anm. I 1 Nr. 2). Unter den Begriff der vorzeitigen Beendigung fasst Anm. I 1 Nr. 2 außerdem (wie VV 3101 Nr. 2) den Fall, dass in einem in den Anwendungsbereich von VV 3200 fallenden gerichtlichen Verfahren ein in diesem Verfahren nicht rechtshängiger Anspruch mitverglichen wird, so dass (nur) insoweit der Auftrag vorzeitig endet (was dem misslungenen Wortlaut allerdings nur mit Mühe entnommen werden kann). Der Rechtsanwalt erhält dann für diesen mitverglichenen Teil nicht die volle Verfahrensgebühr, sondern nur die nach VV 3201 ermäßigte Verfahrensgebühr **(„Differenz-Verfahrensgebühr“).** 5

Beispiel: Der Kläger verfolgt getrennt gegen den Beklagten zwei Ansprüche auf Zahlung von 5.000 EUR und auf Zahlung von 3.000 EUR. In dem Berufungsverfahren über die 5.000 EUR finden die Parteien eine Einigung, die auch den bislang dort nicht rechtshängigen Anspruch auf 3.000 EUR miterledigt. Der Rechtsanwalt erhält dann eine 1,6-Verfahrensgebühr nach dem Wert von 5.000 EUR und eine ermäßigte 1,1-Verfahrensgebühr nach dem Wert von 3.000 EUR, insgesamt aber nicht mehr als eine 1,6-Gebühr nach dem Wert von 8.000 EUR, § 15 III. Zur Terminsgebühr → VV 3202 Rn. 13 f. 6

Der Betrag, um den der ggf. nach § 15 III „gekappte“ Gesamtbetrag von der im Verfahren anfallenden vollen Verfahrensgebühr und der zusätzlichen Differenz-Verfahrensgebühr den Betrag der im Verfahren anfallenden vollen Verfahrensgebühr übersteigt, ist nach Anm. I 2 – zur Vermeidung eines doppelten Anfalls der Verfahrensgebühr insoweit – auf eine etwa in der den mitverglichenen Anspruch betreffenden Angelegenheit anfallenden Verfahrensgebühr anzurechnen. 7

Beispiel: Im vorstehenden Beispiel betragen die volle 1,6-Verfahrensgebühr nach 5.000 EUR 534,40 EUR und die ermäßigte 1,1-Verfahrensgebühr nach dem Wert von 8

3.000 EUR 244,20 EUR. Insgesamt beträgt die Nettovergütung insoweit daher 778,60 EUR, was eine 1,6-Gebühr nach dem Gesamtwert von 8.000 EUR (803,20 EUR) nicht übersteigt. Die Differenz zur 1,6-Verfahrensgebühr in Höhe von 24,60 EUR ist auf eine etwa in der den Anspruch auf 3.000 EUR betreffenden Angelegenheit anfallenden Verfahrensgebühr anzurechnen.

9 **III. Eingeschränkte Tätigkeit (Anm. II).** Ebenfalls nur eine ermäßigte Verfahrensgebühr fällt in den in Anm. II genannten Verfahren nach dem **FamFG** unter der Voraussetzung an, dass sich die Tätigkeit des Rechtsanwalts auf die Rechtsmittelbegründung und die Entgegennahme der Rechtsmittelentscheidung beschränkt.

Nr.	Gebührentatbestand	Gebühr oder Satz der Gebühr nach § 13 RVG
3202	**Terminsgebühr, soweit in Nummer 3205 nichts anderes bestimmt ist**	**1,2**
	I Absatz 1 Nr. 1 und 3 sowie die Absätze 2 und 3 der Anmerkung zu Nummer 3104 gelten entsprechend.	
	II Die Gebühr entsteht auch, wenn nach § 79a Abs. 2, § 90a oder § 94a FGO ohne mündliche Verhandlung durch Gerichtsbescheid entschieden wird.	

1 **I. Übersicht.** VV 3202, 3203 regeln die Terminsgebühr für die vom Unterabschnitt 1 erfassten Verfahren mit Ausnahme der unter VV 3205 fallenden Verfahren vor einem LSG, → VV 3204, 3205 Rn. 1, als einmalige pauschale Wertgebühr (→ § 2 Rn. 5), die alle im Verfahren wahrgenommene Termine abdeckt. VV 3202 ist der Grundfall; VV 3203 enthält einen Ermäßigungstatbestand für einseitig bleibende Termine.

2 **II. Gebührentatbestand. 1. Vorgeschriebene mündliche Verhandlung.** Die Entstehung einer Terminsgebühr setzt in jedem Falle (also insbes. auch die der Terminsgebühr für die Wahrnehmung eines außergerichtlichen Termins, → Rn. 10 ff.) voraus, dass für das Verfahren eine mündliche Verhandlung vorgeschrieben (dies ist in den vom Anwendungsbereich von VV 3202 erfassten Verfahren zB nach § 128 I ZPO, § 64 VI ArbGG, §§ 125 I, 101 I VwGO, §§ 153 I, 124 I SGG, § 90 I FGO der Fall) und nicht lediglich eine Entscheidung im Beschlusswege ohne mündliche Verhandlung vorgesehen (wie etwa nach §§ 522 I 3, II, 544 VI, 552a, 572 IV, 577 VI ZPO und in den in Vorb. 3.2.1 Nr. 2 ff. aufgeführten Verfahren) ist (BGH NJW 2007, 1461 Rn. 19; 2007, 2644 Rn. 7; 2012, 1294 Rn. 7, jew. mwN; OVG Berlin-Brandenburg AGS 2009, 539 mwN; OVG Mecklenburg-Vorpommern BeckRS 2011, 49667; **str.** aA etwa FG Berlin-Brandenburg BeckRS 2011, 95706; N. Schneider AGS 2010, 421) ist. Hierfür genügt allerdings, dass eine mündliche Verhandlung zwar nicht regelmäßig vorgesehen ist, aber mit einem Antrag erzwungen werden kann (BGH NJW 2012, 459 Rn. 33). Ist keine mündliche Verhandlung vorgeschrieben, kann eine Terminsgebühr nur anfallen, wenn tatsächlich (ausnahmsweise) eine mündliche Verhandlung stattfindet.

3 Daher ist regelmäßig der Anfall einer Terminsgebühr ausgeschlossen etwa im PKH-Verfahren (BGH NJW 2012, 1294), bei einer Beschlusszurückweisung der Berufung nach § 522 II ZPO (BGH NJW 2007, 2644) und im Nichtzulassungsbeschwerdeverfahren nach § 544 ZPO (BGH NJW 2007, 2461).

4 **2. Wahrnehmung eines Termins.** Welche zusätzlichen Tätigkeiten des Rechtsanwalts im Rahmen seines auf Betreiben des Rechtsmittelverfahrens (bzw. Verfahren vor einem FG) gerichteten Mandats neben der Verfahrensgebühr noch eine Terminsgebühr nach VV 3202 auslösen, ergibt sich aus Vorb. 3 III und der Anm.

5 **a) Gerichtlicher Termin (Vorb. 3 III 1, 2).** Regelmäßig ausgelöst wird die Terminsgebühr durch die Wahrnehmung (irgend)eines gerichtlichen Termins, Vorb. 3 III 1. Erforderlich ist, dass der Termin **tatsächlich stattgefunden** hat, wozu er förmlich aufgerufen (vgl. nur § 220 I ZPO, § 103 II VwGO) oder zumindest

konkludent vom Vorsitzenden, dem die Prozessleitung obliegt (vgl. nur § 136 I ZPO, § 103 I VwGO) begonnen worden sein muss (BGH NJW 2011, 388: keine Terminsgebühr, wenn der Rechtsanwalt in Unkenntnis der Terminsaufhebung wegen Rechtsmittelrücknahme im Saal erscheint). „Wahrgenommen" ist ein solcher Termin, wenn der (ordnungsgemäß bevollmächtigte) Rechtsanwalt (persönlich, FG Düsseldorf EFG 2010, 1445. oder vertreten durch einen Unterbevollmächtigten) **vertretungsbereit anwesend** ist; dass er Anträge stellt oder die Sache mit dem Gericht erörtert, ist nicht erforderlich (BVerfG NJW 2010, 1391 Rn. 3; BGH NJW 2006, 2927 Rn. 9; NJW 2011, 529 Rn. 9 mwN; BVerwG NJW 2010, 1391 Rn. 3; LSG Bayern AGS 2018, 328 (329); FG Düsseldorf JurBüro 2012, 529).

Keine Terminsgebühr löst allerdings die Wahrnehmung eines gerichtlichen Termins aus, wenn es sich lediglich um einen Verkündungstermin handelt, Vorb. 3 III 3, oder wenn lediglich beantragt ist, eine Einigung über nicht rechtshängige Ansprüche zu protokollieren, Anm. I iVm VV 3104 Anm. III. 6

Bei einem **einseitig bleibenden Termin** fällt unter den dort geregelten Voraussetzungen nur die niedrigere Terminsgebühr nach VV 3203 an. Bei umfangreichen Beweisaufnahmen mit mindestens drei gerichtlichen Terminen kann neben der Gebühr nach VV 3202 noch die Zusatzgebühr nach VV 1008 anfallen. 7

b) „Fiktive" Terminsgebühr (Anm). In bestimmten, in der Anm. ausdrücklich vorgesehenen Fällen, in denen der Rechtsanwalt es in der Hand hat, einen Termin zu erzwingen, fällt für den Rechtsanwalt (als Anreiz, nicht auf der Durchführung des Termins zu bestehen) eine („fiktive") Terminsgebühr an, ohne dass ein im Allgemeinen vorgeschriebener (→ Rn. 2) gerichtlicher Termin stattfindet. 8

Auch ohne mündliche Verhandlung fällt die Terminsgebühr nach VV 3202 nach Anm. I iVm VV 3104 Anm. I Nr. 1, 3 an, wenn ein **schriftliches Verfahren im Einvernehmen mit den Parteien** angeordnet wird (insbes. nach § 128 II ZPO, § 101 II VwGO, § 124 II SGG, § 90 II FGO) oder wenn im schriftlichen Verfahren ein **Anerkenntnisurteil nach § 307 S. 2 ZPO** erlassen bzw. das Verfahren nach angenommenen Anerkenntnis endet (§ 101 II SGG) oder ein **gerichtlicher Vergleich** (insbes. nach § 278 VI ZPO, § 106 S. 2 VwGO, § 101 I SGG, aber auch auf andere Weise, VGH Hessen AGS 2020, 328; LSG Bayern RVGreport 2020, 421 mwN) geschlossen wird. Gleiches gilt nach Anm. II im Verfahren vor dem **FG,** wenn ohne mündliche Verhandlung (deren Durchführung die Partei beantragen kann) nach §§ 79a II, 90a, 94a FGO durch **Gerichtsbescheid** entschieden wird. 9

3. Außergerichtlicher Termin oder Besprechung (Vorb. 3 III 1, 3). Schließlich wird die Terminsgebühr nach Maßgabe von Vorb. 3 III 1, 3 auch durch die Wahrnehmung bestimmter außergerichtlicher Termine und Besprechungen ausgelöst. 10

Dies gilt nach Vorb. 3 III 3 Nr. 1 zunächst für einen **von einem gerichtlichen Sachverständigen anberaumten Termin.** Nach Vorb. 3 III 3 Nr. 2 fällt die Terminsgebühr aber auch für die Mitwirkung des Rechtsanwalts an einer (auch telefonischen, OLG Hamm NJW-RR 2021, 126mwN) **Besprechung** (auch) mit Dritten (insbes. Gegenseite, Gericht, nicht aber lediglich mit dem Mandanten), die gerade **auf die Vermeidung oder Erledigung des Verfahrens gerichtet** (Gespräche mit anderen Zielen als eine Verfahrensbeendigung wie zB über die Zustimmung zum Ruhen des Verfahrens genügen nicht, BGH NJW-RR 2014, 958) ist. Hierfür reicht noch keine allgemeine Erörterung einer grundsätzlichen Bereitschaft oder abstrakten Möglichkeit einer außergerichtlichen Erledigung aus, vielmehr muss die Besprechung gerade auf die Erledigung zielen (BGH NJW 2007, 2858 Rn. 10). An der Erreichung des Zieles müssen alle Beteiligten zumindest interessiert sein; ein Erfolg ist aber nicht notwendig (BGH NJW 2007, 2858 Rn. 10). 11

Eine Berücksichtigung der Terminsgebühr für eine solchen außergerichtlichen Termin im **Kostenfestsetzungsverfahren** setzt voraus, dass die tatsächlichen Voraussetzungen für ihr Entstehen unstreitig sind (vgl. BGH NJW-RR 2007, 286; NJW 2008, 2993; ob diese aus Rechtsgründen zum Anfall führen oder nicht, kann aber im Festsetzungsverfahren geklärt werden, vgl. BGH NJW 2007, 2859). 12

III. Anrechnung (Anm. I iVm VV 3104 Anm. II). Auf die Terminsgebühr sind weder eine vorgerichtlich angefallene Geschäftsgebühr noch (zB im Falle der Zurückverweisung) andere Verfahrensgebühren anzurechnen. Eine Anrechnung auf 13 eine andere Terminsgebühr kommt aber in dem in Anm. I iVm VV 3104 Anm. II geregelten Fall in Betracht. Voraussetzung ist, dass der Rechtsanwalt in einem Verfahren einen (gerichtlichen oder außergerichtlichen) Termin wahrnimmt, in dem auch dort nicht rechtshängige Ansprüche mit dem Ziel der Erledigung verhandelt werden. Soweit hierdurch eine höhere Terminsgebühr entsteht, als ohne Berücksichtigung der nicht rechtshängigen Ansprüche anfallen würde, ist dieser „überschießende" Teil auf die Terminsgebühr, die in der Angelegenheit der mitverhandelten Ansprüche entsteht, anzurechnen (zur Anrechnung vgl. § 15a), so dass für diese Ansprüche im wirtschaftlichen Ergebnis nicht etwa zwei Terminsgebühren entstehen.

14 **Beispiel:** Der Kläger verfolgt getrennt gegen den Beklagten zwei Ansprüche auf Zahlung von 5.000 EUR und auf Zahlung von 3.000 EUR. In der Berufungsverhandlung über die 5.000 EUR erörtern die Parteien eine Einigung, die auch den bislang dort nicht rechtshängigen Anspruch auf 3.000 EUR einbezieht soll. Die hierfür nach einem Wert von 8.000 EUR angefallene 1,2-Terminsgebühr in Höhe von 602,40 EUR übersteigt eine nur nach dem Wert von 5.000 EUR anfallende 1,2-Terminsgebühr (400,80 EUR) um 201,60 EUR. Dieser Teil der Terminsgebühr ist auf eine etwa in der den Anspruch auf 3.000 EUR betreffenden Angelegenheit anfallenden Terminsgebühr anzurechnen. Zur „Differenz-Verfahrensgebühr" → VV 3201 Rn. 5 ff.

Nr.	Gebührentatbestand	Gebühr oder Satz der Gebühr nach § 13 RVG
3203	**Wahrnehmung nur eines Termins, in dem eine Partei oder ein Beteiligter, im Berufungsverfahren der Berufungskläger, im Beschwerdeverfahren der Beschwerdeführer, nicht erschienen oder nicht ordnungsgemäß vertreten ist und lediglich ein Antrag auf Versäumnisurteil, Versäumnisentscheidung oder zur Prozess-, Verfahrens- oder Sachleitung gestellt wird:** **Die Gebühr 3202 beträgt ....** **Die Anmerkung zu Nummer 3105 und Absatz 2 der Anmerkung zu Nummer 3202 gelten entsprechend.**	**0,5**

Schrifttum: H. Schneider, Die Entstehung der reduzierten Terminsgebühren nach Nrn. 3105, 3203, 3211 VV RVG, JurBüro 2019, 393.

1 **I. Übersicht.** VV 3203 regelt, unter welchen Voraussetzungen die Terminsgebühr nach VV 3202 im Hinblick auf nur geringfügige Tätigkeit des Rechtsanwalts nur in verminderter Höhe anfällt.

2 **II. Gebührentatbestand. 1. Anfall einer Gebühr nach VV 3202.** VV 3203 ist kein eigenständiger Gebühren-, sondern lediglich ein Ermäßigungstatbestand („Die Gebühr 3202 beträgt …"). Voraussetzung für die Anwendung von VV 3203 ist daher zunächst, dass die Tatbestandsmerkmale von VV 3202 (→ Rn. 2 ff.) vollständig verwirklicht sind, dass also der Rechtsanwalt einen Termin im Sinne dieser Bestimmung wahrgenommen hat.

3 **2. Keine Terminswahrnehmung durch Gegner.** Hinzukommen muss, dass andere Parteien bzw. Beteiligte nicht erschienen oder nicht ordnungsgemäß vertreten sind, der Termin also einseitig bleibt. (Nur) in **Beschwerde- und Berufungsverfahren** gilt dies allerdings nur, wenn der **Rechtsmittelführer** nicht erschienen ist (weil nur dann allein aufgrund der Säumnis entschieden wird, vgl. § 539 I ZPO; erscheint dagegen der Rechtsmittelgegner nicht, sind hingegen die Rechtsmittelrügen rechtlich zu prüfen, vgl. § 539 II ZPO, und ggf. zu erörtern). Nicht erschienen bzw. nicht ordnungsgemäß vertreten ist nur eine Partei, die weder selbst anwesend noch durch einen anwesenden Vertreter vertreten ist; da der Rechtsgedanke des

§ 333 ZPO hier nach Anm. iVm VV 3105 Anm. II nicht heranzuziehen ist, genügt bloßes Nichtverhandeln der erschienenen oder vertretenden Partei nicht, um die Gebührenreduktion auszulösen.

3. Eingeschränkte Tätigkeit des Rechtsanwalts. Schließlich setzt die Herabsetzung der Gebühr voraus, dass sich die Tätigkeit des Rechtsanwalts, der den Termin wahrnimmt, darauf beschränkt, eine Säumnisentscheidung zu beantragen oder Anträge zur Prozess-, Verfahrens- oder Sachleitung zu stellen (zB Vertagung zu beantragen). Die Formulierung ist indessen missglückt, weil die Gebühr nach VV 3202 bereits bei bloßer verhandlungsbereiter Anwesenheit des Rechtsanwalts anfällt, → VV 3202 Rn. 5, die in VV 3203 geregelte Ermäßigung dieser Gebühr mithin nicht bestimmte Prozesshandlungen des Rechtsanwalts voraussetzen kann (denn dann würde der gänzlich untätige Rechtsanwalt mehr erhalten als der Rechtsanwalt, der eine der in VV 3203 aufgeführten Prozesshandlungen vornimmt). Die Gebührenermäßigung nach VV 3203 setzt daher nicht voraus, dass der Rechtsanwalt „lediglich" einer der genannten Prozesshandlungen vorgenommen hat, sondern vielmehr, dass seine Tätigkeit **„nicht mehr"** als diese Prozesshandlungen umfasste (der Wortlaut spiegelt ersichtlich die Erinnerung an den – anders als VV 3203 aber nicht als Ermäßigungs-, sondern als eigenständiger Gebührentatbestand konzipierten – § 33 BRAGO). 4

Jede über die genannten Prozesshandlungen hinausgehende Tätigkeit des Rechtsanwalts schließt daher eine Ermäßigung der Terminsgebühr aus (etwa die Erörterung der Sache mit dem Gericht und der erschienenen, aber nicht ordnungsgemäß vertretenen Gegenpartei, BGH NJW 2007, 1692). Nimmt er nur diese Prozesshandlungen vor oder bleibt er in dem von ihm iSd VV 3202 wahrgenommenen Termin gänzlich untätig, tritt demgegenüber die Ermäßigung ein. Dies bestätigt tlw. die – wiederum sprachlich missglückte (die Formulierung „Die Gebühr entsteht auch dann …" steht im Widerspruch zu der nur auf Ermäßigung der Gebühr nach VV 3202 gerichteten Rechtsfolge von VV 3203) – Regelung in Anm. iVm VV 3105 Anm. I Nr. 1, nach der die Ermäßigung auch eintritt, wenn das Gericht von Amts wegen die genannten Entscheidungen getroffen hat (der Rechtsanwalt also „nicht einmal" entsprechende Anträge gestellt hat); auch in diesem Fall kann aber die Ermäßigung schwerlich davon abhängen, dass eine zusätzliche Voraussetzung in Gestalt der gerichtlichen Entscheidung eintritt. 5

III. Verrechnung. Eine Terminsgebühr kann in derselben Angelegenheit nur einmal anfallen, § 15 II. Verdient der Rechtsanwalt in einem Verfahren zunächst nur die reduzierte Terminsgebühr nach VV 3203 und nimmt er einen weiteren Termin wahr, in dem die einschränkenden Voraussetzungen von VV 3203 nicht vorliegen, hat er nun die volle Terminsgebühr verdient, auf die ggf. erfolgte Zahlungen auf die zuvor verdiente reduzierte Terminsgebühr zu verrechnen sind (die Gebühren nach VV 3202 und VV 3203 können also nicht wegen desselben Gegenstandes nebeneinander anfallen). 6

Nr.	Gebührentatbestand	Gebühr oder Satz der Gebühr nach § 13 RVG
3204	**Verfahrensgebühr für Verfahren vor den Landessozialgerichten, in denen Betragsrahmengebühren entstehen (§ 3 RVG)**	**72,00 bis 816,00 €**
3205	**Terminsgebühr in Verfahren vor den Landessozialgerichten, in denen Betragsrahmengebühren entstehen (§ 3 RVG)**	**60,00 bis 610,00 €**
	[1] Satz 1 Nr. 1 und 3 der Anmerkung zu Nummer 3106 gilt entsprechend. [2] In den Fällen des Satzes 1 beträgt die Gebühr 75 % der in derselben Angelegenheit dem Rechtsanwalt zustehenden Verfahrensgebühr ohne Berücksichtigung einer Erhöhung nach Nummer 1008.	

Schrifttum: Roth, Terminsgebühr und „fiktive" Terminsgebühr in sozialrechtlichen Angelegenheiten, ASR 2013, 192; Winkler, Die Gebühr in Verfahren über Beschwerden im sozialgerichtlichen Eilverfahren, ASR 2013, 198.

1 VV 3204, 3205 regeln die Vergütung der Tätigkeit des Rechtanwalts in **Berufungsverfahren** und (nach Vorb. 3.2.1 Nr. 3 Buchst. a), vgl. Winkler ASR 2013, 198) **Beschwerdeverfahren im einstweiligen Rechtsschutz** vor einem **LSG,** in denen – wie idR – **das GKG nicht anzuwenden** ist (und gem. § 3 Betragsrahmengebühren anfallen), → SGG Vor § 183 Rn. 3 ff. (in den übrigen Berufungsverfahren vor einem LSG gelten die VV 3200–3203, → VV 3200 Rn. 2 f.). VV 3204 gewährt zur Abgeltung des Betreibens des Berufungsverfahrens eine Verfahrensgebühr, → VV 3200 Rn. 4 ff.; zu den Anfallsvoraussetzungen → VV 3200 Rn. 7, 8. VV 3205 regelt die Terminsgebühr, zu den Anfallsvoraussetzungen → VV 3202 Rn. 2 ff. Nach VV 3205 Anm. kann auch eine sog. „fiktive" Terminsgebühr anfallen (vgl. im Einzelnen Roth ASR 2013, 192).

2 Beide Gebühren sind (wie die erstinstanzlich anfallenden Gebühren nach VV 3102, 3106) als **Betragsrahmengebühren** ausgestaltet (wobei – nur – die Verfahrensgebühr einen höheren Gebührenrahmen als die entsprechende Gebühr im ersten Rechtszug hat; → VV Vorb. 3.2.1 Rn. 1). Die Frage, ob die durch das KostRÄG 2021 erhöhten Beträge oder die zuvor geltenden heranzuziehen sind, beantwortet die Dauerübergangsregelung des § 60.

3 Innerhalb des Rahmens ist die konkrete Gebühr nach Maßgabe von **§ 14** zu bestimmen (vgl. hierzu etwa LSG Bayern BeckRS 2018, 51531; LSG Thüringen BeckRS 2018, 1852; 2018, 24334; LSG Nordrhein-Westfalen BeckRS 2017, 124066; LSG Schleswig-Holstein NZS 2016, 959; 2016, 960; LSG Hessen AGS 2016, 197; LSG Sachsen-Anhalt NZS 2012, 400; SG Berlin BeckRS 2018, 15900; SG Frankfurt a. M. JurBüro 2015, 637). Schematische Kriterien zu entwickeln versucht haben in der Vergangenheit der 6. Senat des LSG Sachsen (LSG Sachsen BeckRS 2010, 68357, sog. „Chemnitzer Tabelle"; inzwischen aufgegeben, LSG Sachsen BeckRS 2013, 68752; 2013, 70465; AGS 2013, 389; 2013, 394; NZS 2013, 880) und das SG Kiel (SG Kiel FD-RVG 2011, 320342 mAnm *Mayer,* sog. „Kieler Kostenkästchen"; abl. LSG Schleswig-Holstein AGS 2018, 457, stRspr). Anders als nach VV 3201 gibt es keinen besonderen Gebührentatbestand für den Fall, dass der Auftrag an den Rechtsanwalt vorzeitig geendet hat oder nur auf eine eingeschränkte Tätigkeit gerichtet war; dies kann aber ggf. bei der Bestimmung der Gebühr innerhalb des Rahmens des VV 3204 berücksichtigt werden.

4 Zur **Kostenerstattung** → SGG § 195 Rn. 1 ff.

Unterabschnitt 2. Revision, bestimmte Beschwerden und Rechtsbeschwerden

Vorbemerkung 3.2.2:

Dieser Unterabschnitt ist auch anzuwenden in Verfahren

1. über Rechtsbeschwerden

a) in den in der Vorbemerkung 3.2.1 Nr. 2 genannten Fällen,

b) nach § 20 KapMuG und

c) nach § 1065 ZPO,

2. vor dem Bundesgerichtshof über Berufungen, Beschwerden oder Rechtsbeschwerden gegen Entscheidungen des Bundespatentgerichts und

3. vor dem Bundesfinanzhof über Beschwerden nach § 128 Abs. 3 FGO.

1 **I. Normzweck.** Unterabschnitt 2 regelt die Vergütung der anwaltlichen Tätigkeit in Revisionsverfahren und solchen Verfahren, in denen die Tätigkeit des Rechtsanwalts mit der in einem Revisionsverfahren vergleichbar ist. Wie in Unterabschnitt 1 entsprechen die Gebührentatbestände im Wesentlichen denen des Abschnitts 1 für die Tätigkeit im ersten Rechtszug, sehen aber für die Verfahrensgebühren (VV 3200, 3201, 3204) nochmals und für die Terminsgebühren erstmals höhere Sätze bzw. Beträge der Gebühr als in Abschnitt 1 vor.

II. Anwendungsbereich. 1. Revision. Hauptanwendungsbereich des Unterabschnitts 2 ist (wie sich – wiederum nur – aus der Überschrift ergibt) die anwaltliche Tätigkeit in der Revisionsinstanz in einem der unter Teil 2 fallenden Verfahren (→ VV Vorb. 3.2 Rn. 1), mithin nach ZPO, ArbGG, VwGO, FGO und SGG. 2

Nach Vorb. 3.1 I sind die Vergütungsvorschriften des Unterabschnitts 2 außerdem auf das **vor dem BGH** zu führende Verfahren über den Antrag auf Zulassung der **Sprungrevision** nach § 566 ZPO bzw. **Sprungrechtsbeschwerde** nach § 75 FamFG anzuwenden (zur Sprungrevisionszulassung nach ArbGG und SGG → VV Vorb. 3.2 Rn. 7). Allerdings sind Zulassungsverfahren und Revisionsverfahren nach § 16 Nr. 11 **dieselbe Angelegenheit,** so dass der in beiden Verfahren tätige Rechtsanwalt nur einmal eine Vergütung erhält, im Übrigen → VV Vorb. 3.2 Rn. 8. Soweit auch die Tätigkeit in einem vorgeschalteten, als Beschwerdeverfahren ausgestalteten Verfahren auf Zulassung der Revision vor dem Rechtsmittelgericht gem. Vorb. 3.2 I nach den Vorschriften in Unterabschnitt 2 zu vergüten ist, läuft diese Vorschrift wegen der für Nichtzulassungsbeschwerden geltenden vorrangigen Sondervorschriften in Teil 5, → VV Vorb. 3.5 Rn. 4, leer, → VV Vorb. 3.2 Rn. 10. 3

2. Bestimmte Rechtsbeschwerden (Nr. 1). Ebenfalls nach den Vorschriften des Unterabschnitts 1 wird die anwaltliche Tätigkeit in „bestimmten" Rechtsbeschwerdeverfahren zu einem obersten Bundesgericht vergütet, nämlich den in Nr. 1 abschließend aufgezählten. Bei den in Nr. 1 Buchst. a genannten Verfahren geht es um Rechtsbeschwerden gegen Beschwerdeentscheidungen (hierzu → VV Vorb. 3.2.1 Rn. 7; in den in Vorb. 3.2.1 Nr. 2 Buchst. i–k aufgezählten Verfahren gibt es allerdings keine Rechtsbeschwerde), bei den in Nr. 1 Buchst. b genannten Verfahren richtet sich die Rechtsbeschwerde gegen eine erstinstanzliche Entscheidung des OLG bzw. des LG. Gleiches gilt für die in Nr. 1 Buchst. c genannte Rechtsbeschwerde in Schiedssachen nach § 1065 ZPO (vor der Änderung durch das KostRÄG 2021, → GKG Vor § 1 Rn. 16, wurde die Tätigkeit in diesen Verfahren wie ein erstinstanzliches Verfahren nach Abschnitt 1 vergütet, Vorb. 3.1 II aF; zur zeitlichen Anwendbarkeit der Neuregelung vgl. § 60). Die Verfahren entsprechen jeweils entweder strukturell einem Revisionsverfahren und sind nur aufgrund der Besonderheiten der betreffenden Verfahrensordnung als Rechtsbeschwerdeverfahren ausgestaltet (insbes. Nr. 1 Buchst. a iVm Vorb. 3.2.1 Nr. 2 Buchst. b ff., oder zeichnen sich durch einen regelmäßig über den eines „einfachen" Rechtsbeschwerdeverfahrens hinausgehenden Arbeitsaufwand aus (insbes. Nr. 1 Buchst. a iVm Vorb. 3.2.1 Nr. 2 Buchst. a, Nr. 1 Buchst. b, c). 4

Rechtsbeschwerdeverfahren, die **nicht in Nr. 1** aufgeführt sind, fallen **nicht** in den Anwendungsbereich des Unterabschnitts 2. Rechtsbeschwerden nach dem **StVollzG** (zum OLG) unterfallen gem. Vorb. 3.2.1 Nr. 4 dem Unterabschnitt 1, → VV Vorb. 3.2.1 Rn. 12. Vergütungsrechtlich besonders geregelt sind gerichtliche Verfahren bei Freiheitsentziehung und in Unterbringungssachen (§§ 271–341, 415–432 FamFG), für die die Vergütungsregelung – auch für Rechtsmittelverfahren – den gem. Vorb. 3 VII vorrangigen VV 6300–6303 zu entnehmen ist (vgl. BGH NJW-RR 2012, 959 Rn. 6; 2013, 67 Rn. 3). Für alle übrigen Rechtsbeschwerdeverfahren ist die Vergütung in Abschnitt 5 („Beschwerde, Nichtzulassungsbeschwerde und Erinnerung", VV 3500–3518, → VV Vorb. 3.5 Rn. 6 f.) geregelt. 5

3. Rechtsmittelverfahren des gewerblichen Rechtsschutzes (Nr. 2). Vor dem **BGH** (zu Beschwerdeverfahren vor dem BPatG vgl. VV 3510) stattfindende Rechtsmittelverfahren des gewerblichen Rechtsschutzes (zu diesen im Einzelnen → PatKostG Vor § 1 Rn. 1 ff.) werden – ungeachtet des Umstandes, dass der BGH in diesen Verfahren tlw. als Tatrichter entscheidet – von Nr. 2 einheitlich den Regelungen des Unterabschnitts 2 unterstellt und folglich – auch soweit sie nicht revisionsähnlich ausgestaltet sind – vergütungsrechtlich den Revisionsverfahren gleichgestellt. 6

Im Ergebnis trägt das Gesetz damit Bedeutung und Schwierigkeit dieser Verfahren Rechnung (ursprünglich wollte der Gesetzgeber allerdings nur dem Umstand Rechnung tragen, dass eine Vertretung durch einen beim BGH zugelassenen Rechtsanwalt vorgeschrieben ist, und hat zunächst die Berufungsverfahren – in denen ein solcher besonderer Vertretungszwang nicht besteht, → VV 3208, 3209 Rn. 2 – ausgenom- 7 men, vgl. Begr. RegE FGG-RG BT-Drs. 16/6308, 343; später nahm der Gesetzgeber in Verkennung der ursprünglichen Motivation an, die Berufungsverfahren seien „offensichtlich übersehen" worden und schloss sie nachträglich in die Regelung ein, vgl. Begr. RegE 2. KostMoG BT-Drs. 17/11471, 278).

8 **4. Beschwerde im einstweiligen Rechtsschutz nach der FGO (Nr. 3).** Schließlich bemisst sich die Vergütung der anwaltlichen Tätigkeit nach Nr. 3 auch im Verfahren über die Beschwerde gegen Entscheidung des FG über die Aussetzung der Vollziehung und über einstweilige Anordnungen des FG zum BFH nach den Regelungen in Unterabschnitt 2. Da diese Verfahren regelmäßig die Entscheidung der Hauptsache vorwegnehmen und damit im Ergebnis einem Revisionsverfahren gleichkommen, sind sie auch wie ein solches zu vergüten (vgl. Begr. 2. KostRMoG BT-Drs. 17/11471, 278; die Vorschrift entspricht der Regelung in Vorb. 3.2.1 Nr. 3 Buchst. a) für entsprechende Verfahren vor der Verwaltungs- und Sozialgerichtsbarkeit). Für alle übrigen Beschwerden nach § 128 FGO richtet sich die Vergütung nach Abschnitt 5.

9 **5. Verfahren vor Verfassungsgerichten, EGMR, EuGH (§§ 37–38a).** Entsprechend anzuwenden sind die Vergütungsvorschriften des Unterabschnitts 2 für die anwaltliche Tätigkeit in bestimmten Verfahren vor dem BVerfG, den Landesverfassungsgerichten, dem EGMR und dem EuGH nach Maßgabe der §§ 37–38a, s. dort.

Nr.	Gebührentatbestand	Gebühr oder Satz der Gebühr nach § 13 RVG
3206	**Verfahrensgebühr, soweit in Nummer 3212 nichts anderes bestimmt ist**	**1,6**
3207	**Vorzeitige Beendigung des Auftrags oder eingeschränkte Tätigkeit des Rechtsanwalts: Die Gebühr 3206 beträgt**	**1,1**
	Die Anmerkung zu Nummer 3201 gilt entsprechend.	

1 Wie Unterabschnitt 1 des Teils 2, → VV 3200 Rn. 1, sieht auch der Unterabschnitt 2 Verfahrensgebühren (VV 3206–3209, 3212) und Terminsgebühren (VV 3210, 3211, 3213) vor. Die „allgemeine" Verfahrensgebühr regelt VV 3206; sie ist einschlägig, soweit nicht die Voraussetzungen der („besonderen") Verfahrensgebühren nach VV 3209, 3212 vorliegen. Sie kann nach Maßgabe von VV 3207 (entspr. VV 3201) allerdings lediglich in ermäßigter Höhe anfallen. Die Frage, ob die durch das KostRÄG 2021 erhöhten Beträge oder die zuvor geltenden heranzuziehen sind, beantwortet die Dauerübergangsregelung des § 60.

2 VV 3206, 3207 gelten im Grundsatz für alle vom Unterabschnitt 2 erfassten Verfahren, → VV Vorb. 3.2.2 Rn. 2 ff., also vor allem solche über **Revisionen,** über **bestimmte (revisionsähnliche) Rechtsbeschwerden,** insbes. gegen Endentscheidungen in Beschlussverfahren nach dem ArbGG, **Rechtsmittelverfahren des gewerblichen Rechtsschutzes gegen Entscheidungen des BPatG** sowie in bestimmten **verfassungsgerichtlichen Verfahren.** In Verfahren vor dem **BGH** finden VV 3206, 3207 indessen nur Anwendung, wenn sich die Parteien dort nicht durch einen beim BGH zugelassenen Rechtsanwalt vertreten lassen müssen, → VV 3208, 3209 Rn. 2, anderenfalls richtet sich die Vergütung nach VV 3208, 3209. In Verfahren vor dem **BSG** richtet sich die Vergütung nach VV 3206, 3207 nur in Verfahren, in denen gem. § 197a I 1 SGG das GKG anzuwenden ist (und nach dem RVG Wertgebühren, → § 2 Rn. 5, anfallen), → SGG Vor § 183 Rn. 3 ff., sonst ist VV 3212 heranzuziehen.

3 Zu allen übrigen Fragen → VV 3200 Rn. 4 ff., → VV 3201 Rn. 1 ff.

Nr.	Gebührentatbestand	Gebühr oder Satz der Gebühr nach § 13 RVG
3208	**Im Verfahren können sich die Parteien oder die Beteiligten nur durch einen beim Bundesgerichtshof zugelassenen Rechtsanwalt vertreten lassen:** **Die Gebühr 3206 beträgt ....**	2,3
3209	**Vorzeitige Beendigung des Auftrags, wenn sich die Parteien oder die Beteiligten nur durch einen beim Bundesgerichtshof zugelassenen Rechtsanwalt vertreten lassen können:** **Die Gebühr 3206 beträgt ....** **Die Anmerkung zu Nummer 3201 gilt entsprechend.**	1,8

Für Verfahren **vor dem BGH,** in denen eine Vertretung durch einen beim BGH zugelassenen Rechtsanwalt (§§ 162 ff. BRAO) vorgeschrieben ist, sehen die VV 3208, 3209 erhöhte Verfahrensgebühren vor. Eine entspr. Anwendung auf Verfahren vor dem BVerfG (BVerfGE 132, 294 = NJW 2013, 676) oder dem EuGH (BGH NJW 2012, 2118) ist ausgeschlossen. 1

Vorgeschrieben ist eine solche Vertretung in **Revisions- und Rechtsbeschwerdeverfahren** nach der **ZPO,** § 78 I 3 ZPO, und dem **FamFG,** § 10 IV FamFG, sowie in den **Rechtsbeschwerdeverfahren des gewerblichen Rechtsschutzes,** § 102 V PatG (ggf. iVm § 18 IV GebrMG, § 23 V DesignG, § 4 IV HalblSchG, § 36 SortSchG), § 85 V MarkenG. **Keine** Vertretung durch einen beim BGH zugelassenen Rechtsanwalt vorgeschrieben ist demgegenüber in Berufungs- und Beschwerdeverfahren des gewerblichen Rechtsschutzes vor dem BGH (die eine Tatsacheninstanz sind), → VV Vorb. 3.2.2 Rn. 6, vgl. §§ 113, 122 IV PatG, sowie in den in Vorb. 3.2.2 Nr. 1 Buchst. a iVm Vorb. 3.2.1 Nr. 2 Buchst. e–h genannten Verfahren, vgl. § 76 V GWB iVm § 68 GWB, § 88 V EnWG iVm § 80 EnWG (ggf. iVm § 35 VI KSpG), § 26 V EU-VSchDG iVm § 17 EU-VSchDG (in den in Vorb. 3.2.1 Nr. 2 Buchst. i–k genannten Verfahren gibt es keine Rechtsbeschwerde). Ist keine Vertretung durch einen beim BGH zugelassenen Rechtsanwalt vorgeschrieben, richtet sich die Vergütung (auch für einen beim BGH zugelassenen Rechtsanwalt) nach VV 3206, 3207. 2

Soweit für ein Verfahren eine Vertretung durch einen beim Rechtsanwalt beim BGH zugelassenen Rechtsanwalt vorgeschrieben ist, kann für einen **beim BGH nicht zugelassenen Rechtsanwalt** eine Verfahrensgebühr nicht entstehen (auch nicht nach VV 3206, 3207), weil er mangels Postulationsfähigkeit einen (für den Gebührenanfall notwendigen) umfassenden Auftrag zur Betreibung des Verfahrens nicht auftragsgemäß erledigen kann (BGH NJW 2007, 1461 Rn. 10 ff. mwN). Möglich ist aber der Anfall von (im Rahmen der „Notwendigkeit", → VV 3200 Rn. 5 ff., ggf. auch erstattungsfähigen) Gebühren für **Einzeltätigkeiten** (VV 3400–3406), soweit diese nicht noch als Nebentätigkeiten der Tätigkeit in der Vorinstanz, → VV 3200 Rn. 5, anzusehen sind. So hat der BGH etwa den Anfall einer Gebühr nach VV 3403 bejaht für Aufträge, die Rücknahme des von der Gegenseite beim BGH eingelegten Rechtsmittels herbeizuführen (BGH NJW 2006, 2266 Rn. 6), den Rechtsmittelgegner darüber zu beraten, ob er sich der Erklärung der Erledigung der Hauptsache des Rechtsmittelführers anschließen soll (BGH NJW 2007, 1461 Rn. 5, 16) oder die Erfolgsaussichten des Rechtsmittels (erst!) nach Vorliegen der Rechtsmittelbegründung zu prüfen und sich sachlich damit auseinanderzusetzen (BGH NJW 2012, 2734 Rn. 6; 2014, 557 Rn. 10; NJW-RR 2017, 640 Rn. 4; eine Verfahrensbeteiligung, insbes. durch schriftsätzliche Erwiderung setzt allerdings die Postulationsfähigkeit voraus, BGH NJW 2014, 557 Rn. 10). Voraussetzung ist aber, dass nicht auch zugleich ein bei dem BGH zugelassener Rechtsanwalt mit der Führung des Verfahrens beauftragt wurde (BGH NJW-RR 2017, 640). 3

Sachlich bedingte Besonderheiten gelten für die Mitwirkung eines Patentanwalts in einer Patent- bzw. Markenstreitsache (vgl. BGH NJW 2019, 3459; GRUR 2019, 983; RVGreport 2020, 18; vgl. auch BGH GRUR 2020, 1239).

Nr.	Gebührentatbestand	Gebühr oder Satz der Gebühr nach § 13 RVG
3210	**Terminsgebühr, soweit in Nummer 3213 nichts anderes bestimmt ist**	**1,5**
	Absatz 1 Nr. 1 und 3 sowie die Absätze 2 und 3 der Anmerkung zu Nummer 3104 und Absatz 2 der Anmerkung zu Nummer 3202 gelten entsprechend.	
3211	**Wahrnehmung nur eines Termins, in dem der Revisionskläger oder Beschwerdeführer nicht ordnungsgemäß vertreten ist und lediglich ein Antrag auf Versäumnisurteil, Versäumnisentscheidung oder zur Prozess-, Verfahrens- oder Sachleitung gestellt wird: Die Gebühr 3210 beträgt**	**0,8**
	Die Anmerkung zu Nummer 3105 und Absatz 2 der Anmerkung zu Nummer 3202 gelten entsprechend.	

1 VV 3210, 3211 regeln die Terminsgebühr für die vom Unterabschnitt 2 erfassten Verfahren mit Ausnahme der unter VV 3213 fallenden Verfahren vor dem BSG, → VV 3212, 3213 Rn. 1. **VV 3210** entspricht inhaltlich VV 3202, daher → VV 3202 Rn. 1 ff. Bei der entspr. Anwendung gem. § 37 II auf die Tätigkeit in einem verfassungsgerichtlichen Verfahren wird eine Terminsgebühr nach Vorb. 3 III 3 Nr. 2 (außergerichtliche Besprechung) regelmäßig nicht in Betracht kommen (vgl. BVerfG RVGreport 2020, 384 mAnm Hansens).

2 Die Voraussetzungen der ermäßigten Terminsgebühr nach **VV 3211** entsprechen weitgehend VV 3203, → VV 3203 Rn. 1 ff., gilt aber stets nur für den Fall der Säumnis des Revisions- bzw. Rechtsbeschwerdeführers (weil bei Säumnis des Revisions- bzw. Rechtsbeschwerdegegners nicht aufgrund der Säumnis, sondern einer vollständigen Rechtsprüfung entschieden wird, vgl. BGHZ 37, 79 = NJW 1962, 1149).

Nr.	Gebührentatbestand	Gebühr oder Satz der Gebühr nach § 13 RVG
3212	**Verfahrensgebühr für Verfahren vor dem Bundessozialgericht, in denen Betragsrahmengebühren entstehen (§ 3 RVG)**	**96,00 bis 1056,00 €**
3213	**Terminsgebühr in Verfahren vor dem Bundessozialgericht, in denen Betragsrahmengebühren entstehen (§ 3 RVG)**	**96,00 bis 990,00 €**
	Satz 1 Nr. 1 und 3 sowie Satz 2 der Anmerkung zu Nummer 3106 gelten entsprechend.	

1 VV 3212, 3213 regeln die Vergütung der Tätigkeit des Rechtanwalts in Revisionsverfahren vor dem BSG, in denen – wie idR – **das GKG nicht anzuwenden** ist (und gem. § 3 Betragsrahmengebühren anfallen), → SGG Vor § 183 Rn. 3 ff. (in den übrigen Revisionsverfahren vor dem BSG gelten die VV 3200–3203, → VV 3200 Rn. 2 f.). Im Übrigen → VV 3204, 3205 Rn. 1 f.

Abschnitt 3. Gebühren für besondere Verfahren

Vorbemerkung zu VV 3300–3339

Abschn. 3 regelt ausweislich (nur) der Überschriften für die anwaltliche Tätigkeit in bestimmten („besonderen") Verfahren im Anwendungsbereich von Teil 3 des VV, dh in Zivilsachen (= bürgerliche Rechtsstreitigkeiten, Familiensachen, Angelegenheiten der freiwilligen Gerichtsbarkeit, § 13 GVG), in Verfahren der Verwaltungs-, Finanz- und Sozialgerichtsbarkeiten, in Verfahren nach dem StVollzG (auch iVm § 92 JGG) sowie in „ähnlichen" Verfahren (wie insbes. Verfahren vor den Arbeitsgerichten), erstmals bzw. ggü den in den Abschn. 1, 2 Gebührenregelungen vorrangig. Erfasst sind **erstinstanzliche Verfahren vor obersten Landes- und Bundesgerichten** (VV 3300, 3301), in **Mahnverfahren** (VV 3305–3308), in **Zwangsvollstreckungssachen** (VV 3309–3312), in **Insolvenz- und ähnliche Verfahren** (VV 3313-3223) sowie in „sonstigen", in den einzelnen Gebührentatbeständen benannten bes. Verfahren (VV 3324–3338). 1

Unterabschnitt 1. Besondere erstinstanzliche Verfahren

Vorbemerkung 3.3.1:

Die Terminsgebühr bestimmt sich nach Abschnitt 1.

Nr.	Gebührentatbestand	Gebühr oder Satz der Gebühr nach § 13 RVG
3300	**Verfahrensgebühr** **1. für das Verfahren vor dem Oberlandesgericht nach § 129 VGG oder § 32 AgrarOLkG,** **2. für das erstinstanzliche Verfahren vor dem Bundesverwaltungsgericht, dem Bundessozialgericht, dem Oberverwaltungsgericht (Verwaltungsgerichtshof) und dem Landessozialgericht sowie** **3. für das Verfahren bei überlangen Gerichtsverfahren und strafrechtlichen Ermittlungsverfahren vor den Oberlandesgerichten, den Landessozialgerichten, den Oberverwaltungsgerichten, den Landesarbeitsgerichten oder einem obersten Gerichtshof des Bundes**	**1,6**
3301	**Vorzeitige Beendigung des Auftrags:** **Die Gebühr 3300 beträgt** .... **Die Anmerkung zu Nummer 3201 gilt entsprechend.**	**1,0**

I. Normzweck. In einer Reihe von Fällen sind **oberste Landes- oder Bundesgerichte** als Gerichte des **ersten Rechtszugs** zuständig. Die Besonderheiten dieser Verfahren lassen es unangemessen erscheinen, die anwaltliche Tätigkeit dort nach den – an sich tatbestandlich erfüllten – Vergütungsvorschriften des Abschnitts 1 (VV 3100–3106) zu vergüten. VV 3300, 3301 regeln daher für solche Verfahren die Vergütung besonders und damit vorrangig vor den Vorschriften des Abschnitts 1; der Höhe nach entspricht sie der Vergütung für die Tätigkeit im **Berufungsverfahren** (VV 3200–3213; vgl. Begr. RegE KostMoG BT-Drs. 15/1971, 215). 1

II. Anwendungsbereich. VV 3300, 3301 gelten im Ergebnis in allen zivil-, arbeits-, verwaltungs-, sozial- und finanzgerichtlichen Verfahren des ersten Rechtszugs vor einem obersten Landes- oder Bundesgericht: 2

3 Dies betrifft zunächst nach **Nr. 1** in die erstinstanzliche Zuständigkeit des OLG fallende Streitigkeiten nach **§ 129 VGG** (betr. urheberrechtliche Streitfälle im Zusammenhang mit der Wahrnehmung von Urheberrechten und verwandten Schutzrechten durch Verwertungsgesellschaften und -einrichtungen, → VGG §§ 117–123 Rn. 1 ff.) und nach **§ 32 AgrarOLkG** (betr. Klagen gegen die Bundesanstalt für Landwirtschaft und Ernährung als Durchsetzungsbehörde für die Bekämpfung von unlauteren Handelspraktiken in der Agrar- und Lebensmittellieferkette). Die erstgenannten Verfahren entsprechen, da ihnen regelmäßig eine Entscheidung der Schiedsstelle (§§ 92 ff. VGG) vorausgeht, funktional einem Berufungsverfahren, so dass die Vergütung entsprechend erfolgt (vgl. zu § 65b BRAGO Begr. RegE UrhWG BT-Drs. 4/271, 22). Die Aufnahme der Verfahren nach dem AgrarOLkG beruhte auf der aus Nr. 1, 3 abgeleiteten Erkenntnis, dass erstinstanzliche Verfahren vor dem OLG regelmäßig wie Berufungsverfahren vergütet werden (vgl. Begr. RegE AgrarOLkG BT-Drs. 19/26102, 54).

4 **Nr. 2** erfasst alle Verfahren, die nach den verfahrensrechtlichen Vorschriften in die erstinstanzliche Zuständigkeit des **BVerwG** (vgl. § 50 VwGO), des **BSG** (vgl. § 39 II SGG) oder einem **OVG** (vgl. §§ 47, 48 VwGO) oder **LSG** (vgl. § 29 II–IV SGG; bei den hier genannten Verfahren handelt es sich stets um Verfahren, in denen gem. § 197a I 1 SGG das GKG anzuwenden ist und daher gem. § 3 die Vergütung durch Wertgebühren erfolgt, → SGG Vor § 183 Rn. 3 ff.) fallen, soweit nicht Nr. 3 einschlägig ist. Die Höhervergütung entspricht der Bedeutung dieser Verfahren (vgl. zu § 114 II BRAGO Begr. RegE BRAGO BT-Drs. 2/2545, 268; Bericht Ausschuss für Rechtswesen und Verfassungsrecht BT-Drs. 2/3378, 5).

5 Schließlich regelt **Nr. 3** die Vergütung in **Entschädigungsverfahren wegen überlanger Gerichtsverfahren** nach §§ 198 ff. GVG (ggf. iVm u. a. § 9 II 2 ArbGG, § 173 S. 2 VwGO, § 202 S. 2 SGG, § 155 S. 2 FGO), für die erstinstanzlich, wenn sich die Klage gegen ein Land richtet, OLG, LAG, OVG bzw. LSG, und wenn sie sich gegen den Bund richtet, BGH, BAG, BVerwG, BSG bzw. BFH (letzterer auch für Klagen gegen ein Land) zuständig sind. In Verfahren nach dem SGG gelten insoweit keine Besonderheiten, weil Verfahren wegen eines überlangen Gerichtsverfahrens nach § 197a I 1 SGG stets dem GKG unterfallen und daher gem. § 3 die Vergütung durch Wertgebühren erfolgt, → SGG Vor § 183 Rn. 3 ff. Auch in den in Nr. 3 genannten Verfahren entspricht die Höhervergütung ihrer besonderen Bedeutung (vgl. Begr. RegE ÜberlVfRSchG BT-Drs. 17/3802, 29).

6 **III. Gebühren.** Für das Betreiben des Verfahrens fällt die als Wertgebühr (→ § 2 Rn. 5) ausgestaltete **Verfahrensgebühr** nach **VV 3300** an, deren Höhe der nach VV 3200 für das Berufungsverfahren entspricht. Tatbestandlich ist sie identisch mit der im ersten Rechtszug sonst anfallenden Verfahrensgebühr nach VV 3100, s. daher dort. Sie kann sich im Falle der vorzeitigen Beendigung des Auftrags iSv VV 3201 Anm. I, → VV 3201 Rn. 2 ff., nach **VV 3301** ermäßigen.

7 Für die **Terminsgebühr** verweist Vorb. 3.3.1 auf Abschnitt 1, mithin auf **VV 3104, 3105** (VV 3106 ist nicht anzuwenden, → Rn. 4, 5). Damit ist zwar eine Vergütungsvorschrift für den ersten Rechtszug heranzuziehen; die Terminsgebühr für den ersten Rechtszug entspricht indessen der Höhe nach der für den Berufungsrechtszug (vgl. VV 3202, 3203).

8 Zu den Gerichtsgebühren für die unter VV 3300, 3301 fallenden erstinstanzlichen Verfahren vor Obergerichten vgl. KV 1212–1215 GKG (OLG, BGH), KV 5112–5115 GKG (OVG, BVerwG), KV 6112, 6113 GKG (BFH), KV 7112–7115 GKG (LSG, BSG), KV 8212–8215 GKG (LAG, BAG).

Unterabschnitt 2. Mahnverfahren

Vorbemerkung 3.3.2:

Die Terminsgebühr bestimmt sich nach Abschnitt 1.

Nr.	Gebührentatbestand	Gebühr oder Satz der Gebühr nach § 13 RVG
3305	**Verfahrensgebühr für die Vertretung des Antragstellers**	**1,0**
	Die Gebühr wird auf die Verfahrensgebühr für einen nachfolgenden Rechtsstreit angerechnet.	
3306	**Beendigung des Auftrags, bevor der Rechtsanwalt den verfahrenseinleitenden Antrag oder einen Schriftsatz, der Sachanträge, Sachvortrag oder die Zurücknahme des Antrags enthält, eingereicht hat:** **Die Gebühr 3305 beträgt**	**0,5**
3307	**Verfahrensgebühr für die Vertretung des Antragsgegners**	**0,5**
	Die Gebühr wird auf die Verfahrensgebühr für einen nachfolgenden Rechtsstreit angerechnet.	
3308	**Verfahrensgebühr für die Vertretung des Antragstellers im Verfahren über den Antrag auf Erlass eines Vollstreckungsbescheids**	**0,5**
	[1]Die Gebühr entsteht neben der Gebühr 3305 nur, wenn innerhalb der Widerspruchsfrist kein Widerspruch erhoben oder der Widerspruch gemäß § 703a Abs. 2 Nr. 4 ZPO beschränkt worden ist. [2]Nummer 1008 ist nicht anzuwenden, wenn sich bereits die Gebühr 3305 erhöht.	

Schrifttum: Bräuer, Die Gebühren des Rechtsanwalts im Mahnverfahren, FS Madert, 2006, 9; Enders, Mahnverfahren und nachfolgendes streitiges Verfahren – zweimal Terminsgebühr, JurBüro 2005, 225; Fischer, Die Vertretung des Antraggegners im Mahnverfahren, RVGreport 2006, 47; Hansens, Der Einspruch gegen den Vollstreckungsbescheid, RVGreport 2004, 122; ders., Terminsgebühr jetzt auch bei Auftrag für das Mahnverfahren, RVGreport 2005, 83; Meyer, Zur Vergütung des Rechtsanwalts als Vertreter des Antragstellers/Klägers im Mahnverfahren mit anschließendem Streitverfahren und außergerichtlicher Tätigkeit vor Einleitung des Mahnverfahrens, JurBüro 2008, 16, 74; Schmidt, Anwaltsvergütung im ZPO-Verfahren nach dem RVG, RVGreport 2004, 47, 85; N. Schneider, Anrechnung der Geschäftsgebühr auf Mahn- und Streitverfahren, NJW-Spezial 2020, 91.

I. Normzweck. Das (gerichtliche) Mahnverfahren ist eine insbes. dann, wenn der Schuldner die Forderung nicht ernstlich bestreitet, sie aber nicht erfüllen will oder kann, geeignete besondere Verfahrensart, mit der ein Gläubiger schnell und einfach ohne mündliche Verhandlung einen Vollstreckungstitel erlangen kann (vgl. BVerfG NJW 2007, 2932 Rn. 11). Ein solches Mahnverfahren und das ggf. nachfolgende streitige Verfahren sind gem. § 17 Nr. 2 vergütungsrechtlich verschiedene Angelegenheiten. Die Vergütung der anwaltlichen Tätigkeit im Mahnverfahren ist in Unterabschnitt 2 besonders geregelt, wobei diese Regelungen im Hinblick auf den regelmäßig geringeren Umfang der Tätigkeit eine niedrigere Vergütung als für das streitige Verfahren vorsehen (vgl. Begr. § 38 RegE RAGebO, Vhdlg. d. RT [4. Leg.-Per., II. Session 1879, Anlagen], Bd. 55, Anl. 6, S. 117 (139)). 1

II. Anwendungsbereich. Die Regelungen des Unterabschnitts 2 betreffen, wie sich (nur) aus der Überschrift ergibt, Mahnverfahren. Dieser Begriff erfasst zunächst die in die Zuständigkeit der **Amtsgerichte** fallenden gerichtlichen Mahnverfahren wegen privatrechtlicher Ansprüche. Die Regelungen gelten daher für das („normale") **Mahnverfahren nach §§ 688 ff. ZPO** (einschließlich des **Urkunden-, Wechsel- und Scheckmahnverfahrens** nach § 703a ZPO), das **Europäische Mahnverfahren** nach VO (EG) 1896/2006 iVm §§ 1087 ff. ZPO (zuständig ist hierfür allein das 2

AG Wedding, § 1087 BGB) und das **Mahnverfahren nach § 182a SGG** für nach § 51 I Nr. 2 den Gerichten der Sozialgerichtsbarkeit zugewiesene Beitragsansprüche von Unternehmen der privaten Pflegeversicherung. Außerdem fallen hierunter die den **Arbeitsgerichten** zugewiesenen gerichtlichen Mahnverfahren wegen arbeitsrechtlicher Ansprüche. Der Anwendungsbereich der Regelungen umfasst daher auch („normale") **Mahnverfahren nach § 46a ArbGG** (der eine entspr. Anwendung der §§ 688 ff. ZPO mit näher geregelten Besonderheiten anordnet) und das arbeitsrechtliche Ansprüche betreffende **Europäische Mahnverfahren** vor den Arbeitsgerichten (für das § 46b ArbGG mit näher geregelten Besonderheiten auf eine entspr. Anwendung der §§ 1087 ff. ZPO verweist). Zu den Gerichtsgebühren für diese Verfahren vgl. KV 1100, 8100 GKG.

3 **Keine** Anwendung finden die Regelungen des Unterabschnitts 2 hingegen auf die Tätigkeit des Rechtsanwalts im vereinfachten Verfahren für den Unterhalt Minderjähriger nach §§ 249 ff. FamFG. Für diese fallen vielmehr wie für ein normales Klageverfahren Gebühren nach Abschnitt 1 (VV 3100 ff.) an (vgl. Philippi FPR 2005, 387; Klüsener JurBüro 2016, 449; H. Schneider AGS 2018, 1).

4 **III. Verfahrensgebühr.** Für das Betreiben des Mahnverfahrens (vgl. Vorb. 3 II) erhält der Rechtsanwalt eine als Wertgebühr, → § 2 Rn. 5, ausgestaltete Verfahrensgebühr. Dabei unterscheiden die Regelungen zwischen der Tätigkeit für den **Antragsteller** (VV 3305, 3306 für das Mahnverfahren, → Rn. 5 ff., und VV 3308 für das Verfahren auf Erlass eines Vollstreckungsbescheides, → Rn. 12 ff.) und der für den **Antragsgegner** (VV 3307, → Rn. 16 ff.). Diese Verfahrensgebühren entstehen jeweils mit dem unbedingten Auftrag (Vorb. 3 I) an den Rechtsanwalt, den Erlass eines Mahn- bzw. Vollstreckungsbescheides zu beantragen bzw. die Rechte des Antragsgegners im Mahnverfahren wahrzunehmen, und ein entspr. (wenn auch nicht notwendigerweise nach außen erkennbares) Tätigwerden des Rechtsanwalts (vgl. BGH NJW-RR 2017, 506 Rn. 15).

5 **1. Für die Vertretung des Antragstellers. a) Mahnverfahren (VV 3505, 3506).** Die Tätigkeit des den Antragsteller vertretenden Rechtsanwalts wird durch die Verfahrensgebühr nach **VV 3505** vergütet. Diese umfasst alle zum Mahnverfahren gehörenden Tätigkeiten bis zu dessen Abschluss einschließlich aller zum Verfahren gehörenden Vorbereitungs-, Neben- und Abwicklungstätigkeiten iSd § 19, sofern es sich nicht nach § 18 um besondere Angelegenheiten handelt, und die Information des Mandanten, Vorb. 3 II; lediglich der **Antrag auf Erlass eines Vollstreckungsbescheids** wird nach VV 3308 gesondert vergütet.

6 Das Mahnverfahren **endet** entweder durch Einlegung eines Widerspruchs nach § 694 ZPO oder aber Erlass eines Vollstreckungsbescheides nach § 699 ZPO bzw. im Falle des Europäischen Mahnverfahrens entweder durch Einlegung eines Einspruchs nach Art. 16 VO (EG) 1896/2006 oder Vollstreckbarkeitserklärung des Zahlungsbefehls nach Art. 18 VO (EG) 1896/2006. **Danach erfolgende Tätigkeiten,** die nicht mehr zum Mahnverfahren gehören, sondern insbesondere zu einem nachfolgenden streitigen Verfahren, sind nicht mehr von der Verfahrensgebühr abgegolten und lösen andere Gebühren aus. Legt der Antragsgegner gegen den Mahnbescheid Widerspruch (bzw. Einspruch nach Art. 16 VO (EG) 1896/2006) ein, gehört zwar die Weiterleitung des Widerspruchs an den Mandanten für den Rechtsanwalt des Antragstellers noch zum Mahnverfahren. Der **Antrag auf Durchführung des streitigen Verfahrens** nach § 696 ZPO gehört hingegen nicht mehr zum Mahn-, sondern zum streitigen Verfahren und löst eine Verfahrensgebühr nach VV 3100 aus (vgl. OLG Köln AGS 2007, 344). Auch → Rn. 17.

7 **Endet** der Auftrag an den Rechtsanwalt (durch Zielerreichung infolge Erledigung des Mahnverfahrens oder Kündigung), **bevor** er eine der in **VV 3306** genannten **Mindesttätigkeiten** im Mahnverfahren entfaltet hat, ermäßigt sich seine Verfahrensgebühr für das Mahnverfahren auf den in VV 3306 genannten (halben) Satz.

8 **Beispiel:** Rechtsanwalt A ist beauftragt worden, ein Mahnverfahren einzuleiten. Nachdem er den Antrag eingereicht hat, kündigt der Mandant das Mandatsverhältnis und beauftragt nunmehr Rechtsanwalt B, den Mahnantrag zurückzunehmen. Bevor B den Rücknahmeschriftsatz einreichen kann, legt der Antragsgegner Widerspruch ein. A erhält,

da er den Mahnantrag eingereicht hat (VV 3306 Fall 1) die volle Verfahrensgebühr, B hingegen nur den ermäßigten Satz (vgl. VV 3306 Fall 2).

Die Verfahrensgebühr für die Vertretung des Antragstellers im Mahnverfahren ist (auch im Falle ihrer Ermäßigung nach VV 3306) nach **VV 3305 Anm.** auf die Verfahrensgebühr des nachfolgenden streitigen Verfahrens **anzurechnen** (zur Anrechnung vgl. § 15a; dies ändert – selbstverständlich – nichts daran, dass für beide Verfahren jeweils eine Auslagenpauschale nach VV 7002 anrechnungsfrei anfällt, AG Salzwedel AGS 2008, 171, und – zur BRAGO – BGH NJW-RR 2004, 1656; zur sog. „Kettenanrechnung" mehrerer Gebühren → § 15a Rn. 16 ff.). Unerheblich ist dafür, ob das streitige Verfahren, wie nach Widerspruch (bzw. Einspruch nach Art. 16 VO (EG) 1896/2006) des Antragsgegners gegen den Mahnbescheid, ein „normales" Verfahren über den streitgegenständlichen Anspruch ist oder aber, wie nach Einspruch gegen den Vollstreckungsbescheid nach § 700 ZPO (bzw. Antrag auf Überprüfung des für vollstreckbar erklärten Zahlungsbefehls nach Art. 20 VO (EG) 1896/2006) den im Mahnverfahren ergangenen Vollstreckungsbescheid bzw. Europäischen Zahlungsbefehl zum Gegenstand hat. Ist bei Einleitung des streitigen Verfahrens die Frist des § 15 V verstrichen, scheidet aber eine Anrechnung aus (AG Siegburg AGS 2016, 268; AG Grünstadt AGS 2019, 209 mzustAnm Volpert; aA im Erinnerungsverfahren AG Grünstadt AGS 2020, 10). Zur Anrechnung von mehreren Verfahrensgebühren aus Mahnverfahren auf eine Verfahrensgebühr für ein alle Ansprüche umfassendes streitiges Verfahren vgl. § 15a III. Sind für Mahn- und streitiges Verfahren verschiedene Rechtsanwälte beauftragt, scheidet eine Anrechnung aus (BGH NJW 2018, 871 Rn. 6 mwN, auch zur Frage der Erstattungsfähigkeit). 9

Eine Anrechnung erfolgt allerdings nur insoweit, als die Gegenstände von Mahn- und streitigem Verfahren auch **identisch** sind. Ist der Rechtsanwalt nur beauftragt, den Mahnantrag teilweise zurückzunehmen und im Übrigen das streitige Verfahren durchzuführen, findet daher – Auftragsgegenstand im Mahnverfahren war der nicht weiter verfolgte Anspruchsteil, Auftragsgegenstand des streitigen Verfahrens dagegen der weiter verfolgte Anspruchsteil – keine Anrechnung statt (OLG Düsseldorf JurBüro 2007, 81). Führt der umfassend für das Mahnverfahren beauftragte Rechtsanwalt das Verfahren auftragsgemäß nur teilweise als streitiges Verfahren weiter, ist nur ein nach dem Wert des fortgeführten Teils berechnete Mahn-Verfahrensgebühr anzurechnen (OLG Köln BeckRS 2010, 10806; OLG München AGS 2013, 512 mzustAnm N. Schneider). Hat der Rechtsanwalt sowohl im Mahnverfahren als auch im anschließenden streitigen Verfahren (dieselben) mehrere Auftraggeber vertreten, ist die nach VV 1008 erhöhte Verfahrensgebühr anzurechnen (AG Zeitz NJW-Spezial 2018, 189). 10

Ist für den Rechtsanwalt des Antragstellers vorprozessual eine Geschäftsgebühr nach VV 2300 ff. eine **Geschäftsgebühr** angefallen, ist diese nach Vorb. 3 IV (die für den gesamten Teil 3 gilt) – auch – auf die Verfahrensgebühr nach VV 3305, 3306 anzurechnen (OLG Köln AGS 2009, 476; N. Schneider NJW-Spezial 2020, 91). 11

b) Erlass eines Vollstreckungsbescheides (VV 3308). Die Tätigkeit des Rechtsanwalts im Verfahren über den Antrag auf Erlass eines Vollstreckungsbescheides ist nicht mit der Verfahrensgebühr nach VV 3305, 3306 abgegolten, sondern wird durch eine eigene Verfahrensgebühr nach VV 3308 gesondert vergütet (dies entspricht der Gleichstellung des Vollstreckungsbescheides mit einem Versäumnisurteil, § 700 I ZPO, und der für die Beantragung eines solchen Versäumnisurteils in ermäßigter Höhe anfallenden Terminsgebühr nach VV 3105). Diese Verfahrensgebühr kann sowohl der bereits für das Mahnverfahren mandatierte Rechtsanwalt, dann neben der Verfahrensgebühr nach VV 3305, oder aber auch ein nur für die Beantragung des Vollstreckungsbescheides beauftragte Rechtsanwalt verdienen (auch wenn dieser nur für die Zustellung des vom Antragsteller selbst erwirkten Vollstreckungsbescheid beauftragt wird, LG Bonn AGS 2005, 340). **Nicht** anfallen kann sie im **Europäischen Mahnverfahren,** da dieses nur einstufig ist; der Zahlungsbefehl wird gem. Art. 18 16 VO (EG) 1896/2006 nach Ablauf der Einspruchsfrist von Amts wegen für vollstreckbar erklärt. 12

Für die Entstehung der Verfahrensgebühr nach VV 3308 bedarf es neben einem unbedingten Auftrag, Vorb. 3 I, nach **VV 3308 Anm. S. 1** als weitere Tatbestandsvoraussetzung, dass **innerhalb der Widerspruchsfrist kein Widerspruch einge-** 13

legt (oder – im Urkunden-, Scheck- oder Wechselmahnverfahren – kein Antrag auf Vorbehalt der Rechte gestellt) worden ist. Diese Einschränkung ist sowohl von ihrer Intention her als auch in ihrer tatbestandlichen Ausgestaltung **überholt.** Es handelt sich um eine Übernahme der früheren Regelung in § 43 I Nr. 3 BRAGO, mit der erreicht werden sollte, dass ein bereits im Mahnantrag gestellter Antrag auf Erlass eines Vollstreckungsbescheides, der erst nach Ablauf der Widerspruchsfrist Wirkung entfalten konnte, auch dann erst eine weitere Vergütung auslösen konnte (vgl. Begr. RegE BRAGO BT-Drs. 2/2545, 245). Schon unter der Geltung der BRAGO ist übersehen worden, dass die Möglichkeit, einen Antrag auf Erlass des Vollstreckungsbescheids bereits mit dem Mahnantrag zu stellen, durch die Vereinfachungsnovelle 1976 (!) ausdrücklich ausgeschlossen worden ist (vgl. Stellungnahme Rechtsausschuss Vereinfachungsnov. BT-Drs. 7/5250, 14); seither ist ein vor Ablauf der Widerspruchsfrist gestellter Antrag auf Erlass eines Vollstreckungsbescheides (unheilbar) wirkungslos, § 699 I 2 Hs. 1 ZPO. Indessen vermag dies nichts an der Geltung der Regelung in VV 3308 Anm. S. 1 zu ändern; sie dürfte allerdings nur in dem Fall von Bedeutung sein, dass der Antragsteller bei Beantragung des Vollstreckungsbescheides nach Ablauf der Widerspruchsfrist noch keine Kenntnis davon hatte, dass ein Widerspruch fristgerecht eingegangen war (vgl. – zur BRAGO – OLG Hamburg JurBüro 1983, 239).

14 Dem Umstand, dass mit VV 3306 und VV 3308 im gerichtlichen Mahnverfahren anders als in anderen Verfahren zwei Verfahrensgebühren nebeneinander entstehen können, trägt **VV 3308 Anm. S. 2** Rechnung (vgl. Stellungnahme Rechtsausschuss KostRMoG BT-Drs. 15/2487, 141). Danach kann eine Erhöhung nach **VV 1008** für die Vertretung mehrerer Auftraggeber nicht zweimal anfallen: Ist bereits hinsichtlich der Verfahrensgebühr nach VV 3306 eine Erhöhung nach VV 1008 eingetreten, kann diese nicht erneut hinsichtlich der Verfahrensgebühr nach VV 3308 eintreten.

15 Eine **Anrechnung** der Verfahrensgebühr nach VV 3308 auf Gebühren des nachfolgenden streitigen Verfahrens findet **nicht** statt. Damit entsprechen zwar der Vollstreckungsbescheid verfahrensrechtlich einem Versäumnisurteil und die Gebühr nach VV 3308 funktional der Terminsgebühr nach VV 3105, → Rn. 10, doch bleibt anders als im Falle des Einspruchs gegen ein Versäumnisurteil und anschließender, die Ermäßigung nach VV 3105 zum Fortfall bringender streitiger Verhandlung dem Rechtsanwalt die Vergütung für die Beantragung des Vollstreckungsbescheids erhalten.

16 **2. Für die Vertretung des Antragsgegners (VV 3307).** Die Tätigkeit des den Antragsgegner vertretenden Rechtsanwalts wird mit der – niedrigeren – Verfahrensgebühr nach VV 3307 vergütet. Mit ihr ist (anders als nach § 43 I Nr. 2 BRAGO) nicht nur die Erhebung des Widerspruchs, sondern die gesamte Tätigkeit im Mahnverfahren bis zu dessen Ende abgegolten.

17 Tätigkeiten, die der Rechtsanwalt **nach dem Ende des Mahnverfahrens** (durch Erhebung des Widerspruchs oder Erlass des Vollstreckungsbescheides bzw. Vollstreckbarerklärung des Europäischen Zahlungsbefehls) vornimmt, und die nicht als Vorbereitungs-, Neben- und Abwicklungstätigkeiten iSd § 19 noch zum Mahnverfahren gehören, sind dagegen nicht von VV 3307 erfasst und können ggf. andere Gebühren auslösen. Stellt nach Widerspruch gegen den Mahnbescheid der den Antragsgegner vertretende Rechtsanwalt, etwa wegen Untätigkeit des Antragstellers, die Durchführung des streitigen Verfahrens, gehört diese (verfahrenseinleitende) Tätigkeit zum streitigen Verfahren und löst eine neue Verfahrensgebühr nach VV 3100 ff. aus (OLG Düsseldorf JurBüro 2004, 195; OLG Naumburg AGS 2012, 12; OLG Hamburg AGS 2014, 153); im Europäischen Mahnverfahren (in dem die Abgabe in das streitige Verfahren von Amts wegen erfolgt, Art. 17 VO (EG) 1896/2006) kommt diese Wirkung bereits dem Einspruch gegen den Europäischen Zahlungsbefehl zu (OLG Nürnberg AGS 2010, 12). Aber auch ein Antrag des Antragstellers auf Durchführung des streitigen Verfahrens leitet das streitige Verfahren ein und löst für den (auch insoweit unbedingt beauftragten und – zB durch Stellung eines Kostenantrags nach Klagerücknahme – tätigen) Rechtsanwalt des Antragsgegners eine weitere Verfahrensgebühr aus (OLG Düsseldorf NJW-RR 2005, 1231; OLG Köln AGS 2007, 344).

18 Wie die Gebühr nach VV 3305, → Rn. 9, findet auch bei der Verfahrensgebühr nach VV 3307 gem. **VV 3307 Anm.** eine **Anrechnung** (hierzu § 15a) auf die Verfahrensgebühr für das nachfolgende streitige Verfahren statt. Umgekehrt ist nach der (für den gesamten Teil 3 geltenden) **Vorb. 3 IV** eine vorgerichtlich angefallene Geschäftsgebühr auf die Verfahrensgebühr anzurechnen (OLG Köln AGS 2009, 853; N. Schneider NJW-Spezial 2020, 91; zur sog. „Kettenanrechnung" → § 15a Rn. 16 ff.).

IV. Terminsgebühr (Vorb. 3.3.2). Auch im Mahnverfahren kann im Grundsatz eine Terminsgebühr anfallen, die sich gem. Vorb. 3.3.2 nach Abschnitt 1, mithin nach **VV 3104, 3105,** richtet. Da für eine gerichtliche Verhandlung im Mahnverfahren kein Raum ist, wird dies nur für den Fall der Mitwirkung des Rechtsanwalts an einer auf die Vermeidung oder Erledigung des Verfahrens gerichteten **außergerichtlichen Besprechung** nicht nur mit dem Mandanten iSv Vorb. 3.3 Nr. 2 in Betracht kommen (vgl. etwa OLG Nürnberg NJW-RR 2007, 791). Im Hinblick auf die ausdrückliche Regelung in Vorb. 3.3.2 dürfte dem Anfall einer solchen Terminsgebühr nicht die Annahme entgegenstehen, dass für außergerichtliche Besprechung eine Terminsgebühr im Allgemeinen nur in Verfahren anfallen kann, in denen eine mündliche Verhandlung vorgeschrieben ist oder jedenfalls von den Parteien erzwungen werden kann (BGH NJW 2007, 1461 Rn. 19; 2007, 2644 Rn. 7; 2012, 1294 Rn. 7, jew. mwN; OVG Berlin-Brandenburg AGS 2009, 539 mwN; OVG Mecklenburg-Vorpommern BeckRS 2011, 49667; **str.,** aA etwa FG Berlin-Brandenburg BeckRS 2011, 95706; N. Schneider AGS 2010, 421). Die Terminsgebühr kann nach § 699 III ZPO in den Vollstreckungsbescheid aufgenommen werden, wenn ihre Entstehung glaubhaft gemacht worden ist (LG Bonn AGS 2007, 447). Sie ist nicht auf eine im nachfolgenden streitigen Verfahren anfallende Terminsgebühr anzurechnen (OLG Nürnberg NJW-RR 2007, 791). 19

V. Einigungsgebühr (VV 1000). Im Mahnverfahren kann auch eine Einigungsgebühr nach VV 1000 anfallen, insbes. bei einer Ratenzahlungsvereinbarung mit Rechtsmittelverzicht; dann kommt auch eine Festsetzung dieser Gebühr im Vollstreckungsbescheid nach § 699 III ZPO in Betracht (BGH BeckRS 2008, 23048; KG AGS 2006, 65). 20

Unterabschnitt 3. Vollstreckung und Vollziehung

Vorbemerkung 3.3.3:

I [1] Dieser Unterabschnitt gilt für

1. die Zwangsvollstreckung,
2. die Vollstreckung,
3. Verfahren des Verwaltungszwangs und
4. die Vollziehung eines Arrestes oder einstweiligen Verfügung,

soweit nachfolgend keine besonderen Gebühren bestimmt sind. [2] Er gilt auch für Verfahren auf Eintragung einer Zwangshypothek (§§ 867 und 870a ZPO).

II [1] Im Verfahren nach der Verordnung (EU) Nr. 655/2014 werden Gebühren nach diesem Unterabschnitt nur im Fall des Artikels 5 Buchstabe b der Verordnung (EU) Nr. 655/2014 erhoben. [2] In den Fällen des Artikels 5 Buchstabe a der Verordnung (EU) Nr. 655/2014 bestimmen sich die Gebühren nach den für Arrestverfahren geltenden Vorschriften.

Zu II → VV Vorb. 3.2.1 Rn. 8. 1

Nr.	Gebührentatbestand	Gebühr oder Satz der Gebühr nach § 13 RVG
3309	**Verfahrensgebühr**	**0,3**
3310	**Terminsgebühr**	**0,3**
	Die Gebühr entsteht für die Teilnahme an einem gerichtlichen Termin, einem Termin zur Abgabe der Vermögensauskunft oder zur Abnahme der eidesstattlichen Versicherung.	

Übersicht

1 **I. Systematik.** VV 3309, 3310 sind schwer überschaubar. Sie regeln nach der Vorb. 3.3.3 die Vergütung des Rechtsanwalts im Zwangsvollstreckungsverfahren nach §§ 704 ff. ZPO, aus sonstigen Vollstreckungsverfahren zB nach §§ 86–94, 96 FamFG, beim gerichtlichen Verfahren über einen Verwaltungszwang sowie bei der Vollziehung eines Arrestbefehls oder einer einstweiligen Verfügung nach §§ 929, 936 ZPO und bei §§ 867, 870a ZPO. Daneben gilt zB § 7, → § 7 Rn. 1 VV 1008 ist anzuwenden (LG Köln MDR 2005, 1318; AG Singen JurBüro 2006, 329).

2 VV 3333 enthält eine Spezialregelung für ein **Verteilungsverfahren** nach §§ 872 ff. ZPO **außerhalb der Zwangsversteigerung** und Zwangsverwaltung. Das Zwangsversteigerungs- und Zwangsverwaltungsverfahren ist in §§ 26, 27, VV 3311, 3312 besonders geregelt. Im **Erinnerungsverfahren** nach § 766 ist jetzt VV 3500 anzuwenden (AG Wedding JurBüro 2000, 545). Auch im Verfahren der sofortigen Beschwerde nach § 793 ZPO gilt VV 3500. Denn jene Vorschrift erfasst jede Art von Beschwerdeverfahren.

3 **II. Regelungszweck.** Die Vorschriften dienen zusammen mit §§ 16–18 einer einigermaßen gerechten Erfassung und Bewertung der außerordentlich unterschiedlich gearteten und durchaus unterschiedlich schwierigen Tätigkeiten des Rechtsanwalts in den in → Rn. 1 genannten Verfahren. Im Bemühen um eine Kostengerechtigkeit ist eine auch in diesem Abwicklungsstadium zwecks Prozesswirtschaftlichkeit wünschenswerte, aber problematische Fallaufzählung entstanden. Sie verwirrt oft. Man sollte diese Unklarheiten nicht auf dem Rücken des Rechtsanwalts austragen.

4 **III. Tätigkeit in der Zwangsvollstreckung oder Vollstreckung.** Abgrenzung und Anwendbarkeit erfordern große Sorgfalt.

5 **1. Begriffe.** Die Vorschrift regelt die Tätigkeit des Rechtsanwalts in jeder Art von Zwangsvollstreckungsverfahren nach §§ 704 ff. ZPO (AG Singen JurBüro 2006, 329; OVG Sachsen NVwZ-RR 2009, 702), oder Vollstreckungsverfahren nur nach §§ 86–94, 96 FamFG oder nach § 95 FamFG iVm §§ 704 ff. ZPO. Das gilt mit Ausnahme der in VV 3311–3323 genannten Sonderfälle (Zwangsversteigerung, Zwangsverwaltung, Insolvenzverfahren, schifffahrtsrechtliches Verteilungsverfahren). Es muss sich allerdings um eine solche Zwangsvollstreckung oder Vollstreckung handeln, die auf Grund eines solchen Erkenntnisverfahrens erfolgt, für das VV Teil 3 gilt oder die sich nach den vorstehenden Regeln abwickelt.

6 **Hierher gehören zB:** das arbeitsgerichtliche Vollstreckungsverfahren zB nach §§ 62 ArbGG; das verwaltungsgerichtliche Vollstreckungsverfahren (VG Stuttgart NVwZ-RR 2010, 456); das Verfahren nach: § 109 II GenG, § 31 LwVG, §§ 198 ff. SGG; nach §§ 89, 90, 201 II, 215 II 2, 257 I, II InsO, §§ 93, 132, 162 ZVG, §§ 124, 406b, 463, 464b S. 3 StPO, §§ 89, 90 GNotKG (LG Hagen DGVZ 1980, 175, eine Gebühr kann der Notar nicht fordern, auch nicht als ein Verkehrsanwalt). Es kann sich auch um die Zwangsvollstreckung aus einem landesrechtlichen Titel handeln, § 801 ZPO, zB aus einem Vergleich vor dem Schiedsmann.

7 **Ebenfalls unter VV 3309, 3310 fällt** nach der Vorb. 3.3.3: Das Vollziehungsverfahren nach §§ 928 ff., 936 ff. ZPO; das Verwaltungszwangsverfahren.

2. Abgrenzung zum Erkenntnisverfahren. VV 3309 gilt für jede Art von Tätigkeit des Rechtsanwalts im Zwangsvollstreckungs- oder Vollstreckungsverfahren, mag er mit der Durchführung dieses Verfahrens überhaupt oder nur mit einer einzelnen Tätigkeit darin betraut sein (LG Düsseldorf JurBüro 2007, 527; Meyer JurBüro 2003, 74 (75)). Wenn der Rechtsanwalt jedoch schon der ProzBev oder VerfBev nach § 81 ZPO im Erkenntnisverfahren war, gehören nach § 19 I 2 Nr. 11, 13, 16 gewisse Tätigkeiten in der Zwangsvollstreckung usw trotzdem noch zum Erkenntnisrechtszug. Diese Vorschrift hat dann den Vorrang (VG Stuttgart NVwZ-RR 2010, 456). 8

Andererseits gehören gewisse Tätigkeiten zur **Vorbereitung** einer Zwangsvollstreckung oder Vollstreckung schon nach der Vorb. 3 II für denjenigen Rechtsanwalt zur Zwangsvollstreckung oder Vollstreckung, der noch nicht im Erkenntnisverfahren als der ProzBev oder VerfBev tätig war (OLG Hamburg MDR 1976, 56; Mümmler JurBüro 1976, 62). 9

Daraus ergibt sich: Der **verfahrensrechtliche** Begriff der Zwangsvollstreckung oder Vollstreckung deckt sich **nicht** völlig mit dem **gebührenrechtlichen** (OLG München JurBüro 1978, 1683). Es ist also jeweils zu prüfen, ob der Rechtsanwalt schon im Erkenntnisverfahren als der ProzBev oder VerfBev tätig war oder nicht. VV 3100 ff. vergüten die Tätigkeit für den Schuldner in einem Prozess nach § 767 ZPO neben derjenigen in einem solchen gesonderten Erinnerungsverfahren, für das VV 3500 gilt (vgl. LG Berlin AnwBl 1987, 499). 10

Im Einzelnen ist außerdem jeweils darauf zu achten, ob die jeweilige Tätigkeit gegenüber einer sonstigen Tätigkeit des Rechtsanwalts sei es als der ProzBev oder VerfBev, sei es lediglich in der Zwangsvollstreckung als eine **besondere Angelegenheit** nach § 18 anzusehen ist. 11

3. Beispiele zur Frage der Entstehung einer Gebühr

Abschiebung: → „Ausländergesetz". 12

Abstandnahme: Eine Bitte um die Abstandnahme von einer vorläufigen Vollstreckung gibt dem ProzBev eine Gebühr nach VV 3309 (vgl. OLG Hamm JurBüro 1996, 249).

Androhung: Schon die bloße Androhung einer bereits und noch zulässigen Vollstreckungsmaßnahme in einem Mahnschreiben gibt dem ProzBev oder VerfBev spätestens nach einer vom BVerfG NJW 1999, 778, reichlich großzügig gewährten angemessenen Frist zur „freiwilligen" Zahlung eine Gebühr nach VV 3309 (vgl. KG JurBüro 2001, 211; OLG Koblenz MDR 1995, 753; OLG Schleswig AnwBl 1994, 473; aA AG Schwäbisch-Hall DGVZ 1981, 92).

Auch dann, wenn hinter dem Schuldner eine **Versicherung** steht, verlängert sich die etwa notwendige Bedenkzeit keineswegs automatisch. Der Gläubiger hat schon lange genug warten müssen, und die Versicherung kann sogar rascher als mancher Versicherungsnehmer ihre Entscheidung treffen (aA OLG Düsseldorf JurBüro 1991, 232, drei Wochen seien immer noch zu kurz. Wie lange soll der Gläubiger dann noch warten?).

Die Gebühr für die Erteilung des Vollstreckungsauftrags gilt nach der Vorb. 3 II eine **vorangegangene** Vollstreckungsandrohung ab (LG Kassel DGVZ 1996, 12, AG Charlottenburg DGVZ 1998, 175; AG Münster DGVZ 2006, 31). Wegen der einer Verurteilung vorausgehenden Androhung eines Ordnungsgelds zB nach § 890 II ZPO, → § 19 Rn. 55.

Arbeitsgerichtsverfahren: Auf die Vertretung im Verfahren zur Festsetzung eines Zwangs- oder Ordnungsgeldes nach § 23 BetrVG ist VV 3309 anzuwenden (vgl. LAG Berlin AnwBl 1989, 685).

Arrest, einstweilige Verfügung: → § 19 Rn. 24. Die Vollziehung des Arrests oder der einstweiligen Verfügung nach §§ 929, 936 ZPO und die Zwangsvollstreckung aus der Hauptsache nach §§ 704 ff. ZPO sind verschiedene Angelegenheiten nach → § 15 Rn. 9 (Gerold/Schmidt/Müller-Rabe Rn. 157; aA OLG Frankfurt a. M. JurBüro 2002, 140; KG MDR 2010, 55; OLG Koblenz Rpfleger 2003, 269. Sie lösen jeweils eine Gebühr VV 3309 aus, OLG Hamm JurBüro 2002, 588; OLG Köln JurBüro 1998, 639; OLG München AnwBl 1998, 348). Die **Löschung einer Vormerkung** löst **keine** Gebühr nach VV 3309 aus (vgl. OLG Düsseldorf AnwBl

1993, 400; OLG Schleswig JurBüro 1988, 763). Es kommt dann VV 2300 in Betracht. Die Zustellung der einstweiligen Verfügung löst keine zusätzliche Gebühr VV 3309 aus (OLG Braunschweig Rpfleger 2006, 44).

Aufenthaltsermittlung: Sie kann zur Zwangsvollstreckung gehören (BGH NJW 2004, 1101; LG Konstanz Rpfleger 1992, 365; Hansens JurBüro 1987, 809; aA AG Leverkusen AnwBl 1987, 294; AG Westerstede AnwBl 1987, 246).

Aufforderungsschreiben: → „Androhung".

Aufhebung einer Vollstreckungsmaßnahme: → § 19 Rn. 56.

Auskunft: Diejenige aus dem Schuldnerverzeichnis nach §§ 882f ff. ZPO kann zur Zwangsvollstreckung gehören (AG Wuppertal DGVZ 2011, 35). Auch → „Drittauskunft".

Ausländergesetz: Die Aussetzung der Abschiebung und die Erteilung einer Duldung zählen zur Zwangsvollstreckung (VGH Baden-Württemberg AnwBl 2000, 138; aA OVG Berlin NVwZ 1998, 992; OVG Bremen NVwZ-RR 1999, 701, je: VV 3100 ff.).

Auslandsunterhaltsgesetz: VV 3309 gilt auch eine Tätigkeit des Rechtsanwalts im Rahmen der Beiordnung zwecks einer Zwangsvollstreckung nach § 6 AUG ab (AG Fürth JurBüro 1994, 33).

Austauschpfändung: → § 18 Rn. 22.

Befriedigung des Gläubigers: Die Zwangsvollstreckung oder Vollstreckung endet mit der völligen Befriedigung des Gläubigers. Sämtliche Tätigkeiten bis zu diesem Zeitpunkt zählen zu ihr. Die Befriedigung tritt unter den folgenden Voraussetzungen ein.

– **(Fahrnis):** Bei einer Zwangsvollstreckung usw in bewegliche Sachen nach §§ 803 ff. ZPO tritt die Befriedigung durch die Auszahlung des Erlöses oder bei einer Ersteigerung durch den Gläubiger mit dem Zuschlag nach § 817 ZPO ein. Eine Einwendung des Schuldners nach § 766 ZPO begründet für den Rechtsanwalt des Gläubigers zwar keine neue Instanz. Denn sie betrifft ja gerade die bisherige Maßnahme. Dasselbe gilt bei einer Erinnerung gegen eine Entscheidung des Rpfleger nach § 11 RPflG oder bei einer Dienstaufsichtsbeschwerde gegen den Gerichtsvollzieher. Der Rechtsanwalt des Schuldners tritt allerdings unter Umständen erst dann ins Verfahren ein. Im Übrigen ist bei einer Erinnerung stets VV 3500 zu beachten. Das **Verteilungsverfahren** nach §§ 872 ff. ZPO kann eine besondere Gebühr nach VV 3311 Anm. Nr. 2, VV 3317 Anm. auslösen.

– **(Forderung, sonstiges Recht):** Bei einer Zwangsvollstreckung usw in eine Forderung oder ein sonstiges Recht nach §§ 829 ff. ZPO endet das Vollstreckungsverfahren mit der Überweisung an Zahlungs Statt oder bei einer Überweisung zur Einziehung mit der Zahlung des Drittschuldners nach § 840 ZPO, ferner mit der Ablieferung des Erlöses an den Gläubiger nach § 874 ZPO.

– **(Handlung, Unterlassung):** Das Vollstreckungsverfahren nach §§ 887 ff. ZPO endet mit der Ahndung oder mit der Zurückweisung des Antrags. Jeder Antrag begründet eine neue Angelegenheit.

– **(Herausgabe einer Sache):** Bei einer Vollstreckung nach §§ 883 ff. ZPO endet das Verfahren mit der Ablieferung der Sache an den Gläubiger und bei einer Räumung nach § 885 ZPO mit der Besitzeinweisung.

– **(Sonstige Fälle):** Die Zwangsvollstreckung usw endet ferner mit jeder sonstigen endgültigen Erledigung der Zwangsvollstreckungsmaßnahme, etwa: Mit einer Freigabe; mit der endgültigen Einstellung der Pfändung nach § 775 Nr. 1 ZPO.

Eine **einstweilige Anordnung** auf eine Einstellung zB nach §§ 707, 719 ZPO beendet die Vollstreckung nicht, selbst wenn die einstweilige Anordnung dahin lautet, dass das Gericht die Zwangsvollstreckungsmaßnahme gegen eine Sicherheitsleistung aufhebt. Soweit der ProzBev oder VerfBev im Zusammenhang etwa mit einem Rechtsmittel, einem Antrag auf eine Wiedereinsetzung nach §§ 233 ff. ZPO oder einem solchen auf eine Wiederaufnahme des Verfahrens nach §§ 578 ff. ZPO die vorläufige Einstellung der Zwangsvollstreckung usw beantragt, gelten VV 3100 ff. diese Tätigkeit ab, es sei denn, dass darüber nach VV 3104 eine besondere mündliche Verhandlung stattfindet.

Auch → „Einstellung der Zwangsvollstreckung", → „Weiterer Vollstreckungsversuch".

Beginn: Die Zwangsvollstreckung usw beginnt mit dem Vollstreckungsauftrag, auch vor dem Ablauf der Wartefrist nach § 798 ZPO (AG Halle AnwBl 1984, 220, zust. Chemnitz), oder mit dem Antrag nach § 754 ZPO. Sie beginnt auch mit einer Vorpfändung nach § 845 ZPO oder mit einem Pfändungsauftrag nach § 829 ZPO.

Sie beginnt **nicht** schon mit der Erwirkung der Vollstreckungsklausel nach §§ 724 ff. ZPO (OLG Köln Rpfleger 1993, 373).

Berichtigung: → § 19 Rn. 23.

Beschlagnahme: → „Räumung".

Besondere Verwertung: → § 18 Rn. 23.

Bürgschaft: Ihre Beschaffung reicht nach VV 2300 noch nicht, soweit sie vor einem Zulassungsantrag erfolgt (KG MDR 1976, 767). Ein Antrag auf ihre Zulassung genügt. Die Zustellung einer Bürgschaftsurkunde nach § 751 II ZPO zählt zur Zwangsvollstreckung (OLG Köln JurBüro 1993, 624; LG Landshut AnwBl 1980, 267).

Dienstaufsichtsbeschwerde: Eine Dienstaufsichtsbeschwerde gegen den Gerichtsvollzieher begründet für den Rechtsanwalt des Gläubigers keine neue Instanz. Denn sie betrifft gerade die bisherige Vollstreckungsmaßnahme. **Etwas anderes** gilt für den Rechtsanwalt des Schuldners, der damit erst ins Verfahren tritt.

Drittauskunft: Eine solche nach § 802l ZPO kann bei einer Vermögensauskunft eine eigene Verfahrensgebühr auslösen (LG Frankfurt a. M. DGVZ 2017, 61; aA LG Itzehoe Rpfleger 2018, 486).

Dritter: Ausreichen kann die Tätigkeit für einen Dritten, zB für einen Schein-Schuldner (LG Düsseldorf JurBüro 2007, 527).

Drittschuldner: Die Erklärung des Drittschuldners nach § 840 ZPO zählt zur Zwangsvollstreckung usw (OLG Köln JurBüro 1992, 267). Die bloße Erinnerung des Rechtsanwalts an den Drittschuldner zwecks einer Auskunft nach § 840 I, II ZPO ist mit der Erwirkung des Pfändungs- und Überweisungsbeschlusses abgegolten (LG Hannover JurBüro 2002, 585).

Die gesonderte **Aufforderung des Gläubigers** an den Drittschuldner zur Auskunft oder Zahlung nach der Überweisung der Forderung an den Gläubiger nach § 836 III ZPO nebst einer Klagandrohung zählt **nicht** zur Zwangsvollstreckung usw. Der Rechtsanwalt erhält für eine solche Tätigkeit eine Vergütung nach VV 2300, 3100 ff. (vgl. LG Hannover JurBüro 2002, 585; AG Düsseldorf JurBüro 2000, 601; AG Köln JurBüro 2002, 326; aA LG Bonn JurBüro 2001, 26 (§ 32 I)).

Auch → „Mehrheit von Schuldnern oder Drittschuldnern".

Drittwiderspruchsklage: Es sind bei § 771 ZPO VV 3100 ff. anzuwenden.

Duldung: → § 18 Rn. 8.

Durchsuchungsanordnung: → § 19 Rn. 52. Der anschließende Fortsetzungsantrag des Gläubigers begründet **keine** besondere Angelegenheit (OLG Stuttgart DGVZ 1986, 26; AG Elmshorn DGVZ 1983, 175; AG Hannover DGVZ 1983, 31).

Eidesstattliche Versicherung: → § 18 Rn. 28, 33. Die eidesstattliche Versicherung nach §§ 802c II ZPO, 94 FamFG zählt zur Zwangsvollstreckung usw, auch wenn es nicht mehr zur Ladung des Schuldners kommt (LG Hanau JurBüro 1989, 1552; LG Köln JurBüro 1989, 207; LG Mainz JurBüro 1984, 1534; aA LG Detmold Rpfleger 1990, 391). VV 3309 gilt auch die Anträge zwecks eines Haftbefehls und dessen Durchführung ab (LG Oldenburg JurBüro 1991, 1003). Die Pfändung nach § 829 ZPO und die eidesstattliche Versicherung können verschiedene Angelegenheiten sein (LG Paderborn DGVZ 1984, 13; AG Koblenz DGVZ 1984, 62; Enders JurBüro 1999, 2). Das gilt aber nur, wenn zB neue Tatsachen einen Erfolg versprechen (AG Fritzlar DGVZ 1985, 191).

Einstellung der Zwangsvollstreckung: Die endgültige Einstellung beendet schlechthin die Angelegenheit. Eine Einstellung der Pfändung nach § 775 Nr. 1 ZPO bedeutet ebenfalls die Beendigung der Zwangsvollstreckung.

Eine **einstweilige Anordnung** auf eine Einstellung zB nach §§ 709, 717 ZPO beendet die Vollstreckungsinstanz nicht (LG Bonn Rpfleger 1990, 226; LG Hamburg DGVZ 1986, 188). Die einstweilige Anordnung beendet die Vollstreckungsinstanz selbst dann nicht, wenn sie auf eine Aufhebung der Vollstreckungsmaßnahme gegen eine Sicherheitsleistung lautet.

Ferner → „Mehrheit von Schuldnern oder Drittschuldners", → „Wohnungsdurchsuchung, -wechsel".

Einstweilige Verfügung: → „Arrest, einstweilige Verfügung".

Einwendung: → „Erinnerung", → „Vollstreckungsklausel".

Ende der Zwangsvollstreckung: → „Befriedigung des Gläubigers".

Erinnerung: Eine Erinnerung nach § 766 ZPO begründet für den Rechtsanwalt des Gläubigers zwar **keine** besondere Angelegenheit nach → § 15 Rn. 9. Denn sie betrifft gerade die bisherige Maßnahme (LG Bremen JurBüro 1999, 495). Das gilt unabhängig davon, wer die Erinnerung eingelegt hat (LG Frankfurt a. M. Rpfleger 1984, 478). Dasselbe gilt für eine Erinnerung gegen die Entscheidung des Rpfleger nach § 11 RPflG.

Etwas anderes mag für denjenigen Rechtsanwalt des Schuldners gelten, der erst mit der Erinnerung in das Verfahren tritt (AG Eckernförde JurBüro 2009, 533). Im Übrigen ist stets VV 3500 zu beachten.

Ermittlung: Die Ermittlung zB des Aufenthaltsorts des Schuldners kann unter VV 3309 fallen (aA LG Konstanz AnwBl 1991, 168 (§ 120 II BRAGO)).

Ersatzvornahme: → „Vertretbare Handlung".

Erzwingung: Die Erzwingung einer Handlung ist gegenüber etwa der Sachpfändung nach §§ 808 ff. ZPO oder der Forderungspfändung nach §§ 829 ff. ZPO als eine verschiedenartige Maßnahme eine **besondere** Angelegenheit nach → § 15 Rn. 9.

Familiensache: Die zugehörige Vollstreckung nach §§ 86 ff. FamFG löst auch insoweit die Gebühr VV 3309 aus, als sie in einem FamFG-Verfahren erfolgt.

Feiertag: VV 3309, 3310 sind anzuwenden, → § 19 Rn. 52.

Finanzgerichtliches Verfahren: VV 3309 gilt nach der Überschrift Teil 3 auch in ihm.

Freigabe: Die Zwangsvollstreckung endet mit einer Freigabe. Denn es handelt sich um eine endgültige Erledigung der Zwangsvollstreckungsmaßnahme.

Gebrauchsmuster, Marke: Der Antrag auf die Löschung eines Gebrauchsmusters oder einer Marke auf Grund eines Urteils zählt **nicht** zur Zwangsvollstreckung usw. Denn das Urteil ersetzt die Einwilligung des Schuldners. Daher findet keine Zwangsvollstreckung usw mehr statt. Es gelten daher § 34, VV 2300.

Gegenstandswert: → Rn. 21.

Gerichtsvollzieher: Die folgenden Situationen sind zu unterscheiden.

(Auftrag): Der Vollstreckungsauftrag nach § 754 ZPO zählt zur Zwangsvollstreckung usw (OLG Düsseldorf VersR 1981, 737). Das gilt auch zB bei einer Sicherungsvollstreckung nach § 720a ZPO (OLG Saarbrücken AnwBl 1979, 277), oder bei §§ 827 I 1, 848, 854 I 2, 855 ZPO.

(Bestimmung): → § 19 Rn. 54.

(Weigerung): Nur diejenigen Einzelmaßnahmen stehen in einem inneren Zusammenhang und bilden daher dieselbe Angelegenheit nach → § 15 Rn. 9, die eine einmal eingeleitete Maßnahme mit demselben Ziel der Befriedigung fortsetzen. Das gilt zB dann, wenn das Vollstreckungsgericht nach §§ 764, 802 ZPO eine Weigerung des Gerichtsvollziehers zur Vornahme einer Vollstreckungshandlung für unberechtigt erklärt hat und wenn der Gläubiger nun die Zwangsvollstreckung usw weiterführt.

Gesamtschuldner: → „Mehrheit von Schuldnern oder Drittschuldnern".

Grundbuch: Die folgenden Situationen sind zu unterscheiden. Für eine Beschwerde gelten VV 3500 ff.

- **(Berichtigung):** Die Berichtigung des Grundbuchs zählt **nicht** zur Zwangsvollstreckung usw. Denn sie endete bereits mit der Erteilung der vollstreckbaren Ausfertigung nach §§ 724 ff. ZPO. Die anschließenden Maßnahmen richten sich nach dem Grundbuchrecht und fallen unter § 34, VV 2300.
- **(Eintragung):** Wegen der Eintragung einer Zwangshypothek → § 18 Rn. 44. Der Eintragungsantrag gehört zur Zwangsvollstreckung usw, ebenso entsprechende Eintragungen wie die Pfändung einer Hypothek nach § 830 ZPO, einer Reallast, Grund- oder Rentenschuld nach § 857 VI ZPO, und die Vorberei-

tungshandlungen, zB die Klausel, die Zustellung, die Forderungsverteilung nach § 867 II ZPO.

Nicht zur Zwangsvollstreckung usw gehört die Eintragung einer Vormerkung im Grundbuch auf Grund einer rechtskräftigen Entscheidung nach § 894 ZPO oder einer vorläufig vollstreckbaren Entscheidung nach § 895 ZPO oder einer einstweiligen Verfügung nach § 59 (aA OLG Köln JurBüro 1998, 639). Die Vollziehung beruht auf dem Ersuchen des AG nach § 941 ZPO. Das gilt selbst dann, wenn der Antragsteller bereits im Gesuch auf den Erlass der einstweiligen Verfügung um ein Eintragungsersuchen nach § 941 ZPO gebeten hatte.

Die Zwangsvollstreckung usw **endet** mit der Erteilung einer vollstreckbaren Urteilsausfertigung nach §§ 724 ff. ZPO. Was danach kommt, richtet sich nach dem Grundbuchrecht und fällt unter § 34, VV 2300, 3101 Anm. Nr. 3 (vgl. OLG Frankfurt a. M. Rpfleger 1979, 222 (wegen der Löschung einer Vormerkung); OLG Hamm JurBüro 2000, 494; OLG Köln JurBüro 1987, 763).

Handelsregister: Eine Eintragung im Handelsregister usw gehört grds. **nicht** zur Zwangsvollstreckung usw. Denn sie erfolgt meist von Amts wegen.

Herausgabe: VV 3309 kann nach einer ausreichenden Frist zur Übersendung usw entstehen (LG Mannheim NJW-RR 2013, 576). Die Zwangsvollstreckung usw auf die Herausgabe einer Sache nach §§ 883 ff. ZPO endet mit der Ablieferung der Sache an den Gläubiger, bei einer Räumung nach § 885 ZPO, § 95 FamFG mit der Besitzeinweisung.

Information: Schon ihre auftragsgemäße Entgegennahme kann zur Zwangsvollstreckungstätigkeit zählen (LG Bonn JurBüro 1983, 241).

Insolvenztabelle: Die Erwirkung der Berichtigung der Insolvenztabelle auf Grund eines Urteils, das die bestrittene Insolvenzforderung nach §§ 189, 201 InsO feststellt, gehört zur Zwangsvollstreckung, fällt aber unter VV 3313 ff.

Juristische Person des öffentlichen Rechts: → § 18 Rn. 36.

Kostenerstattung: → Rn. 22 ff.

Mahnschreiben: → „Androhung“.

Marke: → „Gebrauchsmuster, Marke“.

Mehrheit von Schuldnern oder Drittschuldnern: Die Vollstreckung gegen mehrere Schuldner oder Drittschuldner nach § 840 ZPO, auch gegen mehrere Eheleute, stellt stets **mehrere** Angelegenheiten nach → § 15 Rn. 9 dar. Das gilt selbst dann, wenn sie auf Grund desselben Vollstreckungstitels erfolgt (OLG Frankfurt a. M. JurBüro 2004, 133; OLG Köln Rpfleger 2001, 149; AG Singen JurBüro 2006, 329; aA LG Berlin AnwBl 1984, 218 (81. ZK) mablAnm Schmidt; LG Wuppertal JurBüro 2017, 48) oder wenn die Zustellungen zB mehrerer Zahlungsverbote gleichzeitig erfolgen (OLG Köln Rpfleger 2001, 149).

Im Allgemeinen ist jedoch der Auftrag dahin **auszulegen,** dass der Rechtsanwalt die Zwangsvollstreckung usw nur dann fortsetzen soll, wenn und soweit sie bei dem ersten oder den ihm folgenden Schuldnern keinen Erfolg gehabt hat. Dann entstehen nur so viele Gebühren, wie solche Schuldner vorhanden sind, gegen die der Gläubiger bis zur vollen Befriedigung vollstrecken müsste.

Die Vertretung **mehrerer** Schuldner kann unabhängig davon sein, ob äußerlich zusammengefasste Vollstreckungsschutzanträge zB nach § 765a ZPO vorliegen, die mehrere Angelegenheiten nach → § 15 Rn. 9 darstellen (OLG Düsseldorf Rpfleger 1983, 331; LG Mannheim Rpfleger 1982, 238).

Mehrheit von Vollstreckungstiteln: Es kommt auf den Auftrag an, zB darauf, ob der Rechtsanwalt schon auf Grund des zunächst vorhandenen Titels vollstrecken soll.

Nachtzeit: VV 3309, 3310 sind nach → § 19 Rn. 52 anzuwenden.

Notfristzeugnis: Ungeachtet § 19 I 2 Nr. 9 kann VV 3309 anzuwenden sein.

Offenbarungsversicherung: → „Eidesstattliche Versicherung“.

Ordnungsmittel: → § 19 Rn. 55. Jede Verhängung ist nach → § 18 Rn. 31 eine eigene Angelegenheit.

Pfändung: Es gibt viele Aspekte.

– **(Anderweitige Verwertung):** Anwendbar sind VV 3309, 3310 auf den Antrag auf eine solche Verwertung nach § 825 ZPO.

– **(Ausfallpfändung):** → „– (Pfändungsarten)".
– **(Benachrichtigung):** Anwendbar sind VV 3309, 3310 auf eine Benachrichtigung des Auftraggebers vom Pfändungsergebnis.
– **(Drittschuldnererklärung):** Anwendbar sind VV 3309, 3310 auf eine Aufforderung nach § 840 I, II ZPO. **Unanwendbar** sind VV 3309, 3310 nach → Rn. 17 auf ein Verfahren gegen den nicht erklärungsbereiten Drittschuldner nach § 840 ZPO einschließlich der Mahnung, der Klagerhebung usw.
– **(Eingabe):** Anwendbar sind VV 3309, 3310 auf eine Eingabe an das Vollstreckungsgericht.
– **(Handlungserzwingung):** → „– (Pfändungsarten)".
– **(Herausgabeanspruch):** Anwendbar sind VV 3309, 3310 bei der Pfändung eines Herausgabeanspruchs nach §§ 846 ff. ZPO. Es handelt sich zusammen mit der weiteren Vollstreckung bis zur Ablieferung des Erlöses um dieselbe Angelegenheit nach § 15.
– **(Mehrere Anträge):** → „– (Mehrere Forderungen usw)".
– **(Mehrere Forderungen usw):** Bei der Pfändung mehrerer Forderungen oder anderer Rechte nach § 829 ZPO entscheidet die Einheit des Akts, also die Verbindung des Antrags durch den Rechtsanwalt. Es ist nach § 15 V unerheblich, wie viele Schuldtitel vorliegen und wie viele Aufträge der Rechtsanwalt hat. Wenn er allerdings die Möglichkeit hatte, nur einen einzigen Antrag zu stellen, erhält er für die bloße Stellung mehrerer Anträge keine mehreren Gebühren (OLG Düsseldorf MDR 1993, 701; OLG Köln Rpfleger 2001, 150). Jedenfalls sind mehrere Gebühren nicht erstattungsfähig.

Mehrere Pfändungen in **getrennten Akten** sind mehrere Angelegenheiten nach → § 15 Rn. 9, selbst wenn sie wegen derselben Forderung erfolgen.
– **(Nachpfändung):** → „– (Pfändungsarten)".
– **(Pfändungsarten): Verschiedenartig** und daher besondere Angelegenheiten nach → § 15 Rn. 9 sind zB die Sachpfändung, die Forderungspfändung und die Erzwingung einer Handlung oder eine Ausfall-Nachpfändung (OLG Karlsruhe JurBüro 1980, 1536).
– **(Termin):** Anwendbar sind VV 3309, 3310 auf den Antrag auf eine Terminsverlegung usw.
– **(Überweisung):** Anwendbar sind VV 3309, 3310 auf einen Antrag nach § 835 ZPO.
– **(Urkundenherausgabe):** Anwendbar sind VV 3309, 3310 auf einen Antrag nach § 836 III ZPO.
– **(Versteigerung):** Anwendbar sind VV 3309, 3310 (dieselbe Angelegenheit nach → § 15 Rn. 9) auf den Antrag auf eine Versteigerung zB bei der Pfändung einer beweglichen Sache oder einer Hypothek usw an einem Sonnabend, Sonntag oder Feiertag oder zur Nachtzeit oder an einem bestimmten Ort.
– **(Verzicht):** Anwendbar sind VV 3309, 3310 beim Verzicht nach § 843 ZPO, soweit der Rechtsanwalt nicht schon vorher in der Zwangsvollstreckung tätig war.
– **(Vorpfändung):** Anwendbar sind VV 3309, 3310 auf die Vorpfändung nach § 845 ZPO (OLG Düsseldorf Rpfleger 1993, 208; OLG Köln Rpfleger 2001, 150; Mümmler JurBüro 1987, 1328).

Räumung: Die ordnungsbehördliche Wohnungsbeschlagnahme beendet die Zwangsvollstreckung nach § 885 ZPO usw nicht (LG Bonn Rpfleger 1990, 226; aA LG Heilbronn JurBüro 1995, 546).

Räumungsschutz: → § 18 Rn. 21.

Ratenzahlung: Die Mitwirkung des Rechtsanwalts zum Zweck des Abschlusses eines Ratenzahlungsvergleichs gehört zur Zwangsvollstreckung (OLG Köln NJW 1976, 975; aA OLG Bremen JurBüro 1986, 1203).

Rechtskraftzeugnis: Ungeachtet § 19 I 2 Nr. 9 kann bei § 706 ZPO VV 3309 anzuwenden sein.

Rücknahme des Pfändungsantrags: → § 19 Rn. 56.

Schifffahrtsrechtliche Verteilungsordnung: Soweit nicht vorrangig VV 3313 ff. gelten, ist VV 3309 anzuwenden.

Schuldneranschrift: → „Wohnungsanfrage".

Schuldnerverzeichnis: → § 18 Rn. 39. Die Gebühr für die Erteilung des Vollstreckungsauftrags gilt eine Anfrage nach einer Eintragung ab (AG Dortmund DGVZ 1984, 124; AG München DGVZ 1995, 14; AG Wesel DGVZ 1990, 77).

Sequester: → § 19 Rn. 53.

Sicherheitsbestellung: Ihre Kosten zB bei § 709 ZPO sind solche der Zwangsvollstreckung usw (OLG Düsseldorf JurBüro 2007, 525; OLG Karlsruhe Rpfleger 1997, 232; LG Hanau AnwBl 1983, 47 (wegen der Sicherheitsleistung des Schuldners); AG Charlottenburg AnwBl 1983, 48 (wegen einer Sicherheitsleistung des Gläubigers); aA OLG Bamberg JurBüro 1985, 1502; OLG Bremen JurBüro 1987, 547; OLG Koblenz JurBüro 1990, 995). → § 19 Rn. 27.

Sicherungsvollstreckung: Die Sicherungsvollstreckung nach § 720a ZPO gehört zur Zwangsvollstreckung usw (OLG Saarbrücken AnwBl 1979, 277). Die Aufforderung zur Sicherstellung reicht aus, eine Aufforderung zur Zahlung ist nicht erforderlich (LG Freiburg Rpfleger 1980, 312). Der Titel und die Klausel müssen stets bereits nach § 750 ZPO zugestellt sein (OLG Koblenz AnwBl 1992, 549). Der Verwertungsauftrag löst keine weitere Auftragsgebühr aus (LG Wuppertal DGVZ 1986, 121).

Sonntag: VV 3309, 3310 sind anzuwenden. → § 19 Rn. 18.

Teilzahlungen: → „Ratenzahlung".

Umfang der Tätigkeit: Er ist unerheblich (OLG Frankfurt a. M. Rpfleger 1983, 502; OLG Hamm JurBüro 1996, 249).

Unkenntnis: Sie kann unschädlich sein (OLG Koblenz AnwBl 2002, 252).

Unterlassung: → § 18 Rn. 49, → § 19 Rn. 55.

Unvertretbare Handlung: → § 18 Rn. 28–30. Die Vorgänge nach § 888 ZPO gehören zur Zwangsvollstreckung usw.

Urteil: → „Zustellung".

Vermögensauskunft: → „Eidesstattliche Versicherung".

Vermögensverzeichnis: VV 3309 kann für den Antrag auf eine Kopie anzuwenden sein (AG Neubrandenburg DGVZ 2012, 167).

Veröffentlichungsbefugnis: VV 3309, 3310 sind nach → § 18 Rn. 40 anzuwenden.

Verteilungsverfahren: Zunächst → Rn. 1. Das Verteilungsverfahren nach §§ 872 ff. ZPO erhält nach VV 3311 Anm. Nr. 2, VV 3320 Anm. eine besondere Vergütung.

Vertretbare Handlung: Der Ermächtigungsantrag nach § 887 II ZPO zählt zur Zwangsvollstreckung usw. Vgl. im Übrigen → § 18 Rn. 27.

Verwaltung des gepfändeten Vermögensrechts: → § 18 Rn. 24.

Verwaltungszwangsverfahren: VV 3309 ist anzuwenden, Vorb. 2.4 I.

Vollstreckbarerklärung: Für diejenige eines ausländischen Titels zB nach §§ 722, 723 ZPO kann VV 3309 anzuwenden sein.

Vollstreckungsabwehrklage: Es gelten bei § 767 ZPO VV 2300 (BGH NJW 2011, 1603), VV 3100 ff.

Vollstreckungsandrohung: → „Androhung".

Vollstreckungsanzeige: Diejenige nach § 882a ZPO zählt nach § 19 II Nr. 4 zur Zwangsvollstreckung usw (OLG Frankfurt a. M. Rpfleger 1981, 158). Dasselbe gilt bei einer landesrechtlichen vergleichbaren Anzeige (OLG Düsseldorf Rpfleger 1986, 109; aA OLG Koblenz MDR 1990, 733).

Vollstreckungsaufschub: Solche Schuldnerbitte gehört grds. zur Zwangsvollstreckung (OLG Hamm NJW-RR 1996, 763).

Vollstreckungsauftrag: Der Auftrag nach § 754 ZPO zählt zur Zwangsvollstreckung (AG Wedding JurBüro 2000, 545; AG Meldorf Rpfleger 1980, 32).

Vollstreckungsklausel: → § 18 Rn. 36 ff. Ungeachtet § 19 I 2 Nr. 13 kann VV 3309 anzuwenden sein.

Vollstreckungsschutz: → § 18 Rn. 21.

Vollstreckungsvoraussetzungen: Ihre auftragsgemäße Prüfung zählt zur Zwangsvollstreckung. Die Voraussetzungen müssen noch nicht vorliegen (OLG Frankfurt a. M. JurBüro 1988, 786; aA Gerauer Rpfleger 1987, 477, aber das Kostenrecht und das Verfahrensrecht haben nicht stets dieselben Begriffe).

Vorbereitung: Wegen § 19 I 2 Nr. 1 gehört sie zur Zwangsvollstreckung usw, soweit kein besonderes behördliches oder gerichtliches Verfahren stattfindet. Natürlich muss der Rechtsanwalt einen Auftrag auch über eine bloße Vorbereitung hinaus haben.

Vormerkung: → „Grundbuch".

Vornahme einer Handlung: → § 18 Rn. 27.

Vorpfändung: Die Vorpfändung nach § 845 ZPO zählt zur Zwangsvollstreckung usw. Denn sie wirkt wie ein bedingter Arrest und ist darum ein Akt der Zwangsvollstreckung. Für die nachfolgende Pfändung entsteht dann aber keine besondere Gebühr. Denn es handelt sich um dieselbe Angelegenheit nach → § 15 Rn. 9 (OLG Bamberg JurBüro 1978, 243; OLG Köln Rpfleger 2001, 150).

Allerdings können **zwei** Angelegenheiten dann vorliegen, wenn es sich um die Vorpfändung bei zwei Drittschuldnern nach § 840 ZPO handelt (AG Darmstadt AnwBl 1976, 301).

Mehrere Vorpfändungen stellen allerdings bei einem **einheitlichen Auftrag** nur eine Angelegenheit dar (LG Kempten JurBüro 1990, 1050, ein einheitlicher Auftrag könne auch erzielbar sein). Andernfalls können selbst dann mehrere Angelegenheiten vorliegen, wenn nur jeweils eine Pfändung folgt (Mümmler JurBüro 1975, 1418). Soweit eine Vorpfändung zulässig ist, kann schon eine Zahlungsaufforderung ohne eine vorherige oder gleichzeitige Zustellung des Vollstreckungstitels die Vollstreckungsgebühr auslösen (OLG Frankfurt a. M. VersR 1983, 564).

Weitere vollstreckbare Ausfertigung: Ihre Erwirkung nach § 733 ZPO ist eine Vollstreckungshandlung nach der Vorb. 3.3.3 Nr. 1 (Schneider DGVZ 2011, 26 (ausf.)).

Weiterer Vollstreckungsversuch: Soweit der erste Versuch zu keiner oder nur zu einer teilweisen Befriedigung des Gläubigers geführt hat, ist ein späterer gleicher Versuch keine Fortsetzung des alten Verfahrens, sondern dann eine **neue** Angelegenheit nach → § 15 Rn. 9, wenn kein Zusammenhang mit der früheren Vollstreckungsmaßnahme mehr besteht (OLG Frankfurt a. M. Rpfleger 1978, 105; AG Obernburg DGVZ 1994, 78; Meyer JurBüro 2003, 74). Das wird auch daraus deutlich, dass ein weiterer Vollstreckungsversuch ja in der Regel erst dann stattfindet, wenn zB der Schuldner inzwischen ein Vermögen erlangt haben soll oder wenn der Gläubiger sich aus einem anderen erst jetzt bekannt gewordenen Grund einen besseren Erfolg verspricht (Meyer JurBüro 2003, 74). Aber auch → „Wohnungsdurchsuchung, -wechsel".

Wohnungsanfrage: Sie gehört zur Zwangsvollstreckung usw (BGH MDR 1984, 776).

Wohnungsdurchsuchung, -wechsel: Dieselbe Angelegenheit nach → § 15 Rn. 9 liegt nur bei einem inneren Zusammenhang von Einzelmaßnahmen gleicher Art nach §§ 758, 758a ZPO vor. Nur solche Einzelmaßnahmen stehen im inneren Zusammenhang, die die einmal eingeleitete Maßnahme mit demselben Ziel der Befriedigung fortsetzen. Konnte ein Vollstreckungsversuch wegen eines Wohnungswechsels des Schuldners oder wegen anderer derartiger Umstände keinen Erfolg haben, bringt also ein neuer Versuch desselben Inhalts keine neue Gebühr zum Entstehen (LG Aachen DGVZ 1985, 114; LG Bamberg DGVZ 1999, 93; LG Saarbrücken DGVZ 1995, 44). Das gilt, selbst wenn er sich auch an einen anderen (zweiten oder dritten usw) Gerichtsvollzieher richtet (OLG Köln DGVZ 1983, 10; AG Frankfurt a. M. DGVZ 1986, 94; AG Fürth DGVZ 2009, 119).

Dasselbe gilt dann, wenn das Gericht die Zwangsvollstreckung usw **vorläufig eingestellt** hat (LG Hamburg DGVZ 1986, 188, wegen Verweigerung der Durchsuchung). Hat aber der erste durchgeführte Versuch zu keiner oder nur zu einer teilweisen Befriedigung des Gläubigers geführt, ist ein späterer gleicher Versuch nach → Rn. 44 „Weiterer Vollstreckungsversuch" **keine** Fortsetzung des alten Verfahrens.

Zahlung: Für den nur mit der Zwangsvollstreckung usw beauftragten Rechtsanwalt entsteht die Gebühr VV 3309. Das gilt selbst dann, wenn es infolge der Zahlung des Schuldners nicht mehr zu einer weiteren Vollstreckungshandlung kommt als zB zu einer Aufforderung zur Sicherstellung usw (AG Wedding JurBüro 2000, 545; AG Altona DGVZ 1977, 47; *Schmidt* AnwBl 1975, 395). Das Abwarten ist nur für die Erstattungsfähigkeit erheblich. Denn der Auftraggeber braucht ja den Auftrag nicht sofort zu erteilen.

Zug-um-Zug-Leistung: Die Vergütung nach VV 3309 kommt bei § 756 ZPO dann in Betracht, wenn sich der Schuldner beim Erhalt der Zahlungsaufforderung im Verzug mit der Annahme der Gegenleistung befindet (OLG Hamm AnwBl 1992, 550).

Zustellung: → § 19 Rn. 29 ff. Der hier zwecks Zwangsvollstreckung usw mit der Zustellung beauftragte Rechtsanwalt erhält die Gebühr VV 3309 (OLG Celle AnwBl 2008, 550). Aber auch → „Arrest, einstweilige Verfügung".

Zwangshypothek: VV 3309, 3310 sind nach → § 18 Rn. 26 auf ihre Eintragung wie auf ihre Löschung anzuwenden.

IV. Gebührenhöhe. Der nachfolgende Grundsatz wirkt sich bei allen Gebührenarten aus. 13

1. Grundsatz: Möglichkeit mehrerer Gebühren. Jede der in VV 3309, 3310 genannten Gebühren kann für eine Tätigkeit in der Zwangsvollstreckung usw je eine 0,3-Gebühr entstehen. Sie kann für den Rechtsanwalt des Gläubigers wie für denjenigen des Schuldners entstehen lassen (OLG Frankfurt a. M. Rpfleger 1983, 502). Sie kann auch für denjenigen eines Dritten entstehen. Wegen mehrerer Auftraggeber vgl. § 7 und VV 1008 (N. Schneider DGVZ 2005, 92; aA AG Offenbach DGVZ 2005, 47; AG Recklinghausen DGVZ 2005, 30). Eine Herabsetzung erfolgt nicht. 14

Der Rechtsanwalt muss eine gewisse Tätigkeit entwickeln. Er darf sich also **nicht nur rein passiv** verhalten. Mit dieser Einschränkung ist der Tätigkeitsumfang unerheblich (OLG Frankfurt a. M. Rpfleger 1983, 502). Der Gläubiger kann die Art und den Umfang der Anwaltstätigkeit auch durch das Protokoll des Gerichtsvollziehers nach § 762 ZPO nachweisen (LG Essen Rpfleger 1984, 203; LG Hagen Rpfleger 1984, 203). 15

(Jetzt) § 34 ist **nicht anzuwenden,** soweit der Rechtsanwalt einen Auftrag zur Zwangsvollstreckung usw hat (Enders JurBüro 1999, 57). 16

2. Verfahrensgebühr (VV 3309). Sie entsteht nach der Vorb. 3 II mit der auftragsgemäßen Aufnahme der Information (LG Bonn DGVZ 1994, 120). Sie entsteht auch mit einer auf die Zwangsvollstreckung usw gerichteten Handlung, etwa mit der Aufforderung zur Zahlung, und zwar auch dann in Höhe einer 0,3-Gebühr, wenn der Schuldner nunmehr zahlt und wenn es daher nicht mehr zu einer Zwangsvollstreckung kommt. Als eine Tätigkeit des Rechtsanwalts des Schuldners genügen die bloße Entgegennahme des Pfändungsbeschlusses nach § 829 ZPO und die Weitergabe nicht. 17

3. Terminsgebühr (VV 3310). Soweit es in der Zwangsvollstreckung usw zu einem tatsächlich ordnungsgemäß begonnenen und noch nicht beendeten Termin nach der Vorb. 3 III vor dem Gericht zB nach §§ 765a, 802a ff., 887 ff. ZPO kommt, kann auch die Terminsgebühr VV 3310 in Höhe einer 0,3-Gebühr entstehen. Die vertretungsbereite bloße Anwesenheit des Rechtsanwalts nur im Termin zur Vermögensauskunft vor dem Gerichtsvollzieher nach §§ 802c ff. ZPO kann nach VV 3310 Anm. Hs. 2 genügen. Vgl. im Übrigen bei VV 3104. In derselben Angelegenheit nach → § 15 Rn. 9 entsteht die Terminsgebühr auch bei mehreren Terminen nach § 15 II 1 nur einmal. 18

Unanwendbar ist VV 3310 zB bei einer telefonischen oder mündlichen Besprechung oder Erörterung außerhalb eines der in der Anm. genannten Termine. Das ergibt sich aus dem Wort „nur" in VV 3310 Anm. Diese Vorschrift verdrängt als eine Sonderregelung die Vorb. 3 III. Dann kann ja auch VV 1000 anfallen. 19

4. Einigungsgebühr (VV 1000). Unter den Voraussetzungen von VV 1000 kann auch bei einer in der Zwangsvollstreckung usw entstehenden Einigung eine besondere Einigungsgebühr entstehen, und zwar in voller Höhe, → VV 1000 Rn. 47 „Teilzahlungsvergleich" (AG Traunstein MDR 1991, 260). Wegen einer Zwischeneinigung → VV 1000 Rn. 56. 20

V. Gegenstandswert. Vgl. § 25. 21

VI. Kostenerstattung. Maßgeblich ist § 788 ZPO. 22

1. Grundsatz: Erstattungsfähigkeit notwendiger Kosten. Erstattungsfähigkeit besteht für diese Kosten einer Tätigkeit des Rechtsanwalts in der Zwangsvollstreckung (OLG Saarbrücken BauR 2011, 1869; LG Düsseldorf AnwBl 1981, 75; LG 23

Magdeburg Rpfleger 1991, 218; aA OLG Saarbrücken Rpfleger 1981, 321, aber der Rechtsanwalt ist in **jeder** Angelegenheit der berufene Vertreter, § 1 BRAO).

2. Beispiele zur Frage einer Erstattungsfähigkeit

24 **Arbeitsgerichtsverfahren: Keine** Erstattungsfähigkeit bei § 12a I 1 ArbGG zB gegen einen Drittschuldner nach → § 91 Rn. 72 „Arbeitsgerichtsverfahren".

Bloße Erläuterung: Keine Erstattungsfähigkeit für die bloße Erläuterung der Forderung gegenüber dem Schuldner (AG Heidelberg DGVZ 2000, 173).

Freiwilligkeit: Erstattungsfähigkeit, soweit der Schuldner „freiwillig" leistet (AG Frankfurt a. M. DGVZ 1995, 79, → VV 1009 Rn. 22; aA OLG Düsseldorf JurBüro 1995, 50; AG Neukölln DGVZ 1995, 13; AG Erlangen DGVZ 1995, 15, aber auch solche „Freiwilligkeit" erfolgte in Wahrheit meist in einem direkten Zusammenhang mit einer Vollstreckung, nämlich zu ihrer Vermeidung).

Hebegebühr: Erstattungsfähigkeit für diese Gebühr nach VV 1009, soweit die Einschaltung des Rechtsanwalts notwendig war (LG München II DGVZ 2007, 43; AG Eisenhüttenstadt Rpfleger 2005, 384; AG Freiburg JurBüro 2009, 499; aA AG Cloppenburg DGVZ 2008, 15, zu streng). Es ist nach → VV 1009 Rn. 10 eine strenge Prüfung notwendig (OLG Nürnberg JurBüro 1992, 107).

Hinterlegung: Erstattungsfähigkeit für die Gebühr bei einem Hinterlegungsantrag.

Vermeidung einer Vollstreckung: Erstattungsfähigkeit für die gerade zur Vermeidung entstandenen Kosten (aA LG Berlin MDR 2003, 115, aber dann liegt in Wahrheit eine Androhung der Vollstreckung und keine „freiwillige" Zahlung mehr vor).

Vor Vollstreckungsbeginn: Erstattungsfähigkeit für die vor dem Beginn der Zwangsvollstreckung entstandenen Kosten, soweit sie gerade zur Herbeiführung der förmlichen Voraussetzungen der Vollstreckung entstanden (LG Bonn DGVZ 1982, 186).

Vor Vollstreckungsklausel: Keine Erstattungsfähigkeit für eine Zahlungsaufforderung vor der Erwirkung der Vollstreckungsklausel nach §§ 724 ff. (LAG Hamm MDR 1984, 1053).

Zu früh: Keine Erstattungsfähigkeit generell bei einer verfrühten Tätigkeit (LG Saarbrücken NJW-RR 2010, 492, während Verhandlungen über Zahlungseinzelheiten).

Zustellung des Titels: Keine Erstattungsfähigkeit für eine Zahlungsaufforderung vor der Zustellung des Vollstreckungstitels (OLG Bamberg JurBüro 1977, 505; OLG Düsseldorf VersR 1981, 755). Die gleichzeitige Zustellung reicht aber aus (OLG Düsseldorf VersR 1981, 737; LG Düsseldorf JurBüro 2008, 175; aA LG Tübingen MDR 1982, 327; LAG Hessen BB 1999, 1878, aber die bloße Aufforderung darf wirklich der Titelzustellung sofort nachfolgen. Der Schuldner hat es immerhin zu ihr kommen lassen). Das gilt erst recht dann, wenn der Schuldner eine angemessene **Zeit** zur freiwilligen Zahlung hatte (BGH NJW-RR 2003, 1581).

Unterabschnitt 4. Zwangsversteigerung und Zwangsverwaltung

Nr.	Gebührentatbestand	Gebühr oder Satz der Gebühr nach § 13 RVG
3311	**Verfahrensgebühr**	**0,4**
	Die Gebühr entsteht jeweils gesondert **1. für die Tätigkeit im Zwangsversteigerungsverfahren bis zur Einleitung des Verteilungsverfahrens;** **2. im Zwangsversteigerungsverfahren für die Tätigkeit im Verteilungsverfahren, und zwar auch für eine Mitwirkung an einer außergerichtlichen Verteilung;** **3. im Verfahren der Zwangsverwaltung für die Vertretung des Antragstellers im Verfahren**	

Nr.	Gebührentatbestand	Gebühr oder Satz der Gebühr nach § 13 RVG
	über den Antrag auf Anordnung der Zwangsverwaltung oder auf Zulassung des Beitritts; **4. im Verfahren der Zwangsverwaltung für die Vertretung des Antragstellers im weiteren Verfahren einschließlich des Verteilungsverfahrens;** **5. im Verfahren der Zwangsverwaltung für die Vertretung eines sonstigen Beteiligten im ganzen Verfahren einschließlich des Verteilungsverfahrens und** **6. für die Tätigkeit im Verfahren über Anträge auf einstweilige Einstellung oder Beschränkung der Zwangsvollstreckung und einstweilige Einstellung des Verfahrens sowie für Verhandlungen zwischen Gläubiger und Schuldner mit dem Ziel der Aufhebung des Verfahrens.**	

Übersicht

A. Einführung zum Unterabschnitt 4. I. Systematik. Der Unterabschnitt 4 enthält die Gebühren für die Tätigkeit des Rechtsanwalts im Zwangsversteigerungsverfahren, im Zwangsverwaltungsverfahren und im Verteilungsverfahren außerhalb einer Zwangsversteigerung oder Zwangsverwaltung nach §§ 872 ff. ZPO. Den **Gegenstandswert** regeln §§ 26, 27. 1

II. Regelungszweck. Man sollte die recht sorgfältige Differenzierung der Vergütungsmöglichkeiten und ihrer Grenzen schon wegen der ja durchweg hohen Gegenstandswerte eines solchen Verfahrens stets streng beachten, bei dem dem Schuldner ohnehin hohe Vermögensverluste drohen. Der Rechtsanwalt sowohl des Gläubigers als auch des Schuldners hat zwar eine erhebliche Mitverantwortung zwecks Verhütung einer Verschleuderung von Werten. Das Gesetz hat sie aber im Allgemeinen bereits mitbedacht. Es darf daher nicht allzu großzügig ausgelegt werden. 2

III. Anwendungsbereich. Es gibt zwei Fallgruppen. 3

1. Anwendbarkeit. VV 3311, 3312 sind zunächst im Verfahren der Zwangsversteigerung und Zwangsverwaltung nach §§ 864, 866 I ZPO anzuwenden. Das ZVG regelt die Einzelheiten dieser Verfahren. VV 3311, 3312 sind ferner in denjenigen 4 besonderen Fällen anzuwenden, die §§ 172 ff. ZVG regeln und in denen andere gesetzliche Sondervorschriften das ZVG für anwendbar erklären.

5 **2. Unanwendbarkeit.** VV 3311, 3312 sind in folgenden Fällen nicht anzuwenden: Es handelt sich um die Vollstreckung aus dem Zuschlagsbeschluss nach § 93 ZVG gegen den Grundstücksbesitzer, oder nach § 132 ZVG gegen den Ersteher, soweit es sich bei ihm nicht um eine Vollstreckung in das Grundstück handelt. Denn dann liegt eine gewöhnliche Zwangsvollstreckung vor. Insofern sind VV 3309, 3310 anzuwenden; es handelt sich um ein Aufgebotsverfahren nach §§ 138, 140 ZVG. Insofern ist VV 3324 anzuwenden; es handelt sich um die Eintragung einer Zwangshypothek. Insofern sind VV 3309, 3310 anzuwenden.

6 **Weitere Fälle der Unanwendbarkeit:** Es handelt sich um eine freiwillige Versteigerung. Insofern ist VV 2300 anzuwenden; der Rechtsanwalt wird nach § 1 II als Zwangsverwalter tätig. Dann setzt das Gericht seine Vergütung nach § 153 ZVG iVm §§ 17 ff. ZwVwV fest. Soweit der Rechtsanwalt als ein Zwangsverwalter einen Prozess führt, können in entsprechender Anwendung von § 1835 II BGB VV 3100 ff. anzuwenden sein; er wird nach § 7 II ZVG als ein Zustellungsvertreter tätig; er wird nach § 135 ZVG als ein Vertreter zur Ermittlung eines unbekannten Berechtigten tätig.

7 **B. Kommentierung zu VV 3311. I. Verfahrensgebühr (Anm. Nr. 1).** Sie beträgt 0,4-Gebühr. Sie ermäßigt sich nicht. Sie gilt als eine einheitliche Gebühr für den Rechtsanwalt eines jeden Beteiligten (Mümmler JurBüro 1983, 1461 (1464)); aA Meyer JurBüro 1999, 73), oder eines nicht zu den Beteiligten zählenden Besitzers nach §§ 1000, 1001, 1003 BGB oder Bieters. Sie gilt unabhängig von der Zahl der Gläubiger oder der Schuldner (LG Münster Rpfleger 1980, 401).

8 **1. Pauschale.** Die Gebühr nach Nr. 1 gilt die gesamte Tätigkeit des Rechtsanwalts in demselben Verfahren ab, einschließlich eines Verfahrens nach §§ 30a ff., 180 II ZVG, unabhängig von seinem Umfang (Mümmler JurBüro 1978, 1451 (1462)). Denn Nr. 1 spricht nicht vom Umfang. Das gilt bis zur Einleitung des Verteilungsverfahrens, also nach § 105 ZVG bis zur Bestimmung des Verteilungstermins durch das Gericht. Sie erfasst also auch ein erfolgloses Vollstreckungsschutzverfahren.

2. Beispiele zur Frage einer Anwendbarkeit (Anm. Nr. 1)

9 **Anderweitige Verwertung:** → „Besondere Versteigerung".

Anmeldung: Anwendbar ist Nr. 1 für die Anmeldung eines Anspruchs zB nach § 114 I 2 ZVG.

Antragsrücknahme: Anwendbar ist Nr. 1 auf eine Antragsrücknahme nach § 29 ZVG.

Besonderer Verkündungstermin: Anwendbar ist Nr. 1 auf die Wahrnehmung eines solchen Termins nach § 87 ZVG.

Besondere Versteigerung: Anwendbar ist Nr. 1 auf einen Antrag nach § 65 I auf eine besondere Versteigerung oder anderweitige Verwertung.

Drittschuldnerverbot: Anwendbar ist Nr. 1 für einen Antrag nach § 22 II ZVG, dem Drittschuldner zu verbieten, an den Schuldner zu zahlen.

Einstellung wegen Überweisung: Anwendbar ist Nr. 1 auf einen Antrag nach § 75 ZVG auf eine solche Einstellung des Verfahrens.

Gerichtliche Verwaltung: Anwendbar ist Nr. 1 auf einen Antrag nach § 94 I ZVG auf eine gerichtliche Verwaltung,

Geringstes Gebot: Anwendbar ist Nr. 1 auf einen Antrag nach § 59 ZVG auf eine abweichende Feststellung des geringsten Gebots oder auf einen Antrag nach § 62 ZVG auf die Erörterung des geringsten Gebots.

Information: Anwendbar ist Nr. 1 schon für eine auftragsgemäße Entgegennahme der Information.

Mahnschreiben: Unanwendbar ist Nr. 1 auf ein bloßes derartiges Schreiben. Dann entsteht nur eine Gebühr 3403. Sie geht in einem anschließenden Verfahren in der Gebühr nach Nr. 1 auf. Wenn der Auftraggeber gleichzeitig mit dem Auftrag zur Absendung eines Mahnschreibens usw den Auftrag erteilt hatte, einen Antrag auf die Einleitung eines Zwangsversteigerungs- oder Zwangsverwaltungsverfahren zu stellen, gilt der letztere Auftrag grundsätzlich nur bedingt dann, wenn der Schuldner auf Grund des Mahnschreibens nicht zahlt.

Miete, Pacht: Anwendbar ist Nr. 1 auf einen Antrag auf Zustellung nach § 57b I 2 ZVG oder auf Gerichtsermittlung nach § 57b I 4 ZVG.
Neuer Versteigerungstermin: Anwendbar ist Nr. 1 auf einen Antrag nach § 85 I ZVG auf einen solchen Termin.
Notfristzeugnis: Anwendbar ist Nr. 1 auf die Beschaffung eines solchen Zeugnisses.
Prozesskostenhilfe: Anwendbar ist Nr. 1 auf einen solchen Antrag.
Rechtskraftzeugnis: Anwendbar ist Nr. 1 auf die Beschaffung eines solchen Zeugnisses nach § 706 ZPO.
Sicherungsmaßnahme: Anwendbar ist Nr. 1 für einen Antrag nach § 25 ZVG auf die Anordnung einer Sicherungsmaßnahme.
Teilungsversteigerung: Anwendbar ist Nr. 1 bei derjenigen nach § 180 ZVG (N. Schneider/Thiel NZFam 2018, 64 (67)).
Terminsnachbereitung: Anwendbar ist Nr. 1 auf eine Tätigkeit zwischen dem Versteigerungstermin und der Bestimmung des Verteilungstermins.
Terminsvorbereitung: Anwendbar ist Nr. 1 auf eine solche Tätigkeit.
Vollstreckungsklausel: Anwendbar ist Nr. 1 auf die Beschaffung dieser Urkunde nach §§ 724 ff. ZPO.
Zuständigkeit: Anwendbar ist Nr. 1 für den Antrag auf eine Bestellung des zuständigen Gerichts nach § 2 ZVG.
Zustellung: Anwendbar ist Nr. 1 auf eine Tätigkeit zur Durchführung einer erforderlichen Zustellung nach §§ 166 ff. ZPO.

II. Verteilungsgebühr (Anm. Nr. 2). Für die Tätigkeit des Rechtsanwalts im Verteilungsverfahren nach §§ 105 ff. ZVG entsteht neben der Gebühr nach Nr. 1 eine weitere 0,4-Gebühr. Sie entsteht für jede Tätigkeit im Auftrag eines Beteiligten nach der Bestimmung des Verteilungstermins, zB durch die Einreichung einer Anspruchsberechnung nach § 106 ZVG, für die Vorbereitung einer Terminsteilnahme oder des Verteilungsplans oder für seine Prüfung, ferner für die Erhebung eines Widerspruchs oder für eine Vereinbarung nach § 91 II ZVG zu Protokoll oder für einen Antrag nach § 138 I ZVG. Die Verteilungsgebühr gilt die Tätigkeit bis zur Ausführung des Verteilungsplans ab. Sie gilt auch eine anderweitige Verteilung nach einem Widerspruchsprozess gem. § 882 ZPO ab. **10**

Soweit unter der Mitwirkung des Rechtsanwalts nach §§ 143 ff. ZVG eine **außergerichtliche Verteilung** stattfindet, entsteht neben der 0,4-Gebühr für die allgemeine Tätigkeit im Verteilungsverfahren nach Nr. 2 Hs. 1 evtl. eine weitere 0,4-Gebühr nach Nr. 2 Hs. 2, nicht aber nach VV 3312. Mitwirkung ist dasselbe wie bei → VV 1000 Rn. 57 ff. Es kann zusätzlich auch die Einigungsgebühr VV 1000 entstehen (LG Bremen AnwBl 1993, 44). Ebenso kann zusätzlich die Hebegebühr VV 1009 entstehen. **11**

Eine **Teilnahme am Verteilungstermin** ist für die Verteilungsgebühr keine Voraussetzung, sofern der Rechtsanwalt vorher oder nachher im Verteilungsverfahren tätig wird. Da das Verteilungsverfahren ein besonderer und für sich vergüteter Verfahrensabschnitt ist, entsteht durch die Tätigkeit des Rechtsanwalts nur in diesem Verteilungsverfahren aber auch nur eine Vergütung nach Nr. 2, nicht daneben die Verfahrensgebühr nach Nr. 1. Die Teilnahme am Verteilungstermin oder gar an mehreren solchen Terminen löst auch nicht etwa die Terminsgebühr VV 3312 aus, → VV 3312 Rn. 2. Die letztere entsteht also nur, soweit der Rechtsanwalt für einen Bieter auch außerhalb des Verteilungsverfahrens tätig wird. **12**

III. Vertretung des Antragstellers im Anordnungsverfahren usw (Anm. Nr. 3). Es geht um die Zwangsverwaltung eines Grundstücks, eines Grundstücksbruchteils, eines Wohnungseigentums, eines grundstücksgleichen Rechts, nicht aber um diejenige eines Schiffs oder Schiffsbauwerks nach § 870a ZPO oder eines Luftfahrzeugs nach § 99 LuftFzG. **13**

Keine Zwangsverwaltung sind: Eine bloße Sequestration nach § 25 ZVG, §§ 848, 855, 857 IV, 938 II ZPO; eine bloße Bewachung und Verwahrung eines Schiffs oder Luftfahrzeugs nach §§ 165, 171c II ZVG; eine bloße Sicherungsverwaltung nach § 94 ZVG; eine bloße Treuhandverwaltung nach der InsO. **14**

15 **1. Begriff des Antragstellers.** Antragsteller ist jeder Gläubiger, der die Zwangsverwaltung nach §§ 146 ff. ZVG betreibt oder der einer angeordneten Zwangsverwaltung beitritt. Antragsberechtigt ist ferner der Insolvenzverwalter nach § 172 ZVG.

16 **2. Anordnungsverfahren, Beitrittsverfahren.** Für die auftragsgemäße Vertretung des Antragstellers im Verfahren über den Antrag auf die Anordnung der Zwangsverwaltung entsteht eine 0,4-Gebühr. Im Verfahren mit dem Ziel der Zulassung des Beitritts zu einer bereits angeordneten Zwangsverwaltung entsteht ebenfalls eine 0,4-Gebühr. In beiden Fällen ist der Umfang der Tätigkeit des Rechtsanwalts unerheblich (OLG Köln JurBüro 1981, 54; Wolicke NZM 2001, 663 (665)).

17 Die Gebühr **entsteht,** sobald der Rechtsanwalt in einer Ausführung des Auftrags etwas tut, zB die Information aufnimmt (Wolicke NZM 2001, 663 (665)), oder zunächst den Antrag beim Vollstreckungsgericht stellt, auch etwa „nur" zur Vollziehung einer einstweiligen Verfügung.

18 Die Gebühr entsteht **ferner dann,** wenn der Rechtsanwalt nach einer auftragsgemäßen Vertretung im Zwangsversteigerungsverfahren und nach wiederholten vergeblichen Versteigerungsversuchen des Gerichts nunmehr im Auftrag des Gläubigers nach § 77 II ZVG den Antrag auf eine Fortsetzung des Versteigerungsverfahrens als Zwangsverwaltungsverfahren oder auf eine Zulassung seines dortigen Beitritts stellt.

19 Dann ist die Tätigkeit des Rechtsanwalts, die mit dem Antrag auf das Zwangsverwaltungsverfahren beginnt, auch **nicht** etwa durch die zuvor nach der Anm. Nr. 1, 2 entstandenen Gebühren **abgegolten** (Wolicke NZM 2001, 663 (665)). Denn eine Zwangsverwaltung stellt gegenüber einer Zwangsversteigerung eine andere Angelegenheit dar. Daher ist die Anm. Nr. 3 auch bei gleichzeitigen Anträgen neben Nr. 1, 2 anzuwenden.

20 Die Gebühr nach Nr. 3 gilt die **gesamte Tätigkeit** des Rechtsanwalts bis zur Anordnung der Zwangsverwaltung oder bis zur Zulassung des Beitritts oder bis zur Ablehnung einer dieser Maßnahmen ab (OLG Köln JurBüro 1981, 54). VV 1008 ist anzuwenden. Eine Ermäßigung tritt nicht ein, zB nicht dann, wenn der Auftrag vor der Antragseinreichung endet.

21 **IV. Vertretung des Antragstellers im weiteren Verfahren (Anm. Nr. 4).** Für die Vertretung des Antragstellers nach der Anordnung der Zwangsverwaltung oder nach der Zulassung des Beitritts im weiteren Verfahren einschließlich des gerichtlichen oder außergerichtlichen Verteilungsverfahrens entsteht eine weitere 0,4-Gebühr und keine Mindestgebühr. Auch die 0,4-Gebühr entsteht, sobald der Rechtsanwalt irgendeine Tätigkeit zur Ausführung gerade dieses Auftrags vornimmt. Sie gilt die gesamte weitere Tätigkeit des Rechtsanwalts in diesem Verfahren unabhängig von seiner Dauer bis zu seiner Aufhebung ab, also auch die Wahrnehmung etwaiger Termine und Verteilungen zB nach §§ 156, 158 ZVG. Soweit der Rechtsanwalt nur in diesem weiteren Verfahren tätig wird, erhält er auch nur die Gebühr nach Nr. 4. Eine nach Nr. 3 entstandene Gebühr bleibt neben derjenigen nach Nr. 4 bestehen. VV 1008 ist anzuwenden.

22 **V. Vertretung eines sonstigen Beteiligten (Anm. Nr. 5).** Soweit der Rechtsanwalt einen anderen Beteiligten als den Antragsteller vertritt, entsteht eine 0,4-Gebühr und keine Mindestgebühr für die Vertretung im gesamten Zwangsverwaltungsverfahren. Das gilt unabhängig davon, ob der Rechtsanwalt nur im Anordnungsverfahren, im Beitrittsverfahren oder nur bzw. auch im weiteren Verfahren nach Nr. 4 tätig war. Diese Gebühr gilt auch die Vertretung des sonstigen Beteiligten im Verteilungsverfahren ab. Neben dieser Gebühr kann also für die Vertretung des sonstigen Beteiligten keine weitere Gebühr nach Nr. 3 entstehen. Sonstiger Beteiligter ist vor allem der Schuldner oder ein nach § 9 ZVG Berechtigter. VV 1008 ist anzuwenden.

23 **VI. Einstweilige Einstellung usw (Anm. Nr. 6).** Eine weitere 0,4 Verfahrensgebühr entsteht für jedes der in Nr. 6 genannten Verfahren nach §§ 28 ff. ZVG oder nach § 765a ZPO, aber grundsätzlich nicht bei einer Teilungsversteigerung nach § 180 ZVG. Denn sie findet nicht in einem Zwangsvollstreckungsverfahren im eigentlichen Sinn statt (OLG Karlsruhe Rpfleger 1994, 223; LG Berlin Rpfleger 1993, 297; LG Frankenthal Rpfleger 1984, 375; aA OLG Düsseldorf FamRZ 1996,

1441; KG NZM 1998, 452; LG Münster Rpfleger 2002, 639, aber man kann nicht einfach zwei im Kern unterschiedliche und nur in den Abwicklungsformen ähnliche Verfahrensarten vermengen). Die Gebühr nach Nr. 6 entsteht wegen § 15 II je Instanz nur einmal.

VII. Gegenstandswert (Anm. Nr. 1–6). Es gelten §§ 26, 27. 24

Nr.	Gebührentatbestand	Gebühr oder Satz der Gebühr nach § 13 RVG
3312	**Terminsgebühr** .... **[1] Die Gebühr entsteht nur für die Wahrnehmung eines Versteigerungstermins für einen Beteiligten. [2] Im Übrigen entsteht im Verfahren der Zwangsversteigerung und der Zwangsverwaltung keine Terminsgebühr.**	**0,4**

I. Versteigerungstermin. Für die Wahrnehmung gerade und nur des Versteigerungstermins nach §§ 66 ff. ZVG entsteht neben der Verfahrensgebühr VV 3311 eine weitere 0,4-Gebühr. Sie erhöht sich auch dann nicht, wenn der Rechtsanwalt in demselben Verfahren mehrere Versteigerungstermine wahrnimmt. Das ergibt sich schon aus den Worten „eines Versteigerungstermins" in der Anm. S. 1, ferner aus § 15 II 1. Für die Entstehung der Terminsgebühr genügt die bloße vertretungsbereite Anwesenheit des Rechtsanwalts im Versteigerungstermin für einen Beteiligten. 1

Er braucht also keine darüber hinausgehende Tätigkeit im Termin vorzunehmen. Er braucht insbesondere **kein Gebot** abzugeben. Gibt er es aber ab, gilt VV 3312 das mit ab. Es kann sich dadurch allerdings der Gegenstandswert nach § 26 erhöhen. Der Rechtsanwalt braucht sich auch nicht zu irgendwelchen Vorgängen im Termin zu äußern. Der Rechtsanwalt, der erstmalig im Termin für den Auftraggeber tätig wird, erhält sowohl die Verfahrensgebühr nach VV 3311 als auch die Terminsgebühr nach VV 3312. 2

II. Vertretung gerade eines Beteiligten (Anm. S. 1). Der Rechtsanwalt muss den Termin gerade für einen Beteiligten wahrnehmen. Diese Eigenschaft ergibt sich aus dem Verfahrensrecht, zB aus §§ 9, 163 III, 166, 172, 175 ZVG. **Kein** Beteiligter sind zB: Der bloße Bieter; sein bloßer Bürge; ein bloßer Besitzer nach §§ 1000, 1001, 1003 BGB; ein nach § 61 ZVG Zahlungspflichtiger. Dann gilt VV 3311 Anm. Nr. 1. 3

III. Unanwendbarkeit (Anm. S. 2). VV 3312 ist nicht anzuwenden, soweit der Rechtsanwalt einen anderen Termin als den oder die Versteigerungstermin(e) wahrnimmt, also etwa einen Termin bei § 30b II 2 ZVG oder einen bloßen Verkündungstermin nach § 87 ZVG oder einen Termin zur Verhandlung über einen Einstellungsantrag nach §§ 28 ff. ZVG oder einen Erörterungstermin nach § 62 ZVG oder einen Verteilungstermin nach §§ 105 ff. ZVG oder eine außergerichtliche Verteilung nach §§ 143 ff. ZVG. Auch eine bloße Terminsvorbereitung lässt VV 3312 nicht entstehen. 4

Unterabschnitt 5. Insolvenzverfahren, Verteilungsverfahren nach der Schifffahrtsrechtlichen Verteilungsordnung, Verfahren nach dem Unternehmensstabilisierungs- und -restrukturierungsgesetz

Vorbemerkung 3.3.5:

I Die Gebührenvorschriften gelten für die Verteilungsverfahren nach der SVertO und Verfahren nach dem StaRUG soweit dies ausdrücklich angeordnet ist.

II [1] Bei der Vertretung mehrerer Gläubiger, die verschiedene Forderungen geltend machen, entstehen die Gebühren jeweils besonders. [2] Das Gleiche gilt in Verfahren nach dem StaRUG, wenn mehrere Gläubiger verschiedene

Rechte oder wenn mehrere am Schuldner beteiligte Personen Ansprüche aus ihren jeweiligen Beteiligungen geltend machen.

III Für die Vertretung des ausländischen Insolvenzverwalters entstehen die gleichen Gebühren wie für die Vertretung des Schuldners.

Schrifttum: Keller, Vergütung und Kosten im Insolvenzverfahren, 3. Aufl. 2010.

1 **I. Systematik.** Der Unterabschnitt 5 enthält differenzierende vorrangige Sonderregeln. Die Bestimmungen der Abschnitte 1 und 2 ergänzen sie. Bei mehreren Aufträgen geht die Vorb. 3.3.5 II als eine Sonderbestimmung dem § 7 und dem VV 1008 vor. § 34, VV 1000, 2300, 7000 ff. sind anzuwenden. VV 1009 ist nicht anzuwenden. Der Unterabschnitt 5 regelt nur die Tätigkeit des Rechtsanwalts im Verfahren vor dem Gericht. Soweit der Rechtsanwalt auftragsgemäß eine außergerichtliche Tätigkeit ausübt, ist VV 2300 anzuwenden. Das gilt selbst dann, wenn die Tätigkeit im Interesse des Insolvenzverfahrens erfolgt, zB bei einer Tätigkeit zwecks einer außergerichtlichen Schuldenbereinigung nach § 305 InsO (Enders JurBüro 1999, 225).

2 **II. Regelungszweck.** Der im Insolvenzverfahren tätige Rechtsanwalt hat eine ungewöhnlich hohe Mitverantwortung an einem rechtlich, wirtschaftlich und nicht zuletzt auch psychisch vertretbaren Verfahrensablauf mit solchen Ergebnissen, die man allseits als einigermaßen erträglich annehmen kann. Deshalb sollte man die Gebührenvorschriften nicht zu kleinlich handhaben. Man sollte sie aber auch keineswegs zulasten der Masse zu großzügig anwenden, sondern man sollte sie eben möglichst maßvoll abgewogen auslegen.

3 **III. Anwendungsbereich.** Der Unterabschnitt 5 erfasst die Vertretung des Schuldners oder nach der Vorb. 3.3.5 III des ausländischen Insolvenzverwalters. VV 3313 ff. gelten die gesamte Tätigkeit desjenigen Rechtsanwalts ab, der einen Auftrag für das ganze Insolvenzverfahren oder nur für eine einzelne Handlung hat. Die Vorschriften beziehen sich aber nicht auf jede anwaltliche derartige Tätigkeit.

4 Soweit VV 3313 ff. nicht anzuwenden sind, gilt evtl. die **InsVV.** § 5 I InsVV verweist freilich auf das RVG, soweit ein als Rechtsanwalt zugelassener Insolvenzverwalter eine solche Tätigkeit ausübt, die ein nicht als Rechtsanwalt zugelassener Verwalter angemessenerweise einem Rechtsanwalt übertragen hätte. Das kann zB bei einem Masseprozess oder bei einzelnen Prozesshandlungen gelten.

5 Die vorgenannten Bestimmungen gelten auch, soweit der Rechtsanwalt den Schuldner oder einen Gläubiger **außerhalb** des Insolvenzverfahrens und des schifffahrtsrechtlichen Verteilungsverfahrens vertritt. Soweit der Rechtsanwalt zunächst den Schuldner, nach der Aufnahme durch den Insolvenzverwalter aber diesen vertritt, liegen zwei Angelegenheiten vor.

IV. Beispiele zur Frage einer Anwendbarkeit von VV 3313 ff.

6 **Absonderung: Unanwendbar** sind VV 3313 ff. auf eine Tätigkeit für einen nach §§ 49 ff. InsO Absonderungsberechtigten. soweit ihm der Schuldner nicht auch persönlich haftet.

Aussonderung: Unanwendbar sind VV 3313 ff. auf eine Tätigkeit für einen nach § 47 InsO Aussonderungsberechtigten, soweit ihm der Schuldner nicht auch persönlich haftet.

Beratung: Unanwendbar sind VV 3313 ff., soweit der Rechtsanwalt den Insolvenzverwalter nur berät. Dann ist § 34 anzuwenden.

Bestellung: Unanwendbar sind VV 3313 ff. auf das Bestellungsverfahren nach § 56 InsO.

Gläubiger: Anwendbar sind VV 3313 bei der Vertretung eines anderen Insolvenzgläubigers nach § 38 InsO. **Unanwendbar** sind VV 3313 ff. auf eine Tätigkeit des Rechtsanwalts als Gläubiger.

Gläubigerausschuss: Unanwendbar sind VV 3313 ff. auf den Rechtsanwalt als Mitglied des Gläubigerausschusses nach §§ 67 ff. InsO.

Gläubigerbeirat: Unanwendbar sind VV 3313 nach → § 1 Rn. 41 auf den Rechtsanwalt als Mitglied des Gläubigerbeirats, vgl. §§ 67 ff. InsO.

Massegläubiger: Unanwendbar sind VV 3313 ff. auf eine Tätigkeit des Rechtsanwalts für einen Massegläubiger nach §§ 53 ff. InsO. Denn § 91 II 4 ZPO ist nicht anzuwenden.

Nachlasspfleger: VV 3313 ff. sind (nur) bei einer anwaltstypischen Tätigkeit anzuwenden, OLG Schleswig NJW 2013, 3190.

Rechtsstreit: Unanwendbar sind VV 3313 ff., soweit der Insolvenzverwalter den Rechtsanwalt mit der Führung eines Prozesses beauftragt. Dann gelten § 34, VV 3100 ff.

Sachwalter: Unanwendbar sind VV 3313 ff. auf den Sachwalter nach § 274 InsO.

Schifffahrtsrechtliches Verteilungsverfahren: Unanwendbar sind VV 3313 ff. auf den Rechtsanwalt als Sachwalter im dortigen Verfahren.

Treuhänder: Unanwendbar sind VV 3313 ff. auf den Treuhänder nach § 292 InsO.

Vergütungsfestsetzung: Unanwendbar sind VV 3313 ff. auf die Tätigkeit des Rechtsanwalts im Verfahren auf die Festsetzung seiner Vergütung durch das Insolvenzgericht nach §§ 63–65, 73 InsO.

Vorläufiger Insolvenzverwalter: Unanwendbar sind VV 3313 ff. grds. auf den Rechtsanwalt als vorläufigen Insolvenzverwalter nach § 22 InsO.

Wechsel des Auftraggebers: Wegen einer Tätigkeit zunächst im Auftrag des späteren Schuldners, dann im Auftrag des Insolvenzverwalters Mümmler JurBüro 1976, 277.

Zwangsvollstreckungshandlung: Unanwendbar sind VV 3313 ff., soweit der Rechtsanwalt nur im Zusammenhang mit einzelnen Vollstreckungshandlungen tätig wird. Dann gelten VV 3309, 3310. Das gilt zB bei einer eidesstattlichen Versicherung nach § 98 InsO.

V. Kostenerstattung. Ein Gläubiger kann diejenigen Anwaltskosten, die er im Zusammenhang mit seiner Teilnahme am Insolvenzverfahren bezahlen muss, nach § 39 I Nr. 2 InsO nur nachrangig in diesen Verfahren erstattet fordern. Er kann aber die Erstattung derjenigen Anwaltskosten fordern, die nach §§ 31 II, 32 III SVertO infolge eines Rechtsstreits im Zusammenhang mit der Teilnahme am schifffahrtsrechtlichen Verteilungsverfahren der Haftungssumme zur Last fallen. Soweit der Rechtsanwalt den Schuldner vertritt, handelt es sich lediglich um eine nicht bevorrechtigte Insolvenzforderung. **7**

Nr.	Gebührentatbestand	Gebühr oder Satz der Gebühr nach § 13 RVG
3313	**Verfahrensgebühr für die Vertretung des Schuldners im Eröffnungsverfahren ....** **Die Gebühr entsteht auch im Verteilungsverfahren nach der SVertO.**	**1,0**
3314	**Verfahrensgebühr für die Vertretung des Gläubigers im Eröffnungsverfahren ....** **Die Gebühr entsteht auch im Verteilungsverfahren nach der SVertO.**	**0,5**
3315	**Tätigkeit auch im Verfahren über den Schuldenbereinigungsplan:** **Die Verfahrensgebühr 3313 beträgt ....**	**1,5**
3316	**Tätigkeit auch im Verfahren über den Schuldenbereinigungsplan:** **Die Verfahrensgebühr 3314 beträgt ....**	**1,0**

I. Systematik. § 28 ergänzt die Vorschriften. Sie regeln eigenständig neben VV 3317 ff. und insoweit als eine von mehreren gleichrangigen Hauptregeln den zeitlich ersten Abschnitt des Insolvenzverfahrens mit seinen beiden Gestaltungsmöglichkeiten. Sie differenzieren daher zwischen der Tätigkeit für den Schuldner und den Gläubiger. **1**

2 **II. Regelungszweck.** Die unterschiedlichen Staffelungen entsprechen nach → Vor VV 3313 Rn. 2 zwar keineswegs stets den jeweiligen Verantwortungsgraden. Sie dienen aber erkennbar mittels einer Vereinfachung der Zweckmäßigkeit. Sie dienen im Übrigen einer solchen Kostengerechtigkeit, wie sie das Gesetz nun einmal sieht. Man sollte sie auch bei der Auslegung strikt einhalten.

3 **III. Anwendungsbereich.** Die Vorschriften erfassen die Tätigkeit des Rechtsanwalts im Verfahren nach §§ 11 ff. InsO über einen Antrag auf die Eröffnung des Insolvenzverfahrens. Die Gebühren VV 3313–3316 stehen dem Rechtsanwalt neben einer Gebühr nach VV 3317 ff. zu. Es findet auch insofern keine Anrechnung statt. Die jeweilige Verfahrensgebühr gilt als eine Pauschale die gesamte Tätigkeit des Rechtsanwalts im Eröffnungsverfahren ab. Sie entsteht auch dann, wenn sich die Tätigkeit auftragsgemäß auf das Eröffnungsverfahren beschränkt. Die Gebühren VV 3313, 3314 entstehen nach ihren Anm. auch im Verteilungsverfahren nach der SVertO.

4 Das **Eröffnungsverfahren beginnt** mit der Einreichung des Antrags auf die Eröffnung, §§ 13–15 InsO. Es endet mit der Eröffnung nach § 27 I InsO, mit der Zurückweisung des Eröffnungsantrags als unzulässig oder unbegründet nach § 26 I InsO sowie mit der Rücknahme des Eröffnungsantrags nach § 13 II InsO. Zum Eröffnungsverfahren gehören sämtliche Tätigkeiten, die sich aus §§ 11 ff. InsO sowie infolge der gerichtlichen Anordnung einer Sicherungsmaßnahme nach §§ 21 ff. InsO ergeben.

5 Die Gebühr entsteht **mit jeder solchen Handlung** des Rechtsanwalts, die sich auf die Erfüllung seines Auftrags richtet. Sie entsteht also zB bereits mit der Entgegennahme der Information oder mit der Anfertigung des Antrags. Infolgedessen entsteht dann keine Gebührenermäßigung, wenn es nicht zur Antragseinreichung kommt oder wenn der Rechtsanwalt im Eröffnungsverfahren auftragsgemäß nur einzelne Tätigkeiten vornimmt. Soweit der Auftraggeber allerdings lediglich im Zusammenhang mit einem erwogenen Insolvenzantrag einen Rat des Rechtsanwalts erbittet oder einen Insolvenzplan nach §§ 218 I, 229, 230 InsO vorbereitet, entsteht eine Gebühr nur nach § 34. (Jetzt) VV 2302 ist vorrangig (Vallender MDR 1999, 598, empfiehlt eine Honorarvereinbarung). Sie ist nach § 34 II bei einem späteren Auftrag auf die Einreichung eines Insolvenzantrags anzurechnen.

6 Ein **Beschwerdeverfahren** ist neben dem Eröffnungsverfahren nach VV 3500 ein besonderes Verfahren.

7 **IV. Gebühr.** Erforderlich ist eine „Vertretung". Das ist eine schriftliche Erklärung gegenüber dem Gericht oder die Wahrnehmung eines Gerichtstermins. Die folgenden Fälle sind zu unterscheiden.

8 **1. Vertretung des Schuldners (VV 3313, 3315).** Hier entsteht nach VV 3313 für das Eröffnungsverfahren 1,0-Gebühr. Sie entsteht nach VV 3313 Anm. auch im Verteilungsverfahren nach der SVertO. Das gilt nach § 13 I 2 Hs. 1 InsO sowohl dann, wenn der Schuldner den Eröffnungsantrag stellt, als auch nach § 13 I 2 Hs. 2 InsO dann, wenn ein Gläubiger den Eröffnungsantrag stellt. Es reicht auch die Tätigkeit bei einer Anhörung etwa nach §§ 15 II 2, 317 II 2, III, 318 II 2, 332 III 2, 333 II 2, 357 I 2 InsO. Soweit es um das Insolvenzverfahren über das Vermögen einer juristischen Person usw nach §§ 11, 12, 15 InsO geht, tritt nach § 15 InsO an die Stelle des Schuldners der gesetzliche Vertreter usw. Das gilt auch dann, wenn es um die Vertretung derjenigen Vorstandsmitglieder usw geht, die den Antrag nicht selbst gestellt haben und die das Gericht nun nach § 14 II InsO anhören muss. Der Rechtsanwalt mag auch einen ausländischen Insolvenzverwalter nach der Vorb. 3.3.5 III vertreten.

9 Soweit der Rechtsanwalt den Schuldner **auch** im gerichtlichen Verbraucherinsolvenzverfahren über den **Schuldenbereinigungsplan** nach §§ 305 ff. InsO vertritt, erhöht sich nach VV 3315 die Verfahrensgebühr für die gesamte Tätigkeit auf eine 1,5-Gebühr. Bei einer Beschränkung nur auf eine Einzeltätigkeit im Verfahren über den Schuldenbereinigungsplan ist VV 3403 anzuwenden. Bei einer nur außergerichtlichen Tätigkeit ist VV 2300 anzuwenden. Sie ist evtl. nach der Vorb. 3 IV 1 anrechenbar.

2. Vertretung eines Gläubigers (VV 3314, 3316). Hier entsteht nach VV 3314 im Eröffnungsverfahren 0,5-Gebühr. Auch dann kommt es nicht darauf an, ob der Schuldner oder ein Gläubiger oder gar derjenige Gläubiger den Insolvenzantrag gestellt haben, den der Rechtsanwalt vertritt. Zur Entstehung der Gebühr VV 3314 genügen eine auftragsgemäße Entgegennahme der Information, die auftragsgemäße Androhung des Insolvenzantrags, die Mitwirkung im Zulassungsverfahren und vor einer Sicherungsmaßnahme, die Entgegennahme des Eröffnungsbeschlusses oder ein Einzelauftrag etwa nach § 21 InsO. Eine Gebührenermäßigung entsteht ebenso wenig wie bei → Rn. 5. Im Beschwerdeverfahren gelten VV 3500, 3513. 10

Soweit der Rechtsanwalt einen Gläubiger **auch** im gerichtlichen Verbraucherinsolvenzverfahren nach §§ 305 ff. InsO vertritt, erhöht sich nach VV 3316 die Geschäftsgebühr auf 1,0. Bei einer nur außergerichtlichen Tätigkeit ist VV 2300 anzuwenden. Sie ist evtl. nach der Vorb. 3 IV 1 anrechenbar. 11

Für die Vertretung **mehrerer** Gläubiger, die verschiedene Forderungen erheben, entstehen die Gebühren jeweils gesondert nach dem jeweiligen aus § 28 II abgeleiteten Gegenstandswert, Vorb. 3.3.5 II. Das gilt aber nicht bei der Tätigkeit für Gesamtgläubiger oder Gesamthandsgläubiger desselben Anspruchs. Dann gilt vielmehr VV 1008. 12

3. Vertretung eines anderen Auftraggebers. Hier gelten VV 3313–3316 nicht. Das ergibt sich bei VV 3313, 3314 aus dem Wortlaut, bei VV 3315, 3316 aus dem jeweiligen Wort „auch", das sich auf VV 3313, 3314 mitbezieht. Wegen VV 3317 → VV 3317 Rn. 6. Der Rechtsanwalt erhält bei der Vertretung eines anderen Antraggebers als des Gläubigers oder des Schuldners eine Vergütung wie folgt. Für einen Aussonderungsberechtigten können außergerichtlich nach VV 2300 und prozessual nach VV 3100 ff. Gebühren entstehen, für einen Absonderungsberechtigten ebenso. Bei einer Ausfallforderung wird der Auftraggeber Gläubiger nach → Rn. 10. 13

V. Gegenstandswert. Es gilt § 28 (vgl. Enders JurBüro 1999, 225 (228)). 14

Nr.	Gebührentatbestand	Gebühr oder Satz der Gebühr nach § 13 RVG
3317	**Verfahrensgebühr für das Insolvenzverfahren** **Die Gebühr entsteht auch im Verteilungsverfahren nach der SVertO, in einem Verfahren nach dem StaRUG und im Verfahren über Anträge nach Artikel 36 Abs. 9 der Verordnung (EU) 2015/848.**	1,0

Schrifttum: Lissner, Insolvenzverfahren – was kann ich eigentlich verdienen?, AGS 2022, 289.

I. Systematik. Die Vorschrift steht eigenständig neben VV 3313–3316, 3318 ff. Sie unterscheidet im Gegensatz zu den eben erstgenannten Vorschriften nicht zwischen der Tätigkeit für den Gläubiger, für den Schuldner und für einen Dritten. Ergänzend gelten zB VV 1000 ff., 1009 und 2100 ff. sowie 3313 oder 3314, 3318 oder 3319, 3321–3323 und für den Wert § 28. 1

II. Regelungszweck. Die Pauschalierung ist eine ziemlich grobe Bewertung. Sie enthält nicht einmal einen Rahmen. Sie mag daher wenig mit der Kostengerechtigkeit zu tun haben. Gleichwohl ist der erkennbare Sinn einer möglichsten Vereinfachung zu respektieren. Das gilt auch bei Auslegungs- oder Abgrenzungsfragen. 2

III. Anwendungsbereich. Die Vorschrift erfasst die gesamte Tätigkeit des Rechtsanwalts für den Schuldner oder Gläubiger im Insolvenzverfahren oder im schifffahrtsrechtlichen Verteilungsverfahren, soweit nicht VV 3313–3316, 3318, 3319, 3321–3323 vorrangige Sonderregeln bringen. 3

1. Insolvenzverfahren. VV 3317 gilt von demjenigen Augenblick ab, in dem das Insolvenzgericht den Eröffnungsbeschluss nach außen wirksam erlässt. Denn erst dann beginnt ein „Insolvenzverfahren". Entsprechendes gilt nach der Anm. in Ver- 4 bindung mit der Vorb. 3.3.5 I für das schifffahrtsrechtliche Verteilungsverfahren. VV 3313–3316 vergüten demgegenüber die Tätigkeit bis zum Erlass des Eröffnungsbeschlusses.

5 Soweit der Rechtsanwalt bereits im **Eröffnungsverfahren** tätig wird, tritt die Verfahrensgebühr VV 3317 neben diejenige nach VV 3313, 3314 (vgl. Enders JurBüro 1999, 113 (116)). Soweit der Rechtsanwalt nur seit der Eröffnung des Insolvenzverfahrens tätig wird, entsteht neben der Verfahrensgebühr VV 3317 keineswegs schon deshalb die Gebühr nach VV 3313, 3314, weil ja stets ein Eröffnungsverfahren vorausgegangen war.

6 **2. Pauschale.** Die Verfahrensgebühr entsteht, sobald der Rechtsanwalt irgendwie nach der Eröffnung des Insolvenzverfahrens auftragsgemäß tätig wird. Das gilt unabhängig davon, für welchen Beteiligten und in welchem Umfang er tätig wird. Sie braucht nicht in einer „Vertretung" nach → VV 3313–3316 Rn. 5 bestehen. Sie kann zB mit der Entgegennahme der Information nach der Auftragserteilung wegen dieses Verfahrensabschnitts entstehen (Enders JurBüro 1999, 113 (116)).

7 Sie gilt als eine Pauschale die **gesamte Tätigkeit** ab, soweit nicht nach dem Gesetz besondere Gebühren entstehen. Sie ähnelt also der Verfahrensgebühr VV 3100.

3. Beispiele zur Frage einer Anwendbarkeit von VV 3317

8 **Absonderung:** Es gilt dasselbe wie bei „Aussonderung".

Antrag: Anwendbar ist VV 3317 auf eine Antragstellung.

Außergerichtlich: Unanwendbar ist VV 3317, soweit VV 2300 gilt, es sei denn, der Auftraggeber verzichtete auf ein Vorrecht oder ist mit ihm ausgefallen und ist daher ein einfacher Insolvenzgläubiger geworden.

Außerhalb Insolvenz: Unanwendbar ist VV 3317, soweit der Rechtsanwalt außerhalb des Insolvenverfahrens tätig wird.

Aussonderung: Unanwendbar ist VV 3317 bei der Vertretung eines Aussonderungsberechtigten nach §§ 49 ff. InsO, soweit ihm der Schuldner nicht auch persönlich haftet. Denn der Aussonderungsberechtigte will dann am Insolvenzverfahren ja gerade nicht teilnehmen, soweit er nicht auf sein Vorrecht verzichtet oder mit ihm ausfällt.

Berichtigung: Anwendbar ist VV 3317 auf eine Berichtigung der Insolvenztabelle nach § 183 II InsO.

Besprechung: Anwendbar ist VV 3317 auf eine Besprechung.

Eidesstattliche Versicherung: Anwendbar ist VV 3317 auf die Tätigkeit anlässlich einer eidesstattlichen Versicherung nach § 98 InsO oder nach § 153 II InsO.

Ersatzaussonderung: Es gilt dasselbe wie bei „Aussonderung".

Forderungsanmeldung: Anwendbar ist VV 3317 auf die innerhalb einer weitergehenden Tätigkeit im Insolvenzverfahren erfolgende Anmeldung einer Forderung. **Unanwendbar** ist VV 3317 auf die bloße solche Anmeldung. Dann gilt VV 3320.

Forderungsprüfung: Anwendbar ist VV 3317 auf die Prüfung einer angemeldeten Forderung.

Information: Anwendbar ist VV 3317 auf die Entgegennahme der Information.

Massegläubiger: Es gilt dasselbe wie bei „Aussonderung".

Nachtragsverteilung: Anwendbar ist VV 3317 auf eine Mitwirkung an einer Nachtragsverteilung nach § 203 InsO.

Prozess: → „Rechtsstreit".

Rechtsstreit: Unanwendbar ist VV 3317, soweit der Rechtsanwalt in einem Rechtsstreit tätig wird. Dann gelten VV 3100 ff.

Schriftwechsel: Anwendbar ist VV 3317 auf einen Schriftwechsel.

Termin: Anwendbar ist VV 3317 auf die Wahrnehmung eines Termins.

Urteilseinreichung: Anwendbar ist VV 3317 auf die Einreichung eines solchen Urteils, das eine bestrittene Forderung als bestehend feststellt, sofern darin nicht eine bloße isolierte Forderungsanmeldung liegt.

Verhandlung: Anwendbar ist VV 3317 auf eine Verhandlung mit dem Insolvenzverwalter oder mit einem anderen Verfahrensbeteiligten.

Verteilungsverfahren: Anwendbar ist VV 3317 auf eine Mitwirkung am Verteilungsverfahren nach §§ 187 ff. InsO.

Vertragserfüllung: Unanwendbar ist VV 3317 dann, wenn der Rechtsanwalt für einen Vertragspartner zwecks Erfüllung nach § 103 InsO tätig wird.

Zwangsvollstreckung: Unanwendbar ist VV 3317 bei einer Tätigkeit in der Zwangsvollstreckung aus einem Tabellenauszug nach § 201 II InsO. Dann gelten VV 3309, 3310.

IV. Gebühr. Unabhängig vom Umfang der Tätigkeit im Insolvenzverfahren erhält der Rechtsanwalt als der Beauftragte des Gläubigers wie des Schuldners gleichermaßen und ebenso wie im Eröffnungsverfahren nach VV 3313 eine 1,0-Gebühr. Sie ermäßigt sich nach § 176 InsO auch nicht etwa bei einer vorzeitigen Erledigung des Auftrags, etwa vor dem Prüfungstermin. Sie ermäßigt sich ferner zB dann nicht, wenn die Tätigkeit des Rechtsanwalts erst einige Zeit nach der Eröffnung oder gar erst nach dem Prüfungstermin beginnt. 9

Bei einer Tätigkeit für **mehrere** Gläubiger, die verschiedene Forderungen erheben, entstehen nach der Vorb. 3.3.5 II die Gebühren jeweils besonders aus dem jeweiligen nach § 28 II ermittelten Gegenstandswert. Das gilt aber nicht bei der Tätigkeit für Gesamtgläubiger oder Gesamthandsgläubiger desselben Anspruchs. Dann gilt vielmehr VV 1008. 10

V. Gegenstandswert. Der Gegenstandswert richtet sich nach § 28 I, II (LG Münster VersR 2010, 108). 11

Nr.	Gebührentatbestand	Gebühr oder Satz der Gebühr nach § 13 RVG
3318	**Verfahrensgebühr für das Verfahren über einen Insolvenzplan**	**1,0**
3319	**Vertretung des Schuldners, der den Plan vorgelegt hat:** **Die Verfahrensgebühr 3318 beträgt**	**3,0**

I. Systematik. Es handelt sich einerseits um Ergänzungen zu VV 3313 ff., andererseits auch um eine selbständige Vorschrift für diejenigen Tätigkeiten, die auch dann anfallen können, wenn der Rechtsanwalt nicht im Übrigen Insolvenzverfahren auftreten soll oder kann. Ergänzend gilt § 28 III für den Wert. Eine Einigungsgebühr VV 1000 kommt neben der spezielleren Regelung in VV 3318, 3319 nicht infrage. 1

II. Regelungszweck. Die Verfahren wegen des Insolvenzplans stellen insbesondere an das wirtschaftliche Einfühlungsvermögen des Rechtsanwalts einschließlich seiner Fähigkeit eines verhältnismäßig weiten Blicks in die Zukunft des Schuldners erhebliche Anforderungen. Die differenzierte Regelung in VV 3318, 3319 zeigt sowohl das Bemühen um eine angemessene Vergütung solcher Arbeit als auch in VV 3319 den Willen, ein Ausufern solcher „besonderer", „weiterer Gebühren" zu verhindern. Beides sollte man bei der Auslegung mitbedenken. 2

III. Anwendungsbereich. Die Vorschriften gelten für das Verfahren über einen Insolvenzplan nach §§ 217 ff. InsO. Es ist nach § 218 I, II InsO unerheblich, ob der Insolvenzverwalter oder der Schuldner den Plan vorlegt, ob das zugleich mit, vor oder nach der Eröffnung des Insolvenzverfahrens geschieht und ob die Gläubigerversammlung den Verwalter zur Ausarbeitung beauftragt hat. VV 3318, 3319 gelten vom Beginn der ersten auftragsgemäßen Tätigkeit an, zB ab der Entgegennahme der Information. Sie erfassen die Tätigkeit des Rechtsanwalts im gesamten Verfahren über den Insolvenzplan bis zur Klärung der Frage, ob eine Versagung der Bestätigung des Insolvenzplans nach § 252 I InsO rechtskräftig ist oder ob das Insolvenzgericht das Verfahren nach der Bestätigung des Insolvenzplans aufhebt oder ob ein Rechtsmittel gegen die Entscheidung nach §§ 248 ff. InsO infrage kommt. Sie erfassen darüber hinaus auch das gesamte Verfahren nach §§ 254–269 InsO. Denn auch dieses zählt ja noch zum Insolvenzplan und seiner Abwicklung (aA Riedel/Sußbauer/Schütz Rn. 125). Der Rechtsanwalt mag für den Schuldner tätig sein oder für den Insolvenzverwalter, für einen Gläubiger oder für einen weiteren Beteiligten. 3

4 **IV. Gebührenhöhe.** Eine ganze Reihe unterschiedlicher Situationen sind zu unterscheiden. Sie sind teils direkt vorrangig in VV 3318, 3319, teils anderswo geregelt.

5 **1. Verfahren über Insolvenzplan: Tätigkeit für Gläubiger usw (VV 3318).** Soweit der Rechtsanwalt nur im Verfahren nach → Rn. 3 und dort nur für einen Gläubiger, für den Insolvenzverwalter oder für einen weiteren an diesem Verfahrensabschnitt Beteiligten tätig wird, also nicht für den Schuldner, erhält er bereits hierfür eine besondere 1,0-Gebühr. Sie tritt also zu etwaigen weiteren Gebühren nach VV 3313–3316, 3320 ff. hinzu. Die Tätigkeit braucht nicht in einer „Vertretung" nach → VV 3313–3316 Rn. 5 zu bestehen. Der Tätigkeitsumfang ist unerheblich.

6 Bei einer Tätigkeit für **mehrere** Gläubiger, die verschiedene Forderungen erheben, entstehen die Gebühren nach der Vorb. 3.3.5 II jeweils besonders.

7 **2. Verfahren über Insolvenzplan: Vertretung des vorlegenden Schuldners (VV 3319).** Soweit der Rechtsanwalt nur im Verfahren nach → Rn. 3 und dort gerade denjenigen Schuldner nach → VV 3313–3316 Rn. 5 „vertritt", der den Insolvenzplan nach § 215 I InsO vorlegt, erhält er bereits hierfür eine 3,0-Gebühr. Es ist unerheblich, ob der Schuldner den Insolvenzplan bereits zusammen mit dem Eröffnungsantrag nach § 218 I 2 InsO oder erst später auch § 218 I 3 InsO vorlegt. Ebenso unerheblich ist, ob der Rechtsanwalt an der Erstellung des Insolvenzplans mitgewirkt hat. Es genügt, dass er im Verfahren denjenigen Schuldner irgendwie vertritt, der den Plan vorlegt (vgl. Enders JurBüro 1999, 113 (117)). Soweit der Rechtsanwalt wegen des Insolvenzplans des Schuldners nur außergerichtlich tätig wird, ist VV 3319 nicht anzuwenden und VV 2300 anzuwenden (vgl. Enders JurBüro 1999, 113 (117)). Die 3,0-Gebühr tritt zu etwaigen weiteren Gebühren nach VV 3313–3316, 3320 ff. hinzu. Der Vertretungsumfang ist unerheblich.

8 **V. Gegenstandswert.** Der Gegenstandswert richtet sich nach § 28.

Nr.	Gebührentatbestand	Gebühr oder Satz der Gebühr nach § 13 RVG
3320	**Die Tätigkeit beschränkt sich auf die Anmeldung einer Insolvenzforderung:** **Die Verfahrensgebühr 3317 beträgt ....** **Die Gebühr entsteht auch im Verteilungsverfahren nach der SVertO**	**0,5**

1 **I. Systematik.** Die Vorschrift enthält eine gegenüber VV 3315, 3316 vorrangige Sonderregelung für eine auftragsgemäße bloße Einzeltätigkeit gerade nur der Anmeldung einer Insolvenzforderung. Sie wird ergänzt durch § 28 und durch die Vorb. 3.3.5. VV 3313, 3314 bleiben unberührt (vgl. Enders JurBüro 1999, 169). Natürlich bleiben auch VV 3100 ff. anzuwenden (vgl. Enders JurBüro 1999, 169 (170)).

2 **II. Regelungszweck.** Klar erkennbarer Zweck ist eine Kostendämpfung. Man kann ohnehin meinen, eine 0,5-Gebühr sei im ziemlich begrenzten Anwendungsbereich nach → Rn. 3 schon recht großzügig bemessen, verglichen mit dem Arbeitsgrad und der Vergütung nach VV 3317. Das ist bei der Auslegung deutlich mit zu beachten.

3 **III. Anwendungsbereich.** Die Vorschrift gilt nach der Anm. auch im Verteilungsverfahren nach der SVertO. Sie gilt nur bei der Vertretung eines Gläubigers. Sie gilt nur insoweit, als der Rechtsanwalt lediglich den Auftrag zur Anmeldung der Insolvenzforderung nach § 174 I InsO oder zu ihrem Entwurf oder ihrer Unterzeichnung hatte und demgemäß auch nur diese Tätigkeit vornimmt (Enders JurBüro 1999, 169 (170)). Unter dieser Voraussetzung gilt VV 3320 aber auch die zugehörige Beratung des Gläubigers mit ab. Ein auf eine Beratung beschränkter Auftrag löst aber

nicht die Gebühr nach VV 3320 aus, sondern nach VV 2100 ff. zB diejenige nach § 34.

Eine über die gleichzeitig erfolgte Anmeldung einer Insolvenzforderung hinausgehende Vertretung fällt unter VV 3317 (vgl. Enders JurBüro 1999, 169). Das gilt auch dann, wenn man den zunächst bloßen Anmeldeauftrag später erweitert hat. Der Anmeldung der Insolvenzforderung steht die Einreichung eines solchen Urteils gleich, das eine bestrittene Forderung zur Tabelle feststellt, §§ 179–181 InsO. Hatte der Rechtsanwalt zunächst nur die Forderung angemeldet und dann nur noch das Urteil eingereicht, erhält er die Gebühr VV 3317 nur einmal (vgl. Enders JurBüro 1999, 169 (170); aA Riedel/Sußbauer/Schütz Rn. 4, zweimal). Die Gebühr VV 3313, 3314 kann neben derjenigen nach VV 3317 entstehen. 4

IV. Gebühr. Unter den Voraussetzungen → Rn. 1, 2 entsteht eine 0,5-Gebühr. Soweit der Rechtsanwalt mehrere solche Aufträge wegen verschiedener Forderungen erhält und durchführt, die sich jeweils auf die Anmeldung einer Insolvenzforderung beschränken, kann nach der Vorb. 3.3.5 II die 0,5-Gebühr mehrfach entstehen. 5

V. Gegenstandswert. Der Gegenstandswert richtet sich nach § 28 I, II, LG Münster VersR 2010, 108 (also nicht nach § 28 III), oder nach § 29. 6

Nr.	Gebührentatbestand	Gebühr oder Satz der Gebühr nach § 13 RVG
3321	**Verfahrensgebühr für das Verfahren über einen Antrag auf Versagung oder Widerruf der Restschuldbefreiung**	**0,5**
	I Das Verfahren über mehrere gleichzeitig anhängige Anträge ist eine Angelegenheit. **II Die Gebühr entsteht auch gesondert, wenn der Antrag bereits vor Aufhebung des Insolvenzverfahrens gestellt wird.**	

I. Antrag auf Versagung oder Widerruf der Restschuldbefreiung. Die Vorschrift erfasst das Verfahren über einen Antrag auf eine Versagung oder einen Widerruf der Restschuldbefreiung, §§ 289, 296–298, 300, 303 InsO. Es ist unerheblich, ob der Rechtsanwalt für den antragsberechtigten Insolvenzgläubiger oder für einen anderen an diesem Verfahrensabschnitt Beteiligten tätig wird (Enders JurBüro 1999, 169 (170)), etwa für eine der anzuhörenden Personen (Treuhänder, Schuldner). VV 3321 erfasst die Tätigkeit im gesamten jeweiligen Verfahren einschließlich der Prüfung, ob man gegen die Entscheidung des Insolvenzgerichts ein Rechtsmittel einlegen soll. Es ist dabei keine „Vertretung“ nach → VV 3313–3316 Rn. 6 erforderlich. 1

II. Gebührenhöhe. Soweit der Rechtsanwalt im Verfahren über einen Antrag nach → Rn. 1 tätig wird, erhält er bereits hierfür eine 0,5-Gebühr. Sie entsteht beim Antrag vor der Aufhebung des Insolvenzverfahrens, aber nach dem klaren Wortlaut der Anm. II auch dann gesondert, wenn der Antrag auf eine Versagung oder auf den Widerruf erst nach der Aufhebung des Insolvenzverfahrens beim Insolvenzgericht eingeht (Enders JurBüro 1999, 170). Das Insolvenzverfahren endet rechtlich erst mit dem Eintritt der formellen Rechtskraft der entsprechenden Gerichtsentscheidung, nicht schon mit ihrer Verkündung oder sonstigen Mitteilung. Die Gebühr gilt das gesamte Verfahren einschließlich der Prüfung ab, ob man ein Rechtsmittel einlegen soll (Enders JurBüro 1999, 170). Bei einem nach der Beendigung eines ersten Verfahrens folgenden weiteren Verfahren kann die Gebühr erneut anfallen. 2

III. Antragsmehrheit (Anm. I). Das Verfahren über mehrere gleichzeitig anhängige Anträge ist nur eine einzige Angelegenheit. Das stellt die Anm. I klar. 3

IV. Gegenstandswert. Er richtet sich nach § 28 III. 4

Nr.	Gebührentatbestand	Gebühr oder Satz der Gebühr nach § 13 RVG
3322	**Verfahrensgebühr für das Verfahren über Anträge auf Zulassung der Zwangsvollstreckung nach § 17 Abs. 4 SVertO**	**0,5**
3323	**Verfahrensgebühr für das Verfahren über Anträge auf Aufhebung von Vollstreckungsmaßregeln (§ 8 Abs. 5 und § 41 SVertO)**	**0,5**

1 **I. Systematik.** Über das schifffahrtsrechtliche Verteilungsverfahren → GKG § 59 Rn. 1, 2. VV 3313, 3314, 3317, 3320, 3322, 3323 bilden nach der Vorb. 3.3.5 I formell vorrangige Sonderregeln. Sie sind der Sache nach keine durchweg eigenen Lösungen. Davon machen VV 3322, 3323 Ausnahmen.

2 **II. Regelungszweck.** Auch hier besteht (selbstverständlich) die Notwendigkeit einer angemessenen Vergütung. Es dürfen nicht durch zu enge Auslegung zusätzliche Vergütungsprobleme geschaffen werden.

3 **III. Anwendungsbereich.** Die Vorschriften erfassen nur die Berufstätigkeit des Rechtsanwalts im Zusammenhang mit in ihnen genannten Verfahren nach der SVertO, sei es für den Antragsteller (Schuldner), einen Gläubiger oder einen am Verfahren beteiligten Dritten. Es ist keine „Vertretung" nach → VV 3313–3316 Rn. 5 erforderlich.

4 Die Vorschriften sind nach → § 1 Rn. 46 nicht anzuwenden, soweit der Rechtsanwalt als **Sachwalter** nach § 9 SVertO tätig wird. Wegen der Tätigkeit eines Rechtsanwalts für diesen Sachwalter → Vor VV 3313 Rn. 3.

5 **1. Zulassung der Zwangsvollstreckung (VV 3322).** → § 18 Rn. 59.

6 **2. Antrag auf Aufhebung usw (VV 3323).** → § 18 Rn. 60.

7 **IV. Gebührenhöhe.** Es entsteht jeweils eine 0,5-Verfahrensgebühr. Sie entsteht für jeden Auftrag gesondert, also bei einer Vertretung mehrerer Gläubiger mit verschiedenen Forderungen mehrfach, Vorb. 3.3.5 II.

8 **V. Gegenstandswert.** Es gilt § 29.

Unterabschnitt 6. Sonstige besondere Verfahren

Vorbemerkung 3.3.6:

[1]Die Terminsgebühr bestimmt sich nach Abschnitt 1, soweit in diesem Unterabschnitt nichts anderes bestimmt ist. [2]Im Verfahren über die Prozesskostenhilfe bestimmt sich die Terminsgebühr nach den für dasjenige Verfahren geltenden Vorschriften, für das die Prozesskostenhilfe beantragt wird.

Nr.	Gebührentatbestand	Gebühr oder Satz der Gebühr nach § 13 RVG
3324	**Verfahrensgebühr für das Aufgebotsverfahren**	**1,0**

Schrifttum: Klüsener, Die Rechtsanwaltsvergütung in Aufgebotsverfahren, JurBüro 2016, 281.

1 **I. Systematik.** Die Vorschrift enthält zusammen mit der Terminsgebühr VV 3332 und der dazugehörigen Vorb. 3.3.6 vorrangige Sonderregeln. Für den Begriff Verfahrensgebühr ist allerdings der Sache nach die entsprechende Vorschrift VV 3100 mit maßgeblich. VV 1000, 1008 sind anzuwenden.

2 **II. Regelungszweck.** Zwecks Kostengerechtigkeit stellt die Vorschrift den Rechtsanwalt wegen seiner meist schwierigen Arbeit in VV 3324 besser als in anderen Verfahrensarten des Unterabschnitts 6. Das mag zwar den tatsächlichen Problemen

wenig gerecht werden. Diese Lösung ist aber hinzunehmen, wie oft bei Pauschgebühren. Sie darf auch nicht im Auslegungsweg unterlaufen werden.

III. Anwendungsbereich. Man trifft zweckmäßig die folgende Unterscheidung. 3

1. Anwendbarkeit. Die Vorschrift regelt die Vergütung des Rechtsanwalts in einem Aufgebotsverfahren nach §§ 433 ff. FamFG. Es ist unerheblich, ob das FamFG für dieses Verfahren nach dem Bundesrecht oder nach dem Landesrecht gilt. Es kommt auch nicht darauf an, ob der Rechtsanwalt den Antragsteller, einen Antragsgegner oder einen sonstigen Beteiligten vertritt, der ein Recht anmeldet. Die Vorschrift gilt darüber hinaus für jedes gerichtliche Aufgebotsverfahren im Bereich des Teils 3, vgl. dessen Überschrift. 4

2. Unanwendbarkeit. Die Vorschrift ist in folgenden Fällen nicht anzuwenden: Es handelt sich um geht um eine private Aufforderung an den Nachlassgläubiger nach § 2061 BGB im Gegensatz zum Aufgebot nach §§ 454 ff. FamFG. Dann ist VV 2300 anzuwenden; es geht um die Kraftloserklärung einer Aktie nach § 72 AktG, um die Kraftloserklärung einer Vollmacht nach § 176 BGB, um die Kraftloserklärung eines Erbscheins nach § 2361 BGB, um das Verfahren wegen einer Todeserklärung. Dann ist VV 2300 anzuwenden; es geht um eine Tätigkeit nach dem Ende des gerichtlichen Aufgebotsverfahrens. 5

IV. Gebühren. Es gibt mehrere Gebührenarten. 6

1. Verfahrensgebühr. Die Vorschrift ist mit VV 3100 vergleichbar. Sie gilt nach der Vorb. 3 II den Betrieb dieses Aufgebotsverfahrens einschließlich der Zahlungssperre nach § 480 FamFG bis auf den Anwendungsbereich der Terminsgebühr VV 3332 ab. Es handelt sich also um eine Pauschgebühr. Sie entsteht, sobald der Rechtsanwalt eine Tätigkeit im Hinblick auf ein Aufgebotsverfahren beginnt, zB bereits mit der auftragsgemäßen Entgegennahme der Information. Der weitere Ablauf des Verfahrens ist für die Entstehung der Verfahrensgebühr grundsätzlich unerheblich. Mehrere Anträge usw innerhalb desselben Verfahrens begründen nach § 15 II 1 nur eine einzige Verfahrensgebühr. Jedes zunächst einzelne Verfahren lässt seine Gebühren auch nach einer etwa erfolgten Verbindung bestehen. Natürlich liegt ab einer solchen Verbindung nur noch **ein** Verfahren vor. Das Aufgebotsverfahren endet mit dem Ausschließungsbeschluss nach § 439 FamFG. Eine erst anschließende Tätigkeit gehört nicht mehr zum Aufgebotsverfahren. 7

Vorzeitige Auftragsbeendigung führt allerdings nach VV 3337 zur Ermäßigung der Verfahrensgebühr auf 0,5-Gebühr. 8

2. Terminsgebühr (Vorb. 3.3.6). Neben VV 3324 entsteht unter den Voraussetzungen der Vorb. 3 III und VV 3332 evtl. eine Terminsgebühr. Der Rechtsanwalt braucht also nicht während der gesamten Terminsdauer mitgewirkt zu haben. Der weitere Ablauf des Verfahrens ist unerheblich. Vgl. auch die Vorb. 3.3.6. 9

Vorzeitige Auftragsbeendigung kann auch hier nach VV 3337 zur Ermäßigung der Terminsgebühr auf 0,5-Gebühr führen. 10

V. Gegenstandswert. Maßgebend ist das Interesse des Auftraggebers am Aufgebot. Es ist nach § 3 ZPO zu ermitteln. Denn das FamGKG ist auf das Aufgebotsverfahren nicht anzuwenden. Es kommt auf das Objekt des Aufgebots an. Bei der Ausschließung eines Grundeigentümers ist der Wert des Grundstücks maßgeblich, beim Ausschluss eines Schiffseigners der Wert des Schiffes. Bei einem Inhaberpapier kommt es auf den Betrag der Forderung an. Bei einer Hypothek, Grundschuld oder Rentenschuld sind grundsätzlich 10–20% des Werts ansetzbar, soweit nicht der Grundstückswert usw geringer ist (LG Berlin Rpfleger 1988, 549). Bei der Kraftloserklärung einer Urkunde kann der Kurswert maßgeblich sein. Bei einer Zahlungssperre kann man 20% der Hauptsache ansetzen. Stets ist mit zu beachten, dass ein Aufgebot nicht das Recht selbst geltend macht, sondern nur dessen Fortbestand sichern soll. 11

VI. Kostenerstattung. Sie richtet sich nach §§ 80 ff. FamFG. 12

Nr.	Gebührentatbestand	Gebühr oder Satz der Gebühr nach § 13 RVG
3325	**Verfahrensgebühr für Verfahren nach § 148 Abs. 1 und 2, nach § 246a des Aktiengesetzes (auch i. V. m. § 20 Abs. 3 Satz 4 SchVG), nach § 319 Abs. 6 des Aktiengesetzes (auch i. V. m. § 327e Abs. 2 des Aktiengesetzes) oder nach § 16 Abs. 3 UmwG**	0,75

1 **I. Systematik, Regelungszweck.** Es handelt sich um eine für ihren Anwendungsbereich vorrangige Sonderregel. Ihre Notwendigkeit oder zumindest Zweckmäßigkeit folgt aus der besonderen Art der dort genannten Verfahrensarten und den erheblichen Anforderungen an den Rechtsanwalt in diesem Anwendungsbereich. Als eine Sonderbestimmung ist VV 3325 eng auszulegen. Die Auslegungsgrundsätze zu VV 3100 bleiben freilich trotz des Fehlens einer Verweisung dem Grunde nach auf VV 3100 unberührt.

2 **II. Anwendungsbereich.** Die Vorschrift gilt in den in → GKG § 53 Rn. 11 erläuterten Fällen der §§ 148 I, II, 246a, 319 VI AktG, auch iVm § 327e II AktG, ferner des § 16 III UmwG. Die Verfahrensgebühr entsteht bei jeder auftragsgemäßen Tätigkeit im Verfahren zur Herbeiführung eines Beschlusses über die Zulässigkeit der Eintragung einer Verschmelzung oder Eingliederung oder Übertragung in das Handelsregister usw. Die Gebühr entsteht ab einer auftragsgemäßen Entgegennahme der Information unabhängig vom Umfang der Tätigkeit. Auftraggeber kann jeder Verfahrensbeteiligte sein. Die Verfahrensgebühr gilt als eine Pauschale das ganze Verfahren ab.

3 **Unanwendbar** ist VV 3325 auf ein Klageverfahren oder auf ein Eintragungsverfahren. Dann gelten jeweils VV 3100 ff. Bei einer sofortigen Beschwerde nach § 319 VI 5 AktG, § 16 III 5 UmwG sind VV 3500 ff. anzuwenden.

4 **III. Gebühren.** Der Rechtsanwalt erhält 0,75-Gebühr. Es kann daneben eine 0,5-Terminsgebühr VV 3332 und theoretisch eine Einigungsgebühr VV 1000 entstehen (aA Gerold/Schmidt/Müller-Rabe Rn. 6 VV 1008 ist anzuwenden). Eine Anrechnung erfolgt nicht. Das Hauptsacheverfahren ist eine besondere Angelegenheit.

5 **Vorzeitige** Beendigung des Auftrags kann nach VV 3337 zur Ermäßigung auf 0,5-Gebühr führen.

6 **IV. Gegenstandswert.** Es gelten §§ 23, 53 I 1 Nr. 4, 5, I 2 GKG. Der Wert ist also nach § 3 ZPO zu bestimmen, → ZPO § 3 Rn. 1 ff. Meist reichen 10 % des Grund- oder Stammkapitals des übertragenden oder 10 % des Vermögens (Riedel/Sußbauer/Schütz Rn. 144).

7 **V. Fälligkeit; Kostenschuldner.** Die Fälligkeit richtet sich nach § 8. **Kostenschuldner** ist wie stets der Auftraggeber.

8 **VI. Kostenerstattung.** Die Erstattungsfähigkeit richtet sich nach §§ 91 ff. ZPO.

Nr.	Gebührentatbestand	Gebühr oder Satz der Gebühr nach § 13 RVG
3326	**Verfahrensgebühr für Verfahren vor den Gerichten für Arbeitssachen, wenn sich die Tätigkeit auf eine gerichtliche Entscheidung über die Bestimmung einer Frist (§ 102 Abs. 3 des Arbeitsgerichtsgesetzes), die Ablehnung eines Schiedsrichters (§ 103 Abs. 3 des Arbeitsgerichtsgesetzes) oder die Vornahme einer Beweisaufnahme oder einer Vereidigung (§ 106 Abs. 2 des Arbeitsgerichtsgesetzes) beschränkt**	0,75

I. Systematik. Regelungszweck. Es handelt sich um eine vorrangige Sonderregelung. Ergänzend sind §§ 16 Nr. 11, 36 I Nr. 2 sowie VV 3100 ff., 3327 anzuwenden. Bezweckt wird nach § 16 Nr. 9 eine gesonderte Vergütung der abschließend genannten eng auszulegenden Tätigkeiten, falls der Rechtsanwalt im arbeitsgerichtlichen Verfahren eben nur eine dieser Tätigkeiten ausübt und nicht als VerfBev gemäß § 36 I Nr. 2 nach VV 3100 ff. und insbesondere auch nach VV 3104 tätig wird. Als Verfahrensgebühr gilt VV 3326 auch dann nur einmal, wenn mehrere dieser letzteren Einzeltätigkeiten zusammentreffen. Wegen einer Terminsgebühr vgl. VV 3332. 1

II. Anwendungsbereich. Die Vorschrift erfasst jede der folgenden Situationen. 2

1. Fristbestimmung (§ 102 III Alt. 1 ArbGG). Es geht um folgendes: Nicht die Streitparteien, sondern die Parteien des Schiedsvertrags haben die Mitglieder des Schiedsgerichts zu ernennen, aber nicht ernannt. Ein Beteiligter beantragt nun beim Vorsitzenden des mangels eines Schiedsvertrags sonst zuständigen ArbG nach § 102 II Nr. 2, III ArbGG eine Fristsetzung zur Bildung des Schiedsgerichts. 3

2. Fristbestimmung (§ 102 III Alt. 2 ArbGG). Es kann auch um folgendes gehen: Das Schiedsgericht verzögert sein Verfahren. Ein Beteiligter beantragt nun eine dem Fall → Rn. 2 entsprechende Fristsetzung. 4

3. Ablehnung eines Schiedsrichters (§ 103 III ArbGG). Es kann sich ferner um folgendes handeln: Ein Mitglied des Schiedsgerichts ist nach § 103 II ArbGG für befangen erklärt worden, und nun muss das ArbG nach § 103 III ArbGG über das Ablehnungsgesuch entscheiden. 5

4. Beweisaufnahme, Vereidigung (§ 106 II ArbGG). Es kann schließlich um eine erforderliche, aber dem Schiedsgericht nicht mögliche Beweisaufnahme nach § 106 II 1 ArbGG gehen oder nach § 106 II 2 ArbGG um eine ihm ja verwehrte Beeidigung eines Zeugen oder Sachverständigen oder um eine eidliche Parteivernehmung. Eine eidesgleiche Bekräftigung steht dem Eid hier gleich. 6

III. Gebührenhöhe. Es entsteht als Verfahrensgebühr nach → Rn. 1 insgesamt nur einmal eine 0,75-Gebühr. Sie entsteht mit der auftragsgemäßen Entgegennahme der Information. Sie deckt als eine Pauschale die gesamte auftragsgemäße Einzeltätigkeit ab. Es ist unerheblich, ob der Rechtsanwalt in diesem gerichtlichen Verfahren auch nach außen tätig wird und welcher Verfahrensbeteiligte sein Auftraggeber ist. Wegen der Terminsgebühr gilt VV 3332. 7

Vorzeitige Beendigung des Auftrags kann nach VV 3337 zur Ermäßigung auf 0,5-Gebühr führen. 8

IV. Fälligkeit. Sie richtet sich nach § 8. 9

V. Kostenschuldner. Das ist der Auftraggeber, wie stets. 10

Nr.	Gebührentatbestand	Gebühr oder Satz der Gebühr nach § 13 RVG
3327	**Verfahrensgebühr für gerichtliche Verfahren über die Bestellung eines Schiedsrichters oder Ersatzschiedsrichters, über die Ablehnung eines Schiedsrichters oder über die Beendigung des Schiedsrichteramts, zur Unterstützung bei der Beweisaufnahme oder bei der Vornahme sonstiger richterlicher Handlungen anlässlich eines schiedsrichterlichen Verfahrens**	**0,75**

I. Systematik (Hs. 1–4). Die Vorschrift enthält eine gegenüber § 34 vorrangige Sonderregelung in ihrem Anwendungsbereich. Innerhalb des Anwendungsbereichs fasst sie die mit je 0,75-Gebühr vergüteten Tätigkeiten zusammen. Daneben ist die Ermäßigung auf 0,5-Gebühr bei einer vorzeitigen Auftragsbeendigung nach VV 3336 zu beachten. Daneben bleiben alle allgemeinen Vorschriften des RVG anzuwenden. 1

2 **II. Regelungszweck (Hs. 1–4).** Er besteht in einer angemessen, aber auch nicht ausufernden Vergütung derjenigen Tätigkeiten im Zusammenhang mit Verfahren nach §§ 796a–c ZPO einerseits, §§ 1025 ff. ZPO andererseits, die erfahrungsgemäß eine erhebliche Arbeit mit sich bringen. Vgl. ferner → Rn. 3.

3 **III. Anwendungsbereich (Hs. 1–4).** VV 3327 erfasst nur diejenige Anwaltstätigkeit, die im Zusammenhang mit einem zumindest schiedsrichterlichen Verfahren nach §§ 1025 ff. ZPO nun vor dem Staatsgericht erfolgt. VV 3327 erfasst alle Tätigkeiten im schiedsrichterlichen Verfahren. Man sollte die Vorschrift entsprechend weit auslegen.

4 **Unanwendbar** ist VV 3327 auf den für das gesamte schiedsrichterliche Verfahren gemäß § 36 I Bevollmächtigten, § 16 Nr. 8. Ebenso wenig gilt VV 3327 bei der Vollstreckbarerklärung eines Schiedsspruchs nach §§ 1059 ff. ZPO oder eines Anwaltvergleichs nach § 796a ZPO. Dann gelten VV 3100 ff. (OLG Koblenz MDR 2010, 778).

5 Es kommt **nicht** auf den Schwierigkeitsgrad und nicht auf den Erfolg an, soweit nicht VV 3100 ff. insoweit Besonderheiten aufweisen. Denn VV 3327 enthält keine Erfolgsgebühren, sondern Verfahrensgebühren. Mehrere Verfahren I können mehrere Gebühren(gruppen) auslösen, wie stets (aA Riedel/Sußbauer/Schütz Rn. 148).

6 **IV. Beschränkung auf Einzeltätigkeit (Hs. 1–4).** Es ergeben sich die folgenden Aspekte.

7 **1. Bestellung eines Schiedsrichters oder Ersatzschiedsrichters (Hs. 1).** Es geht nur um eine Bestellung nach §§ 1034 II, 1035 III, IV, 1039 ZPO. Es gilt dasselbe wie bei → § 16 Rn. 23.

8 **2. Ablehnung eines Schiedsrichters (Hs. 2).** Es geht nur um eine Ablehnung nach § 1037 III ZPO. Es gilt dasselbe wie → § 16 Rn. 24.

9 **3. Beendigung des Schiedsrichteramts (Hs. 3).** Es geht nur um eine Beendigung nach § 1038 I 2 ZPO. Es gilt dasselbe wie → § 16 Rn. 25.

10 **4. Unterstützung bei Beweisaufnahme, sonstige richterliche Handlung (Hs. 4).** Es geht nur um einen Vorgang nach § 1050 ZPO. Es gilt dasselbe wie bei → § 16 Rn. 26.

11 **V. Gebühren (Hs. 1–4).** Es können nebeneinander die folgenden Gebühren entstehen.

12 **1. Verfahrensgebühr (VV 3327).** Sie entsteht mit jeder auftragsgemäßen Tätigkeit des Rechtsanwalts für einen Verfahrensbeteiligten. Sie gilt den gesamten Geschäftsbetrieb ab der auftragsgemäßen Einholung der Information für das Verfahren ab. Es ist nicht erforderlich, dass die Tätigkeit im Verfahren nach außen in Erscheinung tritt.

13 Soweit sich der Auftrag des Rechtsanwalts vor der Einreichung des schriftlichen Antrags oder vor seiner Formulierung in einer mündlichen Verhandlung **erledigt,** ist die Ermäßigung nach VV 3337 zu beachten. Der Rechtsanwalt des Antragsgegners erhält dann die volle Verfahrensgebühr, wenn er einen solchen Schriftsatz eingereicht hat, der den in VV 3337 I genannten Merkmalen entspricht. Soweit das Gericht durch einen Beschluss entscheidet, entsteht keine weitere Gebühr.

14 **2. Terminsgebühr (VV 3332).** Sie entsteht unter den Voraussetzungen VV 3332 in jedem der in VV 3327 genannten Verfahren vor dem Staatsgericht. Das gilt zB bei der Wahrnehmung eines Termins mit der Vernehmung eines Zeugen oder Sachverständigen.

15 **3. Einigungsgebühr (VV 1000).** Schließlich kann eine Einigungsgebühr nach VV 1000 entstehen. Die Parteien müssen sich allerdings in der Sache selbst einig werden. Eine Einigung nur über die Vollstreckbarkeit ist unzulässig und unwirksam. Sie kann keine Einigungsgebühr auslösen.

16 Ein solcher **Schiedsspruch mit vereinbartem Wortlaut** nach § 1053 ZPO, den dort I selbst als „Vergleich" bezeichnet, zählt nur indirekt hierher. Soweit die Parteien vor dem Staatsgericht eine Einigung über den dortigen Verfahrensgegenstand hinaus erzielen, mag das Gericht sie zwar protokollieren. Sie unterfällt aber wohl meist den Vergütungsregeln der Schiedsvereinbarung.

VI. Gegenstandswert (Hs. 1–4). Vgl. bei einer Ablehnung → ZPO § 3 Rn. 11, 97 (aA Riedel/Sußbauer/Schütz Rn. 150). Im Übrigen ist der Gegenstandswert des schiedsrichterlichen Verfahrens und bei einer Beweisanordnung ihr nach § 3 ZPO zu schätzender Wert maßgebend. 17

VII. Kostenerstattung (Hs. 1–4). Soweit das Schiedsgericht oder beim Anwaltsvergleich die Parteien eine Kostengrundentscheidung treffen, ist diese maßgeblich und unter einer Mitbeachtung von §§ 91 ff. ZPO auszulegen, insbesondere von § 98 ZPO. 18

Nr.	Gebührentatbestand	Gebühr oder Satz der Gebühr nach § 13 RVG
3328	**Verfahrensgebühr für Verfahren über die vorläufige Einstellung, Beschränkung, Aussetzung oder Aufhebung der Zwangsvollstreckung oder die einstweilige Einstellung oder Beschränkung der Vollstreckung und die Anordnung, dass Vollstreckungsmaßnahmen aufzuheben sind.** **[1] Die Gebühr entsteht nicht, wenn die Tätigkeit zum Rechtszug gehört (§ 19 Abs. 1 Satz 2 Nr. 12 RVG). [2] Wird der Antrag beim Vollstreckungsgericht und beim Prozessgericht gestellt, entsteht die Gebühr nur einmal.**	**0,5**

I. Systematik. Nach § 19 I 2 Nr. 11 gehört die vorläufige Einstellung, Beschränkung oder Aufhebung der Zwangsvollstreckung zum Rechtszug, soweit nicht hierüber eine abgesonderte mündliche Verhandlung stattfindet (OLG Naumburg JurBüro 2002, 531; VGH Hessen NJW 2008, 679). Der ProzBev nach § 81 ZPO erhält also mangels einer besonderen mündlichen Verhandlung zwecks einer Kostendämpfung keine besondere Gebühr (OLG Naumburg JurBüro 2002, 531; VGH Hessen NJW 2008, 679). Das gilt nach VV 3101 Nr. 1 auch dann, wenn sich sein Auftrag vorzeitig erledigt. Demgegenüber regelt VV 3328 zusammen mit VV 3332 eine diesbezügliche besondere mündliche Verhandlung nach der ZPO oder einen besonderen gerichtlichen Termin im FamFG-Verfahren. Es handelt sich insofern um eine vorrangige Sonderregelung. Das folgt auch aus der gegenüber § 19 I 2 Nr. 11 klärenden Anm. S. 1. Die Vorschrift ist deshalb eng auszulegen (OLG Bamberg Rpfleger 1995, 383; OLG München AnwBl 1995, 197). 1

II. Regelungszweck. Die Vorschrift bezweckt eine mit den besonderen Anforderungen an eine Verhandlung oder einen Termin mit ihren Notwendigkeiten einer raschen Reaktion verbundene angemessene Vergütung einer solchen Zusatztätigkeit. 2

III. Anwendungsbereich. Soweit das Gericht der Hauptsache und entweder nur dieses oder zumindest auch dieses also über die vorläufige Einstellung, Beschränkung oder Aufhebung der Zwangsvollstreckung eine abgesonderte mündliche Verhandlung oder im FamFG-Verfahren einen besonderen Termin anordnet, ist VV 3328 anzuwenden. Die Vorschrift bezieht sich dann auf jede Einstellung usw im Gesamtbereich VV Teil 3, zB nach §§ 707, 719, 769, 770, 771 III, 785, 786, 805 IV, 810 II, 924 III ZPO. Sie gilt auch dann, wenn eine mündliche Verhandlung dem Gericht freisteht, sofern sie dann nur eben stattfindet, zB bei §§ 570 III, 732 II, 1065 II ZPO. 3

Unanwendbar ist VV 3328 allerdings auf ein Verfahren nach § 718 ZPO. Vielmehr gilt dann nach → Rn. 2 stets § 19 I 2 Nr. 11 (vgl. OLG Hamm MDR 1975, 501; OLG München AnwBl 1995, 197). Das entspricht dem Ausnahmecharakter des VV 3328. 4

IV. Vorläufige Einstellung usw. Es müssen die folgenden Voraussetzungen zusammentreffen. 5

1. Abgesonderte mündliche Verhandlung oder besonderer gerichtlicher Termin. Grundsätzlich muss das Gericht über die vorläufige Einstellung, Beschrän- 6 kung oder Aufhebung der Zwangsvollstreckung nach → Rn. 1 gerade eine abgesonderte mündliche Verhandlung oder einen besonderen Termin angeordnet haben. Diese abgesonderte Verhandlung oder dieser besondere Termin müssen auch tatsächlich stattgefunden haben (OLG Naumburg JurBüro 2002, 531).

7 Soweit **keine** abgesonderte mündliche Verhandlung oder kein besonderer Termin stattfindet, kann eine Gebühr nach VV 3328 allerdings für denjenigen Rechtsanwalt entstehen, der einen Auftrag nur wegen des Verfahrens auf die vorläufige Einstellung usw hat (LG Stade NJW-RR 2013, 128). Sofern er später einen Auftrag wegen der Hauptsache erhält, ist dann allerdings § 15 V zu beachten (LG Stade NJW-RR 2013, 128).

8 **2. Erscheinen des Rechtsanwalts.** Der Rechtsanwalt muss in der vom Gericht angeordneten abgesonderten mündlichen Verhandlung oder im besonderen Termin auch tatsächlich vertretungsbereit erscheinen. Das ergibt sich aus der Anm. S. 1. Sofern er lediglich auftragsgemäß eine Information entgegennimmt und außerdem nur etwa auch den Antrag auf eine vorläufige Einstellung usw gefertigt und eingereicht hat, ist VV 3328 nicht anzuwenden. Sofern sich der Auftrag vor dem Beginn der abgesonderten mündlichen Verhandlung oder des besonderen Termins erledigt hat, ist VV 3103 Nr. 1 nach der Vorb. 3.1 I anzuwenden (keine Besonderheit im Abschnitt 4). Es reicht aus, dass der Rechtsanwalt beim Beginn der abgesonderten mündlichen Verhandlung usw anwesend und zur Mitwirkung an der Verhandlung usw bereit ist.

9 **V. Gebühren.** Es kann jede der folgenden Gebühren entstehen.

10 **1. Verfahrensgebühr (VV 3328).** Eine 0,5-Gebühr entsteht, sobald eine abgesonderte mündliche Verhandlung oder ein besonderer Termin stattfindet. Diese „Verfahrensgebühr" des VV 3328 ist gleichwohl keine Terminsgebühr. Sie unterliegt daher nicht den Bedingungen der Vorb. 3 III. Das tut erst die „Terminsgebühr" VV 3332. Soweit der Rechtsanwalt oder der Gegner einen Antrag beim Vollstreckungs- und beim Prozessgericht oder Familiengericht gestellt hatte, zB nach §§ 769 II, 771 III ZPO, erhält der Rechtsanwalt die 0,5-Verfahrensgebühr nach der Anm. S. 2 nur einmal. Das erklärt sich daraus, dass der Rechtsanwalt für seine Tätigkeit beim Vollstreckungsgericht bereits eine Verfahrensgebühr VV 3309 verdient hat.

11 Er erhält diese Gebühr VV 3309 allerdings auch bei einer abgesonderten **mündlichen Verhandlung** oder einem besonderen Termin nicht nochmals. Daher entsteht dann nur die Terminsgebühr VV 3331 zusätzlich.

12 Im Übrigen erhält der Rechtsanwalt nach § 19 I 2 Nr. 11 eine besondere Gebühr für die **Einstellung** usw auch bei einer sonstigen Tätigkeit in der Vollstreckungsinstanz. Die Verfahrensgebühr entfällt nach → Rn. 1, VV 3101 Nr. 1 dann, wenn sich der Auftrag vor dem Erscheinen des Rechtsanwalts in der abgesonderten mündlichen Verhandlung oder im besonderen Termin erledigt.

13 **Unanwendbar** ist VV 3337 mit der dortigen Ermäßigung. Denn jene Vorschrift nennt nicht auch VV 3328.

14 **2. Terminsgebühr (VV 3332).** Diese Vorschrift erfasst auch VV 3328. Für die Terminsgebühr gilt die Vorb. 3 III. Vgl. im Einzelnen bei VV 3332.

15 **3. Einigungsgebühr (VV 1000).** Sie kann stets hinzutreten.

16 **VI. Gegenstandswert.** → ZPO § 3 Rn. 145.

17 **VII. Kostenerstattung.** Im Rahmen von § 91 ZPO, §§ 80 ff. FamFG sind die Kosten als Teil der Prozess- oder Verfahrenskosten erstattungsfähig, OLG München Rpfleger 1987, 36.

Nr.	Gebührentatbestand	Gebühr oder Satz der Gebühr nach § 13 RVG
3329	**Verfahrensgebühr für Verfahren auf Vollstreckbarerklärung der durch Rechtsmittelanträge nicht angefochtenen Teile eines Urteils (§§ 537, 558 ZPO)**	0,5

I. Systematik. Das Berufungsgericht muss wegen § 705 ZPO ein nicht oder nicht unbedingt für vorläufig vollstreckbar erklärtes Ersturteil, soweit die Berufungsanträge es nicht anfechten, auf Grund eines Antrags durch einen Beschluss für vorläufig vollstreckbar erklären, § 537 I 1 ZPO (OLG München MDR 1992, 1087). Entsprechendes gilt für den nicht angefochtenen Teil eines Berufungsurteils, § 558 S. 1 ZPO. Nur diese beiden Fälle unterfallen VV 3329, nicht eine sonstige vorläufige Vollstreckbarerklärung. 1

Dann ist für die Tätigkeit des Rechtsanwalts in dem Verfahren auf die Vollstreckbarerklärung des nicht angefochtenen Teils des Urteils VV 3329 anzuwenden. Das gilt auch dann, wenn der Rechtsmittelkläger das zunächst nur auf einen **Teil des Ersturteils** erstreckte Rechtsmittel auf einen anderen Teil des Ersturteils ausdehnt. 2

Wenn er dagegen das Rechtsmittel nachträglich auf das **ganze Ersturteil** ausdehnt oder wenn die Parteien den ganzen nicht angefochtenen Urteilsteil in einen Vergleich einbeziehen, ist § 19 I 2 Nr. 9 anzuwenden (vgl. OLG München MDR 1992, 1087). 3

II. Regelungszweck. Die Vorschrift bezweckt eine ausreichende Vergütung für eine zusätzliche Tätigkeit des Rechtsmittelanwalts. Das ist bei der an sich nötigen engen Auslegung dieser Sondervorschrift mit zu beachten. 4

III. Anwendungsbereich. → Rn. 1. Den Auftrag kann jeder Verfahrensbeteiligte erteilen. 5

IV. Gebühr. Im Verfahren auf die Vollstreckbarerklärung des nicht angefochtenen Teils des Ersturteils erhält der Rechtsanwalt eine 0,5 Verfahrensgebühr. Diese Gebühr entsteht mit der ersten auftragsgemäßen Tätigkeit, meist mit der Entgegennahme der Information. Sie ist vom Umfang der Tätigkeit unabhängig. Sie gilt als eine Pauschale grundsätzlich die gesamte Tätigkeit im Verfahren auf die Vollstreckbarerklärung ab. VV 1008 ist anzuwenden (OLG Düsseldorf AnwBl 1980, 159), ebenso aber auch § 15 III. Bei einer Rechtsmittelerweiterung findet eine Anrechnung von VV 3329 auf die im Rechtsmittelverfahren zur Hauptsache nun erhöhten Gebühren nach §§ 15 II, 19 I 2 Nr. 9 statt. 6

Eine **Terminsgebühr** kann freilich nach VV 3332 hinzutreten. Eine **Einigungsgebühr** kann unter den Voraussetzungen VV 1000, 3101 Nr. 2 entstehen. Dann ist freilich VV 3329 daneben nicht anzuwenden (OLG Hamburg MDR 1982, 945). Es tritt keine Ermäßigung ein (OLG München JurBüro 1993, 156). 7

V. Gegenstandswert. Maßgeblich ist der Wert desjenigen nicht angefochtenen Teils des Ersturteils, auf den sich der Antrag auf eine Vollstreckbarerklärung im Zeitpunkt der Entscheidung des Gerichts erstreckt (vgl. Bonn JurBüro 2001, 252; Gerold/Schmidt/Müller-Rabe Rn. 12; aA OLG Frankfurt a. M. JurBüro 1996, 312; OLG Hamm FamRZ 1994, 248 nur ein Bruchteil). 8

VI. Kostenerstattung. Sie ergibt sich aus der notwendigen oder doch mindestens zulässigen und ratsamen gesonderten Kostengrundentscheidung des Beschlusses des Rechtsmittelgerichts im Verfahren nach § 537 I oder § 558 S. 1 ZPO (OLG München JurBüro 1993, 156; OLG Schleswig SchlHA 1980, 188). 9

Nr.	Gebührentatbestand	Gebühr oder Satz der Gebühr nach § 13 RVG
3330	**Verfahrensgebühr für Verfahren über eine Rüge wegen Verletzung des Anspruchs auf rechtliches Gehör**	**in Höhe der Verfahrensgebühr für das Verfahren, in dem die Rüge erhoben wird, höchstens 0,5, bei Betragsrah-**

Nr.	Gebührentatbestand	Gebühr oder Satz der Gebühr nach § 13 RVG
		mengebühren höchstens 260,00 €
3331	**Terminsgebühr in Verfahren über eine Rüge wegen Verletzung des Anspruchs auf rechtliches Gehör**	**in Höhe der Terminsgebühr für das Verfahren, in dem die Rüge erhoben wird, höchstens 0,5, bei Betragsrahmengebühren höchstens 260,00 €**

1 **I. Systematik.** Es handelt sich um eine neben § 19 I 2 Nr. 5 Hs. 2 stehende und in ihrem Anwendungsbereich vorrangige Sondervorschrift.

2 **II. Regelungszweck.** Die Vorschrift dient der Kostengerechtigkeit. Auch der nur in ihrem Anwendungsbereich tätige Rechtsanwalt arbeitet nicht umsonst. Das nicht gerade einfache Verfahren wegen Verletzung des Anspruchs auf rechtliches Gehör richtet sich nach den in → § 12a Rn. 4 aufgezählten Vorschriften. Es erfordert ein erhebliches Maß an Behutsamkeit, Vorsicht einerseits, Entschlossenheit des Rechtsanwalts andererseits gegenüber einem solchen Gericht, dem er immerhin einen schon der Rechtsnatur nach schweren Verstoß gegen prozessuale Grundpflichten (Beachtung des § 103 I GG) vorwerfen muss. Das erfordert eine angemessene Vergütung. Demgemäß ist die Vorschrift auszulegen.

3 **III. Anwendungsbereich.** Der Rechtsanwalt darf nicht schon im bisherigen Verfahren als der ProzBev oder als ein VerfBev nach § 81 ZPO tätig gewesen sein oder jetzt oder anschließend tätig werden (Enders JurBüro 2002, 57 (58), Ausnahme: Terminsgebühr). Denn dann würden VV 3100 ff. seine Tätigkeit im Verfahren des § 12a nach §§ 15 II, 19 I 2 Nr. 5 Hs. 2 mit abgelten. Andererseits braucht der Rechtsanwalt nicht im gesamten Verfahren des § 12a tätig geworden zu sein. Es genügt vielmehr zB ein Antrag oder ein Tätigkeitsabschnitt in einem späteren Abschnitt dieses Verfahrens. Der Rechtsanwalt mag auch nur Verkehrsanwalt oder bei VV 3332 Terminsanwalt gewesen sein. Dann ist aber § 15 VI zu beachten. Es ist unerheblich, ob der Rechtsanwalt den Rügeführer oder einen anderen Prozessbeteiligten vertritt. Der Ausgang des Verfahrens ist ebenfalls unerheblich. Die Gebühr kann also auch bei einer Unstatthaftigkeit der Gehörsrüge entstehen, soweit der Rechtsanwalt nicht gesetzwidrig oder vertragswidrig handelt.

4 **IV. Gebühren.** Es können zumindest die folgenden Gebühren entstehen. Eine Ermäßigung tritt nicht ein. VV 1008 ist anzuwenden. Eine erneute Rüge löst erneut Gebühren aus, nicht aber eine bloße Anschlussrüge. Eine Ermäßigung nach VV 3337 findet nicht statt. Denn jene Vorschrift nennt VV 3330, 3332 nicht mit.

5 **1. Verfahrensgebühr.** Die Gebühr VV 3330 entsteht nach der Vorb. 3 II für das Betreiben des Geschäfts einschließlich einer auftragsgemäßen Einholung der Information. Darauf verweist die Gebührenspalte zusätzlich. Das Verfahren beginnt frühestens mit dem Erlass der angeblich beanstandungsbedürftigen Entscheidung. Es endet mit der Verwerfung oder Zurückweisung der Rüge oder mit der Anordnung der Fortführung des Prozesses oder Verfahrens. Vgl. im Übrigen VV 3100 Anm. Die Höhe beträgt 0,5-Gebühr und bei einer Betragsrahmengebühr höchstens 260 EUR.

6 **2. Terminsgebühr.** Nach VV 3332 entsteht zusätzlich gerade schon und noch im Rügeverfahren eine Terminsgebühr unter den Voraussetzungen VV 3104. Eine Ver-

handlung erst nach der Beendigung des Rügeverfahrens macht für den ProzBev oder VerfBev VV 3104 wie sonst anzuwenden.

3. Einigungsgebühr. Sie kann unter den Voraussetzungen VV 1000 entstehen. 7

V. Gegenstandswert. Grundsätzlich ist der Wert der Hauptsache zugrunde zu legen, den die angefochtene Entscheidung betrifft. Bei gegenseitigen Rügen ist deren Wert zu addieren. 8

VI. Kostenerstattung. Beim Erfolg der Rüge gibt es neben der Kostengrundentscheidung des Hauptprozesses abgesehen von evtl. § 96 ZPO, § 113 I 2 FamFG keine für das Rügeverfahren gesonderte Kostengrundentscheidung und folglich grundsätzlich keine Notwendigkeit eines besonderen Gegenstandswerts. Beim Misserfolg ist nach §§ 91 ff. ZPO, §§ 80 ff. FamFG die etwa ergangene Kostengrundentscheidung maßgeblich. Vgl. freilich § 91 II 3 ZPO. 9

Nr.	Gebührentatbestand	Gebühr oder Satz der Gebühr nach § 13 RVG
3332	**Terminsgebühr in den in Nummern 3324 bis 3329 genannten Verfahren**	0,5

I. Systematik. Die Vorschriften gelten zusätzlich zu VV 3324–3329 als eine der Höhe nach vorrangige Sonderregelung. Ergänzend gilt die Vorb. 3 III. 1

II. Regelungszweck. Die Vorschriften bezwecken eine den Verfahrensgebühren entsprechende Dämpfung der Kosten im Bereich der isolierten Anwaltstätigkeit nur auf den jeweiligen Einzelgebieten. So sollte man die Vorschriften handhaben. 2

III. Anwendungsbereich. Vgl. die entsprechenden Anm. zu VV 3324–3329. Die Terminsgebühr entsteht also für die Wahrnehmung einer jeden Art von Aufgebotstermin als der Vertreter des Antragstellers, eines Antragsgegners oder eines sonstwie Beteiligten. Der Termin kann nach § 32 FamFG stattfinden. Die Terminsgebühr ist grundsätzlich vom verhandlungsbereiten Erscheinen im Termin abhängig. Freilich reicht auch nach der Vorb. 3 III Hs. 2 die Mitwirkung an einer Besprechung zwecks einer Vermeidung oder Erledigung des Verfahrens ohne eine Beteiligung des Gerichts und mit einem anderen Beteiligten als nur dem Auftraggeber. 3

Unerheblich ist, ob es zu einer streitigen oder unstreitigen oder einseitigen Verhandlung oder Erörterung kommt und ob nur Prozess- oder Verfahrensanträge oder auch ein Sachantrag erfolgen. 4

Unanwendbar ist VV 3332 also zB dann, wenn das Gericht nach § 319 VI 3 AktG, § 16 III 3 UmwG ohne eine mündliche Verhandlung nach § 128 IV ZPO entscheidet. 5

IV. Gebührenhöhe. Aus den Erwägungen → Rn. 2 entsteht jeweils nur eine 0,5-Gebühr, auch wenn es in demselben Verfahren zu mehreren Terminen kommt. 6

V. Gegenstandswert. Es gelten dieselben Erwägungen wie bei den zugehörigen Verfahrensgebühren VV 3324–3329. 7

Nr.	Gebührentatbestand	Gebühr oder Satz der Gebühr nach § 13 RVG
3333	**Verfahrensgebühr für ein Verteilungsverfahren außerhalb der Zwangsversteigerung und der Zwangsverwaltung** .... **[1]Der Wert bestimmt sich nach § 26 Nr. 1 und 2 RVG. [2]Eine Terminsgebühr entsteht nicht.**	0,4

I. Systematik, Regelungszweck. Es handelt sich um eine Ergänzung mit einem Auffangcharakter und derselben Zielsetzung wie §§ 26 ff., aber auch zur Vermeidung einer zu geringen Gesamtvergütung. Das ist bei der Auslegung mit zu beachten. 1

VV 3309 ist anzuwenden. Im etwa folgenden Prozess nach § 878 ZPO sind VV 3100 ff. anzuwenden.

2 **II. Anwendungsbereich.** Die Vorschrift erfasst ein Verteilungsverfahren bei einer Enteignung nach Art. 52, 109 EGBGB, also nach Art. 53 I, 53a II EGBGB die Festsetzung der Entschädigung des Grundstückseigentümers, falls ein am Grundstück Berechtigter einen Widerspruch gegen die Zahlung erhebt, und nach Art. 53a EGBGB einen entsprechenden Entschädigungsanspruch des Eigentümers eines eingetragenen Schiffs- oder Schiffsbauwerks.

3 **Hierher gehören ferner:** Ein Verteilungsverfahren nach §§ 827, 853, 854, 858 V, 872–877, 882 ZPO; ein Entschädigungsanspruch wegen der Beschädigung eines Grundstücks durch Bergbau nach Art. 67 II EGBGB; ein Entschädigungsanspruch zB nach § 119 III BauGB oder nach § 55 BLG; ein Verfahren nach § 75 II FlBereinigG; ein Verfahren nach § 54 III LandbeschaffungsG; ein Verfahren nach §§ 65, 119 BauGB; ein Vergleich nach der SVertO vorbehaltlich VV 3313 ff.

4 **Unanwendbar** ist VV 3333, soweit die vorrangigen VV 3311, 3313 ff. für das Verteilungsverfahren anzuwenden sind, Vorb. 3.3.5 I, oder soweit es sich um eine nach VV 3100 ff. vergütbare Tätigkeit in einem Widerspruchs- oder Bereicherungsprozess nach § 878 ZPO handelt.

5 **III. Verfahrensgebühr.** Der Rechtsanwalt erhält für die Mitwirkung im gesamten Verteilungsverfahren eine 0,4-Gebühr. Sie entsteht mit der auftragsgemäßen Entgegennahme der Information, (selbstverständlich) auch mit einem Antrag etwa nach Art. 53 I 2 EGBGB, ferner zB mit der Entgegennahme einer Aufforderung zur Einreichung einer Berechnung nach § 873 ZPO, mit einer Terminswahrnehmung nach § 876 ZPO, mit einem Widerspruch nach § 877 ZPO oder mit einer anderweitigen Verteilung nach § 882 ZPO. Sie braucht aber nicht nach außen zu wirken. Eine Gebührenermäßigung tritt nicht ein. Die Gebühr gilt nach der Vorb. 3 II das Betreiben des Geschäfts einschließlich der Information ab. Sie bleibt auch bei einer außergerichtlichen Einigung bestehen. Dann kann auch VV 1000 anzuwenden sein. Eine Terminsgebühr entsteht nach der Anm. S. 2 nicht. Eine Gebührenverringerung nach VV 3337 erfolgt nicht. Denn jene Vorschrift nennt VV 3333 nicht mit.

6 **IV. Gegenstandswert.** Der Gegenstandswert richtet sich infolge der Verweisung auf § 26 Nr. 1, 2 nach der Person des Vertretenen. → § 26 Rn. 14. § 25 ist nicht anzuwenden (aA Riedel/Sußbauer/Schütz Rn. 185, aber die Verweisung der Anm. S. 1 ist eindeutig und vorrangig auch bei §§ 872 ff. ZPO).

7 **V. Beschwerde.** Auf das Beschwerdeverfahren ist VV 3500 anzuwenden.

Nr.	Gebührentatbestand	Gebühr oder Satz der Gebühr nach § 13 RVG
3334	**Verfahrensgebühr für Verfahren vor dem Prozessgericht oder dem Amtsgericht auf Bewilligung, Verlängerung oder Verkürzung einer Räumungsfrist (§§ 721, 794a ZPO), wenn das Verfahren mit dem Verfahren über die Hauptsache nicht verbunden ist ....**	**1,0**

1 **I. Systematik.** Die Vorschrift bildet eine Ergänzung zu §§ 16 ff., VV 3100 ff. Sie stellt insoweit eine vorrangige Sonderregel dar. Neben ihr ist bei einer vorzeitigen Auftragsbeendigung die Ermäßigung auf 0,5-Gebühr nach VV 3337 zu beachten.

2 **II. Regelungszweck.** Das „selbständige" Verfahren wegen einer Räumungsfrist hat praktisch oft eine ganz erhebliche Bedeutung. Denn es bietet vor der letzten Hilfsmöglichkeit nach § 765a ZPO mit ihrer Anwaltsvergütung nach VV 3309, 3310 die auch psychische, aber (selbstverständlich) zunächst materiell einzige Chance, dem drohenden Umzug noch vorerst zu entgehen und damit eventuell auch Zeit zur Nachfinanzierung und deshalb zur Fortsetzung des bisherigen Wohnverhältnisses zu gewinnen. Auch für den geplagten Gläubiger haben §§ 721, 794a ZPO oft eine sehr erhebliche Bedeutung, sei es, dass er die Räume dringend für sich benötigt, sei es, dass

er auf Einkünfte aus ihr angewiesen ist oder dass ihn andere Mieter drängen. Das alles ist bei der Auslegung mit zu beachten.

III. Anwendungsbereich. Eine Gebühr nach VV 3334 kommt dann in Betracht, wenn entweder die Voraussetzungen → Rn. 4 oder diejenigen → Rn. 6 vorliegen. 3

1. Prozessgericht (§ 721 ZPO). Es muss sich um ein Verfahren vor dem Prozessgericht nach dem Ende des Räumungsprozesses etwa wegen eines Räumungsanerkenntnisses und eines entsprechenden Urteils oder nach einer eindeutigen Abtrennung jetzt nur noch auf die Bewilligung, Verlängerung oder Verkürzung einer Räumungsfrist nach § 721 III 1 ZPO handeln. Das Gericht darf das Verfahren aber mit demjenigen über die Hauptsache nicht nach § 147 ZPO verbunden haben. Vielmehr muss das Gericht seinen Willen geäußert haben, das Räumungsfristverfahren getrennt vom etwaigen Hauptprozess zu führen. Daher kommt dann, wenn es um die erstmalige Bewilligung der Räumungsfrist geht, nur das selbständige Verfahren nach § 721 II ZPO in Betracht (LG Berlin JurBüro 1995, 530), nicht das unselbständige nach § 721 I 1, 2 ZPO (LG Frankfurt a. M. Rpfleger 1984, 287), und auch nicht dasjenige nach § 721 I 3 ZPO iVm § 321 ZPO (Ergänzung der Entscheidung). In den letzteren Fällen sind § 19 I 2 Nr. 6, VV 3100 ff. anzuwenden (LG Frankfurt a. M. Rpfleger 1984, 287). Das gilt auch dann, wenn der Rechtsanwalt im verbundenen Verfahren einen Räumungsfristantrag in einem gesonderten Schriftsatz stellt und wenn das Gericht im verbundenen Verfahren nur äußerlich gesondert und nicht in einem gesonderten Verfahren entscheidet. Auch eine bloße Ergänzung des Urteils reicht nicht. 4

Es kommt nicht darauf an, ob der Antrag nach § 721 II 1, III 1 ZPO **rechtzeitig** vorliegt und ob bei einer Fristversäumung nach § 721 II 2, III 2 ZPO ein Wiedereinsetzungsverfahren stattfindet. Die Tätigkeit des Rechtsanwalts in einem solchen Wiedereinsetzungsverfahren verursacht nach § 58 II keine besondere Vergütung. Ein etwa nach § 765a ZPO stattfindendes Verfahren vor dem Vollstreckungsgericht fällt nicht unter VV 3334, sondern nach dem ausdrücklichen Wortlaut des § 18 I Nr. 6 unter jene insoweit vorrangige Sondervorschrift. 5

2. Amtsgericht (§ 794a ZPO). Es kann sich auch um das Verfahren im Anschluss an einen Räumungsvergleich vor dem AG der Belegenheit des Wohnraums handeln. Es kommt nicht darauf an, ob der Antrag innerhalb der Frist nach § 794a I 2 Hs. 2, II 1 ZPO vorliegt und ob bei einer Fristversäumung ein Wiedereinsetzungsverfahren nach § 794a I 2 Hs. 2, II 2 ZPO stattfindet. Die Tätigkeit des Rechtsanwalts in einem solchen Wiedereinsetzungsverfahren verursacht nach § 19 I 1 keine besondere Vergütung. Wegen eines Verfahrens nach § 765a ZPO vor dem AG → Rn. 1, 2. 6

IV. Gebührenhöhe. Es können Gebühren in unterschiedlicher Höhe entstehen. 7

1. Verfahrensgebühr. Eine 1,0-Gebühr entsteht mit der auftragsgemäßen Entgegennahme der Information, erst recht mit der Einreichung des Antrags auf die Bewilligung, Verlängerung oder Verkürzung der Räumungsfrist. Sofern der Rechtsanwalt erstmalig im zugehörigen Wiedereinsetzungsverfahren tätig wird, entsteht die Verfahrensgebühr mit der Einreichung des Wiedereinsetzungsantrags. 8

Wenn der Rechtsanwalt nach der Erledigung des Antrags auftragsgemäß einen **weiteren** Antrag auf eine weitere Bewilligung, Verlängerung oder Verkürzung der Räumungsfrist stellt, liegt insoweit eine besondere Angelegenheit nach → § 15 Rn. 9 vor. Sie kann nach § 18 I Nr. 6 alle Gebühren VV 3100 ff. erneut auslösen. Bei einer vorzeitigen Auftragsbeendigung ermäßigt sich die Verfahrensgebühr nach VV 3337 auf 0,5-Gebühr. 9

2. Terminsgebühr. Sie kann nach der Vorb. 3.3.6 zusätzlich entstehen. Sie richtet sich nach VV 3104 ff. 10

3. Einigungsgebühr. Sie kann nach VV 1000 entstehen, sofern sich die Parteien im Räumungsfristverfahren einigen. Sie entsteht nicht etwa nur zu 0,5 Gebühr. Denn VV 3334 erwähnt VV 1000 nicht mit. 11

V. Gegenstandswert. → ZPO § 3 Rn. 23 „Räumungsfrist“ sowie § 23. Das gilt auch bei einer Urteilsergänzung. 12

13 **VI. Kostenerstattung.** Sie ergibt sich aus der zugehörigen und stets notwendigen Kostengrundentscheidung, §§ 91 ff. ZPO. § 788 ZPO ist nicht direkt anzuwenden, aber bei gerichtlicher Entscheidung notgedrungen mit maßgeblich.

Nr.	Gebührentatbestand	Gebühr oder Satz der Gebühr nach § 13 RVG
3335	**Verfahrensgebühr für das Verfahren über die Prozesskostenhilfe**	**in Höhe der Verfahrensgebühr für das Verfahren, für das die Prozesskostenhilfe beantragt wird, höchstens 1,0, bei Betragsrahmengebühren höchstens 500,00 €**

Übersicht

1 **I. Systematik.** Um den Anwendungsbereich der Vorschrift richtig erfassen zu können, sind einerseits § 16 Nr. 2, 3, VV 3100 ff. und andererseits das Verhältnis zwischen dem PKH-Verfahren nach §§ 114 ff. ZPO und dem Hauptprozess nach §§ 253 ff. ZPO zu berücksichtigen. Soweit das Gericht den Rechtsanwalt zum ProzBev für den Hauptprozess nach § 81 ZPO bestellt hat, ist seine Tätigkeit im zugeordneten PKH-Verfahren grundsätzlich nach § 16 Nr. 2 dieselbe Angelegenheit nach → § 15 Rn. 9. Sie führt daher nach § 15 II 1 neben VV 3100 ff. zu keiner besonderen Vergütung, BGH AGS 2008, 435. Das gilt nach → Rn. 6 sowohl dann, wenn das PKH-Verfahren dem Hauptprozess zeitlich vorangeht, als auch dann, wenn es gleichzeitig mit der Klageinreichung oder erst später beginnt (OLG Karlsruhe Rpfleger 1999, 213). VV 3336 hat den Vorrang. Das ergibt VV 3334 Hs. 2 VV 1003, 1008, 3104 sind anzuwenden.

2 **II. Regelungszweck.** Die Vorschrift ist erforderlich, um eine angemessene Vergütung dann zu sichern, wenn der Rechtsanwalt in einem PKH-Verfahren tätig wird, ohne in diesem Zeitabschnitt schon oder noch der ProzBev nach § 81 ZPO zu sein. Das gilt zB dann, wenn der Auftraggeber zunächst abwarten will, ob und in welchem Umfang ihm das Gericht PKH bewilligt, bevor er überhaupt einen Auftrag zur Klageinreichung erteilt (OLG Bamberg JurBüro 1983, 1659; OLG Frankfurt a. M. FamRZ 1991, 1218; KG JurBüro 1989, 1551). Es ist aber auch möglich, dass der Auftraggeber dem Rechtsanwalt etwa zunächst nur für einen Teil seiner Ansprüche einen bedingten oder unbedingten Prozessauftrag erteilt und ihn im Übrigen nur mit der Einleitung eines PKH-Verfahrens beauftragt.

Es ist auch möglich, dass zB der erstinstanzliche Rechtsanwalt den Auftrag erhält, beim OLG für die **Berufungsinstanz** nur PKH zu beantragen, während der Auftraggeber für die Durchführung der Berufung oder für die Abwehr der gegnerischen Berufung einen anderen Rechtsanwalt als seinen ProzBev beauftragen will. Auch dann kann eine Vergütung des erstinstanzlichen Rechtsanwalts nach VV 3335 in Betracht kommen. 3

Der Rechtsanwalt tritt auch dann nur im PKH-Verfahren auf, wenn er zwar eine als „Klage" bezeichnete Schrift einreicht, aber zugleich eindeutig lediglich für die **„beabsichtigte Klage"** usw um PKH bittet (BGH NJW-RR 2000, 879; OLG Koblenz MDR 2004, 177; OLG Zweibrücken NJW-RR 2001, 1653; aA OLG Frankfurt a. M. JurBüro 1991, 1645; OLG Karlsruhe Rpfleger 1999, 212). 4

Allerdings können Gebühren sowohl nach VV 3100 ff. als auch nach VV 3335 **nebeneinander** entstehen (vgl. KG MDR 1991, 263, auch zu einer Ausnahme). Das kann zB dann geschehen, wenn das Gericht lediglich im PKH-Verfahren nach § 118 I 3 ZPO eine mündliche Verhandlung durchführt, nicht aber im Hauptprozess. Es kann auch geschehen, dass der Rechtsanwalt einen Prozessauftrag und gleichzeitig einen Auftrag zur Beschaffung von PKH hatte (OLG Bamberg JurBüro 1983, 1659; OLG München JurBüro 1979, 1013), etwa bei einem solchen Eilverfahren nach §§ 916 ff., 935 ff. ZPO, dass im letzteren Verfahren eine Verhandlung stattfand und dass das Gericht sodann die PKH-Antrag verweigert und die Partei daraufhin keine Klage nach §§ 253, 261 ZPO erhebt. Sie mag freilich trotzdem klagen wollen (KG JurBüro 1989, 1551). 5

Für die Abgrenzung zwischen einem **bedingten** und einem unbedingten Auftrag gibt die ja meist sofort unterschriebene Prozessvollmacht kaum genug her (OLG Frankfurt a. M. JurBüro 1991, 1645). Der Rechtsanwalt ist für den weitergehenden Auftrag beweispflichtig (OLG Frankfurt a. M. JurBüro 1991, 1645; KG JurBüro 1989, 1551). 6

III. Sachlicher Anwendungsbereich. Zunächst → Rn. 1–6. VV 3335 ist grundsätzlich auf sämtliche im VV Teil 3 Überschrift geregelten Verfahren anzuwenden, auch auf ein PKH-Verfahren bei §§ 37, 38 auf ein solches Verfahren im Bereich der freiwilligen Gerichtsbarkeit. Allerdings gibt Hs. 2 dem VV 3336 den Vorrang. 7

Die Bewilligung von PKH nach § 120 ZPO und die Änderung oder **Aufhebung** der Bewilligung nach § 124 ZPO stellen auch nach VV 3335 dieselbe Angelegenheit nach → § 16 Rn. 4 dar (AG Trier AnwBl 2015, 361). Das gilt nach I 2 in mehreren Verfahren dieser Art, etwa im Verfahren der Bewilligung nach § 119 ZPO und der Aufhebung nach § 124 ZPO. Die Verfahrensgebühr VV 3335 entsteht in demselben Rechtszug nach § 15 II 1 nur einmal. Demgegenüber ist das Beschwerdeverfahren nach § 127 ZPO eine besondere Angelegenheit nach → § 15 Rn. 9. Dort können Gebühren nach VV 3500, 3501 entstehen, und zwar auch für den ProzBev nach § 81 ZPO. 8

Unanwendbar ist VV 3335 in einem der in VV Teile 4 ff. geregelten Verfahren. 9

IV. Persönlicher Anwendungsbereich. Die Vorschrift gilt für den ProzBev nach § 81 ZPO. Der Verkehrsanwalt, der Termins- und der Beweisvertreter erhalten dasselbe wie der ProzBev. Stets ist der Umfang der Beiordnung nach § 121 ZPO maßgebend (OLG Koblenz FamRZ 2006, 1694). 10

V. Gebührenhöhe. Es entsteht eine Gebühr in Höhe derjenigen für ein Hauptsacheverfahren, zB bei VV 3309 0,3-Gebühr. Höchstens entsteht 1,0-Gebühr und bei einer Betragsrahmengebühr der Betrag von 500 EUR. Beides klärt der Gesetzestext. Natürlich kann nach → Rn. 13 die Ermäßigung nach VV 3337 eintreten. Im Übrigen hat der folgende Grundsatz sechs Auswirkungen. 11

1. Grundsatz: Möglichkeit mehrerer Gebühren. Soweit VV 3335 überhaupt nach → Rn. 1–8 anzuwenden ist, kann neben der Verfahrensgebühr VV 3335 keine Terminsgebühr entstehen. Denn sie bestimmt sich nach der Vorb. 3.3.6 nach VV 3100–3106, da der Unterabschnitt 6 nichts anderes bestimmt. VV 3104, 3105, 3106 sind also anzuwenden. Eine Ermäßigung bei einer vorzeitigen Beendigung des Auftrags oder einer nichtstreitigen Verhandlung entsteht nach VV 3337. 12

2. Verfahrensgebühr bei Vertretung des Antragstellers. Die Gebühr VV 3335 entsteht mit der auftragsgemäßen Entgegennahme der Information (Enders JurBüro 13

1997, 450). Sie entsteht zumindest mit der Einreichung des Antrags auf die Bewilligung von PKH nach § 117 ZPO. Im Verfahren auf die Aufhebung der Bewilligung nach § 124 ZPO entsteht für den Rechtsanwalt der bisher begünstigten Partei dieselbe mit der Einreichung der Stellungnahme zur beabsichtigten Aufhebung. Allerdings bilden das Verfahren auf die Bewilligung und dasjenige auf die Aufhebung der Bewilligung nach § 16 Nr. 3 dieselbe Angelegenheit nach → § 15 Rn. 9. Daher kann die Verfahrensgebühr in demselben Rechtszug nach → Rn. 8 insgesamt nur einmal entstehen. Wohl aber kann im Beschwerdeverfahren neben einer erstinstanzlichen Vergütung die Beschwerdegebühr VV 3500 entstehen.

14 **Vorzeitige Auftragsbeendigung** führt nach VV 3337 zur Ermäßigung der Verfahrensgebühr auf 0,5-Gebühr.

15 **3. Verfahrensgebühr bei Vertretung des Antragsgegners.** Vor der Bewilligung von PKH muss das Gericht dem Prozessgegner des Antragstellers nach § 118 I 1 ZPO grundsätzlich eine Gelegenheit zur Stellungnahme geben. Dieser grundsätzliche Anhörungszwang scheint nicht selbstverständlich zu sein. Denn das Verfahren auf die Bewilligung von PKH verläuft zwischen dem Antragsteller und dem Staat, nicht zwischen dem ersteren und dem Prozessgegner. Das wird insbesondere dann deutlich, wenn während des Verfahrens noch keine Klage eingeht.

16 § 118 I 1 ZPO stellt indessen klar, dass grundsätzlich eine **Anhörungspflicht** besteht, wie die Worte „ist dem Gegner Gelegenheit zur Stellungnahme zu geben" zeigen (*Schultz* MDR 1981, 525). Im Übrigen ist der Prozessgegner insofern beteiligt, als man ihn auf Grund der Bewilligung von PKH in ein gerichtliches Verfahren verwickeln kann (BGHZ 89, 65 = NJW 1984, 740; OLG Köln MDR 1980, 407), ohne dass er sich sonst gegen die Bewilligung wehren könnte. Es handelt sich ja überhaupt um ein prozessähnliches Verfahren.

17 Schon aus diesen Gründen, aber auch mit Rücksicht auf den allgemein anerkannten Grundsatz, dass **kein Rechtsanwalt umsonst tätig** zu werden braucht, erhält auch der Rechtsanwalt des Prozessgegners des Antragstellers eine Verfahrensgebühr, soweit die Voraussetzungen → Rn. 1–10 vorliegen und soweit er mit oder ohne eine Aufforderung des Gerichts nach § 118 I 1 ZPO eine schriftliche oder mündliche Stellungnahme zum PKH-Antrag abgibt (OLG Koblenz JurBüro 2001, 414; aA KG MDR 1990, 935; OLG Karlsruhe JurBüro 1999, 191, aber gerade Treu und Glauben sprechen für einen möglichst umfassenden Abwehrauftrag). Daran ändert sich nach → Rn. 11 auch nichts dadurch, dass noch keine wirksame Klageschrift vorliegen mag (OLG Düsseldorf JurBüro 1981, 1017; OLG Karlsruhe JurBüro 1999, 191). Die Verfahrensgebühr entsteht mit der auftragsgemäßen Entgegennahme der Information (Enders JurBüro 1997, 450).

18 **4. Verfahrensgebühr im Aufhebungsverfahren.** Soweit es um die Aufhebung der Bewilligung geht, muss das Gericht unter den Voraussetzungen des § 124 ZPO trotz dieser nach ihrem Wortlaut bloßen Kannvorschrift ohne ein Ermessen von Amts wegen tätig werden. Sie ist ja in Wahrheit eine bloße Zuständigkeitsregelung. Ein „Antrag" des Prozessgegners auf eine Aufhebung der Bewilligung ist also nur eine Anregung. Gleichwohl erhält der Rechtsanwalt für die Einreichung einer solchen Anregung unabhängig von ihrer Bezeichnung die Gebühr VV 3335. Freilich ist auch insofern die Stellungnahme zum gegnerischen PKH-Antrag und die Anregung zur Aufhebung der Bewilligung dieselbe Angelegenheit nach → § 15 Rn. 9. Daher entsteht auch für den Rechtsanwalt des Prozessgegners in demselben Rechtszug die Verfahrensgebühr grundsätzlich nach §§ 15 II, 16 Nr. 3 nur einmal, → Rn. 1–6. Eine Ausnahme kann nach § 15 V 2 gelten.

19 **5. Terminsgebühr.** Sie kann für den Rechtsanwalt des Antragstellers wie für denjenigen seines Prozessgegners nach der Vorb. 3.3.6 entstehen, (zum alten Recht) KG AnwBl 1981, 73. Das gilt, sofern das Gericht eine besondere mündliche Verhandlung über den PKH-Antrag nach § 118 I 3 ZPO oder über die Aufhebung der Bewilligung angeordnet hat und sofern der Rechtsanwalt die Bedingungen der Vorb. 3 III erfüllt, soweit er also vertretungsbereit anwesend ist. Es ist genau zu prüfen, ob die Verhandlung zumindest auch im Bewilligungsverfahren stattfindet.

20 **6. Einigungs-, Aussöhnungsgebühr.** Sie kann bei § 118 I 3 ZPO gesondert jeweils nach VV 1000, 1001, 1003 entstehen, die ja nach der Vorb. 1 auch für

VV Teil 3 gelten (OLG Hamm Rpfleger 2009, 37; OLG Stuttgart MDR 2017, 1452, nur VV 1003). Natürlich kommt es auf den Umfang der Beiordnung an (KG MDR 1991, 263). Eine Verfahrensgebühr VV 3100 kann sich neben der Einigungsgebühr VV 1000 im Fall VV 3101 Nr. 2 verringern.

7. Gebührenschuldner. Gebührenschuldner des Rechtsanwalts ist bei VV 3335 grundsätzlich nur sein Auftraggeber, nicht etwa die Staatskasse (OLG Bamberg JurBüro 1986, 1251). Erst im Hauptsacheverfahren muss sich der nach § 121 ZPO beigeordnete Rechtsanwalt wegen § 122 I Nr. 3 ZPO nach §§ 45, 49 an die Staatskasse wenden. Allerdings kann sich ausnahmsweise eine Bewilligung auf eine Einigungs- und auf die Verfahrensgebühr VV 3335 erstrecken (OLG München Rpfleger 1987, 173). Das bindet dann die Staatskasse (OLG München NJW-RR 2004, 65). Eine etwaige Differenz zwischen einer späteren Gebühr nach § 49 und derjenigen nach VV 3335 wird gegen den Mittellosen festgesetzt. 21

VI. Gegenstandswert. Es gilt § 23a. 22

VII. Kostenerstattung. Vgl. Anders/Gehle/Gehle ZPO § 91 Rn. 153, 154 „Prozesskostenhilfe". Es gibt also grundsätzlich wegen § 118 I 4 ZPO keine Kostenerstattung (BVerfG NJW 2012, 3293; OLG Frankfurt a. M. NJW-RR 1997, 1085), nach § 127 IV auch nicht in der Beschwerdeinstanz (OLG München NJW-RR 2001, 1437). Das Gericht kann eine zu Unrecht ergangene echte Kostenentscheidung ungeachtet ihrer Anfechtungsmöglichkeiten im Kostenfestsetzungsverfahren nach §§ 103 ff. ZPO nicht mehr überprüfen. 23

Wenn sich aber ein Prozess **anschließt,** sind die erstinstanzlichen Kosten des PKH-Verfahrens des schließlich den Prozess gewinnenden Antragstellers ein Teil der Prozesskosten (OLG Bamberg JurBüro 1987, 900; OLG Köln FamRZ 1998, 836 (nicht über die Beiordnung hinaus); OLG Stuttgart JurBüro 1986, 936; aA OLG Düsseldorf MDR 1987, 941; OLG Koblenz JurBüro 1986, 1412; OLG Zweibrücken VersR 1987, 493 (aber nun zählt das PKH-Verfahren zum Hauptprozess)). 24

Nr.	Gebührentatbestand	Gebühr oder Satz der Gebühr nach § 13 RVG
3336	**(weggefallen)**	
3337	**Vorzeitige Beendigung des Auftrags im Fall der Nummern 3324 bis 3327, 3334 und 3335:** **Die Gebühren 3324 bis 3327, 3334 und 3335 betragen höchstens** .... **Eine vorzeitige Beendigung liegt vor,** **1. wenn der Auftrag endigt, bevor der Rechtsanwalt den das Verfahren einleitenden Antrag oder einen Schriftsatz, der Sachanträge, Sachvortrag oder die Zurücknahme des Antrags enthält, eingereicht oder bevor er einen gerichtlichen Termin wahrgenommen hat, oder** **2. soweit lediglich beantragt ist, eine Einigung der Parteien oder der Beteiligten zu Protokoll zu nehmen oder soweit lediglich Verhandlungen vor Gericht zur Einigung geführt werden.**	**0,5**

I. Systematik. Die Vorschrift bringt in ihrem Anwendungsbereich nach → Rn. 3 eine gegenüber VV 3101 formell speziellere und daher vorrangige Regelung fast desselben Inhalts wie die Grundvorschrift VV 3101. Daher werden hier nur die wenigen Abweichungen näher dargestellt. Grundsätzlich gelten alle Ausführungen zu VV 3101 hier entsprechend. 1

II. Regelungszweck. Er ist derselbe wie bei VV 3101, → VV 3101 Rn. 2. 2

III. Anwendungsbereich. Innerhalb von VV Teil 3 mit dem aus seiner Überschrift erkennbar riesigen Anwendungsgebiet gilt VV 3337 nur in denjenigen Berei- 3 chen, die die Vorschrift im Haupttext ausdrücklich nennt, also VV 3324–3327, 3334, 3335. VV 3101 tritt als allgemeinere Norm gegenüber VV 3337 zurück, → Rn. 1 VV 3337 kann zB bei einem Vergleich im bloßen PKH-Verfahren gelten (OLG München AnwBl 2008, 74).

Nr.	Gebührentatbestand	Gebühr oder Satz der Gebühr nach § 13 RVG
3338	**Verfahrensgebühr für die Tätigkeit als Vertreter des Anmelders eines Anspruchs zum Musterverfahren (§ 10 Abs. 2 KapMuG)**	**0,8**

1 Der Gebührentatbestand erfasst den Fall, dass der Rechtsanwalt mit der **Anmeldung eines Anspruchs** des Auftraggebers zu einem **anderweitigen Musterverfahren nach dem KapMuG** (vgl. § 10 II-IV KapMuG) beauftragt ist. Diese Anmeldung führt nicht zu einer verfahrensrechtlichen Beteiligung des Anmelders am Musterverfahren, sondern hat nur die materiellrechtliche Folge der Verjährungshemmung (§ 204 I Nr. 6a BGB), ist also (wie etwa eine Güte- oder Mahnantrag) ein eigenständiges Instrument zur vorläufigen Sicherung eines Anspruchs vor Verjährung. Der Rechtsanwalt verdient hierfür die **Verfahrensgebühr** nach VV 3338, der als Wert gem. **§ 23 I iVm § 51a I GKG** die Höhe des vor der Verjährung zu sichernden Anspruchs des Auftraggebers (in dem sich aus § 204 I Nr. 6a BGB ergebenden Umfang) zugrundezulegen ist.

2 Der Rechtsausschuss, auf dessen Vorschlag die Anmeldung in das KapMuG-ReformG aufgenommen wurde, nahm an, aus § 16 Nr. 13 folge, dass die Verfahrensgebühr für die Anmeldung bei nachfolgender Klageerhebung in der Verfahrensgebühr für das **anschließende Prozessverfahren** „aufgehe" (Begr. RechtsA KapMuG-ReformG, BT-Drs. 15/5091, 28). Dies verkennt indessen den Regelungsgehalt des § 16 Nr. 13. Nach diesem sind „das erstinstanzliche Prozessverfahren und der erste Rechtszug des Musterverfahrens" gebührenrechtlich dieselbe Angelegenheit. Erstinstanzliche Prozessverfahren in diesem Sinne sind die infolge des Musterverfahrens unterbrochenen bzw. ausgesetzten Prozessverfahren des Musterklägers und der im Musterverfahren Beigeladenen; die Vorschrift regelt mithin das gebührenrechtliche Verhältnis der anwaltlichen Tätigkeit im zugrundeliegenden Prozessverfahren und dem Musterverfahren als Zwischenverfahren (vgl. etwa Begr. RegE KapMuG, BT-Drs. 15/5091, 37). Hier geht es hingegen um die Tätigkeit in einem „dritten" Verfahren, nämlich einem – vom Musterverfahren nicht betroffenen – anderweitigen Prozessverfahren, so dass eine Anwendung des § 16 Nr. 13 ausscheidet (ebenso, aber mit anderer Begründung NK-GK/Hoppe Rn. 4; aA Fölsch/Volpert/N. Schneider Rn. 12). Vielmehrhätte es einer ausdrücklichen Anrechnungsvorschrift etwa nach dem Vorbild von VV 2503 iVm Vorb. IV oder VV 3305 Anm. bedurft. Da eine solche Regelung nicht geschaffen worden ist (vgl. aber für die Gerichtskosten GKG KV 1210 Anm. II), fehlt es an einer rechtlichen Grundlage für eine Anrechnung (aA Gerold/Schmidt/Müller-Rabe Rn. 4; BeckOK RVG/H. Schneider Rn. 5; Fölsch/Volpert/N. Schneider Rn. 12; Hartung/Schons/Enders/Hartung Rn. 6) ebenso wie für die Annahme, dass die Verfahrensgebühr für einen bereits erteilter Klageauftrag eine (allerdings fernliegende) anschließende Anmeldung in einem Musterverfahren als Nebentätigkeit mitumfasse (aA HK-RVG/Gierl Rn. 6; BeckOK RVG/H. Schneider Rn. 2; Hartung/Schons/Enders/Hartung Rn. 4).

3 Für die Tätigkeit **im erstinstanzlichen Musterverfahren selbst** – als Vertreter des Musterklägers, des Musterbeklagten oder eines Beteiligten – richten sich die Verfahrensgebühren nicht nach VV 3338 – zu Unrecht aA Hartung/Schons/Enders/Hartung Rn. 2 –, sondern wegen § 16 Nr. 13 nach VV 3100 ff. Im **Rechtsbeschwerdeverfahren** vor dem BGH nach § 20 KapMuG richten sich die Verfahrensgebühren gem. Vorb. 3.2.2. Nr. 1 Buchst. b) nach den iÜ für das Revisionsverfahren geltenden VV 3206 ff. Zum Gegenstandswert vgl. § 23b)

Nr.	Gebührentatbestand	Gebühr oder Satz der Gebühr nach § 13 RVG
3339	*[geplante Fassung nach dem VRUG:] Verfahrensgebühr für das Umsetzungsverfahren nach dem VDuG*	*0,5*

Die Vorschrift soll mit dem künftigen (der Umsetzung der Verbandsklagenrichtlinie v. 25.11.2020, RL (EU) 2020/1828, dienenden) Verbandsklagenrichtlinienumsetzungsgesetz (VRUG, → GKG § 26a Rn. 1) voraussichtlich mit Wirkung zum 25.6.2023 (zusammen mit §§ 17 Nr. 5a, 23c, VV 3339 und der redaktionellen Anpassung in § 19 I 2 Nr. 1a) eingefügt werden (vgl. RefE VRUG, Stand 16.2.2023). Die in VV 3339 geregelte Verfahrensgebühr (iSv Vorb. 3 II) fällt für die Tätigkeit des Rechtsanwalts im Umsetzungsverfahren nach dem VDuG (→ GKG § 26a Rn. 3) an (auch wenn der Rechtsanwalt bereits im vorangegangenen Abhilfeklageverfahren tätig war, vgl. § 17 Nr. 5); überdies kann nach nach Vorb. 3.3.6. S. 1 auch eine Terminsgebühr anfallen. Der für die Bestimmung der Gebühr maßgebliche Gegenstandswert richtet sich nach § 23c. 1

Abschnitt 4. Einzeltätigkeiten

Vorbemerkung 3.4:

Für in diesem Abschnitt genannte Tätigkeiten entsteht eine Terminsgebühr nur, wenn dies ausdrücklich bestimmt ist.

Nr.	Gebührentatbestand	Gebühr oder Satz der Gebühr nach § 13 RVG
3400	**Der Auftrag beschränkt sich auf die Führung des Verkehrs der Partei oder des Beteiligten mit dem Verfahrensbevollmächtigten: Verfahrensgebühr ....** **Die gleiche Gebühr entsteht auch, wenn im Einverständnis mit dem Auftraggeber mit der Übersendung der Akten an den Rechtsanwalt des höheren Rechtszugs gutachterliche Äußerungen verbunden sind.**	**in Höhe der dem Verfahrensbevollmächtigten zustehenden Verfahrensgebühr, höchstens 1,0, bei Betragsrahmengebühren höchstens 500,00 €**

Übersicht

1 **I. Systematik.** Zum Verständnis der Vorschrift sind die folgenden Begriffe zu unterscheiden: Der ProzBev oder VerfBev nach VV 3100 ff. hat grundsätzlich den Auftrag, die Interessen des Auftraggebers für den ganzen Rechtsstreit dieser Instanz vor dem Prozess- oder Verfahrensgericht wahrzunehmen. Der Verkehrsanwalt oder Korrespondenzanwalt nach VV 3400 ist weder der ProzBev oder VerfBev (LAG Nürnberg JurBüro 2006, 260), noch dessen Unterbevollmächtigter, sondern ein weiterer Bevollmächtigter (OLG Bamberg JurBüro 1994, 544; OLG Köln GRUR 1988, 724). Er vermittelt lediglich den Verkehr des Auftraggebers mit dem ProzBev oder VerfBev (BGH NJW 1988, 1079; OLG Frankfurt a. M. AnwBl 1980, 462; LAG Düsseldorf Rpfleger 2006, 267). Bei der Auftragserteilung an den Verkehrsanwalt braucht noch kein ProzBev oder VerfBev vorhanden zu sein. Vgl. dann freilich VV 3405 Nr. 1 VV 1000 ist anzuwenden. Auch VV 1008 ist anzuwenden (OLG Düsseldorf AnwBl 1981, 240; OLG Hamburg JurBüro 1979, 1310; OLG Stuttgart JurBüro 1988, 62). Das gilt freilich nur, soweit gerade auch oder nur der Verkehrsanwalt mehrere Auftraggeber vertritt.

2 Der **Terminsanwalt** nach VV 3401 nimmt die Interessen des Auftraggebers für deren ProzBev oder VerfBev oder ohne einen solchen nur in einem einzelnen Termin wahr oder übt ihre Parteirechte nur in ihm aus, ohne einen weitergehenden Auftrag zu haben und ohne daher der ProzBev oder VerfBev zu sein. Der Beweisanwalt nach VV 3401 nimmt die Interessen des Auftraggebers nur in einer Beweisaufnahme wahr. Er hat keinen weitergehenden Prozessauftrag und ist daher ebenfalls nicht der ProzBev oder VerfBev.

3 **Vorzeitige Auftragserledigung** führt nach VV 3404 zur Ermäßigung.

4 Im Verfahren nach **§ 3** vor den **Sozialgerichten** ist die Halbierung nach der Vorb. 3.4.II zu beachten, jedoch auch deren S. 2.

5 **II. Regelungszweck.** Die Vorschrift bezweckt eine angemessene Vergütung desjenigen Rechtsanwalts, der in einer sehr schwierigen Stellung zwischen dem Auftraggeber und dem ProzBev oder VerfBev eine manchmal undankbare, meist verantwortungsvolle „stille", aber durchaus prozessmitentscheidende Aufgabe bewältigen muss und dessen Kosten im Zusammenhang mit Erstattungsfragen nach → Rn. 48 ff. oft erheblich umstritten sind.

6 **III. Sachlicher Anwendungsbereich.** VV 3400 betrifft die Vergütung des Verkehrsanwalts in allen im VV Teil 3 geregelten Verfahren. Die Vorschrift gilt auch im Eilverfahren nach §§ 916 ff., 935 ff. ZPO. Die Vergütung des bloßen Termins- oder Beweisanwalts regelt VV 3401. Die Anm. enthält eine vorrangige Sonderregelung bei einer gutachterlichen Äußerung in Verbindung mit der Übersendung der Handakten an den ProzBev oder VerfBev des höheren Rechtszugs. Weitere auch für den Verkehrsanwalt vorrangige Sonderregeln enthalten VV 3309, 3329, 3335, 3336, 3500.

7 Zur **Bestellung** eines Verkehrsanwalts kann es evtl. sogar dann kommen, wenn sich das Prozess- oder Verfahrensgericht an demselben Ort befindet, an dem auch der Verkehrsanwalt sein Büro hat (OLG Düsseldorf MDR 1976, 406; aA OLG Düsseldorf JurBüro 1995, 643, aber es steht einem Auftraggeber im Innenverhältnis frei, etwa ihren Vertrauensanwalt sogar an demselben Ort nur als einen Verkehrsanwalt tätig werden zu lassen, aus welchen Gründen auch immer). Zur Bestellung eines

Verkehrsanwalts kommt es aber vor allem dann, wenn das Prozess- oder Verfahrensgericht auswärts liegt. Es ist für die Eigenschaft als Verkehrsanwalt grundsätzlich unerheblich, ob derselbe Rechtsanwalt vorher für diesen Rechtsstreit ProzBev usw war. Diese Frage wird nur bei der Gebührenhöhe erheblich.

Es ist unerheblich, ob eine größere **Entfernung** zwischen dem Sitz des Prozessgerichts usw und dem (Wohn-)Sitz des Auftraggebers oder ein anderer Umstand den Anlass zur Beauftragung des Verkehrsanwalts bildet, etwa der Umstand, dass er der ständige Vertrauensanwalt oder zB der Syndikus ist oder den Streitstoff aus einem Vorprozess kennt (aA OLG Düsseldorf AnwBl 1997, 569). 8

IV. Persönlicher Anwendungsbereich. Es müssen die folgenden Voraussetzungen zusammentreffen. 9

1. Rechtsanwalt; Rechtsbeistand. Es muss ein Rechtsanwalt nach § 1 I tätig werden. Ein Dritter reicht nicht, auch nicht ein juristisch geschulter (OLG Hamburg JurBüro 1993, 157). Soweit eine der in § 5 genannten Personen tätig wird, steht sie auch im Anwendungsbereich des VV 3400 dem Rechtsanwalt grundsätzlich gleich. Freilich ist zu beachten, ob nicht in Wahrheit eine „Vertretung" im Sinn von VV 3401 vorliegt. 10

Unanwendbar ist VV 3400, soweit der Rechtsanwalt in einer eigenen nur ihn selbst betreffenden persönlichen Angelegenheit tätig wird (OLG Rostock JurBüro 2001, 194), oder ob er als eine Partei kraft Amts zB als Insolvenzverwalter oder in einer der übrigen in § 1 II genannten Eigenschaften amtiert (OLG München JurBüro 1994, 546; OLG Rostock MDR 2001, 115; OLG Stuttgart JurBüro 1998, 142). Das gilt auch beim ausländischen Rechtsanwalt (OLG München AnwBl 1987, 245). Derjenige Rechtsanwalt, der zB über einen Unfall seiner Ehefrau dem ProzBev usw eine Information erteilt, handelt nicht als Rechtsanwalt, sondern als Ehemann auf Grund seiner Beistandspflicht (OLG Hamm JurBüro 1992, 98; OLG Köln JurBüro 1983, 1047; OLG Schleswig JurBüro 1986, 1370; aA OLG Schleswig JurBüro 1992, 170; Gerold/Schmidt/Müller-Rabe Rn. 32). Der Verkehrsanwalt braucht nicht am Wohnsitz oder Sitz der Prozesspartei usw oder in deren Nähe zu residieren (Gerold/Schmidt/Müller-Rabe Rn. 21; aA OLG Düsseldorf NJW-RR 1997, 190). Er kann früher der ProzBev usw gewesen sein oder es später werden. 11

Der **Rechtsbeistand** kann Verkehrsanwalt sein.

2. Auftrag. Der Verkehrsanwalt muss seinen diesbezüglichen Auftrag neben demjenigen des gegenwärtigen oder künftigen ProzBev oder VerfBev als ein weiterer Bevollmächtigter der Partei usw unmittelbar von ihr erhalten und muss ihn für den jeweiligen ganzen Rechtszug angenommen, also einen Vertrag geschlossen haben (BGH NJW 1991, 2085; Bauer/Fröhlich FamRZ 1983, 122 (123)). Die Partei usw kann den Auftrag allerdings auch stillschweigend erteilen (BGH NJW 1991, 2084). Das kann etwa dadurch geschehen, dass sie den Rechtsanwalt um seine Beratung oder Hilfe bei einem auswärtigen Prozess mit einem Anwaltszwang bittet oder dass sie sich weiterhin an ihren erstinstanzlichen Rechtsanwalt wendet und ihn bittet, einen Rechtsmittelanwalt zu bestellen oder laufend zu informieren (BGH NJW 1991, 2084). Aber auch dann sind die Umstände schon wegen des Problems des etwaigen Fehlens einer Erstattungsfähigkeit streng zu prüfen (BGH NJW 1991, 2084; OLG Düsseldorf MDR 1985, 774; OLG Koblenz MDR 1993, 181; 1993, 695). In einer eigenen Sache kann man nicht Verkehrsanwalt sein, → Rn. 10. 12

Die Befugnis nach § 81 ZPO, § 113 I 2 FamFG zur Bestellung eines ProzBev usw für den **höheren Rechtszug** bedeutet als solche noch keinen Auftrag, als ein Verkehrsanwalt tätig zu werden. 13

3. Auftragsgrenzen. Ein Rechtsanwalt ist dann nicht als ein Verkehrsanwalt beauftragt, wenn er die früher als Rechtsanwalt der Ehefrau erworbenen Kenntnisse aus seiner außergerichtlichen Tätigkeit für sie gegenüber ihrem jetzigen Prozessgegner nun ihrem ProzBev usw mitteilt (OLG Hamm Rpfleger 1992, 37; OLG Koblenz JurBüro 1984, 758; OLG Schleswig JurBüro 1986, 884). Ein nächster Angehöriger erteilt im Zweifel dem Rechtsanwalt keinen Auftrag als einem Verkehrsanwalt (OLG Schleswig JurBüro 1992, 170). 14

Der im Weg der Prozess- oder Verfahrenskostenhilfe nach §§ 121 I ZPO, 76 FamFG beigeordnete **erstinstanzliche** Rechtsanwalt muss den Auftraggeber aber 15 jedenfalls im Zweifel darauf hinweisen, dass sich seine Beiordnung grundsätzlich nicht auf eine Tätigkeit als Verkehrsanwalt erstreckt, dass also die letztere Tätigkeit einen besonderen Auftrag und besondere Kosten erfordert (BGH NJW 1991, 2084; OLG Koblenz NJW-RR 1993, 695). Von diesem Grundsatz gilt nur nach § 121 III Hs. 2 ZPO, § 76 FamFG eine Ausnahme. Sie erfordert einen besonderen zusätzlichen Beiordnungsbeschluss zugunsten des Verkehrsanwalts. Sie setzt voraus, dass „besondere Umstände" seine Beiordnung erfordern. Dazu ist ein objektiver Maßstab notwendig.

16 Der **Unterbevollmächtigte** des ProzBev usw, der also seinen Auftrag nicht von der Prozesspartei usw erhält, sondern nur von deren ProzBev oder VerfBev oder von deren Verkehrsanwalt, lässt sich nicht nach VV 3400 beurteilen, sondern allenfalls nach § 5 oder nach VV 3401 (OLG Frankfurt a. M. JurBüro 1998, 305).

17 **Kein Verkehrsanwalt** ist auch derjenige Sozius einer überörtlichen Sozietät, der die Information aufnimmt und an das beim Prozessgericht usw tätige Mitglied seiner Sozietät weiterleitet. Seine Tätigkeit erhält die Vergütung durch die Verfahrensgebühr der Sozietät (OLG Brandenburg MDR 1999, 635; KG JurBüro 1996, 110; OLG München JurBüro 1996, 139; aA OLG Düsseldorf NJW-RR 1995, 376; OLG Frankfurt a. M. NJW-RR 1994, 128 (aber Sozien arbeiten füreinander)).

18 **4. Beschränkung auf bloßen Verkehr.** Der Rechtsanwalt darf und muss auftragsgemäß lediglich den Verkehr der Partei usw mit dem schon bestellten oder noch zu bestellenden ProzBev usw führen (OLG Hamburg MDR 1997, 888). Zur Abgrenzung → Rn. 1–8. Der Sozius ist nach → § 6 Rn. 4 ebenfalls ProzBev, auch der überörtliche.

19 Zu der bloßen Vermittlung des Verkehrs **gehören zB:** Die etwaige Auswahl (aA BGH NJW 1991, 2084), sowie dann zumindest die Bestellung des ProzBev usw (OLG Düsseldorf MDR 1980, 768; OLG Stuttgart Justiz 1975, 148); die Aufnahme der möglichst umfassenden Information (OLG Frankfurt a. M. JurBüro 1998, 305); die Verarbeitung der Information; ihre Weiterleitung an den ProzBev oder VerfBev (OLG Frankfurt a. M. MDR 1991, 257); die Aufrechterhaltung der Verbindung (OLG Frankfurt a. M. MDR 1991, 257); eine gewisse Überwachung (BGH NJW-RR 1988, 508), freilich nur bis zum Beginn der Tätigkeit des ProzBev usw (BGH VersR 1990, 801).

20 Die Vermittlung des Verkehrs mag **schriftlich, elektronisch, mündlich oder telefonisch** erfolgen (Mümmler JurBüro 1979, 626). Sie mag auch in der Weise geschehen, dass der Verkehrsanwalt dem ProzBev usw Schriftsätze übersendet, die bis auf die Unterschrift fertig sind.

21 **5. Abgrenzung zur Beratung.** Der Verkehr muss sich immer auf den Prozess als Ganzes beziehen. Eine Beratung der Partei usw kann und wird meist, braucht aber nicht dazuzugehören.

22 Die bloße Beratung des Auftraggebers dazu, ob sie überhaupt einen Rechtsstreit usw (weiter) führen soll, oder die bloße Sammlung und Prüfung des Prozessstoffs ist keine Führung des Verkehrs mit dem ProzBev usw (OLG Frankfurt a. M. MDR 1991, 257; LAG Bremen DB 2003, 2448, Rechtsschutzversicherungsanwalt). Sie löst allenfalls eine Beratungsgebühr nach § 34 aus. Entsprechendes gilt bei einer bloßen Besprechung der im Rechtsstreit ergangenen Entscheidung mit dem Auftraggeber oder dann, wenn sich der Rechtsanwalt darauf beschränkt, den Auftraggeber über die Möglichkeit eines Rechtsmittels zu belehren oder ihr einen oder mehrere andere Rechtsanwälte als ProzBev usw vorzuschlagen (vgl. BGH NJW 1991, 2084; N. Schneider MDR 2001, 1032), oder sie über die Notwendigkeit der Beiziehung eines Verkehrsanwalts zu beraten, oder wenn er lediglich seine Handakten an den ProzBev usw übersendet, § 19 I 2 Nr. 17, oder wenn es nur um die Vergütung des ProzBev usw geht. Auch eine Teilnahme an einer Verhandlung oder Beweisaufnahme vor dem Prozessgericht ist keine Aufgabe des Verkehrsanwalts (OLG Bamberg JurBüro 1988, 1000). Auch eine Strafanzeige gehört nicht hierher (KG JurBüro 1983, 1251). Aber auch → Rn. 41, 46 ff.

23 Demgegenüber ist die **Entgegennahme der Information** zum Zweck der Beauftragung eines noch auszuwählenden ProzBev usw bereits eine Tätigkeit nach VV 3400 (vgl. OLG Frankfurt a. M. AnwBl 1980, 462).

Soweit der Rechtsanwalt eine Tätigkeit ausübt, die zwar **mehr** darstellt **als die bloße Vermittlung** des Verkehrs mit dem ProzBev usw, andererseits aber nicht die Tätigkeit eines ProzBev selbst ist, können nach den einschlägigen anderen Vorschriften des RVG zusätzlich zu VV 3400 weitere Gebühren entstehen. 24

V. Verkehrsgebühr (I). Zahlreiche Aspekte sind zu beachten. 25

1. Grundsatz: Pauschale Gesamtabgeltung. Unter den Voraussetzungen → Rn. 9 ff. kann die Verkehrsgebühr nach VV 3400 entstehen. Sie ist eine Verfahrensgebühr. Sie entspricht weitgehend einer Gebühr VV 3100. Sie gilt als Pauschale den gesamten Verkehr mit dem ProzBev usw während dieses Gebührenrechtszugs ab, insbesondere jede Tätigkeit, die sonst durch eine Verfahrensgebühr abgegolten würde (OLG Düsseldorf JurBüro 1980, 1367), zB die auftragsgemäße Informationsaufnahme, ihre Weiterleitung, eine oder mehrere Besprechungen mit dem Auftraggeber, seine Belehrung oder Beratung (OLG Frankfurt a. M. JurBüro 1998, 305; Mümmler JurBüro 1979, 625 (626)), eine Prozess- oder Verfahrenskostenhilfe, den Schriftwechsel, Besprechungen, eine Zeugenermittlung, eine Akteneinsicht nach der Vorb. 3 II, und eine Aktenauswertung. Sie kann nach § 15 II in derselben Angelegenheit nach → § 15 Rn. 9 und in demselben Rechtszug nur einmal entstehen. Daher kann der Verkehrsanwalt in demselben Rechtszug nicht neben der Verkehrsgebühr eine Verfahrensgebühr eines ProzBev usw verdienen (OLG Frankfurt a. M. JurBüro 1988, 1338). Eine etwa schon entstandene Verkehrsgebühr lässt sich auf eine etwa entstehende Verfahrensgebühr des ProzBev usw anrechnen. 26

2. Auftragserweiterung. Auch der Verkehrsanwalt kann dann, wenn sein **Auftrag über** die bloße Vermittlung des Verkehrs mit dem Auftraggeber **hinausgeht,** weitere Gebühren erhalten. Das gilt trotz der Vorb. 3.4 auch für eine Terminsgebühr nach VV 3402. Er wird dann freilich meist nicht als ein Verkehrsanwalt tätig, sondern zB nur als ein Terminsanwalt nach VV 3401 (vgl. OLG Düsseldorf VersR 1985, 743). Er kann auch für die beratende oder vermittelnde Mitwirkung an einer Einigung mit oder ohne einen Vergleichscharakter eine Einigungsgebühr VV 1000 erhalten (vgl. OLG Düsseldorf MDR 1999, 119; OLG Oldenburg JurBüro 1993, 155; OLG Zweibrücken JurBüro 1994, 607 mzustAnm Mümmler; aA OLG Frankfurt a. M. JurBüro 1986, 759; LAG Düsseldorf Rpfleger 2006, 268; LAG Nürnberg JurBüro 2006, 260 (aber VV 1000 gilt uneingeschränkt)). Für eine Einigungsgebühr reichen **nicht:** Die Übermittlung eines Vorschlags; allgemeine Erwägungen (OLG Hamburg JurBüro 1981, 706; OLG Schleswig JurBüro 1980, 1668; eine bloße Mitanwesenheit, OLG Frankfurt a. M. JurBüro 1986, 757). 27

3. Vergleich. Soweit die Parteien oder Beteiligten in einen Vergleich solche Ansprüche einbeziehen, die der Gegenstand eines anderen gerichtlichen Verfahrens außer eines selbständigen Beweisverfahrens waren, kann der Verkehrsanwalt eine Gebühr nach VV 1003 erhalten. Die bloße Wahrnehmung „eines", also eines jeden Termins führt zur Halbierung nach VV 3401. 28

4. Gebührenhöhe. § 14 ist bei einer Rahmengebühr anzuwenden. Es kommt darauf an, wie hoch die Verfahrensgebühr des schon vorhandenen oder erst noch zu bestellenden ProzBev oder VerfBev. Die Verkehrsgebühr ist grundsätzlich ebenso hoch. Sie kann aber höchstens eine 1,0-Gebühr betragen, bei einer Betragsrahmengebühr höchstens 500 EUR. Das gilt auch im höheren Rechtszug. Im Übrigen sind die vorrangige Sondervorschrift VV 3404 mit ihren gegenüber VV 3400 halbierten beiden Höchstbeträgen zu beachten. In Verfahren nach § 3 vor dem SG oder LSG ist die Halbierung nach der Vorb. 3.4 II 1, 2 zu beachten. Bei einer vorzeitigen Auftragsbeendigung kann eine Gebührenverminderung nach VV 3405 Nr. 1 entstehen. 29

Soweit der Auftraggeber und der ProzBev usw nach §§ 3a, 4 eine vom Gesetz abweichende Vergütung **vereinbart** haben, erhält der Verkehrsanwalt die gesetzliche Tabellengebühr für jene Instanz, sofern nicht auch er mit dem Auftraggeber eine Gebührenvereinbarung getroffen hat. Soweit sich der Auftrag des Verkehrsanwalts vorzeitig erledigt, entsteht die Gebühr VV 3400 nur zur Hälfte, VV 3404 (vgl. OLG Düsseldorf MDR 1989, 1112; OLG Stuttgart JurBüro 1976, 1667). Das gilt auch dann, wenn die Arbeit des Verkehrsanwalts umfangreich war. Dann ist (selbstver- 30 ständlich) in der Rechtsmittelinstanz die Halbierung von der an sich dort geltenden Verfahrensgebühr vorzunehmen.

31 Zur Problematik von **Gebührenteilungsabreden** zwischen dem Verkehrsanwalt und dem ProzBev usw (OLG München NJW-RR 1991, 1460 (kein Einfluss auf den Honoraranspruch gegen den Auftraggeber); Holst AnwBl 1984, 351; Wloszczynski AnwBl 1984, 352). Im Zweifel sind nur die Gebühren zB hälftig zu teilen, während die Auslagen getrennt zu behandeln sind (LG Stuttgart MDR 1988, 508).

32 **5. Gegenstandswert.** Der Gegenstandswert kann derselbe sein wie derjenige der Verfahrensgebühr des ProzBev oder VerfBev. Soweit der Verkehrsanwalt im Gegensatz zum ProzBev usw nur einen oder einige der Beteiligten vertritt, ist der Anteil des Auftraggebers maßgeblich. Soweit er nur wegen eines Teils der Gegenstände tätig wird, ist auch nur dieser Teil der Gegenstandswert. Erhöht sich der Gegenstandswert, errechnet man die Verkehrs- oder Verfahrensgebühr von diesem höheren Wert unter einer Anrechnung der bisher verdienten Gebühr. Der Gegenstandswert kann beim Verkehrsanwalt auch von vornherein höher sein als beim ProzBev usw.

33 **6. Beispiele zur Frage einer Verkehrsgebühr.** Die nachfolgende Darstellung betrifft nur das Innenverhältnis zwischen dem Auftraggeber und dem Verkehrsanwalt, nicht die in → Rn. 48 ff. erörterte Frage der Erstattungsfähigkeit im Außenverhältnis zwischen dem Auftraggeber und seinem Gegner.

Abgabe: → „Anrechnung“.

Abraten vom Widerruf: → „Vergleich“.

Akteneinsicht: Die Verkehrsgebühr gilt sie mit ab.

Anrechnung: Die Verkehrsgebühr kann nicht höher sein als die Verfahrensgebühr (vgl. OLG Stuttgart JurBüro 1975, 1472). Der Verkehrsanwalt kann auch nicht neben der Gebühr VV 3400 noch eine Verfahrensgebühr erhalten, und zwar weder eine volle noch einen Bruchteil. Infolgedessen ist eine Anrechnung erforderlich, falls der Verkehrsanwalt zum ProzBev usw wird und umgekehrt, etwa infolge einer Abgabe oder Verweisung (OLG Bamberg JurBüro 1977, 553; OLG Frankfurt a. M. MDR 1988, 869). Wegen des Mahnverfahrens → Rn. 30 „Mahnverfahren“.

Nicht abgegolten wird neben der Tätigkeit im Zivilverfahren eine vorbereitende oder begleitende Strafanzeige (KG AnwBl 1983, 564). Soweit sich nach der Abgabe oder Verweisung derjenige Gegenstandswert erhöht, durch den sich auch die Verfahrensgebühr erhöhen würde, kann sich die Verkehrsgebühr erhöhen.

Arrest, einstweilige Verfügung: VV 3400 gilt auch im Eilverfahren nach §§ 916 ff., 935 ff. ZPO. Die Verkehrsgebühr gilt die Aufnahme einer eigenen eidesstattlichen Versicherung nach §§ 294, 920 II ZPO ab.

Außergerichtliche Tätigkeit: Es gelten § 34, VV 2300.

Beratung: Die Verkehrsgebühr gilt mit ab.

Beschwerde: Soweit der Verkehrsanwalt im Beschwerdeverfahren als ein bloßer Verkehrsanwalt tätig ist, erhält er die Gebühr VV 3400. Soweit er direkt tätig ist, erhält er die Vergütung nach VV 3500.

Beweisaufnahme: Auch denjenigen Verkehr, der sich auf die Beweisaufnahme nach §§ 355 ff. ZPO bezieht, gilt die Verkehrsgebühr ab (OLG München AnwBl 1982, 440). Das gilt zB: Für die Empfangnahme des Beweisbeschlusses; für seine Prüfung; für die Besprechung mit dem Auftraggeber über die Durchführung und Auswirkung des Beschlusses; für die Tätigkeit im Zusammenhang mit der Ermittlung und der Ladung eines Zeugen.

Demgegenüber entsteht bei einer Vertretung im Beweisaufnahmeverfahren eine Gebühr **nach** VV 3401 unter den dortigen Voraussetzungen (aA OLG Schleswig JurBüro 1983, 1527). Das Gericht muss den Verkehrsanwalt auch für die Beweisaufnahme beigeordnet haben (OLG Düsseldorf JurBüro 1981, 563). Freilich kann der Verkehrsanwalt dann nicht die in VV 3401 außerdem geregelte 0,5 Verfahrensgebühr erhalten. Für die Wahrnehmung mehrerer Beweistermine in demselben Rechtszug entsteht die Gebühr VV 3401 wiederholt. Denn diese Vorschrift spricht von „einem“ Termin.

Eidesstattliche Versicherung: → „Arrest, einstweilige Verfügung“.

Eigene Sache: Der Rechtsanwalt kann nach → Rn. 10 nicht in einer eigenen Sache ein Verkehrsanwalt sein.
Erörterung: Unter den Voraussetzungen VV 3104–3106 kommt die Terminsgebühr auch für den Verkehrsanwalt in Betracht, → „Vergleich".
Gegenstandswert: → Rn. 32.
Gesetzlicher Vertreter: Der Rechtsanwalt kann jedenfalls nicht als der alleinige gesetzliche Vertreter nach § 51 ZPO ein Verkehrsanwalt sein (KG MDR 1976, 761; OLG München JurBüro 1982, 1034; OLG Stuttgart JurBüro 1998, 487; aA KG MDR 1987, 679).
Handakte: → Rn. 21, 39, 42.
Insolvenzverwalter: → Rn. 10.
Kostenerstattung: → Rn. 48 ff.
Kostenfestsetzung: Die Verkehrsgebühr gilt den Antrag mit ab. Soweit der Verkehrsanwalt gegen den Festsetzungsbeschluss nach § 104 ZPO die Erinnerung einlegt, erhält er die Erinnerungsgebühr VV 3500. Auch → „Beschwerde".
Liquidator: → „Gesetzlicher Vertreter" (OLG Köln JurBüro 1978, 69; 1978, 241; aA OLG Düsseldorf JMBlNRW 1978, 46).
Mahnverfahren: Die in VV 3305, 3307 bestimmten Gebühren lassen sich bei §§ 688 ff. ZPO auf die Verfahrensgebühr und daher auch auf die Verkehrsgebühr unter den Voraussetzungen der dortigen Anm. anrechnen. Auch → „Anrechnung".
Prozess- oder Verfahrenskostenhilfe: Neben der Verkehrsgebühr kann eine Gebühr nach VV 3334 für die Verschaffung einer Prozess- oder Verfahrenskostenhilfe nach §§ 114 ff. ZPO, § 76 FamFG entstehen.
Rechtsmittelaussicht: → Rn. 21.
Schiedsrichterliches Verfahren: VV 3400 gilt bei §§ 1025 ff. ZPO **nicht.** Denn § 36 I verweist nur auf VV 3100–3213.
Schriftwechsel: Die Verkehrsgebühr gilt ihn ab.
Stoffsammlung: Diese bloß interne Tätigkeit ohne Vermittlung an den ProzBev usw ist nach → Rn. 21 **kein** Fall des VV 3400.
Sühnetermin: Für seine Wahrnehmung kann die Gebühr VV 3401 entstehen.
Termin: Die Verkehrsgebühr kann nach → Rn. 28 seine Wahrnehmung abgelten (OLG Frankfurt a. M. AnwBl 1981, 450). Sie kann aber auch eine Terminsgebühr auslösen.
Überörtliche Sozietät: Übernimmt der auswärtige Sozius die Entgegennahme der Information, die Beratung und die Sammlung des Prozessstoffs, gelten **nicht** VV 3400 ff., sondern VV 3100 ff. (vgl. BGH NJW 1991, 49; OLG Brandenburg AnwBl 1999, 413; OLG München AnwBl 2002, 436). Das gilt auch bei einer internationalen Sozietät (KG AnwBl 2001, 301; OLG München AnwBl 1994, 198). Es gilt auch bei einer Verweisung zB nach § 281 ZPO (OLG Brandenburg AnwBl 1999, 413; OLG Frankfurt a. M. MDR 1999, 385; OLG München AnwBl 2002, 436; aA OLG Düsseldorf MDR 1994, 1253; OLG Frankfurt a. M. NJW-RR 1994, 128 (6. ZS)).
Überwachung: Die Verkehrsgebühr gilt sie ab (BGH FamRZ 1988, 941).
Urkundenprozess: Die Verfahrensgebühr und daher auch die Verkehrsgebühr im Zusammenhang mit einem Urkunden- oder Wechselprozess nach §§ 592 ff., 602 ZPO lässt sich nach VV 3100 Anm. II auf dieselbe Gebühr des ordentlichen Verfahrens nach einer Abstandnahme vom Urkunden- oder Wechselprozess nach § 596 ZPO anrechnen.
Urteil: Die Verkehrsgebühr gilt seine Erörterung ab.
Verfassungsgericht: VV 3400 gilt vor ihm **nicht.** Denn § 37 verweist nicht auch auf VV Teil 3 Abschnitt 4.
Vergleich: Die Verkehrsgebühr gilt **nicht** diejenige Tätigkeit des Verkehrsanwalts ab, die sich auf einen Vergleich zwischen den Parteien oder Beteiligten und insbesondere auf den Vergleichsabschluss bezieht. Vielmehr kann für eine solche Tätigkeit unter den Voraussetzungen VV 1000 neben der Verkehrsgebühr eine Einigungsgebühr entstehen (vgl. OLG Oldenburg JurBüro 1992, 100; OLG Schleswig SchlHA 1982, 143). Das gilt unabhängig davon, ob auch der ProzBev usw eine Einigungsgebühr erhält.
Verweisung: → „Anrechnung", → „Überörtliche Sozietät".

Vorschuss: Keine Tätigkeit nach VV 3400 liegt in der bloßen Erörterung eines Vorschusses des ProzBev usw nach § 10 (OLG Frankfurt a. M. JurBüro 1998, 305). Dann mag VV 3403 anzuwenden sein.

Vorzeitige Auftragsbeendigung: VV 3404.

Zeugenladung: → „Beweisaufnahme".

Zurücknahme der Berufung: Der erstinstanzliche Rechtsanwalt des Berufungsbekl, der mit Erfolg den Antrag auf eine Kostenauferlegung nach § 516 III 1 ZPO gestellt hat, erhält die zugehörige Verfahrensgebühr nach dem Kostenwert (OLG Frankfurt a. M. AnwBl 1980, 462).

Zurückverweisung: Bei einer Zurückverweisung nach § 21 entsteht die Verkehrsgebühr nur insoweit neu, als auch die Verfahrensgebühr des ProzBev usw neu entstehen würde (OLG München JurBüro 1992, 167).

Zuständigkeit: Die Verkehrsgebühr gilt ihre Bestimmung ab (OLG Frankfurt a. M. AnwBl 1981, 450; OLG Koblenz AnwBl 1992, 549).

Zwangsvollstreckung: Es gilt bei §§ 704 ff. ZPO VV 3309.

34 **VI. Gutachtliche Äußerung (Anm.).** Es empfiehlt sich, in den folgenden Schritten vorzugehen.

35 **1. Anwendungsbereich.** Die Vorschrift enthält eine vorrangige Sonderregelung. Das ergibt sich aus dem Umstand, dass sie sich auf eine solche Tätigkeit bezieht, die der Rechtsanwalt gerade als Verkehrsanwalt ausübt, während sich andere Vorschriften auf die Tätigkeit eines Rechtsanwalts schlechthin beziehen. Zwar spricht die Anm. ebenso wenig wie der Haupttext von VV 3400 ausdrücklich vom „Verkehrsanwalt". Jedoch deutet der Zusammenhang darauf hin, dass auch die Anm. lediglich eine Tätigkeit des Rechtsanwalts als Verkehrsanwalt zB meint.

36 Zwar kann ein Rechtsanwalt auch dann im Einverständnis mit dem Auftraggeber die Handakten an einen anderen Rechtsanwalt zB des höheren Rechtszugs übersenden und dabei eine gutachterliche Äußerung abgeben, wenn er nicht Verkehrsanwalt ist, wenn zB die Partei den Verkehr mit dem ProzBev usw des höheren Rechtszugs direkt oder über einen anderen als den bisherigen erstinstanzlichen Rechtsanwalt führen will. Dann ist die Anm. nicht anzuwenden. Dann ist die Frage, ob für die gutachtliche Äußerung eine Vergütung entsteht, nach § 34 zu entscheiden.

37 Die Anm. ist dann anzuwenden, wenn der Verkehrsanwalt nach → Rn. 38 die folgenden **Voraussetzungen** erfüllt. Sie geht VV 2101 vor.

38 **2. Aktenübersendung.** Der Verkehrsanwalt muss seine Handakten an den ProzBev usw des höheren Rechtszugs in diesem Rechtsstreit senden, also an denjenigen der Beschwerde-, Berufungs- oder Revisionsinstanz. Zwar spricht die Anm. nur von den „Akten", meint aber (selbstverständlich) nur die Handakten, nicht etwa diejenigen Prozessakten, die der erstinstanzliche Rechtsanwalt etwa noch in Händen hat. Diese muss er ja ohnehin an das Gericht übersenden.

39 Es kommt nicht darauf an, ob der Rechtsanwalt seine **gesamten** Handakten oder nur diejenigen Teile übersendet, die er und/oder der Auftraggeber und/oder der etwa gesonderte Rechtsanwalt des höheren Rechtszugs für derzeit erforderlich halten. Andererseits reicht die Übersendung einzelner weniger Blätter aus einer umfangreichen erstinstanzlichen Handakte nicht aus. Es muss schon so viel zur Versendung kommen, dass der Rechtsanwalt des höheren Rechtszugs ein einigermaßen umfassendes Bild von den Vorgängen im Innenverhältnis zwischen dem Auftraggeber und dem erstinstanzlichen Rechtsanwalt erhalten kann.

40 Die Herausgabe der Handakten **an den Auftraggeber** fällt nicht unter die Anm. Unabhängig davon, dass die letztere nur die Übersendung an den beauftragten oder schon tätigen Verfahrensbevollmächtigten des höheren Rechtszugs nennt, zählt nach § 19 I 2 Nr. 17 die Herausgabe der Handakten an den Auftraggeber zum bisherigen Rechtszug. Eine Aktenübersendung wegen eines **Anwaltswechsels** an einen Rechtsanwalt nicht einer höheren, sondern einer anderen Instanz zB wegen der Abgabe oder einer Verweisung oder Zurückverweisung gehört ebenso wenig zu der Anm.

41 **3. Bisher kein Prozess- oder Verfahrensbevollmächtigter.** Der die Handakten an den anderen Rechtsanwalt übersendende Rechtsanwalt darf bisher kein ProzBev nach § 81 ZPO gewesen sein. Denn die Übersendung durch den ProzBev usw etwa infolge einer Verweisung oder Abgabe an ein anderes gleichrangiges oder

niedrigeres Gericht oder wegen einer entsprechenden Zurückverweisung nach § 21 I zählt nach § 19 I 2 Nr. 17 zum Rechtszug. Denn die gutachterliche Äußerung ändert nichts an § 19 I 2 Nr. 17 (aA Gerold/Schmidt/Müller-Rabe Rn. 124).

4. Einverständnis des Auftraggebers. Der Auftraggeber muss nicht nur mit der Übersendung der Handakten an den Rechtsanwalt des höheren Rechtszugs ausdrücklich oder eindeutig stillschweigend einverstanden sein, sondern außerdem mit der gutachtlichen Äußerung, die die Anm. vergüten soll. Die Notwendigkeit des Einverständnisses auch mit der gutachtlichen Äußerung ergibt sich aus dem Sinn dieser Vorschrift. 42

Das Einverständnis **kann dann vorliegen, wenn** der Auftraggeber von der gutachtlichen Äußerung und der Tatsache ihrer Mitübersendung an den anderen Rechtsanwalt eine Kenntnis hat, ohne ihr rechtzeitig zu widersprechen. Der bei PKH beigeordnete erstinstanzliche Rechtsanwalt muss die Partei über die etwaige Vergütungspflicht einer gutachtlichen Äußerung aufklären. 43

Das Einverständnis liegt **nicht** schon dann vor, wenn der Auftraggeber mit der Einlegung des Rechtsmittels einverstanden ist oder gar den übersendenden Rechtsanwalt beauftragt, einen ProzBev usw für den höheren Rechtszug zu bestellen. Auch die bloße Prozess- oder Verfahrensvollmacht auch für den höheren Rechtszug reicht nicht aus (BGH JurBüro 1991, 1647). 44

5. Gutachtliche Äußerung. Der übersendende Rechtsanwalt muss unter den Voraussetzungen → Rn. 41–44 eine gutachtliche Äußerung mit der Übersendung der Handakten verbinden. Eine solche Äußerung ist mehr als ein bloßer Rat oder eine Auskunft nach § 34 I 1. Sie braucht andererseits nicht alle Merkmale eines schriftlichen Gutachtens nach § 34 I 1 zu erfüllen. Wenn der Rechtsanwalt allerdings nur den bisherigen Sachverhalt wiedergibt, ist das keine Äußerung nach der Anm. Am ehesten entspricht die Äußerung nach der letzteren Vorschrift der Ausarbeitung eines schriftlichen Gutachtens über die Aussichten eines Rechtsmittels nach VV 2101. 45

6. Gleichzeitigkeit von Aktenübersendung und Äußerung. Der Rechtsanwalt muss die gutachtliche Äußerung mit der Übersendung der Akten „verbinden". Es reicht also nicht aus, dass er die Äußerung nur gegenüber dem Auftraggeber anfertigt und nur diesem übersendet. Es reicht auch nicht aus, dass er die Äußerung zwar an den Rechtsanwalt des höheren Rechtszugs schickt, aber erst zeitlich nach der Übersendung der Handakten. Eine auf Grund eines bloßen Versehens zeitlich rasch nachfolgende Übersendung erfüllt noch das Merkmal der Gleichzeitigkeit, wenn der Verfahrensbevollmächtigte die gutachterliche Äußerung praktisch sogleich mitverwerten kann. 46

Die Anm. ist auch dann nicht anzuwenden, wenn der Rechtsanwalt des höheren Rechtszugs **später** einen Schriftwechsel zwischen dem erstinstanzlichen Rechtsanwalt und dem Auftraggeber in die Hände bekommt, in dem eine gutachtliche Äußerung des Rechtsanwalts über die Rechtsmittelaussichten liegt. 47

VII. Kostenerstattung im Zivilprozess. Ein Grundsatz hat zahlreiche Auswirkungen. 48

1. Maßgeblichkeit der ZPO. Die Erstattungsfähigkeit der Kosten desjenigen Rechtsanwalts (nicht eines Dritten, → Rn. 8), der am Wohnsitz des Auftraggebers oder in dessen nächster Nähe residiert und der deshalb „nur" den Verkehr mit dem ProzBev führt, → Rn. 18 (vgl. OLG Düsseldorf NJW-RR 1997, 190), richtet sich nicht nach § 91 II 1 ZPO. Denn diese Vorschrift regelt die Kosten desjenigen Rechtsanwalts, der die Partei vor dem Prozessgericht vertritt. Die Erstattungsfähigkeit richtet sich vielmehr nach § 91 I ZPO. 49

Es kommt also darauf an, ob die Kosten des Verkehrsanwalts zu einer zweckentsprechenden Rechtsverfolgung oder Rechtsverteidigung **notwendig** sind (BGH JurBüro 2010, 369; OLG Brandenburg MDR 2009, 175; OLG Naumburg NJW-RR 2012, 431). In diesem Zusammenhang ist die allgemeine Pflicht jeder Partei zu beachten, die Kosten im Rahmen des Verständigen möglichst niedrig zu halten. Alle Umstände sind zu berücksichtigen (BGH GRUR 2005, 271; OLG Koblenz Rpfleger 2003, 148; OLG München MDR 1993, 1130). 50

51 **2. Zumutbarkeitsfragen.** Die Gerichte stellen darauf ab, ob man es der Partei zumuten kann, den auswärtigen ProzBev persönlich zu unterrichten (OLG Brandenburg FamRZ 2002, 254; OLG Düsseldorf AnwBl 1993, 39; 1993, 40; OLG Hamm AnwBl 2000, 323). In diesem Zusammenhang prüfen die Gerichte sowohl das Alter, den Gesundheitszustand und die Persönlichkeit der Partei sowie die Art und Größe ihres Unternehmens als auch die Art, Schwierigkeit und den Umfang des Prozessstoffs (OLG Düsseldorf BeckRS 1995, 12480; OLG Hamburg JurBüro 2002, 319). Nicht jedes Unternehmen muss eine Rechtsabteilung haben (BGH NJW-RR 2004, 857).

52 Eine **gebildete Partei** ist zu einer schriftlichen Unterrichtung des ProzBev eher in der Lage als eine ungebildete (OLG Frankfurt a. M. AnwBl 1985, 211; OLG Koblenz JurBüro 1978, 1068; LG Münster JurBüro 2002, 372; aA LG München II AnwBl 1984, 618 (619), aber im Allgemeinen fördert eine Bildung die Ausdrucksfähigkeit auch in der Schriftform. Es kommt (selbstverständlich) darauf an, was man unter einer Bildung verstehen will). Das gilt erst recht für eine von einem Volljuristen vertretene Partei (OLG Koblenz VersR 1983, 644). Soweit eine schriftliche oder mündliche Unterrichtung ausreicht, sind die Kosten des Verkehrsanwalts nicht erstattungsfähig.

53 **3. Reisekosten.** Unabhängig davon, ob eine schriftliche Information des ProzBev möglich wäre, hat eine Partei aber grundsätzlich ein schutzwürdiges Interesse daran, den ProzBev persönlich kennenzulernen (OLG Frankfurt a. M. AnwBl 1985, 211; OLG Schleswig SchlHA 1982, 158; LG Koblenz AnwBl 1982, 24). Deshalb sind die Reisekosten des Verkehrsanwalts bis zur Höhe von ersparten Reisekosten der Partei grundsätzlich erstattungsfähig (BGH JurBüro 2010, 369; KG VersR 2008, 271; OLG München JurBüro 2007, 595; aA OLG Koblenz JurBüro 1991, 1519; OLG Köln JurBüro 1993, 682; OLG München MDR 1993, 1130, beim Alltagsfall. Aber gerade dann kann es sinnvoll sein, seinen Rechtsanwalt über alle bloße Routine hinaus im Gespräch zu interessieren). Der Rpfleger muss die ersparten Reisekosten von Amts wegen ermitteln (OLG Hamm AnwBl 1983, 559). Die Partei kann neben Verkehrsanwaltskosten grundsätzlich keine eigenen Reisekosten zur Information des ProzBev nach § 81 ZPO erstattet fordern (OLG München MDR 1987, 333). Vgl. im Übrigen → Rn. 88–92.

54 **4. Erstattungsgrenzen.** Die Mehrkosten wegen eines auswärtigen Verkehrsanwalts sind grundsätzlich **nicht** erstattungsfähig (OLG Frankfurt a. M. Rpfleger 1988, 163). Die Kosten eines solchen Verkehrsanwalts, den die Partei einschaltet, obwohl er an demselben Ort residiert wie der ProzBev nach § 81 ZPO, sind nicht erstattungsfähig (OLG Düsseldorf MDR 1976, 406).

55 Man sollte die Erstattungsfähigkeit **weder zu streng noch zu großzügig** beurteilen. Stets ist mitzubedenken, dass jetzt jeder überhaupt als Rechtsanwalt Zugelassene außer vor dem BGH vor jedem deutschen Gericht postulationsfähig ist.

56 **5. Beispiele zur Frage einer Erstattungsfähigkeit.** Im Rahmen der grundsätzlichen Regeln → Rn. 51–55 lässt sich die Erstattungsfähigkeit im Einzelnen etwa wie folgt beurteilen.

Abschreibungsgesellschaft: Die Einschaltung eines solchen Verkehrsanwalts, der zentral die Stoffsammlung und die rechtliche Aufarbeitung usw beim Anspruch auf rückständige Einlagen vornimmt, ist **nicht** notwendig (OLG München AnwBl 1991, 276).

Alter: Das hohe Lebensalter der Partei kann die Hinzuziehung eines Verkehrsanwalts zwecks einer Vermeidung von Reisen zum ProzBev nach § 81 ZPO eher als notwendig erscheinen lassen (OLG Bamberg JurBüro 1977, 672; OLG Hamburg JurBüro 1990, 888).

Arbeitsersparnis: Nicht ausreichend ist dieser Parteiwunsch (OLG Naumburg NJW-RR 2012, 431).

Arbeitsgerichtsverfahren: Die Kosten des vor der Verweisung an das ordentliche Gericht als ProzBev nach § 81 ZPO tätig gewesenen jetzigen Verkehrsanwalts sind erstattungsfähig, soweit sie jetzt noch erforderlich sind (OLG Hamburg JurBüro 1983, 771).

Arrest, einstweilige Anordnung oder Verfügung: Die Kosten des Eilverfahrens nach §§ 916 ff., 935 ff. ZPO usw sind schon wegen § 945 ZPO eher als sonst erstattungsfähig (OLG Frankfurt a. M. Rpfleger 1988, 163; OLG Hamburg JurBüro 1988, 1191; OLG Stuttgart Justiz 1982, 262; aA OLG Karlsruhe GRUR 1990, 223; OLG Koblenz FamRZ 1988, 471; OLG München AnwBl 1998, 485, die Erstattungsfähigkeit hänge davon ab, dass man mit einem Widerspruch nicht rechnen müsse. Aber das Eilverfahren erlaubt keine solche im Mahnverfahren eher angebrachte Unterscheidung).

Es kommt auch hier auf die **Zumutbarkeit** einer direkten Information des ProzBev nach § 81 ZPO oder des VerfBev nach § 11 FamFG an (OLG Hamburg JurBüro 1988, 1031; OLG München AnwBl 1985, 47; OLG Schleswig JurBüro 1979, 1668).

Man kann dabei auch hier auf die Entfernung vom Gerichtsort und auf die Reisezeit der Partei abstellen (OLG Frankfurt a. M. AnwBl 1985, 46).

– **(Auslandsfall):** → „– (Mehrheit von Kanzleien)".

– **(Berufungsinstanz):** Erstattungsfähig sind auch diese Kosten nach §§ 511 ff. ZPO. Das gilt auch für die Kosten einer Tätigkeit vor dem Eingang der gegnerischen Berufungsbegründung nach § 520 II 1 ZPO.

– **(Beschwerdeinstanz):** Erstattungsfähig sind auch diese Kosten nach §§ 567 ff. ZPO (OLG Karlsruhe JurBüro 1975, 1471).

– **(Entfernung vom Gerichtsort):** → „– (Zumutbarkeit)" (OLG Frankfurt a. M. AnwBl 1985, 46).

– **(Hauptprozess):** Die Erstattungsfähigkeit wegen seiner Kosten pflegt derjenigen des zugehörigen Eilverfahrens zu folgen (OLG Köln AnwBl 1980, 76). Evtl. muss das Gericht die Kosten auf das Hauptverfahren und das Eilverfahren verteilen (OLG Koblenz JurBüro 1992, 470).

– **(Mehrheit von Kanzleien):** Erstattungsfähig sein kann die Einschaltung von zwei Kanzleien, keineswegs aber diejenige von drei oder mehr Kanzleien, auch nicht im Auslandsfall (OLG Nürnberg AnwBl 1988, 653).

– **(Ratsgebühr):** Erstattungsfähig sind zumindest ihre Kosten nach § 34.

– **(Reisezeit):** → „– (Entfernung vom Gerichtsort)".

– **(Sommerzeit):** → „– (Verteidigung)".

– **(Verteidigung):** Erstattungsfähig sind im Rahmen der „– (Zumutbarkeit)" auch die Kosten einer Verteidigung (aA OLG Stuttgart JurBüro 1976, 812). Das gilt insbesondere in der Sommerzeit vom 1.7.–31.8. nach § 227 III 2 Nr. 1 ZPO (OLG Karlsruhe JurBüro 1975, 1470; enger OLG Hamburg JurBüro 1975, 657).

– **(Zumutbarkeit):** Es kommt auch hier auf die Zumutbarkeit einer direkten Information des ProzBev nach § 81 ZPO oder des VerfBev nach § 11 FamFG an (OLG Hamburg JurBüro 1988, 1031; OLG München AnwBl 1985, 47; OLG Schleswig JurBüro 1979, 1668).

Arzthaftung: Es ist **nicht** schon wegen solcher Rechtsfragen stets ein Verkehrsanwalt notwendig (OLG Koblenz NJW 2006, 1072).

Auslandsberührung: Hier ist zunächst das EU-Recht zu beachten. Im Übrigen sind die folgenden Fallgruppen zu unterscheiden.

– **(Ausländischer Verkehrsanwalt):** Seine Kosten sind grds. erstattungsfähig, soweit seine Hinzuziehung erforderlich ist (BGH NJW 2012, 938; OLG Düsseldorf AnwBl 1993, 39 (je: nicht, soweit die Information eines inländischen ProzBev zumutbar ist); KG Rpfleger 2008, 598; OLG München JurBüro 2011, 265, großzügiger OLG Stuttgart AnwBl 1985, 211; Zöller/*Herget* ZPO § 91 Rn. 13 „Ausländischer Rechtsanwalt").

Das **Ob** der Erstattung ist nach dem deutschen Recht zu prüfen (BGH FamRZ 2005, 1671; OLG Stuttgart NJW-RR 2004, 1582, demgegenüber aber die **Höhe** der erstattungsfähigen Anwaltskosten nach dem ausländischen Recht, OLG Frankfurt a. M. AnwBl 1995, 378; Mankowski AnwBl 2005, 708; aA OLG Stuttgart NJW-RR 2004, 1582). Bei einer reinen Gebührenklage mag ein ausländischer Rechtsanwalt eher entbehrlich sein (KG MDR 2009, 1313).

– **(Ausländischer Verkehrsanwalt: Arrest, einstweilige Verfügung):** → Rn. 56 „Arrest, einstweilige Anordnung oder Verfügung".

– **(Ausländischer Verkehrsanwalt: Ausländische Beweisaufnahme):** Erstattungsfähig sein können seine Kosten auch dann, etwa bei § 363 ZPO (BGH NJW-RR 2005, 1732).

– **(Ausländischer Verkehrsanwalt: Deutschkenntnis):** Erstattungsfähig sind grds. seine Kosten, insbesondere wenn er auch deutsch sprechen kann (OLG Koblenz NJW 1978, 1751).
– **(Ausländischer Verkehrsanwalt: Gebührenklage):** Eher **nicht** erstattungsfähig sind seine Kosten bei einer reinen solchen Klage (KG MDR 2009, 1313).
– **(Ausländischer Verkehrsanwalt: Gegenseitigkeitsvereinbarung):** → „– (Honorarvereinbarung)".
– **(Ausländischer Verkehrsanwalt: Honorarvereinbarung):** Eine solche Abrede zwischen dem ausländischen Verkehrsanwalt und dem Auftraggeber ist für die Kostenerstattungspflicht nicht stets maßgeblich (OLG Hamburg MDR 1980, 589; großzügiger OLG Frankfurt a. M. Rpfleger 1987, 216). Es darf aber auch nicht schematisch die Erstattung auf den nach deutschem Recht erstattungsfähigen Betrag beschränkt werden (Mankowski NJW 2005, 2346 (2349); aA BGH NJW 2005, 1373; OLG München NJW-RR 1998, 1692; LG Köln AnwBl 1982, 532, aber auch hier sollten die Umstände mit zu beachten sein). Auf das Bestehen einer Gegenseitigkeitsvereinbarung der beteiligten Staaten kommt es nicht an.
– **(Ausländischer Verkehrsanwalt: Informationsreise):** Erstattungsfähig sein können seine Kosten auch dann, wenn eine Informationsreise der Partei vom Ausland zum ProzBev nach § 81 ZPO billiger gewesen wäre (OLG Frankfurt a. M. GRUR 1986, 336; OLG Stuttgart JurBüro 1981, 870).
– **(Ausländischer Verkehrsanwalt: Schwierige Rechtsfragen):** Erstattungsfähig können seine Kosten dann sein, wenn es um schwierige Rechtsfragen geht (OLG Karlsruhe JurBüro 1990, 64; strenger OLG Hamburg NJW-RR 2000, 876, Partei im Inland).
– **(Ausländischer Verkehrsanwalt: Sozius):** Bei einem ausländischen Sozius einer überörtlichen Deutschen Sozietät ist eine Erstattungsfähigkeit wegen der Kosten des ersteren als Verkehrsanwalt **nicht** statthaft (OLG Rostock MDR 2011, 394).
– **(Ausländischer Verkehrsanwalt: Übersetzung): Nicht** erstattungsfähig sind Kosten einer Übersetzung in die Sprache der ausländischen Partei evtl. insoweit, als sie neben einem deutschen ProzBev einen ausländischen Verkehrsanwalt hat (BPatG GRUR 1983, 265; aA BPatG GRUR 1992, 689; OLG Hamburg Rpfleger 1996, 370).
– **(Inländischer Verkehrsanwalt):** Auch seine Kosten sind grds. erstattungsfähig (OLG Frankfurt a. M. JurBüro 2008, 539; OLG Koblenz BauR 2014, 1048; OLG München JurBüro 2011, 265; aA OLG Nürnberg JurBüro 1998, 597). Das gilt auch für den inländischen Vertrauensanwalt (LG Detmold AnwBl 2009, 149). Es gilt auch zugunsten eines EU-Ausländers (OLG Hamburg MDR 2000, 664).

Freilich setzt die Erstattungsfähigkeit auch hier die **Notwendigkeit seiner Hinzuziehung** voraus (OLG Düsseldorf Rpfleger 1997, 188; OLG Frankfurt a. M. Rpfleger 1992, 85; OLG Koblenz JurBüro 2000, 146).

Auch hier ist das **Ob** der Erstattung nach dem deutschen Recht zu beurteilen (OLG Stuttgart NJW-RR 2004, 1582), demgegenüber aber die **Höhe** der erstattungsfähigen Kosten nach dem ausländischen Recht prüfen (OLG Frankfurt a. M. AnwBl 1995, 378; OLG München AnwBl 1995, 378; aA OLG Stuttgart NJW-RR 2004, 1582). Die Reisekosten der Partei sind hier ausnahmsweise zusätzlich erstattungsfähig (OLG Frankfurt a. M. Rpfleger 1988, 163).
– **(Inländischer Verkehrsanwalt: Arrest, einstweilige Verfügung):** → „Arrest, einstweilige Verfügung".
– **(Inländischer Verkehrsanwalt: Mehr als bloßes Bestreiten):** Erstattungsfähig sind seine Kosten dann, wenn solche Lage besteht (OLG Hamm AnwBl 1985, 591; OLG Koblenz AnwBl 1995, 267 (Hongkong, schwieriges Recht); OLG Stuttgart AnwBl 1985, 211; aA OLG Bamberg JurBüro 1978, 857 (evtl. nur eine Ratsgebühr erstattungsfähig); OLG Celle JurBüro 1976, 1667; OLG Düsseldorf Rpfleger 1983, 368, aber auch hier kommt es ganz auf den Einzelfall an).
– **(Inländischer Verkehrsanwalt: Dolmetscher):** Erstattungsfähig sind die Kosten des ersteren dann, wenn daher ein letzterer entbehrlich wird (OLG Düsseldorf JurBüro 1987, 1551).

– **(Inländischer Verkehrsanwalt: Eigene Sache): Nicht** erstattungsfähig sind seine Kosten in einem solchen Fall (OLG München AnwBl 1987, 245).

– **(Inländischer Verkehrsanwalt: Gerichtsstand an seinem Sitz): Nicht** erstattungsfähig sind seine Kosten dann, wenn ein solcher Gerichtsstand auch nur infrage kommt (OLG Hamburg MDR 1999, 443).

– **(Inländischer Verkehrsanwalt: Inländische Parteiniederlassung): Nicht** erstattungsfähig sind seine Kosten dann, wenn die ausländische sprachkundige, geschäfts- oder sogar prozesserfahrene Partei eine solche inländische Niederlassung hat, die eine schriftliche Information des ProzBev hätte vornehmen können (OLG Hamburg MDR 1986, 61; OLG Köln JurBüro 1986, 1028; LG Freiburg AnwBl 1981, 162; aA OLG Koblenz AnwBl 1989, 683, aber der Grundsatz geht auch hier dahin, die Kosten niedrig halten zu müssen).

– **(Inländischer Verkehrsanwalt: Inlandstermin):** Erstattungsfähig sind seine Kosten **nicht stets** schon dann, wenn die Partei bei seiner Teilnahme neben dem ProzBev dem Verkehrsanwalt besonders vertraut (OLG Bamberg JurBüro 1986, 438).

– **(Inländischer Verkehrsanwalt: Parteireise):** Erstattungsfähig sind seine Kosten, soweit durch ihn eine Parteireise entbehrlich wird (OLG Hamm AnwBl 1985, 591; OLG Koblenz JurBüro 1991, 245, noch großzügiger OLG Frankfurt a. M. AnwBl 1986, 406).

– **(Inländischer Verkehrsanwalt: Übersetzung): Nicht** erstattungsfähig sind seine Kosten, soweit er nur, wenn auch notwendigerweise, Schriftsätze einer ausländischen Partei übersetzt (aA OLG Düsseldorf MDR 1987, 851, aber das ist keine typische Anwaltsaufgabe).

– **(Ausländer im Inland):** Er darf grds. die Kosten eines inländischen oder ausländischen Verkehrsanwalts erstattet fordern (OLG Frankfurt a. M. AnwBl 1984, 619; OLG Hamburg JurBüro 1986, 1085; OLG Stuttgart AnwBl 1982, 25).

Ein Ausländer ist dann wie ein Inländer zu behandeln, wenn er sich regelmäßig in Deutschland geschäftlich aufhält oder wenn er regelmäßig mit Inländern geschäftliche Beziehungen unterhält und wie ein Inländer **am deutschen Rechtsverkehr teilnimmt** (OLG Düsseldorf Rpfleger 1997, 188; OLG Karlsruhe JurBüro 1993, 352; OLG Koblenz VersR 1988, 1164). Das gilt auch bei der Wahrnehmung einer eigenen Angelegenheit (OLG München AnwBl 1987, 245).

– **(Inländerprobleme):** Man kann die Erstattungsfähigkeit der Kosten eines inländischen oder ausländischen Verkehrsanwalts dann bejahen, wenn es sich um Spezialfragen eines ausländischen Rechtsgebiets handelt. Freilich ist auch dann die Erstattungsfähigkeit keineswegs schematisch anzunehmen (OLG Hamburg NJW-RR 2000, 876, nur bei Zeitdruck; streng). Ein vorübergehender Auslandsaufenthalt des Inländers gibt nicht stets einen Erstattungsanspruch, OLG Frankfurt a. M. Rpfleger 1982, 311. Auch → „Hausanwalt", → „Spezialrecht", → „Unternehmen", → „Urkundenprozess".

Behinderung: Sie kann einen Verkehrsanwalt erlauben (OLG Koblenz MDR 1993, 484; OLG Oldenburg AnwBl 1983, 558; OLG Stuttgart AnwBl 1983, 567).

Beiderseitige Verkehrsanwälte: Ob ihre Einschaltung schon wegen der Beiderseitigkeit notwendig war, lässt sich nur von Fall zu Fall klären. Freilich ist dann eher eine gewisse Großzügigkeit ratsam.

Berufung: Im Berufungsverfahren nach §§ 511 ff. ZPO gelten strengere Maßstäbe als in der ersten Instanz. Denn es liegt schon eine tatsächliche und rechtliche Würdigung durch das Erstgericht nach § 313 III ZPO vor (BGH NJW-RR 2006, 1563; OLG Brandenburg FamRZ 2002, 254; OLG Koblenz VersR 1988, 839; aA OLG Frankfurt a. M. AnwBl 1981, 506; OLG Köln JurBüro 2000, 253, je: dieser Grundsatz gelte nur, falls derselbe Rechtsanwalt wie in der ersten Instanz tätig werde. Aber es kommt darauf an, dass das **Gericht** bereits sorgfältig geprüft hatte).

Deshalb kommt es auch nicht nur darauf an, dass die Kosten des Verkehrsanwalts nur **gering** über den sonst entstandenen Kosten einer Informationsreise der Partei und einer Parteireise zu einem Beweistermin nach §§ 355 ff. ZPO lagen (aA LG Stuttgart AnwBl 1985, 214, aber es handelt sich zunächst nur um das Ob). Auch ist mit zu beachten, dass jetzt jeder überhaupt als Rechtsanwalt Zugelassene außer vor dem BGH vor jedem deutschen Gericht postulationsfähig ist. Die Anforderungen dürfen aber auch nicht überspannt werden (OLG Stuttgart AnwBl 1984, 380; *Dinslage* AnwBl 1983, 563). Jedenfalls können die Kosten des Verkehrsanwalts ausnahmsweise erstattungsfähig sein (OLG Hamburg MDR 2002, 542).

Unter diesen Voraussetzungen können sogar diejenigen Kosten des Verkehrsanwalts des Berufungsbekl erstattungsfähig sein, die durch seine Tätigkeit **vor** dem Eingang der **Berufungsbegründung** nach § 520 ZPO entstehen (OLG Frankfurt a. M. AnwBl 1980, 462; aA OLG Hamm JurBüro 1984, 1835; Zöller/*Herget* ZPO § 3 Rn. 13 „Berufung", aber auch hier gilt der Grundgedanke der Erstattungsfähigkeit gewisser Vorbereitungskosten zumindest entsprechend). Im Übrigen sind die Kosten des Verkehrsanwalts bis zur Höhe der dadurch ersparten an sich zweckmäßigen Informationsreise der Partei zum Berufungsanwalt erstattungsfähig (BGH NJW-RR 2006, 1563; aA OLG Schleswig JurBüro 1980, 1854, aber eine Informationsreise wäre stets erstattungsfähig gewesen).

– **(Alter):** → „– (Information)".
– **(Behinderung):** → „–(Information)".
– **(Besondere Bedeutung):** Erstattungsfähigkeit besteht bei einer besonderen Bedeutung der Sache für auch nur eine der Parteien (OLG Schleswig SchlHA 1984, 151).
– **(Geschäftsfähigkeit):** Erstattungsfähigkeit besteht beim Streit um die Geschäftsfähigkeit einer Partei (OLG Koblenz JurBüro 1991, 243).
– **(Grundbucheinsicht): Keine** Erstattungsfähigkeit besteht, soweit der ProzBev trotz einer starken beruflichen Belastung ein auswärtiges Grundbuch selbst einsehen kann, soweit das (noch) nur dort möglich ist (OLG Schleswig SchlHA 1980, 218). Das gilt entsprechend erst recht bei elektronischer Einsichtsmöglichkeit.
– **(Information):** Erstattungsfähigkeit besteht dann, wenn die Partei ihren Rechtsanwalt nicht oder nur schlechter selbst informieren kann (OLG Frankfurt a. M. JurBüro 1992, 407; OLG Hamburg JurBüro 1990, 888 (Alter, Behinderung); OLG Koblenz VersR 1987, 996 (Krankheit); 1987, 1225 (Vorprozess)).
– **(Informationsreise):** Zunächst → Rn. 71, 88. Erstattungsfähigkeit besteht bis zur Höhe der dadurch ersparten an sich zweckmäßigen Informationsreise(n) der Partei zum Berufungsanwalt (BGH NJW-RR 2006, 1563; aA OLG Schleswig JurBüro 1980, 1854, aber eine Informationsreise wäre stets erstattungsfähig gewesen).
– **(Krankheit):** → „– (Information)".
– **(Lebenswichtiger Prozess):** Erstattungsfähigkeit (OLG Koblenz VersR 1988, 839).
– **(Neues Problem):** Erstattungsfähigkeit besteht bei einem neuen Problem (OLG Frankfurt a. M. WRP 1992, 312; OLG Hamburg MDR 2002, 542; OLG Hamm JurBüro 1987, 270).
– **(Neue Tatsache):** Erstattungsfähigkeit besteht bei einem neuen Tatsachenvortrag nach § 531 II 1 ZPO (OLG Frankfurt a. M. Rpfleger 1999, 463; OLG Hamburg MDR 2002, 542). Auch → – „(Schwierige Sache)".
– **(Schwierige Sache):** Erstattungsfähigkeit besteht bei einer unübersichtlichen oder umfangreichen und daher oder ohnehin schwierigen Sache (OLG Frankfurt a. M. JurBüro 1992, 333; OLG Hamburg JurBüro 1990, 888; OLG Koblenz VersR 1987, 1225). Das gilt auch bei einer geschäftsgewandten Partei (LG Stuttgart AnwBl 1984, 101), und auch dann, wenn auch kein neuer Tatsachenvortrag nach § 531 II 1 ZPO erfolgt.
– **(Streitverkündung):** Erstattungsfähigkeit besteht dann, wenn eine Streitverkündung nach § 72 ZPO erst während der Berufungsfrist nach § 517 ZPO erfolgt (OLG Koblenz MDR 1988, 193).
– **(Umfang):** → „– (Schwierige Sache)".
– **(Unübersichtliche Sache):** → „– (Schwierige Sache)".
– **(Vergleich):** Erstattungsfähigkeit besteht dann, wenn erst die Einschaltung eines Verkehrsanwalts einen Vergleich nach § 779 BGB oder ermöglicht.
– **(Vorprozess):** → „– (Information)".

Beschwerde: Wenn eine Partei gegen einen Kostenfestsetzungsbeschluss nach § 104 ZPO nur teilweise eine sofortige Erinnerung oder Beschwerde eingelegt hat, tritt auch wegen des Rests evtl. **keine** Bindung wegen der Erstattungsfähigkeit der Verkehrsanwaltskosten ein (KG MDR 1977, 937).

Betreuer: Seine Gebühr ist meist **nicht** erstattungsfähig (OLG München NJW-RR 1997, 1286; OLG Stuttgart JurBüro 1998, 487).

Bierbezugsvertrag: OLG Frankfurt a. M. MDR 1992, 193.

Dolmetscher: Die Kosten des Verkehrsanwalts sind insoweit erstattungsfähig, als sich dadurch Dolmetscherkosten vermeiden ließen (OLG Koblenz JurBüro 2000, 145).

Dritter: → „Vergleich".

Drittort: Auch die Kosten eines Verkehrsanwalts am dritten Ort (weder am Sitz des Prozessgerichts noch am Wohnort der Partei) können erstattungsfähig sein (aA OLG Hamburg MDR 2003, 1019).

Ehegatte: Es kommt auch hier auf die Umstände an. Der Ehegatte eines für ihn vorprozessual tätig gewesenen Richters mag einen Verkehrsanwalt einschalten dürfen (OLG Hamburg MDR 1992, 616; strenger OLG Koblenz JurBüro 1984, 758; OLG Köln JurBüro 1983, 1047; OLG Schleswig SchlHA 1986, 144). Das gilt auch für denjenigen eines Rechtsanwalts. Auch der Ehegatte eines Richters mag einen Verkehrsanwalt haben dürfen (OLG Hamburg MDR 1992, 616).

Ehesache: Soweit eine Beiordnung erfolgt ist, zB nach § 121 III ZPO iVm § 76 FamFG, sind die Kosten des Verkehrsanwalts erstattungsfähig. Sie können darüber hinaus erstattungsfähig sein (KG FamRZ 1982, 1227; strenger OLG Koblenz JurBüro 1983, 758; OLG Köln JurBüro 1983, 1047). Auch → „Prozesskostenhilfe".

Eigene Sache: Hier sind die folgenden Fallgruppen zu unterscheiden.

– **(Gesetzliche Vertretung):** Derjenige Rechtsanwalt, der als ein gesetzlicher Vertreter nach § 51 ZPO auftritt, kann die Kosten eines Verkehrsanwalts insoweit erstattet fordern, als ein nicht rechtskundiger Vertreter einen Rechtsanwalt hinzuziehen dürfte (OLG Düsseldorf JurBüro 1977, 1735; OLG Koblenz VersR 1981, 865; OLG Schleswig SchlHA 1979, 60), oder soweit die Information nicht zum Aufgabenkreis des gesetzlichen Vertreters zählt (KG MDR 1987, 679). Im Übrigen besteht **keine** Erstattungsfähigkeit (OLG Düsseldorf MDR 1980, 320; OLG Stuttgart JurBüro 1998, 142). Nach diesen Grundsätzen muss man die Erstattungsfähigkeit dann beurteilen, wenn der Rechtsanwalt in einer der folgenden Eigenschaften auftritt:
– **als Pfleger** (OLG Düsseldorf JurBüro 1977, 1735; KG Rpfleger 1976, 248; aA OLG Stuttgart JurBüro 1976, 192);
– **als Vereinsvorstand** (OLG Düsseldorf MDR 1980, 320; OLG Frankfurt a. M. MDR 1978, 62; KG MDR 1987, 679);
– **als Vormund** (OLG Koblenz VersR 1981, 865; OLG Schleswig SchlHA 1979, 60).

Soweit die Tätigkeit des Rechtsanwalts über diejenige **hinausgeht,** die er als ein gesetzlicher Vertreter wahrnehmen muss, kann die Erstattungsfähigkeit vorliegen (OLG Düsseldorf JurBüro 1977, 1735).

– **(Partei kraft Amts):** Derjenige Rechtsanwalt, der als eine Partei kraft Amts handelt, kann grds. **keine** Kosten eines Verkehrsanwalts erstattet fordern. Denn man kann die Rechtslage dann nicht anders als dann beurteilen, wenn er in einer eigenen Sache handelt (OLG München JurBüro 1994, 546). Es gehört ja zu den Amtspflichten, die nun einmal vorhandenen Kenntnisse und daher eben auch die Rechtskenntnisse im Interesse des Vertretenen und im Rahmen der für die Amtsführung als eine Partei kraft Amts erhaltenen generellen Vergütung wahrzunehmen.

Demgemäß **fehlt** eine Erstattungsfähigkeit zB dann, wenn der Rechtsanwalt in folgenden Eigenschaften auftritt:
– **als Insolvenzverwalter** (OLG Frankfurt a. M. GRUR 1988, 487; KG Rpfleger 1981, 411; OLG Stuttgart Rpfleger 1983, 501; aA OLG Karlsruhe KTS 1978, 260);
– **als Liquidator** (OLG Köln JurBüro 1978, 71);
– **als Nachlassverwalter** (OLG Frankfurt a. M. Rpfleger 1980, 69);
– **als Testamentsvollstrecker** (OLG Stuttgart AnwBl 1980, 360);

– **als sonstiger Vermögensverwalter** (aA OLG Köln AnwBl 1983, 562).

– **(Persönliche Angelegenheit):** Derjenige Rechtsanwalt, der sich nach § 91 II 3 ZPO in einer persönlichen Angelegenheit selbst vertritt, kann grds. **nicht** die Kosten eines Verkehrsanwalts erstattet fordern. Denn er könnte einen auswärtigen ProzBev nach § 81 ZPO mündlich oder schriftlich informieren (BGH NJW 2008, 1087; OLG München AnwBl 1987, 245; OLG Rostock MDR 2001, 115, billigt freilich eine Auslagenpauschale von [jetzt ca.] 20 EUR zu). Das alles gilt auch bei einem ausländischen Rechtsanwalt (OLG München AnwBl 1987, 245).

Einigung: → „Vergleich".

Einstellung: → „Vollstreckungsabwehrklage".

Einstweilige Verfügung: → „Arrest, einstweilige Verfügung".

Entfernung: Sie ist nur **sehr bedingt** ein ausreichender Maßstab (aA OLG Köln BB 2000, 277, ab 40 km).

Erlassvertrag: Er ist unklar (OLG Koblenz NJW-RR 2012, 1017, ziemlich konstruiert).

Factoring Bank: Sie kann grds. **schriftlich** informieren (OLG Koblenz VersR 1989, 929).

Finanzmakler: Er kann grds. **schriftlich** informieren (OLG Koblenz VersR 1989, 929).

Fischereirecht: → „Spezialrecht".

Gebührenvereinbarung: Höhere als die gesetzlichen Gebühren sind (noch) allenfalls bei demjenigen ausländischen Verkehrsanwalt erstattungsfähig, der keine solchen kennt und zB auf einer Stundensatzbasis abrechnen darf (OLG Frankfurt a. M. AnwBl 1990, 48).

Gegnerverhalten: Eine Erstattungsfähigkeit kann dann vorliegen, wenn sich der Gegner direkt an den Verkehrsanwalt gewandt hat (OLG Bamberg JurBüro 1987, 1577; OLG Hamm JurBüro 1988, 492; Hansens JurBüro 1989, 145).

Gerichtsstandswahl: Sie darf auch im an sich erlaubten Bereich **nicht** kostenmäßig ohne einen sachlich vertretbaren Grund auf dem Rücken des Gegners ausgeübt werden. Die Kosten sind also niedrig zu halten (OLG Dresden Rpfleger 2006, 44; KG Rpfleger 1976, 323; OLG Köln MDR 1976, 496; großzügiger OLG Hamburg MDR 1999, 638; KG MDR 2008, 653; OLG München JurBüro 1994, 477, aber Kostensparsamkeit ist ein selbstverständliches Gebot).

Geschäftsfähigkeit: Ein Streit um ihr Vorliegen kann zur Erstattungsfähigkeit führen (OLG Koblenz JurBüro 1991, 243).

Gewerblicher Rechtsschutz: → „Spezialrecht".

Hausanwalt: → Rn. 109 „Unternehmen". Die dortigen Regeln können auch zB beim langjährigen Vertrauensanwalt gelten (OLG Hamburg MDR 2005, 1317; OLG Koblenz AnwBl 1992, 548; OLG Köln JurBüro 2002, 591).

Ein Unternehmen darf aber **nicht stets** von vornherein auf Kosten des Gegners einen Hausanwalt beauftragen (OLG Zweibrücken MDR 2009, 1366). Seine Reisekosten sind dann nicht erstattungsfähig, wenn ein Mitarbeiter des Unternehmers praktisch alles rechtskundig bearbeitet hatte (AG Sulingen JurBüro 2014, 200).

Immobilienfirma: Sie kann grds. **schriftlich** informieren (OLG Koblenz VersR 1989, 929).

Informationsreise: Die Kosten eines Verkehrsanwalts sind grds. jedenfalls bis zur Höhe derjenigen Kosten erstattungsfähig, die für *eine* Informationsreise der Partei je Instanz zu dem ProzBev nach § 91 ZPO notwendig sind (BGH NJW 2003, 898; OLG Düsseldorf BB 1997, 2397; OLG Hamm AnwBl 2000, 323).

Es kann auch zumindest ein geringer Betrag darüber hinaus erstattungsfähig sein (OLG Bamberg JurBüro 1991, 103 (Drittort); OLG Karlsruhe AnwBl 1982, 248; OLG Köln AnwBl 1983, 189). Das gilt insbesondere dann, wenn die Information des ProzBev durch die Partei nur deshalb ausreicht, weil der Verkehrsanwalt vor dem Prozessbeginn bereits tätig war (KG JurBüro 1976, 204; OLG Bamberg JurBüro 1977, 1140).

Bei einem tatsächlich oder rechtlich **schwierigen Fall** kann man eine Erstattungsfähigkeit auch in Höhe derjenigen Beträge bejahen, die für **mehrere** Informationsreisen der Partei zum ProzBev notwendig würden (OLG Frankfurt a. M. AnwBl 1985, 211; LG Wiesbaden AnwBl 1999, 180). Die Reisekosten sind, falls überhaupt, wie bei einem Zeugen nach dem JVEG erstattungsfähig (OLG Düsseldorf BB 1997, 2397).

Eine Erstattungsfähigkeit darf allerdings **keineswegs schematisch** genommen werden (OLG Frankfurt a. M. JurBüro 1988, 486; OLG Hamm MDR 1988, 61), etwa sobald die Partei zur Unterrichtung des ProzBev mehr als einen halben Arbeitstag brauchen würde (OLG Koblenz MDR 1994, 630; OLG München AnwBl 1988, 69; aA OLG Frankfurt a. M. Rpfleger 1985, 212, aber es sind trotz aller Prozesswirtschaftlichkeit doch alle Umstände mit zu beachten).

Ebenso wenig ist die Erstattungsfähigkeit schematisch zu verneinen, sofern die Informationsreise zB nur **einen vollen Tag dauern** würde (aA OLG Celle Rpfleger 1984, 287). Es darf auch keine Grenze der Erstattungsfähigkeit bei einer starren Entfernung zählen (aA OLG Frankfurt a. M. BeckRS 2016, 16280 (50 km); OLG Köln MDR 2000, 234 (40 km)). In einer einfachen Sache mag nicht einmal ein Betrag in Höhe einer Informationsreise erstattungsfähig sein (OLG Frankfurt a. M. AnwBl 1984, 508; OLG Schleswig SchlHA 1978, 23). Es kommt eben darauf an, ob eine telefonische oder schriftliche Information des ProzBev ausreichen würde (OLG Düsseldorf AnwBl 1999, 288; OLG Koblenz JurBüro 1976, 96), zB durch einen auswärtigen Sozius einer → „überörtlichen Anwaltsozietät".

Auch → „Niederlassung".

Inkassobüro: Es muss grds. den ProzBev **schriftlich** informieren können (LG Saarbrücken JurBüro 1987, 753).

Klagerücknahme: Die Kosten des Verkehrsanwalts können auch dann erstattungsfähig sein, wenn es wegen einer Klagerücknahme nach § 269 ZPO nicht mehr zur Bestellung eines ProzBev nach § 81 ZPO kommt (OLG Karlsruhe JurBüro 1997, 111; OLG München AnwBl 1978, 110).

Kontakt: Mangels seiner Notwendigkeit ist er nicht zu beachten (OLG Schleswig AnwBl 1996, 477).

Krankenversicherung: → „Versicherungsgesellschaft".

Krankheit: Eine Erkrankung kann zur Erstattungsfähigkeit führen (OLG Koblenz JurBüro 1991, 243).

Leasing: In der Regel muss der Leasinggeber den ProzBev nach § 81 ZPO **schriftlich** informieren können (OLG Koblenz VersR 1988, 583; LG Hanau Rpfleger 1991, 173).

Lebensalter: → „Alter".

Lohnsteuerverein: Er muss grds. den ProzBev nach § 81 ZPO **schriftlich** informieren können (OLG Bamberg JurBüro 1987, 1701).

Mahnverfahren: → § 43 Rn. 39 ff.

Mehrheit von Anwälten: Anders/Gehle/Gehle ZPO § 91 Rn. 124.

Milchwirtschaft: → „Spezialrecht".

Niederlassung: Soweit sie nach § 21 ZPO vorliegt, kommt die Erstattung **weder** von Verkehrsanwaltskosten **noch** von fiktiven Informationsreisekosten in Betracht (OLG München Rpfleger 1988, 162).

Parallelprozess: Die Möglichkeit der Information in ihm kann die Erstattungsfähigkeit **ausschließen** (OLG Bamberg JurBüro 1991, 705).

Passivlegitimation: Die Kosten ihrer vorprozessualen Klärung durch den späteren Verkehrsanwalt sind grds. **nicht** erstattungsfähig (OLG Karlsruhe Rpfleger 1999, 435).

Patent: → „Spezialrecht".

Prozesskostenhilfe: Soweit eine Beiordnung nach § 121 III ZPO erfolgt ist, sind die Kosten des Verkehrsanwalts grds. erstattungsfähig (OLG Nürnberg NJW-RR 1987, 1202; aA OLG Hamm MDR 1983, 584; OLG Koblenz MDR 1999, 445, aber dem beigeordneten Rechtsanwalt sind dieselben Möglichkeiten zuzubilligen wie einem anderen ProzBev nach § 81 ZPO). Sie können darüber hinaus erstattungsfähig sein. Ihre Notwendigkeit ist aber wie sonst zu prüfen (OLG Frankfurt a. M. AnwBl 1982, 381; OLG Koblenz JurBüro 1990, 733). Vgl. freilich auch § 127 IV ZPO. Auch → „Ehesache".

Prozessstandschaft: Die nur in ihr beteiligte Partei kann die Kosten des Verkehrsanwalts als des Trägers des sachlichen Rechts **nicht** erstattet fordern (OLG Koblenz Rpfleger 1986, 449).

Prozessvergleich: → „Vergleich".

Ratsgebühr: Manche halten die Gebühr nach § 34 neben den fiktiven Kosten einer Informationsreise für erstattungsfähig (OLG Karlsruhe JurBüro 1996, 39; OLG Stuttgart AnwBl 1982, 439; strenger OLG Bremen JurBüro 1992, 681; OLG Düsseldorf JurBüro 1996, 539; kritischer OLG Düsseldorf JurBüro 1999, 533). Auch → § 20 Rn. 21.

Rechtskundigkeit: Eine Erstattungsfähigkeit kommt beim Verkehrsanwalt eines Rechtsunkundigen in Betracht (OLG Hamburg JurBüro 1991, 1516; OLG Karlsruhe Justiz 1992, 126).

Ein Referendar kann kurz vor dem Assessorexamen die Information grds. **selbst** geben (OLG Koblenz VersR 1987, 914). Besitzt eine juristische Person ein rechtskundiges Organ, kann sie **schriftlich** informieren (OLG Koblenz GRUR 1987, 941). Auch → „Eigene Sache", → „Unternehmen".

Reisekosten: → Rn. 53.

Revision: Die Kosten eines solchen Rechtsanwalts, der für die Partei mit dem beim BGH zugelassenen ProzBev nach § 81 ZPO korrespondiert oder dessen Schriftsätze prüft, sind grds. **nicht** erstattungsfähig (BGH NJW 2007, 1461; NJW 2015, 634; OLG Hamburg VersR 2014, 766; OLG Nürnberg MDR 2011, 264). Denn ein neues tatsächliches Vorbringen ist grds. unzulässig (OLG Dresden MDR 1998, 1372; OLG Hamm AnwBl 2003, 185; OLG Köln BB 2000, 277).

- **(gegenüber BGH):** Keine Erstattungsfähigkeit besteht dann, wenn es um eine Äußerung gegenüber dem BGH geht (OLG Karlsruhe JurBüro 1997, 484; OLG Saarbrücken NJW-RR 1997, 198; OLG Stuttgart AnwBl 1982, 199).
- **(Aufklärungspflicht):** Erstattungsfähigkeit besteht dann, wenn zB bei einem schwierigen Sachverhalt der Vorwurf eines Verstoßes gegen § 139 ZPO besteht (OLG Frankfurt a.M. AnwBl 1976, 219; OLG Zweibrücken VersR 1976, 475; aA OLG Karlsruhe JurBüro 1999, 86, aber eine solche Situation erfordert stets eine intensive Fühlungnahme mit dem Rechtsanwalt der Vorinstanz).
- **(Nichtzulassungsbeschwerde):** Erstattungsfähigkeit besteht bei der Prüfung einer noch nicht eingelegten Nichtzulassungsbeschwerde nach § 544 ZPO (OLG Frankfurt a. M. JurBüro 2008, 539).
- **(Revisionsaussichten):** Erstattungsfähigkeit besteht bei einem schwierigen Briefwechsel des bisherigen ProzBev mit dem Revisionsanwalt über die Aussichten der Revision.
- **(Schwierige Rechtslage):** Erstattungsfähigkeit besteht bei einer außergewöhnlich schwierigen Rechtslage.
- **(Tatsächliche Aufklärung):** Erstattungsfähigkeit besteht bei der Notwendigkeit einer tatsächlichen Aufklärung (OLG Hamm AnwBl 2003, 185; OLG Nürnberg AnwBl 2005, 152; LG Hanau AnwBl 1980, 166).
- **(Verbraucherzentrale):** Der Grundsatz der **Nichterstattungsfähigkeit** gilt auch hier (OLG Hamburg VersR 2014, 766).
- **(Versicherungsfall):** LG Coburg VersR 2016, 844 lässt eine Erstattungsfähigkeit von der Ansässigkeit des Verkehrsanwalts im LG-Bezirk der Versicherung abhängen.

Scheckprozess: Es ist **nicht** schon wegen dieser Prozessart nach § 602 ZPO ein Verkehrsanwalt nötig (OLG Bamberg JurBüro 1978, 1022), auch nicht bei einem Scheck eines Kaufmanns (OLG Düsseldorf JurBüro 1981, 75 (zu einem Wechsel); OLG Koblenz AnwBl 1989, 683 (zu einem Scheck)).

Selbständiges Beweisverfahren: Eine Kostenübernahme durch einen → Vergleich umfasst evtl. auch die Kosten des selbständigen Beweisverfahrens nach §§ 485 ff. ZPO (OLG Hamburg MDR 1986, 591; OLG Saarbrücken NJW-RR 2013, 316).

Sozietät: → „Überörtliche Sozietät"

Sparkasse: Sie kann grds. **schriftlich** informieren (OLG Koblenz VersR 1989, 929).

Spezialrecht: Ein Allgemeinjurist kann heute oft einen Spezialisten nicht mehr entbehren. Deshalb muss man die Erstattungsfähigkeit bei ausgefallenen Rechtsfragen großzügig bejahen (OLG Hamm JurBüro 1984, 439; OLG Koblenz VersR 1982, 1173). Freilich darf das auch bei rechtlichen Spezialfragen **keineswegs schematisch** geschehen (BVerfG NJW 1993, 1460; OLG München AnwBl 1985, 47; OLG Schleswig SchlHA 1982, 60).

Diese Grundsätze sind zB auf **folgende Rechtsgebiete** anzuwenden:
– **(Architektenrecht):** AG Krefeld BauR 2010, 251;
– **(Betriebsrentenrecht):** LAG Düsseldorf AnwBl 1981, 505, und zugehöriges Insolvenzrecht (LAG Düsseldorf AnwBl 1980, 267);
– **(EEG-Recht):** OLG Nürnberg NJW 2014, 2967 (zust. *Mayer* NJW 2014, 2915);
– **(Europarecht):** OLG Frankfurt a. M. MDR 1992, 193;
– **(Fischereirecht):** OLG Stuttgart AnwBl 1981, 196;
– **(Heilmittelrecht):** OLG Karlsruhe AnwBl 1998, 540;
– **(Internationales Privat- und Prozessrecht):** OLG Koblenz VersR 1982, 1173;
– **(Internetrecht):** aA OLG Düsseldorf AnwBl 1999, 289 (dort verneint);
– **(Kartellrecht):** OLG Frankfurt a. M. MDR 1992, 193;
– **(Allgemeine Bedingungen für die Kraftverkehrsversicherung);**
– **(Lebensmittelrecht):** OLG Karlsruhe AnwBl 1998, 540;
– **(Milchwirtschaftsrecht);**
– **(Patentrecht):** BPatG GRUR 2011, 463; OLG Koblenz GRUR 1987, 941.
Der Verzicht auf einen Patentanwalt führt aber **nicht** schon zur Erstattungsfähigkeit der Kosten eines Verkehrsanwalts (OLG Düsseldorf Rpfleger 1986, 278);
– **(Scheckrecht):** OLG Köln MDR 1985, 243;
– **(Spanisches Recht):** OLG Koblenz VersR 1982, 1173;
– **(Termingeschäftsrecht):** OLG Düsseldorf JurBüro 1996, 538;
– **(Verfassungsrecht):** aA OLG Karlsruhe MDR 1990, 159;
– **(Waffenrecht):** VGH Baden-Württemberg JurBüro 1996, 92;
– **(Waldrecht):** aA OLG Stuttgart AnwBl 1981, 505 (abl. *Schmidt*);
– **(Wettbewerbsrecht):** OLG Koblenz GRUR 1987, 941; OLG München Rpfleger 1990, 314 (Wettbewerbsverein); aA OLG Koblenz BB 1987, 1494; OLG München AnwBl 1998, 485 (je: Wettbewerbsverein).

Sprachkenntnisse: Ein in Deutschland tätiges Unternehmen muss sprachkundige Mitarbeiter haben (OLG Köln JurBüro 2011, 651).

Strafprozess: Eine Akteneinsicht in Strafakten durch den Verkehrsanwalt kann bei deren Verwertung zur Erstattungsfähigkeit führen (OLG Düsseldorf JurBüro 1993, 484).

Streitgenosse: Die Kosten des Verkehrsanwalts eines Streitgenossen nach §§ 59 ff. ZPO können durchaus erstattungsfähig sein (OLG Düsseldorf AnwBl 1983, 190; OLG Hamburg MDR 1984, 588). Es kommt aber auch hier selbst bei einem gemeinsamen Verkehrsanwalt auf die Notwendigkeit seiner Einschaltung an (OLG Bamberg AnwBl 1985, 215; OLG Düsseldorf Rpfleger 1984, 32 (10. ZS); OLG München MDR 1991, 256; großzügiger OLG Düsseldorf JurBüro 1983, 1094 (21. ZS)).

Die Kosten des Verkehrsanwalts können unter dieser Voraussetzung insoweit erstattungsfähig sein, als sie nicht diejenigen Kosten übersteigen, die dann angefallen wären, wenn **jeder Streitgenosse** einen **eigenen** ProzBev nach § 81 ZPO bestellt hätte (OLG München MDR 1991, 256; aA OLG Düsseldorf Rpfleger 1984, 33; OLG Hamburg MDR 1984, 588; OLG Koblenz VersR 1985, 672, aber jeder darf seinen eigenen Prozess führen).

Die Erstattungsfähigkeit lässt sich jedenfalls dann bejahen, wenn ein Verkehrsanwalt die Bestellung eines **gemeinsamen ProzBev** erleichtert (OLG Celle JurBüro 1977, 66; OLG Düsseldorf AnwBl 1983, 190; OLG Schleswig SchlHA 1979, 181; aA OLG Düsseldorf Rpfleger 1984, 32 (10. ZS); OLG Hamburg JurBüro 1977, 1005 (aber es kommt auf eine Gesamtbetrachtung an)).

Streithelfer: Die notwendigen Kosten eines Verkehrsanwalts können auch zugunsten des Streithelfers nach §§ 66 ff. ZPO erstattungsfähig sein (OLG Frankfurt a. M. AnwBl 1978, 68).

Streitverkündung: Erfolgt sie nach § 72 ZPO erst während einer Rechtsmittelfrist zB nach §§ 517, 548, 569 I 1 ZPO, kann die Kürze der Zeit usw einen Verkehrsanwalt rechtfertigen (OLG Koblenz VersR 1988, 193).

Teilzahlungsbank: Sie muss grds. den ProzBev nach § 81 ZPO **schriftlich** informieren können (OLG Saarbrücken JurBüro 1987, 895).

Überörtliche Sozietät. Dazu *Bischof* JurBüro 1998, 60; *Herrlein* Rpfleger 1995, 399 (je: Üb.). Die Frage der Notwendigkeit der Hinzuziehung eines Verkehrsanwalts ist unabhängig davon zu klären, ob der Verkehrsanwalt und der ProzBev nach § 81 ZPO eine überörtliche Sozietät bilden (OLG Brandenburg MDR 1999, 635, strenger OLG Hamburg MDR 1996, 532; KG MDR 2000, 669; OLG Schleswig JurBüro 1995, 32, aber es kommt trotz der Gesamtgläubiger- und -schuldnerschaft von Sozien doch auch auf deren tatsächliche Funktionen und deren Teilungen an).

Unternehmen: Auch hier kommt es darauf an, ob eine fernmündliche oder schriftliche Unterrichtung des ProzBev nach § 81 ZPO zumutbar ist (OLG Düsseldorf AnwBl 1993, 40 (Sprachprobleme); OLG Koblenz VersR 2007, 1580; OLG Köln BB 2000, 277). Dabei muss man auch die Bedeutung des Rechtsstreits und seine tatsächliche oder rechtliche Problematik beachten, ferner die Größe des Unternehmens und damit evtl. die Tatsache, dass es über juristisch geschulte Mitarbeiter verfügt, zB in einer eigenen Rechtsabteilung (BGH GRUR 2005, 271; OLG Düsseldorf Rpfleger 2006, 512; OLG Köln BB 2000, 277; aA OLG Koblenz VersR 2007, 1580).

Ein **größeres** Unternehmen kann Kosten im Allgemeinen **nicht** erstattet fordern (OLG Bamberg JurBüro 1994, 959; OLG Frankfurt a. M. JurBüro 1993, 292; OLG Köln AnwBl 2002, 116). Ein **kleineres** auf die Arbeitskraft des Inhabers zugeschnittenes Unternehmen kann die Kosten eines Verkehrsanwalts oft erstattet fordern (OLG Nürnberg AnwBl 1989, 113). Das gilt allerdings **nicht** in jeder Alltagsfrage (OLG Düsseldorf AnwBl 1984, 380; OLG Frankfurt a. M. AnwBl 1984, 378; OLG Koblenz VersR 1985, 273).

– → **(Auslandsberührung).**

– **(Bank): Keine** Erstattungsfähigkeit besteht grds. bei einer Bank. Sie muss meist jedenfalls beim Streit über eine Alltagsfrage ihres Arbeitsgebiets ohne einen Verkehrsanwalt auskommen (OLG Bamberg JurBüro 1977, 1006; OLG Köln BB 2000, 277; OLG Schleswig AnwBl 1988, 356).

– **(Bearbeiterwechsel): Keine** Erstattungsfähigkeit besteht grds. schon wegen dieses Vorgangs, falls er ständig erfolgt. Das liegt schon wegen eines ständigen solchen Wechsels vor (aA OLG Koblenz NJW-RR 1996, 315, aber das begünstigt eine bloße Missorganisation). Es gilt auch bei einem schwierigen Fall.

– **(Existenzielle Bedeutung): Keine automatische** Erstattungsfähigkeit liegt selbst bei einem solchen Prozess vor (OLG Koblenz JurBüro 1992, 26).

– **(Filiale):** → „– (Zweigniederlassung)".

– **(GmbH): Keine automatische** Erstattungsfähigkeit liegt bei dieser Unternehmensform vor. Denn sie muss sich ähnlich wie eine Bank organisieren (OLG Düsseldorf VersR 1987, 1019; KG JurBüro 1977, 63, Geschäftsführer ist Rechtsanwalt).

– **(Hausanwalt):** Erstattungsfähigkeit kann dann bestehen, wenn er besser als die Partei den ProzBev nach § 81 ZPO informieren kann (OLG Bamberg JurBüro 1988, 1362 (Fremdsprache); OLG Celle GRUR-RR 2005, 72; OLG München JurBüro 2007, 371).

Eine Erstattungsfähigkeit besteht aber **keineswegs stets** (OLG Celle GRUR-RR 2005, 72; OLG Koblenz JurBüro 1992, 26; OVG Niedersachsen JurBüro 1987, 607). Andernfalls würde jeder Gegner eines Unternehmens stets mit doppelten Kosten rechnen müssen (LG Bayreuth JurBüro 1976, 1379).

Auch → – (Existenzielle Bedeutung)".

– → **(Informationsreise).**

– **(Organisationsmangel):** → „– (Bearbeiterwechsel)".

– **(Schwieriger Prozess):** Erstattungsfähigkeit kann ausnahmsweise auch bei einem an sich nicht zu diesem Kreis zählenden Unternehmen in einem tatsächlich oder rechtlich schwierigen Prozess bestehen (OLG Düsseldorf BB 1989, 399; OLG Frankfurt a. M. AnwBl 1980, 263; OLG Hamburg JurBüro 2002, 319). Aber auch → „– (Bearbeiterwechsel)".

– → **(Spezialrecht).**

– **(Versicherung):** Die Regeln → „– (Bank)" gelten entsprechend für ein Versicherungsunternehmen (OLG Hamburg MDR 1988, 782; OLG Koblenz

Rpfleger 1975, 99; OLG Schleswig JurBüro 1982, 411; aA OLG Frankfurt a. M. VersR 1977, 921; OLG München VersR 2009, 1095).

– **(Versorgungskasse):** Die Regeln → „– (Bank)" gelten entsprechend für eine Versorgungskasse (OLG Koblenz VersR 1975, 958).

– **(Wettbewerbsverband):** Die Regeln → „– (Bank)" gelten entsprechend für einen Wettbewerbsverband (OLG Stuttgart JurBüro 1983, 1836).

– **(Zweigniederlassung): Keine** Erstattungsfähigkeit besteht dann, wenn die Zweigniederlassung am Prozessort klagt, für den Verkehrsanwaltsaufwand mit der Kanzlei am Ort der Hauptverwaltung. Das gilt selbst dann, wenn in Wahrheit die Hauptverwaltung den Prozess führt (OLG Frankfurt a. M. JurBüro 1996, 39; OLG Köln JurBüro 2000, 277; OLG Stuttgart JurBüro 1992, 688). **Keine** Erstattungsfähigkeit besteht ferner dann, wenn man die Zweigniederlassung an ihrem Sitz verklagt, wegen der Verkehrsanwaltskosten am Ort der Hauptniederlassung oder gar an einem dritten Ort (OLG Hamburg MDR 1988, 782; OLG Koblenz VersR 1986, 171; OLG Köln VersR 1993, 1172).

Urkundenprozess: Es ist **nicht** schon wegen dieser Prozessart nach §§ 592 ff. ZPO ein Verkehrsanwalt nötig (OLG Bamberg JurBüro 1978, 1022, wegen eines Schecks). Die Verkehrsgebühr des auswärtigen Vertrauensanwalts des ausländischen Klägers kann zB in Höhe einer 0,2 Ratsgebühr selbst dann erstattungsfähig sein, wenn ein deutschsprachiges Schuldanerkenntnis vorliegt (OLG Koblenz VersR 1984, 545). Auch → „Scheckprozess", → „Wechselprozess".

Verein: Ein Verein zur Bekämpfung des unlauteren Wettbewerbs ist grds. in der Lage, den ProzBev nach § 81 ZPO **schriftlich** zu informieren (OLG Karlsruhe JurBüro 1989, 102; OLG München BB 1990, 950; OLG Stuttgart JurBüro 1983, 1836).

Verfassungsrecht: → „Spezialrecht".

Vergleich: Die Einigungsgebühr eines Verkehrsanwalts kann in der Übernahme „sämtlicher Kosten" stecken (OLG Düsseldorf MDR 1999, 118; OLG Koblenz JurBüro 2000, 477 mkritAnm *Gottwald* FamRZ 2001, 843; OLG Saarbrücken JurBüro 1987, 700 (Auslegungsfrage)). Sie steckt nicht in den Wörtern „dieses Vergleichs" für die Revisionsinstanz (KG NJW-RR 2007, 212). Sie ist grds. nur in demjenigen Umfang erstattungsfähig, in dem der Verkehrsanwalt an der Einigung mitwirken muss (OLG Brandenburg MDR 1999, 1349; OLG Düsseldorf MDR 1991, 258; OLG Schleswig SchlHA 1988, 146; aA OLG Frankfurt a. M. AnwBl 1984, 101; OLG München AnwBl 1983, 558 mablAnm Schmidt; LG Freiburg AnwBl 1984, 98, sie sei neben derjenigen des ProzBev nach § 81 ZPO nie erstattungsfähig. Aber das verkennt die gar nicht seltene Notwendigkeit der Mitwirkung auch gerade des Verkehrsanwalts, der „seine" Partei am besten kennt). Das gilt unabhängig davon, ob sie gegenüber dem Auftraggeber entstanden ist (OLG München MDR 1981, 681; aA OLG Frankfurt a. M. AnwBl 1982, 248).

Die Mitwirkung des Verkehrsanwalts ist zB dann notwendig, wenn sich der Prozessgegner direkt an den Verkehrsanwalt zu **Vergleichsverhandlungen** wendet und wenn der letztere am Zustandekommen der Einigung mitwirkt (OLG Hamburg AnwBl 1988, 356; OLG Koblenz MDR 1984, 587; OLG Schleswig SchlHA 1987, 191; aA OLG Schleswig AnwBl 1996, 477), oder bei einer völligen Schreibungewandtheit der Partei (OLG Hamburg MDR 1983, 1034).

Eine Verhandlung des Verkehrsanwalts mit einem solchen **Dritten,** der sich an den Auswirkungen des Prozessvergleichs wirtschaftlich beteiligen soll, kann als solche **keine** Erstattungsfähigkeit der Einigungsgebühr VV 1000 begründen.

Verkehrsunfallsache: Im Normalfall ohne besondere Umstände sind die Kosten des Verkehrsanwalts **nicht** erstattungsfähig (OLG Düsseldorf JurBüro 1991, 88).

Versicherungsgesellschaft: Wenn eine auswärtige Versicherungsgesellschaft für die am Gerichtsort wohnende Partei einen auswärtigen Rechtsanwalt benannt hat, sind seine Kosten grds. **nicht** erstattungsfähig (OLG Koblenz JurBüro 2007, 370; OLG Schleswig JurBüro 1982, 411). Allenfalls können Kosten bis zur Höhe der Reisekosten des ProzBev nach § 81 ZPO erstattungsfähig sein (OLG Brandenburg JurBüro 2014, 28). Davon kann bei einer ausländischen Versicherungsgesellschaft dann eine Ausnahme gelten, wenn sie eine Vielzahl von internationalen Autoverschiebungen aus Deutschland verfolgt (OLG Koblenz VersR 1994, 196). Vom vorgenannten Grundsatz kann ferner in einem tatsächlich oder rechtlich schwierigen Fall eine Ausnahme gelten (BGH NJW-RR 2004, 1724; OLG Frankfurt a. M. AnwBl 1980, 263).

Rationalisierungserwägungen reichen freilich **nicht** zur Erstattungsfähigkeit aus (OLG Hamburg MDR 1988, 782). Eine umfassende Tätigkeit in einem großen Komplex kann aber im Einzelfall zur Erstattungsfähigkeit führen (OLG Karlsruhe VersR 1989, 715). Die Grenze der Erstattungsfähigkeit liegt dort, wo eine schriftliche Information ausreicht (OLG Celle NJW-RR 2009, 557).

Versorgungskasse: Sie kann grds. **schriftlich** informieren (OLG Koblenz VersR 1989, 929).

Vertrauensanwalt: → „Hausanwalt".

Verwandtschaft: Eine nahe Verwandtschaft zum Verkehrsanwalt steht der Erstattungsfähigkeit grds. nicht entgegen (OLG Schleswig JurBüro 1992, 170).

Verweisung: Soweit es sich nicht um Mehrkosten nach § 281 III 2 ZPO handelt, kommt eine Erstattung der Verfahrensgebühr des ersten Rechtsanwalts als Verkehrsgebühr in Betracht (aA OLG Hamburg MDR 1997, 888, aber es sind die Umstände der Verweisung zu beachten).

Verwertungsgesellschaft: Sie muss sich so ausstatten, dass sie den ProzBev nach § 81 ZPO **selbst** informieren kann (OLG Frankfurt a. M. MDR 1985, 327).

Vollstreckungsabwehrklage. Erhält ihr Bekl. nur fünf Tage Zeit zur Stellungnahme zum Einstellungsantrag, ist die Hinzuziehung eines Verkehrsanwalts gerechtfertigt (OLG Koblenz VersR 1988, 643).

Vormund: → Rn. 80.

Vorprozess: Keine Partei muss zur Ersparung sonst anfallender Kosten eines Verkehrsanwalts den Rechtsanwalt des Vorprozesses stets erneut zum ProzBev bestellen (OLG Hamburg AnwBl 1980, 372).

– **(Akteneinsicht):** Erstattungsfähigkeit besteht dann, wenn der Verkehrsanwalt seine Kenntnis erst durch eine Einsicht in solche (Straf-)Akten usw erworben hat, die der Partei selbst nicht zugänglich waren.
– **(Auskunft):** Erstattungsfähigkeit besteht dann, wenn der Verkehrsanwalt wegen seiner Beschäftigung mit dem Streitstoff vor dem Prozess oder in einem anderen Prozess eine umfassendere Auskunft geben kann als die Partei selbst (OLG Bamberg JurBüro 1980, 285; 1980, 1369; OLG Frankfurt a. M. JurBüro 1983, 276; OLG Koblenz VersR 1982, 1173).
– **(Einfacherer Sachverhalt):** Erstattungsfähigkeit besteht nur nach einer Abwägung der Umstände zugunsten des Verkehrsanwalts (OLG Hamm AnwBl 1982, 378).
– **(Gemeinsamer Prozessbevollmächtigter):** Erstattungsfähigkeit besteht dann, wenn der Verkehrsanwalt die Bestellung eines gemeinsamen ProzBev nach § 81 ZPO oder VerfBev nach § 11 FamFG erleichtert (OLG Celle JurBüro 1977, 66; OLG Düsseldorf Rpfleger 1976, 105; OLG Schleswig SchlHA 1979, 181; aA OLG Hamburg JurBüro 1977, 1105 (aber es kommt auf eine Gesamtabwägung an)).
– **(Gleiche Kostenhöhe):** Erstattungsfähigkeit besteht, soweit vorprozessuale Kosten der Partei nahezu ebenso hoch gewesen wären wie die Einschaltung des Verkehrsanwalts (OLG Bamberg JurBüro 1977, 1140). Natürlich ist auch dann nur nach einer Abwägung der Umstände zu entscheiden (OLG Düsseldorf JurBüro 1975, 627).
– **(Schwieriger Fall):** Erstattungsfähigkeit besteht dann, wenn der Verkehrsanwalt den ProzBev des Folgeprozesses über einen schwierigen Vorprozess informiert, etwa bei einer Erbauseinandersetzung.
– **(Vorbereitung des Folgeprozesses):** Erstattungsfähigkeit besteht dann, wenn der Verkehrsanwalt den Folgeprozess maßgeblich vorbereitet hat (OLG Düsseldorf NJW 1976, 2065), zumal oft dazu viele Rücksprachen notwendig sein mochten (KG Rpfleger 1975, 143; aA OLG Hamm Rpfleger 1976, 106).

Wahrnehmungsgesellschaft: → „Verwertungsgesellschaft".

Wasserrecht: → „Spezialrecht".

Wechselprozess: Es ist **nicht** schon wegen dieser Prozessart nach § 605a ZPO ein Verkehrsanwalt nötig (OLG Bamberg JurBüro 1978, 1022 (zu einem Scheck), auch nicht bei einem Wechsel eines Kaufmanns, OLG Düsseldorf JurBüro 1981, 75; OLG Karlsruhe Justiz 1990, 362; OLG Koblenz AnwBl 1989, 683 (zu einem Scheck)). Auch → „Scheckprozess", → „Urkundenprozess".

Widerklage: Die Erstattungsfähigkeit von Kosten des Verkehrsanwalts für die Klage und die Widerklage kann nicht unterschiedlich beurteilt werden, sofern beide Klagen denselben Sachverhalt betreffen (OLG Stuttgart JurBüro 1976, 1075).

Wirtschaftsverband: Soweit Prozesse zu seinen Aufgaben zählen, sind Verkehrsanwaltskosten für ihn grds. **nicht** notwendig (OLG Stuttgart JurBüro 2002, 536).

Zeitaufwand: → „Informationsreise".

Nr.	Gebührentatbestand	Gebühr oder Satz der Gebühr nach § 13 RVG
3401	**Der Auftrag beschränkt sich auf die Vertretung in einem Termin im Sinne der Vorbemerkung 3 Abs. 3: Verfahrensgebühr**	**in Höhe der Hälfte der dem Verfahrensbevollmächtigten zustehenden Verfahrensgebühr**

Übersicht

I. Systematik. Die Vorschrift betrifft in jeder Instanz denjenigen sog. Terminsanwalt, der weder der ProzBev oder VerfBev nach VV 3100 ff. noch lediglich ein Verkehrsanwalt nach VV 3400 ist. Die Partei kann dem Rechtsanwalt aber durchaus mehr als die Vertretung in einem Termin übertragen haben, selbst wenn das erst kurz vor einem Termin geschehen ist und wenn sein an sich über diesen Termin hinausgegangener Auftrag dann aus irgendeinem Grund mit oder kurz nach dem Terminsende ebenfalls endete. Die Partei kann ihm zB auch noch weitere Geschäfte übertragen haben. Das Wort „beschränkt sich" bedeutet lediglich eine Abgrenzung gegenüber der Tätigkeit des ProzBev usw einerseits und des Verkehrsanwalts andererseits. Maßgeblich sind also die Art und der Umfang des Auftrags (aA OLG Hamburg MDR 1986, 596, aber es kommt immer zunächst auf die Art und den Umfang eines Auftrags an). 1

Nur die **Verfahrensgebühr** ist der Gegenstand von VV 3401. Daneben können VV 1000 (Einigungsgebühr), VV 3402 (Terminsgebühr) anzuwenden sein. 2

II. Regelungszweck. Diejenige Tätigkeit, deren Vergütung VV 3401 regelt, ist mit einer oft prozessentscheidenden Hauptverantwortung verbunden. Das gilt zB dann, wenn der Rechtsanwalt in Sekunden entscheiden muss, ob er es wegen seiner Wahrhaftigkeitspflicht als ein Organ der Rechtspflege nach § 138 ZPO, § 1 BRAO dennoch verantworten kann, ein unvermutetes, aber aus der Sicht des Gerichts für den Auftraggeber keineswegs unzumutbares gegnerisches neues Vorbringen direkt zu bestreiten und damit den Gegner zum Beweis zu nötigen, oder ob er nur mit einem 3

„persönlichen derzeitigen" Nichtwissen reagieren und damit die für den Auftraggeber vernichtenden Wirkungen eines unzulässigen Nichtbestreitens nach § 138 III, IV ZPO riskieren kann. Dieser Verantwortung wird VV 3401 nur bedingt gerecht. Andererseits darf die Kostenlast nicht schon deshalb für den Prozessverlierer allzu hoch werden, weil sich eine Partei eines Terminsvertreters bedient, statt den ProzBev auch vor Gericht erscheinen zu lassen. Alles das sollte man bei der Auslegung mitbeachten.

4 **III. Auftrag.** Es müssen die Voraussetzungen → Rn. 4–14 zusammentreffen. Der Rechtsanwalt muss im Auftrag handeln. Der Auftrag darf sich weder auf die Tätigkeit als ein bloßer Verkehrsanwalt beschränken noch den umfassenden Prozess- oder Verfahrensauftrag enthalten.

5 Den Auftrag mag die Partei persönlich oder ihr ProzBev usw erteilen (BGH NJW 2001, 753). Im letzteren Fall ist aber trotz des nur nach außen maßgeblichen § 81 ZPO mit seiner Befugnis zur Bestellung eines Unterbevollmächtigten doch im Innenverhältnis das **Einverständnis** der Partei usw erforderlich (OLG Nürnberg JurBüro 2002, 476). Zu diesem Begriff → VV 3400 Rn. 44. Es kann stillschweigend erfolgen. Es liegt wohl meist dann nicht vor, wenn zB bei einem Streitwert von 18.000 EUR der ProzBev und das Gericht nur 135 km voneinander entfernt residieren (AG Neuruppin AnwBl 1999, 123).

6 Wer die Vertretung in der **mündlichen Verhandlung oder Erörterung** vom Prozess usw übertragen erhält, ist ein Erfüllungsgehilfe des ProzBev (BGH NJW 2001, 753). Er verdient die Gebühr für den ProzBev (BGH NJW 2001, 753). Die interne Vergütungspflicht richtet sich dann ohne eine Bindung an VV 3401 nach der Gebührenabsprache zwischen dem ProzBev und dem Terminsanwalt. Sie kann ohne einen Verstoß gegen § 49b BRAO unter der in VV 3401 vorgesehenen Summe liegen (BGH NJW 2006, 3569). „Kollegialiter" bedeutet aber nicht: unentgeltlich (LG Arnsberg NJW-RR 2001, 1144).

7 **Mangels** einer solchen internen Absprache erhält der Terminsanwalt eine Gebühr in Höhe der Hälfte der dem ProzBev oder VerfBev zustehenden Verfahrensgebühr (BGH AnwBl 2006, 673). Soweit der Rechtsanwalt nur im Auftrag des ProzBev usw als dessen Vertreter nach § 5 tätig wird, erhält er eine Vergütung nur vom ProzBev.

8 **IV. Tätigkeitsumfang.** Es ist erforderlich und ausreichend, dass sich der Auftrag auf die Vertretung in einem Termin nach der Vorb. 3 III erstreckt und beschränkt. Nach dieser Vorb. 3 III Hs. 1 zählt nur ein solcher Termin, den das Gericht gerade als einen Verhandlungs-, Erörterungs- oder Beweisaufnahmetermin oder den der Sachverständige anberaumt hatte. Allerdings kann man auch einen Gütetermin zB nach § 278 II–V ZPO als einen Erörterungstermin erachten. Auch ein Termin im Beschwerdeverfahren zählt hierher, ebenso ein solcher in der Zwangsvollstreckung. Auch ein außergerichtlicher Termin zwecks einer Vermeidung oder Erledigung des Gerichtsverfahrens zählt nach der Vorb. 3 III Hs. 1 hierher (Wielgoss JurBüro 2006, 353), abgesehen von einer Besprechung mit dem Auftraggeber, Hs. 2. Insbesondere gilt das folgende.

9 **1. Mündliche Verhandlung oder Erörterung.** Der Rechtsanwalt mag den Auftrag haben, die Partei usw in der mündlichen Verhandlung oder Erörterung zu vertreten. Dieser Auftrag umfasst diejenige Tätigkeit, für die der ProzBev usw eine Terminsgebühr nach VV 3402 iVm VV 3104 erhalten würde. Sie ermächtigt also auch zu einer wirksamen Stellung von Sachanträgen. Freilich ist die Antragstellung nicht mehr notwendig. Es genügt vielmehr der Auftrag zu einer vertretungsbereiten und aufmerksamen Anwesenheit, also zur Wahrnehmung der Interessen des Auftraggebers. Ein Auftrag zur bloßen Beobachtung reicht nicht.

10 **Nicht erforderlich** ist das tatsächliche Stattfinden des Termins. Denn VV 3401 schafft eine Verfahrensgebühr. Zu ihr kann ja die Terminsgebühr VV 3402 hinzutreten. Noch weniger erforderlich ist eine Erreichung des Terminszwecks. Auch eine Vertagung im Termin reicht, auch aus rein prozessualen Gründen.

11 **2. Ausführung der Partei- oder Beteiligtenrechte.** Der Auftrag mag sich auch darauf beschränken, die Parteirechte in einer mündlichen Verhandlung usw auszuführen. Der Rechtsanwalt handelt bei der bloßen Ausführung der Parteirechte derart, dass die Partei oder der ProzBev im Parteiprozess, der letztere im Anwaltsprozess, die

Sachanträge stellt und erwirkt und dass das Gericht dem nach VV 3401 beauftragten Rechtsanwalt nach § 137 IV ZPO gestattet, zusätzlich das Wort zu nehmen.

Diese Situation empfiehlt sich insbesondere dann, wenn es um materiellrechtliche oder prozessuale **Spezialfragen** geht oder wenn die Partei ihren Vertrauens- oder Hausanwalt auch im Termin hinzuziehen möchte. Vgl. auch § 53 II BRAO und BGH MDR 1976, 570. Einem Mitglied der Rechtsanwaltskammer **nach § 209 BRAO** kann der Rechtsanwalt den Vortrag nicht wirksam überlassen. Das alles gilt auch in der mündlichen Verhandlung vor dem BGH. 12

3. Mündliche Verhandlung oder Erörterung und Beweisaufnahme. Der Auftrag kann sich schließlich auf die Vertretung in der mündlichen Verhandlung oder Erörterung und in der mit ihr verbundenen Beweisaufnahme erstrecken. Das ist der Regelfall bei einer Beweisaufnahme vor dem Prozessgericht nach § 370 I ZPO anders als bei einer Beweisaufnahme vor dem beauftragten oder ersuchten Richter nach § 370 II ZPO. Diese Art von Auftrag kennzeichnet sich dadurch, dass der Rechtsanwalt zwar weder der ProzBev noch ein bloßer Verkehrsanwalt ist, dass er aber andererseits mehr tun als nur in der Beweisaufnahme tätig werden soll. 13

Soweit der ProzBev oder die Partei dem Rechtsanwalt nur die Ausführung der **Parteirechte usw** übertragen und soweit der ProzBev im Verhandlungstermin selbst verhandelt hat, erhält der letztere nach VV 3402 die Terminsgebühr VV 3104 und der Vorlage wegen einer zusätzlichen „Vertretung" die Terminsgebühr VV 3401. 14

4. Unterbevollmächtigter. Soweit er als solcher zulässig ist, kann ihn der Hauptbevollmächtigte im Einverständnis mit der Partei bestellen. Er erhält dann eine Verfahrensgebühr oder Terminsgebühr VV 3400, 3401 (KG FamRZ 2004, 1741). 15

V. Gebührenhöhe. § 14 ist bei einer Rahmengebühr anzuwenden. Unter den Voraussetzungen → Rn. 4–14 entsteht die jeweilige Hälfte der einem VerfBev zustehenden Verfahrensgebühr. Zusätzlich kann nach VV 3402 iVm VV 3401 eine Terminsgebühr nach der Vorb. 3.4 I entstehen. Die Verfahrensgebühr entsteht mit der auftragsgemäßen Entgegennahme der Information. Sie entsteht je Angelegenheit nach → § 15 Rn. 9 und Rechtszug nach § 15 II nur einmal. Das gilt auch im Verhältnis zu VV 3400, 3403 ff. (vgl. OLG Hamburg MDR 1986, 596). Eine Ermäßigung für den Fall, dass sich der Auftrag vor der mündlichen Verhandlung oder Erörterung erledigt, findet nach VV 3405 Nr. 2 statt. Gebührenschuldner ist auch dann der Auftraggeber, wenn der ProzBev usw in ihrem Einverständnis den Rechtsanwalt nach VV 3401 beauftragt hat. Ein ausländischer Rechtsanwalt erhält eine Vergütung nach seinem Recht. 16

Bei **§ 3** vor den Sozialgerichten sind die Ermäßigungen von VV 3400, 3401 unter den Voraussetzungen der Vorb. 3.4 II mit zu beachten. 17

VI. Gegenstandswert. Er bestimmt sich nach dem Gegenstand des Termins. Bei einer Erhöhung oder Ermäßigung kommt es auf ihren Zeitpunkt an und ist § 15 III zu beachten. 18

VII. Kostenerstattung. Soweit es sich um einen Parteiprozess handelt und der nach VV 3401 tätige Rechtsanwalt der einzige Rechtsanwalt der Partei ist, gilt § 91 II 1 ZPO. Andernfalls ist § 91 II 2 ZPO anzuwenden (vgl. BGH NJW 2003, 898; LG Itzehoe Rpfleger 1982, 442). Grundsätzlich sind die Kosten des Vertreters nicht erstattungsfähig, soweit er nur in der Verhandlung vertreten hat oder dort nur die Rechte der Partei ausgeführt hat (OLG Hamm JurBüro 1977, 68; OLG München MDR 2002, 174; LG Kleve AnwBl 1980, 513; aA OLG Schleswig SchlHA 1981, 134, aber dann dürfte kaum jemals eine Notwendigkeit auch dieser Zusatzkosten vorliegen). 19

Die **Obergrenze** der Erstattungsfähigkeit liegt im Allgemeinen etwa bei den Kosten eines ProzBev (BGH NJW 2003, 898), und eines notwendigen Verkehrsanwalts (OLG Bamberg JurBüro 1982, 121; OLG Frankfurt a. M. MDR 2001, 55; OLG München AnwBl 1982, 532; aA *Schmel* MDR 2003, 795, aber das Gebot möglichst geringer Kosten gilt uneingeschränkt). Allerdings können auch dann diejenigen Kosten erstattungsfähig sein, die die Partei für eine sonst notwendig gewordene Reise zur Information des Rechtsanwalts erspart hat (OLG Düsseldorf JurBüro 2001, 256; OLG München JurBüro 1993, 485). 20

21 Die Kosten der Wahrnehmung eines **Beweistermins** sind auch dann grundsätzlich erstattungsfähig, wenn der Rechtsanwalt zugleich die Verhandlung geführt und/oder Parteirechte ausgeführt hat. Denn jede Partei hat das unbedingte Recht der Wahrnehmung eines Beweistermins. Ihre Mitwirkung in diesem Termin kann das ganze Ergebnis ändern. Die Partei darf den Beweistermin grundsätzlich durch einen Rechtsanwalt wahrnehmen lassen (OLG Schleswig SchlHA 1980, 78). Das gilt insbesondere dann, wenn es sich um einen schwierigen Stoff handelt und wenn die Partei nicht absehen kann, wie sich zB ein Zeuge verhalten wird. Soweit im Termin nur **Zuständigkeitsfragen** anstehen, entfällt die Erstattungsfähigkeit (OLG Hamburg MDR 1986, 596).

Nr.	Gebührentatbestand	Gebühr oder Satz der Gebühr nach § 13 RVG
3402	**Terminsgebühr in dem in Nummer 3401 genannten Fall**	**in Höhe der einem Verfahrensbevollmächtigten zustehenden Terminsgebühr**

1 **I. Systematik, Regelungszweck.** → VV 3104 Rn. 1, 2.

2 **II. Anwendungsbereich; Terminswahrnehmung.** Zunächst → VV 3401 Rn. 3–8. Ergänzend gilt Folgendes. Neben einer Gebühr nach VV 3401 kann auch eine Gebühr für die Wahrnehmung eines anderen als des zur mündlichen Verhandlung oder Erörterung oder zur Beweisaufnahme bestimmten Termins entstehen.

3 **1. Begriff.** Der Begriff Terminswahrnehmung ist derselbe wie in VV 3101.

4 Der Begriff **mündliche Verhandlung** ist derselbe wie bei VV 3104. Eine „mündliche" Verhandlung fehlt zB bei einem Gütetermin nach § 278 ZPO oder bei einem bloßen Erörterungstermin nach der ZPO. Ein Erörterungstermin nach § 32 I 1 FamFG reicht aber.

5 **2. Gerichtstermin.** Allerdings ist zunächst zu prüfen, ob das Gericht den Termin überhaupt zur mündlichen Verhandlung oder ob das FamFG ihn zur Erörterung „bestimmt" hatte. Das ergibt sich zunächst aus der Original-Terminsverfügung in den Gerichtsakten. Wenn freilich die Geschäftsstelle oder Kanzlei in der Ladung an die Partei oder den Beteiligten oder deren Rechtsanwalt den Zweck des Termins falsch angegeben hatte, wenn sie also etwa einen Beweis- und Verhandlungstermin irrig als einen bloßen Erörterungstermin bezeichnet hatte, kann diese irrige Bezeichnung zur Entstehung der Gebühr ausreichen, sofern es tatsächlich auch nur zur bloßen Erörterung kommt.

6 Wenn andererseits die Ladung den Termin als einen **Beweis- und/oder Verhandlungstermin** angab und wenn es dann aber im Termin nur zu einer bloßen Erörterung gekommen ist, hat das Gericht im Ergebnis den Termin nur zu einem anderen Zweck als zur mündlichen Verhandlung oder zur Beweisaufnahme bestimmt. Auch dann kann eine Gebühr 3403 entstehen.

7 Soweit das Gericht während des Termins seine **Zweckrichtung ändert** und ihn zu einem Verhandlungs- und/oder Beweistermin ausweitet, kommt es darauf an, ob der Rechtsanwalt auch noch von dieser Zweckänderung an tätig war. Falls nicht, ist VV 3402 anzuwenden.

8 **3. Sachverständigentermin usw.** Es reicht aus, dass der Rechtsanwalt einen nicht vom Gericht anberaumten Termin wahrnimmt, der aber im Hinblick auf den Rechtsstreit und daher doch „in einem gerichtlichen Verfahren" stattfindet, etwa eine vom Sachverständigen anberaumte Ortsbesichtigung oder eine Besprechung, soweit sie zu einem Verfahren der im Teil 3 genannten Art erfolgt. Wenn die Besprechung nicht zu dem Rechtsstreit erfolgt, ist VV 2100 anzuwenden.

4. Abgeltungsumfang. Die Gebühr VV 3402 gilt nicht nur die Terminswahrnehmung ab, sondern auch eine vor oder nach dem Termin stattfindende Besprechung und Beratung oder sonstige Vorbereitung, die Benachrichtigung des Termins und die Mitteilung seines Ergebnisses an die Partei oder den ProzBev oder VerfBev. Man kann VV 3402 auch dann anwenden, wenn der Rechtsanwalt nach der Verkündung des Urteils einen Rechtsmittelverzicht zum Protokoll erklärt (OLG Brandenburg JurBüro 2002, 365). 9

Die Gebühr **entsteht** mit der Beauftragung und mit dem Beginn der Tätigkeit des Rechtsanwalts im Hinblick auf den Termin oder die Besprechung. 10

Neben der Gebühr kann auch die **Einigungsgebühr** unter den Voraussetzungen VV 1000 entstehen (vgl. KG MDR 1986, 861). 11

III. Gebührenhöhe. Vgl. VV 3104. Wer als ProzBev der Hauptpartei und in Untervollmacht auch für deren Streithelfer auftritt, erhält eine Terminsgebühr nur einmal (OLG Brandenburg MDR 2010, 898). 12

Nr.	Gebührentatbestand	Gebühr oder Satz der Gebühr nach § 13 RVG
3403	**Verfahrensgebühr für sonstige Einzeltätigkeiten, soweit in Nummer 3406 nicht anderes bestimmt ist** .... **Die Gebühr entsteht für sonstige Tätigkeiten in einem gerichtlichen Verfahren, wenn der Rechtsanwalt nicht zum Prozess- oder Verfahrensbevollmächtigten bestellt ist, soweit in diesem Abschnitt nichts anderes bestimmt ist.**	**0,8**

I. Systematik. Die Vorschrift stellt eine Auffangregelung dar (OLG Köln JurBüro 2010, 655). Sie enthält Vergütungen für einige formell mit den Worten „sonstige Tätigkeiten" in der Anm. nicht abschließend genannte Tätigkeiten. 1

Es sind zunächst VV 3100 ff., 3305 ff., 3309 f., 3324 ff., 3400 vorrangig (OLG Frankfurt a. M. AnwBl 1981, 450; OLG Köln JurBüro 1988, 465; aA OLG Düsseldorf JurBüro 1985, 93). Ferner sind VV 3401, 3402, 3404–3406 vorrangig. Vorrangig sind auch diejenigen Vorschriften, die dann anzuwenden sind, wenn der Rechtsanwalt einen Auftrag für das ganze Verfahren hat (BGH NJW 2006, 2267). VV 3403 ist ferner dann nicht anzuwenden, wenn das Revisionsgericht dem Berufungsanwalt den Schriftwechsel über den Streitwert zuleitet (OLG München AnwBl 1978, 470 (471)). VV 1000, 1003, 1008 sind anzuwenden. § 19 I 2 Nr. 9 hat Vorrang (OLG Köln JurBüro 2013, 81). 2

II. Regelungszweck. Die Vorschrift soll Lücken ausfüllen. Sofern weder vorrangige andere Vorschriften noch VV 3403 anzuwenden sind, ist die Vergütung nach dem allgemein anerkannten Grundsatz zu bestimmen, dass der Rechtsanwalt nicht umsonst tätig werden muss. 3

III. Sachlicher Anwendungsbereich. Die Tätigkeit muss sich auf eine Zivilsache oder ein anderes gerichtliches Verfahren des VV Teil 3 beziehen. Es ist insofern unerheblich, ob ein solches Verfahren bereits anhängig ist oder ob es erst anhängig werden soll, ob der Rechtsanwalt zB erst während eines vom Gegner des Auftraggebers in Gang gesetzten Verfahrens nach § 11 einen Auftrag erhält (vgl. FG Hessen NJW 1977, 168). Sofern diese Voraussetzung fehlt, können § 34, VV 2300 ff. anzuwenden sein. Ausreichend ist zB die Tätigkeit nur nach §§ 103 ff. ZPO (VG Potsdam Rpfleger 2009, 700). 4

IV. Persönlicher Anwendungsbereich. Der Rechtsanwalt darf grundsätzlich kein ProzBev oder VerfBev für diese Instanz sein, Anm. (BGH NJW-RR 2014, 186; OLG Bamberg BauR 2012, 1685). Denn ein solcher Bevollmächtigter erhält für die in VV 3402 genannten Tätigkeiten die Vergütung nach VV 3100 ff. Dazu kann auch der gemeinsame Vertreter im Spruchverfahren zählen (BGH NJW-RR 2014, 186). 5

Eine nach VV 3403 zu vergütenden Einzeltätigkeit kann sich ausnahmsweise aus einem derart begrenzten und erst nach der instanzbeendenden Entscheidung ergangenen Auftrag ergeben. Zum sog. Scheinbekl. OLG München MDR 2010, 113.

6 **V. Sonstige Einzeltätigkeiten im gerichtlichen Verfahren.** Es kommt jede in VV 3400 ff. nicht besonders geregelte und deshalb „sonstige" bloße Einzeltätigkeit gerade in einem gerichtlichen Verfahren in Betracht, zB die Prüfung oder Nichtprüfungsaufgabe bis einer Nichtzulassungsbeschwerde (OLG Brandenburg BauR 2012, 1585; OLG Hamburg MDR 2014, 1115; OLG Köln Rpfleger 2017, 244; aA BGH NJW 2014, 557). Das gilt zB aus der Feder eines BGH-Rechtsanwalts durch einen Nicht-BGH-Rechtsanwalt (BGH NJW 2012, 2735; OLG Köln Rpfleger 2011, 181; OLG München AnwBl 2010, 68). Das braucht nicht direkt gegenüber dem Gericht zu geschehen. Es kann vielmehr auch eine Tätigkeit gegenüber dem Gegner ausreichen, etwa eine Einigungsbemühung, oder gegenüber einem Dritten, etwa eine Anschriftsermittlung (BGH NJW 2004, 1101; NJW-RR 2004, 501; aA OLG Hamburg Rpfleger 2016, 749). Die Tätigkeit beginnt mit der auftragsgemäßen Entgegennahme der Information. Das alles gilt insbesondere in den folgenden typischen Situationen.

7 **VI. Schriftsatzeinreichung.** Es reicht aus, dass der Rechtsanwalt einen ordnungsgemäßen Schriftsatz **einreicht,** auch wenn er ihn persönlich weder angefertigt noch unterschrieben hat. Die Einreichung muss grundsätzlich beim Gericht erfolgen. Das ergibt sich daraus, dass VV 3403 im Teil 3 steht. Von dieser Regel gilt nur insofern eine Ausnahme, als es sich um eine solche Tätigkeit handeln mag, die sich auf ein bevorstehendes gerichtliches Verfahren bezieht und noch außergerichtlich ist. Nur insofern mag die Aushändigung an den Auftraggeber oder an einen Dritten genügen, etwa an den Verhandlungsgegner. Es ist aber sorgfältig zu prüfen, ob sich der Auftrag auf die außergerichtliche Tätigkeit beschränkt. Dann ist nämlich nur § 34 anzuwenden.

8 In demselben Rechtszug entsteht nach § 15 II, VI die Gebühr nach VV 3403 Anm. auch dann **nur einmal** zu 0,8, wenn der Rechtsanwalt mehrere Schriftsätze anfertigt oder unterzeichnet oder einreicht, sofern sie dieselbe Angelegenheit behandeln (BGHZ 93, 16).

9 **VII. Terminswahrnehmung.** Nach der Vorb. 3.4 I entsteht keine Terminsgebühr. Denn es gibt im Abschnitt 4 „Einzeltätigkeiten" eine Terminsgebühr nur bei VV 3402.

10 **VIII. Sonstige Tätigkeit vor Gericht.** Die Beispiele → Rn. 6 ff. sind nach → Rn. 1, 2 nicht abschließend. Hierher können zB auch die folgenden Einzeltätigkeiten zählen: Eine Ablehnung des Richters nach § 42 ZPO (N. Schneider MDR 2001, 130 (131)), oder eines Sachverständigen nach § 406 ZPO; eine Mitwirkung an einer Einigung; die Entgegennahme einer Entscheidung; eine Gegenvorstellung; ein Hinweis an das Gericht (OLG Hamburg JurBüro 1994, 492); ein Kostenantrag, etwa nach §§ 91a, 269 IV, 516 III ZPO; ein Kostenfestsetzungsantrag nach § 104 ZPO; ein Rechtsmittelverzicht zB nach § 515 ZPO (OLG Brandenburg FamRZ 2002, 1503; KG JurBüro 1986, 1366; OLG München MDR 1975, 153; aA OLG Schleswig JurBüro 1983, 1657); eine Schutzschrift nach § 945a I 2 ZPO; ein Wiedereinsetzungsgesuch nach §§ 233 ff. ZPO; die Erwirkung eines Rechtskraftzeugnisses nach § 706 I ZPO.

11 **IX. Gebührenhöhe.** Die folgenden Situationen sind zu unterscheiden:

12 **1. Volle Durchführung des Auftrags.** Soweit der Rechtsanwalt den Auftrag nach I Nr. 1 oder 2 voll durchführt, entsteht für jede der in → Rn. 6 ff. genannten Tätigkeitsgruppen je 0,8-Gebühr. Nach § 15 VI liegt die Obergrenze bei der Gebühr des VerfahrensBev für eine gleiche Tätigkeit (OLG Karlsruhe JurBüro 1990, 349). Eine weitere Grenze folgt aus VV 3404.

13 **2. Vorzeitige Auftragsbeendigung.** Soweit der Auftrag endet, bevor der Rechtsanwalt zB den Schriftsatz ausgehändigt oder eingereicht oder bevor der Termin begonnen hat, erhält er nur nach VV 3405 Anm. eine Gebühr. Wegen des Begriffs der vorzeitigen Auftragsbeendigung VV 3101. Unter einer Aushändigung ist die körperliche Empfangnahme des Schriftsatzes durch den Empfänger zu verstehen.

Bei einer Übersendung per Post kommt es also auf den Eingang beim Empfänger an. Denn erst er steht der körperlichen Übergabe gleich. Das ergibt sich auch beim Vergleich mit dem Begriff Einreichung. Denn er setzt den Eingang beim Gericht voraus. Zum Begriff des Terminsbeginns VV 3104.

3. Einfaches Schreiben. Vgl. VV 3404. 14

X. Gegenstandswert. Es gilt dasselbe wie bei → VV 3404 Rn. 6. 15

XI. Kostenerstattung. Es gilt dasselbe wie bei → VV 3404 Rn. 7 (KG MDR 2014, 309; OLG München AnwBl 2010, 68; OLG Nürnberg MDR 2011, 264). Es kann auch eine Tätigkeit vor gegnerischer Begründung erstattungsfähig sein. Denn auch dann kann sie durchaus sinnvoll sein (aA BGH NJW 2014, 559). 16

Nr.	Gebührentatbestand	Gebühr oder Satz der Gebühr nach § 13 RVG
3404	**Der Auftrag beschränkt sich auf ein Schreiben einfacher Art:** **Die Gebühr 3403 beträgt** .... **Die Gebühr entsteht insbesondere, wenn das Schreiben weder schwierige rechtliche Ausführungen noch größere sachliche Auseinandersetzungen enthält.**	**0,3**

I. Systematik. Während VV 2302 ein Schreiben einfacher Art im Bereich einer außergerichtlichen Tätigkeit erfasst, behandelt VV 3404 einen gleichartigen Auftrag im Bereich gerichtlicher Verfahren nach der Überschrift von VV Teil 3. Im Übrigen gelten die Erwägungen bei VV 2302 entsprechend. Insbesondere gilt wegen einer Anrechnung die Vorb. 3 IV. 1

II. Regelungszweck. Es gelten die Erwägungen → VV 2302 Rn. 2 entsprechend. 2

III. Schreiben einfacher Art. Es gelten die Erwägungen → VV 2302 Rn. 3–7 entsprechend. 3

Soweit diese Tätigkeit des Rechtsanwalts für ein Berufungs- oder Revisionsverfahren erfolgt, ist unverändert 0,3-Gebühr nach § 13 I anzusetzen. Denn die frühere Staffelung nach Instanzen ist entfallen. 4

Schreiben für den Verfahrensbetrieb nach VV 2302, lassen jetzt ebenfalls 0,3-Gebühr entstehen, und zwar nach VI je Angelegenheit nach § 15 II nur einmal. Das gilt auch dann, wenn der Rechtsanwalt insofern für ein Berufungs- oder Revisionsverfahren tätig wird. Ein PKH-Gesuch geht über VV 3404 hinaus. 5

IV. Gegenstandswert. Derjenige Wert ist anzusetzen, der sich aus dem Gegenstand des Schriftsatzes oder des Termins ergibt. 6

V. Kostenerstattung. Soweit der Rechtsanwalt im Übrigen in diesem Rechtszug nicht tätig wurde, ergibt sich die Erstattungsfähigkeit nach den Grundsätzen § 91 II 1 ZPO. Andernfalls ist § 91 II 3 ZPO anzuwenden. 7

Nr.	Gebührentatbestand	Gebühr oder Satz der Gebühr nach § 13 RVG
3405	**Endet der Auftrag** **1. im Fall der Nummer 3400, bevor der Verfahrensbevollmächtigte beauftragt oder der Rechtsanwalt gegenüber dem Verfahrensbevollmächtigten tätig geworden ist,** **2. im Fall der Nummer 3401, bevor der Termin begonnen hat:** **Die Gebühren 3400 und 3401 betragen**	**höchstens 0,5,**

Nr.	Gebührentatbestand	Gebühr oder Satz der Gebühr nach § 13 RVG
	Im Fall der Nummer 3403 gilt die Vorschrift entsprechend.	**bei Betragsrahmengebühren höchstens 250,00 €**

1 **I. Vorzeitiges Auftragsende.** Die Vorschrift nimmt den Grundgedanken VV 3101, 3201, 3301 auch für den Abschnitt 4 auf. Vgl. daher bei VV 3101.

2 **II. Gebührenhöhe.** § 14 ist bei einer Rahmengebühr anzuwenden. Es entsteht sowohl bei VV 3400 als auch bei VV 3401 höchstens eine 0,5-Gebühr und bei einer Betragsrahmengebühr eine Höchstgebühr von 250 EUR. Dasselbe gilt nach der Anm. bei VV 3403 „entsprechend", also entsteht auch dort statt 0,8- nicht etwa 0,4-, sondern 0,5-Gebühr.

3 Bei § 3 vor den Sozialgerichten ist die Ermäßigung von VV 3405 unter den Voraussetzungen der Vorb. 3.4 II mit zu beachten.

Nr.	Gebührentatbestand	Gebühr oder Satz der Gebühr nach § 13 RVG
3406	**Verfahrensgebühr für sonstige Einzeltätigkeiten in Verfahren vor Gerichten der Sozialgerichtsbarkeit, wenn Betragsrahmengebühren entstehen (§ 3 RVG) ....** **Die Anmerkung zu Nummer 3403 gilt entsprechend.**	**36,00 bis 408,00 €**

1 **I. Systematik.** Es handelt sich um eine gegenüber VV 3403 vorrangige Spezialvorschrift.

2 **II. Regelungszweck.** Es gilt dasselbe wie bei VV 3403.

3 **III. Anwendungsbereich von § 3 RVG.** Es muss sich um eine bloße Einzeltätigkeit im Bereich eines Verfahrens der Sozialgerichtsbarkeit handeln, in dem das GKG nach § 3 RVG nicht anzuwenden ist usw. Vgl. daher dort. Die Anm. macht diejenige zu VV 3403 entsprechend anzuwenden. Der Verkehrsanwalt fällt nicht unter VV 3406 (Mankowski AnwBl 2005, 705 (708)).

4 **IV. Gebührenhöhe.** Es entsteht eine Betragsrahmengebühr. Es gibt keine Ermäßigung. Vielmehr darf und muss man eine vorzeitige Beendigung der Tätigkeit beim Rahmen nach § 14 I mitbeachten.

Abschnitt 5. Beschwerde, Nichtzulassungsbeschwerde und Erinnerung

Vorbemerkung 3.5:

Die Gebühren nach diesem Abschnitt entstehen nicht in den in den Vorbemerkungen 3.2.1 und 3.2.2 genannten Beschwerdeverfahren.

1 **I. Normzweck.** Abschnitt 5, der wie alle Vorschriften des Teils 3 die anwaltliche Tätigkeit in Zivilsachen (= bürgerliche Rechtsstreitigkeiten, Familiensachen und Angelegenheiten der freiwilligen Gerichtsbarkeit, § 13 GVG), in Verfahren der Verwaltungs-, Finanz- und Sozialgerichtsbarkeiten, in Verfahren nach dem StVollzG (auch iVm § 92 JGG) sowie in „ähnlichen" Verfahren (wie insbes. Verfahren vor den Arbeitsgerichten) betrifft, regelt die Vergütung in **Rechtsbehelfsverfahren,** für die **keine anderweitigen, vorrangigen Regelungen** bestehen (es handelt sich mithin – jedenfalls teilweise – um Auffangvorschriften). Wie in den übrigen Abschnitten des Teils 3 sind jeweils Verfahrens- und Terminsgebühren vorgesehen; die Gebührenbeträge bzw -sätze sind im Hinblick auf die Disparität der erfassten Verfahren sehr

unterschiedlich ausgestaltet (so reichen die Gebührensätze für die Verfahrensgebühr von 0,5 bis 2,3).

II. Anwendungsbereich. Die Überschrift von Abschnitt 5 beschreibt dessen Anwendungsbereich allgemein als „Beschwerde, Nichtzulassungsbeschwerde und Erinnerung". 2

1. Beschwerdeverfahren. Die Beschwerde ist ein ordentliches Rechtsmittel gegen regelmäßig ohne mündliche Verhandlung getroffene gerichtliche Entscheidungen. Verfahren über die Beschwerde lassen sich einteilen in „allgemeine" Beschwerdeverfahren und besondere Beschwerdeverfahren wie etwa die Nichtzulassungsbeschwerde oder die Rechtsbeschwerde. Vergütungsvorschriften für solche besonderen Beschwerden sind spezieller und vorrangig gegenüber denen für „allgemeine" Beschwerden. 3

a) Nichtzulassungsbeschwerdeverfahren. Verfahren über die Zulassung eines Rechtsmittels können als Antrags- oder als Beschwerdeverfahren ausgestaltet sein (→ VV Vorb. 3.2 Rn. 6). Abschnitt 5 enthält (wohl überflüssige, jedenfalls aber gegenüber Vorb. 3.2 I iVm VV 3200 ff. vorrangige, → VV Vorb. 3.2 Rn. 10) besondere Vergütungsvorschriften für bestimmte die Zulassung von Rechtsmitteln betreffenden Beschwerdeverfahren: VV 3504, 3505, 3511, 3516, 3517 regeln die Vergütung im Verfahren über die Beschwerde gegen die Nichtzulassung der **Berufung nach dem SGG** (§ 145 SGG) und VV 3506–3509, 3512, 3516, 3518 die Vergütung in Verfahren über die Beschwerde gegen die Nichtzulassung der **Revision** (vgl. § 544 ZPO, § 72a ArbGG, § 133 VwGO, § 116 FGG, § 160a SGG) oder einer der in Vorb. 3.2.2 genannten **Rechtsbeschwerden** (vgl. § 92a ArbGG, § 83 II BPersVG, § 75 GWB, § 87 EnWG, § 35 IV 2 KSpG, § 25 EU-VSchDG). **Nicht** besonders vergütungsrechtlich geregelt ist die Beschwerde gegen die Nichtzulassung einer **Revisionsbeschwerde** (§ 77 ArbGG). 4

b) Beschwerdeverfahren des gewerblichen Rechtsschutzes vor dem BPatG. Besonders geregelt ist die Vergütung auch für die Tätigkeit in Beschwerdeverfahren des gewerblichen Rechtsschutzes (hierzu im Einzelnen → PatKostG Vor § 1 Rn. 1 ff.). Die betreffende Regelung in 3510 erfasst aber nur Beschwerdeverfahren vor dem BPatG; solche vor dem BGH fallen gem. Vorb. 3.2.2 Nr. 2 unter die Vorschriften des Teils 2 (VV 3206–3213, → VV Vorb. 3.2.2 Rn. 6 f.). 5

c) Rechtsbeschwerdeverfahren. Die Rechtsbeschwerde ist eine revisionsähnlich ausgestaltete besondere Beschwerde (vgl. zB §§ 574 ff. ZPO, §§ 70 ff. FamFG). Für die Vergütung der anwaltlichen Tätigkeit in einem Rechtsbeschwerdeverfahren enthalten VV 3502, 3503, 3516 besondere Regelungen. 6

Vorrangig sind allerdings die sich aus der Vorb. ergebenden Verfahren. **Nicht** nach den Vorschriften des Teils 5, sondern nach denen des Teils 2 richtet sich daher die Vergütung in Rechtsbeschwerdeverfahren nach dem **StVollzG,** → VV Vorb. 3.2.1 Rn. 12, nach den in **Vorb. 3.2.1 Nr. 2** aufgezählten Verfahrensvorschriften (insbes. nach dem **FamFG** und dem **ArbGG**), nach **§ 20 KapMuG,** nach **§ 1065 ZPO** und in **Verfahren des gewerblichen Rechtsschutzes,** zu diesen im Einzelnen → PatKostG Vor § 1 Rn. 1 ff. Ebenfalls besonders geregelt ist die Vergütung für Tätigkeiten in **gerichtlichen Verfahren bei Freiheitsentziehung und in Unterbringungssachen** (§§ 271–341, 415–432 FamFG), nämlich in den auch für Rechtsmittelverfahren geltenden, gem. Vorb. 3 VII vorrangigen VV 6300–6303 (vgl. BGH NJW-RR 2012, 959 Rn. 6; 2013, 67 Rn. 3). 7

d) Sonstige Beschwerden. Für alle sonstigen, unter keiner der vorstehend aufgeführten vorrangigen Vorschriften fallenden Beschwerdeverfahren ist die Vergütungsregelung VV 3500, 3501, 3513–3515 zu entnehmen. Dies gilt insbes. auch für die etwa in § 33 VI oder in § 66 IV GKG vorgesehene **weitere Beschwerde** gegen eine Beschwerdeentscheidung (vgl. OLG Celle AGS 2012, 124 mwN, zur früher im FGG vorgesehenen weiteren Beschwerde). 8

2. Erinnerungsverfahren. Die Erinnerung ist ein Rechtsbehelf ohne Devolutiveffekt, mit dem bestimmte rechtliche Mängel zur Behebung innerhalb der Instanz „erinnert" werden können. Beispiele sind die Rechtspflegererinnerung nach § 11 II RPflG oder die kostenrechtlichen Erinnerungen etwa nach § 66 I GKG. Die Ver- 9 gütung der anwaltlichen Tätigkeit in solchen Erinnerungsverfahren richtet sich einheitlich nach VV 3500, 3501, 3513, 3515.

Nr.	Gebührentatbestand	Gebühr oder Satz der Gebühr nach § 13 RVG
3500	**Verfahrensgebühr für Verfahren über die Beschwerde und die Erinnerung, soweit in diesem Abschnitt keine besonderen Gebühren bestimmt sind**	**0,5**
3501	**Verfahrensgebühr für Verfahren vor den Gerichten der Sozialgerichtsbarkeit über die Beschwerde und die Erinnerung, wenn in den Verfahren Betragsrahmengebühren entstehen (§ 3 RVG), soweit in diesem Abschnitt keine besonderen Gebühren bestimmt sind**	**24,00 bis 250,00 €**

1 VV 3500, 3501 regeln die Vergütung der anwaltlichen Tätigkeit in einem Verfahren der Rechtsbehelfe der **Beschwerde** und der **Erinnerung** durch eine Verfahrensgebühr (→ VV 3200 Rn. 4 ff.; die Terminsgebühr für diese Verfahren ist in VV 3513–3515 geregelt). VV 3500 sieht für den Regelfall eine Wertgebühr (→ § 2 Rn. 5) vor, VV 3501 für den Sonderfall der Verfahren nach dem SGG, in denen – wie idR – das GKG nicht anzuwenden ist (und gem. § 3 Betragsrahmengebühren anfallen), → SGG Vor § 183 Rn. 3 ff., einen Betragsrahmen, innerhalb dessen die konkrete Gebühr nach Maßgabe von § 14 zu bestimmen ist (vgl. etwa LSG Nordrhein-Westfalen BeckRS 2019, 6821; LSG Thüringen NZS 2013, 798; LSG Sachsen-Anhalt BeckRS 2012, 72463; SG Konstanz BeckRS 2020, 27697; SG Berlin BeckRS 2016, 136723; SG Kiel AGS 2012, 276; in Verfahren nach dem SGG, in denen gem. § 197a I 1 SGG das GKG anzuwenden ist, richtet sich hingegen die Vergütung nach VV 3500). Die Frage, ob die durch das KostRÄG 2021 erhöhten Gebühren bzw. der erhöhte Betragsrahmen oder die zuvor geltenden heranzuziehen sind, beantwortet die Dauerübergangsregelung des § 60.

2 Die Tätigkeit in **Beschwerdeverfahren** ist nach VV 3500, 3501 nur dann zu vergüten, soweit keine vorrangigen Regelungen (die höhere Vergütungen vorsehen) eingreifen, → VV Vorb. 3.5 Rn. 3 ff. (dies gilt auch für die Beschwerde gegen die Nichtzulassung der Revisionsbeschwerde nach § 77 ArbGG, → VV Vorb. 3.5 Rn. 4; zur Revisionsbeschwerde selbst → VV 3502, 3503 Rn. 1; anderenfalls würde die Nichtzulassungsbeschwerde bisher vergütet als die anschließende Revisionsbeschwerde). Speziellere Gebührentatbestände enthalten außerdem VV 3510 (bestimmte Beschwerden zum BPatG), VV 3502, 3503 (Rechtsbeschwerde), VV 3504–3509, 3511, 3512 (bestimmte Nichtzulassungsbeschwerden). Die Gebührentatbestände zielen daher primär auf die Anfechtung von Nebenentscheidungen mit der Beschwerde, die nach § 18 I Nr. 3 vergütungsrechtlich eine (gegenüber dem Hauptverfahren) besondere Angelegenheit ist.

3 Hingegen richtet sich die Vergütung der Tätigkeit in **Erinnerungsverfahren** stets nach VV 3500, 3501. Vergütungsrechtliche Besonderheiten gelten allerdings insoweit, als die Vollstreckungserinnerung nach § 766 ZPO gem. § 19 II Nr. 2 als Nebentätigkeit zum Zwangsvollstreckungsverfahren gehört, so dass der im Zwangsvollstreckungsverfahren tätige Rechtsanwalt für die Tätigkeit in diesen Erinnerungsverfahren keine besondere Vergütung erhält (BGH AGS 2010, 227 mAnm N. Schneider; JurBüro 2010, 325 Rn. 8). Verfahren über eine Erinnerung gegen einen Kostenfestsetzungsbeschluss und gegen eine (sonstige) Entscheidung des Rechtspflegers sind nach § 18 I Nr. 3 besondere Angelegenheiten (wobei im Kostenfestsetzungsverfahren wiederum mehrere Erinnerungen dieselbe Angelegenheit sind, § 16 Nr. 10); im Übrigen ist eine Erinnerung nach § 573 ZPO aber wiederum nur eine nicht besonders zu vergütende Nebentätigkeit, § 19 I 2 Nr. 5 Buchst. a.

Zu den **Voraussetzungen** des Anfalls der Verfahrensgebühr → VV 3200 Rn. 7 f. Eine Herabsetzung der Gebühr im Falle der vorzeitigen Beendigung des Verfahrens wie nach VV 3203 findet für die Gebühr nach VV 3500 nicht statt. Zum **Gegenstandswert** → VV 3200 Rn. 10 f. für die Gebühr nach VV 3500. Bei VV 3500 gelten für die **Kostenerstattung** dieselben Grundsätze wie sonst in Rechtsmittelverfahren (vgl. BGH AGS 2013, 251), daher → VV 3200 Rn. 15 ff.; zur Kostenerstattung bei der Gebühr nach VV 3501 → SGG § 195 Rn. 1 ff. 4

Nr.	Gebührentatbestand	Gebühr oder Satz der Gebühr nach § 13 RVG
3502	**Verfahrensgebühr für das Verfahren über die Rechtsbeschwerde**	**1,0**
3503	**Vorzeitige Beendigung des Auftrags: Die Gebühr 3502 beträgt**	**0,5**
	Die Anmerkung zu Nummer 3201 ist entsprechend anzuwenden.	

VV 3502, 3503 regeln (zusammen mit VV 3516) als Auffangvorschrift die Vergütung der anwaltlichen Tätigkeit in einem (revisionsähnlich ausgestalteten) **Rechtsbeschwerdeverfahren,** soweit keine besonderen, vorrangigen Vergütungstatbestände für bestimmte Rechtsbeschwerden eingreifen, → VV Vorb. 3.5 Rn. 6 f. Erfasst werden daher etwa die Rechtsbeschwerdeverfahren nach § 522 I 4 ZPO, nach § 1065 ZPO, in Zwangsvollstreckungssachen (vgl. etwa BGH BeckRS 2008, 21311), nach § 70 FamFG, § 77 GWB, § 29 EGGVG, § 78 GBO oder nach § 17a IV GVG (vgl. etwa LSG Hessen AGS 2015, 127). Rechtsbeschwerde iSd VV 3502, 3503, 3516 ist auch die (im Arbeitsgerichtsverfahren an die Stelle der Rechtsbeschwerde nach § 522 I 4 ZPO tretende) Revisionsbeschwerde nach § 77 ArbGG (vgl. § 77 S. 4 ArbGG; zur Beschwerde gegen die Nichtzulassung der Revisionsbeschwerde → VV 3500, 3501 Rn. 2). Sie sehen eine Verfahrensgebühr, → VV 3200 Rn. 4 ff., vor (die Terminsgebühr für diese Verfahren ist in VV 3516 geregelt), die als Wertgebühr (→ § 2 Rn. 5) ausgestaltet ist. Ob die durch das KostRÄG 2021 erhöhten oder die zuvor geltenden Gebühren für die Berechnung heranzuziehen sind, regelt die Dauerübergangsregelung des § 60. 1

Zu den Voraussetzungen des Anfalls der Verfahrensgebühr → VV 3200 Rn. 7 f. Eine ermäßigte Gebühr fällt (nur) bei vorzeitiger Beendigung des Auftrags iSd VV 3201 Anm. I, → VV 3201 Rn. 2 ff., an (nicht aber wie nach VV 3201 auch bei einer nur eingeschränkten Tätigkeit des Rechtsanwalts). Zum Gegenstandswert → VV 3200 Rn. 10 f., zur Kostenerstattung → VV 3200 Rn. 15 ff. 2

Nr.	Gebührentatbestand	Gebühr oder Satz der Gebühr nach § 13 RVG
3504	**Verfahrensgebühr für das Verfahren über die Beschwerde gegen die Nichtzulassung der Berufung, soweit in Nummer 3511 nichts anderes bestimmt ist**	**1,6**
	Die Gebühr wird auf die Verfahrensgebühr für ein nachfolgendes Berufungsverfahren angerechnet.	
3505	**Vorzeitige Beendigung des Auftrags: Die Gebühr 3504 beträgt**	**1,0**
	Die Anmerkung zu Nummer 3201 ist entsprechend anzuwenden.	

1 VV 3504, 3505 regeln – als gegenüber VV 3500 vorrangige Sondervorschriften – (zusammen mit VV 3511, 3516, 3517) die Vergütung der Tätigkeit des Rechtsanwalts im Verfahren der Beschwerde gegen die **Nichtzulassung der Berufung** (wohl überflüssigerweise, → VV Vorb. 3.2 Rn. 10) besonders. Ein solches Verfahren gibt es derzeit nur im **SGG** (§ 145 SGG; zum Verfahren über den Antrag auf Zulassung der Berufung nach § 124a IV–VI VwGO, → VV Vorb. 3.2 Rn. 7 f., → VV Vorb. 3.2.1 Rn. 3). Dort sind sie (und VV 3516) allerdings nur heranzuziehen, wenn gem. § 197a I 1 SGG **das GKG anzuwenden** ist; ist – wie regelmäßig (Einzelheiten → SGG Vor § 183 Rn. 3 ff.) – das GKG nicht anzuwenden (und fallen gem. § 3 Betragsrahmengebühren an), richtet sich die Vergütung vorrangig nach **VV 3511, 3512, 3517.**

2 Nach **VV 3504** wird die Tätigkeit mit einer als eine Wertgebühr (→ § 2 Rn. 5; ob die durch das KostRÄG 2021 erhöhten oder die vorher geltenden Gebührenbeträge heranzuziehen sind, richtet sich nach der Dauerübergangsregelung in § 60) ausgestalteten Verfahrensgebühr, → VV 3200 Rn. 4 ff., in gleicher Höhe wie die Tätigkeit im nachfolgenden Berufungsverfahren (VV 3200) vergütet (eine Terminsgebühr kann nach VV 3516 anfallen). Bei vorzeitiger Beendigung des Auftrags iSd VV 3201 Anm. I, → VV 3201 Rn. 2 ff. (nicht aber wie nach VV 3201 auch bei einer nur eingeschränkten Tätigkeit des Rechtsanwalts), fällt nur die ermäßigte Gebühr nach **VV 3505** an.

3 Nichtzulassungsbeschwerdeverfahren und ein im Erfolgsfalle nachfolgendes Berufungsverfahren sind gem. § 17 Nr. 9 verschiedene Angelegenheiten, nach VV 3504 Anm. ist aber die Verfahrensgebühr für das Nichtzulassungsbeschwerdeverfahren auf die Verfahrensgebühr für das nachfolgende Berufungsverfahren **anzurechnen** (vgl. hierzu § 15a), so dass für dieses im Ergebnis (neben einer weiteren Auslagenpauschale) regelmäßig nur noch die Terminsgebühr (VV 3202) anfällt.

4 Im Übrigen zu den Voraussetzungen des Anfalls der Verfahrensgebühr → VV 3200 Rn. 7 f.; zum Nebeneinander von Nichtzulassungsbeschwerde- und Berufungsverfahren → VV 3506–3509 Rn. 4 und zur Kostenerstattung → VV 3200 Rn. 15 ff.

Nr.	Gebührentatbestand	Gebühr oder Satz der Gebühr nach § 13 RVG
3506	**Verfahrensgebühr für das Verfahren über die Beschwerde gegen die Nichtzulassung der Revision oder über die Beschwerde gegen die Nichtzulassung einer der in der Vorbemerkung 3.2.2 genannten Rechtsbeschwerden, soweit in Nummer 3512 nichts anderes bestimmt ist**	**1,6**
	Die Gebühr wird auf die Verfahrensgebühr für ein nachfolgendes Revisions- oder Rechtsbeschwerdeverfahren angerechnet.	
3507	**Vorzeitige Beendigung des Auftrags: Die Gebühr 3506 beträgt**	**1,1**
	Die Anmerkung zu Nummer 3201 ist entsprechend anzuwenden.	
3508	**In dem Verfahren über die Beschwerde gegen die Nichtzulassung der Revision können sich die Parteien nur durch einen beim Bundesgerichtshof zugelassenen Rechtsanwalt vertreten lassen: Die Gebühr 3506 beträgt**	**2,3**
3509	**Vorzeitige Beendigung des Auftrags, wenn sich die Parteien nur durch einen beim Bun-**	

Nr.	Gebührentatbestand	Gebühr oder Satz der Gebühr nach § 13 RVG
	desgerichtshof zugelassenen Rechtsanwalt vertreten lassen können:	
	Die Gebühr 3506 beträgt	**1,8**
	Die Anmerkung zu Nummer 3201 ist entsprechend anzuwenden.	

Schrifttum: H. Schneider, Anwaltsvergütung für die Beschwerde wegen der Nichtzulassung von Revision oder Rechtsbeschwerde, JurBüro 2020, 1.

VV 3506–3509 regeln (wohl überflüssigerweise, → VV Vorb. 3.2 Rn. 9) – als gegenüber VV 3500 vorrangige Sondervorschriften (zusammen mit VV 3516) die Vergütung der Tätigkeit des Rechtsanwalts in bestimmten **Nichtzulassungsbeschwerdeverfahren,** die die Nichtzulassung der **Revision** (§ 544 ZPO, § 72a ArbGG, § 133 VwGO, § 116 FGG, § 160a SGG, § 44 AgrarOLkG) bzw. der (revisionsrechtlich ausgestalteten) **Rechtsbeschwerde** (§ 92a ArbGG, § 83 II BPersVG, § 78 GWB, § 87 EnWG, § 35 IV 2 KSpG, § 25 EU-VSchDG; diese Rechtsbeschwerdeverfahren stehen hinsichtlich der Vergütung den Revisionsverfahren gleich, → VV Vorb. 3.2.2 Rn. 4). Nichtzulassungsbeschwerdeverfahren nach dem **SGG** werden von 3506–3509 allerdings nur erfasst, wenn gem. § 197a I 1 SGG das GKG anzuwenden ist (und nach dem RVG Wertgebühren, → § 2 Rn. 5, anfallen), → SGG Vor § 183 Rn. 3 ff.; anderenfalls ergibt sich die Vergütung aus VV 3512, 3518. **Keine** Anwendung finden die VV 3506–3509 in Verfahren über die Beschwerde gegen die Nichtzulassung der Berufung nach § 145 SGG (dort sind die VV 3511, 3512, 3517, 3518 anzuwenden) und der Revisionsbeschwerde nach § 77 ArbGG (dort sind die VV 3500, 3513 anzuwenden, → VV 3501, 3502 Rn. 2). **1**

Für das Betreiben des Verfahrens, → VV 3200 Rn. 4, sieht **VV 3506** als Wertgebühr (→ § 2 Rn. 5; ob die durch das KostRÄG 2021 erhöhten oder die vorher geltenden Gebührenbeträge heranzuziehen sind, richtet sich nach der Dauerübergangsregelung in § 60) ausgestaltete Verfahrensgebühr in gleicher Höhe wie die Verfahrensgebühren für die Tätigkeit im nachfolgenden Revisions- bzw. Rechtsbeschwerdeverfahren (VV 3206, 3208) vor (eine Terminsgebühr kann nach VV 3516 anfallen). Diese Verfahrensgebühr erhöht sich nach **VV 3508** (entspr. VV 3208), wenn eine Vertretung durch einen beim BGH zugelassenen Rechtsanwalt vorgeschrieben ist, → VV 3208, 3209 Rn. 2. In beiden Fällen ermäßigt sich die Gebühr bei vorzeitiger Beendigung des Auftrags iSd VV 3201 Anm. I, → VV 3201 Rn. 2 ff. (nicht aber wie nach VV 3201 auch bei einer nur eingeschränkten Tätigkeit des Rechtsanwalts) auf die in **VV 3507, 3509** geregelten Sätze. **2**

Nichtzulassungsbeschwerdeverfahren und ein im Erfolgsfalle nachfolgendes Revisions- oder Rechtsbeschwerdeverfahren sind gem. § 17 Nr. 9 verschiedene Angelegenheiten, nach VV 3506 Anm. ist aber die Verfahrensgebühr für das Nichtzulassungsbeschwerdeverfahren auf die Verfahrensgebühr für das nachfolgende (gegenstandsgleiche, sonst → Rn. 4) Berufungsverfahren **anzurechnen** (vgl. § 15a), so dass für dieses im Ergebnis (neben einer weiteren Auslagenpauschale) regelmäßig nur noch die Terminsgebühr (VV 3202) anfällt. **3**

Nichtzulassungsbeschwerde- und Revisions- bzw. Rechtsbeschwerdeverfahren können auch gegenstandsverschieden (und damit ohne Anrechnung) **zusammentreffen,** nämlich dann, wenn die Vorinstanz das Rechtsmittel **nur beschränkt zugelassen** hat. Wird dann nicht nur die zugelassene Revision bzw. Rechtsbeschwerde eingelegt, sondern wegen des nicht zugelassenen Teils auch eine Nichtzulassungsbeschwerde, stehen zwei vergütungsrechtlich selbständige Verfahren nebeneinander (ist zB die Zulassung auf die Anspruchshöhe oder die bejahte Zulässigkeit beschränkt worden und wird deshalb auch Nichtzulassungsbeschwerde wegen des Anspruchsgrundes bzw. die Begründetheit eingelegt, führt dies uU zur Ver- **4** doppelung der Kosten). Ist eine Nichtzulassungsbeschwerde neben der Revision bzw. der Rechtsbeschwerde nur vorsorglich eingelegt worden, weil innerhalb der Einlegungsfrist eine Beschränkung der Zulassung nicht mit der erforderlichen Sicherheit ausgeschlossen werden konnte, stellt sich dann aber heraus bzw. ist das Revision- oder Rechtsbeschwerdegericht der Auffassung, dass tatsächlich eine unbeschränkte Zulassung vorliegt, ist das Nichtzulassungsbeschwerdeverfahren „gegenstandslos", damit „ohne Wert" und löst keine Kosten aus (vgl. BGH NJW 2015, 1253).

5 Im Übrigen zu den Voraussetzungen des Anfalls der Verfahrensgebühr → VV 3200 Rn. 7 f., zum Gegenstandswert → VV 3200 Rn. 10 f. und zur Kostenerstattung → VV 3200 Rn. 15 ff.

Nr.	Gebührentatbestand	Gebühr oder Satz der Gebühr nach § 13 RVG
3510	**Verfahrensgebühr für Beschwerdeverfahren vor dem Bundespatentgericht** **1. nach dem Patentgesetz, wenn sich die Beschwerde gegen einen Beschluss richtet,** **a) durch den die Vergütung bei Lizenzbereitschaftserklärung festgesetzt wird oder Zahlung der Vergütung an das Deutsche Patent- und Markenamt angeordnet wird,** **b) durch den eine Anordnung nach § 50 Abs. 1 PatG oder die Aufhebung dieser Anordnung erlassen wird,** **c) durch den die Anmeldung zurückgewiesen oder über die Aufrechterhaltung, den Widerruf oder die Beschränkung des Patents entschieden wird,** **2. nach dem Gebrauchsmustergesetz, wenn sich die Beschwerde gegen einen Beschluss richtet,** **a) durch den die Anmeldung zurückgewiesen wird,** **b) durch den über den Löschungsantrag entschieden wird,** **3. nach dem Markengesetz, wenn sich die Beschwerde gegen einen Beschluss richtet,** **a) durch den über die Anmeldung einer Marke, einen Widerspruch oder einen Antrag auf Löschung oder über die Erinnerung gegen einen solchen Beschluss entschieden worden ist oder** **b) durch den ein Antrag auf Eintragung einer geographischen Angabe oder einer Ursprungsbezeichnung zurückgewiesen worden ist,** **4. nach dem Halbleiterschutzgesetz, wenn sich die Beschwerde gegen einen Beschluss richtet,** **a) durch den die Anmeldung zurückgewiesen wird,** **b) durch den über den Löschungsantrag entschieden wird,**	

Nr.	Gebührentatbestand	Gebühr oder Satz der Gebühr nach § 13 RVG
	5. nach dem Designgesetz, wenn sich die Beschwerde gegen einen Beschluss richtet, a) durch den die Anmeldung eines Designs zurückgewiesen worden ist, b) durch den über den Löschungsantrag gemäß § 36 DesignG entschieden worden ist, c) durch den über den Antrag auf Feststellung oder Erklärung der Nichtigkeit gemäß § 34a DesignG entschieden worden ist, 6. nach dem Sortenschutzgesetz, wenn sich die Beschwerde gegen einen Beschluss des Widerspruchsausschusses richtet	**1,3**

VV 3510 ist – als gegenüber VV 3500 vorrangige Sondervorschrift – anzuwenden für die anwaltliche Tätigkeit in einem der aufgezählten Beschwerdeverfahren vor dem BPatG, die bestimmte (Verwaltungs-)Entscheidungen des Deutschen Patent- und Markenamtes (vgl. § 73 I PatG, § 66 I MarkenG, § 18 I GebrMG, § 23 IV DesignG, § 4 IV 3 HalblSchG) oder des Bundessortenamtes (vgl. § 34 I SortSchG) betreffen (→ PatKostG Vor § 1 Rn. 1 ff.; gegen die Beschwerdeentscheidung gerichtete sog. Rechtsmittelverfahren des gewerblichen Rechtsschutzes vor dem BGH werden nach Vorb. 3.2.2 Nr. 2 nach den VV 3206 ff. vergütet; gewerbliche Streitsachen sind im Grundsatz Verfahren nach der ZPO und wie solche vergütungsrechtlich zu behandeln). 1

Die Vorschrift sieht eine als Wertgebühr (→ § 2 Rn. 5; ob die durch das KostRÄG 2021 erhöhten oder die vorher geltenden Gebührenbeträge heranzuziehen sind, richtet sich nach der Dauerübergangsregelung in § 60) ausgestaltete Verfahrensgebühr, → VV 3200 Rn. 4, in gleicher Höhe wie die Verfahrensgebühren für ein erstinstanzliches Streitverfahren (VV 3100) vor. Zu den Voraussetzungen des Anfalls der Verfahrensgebühr → VV 3200 Rn. 7 f. Eine Terminsgebühr kann nach VV 3516 anfallen. 2

Nr.	Gebührentatbestand	Gebühr oder Satz der Gebühr nach § 13 RVG
3511	**Verfahrensgebühr für das Verfahren über die Beschwerde gegen die Nichtzulassung der Berufung vor dem Landessozialgericht, wenn Betragsrahmengebühren entstehen (§ 3 RVG)** **Die Gebühr wird auf die Verfahrensgebühr für ein nachfolgendes Berufungsverfahren angerechnet.**	**72,00 bis 816,00 €**
3512	**Verfahrensgebühr für das Verfahren über die Beschwerde gegen die Nichtzulassung der Revision vor dem Bundessozialgericht, wenn Betragsrahmengebühren entstehen (§ 3 RVG)** **Die Gebühr wird auf die Verfahrensgebühr für ein nachfolgendes Revisionsverfahren angerechnet.**	**96,00 bis 1056,00 €**

VV 3511, 3512 regeln (zusammen mit VV 3517, 3518) – als gegenüber VV 3504–3507 vorrangige Sondervorschriften – die Vergütung der anwaltlichen Tätigkeit 1 in Verfahren nach dem SGG über die Beschwerde gegen die **Nichtzulassung der Berufung** (§ 145 SGG) und die **Nichtzulassung der Revision** (§ 160a SGG), in denen das GKG nicht anzuwenden ist (hierzu → SGG Vor § 183 Rn. 3 ff.; ist das GKG gem. § 197a I 1 SGG anzuwenden, richtet sich die Vergütung dagegen nach VV 3504–3507).

2 Nach VV 3511, 3512 wird die Tätigkeit jeweils mit einer als eine **Betragsrahmengebühr** (vgl. § 3) ausgestalteten Verfahrensgebühr, → VV 3200 Rn. 4 ff., vergütet, deren Rahmen dem der Verfahrensgebühren für das nachfolgende Berufungs- bzw. Revisionsverfahren (VV 3204, 3212) entspricht (eine Terminsgebühr kann nach VV 3517, 3518 anfallen). Innerhalb dieses Rahmens ist die konkrete Gebühr nach Maßgabe von **§ 14** zu bestimmen (vgl. hierzu etwa BSG AGS 2018, 290; BeckRS 2019, 21739 Rn. 4; 2020, 13789 Rn. 19; LSG Schleswig-Holstein NZS 2016, 959; auch → VV 3204, 3205 Rn. 3). Ob die durch das KostRÄG 2021 erhöhten Gebühren bzw. der erhöhte Betragsrahmen oder die zuvor geltenden heranzuziehen sind, richtet sich nach der Dauerübergangsregelung des § 60.

3 Nichtzulassungsbeschwerdeverfahren und ein im Erfolgsfalle nachfolgendes Berufungsverfahren sind gem. § 17 Nr. 9 verschiedene Angelegenheiten, nach VV 3511 Anm., 3512 Anm. sind aber jeweils die Verfahrensgebühr für das Nichtzulassungsbeschwerdeverfahren auf die Verfahrensgebühr für das nachfolgende Berufungs- bzw. Revisionsverfahren **anzurechnen** (vgl. hierzu § 15a), so dass für dieses im Ergebnis (neben einer weiteren Auslagenpauschale) regelmäßig nur noch die Terminsgebühr (VV 3204, 3212) anfällt.

4 Zur **Kostenerstattung** → SGG § 195 Rn. 1 ff.

Nr.	Gebührentatbestand	Gebühr oder Satz der Gebühr nach § 13 RVG
3513	**Terminsgebühr in den in Nummer 3500 genannten Verfahren**	**0,5**
3514	**In dem Verfahren über die Beschwerde gegen die Zurückweisung des Antrags auf Anordnung eines Arrests, des Antrags auf Erlass eines Europäischen Beschlusses zur vorläufigen Kontenpfändung oder des Antrags auf Erlass einer einstweiligen Verfügung bestimmt das Beschwerdegericht Termin zur mündlichen Verhandlung:** **Die Gebühr 3513 beträgt**	**1,2**
3515	**Terminsgebühr in den in Nummer 3501 genannten Verfahren**	**24,00 bis 250,00 €**
3516	**Terminsgebühr in den in Nummern 3502, 3504, 3506 und 3510 genannten Verfahren** ...	**1,2**
3517	**Terminsgebühr in den in Nummer 3511 genannten Verfahren**	**60 bis 610,00 €**
3518	**Terminsgebühr in den in Nummer 3512 genannten Verfahren**	**72,00 bis 792,00 €**

1 Nach VV 3513–3518 kann in den von Abschnitt 5 erfassten Verfahren auch eine **Terminsgebühr** iSd Vorb. 3 III anfallen, hierzu → VV 3202 Rn. 2 ff. Da in diesen Verfahren regelmäßig die Durchführung einer mündlichen Verhandlung nicht vorgeschrieben ist, wird dies aber nur ausnahmsweise in Betracht kommen.

2 Ihr Entstehen setzt jedenfalls voraus, dass dem Rechtsanwalt ein umfassender Auftrag zur Wahrnehmung der Rechte des Mandanten in dem gerichtlichen Verfahren erteilt worden ist, so dass in einem Nichtzulassungsbeschwerdeverfahren, in dem eine Vertretung durch einen bei dem BGH zugelassenen Rechtsanwalt vorgeschrieben ist, ein nicht beim BGH zugelassener Rechtsanwalt auch für außergerichtliche Besprechungen eine (wohl ohnehin nur unter der Voraussetzung einer

ausnahmsweise durchgeführten mündlichen Verhandlung in Betracht kommenden, → VV 3202 Rn. 2) Terminsgebühr nicht verdienen kann, weil er mangels Postulationsfähigkeit einen umfassenden Auftrag zur Betreibung des Verfahrens nicht auftragsgemäß erledigen kann (BGH NJW 2007, 1461).

Teil 4. Strafsachen

Vorbemerkung 4:

I Für die Tätigkeit als Beistand oder Vertreter eines Privatklägers, eines Nebenklägers, eines Einziehungs- oder Nebenbeteiligten, eines Verletzten, eines Zeugen oder Sachverständigen und im Verfahren nach dem Strafrechtlichen Rehabilitierungsgesetz sind die Vorschriften dieses Teils entsprechend anzuwenden.

II Die Verfahrensgebühr entsteht für das Betreiben des Geschäfts einschließlich der Information.

III 1 Die Terminsgebühr entsteht für die Teilnahme an gerichtlichen Terminen, soweit nichts anderes bestimmt ist. 2 Der Rechtsanwalt erhält die Terminsgebühr auch, wenn er zu einem anberaumten Termin erscheint, dieser aber aus Gründen, die er nicht zu vertreten hat, nicht stattfindet. 3 Dies gilt nicht, wenn er rechtzeitig von der Aufhebung oder Verlegung des Termins in Kenntnis gesetzt worden ist.

IV Befindet sich der Beschuldigte nicht auf freiem Fuß, entsteht die Gebühr mit Zuschlag.

V Für folgende Tätigkeiten entstehen Gebühren nach den Vorschriften des Teils 3:

1. **im Verfahren über die Erinnerung oder die Beschwerde gegen einen Kostenfestsetzungsbeschluss (§ 464b StPO) und im Verfahren über die Erinnerung gegen den Kostenansatz und im Verfahren über die Beschwerde gegen die Entscheidung über diese Erinnerung,**
2. **in der Zwangsvollstreckung aus Entscheidungen, die über einen aus der Straftat erwachsenen vermögensrechtlichen Anspruch oder die Erstattung von Kosten ergangen sind (§§ 406b, 464b StPO), für die Mitwirkung bei der Ausübung der Veröffentlichungsbefugnis und im Beschwerdeverfahren gegen eine dieser Entscheidungen.**

Übersicht

Schrifttum: Beukelmann, Aufwendungserstattung bei Ausdruck einer E-Akte, NJW-Spezial 2014, 696; Burhoff/Volpert, RVG Straf- und Bußgeldsachen, 5. Aufl. 2017; Burhoff Fragen aus der Praxis zu aktuellen Gebührenproblemen in Straf- und Bußgeldverfahren, RVGreport 2010, 362; Burhoff Anwaltsvergütung für die Tätigkeit als Zeugenbeistand im Strafverfahren, RVGreport 2016, 122; ders. Die Abrechnung der anwaltlichen Tätigkeit in mehreren Strafverfahren Teil 3: Verweisung und Zurückverweisung, RVGreport 2009, 8; Fromm, Kostentragungspflicht im Strafverfahren bei Freisprüchen und Einstellungen – Ein Überblick, JurBüro 2016, 175; Kotz, Das Leid mit dem Längenzuschlag, NStZ 2009, 414; ders., Eine Lanze für den Underdog, Zur Vergütungslage des bestellten Terminsvertreters in Strafsachen, StraFo 2008, 412; Lampe, Verteidigergebühren oder Gebühren für eine Einzeltätigkeit nach Beiordnung als Zeugenbeistand gemäß § 68b StPO?, jurisPR-StrafR 22/2010 Anm. 2; ders., Gebühren bei Beiordnung eines Rechtsanwaltes als Vertreter des Pflichtverteidigers, jurisPR-StrafR 6/2009 Anm. 3; Lissner, Eine Betrachtung der üblichen Strafverteidigergebühren und Berücksichtigung von § 14 RVG aus der Sicht des Rechtspflegers, RVGreport 2013, 166; Otto, Die angemessene Rahmengebühr nach dem RVG, NJW 2006, 1472; N. Schneider, Umfang der Rückwirkung einer Pflichtverteidigerbestellung, StraFo 2014, 410; Volpert, Pflichtverteidiger und Freispruch – Worauf ist bei der Geltendmachung von Wahlverteidigergebühren zu achten, RVGreport 2012, 162.

1 **A. Anwendungsbereich.** VV Teil 4 regelt die Gebühren für alle Tätigkeiten des Rechtsanwalts in Strafsachen. Der dort verwendete Begriff der **„Strafsachen"** wird im RVG nicht näher definiert, sondern vom Gesetzgeber vorausgesetzt. Unter Strafsachen fallen alle Strafverfahren nach der StPO, dem JGG, landesrechtlichen Strafvorschriften sowie Verfahren, die in VV Teil 4 aufgenommen sind.

2 **I. Sachlicher Anwendungsbereich (VV Teil 4).** Der sachliche Anwendungsbereich ergibt sich aus der Überschrift zu VV Teil 4. Demzufolge gehören zu den Strafsachen u. a. folgende Verfahren:
– Privatklageverfahren,
– Klageerzwingungsverfahren nach §§ 172 f. StPO,
– Verfahren über die vorbehaltene Sicherungsverwahrung (§ 275a StPO)
– Sicherungsverfahren nach den §§ 413 f. StPO
– Verfahren nach dem StrRehaG (siehe § 37 RVG)
– Verfahren vor dem Europäischen Gerichtshof (§ 38 RVG)

3 **Keine Strafsachen** iSd des VV Teil 4 sind die **„sonstigen Verfahren"** in VV Teil 6 sowie die **Strafvollzugsverfahren** nach den §§ 109–115 StVollzG. In den Verfahren vor der Strafvollstreckungskammer entsteht daher die Verfahrensgebühr nach VV 3100. Ebenso gelangt VV Teil 4 nicht bei sog. „ähnlichen Verfahren" (zB §§ 23 f. EGGVG) zur Anwendung (Gerold/Schmidt/Burhoff Einleitung zu Teil 4 Rn. 5).

4 Bei **Ermittlungsverfahren** der Polizei ist zu unterscheiden, ob diese nach Abschluss an eine Verwaltungsbehörde oder die Staatsanwaltschaft übergeben werden. Im Falle der Abgabe an die Verwaltungsbehörde, zB zur Einleitung eines Bußgeldverfahrens, gehört die polizeiliche Ermittlung als Vorverfahren zum Verfahren der Verwaltungsbehörde und die anwaltlichen Gebühren bestimmen sich nach VV Teil 5.

1. Kostenfestsetzung (V Nr. 1). Nach VV Vorb. 4 V entstehen in den dort genannten Verfahren **gesonderte Gebühren** nach VV Teil 3, da diese nicht gem. VV Vorb. 4.1 II durch die Gebühren nach VV 4100 f. abgegolten werden. Es handelt sich daher um **eigene gebührenrechtliche Angelegenheiten.** Für den beigeordneten oder bestellten Rechtsanwalt ist somit zu beachten, dass die Tätigkeiten nach VV Vorb. 4 V nicht von der Pflichtverteidigerbestellung oder Beiordnung umfasst sind. Eine Beiordnung im Rahmen der PKH ist nicht möglich (OLG Celle NJW 2013, 486; OLG Düsseldorf JurBüro 2012, 534). 5

Nr. 1 Alt. 1 erfasst die Erinnerung nach § 11 RPflG oder die Beschwerde nach § 304 I StPO gegen den Kostenfestsetzungsbeschluss des Rechtspflegers. Hierfür erhält der Rechtsanwalt **Gebühren nach VV 3500, 3513** deren Gegenstandswert sich nach dem Umfang der Änderung des Festsetzungsbeschlusses bemisst. Wurde der im Kostenfestsetzungsverfahren tätige Anwalt im Ganzen beauftragt, führt diese Tätigkeit nach § 19 I Nr. 14 nicht zur Entstehung einer besonderen Gebühr; die Verfahrensgebühr gilt dann auch die Tätigkeit im Kostenfestsetzung ab. 6

Nr. 1 Alt. 2 regelt die Fälle der Erinnerung und Beschwerde gegen die Gerichtskostenrechnung (§ 66 I, II GKG). Auch hierfür erhält der Rechtsanwalt eine Gebühr nach VV 3500 und ggf. VV 3513. 7

2. Zwangsvollstreckung (V Nr. 2). erfasst Entscheidungen, aus denen einer der Verfahrensbeteiligten die Zwangsvollstreckung betreiben kann. **Nr. 2 Alt. 1** vergütet die anwaltliche Tätigkeit im Hinblick auf Entscheidungen, aus denen einer der Verfahrensbeteiligten die Zwangsvollstreckung betreiben kann. Dem Rechtsanwalt stehen für diese Tätigkeiten **Gebühren nach VV 3309 und VV 3310** aus dem nach § 25 RVG zu ermittelnden Gegenstandswert zu. 8

Nr. 2 Alt. 2 betrifft die anwaltliche Tätigkeit im Beschwerdeverfahren in der Zwangsvollstreckung, welches nach § 18 Nr. 5 eine eigene Angelegenheit darstellt. Dem Rechtsanwalt stehen für das Beschwerdeverfahren somit (zusätzlich) **Gebühren nach VV 3500 und VV 3513** zu. 9

II. Persönlicher Anwendungsbereich (VV Teil 4). Die Vorschriften des VV Teil 4 sind nach VV Vorb. 4 I neben dem Wahlverteidiger und dem gerichtlichen bestellten oder beigeordneten Verteidiger auch für die Tätigkeit des Rechtsanwalts als Beistand oder Vertreter eines Privatklägers, eines Nebenklägers, eines Einziehungs- oder Nebenbeteiligten oder eines Verletzten. Der persönliche Anwendungsbereich erstreckt sich auf folgende Verfahrensbeteiligte: 10

- Wahlverteidiger, § 138 StPO,
- Pflichtverteidiger, § 140 StPO,
- Nebenklägervertreter, § 397a I StPO und 397a II StPO,
- Privatklägervertreter, § 378 StPO,
- Vertreter eines Einziehungs- oder Nebenbeteiligten, § 434 StPO,
- Vertreter eines Verletzten, § 406f I StPO,
- Beistand eines Sachverständigen, §§ 72 f. StPO.

Aber auch der Rechtsanwalt als **Zeugenbeistand** nach § 68b StPO oder als **Terminsvertreter** soll die gleichen Gebühren wie ein Verteidiger erhalten. Die Gleichstellung des Zeugenbeistands mit dem Verteidiger sollte diesem aufgrund des Gebührenrahmens den Spielraum bieten, dem konkreten Arbeitsaufwand des Rechtsanwalts Rechnung zu tragen (BT-Drs. 15/1971, 220). Diese gesetzgeberische Intention konnte sich weder in Literatur und Rechtsprechung durchsetzen, so dass sowohl über die Höhe der Vergütungsansprüche des Zeugenbeistands als auch des Terminsvertreters erhebliche **Uneinigkeit** besteht. Hierzu wird auf die ausführliche Kommentierung zu → VV Vorb. 4.1 Rn. 4 ff. verwiesen. 11

B. Gebühren. Das strukturelle Gebührensystem ist an die einzelnen Verfahrensabschnitte des Strafverfahrens angepasst. Die Gebühren des Wahlverteidigers sind als **Rahmengebühren** vorgesehen (linke Spalte), deren Höhe nach den Kriterien des § 14 zu bestimmen sind. Die Gebühren des gerichtlich bestellten oder beigeordneten Verteidigers sind als **Festgebühren** (rechte Spalte) vorgesehen und basieren auf den Gebühren des Wahlverteidigers (80 %). 12

13 **I. Verfahrensgebühr (II).** Nach der Legaldefinition entsteht die Verfahrensgebühr „für das Betreiben des Geschäfts einschließlich der Information". Damit wird von der Verfahrensgebühr, soweit keine weiteren Gebühren (zB die Grundgebühr) bestimmt sind, die vollständige Tätigkeit des Rechtsanwalts in dem betreffenden Verfahrensabschnitt abgegolten. Die VV Vorb. 4 II gilt für alle Verfahrensgebühren in VV Teil 4:
- Vorbereitende Verfahren, VV 4104,
- gerichtlichen Verfahren nach VV Teil 4 Abschnitt 1 Unterabschnitt 3,
- im Wiederaufnahmeverfahren VV 4136 f.,
- die zusätzlichen Gebühren aus VV 4141 f.,
- Verfahrensgebühren in VV Teil 4 Abschnitt 2 VV (Strafvollstreckung),
- Verfahrensgebühren aus VV Teil 4 Abschnitt 3 VV (Einzeltätigkeiten).

14 Die Verfahrensgebühren aus VV Teil 4 Abschnitt 1 Unterabschnitt 3 sind im gerichtlichen Verfahren des ersten Rechtszugs hinsichtlich der Höhe der Verfahrensgebühr von der Ordnung des mit dem Verfahren befassten Gerichts abhängig. Damit sollen Schwierigkeit und Bedeutung des jeweiligen Verfahrens bei der Gebührenbemessung berücksichtigt werden.

15 Als **Dauergebühr** erstreckt sich die Verfahrensgebühr auf das gesamte Verfahren des jeweiligen Abschnitts. Weil die Gebühr für das „Betreiben des Geschäfts" entsteht, fällt die Verfahrensgebühr mit **jeder mandatsbezogenen Tätigkeit** im betreffenden Verfahren an. Die vom Anwalt erbrachte Tätigkeit muss sich daher nicht unbedingt aus in den gerichtlichen Verfahrensakten enthaltenen schriftlichen Einlassungen ergeben (Gerold/Schmidt/Burhoff VV Vorbemerkung 4 Rn. 10).

16 Für das **Entstehen der Gebühr** genügt demnach das ausschließliche, sich nicht unbedingt aus den Verfahrensakten ergebende, Tätigwerden gegenüber dem Mandanten. Von der Verfahrensgebühr werden alle nach der ersten Einarbeitung in den Rechtsfall (Grundgebühr) entwickelten Tätigkeiten abgedeckt. Hierzu gehören u. a. (siehe hierzu Tätigkeitskatalog bei Burhoff/Volpert/Burhoff RVG Straf- und Bußgeldsachen VV Vorb. 4 Rn. 44):
- Abwicklungstätigkeiten,
- Allgemeiner Schriftverkehr,
- Anhörungsrüge, § 356a StPO,
- weitere Akteneinsichten,
- Beratung des Mandanten,
- Verfahrensleitende Anträge
- Besuche des inhaftierten Mandanten in der JVA,
- Beschaffung von weiteren Informationen,
- Haftprüfungsanträge und Haftbeschwerden,
- Kostenfestsetzungs**anträge;** bei Erinnerungen und Beschwerden ist VV Vorb. 4 V zu beachten,
- Pflichtverteidigerbestellung bzw. Beiordnungsantrag.

17 Die Verfahrensgebühren fallen grundsätzlich **neben der Grundgebühr** an. Insoweit stellt die Grundgebühr zur Verfahrensgebühr eine **Zusatzgebühr** dar, die den erstmaligen Aufwand bei Mandatsübernahme abgelten soll (BT-Drs. 17/11471, 281). Folglich entstehen Grund- und Verfahrensgebühr nicht in chronologischer Reihenfolge – die Grundgebühr muss also nicht vor der Verfahrensgebühr entstehen. Grundgebühr und Verfahrensgebühr überschneiden sich im Hinblick auf den Abgeltungsbereich, schließen sich einander aber nicht aus. So kann beispielhaft die erste Akteneinsicht die Grundgebühr und zugleich im Rahmen des „Betreiben des Geschäfts einschließlich der Information" die Verfahrensgebühr entstehen lassen.

18 Bei der Bemessung der **Verfahrensgebühr des Wahlverteidigers** nach § 14 I 1 ist zu beachten, dass die Tätigkeiten des Abgeltungsbereichs der Grundgebühr nicht noch einmal zur Bemessung der Verfahrensgebühr herangezogen werden dürfen (Gerold/Schmidt/Burhoff VV 4100 Rn. 9). Der gerichtlich bestellte oder beigeordnete Verteidiger kann in diesen Fällen bessergestellt sein, da er für Grund- und Verfahrensgebühr jeweils die Festgebühr erhält.

II. Terminsgebühr (III). Die Terminsgebühr entsteht für die Teilnahme des Rechtsanwalts an gerichtlichen Terminen, wenn in VV 4102 Nr. 2, 4, 5 nichts anderes bestimmt ist. Gerichtliche Termine iSd VV Vorb. 4 III sind neben Hauptverhandlungsterminen auch die in VV 4102 RVG erwähnten Vernehmungstermine. Die Terminsgebühr **entsteht nicht** für Besprechungstermine mit Verfahrensbeteiligten oder weiteren Verteidigern. Gleiches gilt für die anwaltliche Teilnahme an einem Besprechungstermin mit dem Richter, in welchem der Umfang der nach Aufhebung und Zurückverweisung durchzuführenden Beweisaufnahme besprochen wird. 19

1. Abgeltungsbereich der Terminsgebühr. Nach VV Vorb. 4 III 1 entsteht die Terminsgebühr für die **Teilnahme** an gerichtlichen Terminen. Teilnahme erfordert lediglich die physische Anwesenheit des Rechtsanwalts – ein verhandeln oder eine Antragstellung sind nicht notwendig (Gerold/Schmidt/Burhoff VV Vorbemerkung 4 Rn. 26 mwN). Die Terminsgebühr umfasst alle Tätigkeiten in der Hauptverhandlung sowie die konkrete Vor- und Nachbereitung des Termins, wie zB (siehe hierzu auch BeckOK RVG/Knaudt RVG VV Vorbemerkung 4 Rn. 37; Burhoff/Volpert/Burhoff RVG Straf- und Bußgeldsachen VV Vorb. 4 Rn. 67 mwN): 20

- Abfassung von Beweisanträgen,
- nochmaliges Aktenstudium,
- Überprüfung der Ladung aller benannten Zeugen,
- An- und Abreise zum Termin (**aA** OLG München NStZ-RR 2008, 159),
- Terminsbezogene Informationsaufnahme und Informationsbeschaffung,
- Gespräche mit Staatsanwaltschaft und Gericht über den Ablauf des Termins,
- Vorbereitung eines Sachvortrags

Nicht zur Terminsgebühr, sondern zum „Betreiben des Geschäfts", gehört das Studium von Urkunden im **Selbstleseverfahren** (KG JurBüro 2013, 361). Im Übrigen wird auf die Kommentierungen zu den jeweiligen Terminsgebühren verwiesen. 21

2. „Geplatzter Termin". Die Terminsgebühr entsteht für den Verteidiger gem. VV Vorb. 4 III 2 auch in den Fällen, in denen er zu einem anberaumten Termin erscheint, dieser aber aus Gründen, die der Verteidiger nicht zu vertreten hat, nicht stattfindet **und** er nicht rechtzeitig von der Aufhebung oder Verlegung des Termins in Kenntnis gesetzt worden ist. Die Regelung der VV Vorb. 4 III behandelt die Fallgestaltungen, in denen der Angeklagte nicht erschienen oder die Richterbank nicht vollständig besetzt ist und die Hauptverhandlung aus diesen Gründen nicht durchgeführt werden kann. 22

Sinn und Zweck dieser Regelung ist die Honorierung des Zeitaufwandes für die konkrete Vorbereitung des (ausgefallenen) Hauptverhandlungstermins (BT-Drs. 15/1971, 221). Folgerichtig entsteht die Terminsgebühr, wenn der Rechtsanwalt zu dem anberaumten Termin nicht oder nicht rechtzeitig abgeladen oder die Teilnahme durch Vorverlegung unmöglich gemacht wird. Die Terminsgebühr entsteht jedoch nur für den zur Hauptverhandlung **im Gericht erschienenen** Rechtsanwalt. 23

Der Wortlaut der Vorbemerkung ist eindeutig: „… zu einem anberaumten Termin **erscheint** …" Demzufolge ist den Ansichten zu widersprechen, die den Wortlaut weit auslegen und es für den Anfall der Gebühr genügen lassen, wenn der Verteidiger im Gerichtssaal nicht erscheint, weil er beispielsweise während der Anreise vom Ausfall der Hauptverhandlung informiert wurde (Gerold/Schmidt/Burhoff VV Vorbemerkung 4 Rn. 40). Diese Auffassung verkennt VV Vorb. 4 III 3, wonach die Terminsgebühr bei Entfall der Hauptverhandlung nicht entsteht, wenn der Verteidiger rechtzeitig von der Aufhebung oder Verlegung des Termins in Kenntnis gesetzt worden ist. 24

Wird der Verteidiger **vor seinem Eintreffen** im Gericht von dem Ausfall der Hauptverhandlung informiert und bricht die bereits angetretene Reise ab, fällt keine Terminsgebühr an (OLG München NStZ-RR 2008, 159; Riedel/Sußbauer/Kremer VV Vorbemerkung 4 Rn. 31). Gleiches gilt für den Verteidiger, der zwar im Gericht erscheint, dieses aber vor Aufruf der Sache infolge einer „verlässlichen" Mitteilung verlässt, weil (angeblich) ein anderer zum Pflichtverteidiger bestellt werden soll (OLG Frankfurt JurBüro 2012, 422). 25

26 Eine **analoge Anwendung** der Vorschrift für den geplatzten Termin ist bei Fallgestaltungen möglich, in denen der Verteidiger versehentlich eine Terminsbenachrichtigung hinsichtlich eines tatsächlich nicht anberaumten Termins erhält und er zu diesem Termin im Gericht erscheint (Riedel/Sußbauer/Kremer VV Vorbemerkung 4 Rn. 31). Das gleiche gilt auch, wenn der Verteidiger in einem gegen einen Dritten gerichteten Parallelverfahren eine Terminsbenachrichtigung mit dem Hinweis erhält, dass beabsichtigt sei, im Termin des Parallelverfahrens beide Verfahren zu verbinden, dann aber die Verbindung wegen Ausbleibens des Angeklagten unterbleibt (OLG Celle NStZ-RR 2011, 328).

27 Seitens des Wahlanwalts ist bei der Gebührenbestimmung nach § 14 I zu beachten, dass bei der Gebührenbemessung der Terminsgebühr der geringere Zeitaufwand infolge des weggefallenen Termins zu berücksichtigen ist; dies gilt nicht für die Zeit der konkreten Terminsvorbereitung, da diese tatsächlich angefallen ist (Gerold/Schmidt/Burhoff VV Vorbemerkung 4 Rn. 42). Zu den allgemeinen Kriterien der Ermittlung des Betragsrahmens wird auf die Kommentierung zu → Rn. 83 ff. und zu § 14 verwiesen.

28 **3. Längenzuschlag.** Der **gerichtlich bestellte oder beigeordnete** Verteidiger erhält für die Teilnahme an überlangen Hauptverhandlungsterminen neben der Terminsgebühr einen Längenzuschlag (VV 4110, 4111, 4116, 4117, 4122, 4123, 4128, 4129, 4134 und 4135). Auf den **Wahlverteidiger** oder sonstigen Beistand findet der Längenzuschlag keine Anwendung, doch ist für dessen Gebührenbestimmung der Terminsgebühr die Terminsdauer ebenso von Bedeutung. Demzufolge ist in jedem Fall eine Berechnung der Verhandlungsdauer unter Berücksichtigung von Pausen- oder Unterbrechungszeiten vorzunehmen. Hierfür wird auf die Kommentierung zu → VV Vorb. 4.1 Rn. 27 f. verwiesen.

29 **III. Haftzuschlag (IV).** Nach Abs. 4 entstehen Grund-, Verfahrens- und Terminsgebühr als Gebühr mit Zuschlag, wenn sich der Beschuldigte nicht auf freiem Fuß befindet. Die Gebühr mit Zuschlag entsteht nicht neben der originären Gebühr, sondern an deren Stelle. Die Anhebung der Betragsrahmen- bzw. Festgebühr soll **Schwierigkeiten** und/oder **Erschwernisse** der anwaltlichen Tätigkeiten bei der Kontaktaufnahme mit dem Mandanten abgelten (BT-Drs. 15/1971, 221). Neben der erschwerten Kontaktaufnahme werden ebenso die Besuche in der Justizvollzugsanstalt sowie die durch die Inhaftierung anfallenden zusätzlichen Tätigkeiten abgedeckt, wie zB Haftbeschwerden oder Verfahren in Zusammenhang mit den Bedingungen der Untersuchungshaft.

30 Das **Entstehen der Gebühr** mit Zuschlag ist unabhängig davon, ob seitens des Anwalts tatsächlich besondere Erschwernisse bei der Kontaktaufnahme vorliegen (OLG Celle NStZ-RR 2008, 392; OLG Hamm RVGreport 2009, 149).

31 **1. Persönlicher Anwendungsbereich.** Der persönliche Anwendungsbereich des Haftzuschlags erstreckt sich nicht nur auf den Verteidiger des Beschuldigten, sondern über Vorb. 4 I u. a. auch auf den beigeordneten oder bestellten Rechtsanwalt, dessen eigener Mandant nicht auf freiem Fuß ist (für den **Nebenklägervertreter,** siehe hierzu Gerold/Schmidt/Burhoff VV Vorbemerkung 4 Rn. 48; BeckOK RVG/Knaudt VV Vorbemerkung 4 Rn. 58 jeweils mwN).

32 **2. Zeitlicher Anwendungsbereich.** Die Dauer des Freiheitsentzugs ist, wie deren Zeitpunkt, für den Anfall der Zuschlagsgebühr ohne Belang. Maßgeblich für die Gebührenentstehung ist einzig der Umstand, dass der Mandant in dem jeweiligen Verfahrensabschnitt zu **irgendeinem Zeitpunkt** nicht auf freiem Fuß war (OLG Hamm RVGreport 2009, 149; OLG Celle NStZ-RR 2008, 392; KG RVG professionell 2007, 41). Eine chronologische Abfolge der einzelnen Gebührenvoraussetzungen ist nicht erforderlich – die Freiheitsentziehung muss daher nicht schon vor dem Entstehen der den Zuschlag betreffenden Gebühr vorliegen. So reicht es für den Haftzuschlag bei der Terminsgebühr aus, wenn der Haftbefehl während der Hauptverhandlung aufgehoben wird oder der Angeklagte erst am Ende des Verhandlungstages aber vor Beendigung des Hauptverhandlungstermins in Haft genommen wird (LG Görlitz NJW-Spezial 2017, 348; OLG Düsseldorf NStZ-RR 2011, 159; OLG Celle NStZ-RR 2008, 392). Da sich der Haftzuschlag auf die Erschwernisse der

anwaltlichen Tätigkeit bezieht, kann der Zuschlag für die Gebühr eines abgeschlossenen Verfahrensabschnitts nicht mehr geltend gemacht werden.

3. Art und Weise des Freiheitsentzuges. Grund und/oder Art und Weise des Freiheitsentzugs ist für die Entstehung des Haftzuschlags unerheblich – Inhaftierung in der Sache selbst ist nicht erforderlich. Folgende Freiheitsentziehungen führen ua zur Entstehung der Gebühr mit Zuschlag: 33

- Vorläufige Festnahme nach §§ 127, 127b StPO (KG JurBüro 2007, 643),
- Untersuchungs- oder Strafhaft,
- Zivilrechtliche Unterbringung sowie Unterbringung nach landesrechtlichen Vorschriften (PsychKG),
- Abschiebe- oder Auslieferungshaft,
- Sicherungsverwahrung,
- Unterbringung nach §§ 47 I Nr. 1, 72 IV iVm 71 II JGG (LG Düsseldorf AGS 2014, 178; OLG Jena NStZ-RR 2003, 160),
- Ordnungshaft,
- Zwangshaft nach §§ 888, 901 ZPO (Mayer/Kroiß/Kroiß VV 4100 Rn. 14).

Gleichsam bedeuten **Vollzugslockerungen,** die lediglich zu einer Verminderung der Kontrolle über den Gefangenen führen, keine Beendigung oder Unterbrechung der Verwahrung in der Anstalt (BGH NStZ 2008, 91), so dass gebührenrechtlich beim **offenen Vollzug** ebenso die Voraussetzungen für den Haftzuschlag vorliegen (BeckOK RVG/Knaudt VV Vorbemerkung 4 Rn. 64.1). 34

Die Voraussetzungen für den Haftzuschlag liegt hingegen nicht vor, wenn sich der Mandant **freiwillig** in einer Einrichtung aufhält, wie zB in einer stationären Therapie (OLG Bamberg RVGreport 2008, 225, OLG Hamm StraFo 2008, 222; LG Wuppertal JurBüro 2009, 532; LG Hamm StraFo 2008, 222; Riedel/Sußbauer/Kremer RVG VV Vorbemerkung 4 Rn. 42; **aA** Gerold/Schmidt/Burhoff VV Vorbemerkung 4 Rn. 49; BeckOK RVG/Knaudt VV Vorbemerkung 4 Rn. 70 f.). 35

C. Verfahrenseinheit, Verfahrensmehrheit, Verweisung. Die Trennung, Verbindung und Verweisung von Verfahren kann sich vergütungsrechtlich nicht nur auf die Verfahrens- und Grundgebühr, sondern auch auf die Terminsgebühr auswirken. 36

I. Verfahrenstrennung. Nach § 2 II StPO kann aus Gründen der Zweckmäßigkeit vor Eröffnung des Hauptverfahrens durch Beschluss des Gerichts die Trennung verbundener Strafsachen angeordnet werden. Die Anordnung der Trennung nach Eröffnung des Hauptverfahrens erfolgt nach § 4 I StPO ebenfalls durch gerichtlichen Beschluss. 37

Die Verfahrenstrennung hat auf bereits entstandene Gebühren keine Auswirkung. Bis zur Trennung handelt es sich um eine gebührenrechtliche Angelegenheit. Nach der Trennung liegt keine bloße Fortführung des Ursprungsverfahrens vor; es handelt sich vielmehr um verschiedene und gebührenrechtlich **eigenständige Angelegenheiten.** Hieraus ergibt sich die gebührenrechtliche Folge, dass mehrere Verfahrensgebühren (nach der Zahl der getrennten Verfahren) entstehen und mehrere Termins- oder Verfahrensgebühren anfallen können. Diese gebührenrechtliche Konsequenz gilt allerdings nur für die nach der Trennung noch anfallenden Gebühren. Für die **Grundgebühr** nach VV 4100 gilt das nicht, da insoweit bereits die erstmalige Einarbeitung in den Rechtsfall erfolgt ist (Burhoff RVGreport 2008, 444). 38

II. Verfahrensverbindung. Nach § 2 I StPO können zusammenhängende Strafsachen verbunden bei dem Gericht anhängig gemacht werden. Nach § 4 I StPO kann eine Verbindung zusammenhängender Strafsachen auch nach Eröffnung des Hauptverfahrens durch gerichtlichen Beschluss angeordnet werden. Die Verbindung im Ermittlungsverfahren erfolgt durch formlose interne Verfügung der Staatsanwaltschaft in den Sachakten. Infolge der Verbindung werden die zuvor selbstständigen Rechtssachen zu einem **einheitlichen Verfahren verschmolzen** (Gercke/Julius/Temming/Zöller/Zöller StPO § 2 Rn. 11). 39

1. Vergütungsrechtliche Auswirkungen. Die zu verbindenden Verfahren stellen bis zum Zeitpunkt der Verfahrensverbindung gebührenrechtlich getrennte Angelegenheiten dar; bereits entstandene Verfahrensgebühren bleiben dem Rechtsanwalt 40 erhalten. Die hinzuverbundenen Verfahren verlieren infolge der Verschmelzung ihre gebührenrechtliche Selbständigkeit.

41 Die vor der Verbindung vorliegenden Angelegenheiten werden durch die Verbindung zu einer Angelegenheit (OLG Hamm NStZ-RR 2005, 285). Im verbundenen Verfahren entstehen daher Gebühren, deren Tatbestand erst nach Verbindung ausgelöst wird, nur noch einmal und nicht mehr in jedem verbundenen Verfahren gesondert (Burhoff RVGreport 2008, 405). Diese Wirkung gilt auch in den Fällen, in denen die Staatsanwaltschaft gegen einen Beschuldigten mehrere Ermittlungsverfahren führt und diese erst nachträglich durch Staatsanwaltschaft oder Gericht verbunden werden (LG Potsdam JurBüro 2013, 587). Erst nach Verbindung der mehreren Ermittlungsverfahren liegt eine Angelegenheit vor, die nur noch in diesem Verfahren Gebühren entstehen lässt.

42 Ein anderes Ergebnis folgt ebenso nicht aus der **Erstreckung der Beiordnung** nach § 48 VI 2. Im Falle der Verfahrensverbindung, kann das Gericht diese Wirkung zwar auch auf diejenigen Verfahren erstrecken, in denen vor der Verbindung keine Beiordnung oder Bestellung erfolgte. Hieraus folgt allerdings nicht die Vergütung nicht erbrachter Tätigkeiten (Gerold/Schmidt/Müller-Rabe § 48 Rn. 206).

43 Für die vergütungsrechtlichen Auswirkungen der Verbindung auf die Grund-, Verfahrens- sowie Terminsgebühr wird auf die jeweiligen Kommentierungen verwiesen.

44 **2. Verbindung zum Zwecke der gemeinsamen Verhandlung.** Eine weitere Möglichkeit der Verbindung, ist die zum Zwecke der gleichzeitigen Verhandlung nach § 237 StPO. Hiernach kann das Gericht zwischen mehreren bei ihm anhängigen Strafsachen ihre Verbindung zum Zwecke gleichzeitiger Verhandlung anordnen. Vergütungsrechtlich führt dies zu dem Ergebnis, dass die Selbständigkeit der zur gemeinsamen Verhandlung verbundenen Verfahren nicht berührt wird und in jedem Verfahren weiterhin gesonderte Gebühren entstehen.

45 **III. Verfahrensverweisungen.** Gebühren- und Verfahrensrechtlich ist zwischen Horizontalverweisung, Diagonalverweisung und Vertikalverweisung zu unterscheiden. Für die vergütungsrechtlichen Auswirkungen der Verweisung auf die Grund-, Verfahrens- sowie Terminsgebühr wird auf die jeweiligen Kommentierungen verwiesen.

46 **1. Horizontalverweisung.** Horizontalverweisungen (§ 20 1, § 270 StPO) sind Abgaben innerhalb der gleichen Gerichtsbarkeit wegen sachlicher, örtlicher oder funktioneller Unzuständigkeit. In Strafsachen erfolgt dies nach § 270 StPO oder im Falle der Eröffnung vor dem Amtsgericht durch das Landgericht nach § 209 StPO. In diesen Fällen gilt der Grundsatz der „Einheitlichkeit der Justiz“ (siehe hierzu BGH NJW 1954, 311 (313)), so dass der Anwalt bereits entstandene Gebühren nicht nochmals verlangen kann.

47 Gehören verweisendes und übernehmendes Gericht **unterschiedlichen Ordnungen** an, bestimmt sich die Verfahrensgebühr nach dem jeweils höchsten Gericht vor dem die Verteidigertätigkeit entfaltet worden ist (OLG Hamm JurBüro 2001, 362; OLG Hamburg JurBüro 1990, 478; BeckOK RVG/v. Seltmann § 20 Rn. 14; Gerold/Schmidt/Burhoff VV Vorbemerkung 4 Rn. 23).

48 Eine Verweisung wegen **örtlicher Unzuständigkeit** scheidet im Strafverfahren aus (BeckOK StPO/Bachler StPO § 16 Rn. 1; MüKoStPO/Ellbogen StPO § 16 Rn. 8). Die Anklage muss beim örtlich unzuständigen Gericht zurückgenommen und beim zuständigen Gericht neu erhoben werden. Hierbei handelt es **nicht** um zwei gebührenrechtliche Angelegenheiten, da das Verfahren in derselben Instanz anhängig bleibt (Burhoff RVGreport 2009, 8).

49 **2. Diagonalverweisung.** Eine Diagonalverweisung (§ 20 2, § 328 II StPO) liegt vor, wenn das Gericht des ersten Rechtszuges mit Unrecht seine Zuständigkeit angenommen hat und das Berufungsgericht unter Aufhebung des Urteils die Sache an das Gericht eines niedrigeren Rechtszuges verweist. Gebührenrechtlich gilt das Verfahren vor dem Gericht, an das verwiesen worden ist, als **neuer Rechtszug** und der an beiden Verfahren beteiligte Rechtsanwalt kann erneut Gebühren beanspruchen (Gerold/Schmidt/Mayer § 20 Rn. 8). Die **Grundgebühr** entsteht jedoch nicht erneut, da sich der Rechtsanwalt in den „Rechtsfall“ bereits eingearbeitet hat.

3. Zurückverweisung. Bei der Zurückverweisung bzw. Vertikalverweisung (§ 21 I, §§ 354 I, 355 StPO) wird das Verfahren von einem Rechtsmittelgericht an ein untergeordnetes Gericht zurückverwiesen. Das Verfahren nach erfolgter Zurückverweisung gilt als **neue Angelegenheit.** Der Rechtsanwalt kann somit die Gebühren im nachfolgenden Verfahren gesondert und ggf. zusätzlich zu den Gebühren, die bereits im vorhergehenden Verfahren entstanden sind, geltend machen. Die gilt indes nur für die Gebühren des gerichtlichen Verfahrens, nicht jedoch für die des vorbereitenden Verfahrens, da dieser Abschnitt bereits beendet ist (Burhoff RVGreport 2009, 8). 50

D. Kostenfestsetzungsverfahren. Gemäß § 464 I StPO muss jede Entscheidung, die ein gerichtlich anhängiges Verfahren abschließt, gleichzeitig bestimmen, wer die Kosten des Verfahrens (gerichtliche Gebühren und Auslagen) im Sinne des § 464a I StPO zu tragen hat. Die Entscheidung behandelt die Kostentragungspflicht nur dem Grunde nach, da erst im Kostenansatzverfahren für die Gerichtskosten nach § 19 II GKG und dem Kostenfestsetzungsverfahren nach §§ 464b f. StPO der nach der Kostengrundentscheidung auszugleichende Betrag ziffernmäßig festgelegt wird. 51

Kostenbeamte und Rechtspfleger sind im Kostenansatz- und Kostenfestsetzungsverfahren an die bestandskräftige Kostengrundentscheidung **gebunden,** da es ist nicht Inhalt der Verfahren ist, Grundentscheidungen auf ihre Gesetzmäßigkeit zu überprüfen (LG Koblenz AGS 2011, 353). 52

I. Auslegungsfähigkeit der Kostenentscheidung. Die Kostenentscheidung ist nach allgemeinen Grundsätzen der Auslegung fähig, doch sind der Auslegung wegen der in § 464 III 1 StPO gegen die Kostenentscheidung eröffneten sofortigen Beschwerde enge Grenzen gesetzt. Wird beispielweise in der Kostenentscheidung eines den Angeklagten freisprechenden Urteils die ausdrückliche Auferlegung der dem Freigesprochenen entstandenen notwendigen Auslagen auf die Staatskasse unterlassen, kann der Freispruch „auf Kosten der Staatskasse" aufgrund der klaren gesetzlichen Trennung zwischen § 464 I und II StPO nicht dahin ausgelegt werden, dass auch die notwendigen Auslagen des Angeklagten von der Staatskasse zu tragen sind (KG Berlin StRR 2012, 307 = BeckRS 2012, 12419). Entsprechend unzulässig ist auch eine Ergänzung oder Berichtigung der Kostengrundentscheidung (BGH NStZ-RR 1996, 352; zur Nachholung der Auslagenentscheidung zugunsten des Nebenklägers im Revisionsverfahren vgl. KG NStZ-RR 2015, 328). 53

Gleiches gilt für die unterlassene Überbürdung der notwendigen Auslagen des Nebenklägers auf den „kostenpflichtig" verurteilten Angeklagten, da eine Festsetzung gegen den Angeklagten eine ausdrückliche Kostengrundentscheidung voraussetzt. Unterbleibt diese, fallen die Kosten des Verfahrens der Staatskasse zur Last und jeder Beteiligte trägt seine notwendigen Auslagen selbst (KK-StPO/Gieg StPO § 464 Rn. 4 mwN). Gegen die versehentlich oder bewusst unterlassene oder sonst für den Nebenkläger nachteilige Kosten- und Auslagenentscheidung ist nach allgemeiner Auffassung die sofortige Kostenbeschwerde statthaft (KK-StPO/Gieg StPO § 472 Rn. 3b). Eine Überbürdung der Staatskasse mit den notwendigen Auslagen des Nebenklägers darf nicht vorgenommen werden (KK-StPO/Gieg StPO § 472 Rn. 2 mwN). 54

II. Auslagen des Nebenklägers im JGG-Verfahren. Gemäß § 74 JGG kann in Verfahren gegen einen Jugendlichen davon abgesehen werden, dem Angeklagten Kosten und Auslagen aufzuerlegen. Nach § 2 II JGG gelten die Vorschriften der §§ 464 f. StPO auch in Jugendstrafverfahren. Die herrschende Meinung lässt eine Überbürdung des Jugendlichen mit den Auslagen des Nebenklägers bei ausdrücklicher Kostenentscheidung zu (Diemer/Schatz/Sonnen/Schatz JGG § 74 Rn. 25 mwN). Ergeht nun eine Entscheidung, in der gem. § 74 JGG davon abgesehen wurde, dem Angeklagten die Verfahrenskosten aufzuerlegen und ist kein Kostenausspruch über die Kosten der Nebenklage enthalten, kann der Nebenklägervertreter seine Auslagen (= Wahlanwaltsgebühren) weder vom Verurteilten noch von Landeskasse verlangen. In den Fällen, in denen es zu keiner Beiordnung gekommen ist, verbleibt das Kostenrisiko somit beim Nebenkläger. 55

III. Vergütungsanspruch des beigeordneten/bestellten Verteidigers. Der gerichtlich bestellte oder beigeordnete Rechtsanwalt erhält die in der rechten Spalte des Vergütungsverzeichnisses aufgeführten Festgebühren. Grundlage dieser Gebühren 56 sind die jeweiligen Mittelgebühren des Wahlverteidigers, wovon der Pflichtverteidiger 80% erhält. Damit soll dem Rechtsanwalt durch die Übernahme einer Pflichtverteidigung kein ungerechtfertigtes Sonderopfer auferlegt werden (BT-Drs. 15/1971, 222 mit Verweis auf BVerfGE 68, 237).

57 **1. Umfang der Beiordnung.** Gemäß § 45 III erhält ein sonst gerichtlich bestellter oder beigeordneter Rechtsanwalt die Vergütung aus der Staatskasse, wenn ein Gericht des Landes den Rechtsanwalt bestellt oder beigeordnet hat, im Übrigen aus der Bundeskasse. Der Umfang des Vergütungsanspruchs bestimmt sich gem. § 48 VI aufgrund der Beiordnung.

57a Die Bestellung/Beiordnung des Verteidigers nach §§ 140, 141 StPO erfolgt in Strafsachen **instanzübergreifend** und umfasst bei erstinstanzlicher Bestellung auch das Berufungsverfahren, die Einlegung der Revision, deren Begründung (§ 344 StPO) sowie die Gegenerklärung zur Revision der Staatsanwaltschaft. Für die Teilnahme an der Hauptverhandlung im Revisionsverfahren ist nach § 350 III StPO eine gesonderte Bestellung vorgesehen.

58 Die **Bestellung endet** mit Rechtskraft des Urteils, wirkt nicht im Wiederaufnahmeverfahren fort (OLG Jena StV 2015, 16; OLG Oldenburg NStZ-RR 2009, 208) und umfasst ebenso nicht die Vertretung des Angeklagten im Adhäsionsverfahren (zum Adhäsionsverfahren siehe Kommentierung zu → VV 4143 Rn. 3).

59 Eine **gesonderte Bestellung** oder Beiordnung ist ebenfalls im Strafvollstreckungsverfahren notwendig (OLG Zweibrücken NStZ 2010, 470; OLG Frankfurt NStZ-RR 2003, 252; OLG Hamm BeckRS 2002, 30258719; Mayer/Kroiß/Kroiß § 48 Rn. 123 mwN). Siehe hierzu auch die Kommentierung zu → VV Vorb. 4.2.

60 **a) Umbeiordnung.** Eine sog. Umbeiordnung ohne einen für eine Entpflichtung erforderlichen wichtigen Grund ist nur dann zulässig, wenn neben dem Angeklagten beide Verteidiger einverstanden sind, keine Verfahrensverzögerung zu besorgen ist und der Staatskasse hierdurch keine Mehrkosten entstehen (OLG Hamburg StRR 2012, 282; OLG Braunschweig RVGreport 2011, 479; OLG Düsseldorf NStZ-RR 2009, 348).

61 Der Vorsitzende darf allerdings von vornherein keine Einschränkung des Gebührenanspruchs aussprechen. Die Verteidiger (entweder der neue oder der vorherige) müssen von sich aus oder auf Nachfrage des Vorsitzenden erklären, dass der Gebührenanspruch insoweit nicht geltend gemacht werde, als dadurch eine Mehrbelastung der Landeskasse entstehen würde.

62 Ein solch teilweiser **Gebührenverzicht** ist nach hM zulässig und wirksam (OLG Oldenburg NStZ-RR 2010, 210; OLG Bamberg NJW 2006, 1536; Burhoff/Volpert/Burhoff RVG Straf- und Bußgeldsachen, Gebühren-/Vergütungsverzicht Rn. 966 mwN). In diesen Fällen erhält der ursprünglich beigeordnete Verteidiger alle Gebühren aus der Landeskasse, die gesetzlich vorgesehen und bis dahin angefallen sind. Der an seiner Stelle beigeordnete Verteidiger hat den Verzicht auf diejenigen Gebühren zu erklären, die ansonsten durch seine Beiordnung doppelt anfielen (zB Grundgebühr, Verfahrensgebühr).

63 **b) Konkludente Beiordnung.** Unter welchen Voraussetzungen die Beiordnung zu erfolgen hat, ist keine Frage des RVG, sondern der jeweiligen Verfahrensordnung.

63a Für die Beauftragung des Wahlverteidigers ist eine besondere Form nicht vorgeschrieben, so dass für den Nachweis des Verteidigerverhältnisses die Anzeige des Verteidigers genügt. Bereits die Vermutung spricht für eine Bevollmächtigung des Rechtsanwalts, der sich als Verteidiger meldet und Prozesshandlungen für den Betroffenen vornimmt (Löwe/Rosenberg/Lüderssen StPO § 138 Rn. 13).

64 Für die gerichtliche Bestellung oder Beiordnung sieht das strafprozessuale Recht, im Gegensatz zum zivilprozessualen Recht, in dem die Entscheidung über die Beiordnung eines Rechtsanwalts durch gerichtlichen Beschluss zu erfolgen hat, **keine besondere Form** der Beiordnung vor. Zwar geschieht dies idR durch eine schriftliche Verfügung des Vorsitzenden oder durch einen in der Hauptverhandlung gefassten Beschluss, doch kann die Beiordnung nach überwiegender Auffassung in Rechtsprechung und Literatur auch durch schlüssiges Verhalten des Vorsitzenden erfolgen (BGH StV 2015, 739; BGH NStZ-RR 2009, 348; Gercke/Julius/Temming/Zöller/Julius/Schiemann StPO § 141 Rn. 17).

Für die Annahme der Beiordnung durch schlüssiges Verhalten, ist es jedoch in jedem Fall erforderlich, dass das Verhalten des Gerichts unter Beachtung der maßgeblichen Umstände einen solchen Schluss rechtfertigt, wobei eine Beiordnung nicht unterstellt werden darf. Es müssen Anhaltspunkte vorliegen, die belegen oder zumindest die Annahme zulassen, dass das Gericht einen Verteidiger tatsächlich beiordnen wollte (OLG Brandenburg BeckRS 2019, 11253; OLG Jena BeckRS 2010, 5953). **65**

2. Beiordnung des Nebenklägervertreters. Für den nach **§ 397a I StPO** bestellten oder beigeordneten Nebenklägervertreter wirkt die Bestellung bzw. Beiordnung für das **gesamte Verfahren** bis zu seinem rechtskräftigen Abschluss. Somit gilt die Beiordnung auch für das Revisionsverfahren einschließlich der Revisionshauptverhandlung (BGH NStZ 2010, 714; BGH NJW 2000, 3222). Eine Auswechselung des Beistandes kann zur Vermeidung von Kosten für die Staatskasse nur durch Rücknahme der ursprünglichen Beiordnungsentscheidung erfolgen (OLG Köln NStZ-RR 2010, 22). Die Bestellung erstreckt sich jedoch **nicht** auf ein mögliches **Adhäsionsverfahren** (BGH NJW 2001, 2486). **66**

Gleiches gilt für die Bewilligung von Prozesskostenhilfe im Rahmen der Beiordnung bzw. Bestellung nach **§ 397a II StPO** (BGH StraFo 2008, 131). Demgemäß erfordert jede Instanz eine erneute Prüfung und die Darlegung der wirtschaftlichen Verhältnisse des Antragstellers. **67**

3. Anrechnung nach § 52. Nach § 52 I 2 entfällt der Anspruch des Verteidigers gegen den Beschuldigten insoweit, als die Staatskasse Gebühren gezahlt hat, so dass sich eine **gesetzliche Verrechnung** hinsichtlich der gesamten aus der Landeskasse gezahlten Pflichtverteidiger**gebühren** ergibt, welche auch die Pauschgebühr nach § 51 RVG erfasst (Gerold/Schmidt/Burhoff § 52 Rn. 15). Aus der Landeskasse gezahlte Auslagen sind indes nicht abzuziehen. **68**

Bei der Anrechnung gilt es zu bedenken, dass es sich bei dem Anspruch auf Zahlung der Pflichtverteidigervergütung um einen **eigenständigen Anspruch** handelt, der selbständig neben den Vergütungsanspruch des Anwalts gegen seinen Mandanten tritt und diesem gegenüber nicht subsidiär ist, sondern wahlweise geltend gemacht werden kann (BVerfG JurBüro 2009, 418). **69**

Macht bei einem Freispruch oder Teilfreispruch der Verteidiger zunächst die Pflichtverteidigervergütung und erst im Anschluss die notwendigen Auslagen gegen die Landeskasse geltend, bereitet die Anrechnung nach § 52 I 2 keine Probleme. Erfolgt aber zuerst die Beantragung der notwendigen Auslagen, muss die Staatskasse neben den notwendigen Auslagen auch die Pflichtverteidigervergütung begleichen, wenn kein **vorbehaltloser Verzicht** auf die Pflichtverteidigergebühren eingeholt wurde (BVerfG JurBüro 2009, 418). Ist der Verteidiger zur Abgabe der Verzichtserklärung nicht bereit, kann die Staatskasse von ihrem Leistungsverweigerungsrecht Gebrauch machen und von den notwendigen Auslagen die fiktiven Pflichtverteidigergebühren abziehen (Volpert RVGreport 2012, 162). **70**

4. Geltendmachung des Vergütungsanspruchs gegenüber der Staatskasse. Die aus der Staatskasse zu gewährende Vergütung wird nach § 55 I 1 auf Antrag des Rechtsanwalts von dem Urkundsbeamten der Geschäftsstelle des Gerichts des ersten Rechtszugs festgesetzt. Der Antrag ist fristungebunden. Der **Vergütungsanspruch verjährt** gegenüber der Staatskasse in drei Jahren. Die Frist beginnt mit dem Schluss des Jahres, in dem der Anspruch entstanden bzw. Fälligkeit eingetreten ist (§§ 195, 199 I Nr. 1 BGB iVm § 8 I). **71**

Nach § 55 V 1 gilt § 104 II ZPO für das Festsetzungsverfahren entsprechend, so dass die in Ansatz gebrachten Gebühren glaubhaft zu machen sind und die tatsächlichen Voraussetzungen des geltend gemachten Kostentatbestandes mit **überwiegender Wahrscheinlichkeit** feststehen müssen (BGH AGS 2011, 568). Zur Glaubhaftmachung können alle Beweismittel unter Einschluss der eidesstattlichen Versicherung verwendet werden (BGH NJW 2007, 2493). Insoweit wurde eine **anwaltliche Versicherung** nicht als ausreichend betrachtet (BGH AGS 2011, 568). **72**

IV. Gebührenbestimmung des Wahlverteidigers. Der Wahlverteidiger erhält die in der linken Spalte des Vergütungsverzeichnisses aufgeführten (wertunabhängigen) Betragsrahmengebühren. Deren Höhe ist abhängig vom Verfahrensabschnitt und von der Ordnung des mit der Angelegenheit befassten Gerichts. Die Bestimmung **73**

der konkreten Gebühr aus dem Betragsrahmen erfolgt nach § 14 I 1. Hiernach ist die **einzelfallabhängige Gebührenhöhe** unter Berücksichtigung aller Umstände, vor allem des Umfangs und der Schwierigkeit der anwaltlichen Tätigkeit, der Bedeutung der Angelegenheit sowie der Einkommens- und Vermögensverhältnisse des Auftraggebers, nach billigem Ermessen zu bestimmen. Ist die Gebühr von einem Dritten zu ersetzen, ist die von dem Rechtsanwalt getroffene Bestimmung nicht verbindlich, wenn sie unbillig ist.

73a Die bestimmte Gebühr ist verbindlich, wenn sie billigem Ermessen entspricht. An das bei der Gebührenbestimmung einmal ausgeübte Ermessen ist der Rechtsanwalt gebunden, da die Ermessensausübung die Bestimmung der Leistung durch eine Vertragspartei darstellt und gem. § 315 II BGB durch Erklärung gegenüber dem anderen Teil erfolgt. Dieses **Gestaltungsrecht** ist dann durch die Ausübung verbraucht und kann bei wirksamem Erklärungseingang nicht mehr geändert oder widerrufen werden (BGH NJW 1987, 3203; OLG Köln RVGreport 2010, 138; Gerold/Schmidt/Mayer RVG § 14 Rn. 4).

74 **1. Bemessungskriterien des § 14 I 1.** In der Praxis bereitet die durch die Vorgabe eines Betragsrahmens vorzunehmende Einschätzung und vergütungsrechtliche Umsetzung von Kriterien wie Umfang, Schwierigkeit und Bedeutung für den Mandanten immer wieder Probleme. Deshalb haben Rechtsprechung und Literatur die **Mittelgebühr** geschaffen, die den Ausgangspunkt der Überlegung darstellen soll und sich aus Addition von Mindest- und Höchstgebühr und Division der Summe durch zwei errechnet.

75 Gleichwohl ist aus Gründen der Vereinfachung nicht etwa standardmäßig die Mittelgebühr anzusetzen. Dies ist allenfalls dann möglich, wenn eine Bemessung nach § 14 I 1 nur schwer möglich ist. Ebenso darf Ausgangspunkt der Bestimmung nie eine (gewünschte) Gebührenhöhe sein, ob nun in Form einer Mittelgebühr, einer bestimmten Gesamtsumme oder der Kostendeckung, da die mit solchen Beträgen verbundenen subjektiven Vorstellungen idR nicht mit den Kriterien des § 14 I 1 in Einklang zu bringen sind. Die **Mittelgebühr** in Form einer bestimmten Gebührenhöhe kann allenfalls ein Anhaltspunkt sein, welcher der Orientierung dient. Vielmehr ist dem Gesetzeswortlaut des § 14 I 1 Sorge zu tragen, indem die anwaltliche Tätigkeit sowie die wirtschaftlichen und persönlichen Verhältnisse des Mandanten und die Bedeutung der Angelegenheit in den Mittelpunkt der Gebührenbestimmung gestellt werden. Die Gebührenbestimmung hat somit ausschließlich aufgrund der **tatsächlich erbrachten** und nicht geschuldeten anwaltlichen Tätigkeit in der betreffenden Angelegenheit zu erfolgen, so dass die Erstattung von Mittelgebühren grundsätzlich nur dann in Betracht kommt, wenn alle Bemessungskriterien des § 14 als durchschnittlich einzuordnen sind (LG Hannover NdsRpfl 2012, 102). Ein standardmäßiger Ansatz scheidet daher von vornherein aus. Hingegen ist der Gegenstand der anwaltlichen Tätigkeit iSv § 15 nicht zu berücksichtigen (Otto NJW 2006, 1472 (1473)).

76 **a) Leistungskriterien.** Für die Bestimmung der angemessenen Betragsrahmengebühr sind als **Leistungskriterien** der Umfang und die Schwierigkeit der anwaltlichen Tätigkeit hervorzuheben, weil diese die objektive Leistung des Anwalts bewerten. Der Gesetzgeber hat diese beiden Kriterien bewusst an die Spitze der Aufzählung gesetzt, weil diese bei der Bewertung nach § 14 den Schwerpunkt bilden sollen (HK-RVG/Klaus Winkler § 14 Rn. 11 mwN). Deutlich wird dies durch die in § 14 I 1 enthaltene sprachliche Hervorhebung „vor allem".

77 Umfang und Schwierigkeit der anwaltlichen Tätigkeit sind als Kriterien selbstständig und gleichwertig. Der **Umfang** stellt insbesondere den zeitlichen Aufwand dar, die für die Einarbeitung und die weitere Informationsbeschaffung erbracht werden musste. Hierzu gehören Tätigkeiten wie das Aktenstudium nebst Studium von Rechtsprechung und Literatur, der Aktenumfang, die Auswertung von Beiakten oder Fachgutachten, die Dauer der Mandatsbearbeitung oder die Zahl der Zeugen (siehe zu weiteren Beispielen HK-RVG/Klaus Winkler § 14 Rn. 17; Riedel/Sußbauer/Pankatz § 14 Rn. 40; BeckOK RVG/v. Seltmann § 14 Rn. 33). Die **Mittelgebühr** kann dann in Betracht gezogen werden, wenn der zeitliche Umfang ein durchschnittliches Maß einnimmt, was wiederum mit dem Abgeltungsbereich der zu bestimmenden Gebühr korreliert. **Umfangreich** ist eine Strafsache, wenn die individuelle Arbeit des Verteidigers und der damit erbrachte zeitliche Aufwand erheblich über dem Zeitaufwand liegt, den der Anwalt in einer „normalen" Angelegenheit zu erbringen hat (vgl. Lissner RVGreport 2013, 166). Die **Höchstgebühr** rechtfertigt sich in den Fällen, in denen die Arbeitskraft des Rechtsanwalts für längere Zeit ausschließlich oder fast ausschließlich durch das Verfahren in Anspruch genommen worden ist (OLG Hamm JurBüro 1999, 639 zur Pauschgebühr nach § 51).

Anhaltspunkt für die Einschätzung des durchschnittlichen zeitlichen Aufwands können beispielsweise die durchschnittlichen Regelstundensätze sein. Diese betrugen bei der Abrechnung über Zeithonorare bei selbstständigen Rechtsanwälten im Erhebungsjahr 2018 im Durchschnitt 199 EUR (Bundesrechtsanwaltskammer, STAR 2020 – Statistisches Berichtssystem für Rechtsanwälte, S. 40, 487). **77a**

Als nächstes ist die (objektive) **Schwierigkeit** der Angelegenheit zu bestimmen, was die (betragsmindernde) Berücksichtigung einer Spezialisierung des Anwalts ausschließt. Die Schwierigkeit stellt insbesondere die Intensität der Arbeit, wozu vor allem Tätigkeiten in entlegenen Rechtsgebieten, schwierige Umstände bei der Informationsbeschaffung, Klärung von objektiven ungeklärten Rechtslagen oder besondere intellektuelle Anforderungen des zu bearbeitenden Rechtsgebietes, ein schwieriger Umgang mit dem Mandanten sowie die Art des Delikts gehören (siehe hierzu Gerold/Schmidt/Mayer § 14 Rn. 27 f.). **78**

b) Korrektivkriterien. Als weitere Kriterien sind die Bedeutung der Angelegenheit sowie der Einkommens- und Vermögensverhältnisse des Auftraggebers bei der Bestimmung des Betragsrahmens zu berücksichtigen. Das Gewicht dieser Kriterien ist einzelfallbedingten Unterschieden unterworfen, so dass die angemessene Gebühr zunächst nach Umfang und Schwierigkeit zu bemessen ist und erst im zweiten Schritt die weiteren Kriterien herangezogen werden und daher als Korrektiv dienen (Otto NJW 2006, 1472). Obgleich können diese als Korrektiv heranzuziehenden Kriterien gegenüber den Leistungskriterien hervorstehen, aber allein nicht zum Überschreiten der Mittelgebühr führen. **79**

Für die Einschätzung der **Bedeutung der Angelegenheit** ist auf die subjektive Bedeutung für den Mandanten abzustellen (Gerold/Schmidt/Mayer § 14 Rn. 30 mwN). In Strafsachen kann sich dies insbesondere nach der Strafdrohung und den Auswirkungen für den Mandanten (OLG Düsseldorf RVGreport 2016, 15), einem drohenden Bewährungswiderruf (LG Frankfurt/M RVGreport 2018, 296), einer Vorstrafe für bislang nicht Vorbestraften (HK-RVG/Klaus Winkler § 14 Rn. 25) oder einer überdurchschnittlichen Anteilnahme der Öffentlichkeit an dem Verfahren (Riedel/Sußbauer/Pankatz § 14 Rn. 49; Gerold/Schmidt/Mayer § 14 Rn. 49) bemessen. Zudem können sich auch wirtschaftliche, berufliche, gesellschaftliche oder ideelle Auswirkungen auf die Gebührenbestimmung auswirken (Riedel/Sußbauer/Pankatz § 14 Rn. 47; Gerold/Schmidt/Mayer § 14 Rn. 52). **80**

Die **Einkommens- und Vermögensverhältnisse** des Mandanten sind dann zu berücksichtigen, wenn sie dem Verteidiger bekannt sind. Liegen dem Verteidiger hierzu Erkenntnisse vor, ist von den Verhältnissen auszugehen, die dem Durchschnitt der Bevölkerung entsprechen. Liegen Einkommen und Vermögen über dem Durchschnitt, kann dies eine höherer Vergütung rechtfertigen, als wenn Einkommen und Vermögen unter dem Durschnitt liegen. Nach Angaben des statistischen Bundesamtes verdiente im Jahr 2020 ein vollzeitbeschäftigter Arbeitnehmer durchschnittlich 3.975 EUR brutto im Monat. Das Bruttogesamtvermögen lag inklusive Grundbesitz und ohne Berücksichtigung der Schulden im Jahr 2018 bei 194.400 EUR. Das Bruttogeldvermögen lag im Durchschnitt bei 58.400 EUR. **81**

c) Berücksichtigung der Verhandlungsdauer bei der Terminsgebühr. Bei der Bestimmung des Betragsrahmens fließt der tatsächliche Umfang der anwaltlichen Tätigkeit im jeweiligen Hauptverhandlungstermin ein. Hierzu ist vor allem auf die Dauer der tatsächlichen Teilnahme am Hauptverhandlungstermin abzustellen, wobei **Unterbrechungen** oder **Pausenzeiten** entsprechend der Regelung in VV Vorb. 4.1 III zu berücksichtigen sind (siehe hierzu die Kommentierung zu → VV Vorb. 4.1 Rn. 27 f.). Neben der Verhandlungsdauer fließen ebenso Umfang und Schwierigkeit der individuellen Vor- und Nachbereitung des jeweiligen Hauptverhandlungstermins ein. Im Übrigen wird auf die Kommentierungen zu den jeweiligen Terminsgebühren verwiesen. **82**

83 **2. Bestimmung der Betragsrahmengebühr.** Die Bestimmung des Betragsrahmens ist daher durch eine Würdigung, Gewichtung und Abwägung der einzelnen Kriterien vorzunehmen. Hierfür sind Umfang und Schwierigkeit als Kriterien einzeln danach zu beurteilen, ob sie jeweils dem Durchschnitt entsprechen bzw. in welchem Maß eine Abweichung innerhalb des Gebührenrahmens von der Mittelgebühr gerechtfertigt ist. Hieraus ist für jedes Kriterium eine **„fiktive Gebühr"** zu bilden, die addiert werden und die Summe wiederum durch zwei dividiert wird (Otto NJW 2006, 1472 (1475)). Die weiteren Kriterien sind dann als Korrektiv hinzuziehen.

84 Bei der Gewichtung der Zumessungskriterien sind darüber hinaus die sog. Kompensationstheorie oder die durch die Rechtsprechung eingeführten Toleranzgrenzen zu berücksichtigen. Die **Kompensationstheorie** besagt, dass im Einzelfall ein besonders ins Gewicht fallende Zumessungskriterium die Relevanz der übrigen Umstände kompensieren bzw. zurückdrängen kann (siehe hierzu die Ausführungen in Gerold/Schmidt/Mayer § 14 Rn. 11 mwN). Bei den **Toleranzgrenzen** wird seitens des Gerichts zunächst die billig erscheinende Gebühr bestimmt und im Anschluss daran mit dem im Vergütungsantrag zur Festsetzung begehrten Gebühren verglichen. Hierbei wird eine Abweichung von bis zu 20 % toleriert, so dass eine darüber liegende Gebühr unbillig und damit unverbindlich ist (BeckOK RVG/v. Seltmann § 14 Rn. 13; Gerold/Schmidt/Mayer § 14 Rn. 12 mit zahlreichen Nachweisen aus der Rechtsprechung). Kleinliche bzw. geringfügige Abweichungen sind allerdings zu tolerieren.

85 Im Ergebnis ist der Verteidiger gut beraten, den zeitlichen Umfang und die Schwierigkeiten der in den verschiedenen Verfahrensabschnitten entfalteten Tätigkeiten für das spätere Festsetzungsverfahren zu **dokumentieren.** Im Rahmen des Festsetzungsantrages sollte dann auch eine Darstellung bzw. Erläuterung der Gewichtung der Kriterien im Hinblick auf Umfang, Schwierigkeit und Bedeutung der Angelegenheit erfolgen, um Absetzungen entgegenwirken zu können. Im Übrigen ergeben sich bei dieser Art und Weise der Dokumentation oftmals zahlreiche Argumente, welche die Mittelgebühr oder eine darüberhinausgehende Gebühr rechtfertigen.

86 **V. Festsetzungsverfahren. 1. Festsetzung gegen einen Beteiligten.** Gemäß § 464b StPO werden auf Antrag eines Beteiligten im Kostenfestsetzungsverfahren in Strafsachen vom Gericht des ersten Rechtszuges die Höhe der Kosten und Auslagen festgesetzt. Grundlage ist die ausdrückliche (rechtskräftige) Kostenentscheidung (§ 464b 3 iVm § 103 I ZPO), wobei ein im **Privatklageverfahren** geschlossener gerichtlicher Vergleich über die Auslagenerstattung oder die in einem **vorläufigen Einstellungsbeschluss** nach § 153a II StPO enthaltene (unzulässige) Auflage, die Kosten des Nebenklägers zu erstatten, als tauglicher Titel nicht in Betracht kommen (KK-StPO/Gieg StPO § 464b Rn. 2 mwN).

87 Auf das Festsetzungsverfahren sind nach § 464b 3 StPO die Vorschriften der ZPO (vgl. §§ 103 II, 104 II ZPO) entsprechend anzuwenden. Die **funktionelle Zuständigkeit** obliegt dem Rechtspfleger des Gerichts des ersten Rechtszuges (§§ 103 II 1, 104 I 1 ZPO, § 21 Nr. 1 RPflG). Dies gilt auch dann, wenn Kosten nach einer staatsanwaltschaftlichen Verfahrenseinstellung zB nach § 170 II StPO aufgrund einer (gerichtlichen) Kostengrundentscheidung nach § 469 StPO festzusetzen sind.

87a In dem nicht fristgebundenen und möglichst konkret zu begründenden Kostenfestsetzungsantrag sind die angefallenen Gebühren und Auslagen glaubhaft zu machen. Der jeweilige Verfahrensbevollmächtigte (des Angeklagten, Neben- oder Privatklägers) stellt den Antrag im Zweifel namens des von ihm vertretenen Erstattungsberechtigten. Als nicht mehr zum Strafverfahren gehörig, bedarf es grundsätzlich einer besonderen Vertretungsvollmacht.

87b Für jede **einzelne Gebühr** ist zu prüfen, ob sie sich innerhalb des Gebührenrahmens hält und billigem Ermessen (§ 14 I) entspricht. Aus der Ausgestaltung des Festsetzungsverfahrens als antragsabhängiges Parteiverfahren folgt, dass der vom Antragsteller mit dem Antrag bezifferte Gesamtbetrag nicht überschritten werden darf (KK-StPO/Gieg StPO § 464b Rn. 3b mwN).

88 Gegen die Entscheidung des Rechtspflegers kommt bei Übersteigen eines Gegenstandswertes von 200 EUR gem. § 464b S. 3 StPO allein die **sofortige Beschwerde**

nach § 104 III 1 ZPO iVm § 11 I RPflG in Betracht – eine Abhilfeentscheidung (Ausnahme: § 311 III 2 StPO, Abhilfe wegen eines Gehörsverstoßes) ist nicht möglich (KG Berlin RVGreport 2012, 76 = BeckRS 2011, 20092; LG Hildesheim AGS 2014, 183). Für die Einlegung gilt die Wochenfrist des § 311 II StPO und nicht die 2-Wochen-Frist des § 569 I 1 ZPO. Der Kostenfestsetzungsbeschluss ist der formellen und materiellen Rechtskraft zugänglich und **Vollstreckungstitel** iSv § 794 I Nr. 2 ZPO.

2. Festsetzung gegen die Staatskasse. Werden im Falle des Freispruchs des Angeklagten dessen notwendige Auslagen der Staatskasse auferlegt, richtet sich das Kostenfestsetzungsverfahren gegen die Staatskasse. Nach Nr. 145 RiStBV soll der Rechtspfleger vor dem Erlass des Festsetzungsbeschlusses den Vertreter der Staatskasse hören. 89

Soweit der Rechtspfleger bei der Festsetzung der Stellungnahme des Bezirksrevisors entspricht, ordnet er gleichzeitig mit dem Erlass des Festsetzungsbeschlusses die Auszahlung an. Eine Bindung des sachlich unabhängigen Rechtspflegers (§ 9 RPflG) an die in der Stellungnahme des Bezirksrevisors zum Ausdruck gebrachte Rechtsansicht besteht auch dann nicht, wenn dieser einem gegen die Staatskasse gerichteten Kostenfestsetzungsantrag ausdrücklich zugestimmt hat. 90

Der Festsetzungsbeschluss ist dem Bezirksrevisor zuzustellen (§ 464b S. 3 StPO, § 104 I 3 ZPO). Legt der Bezirksrevisor Rechtsbehelf oder Rechtsmittel ein, so beantragt er gleichzeitig, die Vollziehung des Festsetzungsbeschlusses auszusetzen. Der rechtskräftig festgestellte Erstattungsanspruch des Freigesprochenen gegen die Staatskasse unterliegt gem. § 197 I Nr. 3 BGB einer 30-jährigen Verjährungsfrist. Die Rechtskraft eines bereits ergangenen Kostenfestsetzungsbeschlusses steht einem Antrag auf Nachfestsetzung dann nicht entgegen, wenn mit diesem Antrag ein bisher nicht geltend gemachter Posten erstmals zur Festsetzung angemeldet wird (zur zivilrechtlichen Kostenfestsetzung OLG Celle NJW-RR 2011, 711). 91

Abschnitt 1. Gebühren des Verteidigers

Vorbemerkung 4.1:

I Dieser Abschnitt ist auch anzuwenden auf die Tätigkeit im Verfahren über die im Urteil vorbehaltene Sicherungsverwahrung und im Verfahren über die nachträgliche Anordnung der Sicherungsverwahrung.

II 1 Durch die Gebühren wird die gesamte Tätigkeit als Verteidiger entgolten. 2 Hierzu gehören auch Tätigkeiten im Rahmen des Täter-Opfer-Ausgleichs, soweit der Gegenstand nicht vermögensrechtlich ist.

III 1 Kommt es für eine Gebühr auf die Dauer der Teilnahme an der Hauptverhandlung an, so sind auch Wartezeiten und Unterbrechungen an einem Hauptverhandlungstag als Teilnahme zu berücksichtigen. 2 Dies gilt nicht für Wartezeiten und Unterbrechungen, die der Rechtsanwalt zu vertreten hat, sowie für Unterbrechungen von jeweils mindestens einer Stunde, soweit diese unter Angabe einer konkreten Dauer der Unterbrechung oder eines Zeitpunkts der Fortsetzung der Hauptverhandlung angeordnet wurden.

Übersicht

I. Normzweck. In VV Teil 4 Abschnitt 1 werden die Gebühren des Verteidigers in Allgemeine Gebühren (Unterabschnitt 1), Gebühren im vorbereitenden Verfahren 1

(Unterabschnitt 2), Gebühren im gerichtlichen Verfahren (Unterabschnitt 3), Gebühren im Wiederaufnahmeverfahren (Unterabschnitt 4) und in Zusätzliche Gebühren (Unterabschnitt 5) unterteilt.

2 Der Abgeltungsbereich der Gebühren des Abschnitts 1 wird durch VV Vorb. 4.1 festgelegt. Durch die Gebühren soll die gesamte Tätigkeit des Rechtsanwalts als Verteidiger abgegolten werden, wodurch der Pauschgebührencharakter beibehalten wird (BT-Drs. 15/1971, 222). Ebenso wird die Einlegung von Rechtsmitteln bei dem Gericht desselben Rechtszugs durch den Verteidiger, der in dem Rechtszug tätig war, durch die jeweilige Verfahrensgebühr mit abgegolten, was sich bereits aus § 19 I Nr. 10 RVG ergibt. Die Verteidigung und Begründung des Rechtsmittels gehören hingegen zum nächsten Rechtszug. Für einen neuen Verteidiger gehört bereits die Einlegung eines Rechtsmittels zum nächsten Rechtszug.

3 **II. Persönlicher Anwendungsbereich des Abschnitt 1.** VV Teil 4 Abschnitt 1 umfasst die Vergütung des Wahlverteidigers als auch des gerichtlich bestellten oder beigeordneten Verteidigers. Erfasst sind jedoch nur die umfassenden Mandate; Einzeltätigkeiten werden nach VV Teil 4 Abschnitt 3 vergütet. Nach VV Vorb. 4 I gilt der Abschnitt des Weiteren für den Rechtsanwalt, Vertreter oder Beistand eines Neben- oder Privatklägers oder der übrigen in Vorb. 4.1 genannten Verfahrensbeteiligten.

4 **1. Vergütung des Zeugenbeistands (§ 68b StPO).** Nach § 68b I 1 StPO können sich Zeugen eines anwaltlichen Beistands bedienen, wobei eine Einschränkung einzig auf die Vernehmungssituation damit nicht verbunden ist (Löwe/Rosenberg/Bertheau/Ignor StPO § 68b Rn. 2). Gemäß § 68b II StPO ist dem Zeugen entweder auf Antrag oder von Amts wegen und unabhängig vom Delikt ein Beistand beizuordnen. In Literatur und Rechtsprechung ist der Vergütungsanspruch des Zeugenbeistands heftig umstritten. Streit besteht darüber, ob der Zeugenbeistand nach VV Teil 4 Abschnitt 1 oder nach Abschnitt 3 (Einzeltätigkeit) zu vergüten ist (vgl. zum Streitstand BeckOK RVG/Knaudt VV Vorbemerkung 4 Rn. 10; Burhoff RVGreport 2016, 122 mwN).

5 § 68b StPO erstreckt sich sowohl auf sämtliche Abschnitte des Strafverfahrens als auch auf Bußgeldverfahren, berufsrechtliche Verfahren und parlamentarische Untersuchungsausschüsse (Löwe/Rosenberg/Bertheau/Ignor StPO § 68b Rn. 2). Für die zuletzt genannten Verfahren enthält VV Vorb. 2 II 2 eine entsprechende Regelung, nach welcher der Zeugenbeistand wie ein Bevollmächtigter zu vergüten ist.

5a Der Anwendungsbereich des Abschnitts 1 oder des Abschnitts 3 des VV eröffnet sich somit einerseits aus dem (zugewiesenen) Aufgabenkreis des Zeugenbeistands und andererseits aus dem Umstand, dass sich die Beiordnung nicht nur auf die Vernehmung selbst, sondern auch auf einen Zeitraum vor der Vernehmung erstreckt bzw. erstrecken muss, um die **sachgerechte Beratung des Zeugen sicherzustellen** (KK-StPO/Slawik StPO § 68b Rn. 5; MüKoStPO/Maier StPO § 68b Rn. 62), was der Gesetzgeber bei der Begründung der Änderung der VV Vorb. 5 I wohl nicht berücksichtigt haben dürfte (BT-Drs. 19/23484, 87; auch → Rn. 8 ff.).

6 Dem Zeugenbeistand steht nach hiesiger Auffassung ein **Vergütungsanspruch nach VV Teil 4 Abschnitt 1** zu. Gemäß VV Vorb. 4 I sind die Vorschriften des VV Teil 4 für den Zeugenbeistand entsprechend anzuwenden. Im Zuge des Kostenrechtsänderungsgesetzes 2021 ist VV Vorb. 4 I um die Wörter „dieses Teils" ergänzt worden. Eine Begrenzung des Gebührenanspruchs lediglich auf die Terminsgebühr oder auf eine Einzeltätigkeit lässt sich einzig hieraus nicht herleiten.

6a Im Übrigen ergibt sich dies weiterhin aus der verwendeten Terminologie: Mit dem Begriff „entsprechend" stellt der Gesetzgeber ausdrücklich den Bezug zu den Gebührentatbeständen des VV Teil 4 her, was im Übrigen auch den Unterschied zur Analogie darstellt. Dergleichen ergibt sich aber auch aus VV Vorb. 4.3 I, wonach für Einzeltätigkeiten die Gebühren nur entstehen, wenn dem Rechtsanwalt sonst die Verteidigung oder Vertretung nicht übertragen ist. Die **Annahme einer Einzeltätigkeit** wäre in Bezug auf den Zeugenbeistand allenfalls dann gerechtfertigt, wenn sich die anwaltliche Tätigkeit sowohl zeitlich als auch örtlich auf die Beistandsleistung in der Hauptverhandlung begrenzt (so auch BeckOK RVG/Knaudt VV 4301 Rn. 17).

Der Umfang des Vergütungsanspruchs des Zeugenbeistands folgt – wie beim Verteidiger – grundlegend dem Auftrag oder der Bestellung bzw. Beiordnung des Zeugenbeistands. Für die Teilnahme an der Zeugenvernehmung steht ihm die **Terminsgebühr** ggf. mit Längen- und Haftzuschlag zu. Infolge der notwendigen Beratung des Zeugen und die damit einhergehende Einarbeitung in den Rechtsfall, besteht desgleichen ein Anspruch auf die **Grundgebühr** VV 4100. Für den Anspruch auf die **Verfahrensgebühr** gilt VV Vorb. 4 III, so dass der Anspruch entsteht, wenn der Beistand über die erste Informationsbeschaffung hinaus, für den Zeugen tätig geworden ist (zum Anfall der Verfahrensgebühr: einschränkend OLG Stuttgart RVGreport 2010, 340; OLG Hamm NJW-Spezial 2008, 120; OLG Schleswig NStZ-RR 2007, 126; OLG Köln NStZ 2006, 410). **7**

Rein **fiskalische Erwägungen,** welche oftmals mit einem extremen Missverhältnis von Leistung und Vergütung begründet werden (beispielhaft OLG Oldenburg AGS 2006, 332) sind keine tragfähigen Beweggründe einer Entscheidung über Vergütungsansprüche im Strafprozess und dürfen **keine Berücksichtigung** finden. **7a**

Nach hiesiger Auffassung ist mit der durch das **Kostenrechtsänderungsgesetz 2021** (KostRÄG 2021) zum 1.1.2021 in Kraft getretenen Änderung des Wortlauts der Vorb. 5 I der Umfang des Gebührenanspruchs des Zeugenbeistands nicht geändert worden; auch wenn hiermit der Gegenmeinung nun nicht nur zu Lasten der Rechtsanwälte, sondern auch zu den einen Beistand bedürfenden Zeugen oder Sachverständigen erheblicher Vorschub geleistet worden sein dürfte. Indem die vorherige Formulierung der Vorb. 5 I „entstehen die gleichen Gebühren wie für einen Verteidiger in diesem Verfahren" nun an die Formulierung in Vorb. 4 I angepasst worden ist, soll der Zeugenbeistand wie ein Rechtsanwalt vergütet werden, der kein Verteidiger ist und nur eine Einzeltätigkeit ausübt (BT-Drs. 19/23484, 87). **8**

Nicht nur, dass mit der als systematisch missglückt zu bezeichnenden Änderung der Streit nicht beigelegt werden wird, stehen die mit der Änderung beabsichtigten Wirkungen im deutlichen Widerspruch zum eigentlichen Ansinnen des Gesetzgebers, welches mit der Einführung des RVG verbunden war und dem formell-rechtlichen Umfang der Beiordnung (→ Rn. 6) entspricht. Ursprünglich sollte der Zeugenbeistand die **gleichen Gebühren wie ein Verteidiger** erhalten, damit diesem aufgrund des Gebührenrahmens der Spielraum geboten werden kann, um dem konkreten Arbeitsaufwand des Rechtsanwalts Rechnung zu tragen (BT-Drs. 15/1971, 220). Im Gesetzgebungsverfahren zum 2. KostRMoG konnte der Streit über den Vergütungsanspruch durch das Einfügen einer Klarstellung nicht beigelegt werden. Während nach Auffassung der Bundesregierung der Zeugenbeistand dem Verteidiger vollkommen gleichgestellt werden sollte, wurde dies vom Bundesrat abgelehnt. Der Bundesrat vertrat dabei die Ansicht, dass es nicht sachgerecht sei, für die begrenzte Tätigkeit des Zeugenbeistands die gleichen Gebühren anzusetzen wie für das Wirken als Verteidiger. Die Bundesregierung hat daher die Klärung der Frage auf ein späteres Gesetzgebungsverfahren verschoben (BT-Drs. 17/11471 (neu), 357; BR-Drs. 517/12, 438). **9**

Die durch das KostRÄG 2021 vorgenommene Änderung der Vorb. 5 I dient weder der Klarstellung noch der Beilegung des bestehenden Meinungsstreits. Vielmehr wurde an systematisch unzutreffender Stelle in VV Teil 5 eine neue Streitfrage entfacht, um damit der Gegenmeinung in einem Meinungsstreit zum Anwendungsbereich des VV Teil 4 die Argumentationsgrundlage zu entziehen (BT-Drs. 19/23484, 87). Zudem wird auf § 68b Abs. 2 StPO abgestellt, wonach die Beiordnung durch § 68b Abs. 2 StPO ausdrücklich auf die Dauer der Vernehmung beschränkt sei, so dass es sachgerecht erscheine, den Zeugenbeistand nach einer Einzeltätigkeit zu vergüten, was insoweit auch nicht mit den formell-rechtlichen Voraussetzungen in Gleichklang zu bringen ist (→ Rn. 5). **10**

Im Ergebnis kann folgendes festgehalten werden: Einzig aus der Änderung der Vorb. 5 I, welche ausschließlich für den VV Teil 5 gilt, folgt nach hiesigem Verständnis **keine Änderung des Vergütungsanspruchs** des Zeugenbeistands nach VV Teil 4; es wurde vielmehr nun ebenso der Vergütungsanspruch des Beistands nach VV Teil 5 streitig gestellt. Auch wenn sich der Gesetzgeber in seiner Begründung auf die hM bezieht, ist er dieser in Konsequenz nicht durch eine eindeutige Regelung beigetreten. Hätte der Gesetzgeber mit dem KostRÄG 2021 eine Ände- **11** rung der Rechtslage herbeiführen wollen, wäre es regelungssystematisch überzeugender gewesen, den Vergütungsanspruch des Zeugenbeistands in VV Teil 4 Abschnitt 3 aufzunehmen und damit abschließend zu regeln. Der Gesetzgeber hat es somit weiterhin einer Einzelfallprüfung anhand der Beiordnung oder des Auftrags überlassen, in welchem Umfang sich der Vergütungsanspruch des Zeugenbeistands im Hinblick der durch die Tätigkeit verwirklichten Gebührentatbestände realisiert hat → Rn. 7, da letztendlich nur dies den Regelungen des RVG gerecht wird.

12 **2. Vergütung des Terminsvertreters.** Wird ein Rechtsanwalt in einem Hauptverhandlungstermin durch einen Kollegen vertreten, wird dieser Vertreter als Terminsvertreter bezeichnet. Dessen Vergütungsanspruch ist jedoch nicht gesondert geregelt und deshalb in Literatur und Rechtsprechung insbesondere in den Fällen äußert umstritten, in denen der Terminsvertreter einen Anspruch gegenüber der Landeskasse geltend machen kann. Der Vergütungsanspruch wirft bei der Vertretung eines vom Mandanten selbst ausgewählten und beauftragten Wahlverteidigers keine besonderen Schwierigkeiten auf. In diesen Fällen wird der Terminsvertreter idR im Auftrag des Wahlverteidigers tätig und der Wahlverteidiger kann die Terminswahrnehmung durch den Terminsvertreter dem Mandanten gegenüber so abrechnen, als hätte er selbst den Termin wahrgenommen (NK-GK/Stollenwerk VV Vorb. 4 Rn. 7).

13 Unterschiede gibt es indes bei der Vergütung des Terminsvertreters des **gerichtlich bestellten oder beigeordneten Verteidigers,** da sich hier die Frage des Umfangs des aus der Staatskasse zu zahlenden Vergütungsanspruchs stellt (Gerold/Schmidt/Mayer § 5 Rn. 20; Riedel/Sußbauer/Ahlmann § 5 Rn. 17). Eine Abrechnung als Einzeltätigkeit lehnt die herrschende Meinung zutreffend ab (Burhoff RVGreport 2017, 242). Umstritten ist hingegen der Umfang des Vergütungsanspruchs im Hinblick auf die über die Terminsgebühr hinausgehenden Gebührenansprüche.

14 Die (wohl) überwiegende Ansicht in der obergerichtlichen Rechtsprechung vertritt die Auffassung, dass der für einen Hauptverhandlungstermin beigeordnete Verteidiger nur die Gebühren verdient, die auch beim Pflichtverteidiger zusätzlich entstanden wären, wenn dieser selbst den Termin (voll) wahrgenommen hätte. Folglich bestünde gegenüber der Staatskasse nur der Anspruch auf die Terminsgebühr und ggf. dem Längenzuschlag (OLG Oldenburg RVGreport 2015, 23; OLG Düsseldorf AGS 2011, 224; OLG Stuttgart AGS 2011, 224; KG NStZ-RR 2011, 295; OLG Brandenburg RVGreport 2010, 21; OLG Celle StraFo 2006, 471; KG NStZ-RR 2005, 327). Der andere Teil der obergerichtlichen Rechtsprechung gesteht dem Terminsvertreter neben der Terminsgebühr auch die Verfahrensgebühr und die Grundgebühr zu (siehe hierzu BeckOK RVG/Knaudt VV Vorbemerkung 4 Rn. 19.1).

15 Der Terminsvertreter ist **nicht Vertreter iSd § 5 RVG,** sondern eigenständiger Verteidiger (Gerold/Schmidt/Mayer § 5 Rn. 20; Riedel/Sußbauer/Ahlmann § 5 Rn. 17). Insoweit wird mit der gerichtlichen Bestellung zum Terminsvertreter ein eigenständiges öffentlich-rechtliches Beiordnungsverhältnis begründet, weshalb die anwaltlichen Tätigkeiten hinsichtlich der Vergütung gesondert zu bewerten sind (OLG München NStZ-RR 2009, 32; OLG Karlsruhe NJW 2008, 2935).

16 Folglich gelten im Hinblick auf die **Verfahrensgebühr** die Grundsätze der VV Vorb. 4 und hinsichtlich der **Grundgebühr** die Voraussetzungen des Abs. 1 der Anm. zu VV 4100. Es ist daher dem Teil der Rechtsprechung zu widersprechen, der den Anfall der Grundgebühr aus dem Grund verneint, dass diese nur einmal entstehen könne. Diese Argumentation verkennt, dass die Einmaligkeit nicht mit dem Verfahren, sondern mit der Person des Verteidigers verknüpft ist (OLG Celle RVGreport 2007, 71; OLG Hamm RVGreport 2007, 108). Dementsprechend steht dem Terminsvertreter für seine (notwendige) Einarbeitung in den Rechtsfall die Grundgebühr VV 4100 zu.

17 Für das Entstehen der Verfahrensgebühr gilt VV Vorb. 4 II: Sie entsteht „für das Betreiben des Geschäfts einschließlich der Information." Der Anspruch auf die **Verfahrensgebühr** besteht somit, wenn der Verteidiger aufgrund des ihm erteilten Auftrags über den Abgeltungsumfang der Grundgebühr hinaus Tätigkeiten für den Mandanten erbringt. Hieraus folgt wiederum, dass der Terminsvertreter in den Fällen

einen Anspruch auf die Verfahrensgebühr hat, in denen die Voraussetzungen für deren Entstehung vorliegen (BeckOK RVG/Knaudt VV Vorbemerkung 4 Rn. 19 f.) Im Rahmen des Festsetzungsverfahrens ist dies dem Gericht gegenüber nachzuweisen.

III. Sachlicher Anwendungsbereich des Abschnitt 1 (I). Obschon die Überschrift „Strafsachen" den sachlichen Anwendungsbereich des VV Teil 4 vorgibt, bezieht VV Vorb. 4.1 I ausdrücklich anwaltliche Tätigkeiten im Verfahren über die im Urteil vorbehaltene Sicherungsverwahrung und im Verfahren über die nachträgliche Anordnung der Sicherungsverwahrung ein. VV Teil 4 Abschnitt 1 umfasst somit auch die anwaltliche Tätigkeit für die Verfahren nach **§ 275a StPO.** Gemäß § 17 Nr. 12 handelt es bei diesen Verfahren um eine verschiedene Angelegenheit, so dass der Rechtsanwalt, der den Verurteilten im späteren Verfahren nach § 275a StPO vertritt, **gesonderte Gebühren** erhält. Diese Verfahren finden in erster Instanz vor dem Landgericht (Ausnahme: Oberlandesgericht) statt, so dass beim Rechtsanwalt die entsprechenden Verfahrens- und Terminsgebühren entstehen. 18

Dem im Ursprungsverfahren tätigen Rechtsanwalt stehen, weil es verschiedene Angelegenheit sind, sowohl die Grundgebühr als auch die Dokumentenpauschale zu (Riedel/Sußbauer/Kremer VV Vorbemerkung 4.1 Rn. 3; Gerold/Schmidt/Burhoff VV Vorbemerkung 4.1 Rn. 3). 19

Ist der Rechtsanwalt für den Untergebrachten nach dem **ThUG** tätig geworden, bestimmt sich der Gebührenanspruch gem. § 20 ThUG iVm § 62 RVG in entsprechender Anwendung des VV Teil 6 Abschnitt 3. 20

IV. Abgeltungsbereich der Gebühren (II). Nach VV Vorb. 4.1 II 1 wird durch die Gebühren des VV Teil 4 Abschnitt 1 die **gesamte Tätigkeit** des Verteidigers sowohl unter Berücksichtigung des Umfangs als auch der Schwierigkeit abgegolten. Damit wird der Pauschalisierungscharakter der Gebühren ausdrücklich festgeschrieben. Im Hinblick der erfassten Tätigkeiten sind die einschlägigen Tätigkeitskataloge zu beachten. Zu den Tätigkeiten zählen insbesondere (vgl. Gerold/Schmidt/Burhoff VV Vorbemerkung 4.1 Rn. 5 f.): 21

- Akteneinsicht, Aufnahme der Information,
- Beiordnungsverfahren als Pflichtverteidiger,
- Beratung des Auftraggebers, und zwar auch über die Einlegung von Rechtsmitteln (Gerold/Schmidt/Müller-Rabe § 19 Rn. 123),
- eigene Ermittlungen des Verteidigers, wie zB die Ermittlung von Zeugen (OLG Köln RVGreport 2009, 136),
- Haftbesuche, Haftbeschwerden,
- Kostenfestsetzungsverfahren mit Ausnahme der in VV Vorb. 4 Abs. 5 genannten Verfahren,
- Tätigkeiten nach den §§ 160b, 202a, 212 StPO zur Vorbereitung einer Verständigung nach § 257c StPO (→ VV Vorb. 4.1 Rn. 24).

Nicht erfasst werden die Tätigkeiten im Rahmen der **Einziehung** und verwandten Maßnahmen sowie im **Adhäsionsverfahren.** Für diese Tätigkeiten entstehen gesonderte Wertgebühren nach VV 4142 und VV 4143 (siehe Kommentierung zu VV 4142 und 4143). Gleichsam sind die Regelungen der §§ 15, 20 f. zu beachten, so dass u. a. folgende Tätigkeiten einen eigenen Gebührenanspruch auslösen: 22

- Erinnerungs- und Beschwerdeverfahren sowie Zwangsvollstreckungsverfahren nach VV Vorb. 4 V,
- Tätigwerden des Rechtsanwalts, wenn zwischen Erledigung des früheren Auftrags und der Erteilung des neuen mehr als zwei Kalenderjahre liegen (§ 15 V),
- das Verfahren über Gnadengesuche (VV 4304),
- Verfahren nach Zurückverweisung (§ 21 I, siehe Kommentierung zu → VV Vorb. 4 Rn. 53),
- Verfahren nach Verweisung (§ 20 2, siehe Kommentierung zu → VV Vorb. 4 Rn. 48 f.).

Des Weiteren führen das **Wiederaufnahmeverfahren** (§ 17 Nr. 13; VV 4136 f.) und das nach erfolgreichem Antrag wiederaufgenommene Verfahren (§ 17 Nr. 13) zum Anfall neuer Gebühren. 23

24 Gemäß VV Vorb. 4.1 II 2 sind mit den Gebühren zugleich auch anwaltliche Tätigkeiten im Rahmen des nichtvermögensrechtlichen **Täter-Opfer-Ausgleichs** (§§ 153a I 1 Nr. 1, 155a, 155b StPO) erfasst. Dieses Verfahren stellt eine außergerichtliche Konfliktlösung und Schlichtung dar und soll dem Täter die Möglichkeit bieten, einen Ausgleich mit dem Verletzten zu erreichen und seine Tat wieder ganz oder teilweise wieder gut zu machen bzw. Wiedergutmachung anzustreben (Löwe/Rosenberg/Mavany StPO § 155a Rn. 1). Kommt es zu einem Termin, steht dem Rechtsanwalt neben der jeweiligen Verfahrensgebühr auch die Terminsgebühr nach VV 4102 Nr. 4 zu.

25 **V. Längenzuschlag bei der Hauptverhandlung, III.** Bei überlangen Hauptverhandlungsterminen erhält der **gerichtlich bestellte oder beigeordnete Rechtsanwalt** einen Längenzuschlag (VV 4110, 4111, 4116, 4117, 4122, 4123, 4128, 4129, 4134 und 4135). Der ua den Längenzuschlag betreffende Abs. 3 der Vorb. 4.1 wurde mit dem Kostenrechtsänderungsgesetz 2021 eingefügt und soll die bisher in Literatur und Rechtsprechung umstrittene Berücksichtigung von Pausen und Unterbrechungen regeln. Dieses weiterhin kontrovers diskutierte Thema führte bisher zu einer unüberschaubaren und teils gerichtsbezirksabhängigen Rechtsprechung (siehe Darstellung bei Kotz NStZ 2009, 414).

26 VV Vorb. 4.1 III findet aber auch Berücksichtigung bei der Gebührenbestimmung durch den **Wahlverteidiger.** Denn für die Bestimmung der angemessenen Terminsgebühr nimmt insbesondere die Dauer des jeweiligen Hauptverhandlungstermins Einfluss auf die Gebührenhöhe, da insoweit die anwaltliche Teilnahme an der Hauptverhandlung vergütet wird.

27 **1. Bisheriges Recht.** Hinsichtlich der Berücksichtigung von Pausenzeiten für die Berechnung der Hauptverhandlungsdauer bestand in Rechtsprechung und Literatur zumindest Einigkeit darüber, dass kürzere Pausen nicht abgezogen werden (Gerold/Schmidt/Burhoff VV 4108 Rn. 26 mit zahlreichen Nachweisen). Längere Pausen oder Sitzungsunterbrechungen sollten hingegen abgezogen werden (OLG Frankfurt a. M. RVGreport 2017, 457; OLG Celle NStZ-RR 2016, 358; OLG Braunschweig NStZ-RR 2014, 295; OLG Bamberg AGS 2006, 124). Letztendlich wurde bei der Gewährung des Längenzuschlags zwischen nicht einheitlich definierten kürzen und längeren Verhandlungspausen sowie Mittagspausen differenziert.

28 Die zum Längenzuschlag aus der obergerichtlichen Rechtsprechung zu extrahierende Essenz hatte bislang wenig mit der für das gesamte RVG geltende geltenden gesetzgeberischen Intention von Transparenz, Rechtsklarheit und Rechtseinheitlichkeit gemeinsam. Sie folgt vielmehr allgemeinen **fiskalischen Erwägungen,** die weder ein guter Ratgeber für die Bestimmung der Anwaltsgebühren im Strafprozess sind noch eine tragfähige Begründung für die zu treffende Entscheidung.

29 **Kostenrecht ist Sekundärrecht** zu formell-rechtlichen oder materiell-rechtlichen Regelungsbereichen – das Kostenrecht folgt dem Verfahren und nicht das Verfahren dem Kostenrecht. Die Unterbrechung der Hauptverhandlung wird vom Gericht gem. § 228 I StPO vom Gericht angeordnet, so dass der Rechtsanwalt auf derartige Unterbrechungen keinen entscheidenden Einfluss nehmen kann – es sei denn, die Unterbrechungsgründe liegen in seiner Person. Pausen während des Verhandlungstages zählen infolge §§ 272, 273 StPO nicht zum protokollierungspflichtigen Gang der Hauptverhandlung. Zwar findet während einer Verhandlungspause keine Hauptverhandlung statt, doch ist der Anwendungsbereich der Terminsgebühr bei Aufruf der Sache bereits eröffnet und endet mit der Schließung der Sitzung am jeweiligen Tag.

30 **2. Verhandlungsdauer nach neuem Recht.** Für die Berechnung der für die Gewährung des Längenzuschlags maßgeblichen Dauer eines Hauptverhandlungstermins, ist die Zeitspanne zwischen dem gerichtlich verfügten Beginn und der in der Verhandlung angeordneten Schließung der Sitzung zugrunde zu legen, Anreisezeiten des Anwalts zählen nicht mit (LG Magdeburg JurBüro 2006, 196). Beginnt die Hauptverhandlung verspätet, kommt es auf den Zeitpunkt an, zu dem der Pflichtverteidiger geladen worden und anwesend ist (BR-Drs. 565/20, 98).

31 Die generalisierende Regelung in III 1 berücksichtigt bei der Ermittlung der Verhandlungsdauer Wartezeiten und Unterbrechungen und stellt diese der Teilnahme an

der Hauptverhandlung gleich. Davon konstituiert III 2 zwei Ausnahmen: Kommt es zu Unterbrechungen, die sich mindestens auf einen Zeitraum von 60 Minuten erstrecken **und** sind diese unter Angabe konkreten Unterbrechungsdauer oder des Fortsetzungszeitpunktes angeordnet worden, wird diese Zeit **nicht** der anwaltlichen Teilnahme an der Hauptverhandlung zugerechnet.

Daraus folgt zunächst, dass Unterbrechungen, die unter einer Dauer von 60 Minuten liegen, auch dann nicht berücksichtigt werden, wenn deren Anordnung im Sitzungsprotokoll enthalten sind. Zu beachten ist hierbei, dass bei der Bestimmung der Unterbrechungsdauer von mindestens 60 Minuten auf die Dauer der **konkreten** (einzelnen) **Unterbrechung** abzustellen ist und nicht auf die Gesamtdauer der Unterbrechungen an einem Hauptverhandlungstag in deren Summe (BR-Drs. 565/20, 98). 32

Wird die Hauptverhandlung durch den Vorsitzenden für **unbestimmte Zeit** unterbrochen, ist die Dauer der Unterbrechung als Teilnahme an der Hauptverhandlung zu rechnen (BR-Drs. 565/20, 98). Ordnet der Vorsitzende unter Nennung des Zeitraums eine Unterbrechung an und wird die Hauptverhandlung aus von dem Rechtsanwalt nicht zu vertretenen Gründen erst nach dem genannten Zeitraum fortgesetzt, ist nur der durch den Vorsitzende angeordnete Zeitraum zu berücksichtigen und nicht die Dauer der tatsächlichen Unterbrechung (BR-Drs. 565/20, 98). 33

Beispiel: Der Vorsitzende ordnet eine Unterbrechung von zwei Stunden an. Die Hauptverhandlung wird allerdings erst nach Ablauf von drei Stunden fortgesetzt.
Bei der Bestimmung der Verhandlungsdauer zählt nur der angeordnete Zeitraum von zwei Stunden nicht zur Teilnahme an der Hauptverhandlung und wird folglich nicht in die Verfahrensdauer eingerechnet, da die Voraussetzung aus Vorb. 4.1 III 2 vorliegt. Die Differenz von einer Stunde ist wiederum als Teilnahme an der Hauptverhandlung in die Verfahrensdauer mit einzubeziehen.

Vorb. 4.1 III 2 berücksichtigt ebenso nicht Wartezeiten oder Unterbrechungen, als Teilnahme an der Hauptverhandlung, wenn diese durch den Rechtsanwalt zu vertreten sind. Findet demnach eine Sitzungsunterbrechung auf Antrag des Rechtsanwalts statt, um eine Besprechung mit dem Mandanten führen zu können, handelt es sich insoweit um einen Vorbereitungsaufwand für den im Anschluss fortzusetzenden Termin, so dass diese Zeit von der Terminsgebühr abgegolten wird (BR-Drs. 565/20, 98). 34

3. Übergangsrecht zu Vorb. 4.1 III. Für die Bestimmung des beim **Wahlverteidiger** anzuwendenden Rechts, ist gem. § 60 I 1 auf den Zeitpunkt der unbedingten Auftragserteilung in derselben Angelegenheit abzustellen. Für die Ermittlung der Verfahrensdauer im Rahmen der Gebührenbestimmung der Terminsgebühr ist daher altes Recht anzuwenden, wenn die Auftragserteilung vor dem Inkrafttreten der Rechtsänderung erfolgte. Erfolgt die unbedingte Auftragserteilung (zB für das Tätigwerden in der Rechtsmittelinstanz als eigene Angelegenheit iSd § 17 Nr. 1) nach dem Inkrafttreten der Gesetzesänderung, ist neues Recht anzuwenden. 35

Beim **beigeordneten oder gerichtlich bestellten Rechtsanwalt** muss dahingehend unterschieden werden, ob zum Zeitpunkt der Beiordnung oder Bestellung in derselben Angelegenheit bereits ein unbedingt erteilter Auftrag vorlag oder nicht. War zum Zeitpunkt der Bestellung/Beiordnung bereits ein unbedingter Auftrag in derselben Angelegenheit erteilt, ist für das anzuwendende Vergütungsrecht nach § 60 I 2 der Zeitpunkt der **Auftragserteilung** maßgeblich. Liegt zum Zeitpunkt der Beiordnung/Bestellung keine unbedingte Auftragserteilung vor, ist für das anzuwendende Recht der Zeitpunkt der **Wirksamkeit der Beiordnung** maßgeblich. 36

Erfasst die Beiordnung/Bestellung eine **Angelegenheit,** in der der Rechtsanwalt nach dem Inkrafttreten einer Gesetzesänderung **erstmalig tätig** wird, ist die Vergütung gem. § 60 I 4 **insoweit** nach neuem Recht zu berechnen. Mit dieser Änderung setzt der Gesetzgeber nun endlich das schon seit geraumer Zeit verfolgte Ziel um, bei Rechtsänderungen den Wahlanwalt und den gerichtlich bestellten oder beigeordneten gleichzustellen (BT-Drs. 19/24740, 92). Zu beachten ist, dass der Gesetzgeber nicht wie zunächst beabsichtigt, für die Anwendung neuen Rechts auf die Gebührenentstehung abstellt (so noch BT-Drs. 19/23484, 82), sondern auf eine bestimmte Angelegenheit iSd §§ 15–21, welche von der Beiordnung oder Bestellung erfasst wird (zB Rechtsmittelverfahren; siehe die ausführliche Kommentierung zu 37

§ 60). Auf den **Längenzuschlag** für den gerichtlich bestellten oder beigeordneten Rechtsanwalt angewendet, führt dies zu folgenden Ergebnissen:

38 Die Verfahrensdauer wird unter Berücksichtigung der bisherigen (uneinheitlichen) Rechtsprechung ermittelt, wenn

- zum Zeitpunkt der Bestellung/Beiordnung eine vor dem Inkrafttreten der Gesetzesänderung unbedingte Auftragserteilung vorliegt (§ 60 I 2) oder
- keine unbedingte Auftragserteilung vorliegt und die Beiordnung/Bestellung vor dem Inkrafttreten der Gesetzesänderung erfolgte (§ 60 I 3).

Erfolgte die Beiordnung vor dem Inkrafttreten der Gesetzesänderung (zB im gerichtlichen Verfahren) und wird der Rechtsanwalt über die Einlegung des Rechtsmittels hinaus im Rechtsmittelverfahren tätig, bestimmt sich der Längenzuschlag für das gerichtliche Verfahren nach bisherigem Recht und für das Rechtsmittelverfahren nach neuem Recht (§ 60 I 4).

Unterabschnitt 1. Allgemeine Gebühren

Nr.	Gebührentatbestand	Gebühr oder Satz der Gebühr nach § 13 oder § 49 RVG	
		Wahlanwalt	gerichtlich bestellter oder beigeordneter Rechtsanwalt
4100	**Grundgebühr**	**44,00 bis 396,00 €**	**176,00 €**
	I Die Gebühr entsteht neben der Verfahrensgebühr für die erstmalige Einarbeitung in den Rechtsfall nur einmal, unabhängig davon, in welchem Verfahrensabschnitt sie erfolgt. **II Eine wegen derselben Tat oder Handlung bereits entstandene Gebühr 5100 ist anzurechnen.**		
4101	**Gebühr 4100 mit Zuschlag**	**44,00 bis 495,00 €**	**216,00 €**

Übersicht

1 **I. Normzweck.** Unterabschnitt 1 regelt die allgemeinen Gebühren des Verteidigers, Beistandes oder Vertreters. Hierzu gehören die Grundgebühr und die Terminsgebühr, die der Verteidiger für die Teilnahme an besonderen Terminen erhält.

2 Die mit dem am 1.7.2004 in Kraft getretenen Kostenrechtsmodernisierungsgesetz (KostRMoG) eingeführte Grundgebühr entsteht nach der Anm. zu VV 4100 einmalig neben der Verfahrensgebühr, womit der Grundgebühr der Charakter einer

Zusatzgebühr verliehen wird, die den Rahmen der Verfahrensgebühr erweitert (BR-Drs. 517/12, 439). Die Grundgebühr soll den **Arbeitsaufwand honorieren,** der einmalig mit der Mandatsübernahme und der damit notwendigen Informationsbeschaffung einhergeht (BT-Drs. 15/1971, 222). Dies gilt auch, wenn sich an die Einholung der Erstinformation sowie an die auftragsgemäße Ersteinarbeitung und an den Aufwand bis zum Mandatsende keine nennenswerte Tätigkeit mehr anschließt (OLG Jena JurBüro 2005, 258).

II. Persönlicher Anwendungsbereich. Die Grundgebühr entsteht für den Wahlanwalt ebenso, wie für den gerichtlich bestellten oder beigeordneten Rechtsanwalt und den Vertreter im **Privatklageverfahren** nach §§ 381 f. StPO. Darüber hinaus entsteht bei Vorliegen der Voraussetzungen die Grundgebühr gem. VV Vorb. 4 I auch beim sonstigen Vertreter oder Beistand eines Verfahrensbeteiligten (zum Anwendungsbereich des Abschnitt 1 siehe Kommentierung zu → VV Vorb. 4.1 Rn. 3). 3

Für den **Zeugenbeistand** und **Terminsvertreter** wird auf die Kommentierung zu → VV Vorb. 4.1 Rn. 4 f. verwiesen (siehe hierzu auch die umfangreiche Darstellung der Rechtsprechung in BeckOK RVG/Knaudt VV 4100 Rn. 1 f.). 4

Ist die **Erstreckung der Beiordnung** nach § 48 VI 1 ausgesprochen worden, erhält der gerichtlich bestellte oder beigeordnete Rechtsanwalt auch die Grundgebühr, wenn er zuvor als Wahlverteidiger tätig war. 5

III. Sachlicher Anwendungsbereich. Die dem Verteidiger einmalig zustehende Grundgebühr entsteht unabhängig davon, in welchem Verfahrensabschnitt der Verteidiger oder der Ordnung des Gerichts erstmalig tätig wird. Die Grundgebühr entsteht nicht für Tätigkeiten im **Strafvollstreckungsverfahren** (BT-Drs. 15/1971, 229), oder wenn der Rechtsanwalt mit einer Einzeltätigkeit beauftragt worden ist (BeckOK RVG/Knaudt VV 4100 Rn. 5; Gerold/Schmidt/Burhoff VV 4100 Rn. 4). 6

Im **Wiederaufnahmeverfahren** entsteht gem. Vorb. 4.1.4 keine Grundgebühr. Diesbezüglich ist der Gesetzeswortlaut von VV Vorb. 4.1.4 eindeutig. Die Gebühr entsteht daher weder für den Rechtsanwalt, der den Verurteilten bereits im vorangegangen Verfahren vertreten hat, noch für den Rechtsanwalt, der sich nach Wiederaufnahme erstmals im wiederaufgenommenen Verfahren einarbeitet (so aber LG Dresden RVGreport 2013, 60; Gerold/Schmidt/Burhoff VV 4100 Rn. 4). 7

1. Entstehen der Gebühr. Grundvoraussetzung für das Entstehen der Grundgebühr ist die Annahme des Mandats oder die gerichtliche Bestellung bzw. Beiordnung des Rechtsanwalts (Mayer/Kroiß/Kroiß VV 4100 Rn. 21). Liegt beides nicht vor, kann der Rechtsanwalt allenfalls eine Beratungsgebühr nach § 34 bzw. VV 2102 f. gegen den Mandanten geltend machen. Der Zeitpunkt der Einarbeitung bzw. die Ordnung des Gerichts ist für das Entstehen der Grundgebühr unerheblich. 8

2. „Erstmalige Einarbeitung". Anm. 1 bestimmt, dass die Grundgebühr für die erstmalige Einarbeitung nur einmal entsteht. Demzufolge ist zwischen **verfahrensbezogener** und **personenbezogener** Einarbeitung zu unterscheiden. 9

In Person des vom Mandanten beauftragten bzw. dem Mandanten gerichtlich bestellten oder beigeordneten Verteidiger entsteht die Grundgebühr nur **einmal,** weil er sich auch nur einmal „erstmalig" in den Rechtsfall einarbeiten kann. Folglich lassen Verfahrensverbindungen, Verfahrenstrennungen und Verweisungen eine bereits entstandene Grundgebühr für denselben Verteidiger nicht noch einmal entstehen. 10

Verfahrensbezogen kann die Grundgebühr allerdings **mehrfach** entstehen, wenn sich mehrere oder unterschiedliche Verteidiger eines Mandanten in den Rechtsfall einarbeiten müssen. Hiervon ist allerdings die Frage der Kostenerstattung zu unterscheiden. 11

3. „Rechtsfall". Der Begriff „Rechtsfall" ist zunächst deckungsgleich mit dem in § 15 verwendeten Begriff der „Angelegenheit". Zur trennscharfen Abgrenzung des Rechtsfallbegriffs ist auf den strafrechtlichen Vorwurf gegenüber dem Beschuldigten und die Behandlung durch die Strafverfolgungsbehörden abzustellen (LG Hamburg AGS 2008, 545; Mayer/Kroiß/Kroiß VV 4100 Rn. 22 mwN). Demzufolge führen selbstständige, nicht formell verbundene Ermittlungsverfahren oder gerichtliche Verfahren zu **mehreren Rechtsfällen,** so dass der Rechtsanwalt für jedes dieser Verfahren Anspruch auf gesonderte Gebühren und Auslagen geltend machen kann. 12

13 Es ist daher der Auffassung entgegenzutreten, die auf die Rechtsprechung des BGH zur „gehäuften Verfahrensführung" Bezug nimmt (LG Detmold BeckRS 2015, 9743). Hiernach sei es einem Rechtsanwalt nicht erlaubt, einzig im Gebühreninteresse einseitig und ohne hinreichenden Sachgrund Verfahren eines Auftraggebers zu vereinzeln, statt sie nach ihrer objektiven Zusammengehörigkeit als eine Angelegenheit zu behandeln.

13a Nicht nur, dass die in Bezug genommen Entscheidung des BGH die Frage behandelt, wann getrennt erfolgte Abmahnungen wegen der Verletzung des Allgemeinen Persönlichkeitsrechts durch Wort- und Bildberichterstattung gebührenrechtlich dieselbe Angelegenheit betreffen. Bei dieser Auffassung wird zudem verkannt, dass nicht der Rechtsanwalt die Angelegenheiten vereinzelt hat, sondern die Staatsanwaltschaft (NK-GK/Stollenwerk VV 4100–4103 Rn. 7).

14 **IV. Verbindung, Trennung und Verweisung von Verfahren.** Zu den allgemeinen Wirkungen der Verbindung, Trennung und Verweisung von Verfahren wird auf die Kommentierung zu → VV Vorb. 4 Rn. 39 f. verwiesen.

15 Bei **Verfahrensverbindung** entstehen beim Rechtsanwalt in den einzelnen Verfahren bis zu deren Verbindung jeweils gesonderte Grundgebühren. Erst nach Verbindung der mehreren Verfahren liegt eine Angelegenheit vor, die nur noch in diesem Verfahren Gebühren entstehen lässt; eine bereits entstandene Grundgebühr bleibt dem Rechtsanwalt jedoch erhalten.

16 **Horizontalverweisungen** (§ 20 S. 1 RVG, § 270 StPO) führen dazu, dass der Verteidiger bereits entstandene Gebühren nicht nochmals verlangen kann. Gleiches gilt für Diagonalverweisungen (§ 20 S. 2 RVG, § 328 II StPO) und Zurückverweisungen (§ 21 I RVG, §§ 354 I, 355 StPO), da sich der Rechtsanwalt bereits in den Rechtsfall eingearbeitet hat.

17 Die Grundgebühr entsteht bei **Verfahrenstrennungen** in den abgetrennten Verfahren nicht erneut, wenn zum Zeitpunkt der Trennung die Einarbeitung in den **gesamten** Rechtsfall bereits stattgefunden hat. Wird der Rechtsanwalt erst nach der Abtrennung für das Verfahren mandatiert und war er im Ursprungsverfahren nicht tätig oder hat vor der Trennung noch keine Einarbeitung stattgefunden, entsteht für ihn die Grundgebühr für die erstmalige Einarbeitung in den Rechtsfall.

18 **V. Gebührenbestimmung.** Der **gerichtlich bestellte oder beigeordnete Verteidiger** erhält, vom Aufwand der Einarbeitung unabhängig, eine Festgebühr. Liegen die Voraussetzungen vor, kann der Verteidiger einen mit der Angelegenheit verbundenen erheblichen Aufwand im Rahmen des § 51 geltend machen. Zu den Fragen der Beiordnung wird auf die Kommentierung zu → VV Vorb. 4 Rn. 56 ff. verwiesen. Für den **Wahlverteidiger** ist die Grundgebühr als Betragsrahmengebühr ausgestaltet, deren konkrete Höhe nach § 14 I 1 bestimmt wird.

19 **1. Bestimmung des Betragsrahmens.** Für die bei der Gebührenbestimmung zu berücksichtigenden Kriterien wird auf die Kommentierung zu → § 14 Rn. 1 ff. und zu → VV Vorb. 4 Rn. 73 ff. verwiesen. Liegen die Voraussetzungen vor, kann er eine Pauschgebühr nach § 42 geltend machen.

20 Die Grundgebühr entsteht unabhängig von der Ordnung des mit der Angelegenheit befassten Gerichts. Der für die Grundgebühr vorgegebene Betragsrahmen gilt für **sämtliche Strafverfahren** und somit ohne Berücksichtigung der Ordnung des Gerichts. Folglich deckt die Grundgebühr alle Tätigkeiten vom rechtlich und tatsächlich einfachsten Bagatelldelikt bis zum schwersten Verbrechen mit einem höchst umfangreichen Strafverfahren ab (LG Neuruppin BeckRS 2012, 16722).

20a Bei der Gebührenbestimmung sollte ebenfalls der **Zeitpunkt der erstmaligen Einarbeitung** in den Rechtsfall berücksichtigt werden. Hat sich der Verteidiger frühzeitig im Ermittlungsverfahren legitimiert, kann dies etwa dazu führen, dass der Gebührenrahmen der Grundgebühr niedriger ausfällt, weil das Verfahren zum Zeitpunkt der Einarbeitung noch nicht umfangreich und somit weniger Zeit aufzuwenden war. Fand die Einarbeitung zu einem späteren Zeitpunkt statt, so dass ein umfangreicheres Verfahren gesichtet werden musste, kann dies zum Ansatz einer höheren Betragsrahmengebühr führen. Gewichtige Bedeutung hat daher der Aktenumfang, der durch den Verteidiger zu sichten ist (dazu BT-Drs. 15/1971, 222).

2. Erfasste Tätigkeiten. Die Grundgebühr entsteht für die erstmalige Einarbeitung in den Sachstand. Dies betrifft Tätigkeiten für die Sachverhaltsermittlung, die Entgegennahme der Information sowie die Informationsbeschaffung (BT-Drs. 15/1971, 222), das Erstgespräch mit dem Mandanten (LG Karlsruhe JurBüro 2005, 258) oder die erste Akteneinsicht (OLG Hamm BeckRS 2009, 07180). Überdies unterfallen (erste) Telefonate mit Familienangehörigen des Mandanten oder der Polizei bzw. der Staatsanwaltschaft zur Sachstandermittlung dem Abgeltungsbereich (Burhoff/Volpert/Burhoff RVG Straf- und Bußgeldsachen VV 4100 Rn. 34). 21

Betreffen die Mandantengespräche allerdings die **konkrete Verteidigungsstrategie,** werden sie nicht mehr von der Grundgebühr umfasst, sondern von der Verfahrensgebühr (OLG München Rpfleger 2014, 445 = BeckRS 2014, 07255). 22

3. Keine Grundgebühr bei Bußgeldverfahren (II). Nach II der Anm.ist eine wegen derselben Tat oder Handlung bereits entstandene Grundgebühr nach VV 5100 auf die Grundgebühr im Strafverfahren anzurechnen. 23

Der Begriff **„derselben Tat"** orientiert sich an dem formell-rechtlichen Tatbegriff des § 264 StPO (NK-GK/Stollenwerk VV 4100–4103 Rn. 11; Gerold/Schmidt/Burhoff VV 4100 Rn. 27). Hiernach stellt die prozessuale Tat „das gesamte Verhalten des Angeklagten dar, soweit es mit dem durch den Eröffnungsbeschluss bezeichneten geschichtlichen Vorkommnis nach der Auffassung des Lebens einen einheitlichen Vorgang bildet (…) und von materiell-rechtlichen Wertungen und Begriffen wie der Verschiedenheit der verletzten Rechtsgüter unabhängig ist" (unter Verweis auf das Reichsgericht siehe Löwe/Rosenberg/Stuckenberg StPO § 264 Rn. 14). 24

Ist der Rechtsanwalt wegen derselben Tat oder Handlung, die Gegenstand der Grundgebühr im Strafverfahren ist, bereits in einem **vorherigen Bußgeldverfahren** tätig gewesen (§§ 41, 42, 81 OWiG), wird die entstandene Grundgebühr nach VV 5100 auf die Grundgebühr nach VV 4100 angerechnet. Für die Anrechnung ist es unerheblich, in welcher Reihenfolge die Verfahren betrieben worden sind (Gerold/Schmidt/Burhoff VV 4100 Rn. 28). 25

4. Haftzuschlag (VV 4101). Zu den allgemeinen Voraussetzungen des Haftzuschlags wird auf die Kommentierung zu → VV Vorb. 4 Rn. 29 ff. verwiesen. 26

Die Grundgebühr entsteht mit Haftzuschlag, wenn sich der Mandant des Rechtsanwalts nicht auf freiem Fuß befindet. Der Grund bzw. die Art und Weise des Freiheitsentzuges ist, wie dessen Dauer, für das Entstehen der Gebühr mit Zuschlag **unerheblich.** Voraussetzung für die Entstehung der Grundgebühr mit Haftzuschlag ist die Tatsache, dass sich der Mandant zum Zeitpunkt der Mandatierung bzw. innerhalb des Abgeltungsbereiches der Grundgebühr in Haft befunden hat (OLG Karlsruhe JurBüro 2017, 523). 27

Für den **gerichtlich bestellten oder beigeordneten** Rechtsanwalt fällt die Grundgebühr mit Haftzuschlag in Form einer Festgebühr an. Der **Wahlverteidiger** bestimmt die konkrete Grundgebühr mit Haftzuschlag anhand des erhöhten Betragsrahmens nach Maßgabe des § 14 I 1 RVG (siehe Kommentierung zu → § 14 und zu → VV Vorb. 4 Rn. 73 ff.). 28

Nr.	Gebührentatbestand	Gebühr oder Satz der Gebühr nach § 13 oder § 49 RVG	
		Wahlanwalt	gerichtlich bestellter oder beigeordneter Rechtsanwalt
4102	**Terminsgebühr für die Teilnahme an** **1. richterlichen Vernehmungen und Augenscheinseinnahmen,**		

Nr.	Gebührentatbestand	Gebühr oder Satz der Gebühr nach § 13 oder § 49 RVG	
		Wahlanwalt	gerichtlich bestellter oder beigeordneter Rechtsanwalt
	2. Vernehmungen durch die Staatsanwaltschaft oder eine andere Strafverfolgungsbehörde, **3. Terminen außerhalb der Hauptverhandlung, in denen über die Anordnung oder Fortdauer der Untersuchungshaft oder der einstweiligen Unterbringung verhandelt wird,** **4. Verhandlungen im Rahmen des Täter-Opfer-Ausgleichs sowie** **5. Sühneterminen nach § 380 StPO . .**	**44,00 bis 330,00 €**	**150,00 €**
	[1] Mehrere Termine an einem Tag gelten als ein Termin. [2] Die Gebühr entsteht im vorbereitenden Verfahren und in jedem Rechtszug für die Teilnahme an jeweils bis zu drei Terminen einmal.		
4103	**Gebühr 4102 mit Zuschlag . . . .**	**44,00 bis 413,00 €**	**183,00 €**

Übersicht

1 **I. Normzweck.** Die Terminsgebühr VV 4102 entsteht für die anwaltliche Teilnahme an den in den Nr. 1–5 genannten Terminen. Die Gebührentatbestände erfassen vornehmlich Termine, die im Ermittlungsverfahren stattfinden. Die systematische Stellung im Unterabschnitt 1 soll klarstellen, dass die Terminsgebühr VV 4102 auch in anderen Verfahrensabschnitten als im Ermittlungsverfahren entstehen kann (BT-Drs. 15/1971, 222). Gesetzgeberische Intention, insbesondere infolge der Möglichkeit des mehrfachen Anfalls, ist neben der besseren Honorierung der anwaltlichen Arbeit, die Bereitschaft an der Teilnahme solcher Termine zu fördern und damit die Verfahren zu verkürzen (BT-Drs. 15/1971, 222).

2 **II. Persönlicher Anwendungsbereich.** Die Terminsgebühr entsteht für den Wahlanwalt ebenso, wie für den gerichtlich bestellten oder beigeordneten Rechtsanwalt. Darüber hinaus steht die Gebühr bei Vorliegen der Voraussetzungen dem

sonstigen Vertreter oder Beistand eines Verfahrensbeteiligten zu, wenn dieser beispielweise an der richterlichen Vernehmung seines Mandanten teilnimmt.

III. Sachlicher Anwendungsbereich. Die Regelung VV 4102 stellt mit den dort abschließend aufgelisteten Fällen eine **Ausnahmeregelung** dar, so dass eine Ausweitung auf weitere Fallgestaltungen durch Analogie nicht möglich ist (KG RVGreport 2006, 151; Gerold/Schmidt/Burhoff VV 4102 Rn. 5). 3

Auch die durch das Gesetz zur Regelung der Verständigung im Strafverfahren vom 29.7.2009 (BGBl. I 2274) neu eingeführten **Erörterungstermine** (§§ 160b, 202a, 212 StPO) führen nicht zur Entstehung der Terminsgebühr (Riedel/Sußbauer/Kremer VV 4102 Rn. 16; BeckOK RVG/Knaudt VV 4102 Rn. 11; Gerold/Schmidt/Burhoff VV 4102 Rn. 5). Der Gesetzgeber hat diesbezüglich keinen neuen Gebührentatbestand eingeführt, welcher die Teilnahme an solchen Terminen honoriert. Vielmehr wurde klargestellt, dass die Terminsgebühren im VV Teil 4 abschließend geregelt sind. 4

Die Teilnahme an Erörterungsterminen wird **von der Verfahrensgebühr abgegolten.** Für den Wahlanwalt ist die Teilnahme ausschließlich über § 14 I 1 und somit über die Höhe des Betragsrahmens zu berücksichtigen. Für den Pflichtverteidiger bleibt ggf. der Weg über die Festsetzung einer Pauschgebühr nach § 51. 4a

Geplatzter Termin: Die Frage der „Verhandlung" kann bei einem terminierten aber nicht stattgefundenen Haftprüfungstermin keine Rolle spielen. In diesen Fällen gilt ausschließlich Vorb. 4 III 2 (→ VV Vorb. 4 Rn. 22 ff.). 5

1. Richterliche Vernehmungen und Augenscheinseinnahmen (Nr. 1). Die Terminsgebühr entsteht für die Teilnahme des Verteidigers an einer richterlichen Vernehmung oder Inaugenscheinnahme. Die Gebühr umfasst Vernehmungen durch den Ermittlungsrichter nach § 168c StPO, die kommissarische Vernehmung nach § 223 StPO sowie Inaugenscheinnahmen durch das Gericht nach §§ 86, 87 StPO. 6

Bei den Terminen muss es sich um Vernehmungen oder Inaugenscheinnahmen handeln, nicht aber um Anhörungen und/oder Gewährung rechtlichen Gehörs (KG RVGreport 2009, 227). Demzufolge entsteht für die Anhörung nach § 57 JGG keine Terminsgebühr (NK-GK/Stollenwerk VV 4100–4103 Rn. 18; **aA** Gerold/Schmidt/Burhoff VV 4102 Rn. 6; BeckOK RVG/Knaudt VV 4102 Rn. 5 jeweils ohne nähere Begründung und Differenzierung zwischen Anhörung und Vernehmung). 7

Weitere Voraussetzung in Nr. 1 ist die Terminsdurchführung durch einen **Richter.** Vernehmungen durch die Staatsanwaltschaft oder Strafverfolgungsbehörden unterfallen dem Anwendungsbereich der Nr. 2. Für das Entstehen der Gebühr ist **kein aktives Verhandeln** des Verteidigers erforderlich. Als gebührenentstehende Voraussetzung genügt die bloße Teilnahme durch physische Anwesenheit und aufmerksamen Zuhörens. 8

2. Nichtrichterliche Vernehmungen (Nr. 2). Nach Nr. 2 entsteht die Terminsgebühr für die Teilnahme an Vernehmungen durch die Staatsanwaltschaft oder durch andere Strafverfolgungsbehörden. Zu den Strafverfolgungsbehörden gehören die Polizeibehörden sowie die Finanzbehörde nach §§ 386, 399 I AO. Die Teilnahme an **nichtrichterlichen Inaugenscheinnahmen** wird aufgrund des eindeutigen Wortlauts nicht vergütet. 9

Die Termine in Nr. 2 müssen Vernehmungstermine sein – informatorische Anhörungen, Besprechungen oder Erörterungen lösen keine Terminsgebühr aus. Ein **aktives Verhandeln** ist seitens des anwesenden Verteidigers für das Entstehen der Gebühr **nicht erforderlich.** 10

3. Untersuchungshaft oder einstweilige Unterbringung (Nr. 3). Nr. 3 lässt die Terminsgebühr entstehen, wenn der Verteidiger an Terminen außerhalb der Hauptverhandlung teilnimmt, in denen über die Anordnung oder Fortdauer der Untersuchungshaft (§§ 115, 118 StPO) oder der einstweiligen Unterbringung (§§ 126a iVm §§ 115, 118 StPO) verhandelt wird. 11

Wird der Verteidiger in einem sog. **„Vorführungstermin"** tätig, indem er Erklärungen oder Stellungnahmen abgibt oder Anträge stellt, die eine Fortdauer der Untersuchungshaft abwenden sollen, entsteht hierfür die Terminsgebühr nach Nr. 3 (KG AGS 2007, 241). Gleichsam entsteht die Gebühr bei **Unterbrechung der** 12

Hauptverhandlung zur Durchführung einer Haftprüfung (Burhoff/Volpert/Burhoff RVG Straf- und Bußgeldsachen VV 4102 Rn. 27).

13 Anders als die Terminsgebühren zu Nr. 1 und 2, erfordert die Gebühr zu Nr. 3 ein **aktives Verhandeln** des anwesenden Verteidigers. Eine Verhandlung besteht aus der mündlichen Besprechung der tatsächlichen und rechtlichen Voraussetzungen oder Bedingungen der Untersuchungshaft oder einstweiligen Unterbringung. Der Verteidiger muss daher in irgendeiner Form zu der Angelegenheit Stellung genommen haben, wobei Antragstellung nicht notwendig ist. Liegen allerdings widerstreitende Anträge von Staatsanwaltschaft und Verteidiger vor, führt dies auf jeden Fall zu einer Verhandlung und zur Gebühr nach Nr. 3 (Burhoff/Volpert/Burhoff RVG Straf- und Bußgeldsachen VV 4102 Rn. 31).

14 Hingegen stellen **bloße Äußerungen,** Ratschläge an die Mandantschaft, oder die ausschließliche Verkündung und Aushändigung des Haftbefehls kein Verhandeln iSd Vorschrift dar (NK-GK/Stollenwerk VV 4100–4103 Rn. 21 mwN). Schließt sich allerdings an die Verkündung des Haftbefehls eine Verhandlung über die Fortdauer der Untersuchungshaft an, lässt dies die Terminsgebühr entstehen (BT-Drs. 15/1971, 223).

15 Für das Entstehen der Gebühr ist es unerheblich, zu welchen Haftfragen die Verhandlung stattgefunden hat und in welchem Umfang verhandelt worden ist, da Nr. 3 lediglich vorschreibt, dass (allgemein) über Anordnung oder Fortdauer verhandelt wurde. Es genügen daher auch Stellungnahmen zur **Haftfähigkeit** oder die Erörterung von Fragen des dringenden Tatverdachts oder des Haftgrundes.

16 Nach hiesigem Dafürhalten sollte der Literatur und Rechtsprechung **kritisch** gegenüberstanden werden, die über die vorstehenden Tätigkeiten hinaus, bloße Akteinsichtsgesuche, Anträge auf Beiordnung zum Pflichtverteidiger oder gar „alle sonstigen" Anträge für das Entstehen der Terminsgebühr genügen lassen (Burhoff/Volpert/Burhoff RVG Straf- und Bußgeldsachen VV 4102 Rn. 31). Eine solche Ausweitung des Tatbestandes entspricht weder dem Wortlaut der Norm noch der gesetzgeberischen Intention. Diese Auffassungen verkennen den verwendeten Verhandlungsbegriff: So wird bei einem Antrag auf Aktensicht weder ein kontroverser Sachverhalt diskutiert noch über die rechtlichen oder tatsächlichen Voraussetzungen der Anordnung oder Fortdauer der Untersuchungshaft gesprochen. Es mag zwar zutreffen, dass erst infolge der Akteneinsicht Informationen gewonnen werden können (siehe Begründung bei Burhoff/Volpert/Burhoff RVG Straf- und Bußgeldsachen VV 4102 Rn. 31), doch kann mit diesen Informationen denknotwendig erst im nächsten Termin eine tatsächliche Verhandlung zur Sache erfolgen.

17 **4. Verhandlungen im Rahmen des Täter-Opfer-Ausgleichs (Nr. 4).** Hiernach entsteht die Terminsgebühr für die anwaltliche Teilnahme an Verhandlungen im Rahmen des Täter-Opfer-Ausgleichs (§§ 155a, 155b StPO). Nach § 155a StPO sollen Staatsanwaltschaft und Gericht in jedem Verfahrensstadium prüfen, ob ein Ausgleich zwischen Beschuldigtem und Verletztem erreicht werden kann.

18 Der Täter-Opfer-Ausgleich soll in **jedem Verfahrensstadium** forciert werden, wenn zu diesem Zeitpunkt bereits die Rollenverteilung zwischen Täter und Opfer feststeht; der Beschuldigte somit die ihm zugewiesene Rolle als Täter akzeptiert (Löwe/Rosenberg/Mavany StPO § 155a Rn. 5; für Gewaltdelikte oder Delikte gegen die sexuelle Selbstbestimmung siehe BGH NJW 2003, 1466). Eine Durchführung des Verfahrens im Rahmen der Hauptverhandlung ist demnach ebenso möglich.

18a Die inhaltlichen Verfahrensvorgaben verlangen eine nicht zwingend höchstpersönlich vorzunehmende, von der Art der Tat und dem Umfang des Schadens abhängige, Kommunikation zwischen Täter und Opfer mit dem Ziel der Schadenswiedergutmachung. Demgemäß liegt **kein Täter-Opfer-Ausgleich** vor, wenn die Ausgleichsbemühungen aufgrund vertraglicher Verpflichtungen gänzlich von einer Haftpflichtversicherung an das Opfer übernommen werden (BGH NStZ 2006 275), oder lediglich ein einseitiges Wiedergutmachungsbestreben bzw. einfaches Entschuldigungsschreiben des Täters ohne Einbeziehung des Opfers gefertigt wird (Löwe/Rosenberg/Mavany StPO § 155a Rn. 12)

19 Die vorstehenden Verfahrensmaximen geben somit die Voraussetzungen für das Entstehen der Terminsgebühr vor. Der Anfall der Terminsgebühr ist unabhängig

davon, von welchem Verfahrensbeteiligten die Initiative zum Täter-Opfer-Ausgleich ausgeht (zum formellen Recht siehe hierzu BGH NStZ 2006, 275). Ebenso unerheblich ist es, in welchem Verfahrensabschnitt die Verhandlung stattgefunden hat. Erforderlich ist jedoch immer, dass der Verteidiger an einem **kommunikativen Prozess** teilgenommen hat, der eine **ergebnisoffene Verhandlung** über die Schadenswiedergutmachung zum Inhalt hatte.

Es ist daher den Auffassungen vehement zu **widersprechen,** die ohne weitere Begründung die Terminsgebühr auch in den Fällen entstehen lassen, in denen die formellen Voraussetzungen des § 155b StPO nicht erfüllt sind (NK-GK/Stollenwerk VV 4100–4103 Rn. 24; BeckOK RVG/Knaudt VV 4102 Rn. 9; Gerold/Schmidt/Burhoff VV 4102 Rn. 16 die zur Begründung jeweils einzig auf LG Kiel RVGreport 2010, 147 verweisen, wonach die Verhandlung nicht nach den formell-rechtlichen Vorgaben geführt werden müsse; **aA** Riedel/Sußbauer/Kremer VV 4102 Rn. 11 f.). **20**

Im Übrigen finden sich in der Gesetzesbegründung keine Anhaltspunkte für die Annahme, dass es gesetzgeberische Wille war, die Terminsgebühr für den Täter-Opfer-Ausgleich auch dann entstehen zu lassen, wenn die formell-rechtlichen Voraussetzungen des Verfahrens nicht vorliegen (BT-Drs. 15/1971, 223). Es müsste dem Gesetzgeber eine ordentliche Portion Unverständnis unterstellt werden, dass er das Verfahren benennt, aber es für den anwaltlichen Vergütungsanspruch zugleich nicht für notwendig erachtet, die formell-rechtlichen Vorgaben des zu vergütenden Verfahrens einhalten zu müssen. **20a**

5. Sühnetermin nach § 380 StPO (Nr. 5). Nach Nr. 5 entsteht die Terminsgebühr für die anwaltliche Teilnahme an einem Sühnetermin nach § 380 StPO, welcher dem Privatklageverfahren vorgestellt ist. Ein **formloses Treffen** der Parteien und ihrer Vertreter zur Streitbeilegung reicht – wie schon in Nr. 4 – zur Entstehung der Terminsgebühr nicht aus. **21**

Für das Entstehen das Gebühr ist **kein aktives Verhandeln** des Verteidigers erforderlich, da gebührenentstehende Voraussetzung die bloße Teilnahme in Form von physischer Anwesenheit und aufmerksamen Zuhörens genügt. **22**

IV. Gebührenbestimmung. Der **gerichtlich bestellte oder beigeordnete** Verteidiger erhält, vom Aufwand der Tätigkeit unabhängig, eine Festgebühr. Liegen die Voraussetzungen vor, kann der Verteidiger einen mit der Angelegenheit verbundenen erheblichen Aufwand im Rahmen des § 51 geltend machen. Zu den Fragen der Beiordnung wird auf die Kommentierung zu → VV Vorb. 4 Rn. 56 ff. verwiesen. Für den **Wahlverteidiger** ist die Terminsgebühr als Betragsrahmengebühr ausgestaltet, deren konkrete Höhe nach § 14 bestimmt wird. **23**

1. Bestimmung des Betragsrahmens. Für die bei der Gebührenbestimmung zu berücksichtigenden Kriterien wird daher auf die Kommentierung zu → § 14 Rn. 1 ff. und zu → VV Vorb. 4 Rn. 73 ff. verwiesen. Liegen die Voraussetzungen vor, kann er eine Pauschgebühr nach § 42 geltend machen. **24**

Die verschiedenen Terminsgebühren entstehen unabhängig von der Ordnung des mit der Angelegenheit befassten Gerichts sowie des Verfahrensstadiums, in welchem der Termin stattfindet. Folglich decken die Terminsgebühren alle Tätigkeiten vom rechtlich und tatsächlich einfachsten Bagatelldelikt bis zum schwersten Verbrechen ab. **25**

In die Gebührenbestimmung der Terminsgebühr fließt vor allem der **tatsächliche Umfang** der anwaltlichen Tätigkeit im Termin ein. Hierbei ist insbesondere die Dauer der tatsächlichen Teilnahme von Bedeutung. Bei Vernehmungen kann von einer durchschnittlichen Verfahrensdauer von ca. **einer Stunde** ausgegangen werden. Haftprüfungstermine sind idR von kürzerer Dauer (Burhoff/Burhoff RVG Straf- und Bußgeldsachen VV 4102 Rn. 62). **26**

Bei der Bestimmung des Betragsrahmens sind ebenso die Beschränkungen der Anmerkung zu berücksichtigen, wenn die Teilnahme an mehreren gebührenrechtlich zu einem Termin zusammengefasst worden sind (KG JurBüro 2009, 316). Zu bedenken gilt aber auch, dass nicht allein die Terminsdauer in die Bemessung mit einzubeziehen ist. Auch die Zeit für Vor- und Nachbereitung des Termins sind ebenso, wie die tatsächliche und/oder rechtliche Schwierigkeit des Verfahrensgegenstandes **27** oder der Verhandlungen bzw. Vernehmungen, in die Bestimmung des Betragsrahmens mit einzubeziehen.

28 **2. Erfasste Tätigkeiten.** Die Terminsgebühr entsteht für die Teilnahme und/oder Verhandlung in den von Nr. 1–5 genannten Terminen. Es werden daher alle Tätigkeiten in den entsprechenden Terminen erfasst sowie deren konkrete Vor- und Nachbereitung, wie zB die Abfassung von Anträgen oder ein nochmaliges Aktenstudium. Im Übrigen wird auf die Kommentierung zu → VV Vorb. 4 Rn. 20 f. verwiesen.

29 **3. Gebührenbegrenzung (Anm. 1, 2).** Mehrere Termine an einem Tag gelten als ein Termin. Im vorbereitenden Verfahren und in jedem Rechtszug entsteht die Terminsgebühr für die Teilnahme an jeweils bis zu drei Terminen einmal. Sinn und Zweck dieser Beschränkung ist die Vermeidung der Herbeiführung mehrerer Termine aus Gebühreninteresse (BT-Drs. 15/1971, 222).

30 **a) Anm. Satz 1.** Die Terminsgebühren unterliegen der Beschränkung, dass die Teilnahme an mehreren Terminen iSd Nr. 1–5 an einem Kalendertag als ein Termin gelten. Hierbei handelt es sich um eine **verfahrensbezogene Beschränkung,** die ausschließlich Termine in demselben Verfahren betrifft. Andere Termine als die VV 4102 genannten, wie zB ein Hauptverhandlungstermin nach VV 4108, sind bei der Beschränkung nicht zu berücksichtigen, auch wenn sie am selben Tag stattfinden.

31 **b) Anm. Satz 2.** Hiernach entsteht die Terminsgebühr im vorbereitenden Verfahren und in jedem Rechtszug für die Teilnahme an jeweils bis zu drei Terminen nur einmal. Diese Begrenzung bezieht sich auf den **jeweiligen Verfahrensabschnitt.** Demgemäß gelten bis zu drei Termine in einem Verfahrensabschnitt als ein Termin – erst der vierte Termin löst dann eine weitere (neue) Terminsgebühr aus. Terminsgebühren aus verschiedenen Verfahrensabschnitten oder Rechtszügen werden für die Berechnung nicht zusammengefasst, so dass Terminsgebühren aus dem Ermittlungsverfahren und dem gerichtlichen Verfahren nicht zusammengefasst werden.

32 **4. Haftzuschlag (VV 4103).** Zu den allgemeinen Voraussetzungen des Haftzuschlags wird auf die Kommentierung zu → VV Vorb. 4 Rn. 29 ff. verwiesen.

33 Die Terminsgebühr entsteht mit Zuschlag, wenn sich der Mandant nicht auf freiem Fuß befindet. Der Haftzuschlag entsteht für den gerichtlich bestellten oder beigeordneten Verteidiger als Festgebühr und für den Wahlverteidiger als Betragsrahmengebühr.

34 Für das Entstehen der Terminsgebühr mit Haftzuschlag kommt es darauf an, ob sich der Mandant zum **Terminszeitpunkt** auf freien Fuß befindet. Befindet sich der Mandant zum Zeitpunkt des Aufrufs der Sache nicht auf freien Fuß, entsteht die Terminsgebühr mit Zuschlag. Erfolgt die Inhaftierung des Mandanten noch **während des Termins** (vor dessen Beendigung), entsteht bereits für diesen Termin die Terminsgebühr VV 4103 (OLG Celle NStZ-RR 2008, 392).

Unterabschnitt 2. Vorbereitendes Verfahren

Vorbemerkung 4.1.2:

Die Vorbereitung der Privatklage steht der Tätigkeit im vorbereitenden Verfahren gleich.

1 **I. Normzweck.** Im Unterabschnitt 2 werden die Gebühren für das Ermittlungsverfahren geregelt werden. VV 4.1.2 stellt die **Vorbereitung der Privatklage** durch den Anwalt der Tätigkeit im vorbereitenden Verfahren gleich (BT-Drs. 15/1971, 283). Demzufolge sind für die anwaltlichen Tätigkeiten im vorbereitenden Privatklageverfahren die VV 4104 f. entsprechend anwendbar.

2 **II. Anwendungsbereich.** Im Hinblick des **persönlichen** Anwendungsbereichs erfasst die Vorbemerkung sowohl den Vertreter des Privatklägers als auch den Vertreter des Privatbeklagten.

3 Der **sachliche** Anwendungsbereich erstreckt sich – in Abgrenzung zur ebenfalls bei der Privatklage anfallenden Grundgebühr – auf jede Tätigkeit, die über die Mandatsübernahme, das Erstgespräch oder einer ersten Informationsbeschaffung hinausgeht. Die Vorbereitung der Privatklage endet mit dem Eingang der Privatklage bei Gericht.

III. Abgrenzung zu anderen Gebühren. Wird der Rechtsanwalt mit der Vorbereitung der Privatklage beauftragt, erhält der die Verfahrensgebühr VV 4104 bzw. VV 4105. Neben der Verfahrensgebühr entsteht für die erstmalige Einarbeitung in den Rechtsfall die **Grundgebühr** VV 4100/VV 4101. 4

Erfolgt die Mandatierung zunächst nur für die Strafanzeige, entsteht für diese **Einzeltätigkeit** die Gebühr VV 4302 Nr. 2. Wird dem Rechtsanwalt anschließend die Vorbereitung der Privatklage übertragen, wird die Gebühr 4302 Nr. 2 gem. Vorb. 4.3 IV auf die Gebühr VV 4104 angerechnet. Nimmt der Rechtsanwalt an einem Sühnetermin nach § 380 StPO entsteht hierfür eine zusätzliche Terminsgebühr VV 4102 Nr. 5. 5

IV. Gebühren bei Einstellung und Rücknahme. Wird das Privatklageverfahren unter Vermeidung einer Hauptverhandlung eingestellt, entsteht die Gebühr VV 4141 RVG. Wird die Privatklage zurückgenommen, entsteht gem. VV 4141 Anm. I 2 die Gebühr VV 4141 Nr. 3. 6

Nr.	Gebührentatbestand	Gebühr oder Satz der Gebühr nach § 13 oder § 49 RVG	
		Wahlanwalt	**gerichtlich bestellter oder beigeordneter Rechtsanwalt**
4104	**Verfahrensgebühr**	**44,00 bis 319,00 €**	**145,00 €**
	Die Gebühr entsteht für eine Tätigkeit in dem Verfahren bis zum Eingang der Anklageschrift, des Antrags auf Erlass eines Strafbefehls bei Gericht oder im beschleunigten Verfahren bis zum Vortrag der Anklage, wenn diese nur mündlich erhoben wird.		
4105	**Gebühr 4104 mit Zuschlag**	**44,00 bis 399,00 €**	**177,00 €**

Übersicht

I. Normzweck. Der Gebührentatbestand VV 4104 legt die Verfahrensgebühr für das vorbereitende Verfahren fest. Die Anm. bestimmt den zeitlichen Anwendungsbereich der Verfahrensgebühr, der sich von der Aufnahme der Ermittlungen bis zum 1

Zeitpunkt des Eingangs der Anklageschrift, des Antrags auf Erlass eines Strafbefehls bei Gericht oder bis zum Vortrag der Anklage, wenn diese nur mündlich erhoben wird, erstreckt.

2 Die Anm. enthält ebenso die Abgrenzung zum beschleunigten Verfahren (§§ 417 f. StPO), wobei der gewählte Zeitpunkt für den Abschluss des vorbereitenden Verfahrens im beschleunigten Verfahren dem des Eingangs der Anklageschrift im normalen gerichtlichen Verfahren entspricht (BT-Drs. 15/1971, 223). Befindet sich der Mandant nicht auf freiem Fuß, entsteht auch im vorbereitenden Verfahren die Verfahrensgebühr mit Zuschlag.

3 **II. Persönlicher Anwendungsbereich.** Die Verfahrensgebühr für das Ermittlungsverfahren entsteht für den Wahlverteidiger und für den gerichtlich bestellten oder beigeordneten Verteidiger ebenso, wie für Beistand oder Vertreter eines Privatklägers, eines Nebenklägers, eines Einziehungs- oder Nebenbeteiligten, eines Verletzten, eines Zeugen oder Sachverständigen. Für die (streitigen) Vergütungsansprüche des **Zeugenbeistands** und **Terminsvertreters** wird auf die Kommentierung zu → VV Vorb. 4.1 Rn. 4 ff. verwiesen.

4 **III. Sachlicher Anwendungsbereich.** Die Verfahrensgebühr VV 4104 vergütet die anwaltliche Tätigkeit im vorbereitenden Verfahren. Gleichsam entsteht die Verfahrensgebühr gem. VV Vorb. 4.1.2 für die **Vorbereitung der Privatklage.** Die Gebühr entsteht allerdings nicht für Tätigkeiten im strafrechtlichen Rehabilitierungsverfahren (Riedel/Sußbauer/Kremer VV 4104 Rn. 5 mwN).

5 **1. Beginn des vorbereitenden Verfahrens.** Das vorbereitende Verfahren – in der formell-rechtlichen Terminologie das Ermittlungsverfahren – beginnt infolge eines Antrags oder von Amts wegen mit der zielgerichteten Einleitung staatsanwaltschaftlicher Ermittlungen gegen einen Beschuldigten.

6 Ein gegen Unbekannt eingeleitetes Ermittlungsverfahren oder bloße informatorische polizeiliche Befragungen werden von der Verfahrensgebühr gebührenrechtlich nicht erfasst (BeckOK RVG/Knaudt VV 4104 Rn. 4).

7 Im Anwendungsbereich der Gebühr VV 4104 muss es sich bei den ergriffenen Maßnahmen um solche handeln, die erkennbar darauf abzielen, gegen jemanden wegen einer **Straftat** strafrechtlich vorzugehen und deren Ergebnisse im Anschluss der Ermittlungen an die Staatsanwaltschaft abzugeben sind. Erfolgen Ermittlungen etwa wegen des Verdachts des Vorliegens einer Ordnungswidrigkeit, beginnt das vorbereitende Verfahren des VV Teil 4 erst mit der Abgabe an die Staatsanwaltschaft nach § 41 OWiG. Bis zu diesem Zeitpunkt bestimmt sich die anwaltliche Vergütung nach VV Teil 5.

8 **2. Entscheidungen im vorbereitenden Verfahren.** Die Verfahrensgebühr VV 4104 gilt auch Tätigkeiten des Verteidigers ab, die infolge von Entscheidungen des Ermittlungsrichters notwendig werden. Wird nun etwa im Rahmen des § 111a StPO die Fahrerlaubnis vorläufig entzogen, handelt es sich zwar um eine **gerichtliche Entscheidung** des Ermittlungsrichters, doch lässt diese Entscheidung nicht die gesonderte Verfahrensgebühr VV 4106 entstehen (Mayer/Kroiß/Kroiß VV 4104 Rn. 4). Das gerichtliche Tätigwerden des Ermittlungsrichters führt nicht zu einer Überleitung des Ermittlungsverfahrens in ein gerichtliches Strafverfahren. Das Ermittlungsverfahren endet ausschließlich zu den in der Anm. genannten Zeitpunkten.

9 **3. Beendigung des vorbereitenden Verfahrens.** Das vorbereitende Verfahren endet mit dessen **Einstellung** oder der **Überleitung** in das gerichtliche Verfahren. Der Einstellungsgrund ist für die Beendigung vergütungsrechtlich unerheblich. Auch die **vorläufige Einstellung** nach §§ 153a StPO, 170 II StPO führt, trotz der Möglichkeit der Wiederaufnahme, zur gebührenrechtlichen Beendigung.

10 Werden **nach Verfahrenseinstellung** die Ermittlungen allerdings erneut aufgenommen, entsteht die Gebühr VV 4104 abermals nur unter den Voraussetzungen des § 15 V 2, wonach zwischen Einstellung und Wiederaufnahme mehr als zwei Kalenderjahre liegen müssen.

11 Erfolgt **nach Anklageerhebung** eine Wiederaufnahme der Ermittlungen durch die Staatsanwaltschaft, nach deren Abschluss unter Rücknahme der ursprünglichen Anklageschrift eine erneute Anklage erhoben wird, ist für den in der Angelegenheit

tätigen Rechtsanwalt die Gebühr VV 4104 für das ursprüngliche Ermittlungsverfahren entstanden. Für das nach Wiederaufnahme **fortgesetzte Ermittlungsverfahren** entsteht für den bereits vor Anklageerhebung tätigen Anwalt die Gebühr VV 4104 nicht noch einmal, da es sich um dieselbe Angelegenheit handelt (Burhoff/Volpert/Burhoff RVG Straf- und Bußgeldsachen VV 4104 Rn. 10).

Wird das Verfahren von der Staatsanwaltschaft gem. § 43 OWiG an die **Verwaltungsbehörde** abgegeben, ist das Strafverfahren beendet und das sich anschließend eingeleitete Bußgeldverfahren ist gem. § 17 Nr. 10b eine neue Angelegenheit, die nach VV Teil 5 vergütet wird. 12

a) Eingang der Anklageschrift, Antrag auf Erlass eines Strafbefehls. Das vorbereitende Verfahren endet mit dem Eingang der Anklageschrift oder mit dem Antrag auf Erlass eines Strafbefehls bei Gericht. Hierdurch wird das vorbereitende Verfahren in das gerichtliche Verfahren übergeleitet. Die Beendigung des verbreitenden Verfahrens tritt nicht erst bei Akteneingang beim Beschwerdegericht (§ 306 II StPO oder beim Ermittlungsrichter ein (Gerold/Schmidt/Burhoff VV 4104 Rn. 4). 13

Muss wegen **örtlicher Unzuständigkeit** die Anklage beim örtlich unzuständigen Gericht zurückgenommen und beim zuständigen Gericht neu erhoben werden, handelt es sich hierbei nicht um zwei gebührenrechtliche Angelegenheiten, so dass die Gebühr VV 4104 nicht erneut entsteht. 14

b) Beschleunigtes Verfahren. Nach § 417 StPO stellt die Staatsanwaltschaft im Verfahren vor dem Strafrichter und dem Schöffengericht den Antrag auf Entscheidung im beschleunigten Verfahren, wenn die Sache auf Grund des einfachen Sachverhalts oder der klaren Beweislage zur sofortigen Verhandlung geeignet ist. Wird eine Anklageschrift nicht eingereicht, kann die Anklage gem. § 418 III 2 StPO bei Beginn der Hauptverhandlung mündlich erhoben und ihr wesentlicher Inhalt in das Sitzungsprotokoll aufgenommen werden. 15

Hinsichtlich der Beendigung des vorbereitenden Verfahrens muss dahingehend unterschieden werden, ob die Anklageschrift **schriftlich** eingereicht oder in der Hauptverhandlung **mündlich** erhoben wird. Erfolgt die Anklageerhebung nach § 418 III 2 StPO, endet das vorbereitende Verfahren erst mit Beginn des Anklagevortrags bei Gericht. Wird die Anklage schriftlich eingereicht, ist das vorbereitende Verfahren zu dem Zeitpunkt beendet, zu welchem die Anklage bei Gericht eingeht. 16

IV. Verbindung, Trennung und Verweisung von Verfahren. Zu den allgemeinen Wirkungen der Verbindung, Trennung und Verweisung von Verfahren wird auf die Kommentierung zu → VV Vorb. 4 Rn. 36 ff. verwiesen. 17

1. Verfahrensverbindung. Bei Verfahrensverbindung entstehen beim Rechtsanwalt in den einzelnen Ermittlungsverfahren bis zu deren Verbindung jeweils gesonderte Verfahrensgebühren. Erst nach Verbindung mehrerer Ermittlungsverfahren liegt eine Angelegenheit vor. Da keine neue Angelegenheit vorliegt, entsteht in dem führenden Verfahren keine neue Gebühr VV 4104 RVG (Gerold/Schmidt/Burhoff VV 4104 Rn. 8). 18

2. Verfahrenstrennung. Die Verfahrenstrennung hat auf bereits entstandene Gebühren keine Auswirkung. Bis zur Trennung handelt es sich um eine gebührenrechtliche Angelegenheit. Nach der Trennung liegt keine bloße Fortführung des Ursprungsverfahrens vor – es handelt sich vielmehr um verschiedene und gebührenrechtlich eigenständige Angelegenheiten. Wird nun seitens der Staatsanwaltschaft während der Ermittlungen eine Verfahrensabtrennung vorgenommen, entsteht die Gebühr VV 4104 in dem abgetrennten Verfahren bei entsprechenden Tätigkeiten des Anwalts bis zur Anklageerhebung erneut. 19

3. Verweisungen. Bei **Horizontalverweisungen** kann der Verteidiger bereits entstandene Gebühren nicht nochmals verlangen. Bei **Diagonalverweisungen** gilt zwar das Verfahren vor dem Gericht, an das verwiesen worden ist, als neuer Rechtszug und der an beiden Verfahren beteiligte Rechtsanwalt kann erneut Gebühren beanspruchen, doch ist das vorbereitende Verfahren bereits abgeschlossen, so dass die Gebühr VV 4104 nicht nochmals entstehen kann. Gleiches gilt auch bei der **Zurückverweisung** (§ 21 I RVG, §§ 354 I, 355 StPO). 20

21 **V. Gebührenbestimmung.** Der **gerichtlich bestellte oder beigeordnete** Verteidiger erhält, vom Aufwand der Tätigkeit unabhängig, eine Festgebühr. Liegen die Voraussetzungen vor, kann der Verteidiger einen mit der Angelegenheit verbundenen erheblichen Aufwand im Rahmen des § 51 geltend machen. Zu den Fragen der Beiordnung wird auf die Kommentierung zu → VV Vorb. 4 Rn. 56 ff. verwiesen. Für den **Wahlverteidiger** ist die Vorverfahrensgebühr als Betragsrahmengebühr ausgestaltet, deren konkrete Höhe nach § 14 I 1 bestimmt wird.

22 **1. Bestimmung des Betragsrahmens.** Für die bei der Gebührenbestimmung zu berücksichtigenden Kriterien wird zunächst auf die Kommentierung zu → § 14 Rn. 1 ff. und zu → VV Vorb. 4 Rn. 73 ff. verwiesen. Liegen die Voraussetzungen vor, kann er eine Pauschgebühr nach § 42 geltend machen.

23 Der **Betragsrahmen** der Gebühr für das vorbereitende Verfahren ist unabhängig von der Ordnung des Gerichts. Bei der Bemessung ist daher zu beachten, dass der festgesetzte Gebührenrahmen für sämtliche Strafverfahren gilt. Demzufolge deckt die Verfahrensgebühr alle Tätigkeiten vom rechtlich und tatsächlich einfachsten Bagatelldelikt bis zum schwersten Verbrechen mit einem höchst umfangreichen Strafverfahren ab.

23a Bei der Bestimmung der Verfahrensgebühr fließt zunächst der **tatsächliche Umfang** der anwaltlichen Tätigkeit ein, also insbesondere die Zeit, die für die Einarbeitung und die weitere Informationsbeschaffung notwendig ist. Als nächstes ist die **Schwierigkeit** der Angelegenheit zu bestimmen. Dies meint insbesondere die Intensität der Arbeit, wozu vor allem Tätigkeiten in entlegenen Rechtsgebieten, schwierige Umstände bei der Informationsbeschaffung, Klärung von objektiven ungeklärten Rechtslagen oder besondere intellektuelle Anforderungen des zu bearbeitenden Rechtsgebietes sowie die **Art des Delikts** gehören (siehe hierzu Gerold/Schmidt/Mayer § 14 Rn. 27 f.). Darüber hinaus werden im zweiten Schritt die **Bedeutung der Angelegenheit** sowie die **wirtschaftlichen Verhältnisse** des Auftraggebers berücksichtigt.

24 Anhaltspunkte für den Umfang der Angelegenheit bei der Bestimmung der Gebühr VV 4104 liefert u. a. der Umfang der Akten, in die der Rechtsanwalt ggf. mehrfach Einsicht genommen hat. Des Weiteren können die Anzahl der Tatvorwürfe, die Anzahl der Zeugen, der Besuch von Tatorten oder die Führung von Verständigungsgesprächen Anhaltspunkte für die Gebührenbemessung liefen.

25 **2. Erfasste Tätigkeiten.** Zu den allgemeinen Voraussetzungen der Verfahrensgebühr wird auf die Kommentierung zu → VV Vorb. 4 Rn. 13 ff. verwiesen.

26 Die Gebühr fällt als „Dauergebühr" mit jeder mandatsbezogenen Tätigkeit im vorbereitenden Verfahren an, so dass sich die anwaltlichen Tätigkeiten nicht unbedingt aus in den gerichtlichen Verfahrensakten enthaltenen schriftlichen Einlassungen ergeben müssen. Für folgende Tätigkeiten kann die Gebühr VV 4104 entstehen (siehe hierzu die umfangreichen Aufstellungen bei BeckOK RVG/Knaudt VV 4104 Rn. 7; Burhoff/Volpert/Burhoff RVG Straf- und Bußgeldsachen VV 4104 Rn. 16):

- Besprechungen mit dem Mandanten, Gefängnisbesuche,
- Schriftverkehr mit Mandanten, Staatsanwaltschaft, Gericht oder Polizei,
- Versuch einer Verfahrenseinstellung,
- Tätigkeiten im Rahmen des Täter-Opfer-Ausgleichs,
- **allgemeine** Vorbereitung von Haftprüfungsterminen (VV 4102),
- Tätigkeiten im Beschwerdeverfahren, § 19 I 2 Nr. 10a,
- Entwerfen einer Verteidigungsstrategie.

27 Aufgrund der in der Anm. enthaltenen klaren **zeitlichen Zäsur,** gehören alle Tätigkeiten, die nach den genannten Zeitpunkten entfaltet werden, nicht mehr zum vorbereitenden Verfahren, sondern zu dem sich anschließenden gerichtlichen Verfahren und unterfallen dem Abgeltungsbereich der dort entstehenden Verfahrensgebühr. So gehört etwa die Einlegung des Einspruchs im Strafbefehlsverfahren bereits zum gerichtlichen Verfahren und lässt die Gebühr VV 4106 entstehen.

28 Infolge des ausdrücklichen Wortlauts der Gebühr VV 4102 fallen außer in den dort genannten Verfahren keine weiteren Terminsgebühren an. Dies gilt u. a. auch für die **Erörterungstermine** nach §§ 160b, 202a, 212 StPO. Die Teilnahme an solchen Terminen wird von der Verfahrensgebühr abgegolten. Für den Wahlanwalt ist die

Teilnahme daher ausschließlich über die Bemessung der Gebührenhöhe zu berücksichtigen.

3. Haftzuschlag (VV 4105). Zu den allgemeinen Voraussetzungen des Haftzuschlags wird auf die Kommentierung zu → VV Vorb. 4 Rn. 29 ff. verwiesen. 29

Die Gebühr für das vorbereitende Verfahren entsteht mit Zuschlag, wenn sich der Mandant nicht auf freiem Fuß befindet. Die Gebühr entsteht für den gerichtlich bestellten oder beigeordneten Verteidiger als Festgebühr und für den Wahlverteidiger als Betragsrahmengebühr. Die Voraussetzungen für den Haftzuschlag müssen nicht schon beim Entstehen der Gebühr VV 4104, vorliegen. Es genügt, wenn sich der Mandant **während** des vorbereitenden Verfahrens nicht auf freiem Fuß befunden hat. Die Dauer und die Art und Weise der Freiheitsentziehung sind unerheblich. 30

Zu beachten ist, dass die Teilnahme an **Haftprüfungsterminen** und deren konkrete Vorbereitung von der Gebühr VV 4102 Nr. 3 abgedeckt ist und in die Gebührenbemessung der Verfahrensgebühr allenfalls die allgemeine Vorbereitung einfließen kann. 31

VI. Gesonderte Gebühren im vorbereitenden Verfahren. Neben der Verfahrensgebühr VV 4104 oder der Gebühr VV 4105 können für den im vorbereitenden Verfahren tätigen Rechtsanwalt gesonderte Gebühren entstehen. 32

Für die erstmalige Einarbeitung in den Rechtsfall entsteht für den Verteidiger die **Grundgebühr VV 4100.** Die Grundgebühr entsteht als Zusatzgebühr neben der Verfahrensgebühr, eine chronologische Abfolge des Entstehens der Gebühren ist nicht vorgesehen. Beide Gebühren haben zwar sich überschneidende Abgeltungsbereiche schließen sich deshalb aber einander nicht aus. 33

Ist die Tat zunächst als **Ordnungswidrigkeit** von der Verwaltungsbehörde verfolgt worden, fällt abhängig von der Bußgeldhöhe eine Gebühr nach VV 5101 f. an. Wird das Verfahren nach §§ 41, 43 OWiG an die übernehmende Staatsanwaltschaft übergeben, entsteht die Gebühr VV 4104 für das vorbereitende Verfahren zusätzlich – eine Anrechnung der Verfahrensgebühr in Bußgeldsachen auf die in Strafsachen ist nicht bestimmt. 33a

Ebenso fallen für die Teilnahme und/oder Verhandlung in den in VV 4102 Nr. 1–5 genannten Terminen die entsprechen **Terminsgebühren** zusätzlich an. Alle nicht in der abschließenden Aufzählung der VV 4102 aufgeführten Termine werden von der Verfahrensgebühr mit abgegolten und sind im Rahmen des § 14 I 1 oder des § 51 zu berücksichtigen. 34

Erwirkt der Verteidiger infolge seiner Mitwirkung eine nicht nur vorläufige **Einstellung des Ermittlungsverfahrens,** entsteht hierfür eine zusätzliche Gebühr in Höhe der jeweiligen Verfahrensgebühr nach VV 4141 I Nr. 1. 35

Unterabschnitt 3. Gerichtliches Verfahren

Erster Rechtszug

Nr.	Gebührentatbestand	Gebühr oder Satz der Gebühr nach § 13 oder § 49 RVG	
		Wahlanwalt	gerichtlich bestellter oder beigeordneter Rechtsanwalt
4106	**Verfahrensgebühr für den ersten Rechtszug vor dem Amtsgericht ..**	**44,00 bis 319,00 €**	**145,00 €**
4107	**Gebühr 4106 mit Zuschlag ....**	**44,00 bis 399,00 €**	**177,00 €**

Übersicht

1 **I. Normzweck.** In Unterabschnitt 3 werden die Gebühren für das gerichtliche Verfahren geregelt. Die Verfahrensgebühr VV 4106 vergütet das Verfahren im ersten Rechtszug vor dem Amtsgericht. Mit der Gebühr werden nur die Tätigkeiten im gerichtlichen Verfahren außerhalb der Hauptverhandlung abgegolten, da für die Teilnahme an den Hauptverhandlungsterminen gesonderte Terminsgebühren entstehen.

2 **II. Persönlicher Anwendungsbereich.** Der persönliche Anwendungsbereich ergibt sich aus Vorb. 4 I. Die Verfahrensgebühr entsteht daher für den Wahlanwalt ebenso wie für den gerichtlich bestellten oder beigeordneten Verteidiger, dem Nebenklägervertreter sowie den Beistand oder Vertreter eines Privatklägers oder eines Einziehungs- oder Nebenbeteiligten.

3 Für die (streitigen) Vergütungsansprüche des **Zeugenbeistands** und **Terminsvertreters** wird auf die Kommentierung zu → VV Vorb. 4.1 Rn. 4 f. verwiesen.

4 **III. Sachlicher Anwendungsbereich.** Der sachliche bzw. zeitliche Anwendungsbereich der Verfahrensgebühr für das gerichtliche Verfahren ergibt sich aus der Abgrenzung zu der Gebühr für das vorbereitende Verfahren VV 4104 (siehe Kommentierung → VV 4104 Rn. 5 f.).

5 **1. Beginn des gerichtlichen Verfahrens.** Das vorbereitende Verfahren endet trennscharf mit dem Eingang der Anklageschrift oder mit dem Antrag auf Erlass eines Strafbefehls bei Gericht. Dies bildet zugleich die zeitliche Zäsur zur Verfahrensgebühr VV 4106. Alle diesem Zeitpunkt nachfolgenden Tätigkeiten unterfallen dem gerichtlichen Verfahren. Demzufolge umfasst die Gebühr VV 4106 auch die anwaltliche Tätigkeit im **Zwischenverfahren** (§§ 199–211 StPO).

6 Beim **beschleunigten Verfahren** nach §§ 417 f. StPO endet das vorbereitende Verfahren und beginnt zugleich das gerichtliche Verfahren entweder mit Eingang der Anklageschrift bei Gericht **oder** mit Beginn dem Anklagevortrag in der Hauptverhandlung (§ 418 II 2 StPO).

7 **2. Beendigung des gerichtlichen Verfahrens.** Das gerichtliche Verfahren endet entweder mit dessen **endgültiger Einstellung** oder durch Verkündung des Urteils, wobei letzteres nicht den absoluten Beendigungszeitpunkt darstellt. Insoweit gehört nach § 19 I Nr. 10 die Einlegung von Rechtsmitteln noch zum vorinstanzlichen Verfahren, so dass auch noch die diesbezügliche Beratung des Mandanten zum vorherigen Rechtszug gehört. Legt allerdings ein neuer Rechtsanwalt das Rechtsmittel ein, entsteht für diesen die Verfahrensgebühr für die Rechtsmittelinstanz.

8 **IV. Verbindung, Trennung und Verweisung von Verfahren.** Zu den allgemeinen Wirkungen der Verbindung, Trennung und Verweisung von Verfahren wird auf die Kommentierung zu → VV Vorb. 4 Rn. 39 f. verwiesen.

9 **1. Verfahrensverbindung.** Bei der Verfahrensgebühr VV 4106 führt eine Verfahrensverbindung zu der vergütungsrechtlichen Folge, dass in den vor der Verbindung bestehenden Verfahren eine dort entstandene Verfahrensgebühr dem Verteidiger erhalten bleibt. In dem verbundenen Verfahren entsteht **in demselben Verfahrensabschnitt/Rechtszug** die Verfahrensgebühr VV 4106 nicht noch einmal. Werden jedoch im Ermittlungsverfahren mehrere Verfahren durch die Staatsanwalt-

schaft verbunden, entsteht für das verbundene Verfahren nach Eingang der Anklage bei Gericht eine Verfahrensgebühr VV 4106.

10 Etwas anderes gilt bei der Verbindung zum **Zwecke der gleichzeitigen Verhandlung** nach § 237 StPO. Vergütungsrechtlich wirkt sich diese Verbindung nicht auf die Selbständigkeit zur gemeinsamen Verhandlung verbundenen Verfahren aus.

11 **2. Verfahrenstrennung.** Die Verfahrenstrennung hat auf bereits entstandene Verfahrensgebühren keine Auswirkung. Bis zur Trennung handelt es sich um eine gebührenrechtliche Angelegenheit. Nach der Trennung handelt sich um verschiedene und gebührenrechtlich eigenständige Angelegenheiten. Erfolgt demnach die Trennung eines einheitlichen Verfahrens in mehrere Verfahren und wird der Verteidiger in den abgetrennten Verfahren tätig, entsteht die Gebühr VV 4106 in dem abgetrennten Verfahren erneut.

12 **3. Verweisungen.** Bei **Horizontalverweisungen** (§ 20 S. 1 RVG, § 270 StPO) kann der Verteidiger bereits entstandene Gebühren nicht nochmals verlangen. Bei erfolgten **Diagonalverweisungen** (§ 20 S. 2 RVG; § 328 II StPO) gilt das Verfahren vor dem Gericht, an das verwiesen worden ist, als neuer Rechtszug und der an beiden Verfahren beteiligte Rechtsanwalt kann erneut die Gebühr VV 4106 beanspruchen (Gerold/Schmidt/Mayer § 20 Rn. 8; Burhoff RVGreport 2009, 8).

13 **4. Zurückverweisung.** Das Verfahren nach erfolgter Zurückverweisung gilt als neue Angelegenheit. Der Rechtsanwalt kann somit die Gebühr VV 4106 im nachfolgenden Verfahren gesondert und ggf. zusätzlich zu den Gebühren, die bereits im vorhergehenden Verfahren entstanden sind, geltend machen.

14 **V. Gebührenbestimmung.** Der **gerichtlich bestellte oder beigeordnete** Verteidiger erhält, vom Aufwand der Tätigkeit unabhängig, eine Festgebühr. Liegen die Voraussetzungen vor, kann der Verteidiger einen mit der Angelegenheit verbundenen erheblichen Aufwand im Rahmen des § 51 geltend machen. Zu den Fragen der Beiordnung wird auf die Kommentierung zu → VV Vorb. 4 Rn. 56 ff. verwiesen. Für den **Wahlverteidiger** ist die Gebühr als Betragsrahmengebühr ausgestaltet, deren konkrete Höhe nach § 14 I 1 bestimmt wird.

15 **1. Bestimmung des Betragsrahmens.** Für die bei der Gebührenbestimmung zu berücksichtigenden Kriterien wird zunächst auf die Kommentierung zu → § 14 Rn. 1 ff. und zu → VV Vorb. 4 Rn. 73 ff. verwiesen. Liegen die Voraussetzungen vor, kann er eine Pauschgebühr nach § 42 geltend machen.

16 Bei der Bestimmung des Betragsrahmens ist zu berücksichtigen, dass sich die Verfahrensgebühr nach der **Ordnung des Gerichts** bestimmt und somit bereits in ihrem Grundanfall eine Steigerung nach der Wertigkeit der Angelegenheit beinhaltet. Daraus folgt, dass im Gegensatz zur Grund- und Ermittlungsverfahrensgebühr nicht alle Verfahren vergleichend herangezogen werden dürfen, sondern nur die Verfahren desselben Rechtszuges. Dies lässt zugleich den Rechtszug als wertendes Merkmal ausscheiden, da sonst eine **Doppelberücksichtigung** stattfindet (Lissner RVGreport 2013, 166). Berücksichtigung findet jedoch die Tatsache, ob das Verfahren vor dem **Strafrichter** oder vor dem **Schöffengericht** (§ 28 GVG) stattfindet.

2. Erfasste Tätigkeiten. Zu den allgemeinen Voraussetzungen der Verfahrensgebühr wird auf die Kommentierung zu → VV Vorb. 4 Rn. 13 ff. verwiesen.

19 Als „Dauergebühr" erstreckt sich die Verfahrensgebühr über den gesamten Verfahrensabschnitt und fällt deshalb mit jeder mandatsbezogenen Tätigkeit im gerichtlichen Verfahren (neu) an. Da das Entstehen der Gebühr an die Ausübung der anwaltlichen Tätigkeit geknüpft ist, muss sich diese nicht unbedingt aus in den Verfahrensakten enthaltenen schriftlichen Einlassungen ergeben. Für folgende Tätigkeiten kann die Gebühr VV 4104 entstehen (siehe hierzu die umfangreichen Aufstellungen bei BeckOK RVG/Knaudt VV 4106 Rn. 7; Burhoff/Volpert/Burhoff RVG Straf- und Bußgeldsachen VV 4106 Rn. 10):

- Antrag auf Beiordnung oder Bestellung zum Pflichtverteidiger,
- Beratung des Mandanten,
- Ermittlungstätigkeiten des Anwalts,

– weitere Informationsbeschaffung,
– Kostenfestsetzungsverfahren,
– Selbstlesung von Schriftstücken, § 249 Abs. 2 StPO,
– **Allgemeine** Vorbereitung des Hauptverhandlungstermins

20 Für die Teilnahme an **Erörterungsterminen** (zB §§ 160b, 202a, 212 StPO) fallen aufgrund des ausdrücklichen Wortlauts der Gebühr VV 4102 außer in den dort genannten Verfahren keine weiteren Terminsgebühren an. Die Teilnahme an solchen Terminen wird von der Verfahrensgebühr abgegolten. Für den Wahlanwalt ist die Teilnahme daher ausschließlich über die Bemessung der Gebührenhöhe zu berücksichtigen.

21 **3. Haftzuschlag (VV 4107).** Zu den allgemeinen Voraussetzungen des Haftzuschlags wird auf die Kommentierung zu → VV Vorb. 4 Rn. 29 ff. verwiesen.

22 Die Gebühr für das gerichtliche Verfahren entsteht mit Zuschlag, wenn sich der Mandant nicht auf freiem Fuß befindet. Die Gebühr entsteht für den gerichtlich bestellten oder beigeordneten Verteidiger als Festgebühr und für den Wahlverteidiger als Betragsrahmengebühr.

23 Die Voraussetzungen für den Haftzuschlag müssen nicht schon beim Entstehen der Gebühr VV 4106, vorliegen. Es genügt, wenn sich der Mandant zu **irgendeinem Zeitpunkt** während des gerichtlichen Verfahrens nicht auf freiem Fuß befunden hat. Die Dauer und die Art und Weise der Freiheitsentziehung sind unerheblich. Die Verfahrensgebühr für das gerichtliche Verfahren entsteht auch dann mit Zuschlag, wenn der Angeklagte erst am Schluss der Hauptverhandlung in Haft genommen wird, da das gerichtliche Verfahren noch nicht abgeschlossen ist (Burhoff/Volpert/Burhoff RVG Straf- und Bußgeldsachen VV 4107 Rn. 3).

Nr.	Gebührentatbestand	Gebühr oder Satz der Gebühr nach § 13 oder § 49 RVG	
		Wahlanwalt	gerichtlich bestellter oder beigeordneter Rechtsanwalt
4108	**Terminsgebühr je Hauptverhandlungstag in den in Nummer 4106 genannten Verfahren**	77,00 bis 528,00 €	242,00 €
4109	**Gebühr 4108 mit Zuschlag**	77,00 bis 660,00 €	295,00 €
4110	**Der gerichtlich bestellte oder beigeordnete Rechtsanwalt nimmt mehr als 5 und bis 8 Stunden an der Hauptverhandlung teil: Zusätzliche Gebühr neben der Gebühr 4108 oder 4109**		121,00 €
4111	**Der gerichtlich bestellte oder beigeordnete Rechtsanwalt nimmt mehr als 8 Stunden an der Hauptverhandlung teil: Zusätzliche Gebühr neben der Gebühr 4108 oder 4109**		242,00 €

Übersicht

I. Normzweck. Der Rechtsanwalt erhält die Terminsgebühr für **jeden Hauptverhandlungstag** aus dem gleichen Gebührenrahmen. Der vorgegebene Betragsrahmen der Terminsgebühr ist unabhängig davon, ob es sich um den ersten Hauptverhandlungstag oder um einen Fortsetzungstermin handelt. Dies soll die Bestimmung der konkreten Gebühr für jeden individuellen Hauptverhandlungstermin erleichtern (BT-Drs. 15/1971, 224). 1

Dem gerichtlich bestellten oder beigeordneten Verteidiger steht neben der originären Terminsgebühr noch ein Längenzuschlag für überlange Hauptverhandlungstermine zu. Im Gegensatz zum Wahlverteidiger, der eine angemessene Terminsgebühr mit Hilfe des Betragsrahmens bestimmen kann, wäre der Anspruch des Pflichtverteidigers sonst auf die Festgebühr begrenzt. Dadurch soll der besondere Zeitaufwand angemessen honoriert und die Ungleichbehandlung zwischen Pflichtverteidiger und Wahlanwalt reduziert werden (BT-Drs. 15/1971, 224). 2

II. Persönlicher Anwendungsbereich. Der Gebührentatbestand der Terminsgebühr gilt für den Wahlverteidiger und dem gerichtlich bestellten oder beigeordneten Verteidiger. Über Vorb. 4 I entsteht die Terminsgebühr ebenso für Beistand oder Vertreter eines Privatklägers, eines Nebenklägers, eines Einziehungs- oder Nebenbeteiligten, eines Verletzten, eines Zeugen oder Sachverständigen. Der Längenzuschlag nach VV 4110, 4111 steht einzig dem gerichtlich bestellten oder beigeordneten Verteidiger zu. 3

Für die Vergütungsansprüche des **Zeugenbeistands** und **Terminsvertreters** wird auf die Kommentierung zu → VV Vorb. 4.1 Rn. 4 f. verwiesen. 4

III. Sachlicher Anwendungsbereich. Die Gebühr VV 4108 entsteht für die anwaltliche Teilnahme an der Hauptverhandlung. Der Begriff der Hauptverhandlung beurteilt sich auch im Vergütungsrecht nach den formell-rechtlichen Voraussetzungen des § 243 I StPO. 5

1. Teilnahme des Verteidigers. Nach VV Vorb. 4 III entsteht die Terminsgebühr für die **Teilnahme** des Verteidigers an gerichtlichen Terminen. Aus dem Wortlaut „Teilnahme" folgt, dass die Terminsgebühr bereits die Anwesenheit des Verteidigers am Hauptverhandlungstermin vergütet. Im Gegensatz zum Wortlaut der Terminsgebühr VV 4102 Nr. 3 und 4 verlangt die Terminsgebühr VV 4108 **kein aktives Verhandeln** des Verteidigers, welches idR aus der mündlichen Besprechung der tatsächlichen und rechtlichen Voraussetzungen oder einer kontroversen Diskussion besteht. 6

Eine Stellungnahme des Verteidigers zur Angelegenheit, gleich in welcher Form, muss im Termin nicht stattgefunden haben. Es reicht aus, dass der Verteidiger im Hauptverhandlungstermin tatsächlich (physisch) anwesend war (Burhoff/Volpert/Burhoff RVG Straf- und Bußgeldsachen VV Vorb. 4 Rn. 68). Demzufolge ist der Umfang der im Termin entfalteten anwaltlichen Tätigkeit zwar für den Anfall der 7

Terminsgebühr unerheblich, schlägt sich aber in der **Gebührenbemessung** der Betragsrahmengebühr nach § 14 I 1 nieder.

8 **Unzureichend** ist allerdings, wenn der Verteidiger lediglich als **Zuhörer** in der Hauptverhandlung anwesend ist. Ebenso reicht es für den Anfall der Terminsgebühr nicht aus, dass sich der Verteidiger **außerhalb des Sitzungssaales** – etwa für eine Beratung oder Beweismittelbeschaffung – aufhält (OLG Celle JurBüro 2017, 467).

9 **2. Beginn der Hauptverhandlung.** Nach § 243 I 1 StPO beginnt die Hauptverhandlung mit dem Aufruf der Sache. Die Anwesenheit der zum konkreten Hauptverhandlungstermin geladenen Angeklagten, Verteidiger, Zeugen, etc. stellt der Vorsitzende durch Aufruf der Namen fest. Unterbleibt der ausdrückliche Aufruf der Sache, beginnt die Hauptverhandlung mit der Handlung des Vorsitzenden, die als Erste erkennbar macht, dass die Sache verhandelt wird (OLG Bremen NStZ-RR 2013, 128; OLG Dresden NStZ-RR 2009, 128; Gercke/Julius/Temming/Zöller/Temming StPO § 243 Rn. 3).

10 **3. Ende der Hauptverhandlung.** Bei der Beendigung der Hauptverhandlung muss zwischen **formell-rechtlichen** und **vergütungsrechtlichen** Ende unterschieden werden. Gemäß § 260 I StPO endet die Hauptverhandlung mit der auf die Beratung folgenden Verkündung des Urteils. Das vergütungsrechtliche Ende tritt zu dem Zeitpunkt ein, zu welchem der Vorsitzenden nach Urteilsverkündung und anschließender Rechtsmittelbelehrung die Verhandlung schließt. Dieses Abweichen vom formell-rechtlichen Ende begründet sich darin, dass der Verteidiger den Angeklagten auch während der Rechtsmittelbelehrung zu begleiten und darauf zu achten hat, dass diese korrekt erfolgt und vom Angeklagten verstanden wird (OLG Düsseldorf JurBüro 2011, 197).

11 **4. „Geplatzter Termin".** Der Rechtsanwalt erhält die Terminsgebühr auch, wenn er zu einem anberaumten Termin erscheint, dieser aber aus Gründen, die er nicht zu vertreten hat, nicht stattfindet. Dies gilt nicht, wenn er rechtzeitig von der Aufhebung oder Verlegung des Termins in Kenntnis gesetzt worden ist. Zu den Voraussetzungen für das Entstehen der Terminsgebühr für einen **„geplatzten Termin"** wird auf die Kommentierung zu → VV Vorb. 4 Rn. 22 ff. verwiesen.

12 **IV. Verbindung, Trennung und Verweisung von Verfahren.** Zu den allgemeinen Wirkungen der Verbindung, Trennung und Verweisung von Verfahren wird auf die Kommentierung zu → VV Vorb. 4 Rn. 39 f. verwiesen.

13 **1. Verfahrensverbindung.** Bei den Terminsgebühren ist bei der Verfahrensverbindung zu beachten, zu welchem **Zeitpunkt** die Verbindung stattgefunden hat.

13a Erfolgt die Verbindung **nach Aufruf aller Sachen,** hat in den jeweiligen Verfahren eine Hauptverhandlung stattgefunden, so dass dem, in jeder aufgerufenen Sache tätigen, Rechtsanwalt eine Terminsgebühr entsteht – die Anberaumung einer Hauptverhandlung in allen Verfahren ist nicht notwendig (OLG Köln JurBüro 2002, 303; Burhoff/Volpert/Burhoff RVG Straf- und Bußgeldsachen VV Vorb. 4 Rn. 89; BeckOK RVG/Knaudt VV 4108 Rn. 13; Riedel/Sußbauer/Kremer VV Vorbemerkung 4 Rn. 35). Werden die Verfahren **vor Beginn der Hauptverhandlung** verbunden, erhält der Rechtsanwalt nur für das verbundene Verfahren eine Terminsgebühr.

14 Liegt eine Verbindung **zum Zwecke der gemeinsamen Verhandlung** nach § 237 StPO vor, bleibt die Selbständigkeit der zur gemeinsamen Verhandlung verbundenen Verfahren erhalten und in jedem Verfahren entsteht eine gesonderte Terminsgebühr (Burhoff RVGreport 2008, 405).

15 **2. Verfahrenstrennung.** Die Verfahrenstrennung hat auf bereits entstandene Terminsgebühren keine Auswirkung. Bis zur Trennung handelt es sich um eine gebührenrechtliche Angelegenheit. Nach der Trennung handelt sich um eine gebührenrechtlich eigenständige Angelegenheit, so dass in den abgetrennten Verfahren für die Teilnahme an weiteren Terminen jeweils die Terminsgebühr entsteht.

16 Es entstehen auch dann mehrere Terminsgebühren, wenn nach Abtrennung der Verfahren im ursprünglichen Verfahren und im abgetrennten Verfahren am selben Tag die Hauptverhandlung fortgesetzt wird. In diesem Fall nimmt der Rechts-

anwalt an einem Tag an mehreren, in verschiedenen Verfahren stattfindenden, Hauptverhandlungsterminen teil (LG Hamburg RVGreport 2020, 296; BeckOK RVG/Knaudt VV 4108, Rn. 11; Riedel/Sußbauer/Kremer VV Vorbemerkung 4, Rn. 39).

3. Horizontalverweisung. Bei der Horizontalverweisung (§ 20 1, § 270 StPO) kann der Anwalt bereits entstandene Gebühren nicht nochmals verlangen. Gehören verweisendes und übernehmendes Gericht unterschiedlichen Ordnungen an, bestimmt sich die jeweils anfallende und dem Verteidiger zustehende Terminsgebühr nach der Ordnung des Gerichts, vor dem der Hauptverhandlungstermin stattgefunden hat. 17

Findet demnach der erste Termin vor dem Amtsgericht statt und wird in diesem Termin die Sache gem. § 270 I StPO an die Strafkammer des Landgerichts verwiesen, entsteht für den Termin am Amtsgericht die Gebühr VV 4108 und für den weiteren Termin am Landgericht die Terminsgebühr VV 4114. 17a

4. Diagonalverweisung. Die Diagonalverweisung (§ 20 2; § 328 II StPO) führt zu der gebührenrechtlichen Folge, dass das Verfahren vor dem Gericht, an das verwiesen worden ist, als neuer Rechtszug gilt und der an beiden Verfahren beteiligte Rechtsanwalt erneut die Terminsgebühren beanspruchen kann (Gerold/Schmidt/Mayer § 20 Rn. 8). 18

5. Zurückverweisung. Bei der Zurückverweisung bzw. Vertikalverweisung (§ 21 I, §§ 354 I, 355 StPO) gilt das Verfahren nach erfolgter Zurückverweisung als neue Angelegenheit. Der Rechtsanwalt kann somit die Terminsgebühren im nachfolgenden Verfahren gesondert und ggf. zusätzlich zu den bereits im vorhergehenden Verfahren entstandenen Gebühren geltend machen. 19

V. Gebührenbestimmung. Bei der Terminsgebühr wird hinsichtlich der Höhe der Gebühr nicht zwischen dem ersten Hauptverhandlungstermin und den Fortsetzungsterminen unterschieden. Der Verteidiger erhält für die Teilnahme an jeden anberaumten Hauptverhandlungstermin eine Terminsgebühr aus dem gleichen Betragsrahmen oder in Form der Festgebühr. 20

1. Gebührenbestimmung des Pflichtverteidigers. Der gerichtlich bestellte oder beigeordnete Rechtsanwalt erhält unabhängig vom Aufwand und Schwierigkeit der Tätigkeit im gerichtlichen Verfahren eine Festgebühr. Liegen die Voraussetzungen vor, kann der Verteidiger einen mit der Angelegenheit verbundenen erheblichen Aufwand im Rahmen der Pauschvergütung nach § 51 geltend machen. 21

a) Längenzuschlag (VV 4110, 4111). Mit den **gesondert** zu den herkömmlichen Terminsgebühren zu gewährenden **Zusatzgebühren** in Form der Längenzuschläge, soll für den Pflichtverteidiger der besondere Zeitaufwand und anwaltliche Tätigkeit bei überlangen Hauptverhandlungsterminen honoriert werden (BT-Drs. 15/1971, 224). 22

Nimmt der Pflichtverteidiger an Hauptverhandlungsterminen teil, die mehr als fünf und bis acht Stunden andauern, erhält er neben der Terminsgebühr VV 4108 die gesonderte Zusatzgebühr VV 4110. Erfolgt die Teilnahme an einem Hauptverhandlungstermin, der mehr als acht Stunden andauert, erhält der Pflichtverteidiger den Längenzuschlag nach VV 4111. 22a

b) Berechnung der Verhandlungsdauer. Für die Berechnung der Hauptverhandlungsdauer bestimmt sich die Berücksichtigung von Pausen- und Unterbrechungszeiten während der Hauptverhandlung nach VV Vorb. 4.1 III. Insoweit wird auf die dortige Kommentierung verwiesen → VV Vorb. 4.1, Rn. 27 ff. Für das zu beachtende **Übergangsrecht** wird auf → VV Vorb. 4.1, Rn. 35 ff. und auf → § 60 verwiesen. 23

2. Gebührenbestimmung des Wahlverteidigers. Der **gerichtlich bestellte oder beigeordnete** Verteidiger erhält, vom Aufwand der Tätigkeit unabhängig, eine Festgebühr. Liegen die Voraussetzungen vor, kann der Verteidiger einen mit der Angelegenheit verbundenen erheblichen Aufwand im Rahmen des § 51 geltend machen. Zu den Fragen der Beiordnung wird auf die Kommentierung zu → VV Vorb. 4 Rn. 56 ff. verwiesen. Für den **Wahlverteidiger** ist die Gebühr als Betragsrahmengebühr ausgestaltet, deren konkrete Höhe nach § 14 I 1 bestimmt wird. 24

25 Für die bei der Gebührenbestimmung zu berücksichtigenden Kriterien wird zunächst auf die Kommentierung zu → § 14 Rn. 1 ff. und zu → VV Vorb. 4 Rn. 73 ff. verwiesen. Liegen die Voraussetzungen vor, kann er eine Pauschgebühr nach § 42 geltend machen.

26 Bei der Terminsgebühr findet **keine Pauschalbewertung** mehrerer Hauptverhandlungstermine statt – der Rechtsanwalt kann für jeden Termin eine in der Höhe individuell bestimmte Terminsgebühr in Ansatz bringen (OLG Nürnberg RVGreport 2014, 463).

26a In die Gebührenbestimmung der Terminsgebühr fließt zunächst der **tatsächliche Umfang** der anwaltlichen Tätigkeit in dem jeweiligen Hauptverhandlungstermin ein. Hierbei ist insbesondere die Dauer der tatsächlichen Teilnahme an dem jeweiligen Hauptverhandlungstermin von Bedeutung, wobei **Unterbrechungen** oder **Pausenzeiten** entsprechend der Regelung in VV Vorb. 4.1 III zu berücksichtigen sind (siehe hierzu die Kommentierung zu → VV Vorb. 4.1 Rn. 27 f.).

27 Die **durchschnittlichen Verhandlungsdauern,** die den Weg zur Mittelgebühr eröffnen, belaufen sich nach Burhoff in Verfahren vor dem **Strafrichter** auf bis zu einer Stunde und in Verfahren vor dem **Schöffengericht** auf bis zu zwei oder drei Stunden (Gerold/Schmidt/Burhoff VV Vorbemerkung 4, Rn. 34). Als Hilfestellung können die Längenzuschläge für den Pflichtverteidiger herbeigezogen werden. In der Rechtsprechung verhalten sich zur Hauptverhandlungsdauer ergangene Entscheidungen wie folgt (siehe vollständige Aufstellung bei BeckOK RVG/Knaudt VV 4108 Rn. 24.1):

- 27 Minuten: keine Mittelgebühr (LG Koblenz Rpfleger 2009, 698),
- 7 Minuten: unterdurchschnittlich und rechtfertigt nur reduzierte Gebühr (LG Hamburg StRR 2012, 123),
- 1–2 Stunden vor dem Amtsgericht ist durchschnittlich (LG Ravensburg RVGreport 2015, 174).

28 Bei der Bestimmung des Gebührenrahmens gilt es zu beachten, dass sich die Terminsgebühr nach der Ordnung des Gerichts bestimmt und somit bereits in ihrem Grundanfall eine Steigerung nach Wertigkeit der Angelegenheit beinhaltet. Daraus folgt, dass im Gegensatz zur Grund- und Ermittlungsverfahrensgebühr nicht alle Verfahren vergleichend herangezogen werden dürfen, sondern nur die Verfahren desselben Rechtszuges. Dies lässt zugleich den Rechtszug als wertendes Merkmal ausscheiden, da sonst eine Doppelberücksichtigung stattfindet (Lissner RVGreport 2013, 166). Berücksichtigung findet jedoch die Tatsache, ob das Verfahren vor dem Strafrichter oder vor dem Schöffengericht (§ 28 GVG) stattfindet.

29 **3. Erfasste Tätigkeiten.** Zu den allgemeinen Voraussetzungen der Terminsgebühr wird auf die Kommentierung zu → VV Vorb. 4 Rn. 19 ff. verwiesen.

30 Von der Terminsgebühr wird nicht nur die tatsächliche Teilnahme an der Hauptverhandlung erfasst. Die Terminsgebühr erfasst darüber hinaus alle Tätigkeiten in der Hauptverhandlung (zB Rechtsmittelverzicht) und die **konkrete Vor- und Nachbereitung** des Termins. Hierzu zählen wiederum das nochmalige Aktenstudium, die Überprüfung der Ladung der in der Anklageschrift benannten Zeugen. Hingegen gehört das Studium von Urkunden im Wege des **Selbstleseverfahrens** nach § 249 II StPO zum Abgeltungsbereich der Verfahrensgebühr (Burhoff/Volpert/Burhoff RVG Straf- und Bußgeldsachen VV Vorb. 4 Rn. 67).

31 **4. Haftzuschlag (VV 4109).** Zu den allgemeinen Voraussetzungen des Haftzuschlags wird auf die Kommentierung zu → VV Vorb. 4 Rn. 29 ff. verwiesen

32 Die Terminsgebühr entsteht mit Zuschlag, wenn sich der Mandant nicht auf freiem Fuß befindet. Der Haftzuschlag entsteht für den gerichtlich bestellten oder beigeordneten Verteidiger als Festgebühr und für den Wahlverteidiger als Betragsrahmengebühr.

33 Für das Entstehen der Terminsgebühr mit Haftzuschlag kommt es darauf an, ob sich der Mandant zum Zeitpunkt der Hauptverhandlung auf freien Fuß befindet. Befindet sich der Mandant zum Zeitpunkt des **Aufrufs der Sache** nicht auf freien Fuß, entsteht die Terminsgebühr mit Zuschlag. Dies gilt auch dann, wenn der Mandant während der Hauptverhandlung infolge Aufhebung des Haftbefehls entlassen wird (Burhoff/Volpert/Burhoff RVG Straf- und Bußgeldsachen VV 4109 Rn. 4).

Erfolgt die Inhaftierung des Mandanten noch **während des Hauptverhandlungstermins** (vor dessen Beendigung), entsteht bereits für diesen Termin die Terminsgebühr VV 4109 (OLG Celle NStZ-RR 2008, 392).

Nr.	Gebührentatbestand	Gebühr oder Satz der Gebühr nach § 13 oder § 49 RVG	
		Wahlanwalt	**gerichtlich bestellter oder beigeordneter Rechtsanwalt**
4112	**Verfahrensgebühr für den ersten Rechtszug vor der Strafkammer** ... **Die Gebühr entsteht auch für Verfahren** **1. vor der Jugendkammer, soweit sich die Gebühr nicht nach Nummer 4118 bestimmt,** **2. im Rehabilitierungsverfahren nach Abschnitt 2 StrRehaG.**	**55,00 bis 352,00 €**	**163,00 €**
4113	**Gebühr 4112 mit Zuschlag**	**55,00 bis 440,00 €**	**198,00 €**
4114	**Terminsgebühr je Hauptverhandlungstag in den in Nummer 4112 genannten Verfahren**	**88,00 bis 616,00 €**	**282,00 €**
4115	**Gebühr 4114 mit Zuschlag**	**88,00 bis 770,00 €**	**343,00 €**
4116	**Der gerichtlich bestellte oder beigeordnete Rechtsanwalt nimmt mehr als 5 und bis 8 Stunden an der Hauptverhandlung teil:** **Zusätzliche Gebühr neben der Gebühr 4114 oder 4115**		**141,00 €**
4117	**Der gerichtlich bestellte oder beigeordnete Rechtsanwalt nimmt mehr als 8 Stunden an der Hauptverhandlung teil:** **Zusätzliche Gebühr neben der Gebühr 4114 oder 4115**		**282,00 €**

Übersicht

1 **I. Normzweck.** Die Verfahrensgebühr VV 4112 vergütet das Verfahren im ersten Rechtszug vor der Strafkammer des Landgerichts. Mit der Gebühr werden nur die Tätigkeiten im gerichtlichen Verfahren außerhalb der Hauptverhandlung abgegolten, da für die Teilnahme an den Hauptverhandlungsterminen die gesonderten Terminsgebühren VV 4114, 4115 entstehen.

2 **II. Persönlicher Anwendungsbereich.** Die Gebührentatbestände gelten für den Wahlverteidiger und den gerichtlich bestellten oder beigeordneten Verteidiger. Über Vorb. 4 I entsteht die Verfahrens- und Terminsgebühr ebenso für den Beistand oder Vertreter eines Privatklägers, eines Nebenklägers, eines Einziehungs- oder Nebenbeteiligten, eines Verletzten, eines Zeugen oder Sachverständigen. Der Längenzuschlag nach VV 4110, 4111 steht einzig dem gerichtlichen bestellten oder beigeordneten Verteidiger zu.

3 Für die (streitigen) Vergütungsansprüche des **Zeugenbeistands** und **Terminsvertreters** wird auf die Kommentierung zu → VV Vorb. 4.1 Rn. 4 ff. verwiesen.

4 **III. Sachlicher Anwendungsbereich.** Die Verfahrens- und Terminsgebühren für das erstinstanzliche Verfahren vor dem Landgericht entstehen in folgenden Verfahren:
- § 74 I GVG: allgemeine Strafkammerverfahren, und zwar auch im sog. Sicherungsverfahren, wenn die Strafkammer als solche in diesem tätig wird,
- § 41 JGG: Jugendkammer, soweit diese nicht in Sachen entscheidet, die zur Zuständigkeit des Schwurgerichts (§ 74 Abs. 2 GVG) gehören oder im Fall des § 74a JGG (Jugendkammer als Jugendschutzkammer),
- im Rehabilitierungsverfahren nach Abschnitt 2 StrRehaG, §§ 7–15 StrRehaG.

5 **1. Verfahrensgebühr (VV 4112).** Der sachliche bzw. zeitliche Anwendungsbereich der Verfahrensgebühr für das gerichtliche Verfahren ergibt sich aus der Abgrenzung zu der Gebühr für das vorbereitende Verfahren VV 4104 (siehe Kommentierung zu → VV 4104, Rn. 5 ff.).

6 **a) Beginn des gerichtlichen Verfahrens.** Das vorbereitende Verfahren endet trennscharf mit dem Eingang der Anklageschrift bei Gericht. Dies bildet zugleich die zeitliche Zäsur zur Verfahrensgebühr VV 4112. Alle diesem Zeitpunkt nachfolgenden Tätigkeiten unterfallen dem gerichtlichen Verfahren. Demzufolge umfasst die Gebühr VV 4112 auch die anwaltliche Tätigkeit im **Zwischenverfahren** (§§ 199–211 StPO).

7 **b) Beendigung des gerichtlichen Verfahrens.** Das gerichtliche Verfahren endet entweder mit dessen endgültiger Einstellung oder durch Verkündung des Urteils, wobei letzteres nicht den absoluten Beendigungszeitpunkt darstellt. Insoweit gehört nach § 19 I Nr. 10 die Einlegung von Rechtsmitteln noch zum vorinstanzlichen Verfahren, so dass auch noch die diesbezügliche Beratung des Mandanten zum vorherigen Rechtszug gehört. Legt allerdings ein neuer Rechtsanwalt das Rechtsmittel ein, entsteht für diesen die Verfahrensgebühr für die Rechtsmittelinstanz.

8 **2. Terminsgebühr (VV 4114).** Die Terminsgebühr entsteht für die anwaltliche Teilnahme an der Hauptverhandlung. Der Begriff der Hauptverhandlung beurteilt sich auch im Vergütungsrecht nach den formell-rechtlichen Voraussetzungen des § 243 I StPO.

9 Der Rechtsanwalt erhält die Terminsgebühr auch, wenn er zu einem anberaumten Termin erscheint, dieser aber aus Gründen, die er nicht zu vertreten hat, nicht stattfindet. Dies gilt nicht, wenn er rechtzeitig von der Aufhebung oder Verlegung des Termins in Kenntnis gesetzt worden ist. Zu den Voraussetzungen für das Entstehen der Terminsgebühr für einen **„geplatzten Termin"** wird auf die Kommentierung zu → VV Vorb. 4 Rn. 22 ff. verwiesen.

10 Für die weiteren Voraussetzungen des Anfalls der Terminsgebühr, wie zB die **Teilnahme** des Verteidigers an der Hauptverhandlung, sowie die Fragen zum ver-

gütungsrechtlichen **Beginn** und **Ende** der Hauptverhandlung wird auf die Kommentierung zu → VV 4108 Rn. 9 ff. verwiesen.

IV. Verbindung, Trennung und Verweisung von Verfahren. Für die allgemeinen Wirkungen der Verbindung, Trennung und Verweisung wird auf die Kommentierung zu → VV Vorb. 4 Rn. 39 ff. verwiesen. 11

1. Verfahrensverbindung. Bei der **Verfahrensgebühr** VV 4112 führt eine Verfahrensverbindung zu der vergütungsrechtlichen Folge, dass in den vor der Verbindung bestehenden Verfahren eine dort entstandene Verfahrensgebühr dem Verteidiger erhalten bleibt. In dem verbundenen Verfahren entsteht in demselben Verfahrensabschnitt oder Rechtszug die Verfahrensgebühr VV 4112 nicht noch einmal. Etwas anderes gilt bei der Verbindung **zum Zwecke der gleichzeitigen Verhandlung** nach § 237 StPO. Vergütungsrechtlich wirkt sich diese Verbindung nicht auf die Selbständigkeit zur gemeinsamen Verhandlung verbundenen Verfahren aus, so dass auch nach Verbindung in jedem Verfahren weiterhin gesonderte Gebühren entstehen. 12

Bei den **Terminsgebühren** ist hinsichtlich der Verfahrensverbindung zu beachten, zu welchem Zeitpunkt die Verbindung stattgefunden hat. Erfolgt die Verbindung nach Aufruf aller Sachen, hat in den jeweiligen Verfahren eine Hauptverhandlung stattgefunden, so dass dem, in jeder aufgerufenen Sache tätigen, Rechtsanwalt eine Terminsgebühr entsteht. Im Übrigen wird auf die Kommentierung zu → VV 4108 Rn. 12 f. verwiesen. 13

2. Verfahrenstrennung. Die Verfahrenstrennung hat auf bereits entstandene Verfahrensgebühren oder Terminsgebühren keine Auswirkung. Bis zur Trennung handelt es sich um eine gebührenrechtliche Angelegenheit. Nach der Trennung handelt sich um verschiedene und gebührenrechtlich eigenständige Angelegenheiten. Erfolgt demnach die Trennung eines einheitlichen Verfahrens in mehrere Verfahren und wird der Verteidiger in den abgetrennten Verfahren tätig, entsteht die Verfahrens- und Terminsgebühren in dem abgetrennten Verfahren erneut. 14

3. Verweisungen. Bei Horizontalverweisungen bzw. Abgaben (§ 20 1, § 270 StPO) kann der Verteidiger bereits entstandene Gebühren nicht nochmals verlangen. Bei erfolgten Diagonalverweisungen an das Gericht eines niedrigeren Rechtszuges (§ 20 2; § 328 II StPO) gilt das Verfahren vor dem Gericht, an das verwiesen worden ist, als neuer Rechtszug und der an beiden Verfahren beteiligte Rechtsanwalt kann erneut Verfahrens- und Terminsgebühren beanspruchen (Gerold/Schmidt/Mayer § 20 Rn. 8). 15

4. Zurückverweisung. Das Verfahren nach erfolgter Zurückverweisung gilt als neue Angelegenheit. Der Rechtsanwalt kann somit die Verfahrens- und Terminsgebühren im nachfolgenden Verfahren gesondert und ggf. zusätzlich zu den Gebühren, die bereits im vorhergehenden Verfahren entstanden sind, geltend machen. 16

V. Gebührenbestimmung Verfahrensgebühr (VV 4112). Als „Dauergebühr" erstreckt sich die Verfahrensgebühr über den gesamten Verfahrensabschnitt und fällt deshalb mit jeder mandatsbezogenen Tätigkeit im gerichtlichen Verfahren (neu) an. Im Übrigen kann auf die von der Verfahrensgebühr umfassten Tätigkeiten auf die Kommentierung zu → VV Vorb. 4 Rn. 13 ff. und zu → VV 4106 Rn. 19 ff. verwiesen werden. 17

Der **gerichtlich bestellte oder beigeordnete** Verteidiger erhält, vom Aufwand der Tätigkeit unabhängig, eine Festgebühr. Liegen die Voraussetzungen vor, kann der Verteidiger einen mit der Angelegenheit verbundenen erheblichen Aufwand im Rahmen des § 51 geltend machen. Zu den Fragen der Beiordnung wird auf die Kommentierung zu → VV Vorb. 4 Rn. 56 ff. verwiesen. Für den **Wahlverteidiger** ist die Gebühr als Betragsrahmengebühr ausgestaltet, deren konkrete Höhe nach § 14 I 1 bestimmt wird. 18

Für die bei der Gebührenbestimmung zu berücksichtigenden Kriterien wird zunächst auf die Kommentierung zu → § 14 Rn. 1 ff. und zu → VV Vorb. 4 Rn. 73 ff. verwiesen. Liegen die Voraussetzungen vor, kann eine Pauschgebühr nach § 42 geltend machen. 19

Bei der Bestimmung des Betragsrahmens ist zu berücksichtigen, dass sich die Verfahrensgebühr nach der **Ordnung des Gerichts** bestimmt und somit bereits in 20 ihrem Grundanfall für die Verfahren vor der Strafkammer eine Steigerung nach der Wertigkeit der Angelegenheit beinhaltet. Daraus folgt, dass im Gegensatz zur Grund- und Ermittlungsverfahrensgebühr nicht alle Verfahren vergleichend herangezogen werden dürfen, sondern nur die Verfahren desselben Rechtszuges. Dies lässt zugleich den Rechtszug als solches als wertendes Merkmal ausscheiden, da sonst eine **Doppelberücksichtigung** stattfindet (Lissner RVGreport 2013, 166).

21 **VI. Gebührenbestimmung Terminsgebühr (VV 4114).** Bei der Terminsgebühr wird hinsichtlich der Höhe der Gebühr nicht zwischen dem ersten Hauptverhandlungstermin und den Fortsetzungsterminen unterschieden. Der Verteidiger erhält für die Teilnahme an jeden anberaumten Hauptverhandlungstermin eine Terminsgebühr aus dem gleichen Betragsrahmen oder in Form der Festgebühr.

22 **1. Gebührenbestimmung des Pflichtverteidigers.** Der gerichtlich bestellte oder beigeordnete Rechtsanwalt erhält unabhängig vom Aufwand und Schwierigkeit der Tätigkeit im gerichtlichen Verfahren eine Festgebühr. Bei der Terminsgebühr besteht die Besonderheit, dass dem gerichtlich bestellten oder beigeordneten Verteidiger für überlange Hauptverhandlungstermine ein Längenzuschlag zusteht.

23 **a) Längenzuschlag (VV 4116, 4117).** Mit den **gesondert** zu den herkömmlichen Terminsgebühren zu gewährenden **Zusatzgebühren** in Form des Längenzuschlags, soll für den Pflichtverteidiger der besondere Zeitaufwand und anwaltliche Tätigkeit bei überlangen Hauptverhandlungsterminen honoriert werden (BT-Drs. 15/1971, 224).

23a Nimmt der Pflichtverteidiger an Hauptverhandlungsterminen teil, die mehr als fünf und bis acht Stunden andauern, erhält er neben der Terminsgebühr VV 4114 die gesonderte Zusatzgebühr VV 4116. Erfolgt die Teilnahme an einem Hauptverhandlungstermin, der mehr als acht Stunden andauert, erhält der Pflichtverteidiger den Längenzuschlag nach VV 4117.

24 **b) Berechnung der Verhandlungsdauer.** Für die Berechnung der Hauptverhandlungsdauer bestimmt sich die Berücksichtigung von Pausen- und Unterbrechungszeiten während der Hauptverhandlung nach VV Vorb. 4.1 III. Insoweit wird auf die dortige Kommentierung verwiesen → VV Vorb. 4.1 Rn. 25 ff. Für das zu beachtende Übergangsrecht wird auf → VV Vorb. 4.1 Rn. 35 ff. und auf § 60 verwiesen.

25 **2. Gebührenbestimmung durch den Wahlverteidiger.** Für die bei der Gebührenbestimmung zu berücksichtigenden Kriterien wird zunächst auf die Kommentierung zu → § 14 Rn. 1 ff. und zu → VV Vorb. 4 Rn. 73 ff. verwiesen. Liegen die Voraussetzungen vor, kann er eine Pauschgebühr nach § 42 geltend machen.

26 Bei der Terminsgebühr findet **keine Pauschalbewertung** mehrerer Hauptverhandlungstermine statt – der Rechtsanwalt kann für jeden Termin eine in der Höhe individuell bestimmte Terminsgebühr in Ansatz bringen (OLG Nürnberg RVGreport 2014, 463).

26a In die Gebührenbestimmung der Terminsgebühr fließt der **tatsächliche Umfang** der anwaltlichen Tätigkeit in dem jeweiligen Hauptverhandlungstermin ein. Hierbei ist insbesondere die Dauer der tatsächlichen Teilnahme an dem jeweiligen Hauptverhandlungstermin von Bedeutung, wobei **Unterbrechungen** oder **Pausenzeiten** entsprechend der Regelung in VV Vorb. 4.1 III zu berücksichtigen sind (siehe die Kommentierung zu → VV Vorb. 4.1 Rn. 25 ff.).

27 Die **durchschnittlichen Verhandlungsdauern,** die den Weg zur Mittelgebühr eröffnen, belaufen sich nach Burhoff bei Verfahren vor der Strafkammer auf etwa **drei bis vier Stunden** (Gerold/Schmidt/Burhoff VV Vorbemerkung 4 Rn. 34). Als Hilfestellung können die Längenzuschläge für den Pflichtverteidiger herbeigezogen werden. Im Übrigen wird für die weitere Gebührenbestimmung und die von der Terminsgebühr erfassten Tätigkeiten auf die Kommentierung zu → VV 4108 Rn. 33 f. verwiesen.

28 **VII. Haftzuschlag (VV 4113, 4115).** Zu den allgemeinen Voraussetzungen des Haftzuschlags wird auf die Kommentierung zu → VV Vorb. 4 Rn. 29 ff. verwiesen.

29 Im Hinblick der Besonderheiten zum Haftzuschlag bei der Verfahrens- und der Terminsgebühr wird auf die Kommentierung der Gebühren im amtsgerichtlichen Verfahren verwiesen → VV 4106 Rn. 21 ff. und → VV 4108 Rn. 30 f.

Nr.	Gebührentatbestand	Gebühr oder Satz der Gebühr nach § 13 oder § 49 RVG	
		Wahlanwalt	gerichtlich bestellter oder beigeordneter Rechtsanwalt
4118	**Verfahrensgebühr für den ersten Rechtszug vor dem Oberlandesgericht, dem Schwurgericht oder der Strafkammer nach den §§ 74a und 74c GVG ....** **Die Gebühr entsteht auch für Verfahren vor der Jugendkammer, soweit diese in Sachen entscheidet, die nach den allgemeinen Vorschriften zur Zuständigkeit des Schwurgerichts gehören.**	**110,00 bis 759,00 €**	**348,00 €**
4119	**Gebühr 4118 mit Zuschlag ....**	**110,00 bis 949,00 €**	**424,00 €**
4120	**Terminsgebühr je Hauptverhandlungstag in den in Nummer 4118 genannten Verfahren ....**	**143,00 bis 1023,00 €**	**466,00 €**
4121	**Gebühr 4120 mit Zuschlag ....**	**143,00 bis 1279,00 €**	**569,00 €**
4122	**Der gerichtlich bestellte oder beigeordnete Rechtsanwalt nimmt mehr als 5 und bis 8 Stunden an der Hauptverhandlung teil:** **Zusätzliche Gebühr neben der Gebühr 4120 oder 4121 ....**		**233,00 €**
4123	**Der gerichtlich bestellte oder beigeordnete Rechtsanwalt nimmt mehr als 8 Stunden an der Hauptverhandlung teil:** **Zusätzliche Gebühr neben der Gebühr 4120 oder 4121 ....**		**466,00 €**

I. Normzweck. Die Verfahrensgebühr VV 4118 vergütet das Verfahren im ersten Rechtszug vor dem Oberlandesgericht, dem Schwurgericht beim Landgericht oder Jugendkammer, soweit diese in Sachen entscheidet, die nach den allgemeinen Vorschriften zur Zuständigkeit des Schwurgerichts gehören. Mit der Gebühr werden nur die Tätigkeiten im gerichtlichen Verfahren außerhalb der Hauptverhandlung abgegolten, da für die Teilnahme an den Hauptverhandlungsterminen die gesonderten Terminsgebühren VV 4120 entstehen. Für den gerichtlich bestellten oder beigeordneten Verteidiger entstehen bei überlangen Hauptverhandlungsterminen die Längenzuschläge nach VV 4122, 4123. 1

II. Persönlicher Anwendungsbereich. Die Gebührentatbestände gelten für den Wahlverteidiger und den gerichtlichen bestellten oder beigeordneten Verteidiger. Über Vorb. 4 I entsteht die Verfahrens- und Terminsgebühren ebenso für den Beistand oder Vertreter eines Privatklägers, eines Nebenklägers, eines Einziehungs- oder Nebenbeteiligten, eines Verletzten, eines Zeugen oder Sachverständigen. Der Längenzuschlag nach VV 4110, 4111 steht einzig dem gerichtlichen bestellten oder beigeordneten Verteidiger zu. 2

3 **III. Sachlicher Anwendungsbereich.** Die Verfahrens- und Terminsgebühren für das erstinstanzliche Verfahren vor dem Landgericht und Oberlandesgericht entstehen in folgenden Verfahren:
– erstinstanzliche Verfahren vor dem Oberlandesgericht (vgl. § 120 GVG),
– Schwurgerichtsverfahren (vgl. § 74 II GVG),
– Jugendsachen, die bei einer Verhandlung vor dem Erwachsenengericht Schwurgerichtssachen wären (§ 41 I Nr. 1 JGG),
– Verfahren der Staatsschutzkammer (vgl. § 74a GVG),
– Verfahren der Wirtschaftsstrafkammer (vgl. § 74c GVG).

4 **1. Verfahrensgebühr (VV 4118).** Der sachliche bzw. zeitliche Anwendungsbereich der Verfahrensgebühr für das gerichtliche Verfahren ergibt sich aus der Abgrenzung zu der Gebühr für das vorbereitende Verfahren VV 4104 (siehe Kommentierung zu → VV 4104 Rn. 3 f.).

5 **a) Beginn des gerichtlichen Verfahrens.** Das vorbereitende Verfahren endet trennscharf mit dem Eingang der Anklageschrift bei Gericht. Dies bildet zugleich die zeitliche Zäsur zur Verfahrensgebühr VV 4112. Alle diesem Zeitpunkt nachfolgenden Tätigkeiten unterfallen dem gerichtlichen Verfahren. Demzufolge umfasst die Gebühr VV 4118 auch die anwaltliche Tätigkeit im **Zwischenverfahren** (§§ 199–211 StPO).

6 **b) Beendigung des gerichtlichen Verfahrens.** Das gerichtliche Verfahren endet entweder mit dessen endgültiger Einstellung oder durch Verkündung des Urteils, wobei letzteres nicht den absoluten Beendigungszeitpunkt darstellt. Insoweit gehört nach § 19 I Nr. 10 die Einlegung von Rechtsmitteln noch zum vorinstanzlichen Verfahren, so dass auch noch die diesbezügliche Beratung des Mandanten zum vorherigen Rechtszug gehört. Legt allerdings ein neuer Rechtsanwalt das Rechtsmittel ein, entsteht für diesen die Verfahrensgebühr für die Rechtsmittelinstanz.

7 **2. Terminsgebühr (VV 4120).** Die Terminsgebühr entsteht für die anwaltliche Teilnahme an der Hauptverhandlung. Der Begriff der Hauptverhandlung beurteilt sich auch im Vergütungsrecht nach den formell-rechtlichen Voraussetzungen des § 243 I StPO.

8 Für die weiteren Voraussetzungen des Anfalls der Terminsgebühr, wie zB die **Teilnahme** des Verteidigers an der Hauptverhandlung, sowie die Fragen zum vergütungsrechtlichen **Beginn** und **Ende** der Hauptverhandlung wird auf die Kommentierung zu → VV 4108 Rn. 9 ff. verwiesen.

9 Der Rechtsanwalt erhält die Terminsgebühr auch, wenn er zu einem anberaumten Termin erscheint, dieser aber aus Gründen, die er nicht zu vertreten hat, nicht stattfindet. Dies gilt nicht, wenn er rechtzeitig von der Aufhebung oder Verlegung des Termins in Kenntnis gesetzt worden ist. Zu den Voraussetzungen für das Entstehen der Terminsgebühr für einen **„geplatzten Termin"** wird auf die Kommentierung zu → VV Vorb. 4 Rn. 22 ff. verwiesen.

10 **IV. Verbindung, Trennung und Verweisung von Verfahren.** Für die allgemeinen Wirkungen der Verbindung, Trennung und Verweisung wird auf die Kommentierung zu → VV Vorb. 4 Rn. 36 f. verwiesen.

10a Für die besonderen Auswirkungen der Verbindung, Trennung und Verweisung auf die Verfahrensgebühren und Terminsgebühren wird auf die Kommentierung zum erstinstanzlichen Verfahren vor der Strafkammer des Landgerichts verwiesen → VV 4111 Rn. 12 f.

11 **V. Gebührenbestimmung Verfahrensgebühr (VV 4118).** Bei der Gebührenbestimmung der Verfahrensgebühr des gerichtlichen Verfahrens bestehen keine Besonderheiten gegenüber der Verfahrensgebühr VV 4106, so dass auf die entsprechende Kommentierung zu → VV 4106 Rn. 15 ff. verwiesen wird.

12 **VI. Gebührenbestimmung Terminsgebühr, VV 4120.** Bei der Terminsgebühr ergeben sich hinsichtlich der Bestimmung der Betragsrahmengebühr sowie der Längenzuschläge keine Besonderheiten gegenüber dem Verfahren vor dem Amtsgericht oder der Strafkammer des Landgerichts.

12a Zur Bestimmung der Betragsrahmengebühr kann daher auf die Kommentierung zu → VV 4108 Rn. 21 ff. und zu → VV 4114 Rn. 21 ff. verwiesen werden. Bezüglich der Voraussetzungen für die Gewährung der Längenzuschläge für den gerichtlich bestellten oder beigeordneten Verteidiger wird auf die Kommentierung zu → VV Vorb. 4.1 Rn. 25 ff. verwiesen. Für das zu beachtende Übergangsrecht wird auf → VV Vorb. 4.1 Rn. 35 ff. und auf § 60 verwiesen.

VII. Haftzuschlag (VV 4119, 4121). Zu den allgemeinen Voraussetzungen des Haftzuschlags wird auf die Kommentierung zu → VV Vorb. 4 Rn. 29 ff. verwiesen. 13

Im Hinblick der Besonderheiten zum Haftzuschlag bei der Verfahrens- und der Terminsgebühr wird auf die Kommentierung der Gebühren im amtsgerichtlichen Verfahren verwiesen → VV 4106 Rn. 21 ff. und → VV 4108 Rn. 30 ff. 14

Berufung

Nr.	Gebührentatbestand	Gebühr oder Satz der Gebühr nach § 13 oder § 49 RVG: Wahlanwalt	Gebühr oder Satz der Gebühr nach § 13 oder § 49 RVG: gerichtlich bestellter oder beigeordneter Rechtsanwalt
4124	**Verfahrensgebühr für das Berufungsverfahren ....**	**88,00 bis 616,00 €**	**282,00 €**
	Die Gebühr entsteht auch für Beschwerdeverfahren nach § 13 StrRehaG.		
4125	**Gebühr 4124 mit Zuschlag ....**	**88,00 bis 770,00 €**	**343,00 €**
4126	**Terminsgebühr je Hauptverhandlungstag im Berufungsverfahren ...**	**88,00 bis 616,00 €**	**282,00 €**
	Die Gebühr entsteht auch für Beschwerdeverfahren nach § 13 StrRehaG.		
4127	**Gebühr 4126 mit Zuschlag ....**	**88,00 bis 770,00 €**	**343,00 €**
4128	**Der gerichtlich bestellte oder beigeordnete Rechtsanwalt nimmt mehr als 5 und bis 8 Stunden an der Hauptverhandlung teil: Zusätzliche Gebühr neben der Gebühr 4126 oder 4127 ....**		**141,00 €**
4129	**Der gerichtlich bestellte oder beigeordnete Rechtsanwalt nimmt mehr als 8 Stunden an der Hauptverhandlung teil: Zusätzliche Gebühr neben der Gebühr 4126 oder 4127 ....**		**282,00 €**

Übersicht

1 **I. Normzweck.** Die Gebührentatbestände VV 4124–4129 enthalten die Gebühren für den im Berufungsverfahren tätigen Verteidiger und erstrecken sich auch auf das Beschwerdeverfahren nach § 13 StrRehaG.

2 Die Gebühren des Berufungsverfahrens unterfallen derselben strukturellen Gliederung wie die für das erstinstanzliche Verfahren. Der im Berufungsverfahren tätige Verteidiger erhält für das Betreiben des Geschäfts die Verfahrensgebühr und für jeden Hauptverhandlungstag im Berufungsverfahren eine Terminsgebühr. Auch die Gewährung der Haft- und Längenzuschläge erfolgt aus denselben Erwägungen wie im erstinstanzlichen Verfahren (BT-Drs. 15/1071, 226).

3 **II. Persönlicher Anwendungsbereich.** Die Gebührentatbestände im Berufungsverfahren gelten für den Wahlverteidiger und den gerichtlich bestellten oder beigeordneten Verteidiger. Über Vorb. 4 I entsteht die Verfahrens- und Terminsgebühr ebenso für den Beistand oder Vertreter eines Privatklägers, eines Nebenklägers, eines Einziehungs- oder Nebenbeteiligten, eines Verletzten, eines Zeugen oder Sachverständigen. Der Längenzuschlag nach VV 4128, 4129 steht einzig dem gerichtlich bestellten oder beigeordneten Verteidiger zu.

4 Für die (streitigen) Vergütungsansprüche des **Zeugenbeistands** und **Terminsvertreters** wird auf die Kommentierung zu → VV Vorb. 4.1 Rn. 4 ff. verwiesen.

5 **III. Sachlicher Anwendungsbereich.** Der Anspruch auf die Gebühren des Berufungsverfahrens entsteht in **zeitlicher Hinsicht** nur für den Verteidiger, der im Berufungsrechtszug Tätigkeiten erbringt, die die Verfahrensgebühr oder Terminsgebühr entstehen lassen.

5a Das Berufungsverfahren beginnt formell-rechtlich mit der Einlegung des Rechtsmittels (§ 314 I StPO) und endet mit Erlass des Berufungsurteils oder eines verfahrensabschließenden Beschlusses. Zu bedenken ist hierbei, dass sich infolge des § 19 I Nr. 10 der **verfahrensrechtliche** und **vergütungsrechtliche** Beginn des Berufungsverfahrens nicht decken müssen.

6 **1. Verfahrensgebühr (VV 4124).** Die Verfahrensgebühr ist im Berufungsverfahren und im Verfahren nach § 13 StrRehaG eine Dauergebühr, die den gesamten Verfahrensabschnitt erfasst. Die Verfahrensgebühr entsteht gem. VV Vorb. 4 II mit „dem Betreiben des Geschäfts" und gilt die gesamte anwaltliche Tätigkeit im Instanzenzug ab. Die Gebühr fällt demgemäß immer (dauerhaft) an, wenn der Verteidiger innerhalb seines Mandats das „Geschäft betreibt". Insoweit wird auf die Allgemeinen Ausführungen in → VV Vorb. 4 Rn. 14 f. verwiesen.

7 **a) Berufung durch neuen Verteidiger.** Wird das Rechtsmittel durch einen für den Angeklagten **erstmals** im Berufungsverfahren tätigen Verteidiger eingelegt, löst bereits die Einlegung des Rechtsmittels die Verfahrensgebühr VV 4124 aus, wobei für die erste Einarbeitung auch die von der Ordnung des Gerichts unabhängige Grundgebühr VV 4100 entsteht. In diesem Fall endet das Berufungsverfahren erst mit der Einlegung der Revision (§ 19 I Nr. 10).

b) Berufung durch bisherigen Verteidiger. Erfolgt die Einlegung der Berufung durch den Verteidiger, der bereits im erstinstanzlichen Verfahren tätig war, gehört die Einlegung des Rechtsmittels noch zum Abgeltungsbereich der Verfahrensgebühr VV 4106. Die Gebühr VV 4124 entsteht erst zu dem Zeitpunkt, zu welchem der Verteidiger Tätigkeiten entfaltet, die über die Einlegung der Berufung und die diesbezügliche Beratung hinausgehen. Die Gebühr entsteht bei Begründung der Berufung oder wenn der Mandant **nach** Einlegung des Rechtsmittels über die Rücknahme oder das weiterbetreiben des Rechtsmittelverfahrens beraten wird (Riedel/Sußbauer/Kremer VV 4124 Rn. 4). 8

c) Missbrauch des Rechtsmittels. Ein Missbrauch des Rechtsmittels, bei dem die anwaltliche Tätigkeit nicht vom Verteidigungswillen getragen wird, sondern allein dem Vergütungsinteresse dient, führt nicht zum Anfall der Verfahrensgebühr (KG AGS 2009, 389). 9

Da sich die für das Entstehen und den Anfall der Verfahrensgebühr VV 4124 notwendigen anwaltlichen Tätigkeiten nicht unbedingt aus den Verfahrensakten ergeben müssen, sollten die Voraussetzungen der Verfahrensgebühr im Festsetzungsverfahren bei Bedarf in Form des § 55 V 1 oder des § 464b StPO iVm § 104 II 1 ZPO **nachgewiesen werden können** (siehe Kommentierung zu → VV Vorb. 4 Rn. 71 ff.). 10

d) Berufung durch Staatsanwaltschaft. Erfolgt die Einlegung des Rechtsmittels durch die Staatsanwaltschaft, kommt es im Hinblick auf das Entstehen der Verfahrensgebühr VV 4124 zunächst weder auf den Erhalt noch auf die Kenntnis des Rechtsmittels durch den Verteidiger an (Gerold/Schmidt/Burhoff VV 4124, Rn. 7). 11

In Rechtsprechung und Literatur ist die **Erstattungsfähigkeit** (nicht das Entstehen!) der Berufungsverfahrensgebühr in den Fällen umstritten, in denen die Staatsanwaltschaft die Berufung eingelegt, der Verteidiger rein informatorische Tätigkeiten entfaltet und das Rechtsmittel ohne Erstellen der Begründung zurückgenommen wird (**nicht erstattungsfähig:** KG JurBüro 2012, 471; OLG Bremen NStZ-RR 2011, 391; OLG Rostock JurBüro 2009, 541 = BeckRS 2009, 20370; OLG Frankfurt NStZ-RR 1999, 351; OLG Koblenz NStZ 2007, 423; Mayer/Kroiß/Kroiß VV 4124 Rn. 3; so wohl auch Riedel/Sußbauer/Kremer VV 4124 Rn. 4; NK-GK/Stollenwerk VV 4130–4135, Rn. 16; **erstattungsfähig:** OLG Oldenburg StV 1998, 615; LG Hannover JurBüro 2014, 190; Gerold/Schmidt/Burhoff VV 4124, Rn. 7 f.). 12

Im Festsetzungsverfahren nach § 55 stehen der Landeskasse dieselben Einwendungen zu, die der Partei gegenüber ihrem Rechtsanwalt zustünden Gerold/Schmidt/Müller-Rabe § 55 Rn. 49). Hierzu gehört u. a. die Verursachung **nicht notwendiger Gebühren** bzw. Kosten (Gerold/Schmidt/Müller-Rabe § 1 Rn. 166). 13

Die Verfahrensgebühr für das Berufungsverfahren entsteht gem. VV Vorb. 4 II für das „Betreiben des Geschäfts", wozu auch die Beratung des Mandanten gehört. Wird nun seitens der Staatsanwaltschaft Berufung eingelegt, ist deren Begründung in § 317 StPO gesetzlich vorgesehen jedoch nicht zwingend notwendig. Aber erst die vorliegende Begründung kann Angeklagten und Verteidiger über das mit dem Rechtsmittel verfolgte Ziel informieren. Ohne vorliegende Begründung kann der Verteidiger zunächst nur Auskünfte zu einem fiktiven Verfahrensablauf geben, die informeller Natur sind – bereits hier bestehen nach hiesiger Auffassung Bedenken, ob diese lediglich informellen Auskünfte zum „Betreiben des Geschäfts" im Berufungsverfahren gehören oder noch von der Gebühr des erstinstanzlichen Verfahrens abgedeckt werden. 13a

Die **notwendige und insoweit erstattungsfähige** Entfaltung von Tätigkeiten in Form einer zielgerichteten Beratung oder dem Aufbau einer Verteidigungsstrategie kann der Verteidiger erst vornehmen, wenn das eingelegte Rechtsmittel von der Staatsanwaltschaft begründet wird, so dass nach hiesiger Auffassung erst in diesen Fällen die Verfahrensgebühr VV 4124 erstattungsfähig ist. 13b

e) „Sperr-Berufung". Ist gegen das amtsgerichtliche Urteil durch den Angeklagten Sprungrevision und durch die Staatsanwaltschaft Berufung eingelegt worden, behandelt § 335 III StPO, solange die Berufung nicht zurückgenommen oder als unzulässig verworfen ist, die rechtzeitig und in der vorgeschriebenen Form eingelegte Revision als Berufung. 14

14a In diesem Fall entstehen die Vergütungsansprüche für die Tätigkeit im Berufungsverfahren neben der Verfahrensgebühr für die Revision (LG Hamburg StraFo 2014, 526 = BeckRS 2015, 00991; BeckOK RVG/Knaudt VV 4124 Rn. 8; Riedel/Sußbauer/Kremer VV 4124 Rn. 9; **aA** NK-GK/Stollenwerk VV 4130–4135 Rn. 21).

15 **2. Terminsgebühr (VV 4126).** Die Terminsgebühr entsteht für die anwaltliche Teilnahme an der Berufungshauptverhandlung. Der Begriff der Hauptverhandlung beurteilt sich auch im Vergütungsrecht nach den formell-rechtlichen Voraussetzungen der §§ 324, 243 I StPO. Gemäß der Anmerkung entsteht die Terminsgebühr auch für die Terminsteilnahme innerhalb des Beschwerdeverfahrens nach § 13 StrRehaG.

16 **a) Beginn der Berufungshauptverhandlung.** Nach §§ 324, 243 StPO beginnt die Berufungshauptverhandlung mit dem Aufruf der Sache. Die Anwesenheit der zum konkreten Hauptverhandlungstermin geladenen Angeklagten, Verteidiger, Zeugen, etc. stellt der Vorsitzende durch Aufruf der Namen fest.

16a Unterbleibt der ausdrückliche Aufruf der Sache, beginnt die Hauptverhandlung mit der Handlung des Vorsitzenden, die als Erste erkennbar macht, dass die Sache verhandelt wird (OLG Bremen NStZ-RR 2013, 128; OLG Dresden NStZ-RR 2009, 128; Gercke/Julius/Temming/Zöller/Temming StPO § 243 Rn. 3).

17 **b) Ende der Berufungshauptverhandlung.** Im Hinblick auf die Beendigung muss beachtet, werden, dass sich formell-rechtliches und vergütungsrechtliches Ende nicht decken. Formell-rechtlich endet die Berufungshauptverhandlung nach §§ 324, 260 I StPO mit der auf die Beratung folgenden Urteilsverkündung.

18 Das **vergütungsrechtliche** Ende tritt hingegen zu dem Zeitpunkt ein, zu welchem der Vorsitzende nach Urteilsverkündung und anschließender Rechtsmittelbelehrung die Verhandlung schließt. Dieses Abweichen begründet sich darin, dass der Verteidiger den Angeklagten auch während der Rechtsmittelbelehrung zu begleiten und darauf zu achten hat, dass diese korrekt erfolgt und vom Angeklagten verstanden wird (OLG Düsseldorf JurBüro 2011, 197).

19 **c) Teilnahme des Verteidigers.** Nach VV Vorb. 4 III entsteht die Terminsgebühr für die **Teilnahme** des Verteidigers an gerichtlichen Terminen. Aus dem Wortlaut der Vorb. „Teilnahme" folgt, dass die Terminsgebühr bereits die Anwesenheit des Verteidigers am Hauptverhandlungstermin vergütet.

20 Im Gegensatz zum Wortlaut der Terminsgebühr VV 4102 Nr. 3 und 4 verlangt die Terminsgebühr VV 4126, 4127 **kein aktives Verhandeln** des Verteidigers, welches idR aus der mündlichen Besprechung der tatsächlichen und rechtlichen Voraussetzungen oder einer kontroversen Diskussion besteht. Der Verteidiger muss daher auch nicht in irgendeiner Form zu der Angelegenheit Stellung genommen haben. Für das Entstehen der Terminsgebühr genügt somit die tatsächliche (physische) Anwesenheit des Verteidigers in der Berufungshauptverhandlung (Burhoff/Volpert/Burhoff RVG Straf- und Bußgeldsachen VV Vorb. 4 Rn. 68).

21 Demzufolge ist der Umfang der im Termin entfalteten anwaltlichen Tätigkeit für den Anfall der Terminsgebühr unerheblich. Die Tätigkeiten schlagen sich aber in der Gebührenbemessung der Betragsrahmengebühr nach § 14 I 1 nieder.

22 Unzureichend ist allerdings, wenn der Verteidiger lediglich als **Zuhörer** in der Hauptverhandlung anwesend ist. Ebenso reicht es für die Entstehung der Terminsgebühr nicht aus, dass sich der Verteidiger **außerhalb des Sitzungssaales** – etwa für eine Beratung oder Beweismittelbeschaffung – aufhält (OLG Celle JurBüro 2017, 467).

23 Zu den Voraussetzungen für das Entstehen der Terminsgebühr für einen „geplatzten Termin" wird auf die Kommentierung zu → VV Vorb. 4 Rn. 22 ff. verwiesen.

24 **IV. Verbindung, Trennung und Verweisung von Verfahren.** Für die allgemeinen Wirkungen der Verbindung, Trennung und Verweisung wird auf die Kommentierung zu → VV Vorb. 4 Rn. 36 ff. verwiesen.

25 **1. Verfahrensverbindung.** Bei der Verfahrensgebühr VV 4124 führt eine Verfahrensverbindung zu der vergütungsrechtlichen Folge, dass bereits entstandene Gebühren dem Verteidiger erhalten bleiben. In dem verbundenen Verfahren entsteht in demselben Verfahrensabschnitt/Rechtszug die Verfahrensgebühr VV 4124, 4125 nicht noch einmal.

Etwas anderes gilt bei der Verbindung zum **Zwecke der gleichzeitigen Verhandlung** nach § 237 StPO. Vergütungsrechtlich wirkt sich diese Verbindung nicht auf die Selbständigkeit zur gemeinsamen Verhandlung verbundenen Verfahren aus, so dass auch nach Verbindung in jedem Verfahren weiterhin gesonderte Gebühren entstehen. 26

Bei den **Terminsgebühren** ist hinsichtlich der Verfahrensverbindung zu beachten, zu welchem Zeitpunkt die Verbindung stattgefunden hat. Erfolgt die Verbindung nach Aufruf aller Sachen, hat in den jeweiligen Verfahren eine Hauptverhandlung stattgefunden, so dass dem, in jeder aufgerufenen Sache tätigen, Rechtsanwalt eine Terminsgebühr entsteht. Im Übrigen wird auf die Kommentierung zu → VV 4108 Rn. 12 ff. verwiesen. 27

2. Verfahrenstrennung. Die Verfahrenstrennung hat auf bereits entstandene Verfahrensgebühren oder Terminsgebühren keine Auswirkung. Bis zur Trennung handelt es sich um eine gebührenrechtliche Angelegenheit. Nach der Trennung handelt sich um verschiedene und gebührenrechtlich eigenständige Angelegenheiten. Erfolgt demnach die Trennung eines einheitlichen Verfahrens in mehrere Verfahren und wird der Verteidiger in den abgetrennten Verfahren tätig, entsteht die Verfahrens- und Terminsgebühren in dem abgetrennten Verfahren erneut. 28

3. Verweisungen. Bei Horizontalverweisungen bzw. Abgaben (§ 20 S. 1, § 270 StPO) kann der Verteidiger bereits entstandene Gebühren nicht nochmals verlangen. 29

Bei **Diagonalverweisungen** an das Gericht eines niedrigeren Rechtszuges (§ 20 S. 2; § 328 II StPO) gilt das Verfahren vor dem Gericht, an das verwiesen worden ist, als neuer Rechtszug und der an beiden Verfahren beteiligte Rechtsanwalt kann erneut Verfahrens- und Terminsgebühren beanspruchen (Gerold/Schmidt/Mayer § 20 Rn. 8). 30

Wird das Verfahren beispielsweise nach Urteil der Berufungskammer des Landgerichts gem. § 328 II StPO an das Landgericht als erstinstanzliches Gericht verwiesen, weil das Amtsgericht unzutreffend seine Zuständigkeit angenommen hatte, fällt nach der Verfahrensgebühr VV 4124 beim Landgericht die Gebühr VV 4112 für das erstinstanzliche Verfahren an (Riedel/Sußbauer/Kremer VV 4124 Rn. 10; Gerold/Schmidt/Mayer § 20 Rn. 7; Mayer/Kroiß/Kroiß § 20 Rn. 19). 31

4. Zurückverweisung. Das Verfahren nach erfolgter Zurückverweisung gilt als neue Angelegenheit. Der Rechtsanwalt kann somit die Verfahrens- und Terminsgebühren im nachfolgenden Verfahren gesondert und ggf. zusätzlich zu den Gebühren, die bereits im vorhergehenden Verfahren entstanden sind, geltend machen. 32

V. Gebührenbestimmung Verfahrensgebühr (VV 4124). Für die Gebührenbestimmung der Verfahrensgebühr für das Berufungsverfahren bestehen keine Besonderheiten zu der Verfahrensgebühr VV 4106, so dass auf die entsprechende Kommentierung zu → VV 4106 Rn. 14 ff. verwiesen wird. 33

Im Rahmen des Berufungsverfahrens fließt neben den vorstehenden Kriterien und Tätigkeiten auch die Tatsache mit ein, ob und wie umfangreich der Rechtsanwalt die eingelegte Berufung begründet hat, oder wie umfangreich die Berufungsbegründung des Berufungsgegners war, mit der sich der Rechtsanwalt auseinandersetzen musste. Des Weiteren ist für die Gebührenbestimmung von Bedeutung, ob die Berufung (von Anfang an) lediglich auf das **Strafmaß beschränkt** war (LG Hannover JurBüro 2011, 304; Burhoff/Volpert/Burhoff RVG Straf- und Bußgeldsachen VV 4124 Rn. 23). 34

VI. Gebührenbestimmung Terminsgebühr (VV 4126). Bei der Terminsgebühr wird hinsichtlich der Höhe der Gebühr nicht zwischen dem ersten Berufungshauptverhandlungstermin und den Fortsetzungsterminen unterschieden. Der Verteidiger erhält für die Teilnahme an jeden anberaumten Termin eine Terminsgebühr aus dem gleichen Betragsrahmen oder in Form der Festgebühr. 35

1. Gebührenbestimmung des Pflichtverteidigers. Der gerichtlich bestellte oder beigeordnete Rechtsanwalt erhält unabhängig vom Aufwand und Schwierigkeit der Tätigkeit im gerichtlichen Berufungsverfahren die **Verfahrensgebühr** in Form der Festgebühr. Bei der **Terminsgebühr** besteht die Besonderheit, dass dem gerichtlich bestellten oder beigeordneten Verteidiger für überlange Hauptverhandlungstermine ein Längenzuschlag zusteht. 36

37 **a) Längenzuschlag (VV 4128, 4129).** Mit den neben der herkömmlichen Terminsgebühr zusätzlich zu gewährenden Längenzuschlag, soll für den Pflichtverteidiger der besondere Zeitaufwand und anwaltliche Tätigkeit bei überlangen Hauptverhandlungsterminen honoriert werden (BT-Drs. 15/1971, 224). Für die Bestimmung des Längenzuschlags bestehen keine Besonderheiten zu den Längenzuschlägen beim amtsgerichtlichen Verfahren, so dass auf die entsprechende Kommentierung zu → VV 4108 Rn. 22 ff. verwiesen wird.

38 **b) Pausen- und Unterbrechungszeiten.** Durch das Kostenrechtsänderungsgesetz 2021 wurde durch Einfügen des Abs. 3 in VV Vorb. 4.1. die Berücksichtigung von Pausen und Unterbrechungszeiten bei der Berechnung der Verhandlungsdauer endlich vereinheitlicht. Insoweit wird auf die dortige Kommentierung verwiesen → VV Vorb. 4.1 Rn. 25 ff. Für das zu beachtende Übergangsrecht wird auf → VV Vorb. 4.1 Rn. 35 ff. und auf § 60 verwiesen.

39 **2. Gebührenbestimmung durch den Wahlverteidiger.** Der Wahlverteidiger erhält die Terminsgebühr in Form einer Betragsrahmengebühr, deren konkrete Höhe nach § 14 I 1 bestimmt wird, so dass die Besonderheiten des Einzelfalles in die Bestimmung einfließen müssen (siehe Kommentierung zu → VV Vorb. 4 Rn. 73 ff.).

40 Bei der Terminsgebühr findet **keine Pauschalbewertung** mehrerer Berufungshauptverhandlungstermine statt – der Rechtsanwalt kann für jeden Termin eine in der Höhe individuell bestimmte Terminsgebühr in Ansatz bringen (OLG Nürnberg RVGreport 2014, 463). In die Gebührenbestimmung der Terminsgebühr fließt der tatsächliche Umfang und die Schwierigkeit der anwaltlichen Tätigkeit ein. Zum **Umfang** zählt insbesondere die Dauer der tatsächlichen Teilnahme an dem jeweiligen Hauptverhandlungstermin, wobei Unterbrechungen oder Pausenzeiten entsprechend der Regelung in VV Vorb. 4.1 III zu berücksichtigen sind.

40a Die durchschnittliche Verhandlungsdauer, die den Weg zur Mittelgebühr eröffnet, beläuft sich bei der Berufungshauptverhandlung zwischen **zwei bis zweieinhalb Stunden,** wobei durchschnittlich **drei bis vier Zeugen** vernommen (Mayer/Kroiß/Kroiß VV 4124 Rn. 4).

41 Überdies fließt auch die die **Schwierigkeit** der Angelegenheit mit in die Bestimmung ein, wie etwa schwierige Umstände bei der Informationsbeschaffung, die Bewertung sich widersprechender Zeugenaussagen oder die Auswertung und Bewertung umfangreicher Sachverständigengutachten sowie der Umfang des eingelegten Rechtsmittels (Beschränkung auf das Strafmaß).

42 **3. Haftzuschlag VV 4125, 4127).** Zu den allgemeinen Voraussetzungen des Haftzuschlags wird auf die Kommentierung zu → VV Vorb. 4 Rn. 29 ff. verwiesen.

42a Im Hinblick der Besonderheiten des Haftzuschlags bei der Verfahrens- und der Terminsgebühr wird auf die Kommentierung der Gebühren im amtsgerichtlichen Verfahren verwiesen → VV 4106 Rn. 21 ff. und → VV 4108 Rn. 30 ff.

Revision

Nr.	Gebührentatbestand	Gebühr oder Satz der Gebühr nach § 13 oder § 49 RVG	
		Wahlanwalt	gerichtlich bestellter oder beigeordneter Rechtsanwalt
4130	**Verfahrensgebühr für das Revisionsverfahren**	**132,00 bis 1221,00 €**	**541,00 €**
4131	**Gebühr 4130 mit Zuschlag**	**132,00 bis 1526,00 €**	**663,00 €**

Nr.	Gebührentatbestand	Gebühr oder Satz der Gebühr nach § 13 oder § 49 RVG	
		Wahlanwalt	gerichtlich bestellter oder beigeordneter Rechtsanwalt
4132	**Terminsgebühr je Hauptverhandlungstag im Revisionsverfahren ...**	**132,00 bis 616,00 €**	**300,00 €**
4133	**Gebühr 4132 mit Zuschlag ....**	**132,00 bis 770,00 €**	**361,00 €**
4134	**Der gerichtlich bestellte oder beigeordnete Rechtsanwalt nimmt mehr als 5 und bis 8 Stunden an der Hauptverhandlung teil:** **Zusätzliche Gebühr neben der Gebühr 4132 oder 4133 ....**		**150,00 €**
4135	**Der gerichtlich bestellte oder beigeordnete Rechtsanwalt nimmt mehr als 8 Stunden an der Hauptverhandlung teil:** **Zusätzliche Gebühr neben der Gebühr 4132 oder 4133 ....**		**300,00 €**

Übersicht

I. Normzweck. Die Gebühren VV 4130–4135 enthalten die Verfahrens- und Terminsgebühren für die anwaltliche Teilnahme im Revisionsverfahren. Die Gebühren des Revisionsverfahrens unterfallen derselben strukturellen Gliederung wie die für das erstinstanzliche Verfahren. 1

Der im Revisionsverfahren tätige Verteidiger erhält für das Betreiben des Geschäfts – insbesondere der Revisionsbegründung – die Verfahrensgebühr und für jeden Hauptverhandlungstag im Revisionsverfahren eine Terminsgebühr. Das Hauptaugenmerk im Revisionsverfahren liegt jedoch in der Revisionsbegründung, da hierdurch und durch das Urteil der „Streitstoff“ in der Revisionsinstanz fixiert wird (BT-Drs. 15/1971, 226). Im Revisionsverfahren spielt die Hauptverhandlung nur eine untergeordnete Rolle – der Bundesgerichtshof terminiert im 1520-Minuten-Takt. 2

II. Persönlicher Anwendungsbereich. Die Gebührentatbestände im Revisionsverfahren gelten für den Wahlverteidiger und den gerichtlich bestellten oder beigeordneten Verteidiger. Über Vorb. 4 I entsteht die Verfahrens- und Terminsgebühren ebenso für den Beistand oder Vertreter eines Privatklägers, eines Nebenklägers, 3 eines Einziehungs- oder Nebenbeteiligten, eines Verletzten, eines Zeugen oder Sachverständigen. Der Längenzuschlag nach VV 4128, 4129 steht einzig dem gerichtlich bestellten oder beigeordneten Verteidiger zu.

4 Für die (streitigen) Vergütungsansprüche des **Zeugenbeistands** und **Terminsvertreters** wird auf die Kommentierung zu → VV Vorb. 4.1 Rn. 4 ff. verwiesen.

5 **III. Sachlicher Anwendungsbereich.** Der Anspruch auf die Gebühren des Revisionsverfahrens entsteht in zeitlicher Hinsicht nur für den Verteidiger, der im Revisionsverfahren Tätigkeiten erbringt, die die Verfahrensgebühr oder Terminsgebühr entstehen lassen.

6 Das Revisionsverfahren beginnt formell-rechtlich mit der Einlegung des Rechtsmittels und endet mit Erlass des Revisionsurteils oder eines verfahrensabschließenden Beschlusses. Infolge der Regelung des § 19 I Nr. 10 müssen sich **verfahrensrechtlicher** und **vergütungsrechtlicher Beginn** des Revisionsverfahrens nicht decken (→ Rn. 10 ff.).

7 **1. Verfahrensgebühr (VV 4130).** Die Verfahrensgebühr ist eine Dauergebühr, die den gesamten Verfahrensabschnitt erfasst. Die Verfahrensgebühr entsteht gem. VV Vorb. 4 II mit „dem Betreiben des Geschäfts" und gilt die gesamte anwaltliche Tätigkeit im Instanzenzug ab. Die Gebühr fällt demgemäß immer (dauerhaft) an, wenn der Verteidiger innerhalb seines Mandats das „Geschäft betreibt"; zu den Tätigkeiten siehe Kommentierung zu → VV Vorb. 4 Rn. 14 ff.

8 **a) Revisionsbegründung.** Wie bereits aus der Gesetzesbegründung ersichtlich, soll die Verfahrensgebühr die Tätigkeit für die insbesondere im Revisionsverfahren zwingend nach § 344 StPO zu erstellende Rechtsmittelbegründung vergüten (BT-Drs. 15/1971, 226).

8a Aus der Revisionsbegründung muss hervorgehen, ob das Urteil wegen Verletzung einer Rechtsnorm über das Verfahren oder wegen Verletzung einer anderen Rechtsnorm angefochten wird. Den Voraussetzungen für die **Sachrüge** ist genüge getan, wenn in der Begründung die nicht weiter ausformulierte Erhebung der „allgemeinen Sachrüge" als auch die bloße Wendung, dass „die Verletzung sachlichen Rechts gerügt wird" enthalten ist (MüKoStPO/Knauer/Kudlich StPO § 344 Rn. 79).

9 Anders verhält es sich jedoch bei der **Verfahrensrüge,** deren Begründung vollständig und schlüssig dargelegt sein muss. Der Revisionsführer muss alle Tatsachen, die den Verfahrensmangel begründen vollständig und genau vortragen, so dass dem Revisionsgericht anhand dieser Grundlage prüfen kann, ob ein Verfahrensfehler vorliegt (MüKoStPO/Knauer/Kudlich StPO § 344 Rn. 99).

10 **b) Revision durch neuen Verteidiger.** Legt der erstmals im Revisionsverfahren tätige Verteidiger das Rechtsmittel der Revision ein, löst bereits die Einlegung des Rechtsmittels die Verfahrensgebühr VV 4130/4131 aus. Für die erstmalige Einarbeitung in den Rechtsfall entsteht zusätzlich neben der Verfahrensgebühr die von der Ordnung des Gerichts unabhängige Grundgebühr VV 4100.

11 **c) Revision durch bisherigen Verteidiger.** Erfolgt die Einlegung des Rechtsmittels durch den bisher tätigen Verteidiger, gehört dies noch zum Abgeltungsbereich der Verfahrensgebühr des vorherigen Rechtszuges. Die Gebühr für das Revisionsverfahren entsteht in diesem Fall erst zu dem Zeitpunkt, zu welchem der Verteidiger Tätigkeiten entfaltet, die über die Einlegung der Revision und die diesbezügliche Beratung hinausgehen.

12 Für das Entstehen der Gebühr genügt es ebenso, dass der Mandant **nach Einlegung** des Rechtsmittels über die Rücknahme oder das Weiterbetreiben des Rechtsmittelverfahrens beraten wird (Riedel/Sußbauer/Kremer VV 4124 Rn. 4). Wird die eingelegte Revision nicht begründet, sondern im Einverständnis des Mandanten zurückgenommen, ist die Gebühr VV 4130/4131 in den Fällen **erstattungsfähig,** in denen der Verteidiger aufgrund neuer Tatsachen (zB Prüfung der schriftlichen Urteilsgründe) seinem Mandanten die Revisionsrücknahme anrät (NK-GK/Stollenwerk VV 4130–4135 Rn. 20).

13 Ein **Missbrauch des Rechtsmittels,** bei dem die anwaltliche Tätigkeit nicht vom Verteidigungswillen getragen wird, sondern allein dem Vergütungsinteresse dient, führt nicht zum Anfall der Verfahrensgebühr (KG AGS 2009, 389). Da sich im Hinblick des Entstehens und des Anfalls der Verfahrensgebühr 4124, 4125 die

diesbezüglich entfaltete Tätigkeit nicht unbedingt aus den Verfahrensakten ergeben muss, sollten die Voraussetzungen der Verfahrensgebühr im Festsetzungsverfahren bei Bedarf in Form des § 55 V 1 oder des § 464b iVm § 104 II 1 ZPO **nachgewiesen werden können.**

d) Revision durch Staatsanwaltschaft. Erfolgt die Einlegung des Rechtsmittels durch die Staatsanwaltschaft, kommt es im Hinblick auf das Entstehen der Verfahrensgebühr VV 4130/4131 zunächst weder auf den Erhalt noch auf die Kenntnis des Rechtsmittels durch den Verteidiger an (Gerold/Schmidt/Burhoff VV 4124 Rn. 7). **14**

Da auch bei der Revision über die Erstattungsfähigkeit der Verfahrensgebühr gesprochen wird, wenn die die Staatsanwaltschaft das Rechtsmittel ohne es zu begründen zurückgenommen hat und der Verteidiger nur informatorische Tätigkeiten entfaltet, wird auf die Ausführungen zu → VV 4124 Rn. 12 ff. verwiesen. **14a**

e) Sprungrevision und „Sperr-Berufung". Wird gegen das amtsgerichtliche Urteil durch den Angeklagten Sprungrevision und durch die Staatsanwaltschaft Berufung eingelegt, wird gem. § 335 III StPO, solange die Berufung nicht zurückgenommen oder als unzulässig verworfen ist, die rechtzeitig und in der vorgeschriebenen Form eingelegte Revision als Berufung behandelt. In diesem Fall entstehen die Vergütungsansprüche für die Tätigkeit im Berufungsverfahren neben der Verfahrensgebühr für die Revision (LG Hamburg StraFo 2014, 526 = BeckRS 2015, 00991; BeckOK RVG/Knaudt VV 4124; Rn. 8; Riedel/Sußbauer/Kremer VV 4124 Rn. 9). **15**

2. Terminsgebühr (VV 4132). Für die Terminsgebühr wird auf die Ausführungen zum Berufungsverfahren verwiesen → VV 4126 Rn. 19 f. verwiesen. **16**

IV. Verbindung, Trennung und Verweisung von Verfahren. Für die allgemeinen Wirkungen der Verbindung, Trennung und Verweisung wird auf die Kommentierung zu → VV Vorb. 4 Rn. 39 ff. und auf das Berufungsverfahren zu → VV 4124 Rn. 29 f. verwiesen. **17**

V. Gebührenbestimmung Verfahrensgebühr (VV 4124, 4125). Für die Gebührenbestimmung der Verfahrensgebühr für das Revisionsverfahren bestehen keine Besonderheiten zu der Verfahrensgebühr VV 4106, so dass auf die entsprechende Kommentierung zu → VV 4106 Rn. 14 ff. verwiesen wird. **18**

Hinsichtlich der Gebührenbestimmung durch den **Wahlverteidiger** muss beachtet werden, dass im Revisionsverfahren der Gesetzgeber den Schwerpunkt insbesondere auf die Abfassung der **Revisionsbegründung** gelegt hat. Aus diesen Gründen ist der Gebührenrahmen bei der Verfahrensgebühr auch höher als bei der Terminsgebühr, welche eher eine untergeordnete Rolle spielt. **19**

Demzufolge muss vor allem der Umfang der abgefassten Revisionsbegründung oder die Begründung des Revisionsgegners berücksichtigt werden, mit der sich der Rechtsanwalt auseinandersetzen musste. Des Weiteren ist für die Gebührenbestimmung von Bedeutung, ob die Revision lediglich auf die **Sachrüge** beschränkt war (Burhoff/Volpert/Burhoff RVG Straf- und Bußgeldsachen VV 4130 Rn. 25). Unerheblich ist es, ob es sich um eine Revision beim Oberlandesgericht oder dem Bundesgerichtshof handelt, da die Verfahrensgebühr nicht dahingehend unterscheidet (so auch Gerold/Schmidt/Burhoff VV 4130 Rn. 13). **19a**

VI. Gebührenbestimmung Terminsgebühr (VV 4126). Bei der Bestimmung der Terminsgebühr durch den **Pflichtverteidiger** gibt es keine Unterschiede zu den übrigen Terminsgebühren, so dass auf die Ausführungen zum Berufungsverfahren und erstinstanzlichen Verfahren verwiesen werden kann → VV 4126 Rn. 40 ff. und VV 4108 Rn. 23 ff. **20**

Überdies gilt es zu beachten, dass sich die Bestellung oder Beiordnung nicht auf die Teilnahme an der Revisionshauptverhandlung erstreckt. Diese erfolgt nach § 350 III StPO im Rahmen einer **gesonderten Bestellung oder Beiordnung.** Zur Beiordnung wird im Übrigen auf die Ausführungen zu → VV Vorb. 4 Rn. 56 ff. verwiesen. **20a**

Die Bestimmung des Betragsrahmens durch den **Wahlverteidiger** muss berücksichtigen, dass die Terminsgebühr für die Revisionshauptverhandlung im Vergleich zur Verfahrensgebühr eine untergeordnete Rolle spielt. Die Tätigkeit in der Hauptverhandlung beschränkt sich idR auf die Wiederholung der Revisionsbegründung, **21**

Ebenso ist zu bei der Bemessung zu bedenken, dass die **durchschnittliche Verfahrensdauer** ca. 15–20 Minuten beträgt – diese Tatsache allein kann nicht bereits zur Unterdurchschnittlichkeit führen.

22 **VII. Haftzuschlag (VV 4131, 4133).** Zu den allgemeinen Voraussetzungen des Haftzuschlags wird auf die Kommentierung zu → VV Vorb. 4 Rn. 29 ff. verwiesen.

23 Im Hinblick der Besonderheiten des Haftzuschlags bei der Verfahrens- und der Terminsgebühr wird auf die Kommentierung der Gebühren im amtsgerichtlichen Verfahren verwiesen → VV 4106 Rn. 21 ff. und → VV 4108 Rn. 30 ff.

Unterabschnitt 4. Wiederaufnahmeverfahren

Vorbemerkung 4.1.4:

Eine Grundgebühr entsteht nicht.

Nr.	Gebührentatbestand	Gebühr oder Satz der Gebühr nach § 13 oder § 49 RVG	
		Wahlanwalt	gerichtlich bestellter oder beigeordneter Rechtsanwalt
4136	Geschäftsgebühr für die Vorbereitung eines Antrags .... Die Gebühr entsteht auch, wenn von der Stellung eines Antrags abgeraten wird.	in Höhe der Verfahrensgebühr für den ersten Rechtszug	
4137	Verfahrensgebühr für das Verfahren über die Zulässigkeit des Antrags ..	in Höhe der Verfahrensgebühr für den ersten Rechtszug	
4138	Verfahrensgebühr für das weitere Verfahren	in Höhe der Verfahrensgebühr für den ersten Rechtszug	
4139	Verfahrensgebühr für das Beschwerdeverfahren (§ 372 StPO)	in Höhe der Verfahrensgebühr für den ersten Rechtszug	
4140	Terminsgebühr für jeden Verhandlungstag	in Höhe der Terminsgebühr für den ersten Rechtszug	

Übersicht

I. Normzweck. Unterabschnitt 4 regelt Verfahrens- und Terminsgebühren im strafverfahrensrechtlichen Wiederaufnahmeverfahren nach §§ 359–373a StPO. Infolge der Aufgliederung des Verfahrens in mehrere Verfahrensabschnitte, die wiederum unterschiedliche anwaltliche Tätigkeiten erfordern, ist für jeden Abschnitt eine einzelne Gebühr vorgesehen. Der im Wiederaufnahmeverfahren tätige Rechtsanwalt erhält infolge des ausdrücklichen Wortlauts der Vorb. 4.1.4 **keine Grundgebühr** nach VV 4100. 1

II. Persönlicher Anwendungsbereich. Die Gebühren für das Wiederaufnahmeverfahren entstehen für den mit der Durchführung des gesamten Verfahrens beauftragten oder gerichtlich bestellten bzw. beigeordneten Rechtsanwalts. 2

Neben dem Verurteilten können gem. §§ 365, 298 StPO dessen gesetzlicher Vertreter oder gem. §§ 361 II StPO dessen Hinterbliebene Auftraggeber sein. Für den persönlichen Anwendungsbereich ist es unerheblich, ob es sich um das eigene oder das von der Staatsanwaltschaft angestrebte Wiederaufnahmeverfahren handelt. 2a

1. Privatkläger. Der Privatkläger kann das Verfahren gem. §§ 390 I 2, 362 StPO nur zu Ungunsten des Verurteilten beantragen, wobei der Antrag auch zugunsten des Verurteilten wirken kann, §§ 390 I 3, 301 StPO. Der Antrag kann nach § 390 II StPO nur mit Hilfe eines Rechtsanwalts gestellt werden. Gemäß §§ 379 III iVm §§ 114, 115 ZPO ist Beantragung von Prozesskostenhilfe möglich, die durch das nach § 367 I StPO, § 140a GVG zuständige Gericht beschieden wird. 3

2. Nebenkläger. Dem Nebenkläger steht **kein eigenes Antragsrecht** zu. Er kann sich aber an das Wiederaufnahmeverfahren anschließen, wenn im rechtskräftig abgeschlossenen Verfahren als Nebenkläger zugelassen war. Die Anschlussbefugnis besteht schon vor der Anordnung der Wiederaufnahme nach § 370 II StPO (Gercke/Julius/Temming/Zöller/Temming StPO § 365 Rn. 7; Löwe/Rosenberg/Gössel StPO § 365 Rn. 14 mwN). 4

III. Sachlicher Anwendungsbereich. Das Wiederaufnahmeverfahren gliedert sich formell-rechtlich in folgende Abschnitte, wobei dem Aditionsverfahren **vergütungsrechtlich** noch das den Auftrag vorbereitende **außergerichtliche Verfahren** vorgeschaltet ist: 5

- Aditionsverfahren, §§ 367 f. StPO
- Probationsverfahren, §§ 370 f. StPO
- Beschwerdeverfahren, § 372 StPO

Das gerichtliche **Aditionsverfahren** prüft die Zulässigkeit des Wiederaufnahmeantrags und der Schlüssigkeit des Wiederaufnahmevorbringens (§ 368 StPO). 6

Liegt ein schlüssiges Vorbringen vor, schließt sich an das Aditionsverfahren das **Probationsverfahren** an, welches die Begründetheit des Wiederaufnahmeantrags zum Gegenstand hat (§§ 369, 370 StPO). Bestätigt sich das Vorliegen der Wiederaufnahmegründe, ordnet das Gericht die Wiederaufnahme des Verfahrens sowie eine erneute Hauptverhandlung an (§ 370 II StPO). Dadurch wird das Verfahren in den Verfahrensstand nach Erlass des Eröffnungsbeschlusses versetzt (MüKoStPO/Engländer/Zimmermann StPO Vor § 359 Rn. 34 mwN). 6a

Entscheidungen über die Zulässigkeit (§ 368 I StPO), Begründetheit (§ 370 I, II StPO) und den Aufschub der Strafvollstreckung (§ 360 II StPO) sind mit der **sofortigen Beschwerde** anfechtbar (BGHSt 37, 356). Die weiteren nicht unmittelbar mit der Zulässigkeit, Begründetheit oder der Strafvollstreckung in Verbindung stehenden Beschlüsse, sind der einfachen Beschwerde zugänglich (Gercke/Julius/Temming/Zöller/Temming StPO § 372 Rn. 2). 7

8 Die Zuständigkeit des über den Wiederaufnahmeantrag entscheidenden Gerichts bestimmt sich nach § 140a GVG. Hiernach muss gem. § 140a I 1 GVG das Wiederaufnahmegericht (§ 367 StPO) ein örtlich anderes Gericht mit gleicher sachlicher Zuständigkeit wie das Gericht sein, dessen Entscheidung angefochten wird.

9 **1. Außergerichtliche Antragsvorbereitung (VV 4136).** Das Verfahren zur Vorbereitung des Antrags beginnt mit den ersten Tätigkeiten, die der Vorbereitung des Antrags auf Wiederaufnahme betreffen oder mit der Entscheidung, von dessen Durchführung abzuraten.

9a Die Gebühr in VV 4136 ist als **Geschäftsgebühr** ausgestaltet. Die Einordnung als Geschäftsgebühr ergibt sich aus der Systematik des RVG, wonach diese Gebühren immer in außergerichtlichen Verfahren entstehen. Die Gebühr VV 4136 deckt das Betreiben des Geschäfts im Vorbereitungsverfahren, so dass dem Rechtsanwalt die Gebühr ebenso in den Fällen zusteht, in denen er den Mandanten von einer Antragstellung abrät (Anm. zu VV 4136).

10 **a) Höhe der Gebühr.** Die Gebührenhöhe bestimmt sich nach der erstinstanzlichen Verfahrensgebühr und somit nach der Ordnung des Gerichts, welches im **erstinstanzlichen Rechtszug entschieden** hat.

10a Zu beachten ist, dass sich die anzuwendende Gebühr nach dem erstinstanzlichen Rechtszug bestimmt und nicht danach, welches Rechtsmittelgericht zuletzt zur Entscheidung berufen war. Wurde der Angeklagte beispielsweise vor dem Amtsgericht verurteilt und die gegen das Urteil eingelegte Berufung rechtskräftig verworfen, richtet sich der Wiederaufnahmeantrag gegen das berufungsgerichtliche Urteil, so dass für die Wiederaufnahme das nach § 140a GVG bestimmte Landgericht als Berufungsgericht zuständig ist – die Gebühren bestimmen sich aber auch hier nach denen in der ersten Instanz.

11 **b) Gebühr mit Haftzuschlag.** Der Verweis auf die erstinstanzliche Verfahrensgebühr, beinhaltet ebenso die Verfahrensgebühr mit Haftzuschlag, wenn sich der Mandant im **Verfahrensabschnitt der Antragsvorbereitung** nicht auf freiem Fuß befindet (BT-Drs. 15/1971, 226). Für die Dauer sowie Art und Weise der Freiheitsentziehung wird auf die Kommentierung zu → VV Vorb. 4 Rn. 29 ff. verwiesen.

12 Unerheblich ist indes, ob der Mandant im erstinstanzlichen Verfahren inhaftiert war, so dass der für die Berechnung der Geschäftsgebühr nur die Verfahrensgebühr **ohne Haftzuschlag** zugrunde zu legen ist. Der Haftzuschlag gilt nur die **derzeitigen** durch die Inhaftierung bedingten Erschwernisse bei der Kontaktaufnahme durch den Rechtsanwalt ab (so auch Riedel/Sußbauer/Kremer VV 4137 Rn. 3).

13 **c) Gebührenentstehung.** Die Geschäftsgebühr entsteht mit der ersten Tätigkeit im Wiederaufnahmeverfahren (erste Akteneinsicht, Informationsgespräch) nach Auftragserteilung durch den Mandanten und erfasst alle anwaltlichen Tätigkeiten die für die Vorbereitung des Wiederaufnahmeantrags anfallen. Hierzu gehören insbesondere:

- Informationsbeschaffung durch Gespräche,
- eigene Ermittlungen des Rechtsanwalts,
- Anhörung von (neuen) Zeugen,
- Akteneinsicht,
- Auswertung von Sachverständigengutachten,
- Beratung im Hinblick der Erfolgsaussichten eines Wiederaufnahmeantrages.

14 Darüber hinaus gehören auch **Stellungnahmen** zu einem zu Ungunsten des Mandanten gestellten Wiederaufnahmeantrages der Staatsanwaltschaft zum Abgeltungsbereich der Geschäftsgebühr. Insoweit ist der Ansicht zu widersprechen, die im Falle der Antragstellung durch die Staatsanwaltschaft dem Anwalt des Verurteilten keine Geschäftsgebühr zubilligt (BeckOK RVG/Knaudt VV 4136 Rn. 5). Der Wortlaut bezieht sich auf die Vorbereitung des Antrags – eine Begrenzung einzig auf Tätigkeiten, die die Antragstellung des Verurteilten betreffen, kann hieraus nicht hergeleitet werden.

14a Ebenso entsteht die Geschäftsgebühr für abwehrende Tätigkeiten des Rechtsanwalts, die gegen einen zu Ungunsten des Verurteilten gestellten Antrag gerichtet sind. Die hierfür zu erbringende Verteidigung hat sich ebenso an den Antragsvoraussetzungen des Wiederaufnahmeverfahrens zu messen (so auch Riedel/Sußbauer/

Kremer VV 4136 Rn. 7; Gerold/Schmidt/Burhoff Einleitung zu VV 4136–4140 Rn. 10).

2. Verfahrensgebühr für Zulässigkeitsprüfung (VV 4137). Die Gebühr für das Verfahren der Zulässigkeitsprüfung (Aditionsverfahren) umfasst die anwaltlichen Tätigkeiten der Antragsfertigung und Antragstellung des Wiederaufnahmeverfahrens bis zur gerichtlichen Entscheidung über die Zulässigkeit nach § 368 I StPO (BT-Drs. 15/1971, 227). **15**

Der vergütungsrechtliche **Anwendungsbereich endet** mit der gerichtlichen Entscheidung über die Zulässigkeit des Wiederaufnahmeantrags (§ 368 StPO) in Form der Zulassung der Wiederaufnahme der Verwerfung des Wiederaufnahmeantrags. **15a**

a) Höhe der Gebühr. Die Gebührenhöhe bestimmt sich wie die Gebühr VV 4136 nach der **erstinstanzlichen Verfahrensgebühr.** Der Gebührenrahmen wird somit nach der Ordnung des Gerichts bestimmt, welches im erstinstanzlichen Rechtszug entschieden hat → Rn. 10. **16**

Befindet sich der Mandant im Aditionsverfahren nicht auf freiem Fuß, entsteht die Verfahrensgebühr VV 4137 mit dem **Haftzuschlag** in Höhe der Verfahrensgebühr im erstinstanzlichen Rechtszug; siehe → Rn. 11 f. **17**

b) Gebührenentstehung. Die Gebühr VV 4137 ist Verfahrensgebühr und entsteht gemäß VV Vorb. 4 II für das „Betreiben des Geschäfts". Die Gebühr VV 4137 fällt somit mit der ersten anwaltlichen Tätigkeit an, die der Antragsfertigung oder der Stellungnahme eines zu Ungunsten des Verurteilten gestellten Antrages dient (siehe hierzu BeckOK RVG/Knaudt VV 4137, Rn. 3; Burhoff/Volpert/Burhoff RVG Straf- und Bußgeldsachen VV 4137 Rn. 10): **18**

– Antrag auf Bestellung zum Pflichtverteidiger (§ 364a StPO),
– Beratung,
– Gefängnisbesuche,
– zusätzliche Informationsaufnahme,
– Mandantengespräche,

3. Verfahrensgebühr für Begründetheitsprüfung (VV 4138). Die Verfahrensgebühr entsteht für die Tätigkeit im Probationsverfahren. Von der Gebühr wird somit der Verfahrensabschnitt ab der Entscheidung über die Zulässigkeit (§ 368 I StPO) bis zur Entscheidung über die Begründetheit des Wiederaufnahmeantrages (§ 370 StPO) abgedeckt. **19**

Die Gebühr kann ebenso in den Fällen entstehen, in denen die Zulässigkeits- und Begründetheitsentscheidung zusammengefasst und zum selben Zeitpunkt erlassen werden und der Rechtsanwalt zuvor zur Begründet Stellung genommen hat (Burhoff/Volpert/Burhoff RVG Straf- und Bußgeldsachen VV 4138 Rn. 6). **19a**

Die Gebühr VV 4138 kann bei einer **Zurückverweisung** iSd § 21 I **mehrfach entstehen,** wenn das Gericht den Wiederaufnahmegericht als unbegründet verworfen und das Beschwerdegericht die Entscheidung nach § 372 StPO aufgehoben und an das erstinstanzliche Gericht zurückverwiesen hat (Riedel/Sußbauer/Kremer VV 4138 Rn. 3; Gerold/Schmidt/Burhoff VV 4136 Rn. 10; BeckOK RVG/Knaudt VV 4138 Rn. 8). Die Gebühr entsteht hingegen nur einmal, wenn das Beschwerdegericht in der Sache selbst entscheidet. **20**

4. Verfahrensgebühr für Beschwerdeverfahren (VV 4139). Die Gebühr VV 4139 fällt für das im Wiederaufnahmeverfahren ggf. durchzuführende Beschwerdeverfahren an. Die Gebühr stellt insoweit eine Ausnahme zu § 19 I 2 Nr. 10a dar, weil das Beschwerdeverfahren sonst durch die jeweilige Verfahrensgebühr abgegolten wird. Damit wollte der Gesetzgeber der Bedeutung des Beschwerdeverfahrens Rechnung tragen, in welchem abschließend über den Wiederaufnahmeantrag entschieden wird und vorgebrachte Wiederaufnahmegründe für ein neues Wiederaufnahmeverfahren „verbraucht" sind (BT-Drs. 15/1971, 227). **21**

a) Gebührenhöhe. Die Gebührenhöhe bestimmt sich ebenfalls nach der erstinstanzlichen Verfahrensgebühr. Der Gebührenrahmen wird somit nach der Ordnung des Gerichts bestimmt, welches im erstinstanzlichen Rechtszug entschieden hat. Im Übrigen wird auf die Ausführungen zu → Rn. 10 verwiesen. **22**

23 **b) Haftzuschlag.** Befindet sich der Mandant im Beschwerdeverfahren in Haft, entsteht die Verfahrensgebühr VV 4139 mit dem **Haftzuschlag** in Höhe der Verfahrensgebühr im erstinstanzlichen Rechtszug. Insoweit wird auf die Ausführungen zu → Rn. 11 f. verwiesen.

24 **c) Gebührenentstehung.** Die Einlegung der Beschwerde gehört zum Abgeltungsbereich der Gebühren VV 4137, 4138, so dass erst die Beschwerdebegründung die Gebühr entstehen lässt.

24a Die Verfahrensgebühr entsteht daher mit der ersten anwaltlichen Tätigkeit nach Einlegung der Beschwerde gegen eine auf der Antragstellung beruhenden Entscheidung. Das Entstehen der Gebühr ist unabhängig davon, ob mit dem Rechtsmittel die Entscheidung der Unzulässigkeit oder der Unbegründetheit des Wiederaufnahmeantrages angegriffen werden soll.

25 Eine **mehrfache Entstehung** der Gebühr VV 4139 ist möglich, da jedes Beschwerdeverfahren nach § 372 StPO eine eigene Angelegenheit darstellt. So kann sich das Beschwerdeverfahren zunächst gegen die Entscheidung über die Zulässigkeit nach § 368 StPO richten. Im weiteren Verfahrensverlauf können aber auch die Entscheidungen nach §§ 370, 371 StPO mit der sofortigen Beschwerde angegriffen werden. Eine mehrfache Entstehung ist ebenso nach Zurückverweisung durch das Beschwerdegericht möglich, wenn die dann ergangene Entscheidung erneut mit der sofortigen Beschwerde angegriffen wird (Riedel/Sußbauer/Kremer/Kremer VV 4139 Rn. 6).

26 **5. Terminsgebühr (VV 4140).** Für im Wiederaufnahmeverfahren stattfindende Hauptverhandlungstermine oder auch beispielsweise Termine im Rahmen der Beweisaufnahme nach § 369 I StPO fallen für den teilnehmenden Rechtsanwalt Terminsgebühren an. Die Terminsgebühr VV 4140 entsteht für jeden Termin gesondert.

27 **a) Gebührenhöhe.** Die Höhe der Terminsgebühr bestimmt sich nach der erstinstanzlichen Hauptverhandlung. Der Gebührenrahmen wird somit nach der Ordnung des Gerichts bestimmt, welches im erstinstanzlichen Rechtszug entschieden hat.

28 **b) Haftzuschlag.** Die Terminsgebühr entsteht mit Zuschlag, wenn sich der Mandant nicht auf freiem Fuß befindet. Zum zeitlichen Abgeltungsbereich sowie zur Art und Weise der Freiheitsentziehung wird auf die Kommentierung zu → VV Vorb. 4 Rn. 29 ff. verwiesen.

29 **c) Gebührenentstehung.** Nach VV Vorb. 4 III entsteht die Terminsgebühr für die Teilnahme des Verteidigers an gerichtlichen Terminen. Aus dem Wortlaut „Teilnahme“ folgt, dass die Terminsgebühr bereits die Anwesenheit des Verteidigers am Hauptverhandlungstermin vergütet, ein aktives Verhandeln ist nicht erforderlich. Für die von der Terminsgebühr umfassten Tätigkeiten wird auf die Kommentierung zu → VV Vorb. 4 Rn. 19 ff. verwiesen. Zur Bestimmung von Beginn und Ende der Hauptverhandlung wird auf die Kommentierung zu → VV 4108 Rn. 9 ff. verwiesen.

30 **IV. Bestimmung der Gebühren. 1. Bestellter oder beigeordneter Verteidiger.** Der **gerichtlich bestellte oder beigeordnete** Verteidiger erhält, vom Aufwand der Tätigkeit unabhängig, eine Festgebühr. Liegen die Voraussetzungen vor, kann der Verteidiger einen mit der Angelegenheit verbundenen erheblichen Aufwand im Rahmen des § 51 geltend machen. Zu den Fragen der Beiordnung wird auf die Kommentierung zu → VV Vorb. 4 Rn. 56 ff. verwiesen.

31 **2. Betragsrahmen des Wahlverteidigers.** Für den **Wahlverteidiger** ist die Gebühr als Betragsrahmengebühr ausgestaltet, deren konkrete Höhe nach § 14 I 1 bestimmt wird. Für die bei der Gebührenbestimmung zu berücksichtigenden Kriterien wird auf die Kommentierung zu → § 14 Rn. 1 ff. und zu → VV Vorb. 4 Rn. 73 ff. verwiesen. Liegen die Voraussetzungen vor, kann er eine Pauschgebühr nach § 42 geltend machen.

32 Bei der Bestimmung der Verfahrensgebühr fließt der **tatsächliche Umfang** der anwaltlichen Tätigkeit ein, also insbesondere die Zeit, die für die Einarbeitung und die erstmalige Informationsbeschaffung notwendig ist. Als nächstes ist die Schwierigkeit der Angelegenheit in Form der Intensität der Arbeit zu bestimmen. Dies meint insbesondere vor allem Tätigkeiten in entlegenen Rechtsgebieten, schwierige Umstände bei der Informationsbeschaffung, Klärung von objektiven ungeklärten Rechtslagen oder besondere intellektuelle Anforderungen des zu bearbeitenden Rechts-

gebietes sowie die **Art des Delikts** gehören (siehe hierzu Gerold/Schmidt/Mayer § 14 Rn. 27 f.).

In die Gebührenbestimmung der Terminsgebühr fließt neben den vorstehenden Kriterien insbesondere der tatsächliche Umfang der anwaltlichen Tätigkeit in dem jeweiligen Hauptverhandlungstermin ein. Hierbei handelt es sich um die Dauer der tatsächlichen Teilnahme an dem jeweiligen Hauptverhandlungstermin, wobei Unterbrechungen oder Pausenzeiten entsprechend der Regelung in VV Vorb. 4.1 III zu berücksichtigen sind. Im Übrigen wird für die weitere Gebührenbestimmung und die von der Terminsgebühr erfassten Tätigkeiten auf die Kommentierung zu → VV 4108 Rn. 24 ff. verwiesen. 33

Unterabschnitt 5. Zusätzliche Gebühren

Nr.	Gebührentatbestand	Gebühr oder Satz der Gebühr nach § 13 oder § 49 RVG	
		Wahlanwalt	gerichtlich bestellter oder beigeordneter Rechtsanwalt
4141	**Durch die anwaltliche Mitwirkung wird die Hauptverhandlung entbehrlich:** **Zusätzliche Gebühr ....** **I 1 Die Gebühr entsteht, wenn** **1. das Strafverfahren nicht nur vorläufig eingestellt wird oder** **2. das Gericht beschließt, das Hauptverfahren nicht zu eröffnen oder** **3. sich das gerichtliche Verfahren durch Rücknahme des Einspruchs gegen den Strafbefehl, der Berufung oder der Revision des Angeklagten oder eines anderen Verfahrensbeteiligten erledigt; ist bereits ein Termin zur Hauptverhandlung bestimmt, entsteht die Gebühr nur, wenn der Einspruch, die Berufung oder die Revision früher als zwei Wochen vor Beginn des Tages, der für die Hauptverhandlung vorgesehen war, zurückgenommen wird; oder** **4. das Verfahren durch Beschluss nach § 411 Abs. 1 Satz 3 StPO endet.** **2 Nummer 3 ist auf den Beistand oder Vertreter eines Privatklägers entsprechend anzuwenden, wenn die Privatklage zurückgenommen wird.** **II 1 Die Gebühr entsteht nicht, wenn eine auf die Förderung des Verfahrens gerichtete Tätigkeit nicht ersichtlich ist. 2 Sie entsteht nicht neben der Gebühr 4147.** **III 1 Die Höhe der Gebühr richtet sich nach dem Rechtszug, in dem die**	**in Höhe der Verfahrensgebühr**	

Nr.	Gebührentatbestand	Gebühr oder Satz der Gebühr nach § 13 oder § 49 RVG	
		Wahlanwalt	gerichtlich bestellter oder beigeordneter Rechtsanwalt
	Hauptverhandlung vermieden wurde. [2]Für den Wahlanwalt bemisst sich die Gebühr nach der Rahmenmitte. [3]Eine Erhöhung nach Nummer 1008 und der Zuschlag (Vorbemerkung 4 Abs. 4) sind nicht zu berücksichtigen.		

Übersicht

1 **I. Normzweck.** Die Regelung der Gebühr VV 4141 soll auf die Vermeidung der Hauptverhandlung gerichtete intensive und zeitaufwändige Tätigkeiten des Verteidigers honorieren und zugleich den damit einhergehenden Entfall der Terminsgebühr (en) für die Teilnahme an der Hauptverhandlung kompensieren (BT-Drs. 15/1971, 227). Für den Wahlanwalt soll hierfür grundsätzlich die Mittelgebühr maßgebend sein, weil eine Bemessung nach § 14 schwer möglich ist (BT-Drs. 15/1971, 228).

2 **II. Persönlicher Anwendungsbereich.** Nach VV Vorb. 4 I findet VV 4141 auch auf die Tätigkeit als Beistand oder Vertreter eines Privatklägers, Nebenklägers, Einziehungs- oder Nebenbeteiligten, eines Verletzten, eines Zeugen oder Sachverständigen. Gleichwohl dürfte die Gebühr infolge der Entstehungsvoraussetzung insbesondere an den gerichtlich bestellten oder beigeordneten Verteidiger und den Wahlverteidiger adressiert sein.

3 **III. Sachlicher Anwendungsbereich.** Die Gebühr entsteht im Strafverfahren, Privatklageverfahren und ggf. im Wiederaufnahmeverfahren (zum Wiederaufnahmeverfahren siehe Burhoff/Volpert/Burhoff RVG Straf- und Bußgeldsachen, Vorbem. 4.1.4 VV Rn. 19). Im Strafverfahren erstreckt sich der Anwendungsbereich auf alle Verfahrensabschnitte: Vorbereitendes Verfahren, Zwischenverfahren, Erstinstanzliches Verfahren und Rechtsmittelverfahren.

4 **1. Entbehrlichkeit der Hauptverhandlung.** Die Gebühr umfasst nur Tätigkeiten, welche die Hauptverhandlung entbehrlich werden lassen. Es muss aufgrund der Einstellung gar nicht erst zu einer Hauptverhandlung kommen, so dass die Gebühr nicht entsteht, wenn die Einstellung erst im Hauptverhandlungstermin vorgenommen wird (BGH NJW-Spezial 2011, 637; OLG Köln RVGreport 2006, 152; **aA** bei Unterbrechung des Termins BeckOK RVG/Knaudt VV 4141 Rn. 12).

Fraglich könnte jedoch sein, ob der Gesetzgeber verlangt, dass die Instanz gänzlich ohne Durchführung eines Hauptverhandlungstermins erledigt werden muss oder ob die **Vermeidung eines weiteren Hauptverhandlungstermins** genügt: 5

Weder dem Gesetzestext noch der Gesetzesbegründung lassen sich Anhaltspunkte entnehmen, die für eine Einschränkung dahingehend sprechen könnten, dass für einen Gebührenanfall die gesamte Hauptverhandlung vermieden werden müsste. Sinn und Zweck sprechen vielmehr dafür, dass es für das Entstehen der Gebühr genügt, wenn nach einem stattgefundenen Hauptverhandlungstermin durch Bemühungen des Rechtsanwalts die Durchführung eines weiteren Hauptverhandlungstermins vermieden wird. Auch in diesen Fällen wird der vom Gesetzgeber erhoffte Nutzen der Entlastung der Gerichte aufgrund des Wegfalls einer Hauptverhandlung erreicht (OLG Köln RVGreport 2006, 15; NK-GK/Stollenwerk VV 4141– 4147 Rn. 3). Für den Gebührenanfall ist es allerdings unerheblich, ob vor der Einstellung bereits ein Hauptverhandlungstermin terminiert war (Burhoff/Volpert/Burhoff RVG Straf- und Bußgeldsachen VV 4141 Rn. 45). 5a

2. Mitwirkung des Anwalts (Anm. II). Die Hauptverhandlung muss „durch die anwaltliche Mitwirkung" entbehrlich werden. Die Intensität der vom Gesetz geforderten Mitwirkung ergibt sich aus Anm. II 1, wonach eine auf die Förderung des Verfahrens gerichtete Tätigkeit ersichtlich sein muss. Der **Zeitpunkt** der Mitwirkung ist für den Gebührenanfall unerheblich, da eine in einem früheren Verfahrensstadium erbrachte Tätigkeit grundsätzlich fortwirkt (zur Parallelnorm VV 5115 siehe BGH NJW 2009, 368). 6

Mitwirkung erfordert **anwaltliche Handlungen,** die auf das Ziel einer Verfahrensbeendigung außerhalb der Hauptverhandlung gerichtet sein müssen und diese fördern (zur Parallelnorm VV 5115 siehe BGH NJW 2009, 368). Dabei setzt der Begriff des Mitwirkens zwar keine für die Einstellung kausalen Tätigkeiten voraus. Der eigenständige Beitrag muss allerdings – über Untätigkeit oder sachfremde Tätigkeiten hinaus – die Einstellung in quantitativer und qualitativer Hinsicht fördern, aber nicht intensiv oder zeitaufwändig einwirken (zur Parallelnorm VV 5115 siehe BGH NJW 2009, 368; OLG Stuttgart RVGreport 2010, 263). Die Beweislast für das Fehlen der anwaltlichen Mitwirkung trifft den Gebührenschuldner (KG AGS 2009, 324). 7

In Anbetracht der vorstehenden Voraussetzungen kann die Befriedigungsgebühr auch dann anfallen, wenn der Verteidiger seinem Mandanten zu **gezieltem Schweigen** rät und dies der Staatsanwaltschaft mitteilt. Dies gilt nicht, wenn die Behörde das Verfahren unabhängig von der anwaltlichen Mitteilung des Schweigens einstellt, weil feststeht, dass der Beschuldigte die ihm vorgeworfene Tat nicht begangen haben kann (zur Parallelnorm VV 5115 siehe BGH NJW 2011, 1605). Insoweit fehlt es an der Mitwirkung des Verteidigers. 8

Keine Mitwirkung iSd Gebühr VV 4141 liegt vor, wenn sich die anwaltliche Tätigkeit lediglich auf die Verteidigerbestellung und Akteneinsicht beschränkt oder ein nicht begründeter Einstellungsantrag eingereicht bzw. eine spätere Einlassung in Aussicht gestellt wird (Gerold/Schmidt/Burhoff VV 4141 Rn. 10; BeckOK RVG/Knaudt VV 4141 Rn. 18 f.). 9

3. Nicht nur vorläufige Einstellung (Nr. 1). Eine gesonderte Gebühr 4141 in Höhe der Verfahrensgebühr entsteht, wenn das Gericht das Verfahren insgesamt und nicht nur wegen einzelner Vorwürfe nicht nur vorläufig einstellt. 10

Die Formulierung „nicht nur vorläufig" stellt die Abgrenzung zu den Verfahrenseinstellungen dar, die von vornherein nicht als endgültig anzusehen sind, weil das Verfahren lediglich unterbrochen wird. Der Einstellung muss somit das Ziel der Endgültigkeit innewohnen (BT-Drs. 12/6962, 106). Folgende Einstellungen fallen unter den Anwendungsbereich der Befriedungsgebühr VV 4141 (siehe hierzu u. a. BeckOK RVG/Knaudt VV 4141 Rn. 22; Riedel/Sußbauer/Kremer VV 4141 Rn. 9 f.; NK-GK/Stollenwerk VV 4141–4147 Rn. 9 f.): 11

- § 153 I, II StPO,
- §§ 153b I, II, 153c I–III StPO,
- § 154 I, II StPO (**aA** zu § 154 II StPO Riedel/Sußbauer/Kremer VV 4141 Rn. 12),
- § 154d 3 StPO,

– § 170 II 1 StPO,
– §§ 206a, 206b StPO,
– § 383 II StPO,
– §§ 45, 47 JGG,
– § 37 BtMG.

12 Bei der **Einstellung nach § 153a StPO** besteht bis zur Erfüllung der Auflagen und Weisungen ein bedingtes Verfahrenshindernis, so dass hier keine Einstellung iSd Gebühr VV 4141 vorliegt. Mit der Erfüllung der Auflagen und Weisungen entsteht nach § 153a I 5 bei Vergehen ein endgültiges Verfahrenshindernis (BT-Drs. 7/550, 299), was zum Anfall der Gebühr VV 4141 führt (für viele: Gerold/Schmidt/Burhoff VV 4141 Rn. 19).

13 **Keine Anwendungsfälle** der Gebühr VV 4141 sind die Aussetzung nach § 154d 1 StPO sowie die Einstellung des Verfahrens bei vorübergehenden Hindernissen gem. §§ 154f und 205 StPO. Ebenso führt eine **Teileinstellung** wegen einer einzelnen Tat nicht zum Entstehen der Befriedungsgebühr. NK-GK/Stollenwerk VV 4141–4147 Rn. 3).

14 Wird das Ermittlungsverfahrens eingestellt und an die **Verwaltungsbehörde** zur weiteren Verfolgung als Ordnungswidrigkeit abgegeben, führt dies nicht zur Entstehung der Gebühr VV 4141 (BGH NJW 2010, 1209).

15 Die **Rücknahme der Anklage** durch die Staatsanwaltschaft lässt die Gebühr VV 4141 ebenso nicht entstehen. Die Gebühr entsteht nur in den Fällen, in denen die Rücknahme zur nicht nur vorläufigen Verfahrenseinstellung führt – der Rücknahme also nicht nur eine vorläufige Wirkung zukommt (OLG Köln JurBüro 2010, 362 = BeckRS 2010, 7518).

16 **4. Nichteröffnung des Hauptverfahrens (Nr. 2).** Sofern sich das Gericht nach der Prüfung der Voraussetzungen des § 203 StPO für eine Nichteröffnung des **Hauptverfahrens** entschieden hat, ergeht diese Entscheidung gem. § 204 StPO durch Beschluss. Gleiches gilt im Übrigen nach § 408 II StPO im Strafbefehlsverfahren, wenn der Richter den **Strafbefehlsantrag** ablehnt, weil er den Angeschuldigten nicht für hinreichend verdächtig hält. Ist die Eröffnung des Hauptverfahrens durch einen nicht mehr anfechtbaren Beschluss abgelehnt worden, kann die Klage nur aufgrund neuer Tatsachen oder Beweismittel erneut aufgenommen werden, § 211 StPO.

17 Für die Anforderungen an die **anwaltliche Mitwirkung** kann auf die Ausführungen zu → Rn. 6 verwiesen werden. Die Gebühr VV 4141 entsteht allerdings nur, wenn das Verfahren insgesamt nicht eröffnet. Eine Teilablehnung lässt die Befriedigungsgebühr nicht entstehen.

18 **a) Rechtskraft des Nichteröffnungsbeschlusses.** Für das Entstehen der Gebühr VV 4141 muss der Nichteröffnungsbeschluss nicht in Rechtskraft erwachsen (OLG Köln NJW-Spezial 2018, 28 Gerold/Schmidt/Burhoff VV 4141 Rn. 26; Riedel/Sußbauer/Kremer VV 4141 Rn. 15). Der Auffassung, dass für das Entstehen der Gebühr der Nichteröffnungsbeschluss in Rechtskraft erwachsen muss (LG Potsdam JurBüro 2012, 470; NK-GK/Stollenwerk VV 4141–4147 Rn. 13), ist aus folgenden Gründen zu widersprechen:

19 Ausgangspunkt ist zunächst der eindeutige Wortlaut („das Gericht beschließt"). Der Gesetzgeber knüpft damit ausschließlich an die Willensbildung des über die Nichteröffnung entscheidenden Gerichts an, auf die der Anwalt durch seine Tätigkeiten eingewirkt hat. Wie bei der nicht vorläufigen Einstellung nach Nr. 1, muss der gerichtlichen Entscheidung über die Nichteröffnung der Hauptverhandlung das Ziel der Endgültigkeit innewohnen, die durch den Beschluss auch verlautbart wurde. Insoweit ist es sachgerecht, einzig an den Inhalt der gerichtlichen Entscheidung anzuknüpfen und nicht an deren Rechtskraft. Überdies verkennt die Gegenseite auch die Tatsache, dass trotz eines nicht mehr anfechtbaren Beschlusses die Klage nach § 211 StPO erneut aufgenommen werden kann, so dass in logischer Konsequenz die Gebühr de facto gar nicht entstehen dürfte. Für eine restriktive Auslegung, die neben der gerichtlichen Entscheidung auch noch deren Rechtskraft erfordert, besteht somit kein Raum, da sich weder in der Gesetzesbegründung noch in der systematischen Stellung des Gebührentatbestandes Anhaltspunkte finden.

b) Strafbefehlsverfahren. Die Gebühr VV 4141 entsteht nicht, wenn das Gericht den Antrag nach § 408 II StPO ablehnt (NK-GK/Stollenwerk VV 4141–4147 Rn. 13; AG Rosenheim AGS 2014, 553 **aA** Gerold/Schmidt/Burhoff VV 4141 Rn. 26). 20

Der vorstehenden Gegenansicht ist zwar insoweit zuzustimmen, dass die im Strafbefehlsverfahren nach § 408 II StPO zu treffende Entscheidung der des § 203 StPO in ihrer Wirkung gleichsteht, doch wirkt dies vergütungsrechtlich nicht fort. 21

Der Tatbestand der VV 4141 setzt in Nr. 2 voraus, dass die Hauptverhandlung durch Nichteröffnung des Hauptverfahrens entbehrlich wird. Dem Strafbefehlsverfahren ist eine Hauptverhandlung jedoch grundsätzlich nicht immanent, da diese idR erst im Wege des Einspruchs anzuberaumen ist (§ 411 I 2 StPO). Der Gesetzgeber war sich dieser Besonderheit des Strafbefehlsverfahrens bewusst, so dass in Nr. 3 eine spezielle Regelung für die Fälle getroffen wurde, in denen die Hauptverhandlung durch Rücknahme des Einspruchs entbehrlich wird. Demgemäß bedarf es auch keiner Ausweitung der Norm auf weitere Fallgestaltungen durch analoge Anwendung auf die Verfahren nach § 408 II StPO, zumal der Gesetzgeber insbesondere dem Phänomen entgegenwirken wollte, dass vielfach Einsprüche gegen den Strafbefehl in der Hauptverhandlung nach Aufruf zur Sache zurückgenommen wurden, was zum Anfall der Terminsgebühr führte (BT-Drs. 12/6962, 106). 21a

5. Erledigung durch Rechtsmittelrücknahme (Nr. 3). Wird die Hauptverhandlung nach Einlegung des Rechtsmittels/Rechtsbehelfs dadurch entbehrlich, dass der Einspruch gegen den Strafbefehl oder die Berufung bzw. Revision zurückgenommen wird, entsteht die Gebühr VV 4141. Wurde bereits ein Termin zur Hauptverhandlung bestimmt, entsteht die Gebühr nur, wenn Rechtsmittel früher als zwei Wochen vor Beginn des Tages, der für die Hauptverhandlung vorgesehen war, zurückgenommen wird. 22

Für die Anforderungen an die anwaltliche Mitwirkung kann auf die Ausführungen zu → Rn. 6 ff. verwiesen werden. Voraussetzung für das Entstehen der Befriedungsgebühr ist die **vollständige Rechtsmittelrücknahme,** so dass sich das Verfahren insgesamt erledigen muss. Eine Teilrücknahme oder die Beschränkung des Rechtsmittels auf einzelne Taten oder den Rechtsfolgenausspruch sind somit unzureichend. 23

Die Gebühr VV 4141 fällt jedoch an, wenn von **mehreren Beschuldigten** einer das Rechtsmittel zurücknimmt und damit das Verfahren gegen ihn endgültig erledigt ist, aber das Verfahren gegen die Mitbeschuldigten noch fortgesetzt wird. 23a

a) Rücknahmezeitpunkt. Ist nach Einlegung des Rechtsmittels/Rechtsbehelfs bereits ein Termin zu Hauptverhandlung anberaumt worden, kommt es auf die Rechtzeitigkeit der Rücknahme an. Der Gesetzgeber gibt hierfür eine Zeitspanne von zwei Wochen vor. Bei dieser Vorgabe handelt es sich mithin nicht um eine Frist, sondern um einen **Zeitraum,** auf den die §§ 42 f. StPO nicht anwendbar sind (Gerold/Schmidt/Burhoff VV 4141 Rn. 30; BeckOK RVG/Knaudt VV 4141 Rn. 35.2). 24

Aus der Klassifizierung als Zeitraum folgt zunächst, dass der Beginn eine eher nur untergeordnete Rolle spielt. Maßgebend für die Einhaltung des Zeitraums ist der **Eingang der Rücknahmeerklärung** bei Gericht und nicht deren Abgabe. Insoweit besteht in Literatur und Rechtsprechung Einigkeit darüber, dass die Rücknahme spätestens einen Tag vor Beginn des Zwei-Wochen-Zeitraums erfolgen muss (LG Dresden AGS 2010, 131; BeckOK RVG/Knaudt VV 4141 Rn. 35.2; NK-GK/Stollenwerk VV 4141–4147 Rn. 16). Folglich bildet der Tag vor dem terminierten Hauptverhandlungstermin das Ende des Zeitraums und die Rücknahmeerklärung muss vor 24:00 Uhr bei Gericht eingegangen sein. 25

Da es sich um einen Zeitraum handelt, findet auf dessen Ende die Regelung des § 43 II StPO keine Anwendung, so dass er auch an einem Samstag, Sonntag oder Feiertag enden kann (BeckOK RVG/Knaudt VV 4141 Rn. 35.2). Dergleichen findet bei Versäumung der rechtzeitigen Rücknahme **keine Wiedereinsetzung** statt (Burhoff RVGreport 2008, 201). 26

b) Rücknahme der Berufung. Das Entstehen der Befriedungsgebühr VV 4141 ist bei der Rücknahme der Berufung unabhängig davon, ob dem Rechtsmittelgericht die Verfahrensakten bereits vorgelegt wurden – maßgebend ist einzig eine auf die 27

Förderung des Verfahrens gerichtete anwaltliche Tätigkeit (OLG Celle AGS 2014, 125).

28 Wird durch die **Staatsanwaltschaft** das eingelegte Rechtsmittel zurückgenommen, entsteht die Befriedungsgebühr, wenn der Verteidiger auf die Staatsanwaltschaft eingewirkt und diese daraufhin das eingelegte Rechtsmittel zurücknimmt (OLG Dresden AGS 2011, 66, Leitsatz; LG Köln AGS 2007, 351; BeckOK RVG/Knaudt VV 4141 Rn. 32).

29 Für das Entstehen der Gebühr ist es nicht erforderlich, dass die Instanz gänzlich ohne Durchführung eines Hauptverhandlungstermins erledigt werden muss. Die Gebühr VV 4141 fällt ebenso an, wenn bereits eine **Berufungshauptverhandlung stattgefunden** hat, diese ausgesetzt wurde und die neu anzuberaumende Hauptverhandlung entbehrlich wird, weil der Verteidiger die Berufung früher als zwei Wochen vor dem Beginn der neuen Berufungshauptverhandlung zurücknimmt (OLG Hamm AGS 2008, 228; OLG Bamberg AGS 2007, 138 (139)).

30 **c) Revisionsrücknahme durch Angeklagten.** Die Revision ist gem. § 344 StPO zu begründen. Ist die Revision verspätet oder nicht fristgerecht eingelegt worden, hat das Gericht, dessen Urteil angefochten wird, das Rechtsmittel durch Beschluss als unzulässig zu verwerfen. Aufgrund einer Hauptverhandlung nach § 350 StPO entscheidet das Revisionsgericht, wenn es weder nach § 349 I StPO noch nach § 349 II, IV entscheidet (§ 349 V StPO).

31 Die Besonderheiten der Revision liegen vor allem in der Revisionshauptverhandlung, die nach § 349 StPO nicht zwingend vorgeschrieben ist und deshalb die Entscheidung in Beschlussform nach § 349 II, IV StPO die gerichtliche Praxis darstellt. Hieraus ergibt sich die vergütungsrechtliche Problematik, wie mit der Voraussetzung der **Entbehrlichkeit der Hauptverhandlung** umzugehen ist:

32 Nach dem Wortlaut des Gebührentatbestands muss die Hauptverhandlung entbehrlich werden, indem sich das gerichtliche Verfahren durch Rücknahme der Revision erledigt. Vergütungsrechtlich ergeben sich hieraus zunächst weder zur Rücknahme des Einspruchs noch zur Berufungsrücknahme Unterschiede, was insoweit auch für die Intensität der anwaltlichen Tätigkeit gilt.

32a Verfahrensrechtlich gilt es allerdings den Begründungszwang nach § 344 StPO zu überwinden, dessen Nichtbeachtung noch in der Tatsacheninstanz zur Zurückweisung führt. Demgemäß ist es nachvollziehbar, dass der überwiegende Teil der Rechtsprechung und Literatur fordert, dass bei Rechtsmittelrücknahme durch den Angeklagten die Revision zumindest begründet sein müsse (OLG München NJW-Spezial 2008, 282; OLG Bamberg BeckRS 2006, 04053; OLG Braunschweig AGS 2006, 232; OLG Hamm JurBüro 2007, 30 = BeckRS 2006, 10633; KG AGS 2005, 434; Riedel/Sußbauer/Kremer VV 4141 Rn. 22; NK-GK/Stollenwerk VV 4141–4147 Rn. 19).

33 Liegt eine Revisionsbegründung vor, entzündet sich der nächste Streit über die Frage, ob es für das Entstehen der Gebühr erforderlich sei, dass der Revisionshauptverhandlungstermin anberaumt ist bzw. zumindest konkrete Anhaltspunkte dafür vorhanden seien, dass eine Hauptverhandlung durchgeführt worden wäre, wenn die Revision nicht zurückgenommen worden wäre (OLG Celle RVGreport 2019, 340; OLG München BeckRS 2012, 23510; OLG Rostock JurBüro 2012, 301; OLG Koblenz BeckRS 2009, 06771 = NStZ-RR 2010, 4; OLG Düsseldorf JurBüro 2008, 85; OLG Hamburg RVGreport 2008, 340 = BeckRS 2008, 17315; OLG Köln BeckRS 2008, 13595 = RVGreport 2008, 428; KG NStZ-RR 2007, 297; OLG Brandenburg NStZ-RR 2007, 288; OLG Hamm NStZ-RR 2007, 160; OLG Jena BeckRS 2007, 05408; OLG Saarbrücken BeckRS 2006, 06800 = JurBüro 2007, 28; OLG Stuttgart BeckRS 2007, 04323; OLG Zweibrücken AGS 2006, 74).

34 Die wohl **herrschende Meinung** in der obergerichtlichen Rechtsprechung verlangt somit den Blick in die juristische Glaskugel. Nach hiesiger Auffassung wird diese Auslegung des VV 4141 weder vom Wortlaut noch von der Intention des Gesetzgebers gedeckt und hat mit einem von Transparenz, Rechtsklarheit und Rechtseinheitlichkeit geprägten Vergütungsrecht nicht viel gemeinsam. Manche Entscheidung scheint eher von fiskalischen Erwägungen getragen als vom Wortlaut des Gesetzes.

35 Mit der Erweiterung der Befriedungsgebühr auf das Rechtsmittel der Revision muss man zugegeben, dass der Gesetzgeber die Besonderheiten des Revisionsverfah-

rens nicht ausreichend bedacht und entsprechend eingearbeitet hat. Die für alle Seiten zeitaufwendigen Tätigkeiten fließen vielmehr in die Erstellung und Prüfung der Revisionsbegründung und nicht in die Vorbereitung der (ausnahmsweise) anzuberaumenden Revisionshauptverhandlung. Reduziert auf den Sinn und Zweck – Entlastung der Revisionsgerichte und Honorierung der auf die Vermeidung der Hauptverhandlung gerichteten anwaltlichen Bemühungen – sowie unter Beachtung der verfahrensrechtlichen Besonderheiten und der Regelungssystematik, muss man zu folgendem Ergebnis kommen:

Die Revisionsverfahrensgebühr VV 4130 erhält der Verteidiger, wenn er Tätigkeiten entfaltet hat, die über die Einlegung der Revision und die diesbezügliche Beratung hinausgehen. Wird die eingelegte Revision nicht begründet, sondern im Einverständnis des Mandanten zurückgenommen, ist die Verfahrensgebühr VV 4130 in den Fällen erstattungsfähig, in denen der Verteidiger aufgrund neuer Tatsachen (zB Prüfung der schriftlichen Urteilsgründe) seinem Mandanten die Revisionsrücknahme anrät; siehe Kommentierung zu → VV 4130 Rn. 13. Daran anknüpfend für den Anfall der Gebühr VV 4141 zu verlangen, eine Revisionsbegründung anzufertigen und Prüfungen im Hinblick auf die evtl. Anberaumung einer Hauptverhandlung anzustellen, erscheint sachfremd und willkürlich. In diesen Fällen wäre es für den Verteidiger attraktiver, es beim normalen Verfahrensablauf zu belassen und auf die Terminsgebühr zu spekulieren – das gesetzgeberische Ziel wäre damit verfehlt. **35a**

Für das Entstehen der Gebühr 4141 **genügt** es daher, wenn der Verteidiger das eingelegte Rechtsmittel unabhängig davon zurücknimmt, ob dies bereits begründet ist, oder ob eventuell eine Hauptverhandlung durchgeführt worden wäre, wenn die Revision nicht zurückgenommen worden wäre (OLG Düsseldorf AGS 2006, 124; Gerold/Schmidt/Burhoff VV 4141 Rn. 39). **36**

Die Befriedungsgebühr VV 4141 ist allerdings **keine Rücknahmegebühr,** so dass Anhaltspunkte vorliegen müssen, aus denen eine auf die Förderung des Verfahrens gerichtete Tätigkeit ersichtlich ist (Gerold/Schmidt/Burhoff VV 4141 Rn. 37 mwN). **36a**

d) Revisionsrücknahme durch Staatsanwaltschaft. Wird die Revision nach Begründung durch die Staatsanwaltschaft und erfolgter Gegenerklärung des Verteidigers zurückgenommen, fällt für den Verteidiger die Befriedungsgebühr an (KG AGS 2009, 324; OLG Köln BeckRS 2009, 09232 = StraFo 2009, 175). Gleiches gilt für die beiderseitige Revisionsrücknahme (OLG Braunschweig AGS 2016, 272). **37**

6. Verfahrensbeendigung nach § 411 I 3 StPO (Nr. 4). Nach § 411 I 3 StPO kann das Gericht im Strafbefehlsverfahren mit Zustimmung des Angeklagten, des Verteidigers und der Staatsanwaltschaft ohne Hauptverhandlung durch Beschluss entscheiden, wenn der Angeklagte seinen Einspruch auf die Höhe der Tagessätze einer festgesetzten Geldstrafe beschränkt hat und von der Festsetzung im Strafbefehl nicht zum Nachteil des Angeklagten abgewichen wird. Sinn und Zweck dieser Regelung besteht darin, Hauptverhandlungen entbehrlich zu machen, die einzig wegen unzutreffender Tagessatzfestsetzungen in Strafbefehlen anberaumt werden müssten (KK-StPO/Maur StPO § 411 Rn. 9a). **38**

Somit entsteht die Gebühr VV 4141 für den Verteidiger, der nach Beschränkung des Einspruchs gegen den Strafbefehl auf die Tagessatzhöhe an der Zustimmung zur Entscheidung ohne Hauptverhandlung mitwirkt und das Verfahren durch Beschluss endet. Für die **Intensität der anwaltlichen Mitwirkung** wird auf die Ausführungen zu → Rn. 6f. verwiesen. Im Übrigen muss das Verfahren durch die anwaltliche Mitwirkung insgesamt erledigt werden; Teileinstellung führt nicht zum Anfall der Gebühr. **39**

7. Privatklageverfahren. Nach Anm. I 2 ist Nr. 3 auf den Beistand oder Vertreter eines Privatklägers entsprechend anzuwenden, wenn die Privatklage nach § 391 I StPO zurückgenommen wird. Die (wirksame) Rücknahme als solches führt noch nicht zur Verfahrensbeendigung. Der mit der Rücknahme einhergehende Wegfall einer Prozessvoraussetzung beendet das Verfahren entweder durch die durch Beschluss nach § 206a I StPO oder in der Hauptverhandlung durch Urteil nach § 260 III StPO angeordnete Verfahrenseinstellung. In diesen Fällen entsteht die Gebühr VV 4141 Anm. I 1 Nr. 1. **40**

41 Erfolgt die **Rücknahme vor Eröffnung des Hauptverfahrens,** wird die Klage durch Beschluss nach § 383 I 1 StPO zurückgewiesen (BeckOK StPO/Valerius StPO § 391 Rn. 8 mwN), was die Gebühr nach Anm. I 1 Nr. 3 auslöst. Für die **Intensität der anwaltlichen Mitwirkung** wird auf die Ausführungen zu → Rn. 6 f. verwiesen.

42 Die Gebühr VV 4141 entsteht nicht, wenn sich Privatkläger und Privatbeklagter über die **Rücknahme der Privatklage einigen** und die Privatklage zurückgenommen wird. Dies führt zwar zur Verfahrenseinstellung und damit zur Gebühr VV 4141 Anm. I 1 Nr. 1, doch darf die Gebühr VV 4141 nach Anm. II 2 **nicht neben der Gebühr VV 4147** entstehen, so dass in diesen Fällen nur letztere anfällt (Burhoff/Volpert/Burhoff RVG Straf- und Bußgeldsachen VV 4141 Rn. 83).

43 **IV. Bestimmung der Gebühr (Anm. III).** Gemäß Anm. III 1 richtet sich die Gebührenhöhe nach dem Rechtszug, in dem die Hauptverhandlung vermieden wurde. Die Gebühr mit Haftzuschlag ist nach Anm. III 3 nicht zu berücksichtigen.

44 Wird der Mandant etwa im **ersten Rechtszug** vor dem Strafrichter des Amtsgerichts angeklagt und wirkt der Anwalt auf den Wegfall der Hauptverhandlung ein, entsteht für den gerichtlich bestellten oder beigeordneten Verteidiger die Festgebühr VV 4106 und für den Wahlverteidiger die Betragsrahmengebühr VV 4106.

45 Bei der Gebührenbestimmung durch den Wahlverteidiger ist auf Anm. III 2 zu achten, wonach die Gebühr anhand der Gebührenmitte – (Mindestgebühr + Höchstgebühr): 2 – bestimmt wird. Dies bedeutet, dass beim Wahlverteidiger keine Gebührenbestimmung nach § 14 I 1 erfolgt, sondern dieser die Gebühr 4141 als „Festgebühr" in Höhe der Mittelgebühr erhält (anstatt vieler BeckOK RVG/Knaudt VV 4141 Rn. 42).

Nr.	Gebührentatbestand	Gebühr oder Satz der Gebühr nach § 13 oder § 49 RVG	
		Wahlanwalt	gerichtlich bestellter oder beigeordneter Rechtsanwalt
4142	**Verfahrensgebühr bei Einziehung und verwandten Maßnahmen** ..... **I Die Gebühr entsteht für eine Tätigkeit für den Beschuldigten, die sich auf die Einziehung, dieser gleichstehende Rechtsfolgen (§ 439 StPO), die Abführung des Mehrerlöses oder auf eine diesen Zwecken dienende Beschlagnahme bezieht.** **II Die Gebühr entsteht nicht, wenn der Gegenstandswert niedriger als 30,00 € ist.** **III Die Gebühr entsteht für das Verfahren des ersten Rechtszugs einschließlich des vorbereitenden Verfahrens und für jeden weiteren Rechtszug.**	1,0	1,0

1 **I. Normzweck.** Die Gebühr VV 4142 fällt neben der jeweiligen Verfahrensgebühr für die anwaltliche Tätigkeit im Rahmen der Einziehung und verwandten Maßnahmen nach § 442 StPO gesondert an. Die Gebühr ist als eine am Gegenstandswert ausgerichtete Wertgebühr ausgestaltet und steht dem Anwalt für das erstinstanzliche Verfahren einschließlich des vorbereitenden Verfahrens und für jeden weiteren Rechtszug zu.

Sinn und Zweck der Gebühr besteht darin, dem Rechtsanwalt eine besondere Vergütung für seinen Einsatz zu gewähren, der sich auf die Bewahrung des Eigentums des Mandanten bezieht (Kotz NStZ-RR 2007, 293 (297)). 2

II. Persönlicher Anwendungsbereich. Die Gebühr entsteht für den Wahlverteidiger sowie für den gerichtlich bestellten oder beigeordneten Verteidiger. Nach VV Vorb. 4 I findet VV 4142 auch auf den Vertreter des Neben- oder Privatklägers Anwendung, wenn gebührenauslösende Tätigkeiten erbracht werden. Gleiches gilt den Beistand eines Nebenbeteiligten (OLG Stuttgart JurBüro 2018, 134 = BeckRS 2017, 137552). 3

III. Sachlicher Anwendungsbereich. Hat der Täter oder Teilnehmer durch eine rechtswidrige Tat oder für sie etwas erlangt, so ordnet das Gericht nach §§ 73 f. StGB dessen Einziehung an. Die der Einziehung verwandten Maßnahmen sind nach § 439 StPO die Vernichtung, Unbrauchbarmachung und Beseitigung eines gesetzwidrigen Zustandes. Demnach entsteht die Gebühr für anwaltliche Tätigkeiten in folgenden Bereichen (siehe hierzu Gerold/Schmidt/Burhoff VV 4142 Rn. 7; BeckOK RVG/ Knaudt VV 4142 Rn. 4): 4

- Abführung des Mehrerlöses, §§ 8, 10 WiStG,
- Beschlagnahme zur Sicherung der Einziehung oder Unbrauchbarmachung, §§ 111b–111d StPO,
- Bußgeld nach § 30 I Nr. 1 OWiG,
- Einziehung nach §§ 73 f. StGB und § 7 WiStG,
- Unbrauchbarmachung, § 74d StGB,
- Vermögensarrest zur Sicherung der Wertersatzeinziehung, § 111e I StPO,
- Vernichtung, § 144 IV MarkenG, §§ 98, 110 UrhG.

Die **Entziehung der Fahrerlaubnis** lässt die Gebühr VV 4142 infolge des eindeutigen Wortlauts des § 439 StPO nicht entstehen (OLG Koblenz NStZ 2007, 342; Kotz NStZ-RR 2007, 293 (297)). 5

Ebenso verhält es sich bei **Beschlagnahmen nach §§ 94, 98 StPO,** die aufgrund der Sicherstellung als Beweismittel angeordnet worden sind (OLG Hamm NStZ 2007, 342; BeckOK RVG/Knaudt VV 4142 Rn. 5; Gerold/Schmidt/Burhoff VV 4142 Rn. 8). Erfolgte die Beschlagnahme allerdings nicht nur zur Sicherstellung als Beweismittel, sondern auch zur Sicherstellung als Einziehungsgegenstand, eröffnet dies den Anwendungsbereich der Gebühr VV 4142 (OLG Düsseldorf RVGreport 2011, 228 = BeckRS 2011, 3264). Folgende Maßnahmen lassen die Gebühr ebenso nicht entstehen: 6

- Maßnahmen zur Eigentumssicherung und der Rückgewinnungshilfe (KG AGS 2009, 224),
- Rückerstattung des Mehrerlöses nach § 9 WiStG,
- StrEG-Ansprüche,
- Verfall einer Sicherheit, § 124 I StPO,
- Vermögensbeschlagnahme, § 290 StPO.

IV. Bestimmung der Gebühr (II, III). Die Gebühr VV 4142 entsteht als Verfahrensgebühr für das „Betreiben des Geschäfts" (VV Vorb. 4 II). Die anwaltlichen Tätigkeiten müssen daher mit der Einziehung oder gleichstehende Rechtsfolgen in Verbindung stehen. Zu diesen Tätigkeiten können das entsprechende Fertigen von Schriftsätzen, Stellungnahmen, das Durchführen von darauf gerichteten Besprechungen oder auch beratende Tätigkeiten gehören (OLG Karlsruhe NStZ-RR 2007, 391; KG NJW-Spezial 2005, 570; Kotz NStZ-RR 2007, 293 (297); BeckOK RVG/ Knaudt VV 4142 Rn. 9). 7

Nach Anm. III entsteht die Gebühr für das Verfahren des ersten Rechtszugs **einschließlich** des vorbereitenden Verfahrens und für jeden weiteren Rechtszug jeweils gesondert. 8

Die Gebühr entsteht ebenso in den Fällen, in denen sich der Beschuldigte mit einem Rechtsmittel allein gegen die Einziehung wendet. Dass im Rechtsmittelverfahren nur die Einziehung eine Rolle spielt, ist eine verfahrensrechtliche Besonderheit, die auf die Rechtsmittelbeschränkung zurückgeht. Dies hat aber auf das Entstehen der Gebühr VV 4142 keinen Einfluss. 9

9a Die Gebühr entsteht nicht, wenn der Gegenstandswert niedriger als 30 EUR ist (Anm. II).

10 Eine **gerichtliche Tätigkeit** des Anwalts bzw. eine aus den Verfahrensakten ersichtliche Tätigkeiten ist für den Anfall der Gebühr nicht erforderlich (Gerold/Schmidt/Burhoff VV 4142 Rn. 12). Infolge des eindeutigen Wortlauts des Gebührentatbestands ist es für den Anfall der Gebühr unerheblich, ob bei dem Anwalt ein messbarer zusätzlicher Arbeitsaufwand entstanden ist (OLG Hamm RVGreport 2012, 152 = BeckRS 2012, 6494).

11 **1. Gebührenhöhe.** Der **Wahlanwalt** erhält die Wertgebühr auf Grundlage des Gegenstandswertes nach § 13, der bei entsprechender Wertfestsetzung durch Beschluss für das Kostenfestsetzungsverfahren maßgebend ist (LG Koblenz BeckRS 2012, 3526). Die Höhe der dem **gerichtlich bestellten oder beigeordneten** Rechtsanwalt zustehenden Gebühr, ist auf die im Wege der Prozesskostenhilfe zustehenden Gebührenbeträge (§ 49) begrenzt (BT-Drs. 15/1971, 228).

11a Da es sich bei der Gebühr VV 4142 um eine Wertgebühr handelt, ist die Feststellung oder Festsetzung einer **Pauschvergütung** gem. §§ 42 I 2, 51 I 2 ausgeschlossen. Aus diesem Grund scheidet bei einer gewährten Pauschvergütung die **Anrechnung** einer zuvor festgesetzten und ausbezahlten Gebühr VV 4142 aus (LG Rostock AGS 2011, 24; BeckOK RVG/Knaudt VV 4142 Rn. 20).

12 Wird der Rechtsanwalt für mehrere Auftraggeber wegen desselben Gegenstandes tätig, findet die **Erhöhungsgebühr** VV 1008 Anwendung (Gerold/Schmidt/Burhoff VV 4142 Rn. 16).

13 **2. Gegenstandswert.** Der für die Gebührenbestimmung notwendige Gegenstandswert bemisst sich nach dem **objektiven Verkehrswert** der eingezogenen Sache und somit nach deren Verkaufswert, nicht aber nach einem später erzielten Versteigerungserlös (OLG Bamberg AGS 2007, 192; Kotz NStZ-RR 2007, 293 (298)).

14 Die Werte mehrerer Gegenstände werden nach § 22 I zusammengerechnet. Bei **mehreren Tätern** kommt es nicht auf den auf einen Täter entfallenden Anteil an, da das subjektive Interesse außer Betracht bleibt und somit jedem Täter der volle Verkehrswert zuzurechnen ist (OLG Bamberg AGS 2007, 192).

15 **a) Verkehrswert.** Der Verkehrswert ist der Wert einer Sache, der aus ihrer **legalen Veräußerung** zu erlangen ist. Deshalb haben illegale Betäubungsmittel und Falschgeld keinen Wert, weil es an der Verkehrsfähigkeit mangelt und diese allenfalls einen nicht zu beachtenden subjektiven Szenewert haben (Riedel/Sußbauer/Kremer VV 4142 Rn. 13; NK-GK/Stollenwerk VV 4141–4147 Rn. 30 f.).

16 Aus Literatur und Rechtsprechung sollen beispielhaft folgende Gegenstandswerte genannt werden (siehe hierzu Gerold/Schmidt/Burhoff Anhang VII. Strafsachen Rn. 4 f.; BeckOK RVG/Knaudt VV 4142 Rn. 13 f.; Riedel/Sußbauer/Kremer VV 4142 Rn. 13 f.):

- **Abführung, Mehrerlös:** Betrag des abgeführten Mehrerlöses,
- **Betäubungsmittel:** kein Handelswert. Etwas anderes gilt für verschreibungsfähige bzw. verkehrsfähige Betäubungsmittel und/oder Medikamente, die nach ihrem Verkaufspreis in der Apotheke zu bewerten sind (OLG Frankfurt a. M. NJOZ 2007, 1372),
- **Dealgeld:** Nennwert des eingezogenen Geldbetrages (KG NStZ-RR 2005, 358),
- **Diebesgut:** Verkaufswert bzw. objektiver Verkehrswert
- **Einziehung:** Objektiver Wert des Gegenstandes bzw. des Erlangten (OLG Schleswig StraFo 2006, 516),
- **Grundstoffe:** wenn diese legal erworben werden können, ist der Verkaufspreis anzusetzen
- **Streckmittel:** wenn diese legal erworben werden können (zB **Paracetamol, Koffein**), ist der Verkaufspreis anzusetzen (OLG Schleswig StraFo 2006, 516),
- **Verfall:** Wert des Verfalls nach altem Recht besteht in dem mit illegalen Mitteln erworbenen Unrechtserlös (BGH NStZ-RR 2002, 208; OLG Schleswig StraFo 2006, 516),
- **Waffen:** Veräußerung ist an Inhaber von Waffenbesitzkarten möglich, so dass der objektive Verkehrswert heranzuziehen ist,

b) Wertfestsetzung. Der Rechtsanwalt muss ggf. den Gegenstandswert nach § 33 RVG **festsetzen** lassen, da aus dem Wert einer Einziehung keine Gerichtsgebühren entstehen. Für die Höhe des Gegenstandswertes ist auf den Zeitpunkt der Gebührenentstehung abzustellen (Kotz NStZ-RR 2007, 293 (298)). 17

Nr.	Gebührentatbestand	Gebühr oder Satz der Gebühr nach § 13 oder § 49 RVG – Wahlanwalt	gerichtlich bestellter oder beigeordneter Rechtsanwalt
4143	**Verfahrensgebühr für das erstinstanzliche Verfahren über vermögensrechtliche Ansprüche (§ 403 StPO)**	**2,0**	**2,0**
	I Die Gebühr entsteht auch, wenn der Anspruch erstmalig im Berufungsverfahren geltend gemacht wird. **II Die Gebühr wird zu einem Drittel auf die Verfahrensgebühr, die für einen bürgerlichen Rechtsstreit wegen desselben Anspruchs entsteht, angerechnet.**		
4144	**Verfahrensgebühr im Berufungs- und Revisionsverfahren über vermögensrechtliche Ansprüche (§ 403 StPO)** ...	**2,5**	**2,5**
4145	**Verfahrensgebühr für das Verfahren über die Beschwerde gegen den Beschluss, mit dem nach § 406 Abs. 5 Satz 2 StPO von einer Entscheidung abgesehen wird**	**0,5**	**0,5**

Übersicht

I. Normzweck. Die Gebühr VV 4143 fällt neben der jeweiligen Verfahrensgebühr für die anwaltliche Tätigkeit im Adhäsionsverfahren nach §§ 403 f. StPO an. Die Gebühr ist als eine am Gegenstandswert ausgerichtete Wertgebühr ausgestaltet und steht dem Anwalt für das erstinstanzliche Verfahren zu. Eine Anrechnung findet ausschließlich auf die für einen bürgerlichen Rechtsstreit wegen desselben Gegenstandes entstehende Verfahrensgebühr statt, nicht aber auf die Gebühren im Strafverfahren. 1

II. Persönlicher Anwendungsbereich. Die Gebühr entsteht für den mit der Abwehr der Ansprüche beauftragten Wahlverteidiger sowie für den gerichtlich bestellten oder beigeordneten Verteidiger. Nach VV Vorb. 4 I findet VV 4143 auch auf 2 den Vertreter des Neben- oder Privatklägers Anwendung, wenn für den Verletzten im Adhäsionsverfahren Ansprüche geltend gemacht werden.

3 Über VV Vorb. 4.3 II gelten die Vorschriften auch für den Rechtsanwalt eines Antragstellers iSd § 403 2 StPO, der mit der Geltendmachung oder Abwehr eines Anspruchs im Rahmen einer **Einzeltätigkeit** beauftragt worden ist (BT-Drs. 19/27654, 127).

4 **1. Erstreckung der Beiordnung.** Beim gerichtlich bestellten oder beigeordneten Verteidiger ist zu beachten, dass sich dessen Anspruch nach dem Umfang seiner Beiordnung richtet. In Literatur und Rechtsprechung ist umstritten, ob die gerichtliche Bestellung oder Beiordnung als Verteidiger die Tätigkeit im Adhäsionsverfahren umfasst (**keine Erstreckung:** KG JurBüro 2011, 254; OLG Oldenburg AGS 2010, 427; OLG Stuttgart AGS 2009, 387; OLG Celle NStZ-RR 2008, 190; OLG Zweibrücken JurBüro 2006, 643; BeckOK RVG/Knaudt VV 4143 Rn. 1b f.; MüKoStPO/Grau StPO § 404 Rn. 7; **für eine Erstreckung:** Gerold/Schmidt/Burhoff VV 4143, Rn. 5 mwN aus der Literatur).

5 Nach hiesiger Auffassung ist der **vorherrschenden Ansicht** beizutreten, wonach der gerichtlich bestellte oder beigeordnete Verteidiger für die Tätigkeiten im Adhäsionsverfahren einer eigenen Beiordnung/Bestellung bedarf. Nach § 404 V 1 StPO kann sowohl dem Adhäsionskläger als auch dem Angeschuldigten auf Antrag Prozesskostenhilfe gewährt werden, sobald die Anklageschrift eingereicht worden ist. Die Bewilligung der Prozesskostenhilfe richtet sich nach den §§ 114 f. ZPO, wozu ua die wirtschaftlichen Verhältnisse des PKH-Antragstellers sowie die hinreichenden Erfolgsaussichten der beabsichtigten Rechtsverfolgung/-verteidigung zählen (MüKoStPO/Grau StPO § 404 Rn. 7). Gem. § 404 V 1 iVm § 119 I 1 ZPO wirkt die Bewilligung nur für die jeweilige Instanz.

5a Die Bestellung oder Beiordnung richtet sich nach dem **strafrechtlichen Vorwurf,** stellt aber weder auf die wirtschaftlichen Verhältnisse des Angeklagten noch auf die **Erfolgsaussichten** der Rechtsverteidigung ab. Unter Berücksichtigung dieser formell-rechtlichen Aspekte tritt deutlich hervor, dass sich die Bestellung oder Beiordnung nach § 140 f. StPO nicht auf die Tätigkeit im Adhäsionsverfahren fortwirken kann.

6 Ist eine Beiordnung für das Adhäsionsverfahren nicht erfolgt, kann eine gebührenerhöhende Geltendmachung der Tätigkeiten im Adhäsionsverfahren über die **Pauschgebühr nach § 51 nicht erfolgen** (NK-GK/Stollenwerk VV 4141–4147 Rn. 41).

7 Die Entscheidung der Bewilligung von Prozesskostenhilfe ist nach § 404 V 3 StPO unanfechtbar, so dass eine **Beschwerde der Staatskasse** gem. § 127 III ZPO nicht zulässig ist. Gleiches gilt für die Beschwerde gegen die nachträglichen Entscheidungen nach § 124 ZPO (OLG Stuttgart NStZ-RR 2007, 254).

8 **2. Nebenklägervertreter.** Wie beim gerichtlich bestellten Verteidiger bestimmt sich der Vergütungsanspruch gegenüber der Landeskasse nach dem Umfang der Beiordnung, so dass eine Abrechnung der Tätigkeiten im Adhäsionsverfahren gegenüber der Staatskasse ohne Beiordnung nicht möglich ist.

8a Demgemäß ist auch für den Nebenklägervertreter im Rahmen der Gewährung von Prozesskostenhilfe gem. § 404 V StPO eine **gesonderte Beiordnung** im Adhäsionsverfahren erforderlich. Dies gilt auch für die Beiordnung eines Anwalts gem. § 397a I StPO, da sich diese ebenso nicht auf das Adhäsionsverfahren erstreckt (BGH NJW 2001, 2486).

9 **III. Sachlicher Anwendungsbereich (VV 4143, 4144).** Von den Gebühren werden die anwaltlichen Tätigkeiten im gerichtlichen Verfahren hinsichtlich der Geltendmachung oder Abwehr eines aus der Straftat erwachsenen vermögensrechtlichen Anspruchs abgegolten. Im **vorbereitenden Verfahren** kann die Gebühr (noch) nicht entstehen. Wird vorgerichtlich ein Ersatzanspruch geltend gemacht, fällt bei Erteilung des Mandats die Geschäftsgebühr nach VV 2300 an.

10 War der Rechtsanwalt bereits **erstinstanzlich** tätig und wird im Berufungs- oder Revisionsverfahren erneut über den vermögensrechtlichen Anspruch entschieden, bestimmt sich die Vergütung nach VV 4144. Erfolgt die Erbringung der Tätigkeit

erstmalig im Berufungs- oder Revisionsverfahren, entsteht die Gebühr nach VV 4143.

Ist der Rechtsanwalt **isoliert** mit der Geltendmachung bzw. Abwehr von vermögensrechtlichen Ansprüchen beauftragt worden, wird diese Tätigkeit nicht als Einzeltätigkeit nach VV Teil 4 Abschnitt 3 abgerechnet. In diesen Fällen finden nach VV Vorb. 4.3 II die Gebühren VV 4143 f. entsprechende Anwendung. Zu beachten ist hierbei, dass sich der Verweis nur auf VV 4143 f. bezieht und nicht allgemein auf Abschnitt 1, so dass beim isoliert beauftragten Anwalt weder Grund- noch Terminsgebühren entstehen (OLG Dresden JurBüro 2017, 128 = BeckRS 2015, 117700; Burhoff/Volpert/Burhoff RVG Straf- und Bußgeldsachen VV 4143 Rn. 8). 11

IV. Bestimmung der Gebühren. Die Gebühren VV 4143 sind jeweils eine als Wertgebühr ausgestaltete Verfahrensgebühr, die gem. VV Vorb. 4 II für das „Betreiben des Geschäfts" entstehen. Für die Entstehung der Gebühr ist es nicht erforderlich, dass ein Adhäsionsverfahren anhängig ist. Wird etwa zwischen Nebenkläger und Angeklagter in der Hauptverhandlung ein zivilrechtlicher Vergleich über die vermögensrechtlichen Ansprüche geschlossen, genügt es für die Geltendmachung der Gebühren gegenüber der Staatskasse, wenn Prozesskostenhilfe für das Entschädigungsverfahren und dem Abschluss des Vergleichs bewilligt worden ist (OLG Jena NJW 2010, 455). 12

Die **Gebühr entsteht mit der ersten Tätigkeit,** die mit der Geltendmachung oder Abwehr von vermögensrechtlichen Ansprüchen im Strafverfahren in Verbindung steht. Zu diesen Tätigkeiten kann die Prüfung der Anspruchshöhe, die Beratung des Mandanten oder auch Prüfung der Anspruchsvoraussetzungen (Riedel/Sußbauer/Kremer VV 4143 Rn. 9; BeckOK RVG/Knaudt VV 4143 Rn. 4). Die Gebühr VV 4143 gilt insoweit auch die Tätigkeiten in der Hauptverhandlung ab, so dass keine gesonderte Terminsgebühr für das Adhäsionsverfahren entsteht. 13

Für das Entstehen der Gebühr bedarf es weder einer förmlichen Antragstellung nach § 404 I StPO noch eines anhängigen Adhäsionsverfahrens (OLG Nürnberg AGS 2014, 18; OLG Jena NJW 2010, 455; Mayer FD-RVG 2013, 353199). Zum formell-rechtlichen zwingend erforderlichen Antragserfordernis als Voraussetzung für die Entschädigung wird auf die Entscheidung des BGH verwiesen (BGH NStZ 1988, 470). 13a

1. Gebührenhöhe. Der Wahlanwalt erhält die Wertgebühr auf Grundlage des Gegenstandswertes nach § 13. Die Höhe der dem gerichtlich bestellten oder beigeordneten Rechtsanwalt zustehenden Gebühr ist auf die im Wege der Prozesskostenhilfe zustehenden Gebührenbeträge (§ 49) begrenzt (BT-Drs. 15/1971, 228). 14

2. Gegenstandswert. Die Höhe der Gebühr errechnet sich aus dem Gegenstandswert, der sich nach den Wertvorschriften für die Bemessung des Streitwerts (§ 23 I) bestimmt. Danach ist grundsätzlich der Gegenstandswert zu Grunde zu legen, der der berechtigten Schadensersatzforderung entspricht (BGH NJW 2009, 2682 (2685)). Dies schließt die Berücksichtigung von im Antrag eingeflossenen unrealistisch hohen Vorstellungen aus. Maßgebend ist somit die Höhe des geltend gemachten bzw. abzuwehrenden **bezifferten Anspruchs** (OLG Celle AGS 2015, 72) und nicht der im Vergleich verhandelte oder der in einem Urteil zuerkannte Betrag. Wurde im Antrag ein Mindestbetrag genannt, ist dieser für die Gebührenberechnung maßgeblich (OLG Karlsruhe NStZ-RR 2011, 390). 15

Der Wert eines **unbezifferten Antrags** richtet sich nach dem auf Grund des objektiven Sachvortrags des Anspruchstellers zu erwartende Anspruch und nicht nach den subjektiven Vorstellungen des Anspruchstellers (KG NJW-Spezial 2009, 525). 15a

Werden die Ansprüche **mehrerer Nebenkläger** in derselben Angelegenheit geltend gemacht, sind die Werte nach § 22 I zu addieren (OLG Stuttgart NJW-Spezial 2015, 125). Handelt es sich um unterschiedliche Ansprüche, die nicht auf demselben Lebenssachverhalt beruhen, erfolgt auch dann keine Zusammenrechnung, wenn alle Taten Gegenstand eines Urteils sind (KG AGS 2009, 484). 16

Die Wertfestsetzung erfolgt durch das Gericht des ersten Rechtszuges und ist für jede Instanz gesondert festzusetzen. Der Wert wird **von Amts wegen** festgesetzt, 17 wenn dem Antrag im Urteil gem. § 406 I 1 StPO stattgegeben wird. Liegen nach Ansicht des Gerichts die Voraussetzungen für den Antrag nicht vor, sieht es gem. § 406 V 2 StPO durch Beschluss von einer Entscheidung über den Antrag ab, so dass der gegenstandswert nur **auf Antrag** festgesetzt wird.

18 **3. Anrechnung (VV 4143).** Die Gebühren VV 4143, 4144 stehen dem Anwalt neben den gerichtlichen Verfahrensgebühren **gesondert** zu. Eine Anrechnung auf die Gebühren im Strafverfahren findet nicht statt.

18a Ebenso findet keine Anrechnung einer außergerichtlichen Tätigkeit auf die Gebühren VV 4143, 4144 statt. Infolge des eindeutigen Wortlauts der Anm. II zu VV 4143 unterbleibt eine Anrechnung der im Berufungs- oder Revisionsverfahren entstandenen Gebühr auf die Verfahrensgebühr im bürgerlichen Rechtsstreit.

19 Entfaltet der Rechtsanwalt auch im bürgerlichen Rechtsstreit Tätigkeiten, welche die dortigen Verfahrensgebühren nach VV Teil 3 Abschnitt 1 auslösen, wird nach Anm. II die Gebühr 4143 zu einem Drittel auf die Verfahrensgebühr (VV 3100) im bürgerlichen Rechtstreit angerechnet, wenn diese wegen desselben im Adhäsionsverfahren geltend gemachten Anspruchs entstanden ist.

19a Wurde im Adhäsionsverfahren ein **höherer Betrag als im Zivilverfahren** geltend gemacht, erfolgt die Anrechnung aus dem niedrigeren Wert des Zivilverfahrens, da der Anspruch nur insoweit identisch ist (Gerold/Schmidt/Burhoff VV 4143 Rn. 22).

20 **4. Einigungsgebühr.** Wird im Adhäsionsverfahren über den vermögensrechtlichen Anspruch ein Vergleich geschlossen, lässt diese Tätigkeit neben der Gebühr VV 4143 eine Gebühr nach VV 1000 f. entstehen. Demgemäß ist zu unterscheiden, ob der Vergleich Ansprüche umfasst, die bereits in einem anhängigen oder nicht anhängigen Adhäsionsverfahren geltend gemacht worden sind.

21 Erfasst die Einigung lediglich Ansprüche eines **anhängigen Adhäsionsverfahrens,** entsteht nach deren Wert die Einigungsgebühr VV 1003 in Höhe von 1,0. Zwar wird ein Entschädigungsverfahren ausschließlich durch einen Antrag nach § 404 I StPO anhängig gemacht (BGH NStZ 1988, 470), doch genügt es für das Vorhandensein eines anhängigen Verfahrens iSd VV 1003, wenn in der Hauptverhandlung auf Antrag ein gerichtlicher Vergleich vor Gericht abgeschlossen werden soll (OLG Nürnberg AGS 2014, 18; OLG Jena NJW 2010, 455).

22 **V. Verfahrensgebühr (VV 4145).** Die Gebühr VV 4145 wurde durch das Opferrechtsreformgesetz (OpferRRG) vom. 24.6.2004 eingeführt. In diesem Zusammenhang sind auch §§ 406 V, 406a StPO eingeführt worden. Nach § 406 V 2 StPO kann das Gericht, wenn es die Voraussetzungen für eine Entscheidung über den Antrag auf Durchführung eines Adhäsionsverfahrens für nicht gegeben erachtet, nach Anhörung des Antragstellers durch Beschluss von einer Entscheidung über den Antrag absehen. Hiergegen ist nach § 406a I 1 StPO die sofortige Beschwerde zulässig. Gegen eine Absehensentscheidung, die in einer den Rechtszug abschließenden Entscheidung enthalten ist, wird kein Rechtsmittelweg eröffnet (MüKoStPO/Grau StPO § 406a Rn. 1).

23 Der **persönliche Anwendungsbereich** entspricht dem der Gebühr VV 4143, so dass auf die Ausführungen zu → Rn. 2 f. verwiesen wird. Zu beachten ist hierbei, dass nach § 404 V StPO für das Beschwerdeverfahren ebenfalls eine **gesonderte Beiordnung** erfolgen muss (Riedel/Sußbauer/Kremer VV 4145 Rn. 2).

24 Grundsätzlich sind nach VV Vorb. 4.1 II durch die Gebühren die gesamten Tätigkeiten als Verteidiger entgolten, wozu auch Tätigkeiten im Beschwerdeverfahren gehören (§ 19 I 2 Nr. 10a). Hiervon macht VV 4145 eine Ausnahme, indem für die im Beschwerdeverfahren nach § 406a I 1 StPO entfalteten anwaltlichen Tätigkeiten eine Gebühr in Höhe von 0,5 entsteht.

25 Mit der Gebühr VV 4145 sind alle anwaltlichen Tätigkeiten im Beschwerdeverfahren abgegolten. Die als Wertgebühr ausgestaltete Verfahrensgebühr entsteht mit der ersten anwaltlichen Tätigkeit, die im Beschwerdeverfahren erbracht wird und über das Einlegen der Beschwerde hinausgeht (§ 19 I 2 Nr. 10). Von der Verfahrensgebühr sind auch etwaige Tätigkeiten in einem ggf. stattfindenden gerichtlichen Termin abgegolten.

Zur Gebührenhöhe kann auf die Ausführungen zu → Rn. 14 f. verwiesen werden. Für den Gegenstandswert ist der Wert maßgebend, hinsichtlich dessen Beschwerde nach § 406a StPO erhoben wird (Gerold/Schmidt/Burhoff VV 4145 Rn. 6). Der Gegenstandswert ist nach § 33 **auf Antrag** festzusetzen. **26**

Nr.	**Gebührentatbestand**	**Gebühr oder Satz der Gebühr nach § 13 oder § 49 RVG**	
		Wahlanwalt	**gerichtlich bestellter oder beigeordneter Rechtsanwalt**
4146	**Verfahrensgebühr für das Verfahren über einen Antrag auf gerichtliche Entscheidung oder über die Beschwerde gegen eine den Rechtszug beendende Entscheidung nach § 25 Abs. 1 Satz 3 bis 5, § 13 StrRehaG . .**	**1,5**	**1,5**

I. Anwendungsbereich. Die Gebühr VV 4146 vergütet anwaltliche Tätigkeiten in zwei verschiedenen Verfahren, die im Rahmen des StrRehaG erbracht werden. Die Gebühr entsteht für den Wahlverteidiger ebenso, wie für den gerichtlich bestellten oder beigeordneten Verteidiger, wenn er für den Mandanten im StrRehaG tätig wird. **1**

Für die Gewährung der Sozialen Ausgleichsleistungen nach Abschnitt 3 des StrRehaG (§§ 16–25a StrRehaG) ist grundsätzlich die Landesjustizverwaltung zuständig. Wird innerhalb dieses Verfahrens nach § 25 I 5 StrRehaG ein Antrag auf gerichtliche Entscheidung gestellt, entscheidet hierüber das nach § 8 StrRehaG zuständige Gericht, was wiederum die Gebühr VV 4146 auslöst. **2**

Wird gegen die im Verfahren auf gerichtliche Entscheidung ergangene und den Rechtszug beendende Entscheidung Beschwerde einlegt, entsteht hierfür ebenso die Gebühr VV 4143. Der Verweis auf § 13 StrRehaG erweitert den Anwendungsbereich **nicht** auch auf Beschwerdeverfahren gegen eine Rehabilitierungsentscheidung; für dieses gelten die VV 4124, 4126. **3**

II. Bestimmung der Gebühr. Als Wertgebühr ausgestaltete Verfahrensgebühr deckt VV 4146 alle Tätigkeiten des Rechtsanwalts ab, die mit dem Verfahren in Verbindung stehen. Die Gebühr entsteht mit der ersten Tätigkeit, die in Verbindung mit dem Antrag auf gerichtliche Entscheidung steht. Bezüglich des Beschwerdeverfahrens entsteht die Gebühr für den bereits im Antragsverfahren tätigen Rechtsanwalt erst mit einer über die Beschwerdeeinlegung hinausgehenden Tätigkeit (§ 19 I 2 Nr. 10). **4**

Die Gebührenhöhe bestimmt sich nach dem Gegenstandswert, der **auf Antrag** festgesetzt wird. Aufgrund der in dem Verfahren verfolgten vermögensrechtlichen Ansprüche, bestimmt sich der Wert nach der Höhe der geltend gemachten Ansprüche die mit dem Antrag auf gerichtliche Entscheidung verfolgt werden. Für das Beschwerdeverfahren ist als Gegenstandswert der Wert maßgebend, hinsichtlich dessen Beschwerde erhoben wird. **5**

Der Wahlanwalt erhält die Wertgebühr auf Grundlage des Gegenstandswertes nach § 13. Die Höhe der dem gerichtlich bestellten oder beigeordneten Rechtsanwalt zustehenden Gebühr, ist auf die im Wege der Prozesskostenhilfe zustehenden Gebührenbeträge (§ 49) begrenzt. **6**

Nr.	Gebührentatbestand	Gebühr oder Satz der Gebühr nach § 13 oder § 49 RVG	
		Wahlanwalt	gerichtlich bestellter oder beigeordneter Rechtsanwalt
4147	**Einigungsgebühr im Privatklageverfahren bezüglich des Strafanspruchs und des Kostenerstattungsanspruchs:** **Die Gebühr 1000 entsteht ....** **[1] Für einen Vertrag über sonstige Ansprüche entsteht eine weitere Einigungsgebühr nach Teil 1. [2] Maßgebend für die Höhe der Gebühr ist die im Einzelfall bestimmte Verfahrensgebühr in der Angelegenheit, in der die Einigung erfolgt. [3] Eine Erhöhung nach Nummer 1008 und der Zuschlag (Vorbemerkung 4 Abs. 4) sind nicht zu berücksichtigen.**	**in Höhe der Verfahrensgebühr**	

1 **I. Normzweck.** Nach § 391 I 1 StPO kann die Privatklage in jeder Lage des Verfahrens zurückgenommen werden. Insoweit stellt der gerichtliche Vergleich den überwiegenden Anteil an den Rücknahmeerklärungen dar. Sinn und Zweck des Vergleichsschlusses besteht in der Rücknahme der Privatklage und in einer Vereinbarung über die Schadensregulierung oder eine Ehrenerklärung sowie eine Absprache über die Verteilung der Kosten (Gercke/Julius/Temming/Zöller/Weißer StPO § 391 Rn. 6). Die verfahrensbeendende Wirkung kommt der im Vergleich enthaltenen Rücknahmeerklärung zu, die aufgrund des damit geschaffenen Verfahrenshindernisses zu einer Einstellungsentscheidung des Gerichts führt.

2 Die Einigungsgebühr VV 4147 soll die anwaltliche Mitwirkung an einem solchen Vergleich fördern, um das Verfahren zu beenden und dadurch das Gericht zu entlasten (BR-Drs. 517/12, 440).

3 **II. Anwendungsbereich.** Die Gebühr VV 4147 bestimmt die Vergütung des Wahlverteidigers und des gerichtlich bestellten oder beigeordneten Verteidigers bei der Mitwirkung im Falle der Einigung in einem Privatklageverfahren nach §§ 374 f. StPO. VV 4147 bestimmt insoweit nur die Höhe der Einigungsgebühr nach VV 1000. Anm. I 3 zu VV 1000 schließt die direkte Anwendung der VV 1000 im Privatklageverfahren aus.

4 **1. Gegenstand der Einigung.** Nach VV 1000 entsteht die Einigungsgebühr für die Mitwirkung beim Abschluss eines Vertrags, durch den der Streit oder die Ungewissheit über ein Rechtsverhältnis beseitigt wird.

4a Die Einigung im Privatklageverfahren muss über den Strafanspruch **und** den Kostenerstattungsanspruch erfolgen. Das Übereinkommen betrifft somit sowohl die Privatklageberechtigung nach § 374 StPO als auch die aus dem Verfahren resultierenden Kostenfolgen nach § 471 StPO (BeckOK RVG/Knaudt VV 4147 Rn. 4.1).

5 **2. Anwaltliche Mitwirkung.** Es bedarf beim Abschluss der Einigung, wie in VV 1000, einer anwaltlichen Mitwirkung. Hierfür muss die anwaltliche Tätigkeit auf das Zustandekommen der Einigung **gerichtet** und für den Abschluss der Einigung **mitursächlich** sein (Gerold/Schmidt/Müller-Rabe VV 1000 Rn. 246). Eine wesentliche Beeinflussung durch den Anwalt ist nicht zu fordern (BGH JurBüro 1977, 189). Folglich führt ein lediglich allgemein gehaltener Rat oder ein Abraten nicht zum

Anfall der Einigungsgebühr (BeckOK RVG/Hofmann/Sefrin VV 1000 Rn. 35a). Für ein ursächliches Mitwirken sprechen ua:

- Beratung des Mandanten, woraufhin es zur Einigung kommt,
- Entwurf oder Überarbeitung des Vertragstextes, der Verwendung findet,
- Dahingehende Beratung, das Einigungsangebot anzunehmen oder eine Einigung nicht zu widerrufen (Gerold/Schmidt/Müller-Rabe VV 1000 Rn. 249; BeckOK RVG/Hofmann/Sefrin VV 1000 Rn. 37).

III. Bestimmung der Gebühr. Der Wahlverteidiger sowie der gerichtlich bestellte oder beigeordnete Verteidiger erhalten eine an die Höhe der gerichtlichen Verfahrensgebühr gekoppelte Einigungsgebühr. Damit soll eine Angleichung an die Gebühr VV 4141 erfolgen, die die anwaltliche Mitwirkung an dem vorzeitigen Ende des Hauptverfahrens honoriert. 6

1. Wahlverteidiger und beigeordneter Verteidiger. Der **gerichtlich bestellte oder beigeordnete** Verteidiger erhält, vom Aufwand der Tätigkeit unabhängig, eine Festgebühr. Zu den Fragen der Beiordnung wird auf die Kommentierung zu → VV Vorb. 4 Rn. 56 ff. verwiesen. 7

Für den **Wahlverteidiger** ist die Gebühr als Betragsrahmengebühr ausgestaltet, deren konkrete Höhe nach § 14 I 1 bestimmt wird. Hierzu wird auf die Kommentierung zu → § 14 Rn. 1 ff. und zu → VV Vorb. 4 Rn. 73 ff. verwiesen. 7a

2. Gebührenentstehung. Die Einigungsgebühr VV 4147 entsteht **gesondert** neben der Verfahrensgebühr für das Privatklageverfahren. Die Höhe bestimmt sich nach der Instanz, in der das Verfahren durch die Einigung beendet worden ist. Wird demnach das Privatklageverfahren in dessen Vorbereitung durch Einigung beendet, entsteht die Gebühr in Höhe der Gebühr VV 4104 (VV Vorb. 4.1.2). Endet das Verfahren durch Einigung vorm Amtsgericht, bestimmt sich die Gebühr nach VV 4106. Im Rechtsmittelverfahren (§ 390 StPO) erfolgt die Gebührenbestimmung nach VV 4124, 4130. 8

3. Abgrenzung zu VV 4141. Zu beachten ist die Abgrenzung der Einigungsgebühr zur Befriedungsgebühr VV 4141. Der mit der Rücknahme einhergehende Wegfall einer Prozessvoraussetzung beendet das Verfahren entweder durch die durch Beschluss nach § 206a I StPO oder in der Hauptverhandlung durch Urteil nach § 260 III StPO angeordnete Verfahrenseinstellung. In diesen Fällen entsteht die Gebühr VV 4141 Anm. I 1 Nr. 1. 9

Die Gebühr VV 4141 entsteht nicht, wenn sich die Privatkläger und Privatbeklagter über die Rücknahme der Privatklage einigen und deswegen die Privatklage zurückgenommen wird. Dies führt zwar zur Verfahrenseinstellung und damit zur Gebühr VV 4141 Anm. I 1 Nr. 1, doch darf die Gebühr VV 4141 nach Anm. II 2 nicht neben der Gebühr **VV 4147** entstehen, so dass in diesen Fällen die Gebühr VV 4147 Vorrang hat. 10

4. Haftzuschlag und Erhöhungsgebühr. Für die Gebührenerhöhung nach VV 1008 und den Haftzuschlag nach VV Vorb. 4 IV ist zu beachten, dass diese nach Anm. 3 bei der Gebührenbestimmung der Einigungsgebühr unberücksichtigt bleiben. Demzufolge entsteht die Einigungsgebühr nicht in Höhe der Verfahrensgebühr mit Haftzuschlag, wenn sich der Mandant im Privatklageverfahren nicht auf freiem Fuß befindet. 11

IV. Weitere Einigungsgebühr. Soweit sich die Parteien über einen sonstigen außerstrafrechtlichen Anspruch im Privatklageverfahren einigen – etwa um einen Schadensersatzanspruch, Wohnungsräumung oder Vermögensauseinandersetzung – kommt eine weitere Einigungsgebühr nach VV 1000 infrage, für die ein gesonderter Gegenstandswert festzusetzen ist. 12

Dies bedeutet, dass sich die Parteien über andere Ansprüche als den Strafanspruch und den Kostenerstattungsanspruch, einigen müssen. Hierfür müssen alle Voraussetzungen der VV 1000 vorliegen, → Rn. 5 f. 12a

Abschnitt 2. Gebühren in der Strafvollstreckung

Vorbemerkung 4.2:

Im Verfahren über die Beschwerde gegen die Entscheidung in der Hauptsache entstehen die Gebühren besonders.

1 **I. Normzweck.** VV Teil 4 Abschnitt 2 beinhaltet die Vergütung des Verteidigers in der Strafvollstreckung. Die in Abschnitt 2 enthaltenen Gebühren fügen sich in die aus Abschnitt 1 bekannte Struktur ein, so dass dem Verteidiger auch im Strafvollstreckungsverfahren eine Verfahrens- sowie eine Terminsgebühr zusteht. Eine **Grundgebühr** ist in Verfahren der Strafvollstreckung aufgrund der systematischen Stellung in VV Teil 4 Abschnitt 2 nicht vorgesehen.

2 Die besonderen Gebühren in der Strafvollstreckung haben die Sicherstellung einer angemessenen Verteidigung bzw. Vertretung der Verurteilten zum Ziel (BT-Drs. 15/1971, 228). Dies insbesondere unter Beachtung der Tatsache, dass Strafvollstreckungssachen oftmals einen erheblichen Zeitaufwand bei dem damit betrauten Rechtsanwalt erfordern.

3 **II. Sachlicher Anwendungsbereich.** Die Tätigkeiten in der Strafvollstreckung ergeben sich aus den §§ 449–463d StPO. Unter Strafvollstreckung sind demnach alle Maßnahmen und Anordnungen zu verstehen, die auf die Verwirklichung, Abänderung oder endgültige Aufhebung einer von einem Strafgericht erlassenen rechtskräftigen Entscheidung gerichtet sind (Gercke/Julius/Temming/Zöller/Pollähne StPO Vor §§ 449 ff. Rn. 1).

3a Die Strafvollstreckung **umfasst** das Verfahren von der Rechtskraft des Urteils bis zum Strafantritt mit anschließenden Überwachungsaufgaben, wie zB das Überprüfungsverfahren nach § 67e StGB (siehe hierzu OLG Frankfurt a. M. NStZ-RR 2005, 253; OLG Schleswig JurBüro 2005, 252 = BeckRS 2005, 16155). Überdies gehört zur Strafvollstreckung im weiteren Sinne die Maßregelvollstreckung (§ 68 StGB) ebenso wie die Vollstreckung von Nebenfolgen (§ 459g) und die Opferentschädigung der §§ 459h f. (Gercke/Julius/Temming/Zöller/Pollähne StPO Vor §§ 449 ff. Rn. 1).

4 Von der Strafvollstreckung ist der **Strafvollzug** nach dem Strafvollzugsgesetz (StVollzG) abzugrenzen. Der Strafvollzug stellt die praktische Durchführung der freiheitsentziehenden Maßnahmen – nicht aber der Geldstrafe – dar und umfasst den Abschnitt von der Aufnahme des Verurteilten bis zur Entlassung. Für anwaltliche Tätigkeiten in Verfahren vor der Strafvollstreckungskammer entsteht die Verfahrensgebühr VV 3100. Für die Gebührenhöhe ist somit der von Amts wegen festzusetzende Gegenstandswert maßgebend, dessen Festsetzung nach §§ 60, 52 I, II oder III GKG zu erfolgen hat.

5 **1. Verfahren nach §§ 27, 57 JGG.** Nach § 27 JGG kann der Richter die Schuld des Jugendlichen feststellen, die Entscheidung über die Verhängung der Jugendstrafe aber für eine von ihm zu bestimmende Bewährungszeit aussetzen, wenn nicht mit Sicherheit beurteilt werden kann, dass eine Jugendstrafe erforderlich ist. Hiermit wird der Richter befugt, eine rechtskraftfähige Vorabentscheidung über die strafrechtliche Schuld des Täters zu treffen und die Entscheidung über die Strafe für eine bestimmte Zeit aufzuschieben (Diemer/Schatz/Sonnen/Diemer JGG § 27 Rn. 2). Da es in diesen Fällen an einer zu vollstreckenden Strafe fehlt, findet VV Teil 4 Abschnitt 2 keine Anwendung. Das gerichtliche Verfahren wird vielmehr fortgesetzt, so dass der Anwendungsbereich von VV Teil 4 Abschnitt 1 eröffnet ist (Burhoff/Volpert/Volpert RVG Straf- und Bußgeldsachen VV Vorb. 4.2 Rn. 14).

6 Nicht zu Abschnitt 2 gehören die **Entscheidungen nach § 57 JGG.** Nach § 57 I 1 JGG wird die Aussetzung der Jugendstrafe zur Bewährung im Urteil oder, solange der Strafvollzug noch nicht begonnen hat, nachträglich durch Beschluss angeordnet. Diese Entscheidungen ergänzen den Inhalt des an sich rechtskräftig gewordenen Urteils oder ändern dieses ab, so dass sie deshalb noch zum gerichtlichen Verfahren gehören und von den Gebühren des gerichtlichen Verfahrens auch abgegolten werden (OLG Karlsruhe StV 1998, 348).

7 **2. Beschwerdeverfahren (VV Vorb. 4.2).** Wird der Rechtsanwalt im Abschnitt der Strafvollstreckung im Beschwerdeverfahren tätig, erhält er gemäß Vorb. 4.2 die einschlägigen Gebühren VV 4200 bis 4207 **gesondert.** Vorb. 4.2 konstituiert damit

eine Ausnahme von dem Grundsatz im strafrechtlichen Beschwerdeverfahren, wonach dort erbrachte Tätigkeiten von der jeweiligen Verfahrensgebühr abgegolten sind. Das Strafvollstreckungsverfahren wird dadurch als eigenständiges Verfahren behandelt.

III. Persönlicher Anwendungsbereich. Die Gebühren in VV Teil 4 Abschnitt 2 entstehen sowohl für den Wahlverteidiger als auch für den gerichtlich bestellten oder beigeordneten Verteidiger. Besonderheiten ergeben sich insbesondere bei dem Umfang der Beiordnung des gerichtlich bestellten Verteidigers: 8

1. Gesonderte Beiordnung für Strafvollstreckung. Die Bestellung oder Beiordnung des Verteidigers im gerichtlichen Verfahren erstreckt sich bis zur Rechtskraft der Entscheidung ausschließlich der Revisionshauptverhandlung (OLG Rostock RVGreport 2010, 380; OLG Hamm StRR 2009, 39; OLG Dresden AGS 2007, 404). Demgemäß ist für einen gegen die Staatskasse gerichteten Vergütungsanspruch im Strafvollstreckungsverfahren eine gesonderte Beiordnung oder Bestellung erforderlich (OLG Zweibrücken NStZ 2010, 470; OLG Frankfurt NStZ-RR 2003, 252; OLG Hamm BeckRS 2002, 30258719; Mayer/Kroiß/Kroiß § 48 Rn. 123 mwN). 9

Etwas anderes gilt für Verfahren der **Sicherungsverwahrung.** Wird die Unterbringung in der Sicherungsverwahrung vollstreckt, bestellt das Gericht dem Verurteilten, der keinen Verteidiger hat, für die im Vollstreckungsverfahren zu treffenden Entscheidungen nach § 463 VIII 1 StPO einen Verteidiger. Die hiernach vorgenommene Beiordnung **gilt bis zu ihrer Aufhebung** für alle weiteren Prüfungen innerhalb des Verfahrens fort. 10

In den Verfahren der **nachträglichen Gesamtstrafenbildung** nach § 460 StPO ist eine gesonderte Beiordnung nicht erforderlich, weil diese noch von der Beiordnung im Hauptsacheverfahren umfasst wird (KG Berlin NStZ-RR 2011, 86; NStZ-RR 2010, 283; OLG Jena StV 2007, 96; OLG Bamberg StV 1985, 140). Für Tätigkeiten in diesen Verfahren entsteht die Gebühr VV 4204. 11

2. Verschiedene Angelegenheiten. Im Strafvollstreckungsverfahren ist hinsichtlich der Beiordnung zu beachten, dass es sich in der Regel um selbständige Verfahren iSd § 15 handelt, die jeweils eine gesonderte Bestellung oder Beiordnung bedürfen (OLG Düsseldorf BeckRS 2014, 12951; OLG Köln AGS 2011, 174). 12

Eine in einem Verfahren erstmals vorgenommene Beiordnung erstreckt sich nicht auf die zeitlich nachfolgenden weiteren Verfahren. Erst eine Verbindung mehrerer Verfahren führt ab dem Zeitpunkt der Verbindung zu einer einzigen Angelegenheit iSd § 15 II 2. 13

3. Dieselbe Angelegenheit. Mehrere selbständige Verfahren können dieselbe Angelegenheit darstellen, wenn ein besonderer **innerer Zusammenhang** zwischen den Verfahren besteht (OLG Nürnberg RVGreport 2017, 256; OLG Düsseldorf BeckRS 2014, 12951; OLG Köln AGS 2011, 174; NK-GK/Stollenwerk VV 4200–4207 Rn. 2; **aA** Burhoff/Volpert/Volpert RVG Straf- und Bußgeldsachen VV Vorb. 4.2 Rn. 44). Es ist somit einzelfallabhängig zu prüfen, ob vergütungsrechtlich ein einheitlicher Lebensvorgang vorliegt, innerhalb dessen sich die anwaltliche Tätigkeit abspielt. Maßgeblich ist der Rahmen, innerhalb dessen die anwaltliche Tätigkeit erfolgt, wobei der dem Anwalt erteilte Auftragsgegenstand zugrunde zu legen ist. 14

Gesonderte Angelegenheiten liegen vor, wenn die Verfahren einzeln zu beurteilen und zu bescheiden sind, weil die Entscheidungen auf der Grundlage unterschiedlicher Vorschriften zu erfolgen haben (für die Reststrafenaussetzung und Fortbestand der Maßregel siehe OLG Düsseldorf BeckRS 2014, 12951). So kann beispielsweise das Verfahren über die Aussetzung mehrerer Reststrafen zur Bewährung (§ 57 StGB), über welche gem. § 454b IV StPO zusammen entschieden wird, nur eine gebührenrechtliche Angelegenheit iSd § 15 II 1 darstellen (OLG Köln AGS 2011, 174). 15

4. Verfahren nach § 67e StGB. In den Verfahren nach § 67e StGB kann das Gericht jederzeit prüfen, ob die weitere Vollstreckung der Unterbringung zur Bewährung auszusetzen oder für erledigt zu erklären ist. Die einzuhaltenden Fristen ergeben sich aus § 67e II StGB, wobei diese durch das Gericht auch verkürzt werden können. In diesem Verfahren ist dem Verurteilten ein Pflichtverteidiger zu bestellen (BVerfG StV 2006, 426), wobei die Bestellung aufgrund der in § 67e StGB fest- 16 gelegten Fristen jedoch **nicht** für das gesamte Maßregevollstreckungsverfahren erfolgen kann (OLG Zweibrücken NStZ 2010, 470; Leipold/Tsambikakis/Zöller/Kilian StGB § 67e Rn. 7).

17 **5. Verfahren nach §§ 23 f. EGGVG.** Nach § 23 I EGGVG entscheiden über die Rechtmäßigkeit der Anordnungen, Verfügungen oder sonstigen Maßnahmen, die von den Justizbehörden zur Regelung einzelner Angelegenheiten auf den Gebieten der Strafrechtspflege getroffen werden auf Antrag die ordentlichen Gerichte.

18 Zu den Verfahren nach §§ 23 f. EGGVG zählt u. a. auch der Antrag des Verurteilten auf gerichtliche Entscheidung nach § 35 II 2 BtMG. Hiernach kann der **Verurteilte** die Verweigerung der Zustimmung zur Zurückstellung der Strafvollstreckung anfechten, so dass das Oberlandesgericht entscheidet. In diesen Verfahren bestimmt sich die Vergütung des in diesen Verfahren tätigen Rechtsanwalts nach VV Teil 3 (OLG Karlsruhe StV 2019, 351; OLG Jena StRR 2017, 27; OLG Köln NStZ-RR 2010, 157; OLG Zweibrücken NStZ-RR 2011, 32). Gegen die Verweigerung der Zustimmung des Gerichts ist für die Staatsanwaltschaft nach § 35 II 1 BtMG der Beschwerdeweg nach §§ 304 f. StPO eröffnet.

Nr.	Gebührentatbestand	Gebühr oder Satz der Gebühr nach § 13 oder § 49 RVG	
		Wahlanwalt	gerichtlich bestellter oder beigeordneter Rechtsanwalt
4200	**Verfahrensgebühr als Verteidiger für ein Verfahren über** **1. die Erledigung oder Aussetzung der Maßregel der Unterbringung** **a) in der Sicherungsverwahrung,** **b) in einem psychiatrischen Krankenhaus oder** **c) in einer Entziehungsanstalt,** **2. die Aussetzung des Restes einer zeitigen Freiheitsstrafe oder einer lebenslangen Freiheitsstrafe oder** **3. den Widerruf einer Strafaussetzung zur Bewährung oder den Widerruf der Aussetzung einer Maßregel der Besserung und Sicherung zur Bewährung ....**	**66,00 bis 737,00 €**	**321,00 €**
4201	**Gebühr 4200 mit Zuschlag ....**	**66,00 bis 921,00 €**	**395,00 €**
4202	**Terminsgebühr in den in Nummer 4200 genannten Verfahren ....**	**66,00 bis 330,00 €**	**158,00 €**
4203	**Gebühr 4202 mit Zuschlag ....**	**66,00 bis 413,00 €**	**192,00 €**

Übersicht

I. Normzweck. Die Gebühr VV 4200 legt die Höhe der Verfahrensgebühr für die in Nr. 1–3 genannten Verfahren der Strafvollstreckung fest. Aufgrund der Bedeutung für den Verurteilten und dem höheren Zeitaufwand in der Bearbeitung ist für die in Nr. 1–3 genannten Verfahren ein höherer Betragsrahmen vorgesehen als für die übrigen Gebühren der Strafvollstreckung (BT-Drs. 15/1971, 229). 1

II. Persönlicher Anwendungsbereich. Die Gebühren VV 4200–4203 entstehen sowohl für den Wahlverteidiger als auch für den gerichtlich bestellten oder beigeordneten Verteidiger. Besonderheiten ergeben sich insbesondere bei dem Umfang der Beiordnung des gerichtlich bestellten Verteidigers. Hierzu wird auf die Ausführungen zu → VV Vorb. 4.2 Rn. 9 f. verwiesen. 2

III. Sachlicher Anwendungsbereich (VV 4200, 4201). Die von der Gebühr VV 4200, 4201 erfassten Verfahren sind in VV 4200 Nr. 1–3 enumerativ aufgezählt, so dass sowohl die Verfahrensgebühr als auch die Terminsgebühr nur in den dort genannten Verfahren entsteht (OLG Dresden JurBüro 2017, 194). Eine analoge Anwendung auf weitere Verfahren scheidet daher aus. Für diese sonstigen Verfahren entsteht eine Gebühr VV 4204. 3

1. Erledigung oder Aussetzung der freiheitsentziehenden Maßregeln (Nr. 1). Nach § 61 StGB sind Maßregeln der Besserung und Sicherung die Unterbringung in einem psychiatrischen Krankenhaus (§ 63 StGB), die Unterbringung in einer Entziehungsanstalt (§ 64 StGB), die Unterbringung in der Sicherungsverwahrung (§ 66 StGB), die Führungsaufsicht (§ 68 StGB), die Entziehung der Fahrerlaubnis (§ 69 StGB) und das Berufsverbot (§ 70 StGB). Kommt Jugendstrafrecht zur Anwendung, ist nach § 7 I JGG die Verhängung der Maßregeln nach § 61 Nr. 1, 2, 4 und 5 zulässig. 4

Nach Ziffer 1 entsteht der erhöhte Gebührenrahmen nicht für alle Verfahren nach § 61 StGB, sondern nur in den für den Verurteilten besonders bedeutsamen Verfahren nach § 61 Nr. 1 bis 3 StGB, in denen die Erledigung oder Aussetzung der Unterbringung in der **Sicherungsverwahrung,** in einem **psychiatrischen Krankenhaus** oder in einer **Entziehungsanstalt** Gegenstand des Verfahrens ist. In Jugendsachen ist die Anwendung auf die Unterbringung in einem psychiatrischen Krankenhaus oder in einer Entziehungsanstalt beschränkt. 5

Für die **Erledigung** der Maßregeln betrifft dies die Prüfungsverfahren nach §§ 67d III bis V, 67f und 67c II 5 StGB iVm §§ 454 II, 463 III 3 bis 5, IV, V, 462 StPO. Die Prüfung der **Aussetzung** der Maßregeln erfolgt in den Verfahren nach §§ 67c I, II, 67d II, 67e StGB iVm §§ 454, 462, 463 III 1 und 3, V StPO. 6

2. Aussetzung der Restfreiheitsstrafe zur Bewährung (Nr. 2). Nach § 454 I StPO trifft das Gericht die Entscheidung, ob die Vollstreckung des Restes einer Freiheitsstrafe zur Bewährung ausgesetzt werden soll (§§ 57–58 StGB) oder vor Ablauf einer bestimmten Frist ein solcher Antrag des Verurteilten unzulässig ist. Unter den Anwendungsbereich der Gebühr VV 4200 Nr. 2 fallen demnach folgende Verfahren: 7

- zeitige Freiheitsstrafe nach § 57 StGB und § 454 StPO,
- lebenslange Freiheitsstrafe nach §§ 57b, 58 StGB und § 454 StPO,
- Aussetzung bei Maßregelvollzug vor Strafe nach §§ 67 V StGB und § 454 StPO,
- Festsetzung der Mindestverbüßungsdauer einer lebenslangen Freiheitsstrafe (KG NStZ-RR 2011, 359),
- Verfahren nach § 88 JGG über die Aussetzung des Restes der Jugendstrafe zur Bewährung.

Unter Ziffer 2 fallen allerdings keine **Gnadenverfahren** – auch dann, wenn diese die Strafaussetzung zum Gegenstand haben. Diese Verfahren sind nach VV 4303 8 abzurechnen (Gerold/Schmidt/Burhoff VV 4200 Rn. 3; Riedel/Sußbauer/Kremer VV 4200 Rn. 6).

9 **3. Widerruf der Bewährung (Nr. 3).** VV 4200 Nr. 3 vergütet die anwaltliche Tätigkeit in Verfahren über den Widerruf einer Strafaussetzung zur Bewährung (§ 56f StGB) oder den Widerruf der Aussetzung einer Maßregel der Besserung und Sicherung zur Bewährung (§ 67g StGB).

10 Nach § 56f StGB widerruft das Gericht bei der Freiheitsstrafe die Strafaussetzung während bzw. am Ende der Bewährungszeit als Reaktion auf die gescheiterte Bewährung des Verurteilten. § 56f StGB findet Anwendung auf die Strafaussetzung und die Strafrestaussetzung, § 57 V 1 StGB (Leipold/Tsambikakis/Zöller/Trüg StGB § 56f Rn. 2).

11 Nach § 67g I StGB widerruft das Gericht die Aussetzung einer Unterbringung, wenn die Gründe für den Widerruf der Aussetzung zur Bewährung der Maßregeln der Unterbringung in einem psychiatrischen Krankenhaus (§ 63 StGB), in einer Entziehungsanstalt (§ 64 StGB) und der Sicherungsverwahrung (§ 66 StGB).

12 Dem Anwendungsbereich der Gebühr VV 4200 Nr. 3 unterfallen ebenso die Verfahren der **Krisenintervention** nach § 67h StGB (OLG Dresden, NStZ-RR 2012, 326; Gerold/Schmidt/Burhoff VV 4200 Rn. 2; BeckOK RVG/Knaudt VV 4200 Rn. 10) und des Widerrufs der Aussetzung eines **Berufsverbots** zur Bewährung nach § 70b StGB iVm §§ 463 V, 462 StPO (Riedel/Sußbauer/Kremer VV 4200 Rn. 7; BeckOK RVG/Knaudt VV 4200 Rn. 8.3).

13 **4. Beschwerdeverfahren.** Wird der Rechtsanwalt im Abschnitt der Strafvollstreckung im Beschwerdeverfahren tätig, erhält er gemäß Vorb. 4.2 die einschlägigen Gebühren VV 4200–4207 gesondert. Das Strafvollstreckungsverfahren wird dadurch als eigenständiges Verfahren behandelt.

14 **IV. Terminsgebühr (VV 4202, 4203).** Die Terminsgebühr entsteht in den in VV 4200 Nr. 1–3 genannten Verfahren für die Teilnahme an gerichtlichen Terminen. Hierbei handelt es sich vor allem um die in den einzelnen Verfahren vorgeschriebenen bzw. möglichen Anhörungen des Verurteilten bzw. Untergebrachten.

14a Unter dem Begriff der Teilnahme wird die **physische Anwesenheit** des Rechtsanwalts verstanden – ein verhandeln oder eine Antragstellung sind nicht notwendig (Gerold/Schmidt/Burhoff VV Vorbemerkung 4 Rn. 26 mwN). Die Terminsgebühr umfasst alle Tätigkeiten in der Hauptverhandlung sowie die konkrete Vor- und Nachbereitung des Termins (siehe Kommentierung zu → VV Vorb. 4 Rn. 19 ff.).

15 Der Anspruch auf die Terminsgebühr entsteht in demselben Strafvollstreckungsverfahren nur einmal, und zwar auch in den Fällen, in denen mehrere Termine stattfinden (OLG Hamm RVGreport 2007, 426 = BeckRS 2007, 19526; KG AGS 2006, 549). Die Teilnahme an anderen Terminen, etwa Termine bei der Staatsanwaltschaft oder Besprechungstermine, wird durch die Verfahrensgebühr VV 4200 abgegolten. Die Terminsgebühren entstehen **ohne Längenzuschläge** (Gerold/Schmidt/Burhoff VV 4200 Rn. 16).

16 Die Terminsgebühr entsteht für den Verteidiger nach VV Vorb. 4 III 2 auch in den Fällen, in denen er zu einem anberaumten Termin erscheint, dieser aber aus Gründen, die er nicht zu vertreten hat, nicht stattfindet und er nicht rechtzeitig von der Aufhebung oder Verlegung des Termins in Kenntnis gesetzt worden ist. Im Übrigen wird für den **„geplatzten Termin"** auf die Kommentierung zu → VV Vorb. 4 Rn. 22 ff. verwiesen.

17 **V. Gebührenbestimmung.** Der gerichtlich bestellte oder beigeordnete Verteidiger erhält, vom Aufwand der Einarbeitung unabhängig, eine Festgebühr. Bei der Terminsgebühr stehen dem bestellten oder beigeordneten Verteidiger bei überlangen Terminen keine Längenzuschläge zu. Liegen die Voraussetzungen vor, kann der Verteidiger einen mit der Angelegenheit verbundenen erheblichen Aufwand im Rahmen des § 51 geltend machen. Zu den Fragen der **Beiordnung** wird auf die Kommentierung zu → VV Vorb. 4.2 Rn. 9 ff. verwiesen.

18 Für den **Wahlverteidiger** ist die Terminsgebühr als Betragsrahmengebühr ausgestaltet, deren konkrete Höhe nach § 14 bestimmt wird. Für die bei der Gebührenbestimmung zu berücksichtigenden Kriterien wird daher auf die Kommentierung zu

→ § 14 Rn. 1 ff. und zu → VV Vorb. 4 Rn. 73 f. verwiesen. Liegen die Voraussetzungen vor, kann eine Pauschgebühr nach § 42 geltend machen.

1. Bestimmung der Verfahrensgebühr. Der für die Verfahrensgebühr vorgegebene Betragsrahmen gilt für die genannten Strafvollstreckungsverfahren und deckt folglich alle Tätigkeiten vom rechtlich und tatsächlich einfachen bis zum umfangreichen Strafvollstreckungsverfahren ab. In die Gebührenbestimmung fließt somit zunächst der **tatsächliche Umfang** der anwaltlichen Tätigkeit im gerichtlichen Verfahren ein. Hierbei handelt es sich insbesondere um die tatsächlich aufgewandte Zeit, die für die Bearbeitung des Rechtsfalls notwendig ist: umfangreiche Akteneinsicht, Aktenstudium, Fassung von Anträgen, Auswertung von Sachverständigengutachten, etc. 19

Als nächstes ist die **Schwierigkeit** der Angelegenheit zu bestimmen. Dies meint insbesondere die Intensität der Arbeit, wozu vor allem Tätigkeiten in entlegenen Rechtsgebieten, schwierige Umstände bei der Informationsbeschaffung, Klärung von objektiven ungeklärten Rechtslagen oder besondere intellektuelle Anforderungen des zu bearbeitenden Rechtsgebietes gehören (siehe hierzu Gerold/Schmidt/Mayer § 14 Rn. 27 f.). Darüber hinaus werden im zweiten Schritt die **Bedeutung der Angelegenheit** sowie die **wirtschaftlichen Verhältnisse** des Auftraggebers berücksichtigt. 20

Die Verfahrensgebühr erstreckt sich als **„Dauergebühr"** über den gesamten Verfahrensabschnitt und entsteht gem. VV Vorb. 4 II „für das Betreiben des Geschäfts einschließlich der Information." Die Gebühr fällt deshalb mit jeder mandatsbezogenen Tätigkeit im gerichtlichen Verfahren an. Da das Entstehen der Gebühr an die Ausübung der anwaltlichen Tätigkeit geknüpft ist, muss sich diese nicht unbedingt aus in den Verfahrensakten enthaltenen schriftlichen Einlassungen ergeben. Unter anderem werden folgende Tätigkeiten von der Gebühr VV 4200 erfasst (Burhoff/Volpert/Volpert RVG Straf- und Bußgeldsachen VV 4200 Rn. 19): 21

- Akteneinsicht,
- Allgemeine Beratung des Mandanten,
- Besprechungen mit Verfahrensbeteiligten,
- Erstmalige Einarbeitung in das Verfahren,
- Informationsbeschaffung,
- JVA-Besuche.

2. Bestimmung der Terminsgebühr. In die Gebührenbestimmung der Terminsgebühr fließt vor allem der **tatsächliche Umfang** der anwaltlichen Tätigkeit in dem jeweiligen Termin ein. Hierbei handelt es sich insbesondere um die Dauer der tatsächlichen Teilnahme an dem jeweiligen Hauptverhandlungstermin, wobei **Unterbrechungen** oder **Pausenzeiten** entsprechend der Regelung in VV Vorb. 4.1 III zu berücksichtigen sind. Insoweit wird auf die dortige Kommentierung verwiesen → VV Vorb. 4.1 Rn. 25 ff. Für das zu beachtende Übergangsrecht wird auf → VV Vorb. 4.1 Rn. 35 ff. und auf → § 60 verwiesen. 22

Als nächstes ist die **Schwierigkeit** der Angelegenheit zu bestimmen. Dies meint die Intensität der Arbeit. Hierzu gehören vor allem die Auswertung und Bewertung umfangreicher Sachverständigengutachten oder die Art des Delikts. Von dem Abgeltungsbereich der Terminsgebühr werden im Rahmen der Vor- und Nachbereitung des Termins u. a. folgende Tätigkeiten erfasst (BeckOK RVG/Knaudt VV 4202 Rn. 3.1 f.): 23

- An- und Abreise zum Termin,
- Terminsbezogene Informationsbeschaffung,
- Terminsbezogenes Aktenstudium,
- Terminsbezogene Mandantengespräche,
- Vorbereitung und Formulierung von Anträgen.

Weil die Terminsgebühr in Strafvollstreckungsverfahren unabhängig von der Anzahl der stattfindenden Termine nur einmal entsteht, ist die Teilnahme an weiteren Terminen bei der Gebührenbestimmung mit einzubeziehen (Burhoff/Volpert/Volpert RVG Straf- und Bußgeldsachen VV 4202 Rn. 11). 24

3. Haftzuschlag (VV 4201, 4203). Zu den allgemeinen Voraussetzungen des Haftzuschlags wird auf die Kommentierung zu → VV Vorb. 4 Rn. 29 ff. verwiesen. 25

26 Nach VV Vorb. 4 IV entstehen Verfahrens- und Terminsgebühr mit Zuschlag, wenn sich der Verurteilte nicht auf freiem Fuß befindet. Die Dauer der Freiheitsentziehung ist ebenso wie deren Zeitpunkt für den Anfall der Zuschlagsgebühr ohne Belang. Maßgeblich für die Entstehung ist einzig der Umstand, dass der Mandant in dem jeweiligen Verfahrensabschnitt zu irgendeinem Zeitpunkt nicht auf freiem Fuß war (KG RVG professionell 2007, 41; OLG Celle NStZ-RR 2008, 392; OLG Hamm RVGreport 2009, 149). Der Grund bzw. die Art und Weise des Freiheitsentzugs ist für die Entstehung des Haftzuschlags unerheblich – der Mandant muss demnach nicht in der Sache selbst inhaftiert sein.

27 Für das Entstehen der **Terminsgebühr mit Haftzuschlag** kommt es darauf an, ob sich der Mandant zum Zeitpunkt des Termins auf freien Fuß befindet. Befindet sich der Mandant zum Zeitpunkt des **Aufrufs der Sache** nicht auf freien Fuß, entsteht die Terminsgebühr mit Zuschlag. Dies gilt auch dann, wenn der Mandant während des Termins infolge Aufhebung des Haftbefehls entlassen wird (Burhoff/Volpert/Burhoff RVG Straf- und Bußgeldsachen VV 4109 Rn. 4). Erfolgt die Inhaftierung des Mandanten noch **während des Termins** (vor dessen Beendigung), entsteht bereits für diesen Termin die Terminsgebühr (OLG Celle NStZ-RR 2008, 392).

Nr.	Gebührentatbestand	Gebühr oder Satz der Gebühr nach § 13 oder § 49 RVG	
		Wahlanwalt	gerichtlich bestellter oder beigeordneter Rechtsanwalt
4204	**Verfahrensgebühr für sonstige Verfahren in der Strafvollstreckung ...**	**33,00 bis 330,00 €**	**145,00 €**
4205	**Gebühr 4204 mit Zuschlag ....**	**33,00 bis 413,00 €**	**178,00 €**
4206	**Terminsgebühr für sonstige Verfahren ....**	**33,00 bis 330,00 €**	**145,00 €**
4207	**Gebühr 4206 mit Zuschlag ....**	**33,00 bis 413,00 €**	**178,00 €**

1 **I. Normzweck.** Die Gebühren VV 4204–4207 erfassen die sonstigen, nicht in VV 4200 genannten, Verfahren innerhalb der Strafvollstreckung. Deren geringere Bedeutung schlägt sich im abgesenkten Gebührenrahmen nieder (BT-Drs. 15/1971, 229).

1a Es handelt sich somit um eine Auffangvorschrift für alle diejenigen anwaltlichen Tätigkeiten, die einerseits im Strafvollstreckungsverfahren nach §§ 449 f. StPO erfolgen, aber andererseits nicht zum abgeschlossenen Kreis der in VV 4200–4203 genannten Verfahren zählen.

2 **II. Persönlicher Anwendungsbereich.** Die Gebühren VV 4204–4207 entstehen sowohl für den Wahlverteidiger als auch für den gerichtlich bestellten oder beigeordneten Verteidiger. Besonderheiten ergeben sich insbesondere bei dem Umfang der Beiordnung des gerichtlich bestellten Verteidigers. Hierzu wird auf die Ausführungen zu → VV Vorb. 4.2 Rn. 9 ff. verwiesen.

3 **III. Sachlicher Anwendungsbereich.** Zu den von VV 4204 bis 4205 erfassten Verfahren zählen insbesondere (siehe hierzu BeckOK RVG/Knaudt VV 4204 Rn. 3; Burhoff/Volpert/Volpert RVG Straf- und Bußgeldsachen VV 4204 Rn. 3):

– Absehen von der Vollstreckung nach § 456a StPO,
– Anordnung der Vollstreckung einer Ersatzfreiheitsstrafe gem. § 459e StPO,

- Aussetzung eines Berufsverbotes zur Bewährung, §§ 61 Nr. 6, 70a StGB iVm §§ 463 V, 462 StPO; nicht aber der Widerruf der Aussetzung, der unter VV 4200 Nr. 3 fällt,
- Bewilligung von Zahlungserleichterungen bei Geldstrafen nach § 459a StPO, § 42 StGB,
- Bildung einer nachträglichen Gesamtstrafe nach § 460 StPO,
- Einwendungen gegen Entscheidungen der Vollstreckungsbehörde nach § 459h StPO,
- Vollstreckungsaufschub nach §§ 455, 456 StPO,
- Zurückstellung der Strafvollstreckung nach § 35 BtMG; nicht aber das Überprüfungsverfahren nach §§ 23 f. EGGVG (siehe Kommentierung zu → VV Vorb. 4.2 Rn. 18 verwiesen.

IV. Terminsgebühr (VV 4206). Die Terminsgebühr entsteht in den von VV 4204 umfassten Verfahren für die Teilnahme an gerichtlichen Terminen. Bei diesen Terminen handelt es sich vor allem um die in den einzelnen Verfahren vorgeschriebenen bzw. möglichen Anhörungen des Verurteilten bzw. Untergebrachten. Im Übrigen wird auf die Ausführungen zu → VV 4200 Rn. 14 ff. verwiesen. 4

V. Gebührenbestimmung. Der gerichtlich bestellte oder beigeordnete Verteidiger erhält, vom Aufwand der Einarbeitung unabhängig, eine Festgebühr. Liegen die Voraussetzungen vor, kann der Verteidiger einen mit der Angelegenheit verbundenen erheblichen Aufwand im Rahmen des § 51 geltend machen. Zu den Fragen der **Beiordnung** wird auf die Kommentierung zu → VV Vorb. 4.2 Rn. 9 ff. verwiesen. 5

Für den **Wahlverteidiger** ist die Terminsgebühr als Betragsrahmengebühr ausgestaltet, deren konkrete Höhe nach § 14 I 1 bestimmt wird. Für die bei der Gebührenbestimmung zu berücksichtigenden Kriterien wird daher auf die Kommentierung zu → § 14 Rn. 1 ff. und zu → VV Vorb. 4 Rn. 73 ff. verwiesen. Liegen die Voraussetzungen vor, kann er eine Pauschgebühr nach § 42 geltend machen. 6

Im Übrigen wird für die Gebührenbestimmung der Verfahrens- und Terminsgebühr auf die Kommentierung zu → VV 4200 Rn. 21 f. verwiesen. 7

Abschnitt 3. Einzeltätigkeiten

Vorbemerkung 4.3:

I Die Gebühren entstehen für einzelne Tätigkeiten, ohne dass dem Rechtsanwalt sonst die Verteidigung oder Vertretung übertragen ist.

II Beschränkt sich die Tätigkeit des Rechtsanwalts auf die Geltendmachung oder Abwehr eines aus der Straftat erwachsenen vermögensrechtlichen Anspruchs im Strafverfahren, so erhält er die Gebühren nach den Nummern 4143 bis 4145.

III [1]Die Gebühr entsteht für jede der genannten Tätigkeiten gesondert, soweit nichts anderes bestimmt ist. [2]§ 15 RVG bleibt unberührt. [3]Das Beschwerdeverfahren gilt als besondere Angelegenheit.

IV Wird dem Rechtsanwalt die Verteidigung oder die Vertretung für das Verfahren übertragen, werden die nach diesem Abschnitt entstandenen Gebühren auf die für die Verteidigung oder Vertretung entstehenden Gebühren angerechnet.

I. Normzweck. VV Teil 4 Abschnitt 3 fasst die Vergütungstatbestände für Einzeltätigkeiten im Strafverfahren oder der Strafvollstreckung für den Rechtsanwalt zusammen, dem sonst nicht die Verteidigung übertragen ist. Werden die in VV 4300 f. genannten Tätigkeiten durch einen Verteidiger wahrgenommen, dem ein umfassendes Mandat erteilt worden ist, werden diese Tätigkeiten durch die in VV Teil 4 Abschnitt 1 oder Abschnitt 2 entstandenen Gebühren erfasst. 1

II. Persönlicher Anwendungsbereich. Die Verfahrensgebühren VV 4300 – 4302 stehen dem Wahlverteidiger und dem gerichtlich bestellten oder beigeordneten Verteidiger zu. Die in Gnadensachen entstehende Verfahrensgebühr VV 4303 entsteht ausschließlich für den Wahlverteidiger. Die in VV Vorb. 4 I genannten Beistände und Vertreter haben Anspruch auf die Gebühren des Abschnitt 3, wenn sie 2 mit den entsprechenden Einzeltätigkeiten beauftragt worden sind, ohne dass ihnen die Vertretung insgesamt übertragen wurde.

3 Für die (streitigen) Vergütungsansprüche des **Zeugenbeistands** und **Terminsvertreters** wird auf die Kommentierung zu → VV Vorb. 4.1 Rn. 4 ff. verwiesen.

4 **III. Sachlicher Anwendungsbereich (I, II).** Nach VV Vorb. 4.3 I entstehen für einzelne anwaltliche Tätigkeiten Gebühren nur in den Fällen, in denen dem Rechtsanwalt keine umfassende Verteidigung übertragen worden ist. Die für die Anwendung des Abschnitts 3 vorzunehmende Abgrenzung zur Einzeltätigkeit ist insbesondere unter Berücksichtigung des Umfangs des dem Verteidiger erteilten Mandats vorzunehmen. Insoweit ist die inhaltliche Einschränkung des erteilten Auftrags maßgeblich und nicht eine ggf. zeitliche Beschränkung. So kann etwa im Rahmen der Gesamtbetrachtung die Häufung von chronologisch folgenden Einzeltätigkeiten vergütungsrechtlich zur Annahme einer Vollverteidigung führen (BeckOK RVG/Knaudt VV Vorbemerkung 4.3 Rn. 3).

5 Bei dem **gerichtlich bestellten oder beigeordneten** Verteidiger ist für die Beurteilung des Vorliegens von Einzeltätigkeiten auf den Umfang der gerichtlichen Bestellung abzustellen. Nach dieser richtet sich gem. § 48 I auch der Vergütungsanspruch.

6 **1. Einzeltätigkeit im Adhäsionsverfahren (II).** VV Vorb. 4.3 II behandelt die anwaltliche Tätigkeit im Adhäsionsverfahren. Wird der Rechtsanwalt im Strafverfahren **ausschließlich** mit der Geltendmachung oder Abwehr eines aus der Straftat erwachsenen vermögensrechtlichen Anspruchs im Strafverfahren beauftragt, liegt in diesen Fällen keine Einzeltätigkeit iSd VV Vorb. 4.3 I vor; der Rechtsanwalt erhält die Vergütung nach VV 4143, 4144. Bei einem späteren, wegen dieser Ansprüche geführten, bürgerlichen Rechtstreit, erfolgt die Anrechnung nicht nach VV Vorb. 4.3 IV, sondern nach der Anm. II zu VV 4143 (Gerold/Schmidt/Burhoff VV Vorbemerkung 4.3 Rn. 27).

7 **2. Unanwendbarkeit des Abschnitt 3.** Die Vergütungstatbestände des VV Teil 4 Abschnitt 3 sind subsidiär und gelangen nicht zur Anwendung, wenn die anwaltliche Tätigkeit durch einen anderen Vergütungstatbestand geregelt wird. Hierzu gehören u. a. (siehe die umfangreichen Aufstellungen bei BeckOK RVG/Knaudt VV Vorbemerkung 4.3 Rn. 5.1; Gerold/Schmidt/Burhoff VV Vorbemerkung 4.3 Rn. 7 f.):

- Antrag auf gerichtliche Entscheidung nach § 109 StVollzG, VV 3100 f.
- Erinnerungs- und Beschwerdeverfahren innerhalb oder außerhalb des Kostenfestsetzungsverfahrens, VV 3500 siehe auch VV Vorb. 4 V Nr. 1,
- Rechtsbeschwerde nach § 116 StVollzG, VV 3200 f.
- Wiederaufnahmeverfahren, VV 4136–4140,

8 **IV. Mehrere Einzeltätigkeiten (III).** Nach VV Vorb. 4.3 III 1 entsteht die Gebühr für jede der genannten Tätigkeiten gesondert, soweit nichts anderes bestimmt ist. Hiernach ist **jede Einzeltätigkeit eine eigene Angelegenheit,** so dass die Gebühren mehrfach entstehen können. Eine Ausnahme ergibt sich aus den Anm. zu VV 4300 und zu VV 4301, wonach neben der Gebühr für die Begründung der Revision für deren Einlegung keine besondere Gebühr entsteht.

9 Für den gerichtlich bestellten oder beigeordneten Verteidiger folgt aus VV Vorb. 4.3 III 1 die Notwendigkeit, einer für jede Einzeltätigkeit vorzunehmenden **gesonderten Beiordnung oder Bestellung.**

10 **1. Anwendung des § 15 (III 2).** Vorb. 4.3 III 2 bestimmt, dass die Regelung des § 15 unberührt bleibt und demnach entsprechend anzuwenden ist. Hieraus folgt, dass das Vorliegen mehrerer Angelegenheiten nach § 15 I bestimmt wird und der Verteidiger, wenn er mit mehreren Einzeltätigkeiten betraut ist, gem. § 15 VI nicht mehr an Gebühren erhält, als der mit der gesamten Angelegenheit beauftragte Rechtsanwalt für die gleiche Tätigkeit erhalten würde.

11 Bei der Berechnung des Gebührenaufkommens sind sämtliche dem Vollverteidiger erwachsene Gebühren inkl. Grundgebühr und Haftzuschläge zugrunde zu legen (BeckOK RVG/Knaudt VV Vorbemerkung 4.3 Rn. 8.2; Berechnungsbeispiel bei Burhoff/Volpert/Volpert RVG Straf- und Bußgeldsachen VV Vorb. 4.3 Rn. 68).

2. Beschwerdeverfahren (III 3). Vorb. 4.3 III 3 regelt eine Ausnahme von § 19 I 2 Nr. 10a, wonach das Beschwerdeverfahren noch zum Rechtszug gehört. Dem Verteidiger steht somit sowohl ein Vergütungsanspruch für die Einzeltätigkeit als auch für das, dieser Einzeltätigkeit folgende, Beschwerdeverfahren zu (Gerold/Schmidt/Burhoff VV Vorbemerkung 4.3 Rn. 17). 12

V. Gebührenanrechnung (IV). VV Vorb. 4.3 IV regelt für den Fall, dass dem zuvor mit Einzeltätigkeiten beauftragten Verteidiger ein umfassendes Mandat erteilt wird, die Anrechnung der nach VV Teil 4 Abschnitt 3 angefallen Gebühren auf die für die Vollverteidigung **entstehenden** Gebühren. Infolge des ausdrücklichen Wortlauts „entstehenden" findet **keine nachträgliche Anrechnung** der Einzeltätigkeitsgebühren auf bereits (zuvor) entstandene Gebühren der Vollverteidigung statt. 13

Darüber hinaus gelangt die Anrechnung nur in den Fällen zur Anwendung, in denen dieselbe gebührenrechtliche Angelegenheit vorliegt. Dies folgt dem Grundgedanken aus § 15 II, wonach der Rechtsanwalt in derselben Angelegenheit die Vergütung nur einmal erhält. 13a

Liegt bei der Einzeltätigkeit eine andere gebührenrechtliche Angelegenheit als bei der folgenden Vollverteidigung vor, scheidet eine Anrechnung aus (so auch Gerold/Schmidt/Burhoff VV Vorbemerkung 4.3 Rn. 29; Riedel/Sußbauer/Kremer VV Vorbemerkung 4.3 Rn. 10). Aufgrund VV Vorb. 4.3 III 2 wird nach § 15 V 2 keine Anrechnung vorgenommen, wenn zwischen der erledigten Einzeltätigkeit und der Erteilung des umfassenden Mandats mehr als zwei Kalenderjahren vergangen sind. 14

Nr.	Gebührentatbestand	Gebühr oder Satz der Gebühr nach § 13 oder § 49 RVG	
		Wahlanwalt	gerichtlich bestellter oder beigeordneter Rechtsanwalt
4300	**Verfahrensgebühr für die Anfertigung oder Unterzeichnung einer Schrift** **1. zur Begründung der Revision,** **2. zur Erklärung auf die von dem Staatsanwalt, Privatkläger oder Nebenkläger eingelegte Revision oder** **3. in Verfahren nach den §§ 57a und 67e StGB** .... **Neben der Gebühr für die Begründung der Revision entsteht für die Einlegung der Revision keine besondere Gebühr.**	**66,00 bis 737,00 €**	**321,00 €**

I. Normzweck. VV 4300 vergütet Einzeltätigkeiten desjenigen Rechtsanwalts, der ausschließlich mit der Anfertigung oder Unterzeichnung einer Revisionsbegründung, einer Gegenerklärung zur Revision oder einer Schrift im Verfahren über die Aussetzung des Strafrestes einer lebenslangen Freiheitsstrafe oder der Aussetzung der Vollstreckung einer Unterbringung beauftragt worden ist. 1

Die Gleichstellung von Anfertigung und Unterzeichnung rechtfertigt sich dadurch, dass der Rechtsanwalt mit der Unterzeichnung die Verantwortung für den durch seine Unterschrift gedeckten Inhalt übernommen wird. 2

3 **II. Persönlicher Anwendungsbereich.** Die Gebühr entsteht für den Wahlverteidiger ebenso wie für den gerichtlich bestellten oder beigeordneten Rechtsanwalt. Für **Beistände von Zeugen** oder Sachverständigen ist der Anwendungsbereich nicht eröffnet (aA Gerold/Schmidt/Burhoff VV 4300 Rn. 11).

3a Zur Revision ist jeder Verfahrensbeteiligte nach Maßgabe des § 296 StPO berechtigt und somit zunächst der durch Urteil beschwerte Angeklagte und die Staatsanwaltschaft. Darüber hinaus sind folgende weitere Beteiligte zur Einlegung des Rechtsmittels berechtigt (Gercke/Julius/Temming/Zöller/Temming StPO § 333 Rn. 5):
- Privatkläger, § 390 I StPO,
- Nebenkläger, § 395 StPO,
- Einziehungs- und Verfallsbeteiligte, §§ 433 I, 442 I StPO,
- der gesetzliche Vertreter, § 298 StPO,
- der Erziehungsberechtigte, § 67 III JGG.

4 **III. Sachlicher Anwendungsbereich.** Die von VV 4300 erfassten Einzeltätigkeiten sind in den Ziffern 1–3 enumerativ aufgezählt, so dass die Verfahrensgebühr nur in den dort genannten Verfahren entsteht. Eine analoge Anwendung auf weitere Verfahren scheidet daher aus.

5 Während die **„Unterzeichnung“** durch einen Verteidiger oder Rechtsanwalt teilweise formell-rechtlich vorgeschrieben ist (zB § 345 II StPO), beinhaltet der Begriff der **„Anfertigung“** nicht zwingend die Fertigstellung einer den formellrechtlichen Voraussetzungen genügenden Schrift. Es reicht somit aus, wenn der Rechtsanwalt damit beginnt, die Schrift (beispielsweise ungeachtet den Zulässigkeitsvoraussetzungen aus §§ 344, 345 StPO) zu erstellen, so dass eine bloße **Entwurfsfertigung** genügt.

6 **1. Anfertigung oder Unterzeichnung einer Revisionsbegründung (Nr. 1).** Die Verfahrensgebühr entsteht für das Betreiben des Geschäfts. Nach § 344 StPO ist die Revision zu begründen. Die Begründung ist innerhalb der Frist des § 345 I StPO einzureichen. Die Einreichung kann seitens des Angeklagten gem. § 345 II StPO nur in einer von dem Verteidiger oder einem Rechtsanwalt unterzeichneten Schrift oder zu Protokoll der Geschäftsstelle geschehen.

6a Für das Entstehen der Gebühr genügt die Entwurfsfertigung. Im Hinblick auf den Inhalt der Begründungsschrift ist es ausreichend, wenn die Verletzung formellen oder sachlichen Rechts gerügt bzw. die Sachrüge erhoben wird (Burhoff/Volpert/Volpert RVG Straf- und Bußgeldsachen VV 4300 Rn. 7). Nach § 15 IV ist es für den Fortbestand der entstandenen Gebühr unerheblich, ob sich nach deren Entstehen die Angelegenheit vorzeitig erledigt oder der Auftrag endigt, bevor die Angelegenheit erledigt ist.

7 Die Gebühr entsteht auch nur dann einmal, wenn der mit der Einzeltätigkeit beauftragte Rechtsanwalt die Revisionsbegründung entwirft, anfertigt und unterzeichnet. Neben Begründung der Revision entsteht für die Einlegung der Revision keine besondere Gebühr nach VV 4302 Nr. 1.

8 Unter Beachtung des § 19 I 2 Nr. 10 entsteht die Gebühr VV 4300 Nr. 1 für den in der Vorinstanz ehemals vollumfänglichen beauftragten Verteidiger, wenn er für die Revisionsinstanz nur mit der Einzeltätigkeit bzgl. der Unterzeichnung oder Anfertigung der Revisionsbegründung beauftragt worden ist. Die Einlegung der Revision ist nach § 19 I 2 Nr. 10 noch mit den Gebühren für die Vorinstanz abgegolten.

9 **2. Revisionsgegenerklärung des Angeklagten (Nr. 2).** Ist die Revision rechtzeitig eingelegt und sind die Revisionsanträge rechtzeitig und in der vorgeschriebenen Form angebracht, ist die Revisionsschrift dem Gegner des Beschwerdeführers zuzustellen. Diesem steht es nach § 347 I 2 StPO frei, eine schriftliche Gegenerklärung einzureichen.

9a Von der Gegenerklärung nach § 347 I 2 StPO ist der Auftrag zur Fertigung einer bloßen **Stellungnahme** zu einer übermittelten Revisionsschrift zu unterscheiden. Für die Abgabe einer Stellungnahme fällt die Gebühr VV 4302 Nr. 2 an.

10 Legt der Angeklagte das Rechtsmittel der Revision ein, sind dessen Gegner die Staatsanwaltschaft und ggf. der Nebenkläger oder Privatkläger. Haben jedoch die

Staatsanwaltschaft, der Privatkläger oder der Nebenkläger Revision eingelegt, ist der Angeklagte der Gegner. Die Gebühr VV 4300 Nr. 2 findet aufgrund des eindeutigen Wortlauts somit nur auf die Gegenerklärung des Angeklagten Anwendung. Die Gebühr entsteht, wenn der mit der Einzeltätigkeit beauftragte Rechtsanwalt die Gegenerklärung entwirft, anfertigt und unterzeichnet.

Ist der Rechtsanwalt vom Verurteilten mit der Anfertigung der Revisionsbegründung beauftragt worden und wird aufgrund der durch die Staatsanwaltschaft eingelegte Revision ein **eigenständiger** Auftrag zur Anfertigung einer Gegenerklärung erteilt, entstehen gesonderte Gebühren nach VV 4300 Nr. 1 und Nr. 2 (Burhoff/Volpert/Volpert RVG Straf- und Bußgeldsachen VV 4300 Rn. 16). 11

3. Verfahren nach §§ 57a, 67e StGB (Nr. 3). Hierbei handelt es sich um die Anfertigung oder Unterzeichnung einer Schrift im Verfahren über die Aussetzung des Strafrestes einer lebenslangen Freiheitsstrafe nach § 57a StGB iVm § 454 StPO oder der Aussetzung der Vollstreckung einer Unterbringung nach § 67e StGB iVm §§ 454, 463 StPO. 12

Zu beachten ist die **Abgrenzung zu VV 4200 Nr. 1 und 2.** Wird der Rechtsanwalt mit der vollen Vertretung im Überprüfungsverfahren nach § 67e StGB betraut oder wird er in diesem Verfahren gerichtlich bestellt oder beigeordnet, entstehen Gebühren nach VV Teil 4 Abschnitt 2 (siehe Kommentierung zu → VV Vorb. 4.2 Rn. 16. 13

IV. Gebührenbestimmung. Der **gerichtlich bestellte oder beigeordnete Rechtsanwalt** erhält unabhängig vom Aufwand und Schwierigkeit der Tätigkeit im gerichtlichen Verfahren eine Festgebühr. Liegen die Voraussetzungen vor, kann der Verteidiger einen mit der Angelegenheit verbundenen erheblichen Aufwand im Rahmen der Pauschvergütung nach des § 51 geltend machen (Gerold/Schmidt/Burhoff VV Vorbemerkung 4.3 Rn. 30). 14

Der **Wahlverteidiger** die Gebühr als Betragsrahmengebühr, deren konkrete Höhe nach § 14 I 1 bestimmt wird. Für die bei der Gebührenbestimmung zu berücksichtigenden Kriterien wird zunächst auf die Kommentierung zu → § 14 Rn. 1 ff. und zu → VV Vorb. 4 Rn. 73 ff. verwiesen. Liegen die Voraussetzungen vor, kann er eine Pauschgebühr nach § 42 geltend machen. 15

Bei der Bestimmung des Betragsrahmens ist zu berücksichtigen, ob der Rechtsanwalt lediglich einen Entwurf der Schrift gefertigt hat, was regelmäßig eine unterdurchschnittliche Gebühr rechtfertigen würde, oder eine umfangreiche den Voraussetzungen der §§ 344, 345 StPO genügende Revisionsbegründung erstellt und eingereicht worden ist. 15a

Nr.	Gebührentatbestand	Gebühr oder Satz der Gebühr nach § 13 oder § 49 RVG	
		Wahlanwalt	gerichtlich bestellter oder beigeordneter Rechtsanwalt
4301	**Verfahrensgebühr für** **1. die Anfertigung oder Unterzeichnung einer Privatklage,** **2. die Anfertigung oder Unterzeichnung einer Schrift zur Rechtfertigung der Berufung oder zur Beantwortung der von dem Staatsanwalt, Privatkläger oder Nebenkläger eingelegten Berufung,** **3. die Führung des Verkehrs mit dem Verteidiger,**		

Nr.	Gebührentatbestand	Gebühr oder Satz der Gebühr nach § 13 oder § 49 RVG Wahlanwalt	gerichtlich bestellter oder beigeordneter Rechtsanwalt
	4. die Beistandsleistung für den Beschuldigten bei einer richterlichen Vernehmung, einer Vernehmung durch die Staatsanwaltschaft oder eine andere Strafverfolgungsbehörde oder in einer Hauptverhandlung, einer mündlichen Anhörung oder bei einer Augenscheinseinnahme, **5. die Beistandsleistung im Verfahren zur gerichtlichen Erzwingung der Anklage (§ 172 Abs. 2 bis 4, § 173 StPO) oder** **6. sonstige Tätigkeiten in der Strafvollstreckung**	**44,00 bis 506,00 €**	**220,00 €**
	Neben der Gebühr für die Rechtfertigung der Berufung entsteht für die Einlegung der Berufung keine besondere Gebühr.		

Übersicht

1 **I. Normzweck.** VV 4301 vergütet die in Nr. 1 bis 6 aufgeführten Einzeltätigkeiten des damit beauftragten Rechtsanwalts. Die Vorschrift ist nur dann anwendbar, wenn dem Rechtsanwalt nicht die Vollverteidigung übertragen worden ist. Werden die in VV 4301 genannten Tätigkeiten durch einen Vollverteidiger ausgeübt, sind diese Tätigkeiten gem. VV Vorb. 4.1 II 1 durch die Gebühren in VV Teil 4 Abschnitt 1 oder Abschnitt 2 abgegolten.

2 **II. Persönlicher Anwendungsbereich.** Die Gebühr entsteht für den Wahlverteidiger ebenso wie für den gerichtlich bestellten oder beigeordneten Rechtsanwalt. Der weitere persönliche Anwendungsbereich ergibt sich aus den Nr. 1–6:

– Privatklägervertreter, Nr. 1,
– Nebenklägervertreter, Nr. 2,

– Vertreter des Einziehungsbeteiligten, Nr. 2,
– Verkehrsanwalt des Angeklagten, Nebenklägers, etc., Nr. 3,
– Vernehmungsbeistand des Angeklagten, Nebenklägers, etc., Nr. 4,
– Verletztenbeistand, Nr. 5,
– Rechtsanwalt in der Strafvollstreckung, Nr. 6.

III. Sachlicher Anwendungsbereich. Die von VV 4301 erfassten Einzeltätigkeiten sind in den Nr. 1–6 enumerativ aufgezählt, so dass die Verfahrensgebühr nur in den dort genannten Verfahren entsteht. Eine analoge Anwendung auf weitere Verfahren scheidet daher aus. Zum Begriff der **„Anfertigung"** siehe die Kommentierung zu → VV 4300 Rn. 5. 3

1. Anfertigung oder Unterzeichnung einer Privatklage. Die Gebühr entsteht ausschließlich für den mit der Anfertigung oder Unterzeichnung der Privatklage beauftragten Rechtsanwalt. Wurde der Rechtsanwalt umfassend für die Privatklage mandatiert, entstehen die Gebühren VV Teil 4 Abschnitt 1. Für den Rechtsanwalt gilt es bei der Erteilung des Auftrags zu beachten, ob die Voraussetzung aus § 380 I StPO erfüllt sind. 4

Die Anfertigung oder Unterzeichnung der Privatklage sind gleichwertig, da der Rechtsanwalt vor der – seine Akzeptanz mit dem Inhalt ausdrückenden – Unterschrift den Inhalt der Schrift geprüft hat. Folglich entsteht die Gebühr für den Entwurf, die Anfertigung und Unterzeichnung der Privatklage nicht mehrfach. 5

Wird der Rechtsanwalt nur mit der Anfertigung oder Unterzeichnung der Privatklage beauftragt, schließt dies den Anfall der **Einigungsgebühr** VV 4147 aus, da für deren Entstehung die Mandatierung für das (vollständige) Privatklageverfahren erforderlich ist. 6

2. Berufungsbegründung und Gegenerklärung (Nr. 2). VV 4301 Nr. 2 fasst die Anfertigung einer Berufungsbegründung und/oder Gegenerklärung zur Berufung zu einem Tatbestand zusammen. Anders jedoch als bei der Revision, ist bei der Berufung weder deren Begründung noch eine Gegenerklärung gesetzlich vorgesehen. Zur Gegenerklärung wird auf die Ausführungen zu → VV 4300 Rn. 9 f. verwiesen. 7

Den Voraussetzungen aus Nr. 2 ist genüge getan, wenn der Rechtsanwalt die ihm vorgelegte Schrift unterzeichnet oder deren Entwurf gefertigt hat. Die Gebühr entsteht auch nur dann einmal, wenn der mit der Einzeltätigkeit beauftragte Rechtsanwalt die Berufungsbegründung entwirft, anfertigt und unterzeichnet. Neben der Begründung der Berufung entsteht für deren Einlegung keine besondere Gebühr nach VV 4302 Nr. 2. 8

Unter Beachtung des § 19 I 2 Nr. 10 entsteht die Gebühr VV 4300 Nr. 2 für den in der Vorinstanz ehemals vollumfänglichen beauftragten Verteidiger, wenn er für die Berufungsinstanz nur mit der Einzeltätigkeit bzgl. der Unterzeichnung oder Anfertigung der Berufungsbegründung beauftragt worden ist. Die Einlegung der Berufung ist nach § 19 I 2 Nr. 10 noch mit den Gebühren für die Vorinstanz abgegolten. 9

3. Führung des Verkehrs mit dem Verteidiger (Nr. 3). Die Gebühr vergütet die Tätigkeit des sog. **Verkehrs- oder Korrespondenzanwaltes.** In diesen Fällen besteht grundsätzlich eine Dreiecksbeziehung zwischen Mandanten, Verteidiger und Verkehrsanwalt. Damit ist zugleich ausgeschlossen, dass der Verteidiger und Verkehrsanwalt in einer Person vereint sind oder der Verteidiger als **Partei kraft Amtes** (Insolvenzverwalter, Testamentsvollstrecker, Treuhänder etc.) tätig wird. 10

Der Verkehrsanwalt darf weder zum Prozessbevollmächtigten noch zum Unterbevollmächtigten bestellt worden sein. Er muss somit ausschließlich für die Führung der zwischen dem Mandanten und seinem Verteidiger anfallenden Korrespondenz beauftragt worden sein. 10a

Relevanz hat die Vorschrift allenfalls nur noch in den Fällen, in denen zwischen Prozessort und Aufenthaltsort des Mandanten große Entfernungen liegen oder der Rechtsanwalt beauftragt worden ist, mit dem vor dem BGH zugelassenen Rechtsanwalt die Korrespondenz zu führen. 11

12 **4. Beistandsleistungen (Nr. 4).** Die Nr. 4 lässt die Gebühren für folgende Beistandsleistungen entstehen:
- Richterliche Vernehmung, Alt. 1,
- Vernehmung durch die Staatsanwaltschaft, Alt. 2,
- Vernehmung durch eine andere Strafverfolgungsbehörde, Alt. 3,
- Beistandsleistung in einer Hauptverhandlung, Alt. 4,
- Beistandsleistung in einer mündlichen Anhörung, Alt. 5,
- Beistandsleistung bei einer Augenscheinseinnahme, Alt. 6.

13 **a) Richterliche und andere Vernehmungen (Alt. 1–3).** Zu den Beistandsleistungen bei den richterlichen Vernehmungen gehören ua die Vernehmungen durch den Ermittlungsrichter nach §§ 168a, 168c StPO, die Vorführungen nach §§ 115 II, 115a II, 126a II 1 StPO oder im Rahmen der Haftprüfung nach § 118a III 1, 122 II StPO. Die staatsanwaltschaftliche Vernehmung bestimmt sich nach § 163a StPO. Die Vernehmungen durch die Polizei oder andere Strafverfolgungsbehörden erfolgt ua nach § 163a StPO oder aufgrund §§ 386, 399 AO.

14 **b) Beistandsleistung in einer Hauptverhandlung (Alt. 4).** Der Anwendungsbereich der Alt. 4 ist nicht unumstritten. Unter Heranziehung dieses Gebührentatbestandes wird oftmals das Tätigwerden des **Zeugenbeistandes nach § 68b StPO** oder des **Terminsvertreters** als Einzeltätigkeit bewertet. Hierzu wird auf die ausführlichen Ausführungen zu → VV Vorb. 4.1 Rn. 4 ff. verwiesen. Die Annahme einer Einzeltätigkeit ist nur dann gerechtfertigt, wenn sich die anwaltliche Tätigkeit sowohl zeitlich als auch örtlich auf die Beistandsleistung in der Hauptverhandlung begrenzt.

15 **c) Mündliche Anhörungen (Alt. 5). Mündliche Anhörungen** können ua bei der Bekanntgabe des Haftbefehls, im Rahmen der Haftprüfung nach § 118a III 1 StPO, des Verfahrens zum Widerruf der Strafaussetzung zur Bewährung nach § 56f StGB iVm § 453 I 3 StPO oder nach § 57a StGB iVm § 453 I 3 StPO als auch im Rahmen des Überprüfungsverfahrens nach § 67e StGB stattfinden.

16 **d) Inaugenscheinnahme (Alt. 6).** Die **Inaugenscheinnahme** durch das Gericht bestimmt sich nach §§ 86, 87, 225 StPO. Gegenstand des Augenscheins kann alles sinnlich Wahrnehmbare sein, dass der Richter zur Sachaufklärung und Bildung seiner Überzeugung im Rahmen der freien Beweiswürdigung für geeignet hält (BGH NJW 1960, 2156). Demzufolge kann die Gebühr entstehen, wenn der Richter bei der **Durchsuchung** anwesend ist und zugleich die Inaugenscheinnahme stattfindet (BeckOK RVG/Knaudt VV 4301 Rn. 19; zweifelnd Gerold/Schmidt/Burhoff VV 4301 Rn. 15).

17 Für das Entstehen der Gebühr für die Beistandsleistung genügt es, wenn der Rechtsanwalt seinem Auftraggeber Beistand leistet. Dies setzt körperliche **Anwesenheit** voraus, nicht aber aktives Verhandeln.

18 **5. Erzwingung der Anklage (Nr. 5).** In den §§ 172–177 StPO ist das Klageerzwingungsverfahren geregelt. Dieses dient u. a. dem Schutz der Rechtsgüter des Verletzten, der ein Interesse daran hat, dass die Straftat, deren Opfer er geworden ist, tatsächlich auch verfolgt wird (OLG Brandenburg StRR 2010, 42). Dem Verletzten wird somit die Möglichkeit eingeräumt, über eine Kontrolle der staatsanwaltlichen Entscheidung durch ein unabhängiges Gericht eine Anklageerhebung zu erzwingen (Gercke/Julius/Temming/Zöller/Zöller StPO § 172 Rn. 1 mwN).

19 Der Gebühr erfasst jedoch ausschließlich die Beistandsleistung für den Beschuldigten oder Verletzten im **Antragsverfahren** nach §§ 172 II–IV, 173 StPO, nicht aber auch im Beschwerdeverfahren nach § 172 I StPO.

19a Ist der Rechtsanwalt mit dem Beistand im **Beschwerdeverfahren** beauftragt worden, entsteht hierfür die Gebühr VV 4302 Nr. 3. Ist er hingegen lediglich mit der Einlegung der Beschwerde beauftragt, entsteht die Gebühr VV 4302 Nr. 1 (Burhoff/Volpert/Volpert RVG Straf- und Bußgeldsachen VV 4301 Rn. 24).

20 **6. Sonstige Tätigkeiten in der Strafvollstreckung (Nr. 6).** VV 4301 Nr. 6. Erfasst ausschließlich die sonstigen Einzeltätigkeiten in der Strafvollstreckung und **nicht im Strafvollzug** (zur Abgrenzung siehe Kommentierung zu → VV Vorb. 4.2 Rn. 4).

Nr. 6 ist im Zusammenhang mit VV 4300 Nr. 3 zu lesen, woraus sich zugleich die Abgrenzung ergibt. Zu den erfassten Einzeltätigkeiten gehören somit insbesondere (siehe hierzu Riedel/Sußbauer/Kremer VV 4301 Rn. 18; Burhoff/Volpert/Volpert RVG Straf- und Bußgeldsachen VV 4301 Rn. 29): 21

- Anträge auf Strafaussetzung zur Bewährung, §§ 56 ff. StGB, §§ 260 IV 2, 453 StPO,
- Aussetzung des Strafrestes nach §§ 57, 58 StGB iVm § 454 StPO,
- Strafaufschub nach §§ 455 bis 456 f., 458 StPO,
- Anträge auf Stundung, Teilzahlung nach §§ 42 StGB iVm 459a StPO,
- Antrag auf vorzeitige Aufhebung der Sperre für die Erteilung einer Fahrerlaubnis nach § 69a VII StGB,
- Antrags auf Zurückstellung der Strafvollstreckung nach § 35 BtMG (zum Verfahren nach §§ 23 f. EGGVG siehe Kommentierung zu → VV Vorb. 4.2 Rn. 18.

IV. Gebührenbestimmung. Der **gerichtlich bestellte oder beigeordnete** Rechtsanwalt erhält unabhängig vom Aufwand und Schwierigkeit der Tätigkeit im gerichtlichen Verfahren eine Festgebühr. Liegen die Voraussetzungen vor, kann der Verteidiger einen mit der Angelegenheit verbundenen erheblichen Aufwand im Rahmen der Pauschvergütung nach des § 51 geltend machen (Gerold/Schmidt/Burhoff VV Vorbemerkung 4.3 Rn. 30). 22

Für den gerichtlich bestellten oder beigeordneten Verteidiger folgt aus VV Vorb. 4.3 III 1 die Notwendigkeit, dass für jede Einzeltätigkeit eine **gesonderte Beiordnung oder Bestellung** vorgenommen werden muss. 22a

Für den **Wahlverteidiger** ist die Gebühr als Betragsrahmengebühr ausgestaltet, deren konkrete Höhe nach § 14 I 1 bestimmt wird. Für die bei der Gebührenbestimmung zu berücksichtigenden Kriterien wird daher auf die Kommentierung zu → § 14 und zu → VV Vorb. 4 Rn. 73 ff. verwiesen. Liegen die Voraussetzungen vor, kann er eine Pauschgebühr nach § 42 geltend machen. 23

Bei der Bestimmung des Betragsrahmens ist zu berücksichtigen, ob der Rechtsanwalt lediglich einen Entwurf gefertigt hat, was regelmäßig eine unterdurchschnittliche Gebühr rechtfertigen würde, oder ob etwa eine umfangreiche Privatklage oder Berufungsbegründung erstellt und eingereicht worden ist. 23a

Nr.	Gebührentatbestand	Gebühr oder Satz der Gebühr nach § 13 oder § 49 RVG – Wahlanwalt	Gebühr oder Satz der Gebühr nach § 13 oder § 49 RVG – gerichtlich bestellter oder beigeordneter Rechtsanwalt
4302	**Verfahrensgebühr für** **1. die Einlegung eines Rechtsmittels,** **2. die Anfertigung oder Unterzeichnung anderer Anträge, Gesuche oder Erklärungen oder** **3. eine andere nicht in Nummern 4300 oder 4301 erwähnte Beistandsleistung**	**33,00 bis 319,00 €**	**141,00 €**

I. Normzweck. VV 4302 vergütet die in Nr. 1–3 aufgeführten Einzeltätigkeiten des damit beauftragten Rechtsanwalts. Die Vorschrift ist nur dann anwendbar, wenn dem Rechtsanwalt nicht die Vollverteidigung übertragen worden ist. Werden die in VV 4301 genannten Tätigkeiten durch einen Vollverteidiger ausgeübt, sind diese 1

Tätigkeiten gem. VV Vorb. 4.1 II 1 durch die Gebühren in VV Teil 4 Abschnitt 1 oder Abschnitt 2 abgegolten.

2 **II. Persönlicher Anwendungsbereich.** Die Verfahrensgebühren VV 4300–4302 stehen dem Wahlverteidiger und dem gerichtlich bestellten oder beigeordneten Verteidiger zu. Die in Gnadensachen entstehende Verfahrensgebühr VV 4303 entsteht ausschließlich für den Wahlverteidiger.

3 Die in VV Vorb. 4 I genannten Beistände und Vertreter haben Anspruch auf die Gebühren des Abschnitt 3, wenn sie mit den entsprechenden Einzeltätigkeiten beauftragt worden sind, ohne dass ihnen die Vertretung insgesamt übertragen wurde.

4 **III. Sachlicher Anwendungsbereich.** Die von VV 4301 erfassten Einzeltätigkeiten sind in den Ziffern 1–2 enumerativ aufgezählt, so dass die Verfahrensgebühr nur in den dort genannten Verfahren entsteht. Eine analoge Anwendung auf weitere Verfahren scheidet daher aus. Zum Begriff der **„Anfertigung"** siehe die Kommentierung zu → VV 4300 Rn. 5.

5 **1. Einlegung eines Rechtsmittels.** Der Wortlaut setzt zunächst ein „Rechtsmittel" voraus. Rechtsmittel iSd des Dritten Buches der StPO (§§ 296 f. StPO) sind ausschließlich die Revision (§§ 333 f. StPO), Berufung (§§ 312 f. StPO), einfache Beschwerde (§ 304 StPO), sofortige Beschwerde (§ 311 StPO) und die weitere Beschwerde (§ 310 StPO).

6 **a) Rechtsmittel und Rechtsbehelf.** Rechtsmittel zeichnen sich dadurch aus, dass das Verfahren an ein höheres Gericht übergeht (Devolutiveffekt), welches die Entscheidung der vorigen Instanz im Umfang der zulässigen Anfechtung nachprüft und gegebenenfalls abändert oder beseitigt (Löwe/Rosenberg/Jesse StPO Vor § 293 Rn. 1). Davon zu unterscheiden sind die **Rechtsbehelfe,** wie zB der Einspruch gegen Strafbefehle nach § 410 StPO.

6a Daher ist der Ansicht zu widersprechen, die die Gebühr VV 4302 Nr. 1 über den Wortlaut hinaus auch auf die Rechtsbehelfe anwenden möchte (Burhoff/Volpert/Volpert RVG Straf- und Bußgeldsachen VV 4302 Rn. 8; BeckOK RVGKnaudt VV 4302 Rn. 4.1; widersprüchlich Gerold/Schmidt/Burhoff VV 4302 Rn. 5). Dem Gesetzgeber müsste eine erhebliche Portion Unverständnis unterstellt werden, wenn er die Begriffe Rechtsmittel und Rechtsbehelf nicht voneinander zu unterscheiden vermag.

7 Demgemäß entsteht für die **Einlegung von Rechtsbehelfen** eine Gebühr nach VV 4302 Nr. 2 (wie hier auch Riedel/Sußbauer/Kremer VV 4302 Rn. 5).

8 **b) „Einlegung des Rechtsmittels".** Das Entstehen der Gebühr erfordert die Einlegung des Rechtsmittels. Der Begriff der Einlegung beinhaltet lediglich die mündliche oder schriftliche Erklärung, dass ein Rechtsmittel eingelegt wird – eine Begründung ist nicht erforderlich. Wird das Rechtsmittel im Rahmen der Einlegung begründet, entsteht hierfür die Gebühr VV 4300 Nr. 1 oder VV 4301 Nr. 2; eine gesonderte Gebühr VV 4302 Nr. 1 entsteht nicht (siehe Anm. 1 zu VV 4300 und VV 4301).

9 **2. Andere Anträge, Gesuche oder Erklärungen (Nr. 2).** Zu den von Nr. 2 erfassten Einzeltätigkeiten gehören vor allem (siehe hierzu BeckOK RVGKnaudt VV 4302 Rn. 9; Gerold/Schmidt/Burhoff VV 4302 Rn. 9):

– Strafanzeige, Strafantrag,
– Aufhebung eines Ordnungsmittels,
– Aufhebung einer Strafverfolgungsmaßnahme,
– Freigabe einer geleisteten Sicherheit, § 123 II StPO,
– Fristgewährung zur Bezahlung einer Geldstrafe, § 42 StGB,
– Antrag auf Gewährung von Prozesskostenhilfe für den Neben- oder Privatkläger
– Einlegung von Rechtsbehelfen
– Stellungnahmen zu Rechtsmitteln, die keine Gegenerklärungen sind.

10 **3. Weitere Beistandsleistungen (Nr. 3).** VV 4302 Nr. 3 ist ein Auffangtatbestand, welcher alle nicht in VV 4300 f. erwähnten Beistandsleistungen umfasst:

– Gegenvorstellung gegen eine gerichtliche Entscheidung (OLG Düsseldorf AGS 2009, 14),

– Beistandsleistung für einen Zeugen gegen ein Zwangsmittel (KG NStZ-RR 2009, 327), für den Geschädigten nach § 80 Abs. 3 JGG (BeckOK RVG/Knaudt VV 4302 Rn. 10), für den Geschädigten im Verfahren nach § 111k StPO (LG Kiel JurBüro 82, 564),
– Tätigkeit im DNA-Feststellungsverfahren (LG Potsdam NJW 2003, 300; LG Bielefeld NStZ-RR 2002, 320),
– Beistandsleistung im Beschwerdeverfahren nach § 172 Abs. 1 StPO,

Nicht vom Anwendungsbereich der Nr. 3 erfasst sind etwa die Vertretung des Beschuldigten in der Hauptverhandlung nach Einspruch gegen den Strafbefehl (OLG Oldenburg StV 2018, 152; OLG Köln NStZ-RR 2010, 30) sowie die Prüfung der Einlegung des Einspruchs gegen den Strafbefehl (OLG Oldenburg NStZ-RR 2010, 391). 11

IV. Gebührenbestimmung. Der gerichtlich bestellte oder beigeordnete Rechtsanwalt erhält unabhängig vom Aufwand und Schwierigkeit der Tätigkeit im gerichtlichen Verfahren eine Festgebühr. Liegen die Voraussetzungen vor, kann der Verteidiger einen mit der Angelegenheit verbundenen erheblichen Aufwand im Rahmen der Pauschvergütung nach des § 51 geltend machen (Gerold/Schmidt/Burhoff VV Vorbemerkung 4.3 Rn. 30) Gleiches gilt für den Wahlverteidiger nach § 42. 12

Für die Bestimmung des Betragsrahmens wird auf die Kommentierung zu → VV 4300 Rn. 15 f. verwiesen. 13

Nr.	Gebührentatbestand	Gebühr oder Satz der Gebühr nach § 13 oder § 49 RVG	
		Wahlanwalt	**gerichtlich bestellter oder beigeordneter Rechtsanwalt**
4303	**Verfahrensgebühr für die Vertretung in einer Gnadensache ....** **Der Rechtsanwalt erhält die Gebühr auch, wenn ihm die Verteidigung übertragen war.**	**33,00 bis 330,00 €**	

I. Normzweck. VV 4303 vergütet die anwaltliche Tätigkeit in einer Gnadensache. Die Anm. stellt insoweit klar, dass es sich bei der Gnadensache um eine gesonderte Angelegenheit handelt und der Rechtsanwalt die Gebühr auch in den Fällen erhält, in denen ihm zuvor die Verteidigung übertragen worden war. 1

II. Persönlicher Anwendungsbereich. Gnadensachen bestimmen sich nach den jeweiligen Gnadenordnungen und gehören zu den außergerichtlichen Verwaltungssachen, so dass sich der Anwendungsbereich ausschließlich auf den **Wahlverteidiger** erstreckt – eine gerichtliche Bestellung oder Beiordnung scheidet daher zwangsläufig aus (BT-Drs. 17/11471, 282 f.). 2

III. Sachlicher Anwendungsbereich. Gemäß § 452 StPO steht in Sachen, in denen im ersten Rechtszug in Ausübung von Gerichtsbarkeit des Bundes entschieden worden ist, das Begnadigungsrecht dem Bund zu (siehe auch Art. 60 II GG). In allen anderen Sachen steht es den Ländern zu (siehe die jeweiligen Gnadenordnungen). 3

Die **Verfahrensgebühr** entsteht für das „Betreiben des Geschäfts" und somit mit der ersten Tätigkeit nach Erteilung des Auftrags. Es wird daher die gesamte Tätigkeit im Gnadenverfahren erfasst: Entgegennahme der Information, Fertigung und Unterzeichnung des Gnadengesuchs, Beratung des Auftraggebers, Besuche in der Justizvollzugsanstalt und stattfindende Termine. 4

5 VV 4303 erfasst nicht die **gerichtliche Anfechtung** der Gnadenentscheidung, für die Gebühren nach VV 3100 f. entstehen (NK-GK/Stollenwerk VV 4300–4304 Rn. 30).

6 **IV. Gebührenbestimmung.** Der Wahlverteidiger erhält die Verfahrensgebühr in Form einer Betragsrahmengebühr, deren konkrete Höhe nach § 14 I 1 bestimmt wird, so dass die Besonderheiten des Einzelfalls in die Bestimmung einfließen müssen (siehe Kommentierung zu → VV Vorb. 4 Rn. 73 ff.).

7 Die Gebührenbestimmung der Verfahrensgebühr berücksichtigt zunächst den **tatsächlichen Umfang** der anwaltlichen Tätigkeit im Gnadenverfahren. Hierbei handelt es sich insbesondere um die tatsächlich aufgewandte Zeit, die für die Bearbeitung des Rechtsfalls notwendig ist: umfangreiche Akteneinsicht, Aktenstudium, Auswertung von Sachverständigengutachten, etc. Als nächstes ist die **Schwierigkeit** der Angelegenheit zu bestimmen. Dies meint insbesondere die Intensität der Arbeit, wozu vor allem schwierige Umstände bei der Informationsbeschaffung sowie die **Art des Delikts** gehören.

Nr.	Gebührentatbestand	Gebühr oder Satz der Gebühr nach § 13 oder § 49 RVG	
		Wahlanwalt	**gerichtlich bestellter oder beigeordneter Rechtsanwalt**
4304	**Gebühr für den als Kontaktperson beigeordneten Rechtsanwalt (§ 34a EGGVG)**		**3850,00 €**

1 **I. Normzweck.** VV 4304 vergütet die Tätigkeit für den nach § 34a EGGVG gerichtlich bestellten Rechtsanwalt im Verfahren der Kontaktsperre nach §§ 31 f. EGGVG. Unter den Voraussetzungen des § 31 EGGVG kann eine Kontaktsperre bzgl. des Gefangenen angeordnet werden. Mit Feststellung und Durchführung dieser Maßnahme wird der Gefangene von jedweder Verbindung zur Außenwelt abgeschnitten, insbesondere kann nach § 31 II EGGVG auch der bestehende Kontakt zum Verteidiger unterbunden werden.

2 Die nach § 34a EGGVG bestellte Kontaktperson ist trotz der ihr obliegenden „rechtlichen Betreuung“ kein Verteidiger, sondern steht neben dem im Strafverfahren tätigen Verteidiger des Gefangenen (Löwe/Rosenberg/Böttcher StPO § 34a Rn. 4). Die Bestellung eines Wahlanwalts ist nicht vorgesehen. Der Verteidiger des Gefangenen scheidet nach § 34a III 2 EGGVG als Kontaktperson aus.

3 **II. Persönlicher Anwendungsbereich.** Die Gebühr entsteht ausschließlich für den **gerichtlich bestellten** Rechtsanwalt. Nach § 34a IV EGGVG hat der Gefangene nicht das Recht, einen bestimmten Rechtsanwalt als Kontaktperson vorzuschlagen. Des Weiteren scheidet der Verteidiger des Gefangenen nach § 34a III 2 EGGVG ebenso als Kontaktperson aus, so dass die Gebühr für einen Wahlanwalt nicht entstehen kann und somit auch nicht vorgesehen ist.

4 **III. Sachlicher Anwendungsbereich.** Die Aufgaben bzw. Befugnisse der Kontaktperson ergeben sich ua aus § 34a I 2 Hs 2 EGGVG, wonach diese auf die Ermittlung entlastender Tatsachen und Umstände in Bezug auf die Kontaktsperre hinwirken kann, die im Interesse des Gefangenen unverzüglicher Aufklärung bedürfen.

5 Überdies teilt die Kontaktperson mit Einverständnis des Gefangenen Erkenntnisse an Gericht und Staatsanwaltschaft mit. Die Kontaktperson kann mit Einverständnis des Gefangenen in dessen Namen Anträge in Bezug auf das Strafverfahren und die Kontaktsperre stellen. Nach § 34a II 2 und 3 EGGVG ist die Kontaktperson im Einverständnis mit dem Gefangenen befugt, an Vernehmungen und Ermittlungshandlungen teilzunehmen, bei denen der Verteidiger nicht anwesend sein darf. Es

darf ebenso Verbindung mit Dritten aufgenommen werden, soweit dies zur Erfüllung der Aufgaben nach § 34a I EGGVG unabweisbar ist. Gemäß § 34a V 1, 2 EGGVG ist dem Gefangenen nur die mündliche Kontaktaufnahme zur Kontaktperson gestattet, wobei die Übergabe von Schriftstücken und anderen Gegenständen nicht möglich ist.

IV. Gebührenbestimmung. Die zur Kontaktperson gerichtlich bestellte Rechtsanwalt erhält unabhängig vom Aufwand und Schwierigkeit der Tätigkeiten im Rahmen des § 34a EGGVG eine Festgebühr. Mit dieser Gebühr sind alle Tätigkeiten abgegolten – Grundgebühr, Haftzuschlag oder Terminsgebühren entstehen nicht. Neben der Gebühr können allenfalls die nach §§ 45 III, 46 die entstandenen notwendigen Auslagen sowie die Umsatzsteuer geltend gemacht werden. 6

Aus § 51 II 1 folgt, dass bei vorliegenden Voraussetzungen der Rechtsanwalt einen mit der Angelegenheit verbundenen erheblichen und nicht durch die Vergütung abgedeckten Aufwand im Rahmen der Pauschvergütung nach § 51 geltend machen kann. 7

Teil 5. Bußgeldsachen

Vorbemerkung 5:

I Für die Tätigkeit als Beistand oder Vertreter eines Einziehungs- oder Nebenbeteiligten, eines Zeugen oder eines Sachverständigen sind die Vorschriften dieses Teils entsprechend anzuwenden.

II Die Verfahrensgebühr entsteht für das Betreiben des Geschäfts einschließlich der Information.

III 1 Die Terminsgebühr entsteht für die Teilnahme an gerichtlichen Terminen, soweit nichts anderes bestimmt ist. 2 Der Rechtsanwalt erhält die Terminsgebühr auch, wenn er zu einem anberaumten Termin erscheint, dieser aber aus Gründen, die er nicht zu vertreten hat, nicht stattfindet. 3 Dies gilt nicht, wenn er rechtzeitig von der Aufhebung oder Verlegung des Termins in Kenntnis gesetzt worden ist.

IV Für folgende Tätigkeiten entstehen Gebühren nach den Vorschriften des Teils 3:

1. für das Verfahren über die Erinnerung oder die Beschwerde gegen einen Kostenfestsetzungsbeschluss, für das Verfahren über die Erinnerung gegen den Kostenansatz, für das Verfahren über die Beschwerde gegen die Entscheidung über diese Erinnerung und für Verfahren über den Antrag auf gerichtliche Entscheidung gegen einen Kostenfestsetzungsbescheid und den Ansatz der Gebühren und Auslagen (§ 108 OWiG), dabei steht das Verfahren über den Antrag auf gerichtliche Entscheidung dem Verfahren über die Erinnerung oder die Beschwerde gegen einen Kostenfestsetzungsbeschluss gleich,

2. in der Zwangsvollstreckung aus Entscheidungen, die über die Erstattung von Kosten ergangen sind, und für das Beschwerdeverfahren gegen die gerichtliche Entscheidung nach Nummer 1.

Übersicht

Schrifttum: Burhoff/Volpert, RVG in Straf- und Bußgeldsachen, 6. Aufl. 2021; Madert, Rechtsanwaltsvergütung in Straf- und Bußgeldsachen, 5. Aufl. 2004; Reisert, Anwaltsgebühren im Straf- und Bußgeldrecht, 3. Aufl. 2019.

1 **I. Sachlicher Anwendungsbereich (VV Teil 5).** Der eigenständige VV Teil 5 regelt die Gebühren für alle Tätigkeiten des Rechtsanwalts in Bußgeldsachen. Der Begriff der „Bußgeldsachen" ist im RVG nicht näher definiert. Der Begriff des Bußgeldes bzw. der Geldbuße findet sich in **§ 1 I OWiG,** der den Begriff der Ordnungswidrigkeit definiert. Demzufolge fallen unter den Anwendungsbereich des VV Teil 5 alle Verfahren, die sich nach dem OWiG richten.

2 Nicht nur in formell-rechtlicher Hinsicht ist die **Abgrenzung** zwischen Bußgeldsachen und Strafsachen von erheblicher Bedeutung (siehe hierzu BeckOK OWiG/Gerhold OWiG Einl. Rn. 1 ff.; KK-OWiG/Mitsch Einl. Rn. 50 ff.). Auch für das Vergütungsrecht ist eine trennscharfe Differenzierung vorzunehmen, indem die Abgrenzung anhand der Zielrichtung des eingeleiteten Verfahrens zu dessen Beginn, nicht aber nach dem vorgeworfenen Tatbestand vorgenommen wird (Hartung/Schons/Enders/Hartung RVG Vorbemerkung 5 VV Rn. 15).

2a Um den Anwendungsbereich des VV Teil 5 zu eröffnen, muss es sich bei den ergriffenen Maßnahmen um solche handeln, die erkennbar darauf abzielen, gegen jemanden wegen einer Ordnungswidrigkeit vorzugehen. Liegt eine Straftat iSd StGB vor und wird diese jedoch als Ordnungswidrigkeit verfolgt, bestimmt sich die anwaltliche Vergütung nach VV Teil 5. Wird eine vorliegende Ordnungswidrigkeit hingegen als Straftat verfolgt, bestimmt sich die Vergütung nach VV Teil 4. Bei **Ermittlungsverfahren der Polizei** ist zu unterscheiden, ob diese nach Abschluss an eine Verwaltungsbehörde oder die Staatsanwaltschaft übergeben werden. Im Falle der Abgabe an die Verwaltungsbehörde, zB zur Einleitung eines Bußgeldverfahrens, gehört die polizeiliche Ermittlung als Vorverfahren zum Verfahren der Verwaltungsbehörde und die anwaltlichen Gebühren bestimmen sich nach VV Teil 5.

3 Vom Anwendungsbereich des VV Teil 5 werden auch **Verwarngelder** nach § 56 I S. 1 OWiG erfasst. Diese aufgrund geringfügiger Ordnungswidrigkeit eingeleiteten Verwarnungsgeldverfahren stellen eine besondere Verfahrensart dar, die das normale Bußgeldverfahren ergänzen (BeckOK OWiG/Gerhold OWiG § 1 Rn. 13). In diesen Verfahren entstehen Gebühren nach VV 5101 ff.

4 **Keine Bußgeldsachen** iSd OWiG, und somit nicht vom Anwendungsbereich des VV Teil 5 erfasst, sind **Ordnungsgeldverfahren** nach § 51 StPO oder § 46 I OWiG. Zahlreiche Gesetze sehen als Rechtsnachteil für Ordnungsverstöße die Verhängung von Ordnungsgeldern vor, die eine Reaktion auf die Nichterfüllung verfahrensrechtlicher Pflichten darstellen (BT-Drs. 7/550, 195). Die Durchsetzung des Ordnungsgeldes erfolgt nicht nach dem OWiG, sondern nach den jeweiligen verfahrensrechtlichen Vorschriften (BeckOK OWiG/Gerhold OWiG § 1 Rn. 14). Dergleichen gilt ebenso für verhängte **Zwangsmittel bzw. Zwangsgelder,** die den durch das Gericht Verpflichteten zu einem bestimmten Verhalten veranlassen sollen (BT-Drs. 7/550, 195).

5 **1. Kostenfestsetzung und Kostenansatz (IV Nr. 1).** Nach VV Vorb. 5 entstehen in den dort genannten Verfahren für den Verteidiger **gesonderte Gebühren** nach VV Teil 3, da diese durch die Gebühren nach VV 5100 ff. nicht abgegolten werden. Es handelt sich daher um **eigene gebührenrechtliche Angelegenheiten.**

5a Für den beigeordneten oder bestellten Rechtsanwalt ist zu beachten, dass die Tätigkeiten nach VV Vorb. 5 IV nicht von einer Pflichtverteidigerbestellung oder Beiordnung umfasst sind. Eine Beiordnung im Rahmen der PKH ist nicht möglich (siehe

OLG Celle NJW 2013, 486; OLG Düsseldorf JurBüro 2012, 534 zu derselben Problematik in Strafsachen).

Nr. 1 Alt. 1 erfasst die anwaltliche Tätigkeit in den Verfahren der Erinnerung nach § 11 RPflG oder der Beschwerde nach § 46 OWiG iVm § 304 I StPO gegen den Kostenfestsetzungsbeschluss des Rechtspflegers. Hierfür erhält der Rechtsanwalt **Gebühren nach VV 3500, 3513** deren Gegenstandswert sich nach dem Umfang der Änderung des Festsetzungsbeschlusses bemisst (→ VV Vorb. 4 Rn. 6). Wurde der im Kostenfestsetzungsverfahren tätige Anwalt im Ganzen beauftragt, führt diese Tätigkeit nach § 19 I Nr. 14 nicht zur Entstehung einer besonderen Gebühr; die Verfahrensgebühr gilt dann auch die Tätigkeit im Kostenfestsetzungsverfahren ab. 6

Nr. 1 Alt. 2 regelt die Gebührenentstehung für anwaltliche Tätigkeiten in den Verfahren der Erinnerung und Beschwerde gegen die Gerichtskostenrechnung (§ 66 I, II GKG). Auch hierfür erhält der Rechtsanwalt eine **Gebühr nach VV 3500** und ggf. **VV 3513**. 6a

Nr. 1 Alt. 3 erfasst Verfahren über den Antrag auf gerichtliche Entscheidung gegen einen Kostenfestsetzungsbescheid und den Ansatz der Gebühren und Auslagen nach § 108 OWiG. Nach § 62 I 1 OWiG können von der Entscheidung betroffene oder andere Personen gegen Anordnungen, Verfügungen und sonstige Maßnahmen, die von der Verwaltungsbehörde im Bußgeldverfahren getroffen werden, die gerichtliche Entscheidung beantragen. Über den Antrag entscheidet nach § 62 II 2 OWiG das nach § 68 OWiG zuständige Gericht. § 108 I OWiG bestimmt wiederum, das im Verfahren der Verwaltungsbehörde der selbständige Kostenbescheid, der Kostenfestsetzungsbescheid sowie der Ansatz der Gebühren und Auslagen nach § 62 OWiG anfechtbar sind. Dabei steht der Antrag auf gerichtliche Entscheidung dem Verfahren der Erinnerung oder der Beschwerde gegen einen Kostenfestsetzungsbeschluss (Nr. 1 Alt. 1) gleich, so dass auch in diesen Verfahren **Gebühren nach VV 3500** und ggf. **VV 3515** anfallen. 7

2. Zwangsvollstreckung (IV Nr. 2). Nr. 2 Alt. 1 erfasst die anwaltliche Tätigkeit im Hinblick auf Entscheidungen, aus denen einer der Verfahrensbeteiligten die Zwangsvollstreckung betreiben kann. Dem Rechtsanwalt stehen für diese Tätigkeiten **Gebühren nach VV 3309 und VV 3310** aus dem nach § 25 RVG zu ermittelnden Gegenstandswert zu. 8

Nr. 2 Alt. 2 betrifft die anwaltliche Tätigkeit das Beschwerdeverfahren in der Zwangsvollstreckung, welches nach § 18 Nr. 5 eine eigene Angelegenheit darstellt. Dem Rechtsanwalt stehen für das Beschwerdeverfahren somit (zusätzlich) **Gebühren nach VV 3500 und VV 3513** zu. 9

II. Persönlicher Anwendungsbereich (VV Teil 5, I). Die Gebührentatbestände des VV Teil 5 sind nach VV Vorb. 5 I neben dem Wahlverteidiger und dem gerichtlichen bestellten oder beigeordneten Verteidiger (zur notwendigen Verteidigung im OWiG-Verfahren siehe u. a. OLG Köln StV 2012, 455; OLG Bremen StV 2011, 83) ebenso auf die Tätigkeit als Beistand oder Vertreter eines Einziehungs- oder Nebenbeteiligten (§§ 46 I OWiG, § 428 I StPO), eines Zeugen oder eines Sachverständigen entsprechend anzuwenden (§§ 46, 71 OWiG). Zudem ist auch in Bußgeldsachen die Bestellung eines Terminsvertreters möglich. 10

Zu den in Bußgeldsachen umstrittenen Vergütungsansprüchen des **Zeugenbeistands** und des **Terminsvertreters** wird auf die Kommentierung zu → VV Vorb. 5.1 Rn. 4 ff. verwiesen. 10a

III. Gebühren. 1. Gebührenstruktur. Die Gebühren des VV Teil 5 sind Pauschalgebühren: Die verdiente Gebühr deckt die gesamte Tätigkeit des Rechtsanwalts ab. Das Gebührensystem des VV Teil 5 ist an die einzelnen Verfahrensabschnitte des Bußgeldverfahrens angepasst und unterteilt den Vergütungsanspruch in folgende Verfahrensabschnitte: 11

– Verfahren vor der Verwaltungsbehörde (Abschnitt 1 Unterabschnitt 2)
– Verfahren vor dem Amtsgericht (Abschnitt 1 Unterabschnitt 3)
– Verfahren über die Rechtsbeschwerde (Abschnitt 1 Unterabschnitt 4)

Zu dem Verfahren vor der Verwaltungsbehörde gehört neben dem **Verwarnungsverfahren** (§§ 56–58 OWiG) auch das **Zwischenverfahren** (§ 69 OWiG), siehe 12

Kommentierung zu → VV Vorb. 5.1.2. Neben den Verfahrens- und Terminsgebühren kann der im Bußgeldverfahren tätige Rechtsanwalt noch eine Grundgebühr (siehe Kommentierung zu → VV 5100) sowie die Erledigungsgebühr nach VV 5115 und die Gebühr für die Tätigkeit im Einziehungsverfahren nach VV 5116 geltend machen.

13 **a) Verfahrensgebühr (II).** Nach VV Vorb. 5 II entsteht die Verfahrensgebühr in Bußgeldsachen für das **Betreiben des Geschäfts einschließlich der Information.** Damit wird von der Verfahrensgebühr, soweit keine weiteren Gebühren (zB die Grundgebühr) bestimmt sind, die vollständige Tätigkeit des Rechtsanwalts in dem betreffenden Verfahrensabschnitt abgegolten.

13a Als **Dauergebühr** erstreckt sich die Verfahrensgebühr auf das gesamte Verfahren des jeweiligen Abschnitts. Da die Gebühr für das „Betreiben des Geschäfts" entsteht, fällt die Verfahrensgebühr mit jeder mandatsbezogenen Tätigkeit im betreffenden Verfahren an. Die vom Anwalt erbrachte Tätigkeit muss sich daher **nicht** aus in den gerichtlichen Verfahrensakten enthaltenen schriftlichen Einlassungen ergeben (siehe → VV Vorb. 4 Rn. 16).

14 Für das **Entstehen der Verfahrensgebühr** genügt demnach das ausschließliche, sich nicht unbedingt aus den Verfahrensakten ergebende, Tätigwerden gegenüber dem Mandanten. Von der Verfahrensgebühr werden alle nach der ersten Einarbeitung in den Rechtsfall (Grundgebühr) entwickelten Tätigkeiten abgedeckt. Hierzu gehören u. a. Abwicklungstätigkeiten, Allgemeiner Schriftverkehr, weitere Akteneinsichten, die Beratung des Mandanten, verfahrensleitende Anträge oder Pflichtverteidigerbestellung bzw. Beiordnungsantrag (hierzu → VV Vorb. 4 Rn. 17).

15 Die Verfahrensgebühren fallen grundsätzlich **neben der Grundgebühr** an. Insofern stellt die Grundgebühr zur Verfahrensgebühr eine Zusatzgebühr dar, die den erstmaligen Aufwand bei Mandatsübernahme abgelten soll (BT-Drs. 17/11471, 281). Grund- und Verfahrensgebühr stehen daher nicht in chronologischer Reihenfolge zueinander – die Grundgebühr muss demnach nicht vor der Verfahrensgebühr entstehen. So kann beispielhaft die **erste Akteneinsicht** die Grundgebühr und zugleich im Rahmen des „Betreiben des Geschäfts einschließlich der Information" die Verfahrensgebühr entstehen lassen.

16 **b) Terminsgebühr (III 1).** VV Vorb. 5 III 1 regelt die Terminsgebühr, die für die Teilnahme an **gerichtlichen Terminen** entsteht. Die weitere Regelung „wenn nichts anderes bestimmt ist" bezieht sich auf die Termine nach VV Vorb. 5.1.2, wonach auch die anwaltliche Teilnahme an nicht gerichtlichen Vernehmungen vor der Polizei oder der Verwaltungsbehörde die Terminsgebühr entstehen lässt. Zudem bestimmt VV Vorb. 5.1.3, dass die Terminsgebühr ebenso für die Teilnahme an gerichtlichen Terminen **außerhalb der Hauptverhandlung** entsteht. Die Terminsgebühr **entsteht nicht** für Besprechungstermine mit Verfahrensbeteiligten oder weiteren Verteidigern.

17 Dem Erfordernis der „Teilnahme" ist genüge getan, wenn der Verteidiger während des Termins **physisch anwesend** ist. Für die Entstehung bedarf es demnach keiner weiteren Tätigkeiten in Form des Verhandelns oder einer Antragstellung (→ VV Vorb. 4 Rn. 22 f.).

17a Die Terminsgebühr umfasst alle Tätigkeiten in der Hauptverhandlung sowie die konkrete Vor- und Nachbereitung des Termins. Hierzu können u. a. die Abfassung von Beweisanträgen, die terminsbezogene Informationsaufnahme und Informationsbeschaffung oder Vorbereitung eines Sachvortrags gehören (hierzu auch → VV Vorb. 4 Rn. 23). Nicht zur Terminsgebühr, sondern zum „Betreiben des Geschäfts", gehört das Studium von Urkunden im **Selbstleseverfahren** (KG JurBüro 2013, 361).

18 **c) Der „geplatzte Termin" (III 2 und 3).** Nach III 2 erhält der Rechtsanwalt ebenso die Terminsgebühr, wenn er zu einem anberaumten Termin erscheint, dieser Termin aber aus Gründen, die der Rechtsanwalt nicht zu vertreten hat, nicht stattfindet. Sinn und Zweck dieser Regelung ist die **Honorierung des Zeitaufwandes** für die konkrete Vorbereitung des (ausgefallenen) Hauptverhandlungstermins (BT-Drs. 15/1971, 221). III 2 behandelt demnach die Fallgestaltungen, in denen der Betroffene nicht erschienen oder die Richterbank nicht vollständig besetzt ist und die Hauptverhandlung aus diesen Gründen nicht durchgeführt werden kann.

Seitens des Wahlanwalts ist bei der Gebührenbestimmung nach § 14 I zu beachten, dass bei der **Gebührenbemessung** der Terminsgebühr der geringere Zeitaufwand infolge des weggefallenen Termins zu berücksichtigen ist; dies gilt allerdings nicht für die Zeit der konkreten Terminsvorbereitung, da diese tatsächlich angefallen ist (Gerold/Schmidt/Burhoff RVG Straf- und Bußgeldsachen, VV Vorb. 4 Rn. 42). **19**

Demzufolge entsteht die Terminsgebühr für den Rechtsanwalt, der zu dem anberaumten Termin **nicht oder nicht rechtzeitig abgeladen** worden ist oder dessen Teilnahme durch **Vorverlegung** unmöglich gemacht wurde. Obgleich entsteht die Terminsgebühr nach III 3 nicht, wenn der Anwalt rechtzeitig von der Aufhebung oder Verlegung des Termins in Kenntnis gesetzt worden ist. Die Terminsgebühr entsteht jedoch nur für den zur Hauptverhandlung im Gericht **erschienenen** Rechtsanwalt. Der Wortlaut der Vorb. 5 III 2 ist insoweit eindeutig: „… zu einem anberaumten Termin erscheint …" Folglich ist den Ansichten zu widersprechen, die den Wortlaut weit auslegen und es für den Anfall der Gebühr genügen lassen, wenn der Anwalt im Gerichtssaal nicht erscheint, weil er beispielsweise während der Anreise vom Ausfall der Hauptverhandlung informiert wurde. Hierzu und im Übrigen wird auf die Kommentierung zu → VV Vorb. 4 Rn. 25 ff. verwiesen. **20**

Eine **analoge Anwendung** der Vorschrift für den geplatzten Termin ist bei Fallgestaltungen möglich, in denen der Verteidiger versehentlich eine Terminsbenachrichtigung hinsichtlich eines tatsächlich nicht anberaumten Termins erhält und er zu diesem Termin im Gericht erscheint (Riedel/Sußbauer/Kremer VV Vorbemerkung 4 Rn. 31). Dergleichen gilt für den Verteidiger, der in einem gegen einen Dritten gerichteten Parallelverfahren eine Terminsbenachrichtigung mit dem Hinweis erhält, dass es beabsichtigt sei, im Termin des Parallelverfahrens beide Verfahren zu verbinden, dann aber die Verbindung wegen Ausbleibens des Angeklagten unterbleibt (für das Strafverfahren: OLG Celle NStZ-RR 2011, 328). **21**

d) Längenzuschlag und Haftzuschlag. Entgegen den Gebühren in VV Teil 4, erhalten Wahlanwalt und/oder gerichtlich bestellter bzw. beigeordneter Anwalt weder einen Längenzuschlag für überlange Hauptverhandlungstermine noch einen Haftzuschlag für die Beschwernisse, wenn sich der Mandant nicht auf freiem Fuß befindet. Der in der Angelegenheit tätige Wahlanwalt kann überlange Verhandlungstermine oder Erschwernisse infolge des Freiheitsentzugs des eigenen Mandanten nur unter Ausnutzung des Gebührenrahmens sowie der Kriterien nach § 14 I 1 berücksichtigen. Der gerichtlich bestellte oder beigeordnete Rechtsanwalt kann einen besonderen Umfang oder die besondere Schwierigkeit der Angelegenheit ausschließlich über § 51 geltend machen. **22**

2. Übergang zwischen Straf- und Bußgeldverfahren. a) Abgabe nach § 43 OWiG. Nach § 43 I OWiG gibt die Staatsanwaltschaft die Sache an die Verwaltungsbehörde ab, wenn das strafrechtliche Ermittlungsverfahren zwar eingestellt wird, zugleich aber Anhaltspunkte dafür vorhanden sind, dass die Tat als Ordnungswidrigkeit verfolgt werden kann. Hierfür bestimmt § 17 Nr. 10b, dass das strafrechtliche Ermittlungsverfahren und ein sich nach Einstellung des Ermittlungsverfahrens anschließendes Bußgeldverfahren **verschiedene Angelegenheiten** sind. Dies bedeutet, dass der Anwalt der den Beschuldigten im strafrechtlichen Ermittlungsverfahren und im Bußgeldverfahren vertritt, sowohl die nach VV Teil 4 entstandenen Gebühren als auch noch die im Bußgeldverfahren anfallenden Gebühren verdient. Dies gilt jedoch nicht für die **Grundgebühr** VV 5100, wenn in dem strafrechtlichen Verfahren die Grundgebühr VV 4100 angefallen ist (Anm. II zu VV 5100). **23**

Eine verschiedene Angelegenheit iSd § 17 Nr. 10b liegt nicht vor, wenn die Staatsanwaltschaft die Ermittlungen wegen der Ordnungswidrigkeit selbst fortführt, weil es sich dann nicht um eine gesonderte Bußgeldsache handelt (Burhoff/Volpert/Burhoff RVG Straf- und Bußgeldsachen, Vorbem. 5 VV Rn. 46). **23a**

b) Übergang vom Bußgeldverfahren in das Strafverfahren. Wird das Bußgeldverfahren durch die Staatsanwaltschaft übernommen und als Strafsache fortgeführt, ist die vergütungsrechtliche Folge durch das RVG nicht geregelt. Nicht nur aus der Regelungssystematik des RVG ergibt sich, dass die in verschiedenen Teilen des VV entstandenen Gebühren verschiedene Angelegenheiten darstellen. Entsprechendes kann ebenso der Anrechnungsregelung der im Strafverfahren entstehenden **24**

Grundgebühr entnommen werden. Nach Anm. II zu VV 4100 ist eine bereits wegen derselben Tat oder Handlung entstandene Gebühr nach VV 5100 anzurechnen. Hieraus ist ersichtlich, dass der im Bußgeldverfahren tätige Anwalt neben den dort angefallenen Gebühren auch die Gebühren aus Teil 4 VV erhält, wobei sich die Anrechnung nur auf die Grundgebühr bezieht.

25 **3. Bemessung und Dreiteilung der Gebühren.** VV Teil 5 sieht für die Verfahrens- und Terminsgebühren im Verfahren vor der Verwaltungsbehörde und dem gerichtlichen Verfahren eine **Dreiteilung der Gebühren** vor, die sich an der Höhe der Geldbuße orientiert. Die erste Stufe umfasst Geldbußen von weniger als 60 EUR. Die nächste Stufe erfasst Geldbußen von 60 EUR bis 5.000 EUR. Die dritte Stufe umfasst Bußgeldverfahren mit einer Geldbuße von mehr als 5.000 EUR. Die Höhe der Grundgebühr ist von der Höhe der Geldbuße unabhängig. Die Gebühren des Wahlverteidigers sind als Rahmengebühren vorgesehen (linke Spalte), deren Höhe nach den Kriterien des § 14 zu bestimmen sind. Die Gebühren des gerichtlich bestellten oder beigeordneten Verteidigers sind als Festgebühren (rechte Spalte) vorgesehen.

26 **a) Gebührenbestimmung des beigeordneten Anwalts.** Gemäß § 45 III erhält ein sonst gerichtlich bestellter oder beigeordneter Rechtsanwalt die Vergütung aus der Staatskasse, wenn ein Gericht des Landes den Rechtsanwalt bestellt oder beigeordnet hat, im Übrigen aus der Bundeskasse. Der gerichtlich bestellte oder beigeordnete Rechtsanwalt erhält die in der rechten Spalte des Vergütungsverzeichnisses aufgeführten Festgebühren. Grundlage dieser Gebühren sind die jeweiligen Mittelgebühren des Wahlverteidigers, wovon der Pflichtverteidiger 80 % erhält. Der Umfang des Vergütungsanspruchs bestimmt sich gem. § 48 VI nach der Beiordnung. Unter welchen Voraussetzungen die Bestellung oder Beiordnung zu erfolgen hat, ist keine Frage des RVG, sondern der jeweiligen Verfahrensordnung.

27 **aa) Umfang der Beiordnung.** Im **Verfahren vor der Verwaltungsbehörde** ist für die Bestellung oder Beiordnung gem. § 60 1 OWiG die Verwaltungsbehörde zuständig. Im **Zwischenverfahren** ist die Zuständigkeit der Staatsanwaltschaft (§ 69 IV 1 OWiG) zur Bestellung oder Beiordnung des Verteidigers umstritten (zum Streitstand siehe KK-OWiG/Kurz OWiG § 60 Rn. 39). Die im Verfahren vor der Verwaltungsbehörde erfolgte Bestellung oder Beiordnung gilt nur für das Verwaltungsverfahren und wirkt im gerichtlichen Bußgeldverfahren nicht fort, so dass es für diesen Verfahrensabschnitt einer **erneuten Bestellung oder Beiordnung** bedarf (OLG Saarbrücken NJW 2007, 309). Gleiches gilt für die Bestellung oder Beiordnung durch die Staatsanwaltschaft (KK-OWiG/Kurz OWiG § 60 Rn. 47 mwN).

28 Die Bestellung oder Beiordnung im Verwaltungsverfahren **erstreckt** sich auf die Einlegung des Einspruchs sowie auf das sich anschließende Zwischenverfahren vor der Verwaltungsbehörde und der Staatsanwaltschaft (KK-OWiG/Kurz OWiG § 60 Rn. 47). Übernimmt die Staatsanwaltschaft nach § 42 OWiG die Verfolgung der Ordnungswidrigkeit oder wird das Verfahren nach § 41 I OWiG an die Staatsanwaltschaft abgegeben, bleibt die durch die Verwaltungsbehörde zuvor vorgenommene Bestellung oder Beiordnung wirksam bestehen (KK-OWiG/Kurz OWiG § 60 Rn. 47 mwN). Erwächst der Bußgeldbescheid in Rechtskraft, erlischt die Pflichtverteidigerbestellung und eine Fortgeltung für das verwaltungsrechtliche Vollstreckungsverfahren scheidet aus (BeckOK OWiG/Euler OWiG § 60 Rn. 31 mwN).

29 Erfolgt die Bestellung oder Beiordnung im **gerichtlichen Verfahren,** wird hiervon auch das **Rechtsbeschwerdeverfahren** nebst der Einlegung und Begründung der Rechtsbeschwerde erfasst (OLG Saarbrücken NJW 2007, 309; Haus/Krumm/Quarch/Fromm, Gesamtes Verkehrsrecht, 3. Aufl. 2021, OWiG § 60 Rn 5a mwN). Darüber hinaus wird von der Beiordnung ebenso die Abgabe einer Gegenerklärung zum Antrag der Staatsanwaltschaft erfasst, die Rechtsbeschwerde nach § 79 III OWiG iVm § 349 II StPO zu verwerfen, wie zur Abgabe einer Stellungnahme zur Rechtsbeschwerdebegründung der Staatsanwaltschaft (OLG Hamm NJW 1970, 440; KK-OWiG/Kurz OWiG § 60 Rn. 47). Die im gerichtlichen Verfahren erfolgte Bestellung oder Beiordnung **endet mit Rechtskraft** des Bußgeldbescheids bzw. mit der Rechtskraft des Urteils oder des auf den Einspruch ergangenen Beschlusses nach § 72 I OWiG.

bb) Umbeiordnung. Eine sog. Umbeiordnung ohne einen für eine Entpflichtung erforderlichen wichtigen Grund ist im Bußgeldverfahren nur dann zulässig, wenn neben dem Betroffenen beide Verteidiger einverstanden sind, keine Verfahrensverzögerung zu besorgen ist und der Staatskasse hierdurch keine Mehrkosten entstehen (BeckOK OWiG/Euler OWiG § 60 Rn. 35). Im Übrigen kann auf die Kommentierung zu → VV Vorb. 4 Rn. 63 ff. verwiesen werden. 30

cc) Konkludente Beiordnung. Für die gerichtliche Bestellung oder Beiordnung ist auch im OWiG **keine besondere Form** vorgeschrieben. Die Bestellung des Verteidigers erfolgt zwar idR durch schriftliche Verfügung, die nicht begründet zu werden braucht, doch kann die Beiordnung ebenso durch schlüssiges Verhalten erfolgen (OLG Saarbrücken NJW 2007, 309; KK-OWiG/Kurz OWiG § 60 Rn. 47). Für die Annahme der Bestellung oder Beiordnung durch schlüssiges Verhalten, ist es jedoch in jedem Fall erforderlich, dass das Verhalten des Gerichts unter Beachtung der maßgeblichen Umstände einen solchen Schluss rechtfertigt, wobei eine Beiordnung nicht unterstellt werden darf. Im Übrigen wird auf die Kommentierung zu → VV Vorb. 4 Rn. 66 ff. verwiesen. 31

dd) Anrechnung nach § 52. Nach § 52 I 2, VI entfällt im Bußgeldverfahren der Anspruch des beigeordneten oder bestellten Anwalts gegen den Beschuldigten insoweit, als die Staatskasse Gebühren gezahlt hat. Hieraus ergibt sich eine gesetzliche Verrechnung hinsichtlich der gesamten aus der Staatskasse gezahlten Pflichtverteidiger**gebühren** sowie der nach § 51 bewilligten Pauschgebühr. Aus der Staatskasse gezahlte Auslagen sind indes nicht abzuziehen. Es gilt zu bedenken, dass der Anspruch auf Zahlung der Pflichtverteidigervergütung einen eigenständigen Anspruch darstellt, der selbständig neben den Vergütungsanspruch des Anwalts gegen seinen Mandanten tritt und diesem gegenüber nicht subsidiär ist, sondern wahlweise geltend gemacht werden kann (BVerfG JurBüro 2009, 418). 32

Sind in Bußgeldsachen die notwendigen Auslagen der Staatskasse überbürdet worden und macht der Pflichtverteidiger zuerst die notwendigen Auslagen geltend, muss die Staatskasse neben den notwendigen Auslagen auch die Pflichtverteidigervergütung in voller Höhe begleichen, wenn kein vorbehaltloser Verzicht auf die Pflichtverteidigergebühren eingeholt wurde (BVerfG JurBüro 2009, 418). Ist der Verteidiger zur Abgabe der Verzichtserklärung nicht bereit, kann die Staatskasse von ihrem Leistungsverweigerungsrecht Gebrauch machen und von den notwendigen Auslagen die fiktiven Pflichtverteidigergebühren abziehen (Volpert RVGreport 2012, 162). Siehe im Übrigen die Kommentierung zu → VV Vorb. 4 Rn. 71 ff. 33

b) Gebührenbestimmung des Wahlverteidigers. Der Wahlverteidiger erhält die in der linken Spalte des Vergütungsverzeichnisses aufgeführten (wertunabhängigen) Betragsrahmengebühren. Deren Höhe ist abhängig vom Verfahrensabschnitt und von der Höhe der Geldbuße. Die Bestimmung der konkreten Gebühr aus dem Betragsrahmen erfolgt nach § 14 I 1. Hiernach ist die **einzelfallabhängige Gebührenhöhe** unter Berücksichtigung aller Umstände, vor allem des Umfangs und der Schwierigkeit der anwaltlichen Tätigkeit, der Bedeutung der Angelegenheit sowie der Einkommens- und Vermögensverhältnisse des Auftraggebers, nach billigem Ermessen zu bestimmen. 34

Die bestimmte Gebühr ist **verbindlich,** wenn sie billigem Ermessen entspricht. An das bei der Gebührenbestimmung einmal ausgeübte Ermessen ist der Rechtsanwalt gebunden, da die Ermessensausübung die Bestimmung der Leistung durch eine Vertragspartei darstellt und gem. § 315 II BGB durch Erklärung gegenüber dem anderen Teil erfolgt. Dieses **Gestaltungsrecht** ist dann durch die Ausübung verbraucht und kann bei wirksamem Erklärungseingang nicht mehr geändert oder widerrufen werden (BGH NJW 1987, 3203; OLG Köln RVGreport 2010, 138; Gerold/Schmidt/Mayer § 14 Rn. 4). 35

aa) Bemessungskriterien des § 14 I 1. Für die Bestimmung der angemessenen Betragsrahmengebühr sind als **Leistungskriterien** der Umfang und die Schwierigkeit der anwaltlichen Tätigkeit hervorzuheben, weil diese die objektive Leistung des Anwalts bewerten. Der Gesetzgeber hat die beiden Kriterien bewusst an die Spitze der Aufzählung gesetzt, weil diese bei der Bewertung nach § 14 den Schwerpunkt bilden sollen (HK-RVG/Klaus Winkler § 14 Rn. 11 mwN). Deutlich wird dies durch die in § 14 I 1 enthaltene sprachliche Hervorhebung „vor allem". Das Gewicht 36 der übrigen **Korrektivkriterien** ist einzelfallbedingten Unterschieden unterworfen, demgemäß eine angemessene Gebühr zunächst nach Umfang und Schwierigkeit zu bemessen ist und im zweiten Schritt die weiteren Kriterien herangezogen werden (Otto NJW 2006, 1472). Zur Gebührenbestimmung im Allgemeinen wird auf die ausführliche Kommentierung zu → VV Vorb. 4 Rn. 74 ff. und auf → § 14 verwiesen.

37 **bb) Besonderheiten bei verkehrsrechtlichen Bußgeldsachen.** Grundsätzlich unterscheidet sich die Gebührenbestimmung in Bußgeldverfahren nicht wesentlich von der in Strafsachen. Aber insbesondere in verkehrsrechtlichen Bußgeldsachen entfacht sich an der Gebührenbestimmung des Verteidigers Streit. Oftmals begründet sich dieser Streit in einem angeblichen **Missverhältnis** zwischen Höhe der angedrohten Geldbuße und der anwaltlichen Vergütung, weil in unzutreffender Weise vielfach von der Höhe der Geldbuße auf die anwaltliche Leistung geschlossen wird. Ebenso unzutreffend ist die Auffassung, dass verkehrsrechtliche Bußgeldverfahren grundsätzlich einen geringeren Aufwand erfordern (umfangreich hierzu Burhoff/Volpert/Burhoff RVG Straf- und Bußgeldsachen, Vorbem. 5 VV Rn. 54 ff.).

37a Ein **standardmäßiger Ansatz der Mittelgebühr** scheidet nach hiesigem Dafürhalten aus. Die Gebührenbestimmung hat ausschließlich aufgrund der tatsächlich erbrachten und nicht geschuldeten anwaltlichen Tätigkeit in der betreffenden Angelegenheit zu erfolgen. Die Erstattung von Mittelgebühren kommt demnach nur dann in Betracht, wenn alle Bemessungskriterien des § 14 als durchschnittlich einzuordnen sind (LG Hannover NdsRpfl 2012, 102). Hingegen ist der Gegenstand der anwaltlichen Tätigkeit iSv § 15 nicht zu berücksichtigen (Otto NJW 2006, 1472 (1473)).

38 Bei der Bestimmung des Betragsrahmens ist zu beachten, dass die **Höhe der Geldbuße** nicht noch einmal zur Bestimmung des Betragsrahmens herangezogen werden darf (hM Gerold/Schmidt/Mayer § 14 Rn. 54; HK-RVG/Klaus Winkler § 14 Rn. 26a; Burhoff/Volpert/Burhoff RVG Straf- und Bußgeldsachen, Vorbem. 5 VV Rn. 57 mwN). Dies ist auch sachgerecht, weil die an die Höhe der Geldbuße gekoppelten Gebühren bereits in ihrem Grundanfall eine Steigerung nach der Wertigkeit der Angelegenheit beinhalten. Damit scheidet die Höhe der Geldbuße als Bemessungskriterium für den Betragsrahmen aus, da sonst eine **Doppelberücksichtigung** stattfindet.

39 Bei den Kriterien des **Umfangs und der Schwierigkeit** bestehen zu den Strafsachen keine Besonderheiten. Auch hier stellt der Umfang den zeitlichen Aufwand dar, den der Anwalt zur Einarbeitung und Bearbeitung aufbringen musste. Die Mittelgebühr kann dann in Betracht gezogen werden, wenn der zeitliche Umfang ein durchschnittliches Maß einnimmt, was wiederum mit dem Abgeltungsbereich der zu bestimmenden Gebühr korreliert. **Umfangreich** ist eine Bußgeldsache, wenn die individuelle Arbeit des Verteidigers und der damit erbrachte zeitliche Aufwand erheblich über dem Zeitaufwand liegt, den der Anwalt in einer „normalen" Angelegenheit zu erbringen hat (vgl. Lissner RVGreport 2013, 166). Die **Höchstgebühr** rechtfertigt sich in den Fällen, in denen die Arbeitskraft des Rechtsanwalts für längere Zeit ausschließlich oder fast ausschließlich durch das Verfahren in Anspruch genommen worden ist (OLG Hamm JurBüro 1999, 639 zur Pauschgebühr nach § 51). Im Übrigen wird auf die Kommentierung zu → VV Vorb. 4 Rn. 73 ff. verwiesen. Für die Bestimmung der Gewichtung der Kriterien in Bußgeldsachen kommen vor allem die Art und Weise des Verstoßes und dessen eventuelle Folgen (Sach- oder Personenschaden) in Betracht sowie drohende Sanktionen, Entziehung der Fahrerlaubnis, der Aktenumfang, Auswertung von Gutachten, Bewertung widersprechender Zeugenaussagen oder das Feststellen von Messfehlern (siehe hierzu Burhoff/Volpert/Burhoff RVG Straf- und Bußgeldsachen, Vorbem. 5 VV Rn. 61 ff. mwN).

39a Bei dem Korrektivkriterium der **Bedeutung der Angelegenheit** ist auch in Bußgeldsachen auf die subjektive Bedeutung der Bußgeldsache für den Mandanten abzustellen. Hier fließt unter Umständen mit ein, ob der Mandant vorbelastet ist, der Mandant die Fahrerlaubnis beruflich (als Berufskraftfahrer) benötigt oder Verlust des Arbeitsplatzes droht (HK-RVG/Klaus Winkler § 14 Rn. 25; Burhoff/Volpert/Burhoff RVG Straf- und Bußgeldsachen, Vorbem. 5 VV Rn. 61 ff. mwN).

40 Zu beachten ist ebenso die Regelung der VV Vorb. 5.1 II. Kommt es zu einer **nachträglichen Änderung** der Höhe der Geldbuße, ist diese für die Einordnung in die Gebührenstufe infolge VV Vorb. 5 II 1 grundsätzlich unbeachtlich. Eine solche

Änderung kann jedoch durch den Wahlanwalt im Rahmen der Bestimmung des Betragsrahmens berücksichtigt werden (Burhoff/Volpert/Burhoff RVG Straf- und Bußgeldsachen, Vorbem. 5.1 VV Rn. 15). Im Übrigen wird auf → VV Vorb. 5.1 Rn. 8 ff. verwiesen.

Unter Berücksichtigung der Rechtsprechung und der teilweise dort vertretenen Auffassung zur Gebührenbestimmung, ist der Verteidiger besonders in Bußgeldsachen gut beraten, den **zeitlichen Umfang und die Schwierigkeiten** der in den verschiedenen Verfahrensabschnitten entfalteten Tätigkeiten für das spätere Festsetzungsverfahren zu **dokumentieren.** Im Rahmen des Festsetzungsantrages sollte dann auch eine Darstellung bzw. Erläuterung der Gewichtung der Kriterien im Hinblick auf Umfang, Schwierigkeit und Bedeutung der Angelegenheit erfolgen, um Absetzungen entgegenwirken zu können. Im Übrigen ergeben sich bei dieser Art und Weise der Dokumentation in vielen Fällen zahlreiche Umstände, die als Argument vielfach die Mittelgebühr oder eine darüber hinausgehende Gebühr rechtfertigen. 41

4. Verfahrensverbindung, Verfahrenstrennung, Verweisung. a) Verfahrensverbindung. Wurde der Anwalt in mehreren Bußgeldverfahren tätig und erden diese miteinander verbunden, erhält er bis zur Verbindung **alle entstandenen Gebühren gesondert,** weil die zu verbindenden Verfahren bis zum Zeitpunkt der Verfahrensverbindung gebührenrechtlich getrennte Angelegenheiten darstellen. Bis zur Verbindung bereits entstandene Verfahrensgebühren bleiben dem Rechtsanwalt erhalten. Die **hinzuverbundenen Verfahren** verlieren infolge der Verschmelzung ihre gebührenrechtliche Selbständigkeit. Im verbundenen Verfahren entstehen daher Gebühren, deren Tatbestand erst nach Verbindung ausgelöst wird, nur noch einmal und nicht mehr in jedem verbundenen Verfahren gesondert. 42

Ein anderes Ergebnis folgt auch nicht aus der Erstreckung der Beiordnung nach § 48 VI 2. Im Falle der Verfahrensverbindung, kann das Gericht diese Wirkung zwar auch auf diejenigen Verfahren erstrecken, in denen vor der Verbindung keine Beiordnung oder Bestellung erfolgte. Hieraus folgt allerdings nicht die Vergütung nicht erbrachter Tätigkeiten (Gerold/Schmidt/Müller-Rabe § 48 Rn. 206). 42a

Erfolgt die **Verbindung zum Zwecke der gleichzeitigen Verhandlung,** wirkt sich diese Verbindung nicht auf die Selbständigkeit der zur gemeinsamen Verhandlung verbundenen Verfahren aus, so dass in jedem Verfahren zur gemeinsamen Verhandlung verbundenen Verfahren weiterhin gesonderte Gebühren entstehen. Im Übrigen wird auf die Kommentierung zu → VV Vorb. 4 Rn. 42 ff. verwiesen. 43

b) Verfahrenstrennung. Die Verfahrenstrennung hat **auf bereits entstandene Gebühren keine Auswirkung.** Bis zur Trennung handelt es sich um eine gebührenrechtliche Angelegenheit. Nach der Trennung handelt sich um verschiedene und gebührenrechtlich eigenständige Angelegenheiten. Hieraus ergibt sich die gebührenrechtliche Folge, dass mehrere Verfahrensgebühren (nach der Zahl der getrennten Verfahren) entstehen und mehrere Termins- oder Verfahrensgebühren anfallen können. Diese gebührenrechtliche Konsequenz gilt allerdings nur für die nach der Trennung noch anfallenden Gebühren. Für die Grundgebühr nach VV 5100 gilt das nicht, da insoweit bereits die erstmalige Einarbeitung in den Rechtsfall erfolgt ist. 44

c) Verweisung von Verfahren. Eine Verweisung ist im Bußgeldverfahren **nur im gerichtlichen Verfahren** möglich, so dass bei im Verfahren vor der Verwaltungsbehörde eine Verfahrensabgabe von einer Verwaltungsbehörde an eine andere kein Fall des § 20 vorliegt. Gebühren- und Verfahrensrechtlich ist zwischen Horizontalverweisung, Diagonalverweisung und Zurückverweisung zu unterscheiden. Hierfür wird auf die ausführliche Kommentierung zu → VV Vorb. 4 Rn. 45 ff. verwiesen. Für die **Zurückverweisung nach § 69 V OWiG** wird auf die Kommentierung zu → VV Vorb. 5.1.2 Rn. 9 ff. verwiesen. 45

5. Gebührenanrechnung. Die wechselseitige Anrechnung von Gebühren kommt **nur bei den Grundgebühren VV 4100 und VV 5100** in Frage. Hiernach wird im Fall der Grundgebühr im strafrechtlichen Verfahren gem. Anm. II zu VV 4100 eine wegen derselben Tat oder Handlung bereits entstandene Gebühr nach VV 5100 auf die Grundgebühr des Strafverfahrens angerechnet. Dergleichen sieht Anm. II zu VV 5100 für die Grundgebühr im Bußgeldverfahren vor. Gebühren, die über die Grundgebühr hinaus entstehen, wie etwa Verfahrens- oder Terminsgebühren, werden auch 46 dann nicht wechselseitig angerechnet, wenn derselbe Anwalt in beiden Verfahren tätig war. Einerseits fehlt es an einer entsprechenden Vorschrift und andererseits verbietet sich diese Anrechnung bereits aus dem Umstand, dass es sich um gänzlich verschiedene Verfahren handelt. Etwas anderes gilt nur, wenn die Staatsanwaltschaft die Ermittlung wegen einer Ordnungswidrigkeit von Anfang an selbst übernimmt und das Verfahren nicht nach § 43 OWiG abgibt; hierzu → Rn. 23.

47 **IV. Kostenfestsetzung.** In Bußgeldsachen werden nach § 46 I OWiG iVm § 464b StPO auf Antrag eines Beteiligten im Kostenfestsetzungsverfahren vom Gericht die Höhe der Kosten und Auslagen festgesetzt. Im Verfahren vor der Verwaltungsbehörde gelten die §§ 106 ff. OWiG. Grundlage für das Kostenfestsetzungsverfahren bildet die ausdrückliche (rechtskräftige) Kostenentscheidung (§ 46 I OWiG iVm § 464b 3 StPO und § 103 I ZPO). Zur **Auslegungsfähigkeit der Kostenentscheidung** wird auf die Ausführungen zu → VV Vorb. 4 Rn. 53 ff. verwiesen.

48 Auf das Festsetzungsverfahren sind nach § 46 I OWiG iVm § 464b 3 StPO die Vorschriften der ZPO (vgl. §§ 103 II, 104 II ZPO) entsprechend anzuwenden. Die **funktionelle Zuständigkeit** obliegt dem Rechtspfleger des Gerichts des ersten Rechtszuges (§§ 103 II 1, 104 I 1 ZPO, § 21 Nr. 1 RPflG). In dem **nicht fristgebundenen** und möglichst konkret zu begründenden Kostenfestsetzungsantrag sind die angefallenen Gebühren und Auslagen glaubhaft zu machen. Der jeweilige Verfahrensbevollmächtigte stellt den Antrag im Zweifel namens des von ihm vertretenen Erstattungsberechtigten. Als nicht mehr zum Bußgeldverfahren gehörig, bedarf es grundsätzlich einer besonderen Vertretungsvollmacht. **Für jede einzelne Gebühr** ist zu prüfen, ob sie sich innerhalb des Gebührenrahmens hält und billigem Ermessen (§ 14 I) entspricht. Aus der Ausgestaltung des Festsetzungsverfahrens als antragsabhängiges Parteiverfahren folgt, dass der vom Antragsteller mit dem Antrag bezifferte Gesamtbetrag nicht überschritten werden darf (KK-StPO/Gieg StPO § 464b Rn. 3b mwN). Gegen die Entscheidung des Rechtspflegers ist gem. § 11 I RPflG iVm § 46 I OWiG iVm § 464b 3 StPO und § 104 III 1 ZPO die sofortige Beschwerde statthaft. Im Übrigen kann auf die Ausführungen zu → VV Vorb. 4 Rn. 88 verwiesen werden.

49 Werden im Falle des Freispruchs des Angeschuldigten dessen **notwendige Auslagen** der Staatskasse auferlegt, richtet sich das Kostenfestsetzungsverfahren gegen die Staatskasse. Auch im Bußgeldverfahren soll vor dem Erlass des Festsetzungsbeschlusses der Vertreter der Staatskasse gehört werden (Nr. 282 III RiStBV) Entspricht der Rechtspfleger bei der Festsetzung der Stellungnahme des Bezirksrevisors, wird mit dem Erlass des Festsetzungsbeschlusses zugleich die Auszahlung angeordnet. Eine Bindung des sachlich unabhängigen Rechtspflegers (§ 9 RPflG) an die in der Stellungnahme des Bezirksrevisors zum Ausdruck gebrachte Rechtsansicht besteht ebenso nicht in den Fällen, in denen der Vertreter der Staatskasse einem gegen die Staatskasse gerichteten Kostenfestsetzungsantrag ausdrücklich zugestimmt hat.

50 Der Festsetzungsbeschluss ist dem Bezirksrevisor **zuzustellen** (§ 46 I OWiG iVm. § 464b S. 3 StPO und § 104 I 3 ZPO). Legt der Bezirksrevisor Rechtsbehelf oder Rechtsmittel ein, so beantragt er gleichzeitig die Aussetzung der Vollziehung des Festsetzungsbeschlusses. Der rechtskräftig festgestellte Erstattungsanspruch des Freigesprochenen gegen die Staatskasse unterliegt gem. § 197 I Nr. 3 BGB einer 30-jährigen Verjährungsfrist. Die Rechtskraft eines bereits ergangenen Kostenfestsetzungsbeschlusses steht einem Antrag auf Nachfestsetzung dann nicht entgegen, wenn mit diesem Antrag ein bisher nicht geltend gemachter Posten erstmals zur Festsetzung angemeldet wird (OLG Celle NJW-RR 2011, 711, zur zivilrechtlichen Kostenfestsetzung).

Abschnitt 1. Gebühren des Verteidigers

Vorbemerkung 5.1:

I Durch die Gebühren wird die gesamte Tätigkeit als Verteidiger entgolten.

II 1 Hängt die Höhe der Gebühren von der Höhe der Geldbuße ab, ist die zum Zeitpunkt des Entstehens der Gebühr zuletzt festgesetzte Geldbuße

maßgebend. [2]Ist eine Geldbuße nicht festgesetzt, richtet sich die Höhe der Gebühren im Verfahren vor der Verwaltungsbehörde nach dem mittleren Betrag der in der Bußgeldvorschrift angedrohten Geldbuße. [3]Sind in einer Rechtsvorschrift Regelsätze bestimmt, sind diese maßgebend. [4]Mehrere Geldbußen sind zusammenzurechnen.

I. Normzweck. VV Vorb. 5.1 I legt den Abgeltungsbereich der Gebühren des Abschnitts 1 für das Bußgeldverfahren fest. Durch die in VV Teil 5 **eigenständig geregelten Gebühren** soll die gesamte Tätigkeit des Rechtsanwalts als Verteidiger abgegolten werden, wodurch der Pauschgebührencharakter beibehalten wird (BT-Drs. 15/1971, 222). Zugleich wird die Einlegung von Rechtsmitteln bei dem Gericht desselben Rechtszugs durch den Verteidiger, der in dem Rechtszug tätig war, mit der jeweiligen Verfahrensgebühr abgegolten. Entsprechendes ergibt sich bereits aus § 19 I Nr. 10 RVG. Die Verteidigung und Begründung des Rechtsmittels gehören hingegen zum nächsten Rechtszug. Für einen neuen Verteidiger gehört bereits die Einlegung eines Rechtsmittels zum nächsten Rechtszug. 1

VV Teil 5 Abschnitt 1 teilt die Gebühren des Verteidigers in Bußgeldsachen in folgende Abschnitte ein: 2
- Unterabschnitt 1, VV 5100 (Allgemeine Gebühr)
- Unterabschnitt 2, VV 5101–5106 (Verfahren vor der Verwaltungsbehörde
- Unterabschnitt 3, VV 5107–5112 (gerichtliches Verfahren im ersten Rechtszug)
- Unterabschnitt 4, VV 5113, 5114 (Verfahren über die Rechtsbeschwerde)

II. Persönlicher Anwendungsbereich des Abschnitt 1. VV Teil 5 Abschnitt 1 umfasst sowohl die Vergütung des Wahlverteidigers als auch des gerichtlich bestellten oder beigeordneten Verteidigers. Vom Anwendungsbereich werden nur die umfassenden Mandate erfasst; Einzeltätigkeiten werden nach VV Teil 5 Abschnitt 3 vergütet. Nach VV Vorb. 5 I gilt der Abschnitt des Weiteren für den Rechtsanwalt, Vertreter oder Beistand eines Neben- oder Privatklägers oder der übrigen in VV Vorb. 5 I genannten Verfahrensbeteiligten (siehe Kommentierung zu → VV Vorb. 5 Rn. 10). 3

1. Vergütung des Zeugenbeistands. Mit der Änderung der Formulierung in I „sind die Vorschriften dieses Teils entsprechend anzuwenden", hat der Gesetzgeber im Kostenrechtsänderungsgesetz eine als brisant zu bezeichnende Änderung vorgenommen (hierzu Burhoff RVGreport 2020, 402). Indem nämlich die vorherige Formulierung „…entstehen die gleichen Gebühren wie für einen Verteidiger in diesem Verfahren…" nun an die Formulierung in Vorb. 4 I angepasst worden ist, soll der **Zeugenbeistand** wie ein Rechtsanwalt vergütet werden, der kein Verteidiger ist und nur eine Einzeltätigkeit ausübt (BT-Drs. 19/23484, 87). 4

Diese Änderung steht allerdings im deutlichen Widerspruch zum bisherigen Ansinnen des Gesetzgebers, wonach der Zeugenbeistand die gleichen Gebühren wie ein Verteidiger erhalten sollte, damit diesem aufgrund des Gebührenrahmens der Spielraum geboten werden kann, um dem konkreten Arbeitsaufwand des Rechtsanwalts Rechnung zu tragen (BT-Drs. 15/1971, 220). Insoweit wird auf die Kommentierung zu → Vorb. 4.1 Rn. 4 ff. verwiesen. Nach hiesigem Dafürhalten steht dem Beistand des Zeugen oder Sachverständigen weiterhin ein Vergütungsanspruch nach **VV Teil 5 Abschnitt 1** zu. 5

Infolge der Änderung ist zu erwarten, dass sich nun auch im Bußgeldverfahren dieselbe Diskussion über Höhe und Umfang des Vergütungsanspruchs des Zeugenbeistands entzünden wird. Es bleibt somit abzuwarten, wie sich Literatur und Rechtsprechung zu dieser Problematik entwickeln werden. 5a

2. Vergütung des Terminsvertreters. Auch in Bußgeldsachen kann sich ein Rechtsanwalt in einem Hauptverhandlungstermin durch einen Kollegen vertreten lassen, dessen Vergütungsanspruch jedoch nicht gesondert geregelt ist. Probleme wirft der Vergütungsanspruch (wieso oft) nur in den Fällen auf, in denen sich der Vergütungsanspruch gegen die Staatskasse richtet und die vorgebrachten Argumente oftmals nur fiskalischen Erwägungen entspringen, die weder guter Ratgeber noch tragfähige Begründung für die zu treffende Entscheidung sind. 6

7 Eine Abrechnung der Vergütung als Einzeltätigkeit nach VV 5200 wird nach hiesiger Auffassung abgelehnt. Ebenso umstritten ist allerdings der Umfang des Vergütungsanspruchs im Hinblick auf die über die Terminsgebühr hinausgehenden Gebührenansprüche. Aber auch hierzu wird die Auffassung vertreten, dass bei Erfüllung der jeweiligen Tatbestände dem Terminsvertreter die jeweilige Verfahrensgebühr und/oder die Grundgebühr zustehen. Zur näheren Begründung wird auf die Kommentierung wird auf die Ausführungen zu → VV Vorb. 4.1. Rn. 11 ff. verwiesen.

8 **III. Höhe der Geldbuße (II). 1. Zuletzt festgesetzte Geldbuße (II 1).** Außer bei der Grundgebühr VV 5100 und den Gebühren für das Rechtsbeschwerdeverfahren VV 5113, 5114 bestimmt sich die Gebührenhöhe nach der Höhe der Geldbuße. Dementsprechend regelt II 1 den **zeitlichen Anknüpfungspunkt,** indem für die Bestimmung der Gebührenhöhe bzw. Einordnung in die Gebührenstufe auf die zum Zeitpunkt der Gebührenentstehung zuletzt festgesetzte Geldbuße abzustellen ist. Die jeweilige Gebühr entsteht, wenn der Verteidiger die erste Tätigkeit ausübt, die in den Abgeltungsbereich der entsprechenden Gebühr fällt. Der Wortlaut „zuletzt festgesetzte Geldbuße" soll verdeutlichen, dass bei der Gebührenbestimmung nicht auf die rechtskräftig festgestellte Geldbuße, sondern auf die im jeweiligen Verfahrensstadium oder –abschnitt zuletzt festgesetzte Geldbuße abzustellen ist (BT-Drs. 15/1971, 230). Dergleichen gilt im Übrigen auch, wenn anstelle einer Geldbuße nur eine **Verwarnung** ausgesprochen wird (Hartung/Schons/Enders/Enders Vorbemerkung 5.1 VV, Rn. 5 mwN).

8a **Reduziert** sich das von der Verwaltungsbehörde festgesetzte Bußgeld während der Hauptverhandlung, weil der Betroffene gegen die Entscheidung der Verwaltungsbehörde Einspruch gelegt hat, und wurde der Rechtsanwalt nach dem Einspruch beauftragt, wird die Gebühr gemäß II 1 nach der von der Verwaltungsbehörde festgesetzten Geldbuße bestimmt und nicht nach der im Urteil des Amtsgerichts rechtskräftig festgestellten Geldbuße.

9 **2. Keine festgesetzte Geldbuße (II 2 und 3).** Die in II 2 enthaltene Regelung behandelt die Fälle, in denen eine Gebühr bestimmt werden muss, obwohl zum Zeitpunkt der Entstehung der betroffenen Gebühr keine festgesetzte Geldbuße vorliegt.

9a Diese Regelung gilt nur für Verfahren vor der Verwaltungsbehörde, wenn diese noch keinen Bußgeldbescheid erlassen hat, aber der Verteidiger bereits beauftragt und tätig geworden ist. Die Regelung des II 2 ist unter Beachtung des zeitlichen Moments zusammen mit II 1 zu lesen. Demnach ist für die Gebührenbestimmung auf die Höhe der Geldbuße abzustellen, die zum **Zeitpunkt der Gebührenentstehung** dem Betroffenen droht.

10 Wird für die in Betracht kommende Geldbuße ein Betragsrahmen (zB 383b II AO) vorgegeben, bestimmt sich die Gebühr gem. II 2 nach dem mittleren Betrag des Betragsrahmens. Der mittlere Betrag errechnet sich durch Addition des Mindestbetrags (§ 17 I OWiG) mit dem Höchstbetrag und der Division der Summe durch zwei. Dass es in diesen Fällen zu höheren Gebühren als nach der Festsetzung kommen kann, ist hinzunehmen. Dies rechtfertigt sich insbesondere durch den Umstand, dass für den Mandanten alle Geldbußen bis zum Höchstbetrag im Raum stehen (BT-Drs. 15/1971, 230).

10a Sind für die Geldbuße Regelsätze bestimmt, sind diese gem. II 3 für die Gebührenbestimmung maßgebend. Solche Regelsätze finden sich vor allem im straßenverkehrsrechtlichen Bußgeldkatalog oder in internen Richtlinien für die von Verwaltungsbehörden erlassenen Bußgeldkatalogen (siehe hierzu Hartung/Schons/Enders/Hartung Vorbemerkung 5.1 VV Rn. 7 mwN).

11 **3. Änderung der Geldbuße nach Entstehung der Gebühr.** Eine nach der Entstehung der Rechtsanwaltsgebühr eingetretene Änderung der Geldbuße wirkt sich auf die entstandene Gebühr bzw. Einordnung in die Gebührenstufe nicht mehr aus. Dies ergibt sich aus II 1, wonach für die Gebührenbestimmung auf die Höhe der Geldbuße abgestellt werden muss, die zum Zeitpunkt der Gebührenentstehung dem Betroffenen droht. Eine solche Änderung kann jedoch durch den Wahlanwalt im Rahmen der **Bestimmung des Betragsrahmens** nach § 14 I 1 berücksichtigt werden (hierzu → VV Vorb. 5 Rn. 36 ff.).

12 **4. Mehrere Geldbußen (II 4).** Gemäß II 4 sind für die Gebührenbestimmung des Anwalts mehrere Geldbußen zusammenzurechnen. Hierbei ist zu differenzieren, ob dem Betroffenen die Geldbußen **tateinheitlich** oder **tatmehrheitlich** angedroht wurden.

13 Sind mehrere Gesetze verletzt, so wird die Geldbuße gem. § 19 II 1 OWiG nach dem Gesetz bestimmt, das die **höchste Geldbuße** androht. Diese Regelung behandelt die rechtliche Bündelung mehrerer Gesetzesverletzungen durch eine Handlung, sei es, dass die eine Handlung mehrere Gesetze verletzt oder dasselbe Gesetz mehrmals (Idealkonkurrenz). Dies wirkt vergütungsrechtlich fort, indem bei der Gebührenbestimmung auf den **höchsten Bußgeldtatbestand** und nicht auf den tatsächlich verhängten abzustellen ist (Gerold/Schmidt/Burhoff Vorbemerkung 5.1 Rn. 10).

14 Sind **mehrere Geldbußen** verwirkt, wird jede Geldbuße gem. § 20 OWiG **gesondert festgesetzt.** § 20 OWiG regelt die Tatmehrheit und greift ein, wenn mehrere Handlungen mehrere Bußgeldvorschriften erfüllen und keine Handlungseinheit iSd § 19 OWiG vorliegt, die mehrere Handlungen vereint. In diesen Fällen werden bei Verwirklichung mehrerer Bußgeldtatbestände in Tatmehrheit die einzelnen **Geldbußen addiert** (Burhoff/Volpert/Burhoff RVG Straf- und Bußgeldsachen, Vorbem. 5.1 VV Rn. 16).

Unterabschnitt 1. Allgemeine Gebühr

Nr.	Gebührentatbestand	Gebühr oder Satz der Gebühr nach § 13 oder § 49 RVG	
		Wahlanwalt	gerichtlich bestellter oder beigeordneter Rechtsanwalt
5100	**Grundgebühr**	**33,00 bis 187,00 €**	**88,00 €**
	I Die Gebühr entsteht neben der Verfahrensgebühr für die erstmalige Einarbeitung in den Rechtsfall nur einmal, unabhängig davon, in welchem Verfahrensabschnitt sie erfolgt. **II Die Gebühr entsteht nicht, wenn in einem vorangegangenen Strafverfahren für dieselbe Handlung oder Tat die Gebühr 4100 entstanden ist.**		

Übersicht

1 **I. Normzweck.** Unterabschnitt 1 des VV Teil 5 regelt die allgemeinen Gebühren des Verteidigers, Beistandes oder Vertreters in Bußgeldsachen. Anders als im Strafverfahren, gehört in Bußgeldsachen nur die Grundgebühr zu den allgemeinen Gebühren. Eine Terminsgebühr ist nicht vorgesehen, weil im gerichtlichen Verfahren keine außergerichtlichen Termine stattfinden dürften. Die Terminsgebühr für die Teilnahme an Termin im Verwaltungsverfahren findet sich in Unterabschnitt 2.

2 Die Grundgebühr entsteht nach Anm. I zu VV 5100 einmalig neben der Verfahrensgebühr. Ihr wird dadurch der Charakter einer **Zusatzgebühr** verliehen, die den Rahmen der Verfahrensgebühr erweitert (BR-Drs. 517/12, 439). Sinn und Zweck der Grundgebühr bestehen in der Honorierung des Arbeitsaufwandes, welcher einmalig mit der Mandatsübernahme und der damit notwendigen Informationsbeschaffung einhergeht (BT-Drs. 15/1971, 222).

3 **II. Persönlicher Anwendungsbereich.** Die Grundgebühr in Bußgeldsachen entsteht für den Wahlanwalt ebenso, wie für den gerichtlich bestellten oder beigeordneten Rechtsanwalt. Ist die **Erstreckung der Beiordnung** nach § 48 VI 1 ausgesprochen worden, erhält der gerichtlich bestellte oder beigeordnete Rechtsanwalt auch die Grundgebühr, wenn er zuvor als Wahlverteidiger tätig war.

3a Darüber hinaus entsteht bei Vorliegen der Voraussetzungen gem. VV Vorb. 5 I die Grundgebühr auch für den sonstigen Vertreter oder Beistand eines Verfahrensbeteiligten (zum Anwendungsbereich des Abschnitt 1 siehe Kommentierung zu → VV Vorb. 5.1, Rn. 3 ff.).

4 Für den **Zeugenbeistand** und **Terminsvertreter** wird auf die Kommentierung zu → VV Vorb. 5.1 Rn. 4 ff. verwiesen

5 **III. Sachlicher Anwendungsbereich.** Die Grundgebühr entsteht unabhängig davon, in welchem Verfahrensabschnitt der Verteidiger erstmalig tätig wird. Sie kann daher sowohl im Verfahren vor der Verwaltungsbehörde, dem gerichtlichen Verfahren als auch dem Rechtsbeschwerdeverfahren entstehen, wenn sich der Verteidiger dort erstmals in den Rechtsfall einarbeitet bzw. bestellt, beigeordnet oder beauftragt wird.

5a **Keine Grundgebühr** entsteht für den Rechtsanwalt, der lediglich mit einer Einzeltätigkeit beauftragt worden ist. In diesen Fällen entsteht ausschließlich die Gebühr VV 5200 (anstatt vieler BeckOK RVG/Knaudt VV 5100 Rn. 2).

6 **1. Wiederaufnahmeverfahren.** Im Gegensatz zum Strafverfahren kann in Bußgeldsachen die **Grundgebühr auch im Wiederaufnahmeverfahren** entstehen. In VV Teil 5 fehlt es insoweit an einer der VV Vorb. 4.1.4 entsprechenden Regelung, wonach die Grundgebühr im Wiederaufnahmeverfahren nicht entsteht (so auch Riedel/Sußbauer/Kremer VV 5100, Rn. 9; NK-GK/Stollenwerk VV Nr. 5107–5112, Rn. 16; Schneider NJW-Spezial 2018, 27 mwN).

7 Die der hier vertretenen Auffassung entgegenstehende Ansicht begründet das Nichtentstehen der Grundgebühr mit dem Wortlaut der VV Vorb. 5.1.3. Insoweit verweise VV Vorb. 5.1.3 ausschließlich auf die Gebühren des Unterabschnitts 3, so dass die in Unterabschnitt 1 geregelte Grundgebühr nicht erfasst werde (Gerold/Schmitt/Burhoff Vorbemerkung 5.1.3, Rn. 7; BeckOK RVG/Knaudt VV Vorbemerkung 5.1.3 Rn. 11; Hartung/Schons/Enders/Hartung Nr. 5100 VV Rn. 5). Der Gesetzgeber selbst führt zum Wortlaut aus, dass es sich bei der Änderung des Begriffs „Abschnitt“ in „Unterabschnitt“ um eine redaktionelle Richtigstellung handele (BT-Drs. 17/13537, 271).

7a VV Vorb. 5.1.3 formuliert wie folgt: „Die Gebühren dieses Unterabschnitts entstehen für das Wiederaufnahmeverfahren einschließlich seiner Vorbereitung gesondert (…).“ In Strafsachen sind für das Wiederaufnahmeverfahren eigenständige Gebührentatbestände geregelt (VV 4136 ff.). Im bußgeldrechtlichen Wiederaufnahmeverfahren soll der Rechtsanwalt ebenso zusätzliche Gebühren enthalten. Dies geht aus dem Wortlaut „gesondert“ hervor, demgemäß die Gebühren auch für den Anwalt entstehen sollen, der den Betroffenen bereits im vorangegangenen Verfahren, dessen Wiederaufnahme erstrebt wird, vertreten hat (Gerold/Schmitt/Burhoff RVG Vorbemerkung 5.1.3 Rn. 5).

8 Zunächst muss konstatiert werden, dass es sich bei der Änderung des Wortlauts der VV Vorb. 5.1.3 ausschließlich um eine **sprachliche Änderung in Form einer**

Klarstellung, nicht aber um eine inhaltliche Änderung handelt. VV Vorb. 5.1.3 II beinhaltet regelungstechnisch ausschließlich einen Verweis, nicht aber einen ausdrücklichen Ausschluss des Anfalls der Grundgebühr. Dies entspricht auch der Regelungssystematik, die für das Wiederaufnahmeverfahren in Strafsachen den Anfall der Grundgebühr ausdrücklich ausschließt. Dieser Ausschluss ist auch sachgerecht, weil der Anwalt für die Vorbereitung des Antrags und damit auch für die Einarbeitung die Geschäftsgebühr VV 4136 erhält. In Bußgeldsachen erhält der Rechtsanwalt für das Wiederaufnahmeverfahren infolge des Verweises auf die Gebühren des Unterabschnitts 3 nur die dort enthaltene Verfahrens- und Terminsgebühr – eine Geschäftsgebühr für die Vorbereitung des Antrags ist nicht vorgesehen (so auch Schneider NJW-Spezial 2018, 27).

Die Tatsache, dass der Gesetzgeber den Ausschluss des Anfalls der Grundgebühr nicht ausdrücklich geregelt hat, die Regelungssystematik des VV Teil 4 und 5 sowie Sinn und Zweck der Grundgebühr führen zu dem Ergebnis, dass im Wiederaufnahmeverfahren in Bußgeldsachen für den dort tätigen Rechtsanwalt die Grundgebühr entsteht. Ein Entstehen der Grundgebühr ist dann ausgeschlossen, wenn der im Wiederaufnahmeverfahren tätige Anwalt ebenso im vorangegangenen Verfahren tätig, weil in diesen Fällen keine „erstmalige Einarbeitung“ mehr vorliegt (Riedel/Sußbauer RVG/Kremer RVG VV Vorbemerkung 5.1.3 Rn. 4; auch → Rn. 10 f.). 8a

2. Entstehen der Gebühr. Voraussetzung für das Entstehen der Grundgebühr in Bußgeldsachen ist die **Annahme des Mandats** oder die **gerichtliche Bestellung bzw. Beiordnung** des Rechtsanwalts. Liegt beides nicht vor, kann der Rechtsanwalt allenfalls eine Beratungsgebühr nach § 34 bzw. VV 2102 f. gegen den Mandanten geltend machen (auch → VV 4100 Rn. 8). 9

Der Zeitpunkt der Einarbeitung bzw. der Verfahrensabschnitt sind für das Entstehen der Grundgebühr unerheblich. Schließt sich an die Einholung der Erstinformation sowie an die auftragsgemäße Ersteinarbeitung und an den Aufwand bis zum Mandatsende keine nennenswerte Tätigkeit mehr an, hat dies auf das Entstehen der Grundgebühr ebenfalls keinen Einfluss (OLG Jena JurBüro 2005, 258 zu VV 4100). 9a

3. „Erstmalige Einarbeitung“. Anm. 1 bestimmt, dass die Grundgebühr für die erstmalige Einarbeitung nur einmal entsteht. Folglich ist zwischen **verfahrensbezogener** und **personenbezogener** Einarbeitung zu unterscheiden. 10

Die Grundgebühr kann in Person des vom Mandanten beauftragten oder dem für den Mandanten gerichtlich bestellten oder beigeordneten Verteidigers nur **einmal entstehen,** weil derselbe Verteidiger sich auch nur einmal „erstmalig“ in den Rechtsfall einarbeiten kann. Verfahrensverbindungen, Verfahrenstrennungen und Verweisungen lassen daher eine bereits entstandene Grundgebühr für denselben Verteidiger nicht noch einmal entstehen. **Verfahrensbezogen** kann die Grundgebühr allerdings **mehrfach** entstehen, wenn sich beispielsweise mehrere oder unterschiedliche Verteidiger eines Mandanten in den Rechtsfall einarbeiten müssen. Hiervon ist allerdings die Frage der Kostenerstattung zu unterscheiden. 10a

4. „Rechtsfall“. Der Begriff „Rechtsfall“ ist deckungsgleich mit dem in § 15 verwendeten Begriff der „Angelegenheit“. Zur **trennscharfen Abgrenzung** des Rechtsfallbegriffs ist auf den ordnungswidrigkeitenrechtlichen Vorwurf gegenüber dem Betroffenen und die Behandlung durch die Verfolgungsbehörden abzustellen (hierzu → VV 4100 Rn. 12). Folglich führen selbstständige, nicht formell verbundene Ermittlungsverfahren oder gerichtliche Verfahren zu **mehreren Rechtsfällen** und der Rechtsanwalt kann für jedes dieser Verfahren Anspruch auf **gesonderte Gebühren und Auslagen** geltend machen. Da keine weiteren Besonderheiten zur Grundgebühr im Strafverfahren bestehen, kann im Übrigen auf die Kommentierung zu → VV 4100 Rn. 12 ff. verwiesen werden. 11

IV. Verfahrenseinheit und Verfahrensmehrheit. Zu den allgemeinen Wirkungen der Verbindung, Trennung und Verweisung von Verfahren wird auf die Kommentierung zu → VV Vorb. 5 Rn. 41 ff. und auf → VV Vorb. 4 Rn. 36 ff. verwiesen. 12

1. Verbindung, Verweisung und Trennung. Bei **Verfahrensverbindung** entstehen in den einzelnen Verfahren beim Rechtsanwalt bis zu deren Verbindung jeweils gesonderte Grundgebühren. Erst nach Verbindung der mehreren Verfahren 13

liegt eine Angelegenheit vor, die nur noch in diesem Verfahren Gebühren entstehen lässt; eine bereits entstandene Grundgebühr bleibt dem Rechtsanwalt jedoch erhalten.

14 **Horizontalverweisungen** (§ 20 1) führen dazu, dass der Verteidiger bereits entstandene Gebühren nicht nochmals verlangen kann. Gleiches gilt für Diagonalverweisungen (§ 20 II) und Zurückverweisungen (§ 21 I), da sich der Rechtsanwalt bereits in den Rechtsfall eingearbeitet hat.

15 Die Grundgebühr entsteht bei **Verfahrenstrennungen** in den abgetrennten Verfahren nicht erneut, wenn zum Zeitpunkt der Trennung die Einarbeitung in den **gesamten** Rechtsfall bereits stattgefunden hat. Wird der Rechtsanwalt erst nach der Abtrennung für das Verfahren mandatiert und war er im Ursprungsverfahren nicht tätig oder hat vor der Trennung noch keine Einarbeitung stattgefunden, entsteht für ihn die Grundgebühr für die erstmalige Einarbeitung in den Rechtsfall.

16 **2. Abgabe an andere Verwaltungsbehörde.** Die Abgabe an eine andere Verwaltungsbehörde kann sich aus § 39 OWiG ergeben. Sind hiernach etwa gem. §§ 36–38 OWiG mehrere Verwaltungsbehörden zuständig, gebührt u. a. der Verwaltungsbehörde der Vorzug, die wegen der Tat den Betroffenen zuerst vernommen hat. Wird nun das Verfahren gem. § 39 OWiG an eine andere Verwaltungsbehörde abgegeben, ist vor der neuen Verwaltungsbehörde eine erneute Einarbeitung in den Rechtsfall nicht erforderlich und eine Grundgebühr kann nicht erneut anfallen (Riedel/Sußbauer RVG/Kremer RVG VV 5100 Rn. 12).

17 **V. Gebührenbestimmung.** Der **gerichtlich bestellte oder beigeordnete Verteidiger** erhält, vom Aufwand der Einarbeitung unabhängig, eine Festgebühr. Liegen die Voraussetzungen vor, kann der Verteidiger einen mit der Angelegenheit verbundenen erheblichen Aufwand im Rahmen des § 51 geltend machen. Zu den Fragen der Beiordnung wird auf die Kommentierung zu → VV Vorb. 5 Rn. 27 ff. verwiesen. Für den **Wahlverteidiger** ist die Grundgebühr als Betragsrahmengebühr ausgestaltet, deren konkrete Höhe nach § 14 I 1 und unabhängig von der Höhe der Geldbuße bestimmt wird.

18 **1. Bestimmung des Betragsrahmens.** Für die bei der Gebührenbestimmung durch den Wahlverteidiger zu berücksichtigenden Kriterien wird auf die Kommentierung zu → § 14 Rn. 1 ff. und zu → VV Vorb. 5 Rn. 34 ff. verwiesen. Liegen die Voraussetzungen vor, kann er eine Pauschgebühr nach § 42 geltend machen.

19 Die Grundgebühr entsteht unabhängig von der Höhe des Bußgeldes. Der für die Grundgebühr vorgegebene Betragsrahmen gilt für **sämtliche Bußgeldverfahren.** Folglich deckt die Grundgebühr alle Tätigkeiten vom rechtlich und tatsächlich einfachsten Bagatelldelikt bis zum schwersten und umfangreichen Verfahren aus Sondergebieten ab, was bei der Gebührenbestimmung zu berücksichtigen ist.

19a Bei der Gebührenbestimmung sollte ebenfalls der **Zeitpunkt der erstmaligen Einarbeitung** in den Rechtsfall berücksichtigt werden. Hat sich der Verteidiger frühzeitig im Ermittlungsverfahren legitimiert, kann dies unter Umständen dazu führen, dass der Gebührenrahmen der Grundgebühr niedriger ausfällt, weil das Verfahren zum Zeitpunkt der Einarbeitung noch nicht umfangreich und somit weniger Zeit aufzuwenden war. Fand die Einarbeitung zu einem späteren Zeitpunkt statt, so dass ein umfangreicheres Verfahren gesichtet werden musste, kann dies zum Ansatz einer höheren Betragsrahmengebühr führen.

20 **2. Erfasste Tätigkeiten.** Die Grundgebühr vergütet die erstmalige Einarbeitung in den Sachstand. Dies erstreckt sich auf Tätigkeiten der Sachverhaltsermittlung, der Entgegennahme der Information sowie der Informationsbeschaffung (BT-Drs. 15/1971, 222), dem Erstgespräch mit dem Mandanten (LG Karlsruhe JurBüro 2005, 258) oder der ersten Akteneinsicht (OLG Hamm BeckRS 2009, 07180). Zudem unterfallen (erste) Telefonate mit Familienangehörigen des Mandanten oder der Polizei bzw. der Staatsanwaltschaft zur Sachstandermittlung dem Abgeltungsbereich der Grundgebühr (Burhoff/Volpert/Burhoff RVG Straf- und Bußgeldsachen VV 4100 Rn. 34).

21 Die **Einlegung des Einspruchs** durch den Rechtsanwalt wird nicht durch die Grundgebühr abgegolten, sondern durch die jeweilige Verfahrensgebühr (Gerold/Schmitt/Burhoff Vorbemerkung 5.1.2 Rn. 5). Diese Tätigkeit geht weit über die erstmalige Einarbeitung in den Rechtsfall hinaus und erfordert eine eingehende Beurteilung der Sach- und Rechtslage.

Betreffen die Mandantengespräche die **konkrete Verteidigungsstrategie,** werden sie nicht mehr von der Grundgebühr umfasst, sondern von der Verfahrensgebühr (OLG München Rpfleger 2014, 445 = BeckRS 2014, 07255). 22

3. Keine Grundgebühr bei Strafverfahren (II). Nach Anm. II entsteht die Grundgebühr nicht, wenn in einem vorangegangenen Strafverfahren für dieselbe Handlung oder Tat die Gebühr VV 4100 entstanden ist. Anm. II erfasst somit die Verfahren, in denen die Tat erst durch die Staatsanwaltschaft als Straftat und **nach Abgabe an die Verwaltungsbehörde** als Ordnungswidrigkeit verfolgt wurde und der der Rechtsanwalt bereits im Ermittlungsverfahren der Staatsanwaltschaft tätig war. Ist in diesen Fällen die Grundgebühr VV 4100 im strafrechtlichen Ermittlungsverfahren entstanden, entsteht sie im ordnungswidrigkeitenrechtlichen Verfahren nicht mehr. 23

Der Begriff **„derselben Tat"** orientiert sich auch in Bußgeldsachen an dem formell-rechtlichen Tatbegriff des § 264 StPO (Gerold/Schmidt/Burhoff VV 5100 Rn. 5). Hiernach stellt die prozessuale Tat „das gesamte Verhalten des Angeklagten dar, soweit es mit dem durch den Eröffnungsbeschluss bezeichneten geschichtlichen Vorkommnis nach der Auffassung des Lebens einen einheitlichen Vorgang bildet (…) und von materiell-rechtlichen Wertungen und Begriffen wie der Verschiedenheit der verletzten Rechtsgüter unabhängig ist" (unter Verweis auf das Reichsgericht siehe Löwe/Rosenberg/Stuckenberg StPO § 264 Rn. 14). 24

Unterabschnitt 2. Verfahren vor der Verwaltungsbehörde

Vorbemerkung 5.1.2:

I Zu dem Verfahren vor der Verwaltungsbehörde gehört auch das Verwarnungsverfahren und das Zwischenverfahren (§ 69 OWiG) bis zum Eingang der Akten bei Gericht.

II Die Terminsgebühr entsteht auch für die Teilnahme an Vernehmungen vor der Polizei oder der Verwaltungsbehörde.

I. Normzweck. VV Teil 5 Unterabschnitt 2 beinhaltet die Gebühren in Bußgeldsachen für die anwaltliche Tätigkeit im Verfahren vor der Verwaltungsbehörde. Die strukturelle Gliederung der Gebühren entspricht der im vorbereitenden strafrechtlichen Verfahren. Das Verfahren vor der Verwaltungsbehörde und das sich ggf. anschließende gerichtliche Verfahren sind gem. § 17 Nr. 11 verschiedene Angelegenheiten. 1

II. Anwendungsbereich (I). Das Verfahren in Bußgeldsachen vor der Verwaltungsbehörde erstreckt sich von der Einleitung des Ordnungswidrigkeitenverfahrens **bis zum Eingang der Verfahrensakten beim Gericht** (§ 69 III 1 OWiG). Folglich zählt zur anwaltlichen Tätigkeit vor der Verwaltungsbehörde der Abschnitt von der Einleitung des Ermittlungsverfahrens bis zur Zustellung des Bußgeldbescheides nach §§ 65, 66 OWiG. 2

Das Verfahren vor der Verwaltungsbehörde kann darüber hinaus entweder durch Verfahrenseinstellung nach § 47 I OWiG, Erteilung einer Verwarnung (§§ 56, 57 OWiG) oder nach § 41 OWiG enden, indem es an die Staatsanwaltschaft zur Verfolgung als Straftat abgegeben wird. 2a

Der im Verfahren tätige Rechtsanwalt wird auch dann nach VV Teil 5 vergütet, wenn das Vorverfahren nach §§ 63 ff. OWiG bei der Staatsanwaltschaft stattfindet. Es ist somit auf Zielrichtung des eingeleiteten Verfahrens zu dessen Beginn abzustellen, nicht aber auf den vorgeworfenen Tatbestand oder die Behörde; siehe Kommentierung zu → VV Vorb. 5 Rn. 2. 3

Von den Gebühren des Unterabschnitt 2 werden **keine Ordnungswidrigkeitenverfahren gegen Unbekannt** erfasst. Dergleichen gilt für informatorische Befragungen durch die Polizei, die mit an einem Unfallort anwesenden Beteiligten oder sonst mit der Ordnungswidrigkeit beliebig in Verbindung stehenden Personen durchführt (BeckOK RVG/Knaudt RVG VV 5101 Rn. 3). 4

1. Vorverfahren (§§ 53–64 OWiG). Das Bußgeldverfahren vor der Verwaltungsbehörde wird durch das sogenannte Vorverfahren (§§ 53 bis 64 OWiG) eingeleitet. 5

Das Vorverfahren beginnt mit der Aufnahme der Ermittlungen und dient der Prüfung und Aufklärung, ob der Betroffene eine Ordnungswidrigkeit begangen hat. Die Ermittlungen können aufgrund des Eingangs einer Anzeige oder von Amts wegen bei der Polizei, bei einer Verwaltungsbehörde oder bei einer Staatsanwaltschaft wegen des Anfangsverdachts einer Ordnungswidrigkeit aufgenommen werden, sofern die Staatsanwaltschaft die Sache wegen des Fehlens eines Straftatverdachts nach § 43 OWiG an die Verwaltungsbehörde abgibt. Übernimmt die Staatsanwaltschaft die Verfolgung nach §§ 42, 63 OWiG, entstehen Gebühren wie in einem strafrechtlichen Ermittlungsverfahren.

6 **2. Verwarnungsverfahren (§§ 56–58 OWiG).** Die Gebühren des Unterabschnitt 2 decken ebenso die anwaltliche Tätigkeit im Verwarnungsverfahren ab. Das Verwarnungsverfahren ist in den §§ 56 bis 58 OWiG geregelt. Die Verwarnung ergeht nicht im förmlichen Bußgeldverfahren. Das Verwarnungsverfahren ist daher eine Art Sonderverfahren. Verwarnungsverfahren und Ermittlungsverfahren schließen sich allerdings nicht aus, infolgedessen die Verwarnung auch nach Abschluss der Ermittlungen ergehen kann. Eine Verwarnung ist bis zur Rücknahme des Bußgeldbescheids durch die Verwaltungsbehörde nach § 69 II 1 OWiG zulässig, wenn die Verwaltungsbehörde nach Einspruch gegen den Bußgeldbescheid gemäß § 69 III OWiG der Staatsanwaltschaft die Akten übersenden will (KK-OWiG/Lutz OWiG § 56 Rn. 1).

7 **3. Einstellung des Verfahrens (§ 47 OWiG).** Zum Verfahren vor der Verwaltungsbehörde gehören ebenso die Tätigkeiten des Rechtsanwalts im Rahmen der Einstellung wegen Geringfügigkeit nach § 47 OWiG oder wegen des Fehlens einer Ordnungswidrigkeit mangels einer Tat, Rechtswidrigkeit, Schuld oder Verfolgbarkeit.

8 **4. Einspruch und Zwischenverfahren (§ 69 OWiG).** Wurde durch die Verwaltungsbehörde ein Bußgeldbescheid (§§ 65, 66 OWiG) erlassen, kann gegen diesen nach §§ 67–70 OWiG innerhalb von zwei Wochen Einspruch eingelegt werden. Die Verwaltungsbehörde prüft, ob der Einspruch form- und fristgerecht eingelegt worden ist. Ist der Einspruch zulässig, prüft die Behörde, ob der Bußgeldbescheid aufrecht erhalten bleibt oder aufgehoben wird. Bei Aufrechterhaltung des Bescheids wird die Akte an die Staatsanwaltschaft übersandt, die wiederum die Akte an das zuständige Amtsgericht übergibt, wenn der Bescheid auch seitens der Staatsanwaltschaft aufrechterhalten bleiben soll.

9 **5. Zurückverweisung (§ 69 V OWiG).** Bei offensichtlich ungenügender Aufklärung des Sachverhalts kann der Richter beim Amtsgericht die Sache unter Angabe der Gründe mit Zustimmung der Staatsanwaltschaft nach § 69 V 1 OWiG an die Verwaltungsbehörde zurückverweisen. In diesem Fall wird die Verwaltungsbehörde mit dem Eingang der Akten wieder für die Verfolgung und Ahndung zuständig. Seitens des Gerichts besteht keine Pflicht zur Rückgabe, vielmehr kann ein Termin anberaumt werden (BeckOK OWiG/Gertler OWiG § 69 Rn. 136).

10 Fraglich ist es, ob die Regelung des § 21 I auf die Zurückverweisung nach § 69 V 1 OWiG analog angewendet werden kann, was zur Neuentstehung der Gebühren im Verfahren vor der Verwaltungsbehörde nach Zurückverweisung führen würde (zustimmend LG Dresden AGS 2006, 169; Gerold/Schmitt/Burhoff Vorbemerkung 5.1.2 Rn. 4; ablehnend BeckOK OWiG/L. Bücherl RVG § 21 Rn. 3; Mayer/Kroiß/Krumm Vorbemerkung 5.1.2 Rn. 5).

11 Eine direkte Anwendung des § 21 I auf die Zurückverweisung nach § 69 V 1 OWiG scheidet aufgrund des eindeutigen Wortlauts aus, da das Amtsgericht nicht an ein untergeordnetes Gericht zurückverweist. Folglich müsste im Hinblick auf das Verfahren nach § 69 V OWiG eine planwidrige Regelungslücke vorliegen. Für die Anwendung des § 21 I muss die Sache durch ein Rechtsmittel an das zurückverweisende Gericht gelangt sein und das Rechtsmittelgericht muss dem untergeordneten Gericht die abschließende Entscheidung überlassen. So verhält es sich grundsätzlich auch mit dem Verfahren nach § 69 V 1 OWiG:

11a Das Verfahren gelangt nach Einlegung des Einspruchs über die Staatsanwaltschaft an das Amtsgericht. Ist der Richter der Auffassung, dass der Sachverhalt etwa durch fehlende Beweismittel oder unberücksichtigte Einwendungen des Betroffenen ungenügend aufgeklärt wurden ist, kann neben der Möglichkeit einer Terminsanberaumung das Verfahren durch unanfechtbare Entscheidung an die Verwaltungsbehörde zurückgegeben werden. Mit Akteneingang bei der Verwaltungsbehörde wird das Verfahren in den Zustand vor Abgabe der Sache an die Staatsanwaltschaft zurückversetzt (BeckOK OWiG/Gertler OWiG § 69 Rn. 139 mwN). Es können daher neue Ermittlungen aufgenommen sowie der Bußgeldbescheid zurückgenommen oder auch aufrechterhalten werden.

Nach hiesiger Auffassung besteht mit dem Verfahren nach § 69 V 1 OWiG durchaus eine mit § 21 I vergleichbare Interessenlage, so dass es sich um eine **planwidrige Regelungslücke** handelt und auf die Zurückverweisung nach § 69 V 1 OWiG die Regelung des § 21 I analog angewendet werden kann. Demzufolge können die Gebühren für das Verfahren vor der Verwaltungsbehörde nach Zurückverweisung für denselben Rechtsanwalt erneut entstehen. **12**

Schließt man sich allerdings der entgegenstehenden Auffassung an, sind die infolge der Zurückverweisung notwendigen zusätzlichen Tätigkeiten beim Wahlanwalt bei der Bestimmung des Betragsrahmens nach § 14 I 1 zu berücksichtigen (Gerold/Schmitt/Burhoff Vorbemerkung 5.1.2 Rn. 4). **12a**

6. Antrag auf gerichtliche Entscheidung (§ 62 OWiG). Nach § 62 I OWiG kann der Betroffene gegen Anordnungen, Verfügungen und sonstige Maßnahmen der Verwaltungsbehörde die im Bußgeldverfahren getroffen werden, die gerichtliche Entscheidung beantragen. Das Abhilfeverfahren soll der Verwaltungsbehörde die Berichtigung ihrer Entscheidung ermöglichen und das Gericht hierdurch entlasten (BGH NJW 1992, 2169), so dass vor der Weiterleitung des Antrags die Verwaltungsbehörde die angefochtene Maßnahme selbst zu überprüfen hat. **13**

Wie bereits aus dem Wortlaut des § 62 I 1 OWiG ersichtlich, gehört der Antrag auf gerichtliche Entscheidung und die entsprechenden Tätigkeiten zum Verfahren vor der Verwaltungsbehörde. Die anwaltlichen Tätigkeiten im Verfahren nach § 62 OWiG werden daher von den Gebühren des Unterabschnitts 2 abgegolten. Die Gebühren des Unterabschnitts 3 entstehen erst, wenn das Verfahren vor der Verwaltungsbehörde abgeschlossen ist und die Akten nach § 69 IV 2 OWiG beim Amtsgericht eingegangen sind. **14**

III. Terminsgebühr (II). Nach VV Vorb. 5 III 1 entsteht die Terminsgebühr (nur) für die Teilnahme an gerichtlichen Terminen. VV Vorb. 5.1.2 II erweitert den Anwendungsbereich der Terminsgebühren VV 5102, 5104 und 5106 und lässt diese auch dann entstehen, wenn der Verteidiger an **nichtgerichtlichen Terminen** in Form von Vernehmungen vor der Polizei oder der Verwaltungsbehörde teilnimmt. Die Terminsgebühren nach Unterabschnitt 2 entstehen ebenso für Vernehmungstermine, die in nach §§ 63, 42 OWiG vor der Staatsanwaltschaft stattfindenden Bußgeldverfahren stattfinden. **15**

Die in Unterabschnitt 2 aufgeführten Terminsgebühren entstehen für die anwaltliche Teilnahme an allen gerichtlichen, behördlichen oder Vernehmungsterminen gesondert. Nach dem Wortlaut der VV Vorb. 5.1.2 II entstehen die Terminsgebühren **„auch"** für die Teilnahme an Vernehmungen. Hieraus ergibt sich die gebührenrechtliche Folge, dass die Terminsgebühren nicht ausschließlich für Vernehmungstermine vor der Verwaltungsbehörde entstehen, sondern ebenso für die Teilnahme an „regulären" Vernehmungsterminen, soweit von der Verwaltungsbehörde überhaupt Termine anberaumt werden. Folglich können im Verfahren vor der Verwaltungsbehörde für den dort tätigen Verteidiger durchaus **mehrere gesonderte Terminsgebühren** entstehen. **16**

Bei den (zusätzlichen) Terminen muss es sich um **Vernehmungstermine** handeln. Teilnahme an allgemeinen Erörterungen oder Besprechungen, auch wenn Sie das Ziel der Abänderungen der Rechtsfolgen des Bußgeldbescheids betreffen, führen nicht zur Entstehung der Terminsgebühr (Mayer/Kroiß/Krumm Vorbemerkung 5.1.2 Rn. 6; Gerold/Schmidt/Burhoff Vorbemerkung 5.1.2 Rn. 7). Nimmt der Anwalt an solchen Erörterungs- oder Besprechungsterminen teil, kann die Teilnahme ausschließlich über die Bestimmung des Betragsrahmens nach § 14 I 1 erfolgen. Ebenso führen informatorische Anhörungen und/oder die Gewährung des rechtlichen Gehörs nicht zur Entstehung einer gesonderten Terminsgebühr für Verneh- **17** mungen. Für das Entstehen der Terminsgebühr ist **kein aktives Verhandeln** des anwesenden Verteidigers erforderlich. Die physische Anwesenheit im Termin genügt.

Nr.	Gebührentatbestand	Gebühr oder Satz der Gebühr nach § 13 oder § 49 RVG	
		Wahlanwalt	**gerichtlich bestellter oder beigeordneter Rechtsanwalt**
5101	**Verfahrensgebühr bei einer Geldbuße von weniger als 60,00 € ....**	**22,00 bis 121,00 €**	**57,00 €**
5102	**Terminsgebühr für jeden Tag, an dem ein Termin in den in Nummer 5101 genannten Verfahren stattfindet ....**	**22,00 bis 121,00 €**	**57,00 €**
5103	**Verfahrensgebühr bei einer Geldbuße von 60,00 bis 5000,00 € ....**	**33,00 bis 319,00 €**	**141,00 €**
5104	**Terminsgebühr für jeden Tag, an dem ein Termin in den in Nummer 5103 genannten Verfahren stattfindet ....**	**33,00 bis 319,00 €**	**141,00 €**
5105	**Verfahrensgebühr bei einer Geldbuße von mehr als 5000,00 € ....**	**44,00 bis 330,00 €**	**150,00 €**
5106	**Terminsgebühr für jeden Tag, an dem ein Termin in den in Nummer 5105 genannten Verfahren stattfindet ....**	**44,00 bis 330,00 €**	**150,00 €**

Übersicht

I. Normzweck. Für die anwaltliche Tätigkeit im Verfahren vor der Verwaltungsbehörde entsteht für den dort tätigen Verteidiger neben der Grundgebühr auch eine Verfahrensgebühr. Die nach Höhe der Geldbuße gegliederte Verfahrensgebühr gilt nur die Tätigkeiten im Verfahren vor der Verwaltungsbehörde ab; für eine Teilnahme an Terminen oder Vernehmungsterminen entstehen gesonderte Terminsgebühren (siehe Kommentierung zu → VV Vorb. 5.1.2 Rn. 15 ff.). Termine die nicht unter den Anwendungsbereich der VV 5104, 5106 oder VV Vorb. 5.1.2 II fallen, sind über § 14 I 1 bei der Bestimmung der Betragsrahmengebühr zu berücksichtigen. Die Terminsgebühren entstehen für jeden Termin aus dem gleichen Betragsrahmen. 1

II. Persönlicher Anwendungsbereich. Der persönliche Anwendungsbereich der Gebühren VV 5101–5106 ergibt sich aus VV Vorb. 5 I. Verfahrens- und Terminsgebühren für das Verfahren vor der Verwaltungsbehörde entstehen demnach sowohl für den Wahlverteidiger sowie dem gerichtlichen bestellten oder beigeordneten Verteidiger als auch für die Tätigkeit als Beistand oder Vertreter eines Einziehungs- oder Nebenbeteiligten (§§ 46 I OWiG, § 428 I StPO), eines Zeugen oder eines Sachverständigen oder Terminsvertreters. Zu den in Bußgeldsachen umstrittenen Vergütungsansprüchen des **Zeugenbeistands** und des **Terminsvertreters** wird auf die Kommentierung zu → VV Vorb. 5.1 Rn. 4 ff. verwiesen. 2

III. Sachlicher Anwendungsbereich. Der sachliche bzw. zeitliche Anwendungsbereich der Verfahrensgebühr für das Verfahren vor der Verwaltungsbehörde ergibt sich aus der Abgrenzung zur Gebühr für das gerichtliche Verfahren. Das Verfahren vor der Verwaltungsbehörde beginnt mit der Einleitung des Ordnungswidrigkeitenverfahrens und endet trennscharf mit dem Eingang der Verfahrensakten beim Gericht (§ 69 III 1 OWiG). Zu den weiteren Verfahrensabschnitten innerhalb des Bußgeldverfahrens wird auf die Kommentierung zu → VV Vorb. 5.1.2 Rn. 1 ff. verwiesen. 3

IV. Gebühren. 1. Verfahrensgebühren (VV 5101, 5103, 5105). Die Verfahrensgebühren fallen grundsätzlich neben der Grundgebühr an. Insoweit stellt die Grundgebühr zur Verfahrensgebühr eine Zusatzgebühr dar, die den erstmaligen Aufwand bei Mandatsübernahme abgelten soll (BT-Drs. 17/11471, 281). Grund- und Verfahrensgebühr sind in ihrem Entstehen nicht an eine Reihenfolge gebunden, so dass die Grundgebühr nicht vor der Verfahrensgebühr entstehen muss. So kann beispielhaft die erste Akteneinsicht die Grundgebühr und zugleich im Rahmen des „Betreiben des Geschäfts einschließlich der Information" die Verfahrensgebühr entstehen lassen. 4

a) Entstehung der Gebühr. Die Verfahrensgebühr entsteht nach VV Vorb. 5 II für das **Betreiben des Geschäfts einschließlich der Information.** Damit wird von der Verfahrensgebühr die vollständige Tätigkeit des Rechtsanwalts abgegolten. Als Dauergebühr erstreckt sich die Verfahrensgebühr auf das gesamte Verfahren des jeweiligen Abschnitts. 5

Die Verfahrensgebühr fällt mit jeder **mandatsbezogenen Tätigkeit** im betreffenden Verfahren an. Die vom Anwalt erbrachte Tätigkeit muss sich dabei nicht aus in den gerichtlichen Verfahrensakten enthaltenen schriftlichen Einlassungen ergeben (hierzu auch → VV Vorb. 4 Rn. 16). Für das Entstehen genügt demnach das ausschließliche, sich nicht unbedingt aus den Verfahrensakten ergebende, Tätigwerden gegenüber dem Mandanten. Ebenso muss keine Tätigkeit gegenüber der Verwaltungsbehörde entfaltet werden. 5a

b) Abgeltungsbereich der Verfahrensgebühren. Die Verfahrensgebühren gelten alle vom Verteidiger im Verfahren vor der Verwaltungsbehörde erbrachten Tätigkeiten ab. Hierzu gehören insbesondere folgende Tätigkeiten (siehe weitere Beispiele bei Burhoff/Volpert/Volpert RVG Straf- und Bußgeldsachen VV 5101 Rn. 6): 6

- Akteneinsicht,
- Antrag auf gerichtliche Entscheidung nach § 62 OWiG (LG Wuppertal AGS 2019, 254),
- Beratung des Mandanten,
- Beschwerdeverfahren (siehe aber VV Vorb. 5 IV),
- Besprechungen mit Polizei oder Verwaltungsbehörde,
- Einlegung des Einspruchs (LG Düsseldorf VRR 2006, 357),
- Gerichtliche Bestellung oder Beiordnung,

– Informationsbeschaffung über Grundgebühr hinaus,
– Kostenfestsetzungsverfahren (LG Koblenz JurBüro 2010, 32; siehe aber VV Vorb. 5 IV),
– Teilnahme an außergerichtlichen Terminen (nicht aber Vernehmungen iSd VV Vorb. 5..1.2 II).

7 **c) Verfahrensverbindung, Verfahrenstrennung.** Erstreckt sich das Mandat auf mehrere Bußgeldverfahren vor der Verwaltungsbehörde und wird durch diese eine **Verfahrensverbindung** durchgeführt, erhält der Anwalt alle in den zu verbindenden Verfahren bis zur Verbindung entstandenen Gebühren gesondert. Die durch die Verwaltungsbehörde verbundenen Verfahren sind bis zum Zeitpunkt der Verfahrensverbindung gebührenrechtlich getrennte Angelegenheiten, so dass bis zur Verbindung entstandene Verfahrensgebühren erhalten bleiben. Die hinzuverbundenen Verfahren verlieren nach der Verschmelzung ihre gebührenrechtliche Selbständigkeit.

7a Nach Verbindung können nur noch Gebühren entstehen, deren Tatbestand auch erst nach Verbindung ausgelöst wird. Im Übrigen wird auf die Kommentierung zu → VV Vorb. 5 Rn. 41 ff. verwiesen.

8 Die **Verfahrenstrennung** hat auf bereits entstandene Gebühren keine Auswirkung. Bis zur Trennung handelt es sich um eine gebührenrechtliche Angelegenheit. Nach der Trennung handelt sich um verschiedene und gebührenrechtlich eigenständige Angelegenheiten, so dass mehrere Verfahrensgebühren (nach der Zahl der getrennten Verfahren) entstehen können. Diese gebührenrechtliche Konsequenz gilt allerdings nur für die nach der Trennung noch anfallenden Gebühren. Im Übrigen wird auf die Kommentierung → VV Vorb. 5 Rn. 41 ff. verwiesen.

9 **d) Verweisung von Verfahren, Verfahrensabgabe.** Eine Verweisung ist im Ordnungswidrigkeitenverfahren nur im gerichtlichen Verfahren möglich, so dass bei im Verfahren vor der Verwaltungsbehörde eine Verfahrensabgabe von einer Verwaltungsbehörde an eine andere kein Fall des § 20 vorliegt. Für den Fall der Zurückverweisung durch das Gericht an die Verwaltungsbehörde nach § 69 V OWiG, wird auf die Kommentierung zu → VV Vorb. 5.1.2 Rn. 9 ff. verwiesen.

10 **2. Terminsgebühren (VV 5102, 5104, 5106).** Terminsgebühren können für die Teilnahme an Terminen vor der Verwaltungsbehörde, dem Gericht oder für Vernehmungen iSd VV Vorb. 5.1.2 entstehen. Nimmt der Anwalt an einen oder mehreren solcher Termine teil, entsteht die Terminsgebühr **mehrfach.** Keine Terminsgebühr entsteht hingegen für die **Teilnahme an Besprechungsterminen** mit Verfahrensbeteiligten oder weiteren Verteidigern (Mayer/Kroiß/Krumm RVG VV 5101 Rn. 11). In diesem Fall kann die Berücksichtigung allerdings über den Betragsrahmen der Verfahrensgebühr erfolgen.

11 Die Anm. zu VV 4102 findet infolge der Eigenständigkeit der Regelungen des VV Teil 4 und 5 **keine (analoge) Anwendung.** Demzufolge ist die Anzahl der abrechenbaren Vernehmungstermine nicht begrenzt (Burhoff/Volpert/Volpert RVG Straf- und Bußgeldsachen VV 5102 Rn. 5).

12 **a) Entstehung der Gebühr.** Nach VV Vorb. 5 III 1 entsteht die Terminsgebühr für die Teilnahme an behördlichen oder gerichtlichen Terminen. Die weitere Regelung „wenn nichts anderes bestimmt ist" bezieht sich auf die Termine nach VV Vorb. 5.1.2 wonach **auch** für die anwaltliche Teilnahme an nichtgerichtlichen Vernehmungen vor der Polizei oder der Verwaltungsbehörde eine Terminsgebühr entsteht (siehe Kommentierung zu → VV Vorb. 5.1.2 Rn. 16 f.).

12a Dem Erfordernis der **„Teilnahme"** ist in Verfahren vor der Verwaltungsbehörde genüge getan, wenn der Verteidiger während des Termins physisch anwesend ist. Es bedarf bei den Terminsgebühren VV 5102, 5104 und 5106 keiner weiteren Tätigkeiten in Form des Verhandelns oder einer Antragstellung (siehe Kommentierung zu → VV Vorb. 5 Rn. 16 f. und → VV Vorb. 4 Rn. 22 f.).

13 **b) Abgeltungsbereich der Terminsgebühren.** Die Terminsgebühr umfasst alle Tätigkeiten des Verteidigers in den Terminen vor der Verwaltungsbehörde, der Polizei oder dem Gericht sowie die konkrete Vor- und Nachbereitung des Termins. Hierzu können u. a. die Abfassung von Beweisanträgen, die terminsbezogene Informationsaufnahme und Informationsbeschaffung oder Vorbereitung eines Sachvortrags

gehören (siehe weitere Beispiele in der Kommentierung zu → VV Vorb. 4 Rn. 23 und zu → VV Vorb. 5 Rn. 17).

c) „Geplatzter Termin“. Gemäß VV Vorb. 5 III 2 erhält der Verteidiger die Terminsgebühr auch in den Fällen, in denen er zum anberaumten Termin erscheint, dieser aber aus Gründen, die der Rechtsanwalt nicht zu vertreten hat, nicht stattfindet. Diese Regelung für den „geplatzten Termin“ gilt ebenso für die Terminsgebühren des Unterabschnitts 2, so dass auf die Kommentierung zu → VV Vorb. 5 Rn. 18 ff. verwiesen werden kann. 14

d) Verfahrensverbindung, Verfahrenstrennung. Bei der **Verfahrensverbindung** ist der Zeitpunkt zu beachten, zu welchem die Verfahren verbunden worden sind. Erfolgt die Verbindung **nach Aufruf aller Sachen,** hat in den einzelnen aufgerufenen Verfahren eine Hauptverhandlung stattgefunden, so dass auch in jeder aufgerufenen Sache eine Terminsgebühr entsteht – die Anberaumung einer Hauptverhandlung in allen Verfahren ist nicht notwendig (zum Strafverfahren OLG Köln JurBüro 2002, 303; Burhoff/Volpert/Burhoff RVG Straf- und Bußgeldsachen VV Vorb. 4 Rn. 89; BeckOK RVG/Knaudt VV 4108 Rn. 13; Riedel/Sußbauer/Kremer VV Vorbemerkung 4 Rn. 35). Werden die Verfahren **vor Beginn der Hauptverhandlung** verbunden, erhält der Rechtsanwalt nur für das verbundene Verfahren eine Terminsgebühr. 15

Sind die Verfahren zum **Zwecke der gemeinsamen Verhandlung oder Vernehmung** verbunden worden, hat dies auf die Selbständigkeit der einzelnen Verfahren keinen Einfluss und in jedem Verfahren entsteht eine Terminsgebühr. 15a

Auf bereits entstandene Terminsgebühren hat eine **Verfahrenstrennung** keine Auswirkung, da es sich bis zur Trennung um eine gebührenrechtliche Angelegenheit handelt. Hingegen liegen nach der Trennung gebührenrechtlich eigenständige Angelegenheiten vor und in den abgetrennten Verfahren entstehen für die Teilnahme an weiteren Terminen auch die Terminsgebühren. 16

Mehrere Terminsgebühren entstehen auch in den Fällen, in denen nach Abtrennung der Verfahren im ursprünglichen Verfahren und im abgetrennten Verfahren am selben Tag die Hauptverhandlung fortgesetzt wird – in den verschiedenen Verfahren entstehen jeweils die Terminsgebühren (zum Strafverfahren LG Hamburg RVGreport 2020, 296; BeckOK RVG/Knaudt VV 4108, Rn. 11; Riedel/Sußbauer/Kremer VV Vorbemerkung 4 Rn. 39). 16a

e) Verweisung von Verfahren (§ 69 V OWiG). Wird das Verfahren durch das Amtsgericht nach § 69 V OWiG an die Verwaltungsbehörde **zurückverwiesen,** kann der Verteidiger für die Teilnahme an eventuellen erneut anberaumten behördlichen (Vernehmungs)Terminen die Terminsgebühren erneut verlangen. Dergleichen gilt, wenn im vorangegangenen Verfahren vor der Verwaltungsbehörde bereits Terminsgebühren entstanden sind. Zur Problematik der **analogen Anwendung des § 21 I** wird auf die Kommentierung zu → VV Vorb. 5.1.2 Rn. 9 ff. verwiesen. 17

V. Gebührenbestimmung. Der **gerichtlich bestellte oder beigeordnete Verteidiger** erhält, vom Aufwand der Tätigkeit unabhängig, eine Festgebühr. Liegen die Voraussetzungen vor, kann der Verteidiger einen mit der Angelegenheit verbundenen erheblichen Aufwand im Rahmen des § 51 geltend machen. Zu den Fragen der Beiordnung wird auf die Kommentierung zu → VV Vorb. 5 Rn. 26 und → VV Vorb. 4 Rn. 56 ff. verwiesen. 18

Für den **Wahlverteidiger** ist die Gebühr als Betragsrahmengebühr ausgestaltet, deren konkrete Höhe nach § 14 I 1 bestimmt wird. Für die bei der Gebührenbestimmung zu berücksichtigenden Kriterien wird zunächst auf die Kommentierung zu → § 14 Rn. 1 ff. und zu → VV Vorb. 5 Rn. 34 ff. verwiesen. Liegen die Voraussetzungen vor, kann er eine Pauschgebühr nach § 42 geltend machen. 19

1. Einordnung in die Gebührenstufe. Für die Verfahrens- und Terminsgebühren besteht im Verfahren vor der Verwaltungsbehörde eine Dreiteilung, die sich an der Höhe der Geldbuße orientiert. VV Vorb. 5.1 II 1 bestimmt insoweit den **zeitlichen Anknüpfungspunkt,** indem für die Einordnung in die Gebührenstufe auf die zum Zeitpunkt der Gebührenentstehung zuletzt festgesetzte Geldbuße abzustellen ist. Der Wortlaut „zuletzt festgesetzte Geldbuße“ soll verdeutlichen, dass bei der Gebührenbestimmung nicht auf die rechtskräftig festgestellte Geldbuße, sondern 20 auf die im jeweiligen Verfahrensstadium oder –abschnitt zuletzt festgesetzte Geldbuße abzustellen ist (BT-Drs. 15/1971, 230). Im Übrigen wird auf die Kommentierung zu → VV Vorb. 5.1 Rn. 8 ff. verwiesen.

21 Ist zum Zeitpunkt des anwaltlichen Tätigwerdens bereits eine Gebühr entstanden, aber liegt noch keine festgesetzte Geldbuße vor, ist gem. VV Vorb. 5.1 II 2 und 3 auf die Höhe der Geldbuße abzustellen, die dem Betroffenen zum Zeitpunkt der Gebührenentstehung dem Betroffenen droht. Sind für die Geldbuße Regelsätze bestimmt, sind diese gem. VV Vorb. 5.1 II 3 für die Gebührenbestimmung maßgebend. Im Übrigen wird auf die Kommentierung zu → VV Vorb. 5.1 Rn. 8 ff. verwiesen.

22 **2. Bestimmung des Betragsrahmens. a) Bemessung der Verfahrensgebühr.** Bei der Bestimmung des Betragsrahmens ist zu berücksichtigen, dass die Verfahrensgebühr im Verfahren vor der Verwaltungsbehörde aufgrund der Dreiteilung bereits in ihrem Grundanfall eine **Steigerung nach Wertigkeit** der Angelegenheit beinhaltet. Infolgedessen dürfen im Gegensatz zur Grundgebühr nicht alle Verfahren vergleichend herangezogen werden, sondern nur die Verfahren die sich in derselben Einordnung befinden. Dies lässt zugleich die Höhe der Geldbuße als wertendes Merkmal ausscheiden, da sonst eine Doppelberücksichtigung stattfindet, siehe Kommentierung zu → VV Vorb. 5 Rn. 38.

22a Die Bestimmung des Betragsrahmens soll auch den **umfangreichen sachlichen Anwendungsbereich** des Unterabschnitt 2 widerspiegeln, der sich von der Aufnahme der Ermittlungen gegen den Betroffenen bis zur Zurückverweisung nach § 69 V OWiG erstrecken kann (hierzu → VV Vorb. 5.1.2 Rn. 2 ff.). Die in den verschiedenen Verfahrensabschnitten ggf. entfalteten anwaltlichen Tätigkeiten können und müssen daher in die Bestimmung des Betragsrahmens einfließen.

23 Eine nach der Entstehung der Rechtsanwaltsgebühr eingetretene **Änderung der Geldbuße** wirkt sich auf die entstandene Gebühr bzw. Einordnung in die Gebührenstufe nicht mehr aus. Dies ergibt sich aus VV Vorb. 5.1 II 1, wonach für die Gebührenbestimmung auf die Höhe der Geldbuße abgestellt werden muss, die zum Zeitpunkt der Gebührenentstehung dem Betroffenen droht. Eine solche Änderung kann jedoch durch den Wahlanwalt im Rahmen der Bestimmung des Betragsrahmens nach § 14 I 1 berücksichtigt werden.

24 Schließt man sich bei der **Zurückverweisung nach § 69 V OWiG** der Auffassung an, dass § 21 I keine analoge Anwendung findet (siehe hierzu VV Vorb. 5.1.2 Rn. 9 ff.), sind die infolge der Zurückverweisung notwendigen zusätzlichen Tätigkeiten beim Wahlanwalt bei der Bestimmung des Betragsrahmens nach § 14 I 1 zu berücksichtigen (Gerold/Schmitt/Burhoff Vorbemerkung 5.1.2, Rn. 4).

25 Nimmt der Rechtsanwalt an **Erörterungs- Besprechungsterminen** teil, entstehen hierfür keine gesonderten Terminsgebühren, da es sich nicht um Vernehmungstermine handelt. Die Teilnahme an solchen Terminen wird von der Verfahrensgebühr abgegolten, daher müssen diese Tätigkeiten bei der Bestimmung des Betragsrahmens einfließen.

26 Befindet sich der Mandant des Anwalts **nicht auf freien Fuß,** entstehen für den damit einhergehenden erhöhten Aufwand im strafrechtlichen Verfahren die Gebühren mit Zuschlag. Da im bußgeldrechtlichen Verfahren kein Haftzuschlag vorgesehen ist, muss der Mehraufwand ebenso bei der Betragsrahmenbestimmung Berücksichtigung finden.

27 **b) Bemessung der Terminsgebühr.** Bei der Bestimmung des Betragsrahmens der Terminsgebühr findet **keine Pauschalbewertung** mehrerer Termine statt. Der Rechtsanwalt kann für jeden Termin eine in der Höhe individuell bestimmte Terminsgebühr in Ansatz bringen (zum Strafverfahren OLG Nürnberg RVGreport 2014, 463). In die Gebührenbestimmung der Terminsgebühr fließt hauptsächlich der tatsächliche Umfang der anwaltlichen Tätigkeit in dem jeweiligen Termin ein. Hierbei ist insbesondere die **Dauer der tatsächlichen Teilnahme** von Bedeutung. Soweit im Verfahren vor der Verwaltungsbehörde tatsächlich Termine anberaumt werden, kann sich an der Terminsdauer im gerichtlichen Verfahren orientiert werden (siehe Kommentierung zu → VV 5107 Rn. 28).

28 Die Terminsgebühr bestimmt sich in ihrem Grundanfall nach der Höhe der Geldbuße und beinhaltet somit bereits eine Steigerung nach Wertigkeit der Angelegenheit. Demzufolge dürfen nur Verfahren aus derselben Gruppe vergleichend herangezogen werden. Dies lässt, wie bei der Verfahrensgebühr, die Höhe der Geldbuße als Merkmal iSv § 14 I 1 als wertendes Merkmal ausscheiden, weil sonst eine Doppelberücksichtigung stattfindet.

Befindet sich der Mandant des Anwalts **nicht auf freien Fuß,** ist im bußgeldrechtlichen Verfahren kein Haftzuschlag vorgesehen. Demzufolge muss der Mehraufwand ebenso bei der Betragsrahmenbestimmung Berücksichtigung finden. 29

Unterabschnitt 3. Gerichtliches Verfahren im ersten Rechtszug

Vorbemerkung 5.1.3:

I Die Terminsgebühr entsteht auch für die Teilnahme an gerichtlichen Terminen außerhalb der Hauptverhandlung.

II Die Gebühren dieses Unterabschnitts entstehen für das Wiederaufnahmeverfahren einschließlich seiner Vorbereitung gesondert; die Verfahrensgebühr entsteht auch, wenn von der Stellung eines Wiederaufnahmeantrags abgeraten wird.

Übersicht

I. Normzweck. Unterabschnitt 3 beinhaltet die Gebühren in Bußgeldsachen im gerichtlichen Verfahren des ersten Rechtszuges vor dem **Amtsgericht.** Der Verteidiger erhält für das Betreiben des Geschäfts die Verfahrensgebühr und für die Teilnahme an Hauptverhandlungsterminen jeweils eine Terminsgebühr. Der Geltungsbereich umfasst aber auch die Bußgeldsachen, in denen das **Oberlandesgericht** erstinstanzlich tätig wird (vgl. §§ 81, 83 GWB; §§ 60, 62 WpÜG; §§ 95, 98 EnWG). Die Gebühren des Unterabschnitt 3 gelten ebenso für das **Wiederaufnahmeverfahren.** 1

II. Termine außerhalb der Hauptverhandlung (I). Die Terminsgebühren es Unterabschnitts 3 (VV 5108, 5110 und 5112) entstehen für den Verteidiger nur für die Teilnahme an gerichtlichen Terminen, welche durch den Vorsitzenden bestimmt worden sind. VV Vorb. 5.1.3 erweitert den Anwendungsbereich der Terminsgebühren des Unterabschnitts 3 auf Termine außerhalb der Hauptverhandlung. 2

Termine außerhalb der gerichtlichen Hauptverhandlung, dürften im Bußgeldverfahren idR Vernehmungstermine sein, in denen eine sog. **kommissarische Vernehmung** stattfindet und zB Zeugen vor einem auswärtigen Gericht vernommen werden. Infolge des unbeschränkten Wortlauts dürften aber auch andere gerichtliche Termine vom Geltungsbereich der Vorb. 5.1.3 I erfasst sein. 3

Der Anwendungsbereich erfasst allerdings keine vor der Staatsanwaltschaft, Polizei oder Verwaltungsbehörde abgehaltenen Termine. Nimmt der Verteidiger solche Termine wahr, sind die hierfür erbrachten Tätigkeiten von den Verfahrensgebühren des Unterabschnitts 3 abgegolten. Die Tätigkeiten können aber in die Bestimmung des jeweiligen Betragsrahmens einfließen (HK-RVG/Krumm Vorbemerkung 5.1.3 Rn. 5). 4

Sowohl die Person des Vernommenen als auch die Funktion des Verteidigers ist für den Gebührenanfall unerheblich. Die Terminsgebühr für die Teilnahme an Terminen außerhalb der Hauptverhandlung entsteht für den Rechtsanwalt als Verteidiger ebenso, wie für den Anwalt, der als Beistand eines Zeugen oder Sachverständigen tätig ist. 5

6 **III. Wiederaufnahmeverfahren (II).** VV Vorb. 5.1.3 beinhaltet die Regelung der Gebühren für das ordnungswidrigkeitenrechtliche Wiederaufnahmeverfahren. Im Gegensatz zu den Gebühren für das Strafverfahren (VV 4136 ff.) erhält der Verteidiger für das bußgeldrechtliche Wiederaufnahmeverfahren höchstens eine Verfahrens- und Terminsgebühr. Eine an den verschiedenen Verfahrensabschnitten des Wiederaufnahmeverfahrens (siehe Kommentierung zu → VV 4136 Rn. 5 ff.) orientierte Vergütung ist für den im Bußgeldverfahren tätigen Verteidiger nicht vorgesehen.

7 Im Wiederaufnahmeverfahren entstehen die Gebühren für den Wahlanwalt und den Pflichtverteidiger. Ebenso entstehen die Gebühren für den Anwalt, der den Betroffenen gegen den Wiederaufnahmeantrag eines anderen Verfahrensbeteiligten verteidigt (Burhoff/Volpert/Burhoff Straf- und Bußgeldsachen, Vorbem. 5.1.3 VV, Rn. 9 mwN.)

8 **1. Grundgebühr.** Das Entstehen der Grundgebühr im bußgeldrechtlichen Wiederaufnahmeverfahren ist nicht unumstritten. In VV Teil 5 fehlt es an einer der VV Vorb. 4.1.4 entsprechenden Regelung, wonach die Grundgebühr im Wiederaufnahmeverfahren nicht entsteht. Nach hiesiger Auffassung handelt es sich bei der Regelung der VV Vorb. 5.1.3 regelungstechnisch um einen Verweis, nicht aber um einen ausdrücklichen Ausschluss des Anfalls der Grundgebühr. Dies entspricht auch der Regelungssystematik des VV, die für das Wiederaufnahmeverfahren in Strafsachen den Anfall der Grundgebühr ausdrücklich ausschließt. Im Übrigen wird zu dieser Problematik auf die umfangreiche Kommentierung zu → VV 5100 Rn. 6 ff. verwiesen.

9 **2. Verfahrensgebühr. a) Entstehung und Abgeltungsbereich.** Der Rechtsanwalt erhält die Verfahrensgebühr im Wiederaufnahmeverfahren für das Betreiben des Geschäfts einschließlich der Information. Für die Beantwortung der Frage der **Entstehung der Verfahrensgebühr** sollte dahingehend differenziert werden, welcher Auffassung sich im Hinblick auf die Grundgebühr im Wiederaufnahmeverfahren angeschlossen wird:

10 Vertritt man die Auffassung, dass auch im Wiederaufnahmeverfahren die Grundgebühr entstehen kann, erstreckt sich die Verfahrensgebühr auf alle nach der ersten Einarbeitung in den Rechtsfall entwickelten Tätigkeiten des Verteidigers. Schließt man sich der Auffassung an, dass im bußgeldrechtlichen Wiederaufnahmeverfahren keine Grundgebühr entsteht, erhält der Verteidiger die Gebühr für die erste mandatsbezogene Tätigkeit im Wiederaufnahmeverfahren. Für das Entstehen der Gebühr ist es unerheblich, ob sich die anwaltliche Tätigkeit aus den Verfahrensakten ergibt. Im Übrigen wird auf die Kommentierung zu → VV Vorb. 5 Rn. 13 ff. verwiesen.

11 Die Verfahrensgebühr erfasst alle anwaltlichen Tätigkeiten, die mit den einzelnen Abschnitten eines Wiederaufnahmeverfahrens verbunden sind (zu den einzelnen Verfahrensabschnitten siehe die Kommentierung zu → VV 4136 Rn. 1 ff.). Zu den von der Gebühr abgegoltenen Tätigkeiten zählen daher insbesondere die Antragsvorbereitung, Tätigkeiten im Verfahren über die Zulässigkeit des Antrags und im weiteren Wiederaufnahmeverfahren (zu den Entscheidungen nach §§ 370 Abs. 2, 371 Abs. 2 StPO siehe BeckOK RVG/Knaudt VV Vorbemerkung 5.1.3 Rn. 8 mwN).

12 **b) Abraten von der Antragstellung.** Nach VV Vorb. 5.1.3 II Hs. 2 entsteht die Verfahrensgebühr außerdem in den Fällen, in denen der Verteidiger von der Stellung eines Wiederaufnahmeantrags abrät. Auch hier sollte im Hinblick auf das Entstehen der Gebühr differenziert werden, ob die Grundgebühr im Wiederaufnahmeverfahren entsteht oder nicht.

13 Schließt man sich der Auffassung an, dass eine Grundgebühr im Wiederaufnahmeverfahren entsteht, müssen für ein Entstehen der Verfahrensgebühr die ausgeübten Tätigkeiten über die erste Informationsbeschaffung hinausgehen, da sich die Abgeltungsbereiche beider Gebühren überschneiden. Zum Abgeltungsbereich der Verfahrensgebühr gehören insbesondere Mandantengespräche, eigene Ermittlungen oder Gespräche mit Sachverständigen oder sonstige Tätigkeiten zur Informationsbeschaffung die notwendig sind, um den Mandanten über die Nichtstellung des Antrags beraten zu können.

14 **c) Tätigkeit im Beschwerdeverfahren.** Im Strafverfahren fällt mit VV 4139 eine gesonderte Gebühr für das Beschwerdeverfahren an. Dem bußgeldrechtlichen Ver-

fahren ist ein entsprechender Gebührentatbestand fremd, so dass anwaltliche Tätigkeiten im Beschwerdeverfahren keine gesonderte Verfahrensgebühr auslösen. Die Tätigkeiten im Beschwerdeverfahren werden von der Verfahrensgebühr abgegolten. Dergleichen gilt für die Einlegung von Rechtsmitteln im Wiederaufnahmeverfahren (Burhoff/Volpert/Burhoff RVG Straf- und Bußgeldsachen, Vorbem. 5.1.3 VV Rn. 14).

d) Gebührenbestimmung. Die Verfahrensgebühr ist infolge der Dreiteilung der Gebühren nach der Höhe der Geldbuße einzuordnen, die in der gerichtlichen Entscheidung festgesetzt worden ist, welche mit dem Wiederaufnahmeantrag beseitig werden soll (siehe hierzu die Kommentierung zu → VV 4136 Rn. 10). **15**

Der **gerichtlich bestellte oder beigeordnete Verteidiger** erhält, vom Aufwand der Tätigkeit unabhängig, eine Festgebühr. Liegen die Voraussetzungen vor, kann der Verteidiger einen mit der Angelegenheit verbundenen erheblichen Aufwand im Rahmen des § 51 geltend machen. Zu den Fragen der Beiordnung wird auf die Kommentierung zu → VV Vorb. 5 Rn. 26 und → VV Vorb. 4 Rn. 56 ff. verwiesen. **16**

Für den **Wahlverteidiger** ist die Gebühr als Betragsrahmengebühr ausgestaltet, deren konkrete Höhe nach § 14 I 1 bestimmt wird. Für die bei der Gebührenbestimmung zu berücksichtigenden Kriterien wird zunächst auf die Kommentierung zu → § 14 Rn. 1 ff. und zu → VV Vorb. 5 Rn. 34 ff. verwiesen. Liegen die Voraussetzungen vor, kann er eine Pauschgebühr nach § 42 geltend machen. **17**

Bei der **Bestimmung des Betragsrahmens** der Verfahrensgebühr ist zu berücksichtigen, dass die vollständige Tätigkeit des Anwalts im Wiederaufnahmeverfahren – anders als im strafrechtlichen Wiederaufnahmeverfahren – mit nur einer Verfahrensgebühr entgolten wird. Demzufolge fließen **von der Antragstellung bis zum Beschwerdeverfahren** alle in den verschiedenen Verfahrensabschnitten erbrachten Tätigkeiten mit ihrem Umfang und ihrer Schwierigkeit in die Gebührenbestimmung ein. **18**

Befindet sich der **Mandant nicht auf freien Fuß,** enthält der im Wiederaufnahmeverfahren tätige Verteidiger keinen Haftzuschlag. Die mit der Freiheitsentziehung verbundenen Erschwernisse, sind durch den Verteidiger im Rahmen der Betragsrahmenbestimmung zu berücksichtigen. **19**

3. Terminsgebühr. a) Entstehung und Abgeltungsbereich. Die Teilnahme des Anwalts an einem Termin im bußgeldrechtlichen Wiederaufnahmeverfahren wird mit den Terminsgebühren VV 5102, 5104 und 5106 vergütet, die für jeden Terminstag gesondert anfallen. Die Terminsgebühr entsteht für die Teilnahme an allen im Wiederaufnahmeverfahren anberaumten Hauptverhandlungsterminen ebenso, wie für Termine im Rahmen der Beweisaufnahme nach § 46 OWiG, § 369 I StPO. Zugleich entsteht die Terminsgebühr für im Beschwerdeverfahren anberaumte Termine. **20**

Die Terminsgebühr entsteht für die anwaltliche Teilnahme an dem anberaumten Termin. Eine aktive Teilnahme, etwa in Form der Verhandlung oder Antragstellung, ist nicht erforderlich – physische Anwesenheit genügt. **21**

Von der Terminsgebühr werden alle anwaltlichen Tätigkeiten erfasst, die im Zusammenhang mit dem Termin stehen. Neben der Teilnahme sind daher vor allem die Terminsvor- und nachbereitung von der Gebühr erfasst. Darüber hinaus werden das nochmalige Aktenstudium, die Überprüfung der Ladung aller benannten Zeugen, die An- und Abreise zum Termin (aA OLG München NStZ-RR 2008, 159), eine terminsbezogene Informationsaufnahme und -beschaffung oder die Vorbereitung eines Sachvortrags. **22**

b) Gebührenbestimmung. Die Terminsgebühr ist infolge der Dreiteilung der Gebühren nach der Höhe der Geldbuße einzuordnen, die in der gerichtlichen Entscheidung festgesetzt worden ist, welche mit dem Wiederaufnahmeantrag beseitig werden soll (siehe hierzu die Kommentierung zu → VV 4136 Rn. 10). Der **gerichtlich bestellte oder beigeordnete** Verteidiger erhält, vom Aufwand der Tätigkeit unabhängig, eine Festgebühr. Ein Längenzuschlag für überlange Termine ist nicht vorgesehen. Liegen die Voraussetzungen vor, kann der Verteidiger einen mit der Angelegenheit verbundenen erheblichen Aufwand im Rahmen des § 51 geltend machen. **23**

24 Für den **Wahlverteidiger** ist die Gebühr als Betragsrahmengebühr ausgestaltet, deren konkrete Höhe nach § 14 I 1 bestimmt wird. Für die bei der Gebührenbestimmung zu berücksichtigenden Kriterien wird zunächst auf die Kommentierung zu → § 14 Rn. 1 ff. und zu → VV Vorb. 5 Rn. 34 ff. verwiesen. Liegen die Voraussetzungen vor, kann er eine Pauschgebühr nach § 42 geltend machen.

25 Bei der Bestimmung des Betragsrahmens der Terminsgebühr findet **keine Pauschalbewertung** mehrerer Termine statt – der Rechtsanwalt kann für jeden Termin eine in der Höhe individuell bestimmte Terminsgebühr in Ansatz bringen. In die Gebührenbestimmung der Terminsgebühr fließt hauptsächlich der **tatsächliche Umfang** der anwaltlichen Tätigkeit in dem jeweiligen Termin ein. Hierbei ist insbesondere die Dauer der tatsächlichen Teilnahme an dem jeweiligen Termin von Bedeutung.

26 Nimmt der Anwalt an **überlangen Terminen** teil, muss der damit verbundene Aufwand bei der Bestimmung des Betragsrahmens der Gebühr erhöhend berücksichtigt werden. Befindet sich der Mandant des Anwalts **nicht auf freien Fuß,** ist im bußgeldrechtlichen Wiederaufnahmeverfahren kein Haftzuschlag vorgesehen. Demzufolge muss der Mehraufwand ebenso bei der Betragsrahmenbestimmung Berücksichtigung finden.

Nr.	Gebührentatbestand	Gebühr oder Satz der Gebühr nach § 13 oder § 49 RVG	
		Wahlanwalt	**gerichtlich bestellter oder beigeordneter Rechtsanwalt**
5107	**Verfahrensgebühr bei einer Geldbuße von weniger als 60,00 €**	**22,00 bis 121,00 €**	**57,00 €**
5108	**Terminsgebühr je Hauptverhandlungstag in den in Nummer 5107 genannten Verfahren**	**22,00 bis 264,00 €**	**114,00 €**
5109	**Verfahrensgebühr bei einer Geldbuße von 60,00 bis 5000,00 €**	**33,00 bis 319,00 €**	**141,00 €**
5110	**Terminsgebühr je Hauptverhandlungstag in den in Nummer 5109 genannten Verfahren**	**44,00 bis 517,00 €**	**224,00 €**
5111	**Verfahrensgebühr bei einer Geldbuße von mehr als 5000,00 €**	**55,00 bis 385,00 €**	**176,00 €**
5112	**Terminsgebühr je Hauptverhandlungstag in den in Nummer 5111 genannten Verfahren**	**88,00 bis 616,00 €**	**282,00 €**

Übersicht

I. Normzweck. Unterabschnitt 3 regelt die Gebühren für das gerichtliche Bußgeldverfahren. Die Verfahrensgebühren VV 5107, 5109 und 5111 vergüten das Verfahren im ersten Rechtszug vor dem Amtsgericht. Mit der Gebühr werden nur die Tätigkeiten im gerichtlichen Verfahren außerhalb der Hauptverhandlung abgegolten, da für die Teilnahme an den Hauptverhandlungsterminen gesonderte Terminsgebühren entstehen. 1

II. Anwendungsbereich. Der persönliche Anwendungsbereich ergibt sich aus Vorb. 5 I. Die Verfahrensgebühr entsteht daher für den Wahlanwalt ebenso wie für den gerichtlich bestellten oder beigeordneten Verteidiger sowie für die Tätigkeit als Beistand oder Vertreter eines Einziehungs- oder Nebenbeteiligten. Für die (streitigen) Vergütungsansprüche des **Zeugenbeistands** und **Terminsvertreters** wird auf die Kommentierung zu → VV Vorb. 5.1 Rn. 4 ff. verwiesen. 2

Der sachliche bzw. zeitliche Anwendungsbereich der Gebühren für das gerichtliche Bußgeldverfahren ergibt sich aus der Abgrenzung zu der Gebühr für das vorbereitende Verfahren vor der Verwaltungsbehörde (siehe Kommentierung zu → VV 5101 Rn. 1 ff.). 3

III. Gebühren. 1. Verfahrensgebühren (VV 5107, 5109, 5111). Die Verfahrensgebühr im gerichtlichen Verfahren entsteht gem. VV Vorb. 5 II für das Betreiben des Geschäfts einschließlich der Information. Damit wird von der Verfahrensgebühr die vollständige Tätigkeit des Rechtsanwalts abgegolten. Als **Dauergebühr** erstreckt sich die Verfahrensgebühr auf das gesamte Verfahren des jeweiligen Abschnitts und fällt mit jeder mandatsbezogenen Tätigkeit im betreffenden Verfahren an. 4

Die vom Anwalt erbrachte Tätigkeit muss sich dabei nicht aus in den gerichtlichen Verfahrensakten enthaltenen schriftlichen Einlassungen ergeben (siehe auch Kommentierung zu → VV Vorb. 4 Rn. 16). Für das Entstehen genügt demnach das ausschließliche, sich nicht unbedingt aus den Verfahrensakten ergebende, Tätigwerden gegenüber dem Mandanten. Ebenso muss keine Tätigkeit gegenüber dem Gericht entfaltet werden. 5

a) Beginn des gerichtlichen Verfahrens. Das Verfahren vor der Verwaltungsbehörde endet trennscharf **mit dem Eingang der Akten bei Gericht (§ 69 III 1 OWiG).** Dies bildet zugleich die zeitliche Zäsur zu den Verfahrensgebühren VV 5107, 5109 und 5111. Alle diesem Zeitpunkt nachfolgenden Tätigkeiten unterfallen dem gerichtlichen Bußgeldverfahren. Das gerichtliche Verfahren des ersten Rechtszuges vollzieht sich entweder vor dem Amtsgericht oder Oberlandesgericht (siehe Kommentierung zu → VV Vorb. 5.1.3 Rn. 1). 6

Im Gegensatz zum strafrechtlichen Verfahren, wird das **bußgeldrechtliche Zwischenverfahren** nicht von der Verfahrensgebühr für das gerichtliche Verfahren abgegolten. Anwaltliche Tätigkeiten im Zwischenverfahren in Bußgeldsachen werden von den Verfahrensgebühren für das Verfahren vor der Verwaltungsbehörde erfasst (siehe Kommentierung zu → VV Vorb. 5.1.2 Rn. 2 ff.). 6a

b) Beendigung des gerichtlichen Verfahrens. Das gerichtliche Bußgeldverfahren endet entweder mit Verfahrenseinstellung nach § 47 II OWiG, der Rücknahme oder Verwerfung des Einspruchs nach § 70 OWiG, mit Erlass des Beschlusses nach § 72 OWiG oder mit Urteilsverkündung in der Hauptverhandlung. 7

Die Urteilsverkündung stellt vergütungsrechtlich jedoch nicht den absoluten Beendigungszeitpunkt des gerichtlichen Verfahrens dar. Insoweit gehört die **Einlegung des Rechtsmittels** nach § 19 I 2 Nr. 10 noch zum Verfahren des ersten Rechtszuges, so dass auch die diesbezügliche Beratung des Mandanten von den Verfahrens- 7a gebühren VV 5107, 5109 oder 5111 abgegolten wird. Legt allerdings ein **neuer Verteidiger** das Rechtsmittel ein, entsteht für diesen die Verfahrensgebühr für die Rechtsmittelinstanz.

8 **c) Abgeltungsbereich.** Die Verfahrensgebühren gelten alle vom Verteidiger im Verfahren vor dem Gericht erbrachten Tätigkeiten ab. Hierzu gehören insbesondere folgende Tätigkeiten (siehe weitere Beispiele bei Burhoff/Volpert/Volpert RVG Straf- und Bußgeldsachen VV 5107 Rn. 6):

– Akteneinsicht,
– Anhörungsrüge,
– Beratung des Mandanten, auch über Erfolgsaussichten der Rechtsbeschwerde,
– Beschwerdeverfahren, siehe aber VV Vorb. 5 IV,
– Besprechungen mit Verfahrensbeteiligten,
– Ermittlungen des Rechtsanwalts,
– Einlegung der Rechtsbeschwerde (§ 19 I 2 Nr. 10),
– Kostenfestsetzungsverfahren,
– Informationsbeschaffung.

9 **d) Verbindung, Trennung und Verweisung von Verfahren.** Zu den Folgen der Verfahrensverbindung oder Verfahrenstrennung kann zunächst auf die Kommentierung zu → VV Vorb. 5 Rn. 41 ff. und zu → VV Vorb. 4 Rn. 36 ff. verwiesen werden.

10 Die **Verfahrensverbindung** mehrerer gerichtlicher Bußgeldverfahren führt, wenn der Anwalt in den jeweiligen Verfahren tätig war, bis zum Zeitpunkt der Verbindung zur gesonderten Entstehung der Gebühren. Entstandene Gebühren bleiben dem Anwalt daher erhalten. Nach Verbindung verliert das hinzuverbundene Verfahren seine gebührenrechtliche Selbständigkeit und im verbundenen Verfahren entstehen nur noch die Gebühren, deren Tatbestand erst nach Verbindung ausgelöst wird. Erfolgt die **Verbindung zum Zwecke der gleichzeitigen Verhandlung,** wirkt sich diese Verbindung nicht auf die Selbständigkeit der zur gemeinsamen Verhandlung verbundenen Verfahren aus, so dass in jedem Verfahren zur gemeinsamen Verhandlung verbundenen Verfahren weiterhin gesonderte Gebühren entstehen (siehe hierzu → VV Vorb. 4 Rn. 42 ff.).

11 Die **Verfahrenstrennung** hat auf bereits entstandene Gebühren keine Auswirkung. Bis zur Trennung handelt es sich um eine gebührenrechtliche Angelegenheit. Nach der Trennung liegen verschiedene und gebührenrechtlich eigenständige Angelegenheiten vor und es können mehrere Verfahrensgebühren (nach der Zahl der getrennten Verfahren) entstehen. Diese gebührenrechtliche Konsequenz gilt allerdings nur für die nach der Trennung noch anfallenden Gebühren.

12 Gebühren- und Verfahrensrechtlich ist zwischen Horizontalverweisung, Diagonalverweisung und Zurückverweisung zu unterscheiden. Hierfür wird auf die ausführliche Kommentierung zu → VV Vorb. 4 Rn. 45 ff. verwiesen. Für die **Zurückverweisung nach § 69 V OWiG** wird auf die Kommentierung zu → VV Vorb. 5.1.2 Rn. 9 ff. verwiesen.

12a Erfolgt durch das OLG bzw. dem BGH eine **Zurückverweisung** an das Amtsgericht oder Oberlandesgericht, entstehen die gerichtlichen Verfahrensgebühren VV 5107, 5109 oder 5111 gem. § 21 I erneut.

13 **2. Terminsgebühren (VV 5108, 5110, 5112).** Die Terminsgebühr entsteht für die anwaltliche **Teilnahme an der Hauptverhandlung.** Der Begriff der Hauptverhandlung beurteilt sich auch im Vergütungsrecht des bußgeldrechtlichen Verfahrens nach den formell-rechtlichen Voraussetzungen des § 243 I StPO.

13a Unzureichend ist allerdings, wenn der Verteidiger lediglich als Zuhörer in der Hauptverhandlung anwesend ist. Ebenso reicht es für den Anfall der Terminsgebühr nicht aus, dass sich der Verteidiger außerhalb des Sitzungssaales – etwa für eine Beratung oder Beweismittelbeschaffung – aufhält (zum Strafverfahren OLG Celle JurBüro 2017, 467).

14 **a) Beginn und Ende der Hauptverhandlung.** Die Hauptverhandlung beginnt mit dem Aufruf der Sache. Unterbleibt der ausdrückliche Aufruf der Sache, beginnt die Hauptverhandlung mit der Handlung des Vorsitzenden, die als Erste erkennbar macht, dass die Sache verhandelt wird (siehe Kommentierung zu → VV 4108 Rn. 9 f.).

Bei der Beendigung der Hauptverhandlung ist zwischen **formell-rechtlichen** und **vergütungsrechtlichen** Ende zu differenzieren: Formal endet die Hauptverhandlung nach § 260 I StPO mit der auf die Beratung folgenden Urteilsverkündung. Das vergütungsrechtliche Ende tritt ein, wenn der Vorsitzende nach Verkündung des Urteils und anschließender Rechtsmittelbelehrung die Verhandlung schließt. **14a**

Dieses Abweichen vom formell-rechtlichen Ende begründet sich darin, dass der Verteidiger den Angeklagten auch während der Rechtsmittelbelehrung zu begleiten und darauf zu achten hat, dass diese korrekt erfolgt und vom Angeklagten verstanden wird (OLG Düsseldorf JurBüro 2011, 197). **15**

b) „Geplatzter Termin". Der Rechtsanwalt erhält die Terminsgebühr auch in den Fällen, in denen er zu einem anberaumten Termin erscheint, dieser aber aus nicht eigens zu vertretenden Gründen nicht stattfindet. Dies gilt nicht, wenn er rechtzeitig von der Aufhebung oder Verlegung des Termins in Kenntnis gesetzt worden ist. Im Übrigen wird auf die Kommentierung zu → VV Vorb. 5 Rn. 18 ff. verwiesen. **16**

c) Abgeltungsbereich. Von der Terminsgebühr werden alle anwaltlichen Tätigkeiten erfasst, die im Zusammenhang mit dem gerichtlichen Termin stehen. Neben der Teilnahme sind vor allem die Vor- und Nachbereitung und des Termins von der Gebühr erfasst. Hierzu können u. a. die Abfassung von Beweisanträgen, die terminbezogene Informationsaufnahme und Informationsbeschaffung oder Vorbereitung eines Sachvortrags gehören (siehe Kommentierung zu → VV Vorb. 5 Rn. 16 und zu → VV Vorb. 4 Rn. 23). Nicht zur Terminsgebühr, sondern zum „Betreiben des Geschäfts", gehört das Studium von Urkunden im **Selbstleseverfahren** (KG JurBüro 2013, 361). **17**

d) Verbindung, Trennung und Verweisung von Verfahren. Bei der **Verfahrensverbindung** ist im Hinblick auf einen mehrfachen Anfall der Terminsgebühr der Zeitpunkt zu beachten, zu welchem die Verfahren verbunden worden sind. Erfolgt die Verbindung **nach Aufruf aller Sachen,** hat in den einzelnen aufgerufenen Verfahren eine Hauptverhandlung stattgefunden, so dass auch in jeder aufgerufenen Sache eine Terminsgebühr entsteht – die Anberaumung einer Hauptverhandlung in allen Verfahren ist nicht notwendig (zum Strafverfahren OLG Köln JurBüro 2002, 303; Burhoff/Volpert/Burhoff RVG Straf- und Bußgeldsachen VV Vorb. 4 Rn. 89; BeckOK RVG/Knaudt VV 4108 Rn. 13; Riedel/Sußbauer/Kremer VV Vorbemerkung 4 Rn. 35). Werden die Verfahren **vor Beginn der Hauptverhandlung** verbunden, erhält der Rechtsanwalt nur für das verbundene Verfahren eine Terminsgebühr. **18**

Werden die Verfahren zum **Zwecke der gemeinsamen Verhandlung oder Vernehmung** verbunden, hat dies auf die Selbständigkeit der einzelnen Verfahren keinen Einfluss und in jedem Verfahren entsteht eine Terminsgebühr. **18a**

Die **Verfahrenstrennung** hat auf bereits entstandene Terminsgebühren keine Auswirkung, da es sich bis zur Trennung um eine gebührenrechtliche Angelegenheit handelt. Nach der Verfahrensabtrennung liegen gebührenrechtlich eigenständige Angelegenheiten vor und in den abgetrennten Verfahren entstehen für die Teilnahme an weiteren Terminen auch die Terminsgebühren. **19**

Erfolgt durch das OLG bzw. dem BGH eine **Zurückverweisung** an das Amtsgericht oder Oberlandesgericht, entstehen die Terminsgebühren VV 5108, 5110 oder 5112 gem. § 21 I für anberaumte Hauptverhandlungstermine erneut. **20**

IV. Gebührenbestimmung. Der **gerichtlich bestellte oder beigeordnete Verteidiger** erhält, vom Aufwand der Tätigkeit unabhängig, Festgebühren. Liegen die Voraussetzungen vor, kann der Verteidiger einen mit der Angelegenheit verbundenen erheblichen Aufwand im Rahmen des § 51 geltend machen. Zu den Fragen der Beiordnung wird auf die Kommentierung zu → VV Vorb. 5 Rn. 26 und → VV Vorb. 4 Rn. 56 ff. verwiesen. **21**

Für den **Wahlverteidiger** sind die Gebühren jeweils als Betragsrahmengebühr ausgestaltet, deren konkrete Höhe nach § 14 I 1 bestimmt wird. Für die bei der Gebührenbestimmung zu berücksichtigenden Kriterien wird zunächst auf die Kommentierung zu → § 14 Rn. 1 ff. und zu → VV Vorb. 5 Rn. 34 ff. verwiesen. Liegen die Voraussetzungen vor, kann er eine Pauschgebühr nach § 42 geltend machen. **22**

23 **1. Einordnung in die Gebührenstufe.** Für die Verfahrens- und Terminsgebühren besteht auch im gerichtlichen Verfahren eine Dreiteilung, die sich an der Höhe der Geldbuße orientiert. VV Vorb. 5.1 II 1 bestimmt insoweit den zeitlichen Anknüpfungspunkt, indem für die Einordnung in die Gebührenstufe auf die zum Zeitpunkt der Gebührenentstehung zuletzt festgesetzte Geldbuße abzustellen ist. Der Wortlaut „zuletzt festgesetzte Geldbuße" soll verdeutlichen, dass bei der Gebührenbestimmung nicht auf die rechtskräftig festgestellte Geldbuße, sondern auf die im jeweiligen Verfahrensstadium oder -abschnitt zuletzt festgesetzte Geldbuße abzustellen ist (BT-Drs. 15/1971, 230). Im Übrigen wird auf die Kommentierung zu → VV Vorb. 5.1 Rn. 8 ff. verwiesen.

24 Ist zum Zeitpunkt des anwaltlichen Tätigwerdens bereits eine Gebühr entstanden, aber liegt noch keine festgesetzte Geldbuße vor, ist gem. VV Vorb. 5.1 II 2 und 3 auf die Höhe der Geldbuße abzustellen, die dem Betroffenen zum Zeitpunkt der Gebührenentstehung dem Betroffenen droht. Sind für die Geldbuße Regelsätze bestimmt, sind diese gem. VV Vorb. 5.1 II 3 für die Gebührenbestimmung maßgebend. Im Übrigen wird auf die Kommentierung zu → VV Vorb. 5.1 Rn. 8 ff. verwiesen.

25 **2. Bestimmung des Betragsrahmens. a) Verfahrensgebühren.** Bei der Bestimmung des Betragsrahmens ist zu berücksichtigen, dass die Verfahrensgebühr im gerichtlichen Verfahren aufgrund der Dreiteilung bereits in ihrem Grundanfall eine **Steigerung nach Wertigkeit** der Angelegenheit beinhaltet. Infolgedessen dürfen nicht alle Verfahren vergleichend herangezogen werden, sondern nur die Verfahren, die sich in derselben Einordnung befinden. Dies lässt zugleich die Höhe der Geldbuße als wertendes Merkmal ausscheiden, da sonst eine Doppelberücksichtigung stattfindet; siehe Kommentierung zu → VV Vorb. 5 Rn. 38.

25a Die Bestimmung des Betragsrahmens ist ebenso an dem Umstand auszurichten, dass die Verfahrensgebühren innerhalb der Dreiteilung sowohl für **einfachste Massenverfahren** als auch für **komplizierte rechtliche Materien,** die erstinstanzlich beim OLG verhandelt werden, Anwendung finden.

26 Nimmt der Rechtsanwalt an **Erörterungs- und Besprechungsterminen** mit anderen Verfahrensbeteiligten, Mitverteidigern oder dem Gericht teil, entstehen hierfür keine gesonderten Terminsgebühren. Die Teilnahme an solchen Terminen wird von der Verfahrensgebühr abgegolten, so dass diese Tätigkeiten bei der Bestimmung des Betragsrahmens einfließen müssen. Dergleichen gilt für die Teilnahme an Terminen, die nicht von VV Vorb. 5.1.3 I umfasst werden (siehe Kommentierung zu → VV Vorb. 5.1.3 Rn. 2 ff.).

27 Eine nach der Entstehung der Rechtsanwaltsgebühr eingetretene **Änderung der Geldbuße** wirkt sich auf die entstandene Gebühr bzw. Einordnung in die Gebührenstufe nicht mehr aus. Dies ergibt sich aus VV Vorb. 5.1 II 1, wonach für die Einordnung der Gebühr auf die Höhe der Geldbuße abgestellt werden muss, die zum Zeitpunkt der Gebührenentstehung dem Betroffenen droht. Eine solche Änderung kann jedoch durch den Wahlanwalt im Rahmen der Bestimmung des Betragsrahmens nach § 14 I 1 berücksichtigt werden; siehe Kommentierung zu → VV Vorb. 5 Rn. 36 ff. und zu → VV Vorb. 5.1 Rn. 11).

28 Befindet sich der Mandant des Anwalts **nicht auf freien Fuß,** entstehen für den damit einhergehenden erhöhten Aufwand im strafrechtlichen Verfahren die Gebühren mit Zuschlag. Da im bußgeldrechtlichen Verfahren kein Haftzuschlag vorgesehen ist, muss der Mehraufwand ebenso bei der Betragsrahmenbestimmung Berücksichtigung finden.

29 **b) Terminsgebühren.** Bei der Bestimmung des Betragsrahmens findet **keine Pauschalbewertung** mehrerer Termine statt. Der Rechtsanwalt kann somit für jeden Termin eine in der Höhe individuell bestimmte Terminsgebühr in Ansatz bringen (zum Strafverfahren OLG Nürnberg RVGreport 2014, 463).

29a In die Gebührenbestimmung fließt hauptsächlich der **tatsächliche Umfang** der anwaltlichen Tätigkeit im jeweiligen Termin ein. Hierbei ist insbesondere die **Dauer der tatsächlichen Teilnahme** an dem jeweiligen Termin von Bedeutung. Als durchschnittliche Verhandlungsdauer kann insbesondere in verkehrsrechtlichen Bußgeldsachen eine Zeitspanne von 10–20 Minuten angesehen werden (Burhoff ZAP

2009, Fach 24, 1167 mwN aus der Rechtsprechung). Sind die übrigen Kriterien auch als durchschnittlich zu bewerten, rechtfertigt dies den Ansatz der Mittelgebühr.

Die Terminsgebühr bestimmt sich in ihrem Grundanfall nach der Höhe der Geldbuße und beinhaltet somit bereits eine **Steigerung nach Wertigkeit** der Angelegenheit. Demzufolge dürfen nur Verfahren aus derselben Gruppe vergleichend herangezogen werden. Dies lässt, wie bei der Verfahrensgebühr, die Höhe der Geldbuße als Merkmal iSv § 14 I 1 als wertendes Merkmal ausscheiden, weil sonst eine Doppelberücksichtigung stattfindet. **30**

Befindet sich der Mandant des Anwalts **nicht auf freien Fuß,** ist im bußgeldrechtlichen Verfahren kein Haftzuschlag vorgesehen. Demzufolge muss der Mehraufwand ebenso bei der Betragsrahmenbestimmung Berücksichtigung finden. **30a**

Unterabschnitt 4. Verfahren über die Rechtsbeschwerde

Nr.	Gebührentatbestand	Gebühr oder Satz der Gebühr nach § 13 oder § 49 RVG	
		Wahlanwalt	gerichtlich bestellter oder beigeordneter Rechtsanwalt
5113	Verfahrensgebühr	88,00 bis 616,00 €	282,00 €
5114	Terminsgebühr je Hauptverhandlungstag	88,00 bis 616,00 €	282,00 €

Übersicht

I. Normzweck. Unterabschnitt 4 beinhaltet die Gebühren für das bußgeldrechtliche Rechtsbeschwerdeverfahren und zwar unabhängig davon, ob dem OLG oder dem BGH die Entscheidung obliegt. Die Gebührenstruktur entspricht der des erstinstanzlichen Verfahrens. Für den Verteidiger kann daher eine Verfahrensgebühr und eine Terminsgebühr entstehen. **1**

Das Rechtsbeschwerdeverfahren ist gegenüber dem gerichtlichen Verfahren des ersten Rechtszuges, welches vor dem Amtsgericht oder Oberlandesgericht verhandelt werden kann, **eine eigene Angelegenheit** iSd § 15 II. Infolge des in § 79 III 1 OWiG enthaltenen Verweises, gelangen u. a. die Regelungen des Revisionsrechts zur entsprechenden Anwendungen, so dass grundsätzlich auf die zu VV 4130 ergangene Literatur und Rechtsprechung zurückgegriffen werden kann. **1a**

2 **II. Persönlicher Anwendungsbereich.** Die Gebührentatbestände im Rechtsbeschwerdeverfahren gelten für den Wahlverteidiger und den gerichtlich bestellten oder beigeordneten Verteidiger. Über VV Vorb. 5 I entsteht die Verfahrensgebühr ebenso für die anwaltliche Tätigkeit als Beistand oder Vertreter eines Einziehungs- oder Nebenbeteiligten.

2a Für die (streitigen) Vergütungsansprüche des **Zeugenbeistands** und **Terminsvertreters** wird auf die Kommentierung zu → VV Vorb. 5.1 Rn. 4 ff. verwiesen.

3 **III. Sachlicher Anwendungsbereich.** Der sachliche bzw. zeitliche Anwendungsbereich der Gebühren für das gerichtliche Bußgeldverfahren ergibt sich aus der Abgrenzung zu der Gebühr für das Verfahren vor dem Amts- oder Oberlandesgericht (siehe Kommentierung zu → VV 5107 Rn. 1 ff.).

3a Der Anspruch auf die Gebühren des Rechtsbeschwerdeverfahrens entsteht in **zeitlicher Hinsicht** nur für den Verteidiger, der in diesem Rechtszug Tätigkeiten erbringt, die die Verfahrensgebühr VV 5113 oder die Terminsgebühr VV 5114 entstehen lassen. Ein **Missbrauch des Rechtsmittels,** bei dem die anwaltliche Tätigkeit nicht vom Verteidigungswillen getragen wird, sondern allein dem Vergütungsinteresse dient, führt nicht zum Anfall der Verfahrensgebühr (zur Berufung vgl. KG AGS 2009, 389).

4 Das Rechtsbeschwerdeverfahren beginnt formell-rechtlich mit der Einlegung des Rechtsmittels (§ 314 I StPO) und endet mit Erlass des Berufungsurteils oder eines verfahrensabschließenden Beschlusses.

4a Zu beachten ist § 19 I 2 Nr. 10, wonach sich **verfahrensrechtlicher** und **vergütungsrechtlicher** Beginn des Rechtsbeschwerdeverfahrens nicht decken müssen. Zur Bestimmung des vergütungsrechtlichen Beginns muss daher differenziert werden, ob der Verteidiger erstmals im Rechtsbeschwerdeverfahren tätig wird oder bereits im ersten Rechtszug tätig war.

5 **1. Rechtsbeschwerde durch neuen Verteidiger.** Wird die Rechtsbeschwerde durch einen für den Betroffenen **erstmals im Berufungsverfahren tätigen Verteidiger** eingelegt, löst bereits die Einlegung des Rechtsmittels die Verfahrensgebühr VV 5113 aus (§ 19 I 2 Nr. 10 Hs. 2). Für die erste Einarbeitung in den Rechtsfall entsteht in diesem Fall auch die von der Höhe der Geldbuße unabhängige Grundgebühr VV 5100.

6 **2. Rechtsbeschwerde durch bisherigen Verteidiger.** Erfolgt die Einlegung der Berufung durch den Verteidiger, der bereits im erstinstanzlichen Verfahren tätig war, gehört die Einlegung des Rechtsmittels noch zum Abgeltungsbereich der **Verfahrensgebühr des ersten Rechtszuges.** Die Gebühr VV 5113 entsteht erst zu dem Zeitpunkt, zu welchem der Verteidiger Tätigkeiten entfaltet, die über die Einlegung der Rechtsbeschwerde und die diesbezügliche Beratung hinausgehen.

6a Die Gebühr entsteht entweder bei **Begründung der Rechtsbeschwerde** oder wenn der Mandant nach Einlegung des Rechtsmittels über die Rücknahme oder das Weiterbetreiben des Rechtsmittelverfahrens beraten wird (siehe Kommentierung zu → VV 4130 Rn. 12).

7 **3. Rechtsbeschwerde durch Verfahrensbeteiligten.** Legt ein anderer Verfahrensbeteiligter Rechtsbeschwerde ein, beginnt das Verfahren für den Verteidiger **mit der Auftragserteilung** durch den Mandanten ihn im Verfahren der Rechtsbeschwerde zu vertreten. In diesem Fall sind Erhalt oder Kenntnis des Rechtsmittels für das Entstehen der Gebühr infolge der Auftragserteilung unerheblich (Burhoff/Volpert/Burhoff RVG Straf- und Bußgeldsachen, Nr. 5113 VV Rn. 5 mwN).

8 **4. Zulassungsverfahren der Rechtsbeschwerde (§ 79 I 2 OWiG).** Nach § 79 I 2 OWiG ist das Rechtsmittel der Beschwerde u. a. zulässig, wenn sie nach § 80 OWiG zugelassen wird. Der Zulassungsantrag nach § 80 OWiG stellt keinen Rechtsbehelf besonderer Art dar, sondern ist vielmehr ein Vorschaltverfahren für die im gerichtlichen Verfahren für Ordnungswidrigkeiten als Rechtsmittel allein statthafte Rechtsbeschwerde (BeckOK OWiG/Bär OWiG § 80 Rn. 2). Wird der Zulassungsantrag verworfen, gilt die Rechtsbeschwerde gem. § 80 IV 4 OWiG als zurückgenommen.

Das Zulassungsverfahren stellt **keine eigene Gebührenangelegenheit** dar, so dass dem im Zulassungsverfahren tätigen Verteidiger keine gesonderten Verfahrens- oder Terminsgebühren entstehen (Gerold/Schmidt/Burhoff Einleitung zu Unterabschnitt 4 Rn. 3). Erbringt der Verteidiger im Zulassungsverfahren entsprechende Tätigkeiten, sind diese durch die **Verfahrensgebühr VV 5113** abgegolten. Der Wahlanwalt kann allerdings bei der Bestimmung des Gebührenrahmens erbrachte Tätigkeiten im Rahmen des § 14 I 1 einfließen lassen. 9

5. Wiedereinsetzung und Rechtsbeschwerde (§ 79 III 2 OWiG). Nach § 79 III 2 OWiG gilt § 342 StPO auch für den Antrag auf Wiedereinsetzung in den vorigen Stand nach § 72 II 2 Hs. 1 OWiG. Ein Zusammentreffen von Wiedereinsetzung und Rechtsbeschwerde ergibt sich, wenn für den Fall der Verwerfung des Wiedereinsetzungsantrags und gleichzeitig, bei Vorliegen der Voraussetzungen des § 79 I OWiG, Rechtsbeschwerde eingelegt wird (BeckOK OWiG/Bär OWiG § 79 Rn. 113). Bei dieser Konstellation hat wegen § 342 II 1 StPO eine fristgerechte Begründung der Rechtsbeschwerde zu erfolgen, wobei die Entscheidung über die Rechtsbeschwerde bis zur rechtskräftigen Erledigung des Antrags auf Wiedereinsetzung ausgesetzt wird (§ 342 II 2 StPO). 10

Fällt der Antrag auf Wiedereinsetzung in den vorigen Stand mit der Rechtsbeschwerde zusammen und wird die Rechtsbeschwerde begründet, entsteht die Verfahrensgebühr VV 5113. Ein Wegfall der Gebühr tritt auch dann nicht ein, wenn die Wiedereinsetzung gewährt wird (Burhoff/Volpert/Burhoff RVG Straf- und Bußgeldsachen Nr. 4130 VV Rn. 30). 11

IV. Gebühren. 1. Verfahrensgebühr (VV 5113). a) Entstehung und Abgeltungsbereich. Die Verfahrensgebühr VV 5113 ist eine Dauergebühr, die den gesamten Verfahrensabschnitt der Rechtsbeschwerde erfasst. Die Verfahrensgebühr entsteht gem. VV Vorb. 5 II mit „dem Betreiben des Geschäfts“ und die gesamte anwaltliche Tätigkeit im Instanzenzug abgilt. Die Gebühr fällt demgemäß immer (dauerhaft) an, wenn der Verteidiger innerhalb seines Mandats das „Geschäft betreibt“ 12

Für das Entstehen der Gebühr genügt das Tätigwerden des beauftragten Verteidigers im Rechtsbeschwerdeverfahren. Das Tätigwerden muss nicht unbedingt in der Anfertigung der Rechtsbeschwerdebegründung bestehen – Beratung und Prüfung, ob die Rechtsbeschwerde durchgeführt oder begründet werden soll, genügen für die Entstehung der Gebühr (Mayer/Kroiß/Krumm VV 5113 Rn. 7). Weitere von der Verfahrensgebühr erfasste und abgegoltene Tätigkeiten sind u. a. (weitere Beispiele bei BeckOK RVG/Knaudt VV 5113 Rn. 5): 13

- Akteneinsicht,
- Antrag,
- Begründung der Rechtsbeschwerde,
- Entgegennahme und Besprechung einer Rechtsbeschwerdegegenerklärung der Staatsanwaltschaft (Mayer/Kroiß/Krumm VV 5113 Rn. 7),
- Gespräche mit Ermittlungsbehörden (LG Köln RVGreport 2007, 224), Sachverständigen oder Zeugen,
- Gespräche mit dem Gericht (KG RVGreport 2006, 151), Sachverständigen, Zeugen,
- Korrespondenz außerhalb und innerhalb des Verfahrens (AG Koblenz AGS 2004, 484),
- Rücknahme der Rechtsbeschwerde.

Nimmt der Verteidiger die Rechtsbeschwerde nach deren Begründung zurück, steht ihm dennoch die Verfahrensgebühr nach VV 5113 zu. Neben der Rechtsmittelbegründung reicht es gleichwohl aus, wenn der Verteidiger den Mandanten nach Einlegung des Rechtsmittels über die Rücknahme oder das Weiterbetreiben des Verfahrens berät. 14

b) Begründung der Rechtsbeschwerde. Die Verfahrensgebühr soll insbesondere die Tätigkeit für die im Verfahren der Rechtsbeschwerde nach § 79 III 1 OWiG iVm § 344 StPO zwingend zu erstellende Rechtsmittelbegründung vergüten. 15

Aus der zu erstellenden Revisionsbegründung muss hervorgehen, ob das Urteil wegen Verletzung einer Rechtsnorm über das Verfahren oder wegen Verletzung einer anderen Rechtsnorm angefochten wird. Den Voraussetzungen für die Sachrüge 15a ist genüge getan, wenn in der Begründung die nicht weiter ausformulierte Erhebung der „allgemeinen Sachrüge" als auch die bloße Wendung, dass „die Verletzung sachlichen Rechts gerügt wird" enthalten ist (MüKoStPO/Knauer/Kudlich StPO § 344 Rn. 79).

15b Anders verhält es sich bei der Verfahrensrüge, deren Begründung vollständig und schlüssig dargelegt sein muss. Der Revisionsführer muss alle Tatsachen, die den Verfahrensmangel begründen vollständig und genau vortragen, so dass dem Revisionsgericht anhand dieser Grundlage prüfen kann, ob ein Verfahrensfehler vorliegt (MüKoStPO/Knauer/Kudlich StPO § 344 Rn. 99).

16 **c) Erstattungsfähigkeit bei Rechtsmittel durch Staatsanwaltschaft.** Wird die Rechtsbeschwerde durch die Staatsanwaltschaft eingelegt, kommt es für das Entstehen der Verfahrensgebühr VV 4130/4131 weder auf den Erhalt noch auf die Kenntnis des Rechtsmittels durch den Verteidiger an (siehe Kommentierung zu → VV 4124 Rn. 11).

16a In Rechtsprechung und Literatur ist die **Erstattungsfähigkeit** (nicht das Entstehen!) der Verfahrensgebühr für das Berufungs- und Revisionsverfahren in den Fällen **umstritten,** in denen die Staatsanwaltschaft das Rechtsmittel eingelegt, der Verteidiger rein informatorische Tätigkeiten entfaltet und das Rechtsmittel ohne Erstellen der Begründung seitens der Staatsanwaltschaft zurückgenommen wird (**nicht erstattungsfähig:** KG JurBüro 2012, 471; OLG Bremen NStZ-RR 2011, 391; OLG Rostock JurBüro 2009, 541 = BeckRS 2009, 20370; OLG Frankfurt NStZ-RR 1999, 351; OLG Koblenz NStZ 2007, 423; Mayer/Kroiß/Kroiß VV 4124 Rn. 3; so wohl auch Riedel/Sußbauer/Kremer VV 4124 Rn. 4; NK-GK/Stollenwerk VV 4130–4135, Rn. 16; **erstattungsfähig:** OLG Oldenburg StV 1998, 615; LG Hannover JurBüro 2014, 190; Gerold/Schmidt/Burhoff VV 4124, Rn. 7 f.). Dergleichen gilt für das Rechtsbeschwerdeverfahren.

17 Die Verfahrensgebühr für das Rechtsbeschwerdeverfahren entsteht gem. VV Vorb. 5 II für das „Betreiben des Geschäfts", wozu auch die Beratung des Mandanten gehört. Wird nun seitens der Staatsanwaltschaft Rechtsbeschwerde eingelegt, ist deren Begründung zwingend notwendig. Allerdings kann erst die vorliegende Begründung Angeklagten und Verteidiger über das mit dem Rechtsmittel verfolgte Ziel informieren. **Ohne Begründung** kann der Verteidiger zunächst nur Auskünfte zu einem **fiktiven** Verfahrensablauf geben, die informeller Natur sind – bereits hier bestehen nach hiesiger Auffassung Bedenken, ob lediglich informelle Auskünfte überhaupt zum „Betreiben des Geschäfts" im Berufungsverfahren gehören oder vielmehr noch von der Gebühr des erstinstanzlichen Verfahrens abgedeckt werden.

17a Die notwendige und insoweit erstattungsfähige Entfaltung von Tätigkeiten in Form einer zielgerichteten Beratung oder dem Aufbau einer Verteidigungsstrategie kann der Verteidiger nach hiesiger Auffassung erst vornehmen, wenn das eingelegte Rechtsmittel von der Staatsanwaltschaft begründet wird, so dass nach hiesiger Auffassung die Verfahrensgebühr VV 5113 erst in diesen Fällen erstattungsfähig ist (wie hier Mayer/Kroiß/Krumm RVG VV 5113 Rn. 12).

18 Da sich die für das Entstehen und den Anfall der Verfahrensgebühr notwendigen anwaltlichen Tätigkeiten nicht unbedingt aus den Verfahrensakten ergeben müssen, sollten die Voraussetzungen der Verfahrensgebühr im Festsetzungsverfahren bei Bedarf in Form des § 55 V 1 oder des § 464b StPO iVm § 104 II 1 ZPO **nachgewiesen werden können** (siehe Kommentierung zu → VV Vorb. 4 Rn. 71 ff.).

19 **2. Terminsgebühr (VV 5114).** Die Terminsgebühr entsteht im Rechtsbeschwerdeverfahren für die anwaltliche Teilnahme an der Hauptverhandlung. Von der Terminsgebühr werden alle anwaltlichen Tätigkeiten erfasst, die im Zusammenhang mit dem gerichtlichen Termin stehen. Neben der Teilnahme sind daher vor allem die Vor- und Nachbereitung des Termins von der Gebühr erfasst. Hierzu können u. a. die Abfassung von Beweisanträgen, die terminbezogene Informationsaufnahme und Informationsbeschaffung oder Vorbereitung eines Sachvortrags gehören. Im Übrigen kann auf die Kommentierung zu → VV Vorb. 5 Rn. 16; zu → VV Vorb. 4 Rn. 23 und zu → VV 5107 Rn. 12 ff. verwiesen werden.

20 Der Rechtsanwalt erhält die Terminsgebühr auch in den Fällen, in denen er zu einem anberaumten Termin erscheint, dieser aber aus nicht eigens zu vertretenden

Gründen nicht stattfindet. Dies gilt nicht, wenn er rechtzeitig von der Aufhebung oder Verlegung des Termins in Kenntnis gesetzt worden ist. Im Übrigen wird auf die Kommentierung zu → VV Vorb. 5 Rn. 18 ff. verwiesen.

V. Gebührenbestimmung. Für die Verfahrens- und Terminsgebühr erfolgt im Rechtsbeschwerdeverfahren keine Einteilung nach Höhe der Geldbuße. Für die Gebührenhöhe ist es ebenso unerheblich, ob das Rechtsbeschwerdeverfahren vor dem Oberlandesgericht oder Bundesgerichtshof geführt wird. 21

Der **gerichtlich bestellte oder beigeordnete Verteidiger** erhält, vom Aufwand der Tätigkeit unabhängig, Festgebühren. Liegen die Voraussetzungen vor, kann der Verteidiger einen mit der Angelegenheit verbundenen erheblichen Aufwand im Rahmen des § 51 geltend machen. Zu den Fragen der Beiordnung wird auf die Kommentierung zu → VV Vorb. 5 Rn. 26 und → VV Vorb. 4 Rn. 56 ff. verwiesen. 22

Im Verfahren der Rechtsbeschwerde gilt es zu beachten, dass gem. § 79 III 1 OWiG die Vorschriften für das Verfahren der Revision entsprechend Anwendung finden. Folglich erstreckt sich die Bestellung oder Beiordnung nicht auf die **Teilnahme an der Revisionshauptverhandlung,** da diese nach § 350 III StPO gesondert erfolgen muss. 22a

Für den **Wahlverteidiger** sind die Gebühren jeweils als Betragsrahmengebühr ausgestaltet, deren konkrete Höhe nach § 14 I 1 bestimmt wird. Für die bei der Gebührenbestimmung zu berücksichtigenden Kriterien wird zunächst auf die Kommentierung zu → § 14 Rn. 1 ff. und → VV Vorb. 5 Rn. 34 ff. verwiesen. Liegen die Voraussetzungen vor, kann er eine Pauschgebühr nach § 42 geltend machen. 23

1. Verfahrensgebühr. Bei der Bestimmung des Betragsrahmens gilt es zu bedenken, dass die Verfahrensgebühr im Rechtsbeschwerdeverfahren sowohl die Verfahren vor dem Oberlandesgericht als auch die vor dem Bundegerichtshof erfasst. Dies bedeutet, dass der Betragsrahmen einfache Verfahren ebenso erfasst, wie komplizierte rechtliche Materien, die erstinstanzlich vor dem Oberlandesgericht verhandelt wurden. 24

Die Verfahrensgebühr soll hauptsächlich die Abfassung der Begründung des Rechtsmittels durch den Verteidiger honorieren. Daher muss bei der Gebührenbestimmung vor allem der Umfang der abgefassten Rechtsbeschwerdebegründung oder die Begründung des Rechtsbeschwerdegegners berücksichtigt werden, mit der sich der Rechtsanwalt auseinandersetzen musste. Für die Gebührenbestimmung ist zudem von Bedeutung, ob die Rechtsbeschwerde lediglich auf die **Sachrüge** beschränkt war (siehe Kommentierung zu VV 4130 Rn. 18 ff.). 25

Erbringt der Verteidiger Tätigkeiten im **Zulassungsverfahren der Rechtsbeschwerde** und/oder im Zusammenhang eines Antrages auf **Wiedereinsetzung in den vorigen Stand,** sind diese Tätigkeiten bei der Bestimmung des Umfangs und der Schwierigkeit ebenso zu berücksichtigen. 25a

Nimmt der Rechtsanwalt an **Erörterungs- und Besprechungsterminen** mit anderen Verfahrensbeteiligten, Mitverteidigern oder dem Gericht teil, entstehen hierfür keine gesonderten Terminsgebühren. Die Teilnahme an solchen Terminen wird von der Verfahrensgebühr abgegolten, so dass diese Tätigkeiten bei der Bestimmung des Betragsrahmens einfließen müssen. Dergleichen gilt für die Teilnahme an Terminen, die nicht von VV Vorb. 5.1.3 I erfasst werden (siehe Kommentierung zu → VV Vorb. 5.1.3 Rn. 2 ff.). 26

Befindet sich der Mandant des Anwalts **nicht auf freien Fuß,** entstehen für den damit einhergehenden erhöhten Aufwand im strafrechtlichen Verfahren die Gebühren mit Zuschlag. Da im bußgeldrechtlichen Verfahren kein Haftzuschlag vorgesehen ist, muss der Mehraufwand ebenso bei der Betragsrahmenbestimmung Berücksichtigung finden. 26a

2. Terminsgebühr. Die Bestimmung des Betragsrahmens durch den **Wahlverteidiger** muss berücksichtigen, dass die Terminsgebühr für die Hauptverhandlung in der Rechtsbeschwerde eine untergeordnete Rolle spielt. Die Tätigkeit in der Hauptverhandlung dürfte sich zumeist in der Wiederholung der Rechtsbeschwerdebegründung erschöpfen. Im Gegensatz zur Terminsgebühr für die Revisionshauptverhandlung (→ VV 4130 Rn. 12) kann bei VV 5114 eine nur geringe Dauer der Hauptverhandlung zur Gebührenbestimmung herangezogen werden. 27

Unterabschnitt 5. Zusätzliche Gebühren

Nr.	Gebührentatbestand	Gebühr oder Satz der Gebühr nach § 13 oder § 49 RVG	
		Wahlanwalt	gerichtlich bestellter oder beigeordneter Rechtsanwalt
5115	**Durch die anwaltliche Mitwirkung wird das Verfahren vor der Verwaltungsbehörde erledigt oder die Hauptverhandlung entbehrlich:** **Zusätzliche Gebühr**	**in Höhe der jeweiligen Verfahrensgebühr**	
	I Die Gebühr entsteht, wenn **1. das Verfahren nicht nur vorläufig eingestellt wird oder** **2. der Einspruch gegen den Bußgeldbescheid zurückgenommen wird oder** **3. der Bußgeldbescheid nach Einspruch von der Verwaltungsbehörde zurückgenommen und gegen einen neuen Bußgeldbescheid kein Einspruch eingelegt wird oder** **4. sich das gerichtliche Verfahren durch Rücknahme des Einspruchs gegen den Bußgeldbescheid oder der Rechtsbeschwerde des Betroffenen oder eines anderen Verfahrensbeteiligten erledigt; ist bereits ein Termin zur Hauptverhandlung bestimmt, entsteht die Gebühr nur, wenn der Einspruch oder die Rechtsbeschwerde früher als zwei Wochen vor Beginn des Tages, der für die Hauptverhandlung vorgesehen war, zurückgenommen wird, oder** **5. das Gericht nach § 72 Abs. 1 Satz 1 OWiG durch Beschluss entscheidet.** **II Die Gebühr entsteht nicht, wenn eine auf die Förderung des Verfahrens gerichtete Tätigkeit nicht ersichtlich ist.** **III 1 Die Höhe der Gebühr richtet sich nach dem Rechtszug, in dem die Hauptverhandlung vermieden wurde. 2 Für den Wahlanwalt bemisst sich die Gebühr nach der Rahmenmitte.**		

Übersicht

I. Normzweck. Unterabschnitt 5 beinhaltet die zusätzlichen Gebühren für den Verteidiger in Form der Befriedungsgebühr VV 5115 und der Verfahrensgebühr bei Einziehung und verwandten Maßnahmen VV 5116. Wie bereits die Überschrift verlautbart, erhält der Verteidiger bei Vorliegen der jeweiligen Voraussetzungen diese Gebühren gesondert, so dass eine Anrechnung auf andere Verfahrensgebühren nicht stattfindet. 1

Die Regelung der Gebühr VV 5115 entspricht der Gebühr VV 4141. Folglich kann grundsätzlich auf die entsprechenden Materialien, Literatur und Rechtsprechung verwiesen werden. 2

Die Gebühr VV 5115 soll, wie im strafrechtlichen Verfahren, auf die Vermeidung des Verfahrens vor der Verwaltungsbehörde oder der gerichtlichen Hauptverhandlung gerichtete intensive und zeitaufwändige Tätigkeiten des Verteidigers honorieren. Zugleich soll der mit der Vermeidung einhergehende Entfall der Terminsgebühr(en) für die Teilnahme an der Hauptverhandlung kompensiert werden. Für den Wahlanwalt ist hierfür grundsätzlich die Mittelgebühr maßgebend, weil eine Bemessung nach § 14 schwer möglich ist. 2a

II. Persönlicher Anwendungsbereich. Der persönliche Anwendungsbereich ergibt sich aus VV Vorb. 5 I. Die Verfahrensgebühr entsteht daher für den Wahlanwalt ebenso wie für den gerichtlich bestellten oder beigeordneten Verteidiger sowie für die Tätigkeit als Beistand oder Vertreter eines Einziehungs- oder Nebenbeteiligten. Für die (streitigen) Vergütungsansprüche des **Zeugenbeistands** und **Terminsvertreters** wird auf die Kommentierung zu → VV Vorb. 5.1 Rn. 4 ff. verwiesen. 3

III. Sachlicher Anwendungsbereich (I, II). Die Gebühr entsteht im Verfahren vor der Verwaltungsbehörde einschließlich des Verwarnungs- und Zwischenverfahrens, im gerichtlichen Verfahren, einem Rechtsbeschwerdeverfahren und ggf. im Wiederaufnahmeverfahren. 4

1. Erledigung des Verfahrens vor der Verwaltungsbehörde. Durch die anwaltliche Mitwirkung muss sich das Verfahren vor der Verwaltungsbehörde erledigen. Eine Erledigung des Verfahrens kann durch Einstellung, Rücknahme des Einspruchs gegen den Bußgeldbescheid eintreten oder indem nach Rücknahme des Einspruchs gegen einen neuen Bußgeldbescheid nicht erneut Einspruch eingelegt wird (Hartung/Schons/Enders/Hartung RVG Nr. 5115 VV Rn. 6). 5

2. Entbehrlichkeit der Hauptverhandlung. Die Gebühr VV 5115 umfasst nur Tätigkeiten, welche die Hauptverhandlung entbehrlich werden lassen. Es muss aufgrund der Verfahrenseinstellung gar nicht erst zu einem Hauptverhandlungstermin kommen. Die Gebühr entsteht demzufolge nicht, wenn die **Einstellung erst im Termin** vorgenommen wird (zu VV 4141 BGH NJW-Spezial 2011, 637). 6

Der Voraussetzung der Entbehrlichkeit der Hauptverhandlung ist genüge getan, wenn nach einem stattgefundenen Hauptverhandlungstermin durch Bemühungen des Rechtsanwalts die Durchführung eines **weiteren Hauptverhandlungstermins** vermieden wird. Auch in diesen Fällen wird der vom Gesetzgeber erhoffte Nutzen der Entlastung der Gerichte aufgrund des Wegfalls einer (weiteren) Hauptverhandlung erreicht. Für das Entstehen der Gebühr ist es somit **nicht erforderlich,** die gesamte Hauptverhandlung zu vermeiden (siehe hierzu die Kommentierung zu → VV 4141 Rn. 4 ff. mwN.). 6a

7 **3. Mitwirkung des Anwalts (II).** Die Erledigung des Verfahrens vor der Verwaltungsbehörde und die Entbehrlichkeit der Hauptverhandlung müssen auf anwaltlicher Mitwirkung beruhen. Die Intensität der vom Gesetz geforderten Mitwirkung ergibt sich aus Anm. II, wonach eine auf die Förderung des Verfahrens gerichtete Tätigkeit ersichtlich sein muss. Der Zeitpunkt der Mitwirkung ist für den Gebührenanfall unerheblich, weil eine in einem früheren Verfahrensstadium erbrachte Tätigkeit grundsätzlich fortwirkt (BGH NJW 2009, 368).

8 Der Begriff der „Mitwirkung" erfordert anwaltliche Handlungen, die auf das Ziel einer Verfahrensbeendigung außerhalb der Hauptverhandlung gerichtet sein müssen und diese fördern (BGH NJW 2009, 368). Die „Mitwirkung" setzt zwar **keine für die Einstellung kausalen Tätigkeiten** voraus, doch muss der eigenständige Beitrag, über Untätigkeit oder sachfremde Tätigkeiten hinaus, die Einstellung in quantitativer und qualitativer Hinsicht fördern – zeitaufwändiges intensives Einwirken ist nicht erforderlich (BGH NJW 2009, 368; OLG Stuttgart RVGreport 2010, 263). Die Beweislast für das Fehlen der anwaltlichen Mitwirkung trifft den Gebührenschuldner (KG AGS 2009, 324).

8a Die Gebühr kann demnach auch dann anfallen, wenn der Verteidiger seinem Mandanten zu **gezieltem Schweigen** rät und dies der Staatsanwaltschaft mitteilt. Dies gilt nicht, wenn die Behörde das Verfahren unabhängig von der anwaltlichen Mitteilung des Schweigens einstellt, weil es feststeht, dass der Beschuldigte die ihm vorgeworfene Ordnungswidrigkeit nicht begangen haben kann (BGH NJW 2011, 1605). Insoweit fehlt es an der Mitwirkung des Verteidigers.

9 **Keine Mitwirkung** iSd Gebühr VV 5115 liegt vor, wenn sich die anwaltliche Tätigkeit lediglich auf die Verteidigerbestellung und Akteneinsicht beschränkt oder ein nicht begründeter Einstellungsantrag eingereicht bzw. eine spätere Einlassung in Aussicht gestellt wird (zu VV 4141: Gerold/Schmidt/Burhoff VV 4141 Rn. 10; BeckOK RVG/Knaudt VV 4141 Rn. 18 f.).

10 **4. Nicht nur vorläufige Einstellung (Nr. 1).** Eine gesonderte Gebühr VV 5115 entsteht in Höhe der Verfahrensgebühr, wenn das Gericht das Verfahren insgesamt und nicht nur vorläufig einstellt. Die Formulierung „nicht nur vorläufig" stellt die Abgrenzung zu den Verfahrenseinstellungen dar, die von vornherein nicht als endgültig anzusehen sind, weil das Verfahren lediglich unterbrochen wird. Der Einstellung muss somit das Ziel der **Endgültigkeit** innewohnen (zu VV 4141 BT-Drs. 12/6962, 106).

10a Zu beachten ist allerdings, dass im Ordnungswidrigkeitenrecht nicht alle Einstellungsgründe der StPO Anwendung finden. Folgende Einstellungen, an denen der Anwalt mitgewirkt hat, führen zum Entstehen der Gebühr VV 5115 (Mayer/Kroiß/Krumm VV 5115 Rn. 4):

- § 46 I OWiG iVm § 170 II 1 StPO,
- § 46 I OWiG iVm § 154 StPO,
- § 46 I OWiG iVm § 206a StPO,
- § 47 OWiG.

11 **Keine vorläufige Einstellung** stellt der Übergang des Bußgeldverfahrens in das Strafverfahren dar, auch wenn das Bußgeldverfahren dadurch beendet wird. Dergleichen gilt für die Entscheidungen nach § 46 I OWiG iVm § 154d 1 StPO, § 46 I OWiG iVm §§ 154f, 205 StPO, Teileinstellungen und die Zurückverweisung nach § 69 V OWiG (Burhoff/Volpert/Burhoff RVG Straf- und Bußgeldsachen, Nr. 5115 VV Rn. 15; Mayer/Kroiß/Krumm RVG VV 5115 Rn. 4).

12 **5. Einspruchsrücknahme vor Verwaltungsbehörde (Nr. 2).** Wird gegen den von der Verwaltungsbehörde erlassenen Bußgeldbescheid Einspruch eingelegt und im weiteren Verfahren unter anwaltliche Mitwirkung zurückgenommen, entsteht hierfür die Gebühr VV 5115. Der Anwendungsbereich der Nr. 2 erfasst ausschließlich das Verfahren vor der Verwaltungsbehörde, da die Rücknahme im gerichtlichen Verfahren ausdrücklich in Nr. 4 geregelt ist.

13 Das Verfahren in Bußgeldsachen vor der Verwaltungsbehörde erstreckt sich von der Einleitung des Ordnungswidrigkeitenverfahrens bis zum Eingang der Verfahrensakten beim Gericht, § 69 III 1 OWiG (zu den Verfahrensabschnitten des Verfahrens vor der Verwaltungsbehörde wird auf die Kommentierung zu → VV Vorb. 5.1.2

Rn. 2 ff. verwiesen. Demzufolge ist es unerheblich, zu welchem Zeitpunkt der vor der Verwaltungsbehörde erhobene Einspruch zurückgenommen wird, so dass die Rücknahme auch noch unmittelbar vor Eingang der Akten bei Gericht erfolgen kann.

Der Einspruch muss, um die Befriedungsgebühr entstehen lassen zu können, **voll- 14
ständig zurückgenommen** werden, so dass sich das Verfahren insgesamt erledigt. Eine Teilrücknahme oder die Beschränkung auf einzelne Taten oder den Rechtsfolgenausspruch lassen die Befriedungsgebühr nicht entstehen. Etwas anderes gilt, wenn von **mehreren Betroffenen** einer das Rechtsmittel zurücknimmt und damit das Verfahren gegen ihn endgültig erledigt ist, aber das Verfahren gegen die weiteren Betroffenen noch fortgesetzt wird (vgl. Kommentierung zu → VV 4141 Rn. 24).

Für die **anwaltliche Mitwirkung** wird auf die Ausführungen zu → Rn. 7 ver- **14a**
wiesen. Die Mitwirkung bei der Rücknahme muss für diese nicht ursächlich sein; es genügt jede auf die Förderung der Erledigung des Verfahrens gerichtete Tätigkeit (BGH NJW 2009, 368).

**6. Kein Einspruch gegen neuen Bußgeldbescheid (Nr. 3). a) Anwendungs- 15
bereich.** Im Verfahren vor der Verwaltungsbehörde entsteht die Befriedungsgebühr neben den in Nr. 2 bestimmten Voraussetzungen auch in den Fällen, in denen gegen einen neuen Bußgeldbescheid, der von der Bußgeldbehörde erlassen worden ist, nachdem sie den ursprünglichen Bußgeldbescheid zurückgenommen hat, nicht erneut Einspruch einlegt wird. Mit Einführung der Nr. 3 soll die Kompromissbereitschaft bei einem Entgegenkommen der Verwaltungsbehörde gefördert werden (BT-Drs. 15/1971, 230).

Unter Berücksichtigung der gesetzgeberischen Intention ist es fraglich, ob Nr. 3 **16**
auf den nicht geregelten Fall Anwendung findet, in welchem der Bußgeldbescheid durch die Verwaltungsbehörde infolge anwaltlicher Mitwirkung während der Einspruchsfrist **ohne Einspruch zurückgenommen und ein neuer Bescheid erteilt** wird.

Die Verwaltungsbehörde kann, solange sie Verfolgungsbehörde ist (siehe § 69 **16a**
OWiG), den Bußgeldbescheid bis zum Eintritt der Rechtskraft zurücknehmen (KK-OWiG/Kurz OWiG § 65 Rn. 25). Entsprechend steht dem Verteidiger neben der Einlegung des Einspruchs ebenso die verfahrensökonomische Möglichkeit offen, durch sein Zutun die Verwaltungsbehörde dazu zu bewegen, den Bußgeldbescheid zurückzunehmen und einen neuen Bescheid zu erlassen. Nicht nur, dass eine zu Nr. 2 vergleichbare Interessenlage vorliegt, sprechen ebenso die den gesetzgeberischen Vorstellungen zugrundeliegenden verfahrensökonomischen Erwägungen dafür, dass die Gebühr auch in diesen Fällen entsteht. Insoweit liegt nach hiesiger Auffassung eine **planwidrige Regelungslücke** vor, die wiederum eine analoge Anwendung rechtfertigt (im Ergebnis so auch Gerold/Schmidt/Burhoff VV 5115 Rn. 14). Für den Verteidiger gilt es zu beachten, dass in diesen Fällen die „anwaltliche Mitwirkung" besondere Beachtung erfährt, weil es für das Entstehen der Befriedungsgebühr nicht genügt, wenn gegen den Bescheid lediglich kein Rechtsmittel eingelegt oder davon abgeraten wird (Burhoff/Volpert/Burhoff Straf- und Bußgeldsachen, Nr. 5115 VV Rn. 31).

b) Entstehung der Gebühr. Ebenso wie in Nr. 2 ist für das Entstehen der **17**
Befriedungsgebühr Boraussetzung, dass das gesamte Verfahren erledigt wird. Folglich führt **ausschließlich der vollständige Verzicht** der Einlegung des Einspruchs gegen den neuen Bußgeldbescheid zum Entstehen der Gebühr VV 5115; ein nur auf die Rechtsfolgen beschränkter Einspruchs führt nicht zum Anfall der Befriedungsgebühr. Hat die Verwaltungsbehörde die Rücknahme des alten und den Erlass des neuen Bußgeldbescheides in einer Urkunde zusammengefasst, hat dies auf den Anfall der Gebühr keinen Einfluss (zu dieser Verfahrensweise vgl. OLG Hamm BeckRS 2006, 11974 = VD 2006, 187).

Nach Rücknahme des ersten Bußgeldbescheides durch die Verwaltungsbehörde, **18**
handelt es sich bei der Erteilung des neuen Bußgeldbescheides nicht um eine neue Angelegenheit iSd § 15. Neben der Gebühr VV 5115 entsteht für den Anwalt somit keine weitere Verfahrensgebühr VV 5101 ff. (Burhoff/Volpert/Burhoff RVG Straf- und Bußgeldsachen, Nr. 5115 VV Rn. 26).

19 **7. Einspruchsrücknahme vor Gericht, Nr. 4.** Nr. 4 regelt im gerichtlichen und Rechtsbeschwerdeverfahren das Entstehen der Befriedungsgebühr auf zweierlei Weise: Einerseits wird die Hauptverhandlung entbehrlich, indem sich das gerichtliche Verfahren oder das Rechtsbeschwerdeverfahren durch Rücknahme des Einspruchs oder der Rechtsbeschwerde vor Anberaumung eines (weiteren) Hauptverhandlungstermins erledigt (Anm. I Nr. 4 Hs. 1). Wurde bereits ein Termin zur Hauptverhandlung bestimmt, kommt ein Anfall der Befriedungsgebühr andererseits nur bei zeitgerechter Rücknahme des Einspruchs in Betracht (Anm. I Nr. 4 Hs. 2).

19a Sinn und Zweck ist daher auch bei Nr. 4 die Einhaltung des Grundsatzes, dass die Befriedungsgebühr die Vermeidung einer (weiteren) Hauptverhandlung honoriert (→ Rn. 6).

20 **a) Anwendungsbereich.** Der sachliche Anwendungsbereich der Nr. 4 erstreckt sich auf das erstinstanzliche Verfahren vor dem Amtsgericht oder Oberlandesgericht sowie auf das vor dem Oberlandesgericht oder dem Bundesgerichtshof zu verhandelnde Rechtsbeschwerdeverfahren. Zum Rechtsbeschwerdeverfahren gehört auch das Zulassungsverfahren nach § 80 OWiG (Mayer/Kroiß/Krumm VV 5115 Rn. 14; für das Zulassungsverfahren wird auf die Kommentierung zu → VV 5113 Rn. 8 ff. verwiesen).

21 Keine Anwendung findet Nr. 5115 in den Fällen, in denen ein Antrag auf **Wiedereinsetzung in den vorigen Stand** und zugleich das Rechtsmittel der Rechtsbeschwerde zusammentreffen (siehe Kommentierung zu → VV 5113 Rn. 10 f.). Hat der Wiedereinsetzungsantrag Erfolg, wird die Rechtsbeschwerde gegenstandslos, weil über die Rechtsbeschwerde erst entschieden wird, wenn die Wiedereinsetzung (rechtskräftig) versagt worden ist (KK-OWiG/Hadamitzky, 5. Aufl. 2018, Rn. 145, OWiG § 79 Rn. 145 mwN). In diesen Fällen liegt keine Rücknahme der Rechtsbeschwerde aufgrund anwaltlicher Mitwirkung vor, infolgedessen die Voraussetzungen aus VV 5115 nicht vorliegen.

22 **b) Rücknahme ohne anberaumten Termin (Hs. 1).** Im gerichtlichen Verfahren wird die Hauptverhandlung entbehrlich und es entsteht die Gebühr VV 5115, wenn sich das gerichtliche Verfahren durch Rücknahme des Einspruchs erledigt, bevor überhaupt ein Hauptverhandlungstermin anberaumt worden ist. Dergleichen gilt, wenn ein Hauptverhandlungstermin bereits durchgeführt wurde und mit der Rücknahme ein weiterer Termin verhindert wird (→ Rn. 6).

22a Für die **anwaltliche Mitwirkung** wird auf die Ausführungen zu → Rn. 7 verwiesen. Die Mitwirkung bei der Rücknahme muss für diese nicht ursächlich sein; es genügt jede auf die Förderung der Erledigung des Verfahrens gerichtete Tätigkeit (BGH NJW 2009, 368).

23 **c) Rücknahme bei anberaumten Termin, (Hs. 2).** Ist im gerichtlichen Verfahren ein Hauptverhandlungstermin anberaumt worden, muss für das Entstehen der Gebühr VV 5115 der Einspruch früher als zwei Wochen vor Beginn des Tages zurückgenommen werden, der für die Hauptverhandlung vorgesehen war.

23a Wie in der Regelung zu VV 4141 handelt es bei der in Anm. I Nr. 4 Hs. 2 enthaltenen Vorgabe nicht um eine Frist, sondern um einen Zeitraum, auf den die §§ 42 f. StPO nicht anwendbar sind (siehe Kommentierung zu → VV 4141 Rn. 25 f. mwN). Maßgebend ist daher der **Eingang der Rücknahmeerklärung** bei Gericht und nicht deren Abgabe. Demzufolge bildet der Tag vor dem terminierten Hauptverhandlungstermin das Ende des Zeitraums und die Rücknahmeerklärung muss vor 24:00 Uhr bei Gericht eingegangen sein (siehe Kommentierung zu → VV 4141 Rn. 25 f.).

24 **d) Besonderheiten im Rechtsbeschwerdeverfahren.** Nach dem Wortlaut des Gebührentatbestands muss die Hauptverhandlung entbehrlich werden, indem sich das gerichtliche Verfahren durch Rücknahme der Rechtsbeschwerde erledigt. Wie bei VV 4141 Anm. I Nr. 3 muss bei der Rechtsbeschwerde im bußgeldrechtlichen Verfahren der verfahrensrechtliche **Begründungszwang** nach § 344 StPO überwunden werden, dessen Nichtbeachtung noch in der Tatsacheninstanz zur Zurückweisung führt.

24a Des Weiteren entzündet sich – auch wenn die Rechtsbeschwerde begründet worden ist – Streit darüber, ob es für das Entstehen der Gebühr erforderlich sein soll, dass ein Hauptverhandlungstermin im Rechtsbeschwerdetermin anberaumt ist oder zumindest konkrete Anhaltspunkte dafür vorliegen, dass eine Hauptverhandlung durchgeführt worden wäre, wenn die Revision nicht zurückgenommen worden wäre (statt vieler: OLG Celle RVGreport 2019, 340).

Nach hiesiger Auffassung erhält der im Rechtsbeschwerdeverfahren tätige Verteidiger die Gebühr VV 5115 bei Entfaltung von Tätigkeiten, die über die Einlegung der Rechtsbeschwerde und die diesbezügliche Beratung hinausgehen. Den Voraussetzungen aus Anm. I Nr. 4 ist daher genüge getan, wenn die Rechtsbeschwerde, unbeschadet einer vorliegenden Begründung oder der Anberaumung eines Hauptverhandlungstermins, zurückgenommen wird (aA Mayer/Kroiß/Krumm RVG VV 5115 Rn. 13; NK-GK/Stollenwerk VV RVG Nr. 5115–5116 Rn. 17). Voraussetzung ist jedoch das Vorliegen von Anhaltspunkten, aus denen eine auf die Förderung der Erledigung des Verfahrens gerichtete Tätigkeit entnommen werden kann. **25**

Zu dieser Problematik wird insgesamt auf die eingehende Kommentierung zur Rücknahme der Revision verwiesen, → VV 4141 Rn. 31 ff. **25a**

8. Entscheidung durch Beschluss nach § 72 I 1 OWiG (Nr. 5). Hält das Gericht eine Hauptverhandlung nicht für erforderlich, so kann es gem. § 72 I 1 OWiG durch Beschluss entscheiden, wenn der Betroffene und die Staatsanwaltschaft diesem Verfahren nicht widersprechen. Damit eröffnet das Gesetz die Möglichkeit, aus Gründen der Verfahrensökonomie und Verfahrensbeschleunigung ohne Beweiserhebung in der Hauptverhandlung im schriftlichen Verfahren zu entscheiden. Demzufolge findet VV 5115 auch nur in Verfahren nach § 72 I 1 OWiG Anwendung und nicht auch in solchen nach § 79 V OWiG (Gerold/Schmidt/Burhoff RVG VV 5115 Rn. 22 mwN). Zu beachten ist aber, dass der Betroffene den gegen die Durchführung des Verfahrens erklärten Widerspruch zurücknehmen kann. Ebenso zulässig ist der erklärte Verzicht auf den Widerspruch gegen das schriftliche Verfahren (BeckOK OWiG/Hettenbach OWiG § 72 Rn. 36). **26**

Die Befriedungsgebühr entsteht daher für den Verteidiger, der einer Durchführung im schriftlichen Verfahren mit Entscheidung im Beschlusswege weder widerspricht (BT-Drs. 15/1971, 230) noch Einwendungen geltend macht und erst damit die Hauptverhandlung entbehrlich werden lässt. Ebenso kann die Gebühr VV 5115 entstehen, wenn der Verteidiger die Rücknahme des erklärten Widerspruchs erklärt oder auf den Widerspruch verzichtet. **27**

IV. Gebührenbestimmung (III). Gemäß Anm. III 1 richtet sich die Gebührenhöhe nach dem Rechtszug, in dem die Hauptverhandlung vermieden wurde. Der **gerichtlich bestellte oder beigeordnete Verteidiger** erhält demnach die entsprechende Festgebühr. **28**

Bei der Gebührenbestimmung durch den **Wahlverteidiger** ist auf Anm. III 2 zu achten, wonach die Gebühr anhand der Gebührenmitte bestimmt wird: (Mindestgebühr + Höchstgebühr): 2. Dies hat zur Folge, dass beim Wahlverteidiger keine Gebührenbestimmung nach § 14 I 1 zu erfolgen hat, sondern dieser die Gebühr 5115 als „Festgebühr" in Höhe der Mittelgebühr erhält. **28a**

Die Höhe der Befriedungsgebühr bestimmt sich nach dem Rechtszug, in welchem die Hauptverhandlung entbehrlich geworden ist. Es kommen daher entweder die erstinstanzlichen Verfahrensgebühren vor dem Oberlandesgericht und dem Amtsgericht (VV 5107 ff.) oder die Verfahrensgebühr VV 5113 für die Rechtsbeschwerdeverfahren vor dem Oberlandesgericht oder Bundesgerichtshof ebenso in Betracht, wie die Gebühren für das Verfahren vor der Verwaltungsbehörde (VV 5101 ff.). **29**

Bei den Gebühren für das erstinstanzliche Verfahren und dem Verfahren vor der Verwaltungsbehörde ist jeweils auf die Einordnung in die Gebührenstufen aufgrund der Geldbuße zu achten. Entscheidend ist nach Anm. III 1 die Verfahrensgebühr der Stufe, in der bei Nichterledigung die Hauptverhandlung stattgefunden hätte (Beispiele bei Burhoff/Volpert/Burhoff RVG Straf- und Bußgeldsachen, Nr. 5115 VV Rn. 54 ff.). **29a**

Nr.	Gebührentatbestand	Gebühr oder Satz der Gebühr nach § 13 oder § 49 RVG	
		Wahlanwalt	gerichtlich bestellter oder beigeordneter Rechtsanwalt
5116	**Verfahrensgebühr bei Einziehung und verwandten Maßnahmen** ..... **I Die Gebühr entsteht für eine Tätigkeit für den Betroffenen, die sich auf die Einziehung oder dieser gleichstehende Rechtsfolgen (§ 46 Abs. 1 OWiG, § 439 StPO) oder auf eine diesen Zwecken dienende Beschlagnahme bezieht.** **II Die Gebühr entsteht nicht, wenn der Gegenstandswert niedriger als 30,00 € ist.** **III 1 Die Gebühr entsteht nur einmal für das Verfahren vor der Verwaltungsbehörde und für das gerichtliche Verfahren im ersten Rechtszug. 2 Im Rechtsbeschwerdeverfahren entsteht die Gebühr besonders.**	**1,0**	**1,0**

Übersicht

1 **I. Normzweck.** Die Gebühr VV 5116 ist der im Strafverfahren anfallenden Gebühr VV 4142 nachgebildet und entsteht für den Verteidiger, der seinen Mandanten in Angelegenheiten der Einziehung und verwandten Maßnahmen vertritt. Als am Gegenstandswert ausgerichtete Zusatzgebühr fällt die Verfahrensgebühr VV 5116 neben anderen Verfahrens- oder Terminsgebühren gesondert hat, so dass keine Anrechnung stattfindet. Sinn und Zweck der Vorschrift liegen darin begründet, dem Verteidiger auch im bußgeldrechtlichen Verfahren die oftmals umfangreichen Tätigkeiten angemessen zu vergüten.

2 **II. Persönlicher Anwendungsbereich.** Der persönliche Anwendungsbereich ergibt sich aus Vorb. 5 I. Die Verfahrensgebühr VV 5116 entsteht daher für den Wahlanwalt ebenso wie für den gerichtlich bestellten oder beigeordneten Verteidiger sowie für die Tätigkeit als Beistand oder Vertreter eines Einziehungs- oder Nebenbeteiligten.

3 **III. Sachlicher Anwendungsbereich. 1. Einziehung und gleichstehende Rechtsfolge.** Der sachliche Anwendungsbereich ist in Anm. I geregelt und erstreckt sich auf die Einziehung, dieser gleichstehenden Rechtsfolgen oder auf eine diesen Zwecken dienende Beschlagnahme nach § 46 I OWiG iVm §§ 111b, 111c StPO:

- Einziehung von Taterträgen, Tatprodukten, Tatmitteln und Tatobjekten nach §§ 46 I, 87 OWiG iVm § 421 ff. StPO mit Ausnahme des § 443 StPO (zu §§ 443 StPO KK-OWiG/Lampe OWiG § 46 Rn. 55),
- Einziehung und Unbrauchbarmachung nach § 123 OWiG,
- Vernichtung oder Beseitigung eines gesetzeswidrigen Zustands nach §§ 144 IV, 145 IV MarkenG,
- Vernichtung, Unbrauchbarmachung und Beseitigung als der Einziehung gleichstehende Maßnahmen (§ 439 StPO).

Keine Anwendung findet die Gebühr VV 5116 auf anwaltliche Tätigkeiten, die im Rahmen von Beschlagnahmen nach § 46 I OWiG iVm §§ 94, 98 StPO anfallen und aufgrund der Sicherstellung als Beweismittel angeordnet worden sind. Ein Entstehen der Gebühr ist allerdings möglich, wenn die Beschlagnahme nicht nur zur Sicherstellung als Beweismittel erfolgte, sondern auch zur Sicherstellung als Einziehungsgegenstand (OLG Düsseldorf RVGreport 2011, 228). 4

2. Selbständiges Einziehungsverfahren (§ 29a V OWiG). Wird gegen den Betroffenen ein Bußgeldverfahren nicht eingeleitet oder wird es nach § 47 OWiG oder § 46 I OWiG iVm § 170 II StPO eingestellt, kann die Einziehung nach § 29a V OWiG selbständig angeordnet werden. Ebenso ist dies möglich, wenn das Bußgeldverfahren aus Rechtsgründen nicht durchgeführt werden kann (§ 30 IV 2 OWiG) oder die Verwaltungsbehörde von der Festsetzung einer Geldbuße aus Opportunitätsgründen nach § 30 I OWiG absieht, um die Voraussetzungen nach § 29a II, V OWiG zu schaffen (BeckOK OWiG/Meyberg OWiG § 29a Rn. 98; KK-OWiG/Mitsch OWiG § 29a Rn. 54). 5

Vertritt der Verteidiger einen Einziehungsbeteiligten ausschließlich in einem selbständigen Einziehungsverfahren nach § 29 V OWiG ist es umstritten, ob ihm nur die Gebühr VV 5116 zusteht oder auch die üblichen Grund-, Verfahrens-, oder Terminsgebühren (**weitere Gebühren neben VV 5116:** LG Stuttgart RVGreport 2020; LG Trier RVGreport 2016, 385; LG Karlsruhe AGS 2013, 230; LG Oldenburg JurBüro 2013, 135; Burhoff/Volpert/Burhoff RVG Straf- und Bußgeldsachen, Nr. 5116 VV Rn. 5; **nur die Gebühr VV 5116:** LG Kassel RVGreport 2019, 342; LG Koblenz RVGReport 2018, 386; OLG Karlsruhe, RVGreport 2012, 301; Mayer/Kroiß/Krumm Vorbemerkung 5 Rn. 38). 6

Nach hiesigem Dafürhalten ist der Auffassung beizutreten, die dem Verteidiger einzig die Gebühr VV 5116 zuspricht, weil nur diese Ansicht der Vergütungssystematik des VV Teil 5 gerecht wird. Insbesondere die Tatsache, dass die Verfahrens- und Terminsgebühren VV 5101 – 5112 anhand der Höhe der Geldbuße bestimmt werden müssen, spricht bereits deutlich gegen einen Ansatz dieser Gebühren im Einziehungsverfahren nach § 29a V OWiG. Das Verfahren nach § 29a OWiG wird losgelöst von der Geldbuße betrieben und die Vergütung bemisst sich anhand der Höhe der einzuziehenden Tat- oder Handlungserträge. Dies ist auch sachgerecht, weil der die Gebühr zugrunde zu legende Vermögenswert den Anhaltspunkt für den Wert der anwaltlichen Tätigkeit bildet. Bereits diese Vergütungsgrundsätze sprechen gegen den Anfall der Gebühren VV 5101 ff. 7

Die Gegenansicht schlägt allerdings zur Überwindung der vorstehenden Diskrepanzen vor, dass zur Ermittlung der Gebührenhöhe die (fiktive) Geldbuße zugrunde zu legen sei, die festgesetzt worden wäre, wenn ein Bußgeldverfahren durchgeführt worden wäre oder der Einziehungsbetrag als Anknüpfungspunkt zu nehmen sei (Burhoff/Volpert/Burhoff RVG Straf- und Bußgeldsachen, Nr. 5116 VV Rn. 6; Burhoff RVGreport 2012, 301). Hergeleitet wird dies aus der analogen Anwendung der VV Vorb. 5.1 II 2. Für die Anwendung dieser Gesetzesanalogie mangelt es allerdings an einer planwidrigen Regelungslücke, da eine noch nicht festgesetzte Geldbuße im Verfahren vor der Verwaltungsbehörde keine dem selbständigen Einziehungsverfahren nach § 29a V OWiG vergleichbare Interessenlage darstellt. 7a

Ebenso greift das Argument nicht durch, dass es sich bei VV 5116 um eine zusätzliche Gebühr handelt und deshalb nicht anstatt einer Gebühr nach VV 5101 ff. entstehen kann (so zB LG Karlsruhe AGS 2013, 230). Zwar ist die Gebühr VV 5116 als zusätzliche Gebühr konzipiert, doch ist sie ebenso Verfahrensgebühr und entsteht gem. VV Vorb. 5 II für das Betreiben des Geschäfts einschließlich der Information 8

(→ Rn. 10 f.). Die Eigenschaft als „zusätzliche Gebühr" beinhaltet lediglich den Umstand der gesonderten Entstehung und damit dem Entfall der Anrechnung einer Verfahrensgebühr auf eine andere Verfahrensgebühr. Dies bedeutet nicht, dass die Gebühr als Verfahrensgebühr nicht für sich allein entstehen kann. Im Gegensatz hierzu steht wiederum die Befriedungsgebühr VV 5115, die für ihr Entstehen ein Mitwirken des Anwalts und ein bestimmtes Verfahrensergebnis voraussetzt.

9 Unter Berücksichtigung der vergütungsrechtlichen Systematik sowie der gesetzgeberischen Intention kann der Verteidiger, der den Mandanten ausschließlich im selbständigen Einziehungsverfahren nach § 29a OWiG vertritt, ausschließlich die Gebühr VV 5116 verlangen.

9a Zu überlegen ist allerdings – weil durch Anm. I zu VV 5100 nicht ausgeschlossen –, ob für den ausschließlich im Verfahren nach § 29a OWiG tätigen Verteidiger die von der Höhe der Geldbuße unabhängige **Grundgebühr VV 5100** entsteht. Die Grundgebühr entsteht einmalig neben der Verfahrensgebühr und erweitert deren Rahmen. Damit würde zudem den Arbeitsaufwand des Verteidigers honoriert werden, welcher einmalig mit der Mandatsübernahme und der damit notwendigen Informationsbeschaffung einhergeht (für die Entstehung der Grundgebühr siehe LG Freiburg JurBüro 2020, 130).

10 **IV. Gebührenbestimmung.** Die Gebühr VV 5116 ist **Verfahrensgebühr** und entsteht somit für das Betreiben des Geschäfts einschließlich der Information (VV Vorb. 5 II). Damit erstreckt sich die Gebühr VV 5116 auf das gesamte Einziehungsverfahren, und es wird, soweit keine weiteren Gebühren (zB Grundgebühr) bestimmt sind, die vollständige Tätigkeit des Rechtsanwalts im Verfahren abgegolten.

11 **1. Entstehung und Abgeltungsbereich der Gebühr, III.** Die Gebühr VV 5116 fällt mit der ersten anwaltlichen Tätigkeit an, die mit dem Einziehungsverfahren in Verbindung steht. Für den Anfall der Gebühr genügt es demnach, wenn der Verteidiger in der Hauptverhandlung sein Einverständnis mit der formlosen Einziehung erklärt (Mayer/Kroiß/Krumm RVG VV 5116 Rn. 4 mwN). Eigentumsverhältnisse an dem einzuziehenden Gegenstand sind für die Frage des Entstehens der Gebühr unerheblich (OLG Düsseldorf RVGreport 2011, 228).

11a Von der Gebühr VV 5116 werden alle Tätigkeiten abgegolten, die einen Bezug zur Einziehung oder einer der verwandten Maßnahmen haben, wie etwa das Fertigen von Schriftsätzen oder Stellungnahmen sowie Besprechungen und Beschwerden.

12 Nach Anm. III I entsteht VV 5116 nur einmal für das Verfahren vor der Verwaltungsbehörde **und** für das gerichtliche Verfahren im ersten Rechtszug. Dies bedeutet, dass ein Verteidiger, der seinen Mandanten sowohl vor dem Verwaltungsgericht als auch in erster Instanz vor dem Gericht vertritt, die Gebühr **insgesamt nur einmal** verlangen kann. Schließt sich dem erstinstanzlichen gerichtlichen Verfahren ein Rechtsbeschwerdeverfahren an, kann die Gebühr VV 5116 ein zweites Mal für denselben Verteidiger entstehen.

13 **2. Zurückverweisung durch Rechtsbeschwerdegericht.** Erfolgt durch das Rechtsbeschwerdegericht eine **Zurückverweisung** der Angelegenheit an das zuständige Gericht, ist das dann vor dem Gericht folgende weitere Verfahren ein neuer Rechtszug und die Gebühr VV 5116 kann gem. § 21 I erneut entstehen (Riedel/Sußbauer/Kremer RVG VV 5116 Rn. 15).

14 **3. Gegenstandswert und Gebührenhöhe, II. a) Gegenstandswert.** Die Gebühr VV 5116 ist eine als Wertgebühr ausgestaltete Verfahrensgebühr. Demzufolge bestimmt sich die Gebührenhöhe nach dem Gegenstandswert der von der Einziehung oder derer verwandten Maßnahmen betroffenen Gegenstände (hierzu auch die Kommentierung zu → VV 4142 Rn. 13 ff.).

14a Als Gegenstandswert ist der **Verkehrswert** bzw. der objektive Verkehrswert der Gegenstände anzusetzen – ein ggf. zu erzielender Versteigerungserlös ist unbeachtlich. Der Verkehrswert der Sache stellt deren Wert dar, welcher aus der **legalen Veräußerung** zu erlangen ist (siehe Kommentierung zu → VV 4142 Rn. 15). Liegt der Verkehrswert unter 30 EUR, entsteht die Gebühr VV 5116 gem. Anm. II nicht. Dergleichen gilt für nicht verkehrsfähige Einziehungsgegenstände, da diese keinen Gegenstandswert haben und somit ebenso unter die Bagatellklausel der Anm. II fallen (Mayer/Kroiß/Krumm RVG VV 5116 Rn. 5 mwN).

Die Werte **mehrerer Gegenstände** werden nach § 22 I zusammengerechnet. Bei **mehreren Tätern** kommt es nicht auf den auf einen Täter entfallenden Anteil an, da das subjektive Interesse außer Betracht bleibt und somit jedem Täter der volle Verkehrswert zuzurechnen ist (OLG Bamberg AGS 2007, 192). 15

b) Gebührenhöhe. Der Wahlanwalt erhält die Gebühr VV 5116 auf Grundlage des Gegenstandswertes nach § 13, der bei entsprechender Wertfestsetzung durch Beschluss für das Kostenfestsetzungsverfahren maßgebend ist (zu VV 4142 siehe LG Koblenz BeckRS 2012, 3526). Die Höhe der dem gerichtlich bestellten oder beigeordneten Rechtsanwalt zustehenden Gebühr, ist auf die im Wege der Prozesskostenhilfe zustehenden Gebührenbeträge (§ 49) begrenzt (zu VV 4142 BT-Drs. 15/1971, 228). Bei **mehreren Auftraggebern** wegen desselben Gegenstandes, findet die Erhöhungsgebühr VV 1008 Anwendung (zu VV 4142 siehe Gerold/Schmidt/Burhoff VV 4142 Rn. 16). 16

Die **Feststellung oder Festsetzung einer Pauschvergütung** gem. §§ 42 I 2, 51 I 2 ist ausgeschlossen, weil es sich um eine Wertgebühr handelt. Aus diesem Grund scheidet bei einer gewährten Pauschvergütung die Anrechnung einer zuvor festgesetzten und ausbezahlten Gebühr VV 5116 aus (siehe Kommentierung zu → VV 4142 Rn. 13 mwN). 16a

c) Wertfestsetzung. Der Rechtsanwalt muss ggf. den Gegenstandswert nach § 33 RVG festsetzen lassen, da aus dem Wert einer Einziehung keine Gerichtsgebühren entstehen. Für die Höhe des Gegenstandswertes ist auf den Zeitpunkt der Gebührenentstehung abzustellen (zu VV 4142 siehe Kotz NStZ-RR 2007, 293 (298)). 17

Abschnitt 2. Einzeltätigkeiten

Nr.	Gebührentatbestand	Gebühr oder Satz der Gebühr nach § 13 oder § 49 RVG – Wahlanwalt	Gebühr oder Satz der Gebühr nach § 13 oder § 49 RVG – gerichtlich bestellter oder beigeordneter Rechtsanwalt
5200	**Verfahrensgebühr** .... **I Die Gebühr entsteht für einzelne Tätigkeiten, ohne dass dem Rechtsanwalt sonst die Verteidigung übertragen ist.** **II 1 Die Gebühr entsteht für jede Tätigkeit gesondert, soweit nichts anderes bestimmt ist. 2 § 15 RVG bleibt unberührt.** **III Wird dem Rechtsanwalt die Verteidigung für das Verfahren übertragen, werden die nach dieser Nummer entstandenen Gebühren auf die für die Verteidigung entstehenden Gebühren angerechnet.** **IV Der Rechtsanwalt erhält die Gebühr für die Vertretung in der Vollstreckung und in einer Gnadensache auch, wenn ihm die Verteidigung übertragen war.**	**22,00 bis 121,00 €**	**57,00 €**

I. Normzweck. Für den Rechtsanwalt im Bußgeldverfahren, dem sonst nicht die Verteidigung übertragen ist, regelt VV Teil 5 Abschnitt 2 die Vergütung für Einzeltätigkeiten. Werden die in VV 5200 genannten Tätigkeiten durch einen Verteidiger 1 wahrgenommen, dem ein umfassendes Mandat erteilt worden ist, werden diese Tätigkeiten von den nach VV Teil 4 Abschnitt 1 entstandenen Gebühren umfasst.

2 Die Gebühr VV 5200 ist den im Strafverfahren anfallenden Gebühren VV 4300, 4301 nachgebildet. Die Verfahrensgebühr VV 5200 entsteht ge m. Anm. I für den Rechtsanwalt, dem sonst nicht die Verteidigung in einer Bußgeldsache übertragen ist. Nach Nr. 5200 Anm. 4 VV entsteht die Gebühr für die Vertretung in der Vollstreckung bzw. in einer Gnadensache auch dann, wenn dem Rechtsanwalt die Verteidigung im Bußgeldverfahren übertragen war.

3 **II. Persönlicher Anwendungsbereich.** Die Gebühr VV 5200 steht dem Wahlverteidiger und dem gerichtlich bestellten oder beigeordneten Verteidiger zu. Die in VV Vorb. 5 I genannten Beistände und Vertreter haben Anspruch auf die Gebühren des Abschnitt 2, wenn sie mit den entsprechenden Einzeltätigkeiten beauftragt worden sind, ohne dass ihnen die Vertretung insgesamt übertragen wurde. Für die (streitigen) Vergütungsansprüche des Zeugenbeistands und Terminsvertreters wird auf die Kommentierung zu → VV Vorb. 5.1 Rn. 4 ff. verwiesen.

4 **III. Sachlicher Anwendungsbereich (I).** Die Gebühr entsteht für einzelne Tätigkeiten und nur für den Verteidiger, dem keine umfassende Verteidigung übertragen worden ist. Die Abgrenzung zur Einzeltätigkeit erfolgt beim **Wahlverteidiger** unter Berücksichtigung des Umfangs des ihm erteilten Mandats. Maßgeblich ist die inhaltliche Einschränkung des erteilten Auftrags und nicht eine ggf. zeitliche Beschränkung.

4a Bei dem **gerichtlich bestellten oder beigeordneten Verteidiger** muss für die Beurteilung auf den Umfang der gerichtlichen Bestellung abgestellt werden; hiernach richtet sich gem. § 48 I auch dessen Vergütungsanspruch. Im Übrigen wird auf die Kommentierung zu → VV Vorb. 4.3, Rn. 4 f. verwiesen.

5 VV 5200 benennt im Gegensatz zu den Gebühren in Strafsachen von vornherein keine bestimmten Einzeltätigkeiten. Demzufolge kann die Gebühr VV 5200 für alle anwaltlichen Tätigkeiten im Bußgeldverfahren anfallen, die für den Verteidiger nicht bereits durch die Gebühren des VV Teil 5 Abschnitt 1 abgegolten sind (Hartung/Schons/Enders/Hartung Nr. 5200 VV Rn. 3). Es kann sich hierbei an den in VV 4301 ff. aufgeführten Tätigkeiten orientiert werden, wozu u.a gehören: (siehe weitere Beispiele bei Mayer/Kroiß/Krumm VV 5200 Rn. 3; Burhoff/Volpert/Burhoff RVG Straf- und Bußgeldsachen Nr. 5200 VV Rn. 13):

- Antrag auf gerichtliche Entscheidung nach §§ 103, 62 OWiG,
- Begründung des Einspruchs oder der Rechtsbeschwerde,
- Beistandsleistung in einem Hauptverhandlungstermin,
- Einlegung von Rechtsmitteln,
- Gegenerklärung auf die eingelegte Rechtsbeschwerde,
- Tätigkeiten in einer Gnadensache (N. Schneider DAR 2017, 356),
- Ratenzahlungsanträge (hierzu Schneider NJW-Spezial 2017, 219).

6 **IV. Gebührenbestimmung.** VV 5200 ist eine Verfahrensgebühr und entsteht daher gem. VV Vorb. 5 II für das Betreiben des Geschäfts einschließlich der Information. Die Gebühr entsteht mit der ersten Tätigkeit, die der Verteidiger in Bezug auf die mit der Durchführung der beauftragten Einzeltätigkeit erbringt. Eine vorzeitige Erledigung des Auftrags ist gem. § 15 IV für den Anfall der Gebühr unerheblich (zur Anwendung des § 15 → Rn. 8).

7 **1. Gesonderte Gebühren (II 1).** Nach Anm. II 1 entsteht die Gebühr für jede Einzeltätigkeit gesondert, soweit nichts anderes bestimmt ist. Hiernach ist **jede Einzeltätigkeit eine eigene Angelegenheit,** so dass die Gebühren mehrfach entstehen können. Für den gerichtlich bestellten oder beigeordneten Verteidiger folgt aus VV Vorb. 4.3 III 1 die Notwendigkeit, einer für jede Einzeltätigkeit vorzunehmenden **gesonderten Beiordnung oder Bestellung.**

Anders als in VV Vorb. 4.3 III 3, ist in VV 5200 keine Ausnahme für das **Beschwerdeverfahren** enthalten. Folglich wird die Beschwerde durch die für die Einzeltätigkeit entstehende Gebühr VV 5200 abgegolten (Hartung/Schons/Enders/Hartung RVG Nr. 5200 VV Rn. 6). Wurde allerdings ein neuer Verteidiger mit der

Einzeltätigkeit beauftragt und beschränkt sich der Auftrag auf die Einlegung der Beschwerde, fällt für diese Einzeltätigkeit die Gebühr VV 5200 an.

Für den mit einer Einzeltätigkeit beauftragten Verteidiger fällt **keine Grundgebühr** nach VV 5100 an (Gerold/Schmidt/Burhoff VV 5200 Rn. 10 mwN). Ebenso steht ihm **keine Terminsgebühr** zu. Wird er etwa mit der Beistandsleistung für die Teilnahme in einem Hauptverhandlungstermin beauftragt, entsteht hierfür die Gebühr VV 5200. 8

2. Anwendung des § 15 (II 2). Anm. II 2 bestimmt, dass die Regelung des § 15 unberührt bleibt und somit entsprechend anzuwenden ist. Hieraus folgt, dass das Vorliegen mehrerer Angelegenheiten nach § 15 I bestimmt wird und der Verteidiger, wenn er mit mehreren Einzeltätigkeiten betraut ist, gem. § 15 VI nicht mehr an Gebühren erhält, als der mit der gesamten Angelegenheit beauftragte Rechtsanwalt für die gleiche Tätigkeit erhalten würde. 9

Bei der Berechnung des Gebührenaufkommens sind sämtliche dem Vollverteidiger erwachsene Gebühren inkl. Grundgebühr und Haftzuschläge zugrunde zu legen (Berechnungsbeispiel bei Burhoff/Volpert/Burhoff RVG Straf- und Bußgeldsachen VV Nr. 5200 Rn. 20). 9a

3. Gebührenanrechnung (III). Anm. III regelt für den Fall, dass dem zuvor mit Einzeltätigkeiten beauftragten Verteidiger ein umfassendes Mandat erteilt wird, die Anrechnung der nach VV Teil 5 Abschnitt 1 angefallen Gebühren auf die für die Vollverteidigung entstehenden Gebühren. Infolge des ausdrücklichen Wortlauts „entstehenden" findet **keine nachträgliche Anrechnung** der Einzeltätigkeitsgebühren auf bereits (zuvor) entstandene Gebühren der Vollverteidigung statt. 10

Darüber hinaus gelangt die Anrechnung nur in den Fällen zur Anwendung, in denen dieselbe gebührenrechtliche Angelegenheit vorliegt. Dies folgt dem Grundgedanken aus § 15 II, wonach der Rechtsanwalt in derselben Angelegenheit die Vergütung nur einmal erhält. 10a

Liegt bei der Einzeltätigkeit eine andere gebührenrechtliche Angelegenheit als bei der folgenden Vollverteidigung vor, scheidet eine Anrechnung aus (siehe Kommentierung zu → VV Vorb. 4.3 Rn. 14). Aufgrund Anm. II 2 wird nach § 15 V 2 keine Anrechnung vorgenommen, wenn zwischen der erledigten Einzeltätigkeit und der Erteilung des umfassenden Mandats mehr als zwei Kalenderjahren vergangen sind. 11

4. Höhe der Gebühr. Der **gerichtlich bestellte oder beigeordnete Verteidiger** erhält, vom Aufwand der Tätigkeit unabhängig, eine Festgebühr. Liegen die Voraussetzungen vor, kann der Verteidiger einen mit der Angelegenheit verbundenen erheblichen Aufwand im Rahmen des § 51 geltend machen. Zu Fragen der Beiordnung wird auf die Kommentierung zu → VV Vorb. 5 Rn. 26 und → VV Vorb. 4 Rn. 56 ff. verwiesen. 12

Für den **Wahlverteidiger** ist die Gebühr als Betragsrahmengebühr ausgestaltet, deren konkrete Höhe nach § 14 I 1 bestimmt wird. Für die bei der Gebührenbestimmung zu berücksichtigenden Kriterien wird zunächst auf die Kommentierung zu → § 14 Rn. 1 ff. und zu → VV Vorb. 5 Rn. 34 ff. verwiesen. Liegen die Voraussetzungen vor, kann er eine Pauschgebühr nach § 42 geltend machen. 13

V. Vollstreckungssache, Gnadensache (IV). Der Rechtsanwalt erhält gem. Anm. IV die Gebühr für die Vertretung in der Vollstreckung und in einer Gnadensache auch, wenn ihm die Verteidigung übertragen war. Die Anm. IV stellt insoweit klar, dass es sich bei der Gnaden- oder Vollstreckungssache um eine gesonderte Angelegenheit handelt und der Rechtsanwalt die Gebühr auch in den Fällen erhält, in denen ihm zuvor die Verteidigung übertragen worden war. Es findet somit auch keine Anrechnung statt. 14

Teil 6. Sonstige Verfahren

Vorbemerkung 6:

I Für die Tätigkeit als Beistand für einen Zeugen oder Sachverständigen in einem Verfahren, für das sich die Gebühren nach diesem Teil bestimmen,

entstehen die gleichen Gebühren wie für einen Verfahrensbevollmächtigten in diesem Verfahren.

II Die Verfahrensgebühr entsteht für das Betreiben des Geschäfts einschließlich der Information.

III 1 Die Terminsgebühr entsteht für die Teilnahme an gerichtlichen Terminen, soweit nichts anderes bestimmt ist. 2 Der Rechtsanwalt erhält die Terminsgebühr auch, wenn er zu einem anberaumten Termin erscheint, dieser aber aus Gründen, die er nicht zu vertreten hat, nicht stattfindet. 3 Dies gilt nicht, wenn er rechtzeitig von der Aufhebung oder Verlegung des Termins in Kenntnis gesetzt worden ist.

Abschnitt 1. Verfahren nach dem Gesetz über die internationale Rechtshilfe in Strafsachen und Verfahren nach dem Gesetz über die Zusammenarbeit mit dem Internationalen Strafgerichtshof

Unterabschnitt 1. Verfahren vor der Verwaltungsbehörde

Vorbemerkung 6.1.1:

Die Gebühr nach diesem Unterabschnitt entsteht für die Tätigkeit gegenüber der Bewilligungsbehörde in Verfahren nach Abschnitt 2 Unterabschnitt 2 des Neunten Teils des Gesetzes über die internationale Rechtshilfe in Strafsachen.

Nr.	Gebührentatbestand	Gebühr	
		Wahlverteidiger oder Verfahrensbevollmächtigter	gerichtlich bestellter oder beigeordneter Rechtsanwalt
6100	Verfahrensgebühr	55,00 bis 374,00 €	172,00 €

Unterabschnitt 2. Gerichtliches Verfahren

Nr.	Gebührentatbestand	Gebühr	
		Wahlverteidiger oder Verfahrensbevollmächtigter	gerichtlich bestellter oder beigeordneter Rechtsanwalt
6101	Verfahrensgebühr	110,00 bis 759,00 €	348,00 €
6102	Terminsgebühr je Verhandlungstag	143,00 bis 1023,00 €	466,00 €

1 **I. Systematik.** Es handelt sich jeweils um kein eigentliches Strafverfahren, sondern um ein Verfahren eigener Art. VV 6100–6102 beziehen sich nur auf die Beistandsleistung bei einer Auslieferung, Weiterlieferung, Durchbeförderung, Durchlieferung, bei der Herausgabe von Gegenständen als Beweismittel usw nach den Vorschriften des IRG und des IStGHG. Ergänzend sind §§ 14, 15 ff. zu beachten. § 3a ist anwendbar, ebenso VV 1008.

2 **II. Regelungszweck.** Die durch Vorb. 6 II als eine jeweilige Pauschale klargestellten Gebühren, im Einzelnen Rahmengebühren, sollen zwecks Ermittlung des Angemessenen wie bei einer Verteidigergebühr einen Spielraum lassen. Man muss die

enormen Spannweiten beachten, die zwischen einem „unauffälligen Normalfall" und einer der manchmal nahezu weltweites Aufsehen mit scharfen politischen Folgen verursachenden Lagen entstehen können. Auch das muss man abwägen.

III. Sachlicher Anwendungsbereich. Die Vorschrift gilt nicht nur bei einer Beistandsleistung, sondern auch bei einer anderen Tätigkeit für den Beschuldigten oder für einen Einziehungsinteressenten, insbesondere im Auslieferungsverfahren nach §§ 2 ff. IRG, im Durchlieferungsverfahren nach § 45 IRG, bei der Entscheidung über die Vollstreckung einer Auslandsstrafe nach §§ 48 ff. IRG, bei einer Durchbeförderung nach § 65 IRG und bei der Klärung eines Vollstreckungsersuchens nach § 71 IRG sowie bei Eingehenden wie Ausgehenden Ersuchen nach §§ 87 ff. IRG. Das klärt für Zeugen und Sachverständige Vorb. 6 I, II. VV 6100–6102 gelten für den gewählten und für den bestellten Anwalt. Für den letzteren gelten zusätzlich §§ 45 ff. VV 6100–6102 sind auf den zum Rechtsbeistand nach § 40 IRG gewählten Hochschullehrer nur bei einer Vereinbarung anwendbar. 3

Ergänzend sind die **allgemeinen Vorschriften** heranzuziehen. Insbesondere ist § 7 bei einer Mehrheit von Auftraggebern nach → § 7 Rn. 3 ff. anwendbar, sofern es sich um ein einheitliches Verfahren handelt. Dann ist also VV 1008 anwendbar. Ein Auslieferungsverfahren und ein Durchlieferungsverfahren sind getrennte Verfahren und Angelegenheiten. Bei verschiedenen Verfahrenszielen entstehen getrennte Gebühren. Jede Angelegenheit lässt neue Gebühren entstehen, etwa bei § 35 IRG. Die Anhebung der Gebühren zum 1.1.2021 durch das **Kostenrechtsänderungsgesetz 2021** erfasst Altfälle nicht; zur Abgrenzung in zeitlicher Hinsicht vgl. die Dauerübergangsregelung des § 60. 4

IV. Persönlicher Anwendungsbereich. Die Vorschriften gelten für den Wahlanwalt wie für den bestellten oder beigeordneten Anwalt. Sie gelten nach Vorb. 6 I auch für einen Anwalt als den nach § 40 VIII 1 IRG iVm § 138 StPO statthaften Rechtsbeistand eines Beschuldigten oder Verfolgten oder eines Zeugen oder Sachverständigen. Die Gebühren sind nach § 14 beim gewählten Anwalt Betragsrahmengebühren. Sie haben nach → Rn. 2 einen Pauschcharakter. Sie entstehen dann, wenn der Anwalt anstelle des Verfolgten oder Beteiligten, also als sein Vertreter, oder neben ihm auftritt. Sie entstehen als Festgebühren bei dem nach §§ 40 IV, 45 VI 2 IRG beigeordneten Anwalt. Sie lassen sich bei ihm nach § 51 I 1 erhöhen. Dann kommen ein Vorschuss nach § 47 und auch eine Anrechnung nach § 58 III in Betracht. 5

V. Verfahrensgebühr (VV 6100, 6101). Es gibt keine Grundgebühr. Die Verfahrensgebühr entsteht mit jeder Tätigkeit, die der Anwalt zur Ausführung des Auftrags vornimmt. Sie entsteht nach Vorb. 6 II schon mit der auftragsgemäßen Aufnahme der Information. 6

1. Pauschale. Die Verfahrensgebühr gilt die Tätigkeit im gesamten Verfahren außerhalb einer mündlichen Verhandlung von der ersten Beistandsleistung gegenüber dem Gericht nach VV 6101 oder einer Verwaltungsbehörde nach VV 6100 bis zu seiner Beendigung ab (Vorb. 6 II). Behörde meint nach Vorb. 6.1.1 die Bewilligungsbehörde in Verfahren nach §§ 87 ff. IRG, das Bundesamt für Justiz gemäß § 74 I 4 IRG. Zu der Gebühr nach VV 6101 kann nach → Rn. 12 die Terminsgebühr VV 6102 hinzutreten. 7

Sie **umfasst also auch** folgende Tätigkeiten: Die Akteneinsicht; den schriftlichen oder mündlichen Verkehr mit dem Verfolgten oder mit anderen Beteiligten, etwa mit dem Gericht oder mit der Staatsanwaltschaft oder einer ausländischen Behörde, bei einer Herausgabe eines Gegenstands also mit jedem, der ein Recht am Gegenstand nach § 38 IV IRG geltend macht; eine Einwendung gegen den Haftbefehl; die schriftliche Verhandlung mit einer Behörde; die Beistandsleistung bei der vorläufigen oder endgültigen Auslieferungshaft; die Hilfe bei einer Vernehmung; den Beistand bei einer Einverständniserklärung nach § 41 IRG; die Einreichung eines Schriftsatzes; die Vorbereitung einer mündlichen Verhandlung; eine Beistandsleistung gegenüber dem BGH nach § 42 IRG; die Entgegennahme einer Rücknahme des Ersuchens oder des Ablehnungsbeschlusses; eine Abwicklungstätigkeit. 8

Bei einem **bloßen Rat** oder einer bloßen Auskunft liegt **keine** Beistandsleistung nach VV 6100, 6101 vor, sondern eine Tätigkeit nach § 34 I 1 Hs. 1. 9

10 **2. Gebührenhöhe.** Der Anwalt verdient die Gebühr VV 6100, 6101 grundsätzlich auch dann, wenn der Verfolgte ihn nur mit einer **Einzeltätigkeit** beauftragt hat, zB mit einem Einwand gegen einen Haftbefehl, oder wenn der Anwalt lediglich die mündliche Verhandlung vor dem nach § 29 I IRG zuständigen OLG vorbereitet hat, zu der es dann aus einem beliebigen Grund nicht kommt. Dann tritt also keine Ermäßigung ein. Wohl aber muss man den geringeren Arbeitsumfang ebenso wie einen besonders großen Umfang oder eine besondere rechtliche oder tatsächliche Schwierigkeit im Rahmen des § 14 berücksichtigen. Bei einer mündlichen Verhandlung vor dem OLG nach §§ 30 ff. IRG tritt nach → Rn. 13 die Gebühr VV 6102 zu derjenigen VV 6101 hinzu.

11 Die **Mittelgebühr** beim Wahlanwalt beträgt bei VV 6100 214,50 EUR und bei VV 6101 434,50 EUR.

12 **VI. Terminsgebühr (VV 6102).** Die Gebühr VV 6102 tritt neben diejenige nach VV 6101. Das gilt auch dann, wenn der Verfolgte den Auftrag nur für die Vertretung in der mündlichen Verhandlung erteilt hat. Die Gebühr entsteht nochmals **für jeden** weiteren **Verhandlungstag.** Das gilt auch bei einer Vertagung während der Verhandlung. Dabei kann für jeden Verhandlungstag ein anderes Ergebnis aus dem Betragsrahmen anzusetzen sein, wenn die Verhältnisse an diesem Tag nach § 14 anders zu beurteilen sind. Bei einer Vertagung vor dem Beginn der Verhandlung entsteht allerdings zunächst keine Terminsgebühr. Sie entsteht dann erst mit der Beistandsleistung im neuen Verhandlungstermin. VV 6102 kommt im Gegensatz zu VV 6100, 6101 auch bei einer Anordnung einer neuen Verhandlung nach § 33 IRG in Betracht.

13 **1. Termin.** Nach Vorb. 6 III 1, der Überschrift „Gerichtliches Verfahren" für den VV 6102 umfassenden Unterabschnitt und der Bezugnahme in VV 6102 auf den „Verhandlungstag" entsteht die Terminsgebühr für die Teilnahme an **gerichtlichen Verhandlungsterminen.** Termine vor einer Behörde sind nicht erfasst. Es reicht nach Vorb. 6 III 2 aus, dass der Anwalt auftragsgemäß zu der Verhandlung erscheint (OLG Koblenz JurBüro 2008, 313), selbst wenn diese dann ohne seine Vorkenntnis nicht stattfindet. Die Verhandlung beginnt mit der Erörterung der Sache. VV 6102 erfasst nur die Teilnahme an einer mündlichen Verhandlung vor dem Oberlandesgericht nach §§ 30 III, 31, 33 III IRG; für eine Vernehmung oder Anhörung vor dem Amtsgericht nach §§ 21, 22, 28, 41 IV IRG fällt hingegen keine Terminsgebühr an (OLG Zweibrücken JurBüro 2022, 416; OLG München JurBüro 2021, 406 = AGS 2021, 401 mablAnm Burhoff; OLG Hamburg JurBüro 2021, 184; OLG Jena JurBüro 2021, 183 [Aufgabe von OLG Jena JurBüro 2008, 82]; OLG Bremen JurBüro 2018, 631; ebenso OLG Dresden JurBüro 2018, 407 zu § 85 II 1 Nr. 1 IRG). Bei einer besonders schwierigen oder umfangreichen Tätigkeit vor dem Amtsgericht kommt die Festsetzung einer Pauschgebühr nach §§ 51, 42 RVG in Betracht (OLG Jena JurBüro 2021, 183). Gleiches gilt vor dem Oberlandesgericht (OLG Hamburg AGS 2022, 444 mAnm Burhoff).

14 **2. Gebührenhöhe.** Die Mittelgebühr beim Wahlanwalt beträgt 583 EUR. Ein Zuschlag erfolgt nicht. VV 1008 ist aber anwendbar. Der Anwalt braucht sich in der Verhandlung nicht zu äußern. Er muss nur auftragsgemäß verhandlungsbereit sein.

15 **3. Unanwendbarkeit.** Für die bloße Mitwirkung bei einer Vernehmung **außerhalb** der mündlichen Verhandlung oder bei einer anderen Beweiserhebung vor dem beauftragten oder ersuchten Richter außerhalb der mündlichen Verhandlung des Spruchgerichts entsteht keine Gebühr VV 6102 (OLG Oldenburg JurBüro 2009, 312). Denn die Terminsgebühr setzt nach Vorb. 6 III 1 einen gerade gerichtlichen Termin voraus. Die Terminsgebühr entfällt unter den Voraussetzungen der Vorb. 6 III 3. Sie entsteht nicht beim bloßen Verkündungstermin (OLG Brandenburg JurBüro 2007, 484; OLG Hamm JurBüro 2006, 424; OLG Oldenburg JurBüro 2009, 312; aA Hufnagel JurBüro 2007, 458).

16 **VII. Auslagen.** Es gelten § 46 für den beigeordneten Anwalt und VV 7000 ff. für den Wahlanwalt.

17 **VIII. Kostenerstattung.** Eine Erstattung der notwendigen Auslagen des Verfolgten im Verfahren ist nach § 77 I IRG iVm §§ 467, 467a StPO statthaft (BGHSt 32, 221 (227) = NJW 1984, 1309; OLG Koblenz MDR 1983, 691; Gerold/Schmidt/Mayer Rn. 22).

Abschnitt 2. Disziplinarverfahren, berufsgerichtliche Verfahren wegen der Verletzung einer Berufspflicht

Vorbemerkung 6.2:

I Durch die Gebühren wird die gesamte Tätigkeit im Verfahren abgegolten.

II Für die Vertretung gegenüber der Aufsichtsbehörde außerhalb eines Disziplinarverfahrens entstehen Gebühren nach Teil 2.

III Für folgende Tätigkeiten entstehen Gebühren nach Teil 3:

1. für das Verfahren über die Erinnerung oder die Beschwerde gegen einen Kostenfestsetzungsbeschluss, für das Verfahren über die Erinnerung gegen den Kostenansatz und für das Verfahren über die Beschwerde gegen die Entscheidung über diese Erinnerung,

2. in der Zwangsvollstreckung aus einer Entscheidung, die über die Erstattung von Kosten ergangen ist, und für das Beschwerdeverfahren gegen diese Entscheidung.

Schrifttum: Hartung, Die Vergütung des Rechtsanwalts im berufsgerichtlichen Verfahren, NJW 2005, 3093 (Üb.).

I. Systematik. Zu den Disziplinar- oder Dienstordnungsverfahren zählen die Verfahren nach dem Bundesdisziplinargesetz (BDG) vom 9.7.2001, BGBl. I 1510, zuletzt geändert am 19.6.2020, BGBl. I 1328, zum Teil iVm dem DRiG und der BNotO, nach der Wehrdisziplinarordnung (WDO) idF vom 16.8.2001, BGBl. I 2093, zuletzt geändert am 20.8.2021, BGBl. I 3932, und die Verfahren nach den Landesdisziplinarordnungen (→ BDG § 78 Rn. 1 ff.) sowie das Verfahren nach §§ 58 ff. ZDG idF vom 17.5.2005, BGBl. I 1346, zuletzt geändert am 12.12.2019, BGBl. I 2652. Hierher zählt auch eine vorläufige Dienstenthebung und die Einbehaltung von Bezügen nach §§ 38 I 1, 63 I BDG (BVerwG NVwZ-RR 2010, 166). Weiter erfasst sind berufsgerichtliche Verfahren wegen der Verletzung einer Berufspflicht durch Rechtsanwälte, Patentanwälte, Steuerberater und -bevollmächtigte, Wirtschaftsprüfer (→ GKG § 1 Rn. 13, → BRAO § 199 Rn. 7), Verfahren vor den nach Landesrecht eingerichteten Berufsgerichten für Ärzte, Zahnärzte, Tierärzte, Apotheker und Psychotherapeuten sowie Architekten, Verfahren vor dem OLG nach §§ 138a–138d StPO (Gerold/Schmidt/Mayer Rn. 12). 1

II. Regelungszweck. Wie im artähnlichen Strafverfahren bezwecken die ziemlich weitgespannten Rahmengebühren über den für den Wahlanwalt stets mit zu beachtenden § 14 auch im Disziplinarverfahren usw die Möglichkeit, je nach dem Aufsehen, der persönlichen Betroffenheit, den wirtschaftlichen Begleitmerkmalen usw die zahlreichen Umstände mitzuberücksichtigen. Sie können die Tätigkeit des Anwalts bald verhältnismäßig einfach oder auch wieder ganz außerordentlich schwierig gestalten. Das gilt, zumal im Disziplinarverfahren usw auch die zumindest wirtschaftlichen Folgen für die Angehörigen des Auftraggebers voll ins Gewicht fallen dürften. Auch sie sollten bei der Auslegung und Abwägung mitbeachtet werden. 2

III. Sachlicher Anwendungsbereich. Der Abschnitt regelt die Tätigkeit in den mehreren einander ähnlichen Verfahrensarten nach → Rn. 1. Die jeweilige Gebühr gilt die gesamte auftragsgemäße Tätigkeit des Anwalts im Verfahren ab. 3

Nicht hierher zählen: Eine Richteranklage nach Art. 98 II GG. Insofern gilt § 37 I; ein akademisches oder religiöses Disziplinarverfahren. Insofern gelten VV 2300, 2301; ein Verfahren gegen einen Bundesverfassungsrichter nach § 105 BVerfGG. Kein Berufsgericht ist zB ein Studentengericht, ein Sportgericht. Dann mögen § 34, VV 2300 anwendbar sein. **Keine Berufspflicht** betrifft ein Zulassungs-, Wahlanfechtungs- oder sonstiges verwaltungsrechtliches Verfahren (Hartung NJW 2005, 3094). 4

IV. Persönlicher Anwendungsbereich. Der Abschnitt gilt sowohl für den Wahlverteidiger als auch für den gerichtlich bestellten Verteidiger. In Verfahren nach der WDO kann keine Pauschgebühr nach § 51 RVG festgesetzt werden (BVerwG AGS 2016, 118). 5

6 **V. Anwendbare Vorschriften.** Zunächst ist zu prüfen, ob wegen der Verweisungen in II, III vorrangig die dort genannten Teile 2 oder 3 anzuwenden sind. Falls der Anwalt also nur einen Rat erteilt, ist § 34 anwendbar. Eine Gebührenvereinbarung ist nach § 3a zulässig. Ferner sind nach Vorb. 4.1 II 1 VV 4300–4303, 7000 ff. anwendbar zB §§ 5, 7, 14, 43, 51, VV 1000, 1002, 1008.

7 Bei einer **Anwendbarkeit** von VV 6200 ff. gilt die jeweilige Gebühr nach I die gesamte Tätigkeit im Verfahren ab der auftragsgemäßen Entgegennahme der Information ab. Nach II gelten vorrangig VV 2100 ff. für die Vertretung gegenüber der Aufsichtsbehörde außerhalb eines Disziplinarverfahrens. III verweist in seinen Fällen vorrangig auf VV 3100 ff. Ein Gegenstandswert entfällt bei einer Festgebühr (BVerwG NVwZ-RR 2010, 166).

8 Die Anhebung der Gebühren zum 1.1.2021 durch das **Kostenrechtsänderungsgesetz 2021** erfasst Altfälle nicht; zur Abgrenzung in zeitlicher Hinsicht vgl. die Dauerübergangsregelung des § 60.

Unterabschnitt 1. Allgemeine Gebühren

Nr.	Gebührentatbestand	Gebühr	
		Wahlverteidiger oder Verfahrensbevollmächtigter	**gerichtlich bestellter oder beigeordneter Rechtsanwalt**
6200	**Grundgebühr** .... **Die Gebühr entsteht neben der Verfahrensgebühr für die erstmalige Einarbeitung in den Rechtsfall nur einmal, unabhängig davon, in welchem Verfahrensabschnitt sie erfolgt.**	**44,00 bis 385,00 €**	**172,00 €**

1 **I. Systematik.** Es gelten zur Grundgebühr dieselben Erwägungen wie bei VV 4100, 5100. Die Grundgebühr entsteht in allen Fällen des Abschnitts 2. Sie kann daher auch zB dann entstehen, wenn der Anwalt den Auftrag erst für die Rechtsmittelinstanz erhält. Sie entsteht auch für eine bloße Einzeltätigkeit (Hartung NJW 2005, 3094). Sie entsteht insgesamt nur einmal, VV 6200 Anm. Vorb. 6.2 II, III gilt vorrangig. Die Grundgebühr bezieht sich nach Vorb. 6.2 I auf das Disziplinarverfahren als Ganzes, sie kann nicht (gesondert oder zusätzlich) im Rahmen des besonderen gerichtlichen Antragsverfahrens nach § 63 BDG verlangt werden (VG Berlin AGS 2021, 404).

2 **II. Regelungszweck.** Es gelten ebenfalls dieselben Erwägungen wie bei VV 4100, 5100.

3 **III. Gebührenhöhe.** Beim Wahlanwalt ist jeweils § 14 mit zu beachten. Die für die auftragsgemäße Informationsaufnahme geschaffene Grundgebühr kann danach zu einer von der Bemessung der Einzelfaktoren der Verfahrens- oder Terminsgebühr abweichenden Abwägung führen. Denn die Informationsaufnahme kann eine andere Mühe und Zeit kosten als die weitere Tätigkeit. Die **Mittelgebühr** beim Wahlanwalt beträgt 214,50 EUR.

Nr.	Gebührentatbestand	Gebühr Wahlverteidiger oder Verfahrensbevollmächtigter	 gerichtlich bestellter oder beigeordneter Rechtsanwalt
6201	**Terminsgebühr für jeden Tag, an dem ein Termin stattfindet ....** **Die Gebühr entsteht für die Teilnahme an außergerichtlichen Anhörungsterminen und außergerichtlichen Terminen zur Beweiserhebung.**	**44,00 bis 407,00 €**	**180,00 €**

I. Systematik. Zwar steht die Vorschrift im Unterabschnitt 1 mit der Überschrift „Allgemeine Gebühren". Wie aber die Anm. zeigt, gilt sie nicht für alle folgenden Unterabschnitte, sondern nur für denjenigen zum außergerichtlichen (vgl. Vorb. 6 III 1) Termin vor oder während oder ohne ein gerichtliches Verfahren (Hartung NJW 2005, 3095). Dort ergänzt sie VV 6202. Sie hat Vorrang vor Teil 2. Denn sie regelt ein Spezialgebiet. Vorrangig gilt Vorb. 6.2 II, III. 1

II. Regelungszweck. Auch im außergerichtlichen Termin eines der in VV 6200 ff. geregelten Verfahren soll eine angemessene Vergütung schon für die bloß auftragsgemäß zuhörende und erst recht für eine weitergehende Teilnahme erfolgen. Das gilt unabhängig von der Terminsart und -dauer und für jeden Tag extra. 2

III. Anwendungsbereich. Ihn umschreibt die Anm. verbindlich. Danach gilt VV 6201 nur für außergerichtliche Termine zur Anhörung oder Beweisaufnahme (Beweissicherung) im Gebiet des Abschnitts 2 und nicht dort, wo Vorb. 6.2 II, III andere Vorschriften vorgehen lässt. 3

IV. Gebührenhöhe. Beim Wahlanwalt ist § 14 anwendbar. Je Tag kann dabei ein anderes Resultat herauskommen, je nach dem Schwierigkeitsgrad usw gerade an diesem Tag der Erörterung oder Beweiserhebung. Die **Mittelgebühr** beim Wahlanwalt beträgt 225,50 EUR. 4

Unterabschnitt 2. Außergerichtliches Verfahren

Nr.	Gebührentatbestand	Gebühr Wahlverteidiger oder Verfahrensbevollmächtigter	 gerichtlich bestellter oder beigeordneter Rechtsanwalt
6202	**Verfahrensgebühr ....** **I Die Gebühr entsteht gesondert für eine Tätigkeit in einem dem gerichtlichen Verfahren vorausgehenden und der Überprüfung der Verwaltungsentscheidung dienenden weiteren außergerichtlichen Verfahren.** **II Die Gebühr entsteht für eine Tätigkeit in dem Verfahren bis zum Eingang des Antrags oder der Anschuldigungsschrift bei Gericht.**	**44,00 bis 319,00 €**	**145,00 €**

1 **I. Systematik.** Schon für die außer- oder vorgerichtliche Tätigkeit gibt es eine Gebühr zusätzlich zur Grundgebühr VV 6200. Zu beiden kann die Terminsgebühr VV 6201 hinzutreten. Vorb. 6.2 II, III gilt vorrangig.

2 **II. Regelungszweck.** Entsprechend den Grundgedanken des RVG soll auch hier die oft umfangreiche und schwierige Arbeit durch eine zur Grundgebühr stets hinzutretende Pauschale auch ohne eine Terminsvergütung im Verfahren ohne eine Verhandlung usw zu einer ausreichenden Gesamtvergütung führen.

3 **III. Anwendungsbereich.** Ihn umschreibt Anm. I, II verbindlich. Auch hier ist wieder die vorrangige anderweitige Zuweisung durch Vorb. 6.2 II, III zu beachten.

4 Das behördliche Disziplinarverfahren und das Verfahren nach der WDO beginnt nach § 17 I BDG, § 32 WDO mit einer **schriftlichen Verfügung** der Einleitungsbehörde. Ihm folgt nach Anm. I, II das sog. Widerspruchsverfahren, das nach Anm. I gesondert entgolten wird. Es geht einem etwaigen gerichtlichen Disziplinarverfahren voraus. Der Beschuldigte kann nach § 1 I iVm § 3 BDG und mit § 14 VwVfG einen Anwalt als seinen Verteidiger hinzuziehen. Die Gebühr entsteht mit jeder Tätigkeit zum Zweck der Ausführung des Auftrags bis zum Eingang des Antrags oder der Anschuldigungsschrift beim Gericht. Es ist für VV 6202 unerheblich, ob der Anwalt nach der Einleitung auch im gerichtlichen Verfahren tätig wird. VV 6202 gilt auch eine Tätigkeit im Verfahren vor dem Dienstvorgesetzten ab.

5 **Hierher gehört auch** ein nach § 18 I BDG vom Beamten beantragtes behördliches Disziplinarverfahren.

6 Es ist unerheblich, ob diesem Verfahrensabschnitt ein gerichtliches Disziplinarverfahren nach § 52 BDG, § 58 WDO folgt. Soweit es zum gerichtlichen Disziplinarverfahren kommt, sind hierfür VV 6203 ff. anwendbar.

7 **IV. Gebührenhöhe.** Neben der Grundgebühr VV 6200 ist für den Wahlanwalt jeweils § 14 anwendbar. Die **Mittelgebühr** beim Wahlanwalt beträgt 181,50 EUR.

8 **V. Kostenerstattung.** Die Kostengrundentscheidung des Dienstvorgesetzten nach § 37 BDG bildet die Grundlage einer Erstattungsfähigkeit.

Unterabschnitt 3. Gerichtliches Verfahren

Erster Rechtszug

Vorbemerkung 6.2.3:

I Die nachfolgenden Gebühren entstehen für das Wiederaufnahmeverfahren einschließlich seiner Vorbereitung gesondert.

II 1 Kommt es für eine Gebühr auf die Dauer der Teilnahme an der Hauptverhandlung an, sind auch Wartezeiten und Unterbrechungen an einem Hauptverhandlungstag als Teilnahme zu berücksichtigen. 2 Dies gilt nicht für Wartezeiten und Unterbrechungen, die der Rechtsanwalt zu vertreten hat, sowie für Unterbrechungen von jeweils mindestens einer Stunde, soweit diese unter Angabe einer konkreten Dauer der Unterbrechung oder eines Zeitpunkts der Fortsetzung der Hauptverhandlung angeordnet wurden.

Nr.	Gebührentatbestand	Gebühr	
		Wahlverteidiger oder Verfahrensbevollmächtigter	gerichtlich bestellter oder beigeordneter Rechtsanwalt
6203	Verfahrensgebühr	55,00 bis 352,00 €	163,00 €
6204	Terminsgebühr je Verhandlungstag	88,00 bis 616,00 €	282,00 €
6205	Der gerichtlich bestellte Rechtsanwalt nimmt mehr als 5 und bis		

Nr.	Gebührentatbestand	Gebühr	
		Wahlverteidiger oder Verfahrensbevollmächtigter	gerichtlich bestellter oder beigeordneter Rechtsanwalt
	8 Stunden an der Hauptverhandlung teil: Zusätzliche Gebühr neben der Gebühr 6204		**141,00 €**
6206	**Der gerichtlich bestellte Rechtsanwalt nimmt mehr als 8 Stunden an der Hauptverhandlung teil: Zusätzliche Gebühr neben der Gebühr 6204**		**282,00 €**

I. Anwendungsbereich. Nach **Vorb. 6.2.3 I** gelten für das **Wiederaufnahmeverfahren** einschließlich seiner Vorbereitung VV 6203 ff. gesondert. 1

Die mit dem Kostenrechtsänderungsgesetz 2021 eingefügte **Vorb. 6.2.3 II** regelt die Berücksichtigung von Wartezeiten und Unterbrechungen bei der Bestimmung der Dauer der Teilnahme an der Hauptverhandlung und entspricht Vorb. 4.1 III in Strafsachen (BT-Drs. 19/23484, 86 iVm 84 f., → VV Vorb. 4.1 Rn. 27 ff.). Sie gilt ungeachtet ihrer systematischen Stellung unter den Vorschriften für den „Ersten Rechtszug" für alle Instanzen, betrifft also die **Längenzuschläge** für den gerichtlich bestellten oder beigeordneten Rechtsanwalt nach VV 6205, 6206, 6209, 6210, 6213 und 6214. 2

VV 6203 ff. erfassen nur justizförmige gerichtliche Disziplinarverfahren und Verfahren vor einem Berufsgericht wegen der Verletzung einer Berufspflicht. Das Verfahren beginnt erst mit dem Antrag auf eine gerichtliche Voruntersuchung, also noch nicht mit einem Einspruch gegen eine Rüge. 3

Das **Disziplinarverfahren** beginnt mit einer Disziplinarklage nach § 52 BDG. Zum ersten Rechtszug gehört noch die Einlegung eines Rechtsmittels beim Ausgangsgericht durch den bisherigen Anwalt gemäß § 19 I 2 Nr. 10. 4

Nicht anwendbar ist die Terminsgebühr VV 6204–6206 außerhalb der Verhandlung vor dem Spruchgericht, etwa bei einer Verhandlung oder Beweisaufnahme vor dem Untersuchungsführer. 5

II. Gebührenhöhe. Neben der Grundgebühr VV 6200 ist für den Wahlanwalt jeweils § 14 anwendbar. 6

Die **Mittelgebühr** beim Wahlanwalt beträgt bei VV 6203 203,50 EUR und bei VV 6204 352 EUR. Je Tag kann § 14 zu einem anderen Resultat führen. VV 6201 ist neben VV 6204 nicht anzuwenden (letztere Vorschrift ist Spezialnorm). 7

VV 6205, 6206 entsprechen VV 4116, 4117. Vgl. dort. 8

Im **Wiederaufnahmeverfahren** nebst seiner Vorbereitung entstehen VV 6203–6206 nach Vorb. 6.2.3 I gesondert. 9

III. Kostenerstattung. Die gesetzliche Vergütung des Anwalts ist auf Grund einer gerichtlichen Kostengrundentscheidung nach § 78 II, III BDG oder nach §§ 195 ff. BRAO erstattungsfähig. Das gilt auch zugunsten eines sich selbst vertretenden Anwalts (EGH Koblenz AnwBl 1981, 415; aA BGH BRAK-Mitt. 2003, 24; EGH Stuttgart AnwBl 1983, 331, aber es müssen auch hier die allgemeinen Regeln zur Selbstvertretung anwendbar sein). 10

Nicht erstattungsfähig ist eine nach § 3a zulässige vereinbarte höhere Vergütung. 11

Zweiter Rechtszug

Nr.	Gebührentatbestand	Gebühr	
		Wahlverteidiger oder Verfahrensbevollmächtigter	**gerichtlich bestellter oder beigeordneter Rechtsanwalt**
6207	**Verfahrensgebühr**	**88,00 bis 616,00 €**	**282,00 €**
6208	**Terminsgebühr je Verhandlungstag**	**88,00 bis 616,00 €**	**282,00 €**
6209	**Der gerichtlich bestellte Rechtsanwalt nimmt mehr als 5 und bis 8 Stunden an der Hauptverhandlung teil: Zusätzliche Gebühr neben der Gebühr 6208**		**141,00 €**
6210	**Der gerichtlich bestellte Rechtsanwalt nimmt mehr als 8 Stunden an der Hauptverhandlung teil: Zusätzliche Gebühr neben der Gebühr 6208**		**282,00 €**

1 **I. Anwendungsbereich.** VV 6207, 6208 sind im Verfahren über ein Rechtsmittel ab dessen Einlegung anzuwenden.

2 **II. Gebührenhöhe.** Neben der Grundgebühr VV 6200 ist für den Wahlanwalt jeweils § 14 anzuwenden.

3 Die **Mittelgebühr** beim Wahlanwalt beträgt bei VV 6207 352 EUR und bei VV 6208 ebenfalls 352 EUR. Je Tag kann § 14 zu einem anderen Resultat führen.

4 **VV 6209, 6210** entsprechen VV 4128, 4129. Vgl. dort.

Dritter Rechtszug

Nr.	Gebührentatbestand	Gebühr	
		Wahlverteidiger oder Verfahrensbevollmächtigter	**gerichtlich bestellter oder beigeordneter Rechtsanwalt**
6211	**Verfahrensgebühr**	**132,00 bis 1221,00 €**	**541,00 €**
6212	**Terminsgebühr je Verhandlungstag**	**132,00 bis 605,00 €**	**294,00 €**
6213	**Der gerichtlich bestellte Rechtsanwalt nimmt mehr als 5 und bis 8 Stunden an der Hauptverhandlung teil: Zusätzliche Gebühr neben der Gebühr 6212**		**147,00 €**
6214	**Der gerichtlich bestellte Rechtsanwalt nimmt mehr als 8 Stunden an der Hauptverhandlung teil: Zusätzliche Gebühr neben der Gebühr 6212**		**294,00 €**

Nr.	Gebührentatbestand	Gebühr Wahlverteidiger oder Verfahrensbevollmächtigter	Gebühr gerichtlich bestellter oder beigeordneter Rechtsanwalt
6215	**Verfahrensgebühr für das Verfahren über die Beschwerde gegen die Nichtzulassung der Revision ......** **Die Gebühr wird auf die Verfahrensgebühr für ein nachfolgendes Revisionsverfahren angerechnet.**	**77,00 bis 1221,00 €**	**519,00 €**

I. Anwendungsbereich. VV 6211–6214 kommen für ein Verfahren nach § 79 III DRiG zur Anwendung. VV 6215 erfasst ein Verfahren nach § 81 II DRiG. 1

II. Gebührenhöhe. Neben der Grundgebühr VV 6200 ist für den Wahlanwalt bei VV 6211, 6212 jeweils § 14 anzuwenden. 2

Die **Mittelgebühr** beim Wahlanwalt beträgt bei VV 6211 676,50 EUR, bei VV 6212 368,50 EUR und bei VV 6215 649 EUR. Je Tag kann § 14 zu einem anderen Resultat führen. 3

VV 6213, 6214 entsprechen weitgehend VV 4134, 4135. Vgl. dort. **VV 6215** zieht die Folgerung daraus, dass das Revisionsverfahren und das Verfahren über die Beschwerde gegen die Nichtzulassung des Rechtsmittels nach § 17 Nr. 9 verschiedene Angelegenheiten sind. Die Anm. ordnet eine Anrechnung an. 4

Unterabschnitt 4. Zusatzgebühr

Nr.	Gebührentatbestand	Gebühr Wahlverteidiger oder Verfahrensbevollmächtigter	Gebühr gerichtlich bestellter oder beigeordneter Rechtsanwalt
6216	**Durch die anwaltliche Mitwirkung wird die mündliche Verhandlung entbehrlich:** **Zusätzliche Gebühr ....** **I Die Gebühr entsteht, wenn eine gerichtliche Entscheidung mit Zustimmung der Beteiligten ohne mündliche Verhandlung ergeht oder einer beabsichtigten Entscheidung ohne Hauptverhandlungstermin nicht widersprochen wird.** **II Die Gebühr entsteht nicht, wenn eine auf die Förderung des Verfahrens gerichtete Tätigkeit nicht ersichtlich ist.** **III 1 Die Höhe der Gebühr richtet sich nach dem Rechtszug, in dem die Hauptverhandlung vermieden wurde. 2 Für den Wahlanwalt bemisst sich die Gebühr nach der Rahmenmitte.**	**in Höhe der jeweiligen Verfahrensgebühr**	

1 **I. Systematik.** Die Vorschrift belohnt die vom Anwalt zumindest irgendwie spürbar mitverursachte Entbehrlichkeit einer an sich gesetzlich notwendigen Verhandlung mit einer Gebühr in der Höhe einer weiteren Verfahrensgebühr dieses Rechtszugs. VV 6216 tritt also neben VV 6203, 6207, 6211. Das kann zB bei § 59 BDG oder bei § 112 WDO geschehen. VV 6216 ähnelt VV 4141. Vgl. daher auch dort.

2 **II. Regelungszweck.** Er besteht in der Erhöhung der Chance, ohne eine mündliche Verhandlung zum Verfahrensende dieser Instanz zu kommen.

3 **III. Voraussetzungen (Anm. I, II).** Es muss die eine oder die andere der beiden folgenden Bedingungen erfüllt sein. Es darf eine dritte Bedingung nicht eingetreten sein.

4 **1. Entweder: Einverständliche Entscheidung ohne Verhandlung (Anm. I Hs. 1).** Das Gericht muss entweder im Verfahren mit einer an sich notwendigen mündlichen Verhandlung gerade mit einer Zustimmung aller Beteiligten ohne eine Verhandlung eine Entscheidung beliebiger Art und Form getroffen haben. Die Zustimmungen müssen wirksam erfolgt sein, bevor die Entscheidung erging. Sie brauchen nicht ausdrücklich, müssen aber eindeutig erfolgt sein. Ein zumindest mitursächlicher Beitrag des Rechtsanwalts ist erforderlich, aber auch ausreichend; eine Erledigungserklärung nach Eintritt der Erledigung genügt dafür nicht (VG Berlin SVR 2011, 311). Eine Zusatzgebühr nach VV 6216 fällt auch nicht an, wenn sich der Rechtsstreit erst in der mündlichen Verhandlung erledigt (VG Magdeburg JurBüro 2021, 521).

5 **2. Oder: Kein Widerspruch gegen Entscheidung ohne Hauptverhandlungstermin (Anm. I Hs. 2).** Es reicht auch statt → Rn. 4 aus, dass gegen die Absicht des Gerichts, ohne einen Hauptverhandlungstermin zu entscheiden, kein Widerspruch einging. Die Absicht muss allen Widerspruchsberechtigten bekannt geworden sein, sei es auch formlos und kurzfristig. Eine Absicht nach dem Terminsbeginn reicht nicht. Denn Hs. 2 spricht nicht von „Hauptverhandlung", sondern vom Hauptverhandlungs-„Termin". Das Verhalten aller Widerspruchsberechtigten muss eindeutig gewesen sein. Eine Belehrung ist zwar nicht formell, praktisch aber wohl meist eine Bedingung der Annahme einer Unterlassung des Widerspruchs.

6 **3. Stets: Förderung des Verfahrens (Anm. II).** Ungeachtet der sprachlich doppelten Verneinung meint Anm. II der Sache nach: Nur dann entsteht eine Gebühr nach VV 6216, wenn ersichtlich irgendeine Verfahrensförderung bis zum nach I maßgeblichen Zeitpunkt durch den Anwalt erfolgt. Die Verneinungsform bedeutet nur eine Beweislast für das Fehlen solcher Förderung zu Lasten des Auftraggebers.

7 **IV. Gebührenhöhe (Anm. III).** Beim Wahlanwalt ist § 14 anzuwenden. Maßgeblich für die Verfahrensgebühr ist nach III 1 zunächst der jeweilige Rechtszug und in ihm nach III 2 beim Wahlanwalt die Mittelgebühr, nicht etwa die Hälfte der Höchstgebühr.

Abschnitt 3. Gerichtliche Verfahren bei Freiheitsentziehung, bei Unterbringung und bei sonstigen Zwangsmaßnahmen

Nr.	Gebührentatbestand	Gebühr	
		Wahlverteidiger oder Verfahrensbevollmächtigter	**gerichtlich bestellter oder beigeordneter Rechtsanwalt**
6300	**Verfahrensgebühr in Freiheitsentziehungssachen nach § 415 FamFG, in Unterbringungssachen nach § 312 FamFG und in Verfahren nach § 151 Nr. 6 und 7 FamFG** .... **Die Gebühr entsteht für jeden Rechtszug.**	**44,00 bis 517,00 €**	**224,00 €**

Nr.	Gebührentatbestand	Gebühr Wahlverteidiger oder Verfahrensbevollmächtigter	Gebühr gerichtlich bestellter oder beigeordneter Rechtsanwalt
6301	**Terminsgebühr in den Fällen der Nummer 6300** .... **Die Gebühr entsteht für die Teilnahme an gerichtlichen Terminen.**	**44,00 bis 517,00 €**	**224,00 €**
6302	**Verfahrensgebühr in sonstigen Fällen** .... **Die Gebühr entsteht für jeden Rechtszug des Verfahrens über die Verlängerung oder Aufhebung einer Freiheitsentziehung nach den §§ 425 und 426 FamFG oder einer Unterbringungsmaßnahme nach den §§ 329 und 330 FamFG.**	**22,00 bis 330,00 €**	**141,00 €**
6303	**Terminsgebühr in den Fällen der Nummer 6302** .... **Die Gebühr entsteht für die Teilnahme an gerichtlichen Terminen.**	**22,00 bis 330,00 €**	**141,00 €**

Schrifttum: Kotz, Anwaltsvergütung im Verfahren der Unterbringung psychisch gestörter Gewalttäter (ThUG), JurBüro 2011, 348 (Üb.); H. Schneider, Kosten in Unterbringungs- und Freiheitsentziehungsverfahren, AGS 2021, 241; Marschner/Lesting/Stahmann, Freiheitsentziehung und Unterbringung, 6. Aufl. 2019.

Übersicht

I. Systematik (VV 6300–6303). §§ 151, 312, 415 ff. FamFG regeln die Freiheitsentziehung oder Unterbringung bundeseinheitlich. Auch die Länder haben eine Reihe von Gesetzen und Verordnungen zu beiden Gebieten erlassen. Sie sind bei Marschner/Lesting/Stahmann zusammengestellt. VV 6300–6303 enthalten eine der besonders hohen Verantwortung des Anwalts entsprechende Vergütung. Wegen der entsprechenden Anwendbarkeit nach § 20 I, III ThUG → § 62 Rn. 1, → ThUG § 20 Rn. 3 ff. 1

II. Regelungszweck (VV 6300–6303). Die Unterbringung eines Menschen gegen seinen Willen ohne seine Strafschuld ist für ihn, die Angehörigen und manchen 2 weiteren Menschen ein wohl fast immer dem wirklich verantwortungsbewusst tätigen Anwalt seine ganze Kraft abfordernder Vorgang. Bei dieser Arbeit können eine auch nur kleine Unkonzentriertheit, eine Gleichmütigkeit oder eine Unbedachtheit lebensbedrohliche, mindestens seelisch grausame Auswirkungen für die Beteiligten haben. Ob die in VV 6300–6303 zur Verfügung gestellten und nach § 14 ausfüllungsbedürftigen Rahmen diese Grundsituation auch nur im Ansatz ausreichend würdigen, lässt sich bezweifeln. Das muss man bei der Auslegung mit berücksichtigen.

3 **III. Anwendungsbereich (VV 6300–6303).** Die Regelung gilt, soweit das Familien- oder Betreuungsgericht im Bereich von Teil 3 des VV entscheidet (BGH JurBüro 2012, 529; OLG Nürnberg NJW-RR 2012, 1407; LG Marburg JurBüro 2000, 74). Hierher zählt auch ein gerichtliches Abschiebungsverfahren einschließlich der Abschiebungshaft (BGH JurBüro 2012, 528; BayObLGZ 1988, 228; OLG Düsseldorf JurBüro 1981, 234; LG Mainz AGS 2015, 391; LG Saarbrücken JurBüro 2013, 472). Teil 1 ist ergänzend anzuwenden, zB § 7. Die Anhebung der Gebühren zum 1.1.2021 durch das **Kostenrechtsänderungsgesetz 2021** erfasst Altfälle nicht; zur Abgrenzung in zeitlicher Hinsicht vgl. die Dauerübergangsregelung des § 60.

4 **Nicht hierher zählt** ein Strafverfahren, VV 4100 ff. (vgl. OLG Köln JurBüro 1997, 84), daher auch nicht das Verfahren nach § 81 StPO, soweit es um die strafrechtliche Beurteilung geht, auch nicht dasjenige nach §§ 63, 67d II, 67e StGB. Hier gilt VV Teil 4 (OLG Frankfurt a. M. AGS 2000, 71; OLG Hamm StrV 1994, 501; OLG Köln StrV 1997, 37; aA OLG Düsseldorf JurBüro 1985, 234; OLG Stuttgart Rpfleger 1994, 126, aber Teil 4 ist spezieller).

5 VV 6300–6303 erfassen nach der Überschrift zum Abschnitt 3 „Gerichtliche Verfahren" auch nicht diejenige Tätigkeit des Anwalts gegenüber der Verwaltungsbehörde, die die Freiheitsentziehung **vorbereitet,** zum Zweck eines entgegenstehenden Antrags, oder die Tätigkeit des Anwalts gegenüber der Verwaltungsbehörde, soweit diese eine freiheitsentziehende Maßnahme vornimmt, zB bei einer Ersatzzwangshaft. Insofern kann eine Gebühr nach § 34, VV 2300, 2301 entstehen (vgl. BayObLGZ 1988, 228 (229)). Nur insofern kommt die Festsetzung eines Gegenstandswerts in Betracht (BayObLGZ 1988, 228 (229); Schneider/Thiel NJW 2013, 26; aA BGH NJW 2012, 3234). Sie ist auf die Gebühren VV 6300–6303 nicht anrechenbar. Denn Vorb. 2 III macht Teil 2 unanwendbar.

6 VV 6300–6303 sind **nicht anwendbar, soweit** der Anwalt zB als ein **Betreuer, Pfleger oder Verfahrenspfleger** tätig wird, → § 1 Rn. 35 „Betreuer", „Pfleger", „Verfahrenspfleger".

7 **IV. Erstmalige Freiheitsentziehung (VV 6300, 6301).** Im gerichtlichen Verfahren über eine Freiheitsentziehung können mehrere Gebühren zusammentreffen.

8 **1. Verfahrensgebühr (VV 6300).** Es entsteht zunächst für die Tätigkeit des Anwalts im Verfahren im Allgemeinen eine Gebühr. Sie setzt voraus, dass der Anwalt den Auftrag für die Vertretung im Verfahren vom Betroffenen oder von der Verwaltungsbehörde erhalten hat. Sie entsteht unabhängig vom Umfang seiner Tätigkeit für jedes Handeln zur Ausführung seines umfassenden Auftrags. Das gilt selbst dann, wenn er in Unkenntnis des Umstands tätig wird, dass der Auftraggeber inzwischen entlassen wurde oder verstorben ist (LG Aachen AnwBl 1975, 102).

9 Die Gebühr gilt nach Vorb. 6 II die Tätigkeit des Anwalts nach § 15 I für den ganzen Rechtszug mit Ausnahme der durch VV 6301 erfassten Tätigkeit ab. Sie entsteht **in jedem Rechtszug,** VV 6300 Anm. Die **Mittelgebühr** beim Wahlanwalt beträgt 280,50 EUR. Eine Höchstgebühr kann zB im Rechtsbeschwerdeverfahren infrage kommen (LG Saarbrücken JurBüro 2013, 472).

2. Beispiele zur Frage einer Gebühr (VV 6300)

10 **Abschiebehaft:** → „Sofortiger Vollzug".

Anordnung: VV 6300 umfasst das Anordnungsverfahren.

Nach Beendigung der Entziehung: Manche lassen eine Gebühr nach VV 6300 auch im Verfahren auf die Feststellung der Rechtswidrigkeit einer bereits beendeten Freiheitsentziehung entstehen (vgl. LG Berlin JurBüro 1976, 1085).

Beschwerde: VV 6300 gilt im Beschwerde- und im Rechtsbeschwerdeverfahren erneut (BayOblG Rpfleger 1980, 120; OLG Düsseldorf JurBüro 1988, 730; LG

Detmold Rpfleger 1986, 154). Eine Beschwerde gegen eine vorläufige Unterbringung begründet einen neuen Rechtszug (LG Oldenburg AnwBl 1976, 404).

Beschwerdegebühr: Die Beschwerdegebühr nach → Rn. 9 entsteht, sobald der Anwalt seine Tätigkeit im Beschwerdeverfahren beginnt, auch zB für eine Besprechung über die vom Auftraggeber eingelegte Beschwerde (LG Bonn AnwBl 1984, 326). Das gilt unabhängig von dessen weiterem Verlauf (LG Aurich Nds. Rpfl. 1976, 259; LG Kiel AnwBl 1983, 332; LG Oldenburg Nds. Rpfl. 1982, 85). Vgl. freilich → Rn. 19 ff.

Einstweilige Freiheitsentziehung: VV 6300 umfasst die Tätigkeit im Zusammenhang mit einer einstweiligen Anordnung der Freiheitsentziehung (LG Berlin Rpfleger 1986, 197; LG München I FamRZ 1998, 1036).

Genehmigung: VV 6300 umfasst das Genehmigungsverfahren bei der Unterbringung eines Mündels, §§ 1631 ff., 1800 BGB.

Information: VV 6300 umfasst die Informationsaufnahme ab Auftragserteilung (LG Aachen AnwBl 1975, 102).

Mehrere Auftraggeber: VV 1008 ist anwendbar (vgl. Hansens JurBüro 1989, 903).

Rechtszug: VV 6300 gilt je Rechtszug, § 15 II 2, VV 6300 Anm.

Sofortiger Vollzug: VV 6300 umfasst auch einen sofortigen Vollzug (LG Koblenz NJW-RR 1998, 787, Abschiebehaft).

Unterbringung: VV 6300 umfasst sowohl eine einstweilige als auch eine endgültige Unterbringung (BGH MDR 2012, 1004; LG Berlin Rpfleger 1986, 197).

Verwaltung während Gerichtsverfahren: VV 6300 umfasst eine Verhandlung mit der Verwaltungsbehörde während des Gerichtsverfahrens (LG Oldenburg Nds. Rpfl. 1987, 156).

Verwaltungsmaßnahme: VV 6300 umfasst das Verfahren auf eine gerichtliche Entscheidung über eine solche Verwaltungsmaßnahme, die eine Freiheitsentziehung darstellt.

Wahlanwalt: Bei ihm ist § 14 anzuwenden. Die Frage, ob die Entziehung der grundgesetzlich geschützten Freiheit (vgl. Art. 1 und 2 GG) gerechtfertigt war, verleiht der Angelegenheit eine überdurchschnittliche Bedeutung für den Betroffenen (LG Mainz AGS 2015, 391).

3. Terminsgebühr (VV 6301). Neben der Verfahrensgebühr VV 6300 kann nach VV 6301 Anm. eine Gebühr für die Teilnahme des Anwalts an jedem gerichtlichen Termin beliebiger Art entstehen. Das gilt zB nach Vorb. 6 I bei einer mündlichen Anhörung derjenigen Person, der die Freiheit entzogen werden soll, sowie bei der ersten oder wiederholten mündlichen Vernehmung eines Zeugen oder Sachverständigen, auch als dessen Beistand. 11

VV 6301 gilt die **gesamte** Tätigkeit des Anwalts in diesem Zusammenhang mit einer Gebühr ab. Sie entsteht also auch dann nur einmal, wenn es sowohl zur Vernehmung desjenigen kommt, dem die Freiheit entzogen werden soll, als auch zur Vernehmung eines Zeugen oder Sachverständigen, oder wenn das Gericht in demselben Rechtszug mehrere Anhörungen oder Vernehmungen derselben Person vornimmt (LG Berlin JurBüro 1986, 395, großzügiger OLG Stuttgart JurBüro 1994, 602: „Rechtszug“ = einzelne Überprüfung). 12

Zur Entstehung der Terminsgebühr genügt die **auftragsgemäße teilnahmebereite Anwesenheit** im Termin (Göppinger FamRZ 1979, 92). Denn es gibt keine Verhandlungsgebühr. 13

Die Terminsgebühr **entsteht,** sobald das Gericht in Anwesenheit des Anwalts mit dem Aufruf der Sache im Saal und nicht erst mit der Anhörung oder Vernehmung beginnt, erst recht im letzteren Fall (LG Aachen AnwBl 1975, 103). Sie entsteht auch dann, wenn das Gericht den Termin vertagt. Wenn das Gericht im 2. Rechtszug eine Vernehmung wiederholt, kann die Terminsgebühr erneut entstehen. 14

Es genügt **nicht,** dass der Anwalt zB den Auftraggeber von einer bevorstehenden Vernehmung **informiert** oder dass er nach einer Vernehmung den Unterzubringenden aufsucht oder dass er nach dem Termin einen Antrag etwa auf die Vornahme einer Beeidigung stellt oder ein schriftliches Gutachten überprüft (LG Osnabrück JurBüro 1982, 1205). 15

16 Auch die Terminsgebühr entsteht in **jedem Rechtszug neu,** soweit es auch dort zu einer Anhörung oder Vernehmung kommt und soweit der Anwalt auftragsgemäß gerade an diesem Termin teilnimmt. Es ist dann unerheblich, ob das Gericht denselben oder einen anderen anhört oder vernimmt. Die **Mittelgebühr** beim Wahlanwalt beträgt 280,50 EUR.

17 **V. Verlängerung oder Aufhebung der Freiheitsentziehung usw (VV 6302, 6303).** Nach gesetzlichen Fristabläufen muss das Gericht über die Fortdauer der Freiheitsentziehung nach § 425 FamFG entscheiden. Die gegenüber VV 6300, 6301 ermäßigten Gebühren nach VV 6302, 6303 gelten die gesamte Tätigkeit in diesem Verfahrensabschnitt des Rechtszugs einschließlich einer einstweiligen Anordnung ab. Sie entstehen wegen § 15 II auch dann nur einmal, wenn während der Dauer der Freiheitsentziehung zugleich mit einem Verfahren über eine etwa von Amts wegen erwogene Fortdauer ein Antrag auf die Aufhebung der Freiheitsentziehung erfolgt. Sie entstehen auch im Verfahren über die Aufhebung einer Freiheitsentziehung nach § 426 FamFG, und zwar auch dann nur einmal, wenn das Gericht zugleich von Amts wegen und auf Grund eines Antrags entscheidet. Das bestätigt VV 6302 Anm. Die Gebühr entsteht auch im Verfahren auf den Widerruf einer vorläufigen Entlassung (LG Osnabrück JurBüro 1982, 1002) und im Verfahren über einen Urlaub und dessen Widerruf (zum alten Recht Hansens JurBüro 1989, 903). Beim Wahlanwalt ist § 14 anzuwenden. Die **Mittelgebühr** beim Wahlanwalt beträgt jeweils 176 EUR.

18 Die Gebühren entstehen **in jedem Rechtszug** (VV 6302 Anm). Sie entstehen also auch im zugehörigen Beschwerde- und im Rechtsbeschwerdeverfahren neu (LG Bonn AnwBl 1984, 326). Soweit das Verfahren über die Fortdauer oder über einen Aufhebungsantrag usw bereits abgeschlossen ist, entsteht bei jeder neuen Prüfung oder bei jedem neuen Aufhebungsantrag eine neue Gebühr. Denn insofern liegt dann jeweils eine neue Angelegenheit nach → § 15 Rn. 9 vor. Im Überprüfungsverfahren nach § 67e StGB sind nach → Rn. 2 VV 4100 ff. anzuwenden.

19 **VI. Einzelne Tätigkeiten (VV 6300–6303).** Soweit der Anwalt einen Auftrag für die Vertretung im gesamten Verfahren erhalten hat, gelten die Gebühren nach VV 6300–6303 als Pauschgebühren grundsätzlich alle Einzeltätigkeiten mit ab. Daneben kann allerdings eine Einzelgebühr nach VV 4302 entstehen, soweit es sich um eine solche Tätigkeit handelt, die nicht zum Verfahren gehört. Das gilt etwa nach § 424 FamFG dann, wenn sich der Anwalt nur dafür einsetzt, dass der Auftraggeber einen Urlaub erhält, oder soweit es sich um die Weitergabe eines Aufhebungsbeschlusses handelt.

20 **VII. Beiordnung (VV 6300–6303).** Eine Beiordnung ist zum Teil nach dem Landesrecht möglich (LG Kiel AnwBl 1983, 332). Dann erhält der Anwalt die in der rechten Gebührenspalte jeweils genannte Festgebühr. Die Gebühr entsteht mit der ersten Tätigkeit nach der Beiordnung (LG Aachen AnwBl 1975, 103). Kostenschuldner ist die Staatskasse (OLG Oldenburg FamRZ 1996, 1346). §§ 47, 52, 58 III sind anwendbar.

21 Der beigeordnete Anwalt erhält nach VV 6300 Anm. die Gebühr **für jeden Rechtszug neu** (LG Oldenburg AnwBl 1976, 404), zB die Beschwerdegebühr auch ohne eine besondere diesbezügliche Beiordnung (OLG Frankfurt a. M. AnwBl 1983, 335; LG Detmold Rpfleger 1986, 154, zust. *Scharmer;* LG Kiel AnwBl 1984, 332). Das gilt auch dann, wenn er im Beschwerdeverfahren tätig wird, ohne sich einer vom Betroffenen selbst eingelegten unzulässigen Beschwerde anzuschließen, LG Bonn AnwBl 1984, 326. Legt der Anwalt neben der Beschwerde gegen die Anordnung der Abschiebehaft eine Beschwerde gegen die Anordnung der sofortigen Vollziehbarkeit ein, entsteht für die letztere keine besondere Gebühr (LG Koblenz Rpfleger 1998, 130).

22 Wegen des **Betreuers oder Verfahrenspflegers** → Rn. 6.

23 Im **Festsetzungsverfahren** nach §§ 55, 56 erfolgt keine Nachprüfung der Zulässigkeit einer Beiordnung (LG Hannover AnwBl 1993, 193). Soweit der Anwalt ausdrücklich eine Festsetzung nach VV 6300–6303 beantragt, ist derjenige Rechtspfleger für die wie auch immer lautende Entscheidung zuständig, dessen Gericht den Anwalt zugezogen hat (OLG Hamm FamRZ 1995, 486).

VIII. Unterbringungsmaßnahme (VV 6300–6303). In mit einer Freiheitsentziehung oder ärztlichen Zwangsmaßnahme verbundenen Unterbringungssachen nach § 312 FamFG und in bestimmten mit einer Freiheitsentziehung verbundenen Kindschaftssachen nach § 151 Nr. 6 und 7 FamFG sind folgende Vorschriften anwendbar: Die Verfahrensgebühr VV 6300 entsteht, sobald der Anwalt in irgendeinem Abschnitt des Verfahrens nach § 312 oder § 151 FamFG tätig wird. Die Terminsgebühr VV 6301 ist ebenfalls in allen diesen Fällen anwendbar. Wegen einer Strafvollstreckungsmaßnahme → Rn. 4. 24

Die Verfahrensgebühr VV 6302 kommt bei einer **Verlängerung** oder dann in Betracht, wenn es um die **Aufhebung** einer erstmaligen oder verlängerten Unterbringungsmaßnahme nach den in VV 6302 Anm. genannten §§ 329, 330 FamFG geht. Die Terminsgebühr VV 6301 kann ebenfalls entstehen. Bei einer Bestellung des Anwalts zum Pfleger sind nicht VV 6300–6303 anwendbar, sondern § 1 II, → § 1 Rn. 35. Im Übrigen → Rn. 1–23, 26. 25

IX. Auslagen (VV 6300–6303). Es gelten VV 7000 ff. Das gilt auch für Reisekosten. Sie fallen meist schon deshalb an, weil sich der Anwalt nahezu ausnahmslos vom körperlichen und vor allem vom seelischen Befinden des untergebrachten Auftraggebers vor Ort ein genaueres Bild machen muss, nicht etwa nur telefonisch beim Arzt. Das gilt auch während einer Unansprechbarkeit des Auftraggebers. 26

X. Kostenerstattung (VV 6300–6303). Eine Kostenerstattung erfolgt durch den Urkundsbeamten der Geschäftsstelle, soweit das Gericht einen Antrag der Verwaltungsbehörde auf eine Freiheitsentziehung abgelehnt hat. Das Gericht muss dann die zur zweckentsprechenden Rechtsverfolgung notwendigen Auslagen derjenigen Gebietskörperschaft auferlegen, der die Verwaltungsbehörde angehört, soweit nach dem Ergebnis des Verfahrens kein begründeter Anlass zur Antragstellung vorhanden gewesen war (je zum alten Recht OLG Frankfurt a. M. AnwBl 1983, 335; LG Detmold Rpfleger 1986, 154; LG Kiel AnwBl 1984, 332). 27

Abschnitt 4. Gerichtliche Verfahren nach der Wehrbeschwerdeordnung

Vorbemerkung 6.4:

I Die Gebühren nach diesem Abschnitt entstehen in Verfahren auf gerichtliche Entscheidung nach der WBO, auch i. V. m. § 42 WDO, wenn das Verfahren vor dem Truppendienstgericht oder vor dem Bundesverwaltungsgericht an die Stelle des Verwaltungsrechtswegs gemäß § 82 SG tritt.

II 1 Soweit wegen desselben Gegenstands eine Geschäftsgebühr nach Nummer 2302 für eine Tätigkeit im Verfahren über die Beschwerde oder über die weitere Beschwerde vor einem Disziplinarvorgesetzten entstanden ist, wird diese Gebühr zur Hälfte, höchstens jedoch mit einem Betrag von 207,00 €, auf die Verfahrensgebühr des gerichtlichen Verfahrens vor dem Truppendienstgericht oder dem Bundesverwaltungsgericht angerechnet. 2 Sind mehrere Gebühren entstanden, ist für die Anrechnung die zuletzt entstandene Gebühr maßgebend.

I. Systematik. Die Vorschriften stellen eine eigenständige Sonderregelung für den Bereich der Wehrbeschwerdeordnung (WBO) vom 22.1.2009 (BGBl. I 81, zuletzt geändert am 25.6.2021, BGBl. I 2154) dar. Die Regelung knüpft weitgehend an das verwandte Disziplinarverfahren an. Vorb. 6.4 II sieht Anrechnungstatbestände für die Geschäftsgebühr nach VV 2302 Nr. 2 vor. Der Anrechnungshöchstbetrag von 207 EUR entspricht Vorb. 2.3 IV 2 und Vorb. 3 IV 2. Bei der Bemessung der Verfahrensgebühr ist nicht zu berücksichtigen, dass der Umfang der Tätigkeit infolge der vorangegangenen Tätigkeit geringer ist. Nach der Streichung der entsprechenden Vorb. 6.4 II 3 aF durch das Kostenrechtsänderungsgesetz 2021 ergibt sich dies aus der allgemeinen Regelung für die Anrechnung von Rahmengebühren in § 14 II. Eine Grundgebühr entsteht nicht. Auch eine Erledigungsgebühr ist nicht vorgesehen (BVerwG AGS 2020, 19). 1

II. Anwendungsbereich. Die Gebühren VV 6400–6403 entstehen nur in einem Verfahren vor dem Truppendienstgericht oder vor dem BVerwG auf gerichtliche 2

Entscheidung nach §§ 17 I, 22a, 22b WBO und bei weiteren Beschwerden gegen Disziplinarmaßnahmen sowie gegen sonstige Maßnahmen und Entscheidungen des Disziplinarvorgesetzten nach § 42 Nr. 4 WDO. Die Vorschriften erfassen nicht eine Petition an den Wehrbeauftragten des Deutschen Bundestags. Zuständig ist erstinstanzlich das Truppendienstgericht Nord mit Sitz in Münster oder Süd mit Sitz in München, Truppendienstgerichte-Verordnung (TrDGV) vom 1.7.2020 (BGBl. I 1602).

3 **III. Kostenrechtsänderungsgesetz 2021.** Die Anhebung der Gebühren zum 1.1.2021 erfasst Altfälle nicht; zur Abgrenzung in zeitlicher Hinsicht vgl. die Dauerübergangsregelung des § 60.

Nr.	Gebührentatbestand	Gebühr	
		Wahlverteidiger oder Verfahrensbevollmächtigter	gerichtlich bestellter oder beigeordneter Rechtsanwalt
6400	**Verfahrensgebühr für das Verfahren auf gerichtliche Entscheidung vor dem Truppendienstgericht ....**	**88,00 bis 748,00 €**	
6401	**Terminsgebühr je Verhandlungstag in den in Nummer 6400 genannten Verfahren ....**	**88,00 bis 748,00 €**	
6402	**Verfahrensgebühr für das Verfahren auf gerichtliche Entscheidung vor dem Bundesverwaltungsgericht, im Verfahren über die Rechtsbeschwerde oder im Verfahren über die Beschwerde gegen die Nichtzulassung der Rechtsbeschwerde ..** **Die Gebühr für ein Verfahren über die Beschwerde gegen die Nichtzulassung der Rechtsbeschwerde wird auf die Gebühr für ein nachfolgendes Verfahren über die Rechtsbeschwerde angerechnet.**	**110,00 bis 869,00 €**	
6403	**Terminsgebühr je Verhandlungstag in den in Nummer 6402 genannten Verfahren ....**	**110,00 bis 869,00 €**	

1 **I. Anwendungsbereich (VV 6400–6403).** → VV Vorb. 6.4 Rn. 1–3. Die Vorschriften entgelten den für das gesamte Verfahren beauftragten Anwalt. Demgegenüber gilt VV 6500 für den nur mit einer oder mehreren Einzeltätigkeiten beauftragten Anwalt. § 14 ist anzuwenden. Ein Konkurrentenstreit um die Besetzung eines höherwertigen Dienstpostens zählt zu den rechtlich wie tatsächlich anspruchsvollsten Fallgestaltungen (BVerwG AGS 2020, 19).

2 **II. Verfahrensgebühr (VV 6400, 6402).** Es gibt keine Grundgebühr. Eine Verfahrensgebühr entsteht jeweils schon dann, wenn das Gericht entsprechend dem für dieses Verfahren geltenden gesetzlichen Grundsatz ohne eine mündliche Verhandlung entscheidet.

3 Die **Mittelgebühr** beim Wahlverteidiger oder Verfahrensbevollmächtigten beträgt bei VV 6400 418 EUR und bei VV 6402 489,50 EUR.

III. Terminsgebühr (VV 6401, 6403). Sie entsteht grundsätzlich dann, wenn der Anwalt auftragsgemäß einen anberaumten Termin beliebiger Art wahrnimmt, sei es auch nur durch bloße zuhörende Anwesenheit. Sie entsteht für jeden Terminstag. 4

Die **Mittelgebühr** beim Wahlverteidiger oder Verfahrensbevollmächtigten beträgt bei VV 6401 418 EUR und bei VV 6403 489,50 EUR. 5

Eine Terminsgebühr entsteht **nicht** in den Fällen der Vorb. 6 III 3. 6

Abschnitt 5. Einzeltätigkeiten und Verfahren auf Aufhebung oder Änderung einer Disziplinarmaßnahme

Nr.	Gebührentatbestand	Gebühr	
		Wahlverteidiger oder Verfahrensbevollmächtigter	gerichtlich bestellter oder beigeordneter Rechtsanwalt
6500	**Verfahrensgebühr**	**22,00 bis 330,00 €**	**141,00 €**
	I Für eine Einzeltätigkeit entsteht die Gebühr, wenn dem Rechtsanwalt nicht die Verteidigung oder Vertretung übertragen ist. **II 1 Die Gebühr entsteht für jede einzelne Tätigkeit gesondert, soweit nichts anderes bestimmt ist. 2 § 15 RVG bleibt unberührt.** **III Wird dem Rechtsanwalt die Verteidigung oder Vertretung für das Verfahren übertragen, werden die nach dieser Nummer entstandenen Gebühren auf die für die Verteidigung oder Vertretung entstehenden Gebühren angerechnet.** **IV Eine Gebühr nach dieser Vorschrift entsteht jeweils auch für das Verfahren nach der WDO vor einem Disziplinarvorgesetzten auf Aufhebung oder Änderung einer Disziplinarmaßnahme und im gerichtlichen Verfahren vor dem Wehrdienstgericht.**		

I. Systematik. Es handelt sich um eine Auffangklausel. Sie gilt nach ihrer systematischen Stellung in einem eigenen Abschnitt neben den Abschnitten 1–4 des VV Teil 6 nach Anm. I, II 1 nur hilfsweise, nämlich bei „Einzeltätigkeiten" und nach Anm. IV in Verfahren auf Aufhebung oder Änderung einer Disziplinarmaßnahme. 1

II. Regelungszweck. Im Anwendungsbereich → Rn. 3 soll der Anwalt keineswegs umsonst arbeiten müssen. Deshalb ist die Auffangklausel zur Anwendbarkeit weit auszulegen. Zur Gebührenhöhe → Rn. 4. 2

III. Anwendungsbereich. Die in Anm. I–IV genannten Tätigkeiten ändern nichts daran, dass VV 6500 nur innerhalb des in der Überschrift des Abschnitts 5 genannten Gebiets gilt, also **nicht** etwa als eine Auffangklausel im Gesamtgebiet einer anwaltlichen Tätigkeit. 3

IV. Gebührenhöhe. Auch hier ist für den Wahlverteidiger oder Verfahrensbevollmächtigten § 15 anzuwenden, Anm. II 2. Vgl. im Übrigen bei VV 6400–6403. VV 1008, 2101 sind anwendbar. Die Anhebung der Gebühren zum 1.1.2021 durch das **Kostenrechtsänderungsgesetz 2021** erfasst Altfälle nicht; zur Abgrenzung in zeitlicher Hinsicht vgl. die Dauerübergangsregelung des § 60. 4

5 Die **Mittelgebühr** beim Wahlverteidiger oder Verfahrensbevollmächtigten beträgt 176 EUR.

6 Eine **Anrechnung** richtet sich nach Anm. III.

7 **V. Kostenerstattung.** Sie richtet sich nach der Kostengrundentscheidung des Gerichts.

Teil 7. Auslagen

Vorbemerkung 7:

I 1 Mit den Gebühren werden auch die allgemeinen Geschäftskosten entgolten. 2 Soweit nachfolgend nichts anderes bestimmt ist, kann der Rechtsanwalt Ersatz der entstandenen Aufwendungen (§ 675 i. V. m. § 670 BGB) verlangen.

II Eine Geschäftsreise liegt vor, wenn das Reiseziel außerhalb der Gemeinde liegt, in der sich die Kanzlei oder die Wohnung des Rechtsanwalts befindet.

III 1 Dient eine Reise mehreren Geschäften, sind die entstandenen Auslagen nach den Nummern 7003 bis 7006 nach dem Verhältnis der Kosten zu verteilen, die bei gesonderter Ausführung der einzelnen Geschäfte entstanden wären. 2 Ein Rechtsanwalt, der seine Kanzlei an einen anderen Ort verlegt, kann bei Fortführung eines ihm vorher erteilten Auftrags Auslagen nach den Nummern 7003 bis 7006 nur insoweit verlangen, als sie auch von seiner bisherigen Kanzlei aus entstanden wären.

Übersicht

1 **I. Systematik (I–III).** Der Vertrag zwischen dem Anwalt und dem Auftraggeber stellt nach → Vor § 1 Rn. 10 grundsätzlich einen Geschäftsbesorgungsvertrag nach § 675 I BGB dar. Auf einen solchen Vertrag ist unter anderem nach der ausdrücklichen Verweisung in § 675 I BGB und nach der entsprechend lautenden klarstellenden Vorb. 7 I 2 auch § 670 BGB anzuwenden (BVerfGE 65, 72 (74) = BeckRS 1983, 5895; OVG Münster AnwBl 1991, 593; Chemnitz AnwBl 1988, 406).

§ 670 BGB. Ersatz von Aufwendungen

Macht der Beauftragte zum Zwecke der Ausführung des Auftrags Aufwendungen, die er den Umständen nach für erforderlich halten darf, so ist der Auftraggeber zum Ersatz verpflichtet.

2 Das RVG regelt also den Umfang des Auslagenanspruchs **nicht abschließend,** OLG Zweibrücken AnwBl 1985, 162. Auch kommt bei einer Geschäftsführung ohne Auftrag ein Aufwendungsersatz nach § 683 BGB infrage. Zwar nennt VV Teil 7 lediglich in seiner Überschrift den Begriff Auslagen, den § 1 I 1 als Teil des Oberbegriffs Vergütung anführt. Auch § 670 BGB nennt den Begriff Auslagen nicht ausdrücklich. Auslagen nach § 1 I nennt aber III mehrfach. VV 7000 ff. gelten je Angelegenheit nach → § 15 Rn. 9 (BGH FamRZ 2004, 1721, zu § 17 Nr. 2).

3 I 1 stellt klar, dass der Anwalt die **„allgemeinen Geschäftskosten"** nicht neben den Gebühren gesondert in Rechnung stellen darf. Die Vorschrift „vergisst" dabei aber den ebenfalls vorrangigen § 7 II zu erwähnen. VV 7008 enthält die Regelung der Frage, in welchem Umfang der Anwalt die auf seine Vergütung entfallende

Umsatzsteuer vom Auftraggeber erstattet bekommt. Insofern umfasst VV 7008 auch eine die Gebühren und nicht nur eine die Auslagen betreffende Regelung.

II. Regelungszweck (I–III). Die Absätze der Vorschrift dienen unterschiedlichen Zielen. I ist zwecks Rechtssicherheit unentbehrlich. Andernfalls wären die Probleme einer gerechten Abgeltung von Unkosten bei der anwaltlichen Tätigkeit wesentlich umfangreicher. Man könnte sie praktisch kaum noch bewältigen. Deshalb darf und muss man I weit auslegen. II dient nur der Klarstellung des einen Hauptbegriffs von VV 7003–7006. Man darf die Vorschrift weder zu streng noch zu großzügig handhaben. III dient einer Begrenzung der Kosten. Man muss diesen Absatz daher eng auslegen. 4

III. Allgemeine Geschäftskosten (I). Zunächst → Rn. 1–3. 5

1. Grundsatz: Unabhängigkeit vom Einzelauftrag. Zu den allgemeinen Kosten zählen die unabhängig von einem bestimmten Einzelauftrag anfallenden Geschäftskosten. 6

Aufwendungen können nach → Rn. 1–3 aber auch nach §§ 670, 675 I, 683 BGB berechenbar sein. Dabei kommt es auf die **Erforderlichkeit im Zeitpunkt der Entstehung** der einzelnen Auslagen an. Man muss also bei einem späteren Streit darüber eine rückschauende Betrachtung und Entscheidung vornehmen. 7

2. Beispiele zur Frage allgemeiner Geschäftskosten (I)

Aktenversendung: Keine Allgemeinkosten sind die im Einzelfall notwendigen Versendungskosten, auch nicht für die Pauschale nach KV 9003 GKG, KV 2003 FamGKG (OLG Naumburg AGS 2011, 598; LG Hamburg BeckRS 2021, 36419 Rn. 49). 8

Beweissicherung: Keine Allgemeinkosten sind Fotos usw zwecks Beweissicherung für diesen Einzelauftrag (AG Hamm AnwBl 1975, 251).

Büromaterial: Allgemeinkosten sind seine Unkosten (OLG Hamburg MDR 2013, 1477, Papier).

Elektronisches Gerät: Allgemeinkosten sind seine Aufwendungen auch dann, wenn der Anwalt es aus Anlass eines Einzelfalls kauft. Das gilt auch zB wegen Kosten im Zusammenhang mit der zu § 130a II 2 ZPO erlassenen ERVV. Auch → „Telekommunikation".

Ermittlung: Keine Allgemeinkosten sind die im Einzelfall notwendigen Ermittlungskosten etwa von Personalien oder Anschriften (LG Hannover AnwBl 1989, 687) oder Detektivkosten oder Registerkosten oder Datenbankabfragekosten.

Fachliteratur: Allgemeinkosten sind die Aufwendungen der Anschaffung oder des Studiums (OLG Bamberg JurBüro 1978, 1188; OLG Schleswig JurBüro 1979, 373). Das gilt selbst dann, wenn der Anwalt die Fachliteratur zwar aus Anlass eines Einzelauftrags anschafft oder studiert, sie aber auch zu weiteren Zwecken wenigstens objektiv benutzen könnte (BVerfGE 41, 228 (230) = BeckRS 1976, 00708). Freilich gilt das kaum bei einer voraussichtlich wirklich nur für diesen Einzelauftrag nötigen Anschaffung.

Fahrten: Allgemeinkosten sind die Fahrtkosten am Kanzleiort.

Formulare: Allgemeinkosten sind diese Kostenarten, zB für einen Antrag oder für eine Vollmacht oder bei einer Beratungshilfe (OLG Schleswig SchlHA 1981, 159) oder bei einer Prozesskostenhilfe nach § 117 III, IV ZPO.

Fortbildung: Allgemeinkosten sind die Aufwendungen für die Fortbildung des Anwalts und seiner Mitarbeiter.

Gehälter: Allgemeinkosten sind alle Gehälter und Löhne der Mitarbeiter. Das gilt auch dann, wenn ein Mitarbeiter zeitweise fast oder überhaupt nur die Aufträge eines oder weniger Kunden bearbeitet.

Gerichtsvollzieherkosten: Keine Allgemeinkosten sind solche im Einzelfall nur für ihn verauslagten Kosten.

Internetanschluss: Er gehört zu den Allgemeinkosten (AG Montabaur JurBüro 2011, 474).

juris-Zugang: → „Fachliteratur", „Telekommunikation" (LG Aurich ZfS 1988, 10; SG Berlin AnwBl 1994, 367).

Kanzleieinrichtung: Allgemeinkosten sind die Anschaffungs- und Unterhaltungskosten der Kanzleieinrichtung wie Möbel, Maschinen usw.

Kanzleifahrzeug: Allgemeinkosten sind seine Gesamtkosten für den täglichen Normalbetrieb, also mit Ausnahme besonderer Fahrten nur anlässlich des Einzelauftrags.

Kopien: Keine Allgemeinkosten sind die nur für diesen Einzelauftrag gefertigten Kopien nach → VV 7000 Rn. 31 „Notwendigkeit der Anlage", „Notwendigkeit der Kopie".

Kreditauskunft: Allgemeinkosten sind meist solche Aufwendungen.

Maschinen: → „Kanzleieinrichtung".

Miete: Allgemeinkosten sind die Gesamtkosten der Büromiete (BPatG GRUR 1991, 130) einschließlich ihrer Nebenkosten für Strom, Wasser, Abwasser, Müll, Reinigung und der Mieterreparaturen und -renovierungen.

Möbel: → „Kanzleieinrichtung".

Papier: Allgemeinkosten sind die Papierkosten.

Personal: Allgemeinkosten sind die Personalkosten.

Porto: Allgemeinkosten sind die Normalkosten für Porto, evtl. auch für einen Eilbrief usw.

Telekommunikation: Allgemeinkosten sind die generellen Aufwendungen einer Telefon-, Telefax-, EDV-, Internetanlage, besonderes elektronisches Anwaltspostfach, ERVV. Auch eine Datenbank zählt hierher. Auch → „Elektronisches Gerät".

Übersetzung: Keine Allgemeinkosten sind Aufwendungen für eine Übersetzung im Einzelfall.

Umschläge: Allgemeinkosten sind diese Kostenarten.

Verpackung: Allgemeinkosten sind die Verpackungsaufwendungen, selbst wenn sie ungewöhnlich aufwendig sind.

Versicherungen: Allgemeinkosten sind die Prämien der generellen und nicht nur für den Einzelauftrag abgeschlossenen Versicherungen.

Vordrucke: → „Formulare".

Vorschuss: Keine Allgemeinkosten sind Zahlungen als Vorschuss auf Gerichtskosten im Einzelfall.

9 **IV. Geschäftsreise (II).** → VV 7003–7006 Rn. 5–13.

10 **V. Reise für mehrere Geschäfte (III 1).** Dazu Schneider JurBüro 2017, 617 (Üb.). Die Vorschrift ergänzt VV 7003–7006 und verhindert eine sonst praktisch oft kaum durchführbare centgenaue Prüfung der Zugehörigkeit der Reisekosten zum einen oder anderen Auftrag.

11 Die Vorschrift bezieht sich auf **sämtliche** in VV 7003–7006 genannten Kosten. Sie setzt aber voraus, dass der Anwalt in dieser Eigenschaft reist, also im Auftrag eines Vertragspartners, aA BFH AnwBl 2016, 438. Bei einer Geschäftsreise kommt es auf den tatsächlichen Abreiseort an (OLG Düsseldorf NJW-RR 2012, 765; OLG Karlsruhe Rpfleger 2016, 607). Auch eine Rundreise zählt hierher. Soweit ein Anwaltsnotar zur Erledigung einer anwaltlichen Aufgabe und einer notariellen Tätigkeit reist, findet die Verteilung der Reisekosten unter einer Berücksichtigung der Entfernung und des Zeitaufwands statt. Die Verteilung der Tage- und Abwesenheitsgelder findet dann nach KV 32000 ff. GNotKG statt.

12 III 1 gilt **nicht,** soweit der Anwalt zB als ein **Zeuge oder Sachverständiger** oder in einer der in § 1 II genannten Eigenschaften oder in eigener Sache reist.

13 **1. Begriff mehrerer Geschäfte.** Der Begriff „Geschäft" ist derselbe wie der Begriff der „Angelegenheit" in § 15. Es muss sich also um dieselbe Reise zur Erledigung mehrerer Angelegenheiten für denselben Auftraggeber handeln. Wegen mehrerer Auftraggeber → Rn. 16.

14 **2. Kostenverteilung.** Man muss die nach III 1 ersatzfähigen Kosten zunächst insgesamt für sämtliche Geschäfte berechnen. Anschließend sind diejenigen Kosten nach III 1 zu errechnen, die für jedes einzelne dieser Geschäfte entstanden sind oder wären. Der Auftraggeber muss denjenigen Anteil der Gesamtkosten der Reise des Anwalts tragen, der dem Verhältnis der Kosten für die einzelnen Geschäfte entspricht.

Beispiel: Die Reise des Anwalts hat insgesamt 200 EUR gekostet. Zur Erledigung des Geschäfts A waren Kosten von 100 EUR notwendig. Zur Erledigung des Geschäfts B waren solche von 150 EUR notwendig. Diese Einzelkosten stehen im Verhältnis 2: 3.

Daher sind die tatsächlich entstandenen Gesamtkosten von 200 EUR im Verhältnis 2:3 zu teilen. Auf das Geschäft A entfallen also 80 EUR, auf das Geschäft B 120 EUR.

Eine **Honorarvereinbarung** mit einem der Auftraggeber nach § 3a ändert am Verfahren nichts. Der eine Auftraggeber haftet nach seiner Honorarvereinbarung, die anderen haften nach III 1. 15

3. Mehrheit von Auftraggebern. Soweit der Anwalt für mehrere Auftraggeber in derselben Angelegenheit nach → § 15 Rn. 9 tätig wird, für sie also dasselbe Geschäft durchführt, ist nicht III 1 anwendbar, sondern § 7 II. 16

VI. Verlegung der Kanzlei (III 2). „Kanzlei" erfasst auch eine Zweigstelle (OLG Dresden NJW 2011, 869; aA OLG Koblenz MDR 2015, 860). Die Vorschrift bringt eine Kostenentlastung des Auftraggebers wie seines evtl. erstattungspflichtigen Gegners vor solchen Beträgen, die allein im Organisationsbereich seines Anwalts begründet sind. 17

1. Strenge Auslegung. Dabei soll es zur Vermeidung eines Streits nicht darauf ankommen, ob der Anwalt die Kanzleiverlegung schon bei der Auftragsannahme plante und ob er das dem Auftraggeber auch mitgeteilt hatte. Deshalb ist die Vorschrift streng auszulegen. Das lässt auch schon ihr Wort „nur" erkennen. 18

Es muss sich um eine solche Verlegung der Kanzlei handeln, die aus der **politischen** Gemeinde A in die politische Gemeinde B erfolgt. Der Anwalt muss schon vor dem Beginn dieser Verlegung den Auftrag angenommen haben. Er muss ihn nach dem Beginn der Verlegung fortgeführt haben. 19

Unter diesen Voraussetzungen kann er Reisekosten und Abwesenheitsgelder nur in derjenigen **Höhe** vom Auftraggeber ersetzt fordern, in der sie auch von seiner bisherigen Kanzlei aus entstanden wären. Soweit die Reisekosten und Abwesenheitsgelder infolge der Kanzleiverlegung geringer werden, kann der Anwalt nur die geringeren Endkosten ersetzt fordern. 20

2. Unanwendbarkeit auf Gebühren. Die Vorschrift ist auf Gebühren nicht anzuwenden. Das ergibt sich aus dem klaren Wortlaut „Auslagen". Er lässt keine derart weite Auslegung zu (aA OLG Brandenburg MDR 1995, 858). Eine Honorarvereinbarung nach § 3a ist auch im Bereich von III 2 möglich. Sie ist aber wegen etwaiger Mehrkosten bei der Kostenerstattung nach § 91 II 1 ZPO nicht zu beachten. 21

Nr.	Auslagentatbestand	Höhe
7000	**Pauschale für die Herstellung und Überlassung von Dokumenten:** **1. für Kopien und Ausdrucke** **a) aus Behörden- und Gerichtsakten, soweit deren Herstellung zur sachgemäßen Bearbeitung der Rechtssache geboten war,** **b) zur Zustellung oder Mitteilung an Gegner oder Beteiligte und Verfahrensbevollmächtigte aufgrund einer Rechtsvorschrift oder nach Aufforderung durch das Gericht, die Behörde oder die sonst das Verfahren führende Stelle, soweit hierfür mehr als 100 Seiten zu fertigen waren,** **c) zur notwendigen Unterrichtung des Auftraggebers, soweit hierfür mehr als 100 Seiten zu fertigen waren,** **d) in sonstigen Fällen nur, wenn sie im Einverständnis mit dem Auftraggeber zusätzlich, auch zur Unterrichtung Dritter, angefertigt worden sind:**	

Nr.	Auslagentatbestand	Höhe
	für die ersten 50 abzurechnenden Seiten je Seite	**0,50 €**
	für jede weitere Seite	**0,15 €**
	für die ersten 50 abzurechnenden Seiten in Farbe je Seite	**1,00 €**
	für jede weitere Seite in Farbe	**0,30 €**
	2. Überlassung von elektronisch gespeicherten Dateien oder deren Bereitstellung zum Abruf anstelle der in Nummer 1 Buchstabe d genannten Kopien und Ausdrucke:	
	je Datei	**1,50 €**
	für die in einem Arbeitsgang überlassenen, bereitgestellten oder in einem Arbeitsgang auf denselben Datenträger übertragenen Dokumente insgesamt höchstens	**5,00 €**
	I 1 Die Höhe der Dokumentenpauschale nach Nummer 1 ist in derselben Angelegenheit und in gerichtlichen Verfahren in demselben Rechtszug einheitlich zu berechnen. 2 Eine Übermittlung durch den Rechtsanwalt per Telefax steht der Herstellung einer Kopie gleich. **II Werden zum Zweck der Überlassung von elektronisch gespeicherten Dateien Dokumente im Einverständnis mit dem Auftraggeber zuvor von der Papierform in die elektronische Form übertragen, beträgt die Dokumentenpauschale nach Nummer 2 nicht weniger, als die Dokumentenpauschale im Fall der Nummer 1 betragen würde.**	

Übersicht

I. Systematik (Nr. 1, 2). Während § 91 ZPO nach → Rn. 39 ff. die Erstattungsfähigkeit im Außenverhältnis der Parteien zueinander regelt, erfasst VV 7000 die Ersatzfähigkeit im Innenverhältnis zwischen dem Auftraggeber und seinem Anwalt (OLG Rostock JurBüro 2001, 194). Zum Verhältnis zwischen den allgemeinen Geschäftskosten und der Dokumentenpauschale → VV Vorb. 7 Rn. 1–8. VV 7000 gibt dem Anwalt nicht wegen jeder Kopie einen Ersatzanspruch gegen den Auftraggeber, sondern zwecks einer Vereinfachung nur dann, wenn die Voraussetzungen Nr. 1a oder diejenigen Nr. 1b, c oder diejenigen Nr. 1d oder eine Kombination dieser Fälle vorliegen. Andere Kopien gelten als allgemeine Geschäftskosten nach Vorb. 7 I 1. Das ergibt sich schon aus dem Wort „nur" in Nr. 1d oder dem Wort „soweit" in Nr. 1a (Spruth Rpfleger 1989, 383). Zeichnungen im Patentanmeldeverfahren sind keine bloßen Auslagen (BPatG GRUR 1991, 130). 1

Indessen enthält **§ 7 II 1 Hs. 2** eine gegenüber VV 7000 S. 1 Nr. 1b teilweise vorrangige **Sonderregelung.** Der Anwalt muss in seiner Kostenberechnung die Höhe der Auslagen wegen der Pauschale im Einzelnen nachweisen, § 10 II 1. § 464b StPO ist mit zu beachten (KG JurBüro 2009, 316, sog. gemischte Berechnung). 2

II. Regelungszweck (Nr. 1, 2). Die Vorschrift stellt die Bemühung dar, einerseits die wirklich notwendige oder sonst gerechtfertigte Abgeltung echter Unkosten des Einzelfalls zu sichern, andererseits den allzu „großzügigen" Gebrauch der Kopiermöglichkeiten auf Kosten des Auftraggebers und damit evtl. auf Kosten eines diesem erstattungspflichtigen Dritten zu verhindern. Diese Abwägung ist trotz der heute vielfach unentbehrlichen und ständig in Ausweitung befindlichen Vervielfältigungsmöglichkeiten bei der Auslegung vorzunehmen. Es ist daher eine weder zu strenge noch zu weite Anwendung ratsam. 3

III. Anwendungsbereich (Nr. 1, 2). Die Vorschrift gilt im außergerichtlichen wie gerichtlichen Gesamtbereich anwaltlicher Tätigkeit aller Gerichtsbarkeiten, auch vor den Sozialgerichten usw. Sie gilt auch beim beigeordneten oder bestellten Anwalt und bei einer Beratungshilfe. VV 7000 ist auf Auslagen der Partei auch dann anzuwenden, wenn sie eine Behörde ist (OLG Hamm Rpfleger 1982, 439), sonst nicht (OLG Nürnberg AnwBl 1975, 68). Die Vorschrift gilt je Angelegenheit nach → § 15 Rn. 9 (BGH FamRZ 2004, 1721, zu § 17 Nr. 2). Sie kann auch beim Ausbleiben eines Auftrags gelten. 4

IV. Notwendige Kopie und Ausdruck aus Akten (Nr. 1a). Unabhängig von den Voraussetzungen Nr. 1b–d kann ein Ersatzanspruch entstehen, soweit der Anwalt die Kopie oder den Ausdruck der elektronischen Fassung aus einer Behörden- oder Gerichtsakte zur sachgemäßen Bearbeitung gerade dieser Rechtssache vornehmen musste (OLG Celle JurBüro 2016, 240; OLG Hamburg MDR 2017, 972, also nicht zB für Parallelsachen; OLG Nürnberg JurBüro 2017, 579). Die Herstellungsart ist unerheblich. Hierher zählt zB auch eine Fotokopie (BGH NJW 2014, 1668) oder ein Telefax (Anm. I 2) oder ein Einscannen (LSG Bayern AGS 2013, 121; OLG Bamberg NJW 2006, 3504; Klüsener JurBüro 2016, 3; aA wegen der Änderung von „Ablichtung" in „Kopie" durch das 2. KostRMoG 2013 OLG Frankfurt a. M. BeckRS 2020, 28343; LSG Bayern AGS 2019, 64; KG AnwBl 2016, 360). Ein Foto ist ebenfalls vernünftigerweise eine Kopie, für Abzüge Gerold/Schmidt/Müller-Rabe Rn. 29. Das gilt auch für die Unterrichtung und den sonstigen Schriftwechsel mit dem Auftraggeber. Eine Abschrift sollte auch nach der Streichung dieses Begriffs einer Kopie gleichstehen, zumal sie viel mehr Mühe verursacht. Auch im Empfangsgerät des Telefax entsteht eine Kopie (VG Dresden AGS 2019, 469 für Empfang einer vollständigen Behördenakte; aA KG JurBüro 2007, 589: der Ausdruck entstehe ohne Zutun des Anwalts). Auch ein sog. weiterer Ausdruck zählt hierher. 5

Eine **Urschrift** zählt **nicht** zum Begriff Kopie. Das gilt auch beim Schriftwechsel. Die Urschriften sind unabhängig von ihrer Zahl und ihrem Umfang mit den sonstigen Gebühren abgegolten (KG JurBüro 1975, 346). 6

1. Aus Behörden- oder Gerichtsakte. Es muss sich um eine solche Kopie handeln, die der Anwalt gerade aus einer Behörden- oder Gerichtsakte vorgenommen hat. Es kann sich auch um ein zum Aktenbestandteil gewordenes Dokument handeln, etwa um einen Aktenvermerk oder um eine Dokumentationssammlung des Gerichts (OVG Bremen AnwBl 1988, 253, über relevante Parallelvorgänge; OVG Münster 7

JurBüro 1989, 973) oder um ein Strafregister oder um einen Auszug aus der Verkehrssünderkartei.

8 **Nicht ausreichend** ist eine Kopie eines gegnerischen Schriftsatzes aus einer Handakte eines anderen Anwalts oder aus einer Handakte des Auftraggebers (LG Berlin AnwBl 1995, 625) oder eines privaten Dritten. Das gilt selbst dann, wenn es sich dabei um die Kopie einer solchen Urkunde handelt, die sich im Original oder in einer weiteren Kopie in einer Behörden- oder Gerichtsakte befindet. Es reicht also zB nicht aus, dass der Anwalt die in einer polizeilichen Ermittlungsakte im Original vorhandene Unfallskizze nicht aus jener Akte kopiert, sondern aus der Handakte der Versicherungsgesellschaft des Auftraggebers oder eines Dritten.

9 **Das gilt selbst dann, wenn** diese Kopie zur sachgemäßen Bearbeitung der Rechtssache notwendig ist. Andernfalls würden auch Kopien dritten oder vierten Grades noch „aus Behörden- oder Gerichtsakten" stammen. Damit würde die Ersatzfähigkeit nur noch von der Leserlichkeit der Kopie abhängen. Das ist aber nicht der Sinn von Nr. 1a.

10 **2. Gebotenheit: Objektiver Maßstab.** Die Kopie aus der Behörden- oder Gerichtsakte muss zur sachgemäßen Bearbeitung der Rechtssache erforderlich gewesen sein (OLG Braunschweig JurBüro 1999, 301; OLG Düsseldorf VersR 1986, 770). Einen ähnlichen Maßstab enthält der vorrangige § 7 II 1 Hs. 1. Eine bloße Erleichterung oder Bequemlichkeit reicht nicht.

11 Es kommt weder auf die Ansicht des Anwalts noch auf diejenige des Auftraggebers oder dessen vielleicht geringere Kosten der Kopie an, sondern auf einen objektiven Maßstab, also auf den Standpunkt eines **vernünftigen,** sachkundigen **Dritten** (VGH München BeckRS 2021, 36681; OLG Düsseldorf JurBüro 2000, 360; OLG Rostock JurBüro 2014, 638; VG Sigmaringen NVwZ-RR 2003, 910). Dabei hat der Anwalt allerdings einen gewissen und auch nicht zu engen, sondern eher großzügigeren Ermessensspielraum (OLG Düsseldorf JurBüro 2000, 360; LG Essen JurBüro 2011, 474: ganze Akte; LSG Schleswig-Holstein AGS 2021, 70: keine vollständige Aktenlektüre vor Vervielfältigung geboten; VG Oldenburg NVwZ-RR 2002, 78). Er muss ihn freilich auch pflichtgemäß handhaben (OLG Koblenz Rpfleger 2003, 469; AG Koblenz JurBüro 2001, 426; AG Besigheim JurBüro 2001, 431). In § 46 I wird die Darlegungs- und Beweislast für das Fehlen der Erforderlichkeit von Auslagen eines beigeordneten Anwalts dem Staat auferlegt (LSG Berlin-Brandenburg AGS 2020, 422; aA für Nr. 1a KG JurBüro 2016, 135).

12 Der Anwalt ist insbesondere **nicht vom Einverständnis des Auftraggebers abhängig.** Zwar soll nicht schon eine bloße Bequemlichkeit oder eine auch nur eventuell künftige Arbeitserleichterung zum Ersatzanspruch führen. Andererseits hat der Anwalt aber eine ziemlich weitgehende Informationspflicht. Es kann auch gerade eine vorbeugende Maßnahme zu einer sachgemäßen Bearbeitung durchaus gehören (LG Essen JurBüro 2011, 474). Freilich kann eine Vereinbarung helfen, spätere Unstimmigkeiten zB über die Kopie einer ganzen Akte zu vermeiden. Dabei ist die Einhaltung von § 3a ratsam.

13 **Nicht erheblich** ist die **Zahl** der Auftraggeber, soweit nur die Voraussetzungen → Rn. 5–12 im Übrigen vorliegen (aA OLG Stuttgart NJW-RR 2000, 1726, aber auf diese Zahl kommt es erst bei § 7 II 1 Hs. 1 und bei VV 7000 Nr. 1b an). Unerheblich ist nach → Rn. 1 auch eine etwaige Erstattbarkeit.

3. Beispiele zur Gebotenheit (Nr. 1a)

14 **Aktenauszug:** → „Eintritt in Rechtsstreit".

Aktenbeiziehung: Eine Kopie mag **nicht** geboten sein, soweit der Anwalt Teile solcher Akten kopiert, deren Beiziehung er beantragt hat und erwarten kann (VG Köln AnwBl 1989, 109).

Akteneinsicht: → „Einsichtnahme".

Beiziehung: → „Aktenbeiziehung".

Beschleunigung: Eine Kopie kann geboten sein, soweit sich der Anwalt durch sie eine Beschleunigung erhofft (KG Rpfleger 1975, 107).

Beschluss: → „Gerichtsakte".

Beweislast: Sie liegt beim Anwalt (OLG Celle JurBüro 2016, 240).

Bußgeldakte: Es gilt dasselbe wie bei → „Strafakte".

Digitalisierung: Dem Anwalt ist zuzumuten, zunächst am Bildschirm zu klären, was er auch noch ausdrucken muss (VG Dresden AGS 2019, 469; OLG Rostock JurBüro 2014, 439). Nach Erhalt der kompletten Verfahrensakte in digitalisierter Form hat er grundsätzlich keinen Anspruch auf eine Dokumentenpauschale für zusätzliche Kopien (KG JurBüro 2016, 135; OLG Frankfurt a. M. AGS 2018, 267; LG Osnabrück JurBüro 2015, 246; differenzierend für Auszüge OLG Nürnberg AGS 2018, 73).

Einsichtnahme: Kopien können zB bei § 299 ZPO geboten sein, soweit der Anwalt eine Akte nur vorübergehend behalten darf (OLG Hamburg MDR 1975, 935) oder soweit er ein Buch aus einer Akte nur vorübergehend einsehen kann.

Einsparung: Eine Kopie kann geboten sein, soweit der Anwalt hofft, durch sie spätere Kosten einzusparen (LG Essen AnwBl 1977, 73, wegen einer notariellen Urkunde).

Eintritt in Rechtsstreit: Kopien mögen geboten sein, soweit der Anwalt anlässlich des Eintritts seines Auftraggebers in einen anhängigen Rechtsstreit einen Auszug aus der Prozessakte anfertigt (OLG Düsseldorf VersR 1979, 871).

Empfangsbekenntnis: Seine Kopie kann sehr sinnvoll sein, um Fristfragen vorzubeugen.

Entlegenheit der Literatur: Kopien können ausnahmsweise geboten sein, soweit es um schwer zugängliche Literatur geht (OLG Schleswig JurBüro 1981, 386), etwa um den Bericht eines Pressedienstes (VG Köln AnwBl 1989, 109).

Grundsätzlich **fehlt** aber die Gebotenheit. Es handelt sich vielmehr um allgemeine Kosten (OLG Bamberg JurBüro 1978, 1188; OLG Schleswig JurBüro 1979, 373).

Entscheidungserheblichkeit: → „Wertlosigkeit"

Gerichtsakte: Eine Kopie ist **nicht** geboten, soweit der Anwalt einen Anspruch nach KV 9000 GKG auf kostenfreie Kopien hat. Mag er sie anfordern (OLG München AnwBl 1981, 507).

Gesamte Akte: Zwar braucht der Anwalt nicht Blatt für Blatt auf seinen Kopierbedarf zu prüfen (OLG Düsseldorf JurBüro 2000, 360).

Kopien mögen aber **nicht** geboten sein, soweit der Anwalt einfach die gesamte Akte kopiert, ohne zu prüfen, welche ihrer Teile er überhaupt noch zur weiteren vertragsgemäßen Tätigkeit benötigt (VGH München BeckRS 2021, 36681; VG Dresden AGS 2019, 469; OVG Münster NVwZ-RR 2007, 500; OLG Düsseldorf JurBüro 2000, 360). ZB sind eigene Schriftsätze des Anwalts in der Akte nicht zu kopieren (LG Braunschweig AGS 2020, 16). Auch → Rn. 12, → „Zweckmäßigkeit".

Gutachten: → „Gerichtsakte".

Kenntnis des Gerichts oder des Gegners: Kopien sind grundsätzlich **nicht** geboten, soweit der Adressat sie inhaltlich wie in der Form schon kennt (OLG Braunschweig JurBüro 1999, 300; OLG Hamburg MDR 2017, 972; OLG Hamm JurBüro 2002, 202; aA OLG Frankfurt a. M. AnwBl 1985, 204; OLG München Rpfleger 1982, 438; LAG Hamm AnwBl 1984, 316).

Protokoll: → „Gerichtsakte".

Prozentsatz: Die Gebotenheit von Kopien ist **nicht schematisch** danach zu beurteilen, ob die Kosten dafür einen bestimmten Prozentsatz der Anwaltsgebühren überschritten.

Rechtsmittelanwalt: Es gilt dasselbe wie bei → „Eintritt in Rechtsstreit".

Registerauszug: Zu prüfen ist, ob eine Kopie oder ein Auszug aus einem Handels-, Straf-, Vereinsregister usw oder aus dem Fahreignungsregister geboten war.

Sachaufklärung: Kopien können zu ihrem Zweck geboten sein (LG Duisburg AnwBl 2003, 373).

Sachvortrag: Kopien sind dann **nicht** geboten, wenn sie den Sachvortrag nur ersetzen sollen (BVerfG NJW 1997, 2668; OLG Braunschweig JurBüro 1999, 300; OLG Dresden JurBüro 1999, 301).

Schwierigkeit des Zugangs: → „Entlegenheit der Literatur".

Selbständiges Beweisverfahren: Es gilt bei §§ 485 ff. ZPO dasselbe wie bei → „Eintritt in Rechtsstreit".

Ständiger Bedarf: Kopien können geboten sein, soweit der Anwalt ein Gutachten ständig benötigt (LG Berlin MDR 1982, 327).

Strafakte: Der Anwalt kann statt bloßer Notizen Kopien fertigen, sobald es um mehr als einen ganz schlichten Vorgang geht (OLG Frankfurt a. M. AnwBl 1978, 183). Das gilt auch zur Kenntnisnahme durch den Beschuldigten (Bode MDR 1981, 287) oder durch eine Versicherung. Es gilt ferner zB für die Verwendung in einem zugehörigen Zivilprozess (OLG Hamburg MDR 1975, 935; LG Essen VersR 1976, 251). Bei Erhalt einer e-Akte darf er nicht einfach alles kopieren (OLG Rostock JurBüro 2015, 23, über 53.000 Seiten).

Streithelfer: Sein Prozessbevollmächtigter zB nach § 81 ZPO darf für sich und den Auftraggeber Kopien der vor dem Beitritt gewechselten Schriftsätze anfertigen, soweit er sie nicht von der unterstützten Partei erhält (OLG Düsseldorf VersR 1979, 870).

Streitverkündung: Eine Kopie kann bei § 72 ZPO geboten sein, soweit der Anwalt durch sie eine sonst notwendige Streitverkündung vermeiden will (AG Wuppertal Rpfleger 1981, 368). Auch → „Eintritt in Rechtsstreit".

Umfang: Kopien können geboten sein, soweit die Angelegenheit einen besonderen Umfang hat (OLG Celle AnwBl 2012, 199; LG Fulda AnwBl 1978, 109). Das kann zB bei einer Verteidigung gelten (OLG Celle AnwBl 2012, 199; OLG Hamburg Rpfleger 1975, 331; LG Bonn AnwBl 1975, 102).

Nicht geboten ist eine derartige Sammlung, auf die der Anwalt wegen ihres Umfangs nach § 131 III ZPO Bezug nehmen darf.

Unstreitigkeit: Eine Kopie ist **nicht** geboten, soweit sie nur Unstreitiges belegen soll und auch nicht zu dessen Abgrenzung oder Klarstellung dient (OLG München AnwBl 1983, 569).

Urteil: → „Gerichtsakte".

Vergleich: → „Gerichtsakte".

Verlustgefahr: Eine Kopie kann geboten sein, soweit das Original verlorenzugehen droht (KG Rpfleger 1975, 107). Eine solche Gefahr ist freilich bei einer Behörden- oder Gerichtsakte kaum vorhanden, wohl aber zB dann, wenn die routinemäßige Vernichtung dieses Aktenteils bevorstehen könnte.

Versorgungsausgleich: → „Wichtigkeit der Unterlage".

Verteidigung: Kopien können geboten sein, soweit es sich um eine Pflichtverteidigung handelt (OLG Karlsruhe JurBüro 1975, 618; LG Karlsruhe AnwBl 1979, 281). Auch → „Umfang".

Verwaltungssache: Kopien können geboten sein, soweit es sich um einen Auszug für die Handakten handelt (OVG Bremen AnwBl 1988, 253; OVG Münster JurBüro 1989, 973; VG Sigmaringen NVwZ-RR 2003, 910).

Vorübergehender Zeitraum: → „Einsichtnahme".

Wertlosigkeit: Eine Kopie mag dann **nicht** geboten sein, wenn sie keinen Informationswert hat oder entscheidungsunerheblich ist (VG Stade AnwBl 1985, 54).

Wichtigkeit der Unterlage: Eine Kopie kann geboten sein, soweit es sich um eine für den Anwalt oder den Auftraggeber besonders wichtige Unterlage handelt (OLG Schleswig AnwBl 1986, 547), etwa im Verfahren über einen Versorgungsausgleich (OLG Köln AnwBl 1982, 114).

Zustellungsurkunde: Es gilt dasselbe wie bei → „Empfangsbekenntnis".

Zweckmäßigkeit: Die bloße Zweckmäßigkeit lässt es noch **nicht** als auch wirklich geboten erscheinen, Kopien herzustellen (OLG Schleswig SchlHA 1989, 145; aA LG Düsseldorf AnwBl 1983, 42, zust. *Chemnitz*. Aber etwas Zweckmäßiges ist noch nicht schon deshalb „geboten"). Auch → „Gesamte Akte".

15 **V. Zustellung usw bei mehr als 100 Seiten (Nr. 1b).** Unabhängig von den Voraussetzungen Nr. 1a, c, d kann der Anwalt auch dann den Ersatz seiner Auslagen fordern, wenn die beiden folgenden Voraussetzungen zusammentreffen.

16 **1. Grundlage: Rechtsvorschrift oder amtliche Aufforderung (Hs. 1).** Die Dokumentenpauschale entsteht dann, wenn der Anwalt Kopien (zum Begriff krit. Reckin AnwBl 2015, 69) beliebiger Vorlagen zur Zustellung oder Mitteilung an Gegner oder sonstige Beteiligte oder deren Bevollmächtigte nur oder zumindest auch auf Grund entweder einer Rechtsvorschrift angefertigt hat, LG Memmingen Rpfleger 2007, 288, oder auf Grund einer gerichtlichen oder behördlichen oder sonstigen amtlichen Aufforderung oder Anweisung oder Obliegenheit und nicht nur von sich

aus oder wegen einer Anheimgabe oder Bitte des Auftraggebers oder des Gegners oder dessen Prozessbevollmächtigten zB nach § 81 ZPO. Hierher gehören zB Anlagen des eigenen Schriftsatzes (OLG Karlsruhe NJW-RR 1999, 437; OLG Koblenz MDR 2001, 534, insofern auch LG Hannover JurBüro 2015, 34; aA OLG Düsseldorf AGS 2000, 22; OLG Karlsruhe MDR 2000, 1998).

2. Beteiligter (Hs. 1). Beteiligt ist zB auch ein Streithelfer nach §§ 66 ff. ZPO, ein Streitverkündeter nach § 72 ZPO, ein Nebenkläger nach §§ 395 ff. StPO, ein Äußerungsberechtigter (BVerfG AGS 1996, 68), ein Beigeladener, eine Wohnungseigentümergemeinschaft (OLG München AnwBl 1978, 109; OLG Schleswig JurBüro 1983, 1091), es sei denn, der Verwalter vertritt sie (BGH NJW 1981, 282). 17

Nicht Beteiligter ist aber das Gericht (KG AGS 2006, 274) oder eine Versicherungsgesellschaft mit Ausnahme des Haftpflichtversicherers (OLG München AnwBl 1987, 97; OLG Stuttgart JurBüro 1985, 122) oder des Rechtsschutzversicherers. 18

Verfahrensbevollmächtigter ist derjenige jedes Beteiligten, **nicht** aber der Termins- oder Verkehrsanwalt. 19

3. Rechtsvorschrift (Hs. 1). Das sind zB §§ 133, 253 V ZPO, §§ 64 II 1, 77 I 3 FGO, § 93 S. 1 SGG, §§ 86 V, 88 II VwGO (OLG Bamberg Rpfleger 1991, 160). Auch eine nicht gerade gesetzliche Vorschrift kann eine Rechtsvorschrift sein. Es reicht nur eine solche Rechtsvorschrift, die zur Anfertigung zwingt („zu fertigen waren") und sie nicht bloß anheimgibt oder gestattet. 20

Maßgeblich ist also der gesetzliche oder amtliche Anstoß. Ihn darf man nur bei seiner Eindeutigkeit wenigstens als eine Mitursache annehmen. Liegt er vor, schadet eine Bitte des Gegners usw nichts. Im Umfang einer Notwendigkeit ist ein Einverständnis des Auftraggebers unnötig. 21

4. Mehr als 100 Seiten nötig (Hs. 2). Die Dokumentenpauschale entsteht selbst unter der Voraussetzung → Rn. 15 nur dann, wenn nach Nr. 1b innerhalb derselben Angelegenheit nach → § 15 Rn. 9 zu ihrem Zweck über 100 Seiten „zu fertigen waren", also insgesamt je Auftraggeber oder für einen jeden weiteren Verfahrensbeteiligten notwendig wurden. Man darf hier eine Notwendigkeit nach Nr. 1c nicht mitbeachten. Bis zur Gesamtzahl von 100 bleiben die Kopien für den Auftraggeber kostenfrei (OLG Hamburg MDR 2011, 1014). Die allgemeinen Geschäftskosten gelten sie nämlich nach Vorb. 7 I 1 ab. 22

5. Ermessen (Hs. 2). Notwendig ist die Unterrichtung nach demselben Maßstab → Rn. 10 ff. Der Anwalt hat also auch hier ein nicht zu enges, sondern eher großzügiges Ermessen (OLG Hamburg MDR 2007, 244). Die Anfertigung muss freilich gerade zur Zustellung oder Mitteilung an die in Nr. 1b Genannten und an den Auftraggeber und nicht zu anderen Zwecken notwendig gewesen sein. Nach § 133 I ZPO mag wegen der gemäß § 172 ZPO notwendigen Zustellung an den Prozessbevollmächtigten nach § 81 ZPO nur eine Kopie notwendig sein (OLG Hamm JurBüro 2002, 202; aA OLG München JurBüro 1983, 386; EndersEnders JurBüro 1999, 283, aber Wortlaut und Sinn des Gesetzes sind eindeutig). Jede Angelegenheit nach → § 15 Rn. 9 ff. zählt gesondert. Es müssen also bei jeder Angelegenheit mehr als 100 Kopien nötig sein. Das gilt auch bei einer gesetzlichen Anrechenbarkeit. 23

6. Maßgeblicher Zeitpunkt (Hs. 2). Es müssen insgesamt im **Zeitpunkt der Anfertigung** schon und noch mehr als 100 Kopien gerade zu diesem Zweck notwendig gewesen sein. 24

Dabei stellt **§ 7 II 2 Hs. 2** klar, dass der Anwalt die insgesamt entstandenen Auslagen fordern kann. Die Höhe der Pauschale richtet sich nach VV 7000 Nr. 1 aE iVm der Anm. In derselben Angelegenheit nach → § 15 Rn. 9 ff. und in demselben Rechtszug nach → § 15 Rn. 32 darf man daher zB nicht zweimal für die ersten 50 Kopien je 0,50 EUR berechnen. Wegen der Kostenerstattung → Rn. 39. 25

VI. Unterrichtung des Auftraggebers bei mehr als 100 Seiten (Nr. 1c). 26
Unabhängig von Nr. 1a, b und d kann die Pauschale auch dann entstehen, wenn nach Nr. 1c zur notwendigen Unterrichtung „des" Auftraggebers mehr als 100 Seiten zu fertigen waren, also notwendig wurden. Man darf hier eine Notwendigkeit nach Nr. 1b nicht mitbeachten. Auch hier bleiben die ersten 100 Exemplare kostenfrei. Die Vorschrift stellt anders als Nr. 1b nur auf den einzelnen Auftraggeber ab, der

zahlen soll. Das gilt hier wie bei Nr. 1b auch bei gesetzlicher Anrechenbarkeit. Nach § 7 II 1 Hs. 2 kann bei einer Mehrheit von Auftraggebern die Dokumentenpauschale auch insoweit entstehen, als sie nur durch die Unterrichtung mehrerer Auftraggeber entstanden ist. Das bedeutet: Nr. 1c ist auch dann nur einmal anwendbar, wenn über 100 Kopien erst infolge einer notwendigen Unterrichtung mehrerer Auftraggeber entstanden.

27 **Notwendig** wird die Unterrichtung nach → Rn. 10 ff., 22 f. nach demselben Maßstab wie bei Nr. 1b. Notwendig ist die Kenntnisgabe jedes eigenen wie gegnerischen Schriftsatzes mit seinen dem Auftraggeber noch nicht bekannten Anlagen. Soweit ein Sachverständiger nicht genug Gutachtenkopien lieferte, ist auch deren Anfertigung notwendig (OLG Schleswig AnwBl 1986, 547; SG Hamburg AnwBl 1994, 302; SG Münster AnwBl 1993, 44).

28 **Nicht anwendbar** ist Nr. 1c bei Kopien für eine hinter dem Auftraggeber tätige Person, etwa für den Termins- oder Verkehrsanwalt oder den Versicherer mit Ausnahme des Haftpflichtversicherers. Auch eine Kopie für die Handakten des Anwalts fällt nicht unter Nr. 1c (OLG Hamm JurBüro 2002, 202; OLG Stuttgart JurBüro 1982, 1193; aA OLG München JurBüro 1983, 386).

29 **VII. Zusätzliche Kopie oder zusätzlicher Ausdruck im Einverständnis mit dem Auftraggeber (Nr. 1d).** Es müssen die folgenden Voraussetzungen zusammentreffen.

30 **1. Zusätzliche Fertigung: Mehr als Vertragspflicht.** Der Anwalt muss die Kopie zusätzlich gefertigt haben. Eine zusätzliche Anfertigung liegt nur dann vor, wenn der Anwalt mehr getan als nur seine gesetzliche Pflicht erfüllt hat (BVerfG NJW 1996, 382; BGH NJW 2003, 1128; OLG Karlsruhe JurBüro 1998, 596). Allerdings kann sich die Zusätzlichkeit auch dann ergeben, wenn der Anwalt durch denselben Fertigungsvorgang auch seine gesetzliche Mindestpflicht erfüllt (aA OLG Naumburg JurBüro 1994, 218). Man kann nicht die in Nr. 1b, c genannte Zahl von Auftraggebern einfach auf Nr. 1d als weitere Bedingung übertragen, aA zum alten Recht OLG Stuttgart JurBüro 2000, 247 (abl. Enders). **Unerheblich** ist bei Nr. 1d die Zahl der angefertigten Kopien.

2. Beispiele zur Zusätzlichkeit (Nr. 1d)

31 **Anlage:** → „Notwendigkeit der Anlage".

Arbeitgeber: Die Zusätzlichkeit kann bei der Unterrichtung des Arbeitgebers vorliegen.

Arrest, einstweilige Verfügung: Die Zusätzlichkeit kann bei §§ 916 ff., 935 ff. ZPO zwecks einer Zustellung vorliegen (OLG Koblenz JurBüro 1991, 823).

Auskunft: Die Zusätzlichkeit kann zwecks einer Unterrichtung zB des Auftraggebers vorliegen.

Behörde: Die Zusätzlichkeit kann bei der Unterrichtung mehrerer Dienststellen vorliegen (OLG Nürnberg AnwBl 1975, 191; OLG Schleswig JurBüro 1989, 632; OVG Koblenz NVwZ-RR 2010, 336).

Beteiligter: → „Gegner".

Dritter: Die Zusätzlichkeit kann vorliegen, soweit der Anwalt eine Kopie einem anderen als dem Auftraggeber oder dessen Verkehrsanwalt anfertigt, etwa dem Versicherer (OLG Frankfurt a. M. AnwBl 1978, 144; OLG Hamburg JurBüro 1978, 1511; LG Darmstadt AnwBl 1982, 217) oder im Rechtsstreit wegen einer Angelegenheit nach dem NATO-Truppenstatut zur Unterrichtung des Entsendestaates.

Durchschlagszahl: Die Zusätzlichkeit kann vorliegen, soweit ein einmaliger Schreibgang nicht ausreicht (OLG Karlsruhe AnwBl 1976, 344; OLG München Rpfleger 1978, 152; OLG Schleswig SchlHA 1983, 143). Freilich hat dieses Problem im Zeitalter von Fotokopie, Telefax, Drucker usw an praktischer Bedeutung verloren.

Eigener Schriftsatz: Die Zusätzlichkeit kann **fehlen,** soweit der Anwalt seinem Auftraggeber oder dessen Verkehrsanwalt eine Kopie des eigenen Schriftsatzes gibt. Denn nur dann kann der Auftraggeber usw eine Nachprüfung vornehmen (OLG Hamm VersR 1981, 69; aA LG Aachen AnwBl 1981, 451, zu eng).

Fachliteratur: → „Schrifttum".

Freiwilligkeit der Anfertigung: → Rn. 5.

Gegner: Die Zusätzlichkeit kann vorliegen, soweit der Gegner nicht genügende Abschriften oder Kopien übersandt hat, deren Kosten der eigene Auftraggeber dann nach § 91 ZPO, §§ 80 ff., 113 I 2 FamFG erstattet fordern kann (OLG Karlsruhe AnwBl 1986, 546; OLG München JurBüro 1982, 1190; LG Aachen AnwBl 1981, 451; aA OLG Düsseldorf JurBüro 1986, 875; Gerold/Schmidt/Müller-Rabe Rn. 147: Vorrang von Nr. 1c).

Die Zusätzlichkeit **fehlt,** soweit der Anwalt für jeden Prozessgegner eine Abschrift oder Kopie und für dessen Prozessbevollmächtigten eine weitere beifügt.

Gericht: Die Zusätzlichkeit kann vorliegen, soweit das Gericht weitere Kopien wünscht.

Gutachten: Die Zusätzlichkeit kann zwecks einer Unterrichtung zB des Auftraggebers vorliegen.

Haftpflichtversicherer: → „Dritter".

Handakte: Die Zusätzlichkeit kann **fehlen,** soweit der Anwalt eine Kopie für die eigene Handakte anfertigt (OLG Frankfurt a. M. Rpfleger 1980, 399; OLG Hamburg AnwBl 1978, 431).

Mitverwendung: → „Überstück".

NATO-Truppenstatut: Die Zusätzlichkeit kann bei der Unterrichtung des Entsendestaats nach dem NATO-Truppenstatut vorliegen.

Nebenintervenient: → „Gegner".

Notwendigkeit der Anlage: Die Zusätzlichkeit kann vorliegen, soweit der Anwalt einem Schriftsatz eine notwendige Anlage beifügt (OLG Karlsruhe MDR 2002, 665; OLG Köln MDR 1987, 678; OLG München JurBüro 1999, 300; aA OLG Dresden JurBüro 2000, 1629; VGH Kassel AnwBl 1984, 52, zu eng). Die Notwendigkeit kann auch gerade dann bestehen, wenn die Anlage einen besonderen Schriftsatz erspart (aA OLG München MDR 2010, 114, aber → Rn. 3 gilt auch dann). Aber auch → Notwendigkeit der Kopie".

Notwendigkeit der Kopie: Die Zusätzlichkeit kann **fehlen,** soweit der Anwalt eine solche Kopie fertigt, die er im Rahmen des Vertrages ohnehin vornehmen muss (OLG Hamburg MDR 1981, 58; 1981, 593; LG Koblenz NJW-RR 2002, 134; aA OLG Brandenburg AnwBl 1996, 172; AG Leipzig JurBüro 1998, 84, je zu großzügig) oder soweit er sie nach der allgemeinen anwaltlichen Übung ohnehin vornimmt, → Rn. 5 (LG München II Rpfleger 1989, 383, zust. Spruth). Aber auch → Notwendigkeit der Anlage".

Patentanwalt: → „Dritter".

Rechtsschutzversicherer: → „Dritter".

Sachaufklärung: Die Zusätzlichkeit kann vorliegen, soweit der Anwalt eine solche Kopie fertigt, die der weiteren Sachaufklärung dient und das Verfahren abkürzen kann (OLG Düsseldorf GRUR 1999, 372; OLG Koblenz JurBüro 1999, 300; LG Duisburg AnwBl 2003, 373).

Sachzusammenhang: Die Zusätzlichkeit kann vorliegen, soweit der Anwalt eine solche Kopie fertigt, die nicht zur Sache selbst gehört.

Schrifttum: Seine Anschaffung zählt nach → VV Vorb. 7 Rn. 8 zu den allgemeinen Geschäftskosten. Kopien aus Fachzeitschriften oder allgemein zugänglichen Datenbanken sind nur ausnahmsweise erstattungsfähig (OLG Koblenz MDR 2007, 1347).

Steuerberater: → „Dritter".

Strafakte: Die Zusätzlichkeit kann mit der Folge auch einer Erstattungsfähigkeit vorliegen, soweit es um Kopien für den Beschuldigten geht (Bode MDR 1981, 287).

Streitgenosse: Die Zusätzlichkeit kann vorliegen, soweit der Anwalt Kopien für die selbständig vertretenen Streitgenossen des Auftraggebers nach §§ 59 ff. ZPO anfertigt (LAG Hamm MDR 1988, 524).

Streitverkündeter: → „Gegner".

Terminsanwalt: → „Dritter".

Überstück: Die Zusätzlichkeit kann vorliegen, soweit der Anwalt ein Überstück zwar unaufgefordert anfertigt und an das Gericht übersendet, das Gericht dieses Überstück dann aber doch mitverwendet (BVerfGE 65, 72 (75) = BeckRS 1983, 5895).

Unterbevollmächtigter: Die Zusätzlichkeit kann je nach den Umständen vorliegen oder **fehlen,** soweit der Anwalt für einen nach VV 3401 Unterbevollmächtigten eine Kopie herstellt (strenger OLG Hamm VersR 1981, 69).

Verkehrsanwalt: → „Dritter".

Versicherung: → „Dritter".

Weitere Kopie für Auftraggeber: Die Zusätzlichkeit kann vorliegen, soweit der Anwalt für den Auftraggeber eine weitere Kopie anfertigt (OLG Frankfurt a. M. JurBüro 1982, 744; OLG Düsseldorf VersR 1986, 770).

Zahl der Auftraggeber: → Rn. 30.

Zweck der Ausfertigung: Er ist unerheblich.

32 **3. Einverständnis des Auftraggebers.** Zusätzlich zu der Voraussetzung → Rn. 31 muss ein Einverständnis des Auftraggebers gerade mit der zusätzlichen Fertigung der Kopie vorgelegen haben. Das Einverständnis kann ausdrücklich oder stillschweigend vorliegen (OLG Koblenz JurBüro 1999, 300). Es mag vor der Anfertigung oder später ergangen sein (OLG München NJW 1982, 817). Man muss nach den Umständen unter Berücksichtigung der Zweckmäßigkeit des Vorgehens des Anwalts prüfen, ob das Einverständnis des Auftraggebers als erteilt anzusehen ist (OLG Hamm AnwBl 1978, 320; FG Hessen AnwBl 1976, 46). Der Auftrag reicht nicht stets aus.

33 Nach Nr. 1a ist ein Einverständnis zu **unterstellen,** wenn die Anfertigung zur sachgemäßen Bearbeitung notwendig war. Denn diese Vorschrift soll nicht einengen (OLG Koblenz JurBüro 1999, 300). Freilich reicht ein allgemeines Einverständnis mit der Prozessführung nicht aus, schon wegen eigener Kopierer. Allerdings müsste die Vorlage zu einem solchen Eigenkopierer kommen. Das kann beträchtliche Zeit und Geld kosten. Schon deshalb sind auch insoweit nicht zu strenge Anforderungen an das Einverständnis zu stellen. Man muss das Einverständnis grundsätzlich bei jedem Auftraggeber gesondert prüfen. Eine Ausnahme mag zB bei Eheleuten oder mehreren Gesellschaftern oder Gemeinschaftern gelten.

34 Beim **Pflichtverteidiger** nach § 141 StPO mag ein „Auftraggeber" in Gestalt des Beschuldigten usw fehlen. Anstelle dieses Partners tritt aber die Staatskasse. Das übergeht OLG Düsseldorf NJW 2008, 2058.

35 Eine **Unterstellung** des Einverständnisses ist **zB in folgenden Situationen** möglich: Es handelt sich um ein umfangreiches oder schwieriges Verfahren; der Auftraggeber befindet sich im Ausland; es handelt sich um eine notwendige Kopie für den Streitgenossen nach §§ 59 ff. ZPO und für dessen Prozessbevollmächtigten nach § 81 ZPO; der Anwalt erteilt dem Auftraggeber eine weitere Kopie seines Schriftsatzes; es geht um Kopien der Bußgeld- oder Strafakten zur Verwendung im Schadensersatzprozess oder umgekehrt.

36 **VIII. Elektronisch gespeicherte Datei (Nr. 2).** Nur soweit es um die Überlassung einer elektronisch gespeicherten Datei statt Abschriften oder Kopien oder Ausdrucken nach Nr. 1d oder um eine Bereitstellung zum Abruf solcher Dateien geht, gilt vorrangig Nr. 2. Die Vorschrift gilt „anstelle" von Nr. 1d. Das setzt voraus, dass alle Bedingungen von Nr. 1d bis auf die elektronische Speicherform vorliegen müssen (Henke AnwBl 2005, 208). Hierher kann auch eine Datei aus dem besonderen elektronischen Anwaltspostfach zählen. Zum Problem OLG Braunschweig JurBüro 2016, 82; EndersEnders JurBüro 2012, 561.

37 **Nicht hierher** gehört das Telefax. Nicht hierher gehört ferner der bloße Empfang einer Datei.

38 **IX. Höhe der Dokumentenpauschale (Nr. 1, 2).** Ihre Höhe beträgt nach Anm. I 1 je Angelegenheit nach → § 15 Rn. 9 (Meyer JurBüro 2013, 9) und je etwaigem Rechtszug nach → § 15 Rn. 32 bei Nr. 1a–d je angefangene Seite und bei Nr. 1b, c erst ab Seite 101 unabhängig von der Art der Herstellung 0,50 EUR (in Farbe 1,00 EUR, krit. Enders JurBüro 2014, 113; Hansens RVGReport 2013, 450) für die ersten 50 abzurechnenden Seiten und 0,15 EUR (in Farbe 0,30 EUR) für jede weitere Seite sowie bei Nr. 2 je Datei 1,50 EUR, je Arbeitsgang höchstens 5 EUR. Bei einer Übertragung von Papier in die elektronische Form durch Einscannen gewährt Anm. II mindestens die Pauschale nach Nr. 1. Die Pauschale gilt unabhängig vom Marktpreis (LG München I JurBüro 1997, 483 (484)). Eine will-

kürliche Aufspaltung in mehrere Dateien wäre unbeachtlich. Ein umfangreiches Dokument kann aber bei der Herstellung mehrere Dateien erhalten haben. Dann darf der Anwalt sie bei einer Überlassung auch alle einzeln berechnen. § 7 II bleibt zu beachten. Eine **Gebührenanrechnung** gilt nicht auch bei Auslagen.

X. Kostenerstattung (Nr. 1, 2). Der nachfolgende Grundsatz hat vielerlei Folgen. 39

1. Grundsatz: Keine zu weite Großzügigkeit. Auch bei den hier genannten Auslagen ist ebenso wie bei sonstigen Auslagen des Anwalts zwischen der Ersatzfähigkeit der Forderung gegenüber dem Auftraggeber im Innenverhältnis und der Erstattungsfähigkeit gegenüber dem Prozessgegner des Auftraggebers nach §§ 91 ff. ZPO zu unterscheiden (BVerfGE 65, 72 (74) = BeckRS 1983, 5895). Insgesamt ist zwar keine Kleinlichkeit erlaubt (EndersEnders JurBüro 1999, 281). Andererseits ist nur eine nicht allzu weitgehende Großzügigkeit ratsam (OLG München Rpfleger 1983, 86; LG Hannover AnwBl 1983, 462; LAG Hamm AnwBl 1984, 316; aA LG Traunstein JurBüro 1992, 603, großzügiger). Allgemeinkosten nach → VV Vorb. 7 Rn. 8 sind nur begrenzt erstattungsfähig (OLG Braunschweig JurBüro 2016, 82). 40

Insbesondere gilt eine Notwendigkeit der nicht allzu weitgehenden Großzügigkeit bei einer Kopie aus einer Straf- oder Bußgeldakte für den zugehörigen Schadensersatzprozess (LG Darmstadt AnwBl 1982, 217; LG Essen AnwBl 1975, 441) oder bei Fotokopien des Parteischriftwechsels im Verwaltungsverfahren (SG Düsseldorf AnwBl 1983, 40). Zu großzügig bejaht OLG Frankfurt a. M. AnwBl 1985, 205 allgemein die Erstattungsfähigkeit auch wegen solcher Fotokopien, deren Originale sich beim Prozessgegner befinden (sollen). 41

2. Notwendigkeit. In diesem Zusammenhang ist unabhängig vom Einverständnis des Auftraggebers stets zu prüfen, ob die Aufwendungen nicht bloß zweckmäßig, sondern nach §§ 91 ff. ZPO usw **notwendig** waren (BVerfGE 61, 208 (209) = BeckRS 1982, 05977, allgemein; OLG Braunschweig JurBüro 1999, 301; OLG Köln NJW 2008, 1330). Das gilt aber nur, soweit die Notwendigkeit nicht schon bei der Entstehung des Anspruchs im Innenverhältnis gegenüber dem Auftraggeber zum Auslagentatbestand gehört. Soweit man sie dort bejahen musste, ergibt sie sich grundsätzlich damit auch nach §§ 91 ff. ZPO, §§ 80 ff., § 113 I 2 FamFG usw (je zum alten Recht OLG München MDR 1989, 367; aA KG MDR 1987, 678, aber trotz der Notwendigkeit, Kosten niedrig zu halten, gibt § 91 II 1 ZPO einen Erstattungsanspruch in Höhe „gesetzlicher" Auslagen). 42

Der Antragsteller muss die **danach noch verbleibende** Notwendigkeit zB bei Nr. 1d (Einverständnis des Auftraggebers) nun im Außenverhältnis darlegen (OLG Braunschweig JurBüro 1999, 301; OLG Dresden JurBüro 1999, 301; OLG Frankfurt a. M. AnwBl 1983, 186). Er muss sie auch schon bei einem allgemeinen nicht nur ganz floskelhaften Bestreiten des Prozessgegners nach § 294 ZPO glaubhaft machen (OLG Braunschweig JurBüro 1999, 300; OLG Karlsruhe AnwBl 2000, 264; LAG Hessen MDR 2001, 598; aA OLG Koblenz MDR 2001, 534, Bestreiten je Kopie nötig. Das ist eine Überforderung). Das Gericht braucht die Notwendigkeit nicht bei jedem einzelnen Dokument zu prüfen (OLG Frankfurt a. M. AnwBl 1985, 204; OLG München AnwBl 1983, 569; aA OLG Frankfurt a. M. AnwBl 1983, 186). 43

Eine Notwendigkeit **fehlt** meist dann, wenn eine billigere Lösung möglich ist (OLG Köln Rpfleger 1987, 433). Freilich kann zB ein Zeitdruck eine teurere Lösung rechtfertigen. Für die Erstattungsfähigkeit ist der Zeitpunkt der Herstellung der Kopie maßgeblich, nicht der Erstattungszeitpunkt (OLG Hamm AnwBl 1978, 320; LG Köln AnwBl 1979, 75). 44

3. Beispiele zur Erstattungsfähigkeit (Nr. 1, 2)

Arrest, einstweilige Anordnung oder Verfügung: Eine Erstattungsfähigkeit kann vorliegen, soweit es sich um ein Verfahren auf den Erlass eines Arrests oder einer einstweiligen Anordnung oder Verfügung nach §§ 916 ff., 935 ff. ZPO, 49 ff. FamFG handelt (LG Frankfurt a. M. JurBüro 1976, 471). 45

Audiodatei: Eine Erstattungsfähigkeit **fehlt,** soweit ein Einverständnis nach VV 7000 Nr. 2 fehlt (OLG Köln NJW 2008, 1330).

Auftraggeber: Eine Erstattungsfähigkeit **fehlt,** soweit es sich um eine Kopie für den Auftraggeber handelt.

Auskunft: Eine Erstattungsfähigkeit **fehlt,** soweit es sich um die Kopie einer Auskunft zB einer Behörde handelt (OLG Bamberg JurBüro 1986, 68).

Auszug: → „Vollständige Akte".

Bedeutungslosigkeit: Eine Erstattungsfähigkeit **fehlt,** soweit es sich um eine wahllose bedeutungslose Kopie oder gar um deren Vielzahl handelt (LG Essen JMBlNRW 1979, 104).

Beschleunigung: Eine Erstattungsfähigkeit kann vorliegen, soweit eine Abschrift oder Kopie zur Beschleunigung des Prozesses eher beitragen kann als das Original (KG Rpfleger 1975, 107).

Bezugnahme des Anwalts: Eine Erstattungsfähigkeit kann vorliegen, soweit eine Anlage wegen einer Bezugnahme auf sie in einem vorbereitenden Schriftsatz nach § 131 ZPO erforderlich ist und soweit sie nicht eine nach § 253 II Nr. 2 ZPO notwendige direkte Darstellung in der Klageschrift ersetzen soll (OLG Dresden NJW-RR 1999, 148; OLG Frankfurt a. M. Rpfleger 1975, 31; aA OLG Frankfurt a. M. JurBüro 1978, 1342).

Bezugnahme des Gerichts: Eine Erstattungsfähigkeit kann vorliegen, soweit das Gericht in einer Entscheidung auf eine Antragsanlage Bezug nimmt (OLG Frankfurt a. M. Rpfleger 1975, 31).

Dritter: Eine Erstattungsfähigkeit **fehlt,** soweit es sich um die Information eines nicht einmal wirtschaftlich am Prozess beteiligten Dritten handelt.

Einstweilige Verfügung: → „Arrest, einstweilige Verfügung".

Erste Kopie: Eine Erstattungsfähigkeit **fehlt,** soweit es sich um die erste Kopie eines eigenen Schriftsatzes an den Auftraggeber handelt.

Fachliteratur: → „Zitiermöglichkeit".

Fotokopie: Eine Erstattungsfähigkeit kann **fehlen,** soweit es billigere Kopien gibt (OLG Frankfurt a. M. MDR 2001, 773). Aber auch → „Herstellungart", → „Preis".

Gerichtlich bestelltes Gutachten: Eine Erstattungsfähigkeit liegt grundsätzlich vor, soweit der Anwalt das Gutachten zB nach §§ 402 ff. ZPO für den Auftraggeber kopieren muss (SG Hamburg AnwBl 1994, 302).

Gesamtbild: Eine Erstattungsfähigkeit kann vorliegen, soweit das Gesamtbild einer Urkunde wichtig ist (OLG Schleswig JurBüro 1981, 385). Auch → „Sachvortrag".

Grundbuchauszug: Eine Erstattungsfähigkeit kann bei ihm vorliegen (OLG Düsseldorf Rpfleger 2009, 344).

Handakte: Eine Erstattungsfähigkeit **fehlt,** soweit es sich um eine Kopie für die eigene Handakte handelt.

Handschriftlicher Auszug: Man kann ihn grundsätzlich keineswegs dann fordern, wenn es nicht um eine ganz kurze Partie geht.

Herstellungsart: Wegen § 91 II 1 ZPO, der auf die „gesetzlichen" Auslagen verweist, und wegen Nr. 1 kommt es trotz des Grundsatzes der Notwendigkeit nicht darauf an, ob zB die Partei die Auslagen hätte billiger herstellen können als der Prozessbevollmächtigte nach § 81 ZPO (OLG Düsseldorf NJW-RR 1996, 576; OLG München MDR 1989, 367; aA OLG Köln MDR 1987, 678, aber § 91 II 1 ZPO enthält eine bewusste Vereinfachung). Aber auch → „Fotokopie".

Kostenfreie Erteilung: Eine Erstattungsfähigkeit kann **fehlen,** soweit der Anwalt dem Auftraggeber nach dem Vertrag ohnehin eine Kopie kostenfrei erteilen muss.

Kostennachteil: → „Preis".

Mehrheit von Auftraggebern: → Rn. 13.

Mehrheit von Beteiligten und Gegnern: → Rn. 17.

Nähere Befassung: Eine Erstattungsfähigkeit kann vorliegen, soweit sich der Anwalt mit einer Unterlage näher befassen muss, etwa mit einem Gutachten (OVG Lüneburg AnwBl 1984, 322).

Preis: Eine Erstattungsfähigkeit kann **fehlen,** soweit der Auftraggeber umfangreiche nicht notwendige Kopien billiger beschaffen könnte, zB für wenige Cent je Stück. Dann ist nur dieser Betrag erstattungsfähig (LG München II Rpfleger 1989, 383, zust. Spruth). Aber auch → „Herstellungsart".

Privatgutachten: Eine Erstattungsfähigkeit kann vorliegen, soweit es sich um die Kopie eines erstattungsfähigen, eingereichten Privatgutachtens handelt (OVG Lüneburg AnwBl 1984, 322).

Protokoll: Eine Erstattungsfähigkeit **fehlt,** soweit es sich um eine Protokollkopie handelt.

Prozessgegner: Eine Erstattungsfähigkeit **fehlt,** soweit es sich um eine Kopie für den Prozessgegner handelt.

Prozess- oder Verfahrenskostenhilfe: → § 46 Rn. 21 ff.

Rechtsmittelinstanz: Eine Erstattungsfähigkeit für Kopien der erstinstanzlichen Akte **fehlt** grundsätzlich (AG Siegburg JurBüro 2002, 203, anders, wenn der Auftraggeber einen Schriftsatz der ersten Instanz erst während der höheren erhielt; großzügiger OLG Brandenburg AGS 2003, 497).

Sachvortrag: Eine Erstattungsfähigkeit kann vorliegen, soweit die Unterlage der Verdeutlichung des Sachvortrags dient (OLG Karlsruhe NJW-RR 2002, 1002). Auch → „Gesamtbild".

Scheckprozess: → „Urkundenprozess".

Schriftsatzanlage: Eine Erstattungsfähigkeit **fehlt** grundsätzlich (BGH NJW 2003, 241; OLG Frankfurt a. M. AGS 2003, 396; OLG München AGS 2003, 300). Das trifft auch beim Verkehrsanwalt zu (AG München AGS 2003, 349).

Ständige Benötigung: Eine Erstattungsfähigkeit kann vorliegen, soweit der Prozessbevollmächtigte eine Unterlage ständig benötigt, zB ein Gutachten (LG Berlin MDR 1982, 327).

Strafverfahren: Auch bei ihm besteht eine Erstattungsfähigkeit nur wegen notwendiger Auslagen.

Streitgenossen: Eine Erstattungsfähigkeit kann vorliegen, soweit es sich um ungewöhnlich viele Streitgenossen nach §§ 59 ff. ZPO handelt (OLG München Rpfleger 1978, 152; OLG Schleswig SchlHA 1983, 143) oder soweit es um eine Kopie für den selbständig vertretenen Streitgenossen des Auftraggebers geht (LAG Hamm MDR 1988, 524).

Unersetzbarkeit: Eine Erstattungsfähigkeit kann vorliegen, soweit das Original unersetzbar ist (OLG Bamberg JurBüro 1981, 1679; LG Berlin Rpfleger 1982, 159; LG Frankfurt a. M. AnwBl 1982, 319).

Urkundenprozess: Eine Erstattungsfähigkeit kann vorliegen, soweit es um eine Urkundenkopie (Doppel für den Gegner) im Urkunden-, Scheck- oder Wechselprozess nach §§ 592 ff. ZPO geht (OLG Koblenz BB 1989, 2288).

Urschrift: Eine Erstattungsfähigkeit **fehlt,** soweit es sich um die Urschrift für das Gericht handelt.

Urteil: Eine Erstattungsfähigkeit **fehlt,** soweit es sich um eine Urteilskopie handelt.

Verhalten der Partei: Eine Erstattungsfähigkeit kann vorliegen, soweit Kopien für das Verhalten der Partei im Prozess wichtig sind (OLG Frankfurt a. M. MDR 1978, 498).

Veröffentlichung: Reichlich engherzig **versagt** LAG Hamm MDR 1981, 789 die Erstattungsfähigkeit der Kosten einer Kopie einer unveröffentlichten Entscheidung schlechthin.

Versicherungsgesellschaft: Eine Erstattungsfähigkeit kann unter dem Stichwort Vorbereitungskosten vorliegen, soweit es sich um die Information einer Versicherungsgesellschaft handelt (OLG Düsseldorf AnwBl 1983, 557; LG Flensburg AnwBl 1979, 391). Das gilt jedenfalls, soweit der Auftraggeber die Prozessführung seinem Haftpflichtversicherer überlassen musste. Freilich darf das nicht einfach auf Kosten des Prozessgegners geschehen. Daher mag eine Einzelfallprüfung notwendig sein.

Nicht erstattungsfähig ist die Anfertigung, soweit die Versicherung überhaupt nur prüfen will, ob sie den Prozess aufnimmt (OLG Koblenz JurBüro 1981, 136).

Vollständige Akte: Eine Erstattungsfähigkeit kann dann vorliegen, wenn man dem Beschuldigten zubilligen muss, sich selbst zu informieren (LG Landshut JurBüro 2004, 26).

Eine Erstattungsfähigkeit **fehlt,** soweit es sich um die Kopie einer vollständigen Akte handelt, wenn ein Auszug gereicht hätte (OLG Frankfurt a. M. MDR 1978, 498; OLG Hamburg JurBüro 1978, 1511).

Vorprozess: Eine Erstattungsfähigkeit kann vorliegen, soweit die Akten eines Vorprozesses schwer erreichbar sind (OLG Hamburg MDR 1975, 935).

Wechselprozess: → „Urkundenprozess".

Wohnungseigentümer: Eine Erstattungsfähigkeit kann **fehlen,** soweit über den Verwalter hinaus jeder Miteigentümer einer großen Gemeinschaft alle Unterlagen erhalten hat (OLG Koblenz JurBüro 2006, 88).

Wortlaut: Eine Erstattungsfähigkeit kann vorliegen, soweit es auf den Wortlaut einer Urkunde ankommt (VG Arnsberg AnwBl 1984, 323). Auch → „Zitiermöglichkeit".

Zitiermöglichkeit: Eine Erstattungsfähigkeit **fehlt** nach noch verbreiteter Beurteilung, soweit es sich um die Kopie einer solchen Entscheidung handelt, die der Anwalt auch zitieren konnte, statt ihren Wortlaut beizufügen (OLG Schleswig SchlHA 1982, 60; LAG Hamm MDR 1981, 789; ArbG Koblenz BB 1984, 1556; aA LAG Köln JurBüro 1984, 872, aber dann war die Kopie nicht notwendig).

Dabei kommt es allerdings auch auf die einigermaßen normale **Erreichbarkeit** der Fundstelle an (Mümmler JurBüro 1983, 491). Die heutigen Online-Datenbanken helfen oft entscheidend.

Zustellung: Eine Erstattungsfähigkeit kann vorliegen, soweit eine Anlage zum Zweck der Zustellung eines vorbereitenden Schriftsatzes nach § 133 ZPO erforderlich ist (OLG Karlsruhe AnwBl 1986, 184; OLG Koblenz JurBüro 1991, 537; LG München II MDR 1991, 256).

Eine Erstattungsfähigkeit kann **fehlen,** soweit es um Kopien für eine Zustellung geht, die vermeidbar ist (OLG München MDR 1987, 418).

Nr.	Auslagentatbestand	Höhe
7001	**Entgelte für Post- und Telekommunikationsdienstleistungen** .... **Für die durch die Geltendmachung der Vergütung entstehenden Entgelte kann kein Ersatz verlangt werden.**	**in voller Höhe**
7002	**Pauschale für Entgelte für Post- und Telekommunikationsdienstleistungen** .... **I Die Pauschale kann in jeder Angelegenheit anstelle der tatsächlichen Auslagen nach 7001 gefordert werden.** **II Werden Gebühren aus der Staatskasse gezahlt, sind diese maßgebend.**	**20 % der Gebühren – höchstens 20,00 €**

1 **I. Systematik.** Die Vorschriften gelten grundsätzlich für alle im Zusammenhang mit der Ausführung eines einzelnen Anwaltsauftrags entstandenen dort genannten Unkosten bei der gesetzlichen Vergütung. Dazu zählen auch Einschreiben, Rückscheine, Zustellungsurkunden, Päckchen, Pakete, notwendige oder doch ratsame Express- und Eilsendungen, Telefon, Telefax (OLG Köln JurBüro 2002, 591), elektronisches Medium (OLG Frankfurt a. M. JurBüro 2017, 414), zB E-Mail, Einzelfallkosten eines besonderen elektronischen Anwaltspostfachs, Telegrammkosten oder sog. Funkbotenkosten (aA OLG Köln JurBüro 2002, 591, Fahrradkurier; LG Frankfurt a. M. Rpfleger 1984, 433; Gerold/Schmidt/Müller-Rabe Rn. 11, aber auch Eilsendungen sind Post- oder Telekommunikationsdienstleistungen). Nicht dazu gehören nach VV 7001 Anm. die Entgelte für die Geltendmachung der Vergütung, also zB für das Porto der Rechnung und der Mahnungen. Natürlich würden aber diesbezügliche Prozesskosten erstattungsfähig sein. Juris-Recherchekosten und allgemeine Anschaffungs-, Grundgebühren oder Unterhaltungskosten gehören nach Vorb. 7 I nicht hierher (SG Berlin AnwBl 1994, 367). Bei einer Vergütungsvereinbarung gilt § 3a vorrangig auch wegen der sonst in VV 7001, 7002 geregelten Auslagen (OLG Naumburg Rpfleger 2011, 119; LG Koblenz AnwBl 1984, 206, zust. Madert).

2 Das gilt selbst dann, wenn ein **Einzelauftrag Anlass** zur Anschaffung usw war, es sei denn, die Anschaffung wird nur für ihn gemacht. Fracht- oder Expressgutkosten zählen ebenfalls nicht hierher, sondern nach §§ 670 ff. BGB. Solche Aktenversen-

dungskosten, die nicht beim Gericht entstehen (dann gilt KV 9003 GKG), sondern beim Anwalt, zB zur Rücksendung, fallen unter VV 7001, 7002 (AG Tiergarten AnwBl 1995, 571; AG Leipzig JurBüro 2005, 547; AG Nordhorn JurBüro 1995, 305).

Im Rahmen einer **Beratungshilfe** nach dem BerHG gibt es keinen Auslagenersatz, VV 2500 Anm. S. 1. Im Übrigen sind von den in VV 7001, 7002 genannten Unkosten die in Vorb. 7 I genannten nicht gesondert ersatzfähigen „allgemeinen Geschäftskosten" zu unterscheiden. Zu den letzteren gehören die Stammgebühren für die Telefonanlage des Anwalts (LG Münster JurBüro 1976, 1202). **3**

II. Regelungszweck. VV 7001, 7002 dienen einer einigermaßen gerechten und zugleich im kleineren Durchschnittsfall recht praktikablen zweckmäßigen Abgeltung typischer „besonderer" Geschäftskosten. Sie sollten also gerade nicht im Topf der „allgemeinen" nach Vorb. 7 I 1 untergehen. Die Pauschsätze dienen der Vereinfachung und sind keine versteckten weiteren Gebühren. **4**

III. Persönlicher Anwendungsbereich. VV 7001, 7002 gelten nach → Rn. 12 auch für einen beigeordneten oder bestellten Anwalt. Sie gelten auch für einen Patentanwalt (OLG Frankfurt a. M. JurBüro 1978, 532) und für den gemeinsamen Vertreter im gesellschaftsrechtlichen Spruchverfahren nach § 6 II 1 SpruchG. Juristische Personen des öffentlichen Rechts und Behörden können nach § 162 II 3 VwGO an Stelle ihrer tatsächlichen notwendigen Aufwendungen für Post- und Telekommunikationsdienstleistungen den in VV 7002 bestimmten Höchstsatz der Pauschale fordern. **5**

Nicht anwendbar sind VV 7001, 7002 bei § 1 II. Insbesondere erhält der Anwalt als Betreuer usw einen Auslagenersatz nach VV 7001, 7002 nicht zusätzlich neben demjenigen nach dem BGB (BayObLG AnwBl 1996, 346), es sei denn, dieses verweist auf das RVG, weil der Betreuer usw einen Anwalt braucht (BVerfG FamRZ 2000, 1280; BayObLG Rpfleger 2002, 441). Ferner sind VV 7001, 7002 nicht anwendbar, soweit der Anwalt nur für den Auftraggeber Post weiterleitet (*v. Eicken* AGS 1999, 160, § 670 BGB). **6**

IV. Wahlrecht. Der Anwalt oder der ihm zB nach § 162 II 3 VwGO Gleichstehende hat bei jedem Auftrag innerhalb jeder Angelegenheit nach → § 15 Rn. 9 welcher Art auch immer ein gesondertes Wahlrecht im Rahmen eines grundsätzlich nicht überprüfbaren Ermessens (VG Gera JurBüro 2010, 657), solange kein Rechtsmissbrauch vorliegt. **7**

1. Entweder tatsächliche Unkosten. Der Anwalt kann die tatsächlich entstandenen Unkosten nach VV 7001 fordern und muss sie dann in seiner Handakte einzeln vermerken und in seiner Kostenberechnung nach § 10 II 2 (nur) mit dem Gesamtbetrag aufführen sowie beim Bestreiten des Auftraggebers einzeln darlegen und beweisen. Er darf sie nach → § 10 Rn. 18 ff. dann in ihrer tatsächlichen Höhe ersetzt fordern, soweit er sie für notwendig halten durfte. Die Kosten der Geltendmachung der konkret berechneten Entgelte sind nach VV 7001 Anm. nicht ersetzbar. **8**

2. Oder Pauschale. Der Anwalt kann aber auch stattdessen wegen der vor der Beendigung dieser Angelegenheit irgendwie entstandenen ersatzfähigen Auslagen bei irgendeiner Art von Telekommunikation (AG Schöneberg JurBüro 2014, 357, E-Mail) einen Pauschsatz von 20 % der normalen gesetzlichen und nicht etwa zB nach § 44 verminderten Gebühren, höchstens 20 EUR fordern (AG Oschatz FamRZ 2007, 1671). Das gilt auch dann, wenn die tatsächlichen Unkosten nicht annähernd die Pauschale erreichen (AG Aachen JurBüro 2005, 475) oder wenn aufgrund von Flatrateverträgen die Aufschlüsselung einzelner Kosten für die konkrete Kommunikation nicht möglich ist (OLG Frankfurt a. M. AGS 2017, 396; dazu Franz/Dardat NJW 2018, 11). Es genügt die Entstehung von einmal Porto oder Telefon (LG Berlin JurBüro 1985, 1343; AG Osnabrück Nds. Rpfl. 1986, 257; AG Montabaur JurBüro 2011, 474). **9**

3. Je Angelegenheit. Die Vorschrift gilt in jeder Angelegenheit nach → § 15 Rn. 9, Schneider NJW 2013, 3768. In derselben Angelegenheit und im gerichtlichen Verfahren in demselben Rechtszug nach → § 15 Rn. 32 kann er jedoch unabhängig von der Zahl der Gebührenschuldner den Pauschsatz **nur einmal** und mit höchstens **10**

20 EUR fordern. Das gilt auch im Eilverfahren nach §§ 916 ff., 935 ff. ZPO, §§ 76 ff. FamFG (KG NJW-RR 2009, 1438), bei einem Geschäft nach VV 1009 (LG Frankfurt a.M. JurBüro 2022, 465), in einer Strafsache (OLG Saarbrücken Rpfleger 2007, 342; LG Potsdam Rpfleger 2015, 230) und in einem Bußgeldverfahren (LG Hamburg JurBüro 2006, 644), auch beim Verwaltungs- und anschließenden Gerichtsverfahren (LG Potsdam JurBüro 2013, 367; AG Kempen JurBüro 2014, 302) und innerhalb derselben Angelegenheit bei mehreren Auftraggebern. Dabei ist § 7 II zu beachten. Freilich berechnet man dann unter einer Mitbeachtung von VV 1008 bis zu insgesamt 20 EUR.

11 Die Vorschrift erleichtert dem Anwalt die Abrechnung insbesondere dann, wenn die **tatsächlichen Postunkosten nur gering** sind (AG Magdeburg JurBüro 2005, 651). Auslagen sind **keine** Gebühren nach § 1 I 1 (LG Berlin JurBüro 1998, 256; FG Mecklenburg-Vorpommern JurBüro 1995, 587; VG Dessau Rpfleger JurBüro 1995, 314, abl. Hoffmann; aA FG Brandenburg EFG 1995, 633).

4. Beispiele zum Wahlrecht

12 **Abgabe:** Nach einer Abgabe entsteht evtl. nach § 20 S. 2 (nicht S. 1!) ein neuer Rechtszug und daher ein neues Wahlrecht.

Angelegenheit: Der Pauschsatz ist für jede gebührenrechtliche besondere Angelegenheit extra zulässig, VV 7002 Anm. I (KG Rpfleger 1978, 391; OLG Koblenz JurBüro 2002, 583; Schmidt AnwBl 1984, 438). Ob infolge einer Verbindung zB nach § 147 ZPO oder infolge einer Trennung nach § 146 ZPO verschiedene Angelegenheiten vorliegen, ist nach den Gesamtumständen zu klären (LG Berlin JurBüro 1985, 1343; aA OLG Schleswig JurBüro 1986, 1045).

Zum Begriff **derselben Angelegenheit** → § 15 Rn. 9 ff., §§ 16, 17, 20, 21 (Meyer JurBüro 2006, 414).

Anrechnung: Nach dem Gesetz können zwar **Gebühren** aufeinander anrechenbar sein. Dann errechnen sich die „gesetzlichen Gebühren" nur nach dem Ergebnis der Anrechnung.

Nicht aber erfolgt auch beim **Pauschsatz** als einer Auslagenart eine Anrechnung (KG Rpfleger 2000, 238; LG Oldenburg Rpfleger 2002, 49; AG Nürtingen JurBüro 2003, 417; aA Hansens JurBüro 1987, 1744; Schmidt AnwBl 1984, 438: nur **eine** Pauschale; EndersEnders JurBüro 2015, 507; Schneider MDR 1991, 928: **vor** Anrechnung).

Anwaltswechsel: Der Pauschsatz kann mehrfach anfallen, soweit ein Anwaltswechsel notwendig wird (OLG Oldenburg JurBüro 1982, 718).

Beiordnung, Bestellung: → „Pflichtverteidiger".

Beratungshilfe: Auch der bei einer Beratungshilfe nach dem BerHG tätige Anwalt kann nach VV 7001, 7002 vorgehen (OLG Bamberg JurBüro 2007, 645; OLG Nürnberg JurBüro 2007, 210), freilich nicht bei VV 2500. Ausgangspunkt ist nur die Gebühr der Beratungshilfe (OLG Brandenburg JurBüro 2010, 198; OLG Hamm FamRZ 2009, 721, zu § 55) und nicht einer fiktiven Wahlanwaltstätigkeit (OLG Bamberg JurBüro 2007, 645; AG Salzgitter JurBüro 2008, 29; aA OLG Nürnberg JurBüro 2010, 40). VV 2501, 2503 sind anzuwenden (aA LG Berlin JurBüro 1987, 1869; AG Gronau JurBüro 1985, 400). Ausgangsgebühr ist **seine** Gebühr und nicht diejenige eines Wahlanwalts (OLG Dresden MDR 2009, 415; OLG Nürnberg Rpfleger 2008, 504; LG Berlin Rpfleger 2008, 505). Maßgeblich ist Anm. II.

Einforderung: Eine Rechnungslegung ist nicht notwendig, sondern nur eine schriftliche Geltendmachung (Minwegen JurBüro 2005, 421). Auch → „Versicherung".

Höchstbetrag: Er liegt je Pauschale in allen Arten von Tätigkeit bei 20 EUR (OLG Düsseldorf WuM 2007, 66). Er kann also je Angelegenheit und daher mehrmals anfallen. Andernfalls würde die Pauschale gerade bei einer umfangreicheren Tätigkeit ihren Sinn verfehlen. Auch → „Umsatzsteuer".

Instanz: → „Rechtszug".

Nachforderung: Eine Pauschalforderung schließt auch dann eine Nachforderung für dieselbe Instanz aus, wenn sich herausstellt, dass die tatsächlichen Unkosten in jener Instanz wesentlich höher waren (aA LG Berlin Rpfleger 1988, 42; Gerold/Schmidt/Müller-Rabe Rn. 15, aber der Pauschsatz soll gerade eine etwaige Abweichung der tatsächlichen Kosten von der Pauschale nach oben wie unten abgelten).

Patentanwalt: Auch der Patentanwalt hat ein Wahlrecht nach → Rn. 5.

Pflichtverteidiger: Auch derjenige nach § 140 StPO hat ein Wahlrecht. Der Anwalt soll auch in einer solchen Funktion diese Abrechnungserleichterung ausnutzen dürfen. Deshalb ist § 46 nicht anzuwenden. Die 20 % sind nach den Gebühren des Pflichtverteidigers bzw. den gekürzten Gebühren der §§ 45, 49 zu ermitteln, nicht nach den nach § 13 berechneten gesetzlichen Gebühren; das ordnet Anm. II an.

Prozesskostenhilfe: Es gilt bei §§ 114 ff. ZPO, §§ 76 ff. FamFG dasselbe wie beim „Pflichtverteidiger".

Rahmengebühr: Das Wahlrecht besteht auch bei einer Rahmengebühr. Dann berechnet man zunächst die nach § 14 angemessene Gebühr und von ihr 20 %.

Rat: Das Wahlrecht besteht auch bei einem nur mündlichen Rat (aA AG Koblenz FamRZ 2004, 1806; Mümmler JurBüro 1994, 589, aber auch dann können zB Telefonspesen entstanden sein usw, AG Koblenz AGS 2004, 158).

Rechtszug: Zum Begriff → § 15 Rn. 32. Soweit § 19 direkt oder entsprechend anzuwenden ist, kommt die Pauschale nur einmal in Betracht. Auch → „Abgabe", „Verweisung".

Trennung: → „Angelegenheit".

Umsatzsteuer: Sie tritt stets hinzu, auch zum Höchstbetrag.

Verbindung: → „Angelegenheit".

Versicherung: Soweit der Anwalt nur den Pauschsatz fordert, braucht er seine Entstehung anders als bei sonstigen Auslagen nicht nach § 104 II ZPO zu versichern. Es muss aber zumindest ein einzelner Posten dieser Auslagenart entstanden sein, um solche Versicherung zu erlauben.

Verweisung: Nach einer Verweisung entsteht evtl. nach § 20 S. 2 (nicht S. 1!) ein neuer Rechtszug und daher ein neues Wahlrecht.

Zurückverweisung: Nach ihr entsteht gemäß § 21 I ein neuer Rechtszug und daher ein neues Wahlrecht.

V. Keine Ab- oder Aufrundung; keine Anrechnung. Es gibt keine Ab- oder Aufrundung. Zwar erfasst § 1 I 1 auch die Auslagen. Die Rundungsregelung in § 2 II 2 gilt aber nicht für Auslagen, → § 2 Rn. 9 (auch zum kaufmännischen Runden). Man muss also jede einzelne Auslage centgenau errechnen und dann evtl. ebenso centgenau addieren. Es gibt auch anders als bei Gebühren keinen direkten Mindestbetrag einer Auslage. Er kann sich freilich bei einer Anwendung des Pauschsatzes indirekt daraus ergeben, dass sich der Pauschbetrag aus einer Gebühr errechnet. Das alles gilt sowohl dann, wenn der Anwalt die in VV 7001 genannten Unkosten in ihrer tatsächlichen Höhe ersetzt fordert, als auch dann, wenn er einen Pauschsatz nach VV 7002 geltend macht. § 13 II gilt nur für Gebühren, nicht für Auslagen und daher auch nicht für VV 7002. Bei der Hebegebühr VV 1009 handelt es sich nicht um eine Auslage, sondern um eine echte Gebühr. 13

Es findet mangels einer gesetzlichen Vorschrift **keine Anrechnung** statt (AG Schöneberg JurBüro 2014, 357; AG Hamburg AnwBl 1993, 293; EndersEnders JurBüro 2015, 505; *Meyer* JurBüro 2006, 415). Die Pauschale errechnet sich aus den Gebühren **vor** einer etwaigen dortigen Anrechenbarkeit (OLG Köln Rpfleger 1994, 432; LG Berlin JurBüro 1982, 1351; AG Hamburg AnwBl 1993, 293; aA LG Berlin Rpfleger 1988, 42; LG Bonn 1991, 65; Hansens JurBüro 1987, 1744, aber „Gebühr" ist diejenige vor Anrechnungen). 14

VI. Kostenerstattung. Wegen des Unterschieds zwischen dem Ersatzanspruch im Innenverhältnis zum Auftraggeber und dem Kostenerstattungsanspruch des Auftraggebers gegenüber seinem Prozessgegner im Außenverhältnis → VV 7008 Rn. 10 ff. Die vom Anwalt dem Auftraggeber berechneten Pauschalen sind grundsätzlich voll erstattungsfähig. Höhere Beträge hängen von der Notwendigkeit ab, wie sonst bei § 91 ZPO, §§ 80 ff., 113 I 2 FamFG. Jedoch erleichtert § 104 II 2 ZPO die Geltendmachung der Auslagen und lässt die Versicherung desjenigen Anwalts genügen, dem die Auslagen entstanden sind. Das gilt zum Grund und zur Höhe (aA OLG Frankfurt a. M. JurBüro 1982, 555; OLG Hamburg JurBüro 1981, 454, aber § 104 II 2 ZPO spricht schlicht von Entstehung „dieser … erwachsenen" Auslagen). Angemessene 15 tatsächliche Auslagen sind erstattungsfähig (BVerwG AnwBl 2015, 99; OLG München MDR 1992, 1004). Man darf wohl meist eine Angemessenheit unterstellen (OLG Hamburg JurBüro 1981, 454; VGH Mannheim JurBüro 1990, 1001; aA OLG Frankfurt a. M. AnwBl 1982, 202). Die bloße Versicherung des Anwalts zur Entstehung reicht, es sei denn, die Notwendigkeit ist streitig. Notwendig ist die Versicherung desjenigen Anwalts, bei dem die Auslagen entstanden sind, etwa des Beweis- oder Verkehrsanwalts (OLG Karlsruhe JurBüro 1975, 206). Beim notwendigen Anwaltswechsel können die Pauschalen mehrfach erstattungsfähig sein (OLG Oldenburg JurBüro 1982, 718).

16 **Telefonkosten** sind grundsätzlich erstattungsfähig, VV 7001 (OLG München Rpfleger 1982, 311). Das gilt insbesondere für ein solches Telefonat, das erforderlich wird, um einen Verkehrsanwalt zu vermeiden (OLG Karlsruhe JurBüro 1975, 206) oder um Zeit zu gewinnen, oder das eine schnellere und genauere Information ermöglicht (OLG München MDR 1992, 1004). Portokosten sind ebenfalls grundsätzlich erstattungsfähig. Das gilt jedenfalls, soweit sie zur Vorbereitung nötig waren, aber auch zB für die portopflichtige Rücksendung eines Empfangsbekenntnisses (Schneider NJW 1997, 1430). Für eine Mitteilung an den Rechtsschutzversicherer ist eine Auslagenpauschale nicht erstattungsfähig (AG Düsseldorf VersR 1986, 1202). Die unmittelbar dem Postwesen dienenden Umsätze der Deutschen Post AG sind dabei nach § 4 Nr. 11b UStG umsatzsteuerfrei. Auch Kurierkosten für einen Aktenrücktransport können erstattungsfähig sein (aA VG Hamburg JurBüro 2008, 153, aber auch sie können notwendig gewesen sein). Dasselbe gilt bei Inkassokosten (AG Neuruppin MDR 2011, 456).

Nr.	Auslagentatbestand	Höhe
7003	**Fahrtkosten für eine Geschäftsreise bei Benutzung eines eigenen Kraftfahrzeugs für jeden gefahrenen Kilometer ....**	**0,42 €**
	Mit den Fahrtkosten sind die Anschaffungs-, Unterhaltungs- und Betriebskosten sowie die Abnutzung des Kraftfahrzeugs abgegolten.	
7004	**Fahrtkosten für eine Geschäftsreise bei Benutzung eines anderen Verkehrsmittels, soweit sie angemessen sind**	**in voller Höhe**
7005	**Tage- und Abwesenheitsgeld bei einer Geschäftsreise**	
	1. von nicht mehr als 4 Stunden	**30,00 €**
	2. von mehr als 4 bis 8 Stunden	**50,00 €**
	3. von mehr als 8 Stunden	**80,00 €**
	Bei Auslandsreisen kann zu diesen Beträgen ein Zuschlag von 50 % berechnet werden.	
7006	**Sonstige Auslagen anlässlich einer Geschäftsreise, soweit sie angemessen sind ....**	**in voller Höhe**

Schrifttum: N. Schneider, Reisekosten des Anwalts, NZFam 2018, 669 (Üb.).

Übersicht

I. Systematik (VV 7003–7006). Die Kosten einer Geschäftsreise des Anwalts oder seines Vertreters nach § 5 sind echte Auslagen. Der Anwalt hat daher zwecks einer Kostengerechtigkeit auch einen Anspruch gegenüber dem Auftraggeber auf ihren Ersatz. Man muss von diesem das Innenverhältnis berührenden Ersatzanspruch den etwaigen Erstattungsanspruch des Auftraggebers gegenüber seinem Prozessgegner unterscheiden. 1

VV 7003–7006 regeln den Fall, dass der Anwalt eine Reise nur zur Erledigung eines **einzelnen** Geschäfts vornimmt. Vorb. 7 III 1 regelt demgegenüber den Ersatzanspruch wegen der Kosten einer Reise, die mehreren Geschäften dient. Vorb. 7 III 2 enthält eine Einschränkung, falls der Anwalt seine Kanzlei nach der Annahme eines Auftrags an einen anderen Ort verlegt. Für den im Weg der Prozess- oder Verfahrenskostenhilfe beigeordneten Anwalt enthält § 46 eine vorrangige Sonderregelung des Ersatzes von Reisekosten. Wegen des Ersatzes von Reisekosten einer anderen Person als des Vertreters nach § 5 muss der Anwalt eine nach § 3a statthafte und oft ratsame Vereinbarung mit dem Auftraggeber treffen. Bei einer Reise für mehrere Auftraggeber gilt § 7 II. Bei mehreren Angelegenheiten gilt Vorb. 7 III 1. 2

II. Regelungszweck (VV 7003–7006). Die Vorschriften dienen ähnlich wie bei KV 32000 ff. GNotKG einer weder zu großzügigen noch zu engstirnigen Abwägung der Interessen der Vertragspartner und auch des evtl. erstattungspflichtigen Gegners des Auftraggebers bei der Bemessung der Entschädigung. Das geschieht auf einem solchen Teilgebiet der Auslagen, auf dem man eine gewisse Missbrauchsgefahr bannen, aber auch eine dem Organ der Rechtspflege würdegemäße Handhabung vornehmen muss. Der Anwalt soll zwar jedem Einzelauftrag seine volle Arbeitskraft widmen. Er muss gleichzeitig aber schon wegen seiner faktisch weitgehenden Abhängigkeit zB von der gerichtlichen Terminierung oft zum aufwendigeren, weil schnelleren oder erträglicheren Reisemittel greifen, um seine Aufgaben auch anderen Mandanten gegenüber erfüllen zu können. Das alles sollte man bei der Auslegung mitbeachten. 3

4 **III. Sachlicher Anwendungsbereich: Geschäftsreise (VV 7003–7006).** Dazu N. Schneider AnwBl 2010, 512 (Üb.). Es empfehlen sich mangels einer vorrangigen zulässigen Vereinbarung nach § 3a drei Prüfschritte.

5 **1. Begriff (Vorb. 7 II).** Der Anwalt oder sein Vertreter nach § 5 muss eine Geschäftsreise ausgeführt haben. Sie liegt nach Vorb. 7 II dann vor, wenn der Anwalt sowohl nach außerhalb der Gemeinde seines Büros als auch nach außerhalb der politischen Gemeinde seiner davon etwa verschiedenen Wohnung gereist ist. Das gilt unabhängig von der tatsächlichen Entfernung. Eine Mindestentfernung ist nicht vorgeschrieben. Verkehrskosten jeder Art (zB Fahrtkosten, Parkgebühren) innerhalb der Gemeinde sind allgemeine Geschäftskosten nach Vorb. 7 I 1 (OLG Düsseldorf AGS 2018, 499).

6 **2. Gemeindegrenzen.** Zusammengehörige Nachbargemeinden sind nicht dieselbe Gemeinde nach Vorb. 7 II. Eine Gebietsneugliederung kann aus zwei Orten einen einzigen machen (LG Berlin JurBüro 1980, 1078; AG Geldern JurBüro 1987, 67; aA AG Attendorf JurBüro 1978, 537). Insbesondere ist auch die Fahrt zwischen dem Büro oder der Wohnung und dem Gericht oder der Behörde keine Geschäftsreise. Das gilt auch bei einer größeren Entfernung in einer Großstadt (LG Berlin JurBüro 1978, 1078; aA Reck Rpfleger 2010, 258, aber der Gesetzestext ist eindeutig). Es gilt dann auch bei außergewöhnlichen Umständen und daher bei besonders teuren Verkehrsmitteln. Es gilt auch beim Auseinanderfallen von Wohn- und Kanzleiort. Vgl. allerdings auch § 29 BRAO. Die Nachbarortsregelungen des Reisekostenrechts für Beamte sind nicht anwendbar (LG Itzehoe Rpfleger 1982, 442). Es kommt innerhalb der politischen Gemeindegrenzen auf eine natürliche Betrachtungsweise an, auf die Verkehrsanschauung (OLG Düsseldorf Rpfleger 1990, 390; AG Nürnberg AnwBl 1984, 509).

7 Zwischen Orten in **verschiedenen Bundesländern** ohne eine aneinandergrenzende Bebauung findet eine Geschäftsreise statt (OLG Hamburg MDR 1983, 589). Bei einer Zweigstelle oder einem auswärtigen Sprechtag sind VV 7003–7006 nur insoweit anwendbar, als der Anwalt an diesem Tag dort keine Sprechstunde hat. Wohl aber kann eine Vergütung für eine Reise zu einer auswärtigen Zweigstelle des Gerichts oder zu einem Gerichtstag entstehen (OLG Frankfurt a. M. MDR 1999, 958; OLG München NJW-RR 2000, 443; aA LG Passau Rpfleger 1984, 202, vgl. aber → Rn. 3).

8 **3. Kanzleiverlegung.** Bei der Verlegung der Kanzlei an einen anderen Ort kann der Anwalt nach Vorb. 7 III 2 bei Fortführung eines ihm vorher erteilten Auftrags Auslagen nach VV 7003–7006 nur insoweit verlangen, als sie auch von seiner bisherigen Kanzlei aus entstanden wären. Dabei kommt es nicht auf den Verlegungsgrund an.

9 **4. Nur als Anwalt.** Soweit der Anwalt als Zeuge oder Sachverständiger reist, entsteht kein Anspruch auf Auslagenersatz nach VV 7003–7006, sondern allenfalls eine Entschädigung oder Vergütung nach dem JVEG. Das gilt auch insoweit, als er über seine Wahrnehmungen als Anwalt aussagen soll.

10 **5. Auftrag.** Der Anwalt muss die Geschäftsreise nach § 670 BGB gerade im Auftrag des Vertragspartners oder im Rahmen seiner Bestellung oder in einer eigenen Sache unternommen haben (OLG Rostock JurBüro 2001, 194). Zwar enthalten VV 7003–7006 diese Voraussetzung nicht ausdrücklich im Gesetzestext. Sie ergibt sich aber aus § 670 BGB.

11 **6. Erforderlichkeit.** Der Anwalt muss also die Reise bei deren Beginn den Umständen nach für erforderlich halten dürfen. Diese Erforderlichkeit kann der beigeordnete oder bestellte Anwalt nach § 46 II vor dem Reiseantritt gerichtlich klären lassen. Auch ein abschlägiger Bescheid kann aber in Wahrheit doch die Erforderlichkeit zumindest zu einem späteren Zeitpunkt aus freilich dann darzulegenden Gründen entstehen lassen. Ein ausdrücklicher Reiseauftrag braucht nur insoweit vorzuliegen, als sich die Notwendigkeit der Reise nicht schon aus der Art des Grundauftrags erkennbar ergeben hat. Ein Informations- oder Besprechungs- oder Einsichtszweck oder eine auswärtige Beweisaufnahme kann ausreichen, selbst bei höheren Kosten als denjenigen eines auswärtigen Untervertreters.

Im Zweifel entscheidet zwar das objektive wohlverstandene Interesse des Auftraggebers. Der Anwalt muss aber seine Tätigkeit für den Auftraggeber so kostengünstig wie möglich abwickeln. Er muss daher evtl. vor dem Reiseantritt mit dem Auftraggeber besprechen, ob er diese Reise durchführen soll. Evtl. sind Reisekosten nach → Rn. 60 ff. nur in Höhe von geringeren unterstellten Vertreterkosten gegenüber dem Prozessgegner des Auftraggebers erstattungsfähig. Es kann erforderlich sein, wegen einer etwaigen Terminsaufhebung oder -verlegung bis zum Nachmittag des Vortags erreichbar zu bleiben (OLG Stuttgart AGS 2003, 246; aA OLG München AGS 2004, 150). Eine unvorhersehbare Umterminierung reicht nicht (Gerold/Schmidt/Müller-Rabe Rn. 26; aA OLG Köln MDR 2003, 170). In einer eigenen Sache ist § 91 II 3 ZPO zu beachten. 12

Es **kann zB darauf ankommen,** ob die persönliche Wahrnehmung eines auswärtigen Termins sachlich notwendig und billiger wird als die Beauftragung eines Untervertreters (LG Bayreuth JurBüro 1980, 1348). Das gilt auch bei einer überörtlichen Sozietät mit einem Sozius vor Ort (BVerwG AnwBl 2017, 1006). In der Erteilung einer Prozessvollmacht liegt noch nicht stets die Ermächtigung zur persönlichen Wahrnehmung aller Termine. Es kommt nicht darauf an, ob die Geschäftsreise Erfolg hatte. Der Anspruch gegenüber dem Auftraggeber kann auch dann bestehen, wenn der Anwalt etwa den auswärtigen Termin schuldlos versäumte. 13

IV. Persönlicher Anwendungsbereich: Anwaltseigenschaft (VV 7003–7006). Die Reise muss durch den Anwalt und bei einer anwaltlichen Tätigkeit nach → § 1 Rn. 16 ff. und für sie stattfinden. Zum Anwaltsbegriff § 1 I. Eine eigene Sache kann reichen (OLG München NJW-RR 2012, 889). Dem Anwalt stehen die in § 5 genannten Personen für den Ersatzanspruch nach den Umständen des Einzelfalls grundsätzlich weitgehend gleich. Andere Vertreter stehen dem Anwalt nicht gleich. Daher sind VV 7003–7006 dann nicht anwendbar und ist eine Vereinbarung nach § 3a notwendig. 14

Soweit der Anwalt in einer der in **§ 1 II** genannten Eigenschaften reist, sind VV 7003–7006 nicht anzuwenden. Das ergibt sich aus dem eindeutigen Wortlaut des § 1 II 1 („Dieses Gesetz gilt nicht …"). Der Anwalt mag dann einen Anspruch nach §§ 670, 675 I, 1835 BGB haben, den § 1 II 2 unberührt lässt. Er kann im Übrigen nach den für sein dortiges Vertragsverhältnis geltenden Vereinbarungen und den für seine dortige Eigenschaft geltenden gesetzlichen Vorschriften einen Ersatzanspruch haben. 15

V. Kraftfahrzeug (VV 7003). Es gibt drei Aspekte. 16

1. Zulässigkeit. Der Anwalt kann grundsätzlich nach seinem pflichtgemäßen eigenen Ermessen entscheiden, ob er eine Geschäftsreise im eigenen Kraftfahrzeug durchführen will. Er braucht also den Auftraggeber dazu nicht um dessen Billigung zu bitten. Er braucht nicht stets zu prüfen, ob die Benutzung eines anderen Verkehrsmittels billiger würde. Er kann vielmehr ein solches auch dann nehmen, wenn es teurer ist (OLG Bamberg JurBüro 1981, 1350; OLG Saarbrücken NJW-RR 2009, 1008; AG Norden JurBüro 2000, 76). Er darf allerdings durch die Benutzung des eigenen Kraftfahrzeugs keinen Missbrauch treiben. Er darf also keine unverhältnismäßig hohen Kosten ohne einen sachlich vertretbaren Grund entstehen lassen (OLG Bamberg JurBüro 1981, 1350; OLG Koblenz JurBüro 1975, 348). 17

Wenn er gegen diesen Grundsatz **verstößt,** hat er für die durch die Benutzung des eigenen Kraftfahrzeugs entstandenen Mehrkosten keinen Ersatzanspruch. Es reicht aber aus, dass man die bloße Zweckmäßigkeit der Reise im eigenen Kraftfahrzeug nicht leugnen kann. Das gilt selbst dann, wenn ihre Notwendigkeit zweifelhaft sein mag. 18

2. Eigenes Kraftfahrzeug. Ein Ersatzanspruch nach VV 7003 setzt ferner voraus, dass der Anwalt gerade das eigene Kraftfahrzeug benutzt hat. Es kommt auf die Haltereigenschaft nach § 7 StVG und nicht auf das materiellrechtliche Eigentum an. Denn die Kilometerpauschale in VV 7003 ist gerade deshalb notwendig, weil der Halter andernfalls die wahren anteiligen Kosten gerade dieser Reise nur mit unverhältnismäßigen Schwierigkeiten darlegen könnte. 19

20 **3. Halter.** Halter ist derjenige, der das Kraftfahrzeug für eigene Rechnung in Gebrauch hat und die Verfügungsgewalt darüber besitzt, die ein solcher Gebrauch voraussetzt (BGHZ 13, 351 (354)). Halter und Eigentümer brauchen nicht identisch zu sein. Ein Leasing reicht aus.

21 **4. Gebrauch.** Ein Gebrauch für eigene Rechnung liegt dann vor, wenn man nicht nur die Vorteile, sondern auch die wirtschaftlichen Nachteile einkalkulieren muss. Wenn sich mehrere Personen die Unterhaltungskosten und die Gebrauchsmöglichkeit des Kraftfahrzeugs teilen, sind sie jeder für sich Halter. Zu den Betriebskosten zählen insbesondere Steuern und Versicherungen.

22 Wer lediglich Benzin, Öl, darüber hinaus vielleicht Garagengeld zahlen muss, während im Übrigen ein **Angehöriger,** ein Freund oder ein Dritter das Kraftfahrzeug unterhält, ist nicht oder nur neben dem anderen ein Halter. Im Einzelnen lässt sich diese Frage nur danach beurteilen, wie die übrigen Merkmale des § 7 StVG zu beurteilen sind.

23 In keinem Fall begründet schon der **bloße Gebrauch** für die eigene Rechnung die Haltereigenschaft. Hinzu kommen muss die Verfügungsgewalt über das Kraftfahrzeug. Hier ist nicht eine rechtliche, sondern eine tatsächliche Verfügungsgewalt notwendig. Sie braucht nicht unbegrenzt lange anzudauern. Eine Anmietung für wenige Stunden genügt aber nicht (BGHZ 32, 331 (333 f.) = NJW 1960, 1572). Mietwagenkosten unterfallen VV 7004 (Gerold/Schmidt/Müller-Rabe Rn. 31).

24 **5. Kraftfahrzeugbegriff.** „Kraftfahrzeug" ist ein solches nach § 1 II StVG. Hierher gehören also auch ein Motorrad, ein Moped oder ein Mofa. Denn auch dann würde die Ermittlung der wahren anteiligen Fahrtkosten dieselben Schwierigkeiten bereiten wie bei einem vierrädrigen Kraftwagen. Kraftfahrzeuge sind auch Elektrokleinstfahrzeuge nach § 1 eKFV, u. a. Elektro-Tretroller (sog. E-Scooter), Segways.

25 **Nicht hierher** zählt aber ein Fahrrad ohne einen Hilfsmotor. Dann mag VV 7004 gelten. Zu Elektrofahrrädern vgl. § 1 III StVG.

26 **6. Pauschale.** Unter den Voraussetzungen → Rn. 16–25 erhält der Anwalt für jeden tatsächlich oder üblicherweise gefahrenen km des im eigenen Kraftfahrzeug zurückgelegten Wegs 0,42 EUR. Die Anhebung der Pauschale zum 1.1.2021 durch das **Kostenrechtsänderungsgesetz 2021** (zuvor 0,30 EUR) erfasst Altfälle nicht; zur Abgrenzung in zeitlicher Hinsicht vgl. die Dauerübergangsregelung des § 60, die nach § 1 I 1 auch für Auslagen gilt. Wie VV 7003 durch das Wort „gefahren" klarstellt, sind die Strecken des Hinwegs und des Rückwegs zusammenzurechnen.

27 Es handelt sich um einen Pauschalbetrag. Er enthält unabhängig vom tatsächlichen Verbrauch und damit von der Wagengröße eine **nahezu abschließende Regelung.** Er steht im Gegensatz zu den von VV 7004 erfassten tatsächlichen Aufwendungen. Er gilt nach VV 7003 Anm. unabhängig von der Wagengröße und von den tatsächlichen Aufwendungen auch die Anschaffungs-, Unterhaltungs- und Betriebskosten sowie die Abnutzung des Kraftfahrzeugs ab. Daneben kommen nach VV 7006 die gerade aus Anlass dieser Geschäftsreise regelmäßig anfallenden baren Auslagen in Betracht, insbesondere die Parkgebühren und Mautkosten, etwa in einem Tunnel oder auf einer gebührenpflichtigen Autobahn oder Straße.

28 **7. Tatsächliche Entfernung.** Maßgeblich ist nicht etwa die Entfernung von Ortsmitte zu Ortsmitte, sondern die zB am Kilometerzähler abgelesene tatsächliche Wegstrecke und nicht eine fiktive (aA zum alten Recht OLG Oldenburg JurBüro 1991, 73). Der Anwalt braucht nicht den kürzesten Weg zu wählen. Er darf vielmehr einen zweckmäßigen, verkehrsüblichen Weg nehmen, etwa einen maßvollen Umweg über eine Autobahn (OLG Hamm JurBüro 1981, 1681; KG AGS 2004, 12; VG Würzburg JurBüro 2000, 77). Erst recht ist ein notwendiger Umweg einrechenbar. Maßgeblich ist die Strecke vom und zum Kanzlei- oder (Haupt-)Gerichtspunkt oder zum sonstigen Geschäftsort, nicht zur Wohnung. Einen angebrochenen km darf der Anwalt zum vollen aufrunden.

29 **VI. Anderes Verkehrsmittel (VV 7004).** Auch hier gibt es drei Gesichtspunkte. Eine Kombination von verschiedenen Verkehrsmitteln ist im Grundsatz erlaubt (LG Berlin JurBüro 1999, 526).

1. Zulässigkeit. Auch bei der Benutzung eines anderen Verkehrsmittels als des eigenen Kraftfahrzeugs kommt es grundsätzlich nicht darauf an, ob der Anwalt anstelle des tatsächlich benutzten Verkehrsmittels ein anderes hätte benutzen können. Er hat also im Rahmen eines pflichtgemäßen Ermessens die Wahl, ob er zB das Flugzeug, den Zug oder das eigene Kraftfahrzeug benutzt (aA OLG Stuttgart JurBüro 2005, 367, stellt irrig nur auf VV 7003 ab). 30

2. Verhältnismäßigkeit. Indessen muss er ebenso wie vor der Benutzung des eigenen Kraftfahrzeugs auch vor der Benutzung eines anderen Verkehrsmittels prüfen, ob die Benutzung unverhältnismäßig teurer würde, §§ 670, 675 I BGB (LG Leipzig JurBüro 2001, 586). Freilich braucht er die Notwendigkeit des tatsächlich gewählten Verkehrsmittels grundsätzlich nicht im Einzelfall darzulegen. Vielmehr müsste der Auftraggeber beweisen, dass der Anwalt insofern missbräuchlich handelte. Ein Missbrauch liegt auch dann nicht vor, wenn die Benutzung des tatsächlich gewählten Verkehrsmittels wenigstens zweckmäßig sein konnte. 31

Die Benutzung eines **Flugzeugs** ist zB jedenfalls dann gerechtfertigt, wenn der Anwalt dadurch trotz der oft langen Anfahrten und der Check-In-Dauern im Ergebnis erhebliche Zeit einsparen konnte (OLG Koblenz JurBüro 2013, 145), wenn er zB an demselben Tag hin- und zurückreisen konnte (LG Freiburg NJW 2003, 3360; LG Leipzig JurBüro 2001, 586; VG Leipzig JurBüro 2000, 359). Das gilt auch dann, wenn dieser Zeitgewinn nicht demjenigen Auftraggeber zugute kommt, für den er die Reise durchführt, sondern anderen Auftraggebern oder der Freizeit des Anwalts. Freilich muss der Anwalt gerade dann, wenn es um einen bloßen Zeitgewinn geht, den Grundsatz der Verhältnismäßigkeit besonders beachten. Auch die Benutzung eines Schiffs kann erforderlich sein (Hansens JurBüro 1988, 1265). 32

3. Direkte Fahrtkosten. Der Anwalt kann unter den Voraussetzungen → Rn. 29–32 anstelle einer Pauschale die tatsächlichen Aufwendungen ersetzt fordern, freilich nur, soweit diese angemessen sind. 33

„Angemessen" meint weder luxuriös noch schäbig, sondern den Umständen angepasst, also auch unter einer Berücksichtigung des Gegenstandswerts, der Stellung des Anwalts, seines Auftraggebers usw. Das gilt auch dann, wenn der Anwalt bei Bahnfahrten oder bei weiten Auslandsflügen zB die 1. statt der 2. Klasse und wenn er die Business Class statt der Economy Class benutzt (aA OLG Düsseldorf NJW-RR 2009, 1423). Sein Berufsstand erlaubt ihm grundsätzlich ebenso wie zB dem Gebührennotar nach → GNotKG KV 32006–32009 Rn. 9 die Benutzung der 1. Klasse (OLG Köln Rpfleger 2010, 549; VG Freiburg AnwBl 1996, 589). Der Anwalt muss allerdings eine Fahrpreisermäßigung insoweit nutzen, als sie sich nicht auf den Reisekomfort nachteilig auswirkt. Fahrkarten der Deutschen Bahn im „Flexpreis"-Tarif sind erstattungsfähig; ersetzt wird nicht nur der Betrag eines Sparangebots („Super-Sparpreis", vgl. BVerwG NVwZ-RR 2019, 975 zu den Reisekosten eines Behördenvertreters). 34

Das Wahlrecht gilt jedenfalls bei Langstrecken auch im **Flugzeug.** Bei Kurzstrecken kann allerdings die Benutzung der 2. Klasse oder der Economy Class ausreichen (OLG Frankfurt a. M. AnwBl 1976, 306; OLG Köln Rpfleger 2010, 549; LG Freiburg NJW 2003, 3360) oder sogar eine Bahnfahrt (OLG Koblenz JurBüro 2010, 430). Dann erhält der Anwalt die Mehrkosten der Benutzung der 1. Klasse nicht ersetzt. Der Pflichtverteidiger darf nicht schlechter stehen als ein Wahlverteidiger (aA OLG Frankfurt a. M. AnwBl 1976, 306). Er braucht keinen Billigflug zu buchen (BVerwG JurBüro 1989, 1456). 35

Zu den tatsächlichen angemessenen Aufwendungen zählen **Zuschläge** für die Benutzung von besonders schnellen Zügen usw jedenfalls dann, wenn zB durch ihre Benutzung ein Zeitgewinn eintrat oder wenn etwa das Reisen in einem klimatisierten und unter anderem deshalb teureren Zug für den Anwalt angenehmer war, oder die Prämien einer Flugversicherung (OLG Düsseldorf AnwBl 1978, 471; OLG München JurBüro 1983, 12; LG Frankfurt a. M. AnwBl 1982, 472; aA OLG Bamberg JurBüro 1979, 1030). Ferner zählen hierher Platzkarten, Bettkarten, Kabinenkosten, Liegegebühren usw. Ein nachträglich erhöhter Zuschlag kann nach den Umständen mangels eines Verschuldens angemessen sein (VG Freiburg AnwBl 1996, 589). 36

37 **4. Kein Ersatz von Allgemeinkosten.** Zu diesen zählt der Preis einer Bahncard (OLG Karlsruhe Rpfleger 2000, 129; VG Ansbach AnwBl 2001, 185; VG Freiburg AnwBl 1996, 589; aA OLG Koblenz Rpfleger 1994, 85; LG Würzburg AGS 1999, 53; OVG Münster NJW 2006, 1897, Bahncard 100). Ausnahmen sind denkbar in lang andauernden Verfahren, wenn sich der Erwerb einer Bahncard 50 bereits nach wenigen Fahrten amortisiert (OLG Celle JurBüro 2021, 138).

38 **5. Zugang, Abgang.** Zu den tatsächlichen angemessenen Aufwendungen zählen die Kosten für den Weg zwischen der Wohnung oder dem Büro und dem Bahnhof, Flughafen sowie zwischen diesen Punkten der Reise und dem eigentlichen Reiseziel und zurück. Zu diesen Kosten zählen auch diejenigen eines tatsächlich benutzten Taxis (KG NJW-RR 2001, 1002; Riedel/Sußbauer/Ahlmann Rn. 14: bei kürzeren Entfernungen; aA OLG Hamm AnwBl 1982, 488; LG Flensburg JurBüro 1976, 1651). Hierher zählen ferner die Kosten eines Trinkgelds oder der Aufbewahrung, Beförderung und Versicherung des Gepäcks (OLG Düsseldorf AnwBl 1978, 471; LG Frankfurt a. M. AnwBl 1978, 472; aA OLG Bamberg JurBüro 1979, 1030).

39 Demgegenüber zählen die Kosten der **Verpackung des Gepäcks** zu den nicht ersatzfähigen allgemeinen Geschäftskosten, Vorb. 7 I. Das gilt grundsätzlich auch für einen Koffer, eine Aktentasche usw. Wenn es sich um die Beförderung besonders wichtiger Dokumente handelt, mag die Anschaffung eines Koffers mit einem aufwendigen Schloss oder mit einer anderen Diebstahlssicherung im Einzelfall ausnahmsweise zu den Reiseaufwendungen zählen.

40 Für eine Strecke, die der Anwalt mit dem eigenen **Fahrrad** oder gar als **Fußgänger** zurücklegt, erhält er weder im Rahmen des Zugangs oder Abgangs zur sonstigen Fahrt noch dann, wenn er die gesamte Fahrt derart durchführt, eine Entschädigung.

41 **VII. Tage- und Abwesenheitsgeld (VV 7005).** Es empfiehlt sich die folgende Prüfreihenfolge.

42 **1. Ermessen.** Der Anwalt hat einen pflichtgemäßen Ermessensspielraum. Das gilt nicht nur bei der Entscheidung, ob er überhaupt eine Geschäftsreise durchführen will, sondern auch bei der Entscheidung, wie lang diese Geschäftsreise dauern soll. Er muss allerdings auch insofern nach §§ 670, 675 I BGB den in → Rn. 17, 31 genannten Verhältnismäßigkeitsgrundsatz berücksichtigen. Auch in diesem Punkt liegt die Beweislast für eine missbräuchliche zeitliche Ausdehnung der Reise beim Auftraggeber. Die bloße Zweckmäßigkeit der Dauer der Reise reicht aus, um den Anspruch auf ein Tage- und Abwesenheitsgeld zu begründen.

43 **2. Pauschale.** Das Tage- und Abwesenheitsgeld ist eine Pauschale. Sie dient der leichteren Abrechnung. Die Beträge übersteigen die Pauschalen der Reisekostengesetze des Bundes und der Länder, weil der Anwalt auch dafür entschädigt werden soll, dass er aufgrund der Reise seine sonstigen anwaltlichen Geschäfte regelmäßig nicht oder nur eingeschränkt ausüben kann (BT-Drs. 19/23484, 86 f.; BayObLG MDR 1987, 870).

44 Soweit eine Geschäftsreise **außergewöhnlich hohe Kosten** verursacht, die der Anwalt aus dem Tage- und Übernachtungsgeld nicht bezahlen kann, muss er eine entsprechende Vereinbarung mit dem Auftraggeber nach § 3a herbeiführen. Nur in einem seltenen Ausnahmefall kann er sich auch ohne eine solche Vereinbarung auf die Grundsätze der Geschäftsführung ohne Auftrag nach §§ 677 ff. BGB berufen.

45 **3. Notwendiger Zeitaufwand.** Die Pauschale entsteht jeweils nur für den tatsächlich benötigten Zeitraum, nicht für einen „Fahrplan"-Zeitraum. Dabei enthält VV 7005 allerdings Stufen der Abwesenheitsdauer. Sowie die tatsächlich benötigte Dauer der Abwesenheit die nächsthöhere Stufe erreicht hat, entsteht die volle für diese Stufe vorgesehene Pauschale. Das ist eine Folge des Grundsatzes, eine solche Entschädigung überhaupt auf Grund einer Pauschale zu gewähren. Wenn der Anwalt für eine solche Geschäftsreise, für die er mehrere Tage verwenden könnte, nur einen geringeren Zeitraum benötigt, hat er auch nur für den geringeren Zeitraum einen Anspruch auf ein Tage- und Abwesenheitsgeld.

46 **4. Mittag, Sonntag.** Andererseits erhält er eine solche Entschädigung auch zB für die Dauer einer um das Mittagessen am Terminort verlängerten Zeitspanne dann,

wenn der Termin bis zum Mittag dauert (VG Stuttgart AnwBl 1984, 323; 1984, 562), oder für eine Ortsabwesenheit an einem Sonntag dann, wenn diese Abwesenheit etwa deshalb notwendig war, weil der Termin am Montagmorgen lag. Das gilt sowohl dann, wenn es sich um den ersten Termin handelt, als auch dann, wenn der Anwalt seine auswärtige Tätigkeit etwa an einem Freitag und am folgenden Montag vornehmen muss und wenn er in der Zwischenzeit nach seinem pflichtgemäßen Ermessen nicht an den eigenen Wohnort zurückkehrt.

5. Nur im Wirkungskreis. Man muss das Tage- und Abwesenheitsgeld von oder bis zu demjenigen Zeitpunkt an berechnen, in dem der Anwalt infolge der Reise seinen Wirkungskreis verlassen muss oder wieder erreichen kann. Das ist grundsätzlich der Zeitraum von demjenigen Zeitpunkt an, in dem er das Büro oder seine Wohnung verlässt, um die Reise anzutreten, bis zur Rückkehr dorthin (VG Stuttgart AnwBl 1984, 323; 1984, 562). Die früher übliche Berechnung nach der Zugabfahrt usw hat sich durch die Zusammenfassung des Tage- und Abwesenheitsgelds erledigt. Das Reisemittel ist für VV 7005 unerheblich. 47

6. Inlandsreise. Bei einer Inlandsreise von bis zu 4 Stunden entsteht ein Tage- und Abwesenheitsgeld von 30 EUR (bis 31.12.2020: 25 EUR). Bei mehr als 4 Stunden, aber höchstens 8 Stunden Abwesenheit entsteht ein solches von 50 EUR (bis 31.12.2020: 40 EUR), bei einer Abwesenheit von mehr als 8 Stunden ein solches von 80 EUR (bis 31.12.2020: 70 EUR). Die Anhebung der Sätze zum 1.1.2021 durch das **Kostenrechtsänderungsgesetz 2021** erfasst Altfälle nicht; zur Abgrenzung in zeitlicher Hinsicht vgl. die Dauerübergangsregelung des § 60, die nach § 1 I 1 auch für Auslagen gilt. Jeder dieser Beträge ist für jeden angefangenen Kalendertag (0–24 Uhr) erneut ansetzbar (OLG Düsseldorf Rpfleger 1993, 463). Für einen Sonnabend, einen Sonntag oder gesetzlichen Feiertag entsteht kein höheres Tage- und Abwesenheitsgeld. Übliche Essenszeiten zählen mit (VG Stuttgart AnwBl 1984, 562), ebenso Verspätungen der Verkehrsmittel, Autobahnstaus usw. sowie für etwaige Verzögerungen eingeplante Zeitpuffer (VG Würzburg AGS 2020, 301) und Wartezeiten vor und während Terminen (LSG Niedersachsen-Bremen AGS 2019, 461, krit. Winkler AGS 2019, 549). 48

7. Auslandsreise (Anm.). Eine Auslandsreise liegt vor, sobald der Anwalt die deutschen Grenzen überschreitet. 49

Bei einer Auslandsreise tritt **keine automatische Erhöhung** des Tage- und Abwesenheitsgelds ein. Denn VV 7005 Anm. begründet nur die Zulässigkeit eines Zuschlags bis zu 50% auf das für eine Inlandsreise anfallende Tage- und Abwesenheitsgeld. Man muss unter Berücksichtigung aller Umstände prüfen, ob und in welcher Höhe innerhalb dieses Rahmens ein Zuschlag berechtigt ist (Gerold/Schmidt/Müller-Rabe Rn. 65). Denn der eindeutige Wortlaut „kann" heißt nicht „ist" und stellt eindeutig keine bloße Zuständigkeitsregelung dar. Er gilt aber nicht zB Passgebühren oder Visagebühren ab; diese fallen unter VV 7006. Bei voraussichtlich höheren Kosten als den gesetzlichen ist eine Honorarvereinbarung nach § 3a notwendig. 50

VIII. Sonstige Reisekosten, zB Übernachtungskosten (VV 7006). Es empfiehlt sich die folgende Prüfung. 51

1. Zulässigkeit. Die Vorschrift schafft für alle über VV 7003–7005 hinaus anfallenden „sonstigen Auslagen" eine Auffangklausel. Solche Klauseln sind weit auszulegen. Hierher mögen zB zählen: Eine Maut; eine Autobahngebühr; Fährkosten. Es geht aber im Kern meist um die Übernachtungskosten. Der Anwalt hat im Rahmen seines pflichtgemäßen Ermessens nach → Rn. 17, 30, 42 einen gewissen Spielraum für die Entscheidung, ob und wie oft er auf der Geschäftsreise übernachtet (LG Flensburg JurBüro 1976, 1650). Er muss nach §§ 670, 675 I BGB auch insofern einen Missbrauch vermeiden. Auch insofern hat der Auftraggeber die Beweislast. Die bloße Zweckmäßigkeit einer auswärtigen Übernachtung reicht für den Ersatzanspruch aus, erst recht ein sonst unzumutbar früher Aufstehzeitpunkt usw (KG AGS 2003, 499; OLG Karlsruhe NJW-RR 2003, 1654; OLG München AGS 2004, 150) oder wenn vor dem Termin dort noch eine Besprechung nötig ist (OLG Frankfurt a. M. JurBüro 1985, 1090). Andererseits spricht VV 7006 nur von „angemessen", 52 nicht von „erforderlich". Ein Reisebeginn zur Nachtzeit (§ 758a IV ZPO: vor 6 Uhr) ist idR nicht zumutbar (OLG Nürnberg AGS 2013, 201; OLG Oldenburg JurBüro 2022, 587).

53 **2. Notwendigkeit.** Sofern die Übernachtung nach → Rn. 52 überhaupt zulässig war, hat der Anwalt den Anspruch auf den Ersatz der tatsächlich entstandenen und auch notwendigen Übernachtungskosten, soweit auch sie angemessen sind (OLG Karlsruhe AnwBl 1986, 110, strenger OLG Koblenz JurBüro 2011, 648: höchstens 80 EUR). Hotelkosten wegen später Abreise sind grundsätzlich nicht angemessen (OLG München JurBüro 2019, 355). Der Anwalt hat auch bei der Wahl des Hotels usw einen gewissen Ermessensspielraum (OLG Dresden AGS 2003, 24, Mittelklassehotel). Freilich ist die Benutzung eines Luxushotels nach → Rn. 34 nur ausnahmsweise berechtigt (OLG Karlsruhe AnwBl 1986, 110).

54 Das kann zB dann vorliegen, wenn es sich um einen Auftrag mit einem sehr **hohen Gegenstandswert** oder um eine Verhandlung mit einem in einem solchen Hotel abgestiegenen und nur dort verhandlungsbereiten Partner handelt oder wenn der Auftraggeber mit der Benutzung eines solchen Hotels einverstanden war oder dort ebenfalls wohnt. Eine kostenlose Übernachtung bei Freunden usw erbringt kein Übernachtungsgeld. Dasselbe gilt bei der Benutzung eines Schlafwagens. Dessen Kosten gehören zu VV 7004. Die grundsätzliche Befugnis des Anwalts zur Benutzung der 1. Klasse eines Beförderungsmittels ist wegen des Massenbetriebs auf jedem öffentlichen Verkehrsmittel eher gerechtfertigt als die Benutzung der obersten Kategorie von Hotels.

55 **3. Bequemlichkeit.** Andererseits darf der Anwalt eine gewisse Bequemlichkeit und zB ein Zimmer mit einem eigenen Direktwahltelefon und mit einem Internetanschluss wählen, auch ein solches mit einem eigenen Fernsehgerät. Denn die ständige Information und eine ungestörte Kontaktmöglichkeit zum eigenen Büro zählen zu den allgemeinen Berufsaufgaben jedes Anwalts.

56 Der Anwalt muss die **Nebenkosten** der Übernachtung, etwa das ihm gesondert berechnete Frühstück, vom Tagegeld bestreiten (OLG Düsseldorf NJW-RR 2012, 1470; KG Rpfleger 1994, 430; OLG Karlsruhe AnwBl 1986, 110). Er kann aber die Kosten der Zimmerbestellung oder Trinkgelder bei den Übernachtungskosten berücksichtigen. Auch Gepäck- oder Telefonkosten können zu den erlaubten Nebenkosten zählen, ferner zB eine Kurtaxe, eine Reiseversicherung, Parkgebühren.

57 **IX. Fälligkeit (VV 7003–7006).** Sie richtet sich nach § 8 I. Ein Vorschuss ist nach § 9 möglich. Die Einforderbarkeit ergibt sich aus § 10.

58 **X. Kostenerstattung (VV 7003–7006).** Es gibt sechs Aspekte.

59 **1. Grundsatz: Notwendigkeit im Außenverhältnis.** Man muss zwischen dem Ersatzanspruch des Anwalts nach VV 7003–7006 im Innenverhältnis gegenüber seinem Auftraggeber und dem Kostenerstattungsanspruch des Auftraggebers gegenüber dem Prozessgegner im Außenverhältnis unterscheiden, den zB § 91 ZPO regelt.

60 In allen Verfahrensordnungen gilt der Grundsatz, dass eine Partei die Prozesskosten möglichst gering halten muss. Daher muss der Prozessgegner der obsiegenden Partei auch nur solche Reisekosten ihres Anwalts erstatten, die zur zweckentsprechenden Rechtsverfolgung oder Rechtsverteidigung **notwendig** waren (BPatG Rpfleger 1995, 40; LG Koblenz FamRZ 2003, 242). § 91 I 2 ZPO stellt für seinen Anwendungsbereich klar, dass unter dieser Voraussetzung auch die notwendigen Reisekosten erstattungsfähig sind (OLG München AGS 2001, 239; OVG Koblenz Rpfleger 2001, 373). Das gilt zB bei einem auswärtigen Beweistermin.

61 § 91 II 1 ZPO stellt überdies klar, dass auch die Reisekosten desjenigen **(auswärtigen)** Anwalts erstattungsfähig sind, der nicht im Bezirk des Prozessgerichts niedergelassen ist und am Ort des Prozessgerichts auch nicht wohnt, soweit die Zuziehung zur zweckentsprechenden Rechtsverfolgung oder Rechtsverteidigung notwendig war (BGH NJW-RR 2022, 1436; NJW 2021, 3663; NJW 2007, 2048; NJW-RR 2007, 1561). Das gilt auch in einer eigenen Sache des Anwalts (BGH NJW 2003, 1534). Einer Partei, die einen außerhalb des Gerichtsbezirks ansässigen Rechtsanwalt beauftragt, ohne dass die in § 91 II 1 ZPO vorausgesetzte Notwendigkeit besteht, sind dessen tatsächlich angefallene Reisekosten insoweit zu erstatten, als sie auch dann

entstanden wären, wenn die Partei einen Rechtsanwalt mit Niederlassung am entferntesten Ort des Gerichtsbezirks beauftragt hätte (BGH NJW 2019, 681; NJW 2018, 2572).

Eine **Vereinbarung** zwischen dem Auftraggeber und seinem Anwalt über die Ersatzfähigkeit von Reisekosten im Innenverhältnis ist für die Erstattungsfähigkeit im Außenverhältnis grundsätzlich nicht zu beachten. Der Anwalt kann im Innenverhältnis auf die Geltendmachung der nicht erstattungsfähigen Reisekosten für Fahrten zwischen dem Wohn- oder Praxis- und dem Gerichtsort verzichten (Chemnitz AnwBl 1984, 198). Ein Widerruf des Verzichts ist möglich. Er wirkt aber nicht zurück (OLG Zweibrücken JurBüro 1997, 529). **62**

Man muss prüfen, ob die Zuziehung gerade dieses Anwalts überhaupt **notwendig** war (AG Emmendingen WuM 1989, 426). Ferner ist zu prüfen, ob dieser Anwalt gerade zur Erledigung dieses Auftrags diese Reise vornehmen musste. **63**

Maßgeblich ist die **Sachdienlichkeit** aus der „verobjektivierten" ex-ante-Sicht der Partei (BGHZ 217, 287 Rn. 24; KG NJW-RR 2022, 1356). **64**

2. Prozess- oder Verfahrenskostenhilfe. Das Verfahren zu ihrer Bewilligung ist kein Prozess. Es lässt für eine Kostenentscheidung in der ersten Instanz keinen Raum, auch nicht bei einem vollen Erfolg in der Beschwerdeinstanz (OLG Köln NJW 1975, 1286), sondern nur bei einer teilweisen oder völligen Verwerfung oder Zurückweisung der sofortigen Beschwerde nach KV 1811 GKG. **65**

Wenn sich aber ein Prozess anschließt, sind die Kosten des Verfahrens zur Bewilligung der Prozesskostenhilfe usw ein **Teil der Prozesskosten** (OLG Frankfurt a. M. Rpfleger 1979, 111; OLG Karlsruhe AnwBl 1978, 462; aA OLG Koblenz Rpfleger 1975, 99, inkonsequent). In diesem Umfang besteht auch eine grundsätzliche Erstattungspflicht. **66**

3. Arbeitsgerichtsverfahren. → ArbGG § 12a Rn. 8. **67**

4. Finanzgerichtsverfahren. Die zum Zivilprozess dargelegten Grundsätze gelten auch im Verfahren vor den Finanzgerichten nach § 139 III FGO. **68**

5. Sozialgerichtsverfahren. Zum Verfahren vor den Sozialgerichten vgl. einerseits § 193 III, IV SGG, dazu → SGG § 195 Rn. 1 ff.; andererseits § 197a II SGG, dazu → SGG § 197a Rn. 4. **69**

6. Verwaltungsgerichtsverfahren. In diesem Verfahren sind die Auslagen eines Anwalts nach § 162 II VwGO ebenfalls erstattungsfähig (VG Karlsruhe AnwBl 1982, 208). Wegen der Reisekosten ist § 91 II 1 ZPO ergänzend nach § 173 VwGO anwendbar. Eine Erstattung findet also nur insofern statt, als die Zuziehung eines auswärtigen Anwalts notwendig war, etwa wegen seiner Spezialkenntnisse oder Vertrautheit mit dem Stoff (OVG Lüneburg AnwBl 1983, 279; VGH Mannheim JurBüro 1990, 250; VG Freiburg AnwBl 1982, 29; aA BVerwG JurBüro 1989, 1456; VG Karlsruhe AnwBl 1982, 208). **70**

Auch in diesen Verfahren ist eine **gewisse Großzügigkeit** ratsam. Das gilt zB bei einer Reise zum BVerwG (OVG Koblenz NJW 1982, 1796). **71**

Nr.	Auslagentatbestand	Höhe
7007	**Im Einzelfall gezahlte Prämie für eine Haftpflichtversicherung für Vermögensschäden, soweit die Prämie auf Haftungsbeträge von mehr als 30 Mio. € entfällt ....** **Soweit sich aus der Rechnung des Versicherers nichts anderes ergibt, ist von der Gesamtprämie der Betrag zu erstatten, der sich aus dem Verhältnis der 30 Mio. € übersteigenden Versicherungssumme zu der Gesamtversicherungssumme ergibt.**	**in voller Höhe**

I. Systematik. Eine allgemein für alle etwaigen Einzelfälle vom Anwalt abgeschlossene Versicherung gehört mit ihrer Prämie zu den allgemeinen Geschäftskosten **1**

nach Vorb. 7 I. Von diesem Grundsatz macht VV 7007 eine abschließende (BGH NJW 2018, 1477) Ausnahme.

2 **II. Regelungszweck.** Die Vorschrift bezweckt ein gewisses Gegengewicht zu der bei einer gesetzlichen Vergütung geltenden Wertobergrenze in § 22 II (Zimmermann AnwBl 2006, 55). Dieser Sinn leuchtet freilich nicht recht ein. Wenn der Anwalt einen Auftrag mit einem Haftungsrisiko von über 30 Millionen EUR übernehmen soll, wird er vermutlich eine Vereinbarung nach § 3a abschließen, um sich nicht mit Gebühren nach einem Gegenstandswert von höchstens 30 Millionen EUR zufrieden geben zu müssen. Dann aber wird er auch die etwa vorsorglich abgeschlossene Versicherung aus dem vereinbarten Honorar ohne eine besondere Mühe mitbezahlen können. Immerhin soll er seine Haftung wenigstens indirekt mit Hilfe von VV 7007 teilweise auf den Auftraggeber und dieser im Erfolgsfall nach §§ 91 ff. ZPO usw auf den Gegner abwälzen können. Ob es dem Gesetzgeber damit gelingt, den Anwalt bei einem Haftungsrisiko von über 30 Millionen EUR zur Tätigkeit nur gegen eine gesetzliche Vergütung zu bewegen, ist fraglich.

3 **III. Einzelfallprämie.** Es geht nur um eine im Einzelfall nicht nur zahlbare, sondern auch tatsächlich gezahlte Prämie. Der Anwalt muss ihre derartige Zahlung beweisen. Sie muss gerade eine Vermögensschaden-Haftpflichtversicherung betreffen. Es genügt, dass sie zugunsten seiner Sozietät besteht. Sie reicht auch dann, wenn ein solcher Mitarbeiter fehlerhaft handelte, für den der Anwalt haftet.

4 **IV. Auslagenhöhe.** VV 7007 erfasst zusammen mit seiner Anm. sowie mit Vorb. 7 I nur denjenigen Prämienteil, der auf eine Haftung je Auftraggeber über mehr als 30 Millionen EUR oder über mehr als 100 Millionen EUR insgesamt bei mehr als 3 Auftraggebern entfällt, und im Zweifel nur den entsprechenden Bruchteil der Gesamtprämie. Der Anwalt sollte sich eine abweichende Berechnung des Versicherers also in einer für die Anm. ausreichenden Klarheit ausstellen lassen. Der Versicherer dürfte im Zweifel ohne weiteres dazu fähig und deshalb auch vertraglich mitverpflichtet sein. Bei mehreren Auftraggebern gilt in den vorgenannten Grenzen § 7 II.

5 **V. Kostenerstattung.** Nach § 91 II ZPO ist die nach VV 7007 korrekt gezahlte Prämie als Teil der gesetzlichen Auslagen erstattungsfähig.

Nr.	Auslagentatbestand	Höhe
7008	**Umsatzsteuer auf die Vergütung ....** **Dies gilt nicht, wenn die Umsatzsteuer nach § 19 Abs. 1 UStG unerhoben bleibt.**	**in voller Höhe**

Schrifttum: Kögler/Block/Pauly, Die Besteuerung von Rechtsanwälten und Anwaltsgesellschaften, 3. Aufl. 2009.

1 **I. Grundsätze.** Die Vorschrift gibt dem Anwalt einen gesetzlichen Anspruch auf den Ersatz der auf seine Vergütung nach dem UStG entfallenden Umsatzsteuer (Mehrwertsteuer) (BVerwG JurBüro 2010, 476). Es ist unerheblich, ob der Auftraggeber, die Staatskasse oder ein Dritter die Vergütung zahlt, etwa eine Versicherungsgesellschaft, und ob es sich um eine Pauschale handelt (LAG Rheinland-Pfalz FamRZ 1997, 14). Zur gesetzlichen Vergütung zählen nach § 1 I 1 auch die Auslagen in ihrem zu ersetzenden Umfang (BDiG MDR 1987, 467; KG AnwBl 1983, 333; Hansens JurBüro 1988, 1271), evtl. die nach § 12 II Nr. 7c UStG ermäßigte Umsatzsteuer, etwa bei einem Gutachten nach § 34 I 1, → VV 2101 Rn. 4. Das gilt, sofern eine Umsatzsteuer nicht nach dem Gesetz entfällt. Wegen der Angabe der allgemeinen Steuernummer in der Kostenrechnung → § 10 Rn. 27.

2 Bei einer **Grundstückssache** ist nach § 3a III Nr. 1 UStG die **Belegenheit** maßgeblich. **Im Übrigen** kommt es auf den **Sitz des Auftraggebers** an. Bei einer nicht unternehmerisch tätigen natürlichen Person mit einem Wohnsitz in der EU entscheidet der Kanzleisitz des Anwalts und entsteht folglich eine Umsatzsteuer (OLG München Rpfleger 1993, 127; OLG Schleswig SchlHA 2001, 128). Beim Nicht-

EU-Auftraggeber entsteht keine Umsatzsteuer (OLG Karlsruhe AnwBl 1993, 42; LG Berlin JurBüro 1988, 1497). Beim Unternehmer mit einem Betrieb in Deutschland entsteht für den Anwalt eine Umsatzsteuer (OLG Koblenz Rpfleger 1989, 477), sonst keine. Das gilt unabhängig davon, ob EU oder Nicht-EU (OLG Bamberg JurBüro 1987, 67; OLG Frankfurt a. M. AnwBl 1983, 324; OLG Koblenz JurBüro 1991, 245). Zum gesonderten Ausweis der Umsatzsteuer gegenüber dem ausländischen Auftraggeber Hansch AnwBl 1987, 527 (Üb.). Zum Übergangsrecht Schneider NJW 2007, 325; 2007, 1035.

II. Beispiele zur Entstehung einer Umsatzsteuer

Abwickler: → „Erbe". 3

Aktenversendungspauschale: → „Durchlaufendes Geld".

Angestellter Anwalt: VV 7008 gilt nicht im Verhältnis des angestellten Anwalts zum arbeitgebenden (OLG Düsseldorf AnwBl 1987, 200).

Auslandsberührung: Dazu Schneider NZFam 2017, 980 (Üb.). VV 7008 gilt nicht bei einem kraft Gesetzes umsatzsteuerfreien Vorgang, zB bei einem Ausländer mit einem Sitz oder Wohnsitz außerhalb der EU, OLG Karlsruhe AnwBl 1993, 42.

Berechnung: Natürlich muss man bei der Erstellung der Berechnung nach § 10 die Umsatzsteuer von der vollen Vergütung errechnen.

Beispiel: Gebühren und Auslagen: 10.000 EUR. Erhaltener Vorschuss: 5.000 EUR. Anspruch nach VV 7008: 19 % von 10.000 EUR (und nicht etwa nur von restlichen 5.000 EUR) = 1.900 EUR.

Durchlaufendes Geld: Es ist nicht umsatzsteuerpflichtig, LG Mannheim JurBüro 2008, 533; Strezinger NJW 2008, 1257.

Kein bloß durchlaufender Posten ist die Aktenversendungspauschale (BGH NJW 2011, 3041; OVG Lüneburg NJW 2010, 1393; Henke AnwBl 2007, 224; aA AG Dessau AnwBl 1997, 239).

Eigene Betriebssache: In einer eigenen betriebsbezogenen Angelegenheit ist der Anwalt zwar ebenfalls an sich umsatzsteuerpflichtig (LG Berlin Rpfleger 1998, 173; AG Bielefeld AnwBl 1984, 223). Er hat aber keinen Ersatzanspruch gegen sich selbst. Er kann also in seiner Steuererklärung keinen solchen Erstattungsanspruch konstruieren (BFHE 120, 333 = BeckRS 1976, 22003765; BGH JurBüro 2005, 145; OLG München MDR 2003, 177; OLG Zweibrücken MDR 1998, 800, je: keine Umsatzsteuer bei beruflicher Tätigkeit, zB bei einer Klage auf die Vergütung). Zum Begriff des Eigenverbrauchs BFH NJW 1977, 408; OLG Hamburg AGS 2002, 83; OLG Zweibrücken MDR 1998, 800. Beim Zusammentreffen einer eigenen und einer fremden Angelegenheit ist im Zweifel eine steuerliche Aufteilung zu je 50 % anzunehmen (LG Berlin Rpfleger 1998, 173).

Eigene Privatsache: Bei einer rein privaten Tätigkeit entsteht eine Umsatzsteuer, KG RVGreport 2004, 354.

Einigungsstelle: VV 7008 gilt nicht im Verhältnis des Anwalts als des Beisitzers einer Einigungsstelle (BAG DB 1989, 232, man kann aber eine Erstattbarkeit vereinbaren).

Erbe: Der Erbe des Anwalts ist wegen der aus der Tätigkeit des Erblassers noch vereinnahmten Gebühren und Auslagen nach §§ 53 IX, 55 III 1 BRAO umsatzsteuerpflichtig, auch wenn wegen des Tods ein Abwickler bestellt ist. Ein sonstiger Praxisabwickler zählt nicht hierher.

Ersparte Aufwendungen: → „Fiktive Kosten".

Fiktive Kosten: Sie sind nicht umsatzsteuerpflichtig (OLG Koblenz AnwBl 1979, 116, ersparte Aufwendungen).

Gesetzliche Umsatzsteuerfreiheit: VV 7008 gilt nicht in solcher Lage.

Kleinunternehmer: Ein Anspruch entfällt nach → Rn. 5 nach der Anm., soweit die Umsatzsteuer beim sog. nichtoptierenden Kleinunternehmer nach § 19 I UStG unerhoben bleibt.

Sozietät: → „Steuerschuldner".

Steuerschuldner: Der Anwalt ist Steuerschuldner nach § 13a UStG. Das gilt auch dann, wenn er gemäß § 14 UStG berechtigt bzw. gegenüber einem Unternehmer verpflichtet ist, in seiner Gebührenberechnung die Umsatzsteuer gesondert auszuweisen, und ebenso, wenn er persönlich nach § 15 UStG zum Vorsteuerabzug berechtigt ist. Ohne die Regelung in VV 7008 würde der Anwalt schlechter als nach dem alten Umsatzsteuerrecht stehen. Das soll das Gesetz verhindern. Zur Lage in einer Sozietät Sterzinger NJW 2008, 3677 (Üb.).

Streitgenossen: Bei Streitgenossen nach §§ 59 ff. ZPO wegen desselben Gegenstands nach → § 15 Rn. 12 ist maßgeblich, in welcher Höhe der Anwalt den einzelnen nach VV 1008 in Anspruch nehmen kann. Bei verschiedenen Gegenständen kommt es auf die Berechtigung zum Vorsteuerabzug bei jedem Streitgenossen an (LG Berlin JurBüro 1997, 428).

Verzugszinsen: Sie sind nicht umsatzsteuerpflichtig (EuGH NJW 1983, 505; OLG Frankfurt a. M. NJW 1983, 394; Hansens JurBüro 1983, 325).

Vorschuss: Ein nach § 9 geforderter und gezahlter Vorschuss ist zunächst evtl. keine Vergütung nach VV 7008, sondern schon aus steuerrechtlichen Gründen ein zinsloses Darlehen (Lindner AnwBl 1989, 26; aA Grezesch AnwBl 1989, 660; Raisch AnwBl 1989, 659; Streck AnwBl 1989, 645, aber es kann durchaus eine zumindest teilweise Rückzahlungspflicht entstehen). Das ändert aber nichts an der Notwendigkeit seiner Einbeziehung in die schließlich steuerpflichtige Gesamtvergütung (BFH BStBl. II 1982, 593).

4 **III. Ersatzfähigkeit der Umsatzsteuer.** Dazu Otto AnwBl 1983, 150. Man muss wie stets die Ersatzfähigkeit im Verhältnis zwischen dem Anwalt und seinem Auftraggeber und die Erstattungsfähigkeit im Verhältnis des Auftraggebers zu seinem Prozessgegner unterscheiden. Zur letzteren → Rn. 10 ff. Der Anwalt kann die gesamte auf seine Vergütung entfallende Umsatzsteuer ersetzt fordern. Da § 1 I 1 unter Vergütung Gebühren und Auslagen versteht, muss der Auftraggeber also die auf sämtliche Gebühren und Auslagen anfallenden und vom Anwalt als Steuerschuldner zu zahlenden Umsatzsteuern ersetzen.

IV. Beispiele zur Ersatzfähigkeit von Umsatzsteuer

5 **Auslagen:** Ersetzen muss der Auftraggeber die Umsatzsteuer auf alle Auslagen, bei Vorsteuerabzugsberechtigung des Anwalts aber nur den Nettobetrag (BGH NJW-RR 2012, 1016; VG Würzburg AGS 2021, 460).

Betreuer: Nicht zu VV 7008 zählt diejenige Vergütung, die der Anwalt nicht als solcher erzielt hat, sondern in einer der in § 1 II genannten Eigenschaften, etwa: Als Betreuer, Pfleger oder Vormund nach § 3 I VBVG, Anh. § 1 JVEG (zusätzlich Umsatzsteuer nach § 1 I 3 VBVG möglich), es sei denn, dass das Gericht den Anwalt gerade wegen seiner Berufsstellung und wegen seiner Rechtskenntnis zum Vormund usw bestellt hat (BGH NJW 1975, 210; BFHE 132, 136 = BeckRS 1980, 22005574).

Dokumentenpauschale: → „Auslagen".

Erfolgsaussichtsprüfung: Ersetzen muss der Auftraggeber die Umsatzsteuer auf die Gebühr VV 2103.

Gebühren: Ersetzen muss der Auftraggeber die Umsatzsteuer auf alle Gebühren.

Gläubigerausschuss: Nicht zu VV 7008 zählt eine solche Vergütung, die der Anwalt nur als ein Mitglied dieses Gremiums erhält, soweit nicht auch ein solches einen Anwalt einschalten müsste.

Hausverwalter: Nicht zu VV 7008 zählt diejenige Vergütung, die der Anwalt nur als Hausverwalter erhält (FG München EFG 1981, 53), soweit nicht auch ein solcher einen Anwalt einschalten müsste.

Honorarvereinbarung: Soweit der Anwalt eine Honorarvereinbarung nach § 3a getroffen hat, kann er die Umsatzsteuer vom Auftraggeber unter der Voraussetzung ersetzt fordern, dass er auch diese Ersatzpflicht vereinbart hat (OLG Karlsruhe OLGZ 1979, 230; LG Koblenz AnwBl 1984, 206; strenger Gerold/Schmidt/Müller-Rabe Rn. 23: im Zweifel nicht zusätzlich). In einer vereinbarten Pauschale steckt im Zweifel bereits die Umsatzsteuer (OLG Karlsruhe OLGZ 1979, 230). Bei einer Vereinbarung, es sei „die gesetzliche Vergütung" als Mindestbetrag usw geschuldet, kommt die Umsatzsteuer hinzu.

Insolvenzverwalter: Nicht zu VV 7008 zählt diejenige Vergütung, die der Anwalt nur als Insolvenzverwalter erhält, soweit nicht auch ein solcher einen Anwalt einschalten müsste.

Kleinunternehmer: Ein nicht optierender Kleinunternehmer mit einem nach § 19 I UStG errechneten Umsatz im Vorjahr von höchstens 22.000 EUR und einem voraussichtlichen diesjährigen Umsatz von grundsätzlich höchstens 50.000 EUR ist **umsatzsteuerfrei,** soweit er nicht dem Finanzamt gegenüber auf die Anwendung des § 19 I UStG verzichtet hat. Er kann daher vom Auftraggeber weder den Ersatz einer Umsatzsteuer noch einen Ausgleichsbetrag fordern und hat nach → Rn. 3 „Steuerschuldner" auch nicht die Möglichkeit eines Vorsteuerabzugs.

Nachlassverwalter: Nicht zu VV 7008 zählt eine solche Vergütung, die der Anwalt nur als Nachlassverwalter erhält, soweit nicht auch ein solcher einen Anwalt einschalten müsste.

Pfleger: → „Betreuer" (aA FG Münster EFG 1981, 53).

Reisekosten: → „Auslagen".

Schiedsrichter: Nicht zu VV 7008 zählt eine solche Vergütung, die der Anwalt nur als Schiedsrichter erhält, soweit nicht auch ein solcher einen Anwalt einschalten müsste.

Schriftstellerische Tätigkeit: Ersetzen muss der Auftraggeber die Umsatzsteuer für eine auftragsgemäße anwaltliche schriftstellerische Tätigkeit.

Taxi: → „Auslagen" (KG AGS 2014, 21).

Telekommunikation: → „Auslagen".

Testamentsvollstrecker: Nicht zu VV 7008 zählt diejenige Vergütung, die der Anwalt nur als Testamentsvollstrecker erhält, soweit nicht auch ein solcher einen Anwalt einschalten müsste.

Treuhänder: Nicht zu VV 7008 zählt eine solche Vergütung, die der Anwalt nur als Treuhänder erhält, soweit nicht auch ein solcher einen Anwalt einschalten müsste.

Vormund: → „Betreuer".

Vorschuss: Ersetzen muss der Auftraggeber die auf einen Vorschuss anfallende Umsatzsteuer, soweit der Anwalt ihn nicht als fremdes Geld behandelt hat, sondern ihn mit anderen Einnahmen vermischt hat.

Zinsen: Nicht zu VV 7008 zählen Zinsen, → Rn. 3 „Verzugszinsen".

Zwangsverwalter: Nicht zu VV 7008 zählt eine solche Vergütung, die der Anwalt nur als Zwangsverwalter erhält, soweit nicht auch ein solcher einen Anwalt einschalten müsste.

V. Höhe der Umsatzsteuer. Die Steuer beträgt grundsätzlich nach § 12 I UStG seit 1.1.2007 **19 %,** soweit der Anwalt „nur" freiberuflich tätig ist (OLG Stuttgart WuM 2008, 428). Befristete Absenkung des Umsatzsteuersatzes zwischen 1.7.2020 und 31.12.2020 nach § 28 I UStG auf 16 % durch das Zweite Corona-Steuerhilfegesetz vom 29.6.2020 (BGBl. I 1512). 6

Die Steuer beträgt nach § 12 II Nr. 7c UStG nur **7 %** (im 2. Halbjahr 2020 nach § 28 II UStG 5 %), soweit der Anwalt eine solche Leistung erbringt, die zumindest auch und nicht nur völlig der freiberuflichen Tätigkeit untergeordnet ein **nach dem UrhG geschütztes Werk** darstellt, und soweit der Anwalt dem Auftraggeber auch gerade ein Nutzungsrecht einräumt. Diese Situation kann zwar zB bei einem wissenschaftlich begründeten Gutachten nach § 34 I 1, VV 2103 vorliegen. Das gilt auch dann, wenn der Anwalt es im Auftrag des Mandanten für einen Rechtsstreit erstattet. § 45 I UrhG steht nicht entgegen. Freilich ist diese Nutzungsrechtseinräumung nicht die Regel (Bundesfinanzminister DB 1982, 572). 7

Für den Steuersatz ist nach §§ 27 I 1, 13 I Nr. 1 UStG grundsätzlich der Zeitpunkt maßgebend, in dem der jeweilige Umsatz ausgeführt wird, also nicht Auftragserteilung, Erfüllung eines Gebührentatbestands oder Rechnungsstellung, sondern wenn nach § 8 **Fälligkeit** der Vergütung eintritt, insbesondere durch Erledigung des Auftrags oder Beendigung der Angelegenheit, in gerichtlichen Verfahren auch bei Ergehen einer Kostenentscheidung oder Beendigung des Rechtszugs (zur coronabedingten USt-Absenkung FG Sachsen-Anhalt AGS 2022, 347; VG München BeckRS 2021, 31815). Bei Teilleistungen nach § 13 I Nr. 1 Buchst. a S. 3 UStG kommt es für den anzuwendenden Umsatzsteuersatz darauf an, wann die jeweilige Teilleistung erbracht wird. Bei Vorschüssen ist in der Endrechnung insgesamt der für den Zeitpunkt der Leistungserbringung geltende Umsatzsteuersatz zugrunde zu legen. 8

9 Die Anwaltstätigkeit stellt eine einheitliche Leistung dar. Der für die Vergütung geltende Steuersatz von in der Regel 19 % gilt deshalb auch für die (Nettobeträge der) **Auslagen,** auch wenn für diese nur ein ermäßigter Steuersatz angefallen ist, zB bei Taxi-, Hotel-, Bahnfahrtkosten (KG AGS 2014, 21; LG Ellwangen AGS 2018, 337; VG Würzburg AGS 2021, 460).

10 **VI. Kostenerstattung.** Man muss den in VV 7008 geregelten Ersatzanspruch im Innenverhältnis zwischen dem Anwalt und dem Auftraggeber nach → Rn. 4 ff. von dem etwaigen Erstattungsanspruch des Auftraggebers gegenüber seinem Prozessgegner nach § 91 ZPO oder dem Erstattungsanspruch des beigeordneten Anwalts gegenüber dem Prozessgegner des Auftraggebers nach § 126 ZPO unterscheiden.

11 Im **Außenverhältnis nach § 91 II ZPO** kann ein Erstattungsanspruch wegen der Umsatzsteuer grundsätzlich nur bestehen, soweit der Auftraggeber die gerade wegen dieses Streitgegenstands tatsächlich entstandene Umsatzsteuer nach § 104 II 3 ZPO **nicht als Vorsteuer abziehen** kann (BVerfG NJW 1996, 383; BGH AnwBl 2012, 664; OLG Düsseldorf JurBüro 2002, 590). Das Gesetz lässt die Erklärung des Antragstellers genügen, dass er die Beträge nicht als Vorsteuer abziehen kann, und verlangt keine Glaubhaftmachung. Eine Überprüfung findet grundsätzlich nicht statt, außer bei offensichtlicher Unrichtigkeit oder Entkräftung der Erklärung (BGH NJW 2003, 1534).

VII. Beispiele zur Kostenerstattung

12 **Auftraggeber Auslandsunternehmen:** Eine solche ausländische Partei, die ein Unternehmen ist und ihren Sitz im Ausland hat, kann zu dem Kostenanspruch ihres inländischen Anwalts als Prozessbevollmächtigten oder Verkehrsanwalt vor einem inländischen Gericht grundsätzlich nicht die Erstattung von Umsatzsteuer fordern (OLG Koblenz JurBüro 1991, 246; LG Frankfurt a. M. AnwBl 1986, 406; AG Hof Rpfleger 2002, 536; aA FG Köln AGS 2019, 325 für in anderen Mitgliedstaaten der Europäischen Union geschuldete Umsatzsteuer). Eine Ausnahme kann dann gelten, wenn die Partei im EU-Ausland wohnt und nicht als Unternehmerin auftritt (OLG Düsseldorf NJW-RR 1993, 704; OLG Zweibrücken Rpfleger 1999, 41). Zum gesonderten Ausweis der Umsatzsteuer gegenüber einem ausländischen Auftraggeber Hansch AnwBl 1987, 527 (Üb.).

Gegner Ausländer: Erstattungsfähig sein kann die Umsatzsteuer des Anwalts auch dann, wenn der Gegner des Auftraggebers als Ausländer nicht umsatzsteuerpflichtig ist (OLG Frankfurt a. M. Rpfleger 1984, 116; OLG Koblenz NJW 1992, 641).

Auslandsbezug: N. Schneider MDR 2006, 374 (Üb.).

Eigene Berufssache: Nicht erstattungsfähig ist die Umsatzsteuer grundsätzlich, soweit der Anwalt in einer eigenen beruflichen und nicht privaten Angelegenheit tätig war (BFHE 120, 133 = BeckRS 1976, 22003765; OLG Düsseldorf JurBüro 1994, 299; LG Bremen Rpfleger 1991, 390; aA OLG Düsseldorf MDR 1993, 483; LG Berlin Rpfleger 1977, 220).

Eigene Privatsache: Erstattungsfähig ist die Umsatzsteuer beim sog. Eigenverbrauch bei der Vertretung in einer eigenen Privatangelegenheit (OLG Hamm AnwBl 1986, 452; OVG Münster AnwBl 1989, 399; aA OLG Hamm MDR 1985, 683).

Fälligkeit: Maßgebend ist stets der Zeitpunkt der Fälligkeit.

Fiktive Umsatzsteuer: Nicht erstattungsfähig ist eine solche Forderung (OLG Koblenz AnwBl 1979, 116).

Prozesskostenhilfe: Im Außenverhältnis nach § 126 ZPO kann der beigeordnete Anwalt vom Prozessgegner des Auftraggebers die Erstattung der Umsatzsteuer bei einer Berechtigung des Auftraggebers zum Vorsteuerabzug nicht fordern (BGH NJW-RR 2007, 285); anders gegenüber der Staatskasse nach § 46 (OLG Frankfurt a. M. JurBüro 2018, 264). Das Kostenrechtsänderungsgesetz 2021 hat deshalb die Bezugnahme in § 55 V 1 auf § 104 II 3 ZPO gestrichen (überholt daher OLG Celle AGS 2014, 80).

Steuersatz: Auch für die Erstattbarkeit ist der Steuersatz nach → Rn. 8 maßgebend.

Streitgenossen: Im Haftpflichtprozess ist die Umsatzsteuer, die die obsiegenden Streitgenossen ihrem gemeinsamen Prozessbevollmächtigten schulden, vom Unterliegenden auch dann in voller Höhe zu erstatten, wenn einer der Streitgenossen vorsteuerabzugsberechtigt ist, aber der nicht vorsteuerabzugsberechtigte Haftpflichtversicherer im Innenverhältnis der Streitgenossen die gesamten Kosten des gemeinsamen Prozessbevollmächtigten zu tragen hat (BGH NJW 2006, 774; OLG Schleswig AGS 2019, 256; OLG Hamm Rpfleger 1992, 220; aA Gerold/Schmidt/Müller-Rabe VV 1008 Rn. 325, 339; OLG Stuttgart Rpfleger 1996, 82).

2. Kapitel. Vorschriften für einzelne Verfahrensarten

I. Verfassungsgerichtliche Verfahren

1. Gesetz über das Bundesverfassungsgericht (Bundesverfassungsgerichtsgesetz – BVerfGG)

In der Fassung der Bekanntmachung vom 11.8.1993 (BGBl. I 1473)
FNA 1104-1
Zuletzt geändert durch Art. 4 Gesetz vom 20.11.2019 (BGBl. I 1724)
(Auszug)

[Kosten]

34 **I Das Verfahren des Bundesverfassungsgerichts ist kostenfrei.**

II Das Bundesverfassungsgericht kann eine Gebühr bis zu 2.600 Euro auferlegen, wenn die Einlegung der Verfassungsbeschwerde oder der Beschwerde nach Artikel 41 Abs. 2 des Grundgesetzes einen Mißbrauch darstellt oder wenn ein Antrag auf Erlaß einer einstweiligen Anordnung (§ 32) mißbräuchlich gestellt ist.

III Für die Einziehung der Gebühr gilt § 59 Abs. 1 der Bundeshaushaltsordnung entsprechend.

Schrifttum: Barczak, BVerfGG, 2018; Burkiczak/Dollinger/Schorkopf, Bundesverfassungsgerichtsgesetz, 2015; Engler, Kostenfragen im Verfahren vor dem Bundesverfassungsgericht, NJW 1965, 996; Flüß/Rellermeyer, Rechtspfleger in der Verfassungsgerichtsbarkeit, Rpfleger 1997, 98; Hamm, Auslagenentscheidung bei der vorzeitig erledigten Verfassungsbeschwerde, NJW 1977, 2343; Jekewitz, Die Kostenlast beim Verfassungsprozeß, JZ 1978, 667; Jutzi, Billige Auslagenerstattung in Verfassungsbeschwerdeverfahren, NJW 2003, 492; Küchenhoff, Die Missbrauchsgebühr des Bundesverfassungsgerichts, NJ 2011, 92; Lechner/Zuck, BVerfGG, 8. Aufl. 2019; Lenz/Hansel, Bundesverfassungsgerichtsgesetz, 3. Aufl. 2020; Maunz/Schmidt-Bleibtreu/Klein/Bethge, Bundesverfassungsgerichtsgesetz, 60. Aufl. 2020; Oswald, Die Auslagenerstattung im Verfahren vor dem Bundesverfassungsgericht, ZLA 1978, 173; ders., Möglichkeit der Auslagenerstattung bei erfolgloser Verfassungsbeschwerde, DStR 1981, 676; ders., Die Auslagenerstattung in den verschiedenen Verfahrensarten vor dem Bundesverfassungsgericht, ZLA 1981, 61; Schmittmann, Zur neueren Rechtsprechung des Bundesverfassungsgerichts zur Mißbrauchsgebühr, DVBl 1997, 988; Schoreit, 50 Jahre Missbrauchsgebühr, ZRP 2002, 148; ter Veen, Läßt sich die Verfahrensflut zum Bundesverfassungsgericht durch das Kostenrecht sperren? – Zur Frage der Mißbrauchsgebühr (§ 34 Abs 2 BVerfGG) und ihrer Funktionalität, EuGRZ 1998, 645; Walter/Grünewald, BVerfGG, 2020; Winker, Die Missbrauchsgebühr im Prozessrecht, 2011; Zuck, Die Mißbrauchsgebühr im Verfassungsbeschwerdeverfahren, NJW 1986, 2093; ders., Weg mit der Mißbrauchsgebühr im Verfassungsbeschwerdeverfahren!, NJW 1996, 1254; ders., Die Mutwillensgebühr im Verfassungsbeschwerdeverfahren, NVwZ 2012, 1292.

1 **I. Grundsatz der Kostenfreiheit (I).** Nach § 34 I gilt für das Verfahren vor dem BVerfG (für das das GKG nicht gilt, → GKG § 1 Rn. 42) der Grundsatz der Kostenfreiheit, dh es werden weder Gebühren noch Auslagen erhoben (gleiches gilt für die Verfahren vor den Landesverfassungsgerichten, vgl. die nachfolgend abgedr. landesrechtlichen Vorschriften, → LVerfG, Landesverfassungsgerichtsgesetze). Der Finanzbedarf der Verfassungsgerichtsbarkeit des Bundes ist daher durch Steuermittel zu decken. Seine Rechtfertigung findet dieser Grundsatz darin, dass zum einen regelmäßig ein öffentliches Interesse an der Durchführung verfassungsgerichtlicher Ver-

fahren besteht und dass zum anderen an den Verfahren vielfach Verfassungsorgane bzw. öffentlich-rechtliche Körperschaften beteiligt sind, Kosten also ohnehin aus Haushaltsmitteln aufgebracht werden müssten (Engler NJW 1965, 996; Lechner/Zuck BVerfGG § 34 Rn. 1). Für Verfassungsbeschwerdeverfahren (§ 13 Nr. 8a) gilt dies zwar nicht bzw. nur eingeschränkt; hier dient aber der Grundsatz der Kostenfreiheit der Erleichterung des Zugangs zum BVerfG (Engler NJW 1965, 996).

II. Missbrauchsgebühr (II, III). 1. Rechtsnatur, Zweck. Nach II kann das BVerfG aber eine sog. Missbrauchsgebühr auferlegen (ähnliche Regelungen gelten auch für die Verfahren vor den Landesverfassungsgerichten, vgl. die nachfolgend abgedr. landesrechtlichen Vorschriften, → LVerfG, Landesverfassungsgerichtsgesetze). Diese ist eine (mit ihrer Auferlegung durch die Entscheidung des BVerfG entstehende) Gerichtsgebühr (vgl. nur BVerfG RVGReport 2017, 435 Rn. 3 mwN) und damit eine Ausnahme vom Grundsatz der Kostenfreiheit. Sie ist eine Gegenleistung für die missbräuchliche Inanspruchnahme des BVerfG (BVerfG RVGReport 2017, 435 Rn. 3 mwN) und damit eine Gebühr im allg. abgabenrechtlichen Sinne (→ GKG Vor § 1 Rn. 20), verfolgt aber zugleich (zulässigerweise) das Ziel, einer missbräuchlichen Einlegung von Rechtsbehelfen entgegenzuwirken (vgl. allg. BVerfGE 50, 217 (230 f.) = NJW 1979, 1345 (1346)). 2

2. Voraussetzungen. Eine Missbrauchsgebühr kann nach § 34 II (nur) in drei Verfahrensarten auferlegt werden, nämlich in den Verfahren über eine **Verfassungsbeschwerde** (Art. 93 I Nr. 4a, 4b GG, §§ 13 Nr. 8a, 90 ff.), eine **Wahlprüfungsbeschwerde** (Art. 41 II GG, §§ 13 Nr. 3, 48) und auf Erlass einer **einstweiligen Anordnung** (§ 32). 3

Voraussetzung ist, dass die Einlegung der Beschwerde bzw. die Antragstellung einen **Missbrauch** (des betreffenden Verfahrens) darstellt. Ein solcher Missbrauch liegt nach der (insbes. mit Art. 6 I EMRK vereinbaren, vgl. EGMR BeckRS 2009, 141442 Rn. 40 ff.) Rspr. des BVerfG dann vor, wenn das BVerfG durch für jedermann erkennbar substanzlose Beschwerden bzw. Anträge an der Erfüllung seiner Aufgaben gehindert wird, wodurch anderen Rechtsuchenden der ihnen zukommende Grundrechtsschutz nur verzögert gewährt werden kann (vgl. nur BVerfG NJW 2020, 3305 Rn. 3; BeckRS 2020, 5845 Rn. 4; 2020, 11509 Rn. 8, jew. mwN). Davon ist insbes. auszugehen, wenn die Beschwerde bzw. der Antrag offensichtlich unzulässig ist und die Einlegung von jedem Einsichtigen als völlig aussichtslos angesehen werden muss (vgl. etwa BVerfG BeckRS 2019, 13133 Rn. 5; NJW 2020, 3305 Rn. 3; BeckRS 2021, 12281, jew. mwN). Ein Missbrauch kann aber auch vorliegen, wenn gegenüber dem BVerfG – vorsätzlich oder auch nur unter grobem Verstoß gegen die Sorgfaltspflichten – entscheidungserhebliche Umstände falsch angeben bzw. nicht mitgeteilt werden (vgl. nur BVerfG BeckRS 2019, 19239 Rn. 7 mwN). Weiter kommt ein Missbrauch in Betracht, wenn trotz mehrerer Nichtannahme- oder Ablehnungsentscheidungen in ähnlich gelagerten Fällen weiterhin Verfassungsbeschwerden ohne wesentliche neue Gesichtspunkte anhängig gemacht werden (vgl. nur BVerfG BeckRS 2019, 13133 Rn. 5; 2021, 741 Rn. 4, jew. mwN). Schließlich wird als Missbrauch angesehen, wenn sich die Beschwerde bzw. der Antrag im Wesentlichen in einer Beschimpfung oder gar Kriminalisierung von Gerichten und Richtern bzw. einer Vertiefung der Ehrabschneidungen erschöpft, die Gegenstand des Ausgangsverfahrens waren, ohne sich ernsthaft um die Darlegung einer Verletzung verfassungsrechtlicher Grundsätze zu bemühen (vgl. nur BVerfG BeckRS 2020, 11509 Rn. 8 mwN). 4

Auferlegt werden kann die Missbrauchsgebühr nicht nur dem **Beschwerdeführer** bzw. Antragsteller, sondern auch dessen **Bevollmächtigten.** Voraussetzung ist, dass die missbräuchliche Handlung diesem zuzurechnen ist (vgl. nur BVerfG BeckRS 2019, 13133 Rn. 5 mwN). Bei der Beurteilung der Einlegung als rechtsmissbräuchlich sind dabei an Rechtsanwälte aufgrund deren Stellung als Organ der Rechtspflege (§ 1 BRAO) – etwa hinsichtlich der verfassungsrechtlichen Substantiierung (vgl. etwa BVerfG BeckRS 2020, 11509 Rn. 8 mwN) oder der Richtigkeit und Vollständigkeit des Vortrags der entscheidungserheblichen Umstände (vgl. etwa BVerfG BeckRS 2019, 19239 Rn. 7 mwN) – überdies strengere Maßstäbe als an den Beschwerdeführern bzw. Antragsteller selbst anzulegen. 5

6 **3. Verfahren.** Auferlegt wird die Missbrauchsgebühr durch **Entscheidung des BVerfG.** Hinsichtlich der Höhe steht diesem ein Ermessen zu, das bis zum gesetzlichen Höchstbetrag von 2.600 EUR ausgeübt werden kann. Die Entscheidung über die Auferlegung der Missbrauchsgebühr ist als solche **unanfechtbar** (vgl. nur BVerfG BeckRS 2017, 118930; 2017, 133069 mwN). Gegen den Kostenansatz können allerdings nach §§ 8 I 1, 1 Nr. 4 JBeitrG Einwendungen mit der Erinnerung nach § 66 GKG geltend gemacht werden, was insbes. die Verjährung der Kostenforderung betrifft (vgl. BVerfG BeckRS 2017, 106260).

7 Die auferlegte Missbrauchsgebühr kann gem. § 34 III vom BVerfG entspr. § 59 I BHO gestundet, niedergeschlagen oder erlassen werden. Die Beitreibung erfolgt gem. § 2 II JBeitrG durch das Bundesamt für Justiz.

[Erstattung der notwendigen Auslagen]

34a

I Erweist sich der Antrag auf Verwirkung der Grundrechte (§ 13 Nr. 1), die Anklage gegen den Bundespräsidenten (§ 13 Nr. 4) oder einen Richter (§ 13 Nr. 9) als unbegründet, so sind dem Antragsgegner oder dem Angeklagten die notwendigen Auslagen einschließlich der Kosten der Verteidigung zu ersetzen.

II Erweist sich eine Verfassungsbeschwerde als begründet, so sind dem Beschwerdeführer die notwendigen Auslagen ganz oder teilweise zu erstatten.

III In den übrigen Fällen kann das Bundesverfassungsgericht volle oder teilweise Erstattung der Auslagen anordnen.

Übersicht

1 **I. Vertretung durch Rechtsanwalt.** Nach § 22 I können sich die Beteiligten **vor dem BVerfG** in jeder Lage des Verfahrens durch einen Rechtsanwalt oder einen Rechtslehrer mit der näher bezeichneten Qualifikation, gesetzgebende Körperschaften auch durch ihre Mitglieder und Bund, Länder sowie deren Verfassungsorgane auch durch ihre Beamten mit Befähigung zum Richteramt als Bevollmächtigten vertreten lassen; **Vertretungszwang** besteht nur in der **mündlichen Verhandlung.**

2 Die **Vergütung** eines Rechtsanwalts für Verfahren vor dem BVerfG (und auch den Landesverfassungsgerichten) ist in **§ 37 RVG** geregelt, hierzu im Einzelnen → RVG § 37 Rn. 1 ff. Aufgrund der Kostenfreiheit der Verfahren vor dem BVerfG (→ § 34 Rn. 1) erfolgt eine Festsetzung des (nur für die Berechnung der Anwaltsvergütung ggf. erforderlichen) Gegenstandswerts (vgl. § 37 II 2 RVG) durch das BVerfG nur auf einen Antrag nach § 33 RVG (→ RVG § 37 Rn. 16).

3 **II. Prozesskostenhilfe.** Das BVerfGG enthält (anders als Art. 28 I BayVfGHG, § 29 HStGHG, → LVerfG, Landesverfassungsgerichtsgesetze, in diesem Werk abgedruckt) keine Regelung über die Gewährung von PKH. Gleichwohl ist nach stRspr des BVerfG im Verfahren über eine **Verfassungsbeschwerde** die Bewilligung von PKH an den Beschwerdeführer **entsprechend §§ 114 ff. ZPO** möglich (seit BVerfGE 1, 109 (110 ff.) = NJW 1952, 457; vgl. BVerfG NJW 2020, 142 Rn. 17 mwN).

4 Voraussetzungen hierfür sind zunächst das Vorliegen der **persönlichen und wirtschaftlichen Voraussetzungen** iSd § 114 I 1 ZPO und **hinreichende Erfolgsaussichten** der Verfassungsbeschwerde (wird dem Beschwerdeführer in der Entschei-

dung über die Verfassungsbeschwerde nach § 34a II eine Erstattung seiner Auslagen ganz oder teilweise zugesprochen, → Rn. 9 ff., hat sich ein bis dahin noch nicht beschiedener PKH-Antrag erledigt, weil im Umfang der Zuerkennung keine Bedürftigkeit mehr besteht und iÜ jedenfalls die Erfolgsaussichten zu verneinen wären, vgl. BVerfGK 13, 472 aE mwN).

Im Hinblick darauf, dass das Verfahren kostenfrei ist (→ § 34 Rn. 1) und kein Anwaltszwang besteht (→ Rn. 1), gewährt das BVerfG PKH allerdings nur, wenn dies **unbedingt erforderlich** erscheint. Über die in § 114 ZPO genannten Voraussetzungen hinaus ist danach erforderlich, dass der Beschwerdeführer – was er darzulegen hat – (zB aufgrund langjähriger körperlich und psychisch beeinträchtigender Haft, BVerfG StV 2003, 686, oder einer schizophrenen Psychoseerkrankung und eines niedrigen Intelligenzquotienten, BVerfG BeckRS 2010, 51325) nicht dazu in der Lage ist, seine Rechte selbst und ohne anwaltliche Hilfe angemessen wahrzunehmen (vgl. nur BVerfG BeckRS 2020, 9583 Rn. 2 mwN). 5

III. Auslagenerstattung. Weil die Verfahren vor dem BVerfG im Grundsatz kostenfrei sind und die Missbrauchsgebühr nur den Beschwerdeführer persönlich trifft, kommt ein (prozessualer) Kostenerstattungsanspruch nur hinsichtlich der Auslagen in Betracht. Aus dem Grundsatz der Kostenfreiheit wird allerdings geschlossen, dass im Regelfall die Beteiligten eines Verfahrens ihre außergerichtlichen Kosten selbst zu tragen haben und eine Auslagenerstattung nur ausnahmsweise in Betracht kommt (Jekewitz JZ 1978, 667 mwN). 6

1. Kostengrundentscheidung. Voraussetzung für eine solche Auslagenerstattung ist – wie stets – eine entsprechende gerichtliche Kostengrundentscheidung, mit der das BVerfG einen Erstattungsschuldner verpflichtet, dem Erstattungsgläubiger Auslagen im näher bestimmten Umfang zu erstatten. Für diese unterscheidet § 34a (ähnliche Regelungen gelten für die Verfahren vor den Landesverfassungsgerichten, vgl. die nachfolgend abgedr. landesrechtlichen Vorschriften, → LVerfG, Landesverfassungsgerichtsgesetze) zwischen den einzelnen Verfahrensarten: 7

a) Erfolglose strafprozessähnliche Verfahren (I). § 34a I regelt die Auslagenerstattung für die strafprozessähnlichen Verfahren über die **Verwirkung von Grundrechten** nach Art. 18 GG (§ 13 Nr. 1; nur wenn die Durchführung des Verfahrens nach Art. 18 GG beschlossen ist; endet das Verfahren bereits in dem in § 37 vorgesehenen Vorverfahren, kommt eine Auslagenerstattung nur nach Maßgabe von III, → Rn. 17, in Betracht, BVerfGE 38, 347), über **Anklagen** des Bundestags oder des Bundesrats **gegen den Bundespräsidenten** nach Art. 61 GG (§ 13 Nr. 4) oder über **Richteranklagen** gegen einen Bundes- oder Landesrichter nach Art. 98 II, V GG (§ 13 Nr. 9). In diesen Verfahren besteht (nur) dann, wenn der Antrag bzw. die Anklage unbegründet ist, ein Anspruch des Antragsgegners bzw. Angeklagten auf Ersatz seiner notwendigen Auslagen einschließlich der Kosten der Verteidigung. Diese sind dem Bund bzw. dem Land aufzuerlegen, dessen Verfassungsorgan den Antrag gestellt bzw. die Anklage eingereicht hat. 8

b) Erfolgreiche Verfassungsbeschwerdeverfahren (II). Die Auslagenerstattung im Verfahren über Verfassungsbeschwerden (§ 13 Nr. 8a) ist in § 34a II für den Fall geregelt, dass sich die Verfassungsbeschwerde als begründet erweist und das BVerfG eine Entscheidung nach § 95 BVerfG (bzw. § 93d II BVerfG) trifft (dies schließt eine Auslagenerstattung in anderen Fällen nicht aus; diese kann aber nur nach III erfolgen, → Rn. 17 ff.). 9

In diesem Fall sind dem Beschwerdeführer zwingend seine notwendigen Auslagen zu erstatten; die Vorschrift räumt aber dem BVerfG das Ermessen ein, die Auslagenerstattung **„ganz oder teilweise"** anzuordnen (vgl. Bericht des Rechtsausschusses zum 4. BVerfGGÄndG BT-Drs. VI/1471, 5). „Teilweise" bedeutet dabei einen näher bestimmten Bruchteil der Auslagen; welche Auslagen im Einzelnen erstattungsfähig sind, ist dagegen erst im Festsetzungsverfahren zu prüfen (→ Rn. 22). Pflichtgemäßem Ermessen entspricht die Gewährung lediglich teilweiser Auslagenerstattung regelmäßig nur dann, wenn die Verfassungsbeschwerde nicht in vollem Umfang Erfolg hat (vgl. nur Jenkewitz JZ 1978, 667 (448) mwN; so auch die Praxis des BVerfG, vgl. etwa BVerfGK 13, 472 aE). Andererseits ermöglicht die Vorschrift, auch im Falle einer nur teilweise erfolgreichen Verfassungsbeschwerde bei Vorliegen be- 10 sonderer Umstände (zB nur geringfügiger Erfolglosigkeit) die Auslagen in vollem Umfang zuzusprechen (vgl. etwa BVerfGE 32, 1 (39) [insoweit in NJW 1971, 2259 ohne Abdr.]; BVerfG BeckRS 2009, 36272 aE [insoweit in NJW 2009, 3712; NVwZ 2009, 1281; NZM 2009, 698 ohne Abdr.]; das BVerfG greift allerdings insoweit tlw. auf § 34a III zurück).

11 Im Verfassungsbeschwerdeverfahren gibt es keinen „Antragsgegner", der als **Erstattungsschuldner** herangezogen werden könnte. Das BVerfG verpflichtet daher den Träger der öffentlichen Gewalt zur (ggf. teilweisen) Erstattung der notwendigen Auslagen des Beschwerdeführers, dem die erfolgreich gerügte Verletzung einer der in § 90 I BVerfGG genannten grundgesetzlichen Rechte zuzurechnen ist (vgl. nur BVerfGE 78, 350 (364) [insoweit in NJW 1989, 285 ohne Abdr.]).

12 **c) Übrige Fälle (III).** In allen übrigen, nicht in I, II genannten Fällen richtet sich die Kostenerstattung nach III, der die Frage, ob eine (volle oder teilweise) Auslagenerstattung auszusprechen ist, insgesamt in das (pflichtgemäße) Ermessen des BVerfG stellt. Dabei gilt nach der Rspr. des BVerfG der Grundsatz, dass eine Auslagenerstattung nach III die Ausnahme ist, die nur in Betracht kommt, wenn im Einzelfall (positiv) **besondere Billigkeitsgründe** vorliegen, die sich insbes. aus der materiellen Prozesslage oder aus der besonderen Situation eines Beteiligten ergeben können (vgl. nur BVerfGE 110, 407 (409) = NVwZ 2005, 800 mwN). Erstattet werden können auch nach § 34a III nur Auslagen von (formal) **Beteiligten** des Verfahrens (vgl. nur BVerfG BeckRS 2020, 3293 Rn. 8 mwN).

13 **aa) Nicht in I, II genannte Verfahren.** Anwendungsfälle von III sind zunächst die weiteren, nicht in I, II genannten Verfahren vor dem BVerfG (vgl. § 13 Nr. 2–3a, 5–8, 10–15). In Betracht kommt eine Auslagenerstattung aber wohl nur (weil es sonst an einem Erstattungsschuldner fehlt) in **kontradiktorischen Verfahren** (also etwa in Parteiverbots- oder Organstreitverfahren und Wahlprüfungsbeschwerden, nicht aber etwa in Normenkontrollverfahren) und dort auch nur im Obsiegensfalle.

14 Im **Parteiverbotsverfahren** (Art. 21 II GG, § 13 Nr. 2) kommt etwa dann, wenn die Partei für verfassungswidrig erklärt wird, eine Auslagenerstattung (selbstverständlich) nicht in Betracht (vgl. BVerfGE 2, 1 = NJW 1952, 1407; BVerfGE 5, 85 = NJW 1956, 1393). Wurde das Parteiverbotsverfahren ohne Entscheidung über die Verfassungswidrigkeit eingestellt, kommt eine Auslagenerstattung jedenfalls dann nicht in Betracht, wenn die materielle Prozesslage im Zeitpunkt der Einstellung des Verfahrens offen war und sonstige Billigkeitsgründe für eine Auslagenerstattung nicht vorliegen (BVerfGE 110, 407 = NVwZ 2005, 800). Auch wenn der Verbotsantrag abgelehnt wird, kann eine Auslagenerstattung nicht angezeigt sein, etwa wenn der Antrag trotz des auf die Beseitigung der freiheitlichen demokratischen Grundordnung gerichteten Handelns der Partei nur deshalb erfolglos geblieben ist, weil dieses Handeln keine ausreichende Potentialität aufweist (vgl. BVerfGE 144, 20 Rn. 1009 = NJW 2017, 611).

15 In **Organstreitverfahren** (Art. 93 I Nr. 1 GG, § 13 Nr. 5) hat das BVerfG Antragstellern eine Kostenerstattung ausnahmsweise zugesprochen, wenn die (ggf. mit erheblichem finanziellen Aufwand verbundene) sorgfältige Vorbereitung und Durchführung des Verfahrens zur Klärung einer grundsätzlichen verfassungsrechtlichen Frage beigetragen hat, deren Tragweite weit über den konkreten Anlass hinausreicht (BVerfGE 44, 125 (166 f.) = NJW 1977, 751 (755); BVerfGE 82, 322 (351) = NJW 1990, 3001 (3005); BVerfGE 120, 82 (124) = NVwZ 2008, 407 (413); BVerfGE 130, 318 (367, insoweit in NVwZ 2012, 495 ohne Abdr.).

16 Dies kann auch auf eine **Wahlprüfungsbeschwerde** (Art. 41 II, 93 I Nr. 4c GG, § 13 Nr. 3, 3a) übertragen werden (vgl. BVerfGE 130, 212 (239, insoweit in NVwZ 2012, 622 ohne Abdr.).

17 **bb) Erfolglose Verfassungsbeschwerden.** Nach § 34a III ist aber auch die Auslagenerstattung in nicht zum begehrten Erfolg führenden Verfassungsbeschwerdeverfahren zu beurteilen (vgl. nur BVerfG BeckRS 2020, 36033 Rn. 2 mwN).

18 Erweist sich die Verfassungsbeschwerde als in der Sache **unbegründet,** kommt (nicht nach II, wohl aber nach III) gleichwohl die Anordnung einer Auslagenerstattung in Betracht, wenn der Beschwerdeführer durch seine Beschwerde dazu beigetragen hat, dass wichtige verfassungsrechtliche Fragen geklärt werden konnten (vgl. BVerfGE 149, 50 Rn. 96 = NVwZ 2018, 1630 mwN).

Ist eine **gegen ein Gesetz** gerichtete Verfassungsbeschwerde aufgrund entfallenen Rechtsschutzbedürfnisses nachträglich **unzulässig geworden,** weil die angegriffene Gesetzesvorschrift zwischenzeitlich bereits aufgrund anderweitiger Verfassungsbeschwerden für mit dem Grundgesetz unvereinbar und nichtig erklärt worden ist, und wird sie deshalb nicht zur Entscheidung angenommen, kommt jedenfalls dann, wenn der Beschwerdeführer erkennen konnte, dass die Vorschrift bereits anderweitig angegriffen worden ist, eine Auslagenerstattung nicht allein schon deshalb in Betracht, weil die Verfassungsbeschwerde vor Entfallen des Rechtsschutzbedürfnisses begründet war (vgl. BVerfG BeckRS 2020, 2441 Rn. 10 mwN). In Betracht kommt sie in einem solchen Fall aber dann, wenn der Beschwerdeführer durch das angegriffene Gesetz mit einer Straf- oder erheblichen Bußgeldandrohung konfrontiert ist, weil er nicht gehalten ist, darauf zu vertrauen, dass andere Normadressaten oder mittelbar von der Norm Betroffene die Straf- oder Ordnungswidrigkeitsvorschrift in einer den gesetzlichen Begründungsanforderungen genügenden Weise zur verfassungsrechtlichen Prüfung stellen (BVerfG BeckRS 2020, 2441 Rn. 10; 2021, 16008 Rn. 10). 19

Wird über die Verfassungsbeschwerde nicht entschieden, weil der Beschwerdeführer sie für **erledigt** erklärt, nimmt das BVerfG im Hinblick auf Funktion und Tragweite seiner Entscheidungen keine summarische Prüfung der Erfolgsaussicht vor (vgl. nur BVerfGE 133, 37 Rn. 2; BVerfG BeckRS 2020, 2655 Rn. 3; 2020, 24097 Rn. 3; 2021, 17831 Rn. 3, jew. mwN). Eine Auslagenerstattung kommt dann nur in Betracht, wenn die Erfolgsaussicht der Verfassungsbeschwerde unterstellt werden kann oder wenn die verfassungsrechtliche Frage bereits geklärt ist (vgl. nur BVerfGE 133, 37 Rn. 2; BVerfG BeckRS 2020, 2655 Rn. 3; 2021, 20553 Rn: 3, jew. mwN). Dies kann insbes. dann angenommen werden, wenn die öffentliche Gewalt von sich aus den mit der Verfassungsbeschwerde angegriffenen Akt beseitigt oder der Beschwer auf andere Weise abhilft und deshalb davon ausgegangen werden kann, dass sie das Begehren des Beschwerdeführers selbst für berechtigt gehalten hat (vgl. nur BVerfG BeckRS 2020, 2655 Rn. 3; 2021, 8128; 2021, 17831 Rn. 3, jew. mwN). Auch dann scheidet aber eine Auslagenerstattung aus, wenn die Verfassungsbeschwerde vor ihrer Erledigung (insbes. mangels Erschöpfung des ordentlichen Rechtswegs) unzulässig war (vgl. nur BVerfG BeckRS 2020, 2655 Rn. 3 mwN). Letzteres gilt auch, wenn die Verfassungsbeschwerde (vorsorglich) parallel zu einer Anhörungsrüge erhoben worden ist und die im Anhörungsrügeverfahren erlassene Abhilfeentscheidung die Beschwer des Beschwerdeführers entfallen lässt (BVerfG BeckRS 2021, 12282). 20

Wird im Verfassungsbeschwerdeverfahren eine **einstweilige Anordnung** beantragt, ist im Erfolgsfalle die Auslagenerstattung aus Billigkeitsgründen geboten (vgl. nur BVerfG BeckRS 2020, 10966 Rn. 27 [insoweit nicht abgedr. in NJW 2020, 2021]). 21

2. Kostenfestsetzung. a) Festsetzungsverfahren. Die vom BVerfG zu treffende Kostengrundentscheidung spricht nur abstrakt aus, dass ein Beteiligter einem anderen Beteiligten dessen notwendige Auslagen ganz oder teilweise zu erstatten hat. In welcher Höhe ein Erstattungsanspruch besteht, ist – auch in den Verfahren vor dem BVerfG (und ebenso in den Verfahren vor den Landesverfassungsgerichten) – Gegenstand eines gesonderten Kostenfestsetzungsverfahrens. Auch ohne ausdrückliche Regelung im BVerfGG erfolgt die Kostenfestsetzung **in entspr. Anwendung der §§ 103 ff. ZPO** (zur Verzinsung vgl. StGH BW RVGReport 2016, 113) und entspr. §§ 3 Nr. 3 Buchst. b, 21 Nr. 1 RPflG durch den **Rechtspfleger** (vgl. Flüß/Rellermeyer Rpfleger 1997, 98; dies gilt auch für Verfahren vor den Landesverfassungsgerichten, bei denen allerdings teilweise entspr. § 164 VwGO bzw. nach Art. 28 III BayVfGHG, § 32 IV LVerfGG LSA nicht der Rechtspfleger, sondern der Urkundsbeamte der Geschäftsstelle zuständig ist). 22

b) Erstattungsfähige Auslagen. Festgesetzt werden können nur **„notwendige Auslagen".** Darunter sind diejenigen Auslagen zu verstehen, die zu einer zweckentsprechenden Rechtsverfolgung im Verfahren vor dem BVerfG aufgewendet werden müssen (vgl. nur BVerfGE 99, 46 (47) = NJW 1999, 203 mwN). Für die Frage, ob dies der Fall ist, kann im Ausgangspunkt auf die Grundsätze des **§ 91 ZPO** zurückgegriffen werden (BVerfG NJW 1996, 382; AGS 2011, 428 Rn. 6, jew. 23

mwN), allerdings nicht ohne Berücksichtigung der **Besonderheiten des verfassungsgerichtlichen Verfahrens** (BVerfGE 98, 163 (166) = NJW 1999, 133 (134) mwN).

24 Erstattungsfähig sind daher (nach dem Grundsatz des § 91 II 1 ZPO) ohne weiteres die gesetzlichen Gebühren und Auslagen des im Verfahren vor dem BVerfG für den Erstattungsgläubiger tätigen **Rechtsanwalts,** allerdings nur, soweit er nach Maßgabe von § 22 II ordnungsgemäß für das Verfahren bevollmächtigt war (vgl. BVerfGE 152, 1 Rn. 18 ff. = NJW 2019, 3509). Die Kosten für mehrere Rechtsanwälte sind (vgl. § 91 II 2 ZPO) regelmäßig nur erstattungsfähig, soweit sie entweder die Kosten eines Rechtsanwalts nicht übersteigen oder wenn der Anwaltswechsel notwendig war (vgl. BVerfGE 87, 270 (272) = NJW 1993, 1460; BVerfG NJW 1998, 590; BVerfGE 98, 163 = NJW 1999, 133); allerdings kann im Verfahren vor dem BVerfG im Einzelfall auch darüber hinaus die gleichzeitige Vertretung durch mehrere Rechtsanwälte zur zweckentsprechenden Rechtsverfolgung geboten sein (vgl. etwa BVerfGE 46, 321 (324 f.) = NJW 1978, 259). Auch der sich vor dem BVerfG selbst vertretende Rechtsanwalt kann nach dem Grundsatz des § 91 II 3 ZPO die Erstattung der gesetzlichen Vergütung verlangen (BVerfGE 50, 254 (255); BVerfGK 15, 537 Rn. 29 mwN [insoweit in NJW-RR 2010, 268 ohne Abdr.]).

25 Eine Entschädigung für **eigenen Aufwand des Beschwerdeführers** kommt nur nach Maßgabe der Grundsätze des § 91 I 2 ZPO in Betracht. Erstattungsfähig ist daher nur der Zeitaufwand (nach JVEG) für die Wahrnehmung eines Termins (vgl. BVerfG NJW 2008, 3207). Die Erstattung eines Betrags entspr. der Rechtsanwaltsvergütung kommt auch etwa bei einem Steuerberater und Wirtschaftsprüfer (vgl. BVerfG NJW 2008, 3207) oder einem (nach § 22 I 1 vor dem BVerfG vertretungsberechtigten) Hochschullehrer (vgl. BVerfGE 71, 23 = NJW 1986, 422) nicht in Betracht; eine weitergehende Entschädigung für Zeit- und Arbeitsaufwand ist auch verfassungsrechtlich nicht geboten (BVerfG NJW 2008, 3207 mwN). Die „Notwendigkeit" von Kosten für die persönliche Überbringung der Verfassungsbeschwerde ist schon deshalb zu verneinen, weil dann, wenn eine Beförderung durch die Post nicht mehr für fristwahrend erachtet wurde, eine Übersendung per Telefax möglich und üblich ist (BVerfG NJW-RR 1995, 441).

26 Die Kosten eines **Rechtsgutachtens,** das zur Unterstützung der eigenen Position im verfassungsgerichtlichen Verfahren eingeholt wurde, sind idR nicht erstattungsfähig; eine Ausnahme ist nur dann denkbar, wenn es um die Klärung außergewöhnlich schwieriger Rechtsfragen geht (BVerfGE 88, 382 = NJW 1993, 2793).

27 Kosten des Ausgangsverfahrens sind nicht für das Verfahren vor dem BVerfG aufgewendet worden und daher generell nicht erstattungsfähig (BVerfG BeckRS 2018, 42249 Rn. 14; BeckRS 2011, 47820 jew. mwN). Kosten der Zwangsvollstreckung aus einem Kostenfestsetzungsbeschluss des BVerfG sind jedenfalls dann nicht „notwendig", wenn die Zwangsvollstreckung verfrüht eingeleitet wurde (BVerfGE 84, 6 = NJW 1991, 2758; BVerfGE 99, 338 = NJW 1999, 778).

28 **c) Rechtsbehelfe.** Gegen die Entscheidung des Rechtspflegers im Kostenfestsetzungsverfahren ist entspr. § 104 III 1 ZPO, wenn der Wert des Beschwerdegegenstands 200 EUR übersteigt, (ungeachtet eines fehlenden „Beschwerdegerichts") die **sofortige Beschwerde** entspr. § 11 I RPflG, § 567 ZPO (vgl. etwa BVerfGE 137, 345 Rn. 12; BVerfG BeckRS 2020, 3293 Rn. 7) und anderenfalls die (befristete Rechtspfleger-)**Erinnerung** entspr. § 11 II RPflG (vgl. etwa BVerfGE 99, 338 = NJW 1999, 778; BVerfGE 99, 46 = NJW 1999, 203) gegeben. Wird der Rechtsbehelf durch einen Rechtsanwalt eingelegt, kann er dies nur im Namen des erstattungsberechtigten Beteiligten tun (BVerfGE 96, 251 = NJW 1997, 3430 (3431)); zudem muss er seine Bevollmächtigung ordnungsgemäß nachweisen (BVerfG NJW-RR 2008, 447). Soweit der Rechtspfleger nicht abhilft, entscheidet dann (in Ermangelung eines institutionellen Einzelrichters beim BVerfG) der Senat (mit der Folge der Veröffentlichung in BVerfGE) bzw. – wenn die Hauptsache von der Kammer entschieden wurde – gem. § 93d II 1 die Kammer.

2. Landesverfassungsgerichtsgesetze

a) Baden-Württemberg

Gesetz über den Verfassungsgerichtshof (Verfassungsgerichtshofsgesetz – BWVerfGHG)

Vom 13.12.1954 (BWGBl. 171)

BWGültV Sachgebiet 1104

Zuletzt geändert durch Art. 2 Gesetz vom 1.12.2015 (BWGBl. 1030, 1031)

(Auszug)

5. Teil. Kosten

[Kosten, Kostenerstattung]

60 **I [1]Das Verfahren vor dem Verfassungsgerichtshof ist kostenfrei. [2]Im Falle mutwilliger Rechtsverfolgung können dem Antragsteller die Kosten auferlegt werden.**

II [1]Erweist sich eine Ministeranklage oder ein Antrag auf Aberkennung eines Landtagsmandats als unbegründet, so sind dem Angeklagten die notwendigen Auslagen einschließlich der Kosten der Verteidigung aus der Staatskasse zu ersetzen. [2]Dasselbe gilt für den Antragsteller im Verfahren nach Art. 57 Abs. 4 der Verfassung, wenn sich der Vorwurf als unbegründet erweist.

III Erweist sich eine Verfassungsbeschwerde als begründet, sind dem Beschwerdeführer die notwendigen Auslagen ganz oder teilweise zu erstatten.

IV In den übrigen Fällen kann der Verfassungsgerichtshof die volle oder teilweise Erstattung der Auslagen anordnen.

b) Bayern

Gesetz über den Bayerischen Verfassungsgerichtshof (BayVfGHG)

Vom 10.5.1990 (BayGVBl. 122, 231)

BayRS 1103-1-I

Zuletzt geändert durch Art. 73a Abs. 1 Gesetz vom 22.3.2018 (BayGVBl. 118)

(Auszug)

Kosten

27 **I [1]Das Verfahren des Verfassungsgerichtshofs ist kostenfrei. [2]Ist jedoch in den Fällen des Art. 2 Nr. 6 die Beschwerde und in den Fällen des Art. 2 Nr. 7 die Popularklage unzulässig oder offensichtlich unbegründet, so kann der Verfassungsgerichtshof dem Beschwerdeführer oder Antragsteller eine Gebühr bis zu eintausendfünfhundert Euro auferlegen. [3]Der Verfassungsgerichtshof kann dem Beschwerdeführer oder Antragsteller aufgeben, einen entsprechenden Vorschuß zu leisten. [4]Über die Auferlegung eines Kostenvorschusses entscheidet der Verfassungsgerichtshof in der kleinen Besetzung.**

II In den Fällen des Art. 2 Nr. 1 sind dem nicht für schuldig Befundenen die notwendigen Auslagen einschließlich der Kosten der Verteidigung zu ersetzen.

III Erklärt der Verfassungsgerichtshof in einem Verfahren nach Art. 55 eine Rechtsvorschrift für verfassungswidrig, nichtig oder nur in einer be-

stimmten Auslegung für verfassungsgemäß, ordnet er an, daß die juristische Person des öffentlichen Rechts, deren Vorschrift Gegenstand des Verfahrens war, dem Antragsteller oder Beschwerdeführer die notwendigen Auslagen ganz oder teilweise zu erstatten hat.

IV 1 Erweist sich eine Verfassungsbeschwerde als begründet, sind dem Beschwerdeführer die notwendigen Auslagen ganz oder teilweise zu erstatten. 2 Erstattungspflichtig ist die juristische Person des öffentlichen Rechts, der die Verletzung des verfassungsmäßigen Rechts zuzurechnen ist.

V In den übrigen Fällen kann der Verfassungsgerichtshof volle oder teilweise Erstattung von Kosten und Auslagen anordnen.

Prozeßkostenhilfe, Kostenfestsetzung, Gegenstandswert

28 I 1 Die Vorschriften der Zivilprozeßordnung über Prozeßkostenhilfe gelten entsprechend. 2 Über einen Antrag auf Gewährung von Prozeßkostenhilfe entscheidet der Verfassungsgerichtshof in der kleinen Besetzung.

II Ist ein Kostenvorschuß eingefordert oder die Erstattung von Kosten oder Auslagen von einem Beteiligten beantragt worden, so entscheidet über die Pflicht zur Kostentragung nach Erledigung der Hauptsache der Verfassungsgerichtshof in der kleinen Besetzung.

III 1 Der Urkundsbeamte der Geschäftsstelle setzt auf Antrag die zu erstattenden Kosten und Auslagen fest. 2 Dem Antrag sind Kostenberechnung und Belege beizufügen.

IV 1 Gegen den Kostenfestsetzungsbeschluß kann binnen einer Frist von zwei Wochen ab Zustellung Erinnerung eingelegt werden. 2 Über die Erinnerung entscheidet der Verfassungsgerichtshof in der kleinen Besetzung. 3 Die Erinnerung hat aufschiebende Wirkung.

V Der Verfassungsgerichtshof setzt in der kleinen Besetzung den Gegenstandswert nach der Bundesgebührenordnung für Rechtsanwälte fest.

c) Berlin

Gesetz über den Verfassungsgerichtshof (BlnVerfGHG)

Vom 8.11.1990 (BlnGVBl. 2246)
BRV 1103-1
Zuletzt geändert durch Art. 8 Gesetz vom 22.1.2021 (BlnGVBl. 75)
(Auszug)

Kosten

33 I Das Verfahren vor dem Verfassungsgerichtshof ist kostenfrei.

II 1 Wird eine Verfassungsbeschwerde oder ein Einspruch nach § 14 Nr. 2, 3 und 7 verworfen (§ 23), so kann der Verfassungsgerichtshof dem Beschwerdeführer eine Gebühr bis zu 500 Euro auferlegen. 2 Die Entscheidung über die Gebühr und über ihre Höhe ist unter Berücksichtigung aller Umstände, insbesondere des Gewichts der geltend gemachten Gründe, der Bedeutung des Verfahrens für den Beschwerdeführer und seiner Vermögens- und Einkommensverhältnisse zu treffen. 3 Der Verfassungsgerichtshof kann dem Antragsteller nach Maßgabe der Sätze 1 und 2 eine Gebühr auferlegen, wenn er einen Antrag auf Erlaß einer einstweiligen Anordnung zurückweist.

III Von der Auferlegung einer Gebühr ist abzusehen, wenn sie unbillig wäre.

IV Der Verfassungsgerichtshof kann eine erhöhte Gebühr bis zu 2500 Euro auferlegen, wenn die Einlegung der Verfassungsbeschwerde oder des Ein-

spruchs nach § 14 Nr. 2 und 3 einen Mißbrauch darstellt oder wenn ein Antrag auf Erlaß einer einstweiligen Anordnung mißbräuchlich gestellt ist.

V Für die Einziehung der Gebühren gilt § 59 Abs. 1 der Landeshaushaltsordnung entsprechend.

VI 1 Der Berichterstatter kann dem Beschwerdeführer aufgeben, binnen eines Monats einen Vorschuß auf die Gebühr nach Absatz 2 Satz 1 zu zahlen. 2 Der Berichterstatter hebt die Anordnung auf oder ändert sie ab, wenn der Beschwerdeführer nachweist, daß er den Vorschuß nach seinen persönlichen und wirtschaftlichen Verhältnissen nicht, nur zum Teil oder nur in Raten aufbringen kann. 3 Die Anordnungen des Berichterstatters sind unanfechtbar.

Auslagenerstattung

34 **I Erweist sich eine Verfassungsbeschwerde als begründet, so sind dem Beschwerdeführer die notwendigen Auslagen ganz oder teilweise zu erstatten.**

II In den übrigen Fällen kann der Verfassungsgerichtshof volle oder teilweise Erstattung der Auslagen anordnen.

d) Brandenburg

Gesetz über das Verfassungsgericht des Landes Brandenburg (Verfassungsgerichtsgesetz Brandenburg – VerfGGBbg)

In der Fassung der Bekanntmachung vom 22.11.1996 (BbgGVBl. I 344)

Sa BbgLR 1102-1

Zuletzt geändert durch Art. 1 Gesetz vom 18.6.2018 (BbgGVBl. I Nr. 13)

(Auszug)

Kostenentscheidung

32 **I 1 Das Verfahren vor dem Verfassungsgericht ist kostenfrei. 2 Das Verfassungsgericht kann den Verfahrensbeteiligten entstandene Auslagen gemäß Anlage 1 Teil 9 des Gerichtskostengesetzes auferlegen.**

II 1 Wird ein Antrag als offensichtlich unzulässig verworfen oder als offensichtlich unbegründet zurückgewiesen, so kann das Verfassungsgericht dem Antragsteller eine Gebühr bis zu 500 Euro auferlegen. 2 Die Entscheidung über die Gebühr und über ihre Höhe ist unter Berücksichtigung aller Umstände, insbesondere des Gewichts der geltend gemachten Gründe, der Bedeutung des Verfahrens für den Antragsteller und seiner Vermögens- und Einkommensverhältnisse zu treffen. 3 Das Verfassungsgericht kann dem Antragsteller nach Maßgabe der Sätze 1 und 2 eine Gebühr auferlegen, wenn es einen Antrag auf Erlaß einer einstweiligen Anordnung zurückweist.

III Von der Auferlegung einer Gebühr ist abzusehen, wenn sie unbillig wäre.

IV Das Verfassungsgericht kann eine erhöhte Gebühr bis zu 2500 Euro auferlegen, wenn der Antrag einen Mißbrauch darstellt oder wenn der Antrag auf Erlaß einer einstweiligen Anordnung mißbräuchlich gestellt ist.

V Für die Einziehung der Gebühren gilt § 59 Abs. 1 der Landeshaushaltsordnung entsprechend.

VI 1 Das Verfassungsgericht kann dem Antragsteller aufgeben, binnen eines Monats einen Vorschuss auf die Gebühr nach Absatz 2 Satz 1 zu zahlen. 2 Das Verfassungsgericht hebt die Anordnung auf oder ändert sie ab, wenn der Antragsteller nachweist, dass er den Vorschuss nach seinen persönlichen und wirtschaftlichen Verhältnissen nicht, nur zum Teil oder nur in Raten aufbringen kann. 3 Die Anordnungen des Verfassungsgerichts sind un-

anfechtbar. [4]Wird der Vorschuss nicht fristgerecht beigebracht, gilt der Antrag als zurückgenommen; der Antragsteller ist hierüber zu belehren.

VII [1]Erweist sich eine Verfassungsbeschwerde als begründet, so sind dem Beschwerdeführer die notwendigen Auslagen ganz oder teilweise zu erstatten. [2]In den übrigen Fällen kann das Verfassungsgericht volle oder teilweise Erstattung der Auslagen anordnen.

e) Bremen

Gesetz über den Staatsgerichtshof (BremStaatsghG)

Vom 18.6.1996 (Brem.GBl. 179)

Sa BremR 1102-a-1

Zuletzt geändert durch Art. 1 Gesetz vom 31.1.2023 (Brem.GBl. 54)

(Auszug)

[Gebührenfreiheit; Auslagenerstattung]

19 **I [1]Das Verfahren vor dem Staatsgerichtshof ist gebührenfrei. [2]Auslagen werden nicht erstattet. [3]Auf Antrag kann der Staatsgerichtshof anordnen, daß Beteiligten die notwendigen Auslagen zu erstatten sind.**

II Erweist sich ein Antrag nach Artikel 111 der Landesverfassung als unzulässig oder unbegründet, so sind dem angeklagten Mitglied des Senats die notwendigen Auslagen einschließlich der Kosten der Verteidigung zu ersetzen.

f) Hamburg

Gesetz über das Hamburgische Verfassungsgericht (HmbVerfGG)

In der Fassung vom 23.3.1982 (HmbGVBl. 59)

BS Hbg 1104-1

Zuletzt geändert durch Art. 10 Gesetz vom 3.11.2020 (HmbGVBl. 559)

(Auszug)

[Kosten]

66 **I Im Verfahren vor dem Verfassungsgericht werden keine Kosten erhoben, soweit nicht in den Absätzen 2 und 3 etwas anderes bestimmt ist.**

II [1]Wird eine Beschwerde nach § 14 Nummer 7 zurückgewiesen, so kann das Verfassungsgericht der Beschwerdeführerin bzw. dem Beschwerdeführer eine Gebühr von 10 Euro bis zu 500 Euro auferlegen, wenn die Einlegung der Beschwerde einen Missbrauch darstellt. [2]Die Gebühr wird nach den Vorschriften der Justizbeitreibungsordnung vom 11. März 1937 (BGBl. III 365-1), zuletzt geändert am 29. Juli 2009 (BGBl. I S. 2258, 2269), in der jeweils geltenden Fassung eingezogen.

III Für die Erteilung von Ausfertigungen und Abschriften werden Schreibauslagen nach Maßgabe des Gerichtskostengesetzes erhoben.

[Erstattung der Auslagen]

67 **I [1]Wird im Verfahren nach § 14 Nummer 8 die bzw. der Angeklagte oder im Verfahren nach § 14 Nummer 9 die Antragsgegnerin bzw. der Antragsgegner freigesprochen, so sind ihr bzw. ihm die notwendigen Auslagen einschließlich der Kosten der Verteidigung zu ersetzen. [2]Das Gleiche gilt, wenn sich der Antrag in dem Verfahren nach § 34 Absatz 5 des Gesetzes**

über die Wahl zur Hamburgischen Bürgerschaft in der Fassung vom 22. Juli 1986 (HmbGVBl. S. 223), zuletzt geändert am 19. Februar 2013 (HmbGVBl. S. 48), in der jeweils geltenden Fassung oder nach § 1 des Gesetzes über die Wahl zu den Bezirksversammlungen in der Fassung vom 5. Juli 2004 (HmbGVBl. S. 313, 318), zuletzt geändert am 25. Juni 2013 (HmbGVBl. S. 312), in der jeweils geltenden Fassung in Verbindung mit § 34 Absatz 5 des Gesetzes über die Wahl zur Hamburgischen Bürgerschaft als begründet erweist.

II Erweist sich ein Antrag der Initiatorinnen und Initiatoren einer Volksinitiative oder Referendumsbegehren, einzelner Stimmberechtigter oder einer Gruppe von Stimmberechtigten nach § 27 des Volksabstimmungsgesetzes als begründet, sind den Antragstellerinnen oder Antragstellern die notwendigen Auslagen ganz oder teilweise zu erstatten.

III Das Verfassungsgericht kann in allen übrigen Fällen die volle oder teilweise Erstattung der notwendigen Auslagen anordnen.

g) Hessen

Gesetz über den Staatsgerichtshof (StGHG)

In der Fassung vom 19.1.2001 (HessGVBl. I 78)

FFN 14-4

Zuletzt geändert durch Art. 2 Gesetz vom 1.4.2022 (HessGVBl. 184, 204)

(Auszug)

[Kosten; Gebühren; Auslagenerstattung]

28 I Das Verfahren des Staatsgerichtshofes ist kostenfrei.

II 1 Ist jedoch die Grundrechtsklage, der Antrag auf Erlass einer einstweiligen Anordnung, deren Gegenstand im Hauptsacheverfahren eine Grundrechtsklage wäre, oder ein Antrag nach §§ 48 bis 51 unzulässig oder offensichtlich unbegründet, so kann der Staatsgerichtshof der antragstellenden Person eine Gebühr bis zu 750 im Falle des Missbrauchs bis zu 1.500 Euro, auferlegen. 2 Der Staatsgerichtshof kann einen entsprechenden Vorschuss anfordern und seine weitere Tätigkeit von dessen Zahlung abhängig machen.

III Von der Auferlegung einer Gebühr ist abzusehen, wenn diese unbillig wäre.

IV Die Präsidentin oder der Präsident des Staatsgerichtshofes entscheidet auf Antrag über eine Stundung oder den Erlass von Gebühren in entsprechender Anwendung des § 59 Abs. 3 und 4 der Hessischen Landeshaushaltsordnung vom 1. April 2022 (GVBl. S. 184) in der jeweils geltenden Fassung.

V Erkennt der Staatsgerichtshof im Falle der §§ 31 bis 35 auf nichtschuldig, ordnet er die Erstattung der notwendigen Auslagen einschließlich der Kosten der Verteidigung an.

VI Erweist sich eine Grundrechtsklage als begründet, sind der antragstellenden Person die notwendigen Auslagen zu erstatten.

VII In den übrigen Fällen kann der Staatsgerichtshof volle oder teilweise Erstattung von Kosten und Auslagen anordnen.

VIII 1 Erstattungspflichtig ist die juristische Person des öffentlichen Rechts, der die Verletzung der Verfassung des Landes Hessen zuzurechnen ist. 2 Im Übrigen ist das Land Hessen erstattungspflichtig.

[Prozesskostenhilfe]

29 **Der Staatsgerichtshof kann auf Antrag Prozesskostenhilfe entsprechend den Vorschriften der Zivilprozessordnung bewilligen.**

h) Mecklenburg-Vorpommern

Gesetz über das Landesverfassungsgericht Mecklenburg-Vorpommern (Landesverfassungsgerichtsgesetz – LVerfGG M-V)

Vom 19.7.1994 (GVOBl. M-V 734)
GS Meckl.-Vorp. Gl. Nr. 300-6
Zuletzt geändert durch Art. 1 Gesetz vom 19.1.2010 (GVOBl. M-V 22)
(Auszug)

Kosten

33 **I Das Verfahren vor dem Landesverfassungsgericht ist kostenfrei.**

II 1 Wird eine Verfassungsbeschwerde nach § 11 Abs. 1 Nr. 8 bis 10 oder eine Anfechtung im Verfahren nach § 11 Abs. 1 Nr. 5 verworfen (§ 20), so kann das Landesverfassungsgericht dem Beschwerdeführer oder Anfechtenden eine Gebühr bis zu 500 Euro auferlegen. 2 Die Entscheidung über die Gebühr und über ihre Höhe ist unter Berücksichtigung aller Umstände, insbesondere des Gewichts der geltend gemachten Gründe, der Bedeutung des Verfahrens für den Beschwerdeführer oder Antragsteller und seiner Vermögens- und Einkommensverhältnisse zu treffen. 3 Das Landesverfassungsgericht kann dem Antragsteller nach Maßgabe der Sätze 1 und 2 eine Gebühr auferlegen, wenn es einen Antrag auf Erlaß einer einstweiligen Anordnung zurückweist.

III Das Landesverfassungsgericht kann eine erhöhte Gebühr bis zu 2 500 Euro auferlegen, wenn die Einlegung der Verfassungsbeschwerde oder die Anfechtung nach § 11 Abs. 1 Nr. 5 einen Mißbrauch darstellt oder wenn ein Antrag auf Erlaß einer einstweiligen Anordnung mißbräuchlich gestellt ist.

IV Für die Einziehung der Gebühren gilt § 8 des Landesjustizkostengesetzes entsprechend.

V 1 Der Berichterstatter kann dem Beschwerdeführer oder Anfechtenden aufgeben, binnen eines Monats einen Vorschuß auf die Gebühr nach Absatz 2 Satz 1 zu zahlen. 2 Der Berichterstatter hebt die Anordnung auf oder ändert sie ab, wenn der Beschwerdeführer oder Anfechtende nachweist, daß er den Vorschuß nach seinen persönlichen und wirtschaftlichen Verhältnissen nicht, nur zum Teil oder nur in Raten aufbringen kann. 3 Die Anordnungen des Berichterstatters sind unanfechtbar.

Auslagenerstattung

34 **I Soweit sich eine Verfassungsbeschwerde als begründet erweist, sind dem Beschwerdeführer die notwendigen Auslagen zu erstatten.**

II In den übrigen Fällen kann das Landesverfassungsgericht volle oder teilweise Erstattung der Auslagen anordnen.

i) Niedersachsen

Gesetz über den Staatsgerichtshof (NStGHG)

Vom 1.7.1996 (Nds. GVBl. 342)
GVBl SB 11130 02
Zuletzt geändert durch Gesetz vom 29.6.2022 (Nds. GVBl. 424)
(Auszug)

Kosten und Auslagen

21 **I Das Verfahren vor dem Staatsgerichtshof ist kostenfrei.**

II 1 Erweist sich die Anklage in den Verfahren nach § 8 Nrn. 2 und 3 als unbegründet, so sind der Betroffenen oder dem Betroffenen die notwendigen Auslagen einschließlich der Kosten der Verteidigung zu ersetzen. 2 Im übrigen werden Auslagen nicht erstattet.

j) Nordrhein-Westfalen

Gesetz über den Verfassungsgerichtshof für das Land Nordrhein-Westfalen (Verfassungsgerichtshofgesetz – VerfGHG NRW)

Vom 14.12.1989 (GV. NW. 708, ber. 1993, 588)
SGV. NRW. 1103
Zuletzt geändert durch Art. 1 Gesetz vom 23.2.2022 (GV. NRW. 231)
(Auszug)

Kostenentscheidung

63 **I Das Verfahren vor dem Verfassungsgerichtshof ist, soweit dieses Gesetz nichts anderes bestimmt, kostenfrei.**

II Erweist sich ein Antrag nach Artikel 32 als unzulässig oder unbegründet, so sind dem Antragsgegner die notwendigen Auslagen einschließlich der Kosten der Verteidigung zu ersetzen.

III Erweist sich ein Antrag nach Artikel 32 als begründet, so kann dem Antragsgegner die Erstattung der notwendigen Auslagen der Gegenseite ganz oder teilweise auferlegt werden.

IV Erweist sich eine Verfassungsbeschwerde als begründet, so sind dem Beschwerdeführer die notwendigen Auslagen ganz oder teilweise zu erstatten.

V In den übrigen Fällen kann der Verfassungsgerichtshof volle oder teilweise Erstattung der notwendigen Auslagen anordnen.

VI Wird ein Antrag als offensichtlich unzulässig verworfen oder als offensichtlich unbegründet zurückgewiesen, so kann der Verfassungsgerichtshof dem Antragsteller eine Gebühr von bis zu 1000 Euro auferlegen, wenn die Stellung des Antrags einen Missbrauch darstellt.

k) Rheinland-Pfalz

Landesgesetz über den Verfassungsgerichtshof (VerfGHG)

Vom 23.7.1949 (GVBl. 285, ber. 585)
Zuletzt geändert durch Art. 1 Gesetz vom 22.12.2022 (GVBl. 478)
BS 1104-1
(Auszug)

Gerichtskosten

21 I **Das Verfahren vor dem Verfassungsgerichtshof ist kostenfrei.**

II 1 Ist eine Verfassungsbeschwerde (§ 2 Nr. 2), eine Beschwerde gegen Entscheidungen des Wahlprüfungsausschusses (§ 2 Nr. 3) oder die Beschwerde eines anderen Beteiligten nach § 43 Abs. 1 unzulässig oder offensichtlich unbegründet, so kann der Verfassungsgerichtshof, bei Verfassungsbeschwerden auch der nach § 15a Abs. 1 gebildete Ausschuss durch einstimmigen Beschluss, dem Beschwerdeführer eine Gebühr bis zu 500,– EUR auferlegen; stellt die Einlegung der Beschwerde einen Missbrauch dar, so kann die Gebühr bis auf 2500,– EUR erhöht werden. 2 Die Entscheidung über die Gebühr und über ihre Höhe ist unter Berücksichtigung aller Umstände, insbesondere des Gewichts der geltend gemachten Gründe, der Bedeutung des Verfahrens für den Beschwerdeführer und seiner Vermögens- und Einkommensverhältnisse zu treffen. 3 Weist der Verfassungsgerichtshof einen Antrag auf Erlass einer einstweiligen Anordnung zurück, so kann er dem Antragsteller nach Maßgabe der Sätze 1 und 2 eine Gebühr auferlegen.

III Von der Auferlegung einer Gebühr ist abzusehen, wenn sie unbillig wäre.

IV Für die Einziehung der Gebühren gilt § 59 Abs. 1 der Landeshaushaltsordnung entsprechend.

V 1 Der Vorsitzende kann dem Beschwerdeführer aufgeben, binnen eines Monats einen Vorschuss auf die Gebühr nach Absatz 2 Satz 1 zu zahlen. 2 Der Vorsitzende hebt die Anordnung auf oder ändert sie ab, wenn der Beschwerdeführer nachweist, dass er den Vorschuss nach seinen persönlichen und wirtschaftlichen Verhältnissen nicht, nur zum Teil oder nur in Raten aufbringen kann. 3 Die Anordnungen des Vorsitzenden sind unanfechtbar.

VI 1 Hat der Beschwerdeführer den ihm aufgegebenen Vorschuss nicht oder nicht rechtzeitig gezahlt, kann der nach § 15a Abs. 1 gebildete Ausschuss durch einstimmigen Beschluss die Beschwerde zurückweisen. 2 § 15a Abs. 2 bis 4 gilt entsprechend.

Auslagenerstattung

21a **I 1 Erweist sich eine Verfassungsbeschwerde (§ 2 Nr. 2) oder die Beschwerde eines anderen Beteiligten nach § 43 Abs. 1 als begründet, so sind dem Beschwerdeführer die notwendigen Auslagen ganz oder teilweise zu erstatten. 2 In Verfahren über die Beschwerde gegen Entscheidungen des Wahlprüfungsausschusses (§ 2 Nr. 3) gilt § 14 Abs. 2 des Landeswahlprüfungsgesetzes entsprechend.**

II 1 In den Fällen des § 2 Nr. 4 sind dem nicht für schuldig Befundenen die notwendigen Auslagen, einschließlich der Kosten der Verteidigung, zu ersetzen. 2 Im Falle einer Verurteilung kann der Verfassungsgerichtshof volle oder teilweise Erstattung von Auslagen anordnen.

III In den übrigen Fällen kann der Verfassungsgerichtshof volle oder teilweise Erstattung der Auslagen anordnen.

l) Saarland

Gesetz über den Verfassungsgerichtshof (VerfGHG)

In der Fassung der Bekanntmachung vom 6.2.2001 (SaarlAmtsbl. 582)
Gesetz Nr. 645/BS Saar Nr. 1103-1
Zuletzt geändert durch Art. 6 Gesetz vom 4.12.2019 (SaarlAmtsbl. 2020 I 79)
(Auszug)

Kosten und Auslagen

26 **I Das Verfahren vor dem Verfassungsgerichtshof ist kostenfrei.**

II Erweist sich eine Anklage nach § 9 Nr. 1 bis 3 als unbegründet, so sind dem/der Angeklagten die notwendigen Auslagen einschließlich der Kosten der Verteidigung zu ersetzen.

III In den übrigen Fällen kann der Verfassungsgerichtshof volle oder teilweise Erstattung der Auslagen anordnen.

IV Wird eine Anfechtung nach § 9 Nr. 4 oder eine Beschwerde nach § 9 Nr. 13 als unzulässig oder unbegründet zurückgewiesen, so kann der Verfassungsgerichtshof dem/der Anfechtenden bzw. dem Beschwerdeführer/der Beschwerdeführerin eine Gebühr von 50 bis 2.500 Euro auferlegen, wenn die Anrufung des Gerichts einen Missbrauch des Rechtsbehelfs darstellt.

m) Sachsen

Gesetz über den Verfassungsgerichtshof des Freistaates Sachsen (Sächsisches Verfassungsgerichtshofsgesetz – SächsVerfGHG)

Vom 18.2.1993 (SächsGVBl. 177, ber. 495)
BS Sachsen 112-1
Zuletzt geändert durch Art. 2 Gesetz vom 26.2.2021 (SächsGVBl. 318)
(Auszug)

Kosten und Auslagenerstattung [anstatt §§ 34 und 34a des Bundesverfassungsgerichtsgesetzes]

16 **I 1 Das Verfahren des Verfassungsgerichtshofes ist kostenfrei. 2 § 34 Abs. 2 und 3 des Bundesverfassungsgerichtsgesetzes findet keine Anwendung.**

II Erweist sich im Verfahren nach § 7 Nr. 9 der Antrag auf Aberkennung des Mandats oder Amtes als unbegründet, so sind dem Angeklagten die notwendigen Auslagen einschließlich der Kosten der Verteidigung zu erstatten.

III Erweist sich eine Verfassungsbeschwerde als begründet, so sind dem Beschwerdeführer die notwendigen Auslagen ganz oder teilweise zu erstatten.

IV In den übrigen Fällen kann der Verfassungsgerichtshof volle oder teilweise Erstattung der notwendigen Auslagen anordnen.

n) Sachsen-Anhalt

Gesetz über das Landesverfassungsgericht (Landesverfassungsgerichtsgesetz – LVerfGG)

Vom 23.8.1993 (GVBl. LSA 441)
BS LSA 1104.1
Zuletzt geändert durch § 1 Gesetz vom 20.6.2018 (GVBl. LSA 162)
(Auszug)

[Kosten]

32 **I Das Verfahren vor dem Landesverfassungsgericht ist kostenfrei.**

II Erweist sich eine Verfassungsbeschwerde nach § 2 Nr. 7 oder Nr. 7a als begründet, so sind dem Beschwerdeführer die notwendigen Auslagen ganz oder teilweise zu erstatten.

III In den übrigen Fällen kann das Landesverfassungsgericht die volle oder teilweise Erstattung der notwendigen Auslagen anordnen.

IV 1 Der Urkundsbeamte der Geschäftsstelle setzt auf Antrag die zu erstattenden Kosten und Auslagen fest. 2 Über die Erinnerung gegen den Kostenfestsetzungsbeschluß entscheidet das Landesverfassungsgericht. 3 Die Erinnerung hat aufschiebende Wirkung.

o) Schleswig-Holstein

Gesetz über das Schleswig-Holsteinische Landesverfassungsgericht (Landesverfassungsgerichtsgesetz – VerfGG)

Vom 10.1.2008 (GVOBl. Schl.-H. 25)
GS Schl.-H. II, Gl.Nr. 100-5
Zuletzt geändert durch Gesetz vom 11.4.2022 (GVOBl. Schl.-H. 518)
(Auszug)

Kosten und Auslagen

33 **I Das Verfahren des Landesverfassungsgerichts ist kostenfrei.**

II Das Landesverfassungsgericht kann eine Gebühr bis zu 2.500 Euro auferlegen, wenn die Einlegung der Beschwerde gegen die Entscheidung des Landtages über die Gültigkeit der Landtagswahl (§ 3 Nr. 5) oder der Beschwerde gegen die Entscheidung des Landtages über die Gültigkeit der Abstimmung bei einem Volksentscheid (§ 3 Nr. 6) einen Missbrauch darstellt oder wenn ein Antrag auf Erlass einer einstweiligen Anordnung (§ 30) missbräuchlich gestellt ist.

III Für die Einziehung der Gebühr gilt § 59 Abs. 1 der Landeshaushaltsordnung entsprechend.

IV Auf Antrag kann das Landesverfassungsgericht volle oder teilweise Erstattung der Auslagen anordnen.

p) Thüringen

Gesetz über den Thüringer Verfassungsgerichtshof (Thüringer Verfassungsgerichtshofsgesetz – ThürVerfGHG)

Vom 28.6.1994 (ThürGVBl. 781)

BS Thür 1104-1

Zuletzt geändert durch Gesetz vom 29.7.2022 (ThürGVBl. 325)

(Auszug)

Kosten

28 I **Das Verfahren vor dem Verfassungsgerichtshof ist kostenfrei.**

II 1 **Ist eine Verfassungsbeschwerde, eine Beschwerde nach § 48 oder die Beschwerde eines anderen Beteiligten nach § 52 unzulässig oder offensichtlich unbegründet, so kann der Verfassungsgerichtshof dem Beschwerdeführer eine Gerichtsgebühr bis zu 550 Euro auferlegen.** 2 **Die Entscheidung über die Gerichtsgebühr und über ihre Höhe ist unter Berücksichtigung aller Umstände, insbesondere des Gewichts der geltend gemachten Gründe, der Bedeutung des Verfahrens für den Beschwerdeführer und seiner Vermögens- und Einkommensverhältnisse, zu treffen.** 3 **Der Verfassungsgerichtshof kann dem Antragsteller nach Maßgabe der Sätze 1 und 2 eine Gerichtsgebühr auferlegen, wenn er einen Antrag auf Erlaß einer einstweiligen Anordnung zurückweist.**

III **Von der Auferlegung einer Gerichtsgebühr ist abzusehen, wenn sie unbillig wäre.**

IV **Der Verfassungsgerichtshof kann eine erhöhte Gerichtsgebühr bis zu 2.600 Euro auferlegen, wenn die Einlegung der Verfassungsbeschwerde, der Beschwerde nach § 48 oder der Beschwerde des anderen Beteiligten nach § 52 einen Mißbrauch darstellt oder wenn ein Antrag auf Erlaß einer einstweiligen Anordnung (§ 26) mißbräuchlich gestellt ist.**

V **Für die Einziehung der Gerichtsgebühren gelten § 117 der Landeshaushaltsordnung sowie § 30a Abs. 1 und 2 des Einführungsgesetzes zum Gerichtsverfassungsgesetz entsprechend.**

VI 1 **Der Präsident kann dem Beschwerdeführer aufgeben, binnen eines Monats einen Vorschuß auf die Gerichtsgebühr nach Absatz 2 Satz 1 zu zahlen.** 2 **Der Präsident hebt die Anordnung auf oder ändert sie ab, wenn der Beschwerdeführer nachweist, daß er den Vorschuß nach seinen persönlichen und wirtschaftlichen Verhältnissen nicht, nur zum Teil oder nur in Raten aufbringen kann. Die Anordnungen des Präsidenten sind unanfechtbar.**

VII **Hat der Beschwerdeführer den ihm aufgegebenen Vorschuß nicht oder nicht rechtzeitig gezahlt, kann der nach § 34 gebildete Ausschuß durch einstimmigen Beschluß die Beschwerde zurückweisen.**

Auslagenerstattung

29 I 1 **Erweist sich eine Verfassungsbeschwerde oder die Beschwerde eines anderen Beteiligten nach § 52 als begründet, so sind dem Beschwerdeführer die notwendigen Auslagen ganz oder teilweise zu erstatten.** 2 **In den übrigen Fällen kann der Verfassungsgerichtshof volle oder teilweise Erstattung der Auslagen anordnen.**

II **Der Verfassungsgerichtshof kann in Ausnahmefällen die volle oder teilweise Erstattung der Auslagen der Äußerungsberechtigten nach § 36 Abs. 3 und § 46 Abs. 2 anordnen.**

II. Bürgerliche Rechtsstreitigkeiten

1. Zivilprozessordnung (ZPO)

In der Fassung der Bekanntmachung vom 5.12.2005 (BGBl. I 3202, ber. 2006 I 431, 2007 I 1781)

FNA 310-4

Zuletzt geändert durch Gesetz vom 7.11.2022 (BGBl. I 1982)

(Auszug)

Vorbemerkung zu §§ 3–9

Übersicht

1 **I. Wertarten.** Vor allem der Zuständigkeits-, der Gebühren- (das RVG spricht von „Gegenstandswert“, das FamGKG vom Verfahrenswert, das GNotKG vom Geschäftswert) und der Rechtsmittelstreitwert sind voneinander zu **unterscheiden**. Der Zuständigkeitsstreitwert bestimmt, welches Gericht erstinstanzlich sachlich zuständig ist, der Gebührenstreitwert, welcher Wert für Gebühren anzusetzen ist und der Rechtsmittelstreitwert (auch: Wert der Beschwer oder Verurteilungswert), ob ein Rechtsmittel statthaft ist. Daneben gibt es den „Bagatellstreitwert“ (§ 495 S. 1), den „Verurteilungsstreitwert“ gem. § 708 Nr. 11 und den „Vollstreckungsstreitwert“ nach § 866 III, die gem. § 2 jeweils **auch** nach §§ 3 ff. bestimmt werden (auch → Rn. 5). Außerdem gibt es den Wert des Beschwerdegegenstandes (vgl. §§ 511 II Nr. 1, 567 II), der den Umfang angibt, in dem eine erstinstanzliche Entscheidung abgeändert werden soll und der durch die Beschwer nach oben begrenzt wird, aber hinter dieser zurückbleiben kann, da allein der Rechtsmittelantrag maßgeblich ist (BGH NJW-RR 2009, 853 Rn. 5). Jedenfalls bei einer Eigentumsstörung kann der Wert der Beschwer und damit der des Beschwerdegegenstandes aus Sicht der beklagten Partei den Wert des Streitgegenstandes hingegen überschreiten (BGH NJW 1994,

735 unter II); s. auch § 4. I Hs. 1. Eine Klageerweiterung oder eine Widerklage (BGH BeckRS 2021, 37367 Rn. 5) verändern nicht den Wert des Beschwerdegegenstandes.

II. Ermittlung. 1. Zuständigkeits- und Rechtsmittelstreitwert. Wie der Zuständigkeits- und der Rechtsmittelstreitwert zu ermitteln sind, woran sich der Wert im „Kern" zu orientieren hat, ordnet § 3 nicht an und §§ 6 ff. allenfalls rudimentär. Nach ganz hM gibt es zur Ermittlung aber ein **Prinzip.** Dies ist das „Angreiferinteresse" (→ § 3 Rn. 11). Für den Zuständigkeitsstreitwert liegt das auf der Hand, da es an der klagenden Partei und ihrem Antrag ist, zu bestimmen, worum gestritten wird. Dies ist der Streitgegenstand. Auch bei der Ermittlung des Rechtsmittelstreitwertes geht es um das **Angreiferinteresse,** nämlich das Interesse des **jeweiligen** Rechtsmittelklägers an der Abänderung der angefochtenen Entscheidung (→ § 3 Rn. 23 „Rechtsmittel"); dies kann auch die beklagte Partei sein. Es handelt sich aber nicht um den Streitgegenstand. Denn der Rechtsmittelführer kann hinter diesem zurückbleiben und ihn außerdem ausnahmsweise überschreiten (→ Rn. 1). 2

2. Gebührenstreitwert. a) Überblick. Zur Ermittlung des Gebührenstreitwertes ordnet das GKG in seinem Abschnitt 7 („Wertvorschriften") in den Unterabschnitten 1 und 2 allgemeine, aber auch besondere Wertvorschriften an. Danach **kann** das Angreiferinteresse durch Verweisung auf § 3 oder auf §§ 3, 6–9 auch für die Ermittlung des Gebührenstreitwertes das anzuwendende Prinzip sein, etwa §§ 3, 6–9 gem. § 48 I 1 GKG für bürgerliche Rechtsstreitigkeiten oder nach § 53 GKG die Bestimmung des § 3 für den Einstweiligen Rechtsschutz und Verfahren nach § 148 I, II AktG. Im GKG gibt es aber auch eine Reihe von **Ausnahmen** (vgl. etwa §§ 49, 51a III 1, 54 I, 55, 57, 58 und 59 GKG; s. auch § 36 I GNotKG). Ferner kennt das GKG zum Teil Mindest-, Höchst- und Auffangstreitwerte (siehe beispielhaft §§ 48 I 2, 49a I 2, 51a III 2, 52 II, IV GKG). Diese Höchst- und Auffangstreitwerte sind für die Ermittlung des Zuständigkeits- und des Rechtsmittelstreitwertes **nicht entsprechend** anwendbar (BGH NZM 2022, 754 Rn. 7). 3

b) Verfassungsrecht. → Vor § 1 GKG Rn. 22 ff. Das System der Gerichtskosten arbeitet mit Pauschalierungen, also dem **Verzicht** der Ermittlung des **tatsächlichen Kostenaufwands** des Gerichts für jeden Einzelfall. Durch die Orientierung der Gebühren am Streitwert wird entsprechender Aufwand vermieden und zugleich in typisierender Weise davon ausgegangen, dass ein höherer Streitwert regelmäßig auch einen größeren gerichtlichen Aufwand bedingt. Zudem wird durch die strikte Orientierung am Streitwert erreicht, dass die Kosten nicht je nach dem konkreten gerichtlichen Aufwand variieren und dass grundsätzlich allen Rechtsuchenden Rechtsschutz gewährt wird, dessen Kosten in einem angemessen Verhältnis zum Wert der jeweiligen Forderung stehen (BVerfG NJW 2007, 2032 Rn. 14). Der tatsächliche Kostenaufwand des Gerichts kann daher geringer sein als die Höhe einer Kostenforderung (BVerfG NJW 2007, 2032 Rn. 13). In anderen Verfahren kann das Verhältnis umgekehrt sein (BVerfG NJW 2007, 2032 Rn. 13). Ein Gericht darf den **Gebührenstreitwert** allerdings nicht so hoch ansetzen, dass der Justizgewährungsanspruch des Art. 2 I, 20 III GG in **Gefahr** geriete (exemplarisch BVerfG NJW-RR 2000, 946; NJW 1997, 311 (312)). Gebühren- bzw. Vergütungsregelungen dürfen den Zugang zu den Gerichten weder tatsächlich unmöglich machen noch in unzumutbarer, aus Sachgründen nicht mehr zu rechtfertigender Weise erschweren (BVerfG NVwZ 1999, 1104 unter II 2 NJW 1992, 1673 unter I 1b). Die Regelungen dürfen sich deshalb nicht so auswirken, dass der Rechtsschutz von der **wirtschaftlichen Leistungsfähigkeit abhängt** (BVerfG NJW 1992, 1673 unter I 1b); NJW 1979, 1345). Eine unzumutbare Erschwerung des Zuganges zu den Gerichten kann auch dann vorliegen, wenn das Kostenrisiko zu dem mit dem Verfahren angestrebten wirtschaftlichen Erfolg derart außer Verhältnis steht, dass die Anrufung der Gerichte **nicht mehr sinnvoll erscheint** (BVerfG NJW 1997, 311 (312)). Im Rahmen einer verfassungskonformen Auslegung von Kostenvorschriften hält das Bundesverfassungsgericht daher eine umfassende Abwägung der Umstände des konkreten Einzelfalls für erforderlich, wobei etwa die Eigenart und das Ziel des betreffenden Verfahrens, das tatsächliche wirtschaftliche Interesse der Verfahrensbeteiligten am Verfahrensausgang, der Umfang der Tätigkeit der Vertreter der Verfahrensbeteiligten und deren Ent- 4 lohnung zu berücksichtigen seien (BVerfG NJW 2007, 2098 Rn. 172; NJW 1992, 1673 unter C. I 1.b). Diese Grundsätze sollen **nicht nur für eine klagende Partei** gelten (BVerfG NJW-RR 2000, 946). Die beklagte Partei habe zwar den Zugang zu den Gerichten nicht von sich aus gesucht. Sie stehe aber idR vor der Frage, ob sie den eingeklagten Anspruch erfüllen oder sich dagegen zur Wehr setzen soll. Entscheide sie sich zur Verteidigung, müsse sie mit einer gerichtlichen Auseinandersetzung rechnen. In ihrer Freiheit zu entscheiden, ob sie einen Anspruch erfüllen oder es auf einen Prozess ankommen lassen soll, wäre sie in rechtsstaatlich nicht mehr zu vertretender Weise beeinträchtigt, wenn bereits die Kosten einer Gerichtsinstanz ihr wirtschaftliches Interesse an einer Rechtsverteidigung überstiegen (BVerfG NJW-RR 2000, 946). Art. 3 I GG hindert die Gerichte im Übrigen nicht, ihren Entscheidungen eine von anderen Gerichten **abweichende Rechtsauffassung** zugrunde zu legen (BVerfG NVwZ 1999, 1104 unter II 2). Die Rechtspflege ist wegen der Unabhängigkeit der Richter konstitutionell uneinheitlich (BVerfG NVwZ 1999, 1104 unter II 2).

5 **III. Festsetzung. 1. Zuständigkeits- und Rechtsmittelstreitwert.** Zuständigkeits- und Rechtsmittelstreitwert sind ebenso wie der „Bagatellstreitwert" (§ 495 S. 1), der „Verurteilungsstreitwert" (§ 708 Nr. 11), der „Vollstreckungsstreitwert" (§ 866 III) und der Wert des Beschwerdegegenstandes gem. § 2 nach den Bestimmungen der §§ 3–9 festzusetzen. Das Gericht kann den so ermittelten Wert förmlich festsetzen (→ Rn. 11). So wird es aber **nur** liegen, wenn die Parteien über die Zuständigkeit oder über die Zulässigkeit eines Rechtsmittels streiten. Denn das Gericht wird seine Entscheidung idR erst – mittelbar und nicht ausdrücklich – im Urteil treffen. Kommt es zu einer Festsetzung, ist ein Rechtsmittelgericht aber in beiden Fällen nicht an den in erster Instanz festgesetzten Wert gebunden (siehe nur BGH NJW 2015, 787 Rn. 7; NJW 2012, 2523 Rn. 10).

6 **2. Gebührenstreitwert. a) Grundsatz.** Das Gericht darf und muss den Gebührenstreitwert für Gebühren, die sich nach dem **Streitwert** richten, außer in den Verfahren vor den Gerichten der Finanzgerichtsbarkeit (§ 63 I 3 GKG), nach § 63 I 1 GKG vorläufig und nach § 63 II 1 GKG endgültig festsetzen. In Verfahren vor den Gerichten für Arbeitssachen oder der Finanzgerichtsbarkeit gilt dies, bezogen auf die endgültige Festsetzung, nach § 63 II 2 GKG allerdings nur dann, wenn ein Beteiligter oder die Staatskasse die Festsetzung beantragt oder das Gericht sie für angemessen hält. Eine Festsetzung ist **entbehrlich** und geht ins Leere, wenn entweder erst gar keine Gerichtsgebühren erhoben werden oder wenn zwar Gerichtsgebühren anfallen, diese aber nicht nach dem Wert berechnet werden – etwa Festgebühren (Schneider/Thiel NJW 2013, 25). Dies gilt auch für den Gegenstandswert (Schneider/Thiel NJW 2013, 25). Wird **rechtsfehlerhaft** ein Wert festgesetzt, kann der Rechtsschein dieser unwirksamen Festsetzung im Wege der Beschwerde beseitigt werden (VGH München AGS 2017, 139 = BeckRS 2016, 54919 Rn. 8; BeckRS 2015, 40263 Rn. 4).

7 **b) Festsetzung nach §§ 3–9 (§ 62 S. 1 GKG).** Eine Festsetzung für den Zuständigkeits- und Rechtsmittelstreitwert (dazu → Rn. 5) macht nach § 62 S. 1 GKG außer in Verfahren vor den Gerichten für Arbeitssachen (§ 62 S. 2 GKG) eine Festsetzung für den Gebührenstreitwert grds. entbehrlich. Dies gilt aber **nur,** soweit die Wertvorschriften des GKG nach §§ 39–60 GKG nicht von den Wertvorschriften des Verfahrensrechtes abweichen (auch → Rn. 3).

8 **c) Vereinbarung der Parteien.** Trotz einer Festsetzung nach § 63 GKG können die Parteien für sich den Gebührenstreitwert zB in einem Prozessvergleich abweichend vereinbaren. Eine solche Regelung ist dann allerdings grds. **nur** für die Berechnung und Verrechnung der außergerichtlichen Gebühren beachtlich.

9 **d) Zeitabschnitte (Stufenstreitwert); Streitwertbegünstigung.** Eine Festsetzung des Gebührenstreitwertes nach „Zeitabschnitten" (Stufenstreitwert) ist jeweils **unzulässig** (OLG Schleswig NJW-RR 2022, 931 Rn. 12; OLG Düsseldorf BeckRS 2022, 11225 Rn. 5; OLG Nürnberg NJW 2022, 95 Rn. 10; OLG Dresden BeckRS 2022, 18145 Rn. 4; OLG Bremen NJOZ 2022, 285 Rn. 6; KG JurBüro 2018, 249 = BeckRS 2018, 3426 Rn. 7; LG Frankfurt a. M. AGS 2020, 226; LG Mainz BeckRS 2018, 24803). Zeitlich gestaffelte Wertfestsetzungen können außerdem zu **Unklarheiten** führen (OLG Dresden BeckRS 2022, 18145 Rn. 4; BeckRS 2019, 379

Rn. 10). Zwar können beim **Rechtsanwalt** unterschiedliche Werte für verschiedene Gebühren maßgebend sein; Verfahrensgebühr, Terminsgebühr und Einigungsgebühr müssen sich nicht zwangsläufig nach demselben Gegenstandswert wie die Gerichtsgebühren richten. Für eine gesonderte Wertfestsetzung bedarf es eines **Antrags** nach § 33 II RVG. Eine Reihe von Vorschriften ermöglicht dem Gericht auf Antrag, nach seinem Ermessen anzuordnen, dass die Verpflichtung einer Partei zur Zahlung von Gerichtskosten sich nach einem ihrer Wirtschaftslage angepassten Teil des Streitwertes bemisst (siehe Streitwertbegünstigungen zB → UWG § 12 Rn. 1 ff.; → PatG § 44 Rn. 1 ff.; → DesignG § 54 Rn. 1 ff.; → GebrMG § 26 Rn. 1 ff.; → GeschGehG § 22 Rn. 1 ff.; → MarkenG § 142 Rn. 1 ff.; → EnWG § 105 Rn. 1 ff.; → GWB § 89a Rn. 1 ff.; → AktG § 247 Rn. 1 ff.).

3. Anhörung. Das Gericht muss, was ua aus den Bestimmungen der § 321a, § 69a GKG folgt, die Parteien vor einer vorläufigen oder endgültigen Wertfestsetzung grds. anhören (s. auch BGH NJW-RR 2010, 1075 Rn. 7 für den Rechtsmittelstreitwert). 10

4. Form. a) Zuständigkeits- oder Rechtsmittelstreitwert. aa) Grundsatz. Der Zuständigkeits- oder der Rechtsmittelstreitwert werden grds. durch einen schriftlichen Beschluss festgesetzt (OLG Karlsruhe JurBüro 1987, 363; LG Stuttgart NJW-RR 2008, 1167 Rn. 10), der aber, geht es nicht zusätzlich um den Gebührenstreitwert, **nicht** auf § 63 GKG beruht. 11

bb) Arbeitsgerichtsprozess. Eine Ausnahme ist der Arbeitsgerichtsprozess. Dort ist der Rechtsmittelstreitwert nach § 61 I ArbGG im Urteil festzusetzen, nach hM in der Formel.

b) Gebührenstreitwert. Die Festsetzung des Gebührenstreitwertes beruht hingegen – auch, wie § 63 III 2 GKG zeigt, im Arbeitsgerichtsprozess (BAG NZA 1985, 369) – stets auf § 63 I 1, II 1 GKG. Die Entscheidung nach § 63 II 1 GKG ergeht durch Beschluss. Dieser kann im Urteil als Nebenentscheidung enthalten sein (OLG Düsseldorf BeckRS 2022, 11225 Rn. 5). 12

5. Begründung. Jede Wertfestsetzung ist aus rechtsstaatlichen Gründen grds. zu begründen (OLG Frankfurt a. M. GRUR 1989, 934; KG Rpfleger 1975, 109; BVerfG NJW 2009, 1197 Rn. 13; s. auch § 122 II 1 VwGO) – selbst dann, wenn sie **nicht** angreifbar ist (→ Rn. 16 ff.). Fehlt es hieran, kann die Begründung, gibt es diesen, im Abhilfe- oder Nichtabhilfebeschluss nachgeholt werden (OLG Frankfurt a. M. GRUR 1989, 934). Ferner kann sich die Begründung mittelbar aus dem engen Zusammenhang mit einem Verweisungsbeschluss nach § 281 ergeben (OLG München MDR 1988, 973). 13

6. Mitteilung. Das Gericht hat die Entscheidung, mit dem es den Zuständigkeits- oder Rechtsmittelstreitwert festsetzt, allen Beteiligten vAw grds. formlos mitzuteilen (s. auch § 329 II 1). Für den Beschluss zum Gebührenstreitwert ist § 329 II 1 entsprechend anzuwenden. „Beteiligt" ist, wen die Gebührenschuld oder der Gebührenanspruch der Entscheidung berührt (KG Rpfleger 1975, 109). Im Falle des § 107 II muss das Gericht einen Beschluss nach § 329 II 2 ausnahmsweise förmlich zustellen. 14

7. Änderung. Das Gericht kann den Zuständigkeits- oder Rechtsmittelstreitwert grds. frei ändern, allerdings nur, soweit es mit dem Verfahren noch befasst und der Beschluss nicht überholt ist. Auch der Gebührenstreitwert kann geändert werden. Eine Änderung ist nach § 63 III 2 GKG innerhalb von sechs Monaten seit der formellen Rechtskraft der Entscheidung in der Hauptsache nach §§ 329, 705 oder seit einer anderweitigen Erledigung des Verfahrens zulässig. 15

IV. Rechtsbehelfe und Bindung. 1. Zuständigkeitsstreitwert. a) Überblick. Hat das Gericht den Wert für die sachliche Zuständigkeit festgesetzt (→ Rn. 11), ist gegen diesen Beschluss nach ganz hM ein Rechtsmittel nicht statthaft (OLG Brandenburg AGS 2021, 282 = BeckRS 2020, 11219 Rn. 4; OLG Köln AGS 2020, 131 = BeckRS 2019, 15648 Rn. 21; OLG Jena MDR 2010, 1211; aA OLG Bremen NJW-RR 1993, 191; LG München I NJW-RR 2002, 425). **Stellungnahme.** Dem ist auch zu folgen. Denn die Parteien sind durch die Festsetzung **nicht** beschwert. Anfechtbar ist stets nur die Entscheidung, durch die das Gericht über seine Zuständigkeit entschieden hat (OLG Stuttgart JurBüro 2007, 145). Das gilt unabhängig davon, 16 ob das in einem Urteil oder in einem Beschluss geschieht. § 495a ändert daran nichts (OLG München NZM 2010, 472; aA LG München I MDR 2001, 713).

17 **b) Bindung.** Ein Beschluss, der den Zuständigkeitsstreitwert bestimmt, ist grds. unverbindlich (→ Rn. 5).

18 **2. Rechtsmittelstreitwert. a) Überblick.** Hat ein Gericht den Rechtsmittelstreitwert förmlich festgesetzt (→ Rn. 11), ist auch dagegen ein Rechtsmittel **nicht** statthaft (OLG Zweibrücken NJW-RR 2015, 124 Rn. 5; OLG Koblenz BeckRS 2014, 8227). Im Übrigen ist das Rechtsmittelgericht an die Festsetzung ohnehin nicht gebunden (→ Rn. 5).

19 **b) Arbeitsgerichtsprozess.** Der vom ArbG festgesetzte Rechtsmittelstreitwert soll nach § 64 II b) ArbGG vom LAG bei der Prüfung hingegen zu Grunde zu legen sein (BAG NZA 2007, 829 Rn. 3). Diese Bindung entfällt aber, wenn die Streitwertfestsetzung „offensichtlich unrichtig" oder der Beschwerdewert nach anderen Kriterien als der festgesetzte Streitwert zu ermitteln ist (BAG NJW 2019, 2420 Rn. 22; NZA 2007, 829 Rn. 3). Ferner soll es keine Bindung geben, wenn das ArbG die Klage teilweise abgewiesen hat (BAG NJW 2019, 2420 Rn. 23).

20 **3. Gebührenstreitwert.** Gegen den Beschluss, durch den vom AG oder LG der Wert für die Gerichtsgebühren festgesetzt worden ist (§ 63 II GKG), findet nach Maßgabe der § 68 I 1 GKG, § 33 III 1 RVG die Streitwertbeschwerde statt. Ein Rechtsbehelf gegen eine **vorläufige** Festsetzung ist hingegen nicht gegeben.

21 Eine **Partei** – egal welche – kann eine solche allerdings grds. nur mit dem Ziel erheben, den Streitwert **herabzusetzen** (BGH AGS 2022, 323 = BeckRS 2022, 8078 Rn. 2; BeckRS 2022, 3553 Rn. 2; BeckRS 2019, 27033 Rn. 1; BeckRS 2016, 113382 Rn. 3). Etwas anderes gilt bei „besonderen Umständen" (BGH BeckRS 2019, 27033 Rn. 1; BeckRS 2009, 86436 Rn. 3), zB wenn mit der erstrebten Neufestsetzung der Einzelstreitwerte zugleich eine Verbesserung der im Rahmen der Kostengrundentscheidung auferlegten Kostenquote erreicht werden soll (OLG Koblenz NZM 2011, 813; BeckOK KostR/Laube GKG § 68 Rn. 53), sowie für den nach § 33 III 1 RVG aus eigenem Recht beschwerdeberechtigten **Rechtsanwalt** (BGH BeckRS 2022, 3553 Rn. 3; BeckRS 2019, 27033 Rn. 1; Elzer FD-ZVR 2012, 339007). Soweit das Gericht die Beschwerde für zulässig und begründet hält, hat es ihr nach § 66 III 1 GKG abzuhelfen; im Übrigen ist die Beschwerde unverzüglich dem Beschwerdegericht – das nächsthöhere Gericht – vorzulegen (§ 66 III 2, 3 GKG).

22 Gegen eine Streitwertentscheidung des LG auch als Berufungsgericht – hat das OLG zu entscheiden (BGH NJW-RR 2008, 151 Rn. 4). Setzen ein OLG oder der BGH für ihre Instanz den Gebührenstreitwert fest, ist hiergegen kein Rechtsmittel eröffnet: Nach § 68 I 5 GKG iVm § 66 III 3 GKG findet eine Beschwerde an einen obersten Gerichtshof des Bundes nicht statt. Statthaft ist jedoch nach hM eine **Gegenvorstellung** (BeckOK ZPO/Elzer § 318 Rn. 55 mwN). Die sechsmonatige Frist von §§ 68 I 3, 63 III 2 GKG soll analog gelten (BGH BeckRS 2018, 19102 Rn. 1; BeckRS 2018, 27801 Rn. 9; BeckRS 2016, 21190 Rn. 1). Ferner soll ein Rechtsschutzbedürfnis zu prüfen sein (BGH BeckRS 2018, 27801 Rn. 6). Im Rahmen der Gegenvorstellung sind dann OLG und BGH berechtigt, den zunächst festgesetzten Gebührenstreitwert zu überprüfen und ggf. zu ändern.

23 **V. Haftung.** Beschlüsse in (Gebühren-)Streitwertfestsetzungsverfahren sind keine „urteilsvertretenden Erkenntnisse" und unterfallen daher nicht dem Spruchrichterprivileg (Richterspruchprivileg) des § 839 II 1 BGB (BGH NJOZ 2005, 3987 unter 1; NJW 1962, 583). Dies hat die Konsequenz, dass vom rechtlichen Ansatzpunkt her für eine Amtshaftung wegen Pflichtverletzungen der beteiligten Richter nicht nur unter den engen Voraussetzungen des § 839 II 1 BGB Raum ist (BGH NJOZ 2005, 3987 unter 1).

24 Bei richterlichen Amtspflichtverletzungen außerhalb des Anwendungsbereichs des § 839 II 1 BGB ist allerdings der Verfassungsgrundsatz der richterlichen Unabhängigkeit zu beachten (BGH NJOZ 2005, 3987 unter 3; NJW 2003, 3052 unter 2a). Soweit in solchen Fällen im Amtshaftungsprozess darüber zu befinden ist, ob ein Richter bei der Rechtsanwendung und Gesetzesauslegung schuldhaft amtspflichtwidrig gehandelt hat, kann dem Richter in diesem Bereich ein Schuldvorwurf nur bei

besonders groben Verstößen gemacht werden; inhaltlich läuft das auf eine Haftung für **Vorsatz oder grobe Fahrlässigkeit** hinaus (BGH NJW 2003, 3052 unter 2a).

VI. Geldbetrag. Die Streitwerte sind als Geldbetrag auszudrücken. 25

Wertfestsetzung nach freiem Ermessen

3 Der Wert wird von dem Gericht nach freiem Ermessen festgesetzt; es kann eine beantragte Beweisaufnahme sowie von Amts wegen die Einnahme des Augenscheins und die Begutachtung durch Sachverständige anordnen.

Schrifttum: Cuypers, Die Streitwertbemessung und Zuständigkeit des Gerichts, MDR 2012, 381; Frank, Anspruchsmehrheiten im Streitwertrecht, 1986; Schumann, Grundsätze des Streitwertrechts, NJW 1982, 1257.

Übersicht

I. Normzweck. § 3 Hs. 1 bestimmt, wie das Gericht den Zuständigkeits- und den Rechtsmittelstreitwert festzusetzen hat. Zur Art und Weise der jeweiligen Ermittlung trifft er **keine** Aussage (→ Rn. 9 ff.). § 3 Hs. 2 enthält hingegen zwei Ermächtigungen: zum einen erlaubt die Bestimmung dem Gericht, einem Beweisantritt nicht zu folgen. Zum anderen schafft sie die Möglichkeit einer Beweisaufnahme vAw. 1

II. Anwendungsbereich. 1. Zuständigkeits- und der Rechtsmittelstreitwert. Nach § 3 sind – wie es § 2 anordnet – va der Zuständigkeits- und der Rechtsmittelstreitwert (Beschwer) in allen Verfahrensarten nach der ZPO zu ermitteln (→ Vor §§ 3–9 Rn. 2). Die Werte stimmen im Einzelfall überein. Das ist aber nicht zwingend. Ferner geht es bei § 3 um den Wert des Bagatell- (§ 495a I 1), des Verurteilungsstreitwertes (§ 708 Nr. 11, 709) und des Wertes des Beschwerdegegenstandes (vgl. ua §§ 91a II 2, 99 II 1, 511 II Nr. 1, 567 II). 2

2. Gebührenstreitwert. Zur Ermittlung des Gebührenstreitwertes → Vor §§ 3–9 Rn. 3. 3

3. Auffangvorschrift. a) Grundsatz. § 3 ist – was häufig verkannt wird – eine Auffangvorschrift (Roth MDR 2017, 1153 (1154); Schumann NJW 1982, 1257 (1263); s. auch § 42 FamGKG: „Auffangwert“). Bevor man diese Bestimmung anwendet, ist mithin zu prüfen, ob sie durch spezielle Wertvorschriften ganz oder teilweise **verdrängt** wird. § 3 verdrängende Sondervorschriften sind §§ 6–9. Etwa nach § 8 kommt es nicht auf das „Angreiferinteresse“ (→ Rn. 11) an. Und §§ 6, 7, 9 machen für die Bewertung des wirtschaftlichen Interesses (→ Rn. 11) Vorgaben. 4

5 **b) Der Wert ist bekannt. aa) Überblick.** § 3, aber auch §§ 6–9 sind ferner nicht anzuwenden, wenn der zu ermittelnde und zu bestimmende Wert bereits anderweitig **bekannt** ist.

6 **bb) Bestimmte Geldsumme („bezifferte" Anträge).** Beantragt die klagende Partei eine „bestimmte" Geldsumme, gibt diese den Wert an (vgl. für den Gebührenstreitwert auch § 52 III 1 GKG sowie § 61 S. 1 GKG; s. auch § 35 FamGKG) und § 3 ist nach einem ungeschriebenen Grundsatz des Streitwertrechtes grds. nicht anzuwenden (siehe nur Schumann NJW 1982, 1257 (1258)). Die Frage, ob die beklagte Partei die Forderung, ggf. nach einer Zwangsvollstreckung, erfüllen kann, ist – wie auch sonst (→ Rn. 11) – grds. unerheblich (s. auch BGH NJW-RR 2015, 1471 Rn. 2). „Geldsumme" ist eine Geldforderung in- oder ausländischer Währung. Sie muss nicht beziffert, sondern nur bestimmt sein. Es ist daher grds. ausreichend, dass auf Freistellung von einer Geldsumme, auf Feststellung, ein bestimmter Betrag werde nicht geschuldet, geklagt oder eine Vollstreckungsabwehrklage wegen eines konkreten Betrags erhoben wird. Bei Auslandswährung ist der Umrechnungsbetrag in EUR maßgeblich (OLG Frankfurt a. M. NJW 1991, 643; Ritten NJW 1999, 1215), und zwar grds. im Zeitpunkt der Klagerhebung nach §§ 253, 261 oder der Rechtsmitteleinlegung nach §§ 517, 549 (OLG Frankfurt a. M. NJW 1991, 643), bei einem Währungsverfall evtl. aber im Zeitpunkt der letzten Verhandlung.

7 **c) Festwert.** § 3 ist ferner nicht anzuwenden, wenn, wie mittelbar § 61 GKG zeigt, bereits das Gesetz einen Wert bestimmt.

8 **d) Frühere Anträge.** § 3 ist schließlich nicht anzuwenden, wenn sich der Wert aus früheren Anträgen ergibt.

9 **III. Ermessen. 1. Überblick. a) Grundsatz.** Das Gericht hat bei der Bestimmung des Wertes nach § 3 Hs. 1 grds. ein Ermessen. Etwas **anderes** gilt, soweit §§ 6–9 anwendbar sind oder wenn der Streitgegenstand, der Beschwerdegegenstand, die Beschwer oder die Verurteilung nicht schon in einer bestimmten Geldsumme bestehen (→ Rn. 5). Das Gericht hat bei der Ermittlung des Wertes ein „freies" Ermessen. Dieser Begriff meint, dass das Gesetz grds. keine Prüfsteine vorgibt, sondern der Wert im Einzelfall nach den gebotenen Prüfsteinen objektiv zu ermitteln ist. Ermessen ist insoweit stets „pflichtgemäß" auszuüben (Pabst/Rössel MDR 2004, 731; allgemein BeckOK ZPO/Elzer § 300 Rn. 69). Damit ist gemeint, dass das Gericht zwar verfahrensmäßig freier gestellt ist als bei der freien Beweiswürdigung nach § 286 und der Schätzung nach § 287. Es ist ferner nicht an die Parteiangaben gebunden (→ Rn. 15 ff.). Und es braucht keinen Beweis zu erheben, obwohl ihm die Erhebung von Beweisen gestattet ist (→ Rn. 21). In der Sache selbst hat die Wertfestsetzung aber unter Beachtung der allgemeinen Grundsätze (→ Rn. 11 ff.) nach **objektiven Gesichtspunkten** zu erfolgen (LAG Baden-Württemberg NZA-RR 2015, 97 (98)). Um aufzuzeigen, dass das Gericht so vorgegangen ist, sind daher stets die der Ermessensausübung zu Grunde liegenden tatsächlichen Grundlagen mitzuteilen und deren Bewertung in den Gründen der jeweiligen Entscheidung darzustellen (→ Vor §§ 3–9 Rn. 5; s. auch BAG NZA 1988, 217).

10 **b) Ermessensfehlgebrauch.** Es darf bei der Ermessensausübung nicht zu einem **Ermessensfehlgebrauch** kommen (stRspr des BGH zum Verhältnis zwischen Beschwerde- und Rechtsbeschwerdegericht, exemplarisch zB BGH BeckRS 2019, 14144 Rn. 9 oder NJW 2019, 2468 Rn. 9). Jedes Gericht ist daher gehalten, die Grenze seines Ermessens nicht zu überschreiten oder von seinem Ermessen nicht in einer dem Zweck des § 3 nicht entsprechenden Weise Gebrauch zu machen. Aus diesem Grunde muss jedes Gericht **alle** maßgeblichen bekannten Tatsachen berücksichtigen und den ernsthaften Versuch unternehmen, alle erheblichen Tatsachen unter Ausübung seiner Aufklärungspflicht (§ 139) festzustellen (→ Rn. 11 ff.). „Frei" meint **nicht willkürlich** (exemplarisch OLG München NZM 2017, 93 Rn. 10). Einer Streitwertbemessung darf es va nicht an einer **nachvollziehbaren Grundlage** fehlen (BVerfG NJW 2009, 1197 Rn. 12). Ein Ermessensfehlgebrauch liegt damit ua dann vor, wenn

– nicht ausreichend versucht wird, die in Betracht zu ziehenden Umstände **umfassend** zu ermitteln und zu berücksichtigen (stRspr, exemplarisch BGH NJW 2015, 873 Rn. 14; NJW-RR 2010, 1081 Rn. 10),

– das Gericht nicht auf das Angreiferinteresse (→ Rn. 11 ff.), sondern auf ein **Gebühreninteresse** des Staates und/oder der Prozessbevollmächtigten abstellt (das Interesse des Staates ist ebenso wie das Interesse des Prozessbevollmächtigten neben dem Angreiferinteresse unerheblich, weil die Gebührenansprüche Folgeansprüche aus der nach der objektiven Sachprüfung zu treffenden gerichtlichen Entscheidung sind),
– ohne Weiteres **angenommen** wird, eine Parteiangabe (→ Rn. 15 ff.), werde schon richtig sein,
– in einem Verfahren des einstweiligen Rechtsschutzes geltend gemacht wird, dieses sei **einseitig** geblieben und es gebe keinen Grund, von den Angaben der Partei abzuweichen und diese durch eine Prüfung der Umstände zu „belohnen",
– die **Streitwertangaben** der Parteien sklavisch und va ungeprüft übernommen werden (näher dazu → Rn. 15 ff.),
– an Streitwertfestsetzungen in **anderen** Verfahren angeknüpft wird (KG BeckRS 2011, 11004), sofern diese nicht nach einer Prüfung sehr vergleichbar sind (einer sachgerechten Ermessenausübung genügt zB nicht die Überlegung, es bestünden sprengelweite „Taxen" für bestimmte Fallkonstellationen), oder die Gefahr geltend gemacht wird, von einer allgemeinen Rechtsprechung abzuweichen,
– das Gericht an (s)eine **übliche** Praxis/übliche Werte anknüpft, ohne diese Praxis/Werte im Einzelfall objektiv zu überprüfen und zu plausibilisieren.
– Auch die allerdings sehr verbreitete Praxis, ohne Weiteres interne Streitwertkataloge einzusetzen (auch → Rn. 13), begegnet ganz erheblichen Bedenken, weil ZPO und GKG grundsätzlich (anders zB § 51 III 2, und der Auffangwert in § 52 II) keinen Regelstreitwert kennen (BVerfG NJW 2009, 1197 Rn. 13; BGH 8.11.2022 – I ZR 62/22, BeckRS 2022, 42392 Rn. 6; GRUR 2017, 212 Rn. 8; WRP 2015, 454 = BeckRS 2015, 3109 Rn. 2). Der Streitwert muss vielmehr stets unter **Berücksichtigung aller Umstände** im Einzelfall bestimmt werden (BVerfG NJW 2009, 1197 Rn. 13). Wird er von Anfang an und **ohne** weitere Untersuchungen ohne geeignete Schätzungsgrundlagen festgesetzt, liegt daher ein **offensichtlicher** Verstoß gegen Art. 20 III, 3 I GG vor (BGH ZEV 2007, 535 Rn. 6). Ebenso liegt es, wenn eine Festsetzung regelmäßig „nachhaltig rechtsfehlerhaft" erfolgt (BGH ZEV 2007, 535 Rn. 6), etwa dann, wenn die Parteien idR nicht nach § 62 GKG um nachvollziehbare Wertangaben gebeten werden. Bietet der Sach- und Streitstand für die Bestimmung des Streitwertes trotz der Bemühungen und Nachfragen des Gerichtes indessen keine genügenden Anhaltspunkte, liegt eine **Orientierung** an den Wertungen der § 52 II, § 42 III FamGKG als **Auffangwert** nahe (→ Rn. 14; OLG Brandenburg NJOZ 2019, 1542 Rn. 8).

2. Angreiferinteresse. a) Überblick. Die Maxime, den Wert für vermögens- 11
rechtliche Streitigkeiten zu ermitteln, lautet nach ganz hM (exemplarisch BVerfG NJW-RR 2000, 946 (947); NJW 1997, 311 (312); BGH K & R 2022, 194 = GRUR-RS 2021, 41235 Rn. 13; NJW 2017, 2344 Rn. 13; NJW 2016, 714 Rn. 13), das wirtschaftliche Interesse der **klagenden** Partei an der erstrebten Entscheidung zu bewerten (BGH BeckRS 2022, 32659 Rn. 5; BKR 2020, 408 Rn. 6), also das „Angreiferinteresse" zu erkennen und zu ermitteln (→ Vor §§ 3–9 Rn. 2; OLG Brandenburg BeckRS 2021, 38461 Rn. 21; Roth FS Kollhosser 2004, 559 (560)). **Stellungnahme.** Dem ist zu folgen. Denn es ist das **kostenrechtliche Grundprinzip,** dass sich der Wert nach den das Verfahren einleitenden und den Streitgegenstand bestimmenden Anträgen richtet (s. nur BGH BeckRS 2018, 17884 Rn. 17; NJW 1979, 878 unter 2a; NJW 1972, 1235 unter 2). Dieses Prinzip gilt unabhängig von Zulässigkeit (OLG Saarbrücken BeckRS 2016, 19947 Rn. 156) und Begründetheit eines Antrags (LAG Mannheim BeckRS 2018, 16565 Rn. 16), unabhängig von seiner Durchsetzbarkeit (LAG Hamm MDR 1991, 1204) und – jenseits des § 182 InsO (→ InsO § 182 Rn. 1 ff.) – auch unabhängig von der Frage, was der Kläger bei einer erfolgreichen Klage an wirtschaftlichem Erfolg erwarten kann.

b) Ermittlung/Bewertung: objektive Gesichtspunkte. Das wirtschaftliche In- 12
teresse der klagenden Partei ist anhand **objektiver** Gesichtspunkte zu ermitteln und zu bewerten (s. auch § 6 S. 1), was aber natürlich **geschätzt** werden darf (OLG Dresden GRUR-RR 2022, 422 Rn. 4). Es ist das „wahre" Interesse, der so genannte objektive Verkehrswert maßgeblich (BVerfG NJW 1997, 311 (312); BGH K & R

2022, 194 = GRUR-RS 2021, 41235 Rn. 13; NJW 2016, 714 Rn. 13). Dabei ist grds. auf den **unmittelbaren Gegenstand** der Entscheidung abzustellen. Der tatsächliche oder rechtliche Einfluss der Entscheidung auf andere Rechtsverhältnisse bleibt außer Betracht (stRspr, zB BGH BeckRS 2022, 17577 Rn. 6; BeckRS 2020, 17724 Rn. 8; BeckRS 2020, 12403 Rn. 12; NJW-RR 2018, 331 Rn. 8; BeckRS 2015, 18340 Rn. 11; grundlegend VIZ 2001, 163 unter 1). Ein **ideelles** Interesse kann hingegen im Einzelfall (mit) zu berücksichtigen sein (BGH NZM 2018, 995 Rn. 9; → Rn. 23 „Urheberrecht"; → Rn. 23 „Abrechnung"). Unerheblich ist allerdings ein bloßer Liebhaberwert oder der Wert einer Sache nur für die klagende Partei (unzutreffend daher zB OLG Karlsruhe NJOZ 2013, 780 (781)).

13 **c) „Streitwertkatalog".** Die Zivilgerichtsbarkeit hat sich im Gegensatz zu den anderen Gerichtsbarkeiten keinen Streitwertkatalog gegeben. Angesichts der Einzelfallgerechtigkeit und des Wortlauts des Gesetzes überzeugt diese Zurückhaltung auch (wie hier etwa Musielak/Voit/Heinrich Rn. 7).

14 **d) Regelwert/Auffangwert.** Das Gesetz kennt keinen Regelstreitwert. Auch die Festsetzung eines **gerichtlichen** Regelstreitwertes wäre unzulässig, da die Festsetzung mit § 3 nicht vereinbar wäre, der immer eine Ermessensausübung vorsieht (BGH BeckRS 2015, 3109 Rn. 2). Bestehen **ausnahmsweise** ungeachtet § 61 aber keine genügenden Anhaltspunkte, kann an den gesetzlichen **Auffang**wert von 5000 EUR (§ 52 II; § 23 III 2 RVG; § 42 III FamGKG) angeknüpft werden (aA BGH NZM 2022, 754 Rn. 7).

15 **e) Angaben der Parteien. aa) Überblick.** Das Gericht ist zur Ermittlung des objektiven Wertes weder an subjektive Wertangaben der klagenden Partei (siehe exemplarisch BGH GRUR 2012, 1288 Rn. 4; GRUR 1986, 93 (94) – Berufungssumme; NJW 2004, 3488 unter III 3; OLG München NJW-RR 2018, 575 Rn. 15; OLG Frankfurt a. M. BauR 2017, 1251) noch an übereinstimmende, aber subjektive gemeinsame Wertangaben der Parteien – etwa, wenn sich die Parteien durch Vergleich oder auch ohne gegenseitiges Nachgeben einigen – gebunden (OLG Frankfurt a. M. NJOZ 2019, 960 Rn. 10). Diesen Angaben kommt jedenfalls nach ganz hM jedoch, wenn sie nicht offensichtlich unzutreffend sind, **erhebliches** Gewicht und eine „indizielle" Bedeutung zu (stRspr, zB BGH GRUR 2012, 1288 Rn. 4; BeckRS 1991, 31061709; BayObLG BeckRS 2021, 30792 Rn. 62; OLG München NJW-RR 2018, 575 Rn. 15; NZM 2017, 93 Rn. 11) – insbes., wenn sie im **erstinstanzlichen** Verfahren und damit zu einem Zeitpunkt, in dem die spätere Kostentragungspflicht noch offen ist, abgegeben werden. Denn von Angaben, die zu diesem Zeitpunkt gemacht werden, soll eine größere Objektivität zu erwarten sein, als von einer späteren Einschätzung, die erfolgt, wenn die Kostentragungspflicht bereits feststeht (BGH GRUR 2012, 1288 Rn. 4; BeckRS 2008, 11741; BayObLG BeckRS 2021, 30792 Rn. 62; OLG München NJW-RR 2018, 575 Rn. 15). Die übereinstimmenden Angaben bis zum rechtskräftigen Abschluss des Verfahrens seien deshalb eine – widerlegbare – Hilfstatsache für die Richtigkeit des festgesetzten Streitwertes (OLG Saarbrücken BeckRS 2018, 33509 Rn. 16).

16 **bb) Stellungnahme.** Dieser Sichtweise ist grds. zu folgen. Ein Gericht darf solche Angaben freilich in **keinem** Falle **unbesehen** übernehmen, sondern hat sie anhand der objektiven Gegebenheiten und unter Heranziehung seiner Erfahrung und üblicher Wertfestsetzungen in gleichartigen oder ähnlichen Fällen in vollem Umfang **selbständig nachzuprüfen** (BGH NJW 2016, 714 Rn. 13; OLG Saarbrücken BeckRS 2022, 30001 Rn. 11; OLG Dresden BeckRS 2021, 39901 Rn. 3; OLG Saarbrücken BeckRS 2018, 33509 Rn. 16; OLG Hamburg BeckRS 2017, 138659 Rn. 2 = WRP 2018, 495) und zu plausibilisieren (BGH GRUR 1977, 748 [749] – Kaffee-Verlosung II). Es kommt für eine Wertfestsetzung darauf an, ob und inwieweit die Vorstellungen der klagenden Partei realistisch sind (unzutreffend für positive Feststellungsklagen daher zB OLG Karlsruhe BeckRS 2012, 22941). Ergibt sich aus den Gesamtumständen, dass die Streitwertangabe das tatsächliche Interesse offensichtlich **unzutreffend** widerspiegelt, kommt ihr **keine Bedeutung** zu (OLG München NJW-RR 2018, 575 Rn. 15; GRUR-RR 2008, 310; OLG Frankfurt a. M. BeckRS 2012, 04659). So liegt es zB häufig, wenn die andere Partei ganz andere Angaben macht. Wenn unterschiedliche Parteiangaben zum Wert vorliegen **oder** eine große Abweichung von den Angaben zum **Prozessmaterial** vorliegt, etwa einer Anlage,

aus der sich ein ganz anderer Wert ergibt, ist iSv § 64 S. 1 GKG sogar eine Abschätzung durch Sachverständige erforderlich.

cc) Änderungen/Korrekturen. Eine Partei kann ihre Streitwertangaben ändern. **17**
Nach Ansicht des BGH geht das aber nicht mehr „nach Abschluss des Verfahrens", also dann, wenn nur noch über den Streitwert gestritten wird (BGH BeckRS 2019, 30692 Rn. 4; BeckRS 2015, 16484 Rn. 2). Werden Änderungen noch „rechtzeitig" mitgeteilt, halten die Gerichte häufig an den ersten Angaben fest, da diese noch „unbefangen" gemacht worden seien. **Stellungnahme.** Dem ist nicht zu folgen. Eine spätere Streitwertangabe ist offensichtlich beachtlich, wenn sie näher an den objektiven Gegebenheiten liegt als eine frühere.

dd) Falsche Angaben. Die Geltendmachung der in § 8 I UWG bezeichneten **18**
Ansprüche ist unzulässig, wenn sie unter Berücksichtigung der gesamten Umstände missbräuchlich ist. Eine Hilfstatsache hierfür ist die systematische Angabe überhöhter Werte durch die klagende Partei, wenn sie auch regelmäßig nicht allein (BGH GRUR 2019, 966 Rn. 47 – Umwelthilfe; GRUR 2013, 176 Rn. 25 – Ferienluxuswohnung) für einen Missbrauch sprechen (BGH GRUR 2019, 966 Rn. 47; OLG Frankfurt a. M. WRP 2016, 368 (369); Krbetschek/Schlingloff WRP 2014, 1 (3)). Sind Angaben bewusst falsch, kann das ferner ein Prozessbetrug sein (Brand/Brand AnwBl 2013, 85).

3. Weitere Prüfsteine. Weder der Wortlaut des § 3 noch das Rechtsstaatsprinzip **19**
noch der Normzweck des § 3 (→ Rn. 1) noch andere Gründe zwingen dazu, die Streitwertfestsetzung in jedem Falle **allein** vom Angreiferinteresse abhängig zu machen (BGH NJW-RR 1994, 1145 unter IV 2). Es kommen daher im **begründeten** Einzelfall noch weitere Prüfsteine in Betracht, die das Ermessen lenken können. Überblick:

- **Belange/Einwendungen der beklagten Partei:** Belange und/oder Einwendungen der beklagten Partei, etwa ein Zurückbehaltungsrecht oder andere Einwände, sind, anders etwa als nach § 51 III 1 im Bereich des Gebührenstreitwertes im UWG, für den Wert grds. bedeutungslos (BGH NJW-RR 2005, 367 unter II 3; NJW 1972, 1235 unter 2; KG ZMR 1993, 346; Roth MDR 2017, 1153 (1154); Schumann NJW 1982, 1257 (1260); aA BVerfG NJW-RR 2000, 946 unter II 1; KG NJW-RR 2003, 787). Das Gericht muss die Ausführungen der beklagten Partei aber mitberücksichtigen, um die Eigenart und die wirtschaftliche Bedeutung der Klage und damit das wirtschaftliche Interesse der klagenden Partei richtig zu erkennen.
- **Bedeutung der Entscheidung für einen anderen Rechtsstreit:** Die Bedeutung der Entscheidung für einen anderen Rechtsstreit kann nach hM in den Wert einbezogen werden, wenn die Entscheidung Auswirkungen auf andere Ansprüche aus **demselben** Rechtsgrund hat (BGH BeckRS 2009, 21772 Rn. 2); im Übrigen nicht (stRspr, BGH BeckRS 2014, 4549 Rn. 2; BeckRS 2013, 3417 Rn. 1; BeckRS 2008, 25042 Rn. 3).
- **Drittbeziehungen:** Drittbeziehungen stellen keinen unmittelbar aus dem Urteil fließenden rechtlichen Nachteil dar und haben deshalb als reine Fernwirkung nicht nur für den Zuständigkeits-, sondern auch für den Rechtsmittelstreitwert außer Betracht zu bleiben (BGH NZG 2018, 110 Rn. 13).
- **Entscheidungen anderer Gerichte:** → Rn. 23.
- **Feststellungsklagen:**
  - Bei **positiven** Feststellungsklagen ist der Wert nach → Rn. 11 im **Ausgangspunkt** danach zu bestimmen, welche Ansprüche aus Sicht der klagenden Partei möglicherweise von dem Feststellungantrag umfasst werden (BGH BeckRS 2019, 28486 Rn. 2; OLG Köln BeckRS 2019, 23136 Rn. 9). Im Anschluss macht die ganz hM **jenseits** von Darlehensverträgen vom ermittelten Wert (bei dem ggf. § 9 zu beachten ist) mit Blick auf die fehlende Vollstreckbarkeit eines Feststellungsausspruchs einen **Abschlag** von grds. 20 % (stRspr, exemplarisch BGH BeckRS 2021, 4275 Rn. 20; BeckRS 2021, 2494 Rn. 6; BeckRS 2020, 26875 Rn. 7; BeckRS 2019, 28486 Rn. 3; NJW 2017, 2344 Rn. 13; BeckRS 2016, 16644). Bei Feststellungsklagen über Bestehen oder Dauer eines **Miet- oder Pachtverhältnisses** (§ 8) soll allerdings kein Abschlag gemacht werden können (BGH NZM 2009, 51 Rn. 9).

– Hiervon ist **keine Ausnahme** zu machen, wenn damit zu rechnen ist, dass der Schuldner sich dem **Feststellungsanspruch beugt** (BGH BeckRS 2021, 4275 Rn. 20). Dies gilt auch für den Rechtsmittelstreitwert (BGH BeckRS 2019, 28486 Rn. 3). Es ist also nicht danach zu unterscheiden, ob der Kläger mit der Feststellungsklage obsiegt hat oder unterlegen ist (BGH BeckRS 2019, 28486 Rn. 3; WM 2017, 804 Rn. 18).
– Eine **zweifelhafte Realisierbarkeit eines Anspruchs oder die „Unwahrscheinlichkeit des Schadenseintritts** sollen einen **höheren Abschlag** rechtfertigen können (BGH NZM 2009, 51 Rn. 8; s. auch NJW-RR 2001, 316 unter 2b: 50 %).
– Bei einem **vagen Vortrag zu weiteren Schäden** (Beispiele: Steuernachforderungen, Stilllegungskosten, Körperschäden, Kraftstoffmehrverbrauch, Motorschäden) hat der BGH 500 EUR oder 1.000 EUR als „Regelstreitwert" nicht beanstandet (BGH BeckRS 2021, 19222 Rn. 5; 2021, 4275 Rn. 19; 2021, 2494 Rn. 7; 2020, 26875 Rn. 8).
– Gleichsam umgekehrt ist bei der Klage auf Feststellung der Pflicht zum Ersatz **künftigen Schadens** nicht nur die Höhe des drohenden Schadens maßgeblich, sondern auch, wie hoch oder wie gering das Risiko eines Schadenseintritts und einer tatsachlichen Inanspruchnahme durch den Feststellungskläger ist (BGH NJW-RR 1991, 509). Denn die Bedeutung eines solchen Feststellungsausspruchs ist zwangsläufig größer, wenn der Schaden in absehbarer Zeit erkennbar droht, als dann, wenn es sich nur um eine entfernt liegende, mehr theoretische, aber nicht völlig auszuschließende Möglichkeit handelt (BGH NJW-RR 1991, 509; OLG Köln BeckRS 2019, 23136 Rn. 10).
– Bei einer **negativen** Feststellungsklage ist der Wert grds. so hoch zu bewerten, wie der Anspruch, dessen sich der **Gegner** berühmt (BGH BeckRS 2019, 28182 Rn. 3; OLG Karlsruhe BeckRS 2012, 22941). Es kommt also auf die Sicht des potenziellen Klägers der Leistungsklage und nicht auf die Sicht des Feststellungsklägers an (BGH NJW 1970, 2025; KG GRUR-RR 2009, 160). Dies findet seinen Grund darin, dass sie die Möglichkeit jeder Leistungsklage des Gegners ausschließen soll (BGH ZEV 2007, 134 Rn. 4; OLG Zweibrücken JurBüro 2016, 203).
– Eine **Ausnahme** ist für den Fall anerkannt, dass die Forderung ganz offensichtlich einer tatsächlichen Grundlage entbehrt, mithin auf völlig unrealistischen Vorstellungen der beklagten Partei beruht (OLG Karlsruhe BeckRS 2012, 22941; auch → Rn. 11).
– Wird **neben** einer Feststellungsklage eine **Leistungsklage** erhoben, ist zu prüfen, ob die Anträge **wirtschaftlich identisch** sind (→ § 5 Rn. 3; exemplarisch → BGH NZM 2016, 196 Rn. 8).
– Der Wert einer **Zwischenfeststellungsklage** ist grds. wie der Wert einer Feststellungsklage zu ermitteln. Ihr Wert geht über den bereits erhobenen Anspruch hinaus, wenn noch anderweitige Ansprüche in Betracht kommen (BGH BeckRS 2020, 9300 Rn. 7; BeckRS 2019, 31294 Rn. 8; LG Düsseldorf BeckRS 2014, 9326; LG München I JurBüro 2009, 430). Häufig wird wirtschaftliche Identität zur Hauptsache bestehen (→ § 5 Rn. 3).

– **Generalpräventive Erwägungen:** Ob im Einzelfall, va im gewerblichen Rechtsschutz (→ Rn. 11 „Gewerblicher Rechtsschutz"), generalpräventive Erwägungen eine Bedeutung haben können, ist streitig (bejahend zu Urheberrechtsverletzungen KG GRUR 2005, 88 und OLG Hamburg GRUR-RR 2004, 342; verneinend ua OLG Braunschweig GRUR-RR 2012, 93 (94); OLG Celle GRUR-RR 2012, 270; OLG Frankfurt a. M. GRUR-RR 2005, 71). Nach Ansicht des BGH ist es richtig, jedenfalls eine „begründete Gefahr der Nachahmung durch Dritte" grds. zu beachten (BGH NJW 2017, 814 Rn. 34). Andererseits hat er ausgeführt, für generalpräventive Erwägungen, mit denen Dritte von Rechtsverletzungen abgeschreckt werden sollen, sei bei der Bewertung eines zivilrechtlichen Unterlassungsanspruchs kein Raum (BGH MMR 2017, 618 Rn. 32). **Stellungnahme.** Für eine Ausnahme gibt es keinen Anlass. Sie ist systemwidrig. Bei generalpräventiven Erwägungen handelt es sich um einen im Strafrecht anerkannten Strafzweck, der zum Strafmonopol des Staates gehört und kein beachtenswertes Interesse einer Partei im Zivilverfahren bei der Streitwertbemessung darstellen kann (OLG Braunschweig GRUR-RR 2012, 93 (94)).

- **Nichtvermögensrechtliche Streitigkeiten:** Bei nichtvermögensrechtlichen Streitigkeiten gilt § 48 II 1 GKG für den Zuständigkeits- und Rechtsmittelstreitwert entsprechend (→ GKG § 48 Rn. 2; BGH BeckRS 2012, 18291 Rn. 3).
- **Verhalten der Parteien:** Das Gericht darf und muss das Verhalten der Parteien berücksichtigen (BGH NJW 2017, 814 Rn. 34), zB eine Glaubhaftmachung oder ihr Fehlen (BGH NJWE-FER 2000, 27; NJW-RR 1998, 573). Auch die Hinzuziehung eines Privatgutachters kann für einen höheren Wert sprechen.
- **Verschulden:** Subjektive Umstände aufseiten des Verletzers – Verschuldensgrad – können beachtet werden (BGH NJW 2017, 814 Rn. 34).
- **Wertungen der §§ 6–9:** Bei der Ermittlung nach § 3 sollen nach hM die gesetzgeberischen Leitgedanken der §§ 6–9 zu berücksichtigen sein (stRspr, exemplarisch BGH BeckRS 2014, 6964 Rn. 9; NJOZ 2010, 1723 Rn. 7; NJW-RR 1992, 608 unter II b).

4. Zeitpunkt. Maßgeblicher Zeitpunkt für die Wertberechnung ist gem. § 4 I Hs. 1 stets der Zeitpunkt der Einreichung der Klage, in der Rechtsmittelinstanz der Zeitpunkt der Einlegung des Rechtsmittels, bei der Verurteilung der Zeitpunkt des Schlusses der mündlichen Verhandlung, auf die das Urteil ergeht. Umstände, die danach bekannt werden, sind daher unerheblich, wenn sie nicht bereits im maßgeblichen Zeitpunkt vorlagen. 20

IV. Beweisaufnahme (§ 3 Hs. 2). Das Gericht muss über den Wert **keinen** Beweis erheben, sondern kann den Wert, wie dies im anderen Zusammenhang § 287 anordnet, stets **schätzen.** Die Parteien können eine Beweisaufnahme zwar anregen/beantragen. Das Gericht ist wegen des ihm eingeräumten Ermessens („kann“) an einen Antrag, Beweis zu erheben, aber nicht gebunden (OLG München Rpfleger 1992, 409). 21

Das Gericht kann einem Antrag allerdings auch stattgeben (zu den Kosten in diesem Falle s. § 64 GKG) oder vAw **ohne** Antrag Beweis erheben. Als Beweismittel stehen bei einer amtswegigen Beweisaufnahme nach § 3 Hs. 2 allerdings nur die Einnahme des Augenscheins und die Begutachtung durch Sachverständige zur Verfügung. 22

V. Ausgesuchte Beispiele aus Rechtsprechung und Schrifttum im „ABC“. Rechtsprechung und Schrifttum zur Wertfestsetzung sind unübersehbar, unsystematisch, nicht selten interessensgeleitet und häufig (ermessens-)fehlerhaft (→ Rn. 10). Die im Folgenden genannten Entscheidungen sollten daher nur **zurückhaltend** als Anhaltspunkte zur Leitung des eigentlichen Ermessens (→ Rn. 9 ff.) benutzt werden. Die Entscheidungen befreien in **keinem** Falle von der Ausübung des eigenen Ermessens und der sorgfältigen Betrachtung des jeweiligen Einzelfalls (→ Rn. 10). Das Zurückgreifen auf pauschale Werte ohne Schätzung des wahren (konkreten) Vermögenswertes stellt sich stets als **unzulässige** Ablehnung einer eigenen Ermessensentscheidung dar (→ Rn. 10; Schumann NJW 1982, 1257 (1260)). Im Übrigen sollte bedacht werden, dass Wertfestsetzungen nicht dem Richterprivileg unterliegen (→ Vor §§ 3–9 Rn. 23). Es wird hier daher auch grds. darauf verzichtet, konkrete Wertangaben zu machen und dadurch mittelbar einen „Streitwertkatalog“ (→ Rn. 13) zu entwickeln und/oder den Eindruck zu erwecken, es könne eine Taxe oder feste Werte geben. Werte (auch „Korridore“) werden idR nur dort genannt, wo die Rechtsprechung diese grds. ohne weitere Prüfung entgegen → Rn. 9 annimmt. 23

Abänderungsklage (§§ 323, 323a BGB)

- **Gebührenstreitwert:** §§ 42, 48 I GKG iVm §§ 3, 6–9. Sogleich → „Zuständigkeitsstreitwert“.
- **Rechtsmittelstreitwert:** Sogleich → „Zuständigkeitsstreitwert“, → „Rechtsmittel“.
- **Zuständigkeitsstreitwert:** § 9. Der „einjährige Bezug“ iSv § 9 S. 1 entspricht dem Unterschiedsbetrag zwischen dem bisherigen und dem erstrebten Jahresbetrag. Entsprechend § 42 III 1 GKG, § 51 II 1 FamGKG können die bei Einreichung der Klage fälligen Beträge dem Streitwert hinzugerechnet werden.

Abberufung: → „Bestellung eines Organs".
Abfindungsvergleich
– **Gebührenstreitwert:** § 48 I GKG iVm §§ 3, 6–9. Sogleich → „Zuständigkeitsstreitwert"
– **Rechtsmittelstreitwert:** Sogleich → „Zuständigkeitsstreitwert", → „Rechtsmittel".
– **Zuständigkeitsstreitwert:** → Rn. 11. Maßgeblich ist allein der Vergleichs**gegenstand** (OLG Karlsruhe NJW-RR 2015, 872 Rn. 12; OLG Düsseldorf JurBüro 1992, 51; aA OLG Stuttgart JurBüro 2009, 596; OLG Frankfurt a. M. Rpfleger 1980, 239). → „Vergleich".

Abgabe einer Willenserklärung: → Willenserklärung (Abgabe).
Abgesonderte Verhandlung (§ 280)
– **Allgemeines:** Grds. gibt es keinen Bedarf, den Gebühren-, Rechtsmittel- oder Zuständigkeitsstreitwert für einen Zwischenstreit (→ „Zwischenstreit") festzusetzen. Eine Wertfestsetzung ist allerdings für den Gegenstandswert auf Antrag nach § 33 I RVG vorzunehmen.
– **Gegenstandswert:** → Rn. 11. Der Streitwert des Zwischenstreits über das Zeugnisverweigerungsrecht ist idR der der Hauptsache.

Ablehnung
– **Allgemeines.** Grds. gibt es keinen Bedarf, den Gebühren-, Rechtsmittel- oder Zuständigkeitsstreitwert festzusetzen. Eine Wertfestsetzung ist lediglich für den Gegenstandswert auf Antrag nach § 33 I RVG vorzunehmen. Es handelt sich nicht um eine nichtvermögensrechtliche Streitigkeit (BGH BeckRS 2004, 01738 unter II 4; Schneider NZFam 2015, 413). Bezieht sich die Befangenheit nur auf einen eindeutig abgrenzbaren Teil des Anspruchs, dann bestimmt der sich hierauf beziehende Teil des Prozessbegehrens der ablehnenden Partei Wert einer Beschwerde (BGH NJW 1968, 796; OLG Nürnberg BeckRS 2021, 27756 Rn. 4).
– **Richter und Rechtspfleger.** Grds. ist der Wert der Hauptsache maßgeblich (BGH BeckRS 2009, 28932 Rn. 2; BeckRS 2007, 1774 Rn. 13; NJW 1968, 796; OLG Brandenburg BeckRS 2022, 2617 Rn. 11; OLG Dresden BeckRS 2020, 28365 Rn. 19; OLG Brandenburg BeckRS 2019, 13894 Rn. 18; OLG Hamm BeckRS 2015, 16114 Rn. 2), es sei denn, dass die Befangenheit nur wegen eines einzelnen Anspruchs besteht (BayObLG WuM 1997, 70; OLG Brandenburg NJW-RR 2000, 1092; OLG Frankfurt a. M. JurBüro 2006, 370) oder den Aufschub der Vollstreckung (BGH BeckRS 2009, 28932 Rn. 2: Hälfte des vollen Gegenstandswerts); diese Rechtsprechung ist auch verfassungsgemäß (VerfGH BW NJW-RR 2017, 832 Rn. 21).
– **Sachverständige.** Der Wert ist mit einem Bruchteil von etwa $^1/_3$ anzusetzen (BGH BeckRS 2004, 01738 unter II 4; OLG Nürnberg BeckRS 2021, 27756 Rn. 3; OLG Dresden BeckRS 2020, 12052 Rn. 3; BeckRS 2019, 4669 Rn. 8).
– **Schiedsrichter.** Maßgeblich ist wie beim Richter grds. der Wert der Hauptsache (OLG Düsseldorf NJW-RR 1994, 1086; OLG Hamm JMBlNRW 1978, 87; aA OLG Frankfurt a. M. NJW-RR 1994, 957; VGH Mannheim NVwZ-RR 1994, 303).

Abmahnung
– **Gebührenstreitwert:** § 48 I GKG iVm §§ 3, 6–9.
– **Rechtsmittelstreitwert:** Sogleich → „Zuständigkeitsstreitwert", → „Rechtsmittel".
– **Zuständigkeitsstreitwert:** → Rn. 11 (BAG NZA 2007, 829 Rn. 12). **Arbeitsrecht.** Nach hM ist bei Streitigkeiten um die Rücknahme von Abmahnungen und ihre Entfernung aus der Personalakte der Wert auf den Betrag eines Monatseinkommens festzusetzen (LAG Rheinland-Pfalz MDR 2007, 987; LAG Hessen NZA-RR 2000, 438; LAG Nürnberg NZA 1993, 430). Begründet wird dies idR damit, dass man die Abmahnung gewissermaßen als „Vorstufe" zur Kündigung ansieht und sich deshalb an § 42 IV GKG orientiert. Da § 3 Regelstreitwerten entgegensteht, ist die hM **abzulehnen** (LAG Mannheim NZA-RR 2006, 656; BeckRS 2004, 30453335). **Urheberrecht.** → „Urheberrecht".

Abnahme der Kaufsache (§ 433 II BGB)

– **Allgemeines:** Trifft die Klage mit der Klage auf Kaufpreis zusammen, wird idR wirtschaftliche Identität (→ § 5 Rn. 3) vorliegen.

– **Gebührenstreitwert:** § 48 I GKG iVm §§ 3, 6–9. Sogleich → „Zuständigkeitsstreitwert".

– **Rechtsmittelstreitwert:** Sogleich → „Zuständigkeitsstreitwert", → „Rechtsmittel".

– **Zuständigkeitsstreitwert:** → Rn. 11. Maßgeblich ist das Interesse des Klägers an der Abnahme. Lagerkosten (→ „Lagerkosten") sind keine Kosten iSv § 4 (OLG Bamberg JurBüro 1994, 361). Bei einer Bierabnahme ist die Umsatzminderung der Brauerei maßgeblich (OLG Bamberg MDR 1977, 935; OLG Braunschweig JurBüro 1979, 436).

Abnahme (Werkvertrag)

– **Allgemeines:** Trifft die Klage mit der Klage auf Werklohn zusammen, wird idR wirtschaftliche Identität (→ § 5 Rn. 3) vorliegen.

– **Gebührenstreitwert:** § 48 I GKG iVm §§ 3, 6–9. Sogleich → „Zuständigkeitsstreitwert".

– **Rechtsmittelstreitwert:** Sogleich → „Zuständigkeitsstreitwert", → „Rechtsmittel".

– **Zuständigkeitsstreitwert:** → Rn. 11. Maßgeblich ist das Interesse des Klägers an der Abnahme.

Abrechnung

– **Gebührenstreitwert:** § 48 I GKG iVm §§ 3, 6–9. Sogleich → „Zuständigkeitsstreitwert".

– **Rechtsmittelstreitwert:** Sogleich → „Zuständigkeitsstreitwert", → „Rechtsmittel".

– **Zuständigkeitsstreitwert:** → Rn. 11. Maßgeblich ist evtl. auch das ideelle Interesse an ihrer Erteilung. Auch → „Stufenklage (Rechnungslegung)".

Abstraktes Schuldanerkenntnis: → „Anerkenntnis".

Absonderung: → „Insolvenz".

Abtretung

– **Gebührenstreitwert:** § 48 I GKG iVm §§ 3, 6–9.

– **Rechtsmittelstreitwert:** Sogleich → „Zuständigkeitsstreitwert", → „Rechtsmittel".

– **Zuständigkeitsstreitwert:** Grds. § 6. Maßgeblich ist die abzutretende Forderung (BGH NJW-RR 1997, 1562; OLG München Rpfleger 1977, 176). Bei der Abtretung eines wiederkehrenden Rechtes gilt § 9. Bei einer Klage auf die Abtretung einer Nachlassforderung gegen einen Miterben muss man seinen Erbanteil abziehen (BGH MDR 1975, 741; Schneider JurBüro 1977, 433).

Agrarorganisationen-und-Lieferketten-Gesetz

– **Gebührenstreitwert:** § 50a GKG.

– **Rechtsmittelstreitwert:** → „Rechtsmittel". Es gilt nach → Rn. 11 grds. der Wert der Beeinträchtigung für die klagende Partei.

– **Zuständigkeitsstreitwert:** Für die Bestimmung des Zuständigkeitsstreitwertes gibt es nach § 32 I AgrarOLkG keinen Bedarf.

Aktie: → „Wertpapier".

Aktiengesetz (§ 148 I)

– **Gebührenstreitwert:** Der Wert ist grds. nach § 53 I Nr. 5 Hs. 1 GKG iVm § 3 nach → Rn. 11 ermitteln. Er darf jedoch 1/10 des Grundkapitals oder Stammkapitals des übertragenden oder formwechselnden Rechtsträgers oder, falls der übertragende oder formwechselnde Rechtsträger ein Grundkapital oder Stammkapital nicht hat, 1/10 des Vermögens dieses Rechtsträgers, höchstens jedoch 500.000 EUR, nur **insoweit** übersteigen, als die Bedeutung der Sache für die Parteien nach → Rn. 11 höher zu bewerten ist (§ 53 I Nr. 5 Hs. 2 GKG). Insoweit wird häufig an den mit der Klage geltend zu machenden Schaden (etwa (LG München I NZG 2007, 477) oder an einen Bruchteil davon (etwa Meilicke/Heidel DB 2004, 1479 (1482)) angeknüpft (siehe auch OLG Köln NZG 2019, 826 Rn. 10).

– **Rechtsmittelstreitwert (§ 148 II 6 AktG iVm § 567):** → „Rechtsmittel", → „Sofortige Beschwerde".
– **Zuständigkeitsstreitwert:** § 148 II 1 AktG.

Aktiengesetz (§ 247 I AktG)
– **Überblick:** § 247 I 1, II AktG gelten nach § 278 III AktG auch für die KGaA und grds. analog für die **GmbH** (BGH NZG 2009, 1438 Rn. 3; OLG Hamm BeckRS 2022, 11846 Rn. 13; OLG Naumburg NZG 2015, 1323). Was für die Wertgrenze nach § 247 I 2 gilt, ist allerdings streitig (dafür OLG Bamberg JurBüro 1980, 759; Meyer GmbHR 2010, 1081; dagegen OLG Hamm BeckRS 2022, 11846 Rn. 13; OLG Karlsruhe GmbHR 1995, 302; offen BGH NZG 2009, 1438 Rn. 3; NZG 1999, 999). § 247 I 1, II AktG gelten ferner für die **Genossenschaft** (OLG Naumburg JurBüro 1999, 310), **nicht** aber für die zweigliedrige KG (BGH NJW-RR 2002, 823), die Personengesellschaft (OLG Hamm BeckRS 2022, 11846 Rn. 14; KGR 2009, 214) oder den Verein (BGH MDR 1993, 183).
– **Gebührenstreitwert:**
  – **Allgemeines:** Der Streitwert ist nach § 247 I 1 AktG ausnahmsweise unter Berücksichtigung aller Umstände des einzelnen Falles, insbesondere der Bedeutung der Sache für **beide** Parteien (s. auch BGH WM 1981, 1344 = BeckRS 1981, 5206), nach billigem Ermessen zu bestimmen. Er darf nach § 247 I 2 AktG 1/10 des Grundkapitals oder, wenn dieses Zehntel mehr als 500.000 EUR beträgt, 500.000 EUR nur insoweit übersteigen, als die Bedeutung der Sache für den Kläger höher zu bewerten ist.
  – **Mehrere Beschlüsse:** Mehrere Beschlüsse sind nach § 39 I GKG getrennt zu bewerten (BGH NJW-RR 1992, 1122).
  – **Streitgenossen:** Greifen mehrere Aktionäre einen Beschluss an, liegt wirtschaftliche Identität vor. Sind die Streitwerte für die einzelnen Klagen wegen unterschiedlichen Aktienbesitzes nicht identisch, bestimmt sich der Wert entsprechend § 45 I 3 GKG nach dem höchsten Einzelstreitwert.
  – **Umstände des einzelnen Falles:** Welche Umstände im jeweiligen Fall entscheidungsrelevant sind und welche Bedeutung die Sache für die Parteien hat, hängt in entscheidendem Maße von Inhalt und Gegenstand des Beschlusses ab, dessen Nichtigkeit geklärt werden soll (BGH NJW-RR 1995, 225 (226)). Art und Zahl der geltend gemachten Anfechtungsgründe sind nicht geeignet, den Streitwert zu beeinflussen (BGH NJW-RR 1995, 225 (226)).
  – **Verbindung:** Die Verbindung berührt eine zuvor in einem einzelnen Verfahren angefallene Gerichtsgebühr nicht (→ GKG § 39 Rn. 22; OLG München BeckRS 2019, 10909 Rn. 6).
– **Rechtsmittelstreitwert:** → Gebührenstreitwert (BGH NZG 2011, 997; NZG 1999, 551 (552); BeckRS 1981, 5206); → „Rechtsmittel".
– **Zuständigkeitsstreitwert:** § 246 III 1 AktG.

Allgemeine Geschäftsbedingungen (AGB): → „Unterlassungsklagen bei Verbraucherrechts- oder anderen Verstößen (UKlaG)".

Amtshaftung
– **Gebührenstreitwert:** § 48 I GKG iVm §§ 3, 6–9. → Rn. 11.
– **Rechtsmittelstreitwert:** → „Gebührenstreitwert", → „Rechtsmittel".
– **Zuständigkeitsstreitwert:** Die Zuständigkeit regelt § 71 II Nr. 2 GVG.
– **Allgemeines.** Grds. gibt es keinen Bedarf, den Gebühren-, Rechtsmittel- oder Zuständigkeitsstreitwert festzusetzen. Eine Wertfestsetzung ist lediglich für den Gegenstandswert auf Antrag nach § 33 I RVG vorzunehmen.
– **Gegenstandswert:** Die bloße Erklärung eines Teilanerkenntnisses verändert den Streitwert nicht (OLG München MDR 2017, 120), auch nicht für einen Vergleich (OLG Nürnberg MDR 2005, 120). Nach einem Teilanerkenntnisurteil reduziert sich der Gegenstandswert hingegen auf den Restanspruch.

Anfechtungsklagen nach dem AnfG: → § 6 Rn. 21.

Anfechtung nach §§ 129 ff. InsO: → „Insolvenz".

Anfechtung einer Verbandsentscheidung: → „Gesellschaft".

Annahmeverzug
– **Gebührenstreitwert:** § 48 I GKG iVm §§ 3, 6–9. Sogleich → „Zuständigkeitsstreitwert".

– **Rechtsmittelstreitwert:** Sogleich → „Zuständigkeitsstreitwert", → „Rechtsmittel".
– **Zuständigkeitsstreitwert:** → Rn. 11. Dem Antrag auf Feststellung des Annahmeverzugs kommt neben dem Antrag auf eine Zug-um-Zug-Verurteilung keine eigenständige wirtschaftliche Bedeutung zu (stRspr, BGH BeckRS 2021, 4275 Rn. 11; BeckRS 2020, 37583 Rn. 58; NJW-RR 2020, 1517 Rn. 7; BeckRS 2019, 16462 Rn. 9; BeckRS 2017, 117143 Rn. 4; grundlegend BeckRS 2010, 5470).

Anschlussrechtsmittel: → Rechtsmittel.

Ansprüche aus einem mit der Überlassung eines Grundstücks in Verbindung stehenden Leibgedings-, Leibzuchts-, Altenteils- oder Auszugsvertrag
– **Gebührenstreitwert:** → § 9 Rn. 6.
– **Rechtsmittelstreitwert:** → „Gebührenstreitwert", → „Rechtsmittel".
– **Zuständigkeitsstreitwert:** Die Zuständigkeit regelt § 23 Nr. 2 lit. g GVG.

Anspruchshäufung
– **Gebührenstreitwert:** § 39 GKG.
– **Rechtsmittelstreitwert:** Sogleich → „Zuständigkeitsstreitwert", → „Rechtsmittel".
– **Zuständigkeitsstreitwert:** Ursprüngliche (§ 260) oder spätere Anspruchshäufung, zB durch eine Klageerweiterung (§§ 263, 264) oder eine Verfahrensverbindung (§ 147), → § 5 Rn. 15; → § 5 Rn. 19.

Anstellung (Beendigung eines Dienstverhältnisses)
– **Gebührenstreitwert:** Der Gebührenstreitwert bei Rechtsstreitigkeiten über das Bestehen oder Nichtbestehen oder die Beendigung eines Dienstverhältnisses des bürgerlichen Rechtes ist **entsprechend** § 42 I 1 GKG zu ermitteln (→ GKG § 42 Rn. 27; BGH 8.11.2022 – II ZR 74/21, BeckRS 2022, 37846 Rn. 10).
– **Rechtsmittelstreitwert:** Sogleich → „Zuständigkeitsstreitwert", → „Rechtsmittel" (s. auch BGH BeckRS 2016, 9763 Rn. 2).
– **Zuständigkeitsstreitwert:** → § 9 Rn. 4 „Anstellung".

Anwaltsbeiordnung (§§ 78b, 116)
Schrifttum: Schneider NJW-Spezial 2015, 27.
– **Allgemeines.** Grds. gibt es keinen Bedarf, den Gebühren-, Rechtsmittel- oder Zuständigkeitsstreitwert festzusetzen. Eine Wertfestsetzung ist lediglich für den Gegenstandswert auf Antrag nach § 33 I RVG vorzunehmen.
– **Gegenstandswert:** Das Interesse ist nach → Rn. 11 zu schätzen ($^1/_3$ der Hauptsache: OLG München MDR 2002, 724; Hauptsachewert: OLG Bremen, JurBüro 1977, 91; OLG Zweibrücken, JurBüro 1977, 1001; Schneider NJW-Spezial 2015, 27).

Anwaltskosten (vorgerichtliche)
– **Allgemeines.** Grds. gibt es wegen § 4, § 43 GKG keinen Bedarf, den Gebühren-, Rechtsmittel- oder Zuständigkeitsstreitwert festzusetzen. Eine Wertfestsetzung ist lediglich für den Gegenstandswert auf Antrag nach § 33 I RVG vorzunehmen. Anders ist es, wenn die Anwaltskosten ausnahmsweise keine Nebenforderung sind.
– **Gegenstandswert:** Dem Anspruch des Geschädigten auf Erstattung vorgerichtlicher Rechtsanwaltskosten im Verhältnis zum Schädiger ist grds. der Gegenstandswert zugrunde zu legen, welcher der **berechtigten** Schadenersatzforderung entspricht (BGH BeckRS 2020, 18313 Rn. 9; NJW 2018, 935 Rn. 7; NJW 2018, 937 Rn. 9).

Anwaltsvergleich: → „Vollstreckbarerklärung".

Arbeitsverhältnis: → GKG § 42; „ABC" → GKG § 42 Rn. 65.

Arrest (§§ 916 ff.)
– **Gebührenstreitwert:** §§ 51 IV, 53 I Nr. 1 GKG iVm § 3. Sogleich → „Zuständigkeitsstreitwert".
– **Rechtsmittelstreitwert:** Sogleich → „Zuständigkeitsstreitwert", → „Rechtsmittel". Im **Widerspruchs- und Aufhebungsverfahren** nach §§ 924 ff. muss das Gericht grds. denselben Wert wie im Antragsverfahren ansetzen (OLG Brandenburg NJW 2014, 3316). Bei einem auf die Kostenfrage beschränkten Wider-

spruch ist das bloße Kosteninteresse maßgeblich (OLG Nürnberg NJW-RR 2013, 635).

– **Zuständigkeitsstreitwert:** Man muss zunächst nach → Rn. 11 den Wert des zu sichernden Anspruchs ermitteln. Da das Arrestverfahren nur eine vorläufige Klärung bringt, ist der so ermittelte Wert nach billigem Ermessen angemessen herabzusetzen. Entsprechend der Wertung des § 41 S. 2 FamGKG bietet es sich an, von der **Hälfte** des für die Hauptsache bestimmten Wertes auszugehen. In der Praxis wird häufig so verfahren oder es werden 1/4 bis 1/3 der Hauptsache abgesetzt (OLG Schleswig NJW-RR 2014, 1342 Rn. 4); das gilt auch beim persönlichen Arrest (OLG Koblenz BeckRS 1991, 4955 = JurBüro 1992, 191). Der Wert kann den **Wert des Hauptanspruchs** erreichen, wenn zB nur ein Arrest eine Vollstreckungsmöglichkeit schafft und genügend Pfändbares erbringt (LG Darmstadt JurBüro 1976, 1090), darf aber nicht über dem Wert der Hauptsache liegen (OLG Köln FamRZ 2001, 432).

Aufhebung (Gemeinschaft): → „Gemeinschaft".

Auflassung: Zum Vollzug einer Auflassung → „Willenserklärung". Wird auf eine Auflassung geklagt gilt → § 6 Rn. 8.

Auflassungsvormerkung: Bewilligung § 6, → „Löschung".

Auflösung Personengesellschaft (GbR, OHG, KG usw)

– **Gebührenstreitwert:** § 48 I GKG iVm §§ 3, 6–9. Sogleich → „Zuständigkeitsstreitwert".

– **Rechtsmittelstreitwert:** Sogleich → „Zuständigkeitsstreitwert", → „Rechtsmittel".

– **Zuständigkeitsstreitwert:** → Rn. 11.

Aufrechnung:

– **Gebührenstreitwert:** § 45 III GKG.

– **Rechtsmittelstreitwert:** → GKG § 45 Rn. 34 und Rn. 35. Der Beklagte, der nur wegen einer Hilfsaufrechnung obsiegt hat, muss gegen die Beurteilung der Klageforderung als berechtigt ein Rechtsmittel oder ein Anschlussrechtsmittel einlegen, wenn er diese Beurteilung in der Folgeinstanz weiter in Frage stellen will (BGH NZBau 2011, 428 Rn. 11).

– **Zuständigkeitsstreitwert:** Für den Zuständigkeitsstreitwert ist eine Aufrechnung unerheblich (→ § 5 Rn. 9). Dies gilt auch dann, wenn primär aufgerechnet wird (→ § 5 Rn. 9).

Auseinandersetzung (Gemeinschaft): → „Gemeinschaft".

Ausgleichsanspruch: → „Erbrechtlicher Anspruch", → „Handelsvertreter".

Auskunft

– **Gebührenstreitwert:** Der Wert ist grds. nach § 48 GKG iVm §§ 3, 6–9 zu ermitteln. Insoweit gelten die Ausführungen zum Zuständigkeitsstreitwert entsprechend; für die Stufenklage siehe § 44 GKG. Zum Gebührenstreitwert in der **Rechtsmittelinstanz** GKG → § 47 Rn. 13 sowie Nissen/Elzer MDR 2021, 1161 Rn. 23 ff.

– **Rechtsmittelstreitwert:** Beim Rechtsmittelstreitwert ist zu unterscheiden, **wer** Rechtsmittelführer ist:

– **Der Kläger ist Rechtsmittelführer.** Ist die Klage auf Auskunft abgewiesen worden, entspricht der Rechtsmittel- dem Zuständigkeitsstreitwert (BGH NJW-RR 2018, 901 Rn. 11).

– **Der Beklagte ist Rechtsmittelführer**

– **Grundsatz.** Ist der Rechtsmittelführer zur Auskunft verurteilt, bestimmt sich der Wert nach seinem Interesse, die Auskunft **nicht** erteilen zu müssen (stRspr, BGH BeckRS 2022, 17770 Rn. 13; NJW-RR 2022, 433 Rn. 10; BeckRS 2021, 34017 Rn. 25; NJW-RR 2020, 189 Rn. 8; NZG 2018, 110 Rn. 3). Dabei ist darauf abzustellen, welchen **Aufwand an Zeit und Kosten** die Erteilung der Auskunft erfordert und ob die verurteilte Partei ein schützenswertes Interesse daran hat, bestimmte Tatsachen vor dem Gegner geheim zu halten (stRspr, zB BGH GRUR-RS 2022, 20553 Rn. 7; BeckRS 2022, 17770 Rn. 13; NJW-RR 2022, 433 Rn. 10; BeckRS 2021, 34017 Rn. 25; BeckRS 2021, 33354 Rn. 26; NJW-RR 2020, 189 Rn. 8; NZG 2018, 110 Rn. 3). Das Interesse, die Durchsetzung des Hauptanspruchs zu verhindern oder zu erschweren, soll keine Rolle spielen (BGH BeckRS 2022, 3553 Rn. 5). Dieses Interesse gehe über den unmittelbaren Gegenstand der Entscheidung hinaus (BGH BeckRS 2022, 3553 Rn. 5).

- **Wertbemessung.** Für die Wertbemessung bei der Erfüllung einer Auskunftspflicht durch die verurteilte Partei selbst sind grds. die **Vorschriften des Justizvergütungs- und Entschädigungsgesetzes** (JVEG) heranzuziehen (stRspr, exemplarisch BGH GRUR-RS 2022, 20553 Rn. 9; BeckRS 2021, 33354 Rn. 27; BeckRS 2019, 35272 Rn. 4; BeckRS 2014, 15809 Rn. 6; ErbR 2013, 154 Rn. 14). Personalkosten, die für die Auskunftserteilung für den Einsatz eigener Mitarbeiter anfallen, ebenso wie die eigenen Aufwendungen des Auskunftsverpflichteten, können grds. nur nach Maßgabe der Stundensätze angesetzt werden, die Mitarbeiter nach dem JVEG als Zeugen in einem Zivilprozess erhalten würden (BGH NJW-RR 2022, 433 Rn. 10; BeckRS 2019, 35272 Rn. 4). Ein höherer Stundensatz kommt nur in Betracht, wenn es sich um eine berufstypische Leistung handeln würde oder ein entsprechender Verdienstausfall vorläge (BGH BeckRS 2019, 35272 Rn. 5). Im Grundsatz ist davon auszugehen, dass die zur Auskunftserteilung erforderlichen Tätigkeiten in der **Freizeit** erbracht werden können (BGH NJW-RR 2022, 433 Rn. 10; BeckRS 2021, 33354 Rn. 28). Der Auskunftspflichtige, der in Abweichung hiervon behauptet, dass ihm eine Auskunftserteilung während seiner Freizeit nicht möglich sei, hat die Gründe hierfür im Einzelnen darzulegen und glaubhaft zu machen (BGH BeckRS 2021, 33354 Rn. 28).
- **Aufwand vor dem Prozess.** Vor dem Urteil bereits vorgenommener Aufwand bleibt außer Betracht, auch wenn auf ihn zur Erfüllung der Auskunftsverpflichtung teilweise zurückgegriffen werden kann (BGH NJW-RR 2020, 189 Rn. 9).
- **Fremde Hilfe.** Zu den berücksichtigungsfähigen Kosten des zur Auskunft Verpflichteten können neben dem Eigenaufwand auch die Ausgaben für die Inanspruchnahme fachkundiger Dritter angesetzt werden, soweit der Verpflichtete auf die Hilfe Dritter zur Vorbereitung einer nicht ohne weiteres zu leistenden Auskunft zurückgreifen muss (stRspr, exemplarisch BGH GRUR-RS 2022, 20553 Rn. 10; BeckRS 2021, 33354 Rn. 34; BeckRS 2016, 8741 Rn. 9; NZG 2013, 1258 Rn. 17; NJW-RR 2010, 786 Rn. 13). Hierbei kann es sich zB um anwaltliche Hilfe handeln, einen nicht hinreichend bestimmten Verurteilungsinhalt im Vollstreckungsverfahren zu klären oder Vollstreckungsversuche aus der Verurteilung zu einer unmöglichen Leistung abzuwehren (BGH NJW-RR 2018, 697 Rn. 14; BeckRS 2017, 130171 Rn. 16; BeckRS 2016, 03749 Rn. 9) oder die Hilfe eines Steuerberaters (BGH BeckRS 2021, 33354 Rn. 33 ff.). Dies ist vom Auskunftspflichtigen substanziiert vorzutragen (stRspr, exemplarisch BGH BeckRS 2016, 8741 Rn. 9; NJW-RR 2016, 13; Rn. 13; NJW-RR 2011, 998 Rn. 12). **Eigene** Mitarbeiter des beklagten Unternehmensträgers sind keine fremden Hilfspersonen (BGH GRUR-RS 2022, 20553 Rn. 9). Die Kosten entsprechen dem Wert des Beschwerdegegenstandes und sind vom Gericht nach freiem Ermessen festzusetzen.
- **Reisekosten.** Im Einzelfall können **Reisekosten** beachtlich sein (BGH BeckRS 2021, 8874 Rn. 14).
- **Zuständigkeitsstreitwert:** Der Wert richtet sich nach dem wirtschaftlichen Interesse der klagenden Partei (→ Rn. 11) an der Erteilung der Auskunft (BGH BeckRS 2022, 17770 Rn. 13; NJW-RR 2018, 901 Rn. 11; NZM 2006, 777 Rn. 13; OLG Düsseldorf BeckRS 2020, 46952 Rn. 3), zB einer Rechnungslegung. Der **Leistungsanspruch** bildet die Schätzungsgrundlage für diesen Wert und ist ebenfalls nach → Rn. 11 zu schätzen. Dies geschieht nach objektiven Anhaltspunkten (→ Rn. 11), wobei anhand des Tatsachenvortrags der klagenden Partei danach zu fragen ist, welche Vorstellungen sie sich vom Wert des Leistungsanspruchs gemacht hat (BGH NJW-RR 2018, 901 Rn. 11; auch → Rn. 11). Dabei ist zu berücksichtigen, ob ein solcher Anspruch nach den festgestellten Verhältnissen überhaupt oder nur in geringerer Höhe in Betracht kommt (BGH NJW-RR 2018, 901 Rn. 11; → Rn. 11). Weil die Auskunft die Geltendmachung des Leistungsanspruchs **erst vorbereiten und erleichtern** soll, beträgt der Wert des Auskunftsanspruchs idR einen Bruchteil (BGH NJW-RR

2018, 1265 Rn. 10), nämlich 1/10 bis 1/4 des Leistungsanspruchs (s. auch OLG Düsseldorf BeckRS 2020, 46952 Rn. 3), und ist umso höher anzusetzen, je geringer die Kenntnisse des Anspruchstellers von den zur Begründung des Leistungsanspruchs maßgeblichen Tatsachen sind (BGH NJW-RR 2018, 1265 Rn. 10; NJW-RR 2018, 901 Rn. 11). Der Wert kann denjenigen der Hauptsache erreichen, wenn der Kläger für die Geltendmachung des Hauptanspruchs die Rechnungslegung braucht (OLG Frankfurt a. M. MDR 1987, 509; LG Landau ZMR 1990, 21).
– **Stufenklage:** → Stufenklage.

Ausschließung aus einer Gesellschaft (zB GmbH)
– **Gebührenstreitwert:** Der Wert ist grds. nach § 48 GKG iVm §§ 3, 6–9 zu ermitteln. Insoweit gelten die Ausführungen zum Zuständigkeitsstreitwert entsprechend.
– **Rechtsmittelstreitwert:** Sogleich → „Zuständigkeitsstreitwert", → „Rechtsmittel".
– **Zuständigkeitsstreitwert:** Der nach → Rn. 11 zu ermittelnde Wert ist idR nach dem Wert der Beteiligung an der Gesellschaft, also nach dem Wert des Geschäfts- bzw. Gesellschaftsanteils des ausgeschlossenen Gesellschafters zu ermitteln (BGH BeckRS 2019, 31898 Rn. 4; NZG 2015, 321 Rn. 7; BeckRS 2014, 13952 Rn. 4; NZG 2009, 518 Rn. 2). Das Interesse liegt nicht über dem Wert eines Geschäftsanteils, weil die klagende Partei gleichzeitig die Geschäftsführerfunktion ausübt bzw. ausgeübt hat (BGH NZG 2015, 321 Rn. 7). → „Gesellschaft".

Aussetzung (§§ 148, 252)
– **Rechtsmittelstreitwert:** Maßgeblich ist das Interesse an der Aussetzung, nicht der Wert des Hauptverfahrens (BGH NJW 1957, 424; OLG Hamburg MDR 2002, 479). Dieser Wert wird häufig mit 20 % bis 33 % der Hauptsache bemessen.

Aussonderung: → „Insolvenz".

Bauhandwerkersicherungshypothek (§ 650e BGB)
– **Gebührenstreitwert:** Der Wert ist grds. nach § 48 GKG iVm §§ 3, 6–9 zu ermitteln. Insoweit gelten die Ausführungen zum Zuständigkeitsstreitwert entsprechend.
– **Rechtsmittelstreitwert:** Sogleich → „Zuständigkeitsstreitwert", → „Rechtsmittel".
– **Zuständigkeitsstreitwert:** Eintragung → § 6 Rn. 16; → „einstweilige Verfügung"; → „Löschung"; → „Vormerkung".

Baulandsache
– **Gebührenstreitwert:** Der Wert ist grds. nach § 221 I 1 BauGB § 48 GKG iVm §§ 3, 6–9 zu ermitteln. Insoweit gelten die Ausführungen zum Rechtsmittelstreitwert entsprechend.
– **Zuständigkeitsstreitwert:** Die Zuständigkeit bestimmt § 217 I 4 BauGB. Über den Antrag entscheidet danach das LG, Kammer für Baulandsachen.
– **Rechtsmittelstreitwert:** → Rn. 11. Zu einer Enteignung siehe § 6 (BGH NJW 2000, 80 unter III 2). Das Gleiche gilt, wenn sich der Streit um die Verpflichtung der Enteignungsbehörde zur Einleitung des Enteignungsverfahrens dreht (BGH NJW 1968, 153). Bei der Enteignung einer Teilfläche eines Grundstücks ist nur deren Verkehrswert maßgeblich und nicht ein etwaiger Folgeschaden (BGH NJW 1963, 2173). Geht es um die Einbeziehung eines Grundstücks in ein Umlegungsverfahren (§§ 45 ff. BauGB) oder Regelungen des Umlegungsplans (§ 66 I BauGB), ist der Streitwert nach hM idR mit 20 % des Grundstückswertes (§ 194 BauGB) zu bemessen (BGH BeckRS 2011, 2917 Rn. 2; BeckRS 2010, 625 Rn. 2). Bei einer vorzeitigen Besitzeinweisung nach § 116 BauGB soll man das Interesse an der Aufhebung grds. mit 20 % des Grundstückswertes ansetzen können (BGH NJW 1973, 2202 unter IV; OLG München NVwZ-RR 2004, 712; OVG Münster BauR 2004, 379). In einem Verfahren nach § 224 BauGB soll der Wert ca. 15 % des Grundstückswertes ausmachen. Bei einer unbezifferten Leistungsklage liegt der angemessene Entschädigungsbetrag im Rahmen der etwa genannten Mindest- und Höchstbeträge.

Bausparvertrag (Feststellung Fortbestand)

– **Gebührenstreitwert:** Der Wert ist grds. nach § 48 GKG iVm §§ 3, 6–9 zu ermitteln. Insoweit gelten die Ausführungen zum Zuständigkeitsstreitwert entsprechend.
– **Rechtsmittelstreitwert:** Sogleich → „Zuständigkeitsstreitwert", → „Rechtsmittel".
– **Zuständigkeitsstreitwert:** → § 9 Rn. 6 „Bausparvertrag".

Bauverpflichtung

– **Gebührenstreitwert:** Der Wert ist grds. nach § 48 GKG iVm §§ 3, 6–9 zu ermitteln. Insoweit gelten die Ausführungen zum Zuständigkeitsstreitwert entsprechend.
– **Rechtsmittelstreitwert:** Sogleich → „Zuständigkeitsstreitwert", → „Rechtsmittel".
– **Zuständigkeitsstreitwert:** → Rn. 11.

Bedingter Anspruch

– **Gebührenstreitwert:** Der Wert ist grds. nach § 48 GKG iVm §§ 3, 6–9 zu ermitteln. Insoweit gelten die Ausführungen zum Zuständigkeitsstreitwert entsprechend.
– **Rechtsmittelstreitwert:** Sogleich → „Zuständigkeitsstreitwert", → „Rechtsmittel".
– **Zuständigkeitsstreitwert:** Der Wert ist nach → Rn. 11 zu ermitteln (BGH MDR 1982, 36). Es kommt auf den Grad der Wahrscheinlichkeit des Bedingungseintritts an (BGH MDR 1982, 36; s. auch OLG Karlsruhe BeckRS 2022, 3777 Rn. 22).

Befangenheit: → „Ablehnung".

Beförderung (Beamter): → § 9 Rn. 6 „Beamtenbeförderung".

Befreiung von einer Verbindlichkeit

– **Gebührenstreitwert:** Der Wert ist grds. nach § 48 GKG iVm §§ 3, 6–9 zu ermitteln. Insoweit gelten die Ausführungen zum Zuständigkeitsstreitwert entsprechend.
– **Rechtsmittelstreitwert:** Sogleich → „Zuständigkeitsstreitwert", → „Rechtsmittel".
– **Zuständigkeitsstreitwert:** Ist die Grundlage die Feststellung der **Nichtigkeit eines Vertrags,** ist grds. der Wert der Leistungspflicht maßgeblich, von welcher der Kläger freigestellt werden will bzw. der Wert der Leistung, die ihm zurückgewährt werden soll; die Gegenleistung bleibt, wie stets, außer Betracht (→ Rn. 4; BGH BeckRS 2020, 7450 Rn. 3; NJW-RR 2017, 1227 Rn. 3; NJW-RR 2012, 60 Rn. 2; NJW-RR 1995, 362 unter II) – ohne Zinsen (BGH NJW 1960, 2336; aA Görmer JurBüro 2010, 68). Dass die Gefahr der Inanspruchnahme fern liegt, ist unerheblich (ohne Stellungnahme BGH NJW-RR 2012, 60 Rn. 2). Ein 20 %-Abzug ist nicht zu machen (BGH BeckRS 2020, 18311 Rn. 6). Eine geringere Bewertung des Freistellungsinteresses soll allerdings möglich sein, wenn „besondere" Umstände vorliegen (BGH NJW-RR 2012, 60 Rn. 2). Geht es um eine **Verpfändung** ist – entsprechend § 6 – der geringere Wert des Gegenstandes des Pfandrechtes maßgeblich (BGH NJW-RR 1995, 362 unter II). Beim Streit um die Befreiung von der persönlichen Haftung für eine **Bürgschaft** oder eine **Hypothek** ist der **Schuldbetrag** maßgeblich (BGH NJW-RR 2012, 69 Rn. 2). Man darf die persönliche und dingliche Haftung nicht zusammenzählen. Anders kann es sein, wenn eine künftige Inanspruchnahme in der Zukunft fern liegt (BGH NJW-RR 2012, 69 Rn. 2). Bei **wiederkehrenden** Nutzungen ist § 9 zu beachten (BGH BeckRS 2020, 18311 Rn. 6; JurBüro 1975, 325). Beim Streit um die Befreiung eines **Gesamtschuldners** im Innenverhältnis ist der Wert des übernommenen Anteils maßgeblich (OLG Düsseldorf FamRZ 1994, 57; OLG Karlsruhe FamRZ 2014, 1225; OLG Rostock JurBüro 2009, 197). Bei einem **arbeitsrechtlichen Freistellungsvergleich** kann man 25 % der Vergütung für den Freistellungszeitraum ansetzen (LAG Schleswig-Holstein JurBüro 2007, 257), aber auch den vollen Betrag.

Befristeter Anspruch
- **Gebührenstreitwert:** Der Wert ist grds. nach § 48 GKG iVm §§ 3, 6–9 zu ermitteln. Insoweit gelten die Ausführungen zum Zuständigkeitsstreitwert entsprechend.
- **Rechtsmittelstreitwert:** Sogleich → „Zuständigkeitsstreitwert", → „Rechtsmittel".
- **Zuständigkeitsstreitwert:** → Rn. 11 (OLG Köln FamRZ 1989, 417). Dabei muss man die Fälligkeit oder den Zeitpunkt des Wegfalls des Anspruchs berücksichtigen.

Belästigung: → „Unterlassung".
Belastung: → „Auflassung", → „Eigentum", → „Willenserklärung".
Beleidigung: → „Ehre".
Bereicherung (ungerechtfertigte; § 812 BGB)
- **Gebührenstreitwert:** Der Wert ist grds. nach § 48 GKG iVm §§ 3, 6–9 zu ermitteln. Insoweit gelten die Ausführungen zum Zuständigkeitsstreitwert entsprechend.
- **Rechtsmittelstreitwert:** Sogleich → „Zuständigkeitsstreitwert", → „Rechtsmittel".
- **Zuständigkeitsstreitwert:** → Rn. 11. Zinsen und Kosten sind keine Nebenforderungen und zur Hauptforderung hinzuzurechnen.

Berichtigung einer Entscheidung (§§ 319, 320)
- **Allgemeines:** Grds. gibt es keinen Bedarf, den Gebühren-, Rechtsmittel- oder Zuständigkeitsstreitwert festzusetzen. Eine Wertfestsetzung ist lediglich für den Gegenstandswert auf Antrag nach § 33 I RVG vorzunehmen.
- **Gegenstandswert:** Im Verfahren nach §§ 319, 320 ist nach → Rn. 11 das Interesse des Antragstellers maßgeblich. Es kann von 20 % (OLG Saarbrücken JurBüro 1989, 522), bis zu 100 % der Hauptsache reichen (OLG Frankfurt a. M. JurBüro 1980, 1893: dauerhafte Beseitigung Vollstreckungsfähigkeit).

Berichtigung des Grundbuchs
- **Gebührenstreitwert:** Der Wert ist grds. nach § 48 GKG iVm §§ 3, 6–9 zu ermitteln. Insoweit gelten die Ausführungen zum Zuständigkeitsstreitwert entsprechend.
- **Rechtsmittelstreitwert:** Sogleich → „Zuständigkeitsstreitwert", → „Rechtsmittel".
- **Zuständigkeitsstreitwert:** Man muss den Wert nach → Rn. 11 schätzen (OLG Köln JurBüro 2014, 537). Maßgebend ist der Wert der Rechtsposition, deren Eintragung bzw. Beseitigung angestrebt wird (BGH MDR 1958, 676; OLG Brandenburg NJ 2007, 369).

Berufung: → „Rechtsmittel". Gebührenstreitwert siehe § 47 GKG.
Beschwerde: → „Sofortige Beschwerde", → „Rechtsmittel".
Beseitigung
- **Allgemeines:** → „Herausgabe", → „Miete", → „Unterlassung", → „WEG-Streitigkeiten (Wohnungseigentum)".
- **Gebührenstreitwert:** Der Wert ist grds. nach § 48 GKG iVm §§ 3, 6–9 zu ermitteln. Insoweit gelten die Ausführungen zum Zuständigkeitsstreitwert entsprechend.
- **Rechtsmittelstreitwert:** Sogleich → „Zuständigkeitsstreitwert". Geht es um die Beseitigung eines **Bauwerkes,** bemisst sich der Wert grds. nach dem Wertverlust, den das Eigentum der klagenden Partei durch den Bau erleidet (s. auch BGH BeckRS 2020, 4811 Rn. 4). Für die beklagte Partei bemisst sich der Wert grds. nach den Kosten einer **Ersatzvornahme** des Abrisses, die ihm im Falle des Unterliegens drohen (BGH BeckRS 2022, 13949 Rn. 5; BeckRS 2020, 17724 Rn. 6; NJW-RR 2015, 337 Rn. 3). **Übersteigt** das Interesse am Erhalt des Bauwerkes die Abrisskosten, so ist die Beschwer idR nach dem **höheren Interesse** an dem Erhalt des Bauwerkes zu bemessen (BGH BeckRS 2022, 13949 Rn. 7; BeckRS 2020, 17724 Rn. 8). Dieses Interesse bestimmt sich grds. nach den für den Bau aufgewendeten Kosten (BGH BeckRS 2022, 13949 Rn. 7; BeckRS 2020, 17724 Rn. 8; NZM 2019, 881 Rn. 3). Demgegenüber ist der Nichteintritt des mit dem Bauwerk verfolgten Ziels als nur mittelbare Folge

ebenso wie die mittelbaren wirtschaftlichen Folgen unerheblich (→ Rn. 12; BGH BeckRS 2020, 17724 Rn. 8).

– **Zuständigkeitsstreitwert:** → Rn. 11. Es geht um das wirtschaftliche Interesse, eine **Störung zu beenden,** zB durch eine Parabolantenne oder ein Bauwerk. Dieses Interesse besteht im **Maß** der Beeinträchtigung, zB durch eine optische und/oder eine Substanzbeeinträchtigung (BGH NJW 2019, 2468 Rn. 11; BeckRS 2015, 18340 Rn. 11; NJW 2006, 2639 Rn. 8) und/oder den Wertverlust des Eigentums, **nicht** hingegen in den Kosten der Beseitigung (BGH BeckRS 2020, 21485 Rn. 4; NZM 2019, 349 NZM 2019, 349 Rn. 7). → „Besitz (Störungsunterlassung)". Die Wertminderung eines Grundstücks soll entweder durch einen hälftigen Abschlag von dem Wert der betroffenen Teilfläche oder durch einen Abschlag vom Wert der Gesamtfläche zwischen 5 % und 30 % bestimmt werden können (BGH BeckRS 2020, 21485 Rn. 4; BeckRS 2015, 18340 Rn. 11). Etwas anderes gilt allerdings, wenn sich die Störung nach Art bzw. Umfang **nicht** in einer Wertminderung der Sache niederschlägt. In diesem Falle sind die Kosten maßgeblich, die der klagenden Partei durch die Störung entstehen und die ohne diese nicht angefallen wären (BGH MDR 2018, 1396 Rn. 10).

Besitzstreit (Herausgabe; § 861 BGB)

– **Gebührenstreitwert:** Der Wert ist grds. nach § 48 GKG iVm §§ 3, 6–9 zu ermitteln. Insoweit gelten die Ausführungen zum Zuständigkeitsstreitwert entsprechend.
– **Rechtsmittelstreitwert:** Sogleich → „Zuständigkeitsstreitwert", → „Rechtsmittel".
– **Zuständigkeitsstreitwert:** → § 6 Rn. 4 ff.

Besitz (Störungsunterlassung; § 862 BGB)

– **Gebührenstreitwert:** Bei der einstweiligen Verfügung usw nach §§ 935 ff. → § 53 GKG. Der Wert ist im Übrigen nach § 48 GKG iVm §§ 3, 6–9 zu ermitteln. Insoweit gelten die Ausführungen zum Zuständigkeitsstreitwert entsprechend.
– **Rechtsmittelstreitwert:** Sogleich → „Zuständigkeitsstreitwert", → „Rechtsmittel".
– **Zuständigkeitsstreitwert:** Zu bestimmen nach → Rn. 11 ff. (BGH NJW 1998, 2368; § 6 ist **nicht** anwendbar). Maßgeblich ist der Wert der Beeinträchtigung bzw. das Interesse an der Beseitigung (BGH NJW 2006, 2639 Rn. 6). Bei der Störung von **Wohnbesitz** soll der Wert der Unterlassungsklage nicht höher als der einer Klage über das Bestehen oder die Dauer eines Mietverhältnisses gem. § 41 I GKG sein (OLG Düsseldorf MDR 2012, 1187; OLG Rostock JurBüro 2006, 645). **Stellungnahme.** Näher liegt eine entsprechende Anwendung des § 41 V GKG (OLG Frankfurt NJW-RR 2008, 534; Zöller/Herget Rn. 16.46 „Besitzstörungsklage"). → „Eigentum (Störungsunterlassung)".

Bestellung eines Organs

– **Allgemeines:** → WEG-Streitigkeiten (Wohnungseigentum).
– **Gebührenstreitwert:** Der Wert ist grds. nach § 48 GKG iVm §§ 3, 6–9 zu ermitteln. Insoweit gelten die Ausführungen zum Zuständigkeitsstreitwert entsprechend.
– **Rechtsmittelstreitwert:** Sogleich → „Zuständigkeitsstreitwert" (BGH BeckRS 2013, 10083 Rn. 2).
– **Zuständigkeitsstreitwert:** Greift die klagende Partei lediglich ihre Abberufung als Organ und nicht zugleich eine damit in Verbindung stehende **Beendigung ihres Dienstverhältnisses** an (→ „Anstellung"), richtet sich der Wert nach dem Interesse, die Lenkungs- und Leitungsmacht in der Hand zu behalten (BGH NZG 2015, 321 Rn. 7; BeckRS 2013, 10083 Rn. 2; BGH NJW-RR 1990, 1123 unter I). Das Interesse eines Gesellschafter-Geschäftsführers wird durch den Wert seines Gesellschaftsanteils begrenzt (BGH NZG 2015, 321 Rn. 7; s. auch BGH 8.11.2022 – II ZR 74/21, BeckRS 2022, 37846 Rn. 9).

Bestimmung der Zuständigkeit: → „Zuständigkeit".

Betagter Anspruch

– **Gebührenstreitwert:** Der Wert ist grds. nach § 48 GKG iVm §§ 3, 6–9 zu ermitteln. Insoweit gelten die Ausführungen zum Zuständigkeitsstreitwert entspr.

– **Rechtsmittelstreitwert:** Sogleich → „Zuständigkeitsstreitwert".
– **Zuständigkeitsstreitwert:** Der Wert ist nach → Rn. 11 zu ermitteln. Ein Zwischenzins ist nicht abzuziehen (Voormann MDR 1987, 722; aA KG JurBüro 1989, 1599; LAG Köln MDR 1987, 169). Auch wirtschaftlich nicht vollwertige Forderungen werden nämlich mit dem vollen nominellen Wert angesetzt.

Beweissicherung: → „Selbständiges Beweisverfahren".

Bezugsverpflichtung
– **Gebührenstreitwert:** Der Wert ist grds. nach § 48 GKG iVm §§ 3, 6–9 zu ermitteln. Insoweit gelten die Ausführungen zum Zuständigkeitsstreitwert entsprechend.
– **Rechtsmittelstreitwert:** Sogleich → „Zuständigkeitsstreitwert".
– **Zuständigkeitsstreitwert:** Der Wert ist nach → Rn. 11 zu ermitteln (BGH NJW-RR 1989, 381; OLG Bamberg JurBüro 1985, 444; OLG Braunschweig JurBüro 1979, 436).

Bilanz (Erstellung)
– **Gebührenstreitwert:** Der Wert ist grds. nach § 48 GKG iVm §§ 3, 6–9 zu ermitteln. Insoweit gelten die Ausführungen zum Zuständigkeitsstreitwert entsprechend.
– **Rechtsmittelstreitwert:** Sogleich → „Zuständigkeitsstreitwert". Für den Beklagten bestimmt sich der Wert anhand des zur Bilanzerstellung erforderlichen Aufwandes (BGH BeckRS 2019, 35272 Rn. 2). Die Beschwer ist dann in der Regel nach den Kosten für eine Fremdleistung zu bemessen. → „Auskunft".
– **Zuständigkeitsstreitwert:** Der Wert ist nach → Rn. 11 zu ermitteln.

Buchauszug, -einsicht: → „Auskunft".

Bürgschaft
– **Allgemeines:** Bei der Klage gegen den Hauptschuldner und den Bürgen ist nicht nach § 5 zusammenzurechnen. Bei der Klage gegen den Bürgen ist für die Zinsen und Kosten § 4 I anwendbar. Bei der Klage des Bürgen gegen den Hauptschuldner zählen die vom Bürgen gezahlten Zinsen und Kosten als ein Teil der Hauptforderung.
– **Gebührenstreitwert:** Der Wert ist grds. nach § 48 GKG iVm §§ 3, 6–9 zu ermitteln. Insoweit gelten die Ausführungen zum Zuständigkeitsstreitwert entsprechend.
– **Rechtsmittelstreitwert:** Sogleich → „Zuständigkeitsstreitwert", → „Rechtsmittel". Bei einer positiven Feststellungsklage ist vom Nennwert der geltend gemachten Forderung der übliche Abschlag von 20 % (→ Rn. 19) vorzunehmen (BGH BeckRS 2019, 28486 Rn. 3).
– **Zuständigkeitsstreitwert:** → Rn. 11. **Befreiung.** Beim Streit um eine Befreiung von einer Bürgschaft ist der Schuldbetrag maßgeblich (BGH NJW-RR 1995, 197). **Erlangung.** Erlangung einer Bürgschaft → § 6 Rn. 5. Maßgeblich ist der Betrag der gesicherten oder zu sichernden Forderung ohne Rücksicht auf eine etwaige Betagung oder Bedingung. **Freigabe.** Das Interesse an der Freigabe einer Bankbürgschaft entspricht der Bürgschaftssumme (BGH BeckRS 2006, 03432 Rn. 8 = WuM 2006, 215). **Herausgabe.** → „Urkunde (Herausgabe)".

Darlehen (Widerruf der Willenserklärung)
– **Gebührenstreitwert:** § 48 I GKG iVm §§ 3 ff. Sogleich → „Zuständigkeitsstreitwert".
– **Rechtsmittelstreitwert:** Sogleich → „Zuständigkeitsstreitwert", → „Rechtsmittel". Im Rahmen der Nichtzulassungsbeschwerde soll es bei einer Feststellungsklage zu einem Abschlag von 20 % kommen (BGH BeckRS 2019, 31294 Rn. 6; → Rn. 19).
– **Zuständigkeitsstreitwert**
  – **Verbundene Verträge.** In Fällen finanzierter Kapitalanlagegeschäfte, in denen der Kläger begehrt, so gestellt zu werden, als hätte er das Finanzierungsgeschäft nicht getätigt, bemisst sich der Gesamtstreitwert – auch der **Feststellungsklage** (OLG Karlsruhe NJW-RR 2020, 1198 Rn. 10; OLG Stuttgart NJW-RR 2020, 255 Rn. 13; OLG Braunschweig BeckRS 2019, 32290 Rn. 21; OLG Frankfurt a.M. BeckRS 2020, 3385 Rn. 12; aA OLG Köln BeckRS 2018, 31855 Rn. 3; OLG Karlsruhe BeckRS 2020, 5692 Rn. 15 ff.)

– nach der Höhe des **Nettodarlehensbetrags** (BGH BeckRS 2021, 674 Rn. 1; BeckRS 2020, 27093 Rn. 3; BeckRS 2015, 10627 Rn. 3). Hinzu kommt der aus **Eigenmitteln** aufgebrachte Betrag (BGH BeckRS 2020, 27093 Rn. 3; BeckRS 2015, 10627 Rn. 3). Für den Begriff des Nettodarlehensbetrags ist Art. 247 § 3 II 2 EGBGB maßgeblich (OLG Düsseldorf BeckRS 2021, 38141 Rn. 9). Eine mitkreditierte Versicherungsprämie ist daher grds. in den Nettodarlehensbetrag einzurechnen (OLG Düsseldorf BeckRS 2021, 38141 Rn. 9), wenn sie Voraussetzung der Kreditvergabe sind (OLG Düsseldorf BeckRS 2021, 38141 Rn. 9). Der Antrag auf **Rückabtretung** von zur **Sicherheit** abgetretenen Ansprüchen, hat einen eigenständigen Wert. Denn zwischen dem Nettodarlehensbetrag und der geleisteten Anzahlung einerseits und der dem Darlehensgeber eingeräumten Sicherheit andererseits besteht grds. keine wirtschaftliche Identität (BGH BeckRS 2020, 27093 Rn. 3). Maßgebend ist in Ermangelung eines Nennwertes dieser Ansprüche idR die offene Restvaluta des Darlehensvertrags zum Zeitpunkt eines Widerrufs (BGH BeckRS 2020, 27093 Rn. 4). Ist ein **finanziertes Fahrzeug** verkauft und das **Darlehen abgewickelt,** kann es ausnahmsweise richtig sein, den Zahlungs- und den Feststellungsantrag zu addieren (BGH BeckRS 2022, 9716 Rn. 2 ff.).

– **Nicht verbundene Verträge.** Der Wert von positiven wie negativen Feststellungsanträgen richtet sich **abweichend** von → Rn. 19 „Feststellungsklagen" nach dem **vollen** Wert der Zins- und Tilgungsleistungen, die der widerrufende Darlehensnehmer auf den in Streit stehenden Vertrag bis zum Widerruf erbracht hat (stRspr, exemplarisch BGH BeckRS 2021, 31941 Rn. 2; BeckRS 2020, 9300 Rn. 5, BKR 2020, 408 Rn. 3; BeckRS 2019, 31294 Rn. 6; grundlegend NJW 2016, 2428 Rn. 6 ff.; aA OLG Karlsruhe BeckRS 2020, 5692 Rn. 19); dies gilt auch dann, wenn auf Feststellung eines **konkreten** Betrags geklagt wird (BGH BKR 2020, 408 Rn. 3). Der Wert dieser Zins- und Tilgungsleistungen ist anhand der vom Kläger im Laufe des Rechtsstreits dafür gelieferten Anhaltspunkte zu schätzen (BGH BeckRS 2020, 9300 Rn. 6). Ein **daneben** gestellter Zahlungsantrag, der auf die Rückabwicklung des Darlehens nach Widerruf gerichtet ist, führt wegen **wirtschaftlicher Identität** → § 5 Rn. 3 grds. nicht zu einer Addition der Werte (stRspr, BGH BeckRS 2019, 16462 Rn. 5). Auch ein Anspruch auf Vertragszinsen (OLG Karlsruhe BeckRS 2020, 5692 Rn. 23) oder auf Nutzungsersatz hat als **Nebenforderung** (→ § 4 Rn. 14) außer Betracht zu bleiben (BGH BKR 2016, 204 Rn. 2; BeckRS 2016, 20319 Rn. 3). Sind noch **keine Leistungen** erbracht worden, zB bei einem Forward-Darlehen, ist § 9 S. 1 anwendbar (BGH BKR 2020, 408 Rn. 6; BeckRS 2019, 3356 Rn. 3). Der im Wege der objektiven Klagehäufung (§ 260 ZPO) verfolgte Feststellungsantrag, dass der Beklagten kein Anspruch auf Abnahme der Darlehensvaluta mehr zusteht (s. auch § 39 GKG), richtet sich gem. §§ 3, 9 S. 1 ZPO nach dem 3 ½-fachen Wert der Vertragszinsen pro Jahr bezogen auf den Nennbetrag des Vorausdarlehens (BGH BeckRS 2021, 31941 Rn. 3; BKR 2020, 408 Rn. 6). Das hierfür maßgebliche wirtschaftliche Interesse liegt, wenn der Kläger zB vertragliche Ansprüche der Beklagten aus dem einem Bauspardarlehen vorgeschalteten Vorausdarlehensvertrag in Abrede stellt, darin, der Beklagten die vereinbarten Zinsen nicht zu schulden (BGH BeckRS 2021, 31941 Rn. 4).

– Klagt der Darlehensnehmer nach Widerruf seiner auf Abschluss des Darlehensvertrags gerichteten Willenserklärung auf **Rückzahlung seiner auf den Vertrag erbrachten Leistungen** Zug um Zug gegen Rückzahlung der Darlehensvaluta, richtet sich der Streitwert nach dem Betrag, zu dessen Rückzahlung der Darlehensgeber verurteilt werden soll (BGH BeckRS 2019, 15893 Rn. 3; auch → Rn. 6). Dass diese Verurteilung nur Zug um Zug gegen Rückzahlung der Darlehensvaluta beantragt wird, mindert den Streitwert **nicht** um den Betrag der Darlehensvaluta (BGH BeckRS 2019, 15893 Rn. 3).

– Der Streitwert im Falle eines **nach** dem Widerruf einer Vertragserklärung und der Saldierung der sich aus §§ 346 ff. BGB ergebenden wechselseitigen Rückgewähr- und Herausgabeansprüche aufgrund einer Aufrechnung erhobenen

Anspruchs auf Zahlung des sich zu seinen Gunsten aus einem von mehreren Darlehensverträgen ergebenden Saldos bemisst sich nach der bezifferten Höhe dieses Saldos (→ Rn. 6; stRspr, BGH BeckRS 2018, 24699 Rn. 3).
– Stellt der Darlehensnehmer die Ansprüche der Bank aus einem nicht ausgezahlten Darlehensvertrag in Abrede, ist auf den dreieinhalbfachen Jahreswert der für das nicht abgerufene Darlehen vereinbarten Zinsen abzustellen (BGH BeckRS 2022, 32659 Rn. 5).

Dauerschuldverhältnis
– **Gebührenstreitwert:** Der Wert ist grds. nach §§ 48, 41, 42 GKG zu ermitteln.
– **Rechtsmittelstreitwert:** Sogleich → „Zuständigkeitsstreitwert", → „Rechtsmittel".
– **Zuständigkeitsstreitwert:** Für die Kündigung eines Dauerschuldverhältnisses ist unter Beachtung von §§ 8, 9 das objektive wirtschaftliche Interesse der klagenden Partei (→ Rn. 11) an der Fortsetzung des Vertragsverhältnisses zu bewerten (OLG Stuttgart Abkürzung Fundstelle JurBüro 2007, 144).

Dauerwohnrecht
– **Gebührenstreitwert:** Der Wert ist grds. nach § 48 GKG iVm §§ 3, 6–9 zu ermitteln (OLG Braunschweig NZM 2008, 423; OLG Köln JurBüro 2006, 477; OLG Frankfurt a. M. OLGR 1995, 132), wobei die Wertung des § 41 I GKG einbezogen werden kann. Anders ist es, wenn das Recht entgeltlich ist; dann ist § 41 I GKG unmittelbar anwendbar (→ GKG § 41 Rn. 17).
– **Rechtsmittelstreitwert:** Sogleich → „Zuständigkeitsstreitwert", → „Rechtsmittel".
– **Zuständigkeitsstreitwert:** Für den Umfang eines Wohnrechts ist der Wert nach → Rn. 11 ff. zu ermitteln (auch → § 9 Rn. 11).

Deckungsprozess: → „Versicherung". Der Streitwert einer Deckungsschutzklage richtet sich regelmäßig nach den voraussichtlichen Kosten, die durch die gerichtliche oder außergerichtliche Wahrnehmung der rechtlichen Interessen des Versicherungsnehmers entstehen und deren Übernahme er verlangt, abzüglich eines zwanzigprozentigen Feststellungsabschlags (BGH NJOZ 2012, 1209 Rn. 4; NJW-RR 2006, 791 Rn. 5; Bauer NJW 2015, 1329, 1332). Ob und ggf. inwieweit dabei, wenn es um die Deckungszusage für eine gerichtliche Auseinandersetzung geht, neben den Gebühren für die Rechtsanwälte beider Parteien (zzgl. Auslagen für Post- und Telekommunikationsdienstleitungen sowie für die Umsatzsteuer) und den Gerichtsgebühren gerichtliche Auslagen für Zeugen und Sachverständige gemäß dem Justizvergütungs- und -entschädigungsgesetz (JVEG) zu berücksichtigen sind, ist umstritten (siehe OLG Dresden AGS 2020, 226 = BeckRS 2019, 34226 Rn. 3). **Stellungnahme.** Es kommt, wie stets, auf den Einzelfall an. Sachverständigenkosten, die eine nicht unerhebliche Höhe erreichen können, müssen einbezogen werden, sofern sie mit einer gewissen Wahrscheinlichkeit zu erwarten sind (OLG Dresden AGS 2020, 226 = BeckRS 2019, 34226 Rn. 4).

Deklaratorisches Schuldanerkenntnis: → „Anerkenntnis".

Designstreitsachen
– **Gebührenstreitwert:** Der Wert ist nach § 51 I GKG zu ermitteln.
– **Rechtsmittelstreitwert:** → Rn. 11 ff. nach dem wirtschaftlichen Interesse der klagenden Partei. → „Rechtsmittel". Auch → Löschung (etwa Design, Gebrauchsmuster, Marke, Patent).
– **Zuständigkeitsstreitwert:** Nach § 33 I DesignG sind für alle Klagen, durch die ein Anspruch aus einem der in diesem Gesetz geregelten Rechtsverhältnisse geltend gemacht wird (Designstreitsachen), die LGe mit Ausnahme der Feststellung oder Erklärung der Nichtigkeit nach § 33 ohne Rücksicht auf den Streitwert ausschließlich zuständig.

Dienstbarkeit
– **Gebührenstreitwert:** Der Wert ist grds. nach § 48 GKG iVm §§ 3, 6–9 zu ermitteln.
– **Rechtsmittelstreitwert:** Sogleich → „Zuständigkeitsstreitwert", → „Rechtsmittel".
– **Zuständigkeitsstreitwert:** Beim Streit über das Bestehen, das Nichtbestehen oder den Umfang einer **Grunddienstbarkeit** gilt § 7 (→ § 7 Rn. 5). Wird eine

Grunddienstbarkeit indes nur beeinträchtigt bzw. gestört (BGH BeckRS 2020, 29030 Rn. 5; auch → „Eigentum (Störungsunterlassung; § 1004 BGB)"). Auch bei auf Streitigkeiten über persönliche Dienstbarkeiten (§ 1090 BGB) oder Reallasten (§ 1105) ist § 7 nicht anwendbar, sondern der Wert nach → Rn. 11 ff. zu ermitteln (OLG Celle BeckRS 2021, 42364 Rn. 73).

Dienstvertrag/Dienstverhältnis: → „Anstellung".

Dingliche Sicherung: § 6.

Domainstreitigkeiten

- **Gebührenstreitwert:** Der Wert ist nach § 48 I 1 GKG iVm §§ 3, 6–9 zu ermitteln. Sogleich → „Zuständigkeitsstreitwert". **Anders** liegt es, wenn die Spezialvorschrift des § 51 anwendbar ist, zB wenn es in Bezug auf die Domain um das Marken- oder Urheberrecht geht oder um das Gesetz gegen den unlauteren Wettbewerb. Im **Einzelfall** kann der Streit nichtvermögensrechtlich und der Gebührenstreitwert nach § 48 II 1 GKG festzustellen sein, zB dann, wenn zwei Privatpersonen streiten.
- **Rechtsmittelstreitwert:** Sogleich → „Zuständigkeitsstreitwert", → „Rechtsmittel".
- **Zuständigkeitsstreitwert:** → Namensrecht. Der Wert ist nach → Rn. 11 ff. zu ermitteln.

Drittschuldnerklage

- **Gebührenstreitwert:** Der Wert ist grds. nach § 48 I 1 GKG iVm §§ 3, 6–9 zu ermitteln. Sogleich → Zuständigkeitsstreitwert
- **Rechtsmittelstreitwert:** Sogleich → „Zuständigkeitsstreitwert", → „Rechtsmittel".
- **Zuständigkeitsstreitwert:** Soweit der Glaubiger den Drittschuldner nach §§ 829, 840 II 2 auf eine Zahlung verklagt, ist nach → Rn. 3 der Wert der Klageforderung maßgeblich (OLG Saarbrücken JurBüro 1992, 849; OLG Köln MDR 1991, 899; aA LAG Schleswig-Holstein JurBüro 2001, 196 und LAG Mannheim JurBüro 2002, 196: 36facher Monats-Pfändungsbetrag), der Höhe nach **begrenzt** auf den Betrag des gegen den Schuldner titulierten Anspruchs (Schneider MDR 1990, 20 (22)).

Drittwiderspruchsklage: → § 6 Rn. 22.

Duldung (Handlung)

- **Gebührenstreitwert:** Es gelten die Ausführungen zum Zuständigkeits- und Rechtsmittelstreitwert.
- **Rechtsmittelstreitwert:** Sogleich → „Zuständigkeitsstreitwert" → „Rechtsmittel". Das Interesse der beklagten Partei ist nicht mit dem der klagenden identisch (BGH NZM 2015, 99 Rn. 5). Wendet sich eine Partei gegen die Verurteilung, dulden zu müssen, bemisst sich der Wert allein an dem Interesse, die konkrete Handlung nicht dulden zu müssen (BGH BeckRS 2011, 18962 Rn. 7; NJW-RR 2010, 1081 Rn. 8; NJWE-FER 1999, 65; NJW-RR 1992, 188 unter II 1). Bei einem Notweg geht es zB um eine Wertminderung, die das Grundstück bei einer Aufrechterhaltung der Verurteilung erleidet (BGH NZM 2015, 99 Rn. 5).
- **Zuständigkeitsstreitwert:** → Rn. 11. Eine Duldung hat neben einem Anspruch auf eine Verurteilung zu einer Leistung grds. keinen besonderen Wert (→ § 5 Rn. 2). **Herausgabe.** Bei Herausgabe einer Sache gilt § 6 (BGH NJW 1991, 3221 unter II). **Mietverhältnis.** → „Mietverhältnis" (auch BGH BeckRS 2019, 11902 Rn. 11). Zu Klagen auf Duldung einer beabsichtigten Modernisierungsmaßnahme (→ § 9 Rn. 9).

Duldung (Zwangsvollstreckung)

- **Gebührenstreitwert:** Es gelten die Ausführungen zum Zuständigkeits- und Rechtsmittelstreitwert.
- **Rechtsmittelstreitwert:** Sogleich → „Zuständigkeitsstreitwert", → „Rechtsmittel".
- **Zuständigkeitsstreitwert:** Siehe § 6. Der Wert einer Klage auf Duldung der Zwangsvollstreckung in eine Sache bemisst sich nach der Höhe der zu vollstreckenden Forderung einschließlich Zinsen und Kosten oder – entsprechend § 6 – nach dem Wert des Vollstreckungsobjektes, falls dieser geringer ist (BGH NJW-

RR 1999, 1080; WM 1982, 435). Eine Duldung hat neben einem Anspruch auf eine Verurteilung zu einer Leistung keinen besonderen Wert (→ § 5 Rn. 3).

Durchsuchung (§§ 758, 758a)

– **Allgemeines:** Grds. gibt es in der ZPO keinen Bedarf, den Gebühren-, Rechtsmittel- oder Zuständigkeitsstreitwert für eine Durchsuchung festzusetzen. Eine Wertfestsetzung ist allerdings für den Gegenstandswert auf Antrag nach § 33 I RVG vorzunehmen. Zu den Verwaltungs- und Finanzgerichten siehe § 53 II GKG (Gebührenstreitwert).

– **Gegenstandswert:** Der Wert für eine Beschwerde bestimmt sich nach → Rn. 11 nach einem Bruchteil der titulierten Hauptforderung. Er wurde zB auf 1/2 der Hauptsache geschätzt (OLG Köln MDR 1988, 329) – was zu hoch erscheint, näher lägen zB 10 %.

Ehre

– **Gebührenstreitwert:** § 48 II–III GKG.

– **Rechtsmittelstreitwert:** Sogleich → „Zuständigkeitsstreitwert", → „Rechtsmittel". Die Bedeutung von Art. 5 I 1 GG für den Rechtsstreit muss hinreichend berücksichtigt werden (BVerfG BVerfGK 7, 1 = BeckRS 2005, 33611 Rn. 40). Bei einem Kind ist außerdem zu berücksichtigen, dass es ein Recht auf ungehinderte Entfaltung seiner Persönlichkeit und ungestörte kindgemäße Entwicklung hat (BGH NJW 2016, 3380 Rn. 12).

– **Zuständigkeitsstreitwert:** → Rn. 7 „Nichtvermögensrechtliche Streitigkeiten"; → GKG § 48 Rn. 16. Der Wert eines Unterlassungsanspruchs nach §§ 823, 824, 1004 I 2 BGB kann **nicht schematisch** auf einen **bestimmten** Wert festgelegt werden, sondern ist unter Berücksichtigung aller Umstände des Einzelfalls, insbes. des Umfangs und der Bedeutung der Sache und der Vermögens- und Einkommensverhältnisse der Parteien, nach Ermessen zu bestimmen (OLG Saarbrücken BeckRS 2022, 30001 Rn. 11; OLG Dresden BeckRS 2021, 39901 Rn. 3). Maßgeblich ist **neben** dem Grad der Verbreitung ua die Schwere des Vorwurfs sowie die Beeinträchtigung des sozialen Geltungsanspruches des Verletzten in der Öffentlichkeit, die wirtschaftliche Bedeutung sowie die sonstige Bedeutung der Sache (OLG Dresden BeckRS 2021, 39901 Rn. 3). Ferner ist von Bedeutung, unter welchen Umständen eine Behauptung aufgestellt und in welchem Umfang sie Dritten zur Kenntnis gelangt sein soll (OLG Saarbrücken BeckRS 2022, 30001 Rn. 11). Die Werte des § 52 II GKG und des § 23 III 2 RVG bieten einen **ersten** Anhalt, der je nach den Umständen **zu ermäßigen oder zu erhöhen** ist (OLG Saarbrücken BeckRS 2022, 30001 Rn. 11; OLG Dresden BeckRS 2021, 39901 Rn. 3). Zur Angabe des Wertes in der Antragsschrift → Rn. 15.

Eidesstattliche Versicherung (§§ 259 II, 260 II, 2028 II, 2057 S. 2 BGB)

– **Gebührenstreitwert:** Es gelten die Ausführungen zum Zuständigkeits- und Rechtsmittelstreitwert.

– **Rechtsmittelstreitwert:** Sogleich → „Zuständigkeitsstreitwert", → „Rechtsmittel". Der Wert soll sich nach dem Aufwand an Zeit und Kosten für die Prüfung der Auskunft auf Vollständigkeit und Richtigkeit richten (vgl. BGH BeckRS 2022, 17770 Rn. 14; ZEV 2020, 701 Rn. 17).

– **Zuständigkeitsstreitwert**

  – **Allgemeines:** → „Auskunft". Der Streitwert ist idR nach denselben Grundsätzen zu bemessen wie im Auskunftsverfahren (BGH BeckRS 2020, 31456 Rn. 10; NJW-RR 2018, 1265 Rn. 10 für den Rechtsmittelstreitwert). Dies gilt auch, wenn sich bei einer Stufenklage das Rechtsmittel auf den Anspruch auf Auskunft oder Erteilung der eidesstattlichen Versicherung bezieht (BGH NJW-RR 2018, 1265 Rn. 10 für den Rechtsmittelstreitwert).

  – **Anwaltliche Hilfe.** Der zur Abgabe der eidesstattlichen Versicherung Verurteilte ist nicht nur berechtigt, sondern verpflichtet, die erteilte Auskunft auf Vollständigkeit und Richtigkeit zu überprüfen und gegebenenfalls zu ergänzen und zu berichtigen. Dafür bedarf es idR keiner erneuten anwaltlichen Beratung oder Begleitung (BGH BeckRS 2020, 31456 Rn. 10; NJW-RR 2013, 257 Rn. 19; FuR 2011, 110 = BeckRS 2010, 25407 Rn. 10, BeckRS 2010, 12770 Rn. 4). Die Einschaltung eines Rechtsanwaltes kann aber dann nicht verwehrt werden, wenn der Urteilsausspruch nicht hinreichend bestimmt genug ist, so dass Zweifel über seinen Inhalt und Umfang im Vollstreckungsverfahren zu klären sind, oder wenn die sorgfältige Erfüllung des titulierten Anspruchs Rechtskenntnisse voraussetzt (BGH BeckRS 2020, 31456 Rn. 10).

Eidesstattliche Versicherung (§§ 803, 836, 883)
- **Allgemeines:** Grds. gibt es keinen Bedarf, den Gebühren-, Rechtsmittel- oder Zuständigkeitsstreitwert festzusetzen. Eine Wertfestsetzung ist lediglich für den Gegenstandswert auf Antrag nach § 33 I RVG vorzunehmen.
- **Gegenstandswert:** Siehe § 25 RVG.

Eigentum (Herausgabe; § 985 BGB)
- **Gebührenstreitwert:** Bei der einstweiligen Verfügung usw nach §§ 935 ff. GKG → § 53. Im Übrigen → § 6 Rn. 3.
- **Rechtsmittelstreitwert:** → Sogleich → „Zuständigkeitsstreitwert", → „Rechtsmittel".
- **Zuständigkeitsstreitwert:** → § 6 Rn. 4 ff.

Eigentum (Störungsunterlassung; § 1004 BGB)
- **Gebührenstreitwert:** Bei der einstweiligen Verfügung usw nach §§ 935 ff. → § 53 GKG. Im Übrigen sogleich → Rn. 11.
- **Rechtsmittelstreitwert:** Sogleich → „Zuständigkeitsstreitwert", → „Rechtsmittel".
- **Zuständigkeitsstreitwert:** → Rn. 11 ff. Das Interesse des Grundstückseigentümers an der Beseitigung einer Störung seines Grundstücks ist grds. nach dem Wertverlust zu bestimmen, den dieses durch die Störung erleidet (stRspr, ua BGH NZM 2022, 754 Rn. 7; BeckRS 2021, 27908 Rn. 9; BeckRS 2020, 6759 Rn. 4; NZM 2019, 349 Rn. 7; BeckRS 2013, 18629 Rn. 5; BeckRS 2012, 8271 Rn. 7; BeckRS 2011, 18590 Rn. 4; NJW-RR 1986, 737). Weitere Anhaltspunkte für die Bemessung des Interesses können sonstige durch die behaupteten Störungen unmittelbar entstehende Nachteile sein (BGH BeckRS 2020, 29030 Rn. 5). Ausnahmsweise, wenn sich die Störung nach Art bzw. Umfang nicht in einer Wertminderung des Grundstücks niederschlägt, kann sich der Wert nach den Kosten bemessen, die dem Eigentümer durch die Störung entstehen und die ohne diese nicht angefallen wären (s. auch BGH BeckRS 2021, 27908 Rn. 9 zur Beschwer). Beim Rechtsmittel muss das Interesse glaubhaft gemacht werden (BGH BeckRS 2021, 27908 Rn. 9; BeckRS 2020, 6759 Rn. 4). Bei einer Beseitigung von Sondermüll sollen ausnahmsweise die Entsorgungskosten maßgebend sein (OLG Düsseldorf MDR 1991, 353) – was **nicht** überzeugt. → Besitz (Störungsunterlassung). Beim **Anbringen von Informationszetteln** über Wassersperrungen hat der BGH 50 EUR als Wert akzeptiert (BGH NZM 2022, 754 Rn. 6 ff.).

Einrede der Nichterfüllung: → „Gegenseitiger Vertrag".

Einsichtnahme in Unterlagen
- **Gebührenstreitwert:** Der Wert ist grds. nach § 48 GKG iVm §§ 3, 6–9 zu ermitteln. Insoweit gelten die Ausführungen zum Zuständigkeitsstreitwert entsprechend.
- **Rechtsmittelstreitwert:** Sogleich → „Zuständigkeitsstreitwert", → „Rechtsmittel".
- **Zuständigkeitsstreitwert:** → Rn. 11 ff.; → „Auskunft". Der Streitwert richtet sich nach dem Interesse an der Einsicht (BGH NJW 2011, 2974 Rn. 16). Dieses ist wie bei der Auskunft nach einem zu schätzenden Teilwert des Anspruchs zu bemessen, dessen Durchsetzung die verlangte Information dienen soll (→ „Auskunft"; BGH NJW 2011, 2974 Rn. 16; OLG Düsseldorf BeckRS 2020, 46952 Rn. 3).

Einwände (Einreden/Einwendungen)
- **Allgemeines:** Einwände der beklagten Partei haben auf die Höhe des Streitwertes keinen Einfluss.
- **Sachurteilsvoraussetzungen:** Wendet die beklagte Partei Parteiunfähigkeit, Prozessunfähigkeit, mangelnde Prozessführungsbefugnis oder etwas Ähnliches ein, streiten die Parteien über die Hauptsache selbst, → „Sachurteilsvoraussetzungen".

Einstweilige Anordnung

– **Allgemeines:** Grds. gibt es in der ZPO keinen Bedarf, den Gebühren-, Rechtsmittel- oder Zuständigkeitsstreitwert für die Zwangsvollstreckung festzusetzen. Eine Wertfestsetzung ist allerdings für den Gegenstandswert auf Antrag nach § 33 I RVG vorzunehmen. Zu den Verwaltungs- und Finanzgerichten siehe § 53 II GKG (Gebührenstreitwert).

– **Gegenstandswert.** Der Wert für eine Beschwerde bestimmt sich nach → Rn. 11 nach einem Bruchteil der titulierten Hauptforderung und kann idR auf ein Fünftel des Wertes der Hauptsache geschätzt werden (auch BGH NJW 1991, 2280 unter II 1c).

Einstellung der Zwangsvollstreckung

– **Allgemeines:** Grds. gibt es in der ZPO keinen Bedarf, den Gebühren-, Rechtsmittel- oder Zuständigkeitsstreitwert für die Zwangsvollstreckung festzusetzen. Eine Wertfestsetzung ist allerdings für den Gegenstandswert auf Antrag nach § 33 I RVG vorzunehmen.

– **Gegenstandswert.** Der Wert für eine Beschwerde bestimmt sich nach → Rn. 11 nach einem Bruchteil der titulierten Hauptforderung und kann für den Aufschub idR auf ein Fünftel des Wertes der Hauptsache geschätzt werden (BGH NJW 1991, 2280 unter II 1c; KG JurBüro 1982, 1243; Hillach-Rohs § 70 C I; Saenger/Bendtsen Rn. 15), → „Zwangsvollstreckung".

Einstweilige Verfügung

– **Gebührenstreitwert:** §§ 51 IV, 53 I Nr. 1 GKG iVm § 3. Sogleich → „Zuständigkeitsstreitwert".

– **Rechtsmittelstreitwert:** Sogleich → „Zuständigkeitsstreitwert", → „Rechtsmittel". Im **Widerspruchs- und Aufhebungsverfahren** nach §§ 924 ff. muss das Gericht grds. denselben Wert wie im Antragsverfahren ansetzen. Bei einem auf die Kostenfrage beschränkten Widerspruch ist das bloße Kosteninteresse maßgeblich (OLG Nürnberg NJW-RR 2013, 635).

– **Zuständigkeitsstreitwert:** Zunächst ist nach → Rn. 11 der Wert des zu sichernden Anspruchs zu ermitteln. Da das Verfahren auf Erlass einer einstweiligen Verfügung nur eine vorläufige Klärung bringt, ist der so ermittelte Wert nach billigem Ermessen angemessen herabzusetzen. Entsprechend der Wertung des § 41 S. 2 FamGKG bietet es sich an, von der **Hälfte** des für die Hauptsache bestimmten Wertes auszugehen. In der Praxis wird häufig so verfahren – oder es werden 1/4 bis 1/3 der Hauptsache abgesetzt (OLG Schleswig NJW-RR 2014, 1342 Rn. 4). Der Wert kann **ausnahmsweise den Wert des Hauptanspruchs** erreichen (OLG Dresden GRUR-RR 2022, 422 Rn. 12; OLG Karlsruhe MDR 2020, 629 = BeckRS 2020, 3254 Rn. 14 ff.; OLG Rostock GRUR-RR 2009, 39; OLG München FamRZ 1997, 691; OLG Frankfurt a. M. MDR 1991, 354; LG Berlin WuM 2016, 572), zB dann, wenn das Gericht den Streit durch die einstweilige Verfügung praktisch auch bereits zur Hauptsache entschieden hat (OLG Stuttgart MDR 2011, 1316; OLG Koblenz JurBüro 2009, 429; VGH Mannheim JurBüro 2010, 201), wenn mit dem Antrag eine endgültige Regelung bezweckt wird, zB Herausgabe einer Sache (OLG Karlsruhe BeckRS 2020, 3254 Rn. 14 ff. = MDR 2020, 629), wenn aus der maßgeblichen Sicht des Antragstellers die berechtigte Erwartung besteht, dass das einstweilige Verfügungsverfahren wie ein Hauptsacheverfahren zu einer abschließenden Regelung der Streitigkeit führt (OLG Dresden GRUR-RR 2022, 422 Rn. 12), oder im **Presse-** oder **Urheberrecht,** darf aber nicht über dem Wert der Hauptsache liegen. Wenn der Antragsteller nur eine Regelung **bis** zur Hauptsachenentscheidung erstrebt, gilt meist etwa ein Sechsmonatsbetrag (KG MDR 1988, 154; OLG Zweibrücken FamRZ 1993, 1336; Schneider MDR 1989, 389). Das gilt selbst dann, wenn das Gericht keine ausdrückliche derartige Begrenzung vornimmt (OLG Hamm JurBüro 1991, 1535). Bei einer drohenden Zwangsversteigerung oder dann, wenn es um den Verkauf eines Grundstücks geht, kann man den Wert für die Eintragung einer Vormerkung zur Sicherung für die Bestellung einer Hypothek oder Grundschuld deren Betrag annähern (OLG Bamberg JurBüro 1978, 1552).

Eintragungsbewilligung
- **Gebührenstreitwert:** Der Wert ist grds. nach § 48 GKG iVm §§ 3, 6–9 zu ermitteln. Insoweit gelten die Ausführungen zum Zuständigkeitsstreitwert entsprechend.
- **Rechtsmittelstreitwert:** Sogleich → „Zuständigkeitsstreitwert", → „Rechtsmittel".
- **Zuständigkeitsstreitwert:** → Rn. 11. Es ist von demjenigen Anspruch ausgehen, auf dem die Eintragung beruhen soll. Daher gilt zB beim Eigentum § 6, bei einer Grunddienstbarkeit § 7, bei einer Reallast § 9; das gilt auch beim Berichtigungsanspruch. Bei einer nur formalen Klärung kann ein geringerer Wert in Frage kommen (OLG Zweibrücken JurBüro 1987, 267). Es kann auch der zu zahlende Kaufpreisrest maßgeblich sein (OLG Bamberg JurBüro 1996, 85).

Einwilligung: → „Eintragungsbewilligung", → „Hinterlegung".

Energiewirtschaftsgesetz (§ 47 V EnWG)
- **Gebührenstreitwert:** Der Wert ist grds. nach § 53 I Nr. 4 GKG iVm § 3 nach → Rn. 11 zu ermitteln. Der Wert beträgt nach § 53 I Nr. 4 GKG höchstens 100.000 EUR.
- **Rechtsmittelstreitwert:** → „Rechtsmittel".
- **Zuständigkeitsstreitwert:** Siehe § 102 I 1 EnWG.

Enteignung
- **Gebührenstreitwert:** Der Wert ist grds. nach § 48 I GKG iVm §§ 3, 6–9 zu ermitteln. Insoweit gelten die Ausführungen zum Zuständigkeitsstreitwert entsprechend.
- **Rechtsmittelstreitwert:** Sogleich → „Zuständigkeitsstreitwert", → „Rechtsmittel".
- **Zuständigkeitsstreitwert:** Enteignung → § 6 Rn. 4 (BGH NJW 2000, 80 unter III 2; OLG Frankfurt a. M. JurBüro 1977, 1136). Das gilt auch bei einer Teilfläche und bei einer Rückenteignung (OLG München JurBüro 1979, 896). Beim Streit nur um die Höhe der Entschädigung ist nach → Rn. 11 der Unterschied zwischen dem festgesetzten und dem begehrten Betrag maßgeblich. Eine etwaige Wertminderung des Restgrundstücks ist unerheblich. → „Baulandsache".

Entlastung: → „Gesellschaft".

Entnahmerecht (Gesellschafter): → „Gesellschaft".

Erbbaurecht
- **Gebührenstreitwert:** Der Wert ist grds. nach § 48 GKG iVm §§ 3, 6–9 zu ermitteln. Insoweit gelten die Ausführungen zum Zuständigkeitsstreitwert entsprechend.
- **Rechtsmittelstreitwert:** Sogleich → „Zuständigkeitsstreitwert", → „Rechtsmittel".
- **Zuständigkeitsstreitwert:** Erhöhung des Erbbauzinses → § 9 Rn. 6. Bei der Klage auf Rückübertragung des Erbbaurechtes ist der Wert entsprechend § 6 nach dem Wert des Erbbaurechtsgrundstücks zu bemessen (BGH JurBüro 1982, 697; OLG München WuM 1995, 193). Die Gegenleistung, nämlich die Rückzahlung des gezahlten Kaufpreises, bleibt außer Betracht (BGH BeckRS 2019, 1782 Rn. 8).

Erbrechtlicher Anspruch

Schrifttum: Klingelhöffer, Streitwert und Beschwer bei Erbrechtsprozessen, ZEV 2009, 379.

- **Gebührenstreitwert:** Der Wert ist, wenn nicht das FamGKG oder das GNotKG anwendbar sind, grds. nach § 48 GKG iVm §§ 3, 6–9 zu ermitteln. Insoweit gelten die Ausführungen zum Zuständigkeitsstreitwert entsprechend.
- **Rechtsmittelstreitwert:** Sogleich → „Zuständigkeitsstreitwert", → „Rechtsmittel".
- **Zuständigkeitsstreitwert**
  - **Allgemeines.** → Rn. 11, zB für Streitigkeiten unter Miterben (BGH NJW 1975, 1415).
  - **Auskunft.** Zu einer Auskunft → „Auskunft". Etwa das Auskunftsinteresse eines Pflichtteilsberechtigten ist mit einer Quote des Wertes des Leistungsanspruchs zu bestimmen, die idR zwischen $^{1}/_{10}$ und $^{1}/_{4}$ bemessen wird und

umso höher anzusetzen ist, je geringer die Kenntnisse des Pflichtteilsberechtigten und sein Wissen über die zur Begründung des Leistungsanspruchs maßgeblichen Tatsachen sind (BGH ZEV 2006, 265 Rn. 4; OLG Braunschweig BeckRS 2021, 19375 Rn. 14).

- **Erbauseinandersetzung.** Der Wert einer Erbauseinandersetzung, ist grds. nach → Rn. 11 zu ermitteln (BGH ZEV 2016, 573 Rn. 3). Unstreitige Teile sind abzuziehen. Dies gilt auch dann, wenn sich ein Miterbe gegen einen Auseinandersetzungsplan des Testamentsvollstreckers wendet (BGH ZEV 2016, 573 Rn. 3).
- **Erbfeststellungsklage.** Der Wert einer Erbfeststellungsklage ist nach → Rn. 11 ff. zu ermitteln. Im Mittelpunkt steht das Interesse der klagenden Partei, ihre **wirtschaftliche** Position zu verbessern. Maßgebend hierfür ist der Anteil des Klägers am Nachlass (BGH ZEV 2012, 656 Rn. 2). Dazu ist zu fragen, welchen **Mehrwert** die klagende Partei anstrebt. Hat die klagende Partei bereits einen unstreitigen Pflichtteilsanspruch, ist dieser daher bei der Berechnung **nicht** zu berücksichtigen und vom Erbe abzuziehen (BGH JurBüro 1975, 460 = BeckRS 1975, 31126923). Entsprechendes gilt, wenn **andere** Pflichtteile und/oder Vermächtnisse **unstreitig** vom Erbteil abzuziehen sind (s. auch N. Schneider ErbR 2011, 242). Von der auf diese Weise ermittelten Summe ist nach den allgemeinen Grundsätzen → Rn. 19 „Feststellungsklagen" bei einer positiven Feststellungsklage dann außerdem ein Abschlag von 20 % vorzunehmen (BGH ZEV 2012, 656 Rn. 2), bei negativen nicht (BGH FamRZ 2007, 464; OLG Frankfurt a. M. OLGR Frankfurt 1994, 66 (69); → Rn. 19 „Feststellungsklagen"). Geht es nur um eine Vorerbschaft, soll ein (weiterer) Abschlag vorgenommen werden (BGH FamRZ 1989, 958: 25 %).
- **Erbunwürdigkeit.** Ficht der Kläger ein Testament wegen Erbunwürdigkeit des Bedachten an, so richtet sich die Berechnung des Streitwertes unter Beachtung von § 4 nach → Rn. 11. Maßgeblich ist grds. der Wert des **Anteils des Klägers** am Gesamtnachlass bei erfolgreicher Klage (BGH NJW 1970, 197; OLG Frankfurt a. M. BeckRS 2010, 28987).
- **Erbschein (Herausgabe).** → Herausgabe.
- **Erbteilung.** Der Wert richtet sich nach dem Wert, den der Miterbe anstrebt (BGH NJW 1975, 1415).
- **Zahlung (Herausgabe).** → Rn. 6 (OLG Braunschweig BeckRS 2021, 19375 Rn. 15).

Erledigterklärung

Schrifttum: Deckenbrock/Dötsch, Streitwert bei einseitiger Erledigungserklärung, JurBüro 2003, 287.

- **Allgemeines.** Grds. gibt es in erster Instanz keinen Bedarf, den Gebühren- oder Zuständigkeitsstreitwert festzusetzen. Eine Wertfestsetzung ist lediglich für den **Gegenstandswert** auf Antrag nach § 33 I RVG vorzunehmen. Hier gilt Folgendes:
- **Übereinstimmende Erledigterklärungen.** Bei übereinstimmenden Erledigterklärungen richtet sich der Gegenstandswert **bis** zur Erklärung der Erledigung nach dem ursprünglichen Streitwert, später nach den bis dahin **entstandenen Kosten.**
- **Einseitige Erledigterklärung.** Hat der Kläger den Rechtsstreit in der Hauptsache **einseitig** für erledigt erklärt, der Beklagte der Erklärung aber **widersprochen,** weil die Klage von vornherein unzulässig und daher abzuweisen sei, so bildet der vom Kläger erhobene Anspruch verfahrensrechtlich weiterhin die Hauptsache. Nach der stRspr ist dem Streitgegenstand in derartigen Fällen **dennoch** ganz regelmäßig ein anderer Wert beizumessen, weil die Parteien normalerweise an der Fortsetzung des Rechtsstreits nur insoweit ein rechtlich beachtliches Interesse haben, als es um die Prozesskosten geht. Der Streitwert schrumpft im Zeitpunkt der Erledigungserklärung des Klägers auf die **Summe der bis dahin entstandenen Kosten** (BGH BeckRS 2021, 1014 Rn. 5; NJOZ 2017, 171 Rn. 3; NJW 2015, 3173 Rn. 3), soweit der Betrag den Wert der Hauptsache nicht übersteigt (BGH BeckRS 2014, 21519).

- **Teilweise übereinstimmende Erledigterklärungen.** Bei teilweise übereinstimmenden Erledigungserklärungen richtet sich der Streitwert **nach** den Erledigungserklärungen **ausschließlich** nach dem streitig gebliebenen Teil der Hauptforderung. Die auf den teilweise für erledigt erklärten Hauptanspruch entfallenden Kosten sind dem Hauptsachestreitwert nach hM **nicht hinzuzurechnen** (BGH NJW-RR 1995, 1090; OLG Stuttgart JurBüro 2009, 250).
- **Teilweise einseitige Erledigterklärung.** Bei einseitiger teilweiser Erledigungserklärung des Klägers setzt sich der Streitwert hingegen aus dem Wert der verbliebenen Hauptsache **und** den auf den erledigten Teil entfallenden (anteiligen) Kosten zusammen (BGH BeckRS 2020, 21485 Rn. 7; BeckRS 2020, 18313 Rn. 8; BeckRS 2020, 7509 Rn. 4; NJW-RR 2019, 189 Rn. 7; NJW-RR 2019, 189 Rn. 7; AGS 2018, 124 = BeckRS 2017, 128428 Rn. 2; NJW 2008, 999 Rn. 7). Der Wert dieser Kosten ist durch eine Differenzrechnung zu ermitteln, die ergibt, um welchen Betrag bis zur teilweisen Erledigung diejenigen Kosten überschritten wurden, die angefallen wären, wenn der Kläger den Rechtsstreit von Anfang an nur über den nicht für erledigt erklärten Teil der Hauptsache geführt hätte (BGH BeckRS 2022, 3454 Rn. 5; BeckRS 2021, 1014 Rn. 5; BeckRS 2020, 21485 Rn. 7).

- **Rechtsmittelstreitwert:** Soeben → „Allgemeines“ sowie → „Rechtsmittel“ (s. auch BGH NJW-RR 2022, 1023 Rn. 11). Nach einer einseitigen Erledigterklärung richtet sich die Beschwer des Rechtsmittelführers zB nach der Summe der bis zum Zeitpunkt der Erledigterklärung entstandenen Kosten (BGH BeckRS 2022, 3454 Rn. 5; BeckRS 2018, 9503 Rn. 3). Eine **Ausnahme** kommt in Betracht, wenn aus der angegriffenen Entscheidung **rechtskräftige Feststellungen** zu Ansprüchen hergeleitet werden können, die noch zwischen den Parteien streitig sind (BGH NJW-RR 2022, 1023 Rn. 14; BeckRS 2022, 3454 Rn. 6; BeckRS 2018, 9503 Rn. 4; NJOZ 2018, 1270 Rn. 8) oder das Interesse der Parteien an einer **mittelbaren Rechtfertigung ihrer Standpunkte** deutlich im Vordergrund steht (BGH NJOZ 2018, 1270 Rn. 8; BeckRS 2015, 13131 Rn. 2; NJW 1982, 767 unter II 2b).

Errichtung eines Vermögensverzeichnisses: → „Vornahme einer Handlung“.
Ersatzvornahme: → „Zwangsvollstreckung“.
Erwerbsverbot: → „Einstweilige Verfügung“ sowie § 6.
Erwirkung einer Handlung: → „Vornahme einer Handlung“, → „Zwangsvollstreckung“.
Erzwingung: → „Ordnungs- und Zwangsmittel“.
Eventualantrag: → „Hilfsantrag“.
Eventualwiderklage: → „Hilfswiderklage“.
Fernwärme: → „Wärmelieferungsvertrag“.
Feststellungsklage: → Rn. 19 „Feststellungsklagen“.
Firma: → „Namensrecht“.
Fischereirecht

- **Gebührenstreitwert:** § 48 I 1 GKG iVm §§ 3, 6–9, sogleich → „Zuständigkeitsstreitwert“.
- **Rechtsmittelstreitwert:** Zunächst → „Rechtsmittel“, sogleich → „Zuständigkeitsstreitwert“.
- **Zuständigkeitsstreitwert:** Für einen Eingriff → § 9 Rn. 4. Im Übrigen → Rn. 11 ff. Als Anhaltspunkte dienen: Der im gewöhnlichen Geschäftsverkehr erzielbare Kaufpreis; bei einer Feststellung der Jahresertrag; eine Wertminderung des an den Fischgrund angrenzenden Grundstücks und ein 20facher Jahresbetrag, der sich bei einer solchen Verpachtung erzielen lässt, die nur auf eine vorübergehende Zeit erfolgen würde.

Forderung (Sicherstellung oder Pfandrecht daran)

- **Gebührenstreitwert:** Bei der einstweiligen Verfügung usw nach §§ 935 ff. GKG → § 53. Im Übrigen → § 6 Rn. 3.
- **Rechtsmittelstreitwert:** Sogleich → „Zuständigkeitsstreitwert“, → „Rechtsmittel“.
- **Zuständigkeitsstreitwert:** Siehe § 6.

Franchise
- **Gebührenstreitwert:** § 48 I 1 GKG iVm §§ 3, 6–9, sogleich → „Zuständigkeitsstreitwert".
- **Rechtsmittelstreitwert:** Zunächst → „Rechtsmittel", sogleich → „Zuständigkeitsstreitwert".
- **Zuständigkeitsstreitwert:** Maßgeblich ist für → Rn. 11 das Interesse des Franchisenehmers an der Fortführung des Franchisevertrags (OLG Stuttgart JurBüro 2007, 144), bzw. an seiner Auflösung (OLG Düsseldorf JurBüro 2011, 592).

Freigabe eines Bankguthabens
- **Gebührenstreitwert:** § 48 I 1 GKG iVm §§ 3, 6–9, sogleich → „Zuständigkeitsstreitwert".
- **Rechtsmittelstreitwert:** Zunächst → „Rechtsmittel", sogleich → „Zuständigkeitsstreitwert".
- **Zuständigkeitsstreitwert:** Maßgeblich ist für → Rn. 11 der volle Betrag und nicht nur das Interesse an der sofortigen Verfügungsmöglichkeit.

Freistellung: → „Befreiung"

Gebrauchsmusterstreitsachen
- **Gebührenstreitwert:** § 51 I GKG.
- **Rechtsmittelstreitwert:** → Rn. 11 ff. nach dem wirtschaftlichen Interesse der klagenden Partei. → „Rechtsmittel". Auch → „Löschung" (etwa Design, Gebrauchsmuster, Marke, Patent).
- **Zuständigkeitsstreitwert:** Für alle Klagen, durch die ein Anspruch aus einem der im GebrMG geregelten Rechtsverhältnisse geltend gemacht wird (Gebrauchsmusterstreitsachen), sind nach § 27 I GebrMG die Zivilkammern der LG ohne Rücksicht auf den Streitwert ausschließlich zuständig.

Geschäftsgeheimnisstreitsachen
- **Gebührenstreitwert:** Der Wert ist nach § 51 I GKG zu ermitteln.
- **Rechtsmittelstreitwert:** → Rn. 11 ff. nach dem wirtschaftlichen Interesse der klagenden Partei. → „Rechtsmittel"
- **Zuständigkeitsstreitwert:** Nach § 15 I GeschGehG sind für alle Klagen, durch die ein Anspruch aus einem der in diesem Gesetz geregelten Rechtsverhältnisse geltend gemacht wird (Designstreitsachen), die LG ohne Rücksicht auf den Streitwert ausschließlich zuständig.

Gegendarstellung
- **Gebührenstreitwert:** § 48 II–III GKG.
- **Rechtsmittelstreitwert:** Sogleich → „Zuständigkeitsstreitwert", → „Rechtsmittel".
- **Zuständigkeitsstreitwert:** → Rn. 7 „Nichtvermögensrechtliche Streitigkeiten".

Gehalt: → „Anstellung".

Geldforderung: Maßgeblich ist nach → Rn. 3 der Betrag der Klageforderung in EUR, Art. 8 I VO (EG) 974/98 (OLG Brandenburg BeckRS 2021, 12606 Rn. 5). Das gilt auch dann, wenn es um die Freigabe eines Guthabens geht.

Gemeinschaft
- **Gebührenstreitwert:** § 48 I 1 GKG iVm §§ 3, 6–9, sogleich → „Zuständigkeitsstreitwert".
- **Rechtsmittelstreitwert:** Zunächst → „Rechtsmittel", sogleich → „Zuständigkeitsstreitwert".
- **Zuständigkeitsstreitwert:** Der Wert ist zu ermitteln nach → Rn. 11. Wenn es um die Teilung (Aufhebung/Auseinandersetzung) einer Gemeinschaft geht, ihren Zeitpunkt oder die Art der Teilung ist nur der Anteil des Klägers maßgeblich (OLG Brandenburg BeckRS 2020, 12118 Rn. 5; KG BeckRS 2008, 21928 = MDR 2008, 1417; OLG Düsseldorf JurBüro 2006, 644; OLG Karlsruhe JurBüro 1997, 531; aA OLG Brandenburg JurBüro 1998, 421). Bei einer Verbindung mit einer Klage auf die Zahlung des Ausgleiches gilt § 5.

Genehmigung
- **Gebührenstreitwert:** § 48 I 1 GKG iVm §§ 3, 6–9 sogleich → „Zuständigkeitsstreitwert".

– **Rechtsmittelstreitwert:** Zunächst → „Rechtsmittel“, sogleich → „Zuständigkeitsstreitwert“.
– **Zuständigkeitsstreitwert:** Maßgeblich ist nach → Rn. 11 der Wert des zu genehmigenden Vorganges.

Genossenschaft

– **Gebührenstreitwert:** § 48 I 1 GKG iVm §§ 3, 6–9 sogleich → „Zuständigkeitsstreitwert“.
– **Rechtsmittelstreitwert:** Zunächst → „Rechtsmittel“, sogleich → „Zuständigkeitsstreitwert“.
– **Zuständigkeitsstreitwert:** Der Wert ist zu ermitteln nach → Rn. 11. Wenn es um die Feststellung der Unwirksamkeit einer Ausschließung geht und soweit der Streit vermögensrechtlich ist, gelten nicht der Mietwert der Genossenschaftswohnung oder das Vorstandsgehalt, sondern der Wert des Anteils mit allen Vorteilen der Mitgliedschaft. Bei einer Anfechtungsklage ist § 247 I AktG entsprechend anwendbar (OLG Bamberg JurBüro 1980, 759; OLG Naumburg JurBüro 1999, 310).

Geschäftsanteil: → „Gesellschaft“.

Geschäftsbedingungen: → „Allgemeine Geschäftsbedingungen“.

Gesellschaft

– **Gebührenstreitwert:** § 48 I 1 GKG iVm §§ 3, 6–9, § 247 AktG (→ AktG § 247 Rn. 1 ff.), sogleich → „Zuständigkeitsstreitwert“, → „Anstellung“, → „Bestellung“.
– **Rechtsmittelstreitwert:** Zunächst → „Rechtsmittel“, sogleich → „Zuständigkeitsstreitwert“, → „Anstellung“, → „Bestellung“.
– **Zuständigkeitsstreitwert:**
  – **Allgemeines:** Der Wert ist zu ermitteln nach → Rn. 11.
  – **Anfechtung (Beschlussmängelklage):** Der Wert einer Beschlussmängelklage gegen GmbH-Beschlüsse wird idR entsprechend § 247 AktG bestimmt („→ Aktiengesetz (§ 247 I AktG)“). Dies gilt nicht bei einer GmbH & Co. KG oder einer KG (OLG Hamm BeckRS 2022, 11846 Rn. 13). Ob § 247 AktG auf Gesellschafterbeschlüsse zwischen Gesellschaftern einer Personengesellschaft in Betracht kommt, ist streitig. Von der überwiegenden Auffassung wird eine Analogie abgelehnt (→ „Aktiengesetz (§ 247 I AktG))“. Auch dann, wenn das wirtschaftliche Interesse des mit einem geringen Kapitalanteil beteiligten Klägers und das Interesse der Beklagten weit auseinanderklaffen, hat die Festlegung des Streitwerts nur dem Interesse des Klägers als Angreifer Rechnung zu tragen (OLG Hamm BeckRS 2022, 11846 Rn. 14).
  – **Anstellung:** → „Anstellung (Beendigung eines Dienstvertrages)“.
  – **Ausschluss:** Bei einem Streit um den Ausschluss eines Mitglieds, der idR vermögensrechtlicher Natur ist, ist der Wert grds. nach dem Wert seiner Beteiligung an der Gesellschaft, also nach dem Wert des Geschäfts- bzw. Gesellschaftsanteils des ausgeschlossenen Gesellschafters zu ermitteln (stRspr, s. nur BGH BeckRS 2022, 17577 Rn. 4; ZInsO 2020, 440 = BeckRS 2019, 31898 Rn. 4; NZG 2015, 321 Rn. 7; BeckRS 2014, 13952 Rn. 4; NJW 2009, 3161 Rn. 11). Dabei wird das Interesse eines Gesellschafter-Geschäftsführers, weiterhin Geschäftsführer der Gesellschaft zu sein und damit die Lenkungs- und Leitungsmacht in der Hand zu behalten, durch den Wert seines Gesellschaftsanteils begrenzt, mit anderen Worten, das Interesse des sich gegen seinen Ausschluss wehrenden Gesellschafter-Geschäftsführers liegt nicht deshalb über dem Wert seines Geschäftsanteils, weil er gleichzeitig die Geschäftsführerfunktion ausübt bzw. ausgeübt hat (BGH NZG 2015, 321 Rn. 7; NZG 2011, 911). Ist ein Gesellschafter ausnahmsweise nicht am Gesellschaftsvermögen beteiligt, kann sich das wirtschaftl. Interesse nach dem Wert der ihm nach den vertraglichen Vereinbarungen zustehenden Vergütungen richten (BGH NZG 2015, 321).
  – **Bestellung:** → „Bestellung eines Organs“.
  – **Einziehung:** Bei einer Einziehung geht es um den Wert des betroffenen Anteils (BGH 8.11.2022 – II ZR 74/21, BeckRS 2022, 37846 Rn. 4; BGH NJW 2001, 2638 unter II 2a). Anknüpfungspunkt für den Wert kann die Abfindung sein (BGH BeckRS 2022, 37846 Rn. 4).

– **Entlastung:** Der Wert einer Klage eines Organs auf Entlastung, ist nach ihrem Interesse, nicht auf Schadenersatz in Anspruch genommen zu werden, zu bemessen.
– **Entnahmerecht:** Bei einem Streit um eine Entnahmerecht ist § 9 anwendbar.
– **Gesellschafterliste:** Begehrt der von einem Einziehungsbeschluss betroffene Gesellschafter den Erlass einer einstweiligen Verfügung, mit der die Einreichung einer geänderten Gesellschafterliste zum Handelsregister einstweilen untersagt werden soll, bemisst sich der Streitwert nach einem Bruchteil des Verkehrswertes des betroffenen Geschäftsanteils (OLG Dresden NZG 2019, 513 Rn. 11).
– **Leistung an Gesellschaft:** Bei der Klage eines Gesellschafters gegen einen Mitgesellschafter auf eine Leistung an die Gesellschaft ist nach → Rn. 3 ihr voller Betrag ohne einen Abzug des Anteils des Klägers maßgeblich.

Gewerblicher Rechtsschutz
– **Gebührenstreitwert:** § 51 GKG, → „Urheberrecht".
– **Rechtsmittelstreitwert:** Zunächst → „Rechtsmittel", soeben → „Gebührenstreitwert".
– **Zuständigkeitsstreitwert:** Die Zuständigkeit ist idR **wertunabhängig** geregelt (§ 13 UWG, § 143 I PatG, § 24b IX 2 GebrMG, § 140 MarkenG, § 52 I DesignG) und daher **nicht** nach § 3 zu bestimmen. Auch → „Urheberrecht".

Grunddienstbarkeit: → „Dienstbarkeit".
Grundpfandrecht: → „Dienstbarkeit".
Grundschuld
– **Gebührenstreitwert:** Der Wert ist grds. nach § 48 GKG iVm §§ 3, 6–9 zu ermitteln.
– **Rechtsmittelstreitwert:** Sogleich → „Zuständigkeitsstreitwert", → „Rechtsmittel".
– **Zuständigkeitsstreitwert:** → „Herausgabe", → „Löschung". Erlangung → § 6. Grds. ist der Nennbetrag des betreffenden Grundpfandrechtes maßgeblich, unabhängig von der Höhe seiner Valutierung, weil sich die dingliche Belastung in voller Höhe des Nennbetrags auswirkt (BGH BeckRS 2020, 19629 Rn. 3; BeckRS 2007, 65045 Rn. 6). Jedoch kommt es nach § 6 S. 2 auf den Gegenstand des Pfandrechtes an, wenn dieser einen geringeren Wert hat (BGH BeckRS 2007, 65045 Rn. 7).

Grundurteil
– **Gebührenstreitwert:** Besondere Gerichtsgebühren fallen nicht an. Auch für den Rechtsanwalt bilden das Verfahren über den Grund des Anspruchs und das Betragsverfahren gebührenrechtlich eine Einheit. Vor- und Betragsverfahren sind gebührenrechtlich einheitlich zu beurteilen (§ 35 GKG). → „Zuständigkeitsstreitwert".
– **Rechtsmittelstreitwert:** Ein Grundurteil beschwert den Beklagten in Höhe der Klageforderung (BGH BeckRS 2020, 36047 Rn. 2) oder eines Bruchteils derselben, zu dem der Klage dem Grunde nach stattgegeben wurde, den Kläger in Höhe des abgewiesenen Bruchteils und insoweit, als es für ihn negative Bindungswirkung hat (BGH NJW 2010, 681 Rn. 6; NJW-RR 2007, 138 Rn. 17). So liegt es, wenn der Urteilstenor das Klagebegehren dem Grunde nach in vollem Umfang für gerechtfertigt erklärt, in den Entscheidungsgründen aber nach § 318 bindend festgestellt wird, auf welcher Grundlage das Betragsverfahren aufzubauen hat und welche Umstände abschließend im Grundverfahren geklärt sind (BGH NJW-RR 2007, 138 Rn. 17). Der Anschein einer Bindungswirkung, der von einem in unzulässiger Weise die Höhe des Schadens behandelnden Grundurteil ausgehen kann, rechtfertigt, anders als der Anschein einer formalen Beschwer, die Zulässigkeit eines Rechtsmittels nicht (BGH NJW-RR 2007, 138 Rn. 19).
– **Zuständigkeitsstreitwert:** → Rn. 11.

Grundstück: → „Auflassung", → „Eigentum".
Haftpflichtversicherung: → „Versicherung".
Handelsvertreter (Ausgleichsanspruch § 89b HGB)
Schrifttum: Schneider, Der Streitwert für Klagen des Handelsvertreters, BB 1967, 1298.
– **Gebührenstreitwert:** § 48 I 1 GKG iVm §§ 3, 6–9. → Stufenklage.

– **Rechtsmittelstreitwert:** Zunächst → „Rechtsmittel", sogleich → „Zuständigkeitsstreitwert".
– **Zuständigkeitsstreitwert:** Der Wert ist zu ermitteln nach → Rn. 3 oder → Rn. 11. Es gilt dann diejenige Summe, die nach dem Tatsachenvortrag des Klägers schlüssig wäre. → Auskunft. → Stufenklage.

Heimfall: → „Erbbaurecht".

Herausgabe

– **Gebührenstreitwert:** § 48 I 1 GKG iVm §§ 3, 6–9. Sogleich → „Zuständigkeitsstreitwert".
– **Rechtsmittelstreitwert:** Zunächst → Rechtsmittel. Sogleich → „Zuständigkeitsstreitwert". Bei der Verurteilung zur Herausgabe ist maßgeblich für die Beschwer das Interesse des Beklagten, seine Verurteilung zu beseitigen und die Sache nicht herausgeben zu müssen.
– **Zuständigkeitsstreitwert:** Es gilt nach § 6 grds. der **Wert der Sache.** Dies gilt bei Vorbehaltsware selbst dann, wenn nur noch ein Restbetrag der Kaufpreisforderung aussteht (OLG Frankfurt a. M. AnwBl 1984, 94). Wenn der Wert der Sache gesunken ist, zB durch eine Beschädigung, ist das hingegen entsprechend zu berücksichtigen (→ § 6). Bei einem Zusatzantrag nach § 255, dem Bekl. eine Herausgabefrist zu setzen und ihn nach deren ergebnislosem Ablauf zum Schadenersatz zu verurteilen (§ 510b ist nicht anwendbar, vgl. BGH NJW-RR 2018, 331 Rn. 10), gilt der Wert des höheren Antrags (BGH NJW-RR 2018, 331 Rn. 14 und Rn. 20; LG Köln MDR 1984, 501; aA E. Schneider MDR 1984, 853).
– **Einzelfälle** für die Ermittlung. **Behandlungsunterlagen.** Die hM nimmt für eine Klage auf Herausgabe von Behandlungsunterlagen einen Wert in Höhe von 20 % des zu erwartenden Schadenersatzanspruchs an (OLG Frankfurt a. M. JurBüro 2018, 140; OLG Nürnberg MDR 2010, 1418). Das OLG Köln geht grds. von 10 % aus (OLG Köln BeckRS 2010, 22947). Das OLG München unterscheidet zu Recht im **Einzelfall** und geht von einem Wert zwischen 10 % und 25 % aus (OLG München BeckRS 2012, 05571; BeckRS 2011, 14830; BeckRS 2007, 06486; BeckRS 2011, 16752). **Bürgschaftsurkunde.** Maßgebend ist das Interesse der klagenden Partei an dem Besitz der Urkunde (BGH NJW-RR 1994, 758; OLG Stuttgart NJW 2014, 3249; OLG Düsseldorf BauR 2014, 1517). Dieses kann geringer sein als der Wert der Bürgschaftsforderung, etwa wenn die Hauptforderung erloschen ist und es nur darum geht, eine missbräuchliche Benutzung der Bürgschaftsurkunde zu verhindern (BGH NJW-RR 1994, 758). Der Wert der Bürgschaftsforderung kann hingegen bestimmend sein, wenn der Schuldner mit der Herausgabeklage eine Inanspruchnahme des Bürgen verhindern will (BGH NJW-RR 1994, 758). Der Wert einer Klage auf Herausgabe der Urkunde bei einer gleichzeitigen Zahlungsklage ist nicht mitberücksichtigen. **Grundschuldbrief (Hypothekenbrief).** Der Streitwert einer Klage auf (Nicht-)Herausgabe eines Grundschuldbriefes richtet sich grds. nicht nach dem Betrag der Grundschuld (aA OLG Frankfurt a. M. JurBüro 2003, 537)), sondern ist nach dem **Interesse an der Verfügungsgewalt** über den Brief frei zu schätzen (OLG Brandenburg BeckRS 2011, 11592). Es kann nicht höher als der Nennbetrag der Grundschuld sein (OLG Brandenburg BeckRS 2011, 11592). Wenn beide Parteien jeweils als angeblicher Gläubiger den Grundschuldbrief herausverlangen, ist der Wert des verbrieften Rechtes maßgeblich. Scheitert die Herausgabe an einem vom Beklagten geltend gemachten Zurückbehaltungsrecht, dann entspricht das Interesse des Klägers wirtschaftlich dem Betrag, den er aufwenden müsste, um das Zurückbehaltungsrecht auszuräumen (OLG Bremen JurBüro 1985, 444 = Rpfleger 1985, 77). Begehrt der Antragsteller vom Grundbuchamt die Herausgabe eines Grundschuldbriefes, den er selbst zum Zwecke der Eintragung der Abtretung beim Grundbuchamt eingereicht hat, sind 5.000 EUR angesetzt worden (OLG Celle BeckRS 2016, 20248). **Grundstück.** → § 6 Rn. 5. **Kfz-Brief.** Bei ihm gilt – wie stets (→ Rn. 11) – das Klägerinteresse. Dieses wird idR am Wert des Fahrzeugs mit 1/3 bis 1/2 orientiert (OLG Düsseldorf MDR 1999, 891; OLG Saarbrücken JurBüro 1990, 1661). **Mandatsunterlagen.** Bei der Klage eines Mandanten gegen seinen ehemaligen Berater (Rechtsanwalt oder Steuerberater) auf Herausgabe der Mandatsunterlagen ist sein Interesse mit dem der Wert zu bemessen, den

der Mandant für die Neuerstellung der Unterlagen / Ermittlung der benötigten Informationen aufwenden müsste (OLG Hamburg ZInsO 2005, 550 = BeckRS 2005, 3225 Rn. 8). Bei einem Steuerberater kann ferner auf den möglichen steuerlichen Nachteil abgestellt werden (OLG Düsseldorf BeckRS 2004, 12739). Beruft sich der Berater auf ein Zurückbehaltungsrecht, zB wegen offener Honorare, kommt es auf den Wert des Zurückbehaltungsrechts hingegen – wie stets – nicht an (aA OLG München BeckRS 2017, 102680 Rn. 14; s. auch LG Bremen AGS 2022, 94 = BeckRS 2021, 36116 Rn. 4). **Schlüssel.** § 6 (BGH NJW-RR 2018, 331 Rn. 7). Auf die Kosten einer etwaigen Erneuerung der gesamten Schließanlage kommt es grds. nicht an (BGH NJW-RR 2018, 331 Rn. 8). Solche mittelbaren wirtschaftlichen Folgen haben bei der Bemessung grds. außer Betracht zu bleiben (→ Rn. 11; „Rechtsmittel“). **Schuldschein.** Bei demjenigen nach § 371 BGB können 20–30 % der Forderung reichen, OLG Köln MDR 1997, 204. **Sparkassenbuch.** § 6. **Versicherungspolice.** Die Herausgabe einer solchen Urkunde mag 33,3 % der Versicherungssumme wert sein (LAG BW VersR 2002, 913). **Vollmachtsurkunde.** Maßgeblich sind der Umfang der Vollmacht (BGH BeckRS 2010, 28102 Rn. 3; OLG Frankfurt a. M. BeckRS 2019, 9047 Rn. 8) und der Wert des von der Vollmacht betroffenen Vermögens, da diese Faktoren den wirtschaftlichen Wert einer Vollmacht bestimmen (OLG Frankfurt a. M. BeckRS 2019, 9047 Rn. 8; KG WM 1970, 1305). **Vollstreckungstitel.** Maßgeblich ist das Interesse des Klägers an dem Besitz des Titels (BGH NJW 2004, 2904 unter II 1). **Wertpapier.** § 6.

Hilfsantrag (Eventualantrag)

– **Gebührenstreitwert:** § 45 I 2, 3 GKG.

– **Rechtsmittelstreitwert:** Zunächst → „Rechtsmittel“. Beim Rechtsmittelstreitwert ist zu unterscheiden, ob eine Entscheidung über Haupt- **und** Hilfsantrag ergangen ist, ob ganz oder teilweise Rechtsmittel geführt wird und ob wirtschaftliche Identität (→ § 5 Rn. 3) vorliegt (BGH NJW-RR 2017, 1453 Rn. 8; BeckRS 2001, 4622). Wird der Hauptantrag des Klägers abgewiesen und nur der wirtschaftlich selbständige Hilfsantrag zuerkannt, ist der Kläger in Höhe des Hauptantrags beschwert (BGH NJW 1958, 631). Der insgesamt abgewiesene Kläger ist um beide Ansprüche beschwert (BGH NJW 1984, 371). Bei wirtschaftlich identischem Streitgegenstand richtet sich der Rechtsmittelstreitwert nach dem **höheren** Anspruch. Nach der „Identitätsformel“ (→ § 5 Rn. 3; auch → GKG § 39 Rn. 17) besteht zwischen dem Gegenstand des Haupt- und eines Hilfsantrags **wirtschaftliche** Identität, wenn beiden, das durch die Antragstellung hergestellte Eventualverhältnis hinweggedacht, nicht gleichzeitig stattgegeben werden könnte, sondern die Verurteilung nach dem einen Antrag notwendigerweise die Abweisung des anderen nach sich zöge (BGH NJW-RR 2017, 1453 Rn. 9). Der Beklagte ist im Umfang seiner Verurteilung beschwert. Beim **unechten** Hilfsantrag, welcher nur für den Fall des Erfolges der Hauptsache gestellt ist, ist zu addieren, wenn dem unechten Hilfsantrag stattgegeben wird und keine wirtschaftliche Identität vorliegt. Liegt sie vor, ist der Wert des höheren Anspruchs entscheidend.

– **Zuständigkeitsstreitwert:** → § 5 Rn. 12.

Hilfswiderklage: → „Hilfsantrag (Eventualantrag)“

Hinterlegung

– **Gebührenstreitwert:** § 48 I GKG iVm §§ 3, 6–9. Sogleich → „Zuständigkeitsstreitwert“.

– **Rechtsmittelstreitwert:** Sogleich → „Zuständigkeitsstreitwert“, → „Rechtsmittel“.

– **Zuständigkeitsstreitwert:** → Rn. 11. Wenn es um die Einwilligung zur Herausgabe des Hinterlegten geht, ist § 6 anwendbar (KG JurBüro 1978, 427). Zu den Zinsen → § 4 Rn. 19 „Hinterlegung“. Bei mehreren Berechtigten muss man den Mitberechtigungsanteil abziehen (KG AnwBl 1978, 107). Bei mehreren Bekl. können die Werte unterschiedlich hoch sein.

Hypothek

– **Gebührenstreitwert:** Der Wert ist grds. nach § 48 GKG iVm §§ 3, 6–9 zu ermitteln.

– **Rechtsmittelstreitwert:** Sogleich → „Zuständigkeitsstreitwert", → „Rechtsmittel".
– **Zuständigkeitsstreitwert:** → „Herausgabe", → „Löschung", „Erlangung" → § 6.

Immissionen (Unterlassung)
– **Gebührenstreitwert:** Der Wert ist grds. nach § 48 GKG iVm §§ 3, 6–9 zu ermitteln.
– **Rechtsmittelstreitwert:** Sogleich → „Zuständigkeitsstreitwert", → „Rechtsmittel".
– **Zuständigkeitsstreitwert:** Nimmt ein Grundstückseigentümer einen benachbarten Grundstückseigentümer auf Unterlassung von Immissionen in Anspruch, bemisst sich der Wert grds. nach der Wertminderung, die das Grundstück der klagenden Partei infolge der behaupteten Immissionen erleidet (stRspr, s. nur BGH BeckRS 2021, 39294 Rn. 6; NZM 2019, 349 Rn. 7; BeckRS 2017, 122319 Rn. 3; BeckRS 2009, 20307 Rn. 3). Klagt ein Nutzungsberechtigter, zB ein Mieter, ist zu fragen, welchen Wertverlust sein Nutzungsrecht erleidet. Bei einer Mehrheit von Klägern findet keine Werterhöhung statt. Denn das gestörte Grundstück bleibt dasselbe. Kann eine die Wertminderung – etwa wegen des Bagatellcharakters der Störung – nur schwer (oder überhaupt nicht) ermittelt werden, während gleichzeitig feststeht, dass die klagende Partei die Beeinträchtigung mit verhältnismäßig geringem Aufwand abwehren kann, sein Interesse an dem Erfolg der Unterlassungsklage nach **diesen Kosten** bemessen werden (BGH BeckRS 2021, 39294 Rn. 7; WuM 2011, 296 Rn. 8). Wie hoch diese Kosten sind, hat das Berufungsgericht – unabhängig von einer Glaubhaftmachung des Wertes durch den Berufungsführer – auf Grund eigener Lebenserfahrung und Sachkenntnis zu schätzen (BGH BeckRS 2021, 39294 Rn. 7; NJW-RR 2018, 1421 Rn. 6).

Insolvenz
– **Absonderung**
  – **Gebührenstreitwert:** § 48 I GKG iVm §§ 3, 6–9.
  – **Rechtsmittelstreitwert:** Sogleich → „Zuständigkeitsstreitwert", → „Rechtsmittel".
  – **Zuständigkeitsstreitwert:** → § 6 Rn. 4. Bemessung nach dem Wert der abzusondernden Sache (arg. § 58 I 2 GKG).
– **Anfechtung (§§ 129 ff. InsO)**
  – **Gebührenstreitwert:** § 48 I GKG iVm §§ 3, 6–9.
  – **Rechtsmittelstreitwert:** Sogleich → „Zuständigkeitsstreitwert", → „Rechtsmittel".
  – **Zuständigkeitsstreitwert:** → Rn. 11. Maßgeblich ist der Wert, den der Gegenstand für die Masse hat, der nach § 143 I 1 InsO zurückverlangt wird (BGH BeckRS 2009, 10968 Rn. 1 zum Gegenstandswert).
– **Aussonderung**
  – **Gebührenstreitwert:** § 48 I GKG iVm §§ 3, 6–9.
  – **Rechtsmittelstreitwert:** Sogleich → „Zuständigkeitsstreitwert", → „Rechtsmittel".
  – **Zuständigkeitsstreitwert:** → § 6 Rn. 4 (OLG Frankfurt a. M. KTS 1980, 66). Bemessung nach dem Wert der auszusondernden Sache.
– **Bestätigung des Insolvenzplans (Beschwerde).** Der Gegenstandswert für das Verfahren, in dem der Antrag auf Bestätigung des Insolvenzplans verfolgt oder Beschwerde gegen die vom Insolvenzgericht ausgesprochene Planbestätigung eingelegt wird, ist nach dem objektiven wirtschaftlichen Interesse desjenigen zu bemessen, der den jeweiligen Antrag stellt oder das entsprechende Rechtsmittel verfolgt (BGH BeckRS 2009, 27701 Rn. 3).
– **Durchführung**
  – **Gebührenstreitwert:** § 58 I GKG.
– **Eröffnung**
  – **Gebührenstreitwert:** § 58 I, II GKG.
  – **Rechtsmittelstreitwert:** § 58 III GKG.
  – **Gegenstandswert:** § 28 I, II RVG.

– **Gegenstandswert:** § 28 RVG.
– **Klage auf Feststellung einer Forderung (§ 182 InsO):** → InsO § 182 Rn. 1 ff.
– **Unerlaubte Handlung – Feststellung (§ 184 InsO)**
  – **Gebührenstreitwert:** Der Wert ist grds. nach § 48 GKG iVm §§ 3, 6–9 zu ermitteln. Insoweit gelten die Ausführungen zum Zuständigkeitsstreitwert entsprechend.
  – **Rechtsmittelstreitwert:** Sogleich → „Zuständigkeitsstreitwert", → „Rechtsmittel".
  – **Zuständigkeitsstreitwert:** → Rn. 11, → Rn. 19 „Feststellungsklagen". Maßgeblich sind die späteren Vollstreckungsaussichten des Insolvenzgläubigers nach Beendigung des Insolvenzverfahrens und Erteilung der Restschuldbefreiung (BGH NJW 2009, 920 Rn. 6; OLG Hamm ZIP 2016, 2430; OLG Koblenz MDR 2015, 59). Wenn diese als nur gering anzusehen sind, kann ein Abschlag von 75 % des Nennwertes der Forderung angemessen sein (BGH NJW 2009, 920 Rn. 5).
– **Versagung der Restschuldbefreiung.** Der Gegenstandswert für das einen Antrag auf Versagung der Restschuldbefreiung betreffende Verfahren ist nach dem objektiven wirtschaftlichen Interesse desjenigen zu bemessen, der den jeweiligen Antrag stellt oder das entsprechende Rechtsmittel verfolgt (BGH BeckRS 2003, 01444). Maßgeblich ist nicht der Nennbetrag der dem verfahrensbeteiligten Gläubiger verbleibenden Forderung, sondern deren wirtschaftlicher Wert, bei dem auch die Erfolgsaussichten einer künftigen Beitreibung zu berücksichtigen sind (BGH BeckRS 2003, 01444).

Jagdrecht: → „Fischereirecht". Bei einer Klage über das Bestehen oder die Beendigung der Jagdpacht ist für die Zuständigkeit und die Beschwer § 8 und für die Gebühren § 41 GKG anwendbar (LG Saarbrücken JurBüro 1991, 582).

Kapitalabfindung: → „Abfindungsvergleich".

KapMuG
– **Gebührenstreitwert:** § 51a I.
– **Rechtsmittelstreitwert:** § 51a II–IV.
– **Gegenstandswert:** § 23b RVG.

Kartellsache (Zivilsache)
– **Gebührenstreitwert:** Bei Beschwerden und Rechtsbeschwerden gegen **Verwaltungsakte** nach §§ 63, 74 GWB s. § 50 GKG. In Zivilsachen nach dem GWB, bemisst sich der Wert nach § 48 I GKG iVm §§ 3, 6–9.
– **Rechtsmittelstreitwert:** Sogleich → „Zuständigkeitsstreitwert", → „Rechtsmittel".
– **Zuständigkeitsstreitwert:** Es gilt nach → Rn. 11 grds. der Wert der Beeinträchtigung für die klagende Partei.

Kaufvertrag (Klage auf Abnahme der Kaufsache; Feststellungsklagen)
– **Gebührenstreitwert:** § 48 GKG iVm § 3, 6–9.
– **Rechtsmittelstreitwert:** → „Rechtsmittel", sogleich → „Zuständigkeitsstreitwert".
– **Zuständigkeitsstreitwert:** Zu Feststellungsklagen → Rn. 19 „Feststellungsklagen". Im Übrigen → Rn. 11.

Kaution: Wird eine Kaution angestrebt → § 6.

Kennzeichenstreitsachen
– **Gebührenstreitwert:** § 51 I GKG.
– **Rechtsmittelstreitwert:** → Rn. 11 ff. nach dem wirtschaftlichen Interesse der klagenden Partei. → „Rechtsmittel". Auch → Löschung (etwa Design, Gebrauchsmuster, Marke, Patent).
– **Zuständigkeitsstreitwert:** Für alle Klagen, durch die ein Anspruch aus einem der in diesem Gesetz geregelten Rechtsverhältnisse geltend gemacht wird (Kennzeichenstreitsachen), sind nach § 140 I MarkenG die LG ohne Rücksicht auf den Streitwert ausschließlich zuständig.

Klageänderung
– **Allgemeines.** Grds. gibt es keinen Bedarf, den Gebühren-, Rechtsmittel- oder Zuständigkeitsstreitwert nach einer Klageänderung neu festzusetzen. § 5

Hs. 1 setzt nach hM voraus, dass die Ansprüche nebeneinander (gleichzeitig) verfolgt werden (→ § 5 Rn. 23). Wechselt der Kläger im Wege der Klageänderung den Klagegrund für einen Zahlungsanspruch im Laufe einer Instanz aus, sind die Werte des ursprünglichen und des neuen Streitgegenstandes also nicht zu addieren. Eine Wertfestsetzung ist lediglich für den Gegenstandswert auf Antrag nach § 33 I RVG vorzunehmen. Anders ist es, wenn eine **Klagenhäufung** vorliegt.
– **Gegenstandswert.** Grds. ist für den Gegenstandswert jeweils der **aktuelle** Wert maßgeblich.

Klagenhäufung (§ 260): → „Anspruchshäufung"

Kontokündigung/Kontosperrung
– **Gebührenstreitwert:** § 48 I GKG iVm §§ 3, 6–9. Sogleich → „Zuständigkeitsstreitwert".
– **Rechtsmittelstreitwert:** Sogleich → „Zuständigkeitsstreitwert", → „Rechtsmittel".
– **Zuständigkeitsstreitwert:** → Rn. 11. Maßgebend für die Bemessung des Interesses ist weder die Höhe der Kontoführungsgebühren noch die Kosten der Errichtung eines neuen Kontos noch ein möglicher Zinsverlust unterbliebener Gutschriften oder der Verlust von Renditen noch eine – allenfalls mittelbare und damit unbeachtliche – Rufschädigung, sondern es geht darum, den bestehenden Zahlungsdiensterahmenvertrag dauerhaft fortzuführen oder kurzfristig, bis es gelingt, mit einer anderen Bank einen anderen Zahlungsdiensterahmenvertrag zu schließen. Das wirtschaftliche Interesse besteht mithin darin, die Nachteile zu vermeiden, die bestehen, dass eine Person eine Zeitlang Dritten keine Kontoverbindung benennen und eine solche nicht für den eigenen Zahlungsverkehr einsetzen kann (Musielak/Voit/Heinrich Rn. 30b; aA LG Lübeck NJW 2001, 82, das den Wert „nach dem Entgelt der Leistungen für mehrere Monate" [= Bankgebühren] bemessen will). In den einzelnen Verfahren wurden in der Praxis, häufig in Eilverfahren, Werte von 10.000 EUR bis 60.000 EUR angesetzt (OLG Jena BeckRS 2011, 18053; OLG Hamm OLGR 2009, 32; OLG Dresden NJW 2002, 757). Diesen Werten lagen aber, soweit erkennbar, jeweils keine konkreten Tatsachen zu Grunde.

Kosten: § 4.

Kostenfestsetzung
– **Allgemeines.** Grds. gibt es keinen Bedarf, den Gebühren-, Rechtsmittel- oder Zuständigkeitsstreitwert für das Kostenfestsetzungsverfahren neu festzusetzen. Eine Wertfestsetzung ist lediglich für den Gegenstandswert auf Antrag nach § 33 I RVG vorzunehmen.
– **Gegenstandswert (Rechtsmittel).** Grds. ist für den Gegenstandswert sowohl im Erinnerungs- als auch im Beschwerde- sowie Rechtsbeschwerdeverfahren der Wert der aberkannten bzw. zuerkannten angemeldeten Kosten maßgeblich.

Kostengefährdung (§ 110): → „Prozessvoraussetzungen".

Kfz-Brief: → „Herausgabe".

Kreditschädigung
– **Gebührenstreitwert:** § 48 GKG iVm § 3, 6–9.
– **Rechtsmittelstreitwert:** → „Rechtsmittel", sogleich → „Zuständigkeitsstreitwert".
– **Zuständigkeitsstreitwert:** → Rn. 11 (LG Bayreuth JurBüro 1975, 1356).

Kündigung (Vertrag)
– **Gebührenstreitwert:** § 42 GKG ist in seinem Anwendungsbereich **vorrangig.** Im Übrigen § 48 I GKG iVm §§ 3, 6–9. Sogleich → „Zuständigkeitsstreitwert".
– **Rechtsmittelstreitwert:** Sogleich → „Zuständigkeitsstreitwert", → „Rechtsmittel".
– **Zuständigkeitsstreitwert:** → Rn. 11. Maßgebend ist die Restleistung ohne wirksame Kündigung (OLG Karlsruhe MDR 2011, 1421).

Lagerkosten
– **Gebührenstreitwert:** § 48 I GKG iVm §§ 3, 6–9. Sogleich → „Zuständigkeitsstreitwert".

– **Rechtsmittelstreitwert:** Sogleich → „Zuständigkeitsstreitwert“, → „Rechtsmittel“.
– **Zuständigkeitsstreitwert:** → Rn. 11 (auch → § 4 Rn. 21 und → „Abnahme der Kaufsache (§ 433 II BGB)“).

Leasing: → § 8 Rn. 4; → § 6 Rn. 6.
Lebensversicherung: → „Versicherung“.
Leibrente: → § 9 Rn. 6.
Leistungsklage
– **Gebührenstreitwert:** § 48 I GKG iVm §§ 3, 6–9. Sogleich → „Zuständigkeitsstreitwert“.
– **Rechtsmittelstreitwert:** Sogleich → „Zuständigkeitsstreitwert“, → „Rechtsmittel“
– **Zuständigkeitsstreitwert:** → Rn. 11 ff., ggf. § 9.

Löschung (Belastung)
– **Gebührenstreitwert:** § 48 GKG iVm § 3, 6–9. Macht der Kläger mehre Anträge geltend, ist § 39 GKG zu beachten. Wird die Rückübertragung des Eigentums an einem versteigerten Grundstück und andererseits die Bewilligung der Löschung von Grundpfandrechten bzw. Unterlassen der Eintragung weiterer Grundpfandrechte verlangt, soll der Kläger „der Sache nach“ nur einmal Rückübertragung des Grundstücks in seinem Zustand vor der schädigenden Handlung geltend machen, dh lastenfrei (BGH BeckRS 2019, 21712 Rn. 2; auch BGH BeckRS 2019, 25973 Rn. 1).
– **Rechtsmittelstreitwert:** →„Rechtsmittel“, sogleich →„Zuständigkeitsstreitwert“. Bei einer Verurteilung zur Löschung von Eigentümergrundschulden beschränkt sich die Beschwer des Beklagten auf den Kostenaufwand, der ihm durch eine Löschung der Eigentümergrundschulden und eine etwaige erneute Eintragung unter geänderten Verhältnissen voraussichtlich entstehen wird (BGH BeckRS 2013, 6240 Rn. 7)
– **Zuständigkeitsstreitwert:** → „Grunddienstbarkeit“; → § 7. Bei einer **Grundschuld** oder **Hypothek** ist der Nennwert des eingetragenen Rechtes anzusetzen (→ § 6 Rn. 9). Dies gilt grds. auch dann, wenn die Grundschuld nicht mehr valutiert (→ § 6 Rn. 10). Geht es hingegen um die Löschung einer **Auflassungsvormerkung,** ist grds. von ¼ des vom Kläger angegebenen Verkehrswertes des Grundstücks auszugehen (BGH BeckRS 2020, 9293; BeckRS 2019, 21712 Rn. 1; AGS 2017, 136 = BeckRS 2017, 102002 Rn. 2). Steht jedoch fest, dass die Vormerkung erloschen ist, kann ein deutlich geringerer Betrag anzusetzen sein (BGH BeckRS 2019, 21712 Rn. 1; NJW 1973, 654 (655)). Klagt der Grundstückseigentümer auf Löschung eines **Vorkaufsrechtes,** bemisst sich der Streitwert → Rn. 11 nach seinem konkreten Interesse an der Löschung. Dieses kann nach einem Bruchteil des Grundstückswertes bemessen werden; welcher Bruchteil angemessen ist, bestimmt sich nach den Umständen des Einzelfalls (BGH NZM 2018, 845 Rn. 5). Geht es um die Löschung einer Dienstbarkeit iSv § 1090 BGB oder Reallast iSv § 1105 BGB, bemisst sich der Streitwert → Rn. 11 nach dem konkreten Interesse an der (Nicht-)Löschung. Eine Dienstbarkeit, die dazu berechtigt, auf dem belasteten Grundstück eine Schankwirtschaft zu betreiben oder durch Dritte betreiben zu lassen, und es dem Eigentümer des Grundstücks verbietet, Bier anzubieten, zu lagern oder auszuschenken, bemisst sich für den Inhaber nach der Gewinnerwartung aus dem Bierausschank (BGH BeckRS 2016, 4810 Rn. 13). Wird auf dem belasteten Grundstück eine Schankwirtschaft oder ein Bierverlag durch die Brauerei, den Eigentümer oder einen Dritten betrieben, sichert sie das Interesse, den Grundstückseigentümer zum Abschluss eines Bezugsvertrags zu bewegen oder zumindest eine Konkurrenz durch andere Brauereien oder Bierverleger von dem Grundstück fernzuhalten (BGH BeckRS 2016, 4810 Rn. 12).

Löschung (etwa Design, Gebrauchsmuster, Marke, Patent)
Gebührenstreitwert: § 51 GKG.
– **Rechtsmittelstreitwert:** → Rn. 11 ff. nach dem wirtschaftlichen Interesse der klagenden Partei.

Löschung (Internet): → „Unterlassung“.
Lohn: → „Gehalt“.

Mahnverfahren
– **Gebührenstreitwert:** § 48 I GKG iVm §§ 3, 6–9.
– **Rechtsmittelstreitwert:** –.
– **Zuständigkeitsstreitwert:** → Rn. 3. Maßgeblich ist – selbst bei schon im Mahnantrag gestelltem Antrag auf Durchführung des streitigen Verfahrens – der Eingang der Akten beim Streitgericht.

Markensachen: → „Kennzeichenstreitsachen".

Mehrheit von Ansprüchen: → „Anspruchsmehrheit".

Mehrwertsteuer: → § 4 Rn. 19 „Umsatzsteuer".

Mietverträge (Mietverhältnis)

Schrifttum: Harsch, Außergerichtliche Anwaltskosten im Mietrecht, MDR 2021, 71; Fölsch Kosten und Streitwerte in Mietsachen, NZM 2016, 500.

– **Gebührenstreitwert:** im Einzelnen siehe § 41 GKG; „ABC" → GKG § 41 Rn. 61.
– **Rechtsmittelstreitwert**
– **Allgemeines.** Zunächst → „Rechtsmittel", § 8 und § 9. Ferner das „ABC" → GKG § 41 Rn. 61.
– **Beseitigung (zB Antenne oder Plakat).** → „Beseitigung" (s. auch BGH NJW 2019, 2468 Rn. 11; NJW 2006, 2639 Rn. 8).
– **Erhaltungsmaßnahme.** → Mängelbeseitigung. Klagt der Vermieter auf Duldung nach § 555a BGB, ist der Wert anhand von → Rn. 11 zu bewerten.
– **Haustier.** Bei dem Streit um Haustiere kommt es auf die Bedeutung der Tierhaltung für die Lebensführung des Mieters im Einzelfall an (auch BGH NZM 2018, 462 Rn. 23).
– **Konkurrenzabwehr im Gewerberaummietverhältnissen:** siehe § 9 (BGH NZM 2006, 777 Rn. 8).
– **Lärm.** → „Besitz (Störung)".
– **Mängelbeseitigung.** Der Wert der Beschwer eines zur Mängelbeseitigung verurteilten Vermieters bemisst sich nicht nach den Kosten der Mängelbeseitigung, sondern nach dem 3 1/2-fachen Jahresbetrag der auf Grund des Mangels gegebenen Mietminderung (BGH WuM 2020, 299 Rn. 11; NJW 2000, 3142 (3143)).
– **Mieterhöhung.** § 9 (BGH NZM 2019, 135 Rn. 2; BeckRS 2014, 11613 Rn. 8; ZMR 2007, 1007 unter II 2).
– **Mietsicherheit.** → „Auskunft" (OLG Köln NZM 2010, 472: 1/4 der Sicherheit; AG Pinneberg WuM 1999, 337: pauschal 300 EUR). Verlangt der Mieter, dass die von ihm gestellte Sicherheit in der gesetzlich vorgeschriebenen (§ 551 III 1 BGB) oder in einer vertraglich vereinbarten Weise angelegt werde, → Rn. 11 (aA LG Essen MDR 2004, 207: § 6). Maßgebend ist das Interesse des Mieters, also sein Insolvenzrisiko. Dieses Interesse kann je nach Fallgestaltung mit einem geringen Bruchteil der gewährten Sicherheit zu bemessen sein oder auch mit dem vollen Wert, wenn ernsthaft zu befürchten ist, dass die Sicherheit andernfalls nicht mehr zu realisieren sein wird (N. Schneider NZM 2010, 466). Der Antrag, dem Vermieter die Inanspruchnahme der Mietsicherheit zu untersagen oder feststellen zu lassen, dass der Vermieter zur Inanspruchnahme der Mietsicherheit nicht berechtigt ist, kommt einer negativen Feststellungsklage gleich und ist daher mit dem vollen Wert desjenigen Betrags anzusetzen, den der Vermieter aus der Sicherheit entnehmen will (N. Schneider NZM 2010, 466 (467)). Wird der Rechtsanwalt mit der Rückforderung der Sicherheit beauftragt, ist je nach Art der Sicherheit zu differenzieren (N. Schneider NZM 2010, 466 (467)). **Gegenstandswert.** Ist der Rechtsanwalt beauftragt, die Mietsicherheit einzufordern oder die Einforderung abzuwehren, § 6. Ist der Rechtsanwalt beauftragt, die Abrechnung der Sicherheit zu verlangen, → Rechnungslegung.
– **Modernisierung.** Klagen auf **Zahlung** des nach einer Modernisierung auf den Mieter umlagefähigen Mietaufschlags nach § 559 I BGB oder auf **Duldung** der Modernisierung nach § 555d BGB unterfallen § 9 (BGH WuM 2020, 299 Rn. 9; 2019, 44 Rn. 2; NZM 2019, 135 Rn. 3).
– **Nebenkosten.** Bei einer Rechnungslegung wegen Nebenkosten → „Auskunft".

– **Räumung.** → § 9 Rn. 9. Streiten die Vertragsparteien darüber, ob ein Mietverhältnis zwischen ihnen besteht oder wie lange dieses (noch) fortdauert, gilt nach hM § 8 (→ § 8 Rn. 7).
– **Rechte und Pflichten von Mieter und Vermieter.** Jeweils im Einzelfall! nach → § 3 Rn. 6, etwa: Gebrauch (BGH BeckRS 2015, 32297 Rn. 10), Müllcontainer (LG Köln WuM 1990, 394), Pflicht zum Schneeräumen, Recht zur Untervermietung (Zustimmung), Zutritt (KG JurBüro 2010).
– **Zuständigkeitsstreitwert**
– **Ansprüche aus einem Mietverhältnis über Wohnraum oder über den Bestand eines solchen Mietverhältnisses:** § 23 Nr. 2 lit a GVG. Die Zuständigkeit besteht selbst dann, wenn die Wohnung bereits geräumt ist. Der Begriff „wohnen" meint die dauernde private Nutzung durch natürliche Personen hauptsächlich außerhalb der Arbeitszeit, insbes. zum Schlafen, aber auch zum Kochen und Essen und auch zum privaten Empfang Dritter (BeckOK GVG/Niesler GVG § 23 Rn. 11). Unter „Wohnraum" ist jeder zum Wohnen bestimmte Raum zu verstehen, der Innenteil eines Gebäudes, aber nicht notwendigerweise wesentlicher Bestandteil eines Grundstücks oder auch nur fest mit dem Grundstück verbunden ist (BeckOK GVG/Niesler GVG § 23 Rn. 11).
– **Ansprüche über Bestehen oder die Dauer eines Gewerbemiet- und Pachtverhältnisses:** § 8.

Minderung
– **Gebührenstreitwert:** § 48 I GKG iVm §§ 3, 6–9. Sogleich → „Zuständigkeitsstreitwert".
– **Rechtsmittelstreitwert:** Sogleich → „Zuständigkeitsstreitwert", → „Rechtsmittel".
– **Zuständigkeitsstreitwert:** → Rn. 11.

Miterbe: → „Erbrechtlicher Anspruch".

Musterfeststellungsklage nach §§ 606 ff.:
– **Gebührenstreitwert:** → GKG § 48 Rn. 10 ff.
– **Rechtsmittelstreitwert:** —.
– **Zuständigkeitsstreitwert:** —.

Musterprozess
– **Gebührenstreitwert:** § 48 I GKG iVm §§ 3, 6–9. Sogleich → „Zuständigkeitsstreitwert".
– **Rechtsmittelstreitwert:** Sogleich → „Zuständigkeitsstreitwert", → „Rechtsmittel"
– **Zuständigkeitsstreitwert:** → Rn. 11. Es gilt grds. kein höherer Wert als in einem „normalen" Prozess (LG München I WuM 1992, 495).

Nachbarrecht
– **Gebührenstreitwert:** Der Wert ist grds. nach § 48 GKG iVm §§ 3, 6–9 zu ermitteln.
– **Rechtsmittelstreitwert:** Sogleich → „Zuständigkeitsstreitwert", → „Rechtsmittel".
– **Zuständigkeitsstreitwert:** → Rn. 11.

Nacherbe: → „Erbrechtlicher Anspruch".

Nachforderung (§ 324): Bei der Klage nach § 324 ist wegen der Sicherstellung § 6 anwendbar.

Nachlassverzeichnis: → „Erbrechtlicher Anspruch".

Nachverfahren
– **Gebührenstreitwert:** Der Wert ist grds. nach § 48 GKG iVm §§ 3, 6–9 zu ermitteln.
– **Rechtsmittelstreitwert:** Sogleich → „Zuständigkeitsstreitwert", → „Rechtsmittel".
– **Zuständigkeitsstreitwert:** → Rn. 11. Maßgeblich ist derjenige Betrag, dessentwegen das Gericht dem Beklagten die Ausführung seiner Rechte nach § 600 vorbehalten hat (OLG München MDR 1987, 766; E. Schneider MDR 1988, 270).

Namensrecht (§ 12 BGB)
– **Gebührenstreitwert:** § 48 II–III GKG.

– **Rechtsmittelstreitwert:** Sogleich → „Zuständigkeitsstreitwert", → „Rechtsmittel".
– **Zuständigkeitsstreitwert:** → Rn. 7 „Nichtvermögensrechtliche Streitigkeiten".

Namensrecht (Firma; Internetdomain usw)
Schrifttum: Schmittmann, Streitwertbestimmung bei Domainstreitigkeiten, MMR 2002, V; Schmitz/Schröder, Streitwertbestimmung bei Domainstreitigkeiten, K&R 2002, 189.
– **Gebührenstreitwert:** § 48 I GKG iVm §§ 3, 6–9.
– **Rechtsmittelstreitwert:** Sogleich → „Zuständigkeitsstreitwert", → „Rechtsmittel".
– **Zuständigkeitsstreitwert:** → Rn. 11 (OLG Köln GRUR-RR 2006, 67 (68)). Bewertungsmaßstäbe sind bei einer Unterlassung (→ „Unterlassung"; → „Gewerblicher Rechtsschutz") insb., aber nicht nur die Gefährlichkeit („Angriffsfaktor") des Angriffs, der drohende Schaden, etwa durch Umsatzeinbußen, und der Verschuldensgrad.

Nebenforderung: § 4.
Nebenintervention: → „Streithilfe".
Nichterfüllung: → „Gegenseitiger Vertrag".
Nichtigkeit: → „Befreiung".
Nichtigkeitsklage (§ 579)
– **Gebührenstreitwert:** § 48 I GKG iVm §§ 3, 6–9.
– **Rechtsmittelstreitwert:** Sogleich → „Zuständigkeitsstreitwert", → „Rechtsmittel".
– **Zuständigkeitsstreitwert:** → Rn. 11. Der Wert entspricht dann, wenn die Klage auf die Aufhebung bzw. Änderung der angefochtenen Entscheidung zielt, dem Wert desjenigen Verfahrens, dessen Wiederaufnahme begehrt wird (BGH AnwBl 1978, 260; OLG Bamberg JurBüro 1990, 1659; OLG Düsseldorf AnwBl 1994, 47; BFH BeckRS 2021, 8812 Rn. 6).
Es geht um den Wert derjenigen Verurteilung, deren Aufhebung der Kläger begehrt ().

Nichtigkeitsklage (Gesellschaftsrecht): → „Gesellschaft".
Nichtvermögensrechtlicher Anspruch
– **Gebührenstreitwert:** § 48 II, III GKG.
– **Rechtsmittelstreitwert:** Sogleich → „Zuständigkeitsstreitwert", → „Rechtsmittel".
– **Zuständigkeitsstreitwert:** → Rn. 11.

Nichtzulassungsbeschwerde: → „Rechtsmittel".
Nießbrauch (Einräumung)
– **Gebührenstreitwert:** § 48 I GKG iVm §§ 3, 6–9. Sogleich → „Zuständigkeitsstreitwert".
– **Rechtsmittelstreitwert:** Sogleich → „Zuständigkeitsstreitwert", → „Rechtsmittel".
– **Zuständigkeitsstreitwert:** → Erfüllung, Aufhebung und Löschung § 6. Einräumung → Rn. 11 (BGH NJW-RR 1988, 396; OLG Celle OLGR 1999, 330). Maßgeblich ist der Wert nach dem Reinertrag abzüglich der Unkosten für die voraussichtliche Dauer des Nießbrauchs.

Notanwalt (§§ 78b, 78c)
– **Allgemeines.** Grds. gibt es keinen Bedarf, den Gebühren-, Rechtsmittel- oder Zuständigkeitsstreitwert für das Verfahren für die Bestellung eines Notanwaltes neu festzusetzen. Eine Wertfestsetzung ist lediglich für den Gegenstandswert auf Antrag nach § 33 I RVG vorzunehmen.
– **Gegenstandswert (Rechtsmittel).** Maßgeblich ist idR der Wert der Hauptsache (OLG Bremen JurBüro 1977, 91; OLG Zweibrücken JurBüro 1977, 1001; aA OLG München MDR 2002, 724).

Notweg (Einräumung)
– **Gebührenstreitwert:** § 48 I GKG iVm §§ 3, 6–9. Maßgeblich ist das wirtschaftliche Interesse der klagenden Partei am Notweg. → § 7 Rn. 4. Der Wert dieses Interesses entspricht der **Wertsteigerung,** welche das Grundstück des Klägers durch die Gewährung des Notwegrechts erfährt (BGH NZM 2015, 99 Rn. 8).

– **Rechtsmittelstreitwert:** → § 7 Rn. 3. Für den **Beklagten** als Rechtsmittelführer gilt dies nicht (s. auch BGH V ZR 218/21 Rn. 6). Für diesen ist nach hM allein § 3 anwendbar (BGH BeckRS 2022, 1805 Rn. 1; NZM 2015, 99 Rn. 8; NJW 1957, 790). Will also der Rechtsmittelführer die Belastung seines Grundstücks **abwehren,** ist nur die Wertminderung seines Grundstücks maßgeblich, auch wenn die Wertsteigerung des begünstigten Grundstücks höher ist (BGH BeckRS 2022, 30077 Rn. 6).
– **Zuständigkeitsstreitwert:** → § 7 Rn. 2 und Rn. 10.

Notweg (Rente)
– **Gebührenstreitwert:** §§ 41, 48 I GKG iVm §§ 3, 6–9.
– **Rechtsmittelstreitwert:** → § 9 Rn. 2 und Rn. 6.
– **Zuständigkeitsstreitwert:** → § 9 Rn. 2 und Rn. 6.

Nutzungen
– **Gebührenstreitwert:** §§ 41, 48 I GKG iVm §§ 3, 6–9. Sogleich → „Zuständigkeitsstreitwert".
– **Rechtsmittelstreitwert:** Sogleich → „Zuständigkeitsstreitwert", → „Rechtsmittel".
– **Zuständigkeitsstreitwert:** Sofern der Kläger die Nutzung als eine Nebenforderung geltend macht, gilt § 4. Bei einer als Hauptsache geltend gemachten wiederkehrenden Nutzung gilt § 9.

Nutzungsverhältnis (unentgeltlich)
– **Gebührenstreitwert:** §§ 41, 48 I GKG iVm §§ 3, 6–9. Sogleich → „Zuständigkeitsstreitwert".
– **Rechtsmittelstreitwert:** Sogleich → „Zuständigkeitsstreitwert", → „Rechtsmittel".
– **Zuständigkeitsstreitwert:** In Anlehnung an § 9 kann von dem $3^1/_2$-fachen Jahresnutzungswert ausgegangen werden (BGH BeckRS 2018, 11564 Rn. 5; WuM 2011, 485 Rn. 2).

Öffentliche Zustellung: → „Zustellung".

Offenbarung: → „Eidesstattliche Versicherung".

Ordnungs-/Zwangsmittel
– **Gebührenstreitwert:** § 48 I 1 GKG iVm §§ 3, 6–9. Sogleich → „Zuständigkeitsstreitwert".
– **Rechtsmittelstreitwert:** → „Rechtsmittel". Der Festsetzungsbetrag ist maßgeblich, wenn allein die Höhe des Zwangs-/Ordnungsgeldes angegriffen wird (OLG Celle OLGR 2003, 294). Im Übrigen bestimmt sich der Wert nach dem Interesse, die geschuldete Handlung nicht vornehmen zu müssen (OLG Braunschweig JurBüro 1977, 1148; OLG Frankfurt OLGR 1996, 238).
– **Zuständigkeitsstreitwert:** Die einer Festsetzung vorausgehende Androhung löst keine eigenen Gebühren aus. Für den Gegenstandswert kommt es nach § 25 I Nr. 3 RVG grds. auf den Wert der Hauptsache an (OLG Hamm AGS 2015, 523; NJOZ 2014, 1426 (1427); aA hM, Bruchteil – Spanne von $^1/_5$ bis ⅓ –, etwa OLG Düsseldorf BeckRS 2013, 9807 und OLG Celle NJOZ 2010, 9). Anhaltspunkte sollen die Art und Weise und das Ausmaß der konkreten Verletzung sowie die Größe der Gefahr weiterer Zuwiderhandlungen bilden können.

Pacht: Es gelten die Ausführungen zur → „Miete" entsprechend.

Patentstreitsachen
– **Gebührenstreitwert:** § 51 I GKG.
– **Rechtsmittelstreitwert:** → Rn. 11 ff. nach dem wirtschaftlichen Interesse der klagenden Partei. → „Rechtsmittel". Auch → Löschung (etwa Design, Gebrauchsmuster, Marke, Patent).
– **Zuständigkeitsstreitwert:** Für alle Klagen, durch die ein Anspruch aus einem der im Patentgesetz geregelten Rechtsverhältnisse geltend gemacht wird (Patentstreitsachen), sind nach § 143 I PartG die Zivilkammern der LG ohne Rücksicht auf den Streitwert ausschließlich zuständig.

Patientenverfügung
– **Gebührenstreitwert:** § 48 I GKG iVm §§ 3, 6–9. Sogleich → „Zuständigkeitsstreitwert".

– **Rechtsmittelstreitwert:** Sogleich → „Zuständigkeitsstreitwert", → „Rechtsmittel".
– **Zuständigkeitsstreitwert:** → Rn. 11.

Persönlichkeitsrecht
– **Gebührenstreitwert:** § 48 II–III GKG.
– **Rechtsmittelstreitwert:** Sogleich → „Zuständigkeitsstreitwert", → „Rechtsmittel".
– **Zuständigkeitsstreitwert:** → Rn. 7 „Nichtvermögensrechtliche Streitigkeiten".

Pfandrecht: § 6.

Pflichtteilsanspruch: → „Erbrechtlicher Anspruch".

Prozesshindernde Einrede: → „Sachurteilsvoraussetzungen".

Prozesskostenhilfe
– **Allgemeines:** Grds. gibt es keinen Bedarf, den Gebühren-, Rechtsmittel- oder Zuständigkeitsstreitwert für einen Streit über die Sachurteilsvoraussetzungen festzusetzen. Eine Wertfestsetzung ist allerdings für den Gegenstandswert auf Antrag nach § 33 I RVG vorzunehmen.
– **Gegenstandswert:** → § 23a RVG. Der Antrag auf Bewilligung (§ 118) oder nur auf Beiordnung und das Aufhebungsverfahren nach § 124 Nr. 1 richten sich nach dem Wert der **Hauptsache** (§ 23a I 1 Hs 1 RVG). Im Aufhebungsverfahren nach § 124 Nr. 2–4 folgt der Gegenstandswert dem Interesse, nicht mit den bislang entstandenen Kosten belastet zu werden. Für den Wert des Abänderungsverfahrens (§ 120 IV) ist der Mehr- oder Minderbetrag der noch zu zahlenden Raten anzusetzen. Im **Beschwerdeverfahren** wegen Versagung der Prozesskostenhilfe oder wegen unterlassener Beiordnung ist der Hauptsachewert maßgebend (BGH FGPrax 2010, 321 Rn. 7). Auf die Kosten, die eine Partei bei Bewilligung sparen würde, kommt es an, wenn das Interesse des Beschwerdeführers diesem Kosteninteresse entspricht (KG BeckRS 2021, 44263 Rn. 11 ff.). Dies ist zB bei einer Beschwerde allein gegen die Höhe der Raten oder im nachträglichen Aufhebungsverfahren nach § 124 Nr. 2 bis 4 der Fall (BGH FGPrax 2010, 321 Rn. 6).

Prozesstrennung, -verbindung: → „Trennung", → „Verbindung".

Prozessvergleich: → „Vergleich".

Prozessvoraussetzungen: → „Sachurteilsvoraussetzungen".

Quittung
– **Gebührenstreitwert:** § 48 I GKG iVm §§ 3, 6–9. Sogleich → „Zuständigkeitsstreitwert".
– **Rechtsmittelstreitwert:** Sogleich → „Zuständigkeitsstreitwert", → „Rechtsmittel".
– **Zuständigkeitsstreitwert:** → Rn. 11.

Rangfolge
– **Gebührenstreitwert:** § 48 I GKG iVm §§ 3, 6–9. Sogleich → „Zuständigkeitsstreitwert".
– **Rechtsmittelstreitwert:** Sogleich → „Zuständigkeitsstreitwert", → „Rechtsmittel".
– **Zuständigkeitsstreitwert:** → Rn. 11.

Ratenzahlung
– **Gebührenstreitwert:** § 48 I GKG iVm §§ 3, 6–9. Sogleich → „Zuständigkeitsstreitwert".
– **Rechtsmittelstreitwert:** Sogleich → „Zuständigkeitsstreitwert", → „Rechtsmittel".
– **Zuständigkeitsstreitwert:** Der Wert einer Vereinbarung lässt sich nach → Rn. 11 schätzen. Dabei muss man die in den einheitlich vereinbarten Gesamtbetrag des Kredits einbezogenen Nebenforderungen auch in den Streitwert aufnehmen (OLG München JurBüro 1976, 237; aA OLG Bamberg JurBüro 1976, 343; LG Koblenz JurBüro 1990, 1620).

Räumungsfrist (§ 721)
– **Räumungsprozess:** Der Bestimmung einer Räumungsfrist kommt kein Wert zu.

- **Beschlussverfahren:** Im Beschlussverfahren (§§ 721 II–IV, 794a) ist nach → Rn. 11 schätzen. Maßgeblich ist das Interesse an der Bewilligung, Verlängerung oder Abkürzung der Frist. Der Wert beträgt also die Miete oder Nutzungsentschädigung für die begehrte Frist, jedoch höchstens für 1 Jahr, errechnet nach §§ 721 V 2 oder 794a III. Wegen eines Verfahrens nach § 765a → „Vollstreckungsschutz".

Reallast: → § 9 Rn. 6.

Rechnungslegung → „Auskunft".

Rechtshängigkeit

- **Gebührenstreitwert:** § 48 I GKG iVm §§ 3, 6–9. Sogleich → „Zuständigkeitsstreitwert".
- **Rechtsmittelstreitwert:** Sogleich → „Zuständigkeitsstreitwert", → „Rechtsmittel".
- **Zuständigkeitsstreitwert:** Bei einem Streit über die Rechtshängigkeit ist der volle Wert des Anspruchs maßgebend (OLG Celle JurBüro 2012, 531).

Rechtsmittel (Beschwer; Verurteilungswert)

Schrifttum: Toussaint FS Krüger, 2017, 507 (zu den Wertgrenzen im Revisionsrecht).

- **Grundsätze:** Die Festsetzung der Beschwer und damit grds. auch der Wert des Beschwerdegegenstandes (→ Vor §§ 3–9 Rn. 1) richtet sich, wie sich aus § 2, ergibt, nach den Vorschriften der §§ 3 ff. (s. auch BGH BeckRS 2022, 13342 Rn. 3; BeckRS 2020, 18313 Rn. 6; NJW 2019, 1531 Rn. 12). Über die Höhe hat das Rechtsmittelgericht ohne Bindung an eine – fehlerhafte – Streitwertfestsetzung des erstinstanzlichen Gerichts selbst zu befinden (stRspr. BGH BeckRS 2022, 13183 Rn. 13; BeckRS 2022, 13342 Rn. 3; BeckRS 2022, 13183 Rn. 6; MMR 2021, 40 Rn. 22) selbst zu befinden. Maßgeblich ist grds. das wirtschaftliche (BGH NJW-RR 2018, 331 Rn. 12; NJW 2015, 873 Rn. 16) Interesse des Rechtsmittelklägers an der Abänderung der angefochtenen Entscheidung – formelle Beschwer (stRspr, s. nur BGH BeckRS 2019, 32297 Rn. 7; NJW-RR 2018, 331 Rn. 12; NJW 2016, 2428 Rn. 3; BeckRS 2013, 16315 Rn. 3; ZEV 2007, 134 Rn. 3). Für die Berechnung ist auf den **unmittelbaren** Gegenstand der Entscheidung abzustellen (→ Rn. 11; BGH BeckRS 2019, 25225 Rn. 4). Grds. kommt es für den rechtskraftfähigen Inhalt der Entscheidung auf den **Wortlaut der Urteilsformel** an. Gibt diese zu Zweifeln Anlass, so können zu ihrer Auslegung auch Tatbestand, Entscheidungsgründe und das dort in Bezug genommene Parteivorbringen herangezogen werden (BGH BeckRS 2021, 34009 Rn. 12; NJW-RR 2016, 759 Rn. 15; NJW-RR 2010, 19 Rn. 15). Der tatsächliche oder rechtliche Einfluss der Entscheidung auf **andere** Rechtsverhältnisse bleibt demgegenüber außer Betracht (stRspr, exemplarisch BGH BeckRS 2020, 17316 Rn. 10; 2020, 12403 Rn. 12; NJW-RR 2019, 513 Rn. 10; BeckRS 2019, 25225 Rn. 4). Der so zu bemessende Wert entspricht zwar nicht zwangsläufig (BGH BeckRS 2020, 10166 Rn. 5; ZMR 2017, 256 Rn. 2; NZM 2012, 838 Rn. 4), aber doch idR dem Zuständigkeitsstreitwert (BGH BeckRS 2019, 20057 Rn. 5). Die Darlegungs- und Beweislast trägt der Rechtsmittelführer (exemplarisch BGH BeckRS 2022, 13342 Rn. 3; BeckRS 2021, 2494 Rn. 1). Die Beschwer ist vom **Wert des Beschwerdegegenstandes** iSv §§ 511 II Nr. 1, 544 II Nr. 1 zu unterscheiden (→ Vor §§ 3–9 Rn. 1). Denn mit dem Wert des Beschwerdegegenstands ist der (Teil-)Wert der Beschwer gemeint, den der Rechtsmittelführer mit dem Ziel der Beseitigung zur Entscheidung stellt (→ Vor §§ 3–9 Rn. 1). Das Rechtsbeschwerdegericht kann die Bemessung der Beschwer **durch die Vorinstanz** nur eingeschränkt darauf überprüfen, ob das Beschwerdegericht die gesetzlichen Grenzen überschritten oder sein Ermessen fehlerhaft ausgeübt hat (stRspr, s. nur BGH BeckRS 2021, 8874 Rn. 11; FamRZ 2020, 777 Rn. 8). Lässt sich das Interesse des Rechtsmittelführers nicht ermitteln, beträgt der Wert 500 EUR. Überblick im „ABC" (s. zuvor die Hinweise bei jedem Stichwort zum „Rechtsmittelstreitwert"):
- **Abweisung als „derzeit unbegründet".** Wird eine Klage als „derzeit unbegründet" abgewiesen, ist nicht die Klageforderung, sondern ein Abschlag davon anzusetzen (BGH VII ZR 49/20 Rn. 60 %; BeckRS 2015, 14781 Rn. 5: 80 %).

- **Anerkenntnis.** Der Kläger wird durch ein Anerkenntnisurteil, welches prozessordnungswidrig ergeht, nicht beschwert. Eine Berufung gegen dieses Urteil mit dem Ziel, eine gleichlautende Entscheidung, jedoch mit anderer Begründung zu erhalten, ist ihm verwehrt (BGH NJW 1994, 2697). Ein Anerkenntnis des Beklagten nach Klagabweisung lässt die Beschwer hingegen nicht entfallen. Eine Beschwer des Beklagten ist in Höhe der Beschränkung gegeben, wenn das Anerkenntnis beschränkt wurde, jedoch uneingeschränktes Anerkenntnisurteil ergeht (OLG Schleswig MDR 2005, 350). Der Beklagte ist auch beschwert, wenn er einwendet, das Anerkenntnisurteil sei nicht ordnungsgemäß ergangen.
- **Annahmeverzug:** Für das Rechtsmittel der klagenden oder beklagten Partei ist die Feststellung des Annahmeverzugs **neben** einer Zug-um-Zug-Verurteilung wertmäßig für die Beschwer ohne Bedeutung (BGH BeckRS 2021, 4275 Rn. 11; NJW-RR 2020, 1517 Rn. 8).
- **Anschlussrechtsmittel:** Bei einem Anschlussrechtsmittel, etwa nach §§ 524, 554, ist für den Gebührenstreitwert § 45 II GKG zu beachten.
- **Anträge auf angemessene und billige Entschädigung für erlittene Beeinträchtigungen:** → „Schmerzensgeld".
- **Aufrechnung:** „Aufrechnung".
- **Beklagte Partei:** Ist die beklagte Partei der Rechtsmittelkläger, bestimmt sich ihr unter wirtschaftlichen Gesichtspunkten zu bemessendes Interesse an der **Beseitigung der Verurteilung** – materielle Beschwer (stRspr, siehe nur BGH BeckRS 2019, 20057 Rn. 5; BeckRS 2019, 10357 Rn. 4; NJW 2016, 2428 Rn. 3). Auch wenn die beklagte Partei verurteilt worden ist, etwas zu unterlassen, entspricht der Wert der Beschwer zwar nicht zwangsläufig, aber doch regelmäßig dem nach dem Interesse der klagenden Partei an dieser Verurteilung zu bemessenden Streitwert (BGH GRUR-RS 2020, 18108 Rn. 7). Befindet sich ein **Zurückbehaltungsrecht** im Streit, wird der Wert durch den Wert der Gegenleistung bestimmt (BGH NJW-RR 1991, 1083 unter II). Das Klägerinteresse bildet im Übrigen stets die Obergrenze für die Beschwer der beklagten Partei (BGH NJW 2016, 2428 Rn. 3; NJW-RR 1991, 1083 unter II).
- **Erledigung.** Erklärt die klagende Partei die Hauptsache **einseitig** teilweise für erledigt, richtet sich der Beschwerdewert nach den auf den erledigten Teil entfallenden Kosten des Rechtsstreits, die im **Wege einer Differenzrechnung** zu ermitteln sind, bei der von den Gesamtkosten die Kosten abzuziehen sind, die entstanden wären, wenn der Prozess ohne den erledigten Teil geführt worden wäre (→ Erledigterklärung; BGH BeckRS 2022, 3454 Rn. 5). Eine solche Differenzrechnung ist auch hinsichtlich der vorprozessual angefallenen Rechtsanwaltskosten durchzuführen (BGH BeckRS 2020, 18313 Rn. 8; AGS 2018, 124 = BeckRS 2017, 128428 Rn. 3). Werden auf einseitige Erledigungserklärung die Teilerledigung der Hauptsache festgestellt und dem Beklagten wegen seines Unterliegens im Erledigungsstreit ein Teil der Kosten auferlegt, während im Umfang der von der Erledigung nicht berührten restlichen Hauptsache die Klage auf Kosten des Klägers abgewiesen wird, so bemisst sich die Beschwer des Beklagten nach dem vollen Betrag der ihm auferlegten Kosten (BGH NJW-RR 1993, 765). Eine Differenzrechnung ist insoweit nicht anzustellen (BGH NJW-RR 1993, 765).
- **Grundurteil.** Ein Grundurteil beschwert den Beklagten in Höhe der Klageforderung oder eines Bruchteils derselben, zu dem der Klage dem Grunde nach stattgegeben wurde, den Kläger in Höhe des abgewiesenen Bruchteils und insoweit, als es für ihn negative Bindungswirkung hat (BGH NJW 2010, 681 Rn. 6).
- **Haupt- und Hilfsantrag.** Sind Haupt- und Hilfsantrag abgewiesen worden, richtet sich die Beschwer bei wirtschaftlich identischem Streitgegenstand nach dem höheren Anspruch (BGH BeckRS 2022, 14147 Rn. 6).
- **Klageerweiterung nach Schluss der mündlichen Verhandlung.** Bei der Bestimmung des Beschwerdegegenstands bleibt eine nach Schluss der mündlichen Verhandlung geltend gemachte Klageerweiterung grundsätzlich außer Ansatz (BGH NJW-RR 2009, 853 Rn. 9).

– **Nebenforderungen.** Für Nebenforderungen gilt § 4. Etwa der Anspruch auf Befreiung von vorprozessual angefallenen Rechtsanwaltskosten erhöht als Nebenforderung den Wert des Beschwerdegegenstandes nicht, soweit er neben der Hauptforderung geltend gemacht wird, für deren Verfolgung Rechtsanwaltskosten angefallen sein sollen. Soweit diese Hauptforderung jedoch nicht Prozessgegenstand ist, handelt es sich bei dem geltend gemachten Anspruch auf Befreiung von vorprozessual angefallenen Rechtsanwaltskosten nicht um eine Nebenforderung. Der Wert dieses Anteils ist durch eine Differenzrechnung zu ermitteln, bei der von den gesamten nach der Klagedarstellung vorprozessual angefallenen Rechtsanwaltskosten diejenigen (fiktiven) Kosten abzuziehen sind, die entstanden wären, wenn der Rechtsanwalt auch vorprozessual den Anspruch nur in der Höhe geltend gemacht hätte, wie er Gegenstand der Klage geworden ist (BGH BeckRS 2020, 18313).
– **Nichtvermögensrechtliche Streitigkeiten.** In nichtvermögensrechtlichen Streitigkeiten bestimmt sich der Wert der Beschwer des Rechtsmittelklägers nach § 3, wobei alle Umstände des Einzelfalls, insbes. der Umfang der Sache und ihre Bedeutung für den Rechtsmittelwert zu berücksichtigen sind. Mangels genügender Anhaltspunkte für ein höheres oder geringeres Interesse ist in Anlehnung an § 23 III 2 RVG von dem sich aus dieser Vorschrift ergebenden Wert auszugehen, den der Gesetzgeber für eine durchschnittlich nicht vermögensrechtliche Streitigkeit mit 5.000 EUR vorgegeben hat (BGH BeckRS 2020, 12403 Rn. 12; WM 2016, 96 Rn. 13). Eine Wertfestsetzung nach § 23 III 2 RVG kommt aber nur in Betracht, wenn nicht andere besondere Umstände eine höhere oder niedrigere Wertfestsetzung rechtfertigen.
– **Nutzungsentschädigung.** Eine Nutzungsentschädigung ist von der Beschwer abzuziehen (BGH BeckRS 2022, 13342 Rn. 8; BeckRS 2021, 45164 Rn. 6; BeckRS 2021, 4547 Rn. 6).
– **Streitgenossen.** Deckt sich die Beschwer der Beklagten, soweit sie als Streitgenossen in Anspruch genommen werden, wird ihre Beschwer nicht zusammengerechnet (BGH BeckRS 2021, 8848 Rn. 3; NJW-RR 2004, 638 unter II; → § 5 Rn. 27).
– **Teil- und Schlussurteil.** Bei Aufteilung der Entscheidung in ein Teil- und Schlussurteil ist für die Anfechtbarkeit des Schlussurteils die mit diesem verbundene Beschwer maßgeblich (BGH NJW 1989, 2757; 1987, 2997; NJW 1977, 1152).
– **Wiederkehrende Leistungen.** Bei einer auf wiederkehrende Leistungen gerichteten Klage sind die erst **nach** Klagerhebung fällig gewordenen Beträge, gleich ob sie beziffert zum Gegenstand eines besonderen Antrags gemacht werden, nicht beschwererhöhend zu berücksichtigen (BGH BeckRS 2020, 18311 Rn. 2).
– **Widerklage.** Eine erstmalig in der Berufungsinstanz erhobene Widerklage erhöht nicht den Wert des Beschwerdegegenstandes der Berufung des Beklagten (→ Vor §§ 3–9 Rn. 1; BGH BeckRS 2021, 37367 Rn. 5).
– **Verfahrenstrennung (Prozesstrennung).** Eine **unzulässige** Verfahrenstrennung führt als solche nicht dazu, dass sich die Rechtsmittelsumme aus dem Gesamtwert der getrennten Verfahren errechnet (BGH BeckRS 2020, 30357 Rn. 3). Eine Berechnung der Rechtsmittelbeschwer aus dem einheitlichen Wert des Verfahrens vor der Trennung kommt nur dann in Betracht, wenn die durch die verfahrensfehlerhafte Verfahrenstrennung geschaffenen Einzelverfahren gemeinsam in die Rechtsmittelinstanz gelangt sind und der Rechtsmittelführer aus ihnen eine **zusammenhängende Beschwer** geltend macht (BGH BeckRS 2020, 30357 Rn. 3; BeckRS 2019, 8679 Rn. 6 = MDR 2019, 757). Dies gilt auch dann, wenn die unzulässige Verfahrenstrennung in der ersten Instanz erfolgte und das Berufungsgericht über das Rechtsmittel gegen die Entscheidung in einem der durch Abtrennung entstandenen Einzelverfahren in der Sache entschieden hat (BGH NJW-RR 2020, 1455 Rn. 4). Die Frage der Beschwer ist auch in diesem Fall allein anhand der in dem Einzelverfahren ergangenen rechtskraftfähigen Entscheidung zu stellen und zu beantworten (BGH BeckRS 2020, 30357 Rn. 4; BeckRS 2019, 8679 Rn. 7 = MDR 2019, 757).

– **Wirtschaftliche Identität.** Bei wirtschaftlicher Identität (→ § 5 Rn. 3) sind die Werte entspr. § 45 I 3 GKG nicht zusammenzurechnen (stRspr, etwa BGH BeckRS 2022, 33078 Rn. 12; BeckRS 2022, 13183 Rn. 8; BeckRS 2021, 8848 Rn. 5; BeckRS 2020, 3168 Rn. 6; BeckRS 2019, 28486 Rn. 4).
– **Zeitpunkt.** Zeitlich maßgebend für die Bewertung der Beschwer ist grds. § 4. Nach stRspr des BGH soll es für die **Bewertung in der Revision** auf den Zeitpunkt der letzten mündlichen Verhandlung vor dem Berufungsgericht ankommen (exemplarisch BGH BeckRS 2022, 13342 Rn. 3; VersR 2021, 668 Rn. 5), und zwar nach Maßgabe der dem Parteivorbringen zu **diesem** Zeitpunkt zugrunde liegenden tatsächlichen Angaben zum Wert (exemplarisch BGH BeckRS 2022, 13342 Rn. 3; NJW 2022, 194 Rn. 15). Im Übrigen soll der Beschwerdeführer innerhalb laufender Begründungsfrist darlegen und glaubhaft machen müssen, dass er mit der Revision das Berufungsurteil in einem Umfang, der die Wertgrenze von 20.000 EUR übersteigt, abändern lassen will (exemplarisch BGH BeckRS 2022, 13183 Rn. 6; BeckRS 2021, 8867 Rn. 4; WRP 2021, 60 Rn. 11). **Stellungnahme.** Das Gesetz kennt diese Frist nicht. Auch bei der **Nichtzulassungsbeschwerde** soll es auf den Zeitpunkt der **letzten mündlichen Verhandlung** vor dem Berufungsgericht und die bis dahin vom Kläger vorgebrachten Anknüpfungstatsachen ankommen (stRspr, zB BGH BeckRS 2021, 13595 Rn. 5 BeckRS 2021, 4547 Rn. 5; BeckRS 2020, 29030 Rn. 7; GRUR-RS 2020, 18108 Rn. 7; BeckRS 2019, 35147 Rn. 7; BeckRS 2019, 21197 Rn. 7; NJW 2017, 3164 Rn. 11). Dem Beschwerdeführer, der nicht glaubhaft gemacht hat, dass bereits in den Vorinstanzen vorgebrachte Umstände, welche die Festsetzung eines höheren Streitwerts – und einer entsprechend höheren Beschwer – rechtfertigen, nicht ausreichend berücksichtigt worden seien, soll es idR auch hier **verwehrt** sein, sich im Nichtzulassungsbeschwerdeverfahren auf **neue Angaben** zu berufen, um die Wertgrenze zu überschreiten (stRspr, exemplarisch BGH WuM 2020, 308 Rn. 5; BeckRS 2019, 17250 Rn. 8; NJW 2017, 3164 Rn. 11; BeckRS 2016, 12700 Rn. 6). Insbes. soll der Beschwerdeführer gehindert sein, neue Angaben zur Bewertung eines Feststellungsbegehrens zu machen, um die Wertgrenze zu überschreiten, wenn dieser Vortrag in den Tatsacheninstanzen keinen Niederschlag gefunden hat (BGH BeckRS 2021, 13595 Rn. 5; WuM 2020, 308 Rn. 5; NJW 2017, 3164 Rn. 11). **Stellungnahme.** Diese Rechtsprechung **zum Zeitpunkt** verstößt gegen § 4. Sie ist ein gut nachvollziehbarer Schutzmechanismus des BGH und soll ihn vor einer Prozessflut bewahren. Dies müsste aber der Gesetzgeber bestimmen. **Stellungnahme.** Diese Rechtsprechung **zum Vortrag** verstößt gegen § 3.
– **Zinsen.** → „Nebenforderungen“. Zinsen, die als Nebenforderungen geltend gemacht werden, bleiben gem. § 4 I unberücksichtigt, sofern sie in der Entscheidung das Schicksal der Hauptforderung teilen (stRspr, etwa BGH BeckRS 2020, 16593 Rn. 3; NZV 2016, 517 Rn. 9; NJW 2015, 3173 Rn. 4).

Rechtswegverweisung

– **Rechtsmittelstreitwert:** Der Streitwert für ein Rechtswegbeschwerdeverfahren nach § 17a GVG ist auf einen Bruchteil des Hauptsachewertes festzusetzen (BGH BeckRS 2019, 36032 Rn. 22; NJW 1998, 909 unter III). Der BGH hat zuletzt ¼ (BGH BeckRS 2019, 36032 Rn. 22), aber auch $^{1}/_{10}$ angesetzt (BGH BeckRS 2019, 37436 Rn. 22). Grds. sollen Schwankungen in einer Größenordnung von etwa $^{1}/_{3}$ bis $^{1}/_{5}$ denkbar sein (BGH NJW-RR 2006, 286 Rn. 7; NJW 1998, 909 unter III; Münster NVwZ-RR 2016, 759 Rn. 6; OLG Brandenburg NVwZ 2011, 640).

Reisestreitigkeiten (§ 23 Nr. 2 lit. b GVG)

– **Gebührenstreitwert:** Der Wert ist grds. nach § 48 I 1 GKG iVm §§ 3, 6–9 zu ermitteln. → Rn. 11.
– **Rechtsmittelstreitwert:** → „Gebührenstreitwert“, → „Rechtsmittel“.
– **Zuständigkeitsstreitwert:** Die Zuständigkeit bei Streitigkeiten zwischen Reisenden und Wirten, Fuhrleuten, Schiffern oder Auswanderungsexpedienten in den Einschiffungshäfen, die über Wirtszechen, Fuhrlohn, Überfahrtsgelder, Beförderung der Reisenden und ihrer Habe und über Verlust und Beschädigung der letzteren, sowie Streitigkeiten zwischen Reisenden und Handwerkern, die aus Anlass der Reise entstanden sind, regelt § 23 Nr. 2 lit. b GVG.

Rente (Rentenansprüche)

- **Gebührenstreitwert:** Der Wert ist grds. nach § 48 I 1 GKG iVm § 9 zu ermitteln (→ § 9 Rn. 6 „Rentenansprüche"). Zur **Berechnung** → § 9 Rn. 12 ff. Eine **Sondervorschrift** nur zum Gebührenstreitwert für Ansprüche auf wiederkehrende Leistungen aus einem öffentlich-rechtlichen Dienst- oder Amtsverhältnis, einer Dienstpflicht oder einer Tätigkeit, die anstelle einer gesetzlichen Dienstpflicht geleistet werden kann, bei Ansprüchen von Arbeitnehmern auf wiederkehrende Leistungen sowie in Verfahren vor Gerichten der Sozialgerichtsbarkeit, in denen Ansprüche auf wiederkehrende Leistungen dem Grunde oder der Höhe nach geltend gemacht oder abgewehrt werden, ist § 42 I 1 GKG.
- **Rechtsmittelstreitwert:** → „Gebührenstreitwert", → „Rechtsmittel".
- **Zuständigkeitsstreitwert:** → „Gebührenstreitwert".

Restitutionsklage: → „Nichtigkeitsklage"

Restschuldbefreiung (Antrag auf Versagung)

- **Gebührenstreitwert:** § 48 I GKG iVm §§ 3, 6–9.
- **Rechtsmittelstreitwert:** Sogleich → „Zuständigkeitsstreitwert", → „Rechtsmittel".
- **Zuständigkeitsstreitwert:** Es gilt grds. → Rn. 11. Der Wert ist nach dem objektiven wirtschaftlichen Interesse desjenigen zu bemessen, der den jeweiligen Antrag stellt (BGH BeckRS 2003, 01444). Maßgeblich dabei ist nicht der Nennbetrag der dem verfahrensbeteiligten Gläubiger verbleibenden Forderung, sondern deren wirtschaftlicher Wert, bei dem auch die Erfolgsaussichten einer künftigen Beitreibung zu berücksichtigen sind (BGH BeckRS 2007, 3803; BeckRS 2003, 01444).

Revision: → „Rechtsmittel".

Richterablehnung: → „Ablehnung".

Rücktritt

- **Gebührenstreitwert:** § 48 I GKG iVm §§ 3, 6–9. Sogleich → „Zuständigkeitsstreitwert".
- **Rechtsmittelstreitwert:** Sogleich → „Zuständigkeitsstreitwert", → „Rechtsmittel".
- **Zuständigkeitsstreitwert:** Entscheidend ist nach → Rn. 11 jeweils, welche Rechtsfolgen aus dem Rücktritt hergeleitet werden (OLG Frankfurt a. M. NJOZ 2019, 960 Rn. 8).

Sachverständigenablehnung: → „Ablehnung".

Sachurteilsvoraussetzungen

- **Allgemeines:** Grds. gibt es **keinen** Bedarf, den Gebühren-, Rechtsmittel- oder Zuständigkeitsstreitwert für einen Streit der Parteien über die über die Sachurteilsvoraussetzungen festzusetzen. Eine Wertfestsetzung ist allerdings für den Gegenstandswert auf Antrag nach § 33 I RVG vorzunehmen.
- **Gegenstandswert:** Der Gegenstandswert bei einem Streit über die Sachurteilsvoraussetzungen entspricht idR dem Wert der Hauptsache (BGH BeckRS 2002, 3872 unter II 1b; VersR 1991, 122; NJW 1962, 345 unter III). Dies findet seinen Grund darin, dass – wie stets – die Verteidigung des Beklagten für die Wertbestimmung unerheblich ist und bei Fehlen einer Sachurteilsvoraussetzung eine Klageabweisung droht.

Schadenersatz

- **Gebührenstreitwert:** § 48 I GKG iVm §§ 3, 6–9. Sogleich → „Zuständigkeitsstreitwert".
- **Rechtsmittelstreitwert:** Sogleich → „Zuständigkeitsstreitwert", → „Rechtsmittel".
- **Zuständigkeitsstreitwert:** Bei einer bezifferten Summe ist sie nach → Rn. 3 maßgeblich. Bei einer unbezifferten Summe ist der Wert nach → Rn. 11 zu ermitteln. Bei einer Verbindung mit anderen Ansprüchen muss man wie stets nach § 5 zusammenrechnen. Auch → Rn. 19 „Feststellungsklage".

Schätzung

- **Gebührenstreitwert:** § 48 I GKG iVm §§ 3, 6–9. Sogleich → „Zuständigkeitsstreitwert".

– **Rechtsmittelstreitwert:** Sogleich → „Zuständigkeitsstreitwert", → „Rechtsmittel".
– **Zuständigkeitsstreitwert:** Bei einer unbezifferten Summe ist der Wert nach → Rn. 11 zu ermitteln. Bei Ansprüchen, die wie das Schmerzensgeld auf eine angemessene und billige Entschädigung für erlittene Beeinträchtigungen gerichtet sind, ist die Größenvorstellung der klagenden Partei nach hM grds. maßgeblich (→ „Schmerzensgeld").

Scheck: → „Geldforderung", → „Herausgabe".
Schiedsrichterablehnung: → „Ablehnung".
Schiedsrichterliches Verfahren
– **Gebührenstreitwert:** Der Wert ist grds. nach § 53 I Nr. 2 oder Nr. 3 GKG iVm § 3 bzw. im Übrigen nach § 48 I 1 GKG iVm §§ 3, 6–9 nach → Rn. 11 zu ermitteln. Bei der Feststellung der Zulässigkeit des Verfahrens nach § 1032 usw und bei § 1035 III ist zB 1/3 der Hauptforderung ansetzen. Im Verfahren nach §§ 1059, 1062 ff. ist der Wert der Abweisung maßgeblich. In Verfahren nach § 1062 I Nr. 2 ist – anders als in Verfahren nach § 1062 I Nr. 4 ZPO – geht es nur um eine Vorfrage, so dass zB 1/3 der Hauptforderung ansetzen ist (OLG München SchiedsVZ 2007, 330). Im Verfahren zB nach §§ 1034 II, 1035 III–V, 1037 III, 1038 I, 1041 II, III, 1050 ist das Interesse des Antragstellers an der Maßnahme maßgeblich. Das gilt auch beim Streit um das Erlöschen der Schiedsvereinbarung. Die Bestellung und die Ablehnung eines Schiedsrichters betreffen den ganzen Anspruch (→ Schiedsrichterablehnung; s. auch OLG München MDR 2006, 1308; aA OLG Frankfurt a. M. SchiedsVZ 2006, 330; OLG München SchiedsVZ 2007, 280). Im Verfahren nach §§ 1060, 1061 ist der volle Wert des Schiedsspruchs maßgeblich (BGH SchiedsVZ 2019, 351 Rn. 5; BeckRS 2018, 7526 Rn. 4). Denn erst die Vollstreckbarerklärung stellt den Vollstreckungstitel als rechtswirksam fest. Das gilt grds. auch dann, wenn nur ein Teil des Titels vollstreckbar ist. Es kann sich als streitwerterhöhend auswirken, wenn der Antrag auf Vollstreckbarerklärung und das Interesse des Antragstellers über den Wert der zu vollstreckenden Forderungen hinausreichen (BGH SchiedsVZ 2019, 351 Rn. 5). Die Partei kann aber ihren Antrag auf einen Teil des Schiedsspruchs beschränken; das kann auch stillschweigend geschehen (OLG Düsseldorf Rpfleger 1975, 257). Dann ist als Wert nur dieser Teilbetrag ansetzbar (OLG Düsseldorf Rpfleger 1975, 257, aA OLG Frankfurt a. M. JurBüro 1975, 229; LG Bonn NJW 1976, 1981). Dasselbe gilt bei zwei Ansprüchen, von denen einer abgewiesen wurde und darum nicht vollstreckbar ist.
– **Rechtsmittelstreitwert:** → „Rechtsmittel".
– **Zuständigkeitsstreitwert:** § 1062.
– **Weiteres:** Soweit in dem Verfahren vor dem Schiedsgericht nach §§ 1025 ff. nach der Schiedsvereinbarung gem. §§ 1029, 1042 wertabhängige Gebühren entstehen, sind die allgemeinen Wertregeln entsprechend anwendbar.

Schiedsstelleverfahren nach dem Verwertungsgesellschaftengesetz: → „Urheberrechtliche Schiedsstelle nach dem Verwertungsgesellschaftengesetz".
Schifffahrtsrechtliches Verteilungsverfahren
– **Gebührenstreitwert:** § 59 GKG.
– **Rechtsmittelstreitwert:** Sogleich → „Zuständigkeitsstreitwert", → „Rechtsmittel".
– **Zuständigkeitsstreitwert:** → Rn. 11.

Schmerzensgeld
– **Gebührenstreitwert:** § 48 I GKG iVm §§ 3, 6–9. Sogleich → „Zuständigkeitsstreitwert".
– **Rechtsmittelstreitwert:** Sogleich → „Zuständigkeitsstreitwert", → „Rechtsmittel". Stellt der Kläger das Schmerzensgeld in das Ermessen des Gerichtes und gibt er einen Mindestbetrag oder eine Größenordnung an, ist er nur beschwert, wenn das Gericht diese Vorgaben **unterschreitet** (BGH NJW-RR 2004, 863; NJW 2002, 3769; 1996, 2425 unter II 4b; 1992, 311). Bei der Angabe einer bloßen Größenordnung wird eine **wesentliche** Unterschreitung gefordert (BGH NJW 1993, 2875). Eine Beschwer folgt nicht daraus, dass das Gericht ein Mitverschul-

den annimmt, wenn die vorgegebene Größenordnung nicht unterschritten wird (BGH NJW 2002, 212).

– **Zuständigkeitsstreitwert:** Bei einer bezifferten Summe ist sie nach → Rn. 3 maßgeblich. Bei einer unbezifferten Summe ist der Wert nach → Rn. 11 zu ermitteln (BayObLG AnwBl 1989, 164, KG MDR 2010, 889; Steinle VersR 1992, 425). Auch → Rn. 19 „Feststellungsklage". Bei einer Verbindung mit anderen Ansprüchen ist nach § 5 zusammenrechnen. Für eine vom Kläger genannte **Mindestsumme** gilt → Rn. 15 (Angaben der Parteien). Grds. ist der Wert danach zwar nicht geringer als derjenige Betrag, den der Kläger mindestens begehrt (KG MDR 2010, 889; OLG München VersR 1995, 1117; LG Hamburg JurBüro 1992, 699). Der Wert ist aber **entgegen** der hM (BGH NJW 1996, 2425 unter II 4b; OLG Saarbrücken BeckRS 2010, 00450; OLG München BeckRS 2008, 01114) nach den allgemeinen Grundsätzen natürlich **nicht** bindend.

SCHUFA: → „Widerruf".

Schuldanerkenntnis: → „Anerkenntnis".

Schuldbefreiung: → „Befreiung".

Schuldnerverzeichnis: → „Widerruf".

Schuldschein: → „Urkunde".

Schuldverschreibungsgesetz (Anfechtungsklage)

– **Gebührenstreitwert:** Siehe §§ 48 I 1 GKG iVm §§ 3, 6–9. Der Streitwert für die Anfechtungsklage nach § 20 SchVG ist regelmäßig auf der Grundlage des jeweiligen Zahlungsanspruchs aus den Anleihen zu bemessen (BGH BeckRS 2021, 16860 Rn. 5).

– **Rechtsmittelstreitwert:** → „Rechtsmittel", → Gebührenstreitwert.

– **Zuständigkeitsstreitwert:** § 20 II 3 SchVG.

Selbständiges Beweisverfahren

Schrifttum: Wirges JurBüro 1997, 565.

– **Gebührenstreitwert:** Siehe §§ 48 I 1 GKG iVm §§ 3, 6–9. Für Mietsachen → GKG § 41 Rn. 61.

– **Rechtsmittelstreitwert:** → „Rechtsmittel", sogleich → Zuständigkeitsstreitwert

– **Zuständigkeitsstreitwert:**

– **Grundsatz.** Der Streitwert des selbständigen Beweisverfahrens ist mit dem Hauptsachewert oder mit dem Teil des Hauptsachewertes anzusetzen, auf den sich die **Beweiserhebung bezieht** (BGH NJW 2004, 3488 unter III 2; OLG Nürnberg BeckRS 2021, 11323 Rn. 11; OLG Koblenz NJOZ 2019, 1670 Rn. 14; OLG Karlsruhe JurBüro 2016, 368; aA OLG Rostock NJW-RR 1993, 1086). Das Gericht hat **nach Einholung des Gutachtens** den „richtigen" Hauptsachewert, bezogen auf den Zeitpunkt der Verfahrenseinleitung und das Interesse des Antragstellers festzusetzen (BGH NJW 2004, 3488 unter III 3; OLG Nürnberg BeckRS 2021, 11323 Rn. 12; OLG Köln NJOZ 2017, 1402 Rn. 11; KG NJW-RR 2017, 703 Rn. 3; OLG Düsseldorf BauR 2016, 882; OLG Stuttgart BauR 2015, 1023; OLG Frankfurt a. M. NJW 2010, 1822). Richtet sich das Beweisverfahren auf die Feststellung von Mängeln oder Schäden und die Kosten ihrer Beseitigung, sind idR auch die **Beseitigungskosten,** die der Sachverständige festgestellt hat, streitwertbestimmend (OLG Nürnberg BeckRS 2021, 11323 Rn. 12; OLG Koblenz NJOZ 2019, 1670 Rn. 14; OLG Karlsruhe NJW-RR 2011, 22 Rn. 15). Enthalten sie allerdings „Ohnehin-„ oder „Sowieso-Kosten", von denen der Antragsteller von Anfang an erkennen lässt, dass er diese im Hauptsacheverfahren nicht mitverfolgen will, sind diese nach hM bei der **Streitwertbestimmung abzuziehen** (OLG Karlsruhe BauR 2015, 1019; OLG Rostock JurBüro 2008, 369; OLG Köln BauR 2005, 1806; aA zu Recht LG Karlsruhe BeckRS 2019, 31720 Rn. 12). Über den Antrag **hinausgehende** Positionen sind unerheblich (OLG Koblenz NJOZ 2019, 1670 Rn. 14; OLG Stuttgart NJOZ 2011, 776 Rn. 29).

– **Anrechnung „neu für alt".** Eine Anrechnung des Vorteils „neu für alt" ist zu erwägen, wenn durch die Mangelbeseitigung eine deutlich verlängerte Nutzungsdauer entsteht, der Mangel sich verhältnismäßig spät auswirkt und der Auftraggeber bis dahin keine Gebrauchsnachteile hinnehmen musste.

– **Gesonderte Bewertung.** Wenn der Antragsteller mit dem Beweisverfahren erkennbar **andere** Ansprüche neben oder anstelle des Anspruchs auf Mängelbeseitigung vorbereiten will, soll es einen Zuschlag zu den ermittelten und fiktiven Mangelbeseitigungskosten geben (OLG Stuttgart NJW-RR 2012, 91; OLG München NJOZ 2002, 1652; OLG Düsseldorf BauR 2001, 1785 = BeckRS 2001, Jahr 30183168; aA OLG Stuttgart BeckRS 2010, 11597; OLG Düsseldorf BauR 2001, 838 = BeckRS 2001, 0154101).
– **Keine Beweiserhebung.** Wird die Beweiserhebung abgelehnt, ist nach → Rn. 11 ff. anhand der Angaben des Antragstellers zu schätzen (OLG Nürnberg BeckRS 2021, 11323 Rn. 12).
– **Behauptete Mängel sind nicht festgestellt.** Werden nicht alle Mängel bestätigt, sind die für die behaupteten Mängel fiktiv anfallenden Beseitigungskosten zusätzlich zu berücksichtigen (BGH NJW 2004, 3488 unter III 3; OLG Koblenz NJOZ 2019, 1670 Rn. 18; OLG Stuttgart NJW-RR 2012, 91; OLG Jena OLG-Report 2001, 132).
– **Streitgenossen.** → § 5 Rn. 27. Für den **Gegenstandswert** sind die Kosten entsprechend der Beteiligung der Streitgenossen zuzuordnen (OLG Rostock BeckRS 2008, 7274 Rn. 2; OLGR 2004, 311; KG NJW-RR 2000, 1622; OLG Düsseldorf, BauR 1995, 586). Auch hier kommt es auf den „richtigen" Hauptsachewert an (aA OLG Rostock BeckRS 2008, 7274 Rn. 2).

Sicherheitsleistung: → „Sachurteilsvoraussetzungen".
Sicherstellung: § 6.
Sicherungshypothek: → § 6 Rn. 8.
Sicherungsübereignung: → § 6 Rn. 8.
SMS-Werbung
– **Gebührenstreitwert:** § 48 I GKG iVm §§ 3, 6–9. Sogleich → „Zuständigkeitsstreitwert".
– **Rechtsmittelstreitwert:** Sogleich → „Zuständigkeitsstreitwert", → „Rechtsmittel".
– **Zuständigkeitsstreitwert:** → „Unterlassung".

Sofortige Beschwerde (§§ 567 ff.)
– **Allgemeines:** Eine Bewertung ist nur erforderlich, soweit keine Festgebühr entsteht.
– **Rechtsmittelstreitwert:** → „Rechtsmittel". Maßgeblich ist das Interesse des Beschwerdeführers an einer Änderung der angefochtenen Entscheidung nach § 572 II (BGH NJW 1989, 2755; OLG Hamburg MDR 2012, 1379).

Stiftung
– **Gebührenstreitwert:** § 48 I GKG iVm §§ 3, 6–9. Sogleich → „Zuständigkeitsstreitwert".
– **Rechtsmittelstreitwert:** Sogleich → „Zuständigkeitsstreitwert", → „Rechtsmittel".
– **Zuständigkeitsstreitwert:** → Rn. 11, zB zur Bewertung des Streits über die personelle Besetzung eines Stiftungskuratoriums (OLG Hamm OLGZ 1994, 100).

Streitgenossen: § 5.
Streithilfe (§§ 66 ff.)
– **Allgemeines:** Grds. gibt es keinen Bedarf, den Gebühren-, Rechtsmittel- oder Zuständigkeitsstreitwert festzusetzen. Eine Streithilfe hat grds. keinen Einfluss auf den Gebühren- oder Zuständigkeitswert (OLG Rostock NJOZ 2015, 416). Denn dieser richtet sich nach dem Interesse der klagenden Partei (OLG Rostock NJOZ 2015, 416; OLG Celle NJW-RR 2011, 1296). Eine Wertfestsetzung ist lediglich für den Gegenstandswert auf Antrag nach § 33 I RVG vorzunehmen.
– **Rechtsmittelstreitwert (Gegenstandswert):** → „Rechtsmittel". Der Wert einer durchgeführten Nebenintervention stimmt mit dem Streitwert der Hauptsache überein, wenn der Nebenintervenient am Prozess im **gleichen** Umfang beteiligt ist wie die Partei, der er beigetreten ist. Seine Angriffs- und Verteidigungsmittel betreffen den Erfolg dieser Partei, und zwar in voller Höhe des von ihr oder gegen sie geltend gemachten Klageanspruchs. Für den Wert der Hauptsache ist es **ohne** Bedeutung, ob der Streithelfer selbst Anträge gestellt hat,

weshalb auch der Wert seiner Beteiligung nicht vom Stellen eines solchen Antrags abhängt (BGH NJW-RR 2016, 831 Rn. 6; BeckRS 2013, 1256 Rn. 2; OLG Frankfurt a. M. AGS 2019, 523 = BeckRS 2019, 21300 Rn. 10; OLG Stuttgart BeckRS 2019, 20768 Rn. 13). **Im Übrigen** ist derjenige Teil des Anspruchs der Hauptpartei maßgeblich, auf den sich das Interesse des Streithelfers erstreckt (OLG Dresden BeckRS 2018, 7499 Rn. 15; JurBüro 2018, 367; OLG Stuttgart BauR 2014, 1351; OLG Brandenburg BauR 2013, 818; aA OLG Hamm BeckRS 2019, 34023 Rn. 17). Bei einem Streit nur um die **Zulassung** des Streithelfers nach § 71 ist sein Interesse am Beitritt maßgeblich (OLG Karlsruhe NJW-RR 2013, 534).

Stromzähler (Entfernung)
- **Gebührenstreitwert:** Der Wert ist grds. nach § 48 GKG iVm §§ 3, 6–9 zu ermitteln. Insoweit gelten die Ausführungen zum Zuständigkeitsstreitwert entsprechend.
- **Rechtsmittelstreitwert:** Sogleich → „Zuständigkeitsstreitwert", → „Rechtsmittel".
- **Zuständigkeitsstreitwert:** Der Wert ist nach → Rn. 11 zu ermitteln. Nach Ansicht der wohl hM geht es um die Frage, welcher Schaden dem Versorger bei Fortsetzung der Lieferungen in den nächsten sechs Monaten voraussichtlich entstehen wird (OLG Köln BeckRS 2018, 31033 Rn. 9; OLG Düsseldorf BeckRS 2013, 6206; OLG Koblenz MDR 2012, 996; OLG Saarbrücken NJOZ 2011, 1254; OLG Oldenburg MDR 2009, 1407).

Stufenklage
- **Gebührenstreitwert:** § 44 GKG.
- **Rechtsmittelstreitwert:** Beim Rechtsmittelstreitwert ist zu unterscheiden, wer Rechtsmittelführer ist:
- Wird die erste Stufe abgewiesen, gelten die Ausführungen zum Zuständigkeitsstreitwert entsprechend (BGH NJW 2002, 71 unter II). Auch wenn die Stufenklage wegen Fehlens einer materiell-rechtlichen Grundlage für die mit ihr verfolgten Leistungsansprüche insgesamt abgewiesen wird, ist der Wert des Leistungsanspruchs maßgeblich (BGH BeckRS 2022, 13183 Rn. 10; BeckRS 2015, 3149 Rn. 2). Da der Leistungsanspruch mangels Auskunft nicht exakt beziffert werden kann, bedarf es einer Schätzung nach § 3 (BGH BeckRS 2022, 13183 Rn. 10; BeckRS 2015, 3149 Rn. 2). Diese geschieht nach objektiven Anhaltspunkten, wobei anhand des Tatsachenvortrags des Klägers danach zu fragen ist, welche Vorstellungen er sich vom Wert des Leistungsanspruchs gemacht hat (BGH BeckRS 2022, 13183 Rn. 10). Dabei ist auch zu berücksichtigen, ob ein solcher Anspruch nach den festgestellten Verhältnissen überhaupt oder nur in geringerer Höhe in Betracht kommt, mit der Folge, dass das Interesse des Rechtsmittelführers dann unter wirtschaftlichen Gesichtspunkten entsprechend geringer zu bewerten ist (BGH BeckRS 2022, 13183 Rn. 10; NJW-RR 2018, 901 Rn. 11). Eine Grenze bilden nicht nachvollziehbare Wunschvorstellungen eines Klägers, die in seinem Tatsachenvortrag keine Grundlage finden (BGH BeckRS 2022, 13183 Rn. 10).
- Wird der Stufenklage auf erster Stufe stattgegeben, gelten die Ausführungen zur → „Auskunft".
- **Zuständigkeitsstreitwert:** Der Zuständigkeitsstreitwert bestimmt sich entsprechend § 44 GKG nach einer Ansicht allein nach dem Wert des zu schätzenden Zahlungsantrags der dritten Stufe, weil die mit der ersten und zweiten Stufe verfolgten Ansprüche lediglich vorbereitenden Charakter haben und mit dem Leistungsantrag der dritten Stufe wirtschaftlich identisch sind (KG BeckRS 2019, 7542 Rn. 9; Kurpat MDR 2019, 1300). Nach aA sind die Anträge einzeln zu bewerten und nach § 5 Hs. 2 zu addieren (OLG Hamm BeckRS 2016, 17600 Rn. 17; OLG Koblenz OLGR 2008, 450; OLG Brandenburg MDR 2002, 536). **Stellungnahme:** Zu folgen ist der ersten Ansicht (→ § 5 Rn. 5; → § 5 Rn. 17). Zur Ermittlung des Wertes des Zahlungsantrags ist das klägerische Interesse zu ermitteln. Diese geschieht nach objektiven Anhaltspunkten (→ Rn. 11), wobei anhand des Tatsachenvortrags der klagenden Partei (→ Rn. 11) danach zu fragen ist, welche Vorstellungen sie sich vom Wert des

Leistungsanspruchs gemacht hat (BGH BeckRS 2015, 3149 Rn. 2). Eine Grenze bilden nicht nachvollziehbare Wunschvorstellungen der klagenden Partei, die in ihrem Tatsachenvortrag keine Grundlage finden (BGH BeckRS 2015, 3149 Rn. 2).

Teilklage

– **Gebührenstreitwert:** Der Wert ist grds. nach § 48 GKG iVm §§ 3, 6–9 zu ermitteln. Insoweit gelten die Ausführungen zum Zuständigkeitsstreitwert entsprechend. Bei einer Widerklage wegen des Restes muss man nach § 45 I 1 GKG die Werte allerdings zusammenrechnen (OLG Bamberg JurBüro 1979, 252).
– **Rechtsmittelstreitwert:** Sogleich → „Zuständigkeitsstreitwert", → „Rechtsmittel".
– **Zuständigkeitsstreitwert:** Der Wert ist nach → Rn. 11 zu ermitteln. Maßgeblich ist der geforderte Teilanspruch. Bei einer Widerklage gilt § 5 S. 2.

Teilungsklage: → „Gemeinschaft".

Telekommunikationsgesetz (TKG)

– **Gebührenstreitwert:** Der Wert ist grds. nach § 48 GKG iVm §§ 3, 6–9 zu ermitteln. Insoweit gelten die Ausführungen zum Zuständigkeitsstreitwert entsprechend.
– **Rechtsmittelstreitwert:** Sogleich → „Zuständigkeitsstreitwert", → „Rechtsmittel".
– **Zuständigkeitsstreitwert:** Der Wert ist nach → Rn. 11 zu ermitteln. §§ 3–9 sind auf das Vorverfahren nach § 146 S. 3 Hs. 2 TKG entsprechend anwendbar.

Testament: → „Erbrechtlicher Anspruch".

Trennung

– **Gebührenstreitwert:** Mit einer Prozesstrennung entstehen zwei Verfahren und höhere Gerichtsgebühren, weil sich die Gerichtskosten nach dem jeweiligen Streitwert des einzelnen Verfahrens berechnen (OLG Bremen NJOZ 2014, 1036 (1037)). Die für das ursprüngliche Verfahren erhobenen Gebühren sind nach dem Verhältnis der jeweils auf die Einzelstreitwerte zu berechnenden Gebühren zu verrechnen (OLG Bremen NJOZ 2014, 1036 (1037)). Die weitere Tätigkeit des Gerichtes darf nicht davon abhängig gemacht werden, dass eine verbleibende Gebührenforderung beglichen wird. Im Fall der Prozesstrennung ist weder in § 12 eine Vorauszahlungspflicht angeordnet, noch besteht eine Vorschusspflicht gem. § 17.
– **Rechtsmittelstreitwert:** Wie hoch nach einer Trennung eine Beschwer ist, beurteilt sich nach den getrennten Verfahren (BGH NJW 2000, 217). Allenfalls bei willkürlicher Trennung der Verfahren kommt eine Ausnahme von diesem Grundsatz in Betracht (BGH NJW 2000, 217; 1996, 3216; 1995, 3120).
– **Gegenstandswert.** Die vor der Trennung entstandenen Gebühren gehen nicht unter. Eine Gebühr kann aber auf eine später entstehende Gebühr anrechnungspflichtig sein. Daher wird ein Wahlrecht zwischen der Gebühr aus dem addierten Streitwert und den beiden Gebühren aus den geringeren Streitwerten zugebilligt.

Überbau: → § 7 Rn. 10, → § 9 Rn. 6.

Übereignung: Maßgeblich ist – wie bei einer Herausgabe – § 6.

Übergabe einer Sache: Maßgeblich ist – wie bei einer Herausgabe – § 6.

Umweltschutz (UmweltHG)

– **Gebührenstreitwert:** Der Wert ist grds. nach § 48 GKG iVm §§ 3, 6–9 zu ermitteln. Insoweit gelten die Ausführungen zum Zuständigkeitsstreitwert entsprechend. Geht es um eine Beeinträchtigung des Persönlichkeitsrechtes, sind ggf. § 48 II, III anwendbar.
– **Rechtsmittelstreitwert:** Sogleich → „Zuständigkeitsstreitwert", → „Rechtsmittel".
– **Zuständigkeitsstreitwert:** Der Wert ist nach → Rn. 11 zu ermitteln.

Unbezifferter Antrag: → „Schmerzensgeld".

Unerlaubte Handlung (Feststellung): → „Insolvenz".

Unlauterer Wettbewerb: → „Gewerblicher Rechtsschutz".

Unterlassungsklagen bei Verbraucherrechts- oder anderen Verstößen (UKlaG)

- **Gebührenstreitwert:** § 48 I 1, 2 GKG iVm §§ 3, 6–9. Maßgeblich ist das Interesse der Allgemeinheit an der Beseitigung einer gesetzwidrigen AGB-Bestimmung, nicht hingegen an der wirtschaftlichen Bedeutung eines Klauselverbots (stRspr, BGH NJW-RR 2022, 782 Rn. 11; BeckRS 2020, 36929 Rn. 7; GRUR-RS 2020, 29377 Rn. 8; BKR 2020, 474 Rn. 5; BeckRS 2019, 28183). Auf diese Weise sollen Verbraucherschutzverbände bei der Wahrnehmung der ihnen im Allgemeininteresse eingeräumten Befugnis, den Rechtsverkehr von unwirksamen Allgemeinen Geschäftsbedingungen zu befreien, vor unangemessenen Kostenrisiken geschützt werden (BGH NJW-RR 2022, 782 Rn. 11; GRUR-RS 2020, 29377 Rn. 8; BeckRS 2019, 22572 Rn. 1; NJW 2019, 1531 Rn. 9; NJW 2018, 1880 Rn. 34). IdR kommt **weder** der **wirtschaftlichen Bedeutung** eines Klauselwerkes oder der betroffenen Klauseln ein maßgebliches Gewicht zu noch dem Zugang zum Revisionsgericht (BGH BeckRS 2021, 12082 Rn. 12; GRUR-RS 2020, 29377 Rn. 9). Diese Erwägungen gelten nicht nur für die Fälle des Verbots gesetzwidriger Allgemeiner Geschäftsbedingungen (§ 1 UKlaG), sondern auch wenn eine Verbandsklage im Hinblick auf eine Verbraucherschutzgesetzen widersprechende Praxis im Sinne des § 2 UKlaG erhoben worden ist (BGH NJW-RR 2022, 782 Rn. 11; BeckRS 2020, 30201 Rn. 8; BeckRS 2019, 22572 Rn. 1; NJW 2019, 1531 Rn. 10; NJW 2018, 1880 Rn. 35). Diese Grundsätze schließen es jedoch nicht aus, der **herausragenden** wirtschaftlichen Bedeutung einer Klausel oder einer Praxis für die betroffenen Verkehrskreise im Einzelfall ausnahmsweise Rechnung zu tragen, wenn die Entscheidung über die Wirksamkeit einer bestimmten Klausel oder die Zulässigkeit einer bestimmten Praxis für die gesamte Branche von wesentlicher Bedeutung ist, etwa weil es dabei um äußerst umstrittene verallgemeinerungsfähige Rechtsfragen von großer wirtschaftlicher Tragweite geht, über deren Beantwortung bereits vielfältig und mit kontroversen Ergebnissen gestritten wird (BGH NJW-RR 2022, 782 Rn. 14; BeckRS 2021, 12082 Rn. 12; BeckRS 2020, 30201 Rn. 10; GRUR-RS 2020, 29377 Rn. 8; BeckRS 2019, 24141 Rn. 6; BeckRS 2016, 109936 Rn. 16). **Je angegriffene Klausel** soll man zB 2.500 EUR festsetzen können (BGH NJW-RR 2022, 782 Rn. 11; BeckRS 2020, 36929 Rn. 8; GRUR-RS 2020, 29377 Rn. 9; BKR 2020, 474 Rn. 5; BeckRS 2019, 28183; BeckRS 2019, 24141 Rn. 4; BeckRS 2019, 22572 Rn. 4; VersR 2016, 140 Rn. 3), soweit nicht eine Klausel eine **grundlegende** Bedeutung für einen ganzen Wirtschaftszweig hat (BGH BeckRS 2020, 36929 Rn. 9; NJW 2019, 1531 Rn. 14; BeckRS 2018, 5063 Rn. 4). Gleiches gilt, wenn nicht ein Verstoß gegen ein Klauselverbot, sondern dessen Umgehung nach § 306a BGB geltend gemacht wird (BGH BeckRS 2019, 24141 Rn. 4). Diese Maßstäbe gelten auch für eine auf § 1 UKlaG und/oder § 4a UKlaG gestützte Klage eines Verbandes zur Förderung gewerblicher oder selbständiger beruflicher Interessen iSv § 3 I 1 Nr. 2 UKlaG (BGH BeckRS 2020, 36929 Rn. 10). Wird nach § 7 UKlaG die Befugnis zur Bekanntmachung der Urteilsformel geltend gemacht, handelt es sich um einen **selbständigen** Streitgegenstand mit eigenem Streitwert (→ „Veröffentlichungsbefugnis").
- **Rechtsmittelstreitwert:** → „Gebührenstreitwert" (BGH NJW-RR 2022, 782 Rn. 13; BeckRS 2020, 30201 Rn. 9; BKR 2020, 474 Rn. 5; BeckRS 2019, 22572 Rn. 2; BeckRS 2019, 20992 Rn. 2; NJW 2019, 1531 Rn. 10; NJW 2018, 1880 Rn. 35). Im Regelfall entspricht nicht nur der Streitwert des Verfahrens, sondern auch die Beschwer des zur Unterlassung verurteilten **Beklagten** dem Interesse des Klägers an dem Unterlassungstitel (BGH NJW-RR 2022, 782 Rn. 13; BeckRS 2021, 12082 Rn. 5; GRUR-RS 2020, 18108 Rn. 7).
- **Zuständigkeitsstreitwert:** → „Gebührenstreitwert". Die Höhe der Beschwer hängt nicht davon ab, **welche** Partei in der Vorinstanz unterlegen ist (BGH BeckRS 2020, 36929 Rn. 7; NJW 2018, Rn. 35). Die **allgemeinen** Maßgaben gelten auch für die Bemessung des Streitwertes des Nichtzulassungsbeschwerdeverfahrens (BGH BeckRS 2020, 36929 Rn. 27).

Unterlassung

Schrifttum: Büttner, Streit über den Streitgegenstand der Unterlassungsklage, FS Doepner, 2008, 107.

– **Gebührenstreitwert:** §§ 48 I 1, 2, 51 GKG, ggf. iVm § 3, 6–9. → „Zuständigkeitsstreitwert".

– **Rechtsmittelstreitwert:** → „Rechtsmittel". Beim Rechtsmittelstreitwert ist zu unterscheiden, wer Rechtsmittelführer ist:

– **Klagende Partei** → „Zuständigkeitsstreitwert".

– **Beklagte Partei:** Wendet sich die beklagte Partei mit gegen die in der Vorinstanz zu ihren Lasten titulierte Unterlassungspflicht, so richtet sich der Wert der Beschwer nach ihrem Interesse an der Beseitigung dieser Verpflichtung. Der so zu bemessende Wert entspricht regelmäßig dem nach dem Interesse der klagenden Partei an dieser Verurteilung zu bemessenden Streitwert (BGH BeckRS 2022, 5862 Rn. 10). Die Beschwer richtet sich allerdings danach, in welcher Weise sich das ausgesprochene Verbot zu ihrem Nachteil auswirkt (BGH BeckRS 2020, 10853 Rn. 1; NJW-RR 2016, 1203 Rn. 10; NJW 2015, 787 Rn. 8; NJW-RR 2014, 110 Rn. 9). Maßgeblich sind die Nachteile, die ihr aus der Erfüllung des Unterlassungsanspruchs entstehen (BGH NJW-RR 2016, 1203 Rn. 10; NJW 2015, 787 Rn. 8; NJW-RR 2009, 549 Rn. 3). Außer Betracht bleiben dabei die Nachteile, die nicht mit der Befolgung des Unterlassungsgebots, sondern mit einer Zuwiderhandlung – etwa durch die Festsetzung eines Ordnungsgeldes oder durch die Bestellung einer Sicherheit – verbunden sind (BGH NJW-RR 2016, 1203 Rn. 10; NJW 2015, 787 Rn. 8). Das Interesse des Verurteilten an einer **Beseitigung** entspricht meist dem Klägerinteresse (BGH MMR 2016, 413 Rn. 7; BeckRS 2013, 11004 Rn. 8; BeckRS 2011, 7100 Rn. 5).

– **Zuständigkeitsstreitwert:**

– **Allgemeines** → Rn. 11. Maßgeblich ist das Interesse an der Beendigung der Störung (OLG Hamm MDR 2014, 561; OLG Saarbrücken MDR 2013, 1244). Das Interesse eines Unternehmers kann höher sein als dasjenige eines Privatmanns (OLG Koblenz JurBüro 2015, 252).

– **Account.** Wendet sich die klagende Partei gegen die – befürchtete – Sperrung ihres gesamten Accounts, zB bei Facebook, ist jeweils → Rn. 11 anwendbar. Zum Teil wird danach angenommen, das Interesse im einstweiligen Rechtsschutz könne 10.000 EUR betragen (OLG München NJW 2018, 3119 Rn. 53; BeckRS 2018, 27295 Rn. 14), andere nehmen 2.500 EUR an (OLG Frankfurt a. M. NJOZ 2019, 576 Rn. 17; OLG Koblenz MMR 2019, 625 Rn. 15). Geht es um die **Löschung** eines Textes im einstweiligen Rechtsschutz, wurden 500 EUR (OLG Frankfurt a. M. NJOZ 2019, 576 Rn. 17), entsprechend § 23 III 2 RVG 5.000 EUR (OLG München BeckRS 2018, 27295 Rn. 15), 7.500 EUR (OLG Dresden NJW-RR 2019, 893 Rn. 2, das von § 48 II GKG ausgeht; zustimmend Haertel/Thonke GRUR-Prax 2020, 75 (76)), 10.000 EUR (LG Berlin BeckRS 2018, 25306) oder 15.000 EUR angesetzt (OLG Stuttgart BeckRS 2018, 27294). **Stellungnahme.** Es geht idR um die Möglichkeit und das Interesse, seiner Meinung in den „sozialen Medien" dauerhaft (account) oder im Einzelfall (Beitrag) Gehör zu verschaffen. Dieses Interesse, dass eine Vielzahl von Menschen die eigene Meinung wahrnehmen kann (aber nicht muss und vielfach nicht wird), ist idR eher **gering** anzusetzen. Demokratie braucht Pluralität. Der Meinung des Einzelnen dürfte aber idR kein erheblicher wirtschaftlicher Wert zukommen und ist mit **unter** 1.000 EUR anzusetzen. Anders kann es bei „Influencern" oder Politkern oder anderen Prominenten sein, nämlich dann, wenn damit zu rechnen ist, dass die Meinungsäußerung von vielen Menschen wahrgenommen werden wird.

– **Belästigung, Beleidigung.** → § 48 Rn. 17 „Ehre".

– **E-Mail.** → § 48 Rn. 17 „E-Mail".

– **Videoüberwachung.** Der Wert der Forderung auf Unterlassung einer Videoüberwachung wird je nach den Umständen des Einzelfalls mit Beträgen zwischen 1.000 EUR und 5.000 EUR bemessen (BGH BeckRS 2020, 29030 Rn. 10; KG WuM 2008, 663; AG Brandenburg WuM 2019, 398).

– **Zwangsvollstreckung.** → Rn. 11. Bei einer Klage auf eine Unterlassung der Zwangsvollstreckung aus einem angeblich erschlichenen Urteil gilt § 4 und bleiben die nach diesem Urteil zahlbaren Zinsen und Kosten außer Betracht (OLG Karlsruhe MDR 1991, 353; OLG München BB 1988, 1843; LG Hamburg NJW-RR 1990, 624; aA OLG Hamburg MDR 1988, 1060). Maßgeblich sollen zB 25–33,3 % des Hauptsachewertes sein (OLG Celle JurBüro 2009, 442, LAG Hamburg NZA-RR 2015, 214).

Unzulässigkeit: → „Vollstreckungsklausel".

Urheberrecht

– **Allgemeines:** Im Urheberrecht geht es idR, aber nicht zwingend um eine **vermögensrechtliche** Streitigkeit. Die Anträge lauten idR auf Auskunft (→ „Auskunft"), Unterlassung (→ „Unterlassung") und Schadenersatz (→ Rn. 6), daneben auf Beseitigung oder Besichtigung oder Urteilsbekanntmachung (→ „Urteilsbekanntmachung (Veröffentlichungsantrag)". Maßgebend für die Festsetzung sind stets die Einzelumstände (BGH NJW 2017, 814 Rn. 29).

– **Abmahnung (Gegenstandswert).** → UrhG § 97a Rn. 1 ff. Der Wert der Abmahnung **außerhalb** des Anwendungsbereichs des § 97a UrhG bestimmt sich nach § 23 III 2 RVG und entspricht grds. dem Wert des mit der Abmahnung geltend gemachten → Unterlassungsanspruchs (BGH NJW 2017, 814 Rn. 31 – Tannöd; ZUM-RD 2017, 30 Rn. 19). Eine schematische Bestimmung des Gegenstandswertes eines Unterlassungsanspruchs, zB auf der Grundlage eines Mehrfachen der für die bereits geschehene Nutzung anzusetzenden fiktiven Lizenzgebühr, ist, wie stets, **unzulässig.** Sie trägt weder der unterschiedlichen Funktion von Schadenersatz- und Unterlassungsanspruch Rechnung, noch ist sie mit dem bei jeder Wertbestimmung nach pflichtgemäßem Ermessen zu beachtenden Gebot der Abwägung aller Umstände des Einzelfalls in Einklang zu bringen (BGH NJW 2017, 814 Rn. 38 – Tannöd; BeckRS 2015, 03109 Rn. 2).

– **Auskunft nach § 101 IX UrhG (Gegenstandswert).** § 36 III GNotKG (BGH BeckRS 2013, 12999 Rn. 17).

– **Gebührenstreitwert:** § 48 I 1 GKG iVm §§ 3, 6–9, → „Zuständigkeitsstreitwert".

– **Rechtsmittelstreitwert:** → „Rechtsmittel", → Gebührenstreitwert (BGH BeckRS 2019, 20992 Rn. 2; NJW 2019, 1531 Rn. 10; NJW 2018, 1880 Rn. 35).

– **Zuständigkeitsstreitwert:**

  – **Allgemeines:** § 109 IX 2 UrhG. → Rn. 11 ff. Für die Streitwertbestimmung maßgebend ist das wirtschaftliche (§§ 15 ff. UrhG) oder ideelle (§§ 12–14 UrhG) Interesse, künftige Verletzungen zu verhindern. Die Gerichte neigen in der Praxis **entgegen** § 3 stark dazu, sich anhand der – idR nicht näher begründeten – Streitwertangaben der Parteien ohne weiteres zu orientieren, va dann, wenn die Gegenseite nicht widerspricht. Dazu → Rn. 9 ff. und → Rn. 15 ff. Parteiangaben sind indes anhand der objektiven Gegebenheiten und unter Heranziehung der Erfahrung und üblichen Wertfestsetzungen in gleichartigen Fällen zu **überprüfen und zu verplausibilisieren** (OLG Hamm GRUR-RR 2016, 188 Rn. 165; OLG Köln WRP 2014, 1236; KG ZUM-RD 2011, 543 = BeckRS 2011, 25375). Ein Anlass, von den Angaben jedenfalls abzuweichen, besteht nicht nur, aber auch dann, wenn diese von den eigenen Angaben zum Gegenstandswert etwa in der Abmahnung abweichen (OLG Frankfurt a. M. GRUR-RS 2020, 8907 Rn. 8).

  – **Auskunft:** → „Auskunft". Weil die Auskunft die Geltendmachung des Leistungsanspruchs erst vorbereiten und erleichtern soll, beträgt der Zuständigkeitsstreitwert idR einen Bruchteil (BGH NJW-RR 2018, 1265 Rn. 10; BeckRS 2010, 11845 Rn. 4), nämlich 1/10 bis 1/4 des Leistungsanspruchs (BGH BeckRS 2010, 11845 Rn. 4; Lütke GRUR-RR 2020, 337 (345); s. auch OLG Düsseldorf BeckRS 2020, 46952 Rn. 3), und ist umso höher anzusetzen, je geringer die Kenntnisse des Anspruchstellers von den zur Begründung des Leistungsanspruchs maßgeblichen Tatsachen sind (BGH NJW-RR 2018, 1265 Rn. 10; NJW-RR 2018, 901 Rn. 11; BeckRS 2010, 11845

Rn. 4). Wird neben der Auskunft die Feststellung künftigen Schadenersatzes verlangt, sind die Anträge wirtschaftlich identisch (→ § 5 Rn. 3).

– **Beseitigung:** Als Anspruch neben der Unterlassung ist idR ein „Erinnerungswert" anzusetzen. Als Hauptanspruch ist nach → Rn. 11 das Interesse an der Beseitigung maßgebend.
– **Besichtigungsanspruch (§ 101a I 1 UrhG):** Der Wert eines Besichtigungsanspruchs nach § 101a I 1 UrhG richtet sich nach dem Streitwert der Ansprüche, deren Vorbereitung er dient (BGH BeckRS 2010, 11845 Rn. 4; Lütke GRUR-RR 2020, 337 (345)). Für die Bemessung ist auf die Grundsätze zur Bemessung des Streitwertes eines Auskunftsanspruchs zurückzugreifen, der ebenso wie der Besichtigungsanspruch der Vorbereitung des Hauptanspruchs dient (OLG Braunschweig BeckRS 2019, 27016 Rn. 11).
– **Feststellung:** Bei Feststellungsanträgen auf Schadenersatz ist dieser zu schätzen. Dann gilt → Rn. 19 „Feststellungsklage".
– **Grunddienstbarkeit:** Bei einem Streit über das Bestehen oder Nichtbestehen einer Grunddienstbarkeit wird der Beschwerdewert in der Revisionsinstanz nach dem Interesse des Revisionsklägers an der Abänderung des Berufungsurteils bemessen (BGH BeckRS 2022, 1805 Rn. 1). Bei einer **Verurteilung,** die Erweiterung der bestehenden Grunddienstbarkeit um ein Gehrecht zu **bewilligen,** richtet sich die Beschwer der Beklagten daher allein nach der Wertminderung, die ihr Grundstück erleidet, wenn es bei der Verurteilung bliebe. § 7 soll hier nicht anwendbar sein (→ § 7 Rn. 3). Strebt der Kläger die **Bewilligung einer Grunddienstbarkeit** an, kommt es auf den Wert an, den die Dienstbarkeit für das herrschende Grundstück hätte und entspricht dem Wert der angestrebten Wertsteigerung dieses Grundstücks (BGH BeckRS 2022, 2416 Rn. 5; GE 2015, 1155 = BeckRS 2015, 14391 Rn. 4). Der Wert des Grundstücks mit der Dienstbarkeit ist demjenigen ohne Dienstbarkeit gegenüberzustellen (BGH BeckRS 2022, 2416 Rn. 5; NJW-RR 2014, 1297 Rn. 7).
– **Klagenhäufung (Anspruchshäufung):** Nach Ansicht des BGH ist im Rahmen des § 39 GKG die Wertung des § 45 I 3 GKG entsprechend anzuwenden (im Einzelnen → GKG § 39 Rn. 34). Für den Zuständigkeitsstreitwert dürfte dies nicht gelten.
– **Unterlassungsanspruch:** → „Unterlassung". Der Wert eines Unterlassungsanspruchs bestimmt sich nach → Rn. 11 grds. nach dem Interesse des Anspruchstellers an der **Unterbindung weiterer gleichartiger Verstöße** (BGH GRUR-RS 2021, 41235 Rn. 13). Dieses Interesse soll pauschalierend unter Berücksichtigung der Umstände des Einzelfalls zu bewerten sein (BGH K & R 2022, 194 = GRUR-RS 2021, 41235 Rn. 13; NJW 2017, 814 Rn. 31 – Tannöd; ZUM-RD 2017, 30 Rn. 21; GRUR 2014, 206 Rn. 16; GRUR 2013, 1067 Rn. 12) und soll maßgeblich durch die Art des Verstoßes, insbes. seine Gefährlichkeit und Schädlichkeit für den Inhaber des verletzten Schutzrechtes, bestimmt sein (BGH NJW 2017, 814 Rn. 31; GRUR 2013, 301 Rn. 56). Anhaltspunkte sind sowohl der wirtschaftliche Wert des verletzten Rechtes als auch die Intensität und der Umfang der Rechtsverletzung – **Angriffsfaktor** (BGH NJW 2017, 814 Rn. 34 – Tannöd). Der Angriffsfaktor wird ferner durch die Stellung des Verletzers und des Verletzten, die Qualität der Urheberrechtsverletzung, den drohenden Verletzungsumfang, die Art der Begehung des Rechtsverstoßes und eine hierdurch etwa begründete Gefahr der Nachahmung durch Dritte sowie subjektive Umstände aufseiten des Verletzers wie den Verschuldensgrad bestimmt (BGH NJW 2017, 814 Rn. 34 – Tannöd; GRUR 2013, 1067 Rn. 12). Der Gefährlichkeit der bereits begangenen Verletzungshandlung kommt Indizwirkung zu (BGH NJW 2017, 814 Rn. 35 – Tannöd). Auch von der Verletzungshandlung unabhängigen Faktoren – etwa dem Grad der Wahrscheinlichkeit künftiger Zuwiderhandlungen – soll Rechnung zu tragen sein (BGH NJW 2017, 814 Rn. 35 – Tannöd; GRUR 2014, 206 Rn. 16). Eine **schematische** Bestimmung etwa auf der Grundlage eines Mehrfachen der für die bereits geschehene Nutzung anzusetzenden **fiktiven Lizenz-**

gebühr soll fehlerhaft sein (BGH MMR 2017, 618 Rn. 28). Sie trüge weder der unterschiedlichen Funktion von Schadenersatz- und Unterlassungsanspruch Rechnung, noch wäre sie mit dem bei jeder Wertbestimmung nach pflichtgemäßem Ermessen zu beachtenden **Gebot der Abwägung aller Umstände des Einzelfalls** in Einklang zu bringen (BGH MMR 2017, 618 Rn. 29). Denn der Wert des verletzten Rechtes und dessen drohende Beeinträchtigung durch künftige Verletzungen werde nicht allein durch die für eine konkrete Nutzungshandlung zu erzielenden fiktiven Lizenzeinnahmen, sondern auch durch die dem Rechtsinhaber **insgesamt** zu Gebote stehenden **Auswertungsmöglichkeiten** bestimmt, deren Verwirklichung durch künftige Rechtsverletzungen beeinträchtigt zu werden droht (BGH MMR 2017, 618 Rn. 29). Neben der – je nach Art des verletzten Rechtes – in Betracht zu ziehenden Beeinträchtigung verschiedener Verwertungsarten könnten auch Faktoren wie die Aktualität und Popularität des Werkes, dessen künftige Nutzung durch den Unterlassungsschuldner unterbunden werden soll, von Bedeutung sein (BGH MMR 2017, 618 Rn. 29). Bei der Bewertung des Interesses des Rechtsinhabers an der Abwehr künftiger Verletzungshandlungen muss ferner nicht nur dem Interesse an der Verhinderung fortgesetzter unlizenzierter Nutzungen Rechnung getragen werden, sondern es ist auch das einer fortgesetzten Rechtsverletzung innewohnende Gefährdungspotenzial für das Schutzrecht und seine wirtschaftliche Auswertung zu berücksichtigen (BGH MMR 2017, 618 Rn. 29). Das Interesse eines Urhebers, Rechtsverletzungen zukünftig zu unterbinden, ist außerdem weder zwangsläufig auf einen (Lizenz-)Vertragsschluss mit dem Rechtsverletzer gerichtet, noch wird es durch die möglichen Einnahmen durch einen solchen Vertragsschluss stets begrenzt. Vielmehr kann es dem Urheber auch um die **wirkungsvolle Abwehr nachhaltiger und eklatanter Verstöße** gegen seine geistigen Schutzrechte gehen und dieses Interesse sogar im Vordergrund stehen. Wird das Werk zB vom Urheber in der Werbung für seine eigenen Produkte verwendet, kann der Urheber ein beachtenswertes Interesse daran haben, dass überhaupt niemand sonst sein Werk zur Werbung nutzt. Ansonsten bestünde nämlich die Gefahr, dass der erhoffte Werbeerfolg bei dem vom Urheber beworbenen Produkt ausbleibt bzw. durch die Drittverwendung abgeschwächt wird. Die Abwehr solcher Folgeschäden ist dann bei der Streitwertbemessung zu berücksichtigen. Schließlich ist aber auch denkbar, dass der Urheber überhaupt keine Vermarktung seines Werkes wünscht, also gar kein Lizenzierungsinteresse hat und es ihm nur um die **Achtung seiner schöpferischen Leistung** geht, so dass ein immaterielles Interesse bei der Streitwertbemessung den Ausschlag gibt. Beim Herunterladen eines Spielfilmes, eines Computerprogramms oder eines vollständigen Musikalbums wird idR ein höherer Wert anzusetzen sein, als er etwa für das Angebot nur eines Musiktitels anzusetzen ist (BGH MMR 2017, 618 Rn. 48). Weiter ist die Aktualität und Popularität des Werkes und der Umfang der vom Rechtsinhaber bereits vorgenommenen Auswertung zu berücksichtigen. Wird etwa ein durchschnittlich erfolgreiches Computerspiel nicht allzu lange nach seinem Erscheinungstermin öffentlich zugänglich gemacht, so ist regelmäßig ein Wert des Unterlassungsanspruchs von nicht unter 15.000 EUR angemessen (BGH MMR 2017, 618 Rn. 48; GRUR-RS 2016, 20394 Rn. 48 – Alan Wake). Liegen besondere Umstände vor (zB eine in erheblichen Verkaufszahlen zum Ausdruck kommende besondere Popularität), kann auch ein höherer Wert anzunehmen sein (BGH MMR 2017, 618 Rn. 48). Viele Sprengelgerichte neigen dazu, losgelöst vom Fall, **ohne** konkrete Anhaltspunkte gerichtseigene Regelstreitwerte zu entwickeln (exemplarisch OLG Frankfurt a. M. GRUR-RS 2020, 8907 Rn. 9; zu Lichtbildwerken Lütke GRUR-RR 2017, 129). Dies ist rechtswidrig (→ Rn. 10). Bietet die klagende Partei für die Bestimmung keine genügenden und keine greifbaren Anhaltspunkte, sollte entsprechend § 51 III 2 GKG ein Wert von nur 1.000 EUR angenommen werden.

– **Schadenersatz.** → Rn. 3.

Urheberrechtliche Schiedsstelle nach dem VGG
- **Gebührenstreitwert:** Der Gebührenstreitwert ist nach § 117 II 4 iVm §§ 3, 6–9 festzusetzen, → „Zuständigkeitsstreitwert".
- **Rechtsmittelstreitwert:** → „Rechtsmittel", → „Zuständigkeitsstreitwert".
- **Zuständigkeitsstreitwert:** → Rn. 11 ff.

Urkunde: → „Herausgabe".

Urteilsbekanntmachung (Veröffentlichungsantrag)
- **Allgemeines.** Der Antrag auf Urteilsbekanntmachung (Veröffentlichungsantrag) geht nach hM über den Unterlassungsanspruchs hinaus und stellt einen **eigenen** Streitgegenstand dar (BGH GRUR-RS 2021, 41235 Rn. 12; GRUR 2016, 1207 Rn. 14). Stellungnahme. Diese Sichtweise überzeugt nicht. Der Antrag steht immer im Zusammenhang mit den Anträgen auf Verurteilung zur Unterlassung und einer Schadensersatzverpflichtung. Er betrifft also nur eine Auswirkung der in den übrigen Klaganträgen geltend gemachten Rechte und ist mit diesen wirtschaftlich identisch (s. auch OLG Stuttgart NJW 1959, 890).
- **Gebührenstreitwert:** § 48 I 1 GKG iVm §§ 3, 6–9, sofern die Sondervorschrift des § 51 GKG nicht anwendbar ist; → „Zuständigkeitsstreitwert".
- **Rechtsmittelstreitwert:** → „Rechtsmittel", → „Zuständigkeitsstreitwert" (s. auch BGH GRUR 2016, 1207 Rn. 14).
- **Zuständigkeitsstreitwert:** → Rn. 11 ff. (BGH GRUR-RS 2021, 41235 Rn. 13; GRUR 2016, 1207 Rn. 14; OLG Hamburg, MDR 1977, 142). Maßgeblich ist das Interesse an der Beseitigung der Beeinträchtigung (BGH GRUR-RS 2021, 41235 Rn. 13). Diese kann zB in einer unzutreffenden Urheberberühmung oder durch einen unzutreffenden Plagiatsvorwurf eingetreten sein. Die den Beklagten treffenden Kosten der Urteilsbekanntmachung sind unerheblich (BGH GRUR-RS 2021, 41235 Rn. 14). Der BGH (BGH GRUR-RS 2021, 41235 Rn. 17) hat einen Wert von 5.000 EUR nicht beanstandet, wenn der Kläger einen Schadenersatzanspruch von 100.000 EUR verfolgt (= $^1/_{20}$).

Urteilsberichtigung: → „Berichtigung einer Entscheidung".

Urteilsergänzung: Bei §§ 321, 716, 721 I 3 ist das Interesse des Antragstellers maßgeblich.

Valuta: → „Auslandswährung".

Verbandsklage: → „Unterlassungsklagen bei Verbraucherrechts- oder anderen Verstößen (UKlaG)".

Verfahrensverbindung (§ 147)
- **Gebührenstreitwert:** → § 39 Rn. 22.
- **Rechtsmittel- und Zuständigkeitsstreitwert:** Grds. gibt es keinen Bedarf, den Rechtsmittel- oder Zuständigkeitsstreitwert festzusetzen. Die sachliche Zuständigkeit ändert sich durch die Verfahrensverbindung nicht (§ 261 III Nr. 2). Das AG bleibt zuständig, auch wenn durch die Addition der Streitwerte (§ 5) die Zuständigkeit des LG bei anfänglicher Klagenhäufung (§ 260) begründet wäre (OLG Hamm BeckRS 2013, 17104). § 506 I steht dem nicht entgegen, weil er nach hM nicht anwendbar ist (KG BeckRS 2017, 104108 Rn. 10; Frank 48 ff., 120; aA zu Recht AG Neukölln BeckRS 2005, 2179; s. auch Elzer FD-ZVR 2013, 351665). Etwas anderes gilt allerdings, wenn der Kläger durch **willkürliche Aufspaltung** des Streitgegenstandes in mehrere Teilklagen die amtsgerichtliche Zuständigkeit erschleichen wollte (KG BeckRS 2017, 104108 Rn. 10). In **diesem** Falle → § 5 Rn. 19 ff. Liegt ein Fall des § 264 Nr. 2 oder Nr. 3 vor, hat sich das AG, sofern eine Partei vor weiterer Verhandlung zur Hauptsache darauf anträgt, ferner nach § 506 für unzuständig zu erklären und den Rechtsstreit an das LG zu verweisen. Auch in **diesem** Falle → § 5 Rn. 19 ff.
- **Gegenstandswert.** → GKG § 39 Rn. 23.

Verein
- **Gebührenstreitwert:** Eine vereinsrechtliche Streitigkeit kann, muss aber nicht vermögensrechtlich sein (→ GKG § 48 Rn. 10). Vermögensrechtlich ist etwa der Streit um einen Mitgliedsbeitrag. Liegt es so, richtet sich der Gebührenstreitwert nach § 48 I 1 GKG iVm §§ 3, 6–9. Dazu → „Zuständigkeitsstreitwert". § 247 I AktG ist nicht entsprechend auf das Vereinsrecht anwendbar (BGH: NJW-RR

1992, 1209). Ist der Streit nichtvermögensrechtlich, sind § 48 II, III GKG maßgeblich.
- **Rechtsmittelstreitwert:** → „Rechtsmittel", → „Gebührenstreitwert".
- **Zuständigkeitsstreitwert:** → Rn. 11 ff.

Vergabeverfahren
- **Gebührenstreitwert:** § 50 II GKG. Dieser ist nach hM entsprechend anwendbar für den vergaberechtlich **unterschwelligen** Zivilrechtsschutz, also bei Verfahren unterhalb der Schwellenwerte des § 2 VgV, sowie auf die den Fortsetzungsfeststellungsantrag regelnden §§ 178 S. 3, S. 4, 168 II GWB hingegen nicht, wenn ein Auftrag nicht ausgeschrieben worden ist (→ GKG § 50 Rn. 2).
- **Rechtsmittelstreitwert:** –.
- **Zuständigkeitsstreitwert:** –.

Vergleich
- **Allgemeines:** Grds. gibt es keinen Bedarf, den Gebühren-, Rechtsmittel- oder Zuständigkeitsstreitwert nach einem Vergleich neu festzusetzen. Eine Wertfestsetzung ist lediglich für den **Gegenstandswert** auf Antrag nach § 33 I RVG für die Einigungsgebühr (VV 1000 RVG) vorzunehmen.
- **Gegenstandswert:** Grds. ist für den Gegenstandswert maßgeblich der Wert sämtlicher streitigen Ansprüche, welche die Parteien in den Vergleich **einbezogen** haben, über die sie sich also einigen (OLG Naumburg BeckRS 2019, 44258 Rn. 9; OLG Frankfurt a. M. NJW-RR 2010, 177; OLG Karlsruhe VersR 2015, 1531; LAG Mannheim JurBüro 2011, 258), also nicht derjenige Betrag oder Wert, auf den sich die Parteien einigen (OLG Naumburg BeckRS 2019, 44258 Rn. 9; OLG Düsseldorf NJW-RR 2008, 1697; OLG Karlsruhe WuM 2008, 617; OLG Stuttgart MDR 2009, 1252, auch bei Prozesskostenhilfe, OLG Nürnberg FamRZ 2002, 685; aA LAG Köln NZA-RR 2009, 504). Soweit in den Vergleich **nicht rechtshängige** Ansprüche der Parteien einbezogen sind („Mehrvergleich"), ist bei der Zusammenrechnung mit dem Hauptsachestreitwert idR ein nach § 3 zu bemessendes Titulierungsinteresse in Ansatz zu bringen, zB $^{1}/_{10}$ des Wertes (LAG Düsseldorf BeckRS 2008, 52421; → GKG § 41 Rn. 8; → GKG § 42 Rn. 9). Dies gilt aber ggf. nicht, wenn es um eine bloße Klarstellung geht (OLG Naumburg BeckRS 2019, 44258 Rn. 11). Beim Vergleich nur über die **Kosten** des Rechtsstreits ist der Betrag aller bisher entstandenen Kosten maßgeblich (§ 43 III GKG). Die Übernahme der Verpflichtung zur Rücknahme eines in einem anderen Verfahren gegen einen Dritten eingelegten Rechtsmittels nach §§ 516, 565 braucht den Vergleichswert nicht zu erhöhen (LAG Hamm MDR 1980, 613).
- **Streit um die Wirksamkeit eines Vergleichs:** Der Wert eines Rechtsstreits über die Wirksamkeit eines Prozessvergleichs bestimmt sich grds. nicht nach dem Wert des Vergleichs, sondern nach dem Wert der ursprünglich gestellten Anträge (BGH BeckRS 2019, 25771 Rn. 5; NJW 2013, 470 Rn. 5). Etwas anderes gilt nur, wenn die Anfechtung des Vergleichs den Rechtsstreit nicht auf den ursprünglichen Streitstand zurückführt, sondern einen bereits erzielten Teilerfolg bestehen lässt. Dann kommt es auf das noch verbleibende Interesse an (BGH BeckRS 2019, 25771 Rn. 5; NJW 2013, 470 Rn. 5).
- **Rechtsmittelstreitwert:** Greift eine Partei den Prozessvergleich teilweise an, bestimmt sich die Beschwer nach dem Interesse des Berufungsklägers an der Unwirksamkeit des Vergleichs (BGH NJW-RR 2017, 1472 Rn. 2; BGH NJW-RR 2015, 1492 Rn. 10).

Verlustigkeitsbeschluss
- **Allgemeines:** Grds. gibt es keinen Bedarf, den Gebühren-, Rechtsmittel- oder Zuständigkeitsstreitwert nach einem Verlustigkeitsbeschluss neu festzusetzen. Eine Wertfestsetzung ist lediglich für den **Gegenstandswert** auf Antrag nach § 33 I RVG vorzunehmen.
- **Gegenstandswert:** Bei §§ 516 III, 565 auch iVm § 346 sind diejenigen gerichtlichen und außergerichtlichen Kosten maßgeblich, die bis zum Antrag auf den Erlass der Verlustigkeitserklärung und der Kostenentscheidung entstanden sind (OLG Koblenz JurBüro 1996, 307, OLG Schleswig SchlHA 1976, 142; aA OLG Rostock MDR 2007, 1398).

Veröffentlichungsbefugnis:
- **Gebührenstreitwert:** § 48 I 1 GKG iVm §§ 3, 6–9, → „Zuständigkeitsstreitwert".
- **Rechtsmittelstreitwert:** → „Gebührenstreitwert".
- **Zuständigkeitsstreitwert:** → Rn. 11 ff. Man muss dem Wert neben demjenigen einer Unterlassungs- oder Schadenersatzklage besonders berechnen (BGH WuM 2020, 1204 Rn. 6; NJW 2013, 995 Rn. 59; OLG Hamburg MDR 1977, 142). Nach Ansicht des BGH ist er mit 1/10 des Wertes der Hauptsache in Ansatz zu bringen ist (BGH WuM 2020, 1204 Rn. 6; NJW 2013, 995 Rn. 59).

Versicherung
- **Gebührenstreitwert:** § 48 I 1 GKG iVm §§ 3, 6–9, → „Zuständigkeitsstreitwert".
- **Rechtsmittelstreitwert:** → „Gebührenstreitwert". **Berufsunfähigkeit.** Bei einer Berufsunfähigkeits-Zusatzversicherung bemisst der BGH den Rechtsmittelstreitwert bei einer auf die Feststellung gerichteten Klage, dass der Versicherungsvertrag trotz des vom Versicherer erklärten Rücktritts oder der von diesem erklärten Anfechtung fortbesteht, idR unter Rückgriff auf die Bemessung der Beschwer bei einer auf Leistung gerichteten Klage (BGH BeckRS 2011, 25963 Rn. 1). Das Interesse des Rechtsmittelklägers soll mit nur 50 % des für eine Klage auf Leistungen aus der Zusatzversicherung maßgeblichen Wertes zu bemessen sein, wenn der Eintritt des Versicherungsfalls zwar behauptet, tatsächlich aber bislang ungeklärt geblieben ist, ob der Kläger berufsunfähig iSd vereinbarten Bedingungen geworden ist (BGH BeckRS 2011, 25963 Rn. 1).
- **Zuständigkeitsstreitwert:** → Rn. 11 ff., ggf. § 9. **Allgemeines.** Beim Zusammentreffen eines Leistungsantrags wegen eines behaupteten Versicherungsfalls mit einem Feststellungsantrag auf Fortbestand des Vertrags liegt eine **wirtschaftliche Teilidentität** der Klagebegehren vor, die eine vollständige Wertaddition verbietet. Das Bestehen eines Versicherungsverhältnisses ist zugleich Voraussetzung für den Leistungsanspruch (BGH NJW-RR 2017, 153 Rn. 13; NJW-RR 2012, 165 = BeckRS 2011, 25963 Rn. 2). **Berufsunfähigkeit.** Der Streitwert einer Klage auf **Feststellung des Fortbestehens** einer Berufsunfähigkeitsversicherung soll sich auf nur 50 % des 3,5-fachen Jahresbetrags der Rentenleistung belaufen, wenn der Versicherungsnehmer das Vorliegen einer bedingungsgemäßen Berufsunfähigkeit behauptet und bei dem Versicherer einen entsprechenden Leistungsantrag gestellt hat (BGH NJW-RR 2005, 260 unter II; 1992, 608; LG Landshut BeckRS 2019, 38195 Rn. 11 = JurBüro 2020, 375). **Stellungnahme.** Unter Anwendung der allgemeinen Grundsätze (→ Rn. 11 „Feststellungsklagen") müssten es 80 % sein. Wird **neben** der Feststellungs- auch eine Leistungsklage rechtshängig gemacht, mit welcher der **Versicherungsnehmer** Zahlungen aufgrund eines behaupteten Versicherungsfalls begehrt, ist für die Wertaddition gem. § 5 zu berücksichtigen, dass eine wirtschaftliche Teil-Identität beider Klaganträge gegeben ist. Ein über den Leistungsantrag hinausgehendes wirtschaftliches Interesse an der begehrten Feststellung kann deshalb nur im Hinblick auf künftige weitere Versicherungsfälle gegeben sein. Diesen überschießenden und für die Wertaddition allein maßgeblichen Teil des Feststellungsbegehrens bewertet der BGH mit jeweils 20 % der 3,5-fachen Jahresbeträge der begehrten monatlichen Rentenleistung und der monatlichen Prämie (BGH BeckRS 2011, 25963 Rn. 2; s. auch OLG Nürnberg NJW-RR 2020, 678 Rn. 26). **Gebäudeversicherung.** Der Streitwert einer auf Feststellung des Fortbestandes des Gebäudeversicherungsvertrags gerichteten Klage soll sich nach dem 3,5-fachen Betrag der Jahresprämie bemessen (BGH NJW-RR 2008, 1664 Rn. 1). **Krankenhaustagegeld.** Bei dieser Versicherung ist der Wert nach → Rn. 11 zu ermitteln (BGH NJW-RR 2017, 153 Rn. 6; OLG Nürnberg MDR 2015, 1035). Bei einer ungewissen Dauer kann man 6 Monate zu Grunde legen (BGH NJW-RR 2017, 153 Rn. 6; OLG Hamm BeckRS 2018, 13448 Rn. 12; OLG Karlsruhe VersR 2007, 416; aA OLG München BeckRS 2020, 18323:3 ½ – fache Jahresprämie abzüglich eines Feststellungsabschlags von 20 %). **Lebensversicherung.** Der Wert einer Klage auf Feststellung des Fortbestehens einer Lebensversicherung auf den Todes- oder Erlebensfall soll sich

auf die **Versicherungssumme** abzüglich 20% belaufen (BGH NJW-RR 1997, 1562). Überschüsse sind nur anteilig anzusetzen, da deren Zahlung ungewiss ist (BGH NJW-RR 1992, 608). Auch der Wert einer Klage auf Feststellung des Fortbestehens einer **Risikolebensversicherung** soll sich regelmäßig auf 20% der Versicherungssumme belaufen (BGH NJW-RR 2005, 260; 1997, 1562; OLG Hamm NVersZ 2001, 357). **Kraftfahrtversicherung.** → „Gebäudeversicherung" (BGH NJOZ 2004, 3503). **Krankenversicherung.** → „Gebäudeversicherung" (BGH NVersZ 2001, 92). **Rechtsschutzversicherung.** Beim Streit über ihr Bestehen kann man 80% der 3,5fachen Jahresprämie ansetzen (BGH NJOZ 2012, 1209 Rn. 3; OLG Brandenburg BeckRS 2019, 28478 Rn. 2); bei einer Feststellungsklage ist → Rn. 19 „Feststellungsklagen" zu beachten (BGH MDR 2012, 1209 Rn. 4). Der Streitwert einer Deckungsschutzklage richtet sich regelmäßig nach den voraussichtlichen Kosten, die durch die gerichtliche oder außergerichtliche Wahrnehmung der rechtlichen Interessen des Versicherungsnehmers entstehen und deren Übernahme er verlangt, abzüglich eines zwanzigprozentigen Feststellungsabschlags (BGH NJOZ 2012, 1209 Rn. 4; NJW-RR 2006, 791 Rn. 5). Ob und ggf. inwieweit dabei, wenn es um die Deckungszusage für eine gerichtliche Auseinandersetzung geht, neben den Gebühren für die Rechtsanwälte beider Parteien (zzgl. Auslagen für Post- und Telekommunikationsdienstleistungen sowie für die Umsatzsteuer) und den Gerichtsgebühren gerichtliche Auslagen für Zeugen und Sachverständige nach dem JVEG zu berücksichtigen sind, ist umstritten (siehe OLG Dresden NJW-RR 2020, 283 Rn. 3). **Stellungnahme.** Es kommt, wie stets, auf den Einzelfall an. Sachverständigenkosten, die eine nicht unerhebliche Höhe erreichen können, müssen einbezogen werden, sofern sie mit einer gewissen Wahrscheinlichkeit zu erwarten sind (OLG Dresden NJW-RR 2020, 283 Rn. 4).

Vertragserfüllung: → „Gegenseitiger Vertrag".

Vertretbare Handlung (§ 887)

– **Gebührenstreitwert:** KV 2111.

– **Gegenstandswert:** Für den Gegenstandswert kommt es nach § 25 I Nr. 3 RVG grds. auf den Wert der Hauptsache an (LAG Köln BeckRS 2010, 66730; OLG Rostock BeckRS 2008, 24190).

Verweisung: → „Zuständigkeit".

Vollmacht: → „Widerruf"; „Herausgabe (Vollmachtsurkunde)".

Vollstreckbarerklärung (§§ 537, 558, 722)

– **Allgemeines:** Grds. gibt es keinen Bedarf, den Gebühren-, Rechtsmittel- oder Zuständigkeitsstreitwert für die Zwangsvollstreckung festzusetzen. Eine Wertfestsetzung ist allerdings für den **Gegenstandswert** auf Antrag nach § 33 I RVG vorzunehmen.

– **Gegenstandswert:** Maßgeblich ist → Rn. 11, also zB beim Anwaltsvergleich nach § 796a dessen voller Wert (OLG Oldenburg BeckRS 2012, 10068 = MDR 2012, 868; OLG Düsseldorf FamRZ 2000, 1520). Kosten sind nur bei einer Bezifferung im ausländischen Titel beachtlich (OLG Zweibrücken JurBüro 1986, 1404). Zinsen sind grds. unbeachtlich (OLG Frankfurt a. M. JurBüro 1994, 117).

Vollstreckungsabwehrklage (§ 767)

– **Gebührenstreitwert:** § 48 I GKG iVm §§ 3, 6–9. → Rn. 11 ff. Maßgeblich ist der **Umfang der Ausschließung der Zwangsvollstreckung** (BGH NJW-RR 2015, 1471 Rn. 2; NJW-RR 2006, 1146 Rn. 9). Dabei ist der Nennbetrag des vollstreckbaren Anspruchs ohne Rücksicht auf seine Realisierbarkeit anzusetzen (BGH NJW-RR 2015, 1471 Rn. 2; NJW-RR 2006, 1146 Rn. 9). Es kommt nicht darauf an, ob die titulierte Forderung in Wahrheit ganz oder teilweise getilgt ist und ob dies ganz oder teilweise im Verlauf des Prozesses unstreitig wird (BGH NJW-RR 2006, 1146 Rn. 9). Ein neben der Hauptsache mit der Vollstreckungsgegenklage angefochtener Kostenfestsetzungsbeschluss erhöht den Wert nicht (BGH NJW-RR 2015, 1471 Rn. 2). Eine Ausnahme gilt nur für den Fall, dass sich aus den Anträgen oder der Klagebegründung ergibt, dass die Zwangsvollstreckung wegen eines Teilbetrags oder eines Restbetrags für unzulässig erklärt werden soll; dann ist dieser Betrag zu Grunde zu legen (BGH NJW-

RR 2006, 1146 Rn. 9; NJW 1962, 806). Wenn der Kläger gleichzeitig beantragt, eine schon durchgeführte Vollstreckungsmaßnahme rückgängig zu machen, erhöht sich der Wert durch diesen Zusatzantrag nicht.
- **Rechtsmittelstreitwert:** → „Rechtsmittel", → „Gebührenstreitwert".
- **Zuständigkeitsstreitwert:** § 767 I (Prozessgericht des ersten Rechtszuges).

Vollstreckungsklausel (§§ 731, 733, 768)
- **Gebührenstreitwert:** § 48 I 1 GKG iVm §§ 3, 6–9. → Rn. 11 ff. Bei einer Klage auf die Erteilung der Klausel nach § 731 ist der Wert desjenigen Anspruchs ohne Zinsen und Kosten maßgeblich, den der Gläubiger beitreiben will (OLG Frankfurt a. M. JurBüro 1994, 117; OLG Köln MDR 1980, 852; OLG Zweibrücken OLGR 1998, 376). Bei § 733 gilt der Wert des zu vollstreckenden Anspruchs (LG München JurBüro 1999, 326). Bei § 768 ist der Umfang der Ausschließung der Zwangsvollstreckung maßgeblich (OLG Köln MDR 1980, 852); dasselbe gilt bei § 732 (LG Aachen JurBüro 1985, 264).
- **Rechtsmittelstreitwert:** → „Rechtsmittel", → „Gebührenstreitwert".
- **Zuständigkeitsstreitwert:** → „Prozessgericht des ersten Rechtszugs".

Vollstreckungsschaden
- **Gebührenstreitwert:** § 48 I 1 GKG iVm § 3, → „Zuständigkeitsstreitwert".
- **Rechtsmittelstreitwert:** → „Rechtsmittel", → „Gebührenstreitwert".
- **Zuständigkeitsstreitwert:** → Rn. 3.

Vollstreckungsschutz: → „Einstweilige Einstellung der Zwangsvollstreckung".

Vorkaufsrecht: → „Löschung". Wenn es um den Antrag auf die Herausgabe eines solchen Gegenstandes geht, der einem Vorkaufsrecht unterliegt, ist § 6 anwendbar. Bei einer Klage nach § 256 auf die Feststellung des Bestehens oder Nichtbestehens des Vorkaufsrechtes oder auf die Feststellung, ob man das Vorkaufsrecht rechtzeitig ausgeübt hat, ist § 3 anwendbar. Daher ist das Interesse an der Feststellung maßgeblich, AG Lahnstein JurBüro 1978, 1563. Bei einer Aufhebung oder Löschung ist § 3 anwendbar, BayObLG JurBüro 1996, 267; OLG Naumburg OLGR 1999, 336.

Vorläufige Vollstreckbarkeit (§ 718): → „Vollstreckbarerklärung".

Vormerkung: → „Löschung", Erlangung → § 6 Rn. 14.

Vornahme einer Handlung
- **Gebührenstreitwert:** Der Wert ist grds. nach § 48 GKG iVm §§ 3, 6–9 zu ermitteln. Insoweit gelten die Ausführungen zum Zuständigkeitsstreitwert entsprechend.
- **Rechtsmittelstreitwert:** Sogleich → „Zuständigkeitsstreitwert", → „Rechtsmittel".
- **Zuständigkeitsstreitwert:** Der Wert ist nach → Rn. 11 und → Rn. 7 zu ermitteln. Es gilt, das volle Interesse der klagenden Partei ohne die erforderlichen Kosten zu ermitteln, begrenzt durch den etwa erwarteten Hauptanspruch (BGH NJW-RR 1996, 460), zB beim Vermögensverzeichnis.

Vorzugsweise Befriedigung (§ 805): → § 6 Rn. 21, zum Gebührenstreitwert → § 6 Rn. 3.

Währung: → „Auslandswährung".

Wärmelieferungsvertrag
- **Gebührenstreitwert:** Der Wert ist grds. nach § 48 GKG iVm §§ 3, 6–9 zu ermitteln. Insoweit gelten die Ausführungen zum Zuständigkeitsstreitwert entsprechend.
- **Rechtsmittelstreitwert:** Sogleich → „Zuständigkeitsstreitwert", → „Rechtsmittel".
- **Zuständigkeitsstreitwert:** Der Wert ist nach → Rn. 11 und → Rn. 7 zu ermitteln (BGH NJW-RR 1989, 381).

Wechsel: Für die Nebenforderungen gilt § 4 II. → „Geldforderung". → „Herausgabe".

Wegerecht: → § 7 Rn. 10.

Wegnahme: → „Duldung der Zwangsvollstreckung".

Weiterbelieferung
- **Gebührenstreitwert:** Der Wert ist grds. nach § 48 GKG iVm §§ 3, 6–9 zu ermitteln. Insoweit gelten die Ausführungen zum Zuständigkeitsstreitwert entsprechend.

– **Rechtsmittelstreitwert:** Sogleich → „Zuständigkeitsstreitwert", → „Rechtsmittel".
– **Zuständigkeitsstreitwert:** Der Wert ist nach → Rn. 11 und → Rn. 7 zu ermitteln. Das wirtschaftliche Interesse hängt vom drohenden Gewinnausfall im Klagezeitraum ab.

Weitere vollstreckbare Ausfertigung: → „Vollstreckungsklausel".

WEG-Streitigkeiten (Wohnungseigentum)

– **Beschlussklagen:** § 49 GKG (auch für die Ermittlung des Rechtsmittelstreitwertes).
– **Zuständigkeitsstreitwert (§ 43 I 1 WEG):** → Rn. 6, ggf. → Rn. 11 ff.
– **Zuständigkeitsstreitwert (§ 43 II Nr. 1–3 WEG):** Die Zuständigkeit regelt § 23 Nr. 2 lit. c GVG.
– **Rechtsmittelstreitwert.** Drasdo NZM 2019, 327; Brändle ZAP 2020, 551; ZfIR 2017, 553; Brückner NJW 2017, 3185; Zschieschack NZM 2016, 20. Für den Rechtsmittelstreitwert ist – wie stets (→ „Rechtsmittel") – das **individuelle** vermögenswerte Interesse des Rechtsmittelführers an der Änderung der angefochtenen Entscheidung zu ermitteln (BGH BeckRS 2020, 29381 Rn. 4; BeckRS 2017, 103464 Rn. 4; BeckRS 2016, 109947 Rn. 2). Dieses Interesse ist auch in wohnungseigentumsrechtlichen Verfahren nach wirtschaftlichen Gesichtspunkten zu bewerten und erhöht oder ermäßigt sich nicht dadurch, dass bei der Bemessung des Streitwertes nach § 49 GKG für Beschlussklagen auch eine Reihe anderer Kriterien zu berücksichtigen ist; infolgedessen entspricht der gem. § 49 GKG bestimmte Streitwert idR nicht der für die Zulässigkeit eines Rechtsmittels maßgeblichen Beschwer (BGH BeckRS 2020, 29381 Rn. 3). Der Wert ist keiner Erhöhung nach § 49 GKG zugänglich (BGH BeckRS 2010, 18415 Rn. 5). Ist die Klage beziffert, ist – wie stets – dieser Wert maßgeblich (LG Frankfurt a. M. ZMR 2019, 62; Dötsch IMR 2019, 41). Ausgesuchte Einzelfälle im Übrigen:
– **Arrest:** → „Einstweilige Verfügung".
– **Bauliche Veränderung. Beseitigung.** Kämpft der Rechtsmittelführer gegen seine Verurteilung zur Beseitigung einer baulichen Veränderung, bemisst sich seine Beschwer grds. nach den **Kosten einer Ersatzvornahme** des Abrisses, die ihm im Falle des Unterliegens drohen (BGH BeckRS 2021, 23761 Rn. 5; NJW-RR 2019, 1415 Rn. 2; BeckRS 2018, 37872 Rn. 2; ZWE 2017, 101 Rn. 3). Übersteigt das Interesse des beklagten Wohnungseigentümers an dem Erhalt des Bauwerkes die Kosten einer Ersatzvornahme des Abrisses, die ihm im Falle des Unterliegens drohen, ist die Beschwer nach dem höheren Interesse an dem Erhalt des Bauwerkes zu bemessen (BGH NJW-RR 2019, 1415 Rn. 3). Dieses Interesse bestimmt sich grds. nach den für den Bau aufgewendeten Kosten (BGH NJW-RR 2019, 1415 Rn. 3). Nicht zu berücksichtigen sind dagegen mittelbare wirtschaftliche Folgen des Urteils (→ Rn. 11 f.; BGH NJW-RR 2019, 1415 Rn. 4), zu denen etwa die Wertminderung eines Wohnungseigentums sowie die Kosten für den Einbau einer anderen Heizungsanlage zählen. **Durchführung.** Das wirtschaftliche Interesse daran, die Durchführung einer baulichen Maßnahme zu verhindern, bemisst sich nach dem Anteil des Klägers an den aufzubringenden Kosten (BGH BeckRS 2020, 17329 Rn. 5). **Finanzierung.** Das wirtschaftliche Interesse daran, eine bestimmte Art der Finanzierung einer baulichen Maßnahme zu verhindern, bemisst sich nach dem Anteil des Klägers an den aufzubringenden Kosten (BGH BeckRS 2020, 17329 Rn. 5).
– **Beseitigung:** → „Beseitigung". Wird nach § 1004 I 1 BGB die Beseitigung einer baulichen Veränderung verlangt, bemisst sich das Gesamtinteresse (Beschwer) am ideellen, ggf. aber auch wirtschaftlichen Interesse, den ursprünglichen Zustand wiederherzustellen (BGH NJW-RR 2017, 912 Rn. 7; 2017, 584 Rn. 5). Dieses bemisst sich bei der Störung von Grundeigentum grds. nach dem Wertverlust, den das Wohnungseigentum des Klagenden durch die Störung erleidet (BGH BeckRS 2020, 4811 Rn. 4; MDR 2018, 1396 Rn. 7; BeckRS 2017, 113627 Rn. 5). Ferner geht es um das Interesse durch eine optische und/ oder Substanzbeeinträchtigung (BGH BeckRS 2006, 06829 Rn. 8), nicht aber

um die Rückbaukosten (aA ggf. BGH BeckRS 2020, 36460 Rn. 6). Das Beklagteninteresse (Beschwer) bemisst sich am Interesse, keinen Rückbau vornehmen zu müssen (BGH NJW-RR 2017, 912 Rn. 7; 2017, 584 Rn. 5). Die genannten Interessen der Parteien sind nicht identisch, da sie eine unterschiedliche Zielrichtung haben (BGH NJW-RR 2017, 584 Rn. 5). Bei der Klage auf Entfernung einer Parabolantenne ist das Interesse des klagenden Wohnungseigentümers bzw. der Wohnungseigentümer vertreten durch die Gemeinschaft der Wohnungseigentümer an der Durchsetzung des Beseitigungsanspruchs nach dem Wertverlust, den das Gebäude durch eine optische und/oder Substanzbeeinträchtigung des Hauses erleidet, zu ermitteln (AG Wedding IMR 2010, 258: dort 300 EUR). Für das Beklagteninteresse geht es darum, mit der Satellitenschüssel zusätzliche TV-Programme zu empfangen (LG Erfurt GE 2001, 1467: dort 2500 EUR) sowie um die Rückbaukosten (s. auch Lehmann-Richter IMR 2010, 258; AnwZert MietR 16/2010). Der für die Beseitigung der Besitzstörung erforderliche Kostenaufwand ist für die Bemessung der Beschwer eines in seinem Eigentum gestörten Klägers dagegen grds. unerheblich (BGH MDR 2018, 1396 Rn. 7; → „Beseitigung"). Diese Kosten können nur mittelbar für die Bestimmung der Beschwer von Bedeutung sein, wenn sich aus ihnen ein Anhaltspunkt für die Wertminderung der Sache durch die Störung ergibt (BGH MDR 2018, 1396 Rn. 7). Etwas anderes gilt, wenn sich die Störung nach Art bzw. Umfang nicht in einer Wertminderung der Sache niederschlägt. In diesem Falle sind ausnahmsweise die Kosten maßgeblich, die dem Eigentümer durch die Störung entstehen und die ohne diese nicht angefallen wären (BGH MDR 2018, 1396 Rn. 10).

– **Betreten von Sondereigentum:** Soll nach § 14 I Nr. 2 WEG das Betreten von Sondereigentum erzwungen werden, geht es beim Gesamtinteresse (Beschwer) um das mit dem Betreten verfolgte Interesse, zB eine Erhaltungsmaßnahme und ihre Nichtdurchführung (= zu befürchtende Schäden). Beim Beklagteninteresse ist an das Interesse an einem „Nichtbetreten" anzuknüpfen, ggf. an die anteiligen Kosten der befürchteten Maßnahme (s. auch BGH NZM 2022, 754 Rn. 7). Wird die Duldung des Betretens einer Wohnung für vorbereitende Maßnahmen verlangt und zugleich die Feststellung, dass die spätere Durchführung dieser Maßnahmen zu dulden ist, handelt es sich um eine wirtschaftliche Identität (→ § 5 Rn. 3). → „Duldung (Handlung)".
– **Duldung:** Sollen die anderen Wohnungseigentümer verurteilt werden, die Anbringung eines Transparentes, Plakats oder Banners an der Fassade des Hauses zu dulden, richtet sich die Beschwer nach dem Wertverlust, den die anderen Wohnungseigentümer durch die Beeinträchtigung der Substanz und/oder des optischen Gesamteindrucks des Hauses erleiden. Zudem ist der Text des Transparentes, Banners oder Plakats zu berücksichtigen (s. auch BGH NZM 2022, 754 Rn. 7; BeckRS 2019, 11902 Rn. 11).
– **Eigentumsstörung, Unterlassung:** Bei der Abweisung einer Klage auf Unterlassung einer Eigentumsstörung ist auf das Interesse des Klägers an der Unterlassung dieser Störung abzustellen (BGH WuM 2019, 349 Rn. 6).
– **Ehrschutz:** → „Nichtvermögensrechtliche Streitigkeiten". Als Ausgangswert kann ein Wert von 5.000 EUR angesetzt werden (Abramenko ZfIR 2018, 645). Der Wert kann, wenn das Gericht die Ehrverletzung als besonders schwerwiegend ansieht, aber natürlich auch höher angesetzt werden (Abramenko ZfIR 2018, 645). Zu berücksichtigen ist ferner, dass der Antrag auf Unterlassung ehrverletzender Handlungen gegenüber mehreren Adressaten den Streitwert erhöht (Abramenko ZfIR 2018, 645).
– **Eigentümerliste:** Verlangt ein Wohnungseigentümer oder ein Dritter Auskunft zu seinen Miteigentümern, richtet sich das Klägerinteresse idR nach einem Bruchteil des Geschäftswertes des Verfahrens, dessen Durchführung die Liste dienen soll (LG Frankfurt a. M. ZWE 2014, 57; LG Erfurt NZM 2000, 519). Das Gesamtinteresse ist nach den Kosten für die Erstellung der Liste zu bemessen. Ein Geheimhaltungsinteresse gibt es nicht.
– **Eigentümerversammlung:** Bei der Klage eines Wohnungseigentümers auf Einberufung der Eigentümerversammlung soll der hälftige Wert des Tagesord-

nungspunktes, über den nach dem Willen des Wohnungseigentümers entschieden werden soll, maßgeblich sein (BayObLG ZMR 1998, 299). Dem ist eher nicht zu folgen (LG Frankfurt a. M. ZWE 2016, 292). Denn streitwertbestimmend ist die Frage, ob eine Eigentümerversammlung mit einem entsprechenden Tagesordnungspunkt einzuberufen ist; der begehrte Beschluss selbst ist nicht streitgegenständlich. Geht es um die Erzwingung der Teilnahme eines Dritten an einer Eigentümerversammlung, soll das Interesse 1.000 EUR betragen (AG Hamburg BeckRS 2012, 06113).

– **Einsichtnahme:** → „Verwaltungsunterlagen".
– **Einstweilige Verfügung:** Regelmäßig entsprechend § 41 II FamGKG 1/2 des Wertes des Hauptsacheverfahrens (AG Hamburg ZMR 2009, 232; „Einstweilige Verfügung"). § 53 I Nr. 1 GKG ist nicht anwendbar.
– **Entlastung Verwalter:** Das Interesse an der Entlastung oder Nichtentlastung des Verwalters bestimmt sich zum einen nach den möglichen Ansprüchen gegen diesen, wenn die Entlastung wegen solcher Ansprüche verweigert worden ist oder werden soll. Bei der Bemessung des Interesses ist zum anderen der weitere Zweck, den die Entlastung des Verwalters hat, zu berücksichtigen, nämlich die Grundlage für die weitere vertrauensvolle Zusammenarbeit in der Zukunft zu legen (BGH NJW-RR 2016, 649 Rn. 10). Dessen Wert ist, wenn besondere Anhaltspunkte für einen höheren Wert fehlen, idR mit 1.000 EUR anzusetzen (BGH NJW-RR 2016, 649 Rn. 10). Das Interesse der Wohnungseigentümer an der vertrauensvollen Zusammenarbeit mit dem Verwalter ist nicht teilbar und bei allen Wohnungseigentümern dasselbe. Anders kann es liegen, wenn der anfechtende Wohnungseigentümer eine weitere gute Zusammenarbeit mit dem Verwalter ausdrücklich nicht in Zweifel zieht, die Anfechtung des Entlastungsbeschlusses also allein wegen bestimmter Forderungen gegen den Verwalter verweigert wissen will (BGH NJW-RR 2016, 649 Rn. 12).
– **Entlastung Verwaltungsbeirat:** Das Interesse des klagenden Wohnungseigentümers, der erfolglos einen Beschluss über die Entlastung des Verwaltungsbeirats angefochten hat, bemisst sich nach dem regelmäßig mit 500 EUR anzusetzenden Wert, den die künftige vertrauensvolle Zusammenarbeit mit dem Verwaltungsbeirat hat, zuzüglich des klägerischen Anteils an etwaigen Ersatzansprüchen gegen den Verwaltungsbeirat, auf welche die Anfechtung des Entlastungsbeschlusses gestützt wird (BGH NZM 2017, 531).
– **Entziehung:** Bei einer Entziehungsklage ist für das Gesamtinteresse, aber auch für das Beklagteninteresse der Wert des Sonder- oder Teileigentums maßgeblich (BGH NJW 2006, 3428; OLG Köln NZM 2011, 553; OLG Rostock ZMR 2006, 476; s. auch Heinemann MietRB 2008, 90).
– **Feststellung der Nichtigkeit:** Der Kläger ist grds. nicht beschwert, wenn ein Beschluss für ungültig erklärt wird, obwohl er primär die Feststellung der Nichtigkeit beantragt hat. Eine Beschwer der Abweisung des auf Feststellung der Nichtigkeit gerichteten Hauptantrags trotz Obsiegens im Anfechtungsantrag ist allerdings zu bejahen, wenn der Kläger an der Klärung des Nichtigkeitsgrundes ausnahmsweise ein besonderes rechtliches Interesse iSv § 256 I hat (BGH NZM 2011, 716 Rn. 10).
– **Hausgeld (künftig):** Der Streitwert für eine Klage auf Zahlung künftiger Hausgelder soll sich gem. § 9 nach dem 3,5-fachen Jahresbetrag richten, wenn Fortgeltungsklausel besteht (LG Karlsruhe AGS 2022, 377). **Stellungnahme.** Diese Rechtsprechung ist abzulehnen. § 9 bezieht sich nur auf Fallgestaltungen, bei denen ein Recht, das „Stammrecht", sich darin ausdrückt, Ansprüche auf wiederkehrende Nutzungen oder Leistungen zu gewähren (→ § 9 Rn. 4). Nach hM geht es nur um solche Stammrechte, bei denen Nutzungen oder Leistungen zu erwarten sind, die ihrer Natur nach und erfahrungsgemäß (= üblicherweise) eine Dauer von wenigstens 3 ½ Jahren haben oder jedenfalls mit Rück-sicht auf den Grad der Unbestimmtheit des Zeitpunkts, wann das den Wegfall des Rechts begründende Ereignis eintritt, eine solche Dauer haben können (→ § 9 Rn. 5). Die Entscheidung übersieht insoweit, dass eine Gemeinschaft der Wohnungseigentümer ihren Anspruch auf Vorschuss aus § 28 I 1 WEG gegen einen Wohnungseigentümer erfahrungsgemäß, wenn auch nicht zwingend, **jährlich**

neu begründen wird. Eine Fortgeltungsklausel ändert an diesem bundesweiten Erfahrungssatz nichts. Der Gebührenstreitwert ist mithin nach § 3 zu ermitteln (Elzer ZMR 2022, 922).

- **Hausmeister:** Verlangt ein Wohnungseigentümer, dem Hausmeister solle gekündigt werden, bemisst sich das Gesamtinteresse nach der Höhe der Hausmeistervergütung für den Zeitraum, über den der Hausmeister ohne die vorliegend abgelehnte Kündigung weiter tätig wird (LG Nürnberg-Fürth ZWE 2010, 281). Das Klägerinteresse bemisst sich am Anteil des Klägers an der Vergütung.
- **Herausgabe von Unterlagen:** → „Herausgabe". Ist der Rechtsmittelführer zur Herausgabe von Unterlagen verpflichtet, ist für die Berechnung der Beschwer der Aufwand an Zeit und Kosten maßgeblich, den die Erfüllung des titulierten Anspruchs auf Herausgabe erfordert (OLG Frankfurt a. M. IMR 2008, 296); Vergleichbares gilt für die Einsichtsgewährung in Unterlagen (OLG Frankfurt a. M. IMR 2008296) und für die Abgabe einer eidesstattlichen Versicherung über erteilte Auskünfte (OLG Frankfurt a. M. IMR 2008, 296).
- **Immissionen (Unterlassung):** Nimmt ein Wohnungseigentümer einen anderen Wohnungseigentümer oder dessen Mieter auf Unterlassung von Immissionen in Anspruch, bemisst sich der Wert grds. nach der Wertminderung, die das Wohnungseigentum der klagenden Partei infolge der behaupteten Immissionen erleidet (BGH BeckRS 2017, 122319 Rn. 3; BeckRS 2009, 20307 Rn. 3).
- **Jahresabrechnung:** Wird die Anfechtungsklage gegen den Beschluss nach § 28 II 1 WEG abgewiesen, bestimmt sich die Beschwer bei einer einschränkungslosen Anfechtung nach dem vom Kläger zu leistenden Nachschuss (BGH BeckRS 2020, 29381 Rn. 6; NZM 2017, 530 Rn. 4).
- **Nebenforderungen:** Nebenforderungen sind nach § 4 nicht zu berücksichtigen (BGH BeckRS 2016, 12557 Rn. 6).
- **Nichtvermögensrechtliche Streitigkeiten:** Die Wertbemessung bei Ansprüchen nichtvermögensrechtlicher Art ist nach § 48 II, III GKG vorzunehmen (LG Hamburg ZMR 2011, 664).
- **Niederschrift:** Beim Streit um die Berichtigung bestimmt sich das Gesamtinteresse, aber auch das Klägerinteresse am wirtschaftlichen Interesse an der Berichtigung, nicht nur an den Kosten der Berichtigung (BayObLG WE 1997, 117 = BeckRS 1996, 31048272; LG Hamburg ZMR 2011, 664: 750 EUR; aA OLG Frankfurt a. M. ZWE 2018, 280 Rn. 17 und Rn. 19). Zur Einsichtnahme → „Verwaltungsunterlagen".
- **Prostitution:** Das Gesamtinteresse bei einer Klage auf Unterlassung der Prostitution richtet sich an den Nachteilen der anderen Wohnungseigentümer durch den Gebrauch für Zwecke der Prostitution aus, das Beklagteninteresse an den erzielbaren Mieteinnahmen (s. auch LG Dresden WuM 2015, 705; Kappus NJW-Spezial 2016, 67). Nach aA, die nicht zutrifft, können pauschal 250 EUR je Wohnungseigentumsrecht angesetzt werden (OLG Karlsruhe NZM 2000, 194) oder pauschal 15.000 EUR (OLG Frankfurt a. M. WuM 1990, 452).
- **Protokoll:** → „Niederschrift".
- **Rauchwarnmelder:** Geht es um den Streit, Rauchwarnmelder anzuschaffen, sind für das Gesamtinteresse idR die Anschaffungskosten anzusetzen (LG Düsseldorf ZWE 2016, 48), für das Klägerinteresse sein Anteil daran, ggf. auch sein Interesse, bereits eingebaute Rauchwarnmelder behalten zu dürfen. Geht es um die jährlichen Wartungskosten, ist für das Gesamtinteresse entsprechend § 9 ZPO der $3^1/_2$-fache Wert der Belastung anzusetzen (LG Düsseldorf ZWE 2016, 48), für das Klägerinteresse sein Anteil daran.
- **Selbständiges Beweisverfahren:** Der Streitwert des selbständigen Beweisverfahrens ist mit dem Hauptsachewert oder mit dem Teil des Hauptsachewertes anzusetzen, auf den sich die Beweiserhebung bezieht (BGH NJW 2004, 3488 unter III 2; OLG Karlsruhe JurBüro 2016, 368; OLG Koblenz BauR 2015, 313; aA OLG Rostock NJW-RR 1993, 1086). Das Gericht hat nach Einholung des Gutachtens den „richtigen" Hauptsachewert, bezogen auf den Zeitpunkt der Verfahrenseinleitung und das Interesse des Antragstellers festzusetzen (BGH NJW 2004, 3488 unter III 3; OLG Köln NJOZ 2017, 1402 Rn. 11; OLG Düsseldorf BauR 2016, 882;

OLG Stuttgart BauR 2015, 1023; OLG Frankfurt a. M. NJW 2010, 1822). Richtet sich das Beweisverfahren auf die Feststellung von Mängeln oder Schäden und die Kosten ihrer Beseitigung, sind idR auch die Beseitigungskosten, die der Sachverständige festgestellt hat, streitwertbestimmend. Enthalten sie allerdings „Ohnehin-„ oder „Sowieso-Kosten", von denen der Antragsteller von Anfang an erkennen lässt, dass er diese im Hauptsacheverfahren nicht mitverfolgen will, sind diese bei der Streitwertbestimmung abzuziehen (OLG Karlsruhe BauR 2015, 1019; OLG Rostock JurBüro 2008, 369; OLG Köln BauR 2005, 1806; aA zu Recht LG Karlsruhe BeckRS 2019, 31720 Rn. 12). Eine Anrechnung des Vorteils „neu für alt" ist zu erwägen, wenn durch die Mangelbeseitigung eine deutlich verlängerte Nutzungsdauer entsteht, der Mangel sich verhältnismäßig spät auswirkt und der Auftraggeber bis dahin keine Gebrauchsnachteile hinnehmen musste.

– **Stimmrechtsprinzip, Änderung:** Geht es um die Änderung des Stimmrechtsprinzips, bemisst sich die Beschwer nach einer Minderung des Verkehrswertes des Wohnungseigentums oder einem sonstigen konkreten wirtschaftlichen Nachteil, der durch die Änderung des Abstimmungsprinzips verursacht wird (BGH BeckRS 2018, 7205 Rn. 4).
– **Unterlassung:** Die Beschwer einer zur **Unterlassung verurteilten** Partei richtet sich danach, in welcher Weise sich das ausgesprochene Verbot zu ihrem Nachteil auswirkt (BGH NJW-RR 2020, 262 Rn. 6). Maßgeblich sind die Nachteile, die ihr aus der Erfüllung des Unterlassungsanspruchs entstehen. Außer Betracht bleiben dabei die Nachteile, die nicht mit der Befolgung des Unterlassungsgebots, sondern mit einer Zuwiderhandlung – etwa durch die Festsetzung eines Ordnungsgeldes oder durch die Bestellung einer Sicherheit – verbunden sind (BGH MDR 2016, 847 Rn. 10). Wird ein Wohnungseigentümer zB verurteilt, sein Sondereigentum nicht an Feriengäste zu vermieten, ist für den Wert der Beschwer auf die ihm diesbezüglich entstehenden Nachteile abzustellen (BGH NJW-RR 2020, 262 Rn. 6). Sie können etwa in dem Verlust der Vorteile bestehen, die aus der Vermietung an Feriengäste bzw. an einen Zwischenmieter gezogen werden, oder in einem mit der Durchsetzung der Unterlassung verbundenen Aufwand. Das Interesse kann geschätzt werden (BGH NJW-RR 2020, 262 Rn. 6; WuM 2017, 174 Rn. 7). Maßgeblich ist auf die Differenz des Mietwertes zwischen einer Nutzung zu (Ferien-)Wohnzwecken und einer gewerblichen Nutzung der Einheiten abzustellen (BGH NJW-RR 2020, 262 Rn. 7; WuM 2017, 174 Rn. 7). Geht es um Unterlassung eines Gebrauchs/einer Nutzung, richtet sich das Gesamtinteresse auf die Abwehr der zu schätzenden Wertminderung ihres Wohnungseigentums, die durch das Verhalten der beklagten Partei herbeigeführt wird, dessen Unterlassen begehrt wird (BGH BeckRS 2012, 08271 Rn. 7; OLG München BeckRS 2018, 3971 Rn. 18). Das Interesse des auf Unterlassung in Anspruch Genommenen richtet sich nach seinem Vorteil an der Fortsetzung des Gebrauchs/der Nutzung – etwa in Form eines Mehrerlöses bei der Vermietung – aus (s. auch BayObLG NZM 2001, 150; ZMR 2000, 777). Häufig werden – niedrige – „Pauschalen" von 1.000 EUR bis 1.500 EUR angesetzt, etwa beim Verbot der Haustierhaltung (OLG Karlsruhe WE 1988, 97) oder bei Lärm (LG Bonn JurBüro 2001).
– **Veräußerungszustimmung:** Das Interesse des Wohnungseigentümers, der auf Erteilung der Zustimmung zur Veräußerung des Wohnungs- bzw. Teileigentums nach § 12 III WEG klagt, beträgt idR 20 % des Verkaufspreises des Wohnungs- bzw. Teileigentums (BGH NZM 2019, 178 Rn. 3; NZM 2018, 824 Rn. 4; NJW-RR 2018, 775 Rn. 4). Dies gilt – bezogen auf das Meistgebot – auch dann, wenn ein Wohnungseigentümer oder Gläubiger (BGH NJW-RR 2014, 710 Rn. 6) die Zustimmung erreichen will (BGH NJW-RR 2019, 272 Rn. 4). Beim Interesse der anderen Wohnungseigentümer geht es hingegen darum, einen „ungeeigneten" Miteigentümer abzuwehren. Auch dieses Interesse entspricht nicht dem Verkehrswert oder Verkaufspreis und ist – geht es um die wirtschaftliche Kraft des Erwerbers – mit 3 1/2 des einjährigen Hausgeldes anzusetzen (aA BGH NZM 2018, 824 Rn. 4: weitere 20 % des Verkaufspreises des Wohnungs- bzw. Teileigentums). Wird ein Wohnungseigentum zwangsversteigert, gilt nichts anderes (BGH NZM 2019, 178 Rn. 5).

– **Versammlung:** → „Eigentümerversammlung".
– **Verwalter:** Das Interesse der klagenden Partei an der vorzeitigen Abberufung des Verwalters bemisst sich regelmäßig nach dem klägerischen Anteil an dem restlichen Verwalterhonorar (BGH BeckRS 2018, 7875 Rn. 6; BeckRS 2018, 4066 Rn. 1). Der Anteil am Verwalterhonorar ist aber auch für die Bestimmung der Beschwer beim Streit um die Neu- oder Wiederbestellung des Verwalters maßgeblich (BGH BeckRS 2018, 7875 Rn. 6). Die Entscheidung der Wohnungseigentümer über die Bestellung des Verwalters wird zwar wesentlich durch die Person, die Qualifikation und die zu erwartende bzw. bekannte Amtsführung des Verwalters bestimmt sein. Das Verwalterhonorar ist aber ein ebenso wichtiger Aspekt und in der Regel das gegebene Hilfsmittel, um das jeweilige Interesse an einer Entscheidung über die Neu- oder Wiederbestellung des Verwalters einzuschätzen (BGH BeckRS 2018, 7875 Rn. 6).
– **Verwaltungsunterlagen:** Für eine Einsichtnahme sollen 150 EUR je „Jahrgang" anzusetzen sein (OLG Karlsruhe Die Justiz 1970, 301). Stellungnahme. Richtig ist es hingegen, das Interesse des Einsichtnehmenden an der Einsichtnahme als Ausgangspunkt zu wählen (s. auch LG Hamburg ZMR 2016, 561, 562). Für die andere Seite geht es um das Interesse an einer „Nichteinsichtnahme". Im Rahmen eines Herausgabeverlangens ist für die Wertfestsetzung in der Regel das objektive Interesse an der Herausgabe maßgeblich. Bei der Wertfestsetzung ist zu berücksichtigen, wie groß die Gefahr eines wirtschaftlichen Schadens durch die unterbliebene Herausgabe ist (KG ZMR 2011, 655): ohne Herausgabe ist eine ordnungsmäßige Verwaltungsarbeit nicht möglich; → „Herausgabe".
– **Wirtschaftsplan:** Wird die Anfechtungsklage gegen den Beschluss nach § 28 I 1 WEG abgewiesen, bestimmt sich die Beschwer bei einer einschränkungslosen Anfechtung nach dem vom Kläger zu leistenden Vorschuss (BGH BeckRS 2020, 29381 Rn. 6; NZM 2017, 530 Rn. 4).

Werkvertrag
– **Gebührenstreitwert:** Der Wert ist grds. nach § 48 GKG iVm §§ 3, 6–9 zu ermitteln. Insoweit gelten die Ausführungen zum Zuständigkeitsstreitwert entsprechend.
– **Rechtsmittelstreitwert:** Sogleich → „Zuständigkeitsstreitwert", → „Rechtsmittel".
– **Zuständigkeitsstreitwert:** Der Wert ist nach → Rn. 11 und → Rn. 7 zu ermitteln. Der Streitwert der Klage auf Beseitigung von Mängeln richtet sich nach dem Betrag, der für die Beseitigung aufzuwenden wäre, wenn der Besteller sich eines Dritten bedienen müsste (Madert/von Seltmann Rn. 526)

Wertpapier: → „Herausgabe".

Wertpapierhandelsgesetz (Zivilsachen)
– **Gebührenstreitwert:** Bei Beschwerden und Rechtsbeschwerden gegen **Verwaltungsakte** nach § 113 WpHG s. § 50 GKG. In Zivilsachen nach dem GWB, bemisst sich der Wert nach § 48 I GKG iVm §§ 3, 6–9.
– **Rechtsmittelstreitwert:** Sogleich → „Zuständigkeitsstreitwert", →;„Rechtsmittel".
– **Zuständigkeitsstreitwert:** Es gilt nach → Rn. 11 grds. der Wert der Beeinträchtigung für die klagende Partei.

Wettbewerbsrecht → „Gewerblicher Rechtsschutz".

Widerklage
– **Gebührenstreitwert:** Der Wert ist grds. nach § 45 GKG zu ermitteln.
– **Rechtsmittelstreitwert:** → § 5 Rn. 34.
– **Zuständigkeitsstreitwert:** Der Wert ist nach → Rn. 11 und → Rn. 7 zu ermitteln. Dabei ist § 5 Hs. 2 zu beachten ist, wonach der Gegenstand der Klage und der Widerklage grds. **nicht** zusammenzurechnen sind (→ § 5 Rn. 30). Wird durch Widerklage ein Anspruch erhoben, der zur Zuständigkeit der LGe gehört, so hat das AG unter Beachtung von § 504 nach § 506 I, sofern eine Partei vor weiterer Verhandlung zur Hauptsache darauf anträgt, durch Beschluss sich für unzuständig zu erklären und den Rechtsstreit an das LG zu verweisen.

Widerruf
- **Gebührenstreitwert:** Der Wert ist grds. nach § 48 I 1 GKG iVm §§ 3, 6–9 zu ermitteln. → Rn. 11. Geht es um den Widerruf ehrkränkender Behauptungen, ist der Gebührenstreitwert nach § 48 II GKG zu ermitteln.
- **Rechtsmittelstreitwert:** Sogleich → „Zuständigkeitsstreitwert", → „Rechtsmittel". Die Beschwer der zum Widerruf verurteilten Partei bestimmt sich nach hM nach dem mit dem Widerruf verbundenen Kostenaufwand (BGH NJW-RR 2016, 1203 Rn. 6). **Stellungnahme.** Richtiger ist es, das Interesse der klagenden Partei als kontradiktatorisches Gegenteil anzusetzen.
- **Zuständigkeitsstreitwert:** Der Wert ist nach → Rn. 11 und → Rn. 7 zu ermitteln. Geht es zB um den Widerruf einer Meldung negativer Merkmale an die SCHUFA, ist das wirtschaftliche Interesse der klagenden Partei an der Beseitigung der kredithinderlichen Eintragung und an dem Ausmaß etwaiger Kreditnachteile zu ermitteln (OLG München BeckRS 2010, 17366; OLG Brandenburg BeckRS 2008, 2400 Rn. 6; FG Münster BeckRS 2020, 17960 Rn. 3).

Widerspruch
- **Gebührenstreitwert:** Der Wert ist grds. nach § 45 GKG zu ermitteln.
- **Rechtsmittelstreitwert:** Sogleich → „Zuständigkeitsstreitwert", → „Rechtsmittel".
- **Zuständigkeitsstreitwert:** Der Wert ist nach → Rn. 11 und → Rn. 7 zu ermitteln. Vom Grundstückswert sind idR 10 % bis 25 % zu nehmen (OLG Koblenz JurBüro 2006, 537).

Wiederaufnahme: → „Nichtigkeitsklage".

Wiedereinsetzung
- **Allgemeines:** Grds. gibt es keinen Bedarf, den Gebühren-, Rechtsmittel- oder Zuständigkeitsstreitwert für die Wiedereinsetzung festzusetzen. Eine Wertfestsetzung ist allerdings für den Gegenstandswert auf Antrag nach § 33 I RVG vorzunehmen.
- **Gegenstandswert:** → Rn. 11. Der Streitwert ist idR der der Hauptsache.

Wiederkehrende Leistung
- **Gebührenstreitwert:** § 42 GKG.
- **Rechtsmittelstreitwert:** § 9.
- **Zuständigkeitsstreitwert:** § 9.

Wildschaden (§ 23 Nr. 2 lit. d GVG)
- **Gebührenstreitwert:** Der Wert ist grds. nach § 48 I 1 GKG iVm §§ 3, 6–9 zu ermitteln. → Rn. 11.
- **Rechtsmittelstreitwert:** → „Gebührenstreitwert", → „Rechtsmittel".
- **Zuständigkeitsstreitwert:** Die Zuständigkeit regelt § 23 Nr. 2 lit. d GVG.

Willenserklärung (Abgabe)
- **Gebührenstreitwert:** Der Wert ist grds. nach § 48 I 1 GKG iVm §§ 3, 6–9 zu ermitteln.
- **Rechtsmittelstreitwert:** Sogleich → „Zuständigkeitsstreitwert", → „Rechtsmittel". Für die Bemessung der Beschwer des Beklagten ist das wirtschaftliche Interesse an dem Nichteintritt der mit der Erklärung verbundenen Folgen maßgeblich (BGH BeckRS 2022, 26830 Rn. 4; ZWE 2012, 176 Rn. 3). Geht es um die Übertragung von Eigentum an einem Grundstück, sind die Grundsätze des § 6 ZPO anzuwenden (BGH BeckRS 2022, 26830 Rn. 5). Sind Teilhaber einer Erbengemeinschaft oder Bruchteilsgemeinschaft beteiligt, ist zu berücksichtigen, dass wirtschaftlich gesehen nicht das Vollrecht in Streit steht (BGH BeckRS 2022, 26830 Rn. 5).
- **Zuständigkeitsstreitwert:** Der Wert ist nach → Rn. 11 und → Rn. 7 zu ermitteln (BGH NZM 2021, 434 Rn. 3; OLG Koblenz NJW-RR 2002, 379; OLG Düsseldorf JurBüro 1995, 254; OLG München OLGR 1995, 72). Bei der Schätzung ist zu berücksichtigen, ob durch die Willenserklärung ein vermögensrechtlicher, nichtvermögensrechtlicher oder kombinierter Erfolg eintritt. Geht es um den Abschluss eines Miet- oder Pachtvertrags, soll das Interesse der klagenden Partei den Gesamtbetrag des auf die vorgesehene Vertragsdauer entfallenden Pachtzinses nicht übersteigen können (BGH NZM 2021, 434 Rn. 3) und soll die Wertung des § 9 zu berücksichtigen sein (BGH NZM 2021, 434 Rn. 3; OLG

Saarbrücken NJOZ 2010, 1515; OLG Bremen BeckRS 2009, 19635; OLG Hamburg MDR 1970, 333). Das Interesse der klagenden Partei bemisst sich also nach der in der Vertragszeit zu entrichtenden Miete bzw. Pacht, wird aber nach der Wertung des § 9 idR auf die 3 ½-fache Jahresmiete bzw. -pacht begrenzt (BGH NZM 2021, 434 Rn. 3). Geht es um den Vollzug einer Auflassung, soll der Betrag maßgebend sein, um den die Parteien streiten (BGH NJW 2002, 684 unter II; OLG München IMR 2011, 125; OLG Karlsruhe BeckRS 2005, 13139). Zum Wert bei der Klage auf Auflassung → § 6 Rn. 8.

Wohnrecht: → Dauerwohnrecht".

Zählerentfernung: → „Stromzähler (Entfernung)".

Zeugnis

– **Gebührenstreitwert:** Der Wert ist grds. nach § 48 I 1 GKG iVm §§ 3, 6–9 zu ermitteln.

– **Rechtsmittelstreitwert:** Sogleich → „Zuständigkeitsstreitwert", → „Rechtsmittel".

– **Zuständigkeitsstreitwert:** Der Wert ist nach → Rn. 11 und → Rn. 7 zu ermitteln (LAG Berlin-Brandenburg JurBüro 2015, 250, LAG Köln MDR 2004, 1067). Beim **endgültigen qualifizierten** Zeugnis kann man grds. einen Monatslohn ansetzen (LAG Hamburg NZA-RR 2011, 152; LAG Schleswig-Holstein JurBüro 2010, 306; LAG Nürnberg JurBüro 2014, 76; krit. LAG Schleswig-Holstein NZA-RR 2015, 47; LAG Baden-Württemberg NZA 2006, 537), man kann aber auch einen Festbetrag ansetzen (LAG Hessen NZA-RR 2003, 660; LAG Hamburg JurBüro 2013, 425; LAG Nürnberg MDR 2004, 1387). Beim **Zwischenzeugnis** kann man einen halben Monatslohn ansetzen (LAG Sachsen JurBüro 2012, 250; LAG Köln NZA-RR 2012, 95, LAG Rheinland-Pfalz NZA-RR 2005, 327). Bei einer Zeugnisänderung kommt es auf die erhoffte Verbesserung an (LAG Düsseldorf JurBüro 2016, 642; LAG Baden-Württemberg NZA 2006, 537). Erteilung und spätere Berichtigung sind zwei Werte (LAG Berlin-Brandenburg JurBüro 2015, 250). Die Werte der Anträge auf ein **Zwischen- und ein Beendigungszeugnis** sind nicht zu addieren, weil sie kostenrechtlich denselben Gegenstand betreffen (LAG Baden-Württemberg BeckRS 2020, 2446).

Zeugnisverweigerungsrecht

– **Allgemeines:** Grds. gibt es keinen Bedarf, den Gebühren-, Rechtsmittel- oder Zuständigkeitsstreitwert für einen Zwischenstreit (→ „Zwischenstreit") über ein Zeugnisverweigerungsrecht festzusetzen. Eine Wertfestsetzung ist allerdings für den Gegenstandswert auf Antrag nach § 33 I RVG vorzunehmen.

– **Gegenstandswert:** → Rn. 11. Der Streitwert des Zwischenstreits über das Zeugnisverweigerungsrecht ist idR der der Hauptsache (OLG Jena BeckRS 2019, 42850 Rn. 1; KG JurBüro 1968, 739); für den Fall, dass sich die Beweisfrage nur auf einen Teil der Hauptsache bezieht, ist dessen Streitwert maßgeblich. Etwas anderes gilt, wenn die Sachentscheidung nicht ausschließlich von der Verwertung des betroffenen Beweismittels abhängt (OLG Frankfurt a. M. NotBZ 2004, 480). Legt ein Zeuge Rechtsmittel ein, geht es allein um die Frage, ob er zur Aussage verpflichtet ist.

Zinsen: § 4.

Zug-um-Zug-Verurteilung

– **Gebührenstreitwert:** § 48 I 1, 2 GKG iVm §§ 3 ff.

  – **Grundsatz:** Der Wert einer vom Kläger Zug-um-Zug zu erbringenden Gegenleistung beeinflusst den Gebührenstreitwert nicht (BGH BeckRS 2019, 1782 Rn. 8; OLG Stuttgart BeckRS 2015, 2216).

  – **Herausgabe:** Der Grundsatz gilt auch, wenn der Beklagte zur Herausgabe eines Gegenstandes bereit ist, er aber Einwendungen geltend macht, die hinter dem Wert des herauszugebenden Gegenstandes zurückbleiben (→ § 6 Rn. 13; aA KG NJW 2018, 3466 Rn. 15). Denn es geht **nicht** um das Interesse der beklagten Partei.

  – **Vorteilsausgleich:** Der Grundsatz gilt auch beim Vorteilsausgleich, soweit tatsächlich eine Zug-um-Zug-Verurteilung in Betracht kommt (BGH BeckRS 2021, 34009 Rn. 18). Das ist aber nicht der Fall, wenn eine Zahlungsklage erhoben und gleichzeitig als Zug-um-Zug-Leistung eine konkrete (bezifferte) Geldzahlung angeboten wird, die im Wege der Vorteilsausgleichung ohnehin von Amts wegen zu berücksichtigen wäre (BGH BeckRS 2021, 34009 Rn. 19 ff.; OLG Schleswig NJW-Spezial 2021, 188 = AGS 2021, 235; OLG Karlsruhe BeckRS 2020, 14813 Rn. 98; OLG Koblenz BeckRS 2020, 15305 Rn. 55). Sowohl für den Beklagten als auch für das zur Entscheidung berufene Gericht bezweckt der Antrag erkennbar, nur den **saldierten,** um die Nutzungsentschädigung geminderten Betrag zu erhalten (OLG Düsseldorf BeckRS 2019, 47671 Rn. 6). Entsprechendes gilt, wenn der Kläger die Höhe der von ihm dem Beklagten zugebilligten Gegenforderung zwar nicht konkret beziffert, aber die **wesentlichen Parameter** zu der Berechnung der Gegenforderung in seinem Berufungsangriff benennt (BGH BeckRS 2021, 34009 Rn. 22).

- **Rechtsmittelstreitwert:** → „Rechtsmittel" (BGH NJW-RR 2012, 1087 Rn. 3; NJW-RR 2010, 1295 Rn. 10; NJW-RR 2010, 492 Rn. 2). Bei Zug-um-Zug-Anträgen richtet sich der Rechtsmittelstreitwert nach dem Wert desjenigen, was begehrt wird. Die Gegenleistung wird nicht berücksichtigt (BGH BeckRS 2020, 37583 Rn. 54; VIZ 1999, 497 unter II). Für den Kläger ist nach → Rn. 11 ff. das objektive Interesse nach wirtschaftlichen Gesichtspunkten zu bemessen (BGH NJW-RR 2010, 1295 Rn. 10). Dabei sollen mögliche Erschwernisse bei der Durchsetzung eines Anspruchs auf Übertragung einer Beteiligung gegenüber Komplementären, Treuhänder und Darlehensgeber zu berücksichtigen sein (BGH NJW-RR 2010, 1295 Rn. 10) – was nicht überzeugt (→ Rn. 11). Will der Beklagte statt einer unbeschränkten eine Zug-um-Zug-Verurteilung erreichen, richtet sich die Wertbestimmung nach dem Gegenanspruch (BGH NZM 2017, 358 Rn. 17; NJW-RR 2004, 714 unter II 2; NJW-RR 1995, 706 unter II), begrenzt auf die Höhe des Klageanspruchs (BGH GE 2017, 830 Rn. 6; NJW-RR 2010, 492 Rn. 2). Diese Beschränkung ist deshalb gerechtfertigt, weil für die Beschwer des Rechtsmittelklägers der rechtskraftfähige Inhalt der angefochtenen Entscheidung maßgebend ist; über den rechtskraftfähigen Inhalt der Entscheidung hinaus ist keine Beschwer vorhanden. In Rechtskraft erwächst die Entscheidung aber nur bis zur Höhe des Streitgegenstandes, also des von dem Kläger geltend gemachten Anspruchs. Einem Beklagten, der ohne Erfolg ein Zurückbehaltungsrecht geltend macht, wird dadurch seine Gegenforderung nicht rechtskräftig aberkannt (BGHE 2017, 830 Rn. 6). Eine Nutzungsentschädigung ist idR von der Zahlungsforderung abzuziehen (BGH BeckRS 2021, 4547 Rn. 6).
- **Zuständigkeitsstreitwert:** Die Gegenleistung beeinflusst den Zuständigkeitsstreitwert nicht (OLG Stuttgart BeckRS 2015, 2216, Schneider/Kurpat/Seggewiße Rn. 2.1678).

Zuständigkeit: → „Sachurteilsvoraussetzungen".

Zuständigkeitsbestimmung (§ 36)

- **Allgemeines:** Grds. gibt es keinen Bedarf, den Gebühren-, Rechtsmittel- oder Zuständigkeitsstreitwert für eine Zuständigkeitsbestimmung festzusetzen. Eine Wertfestsetzung ist allerdings für den Gegenstandswert auf Antrag nach § 33 I RVG vorzunehmen.
- **Gegenstandswert:** Der Wert ist nach → Rn. 11 zu ermitteln und mit einem Bruchteil des Hauptsachestreitwertes festzusetzen, dessen Höhe sich je nach den Umständen des Einzelfalls zwischen einem Zehntel und einem Viertel bewegen kann (OLG Braunschweig BeckRS 2020, 7897 Rn. 5; Vossler NJW 2006, 117 (122)).

Zustellung

- **Allgemeines:** Grds. gibt es keinen Bedarf, den Gebühren-, Rechtsmittel- oder Zuständigkeitsstreitwert für die Zustellung festzusetzen. Eine Wertfestsetzung ist allerdings für den Gegenstandswert auf Antrag nach § 33 I RVG vorzunehmen.
- **Gegenstandswert:** Der Wert für eine Beschwerde bestimmt sich nach → Rn. 11 idR nach einem Bruchteil der Hauptforderung (OLG Braunschweig NJW-RR 2008, 1523), kann im Einzelfall aber auch den vollen Wert erreichen (OLG Frankfurt a. M. OLGR 2004, 327; OLG Stuttgart MDR 2002, 353).

Zustimmung: → „Berichtigung des Grundbuches", → „Willenserklärung".
Zwangsversteigerung
- **Gebührenstreitwert:** § 54 GKG.
- **Gegenstandswert:** § 26 RVG.

Zwangsverwaltung
- **Gebührenstreitwert:** § 55 GKG.
- **Gegenstandswert:** § 27 RVG. Geht es nicht um Anordnung, Fortsetzung oder Beendigung des Zwangsverwaltungsverfahrens selbst, sondern besteht Streit darüber, ob der Zwangsverwalter dem Schuldner aus den Erträgen der Immobilie vorrangig zu den Zahlungen laut Teilungsplan bis auf weiteres monatlich einen Betrag zahlt, ist § 27 RVG nicht anzuwenden (BGH BeckRS 2020, 568 Rn. 3; s. auch NJW-RR 2007, 1150). Der Wert des Verfahrens bemisst sich nach dem Wert für die Gerichtsgebühren. Dieser ist entsprechend § 9 S. 1 mit dem 3½-fachen Wert des Jahresbetrags der monatlichen Zahlungen, die der Schuldner von dem Zwangsverwalter begehrt, anzusetzen (BGH BeckRS 2020, 568 Rn. 3).

Zwangsvollstreckung
- **Allgemeines:** Grds. gibt es keinen Bedarf, den Gebühren-, Rechtsmittel- oder Zuständigkeitsstreitwert für die Zwangsvollstreckung festzusetzen (anders ist es nur im Verteilungsverfahren). Eine Wertfestsetzung ist idR nur für den Gegenstandswert auf Antrag nach § 33 I RVG vorzunehmen.
- **Gegenstandswert:** § 25 RVG. Der Wert bemisst sich grds. gemäß dem Interesse des Vollstreckungsgläubigers (BayObLG NZM 2002, 491; OLG München JurBüro 2018, 248; OLG Rostock JurBüro 2009, 162). Dieser Wert ist idR ebenso hoch wie der Wert der **Hauptsache** + Prozesskosten (OLG Köln JurBüro 1992, 251; OLG Rostock JurBüro 2009, 162; LG Mainz AGS 2022, 237 = BeckRS 2022, 10950 Rn. 17; LG Berlin AnwBl 1994, 425; aA OLG Hamburg WRP 1982, 592; OLG Nürnberg MDR 1984, 762). Für Zinsen und Kosten gilt § 4 (OLG Frankfurt a. M. JurBüro 1994, 117; OLG Karlsruhe MDR 1991, 353; OLG München BB 1988, 1843; aA OLG Köln DGVZ 1986, 151). Geht es um die Einstellung der Zwangsvollstreckung, kann der Wert idR auf ⅕ des Wertes der Hauptsache geschätzt werden (BGH NJW 1991, 2280 unter II 1c). Bei **Zwangsgeld** geht es nicht um seine Höhe, sondern um den Wert, den die zu erwirkende Handlung für den Gläubiger hat. Das Interesse des Gläubigers entspricht idR dem der Hauptsache (OLG Hamm GRUR-RR 2017, 359 Rn. 21; OLG München NJOZ 2016, 111 Rn. 7; OLG Köln NJOZ 2005, 2277; LG Flensburg BeckRS 2020, 3451 Rn. 2; Schneider NJW-Spezial 2020, 477; NJW-Spezial 2019, 604; aA OLG Frankfurt aM AGS 2019, 411 = BeckRS 2019, 16086).

Zwischenfeststellungsklage
- **Gebührenstreitwert:** Der Wert ist grds. nach § 48 I 1 GKG iVm §§ 3, 6–9 zu ermitteln.
- **Rechtsmittelstreitwert:** Sogleich → „Zuständigkeitsstreitwert", → „Rechtsmittel"

Zuständigkeitsstreitwert: → Rn. 19 „Feststellungsklagen". Der Wert ist nach → Rn. 11 zu ermitteln. Wegen wirtschaftlicher Identität (→ § 5 Rn. 3) kommt es idR nur zu einer Addition mit dem überschießenden Teil (→ § 5 Rn. 3 „Feststellungs- und Leistungsklage").
Zwischenstreit: → „Sachurteilsvoraussetzungen".
Zwischenzeugnis: → „Zeugnis".

Wertberechnung; Nebenforderungen

4 **I Für die Wertberechnung ist der Zeitpunkt der Einreichung der Klage, in der Rechtsmittelinstanz der Zeitpunkt der Einlegung des Rechtsmittels, bei der Verurteilung der Zeitpunkt des Schlusses der mündlichen Verhandlung, auf die das Urteil ergeht, entscheidend; Früchte, Nutzungen, Zinsen und Kosten bleiben unberücksichtigt, wenn sie als Nebenforderungen geltend gemacht werden.**

II Bei Ansprüchen aus Wechseln im Sinne des Wechselgesetzes sind Zinsen, Kosten und Provision, die außer der Wechselsumme gefordert werden, als Nebenforderungen anzusehen.

Übersicht

1 **I. Normzweck.** § 4 ergänzt die Bestimmungen der §§ 3, 6–9. Er bezweckt mit seinen Festlegungen, welche **Zeitpunkte** und welche **Forderungen** bei der Bewertung maßgeblich sind, eine praktische, einfache und klare Wertermittlung (BGH NJW-RR 2019, 545 Rn. 9). § 4 I Hs. 1 bestimmt, welcher Zeitpunkt für die Wertberechnung maßgeblich ist (→ Rn. 6 ff.). Er will die Bedeutung von Wertschwankungen bei gleichbleibendem Streitgegenstand für die Dauer einer Instanz ausschließen (BGH NJW-RR 2016, 433 Rn. 11). § 4 I Hs. 2 ordnet hingegen an, was für Früchte, Nutzungen, Zinsen und Kosten gilt, wenn sie als Nebenforderungen geltend gemacht werden (→ Rn. 14 ff.). § 4 II bestimmt, welche Forderungen bei Wechseln als eine „Nebenforderung" anzusehen sind (→ Rn. 24).

2 **II. Anwendungsbereich. 1. Überblick.** § 4 ist **allein** bei der Bestimmung des Zuständigkeits- und Rechtsmittelstreitwertes sowie den weiteren Fällen des § 2 (auch → § 3 Rn. 2) bei allen Klagearten anwendbar.

3 **2. Gebührenstreitwert/Gegenstandswert. a) Überblick.** Was für den Gebührenstreitwert gilt, bestimmen §§ 48 ff. GKG iVm §§ 40, 43 GKG iVm §§ 3 ff. Diese Festsetzungen sind nach § 23 I 1 RVG grds. auch für den Gegenstandswert maßgeblich.

4 **b) Wertberechnung.** Für die Wertberechnung ist danach – wie nach § 4 I Hs. 1 – grds. der Zeitpunkt der den jeweiligen Streitgegenstand betreffenden Antragstellung maßgebend, die den Rechtszug einleitet (§§ 40, 42 III 2 GKG). Für die Einzelheiten s. § 40 GKG.

5 **c) Nebenforderungen.** Was für den Gebühren- und Gegenstandsstreitwert gilt, bestimmt § 43 GKG (→ GKG § 43 Rn. 5 ff.).

6 **III. Zeitpunkt für die Wertberechnung (I Hs. 1). 1. Überblick.** I Hs. 1 unterscheidet für die Wertberechnung zwischen verschiedenen Situationen. Dies geschah als Reaktion auf die 1922 herrschende Inflationszeit und die damit einher-

gehenden Veränderungen des Wertmaßstabs (RGBl. 1922 I 569). Ursprünglich wurde für die Wertberechnung ausschließlich auf den Zeitpunkt der Erhebung der Klage abgestellt. Dieser Zeitpunkt sollte für die Dauer des Rechtsstreits maßgebend bleiben (Hahn Bd 2, ZPO, 147).

2. Erste Instanz. a) Überblick. Für die Wertberechnung in der ersten Instanz ist der Tag der „Einreichung der Klage" (= Anhängigkeit) maßgeblich, nicht der Zeitpunkt der Zustellung (= Rechtshängigkeit; § 253 I). „Klage" iSd § 4 kann auch ein Antrag sein. Unerheblich ist, ob das Gericht zuständig und ob die Klage bei ihrer Einreichung mangelhaft ist. Eine spätere Veränderung des Wertes (s. auch § 261 III Nr. 2) ist ebenso wie eine Prozesstrennung (§ 145 I 1) oder ein Teilurteil belanglos. Etwas anderes gilt hingegen, wenn der **Streitgegenstand** iSv §§ 263, 264 geändert wird oder durch eine Erweiterung des Rechtsmittels. Im Fall des § 506 I ist entsprechend § 696 I 4 der Tag maßgeblich, an dem die Akte beim LG eingeht. 7

b) Vorhergehendes Mahnverfahren. Nach einem Mahnverfahren ist nach § 696 I 4 der Zeitpunkt des Akteneinganges beim Gericht des streitigen Verfahrens maßgeblich (OLG Frankfurt a. M. NJW-RR 1995, 831). Das gilt auch bei einer Erledigung oder Teilerledigung nach § 91a (LG Bayreuth JurBüro 1987, 1692; aA OLG Bamberg JurBüro 1992, 762). 8

c) PKH-Antrag. Ein isolierter PKH-Antrag leitet, wie mittelbar auch die Sondervorschrift des § 42 III 2 für den Gebührenstreitwert zeigt, das PKH-Verfahren ein, nicht aber den Rechtszug in Bezug auf den Anspruch, für den PKH begehrt wird. Wird die Klage hingegen zusammen mit dem PKH-Antrag **sofort** anhängig gemacht, ist der Rechtszug eingeleitet. 9

3. Rechtsmittelinstanz. a) Überblick. In der Rechtsmittelinstanz ist der Zeitpunkt der Einlegung des Rechtsmittels maßgeblich (BGH NJW-RR 2016, 433 Rn. 8; NZI 2016, 167 Rn. 8; NJW-RR 2009, 793 Rn. 5). Fehlt es noch an einem Antrag, ist der Wert entsprechend § 47 I 2 GKG nach dem vollen Umfang der Verurteilung zu bemessen (BGH NJW 1983, 1063 unter II 2) und ist **nicht** auf eine Begründung oder Ausformulierung der Anträge abzustellen (BGH NJW-RR 2009, 793 Rn. 7). Sinkt der Wert später, ist das grds. unerheblich (BGH NJW-RR 2016, 433 Rn. 8; NJW-RR 2009, 126 Rn. 5). Nach Ansicht des BGH soll eine zunächst zulässige Berufung allerdings **unzulässig** werden, falls sie später **willkürlich** auf einen unterhalb der Berufungssumme liegenden Wert beschränkt wird (stRspr, BGH NZM 2017, 358 Rn. 8; NJW-RR 2009, 126 Rn. 5; NJW 1983, 1063 unter II 2). Mit „willkürlich" sind diejenigen Fälle gemeint, in denen der Berufungsführer aus **eigener Entschließung,** also nicht als Reaktion auf ein Verhalten seines Gegners, seinen Berufungsantrag auf einen die Berufungssumme unterschreitenden Wert beschränkt (BGH NZM 2017, 358 Rn. 8; BAG BeckRS 2016, 67745 Rn. 14). Das ist **nicht** der Fall, wenn der Berufungskläger Konsequenzen aus einem veränderten Antrag der Gegenseite zieht (BGH NJW-RR 2009, 126 Rn. 6). Und so liegt es auch nicht, wenn die Beschwer durch einen Verzicht oder ein Anerkenntnis des Rechtsmittelbeklagten herabsinkt (s. auch BGH NJW 1951, 159; Toussaint FD-ZVR 2017, 387739). Hingegen soll es so liegen, wenn der Kläger einen Hinweis des Gerichts befolgt (OLG Köln MDR 2021, 1351 (1352)). Klarer wäre es, stets die Berufungsanträge im Zeitpunkt der Berufungsentscheidung als maßgeblich anzusehen (BGH NJW 1983, 1063 unter II 2; Elzer MDR 2022, 17). 10

b) Nichtzulassungsbeschwerde. Bei der Nichtzulassungsbeschwerde soll § 4 nicht anwendbar sei. Nach stRspr soll es für diese auf den Zeitpunkt der letzten mündlichen Verhandlung vor dem Berufungsgericht ankommen (→ § 3 Rn. 23 „Rechtsmittel"). Dem ist zuzustimmen, da erst die positive Entscheidung über die Nichtzulassungsbeschwerde die Rechtsmittelinstanz eröffnet (aA Kaubisch EWIR 2023, 52 (53): „bedingte Revisionseinlegung"). 11

c) PKH-Antrag. → Rn. 9. 12

4. Verurteilung. Bei der Verurteilung ist der Zeitpunkt des Schlusses der mündlichen Verhandlung, auf die das Urteil ergeht, entscheidend (§§ 136 IV, 296a). Wenn keine mündliche Verhandlung stattgefunden hat, ist derjenige Zeitpunkt maßgeblich, der dem Schluss einer mündlichen Verhandlung nach § 128 II 2 gleichsteht. Bei 13

§ 495a kommt es auf den vom Gericht gesetzten Schlusszeitpunkt der Änderungsmöglichkeit an, soweit keine Verhandlung stattfand.

14 **IV. Nebenforderungen (§ 4 I Hs. 2, II). 1. Überblick.** Nebenforderungen sind für die Wertermittlung unerheblich. Die Höhe der Nebenforderung ist für ihre Einordnung unerheblich.

15 **2. Begriff. a) Abhängigkeitsverhältnis.** Ob ein miteingeklagter Anspruch eine „Nebenforderung" ist, ist **allein** aus seinem Verhältnis zu dem als Hauptforderung in Betracht kommenden Anspruch heraus zu beurteilen (BGH NJW 2007, 1752 Rn. 9). Zur Hauptforderung muss die Nebenforderung in einem **Abhängigkeitsverhältnis** stehen, sie muss von ihr sachlich-rechtlich abhängen (stRspr, BGH BeckRS 2016, 110511 Rn. 2; NJW 2008, 999 Rn. 5; NJW 2007, 3289 Rn. 5; NJW 2007, 1752 Rn. 9; BAG NJW 2019, 2420 Rn. 14). Es kommt auf dasjenige **materielle** Recht an, das für den jeweiligen Streitgegenstand maßgeblich ist (BGH NJW 2007, 1752 Rn. 9). Sind die Forderungen nach materiellem Recht – auch im Hinblick auf ihre Entstehung – gleichrangig, so ist keine von ihnen Nebenforderung (BGH BeckRS 2016, 110511 Rn. 2; NJW 1998, 2060; LG Frankfurt a. M. NJW-RR 2014, 219).

16 **b) Beispiele.** Nebenforderung sind vorprozessual aufgewendete Kosten zur Durchsetzung des im laufenden Verfahren geltend gemachten (restlichen) Hauptanspruchs (BGH BeckRS 2020, 18313 Rn. 6; NJW-RR 2008, 374 Rn. 4; NJW 2007, 3289). Der Anspruch des Versicherungsnehmers gegen seinen Haftpflichtversicherer, ihn von seiner Verpflichtung zur Zahlung der nach verlorenem Haftpflichtprozess festgesetzten Kosten zu befreien oder ihm diese zu ersetzen, sofern er sie selbst schon entrichtet hat, ist hingegen keine Nebenforderung (BGH BeckRS 1976, 30382982= MDR 1976, 649). Die im Verkehrsunfallhaftpflichtprozess neben anderen Schadenspositionen eingeklagte Unkostenpauschale ist idR keine Nebenforderung (BGH NJW-RR 2008, 898 Rn. 4; NJW 2007, 1752 Rn. 10).

17 **3. Früchte und Nutzungen.** Was „Früchte" und was „Nutzungen" sind, bestimmen §§ 99, 100 BGB (Prütting/Gehrlein/Gehle/Beumers Rn. 17). Bei **Bereicherungsansprüchen** sind Nutzungen nur dann Teil der Hauptforderung, wenn sie Gegenstand eines einheitlichen Gesamtanspruchs sind, wie etwa im Fall des Anspruchs auf Herausgabe des zur Bezahlung einer Nichtschuld nebst Zinsen aufgewandten Betrags oder des Anspruchs auf Zustimmung zur Auszahlung einer aus hinterlegtem Betrag und aufgelaufenen Zinsen bestehenden Hinterlegungsmasse (BGH NJW-RR 2000, 1015 unter II). Geht es dagegen um Beträge, die als Vergütung für die Nutzung der dem Bereicherungsschuldner zugeflossenen Hauptsumme verlangt werden, so sind diese Beträge bzw. Nutzungen im Verhältnis zur Hauptsumme lediglich Nebenforderungen (BGH NJW-RR 2000, 1015 unter II). Verlangt ein Versicherungsnehmer gestützt auf einen Widerspruch die bereicherungsrechtliche Rückabwicklung eines Lebensversicherungsvertrages, ist ein in diesem Rahmen geltend gemachter Anspruch auf Herausgabe von Nutzungen bei der Streitwertberechnung allerdings zu berücksichtigen (BGH NJW-RR 2019, 545 Rn. 8; zw., auch → GKG § 43 Rn. 8).

18 **4. Zinsen. a) Begriff.** Zinsen sind das Entgelt, das der Kläger für vorübergehend überlassenes Kapital zahlt (BGH NJW 1998, 2060 (2061); OLG Celle JurBüro 2010, 88) oder als Rendite erzielt. Sie sind Nebenforderung, wenn sie zur Hauptforderung in einem **Abhängigkeitsverhältnis** stehen (→ Rn. 15). Hauptfall sind Verzugszinsen nach § 288 BGB (OLG Celle JurBüro 2010, 88). Bei einer Klage auf Freigabe eines hinterlegten Geldbetrags (BGH NJW 1967, 930) oder auf Rückzahlung einer Mietsicherheit (LG Köln WuM 1995, 719) sind die aufgelaufenen Zinsen Hauptforderung.

b) Ausgesuchte Einzelfälle im „ABC"

19 **Abstraktes Schuldanerkenntnis:** Keine Zinsen iSd Gesetzes sind solche eines abstrakten Schuldanerkenntnisses nach § 781 BGB (OLG Koblenz JurBüro 1999, 197).

Anfechtungsgesetz: → § 6 Rn. 21.

Anlagezinsen (entgangener Gewinn): Ob als Schadenersatz geltend gemachte anderweitig entgangene Anlagezinsen „Zinsen" iSd § 4 sind, ist streitig (**verneinend** BGH BeckRS 2017, 113352 Rn. 2; BeckRS 2016, 110511 Rn. 3; BeckRS 2013, 2800 Rn. 1; BeckRS 2009, 9189 Rn. 2; **bejahend** BGH NJW 2013, 3100

Rn. 6; NJW 2012, 2446 Rn. 14). **Stellungnahme:** Da ein anderweitiger Gewinn nicht zur Hauptforderung in einem wirklichen Abhängigkeitsverhältnis steht, ist er keine Nebenforderung.

Bereicherungsansprüche: → Rn. 9 entsprechend.

Kapitalisierung/Bezifferung: Werden Zinsen kapitalisiert/ausgerechnet, ändert sich nichts (BGH BeckRS 2014, 9823 Rn. 7; BeckRS 2009, 10672 Rn. 2; NJW 1998, 2060 (2061)).

Kaution: Werden auf eine Kaution Zinsen erzielt, sollen dies keine Zinsen iSd § 4 sein (OLG Frankfurt a. M. BeckRS 2014, 10091). **Stellungnahme:** Das überzeugt nicht, da sie zur Hauptforderung in einem Abhängigkeitsverhältnis → Rn. 9 stehen.

Hinterlegung: Werden bei einer Hinterlegung Zinsen erzielt, sind dies nach hM keine Zinsen iSd § 4 (BGH NJW-RR 1995, 362; NJW 1967, 930; OLG Frankfurt a. M. BeckRS 2014, 10091; OLG Köln JurBüro 1980, 281; KG JurBüro 1980, 281; OLG Schleswig JurBüro 1976, 239; FG Düsseldorf EFG 1977, 513). **Stellungnahme:** Das überzeugt nicht, da die Zinsen zur Hauptforderung in einem Abhängigkeitsverhältnis → Rn. 15 stehen.

Nutzungsersatz: → „Wertersatz".

Umsatzsteuer: Die auf Zinsen etwa entfallende Umsatzsteuer ist wie die Zinsen selbst Nebenforderung (BGH NJW 1977, 583).

Vergleich: Vergleichsweise übernommene Zinsen sind keine iSd Gesetzes (OLG Düsseldorf JurBüro 1984, 1865).

Verpfändetes Sparguthaben: Bei einem verpfändeten Sparguthaben sollen die darauf erzielten Zinsen keine Zinsen iSd § 4 sein (BGH NJW-RR 1995, 362 unter II: „dafür wäre Voraussetzung, dass das Pfandrecht aufgespalten werden könnte"). **Stellungnahme:** Das überzeugt nicht, da die Zinsen zur Hauptforderung in einem Abhängigkeitsverhältnis → Rn. 9 stehen.

Vollstreckungsabwehrklage: → Rn. 21 „Vollstreckungsabwehrklage".

Wertersatz: Verlangt die klagende Partei im Rahmen der Rückabwicklung eines Vertrags Wertersatz, ist streitig, ob es eine Nebenforderung ist (**bejahend:** BGH BeckRS 2018, 36241 Rn. 1; BeckRS 2018, 1198 Rn. 3; BeckRS 2016, 20319 Rn. 3; BKR 2016, 200 Rn. 12; OLG Frankfurt a. M. BeckRS 2019, 15433 Rn. 26; **verneinend:** BGH NJW-RR 2019, 545 Rn. 10). **Stellungnahme:** Der Wertersatz steht zur Hauptforderung nicht in einem Abhängigkeitsverhältnis → Rn. 9.

5. Kosten. a) Begriff. Kosten sind die auf die Durchsetzung des (Haupt-)Anspruchs verwendeten Vermögensopfer, zu denen sowohl Prozesskosten (sofern sie nicht dem Kostenfestsetzungsverfahren nach § 103 vorbehalten sind: BGH BeckRS 2021, 7447 Rn. 2; NJW 2007, 3289 Rn. 6; → Rn. 21 „Vorbereitungskosten") als auch die außergerichtlichen Kosten jeder Art gehören (BAG NJW 2019, 2420 Rn. 16; BGH NJW 2007, 3289 Rn. 6; NJW-RR 2006, 501 Rn. 11). Gemeint sind alle vor- und außergerichtlichen Ausgaben, idR aufgrund eines Vertrags. Möglich sind aber auch Steuern oder Kosten aufgrund eines Gesetzes. 20

b) Einzelfälle im „ABC"

Abmahnkosten: Abmahnkosten sind grds. „Kosten" iSd Gesetzes (BGH BeckRS 2016, 109936 Rn. 20; BeckRS 2015, 6520 Rn. 1; BeckRS 2013, 19772 Rn. 1; NJW 2008, 999 Rn. 5). Etwas anderes gilt, wenn die Hauptforderung ganz oder teilweise **nicht eingeklagt** ist (→ „Rechtsanwaltskosten"). 21

Detektivermittlungen: Kosten für Detektivermittlungen sind „Kosten" iSd Gesetzes (BGH NJW-RR 2006, 501 Rn. 11).

Durchsetzungskosten: Kosten zur Durchsetzung der eingeklagten Forderung sind eine Nebenforderung, wenn sie vorprozessual aufgewendet worden sind (BGH NJW-RR 2019, 1511 Rn. 19; NJW 2007, 3289 Rn. 7). Werden sie im laufenden Verfahren aufgebracht, gilt nichts anderes (BGH NJW-RR 1995, 706).

Feststellungskosten: → „Durchsetzungskosten".

Gebühren: → „Durchsetzungskosten".

Gesamtgläubiger: → Rn. 26.

Gesamtschuldner: → Rn. 28.

Haftpflichtprozess: Die Kosten des Haftpflichtprozesses sind im Deckungsprozess gegen den Haftpflichtversicherer keine Nebenkosten (BGH NJW-RR 2015, 1340 Rn. 5). Für die Kosten des Pfändungsantrags soll das aber nicht zutreffen (BGH NJW-RR 2015, 1340 Rn. 5).

Inkassokosten: → „Durchsetzungskosten" (OLG Saarbrücken JurBüro 1977, 1277).

Lagerkosten: Lagerkosten sind keine „Kosten" iSd Gesetzes (→ § 3 Rn. 23 „Lagerkosten").

Mahnkosten: → „Durchsetzungskosten".

Nachforschungen: Kosten für Nachforschungen im Zusammenhang mit Patentstreitigkeiten (BGH NJW-RR 2006, 501 Rn. 11),

Rechtsanwaltskosten: Kosten für einen Rechtsanwalt, die nicht auf die Verfahrensgebühr angerechnet werden, sind eine Nebenforderung (BGH BeckRS 2020, 18313 Rn. 6; BeckRS 2016, 109936 Rn. 20; BeckRS 2013, 2356 Rn. 4; NJW 2014, 3100 Rn. 6; Toussaint FD-ZVR 2012, 332070). Vorprozessuale Anwaltskosten sind hingegen zu berücksichtigen, wenn sie sich auf einen Anspruch beziehen, der ganz oder teilweise nicht Gegenstand des Rechtsstreits geworden ist (BGH GRUR 2018, 400 Rn. 9; BeckRS 2016, 109936 Rn. 20; BeckRS 2013, 2356 Rn. 4). So liegt es auch, wenn und soweit der geltend gemachte Hauptanspruch übereinstimmend für erledigt erklärt worden ist (→ Rn. 23).

Sachverständigenkosten: Im Verkehrsunfallschadensprozess sollen die Kosten für ein vorprozessual eingeholtes Sachverständigengutachten **keine** Kosten iSd § 4 sein (BGH NJW 2007, 1752 Rn. 10; OLG Karlsruhe VersR 2013, 1151). Dies muss auch für Kosten für Privatgutachten gelten (s. auch OLG Koblenz NJOZ 2015, 1381 Rn 5 und Rn. 6). Auch sie stehen idR nicht in einem Abhängigkeitsverhältnis (→ Rn. 9) zur Hauptforderung.

Selbständiges Beweisverfahren: Die Kosten eines mit denselben Parteien vorangegangenen selbständigen Beweisverfahrens (OLG Frankfurt a. M. NJOZ 2009, 3002).

Sicherungskosten: → „Durchsetzungskosten".

Testkäufe: Kosten für Testkäufe (BGH NJW-RR 2006, 501 Rn. 11).

Verzugspauschale nach § 288 V 1 BGB: Die Pauschale nach § 288 V 1 BGB ist als „Kosten" iSd Gesetzes anzusehen (BAG NJW 2019, 2420 Rn. 15 ff.; LAG Bremen AGS 2018, 22; LAG Hamm DStR 2018, 3).

Vorbereitungskosten: Zu den Prozesskosten rechnen grds. die Kosten eines Vorverfahrens als **Vorbereitungskosten,** über die nach §§ 91 ff. zu entscheiden ist und die alsdann im Kostenfestsetzungsverfahren nach den §§ 103 ff. geltend gemacht werden können (BGH BeckRS 2021, 7447 Rn. 2).

Vollstreckungsabwehrklage: Der Wert einer Vollstreckungsgegenklage bemisst sich nach dem Umfang der erstrebten Ausschließung der Zwangsvollstreckung (→ § 3 Rn. 23 „Vollstreckungsabwehrklage"). In diesem Umfang entscheidet der Wert des zu vollstreckenden Anspruchs einschließlich etwaiger Rückstände, aber nach § 4 I Hs. 2 ohne Zinsen und ohne Kosten des Vorprozesses (BGH NJW-RR 2015, 1471 Rn. 2).

22 **6. Neben- wird zur Hauptforderung.** Eine Forderung ist keine „Nebenforderung" mehr, wenn sie zur **Hauptforderung** geworden ist (BGH BeckRS 2011, 2156 Rn. 5). Das ist der Fall, wenn und soweit der Hauptanspruch, auf den sich die Nebenforderungen beziehen, ganz oder teilweise **nicht mehr** Gegenstand des Rechtsstreits ist (BGH BeckRS 2020, 18313 Rn. 6; BeckRS 2012, 9458 Rn. 5; BeckRS 2011, 2156 Rn. 5; BeckRS 2009, 8368 Rn. 6). Ohne Haupt- gibt es keine Nebenforderung (BGH BeckRS 2020, 18313 Rn. 6; NJW 2014, 3100 Rn. 5). So kann es etwa liegen für:

23 **Erledigung des bisherigen Hauptanspruchs.** Erledigt sich nur ein Teilbetrag des Hauptanspruchs, werden die zu diesem Teilbetrag gehörenden Zinsen neben dem in derselben Instanz weiterhin geltend gemachten Rest des Hauptanspruchs zu einem weiteren Hauptanspruch (BGH NJW 2008, 999 Rn. 6).

Rechtsanwaltskosten. → Rn. 18. Der Wert dieses Anteils ist durch eine Differenzrechnung zu ermitteln ist, bei der von den gesamten nach der Klagedarstellung vorprozessual angefallenen Rechtsanwaltskosten diejenigen (fiktiven) Kosten abzuziehen sind, die entstanden wären, wenn der Rechtsanwalt auch vorprozessual den Anspruch nur in der Höhe geltend gemacht hätte, wie er Gegenstand der Klage geworden ist (BGH BeckRS 2020, 18313 Rn. 7).

Zinsen (BGH BeckRS 2013, 16719 Rn. 2; NJW 2008, 999 Rn. 7). Haben beide Parteien Rechtsmittel eingelegt, richtet sich das Rechtsmittel des Beklagten gegen die Hauptforderung, das Rechtmittel des Klägers hingegen auf aberkannte Zinsen, kommt es zu keiner Werterhöhung (BGH BeckRS 2013, 16719 Rn. 2; Elzer FD-ZVR 2013, 351060). So liegt es in der Rechtsmittelinstanz allerdings nicht, wenn sich die beklagte Partei ganz oder teilweise gegen die Hauptforderung wendet (BGH BeckRS 2013, 16719 Rn. 2).

7. Wechselanspruch (II). Beim Wechselanspruch (§ 48 I WG) sind die Zinsen, die Kosten und die Provisionen Nebenforderungen. Das gilt sowohl im Wechselprozess nach § 602 als auch im ordentlichen Verfahren. Etwas anderes gilt bei einer Klage aus dem Grundgeschäft. § 4 II gilt im Scheckprozess (§ 605a) entsprechend. Für Ansprüche gegen den Wechsel- oder Scheckbürgen gilt § 4 II nicht (KG OLGE 21, 63). Andere Ansprüche als Zinsen, Kosten und Provisionen werden von § 4 II nicht erfasst. 24

Mehrere Ansprüche

5 Mehrere in einer Klage geltend gemachte Ansprüche werden zusammengerechnet; dies gilt nicht für den Gegenstand der Klage und der Widerklage.

Schrifttum: Frank, Anspruchsmehrheiten im Streitwertrecht, 1986; Kion, Eventualverhältnisse im Zivilprozeß, 1970; Schumann, Anspruchsmehrheiten im Streitwertrecht, NJW 1982, 2800; Wendtland, Die Verbindung von Haupt- und Hilfsantrag im Zivilprozeß, 2001.

Übersicht

I. Normzweck. § 5 ergänzt die Bestimmungen der §§ 3, 6–9. § 5 Hs. 1 und stellt klar, dass der Wert für **jeden** Anspruch (= Streitgegenstand) ermittelt werden muss. Er trägt der sich aus einer Anspruchshäufung typischerweise ergebenden Steigerung des wirtschaftlichen Interesses Rechnung (Stein/Jonas/Roth Rn. 1; Wieczorek/Schütze/Gamp Rn. 3). § 5 Hs. 2 will verhindern, dass die beklagte Partei durch Erhebung einer Widerklage die Zuständigkeit eines anderen (höheren) Gerichtes erzwingt (→ Rn. 30; BGH NJW 1994, 3292 unter 3a). 1

II. Anwendungsbereich. 1. Überblick. a) Grundsatz. § 5 ist bei der Bestimmung des **Zuständigkeits-, Rechtsmittel-** (BGH NJW 2015, 2816 Rn. 4; NJW- 2

RR 2006, 717 Rn. 4; NJW 1981, 578 unter I 1), Bagatell- und Verurteilungsstreitwertes sowie den weiteren Fällen des § 2 (auch → § 3 Rn. 2) in sämtlichen Verfahrensarten der ZPO anwendbar. Für § 5 Hs. 1 spielt es keine Rolle, **wann** ein Streitgegenstand in das Verfahren eingeführt wird. Er ist daher anwendbar, wenn mehrere Ansprüche des Klägers gegen denselben Beklagten **von Anfang an** in einer Klage verbunden werden (§ 260), aber auch nach einer **Klageerweiterung** (→ Rn. 9 „Klageerweiterung") oder einer **Verfahrensverbindung** (→ Rn. 19 ff. „Verfahrensverbindung") anwendbar.

3 **b) Additionsverbot wegen wirtschaftlicher Identität. aa) Überblick.** § 5 Hs. 1 ist nach einer **teleologischen** Auslegung (Prütting/Gehrlein/Gehle/Beumers Rn. 4) nicht anwendbar, wenn die **mehreren** Streitgegenstände (→ Rn. 1) wirtschaftlich **ganz oder teilweise** identisch sind (stRspr, exemplarisch BGH BeckRS 2018, 7039 Rn. 3; NJOZ 2018, 1272 Rn. 3; NJW 2015, 2816 Rn. 7; → GKG § 39 Rn. 17). Eine wirtschaftliche Identität liegt vor, wenn ein Anspruch aus dem anderen **folgt** und/oder auf **dasselbe** Interesse ausgerichtet ist, so dass der Kläger mit beiden Ansprüchen letztlich dasselbe Ziel verfolgt (OLG Dresden BeckRS 2017, 103127 Rn. 7; → GKG § 39 Rn. 17).

4 **bb) Rechtsfolge.** Liegt wirtschaftliche Identität vor, ist auf den **höchsten** Wert abzustellen (BGH NJW-RR 2011, 933 Rn. 14; Schumann NJW 1982, 2800 (2801); Frank NJW 1982, 206). Bei Teilidentität ist der „überlappende" Anteil zum höchsten Wert zu addieren (s. auch BGH NJW-RR 2006, 1004 Rn. 4).

cc) Ausgesuchte Einzelfälle für eine wirtschaftliche Identität im „ABC"

5 Auch → GKG § 39 Rn. 17.

Abänderung des Unterhalts: → „Rückforderung".

Abnahme: → „Kaufpreis".

Anfechtungsgesetz: Der Anspruch des Anfechtungsgläubigers auf die Zahlung eines Wertersatzes und auf die Duldung der Zwangsvollstreckung über den Rechtsnachfolger.

Annahmeverzug: Der Leistungsantrag und der Antrag auf die Feststellung des Annahmeverzugs des Beklagten (→ § 3 Rn. 23 „Annahmeverzug").

Auskunftsklage: → „Stufenklage".

Auswechslung: → „Gesamtforderung".

Bauhandwerkersicherungshypothek: Der Werklohnanspruch und der Anspruch auf eine Bauhandwerkersicherungshypothek (OLG Karlsruhe BeckRS 2021, 50348 Rn. 23; OLG Dresden BeckRS 2014, 15361 Rn. 1 = BauR 2014, 1352; OLG Stuttgart MDR 2013, 741; OLG Nürnberg MDR 2003, 1382, aA – 1/3 der Werklohnforderung – OLG Hamburg MDR 2021, 610 = BeckRS 2021, 3990 Rn. 4 ff.; OLG Hamm BauR 2011, 1546; OLG Düsseldorf MDR 2009, 322; s. auch Mayer FD-RVG 2022, 448419). Das wirtschaftliche Interesse besteht in der Erlangung des Werklohns. Der Anspruch auf Eintragung einer Sicherungshypothek dient dem Ausgleich des Vorleistungsrisikos des Unternehmers und ist akzessorisch zu dem Anspruch auf Werklohnzahlung. Er reicht nie weiter als der Werklohnanspruch. Es handelt sich bei dem Anspruch auf Einräumung der Sicherungshypothek einerseits und dem Anspruch auf Werklohnklage andererseits daher nicht um unterschiedliche Vermögenspositionen (OLG Karlsruhe BeckRS 2021, 50348 Rn. 26).

Bürge: Die Ansprüche gegenüber dem Hauptschuldner und dem Bürgen. Dasselbe gilt bei Herausgabe der Urkunde und Widerklage auf Erteilung (OLG Stuttgart OLGR 1998, 427). Maßgeblich ist dann der höhere Wert.

Darlehen: Der Feststellungsantrag, der beklagten Partei stehe aus dem Darlehensvertrag kein Anspruch auf Zahlung und Tilgung zu, und der Antrag auf **Rückzahlung** von Valuta und Zins sind wirtschaftlich identisch (BGH BeckRS 2019, 16462 Rn. 5; BeckRS 2016, 20319 Rn. 3). Zwischen dem Nettodarlehensbetrag und der geleisteten Anzahlung einerseits und der dem Darlehensgeber eingeräumten **Sicherheit** andererseits besteht hingegen keine wirtschaftliche Identität (BGH BeckRS 2020, 27093 Rn. 4). Maßgebend für die Bestimmung des Wertes der zur Sicherheit abgetretenen Ansprüche ist in Ermangelung eines Nennwertes dieser Ansprüche idR die offene Restvaluta des Darlehensvertrags zum Zeitpunkt des Widerrufs (BGH BeckRS 2020, 27093 Rn. 4).

Duldung: Der Anspruch auf die Leistung gegenüber dem einen Schuldner und der Anspruch auf die Duldung der Zwangsvollstreckung demselben gegenüber (OLG Celle OLGR 2002, 11; KG AnwBl 1979, 229), oder gegenüber dem anderen Schuldner.

Eigentumsvorbehalt: → „Kaufpreis".

Entschädigung: → „Vornahme einer Handlung".

Erbrecht: Der Anspruch auf die Herausgabe eines Erbteils und eine Erbunwürdigkeitsklage sind identisch.

Feststellungs- und Leistungsklage: Wird neben einer Feststellungs- eine Leistungsklage rechtshängig gemacht, kann eine wirtschaftliche Teil-Identität beider Klaganträge gegeben sein (BGH r+s 2017, 80 Rn. 13; BeckRS 2011, 25963 Rn. 2; Kurpat MDR 2019, 1300). So liegt es zB, wenn auf Leistung und daneben auf Feststellung geklagt wird, dass das zu Leistende auf einem Delikt beruht (BGH NJW-RR 2013, 1022 Rn. 2), oder beim Zusammentreffen eines Leistungsantrags wegen eines behaupteten Versicherungsfalles mit einem Feststellungsantrag auf Fortbestand des Vertrages (BGH r+s 2017, 80 Rn. 13; OLG Dresden BeckRS 2021, 27462 Rn. 9; OLG Köln VersR 2020, 1475 = BeckRS 2019, 18086 Rn. 7).

Gesamtschuld: Bei der Inanspruchnahme von Gesamtschuldnern findet keine Wertaddition der gegen die Gesamtschuldner gerichteten gleichen Ansprüche statt, weil die von den mehreren Beklagten geforderte Leistung aus materiellrechtlichen Gründen nur einmal verlangt werden kann und die Ansprüche daher wirtschaftlich identisch sind (BGH NJW-RR 2013, 1022 Rn. 2; NJW-RR 2004, 638).

Kaufpreis: Die Kaufpreisforderung und der Anspruch auf die Abnahme der Kaufsache. Eine wirtschaftliche Einheit bilden auch der Anspruch auf die Herausgabe einer Ware, die man unter einem Eigentumsvorbehalt geliefert hat, und der Anspruch auf die Zahlung des Restkaufpreises.

Leistungsklage: Identität ist anzunehmen, wenn in der Hauptsache eine Leistung und hilfsweise eine ermessensfehlerfreie Entscheidung über dieselbe Leistung beantragt wird (Bienert NZS 2017, 727 (731)).

Rückforderung von Unterhalt: Eine wirtschaftliche Einheit bilden eine Abänderungsforderung des Schuldners und die Rückforderung des schon Gezahlten (OLG Köln FamRZ 2010, 1933 OLG Hamburg FamRZ 1998, 311).

Sicherungsanspruch: Eine wirtschaftliche Einheit bilden der Sicherungsanspruch etwa aus einer Pfandklage und eine persönliche Forderung (OLG Frankfurt a. M. JurBüro 1977, 1136; OLG Schleswig SchlHA 1986, 184).

Stufenklage: Eine wirtschaftliche Einheit bilden bei § 254 der Anspruch der ersten beiden Stufen und die Leistungsforderung (KG BeckRS 2019, 7542 Rn. 9; Kurpat MDR 2019, 1300; aA OLG Hamm BeckRS 2016, 17600 Rn. 17; → § 3 Rn. 23 „Stufenklage").

Vollstreckungsabwehrklage: Eine wirtschaftliche Einheit bilden der Anspruch aus einer Vollstreckungsabwehrklage nach § 767 und der Anspruch auf die Rückgewähr der Leistung oder auf Titelherausgabe (BGH JurBüro 2004, 540; OLG Hamm JurBüro 1991, 1237).

Vornahme einer Handlung: Eine wirtschaftliche Einheit bilden der Vornahmeanspruch und der Anspruch auf eine Entschädigung nach § 510b.

Vorschuss: Eine wirtschaftliche Einheit bilden die Forderung auf Vorschuss und eine Ersatzvornahme nach § 887 I, II.

Wahlantrag: Eine wirtschaftliche Einheit bilden Wahlanträge.

Wertersatz: Eine wirtschaftliche Einheit bilden der Anspruch auf die Herausgabe einer Sache und der Anspruch auf die Zahlung einer Geldsumme als Wertersatz bei einer Unmöglichkeit der Herausgabe. Eine wirtschaftliche Einheit bilden auch der Anspruch des Anfechtungsgläubigers nach dem AnfG auf die Zahlung eines Wertersatzes und auf die Duldung der Zwangsvollstreckung über den Rechtsnachfolger.

Widerklage: Eine wirtschaftliche Einheit bilden die Klage und die zugehörige (Feststellungs-)Widerklage (OLG Brandenburg FamRZ 2004, 962; OLG Düsseldorf MDR 2003, 236; aA OLG Frankfurt a. M. JurBüro 1985, 1083).

Zwangsvollstreckung: Eine wirtschaftliche Einheit bilden der Anspruch auf die Feststellung der Unzulässigkeit der Zwangsvollstreckung nach §§ 256, 775 und der

Anspruch auf die Aushändigung einer löschungsfähigen Quittung oder einer Löschungsbewilligung (aA OLG Düsseldorf MDR 2000, 543).

6 **2. Gebührenstreitwert.** Was für den Gebührenstreitwert gilt, bestimmt § 39 GKG.

7 **III. Tatbestandsvoraussetzungen. 1. Mehrere Ansprüche/Streitgegenstände (§ 5 Hs. 1). a) Überblick.** Mehrere „Ansprüche“ liegen vor, wenn die klagende Partei im Wege der Anspruchshäufung (§ 260) **mehrere** Streitgegenstände einklagt (BGH NZM 2016, 196 Rn. 12; NJW-RR 2012, 1103 Rn. 11; s. auch den Wortlaut von § 39 GKG). Ob die Ansprüche vermögens- oder nichtvermögensrechtlicher Art sind, ist ebenso wie die Zulässigkeit oder Begründetheit unbeachtlich; allerdings ist die **Ausnahme** des § 48 III GKG zu beachten (→ GKG § 48 Rn. 25)

8 Ob ein oder mehrere Streitgegenstände vorliegen, ist unter Heranziehung des **zweigliedrigen Streitgegenstandsbegriffs** zu beantworten. Dieser wird bestimmt durch den (Wider-)Klageantrag, in dem sich die vom Kläger geltend gemachte Rechtsfolge konkretisiert, und durch den Lebenssachverhalt (Anspruchsgrund), aus dem der Kläger die begehrte Rechtsfolge herleitet (dazu ua BeckOK ZPO/Elzer § 300 Rn. 24 ff.). Danach liegt nur ein Streitgegenstand vor, wenn und soweit aus einem Sachverhalt dieselbe Rechtsfolge aus mehreren Anspruchsgrundlagen geltend gemacht werden kann (Anspruchsgrundlagenkonkurrenz).

9 **b) Besondere Prozesslagen. aa) Aufrechnung.** Durch eine Aufrechnung wird der **Zuständigkeitsstreitwert** nicht berührt (→ § 3 Rn. 23 „Aufrechnung“).

10 Für den **Rechtsmittelstreitwert** ist § 322 II zu beachten. Eine Aufrechnung wirkt danach streitwerterhöhend, sofern sich aus ihr eine selbständige Beschwer des Rechtsmittelführers ergibt. Das ist bei einer **Primäraufrechnung** nicht vorstellbar (BGH NJW-RR 1999, 1736; NJW-RR 1995, 508 unter 2a; OLG Hamburg JurBüro 2009, 645; OLG Köln FamRZ 1992, 1461; aA Pfennig NJW 1976, 1074). Im Fall der Primäraufrechnung ist der Wert des Beschwerdegegenstandes nicht höher als die Summe, zu deren Zahlung der Beklagte verurteilt worden ist (BGH NJW-RR 1999, 1736). Zwar wird in einem solchen Fall über zwei Forderungen entschieden. Wirtschaftlich geht der Streit der Parteien aber nur über einen Betrag, der die Höhe der Klageforderung nicht übersteigt. Auch wird der Beklagte lediglich dadurch belastet, dass er die unstreitige Klageforderung nicht mit Hilfe seiner angeblichen Gegenforderung tilgen kann, sondern erfüllen muß (BGH NJW-RR 1999, 1736; NJW-RR 1992, 314 unter II.2; NJW 1972, 257). Bei einer **Hilfsaufrechnung** wird die Beschwer erhöht, wenn und soweit der Klage unter Verneinung der Gegenforderung stattgegeben bzw. eine hilfsweise auch mit Aufrechnung begründete Vollstreckungsgegenklage unter Verneinung der hilfsweise aufgerechneten Forderung des Klägers abgewiesen wird (BGH NJW-RR 1995, 508 unter 2; 1968, 156 unter II).

11 Zum **Gebührenstreitwert** → GKG § 45 Rn. 33 ff.

12 **bb) Haupt- und Hilfsanträge.** Durch Haupt- und Hilfsantrag wird der **Zuständigkeitsstreitwert** nicht berührt (→ § 3 Rn. 23 „Hilfsantrag (Eventualantrag)“). Werden in einer Klage Haupt- und Hilfsantrag miteinander verbunden, sind deren Werte grds. nicht zusammenzurechnen, weil die Anträge nur nacheinander anfallen können (Wendtland 89; Kion 170). Bei einem Haupt- und einem Hilfsantrag wird für den Zuständigkeitsstreitwert daher nur der **höhere** Anspruch bewertet (Schumann NJW 1982, 2800 (2801); aA Fleischmann NJW 1993, 506). Zu schätzen ist nach Maßgabe von → § 3 Rn. 11 ff.

13 Der **Rechtsmittelstreitwert** richtet sich danach, ob dem Hilfs- oder dem Hauptantrag stattgegeben ist oder ob der Kläger beide Anträge weiterverfolgt (BGH NJW 1984, 371; Mattern NJW 1969, 1089; Merle ZZP 83 (1970), 468; → § 3 Rn. 23 „Hilfsantrag (Eventualantrag“).

14 Zum **Gebührenstreitwert** GKG § 45.

15 **cc) Klageerweiterung (§§ 263, 264).** Mehrere Streitgegenstände iSv **Zuständigkeits- und Rechtsmittelstreitwert** liegen vor, wenn der Kläger die Klage nach §§ 263, 264 nachträglich erweitert (OLG Koblenz AnwBl 1985, 203).

16 Zum Gebührenstreitwert § 39 GKG.

17 **dd) Stufenklage.** Die in einer Stufenklage zusammengefassten Ansprüche sind wirtschaftlich identisch (→ Rn. 5; → § 3 Rn. 23 „Stufenklage“). Dies verbietet bei

der Ermittlung des **Zuständigkeitsstreitwertes** und grds. (zur Ausnahme → § 3 Rn. 23 „Stufenklage") des **Rechtsmittelstreitwertes** eine Addition der Einzelwerte. Maßgeblich ist der jeweils **höchste** Einzelwert. Für den **Gebührenstreitwert** gilt § 44 GKG, wobei § 36 I GKG zu beachten ist, wonach die Gebühren sich nur nach dem Wert eines Teils des Streitgegenstandes berechnen, wenn nur dieser Teil des Streitgegenstandes betroffen ist.

ee) Teil- und Schlussurteil. Bei Aufteilung der Entscheidung in ein Teil- und Schlussurteil ist für die Anfechtbarkeit des Schlussurteils die mit diesem verbundene Beschwer maßgeblich (BGH NJW 1989, 2757). 18

ff) Verfahrensverbindung (§ 147). § 5 ist im Falle einer Verfahrensverbindung für die Ermittlung der Beschwer **(Rechtsmittelstreitwert)** anwendbar (BGH NJW 1957, 183; RGZ 6, 416 (417); Frank S. 122 f.). 19

Entsteht durch eine Verfahrensverbindung mehrerer amtsgerichtlicher Klagen durch die Zusammenrechnung ein „landgerichtlicher Streitwert" **(Zuständigkeitsstreitwert),** ist dies nach §§ 495, 261 III Nr. 2 für den Zuständigkeitsstreitwert nach hM unbeachtlich (→ § 3 Rn. 23 „Verfahrensverbindung"), obwohl § 5 grds. anwendbar ist (s. auch Wieczorek/Schütze/Gamp Rn. 12; Stein/Jonas/Roth Rn. 4). Liegt ein Fall des § 264 Nr. 2 oder Nr. 3 vor, hat sich das AG, sofern eine Partei vor weiterer Verhandlung zur Hauptsache darauf anträgt, indes nach § 506 für unzuständig zu erklären und den Rechtsstreit an das LG zu verweisen. 20

Zum **Gebührenstreitwert** → GKG § 39 Rn. 22. 21

Zum **Gegenstandswert** → GKG § 39 Rn. 23. 22

gg) Wahlschuld/Ersetzungsbefugnis. Bei der Wahlschuld ist bei Wahlrecht des Gläubigers auf den höheren, bei Wahlrecht des Schuldners auf den niedrigeren Wert abzustellen, weil idR davon auszugehen ist, dass die wahlberechtigte Partei sich für das ihr günstigere Ergebnis entscheidet (Stein/Jonas/Roth Rn. 41). Bei der Ersetzungsbefugnis kommt es auf den höheren der beiden Werte an. 23

2. Gleichzeitigkeit. § 5 Hs. 1 setzt nach hM voraus, dass die Ansprüche nebeneinander (gleichzeitig) verfolgt werden (Musielak/Voit/Heinrich Rn. 5). Wechselt der Kläger im Wege der Klageänderung den Klagegrund für einen Zahlungsanspruch im Laufe einer Instanz aus, sind die Werte des ursprünglichen und des neuen Streitgegenstandes also **nicht** zu addieren. Etwas anderes gilt nach hM für den **Gebührenstreitwert** (→ GKG § 39 Rn. 13). 24

3. Mehrere Kläger. § 5 Hs. 1 gilt entsprechend, wenn **mehrere Personen** klagen (BGH NJW 1981, 578 unter I für die Beschwer; Prütting/Gehrlein/Gehle/Beumers Rn. 20). Ihre Anträge sind grds. zusammenzurechnen, nicht aber dann, wenn sie **wirtschaftlich identisch** (→ Rn. 3 ff.) sind (BGH BeckRS 2021, 4275 Rn. 17; BeckRS 2018, 7039 Rn. 3; BeckRS 2015, 13345 Rn. 5; NJW-RR 2004, 638 unter II; NJW-RR 1989, 1206; NJW 1984, 927 (928); NJW 1981, 578 unter I 1; Frank 164 ff.). 25

Zum **Gebührenstreitwert** (→ GKG § 39 Rn. 18). 26

4. Mehrere Beklagte. § 5 Hs. 1 gilt entsprechend, wenn **mehrere Personen** beklagt sind. **Beispiel:** Die klagende Partei will von X 10.000 EUR und von Y 5.000 EUR. Der **Zuständigkeitsstreitwert** beträgt dann 15.000 EUR. Dies gilt auch für den **Rechtsmittelstreitwert,** wenn der Kläger unterliegt (Toussaint FD-ZVR 2015, 371632). Bei Rechtsmitteleinlegung durch mehrere (beklagte) Streitgenossen sind die auf die einzelnen Streitgenossen entfallenden Beschwerdewerte **zusammenzurechnen** (BGH NJW 2015, 2816 Rn. 7). Bei gegen **Gesamtschuldner** gerichteten gleichen Ansprüchen ist idR von **wirtschaftlicher Identität** (→ Rn. 3 ff.) auszugehen (BGH BeckRS 2021, 4275 Rn. 18; BeckRS 2015, 13345 Rn. 5; NJW-RR 2004, 638 unter II; NJW-RR 1991, 186; Frank S. 195 f.). Der Grund dafür liegt darin, dass die klagende Partei die von den mehreren Beklagten geforderte Leistung aus Gründen des materiellen Rechtes insgesamt nur einmal verlangen kann. Wenn der Kläger die Beklagten **nicht** als Gesamtschuldner in Anspruch nimmt, kann er zT auch aus Gründen des materiellen Rechtes die Leistung **nur einmal** verlangen. Auch hier kommt es dann nicht zu einer Addition (BGH BeckRS 2021, 4275 Rn. 18) 27

Zum **Gebührenstreitwert** (→ GKG § 39 Rn. 18). 28

29 **IV. Rechtsfolge.** Liegen nach → Rn. 7 ff. **mehrere** Ansprüche vor, ist deren Wert nach § 5 Hs. 1 zusammenzurechnen. Dies gilt auch für den Rechtsmittelstreitwert (→ Rn. 2). Daher kann zB **jeder** Streitgenosse auch ohne Zulassung des Rechtsmittels das Urteil anfechten, wenn nur die **Summe** der Einzelbelastungen aller Streitgenossen die notwendige Beschwer übersteigt (BGH NJW 2015, 2816 Rn. 4; BeckRS 2008, 26977 Rn. 11; NJW 1981, 578 unter I 1). Stellungnahme. Das überzeugt nur, wenn einer der Streitgenossen – isoliert betrachtet – das Rechtsmittel einlegen könnte. Für **wechselseitig** eingelegte Rechtsmittel gilt § 5 selbstverständlich nicht (Wieczorek/Schütze/Gamp Rn. 43). § 45 II GKG ist nicht entsprechend anwendbar.

30 **V. Klage und Widerklage (Hs. 2). 1. Überblick. a) Keine Wertaddition.** Liegen Klage und Widerklage vor, handelt es sich grds. **auch** um mehrere Streitgegenstände. § 5 Hs. 2 ordnet insoweit aber an, dass ihre Werte nicht zusammenzurechnen sind (Odemer JA 2020, 851 (852); Schumann NJW 1982, 2800 (2802)). Durch das Verbot der Wertaddition soll verhindert werden, dass die sachliche Zuständigkeit des LGs eintritt (→ Rn. 1). Der Wert für Klage und Widerklage ist aus diesem Grunde jeweils nach § 3 gesondert zu ermitteln (KG BeckRS 2020, 7669 Rn. 7).

31 **b) Besonderheiten. aa) Amtsgericht.** § 33 hat keine Auswirkungen auf die sachliche Zuständigkeit. Das angerufene Gericht muss also nach den allgemeinen Regeln für die Widerklage sachlich zuständig sein (Spohnheimer JA 2017, 658 (662)). Wird daher durch Widerklage ein Anspruch erhoben, der zur Zuständigkeit der LGe gehört, hat sich das AG, sofern eine Partei vor weiterer Verhandlung zur Hauptsache darauf anträgt, nach § 506 I durch Beschluss für unzuständig zu erklären und den Rechtsstreit **insgesamt** an das LG zu verweisen.

32 **bb) Landgericht.** Ist das LG für die Klage zuständig, kann die Widerklage, die an sich in die sachliche Zuständigkeit der AGe fällt, hingegen **dort** erhoben werden (Spohnheimer JA 2017, 658 (662)); Mayer JuS 1991, 678 (679); Frank S. 281). Die Prozesse sind also **nicht zu trennen.** Dies ist mit dem Zweck der Widerklage – der Verhinderung einer Zersplitterung zusammenhängender Rechtsstreitigkeiten – zu begründen (Wagner JA 2014, 655).

33 Die sachliche Unzuständigkeit des LGs wird für die bereits erhobene Klage unter 5.000,01 EUR allerdings nicht beseitigt, wenn **nur** die Widerklage über 5.000 EUR lautet (Musielak/Voit/Heinrich Rn. 14).

34 **2. Rechtsmittelstreitwert.** Nach seinem Zweck soll § 5 Hs. 2 **nicht** für die Ermittlung der Beschwer gelten (BGH NJW-RR 2017, 1407 Rn. 10; BeckRS 2013, 11096 Rn. 10; NJW 1994, 3292 unter 3a; Toussaint FD-ZVR 2017, 394592). Insoweit sind die Werte also doch zusammenzurechnen.

35 **3. Wider-Widerklage.** Wenn der Beklagte eine Widerklage erhebt, wird dieser seinerseits zum (Wider-)Beklagten, was ihm die Möglichkeit eröffnet, Wider-Widerklage gegen den Widerkläger zu erheben (Wagner JA 2014, 655 (656); dazu BGH NJW 2009, 148 Rn. 11; NJW-RR 1996, 65 unter II; NJW 1959, 1183 unter B.II).

36 Erhebt der Kläger eine solche Wider-Widerklage, entspricht dies der Sache nach einer Klageerweiterung (→ Rn. 15), so dass die Werte von Klage und Wider-Widerklage nach Maßgabe von Hs. 1 zusammenzurechnen sind (Prütting/Gehrlein/Gehle/Beumers Rn. 30), soweit sie nicht auf dasselbe wirtschaftliche Ziel (→ Rn. 3 ff.) gerichtet sind.

37 **4. Hilfs-Widerklage.** Eine Hilfswiderklage ist entsprechend § 45 I 2 GKG **ab Bedingungseintritt** zu berücksichtigen.

38 Für den **Zuständigkeits- und Rechtmittelstreitwert** ist dann der jeweils höhere Wert von Klage oder Hilfswiderklage maßgeblich (→ Rn. 12).

39 Zum Gebührenstreitwert → GKG § 45 Rn. 18 ff.

Besitz; Sicherstellung; Pfandrecht

6 **[1]Der Wert wird bestimmt: durch den Wert einer Sache, wenn es auf deren Besitz, und durch den Betrag einer Forderung, wenn es auf deren Sicherstellung oder ein Pfandrecht ankommt. [2]Hat der Gegenstand des Pfandrechts einen geringeren Wert, so ist dieser maßgebend.**

Schrifttum: Roth FS Kollhosser, 2004, 559.

Übersicht

I. Normgeschichte und -zweck. § 6 findet sich nahezu unverändert von Anfang im Gesetz. Er wurde durch das erste Gesetz zur Reform des Ehe- und Familienrechts (BGBl. I 1421) mWv 1.7.1977 neu gefasst. Bis dahin hieß es „Der Wert des Streitgegenstandes wird bestimmt". Er ist eine Sondervorschrift gegenüber §§ 3, 7–9 (BGH NJW-RR 1994, 256; OLG Nürnberg JurBüro 2004, 377) und schreibt im Interesse der Vereinheitlichung und Vereinfachung der Wertfestsetzung eine **normative** Bemessung vor, wenn es um den Besitz einer Sache oder die Sicherstellung oder ein Pfandrecht in Bezug auf eine Forderung geht (Stein/Jonas/Roth Rn. 1). Mit § 6 sollte die schon vor Erlass der ZPO entstandene Gerichtspraxis vereinheitlicht werden (s. auch Stein/Jonas/Roth Rn. 1) 1

II. Anwendungsbereich. 1. Zuständigkeits- und Rechtsmittelstreitwert. 2
§ 6 ist bei der Bestimmung des Zuständigkeits- und Rechtsmittelstreitwertes sowie den weiteren Fällen des § 2 (auch → § 3 Rn. 2) anwendbar. Er gilt für jede Klageart. Bei Feststellungsklagen ist aber grds. ein Abschlag zu machen (→ § 3 Rn. 19). Bei einer Klagenhäufung ist § 5 anzuwenden und dabei auch zu fragen, ob wirtschaftliche Identität (→ § 5 Rn. 3) vorliegt. Beim Anspruch des Mieters gegen den Vermieter auf Besitz(wieder)einräumung ist der Wert des Beschwerdegegenstandes nicht nach § 6, sondern nach § 8 ZPO zu bestimmen (BGH NJW-RR 2013, 718 Rn. 8; WuM 2008, 296 Rn. 8; NJW-RR 1994, 256 unter II).

2. Gebührenstreitwert. Was für die Bestimmung des Gebührenstreitwertes gilt, 3
ordnen § 48 GKG iVm §§ 3, 6–9 an. § 6 ist danach **grds. anwendbar** (BGH BeckRS 2016, 11938 Rn. 1; Wieczorek/Schütze/Reuschle Rn. 3). In Fällen, in denen aufgrund der konkreten Umstände **eindeutig** zu erkennen ist, dass der wirt-

schaftliche Wert des Verfahrens für den Kläger „weit" unter dem sich aus § 6 ergebenden Streitwert liegt, soll aber nur das wirtschaftliche Interesse der klagenden Partei (→ § 3 Rn. 11) maßgeblich sein (BVerfG NJW-RR 2000, 946 unter II 1; BGH BeckRS 2016, 11938 Rn. 1; OLG Stuttgart BeckRS 2019, 12083 Rn. 4; OLG Zweibrücken BeckRS 2017, 142536 Rn. 9; OLG Düsseldorf BeckRS 2016, 7901 Rn. 7; OLG Frankfurt a. M. BeckRS 2008, 12038 Rn. 3; aA OLG Köln MDR 2005, 298; OLG Hamm MDR 2002, 1458; OLG Stuttgart JurBüro 2002, 424; OLG Celle OLGR 1999, 200; OLG München NJW-RR 1998, 142 (143)). **Stellungnahme:** Dem ist zu folgen (s. auch Pauly ZfIR 2019, 99 (100)). Denn das Gericht darf den Gebührenstreitwert nicht so hoch ansetzen, dass der Justizgewährungsanspruch nach Art. 2 I, 20 III GG in Gefahr geriete (→ Vor §§ 3–9 Rn. 4). Besser wäre es im Übrigen, den Wert nicht nur in Extremfällen, sondern **stets** nach → § 3 Rn. 11 zu bemessen. Falsch ist es hingegen, beim Gebührenstreitwert auf das Interesse der **beklagten** Partei abzustellen (OLG Düsseldorf MDR 2012, 1187; OLG Naumburg JurBüro 2010, 306; OLG Köln JurBüro 1990, 246; → § 3 Rn. 19; unzutreffend BVerfG NJW-RR 2000, 946 unter II 1). Verlangt der Kläger lediglich die Zustimmung des Beklagten zum **Vollzug einer bereits erklärten Auflassung,** so ist der Gebührenstreitwert nach § 3 ZPO unter Berücksichtigung des Wertes der streitigen Gegenforderung zu schätzen (→ § 3 Rn. 23 „Willenserklärung").

4 **III. Besitzstreit (§ 6 S. 1 Fall 1). 1. Überblick. a) Besitz.** „Besitz" ist **jeder** Besitz iSv §§ 854 ff. BGB (Wieczorek/Schütze/Reuschle Rn. 6/Rn. 7).

5 **b) Sachen.** Sachen meint grds. alle § 90 BGB unterfallenden körperlichen Gegenstände. Geht es um den Besitz an einer **Urkunde,** ist § 6 anwendbar, wenn der Besitz der Urkunde unmittelbar den Wert eines Rechtes verkörpert (BGH NJW-RR 2002, 573 unter III; NJW-RR 1995, 312; NJW-RR 1995, 312), zB Inhaber- und Orderpapiere. § 6 S. 1 Fall 1 ist daher **nicht** anwendbar auf zB: Rektapapiere (insbes. Grundschuld-, Hypothekenbriefe), qualifizierte Legitimationspapiere (etwa Sparbücher), reine Beweisurkunden (etwa Bürgschaftsurkunden) oder Urkunden (etwa Kfz-Briefe). § 6 unterfällt auch nicht der Streit um den Besitz an einem Kfz-Brief oder einer Bestellungsurkunde.

6 **c) Miet- und Leasingsachen.** Wird um den Besitz einer Miet- oder Leasingsache (OLG München BeckRS 2015, 12043: wenn beide Parteien davon ausgehen, dass die Leasingsache während der Leasingzeit nicht an Wert verliert und beide Vertragsparteien an dem zu erwartenden Erlös beteiligt werden sollen; aA OLG München NJOZ 2019, 427 Rn. 17) gestritten, ist **vorrangig** § 8 anzuwenden (zu Mietsachen BGH NZM 2019, 292 Rn. 3; NJW-RR 2013, 718 Rn. 8; BeckRS 2008, 6354 Rn. 8).

7 **d) Nutzungsverhältnisse.** Bei einem Streit über das Bestehen eines unentgeltlichen Nutzungsverhältnisses ist § 3 abzuwenden (→ § 3 Rn. 23 „Nutzungsverhältnis (unentgeltlich)").

8 **e) Eigentum.** Streiten die Parteien um das **Eigentum** an einer Sache ist § 6 S. 1 **entsprechend** anwendbar (Foerste NJW 2017, 2588 (2589); Wieczorek/Schütze/Reuschle Rn. 35; Stein/Jonas/Roth Rn. 12); zum bloßen Sicherungseigentum → Rn. 7. Dies gilt auch bei Grundstücken, auch dann, wenn um die Pflicht zur **Auflassung** gestritten wird (BGH BeckRS 2020, 27957 Rn. 4; BeckRS 2019, 30692 Rn. 4; BeckRS 2019, 1782 Rn. 7; NJW-RR 2001, 518 unter II). Auch bei einer Auflassung geht es also um den Grundstückswert (→ Rn. 11) und sind Belastungen unerheblich (→ Rn. 12). Zum **Gebührenstreitwert** → Rn. 3. IdR dürfte es beim Wert um den streitigen Restkaufpreis gehen, ggf. mit einem Druckzuschlag.

9 **2. Ankommen.** Es muss auf den Besitz „ankommen". Dies meint, dass sich der Streit um die **Erlangung** oder Erhaltung des Besitzes drehen muss (§ 862 BGB). Die **bloße Störung** im Besitz erfasst § 6 nicht (RGZ 3, 390 (394); OLG Frankfurt a. M. WuM 1986, 19; OLG Zweibrücken JurBüro 1984, 284; Wieczorek/Schütze/Reuschle Rn. 16; dazu → § 3 Rn. 23 „Besitz (Störung)").

10 **3. Ermittlung des Wertes. a) Überblick.** Streiten die Parteien um den Besitz einer Sache oder um die Frage, wer ihr Eigentümer ist (→ Rn. 8), kommt es grds. auf den **Wert der ganzen Sache** an. Geht es allerdings um Mit- oder Teilbesitz, ist **insoweit** der Sachwert zu ermitteln (KG AnwBl 1978, 107; OLG Schleswig JurBüro 1976, 239; Wieczorek/Schütze/Reuschle Rn. 11 ff.). Nichts anderes gilt beim mit-

telbaren Besitz oder wenn die Parteien nur um den Teil einer Sache streiten (BGH NJW 1963, 2173; BGHZ 49, 317; OLG Saarbrücken BeckRS 2003, 30327364).

b) Verkehrswert. aa) Allgemeines. Wert iSd § 6 ist – wie stets → § 3 Rn. 11 ff. – grds. der Verkehrswert (BGH BeckRS 2019, 30692 Rn. 4; NJW-RR 2001, 518; NJW 1991, 3221 unter II; NJW-RR 1991, 1210; OLG München NJOZ 2019, 427 Rn. 17). Verkehrswert ist der Betrag, der sich bei einer Veräußerung der Sache am Markt erzielen lässt (BGH NJW-RR 1991, 1210). Bei einem **Wegnahmeanspruch** soll der geringere Wert nach Trennung zugrunde zu legen sein (BGH NJW 1991, 3221 unter II; KG Rpfleger 1971, 227). Wird ein Schlüssel herausverlangt, richtet sich das Interesse der klagenden Partei daher idR nach den Kosten eines Ersatzschlüssels und nicht nach den Kosten einer Erneuerung der gesamten Schließanlage (BGH NJW-RR 2018, 331 Rn. 8). Der maßgebende Zeitpunkt richtet sich nach § 4 I Hs. 1 (BGH NJW-RR 1991, 1210; NJW 1989, 2755). **11**

bb) Belastungen. Belastungen, etwa Grundpfandrechte und sonstige Grundstücksbelastungen, sind grds. **nicht** wertmindernd zu berücksichtigen (BGH BeckRS 2020, 38345 Rn. 1; NJW-RR 2001, 518 unter II; BeckRS 1992, 31062747 unter II 2; BeckRS 1981, 00987; NJW 1958, 1397). Anders ist es, wenn die wirtschaftliche Benutzung der Sache durch das Recht beeinträchtigt und damit der Wert selbst beeinflusst wird (BGH NJW-RR 2001, 518 unter II). **12**

cc) Gegenleistung. Eine Gegenleistung ist grds. nicht zu beachten (Schneider/Kurpat/Seggewiße Rn. 2.1684). Beim auf die Gegenleistung beschränkten Rechtsmittel ist allerdings **nur** die Gegenleistung maßgeblich (→ § 3 Rn. 23 „Rechtsmittel"). **13**

IV. Forderung (§ 6 S. 1 Fall 2). 1. Begriffe. a) Forderung. Forderung ist das Recht des Gläubigers, von dem Schuldner eine Leistung zu verlangen. **14**

b) Pfandrecht. Ein Pfandrecht ist ein beschränktes dingliches Recht des Pfandgläubigers an der Forderung. § 6 betrifft originär das Pfandrecht an beweglichen und unbeweglichen Sachen. Es ist unerheblich, ob das Pfandrecht vertraglich oder gesetzlich entstanden ist. Die hM versteht darüber hinaus **jede** bereits bestehende Sicherheit (zB: Bürgschaft, Hinterlegung einer Sicherheit, Kaution, Sicherungsabtretung, Sicherungsübereignung) als „Pfandrecht" iSd § 6 S. 1. **15**

c) Sicherstellung. „Sicherstellung" meint **jede** zu erlangende Sicherheit für eine Forderung. Diese Sicherheit kann zB sein: Bauhandwerkersicherungshypothek gem. § 650e (OLG Stuttgart NJW-RR 2012, 1418), Bürgschaft, Grundschuld, Hypothek (OLG Düsseldorf NZBau 2005, 697), Hinterlegung einer Sicherheit, Kaution (RGZ 31, 386 (387)), Sicherungsabtretung, Sicherungsübereignung (BGH NJW 1959, 939; OLG Naumburg BeckRS 2010, 23939; OLG Düsseldorf BeckRS 1993, 09353). Nach wohl hM soll auch die **Erlangung einer Vormerkung** nach § 883 I 1 BGB eine „Sicherstellung" sein (Musielak/Voit/Heinrich Rn. 6). **Stellungnahme:** Dem ist zu folgen, da die Vormerkung der Sicherung des Anspruchs auf Einräumung oder Aufhebung eines Rechtes an einem Grundstück oder an einem das Grundstück belastenden Recht oder auf Änderung des Inhaltes oder des Ranges eines solchen Rechtes dient. **16**

2. Ankommen. Es muss auf die Sicherstellung oder ein Pfandrecht an einer Forderung „ankommen". Dies ist der Fall, **wenn** die Parteien über die Bestellung oder Rückgewähr einer Sicherheit streiten, und **nicht** der Fall, wenn die Parteien um die Forderung selbst oder nur eine vorläufige Sicherheit streiten oder wenn die Forderung selbst nicht oder nicht mehr besteht (OLG Köln MDR 1980, 1025; OLG Hamburg MDR 1975, 846). **17**

3. Ermittlung des Wertes. a) Grundsatz. Grds. kommt es auf den **Betrag der Forderung** an, die noch zu sichern ist, oder an der bereits ein Pfandrecht oder eine andere Sicherheit besteht (→ Rn. 7). Ist es eine Forderung in ausländischer Währung, bestimmt sich der Wert nach § 4 I Hs. 1 nach dem Umrechnungskurs bei Klageeinreichung (OLG Frankfurt a. M. MDR 1991, 164). Wie → Rn. 12 ist eine etwaige Betagung oder Bedingung grds. unerheblich (OLG Frankfurt a. M. AnwBl 1980, 460; OLG Stuttgart MDR 1980, 678), ebenso eine Gegenforderung (OLG Hamm JurBüro 1981, 434). **18**

19 **b) Grundschuld oder Hypothek.** Streiten die Parteien um die **Löschung** einer Grundschuld oder Hypothek, ist – ist der Grundstückswert **nicht** geringer (§ 6 S. 2) – nicht der Forderungs-, sondern der **Nennbetrag** maßgeblich (BVerfG WM 2012, 1073; BGH BeckRS 2019, 24140 Rn. 2; NJW-RR 2017, 847 Rn. 7; OLG Köln BeckRS 2018, 11900 Rn. 7). Dies gilt selbst dann, wenn die Grundschuld oder Hypothek **nicht mehr valutiert** (BGH NJW-RR 2017, 847 Rn. 7). Ist jedoch die Grundschuldbestellung an einem im Miteigentum stehenden Grundstück erfolgt, und verlangt einer der Miteigentümer die Löschung der Grundschuld, weil er die Teilungsversteigerung betreiben und das geringste Gebot niedrig halten will, entspricht es billigem Ermessen, lediglich einen Wert festzusetzen, welcher der anteilsmäßigen Belastung des Miteigentumsanteils dieses Anteilseigners durch die eingetragene Gesamtgrundschuld an allen Miteigentumsanteilen entspricht (OLG Köln BeckRS 2018, 11900 Rn. 7). Dingliche Zinsen bleiben gem. § 4 I Hs. 2 als Nebenforderungen bei der Berechnung außer Betracht (BGH BeckRS 2019, 24140 Rn. 2).

20 **c) Ausnahme (§ 6 S. 2).** Hat der Gegenstand, an dem bereits ein Pfandrecht besteht oder – in entsprechender Anwendung des § 6 S. 2 – eine Sicherheit angestrebt wird, einen **geringeren** Wert als den Forderungsbetrag, kommt es auf den Wert des Gegenstandes an. Bei den anderen Sicherheiten kann nichts anderes gelten (OLG Frankfurt a. M. OLGR 2002, 376).

21 **4. Entsprechende Anwendung. a) AnfG.** Bei der Anfechtung nach dem AnfG ist in entsprechender Anwendung von § 6 S. 1 Fall 2, S. 2 in erster Linie die Forderung des Anfechtenden einschließlich Zinsen und Kosten für die Wertbemessung maßgebend (stRspr, BGH NZI 2018, 821 Rn. 2; BeckRS 2008, 05529 Rn. 1 = JurBüro 2008, 369; NJW-RR 1999, 1080; grundlegend WM 1982, 435). Ist allerdings der Wert des Zurückzugewährenden nach **Abzug** der etwa vorhandenen Belastungen geringer als die die Anfechtung begründende Forderung, gilt dieser geringere Wert (BGH BeckRS 1982, 05708). Zinsen und Kosten, deren Beitreibung mit der Anfechtung ebenfalls angestrebt wird, sind also nicht als Nebenforderungen (§ 4) anzusehen (BGH BeckRS 2012, 11782 Rn. 2).

22 **b) Drittwiderspruchsklage.** Der Wert einer Drittwiderspruchsklage richtet sich in entsprechender Anwendung von § 6 S. 1 Fall 2, S. 2 (aA Foerste NJW 2017, 2588 (2590): § 6 S. 1 Fall 1) grds. nach dem Wert der Forderung, wegen derer die Zwangsvollstreckung betrieben wird einschließlich Zinsen und Kosten; ist der Wert der gepfändeten Vermögensgegenstände geringer, ist dieser Wert maßgebend (BGH DGVZ 2017, 103 Rn. 1). Der Streitwert einer Drittwiderspruchsklage gegen eine Auseinandersetzungsversteigerung richtet sich nach dem Interesse des Widersprechenden am Fortbestand der Gemeinschaft, das idR mit einem Bruchteil des Grundstückswertes zu bemessen ist (BGH BeckRS 2021, 15110 Rn. 4; WM 1997, 2049; FamRZ 1991, 547). Das Interesse des Widersprechenden geht idR dahin, eine Verschleuderung des Grundstücks durch wertunangemessene Gebote im Versteigerungstermin zu verhindern (BGH BeckRS 2021, 15110 Rn. 4). Maßgebend ist auf dieser Grundlage zunächst der Miteigentumsanteil des widersprechenden Eigentümers (BGH BeckRS 2021, 15110 Rn. 5).

23 **c) Klage auf vorzugsweise Befriedigung (§ 805).** Bei der Klage auf vorzugsweise Befriedigung gelten die Ausführungen zur Drittwiderspruchsklage entsprechend.

Grunddienstbarkeit

7 Der Wert einer Grunddienstbarkeit wird durch den Wert, den sie für das herrschende Grundstück hat, und wenn der Betrag, um den sich der Wert des dienenden Grundstücks durch die Dienstbarkeit mindert, größer ist, durch diesen Betrag bestimmt.

1 **I. Normzweck.** § 7 ist eine Sondervorschrift gegenüber §§ 3, 6, 8 und 9. Er schreibt im Interesse der Vereinheitlichung und Vereinfachung der Streitwertfestsetzung eine **normative** Bemessung vor und weicht vom Angreiferinteresse ab.

2 **II. Anwendungsbereich. 1. Zuständigkeits- und Rechtsmittelstreitwert.** § 7 ist bei der Bestimmung des **Zuständigkeitsstreitwertes** sowie den weiteren

Fällen des § 2 (auch → § 3 Rn. 2) anwendbar, zB für den Bagatell- und Verurteilungsstreitwert (Stein/Jonas/Roth Rn. 2).

3 Für den Rechtsmittelstreitwert ist § 7 anwendbar, wenn der **Kläger als Rechtsmittelführer** eine Grunddienstbarkeit anstrebt. Für den **Beklagten als Rechtsmittelführer** gilt dies nicht (s. auch BGH V ZR 218/21 Rn. 6). Für diesen ist nach hM allein § 3 anwendbar (BGH BeckRS 2022, 1805 Rn. 1; NZM 2015, 99 Rn. 8; NJW 1957, 790). Will also der Rechtsmittelführer die Belastung seines Grundstücks **abwehren,** ist nur die Wertminderung seines Grundstücks maßgeblich, auch wenn die Wertsteigerung des begünstigten Grundstücks höher ist (BGH BeckRS 2022, 30077 Rn. 6).

4 **2. Gebührenstreitwert.** Was für die Bestimmung des Gebührenstreitwertes gilt, ordnen § 48 GKG iVm §§ 3, 6–9 an. Bspw. § 7 **kann** dabei also anwendbar sein (BGH NZM 2015, 99 Rn. 8).

5 **3. Grunddienstbarkeit.** § 7 bezieht sich auf Streitigkeiten um **Grunddienstbarkeiten** iSv § 1018 BGB (OLG Celle BeckRS 2021, 42364 Rn. 73; s. auch Wieczorek/Schütze/Reuschle Rn. 6), nicht auf **persönliche** Dienstbarkeiten (§ 1090 BGB) oder auf Reallasten (§ 1105). Anwendbar ist § 7 allerdings grds. nur beim Streit über das **Bestehen,** das **Nichtbestehen** oder den **Umfang** einer Grunddienstbarkeit (OLG Celle OLGR 2006, 534), nicht aber bei einer Störung (BGH BeckRS 2020, 29030 Rn. 5; → § 3 Rn. 23 „Dienstbarkeit"). Auch in einem Verfahren über eine **einstweilige Verfügung** oder einen **Arrest** im Zusammenhang mit einer Grunddienstbarkeit soll § 7 wegen des **anderen** Streitgegenstandes nicht anwendbar sein (MüKoZPO/Wöstmann Rn. 8; Stein/Jonas/Roth Rn. 8).

6 § 7 ist hingegen anwendbar, wenn die Grunddienstbarkeit **verlegt** werden soll, da es auch dann um ihr Bestehen geht – der neue Ort ist eine neue, **andere** Grunddienstbarkeit (aA OLG Koblenz NJW-RR 2014, 401 (403); OLG Frankfurt a. M. BeckRS 2009, 9945). Die Klageart ist – wie stets – unerheblich.

7 Auch dann, wenn die Grunddienstbarkeit iSv § 1027 BGB oder § 1004 BGB beeinträchtigt wird, ist § 7 anwendbar, wenn **zugleich** Bestehen oder Umfang der Grunddienstbarkeit streitig sind (BGH BeckRS 2014, 1122 Rn. 5 = GE 2014, 318; NZM 2014, 606 Rn. 13; Stein/Jonas/Roth Rn. 7). Nichts anderes gilt, wenn der Dienstbarkeitsverpflichtete festgestellt haben will, dass der Berechtigte keine Unterlassung bestimmter Beeinträchtigungen verlangen kann (BGH BeckRS 2014, 1122 Rn. 5 = GE 2014, 318).

8 Ist **nicht** das Bestehen und der Umfang der Grunddienstbarkeit streitig, ist der Wert nach § 3 zu ermitteln (BGH NJW-RR 1986, 737; aA ggf. BGH BeckRS 2014, 14138 Rn. 6 = GE 2014, 318).

9 **4. Analoge Anwendung.** § 7 ist auf Nachbarrechtsbeschränkungen nach §§ 906 ff. BGB entsprechend anwendbar, wenn diese Beschränkungen **ähnlich** wie eine Dienstbarkeit wirken (Stein/Jonas/Roth Rn. 5; s. auch Wieczorek/Schütze/Reuschle Rn. 5).

10 **Beispiele:** Abbaurecht (BayObLG JurBüro 1995, 28), Licht- und Fensterrecht (Wieczorek/Schütze/Reuschle Rn. 5), Notweg- oder Notleitungsrecht (BGH NZM 2017, 54 Rn. 5; NZM 2015, 99 Rn. 8; zur Notwegrente nach § 917 II 1 BGB → § 9 Rn. 6 „Notwegrente"), Wegerecht (BGH BeckRS 2016, 20316 Rn. 6 = GE 2017, 414). Streiten die Parteien über eine Überbaurente, ist § 7 hingegen nicht anwendbar (BGH BeckRS 2006, 15356; NJW-RR 1986, 737), sondern § 9 (→ § 9 Rn. 6).

11 **III. Rechtsfolgen.** Nach § 7 wird der Wert einer Dienstbarkeit durch den (nach § 3 zu schätzenden) Wert bestimmt, den sie für das **herrschende** Grundstück hat, und wenn der Betrag, um den sich der (nach § 3 zu schätzende) Wert des dienenden Grundstücks durch die Dienstbarkeit mindert, größer ist, durch diesen Betrag (BGH MDR 2004, 296, OLG Hamm BeckRS 2018, 33975 Rn. 18; Toussaint FD-ZVR 2014, 355447).

12 Dem Gesetz nach sind also die **Wertsteigerung des begünstigten Grundstücks** und die **Wertminderung des belasteten Grundstücks** zu betrachten; für den Streitwert ist letztlich der Höhere der beiden Werte entscheidend (Toussaint FD-ZVR 2014, 355447). Für die Ermittlung des Wertverlustes ist der Verkehrswert zu

vergleichen (BGH NZM 2014, 806 Rn. 7; BeckRS 2013, 17568 Rn. 7 = GE 2014, 55).

13 Die Begriffe des dienenden und herrschenden Grundstücks ergeben sich aus §§ 1018 ff. BGB: Dienend ist das mit der Grunddienstbarkeit belastete Grundstück, das der Benutzung des herrschenden Grundstücks einen Vorteil iSv § 1019 S. 1 BGB bietet (OLG Hamm BeckRS 2018, 33975 Rn. 18 = ZfIR 2019, 102 (Ls.)).

Pacht- oder Mietverhältnis

8 Ist das Bestehen oder die Dauer eines Pacht- oder Mietverhältnisses streitig, so ist der Betrag der auf die gesamte streitige Zeit entfallenden Pacht oder Miete und, wenn der 25fache Betrag des einjährigen Entgelts geringer ist, dieser Betrag für die Wertberechnung entscheidend.

Schrifttum: Brändle, Die Rechtsmittelbeschwer im Mietrecht, ZAP 2019, 843; Meyer-Abich, Fallstricke des Mietprozesses: Streitwerte und Berufungsbeschwer, NJW 2020, 31; Schneider, Rechtsmittelbeschwer bei Räumungsanspruch – Bestimmung der „streitigen Zeit", NZM 2007, 512.

1 **I. Normzweck.** § 8 ist eine Sondervorschrift gegenüber §§ 3, 6, 7 und 9 (BGH NJW-RR 1994, 256 unter II für § 6). Er schreibt im Interesse der Vereinheitlichung und Vereinfachung der Streitwertfestsetzung eine **normative** Bemessung vor (BGH BeckRS 2014, 6964 Rn. 8; NZM 2009, 51 Rn. 9; Hahn Bd 2, ZPO, 148).

2 **II. Anwendungsbereich. 1. Zuständigkeits- und Rechtsmittelstreitwert.** § 8 ist bei der Bestimmung des Zuständigkeits- und Rechtsmittelstreitwertes sowie den weiteren Fällen des § 2 (auch → § 3 Rn. 2) vor allem für **Gewerbemiet- und Pachtverhältnisse** anwendbar (siehe im Übrigen § 23 Nr. 2 lit. a GVG).

3 **2. Gebührenstreitwert.** Was für den Gebührenstreitwert gilt, bestimmt § 41 I GKG für seinen Anwendungsbereich (→ GKG § 41) bzw. § 48 GKG iVm §§ 3, 6–9.

4 **3. Pacht- oder Mietverhältnis. a) Überblick.** Was ein Pachtverhältnis ist, bestimmt § 581 BGB, was ein Mietvertrag ist, ist § 535 BGB zu entnehmen. Die Verträge müssen nur behauptet sein. Auf ihre Wirksamkeit kommt es nicht an (BGH NZM 1999, 189 unter 1). **b) Beklagte Partei wendet Miet- oder Pachtverhältnis ein.** § 8 ist nach hM auch dann anwendbar, wenn die beklagte Partei ein Miet- oder Pachtverhältnis **einwendet,** dessen Bestand oder Dauer streitig ist (stRspr, BGH BeckRS 2018, 31675 Rn. 4; BeckRS 2014, 10065 Rn. 4; NZM 2005, 157 unter II 2; NJOZ 2003, 447 unter II 1a; grundlegend NJW 1967, 2263). Dem ist auch zuzustimmen, da es für die Wertberechnung nach § 8 auch auf das Interesse der beklagten Partei ankommt (arg. „Streit"). Die Klageart ist unerheblich (BGH NZM 2016, 196 Rn. 7). **c) Verträge von unbestimmter Dauer/Nutzungsberechtigter verlangt Fortsetzung.** § 8 ist iErg (BGH NZM 2016, 196 Rn. 6: „im Rahmen der Wertbemessung gem. § 8") **nicht** anwendbar auf Verträge von **unbestimmter** Dauer (auch → Rn. 7) oder Fälle, in denen der Nutzungsberechtigte eine Fortsetzung des Vertragsverhältnisses verlangen kann (BGH NZM 2007, 355 Rn. 2). In diesen Fällen ist daher grds. auf den Zeitpunkt abzustellen, den die klagende Partei für sich als den „günstigsten" in Anspruch nimmt (BGH NZM 2007, 355 Rn. 2). Nennt die klagende Partei keinen konkreten Zeitpunkt oder beruft sie sich auf ein lebenslanges Nutzungsrecht, ist § 9 entsprechend anwendbar (→ § 9 Rn. 8).

5 **4. Analoge Anwendung.** § 8 ist auf Kleingartenpachtverhältnisse iSd Bundeskleingartengesetzes (BGH BeckRS 2018, 31675 Rn. 4; NZM 2016, 196 Rn. 6; NJOZ 2010, 1723 Rn. 9) und auf Leasingverträge und deren Unterverträge entsprechend anwendbar. Auf Pacht- oder Mietverhältnissen vergleichbare Nutzungsverhältnisse (§ 41 GKG) wird im Übrigen eine Analogie aber abgelehnt (BGH BeckRS 2011, 18967 Rn. 2; NZM 2005, 157 unter II 2; BeckRS 1992, 31062713). § 8 gilt deshalb zB nicht für Leihe, Nießbrauch oder altrechtliche oder unentgeltliche Nutzungsverhältnisse (fehlerhaft BGH BeckRS 2018, 11564 Rn. 5). Hier ist jeweils § 3 anwendbar (s. auch BGH BeckRS 2018, 11564 Rn. 5).

6 **III. Tatbestandsvoraussetzungen. 1. Überblick.** § 8 ist anwendbar, wenn die Parteien über das **Bestehen** oder die **Dauer** eines Pacht- oder Mietverhältnisses

(→ Rn. 4) streiten. Die Qualifizierung zwischen diesen Verträgen ist unerheblich (BGH NZM 2005, 157 unter II 1a).

2. Streit über Bestehen oder Dauer. Die Vertragsparteien müssen darüber streiten, dass ein Pacht- oder Mietverhältnis zwischen ihnen besteht oder wie lange dieses (noch) fortdauert. Damit sind vor allem **Räumungsklagen** gemeint (siehe nur BGH WuM 2020, 298 = BeckRS 2020, 3168 Rn. 2) und solche auf **Feststellung über Bestehen oder Dauer.** Der Wert für Streitigkeiten über die sich aus dem Vertrag ergebenden Rechte und Pflichten, etwa zu den Gebrauchsgrenzen oder zur Pflicht zu Erhaltung, zur Höhe des zu zahlenden Entgelts oder zur Duldung einer Modernisierung, ist daher, ist § 9 nicht anzuwenden, nach §§ 3, 6 zu ermitteln. Notwendig ist ein Streit, ob der Vertrag über den Zeitpunkt der verlangten Räumung hinaus bestanden hat oder noch besteht; andernfalls fehlt es an dem Erfordernis der „streitigen Zeit" (BGH NJW-RR 1995, 781 unter II 1). 7

3. Vertragsparteien. Gerade die Vertragsparteien, das können auch Haupt- und Untermieter sein, müssen nach hM streiten. Dass hingegen ein Dritter mit einer der Parteien über das Bestehen und die Dauer streitet, reicht nicht (BGH BeckRS 2018, 31675 Rn. 4; BeckRS 2000, 2490 unter II 1; grundlegend RdL 1955, 49 (50)). 8

IV. Rechtsfolgen. 1. Grundsatz. a) Überblick. Liegen die Tatbestandsvoraussetzungen vor, ist der Betrag der auf die gesamte streitige Zeit entfallenden Pacht oder Miete entscheidend. Abweichend von § 3 kommt es also nicht auf das „Angreiferinteresse" (→ § 3 Rn. 11) an. 9

b) Nettomiete und Nettopacht. Für die Berechnung kommt es allein auf die **vereinbarte** (BGH NJOZ 2010, 1723 Rn. 9; NJWE-MietR 1996, 54 unter 2) Nettomiete bzw. Nettopacht zzgl. Umsatzsteuer ohne Nebenkosten (BGH NJW-RR 2009, 775 Rn. 10) – auch wenn diese als Pauschale geschuldet sind – an (BGH BeckRS 2014, 11617 Rn. 2). Was als Nettomiete und -pacht geschuldet ist, ist dem jeweiligen Vertrag zu entnehmen. Vertragliche verbrauchsunabhängige Gegenleistungen wie etwa die Übernahme öffentlicher Abgaben und sonstiger Lasten, sind danach zu berücksichtigen (BGH NJW-RR 2009, 775 Rn. 10). Ein etwaiger höherer **objektiver** Mietwert oder eine höhere fiktive Marktmiete ist für die Beurteilung bedeutungslos (BGH BeckRS 2022, 30449 Rn. 2; AGS 2020, 286 = BeckRS 2020, 3168 Rn. 3; WuM 2017, 162 Rn. 4; 2016, 305 Rn. 9; 2014, 219 Rn. 2). 10

c) Streitige Zeit. aa) Beginn. Die „streitige Zeit" beginnt grds. mit der Klageerhebung (BGH BeckRS 2012, 23592 Rn. 5). Bei einer Klage auf Feststellung, dass die zu einem bestimmten Termin ausgesprochene fristlose Kündigung durchgreift, kommt es für den Beginn der streitigen Zeit allerdings auf den Zeitpunkt der fristlosen Kündigung an, und zwar auch dann, wenn er vor der Rechtshängigkeit des Feststellungsantrags liegt (BGH NJW-RR 2006, 378 Rn. 6; NJW-RR 2005, 867 (868); NJW 1958, 1291). 11

bb) Ende. Für das Ende ist zu unterscheiden: 12

- **Vertragslaufzeit:** Gibt es eine zwischen den Parteien vereinbarte Vertragslaufzeit, endet die streitige Zeit mit dem Ende der Vertragslaufzeit (BGH BeckRS 2014, 10065 Rn. 4). 13
- **Verträge von unbestimmter Dauer:** Bei Verträgen von unbestimmter Dauer endet die streitige Zeit grds. in dem Zeitpunkt, zu dem derjenige hätte kündigen können, der die längere Bestehenszeit des Vertrags für sich in Anspruch nimmt (BVerfG NZM 2006, 578; BGH BeckRS 2012, 23592 Rn. 5; NJW-RR 2009, 775 Rn. 8). Beruft sich ein Nutzungsberechtigter gegenüber einer Kündigung auf Schutzregeln, die das Kündigungsrecht einschränken und ihm ein Recht zur Fortsetzung der Nutzung geben, so dauert die streitige Zeit bis zu dem Zeitpunkt, den derjenige, der sich auf ein Nutzungsrecht beruft, als den für ihn günstigsten Beendigungszeitpunkt des Nutzungsvertrags in Anspruch nimmt (BGH BeckRS 2019, 1787 Rn. 6; BeckRS 2017, 131355 Rn. 1).
- **Unbestimmbarkeit:** Ist die „streitige" Zeit nicht bestimm- oder feststellbar, ist § 9 entsprechend anzuwenden (→ § 9 Rn. 8).

14 **2. Ausnahme.** Ist der 25-fache Betrag des einjährigen Entgeltes geringer als die auf die gesamte streitige Zeit entfallende Pacht oder Miete, ist dieser Betrag für die Wertberechnung maßgeblich.

15 **3. Feststellungsklagen.** Bei Feststellungsklagen soll jeweils kein 20%-Abschlag gemacht werden können (→ § 3 Rn. 19 „Feststellungsklagen").

16 **4. Entfernung von Einrichtungen und Anpflanzungen. a) Grundsatz.** Verlangt die klagende Partei Räumung, ist die beklagte Partei auch verpflichtet, von ihr auf dem Grundstück angebrachte Einrichtungen und Anpflanzungen zu entfernen. Der Kostenaufwand zur Erfüllung dieser Pflichten soll bedeutungslos sein (BGH NZM 2016, 196 Rn. 10; NJW-RR 2012, 1103 Rn. 10).

17 **b) Ausnahmen.** Anders soll es sich verhalten, wenn der (Wider-)Beklagte im Rahmen einer objektiven (Wider-)Klagenhäufung (§ 260) sowohl zur Herausgabe eines Grundstücks als auch zur Beseitigung von Bauwerken oder Einrichtungen verurteilt wird (BGH NZM 2016, 196 Rn. 11; NJW-RR 2012, 1103 Rn. 11). In diesem Fall sollen nach § 5 der nach § 8 zu bestimmende Wert der Verurteilung zur Herausgabe und der nach § 3 (nach den dafür aufzuwendenden Kosten) zu bemessende Wert für die Beseitigung addiert werden. Das überzeugt nicht: der Beseitigungsantrag ist mit dem Räumungsantrag offensichtlich wirtschaftlich identisch (→ § 5 Rn. 3), da die Beseitigung auch ohne Antrag verlangt werden könnte.

Wiederkehrende Nutzungen oder Leistungen

9 **[1]Der Wert des Rechts auf wiederkehrende Nutzungen oder Leistungen wird nach dem dreieinhalbfachen Wert des einjährigen Bezuges berechnet. [2]Bei bestimmter Dauer des Bezugsrechts ist der Gesamtbetrag der künftigen Bezüge maßgebend, wenn er der geringere ist.**

1 **I. Normzweck und Normgeschichte.** § 9 ist eine Sondervorschrift gegenüber §§ 3, 6–8. Er schreibt im Interesse der Vereinheitlichung und Vereinfachung der Wertfestsetzung eine **normative** Bemessung vor (BGH AGS 2017, 515 = NJOZ 2018, 1272 Rn. 5; BeckRS 2014, 6964 Rn. 8). Ziel ist es, einen Wert für das Recht auf wiederkehrende Nutzungen oder Leistungen – das Stammrecht (→ Rn. 4) – festzulegen (BGH NJW-RR 2012, 82 Rn. 10; OLG Karlsruhe NJOZ 2005, 2051 (2052); OLG Köln OLGR 1999, 404). Das Gesetz zur Entlastung der Rechtspflege v 11.1.1993 (BGBl. I 50) hat § 9 mWv 1.3.1993 geändert. Bis dahin war der Streitwert bei Ansprüchen auf wiederkehrende Leistungen auf den 150fachen, in bestimmten Fällen auf den 300fachen Monatsbetrag festzusetzen. Dies führte dazu, dass bereits relativ geringfügige Monatsbeträge vor dem LG geltend gemacht werden mussten. Dies hielt der Gesetzgeber für **nicht mehr** gerechtfertigt (BT-Drs. 12/1217, 22).

2 **II. Anwendungsbereich. 1. Zuständigkeits- und Rechtsmittelstreitwert.** § 9 ist bei der Bestimmung des Zuständigkeits- und Rechtsmittelstreitwertes sowie den weiteren Fällen des § 2 (auch → § 3 Rn. 2) anwendbar. Die Klageart ist unerheblich (BGH NZM 2019, 135 Rn. 3). Auch Feststellungsklagen – jeder Art – unterfallen § 9 (BGH BeckRS 2005, 05082; KG JurBüro 2010, 84; aA OLG Frankfurt a. M. AGS 2009, 346).

3 **2. Gebührenstreitwert.** Was für den Gebührenstreitwert gilt, bestimmt idR § 42 I GKG, im Übrigen § 48 iVm §§ 3, 6–9.

4 **3. Stammrecht. a) Überblick.** § 9 bezieht sich auf Fallgestaltungen, bei denen ein Recht, das „Stammrecht" (auch → Rn. 1), sich darin ausdrückt, Ansprüche auf wiederkehrende Nutzungen oder Leistungen (→ Rn. 11 f.) zu gewähren (BGH NJW-RR 2012, 82 Rn. 10). Die Nutzungen oder Leistungen können der Höhe nach schwanken (OLG Dresden BeckRS 2010, 13787).

5 **b) Nutzungen oder Leistungen von wenigstens 3$^1/_2$ Jahren.** Nach hM geht es allerdings nur um solche Stammrechte, bei denen Nutzungen oder Leistungen zu erwarten sind, die ihrer Natur nach und erfahrungsgemäß eine Dauer von **wenigstens** 3$^1/_2$ Jahren haben oder jedenfalls mit Rücksicht auf den Grad der Unbestimmtheit des Zeitpunktes, wann das den Wegfall des Rechtes begründende Ereignis eintritt, eine **solche Dauer haben können** (BGH NJW-RR 2017, 152 Rn. 6;

grundlegend NJW 1962, 583 unter I 1a; OLG Rostock BeckRS 2019, 45261 Rn. 13). § 9 könne daher nur auf Stammrechte angewendet werden, die ihrer Beschaffenheit nach von „dauerndem“ Bestand seien (BGH NJW-RR 2017, 152 Rn. 6; NJW 1962, 583 unter I 1a).

c) Einzelfälle für Stammrecht im „ABC“

Altenteilsvertrag: Der Altenteilsvertrag ist ein geeignetes Stammrecht. 6

Anstellung (Gehalt/Lohn): Das Recht, welches Dienstbezüge gewährt, ist ein geeignetes Stammrecht. Richtet sich daher die Klage gegen die Beendigung des Dienstverhältnisses, zB eines Geschäftsführers einer GmbH gegen seine Kündigung, ist für die Bemessung § 9 anwendbar, wenn die Bezugszeit nicht wegen einer Befristung des Dienstverhältnisses oder wegen eines sonstigen Beendigungsgrundes geringer ist (BGH BeckRS 2016, 9763 Rn. 2; BeckRS 2013, 10083 Rn. 2). Der Wert wird nicht dadurch erhöht, dass sich die Klage auch gegen die Beendigung der Organstellung richtet (BGH BeckRS 2016, 9763 Rn. 2; BeckRS 2013, 10083 Rn. 2). → „Bestellung“.

Bausparvertrag (Fortbestand): § 9 ist auf eine Klage anwendbar, mit welcher der Bausparer auf Feststellung klagt, dass der Bausparvertrag fortbesteht (BGH NJW 2017, 2344 Rn. 13).

Beamtenbeförderung: Klagt ein Beamter auf eine Feststellung der Schadenersatzverpflichtung wegen seiner unterlassenen Beförderung, ist § 9 anwendbar (BGH NVwZ-RR 2008, 741 (742)).

Bestellung: Das Recht, Organ zu sein, ist kein geeignetes Stammrecht. Greift die klagende Partei daher lediglich ihre Abberufung als Organ und nicht zugleich eine damit in Verbindung stehende Beendigung ihres Dienstverhältnisses an (→ Anstellung), richtet sich der Wert allein nach § 3 (→ § 3 Rn. 23 „Bestellung“).

Einlagepflicht: → Gesellschaftsverhältnis.

Erbbaurecht: Das Recht, einen Erbbauzins zu verlangen, ist ein geeignetes Stammrecht (BGH NZM 2012, 473 Rn. 8). Für den Wert maßgeblich ist der 3 1/2-fache Jahresbetrag des geforderten Mehrbetrags (§ 9 S. 1), wenn nicht – bei bestimmter Dauer des Erbbaurechtes – der Gesamtbetrag der verlangten Erhöhungsbeträge geringer ist (§ 9 S. 2).

Fischereirecht (Eingriff): Das Fischereirecht ist kein geeignetes Stammrecht (BGH JurBüro 1969, 835). Freilich soll bei der Schätzung des Wertes des Eingriffs in ein Fischereirecht § 9 zu „berücksichtigen“ sein (BGH BeckRS 2015, 20308 Rn. 15). Im Übrigen → § 3 Rn. 23 „Fischereirecht“.

Franchise: Einnahmen des Franchisenehmers können nicht als wiederkehrende Nutzungen oder Leistungen qualifiziert werden (OLG Stuttgart NJOZ 2007, 934 (935)).

Gesellschaftsverhältnis: Das Gesellschaftsverhältnis, das zB das Recht auf eine Einlage gibt, die über die gesamte Beteiligungsdauer in Monatsraten hinweg entrichtet werden soll, soll ein geeignetes Stammrecht sein (BGH BeckRS 2005, 14814 Rn. 1; BeckRS 2005, 05010 unter II; OLG Karlsruhe NJOZ 2013, 784; OLG Naumburg BeckRS 2008, 11190 Rn. 17).

Hausgeld (§ 28 I 1 WEG): → „Vorschuss, künftiger“.

Jagdrecht: → „Fischereirecht“.

Kapitalabfindung: Kein geeignetes Stammrecht ist das Recht auf eine einmalige Kapitalabfindung.

Krankentagegeld: Kein geeignetes Stammrecht ist das Recht auf Krankentagegeld (BGH NJW-RR 2017, 152 Rn. 6: abzustellen ist auf einen Bezug von sechs Monaten; OLG Dresden BeckRS 2021, 27462 Rn. 7; OLG Köln VersR 2020, 1475 = BeckRS 2019, 18086 Rn. 3; OLG Hamm BeckRS 2019, 11085 Rn. 4).

Leibrente (§§ 759 ff. BGB): Das Recht auf Leibrente ist ein geeignetes Stammrecht.

Maklervertrag: § 9 kann auf einen Maklervertrag anwendbar sein, wenn und soweit die Vergütung (Courtage) in aufeinander folgenden Zeitabschnitten zahlbar ist (OLG Köln OLGR 2000, 78).

Nachbarrecht: § 9 ist auf die Pflicht zu einem jährlichen Heckenrückschnitt anwendbar (→ „Sachleistung“).

Notwegrente: § 9 ist auf die Notwegrente nach § 917 II 1 BGB anwendbar (OLG Köln JurBüro 1991, 1386). Zum Notweg im Übrigen (→ § 7 Rn. 10).

Provision: Auf eine Provision ist § 9 nicht anwendbar.

Raten: Das Recht auf Raten ist kein geeignetes Stammrecht. Es besteht letztlich eine einzige Schuld (OLG München OLGR 2001, 220).

Reallast (§ 1105 I 1 BGB): Das Recht auf eine Reallast ist ein geeignetes Stammrecht (OLG Frankfurt a. M. OLGR 1993, 47; MDR 1982, 411). Bei der Forderung nach einer Rente und deren Absicherung durch eine Reallast erfolgt wegen wirtschaftlicher Identität keine Zusammenrechnung nach § 5.

Rentenansprüche: Das gesetzliche oder vertragliche Recht auf Rentenansprüche ist ein geeignetes Stammrecht (BGH BeckRS 2020, 18311 Rn. 5; BeckRS 2016, 16644 Rn. 4; OLG Schleswig SchlHA 20218, 99 = BeckRS 2018, 3289 Rn. 21; OLG München NJOZ 2019, 1267 Rn. 6).

Sachleistung: Das Recht, das eine Sachleistung gewährt, etwa einen Heckenschnitt, ist als Stammrecht geeignet (BGH NJW-RR 2012, 82 Rn. 10).

Stromlieferung: Das Recht, Strom geliefert zu bekommen, soll Stammrecht sein können (BGH NJW-RR 2010, 1582 Rn. 5).

Überbaurente: § 9 ist auf die Überbaurente (§ 912 II 1) grds. anwendbar (OLG Köln JurBüro 1991, 1386; LG Oldenburg BeckRS 2012, 8282).

Vereinsbeitrag: Auf das Recht des Vereins, einen Vereinsbeitrag zu erhalten, ist § 9 anwendbar (Prütting/Gehrlein/Gehle Rn. 3).

Versicherung: Das Recht der Versicherung auf die Prämie (BGH BeckRS 2010, 30937 Rn. 2), aber auch das Recht des Versicherten auf eine Rente (→ „Rentenansprüche"; BGH BeckRS 2011, 25963 Rn. 1) sind geeignete Stammrechte. Auch beim bloßen Streit über das Bestehen eines Versicherungsvertrags wendet der BGH die Bestimmung des § 9 an (= ihre Wertung), nämlich im Rahmen des § 3 (stRspr, BGH r+s 2019, 593 Rn. 2) und mit dem „Abschlag" für Feststellungsklagen (→ § 3 Rn. 19 „Feststellungsklagen").

Verzugszinsen: Der Anspruch auf Verzugszinsen aus einer fälligen, jedoch nicht anhängigen Forderung ist kein geeignetes Stammrecht (BGH NJW 1981, 2360; NJW 1962, 583 unter I 1a; OLG Düsseldorf JurBüro 1993, 166).

Vorschuss, künftiger (§ 28 I 1 WEG): Der Anspruch aus § 28 I 1 WEG ist kein geeignetes Stammrecht. Es sind keine Leistungen zu erwarten, die ihrer Natur nach und erfahrungsgemäß eine Dauer von wenigstens 3 1/2 Jahren haben oder jedenfalls mit Rücksicht auf den Grad der Unbestimmtheit des Zeitpunktes, wann das den Wegfall des Rechtes begründende Ereignis eintritt, eine solche Dauer haben können (Elzer ZMR 2022, 922; aA LG Karlsruhe BeckRS 2022, 16060 Rn. 6).

7 **4. Entsprechende Anwendung. a) Grundsatz.** § 9 ist grds. keiner ausdehnenden Anwendung oder Analogien zugänglich (BGH BeckRS 2014, 6964 Rn. 8).

8 **b) Pacht- oder Mietverhältnisse.** § 9 soll dennoch bei Pacht- oder Gewerbemietverhältnissen **entsprechend** anwendbar sein, va wenn **unklar** ist, welche Zeit iSv § 8 „streitig" (→ § 8 Rn. 11) ist (exemplarisch BGH NJW-RR 2017, 911 Rn. 7; NZM 2016, 196 Rn. 6; KG GE 2022, 98 = NJOZ 2022, 602 Rn. 4). Für die Berechnung kommt es auch hier (→ § 8 Rn. 10) auf den **Nettobetrag** an. Ein etwaiger höherer objektiver Mietwert oder eine höhere fiktive Marktmiete ist bedeutungslos (→ § 8 Rn. 10).

9 **c) Überblick.** Überblick für Fälle einer entsprechenden Anwendung im „ABC":

Duldung Modernisierungsmaßnahme: Klagen auf Duldung der beabsichtigten Modernisierungsmaßnahme (BGH BeckRS 2022, 40951 Rn. 8; NZM 2019, 135 Rn. 3). Der Wert erhöht sich nicht dadurch, dass mit der zu duldenden Modernisierungsmaßnahme fällige Instandsetzungsmaßnahmen erspart werden (BGH BeckRS 2022, 40951 Rn. 8).

Feststellung: Klagen auf Feststellung (§ 256) der Miethöhe (LG Hamburg ZMR 2019, 199) oder Klagen auf Feststellung einer Mietminderung (BGH NJW-RR 2017, 204 Rn. 7). Ferner Klagen, die darauf gerichtet sind, das Nichtbestehen eines Rechtes auf künftige Minderungfeststellen zu lassen (BGH GE Jahr 2006 320; BGH NZM 2005, 519; OLG Rostock BeckRS 2019, 45261 Rn. 13; OLG München AGS 2015, 280).

Kleingartenpachtverhältnis: Streitigkeiten im Rahmen eines Kleingartenpachtverhältnisses (BGH NJW-RR 2017, 911 Rn. 7; NJOZ 2010, 1723 Rn. 7).
Konkurrenzabwehr in Gewerberaummietverhältnissen: Klage auf Abwehr einer vorgeblich unzulässigen Konkurrenzsituation (BGH NZM 2006, 777 Rn. 8).
Mieterhöhung: BGH NZM 2019, 135 Rn. 2; ZMR 2014, 867 = BeckRS 2014, 11613 Rn. 8.
Räumung: Streitigkeiten über die Räumung von Wohnraum, wenn es sich um ein Mietverhältnis auf unbestimmte Zeit handelt und sich deshalb die „streitige" Zeit iSv § 8 (→ § 8 Rn. 9) nicht bestimmen lässt (stRspr, BGH BeckRS 2021, 12344 Rn. 1; 2020, 3168 Rn. 2; 2019, 1787 Rn. 6; 2018, 2074 Rn. 2; 2017, 131355 Rn. 1; 2017, 100755 Rn. 3; NZM 2016, 196 Rn. 6; BeckRS 2014, 4549 Rn. 2). Die der Berechnung des Rechtsmittelstreitwertes zugrunde liegende Nettomiete richtet sich danach, welche Miete der auf Räumung in Anspruch genommene Mieter nach dem von ihm behaupteten Mietvertrag zu entrichten hat (BGH BeckRS 2020, 3168 Rn. 3). Ein etwaiger höherer objektiver Mietwert oder eine höhere fiktive Marktmiete ist bedeutungslos (stRspr, BGH BeckRS 2020, 3168 Rn. 2).

III. Tatbestandsvoraussetzungen. 1. Nutzungen oder Leistungen. Zum Begriff der Nutzung vgl. § 100 BGB, zu dem der Leistung § 241 I 1 BGB (BGH NJW-RR 2012, 82 Rn. 10). Eine Leistung ist zB die Pflicht, eine regelmäßig wiederkehrende Störung zu beseitigen (BGH NJW-RR 2012, 82 Rn. 10). 10

2. Wiederkehrend. Das Recht oder die Leistung muss „wiederkehrend" sein. So liegt es, wenn die wiederkehrenden Leistungen – auf einem einheitlichen Rechtsverhältnis beruhend – in regelmäßigen oder unregelmäßigen Abständen in gleichmäßigem bzw. nahezu gleichmäßigem Umfang verlangt werden können und sich als einheitliche Folgen eines Rechtsverhältnisses ergeben (OLG Köln VersR 2010, 1058; OLG Stuttgart NJOZ 2007, 934 (935)). Der Zwischenraum braucht nicht ein Jahr zu umfassen. Die Nutzung darf nicht dauernd sein, wie etwa der Nießbrauch (Musielak/Voit/Heinrich Rn. 3) oder ein Wohnrecht (BGH NJW-RR 1994, 909; OLG Braunschweig NZM 2008, 423). 11

IV. Rechtsfolgen. 1. Grundsatz (§ 9 S. 1). a) Überblick. Liegen die Tatbestandsvoraussetzungen vor, ist der Wert des Rechtes grds. nach dem $3^1/_2$-fachen Wert des einjährigen Bezugs zu berechnen (= 42 Monate). Die Beträge, die seit der Einreichung der Klage oder seit dem Erlass des Urteils aufgelaufen sind, sind unerheblich (BGH BeckRS 2020, 18311 Rn. 2; 2008, 14004 Rn. 2; NVersZ 1999, 239 unter a; OLG Hamm NJW-RR 2017, 154 Rn. 12). Bei Klageeinreichung bereits **fällige,** bezifferte Beträge, sind, sofern sie **geltend** gemacht werden, zwar **nicht nach oder analog** § 42 III GKG (→ GKG § 42 Rn. 57; aA OLG Schleswig SchlHA 20218, 99 = BeckRS 2018, 3289 Rn. 21; Schneider NJW-Spezial 2016, 603; Zöller/Herget Rn. 6) hingegen nach § 5 **hinzuzurechnen** (BGH BeckRS 2008, 14004 Rn. 2; NJW-RR 1999, 1080; NJW 1960, 1459); auf diese Beträge ist § 9 nämlich nicht anwendbar. Dies gilt aber nicht, wenn die klagende Partei eine Feststellungs- später in eine Leistungsklage ändert (OLG Hamm NJW-RR 2017, 154 Rn. 16; aA MüKoZPO/Wöstmann Rn. 11). Anders ist es nur, wenn eine Leistungsklage neben die ursprünglich erhobene Feststellungsklage tritt (OLG Hamm NJW-RR 2017, 154 Rn. 18). 12

b) Berechnungsweise. Auszugehen ist nach § 4 Hs. 1 grds. von den ersten zwölf Monaten nach Klageerhebung (BGH AGS 2017, 515 = NJOZ 2018, 1272 Rn. 4). Bei sich verändernden Jahresbeträgen ist auf den höchsten Betrag in der streitigen Zeit abzustellen (BGH AGS 2017, 515 =NJOZ 2018, 1272 Rn. 5). In Bezug auf den höchsten einzustellenden Jahreswert kommt es bei Rechten, bei denen kein Endzeitpunkt bestimmt ist, auf den gem. § 9 I zu betrachtenden Zeitraum an (BGH AGS 2017, 515 = NJOZ 2018, 1272 Rn. 5). 13

c) Feststellungsklagen. Bei positiven Feststellungsklagen ist grds. ein Abschlag von 20 % zu machen (→ § 3 Rn. 19 „Feststellungsklagen"). 14

2. Bestimmte Dauer (§ 9 S. 2). Das Recht auf wiederkehrende Nutzungen oder Leistungen ist von „bestimmter Dauer", wenn bei **Einreichung** der **Klage** (§ 4 Hs. 1 Fall 1) bzw. bei Einlegung des **Rechtsmittels** (§ 4 Hs. 1 Fall 2) feststeht, wann es 15 endet, oder wenn die klagende Partei es nur für einen bestimmten Zeitraum einklagt (OLG Rostock BeckRS 2019, 45261 Rn. 14). Liegt es so, ist der Streitwert nach § 9 S. 2 zu ermitteln, wenn der Zeitraum zwischen Erhebung der Klage und dem Ende kürzer als 42 Monate ist. Etwas anderes gilt dann, wenn der frühere Wegfall **nur wahrscheinlich** ist (OLG Rostock BeckRS 2019, 45261 Rn. 14). Wenn es um unregelmäßige Bezüge geht, etwa um eine Baulast, muss man die Berechnung nach dem jährlichen Durchschnitt vornehmen.

16 **3. Schwankende Beträge (§ 9 S. 1, 2).** Bei sich verändernden Jahresbeträgen ist auf den höchsten Betrag in der streitigen Zeit abzustellen (BGH NJOZ 2018, 1272 Rn. 5; NJW-RR 2006, 16 Rn. 10 ff.).

2. Streitwertbegünstigungen/Streitwertspaltungen

a) Überblick

Schrifttum: Deutsch, Die Streitwertbegünstigung des § 23a UWG für Verbandsklagen, GRUR 1978, 19; Eberl, Zur Verfassungsmäßigkeit der Kostenerstattungsansprüche in Patentstreitsachen, NJW 1960, 1431; Gruber, Streitwertbegünstigung bei vermögenslosen oder überschuldeten Antragstellern, DZWIR 2020, 12; Gruber, Ist die Streitwertbegünstigung mit dem Verfassungs- und dem Unionsrecht zu vereinbaren?, GRUR 2018, 585; Gruber, Streitwertbegünstigung – Die Beschwerdeberechtigung der einzelnen Prozessbeteiligten, MDR 2016, 310; Kur, Streitwert und Kosten in Verfahren wegen unlauteren Wettbewerbs, 1980; Graf Lambsdorff/Kanz, Verfassungswidrigkeit der Streitwertherabsetzung, BB 1983, 2215; Pastor, Die Streitwertherabsetzung nach dem Gesetz zur Änderung des Gesetzes gegen den unlauteren Wettbewerb, des Warenzeichengesetzes und des Gebrauchsmustergesetzes vom 23.7.1965, WRP 1965, 271; Reeb, Streitwertherabsetzung nach § 247 Abs. 2 und 3 AktG und Armenrecht, BB 1970, 865; Röhl, Die relative Streitwertfestsetzung in Patentstreitsachen, BB 1960, 270; Rogge, Verbraucherklage und Streitwertherabsetzung im gewerblichen Rechtsschutz, WRP 1964, 336; Ulrich, Der Streitwert in Wettbewerbssachen nach der UWG-Reform im Jahre 1986, GRUR 1989, 401; Ulrich, Die UWG-Novelle 1994 und der Streitwert in Wettbewerbssachen, WRP 1995, 362; Wilke, Über den Unsinn einer Reform der §§ 13 und 23a UWG, WRP 1978, 579; Zuck, Verfassungsrechtliche Bedenken zu § 53 PatG, § 23a UWG und § 17a GebrMG, GRUR 1966, 167.

I. Sinn, Zweck und Allgemeines. Etwa im Bereich des gewerblichen Rechtsschutzes und im Aktienrecht sind die Gebührenstreitwerte idR sehr hoch (s. auch Gruber GRUR 2018, 585) – **häufig zu hoch.** Dies liegt im gewerblichen Rechtsschutz ua auch daran, dass die Angaben der klagenden Partei zum Wert ihres Interesses übernommen und nicht geprüft werden (auch → GKG § 51 Rn. 12). Um grds. jeder Person va die **gerichtliche Verteidigung** ihrer Rechte zu ermöglichen (→ PatG § 144 Rn. 1), ist daher in vielen Gesetzen die Möglichkeit einer Streitwertbegünstigung implementiert worden (s. auch Gruber GRUR 2018, 585). Die Bestimmungen sind im Kern jew. gleichlautend, mit EU-Recht vereinbar bzw. sogar grds. **zwingend** (s. auch Gruber GRUR 2018, 585, (589)) und **verfassungskonform** (s. auch BVerfG NJW-RR 1991, 1134; BGH GRUR 2019, 850 Rn. 36; NJW 2018, 3581 Rn. 48; BPatG GRUR-RR 2012, 132 unter II; IRN/Bröcker MarkenG § 142 Rn. 16; BT-Drs. IV/2217, 7). Sie dienen jeweils dazu, eine Art „Waffengleichheit" herzustellen, wenn das Kostenrisiko der in diesen Rechtsstreitigkeiten typischerweise häufig **unterschiedlichen** Wirtschaftskraft der Parteien angepasst wird (BT-Drs. IV/2217, 7). Gegen diese Art der Privilegierung wurde und wird teilweise ua eingewandt, es bestehe kein Grund für eine Sonderregelung gegenüber Streitfällen anderer Art (exemplarisch Gruber GRUR 2018, 585 ff.; IRN/Bröcker MarkenG § 142 Rn. 16). Vermögenslose Personen könnten verführt werden, etwa Marken oder andere Kennzeichen zu **Behinderungszwecken** anzumelden. Zum Ausgleich persönlicher wirtschaftlicher Schwäche sei daher die Prozesskostenhilfe der bessere Weg. **Stellungnahme.** Die Kritik überzeugt nicht. Klagen mit dem Zweck, die andere Partei zu behindern, sind möglich, aber nicht bekannt geworden. Eine Missbrauchsgefahr besteht nicht, da die Anordnung der Streitwertherabsetzung stets im Ermessen des Gerichtes steht. Die zu hohen Streitwerte ua im gewerblichen Rechtsschutz bedürfen außerdem zwingend eines verfassungsrechtlich gebotenen Korrektivs (auch → Vor §§ 3–9 Rn. 4; kritisch hingegen etwa Gruber GRUR 2018, 585; Zuck GRUR 1966, 167). 1

II. Historische Entwicklung. Die Möglichkeit einer Streitwertbegünstigung wurde im Jahr 1936 erstmals im Patentgesetz geschaffen (näher → PatG § 144 Rn. 1). Im Jahr 1965 wurde diese Regelungstechnik in die damals bestehenden Gesetze zum gewerblichen Rechtsschutz (→ UWG § 12 Rn. 1; → MarkenG § 142 Rn. 1; → GebrMG § 26 Rn. 1; s. auch Tetzner NJW 1965, 1944) und auch ins AktG 2

(Streitwertspaltung) übernommen (→ AktG § 247 Rn. 1). Später folgten im gewerblichen Rechtsschutz das Gesetz zur Reform des Geschmacksmusterrechts (→ DesignG § 54 Rn. 1) und das Gesetz zum Schutz von Geschäftsgeheimnissen (→ GeschGehG § 22 Rn. 1). Im Jahr 2005 folgten dann jeweils in Anlehnung an § 23b UWG aF auch § 89a GWB (→ GWB § 89a Rn. 1) sowie § 105 EnWG (→ EnWG § 105 Rn. 1).

3 **III. Tatbestandsvoraussetzungen. 1. Antrag.** Eine Streitwertbegünstigung wird stets nur auf Antrag gewährt (exemplarisch → UWG § 12 Rn. 13 ff.). Der Antrag kann nur **in** einem laufenden Rechtsstreit gestellt werden. Ein Antrag **vor** Anhängigkeit ist unzulässig (aA OLG Schleswig GRUR-RS 2020, 48177 Rn. 22: teleologische Extension)

4 **2. Gefährdung des Antragstellers.** Der Antragsteller, das kann die klagende, aber auch die beklagte Partei sein, muss **glaubhaft** machen, dass die Belastung mit den Prozesskosten nach dem vollen Streitwert seine wirtschaftliche Lage erheblich gefährden würde (exemplarisch → UWG § 12 Rn. 5 ff.).

5 **IV. Rechtsfolgen.** Liegen die Tatbestandsvoraussetzungen für eine Streitwertbegünstigung vor, kann das Gericht für seine Instanz anordnen, dass die Verpflichtung des Antragstellers zur Zahlung von Gerichtskosten sich nach einem seiner Wirtschaftslage angepassten Teil des Streitwertes bemisst (exemplarisch → UWG § 12 Rn. 16 ff.). Der Gebührenstreitwert selbst bleibt immer **unberührt.**

6 **V. Auslegung.** Bei der Auslegung einer Bestimmung zur Streitwertbegünstigung, sollte grds. die Rechtsprechung zu den **anderen** Bestimmungen zur Streitwertbegünstigung herangezogen werden. Hierfür spricht, dass alle Bestimmungen unstreitig das gleiche Ziel verfolgen.

7 **VI. Rechtsmittel.** Gegen die Entscheidung, die einen Antrag auf Streitwertbegünstigung ganz oder teilweise **zurückweist,** ist gem. § 68 I 1 GKG die die Beschwerde eröffnet (BGH GRUR-RS 2021, 14956 Rn. 15), wobei § 68 I 5, 66 III 3 GKG zu beachten sind. Entscheidungen über eine Streitwertbegünstigung sind **der Sache nach** nämlich Entscheidungen über die Höhe des für die Kosten maßgeblichen Gebührenstreitwertes iSv § 68 I 1 GKG (BGH GRUR-RS 2021, 14956 Rn. 13; OLG Saarbrücken WRP 1996, 145).

8 Für die Statthaftigkeit kommt es **nicht** darauf an, ob der Antrag unstatthaft, aus anderen Gründen als unzulässig oder als unbegründet zurückgewiesen wird (BGH GRUR-RS 2021, 14956 Rn. 16).

b) Gewerblicher Rechtsschutz

aa) Gesetz gegen den unlauteren Wettbewerb (UWG)

In der Fassung der Bekanntmachung vom 3.3.2010 (BGBl. I 254)

FNA 43-7

Zuletzt geändert durch Art. 20 Gesetz vom 24.6.2022 (BGBl. I 959)

(Auszug)

Einstweiliger Rechtsschutz; Veröffentlichungsbefugnis; Streitwertminderung

12 [I–II] *(nicht abgedruckt)*

[III] [1] **Macht eine Partei in Rechtsstreitigkeiten, in denen durch Klage ein Anspruch aus einem der in diesem Gesetz geregelten Rechtsverhältnisse geltend gemacht wird, glaubhaft, dass die Belastung mit den Prozesskosten nach dem vollen Streitwert ihre wirtschaftliche Lage erheblich gefährden würde, so kann das Gericht auf ihren Antrag anordnen, dass die Verpflichtung dieser Partei zur Zahlung von Gerichtskosten sich nach einem ihrer Wirtschaftslage angepassten Teil des Streitwerts bemisst.** [2] **Die Anordnung hat zur Folge, dass**

1. die begünstigte Partei die Gebühren ihres Rechtsanwalts ebenfalls nur nach diesem Teil des Streitwerts zu entrichten hat,
2. die begünstigte Partei, soweit ihr Kosten des Rechtsstreits auferlegt werden oder soweit sie diese übernimmt, die von dem Gegner entrichteten Gerichtsgebühren und die Gebühren seines Rechtsanwalts nur nach dem Teil des Streitwerts zu erstatten hat und
3. der Rechtsanwalt der begünstigten Partei, soweit die außergerichtlichen Kosten dem Gegner auferlegt oder von ihm übernommen werden, seine Gebühren von dem Gegner nach dem für diesen geltenden Streitwert beitreiben kann.

IV [1]**Der Antrag nach Absatz 3 kann vor der Geschäftsstelle des Gerichts zur Niederschrift erklärt werden.** [2]**Er ist vor der Verhandlung zur Hauptsache anzubringen.** [3]**Danach ist er nur zulässig, wenn der angenommene oder festgesetzte Streitwert später durch das Gericht heraufgesetzt wird.** [4]**Vor der Entscheidung über den Antrag ist der Gegner zu hören.**

Schrifttum: Mayer, Die Streitwertminderung nach § 12 Abs. 4 UWG, WRP 2010, 1126; Pastor, Die Streitwertherabsetzung nach dem Gesetz zur Änderung des Gesetzes gegen den unlauteren Wettbewerb, des Warenzeichengesetzes und des Gebrauchsmustergesetzes vom 21.7.1965, WRP 1965, 271.

Übersicht

I. Normzweck und Normgeschichte. III ist eine **Härteregelung,** zugunsten der **schwächeren** Partei (BT-Drs. 17/13057, 26). Sie dient deren Entlastung und soll das Ungleichgewicht unterschiedlich starker Parteien, etwa ein Großunternehmen auf der einen und ein kleiner Einzelhändler auf der anderen Seite, ausgleichen (BT-Drs. 17/13057, 26), und dient also der **Waffengleichheit** (BGH NJW 2018, 3581 Rn. 48). Der wirtschaftlich Schwächere soll den Prozess mit einem seinen wirtschaftlichen Verhältnissen angepassten Streitwert führen können und so davor bewahrt werden, sein Recht gegenüber den wirtschaftlich Stärkeren nicht ausreichend geltend machen zu können (BGH NJW 2018, 3581 Rn. 48). Die Vorschrift wurde im Jahr 1965 nach dem **Vorbild** der besonderen Streitwertregelung in **Patentstreitsachen** (→ PatG § 144 Rn. 1) durch das Gesetz zur Änderung des Gesetzes gegen 1 den unlauteren Wettbewerb, des Warenzeichengesetzes und des Gebrauchsmustergesetzes v. 21.7.1965 (BGBl. I 625) in das UWG eingefügt. Denn nach Auffassung der Bundesregierung war es auch für das UWG **typisch,** dass sich das wirtschaftliche Übergewicht der einen Partei über die andere ähnlich auswirkt, wie dies in der amtlichen Begründung zu § 53 PatG aF geschildert worden war (BT-Drs. IV/2217, 6). Das gelte insbes. für die Fälle, in denen ein Verband, der nur über beschränkte finanzielle Mittel verfügt, gegen unlautere Wettbewerbsmaßnahmen vorzugehen beabsichtige und dabei vor der Frage stehe, ob er das mit Streitsachen wegen unlauteren Wettbewerbs häufig verbundene hohe Kostenrisiko einzugehen in der Lage ist (BT-Drs. IV/2217, 6). Darüber hinaus hielt es die Bundesregierung aber für **notwendig, mittelständischen Unternehmen ganz allgemein** die Möglichkeit zu sichern, in Rechtsstreitigkeiten wegen Verletzung gewerblicher Schutzrechte oder wegen unlauteren Wettbewerbs, die für den Wettbewerbskampf von besonderer Bedeutung sind, ihre Rechte zu wahren, ohne daran durch für sie nicht tragbare Kosten gehindert zu sein (BT-Drs. IV/2217, 6). Seine **jetzige** Form hat § 12 mWv 2.12.2020 durch das Gesetz zur Stärkung des fairen Wettbewerbs v. 26.11.2020 (BGBl. I 2568) erhalten.

2 **II. Anwendungsbereich. 1. Sachlicher.** III ist nach S. 1 anwendbar in einer Rechtsstreitigkeit, in der durch Klage ein Anspruch aus einem der im UWG geregelten Rechtsverhältnisse geltend gemacht wird. Dies gilt auch für den einstweiligen Rechtsschutz (OLG Brandenburg GRUR-RS 2021, 12898 Rn. 7). Eine auch aus anderen Gesetzen ableitbare Anspruchsbegründung reicht, soweit diejenige nach dem UWG nicht ersichtlich nur **vorgeschützt** ist. Schlüssigkeit ist nicht nötig. Auch die Höhe des Gebührenstreitwerte ist **entgegen** der wohl hM (→ Rn. 9) **unerheblich.** Im Urheberrecht ist III grds. **nicht entsprechend** anwendbar (BGH GRUR 2016, 1280 Rn. 73 – Everytime we touch; GRUR 2016, 1275 Rn. 45 – Tannöd; GRUR 2016, 176 Rn. 81 – Tauschbörse I); etwas anderes gilt nach § 36b II 1 UrhG.

3 **2. Persönlicher.** Die Bestimmung ist auf die klagende Partei, aber auch auf die beklagte Partei anwendbar. Bei Streitgenossen ist III für jeden anwendbar. Der Streithelfer kann analog III einen Antrag stellen. Ob es sich um eine natürliche Person oder einen parteifähigen Verband handelt, ist unerheblich (s. auch BGH GRUR 1953, 284). § 116 S. 1 Nr. 2 ZPO ist nicht entsprechend anwendbar (s. auch BGH GRUR 1953, 284 und BPatG BeckRS 2013, 05718 zu § 114 PatG). Bei einer Partei kraft Amtes kommt es allein auf eine erhebliche Gefährdung der verwalteten Vermögensmasse an. Die Vergünstigung ist auch Ausländern zu gewähren. Auf eine Verbürgung der Gegenseitigkeit kommt es nicht an.

4 **3. Begriff der Klage.** „Klage" ist auch eine Widerklage, ein Eilantrag nach §§ 916 ff., 935 ff. ZPO (auch OLG Karlsruhe JurBüro 2010, 531; OLG Hamburg GRUR 1985, 148; OLG Köln WRP 1976, 261) oder eine negative Feststellungsklage.

5 **III. Tatbestandsvoraussetzungen. 1. Gefährdung. a) Überblick.** Die Belastung mit den Prozesskosten nach dem vollen Streitwert muss die wirtschaftliche Lage der den Antrag stellenden Partei erheblich gefährden. Prozesskosten idS sind die Kosten des Rechtsstreits nach §§ 91 ff. ZPO. Sie umfassen also gerichtliche wie außergerichtliche und sonstige Gebühren und Auslagen unabhängig von einer Erstattbarkeit.

6 **b) Wirtschaftliche Lage. aa) Überblick.** Bezugspunkt einer Gefährdung ist die wirtschaftliche Lage des Antragstellers, also sein Vermögen. Eine rein rechtliche Gefährdung reicht nicht. Neben der wirtschaftlichen Lage ist das vorprozessuale und prozessuale Verhalten nicht zu würdigen (aA OLG Stuttgart BeckRS 2016, 7946 Rn. 11 = WRP 2016, 766).

7 **bb) Mutwilligkeit.** Es ist entgegen der wohl hM (OLG Stuttgart BeckRS 2016, 7946 Rn. 11 = WRP 2016, 766; OLG Frankfurt a. M. GRUR-RR 2005, 296; KG GRUR 1983, 673) unerheblich, ob der Antragsteller bei „eindeutiger Rechtslage" auf eine Abmahnung nicht reagiert und damit den Prozess auslöst. Unerheblich ist auch, ob der Antragsteller den Prozess vermeiden konnte (OLG Stuttgart BeckRS 2016, 7946 Rn. 16 = WRP 2016, 766). Hier wird jeweils – unzulässig – in § 12 III UWG das Merkmal einer Mutwilligkeit eingeführt. Die Aussichten der Rechtsverfolgung oder Rechtsverteidigung spielen **keine Rolle** (s. auch BPatG BeckRS 2010,

20933 unter II 2c). Anders ist es nur, wenn sich das Verhalten als **rechtsmissbräuchlich** darstellen würde (BPatG BeckRS 2010, 20933 unter II 2c; s. auch Blatt für Patent-, Muster- und Zeichenwesen 1936, 103, 115). Als missbräuchlich kann die Prozessführung etwa dann angesehen werden, wenn dem Antragsteller wegen Aussichtslosigkeit der Rechtsverfolgung oder Rechtsverteidigung bereits die Prozesskostenhilfe versagt worden ist.

c) Begriff der erheblichen Gefährdung. aa) Drohende Insolvenz. Die wirtschaftliche Lage des Antragstellers ist jedenfalls dann gefährdet, wenn er, müsste er die Prozesskosten nach dem nach § 51 II, III 1, 2 ermittelten Streitwert tragen, über sein Vermögen das Insolvenzverfahren eröffnen müsste (OLG Stuttgart BeckRS 2016, 7946 Rn. 10 = WRP 2016, 766). Dies gilt auch bei einem nicht aktiv am Wirtschaftsleben beteiligten Unternehmen, das nicht über nennenswerte Vermögensgegenstände verfügt, also bei einer grds. vermögenslosen Person (aA OLG Brandenburg GRUR-RS 2021, 12898 Rn. 10; zu § 144 PatG BGH GRUR 2013, 1288 Rn. 7; 1953, 284). 8

bb) Weitere Fälle. Eine Gefährdung kann nach dem Zweck des III, Ungleichgewichte auszugleichen, auch schon **oberhalb** dieses Maßstabes vorliegen. Eine Gefährdung liegt dabei noch nicht vor, wenn der Antragsteller einen Kreditvertrag schließen könnte (OLG Brandenburg GRUR-RS 2021, 12898 Rn. 10; OLG Stuttgart BeckRS 2016, 7946 Rn. 10 = WRP 2016, 766) oder wenn ein Dritter eine Prozesskostenübernahme ohne Regress zugesagt hat oder hätte zusagen können (zu § 144 PatG BGH GRUR 2013, 1288 Rn. 11). Eine erhebliche Gefährdung liegt aber vor, wenn entweder eine wesentliche Beeinträchtigung der Lebensführung durch Reduzierung der laufenden Einkünfte droht oder ein erheblicher Teil des Vermögens geopfert werden müsste (s. auch OLG Celle DB 1992, 466). Das durch die Kostenlast entstehende Vermögensopfer muss mithin unzumutbar sein. Dies ist dann der Fall, wenn bspw. ein vernünftiger Kläger die Prozessführung bei vollem Kostenrisiko nicht wagen würde, weil die wirtschaftliche Beeinträchtigung in keinem vernünftigen Verhältnis zu dem angestrebten Prozessziel steht (s. auch OLG Celle DB 1992, 466; MüKoAktG/Schäfer AktG § 247 Rn. 24). Je niedriger der Gebührenstreitwert ist, desto weniger liegt eine Gefährdung nahe. Daraus folgt aber **nicht** in einem Umkehrschluss, dass eine Gefährdung bei Streitwerten von bis zu 10.000 EUR idR nicht in Betracht kommt (aA OLG Brandenburg GRUR-RS 2021, 12898 Rn. 8; OLG Stuttgart BeckRS 2016, 7946 Rn. 12 = WRP 2016, 766). Auch in diesem Fall kann eine Gefährdung vorliegen. 9

d) Zeitpunkt. Maßgeblich ist der Zeitpunkt einer Entscheidungsreife über den Antrag. 10

e) Praktische Feststellung. Um eine erhebliche Gefährdung festzustellen, ist in einem ersten Schritt der Streitwert nach § 52 II, III 1, 2 zu bestimmen. In einem zweiten Schritt muss berechnet werden, welche Prozesskosten, legte man diesen Streitwert zu Grunde, auf die den Antrag stellende Partei im ärgsten Fall zukommen könnten. Der so ermittelte Wert ist dann Grundlage für die wirtschaftliche Frage, ob eine Gefährdung vorliegt. Es ist eine Abwägung vorzunehmen zwischen der wirtschaftlichen Lage der Partei einerseits und der Kostenbelastung andererseits (OLG Brandenburg GRUR-RS 2021, 12898 Rn. 10). 11

f) Glaubhaftmachung (III 1). Die den Antrag stellende Partei muss die behauptete Gefährdung zwar nicht beweisen, aber wenigstens **glaubhaft** (§ 294 ZPO) machen. Die Glaubhaftmachung kann bis zur Entscheidungsreife (§ 300 ZPO) nachgeholt werden. Es ist eine normale Glaubhaftmachung. An sie sind daher keine „besonders strengen Voraussetzungen zu stellen" (unzutreffend daher etwa OLG Brandenburg GRUR-RS 2021, 12898 Rn. 10; OLG Stuttgart BeckRS 2016, 7946 Rn. 9 = WRP 2016, 766). Es gilt der Grundsatz der freien Würdigung des gesamten Vorbringens. Anstelle des Vollbeweises genügt die überwiegende Wahrscheinlichkeit (s. auch BGH NJW 1998, 1870 unter II.3.b). Zur Glaubhaftmachung geeignet sind liquide Beweismittel (bspw. Steuerbescheid, Depotauszug, Vermögensaufstellung der Bank) und die eidesstattliche Versicherung. 12

2. Antrag (III 1, V). a) Überblick. Die Anordnung ist nur möglich, wenn eine Partei diese beantragt. Der Antrag ist wie **jede** Parteiprozesshandlung auslegbar. Statt- 13 haft ist zB die Umdeutung eines Antrags auf „Streitwertermäßigung" oder auf „Prozesskostenhilfe". Das Gericht darf und muss evtl. nach § 139 ZPO klären, welcher Antrag gestellt werden soll, sollte aber zur Vermeidung des Vorwurfes einer Befangenheit nach § 42 ZPO mit einer Anregung auf Antragstellung zurückhaltend bleiben. Im Zweifel gilt ein Antrag für alle Rechtszüge.

14 **b) Form.** Der Antrag kann vor der Geschäftsstelle des Gerichtes zur Niederschrift erklärt werden (IV 1). Daraus folgt, dass der Antrag auch im Verfahren mit grundsätzlichem Anwaltszwang nach § 78 ZPO keinem solchen unterliegt.

15 **c) Frist.** Der Antrag ist grds. **vor** der Verhandlung zur Hauptsache anzubringen (IV 2). Danach ist er nur zulässig, wenn der angenommene oder festgesetzte Streitwert später durch das Gericht heraufgesetzt wird (IV 3). Dem ist der Fall gleichzustellen, dass der Streitwert erstmals nach Verhandlung zur Hauptsache festgesetzt wird und die Geschäftsstelle des Gerichtes auch nicht zur Erhebung von Gebühren einen vorläufigen Streitwert angenommen hat (BGH GRUR 1953, 284).

16 **IV. Rechtsfolgen. 1. Anordnung einer Anpassung (III 1 Hs. 2, 2). a) Überblick.** Liegen die Tatbestandsvoraussetzungen vor, **kann** das Gericht für **seine** Instanz (s. auch BGH NJW-RR 1993, 222) anordnen, dass die Verpflichtung dieser Partei zur Zahlung von Gerichtskosten sich nach einem ihrer Wirtschaftslage angepassten Teil des Streitwertes bemisst (III 1 Hs. 2). Die Anpassungsanordnung hat nach § 12 III 2 Nr. 1–3 ferner zur Folge, dass die begünstigte Partei die Gebühren ihres Rechtsanwaltes und, soweit ihr Kosten des Rechtsstreits auferlegt werden oder soweit sie diese übernimmt, die von dem Gegner entrichteten Gerichtsgebühren und die Gebühren seines Rechtsanwaltes nur nach dem ihrer Wirtschaftslage angepassten Teil des Streitwertes zu entrichten hat und dass der Rechtsanwalt der begünstigten Partei, soweit die außergerichtlichen Kosten dem Gegner auferlegt oder von ihm übernommen werden, seine Gebühren von dem Gegner nach dem für diesen geltenden Streitwert beitreiben kann. Die Anpassung hat **keine Auswirkungen** auf den Gebührenstreitwert.

17 **b) Anhörung.** Vor der Entscheidung über den Antrag ist der Gegner zu hören (V 4).

18 **c) Zuständigkeit.** Zuständig zur Bearbeitung ist das Prozessgericht der Instanz, evtl. auch das Vollstreckungsgericht nach §§ 764, 802 ZPO.

19 **d) Form.** Die Entscheidung ergeht durch einen Beschluss nach § 329 ZPO (Gruber MDR 2016, 310).

Beispiel: „Die Verpflichtung des … zur Zahlung von Gerichtskosten bemisst sich nach einem Teilstreitwert von Euro …).

20 **e) Inhalt.** Der Beschluss enthält entweder eine Zurückweisung oder eine teilweise oder gänzliche Stattgabe, erstere dann, wenn der Antragsteller etwa eine bezifferte weitergehende Verringerung als die nun erfolgende begehrt hatte. Aus dem Antragserfordernis folgt eine zumindest entsprechende Anwendbarkeit des § 308 I ZPO: Das Gericht darf nicht über einen im Antrag ausdrücklich oder erkennbar erbetenen Grad der Verringerung hinausgehen. Eine Verringerung mag in Prozenten des Streitwertes ohne dessen Bezifferung oder Festsetzung oder zugleich mit letzterer ergehen, aber auch zB in Form einer in EUR bezifferten Summe unterhalb eines wahren Wertes, oder in einem Bruchteil des Wertes. Eine Kostenentscheidung für das Verringerungsverfahren erfolgt nicht.

21 **f) Ermessen.** Das Gericht hat zum „Ob" und „Wie" ein Ermessen. Das öffentliche Interesse kann bei der Ermessensausübung beachtlich sein (BGH JurBüro 2011, 418).

22 **g) Mitteilung.** Die Mitteilung der Entscheidung erfolgt wie sonst nach § 329 ZPO.

23 **h) Rechtsbehelf.** Nach hM kann sowohl gegen einen ablehnenden (BGH GRUR-RS 2021, 14956 Rn. 15) als auch gegen einen stattgebenden Beschluss über einen Antrag auf Streitwertbegünstigung entsprechend § 68 GKG und den dortigen Voraussetzungen **Beschwerde** einlegt werden (Gruber MDR 2016, 310; zu § 53 PatG aF s. OLG München NJW 1959, 52). Beschwerdeberechtigt ist grds. diejenige Partei, deren Antrag auf Streitwertbegünstigung vollständig oder teilweise abgelehnt wird (Gruber MDR 2016, 310). Wird eine Streitwertbegünstigung gewährt, kann dagegen der dadurch Beschwerte vorgehen (Gruber MDR 2016, 310 (311)).

2. Verringerung der Anwaltsgebühren (III 2 Nr. 1). Der Rechtsanwalt der begünstigten Partei kann von ihr seine Gebühren nach dem RVG dem Grunde nach wie sonst fordern, **der Höhe nach** aber nur nach demjenigen Teil des wahren Streitwertes, den das Gericht **bemessen** hat. Das gilt für seine Tätigkeit ab Wirksamkeit der Anordnung, nicht aber auch für vorher entstandene Gebühren. Denn die Vorschrift nennt keine Rückwirkung, und einmal entstandene Gebühren bleiben dann von späteren prozessualen Vorgängen unberührt. Die Verringerung umfasst nur eine **wertabhängige** Gebühr, keine Festgebühr und **keine** Auslagen des Rechtsanwaltes. 24

3. Verringerung einer Erstattungspflicht (III 2 Nr. 2). Der Antragsteller braucht als **Kostenschuldner** gegnerischer Forderungen (Entscheidungs- oder Übernahmeschuldner nach § 29 GKG) Gerichts- und Anwalts**gebühren** nur nach dem in der Anordnung des Gerichtes bemessenen Wertteil zu erstatten. Auch hier geht es nur um Wert- und nicht um Festgebühren und **nicht** um Auslagen. Der Rechtsanwalt der Gegenpartei behält aber seinen Gebührenanspruch nach vollem Streitwert gegenüber seinem Mandanten. 25

4. Verringerung des Beitreibungsanspruchs (III 2 Nr. 3). Der Rechtsanwalt des Begünstigten kann vom **gegnerischen Kostenschuldner** seine Anwaltsgebühren nach § 126 I ZPO nur nach dem für den Gegner geltenden und evtl. verringerten Betrag auf Grund einer Gerichtsanordnung beitreiben. Gegenüber dem eigenen Auftraggeber bleibt der Anwaltsanspruch aber bestehen. Auch bei § 12 III Nr. 3 UWG geht es nur um Wertgebühren, nicht um Auslagen. 26

bb) Patentgesetz (PatG)

In der Fassung der Bekanntmachung vom 16.12.1980 (BGBl. 1981 I 1)
FNA 420-1
Zuletzt geändert durch Art. 1 Gesetz vom 30.8.2021 (BGBl. I 4047)
(Auszug)

[Streitwertbegünstigung]

144 **I 1 Macht in einer Patentstreitsache eine Partei glaubhaft, daß die Belastung mit den Prozeßkosten nach dem vollen Streitwert ihre wirtschaftliche Lage erheblich gefährden würde, so kann das Gericht auf ihren Antrag anordnen, daß die Verpflichtung dieser Partei zur Zahlung von Gerichtskosten sich nach einem ihrer Wirtschaftslage angepaßten Teil des Streitwerts bemißt. 2 Die Anordnung hat zur Folge, daß die begünstigte Partei die Gebühren ihres Rechtsanwalts ebenfalls nur nach diesem Teil des Streitwerts zu entrichten hat. 3 Soweit ihr Kosten des Rechtsstreits auferlegt werden oder soweit sie diese übernimmt, hat sie die von dem Gegner entrichteten Gerichtsgebühren und die Gebühren seines Rechtsanwalts nur nach dem Teil des Streitwerts zu erstatten. 4 Soweit die außergerichtlichen Kosten dem Gegner auferlegt oder von ihm übernommen werden, kann der Rechtsanwalt der begünstigten Partei seine Gebühren von dem Gegner nach dem für diesen geltenden Streitwert beitreiben.**

II 1 Der Antrag nach Absatz 1 kann vor der Geschäftsstelle des Gerichts zur Niederschrift erklärt werden. 2 Er ist vor der Verhandlung zur Hauptsache anzubringen. 3 Danach ist er nur zulässig, wenn der angenommene oder festgesetzte Streitwert später durch das Gericht heraufgesetzt wird. 4 Vor der Entscheidung über den Antrag ist der Gegner zu hören.

I. Normzweck und Normgeschichte. Die Regelung ist bereits durch das Patentgesetz v. 5.5.1936 (RGBl. II 117) als § 53 eingeführt, seither inhaltlich **nicht geändert** worden und ist die „Mutter" sämtlicher Bestimmungen zur Streitwertbegünstigung. Beim Streit um die Frage einer Patentverletzung ist nicht selten das **wirtschaftliche Übergewicht** der einen über die andere Partei einer gerechten Lösung hinderlich, weil es der weniger bemittelten Partei nicht möglich ist, das mit einem Patentprozess verbundene Kostenwagnis zu übernehmen (BT-Drs. IV/2217, 1

5). Sie sieht sich infolgedessen zur Preisgabe ihrer Rechte oder bestenfalls zum Eingehen eines ungünstigen Vergleichs genötigt. Mit den Mitteln des Prozesskostenhilferechtes kann in diesen Fällen **nicht** geholfen werden, da die entsprechenden Voraussetzungen idR nicht erfüllt sind und auch geschäftliche Rücksichten von seiner Inanspruchnahme abhalten würden (siehe die amtliche Begründung zum Patentgesetz vom 5.51936 in: Blatt für Patent-, Muster- und Zeichenwesen 1936, 103 (115)). Diesem Missstand abzuhelfen, dient § 144 (BT-Drs. IV/2217, 6). Ein **mittelloser Erfinder** oder **kleiner Patentverwerter** soll mithin finanziell imstande sein, einen Prozess mit einem Großunternehmen überhaupt durchführen zu können. Der Normzweck ist damit mit § 12 III UWG **identisch.** Siehe daher auch → UWG § 12 Rn. 1.

2 **II. Anwendungsbereich. a) Sachlicher. aa) Grundsatz.** § 144 ist in **allen** Patentstreitsachen anwendbar (s. auch Busse/Keukenschrijver/Keukenschrijver PatG § 144 Rn. 4). Zu den Patentstreitsachen zählen alle Klagen, die einen Anspruch auf eine Erfindung oder aus einer Erfindung zum Gegenstand haben oder in anderer Weise mit einer Erfindung eng verknüpft sind (BGH GRUR 2013, 756 Rn. 10; 2011, 662 Rn. 9). Hierzu können insbes. Klagen gehören, deren Anspruchsgrundlage sich aus einem Patent oder einer nicht geschützten Erfindung ergibt, sowie solche, deren Ansprüche auf einem Lizenz- oder einem sonstigen Verwertungsvertrag beruhen (BGH GRUR 2013, 756 Rn. 10). Um den Rechtsstreit nicht mit Zuständigkeitsfragen zu belasten, die mit dem eigentlichen Streit zwischen den Parteien nichts zu tun haben, ist das Vorliegen einer Patentstreitsache grundsätzlich nicht von streng zu prüfenden Voraussetzungen abhängig zu machen. Die Prozessökonomie und das Interesse der Parteien, ihren eigentlichen Streit verhandelt und entschieden zu wissen, gebietet, eine Patentstreitsache anzunehmen, wenn die oben genannten Voraussetzungen hinreichend dargestellt und erkennbar werden. Daraus ergibt sich in der Praxis zu Recht eine entsprechend weite Auslegung des Begriffs einer Patentstreitsache (BGH GRUR 2011, 662 Rn. 9). Hierher gehören daher alle Ansprüche aus dem Erfinderrecht und dem Patentrecht und alle mit solchen Ansprüchen zusammenhängenden Ansprüche. Es reicht auch aus, dass eine Patentverletzung im Ausland erfolgt ist. Auf die Klageart kommt es nicht an. § 144 PatG ist auch im einstweiligen Rechtsschutz anwendbar (OLG Köln WRP 1976, 261).

3 **bb) Verweisungen.** Kraft Verweisungen ist § 144 anwendbar im Nichtigkeits- und Zwangslizenzverfahren vor dem BPatG (§ 2 II 5 PatKostG), in den entsprechenden Berufungs- und Beschwerdeverfahren vor dem BGH (§§ 121 I, 122 IV) sowie in den beim BGH geführten Rechtsbeschwerdeverfahren gegen die Beschlüsse des BPatG (§ 102 II).

4 **b) Persönlicher.** § 144 gilt für jede Partei, ebenso für Streithelfer (Busse/Keukenschrijver/Keukenschrijver Rn. 4; auch → UWG § 12 Rn. 3).

5 **III. Tatbestandsvoraussetzungen.** Die Tatbestandsvoraussetzungen sind identisch mit § 12 III, IV UWG. Daher → UWG § 12 Rn. 5 ff.

6 **IV. Rechtsfolgen.** Die Rechtsfolgen sind **identisch** mit § 12 III UWG. Daher → UWG § 12 Rn. 10 ff.

cc) Designgesetz (DesignG)

In der Fassung der Bekanntmachung vom 24.2.2014 (BGBl. I 122)
FNA 442-5
Zuletzt geändert durch Art. 10 Gesetz vom 10.8.2021 (BGBl. I 3490)
(Auszug)

Streitwertbegünstigung

54 **I** [1] **Macht in bürgerlichen Rechtsstreitigkeiten, in denen durch Klage ein Anspruch aus einem der in diesem Gesetz geregelten Rechtsverhältnisse geltend gemacht wird, eine Partei glaubhaft, dass die Belastung mit den Prozesskosten nach dem vollen Streitwert ihre wirtschaftliche Lage erheblich gefährden würde, so kann das Gericht auf ihren Antrag anordnen,**

dass die Verpflichtung dieser Partei zur Zahlung von Gerichtskosten sich nach einem ihrer Wirtschaftslage angepassten Teil des Streitwerts bemisst.

II [1]**Die Anordnung nach Absatz 1 hat zur Folge, dass die begünstigte Partei die Gebühren ihres Rechtsanwalts ebenfalls nur nach diesem Teil des Streitwerts zu entrichten hat.** [2]**Soweit ihr Kosten des Rechtsstreits auferlegt werden oder soweit sie diese übernimmt, hat sie die von dem Gegner entrichteten Gerichtsgebühren und die Gebühren seines Rechtsanwalts nur nach dem Teil des Streitwerts zu erstatten.** [3]**Soweit die außergerichtlichen Kosten dem Gegner auferlegt oder von ihm übernommen werden, kann der Rechtsanwalt der begünstigten Partei seine Gebühren von dem Gegner nach dem für diesen geltenden Streitwert beitreiben.**

III [1]**Der Antrag nach Absatz 1 kann vor der Geschäftsstelle des Gerichts zur Niederschrift erklärt werden.** [2]**Er ist vor der Verhandlung zur Hauptsache zu stellen.** [3]**Danach ist er nur zulässig, wenn der angenommene oder festgesetzte Streitwert später durch das Gericht heraufgesetzt wird.** [4]**Vor der Entscheidung über den Antrag ist der Gegner zu hören.**

I. Normzweck und Normgeschichte. § 54 ist durch das Gesetz zur Reform des Geschmacksmusterrechts v. 12.3.2004 (BGBl. I 390) zunächst als § 54 GeschmMG geschaffen worden. Er soll – wie in den übrigen Gesetzen des gewerblichen Rechtsschutzes – auch im Designrecht für eine **wirtschaftlich schwache** Partei die Möglichkeit eröffnen, auf ihren Antrag die einseitige Herabsetzung des Gebührenstreitwertes zu ihren Gunsten herbeizuführen (BT-Drs. 15/1075, 58). Der Zweck der Regelung liegt mithin darin, den wirtschaftlich Schwächeren vor dem Kostenrisiko eines Designstreitverfahrens zu schützen (BT Drs. 15/1075, 58). Er soll den Prozess mit einem seinen wirtschaftlichen Verhältnissen angepassten Streitwert führen können. Für den wirtschaftlich Stärkeren bleibt dagegen der volle Streitwert maßgebend. Die Begünstigung hat somit nur dann Bedeutung, wenn der Begünstigte in dem Rechtsstreit **ganz oder teilweise** unterliegt (BT-Drs. 15/1075, 58). Der Normzweck ist damit mit § 12 III UWG **identisch.** Daher → UWG § 12 Rn. 1. 1

II. Anwendungsbereich. § 54 ist in bürgerlichen Rechtsstreitigkeiten anwendbar, in denen durch Klage ein Anspruch aus einem der im DesignG geregelten Rechtsverhältnisse geltend gemacht wird. § 54 ist für Klagen nach Art. 81 GGV **entsprechend** anwendbar (offen gelassen von OLG Düsseldorf BeckRS 2005, 153276 Rn. 5). 2

III. Tatbestandsvoraussetzungen. Die Tatbestandsvoraussetzungen sind identisch mit § 12 III, IV UWG. Daher → UWG § 12 Rn. 5 ff. 3

IV. Rechtsfolgen. Die Rechtsfolgen sind identisch mit § 12 III UWG. Daher → UWG § 12 Rn. 10 ff. 4

dd) Gebrauchsmustergesetz (GebrMG)

In der Fassung der Bekanntmachung vom 28.8.1986 (BGBl. I 1455)

FNA 421-1

Zuletzt geändert durch Art. 3 Gesetz vom 10.8.2021 (BGBl. I 3490)

(Auszug)

[Herabsetzung des Streitwerts]

26 I [1]**Macht in bürgerlichen Rechtsstreitigkeiten, in denen durch Klage ein Anspruch aus einem der in diesem Gesetz geregelten Rechtsverhältnisse geltend gemacht wird, eine Partei glaubhaft, daß die Belastung mit den Prozeßkosten nach dem vollen Streitwert ihre wirtschaftliche Lage erheblich gefährden würde, so kann das Gericht auf ihren Antrag anordnen, daß die Verpflichtung dieser Partei zur Zahlung von Gerichtskosten sich nach einem ihrer Wirtschaftslage angepaßten Teil des Streitwerts bemißt.** [2]**Die Anordnung hat zur Folge, daß die begünstigte Partei die Gebühren ihres Rechtsanwalts ebenfalls nur nach diesem Teil des Streitwerts zu ent-**

richten hat. [3]Soweit ihr Kosten des Rechtsstreits auferlegt werden oder soweit sie diese übernimmt, hat sie die von dem Gegner entrichteten Gerichtsgebühren und die Gebühren seines Rechtsanwalts nur nach dem Teil des Streitwerts zu erstatten. [4]Soweit die außergerichtlichen Kosten dem Gegner auferlegt oder von ihm übernommen werden, kann der Rechtsanwalt der begünstigten Partei seine Gebühren von dem Gegner nach dem für diesen geltenden Streitwert beitreiben.

II [1]Der Antrag nach Absatz 1 kann vor der Geschäftsstelle des Gerichts zur Niederschrift erklärt werden. [2]Er ist vor der Verhandlung zur Hauptsache anzubringen. [3]Danach ist er nur zulässig, wenn der angenommene oder festgesetzte Streitwert später durch das Gericht heraufgesetzt wird. [4]Vor der Entscheidung über den Antrag ist der Gegner zu hören.

1 **I. Normzweck und Normgeschichte.** Die Bestimmung ist durch das Gesetz zur Änderung des Gesetzes gegen den unlauteren Wettbewerb, des Warenzeichengesetzes und des Gebrauchsmustergesetzes v. 21.7.1965 (BGBl. I 625) in das GebrMG eingefügt worden, um eine Harmonisierung mit der Rechtslage zu erreichen (BT-Drs. IV/2217, 7). Der Normzweck ist mit § 12 III UWG identisch. Daher → UWG § 12 Rn. 1.

2 **II. Anwendungsbereich.** § 26 ist in bürgerlichen Rechtsstreitigkeiten anwendbar, in denen durch Klage ein Anspruch aus einem der im GebrMG geregelten Rechtsverhältnisse geltend gemacht wird.

3 **III. Tatbestandsvoraussetzungen.** Die Tatbestandsvoraussetzungen sind identisch mit § 12 III, IV UWG. Daher → UWG § 12 Rn. 5 ff.

4 **IV. Rechtsfolgen.** Die Rechtsfolgen sind identisch mit § 12 III UWG. Daher → UWG § 12 Rn. 10 ff.

ee) Gesetz zum Schutz von Geschäftsgeheimnissen (GeschGehG)

Vom 18.4.2019 (BGBl. I 466)

FNA 427-1

(Auszug)

Streitwertbegünstigung

22 **I Macht bei Geschäftsgeheimnisstreitsachen eine Partei glaubhaft, dass die Belastung mit den Prozesskosten nach dem vollen Streitwert ihre wirtschaftliche Lage erheblich gefährden würde, so kann das Gericht auf ihren Antrag anordnen, dass die Verpflichtung dieser Partei zur Zahlung von Gerichtskosten sich nach dem ihrer Wirtschaftslage angepassten Teil des Streitwerts bemisst.**

II Die Anordnung nach Absatz 1 bewirkt auch, dass

1. **die begünstigte Partei die Gebühren ihres Rechtsanwalts ebenfalls nur nach diesem Teil des Streitwerts zu entrichten hat,**
2. **die begünstigte Partei, soweit ihr Kosten des Rechtsstreits auferlegt werden oder soweit sie diese übernimmt, die von dem Gegner entrichteten Gerichtsgebühren und die Gebühren seines Rechtsanwalts nur nach diesem Teil des Streitwerts zu erstatten hat und**
3. **der Rechtsanwalt der begünstigten Partei seine Gebühren von dem Gegner nach dem für diesen geltenden Streitwert beitreiben kann, soweit die außergerichtlichen Kosten dem Gegner auferlegt oder von ihm übernommen werden.**

III [1]Der Antrag nach Absatz 1 ist vor der Verhandlung zur Hauptsache zu stellen. [2]Danach ist er nur zulässig, wenn der angenommene oder festgesetzte Streitwert durch das Gericht heraufgesetzt wird. [3]Der Antrag kann vor der Geschäftsstelle des Gerichts zur Niederschrift erklärt werden. [4]Vor der Entscheidung über den Antrag ist der Gegner zu hören.

I. Normzweck und Normgeschichte. Die Regelung soll verhindern, dass die Bereitschaft einer wirtschaftlich schwachen Partei zur Rechtsdurchsetzung oder -verteidigung durch die im Regelfall voraussichtlich hohen Streitwerte bei der Verletzung von Geschäftsgeheimnissen beeinträchtigt wird (BT-Drs.19/4724, 39). Der Normzweck ist damit mit § 12 III UWG identisch. Daher → UWG § 12 Rn. 1. 1

II. Anwendungsbereich. § 22 ist in Geschäftsgeheimnisstreitsachen iSv § 15 anwendbar. 2

III. Tatbestandsvoraussetzungen. Die Tatbestandsvoraussetzungen sind identisch mit § 12 III, IV UWG. Daher → UWG § 12 Rn. 5 ff. 3

IV. Rechtsfolgen. Die Rechtsfolgen sind identisch mit § 12 III UWG. Daher → § 12 UWG Rn. 10 ff. 4

ff) Gesetz über den Schutz von Marken und sonstigen Kennzeichen (Markengesetz – MarkenG)

Vom 25.10.1994 (BGBl. I 3082, ber. 1995 I 156)

FNA 423-5-2

Zuletzt geändert durch Art. 5 Gesetz vom 10.8.2021 (BGBl. I 3490)

(Auszug)

Streitwertbegünstigung

142 I 1 **Macht in bürgerlichen Rechtsstreitigkeiten, in denen durch Klage ein Anspruch aus einem der in diesem Gesetz geregelten Rechtsverhältnisse geltend gemacht wird, eine Partei glaubhaft, daß die Belastung mit den Prozeßkosten nach dem vollen Streitwert ihre wirtschaftliche Lage erheblich gefährden würde, so kann das Gericht auf ihren Antrag anordnen, daß die Verpflichtung dieser Partei zur Zahlung von Gerichtskosten sich nach einem ihrer Wirtschaftslage angepaßten Teil des Streitwerts bemißt.**

II 1 **Die Anordnung nach Absatz 1 hat zur Folge, daß die begünstigte Partei die Gebühren ihres Rechtsanwalts ebenfalls nur nach diesem Teil des Streitwerts zu entrichten hat.** 2 **Soweit ihr Kosten des Rechtsstreits auferlegt werden oder soweit sie diese übernimmt, hat sie die von dem Gegner entrichteten Gerichtsgebühren und die Gebühren seines Rechtsanwalts nur nach dem Teil des Streitwerts zu erstatten.** 3 **Soweit die außergerichtlichen Kosten dem Gegner auferlegt oder von ihm übernommen werden, kann der Rechtsanwalt der begünstigten Partei seine Gebühren von dem Gegner nach dem für diesen geltenden Streitwert beitreiben.**

III 1 **Der Antrag nach Absatz 1 kann vor der Geschäftsstelle des Gerichts zur Niederschrift erklärt werden.** 2 **Er ist vor der Verhandlung zur Hauptsache zu stellen.** 3 **Danach ist er nur zulässig, wenn der angenommene oder festgesetzte Streitwert später durch das Gericht heraufgesetzt wird.** 4 **Vor der Entscheidung über den Antrag ist der Gegner zu hören.**

I. Normzweck und Normgeschichte. Die Vorschrift wurde im Jahr 1965 nach dem Vorbild der besonderen Streitwertregelung in **Patentstreitsachen** (→ PatG § 144 Rn. 1) durch das Gesetz zur Änderung des Gesetzes gegen den unlauteren Wettbewerb, des Warenzeichengesetzes und des Gebrauchsmustergesetzes v. 21.7.1965 (BGBl. I 625) in das damalige **Warenzeichengesetz** (WZG) als § 31a eingefügt. Das Ziel bestand darin, der weniger bemittelten Partei das mit einem Prozess verbundene **Kostenwagnis zu ermöglichen** (BT-Drs. IV/2217, 5). Wenn bspw. ein kleiner Unternehmer eine zwar unbedeutende, aber ältere Marke gegen eine jüngere, jedoch durch hohen Werbeaufwand schnell bekanntgewordene Marke eines großen Unternehmens verteidigt, so stehen sich in dem Rechtsstreit Interessen von unterschiedlicher wirtschaftlicher Bedeutung gegenüber: Während der kleine Unternehmer seine an sich unbedeutende Marke gegen die Verletzung durch die jüngere Marke verteidigt, kämpft der große Unternehmer um das Recht, die jüngere Marke, die er in kurzer Zeit mit hohem Werbeaufwand eingeführt hat, weiter 1 benutzen zu können. Das hat, da der Streitwert nach dem **Interesse des Klägers** festgesetzt wird (→ GKG § 51 Rn. 26; → GKG § 51 Rn. 27), zur Folge, dass die Gebühren des Rechtsstreits nach einem niedrigen oder hohen Streitwert berechnet werden, je nachdem, ob der kleine Unternehmer seine Marke als Kläger mit einer Unterlassungsklage oder als Beklagter gegen eine negative Feststellungsklage verteidigt. Würde man andererseits den Streitwert nicht nur nach dem Interesse des jeweiligen Klägers, sondern nach einem die Interessen beider Parteien berücksichtigenden Mittelwert festsetzen, so würden sich schon daraus Prozesskosten ergeben, die für die wirtschaftlich schwächere Partei vielfach nicht tragbar sind (BT-Drs. IV/2217, 6). Der aktuelle § 142 MarkenG regelt diese Streitwertbegünstigung in Übereinstimmung mit § 31a WZG aF. Der besseren Übersichtlichkeit halber ist § 31a I aF WZG in zwei gesonderte Absätze aufgeteilt worden (BT-Drs. 12/6581, 125). Der Normzweck ist im Übrigen mit § 12 III UWG identisch (BT-Drs. 12/6581, 125). Daher → UWG § 12 Rn. 1.

2 **II. Anwendungsbereich.** § 142 ist in bürgerlichen Rechtsstreitigkeiten anwendbar, in denen durch Klage ein Anspruch aus einem der im MarkenG geregelten Rechtsverhältnisse geltend gemacht wird (Kennzeichenstreitsachen iSv § 140). In den markenrechtlichen Verfahren vor DPMA und BPatG gelten die Billigkeitsregelungen der §§ 63 und 71. Für das markenrechtliche Rechtsbeschwerdeverfahren wird § 142 durch § 85 II für entsprechend anwendbar erklärt.

3 **III. Tatbestandsvoraussetzungen.** Die Tatbestandsvoraussetzungen sind identisch mit § 12 III, IV UWG. Daher → UWG § 12 Rn. 5 ff.

4 **IV. Rechtsfolgen.** Die Rechtsfolgen sind identisch mit § 12 III UWG. Daher → UWG § 12 Rn. 10 ff.

c) Gesetz über die Elektrizitäts- und Gasversorgung (Energiewirtschaftsgesetz – EnWG)

Vom 7.7.2005 (BGBl. I 1970, ber. 3621)

FNA 752-6

Zuletzt geändert durch Art. 3 Gesetz vom 4.12023 (BGBl. I Nr. 9)

(Auszug)

Streitwertanpassung

105 **I [1]Macht in einer Rechtsstreitigkeit, in der ein Anspruch nach dem § 32 geltend gemacht wird, eine Partei glaubhaft, dass die Belastung mit den Prozesskosten nach dem vollen Streitwert ihre wirtschaftliche Lage erheblich gefährden würde, so kann das Gericht auf ihren Antrag anordnen, dass die Verpflichtung dieser Partei zur Zahlung von Gerichtskosten sich nach einem ihrer Wirtschaftslage angepassten Teil des Streitwerts bemisst. [2]Das Gericht kann die Anordnung davon abhängig machen, dass die Partei glaubhaft macht, dass die von ihr zu tragenden Kosten des Rechtsstreits weder unmittelbar noch mittelbar von einem Dritten übernommen werden. [3]Die Anordnung hat zur Folge, dass die begünstigte Partei die Gebühren ihres Rechtsanwalts ebenfalls nur nach diesem Teil des Streitwerts zu entrichten hat. [4]Soweit ihr Kosten des Rechtsstreits auferlegt werden oder soweit sie diese übernimmt, hat sie die von dem Gegner entrichteten Gerichtsgebühren und die Gebühren seines Rechtsanwalts nur nach dem Teil des Streitwerts zu erstatten. [5]Soweit die außergerichtlichen Kosten dem Gegner auferlegt oder von ihm übernommen werden, kann der Rechtsanwalt der begünstigten Partei seine Gebühren von dem Gegner nach dem für diesen geltenden Streitwert beitreiben.**

II [1]Der Antrag nach Absatz 1 kann vor der Geschäftsstelle des Gerichts zur Niederschrift erklärt werden. [2]Er ist vor der Verhandlung zur Hauptsache anzubringen. [3]Danach ist er nur zulässig, wenn der angenommene oder

festgesetzte Streitwert später durch das Gericht heraufgesetzt wird. [4]Vor der Entscheidung über den Antrag ist der Gegner zu hören.

I. Normzweck und Normgeschichte. Die Bestimmung ist durch das zweite Gesetz zur Neuregelung des Energiewirtschaftsrechts v. 7.7.2005 (BGBl. I 1970) in das Gesetz eingefügt worden und hat **ohne** nähere Begründung § 89a GWB (→ GWB § 89a) übernommen (BT-Drs. 15/3917, 75). Sie soll die Durchsetzung des Energiewirtschaftsrechtes durch Private erleichtern und befördern, indem sie der wirtschaftlich schwächeren Partei das mit hohen Streitwerten verbundene Kostenrisiko teilweise abnimmt. Der Normzweck ist mit § 12 III UWG identisch. Daher → UWG § 12 Rn. 1. 1

II. Anwendungsbereich. § 105 ist in einer Rechtsstreitigkeit anwendbar, in der ein Anspruch nach § 32 geltend gemacht wird. 2

III. Tatbestandsvoraussetzungen. Die Tatbestandsvoraussetzungen sind identisch mit § 12 III, IV UWG. Daher → UWG § 12 Rn. 5 ff. 3

IV. Rechtsfolgen. Die Rechtsfolgen sind identisch mit § 12 III UWG. Siehe daher → UWG § 12 Rn. 10 ff. 4

d) Gesetz gegen Wettbewerbsbeschränkungen (GWB – Kartellgesetz)

In der Fassung der Bekanntmachung vom 26.6.2013 (BGBl. I 1750, ber. 3245)
FNA 703-5
Zuletzt geändert durch Art. 2 Gesetz vom 19.7.2022 (BGBl. I 1214)
(Auszug)

Streitwertanpassung, Kostenerstattung

89a **I [1]Macht in einer Rechtsstreitigkeit, in der ein Anspruch nach den §§ 33, 33a Absatz 1 oder § 34a geltend gemacht wird, eine Partei glaubhaft, dass die Belastung mit den Prozesskosten nach dem vollen Streitwert ihre wirtschaftliche Lage erheblich gefährden würde, so kann das Gericht auf ihren Antrag anordnen, dass die Verpflichtung dieser Partei zur Zahlung von Gerichtskosten sich nach einem ihrer Wirtschaftslage angepassten Teil des Streitwerts bemisst. [2]Das Gericht kann die Anordnung davon abhängig machen, dass die Partei glaubhaft macht, dass die von ihr zu tragenden Kosten des Rechtsstreits weder unmittelbar noch mittelbar von einem Dritten übernommen werden. [3]Die Anordnung hat zur Folge, dass die begünstigte Partei die Gebühren ihres Rechtsanwalts ebenfalls nur nach diesem Teil des Streitwerts zu entrichten hat. [4]Soweit ihr Kosten des Rechtsstreits auferlegt werden oder soweit sie diese übernimmt, hat sie die von dem Gegner entrichteten Gerichtsgebühren und die Gebühren seines Rechtsanwalts nur nach dem Teil des Streitwerts zu erstatten. [5]Soweit die außergerichtlichen Kosten dem Gegner auferlegt oder von ihm übernommen werden, kann der Rechtsanwalt der begünstigten Partei seine Gebühren von dem Gegner nach dem für diesen geltenden Streitwert beitreiben.**

II [1]Der Antrag nach Absatz 1 kann vor der Geschäftsstelle des Gerichts zur Niederschrift erklärt werden. [2]Er ist vor der Verhandlung zur Hauptsache anzubringen. [3]Danach ist er nur zulässig, wenn der angenommene oder festgesetzte Streitwert später durch das Gericht heraufgesetzt wird. [4]Vor der Entscheidung über den Antrag ist der Gegner zu hören.

III *(nicht abgedruckt)*

I. Normzweck und Normgeschichte. § 89a ist durch das Siebte Gesetz zur Änderung des Gesetzes gegen Wettbewerbsbeschränkungen v. 7.7.2005 (BGBl. I 1954) ins GWB eingefügt worden, weil das Kostenrisiko einen **wesentlichen** Faktor für die bis dahin geringe Bedeutung des privaten Rechtsschutzes im deutschen Kartellrecht darstellte (BT-Drs. 15/3640, 69). Er räumt die Möglichkeit ein, das 1

Kostenrisiko für die Betroffenen zu verringern, ohne dass von dem Grundprinzip der Unterliegenshaftung abgewichen werden müsste (BT-Drs. 15/3640, 69). Der Normzweck ist damit mit § 12 III UWG **identisch.** Daher → UWG § 12 Rn. 1.

2 **II. Anwendungsbereich.** § 89a ist in **bürgerlichen** Rechtsstreitigkeiten anwendbar, in denen durch Klage ein Anspruch nach den §§ 33, 33a I oder § 34a geltend gemacht wird. Sie gilt nicht für das Beschwerdeverfahren (dazu § 78).

3 **III. Tatbestandsvoraussetzungen.** Die Tatbestandsvoraussetzungen sind identisch mit § 12 III, IV UWG. Daher → UWG § 12 Rn. 5 ff.

4 **IV. Rechtsfolgen.** Die Rechtsfolgen sind identisch mit § 12 III UWG. Daher → UWG § 12 Rn. 10 ff.

e) Aktiengesetz (AktG)

Vom 6.9.1965 (BGBl. I 1089)

FNA 4121-1

Zuletzt geändert durch Art. 3 Gesetz vom 4.1.2023 (BGBl. I Nr. 10)

(Auszug)

Streitwert

247

I *(nicht abgedruckt)*

II 1 Macht eine Partei glaubhaft, daß die Belastung mit den Prozeßkosten nach dem gemäß Absatz 1 bestimmten Streitwert ihre wirtschaftliche Lage erheblich gefährden würde, so kann das Prozeßgericht auf ihren Antrag anordnen, daß ihre Verpflichtung zur Zahlung von Gerichtskosten sich nach einem ihrer Wirtschaftslage angepaßten Teil des Streitwerts bemißt. 2 Die Anordnung hat zur Folge, daß die begünstigte Partei die Gebühren ihres Rechtsanwalts ebenfalls nur nach diesem Teil des Streitwerts zu entrichten hat. 3 Soweit ihr Kosten des Rechtsstreits auferlegt werden oder soweit sie diese übernimmt, hat sie die von dem Gegner entrichteten Gerichtsgebühren und die Gebühren seines Rechtsanwalts nur nach dem Teil des Streitwerts zu erstatten. 4 Soweit die außergerichtlichen Kosten dem Gegner auferlegt oder von ihm übernommen werden, kann der Rechtsanwalt der begünstigten Partei seine Gebühren von dem Gegner nach dem für diesen geltenden Streitwert beitreiben.

III 1 Der Antrag nach Absatz 2 kann vor der Geschäftsstelle des Prozeßgerichts zur Niederschrift erklärt werden. 2 Er ist vor der Verhandlung zur Hauptsache anzubringen. 3 Später ist er nur zulässig, wenn der angenommene oder festgesetzte Streitwert durch das Prozeßgericht heraufgesetzt wird. 4 Vor der Entscheidung über den Antrag ist der Gegner zu hören.

1 **I. Normzweck und Normgeschichte.** Die Bestimmung ist durch das Aktiengesetz v. 6.9.1965 (BGBl. I 1089) in Anlehnung an → PatG § 144 und mit den dortigen Zielen in das Gesetz eingefügt worden (vgl. BT-Drs. IV/171, 203). Der Normzweck ist iErg mit § 12 III UWG identisch. Daher → UWG § 12 Rn. 1.

2 **II. Anwendungsbereich.** § 247 ist **originär** in Rechtsstreitigkeiten iSv § 247 I anwendbar. Die Anordnung des Gerichts ist nicht davon abhängig, dass eine Klage hinreichend Aussicht auf Erfolg verspricht (vgl. BT-Drs. IV/171, 203). Nach § 72 II GNotKG sind § 260 IV 2 iVm § 247 II, III aber auch im gerichtlichen Verfahren über die abschließenden Feststellungen der Sonderprüfer nach § 259 II, III AktG anzuwenden (s. auch BT-Drs. 17/11471, 176: es sollte an § 260 IV 7 AktHG aF angeknüpft werden).

3 **III. Tatbestandsvoraussetzungen.** Die Tatbestandsvoraussetzungen sind der Sache nach identisch mit § 12 III, IV UWG. Daher → UWG § 12 Rn. 5 ff.

4 **IV. Rechtsfolgen.** Die Rechtsfolgen sind der Sache nach identisch mit § 12 IV UWG. Daher → UWG § 12 Rn. 10 ff.

3. Gesetz über Urheberrecht und verwandte Schutzrechte (Urheberrechtsgesetz – UrhG)

Vom 9.9.1965 (BGBl. I 1273)

FNA 440-1

Zuletzt geändert durch Art. 25 Gesetz vom 23.6.2021 (BGBl. I 1858)

(Auszug)

Abmahnung

97a I, II *(nicht abgedruckt)*

III [1] **Soweit die Abmahnung berechtigt ist und Absatz 2 Satz 1 Nummer 1 bis 4 entspricht, kann der Ersatz der erforderlichen Aufwendungen verlangt werden.** [2] **Für die Inanspruchnahme anwaltlicher Dienstleistungen beschränkt sich der Ersatz der erforderlichen Aufwendungen hinsichtlich der gesetzlichen Gebühren auf Gebühren nach einem Gegenstandswert für den Unterlassungs- und Beseitigungsanspruch von 1000 Euro, wenn der Abgemahnte**

1. **eine natürliche Person ist, die nach diesem Gesetz geschützte Werke oder andere nach diesem Gesetz geschützte Schutzgegenstände nicht für ihre gewerbliche oder selbständige berufliche Tätigkeit verwendet, und**
2. **nicht bereits wegen eines Anspruchs des Abmahnenden durch Vertrag, auf Grund einer rechtskräftigen gerichtlichen Entscheidung oder einer einstweiligen Verfügung zur Unterlassung verpflichtet ist.**

[3] **Der in Satz 2 genannte Wert ist auch maßgeblich, wenn ein Unterlassungs- und ein Beseitigungsanspruch nebeneinander geltend gemacht werden.** [4] **Satz 2 gilt nicht, wenn der genannte Wert nach den besonderen Umständen des Einzelfalles unbillig ist.**

IV *(nicht abgedruckt)*

Schrifttum: Backes, Der Streit- und Gegenstandswert bei Unterlassungsansprüchen im Urheberrecht, 2018; Bohlen, Der Streitwert im Rahmen der urheberrechtlichen Abmahnung, NJW 2017, 777; Hartmann, Neue Regeln gegen Abmahnungsmissbrauch im UrhG, GRUR-RR 2014, 97; Hewicker/Marquardt/Neurauter, Der Abmahnkosten-Ersatzanspruch im Urheberrecht, NJW 2014, 2753.

I. Sinn, Zweck und Gesetzgebungsgeschichte. § 97a III ist eine § 23 III 2 RVG **verdrängende** Sondervorschrift (BT-Drs. 17/13057, 29; BT-Drs. 17/14216, 7; AG Berlin-Charlottenburg BeckRS 2017, 127021). Sie hat den Zweck, den Gegenstandswert, der in Anwendung des § 23 RVG höher zu bemessen wäre, zu **reduzieren** (AG Kassel BeckRS 2019, 28618 Rn. 10; BT-Drs. 17/13057, 29). § 97a III soll va anwaltlichen Geschäftsmodellen Einhalt bieten, bei denen die massenhafte Abmahnung von Internetnutzern wegen Urheberrechtsverstößen zur Gewinnoptimierung betrieben wird, und die vorwiegend dazu dient, gegen den Rechtsverletzer einen Anspruch auf Ersatz von Aufwendungen oder Kosten der Rechtsverfolgung entstehen zu lassen (BT-Drs. 17/13057, 10). § 97a III UrhG hat § 97 II GKG aF ersetzt, der seinen Zweck wegen der Verwendung unbestimmter Rechtsbegriffe wie „einfach gelagerter Fall" und „unerhebliche Rechtsverletzung" nicht erfüllt hatte (s. auch BGH GRUR 2022, 1819 Rn. 18). Die aktuelle Fassung beruht auf einem redaktionellen Vorschlag des Rechtsausschusses (BT-Drs. 17/14192, 15). Vorgesehen war eine Regelung in § 49 GKG (BT-Drs. 17/13057, 8 und 14). Die Einbettung in das UrhG hatte **allein** das Ziel, zwischen dem Gebührenstreitwert und den Gegenstandswert zu unterscheiden, für den **vorgerichtlichen** Bereich aber zur Begrenzung des anwaltlichen Erstattungsanspruchs bei urheberrechtlichen Abmahnungen eine „zielgenaue Regelung" zu schaffen (BT-Drs. 17/14216, 7). Art. 14 RL 1

2004/48 steht § 97a III nicht entgegen (EuGH GRUR 2022, 849 Rn. 65; BGH GRUR 2022, 1819 Rn. 21 ff.). Denn § 97a III 4 schafft einen genügenden Freiraum (EuGH GRUR 2022, 849 Rn. 64). Er gibt die Möglichkeit, in **jedem Einzelfall** dessen spezifische Merkmale zu berücksichtigen (s. auch EuGH GRUR 2022, 849 Rn. 64).

2 **II. Anwendungsbereich.** III gilt für das Verhältnis zwischen dem **Verletzten und dem Verletzer** (Dreier/Schulze/Specht Rn. 19; BeckOK UrhR/Reber Rn. 27). Er erstreckt sich nach hM **nicht** auf die Kostenerstattung im gerichtlichen Verfahren (s. auch BT-Drs. 17/14216, 7; anders noch BT-Drs. 17/13057, 8 und 29) und lässt den Gebührenanspruch des Rechtsanwalts gegenüber dem auftraggebenden Rechtsinhaber **unberührt** (BGH GRUR 2022, 1819 Rn. 17; Toussaint NJW 2022, 1803). Dies kann dazu führen, dass der Rechtsinhaber einen Teil seiner Abmahnkosten **selbst** tragen muss (BGH GRUR 2022, 1819 Rn. 17). Der Sinn und Zweck (→ Rn. 1) deuten hingegen auf ein umfassendes Verständnis hin. Art. 14 RL 2004/48 stünde diesem weitem Verständnis nicht entgegen. Die Gerichtsgebühren sind nach § 48 I 1 GKG iVm § 3 zu bestimmen (BT-Drs. 17/13057, 29); ebenso der Gegenstandswert **außerhalb** des Anwendungsbereichs des § 97a UrhG (→ ZPO § 3 Rn. 23 „Urheberrecht"). § 97a III 2 bis 4 UrhG ist entsprechend auf den Schadenersatzanspruch des Rechtsinhabers gegen den Rechtsverletzer nach § 97 II 1 UrhG wegen der Kosten der Abmahnung des mit diesem nicht identischen Anschlussinhabers anwendbar (BGH GRUR 2022, 1819 Rn. 19).

3 **III. Tatbestandsvoraussetzungen. 1. Berechtige Abmahnung.** Es muss eine „berechtigte" Abmahnung vorliegen. Dies meint, dass eine **Urheberrechtsverletzung** vorliegt. Ob ein Unterlassungs- und ein Beseitigungsanspruch nebeneinander geltend gemacht werden, ist unerheblich (§ 97a III 3).

4 **2. Anforderungen an Abmahnung.** Die Abmahnung muss II 1 Nr. 1–4 entsprechen.

5 **IV. Rechtsfolgen (III 1). 1. Aufwendungsersatz.** Liegen die Tatbestandsvoraussetzungen vor, kann der Verletzte Ersatz der **erforderlichen** Aufwendungen verlangen.

6 **2. Gegenstandswert für die Inanspruchnahme anwaltlicher Dienstleistungen (III 2). a) Grundsatz.** Der Gegenstandswert für die Inanspruchnahme anwaltlicher Dienstleistungen beschränkt sich hinsichtlich der gesetzlichen Gebühren auf Gebühren nach einem Gegenstandswert für den Unterlassungs- und Beseitigungsanspruch von 1.000 EUR, **wenn** der Abgemahnte eine natürliche Person ist, die nach dem UrhG geschützte Werke oder andere nach dem UrhG geschützte Schutzgegenstände nicht für ihre gewerbliche oder selbständige berufliche Tätigkeit verwendet, und nicht bereits wegen eines Anspruchs des Abmahnenden durch Vertrag, auf Grund einer rechtskräftigen gerichtlichen Entscheidung oder einer einstweiligen Verfügung zur Unterlassung verpflichtet ist. Durch die Formulierung „hinsichtlich der gesetzlichen Gebühren" soll sichergestellt werden, dass die Auslagenpauschale sowie weitere Aufwendungen **separat** erstattet werden können (BT-Drs. 17/14216, 7).

7 **b) Ausnahme (III 4). aa) Überblick und Zweck.** III 2 ist nicht anzuwenden, wenn ein Gegenstandswert von 1.000 EUR nach den **besonderen** Umständen des Einzelfalls unbillig ist. Dies ist dann der Fall, wenn die besonderen Umstände des Einzelfalls die bereits tatbestandlich zu berücksichtigenden Merkmale in der Gesamtbetrachtung überwiegen (BGH GRUR 2022, 1819 Rn. 32). Grundsätzlich können an dieser Stelle alle für die Bemessung des Streitwerts maßgeblichen Faktoren einbezogen werden (BGH GRUR 2022, 1819 Rn. 33), namentlich der wirtschaftliche Wert des verletzten Rechts und die Intensität sowie der Umfang der Rechtsverletzung (Angriffsfaktor). Der Angriffsfaktor wird insbesondere durch die Stellung des Verletzers und des Verletzten, die Qualität der Urheberrechtsverletzung, den drohenden Verletzungsumfang, die Art der Begehung des Rechtsverstoßes und eine hierdurch etwa begründete Gefahr der Nachahmung durch Dritte sowie subjektive Umstände aufseiten des Verletzers wie den Verschuldensgrad bestimmt (BGH GRUR 2022, 1819 Rn. 32). Auch anderen, von der Verletzungshandlung unabhängigen Faktoren

– etwa dem Grad der Wahrscheinlichkeit künftiger Zuwiderhandlungen Urteilsbekanntmachung kann im Einzelfall Rechnung zu tragen sein (BGH GRUR 2022, 1819 Rn. 33). Dies soll ein Abweichen vom Wert nach oben oder unten ermöglichen (BT-Drs. 17/13057, 29). Dem steht Art. 14 RL 2004/48 **nicht** entgegen. Danach reicht es, wenn das Gericht der Ansicht ist, dass die Begrenzung unter Berücksichtigung der spezifischen Merkmale des ihm vorgelegten Falls unbillig wäre (EuGH GRUR 2022, 849 Rn. 65; BGH GRUR 2022, 1819 Rn. 32). Vergleichbare Regelungen, die das Abweichen von einem bestimmten Wert zulassen, wenn dieser nach den besonderen Umständen des Einzelfalls unbillig ist, finden sich in §§ 44 III, 45 III, 47 II, 48 III, 49 II, 50 III und 51 III FamGKG).

bb) Einzelfall. Ein Einzelfall liegt vor allem, aber nicht nur dann vor, wenn das Ausmaß der Rechtsverletzung vom üblichen Maß in Anzahl oder Schwere abweicht (BT-Drs. 17/13057, 29; OLG Celle GRUR-RR 2019, 420 Rn. 21). Was das übliche Ausmaß ist, bestimmt sich nach den Umständen des Einzelfalls. Dabei sollte die Annahme einer Unbilligkeit allerdings auf **Ausnahmefälle** beschränkt bleiben, um die Privilegierung nicht leerlaufen zu lassen (OLG Celle GRUR-RR 2019, 420 Rn. 21; aA Toussaint NJW 2022, 1803). Dem steht Art. 14 RL 2004/48 **nicht** entgegen (EuGH GRUR 2022, 849 Rn. 65; kritisch Toussaint NJW 2022, 1803). 8

Mit Blick darauf, dass der Gesetzgeber mit der Deckelung gerade auch **Filesharingfälle** erfassen wollte (→ Rn. 1), genügt für einen höheren Gegenstandswert nicht, dass der private Nutzer ein urheberrechtlich geschütztes Werk über das Internet zugänglich macht (OLG Celle GRUR-RR 2019, 420 Rn. 21). Vielmehr bedarf es zB einer besonderen Häufigkeit oder eines qualifizierten Verstoßes, welcher die Berechnung des Erstattungsanspruchs aus einem höheren Gegenstandswert rechtfertigt. Letzteres kann ggf. dann der Fall sein, wenn die Privatperson ein Werk vor oder unmittelbar im zeitlichen Zusammenhang mit dem Erscheinen öffentlich zugänglich macht (OLG Celle GRUR-RR 2019, 420 Rn. 21). 9

V. Prozessuales. Der Abgemahnte trägt die Darlegungs- und Beweislast für die tatbestandlichen Voraussetzungen des § 97a III 2 UrhG und der Rechtsinhaber, der sich auf die Regelung des § 97a III 4 UrhG beruft, für das Vorliegen einer Unbilligkeit im Einzelfall (BGH GRUR 2022, 1819 Rn. 36). 10

III. Familiensachen

Gesetz über Gerichtskosten in Familiensachen (FamGKG)

Vom 17.12.2008 (BGBl. I 2586)

FNA 361-5

Zuletzt geändert durch Gesetz vom 10.8.2021 (BGBl. I 3424)

Die Anhebung der Gebühren zum 1.1.2021 durch das Kostenrechtsänderungsgesetz 2021 erfasst Altfälle nicht; zur Abgrenzung in zeitlicher Hinsicht vgl. die Dauerübergangsregelung des § 63.

Inhaltsübersicht

Vorbemerkung zu § 1

Schrifttum: Dörndofer, Rechtsanwalts- und Gerichtskosten in Familiensachen, 2009; Groß FPR 2010, 305, Heinemann MDR 2013, 884 (je: Üb.); Keidel, FamFG (mit FamGKG), 20. Aufl. 2019; Keske, Das neue FamGKG, 2009; Keske FPR 2012, 241 (Üb.); Baronin von König/Bischof, Kosten in Familiensachen, 2. Aufl. 2015; Kroiß NJW 2014, 437 (Üb.); Meyer, GKG/FamGKG 2020, 17. Aufl. 2020; Meyer JurBüro 2013, 526 (Üb. zum 2. KostRModG); Schneider, Gebühren in Familiensachen, 2. Aufl. 2021.

1 **I. Entwicklung.** Das Gesetz zur Reform des Verfahrens in Familiensachen und in den Angelegenheiten der freiwilligen Gerichtsbarkeit (FGG-Reformgesetz – FGG-RG) enthält als Art. 2 das Gesetz über Gerichtskosten in Familiensachen (FamGKG) mit einem gleichzeitigen Inkrafttreten. Das FamGKG ist mehrfach geändert worden, seit der Vorauflage durch Art. 15 Abs. XI **Gesetz zur Reform des Vormundschafts- und Betreuungsrechts mit Wirkung vom 1.1.2023** (BGBl. I 882), durch Art. 5 **Gesetz zum Schutz von Kindern mit Varianten der Geschlechtsentwicklung** mit Wirkung vom 22.5.2021 (BGBl. I 1082) und durch Art. 6 **Gesetz zur Durchführung der VO (EU) 2019/1111** sowie zur Änderung sonstiger Vorschriften **mit Wirkung vom 1.8.2022** (BGBl. I 3424).

2 **Vorrang** hat das FamGKG vor dem GNotKG, siehe § 1 III GNotKG.

3 **II. Sachlicher Anwendungsbereich.** Er ist begrenzt (§ 1). Er umfasst nur die dort genannten Sachen und Angelegenheiten. In diesem Bereich hat das FamGKG für die ab seinem Inkrafttreten beantragten oder eingeleiteten Fälle als das speziellere Gesetz den Vorrang vor dem im übrigen geltenden und in Altfällen ohnehin voll fortgeltenden GKG. Vgl. im Übrigen → GKG Vor § 1 Rn. 30 f.

4 **III. Grundsätzliche Kostenpflicht, Gebührenhöhe, Zweck, Rechtsnatur.** Es gilt dasselbe wie zum GKG. Daher → GKG Vor § 1 Rn. 19 ff.

Abschnitt 1. Allgemeine Vorschriften

Geltungsbereich

1 **I [1]In Familiensachen einschließlich der Vollstreckung durch das Familiengericht und für Verfahren vor dem Oberlandesgericht nach § 107 des Gesetzes über das Verfahren in Familiensachen und in den Angelegenheiten der freiwilligen Gerichtsbarkeit werden Kosten (Gebühren und Auslagen) nur nach diesem Gesetz erhoben, soweit nichts anderes bestimmt ist. [2]Dies gilt auch für Verfahren über eine Beschwerde, die mit einem Verfahren nach Satz 1 in Zusammenhang steht. [3]Für das Mahnverfahren werden Kosten nach dem Gerichtskostengesetz erhoben.**

II Die Vorschriften dieses Gesetzes über die Erinnerung und die Beschwerde gehen den Regelungen der für das zugrunde liegende Verfahren geltenden Verfahrensvorschriften vor.

§ 111 FamFG Familiensachen

Familiensachen sind

1. Ehesachen,
2. Kindschaftssachen,
3. Abstammungssachen,
4. Adoptionssachen,
5. Ehewohnungs- und Haushaltssachen,
6. Gewaltschutzsachen,
7. Versorgungsausgleichssachen,
8. Unterhaltssachen,
9. Güterrechtssachen,
10. sonstige Familiensachen,
11. Lebenspartnerschaftssachen.

§ 112 FamFG Familienstreitsachen

Familienstreitsachen sind folgende Familiensachen:

1. Unterhaltssachen nach § 231 Abs. 1 und Lebenspartnerschaftssachen nach § 269 Abs. 1 Nr. 8 und 9,
2. Güterrechtssachen nach § 261 Abs. 1 und Lebenspartnerschaftssachen nach § 269 Abs. 1 Nr. 10 sowie
3. sonstige Familiensachen nach § 266 Abs. 1 und Lebenspartnerschaftssachen nach § 269 Abs. 2.

1 **I. Systematik, Normzweck (I, II).** I 1 stimmt bis auf den Anwendungsbereich fast wörtlich mit § 1 I 1 GKG überein. I 2 zeigt dieselbe weitgehende Übereinstimmung mit § 1 I 2 GKG. I 3 verweist schlicht und vollständig auf das GKG, zB auf dessen § 12 III und auf KV 1100. Vgl. daher jeweils dort. I 1 Hs. 2 „soweit nichts anderes bestimmt ist" weicht von dem klaren Grundsatz des § 1 I 1 GKG nur scheinbar ab.

2 **II. Familiensachen (I, II).** Das FamGKG gilt nicht etwa für alle FamFG-Sachen, sondern nur für seine Familiensachen nach § 111 Nr. 1–11 FamFG einschließlich der Familienstreitsachen nach § 112 Nr. 1–3 FamFG, also zB **nicht** für Aufgebotssachen, Betreuungssachen, Unterbringungssachen, Nachlass- und Teilungssachen, Registersachen, Unternehmensrechtliche Verfahren, weitere Angelegenheiten der freiwilligen Gerichtsbarkeit, Freiheitsentziehungsverfahren. In diesen Fällen gelten wie bisher das GKG, oder das GNotKG.

Kostenfreiheit

2 **I Der Bund und die Länder sowie die nach Haushaltsplänen des Bundes oder eines Landes verwalteten öffentlichen Anstalten und Kassen sind von der Zahlung der Kosten befreit.**

II Sonstige bundesrechtliche oder landesrechtliche Vorschriften, durch die eine sachliche oder persönliche Befreiung von Kosten gewährt ist, bleiben unberührt.

III 1 Soweit jemandem, der von Kosten befreit ist, Kosten des Verfahrens auferlegt werden, sind Kosten nicht zu erheben; bereits erhobene Kosten sind zurückzuzahlen. 2 Das Gleiche gilt, soweit ein von der Zahlung der Kosten befreiter Beteiligter Kosten des Verfahrens übernimmt.

I stimmt mit § 2 I 1 GKG inhaltlich ganz überein. II stimmt mit § 2 III 1 GKG 1
inhaltlich ganz überein III 1, 2 stimmen mit § 2 V 1, 2 GKG wörtlich überein, daher → GKG § 2 Rn. 1 ff.

Höhe der Kosten

3 **I Die Gebühren richten sich nach dem Wert des Verfahrensgegenstands (Verfahrenswert), soweit nichts anderes bestimmt ist.**

II Kosten werden nach dem Kostenverzeichnis der Anlage 1 zu diesem Gesetz erhoben.

I. Systematik, Normzweck (I, II). I stimmt praktisch wörtlich, II wörtlich mit 1
§ 3 GKG überein, daher → GKG § 3 Rn. 1 ff.

II. Kostenverzeichnis (II). Das KV zum FamGKG ist nach § 64 abgedruckt. 2

Umgangspflegschaft

4 **Die besonderen Vorschriften für die Dauerpflegschaft sind auf die Umgangspflegschaft nicht anzuwenden.**

Die Vorschrift gilt sowohl für den Wert als auch für die Gebühren und macht daher 1
zB KV 1311, 1312 unanwendbar. Vgl. auch KV 1310 Abs. 2, wonach für die Umgangspflegschaft neben der Verfahrensgebühr keine besonderen Gebühren erhoben werden. Nach KV 2014 stellen die Kosten der Umgangspflegschaft gerichtliche Auslagen dar; diese sind entsprechend der Kostengrundentscheidung zu erstatten (OLG Koblenz MDR 2015, 898 Rn. 11, 12).

Lebenspartnerschaftssachen

5 **In Lebenspartnerschaftssachen nach § 269 des Gesetzes über das Verfahren in Familiensachen und in den Angelegenheiten der freiwilligen Gerichtsbarkeit sind für**

1. **Verfahren nach Absatz 1 Nr. 1 dieser Vorschrift die Vorschriften für das Verfahren auf Scheidung der Ehe,**
2. **Verfahren nach Absatz 1 Nr. 2 dieser Vorschrift die Vorschriften für das Verfahren auf Feststellung des Bestehens oder Nichtbestehens einer Ehe zwischen den Beteiligten,**
3. **Verfahren nach Absatz 1 Nr. 3 bis 12 dieser Vorschrift die Vorschriften für Familiensachen nach § 111 Nr. 2, 4, 5 und 7 bis 9 des Gesetzes über das Verfahren in Familiensachen und in den Angelegenheiten der freiwilligen Gerichtsbarkeit und**
4. **Verfahren nach den Absätzen 2 und 3 dieser Vorschrift die Vorschriften für sonstige Familiensachen nach § 111 Nr. 10 des Gesetzes über das Verfahren in Familiensachen und in den Angelegenheiten der freiwilligen Gerichtsbarkeit**

entsprechend anzuwenden.

1 **I. Normzweck, Anwendungsbereich (Nr. 1–4).** Die Vorschrift bezweckt, die kostenrechtlichen Folgen eines Verfahrens in Lebenspartnerschaftssachen weitgehend den Folgen der anderen Familiensachen nach § 111 Nr. 1–10 FamFG anzunähern. Im Einzelnen:

- **Aufhebung (Nr. 1).** Es geht um eine Aufhebung der Lebenspartnerschaft, § 269 I Nr. 1 FamFG.
- **Feststellung des Bestehens oder Nichtbestehens (Nr. 2).** Es geht um die Feststellung solcher Art nach § 269 I Nr. 2 FamFG.
- **Sorge, Umgang, Kindesherausgabe (Nr. 3).** Es geht um die elterliche Sorge, das Umgangsrecht oder die Herausgabe eines gemeinsamen Kindes nach § 269 I Nr. 3 FamFG.
- **Wohnungszuweisung (Nr. 3).** Es geht um eine solche Sache nach § 269 I Nr. 4 FamFG, §§ 14, 18 LPartG.
- **Haushalt (Nr. 3).** Es geht um eine solche Sache nach § 269 I Nr. 5 FamFG, § 13 oder nach § 19 LPartG.
- **Versorgungsausgleich (Nr. 3).** Es geht um diese Aufgabe nach § 269 I Nr. 7 FamFG.
- **Unterhalt für Minderjährigen (Nr. 3).** Es geht um die gesetzliche Unterhaltspflicht für ein gemeinsames minderjähriges Kind nach § 269 I Nr. 7 FamFG.
- **Unterhalt für Partner (Nr. 3).** Es geht um die durch die Lebenspartnerschaft begründete gesetzliche Unterhaltspflicht nach § 269 Nr. 8 FamFG.
- **Güterrecht (Nr. 3).** Es geht um das partnerschaftliche Güterrecht, auch bei der Beteiligung eines Dritten nach § 269 I Nr. 9 FamFG.
- **Güterstand (Nr. 3).** Es geht um eine Entscheidung nach § 6 LPartG iVm §§ 1365 II, 1369 II, 1382, 1383 BGB oder nach § 269 I Nr. 10 FamFG.
- **Partnerschaftsvertrag (Nr. 3).** Es geht um eine Entscheidung nach § 7 LPartG iVm §§ 1426, 1430, 1452 BGB oder nach § 269 I Nr. 11 FamFG.
- **Versprechen (Nr. 4).** Es geht um die Folgen eines Versprechens auf eine Lebenspartnerschaft nach § 1 III 2 LPartG iVm (nur) §§ 1298–1301 BGB oder nach § 269 II Nr. 1 FamFG.
- **Anspruch aus Partnerschaft (Nr. 4).** Es geht um einen Anspruch aus einer Lebenspartnerschaft nach § 269 II Nr. 2 FamFG.
- **Trennung, Aufhebung (Nr. 4).** Es geht um einen Anspruch im Zusammenhang mit der Trennung oder Aufhebung einer Lebenspartnerschaft nach § 269 II Nr. 3 FamFG.
- **Lebensbedarf bei Getrenntleben (Nr. 4).** Es geht schließlich um einen Anspruch auf eine Deckung des Lebensbedarfs beim Getrenntleben der Partner nach § 269 III FamFG iVm § 1357 II 1 BGB.

2 **II. Verweisungen (Nr. 1–4).** In einem jeden der dort genannten Fälle gelten die jeweils genannten Vorschriften des FamGKG entsprechend.

Verweisung, Abgabe, Fortführung einer Folgesache als selbständige Familiensache

6 **I** [1] **Verweist ein erstinstanzliches Gericht oder ein Rechtsmittelgericht ein Verfahren an ein erstinstanzliches Gericht desselben oder eines anderen Zweiges der Gerichtsbarkeit, ist das frühere erstinstanzliche Verfahren als Teil des Verfahrens vor dem übernehmenden Gericht zu behandeln.** [2] **Das Gleiche gilt, wenn die Sache an ein anderes Gericht abgegeben wird.**

II Wird eine Folgesache als selbständige Familiensache fortgeführt, ist das frühere Verfahren als Teil der selbständigen Familiensache zu behandeln.

III [1] **Mehrkosten, die durch Anrufung eines Gerichts entstehen, zu dem der Rechtsweg nicht gegeben oder das für das Verfahren nicht zuständig ist, werden nur dann erhoben, wenn die Anrufung auf verschuldeter Unkenntnis der tatsächlichen oder rechtlichen Verhältnisse beruht.** [2] **Die Entscheidung trifft das Gericht, an das verwiesen worden ist.**

I. Normzweck. Durch die Vorschrift wird der Grundsatz des § 29, der bestimmt, dass die dort genannten Gebühren in einem Verfahrenszug nur einmal erhoben werden dürfen, auf den Fall der Abgabe oder Verweisung erstreckt. § 29 wird somit durch § 6 in seiner rechtlichen Wirkung gestärkt. 1

II. Einzelheiten. I 1 stimmt wörtlich mit § 4 I GKG überein. III 1, 2 stimmt wörtlich mit § 4 II 1, 2 GKG überein, daher → GKG § 4 Rn. 1 ff. 2

I 2 übernimmt die Regelung I 1 für den Fall einer Abgabe, etwa vor dem Eintritt der Rechtshängigkeit, ferner nach § 4 FamFG aus einem wichtigen Grund. Auch insoweit vgl. daher bei § 4 GKG. 3

II erfasst den Fall § 137 V 2 FamFG. Danach kann das FamG eine abgetrennte Folgesache nach § 137 III als eine selbständige (Familien-)Sache fortführen. Unter § 137 III FamFG fallen solche Kindschaftssachen, die die Übertragung oder Entziehung der elterlichen Sorge, des Umgangsrechts oder die Herausgabe eines gemeinsamen Kinds oder das Umgangsrecht eines Ehegatten mit einem Kind des anderen betreffen. Dann gilt das frühere Verfahren entsprechend dem Grundgedanken des I als ein Teil der fortgeführten selbständigen Familiensache. 4

Verjährung, Verzinsung

7 **I 1 Ansprüche auf Zahlung von Kosten verjähren in vier Jahren nach Ablauf des Kalenderjahres, in dem das Verfahren durch rechtskräftige Entscheidung über die Kosten, durch Vergleich oder in sonstiger Weise beendet ist. 2 Bei Vormundschaften und Dauerpflegschaften beginnt die Verjährung mit der Fälligkeit der Kosten.**

II 1 Ansprüche auf Rückerstattung von Kosten verjähren in vier Jahren nach Ablauf des Kalenderjahres, in dem die Zahlung erfolgt ist. 2 Die Verjährung beginnt jedoch nicht vor dem in Absatz 1 bezeichneten Zeitpunkt. 3 Durch Einlegung eines Rechtsbehelfs mit dem Ziel der Rückerstattung wird die Verjährung wie durch Klageerhebung gehemmt.

III 1 Auf die Verjährung sind die Vorschriften des Bürgerlichen Gesetzbuchs anzuwenden; die Verjährung wird nicht von Amts wegen berücksichtigt. 2 Die Verjährung der Ansprüche auf Zahlung von Kosten beginnt auch durch die Aufforderung zur Zahlung oder durch eine dem Schuldner mitgeteilte Stundung erneut. 3 Ist der Aufenthalt des Kostenschuldners unbekannt, genügt die Zustellung durch Aufgabe zur Post unter seiner letzten bekannten Anschrift. 4 Bei Kostenbeträgen unter 25 Euro beginnt die Verjährung weder erneut noch wird sie gehemmt.

IV Ansprüche auf Zahlung und Rückerstattung von Kosten werden nicht verzinst.

I. Systematik, Normzweck (I–IV). Die Vorschrift stimmt in I 1, II–IV wörtlich mit § 5 GKG überein, → GKG § 5 Rn. 1 ff. 1

II. Vormundschaft, Dauerpflegschaft (I 2). Hier beginnt die Verjährung mit der Fälligkeit nach § 10 (→ § 10 Rn. 1). 2

Elektronische Akte, elektronisches Dokument

8 **In Verfahren nach diesem Gesetz sind die verfahrensrechtlichen Vorschriften über die elektronische Akte und über das elektronische Dokument anzuwenden, die für das dem kostenrechtlichen Verfahren zugrunde liegende Verfahren gelten.**

Die Vorschrift stimmt wörtlich mit § 5a GKG überein, daher → GKG § 5a Rn. 1 ff. 1

Rechtsbehelfsbelehrung

8a Jede Kostenrechnung und jede anfechtbare Entscheidung hat eine Belehrung über den statthaften Rechtsbehelf sowie über das Gericht, bei dem dieser Rechtsbehelf einzulegen ist, über dessen Sitz und über die einzuhaltende Form und Frist zu enthalten.

1 **I. Systematik.** Die Vorschrift entspricht fast wörtlich dem § 5b GKG, daher → GKG § 5b Rn. 1 ff.

2 **II. Verstoß.** § 59 II 2: Das Fehlen des Verschuldens wird im Rahmen der Wiedereinsetzung in den vorigen Stand vermutet.

Abschnitt 2. Fälligkeit

Fälligkeit der Gebühren in Ehesachen und selbständigen Familienstreitsachen

9 I In Ehesachen und in selbständigen Familienstreitsachen wird die Verfahrensgebühr mit der Einreichung der Antragsschrift, der Einspruchs- oder Rechtsmittelschrift oder mit der Abgabe der entsprechenden Erklärung zu Protokoll fällig.

II Soweit die Gebühr eine Entscheidung oder sonstige gerichtliche Handlung voraussetzt, wird sie mit dieser fällig.

1 **I. Systematik, Normzweck (I, II).** Die Vorschrift stimmt in I mit § 6 I Nr. 1 GKG im Wesentlichen überein, in II wörtlich mit § 6 II GKG, daher → GKG § 6 Rn. 1 ff.

2 **II. Anwendungsbereich Ehesache, selbständige Familienstreitsache (I).** Es muss um eine der vorgenannten Sachen gehen, siehe dazu §§ 111 Nr. 1, 121 Nr. 1–3 oder § 112 Nr. 1–3 FamFG.

3 **Unanwendbar** ist I also in den vorstehend nicht mitgenannten Sachen, also insbesondere für Scheidungsfolgesachen, die unter § 11 fallen.

Fälligkeit bei Vormundschaften und Dauerpflegschaften

10 Bei Vormundschaften und bei Dauerpflegschaften werden die Gebühren nach den Nummern 1311 und 1312 des Kostenverzeichnisses erstmals bei Anordnung und später jeweils zu Beginn eines Kalenderjahres, Auslagen sofort nach ihrer Entstehung fällig.

1 Da die in der Vorschrift genannten Verfahren regelmäßig für einen längeren Zeitraum bestehen, entstehen statt einmaligen Verfahrensgebühren wiederkehrende Jahresgebühren. Diese Gebühren werden erstmals mit Anordnung der Maßnahme und später jeweils zu Beginn des Kalenderjahres fällig.

Fälligkeit der Gebühren in sonstigen Fällen, Fälligkeit der Auslagen

11 I Im Übrigen werden die Gebühren und die Auslagen fällig, wenn
1. eine unbedingte Entscheidung über die Kosten ergangen ist,
2. das Verfahren oder der Rechtszug durch Vergleich oder Zurücknahme beendet ist,
3. das Verfahren sechs Monate ruht oder sechs Monate nicht betrieben worden ist,
4. das Verfahren sechs Monate unterbrochen oder sechs Monate ausgesetzt war oder
5. das Verfahren durch anderweitige Erledigung beendet ist.

II Die Dokumentenpauschale sowie die Auslagen für die Versendung von Akten werden sofort nach ihrer Entstehung fällig.

Die Vorschrift stimmt wörtlich mit § 9 II, III GKG überein, daher → GKG § 9 Rn. 12 ff. 1

Abschnitt 3. Vorschuss und Vorauszahlung

Grundsatz

12 In weiterem Umfang als das Gesetz über das Verfahren in Familiensachen und in den Angelegenheiten der freiwilligen Gerichtsbarkeit, die Zivilprozessordnung und dieses Gesetz es gestatten, darf die Tätigkeit des Familiengerichts von der Sicherstellung oder Zahlung der Kosten nicht abhängig gemacht werden.

Die Vorschrift stimmt mit § 10 GKG inhaltlich im Wesentlichen überein, daher 1
→ GKG § 10 Rn. 1 ff. Nach zutreffender Auffassung (OLG Saarbrücken NJW 2012, 163) darf die Durchführung eines **Umgangsverfahrens** nicht von der Einzahlung eines Kostenvorschusses abhängig gemacht werden. Auch wenn diese Verfahren in der Praxis „auf Antrag" eingeleitet werden, handelt es sich nicht um Antragsverfahren nach § 21, sodass § 14 III nicht gilt. Vielmehr ergibt sich aus § 1684 III, IV BGB, dass das Familiengericht den Umgang – im Regelfall auf Anregung eines Elternteils – von Amts wegen regelt. Dass Umgangsverfahren in der Praxis oft wie Antragsverfahren behandelt werden, ändert daran nichts.

Verfahren nach dem Internationalen Familienrechtsverfahrensgesetz

13 In Verfahren nach dem Internationalen Familienrechtsverfahrensgesetz sind die Vorschriften dieses Abschnitts nicht anzuwenden.

I. Systematik, Normzweck. Die Vorschrift stellt klar, dass im Verfahren nach 1
dem IntFamRVG weder ein Vorschuss noch eine Vorauszahlung angefordert werden darf. Das dürfte sich allerdings auch aus § 1 S. 1 ergeben.

II. Anwendungsbereich. Es geht um jedes Verfahren nach dem IntFamRVG. 2

Abhängigmachung in bestimmten Verfahren

14 I 1 In Ehesachen und selbständigen Familienstreitsachen soll die Antragsschrift erst nach Zahlung der Gebühr für das Verfahren im Allgemeinen zugestellt werden. 2 Wird der Antrag erweitert, soll vor Zahlung der Gebühr für das Verfahren im Allgemeinen keine gerichtliche Handlung vorgenommen werden; dies gilt auch in der Rechtsmittelinstanz.

II Absatz 1 gilt nicht für den Widerantrag, ferner nicht für den Antrag auf Erlass einer einstweiligen Anordnung, auf Anordnung eines Arrests oder auf Erlass eines Europäischen Beschlusses zur vorläufigen Kontenpfändung.

III Im Übrigen soll in Verfahren, in denen der Antragsteller die Kosten schuldet (§ 21), vor Zahlung der Gebühr für das Verfahren im Allgemeinen keine gerichtliche Handlung vorgenommen werden.

I 1, 2 und II stimmen im Wesentlichen mit § 12 I 1, 2, II Nr. 1 GKG überein, 1
daher → GKG § 12 Rn. 1 ff. III gilt für reine Antragsverfahren nach § 21, in denen der Antragsteller Kostenschuldner ist, also insbesondere nicht für einstweilige Anordnungs- oder Gewaltschutzverfahren (vgl. § 21 I 1 Nr. 1, Nr. 2). Beantragt ein Elternteil, ihm die elterliche Sorge oder einen Teil davon nach § 1671 I BGB zu

übertragen, ist § 14 III demgegenüber einschlägig (KG FamRZ 2012, 239). Entsprechendes gilt für Verfahren gemäß § 1628 BGB. Demgegenüber gilt § 14 III nicht für Umgangsverfahren (→ § 12 Rn. 1). Wird gegen § 14 verstoßen, führt das nicht zur Unwirksamkeit der ohne Vorschuss vorgenommenen Verfahrenshandlung (OLG Frankfurt FamRZ 1982, 809 zu § 65 GKG aF).

Ausnahmen von der Abhängigmachung

15 § 14 gilt nicht,

1. soweit dem Antragsteller Verfahrenskostenhilfe bewilligt ist,
2. wenn dem Antragsteller Gebührenfreiheit zusteht oder
3. wenn die beabsichtigte Rechtsverfolgung weder aussichtslos noch mutwillig erscheint und wenn glaubhaft gemacht wird, dass
   a) dem Antragsteller die alsbaldige Zahlung der Kosten mit Rücksicht auf seine Vermögenslage oder aus sonstigen Gründen Schwierigkeiten bereiten würde oder
   b) eine Verzögerung dem Antragsteller einen nicht oder nur schwer zu ersetzenden Schaden bringen würde; zur Glaubhaftmachung genügt in diesem Fall die Erklärung des zum Bevollmächtigten bestellten Rechtsanwalts.

1 Die Vorschrift stimmt fast wörtlich mit § 14 Nr. 1–3 GKG überein, daher → GKG § 14 Rn. 1 ff.

Auslagen

16 I 1 Wird die Vornahme einer Handlung, mit der Auslagen verbunden sind, beantragt, hat derjenige, der die Handlung beantragt hat, einen zur Deckung der Auslagen hinreichenden Vorschuss zu zahlen. 2 Das Gericht soll die Vornahme einer Handlung, die nur auf Antrag vorzunehmen ist, von der vorherigen Zahlung abhängig machen.

II Die Herstellung und Überlassung von Dokumenten auf Antrag sowie die Versendung von Akten können von der vorherigen Zahlung eines die Auslagen deckenden Vorschusses abhängig gemacht werden.

III Bei Handlungen, die von Amts wegen vorgenommen werden, kann ein Vorschuss zur Deckung der Auslagen erhoben werden.

IV Absatz 1 gilt nicht für die Anordnung einer Haft.

1 Die Vorschrift stimmt in I 1wörtlich, in I 2 fast wörtlich, in II, III wörtlich und in IV inhaltlich mit § 17 I–IV GKG überein, daher → GKG § 17 Rn. 1 ff. Im Fall des III kann zwar ein Vorschuss angefordert werden, die Handlung selbst darf jedoch nicht von der Zahlung des Vorschusses abhängig gemacht werden (OLG Celle FamRZ 2013, 241).

Fortdauer der Vorschusspflicht

17 1 Die Verpflichtung zur Zahlung eines Vorschusses bleibt bestehen, auch wenn die Kosten des Verfahrens einem anderen auferlegt oder von einem anderen übernommen sind. 2 § 26 Abs. 2 gilt entsprechend.

1 Die Vorschrift stimmt im Wesentlichen mit § 18 GKG überein, daher → GKG § 18 Rn. 1 ff.

Abschnitt 4. Kostenansatz

Kostenansatz

18 **I [1] Es werden angesetzt**

1. die Kosten des ersten Rechtszugs bei dem Gericht, bei dem das Verfahren im ersten Rechtszug anhängig ist oder zuletzt anhängig war,

2. die Kosten des Rechtsmittelverfahrens bei dem Rechtsmittelgericht.

[2] Dies gilt auch dann, wenn die Kosten bei einem ersuchten Gericht entstanden sind.

II Die Dokumentenpauschale sowie die Auslagen für die Versendung von Akten werden bei der Stelle angesetzt, bei der sie entstanden sind.

III [1] Der Kostenansatz kann im Verwaltungsweg berichtigt werden, solange nicht eine gerichtliche Entscheidung getroffen ist. [2] Ergeht nach der gerichtlichen Entscheidung über den Kostenansatz eine Entscheidung, durch die der Verfahrenswert anders festgesetzt wird, kann der Kostenansatz ebenfalls berichtigt werden.

Die Vorschrift stimmt mit § 19 GKG nach der folgenden Tabelle überein. Vgl. daher jeweils bei § 19 GKG → GKG § 19 Rn. 1 ff. 1

§ 18 FamGKG		§ 19 GKG
I 1	etwa	I 1
Nr. 1	=	Nr. 1
2	=	2
I 2	=	2
II	=	IV
III 1	=	V 1
2	etwa	2

Nachforderung

19 **I [1] Wegen eines unrichtigen Ansatzes dürfen Kosten nur nachgefordert werden, wenn der berichtigte Ansatz dem Zahlungspflichtigen vor Ablauf des nächsten Kalenderjahres nach Absendung der den Rechtszug abschließenden Kostenrechnung (Schlusskostenrechnung), bei Vormundschaften und Dauerpflegschaften der Jahresrechnung, mitgeteilt worden ist. [2] Dies gilt nicht, wenn die Nachforderung auf vorsätzlich oder grob fahrlässig falschen Angaben des Kostenschuldners beruht oder wenn der ursprüngliche Kostenansatz unter einem bestimmten Vorbehalt erfolgt ist.**

II Ist innerhalb der Frist des Absatzes 1 ein Rechtsbehelf wegen des Hauptgegenstands oder wegen der Kosten eingelegt oder dem Zahlungspflichtigen mitgeteilt worden, dass ein Wertermittlungsverfahren eingeleitet ist, ist die Nachforderung bis zum Ablauf des nächsten Kalenderjahres nach Beendigung dieser Verfahren möglich.

III Ist der Wert gerichtlich festgesetzt worden, genügt es, wenn der berichtigte Ansatz dem Zahlungspflichtigen drei Monate nach der letzten Wertfestsetzung mitgeteilt worden ist.

I. Systematik, Normzweck (I–III). Die Vorschrift stimmt in I 1 fast wörtlich, in I 2 ganz, in II weitgehend und in III wörtlich mit § 20 I–III GKG überein, daher → GKG § 20 Rn. 1 ff. Hat ein Vormund eine die pauschale Aufwandsentschädigung übersteigende Vergütung ausbezahlt bekommen, so kann die Staatskasse die Überzahlung entsprechend § 19 FamGKG nur bis zum Ablauf des Kalenderjahres zurückfordern, das auf das Jahr der Abrechnung eines bestimmten Tätigkeitzeitraums folgt (OLG Dresden NJ 2017, 196 Rn. 25–28). Zur Anwendbarkeit auf den **Rückforde-** 1

rungsanspuch der Landeskasse für eine überhöht festgesetzten und ausgezahlten Verfahrenskostenhilfevergütung siehe OLG Düsseldorf NJOZ 2020, 740.

2 **II. Wertermittlungsverfahren (II).** Die Wertermittlung ist wegen des Amtsbetriebs nach § 26 FamFG jederzeit möglich. Für die Zulässigkeit einer Nachforderung genügt dann eine entsprechende Mitteilung. Sie ist aber auch notwendig, und zwar natürlich vor dem in II genannten Zeitpunkt.

Nichterhebung von Kosten

20 **I 1 Kosten, die bei richtiger Behandlung der Sache nicht entstanden wären, werden nicht erhoben. 2 Das Gleiche gilt für Auslagen, die durch eine von Amts wegen veranlasste Verlegung eines Termins oder Vertagung einer Verhandlung entstanden sind. 3 Für abweisende Entscheidungen sowie bei Zurücknahme eines Antrags kann von der Erhebung von Kosten abgesehen werden, wenn der Antrag auf unverschuldeter Unkenntnis der tatsächlichen oder rechtlichen Verhältnisse beruht.**

II 1 Die Entscheidung trifft das Gericht. 2 Solange nicht das Gericht entschieden hat, können Anordnungen nach Absatz 1 im Verwaltungsweg erlassen werden. 3 Eine im Verwaltungsweg getroffene Anordnung kann nur im Verwaltungsweg geändert werden.

1 Die Vorschrift stimmt wörtlich mit § 21 I, II GKG überein, daher → GKG § 21 Rn. 1 ff.

2

Zur **Nichterhebung der Kosten für einen Verfahrensbeistand,** wenn die Voraussetzungen nach § 158 FamFG nicht vorgelegen haben (vgl. OLG Braunschweig FamRZ 2022, 474).

Abschnitt 5. Kostenhaftung

Kostenschuldner in Antragsverfahren, Vergleich

21 **I 1 In Verfahren, die nur durch Antrag eingeleitet werden, schuldet die Kosten, wer das Verfahren des Rechtszugs beantragt hat. 2 Dies gilt nicht**

1. für den ersten Rechtszug in Gewaltschutzsachen und in Verfahren nach dem EU-Gewaltschutzverfahrensgesetz,
2. im Verfahren auf Erlass einer gerichtlichen Anordnung auf Rückgabe des Kindes oder über das Recht zum persönlichen Umgang nach dem Internationalen Familienrechtsverfahrensgesetz,
3. für einen Minderjährigen in Verfahren, die seine Person betreffen, und
4. für einen Verfahrensbeistand.

3 Im Verfahren, das gemäß § 700 Abs. 3 der Zivilprozessordnung dem Mahnverfahren folgt, schuldet die Kosten, wer den Vollstreckungsbescheid beantragt hat.

II Die Gebühr für den Abschluss eines gerichtlichen Vergleichs schuldet jeder, der an dem Abschluss beteiligt ist.

1 **I. Anwendungsbereich, Normzweck (I, II).** I 1, 3 stimmt fast wörtlich, II wörtlich mit § 22 I 1 GKG überein, daher → GKG § 22 Rn. 1 ff.

Zur Verfahrenskostenhilfe gilt grundsätzlich dasselbe wie zur Prozesskostenhilfe, daher → GKG Vor § 22 Rn. 7 ff.).

2 **II. Keine Antragshaftung (I 2).** In einem der in I 2 Nr. 1–4 genannten Verfahren entsteht dann keine Antragshaftung, wenn und soweit ein verfahrenseinleitender *Antrag nach § 23 FamFG* erforderlich ist. Das gilt erst recht, soweit das FamG ein solches Verfahren auch von Amts wegen einleiten darf und soweit ein Beteiligter nach § 24 I FamFG eine solche Einleitung anregt (OLG Saarbrücken NJW 2012, 163 zum

Umgagsverfahren). Bei dem Verfahren auf Feststellung der Abstammung handelt es sich um ein Verfahren, das die Person des Minderjährigen betrifft, so dass dessen Kostenvorschusspflicht nach § 21 I 2 Nr. 3 entfällt (OLG Hamm NJW-RR 2012, 904).

Unberührt bleibt in allen diesen Fällen eine Kostenhaftung nach §§ 22–27 FamGKG, vor allem eine Haftung des Entscheidungsschuldners nach § 24 Nr. 1 oder des Übernahmeschuldners nach § 24 Nr. 2. 3

Kosten bei Vormundschaft und Dauerpflegschaft

22 **[1]Die Kosten bei einer Vormundschaft oder Dauerpflegschaft schuldet der von der Maßnahme betroffene Minderjährige. [2]Dies gilt nicht für Kosten, die das Gericht einem anderen auferlegt hat.**

Keine Haftung nach S. 1 bei Kostenentscheidung gegen Dritten, S. 2. Dann gilt dem Dritten gegenüber nur statt einer Antragshaftung die Haftung des Entscheidungsschuldners nach § 24 Nr. 1. 1

Bestimmte sonstige Auslagen

23 **I [1]Die Dokumentenpauschale schuldet ferner, wer die Erteilung der Ausfertigungen, Kopien oder Ausdrucke beantragt hat. [2]Sind Kopien oder Ausdrucke angefertigt worden, weil der Beteiligte es unterlassen hat, die erforderliche Zahl von Mehrfertigungen beizufügen, schuldet nur der Beteiligte die Dokumentenpauschale.**

II Die Auslagen nach Nummer 2003 des Kostenverzeichnisses schuldet nur, wer die Versendung der Akte beantragt hat.

III Im Verfahren auf Bewilligung von Verfahrenskostenhilfe und im Verfahren auf Bewilligung grenzüberschreitender Prozesskostenhilfe ist der Antragsteller Schuldner der Auslagen, wenn

1. der Antrag zurückgenommen oder vom Gericht abgelehnt wird oder
2. die Übermittlung des Antrags von der Übermittlungsstelle oder das Ersuchen um Prozesskostenhilfe von der Empfangsstelle abgelehnt wird.

Die Vorschrift stimmt fast wörtlich mit § 28 I–III GKG überein, daher → GKG § 28 Rn. 1 ff. Übersendet ein Rechtsanwalt seine Schriftsätze nebst den erforderlichen Abschriften per Telefax an das Gericht ein, können die Kosten der Mehrfachausdrucke gegen ihn selbst festgesetzt werden (OLG Koblenz FamRZ 2016, 1873); entsprechendes gilt für einen Beteiligten, der seine Schreiben nur per Fax an das Gericht übersendet (OLG Oldenburg JurBüro 2010, 483). 1

Weitere Fälle der Kostenhaftung

24 **Die Kosten schuldet ferner,**

1. wem durch gerichtliche Entscheidung die Kosten des Verfahrens auferlegt sind;
2. wer sie durch eine vor Gericht abgegebene oder dem Gericht mitgeteilte Erklärung oder in einem vor Gericht abgeschlossenen oder dem Gericht mitgeteilten Vergleich übernommen hat; dies gilt auch, wenn bei einem Vergleich ohne Bestimmung über die Kosten diese als von beiden Teilen je zur Hälfte übernommen anzusehen sind;
3. wer für die Kostenschuld eines anderen kraft Gesetzes haftet und
4. der Verpflichtete für die Kosten der Vollstreckung; dies gilt nicht für einen Minderjährigen in Verfahren, die seine Person betreffen.

I. Systematik, Normzweck (Nr. 1–4). Die Vorschrift stimmt in Nr. 1 fast wörtlich, in Nr. 2, 3 ganz und in Nr. 4 weitgehend mit § 29 Nr. 1–4 GKG überein, daher → GKG § 29 Rn. 1 ff. 1

2 **II. Keine Haftung des Minderjährigen für Vollstreckungskosten (Nr. 4 Hs. 2).** Er ist nur dann von einer Haftung frei, wenn und soweit das Verfahren gerade seine Person – zB die Herausgabe des Minderjährigen – und nicht einen Dritten betrifft. Diese Regelung ist als eine Ausnahme eng auslegbar.

Erlöschen der Zahlungspflicht

25 **[1]Die durch gerichtliche Entscheidung begründete Verpflichtung zur Zahlung von Kosten erlischt, soweit die Entscheidung durch eine andere gerichtliche Entscheidung aufgehoben oder abgeändert wird. [2]Soweit die Verpflichtung zur Zahlung von Kosten nur auf der aufgehobenen oder abgeänderten Entscheidung beruht hat, werden bereits gezahlte Kosten zurückerstattet.**

1 Die Vorschrift stimmt mit § 30 GKG praktisch wörtlich überein, daher → GKG § 30 Rn. 1 ff.

Mehrere Kostenschuldner

26 **I Mehrere Kostenschuldner haften als Gesamtschuldner.**

II [1]Soweit ein Kostenschuldner aufgrund von § 24 Nr. 1 oder Nr. 2 (Erstschuldner) haftet, soll die Haftung eines anderen Kostenschuldners nur geltend gemacht werden, wenn eine Zwangsvollstreckung in das bewegliche Vermögen des ersteren erfolglos geblieben ist oder aussichtslos erscheint. [2]Zahlungen des Erstschuldners mindern seine Haftung aufgrund anderer Vorschriften dieses Gesetzes auch dann in voller Höhe, wenn sich seine Haftung nur auf einen Teilbetrag bezieht.

III [1]Soweit einem Kostenschuldner, der aufgrund von § 24 Nr. 1 haftet (Entscheidungsschuldner), Verfahrenskostenhilfe bewilligt worden ist, darf die Haftung eines anderen Kostenschuldners nicht geltend gemacht werden; von diesem bereits erhobene Kosten sind zurückzuzahlen, soweit es sich nicht um eine Zahlung nach § 13 Abs. 1 und 3 des Justizvergütungs- und -entschädigungsgesetzes handelt und die Partei, der die Verfahrenskostenhilfe bewilligt worden ist, der besonderen Vergütung zugestimmt hat. [2]Die Haftung eines anderen Kostenschuldners darf auch nicht geltend gemacht werden, soweit dem Entscheidungsschuldner ein Betrag für die Reise zum Ort einer Verhandlung, Anhörung oder Untersuchung und für die Rückreise gewährt worden ist.

IV Absatz 3 ist entsprechend anzuwenden, soweit der Kostenschuldner aufgrund des § 24 Nummer 2 haftet, wenn

1. **der Kostenschuldner die Kosten in einem vor Gericht abgeschlossenen, gegenüber dem Gericht angenommenen oder in einem gerichtlich gebilligten Vergleich übernommen hat,**
2. **der Vergleich einschließlich der Verteilung der Kosten, bei einem gerichtlich gebilligten Vergleich allein die Verteilung der Kosten, von dem Gericht vorgeschlagen worden ist und**
3. **das Gericht in seinem Vergleichsvorschlag ausdrücklich festgestellt hat, dass die Kostenregelung der sonst zu erwartenden Kostenentscheidung entspricht.**

1 Die Vorschrift stimmt mit § 31 GKG fast wörtlich überein, daher → GKG § 31 Rn. 1 ff. Die Zwangsvollstreckung in das bewegliche Vermögen des Erstschuldners erscheint aussichtslos iSv § 26 II 1, wenn dieser laufende Hilfe zum Lebensunterhalt bezieht (KG JurBüro 2019, 373).

Haftung von Streitgenossen

27 [1] **Streitgenossen haften als Gesamtschuldner, wenn die Kosten nicht durch gerichtliche Entscheidung unter sie verteilt sind.** [2] **Soweit einen Streitgenossen nur Teile des Streitgegenstands betreffen, beschränkt sich seine Haftung als Gesamtschuldner auf den Betrag, der entstanden wäre, wenn das Verfahren nur diese Teile betroffen hätte.**

Die Vorschrift stimmt wörtlich mit § 32 I 1, 2 GKG überein, daher → GKG § 32 Rn. 1 ff. 1

Abschnitt 6. Gebührenvorschriften

Wertgebühren

28 I [1] **Wenn sich die Gebühren nach dem Verfahrenswert richten, beträgt bei einem Verfahrenswert bis 500 Euro die Gebühr 38 Euro.** [2] **Die Gebühr erhöht sich bei einem**

Verfahrenswert bis … Euro	für jeden angefangenen Betrag von weiteren … Euro	um … Euro
2 000	500	20
10 000	1 000	21
25 000	3 000	29
50 000	5 000	38
200 000	15 000	132
500 000	30 000	198
über 500 000	50 000	198

[3] **Eine Gebührentabelle für Verfahrenswerte bis 500 000 Euro ist diesem Gesetz als Anlage 2 beigefügt.**

II **Der Mindestbetrag einer Gebühr ist 15 Euro.**

Anlage 2
(zu § 28 Absatz 1 Satz 3)

Verfahrenswert bis … €	Gebühr … €	Verfahrenswert bis … €	Gebühr … €
500	38,00	50 000	601,00
1 000	58,00	65 000	733,00
1 500	78,00	80 000	865,00
2 000	98,00	95 000	997,00
3 000	119,00	110 000	1 129,00
4 000	140,00	125 000	1 261,00
5 000	161,00	140 000	1 393,00
6 000	182,00	155 000	1 525,00
7 000	203,00	170 000	1 657,00
8 000	224,00	185 000	1 789,00

9 000	245,00	**200 000**	1 921,00
10 000	266,00	**230 000**	2 119,00
13 000	295,00	**260 000**	2 317,00
16 000	324,00	**290 000**	2 515,00
19 000	353,00	**320 000**	2 713,00
22 000	382,00	**350 000**	2 911,00
25 000	411,00	**380 000**	3 109,00
30 000	449,00	**410 000**	3 307,00
35 000	487,00	**440 000**	3 505,00
40 000	525,00	**470 000**	3 703,00
45 000	563,00	**500 000**	3 901,00

1 Die Vorschrift stimmt mit § 34 GKG fast wörtlich überein. Nur das dortige Wort Streitwert heißt hier Verfahrenswert. Daher bei § 34 GKG → GKG § 34 Rn. 1 ff.

Einmalige Erhebung der Gebühren

29 Die Gebühr für das Verfahren im Allgemeinen und die Gebühr für eine Entscheidung werden in jedem Rechtszug hinsichtlich eines jeden Teils des Verfahrensgegenstands nur einmal erhoben.

1 **I. Systematik, Normzweck.** Die Vorschrift stimmt mit § 35 GKG fast wörtlich überein. Nur das dortige Wort Streitgegenstand heißt hier Verfahrensgegenstand. Daher bei § 35 GKG → GKG § 35 Rn. 1 ff.

2 **II. Rechtszug.** Es gilt grundsätzlich dasselbe wie bei § 35 GKG. Freilich wird nach dem FamG nicht durch Urteil sondern durch Beschluss entschieden.

Teile des Verfahrensgegenstands

30 I Für Handlungen, die einen Teil des Verfahrensgegenstands betreffen, sind die Gebühren nur nach dem Wert dieses Teils zu berechnen.

II Sind von einzelnen Wertteilen in demselben Rechtszug für gleiche Handlungen Gebühren zu berechnen, darf nicht mehr erhoben werden, als wenn die Gebühr von dem Gesamtbetrag der Wertteile zu berechnen wäre.

III Sind für Teile des Gegenstands verschiedene Gebührensätze anzuwenden, sind die Gebühren für die Teile gesondert zu berechnen; die aus dem Gesamtbetrag der Wertteile nach dem höchsten Gebührensatz berechnete Gebühr darf jedoch nicht überschritten werden.

1 Die Vorschrift stimmt mit § 36 GKG fast wörtlich überein. Nur das dortige Wort Streitgegenstand heißt hier Verfahrensgegenstand. Daher bei § 36 GKG → GKG § 36 Rn. 1 ff.

Zurückverweisung, Abänderung oder Aufhebung einer Entscheidung

31 I Wird eine Sache an ein Gericht eines unteren Rechtszugs zurückverwiesen, bildet das weitere Verfahren mit dem früheren Verfahren vor diesem Gericht einen Rechtszug im Sinne des § 29.

II 1 Das Verfahren über eine Abänderung oder Aufhebung einer Entscheidung gilt als besonderes Verfahren, soweit im Kostenverzeichnis nichts anderes bestimmt ist. 2 Dies gilt nicht für das Verfahren zur Überprüfung der

Entscheidung nach § 166 Abs. 2 und 3 des Gesetzes über das Verfahren in Familiensachen und in den Angelegenheiten der freiwilligen Gerichtsbarkeit.

I. Systematik, Normzweck (I, II). I stimmt praktisch wörtlich mit § 37 GKG überein. Siehe daher bei § 37 GKG → GKG § 37 Rn. 1 ff. 1

II. Abänderung, Aufhebung (II 1). Ein solches Verfahren kann nach dem KV als ein Teil des zugrundeliegenden Verfahrens gelten. Soweit dort keine solche Anweisung besteht, gilt das Abänderungs- oder Aufhebungsverfahren als ein besonderes, also neues Verfahren. 2

III. Abänderung, Überprüfung (II 2). Nach § 166 II, III FamFG muss das FamG eine länger dauernde kinderschutzrechtliche Maßnahme in angemessener Zeit überprüfen und nach dem Absehen von einer Maßnahme nach §§ 1666–1667 BGB eine Überprüfung sogar in der Regel schon nach jeweils drei Monaten vornehmen. In diesen Fällen bleibt es kostenrechtlich abweichend von II 1 bei einem einheitlichen und nicht zusätzlich einem besonderen Verfahren. 3

Verzögerung des Verfahrens

32 **[1]Wird in einer selbständigen Familienstreitsache außer im Fall des § 335 der Zivilprozessordnung durch Verschulden eines Beteiligten oder seines Vertreters die Vertagung einer mündlichen Verhandlung oder die Anberaumung eines neuen Termins zur mündlichen Verhandlung nötig oder ist die Erledigung des Verfahrens durch nachträgliches Vorbringen von Angriffs- oder Verteidigungsmitteln, Beweismitteln oder Beweiseinreden, die früher vorgebracht werden konnten, verzögert worden, kann das Gericht dem Beteiligten von Amts wegen eine besondere Gebühr mit einem Gebührensatz von 1,0 auferlegen. [2]Die Gebühr kann bis auf einen Gebührensatz von 0,3 ermäßigt werden. [3]Dem Antragsteller, dem Antragsgegner oder dem Vertreter stehen der Nebenintervenient und sein Vertreter gleich.**

I. Systematik, Normzweck (S. 1–3). Die Vorschrift stimmt mit § 38 S. 1, 2 GKG fast wörtlich überein. Allerdings ist der Anwendungsbereich auf Familienstreitsachen beschränkt, → Rn. 2. Im Übrigen bei § 38 GKG → GKG § 38 Rn. 1 ff. 1

II. Anwendungsbereich; Selbständige Familienstreitsache (S. 1–3). Die Vorschrift gilt nur in einer Sache nach § 112 Nr. 1–3 FamFG, also in einer der dort abschließend aufgezählten Sachen und nicht auch in einer der in § 111 FamFG aufgezählten Familiensachen. 2

1. Unterhaltssache usw (§ 112 Nr. 1 FamFG). Es mag um eine Unterhaltssache nach § 231 I FamFG gehen, also um eine durch Verwandtschaft begründete gesetzliche Unterhaltspflicht (dort Nr. 1) oder um die durch die Ehe begründete gesetzliche Unterhaltspflicht (dort Nr. 2) oder um einen Anspruch nach § 1615 I BGB oder nach § 1615m BGB (Nr. 3), oder es mag um eine Lebenspartnerschaftssache nach § 269 I Nr. 7, 8 FamFG gehen, also um die gesetzliche Unterhaltspflicht für ein gemeinschaftliches minderjähriges Kind der Lebenspartner oder um die durch die Lebenspartnerschaft begründete gesetzliche Unterhaltspflicht. 3

2. Güterrechtssache usw (§ 112 Nr. 2 FamFG). Es mag auch um eine Güterrechtssache nach § 261 I FamFG gehen, also um ein solches Verfahren, das einen Anspruch aus dem ehelichen Güterrecht betrifft, auch wenn ein Dritter an dem Verfahren beteiligt ist, oder es mag um eine Lebenspartnerschaftssache nach § 269 I Nr. 9 FamFG gehen, also um einen Anspruch aus dem lebenspartnerschaftlichen Güterrecht, auch wenn ein Dritter an dem Verfahren beteiligt ist. 4

3. Sonstige Familiensache (§ 112 Nr. 3 FamFG). Es mag schließlich um eine sonstige Familiensache nach § 266 I FamFG gehen, also um die dort unter Nr. 1–5 genannten Ansprüche, sofern sie unter den in § 112 FamFG zur Bedingung gemachten Oberbegriff einer Familienstreitsache fallen, → Rn. 2, oder es mag schließlich um eine Lebenspartnerschaftssache nach § 269 II FamFG gehen, also um ein solches Verfahren, das einen der dort unter Nr. 1–3 genannten Ansprüche zum Gegenstand hat, nicht aber einen der in § 269 III FamFG genannten Ansprüche. 5

Abschnitt 7. Wertvorschriften

Unterabschnitt 1. Allgemeine Wertvorschriften

Grundsatz

33 **I [1] In demselben Verfahren und in demselben Rechtszug werden die Werte mehrerer Verfahrensgegenstände zusammengerechnet, soweit nichts anderes bestimmt ist. [2] Ist mit einem nichtvermögensrechtlichen Anspruch ein aus ihm hergeleiteter vermögensrechtlicher Anspruch verbunden, ist nur ein Anspruch, und zwar der höhere, maßgebend.**

II Der Verfahrenswert beträgt höchstens 30 Millionen Euro, soweit kein niedrigerer Höchstwert bestimmt ist.

Schrifttum: N. Schneider, Die Verfahrenswerte nach dem FamGKG, AnwBl 2009, 777; Thiel/N. Schneider, Die Abwicklung vom Regelverfahrenswert usw., FPR 2010, 323.

1 I 1 stimmt praktisch wörtlich mit § 39 I GKG überein. I 2 stimmt wörtlich mit § 48 IV GKG überein. II stimmt praktisch wörtlich mit § 39 II GKG überein. Vgl. daher jeweils dort.

2 **Unanwendbar** ist I 2 beim Zusammentreffen von vermögensrechtlichen und nichtvermögensrechtlichen Ansprüchen im Scheidungsverbund, vgl. § 44 II 3, → § 44 Rn. 5.

Zeitpunkt der Wertberechnung

34 **[1] Für die Wertberechnung ist der Zeitpunkt der den jeweiligen Verfahrensgegenstand betreffenden ersten Antragstellung in dem jeweiligen Rechtszug entscheidend. [2] In Verfahren, die von Amts wegen eingeleitet werden, ist der Zeitpunkt der Fälligkeit der Gebühr maßgebend.**

Schrifttum: N. Schneider, Bewertungszeitpunkt für den Verfahrenswert, NZFam 2015, 955 (Üb.).

1 S. 1 stimmt mit § 40 GKG inhaltlich ganz überein. Es heißt nur statt Streitgegenstand hier Verfahrensgegenstand, und statt „den Rechtszug einleitend" hier „erste Antragstellung in dem jeweiligen Rechtszug. Vgl. daher zunächst bei § 40 GKG (→ GKG § 40 Rn. 1 ff.). Für einen antragsabhängigen Fall der Versorgungsausgleich-Folgesache nach § 137 II 1 Nr. 1 FamFG (nicht II 2!) gilt also der Zeitpunkt der Einreichung des Scheidungsantrags (OLG Brandenburg FamRZ 2011, 1797; 2011, 1812; Schneider FamRZ 2010, 87). Bei einem Unterhaltsstufenantrag ist zur Berechnung des Rückstands im Sinne des § 51 II 1 der Zeitpunkt der Einreichung des Auskunftsantrags und nicht der Zeitpunkt der Bezifferung des Zahlungsantrags maßgeblich, OLG Bremen NZFam 2014, 234; OLG Koblenz FamRZ 2017, 1079.

2 S. 2 ist eine Folge des teilweisen Amtsbetriebs nach § 26 FamFG. Bei S. 2 kann das Verfahrensende maßgeblich sein (OLG Brandenburg FamRZ 2017, 56).

Geldforderung

35 **Ist Gegenstand des Verfahrens eine bezifferte Geldforderung, bemisst sich der Verfahrenswert nach deren Höhe, soweit nichts anderes bestimmt ist.**

Schrifttum: Schneider, Vergleichsmehrwert bei Stundungsvereinbarung im Zugewinnverfahren, NZFam 2016, 398 (zum Zugewinnausgleich).

Der eigentlich selbstverständlichen Vorschrift kommt wegen der Regelung zur Wertfestsetzung in § 53 S. 1 eine gewisse Bedeutung zu. Werden wechselseitig Zugewinnausgleichsansprüche geltend gemacht, sind die Ansprüche zu addieren (OLG Hamm FamRZ 2017, 549). 1

Wird **Nutzungsentgelt** für die Alleinnutzung einer im gemeinschaftlichen Eigentum stehenden Ehewohnung für einen abgeschlossenen Zeitraum geltend gemacht, ist § 35 anzuwenden und die (gesamte) Höhe der Forderung für die Wertfindung maßgeblich. Wie die Wertberechnung für das zukunftig fällig werdende Entgelt vorzunehmen ist, ist streitig (→ § 42 Rn. 3). 2

Genehmigung einer Erklärung oder deren Ersetzung

36 **I 1 Wenn in einer vermögensrechtlichen Angelegenheit Gegenstand des Verfahrens die Genehmigung einer Erklärung oder deren Ersetzung ist, bemisst sich der Verfahrenswert nach dem Wert des zugrunde liegenden Geschäfts. 2 § 38 des Gerichts- und Notarkostengesetzes und die für eine Beurkundung geltenden besonderen Geschäftswert- und Bewertungsvorschriften des Gerichts- und Notarkostengesetzes sind entsprechend anzuwenden.**

II Mehrere Erklärungen, die denselben Gegenstand betreffen, insbesondere der Kauf und die Auflassung oder die Schulderklärung und die zur Hypothekenbestellung erforderlichen Erklärungen, sind als ein Verfahrensgegenstand zu bewerten.

III Der Wert beträgt in jedem Fall höchstens 1 Million Euro.

I 1 stimmt mit § 60 I GNotKG, praktisch wörtlich überein, daher → GNotKG § 60 Rn. 1 ff. Die Verweisungen in I 2 führen zu den dort genannten weiteren Vorschriften des GNotKG. Vgl. daher jeweils dort. II stimmt mit § 60 II GNotKG überein. Vgl. daher dort. III stimmt mit § 60 III GNotKG überein. Einen Verfahrenswert von 0 EUR gibt es nicht (aA OLG München FamRZ 2013, 904); bei einem Verfahren „ohne Wert" bemessen sich die Gebüren nach der untersten Wertstufe. 1

In einem Verfahren über die Zustimmung eines Ehegatten nach § 1365 BGB zu einem Grundstückskaufvertrag, stellt der Kaufpreis den Ausgangspunkt zur Ermittlung des Gegenstandswerts dar. Nach I 2 in Verbindung mit § 98 II GNotKG beträgt der Verfahrenswert die Hälfte dieses Betrages (OLG Jena FamRZ 2020, 1540). 2

Früchte, Nutzungen, Zinsen und Kosten

37 **I Sind außer dem Hauptgegenstand des Verfahrens auch Früchte, Nutzungen, Zinsen oder Kosten betroffen, wird deren Wert nicht berücksichtigt.**

II Soweit Früchte, Nutzungen, Zinsen oder Kosten ohne den Hauptgegenstand betroffen sind, ist deren Wert maßgebend, soweit er den Wert des Hauptgegenstands nicht übersteigt.

III Sind die Kosten des Verfahrens ohne den Hauptgegenstand betroffen, ist der Betrag der Kosten maßgebend, soweit er den Wert des Hauptgegenstands nicht übersteigt.

Die Vorschrift stimmt mit § 43 GKG sprachlich weitgehend und inhaltlich ganz überein, daher → GKG § 43 Rn. 1 ff. 1

Stufenantrag

38 **Wird mit dem Antrag auf Rechnungslegung oder auf Vorlegung eines Vermögensverzeichnisses oder auf Abgabe einer eidesstattlichen Versicherung der Antrag auf Herausgabe desjenigen verbunden, was der Antragsgegner aus dem zugrunde liegenden Rechtsverhältnis schuldet, ist für**

die Wertberechnung nur einer der verbundenen Ansprüche, und zwar der höhere, maßgebend.

1 Die Vorschrift stimmt mit § 44 GKG sprachlich weitgehend und inhaltlich ganz überein, daher → GKG § 44 Rn. 1ff.

2 Zum **„steckengebliebenen" Stufenantrag** vgl. OLG Schleswig FamRZ 2014, 689 (maßgeblich ist die Erwartung des Antragstellers) Es findet keine rückwirkende Herabsetzung am Maßstab nachfolgender „besserer" Erkenntnisse statt (OLG Schleswig NZFam 2020, 224). Fehlen Angaben zu dem erwarteten Leistungsanspruch in der Antragsschrift, kann auf außergerichtlich geäußerten Vorstellungen zurückgegriffen werden, fehlen jegliche Anhaltspunkte, gilt der Auffangwert nach § 42 III (OLG Frankfurt NZFam 2018, 530). Wird zusammen mit einem Unterhaltsstufenantrag ein einstweiliger Anordnungsantrag auf Zahlung des Unterhalts anhängig gemacht, kann in geeigneten Fällen für die Schätzung die Höhe des Unterhalts herangezogen werden, der im Eilverfahren geltend gemacht wird (siehe dazu OLG Celle FamRZ 2016, 654). Zur Wertberechnung beim Unterhaltsstufenantrag siehe auch → § 51 Rn. 8.

Antrag und Widerantrag, Hilfsanspruch, wechselseitige Rechtsmittel, Aufrechnung

39 **I [1] Mit einem Antrag und einem Widerantrag geltend gemachte Ansprüche, die nicht in getrennten Verfahren verhandelt werden, werden zusammengerechnet. [2] Ein hilfsweise geltend gemachter Anspruch wird mit dem Hauptanspruch zusammengerechnet, soweit eine Entscheidung über ihn ergeht. [3] Betreffen die Ansprüche im Fall des Satzes 1 oder des Satzes 2 denselben Gegenstand, ist nur der Wert des höheren Anspruchs maßgebend.**

II Für wechselseitig eingelegte Rechtsmittel, die nicht in getrennten Verfahren verhandelt werden, ist Absatz 1 Satz 1 und 3 entsprechend anzuwenden.

III Macht ein Beteiligter hilfsweise die Aufrechnung mit einer bestrittenen Gegenforderung geltend, erhöht sich der Wert um den Wert der Gegenforderung, soweit eine der Rechtskraft fähige Entscheidung über sie ergeht.

IV Bei einer Erledigung des Verfahrens durch Vergleich sind die Absätze 1 bis 3 entsprechend anzuwenden.

Schrifttum: Schneider, Wertberechnung bei Antrag und Widerantrag, NZFam 2015, 551.

1 **I. Systematik, Normzweck (I–IV).** Die Vorschrift stimmt mit § 45 GKG sprachlich weitgehend und inhaltlich fast ganz überein, siehe daher → GKG § 45 Rn. 1ff.

2 **II. Hilfsaufrechnung (III).** Weitergehend als bei § 45 III GKG kann jeder Beteiligte im Sinn von § 7 FamFG eine Hilfsaufrechnung mit der Kostenfolge III geltend machen. Beteiligter kann auch derjenige sein, dessen Recht das Verfahren nach § 7 II Nr. 1 FamFG, unmittelbar betrifft oder den das Gericht von Amts wegen oder auf einen Antrag nach § 7 II Nr. 2 FamFG beteiligen muss oder den das Gericht nach § 7 III FamFG hinzuzieht.

3 **Nicht beteiligt** ist nach § 7 V FamFG derjenige, der nur eine Auskunft erteilen muss oder den das Gericht nur anhört.

Rechtsmittelverfahren

40 **I [1] Im Rechtsmittelverfahren bestimmt sich der Verfahrenswert nach den Anträgen des Rechtsmittelführers. [2] Endet das Verfahren, ohne dass solche Anträge eingereicht werden, oder werden, wenn eine Frist für die Rechtsmittelbegründung vorgeschrieben ist, innerhalb dieser Frist Rechtsmittelanträge nicht eingereicht, ist die Beschwer maßgebend.**

II [1]Der Wert ist durch den Wert des Verfahrensgegenstands des ersten Rechtszugs begrenzt. [2]Dies gilt nicht, soweit der Gegenstand erweitert wird.

III Im Verfahren über den Antrag auf Zulassung der Sprungrechtsbeschwerde ist Verfahrenswert der für das Rechtsmittelverfahren maßgebende Wert.

I. Systematik, Normzweck (I–III). Die Vorschrift stimmt mit § 47 GKG sprachlich und inhaltlich weitgehend überein, daher → GKG § 47 Rn. 1 ff. 1

II. Rechtsmittelbegründungsfrist (I 2 Hs. 2). Auch diese Regelung entspricht dem GKG, dort I 2 Hs. 2. 2

III. Sprungrechtsbeschwerde (III). III erfasst das Verfahren nach § 75 FamFG. 3

Einstweilige Anordnung

41

[1]Im Verfahren der einstweiligen Anordnung ist der Wert in der Regel unter Berücksichtigung der geringeren Bedeutung gegenüber der Hauptsache zu ermäßigen. [2]Dabei ist von der Hälfte des für die Hauptsache bestimmten Werts auszugehen.

Schrifttum: N. Schneider, Werterhöhung durch fällige Unterhaltsbeträge auch im einstweiligen Anordnungsverfahren, NZFam 2014, 14; Witte, Die Wertvorschriften im einstweiligen Anordnungsverfahren, FPR 2010, 316.

I. Normzweck, Anwendungsbereich. Grund der nach der Vorschrift angeordneten Wertermäßigung ist, dass ein Beschluss im Einstweiligen Anordnungsverfahren, in dem regelmäßig nur eine vorläufige Entscheidung getroffen wird, nicht mit einer Entscheidung im Hauptsacheverfahren gleichwertig ist. Die einstweilige Anordnung erwächst nicht in Rechtskraft. Sie kann nach § 54 FamFG ohne besondere Anforderungen aufgehoben werden und bietet wegen des summarischen Verfahrens eine geringere Richtigkeitsgewähr. (siehe dazu OLG Köln FamRZ 2016, 655). 1

Die Vorschrift erfasst alle Einstweiligen Anordnungsverfahren gleich welchen Rechtszugs in jedem familiengerichtlichen Verfahren. Für das Arrestverfahren ist sie demgegenüber nach zutreffender Ansicht nicht anwendbar; vielmehr greift § 42 ein. Der Gesetzgeber hat mit letzterer Rechtsvorschrift eine Regelung für die Wertbestimmung von Angelegenheiten getroffen, die von den übrigen Wertvorschriften des FamGKG nicht erfasst werden. Deshalb besteht keine planwidrige Regelungslücke, die eine analoge Anwendung des § 41 auf das Arrestverfahren rechtfertigen könnte (OLG Brandenburg FamRZ 2011, 758 mwN auch zur Gegenauffassung). 2

II. Werthöhe (S. 1, 2). S. 1 enthält trotz seiner Befehlsform doch wegen der Worte „in der Regel" nur einen starken Ausgangsmaßstab (Witte FPR 2010, 316). Selbst dieser ist freilich bei einer genauen Prüfung ziemlich vage. Denn „Ermäßigung" ist ein unscharfer Begriff, selbst wenn nach S. 2 im Regelfall 50 % des Hauptsachewerts festzulegen sind. 3

Für Eilverfahren gibt es zumindest den **Grundgedanken** des S. 1 längst in der Rspr. zum Arrest und zur einstweiligen Verfügung (siehe zB OLG Köln JurBüro1994, 113; OLG Brandenburg MDR 2007, 1225). Allerdings kann im Einzelfall der Wert des Einstweiligen Anordnungsverfahrens demjenigen einer Hauptsache entsprechen, wenn die einstweilige Regelung praktisch eine Hauptsacheregelung vorwegnimmt oder sie erübrigt (OLG Stuttgart FamRZ 2011, 757). Wird im Einstweiligen Anordnungsverfahren ein bezifferter **Verfahrenskostenvorschuss** geltend gemacht, ist dieser Wert anzusetzen (OLG Frankfurt FamRZ 2015, 527, KG JurBüro 2017, 478 jeweils mwN). Die Gegenauffassung (OLG Celle FamRZ 2016, 655 mwN), wonach nur die Hälfte des Werts festzusetzen ist, überzeugt nicht. Denn mit der Einstweiligen Anordnung wird in der Praxis eine endgültige Regelung geschaffen. Wird mit einer sog. Leistungsanordnung der **„volle" Kindesunterhalt gefordert,** rechtfertigt dies demgegenüber regelmäßig nicht, den Verfahrenswert für ein Hauptsacheverfahren nach § 51 FamGKG festzusetzen. Vielmehr muss es im Hinblick auf die Besonderheiten des Einstweiligen Anordnungsverfahrens (→ Rn. 1) bei der Herabsetzung des Wertes bleiben (OLG Stuttgart FamRZ 2011, 757; aA OLG Düsseldorf NJW 2010, 1385). 4

5 Zum **Vergleich** siehe OLG Düsseldorf FamRZ 2010, 1936, wonach der volle Wert anzusetzen ist, wenn mit dem Vergleich der Streit der Beteiligten umfassend geregelt und beigelegt wird. In dieser in einem einstweiligen Gewaltschutzverfahren ergangenen Entscheidung wird ausgeführt, dass auch für den **Verfahrenswert** und nicht nur für den **Vergleichswert** der volle Wert festzusetzen sei. Insofern ist Vorsicht geboten. Allein der Umstand, dass der Vergleich eine endgültige Regelung enthält, rechtfertigt eine Anhebung auf den vollen Wert nicht (siehe auch OLG Celle NJOZ 2020, 1543). Soweit **nicht anhängige Familiensachen** in einem Einstweiligen Anordnungsverfahren durch Vergleich erledigt werden, ist für den Vergleichswert zu differenzieren, ob eine endgültige (dann voller Wert) oder nur eine vorläufige Regelung (dann verminderter Wert) getroffen wird (OLG Brandenburg FuR 2016, 57).

6 Wird in einem Einstweiligen Anordnungsverfahren zum **Umgang** ein abschließender Vergleich geschlossen, ist jedenfalls der Vergleichswert mit dem vollen Wert festzusetzen (OLG Nürnberg FamRZ 2011, 756). Da das Gericht im Rahmen der Billigungsprüfung nach § 156 II FamFG die Regelung im Hinblick auf das Kindeswohl überprüfen muss, dürfte aber auch ein Verfahrenswert mit dem nicht herabgesetzten Wert nach § 45 I Nr. 2, III anzusetzen sein. Schließen die Beteiligten den Umgangsvergleich in einem Einstweiligen Anordnungsverfahren zum Sorgerecht, ist wegen der Billigungsprüfung nach § 156 II FamFG neben dem Vergleichswert auch ein Verfahrenswert für das Umgangsverfahren festzusetzen (siehe zu diesem Gesichtspunkt auch OLG Nürnberg NJW 2020, 2280 sowie → § 45 Rn. 4).

7 Es kommt generell im Rahmen des pflichtgemäßen weiten **Ermessens** auf eine Abwägung der Umstände an. Es ist immer ratsam, wenn nicht notwendig, diese Abwägung in einer Begründung der Wertfestsetzung nachvollziehbar erkennen zu lassen.

Auffangwert

42 **I Soweit in einer vermögensrechtlichen Angelegenheit der Verfahrenswert sich aus den Vorschriften dieses Gesetzes nicht ergibt und auch sonst nicht feststeht, ist er nach billigem Ermessen zu bestimmen.**

II Soweit in einer nichtvermögensrechtlichen Angelegenheit der Verfahrenswert sich aus den Vorschriften dieses Gesetzes nicht ergibt, ist er unter Berücksichtigung aller Umstände des Einzelfalls, insbesondere des Umfangs und der Bedeutung der Sache und der Vermögens- und Einkommensverhältnisse der Beteiligten, nach billigem Ermessen zu bestimmen, jedoch nicht über 500 000 Euro.

III Bestehen in den Fällen der Absätze 1 und 2 keine genügenden Anhaltspunkte, ist von einem Wert von 5000 Euro auszugehen.

Schrifttum: Klüsener, Verfahrens- und Gegenstandswert in familienrechtlichen Angelegenheiten über eine Nutzungsentschädigung, JurBüro 2016, 57 (Üb.); N. Schneider, Verfahrenswert im Verfahren auf vorzeitigen Zugewinnausgleich, NZFam 2016, 258 (vorzeitiger Zugewinnausgleich), N. Schneider, Vergleichsmehrwert bei Stundungsvereinbarung im Zugewinn, NZFam 2016, 348 (Stundungsanspruch).

1 I stimmt fast wörtlich mit § 36 I GNotKG, überein, daher → GNotKG § 36 Rn. 1 ff. II stimmt inhaltlich bis auf den Höchstwert ganz mit § 48 II 1, 2 GKG überein, daher → GKG § 48 Rn. 6 ff. **Vermögensrechtlich** ist jeder Verfahrensgegenstand, der entweder auf einer vermögensrechtlichen Beziehung beruht oder im Wesentlichen wirtschaftlichen Interessen dienen soll (LAG Rheinland-Pfalz NZA-RR 2007, 541). **Nichtvermögensrechtliche Verfahren** sind Angelegenheiten, die diese Voraussetzungen nicht erfüllen.

2 Die Vorschrift gilt bei einer **Adoption** (zur Volljährigen-Adoption OLG Celle FamRZ 2013, 2008; OLG Düsseldorf NJW-RR 2010,1661; OLG Hamm NJW-RR 2018, 1223 (je: hilfsweise III). Hier sind in erster Linie die Einkommens- und Vermögensverhältnisse der Beteiligten zu berücksichtigten (OLG Düsseldorf RVGReport 2018, 47 (dort 90 000 EUR) OLG Braunschweig FamRZ 2021, 1233:

25 bis 50 Prozent des Reinvermögens des Annehmenden). Nach OLG Hamburg (NJW-RR 2020, 261) soll es der Billigkeit entsprechen, den vom Gesetzgeber als Regelwert für Kindschaftssachen vorgesehenen Verfahrenswert nach § 45 I als Ausgangspunkt für die Billigkeitsabwägung im Rahmen der Wertfestsetzung für ein **Verfahren nach § 1748 BGB** zu wählen (siehe auch OLG Dresden FamRZ 2011, 1810).

Ebenso greift § 42 ein bei einem Verfahren auf **Aufhebung einer Zugewinngemeinschaft** (OLG Köln FamRZ 2015, 528 (Auffangwert nach III, wenn keine zuverlässigen Schätzungsgrundlagen vorliegen; so auch OLG Schleswig FamRZ 2012, 897), bei der **Anpassung eines Versorgungsausgleichs** (OLG Karlsruhe FamRZ 2014, 1805; Wertungen des § 51 sind zu berücksichtigen), bei einem **Verfahren auf isolierte Vormundbestellung** wegen Minderjährigkeit (OLG Celle FamRZ 2020, 2027) und bei der **Zustimmung zum Realsplitting** (OLG Brandenburg FamRZ 2017, 2044); Antrag auf **Zustimmung des getrennt lebenden Ehepartners zur Kündigung des gemeinsam geschlossenen Wohnraummietvertrages** (regelmäßig Jahresnettomiete, OLG Bremen FamRZ 2021, 374); ferner bei einem **Freistellungsanspruch** (OLG Brandenburg NJOZ 2017, 1464). Wird nur die **Kostengrundentscheidung** angefochten, greift die Vorschrift ebenfalls ein, wobei für die Höhe des Wertes dann regelmäßig das Kosteninteresse maßgeblich sein wird (siehe OLG Naumburg FamRZ 2013, 59). Zu den **Ansprüchen auf Stundung** nach § 1382 I BGB und auf **Übertragung einzelner Gegenstände** nach § 1383 BGB vgl. → § 52 Rn. 3f. Der Wert für einen Anspruch auf **Entschädigung für die Nutzung der Ehewohnung nach Rechtskraft der Scheidung** gem. § 745 II BGB richtet sich nach §§ 35, 42 I. Soweit der Anspruch für Zukunft geltend gemacht wird, ist entsprechend dem Rechtsgedanken des § 9 ZPO der 36fache Wert des geltend gemachten Monatswerts anzusetzen. § 51 I 1 ist demgegenüber nicht analog anzuwenden, weil es sich um eine Spezialvorschrift für Unterhaltsforderungen handelt, die für die Nutzungsentschädigung nicht passt (streitig, vgl. OLG Brandenburg AGS 2020, 403mwN; aA OLG Frankfurt NZFam 2021, 985). Werden Rückstände eingeklagt, ist dieser Betrag gem. § 35 maßgeblich (OLG Frankfurt NZFam 2021, 985). 3

III ähnelt stark § 36 III GNotKG, daher → GNotKG § 36 Rn. 31ff., siehe ferner BGH NJW 2020, 1370 zur Anwendbarkeit des III bei einer Beschwerde gegen eine nicht vollstreckungsfähige Verpflichtung zur Vorlage von Belegen. 4

Unterabschnitt 2. Besondere Wertvorschriften

Ehesachen

43 **I** [1] **In Ehesachen ist der Verfahrenswert unter Berücksichtigung aller Umstände des Einzelfalls, insbesondere des Umfangs und der Bedeutung der Sache und der Vermögens- und Einkommensverhältnisse der Ehegatten, nach Ermessen zu bestimmen.** [2] **Der Wert darf nicht unter 3000 Euro und nicht über 1 Million Euro angenommen werden.**

II Für die Einkommensverhältnisse ist das in drei Monaten erzielte Nettoeinkommen der Ehegatten einzusetzen.

Schrifttum: Rieck/Lange, Die Verfahrenswerte in Familiensachen nach dem FamGKG, NJW 2009, 3334.

Übersicht

1 **I. Normzweck, Anwendungsbereich (I, II).** Durch die Vorschrift soll unter Berücksichtigung der wirtschaftlichen Verhältnisse der Beteiligten im Einzelfall die Festsetzung angemessener Gebühren nach sozialen Gesichtspunkten ermöglicht werden (BVerfG NJW 1989, 1985). I 1 stimmt fast wörtlich mit § 48 II 1 GKG überein, I 2 teilweise mit § 48 II 2 GKG, daher → GKG § 48 Rn. 1 ff.

2 **II. Ehesache (I, II).** Es muss sich um eine Ehesache handeln. Dazu gehören nach § 121 FamFG: Verfahren auf die Scheidung der Ehe (Scheidungssachen) nach Nr. 1; auf Aufhebung der Ehe nach Nr. 2; auf Feststellung des Bestehens oder Nichtbestehens einer Ehe zwischen den Beteiligten nach Nr. 3. Nach § 5 Nr. 1, Nr. 2 gilt für **Lebenspartnerschaftssachen** § 43 entsprechend.

3 **III. Wertberechnung (I, II). 1. Zeitpunkt.** Maßgebend gemäß § 34 ist der Zeitpunkt des Antragseingangs. Soweit zum alten Recht vertreten wurde, dass eine Einkommensteigerung im Gegensatz zu einer Einkommensverminderung zu berücksichtigen sei (OLG Zweibrücken FamRZ 2002, 255 mwN), erscheint das im Hinblick auf die eindeutige Regelung nach § 34 nicht auf das neue Recht übertragbar (vgl. auch BeckOK KostR/Neumann Rn. 14).

4 **2. Gesamtabwägung (I 1).** Man muss alle Umstände des Einzelfalls berücksichtigen (OLG Brandenburg NJOZ 2016, 1026), wobei den Vermögens- und Einkommensverhältnissen eine besondere Bedeutung zukommt. Wird der Wert für eine einvernehmliche Ehescheidung trotz eines Nettoeinkommens der Eheleute von 13.000 EUR in drei Monaten ohne nähere Begründung auf 3000 EUR festgesetzt, so verletzt die Entscheidung das Willkürverbot (vgl. BVerfG FamRZ 2010, 25).

5 **3. Kein Ausgangswert (I 1).** Einen generell bezifferten Ausgangswert nennt das Gesetz nicht. Es kennt vielmehr nur Einsatz-, Mindest-, Höchst- und Festwerte zwecks Vereinfachung.

6 **4. Mindestwert (I 2).** Einen solchen nennt I 2 für eine Ehesache. Er gilt für einfach gelagerte Fälle (AG Lüdenscheid FamRZ 2010, 225 zum alten Recht) und beträgt 3.000 EUR. Beziehen **beide Eheleute Verfahrenskostenhilfe** führt das nicht automatisch zur Festsetzung des Mindestwerts. Vielmehr ist auch dann im Regelfall das in drei Monaten erzielte Nettoeinkommen der Eheleute maßgeblich (KG BeckRS 2013, 17502, vgl. auch OLG Dresden OLG-NL 1997, 42; OLG Düsseldorf AnwBl 1992, 280; OLG Zweibrücken NJW-RR 2004, 355; aA OLG Stuttgart FamRZ 2000, 1518, jeweils zum alten Recht). Siehe auch OLG Brandenburg BeckRS 2020, 40057, wonach allerdings ein Abschlag von 20 bis 50 % in Betracht kommt, wenn sich das Verfahren durch alsbaldige Rücknahme des Scheidungsantrags erledigt.

7 **5. Höchstwert (I 2).** Die Vorschrift bestimmt einen Höchstwert für Ehesachen von 1.000.000 EUR.

8 **IV. Einzelfaktoren (I 1, II).** Es sind die folgenden Prüfschritte ratsam.

9 **1. Grundsatz: Berücksichtigung aller Umstände.** Die Vorschrift nennt die dort genannten Einzelfaktoren (Einkommen, Vermögen) zwar nur beispielsweise. Sie bestimmt aber, dass man diese Einzelfaktoren „insbesondere" berücksichtigen soll (dazu → Rn. 18). Im Übrigen ist die Vorschrift ist offen gefasst. Sie erlaubt nach dem pflichtgemäßen Ermessen die Berücksichtigung aller Umstände, soweit sie nur einen sachgemäßen Bezug zur Gebührenerhebung haben (BVerfG NJW 1989, 1985; OLG Brandenburg NJOZ 2016, 1026).

Zur **Ermessensausübung** kann ein **kurzer Hinweis** darauf angebracht sein, dass 10
weitere denkbare Faktoren keine Bedeutung erlangt haben. Unterbleibt das in der Ausgangsentscheidung, sollte der Hinweis jedenfalls im Rahmen des Abhilfeprüfungsverfahrens nachgeholt werden, wenn der Verfahrenswertbeschluss angefochten wird.

2. Umfang der Sache. Man sollte ihn nur dann besonders beachten, wenn er aus 11
dem üblichen Rahmen fällt (Maßstab: einvernehmliche Ehescheidung). Es kommt nur auf den Aufwand des **gerichtlichen Verfahrens** und nicht auf den vor- oder außergerichtlichen Aufwand der beteiligten Rechtsanwälte an (KG FamRZ 2010, 829). Dabei darf man natürlich nur auf eine ordnungsgemäße Arbeitsweise des Gerichts abstellen (Schneider JurBüro 1975, 1558). Maßgeblich ist die jeweilige Instanz.

Einzelheiten zur Frage des Umfangs der Sache (I 1). Eine Erhöhung des 12
Streitwertes für eine Ehesache kommt zB in Betracht, wenn **ausländisches Recht** anzuwenden ist und dessen Ermittlung einen besonderen Aufwand erfordert (OLG Karlsruhe FamRZ 2007, 751). Ferner können der **Umfang der Akten,** die **Aufbereitung des Stoffes** durch die Beteiligten, die **Dauer** des Ehescheidungsverfahrens, die **Erforderlichkeit von Terminsverlegungen,** die **Durchführung einer Beweisaufnahme,** die **Kürze oder die Länge der Ausführungen eines Beteiligten** und der Umfang der zu prüfenden **Beiakten** von Bedeutung sein (OLG Dresden NJOZ 2003, 1417). Im Übrigen gelten dieselben Regeln wie bei § 48 GKG (→ GKG § 48 Rn. 23 ff.).

3. Bedeutung der Sache. Ferner ist die Bedeutung der Sache zu berücksichtigen. 13
Auch hier kommt es sowohl auf die tatsächliche Bedeutung als auch auf die rechtliche Bedeutung an, vgl. auch die Kommentierung zu § 48 GKG (→ GKG § 48 Rn. 26 f.).

Zu beachten sind zB: Für eine hohe Bedeutung kann eine **lange Ehezeit** 14
sprechen (BVerfG FamRZ 2010, 25; OLG Naumburg FamRZ 2019, 304). Ferner spielt eine Rolle, ob und ggf. wie viele **Kinder** von der Scheidung betroffen sind und ob zwischen den Eheleuten eine große **wirtschaftliche Verflechtung** besteht (BVerfG FamRZ 2010, 25; OLG Oldenburg FamRZ 2009, 1173).

~~Unbeachtbar~~ Unbeachtlich ist zB die Art und der Umfang der Folgesachen 15
(OLG Dresden NJOZ 2003, 1417). Allein der Umstand, dass die **Scheidung einvernehmlich** ist, führt nicht zu einer Wertreduzierung (OLG Brandenburg FamRZ 2008, 1206; OLG Brandenburg BeckRS 2020, 40057, wonach allerdings ein Abschlag von 20 bis 50 % in Betracht kommt, wenn sich das Verfahren durch **alsbaldige Rücknahme** des Scheidungsantrags erledigt).

4. Vermögens- und Einkommensverhältnisse. Dieser Gesichtspunkt ist bei 16
einer Ehesache verfassungsgemäß (BVerfG NJW 1989, 1985). Er ist zwar wichtig, aber nur ein Einzelfaktor (OLG Oldenburg FamRZ 2009, 1173). In **Fällen,** in denen die Ehescheidung als solche **keine besonderen Probleme** aufweist – insbesondere bei einfachen Scheidungen (vgl. KG FamRZ 2018, 1856) –, werden in der Praxis regelmäßig nur diese Gesichtspunkte zugrunde gelegt. Das erscheint sachgerecht. Es kommt auf die Verhältnisse beider Eheleute an.

5. Vermögensverhältnisse (I 1). Die obergerichtliche Rechtsprechung ist recht 17
uneinheitlich (vgl. zB OLG Köln FamRZ 2016, 1298; KG FuR 2017, 457; KG FamRZ 2018, 701 jeweils mwN zu den verschiedenen Auffassungen). Zutreffend erscheint, das Vermögen unter Einbeziehung aller Vermögenswerte **beider Ehegatten** unter Einschluss des Wertes eines selbst genutzten Eigenheims und unter Abzug bestehender Verbindlichkeiten zu ermitteln. Von dem sich ergebenden Wert sollte für jeden Ehegatten ein **Freibetrag von 25.000 EUR** abgezogen werden (kein weiterer Freibetrag für Kinder). Von dem nach Abzug der Freibeträge zu bewertenden Vermögen sollte regelmäßig ein Anteil von **fünf Prozent** für die Bestimmung des Verfahrenswerts herangezogen werden (vgl. zur Begründung KG FuR 2017, 457; KG FamRZ 2018, 701). Im Übrigen gelten dieselben Regeln wie bei § 48 GKG (→ GKG § 48 Rn. 28 f.).

6. Einkommensverhältnisse (I 1). Auch hier gelten dieselben Regeln wie bei 18
§ 48 GKG, daher → GKG § 48 Rn. 28 f.

19 **7. Einsatzwert (II).** Es wird das in den drei letzten Monaten vor Antragseinreichung erzielte Nettoeinkommen beider Beteiligten zugrunde gelegt (OLG Brandenburg NZFam 2014, 1005). Das gilt auch, wenn beide Eheleute Verfahrenskostenhilfe beziehen (→ Rn. 6) oder bei einer einverständlichen Scheidung, OLG Brandenburg NZFam 2014, 1005; OLG Dresden FamRZ 2003, 465, OLG Hamm FamRZ 2001, 238; OLG Jena BeckRS 1997, 13280). Arbeitslosengeld I ist Einkommen im Sinne der Vorschrift (OLG Düsseldorf BeckRS 2006, 4485). Demgegenüber stellt das **Kindergeld** ebensowenig Einkommen dar, wie **Leistungen nach dem SGB II** oder **Arbeitslosengeld II.** Denn der Bezug dieser Leistungen kann nicht zur Annahme einer wirtschaftlichen Leistungsfähigkeit führen, an die die Rechtsvorschrift gebührenrechtlich anknüpfen will (→ Rn. 1; KG BeckRS 2009, 19074 OLG Karsruhe BeckRS 2015 mwN, 3292; OLG Frankfurt BeckRS 2015, 6312 mwN auch zur Gegenauffassung; KG BeckRS 2017, 146801, sehr streitig).

20 Eine **Trennung von Tisch und Bett** nach italienischem Recht ist grundsätzlich nicht geringer als eine Scheidung zu bewerten (OLG Karlsruhe FamRZ 1999, 605). Überhaupt ändert die Anwendung ausländischen Rechts den Wert nicht, solange sie keinen besonderen Aufwand erfordert (OLG Stuttgart FamRZ 1999, 604).

21 Maßgebend gemäß § 34 ist der Zeitpunkt des Antragseingangs. Eine spätere Veränderung des Einkommens ist unerheblich (→ Rn. 3). Die Instanz wird allerdings erst durch den Scheidungsantrag, nicht schon durch den isolierten Antrag auf Bewilligung von Verfahrenskostenhilfe eingeleitet (OLG Oldenburg FamRZ 2009, 1177).

22 **8. Abzüge vom Bruttoeinkommen.** Hier ist vieles umstritten. Einigkeit besteht insoweit, dass die zu **leistenden Steuern und gesetzlichen Sozialversicherungsbeiträge** abzuziehen sind (vgl. im Übrigen das „ABC").

9. ABC. a) Beispiele zur Frage des Nettoeinkommens nach II

23 **Abfindung:** Anwendbar ist II auf eine Abfindung.

Arbeitslosengeld I: Anwendbar ist II (→ Rn. 19).

Arbeitslosengeld II: II ist nicht anwendbar (→ Rn. 19, streitig).

Ausbildungshilfe (zB BAföG): Wenn sie nicht darlehensweise gewährt werden, ist sie als Einkommen zu berücksichtigen (OLG München FHZivR 26 Nr. 8446).

Blindenhilfe: Anwendbar sein kann II auf eine Blindenhilfe, soweit sie nicht durch besondere Aufwendungen aufgezehrt wird (OLG Saarbrücken JurBüro 1991, 983).

Dreizehntes Gehalt: Wird das 13. Gehalt (oder ähnliche Leistungen, zB Weihnachtsgratifikation, Urlaubsgeld) in den maßgeblichen letzten drei Monaten vor Antragseingang gezahlt, so ist es nicht als Nettoeinkommen voll, sondern mit einem angemessenen Teilbetrag als sonstiger werterhöhender Umstand zu berücksichtigen. Zur Vermeidung zufälliger Ergebnisse muss das auch gelten, wenn das 13. Gehalt nicht in den letzten drei Monaten vor Einreichung des Scheidungsantrags gezahlt wurde (KG NJW 1976, 900). Es bietet sich an, die Zahlung, soweit regelmäßig einmal im Jahr erfolgt, auf den Monatsanteil umzurechnen.

Elterngeld: Da die Höhe im Regelfall einkommensabhängig ist, ist es Einkommen im Sinne des II (→ Rn. 19, streitig, siehe auch OLG Schleswig FamRZ 2009, 75; AG Vechta FamRZ 2008, 535).

Gratifikation: → „Dreizehntes Gehalt".

Hartz IV: II ist nicht anwendbar (→ Rn. 19, streitig).

Kapitalerträge: II ist anwendbar.

Kindergeld: II ist nicht anwendbar (→ Rn. 19, streitig).

Krankengeld: II ist anwendbar.

Miete: II ist anwendbar.

Mietersparnis: Ein selbstgenutztes Eigenheim ist Vermögen im Sinne des I. Nur wenn sich der Wert der Immobilie nicht feststellen lässt, ist die mit dem Bewohnen des Eigenheimes verbundene Mietersparnis für die Bemessung des Streitwertes nach II heranzuziehen (OLG Dresden FamRZ 2003, 1679).

Sachbezug: Anwendbar ist II auf einen Sachbezug (OLG Köln JurBüro 69, 1191).

Sozialleistung: II ist nicht anwendbar (→ Rn. 19, streitig).

Steuererstattungen: Der umgerechnete Monatsanteil ist Einkommen im Sinne des II.

Unterhalt: Unterhalt stellt Einkommen im Sinne des II dar. Wird der Unterhalt von dem anderen Ehegatten gezahlt, wirkt er sich bei der Wertberechnung nicht aus, weil es bei diesem Ehegatten vom Einkommen abzuziehen ist.
Urlaubsgeld: → „Dreizehntes Gehalt".
Weihnachtsgeld: → „Dreizehntes Gehalt".
Wohngeld: II ist anwendbar (OLG Hamm FamRZ 2006, 718, keine Sozialleistung).

b) Beispiele zur Frage der Abziehbarkeit nach II

Altersvorsorge: Angemessene Altersvorsorgebeiträge sind zu berücksichtigen (BeckOK KostR/Neumann Rn. 45 mwN). 24
Bausparen: Abziehbar ist eine Direktüberweisung des Arbeitgebers an eine Bausparkasse des Arbeitnehmers.
Darlehensraten: Da II auf das Nettoeinkommen abstellt, sind Raten, die auf Schulden gezahlt werden, nicht abziehbar. Dafür spricht zudem, dass die Praktikabilität des Wertfestsetzungsverfahrens nicht mit der Aufklärung von Verbindlichkeiten nach Art und Höhe belastet werden sollte (OLG Hamm NJW 2018, 712; siehe auch OLG Schleswig FamRZ 2009, 75; streitig aA OLG Hamm FamRZ 2006, 718; OLG Koblenz JurBüro 1999, 475; beim Vermögen im Sinne des I 1 sind Schulden demgegenüber zu berücksichtigen → Rn 17).
Kredit: → „Darlehensraten".
Sozialabgaben: Sozialabgaben sind abziehbar (→ Rn. 23).
Steuern: Abziehbar sind sämtliche Steuern (→ Rn. 22).
Unterhaltspflicht: Nach allgemeiner Auffassung, wird die Unterhaltsverpflichtung gegenüber **minderjährigen Kindern** durch den pauschalen Abzug eines bestimmten Betrages pro Kind vom Nettoeinkommen Rechnung getragen; sachgerecht erschien bislang ein Abzug von **300 EUR pro Kind** (KG FamRZ 2018, 701; OLG Stuttgart MDR 2018, 411; OLG Frankfurt NJOZ 2017, 1623; für **250 EUR** zB OLG Bamberg FamRZ 2017, 1771). Zwischenzeitlich dürften aufgrund der gestiegenen Lebenshaltungskosten **mindestens 350 EUR** gerechtfertigt sein. Auch **andere Unterhaltsverpflichtungen** sind zu berücksichtigen. Da II auf das Nettoeinkommen abstellt, erscheint es richtig, die Unterhaltsverpflichtung als sonstigen Umstand nach I 1 in die Wertfestsetzung einfließen zu lassen (BeckOK KostR/Neumann Rn. 87 mwN).
Werbungskosten: Werbungskosten bei Selbstständigen und bei nicht selbstständigen Arbeitnehmern abziehbar (BeckOK KostR/Neumann Rn. 47 mwN).
Zwangsbeitrag: Abziehbar vom Einkommen.

Verbund

44 **I Die Scheidungssache und die Folgesachen gelten als ein Verfahren.**

II 1 Sind in § 137 Abs. 3 des Gesetzes über das Verfahren in Familiensachen und in den Angelegenheiten der freiwilligen Gerichtsbarkeit genannte Kindschaftssachen Folgesachen, erhöht sich der Verfahrenswert nach § 43 für jede Kindschaftssache um 20 Prozent, höchstens um jeweils 4000 Euro; eine Kindschaftssache ist auch dann als ein Gegenstand zu bewerten, wenn sie mehrere Kinder betrifft. 2 Die Werte der übrigen Folgesachen werden hinzugerechnet. 3 § 33 Abs. 1 Satz 2 ist nicht anzuwenden.

III Ist der Betrag, um den sich der Verfahrenswert der Ehesache erhöht (Absatz 2), nach den besonderen Umständen des Einzelfalls unbillig, kann das Gericht einen höheren oder einen niedrigeren Betrag berücksichtigen.

Schrifttum: Schneider, verfahrenswerte im Verbnundverfahren, NZFam 2016, 355 (Üb.).

I. Normzweck, Verfahrenseinheit. Durch die Vorschrift wird das Scheidungs- 1
verbundverfahren nach § 137 FamFG kostenmäßig umgesetzt (BeckOK KostR/Neumann Rn. 1). Es wird ein Gesamtwert festgesetzt, wenn eine Ehesache und ihre Folgesachen zusammentreffen. Der Begriff der Ehesache ergibt sich aus § 121 Nr. 1 FamFG, derjenige aller Folgesachen in § 137 II, III und (nach Abtrennung) V FamFG

(OLG Brandenburg NJOZ 2016, 1026 = FamRZ 2016, 1296). Dabei behandelt II 1 die Folgesachen nach § 137 III FamFG anders als die übrigen. Das ändert aber nichts an der kostenrechtlichen Verfahrenseinheit nach I. Wird eine Verbundentscheidung nur isoliert hinsichtlich der Entscheidung in der Folgekindschaftssache angefochten, so bestimmt sich der **Wert des Beschwerdeverfahrens** nach § 40 I, § 44 II 1 und nicht nach § 45, OLG Saarbrücken NZFam 2019, 45; OLG Frankfurt NZFam 2015, 325.

2 **II. Folgesache (I 1).** Es geht um die in § 137 II und III FamFG genannten Folgesache: Versorgungsausgleich (§ 137 II Nr. 1 FamFG); Unterhalt gegenüber einem gemeinsamen Kind oder gegenüber dem Ehegatten (Ausnahme: vereinfachtes Unterhaltsverfahren nach §§ 249 ff. FamFG), § 137 II Nr. 2 FamFG; um eine Wohnungszuweisung oder um die Haushaltsgegenstände, § 137 II Nr. 3 FamFG; um das Güterrecht, § 137 II Nr. 4 FamFG; um die elterliche Sorge, den Umgang oder eine Herausgabe des Kindes, § 137 III FamFG. Im Fall der Abtrennung der Folgesache ist § 6 II zu beachten (→ § 6 Rn. 4).

3 **III. Werterhöhung (II 1).** Bei einer Kindschaftssache der zuletzt genannten Art nach § 137 III FamFG als Folgesache erhöht § 44 II 1 den Verfahrenswert nach § 43 je Kindschaftssache um 20 %, auf höchstens jeweils 3.000 EUR, II 1 behandelt eine Kindschaftssache auch dann als nur einen Gegenstand, wenn sie mehrere Kinder betrifft.

4 **IV. Hinzurechnung (II 2).** Die Vorschrift betrifft nur eine solche Folgesache, die nicht unter § 137 III FamFG fällt, → Rn. 2. Hier erfolgt je Folgesache eine Wertaddition.

5 **V. Zusammentreffen vermögensrechtlicher und nichtvermögensrechtlicher Ansprüche (II 3).** § 33 I 2 ist unanwendbar. Wenn ein nichtvermögensrechtlicher Anspruch mit einem gerade aus ihm abgeleiteten vermögensrechtlichen Anspruch verbunden ist, gilt anders als dort nicht nur der höhere Anspruch, sondern es bleibt bei der gemäß II 2 stattfindenden Wertaddition.

6 **VI. Höherer oder niedrigerer Wert (III).** Es handelt sich um eine den §§ 45 III, 47 II, 48 III, 49 II, 50 III und 51 III 2 (eingeschränkt) entsprechende Vorschrift. Der nach § 44 II erhöhte Verfahrenswert der Ehesache muss nach den gesamten besonderen Umständen unbillig sein (OLG Celle FamRZ 2014, 416 zu § 51 III 2). Er darf nach dem Umfang der Schwierigkeit und der Bedeutung der Sache nicht vertretbar sein (OLG Schleswig FamRZ 2011, 134; OLG Stuttgart FamRZ 2011, 134 je: zu § 50 III). Im Übrigen siehe auch die Kommentierung zu § 45 III (→ § 45 Rn. 9 ff.).

7 **VII. Vergleich.** Wird in einer Folgesache ein Vergleich geschlossen, entspricht der Vergleichswert regelmäßig dem Wert der Folgesache. Betrifft der Vergleich einen Gegenstand, der Folgesache sein könnte, es aber in dem Scheidungsverfahren nicht ist, richtet Vergleichsmehrwert nach den allgemeinen Bewertungsregeln, nicht nach II (für einen Umgangsvergleich OLG Karlsruhe AGS 2015, 456; Schneider NZFam 2015, 252). Beim Umgangsvergleich besteht allerdings die Besonderheit, dass regelmäßig eine gerichtliche Billigungsprüfung gemäß § 156 II FamFG erforderlich sein wird. Dies führt dazu, dass automatisch eine Folgesache anhängig wird, für deren Wert II 1 gilt. Dieser Wert greift dann auch für den Vergleich ein.

Bestimmte Kindschaftssachen

45 **I In einer Kindschaftssache, die**

1. **die Übertragung oder Entziehung der elterlichen Sorge oder eines Teils der elterlichen Sorge,**
2. **das Umgangsrecht einschließlich der Umgangspflegschaft,**
3. **das Recht auf Auskunft über die persönlichen Verhältnisse des Kindes,**
4. **die Kindesherausgabe oder**

5. die Genehmigung einer Einwilligung in einen operativen Eingriff bei einem Kind mit einer Variante der Geschlechtsentwicklung (§ 1631e Absatz 3 des Bürgerlichen Gesetzbuchs)

betrifft, beträgt der Verfahrenswert 4000 Euro.

II Eine Kindschaftssache nach Absatz 1 ist auch dann als ein Gegenstand zu bewerten, wenn sie mehrere Kinder betrifft.

III Ist der nach Absatz 1 bestimmte Wert nach den besonderen Umständen des Einzelfalls unbillig, kann das Gericht einen höheren oder einen niedrigeren Wert festsetzen.

Schrifttum: N. Schneider, Vertretung beider Elternteile im Sorgerechtsverfahren, NZFam 2016, 225 (Vertretung beider Eltern bei I Z 1); ders., Kosten in Kindschaftssachen nach § 151 Nr. 1–3 FamFG, NZFam 2016, 606 (Üb.); Vogel, Verfahrenswert in Kindschafts- und Abstammungssachen, FPR 2010, 313 (Üb.).

I. Systematik (I–III). Man sollte §§ 45, 46 zusammen sehen. § 45 erfasst entsprechend seiner amtlichen Überschrift von den in § 151 Nr. 1–8 FamFG genannten Kindschaftssachen nur bestimmte, § 46 den Rest. § 45 hat also als die speziellere Regelung den Vorrang. Wird eine Verbundentscheidung nur isoliert hinsichtlich der Entscheidung in der Folgekindschaftssache angefochten, so bestimmt sich der Wert des Beschwerdeverfahrens nach § 40 I, § 44 II 1 und nicht nach § 45 I Nr. 1 (§ 45, OLG Saarbrücken NZFam 2019, 45; OLG Frankfurt NZFam 2015, 325). 1

II. Normzweck (I–III). Die gegenüber dem alten Recht differenziertere Regelung der Kindschaftssachen bezweckt eine gerechtere Kostenbelastung bei den nach ihren Schwierigkeitsgraden und Auswirkungen ja auch sehr unterschiedlich beurteilbaren einzelnen Arten der Kindschaftssachen. 2

III. Elterliche Sorge (I Nr. 1). Es geht nur um die Übertragung oder Entziehung der elterlichen Sorge oder eines Teils von ihr, nicht um etwa vorhandene weitere Aspekte der in § 151 Nr. 1 FamFG ja nur insgesamt umschriebenen elterlichen Sorge nach → Rn. 1. Hierunter fallen auch Verfahren nach § 1628 BGB (OLG Brandenburg JurBüro 2015, 251; OLG Brandenburg FamRZ 2019, 2025). Mehrere Anträge zu verschiedenen Teilbereichen usw führen zu keiner Werterhöhung (OLG Celle FamRZ 2012, 1746; OLG Hamm FamRZ 2014, 690). Zum Umgangsvergleich im Sorgerechtsverfahren → Rn. 4. 3

IV. Umgangsrecht und -pflegschaft (I Nr. 2). Es geht hier um alle zugehörigen Fragen des in § 151 Nr. 2 FamFG ebenso allgemein benannten und in § 1686a I Nr. 1 BGB spezifizierten Umgangsrechts. Das **Vermittlungsverfahren** nach § 165 FamFG zählt hierher (OLG Karlsruhe FamRZ 2013, 722; OLG Düsseldorf FamRZ 2021, 881; aA Keidel/Engelhardt FamFG § 165 Rn. 22). Möchte ein Elternteil den Umgang des anderen Elternteils ausschließen und der andere Elternteil in demselben Verfahren sein Umgangsrecht geregelt haben, sind die Verfahrenswerte nicht gemäß § 39 I 1 zu addieren, sondern es ist nur ein Verfahrenswert zugrunde zu legen (OLG Koblenz FamRZ 2020, 2024). Machen sowohl die Großmutter als auch der Großvater in einem Verfahren das Umgangsrecht geltend, verdoppelt sich der Wert, da zwei Verfahrensgegenstände vorliegen (OLG Brandenburg NJW-RR 2018, 584). Wird in einem **Sorgerechtsverfahren ein Vergleich** geschlossen, in dem auch das Umgangsrecht geregelt wird, ist ein Vergleichsmehrwert auch dann festzusetzen, wenn die getroffene Vereinbarung nicht vollstreckbar ist (OLG Karlsruhe NZFam 2019, 410Wird der Umgangsvergleich gemäß § 156 II FamFG gebilligt, wird wegen der damit verbundenen Kindeswohlprüfung ein Umgangsverfahren anhängig, für das ein gesonderter Wert festzusetzen ist (siehe auch OLG Nürnberg NJW 2020, 2280; siehe auch OLG Zweibrücken NJOZ 2021, 779: Vereinbarung eines Wechselmodells in einem Verfahren zum Aufenthaltsbestimmungsrecht). 4

V. Auskunft (I Nr. 3). Es geht um das Recht nach § 1686 BGB, OLG Hamm MDR 2013, 1285, und dasjenige des leiblichen, nicht rechtlichen Vaters nach § 1686a I Nr. 2 BGB. 5

VI. Kindesherausgabe (I Nr. 4); Genehmigung einer Einwilligung in einen operativen Eingriff bei einem Kind mit einer Variante der Geschlechtsent-

wicklung (I Nr. 5). In I Nr. 5 geht hier um alle zugehörigen Fragen der in § 151 Nr. 3 FamFG ebenso allgemein benannten Kindesherausgabe. Materiellrechtlich ist die Kindesherausgabe insbesondere in § 1632 BGB geregelt. Die Regelung in I Nr. 5 bezieht sich auf § 1631e III BGB.

7 **VII. Regelwert: 4.000 EUR (I Nr. 1–4).** Der scheinbare Festwert ist in Wahrheit nur der Regel- oder Ausgangswert (OLG Hamm MDR 2013, 1285; OLG Karlsruhe FamRZ 2013, 723). Das ergibt sich aus III, → Rn. 9 ff., auch wenn die letztere Vorschrift nur unter besonderen Umständen anwendbar ist.

8 **VIII. Mehrheit von Kindern (II).** Die Vorschrift stellt klar, dass es zu keiner Vervielfältigung der Verfahren kommt, wenn in einer Kindschaftssache mehrere Kinder betroffen sind. Aus ihr wird zudem abgeleitet, dass es in solchen Fällen grundsätzlich bei dem Regelwert bleibt (OLG Naumburg BeckRS 2011, 29340; NK-GK/Türck-Brocker Rn. 18). Das gilt grundsätzlich auch bei einer sog. gegenläufigen Sache, bei denen zB beide Elternteile wechselseitig Umgang begehren (vgl. OLG Koblenz FamRZ 2017, 55). Denn der Vorschrift liegt die Überlegung zugrunde, dass ein Verfahren mit mehreren beteiligten Kindern regelmäßig Mehrkosten auslöst, wobei dieser Mehraufwand mit dem Regelwert abgegolten sein soll. Es macht aber keinen Unterschied, ob die Kinder auf ein und derselben oder auf verschiedenen Seiten des Verfahrens erscheinen. Nur ausnahmsweise können mehrere Kinder zu einer Werterhöhung nach III führen, zB wenn sich deren persönliche Verhältnisse erheblich voneinander unterscheiden und deshalb Umstände gegeben sind, die allgemein eine Werterhöhung rechtfertigen (dazu → Rn. 10).

9 **IX. Höherer oder niedrigerer Wert (III).** Es handelt sich um eine den §§ 44 III, 47 II, 48 III, 49 II, 50 III und 51 III 2 (eingeschränkt) entsprechende Vorschrift. Erst beim Vorliegen von „besonderen Umständen", die den Regelwert „unbillig" erscheinen lassen, setzt mit dem Wort „kann" ein eigentliches pflichtgemäßes Ermessen zum Ob und Wieviel einer Ermäßigung oder Erhöhung theoretisch bis weit hinauf oder hinunter ein. Als Kriterien für ein Abweichen vom Regelwert kommen insbesondere in Betracht (vgl. KG FamRZ 2013, 723 mAnm Grandke FamFR 2013, 141):

10 **Werterhöhend:**

- Verfahren von langer Dauer,
- Mehrzahl von Anhörungsterminen – unabhängig von einer gesonderten Kindesanhörung – oder übermäßig lange Dauer eines Anhörungstermins,
- Umfang und Anzahl der gewechselten Schriftsätze,
- arbeits- oder zeitaufwändige Sachverhaltsaufklärung,
- Auswertung eines umfangreichen schriftlichen Sachverständigengutachtens,
- außergewöhnliches Konfliktpotenzial der Beteiligten, das nur mit einem deutlichen Mehraufwand an Zeit-, Arbeits- und Ressourceneinsatz bewältigt werden kann,
- nur ausnahmsweise eine Mehrzahl von Kindern, wenn deshalb Umstände gegeben sind, die allgemein eine Werterhöhung rechtfertigen (vgl. auch OLG Koblenz FamRZ 2017, 55; missverständlich insofern KG FamRZ 2013, 723).

11 **Wertmindernd:**

- Einvernehmen der Beteiligten,
- geringe Bedeutung der Sache, etwa wenn das Kind unmittelbar vor Eintritt der Volljährigkeit steht,
- beengte Einkommens- und Vermögensverhältnisse der Beteiligten.

12 Es kommt regelmäßig auf die **Umstände des Einzelfalls** an (OLG Hamm FamRZ 2012, 1971), auf eine **wesentliche Abweichung vom Durchschnitt** (OLG Brandenburg JurBüro 2015, 251; FamRZ 2021, 53). Maßgeblich ist der gerichtliche Aufwand, nicht der der Beteiligten oder ihrer Anwälte (OLG Brandenburg FamRZ 2021, 53). Eine Erhöhung kann zB bei **wechselseitigen Anträgen nach § 1666 BGB** entstehen (OLG Schleswig FamRZ 2014, 237). Bei einer **Beschwerde gegen die Ablehnung eines Sachverständigen** setzt KG JurBüro 2014, 481 1/3 der Hauptsache als Wert an. Eine Ermäßigung kommt zB bei einem **bloßen Einzelaspekt** infrage (OLG Brandenburg JurBüro 2012, 589; KG FamRZ 2011, 825, Frage der Teilnahme an einem Elternkurs), oder bei einer **Einigkeit** der Beteiligten (OLG Schleswig FamRZ 2012, 241 (50 % von I Nr. 1)). Es ist aber eine

ins Auge fallende Abweichung vom Durchschnitt nötig (OLG Celle JurBüro 2012, 249), ein deutliches Übersteigen des Durchschnitts (OLG Düsseldorf MDR 2015, 38, unangemessene Niedrigkeit des Festwerts; KG FamRZ 2013, 723). Allein die Umstände, dass das Amtsgericht ein **Sachverständigengutachten** eingeholt hat und im Rahmen des Sorgeverfahrens nicht nur Ergänzungspflegschaft angeordnet, sondern auch den **Pfleger ausgewählt** hat, führt nicht zur Heraufsetzung des Regelwertes (vgl. OLG Frankfurt FamRZ 2021, 136 mit Hinweisen zur abweichenden Wertfestsetzung für die anwaltliche Tätigkeit nach § 33 I RVG). Dass die Beteiligten es **auf eine streitige Entscheidung haben ankommen** lassen, rechtfertigt keine Werterhöhung, weil eine streitige Verfahrensbeendigung keinen besonderen Umstand, sondern den Normalfall darstellt (OLG Frankfurt FamRZ 2021, 546).

Übrige Kindschaftssachen

46 **I Wenn Gegenstand einer Kindschaftssache eine vermögensrechtliche Angelegenheit ist, gelten § 38 des Gerichts- und Notarkostengesetzes und die für eine Beurkundung geltenden besonderen Geschäftswert- und Bewertungsvorschriften des Gerichts- und Notarkostengesetzes entsprechend.**

II [1]Bei Pflegschaften für einzelne Rechtshandlungen bestimmt sich der Verfahrenswert nach dem Wert des Gegenstands, auf den sich die Rechtshandlung bezieht. [2]Bezieht sich die Pflegschaft auf eine gegenwärtige oder künftige Mitberechtigung, ermäßigt sich der Wert auf den Bruchteil, der dem Anteil der Mitberechtigung entspricht. [3]Bei Gesamthandsverhältnissen ist der Anteil entsprechend der Beteiligung an dem Gesamthandvermögen zu bemessen.

III Der Wert beträgt in jedem Fall höchstens 1 Million Euro.

I. Normzweck, Systematik (I–III). Siehe zunächst → § 45 Rn. 1. § 46 ist 1
gegenüber §§ 44, 45 **nachrangig** und soll die Regelungen ergänzen. Es handelt sich trotz der Überschrift nicht um eine Auffangvorschrift, die für alle von §§ 44, 45 nicht erfassten Fälle eingreift (BeckOK KostR/Neumann Vor Rn. 1).

II. Vermögensrechtliche Kindschaftssache (I). Vermögensrechtliche Ansprü- 2
che sind solche, die aus einem vermögensrechtlichen Rechtsverhältnis hergeleitet werden, oder die sich zwar auf ein nichtvermögensrechtliches Verhältnis gründen, jedoch selbst eine vermögenswerte Leistung zum Gegenstande haben (BGH GRUR 1955, 83). Ein vermögensrechtlicher Anspruch kann auch dann vorliegen, wenn sich die vermögensrechtlichen Fragen aus einem nichtvermögensrechtlichen Anlass ergeben (BGH NJW 1982, 1651). Eine **vermögensrechtliche Kindschaftssache** liegt zB vor, wenn das Familiengericht gemäß § 1667 BGB tätig wird (vgl. OLG Zweibrücken AGS 2015, 431: Verpflichtung der Eltern zur Einreichung eines Verzeichnisses über das von ihrem Kind unentgeltlich erworbene Vermögen). Die **Nachrangigkeit** der Vorschrift ist allerdings zu beachten. Geht es um die Übertragung der Befugnis für eine das Vermögen des Kindes betreffende Entscheidung auf einen Elternteil nach § 1628 BGB, greift § 45 I Nr. 1 ein, wobei § 45 III zu beachten ist. Die Anwendung von tritt auch in den von § 36 erfassten Angelegenheiten zurück (BeckOK KostR/Neumann Rn. 15 mwN auch zur Gegenauffassung).

Die Vorschrift nimmt auf § 38 GNotKG (kein Abzug von Verbindlichkeiten) und 3
auf „die für eine Beurkundung geltenden besonderen Geschäftswert- und Bewertungsvorschriften" des GNotKG Bezug. Danach gelten die „besonderen Geschäftswertvorschriften" (§§ 40 ff. GNotKG), die „Bewertungsvorschriften" (§§ 46 ff. GNotKG) und die für die „Beurkundung" geltenden Wertvorschriften (§§ 97 ff. GNotKG). Die **Einreichung eines Vermögensverzeichnisses** bewertet sich mit einem Bruchteil des Vermögens (OLG Zweibrücken AGS 2015, 431).

4 **III. Einzelpflegschaft (II).** Es handelt sich um eine Pflegschaft für einzelne Rechtshandlungen, **II 1.** Vgl. im Übrigen die Einzelheiten des klaren Gesetzeswortlauts nach **II 2, 3.**

5 **IV. Höchstwert 1.000.000 EUR.** Diese Obergrenze gilt in allen Fällen nach I, II, natürlich je Verfahren.

Abstammungssachen

47 **[I] In Abstammungssachen nach § 169 Nr. 1 und 4 des Gesetzes über das Verfahren in Familiensachen und in den Angelegenheiten der freiwilligen Gerichtsbarkeit beträgt der Verfahrenswert 2000 Euro, in den übrigen Abstammungssachen 1000 Euro.**

[II] Ist der nach Absatz 1 bestimmte Wert nach den besonderen Umständen des Einzelfalls unbillig, kann das Gericht einen höheren oder einen niedrigeren Wert festsetzen.

1 **I. Normzweck, Anwendungsbereich (I, II).** Die Vorschrift, die eine abschließende Regelung des Gebührenwertes für Abstammungssachen bezweckt, ist an die Stelle des früheren § 48 III 3 Hs. 1 GKG getreten. Sie hat aber deren Inhalt in I übernommen. Allerdings geht es nicht mehr um eine Kindschaftssache nach § 48 III 3 Hs. 1 GKG aF, sondern entsprechend der amtlichen Überschrift von § 47 um eine Abstammungssache nach §§ 169 Nr. 1–4 FamFG, also insbesondere um die Feststellung des Bestehens oder Nichtbestehens eines Eltern-Kind-Verhältnisses oder um die Anfechtung der Vaterschaft.

2 **II. Regelwert (I).** Er beträgt unverändert 2.000 EUR. Freilich ist das nicht mehr ein endgültiger Festwert. Das ergibt sich aus II. Wenn der Antragsteller die Vaterschaft mehrerer Kinder anficht usw, liegen mehrere Ansprüche vor. Man muss sie zusammenrechnen, OLG Brandenburg FamRZ 2004, 1656 = OLG-NL 2005, 57. Das gilt auch dann, wenn es sich um Zwillinge handelt, AG Saarbrücken FamRZ 1993, 827, wobei ein Abzug nach II in Betracht kommt.

3 **III. Verbindung mit einer Unterhaltssache.** Wird eine Abstammungssache gemäß § 179 I 2 FamFG mit einer Unterhaltssache nach § 237 FamFG verbunden, ist gemäß § 33 S. 2 nur der höhere Wert maßgeblich, weil Unterhaltsanspruch von dem nichtvermögensrechtlichen Abstammungsverfahren abhängt.

4 **IV. Höherer oder niedrigerer Wert (II).** Es handelt sich um eine den §§ 44 III, 45 III, 48 III, 49 II, 50 III und 51 III 2 (eingeschränkt) entsprechende Regelung. Die Festsetzung eines höheren Wertes kommt insbesondere in Betracht, wenn die Feststellung der Abstammung für das Kind wegen weit **überdurchschnittlicher Vermögensverhältnisse des Antragsgegners** von besonderer Bedeutung ist (BT-Drs. 16/6308, 306 f.). Im Übrigen siehe auch die Kommentierung zu § 45 III (→ § 45 Rn. 9 ff.).

Ehewohnungs- und Haushaltssachen

48 **[I] In Ehewohnungssachen nach § 200 Absatz 1 Nummer 1 des Gesetzes über das Verfahren in Familiensachen und in den Angelegenheiten der freiwilligen Gerichtsbarkeit beträgt der Verfahrenswert 3000 Euro, in Ehewohnungssachen nach § 200 Absatz 1 Nummer 2 des Gesetzes über das Verfahren in Familiensachen und in den Angelegenheiten der freiwilligen Gerichtsbarkeit 4000 Euro.**

[II] In Haushaltssachen nach § 200 Absatz 2 Nummer 1 des Gesetzes über das Verfahren in Familiensachen und in den Angelegenheiten der freiwilligen Gerichtsbarkeit beträgt der Wert 2000 Euro, in Haushaltssachen nach § 200 Absatz 2 Nummer 2 des Gesetzes über das Verfahren in Familiensachen und in den Angelegenheiten der freiwilligen Gerichtsbarkeit 3000 Euro.

III Ist der nach den Absätzen 1 und 2 bestimmte Wert nach den besonderen Umständen des Einzelfalls unbillig, kann das Gericht einen höheren oder einen niedrigeren Wert festsetzen.

Schrifttum: N. Schneider, Verfahrenswerte bei Anträgen auf Nutzungsentschädigung wegen Überlassung der Ehewohnung, NZFam 2016, 543 (Üb.).

I. Normzweck, Anwendungsbereich (I–III). Die Vorschrift, durch die für Wohnungs- und Haushaltssachen erstmals feste Werte festgelegt werden sollen (BT-Drs. 16/6308, 307), löst den früheren § 100 KostO ab. 1

II. Regelwert (I, II). Der Ausgangswert ergibt sich in unterschiedlichen Höhen je nach der Verfahrensart nach §§ 200 ff. FamFG wie folgt. 2

1. Ehewohnungssache (I). Es geht um eine Ehewohnungssache nach § 200 I Nr. 1, 2 FamFG (vgl. §§ 1361b BGB, 1568a BGB). Der Ausgangswert beträgt bei § 200 I Nr. 1 FamFG: 3.000 EUR, bei § 200 I Nr. 2 FamFG: 4.000 EUR. Die Vorschrift gilt auch für ein Verfahren über eine **Nutzungsentschädigung** für die Zeit des Getrenntlebens nach § 1361b III 2 BGB (OLG Brandenburg FamRZ 2015, 1317; OLG Frankfurt BeckRS 2020, 13679; N. Schneider NZFam 2016, 1030). Eine Wertaddition nach § 39 I 1 findet wegen wirtschaftlicher Identität der Verfahrensgegenstände nicht statt, wenn der eine Ehegatte die Überlassung der Ehewohnung nach § 1361b I BGB beantragt und der andere Ehegatte im Wege des Widerantrages Nutzungsentschädigung begehrt (OLG Frankfurt NJW-RR 2020, 1081). Für die Nutzungsentschädigung für die **Nutzung der Ehewohnung nach Rechtskraft der Scheidung** gemäß § 745 II BGB (siehe dazu BGH NJW 1994, 1721; MüKoBGB/Wellenhofer BGB § 1568a Rn. 24, 25) kommt die Vorschrift demgegenüber nicht zur Anwendung. Es liegt eine Familienstreitsache vor, deren Wert sich nach § 42 I richtet. Im Hinblick auf den Rechtsgedanken des § 51 I, der als einzige Vorschrift im FamGKG den Kostenwert für wiederkehrende Leistungen betrifft, erscheint die Festsetzung des Jahreswertes angemessen (OLG Braunschweig FamRZ 2017, 1767; NK-GK/Türck-Brocker Rn. 25 jeweils mwN auch zur Gegenauffassung). Bei einem Antrag auf Zustimmung des getrenntlebenden Ehepartners zur Kündigung des gemeinsam geschlossenen Wohnraummietvertrages handelt es sich nicht um eine Ehewohnungssache, sondern eine Familienstreitsache im Sinne von § 266 I Nr. 3 FamFG. Der Verfahrenswert richtet sich regelmäßig nach der Jahresnettomiete (§ 42 I, OLG Bremen FamRZ 2021, 374). 3

2. Haushaltssache (II). Es geht ferner um ein Verfahren nach § 200 II Nr. 1, 2 FamFG. Der **Ausgangswert** beträgt bei § 200 II Nr. 1: 2.000 EUR, bei § 200 II Nr. 2: 3.000 EUR. Die Wertvorschrift greift auch für die Nutzungsentschädigung nach § 1361a III 1 BGB bzw. für die Ausgleichzahlung nach § 1568b III BGB ein (OLG Celle MDR 2014, 784 für den Anspruch nach § 1361a III 1 BGB; BeckOK KostR/Neumann Rn. 28, 34). 4

III. Höherer oder niedrigerer Wert (III). Es handelt sich um eine den §§ 44 III, 45 III, 47 II, 49 II, 50 III und 51 III 2 (eingeschränkt) entsprechende Regelung. Bei besonders teuren Wohnungen kommt eine Heraufsetzung des Wertes in Betracht (BT-Drs. 16/6308, 307; OLG Frankfurt FamRZ 2021, 381). Geht es um eine hohe Nutzungsentschädigung für die Zuweisung der Wohnung nach § 1361b III 2 BGB, ist ebenfalls eine Anhebung sachgerecht (vgl. dazu OLG Brandenburg AGS 2015, 183; OLG Köln ZMR 2014, 807). Im Übrigen siehe auch die Kommentierung zu § 45 III (→ § 45 Rn. 9 ff.). 5

Gewaltschutzsachen

49 I In Gewaltschutzsachen nach § 1 des Gewaltschutzgesetzes und in Verfahren nach dem EU-Gewaltschutzverfahrensgesetz beträgt der Verfahrenswert 2000 Euro, in Gewaltschutzsachen nach § 2 des Gewaltschutzgesetzes 3000 Euro.

II Ist der nach Absatz 1 bestimmte Wert nach den besonderen Umständen des Einzelfalls unbillig, kann das Gericht einen höheren oder einen niedrigeren Wert festsetzen.

1 **I. Normzweck, Anwendungsbereich (I, II).** Durch Vorschrift, die in der Struktur § 48 ähnelt (vgl. BT-Drs. 16/6308, 307), sollen Festwerte für Verfahren nach dem GewSchG und dem EUGewSchVG festgelegt werden.

2 **II. Regelwert (I).** In einem Verfahren nach § 1 GewSchG oder nach dem EU-GewSchVG liegt der Ausgangswert bei 2.000 EUR. Hierher gehören diejenigen in § 1 I 1 GewSchG als vorsätzliche Körperverletzung, Gesundheitsverletzung oder Freiheitsverletzung umschriebenen und in § 1 I 2 GewSchG beispielshaft („insbesondere") in Nr. 1–5 und in II 1 zusätzlich benannten Verstöße. Wird mit dem Gewaltschutzantrag die Überlassung einer gemeinsam genutzten Wohnung gemäß § 2 GewSchG angestrebt, liegt der Regelwert bei 3.000 EUR. Ergehen in einem Verfahren aufgrund der selben Vorschrift **mehrere Gewaltschutzanordnungen** (zB ein Näherungsverbot und ein Kontaktaufnahmeverbot nach § 1 GewSchG), ist der Verfahrenswert nur einmal anzusetzen, nicht für jede Einzelanordnung gesondert (AG Bergen NZFam 2014, 751). Beim Zusammentreffen von Anordnungen nach **§ 1 und § 2 GewSchG** sind die Werte demgegenüber zusammenzurechnen (OLG Frankfurt NZFam 2015, 84; OLG Bamberg FamRZ 2011, 1419). Erledigt sich ein **einstweiliges Anordnungsverfahren** durch einen **Vergleich,** durch den auch eine endgültige Regelung für die Hauptsache erfolgt, ist hinsichtlich des Wertes für das Anordnungsverfahren auf die Ermäßigung des § 41 abzustellen, während sich der Wert für den Vergleich nach dem der Hauptsache bestimmt (OLG Celle NJOZ 2020, 1543, siehe aber auch OLG Düsseldorf FamRZ 2010, 1936, wo auch für das einstweilige Anordnungsverfahren der Hauptsachewert angesetzt wird).

3 **III. Höherer oder niedrigerer Wert (II).** Es handelt sich um eine den §§ 44 III, 45 III, 47 II, 48 III, 50 III und 51 III 2 (eingeschränkt) entsprechende Regelung. Die Festsetzung eines höheren Verfahrenswertes wird geboten sein, wenn die Wohnungsnutzung einen überdurchschnittlichen Wert darstellt, zB bei sehr hochwertigen Wohnungen oder wenn eine unbefristete Überlassung beantragt wird (BeckOK KostR/Neumann Rn. 32). Soll die Zuweisung der Wohnung für einen kurzen Zeitraum erfolgen oder geht es nur um eine auf einzelne Handlungen beschränkte Anordnung (zB Verbot die antragsstellende Person anzurufen), kommt die Festsetzung eines geringen Wertes in Betracht. Im Übrigen siehe auch die Kommentierung zu § 45 III (→ § 45 Rn. 9 ff.).

Versorgungsausgleichssachen

50 **I 1 In Versorgungsausgleichssachen beträgt der Verfahrenswert für jedes Anrecht 10 Prozent, bei Ausgleichsansprüchen nach der Scheidung für jedes Anrecht 20 Prozent des in drei Monaten erzielten Nettoeinkommens der Ehegatten. 2 Der Wert nach Satz 1 beträgt insgesamt mindestens 1000 Euro.**

II In Verfahren über einen Auskunftsanspruch oder über die Abtretung von Versorgungsansprüchen beträgt der Verfahrenswert 500 Euro.

III Ist der nach den Absätzen 1 und 2 bestimmte Wert nach den besonderen Umständen des Einzelfalls unbillig, kann das Gericht einen höheren oder einen niedrigeren Wert festsetzen.

Schrifttum: Keuter, Praxisfragen zum Verfahrenswert in Versorgungsausgleichssachen, FamRZ 2011, 1026 (Üb.).

1 **I. Normzweck, Anwendungsbereich (I–III).** Durch die Regelung sollen alle Wertvorschriften für Versorgungsausgleichssachen zusammengefasst werden (vgl. BT-Drs. 16/6308, 307). Sie hat alle hat Vorrang vor § 42 (OLG Saarbrücken FamRZ 2013, 724). Die Rechtsvorschrift ist mit Art. 12 I GG vereinbar (OLG Zweibrücken FamRZ 2011, 993) und regelt die Wertfragen für Versorgungsausgleichssachen abschließend (vgl. § 1 I 1, siehe auch OLG Schleswig FamRZ 2014, 238; OLG Celle FamRZ 2012, 1812). I 1 gilt auch im Fall eines vor dem 1. September 2009 abgetrennten und ausgesetzten Versorgungsausgleichsverfahrens, OLG Nürnberg FamRZ 2012, 1002.

Findet **ein eigentlich durchzuführender Versorgungsausgleich nicht oder für einzelne Anrechte nicht statt** (vgl. §§ 3 Abs. 3, 6 ff., 18, 27 VersAusglG) ist nach dem Wortlaut des § 50 für die nicht ausgeglichenen Anrechte ein Wert festzusetzen (OLG Brandenburg FamRZ 2017, 2044; OLG Bamberg FamRZ 2016, 657, vgl. auch NK-GK/Schneider Rn. 43 ff.). Das gilt auch dann, wenn **wegen des Todes eines Ehegatten** keine Entscheidung zum Versorgungsausgleich ergeht (OLG Oldenburg NZFam 2014, 748). Ergibt die vom Gericht eingeholte Auskunft demgegenüber eindeutig – das heißt, ohne Notwendigkeit eingehender Prüfung –, dass es sich nicht um eine Anwartschaft handelt, **die nach ihrer Art im Versorgungsausgleich ausgeglichen** werden könnte, oder **während der Ehezeit** erworben worden ist, liegt kein Anrecht iSd § 50 vor; eine Wertfestsetzung unterbleibt dann (OLG Karlsruhe NJW-RR 2014, 68, OLG Koblenz AGS 2011, 456; OLG Stuttgart NJW-RR 2011, 227). Eine **ausländische Versorgungsanwartschaft,** bei der ein Ausgleich bei der Scheidung von vornherein ausscheidet, bleibt bei der Wertfestsetzung ebenfalls unberücksichtigt (OLG Saarbrücken FamRZ 2013, 41). Demgegenüber liegt eine zu berücksichtigende Anwartschaft vor, wenn am Ende der Ehezeit eine für das Anrecht **maßgebliche Wartezeit, Mindestbeschäftigungszeit, Mindestversicherungszeit** oder ähnliche zeitliche Voraussetzung noch nicht erfüllt ist (OLG Karlsruhe NJW-RR 2014, 68, siehe zum Meinungsstreit auch BeckOK KostR/Neumann Rn. 21 mwN). Zulässig ist in einem solchen Fall allerdings eine Herabsetzung des Wertes nach III (OLG Stuttgart NJW-RR 2011, 227). Zum unterbliebenen Ausgleich allgemein N. Schneider NZFam 2016, 457. 2

II. Systematik. Die Vorschrift enthält eine gegenüber dem früheren Recht stark vereinfachte Regelung. Es gibt nur noch drei Fallgruppen: 3

1. Versorgungsausgleichssachen (I 1 Hs. 1). Hierher zählen jedenfalls die Fälle der §§ 6–19 VersAusglG. Eine **angleichungsdynamische** und eine **nicht angleichungsdynamische Anwartschaft** sind jeweils ein Anrecht im Sinne der Regelung (OLG Brandenburg NJW 2016, 2894; OLG Dresden NZFam 2014, 617; OLG Nürnberg NJW 2011, 620; aA noch OLG Brandenburg FamRZ 2012, 716). Bei einem Streit zwischen einem Ehegatten und einem Versorgungsträger über die Auswirkungen des Versorgungsausgleichs handelt es sich um keine Versorgungsausgleichssache im Sinne des § 217 FamFG; § 50 ist deshalb nicht einschlägig (BeckOK KostR/Neumann Rn. 13 mwN). 4

Ob sich der **Verfahrenswert in Anpassungs- und Abänderungsverfahren,** insbesondere nach § 225 FamFG, § 51 VersAusglG, nach I 1 Hs. 1 bemisst, ist umstritten. Teilweise wird vertreten, es handele um einen Ausgleich „nach der Scheidung", so dass I 1 Hs. 2 einschlägig sei (OLG Hamm NJW-RR 2017, 1415; OLG Schleswig FamRZ 2014, 237 jeweils mwN). Zutreffen erscheint die Gegenauffassung (KG FamRZ 2020, 708; OLG Frankfurt NJOZ 2019, 1073; OLG Karlsruhe BeckRS 2016, 128275 jeweils mwN), wonach I 1 Hs. 1 eingreift. Denn bei I 2 Hs. 2 handelt es sich um eine eng auszulegende Sonderregelung. Mit der Formulierung „nach der Scheidung" wird dort auf den rechtstechnischen Begriff aus der Überschrift des 3. Abschnitts des Versorgungsausgleichsgesetzes Bezug genommen; gemeint sind deshalb nur diese Fälle (KG FamRZ 2020, 708). Auch der BGH hat in einer Entscheidung (NJW-RR 2018, 65) den Verfahrenswert der Vorinstanz (OLG Karlsruhe BeckRS 2016, 128275) übernommen, der dort ausdrücklich auf I 1 Hs. 1 gestützt worden war. 5

Auch ein **Verfahren zur Anpassung wegen Unterhalt nach §§ 33, 34 VersAusglG** zählt dementsprechend zu I 1 Hs. 1 (BGH NJW-RR 2020, 644; OLG Celle FamRZ 2012, 1812; OLG Karlsruhe FamRZ 2015, 529; OLG Stuttgart FamRZ 2012, 1972) und nicht zu I 1 Hs. 2 (so OLG Hamm NZFam 2015, 180; OLG Frankfurt NJW 2011, 2741). Nicht zutreffend erscheint ferner die Auffassung, wonach die Wertfestsetzung in diesem Fall nach § 42 Abs. 1 unter Berücksichtigung der Wertungen des § 50 Abs. 1 erfolgen solle (so OLG Frankfurt FamRZ 2012, 1811). Denn bei dem Verfahren nach § 33 VersAusglG handelt es sich um ein Versorgungsausgleichsverfahren im Sinne des § 111 Nr. 7 FamFG, für das § 50 eine abschließende Regelung darstellt (OLG Celle FamRZ 2012, 1812; OLG Karlsruhe FamRZ 2015, 6

529; OLG Stuttgart FamRZ 2012, 1972). Zum Anpassungsverfahren allgemein siehe Thiel NZFam 2016, 160.

7 Für ein **abgetrenntes Verfahren** greift I 1 Hs. 2 ein; auch insoweit handelt es sich nicht um ein Verfahren „nach der Scheidung" gemäß I 1 Hs. 2 (OLG Frankfurt JurBüro 2013, 249).

8 **2. Ausgleichsanspruch nach Scheidung (I 1 Hs. 2).** Mit der Formulierung „nach der Scheidung" wird der Begriff aus der Überschrift des 3. Abschnitts des VersAusglG (§§ 20 ff.) übernommen; gemeint sind deshalb nur diese Fälle. Eine analoge Anwendung von I 1 Hs. 2 auf das Abänderungsverfahrens scheidet aus (→ Rn. 5 ff.).

9 **3. Auskunftsanspruch, Abtretung (II).** Hierher zählt die Situation des § 4 iVm § 21 VersAusglG.

10 **III. Verfahrenswert (I–III).** Dazu Klüsener JurBüro 2016, 113. Es gibt fünf Arten der Wertberechnung:

– 10 %-Wert des in drei Monaten erzielten Nettoeinkommens der Ehegatten (I 1 Hs. 1)
– 20 %-Wert des in drei Monaten erzielten Nettoeinkommens der Ehegatten (I 1 Hs. 2)
– Mindestwert von 1.000 EUR, (I 2)
– Festbetrag von 500 EUR (II)
– Höherer oder niedrigerer Wert (III)

11 **1. Berechnung nach dem Nettoeinkommen (I 1).** Für die Bewertung **nach I 1** ist der **Zeitpunkt** der Einreichung des Antrags maßgeblich (§ 34 S. 1). Abzustellen ist insofern auf den Scheidungsantrag (OLG Brandenburg FamRZ 2013, 2009). Nach Anhängigkeit eintretende Wertänderungen des Einkommens sind unbeachtlich (vgl. § 43 → § 43 Rn. 3). Einzusetzen ist deshalb das Nettoeinkommen, das beide Ehegatten in den letzten drei Monaten vor Antragstellung tatsächlich erzielt haben, auch wenn der Versorgungsausgleich ausgesetzt (OLG Dresden NZFam 2014, 855; OLG Jena NJW-RR 2011, 225) oder aus dem Scheidungsverbund abgetrennt worden ist (BeckOK KostR/Neumann Rn. 36).

12 Maßgeblich das **Nettoeinkommen;** insofern gelten grundsätzlich die Ausführungen zu § 43 II (→ § 43 Rn. 18 ff.). Allerdings erfolgt hier im Gegensatz zu § 43 II **kein Abzug eines Freibetrages für unterhaltsberechtigte Kinder** (OLG Nürnberg FamRZ 2012, 1750; OLG Rostock FamRZ 2012, 241; OLG Bamberg BeckRS 2010, 37617). Der Wert der Ehesache ist nicht der Höchstwert (AG Siegburg JurBüro 2017, 588).

13 **2. Mindestwert (I 2).** Der Mindestwert von 1.000 EUR bezieht sich nicht auf das einzelne Anrecht, sondern auf das **gesamte Verfahren** (NK-GK/Schneider Rn. 34). Nach III kann von diesem Wert nach oben aber auch nach unten abgewichen werden (KG FamRZ 2018, 1856; OLG Köln FamRZ 2012, 1943; BeckOK KostR/Neumann Rn. 86 mwN auch zur Gegenauffassung).

14 **3. Festbetrag (II).** Auch beim Festwert nach II in Höhe von 500 EUR ist eine Korrektur nach III möglich.

15 **4. Höherer oder niedrigerer Wert (III).** Es handelt sich um eine den §§ 44 III, 45 III, 47 II, 48 III, 49 II, 51 III 2 entsprechende Regelung. Es kommt auf den Einzelfall an: Der Gegenstandswert ist auch bei dessen **Ausschluss** durch notariellen Vertrag jedenfalls dann regulär nach § 50 I 1 FamGKG zu festzusetzen, wenn vor der Wirksamkeitsprüfung alle Versorgungsauskünfte eingeholt und eine vorläufige Berechnung des Versorgungsausgleichs vorgenommen wird (OLG Stuttgart NJOZ 2020, 292, OLG Hamm FamRZ 2012, 1751). Soweit die Prüfung der Feststellung, dass ein Versorgungsausgleich aufgrund einer nach § 8 VersAusglG bindenden Vereinbarung der Ehegatten nicht stattfindet, **keinen besonderen Aufwand erfordert,** kann es allerdings der Billigkeit entsprechen, den Wert nach § 50 III herabzusetzen (OLG Koblenz FamRZ 2014, 1809; OLG Celle FamRZ 2020, 364). In einem Verfahren nach §§ 34, 35 VersAusglG, in dem **inzident Unterhaltsansprüche** geprüft werden müssen, kann eine Anhebung der Gebühr gerechtfertigt sein (OLG

Saarbrücken FamRZ 2013, 148) Eine Orientierung am Unterhaltsverfahren wäre jedoch nicht systemgerecht (OLG Schleswig NJW-RR 2012, 327). Eine **Geringfügigkeit nach § 18 VersAusglG** erfordert nicht stets eine Herabsetzung nach III (OLG München FamRZ 2012, 1973). Ferner kann eine Wertanhebung geboten sein, wenn aufgrund langer Ehezeit **besonders hohe Anrechte auszugleichen** sind (BeckOK KostR/Neumann Rn. 103). Wurden in der Ehezeit gar keine Anwartschaften erworben, kann der Wert nach § 50 III auf den Mindestwert von 500 EUR festgesetzt werden; eine Reduzierung auf Null ist regelmäßig nicht geboten (KG FamRZ 2018, 1856). Im Übrigen siehe auch die Kommentierung zu § 45 III (→ § 45 Rn. 9 ff.).

Unterhaltssachen und sonstige den Unterhalt betreffende Familiensachen

51 **I 1 In Unterhaltssachen und in sonstigen den Unterhalt betreffenden Familiensachen, soweit diese jeweils Familienstreitsachen sind und wiederkehrende Leistungen betreffen, ist der für die ersten zwölf Monate nach Einreichung des Antrags geforderte Betrag maßgeblich, höchstens jedoch der Gesamtbetrag der geforderten Leistung. 2 Bei Unterhaltsansprüchen nach den §§ 1612a bis 1612c des Bürgerlichen Gesetzbuchs ist dem Wert nach Satz 1 der Monatsbetrag des zum Zeitpunkt der Einreichung des Antrags geltenden Mindestunterhalts nach der zu diesem Zeitpunkt maßgebenden Altersstufe zugrunde zu legen.**

II 1 Die bei Einreichung des Antrags fälligen Beträge werden dem Wert hinzugerechnet. 2 Der Einreichung des Antrags wegen des Hauptgegenstands steht die Einreichung eines Antrags auf Bewilligung der Verfahrenskostenhilfe gleich, wenn der Antrag wegen des Hauptgegenstands alsbald nach Mitteilung der Entscheidung über den Antrag auf Bewilligung der Verfahrenskostenhilfe oder über eine alsbald eingelegte Beschwerde eingereicht wird. 3 Die Sätze 1 und 2 sind im vereinfachten Verfahren zur Festsetzung von Unterhalt Minderjähriger entsprechend anzuwenden.

III 1 In Unterhaltssachen, die nicht Familienstreitsachen sind, beträgt der Wert 500 Euro. 2 Ist der Wert nach den besonderen Umständen des Einzelfalls unbillig, kann das Gericht einen höheren Wert festsetzen.

Schrifttum: Clausius, Übertragung des Aufenthaltsbestimmungsrechts usw., FPR 2013, 543; Enders, Gegenstandswert und Anwaltsgebühren usw., JurBüro 2009, 400 (je: Üb.).

Übersicht

I. Normzweck, Systematik, Anwendungsbereich (I–III). Die Rechtsvorschrift legt im Vergleich zu § 9 ZPO für Unterhaltsansprüche einen relativ geringen Gebührenwert fest, damit das Kostenrisiko für die Beteiligten überschaubar bleibt. Sie soll neben Unterhaltssachen iSd § 231 FamFG auch (selten vorkommende) Familienstreitsachen über vertragliche Unterhaltsverpflichtungen erfassen („den Unterhalt betreffenden Familiensachen", vgl. BT-Drs. 16/6308, 307). Siehe im Übrigen auch die Erwägungen zur Systematik und zum Normzweck des § 42 GKG (→ GKG § 42 Rn. 1). 1

2 **II. Unterhaltsachen.** Es ist zwischen Unterhaltssachen als Familien**streit**sachen nach § 112 Nr. 1 FamFG iVm § 231 I FamFG und den übrigen Unterhaltssachen unterscheiden. Zur ersten Gruppe gehören Verfahren über die durch Verwandtschaft oder durch Ehe begründete gesetzliche Unterhaltspflicht nach § 231 I Nr. 1, 2 FamFG sowie Ansprüche nach § 1615l BGB oder § 1615m BGB nach § 231 I Nr. 3 FamFG, also der Anspruch von Mutter und Vater aus Anlass der Geburt und wegen der Beerdigungskosten für die Mutter.

3 Wird **Trennungsunterhalt und nachehelicher Unterhalt** in einem Verfahren geltend gemacht, liegen zwei Verfahrensgegenstände vor; die beiden Werte sind gemäß § 33 I 1 zu addieren (OLG Bamberg AGS 2011, 613; OLG Hamm FamRZ 1988, 402). Wird demgegenüber **Kindesunterhalt für die Zeit bis zur Volljährigkeit und für die Zeit danach** geltend gemacht, so liegt nur ein Verfahrensgegenstand vor (BeckOK KostR/Neumann Rn. 66). Zu den **übrigen Unterhaltssachen** gehören Verfahren betreffend das **Kindergeld nach** § 231 II FamFG, also nach § 3 II 3 BKGG und § 64 II 3 EStG (vgl. zB OLG Zweibrücken JurBüro 2020, 601). Setzt der **Unterhaltsgläubiger das Verfahren nach dem Tod des Unterhaltsschuldners gegen die Erben** fort (§ 1933 S. 3 BGB), richtet sich die Festsetzung des Gegenstandswertes nicht an dem gegen den Unterhaltsgläubiger, sondern an dem gegen die Erben gerichteten Antrag (OLG Zweibrücken FamRZ 2021, 464). Der Verfahrenswert eines **einstweiligen Anordnungsverfahrens** zum Unterhalt ist auch dann nach § 41 regelmäßig mit der Hälfte des Werts der Hauptsache anzusetzen, wenn im dort der volle Unterhalt geltend gemacht wird (OLG Hamm NZFam 2021, 794).

4 Neben **Leistungsanträgen** werden **Abänderungsanträge, Vollstreckungsabwehranträge** und **Feststellungsanträge** erfasst, die Unterhaltssachen betreffen. Nicht unter I fallen Familienstreitsachen, die die **Rückforderung von Unterhalt** betreffen; es ist gemäß § 35 der geforderte Betrag maßgebend (NK-GK/Schneider Rn. 156; aA OLG Hamburg FamRZ 1998, 311 zum alten Recht). Werden gegen einen Rechtsanwalt **Schadenersatzansprüche** wegen versäumter Durchsetzung von Unterhaltsansprüchen geltend gemacht richtet sich der Streitwert nach § 9 ZPO, § 48 GKG (OLG Düsseldorf FamRZ 2004, 1226).

5 **III. Berechnung. 1. Berechnung nach I 1.** Nach I 1 Hs. 1 ist für die Berechnung der für die ersten zwölf Monate nach Antragseinreichung geforderte Betrag maßgeblich. Nur wenn der geforderte Betrag insgesamt geringer ist als dieser Wert, gilt die geringere Summe (I 1 Hs. 2). Werden ein Gesuch auf **Verfahrenskostenhilfe und der Unterhaltsantrag gleichzeitig** eingereicht, so ist für die Berechnung nach I 1 Hs. 1 auf diesen Zeitpunkt abzustellen. Ergibt die Auslegung demgegenüber, dass ein Verfahrenskostenhilfegesuch für einen beabsichtigten Antrag gestellt wird, ist nicht der Zeitpunkt der Einreichung des Verfahrenskostenhilfegesuchs, sondern der Zeitpunkt der später erfolgten Antragseinreichung der Wertberechnung zugrunde zu legen (OLG Brandenburg FamRZ 2008, 533). Der Antrag ist für die Berechnung auch dann maßgeblich, wenn der Antragsgegner schon **freiwillig eine evtl. niedrigere Unterhaltsrente** zahlt. Allerdings sind Antrag und dessen Begründung auszulegen. Daraus kann sich ergeben, dass die freiwilligen Leistungen nicht geltend gemacht sind und bei der Wertfestsetzung außer Betracht bleiben müssen. Dem **Titulierungsinteresse** kann durch einen Zuschlag Rechnung getragen werden (OLG Frankfurt AnwBl 1982, 198; OLG Karlsruhe FamRZ 1991, 468).

6 Für die Berechnung ist auf die **Fälligkeit** der geforderten Leistungen **nach dem Antrag** abzustellen. Ferner ist zu beachten, dass Unterhaltsleistungen **regelmäßig monatlich im Voraus** geschuldet werden, so dass der für den Einreichungsmonat geforderte Unterhaltsbetrag bei der Wertberechnung im Regelfall – wenn sich aus dem Antrag und dem Zeitpunkt dessen Einreichung nichts anderes ergibt – nicht mitzählt, sondern einen Unterhaltsrückstand darstellt (OLG Karlsruhe JurBüro 2011, 529). Wird für die Zeit nach den ersten zwölf Monaten iSd I 1 Hs. 1 ein höherer Unterhalt als davor gefordert, ist die Erhöhung nach dem eindeutigen Wortlaut der Vorschrift nicht zu berücksichtigen.

7 Wird der **Unterhaltsantrag nachträglich erweitert,** so erhöht sich der Wert nach Wortlaut sowie Sinn und Zweck der Vorschrift nicht, soweit sich die Erweite-

rung auf den Zeitraum bezieht, der die ersten zwölf Monate nach Antragserweiterung nicht betrifft (OLG Schleswig FamRZ 2016, 2149; OLG Karlsruhe, NJW-RR 2016, 189; OLG München FuR 2000, 298; aA OLG Celle FamRZ 2009, 74 N. Schneider NZFam 2017, 719). Wird demgegenüber im Laufe des Verfahrens rückwirkend bezogen auf diesen Zeitraum mehr Unterhalt verlangt, so erhöht sich auch der Verfahrenswert um den Erhöhungsbetrag (OLG München FuR 2000, 298). Das muss auch für die Rückstände im Sinne des II gelten, wenn insofern rückwirkend ein höherer Betrag beantragt wird.

Bei einem **Stufenantrag** sind nur die bis zur Einreichung des unbezifferten Antrags fällig gewordenen Beträge dem laufenden Unterhalt hinzuzurechnen. Die bis zur Bezifferung fälligen gewordenen Beträge sind keine demgegenüber Rückstände iSd II (OLG Koblenz FamRZ 2017, 1079). Zum „steckengebliebenen Stufenantrag" → § 38 Rn. 2. 8

2. Berechnung nach I 2. Für die Bewertung von Anträgen auf **Kindesunterhalt,** die nicht betragsmäßig beziffert sind, sondern nach Maßgabe der §§ 1612 ff. BGB in Höhe eines **Prozentsatzes des Mindestunterhalts** geltend gemacht werden, enthält I 2 eine **Sonderregelung.** Es ist nicht die Summe der in den ersten zwölf Monaten nach Antragseinreichung geltend gemachten Beträge, sondern der zwölffache Monatsbetrag des zum Zeitpunkt der Einreichung des Antrags geltenden Mindestunterhalts nach der zu diesem Zeitpunkt maßgebenden Altersstufe für die Wertfestsetzung heranzuziehen. Ein Kindergeldabzug gemäß § 1612b BGB ist zu berücksichtigen (OLG Brandenburg JurBüro 2001, 417). Nach Antragseinreichung eintretende Änderungen des Unterhaltsbetrages, zB aufgrund eines Wechsels des Kindes in eine höhere Altersstufe, sind für die Wertberechnung unbeachtlich. Ebenso wie bei der Unterhaltsberechnung nach I 1 Hs. 1 besteht eine Begrenzung auf die tatsächlich geforderten Beträge gemäß I 1 Hs. 2. Werden mehr oder weniger als 100 % des Mindestunterhalts geltend gemacht, richtet sich der Streitwert nicht nach dem Mindestunterhalts der Altersstufe, sondern nach dem konkret geforderten Vomhundertsatz des Betrages (OLG Karlsruhe BeckRS 2000, 30099709). 9

IV. Rückstände (II). Nach II 1 werden Rückstände wiederkehrender Leistungen aus der Zeit bis zur Antragseinreichung dem Wert hinzugerechnet. Für die Abgrenzung des laufenden Unterhalts zu den Rückständen vgl. zunächst → Rn. 6. Wird ein Antrag auf **Verfahrenskostenhilfe zusammen mit einem Unterhaltsantrag** eingereicht, sind die Beträge, die nach dem Unterhaltsantrag zum Zeitpunkt dessen Eingangs bei Gericht fällig sein sollen, Rückstände. Wird ein **Verfahrenskostenhilfeantrag für einen beabsichtigten Unterhaltsantrag** eingereicht, so bestimmt II 2, dass auf diesen Zeitpunkt abzustellen ist, wenn der Unterhaltsantrag alsbald nach Mitteilung der Entscheidung über den Antrag auf Bewilligung der Verfahrenskostenhilfe oder über eine alsbald eingelegte Beschwerde eingereicht wird. Für die Auslegung des Begriffs „alsbald" kann auf die Grundsätze zurückgegriffen werden, die dem Begriff in § 696 III ZPO beigemessen wird (BeckOK KostR/Neumann Rn. 46). Im Rahmen der nach § 23 I 3 RVG erfolgenden entsprechenden Anwendung von § 51 auf die **Bestimmung des Gegenstandswerts für die von dem ein Unterhaltsmandat** wahrnehmenden Rechtsanwalt verdiente Geschäftsgebühr ist bei Ermittlung der zum Zwölfmonatsbetrag hinzu zu addierenden fälligen Beträge im Sinne von II 1 FamGKG auf den Zeitpunkt der Auftragserteilung durch den Mandanten und nicht auf den der Beendigung des Auftrags abzustellen (OLG Frankfurt BeckRS 2020, 1728). 10

Zur Frage wie es sich auswirkt, wenn der Unterhaltsantrag im Laufe des Verfahrens erhöht wird (→ Rn. 7). 11

V. Keine Familienstreitsache (III). Es gibt drei Aspekte. 12

1. Anwendungsbereich, (III 1). Zunächst → Rn. 2, 3. Es geht hier also um die restlichen Unterhaltsansprüche gleich welcher Art. 13

2. Regelwert (III 1). Er beträgt vereinfachend 500 EUR. Er gilt grundsätzlich auch im Beschwerdeverfahren (OLG Frankfurt a. M. FamRZ 2014, 594; aA OLG Hamm FamRZ 2014, 596, Unabhängigkeit von III). 14

15 **3. Höherer Wert (III 2).** Es handelt sich um eine den §§ 44 III, 45 III, 47 II, 48 III, 49 II und 50 III ähnliche Regelung. Anders als dort ist zwar hier nur eine höhere Bewertung statthaft, keine niedrigere. Die Voraussetzungen einer höheren Bewertung sind aber dieselben wie bei den eben genannten Vorschriften. Vgl. daher bei § 45 III (→ § 45 Rn. 9 ff.). III gilt auch bei einer Zuweisung von Kindergeld (OLG Köln NZFam 2015, 281).

16 **VI. Abänderungsantrag, Vollstreckungsabwehrantrag, Feststellungsantrag.** Wird **Unterhaltsabänderung** nach §§ 238 ff. FamFG verlangt, ist der monatlche Betrag der verlangten Herauf- oder Herabsetzung maßgeblich (OLG Karlsruhe FamRZ 2011, 1813). Die Berechnung erfolgt dann nach I bzw. II. Der Wert für einen **Antrag auf Dynamisierung** eines statisch titulierten Unterhalts richtet sich nach dem wirtschaftlichen Interesse des Antragstellers hieran (Aufwand und den Kosten eines künftige Abänderungsverfahren); 15 % der in zwölf Monaten ab Antragseinreichung anfallenden Unterhaltsbeträge erscheinen insofern angemessen (OLG Brandenburg AGS 2017, 278).

17 Wird ein **Feststellungsantrag** anhängig gemacht, wonach kein Unterhalt geschuldet ist, so gilt I. für den zukünftigen Unterhalt und II für die bei Antragseinreichung fälligen Rückstände. Dabei ist der Grundsatz zu beachten, dass eine negativen Feststellungsklage so hoch zu bewerten ist, wie der Anspruch, dessen sich der Gegner berühmt (vgl. zB BGH BeckRS 2011, 21919).

18 Auch bei einem **Vollstreckungsabwehrantrag** gegen einen Unterhaltstitel greift I ein, wenn der Antrag sich gegen die Vollstreckung zukünftiger Unterhaltsbeträge richtet. Wird die Vollstreckung von Unterhaltsrückständen angegriffen, die zum Zeitpunkt der Einreichung des Antrags fällig sind, richtet sich die Wertfestsetzung nach II.

19 **VII. Unterhaltsvergleich, Unterhaltsabfindung, Unterhaltsverzicht.** Da die Gerichtsgebühren nicht nach Verfahrensabschnitten festgesetzt werden, ist es für deren Wertberechnung grundsätzlich unerheblich, ob über die verfahrensgegenständlichen Ansprüche ein **Vergleich** geschlossen wird. Zu beachten ist, dass sich die Gerichtsgebühren bei einer Erledigung des Verfahrens in Folge eines Vergleichs regelmäßig ermäßigen (vgl. zB KV 1221, 1224 für Streitsachen). Der festzusetzende Gebührenwert kann sich zum anderen erhöhen, wenn durch den Vergleich ein über den Verfahrensgegenstand hinausgehender Gegenstand erledigt wird. Wie der Vergleichsmehrwert dann zu berechnen ist, bestimmt sich danach, welcher weitere Gegenstand sich durch den Vergleich erledigt. Einigen sich die Beteiligten zB in einem Verfahren zum Trennungsunterhalt über einen streitigen aber nicht anhängigen Kindesunterhalt, bestimmt sich der Vergleichsmehrwert nach dem Wert, der nach § 51 für den Kindesunterhalt anzusetzen ist. Ein Verzicht auf das Recht, den Vergleich nach § 239 FamFG abzuändern, verändert den Wert nicht.

20 Zu beachten ist insofern **KV 1500,** wo bestimmt wird, dass die **gerichtliche Vergleichsgebühr** nur dann anfällt, wenn ein Mehrwertvergleich **„über nicht anhängige Gegenstände"** geschlossen wird (vgl. dazu N. Schneider NZFam 2014, 550). Ist in dem Beispiel (→ Rn. 19) der Kindesunterhalt in einem anderen Gerichtsverfahren anhängig, so entsteht keine gerichtliche Vergleichsgebühr. Dem liegt die Überlegung zugrunde, dass im mitverglichenen Verfahren durch die Gebühr für dieses Verfahren im Allgemeinen der Vergleichsmehrwert aus dem anderen Verfahren abgegolten sein soll. Der Staat soll nicht „doppelt kassieren" (vgl. N. Schneider NZFam 2014, 550).

21 Wenn die Beteiligten im Unterhaltsverfahren statt einer Unterhaltsrente vergleichsweise einen einmaligen **Abfindungsvertrag** vereinbaren, ist § 51 auf die Abfindung anwendbar. Denn nur der Anspruch auf die Zahlung des gesetzlichen Unterhalts ist im Streit, nicht die Abfindungssumme. Ein Vergleichsmehrwert ist in diesem Fall nicht festzusetzen (OLG Karlsruhe FamRZ 2013, 326; OLG Karlsruhe AGS 2000, 112; OLG Düsseldorf JurBüro 1992, 51; OLG Hamburg FamRZ 1987, 184; OLG Frankfurt FuR 2022, 430; aA OLG Frankfurt Rpfleger 1980, 239: Kapitalabfindung maßgeblich). Entsprechendes muss gelten, wenn die Beteiligten **durch die Abfindung einen streitigen aber nicht anhängigen Unterhalt** regeln, der nicht Gegenstand des Verfahrens ist, in dem der Vergleich geschlossen wird (vgl. dazu im All-

gemeinen → Rn. 7 f.). Auch dann ist der Vergleichsmehrwert nach § 51 zu berechnen.

Wird – zB anlässlich der Scheidung – durch den Vergleich einem bloßen **Titulierungsinteresse** Genüge getan, lässt sich dessen Wert regelmäßig mit 15 % des Werts nach I ansetzen (OLG Düsseldorf FamRZ 1987, 1281, aA zB OLG Koblenz AnwBl 1984, 205 (25 %); OLG Nürnberg JurBüro 1994, 737 (5 %)). 22

Wird auf eine im Gerichtsverfahren anhängige Unterhaltsforderungen **verzichtet,** bestimmt sich der Wert für den Verzicht nach dem Streitwert des anhängigen Unterhaltsverfahrens, der sich nicht erhöht (OLG Stuttgart FamRZ 2014, 1810). Betrifft der Verzicht demgegenüber nicht anhängige Unterhaltsforderungen, wie das häufig im Rahmen von Scheidungsfolgenvergleichen der Fall ist, ist streitig, ob und ggf. in welcher Höhe hierfür ein Wert festzusetzen ist (vgl. dazu im Einzelnen BeckOK KostR/Neumann Rn. 87 mwN). Richtig erscheint die Auffassung, wonach Umständen des Einzelfalls maßgeblich sind, insbesondere in welcher Höhe ein solcher Anspruch künftig möglich erscheint. Ein pauschaler genereller Wertansatz ist deshalb nicht möglich (OLG Dresden FamRZ 1999, 1290 23

VIII. Rechtsmittelverfahren. Auch im Beschwerdeverfahren ist für die Berechnung des Verfahrenswerts nach §§ 40, 51 **grundsätzlich der Zeitpunkt des Antragseingangs im erstinstanzlichen Verfahren maßgeblich** (BGH BeckRS 2007, 18224; BeckOK KostR/Neumann Rn. 92 ff. mwN; aA OLG Karlsruhe NJW 2015, 3044). Ficht zB der Antragsgegner die erstinstanzliche Entscheidung, durch die dem Unterhaltsantrag vollständig stattgegeben wurde, vollständig an (er beantragt, den Unterhaltsantrag abzuweisen), so ist der Gebührenwert für das Beschwerdeverfahren mit dem Wert des erstinstanzlichen Verfahrens identisch. Für den Wert nach I ist auf die ersten zwölf Monate ab Antragseingang beim Amtsgericht abzustellen. Rückstände nach II sind alle Beträge, die bei Antragseingang fällig waren. 24

Wird die erstinstanzliche Entscheidung nur teilweise angegriffen, so bemisst sich der Wert des Rechtsmittelverfahrens nach dem Wert des angefochtenen Teils. Werden im Beispiel (→ Rn. 24) nur die titulierten Rückstände angefochten, ist als Wert für das Beschwerdeverfahren die Summe der Rückstände festzusetzen. Bei einem Rechtsmittel, das sich auf den laufenden Unterhalt bezieht, gilt eine Besonderheit: Werden nicht sämtliche Unterhaltsbeträge angefochten, die auf den Antragseingang beim Amtsgericht folgen, richtet sich der Wert nach den ersten zwölf mit dem Rechtsmittel angegriffenen Monaten (NK-GK/Schneider Rn. 150), soweit sich der Angriff nicht gegen weniger Monate richtet. Es ist allerdings § 40 II 1 zu beachten, wonach Wert des Beschwerdeverfahrens durch den Wert des Verfahrensgegenstands des ersten Rechtszugs begrenzt ist. 25

Auch wenn eine Entscheidung erster Instanz nur **wegen der Frage der Befristung angefochten** wird, ist der Verfahrenswert nach den ersten zwölf noch im Streit stehenden Monaten bemessen (OLG Bamberg FamRZ 2019, 30). Auch hier ist § 40 II 1 zu beachten. 26

Wird **innerhalb der Beschwerdebegründungsfrist kein Antrag eingereicht,** richtet sich der Verfahrenswert für die zweite Instanz nach der Beschwer des Rechtsmittelführers. Ein erst nach Fristablauf eingereichter Antrag mit einem geringeren Wert bleibt unberücksichtigt (OLG Hamburg NJW 2012, 3523). 27

Güterrechtssachen

52 [1] **Wird in einer Güterrechtssache, die Familienstreitsache ist, auch über einen Antrag nach § 1382 Abs. 5 oder nach § 1383 Abs. 3 des Bürgerlichen Gesetzbuchs entschieden, handelt es sich um ein Verfahren.** [2] **Die Werte werden zusammengerechnet.**

I. Normzweck, Anwendungsbereich (S. 1, 2). Der Inhalt der Vorschrift beschränkt sich die Regelung, dass in den genannten Fällen die Werte der Ansprüche zu addieren sind. Eine Aussage zur Höhe der Einzelwerte wird demgegenüber nicht getroffen. Die Bewertung der einzelnen Anträge richtet sich regelmäßig nach § 35, § 38 oder § 42. 1

2 **II. Güterrechtssache, die Familienstreitsache ist (S. 1 Fall 1).** Bei dem Anspruch auf Zugewinnausgleich nach § 1378 BGB handelt es sich um einen Familienstreitsache (§ 121 Nr. 2, 261 I FamFG).

3 **III. Stundung einer Ausgleichsforderung (S. 1 Fall 1).** Im Rahmen des Zugewinnausgleichs nach § 1378 BGB kann das FamG nach § 1382 I 1 BGB auf einen Antrag eine unstreitige Ausgleichsforderung unter den dort genannten Voraussetzungen stunden. Soweit zum Zugewinnausgleich ein Verfahren anhängig ist, kann der Schuldner diesen Stundungsantrag nach § 1382 V BGB nur in diesem Verfahren stellen. Der **Gegenstandswert** des Stundungsantrags ist nach **§ 42 I** zu bestimmen; maßgeblich ist das Stundungsinteresse. Diese Höhe der Forderung, die gestundet werden soll, ist für die Wertbestimmung zwar nicht allein entscheidend, aber in der Regel deren Ausgangspunkt. Ferner sind die Folgen für den Antragsteller zu berücksichtigen, insbesondere die Finanzierungskosten, die entstehen, wenn er den Anspruch umgehend erfüllen muss (BeckOGK/Siede/Preisner BGB § 1382 Rn. 66). Fehlen Anhaltspunkte für den Wert ist nach § 42 III der Regelwert iHv 5.000 EUR festzusetzen.

4 **IV. Übertragung von Vermögensgegenständen (S. 1 Fall 2).** Das Familiengericht kann anordnen, dass der Schuldner im Rahmen des Zugewinnausgleichs bestimmte Vermögensgegenstände dem Gläubiger nach § 1383 I BGB unter den dortigen Voraussetzungen unter einer Anrechnung deren Wertes auf die Ausgleichsforderung überträgt. Soweit zum Zugewinnausgleich ein Verfahren anhängig ist, kann der Gläubiger den Antrag nur in diesem Verfahren stellen, § 1383 III iVm § 1382 V BGB. Der **Wert des Antrags nach § 1383 I BGB** richtet sich nach **§ 42 I,** wobei streitig ist, ob insofern der Wert der zu übertragenden Sache (so Schneider NZFam 2015, 497) oder das (häufig nur ideelle) Interesse an der Sachabfindung maßgeblich ist (so zB BeckOGK/Siede/Preisner BGB § 1383 Rn. 53 mwN). Die zuerst genannte Ansicht erscheint zutreffend, weil der Wert des Gegenstandes, der nach § 1383 I BGB übertragenen werden soll, dem Vermögen des Antragstellers zufließt, wenn dessen Antrag Erfolg hat. Es entspricht deshalb dem billigen Ermessen iSd § 42 I, diesen Wert als Gebührenwert zu bestimmen. Die in § 1383 I BGB vorgesehene Anrechnung führt dazu, dass sich der Gebührenwert des Anspruchs auf Zugewinnausgleich um genau diesen Wert vermindert (siehe zB MüKoBGB/Koch BGB § 1383 Rn. 25). Es sollte aber für die Gebührenwerte keinen Unterschied machen, ob nur Zugewinnausgleich geltend gemacht wird oder ein solcher Zahlungsanspruch mit einem Anspruch auf Übertragung eines Gegenstandes nach § 1383 I BGB verbunden wird.

Beispiel: Ein Antrag auf Zugewinnausgleich iHv 100.000 EUR führt nach § 35 I zu einem Gebührenwert iHv 100.000 EUR. Wird in dem Beispiel der Zahlungsantrag mit einem auf § 1383 I BGB gestützten Antrag auf Herausgabe einer Sache im Wert von 20.000 EUR verbunden, führt das zu einem Gebührenwert in derselben Höhe. Der Antrag nach § 1383 I BGB hat den Wert der Sache, also 20.000 EUR. Der Antrag auf Zugewinnausgleich hat einen Wert von 80.000 EUR (100.000 EUR – 20.000 EUR). Denn wegen der in § 1383 I vorgesehenen Anrechnung, wird der Anspruchssteller nur 80.000 EUR verlangen. Wird für den Antrag aus §1383 I BGB nur das Interesse des Gläubiges angesetzt, wäre der Gebührenwert möglicherweise geringer: Antrag auf Zugewinnausgleich 80.000 EUR zuzüglich Interesse an der Übertragung der Sache (zB 5.000 EUR) ergibt nur 85.000 EUR.

Unterabschnitt 3. Wertfestsetzung

Angabe des Werts

53 **[1]Bei jedem Antrag ist der Verfahrenswert, wenn dieser nicht in einer bestimmten Geldsumme besteht, kein fester Wert bestimmt ist oder sich nicht aus früheren Anträgen ergibt, und nach Aufforderung auch der Wert eines Teils des Verfahrensgegenstands schriftlich oder zu Protokoll der Geschäftsstelle anzugeben. [2]Die Angabe kann jederzeit berichtigt werden.**

Die Vorschrift stimmt mit § 61 GKG fast wörtlich überein. Nur das dortige Wort Streitwert heißt hier Verfahrenswert, das dortige Wort Streitgegenstand heißt hier Verfahrensgegenstand. Daher → GKG § 61 Rn. 1 ff. Bei einer Geldforderung gilt § 35. 1

Wertfestsetzung für die Zulässigkeit der Beschwerde

54 **Ist der Wert für die Zulässigkeit der Beschwerde festgesetzt, ist die Festsetzung auch für die Berechnung der Gebühren maßgebend, soweit die Wertvorschriften dieses Gesetzes nicht von den Wertvorschriften des Verfahrensrechts abweichen.**

Die Vorschrift stimmt mit § 62 S. 1 GKG insoweit fast wörtlich überein, als es auch dort um die Zulässigkeit eines Rechtsmittels geht. Daher → GKG § 62 Rn. 1 ff. 1

Wertfestsetzung für die Gerichtsgebühren

55 **I 1 Sind Gebühren, die sich nach dem Verfahrenswert richten, mit der Einreichung des Antrags, der Einspruchs- oder der Rechtsmittelschrift oder mit der Abgabe der entsprechenden Erklärung zu Protokoll fällig, setzt das Gericht sogleich den Wert ohne Anhörung der Beteiligten durch Beschluss vorläufig fest, wenn Gegenstand des Verfahrens nicht eine bestimmte Geldsumme in Euro ist oder für den Regelfall kein fester Wert bestimmt ist. 2 Einwendungen gegen die Höhe des festgesetzten Werts können nur im Verfahren über die Beschwerde gegen den Beschluss, durch den die Tätigkeit des Gerichts aufgrund dieses Gesetzes von der vorherigen Zahlung von Kosten abhängig gemacht wird, geltend gemacht werden.**

II Soweit eine Entscheidung nach § 54 nicht ergeht oder nicht bindet, setzt das Gericht den Wert für die zu erhebenden Gebühren durch Beschluss fest, sobald eine Entscheidung über den gesamten Verfahrensgegenstand ergeht oder sich das Verfahren anderweitig erledigt.

III 1 Die Festsetzung kann von Amts wegen geändert werden
1. von dem Gericht, das den Wert festgesetzt hat, und
2. von dem Rechtsmittelgericht, wenn das Verfahren wegen des Hauptgegenstands oder wegen der Entscheidung über den Verfahrenswert, den Kostenansatz oder die Kostenfestsetzung in der Rechtsmittelinstanz schwebt.

2 Die Änderung ist nur innerhalb von sechs Monaten zulässig, nachdem die Entscheidung wegen des Hauptgegenstands Rechtskraft erlangt oder das Verfahren sich anderweitig erledigt hat.

Es stimmen fast wörtlich oder ganz überein: I 1, 2 mit § 63 I 1, 2 GKG; II mit § 63 II 1 GKG; III 1, 2 mit § 63 III 1, 2 GKG. Daher → GKG § 63 Rn. 1 ff. Zu III 2 siehe Schneider NZFam 2016, 785. 1

Das gilt auch in einer nach § 140 I, II Nr. 1, 2, 4, 5 FamFG abgetrennten Folgesache (OLG Brandenburg FamRZ 2017, 60). Eine vorläufige Wertfestsetzung im Verbund auch für den Versorgungsaugleich kann entbehrlich sein (N. Schneider FamRZ 2011, 162). Ein nur klarstellender Vergleich ist unbeachtlich (OLG Koblenz FamRZ 2015, 432). Legt ein Rechtsanwalt während des Ehescheidungsverfahren sein Mandat nieder und beantragt Wertfestsetzung, so handelt es sich nicht um einen Antrag nach § 33 RVG, nicht aber nach § 55 I (OLG Frankfurt NZFam 2018, 530). 2

Schätzung des Werts

56 **1 Wird eine Abschätzung durch Sachverständige erforderlich, ist in dem Beschluss, durch den der Verfahrenswert festgesetzt wird (§ 55), über die Kosten der Abschätzung zu entscheiden. 2 Diese Kosten können ganz oder teilweise dem Beteiligten auferlegt werden, welcher die Abschät-**

zung durch Unterlassen der ihm obliegenden Wertangabe, durch unrichtige Angabe des Werts, durch unbegründetes Bestreiten des angegebenen Werts oder durch eine unbegründete Beschwerde veranlasst hat.

1 Die Vorschrift stimmt mit § 64 GKG fast wörtlich überein, daher → GKG § 64 Rn. 1 ff.

Abschnitt 8. Erinnerung und Beschwerde

Erinnerung gegen den Kostenansatz, Beschwerde

57 **I 1 Über Erinnerungen des Kostenschuldners und der Staatskasse gegen den Kostenansatz entscheidet das Gericht, bei dem die Kosten angesetzt sind. 2 War das Verfahren im ersten Rechtszug bei mehreren Gerichten anhängig, ist das Gericht, bei dem es zuletzt anhängig war, auch insoweit zuständig, als Kosten bei den anderen Gerichten angesetzt worden sind.**

II 1 Gegen die Entscheidung des Familiengerichts über die Erinnerung findet die Beschwerde statt, wenn der Wert des Beschwerdegegenstands 200 Euro übersteigt. 2 Die Beschwerde ist auch zulässig, wenn sie das Familiengericht, das die angefochtene Entscheidung erlassen hat, wegen der grundsätzlichen Bedeutung der zur Entscheidung stehenden Frage in dem Beschluss zulässt.

III 1 Soweit das Familiengericht die Beschwerde für zulässig und begründet hält, hat es ihr abzuhelfen; im Übrigen ist die Beschwerde unverzüglich dem Oberlandesgericht vorzulegen. 2 Das Oberlandesgericht ist an die Zulassung der Beschwerde gebunden; die Nichtzulassung ist unanfechtbar.

IV 1 Anträge und Erklärungen können ohne Mitwirkung eines Rechtsanwalts schriftlich eingereicht oder zu Protokoll der Geschäftsstelle abgegeben werden; § 129a der Zivilprozessordnung gilt entsprechend. 2 Für die Bevollmächtigung gelten die Regelungen des Gesetzes über das Verfahren in Familiensachen und in den Angelegenheiten der freiwilligen Gerichtsbarkeit entsprechend. 3 Die Erinnerung ist bei dem Gericht einzulegen, das für die Entscheidung über die Erinnerung zuständig ist. 4 Die Beschwerde ist bei dem Familiengericht einzulegen.

V 1 Das Gericht entscheidet über die Erinnerung und die Beschwerde durch eines seiner Mitglieder als Einzelrichter. 2 Der Einzelrichter überträgt das Verfahren dem Senat, wenn die Sache besondere Schwierigkeiten tatsächlicher oder rechtlicher Art aufweist oder die Rechtssache grundsätzliche Bedeutung hat.

VI 1 Erinnerung und Beschwerde haben keine aufschiebende Wirkung. 2 Das Gericht oder das Beschwerdegericht kann auf Antrag oder von Amts wegen die aufschiebende Wirkung ganz oder teilweise anordnen; ist nicht der Einzelrichter zur Entscheidung berufen, entscheidet der Vorsitzende des Gerichts.

VII Entscheidungen des Oberlandesgerichts sind unanfechtbar.

VIII 1 Die Verfahren sind gebührenfrei. 2 Kosten werden nicht erstattet.

1 Die Vorschrift stimmt mit § 66 GKG nach der folgenden Tabelle überein; → GKG § 66 Rn. 1 ff. Rechtsbehelfsbelehrung, Verstoß: §§ 8a, 59 II 2.

§ 57 FamGKG			§ 66 GKG
I 1		=	I 1
2		=	3
II 1	etwa	=	II 1
2		=	2
III 1	etwa		III 1
2	etwa		4

IV 1	=	V 1
2	=	2
3	etwa	3
V 1	etwa	VI 1 Hs. 1
2	etwa	2
VI 1	=	VII 1
2	etwa	2
VII	etwa	III 3
VIII 1, 2	=	VIII 1, 2

Beschwerde gegen die Anordnung einer Vorauszahlung

58 **I 1 Gegen den Beschluss, durch den die Tätigkeit des Familiengerichts nur aufgrund dieses Gesetzes von der vorherigen Zahlung von Kosten abhängig gemacht wird, und wegen der Höhe des in diesem Fall im Voraus zu zahlenden Betrags findet stets die Beschwerde statt. 2 § 57 Abs. 3, 4 Satz 1 und 4, Abs. 5, 7 und 8 ist entsprechend anzuwenden. 3 Soweit sich der Beteiligte in dem Verfahren wegen des Hauptgegenstands vor dem Familiengericht durch einen Bevollmächtigten vertreten lassen muss, gilt dies auch im Beschwerdeverfahren.**

II Im Fall des § 16 Abs. 2 ist § 57 entsprechend anzuwenden.

Die Vorschrift stimmt mit § 67 GKG sprachlich fast und inhaltlich völlig überein, daher → GKG § 67 Rn. 1 ff. Rechtsbehelfsbelehrung, Verstoß: §§ 8a, 59 II 2. 1

Beschwerde gegen die Festsetzung des Verfahrenswerts

59 **I 1 Gegen den Beschluss des Familiengerichts, durch den der Verfahrenswert für die Gerichtsgebühren festgesetzt worden ist (§ 55 Abs. 2), findet die Beschwerde statt, wenn der Wert des Beschwerdegegenstands 200 Euro übersteigt. 2 Die Beschwerde findet auch statt, wenn sie das Familiengericht wegen der grundsätzlichen Bedeutung der zur Entscheidung stehenden Frage in dem Beschluss zulässt. 3 Die Beschwerde ist nur zulässig, wenn sie innerhalb der in § 55 Abs. 3 Satz 2 bestimmten Frist eingelegt wird; ist der Verfahrenswert später als einen Monat vor Ablauf dieser Frist festgesetzt worden, kann sie noch innerhalb eines Monats nach Zustellung oder formloser Mitteilung des Festsetzungsbeschlusses eingelegt werden. 4 Im Fall der formlosen Mitteilung gilt der Beschluss mit dem dritten Tag nach Aufgabe zur Post als bekannt gemacht. 5 § 57 Abs. 3, 4 Satz 1, 2 und 4, Abs. 5 und 7 ist entsprechend anzuwenden.**

II 1 War der Beschwerdeführer ohne sein Verschulden verhindert, die Frist einzuhalten, ist ihm auf Antrag vom Oberlandesgericht Wiedereinsetzung in den vorigen Stand zu gewähren, wenn er die Beschwerde binnen zwei Wochen nach der Beseitigung des Hindernisses einlegt und die Tatsachen, welche die Wiedereinsetzung begründen, glaubhaft macht. 2 Ein Fehlen des Verschuldens wird vermutet, wenn eine Rechtsbehelfsbelehrung unterblieben oder fehlerhaft ist. 3 Nach Ablauf eines Jahres, von dem Ende der versäumten Frist an gerechnet, kann die Wiedereinsetzung nicht mehr beantragt werden.

III 1 Die Verfahren sind gebührenfrei. 2 Kosten werden nicht erstattet.

Die Vorschrift stimmt mit § 68 I 1–5, II 1–3, III 1, 2 GKG fast wörtlich überein, daher → GKG § 68 Rn. 1 ff. Rechtsbehelfsbelehrung § 8a. 1

Eine Anfechtung der Wertfestsetzung ist auch möglich, wenn diese im **Rahmen eines einstweiligen Anordnungsverfahrens** erfolgt und die einstweilige Anordnung unanfechtbar ist (Koblenz FamRZ 2018, 50 mwN auch zur Gegenauffassung). Demgegenüber ist eine Verfahrenswertbeschwerde eines Beteiligten (nicht des Ver- 2 fahrensbevollmächtigten) ist mangels Beschwer unzulässig, wenn von ihm eine Heraufsetzung des Verfahrenswertes begehrt wird (KG NJOZ 2021, 612).

Beschwerde gegen die Auferlegung einer Verzögerungsgebühr

60 **[1] Gegen den Beschluss des Familiengerichts nach § 32 findet die Beschwerde statt, wenn der Wert des Beschwerdegegenstands 200 Euro übersteigt oder das Familiengericht die Beschwerde wegen der grundsätzlichen Bedeutung in dem Beschluss der zur Entscheidung stehenden Frage zugelassen hat. [2] § 57 Abs. 3, 4 Satz 1, 2 und 4, Abs. 5, 7 und 8 ist entsprechend anzuwenden.**

1 Die Vorschrift stimmt mit § 69 GKG fast wörtlich überein, daher → GKG § 69 Rn. 1 ff. Rechtsbehelfbelehrung, Verstoß §§ 8a, 59 II 2.

Abhilfe bei Verletzung des Anspruchs auf rechtliches Gehör

61 **I Auf die Rüge eines durch die Entscheidung beschwerten Beteiligten ist das Verfahren fortzuführen, wenn**

1. ein Rechtsmittel oder ein anderer Rechtsbehelf gegen die Entscheidung nicht gegeben ist und
2. das Gericht den Anspruch dieses Beteiligten auf rechtliches Gehör in entscheidungserheblicher Weise verletzt hat.

II [1] Die Rüge ist innerhalb von zwei Wochen nach Kenntnis von der Verletzung des rechtlichen Gehörs zu erheben; der Zeitpunkt der Kenntniserlangung ist glaubhaft zu machen. [2] Nach Ablauf eines Jahres seit Bekanntmachung der angegriffenen Entscheidung kann die Rüge nicht mehr erhoben werden. [3] Formlos mitgeteilte Entscheidungen gelten mit dem dritten Tage nach Aufgabe zur Post als bekannt gemacht. [4] Die Rüge ist bei dem Gericht zu erheben, dessen Entscheidung angegriffen wird; § 57 Abs. 4 Satz 1 und 2 gelten entsprechend. [5] Die Rüge muss die angegriffene Entscheidung bezeichnen und das Vorliegen der in Absatz 1 Nr. 2 genannten Voraussetzungen darlegen.

III Den übrigen Beteiligten ist, soweit erforderlich, Gelegenheit zur Stellungnahme zu geben.

IV [1] Das Gericht hat von Amts wegen zu prüfen, ob die Rüge an sich statthaft und ob sie in der gesetzlichen Form und Frist erhoben ist. [2] Mangelt es an einem dieser Erfordernisse, so ist die Rüge als unzulässig zu verwerfen. [3] Ist die Rüge unbegründet, weist das Gericht sie zurück. [4] Die Entscheidung ergeht durch unanfechtbaren Beschluss. [5] Der Beschluss soll kurz begründet werden.

V Ist die Rüge begründet, so hilft ihr das Gericht ab, indem es das Verfahren fortführt, soweit dies aufgrund der Rüge geboten ist.

VI Kosten werden nicht erstattet.

1 Die Vorschrift ermöglicht den Angriff einer mit ordentlichen Rechtsbehelfen nicht mehr anfechtbaren Entscheidung nach dem FamGKG (dh insbes. solche nach §§ 18 ff., 57 ff.) mit der Rüge, das Gericht habe das grundrechtsgleiche Recht auf Gewährung rechtlichen Gehörs (Art. 103 I GG) des Beteiligten verletzt. Sie ist – mit Ausnahme der Verweisung in II 4 Hs. 2 – **wortgleich mit § 69a GKG,** so dass für Einzelheiten auf die Kommentierung dieser Vorschrift verwiesen werden kann, daher → GKG § 69a Rn. 1 ff.

2 Soweit abweichend von § 69a II 4 Hs. 2 GKG die entsprechende Anwendung von § 57 IV 1, 2 (anstelle von § 66 V 1, 2 GKG) angeordnet wird, ergibt sich kein inhaltlicher Unterschied, weil auch diese Vorschriften (mit Ausnahme der Verweisung in § 57 IV 2 auf das FamFG statt auf die für das zugrundeliegende Verfahren geltende Verfahrensordnung) wortgleich sind.

Abschnitt 9. Schluss- und Übergangsvorschriften

Verordnungsermächtigung

61a **[1]Die Landesregierungen werden ermächtigt, durch Rechtsverordnung zu bestimmen, dass die von den Gerichten der Länder zu erhebenden Verfahrensgebühren in solchen Verfahren, die nur auf Antrag eingeleitet werden, über die im Kostenverzeichnis für den Fall der Zurücknahme des Antrags vorgesehene Ermäßigung hinaus weiter ermäßigt werden oder entfallen, wenn das gesamte Verfahren oder bei Verbundverfahren nach § 44 eine Folgesache nach einer Mediation oder nach einem anderen Verfahren der außergerichtlichen Konfliktbeilegung durch Zurücknahme des Antrags beendet wird und in der Antragsschrift mitgeteilt worden ist, dass eine Mediation oder ein anderes Verfahren der außergerichtlichen Konfliktbeilegung unternommen wird oder beabsichtigt ist, oder wenn das Gericht den Beteiligten die Durchführung einer Mediation oder eines anderen Verfahrens der außergerichtlichen Konfliktbeilegung vorgeschlagen hat. [2]Satz 1 gilt entsprechend für die im Beschwerdeverfahren von den Oberlandesgerichten zu erhebenden Verfahrensgebühren; an die Stelle der Antragsschrift tritt der Schriftsatz, mit dem die Beschwerde eingelegt worden ist.**

Die Vorschrift entspricht inhaltlich dem § 69b GKG, daher → GKG § 69b 1
Rn. 1 ff.

Rechnungsgebühren

62 *(aufgehoben)*

Bekanntmachung von Neufassungen

62a **[1]Das Bundesministerium der Justiz und für Verbraucherschutz kann nach Änderungen den Wortlaut des Gesetzes feststellen und als Neufassung im Bundesgesetzblatt bekannt machen. [2]Die Bekanntmachung muss auf diese Vorschrift Bezug nehmen und angeben**

1. den Stichtag, zu dem der Wortlaut festgestellt wird,
2. die Änderungen seit der letzten Veröffentlichung des vollständigen Wortlauts im Bundesgesetzblatt sowie
3. das Inkrafttreten der Änderungen.

Übergangsvorschrift

63 **I [1]In Verfahren, die vor dem Inkrafttreten einer Gesetzesänderung anhängig geworden oder eingeleitet worden sind, werden die Kosten nach bisherigem Recht erhoben. [2]Dies gilt nicht im Verfahren über ein Rechtsmittel, das nach dem Inkrafttreten einer Gesetzesänderung eingelegt worden ist. [3]Die Sätze 1 und 2 gelten auch, wenn Vorschriften geändert werden, auf die dieses Gesetz verweist.**

II In Verfahren, in denen Jahresgebühren erhoben werden, und in Fällen, in denen Absatz 1 keine Anwendung findet, gilt für Kosten, die vor dem Inkrafttreten einer Gesetzesänderung fällig geworden sind, das bisherige Recht.

Die Vorschrift hat gegenüber Art. 111 FGG-RG den Nachrang. Sie stimmt in I 1
1–3 wörtlich mit § 71 I 1–3 GKG überein, in II fast wörtlich mit § 71 III GKG, daher zunächst → GKG § 71 Rn. 1 ff. Wird in einer Umgangssache nach dem

31.12.2020 Beschwerde eingelegt, so bemisst sich der Beschwerdewert gemäß § 63 I 2 nach dem zum 1.1.2021 geltenden Recht (4.000 EUR), ohne dass dem die Begrenzung des Beschwerdewerts nach § 40 II 1 durch den erstinstanzlichen Wert entgegenstehen würde (OLG Frankfurt NZFam 2021, 607).

Übergangsvorschrift für die Erhebung von Haftkosten

64 Bis zum Erlass landesrechtlicher Vorschriften über die Höhe des Haftkostenbeitrags, der von einem Gefangenen zu erheben ist, sind die Nummern 2008 und 2009 des Kostenverzeichnisses in der bis zum 27. Dezember 2010 geltenden Fassung anzuwenden.

Anlage 1 (zu § 3 Abs. 2)

Kostenverzeichnis (KV)

Die Anhebung der Gebühren zum 1.1.2021 durch das Kostenrechtsänderungsgesetz 2021 erfasst Altfälle nicht; zur Abgrenzung in zeitlicher Hinsicht vgl. die Dauerübergangsregelung des § 63.

Übersicht

Teil 1. Gebühren

Hauptabschnitt 1. Hauptsacheverfahren in Ehesachen einschließlich aller Folgesachen

Abschnitt 1. Erster Rechtszug

Nr.	Gebührentatbestand	Gebühr oder Satz der Gebühr nach § 28 FamGKG
1110	**Verfahren im Allgemeinen**	**2,0**
1111	**Beendigung des Verfahrens hinsichtlich der Ehesache oder einer Folgesache durch** **1. Zurücknahme des Antrags** **a) vor dem Schluss der mündlichen Verhandlung,** **b) in den Fällen des § 128 Abs. 2 ZPO vor dem Zeitpunkt, der dem Schluss der mündlichen Verhandlung entspricht,** **c) im Fall des § 331 Abs. 3 ZPO vor Ablauf des Tages, an dem die Endentscheidung der Geschäftsstelle übermittelt wird,** **2. Anerkenntnis- oder Verzichtsentscheidung oder Endentscheidung, die nach § 38 Abs. 4 Nr. 2 und 3 FamFG keine Begründung enthält oder nur deshalb eine Begründung enthält, weil zu erwarten ist, dass der Beschluss im Ausland geltend gemacht wird (§ 38 Abs. 5 Nr. 4 FamFG), mit Ausnahme der Endentscheidung in einer Scheidungssache,** **3. gerichtlichen Vergleich oder** **4. Erledigung in der Hauptsache, wenn keine Entscheidung über die Kosten ergeht oder die Entscheidung einer zuvor mitgeteilten Einigung über die Kostentragung oder einer Kostenübernahmeerklärung folgt,** **es sei denn, dass bereits eine andere Endentscheidung als eine der in Nummer 2 genannten Entscheidungen vorausgegangen ist:** **Die Gebühr 1110 ermäßigt sich auf** .... [1] **Wird im Verbund nicht das gesamte Verfahren beendet, ist auf die beendete Ehesache und auf eine oder mehrere beendete Folgesachen**	**0,5**

Nr.	Gebührentatbestand	Gebühr oder Satz der Gebühr nach § 28 FamGKG
	§ 44 FamGKG anzuwenden und die Gebühr nur insoweit zu ermäßigen. **II Die Vervollständigung einer ohne Begründung hergestellten Endentscheidung (§ 38 Abs. 6 FamFG) steht der Ermäßigung nicht entgegen.** **III Die Gebühr ermäßigt sich auch, wenn mehrere Ermäßigungstatbestände erfüllt sind.**	

Schrifttum: N. Schneider, Gerichtskosten in Ehesachen einschließlich Folgesachen, NZFam 2017, 143 (Üb.).

Nach § 44 I gelten die Scheidungssache und die Folgesachen als ein Verfahren. Zur Ermittlung der allgemeinen Verfahrensgebühr nach KV 1110 für das Scheidungsverbundverfahren sind nach § 44 II die Werte der Scheidung (§ 43) und der Folgesachen (§§ 44 ff.) zusammenzurechnen. Ist die Folgesache eine Kindschaftssache ist die Spezialregelung in § 44 II zu beachten. 1

Zu KV 1110 siehe im Übrigen → GKG KV 1210 Rn. 1 ff. 2

Für die Ermäßigung nach KV 1111 ist nicht erforderlich, dass sich das gesamte Verbundverfahren erledigt. Teilerledigungen reichen aus, wenn sich damit die Ehesache oder eine Folgesache insgesamt erledigt. 3

Abschnitt 2. Beschwerde gegen die Endentscheidung wegen des Hauptgegenstands

Vorbemerkung 1.1.2:

Dieser Abschnitt ist auch anzuwenden, wenn sich die Beschwerde auf eine Folgesache beschränkt.

Nr.	Gebührentatbestand	Gebühr oder Satz der Gebühr nach § 28 FamGKG
1120	**Verfahren im Allgemeinen**	**3,0**
1121	**Beendigung des gesamten Verfahrens durch Zurücknahme der Beschwerde oder des Antrags, bevor die Schrift zur Begründung der Beschwerde bei Gericht eingegangen ist:** **Die Gebühr 1120 ermäßigt sich auf**	**0,5**
	Die Erledigung in der Hauptsache steht der Zurücknahme gleich, wenn keine Entscheidung über die Kosten ergeht oder die Entscheidung einer zuvor mitgeteilten Einigung über die Kostentragung oder einer Kostenübernahmeerklärung folgt.	
1122	**Beendigung des Verfahrens hinsichtlich der Ehesache oder einer Folgesache, wenn nicht Nummer 1121 erfüllt ist, durch** **1. Zurücknahme der Beschwerde oder des Antrags** **a) vor dem Schluss der mündlichen Verhandlung oder,** **b) falls eine mündliche Verhandlung nicht stattfindet, vor Ablauf des Tages, an**	

Nr.	Gebührentatbestand	Gebühr oder Satz der Gebühr nach § 28 FamGKG
	dem die Endentscheidung der Geschäftsstelle übermittelt wird, 2. Anerkenntnis- oder Verzichtsentscheidung, 3. gerichtlichen Vergleich oder 4. Erledigung in der Hauptsache, wenn keine Entscheidung über die Kosten ergeht oder die Entscheidung einer zuvor mitgeteilten Einigung über die Kostentragung oder einer Kostenübernahmeerklärung folgt, es sei denn, dass bereits eine andere als eine der in Nummer 2 genannten Endentscheidungen vorausgegangen ist: Die Gebühr 1120 ermäßigt sich auf	**1,0**
	I Wird im Verbund nicht das gesamte Verfahren beendet, ist auf die beendete Ehesache und auf eine oder mehrere beendete Folgesachen § 44 FamGKG anzuwenden und die Gebühr nur insoweit zu ermäßigen. II Die Gebühr ermäßigt sich auch, wenn mehrere Ermäßigungstatbestände erfüllt sind.	

1 KV 1121 ähnelt stark KV 1221 GKG, vgl. daher dort → GKG KV 1221 Rn. 1 ff. KV 1122 entspricht im Wesentlichen der Regelung KV 1211 GKG, daher dort → GKG KV 1211 Rn. 1 ff.

Abschnitt 3. Rechtsbeschwerde gegen die Endentscheidung wegen des Hauptgegenstands

Vorbemerkung 1.1.3:

Dieser Abschnitt ist auch anzuwenden, wenn sich die Rechtsbeschwerde auf eine Folgesache beschränkt.

Nr.	Gebührentatbestand	Gebühr oder Satz der Gebühr nach § 28 FamGKG
1130	**Verfahren im Allgemeinen ....**	**4,0**
1131	**Beendigung des gesamten Verfahrens durch Zurücknahme der Rechtsbeschwerde oder des Antrags, bevor die Schrift zur Begründung der Rechtsbeschwerde bei Gericht eingegangen ist: Die Gebühr 1130 ermäßigt sich auf ....**	**1,0**
	Die Erledigung in der Hauptsache steht der Zurücknahme gleich, wenn keine Entscheidung über die Kosten ergeht oder die Entscheidung einer zuvor mitgeteilten Einigung über die Kostentragung oder einer Kostenübernahmeerklärung folgt.	

1 KV 1131 entspricht der im Beschwerdeverfahren geltenden Regelung KV 1121.

Nr.	Gebührentatbestand	Gebühr oder Satz der Gebühr nach § 28 FamGKG
1132	**Beendigung des Verfahrens hinsichtlich der Ehesache oder einer Folgesache durch Zurücknahme der Rechtsbeschwerde oder des Antrags vor Ablauf des Tages, an dem die Endentscheidung der Geschäftsstelle übermittelt wird, wenn nicht Nummer 1131 erfüllt ist:** **Die Gebühr 1130 ermäßigt sich auf ....** **Wird im Verbund nicht das gesamte Verfahren beendet, ist auf die beendete Ehesache und auf eine oder mehrere beendete Folgesachen § 44 FamGKG anzuwenden und die Gebühr nur insoweit zu ermäßigen.**	**2,0**

KV 1132 entspricht der im Beschwerdeverfahren geltenden Regelung KV 1122 Nr. 1b. Die Anm. entspricht KV 1122 Anm. I. 1

Abschnitt 4. Zulassung der Sprungrechtsbeschwerde gegen die Endentscheidung wegen des Hauptgegenstands

Nr.	Gebührentatbestand	Gebühr oder Satz der Gebühr nach § 28 FamGKG
1140	**Verfahren über die Zulassung der Sprungrechtsbeschwerde:** **Soweit der Antrag abgelehnt wird ....**	**1,0**

Hauptabschnitt 2. Hauptsacheverfahren in selbständigen Familienstreitsachen

Abschnitt 1. Vereinfachtes Verfahren über den Unterhalt Minderjähriger

Unterabschnitt 1. Erster Rechtszug

Nr.	Gebührentatbestand	Gebühr oder Satz der Gebühr nach § 28 FamGKG
1210	**Entscheidung über einen Antrag auf Festsetzung von Unterhalt nach § 249 Abs. 1 FamFG mit Ausnahme einer Festsetzung nach § 253 Abs. 1 Satz 2 FamFG ....**	**0,5**

I. Anwendungsbereich. Die Vorschrift erfasst alle im Verfahren über den Antrag nach § 249 I FamFG ergehenden Entscheidungen gleich welcher Art mit Ausnahme derjenigen nach § 253 I 2 FamFG, also soweit sich der Antragsgegner nach § 252 II 1, 2 FamFG zur Zahlung von Unterhalt verpflichtet hat. Es handelt sich nicht um eine Verfahrens-, sondern um eine Entscheidungsgebühr (zum alten Recht OLG Brandenburg FamRZ 2000, 1159). Sie entsteht also erst bei einer Sachentscheidung über den Antrag. Das etwa nach § 255 I FamFG beantragte streitige Verfahren zählt nicht hierher, sondern nach KV 1210 ff. GKG. 1

2 **II. Streitwert.** Der Streitwert ist nach § 51 ermittelbar. Da es sich um eine Entscheidungsgebühr handelt ist für die Höhe der Gebühr maßgebend der Verfahrenswert auf der Grundlage des Antrags, über den schließlich entschieden worden ist; ursprünglich gestellte weitergehende Anträge, die nicht Entscheidungsgegenstand geworden sind, berühren die Höhe der Gerichtsgebühren nicht. § 34 S. 1 ist nicht anwendbar (zum alten Recht OLG Brandenburg FamRZ 2000, 1159).

3 **III. Fälligkeit, Kostenschuldner usw.** Die Fälligkeit tritt nach § 9 II mit der Entscheidung ein. Den **Kostenschuldner** muss man nach §§ 21, 24 Nr. 1 ermitteln.

Unterabschnitt 2. Beschwerde gegen die Endentscheidung wegen des Hauptgegenstands

Nr.	Gebührentatbestand	Gebühr oder Satz der Gebühr nach § 28 FamGKG
1211	**Verfahren über die Beschwerde nach § 256 FamFG gegen die Festsetzung von Unterhalt im vereinfachten Verfahren**	1,0

1 **I. Anwendungsbereich.** Die Vorschrift erfasst das Beschwerdeverfahren nach § 256 FamFG gegen einen Festsetzungsbeschluss nach §§ 253 I oder 254 S. 2 FamFG. Es handelt sich nicht um eine Entscheidungs-, sondern um eine Verfahrensgebühr. Sie entsteht unabhängig vom Verfahrensergebnis.

2 **II. Verfahrenswert.** Der Verfahrenswert für das Beschwerdeverfahren richtet sich danach, in welchem Umfang der erstinstanzliche Beschluss angegriffen wird.

3 **III. Fälligkeit, Kostenschuldner usw.** Die Fälligkeit tritt nach § 9 I mit der Einreichung der Beschwerdeschrift ein. Der **Kostenschuldner** ergibt sich aus §§ 21, 24.

Nr.	Gebührentatbestand	Gebühr oder Satz der Gebühr nach § 28 FamGKG
1212	**Beendigung des gesamten Verfahrens ohne Endentscheidung:** **Die Gebühr 1211 ermäßigt sich auf** .... **I Wenn die Entscheidung nicht durch Verlesen der Entscheidungsformel bekannt gegeben worden ist, ermäßigt sich die Gebühr auch im Fall der Zurücknahme der Beschwerde vor Ablauf des Tages, an dem die Endentscheidung der Geschäftsstelle übermittelt wird.** **II Eine Entscheidung über die Kosten steht der Ermäßigung nicht entgegen, wenn die Entscheidung einer zuvor mitgeteilten Einigung über die Kostentragung oder einer Kostenübernahmeerklärung folgt.**	0,5

1 Die Vorschrift stimmt im Haupttext praktisch ganz mit KV 1811 GKG Haupttext, in der Anm. I fast ganz mit KV Anmerkung I GKG und in der Anm. II wörtlich mit KV 1811 GKG Anm. II überein, daher → GKG KV 1811 Rn. 1 ff.

Unterabschnitt 3. Rechtsbeschwerde gegen die Endentscheidung wegen des Hauptgegenstands

Nr.	Gebührentatbestand	Gebühr oder Satz der Gebühr nach § 28 FamGKG
1213	**Verfahren im Allgemeinen**	**1,5**
1214	**Beendigung des gesamten Verfahrens durch Zurücknahme der Rechtsbeschwerde oder des Antrags, bevor die Schrift zur Begründung der Rechtsbeschwerde bei Gericht eingegangen ist:** **Die Gebühr 1213 ermäßigt sich auf**	**0,5**
1215	**Beendigung des gesamten Verfahrens durch Zurücknahme der Rechtsbeschwerde oder des Antrags vor Ablauf des Tages, an dem die Endentscheidung der Geschäftsstelle übermittelt wird, wenn nicht Nummer 1214 erfüllt ist:** **Die Gebühr 1213 ermäßigt sich auf**	**1,0**

KV 1213 entspricht KV 1130. KV 1214 entspricht KV 1131. KV 1215 entspricht KV 1132. Vgl. daher jeweils dort. 1

Unterabschnitt 4. Zulassung der Sprungrechtsbeschwerde gegen die Endentscheidung wegen des Hauptgegenstands

Nr.	Gebührentatbestand	Gebühr oder Satz der Gebühr nach § 28 FamGKG
1216	**Verfahren über die Zulassung der Sprungrechtsbeschwerde:** **Soweit der Antrag abgelehnt wird**	**0,5**

Die Vorschrift enthält trotz der Abhängigkeit vom Verfahrensausgang doch nach dem klaren Wortlaut von KV 1216 nur eine Verfahrensgebühr, keine Entscheidungsgebühr. Das gilt freilich nur für den Fall, dass das Rechtsbeschwerdegericht einen Antrag auf die Zulassung einer Sprungrechtsbeschwerde nach § 75 II FamFG iVm § 566 VI ZPO durch einen Beschluss ablehnt. 1

Teilablehnung macht KV 1213–1215 anwendbar und wirkt sich beim Verfahrenswert nach §§ 33, 55 aus. 2

Abschnitt 2. Verfahren im Übrigen

Vorbemerkung zu KV 1220

Abschnitt 2 steht im Hauptabschnitt 2 „Hauptsacheverfahren in selbständigen Familienstreitsachen". Familien**streit**sachen sind nur die in § 112 Nr. 1–3 FamFG genannten Sachen. Dessen Nr. 1 nennt ua Unterhaltssachen (gerade) nach § 231 I FamFG. Diese Vorschrift erfasst auch den Unterhalt eines Volljährigen. Demgegenüber grenzt Hauptabschnitt 2 Abschnitt 1 auf das vereinfachte Verfahren über den Unterhalt Minderjähriger ein. Abschnitt 2 erfasst also unter anderem alle weiteren Unterhaltssachen und alle nicht unter § 112 Nr. 1–3 FamFG fallenden weiteren Familien**streit**sachen. Die Familiensachen der freiwilligen Gerichtsbarkeit fallen unter den Hauptabschnitt 3 mit KV 1320 ff. 1

Unterabschnitt 1. Erster Rechtszug

Nr.	Gebührentatbestand	Gebühr oder Satz der Gebühr nach § 28 FamGKG
1220	**Verfahren im Allgemeinen** .... **Soweit wegen desselben Verfahrensgegenstands ein Mahnverfahren vorausgegangen ist, entsteht die Gebühr mit dem Eingang der Akten beim Familiengericht, an das der Rechtsstreit nach Erhebung des Widerspruchs oder Einlegung des Einspruchs abgegeben wird; in diesem Fall wird eine Gebühr 1100 des Kostenverzeichnisses zum GKG nach dem Wert des Verfahrensgegenstands angerechnet, der in das Streitverfahren übergegangen ist.**	**3,0**

Die Vorschrift stimmt inhaltlich ganz mit KV 1210 GKG und dessen Anmerkung S. 1 überein, daher → GKG KV 1210 Rn. 1 ff.

Übersicht

1 **I. Systematik.** Im Anwendungsbereich entsteht regelmäßig die Gebühr für das gesamte Verfahren im Allgemeinen. Es entsteht in keiner Instanz eine Entscheidungsgebühr. Hinzu kann evtl. die Vergleichsgebühr KV 1500 treten. Sie entsteht zwar im Verfahren, aber nicht durch das Verfahren. Denn sie entsteht nur insoweit, als der Wert des Vergleichs den Wert des Verfahrensgegenstands überschreitet. Jede dieser Gebühren ist von der anderen unabhängig und kann von einem eigenen Verfahrenswert entstehen.

2 **II. Normzweck.** Die Vorschrift soll die Anrufung des Gerichts durch eine hohe Pauschalgebühr verteuern und dadurch die Verfahrensflut eindämmen. Sie soll außerdem im Interesse der Verfahrenswirtschaftlichkeit die Abrechnung erstinstanzlicher Verfahren vereinfachen (LG Hamburg MDR 1998, 1375 = NJW-RR 1999, 581). Beides muss man bei der Auslegung mitbeachten.

3 **III. Anwendungsbereich.** Zunächst → GKG KV 1210 Rn. 4.

4 **IV. Verfahrensgebühr nach Mahnverfahren (Anm.).** Ein streitiges Verfahren findet nach einem vorausgegangenen Mahnverfahren in den folgenden Fällen statt.

1. Widerspruch. Ein Hauptsacheverfahren beginnt **prozessual,** wenn nach einem Widerspruch gegen einen Mahnbescheid einer der Beteiligten einen Antrag auf die Durchführung eines streitigen Verfahrens nach § 696 I 1 ZPO stellt (OLG Bamberg JurBüro 1998, 653; LG Fulda NJW-RR 1999, 221; LG Koblenz JurBüro 1999, 260; aA OLG Brandenburg NJW-RR 2001, 574, erst bei einer Abgabe an das Streitgericht). Es ist unerheblich, welcher der Beteiligten den Antrag stellt (OLG Düsseldorf NJW-RR 1997, 704). 5

Soweit ein Beteiligter den Antrag bereits zusammen mit dem Mahnantrag vorsorglich gestellt hat, sei es mit oder ohne einen vorsorglichen Verweisungsantrag, beginnt das Hauptsacheverfahren **kostenrechtlich** nach der Anm. Hs. 1 mit dem Eingang der vollständigen **Akten** beim FamG des streitigen Verfahrens, (je zum alten Recht OLG Hamm JurBüro 2002, 89; KG JurBüro 2002, 86; OLG Rostock MDR 2002, 666). Dadurch ist der frühere Streit beendet. Das gilt auch nach einem Einspruch gegen einen Vollstreckungsbescheid. Der Akteneingang beim unzuständigen Gericht reicht aus. Die Zahlung der Gebühr KV 1220 nach einer Anfrage des Gerichts, ob man ein streitiges Verfahren beantrage, reicht daher nicht aus. 6

Das alles gilt nur für die Frage der **Entstehung** der Gebühr KV 1220 und für die **daraus** abgeleitete Frage der **Anrechenbarkeit** der Mahngebühr (jetzt) KV 1100 GKG. Es kommt dabei auf den etwaigen Posteingangsstempel und nur bei dessen Fehlen auf den Eingangsstempel der Geschäftsstelle der Abteilung oder Kammer an. 7

2. Nichtbetreiben. Ein Nichtbetreiben des Verfahrens nach dem Widerspruch, aber vor dem Antrag auf ein streitiges Verfahren genügt zwar an sich nicht (LG Würzburg JurBüro 1998, 147). Nach einem solchen Antrag bleibt aber KV 1220 trotz eines etwaigen Nichtbetreibens anwendbar (Meyer JurBüro 2000, 285; aA LG Bautzen MDR 2001, 1379; AG Hamburg NJW-RR 1999, 1298, Vorlage beim BVerfG. Aber der Antrag löste nun einmal eine weitere Gebühr aus, selbst wenn sich der Antragsteller anschließend zu ihm gegenläufig verhielt, Zimmermann JurBüro 1997, 230). 8

3. Mehrere Widersprüche. Wenn gegen mehrere Mahnbescheide Widersprüche vorliegen und das FamG die Verfahren gleichzeitig verbindet, tritt keine Rückwirkung der Widersprüche auf den Zeitpunkt vor der Verbindung eine. Deshalb bleiben die Einzelverfahrenswerte maßgeblich (OLG Hamm Rpfleger 1983, 177; OLG Oldenburg JurBüro 2003, 322). Wenn ein Verfahren gegen mehrere Widersprechende bei verschiedenen Gerichten anhängig wird, entsteht die Gebühr KV 1220 für jedes Verfahren nach dem jeweiligen Verfahrenswert (OLG Hamm Rpfleger 1983, 177). 9

4. Einspruch. Ein Hauptsacheverfahren beginnt ferner mit einem Einspruch gegen einen Vollstreckungsbescheid (→ Rn. 24). 10

5. Nachverfahren, Anrechnung. Ein Hauptsacheverfahren entsteht schließlich dann, wenn das Gericht einen Urkunden-, Wechsel- oder Scheckmahnbescheid nach § 703a ZPO erlassen hatte und wenn der Antragsgegner nun nur den Antrag stellt, das Nachverfahren nach § 600 ZPO einzuleiten. Das Hauptsacheverfahren beginnt in diesem Fall mit der Ladung des Gegners zum Nachverfahren. 11

Die Gebühr KV 1100 GKG wird nach KV 1220 Anm. Hs. 2 **angerechnet.** 12

V. Verfahrensgebühr: Pauschale. Die Verfahrensgebühr besteuert das „Verfahren im allgemeinen". Sie ist also eine Pauschale nach (KG FamRZ 2012, 1165). Sie entsteht durch jede einzelne durch das Gericht oder dem Gericht gegenüber im Lauf des Verfahrens erfolgte Verfahrenshandlung neu, OLG Schleswig JurBüro 1996, 204. Sie entsteht auch durch irgendeine nach der Aufhebung der Bewilligung einer Verfahrenskostenhilfe nach §§ 144 ff. ZPO iVm §§ 76 ff. FamFG erfolgte Verfahrenshandlung. Sie entsteht aber insgesamt nur einmal. 13

Sie entsteht im Übrigen dann nicht, wenn der Antragsteller den Antrag nach der Aufhebung der Bewilligung der Verfahrenskostenhilfe nach § 124 ZPO sofort **zurücknimmt** oder nach einer Versagung der Verfahrenskostenhilfe einen bedingten Antrag nicht weiterbetreibt (OLG Koblenz FamRZ 1998, 312, jetzt KV 1221). Denn diese Rücknahme ist keine solche Verfahrenshandlung, die sich gerade auf den Fortgang des Verfahrens richtet. 14

15 Eine **Entscheidungsgebühr** entsteht **nicht,** auch nicht als trennbarer Bestandteil der Pauschale. Die Verfahrensgebühr gilt nach § 29 sämtliche Gerichtshandlungen ab, für die das Gesetz keine besonderen Gebühren vorsieht. Sie gilt insbesondere einen Vergleich ab (die Vergleichsgebühr nach KV 1500 betrifft nur den nicht im Verfahren befangenen Teil. Vgl. freilich die Ermäßigung KV 1221 Nr. 3).

16 **VI. Entstehung, Fälligkeit.** Die Verfahrensgebühr entsteht und wird fällig, soweit eine der folgenden Voraussetzungen vorliegt.

17 **1. Einleitender Antrag, Klagantrag.** Die Verfahrensgebühr entsteht mit der Einreichung des unbedingten verfahrenseinleitenden Antrags oder Klagantrags beim Gericht nach (jetzt) § 9 I (OLG München MDR 1996, 1075; OLG Schleswig AnwBl 1997, 288). Es kommt also nicht darauf an, ob der Antragstellervertreter anschließend darum bittet, die Sache vorerst liegen zu lassen (OLG Koblenz MDR 1995, 1269, oder ob das Gericht den Antrag dem Gegner zustellen lässt, (KG JurBüro 1998, 429; OLG München MDR 1996, 1075; OLG Schleswig AnwBl 1997, 288, „Erledigung" vor Rechtshängigkeit). Nach einem Widerspruch nach § 694 ZPO wird die weitere Gebühr nach der Anm. Hs. 1 mit der Anhängigkeit beim Gericht des streitigen Verfahrens fällig (jetzt LG Memmingen JurBüro 1997, 434).

18 **Verfahrenskostenhilfe** kann eine zulässige Bedingung des Antrags sein. Dann tritt eine Fälligkeit erst mit der Bewilligung oder dann ein, wenn der Antragsteller aus welchem Grund auch immer erklärt, er wünsche jetzt den Antrag unabhängig vom Verfahrenskostenhilfeverfahren einzureichen, oder wenn er nun den Vorschuss mit oder ohne eine Rücknahme des Verfahrenskostenhilfegesuchs zahlt. Die Anforderung einer Kostenrechnung oder einer Wertfestsetzung hat dieselbe Folge (vgl. dazu OLG München MDR 1997, 890).

19 **2. Antragserweiterung.** Die Verfahrensgebühr entsteht ferner, soweit der Antragsteller den Antrag durch einen mündlichen Vortrag oder durch die Einreichung eines Schriftsatzes erweitert. Die zur Erhebung notwendige Zustellung ist nach § 9 ebenso wie diejenige des ersten Antrags entbehrlich.

20 **3. Gegenantrag.** Die Verfahrensgebühr entsteht nicht zweimal, sondern nur einmal dann, wenn der Antragsgegner einen Gegenantrag einreicht. Das gilt selbst dann, wenn das Gericht den Antrag und einen Gegenantrag zunächst getrennt behandelt hat und in beiden Verfahren das persönliche Erscheinen der Beteiligten angeordnet hat, sofern es hier im weiteren Verfahrensverlauf zur gemeinsamen Verhandlung kommt (KG Rpfleger 1978, 270).

21 Auch ein **Hilfsgegenantrag** lässt die Verfahrensgebühr entstehen. Jedoch kann die Verfahrensgebühr später rückwirkend entfallen, sofern das Gericht über den Hilfsgegenantrag nicht zu entscheiden braucht.

22 **4. Verfahren von Amts wegen.** Natürlich entsteht die Verfahrensgebühr auch bei einer Verfahrenseinleitung von Amts wegen.

23 **5. Rechtsmittelschrift.** Eine Verfahrensgebühr entsteht ferner mit der Einreichung einer Rechtsmittelschrift oder Anschließungsschrift nach KV 1222, 1225. Auch dann reicht die bloße Einreichung aus.

24 **6. Antrag auf streitiges Verfahren; Einspruch.** Die Verfahrensgebühr entsteht schließlich dann, wenn im Anschluss an ein Mahnverfahren einer der Beteiligten den Antrag auf die Durchführung des streitigen Verfahrens nach § 696 I 1 ZPO, § 76 FamFG stellt (→ Rn. 5) oder wenn der Antragsgegner gegen einen Vollstreckungsbescheid nach §§ 699, 700 ZPO, § 76 FamFG Einspruch einlegt und die Akten daraufhin beim Gericht des streitigen Verfahrens eingehen (Anm. Hs. 1). Hatte der Antragsteller seinen Antrag auf die Durchführung des streitigen Verfahrens wie meist bereits mit dem Mahnantrag verbunden, tritt die Fälligkeit ebenfalls erst im vorgenannten Zeitpunkt ein. Eine nachträgliche Rücknahme des Antrags auf die Durchführung des streitigen Verfahrens lässt die Gebühr KV 1220 unverändert bestehen bleiben.

25 **7. Unabhängigkeit vom Antragsschicksal.** Es ist kostenrechtlich belanglos, ob der Antragsteller seinen Antrag prozessual zulässig oder ordnungsmäßig erhoben hat (BFH BB 1985, 985). Soweit eine Verfahrensgebühr entstanden ist, bleibt das spätere

Schicksal des Verfahrens usw unerheblich (OLG München JurBüro 1978, 1853; LG Hamburg KTS 1975, 45).

26 Ausnahmsweise ermäßigt sich der Gebührenanspruch nach KV 1221 usw, sofern eine **Antragsrücknahme usw** oder eine Rechtsmittelrücknahme usw vorliegen.

27 **VII. Kostenschuldner usw.** Nach § 21 haftet derjenige für die Kosten, der das Verfahren der Instanz beantragt hat. Mit dem streitigen Verfahren beginnt gegenüber dem Mahnverfahren eine neue kostenrechtliche Instanz (OLG Düsseldorf JurBüro 1992, 102; OLG Hamburg MDR 1984, 413; OLG Köln Rpfleger 1983, 460).

28 Hat der Antrags**gegner** des Mahnverfahrens das streitige Verfahren beantragt, ist er auch der Kostenschuldner (OLG Düsseldorf NJW-RR 1997, 704; OLG Hamburg MDR 1983, 413; LG Osnabrück JurBüro 2003, 371).

29 Bei einem Einspruch gegen einen **Vollstreckungsbescheid** ist kein Antrag auf die Durchführung des streitigen Verfahrens nach § 700 III ZPO notwendig (OLG Düsseldorf JurBüro 1992, 102; OLG Köln Rpfleger 1983, 460; N. Schneider JurBüro 2003, 4). Daher beginnt das Hauptsacheverfahren kostenmäßig nach der Anm. Hs. 1 dann bereits mit dem Eingang der Akten bei demjenigen FamG, das das Mahngericht im Mahnbescheid nach § 692 I Nr. 1 ZPO bezeichnet hatte. Antragschuldner ist dann nur derjenige, der den Vollstreckungsbescheid beantragt hat.

30 **VIII. Verfahrenswert.** Man muss zwei Situationen unterscheiden.

31 **1. Nach Mahnverfahren.** Verfahrenswert ist für die Streitinstanz derjenige Wert, der in diese Instanz gelangt (OLG Frankfurt a. M. NJW-RR 1992, 1342; OLG Hamburg MDR 2001, 294; OLG München AnwBl 2001, 127). Wenn das Gericht also einen Mahnbescheid über 1000 EUR erlassen hat und wenn nun ein Beteiligter ein streitiges Verfahren wegen des Gesamtbetrags beantragt, ist dieser Betrag von 1000 EUR maßgebend, selbst wenn es später zB zu einer Teilerledigung usw kommt (LG Hagen MDR 1997, 790).

32 Wenn ein Beteiligter ein streitiges Verfahren aber nur wegen eines **Teilbetrags** beantragt hat, beträgt der Verfahrenswert für dieses streitige Verfahren nur diesen Teilbetrag (OLG Frankfurt NJW-RR 1992, 1342; OLG München MDR 1999, 508 = NJW-RR 1999, 944, OLG Stuttgart MDR 1999, 634). Man muss dann auf die nach KV 1220 nach diesem bloßen Teilbetrag errechnete 3,0-Gebühr die nach KV 1100 nach demselben Teilbetrag entstehende Gebühr anrechnen. Das ergibt sich aus der Anm. Hs. 2. Stets bleibt aber die Mindestgebühr von 23 EUR nach KV 1100 (Vorrang vor § 28 II) auch bei der Berechnung des nach KV 1220 Anm. Hs. 2 anrechenbaren Betrags bestehen.

33 Wenn das Gericht nach der Abgabe oder nach einer Verweisung einen **Termin** anberaumt, ist für den Verfahrenswert derjenige Betrag maßgebend, der in das streitige Verfahren gekommen ist. Sofern der Schuldner inzwischen Abzahlungen geleistet hat, ist derjenige Betrag maßgeblich, den der Gläubiger noch am Tag des Akteneingangs bei demjenigen FamG verlangt hat, an das das Mahngericht die Sache abgegeben oder verwiesen hat. Denn nur in dieser Höhe ist die Sache nach § 697 I 4 ZPO in Wahrheit in das streitige Verfahren gelangt.

34 **2. Bei Antrag, Klage usw.** Der Verfahrenswert berechnet sich nach demjenigen des Antrags. Bei seiner Erweiterung erhöht sich die Gebühr entsprechend. Denn sie entsteht als eine Verfahrensgebühr nach dem neuen Verfahrenswert. Man muss also den alten und den neuen Verfahrenswert vergleichen. Das gilt auch insofern, als das FamG einen Antrag auf die Gewährung einer Verfahrenskostenhilfe für die Erweiterung abgelehnt hat, sofern es die Verfahrenskostenhilfe für den ursprünglichen Anspruch bewilligt hatte. Denn man würde andernfalls den Antragsteller durch die Ablehnung des Antrags im Umfang der Erweiterung mittelbar mit Kosten belasten. Bei einer Verbindung muss man nach § 113 I 2 FamFG iVm § 5 ZPO bis zur Grenze (jetzt) des § 30 II addieren (Meyer JurBüro 1999, 240).

35 **3. Keine nachträgliche Verminderung.** Die Verfahrensgebühr kann sich nicht nachträglich vermindern. Daraus folgt: Bei der Erledigung eines Teils des Anspruchs und der anschließenden Wiedererhöhung des Anspruchs durch einen neuen Anspruch muss man diesen neuen dem Verfahrenswert hinzurechnen, sofern keine Rücknahme vorliegt (OLG München MDR 1997, 688).

36 **Beispiel:** Die Forderung beträgt 5.000 EUR. Nach einer Verhandlung zur Sache erledigt sich die Hauptsache in Höhe von 2.000 EUR. Anschließend erweitert der Antragsteller die Forderung um 2000 EUR auf Grund eines anderen Sachverhalts. Der Wert beträgt jetzt 7.000 EUR.

37 **4. Wertänderung.** Eine Wertänderung ist beachtlich, § 34. Das gilt zB bei einer Verfahrensverbindung. In der höheren Instanz berechnet sich der Wert nach § 40 I 1 nach den Anträgen des Rechtsmittelführers, andernfalls nach § 40 I 2, stets begrenzt gemäß § 40 II. Die Verfahrensgebühr erhöht sich dann nicht, wenn ein Vergleich den Verfahrensgegenstand überschreitet. Denn der überschießende Teil gehört ja nach KV 1500 nicht zum streitigen Verfahren. Eine Verfahrensverbindung lässt die bereits entstandenen Verfahrensgebühren unberührt.

Nr.	Gebührentatbestand	Gebühr oder Satz der Gebühr nach § 28 FamGKG
1221	**Beendigung des gesamten Verfahrens durch** **1. Zurücknahme des Antrags** **a) vor dem Schluss der mündlichen Verhandlung,** **b) in den Fällen des § 128 Abs. 2 ZPO vor dem Zeitpunkt, der dem Schluss der mündlichen Verhandlung entspricht,** **c) im Fall des § 331 Abs. 3 ZPO vor Ablauf des Tages, an dem die Endentscheidung der Geschäftsstelle übermittelt wird,** **wenn keine Entscheidung nach § 269 Abs. 3 Satz 3 ZPO über die Kosten ergeht oder die Entscheidung einer zuvor mitgeteilten Einigung über die Kostentragung oder einer Kostenübernahmeerklärung folgt,** **2. Anerkenntnis- oder Verzichtsentscheidung oder Endentscheidung, die nach § 38 Abs. 4 Nr. 2 oder 3 FamFG keine Begründung enthält oder nur deshalb eine Begründung enthält, weil zu erwarten ist, dass der Beschluss im Ausland geltend gemacht wird (§ 38 Abs. 5 Nr. 4 FamFG),** **3. gerichtlichen Vergleich oder** **4. Erledigung in der Hauptsache, wenn keine Entscheidung über die Kosten ergeht oder die Entscheidung einer zuvor mitgeteilten Einigung über die Kostentragung oder einer Kostenübernahmeerklärung folgt,** **es sei denn, dass bereits eine andere Endentscheidung als eine der in Nummer 2 genannten Entscheidungen vorausgegangen ist:** **Die Gebühr 1220 ermäßigt sich auf ....** **I Die Zurücknahme des Antrags auf Durchführung des streitigen Verfahrens (§ 696 Abs. 1 ZPO), des Widerspruchs gegen den Mahnbescheid oder des Einspruchs gegen den Vollstreckungsbescheid stehen der Zurücknahme des Antrags (Nummer 1) gleich.** **II Die Vervollständigung einer ohne Begründung hergestellten Endentscheidung (§ 38 Abs. 6 FamFG) steht der Ermäßigung nicht entgegen.**	**1,0**

Nr.	Gebührentatbestand	Gebühr oder Satz der Gebühr nach § 28 FamGKG
	III Die Gebühr ermäßigt sich auch, wenn mehrere Ermäßigungstatbestände erfüllt sind.	

Die Vorschrift stimmt mit KV 1211 GKG weitgehend überein, daher → GKG KV 1211 Rn. 1 ff. Werden dem Antragsteller in einer **Unterhaltssache** wegen Antragsrücknahme die Kosten des Verfahrens gem. § 243 FamFG auferlegt, unterscheidet sich dies inhaltlich nicht von einer Kostenentscheidung nach § 269 II 2 ZPO, weshalb dem Antragsteller die Gebührenermäßigung zu gewähren ist (OLG Bamberg FamRZ 2021, 54). 1

Unterabschnitt 2. Beschwerde gegen die Endentscheidung wegen des Hauptgegenstands

Nr.	Gebührentatbestand	Gebühr oder Satz der Gebühr nach § 28 FamGKG
1222	**Verfahren im Allgemeinen**	**4,0**

I. Anwendungsbereich. Die dem KV 1220 GKG vergleichbare Vorschrift gilt im Bereich → Vor KV 1220 Rn. 1. 1

II. Verfahrenswert. Es gilt § 40. 2

Nr.	Gebührentatbestand	Gebühr oder Satz der Gebühr nach § 28 FamGKG
1223	**Beendigung des gesamten Verfahrens durch Zurücknahme der Beschwerde oder des Antrags, bevor die Schrift zur Begründung der Beschwerde bei Gericht eingegangen ist:** **Die Gebühr 1222 ermäßigt sich auf** .... **Die Erledigung in der Hauptsache steht der Zurücknahme gleich, wenn keine Entscheidung über die Kosten ergeht oder die Entscheidung einer zuvor mitgeteilten Einigung über die Kostentragung oder einer Kostenübernahmeerklärung folgt.**	**1,0**

Die Vorschrift stimmt fast wörtlich mit KV 1221 GKG überein, daher → GKG KV 1221 Rn. 1 ff. 1

Nr.	Gebührentatbestand	Gebühr oder Satz der Gebühr nach § 28 FamGKG
1224	**Beendigung des gesamten Verfahrens, wenn nicht Nummer 1223 erfüllt ist, durch** **1. Zurücknahme der Beschwerde oder des Antrags** **a) vor dem Schluss der mündlichen Verhandlung oder,** **b) falls eine mündliche Verhandlung nicht stattfindet, vor Ablauf des Tages, an**	

Nr.	Gebührentatbestand	Gebühr oder Satz der Gebühr nach § 28 FamGKG
	dem die Endentscheidung der Geschäftsstelle übermittelt wird, 2. Anerkenntnis- oder Verzichtsentscheidung, 3. gerichtlichen Vergleich oder 4. Erledigung in der Hauptsache, wenn keine Entscheidung über die Kosten ergeht oder die Entscheidung einer zuvor mitgeteilten Einigung über die Kostentragung oder einer Kostenübernahmeerklärung folgt, es sei denn, dass bereits eine andere Endentscheidung als eine der in Nummer 2 genannten Entscheidungen vorausgegangen ist: Die Gebühr 1222 ermäßigt sich auf	2,0
	Die Gebühr ermäßigt sich auch, wenn mehrere Ermäßigungstatbestände erfüllt sind.	

1 Die Vorschrift stimmt weitgehend mit KV 1222 GKG überein, daher → GKG KV 1222 Rn. 1 ff.

Unterabschnitt 3. Rechtsbeschwerde gegen die Endentscheidung wegen des Hauptgegenstands

Nr.	Gebührentatbestand	Gebühr oder Satz der Gebühr nach § 28 FamGKG
1225	Verfahren im Allgemeinen	5,0

1 **I. Anwendungsbereich.** Die dem KV 1820 GKG. bedingt ähnelnde Vorschrift gilt im Bereich → KV Vor 1220 Rn. 1.

2 **II. Verfahrenswert.** Es gilt § 40.

Nr.	Gebührentatbestand	Gebühr oder Satz der Gebühr nach § 28 FamGKG
1226	Beendigung des gesamten Verfahrens durch Zurücknahme der Rechtsbeschwerde oder des Antrags, bevor die Schrift zur Begründung der Rechtsbeschwerde bei Gericht eingegangen ist: Die Gebühr 1225 ermäßigt sich auf	1,0
	Die Erledigung in der Hauptsache steht der Zurücknahme gleich, wenn keine Entscheidung über die Kosten ergeht oder die Entscheidung einer zuvor mitgeteilten Einigung über die Kostentragung oder einer Kostenübernahmeerklärung folgt.	
1227	Beendigung des gesamten Verfahrens durch Zurücknahme der Rechtsbeschwerde oder des Antrags vor Ablauf des Tages, an dem die Endentscheidung der Geschäftsstelle über-	

Nr.	Gebührentatbestand	Gebühr oder Satz der Gebühr nach § 28 FamGKG
	mittelt wird, wenn nicht Nummer 1226 erfüllt ist: **Die Gebühr 1225 ermäßigt sich auf ....**	**3,0**

I. Anwendungsbereich. KV 1226 stimmt im Haupttext und in der Anm. fast wörtlich mit KV 1221 GKG und der dortigen Anm. überein, daher dort → GKG KV 1221 Rn. 1 ff. KV 1227 bezieht sich nur auf KV 1225. 1

II. Übermittlung (KV 1227). Maßgeblich ist der Eingang der vom Gericht vollständig gefertigten und unterschriebenen Entscheidung in der zuständigen Geschäftsstelle gleich auf welchem Weg. Eine Rückforderung der Akte durch das Gericht ist von diesem Zeitpunkt an allenfalls wegen einer von Amts wegen geplanten Berichtigung gleich welcher Art für die Entstehung der Entscheidung erheblich. Es kommt nicht auf die Uhrzeit an, wohl aber auf das Datum. Ein Datumsvermerk der Geschäftsstelle ist deshalb ratsam. 2

Unterabschnitt 4. Zulassung der Sprungrechtsbeschwerde gegen die Endentscheidung wegen des Hauptgegenstands

Nr.	Gebührentatbestand	Gebühr oder Satz der Gebühr nach § 28 FamGKG
1228	**Verfahren über die Zulassung der Sprungrechtsbeschwerde:** **Soweit der Antrag abgelehnt wird ....**	**1,5**
1229	**Verfahren über die Zulassung der Sprungrechtsbeschwerde:** **Soweit der Antrag zurückgenommen oder das Verfahren durch anderweitige Erledigung beendet wird ....** **Die Gebühr entsteht nicht, soweit die Sprungrechtsbeschwerde zugelassen wird.**	**1,0**

Es stimmen wörtlich überein: KV 1228 mit KV 1240 GKG; KV 1229 einschließlich der Anm. mit KV 1241 einschließlich der dortigen Anm. Vgl. daher jeweils dort. Es gibt lediglich jetzt keine dem KV 1242, 1243 GKG entsprechenden Regelungen. Denn das FamFG kennt kein Nichtzulassungsbeschwerdeverfahren. 1

Hauptabschnitt 3. Hauptsacheverfahren in selbständigen Familiensachen der freiwilligen Gerichtsbarkeit

Abschnitt 1. Kindschaftssachen

Vorbemerkung zu KV 1310

Abschnitt 1 steht im Hauptabschnitt 3 „Hauptsacheverfahren in selbständigen Familiensachen der freiwilligen Gerichtsbarkeit" Familiensachen dieser Art sind nur die in § 111 Nr. 1–11 FamFG genannten Sachen. Dazu gehören also nicht die in § 112 Nr. 1–3 FamFG genannten und gebührenmäßig in KV 1220 ff. geregelten Familien**streit**sachen. Unter den Familiensachen behandelt Abschnitt 1 jedoch nur die in § 111 Nr. 2 genannten Kindschaftssachen. Die übrigen Familiensachen der freiwilligen Gerichtsbarkeit fallen gebührenmäßig unter den Abschnitt 2 mit KV 1320 ff. 1

Vorbemerkung 1.3.1:

I Keine Gebühren werden erhoben für
1. die Pflegschaft für ein bereits gezeugtes Kind,
2. Kindschaftssachen nach § 151 Nr. 6 und 7 FamFG und
3. ein Verfahren, das Aufgaben nach dem Jugendgerichtsgesetz betrifft.

II Von dem Minderjährigen werden Gebühren nach diesem Abschnitt nur erhoben, wenn zum Zeitpunkt der Fälligkeit der jeweiligen Gebühr sein Vermögen nach Abzug der Verbindlichkeiten mehr als 25 000 € beträgt; der in § 90 Abs. 2 Nr. 8 des Zwölften Buches Sozialgesetzbuch genannte Vermögenswert wird nicht mitgerechnet.

1 I Nr. 2 gilt bei § 1631b BGB (OLG Hamm NJW 2012, 790).

Unterabschnitt 1. Verfahren vor dem Familiengericht

Nr.	Gebührentatbestand	Gebühr oder Satz der Gebühr nach § 28 FamGKG
1310	**Verfahren im Allgemeinen ....** **I Die Gebühr entsteht nicht für Verfahren,** **1. die in den Rahmen einer Vormundschaft oder Pflegschaft fallen,** **2. für die die Gebühr 1313 entsteht oder** **3. die mit der Anordnung einer Pflegschaft enden.** **II Für die Umgangspflegschaft werden neben der Gebühr für das Verfahren, in dem diese angeordnet wird, keine besonderen Gebühren erhoben.**	**0,5**

1 Die Vorschrift entspricht bis auf die Ausnahmetatbestände grundsätzlich KV 1220, daher → KV 1220 Rn. 1 ff. Der Verfahrensausgang ist unbeachtlich (KG FamRZ 2012, 239). Die Anm. I, II grenzt die Gebührenpflicht ein. Wählt das Gericht bei einem Entzug der elterlichen Sorge Vormund oder Pfleger in demselben Verfahren aus und werden damit in dem einheitlich geführten gerichtlichen Verfahren eigentlich zwei Gebührentatbestände verwirklicht, erhöhen sich die Gerichtsgebühren in analoger Anwendung der Nr. 1310 Abs. 1 Nr. 3 KV FamGKG nicht (OLG Frankfurt FamRZ 2021, 136).

Nr.	Gebührentatbestand	Gebühr oder Satz der Gebühr nach § 28 FamGKG
1311	**Jahresgebühr für jedes angefangene Kalenderjahr bei einer Vormundschaft oder Dauerpflegschaft, wenn nicht Nummer 1312 anzuwenden ist ....** **I 1 Für die Gebühr wird das Vermögen des von der Maßnahme betroffenen Minderjährigen nur berücksichtigt, soweit es nach Abzug der Verbindlichkeiten mehr als 25.000 € beträgt; der in § 90 Abs. 2 Nr. 8 des Zwölften Buches Sozialgesetzbuch genannte Vermögenswert wird nicht mitgerechnet. 2 Ist Gegenstand der Maßnahme ein Teil des Vermögens, ist höchstens dieser Teil des Vermögens zu berücksichtigen.** **II Für das bei Anordnung der Maßnahme oder bei der ersten Tätigkeit des Familiengerichts**	**5,00 € je angefangene 5.000,00 des zu berücksichtigenden Vermögens – mindestens 50,00 €**

Nr.	Gebührentatbestand	Gebühr oder Satz der Gebühr nach § 28 FamGKG
	nach Eintritt der Vormundschaft laufende und das folgende Kalenderjahr wird nur eine Jahresgebühr erhoben. **III Erstreckt sich eine Maßnahme auf mehrere Minderjährige, wird die Gebühr für jeden Minderjährigen besonders erhoben. IV Geht eine Pflegschaft in eine Vormundschaft über, handelt es sich um ein einheitliches Verfahren.** **V Dauert die Vormundschaft oder Dauerpflegschaft nicht länger als drei Monate, beträgt die Gebühr abweichend von dem in der Gebührenspalte bestimmten Mindestbetrag 100,00 €.**	
1312	**Jahresgebühr für jedes angefangene Kalenderjahr bei einer Dauerpflegschaft, die nicht unmittelbar das Vermögen oder Teile des Vermögens zum Gegenstand hat.** **Dauert die Dauerpflegschaft nicht länger als drei Monate, beträgt die Gebühr abweichend von dem in der Gebührenspalte bestimmten Mindestbetrag 100,00 €.**	**200,00 € – höchstens eine Gebühr 1311**

Die Vorschriften stimmen inhaltlich weitgehend mit KV 11100 ff. GNotKG, überein. Dabei entspricht KV 1312 der KV 11104 GNotKG, daher → GNotKG KV 11100 Rn. 1 ff.; → GNotKG KV 11101–11105 Rn. 1 ff. 1

Nr.	Gebührentatbestand	Gebühr oder Satz der Gebühr nach § 28 FamGKG
1313	**Verfahren im Allgemeinen bei einer Pflegschaft für einzelne Rechtshandlungen ....** **I 1 Bei einer Pflegschaft für mehrere Minderjährige wird die Gebühr nur einmal aus dem zusammengerechneten Wert erhoben. 2 Minderjährige, von denen nach Vorbemerkung 1.3.1 Abs. 2 keine Gebühr zu erheben ist, sind nicht zu berücksichtigen. 3 Höchstgebühr ist die Summe der für alle zu berücksichtigenden Minderjährigen jeweils maßgebenden Gebühr 1311. 4 Absatz 5 der Anmerkung zu Nummer 1311 ist nicht anzuwenden.** **II Als Höchstgebühr ist die Gebühr 1311 in der Höhe zugrunde zu legen, in der sie bei einer Vormundschaft entstehen würde. Absatz 5 der Anmerkung zu Nummer 1311 ist nicht anzuwenden.** **III Die Gebühr wird nicht erhoben, wenn für den Minderjährigen eine Vormundschaft oder eine Dauerpflegschaft, die sich auf denselben Gegenstand bezieht, besteht.**	**0,5 – höchstens eine Gebühr 1311**

Die Vorschrift stimmt inhaltlich weitgehend mit KV 11105 GNotKG, überein, daher → GNotKG KV 11101 ff. Rn. 7 ff. 1

Unterabschnitt 2. Beschwerde gegen die Endentscheidung wegen des Hauptgegenstands

Nr.	Gebührentatbestand	Gebühr oder Satz der Gebühr nach § 28 FamGKG
1314	Verfahren im Allgemeinen	1,0

1 **I. Anwendungsbereich.** Die Vorschrift ist mit KV 1220 GKG und KV 1222 vergleichbar; siehe deshalb jeweils dort.

2 **II. Verfahrenswert.** Es gilt § 40.

Nr.	Gebührentatbestand	Gebühr oder Satz der Gebühr nach § 28 FamGKG
1315	Beendigung des gesamten Verfahrens ohne Endentscheidung: Die Gebühr 1314 ermäßigt sich auf .... I Wenn die Entscheidung nicht durch Verlesen der Entscheidungsformel bekannt gegeben worden ist, ermäßigt sich die Gebühr auch im Fall der Zurücknahme der Beschwerde vor Ablauf des Tages, an dem die Endentscheidung der Geschäftsstelle übermittelt wird. II Eine Entscheidung über die Kosten steht der Ermäßigung nicht entgegen, wenn die Entscheidung einer zuvor mitgeteilten Einigung über die Kostentragung oder einer Kostenübernahmeerklärung folgt. III Die Billigung eines gerichtlichen Vergleichs (§ 156 Abs. 2 FamFG) steht der Ermäßigung nicht entgegen.	0,5

1 Die Vorschrift entspricht wörtlich KV 1212. Daher → KV 1212 Rn. 1.

Unterabschnitt 3. Rechtsbeschwerde gegen die Endentscheidung wegen des Hauptgegenstands

Nr.	Gebührentatbestand	Gebühr oder Satz der Gebühr nach § 28 FamGKG
1316	Verfahren im Allgemeinen	1,5
1317	Beendigung des gesamten Verfahrens durch Zurücknahme der Rechtsbeschwerde oder des Antrags, bevor die Schrift zur Begründung der Beschwerde bei Gericht eingegangen ist: Die Gebühr 1316 ermäßigt sich auf	0,5
1318	Beendigung des gesamten Verfahrens durch Zurücknahme der Rechtsbeschwerde oder des Antrags vor Ablauf des Tages, an dem die Endentscheidung der Geschäftsstelle übermittelt wird, wenn nicht Nummer 1317 erfüllt ist: Die Gebühr 1316 ermäßigt sich auf	1,0

Es entsprechen: KV 1316 dem KV 1130; KV 1317 dem KV 1131; KV 1318 dem KV 1132 Haupttext, daher jeweils → KV 1130, 1131 Rn. 1; → KV 1132 Rn. 1. 1

Unterabschnitt 4. Zulassung der Sprungrechtsbeschwerde gegen die Endentscheidung wegen des Hauptgegenstands

Nr.	Gebührentatbestand	Gebühr oder Satz der Gebühr nach § 28 FamGKG
1319	**Verfahren über die Zulassung der Sprungrechtsbeschwerde:** **Soweit der Antrag abgelehnt wird ....**	**0,5**

Die Vorschrift entspricht KV 1228, daher → KV 1228, 1229 Rn. 1. 1

Abschnitt 2. Übrige Familiensachen der freiwilligen Gerichtsbarkeit

Vorbemerkung 1.3.2:

I Dieser Abschnitt gilt für
1. Abstammungssachen,
2. Adoptionssachen, die einen Volljährigen betreffen,
3. Ehewohnungs- und Haushaltssachen,
4. Gewaltschutzsachen,
5. Versorgungsausgleichssachen sowie
6. Unterhaltssachen, Güterrechtssachen und sonstige Familiensachen (§ 111 Nr. 10 FamFG), die nicht Familienstreitsachen sind.

II In Adoptionssachen werden für Verfahren auf Ersetzung der Einwilligung zur Annahme als Kind neben den Gebühren für das Verfahren über die Annahme als Kind keine Gebühren erhoben.

III Für Verfahren über Bescheinigungen nach Abschnitt 3 Unterabschnitt 2 EUGewSchVG bestimmen sich die Gebühren nach Teil 1 Hauptabschnitt 7.

Unterabschnitt 1. Erster Rechtszug

Nr.	Gebührentatbestand	Gebühr oder Satz der Gebühr nach § 28 FamGKG
1320	**Verfahren im Allgemeinen ....**	**2,0**

I. Anwendungsbereich. Ihn bezeichnet die Vorb. 1.3.2 I abschließend: Abstammung, §§ 169 ff. FamFG; Adoption eines Volljährigen, §§ 186 ff. FamFG; Ehewohnungs- und Haushaltssachen, §§ 200 ff. FamFG; Gewaltschutz, §§ 210 ff. FamFG; Versorgungsausgleich, §§ 217 ff. FamFG; Unterhalt, Güterrecht usw. KV 1320 entspricht im übrigen KV 1220, daher dort → KV 1220 Rn. 1 ff. 1

II. Ermäßigung. Vgl. KV 1321. 2

Nr.	Gebührentatbestand	Gebühr oder Satz der Gebühr nach § 28 FamGKG
1321	**Beendigung des gesamten Verfahrens** **1. ohne Endentscheidung,** **2. durch Zurücknahme des Antrags vor Ablauf des Tages, an dem die Endentscheidung der Geschäftsstelle übermittelt wird, wenn die Entscheidung nicht bereits durch**	

Nr.	Gebührentatbestand	Gebühr oder Satz der Gebühr nach § 28 FamGKG
	Verlesen der Entscheidungsformel bekannt gegeben worden ist, oder **3. wenn die Endentscheidung keine Begründung enthält oder nur deshalb eine Begründung enthält, weil zu erwarten ist, dass der Beschluss im Ausland geltend gemacht wird (§ 38 Abs. 5 Nr. 4 FamFG):** **Die Gebühr 1320 ermäßigt sich auf ....**	**0,5**
	I Die Vervollständigung einer ohne Begründung hergestellten Endentscheidung (§ 38 Abs. 6 FamFG) steht der Ermäßigung nicht entgegen. **II Die Gebühr ermäßigt sich auch, wenn mehrere Ermäßigungstatbestände erfüllt sind.**	

1 Vgl. zunächst die Vorb. 1.3.2. Die Vorschrift stimmt in Nr. 1 mit KV 1212 bis auf die Gebührenhöhe überein, daher → KV 1212 Rn. 1. Nr. 2 entspricht bis auf die Gebührenhöhe einer Kombination von KV 1214 (zu KV 1321 Hs. 1) und KV 1212 Anm. I (zu KV 1321 Hs. 2). Nr. 3 entspricht weitgehend KV 1221 Nr. 2. Die Anm. I, II entspricht wörtlich KV 1221 Anm. II, III. Vgl. jeweils dort.

Unterabschnitt 2. Beschwerde gegen die Endentscheidung wegen des Hauptgegenstands

Nr.	Gebührentatbestand	Gebühr oder Satz der Gebühr nach § 28 FamGKG
1322	**Verfahren im Allgemeinen ....**	**3,0**
1323	**Beendigung des gesamten Verfahrens durch Zurücknahme der Beschwerde oder des Antrags, bevor die Schrift zur Begründung der Beschwerde bei Gericht eingegangen ist:** **Die Gebühr 1322 ermäßigt sich auf ....**	**0,5**
1324	**Beendigung des gesamten Verfahrens ohne Endentscheidung, wenn nicht Nummer 1323 erfüllt ist:** **Die Gebühr 1322 ermäßigt sich auf ....**	**1,0**
	I Wenn die Entscheidung nicht durch Verlesen der Entscheidungsformel bekannt gegeben worden ist, ermäßigt sich die Gebühr auch im Fall der Zurücknahme der Beschwerde vor Ablauf des Tages, an dem die Endentscheidung der Geschäftsstelle übermittelt wird. **II Eine Entscheidung über die Kosten steht der Ermäßigung nicht entgegen, wenn die Entscheidung einer zuvor mitgeteilten Einigung über die Kostentragung oder einer Kostenübernahmeerklärung folgt.**	

1 Es entsprechen: KV 1322 dem KV 1222; KV 1323 dem KV 1223; KV 1324 dem KV 1224, daher jeweils → KV 1222 Rn. 1 f.; → KV 1223 Rn. 1; → KV 1224 Rn. 1. Es muss allerdings eine Kostenübernahmeerklärung hinzukommen (OLG Celle JurBüro 2012, 377).

Unterabschnitt 3. Rechtsbeschwerde gegen die Endentscheidung wegen des Hauptgegenstands

Nr.	Gebührentatbestand	Gebühr oder Satz der Gebühr nach § 28 FamGKG
1325	**Verfahren im Allgemeinen**	**4,0**
1326	**Beendigung des gesamten Verfahrens durch Zurücknahme der Rechtsbeschwerde oder des Antrags, bevor die Schrift zur Begründung der Rechtsbeschwerde bei Gericht eingegangen ist:** **Die Gebühr 1325 ermäßigt sich auf**	**1,0**
1327	**Beendigung des gesamten Verfahrens durch Zurücknahme der Rechtsbeschwerde oder des Antrags vor Ablauf des Tages, an dem die Endentscheidung der Geschäftsstelle übermittelt wird, wenn nicht Nummer 1326 erfüllt ist:** **Die Gebühr 1325 ermäßigt sich auf**	**2,0**

Es entsprechen: KV 1325 dem KV 1225; KV 1326 dem KV 1226; KV 1327 dem KV 1227, daher → KV 1225 Rn. 1 f.; → KV 1226, 1227 Rn. 1 f. 1

Unterabschnitt 4. Zulassung der Sprungrechtsbeschwerde gegen die Endentscheidung wegen des Hauptgegenstands

Nr.	Gebührentatbestand	Gebühr oder Satz der Gebühr nach § 28 FamGKG
1328	**Verfahren über die Zulassung der Sprungrechtsbeschwerde:** **Soweit der Antrag abgelehnt wird**	**1,0**

Die Vorschrift entspricht KV 1228, daher → KV 1228, 1229 Rn. 1 f. 1

Hauptabschnitt 4. Einstweiliger Rechtsschutz

Schrifttum: N. Schneider, Einstweilige Anordnung ist nicht gleich einstweilige Anordnung, NZFam 2014, 940 (Üb.).

Vorbemerkung 1.4:

I [1]**Im Verfahren zur Erwirkung eines Europäischen Beschlusses zur vorläufigen Kontenpfändung werden Gebühren nach diesem Hauptabschnitt nur im Fall des Artikels 5 Buchstabe a der Verordnung (EU) Nr. 655/2014 erhoben.** [2]**In den Fällen des Artikels 5 Buchstabe b der Verordnung (EU) Nr. 655/2014 bestimmen sich die Gebühren nach den für die Zwangsvollstreckung geltenden Vorschriften des GKG.**

II [1]**Im Verfahren auf Erlass einer einstweiligen Anordnung und über deren Aufhebung oder Änderung werden die Gebühren nur einmal erhoben.** [2]**Dies gilt entsprechend im Arrestverfahren und im Verfahren nach der Verordnung (EU) Nr. 655/2014.**

Abschnitt 1. Einstweilige Anordnung in Kindschaftssachen

Unterabschnitt 1. Erster Rechtszug

Nr.	Gebührentatbestand	Gebühr oder Satz der Gebühr nach § 28 FamGKG
1410	**Verfahren im Allgemeinen** .... **Die Gebühr entsteht nicht für Verfahren, die in den Rahmen einer Vormundschaft oder Pflegschaft fallen, und für Verfahren, die eine eine Kindschaftssache nach § 151 Nr. 6 und 7 FamFG betreffen.**	0,3

1 Die Vorschrift stimmt weitgehend bis auf die Gebührenhöhe mit KV 1310 einschließlich seiner Anm. I überein, daher → KV 1310 Rn. 1. Die auf den ersten Blick teilweise Übereinstimmung auch mit KV 1410 GKG trügt. Das Verfahren der einstweiligen Anordnung nach dem FamFG passt nur bedingt zum Verfahren der einstweiligen Verfügung des Prozessgerichts nach der ZPO.

Unterabschnitt 2. Beschwerde gegen die Endentscheidung wegen des Hauptgegenstands

Nr.	Gebührentatbestand	Gebühr oder Satz der Gebühr nach § 28 FamGKG
1411	**Verfahren im Allgemeinen**	0,5
1412	**Beendigung des gesamten Verfahrens ohne Endentscheidung:** **Die Gebühr 1411 ermäßigt sich auf** .... **I Wenn die Entscheidung nicht durch Verlesen der Entscheidungsformel bekannt gegeben worden ist, ermäßigt sich die Gebühr auch im Fall der Zurücknahme der Beschwerde vor Ablauf des Tages, an dem die Endentscheidung der Geschäftsstelle übermittelt wird.** **II Eine Entscheidung über die Kosten steht der Ermäßigung nicht entgegen, wenn die Entscheidung einer zuvor mitgeteilten Einigung über die Kostentragung oder einer Kostenübernahmeerklärung folgt.**	0,3

1 Die Vorschriften entsprechen bis auf die jeweiligen Gebührenhöhen wörtlich KV 1314, 1315, daher → KV 1314 Rn. 1; → KV 1315 Rn. 1.

Abschnitt 2. Einstweilige Anordnung in den übrigen Familiensachen, Arrest und Europäischer Beschluss zur vorläufigen Kontenpfändung

Vorbemerkung 1.4.2:

Dieser Abschnitt gilt für Familienstreitsachen und die in Vorbemerkung 1.3.2 genannten Verfahren.

Unterabschnitt 1. Erster Rechtszug

Nr.	Gebührentatbestand	Gebühr oder Satz der Gebühr nach § 28 FamGKG
1420	**Verfahren im Allgemeinen**	**1,5**

Vgl. zunächst die Vorb. 1.4.2. KV 1420 entspricht bis auf die erhebliche Abweichung der Gebührenhöhe ganz KV 1410, daher → KV 1410 Rn. 1. 1

Nr.	Gebührentatbestand	Gebühr oder Satz der Gebühr nach § 28 FamGKG
1421	**Beendigung des gesamten Verfahrens ohne Endentscheidung:** **Die Gebühr 1420 ermäßigt sich auf**	**0,5**
	I Wenn die Entscheidung nicht durch Verlesen der Entscheidungsformel bekannt gegeben worden ist, ermäßigt sich die Gebühr auch im Fall der Zurücknahme des Antrags vor Ablauf des Tages, an dem die Endentscheidung der Geschäftsstelle übermittelt wird. **II Eine Entscheidung über die Kosten steht der Ermäßigung nicht entgegen, wenn die Entscheidung einer zuvor mitgeteilten Einigung über die Kostentragung oder einer Kostenübernahmeerklärung folgt.**	

Vgl. zunächst die Vorb. 1.4.2. KV 1421 entspricht im Haupttext und in der Anm. I, II wörtlich KV 1212 und seiner Anm. I, II, daher → KV 1212 Rn. 1. 1

Unterabschnitt 2. Beschwerde gegen die Endentscheidung wegen des Hauptgegenstands

Nr.	Gebührentatbestand	Gebühr oder Satz der Gebühr nach § 28 FamGKG
1422	**Verfahren im Allgemeinen**	**2,0**
1423	**Beendigung des gesamten Verfahrens durch Zurücknahme der Beschwerde oder des Antrags, bevor die Schrift zur Begründung der Beschwerde bei Gericht eingegangen ist:** **Die Gebühr 1422 ermäßigt sich auf**	**0,5**

KV 1422 entspricht bis auf die Gebührenhöhe wörtlich KV 1120. KV 1423 entspricht praktisch wörtlich KV 1121 ohne dessen Anm., daher → KV 1120 ff. Rn. 1. Ein Rechtsmittel in einem Verfahren nach § 119 II 1 FamFG zählt hierher (Schneider FamRZ 2012, 1783). 1

Nr.	Gebührentatbestand	Gebühr oder Satz der Gebühr nach § 28 FamGKG
1424	**Beendigung des gesamten Verfahrens ohne Endentscheidung, wenn nicht Nummer 1423 erfüllt ist:**	

Nr.	Gebührentatbestand	Gebühr oder Satz der Gebühr nach § 28 FamGKG
	Die Gebühr 1422 ermäßigt sich auf	**1,0**
	I Wenn die Entscheidung nicht durch Verlesen der Entscheidungsformel bekannt gegeben worden ist, ermäßigt sich die Gebühr auch im Fall der Zurücknahme der Beschwerde vor Ablauf des Tages, an dem die Endentscheidung der Geschäftsstelle übermittelt wird. **II Eine Entscheidung über die Kosten steht der Ermäßigung nicht entgegen, wenn die Entscheidung einer zuvor mitgeteilten Einigung über die Kostentragung oder einer Kostenübernahmeerklärung folgt.**	

1 Die Vorschrift entspricht weitgehend KV 1121 ohne dessen Anm., daher → KV 1120 ff. Rn. 1.

Hauptabschnitt 5. Besondere Gebühren

Nr.	Gebührentatbestand	Gebühr oder Satz der Gebühr nach § 28 FamGKG
1500	**Abschluss eines gerichtlichen Vergleichs: Soweit ein Vergleich über nicht gerichtlich anhängige Gegenstände geschlossen wird ...** **[1] Die Gebühr entsteht nicht im Verfahren über die Verfahrenskostenhilfe. [2] Im Verhältnis zur Gebühr für das Verfahren im Allgemeinen ist § 30 Abs. 3 FamGKG entsprechend anzuwenden.**	**0,25**

1 **I. Systematik, Regelungszweck.** Die Vorschrift stimmt fast wörtlich mit KV 1900 GKG überein. KV 1500 setzt 0,25-Gebühr nur für denjenigen Teil eines vor Gericht geschlossenen Verfahrensvergleichs fest, dessen Wert den bisherigen Verfahrensgegenstand übersteigt, → Rn. 6, 7. Die Gebühr ist eine Handlungs- oder Aktgebühr. Sie ist keine Verfahrensgebühr, auch nicht ein Ersatz für sie. Denn der Wortlaut stellt eindeutig auf das Ergebnis ab. Sie ist auch keine Entscheidungsgebühr.

2 **II. Anwendungsbereich.** KV 1500 gilt für jeden Vergleich vor dem FamG. Die Vorschrift gilt jedoch nicht bei §§ 76 ff. FamFG, § 118 ZPO.

3 **III. Voraussetzungen.** Es müssen die folgenden Voraussetzungen zusammentreffen.

4 **1. Gerichtsverfahren.** Die Beteiligten müssen in einem gerichtlichen Verfahren einen gerichtlichen Vergleich geschlossen haben. Es ist unerheblich, um welche Verfahrensart es sich dabei im Einzelnen handelt. Ausreichend ist also auch ein vorläufiges Verfahren, etwa ein Eilverfahren, ein Güteverfahren, ein Beschwerdeverfahren, ein selbständiges Beweisverfahren oder ein Vollstreckungsverfahren.

5 Ein im **Verfahrenskostenhilfeverfahren** nach §§ 76 ff. FamFG, § 118 ZPO geschlossener Vergleich ist gerichtsgebührenfrei (Anm. S. 1). Das gilt selbst dann, wenn die Beteiligten ihn vor der Einlegung eines Rechtsmittels im Verfahrenskostenhilfeverfahren höherer Instanz geschlossen haben und wenn sie weitere Ansprüche in den Vergleich hineingezogen haben. Das ergibt sich aus der kostenrechtlichen Begünstigung des Prozess- oder Verfahrenskostenhilfeverfahrens.

6 **2. Gerichtlicher Vergleich.** Die Beteiligten müssen in diesem Gerichtsverfahren auch gerade einen gerichtlichen Vergleich vor dem Richter oder Rpfleger abge-

schlossen haben. Er erfordert im Gegensatz zur Einigung nach VV 1000 RVG, ein gegenseitiges Nachgeben der Beteiligten. Es ist nicht erforderlich, dass die Voraussetzungen des § 794 I Nr. 1 ZPO erfüllt sind (OLG Brandenburg FamRZ 2017, 1958). Es kann also ausreichen, dass die Beteiligten die Einigung trotz eines Anwaltszwangs ohne die Mitwirkung von Anwälten schließen, etwa anlässlich einer Scheidung (Mümmler JurBüro 1978, 161), wenn diese Einigung vor dem Gericht stattfindet. Auch ein Vergleich nach § 113 I 2 FamFG iVm § 278 VI ZPO ist ausreichend.

Ein gerichtlicher Vergleich liegt auch dann **nicht** vor, wenn die Beteiligten einen Vergleichsvorschlag des Gerichts nur außerhalb von § 278 VI ZPO lediglich **außergerichtlich** annehmen oder wenn es sich um einen Anwaltsvergleich nach §§ 796a–c ZPO handelt, bei dem das Gericht ja nur für die Vollstreckbarerklärung zuständig ist, nicht für sein Zustandekommen oder für seinen Inhalt. Es liegt auch kein gerichtlicher Vergleich vor, wenn die Einigung vor einer Gütestelle stattfindet. 7

3. Überschreitung des Verfahrenswerts. Den gerichtlichen Vergleich gilt allgemeine Verfahrensgebühr der Instanz ab, soweit er lediglich den bisherigen Verfahrenswert betrifft. Eine Erklärung im Vergleich, zB eine Auflassung, löst auch nicht noch andere Gebühren aus, etwa diejenigen nach dem GNotKG. 8

Eine Vergleichsgebühr entsteht also nach → Rn. 1 nur, soweit jeweils der Wert des Vergleichs denjenigen des bisherigen Verfahrensgegenstands **übersteigt** (BGH JurBüro 1979, 1796). Dabei ist „Vergleichsgegenstand" der vom Vergleich betroffene Gegenstand, nicht etwa der danach geschuldete. Um also zu ermitteln, ob und inwieweit KV 1500 anwendbar ist, muss man den Wert des bisherigen Verfahrens und denjenigen des gerichtlichen Vergleichs miteinander vergleichen und die Werte notfalls festsetzen. Dabei darf der Gegenstand des Mehrwerts bisher überhaupt noch nicht irgendwie gerichtlich anhängig gewesen sein (Schneider NZFam 2014, 550). 9

Soweit der Verfahrenswert selbst bei **unterschiedlichen** Verfahrensgegenständen gleich hoch bleibt, entsteht keine Gebühr. Das gilt zB dann, wenn der Antragsteller einen gesetzlichen Unterhalt für ein Jahr fordert, wenn sich die Beteiligten aber für einen unbeschränkten Zeitraum vergleichen. Denn der Verfahrenswert bleibt dann unverändert. Verschieden sind die Verfahrenswerte dagegen fast immer dann, wenn die Beteiligten die Hauptsache im Eilverfahren vergleichen. Die beiden Verfahren dienen ja verschiedenen Zwecken. 10

Man muss die Bedeutung einer Generalklausel **„zur Abfindung aller Ansprüche"** und ähnlicher Formulierungen im Einzelfall ermitteln. Eine solche Klausel kann den Verfahrensgegenstand betreffen, aber auch alle Ansprüche eines oder beider Beteiligten. 11

4. Maßgeblichkeit aller einbezogenen Ansprüche. Maßgeblich für den Vergleichswert sind alle irgendwie streitigen in den gerichtlichen Vergleich einbezogenen **Ansprüche.** Bei der Einbeziehung eines bisher unstreitigen Rechtsverhältnisses muss man zwar von § 779 BGB ausgehen. Man muss den dortigen Begriff „Unsicherheit" aber weit auslegen (OLG Zweibrücken MDR 1978, 496 (Interesse an der Titulierung); Markl FS Schmidt, 1981, 87; Schmidt MDR 1975, 27). 12

Man muss also zB unterscheiden, ob der Vergleich das Rechtsverhältnis **nur aufklärend** (deklaratorisch) behandelt, so dass dieser Punkt unberücksichtigt bleibt, oder ob die Beteiligten einen **besonderen Vollstreckungstitel** auch für diesen Punkt schaffen wollten, oder ob in Wahrheit nur eine unstreitige Erklärung beurkundet werden sollte, um zB die Kosten einer Auflassung zu ersparen, Schmidt MDR 1975, 26. 13

5. Beitritt eines Dritten. Der Beitritt eines Dritten zum gerichtlichen Vergleich erhöht den Vergleichsgegenstand nicht. Denn er betrifft keinen neuen Verfahrensgegenstand. 14

Beispiel für die Anwendbarkeit von KV 1500: Der Antragsteller hat einen Teilbetrag von 1.000 EUR eingefordert. Die Beteiligten haben den gesamten Anspruch dahin verglichen, dass der Antragsgegner 8.000 EUR zahlt. 15

Die Beteiligten haben den gerichtlichen Vergleich erst dann wirksam abgeschlossen, wenn eine etwaige **Widerrufsfrist abgelaufen** ist. 16

17 **IV. Gebührenhöhe.** Die Gebühr (→ Rn. 6–12) berechnet sich nach dem Unterschied der Verfahrenswerte. Für die Einzelwerte gelten §§ 33 ff. FamGKG, § 113 I 2 FamFG iVm § 3 ZPO. Wenn sich die Gebühr trotz unterschiedlicher Verfahrenswerte nicht erhöht, darf man auch nichts erheben. Wenn der Antragsteller eine Rentenrate eingefordert hat und wenn der gerichtliche Vergleich den gesamten Rentenanspruch ergreift, berechnet man die Vergleichsgebühr aus demjenigen Zeitraum, um den fünf Jahre diejenige Zeit übersteigen, für die der Antragsteller den Anspruch hat. Die Gebühr berechnet sich auch in der höheren Instanz ohne eine Erhöhung. Sie beträgt also immer eine 0,25-Gebühr.

18 Die **Verfahrensgebühr** erhöht sich durch einen gerichtlichen Vergleich nicht. Die Vergleichsgebühr wird nicht etwa im Ergebnis auf die Verfahrensgebühr angerechnet. Denn die Verfahrensgebühr ist, wenn überhaupt, vor dem Entstehen der Vergleichsgebühr entstanden. Natürlich gilt das erst für eine Verfahrensgebühr für ein anderes Verfahren. Wegen verschiedener Gebührensätze gilt nach der Anm. S. 2 des § 30 III FamGKG entsprechend, so dass die Summe von Verfahrens- und Vergleichsgebühr den Betrag einer Gebühr nach dem höchsten Satz aus dem Gesamtwert nicht übersteigen darf (N. Schneider NZFam 2014, 551 und das dortige Berechnungsbeispiel).

Nr.	Gebührentatbestand	Gebühr oder Satz der Gebühr nach § 28 FamGKG
1501	**Auferlegung einer Gebühr nach § 32 FamGKG wegen Verzögerung des Verfahrens**	**wie vom Gericht bestimmt**

1 Die Vorschrift stimmt mit KV 1901 GKG praktisch wörtlich überein, daher → GKG KV 1901 Rn. 1.

Nr.	Gebührentatbestand	Gebühr oder Satz der Gebühr nach § 28 FamGKG
1502	**Anordnung von Zwangsmaßnahmen durch Beschluss nach § 35 FamFG: je Anordnung**	**22,00 €**

1 **I. Anwendungsbereich.** Die Vorschrift steht im Hauptabschnitt 5 „Besondere Gebühren" und nicht im Hauptabschnitt 6 „Vollstreckung". Daher erfass sie mit ihrer Verweisung auf § 35 FamFG nur dessen I–III, V, nicht dessen spezielleren IV, den KV 1602 vorrangig regelt.

2 **Zwangsmaßnahme** ist in KV 1502 also nur ein Vorgang außerhalb einer Vollstreckung. Er umfasst in diesen Grenzen sowohl ein Zwangsgeld als auch eine Zwangshaft.

3 **II. Mehrheit von Anordnungen.** Jede Anordnung löst die Festgebühr aus. Das gilt hier auch dann, wenn mehrere Anordnungen dieselbe Verpflichtung betreffen. Denn es fehlt hier abweichend von KV 1602 Anm. S. 1 eine Begrenzung.

Nr.	Gebührentatbestand	Gebühr oder Satz der Gebühr nach § 28 FamGKG
1503	**Selbständiges Beweisverfahren**	**1,0**

Die Vorschrift entspricht ganz KV 1610 GKG, daher → GKG KV 1610 Rn. 1 ff. (auch N. Schneider NZFam 2014, 128 (Üb.)). 1

Hauptabschnitt 6. Vollstreckung

Vorbemerkung 1.6:

[1] Die Vorschriften dieses Hauptabschnitts gelten für die Vollstreckung nach Buch 1 Abschnitt 8 des FamFG, soweit das Familiengericht zuständig ist. [2] Für Handlungen durch das Vollstreckungs- oder Arrestgericht werden Gebühren nach dem GKG erhoben.

Buch 1 Abschnitt 8 FamFG umfasst §§ 86–96 FamFG. § 86 I Nr. 1–3 FamFG eröffnet eine Vollstreckung aus einem gerichtlichen Beschluss, einem gerichtlich gebilligten Vergleich und weiteren Vollstreckungstiteln nach § 784 ZPO, soweit die Beteiligten über den Verfahrensgegenstand verfügen können. §§ 88 ff. FamFG regeln die Vollstreckung über eine Herausgabe einer Person und über den Umgang. § 95 FamFG macht die ZPO auf eine Vollstreckung wegen der dort I Nr. 1–5 genannten Lagen entsprechend anwendbar. § 96 FamFG behandelt die Vollstreckung nach dem GewSchG und in einer Wohnungszuweisungssache. 1

Nr.	Gebührentatbestand	Gebühr oder Satz der Gebühr nach § 28 FamGKG
1600	**Verfahren über den Antrag auf Erteilung einer weiteren vollstreckbaren Ausfertigung (§ 733 ZPO)**	**22,00 €**
	[1] Die Gebühr wird für jede weitere vollstreckbare Ausfertigung gesondert erhoben. [2] Sind wegen desselben Anspruchs in einem Mahnverfahren gegen mehrere Personen gesonderte Vollstreckungsbescheide erlassen worden und werden hiervon gleichzeitig mehrere weitere vollstreckbare Ausfertigungen beantragt, wird die Gebühr nur einmal erhoben.	

Die Vorschrift stimmt im Haupttext und in der Anm. wörtlich mit KV 2110 GKG überein, daher → GKG KV 2110 Rn. 1 ff. 1

Nr.	Gebührentatbestand	Gebühr oder Satz der Gebühr nach § 28 FamGKG
1601	**Anordnung der Vornahme einer vertretbaren Handlung durch einen Dritten**	**22,00 €**
1602	**Anordnung von Zwangs- oder Ordnungsmitteln: je Anordnung**	**22,00 €**
	[1] Mehrere Anordnungen gelten als eine Anordnung, wenn sie dieselbe Verpflichtung betreffen. [2] Dies gilt nicht, wenn Gegenstand der Verpflichtung die wiederholte Vornahme einer Handlung oder eine Unterlassung ist.	

I. Anwendungsbereich. Die Vorschriften ähneln ein wenig KV 2111 GKG. Sie haben aber einen anderen Anwendungsbereich. Eine Antragszurückweisung reicht nicht (aA AG Büdingen FamRZ 2013, 323 (aber „Anordnung" ist nach § 1 S. 1 etwas anderes als deren Ablehnung)). 1

2 **1. Zwangsmittel.** Nach § 35 FamFG kann das Gericht zur Durchsetzung einer Anordnung auf die Vornahme oder Unterlassung einer Handlung grundsätzlich ein Zwangsgeld oder Zwangshaft festsetzen.

3 **2. Ordnungsmittel.** Nach § 89 I FamFG soll das Gericht bei einem Verstoß gegen einen Vollstreckungstitel zur Herausgabe einer Person oder zur Umgangsregelung ein Ordnungsgeld oder eine Ordnungshaft anordnen.

Nr.	Gebührentatbestand	Gebühr oder Satz der Gebühr nach § 28 FamGKG
1603	**Verfahren zur Abnahme einer eidesstattlichen Versicherung (§ 94 FamFG) ....** **Die Gebühr entsteht mit der Anordnung des Gerichts, dass der Verpflichtete eine eidesstattliche Versicherung abzugeben hat, oder mit dem Eingang des Antrags des Berechtigten.**	**35,00 €**

1 Die Vorschrift ähnelt KV 2114 GKG. Sie hat aber einen anderen Anwendungsbereich, nämlich den Fall, dass das FamG anordnet, über den Verbleib einer herauszugebenden Person dem Verpflichteten eine eidesstattliche Versicherung nach § 94 S. 1 FamFG abzunehmen. Das Verfahren richtet sich gemäß § 94 S. 2 FamFG nach §§ 883 II–IV, 900 I, 901, 902, 904–910, 913 ZPO.

Hauptabschnitt 7. Verfahren mit Auslandsbezug

Vorbemerkung 1.7:

In Verfahren nach dem EUGewSchVG, mit Ausnahme der Verfahren über Bescheinigungen nach Abschnitt 3 Unterabschnitt 2 EUGewSchVG, bestimmen sich die Gebühren nach Teil 1 Hauptabschnitt 3 Abschnitt 2.

Abschnitt 1. Erster Rechtszug

Nr.	Gebührentatbestand	Gebühr oder Satz der Gebühr nach § 28 FamGKG
1710	**Verfahren über Anträge auf** **1. Erlass einer gerichtlichen Anordnung auf Rückgabe des Kindes oder über das Recht zum persönlichen Umgang nach dem IntFamRVG,** **2. Vollstreckbarerklärung ausländischer Titel,** **3. Feststellung, ob die ausländische Entscheidung anzuerkennen ist, einschließlich der Anordnungen nach § 33 IntFamRVG zur Wiederherstellung des Sorgeverhältnisses,** **4. Erteilung der Vollstreckungsklausel zu ausländischen Titeln,** **5. Aufhebung oder Abänderung von Entscheidungen in den in den Nummern 2 bis 4 genannten Verfahren und** **6. Versagung der Vollstreckung nach den §§ 44b und 44c IntFamRVG ....**	**264,00 €**

1 **I. Anwendungsbereich.** KV 1710 Nr. 1 neu. Nr. 2 entspricht wörtlich KV 1510 Nr. 1 GKG. Nr. 3 entspricht in Hs. 1 wörtlich KV 1510 Nr. 2 GKG; Nr. 4 ent-

spricht wörtlich KV 1510 Nr. 3 GKG. Nr. 3 entspricht inhaltlich KV 1510 Nr. 4 GKG, daher → GKG KV 1510 Rn. 1 ff.

II. Ermäßigung. Vgl. KV 1715. 2

Nr.	Gebührentatbestand	Gebühr oder Satz der Gebühr nach § 28 FamGKG
1711	**Verfahren über den Antrag auf Ausstellung einer Bescheinigung nach § 57 AVAG, § 48 IntFamRVG, § 14 EUGewSchVG oder § 27 IntGüRVG oder auf Ausstellung des Formblatts oder der Bescheinigung nach § 71 Abs. 1 AUG**	**17,00 €**

Die Vorschrift stimmt mit KV 1512 GKG zum großen Teil überein. Sie nennt zusätzlich den inhaltlich entsprechenden § 48 IntFamRVG, § 14 EUGewSchG, § 27 IntGüRVG und Verfahren auf die Ausstellung des Formblatts oder der Bescheinigung nach § 71 Abs. 1 AUG. Vgl. auch bei KV 1512 GKG → GKG KV 1512 Rn. 1. 1

Nr.	Gebührentatbestand	Gebühr oder Satz der Gebühr nach § 28 FamGKG
1712	**Verfahren über den Antrag auf Ausstellung einer Bestätigung nach § 1079 ZPO und auf Aussetzung der Vollstreckung nach § 44f IntFamRVG**	**22,00 €**

I. Anwendungsbereich. Die Vorschrift stimmt praktisch wörtlich mit KV 1513 GKG überein, daher → GKG KV 1513 Rn. 1 ff. 1

II. Fälligkeit; Kostenschuldner. Die Fälligkeit richtet sich nach § 9 I. Der **Kostenschuldner** ergibt sich aus §§ 21, 24. 2

Nr.	Gebührentatbestand	Gebühr oder Satz der Gebühr nach § 28 FamGKG
1713	**Verfahren nach** **1. § 3 Abs. 2 des Gesetzes zur Ausführung des Vertrags zwischen der Bundesrepublik Deutschland und der Republik Österreich vom 6. Juni 1959 über die gegenseitige Anerkennung und Vollstreckung von gerichtlichen Entscheidungen, Vergleichen und öffentlichen Urkunden in Zivil- und Handelssachen in der im Bundesgesetzblatt Teil III, Gliederungsnummer 319-12, veröffentlichten bereinigten Fassung, das zuletzt durch Artikel 23 des Gesetzes vom 27. Juli 2001 (BGBl. I S. S. 1887) geändert worden ist, und** **2. § 34 Abs. 1 AUG**	**66,00 €**

I. Anwendungsbereich. Nr. 1 stimmt wörtlich mit KV 1514 GKG überein, daher → GKG KV 1514 Rn. 1. Nr. 2 erfasst das Verfahren zur Bestimmung des vollstreckungsfähigen Inhalts eines ausländischen Titels nach § 34 I AUG. 1

2 **II. Fälligkeit; Kostenschuldner.** Die Fälligkeit richtet sich nach § 9 I. Der **Kostenschuldner** ergibt sich aus §§ 21, 24.

Nr.	Gebührentatbestand	Gebühr oder Satz der Gebühr nach § 28 FamGKG
1714	**Verfahren über den Antrag nach § 107 Abs. 5, 6 und 8, § 108 Abs. 2 FamFG:** **Der Antrag wird zurückgewiesen ....**	**264,00 €**

1 **I. Anwendungsbereich.** Die Vorschrift ähnelt teilweise KV 1510 Nr. 1 GKG. Der in KV 1714 genannte § 107 V, VI, VIII FamFG stimmt weitgehend mit § 107 IV, V, VII FamFG überein. Der in KV 1714 weiter genannte § 108 II FamFG besagt: Ein Beteiligter mit einem rechtlichen Interesse an der Anerkennung oder Nichtanerkennung einer ausländischen Eheentscheidung kann dazu eine Entscheidung beantragen (Besonderheiten bei einer Adoptionsentscheidung).

2 **II. Ermäßigung.** Vgl. KV 1715.

3 **III. Fälligkeit; Kostenschuldner.** Die Fälligkeit richtet sich nach § 9 I. Der **Kostenschuldner** ergibt sich aus §§ 21, 24.

Nr.	Gebührentatbestand	Gebühr oder Satz der Gebühr nach § 28 FamGKG
1715	**Beendigung des gesamten Verfahrens durch Zurücknahme des Antrags vor Ablauf des Tages, an dem die Endentscheidung der Geschäftsstelle übermittelt wird, wenn die Entscheidung nicht bereits durch Verlesen der Entscheidungsformel bekannt gegeben worden ist:** **Die Gebühr 1710 oder 1714 ermäßigt sich auf**	**99,00 €**

1 Die Vorschrift gilt nur in den Fällen KV 1710, 1714. Vgl. daher dort. Die Vorschrift stimmt im Übrigen praktisch wörtlich mit KV 1321 Nr. 2 überein, daher → GKG KV 1321 Rn. 1.

Abschnitt 2. Beschwerde und Rechtsbeschwerde gegen die Endentscheidung wegen des Hauptgegenstands

Nr.	Gebührentatbestand	Gebühr oder Satz der Gebühr nach § 28 FamGKG
1720	**Verfahren über die Beschwerde oder Rechtsbeschwerde in den in den Nummern 1710, 1713 und 1714 genannten Verfahren ....**	**396,00 €**
1721	**Beendigung des gesamten Verfahrens durch Zurücknahme der Beschwerde, der Rechtsbeschwerde oder des Antrags, bevor die Schrift zur Begründung des Rechtsmittels bei Gericht eingegangen ist:** **Die Gebühr 1720 ermäßigt sich auf ....**	**99,00 €**
1722	**Beendigung des gesamten Verfahrens ohne Endentscheidung, wenn nicht Nummer 1721 erfüllt ist:** **Die Gebühr 1720 ermäßigt sich auf ....**	**198,00 €**

Nr.	Gebührentatbestand	Gebühr oder Satz der Gebühr nach § 28 FamGKG
	I Wenn die Entscheidung nicht durch Verlesen der Entscheidungsformel bekannt gegeben worden ist, ermäßigt sich die Gebühr auch im Fall der Zurücknahme der Beschwerde oder der Rechtsbeschwerde vor Ablauf des Tages, an dem die Endentscheidung der Geschäftsstelle übermittelt wird. **II Eine Entscheidung über die Kosten steht der Ermäßigung nicht entgegen, wenn die Entscheidung einer zuvor mitgeteilten Einigung über die Kostentragung oder einer Kostenübernahmeerklärung folgt.**	

Es entsprechen: KV 1720 den KV 1222, 1225; KV 1721 dem KV 1213; KV 1722 dem KV 1212, daher → KV 1222 Rn. 1 f.; → KV 1225 Rn. 1 f.; → KV 1212 Rn. 1. 1

Nr.	Gebührentatbestand	Gebühr oder Satz der Gebühr nach § 28 FamGKG
1723	**Verfahren über die Beschwerde in** **1. den in den Nummern 1711 und 1712 genannten Verfahren,** **2. Verfahren nach § 245 FamFG oder** **3. Verfahren über die Berichtigung oder den Widerruf einer Bestätigung nach § 1079 ZPO:** **Die Beschwerde wird verworfen oder zurückgewiesen ....**	**66,00 €**

I. Anwendungsbereich (Nr. 1–3). Die mit KV 1523 GKG. inhaltlich etwa vergleichbare Vorschrift lässt die Festgebühr wie dort nur entstehen, soweit das FamG eine Beschwerde als unzulässig verwirft oder als unbegründet zurückweist. Auch dann muss einer der in Nr. 1–3 genannten Fälle vorliegen. Jeder dieser Fälle kann eine Festgebühr auslösen. 1

1. Bescheinigung nach § 56 AVAG oder § 48 IntFamRVG (Nr. 1). Vgl. zum jeweiligen Anwendungsbereich → KV 1711 Rn. 1, → KV 1712 Rn. 1. 2

2. Bezifferung dynamisierter Unterhaltstitel zur Zwangsvollstreckung im Ausland nach § 245 FamFG (Nr. 2). Es geht um ein Beschwerdeverfahren wegen eines gesetzlichen Unterhalts nach § 1612a BGB als Prozentsatz des Mindestunterhalts. Nach § 245 III FamFG sind im Beschwerdeverfahren die Vorschriften über die Anfechtung der Entscheidung über die Erteilung einer Vollstreckungsklausel entsprechend anwendbar. 3

3. Bestätigung nach § 1079 ZPO (Nr. 3). Zum Anwendungsbereich → KV 1712 Rn. 1. Hier geht es freilich nur um eine Beschwerde im Verfahren über eine Berichtigung oder über den Widerruf einer solchen Bestätigung. 4

Hauptabschnitt 8. Rüge wegen Verletzung des Anspruchs auf rechtliches Gehör

Nr.	Gebührentatbestand	Gebühr oder Satz der Gebühr nach § 28 FamGKG
1800	**Verfahren über die Rüge wegen Verletzung des Anspruchs auf rechtliches Gehör (§§ 44, 113 Abs. 1 Satz 2 FamFG, § 321a ZPO): Die Rüge wird in vollem Umfang verworfen oder zurückgewiesen ....**	**66,00 €**

1 Die Vorschrift stimmt praktisch wörtlich mit KV 1700 GKG überein, daher → GKG KV 1700 Rn. 1 ff.

2 **Unanwendbar** ist KV 1800 für die Gehörsrüge nach § 61 FamGKG (OLG Karlsruhe FamRZ 2015, 955).

Hauptabschnitt 9. Rechtsmittel im Übrigen

Abschnitt 1. Sonstige Beschwerden

Nr.	Gebührentatbestand	Gebühr oder Satz der Gebühr nach § 28 FamGKG
1910	**Verfahren über die Beschwerde in den Fällen der § 71 Abs. 2, § 91a Abs. 2, § 99 Abs. 2, § 269 Abs. 5 oder § 494a Abs. 2 Satz 2 ZPO .**	**99,00 €**

1 Die Vorschrift stimmt wörtlich mit KV 1810 GKG überein, daher → GKG KV 1810 Rn. 1 ff.

Nr.	Gebührentatbestand	Gebühr oder Satz der Gebühr nach § 28 FamGKG
1911	**Beendigung des gesamten Verfahrens ohne Endentscheidung: Die Gebühr 1910 ermäßigt sich auf ....** **I Wenn die Entscheidung nicht durch Verlesen der Entscheidungsformel bekannt gegeben worden ist, ermäßigt sich die Gebühr auch im Fall der Zurücknahme der Beschwerde vor Ablauf des Tages, an dem die Endentscheidung der Geschäftsstelle übermittelt wird.** **II Eine Entscheidung über die Kosten steht der Ermäßigung nicht entgegen, wenn die Entscheidung einer zuvor mitgeteilten Einigung über die Kostentragung oder einer Kostenübernahmeerklärung folgt.**	**66,00 €**

1 Die Vorschrift entspricht einschließlich ihrer Anm. der Regelung KV 1212, daher → KV 1212 Rn. 1.

Nr.	Gebührentatbestand	Gebühr oder Satz der Gebühr nach § 28 FamGKG
1912	**Verfahren über eine nicht besonders aufgeführte Beschwerde, die nicht nach anderen Vorschriften gebührenfrei ist:** **Die Beschwerde wird verworfen oder zurückgewiesen**	**66,00 €**
	Wird die Beschwerde nur teilweise verworfen oder zurückgewiesen, kann das Gericht die Gebühr nach billigem Ermessen auf die Hälfte ermäßigen oder bestimmen, dass eine Gebühr nicht zu erheben ist.	

Die Vorschrift stimmt einschließlich ihrer Anm. wörtlich mit KV 1812 GKG nebst der dortigen Anm. überein, daher → GKG KV 1812 Rn. 1 ff. Auch eine Teilzurückweisung reicht aus (OLG Koblenz FamRZ 2013, 323). 1

Unanwendbar ist KV 1912 bei einer mangels Beschwer im Einzelfall unzulässigen Beschwerde (KG JurBüro 2017, 87). Die Festgebühr fällt in diesem Fall nicht an. 2

Abschnitt 2. Sonstige Rechtsbeschwerden

Nr.	Gebührentatbestand	Gebühr oder Satz der Gebühr nach § 28 FamGKG
1920	**Verfahren über die Rechtsbeschwerde in den Fällen von § 71 Abs. 1, § 91a Abs. 1, § 99 Abs. 2, § 269 Abs. 4 oder § 494a Abs. 2 Satz 2 ZPO**	**198,00 €**
1921	**Beendigung des gesamten Verfahrens durch Zurücknahme der Rechtsbeschwerde oder des Antrags, bevor die Schrift zur Begründung der Rechtsbeschwerde bei Gericht eingegangen ist:** **Die Gebühr 1920 ermäßigt sich auf**	**66,00 €**
1922	**Beendigung des gesamten Verfahrens durch Zurücknahme der Rechtsbeschwerde oder des Antrags vor Ablauf des Tages, an dem die Endentscheidung der Geschäftsstelle übermittelt wird, wenn nicht Nummer 1921 erfüllt ist:** **Die Gebühr 1920 ermäßigt sich auf**	**99,00 €**
1923	**Verfahren über eine nicht besonders aufgeführte Rechtsbeschwerde, die nicht nach anderen Vorschriften gebührenfrei ist:** **Die Rechtsbeschwerde wird verworfen oder zurückgewiesen**	**132,00 €**
	Wird die Rechtsbeschwerde nur teilweise verworfen oder zurückgewiesen, kann das Gericht die Gebühr nach billigem Ermessen auf die Hälfte ermäßigen oder bestimmen, dass eine Gebühr nicht zu erheben ist.	
1924	**Verfahren über die in Nummer 1923 genannten Rechtsbeschwerden:** **Beendigung des gesamten Verfahrens durch Zurücknahme der Rechtsbeschwerde oder**	

Nr.	Gebührentatbestand	Gebühr oder Satz der Gebühr nach § 28 FamGKG
	des Antrags vor Ablauf des Tages, an dem die Endentscheidung der Geschäftsstelle übermittelt wird:	**66,00 €**

1 Es gibt die folgenden Übereinstimmungen: KV 1920 wörtlich mit KV 1823 GKG; KV 1921 praktisch wörtlich mit KV 1824; KV 1922 praktisch wörtlich mit KV 1825; KV 1923 praktisch wörtlich mit KV 1826; KV 1924 praktisch wörtlich mit KV 1827 GKG, daher → GKG KV 1800 ff. Rn. 1 ff.

Abschnitt 3. Zulassung der Sprungrechtsbeschwerde in sonstigen Fällen

Nr.	Gebührentatbestand	Gebühr oder Satz der Gebühr nach § 28 FamGKG
1930	**Verfahren über die Zulassung der Sprungrechtsbeschwerde in den nicht besonders aufgeführten Fällen:** **Wenn der Antrag abgelehnt wird ....**	**66,00 €**

1 Die Vorschrift entspricht bis auf die Gebührenhöhe ganz KV 1228, daher → KV 1228 Rn. 1.

Teil 2. Auslagen

Vorbemerkung zu KV 2000

1 **I. Systematik.** Auslagen schuldet man nur nach KV 2000 ff. Soweit diese Vorschriften keinen Auslagenersatz vorsehen, entsteht nach § 1 I S. 1 auch keine Ersatzpflicht. Das gilt insbesondere wegen der Verwendung von Papier, Verpackung usw. Ein Anspruch lässt sich auch nicht darauf stützen, dass aus der vom Staat bezahlten Auslage eine Bereicherung des Begünstigten entstanden sei. Denn die Gebühren gelten grundsätzlich die Auslagen schon mit ab.

2 **II. Anwendungsbereich.** KV 2000 ff. gelten für sämtliche Verfahren, auf die das FamGKG anwendbar ist.

3 KV 2000 ff. gelten **nicht** für solche Auslagen, die ein **Dritter** veranlasst hat, etwa durch seinen Antrag auf die Erteilung einer Abschrift oder Kopie. Solche Auslagen setzt die Justizverwaltung nach den Verwaltungsvorschriften fest, zB nach dem JVKostG.

4 **III. Verauslagung.** Die Barauslagen müssen wirklich entstanden sein. Sie sind ohne einen Mindestsatz und ohne eine Aufrundung ersetzbar. Postentgelte entstehen grundsätzlich nicht. Die Verfahrenspauschalgebühr deckt sie ab. Vgl. aber KV 2001, 2002 und die Vorb. 2 I–IV. Das gilt auch für Ladungen und Zustellungen sowie für Aktenversendungen. Es entsteht **kein** Anspruch der Staatskasse auf den Ersatz ihrer **Fernsprechgebühren.**

5 **IV. Auslagenfreiheit.** Man muss die Auslagenfreiheit von der Gebührenfreiheit unterscheiden. Eine Kostenfreiheit schließt eine Auslagenfreiheit ein, § 2. Der Auslagenschuldner ergibt sich aus § 23. Ein Auslagenvorschuss richtet sich nach § 16.

6 **V. Verfahrenskostenhilfe.** Eine Verfahrenskostenhilfe befreit grundsätzlich von allen baren Auslagen (§ 79 FamFG iVm § 122 I ZPO). Wenn das Gericht die Verfahrenskostenhilfe nur für einen Teil bewilligt hat und wenn die Auslagen für den gesamten Anspruch entstanden sind, muss man eine angemessene Verteilung vornehmen.

VI. Nichterhebung. Eine Nichterhebung der Auslagen ist evtl. nach § 20 I 2 erforderlich. 7

Vorbemerkung 2:

I Auslagen, die durch eine für begründet befundene Beschwerde entstanden sind, werden nicht erhoben, soweit das Beschwerdeverfahren gebührenfrei ist; dies gilt jedoch nicht, soweit das Beschwerdegericht die Kosten dem Gegner des Beschwerdeführers auferlegt hat.

II Sind Auslagen durch verschiedene Rechtssachen veranlasst, werden sie auf die mehreren Rechtssachen angemessen verteilt.

III 1 In Kindschaftssachen werden von dem Minderjährigen Auslagen nur unter den in Vorbemerkung 1.3.1 Abs. 2 genannten Voraussetzungen erhoben. 2 In den in Vorbemerkung 1.3.1 Abs. 1 genannten Verfahren werden keine Auslagen erhoben; für Kindschaftssachen nach § 151 Nr. 6 und 7 FamFG gilt dies auch im Verfahren über den Erlass einer einstweiligen Anordnung. 3 Die Sätze 1 und 2 gelten nicht für die Auslagen 2013.

IV Bei Handlungen durch das Vollstreckungs- oder Arrestgericht werden Auslagen nach dem GKG erhoben.

I. Anwendungsbereich (I–IV). Nach der Vorb. 2 I entsteht eine Erstattungspflicht bei einer die Vorinstanz aufhebenden stattgebenden oder zurückverweisenden Beschwerdeentscheidung nur in den folgenden Fällen. 1

1. Gebührenpflicht. Die Auslagen sind zu erstatten, soweit das Gericht eine Gebühr erhebt. Gebührenfrei ist eine erfolgreiche Beschwerde zB, soweit erst eine Verwerfung oder Zurückweisung gebührenpflichtig wäre.

2. Kostenauferlegung. Auslagen sind ebenfalls insoweit zu erstatten, als das Gericht die Kosten dem Gegner des Beschwerdeführers auferlegt. Diese Entscheidung kommt aber zB nicht bei einer Verfahrenswertbeschwerde in Betracht, vgl. § 59 III 2. Auslagenschuldner ist nach § 24 Nr. 1 dann dieser Gegner. 2

II. Weitere Einzelfragen (I). Wegen einer Nichterhebung vgl. § 20 sowie § 81 I 2 FamFG. Die Auslagen einer erfolglosen Beschwerde trägt der Beschwerdeführer. Bei einem Teilerfolg ist die Vorbemerkung § 2 I entsprechend anwendbar, soweit sich Auslagen aussondert lassen, (zum alten Recht) OLG Frankfurt JurBüro 1978, 1849. 3

III. Verteilung (II). Verschiedene Rechtssachen liegen bei mehreren selbständigen Verfahren vor. Dabei kann es sich um solche Vorgänge handeln, die man teilweise nach anderen Gesetzen als dem FamGKG, dem GKG oder dem JVEG abrechnen muss, etwa nach dem GNotKG. Eine Verschiedenheit liegt nicht schon dann stets vor, wenn das Gericht nur mehrere Beweispersonen hört. Bei einer Anhörung in verschiedenen Sachen muss man die Auslagen entsprechend verteilen. 4

IV. Kindschaftssache usw (III). Es handelt sich bei III 1, 2 um eine eng auslegbare Spezialregelung. In III 3 erfolgt eine Rückkehr zum Grundsatz. Diese Vorschrift ist daher weit auslegbar, freilich nur in den Grenzen von § 1. 5

V. Vollstreckungs- oder Arrestgericht (IV). Es handelt sich um eine generelle Verweisung auf KV 9000 ff. GKG. 6

Nr.	Auslagentatbestand	Höhe
2000	**Pauschale für die Herstellung und Überlassung von Dokumenten:** **1. Ausfertigungen, Kopien und Ausdrucke bis zur Größe von DIN A3, die** **a) auf Antrag angefertigt oder auf Antrag per Telefax übermittelt worden sind oder** **b) angefertigt worden sind, weil die Partei oder ein Beteiligter es unterlassen**	

Nr.	Auslagentatbestand	Höhe
	hat, die erforderliche Zahl von Mehrfertigungen beizufügen; der Anfertigung steht es gleich, wenn per Telefax übermittelte Mehrfertigungen von der Empfangseinrichtung des Gerichts ausgedruckt werden:	
	für die ersten 50 Seiten je Seite	0,50 €
	für jede weitere Seite	0,15 €
	für die ersten 50 Seiten in Farbe je Seite ..	1,00 €
	für jede weitere Seite in Farbe	0,30 €
	2. Entgelte für die Herstellung und Überlassung der in Nummer 1 genannten Kopien oder Ausdrucke in einer Größe von mehr als DIN A3	in voller Höhe
	oder pauschal je Seite	3,00 €
	oder pauschal je Seite in Farbe	6,00 €
	3, Überlassung von elektronisch gespeicherten Dateien oder deren Bereitstellung zum Abruf anstelle der in den Nummern 1 und 2 genannten Ausfertigungen, Kopien und Ausdrucke:	
	je Datei	1,50 €
	für die in einem Arbeitsgang überlassenen, bereitgestellten oder in einem Arbeitsgang auf denselben Datenträger übertragenen Dokumente insgesamt höchstens	5,00 €
	I Die Höhe der Dokumentenpauschale nach Nummer 1 ist in jedem Rechtszug, bei Vormundschaften und Dauerpflegschaften in jedem Kalenderjahr und für jeden Kostenschuldner nach § 23 Abs. 1 FamGKG gesondert zu berechnen; Gesamtschuldner gelten als ein Schuldner.	
	II Werden zum Zweck der Überlassung von elektronisch gespeicherten Dateien Dokumente zuvor auf Antrag von der Papierform in die elektronische Form übertragen, beträgt die Dokumentenpauschale nach Nummer 3 nicht weniger, als die Dokumentenpauschale im Fall der Nummer 1 für eine Schwarz-Weiß-Kopie ohne Rücksicht auf die Größe betragen würde.	
	III 1 Frei von der Dokumentenpauschale sind für jeden Beteiligten und seinen bevollmächtigten Vertreter jeweils 1. eine vollständige Ausfertigung oder Kopie oder ein vollständiger Ausdruck jeder gerichtlichen Entscheidung und jedes vor Gericht abgeschlossenen Vergleichs, 2. eine Ausfertigung ohne Begründung und 3. eine Kopie oder ein Ausdruck jeder Niederschrift über eine Sitzung. 2 § 191a Abs. 1 Satz 5 GVG bleibt unberührt.	
	IV Bei der Gewährung der Einsicht in Akten wird eine Dokumentenpauschale nur erhoben, wenn auf besonderen Antrag ein Ausdruck einer elektronischen Akte oder ein Datenträger mit	

Nr.	Auslagentatbestand	Höhe
	dem Inhalt einer elektronischen Akte übermittelt wird.	

Übersicht

I. Systematik, Nr. 1, 2 (Anm. I–III). Der Haupttext stimmt wörtlich mit KV 9000 GKG überein. Dasselbe gilt von der Anm. I mit KV 9000 Anm. I 1, von den zugehörigen III 1 Nr. 1, 3 und von III 2 sowie IV GKG. Fast identisch sind die Anm. III 1 Nr. 2 GKG. Eine Pflicht zur Erstattung von Auslagen für eine Ausfertigung oder Kopie oder für einen Ausdruck der elektronischen Fassung besteht nur dann, wenn einer der Fälle → Rn. 3 ff. vorliegt. Kopie ist auch ein Computerausdruck. 1

Infolge der Streichung des Begriffs **„Abschrift"** ist nach dem Wortlaut der Vorschrift eine wirkliche Abschrift trotz des gegenüber einer bloßen Kopie ungleich höheren Zeitaufwands formell auslagenfrei. Die Streichung beruht offensichtlich auf der Annahme, dass heute niemand mehr abschreibt statt zu fotokopieren. In den wenigen Fällen, in denen tatsächlich ein Dokument abgeschrieben wird, kommt eine analoge Anwendung der Regelung in Betracht. 1a

II. Begriff der Ausfertigung (Anm. III Nr. 1, 2). Dieser Begriff ist im FamGKG nicht derselbe wie in der ZPO. Nach der ZPO liegt eine Ausfertigung nur vor, soweit die Urschrift bei den Akten bleibt. Nach dem FamGKG liegt eine Ausfertigung vor, soweit es sich um ein beglaubigtes oder unbeglaubigtes Dokument urkundlichen Charakters handelt, das der Richter oder Rpfleger oder der Urkundsbeamte unterzeichnet hat und das zur Hinausgabe bestimmt ist und keine Urschrift darstellt. Eine Urschrift braucht dann nicht bei den Akten zurückzubleiben. 2

Hierher gehören also auch: Eine Ladung; ein Rechtskraftzeugnis; eine Auskunft aus einem Verzeichnis. KV 2000 hat den Vorrang vor dem Landesrecht. 3

III. Höhe der Dokumentenpauschale (Nr. 1, 2, Anm. I, II). Für jede gerade vom Gericht erstellte und weder von dem Beteiligten noch von einem Zeugen oder Sachverständigen und dann nach KV 2005 mitzuvergütende angefangene Seite entstehen nach der Anm. **I** für jeden Rechtszug für die ersten 50 Seiten je 0,50 EUR (in Farbe 1,00 EUR) und für jede weitere Seite 0,15 EUR (in Farbe 0,30 EUR) (zum alten Recht OLG Hamm Rpfleger 1991, 269; LG München I JurBüro 1997, 483). Das gilt unabhängig von deren Format, dem Zeitaufwand oder Herstellungsart und von den tatsächlichen vermeidbar hohen oder unvermeidbaren Kosten (OLG München MDR 1989, 367; LG München I JurBüro 1997, 483; aA OLG Köln Rpfleger 1987, 433; LG München II Rpfleger 1989, 383). Es gilt ferner unabhängig davon, in welcher Form und in welcher Sprache man die Ausfertigung oder Kopie oder den Ausdruck der elektronischen Fassung verfasst hat, und unabhängig vom Marktpreis (LG München I JurBüro 1997, 484). Für die Seitenzahl ist die Kopie usw und nicht die Zahl der dort abgebildeten Vorlagen maßgeblich. Der Inhalt ist unmaßgeblich. 4

5 Die Berechnung ist nach der Anm. I Hs. 1 **für jeden Kostenschuldner** nach § 23 I **gesondert** erforderlich. Gesamtschuldner nach §§ 421 ff. BGB gelten nach der Anm. I Hs. 2 als nur ein Schuldner. Eine Änderung oder Ergänzung eines Formulars oder eines dem Gericht zur Verfügung gestellten Entwurfs lässt gleichwohl die Dokumentenpauschale entstehen, wie bei KV 700 GVKostG. Wegen der Kostenerstattung VV 7000 RVG.

6 Bei einer **Übertragung** von Papier auf Elektronik gibt die Anm. **II** nähere Bearbeitungsregeln.

7 **IV. Zahlungspflicht (Nr. 1, 2).** Eine Pflicht zur Erstattung einer Pauschale besteht nur, wenn einer der folgenden Fälle vorliegt.

8 **1. Anfertigung oder Übermittlung auf Antrag eines Beteiligten usw (Nr. 1a).** Das Gericht muss zunächst eine Kopie usw gerade nur auf Grund eines Antrags erteilt, anfertigt oder per Telefax übermittelt haben. Der Antrag darf sich aber nur auf die Ausfertigung oder Kopie usw beziehen, nicht auf die Entscheidung. Ein allgemeiner Antrag genügt.

9 Gerade ein **Beteiligter** muss den Antrag gestellt haben. Das ergibt sich aus Nr. 1b mit. Beteiligt ist natürlich auch ein Verurteilter, Betroffener, ein Streitgenosse oder Streitgehilfe. Nicht beteiligt ist ein Dritter, etwa die Presse oder ein Wissenschaftler.

10 **2. Anfertigung oder Übermittlung als Amtspflicht (Nr. 1b).** Soweit das Gericht die Ausfertigung oder Kopie usw auch ohne einen Antrag hätte erteilen müssen, etwa bei einer Entscheidung, entsteht die Dokumentenpauschale nur nach Nr. 1. Das gilt bei allen von Amts wegen bekanntzugebenden Dokumenten. Ein zugehöriger unnötiger „Antrag" oder eine entsprechende Anregung schaffen insoweit keine Auslagenpflicht. Pauschalenfrei ist ein Notfristzeugnis, ein Rechtskraftzeugnis oder eine Beglaubigung.

11 **3. Fehlen von Mehrfertigungen (Nr. 1b).** Eine Zahlungspflicht besteht ferner, soweit ein Beteiligter es unterlassen hat, einem von Amts wegen zuzustellenden Dokument die erforderliche Zahl von Mehrfertigungen beizufügen, oder wenn dieser Beteiligte seinerseits die Mehrfertigungen per Telefax übermittelt hat (nicht zu verwechseln mit der gleichartigen Übermittlung durch das Gericht), und soweit das Gericht deshalb eine Kopie anfertigt.

12 **4. Beifügungspflicht (Nr. 1b).** Eine Beifügungspflicht besteht zB nach vielen Vorschriften der evtl. entsprechend anwendbaren ZPO, also für die Kostenrechnung, vorbereitende Dokumente, Antrags-, Einspruchs- und Rechtsmittelschriften, für eine Rechtsmittelbegründung. Es ist unerheblich, ob eine förmliche Zustellung erforderlich ist oder ob eine formlose Mitteilung genügt. Hierher gehört auch der Fall, dass ein Beteiligter die vorgeschriebenen Kopien usw nicht einreicht und dass das Gericht diese Kopien usw für eine gesetzlich notwendige Mitteilung anfertigen muss, etwa zum Zweck eines rechtlichen Gehörs nach Art. 103 I GG.

13 **5. Keine Beifügungspflicht (Nr. 1b).** Sofern dagegen der Beteiligte eine Erklärung zum Protokoll des Urkundsbeamten der Geschäftsstelle abgibt, entstehen zwar dem Staat infolge der Anfertigung von Kopien usw Kosten. Der Beteiligte hat aber keine Obliegenheiten verletzt, und zwar auch nicht bei einer Erklärung nach § 113 I 2 FamFG iVm § 129a ZPO. Dann können allenfalls Dokumentenauslagen zB nach KV 2001 wegen der Notwendigkeit einer Übersendung nach § 129a II ZPO entstehen. Der evtl. entsprechend anwendbare § 105 II ZPO (Festsetzungsgesuch durch die Einreichung der Kostenberechnung vor der Verkündung) schreibt die Anfertigung der Kopien usw auf Staatskosten ausdrücklich vor.

14 Alleiniger **Auslagenschuldner** ist nach § 23 I 2 derjenige, der die Einreichung versäumt hat. Soweit (jetzt) das GNotKG anwendbar ist, gilt (jetzt) Nr. 1 nicht.

15 **6. Elektronisch gespeicherte oder bereitgestellte Dateien (Nr. 2).** Soweit es um die Überlassung von elektronisch gespeicherten Dateien anstelle von Ausfertigungen oder Kopien geht, gilt vorrangig Nr. 2. Maßgeblich ist die Zahl der hergestellten Dateien. Ein sog. Ordner kann also mehrere Dateien enthalten.

16 **V. Auslagenfreiheit (Anm. III).** Frei von Auslagen sind für jeden Beteiligten und jeden bevollmächtigten Vertreter jeweils Ausfertigungen und Kopien oder Aus-

drucke der elektronischen Fassung, soweit einer der folgenden, nebeneinander möglichen Fälle vorliegt.

1. Vollständige Fassung einer Entscheidung oder eines Vergleichs (Anm. III 1 Nr. 1). Frei von einer Zahlungspflicht ist eine erste vollständige Ausfertigung, Abschrift oder Kopie oder ein erster Ausdruck jeder gerichtlichen Entscheidung und jedes vor dem Gericht abgeschlossenen Vergleichs einschließlich desjenigen nach § 36 III FamFG iVm § 278 VI 1 Hs. 1, 2 ZPO, sofern das Gericht sie einem Beteiligten erteilt. Eine bloße Vervollständigung, Ergänzung oder Berichtigung gehört zum Erstexemplar. 17

Entscheidung ist nur ein Beschluss mit einer unmittelbaren Rechtsfolge mit oder ohne eine Verfahrensbeendigung. Hierher zählen zB: ein Beweisbeschluss; eine einstweilige Anordnung. 18

Nicht hierher zählen zB: Ein nur außergerichtlicher Vergleich (§ 278 VI 1 Hs. 1 ZPO gehört aber zu Nr. 1); eine verfahrensleitende Verfügung, etwa ein Hinweis, eine Aufforderung, eine Anfrage (OVG Nordrhein-Westfalen Rpfleger 1981, 125), ein Erörterungsbeschluss, und zwar auch dann nicht, wenn eine solche verfahrensleitende Verfügung eine Frist in Lauf setzt. Denn auch dann soll die Verfügung ja erst eine etwa nachfolgende Entscheidung vorbereiten. 19

2. Ausfertigung oder Begründung (Anm. III 1 Nr. 2). Frei von einer Zahlungspflicht ist ferner die Erteilung einer Ausfertigung ohne eine Begründung. Das gilt nach §§ 38 IV, 69 III, 74 IV FamFG unabhängig davon, ob eine Begründung überhaupt zu einer vollständigen Ausfertigung oder Kopie usw gehören würden, und ob das Gericht schon eine vollständige Ausfertigung oder Kopie usw erteilt hat. 20

3. Protokollkopie (Anm. III 1 Nr. 3). Frei von der Zahlungspflicht ist ferner die Erteilung einer Kopie usw jeder Niederschrift über „eine", genauer: jede Sitzung auch zB des verordneten Richters. Auslagenfrei ist gegenüber dem nicht durch einen Bevollmächtigten vertretenen Beteiligten nur eine einzige Kopie usw eines jeden Protokolls. Eine Protokollanlage gehört zur Niederschrift usw, sofern das Gericht die Anlage im eigentlichen Protokoll als Anlage bezeichnet hat. Das gilt zB bei einem Antrag, den der Beteiligte verlesen hat. Man kann auch die Kopie usw eines schriftlichen Gutachtens wegen Art. 103 I GG hierher rechnen, LG Münster Rpfleger 1992, 225. Denn man darf dabei nicht zu formstreng sein. Auch ein Protokollentwurf kann hierzu zählen. 21

Die Auslagenfreiheit ist lediglich eine Kostenregelung. Man kann ihr **keineswegs** eine Pflicht des Gerichts entnehmen, **von Amts wegen** eine **Protokollkopie** usw zu übermitteln, noch gar unverzüglich. Daran ändert auch nicht ein verbreiteter Brauch solcher Art etwas. Schon gar nicht kann ein Beteiligter aus der Nichtübersendung einen prozessualen Anspruch ableiten, solange nicht besondere Umstände hinzutreten. 22

4. Vertretung durch einen Bevollmächtigten (Anm. III 1 Nr. 1–3). Frei von der Zahlungspflicht ist die Erteilung einer weiteren vollständigen Ausfertigung oder Kopie usw bei der Vertretung durch einen Bevollmächtigten unabhängig von deren Notwendigkeit. Das gilt für alle Fälle → Rn. 10–19. Diese weitere Ausfertigung oder Kopie usw muss vollständig sein. Eine weitere abgekürzte reicht nicht aus. Es muss ferner ein Bevollmächtigter im Zeitpunkt des Antrags oder der Erteilung vorhanden sein. Jeder Bevollmächtigte erhält eine weitere vollständige Ausfertigung oder Kopie usw auslagenfrei. Eine Sozietät ist nur **ein** Bevollmächtigter. Der bloße Verkehrsanwalt ist kein Bevollmächtigter im vorstehenden Sinn. Ein aus mehreren Personen bestehender Beteiligter kann je Person eine solche Auslagenfreiheit beanspruchen, selbst bei einer Vertretung durch denselben Bevollmächtigten. 23

5. Blindenschrift usw (Anm. III 2). Frei von der Erstattungspflicht sind die Auslagen(kosten) der Anfertigung oder Bereitstellung einer für den Blinden oder Sehbehinderten wahrnehmbaren Form eines für ihn bestimmten Dokuments vor Gericht. Das ergibt sich aus § 191a I 5 GVG. 24

Nr.	Auslagentatbestand	Höhe
2001	**Auslagen für Telegramme**	**in voller Höhe**

1 Es gilt dasselbe wie im wortgleichen KV 9001 GKG. Vgl. daher dort.

Nr.	Auslagentatbestand	Höhe
2002	**Pauschale für Zustellungen mit Zustellungsurkunde, Einschreiben gegen Rückschein oder durch Justizbedienstete nach § 168 Abs. 1 ZPO je Zustellung** .... **Neben Gebühren, die sich nach dem Verfahrenswert richten, wird die Zustellungspauschale nur erhoben, soweit in einem Rechtszug mehr als 10 Zustellungen anfallen.**	**3,50 €**

1 Die Vorschrift stimmt im Haupttext wörtlich mit KV 9002 GKG. und in der Anm. fast wörtlich mit KV 9002 GKG Anm. S. 1 überein, daher → GKG KV 9002 Rn. 1 ff.

Nr.	Auslagentatbestand	Höhe
2003	**Pauschale für die bei der Versendung von Akten auf Antrag anfallenden Auslagen an Transport- und Verpackungskosten je Sendung** .... **Die Hin- und Zurücksendung der Akten durch die Gerichte gelten zusammen als eine Sendung.**	**12,00 €**

1 Die Vorschrift stimmt im Haupttext wörtlich mit KV 9003 GKG). und in der Anmerkung fast wörtlich mit KV 9003 GKG Anm. I überein, daher → GKG KV 9003 Rn. 1 ff. Nur fehlt eine Regelung entsprechend KV 9003 GKG Anm. II.

Nr.	Auslagentatbestand	Höhe
2004	**Auslagen für öffentliche Bekanntmachungen** **Auslagen werden nicht erhoben für die Bekanntmachung in einem elektronischen Informations- und Kommunikationssystem, wenn das Entgelt nicht für den Einzelfall oder nicht für ein einzelnes Verfahren berechnet wird.**	**in voller Höhe**

1 Die Vorschrift stimmt wörtlich mit dem Haupttext von KV 9004 GKG überein, daher → GKG KV 9004 Rn. 1 ff.

Nr.	Auslagentatbestand	Höhe
2005	**Nach dem JVEG zu zahlende Beträge** .... **[1] [1]Die Beträge werden auch erhoben, wenn aus Gründen der Gegenseitigkeit, der Verwaltungsvereinfachung oder aus vergleichbaren Gründen keine Zahlungen zu leisten sind. [2]Ist aufgrund des § 1 Abs. 2 Satz 2 JVEG keine Vergütung zu zahlen, ist der Betrag zu erheben, der ohne diese Vorschrift zu zahlen wäre.**	**in voller Höhe**

Nr.	Auslagentatbestand	Höhe
	II Auslagen für Übersetzer, die zur Erfüllung der Rechte blinder oder sehbehinderter Personen herangezogen werden (§ 191a Abs. 1 GVG) und für Kommunikationshilfen zur Verständigung mit einer hör- oder sprachbehinderten Person (§ 186 GVG) werden nicht erhoben.	

Die Vorschrift stimmt im Haupttext mit KV 9005 GKG wörtlich überein. Anm. I stimmt wörtlich mit KV 9005 GKG Anm. II überein. Anm. II stimmt wörtlich mit KV 9005 GKG Anm. III überein, daher → GKG KV 9005 Rn. 1 ff. 1

Nr.	Auslagentatbestand	Höhe
2006	**Bei Geschäften außerhalb der Gerichtsstelle**	
	1. die den Gerichtspersonen aufgrund gesetzlicher Vorschriften gewährte Vergütung (Reisekosten, Auslagenersatz) und die Auslagen für die Bereitstellung von Räumen	**in voller Höhe**
	2. für den Einsatz von Dienstkraftfahrzeugen für jeden gefahrenen Kilometer	**0,42 €**

Die Vorschrift stimmt wörtlich mit KV 9006 GKG überein, daher → GKG KV 9006 Rn. 1 ff. 1

Nr.	Auslagentatbestand	Höhe
2007	**Auslagen für**	
	1. die Beförderung von Personen	**in voller Höhe**
	2. Zahlungen an mittellose Personen für die Reise zum Ort einer Verhandlung oder Anhörung und für die Rückreise	**bis zur Höhe der nach dem JVEG an Zeugen zu zahlenden Beträge**

Nr. 1 stimmt wörtlich, Nr. 2 fast wörtlich mit den entsprechenden Teilen von KV 9008 GKG überein. Es fehlt hier nur die im KV 9008 GKG genannte Vernehmung oder Untersuchung, daher → GKG KV 9008 Rn. 1 ff. 1

Nr.	Auslagentatbestand	Höhe
2008	**Kosten einer Zwangshaft, auch aufgrund eines Haftbefehls in entsprechender Anwendung des § 802g ZPO ....**	**in Höhe des Haftkostenbeitrags**
	Maßgebend ist die Höhe des Haftkostenbeitrags, der nach Landesrecht von einem Gefangenen zu erheben ist.	

Die Vorschrift stimmt mit KV 9010 GKG praktisch wörtlich überein. § 802g I ZPO ist hier freilich nur entsprechend anwendbar. Daher bei KV 9010 GKG → GKG KV 9010 Rn. 1. 1

Nr.	Auslagentatbestand	Höhe
2009	**Kosten einer Ordnungshaft** .... [1]Maßgebend ist die Höhe des Haftkostenbeitrags, der nach Landesrecht von einem Gefangenen zu erheben ist. [2]Diese Kosten werden nur angesetzt, wenn der Haftkostenbeitrag auch von einem Gefangenen im Strafvollzug zu erheben wäre.	**in Höhe des Haftkostenbeitrags**

1 Die Vorschrift stimmt im Haupttext inhaltlich ganz und in der Anm. wörtlich mit KV 9011 GKG überein, daher → GKG KV 9011 Rn. 1 ff.

Nr.	Auslagentatbestand	Höhe
2010	**Nach § 12 BGebG, dem 5. Abschnitt des Konsulargesetzes und der Besonderen Gebührenverordnung des Auswärtigen Amts nach § 22 Abs. 4 BGebG zu zahlende Beträge**	**in voller Höhe**

1 Die Vorschrift stimmt wörtlich mit KV 9012 GKG überein, daher → GKG KV 9012 Rn. 1 ff.

Nr.	Auslagentatbestand	Höhe
2011	**An deutsche Behörden für die Erfüllung von deren eigenen Aufgaben zu zahlende Gebühren sowie diejenigen Beträge, die diesen Behörden, öffentlichen Einrichtungen oder deren Bediensteten als Ersatz für Auslagen der in den Nummern 2000 bis 2009 bezeichneten Art zustehen** .... Die als Ersatz für Auslagen angefallenen Beträge werden auch erhoben, wenn aus Gründen der Gegenseitigkeit, der Verwaltungsvereinfachung oder aus vergleichbaren Gründen keine Zahlungen zu leisten sind.	**in voller Höhe, die Auslagen begrenzt durch die Höchstsätze für die Auslagen 2000 bis 2009**

1 Die Vorschrift stimmt im Haupttext und in der Anm. wörtlich mit KV 9013 GKG überein, daher → GKG KV 9013 Rn. 1 ff.

Nr.	Auslagentatbestand	Höhe
2012	**Beträge, die ausländischen Behörden, Einrichtungen oder Personen im Ausland zustehen, sowie Kosten des Rechtshilfeverkehrs mit dem Ausland** .... Die Beträge werden auch erhoben, wenn aus Gründen der Gegenseitigkeit, der Verwaltungsvereinfachung oder aus vergleichbaren Gründen keine Zahlungen zu leisten sind.	**in voller Höhe**

1 Die Vorschrift stimmt im Haupttext und in der Anm. wörtlich mit KV 9014 GKG überein, daher → GKG KV 9014 Rn. 1.

Nr.	Auslagentatbestand	Höhe
2013	**An den Verfahrensbeistand zu zahlende Beträge** .... **Die Beträge werden von dem Minderjährigen nur nach Maßgabe des § 1808 Abs. 2 Satz 1 und des § 1880 Abs. 2 BGB erhoben.**	**in voller Höhe**
2014	**An den Umgangspfleger sowie an Verfahrenspfleger nach § 9 Abs. 5 FamFG, § 57 ZPO zu zahlende Beträge**	**in voller Höhe**

I. Anwendungsbereich. Beide Vorschriften lehnen sich an KV 9017 GKG an. 1

1. Verfahrensbeistand (KV 2013). Das ist derjenige nach § 158 FamFG (Kindschaftssache), § 174 FamFG (Abstammungssache), § 191 FamFG (Adoptionssache). 2

Unanwendbar ist KV 2013 auf einen Verfahrens**pfleger** zB nach §§ 276, 277 FamFG (Betreuungssache, dort zum Aufwendungsersatz) oder nach §§ 317, 318 FamFG (Unterbringungssache, dort zum Aufwendungsersatz). 3

2. Umgangspfleger, Verfahrenspfleger (KV 2014). Das ist der erstere nach § 1684 III 6 BGB, und es sind die letzteren nach § 9 V FamFG, § 57 ZPO. 4

II. Auslagenhöhe. Es sind alle zu zahlenden Beträge in voller Höhe ersetzbar. „Beträge" ist weit gemeint. 5

Nr.	Auslagentatbestand	Höhe
2015	**Pauschale für die Inanspruchnahme von Videokonferenzverbindungen:** **je Verfahren für jede angefangene halbe Stunde**	**15,00 €**

Es gilt dasselbe wie bei KV 9019 GKG, daher → GKG KV 9019 Rn. 1 ff. 1

Nr.	Auslagentatbestand	Höhe
2016	**Umsatzsteuer auf die Kosten** .... **Dies gilt nicht, wenn die Umsatzsteuer nach § 19 Abs. 1 UStG unerhoben bleibt.**	**in voller Höhe**

IV. Freiwillige Gerichtsbarkeit: Gesetz über Kosten der freiwilligen Gerichtsbarkeit für Gerichte und Notare (Gerichts- und Notarkostengesetz – GNotKG)

Vom 23.7.2013 (BGBl. S. 2586)

FNA 361-6

Zuletzt geändert durch Art. 7 Gesetz vom 31.10.2022 (BGBl. I S. 1966)
Die Anhebung der Gebühren zum 1.1.2021 durch das Kostenrechtsänderungsgesetz 2021 erfasst Altfälle nicht; zur Abgrenzung in zeitlicher Hinsicht vgl. die Dauerübergangsregelung des § 134.

Inhaltsübersicht

Abschnitt 6. Gebührenvorschriften

Abschnitt 7. Wertvorschriften

Unterabschnitt 1. Allgemeine Wertvorschriften

Unterabschnitt 2. Besondere Geschäftswertvorschriften

Unterabschnitt 3. Bewertungsvorschriften

Kapitel 2. Gerichtskosten

Abschnitt 1. Gebührenvorschriften

Abschnitt 2. Wertvorschriften

Unterabschnitt 1. Allgemeine Wertvorschriften

Unterabschnitt 2. Besondere Geschäftswertvorschriften

Unterabschnitt 3. Wertfestsetzung

Vorbemerkung zu § 1

Schrifttum: Bormann/Diehn/Sommerfeldt, GNotKG, 4. Aufl. 2021; Diehn, Notarkostenberechnungen, 7. Aufl. 2021; Diehn/Volpert, Praxis des Notarkostenrechts, 3. Aufl. 2021; Elsing, Fälle und Lösungen zur Abrechnung nach GNotKG, 3. Aufl. 2020; Landesnotarkasse (Hrsg.), Leipziger Kostenspiegel 3. Aufl. 2020; Renner/Otto/Heinze, GNotKG, 3. Aufl. 2021; Rohs/Waldner/Wudy, GNotKG 2021; Tondorf/Schmidt, 50 Tipps zum GNotKG, 2. Aufl. 2018; Waldner, GNotKG für Anfänger, 10. Aufl. 2021; Zu Notarkosten vgl. auch die Schrifttumsübersicht vor § 85.

I. Geschichtliches und Rechtspolitik. Über die Entwicklung unterrichte die früheren Auflagen. 1

II. Anwendungsbereich. Der Geltungsbereich des GNotKG ergibt sich aus § 1. Es gilt danach im Bereich der freiwilligen Gerichtsbarkeit, soweit nicht Sonderregeln wie das FamGKG den Vorrang haben. Es gilt nicht in Justizverwaltungssachen. Für sie gilt vielmehr das JVKostG. Auch im Bereich des GNotKG gelten die KostVfg und das JBeitrG. 2

Die KostO, abgedruckt und kommentiert bis zur 42. Aufl. 2013, ist grundsätzlich durch Art. 45 Nr. 1 2. KostRMoG mit Wirkung zum 1.8.2013 aufgehoben worden. Seitdem ist sie nur noch übergangsweise in den in § 136 definierten Fällen anzuwenden. 3

III. Verfahren. Eine Kostenentscheidung ergeht nur in besonderen Fällen. Die Kostenpflicht ergibt sich im Übrigen unmittelbar aus dem Gesetz. Eine etwaige Kostenfestsetzung regelt sich gemäß § 85 FamFG nach §§ 103ff. ZPO. Sie gehört dann also nach § 21 Nr. 1 RPflG zur Zuständigkeit des Rpfl. 4

Das GNotKG ist seit Inkrafttreten vielfach geändert worden. Seit der Vorauflage wurde das Gesetz durch Art. 15 Abs. 12 Gesetz zur Reform des Vormundschafts- und Betreuungsrechts mit Wirkung vom 1.1.2023 (BGBl. 2021 I 882), durch Art. 24 Abs. 7 Gesetz zur Modernisierung des notariellen Berufsrechts und zur Änderung weiterer Vorschriften mit Wirkung vom 1.8.2021 (BGBl. 2021 I 2154), durch Art. 7 **Gesetz zur Vereinheitlichung des Stiftungsrechts und zur Änderung des InfektionsschutzG mit Wirkung vom 1.7.2023 bzw. 1.1.2026** (BGBl. 2021 I 2947), durch Art. 10 Gesetz zur Umsetzung der DigitalisierungsRL mit Wirkung vom 1.8.2022 (BGBl. 2021 I 3338) und durch Art. 47 **PersonengesellschaftsrechtsmodernisierungsG (MoPeG) mit Wirkung vom 1.1.2024** (BGBl. 2022 I 3436) geändert. 5

Kapitel 1. Vorschriften für Gerichte und Notare

Abschnitt 1. Allgemeine Vorschriften

Geltungsbereich

1 **I Soweit bundesrechtlich nichts anderes bestimmt ist, werden Kosten (Gebühren und Auslagen) durch die Gerichte in den Angelegenheiten der freiwilligen Gerichtsbarkeit und durch die Notare für ihre Amtstätigkeit nur nach diesem Gesetz erhoben.**

II Angelegenheiten im Sinne des Absatzes 1 sind auch

1. **Verfahren nach den §§ 98, 99, 132, 142, 145, 258, 260, 293c und 315 des Aktiengesetzes,**
2. **Verfahren nach § 51b des Gesetzes betreffend die Gesellschaften mit beschränkter Haftung,**
3. **Verfahren nach § 26 des SE-Ausführungsgesetzes,**
4. **Verfahren nach § 10 des Umwandlungsgesetzes,**
5. **Verfahren nach dem Spruchverfahrensgesetz,**
6. **Verfahren nach den §§ 39a und 39b des Wertpapiererwerbs- und Übernahmegesetzes über den Ausschluss von Aktionären,**
7. **Verfahren nach § 8 Absatz 3 Satz 4 des Gesetzes über die Mitbestimmung der Arbeitnehmer in den Aufsichtsräten und Vorständen der Unternehmen des Bergbaus und der Eisen und Stahl erzeugenden Industrie,**
8. **Angelegenheiten des Registers für Pfandrechte an Luftfahrzeugen,**
9. **Verfahren nach der Verfahrensordnung für Höfesachen,**
10. **Pachtkreditsachen nach dem Pachtkreditgesetz,**
11. **Verfahren nach dem Verschollenheitsgesetz,**
12. **Verfahren nach dem Transsexuellengesetz,**
13. **Verfahren nach § 84 Absatz 2 und § 189 des Versicherungsvertragsgesetzes,**
14. **Verfahren nach dem Personenstandsgesetz,**
15. **Verfahren nach § 7 Absatz 3 des Erbbaurechtsgesetzes,**
16. **Verteilungsverfahren, soweit sich die Kosten nicht nach dem Gerichtskostengesetz bestimmen,**
17. **Verfahren über die Bewilligung der öffentlichen Zustellung einer Willenserklärung und die Bewilligung der Kraftloserklärung von Vollmachten (§ 132 Absatz 2 und § 176 Absatz 2 des Bürgerlichen Gesetzbuchs),**
18. **Verfahren über Anordnungen über die Zulässigkeit der Verwendung von Verkehrsdaten,**
19. **Verfahren nach den §§ 23 bis 29 des Einführungsgesetzes zum Gerichtsverfassungsgesetz,**
20. **Verfahren nach § 138 Absatz 2 des Urheberrechtsgesetzes und**
21. **gerichtliche Verfahren nach § 335a des Handelsgesetzbuchs.**

III [1] Dieses Gesetz gilt nicht in Verfahren, in denen Kosten nach dem Gesetz über Gerichtskosten in Familiensachen zu erheben sind. [2] In Verfahren nach der Verordnung (EU) Nr. 655/2014 des Europäischen Parlaments und des Rates vom 15. Mai 2014 zur Einführung eines Verfahrens für einen Europäischen Beschluss zur vorläufigen Kontenpfändung im Hinblick auf die Erleichterung der grenzüberschreitenden Eintreibung von Forderungen in Zivil- und Handelssachen werden Kosten nach dem Gerichtskostengesetz erhoben.

IV Kosten nach diesem Gesetz werden auch erhoben für Verfahren über eine Beschwerde, die mit einem der in den Absätzen 1 und 2 genannten Verfahren im Zusammenhang steht.

V Soweit nichts anderes bestimmt ist, bleiben die landesrechtlichen Kostenvorschriften unberührt für
1. in Landesgesetzen geregelte Verfahren und Geschäfte der freiwilligen Gerichtsbarkeit sowie
2. solche Geschäfte der freiwilligen Gerichtsbarkeit, in denen nach Landesgesetz andere als gerichtliche Behörden oder Notare zuständig sind.

VI Die Vorschriften dieses Gesetzes über die Erinnerung und die Beschwerde gehen den Regelungen der für das zugrunde liegende Verfahren geltenden Verfahrensvorschriften vor.

Übersicht

I. Systematik, I–VI. Die Vorschrift legt den Anwendungsbereich des Gesetzes fest. Sie ähnelt § 1 GKG, § 1 FamGKG, § 1 JVKostG und § 1 GvKostG. Wie das Wort „nur" in I zeigt, enthält das GNotKG nach seinem Grundgedanken eine möglichst abschließende Regelung, „soweit bundesrechtlich nichts anderes bestimmt ist". Es besteht also eine Kostenfreiheit, soweit nicht das Gesetz eindeutig eine Kostenpflicht ausspricht (BVerfG NJW 1996, 3146 (Analogieverbot); BayObLG FamRZ 2004, 1603 (zu § 131); OLG Celle JurBüro 2010, 658). 1

Wegen bundes- oder landesrechtlichen **Vorbehalte** → Rn. 15 ff. Ein Justizverwaltungsgeschäft unterfällt dem JVKostG. 2

Beispiele zur Frage einer Gebühren- und/oder Auslagenfreiheit enthält das umfangreiche ABC im Anh. § 1. 3

II. Normzweck (I–VI). Das vorgenannte Bestreben führt bei einer gerichtlichen wie notariellen Tätigkeit zur Notwendigkeit einer für den jeweiligen Kostenschuldner günstigen Auslegung. Soweit das GNotKG entweder sogar ausdrücklich nach § 2 eine Kostenfreiheit bestimmt oder jedenfalls nicht ausdrücklich Kosten vorsieht, darf man keine Gerichtskosten erheben (OLG Bremen Rpfleger 1989, 172 zum alten Recht). Es besteht also nach → Rn. 1 grundsätzlich ein Analogieverbot. 4

Das bedeutet freilich nicht, dass man beim geringsten Zweifel stets zugunsten des Kostenschuldners entscheiden müsste. Gerade in der „freiwilligen" und in Wahrheit allerdings oft genug auch kostenstreitigen Gerichtsbarkeit soll der Bürger sein Recht nicht stets schon wegen irgendwelcher Unklarheiten des Gesetzes auf Kosten der Staatskasse erhalten. Sie kann im Übrigen durchaus auch selbst eine Kostenschuldnerin sein, soweit sie nicht ausdrücklich Kostenfreiheit erhalten hat. Angebracht erscheint eine Handhabung, die eine Abwägung vornimmt und erst bei einem echten Zweifel dem Wort „nur" in I den Ausschlag gibt. 5

III. Anwendungsbereich (I–VI). Es sind folgende Fallgruppen zu unterscheiden: 6

1. Angelegenheiten der freiwilligen Gerichtsbarkeit (I, II). Das GNotKG insgesamt bezieht sich auf die Angelegenheiten der freiwilligen Gerichtsbarkeit. 7

„Angelegenheit" meint dabei das bestimmte einzelne Verfahren nach dem FamFG, soweit seine Kosten nicht nach III unter das FamGKG fallen. Das gilt einschließlich aller Neben- und Folgeverfahren derselben Art, auch zB einer Verfahrenskostenhilfe nach §§ 76 ff. FamFG, §§ 114 ff. ZPO, oder einer Beschwerde oder Kostenfestsetzung oder Wertfestsetzung etwa nach § 33 RVG, oder der Eintragung nach §§ 866 ff. ZPO. 8

„Freiwillige Gerichtsbarkeit" gehört zur konkurrierenden Gesetzgebung des Bundes nach Art. 74 Nr. 1 GG (Bürgerliches Recht). Sie ist ein nicht gesetzlich 9 bestimmter Begriff. Zur freiwilligen Gerichtsbarkeit gehören die Gerichtsverfahren auf dem Gebiet des bürgerlichen Rechts, die nach dem Prozessrecht, insbesondere der ZPO, nicht der streitigen Gerichtsbarkeit zugewiesen sind (siehe dazu auch BeckOK KostR/Neie GNotKG § 1 Rn. 6). Das Gesetz meint insbesondere alle diejenigen Geschäfte, die sich nach einer gesetzlichen Regelung entweder durch ihre amtliche Bezeichnung oder durch die Zuordnung zu einem Organ oder zu einer Verfahrensart gerade vor Gericht im Rahmen des FamFG abspielen. Dies gilt auch für Neben- und Folgesachen. Auf die „wahre Natur" des Geschäfts kommt es insofern nicht an.

10 **II Nr. 1–21** nennen in einer nur beispielhaften Aufzählung Angelegenheiten nach I. Das zeigt das Wort „auch" vor Nr. 1.

11 Umgekehrt kann zB eine **Zwangsvollstreckung** in das unbewegliche Vermögen etwa bei § 866 ZPO in den Formen der freiwilligen Gerichtsbarkeit durch das Grundbuchamt erfolgen. Insoweit ist sie eine Angelegenheit der freiwilligen Gerichtsbarkeit.

12 Es ist unerheblich, welches Geschäft nach der Ansicht des **Kostenbeamten** oder des über den Kostenansatz entscheidenden Gerichts notwendig gewesen wäre (BayObLGZ 79, 181).

13 **2. Notarkosten.** Auch die Kosten für die Amtstätigkeiten von Notaren (vgl. dazu den 3. Abschnit der BNotO) werden nach dem GNotKG erhoben, sofern aus Bundesrecht nichts anderes folgt. Das gilt für die Amtstätigkeiten von Nurnotaren (§ 3 Abs. 1 BNotO) und von Anwaltsnotaren (§ 3 Abs. 2 BNotO).

14 **3. Justizverwaltungssachen.** Das GNotKG gilt nicht für Justizverwaltungssachen.

15 **4. Bundes- und landesrechtlicher Vorbehalt (I, V).** Angelegenheiten der freiwilligen Gerichtsbarkeit, deren Kosten gemäß § 1 I aufgrund **bundesrechtlicher Vorschriften** nicht nach dem *GNotG* erhoben werden sind zB § 13 I GBMaßnG, § 102 SachenRBerG und § 132 V AktG.

16 Die Tätigkeit des **Rechtsanwalts** oder des **Gerichtsvollziehers** erhält auch in einer Angelegenheit der freiwilligen Gerichtsbarkeit nur nach dem RVG oder nach dem GvKostG eine Vergütung, dort jeweils § 1.

17 Über die Anwendung des GNotKG im Verfahren nach II Nr. 17 (OLG Düsseldorf NZG 2015, 1111). Im Verfahren nach dem **PsychKG** entstehen nach § 40 PsychKG keine Kosten, also auch keine erstattungspflichtigen Auslagen (aA LG Essen Rpfleger 1984, 119 (abl. Schulte)).

18 § 1 V stellt klar, dass die **landesrechtlichen Kostenvorschriften** anwendbar bleiben für landesgesetzlich geregelte Verfahren und Geschäfte der freiwilligen Gerichtsbarkeit (Nr. 1) sowie für solche Geschäfte der freiwilligen Gerichtsbarkeit, in denen nach Landesgesetz andere als gerichtliche Behörden oder Notare zuständig sind (Nr. 2).

19 Bei einer **Verweisung** aus dem Bereich des GKG, in denjenigen des GNotKG gilt wegen der Gebühren das letztere und wegen der Auslagen das Recht der Entstehung. Bei der umgekehrten Verweisung gilt dasselbe.

20 **5. Unanwendbarkeit bei FamGKG- und EuKoPf-Sache (III).** Die Vorschrift stellt den Vorrang des FamGKG klar. Seinen Anwendungsbereich klärt § 1 FamGKG: Familiensachen nach § 111 Nr. 1–11 FamFG, sowie Vollstreckung nach § 120 FamFG, ferner OLG-Verfahren nach § 107 FamFG, einschließlich damit zusammenhängenden Verfahren; zB Beschwerden, ausschließlich Mahnverfahren, vgl. § 1 I FamGKG.

21 **Unanwendbar** ist das GNotKG ferner im Verfahren nach §§ 946 ff. ZPO zur vorläufigen Pfändung bei einem Europäischen Beschluss dazu. Dann gilt das GKG.

22 **6. Beschwerdesache (IV).** Die Vorschrift stellt wie § 1 IV GKG klar, dass auch ein solches Beschwerdeverfahren dem GNotKG unterfällt, das ein bloßes Nebenverfahren darstellt, etwa bei einer Rechtshilfe nach § 159 GVG oder bei einer Ungebühr nach § 181 GVG. „Im Zusammenhang" steht auch eine Beschwerde gegen eine Verweisung oder Abgabe.

23 **IV. Kostenbegriff (I).** Kosten sind auch im Rahmen des GNotKG nach dem klaren Wortlaut von I Gebühren und Auslagen, also zB auch Sachverständigenkosten.

24 **V. Vorrang des GNotKG bei Rechtsbehelfen (VI).** Er gilt bei §§ 81–84, 127–130.

Anhang zu § 1. Beispiele zur Frage einer Gebühren- und/oder Auslagenfreiheit

Ablichtung, Ausdruck: Es gilt KV 3100 (grds. keine Gebührenfreiheit).

Akteneinsicht: Gerichtsgebührenfrei ist wegen des Worts „nur" in § 1 I die Akteneinsicht oder die Einsicht ins Grundbuch.

Aktenversendung: Es gilt KV 31003. Gerichtsauslagenfrei ist sie nach § 26 II gegenüber demjenigen, der die Versendung oder elektronische Übermittlung gar nicht beantragt hat.

Allgemeine Geschäftskosten: Notarauslagenfrei sind seine derartigen Aufwendungen. Denn seine Gebühren decken diese Aufwendungen nach der Vorb. 3.2 I mit ab.

Antragsentgegennahme: → „Entgegennahme".

Aufsuchen: Notargebührenfrei ist wegen des Worts „nur" in § 1 I das Aufsuchen einer vom Notar aufgenommenen oder verwahrten Urkunde..

Auftragslosigkeit: Notarauslagenfrei sind solche Aufwendungen, die der Notar außerhalb eines ausdrücklichen Auftrags für Rechnung eines Beteiligten erbringt, vgl. KV 32015.

Ausscheidung eines Grundstücks: Gerichtsgebührenfrei ist wegen des Worts „nur" in § 1 I die nachträgliche Ausscheidung eines Grundstücks aus dem Grundbuch.

Beglaubigung: → „Ablichtung, Ausdruck", → „Unterschriftsbeglaubigung". Notargebührenfrei ist nach KV 25102 Anm. II Nr. 1 die Beglaubigung von Kopien oder Ausdrucken einer vom Notar aufgenommenen oder entworfenen oder in Urschrift in seiner dauernden Verwahrung befindlichen Urkunde und im Fall des KV 25102 Anm. II Nr. 2 (Beglaubigung bestimmter Vollmachten und Ausweise uber die Berechtigung eines gesetzlichen Vertreters).

Bekanntmachung: Gerichtsauslagenfrei ist die Bekanntmachung in einem elektronischen Informations- und Kommunikationssystem dann, wenn das Entgelt nicht für den Einzelfall oder nicht für ein einzelnes Verfahren berechnet wird, vgl. KV 31004 Anm.

Berufsständisches Organ: Es ist gebührenfrei im Rahmen seiner Beteiligung nach § 380 FamFG, vgl. Vorb. 1. 3 II Nr. 3.

Bescheinigung: KV 25104 entsteht nicht bei einer Betreuungstätigkeit nach KV 22200, vgl. KV 25104 Anm.

Beschluss: → „Entscheidung".

Beschwerde gegen Kostenansatz: Vgl. § 81 VIII 1.

Beschwerde gegen Vorauszahlungsanordnung: Vgl. § 82 II iVm § 81 VIII 1.

Beschwerde gegen Wertfestsetzung: Vgl. § 83 III 1.

Beschwerdeerfolg: Gerichtsauslagenfrei ist die Tätigkeit nach der Vorb. 3.1 I Hs. 1 wegen einer für begründet befundenen Beschwerde grds. dann, wenn das Beschwerdeverfahren gerichtsgebührenfrei ist. Wegen einer Ausnahme dort Hs. 2.

Beurkundung außerhalb Vertrag: Gerichtsauslagenfrei ist bei einer solchen „sonstigen" Beurkundung für jeden Beteiligten und Bevollmächtigten eine Ausfertigung, eine Kopie oder ein Ausdruck nach KV 31000 Anm. III Nr. 1 Hs. 2.

Blinder, Sehbehinderter: Gerichtsauslagenfrei ist jedes Zugänglichmachen eines für ihn bestimmten gerichtlichen Dokuments nach KV 31000 Anm. IV in Verbindung mit § 191a I 5 GVG. Dasselbe gilt nach KV 31005 Anm. II für denjenigen Betrag, den die Staatskasse zur Heranziehung eines Fachmanns nach § 191a I GVG gezahlt hat oder zahlen muss.

Bund: Vgl. § 2.

Dokumentenpauschale: Notarauslagenfrei ist der Vorgang neben einer Gebühr für Dokumentenbeglaubigung nach KV 25102 Anm. I.

Einstweilige Anordnung: Gebührenfrei ist sie im Rahmen einer Betreuung oder Pflegschaft nach KV 16110 Anm.

Eintragungsvermerk: Gerichtsgebührenfrei ist er neben der eigentlichen Eintragung einer Belastung nach KV 14120 ff., obwohl es keine ausdrückliche Regelung dazu mehr gibt. Denn das Wort „nur" in § 1 I gilt auch hier.

Entgegennahme: Gerichtsgebührenfrei ist wegen des Worts „nur“ in § 1 I die bloße Entgegennahme eines Antrags oder einer Erklärung, soweit nicht das Gesetz ausdrücklich das Gegenteil bestimmt. Das gilt zB im Grundbuchbereich.

Eine **Verfahrensgebühr** kann freilich schon mit der ersten zugehörigen Tätigkeit und daher auch schon mit der Entgegennahme des zugehörigen Antrags usw entstehen.

Entscheidung: Gerichtsauslagenfrei ist eine vollständige Ausfertigung oder Kopie oder ein vollständiger Ausdruck sowie eine Ausfertigung ohne Begründung nach KV 31000 Anm. III Nr. 2 Hs. 1, Nr. 3.

Erbeintragung: Gebührenfrei ist seine Eintragung nach KV 14110 Anm. I dann, wenn der Antrag binnen zwei Jahren seit dem Erbfall beim Grundbuch eingeht.

Erbenermittlung: Nicht (mehr) gerichtsgebührenfrei ist entgegen dem früheren § 105 KostO eine solche Tätigkeit im Rahmen eines zB nach KV 12210 stattfindenden Verfahrens über einen Erbscheinsantrag usw.

Erinnerung: Vgl. § 81 VIII.

Erlöschen der Zahlungspflicht: Vgl. § 28.

Ersuchen des Gerichts: → „Gerichtsersuchen“.

Gebärdendolmetscher: Gerichtsauslagenfrei ist ein solcher Betrag, den die Staatskasse an einen solchen Dolmetscher nach § 186 I GVG zahlt, vgl KV 31005 Anm. II.

Gesuch: → „Entgegennahme“.

Gegenstandsloses Recht: Gerichtsgebührenfrei ist eine Löschung in solchem Fall nach der Vorb. 1.4 II Nr. 1 Fall 2. Zwar verweist diese Vorschrift nur auf § 53 GBO, nicht auch auf § 84 GBO. Indessen stellt auch die Löschung wegen Gegenstandslosigkeit eine Löschung wegen Unrichtigkeit dar.

Geldverwahrung: Nach KV 25300 notargebührenfrei ist sie neben der Gebühr KV 23400, 23401 für die Tätigkeit beim Wechsel- oder Scheckprotest nach der Vorb. 2.3.4.

Gerichtsersuchen: Gebührenfrei ist grds. eine Eintragung oder Löschung auf Ersuchen oder Anordnung eines Gerichts nach der Vorb. 1.4 II Nr. 2 Hs. 1. Wegen einiger **Ausnahmen** dort Hs. 2.

Geschäftsreise: Notarauslagenfrei sind diejenigen Ausgaben des Notars anlässlich einer Geschäftsreise, die nach KV 32009 unangemessen hoch sind.

Gesetzliche Kostenfreiheit bei Gerichtskosten: Vgl. § 2.

Gesellschaftsvertrag: Notargebührenfrei ist bei seiner Änderung eine zum Register notwendige Bescheinigung des neuen Wortlauts nach der Vorb. 2.1 II Nr. 4.

Grundbuchblattanlegung: Gerichtsgebührenfrei ist wegen des Worts „nur“ in § 1 I die Anlegung eines Grundbuchblatts für ein noch nicht im Grundbuch eingetragenes oder aus dem Grundbuch ausgeschiedenes Grundstück.

Grundstücksversteigerung: → „Zuschlag“.

Haftpflichtversicherung: Notarauslagenfrei ist diejenige Prämie, die für eine solche Versicherung anfällt, die der Notar **nicht** auf Grund eines schriftlichen Verlangens eines Beteiligten abgeschlossen hat, nach KV 32012. Vgl. aber auch KV 32013.

Insolvenz: Gebührenfrei ist nach § 58 I 2 eine von Amts wegen notwendige Eintragung nach § 395 FamFG. Gebührenfrei ist eine Eintragung oder Löschung statt auf Ersuchen des Insolvenzgerichts auf ein Ersuchen oder einen Antrag des Verwalters, hilfsweise des Schuldners nach der Vorb. 1.4 II Nr. 3.

JVEG: Siehe bei den einzelnen dort behandelten Personen nach KV 31005 Anm. II.

Kostenfestsetzung: Gerichtskostenfrei ist wegen des Worts „nur“ in § 1 I die erstinstanzliche Festsetzung und das Beschwerdeverfahren dazu.

Kurzfassung: Gerichtsauslagenfrei ist für jeden Beteiligten und Bevollmächtigten eine Ausfertigung ohne Begründung nach KV 31000 Anm. III Nr. 3.

Land: Vgl. § 2.

Landpachtvertrag: Gerichtsgebührenfrei können nach der Vorb. 1.5.1 II die Landwirtschaftsbehörde, Genehmigungsbehörde und übergeordnete Behörde sein.

Legalisation: Nicht (mehr) notargebührenfrei ist ihre Erwirkung bei eigener Unterschrift, soweit sie unter KV 25207, 25208 fällt.

Löschung wegen Unzulässigkeit: Gebührenfrei ist eine Löschung einer unzulässigen Eintragung nach § 395 FamFG, § 58 I 2 nach der Vorb. 1.3 II Nr. 2.
Löschungsvormerkung: Gebührenfrei ist ihre Eintragung nach KV 14130 Anm. I 2 dann, wenn sie zugunsten des Berechtigten gleichzeitig mit dem Antrag auf Eintragung des Rechts beantragt wird.
Nichterhebung: Vgl. § 21.
Niederschlagung: Vgl. § 21.
Niederschrift: Gerichtsauslagenfrei ist für jeden Beteiligten und Bevollmächtigten eine Kopie oder ein Ausdruck jeder Niederschrift über eine Sitzung nach KV 31000 Anm. III Nr. 4.
Öffentliche Anstalt, Kasse: Vgl. § 2.
Ordnungshaftkosten: Gerichtsauslagenfrei ist nach KV 31011 Anm. S. 2 derjenige Betrag, den die Staatskasse bei einem Gefangenen im Strafvollzug nicht erheben würde oder dürfte.
Pachtkreditsache: Gebührenfrei ist eine Bescheinigung über die erfolgte Niederlegung eines Verpfändungsvertrags nach KV 15112 Anm. II S. 2 neben der Niederlegungsgebühr.
Paraphe: → „Unterschriftsbeglaubigung".
Personenstandssache: Gebührenfrei ist ein Verfahren nach dem PStG nach der Vorb. 1.5.2 soweit weder eine Zurücknahme des Antrags noch eine Zurückweisung erfolgt.
Pfleger: Gebührenfrei sind Bestellung und Aufhebung nach der Vorb. 1 III für ein im GNotKG geregeltes Verfahren.
Post- und Telekommunikationsdienstleistung: Notarauslagenfrei sind diejenigen Entgelte, die dem Notar gerade neben den für solchen Verbindungsweg entstandenen und nach KV 32004 in voller Höhe zu erstattenden Unkosten auch für ihre Geltendmachung erwachsen, also zB nach KV 32004 Anm. I für das Porto, mit dem er den Brief mit seiner Rechnung befördern lässt.
Protokoll: → „Niederschrift".
Rangbereinigung: Gerichtsgebührenfrei ist zumindest eine von Amts wegen erfolgende Klärung nach §§ 90 ff., 102 II, 111 GBO. Das ergibt sich aus der Vorb. 1.4 II Nr. 2 Hs. 1.

Freilich kann das Grundbuchamt eine **Kostenauferlegung** nach § 114 GBO vornehmen.
Rechtskraftzeugnis: Gerichtsgebührenfrei ist wegen des Worts „nur" in § 1 I seine Erteilung.
Registersache: → „Berufsständisches Organ".
Schiffsflagge – Heimathafen: Gerichtsgebührenfrei ist eine zugehörige Eintragung wegen des Worts „nur" in § 1 I.
Schiffskennzeichen: Gerichtsgebührenfrei ist wegen des Worts „nur" in § 1 I die Eintragung seiner Veränderung. Denn es liegt kein Schiffszertifikat oder Schiffsbrief nach KV 14260, 14261 vor.
Tages- und Abwesenheitsgeld: Notarauslagenfrei ist insoweit eine Tätigkeit neben einer Gebühr für ein Geschäft außerhalb der Geschäftsstelle nach KV 26002, KV 32008 Anm.
Teileigentum: → „Wohnungseigentum".
Übereinstimmungszweck: Gerichtsgebührenfrei sein kann eine Eintragung oder Löschung zwecks Übereinstimmung zwischen Grundbuch und Verzeichnis nach § 2 II GBO wegen § 53 GBO nach der Vorb. 1.4 II Nr. 1.
Übermittlung: Notargebührenfrei ist sie neben einem Beurkundungsvorgang nach der Vorb. 2.1 II Nr. 1.
Übersetzer: Gerichtsauslagenfrei ist ein solcher Betrag, den die Staatskasse an einen Dolmetscher im Fall KV 31005 Anm. II zahlen muss (Erfüllung der Rechte blinder oder sehbehinderter Personen).
Umsatzsteuer: Notarauslagenfrei ist nach KV 32014 die vom Notar auf seine Kostenforderung zu zahlende Umsatzsteuer soweit, als er als sog. Kleinunternehmer nach § 19 I UStG steuerfrei ist.
Unrichtigkeit des Grundbuchs: → „Widerspruch von Amts wegen".
Unrichtige Sachbehandlung: Vgl. § 21.

Unterhalt: Gebührenfrei ist die Beurkundungen nach § 67 Abs. 1 BeurkG und die Bezifferung dynamisierter Unterhaltstitel zur Zwangsvollstreckung im Ausland nach Vorb. 2 III.

Unterschriftsbeglaubigung: Notargebührenfrei ist ihre erstmalige Vornahme an demselben Tag wie unter einem von diesem Notar gefertigten Entwurf nach der Vorb. 2.4.1 II und nach KV 25100 Anm. I.

Unübersichtlichkeit des Grundbuchs: Gerichtsgebührenfrei sein kann eine Umschreibung aus solchem Grund wegen § 53 GBO nach der Vorb. 1.4 II Nr. 1.

Urteil: → „Entscheidung".

Vaterschaft: Gebührenfrei ist beim Notar die Beurkundung einer Anerkennung der Vaterschaft nach § 62 I Nr. 1 BeurkG nach der Vorb. 2 III.

Verein: Es gibt mehrere Gebührenfreiheiten.

- **(Entziehung der Rechtsfähigkeit):** Gebührenfrei ist beim Verein die Eintragung dieser Entziehung nach KV 13101 amtliche Anm. III Nr. 5.
- **(Erlöschen):** Gebührenfrei ist die Eintragung des Erlöschens des Vereins nach KV 13101 Anm. III Nr. 1.
- **(Fortführung):** Gebührenfrei ist die Eintragung einer Fortführung als nichtrechtsfähiger Verein nach KV 13101 Anm. III Nr. 3.
- **(Liquidationsbeendingung):** Gebührenfrei ist beim Verein ihre Eintragung nach KV 13101 Anm. III Nr. 2.
- **(Registerblatt):** Gebührenfrei ist beim Verein die Schließung des Registerblatts nach KV 13101 Anm. III hinter Nr. 5.
- **(Verzicht auf Rechtsfähigkeit):** Gebührenfrei ist beim Verein eine Eintragung eines solchen Vorgangs nach KV 13101 Anm. III Nr. 4.

Vereinigung mehrerer Grundstücke: → „Zuschreibung".

Verfahrenspfleger: Gebührenfrei sind Bestellung und Aufhebung für ein im GNotKG geregeltes Verfahren. Die Vergütung des Verfahrenspflegers sind Gerichtskosten (Auslagen).

Verfügung: → „Entscheidung".

Vergleich: Zumindest die Gebühr KV 17005 entsteht nach KV 17005 Anm. nicht im Verfahren über die Prozess- oder Verfahrenskostenhilfe.

Gerichtsauslagenfrei ist bei jedem vor Gericht abgeschlossenen Vergleich für jeden Beteiligten oder Bevollmächtigten eine vollständige Ausfertigung oder Kopie oder ein vollständiger Ausdruck nach KV 31000 Anm. III Nr. 2 Hs. 2.

Vermögensverzeichnis: Notargebührenfrei ist eine Aufnahme als bloßer Teil eines beurkundeten Vertrags nach KV 23500 Anm.

Versteigerung: → „Zuschlag".

Vertragsbeurkundung: Gerichtsauslagenfrei sind für jeden Beteiligten und seinen Bevollmächtigten zwei Ausfertigungen, Kopien oder Ausdrucke nach KV 31000 Anm. III Nr. 1.

Verweisung: Vgl. § 5 II 1.

Kein Vollzugsauftrag: Notargebührenfrei ist grds. eine solche Vollzugstätigkeit, für die der Notar nach der Vorb. 2.2 I keinen „besonderen" Auftrag erhalten hat. Wegen einiger Ausnahmen dort Hs. 2.

Vollzug einer Erklärung: Notargebührenfrei ist die Anforderung und Prüfung einer Erklärung nach der Vorb. 2.2.1.1 III, 2.2.1.2 Nr. 1 dann, wenn bei demselben Notar wegen dieser Erklärung schon eine Beurkundungs- oder Entwurfsgebühr entstanden war.

Vollzugsbeanstandung: Notargebührenfrei ist die Erledigung einer Beanstandung einschließlich eines Beschwerdeverfahrens neben einer Gebühr KV 22120–22122 nach KV 22123 Anm.

Vollzugsurkunde: Notargebührenfrei ist nach KV 22122 Anmerkung die Überprüfung ihrer Einreichbarkeit dann, wenn schon eine Gebühr KV 22120 oder 22121 entstanden ist oder entstehen wird.

Vormerkung von Amts wegen: Gebührenfrei ist nach der Vorb. 1.4 II Nr. 1 ihre Eintragung oder Löschung nach § 18 II GBO.

Widerspruch von Amts wegen: Gebührenfrei ist seine Eintragung oder Löschung nach §§ 18 II, 53 GBO nach der Vorb. 1.4 II Nr. 1.

Wohnungseigentum: Gebührenfrei ist die Eintragung seiner Begründung oder Aufhebung ohne weitergehende Veränderung der Verhältnisse nach KV 14110 Anmerkung II.

Zuschlag: In der freiwilligen Versteigerung eines Grundstücks notargebührenfrei ist die Beurkundung des Zuschlags unter den in KV 23603 Anm. S. 1 Nr. 1–3, S. 2 genannten Voraussetzungen.

Zuschreibung: Nicht (mehr) gebührenfrei ist dieser Vorgang nach KV 14160 Nr. 3.

Zustellung: Gerichtsauslagenfrei sind neben einer Gebühr nach einem Geschäftswert die ersten 10 Zustellungen je Rechtszug nach KV 31002 Anm.

Zweiter Notar: Notargebührenfrei ist seine Zuziehung neben einer Tätigkeit außerhalb der Geschäftsstelle nach KV 26002, 26003, KV 25205 Anm. I.

Zwischenverfügung des Grundbuchamts: Gerichtsgebührenfrei ist eine solche nach § 18 I GBO wegen des Worts „nur" in § 1 I trotz des Umstands, dass die Vorb. 1.4 II den § 18 I GBO nicht miterwähnt.

Kostenfreiheit bei Gerichtskosten

2 **I 1 Der Bund und die Länder sowie die nach Haushaltsplänen des Bundes oder eines Landes verwalteten öffentlichen Anstalten und Kassen sind von der Zahlung der Gerichtskosten befreit. 2 Bei der Vollstreckung wegen öffentlich-rechtlicher Geldforderungen ist maßgebend, wer ohne Berücksichtigung des § 252 der Abgabenordnung oder entsprechender Vorschriften Gläubiger der Forderung ist.**

II Sonstige bundesrechtliche oder landesrechtliche Vorschriften, die eine sachliche oder persönliche Befreiung von Gerichtskosten gewähren, bleiben unberührt.

III 1 Soweit jemandem, der von Gerichtskosten befreit ist, Kosten des Verfahrens auferlegt werden, sind Kosten nicht zu erheben; bereits erhobene Kosten sind zurückzuzahlen. 2 Das Gleiche gilt, außer in Grundbuch- und Registersachen, soweit ein von der Zahlung der Kosten befreiter Beteiligter die Kosten des Verfahrens übernimmt.

IV Die persönliche Kosten- oder Gebührenfreiheit steht der Inanspruchnahme nicht entgegen, wenn die Haftung auf § 27 Nummer 3 beruht oder wenn der Kostenschuldner als Erbe nach § 24 für die Kosten haftet.

V Wenn in Grundbuch- und Registersachen einzelnen von mehreren Gesamtschuldnern Kosten- oder Gebührenfreiheit zusteht, so vermindert sich der Gesamtbetrag der Kosten oder der Gebühren um den Betrag, den die befreiten Beteiligten den Nichtbefreiten ohne Berücksichtigung einer abweichenden schuldrechtlichen Vereinbarung aufgrund gesetzlicher Vorschrift zu erstatten hätten.

Übersicht

1 **I. Systematik (I–V).** III entspricht praktisch wörtlich dem § 2 V GKG. Daher dazu auch → GKG § 2 Rn. 32 ff.

2 **II. Regelungszweck (I–V).** Die recht erheblichen Kostenfreiheiten nach § 2 dienen der Vereinfachung: Ein unnötiges Hin und Her zwischen den rechten und linken Taschen der öffentlichen Hand bringt nur einen zusätzlichen vermeidbaren Aufwand. Es ist ohnehin nach § 1 I in gewissen Grenzen eine kostenschuldnergünstige Handhabung notwendig. Das Gericht ist auch primär nicht eine Eintreibstelle für Staatseinnahmen. Daher sollte man die Vorschrift nicht zu eng auslegen.

3 Andererseits bedeutet das keine beliebig ausdehnbare Grauzone der Kostenfreiheit zugunsten aller möglichen amtlichen oder halbamtlichen Stellen oder Organisationen, deren Verwaltung eben nicht eindeutig nach echten Haushaltsplänen erfolgt.

4 **III. Bundesrecht (I, II).** Man muss vier Aspekte unterscheiden.

1. Persönliche Kostenfreiheit. Die Stellen I, II sind grundsätzlich dieselben wie bei § 2 I, III GKG. Vgl. daher die dortigen Erläuterungen. Indessen besteht im Bereich der freiwilligen Gerichtsbarkeit evtl. auch dann eine Kostenfreiheit, wenn sie im entsprechenden Bereich der streitigen Gerichtsbarkeit fehlt. Diese Kostenfreiheit ist zum Teil eine persönliche Befreiung, zum Teil eine sachliche Befreiung von Kosten. Eine Einschränkung bringt IV.

5 Wenn auf Grund des Ersuchens einer den Fiskus vertretenden **Verwaltungsbehörde** eine **Rechtsänderung** im Grundbuch steht, etwa nach der AO, ist derjenige der Kostenschuldner, auf dessen Kosten die Eintragung geschieht, also der Steuerschuldner usw.

6 **Keine** Kostenfreiheit besteht für eine Kommune selbst dann, wenn sie im Interesse des Bundes oder eines Landes tätig wird (OLG München NVwZ-RR 2010, 90).

7 **2. Sachliche Kostenfreiheit.** Zunächst → Rn. 3 ff. Eine sachliche Kostenfreiheit besteht in vielen gesetzlich besonders geordneten Fällen. Sie kann auch ein Nebengeschäft erfassen.

3. Beispiele zur Frage einer sachlichen Kostenfreiheit (I, II)

8 **§ 151 III BauGB:** Kostenfreiheit besteht bei einem solchen Erwerbsvorgang. → § 3 Anh. Rn. 1 f.

GenG: Kostenfreiheit besteht bei einem Verfahren des Erstgerichts über eine Eintragung im Genossenschaftsregister (die Postgebühren und die Auslagen für Ausfertigungen und Ablichtungen sind aber nach § 83 GNotKG erstattungspflichtig).

§ 11 I 2 GräberG: Kostenfreiheit besteht bei einer solchen Amtshandlung.

§ 117 LAG: Kostenfreiheit besteht in diesem Fall.

Art. 3 PTNeuOG: Kostenfreiheit besteht für ein Geschäft im Zusammenhang mit dem Vollzug des PostUmwG.

§ 64 II 1 SGB X: Kostenfreiheit besteht bei einem Geschäft aus Anlass der Erbringung einer Sozialleistung (OLG Köln Rpfleger 1990, 64), zB bei Eintragung einer Sicherungshypothek nach dem Übergang nach § 116 SGB X, für die Erteilung eines Handelsregisterauszugs (AG Moers NJW-RR 2005, 511).

§ 12 S. 2 VerkFlBerG: Kostenfreiheit besteht in einem Verfahren nach dem als Art. 1 GrundRBerG eingeführten § 12 S. 2 VerkFlBerG für Gerichtskosten nach dem GNotKG.

§ 34 II 4 VermG: Kostenfreiheit besteht in diesem Fall. Die Vorschrift ist freilich eng auslegbar (BezG Erfurt Rpfleger 1993, 152).

9 **4. Notar.** Für ihn gelten die Ermäßigungsmöglichkeiten nach § 91.

10 **5. Niederschlagung.** Eine Kostenniederschlagung im Gnadenweg hat mit der Gebührenfreiheit nichts zu tun. Im Übrigen → GKG § 21 Rn. 1 ff.

11 **IV. Landesrecht (I, II).** Das Landesrecht gibt sowohl für eine sachliche als auch für eine persönliche Kostenfreiheit recht uneinheitliche Vorschriften. Landesrecht befreit auch den Kostenschuldner eines anderen Bundeslandes. Es befreit aber nicht vor dem BGH, BGH MDR 1998, 680. I, II hält diesen Rechtszustand aber bis zum Inkrafttreten einer noch nicht absehbaren bundeseinheitlichen Regelung des gesamten Bereichs der Kostenfreiheit aufrecht.

Zu den Einzelheiten der landesrechtlichen Kostenfreiheiten → GKG § 2 Rn. 25 ff. 12

V. Kirche (I, II). Sie hat keine generelle Kostenfreiheit (BVerfG NVwZ 2001, 318, BVerwG JurBüro 1996, 319, 546). Zur Gebührenbefreiung der Neuapostolischen Kirche vgl. BVerfG DNotZ 1966, 52. 13

VI. Bedeutung der Kostenfreiheit (III). → Rn. 1 und daher → GKG § 2 Rn. 32 ff. 14

VII. Einschränkungen (IV). Bei einer überhaupt an sich kosten- oder doch gebührenpflichtigen gerichtlichen Tätigkeit stellt eine persönliche Kosten- oder Gebührenfreiheit formell eine Ausnahme dar. IV schränkt diese Ausnahme wiederum ein. 15

Eine persönliche Gebührenfreiheit entfällt, wenn eine der in IV genannten Situationen eintritt. In allen Fällen ist es dabei unerheblich, auf welchen Umstand die grundsätzliche persönliche Kosten- oder Gebührenfreiheit beruhte. 16

1. Haftung kraft Gesetzes. Trotz einer persönlichen Kosten- oder Gebührenfreiheit besteht eine Haftung dann, wenn sie nach § 24 oder nach § 27 Nr. 3 kraft Gesetzes entsteht. Unberührt bleibt ein etwaiger Erstattungsanspruch des Haftungsschuldners im Innenverhältnis etwa nach § 426 II BGB oder nach § 110 HGB. 17

2. Erbe. Dazu Schneider Rpfleger 2017, 13 (Üb.): Trotz einer persönlichen Kosten- oder Gebührenfreiheit haftet der Kostenschuldner nach § 24, soweit er ein Erbe eines kosten- oder gebührenpflichtigen Kostenschuldners ist (vgl. dazu OLG Naumburg Rpfleger 2016, 248 zu § 24 Nr. 9). 18

3. Haftungsübernahme. Ein an sich Gebührenfreier haftet, soweit er die Gebühren eines nicht Befreiten nach übernimmt (OLG Jena JurBüro 2016, 202). 19

VIII. Grundbuch- und Registersache (V). Durch V soll verhindert werden, dass ein nicht befreiter Gebührenschuldner in voller Höhe zur Zahlung von Gebühren herangezogen wird und anschließend aufgrund einer gesetzlichen Ausgleichspflicht beim anderen kostenbefreiten Gebührenschuldner Rückgriff nimmt (OLG Karlsruhe FGPrax 2006, 179; OLG Brandenburg, OLGR 2006, 151 jeweils zu § 13 KostO). Ist einer von mehreren gem. § 32 I als Gesamtschuldner haftenden Kostenschuldnern gebührenbefreit, muss grundsätzlich der nicht befreite Kostenschuldner die Kosten allein tragen. Der nicht befreite Kostenschuldner profitiert von der Kostenbefreiung in solchen Fällen dann, wenn ihm der befreite Kostenschuldner die Gebühren aufgrund einer gesetzlichen Vorschrift zu erstatten hat, die die Kostentragung im Verhältnis der Beteiligten unmittelbar regeln (OLG Brandenburg, OLGR 2006, 151zu § 13 KostO). **Solche Vorschriften** sind zB § 426 I BGB (Gesamtschuldnerausgleich, NK-GK/Fackelmann § 2 Rn. 73; streitig aA zB LG Bonn Rpfleger 1985, 458); § 448 II BGB (Kostentragung durch den Käufer für die Beurkundung des Kaufvertrags und der Auflassung) und § 788 ZPO (Kosten der Zwangsvollstreckung) sowie zwingende Vorschriften des öffentlichen Rechts. **Keine Vorschrifen** im Sinne des V sind Regelungen, aus denen eine Erstattungspflicht des befreiten Kostenschuldners nur mittelbar folgt, zB ein Schadensersatz- oder Entschädigungsanspruch, der die Erstattung von Kosten umfasst (Bormann/Diehn/Sommerfeldt/Neie § 2 Rn. 39). 20

V ist nicht anwendbar, wenn der weitere Kostenschuldner nach IV in Anspruch genommen werden kann. Denn in diesem Fall liegt keine Kosten- oder Gebührenfreiheit im Sinne des V vor. 21

1. Verminderung der Gesamtkosten oder Gesamtgebühr. Nach V vermindert sich die Gesamtlast um den vom Befreiten an den Nichtbefreiten zu erstattenden Betrag. Bei zwei Gesamtschuldnern nach § 426 BGB vermindert sich die Gesamtlast also regelmäßig um die Hälfte. Beim Kauf kann sie sich bei einer Befreiung des Käufers um die volle Kostenlast vermindern (vgl. § 448 II BGB). Bei einer Befreiung des Verkäufers tritt demgegenüber keine Verringerung ein. 22

2. Kostenübernahme. Wenn ein Befreiter vertraglich Kosten nach § 27 Nr. 2 übernimmt, haftet er für sie neben dem nichtbefreiten Kostenschuldner (OLG Frankfurt a. M. JurBüro 1990, 213; LG Koblenz Rpfleger 1994, 183). Er kann diesen nicht befreien (OLG Köln Rpfleger 1987, 129). 23

24 Wenn ein Gründer einer Gesellschaft eine **Gebührenfreiheit** erhält, hat die Übernahme aller Gebühren durch die zu gründende Gesellschaft nur eine Gebührenminderung nach V zur Folge.

Anhang zu § 2. Abgabenfreiheit nach dem BauGB

§ 151 BauGB. Abgaben- und Auslagenbefreiung

I Frei von Gebühren und ähnlichen nichtsteuerlichen Abgaben sowie von Auslagen sind Geschäfte und Verhandlungen

1. zur Vorbereitung oder Durchführung von städtebaulichen Sanierungsmaßnahmen,
2. zur Durchführung von Erwerbsvorgängen,
3. zur Gründung oder Auflösung eines Unternehmens, dessen Geschäftszweck ausschließlich darauf gerichtet ist, als Sanierungsträger tätig zu werden.

II 1 Die Abgabenbefreiung gilt nicht für die Kosten eines Rechtsstreits. 2 Unberührt bleiben Regelungen nach landesrechtlichen Vorschriften.

III *(nicht abgedruckt)*

1 **I. Anwendungsbereich (I, II).** Zu **I Nr. 1** zählt auch eine Maßnahme nach §§ 147, 148 BauGB, ferner die Eintragung einer Grundschuld (LG Berlin Rpfleger 1996, 217). Zu den Erwerbsvorgängen nach **I Nr. 2** zählen unter anderem solche Kaufverträge, die an sich nach dem GNotKG kostenpflichtig sind. I meint nicht etwa nur Abgaben an Verwaltungsstellen und ähnliche Behörden, sondern bringt eine sachliche Kostenfreiheit nach § 2 II GNotKG (LG Berlin Rpfleger 1996, 217).

2 **Nicht hierher** gehört die Sanierung eines Privatgrundstücks, auch nicht in einem förmlich festgelegten Sanierungsgebiet (OLG Karlsruhe NZM 2000, 887).

3 **„Kosten des Rechtsstreits"** nach **II** sind Kosten im Sinne der §§ 154 f. VwGO, §§ 90 ff. ZPO und § 228 BauGB (BeckOK BauGB/Schmitz BauGB § 151 Rn. 21). Kosten, die in einem nichtstreitigem Verfahren nach dem GNotKG entstehen, fallen nicht darunter.

4 Für die Tätigkeit des **Notars** bei einem Geschäft oder einer Verhandlung nach § 151 I BauGB vgl. § 91 GNotKG.

5 Vgl. im Übrigen zB BeckOK BauGB/Schmitz BauGB § 151 Rn. 1 ff.

Höhe der Kosten

3 **I Die Gebühren richten sich nach dem Wert, den der Gegenstand des Verfahrens oder des Geschäfts hat (Geschäftswert), soweit nichts anderes bestimmt ist.**

II Kosten werden nach dem Kostenverzeichnis der Anlage 1 zu diesem Gesetz erhoben.

1 Die Vorschrift entspricht bis auf die Begriffe inhaltlich fast wörtlich dem § 3 GKG und dem § 3 FamGKG. Vgl. daher die Kommentierung der ersteren Vorschrift (→ GKG § 3 Rn. 1 ff.).

Auftrag an einen Notar

4 **Die Erteilung eines Auftrags an einen Notar steht der Stellung eines Antrags im Sinne dieses Kapitels gleich.**

1 Die Vorschrift ist formell neu. Sie klärt eine Selbstverständlichkeit als Folge des Umstands, dass §§ 1–54 für Gericht und Notare gelten. Ein solcher Beurkundungsauftrag kann auch konkludent erteilt werden (LG Düsseldorf BeckRS 2020, 18023).

Verweisung, Abgabe

5 **I 1 Verweist ein erstinstanzliches Gericht oder ein Rechtsmittelgericht ein Verfahren an ein erstinstanzliches Gericht desselben oder eines anderen Zweiges der Gerichtsbarkeit, ist das frühere erstinstanzliche Verfahren als**

Teil des Verfahrens vor dem übernehmenden Gericht zu behandeln. [2]Gleiches gilt, wenn die Sache an ein anderes Gericht abgegeben wird.

II [1]Mehrkosten, die durch Anrufung eines Gerichts entstehen, zu dem der Rechtsweg nicht gegeben ist oder das für das Verfahren nicht zuständig ist, werden nur dann erhoben, wenn die Anrufung auf verschuldeter Unkenntnis der tatsächlichen oder rechtlichen Verhältnisse beruht. [2]Die Entscheidung trifft das Gericht, an das verwiesen worden ist.

III Verweist der Notar ein Teilungsverfahren an einen anderen Notar, entstehen die Gebühren für jeden Notar gesondert.

Die Vorschrift knüpft an § 4 GKG, § 6 FamGKG fast wörtlich an. Daher → GKG § 4 Rn. 1 ff. III betrifft das Verfahren nach § 118a. Mitbeachtbar ist auch § 281 ZPO. 1

Verjährung, Verzinsung

6 **I [1]Ansprüche auf Zahlung von Gerichtskosten verjähren in vier Jahren nach Ablauf des Kalenderjahres, in dem das Verfahren durch rechtskräftige Entscheidung über die Kosten, durch Vergleich oder in sonstiger Weise beendet ist. [2]Bei Betreuungen und Pflegschaften, die nicht auf einzelne Rechtshandlungen beschränkt sind (Dauerbetreuungen, Dauerpflegschaften), sowie bei Nachlasspflegschaften, Nachlass- oder Gesamtgutsverwaltungen beginnt die Verjährung hinsichtlich der Jahresgebühren am Tag vor deren Fälligkeit, hinsichtlich der Auslagen mit deren Fälligkeit. [3]Ansprüche auf Zahlung von Notarkosten verjähren in vier Jahren nach Ablauf des Kalenderjahres, in dem die Kosten fällig geworden sind.**

II [1]Ansprüche auf Rückzahlung von Kosten verjähren in vier Jahren nach Ablauf des Kalenderjahres, in dem die Zahlung erfolgt ist. [2]Die Verjährung beginnt jedoch nicht vor dem jeweiligen in Absatz 1 bezeichneten Zeitpunkt. [3]Durch die Einlegung eines Rechtsbehelfs mit dem Ziel der Rückzahlung wird die Verjährung wie durch Klageerhebung gehemmt.

III [1]Auf die Verjährung sind die Vorschriften des Bürgerlichen Gesetzbuchs anzuwenden; die Verjährung wird nicht von Amts wegen berücksichtigt. [2]Die Verjährung der Ansprüche auf Zahlung von Kosten beginnt auch durch die Aufforderung zur Zahlung oder durch eine dem Schuldner mitgeteilte Stundung erneut; ist der Aufenthalt des Kostenschuldners unbekannt, so genügt die Zustellung durch Aufgabe zur Post unter seiner letzten bekannten Anschrift. [3]Bei Kostenbeträgen unter 25 Euro beginnt die Verjährung weder erneut noch wird sie oder ihr Ablauf gehemmt.

IV Ansprüche auf Zahlung und Rückzahlung von Gerichtskosten werden nicht verzinst.

I. Systematik (I–IV). Die Vorschrift stimmt inhaltlich weitgehend mit § 5 GKG und fast völlig mit § 7 FamGKG überein, ferner mit § 5 JVKostG, § 8 GvKostG. III entspricht dem § 5 III GKG fast wörtlich. Beim Notar hat § 88 gegenüber IV den Vorrang. Das Nachforderungsverbot nach § 20 bleibt unberührt. Eine **Verwirkung** ist schon vor einer Verjährung denkbar. Sie kommt aber jedenfalls vor dem Ablauf der Verjährungsfrist nur bei besonderen Umständen in Betracht (OLG München NJW-RR 2013, 1083). 1

II. Regelungszweck (I–IV). Die Vorschrift dient einer dem BGB für zivilrechtliche Ansprüche angenäherten Abwägung der gegenläufigen Interessen von Kostengläubiger und -schuldner bei der schon um der Rechtssicherheit willen zeitlich zu begrenzenden Durchsetzbarkeit. Das GNotKG enthält keine ausdrückliche Regelung der Verwirkung. Wie alle Verfahrensfristen muß man auch diejenigen des § 6 strikt handhaben. 2

III. Verjährung des Kostenzahlungsanspruchs (I). Sie beträgt vier Jahre. Das gilt in einer Abweichung von § 197 I Nr. 3 BGB auch bei einem rechtskräftigen Anspruch. Die Frist beginnt nach I 1 bei Gerichtskosten mit dem Ablauf desjenigen 3

Kalenderjahrs, in dem das Verfahren durch eine rechtskräftige Kostenentscheidung oder durch einen Vergleich oder in sonstiger Weise endete. Bei einer Dauerbetreuung oder Dauer- oder Nachlaßpflegschaft und bei einer Nachlaß- oder Gesamtgutsverwaltung beginnt die Verjährung nach I 2 wegen einer Jahresgebühr am Tag vor deren Fälligkeit, wegen der Auslagen mit deren Fälligkeit. Die Fälligkeit der Gerichtskosten richtet sich nach § 9. Der Anspruch muss auch im Übrigen einforderbar geworden sein. Beim Notar beginnt die Frist nach I 3 mit dem Ablauf desjenigen Kalenderjahrs, in dem die Kosten nach § 10 fällig wurden. Bei einer Verfahrenskostenhilfe beginnt die Verjährungsfrist erst mit der Fälligkeit einer Rate bzw. Einmalzahlung nach § 76 I FamFG, § 122 I Nr. 1a ZPO oder mit der Aufhebung der Bewilligung nach § 76 I FamFG, § 124 ZPO.

4 Die Frist läuft außer bei einer **Hemmung** nach II 2, III 1 iVm §§ 203 ff. BGB mit dem 31.12. ab. Ein Kostenansatz hindert den Fristbeginn nicht, OLG Karlsruhe Rpfleger 1988, 427. Man muss nach → Rn. 1 von der Verjährung das Verbot einer Nachforderung nach § 20 unterscheiden.

5 **IV. Verjährung des Rückzahlungsanspruchs (II).** Ein Rückzahlungsanspruch kann sich aus einer zu hohen Vorschusszahlung nach §§ 12 ff. oder auch zB aus einem zu hohen Kostenansatz nach § 18 I oder einer sonstigen unrichtigen Sachbehandlung nach § 21 ergeben. Die Vorschrift ähnelt weitgehend §§ 5 II GKG, 7 II FamGKG, und § 8 II GvKostG. Die Verjährungsfrist eines Rückzahlungsanspruchs beträgt auch hier 4 Jahre. Sie beginnt zwar an sich nach II 1 mit dem Ablauf des Kalenderjahrs der Zahlung. Allerdings beginnt die Verjährung nach II 2 nicht vor dem Ablauf des Kalenderjahrs wie bei I. Deshalb besteht zwischen der Verjährung von Zahlungs- und Erstattungsansprüchen ein Gleichlauf (BeckOK KostR/Klahr Rn. 166). Der Gebührenerstattungsanspruch kann also nicht vor der Beendigung des Geschäfts entstehen, bei einem unrichtigen Kostensatz mit dessen Berichtigung oder Aufhebung nach § 81 II–VII (OLG Köln Rpfleger 1992, 317 = NJW-RR 1992, 1086; aA BayObLG JurBüro 2001, 104; OLG Bremen jeweils zum alten Recht; siehe auch NK-GK/Fackelmann Rn. 27). Eine Erinnerung oder Beschwerde hemmen die Verjährung nach II 3 wie eine Klagerhebung nach § 204 II BGB. Die Verjährung beginnt entsprechend § 212 I Nr. 1 BGB durch die Anordnung der Rückerstattung neu.

6 **V. Anwendbare Vorschriften des BGB (III 1–3).** Man muss drei Aspekte beachten.

7 **1. Grundsatz (III 1 Hs. 1).** §§ 194 ff. BGB sind anwendbar. Die Verjährung führt also zu einem Leistungsverweigerungsrecht nach § 214 I BGB. Ein förmliches oder informelles Wertermittlungsverfahren hemmt bis zu demjenigen Zeitpunkt, in dem eine abschließende Kostenrechnung objektiv möglich wird (OLG Zweibrücken NJW-RR 1999, 1015zum alten Recht). Jedoch bewirkt eine Stundung der Forderung eine Unterbrechung. Ein Nachforderungsvorbehalt stellt keine Stundung dar. Eine Hemmung wirkt immer nur gegenüber demjenigen Kostenschuldner, in dessen Person die Voraussetzung eingetreten ist. Das gilt auch bei einer Gesamtschuldnerhaft, § 425 BGB. § 215 BGB bleibt anwendbar.

8 **2. Neubeginn der Verjährung (III 2).** Eine neue Verjährung kann natürlich nur nach einer früheren erfolgen. Die neue Verjährung beginnt in den nachfolgend aufgeführten Fällen. Sie erfolgt bei jedem Gesamtschuldner nach § 425 II BGB gesondert.

9 **§§ 212, 213 BGB.** Diese Vorschriften nennen die Voraussetzungen eines Neubeginns im Allgemeinen. Die Verjährung eines Anspruchs nach I kann auch eintreten, wenn eine der folgenden Voraussetzungen vorliegt.

10 **3. Zahlungsaufforderung (III 2 Hs. 1 Fall 1).** Es genügt nach dem Ablauf des Kalenderjahrs der Fälligkeit gemäß III 2 Hs. 1 Fall 1 der Zugang einer Zahlungsaufforderung. Sie kann formlos erfolgen. Es genügt nach §§ 19, 89 auch eine Zahlungsaufforderung des Notars.

10a Eine erneute Zahlungsaufforderung löst keinen weiteren Neubeginn aus.

10b Der Umstand, dass der Kostenschuldner an der Herstellung einer ordnungsgemäßen Berechnung nach § 89 **mitwirken** muss, zB durch die Vorlage einer Bilanz, führt allein nicht zu einer Verlängerung der Verjährunsfrist (an der insofern in der

51. Aufl. vertretenen Auffassung wird nicht festgehalten). Allerdings wird sich der Kostenschuldner bei arglistiger Verhinderung des Kostenansatzes nach Treu und Glauben nicht auf die Verjährung berufen dürfen (BeckOK KostR/Klahr Rn. 201).

4. Oder: Stundung (III 2 Hs. 1 Fall 2). Eine Stundungsmitteilung ist kein Hemmungsgrund wie nach § 205 BGB, sondern lässt die Verjährung neu beginnen. Beim Notar ist dessen persönliche Stundungsbewilligung nötig (Lappe NJW 1986, 2558; aA OLG Düsseldorf MittRhNotK 1984, 223 zum alten Recht, BeckOK KostR/Klahr Rn. 208). Ein bloßer Vorbehalt der Nachforderung ist keine Stundung (OLG Düsseldorf JurBüro 1979, 872). Wenn die Frist noch nicht läuft, schiebt die Stundung den Beginn der Verjährungsfrist hinaus. Die Verjährung beginnt nach der Bewilligung einer Prozess- oder Verfahrenskostenhilfe mit der Mitteilung eines Aufhebungsbeschlusses nach § 124 ZPO, § 76 FamFG. Eine Stundungswiederholung bewirkt keinen weiteren Neubeginn (BeckOK KostR/Klahr Rn. 206). 11

5. Unbekannter Aufenthalt (III 2 Hs. 2). Soweit der Aufenthaltsort des Kostenschuldners unbekannt ist, genügt eine Zustellung der Zahlungsaufforderung durch die Aufgabe zur Post unter der letzten bekannten Anschrift des Kostenschuldners. Der Urkundsbeamte der Geschäftsstelle oder der Notar braucht keine Aufenthaltsermittlung vorzunehmen. Er sollte allerdings nur diese Zustellungsart und den Zeitpunkt der Aufgabe zur Post analog § 184 II 4 ZPO in den Akten vermerken (BeckOK KostR/Klahr Rn. 218). Die Zustellung gilt zwei Wochen nach Aufgabe zur Post bewirkt (§ 184 II 1 ZPO analog); die Verjährungsfrist beginnt dann neu (BeckOK KostR/Klahr Rn. 219). 12

6. Kein Neubeginn (III 2 Hs. 1, 2). Kein Neubeginn der Verjährung ist anzunehmen bei der Feststellung einer Gebührenfreiheit oder bei der Mitteilung einer Wertermittlung nach § 20 II (Delp JurBüro 1978, 1285). Die Wiederholung einer Zahlungsaufforderung reicht zu einem weiteren Neubeginn nicht. Etwas anderes gilt bei einer die frühere Aufforderung ersetzenden neuen etwa im Beschwerdeverfahren. Auch eine bloße Wiederholung einer Stundung bedeutet keinen Neubeginn (→ Rn. 10 f.). 13

7. Kleinbetrag (III 3). Bei einem Gesamtbetrag der Kostenrechnung nach §§ 18 I, 19 I unter 25 EUR tritt keine Hemmung und kein Neubeginn der Verjährung oder ihres Ablaufs ein. Dafür müssen eine Stundung oder eine Bewilligung der Prozess- oder Verfahrenskostenhilfe dann als ein Hemmungsgrund wirken. Der Unterschied zwischen einer Hemmung und einem Neubeginn der Verjährung liegt darin, dass nach § 212 BGB die nur gehemmte Frist nach dem Ende der Hemmung weiterläuft. III 3 ist auch anwendbar, soweit eine ursprünglich höhere Kostenschuld auf einen Restbetrag von weniger als 25 EUR **gesunken** ist, etwa infolge einer Teilzahlung. Denn die Vorschrift soll auch beim restlichen Kleinbetrag vereinfachen. Durch die Teilzahlung beginnt die Verjährung allerdings gem. § 212 I Nr. 1 BGB zunächst neu zu laufen (BeckOK KostR/Klahr Rn. 220). 14

VI. Geltendmachung der Verjährung (III 1 Hs. 2). Das Gericht darf eine Verjährung nicht von Amts wegen berücksichtigen (III 1, § 214 I BGB, OLG Schleswig JurBüro 1991, 562 zum alten Recht). Der Kostenbeamte muss also auch verjährte Kosten ansetzen. Erst wenn der Kostenschuldner nach § 214 I BGB die Einrede der Verjährung erhebt, dürfen und müssen der Kostenbeamte oder die Verwaltungsbehörde eine Änderung des Kostenansatzes vornehmen, soweit die Voraussetzungen dafür objektiv vorliegen. Es reicht auch aus, dass sich der Kostenschuldner konkludent auf die Frist des I 1 beruft. Das Nachforderungsverbot gem. § 20 ist demgegenüber von Amts wegen zu berücksichtigen. Es ist deshalb streng von der Verjährung abzugrenzen (vgl. dazu BeckOK KostR/Klahr Rn. 10 ff.). 15

Soweit der Kostenschuldner vor dem Ablauf der Verjährungsfrist die Erhebung von Kosten **arglistig** verhindert hat, kann er sich nicht auf die dann eingetretene Verjährung berufen (→ Rn. 10b). 16

VII. Rechtsbehelfe (III). Rechtsbehelf zur Erhebung der Einrede der Verjährung ist bei Gerichtskosten die Erinnerung bzw. die Beschwerde nach § 81, bei Notarkosten ist das Verfahren nach § 127 einschlägig. 17

18 **VIII. Keine Verzinsung (IV).** Die Vorschrift gilt nicht für Notarkosten, §§ 88 ff. haben bei ihm den Vorrang (BeckOK KostR/Klahr Rn. 228 ff.).

Elektronische Akte, elektronisches Dokument

7 In Verfahren nach diesem Gesetz sind die verfahrensrechtlichen Vorschriften über die elektronische Akte und über das elektronische Dokument anzuwenden, die für das dem kostenrechtlichen Verfahren zugrunde liegende Verfahren gelten.

1 **I. Systematik.** Dem § 7 entsprechen im Kern § 5a GKG, § 8 FamGKG, § 4b JVEG, § 12b RVG. Die Regelung bestimmt, dass in Verfahren nach dem GNotKG die verfahrensrechtlichen Rechtsvorschriften über die elektronische Akte und über das elektronische Dokument anzuwenden sind, die für das dem kostenrechtlichen Verfahren zugrunde liegende Verfahren gelten. Einschlägig ist damit das der Kostenerhebung zugrunde liegende Verfahrensrecht. Die Vorschrift gilt auch für den Notar als Einreicher.

2 **II. Normzweck.** Das Kostenrecht soll den Anforderungen der elektronischen Übermittlungs- und Speicherungstechnik nach §§ 130a–130d ZPO, § 14 FamFG, § 81 GBO usw genügen. Das scheint wegen des ständigen technischen Fortschritts eine weite Auslegung zu rechtfertigen. Andererseits unterliegen Spezialregeln grundsätzlich einer engen Auslegung. Man muss beide Gedanken möglichst spannungsfrei verbinden, um zu einer brauchbaren Handhabung zu kommen.

3 **III. Anwendungsbereich.** Die Vorschrift erfasst alle Handlungen eines Beteiligten und seines Bevollmächtigten oder eines Notars, aber auch solche des Gerichts (BeckOK KostR/Klahr Rn. 4).

4 **IV. Anwendbarkeit des Verfahrensrechts.** Sie ist umfassend. Anwendbar sind zB §§ 130a, 416a ZPO, § 14 FamFG, § 81 GBO.

Rechtsbehelfsbelehrung

7a Jede Kostenrechnung, jede anfechtbare Entscheidung und jede Kostenberechnung eines Notars hat eine Belehrung über den statthaften Rechtsbehelf sowie über die Stelle, bei der dieser Rechtsbehelf einzulegen ist, über deren Sitz und über die einzuhaltende Form und Frist zu enthalten.

1 **I. Systematik.** Die Vorschrift entspricht fast wörtlich dem § 5b GKG, daher → GKG § 5b Rn. 1 ff.).

2 **II. Verstoß.** § 83 II 2.

Abschnitt 2. Fälligkeit

Fälligkeit der Kosten in Verfahren mit Jahresgebühren

8 [1]In Betreuungssachen und betreuungsgerichtlichen Zuweisungssachen werden die Jahresgebühren 11 101, 11 102 und 11 104 des Kostenverzeichnisses, in Nachlasssachen die Jahresgebühr 12 311 des Kostenverzeichnisses erstmals bei Anordnung und später jeweils zu Beginn eines Kalenderjahres fällig. [2]In diesen Fällen werden Auslagen sofort nach ihrer Entstehung fällig.

1 **I. Systematik, Normzweck (S. 1, 2).** Die Vorschrift regelt die Fälligkeit der dort genannten Jahresgebühren sowie der Auslagen, die in diesen Verfahren entstehen. Sie ähnelt § 10 FamGKG. Die Fälligkeit der übrigen Gerichtsgebühren und der gerichtlichen Auslagen richtet sich nach § 9.

2 **II. Erstfälligkeit bei Anordnung (S. 1 Fall 1).** Die zeitlich erste Jahresgebühr wird mit einer Anordnung einer jeden Maßnahme nach KV 11 101, 11 102, 11 104, 12 311 fällig, also im Voraus. Das gilt auch dann, wenn zB eine Bilanz oder ein Vermögensverzeichnis einen anderen Zeitpunkt nennen.

III. Folgefälligkeit beim Beginn eines Kalenderjahres (S. 1 Fall 2). Jede der ersten Jahresgebühr folgende solche Gebühr wird am Beginn des Kalenderjahres dieser Folgetätigkeit fällig, praktisch also meist am ersten Werktag und dann, wenn dieser ein Sonnabend ist, am folgenden Montag. Das gilt auch dann, wenn die Tätigkeit schon am nächsten Tag infolge Aufhebung der Anordnung usw vorzeitig endet. 3

IV. Auslagenfälligkeit (S. 2). Sie haben eine Fälligkeit „sofort" und nicht erst unverzüglich nach ihrer Entstehung. Maßgeblich ist die Entstehung der jeweiligen Auslagenart. Verschiedene solche Arten können also zu unterschiedlichen Fälligkeiten führen. Sofort heißt auch: Unabhängig von einer Beendigung der zugehörigen Tätigkeit des Gerichts. 4

Die **Auslagen nach § 8** und die **Notarauslagen nach § 10** erhalten diese Fälligkeitsregelung. Im Übrigen richtet sich die Fälligkeit der Auslagen nach § 9. 5

Fälligkeit der Gerichtsgebühren in sonstigen Fällen, Fälligkeit der gerichtlichen Auslagen

9 **I Im Übrigen werden die gerichtlichen Gebühren und Auslagen fällig, wenn**

1. eine unbedingte Entscheidung über die Kosten ergangen ist,
2. das Verfahren oder der Rechtszug durch Vergleich oder Zurücknahme beendet ist,
3. das Verfahren sechs Monate ruht oder sechs Monate nicht betrieben worden ist,
4. das Verfahren sechs Monate unterbrochen oder sechs Monate ausgesetzt war oder
5. das Verfahren durch anderweitige Erledigung beendet ist.

II Die Dokumentenpauschale sowie die Auslagen für die Versendung von Akten werden sofort nach ihrer Entstehung fällig.

Es handelt sich um eine fast wörtliche Übernahme von § 9 II, III GKG, daher → GKG § 9 Rn. 1 ff. 1

Fälligkeit der Notarkosten

10 **Notargebühren werden mit der Beendigung des Verfahrens oder des Geschäfts, Auslagen des Notars und die Gebühren 25 300 und 25 301 sofort nach ihrer Entstehung fällig.**

I. Systematik, Normzweck. Die Vorschrift stimmt inhaltlich teilweise mit § 9 überein. Vgl. daher auch dort und wegen der Auslagen auch bei § 8 S. 2. 1

II. Notargebühren (Hs. 1). Für die Fälligkeit ist die Beendigung des Verfahrens oder des Geschäfts maßgeblich. Vgl. zu diesen Begriffen bei § 9. 2

III. Notarauslagen, Gebühren KV 25300, 25301 (Hs. 2). Für ihre Fälligkeit kommt es wie bei § 8 S. 2 und bei § 9 II auf die Entstehung an und damit nicht auf eine Beendigung nach → Rn. 2. „Sofort" ist wie bei diesen Vorschriften früher als „unverzüglich" nach § 121 I 1 BGB. Je Auslagen- oder Gebührenart kann auch hier die Fälligkeit zu unterschiedlichen Zeitpunkten eintreten. 3

Abschnitt 3. Sicherstellung der Kosten

Zurückbehaltungsrecht

11 **[1]Urkunden, Ausfertigungen, Ausdrucke und Kopien sowie gerichtliche Unterlagen können nach billigem Ermessen zurückbehalten werden, bis die in der Angelegenheit entstandenen Kosten bezahlt sind. [2]Dies gilt nicht, soweit § 53 des Beurkundungsgesetzes der Zurückbehaltung entgegensteht.**

1 **I. Systematik (S. 1, 2).** Die Vorschrift entspricht § 9 JVKostG. Sie schafft in einer Anlehnung an das Zurückbehaltungsrecht nach §§ 273, 274 BGB ein Druckmittel zugunsten des Kostengläubigers. Ihre Anwendung sollte wegen des von der öffentlichen Hand stets zu beachtenden Verhältnismäßigkeitsgrundsatzes mit Augenmaß erfolgen. Die Vorschrift steht im 1. Kapitel des GnotKG, sie gilt deshalb auch für Notare (NK-GK/Volpert/Büringer Rn. 1; OLG Düsseldorf FGPrax 1999, 72 zum alten Recht). Er kann auf ein Zurückbehaltungsrecht verzichten. § 51 Nr. 2, 3 InsO hat den Vorrang.

2 **Akteneinsicht** lässt sich unabhängig von § 11 nach den dafür geltenden Regeln insbesondere wegen Art. 103 I GG erreichen (BVerfG NVwZ 2010, 955).

3 **II. Normzweck (S. 1, 2).** Der Zweck der Vorschrift besteht in einer wirksamen Kosteneintreibbarkeit. Man sollte S. 1 eher zurückhaltend anwenden und S. 2 eher großzügig handhaben.

4 **III. Grundsatz: Zurückbehaltung (S. 1).** Das Gericht darf nicht die ganze Tätigkeit und erst recht nicht die zugehörige Entscheidung auch nur zeitweise verweigern. Das gilt insbesondere bei seiner Tätigkeit von Amts wegen und bei der Mitteilung einer Entscheidung. Das Gericht darf nur nach S. 1 bestimmte Dokumente zurückbehalten, um die Kostenzahlung zu sichern. Das gilt sowohl bei einem von Amts wegen erforderlichen Geschäft als auch bei einer solchen Maßnahme, die nur auf Grund eines Antrags erfolgt. Die Regelung gilt unabhängig davon, ob eine formlose Übermittlung oder eine förmliche Zustellung infrage kommt. Sie greift auch dann ein, wenn ein Dritter das Dokument erhalten soll. Das Zurückbehaltungsrecht besteht auch gegenüber einem Rechtsnachfolger (LG Düsseldorf JurBüro 1985, 749 zum alten Recht).

5 **1. Ausfertigung, Ausdruck, Kopie.** Das Gericht darf eine aus Anlass eines Antragsgeschäfts für einen Beteiligten hergestellte Ausfertigung oder Kopie beliebiger Art oder einen Ausdruck der elektronischen Fassung bis zur Sicherung der Kostenzahlung zurückbehalten. Das gilt zB für einen Erbschein oder für einen Grundbuchauszug und unabhängig davon, wer das Dokument übermittelt bekommt.

6 Das Gericht muss eine **von Amts wegen** erforderliche Ausfertigung oder Kopie usw **unabhängig** von der Sicherung der Kostenzahlung aushändigen (vgl. im Einzelnen BeckOK KostR/Richter/Szalai Rn. 17).

7 **2. Von dem Beteiligten eingereichte Urkunde.** Das Gericht darf eine von dem Beteiligten aus Anlass dieses Geschäfts von sich aus oder auf eine Anforderung eingereichte Urkunde zur Sicherung der Kostenzahlung zurückbehalten. Soweit ein Beteiligter eine Urkunde aus Anlass eines anderen Geschäfts eingereicht hat, besteht kein solches Zurückbehaltungsrecht. Soweit der Beteiligte aber auch für das jetzige Geschäft auf jene Urkunde Bezug nimmt, gilt die Urkunde als auch für das jetzige Geschäft eingereicht. Ein Zurückbehaltungsrecht besteht auch insoweit, als der Beteiligte die Urkunde zur Beglaubigung seiner Unterschrift eingereicht hat. Das betrifft allerdings nur die Einreichung beim Notar.

8 **3. Vom Dritten eingereichte Urkunde.** Ein Zurückbehaltungsrecht besteht insofern, als ein Dritter auf Grund der Verpflichtung des Beteiligten persönlich oder durch den Beteiligten eine Urkunde zum jetzigen Geschäft eingereicht hat. Im Rahmen der Ermessensausübung ist insofern zu berücksichtigt, ob es dem Dritten zuzumuten ist abzuwarten, bis die Kosten gezahlt worden sind.

9 Dieser Fall liegt **nicht** vor, soweit er etwa die Urkunde des Beteiligten zB nach § 29 FamFG oder nur aus Gefälligkeit überlassen hat (vgl. OLG Düsseldorf JurBüro 1982, 1383 zum alten Recht) oder soweit man ihm die Urkunde gar gestohlen hatte.

10 Der **Notar** hat **kein Zurückbehaltungsrecht** an einer Urkunde gegenüber dem Insolvenzverwalter, der eine Ausfertigung der die Masse betreffenden Urkunden mit Recht verlangt (Insolvenzforderung). Ebensowenig hat der Notar ein Zurückbehaltungsrecht wegen desjenigen Testaments, das er im Rahmen seiner Amtspflicht zur amtlichen Verwahrung bringen muss.

11 **4. Zu sichernde Kosten.** Ein Zurückbehaltungsrecht besteht nur für „die in der Angelegenheit entstandenen Kosten". Sie müssen also nach §§ 8–10 fällig sein. Eine bloße Vorschuss- oder Vorauszahlungspflicht nach § 13 reicht noch nicht. Die Ver-

jährung der Kostenforderung steht Ausübung des Zurückbehaltungsrechts nach dem Rechtsgedanken des § 215 BGB nicht entgegen, wenn es schon vor Eintritt der Verjährung geltend gemacht werden konnte (BeckOK KostR/Richter/Szalai Rn. 11). Bei Antragsverfahren gehörten alle Geschäfte zu derselben Angelegenheit, die durch den Antrag ausgelöst werden oder mit der beantragten Angelenheit in einem rechtlichen oder wirtschaftlichen Zusammenhang stehen. Bei einem Handeln von Amts wegen gehört auch die notwendige Folgemaßnahme zu derselben Angelegenheit nach S. 1 (BeckOK KostR/Richter/Szalai Rn. 12).

Ein Zurückbehaltungsrecht besteht also **nicht wegen** eines **fremden Geschäfts** 12 oder wegen eines anderen Kostenschuldners. Ebensowenig besteht ein Zurückbehaltungsrecht, soweit man die Urkunde von Amts wegen aushändigen muss, etwa eine Bestallung zum Betreuer. Eine Kostenbefreiung und die Bewilligung einer Verfahrenskostenhilfe machen eine Zurückbehaltung gegenüber dem Beteiligten unzulässig. Eine Gebührenfreiheit macht eine Zurückbehaltung wegen der Gebühren unzulässig, nicht aber wegen der Auslagen.

5. Verfahren. Nach S. 1 „können" das Gericht oder der Notar über die Zurück- 13 behaltung im Rahmen eines „billigen" und in Wahrheit gleichwohl zwingenden pflichtgemäßen, wenn auch weiten Ermessens entscheiden. Der Kostenbeamte hat allerdings im Rahmen des § 25 KostVfg eine Amtspflicht zur Geltendmachung des Zurückbehaltungsrechts. Er kann die Zurückbehaltung dadurch vornehmen, dass er die betroffenen Dokumente nur durch eine Postnachnahme übersendet. Er darf ein Zurückbehaltungsrecht nicht ohne eine erkennbare Einzelfallabwägung ausüben. Er muss das Risiko eines Kostenausfalls mit dem Schuldnerrisiko abwägen. Er darf also nicht formelhaft vorgehen.

IV. Ausnahmen (S. 2). Das Zurückbehaltungsrecht entfällt nach S. 2, wenn ein 14 Fall iSd § 53 BeurkG vorliegt. Es muss sich daher um eine beim Grundbuchamt oder Registergericht einzureichende Urkunde handeln, mag sie dort auch angekommen oder bisher nur dorthin abgesandt worden und anderswie in die Obhut des Gerichts oder Notars gelangt sein.

V. Rechtsmittel (S. 1, 2). Rechtsbehelfsbelehrung, Verstoß: §§ 7a, 83 II 2. Man 15 muss zwei Situationen unterscheiden. Die Staatskasse ist jeweils eine Beteiligte.

1. Erinnerung. Gegen die Anordnung der Zurückbehaltung und die tatsächliche 16 Ausübung dieses Rechts durch den Kostenbeamten ist die Erinnerung nach § 81 I 1 Hs. 2 statthaft. Sie ist zum Protokoll des Urkundsbeamten der Geschäftsstelle oder schriftlich ohne einen Anwaltszwang zulässig (§ 81 V 1 Hs. 4). Ferner ist ein Antrag auf gerichtliche Entscheidung nach § 127 I 1 statthaft.

2. Beschwerde. Gegen eine Entscheidung nach § 81 I ist unter den Voraussetz- 17 zungen des § 81 II die Beschwerde statthaft. Man kann sie nach § 81 V 1 Hs. 1 zum Protokoll des Urkundsbeamten der Geschäftsstelle oder schriftlich ohne einen Anwaltszwang einlegen.

Soweit ein **Notar** das Zurückbehaltungsrecht ausübt und soweit ihm die Gebühren 18 selbst zufließen, ist die Beschwerde nach § 129 I statthaft.

3. Prüfungsumfang. Streitig ist der Prüfungsumfang im Rechtsmittelverfahren 19 (zum Streitstand vgl. BeckOK KostR/Richter/Szalai Rn. 22). Da es sich bei der Entscheidung des Kostenbeamten bzw. des Notars um eine Art Verwaltungsakt handelt, erscheint die Auffassung zutreffend, wonach das Gericht die Entscheidung nur auf Ermessensfehler hin überprüfen darf (NK-GK/Volpert/Büringer Rn. 22).

Grundsatz für die Abhängigmachung bei Gerichtskosten

12 In weiterem Umfang, als das Verfahrensrecht und dieses Gesetz es gestatten, darf die Tätigkeit des Gerichts von der Zahlung der Kosten oder von der Sicherstellung der Zahlung nicht abhängig gemacht werden.

Die Vorschrift stimmt inhaltlich voll mit § 10 GKG überein (→ GKG § 10 1 Rn. 1 ff.).

Abhängigmachung bei Gerichtsgebühren

13 **[1] In erstinstanzlichen gerichtlichen Verfahren, in denen der Antragsteller die Kosten schuldet (§ 22 Absatz 1), kann die beantragte Handlung oder eine sonstige gerichtliche Handlung von der Zahlung eines Vorschusses in Höhe der für die Handlung oder der für das Verfahren im Allgemeinen bestimmten Gebühr abhängig gemacht werden. [2] Satz 1 gilt in Grundbuch- und Nachlasssachen jedoch nur dann, wenn dies im Einzelfall zur Sicherung des Eingangs der Gebühr erforderlich erscheint.**

1 **I. Systematik (S. 1, 2).** Die Vorschrift entspricht entfernt § 12 GKG, § 14 FamGKG, § 4 GvKostG. Sie verstößt zumindest insoweit nicht gegen Art. 49, 54 AEUV, als es um eine Eintragung im Handelsregister einer GmbH mit dem Sitz einer Zweigniederlassung mit EU-Auslandsbezug geht (EuGH NJW 2006, 3195). Sie ist auch verfassungsgemäß (BVerfGE 10, 268 = NJW 1960, 331). Das gilt natürlich nur bei einer Wahrung des allgemeinen Verhältnismäßigkeitsgrundsatzes, vgl. Art. 1 III GG. Sie gilt auch im außerprozessualen WEG-Verfahren (OLG Frankfurt a. M. NZM 2005, 632; OLG Karlsruhe FGPrax 2006, 108). Vorschusspflicht und Vorwegleistungspflicht laufen wirtschaftlich vielfach auf dasselbe hinaus, nämlich auf die Fälligkeit einer noch gar nicht entstandenen Gebühr. Die Vorschrift gilt wegen § 15 nicht für den Notar.

2 **II. Normzweck (S. 1, 2).** Die Vorschrift dient der **Kostengerechtigkeit.** Der Staat ist keine kostenlose Bank des Antragstellers, auch nicht zur etwa nur kurzfristige Zwischenfinanzierung. Das muss man bei der Auslegung mitbeachten (vgl. zB OLG Düsseldorf FGPrax 2017, 200).

3 **III. Vorschusspflicht (S. 1).** Eine Vorschusspflicht nach S. 1 besteht erstinstanzlich und nur, soweit man überhaupt ein Kostenschuldner nach § 22 I ist. Sie besteht in jedem Rechtszug, sofern eine der folgenden Voraussetzungen vorliegt.

4 **1. Antragshandlung (S. 1 Fall 1).** Soweit das Gericht eine Handlung nur auf Grund eines Antrags vornehmen muss, „kann" es nur für einigermaßen sichere Auslagen und auch dann nur im Rahmen seines pflichtgemäßen Ermessens grundsätzlich einen Vorschuss fordern, und zwar vom bereits erkennbaren Kostenschuldner stets (nur noch) einen Vorschuss in Höhe der für diese Handlung oder für dieses Verfahren allgemein bestimmten **Gebühr.** Dabei ist ein schon festgesetzter Geschäftswert maßgeblich. Eine Nachforderung ist möglich. Wird auf Anmeldung oder Mitteilung des Insolvenzverwalters eine Änderung des Geschäftsjahres einer GmbH in das Handelsregister eingetragen, handelt es sich um eine antragsgebundene Handlung. Da § 58 I 2 nicht einschlägig ist, kann die Eintragung von der Zahlung eines Vorschusses abhängig gemacht werden (KG FGPrax 2019, 23).

5 Ein gerichtlicher **Auslagenvorschuss** richtet sich nach § 14.

6 **2. Handlung von Amts wegen (S. 1 Fall 2).** Soweit das Gericht eine Handlung von Amts wegen vornehmen muss, kann es ebenso wie bei → Rn. 3 vorgehen. Auch hier ist eine Nachforderung möglich.

7 **3. Rechtsfolge, Ermessensgrundsatz (S. 1).** Das Wort „kann" bedeutet für das Gericht ein sachgemäßes Ermessen unter einer Abwägung der Interessen des Antragstellers und der Staatskasse (OLG Düsseldorf FGPrax 2017, 201). Nach den Umständen des Einzelfalles kann auch dann, wenn mit dem geltend gemachten Vorschuss nur ein geringer Betrag (hier: 16,50 Euro) gefordert wird, die beantragte Eintragung im Grundbuch von der Leistung eines Kostenvorschusses abhängig gemacht werden (OLG München FGPrax 2020, 96 = BeckRS 2020, 1). Wird der Vorschuss trotz rechtmäßiger Anforderung nicht gezahlt, kommt eine **Zurückweisung des Antrags** in Betracht, wenn sich aufgrund gesetzlicher Vorschriften das Ruhen des Verfahrens verbietet oder die Rechtssicherheit eine alsbaldige Entscheidung verlangt (OLG Düsseldorf FGPrax 2020, 96 = BeckRS 2019, 36060 für die Eintragung einer GmbH ins Handelsregister; OLG München FGPrax 2020, 96 = BeckRS 2020, 1 für eine Eintragung ins Grundbuch; OLG Hamm FGPrax 2021, 164).

8 **Grundsätzlich muss** das Gericht die **Barzahlung** des Vorschusses für gerade dieses Geschäft anordnen. Es darf die bloße Sicherstellung nur insoweit zulassen, als

ein ausreichend begründeter diesbezüglicher Antrag vorliegt. Vgl. im übrigen § 23 KostVfg. Der Richter oder der Rpfleger trifft die Entscheidung darüber, ob eine Vorwegleistung erfolgen muss und ob dann eine Barzahlung notwendig ist oder ob eine Sicherstellung ausreicht oder ob ein Ausnahmefall vorliegt. Das Gericht darf das Geschäft nur insgesamt und nicht teilweise von der Vorauszahlung abhängig machen (NK-GK/Volpert/Büringer Rn. 9). Es darf einen Antrag mehrerer Beteiligter erst nach vergeblichen Vorschussanforderungen bei allen zurückweisen (BGH DNotZ 1982, 238 = BeckRS 1981, 30374434 zum alten Recht). Die Nichtanwendung von § 13 ist keine Amtspflichtverletzung (OLG Schleswig OLGR 2002, 142 = BeckRS 2002, 10075).

4. Grundbuch-, Nachlasssache (S. 2). Ausnahmsweise soll eine Vorschussanforderung in einer solchen Sache nur dann erfolgen, wenn das im Einzelfall zur Sicherung des Eingangs (nur) der Gebühr als erforderlich und nicht nur ratsam erschein. Das wird der Fall sein, wenn konkrete Umstände ernsthafte Zweifel an der Zahlungsunfähigkeit oder Zahlungswilligkeit des Kostenschuldners begründen und die Gefahr besteht, dass die Gebühr nicht zwangsweise eingezogen werden kann. Im Rahmen der anzustellenden Prognose können trotz der rechtlichen Selbständigkeit einer juristischen Person als Kostenschuldnerin Bedenken gegen die Zahlungswilligkeit ihres Alleingeschäftsführers ausreichen (OLG München, FGPrax 2019, 44 = BeckRS 2018, 25357). Ferner darf ein Vorschuss angefordert werden, wenn die Mittellosigkeit des Kostenschuldners bereits aus einem anderen Verfahren bekannt ist oder wenn so ungewöhnlich hohe Kosten anfallen, dass auch bei einem normalerweise oder bisher zahlungsfähigen und -willigen Kostenschuldner begründete Zweifel auftreten. Die Anforderung eines Gebührenvorschusses kann eine Besorgnis der Befangheit regelmäßig nicht rechtfertigen, außer wenn das nach § 13 I 2 bestehende Ermessen so offenkundig überschritten ist, dass die Maßnahme willkürlich erscheint (OLG München RPfleger 2018, 530). 9

Es handelt sich in einer Grundbuchsache um eine **Zwischenverfügung** nach § 18 GBO (LG Düsseldorf Rpfleger 1986, 175). Der Kostenbeamte bestimmt nach § 22 III KostVfg lediglich die Höhe. Bei einer Nichtzahlung ruht das Verfahren. Das Gericht weist also grundsätzlich nicht etwa den Antrag zurück (OLG Frankfurt a. M. Rpfleger 1993, 26; OLG Köln WuM 1996, 304 zum alten Recht). Eine Zurückweisungspflicht kann sich aber ausnahmsweise nach → Rn. 7 ergeben. 10

5. Verfahren (S. 1, 2). Das Gericht ordnet einen Vorschuss im Weg des Kostenansatzes nach § 18 durch eine Verfügung nach §§ 22 II, 30 KostVfg an. Das Gericht muss alle infragekommenden Beteiligten zum Vorschuss auffordern (BGH DNotZ 1982, 238 zum alten Recht). Mangels eines Vorschusses bleibt der Antrag vielmehr nach grds. unerledigt liegen (OLG Köln WuM 1995, 345; OLG Hamm FGPrax 2021, 164). Das Gericht weist ihn nur dann zurück, wenn sich ein Ruhen des Verfahrens verbietet oder die Rechtssicherheit eine alsbaldige Entscheidung verlangt (→ Rn. 7). 11

In einer **Grundbuchsache** liegt ein Eintragungshindernis nach § 18 GBO vor, solange der Antragsteller den angeforderten Vorschuss nicht gezahlt oder ausreichend sichergestellt hat (OLG Hamm FGPrax 2000, 128). Beschwerde: § 82, nicht § 71, OLG München JurBüro 2016, 37). 12

Auslagen des Gerichts

14 I 1 **Wird eine gerichtliche Handlung beantragt, mit der Auslagen verbunden sind, hat derjenige, der die Handlung beantragt hat, einen zur Deckung der Auslagen ausreichenden Vorschuss zu zahlen.** 2 **Das Gericht soll eine Handlung, die nur auf Antrag vorzunehmen ist, von der vorherigen Zahlung abhängig machen; § 13 Satz 2 gilt entsprechend.**

II **Die Herstellung und Überlassung von Dokumenten auf Antrag sowie die Versendung von Akten können von der vorherigen Zahlung eines die Auslagen deckenden Vorschusses abhängig gemacht werden.**

III [1] Bei Handlungen, die von Amts wegen vorgenommen werden, kann ein Vorschuss zur Deckung der Auslagen erhoben werden. [2] Im gerichtlichen Verfahren nach dem Spruchverfahrensgesetz ist ein solcher Vorschuss zu erheben.

IV Absatz 1 gilt nicht in Freiheitsentziehungssachen und für die Anordnung einer Haft.

1 Die Vorschrift stimmt ebenso wie § 16 FamGKG, inhaltlich weitgehend mit § 17 I–III GKG überein, daher dort, → GKG § 17 Rn. 1 ff. Zu den Voraussetzungen für die Einforderung eines Vorschusses zum Zweck der Anordnung der von einem Erben beantragten Nachlassverwaltung (vgl. OLG München FGPrax 2019, 37Danach kann nach § 14 I 1 eine Vorleistungspflicht des antragstellenden Erbens für die Kosten bestehen, die der Staatskasse wegen der Bekanntmachung der Anordnung der Nachlassverwaltung gemäß § 1983 BGB erwachsen. Allerdings kann gemäß § 14 II 2 iVm § 13 S. 2 nur eine Vorschuss angefordert werden, wenn konkrete Anhaltspunkte für eine Gefährdung des Kosteneingangs bestehen.

Abhängigmachung bei Notarkosten

15 Die Tätigkeit des Notars kann von der Zahlung eines zur Deckung der Kosten ausreichenden Vorschusses abhängig gemacht werden.

1 **I. Systematik, Normzweck.** Die Vorschrift überträgt den Grundgedanken einer Kostensicherstellung durch eine Vorschusspflicht in § 13 S. 1 auf Notarkosten. Daher siehe zunächst → § 13 Rn. 1 ff.

2 **II. Anwendungsbereich: Kosten.** Der Notar kann wegen seiner „Kosten" Vorschuss fordern, also nach § 1 I wegen seiner Gebühren und Auslagen.

3 **III. Umfang: Zur Kostendeckung ausreichend.** Das ist noch mehr als zB in § 9 RVG, nämlich eine volle Deckung der gesamten Kosten und damit nicht nur ein „angemessener" Vorschuss wie dort. Natürlich kommt nur derjenige Betrag infrage, der nach pflichtgemäßer Einschätzung des Notars im Zeitpunkt der Einforderung voraussichtlich entstehen wird. Daraus folgt aber auch sein Recht auf eine im Lauf der Tätigkeit etwa notwendige Nachforderung von Vorschuss.

4 **IV. Verstoß.** Der Auftraggeber kann nach §§ 127 ff. vorgehen, nicht nach dem nur für Gerichtskosten geltenden § 82. Der Notar hat nach dem klaren Wortlaut von § 15 ein Leistungsverweigerungsrecht bis zum Zahlungseingang eines rechtmäßig geforderten Vorschusses. Andernfalls kann er haften.

Ausnahmen von der Abhängigmachung

16 Die beantragte Handlung darf nicht von der Sicherstellung oder Zahlung der Kosten abhängig gemacht werden,

1. soweit dem Antragsteller Verfahrenskostenhilfe bewilligt ist oder im Fall des § 17 Absatz 2 der Bundesnotarordnung der Notar die Urkundstätigkeit vorläufig gebührenfrei oder gegen Zahlung der Gebühren in Monatsraten zu gewähren hat,

2. wenn dem Antragsteller Gebührenfreiheit zusteht,

3. wenn ein Notar erklärt hat, dass er für die Kostenschuld des Antragstellers die persönliche Haftung übernimmt,

4. wenn die Tätigkeit weder aussichtslos noch ihre Inanspruchnahme mutwillig erscheint und wenn glaubhaft gemacht wird, dass

a) dem Antragsteller die alsbaldige Zahlung der Kosten mit Rücksicht auf seine Vermögenslage oder aus sonstigen Gründen Schwierigkeiten bereiten würde oder

b) eine Verzögerung dem Antragsteller einen nicht oder nur schwer zu ersetzenden Schaden bringen würde; zur Glaubhaftmachung genügt in diesem Fall die Erklärung des zum Bevollmächtigten bestellten Rechtsanwalts,

5. wenn aus einem anderen Grund das Verlangen nach vorheriger Zahlung oder Sicherstellung der Kosten nicht angebracht erscheint, insbesondere wenn die Berichtigung des Grundbuchs oder die Eintragung eines Widerspruchs beantragt wird oder die Rechte anderer Beteiligter beeinträchtigt werden.

I. Systematik, Normzweck (Nr. 1–5). Die Vorschrift erweitert die dortige Regelung. Sie ähnelt § 14 GKG und § 15 FamGKG. Sie begrenzt die §§ 13–15. Das stellt zusätzlich § 12 klar. Es soll nicht zur mechanischen Vorschusspflicht kommen, soweit soziale Gründe und die Entscheidungsfreiheit des Notars eher gegen einen Vorschuss sprechen. 1

II. Verbot einer Abhängigmachung (Nr. 1–5). Es handelt sich um eine abschließende und daher an sich eng auslegbare Aufzählung. Sie kehrt aber im Ergebnis des § 1 I zurück, dass Kosten „nur" in gesetzlich klaren Fällen entstehen, folglich auch nur dann Vorschüsse infragekommen. Daher darf man nun auch nicht formal streng vorgehen, soweit das Ergebnis unbillig wäre. Es handelt sich um fünf Fallgruppen. 2

1. Verfahrenskostenhilfe (Nr. 1). Eine Vorwegleistungspflicht besteht nicht, soweit das Gericht dem Antragsteller nach §§ 76 ff. FamFG iVm § 122 I Nr. 1a ZPO antragsgemäß Verfahrenskostenhilfe bewilligt hat oder soweit die vorläufige Gebührenbefreiung nach § 17 II BNotO greift. Wenn von mehreren Gesamtschuldnern nach § 32 I auch nur einer keine Verfahrenskostenhilfe erhält, besteht die Vorleistungspflicht (BeckOK KostR/Toussaint Rn. 5). 3

2. Gebührenfreiheit (Nr. 2). Eine Vorwegleistungspflicht besteht nicht, soweit der Antragsteller eine persönliche oder sachliche Gebührenfreiheit nach § 2 hat. Ist ein Beteiligter als Gesamtschuldner Kostenschuldner, kann die Vornahme des gesamten Geschäfts von der Vorschussleistung durch diesen abhängig gemacht werden, auch wenn ein anderer Beteiligte befreit ist (BeckOK KostR/Toussaint Rn. 10). 4

3. Kostenübernahme durch Notar (Nr. 3). Eine Vorwegleistungspflicht besteht nicht, soweit ein beliebiger Notar eindeutig ausdrücklich oder auch ebenso klar stillschweigend (Auslegungsfrage) erklärt hat, für die Kostenschuld dieses Antragstellers die unbedingte Haftung zu übernehmen. Das ist dieselbe Rechtsfigur wie zB bei § 27 Nr. 2, daher → § 27 Rn. 6 ff. 5

4. Zahlungsschwierigkeit (Nr. 4). Eine Vorwegleistungspflicht besteht nicht, soweit die im praktisch gleichlautenden § 14 Nr. 3a, b GKG dargestellten Probleme vorliegen., daher → GKG § 14 Rn. 16 ff. 6

5. Unangebrachtheit (Nr. 5). Eine Vorwegleistungspflicht besteht nicht, soweit die Forderung des Gerichts nach einer Vorwegleistung aus einem anderen als den Gründen → Rn. 2–5 nicht angebracht wäre. Wird eine Zustellung dennoch von einer Vorschusszahlung abhängig gemacht und erfolgt die Einzahlung verspätet, ist die Zustellung als „demnächst" iSd § 167 ZPO anzusehen (OLG Köln MDR 2004, 271). Das Gesetz nennt als einen der möglichen Anwendungsfälle denjenigen, dass der Antragsteller eine Berichtigung des Grundbuchs oder die Eintragung des Widerspruchs verlangt oder das Recht eines anderen an diesem Verfahren Beteiligten beeinträchtigt wird und nicht nur evtl. werden könnte. Man muss weiter hierher den Fall rechnen, dass das Gericht einen Antrag erzwingt, etwa eine Anmeldung zum elektronischen Handelsregister nach § 14 HGB, oder dass es nur um eine bekräftigende Wirkung geht, oder dass man mit Sicherheit den Kosteneingang erwarten kann oder bei der Gefahr einer unverhältnismäßigen Verzögerung. 7

III. Verstoß (Nr. 1–5). Es gelten §§ 81–84 (Gericht) und §§ 127 ff. (Notar). 8

Fortdauer der Vorschusspflicht

17 **[1]Die Verpflichtung zur Zahlung eines Vorschusses auf die Gerichtskosten bleibt bestehen, auch wenn die Kosten des Verfahrens einem anderen auferlegt oder von einem anderen übernommen sind. [2]§ 33 Absatz 1 gilt entsprechend.**

I. Systematik, Regelungszweck. Die Vorschrift stimmt mit § 18 S. 1 GKG und mit § 17 S. 1 FamGKG überein, daher → GKG § 18 Rn. 1 ff. 1

Abschnitt 4. Kostenerhebung

Ansatz der Gerichtskosten

18 **I 1 Im gerichtlichen Verfahren werden angesetzt**

1. die Kosten des ersten Rechtszuges bei dem Gericht, bei dem das Verfahren im ersten Rechtszug anhängig ist oder zuletzt anhängig war,

2. die Kosten des Rechtsmittelverfahrens bei dem Rechtsmittelgericht.

2 Dies gilt auch dann, wenn die Kosten bei einem ersuchten Gericht entstanden sind.

II 1 Die Kosten für

1. die Eröffnung von Verfügungen von Todes wegen und

2. die Beurkundung der Ausschlagung der Erbschaft oder der Anfechtung der Ausschlagung der Erbschaft

werden auch dann von dem nach § 343 des Gesetzes über das Verfahren in Familiensachen und in den Angelegenheiten der freiwilligen Gerichtsbarkeit zuständigen Nachlassgericht erhoben, wenn die Eröffnung oder Beurkundung bei einem anderen Gericht stattgefunden hat. 2 Für Beurkundungen nach § 31 des Internationalen Erbrechtsverfahrensgesetzes vom 29. Juni 2015 (BGBl. I S. 1042) gilt Absatz 1.

III 1 Für die Eintragung oder Löschung eines Gesamtrechts sowie für die Eintragung der Veränderung eines solchen Rechts bei mehreren Grundbuchämtern werden die Kosten im Fall der Nummer 14 122, 14 131 oder 14 141 des Kostenverzeichnisses bei dem Gericht angesetzt, bei dessen Grundbuchamt der Antrag zuerst eingegangen ist. 2 Entsprechendes gilt für die Eintragung oder Löschung eines Gesamtrechts sowie für die Eintragung der Veränderung eines solchen Rechts bei mehreren Registergerichten im Fall der Nummer 14 221, 14 231 oder 14 241 des Kostenverzeichnisses.

IV Die Kosten für die Eintragung in das Schiffsregister bei Verlegung des Heimathafens oder des Heimatorts werden nur von dem Gericht des neuen Heimathafens oder Heimatorts angesetzt.

V Die Dokumentenpauschale sowie die Auslagen für die Versendung von Akten werden bei der Stelle angesetzt, bei der sie entstanden sind.

VI 1 Der Kostenansatz kann im Verwaltungsweg berichtigt werden, solange keine gerichtliche Entscheidung getroffen ist. 2 Ergeht nach der gerichtlichen Entscheidung über den Kostenansatz eine Entscheidung, durch die der Geschäftswert anders festgesetzt wird, kann der Kostenansatz ebenfalls berichtigt werden.

1 Die Vorschrift passt in I zB zu § 19 I GKG, in V zu § 19 IV GKG und in VI zu § 19 V GKG. Vgl. daher zunächst insofern dort.

2 **II–IV** sind neu. Sie regeln die sachliche und/oder örtliche Zuständigkeit in den dort genannten Spezialfällen vorrangig. § 350 FamFG begründet ein neues Verfahren (KG FamRZ 2014, 1657).

Einforderung der Notarkosten

19 **I 1 Die Notarkosten dürfen nur aufgrund einer dem Kostenschuldner mitgeteilten, von dem Notar unterschriebenen oder mit seiner qualifizierten elektronischen Signatur versehenen Berechnung eingefordert werden. 2 Der Lauf der Verjährungsfrist ist nicht von der Mitteilung der Berechnung abhängig.**

II Die Berechnung muss enthalten

1. eine Bezeichnung des Verfahrens oder Geschäfts,

2. die angewandten Nummern des Kostenverzeichnisses,

3. den Geschäftswert bei Gebühren, die nach dem Geschäftswert berechnet sind,
4. die Beträge der einzelnen Gebühren und Auslagen, wobei bei den jeweiligen Dokumentenpauschalen (Nummern 32 000 bis 32 003) und bei den Entgelten für Post- und Telekommunikationsdienstleistungen (Nummer 32 004) die Angabe des Gesamtbetrags genügt, und
5. die gezahlten Vorschüsse.

III Die Berechnung soll enthalten

1. eine kurze Bezeichnung des jeweiligen Gebührentatbestands und der Auslagen,
2. die Wertvorschriften der §§ 36, 40 bis 54, 97 bis 108, 112 bis 124, aus denen sich der Geschäftswert für die jeweilige Gebühr ergibt, und
3. die Werte der einzelnen Gegenstände, wenn sich der Geschäftswert aus der Summe der Werte mehrerer Verfahrensgegenstände ergibt (§ 35 Absatz 1).

IV Eine Berechnung ist nur unwirksam, wenn sie nicht den Vorschriften der Absätze 1 und 2 entspricht.

V Wird eine Berechnung durch gerichtliche Entscheidung aufgehoben, weil sie nicht den Vorschriften des Absatzes 3 entspricht, bleibt ein bereits eingetretener Neubeginn der Verjährung unberührt.

VI Der Notar hat eine Kopie oder einen Ausdruck der Berechnung zu seinen Akten zu nehmen oder die Berechnung elektronisch aufzubewahren.

Übersicht

I. Systematik (I–VI). Die Vorschrift ähnelt § 10 RVG. Sie regelt die von der Entstehung und der Fälligkeit zu unterscheidende Einforderbarkeit der Notarvergütung. §§ 89, 127 ff. ergänzen sie. Es handelt sich bei § 19 um Voraussetzungen der Klagbarkeit. 1

II. Normzweck (I–VI). Er besteht wie bei § 10 RVG vor allem in einer **Nachprüfbarkeit der Berechnung** für den Auftraggeber und für alle diejenigen, die die Berechnung ebenfalls überprüfen wollen oder müssen, zB die Versicherung, einen weiteren Beteiligten, den Präsidenten des LG bei § 128 und bei einem Streit das Gericht. Der Notar als Organ der Rechtspflege nach § 1 BNotO soll sich aus allen diesen Gründen auch von vornherein wegen seiner Vergütungsforderungen eine Selbstkontrolle auferlegen, zumal in der Praxis wohl meist sein Personal die Berechnung erstellt. Das alles muss man bei der Auslegung mitbeachten. 2

III. Anwendungsbereich (I–VI). Die Vorschrift gilt nur insoweit, als der Gläubiger nach § 24 II BNotO gerade als Notar gehandelt hat, nicht als Anwalt (KG MDR 1998, 123 zum alten Recht). Sie gilt nur bei einer solchen Tätigkeit, für die der Kostenschuldner eine der Personen nach §§ 22 ff. ist, also nicht ein Dritter (KG 3

MDR 1998, 123). Der Notar setzt die Kosten an. In einer Sozietät muss der einzelne Notar als der alleinige Kostengläubiger dieser Sache tätig werden.

4 **IV. Notwendigkeit einer Berechnung (I).** Der Notar ist der alleinige Kostengläubiger. Er muss eine Berechnung der Gebühren und Auslagen aufstellen. Für jedes Geschäft muss er eine eigene vollständige Berechnung anfertigen. Das kann freilich zusammen mit weiteren Kostenberechnungen in demselben Dokument geschehen. Maßgeblich ist die Zahl der Urkunden. Die Berechnung muss angeben, wer zahlen soll (vgl. BayObLG MittBayNot 1983, 194 zum alten Recht).

V. Beispiele zur Frage einer Berechnung (I)

5 **Anerkenntnis:** → „Verjährung".

Bezeichnung: Die Einforderung muss schon wegen § 89 eindeutig erfolgen. Sie braucht entgegen dem Wortlaut von I noch nicht unbedingt in der Kostenberechnung zu stehen (OLG Frankfurt a. M. Rpfleger 1988, 207). Deren bloße Übersendung ist noch keine Zahlungsaufforderung.

Fälligkeit: Siehe zunächst § 10. Erst mit dem Eingang der Mitteilung der Berechnung dürfen die Kosten eingefordert werden (OLG Hamm MDR 1988, 420 = DNotZ 1988, 458). Aber auch → „Vorschuss", „Zahlungsannahme".

Gesamtschuldner: Bei Gesamtschuldnern nach § 32 kann der Notar frei wählen, wen von ihnen er auffordert. Er muss den Zahlungspflichtigen genau und richtig bezeichnen (OLG Schleswig DNotZ 1996, 474; LG Hannover JurBüro 2004, 549). Die Angabe „als Gesamtschuldner" ist zwar nicht zwingend, wohl aber evtl. nützlich. Bei mehreren Beteiligten muss man trotz einer Gesamtschuldnerschaft nach § 32 doch der Berechnung zumindest in einem schwierigeren Fall entnehmen können, wer nach der Meinung des Notars zumindest zunächst oder in erster Linie aus welchem Grund in welcher Höhe haften soll (LG Hannover JurBüro 2004, 665).

Mitteilung: Der Notar muss seine Berechnung jedem Kostenschuldner vor einer Vollstreckbarerklärung schriftlich mitteilen (KG MDR 2005, 540; LG Hannover JurBüro 2004, 665) oder elektronisch übermitteln. Das ist auch bei § 6 III 2 nötig (BGH NJW 2006, 1138 zum alten Recht). Wegen § 89 muss der Notar auch klar erklären, ob er nun auch schon und noch Geld haben will oder die Berechnung nur aus anderen Gründen übermittelt, etwa nach VI. Aber auch → „Vorschuss".

Nachforderung: → „Zurückbehaltungsrecht".

Stundung: → „Mitteilung" und BGH NJW 2006, 1138.

Tod: Wenn der Notar verstorben ist, darf sein Amtsnachfolger die Berechnung nur insoweit aufstellen, als das Notariat inzwischen eine Behörde ist. Andernfalls müssen dasjenige AG oder derjenige Notar die Berechnung aufstellen, die die Akten des verstorbenen Notars nach § 51 I BNotO amtlich verwahren (KG DNotZ 1982, 776).

Unterschrift: Der Notar oder sein Vertreter muss die an den Kostenschuldner abgehende Originalrechnung nach I 1 gesondert eigenhändig und handschriftlich unterschreiben oder signieren (KG ZNotP 2005, 39; LG Coburg JurBüro 1988, 1208). Ein Faksimilestempel oder die Unterschrift des Bürovorstehers reicht nicht. Ein amtlicher Vertreter muss als solcher erkennbar sein (LG Frankfurt a. M. MDR 1990, 933). Andernfalls muss das LG die Berechnung nach § 128 wegen eines unheilbaren Mangels aufheben (BayObLG MDR 1977, 226; LG Frankfurt a. M. MDR 1990, 933).

Verjährung: Sie ist nach 19 I 2 nicht von der Mitteilung der Berechnung abhängig. Nur nach einer ordnungsgemäßen Kostenberechnung kann ein Anerkenntnis des Kostenschuldners die Verjährung hemmen (OLG Frankfurt a. M. DNotZ 1987, 180). Auch → „Mitteilung".

Vorschuss: Für einen Auslagenvorschuss nach § 15 braucht der Notar noch keine förmliche Kostenberechnung mitzuteilen. Gegen die Höhe des Vorschusses ist die Beschwerde nach § 82 statthaft.

Zahlungsannahme: Der Notar darf schon vor der Mitteilung seiner Berechnung eine Zahlung auf sie annehmen. Aber auch → „Fälligkeit", → „Vorschuss".

Zahlungsaufforderung: → „Bezeichnung".

Zurückbehaltungsrecht: Der Notar hat ein solches Recht nach § 11.

VI. Mussinhalt der Berechnung (II). Der Kostenschuldner muss die Kostenberechnung überprüfen und erwägen können, ob sie eine Veranlassung zur Herbeiführung einer gerichtlichen Entscheidung gibt (OLG Köln FGPrax 2007, 291zum alten Recht). Deshalb muss man an die Verständlichkeit des Inhalts strenge Anforderungen stellen (vgl. zB OLG Brandenburg DNotZ 1997, 248; OLG Düsseldorf JurBüro 1983, 1244). Die Kostenberechnung des Notars muss in den Grenzen der vorrangigen Verschwiegenheitspflicht gegenüber einem Dritten mindestens die folgenden Angaben enthalten. Es können zwecks ihrer Verständlichkeit ergänzende Angaben notwendig sein. Rechtsbehelfsbelehrung, Verstoß: §§ 7a, 83 II 2. 6

1. Bezeichnung (II Nr. 1). Der Notar muss das Verfahren oder Geschäft wenigstens stichwortartig bezeichnen und damit identifizierbar machen. 7

2. Kostenverzeichnis (II Nr. 2). Der Notar muss die von ihm jetzt angewandten Nummern des KV angeben, nicht nur diejenigen der dortigen Teile 2, 3. 8

3. Geschäftswert (II Nr. 3). Die Berechnung muss bei Wertgebühren den Geschäftswert in EUR bezeichnen. Das ergibt sich schon aus dem klaren Wortlaut. Der Notar muss den Geschäftswert so darstellen, dass der Empfänger die Ermittlung nachvollziehen kann (BGH NJW 2003, 977). Zu diesem Zweck muss er evtl. den Geschäftswert aufschlüsseln (BGH NJW 2003, 977; LG Hannover JurBüro 2005, 266). Denn auch das kann zur Nachvollziehbarkeit unerlässlich sein. Zwar braucht der Notar insofern keinen Roman zu schreiben. Die Kostenberechnung muss aber jedenfalls die tragenden Überlegungen zum Geschäftswert stichworthaltig erkennen lassen. Die Angabe „Höchstwert" reicht nicht aus (LG Krefeld JurBüro 1983, 1243). 9

Die **Anführung** derjenigen Gesetzesvorschriften, die der Notar dem **Geschäftswert** zugrunde legt, ist nach III Nr. 2 **nicht stets unbedingt** erforderlich (OLG Hamm JurBüro 1997, 100), wohl aber dann, wenn der Empfänger die Ermittlung anders nur schwer nachvollziehen könnte (vgl. BGH DNotZ 2007, 546; OLG Düsseldorf JurBüro 2005, 152). Ein gewissenhafter Notar sollte die maßgeblichen Wertvorschriften stets angeben, und zwar bei umfangreicheren Vorschriften ihren Absatz, Satz, ihre Ziffer usw. 10

4. Beträge der Gebühren und Auslagen (II Nr. 4). Der Notar muss in der Kostenberechnung auch die Beträge der angesetzten Gebühren und Auslagen in EUR angeben. Selbstverständlich muss er die Beträge aufschlüsseln, soweit das erforderlich ist, um dem Empfänger die Nachprüfung zu ermöglichen (BayObLG DB 1985, 487). Er muss auch die in Anrechnung gestellte Umsatzsteuer in der Höhe nach nachvollziehbar angeben. Dazu gehört der angesetzte Prozentsatz auch dann, wenn der Notar nicht ausnahmsweise nur eine ermäßigte Umsatzsteuer ansetzt, sowie der Hinweis auf KV 32014. Denn erst dadurch wird dieser Teil der Forderung nachvollziehbar (aA OLG Hamm JurBüro 1997, 100, aber eine solche Genauigkeit ist durchaus zumutbar und für den Kostenschuldner oft unentbehrlich). 11

5. Gezahlte Vorschüsse (II Nr. 5). Der Notar muss in der Kostenberechnung angeben, ob, wann, von wem außer vom Auftraggeber und in welcher Höhe er Vorschüsse empfangen hat. Es ist unerheblich, ob er einen Vorschuss erbeten hatte oder ob der Auftraggeber unaufgefordert zahlte. Der Zeitpunkt der Empfangnahme ist jedenfalls insofern erforderlich, als Verzinsungsfragen davon abhängen können. Eine Verzinsung ist freilich von den Umständen abhängig. 12

Auch alle **weiteren** erhaltenen Zahlungen müssen in der Kostenrechnung und nicht nur in einem Begleitschreiben usw vorkommen (OLG Düsseldorf NJW-RR 2002, 216). 13

6. Weitere Angaben. Es ist wegen (jetzt) § 14 IV 1 Nr. 2 UStG notwendig, die allgemeine zehnstellige Steuernummer und nicht die etwa zusätzliche Umsatzsteuer-Identifikations-Nr. des Notars in der Rechnung anzugeben (BMF NJW 2002, 2452; Hartmann NJW 2002, 1853; Streck NJW 2002, 1848). Es hängt im Übrigen von den Umständen ab, ob der Notar in der Kostenberechnung über die vorstehenden Angaben hinaus weitere Angaben machen muss. Das Fehlen der Erwähnung weiterer Angaben in II bedeutet nicht etwa die Entbehrlichkeit aller dort nicht ausdrücklich genannten Angaben. Andererseits muss der Notar nach II eine grundsätzlich voll- 14 ständige Darstellung der notwendigen Angaben liefern. Weitere Angaben sind daher nur ausnahmsweise notwendig.

15 **Hierher können** Angaben über die Höhe, den Empfangszeitpunkt und evtl. das Empfangskonto solcher Summen zählen, bei denen es bereits streitig geworden ist, ob der Auftraggeber sie an den Notar als Vorschüsse oder zu anderen Zwecken gezahlt hat, etwa als eine Zahlung auf ein in der beurkundeten Vereinbarung genanntes Treuhandkonto.

16 **VII. Sollinhalt der Berechnung (III).** Zum Mussinhalt nach II „soll" als weiterer Inhalt eine jede der folgenden Angaben treten. „Soll" ist durchaus mehr als „Kann" oder „Darf".

17 **1. Kurze Bezeichnung des Gebührentatbestands (III Nr. 1).** Der Notar soll auch neben der Angabe der angewandten Nummern des KV auch eine kurze individualisierende Bezeichnung der Art der Vorschrift nennen, also zB „Anmeldegebühr" (OLG Hamm NJW-RR 2000, 366), oder „Entwurf eines Grundstückskaufvertrags nebst Auflassung" (OLG Hamm NJW-RR 2000, 1600). Nicht ausreichend ist eine zu allgemeine Angabe wie „Vertrag" oder „Erklärung". Der Notar braucht aber nicht alle Einzelheiten anzugeben (OLG Hamm NJW-RR 2000, 1600).

18 **2. Bezeichnung der Auslagenart (III Nr. 1).** Der Notar soll ferner auch neben dem nach II Nr. 4 notwendigen Betrag auch die Bezeichnung der Auslagenart hinzufügen, zB „Reisekosten" oder „Zustellungsentgelte" oder „Umsatzsteuer" (Tiedtke/Schmidt DNotZ 1995, 738). Auch hier ist eine genaue Angabe der einschlägigen Nr. des KV erforderlich (OLG Düsseldorf MDR 2001, 176; aA OLG Hamm JurBüro 1997, 100). Freilich muss der Notar dann nicht stets sämtliche Untergliederungsziffern nach KV 32000 ff. nennen, wenn er den Auftraggeber auch ohne sie ausreichend informieren kann (OLG Hamm FGPrax 2005, 45 (großzügig)).

19 **3. Gegenstandswerte (III Nr. 2, 3).** Wenn sich der Geschäftswert aus §§ 36, 40–54, 97–108, 112–124 oder aus einer Summe nach § 35 I ergibt, soll der Notar auch seine Bewertung jedes Einzelgegenstands mitangeben.

20 **VIII. Verstoß: Evtl. Unwirksamkeit der Berechnung (IV).** Gegen die öffentlich-rechtliche Kostenforderung ist nach Art. 19 IV 1 GG der ordentliche Rechtsweg offen. Soweit eine der nach I, II notwendigen Angaben fehlt oder unvollständig ist, ist eine Nachholung zulässig (OLG Hamm FGPrax 2008, 270; OLG Köln FGPrax 2007, 291). Soweit der Notar die Nachholung nicht vornehmen will oder kann, ist auch eine richterliche Nachprüfung der Kostenberechnung nicht vollständig möglich. Infolgedessen ist allerdings beim Verstoß gegen I, II nach IV die ganze Kostenberechnung unwirksam (OLG Düsseldorf MDR 2001, 176). Das Gericht muss sie dann von Amts wegen ohne eine weitere Sachprüfung aufheben (BayObLG DB 1985, 487; OLG Düsseldorf NJW-RR 2002, 216).

21 Ein bloßer **Irrtum** des Notars bei der Angabe einer an sich richtig angewendeten Vorschrift über den Geschäftswert oder über die Gebührenhöhe usw lässt sich zwar nach §§ 127 ff. klären. Er berührt aber die Wirksamkeit der Kostenberechnung nicht (OLG Düsseldorf MDR 2001, 1750).

22 **IX. Aufhebung und Verjährung (V).** Eine Aufhebung wegen Verstoßes nur gegen III lässt einen schon eingetretenen Neubeginn der Verjährung unberührt.

23 **X. Kopie oder Ausdruck (VI).** Der Notar muss die Kostenberechnung nach III 1 schon zwecks ihrer Überprüfbarkeit durch die Dienstaufsicht nach § 93 BNotO in einer einfachen Kopie oder einem Ausdruck der elektronischen Fassung zu seinen Hauptakten nach § 19 BNotO nehmen, also zur Urkundensammlung. Es genügt eine unbeglaubigte und nicht unterschriebene Kopie. Ihr Text muss natürlich vollständig sein.

Nachforderung von Gerichtskosten

20 **I 1 Wegen eines unrichtigen Ansatzes dürfen Gerichtskosten nur nachgefordert werden, wenn der berichtigte Ansatz dem Zahlungspflichtigen vor Ablauf des nächsten Kalenderjahres nach Absendung der den Rechtszug abschließenden Kostenrechnung (Schlusskostenrechnung), bei**

Verfahren, in denen Jahresgebühren erhoben werden, nach Absendung der Jahresrechnung, mitgeteilt worden ist. [2]Dies gilt nicht, wenn die Nachforderung auf vorsätzlich oder grob fahrlässig falschen Angaben des Kostenschuldners beruht oder wenn der ursprüngliche Kostenansatz unter einem bestimmten Vorbehalt erfolgt ist.

II Ist innerhalb der Frist des Absatzes 1 ein Rechtsbehelf wegen des Hauptgegenstands oder wegen der Kosten eingelegt oder dem Zahlungspflichtigen mitgeteilt worden, dass ein Wertermittlungsverfahren eingeleitet ist, ist die Nachforderung bis zum Ablauf des nächsten Kalenderjahres nach Beendigung dieser Verfahren möglich.

III Ist der Wert gerichtlich festgesetzt worden, genügt es, wenn der berichtigte Ansatz dem Zahlungspflichtigen drei Monate nach der letzten Wertfestsetzung mitgeteilt worden ist.

I. Systematik, Normzweck (I–III). Die Vorschrift stimmt inhaltlich wesentlich mit § 20 GKG, § 19 FamGKG und § 6 GvKostG überein. § 20 soll jeden Kostenschuldner nach §§ 22 ff. vor verspäteten Nachforderungen schützen (OLG Frankfurt Rpfleger 1977, 380). Der Rechtsgedanke der Vorschrift kann der Rückforderung einer **überzahlter Betreuervergütung** entgegenstehen (vgl. BGH NJW-RR 2020, 323; vgl. LG Arnsberg BeckRS 2020, 25434: Kein Vertrauensschutz bezüglich einer einmal zuerkannten erhöhten Vergütung für die Zukunft). 1

II. Anwendungsbereich (I–III). Eine Nachforderung ist nur beim Zusammentreffen der folgenden Voraussetzungen zulässig. Das muss das Gericht in jeder Verfahrenslage von Amts wegen beachten. Jeder Beteiligte muss wahrheitsgemäß mitwirken, wie bei § 138 ZPO. 2

1. Kostenrechnung. Es muss diesem Kostenschuldner nach §§ 22 ff. ein Kostenansatz nach § 18 I und daher eine vorbehaltlose abschließende Kostenrechnung zugegangen sein (OLG Köln Rpfleger 1978, 113; OLG Zweibrücken FGPrax 1998, 241 = NJW-RR 1999, 1015). Eine bloße Vorschussrechnung reicht grundsätzlich nicht aus, ebensowenig eine Entnahme aus der Insolvenzmasse. Das gilt selbst dann, wenn die Vorschussrechnung einzelne Posten enthält. Sie reicht ausnahmsweise dann aus, wenn sie deutlich macht, dass der als Vorschuss geforderte Betrag bereits die endgültige Forderung darstelle, falls das Gericht später keine weitere Rechnung zusenden werde (OLG Hamm Rpfleger 1987, 38). Erst recht nicht reicht das gänzliche Fehlen eines Kostenansatzes. Denn § 20 schützt den Schuldner nach → Rn. 1. 3

2. Unrichtigkeit. Der Gesamtbetrag der von diesem Kostenschuldner erhebbaren Kosten muss sich erhöht haben. 4

Der **Grund** der Unrichtigkeit des Ansatzes ist unerheblich. Es kann sogar eine offenbare Unrichtigkeit nach § 319 ZPO, § 42 FamFG vorliegen. Auch bei einer vorsätzlichen unrichtigen Angabe des Kostenschuldners ist eine Nachforderung zulässig. Man muss die Frage, ob der Ansatz unrichtig war, sowohl beim Ansatz des Streitwerts als auch bei der Auslegung von Rechtsvorschriften nach dem Zeitpunkt der Entscheidung in der Sache beurteilen (vgl. OLG Köln FGPrax 2002, 270). 5

Unanwendbar ist § 20, soweit das Gericht die Kosten noch nicht von diesem Kostenschuldner angefordert hatte oder soweit sich innerhalb eines unveränderten Gesamtbetrags nur einzelne Rechnungsposten verschieben (LG Koblenz NJW-RR 1996, 64). Die Vorschrift ist auch dann unanwendbar, wenn das Gericht die Kosten auf Grund einer Erinnerung nach § 81 ermäßigt, wenn das Beschwerdegericht zB nach § 82 die Kosten aber wiederum auf den früheren Satz anhebt oder wenn sich nur die Rspr. oder Lehre seit dem Kostenansatz geändert hat. 6

3. Notar. Einen Notar, dem die Gebühren selbst zufließen, bindet § 20 nicht. Er kann Kosten solange nachfordern, bis auf Grund einer Beschwerde des Kostenschuldners nach §§ 82, 83 eine Entscheidung des LG ergeht. 7

III. Ablauf des Kalenderjahrs (I). Es sind drei Prüfschritte ratsam. 8

1. Grundsatz: Zugang in der Frist (I 1). Den berichtigten Ansatz muss gerade dieser Kostenschuldner nach § 18 vor dem Ablauf des nächsten Kalenderjahrs nach der den Rechtszug abschließenden sog. Schlusskostenrechnung oder die Jahresrechnung erhalten haben. Ein allgemeiner Vorbehalt in der Kostenrechnung ist für den Ablauf der Nachforderungsfrist unbeachtlich. Es reicht nicht aus, dass das Gericht vor dem Fristablauf nur Ermittlungen angestellt hat.

9 **2. Ausnahmen (I 2).** Die Jahresfrist gilt nicht, soweit die Nachforderung auf vorsätzlich oder grob fahrlässig falschen Angaben des Kostenschuldners beruht oder wenn der ursprüngliche Kostenansatz nach § 18 unter einem bestimmten Vorbehalt erfolgt ist. I 2 kann also auch auf einen klar abgrenzbaren Teil der Gesamtforderung anwendbar sein: „Wenn" heißt vernünftigerweise eben „soweit".

10 **3. Rechtszugsabschluss (I 1).** Er tritt kostenrechtlich mit der Schlusskostenrechnung ein. Es kommt also nicht mehr auf eine endgültige Erledigung des Geschäfts an.

11 **IV. Rechtsbehelf oder Wertermittlungsverfahren (II).** Rechtsbehelfsbelehrung, Verstoß: §§ 7a, 83 II 2. Soweit innerhalb der Frist des I entweder ein statthafter Rechtsbehelf wegen des Hauptgegenstands oder wegen der Kosten beim zuständigen Gericht einging oder das Gericht dem Zahlungspflichtigen mitteilte, dass es ein Wertermittlungsverfahren nach § 80 eingeleitet habe, läuft die Frist zur Nachforderung bis zum Ablauf des nächsten Kalenderjahrs nach dem Abschluss des Rechtsbehelfs- oder Wertermittlungsverfahrens. Das Wertermittlungsverfahren muss von dem sachbearbeitenden Rpfleger begonnen haben. Ein Antrag des Bezirksrevisors wahrt die Frist nicht (OLG Frankfurt a. M. Rpfleger 1977, 380). Die Frist ist eine Ausschlussfrist ohne eine Verlängerungsmöglichkeit. Rechtsbehelf ist auch eine Erinnerung oder eine Anhörungsrüge nach § 131 oder eine Gegenvorstellung.

12 Das Gericht muss den **Zeitpunkt der Mitteilung** der Rechtsbehelfseinlegung oder der Einleitung des Wertermittlungsverfahrens an den Zahlungspflichtigen nachweisen können. Aus diesem Grund ist es ratsam, die Mitteilung zumindest durch einen Einschreibebrief mit Rückschein vorzunehmen. Besser ist ihre förmliche Zustellung.

13 Über **mehrere** Kostenschuldner §§ 32, 33. Wenn ein Gesamtschuldner zugleich der Vertreter des anderen Gesamtschuldners ist, genügt im Zweifel eine einmalige Mitteilung der Einleitung des Wertermittlungsverfahrens an den ersteren.

14 **Kein** Rechtsbehelf ist eine Dienstaufsichtsbeschwerde.

15 **V. Wertfestsetzung (III).** Nach einer gerichtlichen Wertfestsetzung nach § 79 reicht es zur Zulässigkeit einer Nachforderung, dass das Gericht seinen berichtigten Ansatz dem Zahlungspflichtigen drei Monate nach der letzten Festsetzung mitgeteilt hat.

16 **VI. Verstoß (I–III).** Die Nichtbeachtung oder sonst unkorrekte Handhabung des § 20 ermöglicht eine Erinnerung nach § 81 I.

Nichterhebung von Kosten

21 **I 1 Kosten, die bei richtiger Behandlung der Sache nicht entstanden wären, werden nicht erhoben. 2 Das Gleiche gilt für Auslagen, die durch eine von Amts wegen veranlasste Verlegung eines Termins oder Vertagung einer Verhandlung entstanden sind. 3 Für abweisende Entscheidungen sowie bei Zurücknahme eines Antrags kann von der Erhebung von Kosten abgesehen werden, wenn der Antrag auf unverschuldeter Unkenntnis der tatsächlichen oder rechtlichen Verhältnisse beruht.**

II 1 Werden die Kosten von einem Gericht erhoben, trifft dieses die Entscheidung. 2 Solange das Gericht nicht entschieden hat, können Anordnungen nach Absatz 1 im Verwaltungsweg erlassen werden. 3 Eine im Verwaltungsweg getroffene Anordnung kann nur im Verwaltungsweg geändert werden.

1 **I. Systematik (I, II).** Die Vorschrift stimmt inhaltlich wesentlich mit § 21 GKG, § 20 FamGKG, § 13 JVKostG, § 7 GvKostG überein. Vgl. daher die dortigen Anm. Sie hält das Gericht und den Notar zu einer sachgemäßen und sorgfältigen Amtsführung an (OLG Celle DNotZ 1978, 755). Bei einer Einwendung eines Beteiligten gegenüber der Kostenrechnung des Notars sind §§ 127 ff. anwendbar. Soweit über-

haupt keine Kostenerstattung stattfindet, ist auch § 21 unanwendbar, vgl. OLG Köln Rpfleger 2001, 203. Ein Verfahren nach § 19 BNotO auf einen Schadensersatz wegen Amtspflichtverletzung bleibt unabhängig von § 21 möglich, und zwar nach §§ 127 ff. (vgl. KG DNotZ 1996, 132; OLG Schleswig JurBüro 1997, 436; aA LG Halle NotBZ 2003, 316, Zivilrechtsweg).

II. Regelungszweck (I, II). Die Vorschrift dient wie § 21 GKG, § 20 FamGKG, 2
der Kostengerechtigkeit und dem Grundsatz der Prozesswirtschaftlichkeit. Sie schützt den Bürger vor demjenigen Gebührenanspruch, der bei einer richtigen Sachbehandlung nicht entstanden wäre (BVerfG NJW 1991, 2077). Der Bürger soll nicht unter erheblichen Fehlern des Gerichts oder des Notars finanziell leiden müssen, LG Berlin ZIP 2013, 2465. Aber es ist auch nicht wirtschaftlich vertretbar, jeden kleinen Fehler des Gerichts oder des Notars zum Anlass einer Kostenniederschlagung zu machen.

Das Gericht und der Notar müssen die Kosten **möglichst niedrig** halten (Bay- 3
ObLG JurBüro 2001, 151, OLG Frankfurt a. M. DNotZ 1978, 750). Freilich darf die Sachbehandlung unter diesem Bestreben nicht leiden. Die Bemühung um geringe Kosten darf nicht dazu führen, dass dem Gericht oder dem Notar eine erhebliche Mehrarbeit entsteht. Alles das muss man bei der Auslegung mitbeachten.

III. Unrichtige Sachbehandlung (I 1). Die Kostenniederschlagung hängt von 4
der Unrichtigkeit der Sachbehandlung ab. Zu diesem Begriff zunächst → GKG § 21 Rn. 6 ff.

1. Grundsatz: Alle Kosten. Unter I fallen die Kosten, also nach § 1 I Gebühren 5
und Auslagen des Gerichts oder des Notars (vgl. aber BGH WuM 1985, 35 = NJW 1984, 2576: analoge Anwendung auf Beteiligtenauslagen), Die Kosten werden natürlich nur insoweit nicht erhoben, als sie bei einer richtigen Behandlung der Sache gegenüber diesem Kostenschuldner nicht oder nicht so hoch entstanden wären (OLG Hamm FGPrax 2004, 30; KG JurBüro 2006, 93). Das können auch Rechtsmittelkosten sein (OLG Düsseldorf JurBüro 1975, 302). Der Auftraggeber usw müsste beim Notar bei einer richtigen Handhabung von der Vornahme abgesehen oder den Notar nicht weiter beansprucht haben (LG Berlin ZIP 2013, 2465).

2. Offenkundigkeit. Die Unrichtigkeit der Sachbehandlung liegt wie bei → GKG 6
§ 21 Rn. 14 ff., nur bei einem offen zutage tretenden Verstoß gegen eindeutige gesetzliche Normen oder bei einem offensichtlichen Versehen vor (BGH FGPrax 2021, 38; OLG Düsseldorf NZG 2016, 590; LG Berlin ZIP 2013, 2464).

Ein **Rechtsirrtum** genügt also nur insoweit, als die dort vertretene Beurteilung 7
einen offensichtlichen Gesetzesverstoß darstellt (OLG Hamm DNotZ 1979, 59). Es genügt also keineswegs, dass ein Gesetzeswortlaut so mehrdeutig ist, dass man den Sinn und Zweck der Vorschrift erst ermitteln muss.

3. Beispiele zur Frage einer Unrichtigkeit (I 1)

Ablichtung, Abschrift: Eine unrichtige Sachbehandlung kann vorliegen, soweit das 8
Gericht oder der Notar eindeutig zu viele Ablichtungen oder Abschriften verlangt oder gefertigt hat (BGH WuM 1985, 35). Auch → „Auskunft".

Abschichtung: Eine unrichtige Sachbehandlung kann dann **fehlen,** wenn das Grundbuchamt beim einverständlichen Ausscheiden von Mitgliedern aus der Erbengemeinschaft durch sog. Abschichtung zunächst doch noch eine Voreintragung der Gemeinschaft vornimmt, OLG Köln FGPrax 2014, 129.

Abtretung: Eine unrichtige Sachbehandlung liegt vor, soweit der Notar eine Abtretung des Kaufpreisanspruchs nicht schon im Kaufvertrag beurkundet hat, sondern erst bei der Bestellung des Grundpfandrechts (OLG Köln Rpfleger 1989, 129; Lappe NJW 1989, 3254 (3259)).

Adressierung: Eine unrichtige Sachbehandlung kann in einer fehlerhaften Adressierung liegen (KG JurBüro 2009, 545).

Amtlich bestellter Vertreter: Eine unrichtige Sachbehandlung kann vorliegen, soweit der Notar die Beurkundung nicht als amtlich bestellter Vertreter vorgenommen hat, sondern als ein Eigengeschäft (OLG Schleswig DNotZ 1985, 119).

Amtsermittlung: Eine unrichtige Sachbehandlung liegt vor, wenn das Nachlassgericht bei der Bemessung des Geschäftswerts im Erbscheinverfahren bei fehlender Mitwirkung des hierzu verpflichteten Erben anstatt eigene Ermittlungen anzustellen, eine erkennbar unrealistisch überhöhte Schätzung des Nachlasswertes vornimmt (OLG Hamm ZEV 2021, 668).

Anderkonto: Eine unrichtige Sachbehandlung kann vorliegen, soweit der Notar sich den Kaufpreis usw überflüssig zwischenzeitlich auf sein Anderkonto überweisen ließ (OLG Schleswig JurBüro 1982, 587). Sie kann aber dann **fehlen,** wenn das sicherheitshalber geschah (LG Darmstadt JurBüro 1988, 1196; LG Lübeck JurBüro 1988, 886).

Annahme und Auflassung: Eine unrichtige Sachbehandlung kann vorliegen, soweit der Notar die Annahme des Angebots und die Auflassung in getrennten Urkunden beurkundet hat (LG Hamm JurBüro 1996, 209; OLG Hamm FGPrax 1998, 154, siehe aber BGH FGPrax 2021, 38). Auch → „Auflassung".

Antragsänderung: Eine unrichtige Sachbehandlung kann vorliegen, soweit man eine zulässige Antragsänderung übergangen hat, (BayObLG WuM 1988, 191).

Aufhebung: Eine unrichtige Sachbehandlung liegt **nicht** schon stets deshalb vor, weil das höhere Gericht infolge einer anderen Beurteilung die Entscheidung des Vordergerichts aufhebt, oder weil der Notar statt einer Änderung eine Aufhebung wählte. Insofern steht dem Notar einen weiten Ermessensspielraum zu (OLG München FGPrax 2006, 42).

Aufklärungspflicht: → „Schweige- und Redepflicht", → „Vertrauenswürdigkeit".

Auflassung: Zur getrennten Beurkundung des Kaufvertrags und der Auflassung (BGH FGPrax 2021, 38). Auch → „Annahme und Auflassung", → „Belehrung".

Auftrag: Eine unrichtige Sachbehandlung kann vorliegen, soweit der Notar vom Auftrag abgewichen ist (BayObLG MittBayNot 1994, 250; vgl. auch LG München MittBayNot 1996, 132). Beurkundet der Notar eine „nachträgliche Bestimmung des Kaufgegenstandes", ohne dass er insoweit einen Auftrag erhalten oder diese Beurkundung dem Interesse der Vertragspartei entsprochen hätte, liegt eine unrichtige Sachbehandlung vor (KG RNotZ 2019, 412).

Auskunft: Eine unrichtige Sachbehandlung liegt vor, soweit das Gericht auf Grund einer bloßen Auskunftsbitte eine gebührenpflichtige Ablichtung oder Abschrift erteilt hat.

Ausländisches Recht: Eine unrichtige Sachbehandlung **fehlt** meist, soweit das Gericht in einer Ausübung seines pflichtgemäßen Ermessens nach (jetzt) zB §§ 21, 29, 107 ff. FamFG vorgegangen ist (BayObLG FamRZ 1999, 101 = NJW-RR 1999, 576).

Aussetzung: Eine unrichtige Sachbehandlung kann vorliegen, soweit das Gericht einen Verfahrensbeteiligten nicht von einer Aussetzung informiert hat.

Auslegung eines Antrags: Bei unrichtiger bzw. fehlender Auslegung eines Antrags und darauf beruhender Zurückweisung desselben, kann eine unrichtige Sachbehandlung vorliegen (OLG Düsseldorf JurBüro 2021, 315).

BauGB: Eine unrichtige Sachbehandlung kann in folgenden Fällen vorliegen: Der Notar hat auf die Notwendigkeit eines Negativattests nach dem BauGB hingewiesen, ohne auf die Entstehung einer Vollzugsgebühr und auf die Möglichkeit ihrer Vermeidung hinzuweisen (aA BayObLG DNotZ 1986, 108, aber eine unvollständige Kosteninformation ist fast stets ein klarer, erheblicher Verstoß); es ist eine überflüssige Anfrage nach dem BauGB erfolgt (BayObLG Rpfleger 1980, 316 = BayObLGZ 1980, 100; OLG Düsseldorf VersR 1979, 872 =).

Eine Unrichtigkeit kann **fehlen,** soweit der Notar beim Erstverkauf einer Eigentumswohnung auf (jetzt) § 28 I BauGB hingewiesen hat (KG MDR 1982, 63).

Belehrung: Es gilt eine ganze Reihe von Situationen.

- **(Fremdentwurf):** Eine unrichtige Sachbehandlung kann **fehlen,** soweit der Notar auftragsgemäß einen Fremdentwurf über einen Beschluss der Versammlung der Gesellschafter verwendet hat (LG Hannover JurBüro 2004, 439, großzügig gegenüber einer solchen Amtsperson, die für eine inhaltliche Richtigkeit mitverantwortlich ist).
- **(Garantie des Verkäufers):** Eine unrichtige Sachbehandlung kann **fehlen,** soweit der Notar bei einem Kaufvertrag keine Belehrung über eine mitvereinbarte Mietgarantie des Verkäufers vernahm (OLG München NZM 2001, 600).
- **(Genehmigung):** siehe dort.
- **(Gesellschaft):** → „– (Fremdentwurf)".

– **(Kostenfolgen):** Eine unrichtige Sachbehandlung **fehlt** grds., soweit das Gericht keine Belehrung über gesetzliche Kostenfolgen erteilt hat (BayObLG MDR 1997, 301, Erbschein; nur selten Ausnahmen; KG DNotZ 2012, 290; LG Hannover JurBüro 2004, 384).
– **(Nebengeschäft):** siehe dort.
– **(Rechtsbehelfsbelehrung):** siehe dort.
– **(rechtskundige Partei):** Eine unrichtige Sachbehandlung kann dann **fehlen,** wenn zwar eine unrichtige Belehrung erfolgte, die Partei aber selbst rechtskundig war oder einen rechtskundigen Vertreter hatte (BayObLG NJW-RR 2001, 1654 (das liegt freilich im Grenzbereich)).
– **(Unrichtigkeit):** Eine unrichtige Sachbehandlung kann dann **fehlen,** wenn eine Belehrung unrichtig war (vgl. OLG Düsseldorf JurBüro 1983, 1230).
– **(Unsicherheit):** Eine unrichtige Sachbehandlung kann dann **fehlen,** wenn eine billigere Lösung unsicherer gewesen wäre (LG Potsdam JurBüro 2005, 431).
– **(Urkundenbeschaffung):** siehe dort.
– **(Wucher):** siehe dort.

Berichtigung: → „Notarfehler".

Berufsrecht: Ein unrichtige Sachbehandlung **fehlt,** soweit allenfalls ein berufsrechtlicher Verstoß eines Anwalts oder Notars infragekommt (Schmitz-Valckenberg DNotZ 1994, 496).

Beschwerde: Eine unrichtige Sachbehandlung kann vorliegen, soweit einer Beschwerdeentscheidung jede Darstellung des Sachverhalts fehlte (OLG Köln NJW-RR 1987, 223). Es kommt freilich auf die Umstände an. Ferner kann die gesetzwidrige Zulassung einer Rechtsbeschwerde oder einer anderen Beschwerdeart eine unrichtige Sachbehandlung sein. Aber auch → „Belehrung".

Betreuung: Eine unrichtige Sachbehandlung kann vorliegen, soweit das Gericht eine unzulässige Betreuung angeordnet hat.

Beurkundung: Eine unrichtige Sachbehandlung des Notars kann in der Beurkundung einer Erklärung liegen, mit der man das Gewollte rechtlich nicht wirksam erreichen kann, oder wenn zu hohe Kosten entstanden (OLG Hamm FGPrax 2011, 96).

Eine unrichtige Sachbehandlung kann **fehlen,** soweit der Notar wegen einer evtl. mit § 9 II BeurkG nicht zu vereinbarenden Bezugnahme eine Neubeurkundung vorgenommen hat (OLG Zweibrücken DNotZ 1982, 579 (großzügig)), oder wenn eine zweite Beurkundung nötig wurde (OLG Zweibrücken DNotZ 2012, 450, ebenfalls großzügig).

Beweisverbot: Die gesetzwidrige Durchführung einer Beweisaufnahme ist eine unrichtige Sachbehandlung (BayObLG JurBüro 1999, 377).

Bruchteilsgemeinschaft: Eine unrichtige Sachbehandlung liegt vor, soweit der Notar eine Auseinandersetzung beurkundet hat, obwohl der Austausch von Anteilen genügte (BayObLG MittBayNot 1991, 271 = DNotZ 1992, 112).

Darlehen: Eine unrichtige Sachbehandlung kann vorliegen, soweit der Notar einen Darlehensgeber nicht über die wirtschaftlichen Gefahren der Darlehensvergabe belehrt hat (BGH BB 1982, 334).

Eigengeschäft: Eine unrichtige Sachbehandlung kann vorliegen, soweit der amtlich bestellte Notarvertreter einen Entwurf des Notars als ein „Eigengeschäft" beurkundet hat (OLG Schleswig DNotZ 1985, 118).

Eigentumswohnung: → „BauGB".

Erbausschlagung: Eine unrichtige Sachbehandlung **fehlt** dann, wenn der Notar die Erklärungen mehrerer Miterben getrennt beurkundet hat (LG Potsdam JurBüro 2005, 431).

Erbrecht: → „Erbausschlagung", → „Erbschein", → „Nachlasspflegschaft", → „Testament", → § 46 Rn. 7 (Ehe- und Erbvertrag).

Erbschein: Eine unrichtige Sachbehandlung kann dann vorliegen, wenn das Gericht denselben Erbschein wiederholt erteilt hat oder wenn das Gericht einen Erbschein wegen eigener Fehler einziehen muss (BayObLG FamRZ 2000, 174), ferner für die Beurkundung der Beantragung eines gegenständlich beschränkten Erbschein. der nach der eigenen Überzeugung des Notars nicht erteilt werden kann (OLG Hamm FGPrax 2013, 183).

Sie kann in folgenden Fällen **fehlen:** Der Notar hat den Beteiligten nicht über die Entbehrlichkeit eines Erbscheins belehrt (KG NJW-RR 1999, 861, wo aber im Ergebnis eine Hinweispflicht angenommen wird), zB weil die Bank des Beteiligten diesen (wenn auch evtl. rechtsirrig) angefordert hatte und weil der Antragsteller zur objektiven Berechtigung dieser Anforderung keine Beratung erbeten hat; der Notar hat sich bei der Errechnung des beantragten Erbteils auf eine Spezialfirma verlassen (LG München MittBayNot 2003, 72).

Auch → „Belehrung".

Erfolgsaussicht: → „Belehrung".

Ergänzung: → „Notarfehler".

Erledigung der Hauptsache: Eine unrichtige Sachbehandlung kann vorliegen, soweit das Gericht ein Rechtsmittel dem Rechtsmittelgericht vorgelegt hat, obwohl man es wegen der Erledigung der Hauptsache wie nach § 91a ZPO nach der Beseitigung eines Eintragungshindernisses anders behandeln musste (BayObLG Rpfleger 1982, 317).

Ermessen: Eine unrichtige Sachbehandlung kann vorliegen, soweit eine zu fehlerhafte Ermessensunterschreitung stattgefunden hat (OLG Düsseldorf VersR 1977, 1132), oder soweit sonstwie ein erheblicher Ermessensfehlgebrauch oder -nichtgebrauch stattgefunden hat.

Eine unrichtige Sachbehandlung kann daher **fehlen,** soweit das Gericht innerhalb seines Ermessens gehandelt hat (BayObLG FamRZ 2000, 174 = BeckRS 1999, 31029969; LG Frankenthal FamRZ 2017, 1419).

Ermittlung: Eine unrichtige Sachbehandlung kann vorliegen, soweit der Notar den Sachverhalt fehlerhaft ermittelt hat, etwa infolge einer ungenauen Grundbucheinsicht, so dass nun eine Vertragsänderung notwendig wird. Auf welche Weise sich der Notar Gewissheit über die Person der Beteiligten nach § 10 BeurkG verschafft, steht allerdings in seinem Ermessen. Eine unrichtige Sachbehandlung iSd § 21 kann aus der Art und Weise der Kenntnisverschaffung nicht abgeleitet werden (LG Dessau-Roßlau NotBZ 2022, 275).

Eine unrichtige Sachbehandlung **fehlt,** soweit die Beteiligten trotz Belehrung über die Gefahren eines solchen Vorgehens auf einer Beurkundung ohne eine Grundbucheinsicht bestehen (BayObLG DNotZ 1990, 667), oder soweit eine Ermittlung nur steuerrechtlich bedeutsam sein konnte (BGH DB 1995, 2065 = NJW 1995, 2794).

Fehlen der Darstellung: → „Beschwerde".

Form: Eine unrichtige Sachbehandlung kann **fehlen,** wenn der Notar einen an sich nicht formbedürftigen Vertrag wegen seines Zusammenhangs mit einem formbedürftigen mitbeurkundet hat (BayObLGZ 1986, 346) oder wenn er durch eine an sich nicht nötige Beurkundung für eine Rechtsklarheit und für den Rechtsfrieden gesorgt hat (BayObLGZ 1987, 193). Eine Sachbehandlung liegt demgegenüber regelmäßig vor, wenn einen **formungültigen** Vertrag beurkundet hat (OLG Hamm NJW-RR 2000, 366).

Gebührenbefreiung: Eine unrichtige Sachbehandlung kann **fehlen,** soweit das Grundbuchamt nur den Verkäufer nicht auf den Ablauf der Fünfjahresfrist und auf das Fehlen der vom Käufer beizubringenden Gebührenfreiheitsbescheinigung nach dem WohnGebBefrG hingewiesen hat (OLG Schleswig SchlHA 1984, 133).

Gehilfe: Der Notar muss für ein Verschulden seines Gehilfen bei der Vorbereitung einstehen.

Gehörsverletzung: → „Rechtliches Gehör".

Genehmigung: Eine unrichtige Sachbehandlung kann vorliegen, soweit die Urkundsperson eine unrichtige Belehrung des Inhalts erteilt hat, zur Wirksamkeit des beurkundeten Geschäfts sei eine Genehmigung notwendig (OLG Schleswig JurBüro 1975, 501), oder soweit der Notar eine eindeutig unnötige Genehmigung eingeholt hat (LG Arnsberg JurBüro 2006, 603), selbst wenn das Gericht sie fälschlich grds. erforderte (OLG Zweibrücken JurBüro 1993, 358 streng) oder soweit er nicht auf eine kostengeringere Möglichkeit hingewiesen hat (OLG Brandenburg JurBüro 2011, 144= BeckRS 2010, 30462).

Eine unrichtige Sachbehandlung kann **fehlen,** soweit der Notar den vollmachtlosen Vertreter nicht über die Genehmigungsbedürftigkeit belehrt hat (KG DNotZ 1981, 71; OLG Köln Rpfleger 2003, 539 = FGPrax 2003, 141).

Gerichtsbesetzung: → „Gesetzlicher Richter".

Geschäftsunfähigkeit: Eine unrichtige Sachbehandlung liegt dann vor, wenn der Erklärende bei der Beurkundung eindeutig geschäftsunfähig war (OLG Düsseldorf JurBüro 2016, 589 = NJOZ 2017, 188).

Geschäftswert: Eine unrichtige Sachbehandlung kann vorliegen, soweit sich der Geschäftswert unnötig erhöht hat (OLG Köln Rpfleger 1989, 129; *Lappe* NJW 1989, 3259).

Gesellschaft: Eine unrichtige Sachbehandlung kann vorliegen, soweit eine Beurkundung des Angebots zum Eintritt in eine Kommanditgesellschaft ohne das Einverständnis aller Gesellschafter erfolgte oder soweit das Gericht zugleich mit der Auflösung der Gesellschaft auch noch das Ausscheiden eines Gesellschafters hat eintragen lassen (OLG Düsseldorf JurBüro 1983, 1230).

Eine Unrichtigkeit kann **fehlen,** soweit der Notar aus Anlass der Beurkundung eines Gesellschafts-Gründungsvertrages den Beschluss über die erste Geschäftsführerbestellung in dieselbe Urkunde mitaufgenommen hat (KG DNotZ 1984, 118; OLG Zweibrücken JurBüro 1988, 1047; *Tiedtke* MittBayNot 1997, 21), oder soweit er eine Gesellschafterliste erstellt hat, ohne eine diesbezügliche Kostenbelehrung zu erteilen (OLG Celle JurBüro 1994, 41), oder wenn ein Fehler nachträglich geheilt wurde und sich als nützlich erwiesen hat (LG Berlin ZIP 2013, 2465), oder soweit es um einen Zustimmungbeschluss der Gesellschafterversammlung bei der Übertragung des einzigen Vermögensstücks der Gesellschaft geht (OLG Düsseldorf NZG 2016, 590).

Gesetzlicher Richter: Ein unrichtige Sachbehandlung liegt in einem Verstoß gegen das Gebot des gesetzlichen Richters nach Art. 101 I 2 GG (OLG Jena NotBZ 2005, 296 = BeckRS 2011, 18111).

Getrennte Beglaubigung oder Beurkundung: Sie kann bei etwas Zusammengehörigem eine unrichtige Sachbehandlung darstellen (OLG Düsseldorf DNotZ 1990, 674; vgl auch KG DNotZ 1984, 116; OLG Zweibrücken JurBüro 1988, 1047; OLG Oldenburg DNotZ 1980, 774). Allerdings sind die Umstände des Einzelfalls maßgeblich (vgl. OLG Zweibrücken JurBüro 2003, 148 = FGPrax 2002, 274), wonach ein sachlicher Grund für die getrennte Beurkundung in Betracht kommen kann). Die **getrennte Beurkundung von Grundstückskaufvertrag und Auflassung** stellt keine unrichtige Sachbehandlung dar; dies gilt auch, wenn der Notar die Beteiligten nicht über kostengünstigere andere Gestaltungsmöglichkeiten belehrt (BGH FGPrax 2021, 38).

Eine unrichtige Sachbehandlung kann **fehlen,** soweit der gewählte Weg sicherer war (OLG Düsseldorf DNotZ 1996, 324), oder wenn der Auftraggeber getrennte Beurkundungen verlangte (BayObLG JurBüro 2001, 598 = BayObLGZ 2000, 260).

Grundbucheinsicht: → „Ermittlung".

Grundstückswert: Eine unrichtige Sachbehandlung kann bei eine Eintragung von Belastungen ins Grundbuch **fehlen,** obwohl der Grundstückswert und derjenige einer Eigentümergrundschuld offensichtlich voneinander abweichen (OLG Jena JurBüro 1999, 375).

Gutachterkosten: Eine unrichtige Sachbehandlung kann dann vorliegen, wenn das Gericht ein unverhältnismäßig teueres Gutachten eingeholt hat.

Haftpflichtversicherung: Eine unrichtige Sachbehandlung **fehlt,** soweit der Notar den Auftraggeber nicht von sich aus auf dessen Pflicht zur etwaigen Erstattung nach KV 32013 hingewiesen hat (aA Tiedtke/Fembacher MittBayNot 2004, 517).

Hebegebühr: → „Anderkonto", → „Nebengeschäft", → „Verwahrung".

Hinweis: Unterlässt ein Notar einen Hinweis, dass die Gründung einer Gesellschaft formfrei und daher kostengünstig vorgenommen werden kann, liegt eine unrichtige Sachbehandlung vor (LG Leipzig NotBZ 2020, 78).

Kostenbelehrung: Ausgangspunkt ist § 24 BNotO. Zunächst → „Belehrung". Es kommen sehr unterschiedliche Klagen vor.

– **(Anschneiden der Kostenfrage):** Unrichtigkeit kann dann vorliegen, wenn der Notar einen Beteiligten trotz des Umstands, dass dieser die Kostenfrage erkennbar angeschnitten hat, nicht entsprechend belehrt (OLG Düsseldorf JurBüro 2002, 258 = BeckRS 2010, 766; OLG Naumburg DNotZ 2012, 513; LG Hannover JurBüro 2004, 384).

– **(Kein weiterer Auftrag):** Unrichtigkeit kann dann vorliegen, wenn der Notar keine solche Belehrung erteilt, die zu einer Abstandnahme vom weiteren Beurkundungsauftrag führen könnte (LG Hannover JurBüro 2004, 327).

– **(Erforderlichkeit):** Unrichtigkeit kann dann **fehlen,** wenn eine unterbleibende Kostenbelehrung auch gar nicht gesetzlich oder nach Treu und Glauben nötig ist (BayObLG DNotZ 1989, 707; OLG Düsseldorf JurBüro 2002, 258 =; aA OLG Düsseldorf Rpfleger 1983, 357 (der Staat habe infolge der Fürsorgepflicht auch im Bereich der freiwilligen Gerichtsbarkeit eine grundsätzliche Kosten-Belehrungspflicht. Aber der Bürger weiß, dass auch der Staat oder der Notar durchweg nicht umsonst tätig werden, BayObLG JurBüro 1988, 1195 = DNotZ 1989, 707)).

– **(Gericht):** Unrichtigkeit kann vorliegen, soweit das Gericht nicht über einen billigeren gleich sicheren Weg belehrt (OLG Düsseldorf JurBüro 1983, 1230).

– **(Geringfügigkeit):** Unrichtigkeit kann **fehlen,** soweit der Notar es zwar unterlässt, die Beteiligten auf eine andere, billigere Beurkundungsart hinzuweisen, soweit der Kostenunterschied aber nur geringfügig wäre (OLG Düsseldorf DNotZ 1981, 74).

– **(Gesamtschuldnerische Haftung):** Unrichtigkeit kann **fehlen,** soweit der Notar nicht auf sie hinweist (KG DNotZ 2012, 290).

– **(Geschäftsgewandtheit):** Unrichtigkeit **fehlt,** soweit alle Beteiligten geschäftsgewandt und erfahren sind (LG Düsseldorf JurBüro 2004, 98; LG Münster MDR 1998, 312 (Vorsicht!)).

– **(Gutachten):** → „Gutachterkosten".

– **(Irrtum):** Unrichtigkeit kann dann vorliegen, wenn der Notar einen Irrtum des Auftraggebers etwa über eine Beurkundungspflicht nicht beseitigt (OLG Düsseldorf JurBüro 2002, 258). Dasselbe gilt beim Irrtum, es entstünden keine oder geringere Kosten (OLG Zweibrücken JurBüro 1999, 488).

– **(Kostenvermeidung):** Unrichtigkeit kann dann vorliegen, wenn das Gericht nicht wenigstens versucht, durch eine Belehrung Kosten zu vermeiden (OLG Düsseldorf JurBüro 1983, 1230).

– **(Mehrere Möglichkeiten):** Unrichtigkeit kann dann vorliegen, wenn der Notar bei mehreren Gestaltungsmöglichkeiten nicht auf eine erheblich billigere Lösung hinweist (OLG Hamm FGPrax 2008, 269; OLG Naumburg DNotZ 2012, 512; LG Frankfurt a. M. NJW-RR 1999, 944; siehe aber auch OLG Hamm MittBayNot 1998, 275; Mümmler JurBüro 1989, 108 (aber eine Kostensparsamkeit ist eine Hauptpflicht des Notars)).

Unrichtigkeit **fehlt** dann, wenn die Beteiligten die ihnen am besten gefallende Lösung trotz deren höherer Kosten wählen (BayObLGZ 2000, 260; siehe aber auch OLG Saarbrücken DNotZ 1982, 451).

– **(Sicherheit):** Unrichtigkeit **fehlt** beim sicheren Weg (OLG Düsseldorf DNotZ 1981, 74; OLG Zweibrücken Rpfleger 1981, 34). Sie fehlt auch dann, wenn eine andere Lösung zwar billiger wäre, aber auch unsicherer (LG Potsdam JurBüro 2005, 431).

– **(Steuerrecht):** Unrichtigkeit **fehlt,** soweit der Notar es nicht ungefragt anspricht (BGH DB 1995, 2065).

– **(Üblichkeit):** Unrichtigkeit liegt bei einem unüblich hohen Zeitaufwand des Sachverständigen vor (BayObLG Rpfleger 2004, 525).

Unrichtigkeit **fehlt** beim allgemein üblichen Weg meist (OLG Düsseldorf DNotZ 1981, 74; OLG Zweibrücken Rpfleger 1981, 34).

Kostensparsamkeit: Eine unrichtige Sachbehandlung kann zwar vorliegen, soweit der Notar nicht den kostengünstigsten gleich sicheren und sachdienlichen Weg gewählt hat (OLG Hamm FGPrax 2011, 96; OLG München FGPrax 2006, 42; LG Frankenthal FamRZ 2017, 1420).

Sie wird aber im Regelfall **fehlen,** soweit der sicherste Weg am teuersten war (OLG Düsseldorf DNotZ 1981, 74; OLG Frankfurt a. M. MDR 1989, 650 = DNotZ 1990, 672; OLG Zweibrücken Rpfleger 1981, 34).

Kreditwürdigkeit: → „Vertrauenswürdigkeit".

Ladung, Abladung: Eine unrichtige Sachbehandlung kann bei ihrer unkorrekten oder Nicht-Vornahme vorliegen.

Lügendetektor: Zum Problem KG JurBüro 2011, 212.

Maklerklausel: Eine unrichtige Sachbehandlung liegt vor, soweit der Notar nicht über die Mehrkosten der Mitbeurkundung einer solchen Klausel belehrt (LG Hannover JurBüro 2006, 91).

Mehrheit von Urkunden: Eine unrichtige Sachbehandlung kann vorliegen, soweit der Notar Erklärungen in mehreren statt in der erforderlichen oder ausreichenden einheitlichen Urkunde aufgenommen hat (OLG Zweibrücken FGPrax 2002, 275 (Verschmelzung und Verzicht); LG Frankfurt a. M. NJW-RR 1999, 944 (Kauf und Bauwerksvertrag)). Ablehenend für Kaufvertrag und Auflassung BGH FGPrax 2021, 38.

Mitverschulden: → „Verschulden".

Nachbesserung: Eine unrichtige Sachbehandlung kann **fehlen,** soweit der Auftraggeber dem Notar eine mögliche Nachbesserung nicht erlaubt hat (OLG Düsseldorf JurBüro 2016, 589).

Nachlasspflegschaft: Eine unrichtige Sachbehandlung kann vorliegen, soweit das Gericht eine Nachlasspflegschaft eingeleitet hat, obwohl die Erben in Wahrheit bekannt waren.

Nebengeschäft: Eine unrichtige Sachbehandlung kann vorliegen, soweit das Grundbuchamt nicht einen Rangvermerk statt einer Rangänderung eingetragen hat (OLG Köln Rpfleger 1998, 216), oder soweit der Notar den Gebührenpflichtigen nicht über die Folgen eines Nebengeschäfts belehrt hat (OLG Stuttgart DNotZ 1983, 642), also zB nicht über das Entstehen einer Gebühr nach KV 22110 ff., oder soweit der Notar nicht über das Entstehen einer Hebegebühr informiert hat, wenn eine gebührenfreie Maßnahme zu demselben Erfolg geführt hätte, oder wenn der Notar überhaupt ein unnötiges gebührenpflichtiges Nebengeschäft herbeigeführt hat (BayObLG Rpfleger 1980, 316).

Neue Beurkundung: Eine unrichtige Sachbehandlung kann **fehlen,** soweit der Notar wegen eines Zweifels an der Brauchbarkeit einer bisherigen Beurkundung vorsorglich eine neue Beurkundung vorgenommen hat (OLG Zweibrücken Rpfleger 1981, 34).

Nichtigkeit: Eine unrichtige Sachbehandlung kann vorliegen, soweit die beurkundete Erklärung nichtig ist (OLG Hamm JurBüro 2000, 152 = NJW-RR 2000, 366; siehe aber auch KG JurBüro 2006, 93). In diesem Fall liegt die unrichtige Sachbehandlung selbst dann vor, wenn die Beurkundung auf Grund des ausdrücklichen Wunsches eines Beteiligten erfolgte (OLG Hamm JurBüro 2000, 152 = NJW-RR 2000, 366).

Eine unrichtige Sachbehandlung kann dann **fehlen,** wenn die Kosten auch bei einer richtigen angefallen wären und wenn der Kostenschuldner auch keine Nachbeurkundung wünschte (KG JurBüro 2006, 93).

Auch → „Rechtliche Unerreichbarkeit".

Notarfehler: Wegen der Geltung von I auch für den Notar nach → Rn. 1 erhält er zumindest für eine durch eigene Fehler erforderlich gewordene Grundbuchmaßnahme (OLG Hamm FGPrax 2016, 40), oder Änderung, Berichtigung, Ergänzung, Neubeurkundung **keine** Gebühren (BGH NJW 2002, 1655). Das gilt erst recht dann, wenn er eine erforderliche Nachbesserung ablehnt (OLG Hamm FGPrax 2016, 232). Er hat aber einen ziemlich weiten Ermessensraum (vgl. BayObLG MittBayNot 2006, 260; OLG Frankfurt a. M. DNotZ 1978, 118; OLG München JurBüro 2006, 148 = FGPrax 2006, 42). Auch → „Anderkonto", → „Eigengeschäft".

Pflegschaft: Eine unrichtige Sachbehandlung kann vorliegen, soweit das Gericht eine unzulässige Pflegschaft angeordnet hat.

Postverlust: Eine unrichtige Sachbehandlung **fehlt** beim bloßen Verlust einer Postsendung (KG JurBüro 2009, 545 = BeckRS 2009, 20231). Aber auch → „Adressierung".

Protokoll: Eine unrichtige Sachbehandlung kann vorliegen, soweit der Notar eine solche Unterschrift unter einem Protokoll nach § 121 beglaubigt hat, die gar nicht zum Auftrag gehörte (OLG Hamm JurBüro 1983, 1554).

Rechtliches Gehör: Eine unrichtige Sachbehandlung liegt bei einem Verstoß gegen Art. 103 I GG vor.

Rechtliche Unerreichbarkeit: Eine unrichtige Sachbehandlung kann vorliegen, soweit die Beurkundung eine solche Erklärung enthält, durch die man das Gewollte rechtlich nicht erreichen kann (OLG Hamm DNotZ 1987, 167, unwirksamer Scheidungsfolgenvergleich), Auch → „Nichtigkeit".

Rechtsbehelfsbelehrung: §§ 7a, 83 II 2. Eine unrichtige Sachbehandlung kann vorliegen, soweit das Gericht eine unrichtige Rechtsmittelbelehrung erteilt hat (BayObLG WuM 1995, 70; OLG Schleswig FGPrax 2012, 126).

Rechtsfrage: Eine unrichtige Sachbehandlung kann **fehlen,** soweit das Gericht einen unrichtigen Hinweis zur Erfolgsaussicht gegeben hat (BayObLGZ 2001, 156), sie fehlt i. d. R. soweit der Notar eine schwierige noch nicht höchstrichterlich abschließend geklärte Rechtsfrage unrichtig beurteilt hat (vgl. OLG Düsseldorf NZG 2016, 590; OLG Stuttgart DNotZ 1986, 440).

Rechtsgutachten: Eine unrichtige Sachbehandlung kann vorliegen, soweit das Gericht ein Gutachten über inländisches Recht eingeholt hat (OLG Karlsruhe FamRZ 1990, 1367).

Rechtsmittel: → „Erledigung der Hauptsache".

Rechtswahl: Die Beurkundung einer Rechtswahl stellt keine unrichtige Sachbehandlung dar, wenn der nach ausländischem Recht geltende Güterstand nicht auf der Hand liegt, sondern sich nur aus einschlägiger Fachliteratur ergibt (LG Düsseldorf NJOZ 2019, 1546).

Sachverständiger: Eine unrichtige Sachbehandlung liegt vor, soweit das Gericht wegen seiner Überlastung eigene Aufgaben einem Sachverständigen übertragen hat (AG Bad Oeynhausen FamRZ 2004, 284), oder ihn nicht genug eingewiesen hat, oder soweit der Sachverständige nicht auf ungewöhnlich hohe Kosten hingewiesen und das Gericht trotzdem ein volles Honorar gezahlt hat (BayObLG FGPrax 2004, 139).

Eine unrichtige Sachbehandlung kann aber auch **fehlen,** soweit nur der Sachverständige einen Fehler begangen hat (OLG Frankfurt a. M. FamRZ 1999, 1438), oder soweit das Gericht bei der Bestellung eines Sachverständigen innerhalb seines Ermessens blieb (BayObLG FGPrax 1998, 240).

Schweige- und Redepflicht: Eine unrichtige Sachbehandlung kann vorliegen, soweit der Notar eine Aufklärungspflicht verletzt hat (KG JurBüro 2003, 653).

Eine Aufklärungspflicht **endet** dann, wenn ein Beteiligter eine nur ihm persönlich mögliche Mitwirkung verweigert hat (LG Darmstadt JurBüro 1977, 708).

Steuerfragen: Eine unrichtige Sachbehandlung kann vorliegen, soweit der Notar es unterlassen hat, einen Steuerbefreiungsanspruch zu erläutern, soweit er vom Gesetzestext abgewichen ist (BayObLG DNotZ 1980, 567).

Terminierung: Zunächst § 21 GKG (und daher auch § 20 FamGKG), → GKG § 21 Rn. 25 ff., Rn. 21 „Ladung", „Abladung".

Testament: Es gibt verschiedene Situationen.

– **(Keine Einsichtnahme):** Unrichtigkeit dann, wenn das Gericht nicht das Namensverzeichnis mehrerer Testamente einsieht und deshalb getrennt eröffnet (anders bei verschiedenen Gerichten, LG FGPrax 2002, 136).
– **(Entwurfseröffnung):** Auf die Wirksamkeit des Testaments kommt es regelmäßig nicht an (LG Siegen Rpfleger 1986, 182). Eine unrichtige Sachbehandlung liegt dann vor, wenn das Gericht einen offensichtlich bloßen Entwurf eröffnet.
– **(Kein Hinweis):** Unrichtige Sachbehandlung kann dann vorliegen, wenn der Notar nicht auf eine Kostenfreiheit eines eigenhändigen Testaments hinweist (OLG Naumburg DNotZ 2012, 513).
– **(Mehrere Gerichte): Keine** Unrichtigkeit dann, wenn zB ein Verwahrungs- und ein Nachlassgericht in getrennten Terminen eröffnet haben (LG Koblenz Rpfleger 1996, 174).
– **(Mehrere Testamente):** Unrichtigkeit dann, wenn das Gericht ein zweites Testament zur Verwahrung annimmt, ohne zu prüfen, ob es schon ein erstes verwahrt. Auch → „– (Keine Einsichtnahme)".
– **(Zwecklosigkeit): Keine** Unrichtigkeit dann, wenn eine Testamentseröffnung nur möglicherweise zwecklos ist (LG Siegen Rpfleger 1986, 182).

Übergangsrecht: Eine unrichtige Sachbehandlung kann in einer falschen Behandlung eines Übergangsrechts liegen (OLG Köln FGPrax 2010, 56).
Übergehen von Umständen: → „Antragsänderung“, → „Beschwerde“.
Überflüssigkeit: Eine unrichtige Sachbehandlung liegt bei einer objektiv überflüssigen Beurkundung vor (LG Hannover JurBüro 2005, 317 (§ 1922 BGB)).
Überlastung: → „Sachverständiger“.
Überstürzte Beurkundung: → „Unwirksamkeit“.
Überwachung: Eine unrichtige Sachbehandlung kann vorliegen (BGH NJW-RR 2012, 1457).
Umsatzsteuer: Eine unrichtige Sachbehandlung des Notars kann dann vorliegen, wenn er nicht von vornherein bei einem Antrag klargestellt hat, dass nur der Auftraggeber ihn stellte, und wenn dieser daher mehr Umsatzsteuer des Notars tragen muss (*Feuersänger* MDR 2005, 1391).
Umwandlung: Eine unrichtige Sachbehandlung liegt dann vor, wenn der Notar die Zustimmungsbeschlüsse des übertragenden und des aufnehmenden Rechtsträgers zur Verschmelzung bei einer Gegenstandsgleichheit in getrennten Urkunden aufgenommen hat (OLG Zweibrücken JurBüro 2003, 148 = FGPrax 2002, 274), oder wenn statt der veranlassten Neueintragung nur eine Berichtigung erforderlich war (BayObLG Rpfleger 2002, 536 = NJW-RR 2002, 1363).

Eine unrichtige Sachbehandlung **fehlt** bei getrennten Beurkundungen derartiger gegenstandsverschiedener Verschmelzungen.

Untauglichkeit: → „Rechtliche Unerreichbarkeit“.
Unterschrift: Eine unrichtige Sachbehandlung kann vorliegen, soweit der Notar einen unrichtigen Antrag ungeprüft unterschreibt oder eine Unterschrift nach § 121 unnötig beglaubigt (OLG Hamm JurBüro 1983, 1554).
Unwirksamkeit: Eine unrichtige Sachbehandlung kann dann vorliegen, wenn es sich um einen solchen Fehler der Beurkundung handelt, der zur Unwirksamkeit des Rechtsgeschäfts geführt hat (OLG Düsseldorf Rpfleger 1989, 202; OLG Hamm NJW 1978, 2604), es sei denn, der Notar hätte die Beteiligten eingehend über die Gefahr zB einer überstürzten Beurkundung belehrt gehabt, BayObLGZ 1989, 256. Auch → „Nichtigkeit“, → „Rechtliche Unerreichbarkeit“.
Urkundenmehrheit: → „Mehrheit von Urkunden“.
Ursächlichkeit: Es gilt dasselbe wie bei § 21 GKG (und daher auch bei § 20 FamGKG), → GKG § 21 Rn. 22 ff.
Verschulden: Es ist ebenso wie ein Mitverschulden bei I 1 **unerheblich,** bei I 2 zu beachten.
Verspätung: Eine unrichtige Sachbehandlung kann bei einem verspäteten Handeln des Gerichts vorliegen, etwa bei der Verzögerung einer Eintragung oder von Entscheidungsgründen (OLG München NJW 1975, 836).
Vertagung: Ein unrichtige Sachbehandlung kann vorliegen, soweit das Gericht einen Termin vermeidbar früh angeordnet hat oder wenn es die Vertagung ohne die zumutbare Rücksicht auf die Beteiligten vorgenommen hat.
Vertrag statt Erklärung: Eine unrichtige Sachbehandlung kann vorliegen, soweit die Beurkundung eines Vertrags statt einer ausreichenden einseitigen Erklärung stattgefunden hat.
Vertrauenswürdigkeit: Eine unrichtige Sachbehandlung liegt allenfalls dann vor, wenn der Notar keine Aufklärung gegenüber einem unerfahrenen Auftraggeber vorgenommen hat (OLG Hamm FGPrax 2004, 50).
Vertreter: → „Amtlich bestellter Vertreter“.
Verwahrung: Eine unrichtige Sachbehandlung kann vorliegen, soweit der Notar das bei ihm verwahrte Geld ohne einen Auftrag so festgelegt hat, dass gebührenerhöhende Teilauszahlungen notwendig werden (KG DB 1985, 1837). Auch → „Hebegebühr“.
Verwaltungsanordnung: Eine unrichtige Sachbehandlung kann vorliegen, soweit das Gericht oder der Notar gegen eine verbindliche Verwaltungsanordnung verstoßen haben (LG Braunschweig Rpfleger 1985, 258).
Verwirkung: → „Zeitablauf“.
Verzögerung: Eine unrichtige Sachbehandlung kann vorliegen, soweit eine beteiligte Stelle Akten verloren und das Gericht infolgedessen sein Verfahren vorwerfbar

verzögert hat oder soweit das Gericht seine Entscheidung allzu verspätet begründet hat (OLG München NJW 1975, 836), oder soweit es einen Grundbucheintrag verzögert bearbeitet hat.

Vollstreckbare Ausfertigung: Eine unrichtige Sachbehandlung liegt dann vor, wenn der Notar eine vollstreckbare Ausfertigung durch einen einfachen Brief ohne die Möglichkeit einer raschen Eingangskontrolle übersendet hat (LG Mönchengladbach JurBüro 2005, 319).

Vollzugsgebühr: → „BauGB".

Vorbereitung: → „Gehilfe".

Vorschuss: Eine unrichtige Sachbehandlung kann **fehlen,** soweit der Rpfleger zunächst eine Eintragung von einem Vorschuss abhängig gemacht, aus Anlass eines später eingehenden anderen eintragungsreifen Antrags aber von dem Vorschuss für den früheren Antrag abgesehen und jene Eintragung verfügt hat (KG Rpfleger 1982, 173).

Vorsorgevollmacht: Eine unrichtige Sachbehandlung kann bei einer ungenügenden Belehrung vorliegen (OLG Hamm JurBüro 2009, 321 = FGPrax 2009, 131).

Willenserklärung: Eine unrichtige Sachbehandlung kann vorliegen, soweit der Notar eine solche Willenserklärung beurkundet hat, die bereits nach § 894 ZPO als abgegeben galt (OLG Düsseldorf Rpfleger 1988, 206).

Wirtschaftliche Zuverlässigkeit: Eine unrichtige Sachbehandlung **fehlt,** soweit der Notar die wirtschaftliche Zuverlässigkeit eines Beteiligten nicht von sich aus erörtert hat (OLG Hamm FGPrax 2004, 49).

Wucher: Eine unrichtige Sachbehandlung kann vorliegen, soweit die Beurkundung eines Kaufvertrages zu einem in Wahrheit erheblich überhöhten Preis ohne eine dahingehende Belehrung stattgefunden hat.

Zeitablauf: Eine unrichtige Sachbehandlung **fehlt** – sogar nach 20 Jahren – falls das Gericht ihn nicht verschuldet hat (OLG Naumburg FGPrax 2016, 91: Langer Zeitablauf zwischen Tod des Erblassers und der Testamentseröffnung).

Zeuge: → „Ladung, Abladung".

Zustellung: Eine unrichtige Sachbehandlung kann vorliegen, soweit das Gericht oder der Notar eindeutig zu viele Zustellungen veranlasst haben (BayObLGZ 2004, 31; OLG Hamm Rpfleger 1985, 257), oder soweit die Zustellung einer unrichtigen Ausfertigung erfolgt, oder soweit eine öffentliche Zustellung etwas Unnötiges enthält.

Zurückweisung: Wird bereits mit Eingang eines Antrages beim Notar (Erteilung einer vollstreckbaren Ausfertigung aufgrund Rechtsnachfolge gem. §§ 795, 727 ZPO) die Verfahrensgebühr (KV 23803) ausgelöst, kommt es für die Frage der unrichtigen Sachbehandlung gem. § 21 durch den Notar nicht darauf an, ob dieser dem Antrag zu Unrecht nicht entsprochen hat (LG Düsseldorf BWNotZ 2019, 61).

Zweifel: → „Neue Beurkundung".

9 **4. Weitere Voraussetzungen.** Die Kosten müssen gerade in der unrichtig behandelten Angelegenheit entstanden sein. Bei einer Grundbucheintragung auf Grund eines objektiv unrichtigen Erbscheins hat das Gericht allein die Nachlasssache unrichtig behandelt. I 1 ist aber zumindest dann entsprechend anwendbar, wenn eine unrichtige Sachbehandlung in einem anderen Verfahren unmittelbar ursächlich für Kosten des vorliegenden Verfahrens war.

10 **IV. Auslagen (I 2).** Auslagen infolge einer von Amts wegen veranlassten Verlegung eines Termins oder Vertagung einer Verhandlung erhebt das Gericht grundsätzlich nicht. Soweit die Verlegung oder Vertagung auf Grund eines Antrags eines Beteiligten erfolgt, muss er aber die dadurch verursachten Kosten tragen. In den vorstehenden Fällen entstehen keine Gerichtsgebühren.

11 **V. Unverschuldete Abweisung oder Rücknahme (I 3).** Sie gibt ein pflichtgemäßes Ermessen zu einer teilweisen oder gänzlichen Nichterhebung von Kosten. Die Unkenntnis der tatsächlichen oder rechtlichen Verhältnisse darf nicht einmal einfach fahrlässig gewesen sein. Die Schuldlosigkeit muss nicht ganz gering mitursächlich gewesen sein.

VI. Verfahren (II). Es empfiehlt sich die folgende Prüfreihenfolge. 12

1. Zuständigkeit. Zur Entscheidung über die Nichterhebung von Gerichtskosten ist nach II 1 das Gericht der Hauptsache zuständig, also der Richter oder der Rpfleger nach § 4 I RPflG. Der Einzelrichter entscheidet zumindest dann, wenn seine Entscheidung nicht zusammen mit der Hauptsacheentscheidung erfolgt (OLG München MDR 2007, 431 zum alten Recht). Das Rechtsmittelgericht kann ab einer dortigen Anhängigkeit zuständig sein. Es entscheidet dann auch über die Kosten der Vorinstanz mit. Der Urkundsbeamte der Geschäftsstelle ist **nicht** zuständig. Das gilt auch bei einem badischen Amtsnotariat (OLG Karlsruhe FGPrax 2007, 146). 13

2. Weiteres Verfahren. Das Verfahren findet in jeder Verfahrenslage von Amts wegen statt, sobald der Kostenschuldner nach §§ 22 ff. oder ein sonstiger Beteiligter die Unrichtigkeit der Sachbehandlung schlüssig behauptet oder sobald sie offen zutage tritt (vgl. OLG Köln DGVZ 1988, 138 = NJW 1988, 503). Das gilt auch im Rechtsmittelzug. Im Umfang der Unrichtigkeit ist die Nichterhebung der Kosten nach I 1, 2 zwingend. Es besteht der Untersuchungsgrundsatz nach § 26 FamFG. Ein Antrag des Kostenschuldners gilt als eine Erinnerung nach § 81 I und ist im Übrigen auch als eine Anregung umdeutbar. Es besteht keine Frist. Solange das Gericht noch nicht entschieden hat, können die in § 44 KostVfg genannten Stellen entscheiden. Nur sie dürfen dann ihre Anordnung abändern, die Kosten ganz oder teilweise nicht zu erheben. II gilt **nicht** beim **Notar.** Für ihn gelten vielmehr §§ 127 ff. 14

3. Entscheidungsform. Das Gericht entscheidet vor oder nach der Zahlung auf Grund einer freigestellten mündlichen Verhandlung und nach der etwa erforderlichen Anhörung eines Beteiligten nach Art. 2 I, 20 III GG (Rpfleger), Art. 103 I GG (Richter). Es befindet nur in den Grenzen des pflichtgemäßen und nur begrenzt nachprüfbaren Ermessens (BayObLG FamRZ 2000, 174). Es entscheidet durch Beschluss, der grundsätzlich zu begründen ist. 15

4. Entscheidungsinhalt. Die Entscheidung lautet auf eine Ablehnung einer Kostenniederschlagung oder auf eine Niederschlagung oder Nichterhebung derjenigen Kosten, die bei einer richtigen Sachbehandlung nicht entstanden wären, oder auf deren Nichterhebung nach I 3. Diese Kosten hat das Gericht stets genau zu bezeichnen. Für eine genaue Bezeichnung ist allerdings eine Bezifferung nicht unbedingt erforderlich, wenn auch ratsam. Es reicht aus, dass genau erkennbar ist, welchen Teil der Kosten das Gericht niederschlägt. Die Entscheidung darf auch zugunsten nur eines von mehreren Gesamtschuldnern nach § 32 ergehen. Dann berührt sie die Kostenpflicht der anderen Gesamtschuldner nicht. Das Gericht darf also dahin entscheiden, dass die **Kosten** ganz oder teilweise nicht erhoben werden. 16

5. Entscheidungswirkung. Die Entscheidung des Gerichts, auch eine ablehnende, wirkt auch gegenüber der Kassenbehörde. Eine vor dem Erlass einer gerichtlichen Entscheidung von der Verwaltung nach II 2 getroffenen Anordnung, die Kosten nicht zu erheben, ist nur im Verwaltungsweg abänderbar. Eine Verwaltungsentscheidung, von einer Nichterhebung bestimmter Kosten abzusehen, entbindet das Gericht nicht von dem Recht und der Pflicht zur Prüfung. 17

VII. Rechtsmittel (I, II). Rechtsbehelfsbelehrung, Verstoß: §§ 7a, 83 II 2. Gegen die Entscheidung des Gerichts ist die einfache Beschwerde nach § 81 II zulässig. Evtl. ist die weitere Beschwerde nach § 81 IV zulässig. Gegen die Entscheidung des Notars ist eine Einwendung nach § 127 statthaft. Ein Ermessen unterliegt nur sehr eingeschränkt der Nachprüfbarkeit durch das Rechtsbeschwerdegericht (BayObLG JurBüro 1988, 91). 18

Abschnitt 5. Kostenhaftung

Unterabschnitt 1. Gerichtskosten

Kostenschuldner in Antragsverfahren, Vergleich

22 **I In gerichtlichen Verfahren, die nur durch Antrag eingeleitet werden, schuldet die Kosten, wer das Verfahren des Rechtszugs beantragt hat, soweit nichts anderes bestimmt ist.**

II Die Gebühr für den Abschluss eines gerichtlichen Vergleichs schuldet jeder, der an dem Abschluss beteiligt ist.

1 Die Vorschrift stimmt in I fast wörtlich und in II wörtlich mit § 22 I 1, 4 GKG und mit § 21 I 1, II FamGKG an. Vgl. daher jeweils dort (→ GKG § 22 Rn. 1 ff.). Die früheren Begriffe Einreichungsschuldner, Übernahmeschuldner, Veranlassungsschuldner und Interessenschuldner sind entfallen. Probleme können hier entstehen, soweit sich aus dem Antrag nicht eindeutig ergibt, wer Antragsteller sein soll (im Zweifel wird durch einen Notar formulierter Antrag für alle Vertragsparteien gestellt). Eine Haftung setzt nicht voraus, dass der Antrag von einer nach § 9 FamFG verfahrensfähigen Person gestellt wurde (OLG Karlsruhe FamRZ 2017, 397). Die Kosten für ein zur Klärung der Testierfähigkeit des Erblassers in einem vorausgegangenen Erbscheinsverfahren eines anderen Antragstellers eingeholtes Sachverständigengutachten können nicht dem Antragsteller in deren späteren Erbscheinsverfahren in Rechnung gestellt werden, wenn das Nachlassgericht im vorausgegangenen Verfahren entschieden hat, dass sich die Kostentragungspflicht nach dem Gesetz richten soll (OLG München NJW-RR 2017, 1277).

Kostenschuldner in bestimmten gerichtlichen Verfahren

23 **Kostenschuldner**

1. in Betreuungssachen und betreuungsgerichtlichen Zuweisungssachen ist der Betroffene, wenn ein Betreuer oder vorläufiger Betreuer bestellt oder eine Pflegschaft angeordnet worden ist;
2. bei einer Pflegschaft für gesammeltes Vermögen ist der Pfleger, jedoch nur mit dem gesammelten Vermögen;
3. für die Gebühr für die Entgegennahme von Forderungsanmeldungen im Fall des § 2061 des Bürgerlichen Gesetzbuchs ist derjenige Miterbe, der die Aufforderung erlassen hat;
4. für die Gebühr für die Entgegennahme
a) einer Erklärung über die Anfechtung eines Testaments oder Erbvertrags,
b) einer Anzeige des Vorerben oder des Nacherben über den Eintritt der Nacherbfolge,
c) einer Anzeige des Verkäufers oder Käufers einer Erbschaft über den Verkauf, auch in den Fällen des § 2385 des Bürgerlichen Gesetzbuchs,
d) eines Nachlassinventars oder einer Erklärung nach § 2004 des Bürgerlichen Gesetzbuchs oder
e) der Erklärung eines Hoferben über die Wahl des Hofes gemäß § 9 Absatz 2 Satz 1 der Höfeordnung
ist derjenige, der die Erklärung, die Anzeige oder das Nachlassinventar abgegeben hat;
5. *(aufgehoben)*
6. *(aufgehoben)*
7. in Handels-, Genossenschafts-, *[Fassung ab 1.1.2024: Gesellschafts-,]* Partnerschafts- und Vereinsregistersachen bei Verfahren, die von Amts wegen durchgeführt werden, und bei Eintragungen, die von Amts wegen erfolgen, ist die Gesellschaft *[Fassung ab 1.1.2024: Handelsgesellschaft]* oder

der Kaufmann, ***[Fassung ab 1.1.2024: die Gesellschaft bürgerlichen Rechts,]*** **die Genossenschaft, die Partnerschaft oder der Verein;**

8. für die Gebühr für die Entgegennahme, Prüfung und Aufbewahrung der zum Handels- oder Genossenschaftsregister einzureichenden Unterlagen ist das Unternehmen, für das die Unterlagen eingereicht werden;

9. im Verfahren zum Zweck der Verhandlung über die Dispache, soweit das Verfahren mit der Bestätigung der Dispache endet, sind die an dem Verfahren Beteiligten;

10. im Verfahren über die gerichtliche Entscheidung über die Zusammensetzung des Aufsichtsrats, das sich nach den §§ 98 und 99 des Aktiengesetzes richtet, ist die Gesellschaft, soweit die Kosten nicht dem Antragsteller auferlegt sind;

11. im Verfahren über die Eintragung als Eigentümer im Wege der Grundbuchberichtigung von Amts wegen aufgrund des § 82a der Grundbuchordnung ist der Eigentümer;

12. für die Eintragung des Erstehers als Eigentümer ist nur dieser;

13. für die Eintragung der Sicherungshypothek für Forderungen gegen den Ersteher sind der Gläubiger und der Ersteher;

14. im Verfahren nach dem Spruchverfahrensgesetz ist nur der Antragsgegner, soweit das Gericht die Kosten den Antragstellern auferlegt hat, auch diese und

15. in Freiheitsentziehungssachen sind nur der Betroffene sowie im Rahmen ihrer gesetzlichen Unterhaltspflicht die zu seinem Unterhalt Verpflichteten, wenn die Kosten nicht der Verwaltungsbehörde auferlegt sind.

I. Anwendungsbereich (Nr. 1–15). Es handelt sich teils um Neuregelungen, teils um Fortführungen der in den einzelnen Ziffern direkt bekannten Situationen schon in der KostO geregelt gewesenen Fragen. Als Spezialvorschriften sind Nr. 1–15 vorrangig und eng auslegbar. 1

Unanwendbar ist § 23 nach § 25 III im Rechtsmittelverfahren. Dann gilt § 25 I, II. 2

II. Kostenschuldner (Nr. 1–15). Es gelten die folgenden Regelungen: 3

– **Betreuung usw (Nr. 1).** Anknüpfung an § 22 I.
– **Pflegschaft für gesammeltes Vermögen (Nr. 2).** Anknüpfung an § 1914 BGB. 4
– **Forderungsanmeldung (Nr. 3).** Anknüpfung an § 2061 BGB. 5
– **Entgegennahme von Erklärung usw (Nr. 4).** Die Aufzählung zu a–e ist abschließend. 6
– **Registersachen von Amts wegen (Nr. 7).** 7
– **Unterlagen (Nr. 8)** 8
– **Dispache (Nr. 9).** Es geht um die Schadensberechnung und -verteilung bei Seeschäden. Mehrere Antragsteller sind grundsätzlich Gesamtschuldner nach § 32 I. Vgl. aber auch §§ 32 II, 33. 9
– **Aufsichtsrat (Nr. 10).** Anknüpfung an §§ 98, 99 AktG. Die Aktiengesellschaft ist grundsätzlich Kostenschuldnerin. Das Gericht kann und muss jedoch pflichtgemäßem Ermessen die Kosten ganz oder zum Teil dem Abschlussprüfer als Antragsteller auferlegen, soweit das der Billigkeit entspricht. Er ist dann insoweit auch Kostenschuldner. 10
– **Grundbuchberichtigung (Nr. 11).** Bei einem Behördenersuchen kann sie Kostenschuldnerin sein, soweit sie keine Gebührenfreiheit hat. 11
– **Eintragung des Erstehers (Nr. 12).** Anknüpfung an § 26 II 1 Hs. 1 GKG, → GKG § 26 Rn. 11 ff. 12
– **Sicherungshypothek gegen Ersteher (Nr. 13).** Haftung des Gläubigers und des Erstehers als Gesamtschuldner. 13
– **Spruchverfahrensgesetz (Nr. 14).** 14
– **Freiheitsentziehung (Nr. 15).** Maßgeblich ist zunächst die Kostengrundentscheidung nach §§ 81, 430 FamFG. Hilfsweise sind Schuldner der Gerichtskosten 15

(Gebühren und Auslagen) der Betroffene und im Rahmen ihrer gesetzlichen Unterhaltspflicht die zu seinem Unterhalt Verpflichteten. Das Gericht kann aber auch eine Verwaltungsbehörde kostenpflichtig machen. Außergerichtliche Kosten folgen der gerichtlichen Kostengrundentscheidung.

Kostenhaftung der Erben

24 **Kostenschuldner im gerichtlichen Verfahren**

1. über die Eröffnung einer Verfügung von Todes wegen;
2. über die Nachlasssicherung;
3. über eine Nachlasspflegschaft nach § 1961 des Bürgerlichen Gesetzbuchs, wenn diese angeordnet wird;
4. über die Errichtung eines Nachlassinventars;
5. über eine Nachlassverwaltung, wenn diese angeordnet wird;
6. über die Pflegschaft für einen Nacherben;
7. über die Ernennung oder Entlassung eines Testamentsvollstreckers;
8. über die Entgegennahme von Erklärungen, die die Bestimmung der Person des Testamentsvollstreckers oder die Ernennung von Mitvollstreckern betreffen, oder über die Annahme, Ablehnung oder Kündigung des Amtes als Testamentsvollstrecker sowie
9. zur Ermittlung der Erben (§ 342 Absatz 1 Nummer 4 des Gesetzes über das Verfahren in Familiensachen und in den Angelegenheiten der freiwilligen Gerichtsbarkeit)

sind nur die Erben, und zwar nach den Vorschriften des Bürgerlichen Gesetzbuchs über Nachlassverbindlichkeiten, wenn das Gericht nichts anderes bestimmt.

1 **I. Systematik, Regelungszweck (Nr. 1–9).** Die Vorschrift bildet eine selbständig neben §§ 22, 23, 25 ff. stehende weitere Ergänzung als eine vorrangige Spezialregelung zwecks einer differenzierten Kostengerechtigkeit in den jetzt abschließend genannten Fällen. Beim Notar gelten §§ 29 ff. Eine sachlich-rechtliche Verbindlichkeit bleibt unberührt. Eine persönliche Befreiung befreit nicht von der Haftung nach § 24 (OLG Stuttgart Justiz 1990, 95).

2 **Unanwendbar** ist § 24 nach § 25 III im Rechtsmittelverfahren. Dann gilt § 25 I, II.

3 **II. Anwendungsbereich (Nr. 1–9).** Die Vorschrift bezieht sich nur auf die folgenden Fälle:

4 – **Testamentseröffnung (Nr. 1).** In Betracht kommt zunächst die Eröffnung einer Verfügung von Todes wegen nach §§ 348 ff. FamFG.

5 – **Nachlasssicherung (Nr. 2).** In Betracht kommt ferner die Sicherung des Nachlasses nach § 1960 BGB.

6 – **Nachlasspflegschaft (Nr. 3).** In Nr. 3 wird die Nachlasspflegschaft, die ebenfalls eine Maßnahme zur Nachlasssicherung darstellt, klarstellend aufgezählt.

7 – **Inventarerrichtung (Nr. 4).** In Betracht kommt ferner die Errichtung eines Nachlassinventars nach §§ 1993, 2002–2004 BGB.

8 – **Nachlassverwaltung (Nr. 5).** In Betracht kommt ferner die Errichtung einer Nachlassverwaltung nach § 1975 BGB.

9 – **Nacherbenpflegschaft (Nr. 6).** In Betracht kommt ferner die Errichtung einer Pflegschaft für einen Nacherben nach § 1913 S. 2 BGB.

10 – **Testamentsvollstrecker (Nr. 7).** In Betracht kommt ferner die Ernennung oder Entlassung eines Testamentsvollstreckers nach §§ 2197 ff., 2227 BGB.

11 – **Entgegennahme von Erklärungen bei Testamentsvollstreckung (Nr. 8).** In Betracht kommt ferner die Entgegennahme einer Erklärung nach §§ 2197–2200 BGB oder über die Annahme, die Ablehnung oder die Kündigung des Amts als Testamentsvollstrecker nach §§ 2006, 2226 BGB.

12 – **Erbenermittlung (Nr. 9).** In Betracht kommt schließlich die Erbenermittlung (nur) nach §§ 1960, 1964 BGB (OLG München NJW-RR 2017, 1278).

III. Unanwendbarkeit (Nr. 1–9). Wegen der abschließenden Aufzählung in der Rechtsvorschrift gehören nicht hierher: Eine bloße Vorbereitungshandlung zur Testamentseröffnung für eine Sache nach § 358 FamFG; ein Erbenaufgebot; die Ablehnung oder Zurücknahme eines Antrags. 13

IV. Kostenhaftung (Nr. 1–9). Die Vorschrift erfasst Gebühren und zugehörige Auslagen. Es haften nur die Erben, niemand sonst (OLG Frankfurt a. M. JurBüro 1993, 310 = NJW-RR 1993, 26). Es haften also auch nicht sonstige Kostenschuldner nach §§ 22 ff. Die Vorschrift ist also eine Spezialregelung (LG Oldenburg Rpfleger 1989, 460). Die Erben haften nur wie für Nachlassverbindlichkeiten nach §§ 1967 ff., 1975 ff., 2058 ff. BGB, soweit das Gericht nicht nach dem Schlussabsatz des § 24 vorrangig etwas anderes bestimmt. Sie müssen die Haftungsbeschränkung in der Vollstreckungsinstanz geltend machen, und zwar nach § 781 ZPO, § 6 I Nr. 1 und § 8 JBeitrG, §§ 127 ff. GNotKG (Notar). 14

Für die Kosten eines **Erbscheins,** für die Kosten einer Ablichtung oder Abschrift und für andere außerhalb des Geltungsbereichs des § 24 liegende Geschäfte haften die Erben wie andere Kostenschuldner. Eine persönliche Gebührenfreiheit begünstigt den Erben nach → Rn. 1 nicht, auch nicht nach Gebührenbefreiungsvorschriften der Länder (LG Hamm Rpfleger 1989, 64). Für die Kosten eines zurückgenommenen oder zurückgewiesenen Antrags und für die Beschwerdeinstanz gilt § 22 I. 15

Kostenschuldner im Rechtsmittelverfahren, Gehörsrüge

25 **I Die nach § 22 Absatz 1 begründete Haftung für die Kosten eines Rechtsmittelverfahrens erlischt, wenn das Rechtsmittel ganz oder teilweise mit Erfolg eingelegt worden ist und das Gericht nicht über die Kosten entschieden hat oder die Kosten nicht von einem anderen Beteiligten übernommen worden sind.**

II 1 Richtet sich eine Beschwerde gegen eine Entscheidung des Betreuungsgerichts und ist sie von dem Betreuten oder dem Pflegling oder im Interesse dieser Personen eingelegt, so schuldet die Kosten nur derjenige, dem das Gericht die Kosten auferlegt hat. 2 Entsprechendes gilt für ein sich anschließendes Rechtsbeschwerdeverfahren und für das Verfahren über die Rüge wegen Verletzung des Anspruchs auf rechtliches Gehör.

III Die §§ 23 und 24 gelten nicht im Rechtsmittelverfahren.

I. Systematik, Regelungszweck (I–III). Es handelt sich bei der formell neuen Vorschrift um Entsprechungen mit §§ 30 S. 1 GKG, 25 S. 1 FamGKG zwecks Kostengerechtigkeit (OLG Frankfurt a. M. NZG 2017, 1188). Vgl. daher zunächst jeweils dort (→ GKG § 30 Rn. 1 ff.). Ein Beschwerdeverfahren ist grundsätzlich nicht mehr gebührenfrei (LG Meinigen FamRZ 2015, 1524). 1

II. Anwendungsbereich (I–III). Er ergibt sich aus den Einzelabsätzen. Rechtsmittel im Gegensatz zum bloßen Rechtsbehelf ist eine Anrufung des nächst- oder übernächsthohen Gerichts nebst Hemmungswirkung (Suspensiveffekt): Das bisherige Gericht (Erstgericht) darf zwar evtl. abhelfen, muss aber andernfalls wie bei § 572 ZPO unverzüglich vorlegen und darf über das Rechtsmittel also nicht selbst abschließend negativ entscheiden. 2

Bestimmte sonstige gerichtliche Auslagen

26 **I 1 Die Dokumentenpauschale schuldet ferner, wer die Erteilung der Ausfertigungen, Kopien oder Ausdrucke beantragt hat. 2 Sind in einem gerichtlichen Verfahren Kopien oder Ausdrucke angefertigt worden, weil der Beteiligte es unterlassen hat, die erforderliche Zahl von Mehrfertigungen beizufügen, schuldet nur der Beteiligte die Dokumentenpauschale.**

II Die Auslagen nach Nummer 31 003 des Kostenverzeichnisses schuldet nur, wer die Versendung der Akte beantragt hat.

III In Unterbringungssachen schuldet der Betroffene nur Auslagen nach Nummer 31 015 des Kostenverzeichnisses und nur, wenn die Gerichtskosten nicht einem anderen auferlegt worden sind.

IV Im Verfahren auf Bewilligung von Verfahrenskostenhilfe und im Verfahren auf Bewilligung grenzüberschreitender Prozesskostenhilfe ist der Antragsteller Schuldner der Auslagen, wenn
1. der Antrag zurückgenommen oder vom Gericht abgelehnt wird oder
2. die Übermittlung des Antrags von der Übermittlungsstelle oder das Ersuchen um Prozesskostenhilfe von der Empfangsstelle abgelehnt wird.

V Die Auslagen einer öffentlichen Zustellung in Teilungssachen schulden die Anteilsberechtigten.

1 Die Vorschrift stimmt in I, II, IV fast wörtlich mit § 28 I–III GKG und mit § 23 I–III FamGKG überein. Vgl. daher insofern bei der ersteren Vorschrift (→ GKG § 28 Rn. 1 ff.). III bezieht sich nur auf das dort genannte KV 31015. Das Verfahren ist grundsätzlich gerichtsgebührenfrei, BGH JurBüro 2014, 493 = NJW-RR 2014, 897. V bezieht sich auf das Verfahren nach § 118a.

Weitere Fälle der Kostenhaftung

27 Die Kosten schuldet ferner,
1. wem durch gerichtliche Entscheidung die Kosten des Verfahrens auferlegt sind;
2. wer sie durch eine vor Gericht abgegebene oder dem Gericht mitgeteilte Erklärung oder in einem vor Gericht abgeschlossenen oder dem Gericht mitgeteilten Vergleich übernommen hat; dies gilt auch, wenn bei einem Vergleich ohne Bestimmung über die Kosten diese als von beiden Teilen je zur Hälfte übernommen anzusehen sind;
3. wer für die Kostenschuld eines anderen kraft Gesetzes haftet und
4. der Verpflichtete für die Kosten der Vollstreckung.

1 **I. Systematik (Nr. 1–4).** Die Vorschrift entspricht § 29 GKG (also → GKG § 29 Rn. 1 ff.), § 24 FamGKG, Nr. 2, 3 entsprechen § 18 Nr. 1, 2 JVKostG, Nr. 4 entspricht § 13 I Nr. 2 GvKostG. § 27 erfasst als eine vorrangige Spezialvorschrift neben §§ 23–26 und im Übrigen selbständig weitere Kostenschuldner. Beim Notar gilt § 29.

2 **II. Regelungszweck (Nr. 1–4).** Auch § 27 stellt wie §§ 23–26 zwecks Kostengerechtigkeit zumindest in Nr. 2, 3 darauf ab, in wessen Interesse die gerichtliche Tätigkeit erfolgt. Das ist bei Nr. 1, 4 indirekt ebenso. Wer gewonnen hat und nun auch noch die Vollstreckung betreiben muss, um endlich zu seinem Recht zu kommen, dessen unterlegener Gegner soll auch für die Kosten zumindest in erster Linie aufkommen. In diesem Sinn muss man Nr. 1–4 trotz des Grundsatzes einer dem Kostenschuldner günstigen Auslegung nach § 1 I ebenfalls mitbetrachten.

3 **III. Entscheidungsschuldner (Nr. 1).** Die Haftung des Entscheidungsschuldners tritt im Bereich der freiwilligen Gerichtsbarkeit selten ein (vgl. OLG Frankfurt a. M. Rpfleger 1989, 41). Es muss eine wirksame, aber nicht notwendig rechtskräftige Entscheidung vorliegen. Die Entscheidungshaftung kann sich zB (jetzt) nach §§ 80, 81, 84, 132, 150, 183, 243 FamFG ergeben (KG FGPrax 2003, 189 = FGPrax 2003, 188). Häufiger findet sich eine Entscheidungshaftung in solchen Gesetzen, die das GNotKG für anwendbar erklären, überhaupt in vielen streitigen Verfahren der freiwilligen Gerichtsbarkeit. Es kann auch eine die gesetzliche Kostenhaftung nur bestätigende oder klärende Kostengrundentscheidung erfolgen (OLG Frankfurt a. M. Rpfleger 1980, 315 = OLGZ 1980, 278, vollmachtsloser Vertreter). Die Kostengrundentscheidung ist für den Kostenbeamten **bindend,** auch wenn sie unrichtig sein sollte. Haben die Beteiligten eine gerichtliche Kostenentscheidung, nach der sie für die gerichtlichen Kosten haften, durch einen später abgeschlossenen Vergleich abgeändert, so berührt dies ihre Haftung gegenüber der Staatskasse nicht (BGH NJW-RR 2001, 285).

Mangels einer Kostengrundentscheidung ist Nr. 1 unanwendbar, bis eine wirksame Nachholung entsprechend §§ 319 ff. ZPO, § 42 FamFG erfolgt. 4

Soweit sich die **Hauptsache erledigt** hat, muss das Gericht entsprechend § 91a ZPO, § 83 FamFG über die Gerichtskosten entscheiden (BayObLG BB 2002, 673). Der Antragschuldner haftet neben dem Entscheidungsschuldner nach Nr. 1 gesamtschuldnerisch. Er haftet dabei als Erstschuldner, insofern abweichend von der Regelung des GKG. Die Aufhebung der Entscheidung beseitigt auch die Kostenhaftung nach § 27 Nr. 1. Dann muss die Staatskasse bezahlte Kosten zurückzahlen. 5

IV. Übernahmeschuldner (Nr. 2). Zunächst beim wortgleichen § 29 Nr. 2 GKG. Der nachfolgende Grundsatz hat vielerlei Auswirkungen. 6

1. Grundsatz: Unwiderruflichkeit der Erklärung usw. Die Kostenübernahme muss innerhalb eines gerichtlichen Verfahrens erfolgen. Sie erfolgt unabhängig von dem Vorhandensein der Kostenschuld eines anderen durch eine einseitige formlose unbedingte unbefristete, unanfechtbare und unwiderrufliche Erklärung gegenüber dem Gericht, auch in einem Prozessvergleich. Sie geschieht auch in einer eingereichten Urkunde zB eines außergerichtlichen Vergleichs nach § 779 BGB, aber auch außerhalb von ihr (LG Kassel JurBüro 2003, 432). Auch ein zB nach § 10 FamFG Bevollmächtigter kann sie wirksam erklären. Der Erklärende muss nicht ein Verfahrensbeteiligter sein (NK-GK/Schütt Rn. 16). Denn gerade ein Dritter mag allen Beteiligten als Übernehmer nur zu recht sein. Die Erklärung muss sich zunächst auch auf die Gerichtskosten beziehen. Sie ist nach § 133 BGB auslegbar. Sie erfasst im Zweifel nur die Kosten der gerade stattfindenden Beurkundung (OLG Köln JurBüro 1994, 173). Wegen Nr. 2 Hs. 2 (Übernahme durch Vergleich) → GKG § 29 Rn. 18 f. 7

Eine solche Erklärung liegt auch insoweit vor, als man einen solchen **Vertrag,** in dem der eine Teil die Kosten übernommen hat, mit dem Wissen und Wollen dieses Vertragspartners dem Gericht mitteilt, oder wenn eine solche Mitteilung an den Notar erfolgt. Das gilt dann freilich auch unabhängig vom Schicksal des beurkundeten Vertrags. § 14 IV 1 BNotO hindert den Notar nicht an einer Übernahme nach Nr. 2 (OLG Celle DNotZ 1994, 119). 8

2. Wirkung der Erklärung usw. Eine Übernahmeerklärung in einem Vertrag oder Vergleich allein, die nicht in klar erkennbarer Weise auch gegenüber dem Notar abgegeben worden ist, wirkt nur zwischen den Vergleichspartnern (KG DB 1985, 1837; OLG Schleswig DNotZ 1978, 632). Freilich kann eine Übernahmeerklärung zugleich eine ausreichende Erklärung nach § 29 Nr. 1 gegenüber dem beurkundenden Notar beinhalten, wenn sich das aus den Umständen der Abgabe ergibt (Vorsicht!). Die Übernahme der Kosten eines notariellen Unterhaltsvertrags durch den Schuldner erfasst die Anwaltskosten des Gläubigers (AG Essen FamRZ 1989, 889 = BeckRS 2010, 26561). Soweit der ursprüngliche Kostenschuldner eine persönliche Gebührenfreiheit hat, trägt der Übernehmer nur diejenigen Kosten, die auch dem ursprünglichen Schuldner entstanden wären, also evtl. die Auslagen. Dasselbe gilt bei einer sachlichen Gebührenfreiheit. Die befreiende Schuldübernahme nach § 414 BGB braucht eine Genehmigung der Staatskasse. 9

3. Auslegung der Erklärung usw. Man muss die Frage, ob der Erklärende Kostenschuldner oder nur Zahlstelle werden will, nach den Umständen nach § 133 BGB auslegen (OLG Düsseldorf JurBüro 2010, 602). Maßgeblich ist, ob die Erklärung den Übernahmewillen gegenüber dem Notar verdeutlicht, auch wenn man an sie keine hohen Anforderungen stellt. Eine bloße Zahlstelle ist nach zB dann gemeint, wenn ein Notar schreibt: „Kosten sind bei mir zu erheben". 10

4. Übernahmebereitschaft. Die Bereitschaft zur Übernahme nach Nr. 2 liegt demgegenüber zB dann vor, wenn es heißt: „Für die Kosten stehe ich ein". Freilich kann diese Formulierung auch bedeuten, dass der Erklärende nur zur Übernahme eines bestimmten begrenzten Kostenrisikos bereit ist (OLG Köln JurBüro 1992, 615). Das gilt zB einer Bürgschaft für die Kostenschuld eines anderen Beteiligten nach §§ 765 ff. BGB etwa durch eine „Gutsage" (OLG Hamm Rpfleger 1975, 37; OLG Köln JurBüro 1994, 174; aA zB Klässel DRiZ 1976, 390, aber man darf solche Erklärung nicht einfach sehr weit auslegen). Vgl. auch → GKG § 29 Rn. 14 ff. OLG Köln JurBüro 1994, 174 fordert allgemein einen „verfahrensrechtlichen Erklärungs- 11 wert". Der Vergleich dahin, die Kosten gegeneinander aufzuheben, kann nach Nr. 2 auch zur Erstattung der halben Sachverständigenkosten verpflichten, so schon (OLG Köln FamRZ 2001, 1472).

12 Die bloße Übernahme eines **Treuhandauftrags** durch den Notar bedeutet nicht eine Kostenübernahmeerklärung durch ihn (OLG Celle DNotZ 1994, 118). Dasselbe gilt bei einer bloßen Bitte des Notars, die Kosten bei ihm anzufordern (LG Bayreuth JurBüro 1994, 558). Auch die Erklärung eines Miterben über die Ausübung des Vorkaufsrechts ist keine eindeutige Übernahme der Kosten (OLG Düsseldorf JurBüro 1994, 283). Eine Kostenübernahme liegt aber in der Erklärung des Notars „Für die Kosten übernehme ich die persönliche Haftung" (OLG Schleswig DNotZ 1989, 711).

13 **5. Übernahmefolgen.** Die Übernahme der Kostenschuld begründet eine gesamtschuldnerische Haftung nach § 32 I. Sie beseitigt nicht die Pflichten anderer Kostenschuldner nach §§ 22 ff. Sie begründet evtl. nach § 33 II eine Zweitschuldnerhaftung. Der Übernehmer haftet auch dann, wenn er nicht ein Beteiligter an der Registeranmeldung ist (OLG Schleswig DNotZ 1989, 711). Denn dann hätte er keine eindeutige Übernahme erklären sollen. Er haftet auch, soweit er keine genügenden Mittel besitzt. Er haftet sogar noch nach einer Abrechnung mit den Beteiligten.

14 **V. Gesetzlicher Schuldner (Nr. 3).** Die Vorschrift meint jeden privatrechtlichen Schuldner. Es sind dieselben Fälle gemeint wie bei § 29 Nr. 3 GKG, → GKG § 29 Rn. 20 ff. Hierher gehört auch zB Gründungsgesellschafter der Vor-GmbH (BayObLG DNotZ 1986, 177). Ein Formwechsel des Schuldners beim Fortbestand seiner Nämlichkeit zB nach §§ 190, 202 I Nr. 1, 224 UmwG usw ist unerheblich. Das Verhältnis zwischen mehreren an einem Vertrag Beteiligten zB nach (jetzt) § 448 II BGB ist in diesem Zusammenhang unerheblich (BayObLG MDR 1994, 948). Eine persönliche Gebührenfreiheit steht einer Inanspruchnahme nach Nr. 3 nicht entgegen. Die Haftung umfasst sowohl die Zahlung als auch eine Duldung der Zwangsvollstreckung zB nach §§ 737, 743, 748 ZPO iVm § 95 I FamFG.

15 Ein **Miterbe** haftet wegen des nicht von ihm persönlich beantragten gemeinschaftlichen Erbscheins nicht (OLG Stuttgart Justiz 1978, 76).

16 **VI. Verpflichteter (Nr. 4).** Die Vorschrift entspricht dem § 29 Nr. 4 GKG, → GKG § 29 Rn. 38 ff., und dem § 24 Nr. 4 FamGKG. Sowohl bei einer Vollstreckung nach dem FamFG als auch bei derjenigen nach § 788 ZPO iVm § 95 I FamFG gilt: Der Verpflichtete ist neben dem Antragsteller ein unmittelbarer Kostenschuldner. Soweit das Grundbuchamt auf Grund eines Ersuchens des Finanzamts in einem Sicherheitsbescheid eine Sicherungshypothek eingetragen hat, haftet der Steuerschuldner unmittelbar für die Kosten der Eintragung (OLG Köln Rpfleger 1977, 459).

17 Es ist unerheblich, ob der Vollstreckungstitel **sachlich richtig** ergangen ist. Man muss die Frage, ob es sich um notwendige Kosten der Vollstreckung handelt, ebenso wie bei §§ 788, 91 ZPO, §§ 80 ff. FamFG beurteilen (OLG Köln Rpfleger 1986, 240).

18 Ein **Rückerstattungsanspruch** etwa wegen eines Wegfalls des Vollstreckungstitels besteht grundsätzlich nach §§ 788 III, 945 ZPO nur gegenüber dem Forderungsgläubiger. Er besteht ausnahmsweise gegenüber der Staatskasse, etwa nach § 122 I Nr. 1a ZPO bei einer Verfahrenskostenhilfe.

19 **Unanwendbar** ist Nr. 4, soweit es im Straf- oder Ermittlungsverfahren nur um eine Sicherungshypothek nach § 111d I 1 StPO geht (OLG Köln Rpfleger 2004, 735, dann ist § 464a I StPO anwendbar).

Erlöschen der Zahlungspflicht

28 [1] **Die durch gerichtliche Entscheidung begründete Verpflichtung zur Zahlung von Kosten erlischt, soweit die Entscheidung durch eine andere gerichtliche Entscheidung aufgehoben oder abgeändert wird.** [2] **Soweit die Verpflichtung zur Zahlung von Kosten nur auf der aufgehobenen oder abgeänderten Entscheidung beruht hat, werden bereits gezahlte Kosten zurückerstattet.**

1 Die Vorschrift stimmt praktisch wörtlich mit § 30 GKG überein, daher dort (→ GKG § 30 Rn. 1 ff.).

Unterabschnitt 2. Notarkosten

Kostenschuldner im Allgemeinen

29 **Die Notarkosten schuldet, wer**
1. den Auftrag erteilt oder den Antrag gestellt hat,
2. die Kostenschuld gegenüber dem Notar übernommen hat oder
3. für die Kostenschuld eines anderen kraft Gesetzes haftet.

Haftung der Urkundsbeteiligten

30 **I Die Kosten des Beurkundungsverfahrens und die im Zusammenhang mit dem Beurkundungsverfahren anfallenden Kosten des Vollzugs und der Betreuungstätigkeiten schuldet ferner jeder, dessen Erklärung beurkundet worden ist.**

II Werden im Beurkundungsverfahren die Erklärungen mehrerer Beteiligter beurkundet und betreffen die Erklärungen verschiedene Rechtsverhältnisse, beschränkt sich die Haftung des Einzelnen auf die Kosten, die entstanden wären, wenn die übrigen Erklärungen nicht beurkundet worden wären.

III Derjenige, der in einer notariellen Urkunde die Kosten dieses Beurkundungsverfahrens, die im Zusammenhang mit dem Beurkundungsverfahren anfallenden Kosten des Vollzugs und der Betreuungstätigkeiten oder sämtliche genannten Kosten übernommen hat, haftet insoweit auch gegenüber dem Notar.

Schrifttum: Siehe die Übersicht vor § 85.

I. Normzweck. Die Normen regeln die Frage, wer für die Notarkosten haftet und 1
von dem Notar als Kostenschuldner in Anspruch genommen werden kann. Neben §§ 29, 30 regelt § 31 noch für bestimmte notarielle Amtstätigkeiten besondere Kostenschuldner. Der Gebührenanspruch selbst richtet sich stets und ausschließlich nach den gesetzlichen Regelungen.

II. Haftung des Auftraggebers/Antragstellers (§ 29 Nr. 1). Norm stimmt 2
überein mit § 22 I, 22 I 1 GKG, § 21 I 1 FamGKG. Wer den Notar ersucht, eine notarielle Tätigkeit vorzunehmen (KG NotBZ 2018, 268 = BeckRS 2017, 138322), erteilt Auftrag bzw. Antrag (§ 4) iSd § 29 Nr. 1. Dabei handelt es sich ggü Notar nicht um Auftrag iSd § 662 BGB, sondern um Verfahrenshandlung (KG RNotZ 2017, 123 = BeckRS 2016, 111486). Für einen kostenrechtlich relevanten **Auftrag**/Antrag, der formlos – auch konkludent – möglich ist (BGH NJW-RR 2017, 631; OLG Rostock NotBZ 2021, 233 = BeckRS 2021, 12919; KG BeckRS 2018, 22667; LG Bremen ZEV 2019, 594 = BeckRS 2019, 12456), genügt die natürliche Handlungsfähigkeit (LG Köln RNotZ 2005, 244 [245] zur KostO). Jedoch ist bei Vornahme eines Geschäfts bei erkennbarer Geschäftsunfähigkeit § 21 zu beachten (OLG Düsseldorf JurBüro 2016, 589). Das gesamte **Verhalten des Mandanten** muss nach Treu und Glauben und mit Rücksicht auf die Verkehrssitte so zu verstehen und gemäß §§ 133, 157 BGB auszulegen sein, dass der Mandant dem Notar einen kostenpflichtigen Auftrag erteilt (OLG Düsseldorf RNotZ 2019, 648 = BeckRS 2019, 21812; LG Bremen BWNotZ 2020, 158 = BeckRS 2020, 4974) und nicht lediglich seine Bereitschaft zur Mitwirkung für den Abschluss des Geschäfts erklärt (LG Cottbus BeckRS 2021, 53341). Der Notar hat den Mandanten nicht darauf hinzuweisen, dass mit dem Auftrag die Entstehung der gesetzlich festgelegten Gebühren verbunden ist (OLG Saarbrücken NJOZ 2020, 1077 = BeckRS 2019, 18438).

Vertretung iSd § 164 BGB ist zulässig, auch wenn sich Vertretung nur aus Um- 3
ständen (zB **Makler**) ergibt (OLG Düsseldorf RNotZ 2017, 265; LG Düsseldorf RNotZ 2018, 584). Bei wirksamer Stellvertretung ist Kostenschuldner der Vertretene (OLG Köln NJW-RR 2018, 41). Generell ist beim Tätigwerden eines Dritten im Einzelfall zu prüfen, ob der Dritte Auftraggeber iSd § 29 Nr. 1 oder ob ein Vertreter-

geschäft iSd §§ 164 ff. BGB vorliegt (LG Bremen ZEV 2019, 594 = BeckRS 2019, 12456). Der Vertretene haftet nicht gegenüber dem Notar, wenn der Vertretene dem Dritten keine entsprechende Vollmacht erteilt hat (OLG Naumburg NotBZ 2019, 231 = BeckRS 2019, 11226). Der Notar darf vermuten, dass derjenige, der den Notar beauftragt, diesen Auftrag im eigenen Namen beantragt, wenn er ein eigenes Interesse an der Beurkundung hat und nicht ausdrücklich erklärt, nur in fremdem Namen zu handeln (OLG München BWNotZ 2019, 281 = BeckRS 2019, 26863).

4 **Beispiele:** (Haftung ja/nein) Bitte um Entwurf – ja, aber nein bzgl. § 30 I; Bitte um Entwurfsänderung – idR ja (OLG Köln RNotZ 2020, 536 = BeckRS 2020, 21448; OLG Düsseldorf NJOZ 2017, 766; LG Görlitz NotBZ 2022, 235; LG Münster BeckRS 2020, 19027; LG Mönchengladbach RNotZ 2020, 354 = BeckRS 2020, 9206; LG Hamburg NJW-RR 2019, 508 = BeckRS 2018, 35112), aber nein bei Ablehnung der Änderungen durch Notar (LG Hamburg NJW-RR 2019, 508); bloße Entgegennahme des Entwurfs für Auftraggeber – nein (OLG Nürnberg FamRZ 2015, 166 zur KostO); Vereinbarung Notartermin – ja (KG BeckRS 2019, 328; LG Münster BeckRS 2020, 19027); Bitte um vollmachtlose Vertretung zur Beurkundung mit Hinweis auf ausreichende Beratung per Mail – ja (OLG Saarbrücken NJW-RR 2022, 788); Bitte um reine Terminsänderung – nein (BGH FGPrax 2017, 90); Auftrag der Bank – nein bzgl. Eigentümer (LG Bremen BeckRS 2018, 16531); Makler – idR nein (OLG Düsseldorf NZM 2017, 155); Makler beauftragt Entwurfserstellung ohne Vollmacht der Urkundsbeteiligten – nein (OLG Naumburg NotBZ 2019, 231 = BeckRS 2019, 11226), aber ja, soweit keine Genehmigung durch Urkundsbeteiligten (OLG München MittBayNot 2015, 72); ebenfalls ja, wenn Makler Entwurfsauftrag im eigenen Interesse erteilt (OLG Nürnberg DNotZ 2021, 518 = BeckRS 2020, 30955); bloßes Schweigen auf notariellen Vorschlag der Entwurfserstellung – nein (OLG Hamm RNotZ 2019, 299 = BeckRS 2019, 4707).

5 **III. Haftung des Erklärungsschuldners (§ 30 I, II).** § 29 Nr. 1 wird ergänzt durch § 30 I und beschränkt durch § 30 II, soweit eine Beurkundung nach §§ 8 ff., 36 ff. BeurkG erfolgt ist bzw. vorzeitig beendet wurde. Der Erklärungsschuldner haftet nicht nur für die Kosten des Beurkundungsverfahrens, sondern auch für die Vollzugs- und Betreuungskosten, dazu zählt auch die Treuhandgebühr nach KV 22201 (OLG Köln NJOZ 2019, 688 = BeckRS 2018, 11371; OLG Düsseldorf BeckRS 2018, 31615). Dies gilt unabhängig davon, in wessen Interesse die Betreuungstätigkeit erfolgt. Die Haftungsbeschränkung nach § 30 II greift nur ein, wenn Erklärungen mehrerer Personen beurkundet werden, die verschiedene Rechtsverhältnisse (siehe § 86) betreffen. Der Erklärungsschuldner haftet nur für die Kosten, die auch ohne die übrigen Erklärungen eingetreten wären. Bei der Beurkundung eines Gesellschafterbeschlusses über die Änderung der Satzung ist nur die Gesellschaft, aber nicht deren Gesellschafter, der Erklärungsschuldner (LG Düsseldorf BeckRS 2022, 17588). Es ist also bei der Beurkundung gesellschaftsrechtlicher Vorgänge zu unterscheiden, ob es sich um eine Erklärung der Gesellschafter (zB Anmeldung einer Personenhandelsgesellschaft zum Handelsregister) oder der Gesellschaft (vertreten durch ihre Organe).

6 **IV. Haftung des Übernahmeschuldners (§§ 29 Nr. 2, 30 III).** Norm stimmt überein mit § 29 Nr. 2 GKG, § 24 Nr. 2 FamGKG. Es haftet wer nicht bereits nach § 29 Nr. 1 Kostenschuldner ist und ggü dem Notar die Haftung übernommen hat (BGH NJW-RR 2005, 721 (722); KG JurBüro 2018, 528). Diese Erklärung ist als Verfahrenshandlung bedingungs-/befristungsfeindlich, unwiderruflich und unanfechtbar. Eine schuldrechtliche Übernahme genügt nicht für § 29 Nr. 2 (OLG Hamm FGPrax 2017, 191), aber für die erweiterte Übernahmehaftung nach § 30 III gegenüber Urkundsnotar (KG RNotZ 2019, 243 = BeckRS 2018, 21121). Der Umfang der Haftung richtet sich grundsätzlich nach der konkreten vertraglichen Vereinbarung (Wudy notar 2018, 271 (276)) und beschränkt sich im Übrigen auf die Kosten des Beurkundungsverfahrens und die mit diesem Beurkundungsverfahren im Zusammenhang stehenden Vollzugs- und Betreuungskosten. Ohne konkrete Vereinbarung haftet der Übernahmeschuldner nicht für die Kosten anderer Urkunden, etwa die Kosten für die Beglaubigung der Zustimmung des Verwalters nach § 12 WEG

oder die Beglaubigung der Löschungsbewilligung eines Grundpfandrechtsgläubigers (BGH FGPrax 2020, 290; OLG Hamm RNotZ 2018, 638 = BeckRS 2018, 17903).

V. Haftung des Haftungsschuldners (§ 29 Nr. 3). Norm stimmt überein mit § 29 Nr. 3 GKG, § 24 Nr. 3 FamGKG. Die gesetzliche Haftung für die Kostenschuld nach §§ 29, 30 für einen anderen muss sich aus Gesetz ergeben (zB Erbenhaftung, → GKG § 29 Rn. 31) und begründet eine eigene Kostenschuld. 7

VI. Rechtsfolge. Soweit eine der Voraussetzungen der §§ 29, 30 vorliegt, ist diese Person, die diese Voraussetzung erfüllt, der Kostenschuldner und kann von dem Notar für seine Kosten in Anspruch genommen werden. 8

VII. Mehrere Kostenschuldner. Mehrere Kostenschuldner haften grds. nach § 32 I als Gesamtschuldner. 9

Besonderer Kostenschuldner

31 **I Schuldner der Kosten, die für die Beurkundung des Zuschlags bei der freiwilligen Versteigerung eines Grundstücks oder grundstücksgleichen Rechts anfallen, ist vorbehaltlich des § 29 Nummer 3 nur der Ersteher.**

II Für die Kosten, die durch die Errichtung eines Nachlassinventars und durch Tätigkeiten zur Nachlasssicherung entstehen, haften nur die Erben, und zwar nach den Vorschriften des Bürgerlichen Gesetzbuchs über Nachlassverbindlichkeiten.

III 1 Schuldner der Kosten der Auseinandersetzung eines Nachlasses oder des Gesamtguts nach Beendigung der ehelichen, lebenspartnerschaftlichen oder fortgesetzten Gütergemeinschaft sind die Anteilsberechtigten; dies gilt nicht, soweit der Antrag zurückgenommen oder zurückgewiesen wurde. 2 Ferner sind die für das Amtsgericht geltenden Vorschriften über die Kostenhaftung entsprechend anzuwenden.

I. Normzweck. Die Norm regelt zusätzlich zu §§ 29, 30 den Kostenschuldner für bestimmte notarielle Amtstätigkeiten. 1

II. Voraussetzungen. Für die Gebühr nach KV 23 603 samt Auslagen haftet nach I nur der Ersteher, nicht jedoch der Auftraggeber/Antragsteller, daneben ggf. der Haftungsschuldner nach § 29 Nr. 3. Für die Gebühren nach KV 23 500-23 503, 25300, 25301 samt Auslagen haften nach II ausschließlich die Erben. Für die Gebühren nach KV 23 900-23 903 samt Auslagen haften nach III 1 die Anteilsberechtigten, jeweils in voller Höhe und beschränkt auf ihren Anteil. Daneben kommt eine Haftung nach III 2 iVm §§ 27 Nr. 1, 33 in Betracht. Es spricht nichts dagegen, dass auch im Fall des § 31 neben die jeweilige Haftung die Haftung nach §§ 29 Nr. 2, 3, 30 III treten kann. 2

III. Rechtsfolge. Soweit eine der Voraussetzungen des § 31 vorliegt, ist diese Person, die diese Voraussetzung erfüllt, der Kostenschuldner und kann von dem Notar für seine Kosten in Anspruch genommen werden. 3

Unterabschnitt 3. Mehrere Kostenschuldner

Mehrere Kostenschuldner

32 **I Mehrere Kostenschuldner haften als Gesamtschuldner.**

II Sind durch besondere Anträge eines Beteiligten Mehrkosten entstanden, so fallen diese ihm allein zur Last.

I. Systematik (I, II). Die Vorschrift und die sich anschließende Regelung in § 33 ähneln stark § 31 GKG, §§ 26, 27 FamGKG, § 19 JVKostG, § 13 II GvKostG (siehe insbesondere → GKG § 31 Rn. 1 ff.; → GKG § 32 Rn. 1 ff.). Sie ergänzt §§ 22 ff. für den häufigen Fall der Beteiligung mehrerer. Die Rechtsvorschrift kommt bei Gerichtskosten und bei Notarkosten zur Anwendung, bei Notarkosten gilt allerdings vorrangig § 30 II. 1

2 **II. Normzweck (I, II).** Einerseits dient die Vorschrift in I durch eine Bezugnahme auch auf die §§ 420 ff. BGB der Vereinfachung. Andererseits ergibt sich aus der Gesamtregelung sowie aus § 33 die Bemühung um eine ausgewogene Kostengerechtigkeit. Man sollte beide nicht ganz übereinstimmenden Zielvorgaben auf dem Boden des Grundsatzes einer dem Kostenschuldner günstigen Auslegung nach § 1 I ausgewogen handhaben.

3 **III. Gesamthaftung (I).** Der Grundsatz der gesamtschuldnerischen Haftung hat verschiedene Auswirkungen:

1. Grundsatz. Mehrere Kostenschuldner irgendwelcher Art haften bei demselben Geschäft wegen desselben Gesamtbetrags als Gesamtschuldner (BayObLG Rpfleger 1992, 223; OLG Düsseldorf DNotZ 1986, 764 zum alten Recht). Das gilt unabhängig davon, ob im Innenverhältnis der Kostenschuldner diese gemeinsam haften. Die Staatskasse kann sich also formell nach ihrem Belieben und zumindest nach ihrem pflichtgemäßen Ermessen anders als bei § 31 II 1 GKG ohne eine gesetzliche Rangfolge unter einer Abwägung der Umstände im Außenverhältnis an jeden nach § 421 S. 1 BGB insgesamt haftenden Kostenschuldner wegen eines Teil- oder des Gesamtbetrags halten.

2. „ABC" zur Frage einer Gesamthaftung nach I

4 **Arglist:** → „Notar".

Ausgleichsanspruch: Jeder zahlende Gesamtschuldner hat gegen die anderen grds. einen Ausgleichsanspruch nach § 426 BGB. Das gilt auch zugunsten desjenigen, der im Außenverhältnis eine Kostenübernahme erklärt hat.

Einschränkung: I 1 lässt sich nicht vertraglich einschränken, BGH VersR 1982, 161 zum alten Recht. Auch → „Kostenübernahme".

Erbauseinandersetzung: → „Miterbe".

Forderungsübergang: → „Übergang".

Gesamthypothek: Die §§ 1173, 1174 BGB sind mitzubeachten.

Gesellschaft: Eine BGB-Außengesellschaft kann als solche auftreten (BGHZ 146, 341; Habersack BB 2001, 477; Schmidt NJW 2001, 993). Sie ist hier dann **ein** Schuldner. Daneben oder anstelle der Gesellschaft können mehrere oder alle Gesellschafter auftreten, zB aus Kostenerwägungen. In diesem Fall ist jeder Gesellschafter Kostenschuldner. Die Situation ist derjenigen in § 7 RVG nebst VV 1008 amtliche Anm. ähnlich. Sie ähnelt auch derjenigen in § 31 GKG, daher → GKG § 31 Rn. 10.

Kostenübernahme: Anwendbar ist I voll auch bei einer ausdrücklichen Kostenübernahme durch einen Vertragspartner. Die übrigen Kostenschuldner bleiben also Gesamtschuldner (BGH VersR 1982, 161, OLG Düsseldorf WuM 1993, 556 = FHZivR 40 Nr. 9852). Auch → „Ausgleichsanspruch", „Einschränkung".

Miterbe: Bei ihm gilt vorrangig § 24.

Notar: Anwendbar ist I ohne eine Bindung des Kostenbeamten nach der KostVfg (BayObLG Rpfleger 1992, 223; OLG Düsseldorf DNotZ 1986, 765; OLG Frankfurt OLGR 1998, 282 zum alten Recht. Eine Grenze bildet natürlich eine etwaige Arglist, BayObLG Rpfleger 1992, 223).

Übergang: Ein Grundpfandrecht kann nach §§ 401, 412 BGB mit der Zahlung auf den Zahlenden übergehen.

Zweitschuldner: Das GNotKG kennt ihn (jetzt) in § 33 II. Auch sieht § 8 III KostVfg, eine den Kostenbeamten zunächst bindende Reihenfolge der Inanspruchnahme vor (OLG Düsseldorf JurBüro 1994, 501zum alten Recht). Ihre Verletzung ermöglicht eine Dienstaufsichtsbeschwerde und eine Anfechtung nach § 30a EGGVG.

5 **IV. Besonderer Antrag (II).** Infolge eines besonderen Antrags eines Beteiligten können Mehrkosten entstehen. Beispielsweise kommen insofern Mehrkosten aufgrund der Dokumentenpauschale für besonders beantragte Ablichtungen in Betracht oder Auslagen, die auf einen Antrag eines Beteiligten zurückzuführen sind, wie beispielsweise nach dem JVEG zu zahlende Beträge. Diese Mehrkosten fallen nach II demjenigen allein zur Last, der den besonderen Antrag gestellt hat.

Erstschuldner der Gerichtskosten

33 **I 1 Soweit ein Kostenschuldner im gerichtlichen Verfahren aufgrund von § 27 Nummer 1 oder Nummer 2 (Erstschuldner) haftet, soll die Haftung eines anderen Kostenschuldners nur geltend gemacht werden, wenn eine Zwangsvollstreckung in das bewegliche Vermögen des Erstschuldners erfolglos geblieben ist oder aussichtslos erscheint. 2 Zahlungen des Erstschuldners mindern seine Haftung aufgrund anderer Vorschriften dieses Gesetzes auch dann in voller Höhe, wenn sich seine Haftung nur auf einen Teilbetrag bezieht.**

II 1 Soweit einem Kostenschuldner, der aufgrund von § 27 Nummer 1 haftet (Entscheidungsschuldner), Verfahrenskostenhilfe bewilligt worden ist, darf die Haftung eines anderen Kostenschuldners nicht geltend gemacht werden; von diesem bereits erhobene Kosten sind zurückzuzahlen, soweit es sich nicht um eine Zahlung nach § 13 Absatz 1 und 3 des Justizvergütungs- und -entschädigungsgesetzes handelt und der Beteiligte, dem die Verfahrenskostenhilfe bewilligt worden ist, der besonderen Vergütung zugestimmt hat. 2 Die Haftung eines anderen Kostenschuldners darf auch nicht geltend gemacht werden, soweit dem Entscheidungsschuldner ein Betrag für die Reise zum Ort einer Verhandlung, Anhörung oder Untersuchung und für die Rückreise gewährt worden ist.

III Absatz 2 ist entsprechend anzuwenden, soweit der Kostenschuldner aufgrund des § 27 Nummer 2 haftet und wenn
1. **der Kostenschuldner die Kosten in einem vor Gericht abgeschlossenen oder durch Schriftsatz gegenüber dem Gericht angenommenen Vergleich übernommen hat,**
2. **der Vergleich einschließlich der Verteilung der Kosten von dem Gericht vorgeschlagen worden ist und**
3. **das Gericht in seinem Vergleichsvorschlag ausdrücklich festgestellt hat, dass die Kostenregelung der sonst zu erwartenden Kostenentscheidung entspricht.**

Die Vorschrift entspricht in I, II fast wörtlich dem § 31 II, III GKG und dem § 26 II, III FamGKG, daher insoweit bei → GKG § 31 Rn. 1ff. Entscheidungs- und Übernahmeschuldner sind nach dieser Rechtsvorschrift vorranging als Erstschuldner für die Verfahrenskosten in Anspruch zu nehmen. Auf die weiteren Kostenschuldner soll nur zurückgegriffen werden, wenn eine Zwangsvollstreckung in das bewegliche Vermögen des Erstschuldners erfolglos geblieben ist oder aussichtslos erscheint. 1

III macht II entsprechend anwendbar, soweit eine Kombination der grundsätzlichen Haftungsübernahme nach § 27 Nr. 2 und der in § 33 III Nr. 1–3 zusätzlich aufgestellten Bedingungen vorliegt. Es muss sich also um einen solchen Verfahrensvergleich handeln, bei dem der Kostenschuldner die Kosten gerade entsprechend einem Vorschlag des Gerichts übernommen hat und bei dem das Gericht schon in seinem Vorschlag ausdrücklich festgestellt hatte, dass ohne Vergleich eine Kostengrundentscheidung gleicher Art bevorstehe. Nur dann ist eine vorrangige Erstschuldnerhaftung mit den damit verbundenen günstigen Rechtsfolgen für die anderen Kostenschuldner nach II vertretbar. Deshalb müssen die Voraussetzungen von III Nr. 1–3 streng geprüft werden. Häufig wird III Nr. 3 nicht vorliegen, weil das Gericht nicht eindeutig zum Ausdruck bringt, dass die Kostenregelung der sonst zu erwartenden gerichtlichen Kostenentscheidung entspricht. 2

Abschnitt 6. Gebührenvorschriften

Wertgebühren

34 **I Wenn sich die Gebühren nach dem Geschäftswert richten, bestimmt sich die Höhe der Gebühr nach Tabelle A oder Tabelle B.**

II [1]Die Gebühr beträgt bei einem Geschäftswert bis 500 Euro nach Tabelle A 38 Euro, nach Tabelle B 15 Euro. [2]Die Gebühr erhöht sich bei einem

Geschäftswert bis... Euro	für jeden angefangenen Betrag von weiteren... Euro	in Tabelle A um... Euro	in Tabelle B um... Euro
2 000	500	20	4
10 000	1 000	21	6
25 000	3 000	29	8
50 000	5 000	38	10
200 000	15 000	132	27
500 000	30 000	198	50
über 500 000	50 000	198	
5 000 000	50 000		80
10 000 000	200 000		130
20 000 000	250 000		150
30 000 000	500 000		280
über 30 000 000	1 000 000		120

III Gebührentabellen für Geschäftswerte bis 3 Millionen Euro sind diesem Gesetz als Anlage 2 beigefügt.

IV Gebühren werden auf den nächstliegenden Cent auf- oder abgerundet; 0,5 Cent werden aufgerundet.

V Der Mindestbetrag einer Gebühr ist 15 Euro.

Anlage 2
(zu § 34 Absatz 3)

Geschäftswert bis... €	Gebühr **Tabelle A** ... €	Gebühr **Tabelle B** ... €	Geschäftswert bis... €	Gebühr **Tabelle A** ... €	Gebühr **Tabelle B** ... €
500	38,00	15,00	**65 000**	733,00	192,00
1 000	58,00	19,00	**80 000**	865,00	219,00
1 500	78,00	23,00	**95 000**	997,00	246,00
2 000	98,00	27,00	**110 000**	1 129,00	273,00
3 000	119,00	33,00	**125 000**	1 261,00	300,00
4 000	140,00	39,00	**140 000**	1 393,00	327,00
5 000	161,00	45,00	**155 000**	1 525,00	354,00
6 000	182,00	51,00	**170 000**	1 657,00	381,00
7 000	203,00	57,00	**185 000**	1 789,00	408,00
8 000	224,00	63,00	**200 000**	1 921,00	435,00
9 000	245,00	69,00	**230 000**	2 119,00	485,00
10 000	266,00	75,00	**260 000**	2 317,00	535,00
13 000	295,00	83,00	**290 000**	2 515,00	585,00
16 000	324,00	91,00	**320 000**	2 713,00	635,00
19 000	353,00	99,00	**350 000**	2 911,00	685,00
22 000	382,00	107,00	**380 000**	3 109,00	735,00
25 000	411,00	115,00	**410 000**	3 307,00	785,00
30 000	449,00	125,00	**440 000**	3 505,00	835,00
35 000	487,00	135,00	**470 000**	3 703,00	885,00
40 000	525,00	145,00	**500 000**	3 901,00	935,00
45 000	563,00	155,00	**550 000**	4 099,00	1 015,00
50 000	601,00	165,00	**600 000**	4 297,00	1 095,00

Geschäftswert bis... €	Gebühr **Tabelle A** ... €	Gebühr **Tabelle B** ... €	Geschäftswert bis... €	Gebühr **Tabelle A** ... €	Gebühr **Tabelle B** ... €
650 000	4 495,00	1 175,00	**1 850 000**	9 247,00	3 095,00
700 000	4 693,00	1 255,00	**1 900 000**	9 445,00	3 175,00
750 000	4 891,00	1 335,00	**1 950 000**	9 643,00	3 255,00
800 000	5 089,00	1 415,00	**2 000 000**	9 841,00	3 335,00
850 000	5 287,00	1 495,00	**2 050 000**	10 039,00	3 415,00
900 000	5 485,00	1 575,00	**2 100 000**	10 237,00	3 495,00
950 000	5 683,00	1 655,00	**2 150 000**	10 435,00	3 575,00
1 000 000	5 881,00	1 735,00	**2 200 000**	10 633,00	3 655,00
1 050 000	6 079,00	1 815,00	**2 250 000**	10 831,00	3 735,00
1 100 000	6 277,00	1 895,00	**2 300 000**	11 029,00	3 815,00
1 150 000	6 475,00	1 975,00	**2 350 000**	11 227,00	3 895,00
1 200 000	6 673,00	2 055,00	**2 400 000**	11 425,00	3 975,00
1 250 000	6 871,00	2 135,00	**2 450 000**	11 623,00	4 055,00
1 300 000	7 069,00	2 215,00	**2 500 000**	11 821,00	4 135,00
1 350 000	7 267,00	2 295,00	**2 550 000**	12 019,00	4 215,00
1 400 000	7 465,00	2 375,00	**2 600 000**	12 217,00	4 295,00
1 450 000	7 663,00	2 455,00	**2 650 000**	12 415,00	4 375,00
1 500 000	7 861,00	2 535,00	**2 700 000**	12 613,00	4 455,00
1 550 000	8 059,00	2 615,00	**2 750 000**	12 811,00	4 535,00
1 600 000	8 257,00	2 695,00	**2 800 000**	13 009,00	4 615,00
1 650 000	8 455,00	2 775,00	**2 850 000**	13 207,00	4 695,00
1 700 000	8 653,00	2 855,00	**2 900 000**	13 405,00	4 775,00
1 750 000	8 851,00	2 935,00	**2 950 000**	13 603,00	4 855,00
1 800 000	9 049,00	3 015,00	**3 000 000**	13 801,00	4 935,00

I. Anwendungsbereich, Normzweck (I–V). Die Vorschrift ähnelt § 34 GKG und § 28 FamGKG. Sie gilt auch für Notare. Der in der Regelung zum Ausdruck kommende Wertgebührensystem liegt die grundsätzliche Annahme zugrunde, dass eine Bemessung der Gebühr nach dem Geschäftswert der Bedeutung der Sache in der Regel gerecht werden wird. Durch die degressive Ausgestaltung der Gebühren wird erreicht, dass bei hohen Werten die Gebühren nicht unangemessen stark ansteigen. 1

II. Gebührentabellen (I–III). Abweichend von § 32 KostO gibt es jetzt zwei Tabellen: A und B. Tabell B enthält wesentlich geringere Beträge als Tabelle A und ist stärker degressiv ausgestaltet. Welche Tabelle jeweils anwendbar ist, zeigt im Kostenverzeichnis die rechte Spalte mit ihrer Verweisung auf A oder B. Für Notargebühren und Gerichtsgebühren in Grundbuchsachen sowie in einigen Nachlasssachen gilt Tabelle B, für die Gerichtsgebühren im Übrigen Tabelle A, die mit den Gebührentabellen im GKG und im FamGKG übereinstimmt. Die Tabellen sind in der Fassung der amtlichen Anlage 2 des GNotKG mit ihrem dort errechneten Umfang bis zu einem Wert von 3.000.000 EUR oben abgedruckt. Im Übrigen errechnet man den Betrag aus II 2. 2

III. Auf-, Abrundung (IV). Es gibt eine buchstäblich centgenaue Regelung. Sie bezieht sich nur auf die Gebühren, nicht auf Auslagen. Sie gilt daher beim Notar auch nicht für seine Umsatzsteuer. Jede im Gesetz selbständig genannte Wertgebühr ist auf- oder abzurunden. 3

IV. Mindestgebühr (V). Die Mindestgebühr gilt grundsätzlich auch für Notare. Daneben gibt es spezifische Mindestgebühren, vor allem beim notariellen Beurkundungsverfahren: 4

- KV 21100 bzw. 24100 (für Verträge, gemeinschaftliche Testamente und Beschlüsse bzw. entsprechende Entwürfe),
- KV 21200 bzw. 24101 (für einseitigen Erklärungen bzw. entsprechende Entwürfe).
- KV 21201 bzw. 24102 (für Registeranmeldungen, Grundbucherklärungen und Erbausschlagungen bzw. entsprechende Entwürfe).

5 Auch ein Gebührenbruchteil muss mindestens 15 EUR betragen (zB die 0,5 Gebühr nach KV 22110). Die Mindestgebühr entsteht, soweit ein Geschäftswert ganz fehlt, da in diesem Fall die Wertstufe bis 500 EUR einschlägig ist.

Abschnitt 7. Wertvorschriften

Unterabschnitt 1. Allgemeine Wertvorschriften

Grundsatz

35 **I In demselben Verfahren und in demselben Rechtszug werden die Werte mehrerer Verfahrensgegenstände zusammengerechnet, soweit nichts anderes bestimmt ist.**

II Der Geschäftswert beträgt, wenn die Tabelle A anzuwenden ist, höchstens 30 Millionen Euro, wenn die Tabelle B anzuwenden ist, höchstens 60 Millionen Euro, wenn kein niedrigerer Höchstwert bestimmt ist.

1 **I. Systematik (I, II).** Die Vorschrift, die für Notare und Gerichte gilt, entspricht fast wörtlich § 39 I GKG und teilweise § 39 II GKG sowie § 22 II RVG. In dem mit § 35 beginnenden Abschnitt legt das Gesetz den oft für die Gebührenhöhe entscheidenden Anknüpfungsmaßstab fest, den Wert der Angelegenheit. Freilich finden sich auch in anderen Teilen des GNotKG solche dann vorrangigen Wertbestimmungen §§ 35, 36 enthalten den Grundsatz, §§ 37 ff. zeigen Durchführungen des Grundsatzes. Dabei dient § 36 zugleich als eine Auffangvorschrift. §§ 35 ff. sind mit dem GG vereinbar, (zum alten Recht BVerfG NJW 2004, 3321; OLG Stuttgart JurBüro 2006, 324; OLG Zweibrücken NJW-RR 2003, 235). Dem II gehen speziellere Regeln vor (vgl. KV Vorb. 2.5.3 II KV).

2 **II. Normzweck (I, II).** Durch die Anknüpfung an den Geschäftswert dient die Vorschrift der Kostengerechtigkeit. Aufgrund des degressiven Aufbaus der Gebührentabellen führt die Addition der Werte zu einer Privilegierung der Kostenschuldner. Die Vorschrift verpflichtet zur Sorgfalt bei der Wertermittlung. Der Grundsatz einer dem Kostenschuldner günstigen Auslegung nach § 1 I darf nicht dazu führen, dass in schwierigen Konstellationen einfach irgendein niedriger Wert angesetzt wird.

3 **III. Mehrheit selbständiger Gegenstände (I).** Wenn in demselben Verfahren und in demselben Rechtszug mehrere selbstständige Gegenstände anhängig werden, müssen sie grundsätzlich zusammengerechnet werden. Eventuell ist allerdings die Zusammenrechnung ausdrücklich ausgeschlossen (vgl. zB § 45, 52 IV, 55 IV). Soweit eine Vorschrift über die Wertberechnung in diesem Fall fehlt, muss die Berechnung nach den Grundregeln des Kostenrechts und nach ihrem Sinnzusammenhang vorgenommen werden. In **notariellen Verfahren** bilden grundsätzlich alle Gegenstände, die in einer Urkunde geregelt werden, ein Verfahren im Sinne des § 1. Insofern ist zu jedoch beachten, dass der Notar mehrere Beurkundungsgegenstände nach pflichtgemäßen Ermessen trennen und in gesonderten Verhandlungen beurkunden kann, sofern nicht aus materiellrechtlichen Gründen eine einheitliche Beurkundungsverhandlung geboten ist. Werden mehrere Beurkundungsgegenstände ohne sachlichen Grund zusammengefasst, gilt das Beurkundungsverfahren hinsichtlich jedes dieser Beurkundungsgegenstände als besonderes Verfahren (vgl. § 93 II 1).

4 **IV. Geschäftswert (II).** Es empfehlen sich mehrere Prüfschritte. Stets muss der absolute Höchstwert nach II mitbeachtet werden.

5 **1. Begriff.** Während die ZPO und das GKG vom Streitwert spricht, das RVG vom Gegenstandswert, das FamGKG vom Verfahrenswert, geht das GNotKG von dem Begriff **Geschäftswert** aus. Grundsätzlich sind die Gebühren nach § 96 nach demjenigen Geschäftswert zu berechnen, den das Amtsgeschäft im Zeitpunkt der Fälligkeit nach §§ 8 ff. hat. Von diesem Grundsatz kennt das Gesetz allerdings viele Ausnahmen.

6 **2. Verfahrensgegenstand.** Das ist dasjenige Recht oder Rechtsverhältnis, zu dem sich die Vorgänge zusammenschließen. Der Verfahrensgegenstand entspricht dem

Streitgegenstand des Zivilprozesses der Geschäftswert entspricht dem Streitwert des Zivilprozesses und dem Verfahrenswert des FamFG.

Im gerichtlichen Verfahren wird der Gegenstand dementsprechend durch das Gericht oder den Antragsteller festgelegt. Im notariellen Verfahren ist § 86 zu beachten. Nach § 86 I ist Beurkundungsgegenstand ist das Rechtsverhältnis, auf das sich die Erklärungen beziehen, bei Tatsachenbeurkundungen die beurkundete Tatsache oder der beurkundete Vorgang. Gemäß § 86 II bilden mehrere Rechtsverhältnisse, Tatsachen oder Vorgänge verschiedene Beurkundungsgegenstände, soweit sich aus § 109 nichts anderes ergibt. 7

3. Fälligkeit. Der maßgebliche Zeitpunkt für die Bewertung liegt bei Verfahren, die von Amts wegen eingeleitet werden, gem. § 59 S. 2 bei der Beendigung des Geschäfts, weil das der Zeitpunkt der Fälligkeit ist, vgl. § 9 I Nr. 1–5. Im Übrigen ist für die Wertberechnung gem. § 59 S. 1 der Zeitpunkt der jeweiligen den Verfahrensgegenstand betreffenden ersten Antragstellung in dem jeweiligen Rechtszug entscheidend, soweit nichts anderes bestimmt ist. 8

4. Haupt- und Nebengegenstand. Vgl. zunächst § 37. Soweit ein Gegenstand nur zum Teil betroffen ist, ist nach § 56 auch nur dieser Teil für den Wert maßgebend. 9

5. Höchstwerte 30 oder 60 Millionen EUR. Nach II gibt es aus sozialen Erwägungen je Gegenstand des Geschäfts einen absoluten Höchstwert, wie bei § 39 II GKG, § 33 II FamGKG und bei § 22 II RVG (dazu Haeder DNotZ 2004, 405, auch zu den Unterschieden). Er beträgt bei Anwendbarkeit der aus dem KV in seiner rechten Spalte jeweils genannten amtlichen Tabelle A 30.000.000 und bei der Tabelle B 60.000.000 EUR. Die Regelung ist auf die linear ansteigende Jahresgebühr nach KV 11104 GNotKG weder direkt noch analog anwendbar (OLG Köln FGPrax 2019, 189). **Auch bei einer Wertzusammenrechnung** greift nach dem eindeutigen Wortlaut der Vorschrift die Begrenzung auf die Höchstwerte. 10

Die Höchstwerte gelten nur, soweit kein niedrigerer Wert bestimmt ist. Insofern sind insbesondere §§ 37 II, 60 III, 98 IV, 107, 108 V, 120 und 123 zu beachten. 11

Allgemeiner Geschäftswert

36 **I Soweit sich in einer vermögensrechtlichen Angelegenheit der Geschäftswert aus den Vorschriften dieses Gesetzes nicht ergibt und er auch sonst nicht feststeht, ist er nach billigem Ermessen zu bestimmen.**

II Soweit sich in einer nichtvermögensrechtlichen Angelegenheit der Geschäftswert aus den Vorschriften dieses Gesetzes nicht ergibt, ist er unter Berücksichtigung aller Umstände des Einzelfalls, insbesondere des Umfangs und der Bedeutung der Sache und der Vermögens- und Einkommensverhältnisse der Beteiligten, nach billigem Ermessen zu bestimmen, jedoch nicht über 1 Million Euro.

III Bestehen in den Fällen der Absätze 1 und 2 keine genügenden Anhaltspunkte für eine Bestimmung des Werts, ist von einem Geschäftswert von 5000 Euro auszugehen.

IV [1] Wenn sich die Gerichtsgebühren nach den für Notare geltenden Vorschriften bestimmen, sind die für Notare geltenden Wertvorschriften entsprechend anzuwenden. [2] Wenn sich die Notargebühren nach den für Gerichte geltenden Vorschriften bestimmen, sind die für Gerichte geltenden Wertvorschriften entsprechend anzuwenden.

Übersicht

1 **I. Systematik (I–IV).** Die Vorschrift ähnelt stark § 42 FamGKG (→ FamGKG § 42 Rn. 1 ff.). **I, III Fall 1** enthalten Regeln zur Ermittlung des Geschäftswerts in einer vermögensrechtlichen Angelegenheit. Nach **II, III Fall 2** gelten entsprechende Regelungen bei nichtvermögensrechtlichen Angelegenheiten, wobei jedoch der Höchstwert auf 1.000.000 EUR beschränkt wird. Diese Regeln gelten als allgemeine Auffangvorschriften gegenüber anderen Vorschriften und insbesondere gegenüber §§ 40 ff. nur hilfsweise. III gilt wiederum gegenüber I, II nur hilfsweise.

2 IV stellt deklaratorisch klar, dass jeweils die Wertvorschriften einschlägig sind, nach denen sich die Gebühren richten, unabhängig davon, ob Gerichte oder Notare handeln: Gelten für die Gerichtsgebühren die für Notare geltenden Vorschriften (beispielsweise bei der Erbschaftsausschlagung), sind auch die für Notare geltenden Wertvorschriften einschlägig. Gelten umgekehrt für die Notargebühren die für Gerichte geltenden Vorschriften, kommen die für Gerichte geltenden Wertvorschriften zur Anwendung.

3 **II. Normzweck (I–IV).** Die Vorschrift hat einen Auffang- und Sammelzweck zur Vermeidung sonst wegen § 1 I gebührenfrei bleibender, aber gebührenbedürftiger Vorgänge. Im Hinblick darauf ist § 36 nicht zu eng auszulegen. Freilich bleibt innerhalb des ausdrücklich in I, II genannten Ermessens der Grundsatz einer für den Kostenschuldner möglichst günstigen Auslegung mitzubeachten. Das darf allerdings nicht dazu führen, mithilfe von § 36 strengere speziellere Vorschriften wegen deren angeblicher Unanwendbarkeit aus sozialen Erwägungen auszuhebeln. Besonders in einer vermögensrechtlichen Sache dient I, III weder der Bequemlichkeit noch der Kostenersparnis.

4 **III. Vermögensrechtliche Angelegenheit (I).** Aus dem Begriff ergibt sich ein riesiges Anwendungsgebiet.

5 **1. Begriff. Vermögensrechtlich** ist jeder Verfahrensgegenstand, der entweder auf einer vermögensrechtlichen Beziehung beruht oder im Wesentlichen wirtschaftlichen Interessen dienen soll (LAG Rheinland-Pfalz NZA-RR 2007, 541) **Nichtvermögensrechtliche** Verfahren sind demgegenüber Angelegenheiten, die diese Voraussetzungen nicht erfüllen.. Das gilt ohne eine Rücksicht auf ihren Ursprung und Zweck. Es entscheidet die Natur des Rechts, dessen Schutz der Antragsteller begehrt. Die Angelegenheit kann sich also zwar auf ein nichtvermögensrechtliches Verhältnis gründen. Sie ist aber gleichwohl dann vermögensrechtlich, wenn sie eine vermögenswerte Leistung zum Gegenstand hat (LG Berlin Rpfleger 1982, 241 zum alten Recht). Eine vermögensrechtliche Angelegenheit kann in der Form einer Rechtsbegründung, Rechtsänderung, Verfügungsbeschränkung oder in sonstiger Weise vorliegen.

2. „ABC" zur Frage einer vermögensrechtlichen Angelegenheit (I)

Akteneinsicht: Die Festsetzung des Geschäftswerts eines Verfahrens gemäß §§ 23 ff. EGGVG wegen Akteneinsicht in ein **zivilprozessuales Verfahren** ist eine vermögensrechtliche Angelegenheit, wenn die Akteneinsicht unmittelbar Auswirkungen auf die streitgegenständliche zivilrechtlichen Ansprüche haben kann, die wiederum als vermögensrechtlich zu qualifizieren sind (BayObLG BeckRS 2021, 689). 6

Anspruchsänderung: Eine vermögensrechtliche Angelegenheit in Form einer Rechtsänderung liegt vor, soweit es um diejenige Änderung eines bereits bestehenden vermögensrechtlichen Anspruchs geht, die ihrerseits keinen bestimmten Geldwert hat, etwa um eine Vereinbarung der Parteien über eine andere Kündigungsfrist. Auch → „Hypothek", → „Unterwerfungsklausel".

Anwartschaft: Eine vermögensrechtliche Angelegenheit in Form einer Rechtsbegründung liegt vor, soweit es sich um den Wert der Anwartschaft eines Nacherben oder Ersatznacherben handelt (BayObLG NJWE-FER 1998, 108 zum alten Recht).

Auflassungsvormerkung: § 45 III.

Baubeschränkung: Eine vermögensrechtliche Angelegenheit in Form einer Verfügungsbeschränkung liegt vor, soweit es sich um eine Baubeschränkung handelt.

Bauverpflichtung: § 50 Nr. 3.

Beglaubigung: → „Unterschrift".

Betreuung: Sie ist nicht stets eine vermögensrechtliche Angelegenheit (BGH FamRZ 2017, 647).

Bürgschaft: Ihre Freigabe ist nach I zu bewerten.

Dingliche Mitberechtigung: Sie ist vermögensrechtlich.

Eidesstattliche Versicherung: Für das Verfahren auf Abgabe einer eidesstattlichen Versicherung nach § 410 Nr 1 FamFG richtet sich der Geschäftswert nach § 36 Abs. 1 GNotKG. Maßgeblich ist dabei das Interesse am Gegenstand der Versicherung, wobei es regelmäßig angemessen ist, einen Bruchteil des Werts der Hauptsache anzunehmen (OLG Frankfurt BeckRS 2020, 45281).

Elterlicher Sorgerecht: Für diesen Verfahrensgegenstand gilt § 45 I Nr. 1 FamGKG-

Energielieferung: Sie richtet sich nach I (OLG Hamm FGPrax 2016, 185).

Erbauseinandersetzung: Eine vermögensrechtliche Angelegenheit in Form einer Rechtsänderung liegt vor, soweit es sich um eine Erbauseinandersetzung handelt.

Erbbaurecht: Eine vermögensrechtliche Angelegenheit liegt vor, soweit es um die Ersetzung der Zustimmung des Eigentümers zu einer **Veräußerung** des Erbbaurechts geht (BayObLG AnwBl 1983, 29; OLG Düsseldorf FGPrax 2008, 84; LG Osnabrück AnwBl 1989, 107 zum alten Recht).

Erbschein: Eine vermögensrechtliche Angelegenheit liegt vor, soweit es um die Erteilung eines Erbscheins oder um dessen Beschränkung, Einziehung usw geht Wegen des wirtschaftlichen Interesses BayObLG FamRZ 2005, 822, wegen desjenigen beim Auslandsvermögen BayObLG FamRZ 1998, 515 (Schweiz), jeweils zum alten Recht.

Ersteintragung: Eine vermögensrechtliche Angelegenheit in Form einer Rechtsbegründung liegt vor, soweit es sich um eine Ersteintragung handelt, etwa einer GmbH im Handelsregister (BayObLGZ 1988, 258 zum alten Recht).

Firma: → „Unterschrift".

Genehmigtes Kapital: Eine vermögensrechtliche Angelegenheit in Form einer Rechtsänderung liegt vor, soweit es sich um den Hauptversammlungsbeschluss einer Aktiengesellschaft über ein genehmigtes Kapital handelt.

Gesellschaftsanteil: Eine vermögensrechtliche Angelegenheit in Form einer Rechtsänderung liegt vor, soweit es sich um eine rechtsgeschäftliche Vereinbarung außerhalb eines Gesellschaftsverhältnisses handelt. Das gilt etwa bei der Bestimmung des Anteils an einer Offenen Handelsgesellschaft zum Vorbehaltsgut eines Ehegatten oder soweit es um den Wert etwa eines Kommanditanteils geht (BayObLG DNotZ 1991, 401 zum alten Recht), oder um die Übertragung eines Anteils (OLG Celle JurBüro 2002, 47 zum alten Recht; aA Vollrath Rpfleger 2004, 21, die vermögensrechtliche Mitberechtigung sei nur ein kostenrechtlich unbeachtlicher Annex. Aber das Gegenteil ist bei der stets notwendig wirtschaftlichen Betrachtungsweise wegen des Anteils an einer Handelsgesellschaft die Regel).

Getränkelieferung: → „Liefervertrag".

Grundbuch: → „Auflassungsvormerkung", → „Grundschuld", „Grundstücksteilung, -vereinigung, -zuschreibung", → „Hypothek", → „Rangvorbehalt", „Treuhändersperrvermerk", → „Verfügungsbeschränkung", → „Vorkaufsrecht".

Grundschuld: Eine vermögensrechtliche Angelegenheit in Form einer Rechtsänderung liegt vor, soweit es um die Umwandlung einer Grundschuld in eine Hypothek oder umgekehrt geht. Auch → „Hypothek".

Grundstücksteilung, -vereinigung, -zuschreibung: Eine vermögensrechtliche Angelegenheit in Form einer Rechtsänderung liegt vor, soweit es sich um die Teilung eines Grundstücks, um die Zuschreibung eines Flurstücks zu einem Grundstück oder um die Vereinigung mehrerer im Grundbuch bisher selbständig eingetragener Grundstücke handelt.

Hypothek: Eine vermögensrechtliche Angelegenheit in Form einer Rechtsänderung liegt vor, soweit es sich um die Umwandlung einer Buchhypothek in eine Briefhypothek handelt oder umgekehrt, oder soweit es um solche Änderungen von Zahlungsbedingungen einer Hypothek geht, die mit einer neuen Unterwerfung des Schuldners unter die sofortige Zwangsvollstreckung verbunden sind, oder soweit es um die Umwandlung mehrerer Verkehrshypotheken in eine einheitliche Sicherungshypothek geht. Auch → „Anspruchsänderung", → „Grundschuld".

Identität: → „Nämlichkeit".

Kommanditanteil: → „Gesellschaftsanteil".

Kündigung: → „Anspruchsänderung".

Liefervertrag: Eine vermögensrechtliche Angelegenheit in Form einer Rechtsbegründung oder -änderung liegt vor, soweit es sich um einen langfristigen Liefervertrag handelt, LG Koblenz NJW-RR 1996, 64 zum alten Recht.

Löschung: → „Vorkaufsrecht".

Nacherbe: → „Anwartschaft".

Nämlichkeit: Eine vermögensrechtliche Angelegenheit liegt vor, soweit es um die Klärung einer Identitätsklärung geht, OLG Hamm Rpfleger 1980, 316 zum alten Recht.

Patientenverfügung: Sie ist grds. **nichtvermögensrechtlich** (OLG Hamm JurBüro 2006, 266zum alten Recht).

Rechtsbeschwerde: Sie ist nicht stets eine vermögensrechtliche Angelegenheit (BGH FamRZ 2017, 647= BeckRS 2017, 101349).

Rangvorbehalt: Eine vermögensrechtliche Angelegenheit in Form einer Verfügungsbeschränkung liegt vor, soweit es sich um einen Rangvorbehalt handelt (KG Rpfleger 1983, 178 zum alten Recht). Denn ein Rangvorbehalt hat meist einen erheblichen Vermögenswert schon im Zusammenhang mit der Belastbarkeit des Grundstücks.

Rücktritt, -verzicht: Es liegt eine nach I abschätzbare vermögensrechtliche Angelegenheit vor (OLG Zweibrücken FGPrax 2000, 43: 10 % des Kaufpreises, zum alten Recht).

Schuldübernahme: Ihre Genehmigung zB bei einer Grundschuld anlässlich der Veräußerung ist nach I zu bewerten (LG Trier JurBüro 2002, 380, Bruchteil, zum alten Recht).

Sperrvermerk: → „Treuhändersperrvermerk".

Testamentsvollstreckung: Eine vermögensrechtliche Angelegenheit in Form einer Verfügungsbeschränkung liegt vor, soweit es sich um eine Testamentsvollstreckung handelt (BayObLG FamRZ 2004, 1304, zum alten Recht).

Treuhändersperrvermerk: Eine vermögensrechtliche Angelegenheit in Form einer Verfügungsbeschränkung liegt vor, soweit es sich um einen Treuhändersperrvermerk nach § 72 VAG handelt.

Umwandlung: → „Grundschuld", → „Hypothek".

Unterschrift: Eine vermögensrechtliche Angelegenheit in Form einer Rechtsbegründung oder -änderung liegt vor, soweit es sich um die Beglaubigung einer Firmen- und Unterschriftszeichnung handelt (BayObLG DB 1983, 2621=zum alten Recht).

Unterwerfungsklausel: Eine vermögensrechtliche Angelegenheit in Form einer Rechtsänderung liegt vor, soweit die Parteien im Hauptvertrag die Unterwerfung des Schuldners unter die „sofortige" Zwangsvollstreckung als eine bloße Nebenabrede behandelt hatten und diese später präzisieren. Auch → „Anspruchsänderung", → „Hypothek".

Veräußerungsverbot: Eine vermögensrechtliche Angelegenheit in Form einer Verfügungsbeschränkung liegt vor, soweit es sich um ein Veräußerungsverbot handelt.

Verfügungsbeschränkung: Eine vermögensrechtliche Angelegenheit liegt vor, soweit es sich um die Eintragung einer Verfügungsbeschränkung wegen eines zum Deckungsstock gehörenden Grundstücks handelt.

Vermögensgesetz: Zum Wert BayObLG FamRZ 1999, 1440, zum alten Recht.

Vorkaufsrecht: Eine vermögensrechtliche Angelegenheit liegt vor, soweit es um die Löschung eines Vorkaufsrechts geht (BayObLG JurBüro 1997, 605 zum alten Recht).

Wertsicherungsklausel: → „Erbbaurecht". **Wohnungsbesetzungsrecht:** Eine vermögensrechtliche Angelegenheit in Form einer Verfügungsbeschränkung liegt vor, soweit es um ein Wohnungsbesetzungsrecht zur Sicherung öffentlicher Wohnungsbauförderungsmittel geht (OLG Düsseldorf Rpfleger 1992, 177; OLG Oldenburg JurBüro 1995, 97 zum alten Recht).

Wohnungseigentum: Eine vermögensrechtliche Angelegenheit in Form einer Verfügungsbeschränkung liegt vor, soweit es um die Anfechtung eines Beschlusses der Wohnungseigentümer geht, zB wegen der Entziehung des Wohnungseigentums eines der Beteiligten (AG Hildesheim ZMR 1987, 346 zum alten Recht), oder um die Ablehnung des Vollzugs einer Teilungserklärung nach § 8 WEG (BayObLG JurBüro 1997, 209, zum alten Recht).

IV. Wert: Hilfsnatur des I. I verweist zunächst auf die übrigen Vorschriften „dieses Gesetzes". Das bedeutet: I enthält eine Auffangregelung (OLG Bamberg JurBüro 2017, 535). Die in §§ 40 ff. enthaltenen Spezialvorschriften sind somit vorrangig zu beachten. 7

Eine Bewertung nach I kommt auch dann **nicht** in Betracht, wenn sich der Wert zwar nicht aus anderen Vorschriften des GNotKG ergibt, wenn er aber sonst feststeht. Das ist zB dann so, wenn es sich um einen bestimmten Geldbetrag handelt oder um eine zugehörige Vollmacht oder Zustimmung usw. 8

V. Wertermessen (I). Soweit sich in einer vermögensrechtlichen Angelegenheit nach → Rn. 4 ff. der Wert weder aus anderen Vorschriften des GNotKG ergibt noch sonst feststeht, darf und muss das Gericht ihn zunächst innerhalb eines Ermessens bestimmen. I spricht vom „billigen" Ermessen. Dieses ist, wie stets, pflichtgemäß auszuüben. 9

1. Abwägung. Sämtliche in Betracht kommenden objektiven Umstände sind zu berücksichtigen und miteinander abzuwägen, auch wenn das ausdrücklich nur in II steht. Es gibt hier anders als bei II keinen Höchstwert und im Übrigen auch keinen Mindestwert. Maßgebend sind zB: Die Bedeutung der Sache (BayObLG FamRZ 2000, 971zum alten Recht); ihre rechtliche Schwierigkeit; der Umfang; der Wert des Geschäftsgegenstands; das Ausmaß seiner Betroffenheit; das Interesse der Beteiligten (BayObLG JurBüro 1991, 92 zum alten Recht); ihre Vermögenslage; das Ausmaß der Verantwortlichkeit des Notars und sein Haftungsrisiko (OLG Hamm FGPrax 2006, 36b zum alten Recht), überhaupt alle für den Geschäftswert irgendwie erheblichen Umstände (BayObLG JurBüro 1991, 92; OLG Hamm FGPrax 2006, 36). Einige wenige Anhaltspunkte genügen, soweit sie eine wenigstens annähernde Schätzung ermöglichen (BayObLG FamRZ 1990, 614). Soweit für die in diesem Zusammenhang erforderliche Schätzung genügende tatsächliche Anhaltspunkte ersichtlich sind, ist lediglich I, nicht III anwendbar. 10

2. Kein Mindest- oder Höchstwert. Im Rahmen einer nach I möglichen Schätzung bindet also weder ein Mindestwert noch der Höchstwert von 1.000.000 EUR das Gericht wie in II. Das ergibt sich schon aus der Stellung von II gegenüber I. Es wäre auch widersinnig, in einer vermögensrechtlichen ohnehin durchweg verhältnismäßig leicht bezifferbaren Sache unabhängig von dem wahren Betrag feste Höchst- und Mindestwerte anzusetzen. Sie haben nur dann einen Sinn, wenn eine Schätzung so gut wie keine tatsächlichen Anhaltspunkte verwerten kann. Allerdings sind die Höchstwerte nach § 35 II zu beachten. 11

12 **3. Kein Regelwert.** Ebenso wenig darf im Rahmen eines pflichtgemäßen Ermessens nach I von einem Regelwert ausgegangen werden. Schon gar nicht darf man im Rahmen von I den Regelwert nach III ansetzen.

13 **4. Ermittlung von Anhaltspunkten.** Das Gericht hat die Amtspflicht, mit aller zumutbaren Sorgfalt auf genügend tatsächliche Anhaltspunkte für eine Schätzung nach I zu **achten.** Es darf und muss dazu auch in gewissem Umfang Ermittlungen anstellen. Es braucht freilich dann keine Ermittlungsarbeit vorzunehmen, wenn die Beteiligten trotz einer Anfrage keinerlei näheren Aufschluss geben, obwohl sie es ersichtlich tun könnten. Andererseits muss das Gericht bei seinen Ermittlungen Art. 2 I, 20 III GG (Rpfleger) Art. 103 I GG (Richter) beachten (vgl. BVerfGE 101, 404 = NJW 2000, 1709). Es muss daher einem Beteiligten eine Gelegenheit zur Äußerung geben, bevor es nach I eine von seinen Angaben erheblich abweichende Schätzung vornimmt.

14 Im Hinblick darauf ist I **mit** dem **GG vereinbar** (BayObLG DB 1983, 2622).

5. „ABC" zur Frage eines Ermessens (I)

15 **Abtretung** der Rechte aus notariellen Verkaufsangeboten: Maßgeblich ist der wirtschaftliche Wert der abgetretenen Rechtsposition. Dieser entspricht in der Regel dem vereinbarten Kaufpreis (BayObLG MittBayNot 1995, 245 zum alten Recht).

Abwesenheitspflegschaft: Maßgeblich ist das wirtschaftliche Interesse (BayObLG FamRZ 2000, 971).

Änderung eines Rechts: S. bei den Rechtsarten.

Aktienrecht: Vgl. zum Verfahren nach dem Spruchverfahrensgesetz siehe § 74.

Anwartschaft: I ist anwendbar (LG München II MittBayNot 1984, 48; Mümmler JurBüro 1987, 200, jeweils zum alten Recht). Wird die Rechtsstellung eines Kaufinteressenten aus einem Optionsvertrag über ein bebautes Grundstück nebst bindendem Verkaufsangebot der Eigentümer übertragen, so bestimmt sich der Geschäftswert für die Beurkundung dieser Übertragung nach dem wirtschaftlichen Wert der abgetretenen Rechtsposition. Maßgeblich für diesen Wert ist in der Regel der Kaufpreis, den der Bewerber an den Zedenten zu zahlen hat. Der Grundstückswert ist demgegenüber nicht entscheidend (OLG Schleswig JurBüro 1986, 82 zum alten Recht). Bei einer Nacherbenanwartschaft ist das Ob und Wann und eine Übertragbarkeit mitzubeachten, evtl. auch III (LG München II MittBayNot 1984, 48 zum alten Recht).

Auflassungsvormerkung: Bei der Löschung einer Auflassungsvormerkung ist der Wert maßgeblich, insbesondere der Kaufpreis des betroffenen Grundstücks (BayObLG DB 1985, 334 zum alten Recht).

Baubetreuung: Maßgebend sind in der Regel die Gesamtaufwendungen des Bauherrn für die Baubetreuung, als insbesondere das Honorar des Baubetreuers (OLG Düsseldorf JurBüro 1982, 433 zum alten Recht).

Bauverpflichtung: Maßgeblich ist § 50 Nr. 3a, b.

Beitritt: Maßgebend ist dasjenige Geschäft, zu dem der Beitritt erfolgt.

Belastungsverbot: Maßgeblich ist § 50 Nr. 1.

Benutzungsregelung: Ist nach I, evtl. III gesondert zu bewerten (Mümmler JurBüro 1983, 202).

Bürgschaft: Eine Bürgschaftsübernahme ist nach I hinzurechnen (OLG Köln FGPrax 2000, 126). Deren Wert bestimmt sich nach § 53 II.

Dienstbarkeit: Der Geschäftswert für die Bestellung einer persönlichen Dienstbarkeit bestimmt sich nach dem Interesse des von der Dienstbarkeit Begünstigten an der Einräumung und Ausnutzung des Rechts. (OLG Oldenburg JurBüro 1997, 485 zum alten Recht).

Dingliche Mitberechtigung: Es können 10 % des Grundstückswerts angemessen sein (KG Rpfleger 2008, 161 zum alten Recht).

Enteignung: Der Wert eines Rückübertragungsanspruchs im Verfahren nach § 3 VermG ist nach I ermitteln (BayObLG FamRZ 1996, 189 zum alten Recht).

Erbbaurecht: Siehe zunächst § 49 II.

– **(Bodenwert):** Er ist auch für den Wert des Erbbaurechts mitzubeachten.

– **(Stillhalteerklärung):** Eine solche des Eigentümers für den Fall einer Zwangsvollstreckung unterfällt dem III (OLG Hamm MittBayNot 1997, 253 zum alten Recht).
– **(Verkauf):** Bei der Zustimmung des Eigentümers zur Veräußerung des Erbbaurechts ist das Interesse des Eigentümers an diesem Vorgang maßgeblich. Es beträgt oft den Kaufpreis (BayObLG AnwBl 1983, 29 zum alten Recht)
– **(Vorkaufsrecht):** Bei der Bestellung des Erbbaurechts ist der Wert eines Vorkaufsrechts des Eigentümers und der Wert des Erbbauzinses zusammenzurechnen. Es gilt I. Ein Vorkaufsrecht kann 10–20 % des Gesamtwerts betragen (KG FGPrax 1999, 72 zum alten Recht).
– **(Wertsicherung):** Bei einer Wertsicherungsklausel für einen Erbbauzins ist die vermutliche Veränderung der Bezugsgrößen im Kapitalisierungszeitraum zu berücksichtigen.
– **(Zwangsvollstreckung):** → „– (Stillhalteerklärung)".

Erbschaft: Auch hier besteht ein freies, aber pflichtgemäßes Ermessen (BayObLG FamRZ 2004, 1309 zum alten Recht). Man kann das wirtschaftliche Interesse des Antragstellers und dabei oft seinen Anteil am Reinnachlass ansetzen (BayObLG FamRZ 2004, 1309). Beim Erb- oder Pflichtteilsverzicht geht man von I aus. Auch → „Testamentsvollstreckung":

Erschließungskosten: Bei ihrer Vorauszahlung kann nach I 20 % des Betrags nach I zum Wert des § 47 hinzugerechnet werden (BayObLG JurBüro 1998, 489 zum alten Recht).

Firma: Ihre Änderung lässt sich nach I berechnen. Es können zB 50 % des Grundstückwerts angemessen sein (BayObLG JurBüro 1999, 641; OLG Köln Rpfleger 2003, 47: 20 % bis 50 % zum alten Recht). Auch → „Unterschrift".

Forderung: Bei Zweifeln an der Vollstreckbarkeit kann vom Nennwert ein angemessener Abschlag vorgenommen werden.

Genehmigung: Maßgebend ist dasjenige Geschäft, zu dem die Genehmigung erfolgt (OLG München FamRZ 2009, 1861: 50 % des Kaufpreises, zum alten Recht).

Geschäftsanteil: Maßgeblich ist § 54.

Gesellschaft: → „Geschäftsanteil".

Grundlagenurkunde: Es gilt das wirtschaftliche Interesse des Bauträgers an der Errichtung der Urkunde und dem Haftungsrisiko des Notars (OLG Hamm DNotZ 1995, 781; KG DNotZ 1994, 707 (20 % des Projekts), zum alten Recht).

Grundschuld: Die Umwandlung einer Grundschuld in eine Hypothek ist nach dem vollen Wert zu bewerten. Denn erst jetzt entsteht eine Forderung.

Grundstücksverfügung: Bei einer Verfügung über ein Grundstück wie zB bei der Abschreibung eines Flurstücks ist stets § 47 zu beachten. Seine Werte stellen die Obergrenze dar.

Höfeordnung: Eine Erklärung nach § 4 I HöfeVfO fällt unter § 36 I (OLG Hamm FamRZ 2017, 648: 20 % des Verkehrswertes; OLG Köln FamRZ 2016, 1699: doppelter Einheitswert), und bei einer Unterschriftsbeglaubigung unter § 97 (LG Flensburg JurBüro 1985, 919 zum alten Recht). Die Löschung des Hofvermerks lässt sich mit einem Teil des Verkehrswerts ansetzen (OLG Schleswig JurBüro 1985, 116 zum alten Recht).

Hypothek: Bei der Änderung der Zahlungsbedingungen einer Hypothek nebst einer neuen Unterwerfung unter die „sofortige" Zwangsvollstreckung ist der Wert der Beurkundung nach der Bedeutung der Erklärung zu schätzen. Die Unterwerfung kann eine gebührenfreie Nebenerklärung sein. Auch → „Umwandlung".

Identitätserklärung: Die Erklärung zur Lagebezeichnung lässt sich nach I mit 10 % des Werts ansetzen (OLG Düsseldorf DNotZ 1980, 188; zum alten Recht).

Investitionsverpflichtung: Ist gesondert anzusetzen (KG JurBüro 1995, 212 zum alten Recht) und kann mit 20 % der Investitionssumme bewertet werden (OLG Schleswig DNotZ 1994, 725 43858 zum alten Recht).

Kaufpreisüberwachung: I ist anwendbar. Man kann je nach dem Umständen 20–30 % des Preises ansetzen (OLG Düsseldorf JurBüro 2009, 204; KG DNotZ 1981, 204; LG Hannover JurBüro 2006,; strenger OLG Hamm FGPrax 2012, 222 jeweils zum alten Recht).

Kreditbeschaffung: I ist anwendbar.

Langfristiger Vertrag: Bei einem langfristigen Vertrag (zB Getränkelieferungsvertrag) sind die Dauer und das Maß der Ungewissheit der Lieferung usw maßgeblich (OLG Stuttgart DNotZ 1977, 56; LG Koblenz NJW-RR 1996, 64. jeweils zum alten Recht.

Löschung: Meist ist ein Bruchteil des Werts des Rechts angemessen (BayObLG NJW-RR 2002, 432 zum alten Recht).

Mediation: I ist anwendbar. Maßgeblich ist meist ein Teil des Verfahrensgegenstands, evtl. aber auch der ganze Gegenstand.

Namensberichtigung: Es können 10 % des Werts des betroffenen Grundstücks anzusetzen sein (OLG Köln FGPrax 2002, 270, auch 50 % des Grundstückswerts, BayObLG JurBüro 1999, 641 = NJW-RR 2000, 365, jeweils zum alten Recht).

Nichtvalutierung: Ihre Erklärung mag 20–40 % des Nennbetrags wert sein.

Öffentliche Sache: I ist bei ihr anwendbar.

Option: → „Anwartschaft".

Rangbestätigung: Maßgeblich ist (jetzt) § 122 (Tiedtke DNotZ 2017, 390).

Rangvorbehalt: Bei einem Rangvorbehalt ist zumindest mit zu berücksichtigen, ob und wann man ihn ausnutzen will und kann (OLG Düsseldorf Rpfleger 1978, 466 zum alten Recht).

Rechtsänderung: Bei der Änderung eines bestehenden Rechts kommt es mangels eines dafür bestimmten Geldwerts auf die Abwägung der Umstände an.

Rückkaufrecht: Bei einer geringen Wahrscheinlichkeit können 20–30 % des voraussichtlichen Rückkaufpreises reichen (OLG Zweibrücken FGPrax 1999, 77zum alten Recht).

Schiedsabrede: I ist bei ihr anwendbar, oft mit ca. 10 % des Geschäfts. Hilfsweise ist III anwendbar. Obergrenze ist stets der Wert des Geschäfts.

Schiffsunfall: Expertenkosten für Schadenstaxen bei einem **Binnenschiffsunfall** sind geschäftswerterhöhend zu berücksichtigen (Schiffahrtsgericht Mannheim BinSchiff 2021, Nr. 4, 64).

Testamentsvollstreckung: Es kommt auf das Interesse an (BayObLG FamRZ 2004, 1304 zum alten Recht, meist ca. 10 % des Aktivnachlasses, bei Dauervollstreckung auch 20 %; evtl. Pflichtteil als Anhaltspunkt).

Umwandlung: Die Umwandlung einer Grundschuld in eine Hypothek ist nach dem vollen Wert bewertbar. Denn erst jetzt entsteht eine Forderung. Bei der Umwandlung mehrerer Verkehrshypotheken in eine einheitliche Sicherungshypothek sind etwa 25 % angemessen. Oft kommt 25 % des Verkehrswerts infrage (OLG Nürnberg MDR 2016, 488 (Fallfrage)).

Unterschrift: Bei der Beglaubigung einer Firmen- oder Unterschriftszeichnung kommt die Unternehmensgröße und daher der Einheitswert des Betriebsvermögens in Betracht (BayObLG DB 1983, 2622 zum alten Recht).

Unterwerfung: → „Hypothek".

Veräußerungspflicht: Als Ausgangswerte dienen der angestrebte Preis und der Mindesterlös (OLG Celle JurBüro 2002, 261 zum alten Recht).

Veräußerungsverbot: Es können 10 % des Kaufpreises angemessen sein (BayObLG FGPrax 1999, 79 zum alten Recht).

Verfügungsbeschränkung: Bei einer Verfügungsbeschränkung wegen eines zum Deckungsstock gehörenden Grundstücks ist das Interesse an der gesetzlichen Beschränkung und ihrer Dauer zu berücksichtigen (BayObLG JurBüro 2000, 487 zum alten Recht). Auch → „Erbbaurecht", → „Wohnungseigentum".

Verklarung: Maßgebend ist die Summe der vermögensrechtlichen Interessen im Verfahren (OLG Karlsruhe JurBüro 1993, 433; OLG Köln JurBüro 2000, 252, jeweils zum alten Recht).

Verzicht: Beim Verzicht auf ein Rücktrittsrecht kann I angewandt und evtl. nur 20 % des Grundstückswerts angesetzt werden (OLG Zweibrücken FGPrax 2000, 43 zum alten Recht).

Vollmacht: Maßgebend ist dasjenige Geschäft, zu dem die Vollmacht erfolgt.

Vorkaufsrecht: Bei seiner Löschung lässt sich der Wert einer Beschwerde gegen eine Zwischenverfügung mit 10 % des Gegenstandswerts ansetzen (BayObLG JurBüro 1997, 605 zum alten Recht).

Vorsorgevollmacht: Maßgebend ist § 98 I (bei Spezialvollmacht) oder § 98 III 2.

Wertsicherungsklausel: Bei einer Wertsicherungsklausel zB für einen Erbbauzins muss man die vermutliche Veränderung der Bezugsgrößen im Kapitalisierungszeitraum berücksichtigen (aA OLG Düsseldorf VersR 1982, 1076 zum alten Recht).

Wohnungsbesetzungsrecht: Es ist mit dem Betrag des dazu gegebenen Zuschusses bewertbar (OLG Oldenburg JurBüro 1995, 97 zum alten Rechtg; aA OLG Oldenburg Rpfleger 1994, 273 (III)).

Wohnungseigentum: Bei der Zustimmung eines Wohnungseigentümers oder des Verwalters zur Veräußerung des Wohnungseigentums durch einen anderen Wohnungseigentümer nach § 12 WEG ist das Interesse des Zustimmenden an derjenigen Verfügungsbeschränkung maßgeblich, die er aufgibt (OLG Hamm DNotZ 1980, 773 zum alten Recht). Bei der Anfechtung eines Beschlusses der Versammlung der Wohnungseigentümer können 10 % des Werts des von der Entziehung bedrohten Miteigentums angemessen sein (AG Hildesheim ZMR 1987, 346 zum alten Recht).

Beim Vollzug einer **Teilungserklärung** nach § 8 WEG kann die Hälfte des Grundstückswerts abzüglich 20 % in Betracht kommen (BayObLG JurBüro 1997, 209 zum alten Recht). Beim Amtswiderspruch gegen die Begründung eines neuen Eigentumsrechts kann man im Rechtsbeschwerdeverfahren von I ausgehend frei nach dem wirtschaftlichen Interesse der Beteiligten schätzen (BayObLG NZM 2003, 402 zum alten Recht).

Unanwendbar ist I bei der Bestellung des Verwalters. Dann gilt II (BGH NZM 2009, 86 zum alten Recht).

Auch → „Verfügungsbeschränkung".

Zwangsversteigerung: Bei einer Zuschlagsbeschwerde können zwar mehrere Faktoren den Wert bestimmen, die jede zu einem anderen Ergebnis führen. Es gibt aber regelmäßig doch Anhaltspunkte für eine Ermessensentscheidung.

Zwischenverfügung: Maßgeblich ist die Schwierigkeit bei der Behebung der Hindernisse (BayObLG NJW-RR 2002, 432 zum alten Recht). Wegen einer Löschung → „Löschung".

VI. Nichtvermögensrechtliche Angelegenheit (II). Auch dieses Anwendungsgebiet ist sehr groß. Zum Begriff → Rn. 5. 16

1. Anwendungsbereich. II enthält einen Grundsatz für alle nichtvermögensrechtlichen Angelegenheiten. 17

Beim **Zusammentreffen** von verschiedenen Gegenständen bei einer vermögensrechtlichen und nichtvermögensrechtlichen Angelegenheit sind zunächst die Werte gesondert zu bestimmen und sodann zusammenzurechnen. Soweit derselbe Gegenstand vorliegt, entscheidet der vorherrschende Charakter der Angelegenheit. 18

2. „ABC" zur Frage einer nichtvermögensrechtlichen Angelegenheit (II)

Adoption: § 42 II FamGKG ist insofern einschlägig, siehe dort. 19

Bauverpflichtung: → „Bauverpflichtung".

Beschäftigungsverpflichtung: Eine nichtvermögensrechtliche Angelegenheit liegt vor, soweit es um eine Verpflichtung zur Beschäftigung Dritter geht (KG DB 1994, 316 zum alten Recht).

Betreuungsverfügung: Maßgeblich ist III (OLG Oldenburg JurBüro 2005, 549 zum alten Recht).

Einbenennung: § 42 II FamGKG ist insoweit einschlägig (vgl. OLG Dresden BeckRS FamRZ 2011, 1810 = 2011, 26522).

Familienrecht: Insoweit ist das FamGKG einschlägig.

Feuerbestattung: II ist auf sie anwendbar.

Firmenname: Keine nichtvermögensrechtliche Angelegenheit liegt vor, soweit es um die Änderung eines Firmennamens geht. Denn die Firma hat einen Vermögenswert.

Gewaltschutzgesetz: Einschlägig ist § 49 FamGKG, siehe dort.

Identitätsbescheinigung: II kann auf sie anwendbar sein.

Insolvenzverfahren: III gilt bei der Bestellung eines Abschlussprüfers (OLG Zweibrücken JurBüro 2007, 34 zum alten Recht).

Investitionsverpflichtung: Eine nichtvermögensrechtliche Angelegenheit liegt vor, soweit es um eine Verpflichtung zur Vornahme einer Investition geht (OLG Hamm DNotZ 1995, 784; KG DB 1994, 316 jeweils zum alten Recht).

Kirchenaustritt: II ist auf ihn anwendbar.

Legitimation: II ist auf sie anwendbar.

Name: Eine nichtvermögensrechtliche Angelegenheit liegt vor, soweit es um die Erteilung oder um die Änderung eines Namens geht. Im Anwendungsbereich des FamFG ist allerdings das FamGKG (§ 42 II) einschlägig. Soweit die Namensänderung auch vermögensrechtliche Folgen hat, ist auch III anwendbar (BayObLG MittBayNot 2000, 133 = NJW-RR 2000, 365 zum alten Recht). Auch → „Firmenname".

Patientenverfügung: II ist anwendbar (OLG Hamm FGPrax 2017, 237; LG Arnsberg NJW-RR 2005, 942 zum alten Recht). Siehe auch OLG Hamm FamRZ 2014, 152 zum alten Recht (Regelwert).

Personenstand: II ist auf seine Anerkennung anwendbar.

Sorgerecht: Vgl. § 45 FamGKG. **Umgangsrecht:** Vgl. § 45 FamGKG **Vaterschaftsanerkennung:** Vgl. § 47 FamGKG.

Veräußerungsverbot: Eine nichtvermögensrechtliche Angelegenheit kann vorliegen, soweit es um eine Verpflichtung geht, keine wesentlichen Betriebsgrundlagen zu veräußern (KG DB 1994, 316).

20 **VII. Wert (II).** Es gibt zwei Aspekte.

21 **1. Berücksichtigung aller Umstände.** Bei einer Bewertung nach II können alle auch bei I möglichen und alle in II genannten Faktoren zu beachten sein: Der Grad des Interesses; der Umfang des Vermögens und die sonstigen wirtschaftlichen Verhältnisse der Beteiligten (OLG Hamm FGPrax 2017, 236; 237; LG Darmstadt FamRZ 2008, 1877 zum alten Recht); die persönlichen Verhältnisse der Beteiligten (OLG München AnwBl 1996, 112 zum alten Recht).

22 **2. Höchstwert: 1 Million EUR.** Anders als bei I gilt dieser Höchstwert. Er bleibt für ein Zusammentreffen nach → Rn. 18 für den unter II fallenden Teil bestehen.

23 **VIII. Keine genügenden Anhaltspunkte (III).** Auch hier sind zwei Hauptgesichtspunkte zu beachten.

24 **1. Grundsatz: Hilfsfunktion.** III ist grundsätzlich nur anwendbar, soweit I, II nicht zu einem Geschäftswert führen.

25 **2. Begriff des Anhaltspunkts usw.** III setzt voraus, dass keine „genügenden Anhaltspunkte" für eine andere Wertschätzung vorliegen (BayObLGZ 1988, 248 zum alten Recht). Ein Anhaltspunkt ist weniger als eine Wahrscheinlichkeit oder gar eine Gewissheit. Er ist andererseits mehr als eine nur theoretische Möglichkeit. Ein Anhaltspunkt liegt also jedenfalls dann vor, wenn die Sache bei einer vernünftigen Betrachtung als durchaus möglich erscheint, mag sie auch nicht gerade wahrscheinlich sein. Eine annähernde Schätzungsmöglichkeit macht I, II anwendbar. Erst auch ihre Unmöglichkeit macht III anwendbar.

26 Es kann (jetzt) ein tatsächlicher oder rechtlicher Anhaltspunkt fehlen. Es kommt also darauf an, ob sich der Grad der Möglichkeit oder Wahrscheinlichkeit auf Grund von Tatsachen oder rechtlichen Erwägungen festlegen lässt.

27 Der Anhaltspunkt **darf nicht „genügend" sein.** Mit diesem Ausdruck wiederholt III im Grunde den Begriff „Anhaltspunkt" (BayObLGZ 1988, 248 zum alten Recht). Immerhin wird deutlich, dass eine Einordnung nach III schon dann in Betracht kommt, wenn zwar gewisse tatsächliche Ansatzmöglichkeiten für einen nach I oder II bestimmbaren Wert vorliegen, wenn diese Faktoren aber eben nicht als genügend erscheinen, um eine Schätzung nach I oder II vorzunehmen (BayObLG DB 1983, 2622 zum alten Recht).

28 Freilich **fließen die Grenzen** in diesem Bereich zwischen I, II einerseits und III andererseits. Im Zweifel haben nach → Rn. 1 allerdings I, II den Vorrang vor III.

3. „ABC" zur Frage des Fehlens genügender Anhaltspunkte (III)

29 **Aktienrecht:** III ist anwendbar, soweit es um eine Ergänzung des Aufsichtsrats nach § 104 II, III AktG geht (BayObLG FGPrax 2000, 129 zum alten Recht) oder um die Gründungsprüfung oder um eine Verlängerung einer Bilanzierungspflicht.

Auskunft: III ist anwendbar, soweit es um ein Verfahren zur Erzwingung einer Auskunft nach § 51b GmbHG geht (BayObLG BB 2000, 1155 zum alten Recht).
Betreuungsverfahren: III ist anwendbar (LG Frankfurt (Oder) FamRZ 2015, 786).
Information: → „Auskunft".
Nacherbe: Maßgeblich ist das Interesse an der Nichteintragung eines Nacherbenvermerks (BayObLG JurBüro 1991, 1668 zum alten Recht: Dort ca. 60.000 EUR).
Patientenverfügung: III ist anwendbar (OLG Hamm JurBüro 2006, 266 zum alten Recht).
Register: Im Löschungsverfahren nach § 395 FamFG kommt ein Bruchteil des Unternehmenswerts infrage (OLG München FGPrax 2005, 229, zum alten Recht).
Schiedsvereinbarung: III kann bei ihr anwendbar sein.
Testamentsvollstrecker: § 65 ist zu beachten.
Vereinsregister: III ist grds. anwendbar. Freilich ist dessen Ausgangswert wegen der außerordentlichen Unterschiede in den Zwecken, Betätigungsarten und Größenverhältnissen von Vereinen wohl nur selten brauchbar. Er kommt am ehesten beim mittleren Idealverein infrage, am wenigsten beim großen wirtschaftlichen Verein. Man kann nicht von einem Prozentsatz des Vereinsvermögens ausgehen (BayObLG Rpfleger 1979, 398 = BayObLGZ 1979, 223 zum alten Recht).
Verwaltungsakt: III ist anwendbar bei § 23 EGGVG (OLG Celle JurBüro 2014, 85).
Verwaltungsorgan: III kann bei seiner Bestellung oder Abberufung anwendbar sein.
Wohnungsbesetzungsrecht: III kann anwendbar sein (OLG München FGPrax 2007, 295 zum alten Recht).
Wohnungseigentum: III ist anwendbar, soweit es um das Protokoll einer Eigentümerversammlung geht (OLG Düsseldorf AnwBl 1993, 41 zum alten Recht).
Zulassung: In einer Anwaltszulassungssache ist der Regelwert im Allgemeinen zu überschreiten. Die Art und den Umfang der vom Bewerber erstrebten Praxis ist berücksichtigen. Dasselbe gilt bei einer Notarzulassungssache.
Zuständigkeit: III ist anwendbar, soweit es sich um einen Streit über die Zuständigkeit handelt. Das Interesse entscheidet.
Zweifelhafte Forderung: III ist anwendbar, soweit es um eine ungesicherte, zweifelhafte Forderung geht.
Zwischenverfügung: III ist grundsätzlich anwendbar, soweit es um eine Zwischenverfügung geht, etwa vor der Ersteintragung einer GmbH (BayObLGZ 1988, 248 zum alten Recht).

IX. Wert (III). Die Vorschrift gilt auch bei einer Rechtsbeschwerde (BGH WM 2010, 2328 zum alten Recht). Im Rahmen einer Schätzung nach III sind die folgenden Grundsätze in der folgenden Reihenfolge zu beachten. 30

1. Regelwert. Man darf und muss von 5.000 EUR ausgehen, sobald sich herausstellt, dass keine genügenden tatsächlichen Anhaltspunkte für eine Schätzung nach I, II feststehen, (je zum alten Recht OLG Frankfurt NJW-RR 2015, 958; OLG München FGPrax 2005, 229). Es gibt nicht (mehr) ausdrücklich die Möglichkeit, den Wert niedriger oder höher als 5.000 EUR festzusetzen. Man muss aber von 5.000 EUR „ausgehen". 31

Das bedeutet also **nicht,** dass man im Rahmen von III zunächst eine **vom Regelwert unabhängige Schätzung** versuchen müsste. Sie ist ja gerade grundsätzlich kaum möglich. Andernfalls wäre überhaupt nicht III, sondern I, II anzuwenden. 32

Daraus folgt: Das Gericht braucht beim Fehlen genügender Anhaltspunkte für einen anderen Wert vor dem Ansatz des Regelwerts von (jetzt) 5.000 EUR keine weiteren Nachforschungen anzustellen (OLG Hamm FamRZ 2001, 1473 zum alten Recht). Es braucht von diesem Regelwert nur dann abzuweichen, wenn die Umstände bereits erkennen lassen, dass dieser Wert unangemessen hoch oder niedrig ist (OLG Karlsruhe FamRZ 2004, 1304; OLG Zweibrücken FamRZ 2008, 1879, jeweils zum alten Recht). In diesem letzteren Zusammenhang muss das Gericht allerdings alle ihm bekannten Umstände tatsächlicher und rechtlicher Art sorgfältig berücksichtigen 33

(OLG Düsseldorf FGPrax 2013, 37 zum alten Recht). Es darf auch die wirtschaftliche Bedeutung beachten (BGH NZM 2009, 86; OLG Düsseldorf FGPrax 2013, 37, jeweils zum alten Recht). Vor einer Abweichung von dem Regelwert ist dem davon evtl. Benachteiligten nach Art. 2 I, 20 III GG (Rpfleger) (BVerfGE 101, 404 = NJW 2000, 1709), Art. 103 I GG (Richter) das rechtliche Gehör zu geben.

34 **2. Abweichender Wert.** Soweit sich nach den Gesichtspunkten die Notwendigkeit ergibt, den Wert vom Regelwert abweichend anzunehmen, darf und muss das Gericht diese Abweichung vornehmen. Es muss auch insofern die Bedeutung der Sache beachten (BayObLG FamRZ 2004, 1303; OLG Karlsruhe FamRZ 2004, 1304 LG München I AnwBl 1983, 31, jeweils zum alten Recht), zB das Interesse der Beteiligten (BayObLG DB 1993, 2020 (zu § 132 V 6 AktG); OLG Karlsruhe FamRZ 2004, 1304, jeweils zum alten Recht), und ihre Vermögenslage (BayObLG FamRZ 2004, 1303; OLG Brandenburg FamRZ 2000, 968; OLG Karlsruhe FamRZ 2004, 1304, jeweils zum alten Recht). Das Gericht muss überhaupt alle streiterheblichen Umstände berücksichtigen (OLG Karlsruhe FamRZ 2004, 1304; OLG München FGPrax 2007, 295, Grundstückswert, jeweils zum alten Recht).

35 **3. Niedrigerer Wert.** Nur im Rahmen einer vom Regelwert des III abweichenden, aber auch nicht nach I, II, sondern nach III erfolgenden Bewertung ist niedrigerer Wert zu beachten. Insofern gelten die vorstehenden dargestellten Gesichtspunkte, also beispielsweise eine offensichtliche geringe wirtschaftliche Bedeutung.

36 **X. Notargebühren (IV).** Sie können sich nach den für Notare geltenden Vorschriften bestimmen, also nach §§ 85 ff. Dann ist der Wert nach §§ 95 ff. zu errechnen **(IV 1).** Sie können sich auch nach den für das Gericht geltenden Vorschriften bestimmen, also nach §§ 55 ff. Dann ist der Wert nach §§ 59 ff. zu errechnen **(IV 2).**

37 **XI. Verstoß (I–IV).** Es gelten §§ 127 ff.

Früchte, Nutzungen, Zinsen, Vertragsstrafen, sonstige Nebengegenstände und Kosten

37 **I Sind außer dem Hauptgegenstand des Verfahrens auch Früchte, Nutzungen, Zinsen, Vertragsstrafen, sonstige Nebengegenstände oder Kosten betroffen, wird deren Wert nicht berücksichtigt.**

II Soweit Früchte, Nutzungen, Zinsen, Vertragsstrafen, sonstige Nebengegenstände oder Kosten ohne den Hauptgegenstand betroffen sind, ist deren Wert maßgebend, soweit er den Wert des Hauptgegenstands nicht übersteigt.

III Sind die Kosten des Verfahrens ohne den Hauptgegenstand betroffen, ist der Betrag der Kosten maßgebend, soweit er den Wert des Hauptgegenstands nicht übersteigt.

1 **I. Systematik, Normzweck (I–III).** Die Vorschrift stimmt mit § 43 GKG sprachlich weitgehend und inhaltlich ganz überein, daher → GKG § 43 Rn. 1 ff. Die Anknüpfung an den Hauptgegenstand dient wie der vergleichbare § 4 I 2 ZPO der Vereinfachung. Demgemäß großzügig zu Gunsten des Schuldners darf man § 37 nach § 1 I handhaben.

2 **II. Hauptgegenstand (I–III).** Einem Grundsatz stehen einige Ausnahmen gegenüber.

3 **1. Grundsatz: Nur Hauptwert (I).** Der Geschäftswert richtet sich grundsätzlich allein nach dem Hauptgegenstand einschließlich seiner nach §§ 93 ff. BGB wesentlichen Bestandteile und des Zubehörs nach § 97 BGB. Nebengegenstände bleiben unbeachtet. Das gilt zB bei Sach- und Rechtsfrüchten, Nutzungen nach § 100 BGB, Zinsen, auch bei einer Enteignung (OLG Zweibrücken Rpfleger 1987, 156 zum alten Recht), Nebenleistungen nach § 1115 BGB, einer Vertragsstrafe, Kosten, einer Gerichtsstandsvereinbarung, Verwaltungskosten oder Steueranteilen. Sie bleiben auch insoweit unberücksichtigt, als aus ihnen Zahlungsrückstände entstanden sind. Das gilt vor allem auch für die Nebenleistung des Hypothekenschuldners. Das gilt selbst dann, wenn die Nebengegenstände den Wert des Hauptgegenstands übertreffen. Freilich

kann ein Nebengegenstand zum Hauptgegenstand werden, soweit es nur schon oder noch um ihn geht, etwa bei einer Schiedsvereinbarung nach § 1029 ZPO oder bei einer Vertragsstrafe.

2. Ausnahmen (II, III). Soweit nur eine Nebenleistung der Gegenstand eines besonderen Verfahrens ist und insoweit zum Hauptgegenstand wird, sind sie besonders zu berechnen. **Beispiel:** Das Verfahren bezieht sich nur auf bisherige Nebenleistungen; es geht um eine Schiedsvereinbarung nach § 1029 ZPO oder um eine Vertragsstrafe; es ändert etwa einen vereinbarten Zinssatz oder es wandelt Zinsen in eine weitere Hauptforderung um oder es betrifft eine selbständige Schiedsvereinbarung. Es ist nach den Umständen zu entscheiden, ob Steuern Haupt- oder Nebengegenstand sind. Die Umsatzsteuer kann zum Hauptgegenstand zählen. Das gilt vor allem dann, wenn der Käufer sie als Vorsteuer abziehen kann (OLG München JurBüro 2006, 324 zum alten Recht). Sie zählt auch dann zum Hauptwert, wenn der Käufer sie nach § 13b UStG schuldet (NJW-RR 2011, 591; aA OLG Celle NJW-RR 2006, 71, jeweils zum alten Recht). 4

3. Obergrenze: Hauptwert (II, III). In allen Fällen → Rn. 3 bildet der Wert des Hauptgegenstands die Obergrenze. Ein Nebenwert soll nicht zu höheren Gebühren führen als der Hauptwert. 5

Belastung mit Verbindlichkeiten

38 **[1]Verbindlichkeiten, die auf einer Sache oder auf einem Recht lasten, werden bei Ermittlung des Geschäftswerts nicht abgezogen, sofern nichts anderes bestimmt ist. [2]Dies gilt auch für Verbindlichkeiten eines Nachlasses, einer sonstigen Vermögensmasse und im Fall einer Beteiligung an einer Personengesellschaft auch für deren Verbindlichkeiten.**

I. Systematik, Normzweck (S. 1, 2). Die Vorschrift erweitert den früheren § 18 III KostO. 1

II. Verbindlichkeit (S. 1, 2). Auch hier gibt es einen Grundsatz mit Ausnahmen. 2

1. Grundsatz: Kein Abzug. Die Vorschrift verstößt trotz ihrer von den wirtschaftlichen Bewertungen abweichenden Kostenfolgen nicht gegen das GG (BVerfG NJW 2012, 2947 zum alten Recht). Alle schuldrechtlichen und sachenrechtlichen Lasten, die auf dem Gegenstand des Geschäfts ruhen, bleiben grundsätzlich bei der Ermittlung des Geschäftswerts unbeachtet (BayObLG DNotZ 1991, 400 zum alten Recht, 401; OLG Frankfurt NZM 2017, 616, zu § 36 FamGKG). Das gilt auch dann, wenn ein Nachlass oder eine sonstige Vermögensmasse den Gegenstand des Geschäfts darstellt. Es findet also kein Abzug einer Hypothek, eines Nießbrauchs, einer Reallast, eines Pfandrechts, einer Grundschuld, einer Rentenschuld, eines Wiederkaufsrechts statt (BayObLGZ 1995, 59 zum alten Recht), auch nicht einer Konzernpflicht (BayObLG Rpfleger 1975, 268 zum alten Reht). Bei der Ermittlung des Geschäftswerts für die Beurkundung eines Grundstückskaufvertrags über ein bewohntes Privatgrundstück, mindern künftige Abrisskosten für ein Gebäude, die dem Käufer möglicherweise entstehen, nicht den Verkehrswert (OLG Jena NotBZ 2021, 182). Das alles gilt zB auch für einen Nachlassteil und bei einem nach dem früheren DDR-Recht begründeten Nutzungsrecht (KG Rpfleger 1996, 480 zum alten Recht). Allerdings sind öffentliche Lasten, Grunddienstbarkeiten und Erbbaurechte abzuziehen. Denn abzugsfähig sind solche Rechte, die nach der Verkehrsanschauung den Wert des Gegenstandes selbst mindern, weil sie vom Eigentümer nicht einseitig abgelöst werden können (KG Rpfleger 2009, 533 zum alten Recht). Dem Wortlaut des § 38 lässt sich ferner nicht entnehmen, dass Verbindlichkeiten einer Gesellschaft bei der Ermittlung des Geschäftswerts nicht abgezogen werden dürfen. Das Abzugsverbot git deshalb nicht beim Verkauf eines Anteils einer KG (BGH NJW 2010, 2219 zum alten Recht). § 38 schließt es schließlich nicht aus, dass in bestimmten Fällen **Verbindlichkeiten geschäftswerterhöhend** zu berücksichtigen sein können (LG Münster BeckRS 2020, 19036). 3

2. Ausnahmen. Von dem vorgenannten Grundsatz gelten Ausnahmen. Dabei ist grundsätzlich der gemeine Wert der Verbindlichkeit maßgebend, solange die Parteien 4 keinen höheren vereinbarten. Bei einer Geldforderung ist natürlich ihr Nennwert am Fälligkeitstag in EUR direkt oder umgerechnet maßgeblich. Beim Grundstück muss man § 46 III beachten. Eine Bedingung ist grundsätzlich unbeachtlich.

5 **3. Weiteres Verfahren.** § 38 gilt auch bei einer Umwandlung, und zwar trotz des amtlichen Vorspruchs des UmwG. Dann ist der Beschluss in einzelne Teile mit einem bestimmten und mit einem unbestimmten Geldwert zu zerlegen. Der Vermögensübertragungsbeschluss hat einen bestimmten Geldwert in Höhe der übertragenen Aktiven ohne Schuldenabzug.

6 Ein **Verlustvortrag** dient dem Ausgleich der Bilanz. Er ist daher abzuziehen. Ein Wertberichtigungsposten in einer Bilanz mindert unmittelbar den Wert der Aktiva. Auch ihn muss man also abziehen.

Auskunftspflichten

39 **I [1] Ein Notar, der einen Antrag bei Gericht einreicht, hat dem Gericht den von ihm zugrunde gelegten Geschäftswert hinsichtlich eines jeden Gegenstands mitzuteilen, soweit dieser für die vom Gericht zu erhebenden Gebühren von Bedeutung ist. [2] Auf Ersuchen des Gerichts hat der Notar, der Erklärungen beurkundet hat, die bei Gericht eingereicht worden sind, oder Unterschriften oder Handzeichen unter oder qualifizierte elektronische Signaturen an solchen Erklärungen beglaubigt hat, in entsprechendem Umfang Auskunft zu erteilen.**

II [1] Legt das Gericht seinem Kostenansatz einen von Absatz 1 abweichenden Geschäftswert zugrunde, so ist dieser dem Notar mitzuteilen. [2] Auf Ersuchen des Notars, der Erklärungen beurkundet oder beglaubigt hat, die bei Gericht eingereicht werden, hat das Gericht über die für die Geschäftswertbestimmung maßgeblichen Umstände Auskunft zu erteilen.

1 **I. Systematik, Normzweck (I, II).** Die Vorschrift enthält eine eng auszulegende Sonderregelung. Sie soll verhindern, daß die Kostenberechnung des Notars und diejenige des Gerichts voneinander abweichen. Das Gericht bleibt freilich in seinem Recht und seiner Pflicht zur Wertermittlung vom Notar ebenso unbeeinträchtigt wie umgekehrt.

2 **II. Auskunftspflicht des Notars (I).** Der Notar und jede weitere Urkundsperson muss nach **I 1 Hs. 1** in einer solchen unter das GNotKG fallenden Sache aktiv werden, in der er beim Gericht einen Antrag einreicht. Er muss unaufgefordert und wie bei § 121 I 1 BGB unverzüglich dem Gericht am besten zugleich mit seinem Antrag den von ihm bisher zugrundegelegten Geschäftswert wegen eines jeden zu diesem Antrag gehörenden Gegenstands mitteilen.

3 **Das gilt** nach **I 1 Hs. 2 freilich nur,** soweit dieser Geschäftswert auch für die vom Gericht zu erhebenden Gebühren Bedeutung hat. Ob das so ist, muss der Notar zunächst von sich aus prüfen und dabei einen nicht zu ängstlichen Maßstab anlegen. Natürlich muss er die Mitteilung ergänzen oder nachholen, soweit und sobald ihn das Gericht in **seinem** pflichtgemäßen Ermessen dazu auffordert. Erst Mutwille wäre unbeachtbar.

4 Die Pflicht kann auch gegenüber einer dem Gericht gleichstehenden **Behörde** bestehen, zB gegenüber dem Grundbuchamt. Sie besteht auch, soweit er nur als Vertreter eines Beteiligten oder sogar nur als Bote tätig wird. Der Notar muss auch seine Quellen mitteilen, damit das Gericht sich ein eigenes Urteil über den wahren Wert bilden kann. **I 2** erweitert die Auskunftspflicht auf jede solche Erklärung oder Unterschrift oder Paraphe, die der Notar beurkundet oder beglaubigt hat und die er oder ein Dritter beim Gericht eingereicht hat. Diese letztere Pflicht besteht aber nur auf ein Ersuchen des Gerichts.

5 **III. Mitteilungspflicht des Gerichts (II 1).** Auch das Gericht hat Pflichten. II 1 gibt ihm auf, dem Notar unaufgefordert mitzuteilen, inwieweit es seinem Kostenansatz einen von der Notarberechnung nach I abweichenden Geschäftswert zugrundelegt oder – gelegt hat oder – legen will.

IV. Auskunftspflicht des Gerichts (II 2). Diese Vorschrift schafft (jetzt) eine dem I 2 entsprechende Auskunftspflicht des Gerichts über die zur Bestimmung des Geschäftswerts maßgeblichen Umstände gegenüber dem Notar wegen einer beim Gericht eingereichten solchen Urkunde, die gerade dieser Notar beurkundet oder beglaubigt hat. Wie bei I 2, ist auch bei II 2 freilich ein entsprechendes Ersuchen, hier des Notars, Voraussetzung. 6

V. Rechtsmittel (I, II). Weigert sich das Gericht, dem Notar Auskunft zu erteilen, so stellt dies einen Justizverwaltungsakt dar, so dass § 30a EGGVG als Rechtsbehelf statthaft ist. Bleibt das Gericht untätig, so ist dagegen ein Antrag nach § 30a EGGVG analog gegeben. 7

VI. Dienstaufsichtsbeschwerde, (I, II). Sie bleibt gegen den Notar nach §§ 92 ff. BNotO und beim Gericht wie sonst unberührt möglich. 8

Unterabschnitt 2. Besondere Geschäftswertvorschriften

Erbschein, Europäisches Nachlasszeugnis, Zeugnis über die Fortsetzung der Gütergemeinschaft und Testamentsvollstreckerzeugnis

40 **I 1 Der Geschäftswert für das Verfahren zur**

1. Abnahme der eidesstattlichen Versicherung zur Erlangung eines Erbscheins oder eines Europäischen Nachlasszeugnisses,
2. Erteilung eines Erbscheins oder Ausstellung eines Europäischen Nachlasszeugnisses, soweit dieses die Rechtsstellung und die Rechte der Erben oder Vermächtnisnehmer mit unmittelbarer Berechtigung am Nachlass betrifft,
3. Einziehung oder Kraftloserklärung eines Erbscheins,
4. Änderung oder zum Widerruf eines Europäischen Nachlasszeugnisses, soweit die Rechtsstellung und Rechte der Erben oder Vermächtnisnehmer mit unmittelbarer Berechtigung am Nachlass betroffen sind,

ist der Wert des Nachlasses im Zeitpunkt des Erbfalls. 2 Vom Erblasser herrührende Verbindlichkeiten werden abgezogen. 3 Ist in dem Erbschein lediglich die Hoferbfolge zu bescheinigen, ist Geschäftswert der Wert des Hofs. 4 Abweichend von Satz 2 werden nur die auf dem Hof lastenden Verbindlichkeiten mit Ausnahme der Hypotheken, Grund- und Rentenschulden (§ 15 Absatz 2 der Höfeordnung) abgezogen.

II 1 Beziehen sich die in Absatz 1 genannten Verfahren nur auf das Erbrecht eines Miterben, bestimmt sich der Geschäftswert nach dem Anteil dieses Miterben. 2 Entsprechendes gilt, wenn ein weiterer Miterbe einer bereits beurkundeten eidesstattlichen Versicherung beitritt.

III 1 Erstrecken sich die Wirkungen eines Erbscheins nur auf einen Teil des Nachlasses, bleiben diejenigen Gegenstände, die von der Erbscheinswirkung nicht erfasst werden, bei der Berechnung des Geschäftswerts außer Betracht; Nachlassverbindlichkeiten werden nicht abgezogen. 2 Macht der Kostenschuldner glaubhaft, dass der Geschäftswert nach Absatz 1 niedriger ist, so ist dieser maßgebend. 3 Die Sätze 1 und 2 finden auf die Ausstellung, die Änderung und den Widerruf eines Europäischen Nachlasszeugnisses entsprechende Anwendung.

IV Auf ein Verfahren, das ein Zeugnis über die Fortsetzung der Gütergemeinschaft betrifft, sind die Absätze 1 bis 3 entsprechend anzuwenden; an die Stelle des Nachlasses tritt der halbe Wert des Gesamtguts der fortgesetzten Gütergemeinschaft.

V 1 In einem Verfahren, das ein Zeugnis über die Ernennung eines Testamentsvollstreckers betrifft, beträgt der Geschäftswert 20 Prozent des Nachlasswerts im Zeitpunkt des Erbfalls, wobei Nachlassverbindlichkeiten nicht abgezogen werden; die Absätze 2 und 3 sind entsprechend anzuwenden. 2 Dies gilt entsprechend, soweit die Angabe der Befugnisse des Testaments-

vollstreckers Gegenstand eines Verfahrens wegen eines Europäischen Nachlasszeugnisses ist.

VI Bei der Ermittlung des Werts und der Zusammensetzung des Nachlasses steht § 30 der Abgabenordnung einer Auskunft des Finanzamts nicht entgegen.

Schrifttum: *Sikora,* Notar- und Gerichtskosten im Erbrecht, NJW 2018, 1572 (Üb.).

1 **I. Systematik, Normzweck (I–VI).** Die Vorschrift weicht zur Werthöhe teilweise erheblich vom alten Recht ab. Es bleibt allerdings im Ansatz auch das Bestreben, keine unverhältnismäßig hohen Kosten entstehen zu lassen.

2 **II. Voller Erbschein oder Nachlasszeugnis (I).** Dazu allg. Ostermeier JurBüro 2018, 59. Hier gilt ein einfacher Grundsatz mit Ausnahmen bei einer Hoferbfolge. Die Bewertung erfolgt in allen Fällen nach I 1 Nr. 1–3 gleich.

3 **1. Grundsatz: Nachlasswert (I 1).** Der Schuldner soll nur insoweit Kosten tragen, als ihm auch Vermögen zufließt (OLG Köln MDR 1987, 1036). Sofern keiner der nachfolgend erläuterten Sonderfälle vorliegt, ist als Geschäftswert beim sog. Eigenrechtserbschein nach § 2353 BGB oder einem Europäischen Nachlasszeugnis nach §§ 33 ff. IntErbRVG, dazu auch KV 12216 (Widerruf), KV 12217 (Änderung), KV 12218 (Abschrift), (jetzt nur noch) der Wert des nach dem Abzug der vom Erblasser herrührenden Verbindlichkeiten (vgl. § 1967 II BGB) verbleibenden Nachlassvermögens maßgeblich. Abzustellen ist auf den **Zeitpunkt des Erbfalls** (§ 40 I 1 aE). Geht es allerdings um die Wertfestsetzung für einen Erbschein, der aufgrund des **Eintritts des Nacherbfalls** (§§ 2100 ff. BGB) zu erteilen ist, ist nicht der Zeitpunkt des Erbfalls, sondern der Eintritt des Nacherbfalls entscheidend (OLG Hamm FamRZ 2016, 731 = BeckRS 2015, 14613).

Abzugsfähig sind also nur die sog. **Erblasserschulden** in Abgrenzung zu den sog. **Erballfallschulden** (vgl. OLG Köln FGPrax 2017, 40), und zwar nach dem klaren Wortlaut von I 1 im **Zeitpunkt des Erbfalls.** Der Verzicht des Gesetzgebers auf eine Beschränkung des Geschäftswerts im Erbscheinserteilungsverfahren auf den Wert des mit dem Erbschein verfolgten Verwendungszwecks ist verfassungsrechtlichen nicht zu beanstanden (OLG München NJOZ 2021, 311= BeckRS 2020, 19215). In einem **Beschwerdeverfahren** gegen den Beschluss des Nachlassgerichts, mit dem dieses die Voraussetzungen zur Erteilung eines Erbscheins festgestellt oder den Antrag auf Erteilung eines Erbscheins zurückgewiesen hat, ist gemäß §§ 61 I, 40 I 1 Nr. 1 auf den Wert des Nachlasses im Zeitpunkt des Erbfalls abzustellen. Soll der Erbschein die Erbfolge über den gesamten Nachlass ausweisen, ist der Wert des gesamten Nachlasses unabhängig davon maßgeblich, welchen Anteil davon ein Beschwerdeführer für sich selbst in Anspruch nimmt (strittig; vgl. KG FGPrax 2020, 183 mwN auch zur Gegenauffassung).

4 Der Zeitraum zwischen dem Erbfall und der Erteilung des **Erbscheins usw** bleibt also beim Fortbestand derselben Nachlassgegenstände ohne das Hinzutreten oder den Wegfall von solchen grundsätzlich unerheblich (OLG Düsseldorf FamRZ 1995, 102; OLG Schleswig DNotZ 1994, jeweils zum alten Recht). Eine Bilanz kann zur Bewertung hilfreich sein. Zieht das Nachlassgericht einen Erbschein mit einem Testamentsvollstreckervermerk ohne einen solchen Vermerk ein, bestimmt sich der Wert nach dem vollen ursprünglichen Nachlasswert (BayObLG MDR 1997, 300zum alten Recht). Denn es ist ein ganz neuer Erbschein notwendig.

5 Der Wert eines zum Nachlass gehörenden **Grundstücks** ist nach § 46 ansetzen (BayObLGZ 1975, 244 (248) zum alten Recht). Man muss evtl. eine Schenkung zu Lebzeiten miteinbeziehen (OLG Hamm FamRZ 2013, 814 zum alten Recht). Bei einer bloßen Bescheinigung der Hoferbfolge gelten I 1–3. Eine dem Erblasser als dem Bezugsberechtigten zugefallene Versicherungsleistung zählt zum Nachlass, ebenso bei einer Zugewinngemeinschaft die Erbteilserhöhung. Bei der Ermittlung des Nachlasswertes ist bei Grundstücken regelmäßig **auf die Eintragung im Grundbuch** abzustellen. Nur im **Einzelfall kann eine behauptete abweichende Eigentumslage** Berücksichtigung finden. Das kann beispielsweise in Betracht kommen, wenn die von der Eintragung abweichenden Eigentumsverhältnisse zwischen allen Beteiligten unstreitig sind oder sie sich zweifelsfrei aus öffentlichen Urkunden ergeben. In anderen

Fällen ist es nicht die Aufgabe des Nachlassgerichts, die streitige materielle Eigentumslage im Wertfestsetzungsverfahren zu klären. Ist die Eigentumslage Gegenstand eines anderen Verfahrens, wird das Verfahren zur Wertfestsetzung regelmäßig nach § 21 FamFG auszusetzen sein (vgl. dazu umfassend OLG Stuttgart FamRZ 2022, 397).

Nicht zum Nachlass zählen derjenige Anteil an einer Personengesellschaft, den man im Weg der rechtsgeschäftlichen Nachfolgeklausel überträgt (BayObLG FamRZ 2001, 300 zum alten Recht), oder eine dem Erben oder einem Dritten direkt zugefallene Versicherungsleistung nach §§ 328 ff. BGB, §§ 166 ff. VVG.

2. „ABC" zur Frage einer vom Erblasser herrührenden Verbindlichkeit (I 1)

Auflage: Eine Auflage ist nicht abziehbar, weil es sich nicht um eine Erblasserverbindlichkeit, sondern um eine Erbfallschuld handelt (OLG Hamm, FGPrax 2015, 277). 6

Ausbildungshilfe: Als Nachlassverbindlichkeit nicht (mehr) abziehbar ist eine Ausbildungshilfe nach § 1371 IV BGB (Erbfallschuld).

Abrisskosten: Der Verkehrswert eines bebauten Grundstücks ergibt sich aus dem auf der Grundlage des Bodenrichtwerts ermittelten Bodenwert, dem Gebäudesachwert und dem Ertragswert von Gebäude und Grundstück. Etwaige künftige Abrisskosten haben außer Betracht zu bleiben (OLG Jena NotBZ 2021, 182).

Beerdigungskosten: Als Nachlassverbindlichkeit **nicht** (mehr) abziehbar sind die Beerdigungskosten nach § 1968 BGB (Erbfallschulden, OLG Köln FGPrax 2014, 180; OLG Schleswig, NJW-RR 2015, 767; aA (zum alten Recht) KG Rpfleger 1980, 79).

Bürgschaft: Der Kostenbeamte hat nicht nachzuprüfen, wie hoch das Risiko der persönlichen Inanspruchnahme für eine nicht fällige selbstschuldnerische Bürgschaft des Erblassers sein kann. Deshalb ist eine solche Bürgschaft bei der Festsetzung des Geschäftswertes für die Nachlaßtätigkeit nicht als Nachlaßverbindlichkeit zu bewerten (OLG Karlsruhe Justiz 1987, 64

Dreißigster: Nicht (mehr) abziehbar ist der sog. Dreißigste nach § 1969 BGB. Denn ihn trifft der Erbe, auch wenn der Erblasser bis zu seinem Tod haftete, nun neu. Dementsprechend handelt es sich um Erbfallschulden.

Eigentumsvorbehalt: Abziehbar ist der noch zahlbare Restpreis. Dabei ist für den Ausgangswert derjenige Preis anzusetzen, der sich im Zeitpunkt des Erbfalls noch erzielen ließ.

Enteignung: Abziehbar ist ein Restitutionsanspruch nach § 3 VermG (BayObLG FamRZ 1996, 189 zum alten Recht).

Erbfallschuld: Ist nicht abziehbar → Rn. 3.

Erblasserschuld: Ist abziehbar → Rn. 3.

Erbschaftssteuer: Nicht abziehbar ist die Erbschaftsteuer. Denn sie trifft den jeweiligen Erben als eine persönliche Belastung. Sie ist ja erst infolge des Erbanfalls entstanden. Sie kann daher bei der Ermittlung des Geschäftswerts nicht berücksichtigt werden (BayObLG Rpfleger 2002, 627; OLG Hamm Rpfleger 1990, 463; aA OLG Köln FGPrax 2001, 169, jeweils zum alten Recht; im Hinblick auf I 2 dürfte eine Abzugsfähigkeit nach neuem Recht kaum vertretbar sein).

Erlass, Erlöschen: → „Schulderlass".

Gesellschaftsrecht: Abziehbar ist eine Schuld des Erblassers aus einem Gesellschaftsanteil. Denn er zählt zum Nachlass (BayObLGZ 1987, 149 zum alten Recht).

Grundpfandrecht: Grds. abziehbar ist ein Grundpfandrecht, also eine Hypothek, Grund- oder Rentenschuld. Maßgebend ist der valutierende Betrag im Zeitpunkt des Erbfalls (OLG Düsseldorf FamRZ 1995, 102 zum alten Recht).

Hypothek: → „Grundpfandrecht".

Nachlasskosten: Nicht abziehbar sind solche Nachlasskosten, die der Erbe tragen muss (Erbfallschulden → Rn. 3).

Pflichtteil: Nicht abziehbar ist ein Pflichtteilsanspruch (Erbfallschuld, OLG Schleswig, NJW-RR 2015, 767; OLG Hamm FGPrax 2015, 277).

Rentenschuld: → „Grundpfandrecht".

Rückübertragung: Eine vom Erblasser eingegangene, auf seinen Tod aufschiebend bedingte Verpflichtung zur Rückübertragung eines ihm von seinen Eltern gegen

Einräumung des dinglichen lebenslangen Wohnrechts übertragenen Grundstücks stellt eine zu berücksichtigende „vom Erblasser herrührende" Verbindlichkeit (Erblasserschuld) dar (OLG Düsseldorf JurBüro 2016, 363).

Schulderlass: Abziehbar ist eine Schuld des Erblassers. Das gilt auch dann, wenn sie infolge der Vereinigung mit einer Forderung des Erben erlassen oder erloschen ist. Denn der Nachlass war im Zeitpunkt des Erbfalls noch mit dieser Schuld belastet.

Vermächtnis: Nicht abziehbar ist ein Vermächtnis (OLG Hamm FGPrax 2015, 277), oder ein Vorausvermächtnis, sofern es alle Erben belastet (OLG Schleswig NJW-RR 2015, 767).

Vorausvermächtnis: → „Vermächtnis".

Wiederkehrende Leistung: § 52 ist mitzubeachten.

Zugewinnausgleich: Abziehbar ist der schuldrechtliche Zugewinnausgleich nach §§ 1371 II, III, 1378 BGB. Denn er hat seine Ursache in der Lage zu Lebzeit des Erblassers.

7 **III. Miterbe (II 1, 2).** Beim gemeinschaftlichen Erbschein nach § 2357 BGB ist der Gesamtwert maßgeblich. Soweit das Nachlassgericht den Erbschein nur über das Erbrecht eines Miterben erteilt, bestimmt sich nach **II 1** der Geschäftswert nach dessen Anteil am Nachlass, also nach dem Abzug sowohl der jeden Miterben als auch der diesen Miterben treffenden vom Erblasser herrührenden Verbindlichkeiten (BayObLG JurBüro 1993, 35 zum alten Recht). Dasselbe gilt nach **II 2** dann, wenn ein weiterer Miterbe einer schon beurkundeten eidesstattlichen Versicherung beitritt. Wendet sich der angebliche gesetzliche Miterbe im Beschwerdeverfahren gegen einen Vorbescheid zugunsten des Testamentserben, der die Erteilung eines Alleinerbscheins zugunsten eines Testamentserben ankündigt, ist es sachgerecht den Wert des gesamten Nachlasses im Sinne des I 1, 2 anzusetzen. Es macht keinen Unterschied, ob der Vorbescheid oder die dem Erbschein unmittelbar zugrunde liegende Entscheidung angefochten wird (→ Rn. 3, aA BayObLG FamRZ 2004, 1309 zum alten Recht, wonach nur das wirtschaftliche Interesse des Beschwerdeführers maßgeblich sein soll).

8 **IV. Beschränkte Wirkungen (III 1–3).** Soweit sich die Wirkungen eines Erbscheins nur auf einen Teil des Nachlasses erstrecken, bleiben nach **III 1 Hs. 1** die nicht erfassten Gegenstände außer Betracht. Dann ist als Geschäftswert der Wert nur der erfassten Gegenstände maßgebend, (zum alten Recht OLG Düsseldorf JurBüro 1986, 85); man darf nach **III 1 Hs. 2** dann keine nicht vom Erblasser herrührenden Verbindlichkeiten abziehen (je zum alten Recht BVerfG NJWE-FER 1997, 162; OLG Schleswig DNotZ 1994, 137 keine Berücksichtigung einer Wertsteigerung infolge der Wiedervereinigung).

9 Ein **Wertvergleich** ist nach **III 2** nötig: Evtl. gilt nur der Wert nach I, falls er gegenüber dem Wert nach III 1 niedriger ist.

10 **V. Zeugnis über Fortsetzung der Gütergemeinschaft, (IV).** Gemäß § 1507 S. 1 BGB erteilt das Nachlassgericht dem überlebenden Ehegatten auf Antrag ein Zeugnis über die Fortsetzung der Gütergemeinschaft. Nach § 1507 S. 2 BGB finden auf das Verfahren die Vorschriften über die Erbscheinserteilung entsprechende Anwendung. Für die Geschäftswertermittlung ist nach IV der halbe Wert des Gesamtguts der fortgesetzten Gütergemeinschaft anzusetzen; maßgeblich ist insofern § 1485 BGB. Gesamtgutsverbindlichkeiten (vgl. § 1488 BGB) sind zur Hälfte abzuziehen.

11 **VI. Testamentsvollstreckerzeugnis (V).** Hier sind für den Geschäftswert 20 % des Nachlasswerts im Zeitpunkt des Erbfalls **ohne** Abzug von Nachlassverbindlichkeiten maßgebend und II, III entsprechend anwendbar. Das gilt unabhängig davon, ob es sich um das erste Zeugnis oder um ein weiteres Zeugnis handelt. Im Übrigen sind nach IV Hs. 1 die Regelungen I–III entsprechend anwendbar.

12 **VII. Auskunft des Finanzamts (VI).** Sie bleibt als einer der statthaften Ermittlungsmöglichkeiten erlaubt. Das Steuergeheimnis nach § 30 AO gilt insoweit nicht.

Zeugnisse zum Nachweis der Auseinandersetzung eines Nachlasses oder Gesamtguts

41 In einem Verfahren, das ein Zeugnis nach den §§ 36 und 37 der Grundbuchordnung oder nach § 42 der Schiffsregisterordnung, auch in Verbindung mit § 74 der Schiffsregisterordnung oder § 86 des Gesetzes über Rechte an Luftfahrzeugen, betrifft, ist Geschäftswert der Wert der Gegenstände, auf die sich der Nachweis der Rechtsnachfolge erstreckt.

I. Normzweck. Die Vorschrift erweitert den früheren § 111 I Nr. 1 KostO. 1

II. Anwendungsbereich. Die Rechtsvorschrift gilt für die sog. „Überweisungszeugnisse", die die Möglichkeit eröffnen, die Eintragung der Rechtsnachfolge in die von dem Zeugnis erfassten besonderen Vermögensgegenständezu erleichtern. Die Regelung gilt in jedem der abschließend aufgezählten Verfahren. 2

III. Geschäftswert. Abweichend vom früheren Recht gilt nicht die gesetzliche Mindestgebühr, sondern als Grundlage einer Wertgebühr der Wert derjenigen Gegenstände, auf die sich der Nachweis der Rechtsnachfolge jeweils erstreckt. Die Bewertung erfolgt den allgemeinen Bestimmungen. Ein Überweisungszeugnis wird jeweils nur für einen Gegenstand erteilt. Die einzelnen Werte sind gesondert zu ermitteln, auch wenn mehrere Zeugnisse zusammengefasst werden. 3

IV. Rechtsmittel. Rechtsbehelfsbelehrung, Verstoß: §§ 7a, 83 II 2. Es gelten zum Rechtsmittel §§ 81 ff. 4

Wohnungs- und Teileigentum

42 I [1]Bei der Begründung von Wohnungs- oder Teileigentum und bei Geschäften, die die Aufhebung oder das Erlöschen von Sondereigentum betreffen, ist Geschäftswert der Wert des bebauten Grundstücks. [2]Ist das Grundstück noch nicht bebaut, ist dem Grundstückswert der Wert des zu errichtenden Bauwerks hinzuzurechnen.

II Bei Wohnungs- und Teilerbbaurechten gilt Absatz 1 entsprechend, wobei an die Stelle des Grundstückswerts der Wert des Erbbaurechts tritt.

I. Normzweck (I, II). Es handelt sich um eine besondere Geschäftswertvorschrift für Gerichte und Notare. Ausgangspunkt der Geschäftswertbestimmung ist die allgemeine Geschäftswertvorschrift des § 36. Sind bei der Anwendung Sachen oder Rechte zu bewerten, gelten die Bewertungsvorschriften im Unterabschnitt 3 (BT-Drs. 17/11471 (neu), 138). Im Rechtsstreit gilt § 49a GKG. 1

II. Voraussetzungen (I, II). 1. Grundsatz: Weite Auslegung. Durch die Formulierung „bei der" in I 1 werden zahlreiche Geschäfte erfasst, die in einen zeitlichen und sachlichen Zusammenhang fallen. Die Vorschrift betrifft die Begründung des Teileigentums und die Aufhebung und das Erlöschen von Sondereigentum. Andernfalls gilt § 49 I. I 2 stellt eine Ausnahme von § 59 und § 96 (Bemessungsstichtag) dar. Es ist eine weite Auslegung notwendig. 2

Nachträglich ersichtlich gewordene Tatsachen müssen für den Wert am Bewertungsstichtag maßgeblich sein. Dabei müssen Umstände ausgeschieden werden, die für eine Wertänderung zwischen dem Bewertungsstichtag und dem Zeitpunkt des Erkenntniszuwachses sprechen (OLG Brandenburg, MDR 2022, 154; → Rn. 6). 3

2. Wohnungs- oder Teileigentum. Als Geschäftswert ist nach **I 1** der Wert des bebauten Grundstücks anzusetzen. Diesen Grundstückswert ermittelt man nach §§ 46, 47 (OLG München Rpfleger 2015, 732) ggf. durch Hochrechnung aus den Kaufpreisen, welche beim Abverkauf der einzelnen, nach Aufteilung durch den Bauträger gebildeten Wohnungseinheiten bereits erzielt wurden (OLG München ZNotP 2020, 138). Dabei können die Wohnungseinheiten gleichzeitig oder zeitlich gestaffelt, an einen einzigen oder mehrere Käufer veräußert worden sein (LG Cottbus NotBZ 2021, 314). Es kommt auf den Wert desjenigen Grundstücks an, auf dem das Wohnungseigentum oder Teileigentum entsteht oder besteht (OLG Karlsruhe JurBü- 4 ro 1998, 364). Dieser Wert ist auch bei § 8 WEG maßgeblich (OLG Zweibrücken FGPrax 2004, 51).

5 Abweichend von der implizit in I 1 enthaltenen Prämisse zum Bewertungsstichtag kommt es nach **I 2** auf den Wert des bebauten Grundstücks im Zustand nach der völligen **Fertigstellung** an, also auf den Wert einschließlich der etwa noch erforderlichen Ausbauten usw. Das gilt auch dann, wenn eine Bebauung voraussichtlich unterbleiben wird (OLG Zweibrücken FGPrax 2004, 51) oder wenn das Gebäude auf Rechnung des Berechtigten entsteht. Bei mehreren Bauabschnitten kommt es auf die konkrete Aufteilung gemäß der den Eintragungsgegenstand bildenden Teilungserklärung an (OLG München Rpfleger 2015, 732).

6 Der Geschäftswert der **Beurkundung** einer Teilungserklärung bemisst sich nach dem fiktiven Preis, der für das als bebaut angenommene Grundstück zum Zeitpunkt der Beurkundung zu erzielen gewesen wäre (OLG Brandenburg, MDR 2022, 154). Maßgeblich ist daher, was als Verkaufserlös zu erwarten ist, wenn zum Zeitpunkt der Teilungserklärung fertige Wohnungen verkauft würden. Steigen später die Preise am Markt, bilden sie keinen sicheren Anhaltspunkt mehr für den früheren Zeitpunkt. Für die **Eintragung** im Grundbuch kommt es auf den Zeitpunkt der Antragstellung an (§ 59). Die jeweils nach § 42 gebildeten Werte können also voneinander abweichen.

7 Für die notarielle Wertberechnung nach § 109 I **denselben Beurkundungsgegenstand** mit der Teilungserklärung bildet die Mitbeurkundung der Baubeschreibung, der Vereinbarung von Veräußerungsbeschränkungen nach § 12 WEG (Böhringer BWNotZ 2016, 75), der Gemeinschaftsordnung (Bormann/Diehn/Sommerfeldt/Bormann § 109 Rn. 51), der Verpflichtung, bei der Aufteilung in Wohnungseigentum mitzuwirken (BayObLGZ 1982, 116) sowie des Gesellschaftsvertrags der Bauherren (BayObLGZ 1982, 96).

8 **3. Wohnungserbbaurecht (II).** Bei der **Bestellung** eines Wohnungserbbaurechts oder Teilerbbaurechts gelten nach II die Regeln des I entsprechend. Jedoch tritt an die Stelle des Werts des Grundstücks der nach § 49 II berechnete Wert des Erbbaurechts. Dabei ist gf. nach I 2 von dem zu errichtenden Bauwerk auszugehen. Eine besondere Wertbegünstigung gegenüber II ergibt sich bei einer Umwandlung aus

§ 49 WEG. Überleitung bestehender Rechtsverhältnisse

[I] Werden Rechtsverhältnisse, mit denen ein Rechtserfolg bezweckt wird, der den durch dieses Gesetz geschaffenen Rechtsformen entspricht, in solche Rechtsformen umgewandelt, so ist als Geschäftswert für die Berechnung der hierdurch veranlassten Gebühren der Gerichte und Notare im Falle des Wohnungseigentums ein Fünfundzwanzigstel des Einheitswerts des Grundstückes, im Falle des Dauerwohnrechtes ein Fünfundzwanzigstel des Wertes des Rechts anzunehmen.

[II] Durch Landesgesetz können Vorschriften zur Überleitung bestehender, auf Landesrecht beruhender Rechtsverhältnisse in die durch dieses Gesetz geschaffenen Rechtsformen getroffen werden.

III. ABC Beispiele zur Frage einer Anwendbarkeit im Falle des Wohnungs- oder Teileigentums

9 **Ankaufsrecht:** → „Vorkaufsrecht".

Aufhebung: I ist anwendbar, soweit es nach § 9 WEG um die Aufhebung oder Löschung des Sondereigentums geht. Beim Übergang in Alleineigentum sind daneben §§ 46, 47 anwendbar.

Auflassung: → „Auseinandersetzung".

Aufteilung: → „Auseinandersetzung".

Auseinandersetzung: I ist **unanwendbar,** soweit es um eine der Begründung des Wohnungseigentums vorausgehende Auseinandersetzung geht, etwa über eine Verpflichtung, das bereits gekaufte Grundstück aufzuteilen und aufzulassen, oder um eine Bruchteilsübertragung (OLG Düsseldorf, MittRhNotK 1996, 96).

Ausgestaltung: I ist anwendbar, soweit es um die inhaltliche Ausgestaltung des Wohnungseigentums geht, §§ 5, 10–12, 15, 20 ff. WEG.

Baukosten: Der Wert des zu errichtenden Bauwerks ergibt sich nicht aus den Herstellungskosten für die Immobilie, sondern aus dem zu erlösenden Kaufpreis (OLG München MittBayNot 2020, 76) → „Darlehen", → „Finanzielle Verpflichtung".

Bruchteilsübertragung: I ist **unanwendbar,** soweit es um eine Übertragung eines Bruchteils, zB im Vorfeld einer vertraglichen Einräumung von Sondereigentum nach § 3 WEG, geht.
Darlehen: I ist **unanwendbar,** soweit es um ein Darlehen geht, das ein Wohnungseigentümer einem anderen für den vom letzteren geschuldeten Baukostenvorschuss nebst einer hypothekarischen Sicherung gibt.
Dingliches Geschäft: I ist anwendbar, soweit es um das dingliche Geschäft geht, und zwar einschließlich der Eintragung nach § 873 BGB, § 4 WEG und der nach § 8 WEG möglichen Erklärung des Wohnungseigentümers gegenüber dem Grundbuchamt.
Dritter: I ist **unanwendbar bei** einem Vertrag mit einem Dritten, etwa einem Architekten oder Bauunternehmer; ebensowenig auf die Verpflichtung des künftigen Wohnungseigentümers, mit einem bestimmten Architekten einen Vertrag abzuschließen. Denn diesen Vertrag könnte auch ein außenstehender Dritter abschließen. → „Finanzielle Verpflichtung".
Finanzielle Verpflichtung: I ist **anwendbar,** soweit es um eine finanzielle Verpflichtung des Wohnungseigentümers und nicht eines Dritten und deren hypothekarische Sicherung geht, etwa bei einer Pflicht zur Zahlung eines Beitrags zu den Baukosten. Denn auch sie dient der Verwirklichung des Rechts.
Grundbuchamt: → „Dingliches Geschäft".
Hypothek: → „Darlehen", → „Finanzielle Verpflichtung".
Preissteigerung: Für den Wert am Bewertungsstichtag geben spätere Preissteigerungen nach allgemeinen Wertsteigerungen am Markt keinen sicheren Anhaltspunkt mehr.
Schuldrechtliches Geschäft: I ist anwendbar, soweit es um das der Eintragung zugrunde liegende schuldrechtliche Geschäft geht. → Rn. 2, 3.
Sicherung: → „Vormerkung".
Veräußerungsbeschränkung: I ist anwendbar, soweit es nach § 12 WEG um eine Beschränkung der Befugnis zur Veräußerung des Wohnungseigentums geht.
Vorkaufsrecht: I ist **unanwendbar** auf ein gleichzeitig begründetes Vorkaufsrecht.
Vormerkung: I ist anwendbar auf die Sicherung eines dinglichen Rechts durch eine Vormerkung.
Wertzuwachs: → „Preissteigerung"

Erbbaurechtsbestellung

43 **[1]Wird bei der Bestellung eines Erbbaurechts als Entgelt ein Erbbauzins vereinbart, ist Geschäftswert der nach § 52 errechnete Wert des Erbbauzinses. [2]Ist der nach § 49 Absatz 2 errechnete Wert des Erbbaurechts höher, so ist dieser maßgebend.**

1 **I. Normzweck (S. 1, 2).** Die Vorschrift koordiniert als besondere Geschäftswertvorschrift die Bewertungsvorschriften in § 52 und § 49 II. Der Geschäftswert des Erbbaurechts soll sich nicht dadurch erhöhen, dass bei dessen Bestellung Bestimmungen über den Inhalt des Rechts getroffen werden. Bei der Bestellung eines Erbbaurechts ohne Entgelt erfolgt die Bewertung abschließend nach § 49 II. Wird bei der Bestellung hingegen ein Erbbauzins als Entgelt vereinbart, wird dieser nach § 52 bewertet und ggf. durch den höheren Wert nach § 49 II ersetzt. Ist das Entgelt hingegen kein Erbbauzins, verbleibt es bei der Bewertung nach § 49 II.

2 **II. Geschäftswert (S. 1, 2).** Bei der Bestellung eines Erbbaurechts gegen Erbbauzins sind zwei Berechnungen vorzunehmen; der höhere Wert ist anzuwenden.

1. Erbbauzins (S. 1). Es kommt zunächst darauf an, wie hoch der Erbbauzins ist. Dazu verweist S. 1 auf § 52.

3 **2. Erbbaurecht (S. 2).** Sodann muss man den Wert des Erbbaurechts klären. Dazu verweist S. 2 auf § 49 II. Danach werden bereits errichtete Bauwerke berücksichtigt.

4 **3. Höherer Wert maßgeblich (S. 2).** Die Vorschrift zwingt damit zum Vergleich der Werte nach S. 1 und S. 2. Bei der Bestellung des Erbbaurechts geht somit ein Einmalbetrag als Entgelt nicht in die Berechnung ein. Weil sie gem. § 2 Nr. 7

ErbbauG zum Inhalt des Erbbaurechts gehört, umfasst der Geschäftswert nach § 43 für den Notar die Vereinbarung eines Vorkaufsrechts am Grundstück für den Erbbauberechtigten. Auch die bei Bestellung erklärte Übernahme fälliger Erschließungskosten und eine durch Reallast zu sichernde Grünpflege ist für den Notar in dem gebildeten Wert enthalten (LG Münster BeckRS 2019, 48144).

5 **4. Verlängerung der Laufzeit.** Nicht mehr „bei der Bestellung eines Erbbaurechts" ist die spätere Verlängerung der Laufzeit eines bestehenden Erbbaurechts. Dafür ist vielmehr § 52 II maßgeblich (zutreffend OLG Frankfurt, ErbbauZ 2022, 53 m. abl. Anm. Wilsch). Die Verlängerung der Laufzeit ist eine Rechtsänderung iSv § 877 BGB und im Grundstücksgrundbuch konstitutiv einzutragen (BayObLGZ 1959, 520).

Mithaft

44 **I [1] Bei der Einbeziehung eines Grundstücks in die Mithaft wegen eines Grundpfandrechts und bei der Entlassung aus der Mithaft bestimmt sich der Geschäftswert nach dem Wert des einbezogenen oder entlassenen Grundstücks, wenn dieser geringer als der Wert nach § 53 Absatz 1 ist. [2] Die Löschung eines Grundpfandrechts, bei dem bereits zumindest ein Grundstück aus der Mithaft entlassen worden ist, steht hinsichtlich der Geschäftswertbestimmung der Entlassung aus der Mithaft gleich.**

II Absatz 1 gilt entsprechend für grundstücksgleiche Rechte.

III Absatz 1 gilt ferner entsprechend

1. für Schiffshypotheken mit der Maßgabe, dass an die Stelle des Grundstücks das Schiff oder das Schiffsbauwerk tritt, und
2. für Registerpfandrechte an einem Luftfahrzeug mit der Maßgabe, dass an die Stelle des Grundstücks das Luftfahrzeug tritt.

1 **I. Systematik, Regelungszweck (I–III).** Ausnahme von § 53 I, Wertreduzierung durch vergleichende Betrachtung.

2 **II. Grundpfandrecht (I).** Anwendbar ist I bei jeder Art von Grundpfandrecht, zB bei einer Grundschuld oder Hypothek. Es geht sowohl um die Einbeziehung wegen eines Grundpfandrechts als auch um die Entlassung aus einer Mithaft neben einem anderen Grundstück. Maßgeblich ist von zwei Werten der geringere. Daher muss man beide getrennt ermitteln und dann zur Höhe vergleichen.

3 Zunächst ist **§ 53 I** anzuwenden. Das bedeutet: Bei einer Hypothek, Schiffshypothek, einem Registerpfandrecht an einem Luftfahrzeug oder einer Grundschuld kommt es zunächst auf den Nennbetrag der Ausgangsschuld an (bei der Rentenschuld ist nach § 53 I 2 die Ablösesumme maßgeblich). Dieser Betrag wird mit dem Wert des nach § 46 f zu bewertenden Grundstücks verglichen. Der Geschäftswert bestimmt sich nach dem geringeren der beiden Werte. Ein womöglich geringeres Sicherungsinteresse der Grundschuldgläubiger bleibt außer Betracht, da nur auf § 53 I verwiesen wird (OLG Düsseldorf, FGPrax 2019, 283). Mehrere Mithaftentlassungen oder Nachverpfändungen sind im Rahmen von Vorb. 1.4 III 3 gemeinsam zu bewerten (KV 14140–14143 Rn. 6; aA NK-GK/*Röhl* Rn. 21 zu § 44; überholt: OLG Köln MDR 2017, 671).

4 Die **Löschung der letzten Mithaftstelle** (mehrere bei gleichzeitigem Antrag) ist nach I 2 wertmäßig wie eine Mithaftentlassung (Verzicht des Gläubigers auf Teil des Haftungsgegenstands) zu behandeln, obwohl eine Gebühr KV 14 140 oder 14 141 entsteht. Es ist daher ebenfalls der Wertvergleich vorzunehmen.

5 Die Vorschrift gilt nicht für Gesamtrechte, die keine Grundpfandrechte sind (Ausnahme **III**).

6 **III. Grundstücksgleiches Recht (II).** Die Berechnungsweise nach I gilt auch für dort nicht erwähnte grundstücksgleiche Rechte als Pfandobjekt aus Anlass einer Einbeziehung oder Entlassung aus einer Mithaft.

IV. Schiffshypothek, Registerpfandrecht (III). Die Berechnungsweise nach I gilt schließlich auch bei jedem in III Nr. 1, 2 genannten Objekt entsprechend. Zu § 53 I gibt es wegen der Verweisung auf § 44 I denselben Bezug wie in → Rn. 3. 7

Rangverhältnisse und Vormerkungen

45 **I Bei Einräumung des Vorrangs oder des gleichen Rangs ist Geschäftswert der Wert des vortretenden Rechts, höchstens jedoch der Wert des zurücktretenden Rechts.**

II [1]Die Vormerkung gemäß § 1179 des Bürgerlichen Gesetzbuchs zugunsten eines nach- oder gleichstehenden Berechtigten steht der Vorrangseinräumung gleich. [2]Dasselbe gilt für den Fall, dass ein nachrangiges Recht gegenüber einer vorrangigen Vormerkung wirksam sein soll. [3]Der Ausschluss des Löschungsanspruchs nach § 1179a Absatz 5 des Bürgerlichen Gesetzbuchs, auch in Verbindung mit § 1179b Absatz 2 des Bürgerlichen Gesetzbuchs, ist wie ein Rangrücktritt des Rechts zu behandeln, als dessen Inhalt der Ausschluss vereinbart wird.

III Geschäftswert einer sonstigen Vormerkung ist der Wert des vorgemerkten Rechts; § 51 Absatz 1 Satz 2 ist entsprechend anzuwenden.

I. Anwendungsbereich (I–III). Die Vorschrift koordiniert mehrere in Betracht kommende Werte und bestimmt, welcher als Geschäftswert maßgeblich ist. Sie ist anwendbar, soweit das Geschäft unmittelbar auf eine Veränderung bestehender Rangverhältnisse abzielt (KG Rpfleger 1983, 177). Ein Rangvorbehalt ändert lediglich den Inhalt des eingetragenen Rechts, dann ist § 44 auch nicht analog anwendbar (OLG Frankfurt Rpfleger 1977, 228). Die Löschungsvormerkung nach § 1179 BGB steht einer Rangeinräumung nach II 1 dann gleich, wenn ein Nach- oder Gleichstehender löschungsberechtigt ist. II 1 ist nur dann anwendbar, wenn die Löschungsvormerkung lediglich zur Verstärkung eines gleichrangigen oder nachrangigen Werks dienen soll. 1

Für die notarielle Kostenberechnung setzt **II 2** den Wirksamkeitsvermerk zugunsten eines nachrangigen Rechts der Vorrangeinräumung gleich. Geschäftswert ist dann der (zB nach § 53 zu bestimmende) Wert des Rechts, dessen Bestellung der Vormerkungsberechtigte zugestimmt hat, höchstens jedoch der Wert der Vormerkung. 2

Bei einem **gesetzlichen Löschungsanspruch** nach § 1179a BGB gilt § 53. Nur beim vertraglichen Ausschluss des Rechts nach § 1179a V BGB auch iVm § 1179b II BGB gilt gemäß II 3: Man muss den Ausschluss wie einen Rangrücktritt desjenigen Rechts behandeln, als dessen Inhalt er vereinbart wird. Das ist jedoch nur bei einem nachträglichen Ausschluss zu beachten. Bei einem anfänglichen Ausschluss ist dieser Ausschluss bereits ein Teil des Inhalts der Hypothek. 3

Unanwendbar ist § 45 aus den in → Rn. 1 genannten Gründen bei einer gleichzeitigen Bestellung mehrerer Rechte mit einer Rangbestimmung oder bei einem Rangvorbehalt für ein etwa späteres Recht nach § 881 BGB oder wegen einer bloßen Änderungsmöglichkeit beim bloßen Rangvorbehalt oder dessen Löschung oder bei einer Stillhalteerklärung (OLG Hamm MittBayNot 1997, 253). Dann ist § 36 I anwendbar. 4

II. Geschäftswert (I–III). Es gilt drei Wertermittlungsposten. 5

1. Grundsatz (I). Man muss den Wert des vortretenden Rechts und denjenigen des zurücktretenden Rechts getrennt ermitteln und die Werte dann miteinander vergleichen. Maßgebend ist der geringere Wert (OLG Zweibrücken Rpfleger 1982, 241). Wenn mehrere Rechte vortreten, ist ihr zusammengerechneter Wert der Höchstwert. Wenn mehrere Rechte zurücktreten, muss man für die Beurkundung als Höchstwert den Wert sämtlicher zurücktretender Rechte ansetzen. Wenn mehrere Rechte nachträglich denselben Rang erhalten, gilt dasselbe. Man muss den Wert also für die Beurkundung unter einer Berücksichtigung der Rangverschlechterung oder Rangverbesserung für die Eintragung berechnen. Die Zustimmung eines Miteigentümers zur Löschung lässt sich evtl. nach seinem Anteil bewerten. 6

2. Löschungsvormerkung (II). Eine Löschungsvormerkung nach § 1179 Nr. 1 BGB steht nach II 1 der Rangeinräumung gleich, sofern ein Nach- oder Gleich- 7 stehender löschungsberechtigt ist. Dann findet also ein Wertvergleich wie bei I statt. Bei § 1179 Nr. 2 BGB gilt Abs. 3. Es fehlt dann an einem Berechtigten mit einem Rang iSv Abs. 2 und der Wert des vorgemerkten Rechts ist maßgeblich. Eine analoge Anwendung hat das BayobLG (BayObLGZ 1997, 172) abgelehnt.

8 Der Wert für die Eintragung des nachträglichen Ausschlusses des gesetzlichen Löschungsanspruchs nach § 1179a V BGB wird gem. §§ 45 II 3, 1 so berechnet, als sei das verkürzte (nachrangige) Recht erst jetzt hinter das nicht mehr zur Löschung vorgemerkte (vorrangige) Recht zurückgetreten.

9 **3. Sonstige Vormerkung (III).** Kein Wertvergleich wie in I. Hierher zählt vor allem eine Auflassungsvormerkung oder eine Rückauflassungsvormerkung (OLG München FGPrax 2015, 230, OLG Zweibrücken FGPrax 2017, 46). Nach **III 1** kann der Kaufpreis entscheiden (BayObLG WM 1994, 47). Nach **III 1 Hs. 2** iVm § 51 I 2 ist beim Vorkaufs- oder Wiederkaufsrecht für die Vormerkung nur 50 % des Grundstücks maßgebend (OLG München FGPrax 2015, 230). Dies gilt – gegen die h. M. – nicht für Rückübertragungsvormerkungen, die nicht aus Kaufvorgängen rührende schuldrechtliche Ansprüche sichern (OLG Bamberg ZfIR 2015, 388; jedoch Aufgabe durch ZNotP 2018, 116). Eine Werthalbierung wäre dann eine unzulässige Analogie (OLG Köln FGPrax 2016, 188; aA OLG Dresden NotBZ 2017, 272, OLG Celle MDR 2019, 62). Durch den zweiten Halbsatz in III wird lediglich erreicht, dass bei Eintragung von Vormerkungen, die ein Vorkaufs- oder Wiederkaufsrecht absichern, der gleiche Geschäftswert wie bei der Bestellung dieser Rechte anzusetzen ist. Eine entsprechende Anwendung auf andere noch nicht entstandene (zukünftige, bedingte) Ansprüche ist nicht geboten (Leipziger GNotKG/Zimmer § 45 Rn. 11 bis zur 2. Aufl.). Die Bezugnahme in III Hs. 2 umfasst jedoch gerade nicht die in § 51 I 1 genannten sonstigen Erwerbs- und Veräußerungsrechte. Im Rahmen des in Bezug genommenen § 51 soll außerdem eine Bewertung nach der Wahrscheinlichkeit der Ausübung unterbleiben (BT-Drs. 17/11471, 171 nach KG 26.1.2021 – 9 W 96/19, RNotZ 2021, 430).

Unterabschnitt 3. Bewertungsvorschriften

Sache

46 **I Der Wert einer Sache wird durch den Preis bestimmt, der im gewöhnlichen Geschäftsverkehr nach der Beschaffenheit der Sache unter Berücksichtigung aller den Preis beeinflussenden Umstände bei einer Veräußerung zu erzielen wäre (Verkehrswert).**

II Steht der Verkehrswert nicht fest, ist er zu bestimmen
1. nach dem Inhalt des Geschäfts,
2. nach den Angaben der Beteiligten,
3. anhand von sonstigen amtlich bekannten Tatsachen oder Vergleichswerten aufgrund einer amtlichen Auskunft oder
4. anhand offenkundiger Tatsachen.

III 1 Bei der Bestimmung des Verkehrswerts eines Grundstücks können auch herangezogen werden
1. im Grundbuch eingetragene Belastungen,
2. aus den Grundakten ersichtliche Tatsachen oder Vergleichswerte oder
3. für Zwecke der Steuererhebung festgesetzte Werte.
2 Im Fall der Nummer 3 steht § 30 der Abgabenordnung einer Auskunft des Finanzamts nicht entgegen.

IV Eine Beweisaufnahme zur Feststellung des Verkehrswerts findet nicht statt.

Schrifttum: *Gottschalk,* Immobilienwertermittlung, 3. Aufl. 2014; *Kleiber,* Verkehrswertermittlung von Grundstücken, 9. Aufl. 2020.

1 **I. Normstruktur (I–IV).** Ergänzend gilt § 47 („Sache bei Kauf"). I enthält die Legaldefinition des Verkehrswerts als Grundsatz für die Bewertung „einer Sache" nach § 90 BGB als dem Hauptgegenstand. Die Wertfestsetzung erfolgt nach

§§ 77–80, 96. Auch das Grundstück ist eine (unbewegliche) Sache. Daher gehört auch ein grundstücksgleiches Recht wie zB das Erbbaurecht trotz der Sonderregelung in § 49 mit hierher. Kryptowährungen sind keine Sache (OLG Düsseldorf MDR 2021, 643). Die Vorschrift gilt auch beim Notar.

Dass III für die Bewertung von Grundstücken zusätzliche Regeln enthält, könnte 2 bei einer isolierten Betrachtung von III zu der Annahme verleiten, beim Grundbesitz gelte I nur hilfsweise. Da indessen I nicht nur von einer „beweglichen" Sache spricht, sondern von der **Sache schlechthin,** darf III nicht als eine vorrangige Sondervorschrift gegenüber I verstanden werden, sondern er ist als eine Ergänzung zu I zu betrachten, als eine nähere Erläuterung des Oberbegriffs „gemeiner Wert", als einen Hinweis darauf, wie dieser Begriff beim Grundbesitz näher zu ermitteln ist. III spricht von „,… können auch herangezogen werden". I gilt also auch für die Bewertung des Grundbesitzes.

Umstritten ist, ob für die Bewertung von **Grundstücken** in II Hauptkriterien und 3 in III Hilfskriterien definiert wurden (OLG München, ZNotP 2016, 165; OLG München FGPrax 2021, 43), oder ob die Bewertungsgrundlagen in II und III nebeneinander stehen (OLG Nürnberg JurBüro 2018, 531; Bormann/Diehn/Sommerfeldt/*Diehn* Rn. 9, 25). III soll iVm II die maßgebliche Vorschrift für die Wertermittlung von Grundstücken sein, indem für das Grundstück als besonderen Bewertungsgegenstand die Aufzählung um dafür taugliche Kriterien erweitert wird (BT-Drs. 17/11471 (neu), 167 f.). Darin besteht der Sinn der Unterteilung in II und III. Die Anwendung erfordert damit eine – im Beschwerdeweg überprüfbare – Ermessensentscheidung.

Anerkannt ist auch außerhalb von § 199 I BauGB die ImmoWertV. Hierher kam 3a ferner zB ein Richtwert nach §§ 193 III, 196 BauGB gehören, soweit er veröffentlicht ist (BayObLG NJW-RR 2001, 1582; OLG Köln Rpfleger 1986, 322; LG Bayreuth JurBüro 1994, 557).

§ 46 verstößt weder gegen **Unionsrecht** noch gegen das GG (BayObLG FGPrax 4 2002, 41). Als **vorrangige Spezialvorschrift** für den Notar bestimmt ferner für das gesetzliche Erwerbsrecht eines öffentlichen Nutzers eines Grundstücks in den neuen Bundesländern das als Art. 1 des Grundstücksrechtsbereinigungsgesetzes (GrundRBerG) geschaffene Verkehrsflächenbereinigungsgesetz (VerkFlBerG) vom 26.10.2001 (BGBl. I 2716):

§ 14 VerkFlBerG. … Gerichtliches Verfahren …

I, II *(nicht abgedruckt)*

III [1] Für den Geschäftswert ist maßgebend der Kaufpreis, in jedem Fall jedoch bei Verkehrsflächen mindestens der nach § 5 geschuldete Kaufpreis, bei Grundstücken nach § 1 Abs. 1 Nr. 2 die Hälfte des nach § 6 Abs. 2 ermittelten Wertes. [2] Endet das Verfahren ohne eine Vermittlung, ist für den Geschäftswert der in Satz 1 genannte Mindestwert maßgebend. [3] …

Gerichtskosten nach dem GNotKG werden für die Durchführung des Ankaufvertrags nach § 12 S. 2 VerkFlBerG nicht erhoben.

II. Regelungszweck (I–IV). Auch diese Vorschrift dient einerseits der Kostenge- 5 rechtigkeit, andererseits der Prozesswirtschaftlichkeit. Man darf weder das staatliche Interesse an ausreichenden Kosteneinnahmen allein beachten oder dasjenige des Notars noch das entgegengesetzte Interesse des Kostenschuldners. Es kommt auch nicht auf den Maßstab eines durchschnittlichen Käufers oder Verkäufers an. Vielmehr sind im Rahmen des „gewöhnlichen Geschäftsverkehrs" durchaus auch gewisse von der Alltagsnorm abweichende Umstände wertbestimmend.

III. Verkehrswert (I–IV). Er ist auch kostenrechtlich maßgeblich. 6

1. Gewöhnliche Umstände. Der Verkehrswert ergibt sich aus demjenigen Preis, 7 den man im gewöhnlichen Geschäftsverkehr im Fälligkeitszeitpunk nach (jetzt) § 59 bzw § 96 und nicht etwa erst später erzielen kann. Bei der Beurkundung der Auflassung eines Grundstücks ist der ursprüngliche Kaufpreis als anzunehmender Verkehrswert dann nicht mehr maßgebend, wenn sich der Verkehrswert des Grundstücks inzwischen etwa durch eine Bebauung erhöht hat (OLG Jena 22.4.2020 – 4 W 23/19 = NotBZ 2020, 437; LG Detmold Rpfleger 2010, 449). Man ermittelt ihn nach der Beschaffenheit der Sache unter einer Berücksichtigung aller den Preis beeinflussenden

Umstände bei einer Veräußerung (BayObLG JurBüro 1985, 434; Tiedtke DNotZ 2017, 399; OLG Rostock FGPrax 2017, 187). Maßgeblich sind also das Angebot und die Nachfrage bei freier Preisgestaltung (BayObLG JurBüro 1985, 434). Man muss sich mit einer Schätzung begnügen (BayObLG JurBüro 1999, 376; Lappe NJW 1981, 1741). Sie bilden sich sowohl auf Grund der Beschaffenheit der Sache, ihres Materials, ihrer Herstellungskosten usw als auch durch die Mode, durch die allgemeine Wirtschaftslage.

8 **2. Nicht: Ungewöhnliche Umstände.** Ein ungewöhnlicher oder nur vorübergehender oder auch nur persönlicher Umstand bleibt wegen I außer Betracht (OLG Rostock FGPrax 2021, 187). Diese Vorschrift verbietet es zB, einen Notverkauf oder ein Verwandtengeschäft oder einen besonderen Liebhaberwert nur für den Veräußerer oder nur für den Erwerber oder auch eine Verfügungsbeschränkung infolge Nacherbfolge als maßgeblich anzusehen (BayObLG JurBüro 1999, 432). Andererseits kann natürlich ein besonders niedriger oder ungewöhnlich hoher Preis durchaus noch im Rahmen des „gewöhnlichen Geschäftsverkehrs" nach I zustande kommen. Die Abgrenzung zwischen diesem gewöhnlichen Verkehr und ungewöhnlichen oder nur persönlichen Verhältnissen ist also nur auf Grund aller Umstände möglich. Im Zweifel liegen keine ungewöhnlichen oder nur persönlichen Verhältnisse vor. Der Erwerb in der Zwangsversteigerung gehört jedoch nicht zum gewöhnlichen Geschäftsverkehr (Leipziger GNotKG/Heinze Rn. 14).

9 **IV. Keine Anknüpfung an Einheitswert (I–IV).** Der steuerliche Einheitswert ist nicht mehr primäre Grundlage, aber noch heranziehbarer Faktor (**III 1 Nr. 3;** BT-Drs. 17/11471 (neu), 167). Nachgewiesen wird er durch Vorlage des Steuerbescheides (Feststellungsbescheides, Einheitswertbescheides), sofern er sich nicht bereits aus der steuerlichen Unbedenklichkeitsbescheinigung ergibt (§ 17 I KostVfg).

10 **V. Wertermittlung im Einzelnen (I–III).** Das beherrschende Prinzip ist die Beachtung aller Preisumstände (OLG Nürnberg JurBüro 2018, 531). Steht der Verkehrswert fest (zB bei Listenpreisen für austauschbare Güter), ist er maßgeblich. Ansonsten ist er nach II, III zu bestimmen. Somit bringen II, III also nur solche Umstände nach I, die stets mitzubeachten sind. So ergibt sich noch klarer der Grundsatz umfassender Berücksichtigung aller Preisumstände nach I auch bei der Wertermittlung im Einzelnen. Die Vielzahl der möglichen Aspekte ergibt sich aus der folgenden Übersicht ohne Anspruch auf deren Vollständigkeit.

11 **VI. Keine Beweisaufnahme (IV).** An dieser Vorschrift ändert auch ein Amtsermittlungsgebot nichts. Auch dann, wenn gewisse Anhaltspunkte für einen Verkehrswert vorliegen, darf man nach der ausdrücklichen Vorschrift in IV **keine Beweisaufnahme** zur Feststellung des Verkehrswerts vornehmen (BayObLG DNotZ 1988, 451). Das gilt allerdings nicht für eine **formlose Ermittlung** und anschließende freie bloße Würdigung von streitigen Tatsachen. Das Gericht muss sich anstelle einer wirklichen förmlichen Beweisaufnahme entschließen, entweder die bisherigen Anhaltspunkte bereits als ausreichend anzusehen oder eben den Wert anderswie zu bestimmen. Zu einer Beweisaufnahme würde insbesondere ein Schätzungsgutachten zählen (BayObLG JurBüro 1999, 377; OLG Düsseldorf Rpfleger 2002, 47). Jedoch ist ein einmal vorgelegtes Gutachten evtl. zu verwerten (BayObLG MittBayNot 2000, 57). Das alles gilt (jetzt) sowohl bei der Möglichkeit eines höheren Werts als auch im umgekehrten Fall.

12 Die **Einholung einer Auskunft** usw ist grundsätzlich zulässig, solange sie nicht zu einer Beweisaufnahme wird. III 2 stellt klar, dass man sie auch einholen muss. Nach § 17 KostVfg wird das Finanzamt nur ersucht, wenn der Kostenschuldner den Steuerbescheid nicht vorlegt, ausnahmsweise, wenn die Wertermittlung besonders schwierig ist. Die Befreiung vom Steuergeheimnis soll für sämtliche relevanten Steuerwerte gelten.

VII. Beispiele zur Frage der Wertermittlung (I–III)

13 **Abrisskosten:** Etwaige künftige Abrisskosten bleiben außer Betracht, da Verbindlichkeiten allgemein (§ 38) nicht abgezogen werden (OLG Jena NotBZ 2021, 182; BayObLG MittBayNot 1995, 409).

Altenheim: Zu prüfen ist, ob der Gegenstand dem freien Grundstücksmarkt zur Verfügung steht (BayObLG MittBayNot 1995, 409 = DNotZ 1995, 778).

Amtlich bekannte Tatsache: II Nr. 3. Vgl. § 291 ZPO, § 193 III BauGB, § 74a V ZVG. Mitzubeachten sein kann auch ein amtlicher oder trotz einer grundsätzlichen amtlichen Schweigepflicht gerichtsbekannter Vergleichswert (BFH NJW 1977, 126). Es kommt zB ein kürzlicher Verkauf eines vergleichbaren Nachbargrundstücks infrage, auch eine Bewertungspraxis etwa der verkaufenden Gemeinde. Der Notar soll eine solche Tatsache berücksichtigen und die Grundakten des betroffenen Grundstücks einsehen, auch wenn er von nach IV einer Beweisaufnahme absehen muss (OLG München MDR 2019, 191).

Manche **vermindern** den letzten derartigen Richtwert um 25 %, sofern nicht der Einheitswert höher war (BayObLGZ 1995, 59 für einen Bodenwert). Er ist dann ein Mindestwert (OLG Düsseldorf JurBüro 1985, 435; OLG Köln JurBüro 1984, 1883; OLG Oldenburg AgrarR 1987, 191). Solche Verminderung erfordert jedenfalls besondere Umstände. Die Wertentwicklung jedenfalls in Berlin zwingt jetzt eher zu einer deutlichen Werterhöhung. Das gilt wohl auch für Hamburg oder München (*Tiedtke* DNotZ 2017, 390).

Angaben der Beteiligten: II Nr. 2. Der Notar ist selbst nicht in diesem Sinn ein Beteiligter. Für alle gilt → § 95 Rn. 2, 5. Der Notar soll die Beteiligten über den Grundstückswert wegen Art. 103 I GG befragen. Sie müssen wie bei § 138 ZPO wahrhaftig antworten (OLG Frankfurt JurBüro 1988, 1198). Die Angaben brauchen sich nicht aus der Urkunde zu ergeben. Man braucht grundsätzlich nicht zu prüfen, wie die Beteiligten zu ihren Angaben kamen (OLG Hamm MDR 1976, 325). Meist sind die Angaben durchaus zu beachten (OLG München NJW-RR 2017, 1487) und nicht ohne Weiteres korrigierbar (OLG Celle JurBüro 2015, 320). Allerdings binden die Angaben Notar und Gericht nicht. Sie müssen zumindest dann eine kritische Prüfung solcher Angaben vornehmen, wenn bestimmte tatsächliche Umstände für einen in Wahrheit anderen Wert sprechen (OLG München NJW-RR 1487). Die persönlichen Verhältnisse sind jedenfalls unerheblich (BayObLGZ 1985, 1 (5)). Wirkt ein Kostenschuldner trotz Hinweises auf seine Verpflichtung aus § 95 GNotKG nicht ausreichend mit, geht das Schätzungsrisiko einer ermessensfehlerfreien Wertbestimmung nach § 95 S. 3 GNotKG zu seinen Lasten (OLG Jena BWNotZ 2020, 105). Mangels Angaben darf man den Wert schätzen (Drs. 17/11471 (neu), 168 weist auf § 36 Abs. 1 hin).

Auseinandersetzung: Ein Ansatzpunkt kann sich aus dem Inhalt des Geschäfts, II Nr. 1, bei einer Auseinandersetzung aus dem an den Ausscheidenden zahlbaren Betrag und den übernommenen Lasten ergeben.

Außenbereich: Auch wenn ein Grundstück im Außenbereich liegt, kann der für Bauland ausgewiesene Richtwert zur Wertermittlung einer tatsächlich bebauten Fläche herangezogen werden (vgl. zum sog. „faktischen Bauland": BGH WM 1991, 155). Im Einzelfall kann die Bebauung genehmigt oder geschützt sein (OLG München FGPrax 2019, 88).

Bauerwartungsland: Maßgeblich ist der erzielbare Preis, ab einem Bebauungsplan meist 50 % von Bauland (BayObLG MittBayNot 2002, 207; Bengel/Tiedtke DNotZ 2004, 265).

Bebauungspflicht: Ein Ansatzpunkt kann sich mit aus einer Bebauungspflicht des Verkäufers in einem einheitlichen Kaufvertrag ergeben (KG JurBüro 1985, 1224; OLG Zweibrücken JurBüro 2000, 427). Bei Sozialwohnungs-Baupflicht ist Zurückhaltung ratsam (BayObLG MittBayNot 1999, 494; LG München I JurBüro 1999, 320).

Beleihungsgrenze: Die Grundstücksbelastung kann vor allem dann die Funktion als Faktor der Wertbemessung erfüllen, wenn eine Bank Gläubigerin ist, weil die insoweit geltende Beleihungsgrenze in der Regel einen Rückschluss auf den Grundstückswert zulässt. Die Beleihungsgrenze soll sicherstellen, dass der Darlehnsrückzahlungsanspruch erforderlichenfalls durch Verwertung des Grundstücks befriedigt werden kann. Im Allgemeinen ist davon auszugehen, dass der Beleihungswert ca. 60–85 % des Verkehrswerts darstellt (OLG Düsseldorf ZNotP 2016, 250). Auch → „Grundstücksbelastung".

Bodenrichtwert: Er kann nach **II Nr. 1** ausreichen als „amtlich bekannte Tatsache" (LG Düsseldorf 7.11.2018 – 25 OH 5/17, BeckRS 2018, 28963). Meist ist ein Abschlag vorzunehmen (BayObLG DNotZ 1995, 779 (25 %)). Ein Risikoabschlag kommt jedoch nicht in Betracht, wenn der Bodenrichtwert kartengestützt und kleinräumig festgesetzt ist und seine beschreibenden Merkmale im Wesentlichen auf das zu betrachtende Grundstück zutreffen (Erschließungs- und Kanalanschlussfreiheit, Zuschnitt). Auch → „amtlich bekannte Tatsache".

Brandversicherung: → „Versicherungswert".

Bruchteil: Wird nur ein Anteil eines Grundstücks veräußert, richtet sich der Verkehrswert des Anteils an dem Grundstück nach dem entsprechenden Bruchteil von dessen nach § 46 ermittelten Verkehrswert; ein Abschlag hiervon ist nicht gerechtfertigt (BGH DNotZ 2016, 793; LG Düsseldorf 11.9.2014 – 16 O 155/11, BeckRS 2016, 5018; OLG München FGPrax 2021, 141).

Eigentumswohnung: Es kann eine Hochrechnung des Kaufpreises anhand eines Baukostenindex infrage kommen (OLG Düsseldorf JurBüro 2010, 595). Im Rahmen von § 42 kann bei Fehlen besserer Anhaltspunkte auch das Produkt aus zu errichtender Gesamtwohnfläche und dem Wohnflächenpreis nach dem zeitgerechten Grundstücksmarktbericht zugrunde gelegt werden (OLG Brandenburg, BWNotZ 2021, 455 Rn. 11). Auch → „Versicherungswert".

Einheitswert zu niedrig: Kein ausreichender Anhaltspunkt ergibt sich aus dem Erfahrungssatz, dass der nach → Rn. 9 ohnehin nicht mehr zu beachtende Einheitswert im Allgemeinen unter dem allgemeinen Wert liegt (OLG Nürnberg JurBüro 2018, 531). Es kann zB ein landwirtschaftlicher **Boden** in der unmittelbaren Nähe eine sehr andersartige Qualität haben. Vgl. § 48. Auch ein in der Nachbarschaft gelegener Baugrund ist keineswegs immer mit dem hier fraglichen Grund vergleichbar.

Erbauseinandersetzung: → „Auseinandersetzung".

Erbbaurecht: Der Erbbauzins kann einen Anhaltspunkt ergeben. Wegen des belasteten Grundstücks → „Grundstücksbelastung" (BayObLG Rpfleger 1981, 163 setzt den Wert sehr hoch an).

Erbrecht: → „Auseinandersetzung". Zur Erbscheinserteilung OLG München RPfleger 2018, 511.

Erschließungskosten: Der Bodenrichtwert für erschließungsbeitragsfreie Grundstücke ist um einen Abschlag zu vermindern, wenn ein erschließungsbeitragspflichtiges Grundstück bewertet werden soll (OLG München DS 2016, 328). Siehe → „Gutachterausschuss".

Ertragsmesszahl: Ein Flächenwert errechnet sich bei der Bewertung von Grundbesitz für die Grundsteuer **ab 1.1.2022** zB bei landwirtschaftlicher Nutzung gem. § 237 I, II BewG aus dem Grundbetrag (zB Anlage 27 BewG), der Ertragsmesszahl (§ 9 BodSchätzG) und der Größe. Die Wertverzerrungen (BVerfG BVerfGE 148, 147 = NJW 2018, 1451) dürften damit beendet sein. Eine wegen § 11 BodSchätzG langjährig nicht geänderte Ertragsmesszahl lässt jedoch erfolgte Preis- und Wertentwicklungen vollkommen unberücksichtigt (OLG Bamberg NJOZ 2012, 1001). Daher wurden bislang vierfache (OLG Oldenburg Rpfleger 1989, 200; OLG Braunschweig DNotZ 1987, 632) oder achtfache (OLG Hamm AUR 2014, 461) Ertragsmesszahlen (Ausgangsbetrag nach § 55 Abs. 2 EStG) als ausreichende Anhaltspunkte für einen den Einheitswert übersteigenden Wert des Grundbesitzes angesehen. Die Ertragsmesszahl ist veröffentlicht (§ 14 Abs. 1 BodSchätzG) oder ergibt sich aus den bei den Grundakten befindlichen Katasterunterlagen.

Ertragswertverfahren: Auf dem Grundstücksmarkt wird der Verkehrswert von Mietwohngrundstücken meist im Ertragswertverfahren ermittelt. Für die Wertberechnung kann sich der Kostenschuldner darauf berufen, eine Ertragswertberechnung vorlegen und etwa erforderliche Unterlagen zur Verfügung stellen (BayObLG NJW-RR 2001, 287; OLG Köln JurBüro1990, 1016). Von den Gerichten kann nicht erwartet werden, dass sie von sich aus den Ertragswert ermitteln und berechnen (OLG Düsseldorf FGPrax 2001, 259).

Auch → „Steuerrecht".

Flurbereinigungswert: Ein höherer als der Einheitswert kann sich aus einem veröffentlichen Ergebnis der Wertermittlung nach § 32 FlurberG ergeben.

Gesamthypothek: → „Grundstücksbelastung".

Gesellschaft: Ein Anhaltspunkt kann sich beim Eintritt in eine Gesellschaft aus der Höhe des Bilanzwerts ergeben.

Grundakten: Ein Anhaltspunkt kann sich nach II Nr. 3 aus einer aus den Grundakten ersichtlichen offenkundigen Tatsache ergeben. Auch → „Amtlich bekannte Tatsache". Bei einer Einsicht in die Grundakten des betroffenen Grundstücks darf man nicht nur deren jetzigen Stand beachten, sondern muss auch zB frühere Belastungen, Kaufverträge, Zu- oder Abverkäufe usw (Tatsachen oder Vergleichswerte, **III 1 Nr. 2**) berücksichtigen, ebenso eine etwa beiliegende Zwangsversteigerungsakte mit dem in ihr festgestellten Verkehrswert nach § 74a IV ZVG. Die Vorgänge müssen jedoch vergleichbar sein.

Grundbucheintragung: Sie kann nach III 1 Nr. 1 beachtbar sein.

Grundschuld: → „Grundstücksbelastung".

Grundstücksbelastung: Ein Anhaltspunkt kann sich nach II Nr. 3 aus einer bei Gericht offenkundigen Grundstücksbelastung ergeben (OLG Düsseldorf JurBüro 2005, 319; OLG Hamm Rpfleger 1987, 129; LG Wuppertal JurBüro 1978, 1553). Das gilt insbesondere nach III 1 Nr. 1 bei einer im Grundbuch eingetragenen Belastung (OLG Jena BWNotZ 2020, 105; OLG Düsseldorf JurBüro 2016, 482), also bei einem Grundpfandrecht (BayObLG Rpfleger 1978, 71; OLG Düsseldorf JurBüro 2005, 319). Es gilt auch beim Eigentümergrundpfandrecht, auch solchem nach §§ 1163, 1177 BGB. Dabei ist der Wert dieser Belastung unter einer Mitbeachtung der üblichen oder im Einzelfall bekannt gewordenen Beleihungsgrenzen zu ermitteln. Die Belastung kann auch ein Erbbaurecht sein (OLG Hamm Rpfleger 1980, 243; LG Wuppertal JurBüro 1978, 1553). Die Valutierung ist meist unbeachtlich.

Jedoch darf man den Verkehrswert **nicht überschreiten.**

Bei einer **Zwangshypothek** oder Sicherungshypothek nach § 867 ZPO muss man allerdings mit solchen Annahmen vorsichtig sein. Dasselbe gilt bei einer Gesamthypothek, OLG Hamm MDR 1976, 324; OLG Zweibrücken Rpfleger 1986, 496; LG Wuppertal JurBüro 1975, 1631. Dann hat der Schuldner in der Regel seinen gesamten Besitz belastet, ohne dass das einzelne Grundstück die Belastung im Ganzen auch nur annähernd deckt. Von einem anderweitig ermittelten Verkehrswert hingegen sind Grundstücksbelastungen nicht abzuziehen (OLG JenaNotBZ 2021, 182).

Gutachten: Ein Verkehrswert kann sich aus einem Gutachten zB aus einem ZVG-Verfahren ergeben (OLG München MDR 2011, 687; OLG Naumburg BeckRS 2017, 150175). Trotz des grundsätzlichen Verbots einer Beweisaufnahme lässt sich ein vorgelegtes Gutachten verwerten (OLG Brandenburg, ErbR 2022, 422). Ein Parteigutachten muss hinreichend objektiv sein (BayObLGZ 2000, 189).

Gutachterausschuss: Man kann 25 % und mangels einer Erschließung weitere 25 % abziehen (LG Bochum JurBüro 1997, 657).

Hofübergabe: Siehe § 48.

Hofvermerk: Die Erklärung des Eigentümers nach § 4 HöfeVfO, dass die Hofeigenschaft entfallen soll und der Hofvermerk zu löschen ist mit 20 % des Verkehrswerts des Hofs zu bewerten (OLG Hamm FamRZ 2017, 473).

Hotel: Der Ertrag hängt vom Können des Inhabers mit ab (BayObLG MittBayNot 2005, 210).

Hypothek: → „Grundstücksbelastung".

ImmoWertV: Sie ist natürlich zu beachten (Schrifttum dazu: Gottschalk, Immobilienwertermittlung, 3. Aufl. 2014; Kleiber, Verkehrswertermittlung von Grundstücken, 9. Aufl. 2020; Wilsch JurBüro 2010, 512; Zimmermann, ImmoWertV, 2. Aufl. 2019).

Industriegrundstück: BayObLG MittBayNot 1998, 374 geht von einem Bruchteil des Sachwerts aus.

Inhalt des Geschäfts: Ein Anhaltspunkt kann sich nach II Nr. 1 aus dem Inhalt des Geschäfts ergeben, genauer: aus dem Text der Urkunde. Dazu muss der Wert wie nach § 291 ZPO gerichtskundig werden. Es genügt seine eindeutige Bezifferbarkeit. Vgl. bei den einzelnen Merkmalen dieses Inhalts.

Kaufpreis: Ein wesentlicher Aspekt folgt nach I natürlich vor allem aus dem Kaufpreis (BGH NJW-RR 2006, 1509, BayObLG JurBüro 1997, 378; OLG Hamm NJW 2011, 621; LG München I JurBüro 1999, 320). Freilich ist dieser nicht allein maßgebend (OLG Düsseldorf Rpfleger 2002, 47). Es kommt zB darauf an, wieviel Zeit zwischen dem Kauf und seiner Bewertung verstrichen ist (BayObLG FamRZ 2005, 817). Auch eine Kaufpreissammlung nach §§ 195, 196 BauGB kann einen Anhaltspunkt geben. Auch → „Wohnungseigentum".

Kirche: BayObLG DNotZ 1986, 435 zieht vom Sachwert 80 % ab.

Kraftwerk: OLG Karlsruhe Rpfleger 1978, 70, OLG Frankfurt Rpfleger 1977, 380.

Krankenhaus: OLG Rostock JurBüro 2012, 259 → „Öffentlicher Zweck".

Landwirtschaftliches Grundstück: § 48.

Meistgebot: → „Zwangsversteigerung".

Nachbarschaft: → „Einheitswert zu niedrig".

Öffentlicher Zweck: Bei einem Grundstück, das schon und noch wirklich zumindest im Wesentlichen einem öffentlichen Zweck dient, kommt wegen der eingeschränkten Verkehrsfähigkeit eine Schätzung nach § 36 I, § 80 in Betracht (BayObLG Rpfleger 1985, 510 (Basis Sachwert); KG DNotZ 1995, 791 (20 % des Sachwerts); LG Frankenthal JurBüro 2006, 603 (Sachwert mit Abschlag)). Es kommt auch auf die Widmung an.

Offenkundigkeit: Ausreichender Anhaltspunkt können nach II Nr. 4 offenkundige Tatsachen wie nach § 291 ZPO sein.

Preisindex: Ein Anhaltspunkt kann sich nach II Nr. 3 aus dem amtlichen Preisindex für Wohngebäude ergeben (Statistisches Bundesamt Wiesbaden, Serie 17 Reihe 4), Prüfungsabteilung der Notarkasse MittBayNot 2007, 80.

Quadratmeterpreis: Ein Anhaltspunkt kann sich aus einem im Vertrag genannten Quadratmeterpreis ergeben, BayObLG JurBüro 2001, 653, oder aus einem etwa allgemein bekannten solchen Preis oder Wert gleichartiger bebauter oder ähnlicher Grundstücke in der Gegend, etwa eines Reihenhauses.

Richtwert: → „Amtlich bekannte Tatsache".

Sachverständigengutachten: → „Gutachten".

Schule: Hansens JurBüro 1990, 978 zieht vom Sachwert 20 % ab.

Sonstiger ausreichender Anhaltspunkt: Dieses Kriterium ist entfallen (Drs. 17/11471 (neu), 168).

Steuerrecht: Vgl. zunächst III 1 Nr. 3. § 30 AO stört nach III 2 nicht. Vielmehr soll ein verstärkter Rückgriff auf Steuerwerte (insbesondere gemeiner Wert aus dem Erbschafts- und Schenkungssteuerrecht sowie Einheitswert) ermöglich werden. Der Einheitswert kommt als primäre Grundlage nicht in Betracht (Drs. 17/11471 (neu), 167). **Kein** ausreichender Anhaltspunkt ergibt sich aus einer Heranziehung des § 55 II EStG (OLG Oldenburg Rpfleger 1981, 324; OLG Stuttgart Rpfleger 1987, 365; aA BayObLG Rpfleger 1975, 37; OLG Braunschweig DNotZ 1987, 633; OLG Oldenburg Rpfleger 1989, 200 (aber gerade das Steuerrecht kann zB wegen zahlreicher Abschreibungsmöglichkeiten ein ziemlich verschleiertes Bild der wahren Wertverhältnisse ergeben)). Auch → „Ertragsmesszahl".

Testament: Ein Anhaltspunkt kann sich aus einer Verfügung von Todes wegen ergeben.

Umlegungswert: Ein Anhaltspunkt kann sich aus einem Umlegungswert nach §§ 57, 68 BauGB ergeben.

Urkunde: Ein Anhaltspunkt kann sich ergeben, soweit ein Beteiligter eine ihm zumutbare Beschaffung und Vorlage einer Urkunde unterlässt. Regelmäßig besteht ja solche Pflicht. Das Gericht kann und muss dann den Wert frei schätzen (BayObLGZ 1993, 173 (175)).

Vergleichswert: Der Vergleichswert muss sich aus einer amtlichen Auskunft (II Nr. 3) oder aus den Grundakten (III Nr. 2) ergeben. → „Amtlich bekannte Tatsache".

Verkehrswert: Er ist trotz II, III doch im Kern nach I eine Ermessenssache (BayObLG JurBüro 1999, 376). Er bildet wegen § 47 bei einem Liebhaberpreis jedoch nicht die Obergrenze des zulässigen Werts (überholt: BayObLG MittBayNot 1984, 214). Er ist auch dann maßgeblich, wenn er über dem Meistgebot einer Teilungsversteigerung liegt (OLG Karlsruhe ZfIR 2016, 245 mkritAnm Wilsch). Auch → „Zwangsversteigerung".

Versicherungswert: Ein Anhaltspunkt als Angabe der Beteiligten nach II Nr. 2 oder als amtsbekannt nach II Nr. 3 aus früheren Vorgängen kann sich aus dem Brandversicherungswert ergeben (OLG München JurBüro 2016, 362). Die Methodik aus der Rechtsprechung zu § 19 II KostO gilt fort (zB BayObLGZ 1972, 297). Dabei sind jedoch die Grundlagen der Berechnung mitzuteilen und in der Entscheidung nach § 79 selbst darzustellen (OLG München JurBüro 2020, 535).

Versorgungseinrichtung: Ausgangswert ist der Sachwert. Davon erfolgen umstandsbedingte Abschläge (LG Frankenthal JurBüro 2006, 603).

Versteigerung: Maßgeblich ist für den Versteigerungsvertrag zwischen dem Eigentümer und dem privatrechtlichen Versteigerer nicht das Limit, sondern der Erlös dann, wenn der Zuschlag binnen weniger Monate nach der Beurkundung des Einlieferungsvertrags erfolgt (KG JurBüro 1994, 753). Bei einer Teilungsversteigerung entscheidet der Verkehrswert dann, wenn er das Meistgebot übersteigt (OLG Karlsruhe JurBüro 2016, 256). Auch → „Zwangsversteigerung".

Wald: Bäume als Teile eines forstwirtschaftlich genutzten Waldes sind als dessen Erzeugnisse wesentliche Bestandteile des Grundstücks, auf dem sie stehen (OLG Brandenburg 24.8.2021 – 5 W 74/21, BeckRS 2021, 29193; aA BGH NJW 2011, 852, wohl auf Weihnachtsbäume und Bäume in Baumschulen als Scheinbestandteile abstellend).

Wasserfläche: Ihr Wert hängt von der Nutzungsmöglichkeit ab.

Wesentlicher Bestandteil: Ist hinzuzurechnen (BayObLG Rpfleger 1999, 86). Grundstücke sind nach BGB zu betrachten, sodass wesentliche Bestandteile (§ 94 BGB) zum Wert gehören.

Wiederkehrende Leistung: Bei einer wiederkehrenden Leistung ist nach § 52 zu beachten, dass die Lebensdauer des Begünstigten und nicht so sehr der Grundstückswert maßgebend sind.

Wiederverkaufspreis: → „Kaufpreis".

Wohnungseigentum: Den Kaufpreis bisher verkaufter anderer Einheiten kann man zwar hochrechnen (BayObLG MDR 1996, 1075). Man sollte aber vorsichtig sein. Denn jede Wohnung kann eine besondere Lage usw haben. Für Wohnungseigentum gibt es auch Immobilienrichtwerte aus dem Vergleichswertverfahren nach § 15 ImmoWertVO. Abweichungen individueller Merkmale vom fiktiven Normobjekt sind mit Zu- oder Abschlägen zu berücksichtigen. Auch → „Versicherungswert".

Zubehör: Man muss den Teilwert von Zubehör (§ 97 BGB) für die Berechnung bei der Grundbucheintragung vom Kaufpreis abziehen (OLG Oldenburg JurBüro 2013, 96).

Zusammenrechnung: Es ist möglich, dass man erst auf Grund mehrerer Einzelfaktoren und nicht schon auf Grund eines einzelnen einen ausreichenden Anhaltspunkt erhält. Insofern ist der aus den Einzelfaktoren entstehende Eindruck zusammenzusetzen. Soweit die Beteiligten verschiedene Angaben über den Verkehrswert machen und soweit man keine anderen Angaben erlangen kann, ist der niedrigere Wert anzusetzen. Es reicht auch aus, dass alle Beteiligten jedenfalls wegen des niedrigen Werts übereinstimmen. Im Zweifel ist also der niedrigere Wert maßgeblich, nicht etwa der höhere.

Zustand: Er ist maßgeblich (OLG München Rpfleger 2015, 732).

Zwangshypothek: → „Grundstücksbelastung".

Zwangsversteigerung: Ein Anhaltspunkt wird sich meist aus dem vor noch nicht allzu langer Zeit nach § 74a V ZVG festgesetzten Verkehrswert ergeben (OLG Naumburg 28.2.2017 – 12 Wx 51/16, BeckRS 2017, 150175, OLG Karlsruhe ZfIR 2016, 245). Ein höheres Meistgebot geht jedoch vor (KG Rpfleger 2009, 532; OLG Düsseldorf, RPfleger 2002, 592; OLG Stuttgart JurBüro 1990, 1493). Das gilt besonders beim längeren Zeitablauf seit der Wertermittlung (OLG Düsseldorf Rpfleger 2006, 342). Auch → „Grundbuchakten", → „Verkehrswert".

Sache bei Kauf

47 **[1]Im Zusammenhang mit dem Kauf wird der Wert der Sache durch den Kaufpreis bestimmt. [2]Der Wert der vorbehaltenen Nutzungen und der vom Käufer übernommenen oder ihm sonst infolge der Veräußerung obliegenden Leistungen wird hinzugerechnet. [3]Ist der nach den Sätzen 1 und 2 ermittelte Wert niedriger als der Verkehrswert, ist der Verkehrswert maßgebend.**

1 **I. Normstruktur (S. 1–3).** Die Vorschrift dient der Vereinfachung (OLG München Rpfleger 2015, 171). Sie setzt das Zustandekommen des Kaufvertrags voraus. Denn erst dann gibt es einen Kaufpreis, auf den sie ja abstellt. Sie gilt an sich für alle Geschäfte nach §§ 97 ff. Sie betrifft aber nur den Sachkauf, nicht stets den in §§ 49, 97 III geregelten Rechtskauf. Sie gilt auch bei einer freiwilligen Versteigerung nach § 116. Sie erfasst bewegliche Sachen wie unbewegliche. Sie gilt auch für das Miteigentum und grundstücksgleiche Rechte wie zB das Erbbau- oder Wohnungs- und Teileigentumsrecht, aber nicht für ein Dauerwohnrecht (dann gilt § 97 III). Sie gilt auch für eine Sachgesamtheit. Sie betrifft nicht nur die Beurkundung eines Kaufvertrags, sondern auch diejenige der Übereignung, insbesondere der Auflassung und Eintragung (BayObLGZ 1991, 418, OLG Hamm JurBüro 2007, 540). § 47 ist auf einen Überlassungs- und Teilungsvertrag entsprechend anwendbar, soweit es sich um einen Austausch gegen Geld handelt. Der Geschäftswert des Grundbucheintragungsverfahrens ist nicht mit dem des notariellen Beurkundungsverfahrens gleichzusetzen (Bachmayer BNotZ 2018, 241). **Unanwendbar** ist § 47 auf eine Zwangsversteigerung. Beim Kauf auf Rentenbasis gilt § 52.

2 **II. Kaufpreis (S. 1).** Der Einfachheit halber ist nach S. 1 beim Kauf einer beweglichen Sache, eines Grundstücks oder Kauf eines grundstücksgleichen Rechts (für dessen Bestellung gilt § 49) grundsätzlich der endgültige Kaufpreis für die Kostenberechnung maßgebend. Kaufpreis im Sinne des § 47 ist der Nennbetrag der Geldleistung des Käufers, wobei maßgeblich die zivilrechtliche Betrachtung ist, somit derjenige Geldbetrag, den der Käufer insgesamt leisten muss, um die Sache zu erhalten (LG Leipzig NotBZ 2020, 79).

3 **III. Hinzurechnung (S. 2).** Im Grundsatz handelt es sich um eine **Leistung zugunsten des Verkäufers.** Zum Kaufpreis ist der Wert einer solchen Nutzung hinzurechnen, die sich der Verkäufer vorbehält und die einen eigenen wirtschaftlichen Wert hat und nicht nur den Vertragszweck sichert. Ferner ist oft der Wert einer solchen Leistung hinzurechnen, die der Käufer übernommen hat oder kraft Gesetzes übernehmen muss. Es muss sich um eine solche Leistung handeln, die ebenso wie der Kaufpreis dem Verkäufer zugute kommt (OLG Stuttgart FGPrax 1997, 159), die also zu dem Nominalkaufpreis hinzuschlagen ist (OLG Hamm NVwZ-RR 2004, 811). Vgl. auch § 9 I Nr. 1 GrEStG.

4 **Nicht ausreichend** ist demgegenüber eine Leistung nur sich selbst gegenüber, zB bei der Errichtung eines Hauses (OLG Köln JurBüro 2000, 41).

5 **Keine Hinzurechnung** erfolgt natürlich nach → Rn. 11 „Anrechnung auf den Kaufpreis", auch dann, wenn die Partner solche Leistungen oder Nutzungsvorbehalte usw bereits bei der Bemessung des Kaufpreises berücksichtigt haben, wenn sie also eine Anrechnung vorgenommen haben (OLG Zweibrücken MittBayNot 1979, 38; aA *Kahlke* DNotZ 1983, 526). Solche Abgrenzung ist manchmal schwierig.

6 **IV. Vergleich mit dem Verkehrswert (S. 3).** § 47 ist eine Sonderregel gegenüber dem Grundsatz des § 46 I. Soweit daher der Kaufpreis niedriger als derjenige Wert ist, den man nach § 46 errechnen muss, ist der letztere Wert maßgeblich (OLG Karlsruhe Rpfleger 1987, 453, LG Leipzig NotBZ 2020, 79).

7 Der **nach § 46 berechnete Wert** ist also zB dann maßgebend, wenn der Kaufpreis nicht annähernd so hoch ist wie der wahre Verkehrswert im Zeitpunkt der Eintragung (BayObLG JurBüro 1996, 602; OLG Hamm NVwZ-RR 2004, 811; LG Bamberg JurBüro 1994, 759) oder wenn ein Notverkauf erfolgt, oder wenn der Verwandte das Grundstück dem Angehörigen zu einem unter dem Marktwert liegenden Preis verkauft (LG Regensburg JurBüro 1982, 117) oder

wenn ein alsbaldiger Weiterverkauf einen viel höheren Preis erbringt (OLG Düsseldorf MittBayNot 1994, 360; OLG München NJOZ 2016, 1839 = BeckRS 2016, 16430; LG Koblenz Rpfleger 1994, 237). Eine im Kaufvertrag vom Käufer übernommene wiederkehrende Leistung bestimmt beim Übersteigen des Grundstückswerts unmittelbar den Geschäftswert. Dabei darf man eine Altenteilsleistung höchstens mit dem Fünffachen ihres Betrags ansetzen. Bei einer Verrentung des Kaufpreises vgl. § 52.

Eine Kaufpreisbedingung des im Übrigen unbedingten Vertrags führt zur Berück- **8**
sichtigung des höheren Wertes (Korintenberg/Tiedtke Rn. 9). Jedoch bleibt S. 3 zu beachten (OLG Köln DNotZ 1975, 183).

Wenn der Verkäufer eines Grundstücks das **Zubehör** mitverkauft, ist sein Wert bei **9**
der Beurkundung alleine der Auflassung und bei der Grundbucheintragung abzuziehen (OLG München Rpfleger 2015, 171). Denn diese letzteren Vorgänge beziehen sich nur auf das eigentliche Grundstück. Auch eine längerfristige Stundung ist unabhängig von ihrer steuerlichen Behandlung unerheblich.

V. ABC: Beispiele zur Frage des Kaufpreises (S. 1)

Anliegerbeitrag: Nicht zu beachten ist grds. eine Verpflichtung zur Zahlung eines **10**
künftigen solchen Beitrags. Künftige Erschließungskosten hat ohnehin der Erwerber zu tragen. Übernimmt der Käufer jedoch rückständige Erschließungskosten oder solche aus Maßnahmen, die bis zum Vertragsschluss bautechnisch bereits begonnen sind, erfolgt eine vollständige Hinzurechnung. Zu beachten ist diese Verpflichtung ferner, wenn der Käufer sie zugunsten der Gemeinde ausdrücklich übernimmt. Denn der Verkäufer erwartet dann eine schnellere Parzellierung des Nachbargeländes, und insofern handelt es sich um eine privatrechtliche Verpflichtung. Insoweit sind 20 % der Vorauszahlung an die Stadt hinzuzurechnen (OLG Zweibrücken JurBüro 1998, 202; aA OLG Hamm FGPrax 1995, 125: voller Betrag; Hein Rpfleger 2015, 689) oder 10 % des beitragsfähigen Erschließungsaufwands, wenn der Erwerber die Erschließung selbst übernimmt.

Auflage: Vereinbaren die Parteien eine Auflage, kann dennoch der unverminderte Preis maßgebend sein (BayObLG Rpfleger 1986, 31; LG Hannover JurBüro 2003, 211 (zust. Bund)).

Bedingung: Vereinbaren die Parteien eine Bedingung, kann dennoch der unverminderte Preis maßgebend sein (BayObLG Rpfleger 1986, 31; LG Hannover JurBüro 2003, 211 (zust. Bund)). Evtl. erfolgt eine Schätzung anhand der Bedingungswirkungen (OLG Köln DNotZ 1975, 183).

Bruttopreis: Die bei einem Grundstücksverkauf anfallende Umsatzsteuer ist kein Teil des Kaufpreises, wenn keine abweichende Vereinbarung getroffen wurde (BGH MDR 2011, 350). Auch → „Umsatzsteuer".

Extrempreis: Zu beachten sein kann ausnahmsweise ein sehr hoher Weiterverkaufspreis (OLG Düsseldorf MittBayNot 1994, 360; LG Koblenz Rpfleger 1999, 237).

Fälligkeit: Sie ist grds. **nicht** maßgeblich (OLG Zweibrücken MDR 1994, 624).

Fördermittel: Da der Kaufpreis durch die vom Käufer aufzuwendenden Mittel bestimmt wird, führen von dritter Seite geleistete Mittel, die bei der durch den Käufer zu erbringenden tatsächlichen Leistung abgezogen werden, zu einem Vergleich nach Satz 3 (LG Leipzig NotBZ 2020, 79).

Mehrwertsteuer: → „Umsatzsteuer".

Nachteile: Der Kaufpreis umfasst bei einem Grundstück auch das Entgelt für irgendwelche Nachteile etwa bei der Bewirtschaftung (BayObLG Rpfleger 1992, 248).

Nettopreis: → „Bruttopreis".

Schätzung: Sie ist notfalls zulässig und notwendig. Es kommt dann darauf an, was der Käufer insgesamt leisten muss. § 46 ist jedenfalls mitanwendbar.

Stundung: Grundsätzlich gilt S. 1 (OLG Zweibrücken MDR 1994, 624). Eine extrem lange Stundung kann auf S. 2 hindeuten.

Umsatzsteuer: Sie ist grds. kein Teil des Kaufpreises. Optiert der Erwerber nach § 9 I UStG zur Umsatzsteuer, wird er unmittelbar Steuerschuldner, übernimmt aber keine vertragliche Verpflichtung gegenüber dem Verkäufer (OLG Düsseldorf, JurBüro 2008, 433). Auch → „Bruttopreis".

Vermessung: Eine spätere Vermessung ist maßgebend, falls die Parteien den Kaufpreis zunächst nur ungefähr oder quadratmeterbasiert angeben und eine solche Vermessung als maßgeblich vereinbaren.

Verrentung: Bei ihr gilt der nach § 52 kapitalisierte Betrag (LG Nürnberg JurBüro 1982, 430).

Vorvertrag: Sein Wert ist grds. ebenso hoch wie der Wert des beabsichtigten Hauptvertrags (OLG Düsseldorf Rpfleger 1994, 182 (vgl. aber wegen eines Ankaufrechts § 51)).

Weiterverkauf: Sein höherer Betrag mag auch für das frühere Geschäft maßgeblich sein (OLG München Rpfleger 2015, 171; OLG München Rpfleger 2015, 604; LG München I MDR 2011, 1268).

Wertänderung: Der Kaufpreis bleibt maßgeblich, kann sich aber zB durch eine Minderung ändern (BGH ZfIR 2018, 789).

Zinsen: Sie sind grds. **nicht** zu beachten (OLG Zweibrücken MDR 1994, 624).

VI. ABC: Beispiele zur Frage einer Hinzurechnung (S. 2)

11 **Anliegerbeitrag:** Eine Hinzurechnung **unterbleibt,** soweit es um die Regelung eines bei der Übernahme des Grundstücks noch nicht fälligen Anliegerbeitrags geht. Hinzuzurechnen sind jedoch rückständige Erschließungskosten sowie Erschließungskosten aus Maßnahmen, die bis zum Vertragsschluss bautechnisch begonnen sind, die jeweils der Käufer gegen § 426 I BGB übernimmt.

Anrechnung auf Kaufpreis: Eine Hinzurechnung **unterbleibt** grds., soweit man eine Leistung des Käufers auf den Kaufpreis anrechnen muss (wegen der Ausnahmen vgl. bei den übrigen Stichwörtern).

Anwartschaftsrecht: Eine Hinzurechnung erfolgt, soweit ein solches Recht einen eigenen aus dem Kaufvertrag erkennbaren wirtschaftlichen Wert hat (OLG Düsseldorf DNotZ 1978, 317; OLG Frankfurt Rpfleger 1977, 268).

Arbeitsplatzbeschaffung: Eine Hinzurechnung erfolgt, soweit sich der Käufer zur Erhaltung oder Schaffung von Arbeitsplätzen verpflichtet (LG Cottbus NJOZ 2017, 241; KG JurBüro 1995, 212; OLG Schleswig DNotZ 1994, 725 (je auch zur Wertberechnung); LG Fulda JurBüro 1992, 480).

Architektenvertrag: Eine Hinzurechnung erfolgt, soweit der Käufer in einen solchen Vertrag eintritt. Maßgeblich sind dann das Honorar oder eine etwaige Vertragsstrafe.

Baukostenzuschuss: → „Nießbrauch".

Bauplan: Man muss den miterworbenen Bauplan meist hinzurechnen (BayObLG JurBüro 1995, 320).

Bauverpflichtung: Eine Hinzurechnung erfolgt anhand §§ 36 I, 50 Nr. 3 grds., soweit der Käufer eine mitbeurkundete Bauverpflichtung übernommen hat (BGH NJW 2006, 1136; OLG Hamm NVwZ-RR 2004, 812). Die „negative" Bauverpflichtung kann auch in einer Sanktion liegen (OLG Karlsruhe FGPrax 2006, 39).

Bebauungsrecht: Beim bloßen solchen Recht **unterbleibt** eine Hinzurechnung (KG JurBüro 1998, 374).

Belastungsverbot: Eine Hinzurechnung erfolgt, soweit es sich bei ihm um eine selbständige Leistung mit einem aus dem Kaufvertrag erkennbaren eigenen wirtschaftlichen Wert handelt (BayObLG FGPrax 1999, 78). Der Umfang richtet sich nach § 50 Nr. 1.

Bodenertrag: → „Nießbrauch".

Dienstbarkeit: Eine Hinzurechnung erfolgt, soweit der Käufer eine beschränkte persönliche Dienstbarkeit übernimmt, es sei denn, der Verkäufer müsste sie vertraglich beseitigen. Aber auch → „Grunddienstbarkeit".

Dienstvertrag: Eine Hinzurechnung **unterbleibt,** soweit der Käufer in einen Dienst- oder Liefervertrag eintritt.

Eigentümergrundschuld: Eine Hinzurechnung **unterbleibt,** soweit der Käufer gleichzeitig eine Eigentümergrundschuld oder eine nicht valutierende Hypothek des Verkäufers ohne eine Anrechnung auf den Kaufpreis übernimmt (OLG Frankfurt Rpfleger 1977, 267).

Energielieferung: Sie richtet sich **nicht** nach S. 2, sondern nach § 36 I (OLG Hamm FGPrax 2016, 185).

Erbbaurecht: Eine Hinzurechnung **unterbleibt,** soweit es um ein Erbbaurecht geht. Auch → „Erbbauzins".

Erbbauzins: Eine Hinzurechnung **unterbleibt,** soweit es um den Erbbauzins geht. Die Übernahme des Erbbauzinses ist keine dem Verkäufer aus der Übertragung zufließende Gegenleistung (OLG Oldenburg JurBüro 1980, 1557; OLG Schleswig JurBüro 1979, 754; OLG Zweibrücken MittBayNot 1979, 38; aA *Kahlke* DNotZ 1983, 526). Auch → „Erbbaurecht".

Erschließungskosten: siehe „Anliegerbeitrag"

Finanzierungsvollmacht: Eine Hinzurechnung **unterbleibt,** soweit es um eine solche zur Bestellung eines Grundpfandrechts über die Kaufpreishöhe geht (§ 109 Abs. 1 Satz 4 Nr. 1; KG JurBüro 1991, 1361).

Gebrauchsrecht: Eine Hinzurechnung erfolgt, soweit der Verkäufer das Recht behält, einzelne Sachen oder deren Teile zu gebrauchen. Vgl. auch § 50 Nr. 2.

Genehmigungskosten: Eine Hinzurechnung kann in ihrem Umfang erfolgen müssen.

Getränkelieferungsvertrag: Eine Hinzurechnung **unterbleibt** idR, soweit der Käufer mit der Gaststätte einen Getränkelieferungsvertrag übernimmt..

Grunddienstbarkeit: Eine Hinzurechnung **unterbleibt,** soweit es um eine Grunddienstbarkeit geht. Aber auch → „Dienstbarkeit".

Grunderwerbsteuer: Die Grunderwerbsteuer obliegt dem Käufer aufgrund gesetzlicher Vorschrift und wird daher nicht hinzugerechnet.

Grundpfandrecht: Eine Hinzurechnung erfolgt, wenn überhaupt, nur mit seinem tatsächlichen derzeitigen Restwert (BGH JurBüro 2006, 262 (krit. *Schmidt*)). Eine Vollstreckungsunterwerfung ist nicht zu berücksichtigen (§ 109 Abs. 1 Satz 4 Nr. 1, 4; KG JurBüro 1975, 805).

Grundschuld: → „Eigentümergrundschuld".

Hypothek: → „Eigentümergrundschuld".

Investitionsverpflichtung: Eine Hinzurechnung erfolgt, soweit der Käufer eine solche Investitionsverpflichtung übernimmt, deren Wert nach § 50 Nr. 4 zu bestimmen ist.

Löschungskosten: Eine Hinzurechnung kann in ihrem Umfang erfolgen müssen, wenn der Käufer dem Verkäufer nach § 448 Abs. 1 BGB obliegende Übergabekosten übernimmt.

Maklerprovision. Dazu Wudy NotBZ 2013, 201. Eine Hinzurechnung erfolgt nur, soweit der Käufer eine an sich vom Verkäufer geschuldete Maklerprovision als einen Bestandteil des Kaufpreises übernimmt (OLG Oldenburg JurBüro 1994, 354; OLG Schleswig DNotZ 1983, 65; LG Nürnberg JurBüro 1982, 430; Bachmayer NotBZ 2018, 241). Der Notar hat nach § 86 II die Verschiedenheit des Beurkundungsgegenstands zu prüfen.

Mietvertrag: Eine Hinzurechnung erfolgt, soweit der Verkäufer das Recht behält, Miete über die Übergabe hinaus einzubehalten. Eine Hinzurechnung **unterbleibt,** soweit der Käufer in ein Miet- oder Pachtverhältnis eintritt (OLG Stuttgart FGPrax 1997, 159).

Miteigentum: Beim Verkauf eines Miteigentums erfolgt eine Berechnung nach einem Bruchteil. Das gilt auch dann, wenn die anderen Miteigentümer an einen der Miteigentümer verkaufen.

Nießbrauch: Eine Hinzurechnung erfolgt, soweit der Käufer einen Nießbrauch übernimmt (OLG München JurBüro 2016, 200 (nennt irrig S. 1)), es sei denn, der Verkäufer müsste ihn vertraglich beseitigen. Vgl. auch § 50 Nr. 2.

Nutzungsrecht: → „Gebrauchsrecht". Vgl. auch § 50 Nr. 2.

Öffentliche Förderung: Eine Hinzurechnung **unterbleibt,** soweit der Käufer auf seine eigene Rechnung eine Bebauung planen und behördlich genehmigen lässt und eine öffentliche Förderung erwirkt (KG Rpfleger 1985, 377).

Öffentliche Last: Eine Hinzurechnung **unterbleibt,** soweit es sich um eine öffentliche Last handelt (Ausnahme: Rückstände).

Optionsrecht: → „Anwartschaftsrecht"

Patronatslast: Eine Hinzurechnung erfolgt, soweit der Käufer eine Patronatslast übernimmt (LG Brandenburg JurBüro 1994, 759).

Persönliche Haftung: Eine Hinzurechnung erfolgt, soweit der Käufer eine solche dingliche Belastung übernimmt, für die er außer der Anrechnung auf den Kaufpreis auch die bisher den Verkäufer belastende persönliche Haftung übernimmt, soweit der Käufer den Verkäufer also von der persönlichen Haftung befreit. Dann ist es unerheblich, ob der Gläubiger diese Schuldübernahme später genehmigt (OLG Frankfurt Rpfleger 1977, 268).

Raumbenutzungsrecht: Eine Hinzurechnung erfolgt, soweit der Verkäufer sich die Weiterbenutzung von Räumen vorbehält. Vgl. auch § 50 Nr. 2.

Reallast: Eine Hinzurechnung erfolgt, soweit der Käufer eine Reallast übernimmt, es sei denn, der Verkäufer müßte sie vertraglich beseitigen.

Restgrundstück: Eine Hinzurechnung erfolgt, soweit der Käufer eine Entschädigung für Nachteile infolge der Erschwerung der Bewirtschaftung eines nicht mitgekauften Restgrundstücks zahlt (BayObLGZ 1991, 418). Sie erfolgt auch, sofern der Erwerber dem Veräußerer ein Zugangsrecht (zB in Form einer Dienstbarkeit) einräumt (Bachmayer NotBZ 2018, 241).

Rückkaufsrecht: → „Wiederkaufsrecht".

Rückstände: Eine Hinzurechnung erfolgt, soweit der Käufer den Verkäufer von Rückständen befreien muss.

Rücktrittsvorbehalt: → „Bauverpflichtung".

Schuldübernahme: Eine Hinzurechnung erfolgt, soweit der Käufer eine Schuld des Verkäufers übernimmt. Freilich darf das **nicht** schon im Kaufpreis stecken, wie durchweg beim Kauf etwa eines Erbbaurechts → „Erbbauzins".

Sicherung der Vertragsdurchführung: Eine Hinzurechnung **unterbleibt,** soweit ein solches Recht, das der Käufer dem Verkäufer einräumt, nur der Sicherung der Durchführung des Kaufvertrages dient.

Sozialbindung: Eine Hinzurechnung **unterbleibt** bei Maßnahmen oder Umständen der Sozialbindung. Denn sie mindern meist den Wert.

Umsatzsteuer: Eine Hinzurechnung **unterbleibt** (BGH MDR 2011, 350, OLG Düsseldorf JurBüro 2008, 433; OLG Hamm FGPrax 2007, 241; OLG Zweibrücken NJW-RR 2009, 518). Es handelt sich um eine gesetzliche Pflicht allein des Käufers ohne Vorteil für den Verkäufer. Hinsichtlich der Beurkundung einer Umsatzsteueroption siehe § 110 Nr. 2c) zum Verzicht des Verkäufers auf die Umsatzsteuerbefreiung.

Unverzinslichkeit: Eine Hinzurechnung **unterbleibt,** soweit es um die Unverzinslichkeit des Kaufpreises geht. Denn sie mindert den Wert grds. nicht.

Valutierung: Eine Hinzurechnung **unterbleibt,** soweit keine Valutierung mehr vorliegt.

Veräußerungsverbot: Eine Hinzurechnung erfolgt, soweit es sich bei ihm um eine selbständige Leistung mit einem eigenen wirtschaftlichen Wert handelt (BayObLG FGPrax 1999, 78; OLG Karlsruhe FGPrax 2006, 40). Bewertung nach § 50 Nr. 1.

Vermessungskosten: Eine Hinzurechnung erfolgt, soweit der Käufer sie entgegen § 448 BGB übernommen hat (LG Bremen BeckRS 2020, 4227).

Vermittlungsprovision: → „Maklerprovision".

Vorkaufsrecht: Eine Hinzurechnung erfolgt, soweit das Vorkaufsrecht einen aus dem Kaufvertrag erkennbaren eigenen wirtschaftlichen Gegenwert für den Verkäufer darstellt (OLG Frankfurt BeckRS 2017, 141310; OLG Düsseldorf DNotZ 1978, 371; OLG Frankfurt Rpfleger 1977, 268; OLG Zweibrücken JurBüro 2000, 428).

Eine Hinzurechnung **unterbleibt,** soweit der Käufer eine Belastung des Verkäufers mit einem Vorkaufsrecht des Eigentümers übernimmt (OLG Frankfurt Rpfleger 1977, 268) oder wenn der Beurkundungsgegenstand derselbe bleibt (OLG Hamm FGPrax 2016, 41).

Wiederkaufsrecht: → „Vorkaufsrecht"

Zinsen: → „Erbbauzins", → „Unverzinslichkeit"

Zwangsvollstreckung: Eine Hinzurechnung **unterbleibt** für den Notar, soweit es nur um die Unterwerfung unter die sofortige Zwangsvollstreckung wegen des Kaufpreises geht (§ 109 I S. 4 Nr. 4; KG JurBüro 1975, 805).

Land- und forstwirtschaftliches Vermögen

48 **I** [1] **Im Zusammenhang mit der Übergabe oder Zuwendung eines land- oder forstwirtschaftlichen Betriebs mit Hofstelle an eine oder mehrere natürliche Personen einschließlich der Abfindung weichender Erben beträgt der Wert des land- und forstwirtschaftlichen Vermögens im Sinne des Bewertungsgesetzes höchstens das Vierfache des letzten Einheitswerts, der zur Zeit der Fälligkeit der Gebühr bereits festgestellt ist, wenn**

1. die unmittelbare Fortführung des Betriebs durch den Erwerber selbst beabsichtigt ist und
2. der Betrieb unmittelbar nach Vollzug der Übergabe oder Zuwendung einen nicht nur unwesentlichen Teil der Existenzgrundlage des zukünftigen Inhabers bildet.

[2] **§ 46 Absatz 3 Satz 2 gilt entsprechend.** [3] **Ist der Einheitswert noch nicht festgestellt, so ist dieser vorläufig zu schätzen; die Schätzung ist nach der ersten Feststellung des Einheitswerts zu berichtigen; die Frist des § 20 Absatz 1 beginnt erst mit der Feststellung des Einheitswerts.** [4] **In dem in Artikel 3 des Einigungsvertrages genannten Gebiet gelten für die Bewertung des land- und forstwirtschaftlichen Vermögens die Vorschriften des Dritten Abschnitts im Zweiten Teil des Bewertungsgesetzes mit Ausnahme von § 125 Absatz 3; § 126 Absatz 2 des Bewertungsgesetzes ist sinngemäß anzuwenden.**

II Weicht der Gegenstand des gebührenpflichtigen Geschäfts vom Gegenstand der Einheitsbewertung oder vom Gegenstand der Bildung des Ersatzwirtschaftswerts wesentlich ab oder hat sich der Wert infolge bestimmter Umstände, die nach dem Feststellungszeitpunkt des Einheitswerts oder des Ersatzwirtschaftswerts eingetreten sind, wesentlich verändert, so ist der nach den Grundsätzen der Einheitsbewertung oder der Bildung des Ersatzwirtschaftswerts geschätzte Wert maßgebend.

III Die Absätze 1 und 2 sind entsprechend anzuwenden für die Bewertung
1. eines Hofs im Sinne der Höfeordnung und
2. eines landwirtschaftlichen Betriebs in einem Verfahren aufgrund der Vorschriften über die gerichtliche Zuweisung eines Betriebs (§ 1 Nummer 2 des Gesetzes über das gerichtliche Verfahren in Landwirtschaftssachen), sofern das Verfahren mit der Zuweisung endet.

Schrifttum: Bruschke, Der neue Grundsteuerwert für die Land- und Forstwirtschaft, ErbStB 2022, 78.

I. Anwendungsbereich (I–III). Die Vorschrift dient der Erhaltung leistungsfähiger Hofbetriebe (BayObLGZ 2001, 140). Die Regelung ist verfassungsgemäß (BVerfG NJW 1996, 1463; OLG Düsseldorf MDR 1991, 997; LG Bad Kreuznach JurBüro 1996, 484). Sie enthält eine eng auszulegende vorrangige Sonderregel (BayObLGZ 1994, 110; OLG Köln Rpfleger 1991, 525; Lüdtke-Handjery NJW 1989, 2870). Sie erfasst jede Art von „Zuwendung", soweit ein Betrieb mit einer Hofstelle vorliegt (BayObLG FGPrax 1999, 35; OLG Stuttgart DNotZ 1995, 786; aA BayObLGZ 1998, 340; OLG Düsseldorf DNotZ 1993, 763; (je zum alten Recht)). Er muss auch von der Hofstelle aus erfolgen (OLG München FamRZ 2011, 840). Es darf kein nach §§ 46, 47 bewertbarer Gewerbebetrieb vorliegen, → „Großbetrieb". § 48 ist auch im Beschwerdeverfahren anwendbar. „Zuwenden" ist ein weiter Begriff. 1

Es muss um den Betrieb **insgesamt** gehen (BayObLG FGPrax 2000, 210; OLG Köln Rpfleger 1991, 525). Man darf § 48 auch nicht durch die Heranziehung allgemeiner Grundsätze unterlaufen, BayObLGZ 1990, 111. Der Wert nach I–III gilt auch für den vor der Übergabe festgestellten Einheitswert, wenn der Pächter die Tierhaltung verstärkt hat (OLG Oldenburg JurBüro 1991, 393). 2

Der in I genannte **vierfache Einheitswert** gilt nur bei einem Vermögen im Sinn des BewG. Er gilt auch bei einer gesetzlichen Erbfolge (BayObLGZ 1992, 264). 3

Dann muss man für die Fortführungsabsicht auf den Willen eines oder der Erben abstellen (BayObLGZ 1992, 264 (266); LG Marburg Rpfleger 1991, 107).

4 **II. Rechtsfolge.** Ansatzpunkt ist § 46 III Nr. 3, wonach bei der Bestimmung des Verkehrswerts eines Grundstücks auch für Zwecke der Steuererhebung festgesetzte Werte herangezogen werden können. Dadurch wird neben den Anhaltspunkten nach § 46 Abs. 2, Abs. 3 Nr. 1 und 2 ein für den Kostenansatz eindeutiger, leicht zu ermittelnder Wert als **Höchstgrenze** eingeführt..

5 Durch das Grundsteuerreformgesetz wurde § 19 BewG gestrichen. In seiner Funktion wurde er durch § 219 BewG (Grundsteuerwerte für inländischen Grundbesitz, und zwar für Betriebe der Land- und Forstwirtschaft) ersetzt, ohne dass im GNotKG auf eine der beiden Normen konkret verwiesen wird.

Solange die **steuerlichen Werte** auf der Basis von 1964 gebildet wurden, ergab sich die Privilegierung in der Nebensache und rechtlich aus § 48. De facto bestand die Privilegierung darin, dass die nach § 46 III Nr. 3 heranziehbaren Werte grob untersetzt waren. Geht man davon aus, dass die Hauptfestsetzung steuerlicher Werte für (land- und forstwirtschaftlichen) Grundbesitz näher am Verkehrswert liegt, wird sich durch die Anwendung von § 48 kaum noch eine Privilegierung ergeben:

6 Beispiel: Für ein land- oder forstwirtschaftliches Grundstück ergibt sich ein Wert nach Angaben der Beteiligten von 125.000 EUR, bei einem festgesetzten Einheitswert (auf neuer Basis 2022 vor der Grundsteuerreform) von 100.000 EUR. Die Regelung des § 48 für bestimmte Geschäfte würde den Wert dann auf den vierfachen Einheitswert – 400.000 EUR – begrenzen. Es verbliebe also bei 125.000 EUR, dem Wert nach § 46.

7 Bei der Neuregelung der Erhebung der Grundsteuer eröffnet die im Grundgesetz verankerte sog. „Länderöffnungsklausel" des Art. 72 III S. 1 Nr. 7 GG den einzelnen Bundesländern, vom Bundesrecht abweichende Regelungen zu schaffen. Später als das Grundsteuerreformgesetz (GrStRefG 26.11.2019, BGBl. I 1794) erlassene **landesrechtliche Regelungen** gehen dem Bundesrecht demnach vor, denn bei der Grundsteuer handelt es sich um eine verfassungsrechtlich gesicherte Abweichungsgesetzgebungskompetenz (IWW Institut, AStW 2022, 400).

III. Beispiele zur Frage einer Betriebszuwendung usw (I–II)

8 **Abfindungsvertrag:** § 48 ist anwendbar.

Altenteil: → „Hofstelle".

Altershilfe für Landwirte: Der Betrieb ist idR ausreichend leistungsfähig, wenn er die nach § 1 Abs. 5 ALG angegebene Mindestgröße überschreitet (OLG München ZNotP 2006, 409; → „Mindestgröße".

Bauland: Nicht ausreichend ist ein solcher Grundbesitz, der nur als Bauland dient oder dienen soll (BayObLG MittBayNot 1997, 312; Bengel DNotZ 1999, 772).

Betreuung: Eine Fortführung kann bei einer Tätigkeit des Gerichts im Rahmen einer Betreuung oder Vormundschaft vorliegen (BayObLG JurBüro 1991, 1524).

Betrieb: Ob ein landwirtschaftlicher Betrieb vorliegt, kann sich nach § 33 I, II BewG und dem darauf beruhenden Einheitswertbescheid richten (OLG Stuttgart DNotZ 1995, 787).

Biogasanlage: § 48 ist dann **unanwendbar,** wenn der Ertrag nur der Energieerzeugung im Betrieb dient.

Eigentum: Der Betrieb muss dem Übertragenden gehören (BayObLG FGPrax 1996, 79; OLG Frankfurt NJOZ 2009, 4772). Hinsichtlich zugleich von dritter Seite übertragener Flächen ist maßgeblich, dass der übertragene Grundbesitz insgesamt eine wirtschaftliche Einheit darstellt und dieser – unabhängig von den Eigentumsverhältnissen – der wirtschaftlichen Leistungsfähigkeit und dem Fortkommen des Betriebes dient (LG Arnsberg AUR 2020, 107).

Einbringung in Gesellschaft: → „Fortführung".

Einheitswert: Er bildet bei der Hofübergabe nach § 12 II HöfeO die Grundlage. Die Höhe einer Abfindung ergibt nur bedingt eine weitere.

Erbschaft: Ausreichen kann es, dass die gesetzliche Erbfolge dasselbe erreichen soll (BayObLG JurBüro 1993, 229) oder dass der Erbe einen bisher nicht unter § 48 fallenden Besitz nun als einen land- oder forstwirtschaftlichen Betrieb weiterführt (LG Münster AgrarR 2001, 327).

Ersatzwirtschaftswert: Es gilt II. Er ist nach I 2 notfalls zu schätzen. Bei II tritt ein sog. Ersatzwirtschaftswert ein.

Ertrag: → „Existenzgrundlage".

Existenzgrundlage: Der Betrieb muss (jetzt) nach I 1 Nr. 2 unmittelbar nach Übergabe oder Zuwendung objektiv gerade dem konkreten Inhaber als nicht nur unwesentlicher Teil der Existenzgrundlage dienen können. Auch → „Förderprogramm", „Fortführung".

Fischereirecht: Es kann ein solches mit einer Landwirtschaft verbundenes Recht reichen. Das gilt zB auch bei einer Fischteichwirtschaft.

Förderprogramm: Nicht ausreichend ist ein solcher Betrieb, der in ein staatliches Förderungsprogramm eingebunden besteht und nur anderen als privaten Erwerbszielen dient, zB nur der Landschaftspflege (BayObLG NJWE-FER 1997, 139).

Fortführung: Es ist (jetzt) nach I 1 Nr. 1 erforderlich und ausreichend, dass man die unmittelbare Fortführung durch den Erwerber selbst beabsichtigt.

– **(Betreuung):** → „Betreuung".
– **(Betriebsgröße):** → „– (Verwalter)".
– **(Dieselbe Familie):** Die unmittelbare Fortführung muss (jetzt) nach I 1 Nr. 1 der Erwerber selbst beabsichtigen.
– **(Erbschaft):** → „Erbschaft".
– **(Gastwirtschaft):** → „– (Hof und Gastwirtschaft)".
– **(Hof und Gastwirtschaft):** Ausreichen kann dieser Fall (BayObLG FGPrax 2000, 210).
– **(Kleinbetrieb):** Ausreichen kann er, falls er einen nicht unerheblichen Teil des Familieneinkommens erzielt (BayObLG NJW-RR 2001, 1366).
– **(Nebenerwerb):** Auch Nebenerwerbsbetriebe fallen grundsätzlich unter die Privilegierung (OLG Hamm BeckRS 2021, 23663; OLG Hamm NJW-RR 2001, 1367; aA AG Schopfheim AgrarR 1997, 136).
– **(Nutzungsrecht usw):** Ausreichen kann die Fortführung bei einem solchen Recht des Übergebers und einer Verpachtung an ihn (AG Schopfheim AgrarR 1997, 136).
– **(Verpachtung):** Ausreichen können zB: Eine Verpachtung an den Übergeber (AG Schopfheim AgrarR 1997, 136); eine Verpachtung an die Ehefrau des Übernehmers (BayObLG JurBüro 1998, 41) oder an einen Abkömmling (OLG Nürnberg JurBüro 2017, 132); eine krankheitsbedingte vorübergehende Verpachtung (OLG Hamm AgrarR 1995, 184; aA BayObLG MittBayNot 1994, 359).
– **(Vormundschaft):** → „Betreuung".

Gärtnerei: Eine solche mit Gewächshäusern kann reichen (BayObLGZ 1994, 95).

Gesellschaft: Eine „gleitende" Übergabe (BGB-Gesellschaft zwischen Übergeber und Übernehmer) erfordert eine klare Nachfolgeregelung (BayObLG JurBüro 1999, 600). Eine Fortführung durch eine Gesellschaft bürgerlichen Rechts, die aus den Söhnen des Übergebers besteht, ist nicht begünstigt (LG Stralsund AUR 2020, 222). Auch → „Fortführung".

Großbetrieb: Er kann nach §§ 46, 47 zu bewerten sein, → Rn. 1 (LG Ingolstadt JurBüro 1993, 40; aA BayObLG MittBayNot 1994, 358; OLG Oldenburg JurBüro 1994, 359 (aber das passt nicht zum Zweck von § 48)).

Hof: Es gilt II Nr. 1.

Hofstelle: Es muss eine für eine bäuerliche Familie geeignete Wohnung vorhanden sein (BGH NJW-RR 1998, 1627; BayObLG FGPrax 2000, 210; OLG Stuttgart DNotZ 1995, 786). Ein Wohngebäude zählt auch dann nach § 48, wenn es als ein Neubau die Betriebszugehörigkeit nicht einfach erkennen lässt (BFH DB 1990, 1700) oder wenn das Wohngebäude und der Betrieb nacheinander übergehen (BayObLG AgrarR 2001, 256). Auch ein Altenteilshaus zählt zur Hofstelle (LG Traunstein MittBayNot 1992, 420). Die Hofstelle und der Grundbesitz müssen eine organisatorische und wirtschaftliche Einheit darstellen. Die Übertragung eines einzelnen Gebäudes muss mit der Hofnachfolge in einem engen Zusammenhang stehen (OLG Köln Rpfleger 1991, 525). Beim Hofbegriff war nach der Höfeordnung der vom Finanzamt ermittelte Wirtschaftswert maßgeblich (BGH NJW 2011, 2133). Ein Hofvermerk ist nicht erforderlich (OLG Celle FGPrax 2018, 92).

Unanwendbar ist § 48 im Verfahren auf eine Feststellung des Fehlens der Hofeigenschaft (OLG Celle RdL 2000, 193 = BeckRS 2000, 30107895) und im Hoferbenfeststellungsverfahren nach § 11 Abs. 1g HöfeVfO (OLG Oldenburg, RdL 2022, 47 = BeckRS 2021, 47477, Rn. 100).

Jagdrecht: Es kann ein solches mit einer Landwirtschaft verbundenes Recht reichen.

Juristische Person: → „Natürliche Person".

Landschaftspflege: → „Förderprogramm".

Mindestgröße: → „Untergrenze".

Natürliche Person: Der Erwerber muss eine oder mehrere natürliche Person(en) sein.

Nebenberuf: → „Existenzgrundlage".

Nießbrauch: → „Fortführung".

Nutzungsrecht: → „Fortführung".

Obergrenze: Sie ist nicht nötig (OLG Oldenburg JurBüro 1994, 359; aA LG Itzehoe Rpfleger 1993, 215 (über 88,9 ha)).

Pacht: → „Fortführung", → „Untergrenze".

Pensionstierhaltung: Es kann eine solche nach § 51 BewG als Landwirtschaft einstufbare Tierhaltung reichen (OLG München MittBayNot 2004, 369; OLG Stuttgart RdL 2008, 275 (je dort verneint)).

Pflegschaft: Nicht ausreichend ist eine solche Pflegschaft, die sich auf eine Aufenthaltsbestimmung und auf die jeweilige Zuführung zum Arzt beschränkt (LG Passau JurBüro 1992, 616).

Sägewerk: Es kann reichen.

Schenkung: Sie reicht **nicht** (BayObLG AgrarR 1994, 330).

Stilllegung: Unschädlich ist eine vorübergehende Stilllegung dann, wenn eine grundsätzliche Absicht der Fortführung besteht (OLG Celle RdL 2000, 193; LG Münster FamRZ 2001, 1472; LG Traunstein MittBayNot 1992, 420). **Schädlich** ist eine endgültige Stilllegung (LG Traunstein JurBüro 1993, 359).

Unklarheit: Bei ihr muss der Notar nachfragen (OLG München FGPrax 2006, 181).

Untergrenze: Eine bestimmte Untergrenze besteht grds. nicht (BayObLG NJW-RR 2001, 1366; OLG Oldenburg JurBüro 1994, 359; aA LG Ingolstadt JurBüro 1993, 40 (ca. 100 ha)). Es muss aber ein angemessener Rohertrag erreichbar sein (OLG Zweibrücken MittBayNot 1996, 401). Zur Mindestgröße OLG Hamm BeckRS 2021, 23663 mwN. Sie gilt nicht bei einer Sonderkultur (BayObLG MittBayNot 1994, 358). Es ist auf den Einzelfall abzustellen (BayObLG FamRZ 1997, 831). Eine Zupacht ist zu berücksichtigen (OLG München MittBayNot 2006, 353). Eine Abtrennung ist dann unschädlich, wenn die Mindestgröße fortbesteht (OLG Düsseldorf JurBüro 1991, 563).

Verlängerungsverlangen: Im gerichtlichen Verfahren über ein Verlängerungsverlangen nach § 595 VI BGB wird der Anspruch anhand von § 52 bewertet (OLG Karlsruhe JurBüro 2022, 188 = BeckRS 2022, 3777), denn § 48 setzt Übergabe oder Zuwendung von Vermögen voraus, → Eigentum.

Vormundschaft: Eine Fortführung kann bei einer Tätigkeit des Gerichts im Rahmen einer Vormundschaft liegen (BayObLG JurBüro 1991, 1524).

Weiterverkauf: § 48 ist auch dann anwendbar, wenn man von vornherein eine Weiterveräußerung eines wesentlichen Teils des übertragenen Grundbesitzes einschließlich der Hofstelle vorgesehen hatte und wenn sie dann auch erfolgt ist (aA OLG Düsseldorf JurBüro 1991, 563). **Nicht** ausreichend ist eine Veräußerung nur in einer Gewinnabsicht.

Wohnvorteil Der Wohnvorteil ist bei der Berechnung des nicht nur unwesentlichen Beitrags zur Existenzgrundlage zu berücksichtigen (OLG Hamm BeckRS 2021, 23663).

Zuweisung: Es gilt II Nr. 2.

Grundstücksgleiche Rechte

49 **I Die für die Bewertung von Grundstücken geltenden Vorschriften sind auf Rechte entsprechend anzuwenden, die den für Grundstücke geltenden Vorschriften unterliegen, soweit sich aus Absatz 2 nichts anderes ergibt.**

II Der Wert eines Erbbaurechts beträgt 80 Prozent der Summe aus den Werten des belasteten Grundstücks und darauf errichteter Bauwerke; sofern die Ausübung des Rechts auf eine Teilfläche beschränkt ist, sind 80 Prozent vom Wert dieser Teilfläche zugrunde zu legen.

I. Anwendungsbereich (I, II). Eine reine Bewertungsvorschrift. Sie kommt nicht zur Anwendung, wenn es um die Verlängerung der Laufzeit eines Erbbaurechts geht (OLG Frankfurt ErbbauZ 2022, 53). 1

II. Grundstücksgleiches Recht (I). Diese Vorschrift erfasst jedes dingliche Recht, das man rechtlich wie ein Grundstück behandeln muss. Dazu gehört vor allem das Erbbaurecht mit seiner Variante des Wohnungserbbaurechts. In diesem Fall gilt I gegenüber der vorrangigen Regelung des II nur hilfsweise, wie I aE erklärt. Andere Rechte nach I sind: Das Bergwerkseigentum; ein Kux; ein Pfandrecht an einem Kuxschein. 2

Wert ist bei I der Grundstückswert nach §§ 46 ff. vorbehaltlich II. 3

III. Erbbaurecht (II). Hier gilt für das gesamte Recht nach **II Hs. 1** 80 % der Summe des belasteten, nach §§ 46 ff. errechenbaren Grundstücks sowie der etwa darauf errichteten Bauwerke. Bei einer bloßen Teilfläche nach **II Hs. 2** nur vom Wert dieser Teilfläche. Da die Gesetzesworte „und darauf errichteter Bauwerke" nur in Hs. 1 stehen, kommt es auf die konkrete Belegenheit eines Bauwerks an. Das muss man beim Wohnungserbbaurecht dahin verstehen, dass natürlich vom Wohnungswert auszugehen ist. 4

Diese Vorschrift ist auch dann maßgeblich, wenn der Wert des Erbbaurechts inzidenter zu ermitteln ist, weil sich aus ihm nach § 51 I 2 der Wert des Vorkaufsrechts am Erbbaurecht ableitet (OLG München ZfIR 2019, 92; OLG München MDR 2021, 228; OLG Hamm BeckRS 2021, 44739). Für den Zeitpunkt der Errichtung von Bauwerken auf dem Erbbaugrundstück ist auf § 59 abzustellen (LG Münster BeckRS 2020, 20294). Eine künftige Bebauung wird hier also nicht berücksichtigt. 5

Bestimmte schuldrechtliche Verpflichtungen

50 **Der Wert beträgt bei einer schuldrechtlichen Verpflichtung**

1. über eine Sache oder ein Recht nicht oder nur eingeschränkt zu verfügen, 10 Prozent des Verkehrswerts der Sache oder des Werts des Rechts;
2. zur eingeschränkten Nutzung einer Sache 20 Prozent des Verkehrswerts der Sache;
3. zur Errichtung eines Bauwerks, wenn es sich um
   a) ein Wohngebäude handelt, 20 Prozent des Verkehrswerts des unbebauten Grundstücks,
   b) ein gewerblich genutztes Bauwerk handelt, 20 Prozent der voraussichtlichen Herstellungskosten;
4. zu Investitionen 20 Prozent der Investitionssumme.

I. Anwendungsbereich. Geregelt wird die Bewertung bestimmter schuldrechtlicher Verpflichtungen. Die Auflistung ist nicht abschließend. Andere Käuferverpflichtungen sind gegebenenfalls gesondert zu ermitteln und gem. § 47 S. 2 hinzuzurechnen (OLG Hamm RNotZ 2016, 478). Hiervon zu unterscheiden sind Verfügungsbeschränkungen gemäß § 51 II, welche dinglich wirken. Werden zur Sicherung nach § 51 zu bewertende Rechte bestellt siehe § 109. 1

II. Regelungsgehalt im Einzelnen. Nr. 1 betrifft schuldrechtlich vereinbarte Verfügungsverbote, nach denen Veräußerungen oder Belastungen einer Sache oder eines Rechts ohne Zustimmung eines anderen nicht erfolgen dürfen. Derartige Verbote finden sich oft in Kaufverträgen von der öffentlichen Hand, insbesondere im Rahmen des sogenannten „Einheimischenmodells" (BayObLG MittBayNot 1999, 492). Wenn diese Verbote in Gestalt eines Vorkaufsrechts oder einer Rückauflassungsvormerkung abgesichert werden, ohne dass diesen ein eigener wirtschaftlicher Wert für den Verkäufer zukommt, ergibt sich für den Notar ein einheitlicher Beur- 2 kundungsgegenstand nach § 109 und eine Bewertung ausschließlich nach Nr. 1 (OLG Hamm MDR 2015, 1328; *Tiedtke* DNotZ 2016, 576).

3 **Nr. 2** betrifft u. a. Verpflichtungen eines Käufers, das von ihm zu errichtende Gebäude für einen bestimmten Zeitraum selbst oder mit nahen Angehörigen zu bewohnen. Zwar wird die Verletzung derartiger Verpflichtungen häufig durch ein Rückkaufsrecht sanktioniert, dies ist aber nicht zwingend.

4 **Nr. 3** betrifft schuldrechtliche Bauverpflichtungen. Bauverpflichtungen sind danach nicht eigenständig zu bewerten, wenn sie bereits Teil eines dinglichen Rechts, etwa eines Erbbaurechts sind. Für eine kostenrechtliche Gleichstellung der „negativen" mit einer richtigen Bauverpflichtung besteht kein Raum (OLG Stuttgart NotBZ 2018, 318).

5 **Nr. 3a:** Gerichtet auf die Errichtung eines Wohngebäudes, sind 20 % des Verkehrswerts des unbebauten Grundstücks maßgeblich. Eine schuldrechtliche Verpflichtung zur Errichtung von Wohngebäuden wird auch dann gemäß § 50 Nr. 3 Buchstabe a bewertet, wenn es sich um sog. gewerbliche Wohngebäude handelt, wenn also der Verpflichtete die zu errichtenden Wohngebäude zB verkaufen oder vermieten will (BGH JurBüro 2018, 86). Es ist auf die der Bauart entsprechende Nutzung abzustellen.

6 **Nr. 3b:** Gerichtet auf die Errichtung einer Gewerbeimmobilie, knüpft die Bewertung an die voraussichtlichen Herstellungskosten an.

7 **Nr. 4** betrifft Investitionsverpflichtungen, soweit es sich nicht um Verpflichtungen nach Nr. 3 handelt. Eine Investitionsverpflichtung ist dem Kaufpreis eines Grundstücks als weitere Käuferleistung gemäß § 47 Satz 2 mit einem Anteil von 20 % der Investitionssumme hinzuzurechnen (LG Neubrandenburg NotBZ 2017, 356).

Erwerbs- und Veräußerungsrechte, Verfügungsbeschränkungen

51 **I 1 Der Wert eines Ankaufsrechts oder eines sonstigen Erwerbs- oder Veräußerungsrechts ist der Wert des Gegenstands, auf den sich das Recht bezieht. 2 Der Wert eines Vorkaufs- oder Wiederkaufsrechts ist die Hälfte des Werts nach Satz 1.**

II Der Wert einer Verfügungsbeschränkung, insbesondere nach den §§ 1365 und 1369 des Bürgerlichen Gesetzbuchs sowie einer Belastung gemäß § 1010 des Bürgerlichen Gesetzbuchs, beträgt 30 Prozent des von der Beschränkung betroffenen Gegenstands.

III Ist der nach den Absätzen 1 und 2 bestimmte Wert nach den besonderen Umständen des Einzelfalls unbillig, kann ein höherer oder ein niedrigerer Wert angenommen werden.

1 **I. Anwendungsbereich (I–III).** Die Vorschrift behandelt in der Reihe von §§ 46 ff. eine begrenzte Zahl von Spezialfällen mit entsprechend eng auslegbarem Vorrang. Aber auch → Rn. 3.

2 **II. Ankaufsrecht usw (I).** Alle in I genannten Rechte können schuldrechtlich oder sachenrechtlich sein. Die Vorschrift deutet in **I 1** mit dem Wort „sonstigen" an, dass die direkt genannten Rechtsarten nur Beispiele darstellen. **I 2** gilt aber nur bei den beiden dort genannten Rechtsarten.

3 **Wert** ist bei **I 1** wegen III nur grundsätzlich derjenige des Gegenstands, auf den sich das Recht bezieht, bei **I 2** 50 % des Werts nach I 1 (OLG München Rpfleger 2013, 297).

4 Beim **Vorkaufsrecht am Erbbaurecht** konnte nach KostO eine künftige Bebauung zu berücksichtigen sein, wenn sie sicher absehbar und wertrelevant war (BayObLG Rpfleger 1976, 111). Nach § 49 II ist die Berücksichtigung einer nur künftigen Bebauung jedoch grundsätzlich nicht vorgesehen (OLG München ZfIR 2019, 92).

5 Die **Hälfte des Werts** des Gegenstands, also des nach § 49 II mit 80 % des Wertes des Grundstücks und darauf befindlicher Gebäude zu bemessenden Erbbaurechts

ergibt den Wert des Vorkaufsrechts Für den Gebäudewert geben die mutmaßlichen Baukosten einen wichtigen Anhaltspunkt.

Die vorstehenden Regeln gelten auch dann, wenn der Erbbauberechtigte zur Veräußerung des Erbbaurechts die **Zustimmung** des Grundeigentümers benötigt, wie meistens. Denn die Absicht des Grundeigentümers, das im Erbbaurecht gebaute Gebäude selbst zu erwerben, ist oft der Anlass für ihn, sich ein Vorkaufsrecht am Erbbaurecht einräumen zu lassen. Daher tritt die Zustimmungsbedürftigkeit wertmäßig in den Hintergrund (OLG Schleswig SchlHA 1983, 61). 6

I 2 gilt in einer **Abweichung** von dem Grundsatz, dass ein Vorvertrag wie der Hauptvertrag zu bewerten ist, entsprechend bei einem Ankaufsrecht (BayObLG FGPrax 2001, 39). I 2 gilt ferner entsprechend bei einem Wiederkaufsrecht oder Vorvertrag über ein Rückkaufsrecht (OLG Düsseldorf DNotZ 1994, 726). I 2 gilt ebenfalls bei der Löschung eines Vorkaufs- oder Wiederkaufsrechts oder einer Rückkaufoption (OLG Saarbrücken BeckRS 2021, 38853 Rn. 16; auch → Rn. 10 wegen Billigkeitsprüfung). Für die Eintragung der Löschung besteht jedoch eine wertunabhängige Festbetragsgebühr in KV 14143. 7

III. Verfügungsbeschränkung (II). Auch sie kann an sich schuldrechtlich sein oder zB familienrechtlich geartet sein, aber auch sachenrechtlich. Das zeigen die durch das Wort „insbesondere" angedeuteten bloßen Beispiele der drei dort nach den einschlägigen §§ des BGB hervorgehobenen Fälle solcher Einschränkungen einer Verfügungsbefugnis. Indessen gilt bei einer schuldrechtlichen Verfügungsbeschränkung vorrangig der noch speziellere § 50 Nr. 1. 8

Wert ist bei II wegen III nur grundsätzlich jeweils 30 % des betroffenen Gegenstands. 9

IV. Wertabweichung (III). Ein Wertzuschlag oder -abschlag nach dieser eng auszulegenden Ausnahmeregelung kommt nur im Einzelfall bei außergewöhnlichen Umständen in Betracht. Das Gericht entscheidet in der Billigkeitsprüfung nach pflichtgemäßem Ermessen (Berechnungsbeispiel bei OLG München ZfIR 2019, 92). Dabei darf nicht nach der Wahrscheinlichkeit der Ausübung eines Rechts abgeschichtet werden. Steht aber fest, dass ein Vorkaufsrecht nicht mehr ausgeübt werden kann, weil es erloschen ist, kommt eine Bewertung mit 10 % in Betracht (KG RNotZ 2021, 430). In der Praxis dürfte eine Berechtigung nach I nur sehr selten mehr wert sein als das Objekt selbst. 10

Die in § 45 III geregelte entsprechende Anwendung von I 2 führt auch zur Prüfung von III (OLG Bamberg ZNotP 2018, 116; a. A. LG Cottbus, NotBZ 2022, 196, dem jedoch zuzugeben ist, dass eine bei der Bewertung des Rechts berücksichtigte Ungewissheit nicht bei der Vormerkung nochmals zu berücksichtigen ist) 11

Nutzungs- und Leistungsrechte

52 **I Der Wert einer Dienstbarkeit, einer Reallast oder eines sonstigen Rechts oder Anspruchs auf wiederkehrende oder dauernde Nutzungen oder Leistungen einschließlich des Unterlassens oder Duldens bestimmt sich nach dem Wert, den das Recht für den Berechtigten oder für das herrschende Grundstück hat.**

II 1 Ist das Recht auf eine bestimmte Zeit beschränkt, ist der auf die Dauer des Rechts entfallende Wert maßgebend. 2 Der Wert ist jedoch durch den auf die ersten 20 Jahre entfallenden Wert des Rechts beschränkt. 3 Ist die Dauer des Rechts außerdem auf die Lebensdauer einer Person beschränkt, darf der nach Absatz 4 bemessene Wert nicht überschritten werden.

III 1 Der Wert eines Rechts von unbeschränkter Dauer ist der auf die ersten 20 Jahre entfallende Wert. 2 Der Wert eines Rechts von unbestimmter Dauer ist der auf die ersten zehn Jahre entfallende Wert, soweit sich aus Absatz 4 nichts anderes ergibt.

IV 1 Ist das Recht auf die Lebensdauer einer Person beschränkt, ist sein Wert

bei einem Lebensalter von …	der auf die ersten … Jahre
bis zu 30 Jahren	20
über 30 Jahren bis zu 50 Jahren	15
über 50 Jahren bis zu 70 Jahren	10
über 70 Jahren	5

entfallende Wert. [2]Hängt die Dauer des Rechts von der Lebensdauer mehrerer Personen ab, ist maßgebend,

1. wenn das Recht mit dem Tod des zuletzt Sterbenden erlischt, das Lebensalter der jüngsten Person,

2. wenn das Recht mit dem Tod des zuerst Sterbenden erlischt, das Lebensalter der ältesten Person.

V Der Jahreswert wird mit 5 Prozent des Werts des betroffenen Gegenstands oder Teils des betroffenen Gegenstands angenommen, sofern nicht ein anderer Wert festgestellt werden kann.

VI [1]Für die Berechnung des Werts ist der Beginn des Rechts maßgebend. [2]Bildet das Recht später den Gegenstand eines gebührenpflichtigen Geschäfts, so ist der spätere Zeitpunkt maßgebend. [3]Ist der nach den vorstehenden Absätzen bestimmte Wert nach den besonderen Umständen des Einzelfalls unbillig, weil im Zeitpunkt des Geschäfts der Beginn des Rechts noch nicht feststeht oder das Recht in anderer Weise bedingt ist, ist ein niedrigerer Wert anzunehmen. [4]Der Wert eines durch Zeitablauf oder durch den Tod des Berechtigten erloschenen Rechts beträgt 0 Euro.

VII Preisklauseln werden nicht berücksichtigt.

Übersicht

1 **I. Systematik (I–VII).** § 52 ist eine Bewertungsvorschrift. Sie gilt für die genannten dinglichen Rechte, aber auch für schuldrechtliche Ansprüche auf wiederkehrende oder dauernde Nutzungen oder Leistungen, im Einzelnen → Rn. 4. Vorgehende Spezialvorschriften sind § 43 (Erbbaurechte), § 53 (Rentenschulden und bestimmte Sicherstellungen) und § 99 (Miet-, Pacht- und Dienstverträge).

2 **II. Regelungszweck (I–VII).** Dem außerordentlich weiten Anwendungsbereich nach → Rn. 3 ff. entspricht das Bemühen um eine sehr differenzierte und soziale wie wirtschaftliche Gesichtspunkte abwägende sowie für den Schwächeren einigermaßen erträgliche Gestaltung des kostenmäßig gerade hier so entscheidenden Werts. Abzustellen ist auf den Wert für den Berechtigten bzw das herrschende Grundstück. Durch Abwägung sachlicher und zeitlicher Aspekte – dahinter steht nach wie vor der Begriff eines Jahreswerts – wird ein kostenrechtlicher Einmalwert gebildet. Dies

bedeutet aber nicht, dass es an dem Berechtigten wäre, gleichsam ins Blaue hinein den Wert frei zu bestimmen (OLG Düsseldorf 10.10.2022 – I-10 W 96/22). Vielmehr richtet sich die Bewertung nach objektiven Kriterien.

III. Anwendungsbereich (I–VII). Über den Begriff der wiederkehrenden Nutzungen und Leistungen → ZPO § 9 Rn. 1 ff. § 52 ist anwendbar auf die Anerkennung, Aufgabe, Begründung, Feststellung, Löschung und Übertragung wiederkehrender Leistungen. 3

IV. Beispiele zur Frage einer Anwendbarkeit (I–VII)

Änderung der Leistungsart: § 52 ist **unanwendbar,** soweit es nur um die Änderung einer Leistungsart geht, etwa um ein Baraltenteil anstelle eines Realaltenteils. Dann ist der Wert nach § 36 I zu schätzen. 4

Altenteil: → „Änderung der Leistungsart", → „Reallast".

Austauschvertrag: I–VII gelten auch, soweit die wiederkehrende Nutzung oder Leistung in einem Austauschvertrag steckt. Für dessen Beurkundung muss man nach § 97 III den nach § 52 berechneten Wert mit demjenigen der Gegenleistung vergleichen und dann den höheren zugrunde legen.

Ausübungsbereich: Bei der Anwendung von V ist auf den Ausübungsbereich einer Dienstbarkeit abzustellen (OLG Düsseldorf Rpfleger 2016, 750, Trafostation; OLG Köln, JurBüro 2022, 149: Brauchwasserleitung). Der Wert ist demnach zB vom Verlauf einer Pipeline und dem Zuschnitt des Grundstücks abhängig (Drs. 17/11471, 172).

Beherrschungs-, Gewinnabführungs- oder Verlustausgleichsvereinbarungen: da auch schuldrechtliche Vereinbarungen einbezogen sind, wird deren Geldwert nach § 52 bestimmt (OLG Düsseldorf RNotZ 2017, 120; Drs. 17/11741 (neu), 171).

Beschränkte persönliche Dienstbarkeit: → „Nießbrauch".

Bezugsrecht: Ein Bezugsrecht muss selbst der Gegenstand des Geschäfts oder des Streits sein. Daher ist § 52 nur dann anwendbar, wenn es sich um die Begründung des Bezugsrechts, um seine Erhöhung oder Herabsetzung oder um seine Aufgabe handelt.

Bierbezugsverpflichtung: § 52 ist anwendbar, soweit es um eine grundstücksbezogene Bierbezugsverpflichtung geht (LG Siegen Rpfleger 1983, 369). Aber auch → „Bezugsrecht".

Bodennutungsrecht: § 52 ist anwendbar auf jede Art von beschränkter persönlicher Dienstbarkeit zwecks Gewinnung von Bodenbestandteilen.

Dauernutzung: § 52 ist anwendbar, soweit es um ein Dauernutzungsrecht nach § 100 BGB geht, oder um ein Dauerwohnrecht oder Dauernutzungsrecht nach § 31 WEG. Letztere sind vererblich, sodass **IV** keine Anwendung findet.

Dienstbarkeit: I nennt sie ausdrücklich mit (OLG München MittBayNot 2016, 441). Auch → „Nießbrauch", → „Tankstelle".

Dienstvertrag: § 52 ist für das Gericht anwendbar, für den Notar gilt **§ 99 II.**

Duldung: I nennt diese Anspruchsform ausdrücklich mit.

Ehevertrag: § 52 ist anwendbar, soweit darin wiederkehrende Leistungen vereinbart werden (OLG Hamm JurBüro 2011, 93).

Entschädigung: Wenn ein von Stromleitungen überspanntes Grundstück unter einer erheblichen Wertminderung leidet, soll dieser wirtschaftliche Nachteil aus der Minderung des Verkehrswerts durch die Entschädigungsleistung des Netzbetreibers ausgeglichen werden. I stellt jedoch nicht darauf ab, wie stark (in Prozent) die Einschränkung der Nutzbarkeit den Verkehrswert der beanspruchten Fläche mindert, sondern auf das Interesse des Berechtigten (Drs. 17/11741 (neu), 171; überholt daher OLG Stuttgart Rpfleger 1992, 290).

Erbbaurecht: § 52 ist grds. (jetzt) anwendbar (OLG Frankfurt, ErbbauZ 2022, 53; → § 43 Rn. 5). Wegen der Bestellung gilt § 43.

Gesamtvergütung: § 52 ist **unanwendbar,** soweit es um eine Gesamtvergütung von unbestimmter Dauer geht.

Getränkedienstbarkeit: → „Bierbezugsverpflichtung".

Grunddienstbarkeit: § 52 ist bei ihr **anwendbar.** Das Recht ist befristet **(II)** oder unbeschränkt **(III), IV** kommt nicht zur Anwendung.

Hochspannungsleitung: § 52 ist anwendbar, soweit es um das Recht zum Halten und Verlegen einer Hochspannungsleitung geht (OLG Celle JurBüro 1975, 814; OLG Schleswig SchlHA 1988, 40).

Leitungsrecht: § 52 ist auf ein Recht zur Aufstellung von Masten für Leitungen anwendbar.

Lizenz: § 52 ist **unanwendbar,** soweit es um eine vom Umsatz abhängige Lizenzgebühr geht.

Mietvertrag: § 52 ist zB anwendbar für eine beschränkt persönliche Dienstbarkeit zur Absicherung dieses Nutzungsrechts; der Wert ergibt sich dann unter Berücksichtigung der Laufzeit sowie des Mietzinses (LG Düsseldorf ZfIR 2019, 581; Gabriel ZfIR 2022, 305, Abschn. VI). Der gebührenrechtliche Wert für die Eintragung einer Mieterdienstbarkeit im Grundbuch berechnet sich nach dem Bruttobetrag des als Gegenleistung für die abgesicherte schuldrechtliche Nutzungsgestattung vereinbarten Mietzinses (OLG München MittBayNot 2016, 441). Für den Notar gilt **§ 99 I.**

Nießbrauch: § 52 ist anwendbar, soweit es um einen Nießbrauch nach §§ 1030 I, 1068 I BGB oder eine beschränkte persönliche Dienstbarkeit nach § 1090 I BGB geht (OLG Düsseldorf JurBüro 2016, 536; OLG Oldenburg MDR 2011, 536); auch infolge eines isolierten Vermächtnisses (BayObLG JurBüro 1984, 906).

Notwegrente: § 52 ist bei ihr anwendbar.

Optionsrecht: Bei einem Mietvertrag für eine bestimmte Dauer mit Optionsrecht für den Mieter kann ein Mietverhältnis über unbestimmte Dauer vorliegen (BayObLG NJW-RR 1992, 847).

Pachtvertrag: § 52 ist (jetzt) anwendbar. Es sind nicht nur dingliche, sondern auch schuldrechtliche Ansprüche auf wiederkehrende oder dauernde Nutzungen oder Leistungen erfasst, mithin auch Pachtansprüche. Der Jahreswert bestimmt sich nach der zuletzt vereinbarten Jahrespacht (OLG Karlsruhe JurBüro 2022, 188 = BeckRS 2022, 3777 für Verfahren über Verlängerungsverlangen nach § 595 VI BGB). Für den Notar geht gf § 99 vor.

Parkrecht: § 52 ist anwendbar. Der Wert bemisst sich danach, was als Pacht für einen Parkplatz entsprechender Größe in vergleichbarer Lage, zB einem Gewerbegebiet insgesamt zu erzielen wäre, nicht dem Vielfachen einer Stellplatzmiete in einem Teileigentum (OLG München JurBüro 2018, 88).

Pension: → „Zins- und Rentenanspruch".

Photovoltaikanlage: Berechnung nach dem zwischen Eigentümer und berechtigtem Betreiber vereinbarten Nutzungsentgelt; instruktiv: OLG München MittBayNot 2015, 342. Das kann auch ein einmaliges Entgelt sein (OLG Frankfurt JurBüro 1982, 1389). Angaben der Beteiligten zum Jahreswert vor der Beurkundung sind späteren Wertangaben vorzuziehen (LG Chemnitz NotBZ 2020, 316). Ist der Darlehensgeber der Berechtigte, ist die Höhe des Darlehens maßgeblich (OLG Oldenburg MDR 2011, 278). Die Einspeisevergütung ist nicht maßgeblich (OLG Rostock ZNotP 2021, 355; LG Cottbus BeckRS 2021, 51235).

Reallast: § 52 ist nach dem ausdrücklichen Text von I anwendbar, § 1105 BGB. Das gilt zB beim Altenteil oder einer Leibrente. Das gilt auch dann, wenn an sich im Vertrag ein bestimmter Kaufpreis steht, den der Schuldner durch diejenige Rente abzahlt, für die die Parteien die Form einer Reallast mit einer Wertsicherungsklausel gewählt haben. Aber auch → „Änderung der Leistungsart".

Rente, Ruhegeld: → „Reallast", → „Zins- und Rentenanspruch".

Rückstand: Soweit es um Rückstände geht, ist § 37 II vorrangig; richtigerweise begrenzt durch sich nach § 52 ergebenden Wert für die Bestellung (Korintenberg/Bormann § 37 Rn. 11).

Schnelllieferungsdienst: § 52 ist anwendbar, soweit es um eine Dienstbarkeit zum Betrieb eines Schnelllieferungsdienstes geht (LG Hagen Rpfleger 1991, 244).

Sicherstellung: § 53 hat den Vorrang.

Spedition: § 52 ist anwendbar, soweit es um eine Dienstbarkeit zum Betrieb einer Spedition geht (LG Hagen Rpfleger 1991, 244).

Stellplatz: § 52 ist auf dieses Recht anwendbar (OLG Düsseldorf ZMR 2020, 1053; BayObLG JurBüro 2001, 104).

Sukzessive Rechte: Der Vervielfältiger gem. IV, der für den unbedingt Berechtigten gilt, ist zum Lebensalter des aufschiebend bedingten Berechtigten zu addieren („kostenrechtliche Restlebenserwartung").

Tankstelle: § 52 ist anwendbar, soweit es um eine Tankstellen-Dienstbarkeit geht. Auch → „Nießbrauch".

Unbestimmte Dauer: → „Gesamtvergütung".

Unterhalt: § 52 ist anwendbar zB für die Vereinbarung von bestimmten Unterhaltszahlungen in Scheidungsfolgenvereinbarungen (OLG Frankfurt ZNotP 2019, 256). Abschläge nach **VI 1** bei erst künftigem Beginn.

Unterlassung: I nennt diese Anspruchsform ausdrücklich mit.

Versorgungsausgleich: § 52 ist auf ihn anwendbar (aM LG Berlin Rpfleger 1982, 241).

Vorerbschaft: § 52 ist wegen ihrer zeitlichen Begrenztheit anwendbar. Maßgebend ist ihr Nutzungswert (OLG Frankfurt a. M. JurBüro 1989, 403; *Reimann* FamRZ 1989, 1256).

Vorrang: § 52 ist bei seiner Einräumung nach § 23 III mitanwendbar.

Windenergie: § 52 ist bei dem Recht zu ihrem Betrieb anwendbar (OLG Brandenburg MittBayNot 2005, 247). → Photovoltaikanlage.

Wohnungsrecht: § 52 ist auf dieses Recht anwendbar (OLG Hamm FGPrax 2016, 233). Oft ist der Jahreswert maßgebend.

Zins- und Rentenanspruch: § 52 ist anwendbar, soweit es um einen Zins- und Renten- oder Pensions- oder Ruhegeldanspruch geht (LG Nürnberg JurBüro 1982, 430).

V. Wertgrundsatz (I–III). Bei einem Anspruch auf eine wiederkehrende oder dauernde Nutzung oder Leistung ist nach I der Wert des Rechts für den Berechtigten oder für das beruhende Grundstück maßgeblich. Im Übrigen kann man die folgenden Fälle unterscheiden. 5

1. Bestimmte Dauer (II). Dazu gehört auch eine bestimmte Mindestdauer. Hier ist der Gesamtbetrag und höchstens der Wert der ersten 20 Jahre ohne einen Abzug von Zwischenzinsen als Wert ansetzbar. Soweit das Recht zugleich von der Lebensdauer abhängig ist, etwa ein Nießbrauch, ergibt sich allerdings ein Höchstwert nach IV. Bei einer Kündbarkeit durch den Berechtigten zählt nach II 2 evtl. für eine weitere Dauer (mangels Kündigung) nur 50 %. 6

2. Unbeschränkte Dauer (III 1). Es ist zwischen einer unbeschränkten und einer unbestimmten Dauer zu unterscheiden. Bei einer unbeschränkten Dauer ist ungewiss, ob der Anspruch überhaupt wegfallen wird. Dann ist der Wert der ersten 20 Jahre maßgebend. 7

Hierhin gehören zB: Ein Nießbrauch zugunsten einer „unsterblichen Person", etwa einer Gemeinde oder einer unabsehbaren Reihe von Abkömmlingen, oder evtl. eine Bierbezugsverpflichtung (LG Siegen Rpfleger 1983, 369), oder eine Windenergieanlage (OLG Oldenburg Rpfleger 1998, 171), oder eine Überbau- oder Notwegrente oder ein Parkrecht (OLG München JurBüro 2018, 88). Umfasst sind neben Grunddienstbarkeiten damit auch beschränkte persönliche Dienstbarkeiten nach § 1092 III BGB. 8

3. Unbestimmte Dauer (III 2). Man muss zwischen einem Recht von unbeschränkter Dauer und einem solchen von unbestimmter Dauer unterscheiden. Im letzteren Fall ist gewiss, dass das Recht einmal wegfallen wird. Ungewiss ist lediglich der Zeitpunkt des Wegfalls. Dann ist grundsätzlich den Wert der ersten 10 Jahre anzusetzen (LG Hagen Rpfleger 1991, 244). 9

Hierher gehört an sich auch eine Nutzung auf Lebenszeit. Diese regelt aber IV besonders. Es bleiben also alle anderen Nutzungen, bei denen gewiss ist, dass sie einmal wegfallen werden, und nur der Zeitpunkt des Wegfalls ungewiss ist, etwa bei einem Wasserzähler (OLG München NZM 2006, 382) oder eine kündbare und daher nicht unbeschränkte Dienstbarkeit, die auf den Bestand eines sich automatisch verlängernden Mietvertrags abstellt (OLG München FGPrax 2019, 90). Bei einer Verlängerungsklausel, die eine automatische Verlängerung um jeweils ein weiteres Jahr vorsieht, wenn der Vertrag nicht rechtzeitig gekündigt wird, ist kostenrechtlich von einem Recht auf unbestimmte Dauer auszugehen (OLG Düsseldorf, RNotZ 2017, 120). 10

11 Veranschlagt werden soll der Wert, der auf die ersten zehn Jahre entfällt, sofern es sich nicht um ein auf die Lebenszeit einer Person befristetes Recht handelt, für das IV gelten soll, BT-Drs. 17/11471 (neu), 172. Daraus wird gefolgert, dass im Vergleich zwischen III 2 und IV der geringere Wert gilt (Korintenberg/Schwarz Rn. 65, Leipziger GNotKG/Zapf Rn. 63). Zwingend ist das jedoch nicht.

12 **VI. Nutzung oder Leistung auf Lebenszeit usw (IV).** Maßgebend sein kann der Tod auch eines anderen als des Berechtigten oder Verpflichteten. Zwei Aspekte sind zu berücksichtigen.

13 **1. Anwendungsbereich.** IV hat gegenüber III 2 den Vorrang. Hierher gehören: Alle bis zum Tod einer natürlichen Person bestellten Rechte; alle Rechte zugunsten einer Gesellschaft, soweit sie sich nach dem Gesellschaftsvertrag mit dem Tod eines persönlich Haftenden auflöst oder soweit ihre Dauer auf die Lebenszeit eines anderen Gesellschafters beschränkt ist.

14 IV ist auch dann anwendbar, wenn die Dauer eines Rechts von der Lebensdauer mehrerer Personen abhängt. Das ist zB bei Gesamtberechtigten nach § 428 BGB der Fall (OLG Hamm FGPrax 2016, 233; OLG Düsseldorf JurBüro 2016, 536 (Nießbrauch); OLG Köln FGPrax 2017, 91 (Wohnungsrecht)). IV 2 bestimmt dann, auf wessen Lebensalter es für IV 1 ankommt.

15 **2. Wert.** Der Wert für jedes Einzelrecht ist nach der Tabelle in **IV 1** zu ermitteln. Eine Kürzung wegen bes. Verhältnisse des Berechtigten, etwa seiner unheilbaren Krankheit, ist wegen der Unsicherheit solcher Auswirkungen unzulässig.

16 **VII. Wertberechnung (V–VII).** Soweit es auf einen „Jahreswert" einer Nutzung ankommt, muss man ihn nach Regeln in der folgenden Reihenfolge ermitteln. OLG Köln MDR 2015, 1175 zieht V bei einem Wegerecht als Grunddienstbarkeit mit heran.

17 **1. Direkt bezifferter Jahreswert.** Zunächst ist derjenige Betrag maßgeblich, den die Beteiligten vereinbart haben (OLG München JurBüro 2018, 88), oder der sich aus der Sache selbst ergibt, etwa aus der Addition von zwölf festbezifferten Monatsrenten. Ein Verzugszins nach § 37 I bleibt unbeachtet. Die Mehrwertsteuer ist einzubeziehen.

18 **2. Leicht bezifferbarer Wert.** Sodann ist zu prüfen, ob sich der Jahreswert anhand anderer als der im Vertrag stehenden Gesichtspunkte verhältnismäßig leicht ermitteln lässt. Das kann zB dann so sein, wenn die Parteien den Monats- oder Jahresbetrag von einem gesetzlichen Gehalt usw abhängig gemacht haben. Zur Grunddienstbarkeit für ein Parkrecht greift das OLG München (JurBüro 2018, 88) auf bekannte Marktpreise einer geschätzten Miete zurück.

19 **3. 5 % als Auffangwert.** Soweit → Rn. 17, 18 keine Ergebnisse bringen, muss man 5 % des nutzbringenden Gegenstands als den Jahreswert anrechnen (OLG Köln BeckRS 2021, 27707; OLG Düsseldorf JurBüro 2016, 536; LG Hannover JurBüro 1996, 381). Das gilt insbesondere, wenn die Beteiligten nicht darlegen, worauf ihre Angaben beruhen (OLG Düsseldorf 10.10.2022 – I-10 W 96/22). V lehnt sich insofern an § 246 BGB und § 352 HGB an.

20 **4. Keine Wertsicherung.** Eine Preisklausel ist nicht (mehr) zu beachten. Sie liegt vor, wenn der Preis unmittelbar und selbsttätig durch den Preis oder Wert von anderen Gütern oder Leistungen bestimmt wird, die mit den vereinbarten Gütern oder Leistungen nicht vergleichbar sind. Der auf die ersten 20 Jahre entfallende Wert **(II, III)** kann sich jedoch durchaus aus Jahreswerten unterschiedlicher Höhe zusammensetzen. Wird jedoch lediglich eine Preisklausel nachträglich vereinbart, zB als Wertsicherungsklausel bei einer bestehenden Erbbauzinsreallast, gilt § **36 I.** Anders: wird eine Erbbauzinserhöhung neben einer Preisklausel vereinbart, bleibt diese unberücksichtigt (unberücksichtigt (von Oefele/Winkler, Handbuch Erbbaurecht, § 9. Erbbaurecht und Kostenrecht Rn. 14).

21 **VIII. Maßgebender Zeitpunkt (VI).** Es gibt zwei Fallgruppen.

1. Feststehender Beginn (VI 1, 2). Soweit das Recht schon besteht, entscheidet der Zeitpunkt seines Beginns. Bei einer Unterhaltsrente kommt es zB auf die Geburt des Kindes oder auf die Rechtskraft des Scheidungsausspruchs an. Bildet das Recht später den Gegenstand eines gebührenpflichtigen Geschäfts, muss man zwischenzeitliche Reduzierungen des Jahreswertes (BGH BGH, Beschl. v. 21.1.2022 – V ZR 233/20) oder ein dann höheres Lebensalter **(IV)** beachten.

2. Noch ungewisser Beginn (VI 3). Soweit im Zeitpunkt des Geschäfts der Beginn des Bezugsrechts noch nicht feststeht oder das Recht in anderer Weise bedingt ist, ist der Geschäftswert evtl. niedriger anzusetzen (OLG Düsseldorf JurBüro 1985, 113), also nach der Zeit des Beginns, soweit das Recht erst beginnen soll, oder nach dem mutmaßlichen Beginnzeitpunkt, soweit das Recht aufschiebend bedingt ist (LG Hagen Rpfleger 2001, 569). Hierzu kann eine Überlebensbedingung zählen (OLG Köln FGPrax 2016, 188). Eine auflösende Bedingung bleibt bei der Berechnung außer Betracht. 22

3. Erlöschen (VI 3). Soweit das Recht erloschen ist, beträgt sein Wert null EUR. 23

Grundpfandrechte und sonstige Sicherheiten

53 I [1] **Der Wert einer Hypothek, Schiffshypothek, eines Registerpfandrechts an einem Luftfahrzeug oder einer Grundschuld ist der Nennbetrag der Schuld.** [2] **Der Wert einer Rentenschuld ist der Nennbetrag der Ablösungssumme.**

II **Der Wert eines sonstigen Pfandrechts oder der sonstigen Sicherstellung einer Forderung durch Bürgschaft, Sicherungsübereignung oder dergleichen bestimmt sich nach dem Betrag der Forderung und, wenn der als Pfand oder zur Sicherung dienende Gegenstand einen geringeren Wert hat, nach diesem.**

I. Systematik (I, II). Eine Bewertungsvorschrift für einen nur bedingt vergleichbaren Kreis von Rechten an unbeweglichen Sachen (I) und an beweglichen (II). Die Vorschrift erfasst die Begründung, die bloße Feststellung, eine Änderung und eine Aufhebung. Zur nachträglichen Brieferteilung siehe § 71. 1

II. Regelungszweck (I, II). Für Grundpfandrechte wird auf den Nominalbetrag abgestellt; für sonstige Pfandrechte nach II auf den Betrag der Forderung, gedeckelt durch den Wert des Pfandgegenstands. 2

III. Grundpfandrecht usw (I). 1. Anwendungsbereich (I 1, 2). Die Vorschrift erfasst die Hypothek, die Schiffshypothek, ein Registerpfandrecht an einem Luftfahrzeug, §§ 1, 98 LuftfRG, eine Grundschuld und eine Rentenschuld. Sie gilt ferner für die Begründung eines gesetzlichen Löschungsanspruchs nach § 1179a BGB. I gilt für die Eintragung im Grundbuch, in den Registern, ferner: Für die Begründung eines Kabelpfandrechts; für die Pfandentlassung eines Grundstücks aus der Mithaft, bei Rangänderungen und Abtretungen. 3

Eine von I abweichende Bewertung aus dem Gesichtspunkt land- und forstwirtschaftlichen Vermögens ist nur schwer denkbar. Bei dem Vergleich gem. II ist ggf. § 48 zu berücksichtigen, wenn ein sonstiges Pfandrecht bei der Übergabe land- oder forstwirtschaftlichen Vermögens bestellt wird. 4

2. Hypothek, Schiffshypothek, Registerpfandrecht, Grundschuld (I 1). Hier findet kein Wertvergleich statt (OLG Jena JurBüro 1999, 375). Vielmehr ist als unterstellter Wert grundsätzlich der Nennbetrag der Schuld maßgeblich (KG WertpMitt 2012, 2002; OLG Zweibrücken NJW-RR 2003, 235, je: kein Verstoß gegen das GG). Bei einer Höchstbetragshypothek muss man den Höchstbetrag ansetzen. Bei einer Zwangshypothek darf man nur die Hauptforderung ansetzen. Zur Globalgrundschuld OLG Düsseldorf JurBüro 2008, 434. 5

Man muss die Hypothek auch dann mit ihrem **Nennbetrag** ansetzen, wenn der Gläubiger die Auszahlung mit einem Disagio oder Damnum vorgenommen hat, aber einen Anspruch zur Rückzahlung an ihn zum Nennwert hat, oder wenn es nur um die Löschung nach § 44 I 2 an der letzten Mithaftstelle geht. Etwas anderes gilt dann, wenn der Gläubiger den Nennbetrag ausgezahlt hat, wenn er nun aber wegen einer Tilgungsstreckung ein Aufgeld verlangen kann. Denn dann liegt keine Nebenleistung vor. Man muss den Wert einer Vormerkung oder eines Widerspruchs wegen eines der vorgenannten Rechte ebenso hoch wie den Wert des zugehörigen Rechts ansetzen. 6

7 **3. Rentenschuld (I 2).** Hier ist die Ablösungssumme mit ihrem Nennbetrag maßgeblich (§ 1199 II BGB).

8 **IV. Pfandrecht usw (II).** Es sind zwei Prüfschritte ratsam.

9 **1. Anwendungsbereich.** Die Vorschrift behandelt das Pfandrecht und eine sonstige Sicherstellung einer Forderung. Sie nennt für den letzteren Fall als bloße Beispiele die Bürgschaft und eine Sicherungsübereignung, das sog. Besitzlosenpfandrecht. In Betracht kommt aber auch jede andersartige Sicherstellung einer Forderung, etwa ein Garantievertrag, ein Akkreditiv (BGH NJW 1992, 1900), eine Vorauszahlung auf Erschließungsbeiträge usw (OLG Hamm JurBüro 1995, 257), oder eine zur Sicherung erfolgende Übertragung des Rechts oder eine Abtretung der Forderung, auch eine kraft Gesetzes bestehende Mithaft, eine kumulative Schuldübernahme, ein Widerspruch, eine Vormerkung, ein Schuldbeitritt oder eine Ausbietungsgarantie (Mümmler JurBüro 1981, 681).

10 Es ist unerheblich, inwieweit der Gläubiger aus ihr schon einen **anderen** in Anspruch genommen hat. II bezieht sich wegen eines Pfandrechts allerdings nur auf bewegliche Sachen und Rechte nach §§ 1204, 1273 BGB, etwa einen Geschäftsanteil, eine Gesellschaftseinlage oder ein gewerbliches Schutzrecht. Die Vorschrift bezieht sich bei einer sonstigen Sicherstellung der Forderung auf bewegliche und unbewegliche Sachen. Sie erfasst auch die Sicherung eines dinglichen Anspruchs, zB eine Vormerkung.

11 **2. Wertvergleich.** Man muss zunächst den Betrag der gesicherten Forderung oder des gesicherten dinglichen Rechts ermitteln, dann den Wert des zur Sicherung dienenden Gegenstands. Der geringere dieser beiden Werte ist maßgeblich. Vgl. auch § 48 GKG iVm § 6 ZPO.

12 Man darf einen solchen **Wertvergleich** allerdings nur dann vornehmen, wenn man beide vorgenannten Werte aus den beteiligten Urkunden ersehen kann. Andernfalls muß man die Bewertung nach dem Wert des Sicherungsgegenstands vornehmen. Das gilt auch dann, wenn man den Wert der zu sichernden Forderung, etwa eines Anliegerbeitrags, nicht kennt. Freilich können die Beteiligten einen Höchstbetrag angegeben haben. Dann ist er die Obergrenze. Bei einer Unbestimmtheit des Wertes des Sicherungsmittels ist der Wert des gesicherten Anspruchs maßgebend. Es kann aber auch der Wert des Grundpfandrechts mit seinem höheren Nennbetrag infragekommen. Bei einer Unbestimmtheit beider Vergleichswerte gilt § 36 I. Das alles gilt auch bei einer bloßen Teilsicherheit.

13 **3. Vormerkung, Widerspruch.** Bei der Sicherung eines dinglichen Anspruchs durch eine Vormerkung oder durch einen Widerspruch ist der Wert des gesicherten dinglichen Rechts oder Anspruchs maßgebend. Wenn es um eine Vormerkung zur Sicherung eines Anspruchs auf die Auflassung geht, muss man also den Wert des Grundstücks nach § 46 berechnen und dann, wenn die Grundlage der Vormerkung ein Kaufvertrag war, den Wert nach § 47 berechnen.

14 Bei einer Vormerkung auf eine **Einräumung usw eines Rechts** kommt es gem. § 45 III auf den Wert dieses letzteren Rechts an, also bei einem Erbbaurecht oder einem Wohnungseigentum auf den nach §§ 42, 43 berechneten Wert. Bei einem Widerspruch kommt es auf den Wert desjenigen Rechts an, das man mit dem Widerspruch geltend macht. Wegen einer Vormerkung zugunsten eines Grundpfandrechts → Rn. 6.

15 **4. Beschränktes dingliches Recht.** Soweit es um die Sicherung einer Forderung durch ein beschränktes dingliches Recht geht, etwa einen Nießbrauch, eine Dienstbarkeit, eine Reallast oder ein Vorkaufsrecht, ist wegen der abstrakten Natur dieser dinglichen Rechte ihr Wert und nicht etwa der Wert der zugrundeliegenden schuldrechtlichen Forderung maßgebend, sofern nicht etwa der Sicherungszweck eingetragen ist.

Bestimmte Gesellschaftsanteile

54 [1] **Wenn keine genügenden Anhaltspunkte für einen höheren Wert von Anteilen an Kapitalgesellschaften und von Kommanditbeteiligungen**

bestehen, bestimmt sich der Wert nach dem Eigenkapital im Sinne von § 266 Absatz 3 des Handelsgesetzbuchs, das auf den jeweiligen Anteil oder die Beteiligung entfällt. [2] Grundstücke, Gebäude, grundstücksgleiche Rechte, Schiffe oder Schiffsbauwerke sind dabei nach den Bewertungsvorschriften dieses Unterabschnitts zu berücksichtigen. [3] Sofern die betreffenden Gesellschaften überwiegend vermögensverwaltend tätig sind, insbesondere als Immobilienverwaltungs-, Objekt-, Holding-, Besitz- oder sonstige Beteiligungsgesellschaft, ist der auf den jeweiligen Anteil oder die Beteiligung entfallende Wert des Vermögens der Gesellschaft maßgeblich; die Sätze 1 und 2 sind nicht anzuwenden.

I. Anwendungsbereich (S. 1–3). Eine Bewertungsvorschrift (*Wudy* NotBZ 2016, 222). S. 1 erfasst zunächst den Anteil an einer Kapitalgesellschaft jeder Art, also nicht einer Personengesellschaft. Zu den Kapitalgesellschaften zählen die AG, die KGaA, die GmbH (auch als gGmbH, OLG Karlsruhe BeckRS 2022, 22408). Sodann erfasst S. 1 den Anteil an einer KG, aber nur eine „Kommanditbeteiligung", also den Anteil eines bloßen Kommanditisten, nicht denjenigen eines Komplementärs. 1

II. Grundsatz (S. 1, 2). Ausgangspunkt sind Anhaltspunkte für einen höheren Wert, wie sie sich zB aus einem Kaufpreis gegenüber Dritten ergeben können. Mangels solcher Anhaltspunkte für einen höheren Anteilswert gilt nach *S. 1* nur der Anteil am Eigenkapital. Dafür gilt die Definition in § 266 III Abschn. A HGB für die Passivseite der (nach § 95 vorzulegenden) Bilanz. Auf Verbindlichkeiten aus Gesellschafterdarlehen kommt es daher nicht an (KG Berlin KG NJW-RR 2020, 1366), sie sind nicht werterhöhend. Sind in den Bilanzposten nach §§ 46–53 bewertbare Teile enthalten, wird der Bilanzwert insoweit durch den GNotKG-Wert ersetzt (OLG Frankfurt NotBZ 2017, 273). 2

III. Bei Vermögensverwaltung (S. 3). Sofern Kapitalgesellschaften und Kommanditgesellschaften überwiegend – also mehr als nur in geringem Umfang – vermögensverwaltend tätig sind, ist weder der Wert des Anteils, noch der Bilanzwert, sondern der auf den Anteil entfallende, nach den sonst geltenden Wertvorschriften zu ermittelnde Wert des Gesellschaftsvermögens zugrunde zu legen. Maßgeblich ist nicht der im Register eingetragene Geschäftsgegenstand, sondern die konkrete Geschäftstätigkeit (LG Düsseldorf NZG 2022, 1070; LG Düsseldorf NotBZ 2015, 473). Dann gilt auch der Höchstwert bei Übertragungen im Konzern nicht (§ 107 II 2). 3

Kapitel 2. Gerichtskosten

Schrifttum: Schneider, Gerichtskosten nach dem GNotKG, 2. Aufl. 2016; Zimmermann, Die Gerichtskosten in Betreuungs- und Nachlassachen im neuen GNotKG, FamRZ 2013, 1264 (Üb.).

Abschnitt 1. Gebührenvorschriften

Einmalige Erhebung der Gebühren

55 **I Die Gebühr für das Verfahren im Allgemeinen und die Gebühr für eine Entscheidung oder die Vornahme einer Handlung werden in jedem Rechtszug hinsichtlich eines jeden Teils des Verfahrensgegenstands nur einmal erhoben.**

II Für Eintragungen in das Vereinsregister, Grundbuch, Schiffs- und Schiffsbauregister und in das Register für Pfandrechte an Luftfahrzeugen werden die Gebühren für jede Eintragung gesondert erhoben, soweit nichts anderes bestimmt ist.

1 **I. Systematik, Normzweck (I, II).** I stimmt fast wörtlich mit § 35 GKG und teilweise mit § 42 FamGKG überein, daher → GKG § 35 Rn. 1 ff.

2 **II. Einmalige Gebühr (I).** § 55 I stellt für die erfassten Gebühren auf Teile des Verfahrensgegenstands ab. Das bedeutet, dass die Regelung nur für die Gebühren in solchen Verfahren gelten kann, in denen die erfassten Gebühren als **Wertgebühr** (§ 34) erhoben werden. Denn hier werden für die Berechnung der Gebühr gem. § 35 Abs. 1 in demselben Verfahren und in demselben Rechtszug die Werte mehrerer Verfahrensgegenstände zusammengerechnet, soweit nichts anderes bestimmt ist. Die Gebühr erhöht sich also durch Wertaddition. Auf die Höhe einer Festgebühr wirkt sich eine Wertaddition nicht aus; eine Kompensation durch Wertaddition besteht nicht. Festgebühren können deshalb auch in einem gerichtlichen Verfahren ggf. mehrfach anfallen, weil es hier nicht darauf ankommen kann, ob formal nur eine Antragsschrift und nur ein unter einem Aktenzeichen geführtes Verfahren vorliegt (vgl. OLG Düsseldorf BeckRS 2018, 15349 = NJOZ 2019; OLG Karlsruhe GRUR-RR 2012, 230).

3 **III. Gebühr je Eintragung (II).** Die Regelung erfolgt nur hilfsweise, „soweit nichts anderes bestimmt ist". Die Gebührenpflichtigkeit je Eintragung ist eigentlich selbstverständlich. Sie ergibt sich auch schon aus dem Wortlaut der jeweiligen Nr. des KV. Ebenso klar führt eine bloße Berichtigung ohne Verschulden eines Beteiligten nicht zu einer weiteren Gebühr schon deshalb, weil auch die Berichtigung nach § 1 I durch eine „Eintragung" erfolgen muss. Ein gemeinschaftliches Wohnrecht löst nur **eine** Gebühr aus (OLG Köln FGPrax 2017, 91).

Teile des Verfahrensgegenstands

56 **I Für Handlungen, die einen Teil des Verfahrensgegenstands betreffen, sind die Gebühren nur nach dem Wert dieses Teils zu berechnen.**

II Sind von einzelnen Wertteilen in demselben Rechtszug für gleiche Handlungen Gebühren zu berechnen, darf nicht mehr erhoben werden, als wenn die Gebühr nach dem Gesamtbetrag der Wertteile zu berechnen wäre.

III Sind für Teile des Verfahrensgegenstands verschiedene Gebührensätze anzuwenden, sind die Gebühren für die Teile gesondert zu berechnen; die aus dem Gesamtbetrag der Wertteile nach dem höchsten Gebührensatz berechnete Gebühr darf jedoch nicht überschritten werden.

Die Vorschrift stimmt mit § 36 GKG praktisch wörtlich überein, daher → GKG § 36 Rn. 1 ff. III ist bei **KV 17005** (Prozess- oder Verfahrensvergleich) nach der dortigen Anm. S. 2 entsprechend anwendbar. 1

Zurückverweisung, Abänderung oder Aufhebung einer Entscheidung

57 **I Wird eine Sache an ein Gericht eines unteren Rechtszugs zurückverwiesen, bildet das weitere Verfahren mit dem früheren Verfahren vor diesem Gericht einen Rechtszug im Sinne des § 55.**

II Das Verfahren über eine Abänderung oder Aufhebung einer Entscheidung gilt als besonderes Verfahren, soweit im Kostenverzeichnis nichts anderes bestimmt ist.

Die Vorschrift stimmt fast wörtlich mit § 37 GKG und noch weitergehend mit § 31 FamGKG überein, daher → GKG § 37 Rn. 1 ff. 1

Eintragungen in das Handels-, Partnerschafts- oder Genossenschaftsregister; Verordnungsermächtigung ***[Fassung ab 1.1.2024: Eintragungen in das Handels-, Genossenschafts-, Gesellschafts- oder Partnerschaftsregister; Verordnungsermächtigung]***

58 **I 1 Gebühren werden nur aufgrund einer Rechtsverordnung (Handelsregistergebührenverordnung) erhoben für**

1. Eintragungen in das Handels-, Partnerschafts- oder Genossenschaftsregister,
[Fassung ab 1.1.2024:]
1. Eintragungen in das Handels-, Genossenschafts-, Gesellschafts- oder Partnerschaftsregister,
2. Fälle der Zurücknahme oder Zurückweisung von Anmeldungen zu diesen Registern,
3. die Entgegennahme, Prüfung und Aufbewahrung der zum Handels- oder Genossenschaftsregister einzureichenden Unterlagen,
4. die Übertragung von Schriftstücken in ein elektronisches Dokument nach § 9 Absatz 2 des Handelsgesetzbuchs sowie
5. die Bereitstellung von Registerdaten sowie von Dokumenten, die zum Register eingereicht wurden, zum Abruf.

2 Keine Gebühren werden erhoben für die aus Anlass eines Insolvenzverfahrens von Amts wegen vorzunehmenden Eintragungen und für Löschungen nach § 395 des Gesetzes über das Verfahren in Familiensachen und in den Angelegenheiten der freiwilligen Gerichtsbarkeit.

II 1 Die Rechtsverordnung nach Absatz 1 erlässt das Bundesministerium der Justiz und für Verbraucherschutz. 2 Sie bedarf der Zustimmung des Bundesrates. 3 Die Höhe der Gebühren richtet sich nach den auf die Amtshandlungen entfallenden durchschnittlichen Personal- und Sachkosten; Gebühren für Fälle der Zurücknahme oder Zurückweisung von Anmeldungen können jedoch bestimmt werden, indem die für die entsprechenden Eintragungen zu erhebenden Gebühren pauschal mit Ab- oder Zuschlägen versehen werden. 4 Die auf gebührenfreie Eintragungen entfallenden Personal- und Sachkosten können bei der Höhe der für andere Eintragungen festgesetzten Gebühren berücksichtigt werden.

Schrifttum: Gustavus, Handelsregister-Anmeldungen, 10. Aufl. 2020; Meyer JurBüro 2005, 59 (Üb.); Schmidt/Sikora/Wagner Handelsregisteranmeldungen mit Kostenberechnungen, 7. Aufl. 2019; Schmidt-Kessel/Leutner/Müther, Handelsregisterrecht, 2010.

I. Systematik (I, II). I Die Vorschrift macht zwei verschiedenartige Vorgänge gebührenpflichtig. Sie regelt die Gebührenpflicht nur dem Grunde nach und selbst insoweit nur im Grundsatz. **II** bildet anschließend die Grundlage für die ihm zugeordnete Rechtsverordnung des Bundesjustizministeriums mit ihrem Gebührenverzeichnis 1 nach der Art vergleichbarer Verzeichnisse in anderen Kostengesetzen. Da die Rechtsverordnung nur Festgebühren enthält, braucht man für Eintragungen keine Wertermittlung vorzunehmen.

2 **II** ergänzt I. Die auf der Grundlage dieser Verordnungsermächtigung erlassene Verordnung ist die HRegGebV.

3 **II. Normzweck (I, II). I** 1 dient der Klarstellung der Gebührenpflichtigkeit dem Grunde nach und damit der Klärung, dass keineswegs wegen § 1 I eine Gebührenfreiheit eintritt. Das dient der Rechtssicherheit und erfordert eine strikte Auslegung.

4 Die Verlagerung der Gebührenbemessung vom Parlament auf das Justizministerium in **II** dient einer leichteren Anpassungsmöglichkeit bei einer Veränderung der Lebensverhältnisse. Dabei unterliegt das Ministerium keinem verbindlichen Zeitrhythmus. Es unterliegt den Vorgaben des EuGH.

5 **1. EU-Richtlinien.** Maßgeblich für die Auslegung sind die EU-Richtlinien 69/334/EWG, 69/335 EWG und 85/303/EWG. Nach dem grundlegenden Urteil des EuGH vom 2.12.1997 (NVwZ 1998, 833) sind bei einer Kapitalgesellschaft und bei deren Geschäft solche Eintragungsgebühren nicht zulässig, die den erforderlichen Aufwand übersteigen (vgl. auch EuGH = ZIP 2000, 1891; OLG Karlsruhe JurBüro 2005, 204 zum alten Recht, evtl. keine Anwendung bei bloßem Formwechsel).

6 Die **Auslegung** muss eu-richtlinienkonform erfolgen (BayObLG NJW 1999, 652; 1999, 655, KG JurBüro 2003, 31 = BeckRS 2002, 30287946 (auch zur Rückforderung), OLG Karlsruhe FGPrax 2003, 95 (Verschmelzung von Genossenschaften); OLG Köln Rpfleger 1999, 465; BeckRS 1999, 30085556 = BB 2000, 370 (Prokura); OLG Zweibrücken NJW-RR 2000, 1377 (Zweigniederlassung)). Das ist bei allen Einzelteilen der Vorschrift und daher auch bei der Auslegung des Gebührenverzeichnisses zu beachten. Dabei darf man freilich alle mit der Eintragung zusammenhängenden Kosten berücksichtigen, auch allgemeine (vgl. BayObLG NJW 1999, 652, 654). Auch ist eine Pauschalierung erlaubt, solange das Justizministerium sie regelmäßig überprüft und sicherstellt, dass sie die tatsächlichen Durchschnittskosten nicht übersteigt (vgl. BayObLG NJW 1999, 653, 653).

7 **2. Außerhalb EU-Richtlinien.** In diesem Bereich besteht kein allgemeiner Grundsatz, dass eine Gebühr nur kostendeckend sein darf (BayObLG NJW-RR 2000, 736, zust. Fabis EWiR 2000, 927). Eine Gebühr in einer Nachlassache fällt nicht unter die EU-Richtlinie. Das gilt selbst dann, wenn der Antragsteller einen Erbschein ausschließlich für eine Anmeldung im Handelsregister benötigt (BayObLG BeckRS 2001, 30214812= JurBüro 2002, 205: Anmeldung der Rechtsnachfolge in die Kommanditanteile).

8 **3. Abwägungsprobleme.** Im Ergebnis bleiben für die Alltagspraxis damit auch nach dem Gebührenverzeichnis einige nur schwer lösbare Probleme (Gustavus ZIP 1998, 502), und dann ein Risiko, wenn sie die Richtlinienforderungen erfüllen soll. Auch diese Folge ist sowohl unions- als auch verfassungsrechtlich problematisch: Wie soll die ohne einen völlig außer Kontrolle geratenden Aufwand klären, wo die Grenze tatsächlicher Eintragungsgesamtkosten liegt, wie es gar OLG Köln NJW 1999, 1341 mindestens im Ansatz fordert. Es können hier Zusatzkosten entstehen, das Gegenteil dessen, was die Richtlinie der EU bezweckt. Es bleibt praktisch hier die Anwendung des GV oder die Anrufung des Rechtsmittelgerichts bis hin zum EuGH.

9 **III. Anwendungsbereich (I, II).** Die Vorschrift erfasst alle Teile des Handelsregisters nach §§ 8 ff. HGB, §§ 374 ff. FamFG, des Partnerschaftsregisters nach § 5 PartGG und des Genossenschaftsregisters nach §§ 10 ff. GenG.

10 **IV. Eintragung, Zurücknahme, Zurückweisung usw (I).** Man muss im einzelnen unterschiedliche Spezialvorschriften beachten. I verweist nur allgemein auf die HRegGebVO. Eine Eintragung richtet sich gemäß § 1 HRegGebVO nach dem amtlichen Gebührenverzeichnis der Anlage zur VO (GV). Zu ihm bringt § 2 HRegGebVO eine Regelung zweier Sonderfallgruppen. Eine Zurücknahme der Anmeldung regelt § 3 HRegGebVO. Die Zurückweisung einer Anmeldung regelt § 4 HRegGebVO. In einigen Sonderfällen enthält § 5 HRegGebVO vorrangige Spezialvorschriften zur Zurücknahme oder Zurückweisung.

V. Eintragung (II 1). Die zugrundeliegende Anordnungsverfügung ist noch keine Eintragung. Die der Eintragung folgende Bekanntmachung ist unerheblich. Ein Vermerk im Register ist ebenso eine Eintragung wie eine Änderung oder Löschung. Dagegen stellt eine bloße Rötung einer bedeutungslos gewordenen Eintragung keine Eintragung im Sinne der Vorschrift dar. 11

VI. Zurücknahme, Zurückweisung (I 1 Nr. 2). Ein solcher Vorgang nach einer Anmeldung fällt unter diese vorrangige Spezialvorschrift. Für die Zurücknahme kommt es auf deren Eingang beim zuständigen Registergericht an, für eine Zurückweisung auf das Wirksamwerden des Beschlusses. 12

VII. Unterlagen (I 1 Nr. 3). Es geht um die Entgegennahme, die Prüfung und die Aufbewahrung der zum Handels- oder Genossenschaftsregister notwendigen Unterlagen. Es muss also eine gesetzliche Einreichungspflicht bestehen. Eine nicht einreichungspflichtige Unterlage reicht selbst dann nicht, wenn der Einreicher sie für ratsam hielt. Denn II und die HRegGebV unterscheiden genau zwischen „einzureichen" und „eingereicht" wie zwischen „einzutragen" und „eingetragen". 13

Zu den Unterlagen, deren Entgegennahme gebührenpflichtig ist, vgl. im Einzelnen GV 5002 ff. HRegGV. 14

VIII. Übertragung in elektronisches Dokument (I 1 Nr. 4). Es geht um die Vorgänge nach § 9 II HGB. Siehe auch GV 5007 HRegGV. 15

IX. Bereitstellung von Daten oder Dokumenten zum Abruf (I 1 Nr. 5). 16
Die Regelung berücksichtigt den Umstand, dass durch das elektronische Bereitstellen von Daten oder Dokumenten zum Abruf ein zusätzlicher Verwaltungsaufwand entsteht. Dieser kann durch die Erhebung einer weiteren Gebühr abgegolten werden. Nach GV 6000 HRegGV entsteht für die Bereitstellung der Daten oder Dokumenten zum Abruf 1/3 der für die Eintragung oder Entgegennahme bestimmten Gebühr.

X. Gebührenhöhe (II 2, 3). Die Vorschrift stellt in S. 2 Hs. 1 auf die durchschnittlichen Personal- und Sachkosten und in Hs. 2 bei Zurücknahme oder Zurückweisung auf pauschale Zu- und Abschläge ab. S. 3 bestimmt, dass bei der Gebührenhöhen die auf gebührenfreie Eintragungen entfallenden Personal- und Sachkostenberücksichtigt werden dürfen. Insofern besteht allerdings ein Spannungsverhältnis zur Rechtsprechung des EuGH (→ Rn. 5 f.). 17

XI. Fälligkeit, Kostenschuldner (II 1–3). Die Fälligkeit der Gebühren ist in der HRegGV nicht geregelt. Nach dem Rechtsgedanken des § 9 I Nr. 5 werden die Gebühren jeweils fällig, wenn der die Gebühr auslösende Tätigkeit durchgeführt worden ist. **Kostenschuldner** ist jeweils die Person, die Tätigkeit herbeiführt, vgl. § 22. 18

Abschnitt 2. Wertvorschriften

Unterabschnitt 1. Allgemeine Wertvorschriften

Zeitpunkt der Wertberechnung

59 **[1]Für die Wertberechnung ist der Zeitpunkt der jeweiligen den Verfahrensgegenstand betreffenden ersten Antragstellung in dem jeweiligen Rechtszug entscheidend, soweit nichts anderes bestimmt ist. [2]In Verfahren, die von Amts wegen eingeleitet werden, ist der Zeitpunkt der Fälligkeit der Gebühr maßgebend.**

Die Vorschrift stimmt fast wörtlich mit § 34 FamGKG und mit dem nur dem Satz 1 entsprechenden § 40 GKG überein, daher insofern jeweils → GKG § 40 Rn. 1 ff.; → FamGKG § 34 Rn. 1. Freilich betont S. 1 Hs. 2 den bloßen Hilfscharakter: dieser Teil gilt nur, „soweit nichts anderes bestimmt ist". 1

§ 59 gilt dem Wortlaut nach nur für Gebühren, die sich nach dem Wert richten (vgl. bei § 55 Abs. 1). Sie gilt nicht für andere Gebühren, zB die Jahresgebühren in Betreuungssachen. 2

Genehmigung oder Ersetzung einer Erklärung oder Genehmigung eines Rechtsgeschäfts

60 **I Wenn in einer vermögensrechtlichen Angelegenheit Gegenstand des Verfahrens die Genehmigung oder Ersetzung einer Erklärung oder die Genehmigung eines Rechtsgeschäfts ist, bemisst sich der Geschäftswert nach dem Wert des zugrunde liegenden Geschäfts.**

II Mehrere Erklärungen, die denselben Gegenstand betreffen, insbesondere der Kauf und die Auflassung oder die Schulderklärung und die zur Hypothekenbestellung erforderlichen Erklärungen, sind als ein Verfahrensgegenstand zu bewerten.

III Der Wert beträgt in jedem Fall höchstens 1 Million Euro.

1 **I. Anwendungsbereich (I–III).** Die Vorschrift hat deutliche Ähnlichkeit mit § 36 FamGKG.

2 **II. Vermögensrechtliche Angelegenheit (I–III).** Es muss nicht nur schon nach dem Wortlaut bei I, sondern der Sache nach auch bei II, III eine vermögensrechtliche Sache vorliegen. Zu diesem Begriff vgl. § 36 I.

3 **III. Genehmigung usw (I–III).** Sie muss Verfahrensgegenstand sein, insbesondere bei einem Rechtsgeschäft, aber auch sonst. Es muss also eine gerichtliche Erlaubnis oder Freigabe notwendig sein. Hierher gehört auch die gerichtliche Ersetzung einer Parteierklärung (OLG Frankfurt NZM 2017, 616, zu § 36 FamGKG), oder einer behördlichen Erklärung beliebiger Art und Dauer. II nennt beispielhaft einige Anwendungsfälle zu solchen Erklärungen. Ein Vorgang nach Art des § 894 ZPO (Verurteilung zu einer Willenserklärung) kann ebenfalls hierher rechnen.

4 **IV. Wert (I–III).** Bei einer Einzelgenehmigung oder bei der Ersetzung einer Einzelerklärung ist nach **I** der Wert des zugrundeliegenden Geschäfts maßgeblich, also zB der Wert des Anteils (OLG Frankfurt NZM 2017, 616, zu § 36 FamGKG). Bei einer Mehrheit solcher Vorgänge ist nach **II** dann nur ein einziger Verfahrensgegenstand vorhanden, wenn es sich um nur ein einziges zugrundeliegendes Geschäft handelt. II nennt es etwas verwirrend ebenfalls denselben „Gegenstand".

5 **III** begrenzt den Wert stets auf 1 Million EUR.

Rechtsmittelverfahren

61 **I 1 Im Rechtsmittelverfahren bestimmt sich der Geschäftswert nach den Anträgen des Rechtsmittelführers. 2 Endet das Verfahren, ohne dass solche Anträge eingereicht werden, oder werden bei einer Rechtsbeschwerde innerhalb der Frist für die Begründung Anträge nicht eingereicht, ist die Beschwer maßgebend.**

II 1 Der Wert ist durch den Geschäftswert des ersten Rechtszugs begrenzt. 2 Dies gilt nicht, soweit der Gegenstand erweitert wird.

III Im Verfahren über den Antrag auf Zulassung der Sprungrechtsbeschwerde ist Gegenstandswert der für das Rechtsmittelverfahren maßgebende Wert.

1 Die Vorschrift stimmt praktisch wörtlich mit § 40 FamGKG überein. Vgl. daher dort (→ FamGKG § 40 Rn. 1 ff.). Die Spezialvorschrift des § 40 ist zu beachten. In einem Beschwerdeverfahren gegen den Beschluss des Nachlassgerichts, mit dem dieses die Voraussetzungen zur Erteilung eines Erbscheins festgestellt oder den Antrag auf Erteilung eines Erbscheins zurückgewiesen hat, ist gemäß §§ 61 I, 40 I 1 Nr. 1 auf den Wert des Nachlasses im Zeitpunkt des Erbfalls abzustellen. Soll der Erbschein die Erbfolge über den gesamten Nachlass ausweisen, ist der Wert des gesamten Nachlasses unabhängig davon maßgeblich, welchen Anteil davon ein Beschwerdeführer für sich selbst in Anspruch nimmt (strittig; vgl. KG FGPrax 2020, 183 = BeckRS 2020, 15094 mwN auch zur Gegenauffassung).

Einstweilige Anordnung, Aussetzung der Wirkungen eines Europäischen Nachlasszeugnisses

62 **[1]Im Verfahren der einstweiligen Anordnung und im Verfahren über die Aussetzung der Wirkungen eines Europäischen Nachlasszeugnisses ist der Wert in der Regel unter Berücksichtigung der geringeren Bedeutung gegenüber der Hauptsache zu ermäßigen. [2]Dabei ist von der Hälfte des für die Hauptsache bestimmten Werts auszugehen.**

Die Vorschrift stimmt bis auf die Ergänzungen wegen § 38 IntErbRVG wörtlich mit § 41 FamGKG überein, daher → FamGKG § 41 Rn. 1 ff. 1

Unterabschnitt 2. Besondere Geschäftswertvorschriften

Betreuungssachen und betreuungsgerichtliche Zuweisungssachen

63 **[1]Bei Betreuungen oder Pflegschaften, die einzelne Rechtshandlungen betreffen, ist Geschäftswert der Wert des Gegenstands, auf den sich die Rechtshandlung bezieht. [2]Bezieht sich die Betreuung oder Pflegschaft auf eine gegenwärtige oder künftige Mitberechtigung, ermäßigt sich der Wert auf den Bruchteil, der dem Anteil der Mitberechtigung entspricht. [3]Bei Gesamthandsverhältnissen ist der Anteil entsprechend der Beteiligung an dem Gesamthandvermögen zu bemessen.**

I. Anwendungsbereich (S. 1–3). Die Vorschrift regelt den Geschäftswert für die Gebühren nach KV 11103 und KV 11105, dh für Betreuungs- (§ 271 FamFG) und Pflegschaftsverfahren (§ 340 Nr. 1 FamFG), die einzelne Rechtshandlungen betreffen. Die Abgrenzung zur Dauerbetreuung bzw. -pflegschaft richtet sich nach den übertragenen Aufgabenkreisen (BGH FamRZ 2017, 647). So liegt bei einer zeitlich einmaligen Angelegenheit, zB der Vertretung für ein bestimmtes Rechtsgeschäft, eine Einzelbetreuung bzw. -pflegschaft vor. Bei Nachlasspflegschaften gilt § 64 und bei Pflegschaften für Minderjährige das FamGKG. 1

II. Wertvorschriften (S. 1–3). 1. Alleinberechtigung (S. 1). Es gilt der Wert des Gegenstands, auf den sich die Rechtshandlung bezieht, wenn der Betroffene an ihm alleinberechtigt ist. Die Bewertung erfolgt nach Maßgabe der §§ 46 ff., 59; hilfsweise gilt § 36. Auf das subjektive Interesse des Betroffenen kommt es nicht an. Verbindlichkeiten sind nach § 38 grundsätzlich nicht abziehen (BayObLG BeckRS 2014, 22012). 2

2. Mitberechtigung (S. 2). Soweit der Betroffene an dem Gegenstand der Rechtshandlung nur mitberechtigt ist oder sein wird, ohne gesamthänderisch mitberechtigt zu sein, ist der Wert seines Anteils maßgebend. Gemeint ist vor allem Bruchteilseigentum. S. 2 gilt als lex specialis zu S. 1 auch dann, wenn die einzelne Rechtshandlung von einer Alleinberechtigung zur bloßen Mitberechtigung führt oder umgekehrt. 3

3. Gesamthandsberechtigung (S. 3). Betrifft die einzelne Rechtshandlung die Beteiligung des Betroffenen an einer Gesamthandsgemeinschaft, bestimmt sich der Geschäftswert nach seiner Beteiligung am Gesamthandvermögen. Das ist zB der Fall, wenn der Betroffene Miterbe ist (maßgeblich ist die Erbquote) oder Gesellschafter einer GbR (maßgeblich ist der Gesellschaftsanteil) werden soll. 4

Nachlasspflegschaften und Gesamtgutsverwaltung

64 **I Geschäftswert für eine Nachlassverwaltung, eine Gesamtgutsverwaltung oder eine sonstige Nachlasspflegschaft ist der Wert des von der Verwaltung betroffenen Vermögens.**

II Ist der Antrag auf Anordnung einer Nachlasspflegschaft oder -verwaltung oder einer Gesamtgutsverwaltung von einem Gläubiger gestellt, so ist Geschäftswert der Betrag der Forderung, höchstens jedoch der sich nach Absatz 1 ergebende Betrag.

1 **I. Anwendungsbereich, I, II.** Die Vorschrift bestimmt in ihrem Anwendungsbereich den Geschäftswert der Gebühren KV 12310–12312.

1. Nachlassverwaltung (I Fall 1). Es geht um eine gerichtliche Tätigkeit nach §§ 1975, 1981 f. BGB.

2 **2. Gesamtgutsverwaltung (I Fall 2).** Geregelt wird der Geschäftswert für die gerichtliche Tätigkeit bei der fortgesetzten Gütergemeinschaft nach § 1489 II iVm §§ 1981 f. BGB.

3 **3. Sonstige Nachlasspflegschaft (I Fall 3).** Gemeint ist die gerichtliche Tätigkeit bei der Pflegschaft zur Sicherung des Nachlasses oder für den unbekannten (Nach-) Erben (§§ 1960 f. BGB). Der Geschäftswert bestimmt sich auch dann nach § 64 (und nicht § 48), wenn von der Nachlasspflegschaft landwirtschaftliches Vermögen erfasst wird (OLG Hamm FamRZ 2019, 748).

4 **II. Wertvorschriften (I, II). 1. Kein Gläubigerantrag (I).** Liegt kein Gläubigerantrag vor, entspricht der Geschäftswert dem Wert des von der Verwaltung oder Pflegschaft betroffenen Vermögens (zum kostenrechtlichen Vermögensbegriff siehe OLG Hamm RPfleger 1998, 541 und zur Bewertung §§ 46 ff., 59). Während bei einer Nachlass- oder Gesamtgutsverwaltung damit stets der Nachlass bzw. das Gesamtgut maßgeblich sind, müssen Beschränkungen der Nachlasspflegschaft auf den Miterbenanteil, einzelne Nachlassgegenstände und Angelegenheiten berücksichtigt werden. Verbindlichkeiten sind nicht abziehen (§ 38). Bei einem Verfahren, das sich nur gegen die Person des Pflegers bzw. Verwalters richtet, ist der Wert auf einen Bruchteil des Vermögens zu reduzieren (OLG Bremen MDR 2015, 104 und OLG Schleswig NJW-RR 2014, 783). Bei einer Nachlasspflegschaft zur bloßen Erbenermittlung bestimmt sich der Geschäftswert nach § 36 II, III.

5 **2. Gläubigerantrag (II).** Bei einem Gläubigerantrag (§§ 1961, 1981 II BGB) bestimmt sich der Geschäftswert nach dem Wert der Gesamtforderung des Gläubigers ohne Nebenforderungen (§ 37 I). Das gilt auch bei einer Zurückweisung des Antrages (OLG Braunschweig FGPrax 2019, 270) und für die Jahresgebühr nach KV 12311 (OLG Celle ZEV 2020, 762). Bei Anträgen mehrerer Gläubiger sind die Forderungen zu addieren (§ 35). Höchstens ist jedoch der Wert nach I anzusetzen. Bei Anträgen eines Gläubigers und zusätzlich eines Erben bzw. Ehegatten bleibt es daher ebenfalls bei I. Die Beschränkung des Antrags auf eine Teilforderung ist kostenrechtlich unbeachtlich (Bormann/Diehn/Sommerfeldt/*Sommerfeldt* Rn. 6).

Ernennung und Entlassung von Testamentsvollstreckern

65 Der Geschäftswert für das Verfahren über die Ernennung oder Entlassung eines Testamentsvollstreckers beträgt jeweils 10 Prozent des Werts des Nachlasses im Zeitpunkt des Erbfalls, wobei Nachlassverbindlichkeiten nicht abgezogen werden; § 40 Absatz 2 und 3 ist entsprechend anzuwenden.

1 **I. Anwendungsbereich (Hs. 1, 2).** Die Vorschrift regelt den Geschäftswert für die Gebühr nach KV 12420 in gerichtlichen Verfahren zur Ernennung (§ 2200 BGB) oder Entlassung (§ 2227 BGB) eines Testamentsvollstreckers. Sie gilt auch, wenn der Antrag von einem Nichtberechtigten gestellt wurde (OLG Karlsruhe FamRZ 2016, 1699), und ist auf die Entlassung des Nachlasspflegers entsprechend anzuwenden (OLG Schleswig NJW-RR 2014, 783).

2 **II. Wertvorschriften. 1. 10 % des Nachlasses (Hs. 1 Fall 1).** Sowohl bei der Ernennung als auch der Entlassung sind 10 % des nach §§ 35 ff. zu bewertenden Nachlasses im Zeitpunkt des Erbfalls ansetzen. Bei Ernennung oder Entlassung verschiedener Testamentsvollstrecker in demselben Verfahren sind je Person 10 % des Nachlasswertes zu berücksichtigen (§ 35 I), BT-Drs. 17/11471 neu, 174.

3 **2. Kein Abzug von Nachlassverbindlichkeiten (Hs. 1 Fall 2).** Vom Wert des Nachlasses sind Nachlassverbindlichkeiten nicht abzuziehen. Das umfasst Erblasserschulden und Erbfallschulden.

3. Miterbe, Nachlassteil (Hs. 2). Der Verweis auf § 40 II, III bewirkt, dass der Geschäftswert bei einer beschränkten Testamentsvollstreckung (§ 2208 BGB) lediglich 10 % des Wertes der erfassten Gegenstände beträgt. 4

66 *(aufgehoben; jetzt § 118a)*

Bestimmte unternehmensrechtliche Verfahren und bestimmte Vereins- und Stiftungssachen *[Fassung ab 1.7.2023: Bestimmte unternehmensrechtliche Verfahren und bestimmte Vereinssachen]*

67

I Der Geschäftswert in einem unternehmensrechtlichen Verfahren und in einem Verfahren in Vereinssachen beträgt

1. bei Kapitalgesellschaften und Versicherungsvereinen auf Gegenseitigkeit 60 000 Euro,
2. bei Personenhandels- und Partnerschaftsgesellschaften *[Fassung ab 1.1.2024: rechtsfähigen Personengesellschaften]* sowie bei Genossenschaften 30 000 Euro,
3. bei Vereinen und Stiftungen 5000 Euro *[Fassung ab 1.7.2023: bei Vereinen 5000 Euro]* und
4. in sonstigen Fällen 10 000 Euro,

wenn das Verfahren die Ernennung oder Abberufung von Personen betrifft.

II Der Geschäftswert im Verfahren über die Verpflichtung des Dispacheurs zur Aufmachung der Dispache (§ 403 des Gesetzes über das Verfahren in Familiensachen und in den Angelegenheiten der freiwilligen Gerichtsbarkeit) beträgt 10 000 Euro.

III Ist der nach Absatz 1 oder Absatz 2 bestimmte Wert nach den besonderen Umständen des Einzelfalls unbillig, kann das Gericht einen höheren oder einen niedrigeren Wert festsetzen.

I. Anwendungsbereich, I–III. Die Vorschrift regelt den Geschäftswert für die Gebühren KV 13500–13504 in unternehmensrechtlichen Verfahren (§ 375 FamFG) und Verfahren in Vereinssachen, wenn sie jeweils die Ernennung oder Abberufung von Personen betreffen, sowie im Verfahren über die Verpflichtung des Dispacheurs zur Aufmachung der Dispache (§ 403 FamFG). Im Übrigen gilt § 36. Ab 1.7.2023 entfällt die Zuständigkeit der Amtsgerichte für die Notbestellung von Mitgliedern des Vorstands einer Stiftung und die Notbestellung von Liquidatoren nach § 86 S. 1 iVm § 29 BGB (§ 84c BGB idF **ab 1.7.2023**), so dass die dazugehörige Gebührenvorschrift aufgehoben wird (Art. 7 Nr. 2 Gesetz zur Vereinheitlichung des Stiftungsrechts und zur Änd. des InfektionsschutzG). **Ab 1.1.2024** erstreckt sich § 67 I Nr. 2 auf sämtliche rechtsfähige Personengesellschaften, einschließlich die Gesellschaft bürgerlichen Rechts (Art. 47 Nr. 4 MoPeG). 1

Keine Ernennung iSd § 67 I ist die gerichtliche Bestimmung von Personen zur Aufbewahrung von Büchern nach § 157 II HGB, § 10 PartGG iVm § 157 II HGB, § 74 II GmbHG, § 93 GenG. Der Vorschlag des BR, auch insoweit Festwerte vorzusehen, ist nicht Gesetz geworden, vgl. BT-Drs. 17/11471 neu, 297, 335 (aA für § 93 GenG: Korintenberg/Klüsener Rn. 10 – es besteht jedoch kein Unterschied zu den vergleichbaren Regelungen im HGB und GmbHG). Aus diesem Grund fällt auch die gerichtliche Bestimmung des Leiters oder Vorsitzenden einer Versammlung (zB nach § 122 III 2 AktG oder § 37 II BGB) nicht unter § 67 I GNotKG (aA AG Köln NJW-Spezial 2017, 305). Ferner ist § 67 in Verfahren über die Vergütung und den Auslagenersatz der gerichtlich ernannten Personen nicht anwendbar. Die Vergütungshöhe für diese Personen richtet sich ebenso wenig nach § 67 (dazu OLG Düsseldorf FGPrax 2019, 217). 2

1. Kapitalgesellschaft, Versicherungsverein auf Gegenseitigkeit (I Nr. 1)

3 – AktG: §§ 33 III 2, 85 I, 103 III 1 (OLG Karlsruhe NZG 2022, 557), 104, 147 II AktG (KG FGPrax 2016, 90), 183a III 1, 264 II, 265 III 1, 273 IV AktG (OLG Frankfurt BeckRS 2016, 113190), § 290 III 2 AktG iVm § 375 Nr. 3 FamFG
– BGB: § 29 BGB analog für die GmbH (OLG Karlsruhe GmbHR 2022, 704; OLG Düsseldorf NJW-RR 2016, 1183)
– SEAG: § 29 III, § 30 I, II, 45 SEAG iVm § 375 Nr. 4 FamFG
– UmwG: §§ 26, 206 UmwG iVm § 375 Nr. 5 FamFG
– GmbHG: §§ 66 II, III, V GmbHG iVm § 375 Nr. 6 FamFG (OLG Dresden NZG 2016, 158)
– KWG: §§ 2c II 2, 22o, 28 II, 38 II 2, 45a II KWG iVm § 375 Nr. 11 FamFG
– VAG: § 19 II, 204 II VAG iVm § 375 Nr. 13 FamFG
– FKAG: § 28 II FKAG iVm § 375 Nr. 13 FamFG
– BBergG: § 164 II 2 BBergG (KG Rpfleger 2022, 80)

2. Personenhandels-, Partnerschaftsgesellschaft, Genossenschaft (I Nr. 2)

4 – HGB: §§ 146 II, 147 *[ab 1.1.2024: § 145 I]*, 318 III, IV HGB iVm § 375 Nr. 1 FamFG
– UmwG: §§ 26, 206 UmwG iVm § 375 Nr. 5 FamFG
– GenG: §§ 64b, 83 III, IV, V GenG iVm § 375 Nr. 7 FamFG
– PublG: § 2 III, § 12 III PublG iVm § 375 Nr. 9 FamFG
– KWG: §§ 2c II 2, 22o, 28 II, 38 II 2, 45a II KWG iVm § 375 Nr. 11 FamFG
– FKAG: § 28 II FKAG iVm § 375 Nr. 13 FamFG
– PartGG: § 10 I PartGG iVm §§ 146 II, 147 *[ab 1.1.2024: § 145 I]* HGB iVm § 375 Nr. 15 FamFG

3. Verein, Stiftung (I Nr. 3)

5 – BGB: §§ 29, 48, 86 *[entfällt ab 1.1.2024]*, 88 *[entfällt ab 1.1.2024]* BGB
– PublG: § 2 III, § 12 III PublG iVm § 375 Nr. 9 FamFG

6 **4. Sonstige Fälle (I Nr. 4).** In Betracht kommen insbesondere folgende Fälle:
– HGB: § 595 II HGB
– BinSchG: § 78 III BinSchG iVm § 595 II HGB
– PublG: § 2 III, § 12 III PublG iVm § 3 I Nr. 5
– BörsG: § 6 IV 4 BörsG

7 **5. Verpflichtung des Dispacheurs zur Aufmachung der Dispache (II).** Gemeint ist lediglich das Verfahren über die Verpflichtung des Dispacheurs zur Aufmachung der Dispache nach § 403 FamFG. Für die Ernennung des Dispacheurs gilt § 67 I Nr. 4 und für das Verfahren zum Zweck der Verhandlung über die Dispache § 68.

8 **II. Wertvorschriften (I–III).** Der Geschäftswert entspricht grundsätzlich den in I, II genannten Festwerten. Auf die Anzahl der in demselben Verfahren bestellten Personen kommt es nicht an (OLG München NZG 2018, 792 zu § 104 AktG). Bei der gerichtlichen Bestellung externer Gründungsprüfer nach § 33 III–V AktG darf die Gebühr wegen Art. 5 iVm Art. 6 Ie der Richtlinie 2008/7/EG des Rates vom 12.2.2008 den tatsächlichen Aufwand nicht übersteigen (vgl. OLG Karlsruhe Rpfleger 2001, 270 zu Art. 10 iVm Art. 12 I e der Richtlinie 69/335/EWG des Rates vom 17.7.1969). Für die gerichtliche Ergänzung des Aufsichtsrates nach Art. 104 AktG bleibt es dagegen bei dem Festwert nach § 67 I Nr. 1 (BayObLG NZG 2000, 647).

9 Liegen Umfang, Schwierigkeit und der damit einhergehende Arbeitsaufwand des Gerichts im Einzelfall deutlich über oder unter dem Durchschnitt und führt diese Abweichung zu einem unbilligen Geschäftswert, kann das Gericht nach III ausnahmsweise einen abweichenden Wert festsetzen (OLG Dresden NotBZ 2016, 429; NZG 2016, 158; KG Rpfleger 2022, 80). Zu einem höheren Wert kann zB die Ernennung mehrerer Personen in demselben Verfahren führen (OLG München NZG 2018, 792). Ein niedrigerer Wert kann sich zB bei der Bestellung eines Nachtragsliquidators mit einem eng begrenzten Wirkungskreis ergeben, dessen wirtschaftlicher Wert

deutlich unter dem Festwert liegt (KG FGPrax 2016, 90; OLG Frankfurt BeckRS 2016, 113190; OLG Dresden NotBZ 2016, 429; AG Berlin-Charlottenburg NZG 2018, 948). Allein die Tatsache, dass es sich lediglich um die Bestellung eines Nachtragsliquidators handelt, rechtfertigt indes keine Unterschreitung des Festwertes (OLG Celle NdsRpfl 2016, 195). Der Mindestwert beträgt 15 EUR (§ 34 V). Einen Höchstwert nennt das Gesetz nicht.

Verhandlung über Dispache

68 Geschäftswert in dem Verfahren zum Zweck der Verhandlung über die Dispache ist die Summe der Anteile, die die an der Verhandlung Beteiligten an dem Schaden zu tragen haben.

I. Anwendungsbereich. Die Vorschrift regelt den Geschäftswert für die Gebühren nach KV 13500 ff. in Verfahren zum Zweck der Verhandlung über die Dispache (§ 405 FamFG). Der Geschäftswert für das Verfahren über die Verpflichtung des Dispacheurs zur Aufmachung der Dispache nach § 403 FamFG richtet sich nach § 67 II. Für die Ernennung des Dispacheurs gilt § 67 I Nr. 4. 1

II. Geschäftswert. Geschäftswert ist die Summe der Schadensanteile, die von den an der Verhandlung Beteiligten zu tragen ist, wobei es auf die Verteilung am Verfahrensende ankommt (BeckOK KostR/*Klahr* Rn. 94). Andere Schadensanteile fließen damit nicht in die Berechnung ein. 2

Eintragungen im Grundbuch, Schiffs- oder Schiffsbauregister

69 I 1 Geschäftswert für die Eintragung desselben Eigentümers bei mehreren Grundstücken ist der zusammengerechnete Wert dieser Grundstücke, wenn das Grundbuch über diese bei demselben Grundbuchamt geführt wird, die Eintragungsanträge in demselben Dokument enthalten sind und am selben Tag beim Grundbuchamt eingehen. 2 Satz 1 ist auf grundstücksgleiche Rechte und auf Eintragungen in das Schiffs- und Schiffsbauregister entsprechend anzuwenden.

II 1 Geschäftswert für die Eintragung mehrerer Veränderungen, die sich auf dasselbe Recht beziehen, ist der zusammengerechnete Wert der Veränderungen, wenn die Eintragungsanträge in demselben Dokument enthalten sind und am selben Tag bei dem Grundbuchamt oder Registergericht eingehen. 2 Der Wert des Rechts darf auch bei mehreren Veränderungen nicht überschritten werden.

Schrifttum: Schneider, Kostenrechtliche Änderung in Grundbuchsachen aufgrund des Gesetzes zum Internationalen Erbrecht, Rpfleger 2016, 9 (Üb.); Becker, Vom „günstigen" Zeitpunkt der Antragstellung bzw. Anmeldung im Grundbuch- und Handelsregisterkostenrecht, RNotZ 2018, 163.

I. Normzweck, I, II. Die besondere Geschäftswertvorschrift regelt den Wert für Grundbucheintragungen in bestimmten Fällen mehrerer Erwerbe oder Veränderungen. Sie korrespondiert mit der Bestimmung der Anzahl der Gebühren in Vorb. 1.4 III KV. 1

Die Norm gilt auch für den Wert im Verfahren über die Beschwerde gegen die Ablehnung einer Eintragung (vgl. OLG Köln BeckRS 2019, 51581). 2

II. Tatbestandsvoraussetzungen, I. Die Wertaddition nach I mit nur einer Gebühr nach dem Gesamtwert tritt dann ein, wenn die folgenden Voraussetzungen zusammentreffen. 3

1. Dasselbe Grundbuchamt. Für die mehreren beteiligten Grundstücke oder Grundstücksteile oder grundstücksgleichen Rechte wie das Erbbaurecht oder Untererbbaurecht, das Wohnungseigentum, ein Bergwerk muss dasselbe Grundbuchamt zuständig sein. Sofern mehrere Grundbuchämter zuständig sind, ist I unanwendbar. Man muss die Gebühren dann getrennt berechnen.

4 **2. Anträge in demselben Dokument und an demselben Tag.** Es müssen für alle beteiligten Grundstücke Eintragungsanträge in demselben Dokument stehen und an demselben Tag in der Posteinlaufstelle des Grundbuchamts bis 24 Uhr eingehen. Sie müssen nicht gleichzeitig eingehen oder vorliegen. Die Zusammenrechnung ist nicht von einem Antrag abhängig und ggf. gem. § 28 II 1 KostVfg nachzuholen. Antrag ist der verfahrensmäßig maßgebliche Antrag in einer notariellen Urkunde oder einem separaten Anschreiben eines Berechtigten sowie der Antrag eines Notars nach § 15 GBO.

Unerheblich sind folgende Umstände: Ob die Grundstücke bisher einem oder mehreren Eigentümern gehörten; ob sie auf einem oder mehreren Grundbuchblättern desselben Grundbuchamts stehen; ob die Grundstücke in derselben Gemeinde liegen; ob die Eintragungen jetzt gleichzeitig stattfinden.

5 **3. Derselbe Eigentümer, mehrere Grundstücke.** Auf den Grundbuchblättern der beteiligten Grundstücke muss man denselben Eigentümer oder Miteigentümer zu Bruchteilen oder zur Gesamthand eintragen. Mehrere juristische Personen sind unabhängig von ihren Berechtigten stets verschiedene Eigentümer nach I.

6 **III. Mehrere Veränderungen desselben Rechts, II.** Wenn sich mehrere Veränderungen auf ein und dasselbe Recht beziehen, muss man nach II 1 prüfen, ob diese Veränderungen an demselben Tag beim GBA oder Registergericht eingegangen sind, wie bei → Rn. 3 (LG Kempten Rpfleger 1984, 480). Dann entsteht nur einmal der zusammengerechnete Wert der Veränderungen. Das gilt unabhängig davon, ob eine Eintragung eines oder mehrerer Vermerke notwendig ist. Höchstwert ist nach II 2 der Wert des ursprünglichen Rechts (OLG Düsseldorf BeckRS 2022, 37901).

7 **Beispiel 1:** Es handelt sich um die Abtretung eines Grundschuldteils mit einem Vorrang, da eine Teilung der ursprünglich einheitlichen Grundschuld erfolgt (erste Veränderung) und diese neue Post den Vorrang vor dem Rest der alten erhält (zweite Veränderung).

8 **Beispiel 2:** Von einer Grundschuld wird ein erstrangiger Teil an A abgetreten, ein weiterer Teil mit Rang danach an B; ein weiterer nachrangiger Teil C verbleibt beim Gläubiger. Zu bewerten ist der Rangrücktritt des Teils C hinter die Teile A und B (höchstens Wert Teil C), der Rangrücktritt des Teils B hinter Teil A (höchstens Wert Teil B), die Abtretung des Teils A (incl. Teilung) und die Abtretung des Teils B in Summe, der Wert des Ausgangsrechts darf nicht überschritten werden. Die einzelnen Abtretungsempfänger A und B als Antragsteller haften dabei nicht für die Gebühr, soweit sie nach den Wertteilen B bzw. A entstanden sind.

Gemeinschaften zur gesamten Hand

70 **I 1 Ist oder wird eine Gesamthandsgemeinschaft im Grundbuch eingetragen, sind bei der Berechnung des Geschäftswerts die Anteile an der Gesamthandsgemeinschaft wie Bruchteile an dem Grundstück zu behandeln. 2 Im Zweifel gelten die Mitglieder der Gemeinschaft als zu gleichen Teilen am Gesamthandsvermögen beteiligt.**

II 1 Ist eine Gesamthandsgemeinschaft im Grundbuch eingetragen und wird nunmehr ein Mitberechtigter der Gesamthandsgemeinschaft als Eigentümer oder werden nunmehr mehrere Mitberechtigte als Miteigentümer eingetragen, beträgt der Geschäftswert die Hälfte des Werts des Grundstücks. 2 Geht das Eigentum an dem Grundstück zu einem Bruchteil an einen oder mehrere Mitberechtigte der Gesamthandsgemeinschaft über, beträgt der Geschäftswert insoweit die Hälfte des Werts dieses Bruchteils.

III 1 Ein grundstücksgleiches oder sonstiges Recht steht einem Grundstück gleich; die Absätze 1 und 2 sind entsprechend anzuwenden. 2 Dies gilt auch für Rechte, die im Schiffsregister, im Schiffsbauregister und im Register für Pfandrechte an Luftfahrzeugen eingetragen sind. 3 Dabei treten an die Stelle der Grundstücke die in diese Register eingetragenen Schiffe, Schiffsbauwerke und Luftfahrzeuge, an die Stelle des Grundbuchamts das Registergericht.

IV **Die Absätze 1 bis 3 sind auf offene Handelsgesellschaften, Kommanditgesellschaften, Partnerschaften und Europäische wirtschaftliche Interessenvereinigungen nicht und auf Gesellschaften bürgerlichen Rechts nur für die Eintragung einer Änderung im Gesellschafterbestand anzuwenden.**

[Fassung ab 1.1.2024:]

IV (aufgehoben)

I. Anwendungsbereich (I–IV). Die Vorschrift gilt auch bei einem Erwerb durch Zuschlag (für Teilungsversteigerung: OLG Karlsruhe JurBüro 2016, 256; aA OLG Nürnberg FGPrax 2021, 45; Anknüpfungspunkt ist jedoch nicht das Eigentum, sondern formal die Eintragungsposition). **Unanwendbar** bei Erwerb durch nicht an der Gesamthand Beteiligten. 1

II. Gesamthandsgemeinschaft (I, II). Die Vorschrift bestimmt diesen Begriff nicht. Zur Gesamthandsform zählen neben §§ 705 ff. BGB an sich auch die OHG, die KG, die Gütergemeinschaft und ihre Fortsetzung sowie die ungeteilte Erbengemeinschaft nach §§ 2033 ff. BGB. Indessen nimmt IV die dort genannten Gemeinschaften von der Regelung in I–III ausdrücklich aus. 2

III. Grundbucheintragung (I, II). Ihre Vornahme ist Bedingung der Anwendbarkeit von § 70. Dabei steht eine schon vorhandene Eintragung einer bevorstehenden gleich, soweit es um I geht. 3

IV. Anteilswert (I). Entgegen einem Grundprinzip der Gesamthand behandelt **I 1** jeden Gesamthandanteil als einen Bruchteil am Grundstück oder einem nach III gleichstehenden Recht. Das Gesamthandsvermögen mag umfassender sein, durch § 70 wird für den Geschäftswert auf den gedachten Bruchteil an dem Grundstück abgestellt. Die Gesamthand bleibt im Grundbuch eingetragen. **I 2** schafft im Zweifel eine Beteiligung zu gleichen (Bruch-)Teilen. 4

V. Umtragung; Erwerb von der Gesamthand (II). Nach **II 1** gibt es bei einem Umtragungsvorgang an sich einen Geschäftswert von 50 % des Werts des Grundstücks oder des nach III gleichstehenden Rechts. Beim Übergang gerade (nur) zu einem Bruchteil ist nach **II 2** die Hälfte des Werts gerade dieses Bruchteils maßgeblich. 5

Beispiel 1: An einer Erbengemeinschaft sind A und B mit internen Quoten von 10 % (A) und 90 % (B) beteiligt. Nach Auseinandersetzung übernimmt B das Grundstück. Nach II berechnet sich der Wert mit 50 % des Grundstückswerts. 6

Beispiel 2: Zu **II 2:** Eine Erbengemeinschaft, an der E2 intern zu 80 % beteiligt ist, veräußert ein Grundstück an E2 und die außenstehende Person A zu je ½ als Bruchteilseigentum. Der Wert setzt sich zusammen aus dem mit 50 % privilegierten Anteil des E2 (25 %) und dem externen Anteil von A (50 %), mithin 75 % des Grundstückswertes. Auf die Höhe der ursprünglichen Beteiligung des E2 kommt es somit nicht an. Zu betrachten ist die Erwerberseite (Drs. 17/11471 (neu), 175). 7

VI. Grundstücksgleiches Recht usw (III). Es gelten I, II entsprechend. 8

VII. Einschränkungen (IV). Unanwendbar sind I–III bei der OHG, KG, Partnerschaft und EWIV. Bedingt anwendbar sind I–III bei der BGB-Gesellschaft nämlich nur bei der Eintragung einer Änderung gerade des Gesellschafterbestands (siehe KV 14110). Änderungen des Gesellschafterbestands einer BGB-Gesellschaft sind gem. § 47 II GBO im Grundbuch einzutragen. 9

Dadurch, dass durch das MoPeG (**ab dem 1.1.2024;** → KV 14110 Rn. 26 f.) das Gesamthandsprinzip für die Personengesellschaften einschließlich der Gesellschaft bürgerlichen Rechts aufgegeben wird und in Zukunft die Gesellschaft bürgerlichen Rechts ebenfalls unter ihrem Namen im Grundbuch eingetragen wird und Änderungen im Gesellschafterbestand im Grundbuch nicht mehr nachvollzogen werden müssen, erübrigt sich die Sonderregelung (RegE MoPeG, S. 252). 10

Dazu zählt insbesondere auch die Europäische wirtschaftliche Interessenvereinigung, die ausweislich § 1 EWIVAG aufgrund ihrer strukturellen Nähe zu den Personengesellschaften in der Bundesrepublik Deutschland als Sonderform der offenen Handelsgesellschaft zählt (vgl. MAH PersGesR /Pathe § 28 Rn. 51).

Die Rechtsfähigkeit der Gesellschaft ist auch nicht von der Eintragung im Gesellschaftsregister abhängig, weil ansonsten Rechtsträger einer nicht eingetragenen und 11 damit nicht rechtsfähigen Gesellschaft bürgerlichen Rechts dagegen weiterhin deren Gesellschafter wären, die entweder als natürliche Personen über eine natürliche Subjektpublizität verfügen oder als juristische Personen oder rechtsfähige Personengesellschaften ihrerseits der Subjektpublizität unterliegen (RegE MoPeG, S. 144). Das wird durch die Neuregelung vermieden.

Nachträgliche Erteilung eines Hypotheken-, Grundschuld- oder Rentenschuldbriefs

71 **I Bei der nachträglichen Erteilung eines Hypotheken-, Grundschuld- oder Rentenschuldbriefs ist Geschäftswert der für die Eintragung des Rechts maßgebende Wert.**

II Für die nachträgliche Gesamtbrieferteilung gilt § 44 Absatz 1 entsprechend.

1 **I. Anwendungsbereich (I, II).** Die Vorschrift regelt ausdrücklich nur die nachträgliche Erteilung eines Gesamtbriefs oder eines Einzelbriefs der in I genannten Arten. Nicht anwendbar für Veränderungsgebühr KV 14130 bei späterer Aufhebung des Ausschlusses der Brieferteilung (OLG Bamberg JurBüro 2017, 535 (20 %); OLG Hamm JurBüro 2019, 140 (30 %)).

2 **II. Nachträglicher Einzelbrief (I).** Das ist nach dem Wortlaut dieser als Spezialvorschrift eng auslegbaren Norm etwas anderes als die Erteilung eines „neuen" Briefs nach § 67 GBO. Geschäftswert ist der für die Eintragung des zu verbriefenden Rechts maßgebende Betrag nach § 53 I.

3 **III. Nachträglicher Gesamtbrief (II).** Infolge der Verweisung auf § 44 I wird der Wert des einbezogenen Grundstücks usw mit dem Nennbetrag des Gesamtrechts verglichen, wenn nach KV 14124 einzelne Gebühren entstehen.

Gerichtliche Entscheidung über die abschließenden Feststellungen der Sonderprüfer

72 **I 1 Den Geschäftswert im gerichtlichen Verfahren über die abschließenden Feststellungen der Sonderprüfer nach § 259 Absatz 2 und 3 des Aktiengesetzes bestimmt das Gericht unter Berücksichtigung aller Umstände des einzelnen Falles nach billigem Ermessen, insbesondere unter Berücksichtigung der Bedeutung der Sache für die Parteien. 2 Er darf jedoch ein Zehntel des Grundkapitals oder, wenn dieses Zehntel mehr als 500 000 Euro beträgt, 500 000 Euro nur insoweit übersteigen, als die Bedeutung der Sache für den Kläger höher zu bewerten ist.**

II Die Vorschriften über die Anordnung der Streitwertbegünstigung (§ 260 Absatz 4 Satz 2 in Verbindung mit § 247 Absatz 2 und 3 des Aktiengesetzes) sind anzuwenden.

1 Gegenstand des **Verfahrens über die die abschließenden Feststellungen der Sonderprüfer nach § 259 II, III AktG** (§ 260 AktG) ist die Heraufsetzung von Aktivposten bzw. Herabsetzung von Passivposten gegenüber den Feststellungen der Sonderprüfer. Der Geschäftswert ist nach § 72 (der die Regelung in § 260 IV 7 AktG aF iVm § 247 I AktG übernommen hat, die allerdings als § 260 IV 2 AktG iVm § 247 I AktG – konkurrierend – fortgilt, weshalb in der aktienrechtlichen Literatur die Existenz von § 72 gelegentlich übersehen wird) zu bestimmen. Dies hat unter Berücksichtigung der **Bedeutung der Sache für alle Parteien** nach billigem Ermessen (zum Begriff → RVG § 14 Rn. 6) zu erfolgen (I 1), maßgeblich dürften die wirtschaftlichen Auswirkungen der Bewertung sein (aA NK-GK/Jäckel Rn. 6 f.: Anteil der Antragsteller am Grundkapital). Der **Höchstwert nach I 2** darf allerdings nur überschritten werden, wenn das Klägerinteresse höher zu bewerten ist.

2 II stellt klar, dass die Regelung über die Anordnung der **Streitwertbegünstigung** in § 247 II, III (hierzu → AktG § 247 Rn. 1 ff.) auch im Verfahren über die abschließenden Feststellungen der Sonderprüfer nach § 259 II, III AktG entspr. anzuwenden ist (da sich dies allerdings bereits aus § 260 IV 2 AktG iVm § 247 II, III AktG ergibt,

dürfte auch II iErg überflüssig sein). Hiernach kann dann, wenn eine Partei eine erhebliche Gefährdung ihrer Wirtschaftslage durch die Prozesskosten glaubhaft macht, auf ihren Antrag vom Gericht für diese ein niedrigerer „persönlicher" (Teil-) Geschäftswert angeordnet werden.

Ausschlussverfahren nach dem Wertpapiererwerbs- und Übernahmegesetz

73 Geschäftswert im Verfahren über den Ausschluss von Aktionären nach den §§ 39a und 39b des Wertpapiererwerbs- und Übernahmegesetzes ist der Betrag, der dem Wert aller Aktien entspricht, auf die sich der Ausschluss bezieht; der Geschäftswert beträgt mindestens 200 000 Euro und höchstens 7,5 Millionen Euro.

Gegenstand eines **Ausschlussverfahrens nach §§ 39a, 39b WpÜG** ist der auf ein 1
Übernahme- oder Pflichtangebot folgende Antrag des Hauptaktionärs als Bieter auf Übertragung der Aktien der noch verbliebenen übrigen Aktionäre. Für die Bestimmung des Geschäftswerts knüpft § 73 (der die Regelung aus § 39b VI 5, 6 WpÜG aF übernommen hat) – naheliegenderweise – an den **Aktienbestand der verbliebenen Aktionäre,** der das Ziel der Übernahme ist, an. Zu welchem Zeitpunkt dieser Aktienbestand zu ermitteln ist, ergibt sich aus der Vorschrift nicht, doch bietet es sich an, wie nach § 31a S. 1 RVG auf den Zeitpunkt der Antragstellung abzustellen.

Für die **Bewertung** dieser Aktien kann auf die angemessene Abfindung iSd 2
§ 39a I 1 WpÜG oder einen eventuell vorhandenen Börsenkurs zurückgegriffen werden (MüKoAktG/Grunewald WpÜG § 39b Rn. 28). Als Bewertungsstichtag kommt wiederum der Zeitpunkt der Antragstellung in Betracht. Der sich hieraus für alle von der Ausschließung Betroffenen ergebende Gesamtbetrag entspricht dem Geschäftswert, wobei allerdings die in § 73 genannten (aus § 15 I 1 SpruchG aF – jetzt § 74 – übernommenen, vgl. Begr. RegE § 39b WpÜG, BT-Drs. 16/1003, 23) **Mindest- und Höchstbeträge** zu beachten sind.

Dem so ermittelten Betrag entspricht auch der Gegenstandswert der anwaltlichen 3
Vertretung des Antragstellers (iVm § 23 I 1 RVG); für die Vertretung eines Antragsgegners gilt die abweichende Wertvorschrift des § 31a RVG; hierzu → RVG § 31a Rn. 1 ff.

Verfahren nach dem Spruchverfahrensgesetz

74 [1]**Geschäftswert im gerichtlichen Verfahren nach dem Spruchverfahrensgesetz ist der Betrag, der von allen in § 3 des Spruchverfahrensgesetzes genannten Antragsberechtigten nach der Entscheidung des Gerichts zusätzlich zu dem ursprünglich angebotenen Betrag insgesamt gefordert werden kann; der Geschäftswert beträgt mindestens 200 000 Euro und höchstens 7,5 Millionen Euro.** [2]**Maßgeblicher Zeitpunkt für die Bestimmung des Werts ist der Tag nach Ablauf der Antragsfrist (§ 4 Absatz 1 des Spruchverfahrensgesetzes).**

Gegenstand eines **gesellschaftsrechtlichen Spruchverfahrens** nach dem (2003 1
an die Stelle früheren Regelungen in §§ 305 ff. UmwG aF getretenen) SpruchG ist die Bestimmung angemessener Ausgleichszahlungen bzw. Abfindungen bei verschiedenen Strukturmaßnahmen von Unternehmen für (ggf. ausgeschiedene) Minderheitsgesellschafter. Die Bestimmung des Geschäftswerts ist gem. § 74 (der die Regelung aus § 15 I 2, 3 SpruchG aF übernommen hat) nach der (in der Rspr. zu § 30 I KostO entwickelten, vgl. BGH NZG 1999, 346) sog. **„Differenzmethode"** (vgl. zu § 15 SpruchG aF BT-Drs. 15/371, 17, 28) vorzunehmen. Maßgeblich ist danach die Differenz („zusätzlich") zwischen dem ursprünglich je Anteil angebotenen und dem nach der gerichtlichen Entscheidung tatsächlich angemessenen Betrag, die mit der Gesamtzahl der Anteile von nach § 3 SpruchG antragsberechtigten Gesellschaftern (also nicht nur der Antragsteller, vgl. OLG Düsseldorf NZG 2018, 351 Rn. 4) zu multiplizieren ist („insgesamt"). Stichtag für die Feststellung der bei dieser Berech-

nung zu berücksichtigenden Anteile ist dabei nach S. 2 der Tag nach Ablauf der Antragsfrist des § 4 I SpruchG.

2 Da der Geschäftswert somit nicht dem Begehren der Antragsteller, sondern iErg. ihrem Erfolg entspricht, würde sich in dem Fall, dass im Spruchverfahren keine Erhöhung der Ausgleichszahlung bzw. Abfindung festgestellt wird, weil der Antrag (mangels Unangemessenheit der angebotenen Zahlung) zurückgewiesen oder auch von den Antragstellern zurückgenommen wird, kein Wert ergeben. Um eine angemessene Abgeltung des gerichtlichen Aufwands zu gewährleisten (vgl. zu § 15 SpruchG aF BT-Drs. 15/371, 17, 28), sieht S. 1 daher einen jedenfalls heranzuziehenden **Mindestwert** vor (dieser kann daher – selbstverständlich – auch nicht unterschritten werden, wenn der Antrag verworfen oder zurückgewiesen wird, KG NZG 2019, 32 Rn. 12 mwN; aA wohl nur LG München I ZIP 2010, 1995 (1997)). Zugleich ist aber der Geschäftswert – zur Vermeidung einer Belastung von Antragsteller oder Antragsgegner mit unverhältnismäßig hohen Kosten, vgl. zu § 15 SpruchG aF BT-Drs. 15/371, 17, 28) – auch durch einen **Höchstbetrag** begrenzt.

3 Der Geschäftswert eines **Rechtsmittelverfahrens** ist im Grundsatz ebenfalls nach § 74 – und damit auch unter Berücksichtigung der dort geregelten Mindest- und Höchstwerte – zu bestimmen (vgl. nur KG FGPrax 2016, 238 (240); NZG 2019, 32 Rn. 19). Ist Gegenstand des Rechtsmittelverfahrens lediglich eine Zwischenentscheidung, ist allerdings nur ein angemessener Teil des Hauptsachewerts als Geschäftswert zugrunde zu legen (OLG Düsseldorf NZG 2019, 749).

4 Dem nach § 74 ermittelten Geschäftswert entspricht auch der Gegenstandswert der anwaltlichen Vertretung des Antraggegners (iVm § 23 I 1 RVG); für die Vertretung eines Antragsstellers gilt die abweichende Wertvorschrift des § 31 RVG; hierzu → RVG § 31 Rn. 1 ff.

Gerichtliche Entscheidung über die Zusammensetzung des Aufsichtsrats

75 Im gerichtlichen Verfahren über die Zusammensetzung des Aufsichtsrats, das sich nach den §§ 98 und 99 des Aktiengesetzes richtet, ist abweichend von § 36 Absatz 3 von einem Geschäftswert von 50 000 Euro auszugehen.

1 Gegenstand eines gerichtlichen Verfahrens über die **Zusammensetzung des Aufsichtsrats nach §§ 98, 99 AktG** ist die gerichtliche Klärung von Statusfragen des Aufsichtsrats auf Antrag eines der nach § 98 II AktG Antragsberechtigten. Für die Bestimmung des Geschäftswerts gilt die **allg. Wertvorschrift** des (die Regelung von § 99 V 6 AktG aF übernehmenden) § 36. Diese wird durch § 75 nur insoweit modifiziert, als der (in den hier in Betracht kommenden Verfahren regelmäßig heranzuziehende) **Auffangwert (§ 36 III) erhöht** ist. Dies gilt nicht nur für Verfahren, die den Aufsichtsrat einer AG betreffen, sondern auch (vgl. etwa BayObLG BeckRS 2021, 5649 Rn. 19 mwN [insoweit ohne Abdr. in AG 2021, 557]) für solche, die Aufsichts- oder Verwaltungsräte anderer Gesellschaftsformen betreffen, wenn die insoweit geltenden Vorschriften eine entspr. Anwendung der §§ 98, 99 AktG anordnen (vgl. etwa § 6 II MitbestG, § 189 III VAG, § 19 II KAGB, § 27 AktGEG, § 17 IV SEAG, § 19 II SCEAG).

Bestimmte Verfahren vor dem Landwirtschaftsgericht

76 Geschäftswert ist

1. **in Feststellungsverfahren nach § 11 Absatz 1 Buchstabe g der Verfahrensordnung für Höfesachen der Wert des Hofs nach Abzug der Verbindlichkeiten,**
2. **in Wahlverfahren (§ 9 Absatz 2 Satz 1 der Höfeordnung) der Wert des gewählten Hofs nach Abzug der Verbindlichkeiten,**
3. **in Fristsetzungsverfahren (§ 9 Absatz 2 Satz 2 der Höfeordnung) die Hälfte des Werts des wertvollsten der noch zur Wahl stehenden Höfe nach Abzug der Verbindlichkeiten,**

4. in gerichtlichen Verfahren aufgrund der Vorschriften über Einwendungen gegen das siedlungsrechtliche Vorkaufsrecht (§ 1 Nummer 3 des Gesetzes über das gerichtliche Verfahren in Landwirtschaftssachen) der Geschäftswert des zugrunde liegenden Kaufvertrags.

Die Vorschrift enthält für die genannten gerichtlichen Verfahren in Landwirtschaftssachen besondere Geschäftswertbestimmungen (zur notariellen Beurkundung von Erklärungen über die Ausschlagung des Anfalls eines Hofes vgl. noch § 103 II). Für alle nicht genannten Landwirtschaftssachen ist der Geschäftswert nach den allgemeinen Wertvorschriften des GNotKG zu ermitteln. Soweit es nach § 76 auf den Wert des Hofes ankommt, ist das insoweit geltende Bewertungsprivileg nach § 48 III zu beachten. 1

Unterabschnitt 3. Wertfestsetzung

Angabe des Werts

77 **[1]Bei jedem Antrag ist der Geschäftswert und nach Aufforderung auch der Wert eines Teils des Verfahrensgegenstands schriftlich oder zu Protokoll der Geschäftsstelle anzugeben, es sei denn, Geschäftswert ist eine bestimmte Geldsumme, oder ein fester Wert ist gesetzlich bestimmt oder ergibt sich aus früheren Anträgen. [2]Die Angabe kann jederzeit berichtigt werden.**

Die Vorschrift ist neu. S. 1 stimmt inhaltlich mit § 61 S. 1 GKG überein, S. 2 stimmt wörtlich mit § 61 S. 2 GKG überein. Vgl. daher jeweils dort (→ GKG § 61 Rn. 1 ff.). 1

Wertfestsetzung für die Zulässigkeit der Beschwerde

78 **Ist der Wert für die Zulässigkeit der Beschwerde festgesetzt, so ist die Festsetzung auch für die Berechnung der Gebühren maßgebend, soweit die Wertvorschriften dieses Gesetzes nicht von den Wertvorschriften des Verfahrensrechts abweichen.**

Die Vorschrift stimmt mit § 62 S. 1 GKG fast wörtlich und mit § 54 FamGKG praktisch wörtlich überein. Vgl. daher bei der ersteren Vorschrift (→ GKG § 62 Rn. 1 ff.). 1

Festsetzung des Geschäftswerts

79 **I [1]Soweit eine Entscheidung nach § 78 nicht ergeht oder nicht bindet, setzt das Gericht den Wert für die zu erhebenden Gebühren durch Beschluss fest, sobald eine Entscheidung über den gesamten Verfahrensgegenstand ergeht oder sich das Verfahren anderweitig erledigt. [2]Satz 1 gilt nicht, wenn**

1. Gegenstand des Verfahrens eine bestimmte Geldsumme in Euro ist,
2. zumindest für den Regelfall ein fester Wert bestimmt ist oder
3. sich der Wert nach den Vorschriften dieses Gesetzes unmittelbar aus einer öffentlichen Urkunde oder aus einer Mitteilung des Notars (§ 39) ergibt.

[3]In den Fällen des Satzes 2 setzt das Gericht den Wert nur fest, wenn ein Zahlungspflichtiger oder die Staatskasse dies beantragt, oder wenn es eine Festsetzung für angemessen hält.

II [1]Die Festsetzung kann von Amts wegen geändert werden

1. von dem Gericht, das den Wert festgesetzt hat, und
2. von dem Rechtsmittelgericht, wenn das Verfahren wegen des Hauptgegenstands oder wegen der Entscheidung über den Geschäftswert, den Kostenansatz oder die Kostenfestsetzung in der Rechtsmittelinstanz schwebt.

[2] **Die Änderung ist nur innerhalb von sechs Monaten zulässig, nachdem die Entscheidung wegen des Hauptgegenstands Rechtskraft erlangt oder das Verfahren sich anderweitig erledigt hat.**

Übersicht

1 **I. Systematik (I, II).** I 1 entspricht im Wesentlichen §§ 63 I 1 GKG, § 55 I 1 FamGKG. I 2, 3 entsprechen fast wörtlich § 63 III 1, 2 GKG, § 55 III 1, 2 FamGKG. Vgl. daher auch die jeweiligen dortigen Anm (insb. → GKG § 63 Rn. 1 ff.).

2 **II. Normzweck (I, II).** Als Verfahrensvorschrift dient § 79 der Rechtssicherheit. Die Vorschrift dient aber ebenso der Zweckmäßigkeit und insbesondere in II auch einer möglichst gerechten Lösung. Die Abwägung dieser manchmal im Gegensatz stehenden Ziele sollte auch die Handhabung der Vorschrift bestimmen.

3 **III. Wertfestsetzung (I 1–3).** Eine Wertfestsetzung nach ist unabhängig vom Kostenansatz statthaft. Sie ist dann zulässig, wenn eine der folgenden Voraussetzungen vorliegt.

4 **1. Keine Festsetzung(sbindung) nach § 78.** Es darf keine Entscheidung nach § 78 ergangen sein oder binden.

5 **2. Möglichkeit einer Anregung.** Wenn das Gericht keine Festsetzung von Amts wegen vornimmt, ist eine Anregung statthaft, auch als „Antrag". Er ist freilich nicht (mehr) notwendig.

6 Zum „Antrag" ist jeder berechtigt, der irgendeinen Teil der Gerichtskosten (Gebühren und/oder Auslagen) auf Grund einer gesetzlichen Vorschrift oder einer vertraglichen Übernahme **zahlen muss.** I 1 berechtigt also alle Kostenschuldner nach §§ 22 ff., aber wegen der Wirkung des Festsetzungsbeschlusses für und gegen alle nach nicht nur die Kostenschuldner. Auch ein selbst nach §§ 23 I, 32 I RVG mitbetroffener Anwalt ist „antrags"berechtigt. Zum „Antrag" ist ferner die Staatskasse berechtigt, insbesondere nach I 3. Sie wird durch den zuständigen Bezirksrevisor tätig.

7 Der **Urkundsbeamte** der Geschäftsstelle kann eine Festsetzung ebenfalls anregen. Er ist aber nicht ohne weiteres der Vertreter der Staatskasse. Er hat aber auch keinen Rechtsbehelf gegen die Ablehnung oder angeblich unrichtige Festsetzung. Er kann allerdings einen „Antrag" des Bezirksrevisors anregen.

8 **3. Von Amts wegen/Verfahren.** Soweit das Gericht eine Festsetzung nicht auf Grund eines „Antrags" vornimmt, ist es zur Festsetzung von Amts wegen berechtigt und im Rahmen seines pflichtgemäßen Ermessens verpflichtet. Das gilt auch, soweit ein Sonderfall vorliegt oder soweit eine Wertfestsetzung unterblieben war (dann ist

das Verfahren nach § 81 Vorrang nachrangig, vgl. OLG München MDR 2016, 1173). Eine Festsetzung von Amts wegen ist zB erforderlich, wenn der Richter dem Urkundsbeamten der Geschäftsstelle eine richtige Festsetzung des Geschäftswerts nicht zumuten kann oder soweit der Urkundsbeamte bereits einen offenbar unrichtigen Wert angenommen hat. Der „Antrag" begrenzt mit seinem nicht notwendigen Wertvorschlag die Festsetzung nicht der Höhe nach.

Die Beteiligten sind in das Festsetzungsverfahren unter Beachtung des Rechts auf rechtliches Gehör einzubeziehen. Nach OLG München (FGPrax 2021, 44) folgt daraus, dass sie nicht nur vorab auf die Grundlagen der Berechnung hinzuweisen sind, sondern ihnen auch Unterlagen (im Fall: Unterlagen zur Bewertung von forstwirtschaftlichen Flächen nebst Forstarbeiterhaus) auch zur Verfügung zu stellen sind, auf sich die Entscheidung gründen soll. 9

4. Keine „Antrags"form oder -frist. Ein etwaiger „Antrag" auf die Festsetzung des Geschäftswerts ist schriftlich oder elektronisch oder zum Protokoll des Urkundsbeamten der Geschäftsstelle zulässig. Er unterliegt also keinem Anwaltszwang. Es besteht keine „Antrags"frist. Der „Antrag" hat keine aufschiebende Wirkung. 10

5. Zuständigkeit. Zuständig ist dasjenige Gericht, das in der Hauptsache entschieden hat oder entscheiden muss (BayObLG JurBüro 1996, 267). 11

Zunächst ist der **Urkundsbeamte** der Geschäftsstelle zum Ansatz eines Werts zuständig. Er nimmt aber keine förmliche Wertfestsetzung vor. Zur letzteren ist nur der Richter zuständig. 12

Zur förmlichen Festsetzung des Geschäftswerts ist das **Gericht** zuständig, und zwar derjenigen Instanz, für die die Festsetzung erfolgen soll, für die höhere also das Rechtsmittelgericht. Dieses darf aber nicht erstmals festsetzen, sondern nur ändern, vgl. II Nr. 2. Es ist unerheblich, ob die Instanz bereits beendet ist. Der Einzelrichter entscheidet nur, soweit er die Sache beendet. Da §§ 349 ff. ZPO im FamFG-Verfahren außerhalb des Bereichs des § 113 I 2 FamFG unanwendbar sind, kann der Vorsitzende der Kammer für Handelssachen nicht allein wirksam entscheiden (BayObLG JurBüro 1996, 267 zum alten Recht). 13

Soweit der **Rechtspfleger** das einzelne Geschäft bearbeitet, nimmt er die Festsetzung des Geschäftswerts nach § 4 I RPflG in seiner eigenen Zuständigkeit vor. Das gilt auch insoweit, als er schon als Urkundsbeamter tätig gewesen war oder als das Gesetz einzelne Handlungen dem Richter übertragen hat, etwa die Erteilung eines Erbscheins. Man muss auch § 6 RPflG beachten. 14

6. Keine Festsetzungsfrist. Eine Festsetzung des Geschäftswerts ist auch nach dem Abschluss des ganzen Verfahrens zulässig, soweit noch keine förmliche Wertfestsetzung durch das Gericht erfolgt war. Eine bloß vorläufige Annahme eines Werts durch den Urkundsbeamten der Geschäftsstelle oder durch den Richter ist unschädlich (OLG Brandenburg FamRZ 2005, 228). Das Anregungsrecht ist ohnehin zeitlich unbefristet. 15

7. Rechtsschutzbedürfnis. Ein Rechtsschutzbedürfnis ist auch für eine Wertfestsetzung eine Voraussetzung. Es ist auch dann gegeben, wenn der Kostenbeamte schon einen Kostenansatz vorgenommen hat (BFH BB 1978, 1507). Es kann nach I 2 Nr. 1 fehlen, soweit eine Bezifferung vorliegt, oder unschwer möglich ist, oder in den Fällen I 2 Nr. 2, 3. Eine an sich denkbare Verwirkung ist nicht bereits 2 1/2 Jahre nach dem Ansatz und der Zahlung eingetreten (OLG Hamm Rpfleger 1987, 204). 16

8. Untersuchungsgrundsatz. Das Gericht verfährt nach dem Untersuchungsgrundsatz des § 26 FamFG. Es kann über den Geschäftswert mündlich verhandeln lassen. Es ist zur mündlichen Erörterung aber nicht verpflichtet. Das gilt auch dann, wenn ein Beteiligter eine mündliche Verhandlung beantragt hat. Das rechtliche Gehör ist nach Art. 2 I, 20 III GG (Rpfleger) (BVerfGE 101, 397 (404) = NJW 2000, 1709); Art. 103 I GG (Richter) notwendig. Bei seiner Verletzung kann eine Gehörsrüge nach § 84 statthaft sein. Eine Beweisaufnahme findet von Amts wegen statt. Für einen höheren als den vom Anreger genannten oder anerkannten Wert trägt die Staatskasse die Beweislast (vgl. dazu BayObLG JurBüro 1988, 636 zum alten Recht). § 46 IV begrenzt eine Beweiserhebung. Eine bloße Glaubhaftmachung etwa entsprechend § 31 FamFG genügt nicht. Das Gericht muss vielmehr voll überzeugt 17 sein. Eine Aussetzung ist entsprechend (jetzt) § 21 FamFG möglich (BayObLG FamRZ 2006, 137).

18 **9. Beschluss.** Das Gericht setzt den Geschäftswert stets durch einen Beschluss fest. Ein Beschluss liegt auch dann vor, wenn das Gericht die Festsetzung des Geschäftswerts zulässigerweise in die Entscheidungsformel der Sachentscheidung oder in die zugehörigen Entscheidungsgründe aufgenommen hat. Ein Beschluss liegt aber nur insoweit vor, als man einen eindeutigen Willen des Gerichts erkennen kann, gerade den Geschäftswert festzusetzen. Maßgeblich ist derjenige Zeitpunkt, den eine Vorschrift angibt. Dabei legt das Gericht sein Erkenntnisvermögen im Zeitpunkt der Entscheidung zugrunde. Rechtsbehelfsbelehrung, Verstoß: §§ 7a, 83 II 2.

19 Es ist **weder** eine Entscheidung **noch** deren Begründung, wenn irgendwo im Kopf der Sachentscheidung steht: „Wert × EUR".

20 **10. Notwendigkeit einer Begründung.** Das Gericht muss den Festsetzungsbeschluss grundsätzlich mit einer mindestens stichwortartigen Begründung versehen (OLG Frankfurt NJW-RR 1998, 1776 zum alten Recht). Denn sonst würden die Grundlagen der Nachprüfbarkeit durch die Partei wie durch das Gericht fehlen (BVerfGE 6, 32, 44 = NJW 1957, 297, 298; OLG Bamberg JurBüro 1978, 1360). Das Gericht muss eine zunächst fehlende Begründung spätestens dann nachholen, wenn es einer Beschwerde gegen seinen Beschluss nicht abhilft (OLG Frankfurt MDR 1998, 922). Andernfalls kann das Beschwerdegericht das Verfahren zurückverweisen (OLG Zweibrücken JurBüro 1988, 769 zum alten Recht).

21 **11. Entbehrlichkeit einer Begründung.** Soweit allerdings der Beschluss in keinerlei Rechte eines Beteiligten eingreift, darf eine Begründung fehlen. Das gilt zB dann, wenn das Gericht in seinem Festsetzungsbeschluss den übereinstimmenden Anträgen aller Beteiligten voll entsprochen hat.. Eine Begründung ist auch dann entbehrlich, wenn alle Beteiligten die Erwägungen des Gerichts einwandfrei kennen, etwa aus einer mündlichen Verhandlung. Es empfiehlt sich aber, in das Verhandlungsprotokoll einen Vermerk darüber aufzunehmen, dass man die Fragen des Geschäftswerts erörtert hat.

22 Eine Begründung ist schließlich dann entbehrlich, wenn alle Beteiligten einen **Rechtsmittelverzicht** wirksam erklärt haben oder wenn sich schließlich der richtige Geschäftswert aus dem Streitstoff selbst einwandfrei ergibt, etwa dann, wenn das Gericht auf Grund eines bereits bezifferten Antrags eine Wertfestsetzung vorgenommen hatte.

23 **12. Kosten; Wert.** Die Entscheidung ist nach § 1 I gebührenfrei. Auslagen unterfallen KV 31 000 ff.

24 **13. Mitteilung der Entscheidung.** Das Gericht braucht seinen Beschluss nicht förmlich zuzustellen. Denn seine Entscheidung unterliegt keinem befristeten Rechtsmittel. Es genügt also eine formlose Mitteilung von Amts wegen. Sie ist aber auch gegenüber allen Beteiligten erforderlich.

25 **14. Wirkung der Entscheidung.** Der Wertfestsetzungsbeschluss wirkt für und gegen alle Beteiligten. Er bindet auch einen nicht Hinzugezogenen solange, bis das Beschwerdegericht ihn ändert oder bis das Erstgericht ihn auf Grund einer Anregung eines Beteiligten von Amts wegen ändert. Die Wertfestsetzung hat den Vorrang vor der Erinnerungs- und Beschwerdeentscheidung des Kostenansatzverfahrens. Soweit dort von einem anderen Wert ausgegangen wurde, muss der Kostenansatz geändert werden. Für die Anwaltsgebühren ist der Wertfestsetzungsbeschluss nach grundsätzlich maßgebend, § 33 RVG.

26 **15. Wirkungsgrenzen.** Der Beschluss erwächst **nicht** in eine formelle oder innere Rechtskraft. Eine rechtskräftige Entscheidung über die Anwaltsgebühren im Prozess zwischen dem Anwalt und einem am Verfahren Beteiligten steht einer Abänderbarkeit des Wertfestsetzungsbeschlusses nicht entgegen.

27 **Jedes Gericht** setzt **für sich** fest. Daher lässt ein Wertfestsetzungsbeschluss dem Gericht einer anderen Instanz freie Hand, auch dem nachgeordneten (KG VersR 1981, 860). Solange das Erstgericht den Geschäftswert nicht festgestellt hat, darf das Rechtsmittelgericht diesen Wert nicht für die erste Instanz festsetzen. Es ist ein alltäglicher Vorgang, dass verschiedene Gerichte einen verschiedenen Geschäftswert

annehmen. Allerdings darf das Rechtsmittelgericht die Entscheidung des nachgeordneten Gerichts nach II 1 Nr. 2 ändern.

In keinem Fall darf das Erstgericht den Geschäftswert mit einer bindenden Wirkung für die **höhere** Instanz festsetzen. Soweit das AG das Verfahren etwa zulässigerweise an das OLG verwiesen hat, muss das OLG den Geschäftswert insgesamt, also auch für einen im Verfahren vor dem AG bereits erledigten Anspruch festsetzen. Das folgt aus § 59 GNotKG, weil es für die Wertfestsetzung auf den Zeitpunkt der Antragstellung ankommt, zu dem der Anspruch noch nicht erledigt war. 28

IV. Zulässigkeit, Notwendigkeit einer Änderung der Festsetzung (II). Eine Änderung der Festsetzung des Geschäftswerts ist dann nicht nur zulässig, sondern auch notwendig, wenn die Rechtslage es verlangt. Das Wort „kann" in II 1 stellt kein Ermessen zur Verfügung, sondern regelt nur die Zuständigkeit (Schneider MDR 1978, 443). 29

Die Änderung ist **von Amts wegen** oder auf Grund der Anregung eines Beteiligten zulässig und erforderlich. Ein förmlicher Antrag ist nicht zwingend notwendig. Wenn das Gericht einer Anregung zur Änderung des Geschäftswerts nicht gefolgt ist, muss eine solche Anregung regelmäßig als Beschwerde gegen die Wertfestsetzung ansehen werden, falls der Anregende beschwert ist. 30

Von einer Änderung der Wertfestsetzung ist die **Berichtigung** einer als offenbar unrichtigen erkannten Wertfestsetzung entsprechend § 319 ZPO, § 42 FamFG zu unterscheiden. 31

Eine nachträgliche Erhöhung des festgesetzten Streitwerts ist unzulässig, wenn die ursprüngliche Streitwertfestsetzung Grundlage einer rechtskräftigen Kostenentscheidung geworden ist, die durch eine Änderung der Streitwertfestsetzung unrichtig und einen Beteiligten grob unbillig belasten würde (BeckRS 2000, 7885 = BRAGOreport 2001, 41, aA OLG Stuttgart NJW 2015, 421). Eine Berichtigung der Kostenentscheidung analog § 319 ZPO ist in einem solchen Fall ebenfalls nicht zulässig, weil es an der für die Analogie erforderliche Regelungslücke fehlt (BGH FamRZ 2008, 1925 mit weiteren Nachweisen auch zur Gegenauffassung). 32

V. Voraussetzungen einer Änderung im Einzelnen (II). Eine Änderung der Festsetzung des Geschäftswerts ist von Amts wegen zulässig, wenn eine der beiden Voraussetzungen: Nach II 1 vorliegt und wenn außerdem die zeitlichen Grenzen des II 2 eingehalten sind. 33

1. Änderung durch das Gericht der Instanz (II 1 Nr. 1). Dasjenige Gericht, das den Geschäftswert festgesetzt hat, kann seinen Beschluss für seine Instanz unter den folgenden Voraussetzungen ändern. 34

Die Sache muss entweder noch in derselben Instanz schweben oder bereits in der höheren Instanz **anhängig** sein. Allerdings darf aber das Rechtsmittelgericht noch keine Festsetzung des Geschäftswerts für die untere Instanz vorgenommen, also die Erstentscheidung bereits abgeändert haben. 35

Eine Änderung der Festsetzung des Geschäftswerts ist im Allgemeinen häufig erforderlich, wenn sich zB die **Verhältnisse geändert** haben, oder wenn das Gericht bei seiner ersten Festsetzung eine bereits vorhandene Rechtsprechung nicht berücksichtigt hatte. 36

Eine Änderung der Festsetzung ist **nicht erforderlich,** wenn sich die einschlägige Rechtsprechung nach dem Erlass des ersten Festsetzungsbeschlusses geändert und die Sache kostenmäßig schon längst abgewickelt ist (OLG Hamm MDR 1979, 591). Eine Änderung ist auch dann nicht vorzunehmen, wenn sie auf den unwidersprochen gebliebenen Wertangaben des Antragstellers beruht und dadurch der die kostentragende Beteiligte im Nachhinein mit völlig unvorhersehbaren Erstattungsansprüchen und Eigenkosten belastet werden würde (OLG Köln VersR 1979, 945 siehe auch → Rn. 32). 37

2. Änderung durch das Rechtsmittelgericht (II 1 Nr. 2). Das Rechtsmittelgericht kann den vom Erstgericht festgesetzten Geschäftswert nur dann ändern, wenn und solange das Verfahren wegen der Hauptsache in der Rechtsmittelinstanz schwebt (BGH Rpfleger 1989, 385; OLG Karlsruhe Justiz 1988, 158). Denn „wenn … schwebt" umfasst auch „solange … schwebt". Das gilt auch wegen eines Teils oder wegen der Entscheidung über den Geschäftswert, den Kostenansatz oder die Kosten- 38 festsetzung, Das Verschlechterungsverbot gilt insoweit nicht (OLG Brandenburg FGPrax 2005, 274; OLG Frankfurt NZM 2005, 224; OLG Karlsruhe JurBüro 1998, 364).

39 Eine Änderung durch das Rechtsmittelgericht ist dann nicht zulässig, **wenn eine Beschwerde unzulässig** ist (BayObLG JurBüro 1989, 854; KG ZMR 2000, 860). Ansonsten würden die Voraussetzungen des § 83 umgangen werden können. Soweit das Rechtsmittelgericht den Geschäftswert vom Erstgericht abweichend festsetzt, ohne dessen Beschluss zu ändern, sollte es Rechtsmittelgericht seine Entscheidung begründen.

40 **3. Zeitliche Grenzen (II 2).** Von der Festsetzung des Geschäftswerts hängt die Höhe der Gerichtskosten und – soweit insofern keine gesonderte Festsetzung erfolgt – der Anwaltsgebühren ab. Deshalb darf der Geschäftswert nur innerhalb gewisser zeitlicher Grenzen abänderbar sein. Andernfalls würde die Rechtssicherheit leiden. Deshalb begrenzt II 2 die Änderungsmöglichkeit zeitlich (vgl. OLG Düsseldorf NZG 2021, 37 für den Wert zur Bemessung der Vergütung der gemeinsamen Vertreter im aktienrechtlichen Spruchverfahren). Diese zeitlichen Grenzen gelten aber nur für eine echte Abänderung einer schon vorher erfolgten Festsetzung des Geschäftswerts. Sie gilt demgegenüber nicht für die Erstfestsetzung des Geschäftswerts (BFH BB 1978, 1508).

41 **4. Fristberechnung (II 2).** Die Sechsmonatsfrist berechnet sich nach §§ 186 ff. BGB. Gegen die Versäumung der Frist nach II 2 ist keine Wiedereinsetzung zulässig (KG Rpfleger 1980, 443; OLG Nürnberg JurBüro 1981, 1548).

42 Die Sechsmonatsfrist beginnt mit dem Eintritt der **formellen Rechtskraft** der Entscheidung in der Hauptsache. Eine Erledigung nur einer Instanz genügt nicht (BVerwG MDR 1976, 867; OLG Köln Rpfleger 1987, 23 zum alten Recht). Eine erstmalige Festsetzung nach dem Ablauf der Frist ist keine „Änderung" nach II 2 (→ Rn. 40).

43 Die **Frist beginnt** auch dann, wenn sich das gesamte Verfahren anders als durch den Eintritt der Rechtskraft in der Hauptsache insgesamt erledigt hat. Das gilt zB in folgenden Situationen: Das Gericht hat seine Tätigkeit in der Sache endgültig abgeschlossen (BayObLGZ 2003, 87 zum alten Recht); das selbständige Beweisverfahren ist beendet (LG München I AnwBl 1978, 231, abl. *Täuber*); die Beteiligten haben einen Vergleich abgeschlossen. Bedarf die Entscheidung über einen Erbscheinsantrag gemäß § 352e I 4 FamFG keiner Bekanntgabe, beginnt die Frist mit dem Erlass des beantragten Erbscheins (OLG Frankfurt NJW-RR 2020, 511). Die Wertfestsetzung hindert die Annahme einer Erledigung nicht, da die Wertfestsetzung nicht zu dem Verfahren im Sinn von § 79 II 2 gehört (BayObLGZ 2003, 87 zum alten Recht).

Schätzung des Geschäftswerts

80 **[1] Wird eine Schätzung des Geschäftswerts durch Sachverständige erforderlich, ist in dem Beschluss, durch den der Wert festgesetzt wird (§ 79), über die Kosten der Schätzung zu entscheiden. [2] Diese Kosten können ganz oder teilweise einem Beteiligten auferlegt werden, der durch Unterlassung der Wertangabe, durch unrichtige Angabe des Werts, durch unbegründetes Bestreiten des angegebenen Werts oder durch unbegründete Beschwerde die Schätzung veranlasst hat.**

1 Die Vorschrift stimmt fast wörtlich mit § 64 GKG überein, daher → GKG § 64 Rn. 1 ff.

Abschnitt 3. Erinnerung und Beschwerde

Erinnerung gegen den Kostenansatz, Beschwerde

81 **I [1] Über Erinnerungen des Kostenschuldners und der Staatskasse gegen den Kostenansatz einschließlich der Ausübung des Zurückbehaltungsrechts (§ 11) entscheidet das Gericht, bei dem die Kosten angesetzt sind. [2] War das Verfahren im ersten Rechtszug bei mehreren Gerichten anhängig,**

ist das Gericht, bei dem es zuletzt anhängig war, auch insoweit zuständig, als Kosten bei den anderen Gerichten angesetzt worden sind.

II 1 **Gegen die Entscheidung über die Erinnerung ist die Beschwerde statthaft, wenn der Wert des Beschwerdegegenstands 200 Euro übersteigt.** 2 **Die Beschwerde ist auch zulässig, wenn sie das Gericht, das die angefochtene Entscheidung erlassen hat, wegen der grundsätzlichen Bedeutung der zur Entscheidung stehenden Frage in dem Beschluss zulässt.**

III 1 **Soweit das Gericht die Beschwerde für zulässig und begründet hält, hat es ihr abzuhelfen; im Übrigen ist die Beschwerde unverzüglich dem Beschwerdegericht vorzulegen.** 2 **Beschwerdegericht ist das nächsthöhere Gericht, in Verfahren der in § 119 Absatz 1 Nummer 1 Buchstabe b des Gerichtsverfassungsgesetzes bezeichneten Art jedoch das Oberlandesgericht.** 3 **Eine Beschwerde an einen obersten Gerichtshof des Bundes findet nicht statt.** 4 **Das Beschwerdegericht ist an die Zulassung der Beschwerde gebunden; die Nichtzulassung ist unanfechtbar.**

IV 1 **Die weitere Beschwerde ist nur zulässig, wenn das Landgericht als Beschwerdegericht entschieden und sie wegen der grundsätzlichen Bedeutung der zur Entscheidung stehenden Frage in dem Beschluss zugelassen hat.** 2 **Die weitere Beschwerde kann nur darauf gestützt werden, dass die Entscheidung auf einer Verletzung des Rechts beruht; die §§ 546 und 547 der Zivilprozessordnung gelten entsprechend.** 3 **Beschwerdegericht ist das Oberlandesgericht.** 4 **Absatz 3 Satz 1 und 4 gilt entsprechend.**

V 1 **Anträge und Erklärungen können ohne Mitwirkung eines Rechtsanwalts schriftlich eingereicht oder zu Protokoll der Geschäftsstelle abgegeben werden; § 129a der Zivilprozessordnung gilt entsprechend.** 2 **Für die Bevollmächtigung gelten die Regelungen der für das zugrunde liegende Verfahren geltenden Verfahrensordnung entsprechend.** 3 **Die Erinnerung ist bei dem Gericht einzulegen, das für die Entscheidung über die Erinnerung zuständig ist.** 4 **Die Beschwerde ist bei dem Gericht einzulegen, dessen Entscheidung angefochten wird.**

VI 1 **Das Gericht entscheidet über die Erinnerung und die Beschwerde durch eines seiner Mitglieder als Einzelrichter; dies gilt auch für die Beschwerde, wenn die angefochtene Entscheidung von einem Einzelrichter oder einem Rechtspfleger erlassen wurde.** 2 **Der Einzelrichter überträgt das Verfahren dem Gericht zur Entscheidung in der im Gerichtsverfassungsgesetz vorgeschriebenen Besetzung, wenn die Sache besondere Schwierigkeiten tatsächlicher oder rechtlicher Art aufweist oder die Rechtssache grundsätzliche Bedeutung hat.** 3 **Das Gericht entscheidet jedoch immer ohne Mitwirkung ehrenamtlicher Richter.** 4 **Auf eine Übertragung oder deren Unterlassungen kann ein Rechtsmittel nicht gestützt werden.**

VII 1 **Erinnerung und Beschwerde haben keine aufschiebende Wirkung.** 2 **Das Gericht oder das Beschwerdegericht kann auf Antrag oder von Amts wegen die aufschiebende Wirkung ganz oder teilweise anordnen; ist nicht der Einzelrichter zur Entscheidung berufen, entscheidet der Vorsitzende des Gerichts.**

VIII 1 **Die Verfahren sind gebührenfrei.** 2 **Kosten werden nicht erstattet.**

Übersicht

1 **I. Systematik (I–VIII).** Die Vorschrift entspricht weitgehend § 66 GKG und 57 FamGKG (→ GKG § 66 Rn. 1 ff.). Sie regeln das Verfahren der Vornahme und Rückführung von Kostenforderungen. Sie stellen vorrangige Spezialvorschriften dar, auch gegenüber § 30a EGGVG (OLG Hamm NJW-RR 2001, 1656 zum alten Recht). Sie enthalten freilich keine umfassende Regelung. §§ 82–84 haben ihrerseits den Vorrang. Das Nebeneinander von eigenen Bestimmungen und Verweisungen auf verschiedene Vorschriften der ZPO erweist sich leider teilweise als etwas verwirrend. § 81 geht nach § 1 VI jeder Regelung der für das zugrundeliegende Verfahren geltenden Vorschriften anderer Gesetze vor. **Unanwendbar** ist § 81 im anwaltsgerichtlichen Verfahren (BGH FamRZ 2007, 1014).

2 **II. Normzweck (I–VIII).** Insbesondere die Vierstufigkeit Erste Handlung (Ansatz, § 18) – Erinnerung – Beschwerde – weitere Beschwerde bezweckt ein System, wie es auch sonst üblich ist. Sowohl die Eröffnung der Möglichkeiten IV–IX als auch die Beschränkungen in III 3 ff. zeigen das Bestreben nach einer maßvollen Überprüfbarkeit der Kostenforderung. Damit beachtet § 81 die Prinzipien der Zweckmäßigkeit, Rechtssicherheit und Kostengerechtigkeit auf eine ziemlich anspruchsvolle Weise auf diesem rechtlichen Nebenschauplatz eines Verfahrens.

3 Die Regelung hat freilich **große wirtschaftliche Auswirkungen.** Eine im Prinzip dem Kostenschuldner möglichst günstige Auslegung nach § 1 I sollte nicht aus den Augen verloren werden.

4 **III. Kostenansatz (I).** Zum Begriff des Kostenansatzes siehe § 18; vgl. auch § 19 GKG (→ GKG § 19 Rn. 1 ff.). Zum ebenfalls anfechtbaren Entscheid über ein Zurückbehaltungsrecht vgl. § 11. Der Kostenansatz ist ein Justizverwaltungsakt nach § 30a EGGVG, §§ 4 ff. KostVfg (OLG Hamburg Rpfleger 2010, 374). Das VwVfG ist zwar formell unanwendbar, dort § 2 III Nr. 1. Seine Hauptregeln sind aber praktischerweise mitzubeachten. Dem Kostenansatz steht eine Abweisung eines Antrags auf kostenfreie Ausfertigungen, Kopien oder Abschriften (BayObLG JurBüro 1993, 544 zum alten Recht). Er kann formlos zur Kenntnis gegeben werden. Das GNotKG regelt in I mittelbar die Zuständigkeit. Sie liegt bei demjenigen Gericht, bei dem das Verfahren anhängig ist (zum alten Recht OLG Hamburg Rpfleger 2010, 374). Soweit eine solche Anhängigkeit fehlt, kommt es auf denjenigen Ort an, an dem das Verfahren zuletzt anhängig war. Unter Umständen ist also das Rechtsmittelgericht nach I 2 für den Kostenansatz zuständig.

Das **Rechtsmittelgericht** „befasst" sich mit dem Rechtsmittel, solange seine abschließende Entscheidung noch nicht wirksam ist. Unter „Angelegenheit" nach I 1 darf man aber hier nicht die Gesamtheit aller zusammengehörigen Geschäfte verstehen, sondern nur dasjenige jeweilige einzelne Geschäft, das eine Gebühr fällig macht. Entscheidend ist der Zeitpunkt des Kostenansatzes, zB bei mehreren Akten oder bei einem Wechsel des zuständigen Gerichts. 5

Das Gericht der Anhängigkeit ist auch bei einer **Rechtshilfe** zuständig, soweit diese Rechtshilfe nicht eine Gebühr für eine selbständige Handlung entstehen lässt. Es sind ggf. mehrere selbständige Geschäfte selbständig ansetzen. 6

IV. Zulässigkeit der Erinnerung (I, V). Rechtsbehelfsbelehrung, Verstoß: §§ 7a, 83 II 2. Über die Bedeutung und den Umfang der Erinnerung vgl. zunächst § 66 GKG. 7

1. Rechtsverletzung, Beschwer. Mit der Erinnerung kann man solche Einwendungen geltend machen, die den Anspruch wegen Gebühren oder Auslagen betreffen. Es kommt darauf an, ob der Kostenansatz nach § 18 den Erinnerungsführer in seinem Recht verletzt und daher beschwert. Man kann ferner solche Einwendungen erheben, die die Art und Weise des Vorgehens der Behörde betreffen. 8

2. „ABC" zur Frage der Zulässigkeit einer Erinnerung (I, V)

Aufrechnung: Zulässig ist sie, soweit die Staatskasse die Gegenforderung anerkannt hat oder soweit ein Gericht diese Gegenforderung zuerkannt hat (§ 8 I JBeitrG). 9

Auslagen: Zulässig ist die Rüge der unrichtigen Erhebung oder Verteilung.

Begründung: Zulässig ist die Rüge des Fehlens einer etwa notwendigen Begründung des Kostenansatzes.

Erfüllung: Zulässig ist die Behauptung, schon bezahlt zu haben.

Ermessensmissbrauch: Zulässig ist die Rüge eines auch nur evtl. objektiven solchen Verstoßes (OLG Frankfurt a. M. JurBüro 1982, 585 zum alten Recht).

Fälligkeit: Zulässig ist die Rüge des Fehlens der Fälligkeit nach §§ 8 ff.

Geschäftswert: Zulässig ist die Rüge eines unrichtigen Wertansatzes, solange das Gericht ihn noch nicht nach §§ 77 ff. förmlich festgesetzt hat.

JVEG: Zulässig ist die Rüge eines Verstoßes gegen das JVEG (BayObLG JurBüro 1982, 110 zum alten Recht).

Kostenfreiheit: Zulässig ist die Rüge ihrer Nichtbeachtung nach § 2.

Nachforderung: Zulässig ist der Einwand des Ablaufs einer Nachforderungsfrist nach § 20.

Nichtigkeit: Zulässig ist der Antrag auf eine Klärung der Nichtigkeit des Kostenansatzes.

Stundung: Zulässig ist der Hinweis auf sie.

Tilgung: → „Erfüllung".

Unrichtige Sachbehandlung: Zulässig ist der Antrag auf eine Nichterhebung von Kosten nach § 21 (BayObLG Rpfleger 1993, 485).

Verjährung: Zulässig ist die Einrede der Verjährung nach § 6.

Zurückbehaltungsrecht: Zulässig ist seine Geltendmachung nach § 11.

V. Erinnerungsberechtigung (I). Zur Erinnerung sind die folgenden Beteiligten berechtigt. 10

1. Kostenschuldner. Erinnerungsberechtigt ist jeder verfahrensfähige Kostenschuldner (LG Wuppertal JurBüro 1992, 480 zum alten Recht). Es kommt nicht darauf an, aus welchem Rechtsgrund er haftet. Auch der Pfändungsgläubiger oder sonstige Rechtsnachfolger des Kostenschuldners und der selbst schon oder wahrscheinlich demnächst beanspruchte Gesamtschuldner sind erinnerungsberechtigt (großzügig BayObLG JurBüro 1975, 492 = BayObLGZ 1976, 258, strenger OLG Düsseldorf Rpfleger 1985, 255; OLG Schleswig JurBüro 1981, 403 jeweils zum alten Recht). Eine Zahlung beseitigt das Erinnerungsrecht nicht, wohl aber ein Verzicht. 11

2. Staatskasse. Erinnerungsberechtigt ist ferner die Staatskasse. Das gilt auch zugunsten des sonstigen Kostenschuldners (vgl. § 38 I KostVfg). Zugunsten eines Notars kann im Rahmen des § 15 GBO eine Vollmachtsvermutung bestehen. 12

3. Dritter. Erinnerungsberechtigt ist nur der Kostenschuldner. Dritte können nach § 8 I JBeitrG erinnerungsbefugt sein. § 6 JBeitrG ist allerdings zu beachten. 13

14 **VI. Erinnerungsverfahren.** Beteiligt sind der Erinnerungsführer und sein Gegner, jeweils auch als Staatskasse. Es empfiehlt sich die folgende Prüfreihenfolge.

15 **1. Einlegung (V).** Man kann eine Erinnerung nach V 3 wirksam nur bei demjenigen Gericht einlegen, das für die Entscheidung über die Erinnerung zuständig ist. Der Verwaltungsrechtsweg nach §§ 40 ff. VwGO ist dementsprechend nicht statthaft. Das unzuständige Gericht darf und muss die Erinnerung unverzüglich an das von ihm ermittelbare zuständige Gericht weiterleiten, das folgt aus dem Grundgedanken der § 129a II ZPO, § 25 III 2 FamFG.

16 Aus § 7 in Verbindung mit dem dem kostenrechtlichen Verfahren zugrunde liegenden Verfahrensrecht ergibt sich, dass die Erinnerung **elektronisch erhoben werden kann (vgl. z. B. § 14 FamFG,§ 135 GBO) bzw. sogar erhoben werden muss (vgl. z. B. § 14b FamFG).** Eine Einlegung durch E-Mail ohne elektronische Signatur reicht nicht (OLG Hamm FGPrax 2013, 84). Man kann eine Erinnerung nach V 1 Hs. 1 auch zum Protokoll des Urkundsbeamten der Geschäftsstelle oder schriftlich einlegen. Sie kann inhaltlich beschränken oder später erweitert werden. Die Mitwirkung eines Anwalts ist nach jetzt V 1 Hs. 1 nicht erforderlich. Sie ist aber natürlich zulässig, wie überhaupt diejenige eines Bevollmächtigten (BayObLG FamRZ 2002, 764). Wegen der Bevollmächtigung gilt nach III 2 die jeweilige Verfahrensordnung, also zB § 11 FamFG. Die Erinnerung ist **nicht fristabhängig.** Denn § 81 nennt keine Frist. Freilich kann das Erinnerungsrecht wie jedes Recht **verwirkt** sein, wenn auch noch nicht nach 2 Jahren (BayObLGZ 1992, 171 zum alten Recht vgl. auch OLG Köln JurBüro 2014, 311: keine Verwirkung nach 3 Jahren). Ein Erinnerungswert ist nicht erforderlich. Denn II 1 erfordert erst bei der etwa anschließenden Beschwerde einen Wert. Man muss die Erinnerung nicht begründen, wohl aber sein Ziel erkennbar machen. Eine Erweiterung oder Einschränkung oder Rücknahme sind statthaft. Eine Erledigung ist möglich.

17 **2. Zuständigkeit (I).** Für die Entscheidung über die Erinnerung ist nach I 1, 2 das Gericht des dort erfolgten oder dort notwendigen Kostenansatzes zuständig. Das kann auch das Rechtsmittelgericht sein. Die Zuständigkeit bleibt auch bestehen, wenn die Akten inzwischen wegen Sitzverlegung der Gesellschaft an ein anderes Amtsgericht abgegeben worden sind (OLG Schleswig NJOZ 2002, 1186).

18 Soweit es sich um die **Kosten eines dem Rechtspfleger übertragenen Geschäfts** handelt, ist der Rpfleger nach § 4 RPflG auch für die Entscheidung über die Erinnerung zuständig (BayObLG NJW-RR 2002, 1118; OLG Zweibrücken Rpfleger 1998, 332; aA LG Koblenz Rpfleger 1984, 435, abl. Anm. Meyer-Stolte).

19 Bei **dem Richter vorbehaltenen Geschäften** entscheide dieser über die Erinnerung als Einzelrichter, vgl. VI 1 (dazu OLG Hamm Rpfleger 2001, 100). Eine Entscheidung des Richters statt des Rpfleger bleibt nach § 8 I RPflG wirksam. Das Gericht teilt den Beschluss formlos mit.

20 Die **Kammer für Handelssachen** entscheidet, soweit sie besteht und sachlich zuständig ist. Soweit an ihrer Stelle eine Zivilkammer entschieden hat, ist die Aufhebung dieser Entscheidung und eine Zurückverweisung an die Kammer für Handelssachen erforderlich. Soweit eine Erinnerung statthaft ist, ist der ordentliche Rechtsweg nicht zulässig.

21 Anhängigkeit bei **mehreren Gerichten** des ersten Rechtszugs führt nach I 2 zur Zuständigkeit des zuletzt tätig gewordenen Gerichts.

22 Das **unzuständige** Gericht gibt nach § 5 einen Verweisungsantrag binnen einer zu setzenden angemessenen Frist statt und verweist auf ihn hin durch einen unanfechtbaren Beschluss oder weist nach einem erfolglosen Fristablauf die Erinnerung zurück.

23 **3. Verfahrensfragen.** Der Antrag des Erinnerungsführers begrenzt das Verfahren. Er ist zurücknehmbar und erweiterbar. Eine Anschlusserinnerung ist möglich. Eine Beiladung zB analog § 65 VwGO ist denkbar. Eine aufschiebende Wirkung der Erinnerung besteht nicht (vgl. VII 1).

24 **4. Abhilfeprüfung (V–VIII).** Auch das Erinnerungsverfahren durchläuft ein Abhilfeprüfungsverfahren. Zunächst muss der Urkundsbeamte prüfen, ob überhaupt ein wirksamer oder evtl. nichtiger Kostenansatz nach § 18 vorliegt. Sodann prüft er, ob er der Erinnerung abhelfen will. Soweit er nicht abhilft, muss er darüber einen Vermerk mit Gründen zur Akte geben, damit aktenkundig wird, dass er überhaupt

die Prüfung vorgenommen hat. Eine floskelhafte Wiederholung einer etwaigen Begründung des Kostenansatzes reicht außer in ganz eindeutigen Fällen nicht. Natürlich darf aber eine Begründung knapp auf das Wesentliche beschränkt bleiben. Soweit ein danach ausreichender Vermerk fehlt, gibt das Gericht die Akte dem Urkundsbeamten der Geschäftsstelle zur Nachholung dieser Prüfung und zur Anfertigung des Vermerks zurück. Gegen die Ablehnung einer solchen Prüfung nebst Vermerk ist nur die Dienstaufsichtsbeschwerde gegeben. Sie steht auch dem Gericht des Urkundsbeamten zu.

5. Erinnerungsentscheidung (I). Soweit der Urkundsbeamte nach einer Prüfung durch **einen ausreichend begründeten Vermerk** der Erinnerung nicht abgeholfen hat, entscheidet nach VI das Gericht des Urkundsbeamten nach dem Untersuchungsgrundsatz des § 26 FamFG über die Erinnerung. Es wird nach VI 1 durch eines seiner Mitglieder als Einzelrichter tätig. Der Einzelrichter darf und muss schon das Erinnerungsverfahren nach VI 2, 3 dem nach dem GVG vorgesehenen Kollegium ohne dessen ehrenamtliche Richter dann übertragen, wenn die Sache besondere und nicht nur übliche Schwierigkeiten tatsächlicher oder rechtlicher Art aufweist oder wenn die Rechtssache sachlich- oder verfahrensrechtlich eine grundsätzliche Bedeutung hat (OLG Frankfurt JurBüro 2007, 659 zum alten Recht). Das sind dieselben Voraussetzungen wie zB bei § 348 III 1 Nr. 1, 2 ZPO. Anders als dort findet aber keine bloße Vorlage zur Kollegialentscheidung über eine Übernahme statt, sondern eine das Kollegium **bindende abschließende „Übertragung".** Sie ist nach VI 4 ebenso wie ihre Unterlassung unanfechtbar. Eine Rückübertragung ist trotz des Fehlens einer dem § 348 III 4 ZPO entsprechenden Vorschrift der Sache nach unstatthaft. Denn VI 2–4 spricht nur von einer Übertragung und nicht auch von einer Rückübertragung. Das Kollegium entscheidet nach VI 3 stets ohne ehrenamtliche Mitglieder. 25

Das Gericht muss im Erinnerungsverfahren die Zulässigkeit in den Antragsgrenzen und die Begründetheit prüfen, mit oder ohne eine mündliche Verhandlung, die ihm freisteht. Das geschieht nach einer Anhörung zB des Bezirksrevisors als des Vertreters der Staatskasse nach Art. 2 I, 20 III GG (Rpfleger), Art. 103 I GG (Richter). Eine Vorlage nach Art. 100 GG ist statthaft. Soweit ohne vorherige Durchführung des Abhilfeprüfungsverfahrens entschieden wird (→ Rn. 24), liegt ein Verfahrensfehler vor. 26

Das Gericht entscheidet über die Erinnerung durch einen Beschluss. Es muss ihn grundsätzlich begründen. Es muss insbesondere dem Kostenschuldner alle Klarheit über die Rechtsgrundlagen der Kostenforderung geben (BPatG GRUR 1989, 912). Das Gericht teilt seine Entscheidung den Beteiligten formlos mit. 27

Soweit das Gericht des Kostenansatzes oder das Rechtsmittelgericht den Kostenansatz, die Kostenrechnung, **aufhebt,** muss es seinerseits den in Wahrheit geschuldeten Kostenbetrag selbst ansetzen. Das Gericht darf also die Neuberechnung des wahren Gesamtbetrags nicht etwa dem Urkundsbeamten der Geschäftsstelle übertragen. Eine Nichtabhilfeentscheidung nach § 11 II 3 RPflG kann nicht in eine Entscheidung nach § 81 I umgedeutet werden (BayObLG WuM 1993, 213). Eine Änderung zum Nachteil des Erinnerungsführers ist als eine sog. reformatio in peius unzulässig, das gilt auch gegenüber der Staatskasse (BayObLG Rpfleger 1996, 378). Es kann eine Rückzahlungsanordnung notwendig werden. Es erfolgt nach § 6 IV keine Verzinsung. 28

Die Entscheidung wirkt **für und gegen alle** Beteiligten (BayObLGZ 1990, 111 (113) zum alten Recht). Daher muss das Gericht alle Beteiligten anhören (BVerfG NJW-RR 1993, 383; BayObLGZ 1990, 111 (113)). Freilich wirkt die Festsetzung auch gegenüber den fälschlich nicht Angehörten. 29

6. Kosten (VIII). Das Erinnerungsverfahren ist nach VIII 1 **gerichtsgebührenfrei.** Es ist aber **nicht auslagenfrei** (KV 31000 ff.). Dementsprechend kommt eine Kostengrundentscheidung bei einem bloßen Teilerfolg in Betracht (vgl. LG Landau BeckRS 2013, 11442; OLG Frankfurt JurBüro 1978, 1848). Es findet nach VIII 2 keine Kostenerstattung statt. Daher ist § 21 insoweit unanwendbar (OLG Köln Rpfleger 2001, 203). 30

7. Rechtsmittel (V–VIII). Rechtsbehelfsbelehrung, Verstoß: §§ 7a, 83 II 2. Eine Nachprüfung der Entscheidung des Gerichts erfolgt außerhalb einer Berichtigung 31 oder Ergänzung nach nur auf Grund eines Rechtsmittels gegen die zuletzt ergangene Entscheidung. Nur ein ungeprüfter Teil der Rechnung lässt einen neuen Rechtsbehelf zu. Eine spätere Gesetzesänderung eröffnet keinen neuen Rechtsbehelf, soweit sie nicht die Rechtskraft beseitigt.

32 **VII. Beschwerde (II–VIII).** Es sollten drei Prüfungen erfolgen.

1. Zulässigkeit bei über 200 EUR Beschwerdewert (II 1). Gegen die im Erinnerungsverfahren ergangene Endentscheidung des AG oder LG auch über einen Vorschuss (BayObLG Rpfleger 1980, 405) steht dem Beschwerten bei einer Beschwer von mehr als 200 EUR (also **ab 200,01 EUR**) die einfache Beschwerde nach II 1 zu. Das gilt nach § 11 I RPflG auch, soweit der Rpfleger entschieden hat. Der Beschwerdewert ist wie die **Differenz zwischen dem Entschiedenem und dem nach wirtschaftlichem Interesse zu schätzenden Erstrebtem** (BayObLG Rpfleger 2000, 471; siehe auch KG Rpfleger 2003, 149). Richtet sich die Beschwerde gegen mehrere Kostenrechnungen aus demselben Verfahren, muss der Beschwerdewert hinsichtlich jeder einzelnen Kostenrechnung erreicht sein, soweit keine ermessensfehlerhafte Aufspaltung einer einheitlichen Angelegenheit gegeben ist (KG Rpfleger 2003, 149).

33 Soweit eine Beschwerde gegen eine **Entscheidung des Richters unzulässig** wäre, weil zB der vorstehende Beschwerdewert nicht vorliegt, ist nach § 11 II RPflG die **sofortige** oder befristete **Erinnerung** statthaft. Der Rpfleger darf und muss dann nach § 11 II 2 RPflG prüfen, ob er dieser letzteren Erinnerung abhelfen kann und will. Das weitere Verfahren ergibt sich aus § 11 II 3, 4 RPflG, § 11 RVG.

34 **2. Zulässigkeit bei Zulassung wegen grundsätzlicher Bedeutung (II 2, III 4).** Die Beschwerde auch dann zulässig, wenn das über die Erinnerung entscheidende Gericht die Beschwerde wegen einer grundsätzlichen Bedeutung der zur Entscheidung stehenden Frage und deshalb in voller Besetzung (vgl. BGH NJW 2004, 448) in seinem Beschluss zugelassen hat, siehe II 2. Eine Zulassung liegt noch nicht in einer bloßen Rechtsmittelbelehrung (BayObLGZ 2000, 318). Eine Nachholung der Zulassung ist nicht statthaft. Denn „**in** dem Beschluss" ist eindeutig (OLG Köln OLGR 1993, 357). Wohl aber ist unter den Voraussetzungen der entsprechend anwendbaren § 319 ZPO, § 42 FamFG eine Berichtigung in eine Zulassung erlaubt. Die Zulassung lässt sich auf einen wie bei § 301 ZPO abtrennbaren Teil beschränken, zB auf einen von mehreren Kostenschuldnern (BayObLGZ 1983, 91). Sie bindet nach III 4 das Beschwerdegericht, vgl. III 4. Der **Einzelrichter beim LG** darf die Beschwerde nicht zulassen, da er das Verfahren in diesem Fall zuvor auf die Kammer hätte übertragen müssen (OLG München BeckRS 2016, 140945).

35 **3. Grundsätzliche Bedeutung, keine Nichtzulassungsbeschwerde.** Das sind dieselben Voraussetzungen wie zB bei § 543 I, II 1 Nr. 1 ZPO. Eine Nichtzulassungsbeschwerde ist aber im Gegensatz zu § 544 ZPO nicht statthaft. Das stellt III 4 Hs. 2 ausdrücklich klar. Eine vorinstanzliche Zulassung der Beschwerde bindet nach III 4 Hs. 1 das Beschwerdegericht. Mangels Statthaftigkeit einer Beschwerde kann eine Auslegung als Gegenvorstellung in Betracht kommen (OLG Karlsruhe NJW-RR 2016, 1083).

36 **4. Beschwerdeberechtigung (II 1).** Es gelten grundsätzlich dieselben Erwägungen wie bei der Erinnerung (→ Rn. 8 ff.). Zur Beschwerde ist also jeder durch die Entscheidung im Erinnerungsverfahren Beschwerte berechtigt. Dazu zählt auch die Staatskasse. Erledigt sich die Hauptsache eines Verfahrens auf die gerichtliche Bestellung eines Notgeschäftsführers für eine GmbH und muss diese die Gerichtskosten tragen, fehlt einem Gesellschafter das Beschwerderecht wegen einer Kostenentscheidung (BayObLG DB 1984, 1295). Eine vollständige vorbehaltslose Zahlung des Schuldners kann seine Beschwer beseitigen (OLG Köln FGPrax 2005, 181). Mangels einer Beschwer ist eine solche Beschwerde des Kostenschuldners unzulässig, mit der er nur eine Erhöhung des Geschäftswerts erstrebt (BayObLG JurBüro 1997, 209).

37 **5. Einlegung (V 3).** Die Beschwerde kann nach V 3 wirksam nur bei demjenigen Gericht eingelegt werden, dessen Entscheidung angefochten wird. Das unzuständige Gericht muss die Beschwerde unverzüglich an das von ihm zu ermittelnde zuständige Gericht weiterleiten, Grundgedanke des § 129a II ZPO, § 25 III 2 FamFG. Die

Beschwerde ist **nicht fristgebunden, kann aber verwirkt** werden (siehe → Rn. 16 auch zur elektronischen Einlegung).

6. Zuständigkeit (III 2, VI 2, 3). Beschwerdegericht ist nach III 2 Hs. 1 das nächsthöhere Gericht. Liegt eine Angelegenheit der freiwilligen Gerichtsbarkeit mit Ausnahme der Freiheitsentziehungssachen und der vor den Betreuungsgerichten entschiedenen Sachen vor, so ist nach III 2 Hs. 2 iVm § 119 I Nr. 1b GVG das **OLG das Beschwerdegericht.** Für die Zuständigkeit nach III 2 Hs. 1 bleiben also nur die in § 1 II Nr. 1–20 aufgezählten Fälle. In einer Handelssache ist die Kammer für Handelssachen zuständig. Sie entscheidet nach VI 3 ohne ihre ehrenamtlichen Richter (dazu OLG Köln FGPrax 2005, 233; OLG München NVwZ-RR 2010, 90, je: andernfalls absoluter Beschwerdegrund, daher Aufhebung). Im Beschwerdegericht ist statt der nach dem GVG vorgesehenen Besetzung ohne die ehrenamtlichen Richter der Einzelrichter nach VI 1 Hs. 2 dann zuständig, wenn die angefochtene Entscheidung von einem Einzelrichter oder vom Rpfleger stammt. 38

7. Weiteres Verfahren (II–VIII). Das Verfahren richtet sich nicht generell nach der ZPO, sondern nach II ff. und nur in den Grenzen der dortigen wenigen Einzelverweisungen nach der ZPO. Es gilt der **Amtsermittlungsgrundsatz** nach § 26 FamFG (BeckOK KostR/von Selle Rn. 39). Die Form der Einlegung richtet sich wie bei der Erinnerung nach V 1. Die Beschwerde ist ebensowenig wie die Erinnerung fristabhängig. Allerdings ist eine Verwirkung des Beschwerderechts möglich, wenn der Beschwerdeführer übermäßig lange mit der Einlegung der Beschwerde gewartet hatte (BayObLGZ 1978, 309 (311) zum alten Recht). Soweit statt des Rpfleger der Richter entschieden hatte, ist eine Zurückverweisung möglich; das Beschwedegericht kann aber auch in der Sache entscheiden. Dasselbe gilt, falls der Rpfleger trotz §§ 11 I RPflG, 571 Hs. 1 ZPO keine Nichtabhilfeentscheidung getroffen hatte (BayObLG Rpfleger 1993, 485 zum alten Recht). 39

8. Abhilfeprüfung (II–VIII). Eine Abhilfeprüfung der Beschwerde findet nach III 1 Hs. 1 durch dasjenige Gericht statt, das über die Erinnerung entschieden hat. Daher muss es wie beim vergleichbaren § 572 I 1 Hs. 1 ZPO nach der ausdrücklichen Anordnung von III 1 Hs. 1 die Statthaftigkeit, Zulässigkeit und Begründetheit stets zunächst selbst voll nachprüfen. Bejahendenfalls „hat" das Erinnerungsgericht der Beschwerde nach III 1 abzuhelfen. Das geschieht durch einen zu begründenden Beschluss. Gegen ihn ist eine Beschwerde des Gegners nach II 1 denkbar. Es ist auch eine teilweise Abhilfe möglich. Sie kann den restlichen Wert der Beschwer unter die Grenze des II 1 absinken lassen. Denn die Vorlagepflicht wegen des Rests nach III 1 Hs. 2 ändert nichts an der Änderung einer bisherigen Beschwer. Erst beim Ergebnis „Nichtabhilfe" kommt die Zuständigkeit des Beschwerdegerichts nach III 2 infrage. Der Nichtabhilfebeschluss muss eine ebenso nachprüfbare Begründung erhalten wie eine Abhilfeentscheidung. 40

Bloße Floskeln sind keine Begründung. Sie berechtigen das Beschwerdegericht zur Zurückverweisung wegen eines Verfahrensmangels. Ein entsprechendes Ergebnis ergibt sich, wenn das Beschwerdegericht die Nichtabhilfeentscheidung aufhebt und das Instanzgericht anweist, erneut über die Abhilfe zu entscheiden. Die Mitteilung der Entscheidung des unteren Gerichts erfolgt nach III 1 Hs. 2 wie sonst. Sie muss „unverzüglich" erfolgen. 41

9. Entscheidung, Kosten (VI, VIII). Es gelten überwiegend dieselben Erwägungen wie bei der Erinnerung, vgl. also → Rn. 25 ff. Zuständig ist der Einzelrichter, wenn die angefochtene Entscheidung von einem Einzelrichter oder einem Rechtspfleger erlassen wurde, ansonsten – im Gegensatz zur Erinnerung – das Kollegium, vgl. VI 1. Eine Übertragung vom Einzelrichter auf den Spruchkörper erfolgt wie bei der Erinnerung, wenn die Sache besondere Schwierigkeiten tatsächlicher oder rechtlicher Art aufweist oder die Rechtssache grundsätzliche Bedeutung hat, vgl. VI 2. 42

Bei einer erfolgrechen Beschwerde kann das Beschwerdegericht in der Sache entscheiden, evtl. hebt es die Entscheidung des Erinnerungsgerichts auf und gibt die Sache an das Instanzgericht zurück. Die ehrenamtlichen Richter wirken nach VI 3 nicht mit (OLG München MDR 2009, 1410 zum alten Recht: beim Verstoß Aufhebung). Bei einer Zurückverweisung bindet die Rechtsansicht des Beschwerdegerichts für das weitere Verfahren (BayObLG Rpfleger 1992, 432 zum alten Recht). 43

Rechtsbehelfsbelehrung, Verstoß: §§ 7a, 83 II 2. Zu den **Kostenfragen** siehe → Rn. 30.

44 **VIII. Aufschiebende Wirkung (VII).** Sie tritt grundsätzlich nach VII 1 **weder bei der Erinnerung noch bei der Beschwerde** ein. Jedoch können das Erinnerungsgericht oder das Beschwerdegericht nach VII 2 Hs. 1 auf Antrag oder von Amts wegen eine aufschiebende Wirkung ganz oder teilweise anordnen. Dazu ist der Vorsitzende befugt, soweit nicht nach VI 1 der Einzelrichter tätig ist. Das gilt aber nur als eine Ausnahme von dem in VII 1 genannten entgegengesetzten Grundsatz und daher nur beim Vorliegen wesentlicher Umstände. Dabei kommt es darauf an, ob und wieweit ohne eine aufschiebende Wirkung unersetzbare Nachteile oder sonstige Unzumutbarkeiten drohen (OLG Köln MDR 2011, 564 zum alten Recht). Die Ansicht des Kostenschuldners, die Rechnung sei unrichtig, reicht nicht (OLG Köln MDR 2011, 564). Das Gericht hat bei alledem ein pflichtgemäßes, aber weites Ermessen (OLG Köln FGPrax 2013, 84 zum alten Recht). Es muss seine Erwägungen kurz begründen. Gegen die Entscheidung ist keine Beschwerde statthaft.

45 **IX. Zulässigkeit der weiteren Beschwerde (IV).** Eine weitere Beschwerde gegen die Entscheidung eines LG als Beschwerdegericht ist ohne die Notwendigkeit einer Fristbeachtung nach IV 1 statthaft, soweit die folgenden Voraussetzungen zusammentreffen.

46 **1. Zulassung (IV 1).** Die weitere Beschwerde ist grundsätzlich insoweit statthaft, als das LG als Beschwerdegericht (also nur in Freiheitsentziehungs- und Betreuungssachen) über eine Entscheidung des AG wegen des Kostenansatzes befunden hat, also **nicht über eine eigene Geschäftswertfestsetzung des LG in der Beschwerdeentscheidung** (OLG Düsseldorf MDR 1987, 244; OLG Karlsruhe JurBüro 1981, 1874; KG JurBüro 1990, 1341 = OLGZ 1990, 313 mit Darstellung des Streitstandes). Weitere Voraussetzung ist, dass das LG die weitere Beschwerde wegen der grundsätzlichen Bedeutung der Rechtsfrage bereits in der Beschwerdeentscheidung **zugelassen** hat. Eine solche Zulassung sollte stets erfolgen, wenn es um eine noch nicht endgültig geklärte Rechtsfrage geht oder soweit das Beschwerdegericht von der Rechtsprechung der Oberlandesgerichte abweicht. Soweit solche Situation nicht vorliegt, ist eine Nichtzulassung verfassungsgemäß (siehe dazu BVerfG NJW 2012, 2947). Nicht ausreichend ist eine fehlerhafte Rechtsmittelbelehrung (BayObLGZ 2000, 318). Das Beschwerdegericht ist an die Zulassung gebunden; IV 4, III 4. Eine rechtswidrige Zulassung durch das LG einer unstatthaften weiteren Beschwerde bindet das OLG allerdings nicht.

47 **2. Nachholung der Zulassung (IV 1).** Soweit das Beschwerdegericht die Zulassung in der Entscheidung versäumt hat, darf es diese Zulassung grundsätzlich **nicht nachholen.** Das folgt aus den Worten „in dem Beschluss" in IV 1 (je zum alten Recht, BayObLGZ 1980, 288; OLG Köln JurBüro 1994, 757).

48 Soweit das Beschwerdegericht aber nur **vergessen** hatte, die **beschlossene** Zulassung in die schriftliche Entscheidung aufzunehmen, darf und muss es diese Beschwerdeentscheidung in einer entsprechenden Anwendung der § 319 ZPO, § 42 FamFG von Amts wegen berichtigen. Freilich muss die offenbare Unrichtigkeit aus den Gründen des Beschwerdebeschlusses hervorgehen oder zumindest aus denjenigen des Berichtigungsbeschlusses (OLG Köln JurBüro 1994, 757 zum alten Recht).

49 Für eine Berichtigung reicht es **nicht** aus, dass das Beschwerdegericht einfach **vergessen** hatte, die Frage der Zulassung der weiteren Beschwerde in seiner Beratung zu erörtern oder darüber nach einer stattgefundenen Beratung einen Beschluss zu fassen (OLG Köln JurBüro 1978, 904; 1994, 757 zum alten Recht).

50 **3. Keine Nichtzulassungsbeschwerde (IV 4).** Eine Nichtzulassungsbeschwerde ist unzulässig. Das ergibt sich aus IV 4 iVm III 4. Soweit in der Vorauflage noch die Auffassung vertreten wurde, dass sie ausnahmsweise gegen offensichtlich gesetzeswidrige Entscheidungen gegeben sei, wird im Hinblick auf die eindeutige Regelung in IV4, III4 daran nicht mehr festgehalten. In solchen Fällen müssen die Betroffenen sich an die Verfassungsgerichte wenden.

51 **4. Kein Beschwerdewert (IV 1–4).** Es ist für die weitere Beschwerde zwar eine Beschwer nötig, aber kein Beschwerdewert mehr erforderlich. Denn IV nennt im

Gegensatz zu II 1 keinen solchen und verweist auch nicht mit auf II 1. Es geht ja um die dem II 2 entsprechende ganz andere Lage.

5. Rechtsverletzung (IV 2). Die angefochtene Entscheidung des Beschwerdegerichts muss auf einer Verletzung des Rechts nach §§ 546, 547 ZPO beruhen, vgl. IV 2 letzter HS. Hierzu kann ein Ermessensfehler zählen (OLG Düsseldorf BB 1988, 1701 zum alten Recht). Ein absoluter Beschwerdegrund wie bei § 547 ZPO liegt zB in einer Entscheidung der Kammer für Handelssachen einschließlich der Handelsrichter (OLG Köln MDR 2006, 349 zum alten Recht). 52

6. Keine weitere Beschwerde an Obersten Gerichtshof des Bundes (IV 4). Die weitere Beschwerde darf auch nicht an einen Obersten Gerichtshof des Bundes gerichtet oder zu richten sein. Das ergibt sich zwar nicht aus IV 3, denn V verweist nicht auch auf III 3. Die Unzulässigkeit folgt aber aus IV 1. Denn danach muss zuvor gerade das LG als Beschwerdegericht entschieden haben. Außerdem ist für die weitere Beschwerde nach IV 3 nur das OLG zuständig. 53

7. Sonstiges (IV 1–4). Eine weitere Beschwerde ist nicht statthaft, soweit sich die erste Beschwerde nicht gegen den Kostenansatz richtet, sondern eine Vergütung aus der Staatskasse bezweckte (BayObLGZ 1975, 260 (262) zum alten Recht). 54

X. Verfahren der weiteren Beschwerde (IV 1–4). Die weitere Beschwerde ist eine Rechtsbeschwerde (vgl. BayObLG DB 1998, 1907). Es gelten daher praktisch dieselben Regeln wie bei §§ 574 ff. ZPO. Das OLG darf nur die rechtlichen Gesichtspunkte in der angefochtenen Entscheidung des Gerichts der Erstbeschwerde nachprüfen. Es ist an die tatsächlichen Feststellungen des Beschwerdegerichts gebunden (OLG Oldenburg JurBüro 1991, 1224 zum alten Recht). Es ist daher nach IV 2 wegen des Worts „nur" kein neuer Tatsachenvortrag zulässig. Jedoch ist eine **Amtsermittlung im Hinblick auf Verfahrenstatsachen** zulässig und geboten (BeckOK KostR/von Selle Rn. 95). Das OLG entscheidet auch über die erst bis zum LG geratene Geschäftswertbeschwerde mit. 55

Für die **Entscheidung** über die weitere Beschwerde ist nach IV 3 das übergeordnete OLG zuständig. 56

Die weitere Beschwerde ist **nicht fristabhängig.** Sie kann freilich **verwirkt** sein (→ Rn. 16, → Rn. 37). Sie läßt sich **schriftlich,** elektronisch oder zum Protokoll der Geschäftsstelle bei demjenigen Gericht einlegen, das für die Entscheidung zuständig ist. Denn V 1 Hs. 1, 2 gilt auch für die weitere Beschwerde. Ein Anwaltszwang besteht nicht. Das LG darf und muss nach IV 4 iVm III 1 Hs. 1 evtl. der weiteren Beschwerde abhelfen. 57

Das OLG entscheidet in seiner vollen Besetzung nach einer ihm freigestellten mündlichen **Verhandlung** und nach der erforderlichen Anhörung eines Beteiligten nach Art. 103 I GG durch einen Beschluss. Es muss seinen Beschluss grundsätzlich begründen. Das OLG teilt den Beschluss den Beteiligten formlos mit. Er wird mit der Bekanntgabe formell rechtskräftig. 58

Im Verfahren über die weitere Beschwerde entstehen nach **VIII 1 keine Gerichtsgebühren.** Es kann aber eine Pflicht zur Bezahlung der Auslagen entstehen. Eine Kostenerstattung findet nach **VIII 2** nicht statt. Siehe auch → Rn. 30. 59

Beschwerde gegen die Anordnung einer Vorauszahlung

82 **I [1] Gegen den Beschluss, durch den aufgrund dieses Gesetzes die Tätigkeit des Gerichts von der vorherigen Zahlung von Kosten abhängig gemacht wird, und wegen der Höhe des in diesem Fall im Voraus zu zahlenden Betrags ist stets die Beschwerde statthaft. [2] § 81 Absatz 3 bis 5 Satz 1 und 4 und Absatz 6 und 8 ist entsprechend anzuwenden.**

II Im Fall des § 14 Absatz 2 ist § 81 entsprechend anzuwenden.

I. Systematik, Normzweck (I, II). Macht das Gericht eine Handlung von einer Vorschusszahlung abhängig (vgl. §§ 13, 14), und wird dieser Vorschuss nicht gezahlt, so führt das grundsätzlich lediglich zu einem Ruhen des Verfahrens und nach fruchtlosem Fristablauf zu einem Weglegen der Akte. Eine Zurückweisung des Antrages ist nur dann gerechtfertigt, wenn sich aufgrund gesetzlicher Vorschriften ein Ruhen des 1

Verfahrens verbietet. § 82 regelt, dass gegen die Abhängigmachung einer gerichtlichen Handlung von einer solchen Vorschusszahlung die Beschwerde gegeben ist (dazu zB OLG Köln FGPrax 2018, 93). Die Vorschrift gilt nur bei Gerichtskosten. Sie hat gegenüber § 81 als in I teilweise Spezialregelung den Vorrang neben dem gleichfalls speziellen § 83, § 82 geht nach § 1 VI jeder Regelung der für das zugrundeliegende Verfahren geltenden Vorschriften anderer Gesetze vor.

2 **II. Beschwerde (I, II).** Die Regelung entspricht weitgehend § 67 GKG (vgl. auch dort → GKG § 67 Rn. 1 ff.).

3 **1. Statthaftigkeit (I 1).** Gegen die durch eine echte gerichtliche Entscheidung erfolgende Anordnung nach I als solche wie auch gegen deren Höhe ist nach I 1 stets und nur die Beschwerde statthaft. Es handelt sich um eine unbefristete einfache Beschwerde. Für das Beschwerdeverfahren besteht nach § I 2 iVm § 81 V 1 kein Anwaltszwang.

4 Die Beschwerde ist gemäß § 11 I RPflG auch gegeben, wenn ein **Rechtspfleger, die Tätigkeit von einem Vorschuss abhängig macht.**

Gegen die **Unterlassung** der Anordnung nach I (Nichtabhängigmachung) hat die Staatskasse kein Beschwerderecht.

6 Gegen die **Zurückweisung eines Eintragungsantrags** ist nicht die Beschwerde nach I statthaft, sondern die Sachbeschwerde, selbst wenn die Entscheidungen sachlich allein auf das Unterbleiben der Vorschusszahlung gestützt worden sind. (OLG Düsseldorf FGPrax 2017, 200).

7 **2. Verfahren (I 2).** Es richtet sich gemäß I 2 grundsätzlich nach § 81 III–V 1, 4, VI. Das gilt in einer Grundbuchsache wegen des Vorrangs nach § 1 VI auch trotz §§ 71–77, 81 GBO, ebenso in einer Schiffsregistersache trotz §§ 75–82, 89 SchiffsRegO. Soweit das Gericht eine endgültige Kostenrechnung erteilt, erledigt sich die Vorschussberechnung und damit die Beschwerde. Eine endgültige Kostenrechnung erledigt auch eine Erinnerung. Denn sie erledigt die Vorschussberechnung.

Eine Rechtsbehelfsbelehrung ist erforderlich, § 7a, Verstoß: § 83 II 2

8 **3. Weitere Beschwerde (I 2).** Sie ist nach I 2 iVm § 81 IV 3, III 3 unter den dortigen Voraussetzungen zulässig.

9 **4. Dokumente, Akten (II).** Wird nach § 14 II die Herstellung und Überlassung von Dokumenten oder die Versendung von Akten von einem Auslagenvorschuss abhängig gemacht, ist nach II die Beschwerde gemäß § 81 gegeben. Insofern ist zu beachten, dass gegen die Entscheidung des Kostenbeamten, der den Auslagenvorschuss anfordert, zunächst nur die Erinnerung statthaft ist (BeckOK KostR/von Selle Rn. 23; dazu → § 81 Rn. 24 ff.). Erst gegen die darauf folgende gerichtliche Entscheidung ist die Beschwerde gegeben, falls der Betroffene mit über 200 EUR beschwert ist oder die Beschwerde zugelassen worden ist, vgl. II iVm 81 II.

Beschwerde gegen die Festsetzung des Geschäftswerts

83 **I [1] Gegen den Beschluss, durch den der Geschäftswert für die Gerichtsgebühren festgesetzt worden ist (§ 79), ist die Beschwerde statthaft, wenn der Wert des Beschwerdegegenstands 200 Euro übersteigt. [2] Die Beschwerde ist auch statthaft, wenn sie das Gericht, das die angefochtene Entscheidung erlassen hat, wegen der grundsätzlichen Bedeutung der zur Entscheidung stehenden Frage in dem Beschluss zulässt. [3] Die Beschwerde ist nur zulässig, wenn sie innerhalb der in § 79 Absatz 2 Satz 2 bestimmten Frist eingelegt wird; ist der Geschäftswert später als einen Monat vor Ablauf dieser Frist festgesetzt worden, kann sie noch innerhalb eines Monats nach Zustellung oder formloser Mitteilung des Festsetzungsbeschlusses eingelegt werden. [4] Im Fall der formlosen Mitteilung gilt der Beschluss mit dem dritten Tag nach Aufgabe zur Post als bekannt gemacht. [5] § 81 Absatz 3 bis 5 Satz 1 und 4 und Absatz 6 ist entsprechend anzuwenden. [6] Die weitere Beschwerde ist innerhalb eines Monats nach Zustellung der Entscheidung des Beschwerdegerichts einzulegen.**

II 1 War der Beschwerdeführer ohne sein Verschulden verhindert, die Frist einzuhalten, ist ihm auf Antrag von dem Gericht, das über die Beschwerde zu entscheiden hat, Wiedereinsetzung in den vorigen Stand zu gewähren, wenn er die Beschwerde binnen zwei Wochen nach der Beseitigung des Hindernisses einlegt und die Tatsachen, welche die Wiedereinsetzung begründen, glaubhaft macht. 2 Ein Fehlen des Verschuldens wird vermutet, wenn eine Rechtsbehelfsbelehrung unterblieben oder fehlerhaft ist. 3 Nach Ablauf eines Jahres, von dem Ende der versäumten Frist an gerechnet, kann die Wiedereinsetzung nicht mehr beantragt werden. 4 Gegen die Entscheidung über den Antrag findet die Beschwerde statt. 5 Sie ist nur zulässig, wenn sie innerhalb von zwei Wochen eingelegt wird. 6 Die Frist beginnt mit der Zustellung der Entscheidung. 7 § 81 Absatz 3 Satz 1 bis 3, Absatz 5 Satz 1, 2 und 4 sowie Absatz 6 ist entsprechend anzuwenden.

III 1 Die Verfahren sind gebührenfrei. 2 Kosten werden nicht erstattet.

Übersicht

I. Erstbeschwerde, I 1–4). Die Vorschrift stimmt weitgehend mit § 68 GKG überein (vgl. auch dort → GKG § 68 Rn. 1 ff.). Es muss eine endgültige Festsetzung vorliegen (OLG Brandenburg, BeckRS 2014, 3328 = ZAP EN-Nr. 247/2014; OLG Brandenburg FamRZ 2005, 228; siehe aber auch KG NJW-RR 2004, 864: Gegen die dort vertretene Auffassung, wonach eine Beschwerde auch gegen eine vorläufige Wertfestsetzung zulässig sein soll, spricht, dass die Möglichkeit besteht, gegen eine aufgrund der vorläufigen Wertfestsetzung erfolgte Anordnung einer Vorauszahlung Beschwerde einzulegen, vgl. § 67 GKG, § 83). Eine Erstbeschwerde ist auch dann statthaft, wenn das LG den Wert **als Hauptsache-Beschwerdegericht erstmals** festgesetzt hat (OLG Frankfurt OLGR 1997, 273; OLG München JurBüro 2006, 427 jeweils zum alten Recht). Dasselbe soll nach einer Entscheidung des BayObLG (JurBüro 1988, 214 zum alten Recht) gelten, soweit das LG **im Rahmen eines Beschwerdeverfahrens** gegen die Entscheidung in einer Wohnungseigentumssache **von Amts wegen** die Wertfestsetzung des AG ändert. Das erscheint fraglich, weil es keinen Unterschied macht, ob die Änderung der erstinstanzlichen Wertfestsetzung von Amts wegen oder aufgrund einer Geschäftswertbeschwerde erfolgt (vgl. auch OLG Stuttgart, JurBüro 1982, 1384 zum alten Recht). Wird ein Geschäftswert **„im Einverständnis der Parteivertreter"** in der Sitzung auf einen bestimmten Betrag festgesetzt, liegt darin regelmäßig ein Rechtsmittelverzicht, so dass die Beschwerde unzulässig ist (OLG Hamburg MDR 1977, 407). 1

1. Entweder: Beschwerdewert mehr als 200 EUR (I 1). Die sich aus der Erinnerungentscheidung ergebende Beschwer muss mindestens 200,01 EUR betragen, damit die Beschwerde ohne Zulassung zulässig ist. 2

3 **2. Oder: Zulassung wegen grundsätzlicher Bedeutung (I 2).** Statt eines Beschwerdewerts nach → Rn. 2 genügt es auch, wenn das über die Erinnerung entscheidende Erstgericht die Beschwerde wegen der grundsätzlichen Bedeutung der zur Entscheidung anstehenden Frage bereits in seinem Beschluss zugelassen hat. Das ist dieselbe Bedingung wie bei § 81 II 2 (→ § 81 Rn. 34) und bei § 68 I 2 GKG, § 57 I 2 FamGKG. Vgl. daher auch jeweils dort.

4 **3. Grundsatz: 6-Monatsfrist (I 3 Hs. 1).** Eine Erstbeschwerde ist nach I 3 Hs. 1 iVm § 79 II 2 außerdem nur dann zulässig, wenn der Beschwerdeführer sie innerhalb von sechs Monaten nach dem Eintritt der Rechtskraft, nach der Entscheidung in der Hauptsache oder nach einer anderweitigen Erledigung des Verfahrens einlegt (BayObLGZ 2003, 87 zum alten Recht). Zur Fristberechnung vgl. dort (→ § 79 Rn. 40 ff.).

5 **4. Ausnahme: 1-Monatsfrist (I 3 Hs. 2, I 4).** Eine Erstbeschwerde ist bei einem Beschwerdewert von über 200 EUR wie bei § 81 II 1 und bei einer Nichteinhaltung der 6-Monatsfrist des Hs. 1 ausnahmsweise nach I 3 Hs. 2 auch dann zulässig, wenn das Gericht den Geschäftswert später als einen Monat vor dem Ablauf dieser 6-Monatsfrist festgesetzt hatte und wenn seit der Zustellung oder formlosen Mitteilung des Festsetzungsbeschlusses noch kein voller Monat verstrichen ist. Zur Fristberechnung I 4.

6 **II. Weiteres Verfahren der Erstbeschwerde (I 5).** Die Beschwerde muss nicht diese Bezeichnung tragen. Auf das weitere Verfahren ist nach I 5 § 81 III–V 1, 4, VI entsprechend anwendbar. Vgl. daher dort (→ § 81 Rn. 37 ff.). Es ist auch eine Verböserung statthaft (OLG München, NJW-RR 2017, 1487; BayObLG JurBüro 1996, 267 zum alten Recht. Auch wenn I 5 nicht auf § 81 VII 1 verweist, hat die Beschwerde keine aufschiebende Wirkung, weil die Wertfestsetzung nicht vollstreckbar ist. Ein Verfahren über den Kostenansatz ist allerdings bis zur Entscheidung über die Beschwerde auszusetzen (vgl. OLG München BeckRS 2015, 12788).

7 **III. Weitere Beschwerde (I 5, 6).** An die Erstbeschwerde nach kann sich gegen die Beschwerdeentscheidung eine weitere Beschwerde anschließen. Das ergibt sich aus der in I 5 bestimmten entsprechenden Anwendbarkeit von § 81 IV. Dazu müssen die folgenden Voraussetzungen zusammentreffen.

8 **1. Zulässigkeit (§ 81 IV 1, 2 entspr.).** Es muss zunächst eine Zulassung erfolgen. Wegen sonstiger Einzelheiten → § 81 Rn. 45 ff.

9 **2. Einlegung (§ 81 V 4 entspr.).** Die Einlegung der weiteren Beschwerdeerfolgt § 81 V 4 schriftlich oder elektronisch oder zum Protokoll bei demjenigen Gericht, dessen Entscheidung man anficht.

10 **3. Abhilfemöglichkeit (§ 81 III 1 Hs. 1 entspr.).** Dasjenige Gericht, das über die Erstbeschwerde entschieden hat, kann der weiteren Beschwerde abhelfen. Das ergibt sich aus der Verweisung in I 5 auf § 81 III 1 Hs. 1. Folglich muss das bisherige Gericht prüfen, ob es abhelfen will oder muss. Es darf nur auf Grund einer mit nachvollziehbarer Begründung versehenen Nichtabhilfeentscheidung die Akten dem übergeordneten Gericht zur Entscheidung vorlegen.

11 **4. Weiteres Verfahren (§ 81 III 2, 4 entspr.).** Über die weitere Beschwerde entscheidet nach § 81 III 2 das nach den für die Hauptsache geltenden Vorschriften zuständige im Rechtszug nächsthöhere Gericht. Es findet entsprechend § 81 III 4 keine Vorlage an den BGH statt.

12 **5. Kein Anwaltszwang (§ 81 V 1 entspr.).** Weder zur Einlegung der weiteren Beschwerde noch im weiteren Verfahren besteht ein Anwaltszwang. Das folgt aus der Verweisung in III 5 auf § 14 VI 1.

13 **6. Frist (I 6).** Für die weitere Beschwerde muss man die 1-Monatsfrist des I 6 beachten.

14 **IV. Wiedereinsetzung (II 1–3).** In einer gewissen Anlehnung an §§ 233 ff. ZPO gibt II die Möglichkeit einer Wiedereinsetzung in den vorigen Stand wegen der Versäumung einer jeden der in § 83 genannten Fristen, also keineswegs nur wegen einer Versäumung der Frist zur weiteren Beschwerde nach I 6, sondern auch wegen einer Versäumung der Frist zur Erstbeschwerde nach I 3 (BeckOK KostR/von Selle

Rn. 23). Denn II 1 spricht in einem neuen Absatz einfach nur „die Frist" an. Im Einzelnen gilt die folgende Regelung.

1. Fristversäumung ohne Verschulden (II 1, 2). Der Beschwerdeführer muss eine Frist ohne sein Verschulden versäumt haben; die Feststellungslast liegt also beim Antragsteller. Das ist derselbe Gedanke wie bei der Wiedereinsetzung im Zivilprozess nach §§ 233 ff. ZPO. Man sollte daher die freilich ausgewucherte Rechtsprechung zu jenen Vorschriften im Kern auch hier beachten. Danach begnügt sich auch II 1 mit einem solchen Sorgfaltsgrad, der auch bei anderen Parteiprozesshandlungen üblich ist. Man muss den Maßstab der erforderlichen Sorgfalt den gesamten Umständen anpassen. Es schaden ein Vorsatz und eine Fahrlässigkeit jeden Grades, also auch ein nur leichtes Verschulden, auch als ein bloßes Mitverschulden. Die bloße Möglichkeit einer Schuldlosigkeit reicht nicht. Das Verschulden des gesetzlichen Vertreters kann wie bei § 51 II ZPO schaden, dasjenige als ProzBev wie bei § 85 II ZPO. 15

Eine **Vermutung der Schuldlosigkeit** liegt nach **II 2** dann vor, wenn keine oder eine fehlerhafte **Rechtsbehelfsbelehrung** nach § 7a erfolgt ist. Das ist dieselbe Regelung wie zB bei § 68 II 2 GKG. Vgl. daher insofern dort. 16

Wegen der unzähligen **Beispiele** aus der Rechtsprechung zur Frage einer Wiedereinsetzung vgl. BeckOK ZPO/Wendtland ZPO § 233 Rn. 21 ff. 17

2. Antrag (II 1). Die Wiedereinsetzung erfolgt wie im Zivilprozess nicht von Amts wegen, sondern nur auf einen Antrag. Vgl. daher § 236 ZPO. Ein dem § 236 II 2 ZPO entsprechender Wegfall des Antragszwangs findet nicht statt. 18

3. Wiedereinsetzungsfrist (II 1, 3). Es läuft wie bei § 234 I, II ZPO eine zweiwöchige Frist seit der Beseitigung des Hindernisses und außerdem wie bei § 234 III ZPO eine absolute Höchstfrist von einem Jahr seit dem Ende der versäumten Frist. Innerhalb der Zwei-Wochen-Frist nach II 1 sind im Gegensatz zur Regelung in § 236 II 1 ZPO die Tatsachen, welche die Wiedereinsetzung begründen glaubhaft zu machen. 19

4. Zuständigkeit (II 1). Sie liegt wie bei § 237 ZPO bei demjenigen Gericht, dem die Entscheidung über die Beschwerde zusteht. Beschwerdegericht ist nach III 5 iVm § 81 III 2 das nächsthöhere Gericht. Auch wenn die Beschwerde beim Ausgangsgericht einzulegen ist, weil dort zunächst eine Abhilfe geprüft werden muss, entscheidet über die Wiedereinsetzung das Beschwerdegericht (vgl. den Wortlaut: „Gericht, das über die Beschwerde zu entscheiden hat"). Eine Beschwerde an den BGH findet nicht statt, II 7 iVm § 81 III 3. 20

5. Glaubhaftmachung (II 1). Der Antragsteller muss wie bei § 236 II 1 ZPO diejenigen Tatsachen glaubhaft machen, die eine Wiedereinsetzung begründen. Es gilt allerdings insofern die Zwei-Wochen-Frist nach II 1. Die Glaubhaftmachung erfolgt nach § 31 FamFG. 21

6. Weiteres Wiedereinsetzungsverfahren (II 1–3). Der Amtsermittlungsgrundsatz nach § 26 FamFG kommt im Hinblick auf die Frist in II 1, wonach die Tatsachen, die die Wiedereinsetzung begründen, binnen zwei Wochen nach Wegfall des Hindernisses glaubhaft zu machen sind, nur eingeschränkt zur Anwendung. 22

V. Wiedereinsetzungsbeschwerde (II 4–7). Abweichend von § 238 III ZPO kommt sogar gegen die Wiedereinsetzung die Beschwerde binnen zwei Wochen seit der Zustellung der Entscheidung infrage. Dasselbe gilt gegen eine Ablehnung der Wiedereinsetzung. Das Verfahren richtet sich nach II 6 iVm den dortigen Verweisungen. Vgl. dort. 23

VI. Gebührenfreiheit, keine Kostenerstattung (III 1, 2). Es gilt dasselbe wie bei § 81 VIII. Vgl. daher dort (→ § 81 Rn. 42 f.). 24

Abhilfe bei Verletzung des Anspruchs auf rechtliches Gehör

84 **I Auf die Rüge eines durch die Entscheidung nach diesem Gesetz beschwerten Beteiligten ist das Verfahren fortzuführen, wenn**

1. ein Rechtsmittel oder ein anderer Rechtsbehelf gegen die Entscheidung nicht gegeben ist und

2. das Gericht den Anspruch dieses Beteiligten auf rechtliches Gehör in entscheidungserheblicher Weise verletzt hat.

II 1 Die Rüge ist innerhalb von zwei Wochen nach Kenntnis von der Verletzung des rechtlichen Gehörs zu erheben; der Zeitpunkt der Kenntniserlangung ist glaubhaft zu machen. 2 Nach Ablauf eines Jahres seit Bekanntmachung der angegriffenen Entscheidung kann die Rüge nicht mehr erhoben werden. 3 Formlos mitgeteilte Entscheidungen gelten mit dem dritten Tag nach Aufgabe zur Post als bekannt gemacht. 4 Die Rüge ist bei dem Gericht zu erheben, dessen Entscheidung angegriffen wird; § 81 Absatz 5 Satz 1 und 2 gilt entsprechend. 5 Die Rüge muss die angegriffene Entscheidung bezeichnen und das Vorliegen der in Absatz 1 Nummer 2 genannten Voraussetzungen darlegen.

III Den übrigen Beteiligten ist, soweit erforderlich, Gelegenheit zur Stellungnahme zu geben.

IV 1 Das Gericht hat von Amts wegen zu prüfen, ob die Rüge an sich statthaft ist und ob sie in der gesetzlichen Form und Frist erhoben ist. 2 Mangelt es an einem dieser Erfordernisse, so ist die Rüge als unzulässig zu verwerfen. 3 Ist die Rüge unbegründet, weist das Gericht sie zurück. 4 Die Entscheidung ergeht durch unanfechtbaren Beschluss. 5 Der Beschluss soll kurz begründet werden.

V Ist die Rüge begründet, so hilft ihr das Gericht ab, indem es das Verfahren fortführt, soweit dies aufgrund der Rüge geboten ist.

VI Kosten werden nicht erstattet.

1 Die Vorschrift ermöglicht den Angriff einer mit ordentlichen Rechtsbehelfen nicht mehr anfechtbaren, Gerichtskosten (eine entspr. Regelung für Notarkosten findet sich in § 131, vgl. → 131 Rn. 1 f.) betreffenden Entscheidung nach dem GNotKG (dh insbes. solche nach §§ 18 ff., 81 ff.) mit der Rüge, das Gericht habe das grundrechtsgleiche Recht auf Gewährung rechtlichen Gehörs (Art. 103 I GG) des Beteiligten verletzt. Sie ist – mit Ausnahme der Verweisung in II 4 Hs. 2 – **wortgleich mit § 69a GKG,** so dass für Einzelheiten auf die Kommentierung dieser Vorschrift verwiesen werden kann (→ GKG § 69a Rn. 1 ff.). Soweit abweichend von § 69a II 4 Hs. 2 GKG die entsprechende Anwendung von § 81 V 1, 2 (anstelle von § 66 V 1, 2 GKG) angeordnet wird, ergibt sich kein inhaltlicher Unterschied, weil auch diese Vorschriften wortgleich sind.

Kapitel 3. Notarkosten

Abschnitt 1. Allgemeine Vorschriften

Vorbemerkung zu § 85

Schrifttum: zusätzlich zu den im Abkürzungs- und Literaturverzeichnis und in Vor § 1 Genannten): Bäuerle, Kostentabelle für Notare, 34. Aufl. 2020; Bormann/Diehn/Sommerfeldt, GNotKG, 3. Aufl. 2019; Diehn, Notarkostenberechnungen, 6. Aufl. 2020; ders., Notarkosten, 2018; Diehn/Sikora/Tiedtke, Das neue Notarkostenrecht, 2013; Diehn/Volpert, Praxis des Notarkostenrechts, 3. Aufl. 2021; Kroiß, Die Entwicklung des Gerichts- und Notarkostenrechts im Jahr 2013, NJW 2014, 437 (Rspr.Üb.); Ländernotarkasse (Hrsg.), Leipziger Kostenspiegel, 3. Aufl. 2020; Otto/Reimann/Tiedtke, Notarkosten nach dem neuen GNotKG, 2013; Schneider/Korn, Die Auswirkungen des neuen Kostenrechts auf Rechtswahlklauseln in M&A-Transaktionen, WM 2015, 62 (Rechtswahlklauseln); Sikora, GNotKG: Kostenrechtsprechung 2015, DNotZ 2016, 576 (Rspr-Üb); Sikora/Tiedtke, GNotKG: Kostenrechtsprechung 2016, DNotZ 2017, 673 (Rspr-Üb); dies., GNotKG: Kostenrechtsprechung 2017, DNotZ 2018, 576 (Rspr-Üb); Sikora/Strauß, GNotKG: Kostenrechtsprechung 2019, DNotZ 2019, 596 (Rspr-Üb); Waldner, GNotKG für Anfänger, 9. Aufl. 2015; Wudy/Drummen, Gebührentabelle für Notare, 11. Aufl. 2021.

I. Normzweck. Die BNotO regelt die Stellung der Notare. Es gibt nach § 3 I BNotO den Nur-Notar, zB in Hamburg. Ein Anwalt kann auch auf die Dauer seiner Zulassung nach § 3 II BNotO als ein sog. Anwaltsnotar bestellt werden, zB in Niedersachsen. 1

Der Notar nimmt seine Amtsgeschäfte als ein unabhängiger Träger eines öffentlichen Amts auf dem Gebiet der vorsorgenden Rechtspflege wahr (KG OLGZ 1991, 21). Er erhält für seine Tätigkeit grundsätzlich einen öffentlich-rechtlichen **Gebühren- und Auslagenersatz** (= Kosten, KG OLGZ 1991, 21). Der Kostenanspruch fußt nicht auf einer vertraglichen Vereinbarung, sondern ist öffentlich-rechtlicher Natur (BGH DNotZ 1990, 313). Ein Verstoß gegen die Gebührenerteilungspflicht nach § 17 BNotO kann zum Amtsverlust führen (BGH NJW 2015, 1885, zust. Schmidt JurBüro 2015, 262). Er muss nach § 17 II BNotO einem Beteiligten, der eine Prozess- oder Verfahrenskostenhilfe beanspruchen könnte, seine Urkundstätigkeit vorläufig gebührenfrei oder gegen die Zahlung von Monatsraten gewähren (Einzelheiten Appell DNotZ 1981, 596). Gegen eine Verweigerung ist die Beschwerde an das LG zulässig. 2

II. Anwendungsbereich. 1. Sachlicher Anwendungsbereich. §§ 85 ff. beziehen sich nur auf solche Geschäfte, die der Notar als solcher durch eine Amtshandlung im Inland persönlich vornimmt (OLG Frankfurt a. M. JurBüro 1993, 161; LG Darmstadt JurBüro 1993, 161). Die Beratung durch den Bürovorsteher oder durch Mitarbeiter des Notars löst keine Notarvergütung aus. Soweit die §§ 85 ff. einen bestimmten Bereich nicht regeln, sind zusätzlich auch für die Notargebühren die §§ 1–54 mit zu beachten. 3

2. Beispiele für den sachlichen Anwendungsbereich. Notartätigkeit ist jede Art von **Auflassung,** auch ihre Entgegennahme; die Mitwirkung bei der **Auseinandersetzung** zB eines Nachlasses oder eines Gesamtguts; jede Art von **Beglaubigung;** jede Art von **Beurkundung** – dazu zählt auch die Abnahme eines **Eides** oder einer **eidesstattlichen Versicherung,** vgl. § 22 BNotO; die **Betreuung** von Beteiligten auf dem Gebiet der vorsorgenden Rechtspflege nach §§ 20–24 BNotO; die Durchführung einer **freiwilligen Versteigerung;** die **Verwahrung** eines Wertgegenstandes (zB Notaranderkonto). Die Ausstellung einer **Vertretungsbescheinigung** nach § 21 BNotO ist ebenfalls eine notarielle Tätigkeit. Die Beratung kann notarielle Tätigkeit sein → Rn. 7. Eine Tätigkeit des Notars, die eine bloße wirtschaftliche Natur aufweisen, sind keine notariellen Tätigkeiten iSd Gesetzes. 4

5 **3. Persönlicher Anwendungsbereich.** Der Anspruch auf Zahlung der Kosten entsteht mit der **Inanspruchnahme** der Tätigkeit des Notars. Bei einer Notarsozietät richtet sich der Auftrag – anders als bei einer Anwaltssozietät – grundsätzlich nur an den einzelnen Notar. Daher ist auch nur er allein der Kostengläubiger (BayObLG MDR 1981, 238).

6 Da die Gebühren dem Notar selbst zufließen, ergeben sich eine Reihe von Besonderheiten im Vergleich zur Entstehung und Beitreibung der gerichtlichen Gebühren und Auslagen. Das gilt insbesondere auch bei der Beitreibung der Kosten, bei den Einwendungen gegen die Kostenrechnung, bei der Rückzahlung und bei einem etwaigen Schadensersatzanspruch. Eine eigennützige Gebührenüberhebung kann nach § 352 StGB strafbar sein. Bei einer objektiv **unnötigen oder unrichtigen** Notartätigkeit entstehen nach § 21 keine Gebühren.

7 **4. Beispiele zur Frage des Anwendungsbereich.** Keine Notartätigkeit ist eine solche Beschäftigung, bei der ein Anwaltsnotar **als Anwalt** tätig wird (zur Abgrenzung vgl. § 24 II BNotO, Mümmler JurBüro 1976, 425 (Beratung)). Ebenso stellt eine Betätigung des Notars, die ihm als eine bloße **Vertrauensperson** übertragen wurde, keine notarielle Tätigkeit dar. Ein Tätigwerden des **Bürovorstehers** oder eines Mitarbeiters des Notars stellt keine Notartätigkeit dar, soweit sich der Notar diese Arbeit nicht zu eigen gemacht hat (OLG Frankfurt a. M. JurBüro 1993, 161; LG Darmstadt JurBüro 1993, 101).

8 **5. Beamteter Notar.** Die dargestellten Grundregeln gelten seit dem 1.1.2018 auch im gesamten Bundesland Baden-Württemberg, bis zum 31.12.2017 nur eingeschränkt, vgl. §§ 114 ff. BNotO, § 135 GNotKG, ferner Gesetz v. 13.12.2011, GBl. 545. In **Baden-Württemberg** galt bis zum 31.12.2017 das LJKostG (idF v. 28.7.2005, GBl. 580, zuletzt geändert am 25.4.2014, GBl. 166). Das ist verfassungsgemäß (BVerfG NJW-RR 2009, 1215). Wegen der Besonderheiten für die OLG-Bezirke Stuttgart, Karlsruhe §§ 114, 115 BNotO, §§ 10 ff. LJustKG. Zum Notarrecht in Baden-Württemberg vgl. 49. Aufl. § 135 Vorb.

9 Soweit die Gebühren aus der Tätigkeit des Amtsnotars der Staatskasse zuflossen, galten auch verfahrensrechtlich §§ 1–54. Über eine Erinnerung gegen den Kostenansatz und die Festsetzung des Geschäftswerts entschied nach § 135 S. 3 dasjenige AG, in dessen Bezirk der Amtsnotar seinen Amtssitz hatte. **Europarechtlich** war zu beachten, dass derjenige beamtete Notar, dem die Gebühren auch selbst zuflossen, dann keine Gebühr für die Beurkundung der Kapitalerhöhung, der Firmenänderung oder der Sitzverlegung einer Kapitalgesellschaft nehmen durfte, wenn die Gebühr eine Steuer darstellte (EuGH NJW 2000, 939 und NJW 2007, 3051).

10 **6. Konsul.** Soweit ein deutscher Konsul im Ausland beurkunden darf, ist das Auslandskostengesetz vom 21.2.1978 (BGBl. I S. 301, zuletzt geändert durch Art. 13 2. KostRMoG v. 23.7.2013, BGBl. I 2586, nebst VO vom 7.1.1980, BGBl. I 21) mit einer eigenen Gebührentabelle anwendbar (Bindseil DNotZ 1993, 20 (Üb.)).

Notarielle Verfahren

85 **I Notarielle Verfahren im Sinne dieses Gesetzes sind das Beurkundungsverfahren (Teil 2 Hauptabschnitt 1 des Kostenverzeichnisses) und die sonstigen notariellen Verfahren (Teil 2 Hauptabschnitt 3 des Kostenverzeichnisses).**

II Das Beurkundungsverfahren im Sinne dieses Gesetzes ist auf die Errichtung einer Niederschrift (§§ 8, 16b und 36 des Beurkundungsgesetzes) gerichtet.

1 **I. Normzweck.** Die Norm regelt die Frage, welche notariellen Tätigkeiten notarielle Tätigkeiten iSd Teil 2 des Kostenverzeichnisses sind und unterscheidet dabei zwischen Beurkundungen und sonstigen notariellen Verfahren, sowie sonstigen notariellen Geschäften.

2 **II. Kostenrechtliche Definition des notariellen Verfahrens (I).** Die Vorschrift enthält in I die amtliche Begriffsbestimmung „notarielle Verfahren". Natürlich ist die gesamte Tätigkeit eines Notars wenigstens im weiteren Sinn Bestandteil eines nota-

riellen Verfahrens. Das gilt für alle Teile auch des KV Teil 2. Trotzdem beschränkt sich der kostenrechtliche Begriff des notariellen Verfahrens auf die Hauptabschnitte 1 (KV 21100–21304) und Hauptabschnitt 3 (KV 23100–23807).

III. Definition des Beurkundungsverfahrens (II). II nennt einen notwendigen Bestandteil des in I begrenzten Beurkundungsverfahrens nach KV 21100–21304: Es muss auf eine Niederschrift nach §§ 8, 16b, 36 BeurkG (ab 1.8.2022) wenigstens „gerichtet" sein. Eine Niederschrift muss also nicht unbedingt dann auch tatsächlich erfolgt sein. Ob eine „Gerichtetheit" vorlag, lässt sich nur unter Beachtung aller Umstände beurteilen. Ob schon eine derartige Absicht nur eines Teils der Beteiligten ausreicht, hängt von der Gesamtsituation ab. Hat ein wesentlicher Beteiligter etwa erklärt oder angedeutet, er wünsche keineswegs eine Protokollierung, so läge keine Gerichtetheit vor – dies wird selten der Fall sein. Maßgebend ist zudem, ob „eine" Niederschrift errichtet wurde. Abzustellen ist dazu auf die äußere Form der Beurkundung und nicht auf den wirtschaftlichen Zusammenhang zwischen mehreren Niederschriften. Auch wird weder auf § 38 BeurkG (dies ist ein sonstiges notarielles Verfahren iSd I) noch auf §§ 39 ff. BeurkG (dies sind sonstige notarielle Geschäfte) verwiesen. 3

IV. Folge der Unterscheidung. Die Unterscheidung zwischen notariellen Verfahren und (sonstigen) notariellen Geschäften ist wichtig für die nachfolgenden Vorschriften, die Regelungen für notarielle Verfahren beinhalten (zB § 93). Es kommt stets darauf an, ob und wo das GNotKG den Begriff „notarielle Verfahren" mit gerade diesem Wortlaut verwendet. Nur für die notariellen Verfahren iSd I fällt eine Verfahrensgebühr nach KV an, bei allen anderen notariellen Tätigkeiten verbleibt es auch im GNotKG bei einer Aktgebühr. 4

Beurkundungsgegenstand

86 **I Beurkundungsgegenstand ist das Rechtsverhältnis, auf das sich die Erklärungen beziehen, bei Tatsachenbeurkundungen die beurkundete Tatsache oder der beurkundete Vorgang.**

II Mehrere Rechtsverhältnisse, Tatsachen oder Vorgänge sind verschiedene Beurkundungsgegenstände, soweit in § 109 nichts anderes bestimmt ist.

I. Normzweck. Die Normdefiniert den Begriff des Beurkundungsgegenstands, um damit die Grundlage für II und §§ 109 ff. zu legen. 1

II. Begriff (I). Den in mancher Vorschrift des GNotKG wie zB §§ 93 II, 94 II verwendeten Begriff „Beurkundungsgegenstand" bestimmt I mit drei Begriffen, nämlich mit Rechtsverhältnis, Tatsache und Vorgang. Zumindest der erste Ausdruck ist seinerseits alles andere als einfach. Man findet ihn zB in § 256 I ZPO. Dort meint Rechtsverhältnis die aus einem greifbaren Sachverhalt entstandene rechtliche Beziehung von Person zu Person oder Sache (BGH NJW 2011, 2196; BAG NZA 2011, 417). Für das GNotKG ist für ein **Rechtsverhältnis** maßgebend, ob Willenserklärungen der Beteiligten bezogen auf ein bestimmtes Rechtsverhältnis beurkundet werden. Kriterien für das Vorliegen eines Rechtsverhältnisses sind die Zuordnung zu Vertragstyp und die beteiligten Personen. Eine **Tatsache** ist ein bestimmtes, nach Zeit und Raum erkennbares vergangenes oder gegenwärtiges, statisches Geschehnis der Außenwelt oder des menschlichen Seelenlebens (BVerfG NJW 1993, 2165; BGH NJW 1998, 1224). **Vorgang** ist dagegen ein länger dauernden Prozess. Die Beurkundung von Tatsachen oder Vorgängen ist die Beurkundung der eigenen Wahrnehmung des Notars und jede beurkundete Tatsache bzw. Vorgang bildet einen Beurkundungsgegenstand. 2

III. Mehrheit (II). Dieser Ausdruck bestimmt II mit Verschiedenheit und begrenzt ihn durch § 109 (OLG Hamm MDR 2015, 1328). Dort unterscheidet das Gesetz zwischen demselben Gegenstand und verschiedenen Gegenständen (so auch OLG Hamm NZG 2017, 586). Denselben Gegenstand darf man erst dann annehmen, wenn ein bestimmtes Abhängigkeitsverhältnis vorliegt. § 109 zählt zahlreiche Situationen als Beispiele der einen dieser zwei Kategorien auf. Man kann daher die zweckmitbestimmte Abhängigkeit aus § 109 auch zur Abgrenzung bei § 86 II mitverwen- 3 den. §§ 110, 111 bestimmen wiederum die Ausnahmen von dem nach § 109 als gegenstandsgleich zu behandelnden Sachverhalten. Erst wenn weder § 109 gilt, noch eine Ausnahme nach §§ 110, 111 greift, bestimmt II, dass verschiedene Beurkundungsgegenstände vorliegen.

4 **Verschiedene** Gegenstände sind zB die Übertragung aller Anteile zweier GmbHs auf eine und eine anschließende Verschmelzung (KG ZIP 2016, 1923) oder die Beurkundung der Gesellschafterversammlungen mehrerer Gesellschaften in einer Urkunde (BGH RNotZ 2018, 113 = BeckRS 2017, 132187) oder die Handelsregisteranmeldung, die verschiedene Kommanditisten betrifft (LG Bremen NZG 2020, 425 = BeckRS 2019, 32756) oder eine Kapitalerhöhung und Optionsvereinbarung (OLG München BWNotZ 2020, 160 = BeckRS 2020, 13996). Keine Zusammenrechnung erfolgt bei mehreren Schritten zur Auflösung einer GmbH (BGH ZIP 2016, 2359).

5 Soweit der Verkäufer eines Grundstücks mehreren verschiedenen Interessenten alternative Verkaufsangebote in einer Urkunde macht (LG München MittBayNot 1981, 208) oder soweit man an einen bestimmten Käufer oder einen von diesem zu benennenden Dritten in einer Urkunde verkauft (BayObLG DNotZ 1979, 430), handelt es sich um verschiedene Beurkundungsgegenstände, ebenso bei einem Kaufvertrag über ein Erbbaurecht und Grundbucherklärungen in derselben Urkunde (Ländernotarkasse NotBZ 2019, 216).

6 Ebenfalls verschiedene Gegenstände sind eine Grundbesitzüberlassung und eine Vereinbarung über den Zugewinnausgleich, auch wenn in der Urkunde ein Zusammenhang zwischen diesen beiden Rechtsverhältnissen hergestellt wird (LG Düsseldorf NotBZ 2019, 197 = BeckRS 2018, 30938).

7 **Keine** Verschiedenheit liegt bei einem einheitlichen Beschluss auf eine Satzungsänderung selbst bei einer nach § 10 I GmbHG gesondert einzutragenden Änderung vor (OLG Hamm NZG 2017, 586).

8 **IV. Bedeutung.** § 86 steht im direkten Zusammenhang zu §§ 109–111 (Gegenstandsgleichheit, -verschiedenheit). Die Rechtsfolgen aus der Definition des Beurkundungsgegenstands ergeben sich aus §§ 35, 93, 94.

9 **V. Prüfungsreihenfolge.** Zuerst sind die einzelnen Beurkundungsgegenstände nach § 86 zu bestimmen. Im Anschluss ist zu prüfen, ob mehrere Rechtsverhältnisse gem. § 109 als gegenstandsgleich zu betrachten sind. Sodann sind die Rückausnahmen der §§ 110, 111 zu prüfen.

Sprechtage außerhalb der Geschäftsstelle

87 Hält ein Notar außerhalb seiner Geschäftsstelle regelmäßige Sprechtage ab, so gilt dieser Ort als Amtssitz im Sinne dieses Gesetzes.

1 **I. Normzweck.** Geregelt wird, wie Sprechtage des Notars außerhalb seiner Geschäftsstelle kostenrechtlich zu behandeln ist.

2 **II. Sprechtag.** Ob und unter welchen Voraussetzungen ein Notar außerhalb seiner Geschäftsstelle regelmäßige Sprechtage abhalten darf, richtet sich nach § 10 IV BNotO. Regelmäßigkeit verlangt periodisch wiederkehrende Sprechtage, nicht ausreichend ist ein einmaliger Sprechtag. § 87 gilt während der gewöhnlichen Zeit eines Sprechtags.

3 **III. Rechtsfolge.** § 87 gilt ab dem ersten Sprechtag, soweit dieser mit der Absicht zu regelmäßigen Sprechtagen abgehalten wird und während der gewöhnlichen Zeit des Sprechtags. Die ggf. auswärtigen Räumlichkeiten gelten als Amtssitz. Der Notar kann somit keine Auslagen für eine Geschäftsreise nach KV 32006 ff. abrechnen. Soweit der Sprechtag durch die Justizverwaltung festgelegt wurde und die Räumlichkeiten zugleich die Geschäftsstelle des Notars darstellen, entstehen auch keine Zusatzgebühren nach KV 26002, 26003. Dies gilt genauso, wenn der Notar mehrere Geschäftsstellen nach § 10 IV BNotO unterhält.

Abschnitt 2. Kostenerhebung

Verzinsung des Kostenanspruchs

88 **[1]Der Kostenschuldner hat die Kostenforderung zu verzinsen, wenn ihm eine vollstreckbare Ausfertigung der Kostenberechnung (§ 19) zugestellt wird, die Angaben über die Höhe der zu verzinsenden Forderung, den Verzinsungsbeginn und den Zinssatz enthält. [2]Die Verzinsung beginnt einen Monat nach der Zustellung. [3]Der jährliche Zinssatz beträgt fünf Prozentpunkte über dem Basiszinssatz nach § 247 des Bürgerlichen Gesetzbuchs.**

I. Normzweck. Es handelt sich um eine Ergänzung der Rechtsfolgen einer nach § 19 ordnungsgemäßen Kostenrechnung. 1

Die Vorschrift dient der Klarstellung in der früher anders und undurchsichtig geregelten Verzinsungsfrage mit ihrer zum Teil ganz erheblichen wirtschaftlichen Bedeutung. Entsprechend dem Wort „nur" in § 1 I muss man sie im Zweifel zugunsten des Auftraggebers auslegen. 2

II. Anwendungsbereich. Die Regelung erfasst alle Kosten, also nach § 1 I neben den Gebühren auch alle Auslagen des Notars. Nicht hierunter fällt die Umsatzsteuer, auch nicht ein Verzugsschaden. Ein Zinsverzicht wäre unwirksam, auch wenn Zinsen nicht ein Teil der Gebühren und Auslagen sind, sondern erst deren Folge darstellen (Tiedtke/Fembacher MittBayNot 2004, 317). S. 1 spricht auch von „hat zu verzinsen". 3

III. Zustellung vollstreckbarer Ausfertigung. Die Verzinsungspflicht setzt nach dem eindeutigen Wortlaut von S. 1 nicht nur eine Fälligkeit nach § 10 voraus, sondern eine vom Notar als vollstreckbar erklärte Kostenberechnung und deren Zustellung an den Kostenschuldner. Die Berechnung muss grundsätzlich die genaue Angabe des verzinsbaren Betrags enthalten. Eine bloße Bestimmbarkeit kann nach den allgemeinen Auslegungsregeln reichen (BeckOK ZPO/Ulrici ZPO § 750 Rn. 6f., 8.2). Nötig ist ferner nach S. 2 die Angabe desjenigen Zinssatzes, den der Notar fordert, und des maßgeblichen Verzinsungsbeginns, also 1 Monat nach Zustellung. Die Monatsfrist beginnt mit dem auf die Zustellung folgenden Tag, §§ 187 I, 188 II, III BGB. Der Notar muss einen noch nicht fälligen Teilbetrag natürlich abziehen. Eine teilweise erst spätere Fälligkeit zwingt zu einer neuen Zustellung (Tiedtke/Fembacher MittBayNot 2004, 317). 4

IV. Verstoß. Ein Mangel kann die Zinsforderung derzeit unwirksam machen. Jedoch kann der Notar ihn heilen (LG München MittBayNot 1985, 220), wenn auch nicht rückwirkend. 5

Beitreibung der Kosten und Zinsen

89 **[1]Die Kosten und die auf diese entfallenden Zinsen werden aufgrund einer mit der Vollstreckungsklausel des Notars versehenen Ausfertigung der Kostenberechnung (§ 19) nach den Vorschriften der Zivilprozessordnung beigetrieben; § 798 der Zivilprozessordnung gilt entsprechend. [2]In der Vollstreckungsklausel, die zum Zweck der Zwangsvollstreckung gegen einen zur Duldung der Zwangsvollstreckung Verpflichteten erteilt wird, ist die Duldungspflicht auszusprechen.**

I. Systematik. Die Vorschrift bevorzugt den Notar als Kostengläubiger. Seiner Stellung als hoheitlicher Amtsträger, als eines Organs der Rechtspflege nach § 1 BNotO und als eines wegen seiner Pflicht zur Unparteilichkeit bevorzugten Kostengläubigers entsprechen Erleichterungen bei der Durchsetzung des Vergütungsanspruchs in Verbindung mit der ZPO. 1

II. Normzweck. Die erleichterte Durchsetzbarkeit des Vergütungsanspruchs dient der Zweckmäßigkeit durch eine ganz erhebliche Vereinfachung des Durchsetzungsverfahrens bis fast zu einer Art halber Selbstbedienung, damit der Notar seiner Pflicht 2 aus § 17 BNotO nachkommen kann. Das bedeutet eine entsprechend hohe Verantwortung des Notars. Er darf nicht einfach auf Einwendungen nach § 127 warten. Vielmehr muss er jede Vorschrift auslegen. Die Auslegung muss trotz des oben genannten Zwecks jede Rücksichtslosigkeit im Interesse der Rechtspflege vermeiden.

3 **III. Anwendungsbereich.** Die Vorschrift gilt nur für den Notar. Sie gilt auch insofern nur für seinen Anspruch auf Grund des GNotKG. Sie dient ihm also nicht für einen Anspruch aus einer Tätigkeit als Anwalt oder für sonstige Vergütungsansprüche.

4 **IV. Vollstreckungsklausel. 1. Allgemeines.** Die vom Notar sich selbst zulässigerweise mit der Vollstreckungsklausel versehene Ausfertigung der ordnungsgemäß erstellten und mitgeteilten Berechnung der Kosten nach § 19 nebst der Berechnung der Zinsen nach § 88 ist ein Vollstreckungstitel nach §§ 704, 724, 794 ZPO (OLG Celle FGPrax 2009, 278). Daher ist für die Beitreibung der Kosten kein besonderer Rechtsstreit erforderlich, sondern der Notar kann seine Kosten anhand einer vollstreckbaren Ausfertigung seiner Kostenrechnung vollstrecken.

5 S. 1 versteht unter einer „Ausfertigung der Kostenberechnung" keine Ausfertigung im strengen Sinn. Es genügt eine den Anforderungen der §§ 19, 88 entsprechende Berechnung der Kosten und Zinsen nebst einer Vollstreckungsklausel gem. §§ 795, 724 ff. ZPO und einer diese Berechnung und die Vollstreckungsklausel erfassenden Unterschrift des Notars (OLG Hamm MDR 1988, 420).

6 Der Notar muss in seiner Handakte nach § 734 ZPO vermerken, wann und gegen wen er eine Vollstreckungsklausel erteilt hat.

7 **2. Zuständigkeit.** Der Notar erteilt sich selbst die Vollstreckungsklausel. Anstelle des Notars kann auch der amtlich bestellte Vertreter die Klausel erteilen. Ist der Notar „weggefallen", erteilt nach § 797 II ZPO, §§ 51, 55 BNotO der Notar als Amtsnachfolger bzw. die Behörde die Vollstreckungsklausel, der bzw. die die Notarakten verwahrt. Soweit ein Notarverwalter oder Notarverweser eingesetzt ist, so erteilt dieser die Vollstreckungsklausel, §§ 56 ff. BNotO. Der Notar kann sich unter den Voraussetzungen des § 733 ZPO auch eine **weitere** vollstreckbare Ausfertigung erteilen.

8 **3. Inhalt, Form.** Jede Kostenrechnung muss eine eigene Vollstreckungsklausel erhalten (OLG Celle FGPrax 2009, 278). Der Notar muss den Schuldner in der Vollstreckungsklausel genau bezeichnen, § 750 ZPO. Der Notar muss die Klausel nach § 725 ZPO **unterschreiben** und mit seinem Amtssiegel oder Stempelabdruck versehen. Der Name des Gläubigers ergibt sich aus der Unterschrift, sofern der unterschreibende Notar auch noch der Gläubiger ist.

9 Die Vollstreckungsklausel muss den Anforderungen nach §§ 795, 724 ff., 750 ZPO entsprechen. Denn sie bildet die Grundlage der Beitreibung (OLG Celle FGPrax 2009, 278).

10 **4. Mehrere Kostenschuldner, Rechtsnachfolge.** Soweit ein anderer als der Auftraggeber eine Zwangsvollstreckung dulden muss, kann der Notar eine Vollstreckungsklausel gegen ihn erteilen. Bei mehreren Kostenschuldnern als **Gesamtschuldner** kann der Notar sich die Vollstreckungsklausel gegen alle als Gesamtschuldner oder zunächst nur gegen einen oder mehrere von ihnen und später gegen den oder die restlichen Schuldner erteilen. Ein zahlender Gesamtschuldner kann von den Übrigen nach § 426 II BGB einen Ausgleich fordern.

11 Soweit der Notar die Forderung **abgetreten** hat oder soweit sie einem Dritten nach § 835 ZPO zur Einziehung überwiesen wurde, erteilt der Notar die Vollstreckungsklausel dem nunmehr Berechtigten. Im Übrigen ist § 727 ZPO nicht anwendbar (OLG Düsseldorf NJW-RR 2000, 1596, Bengel/Tiedtke DNotZ 2004, 297). Die **Erben** des Kostenschuldners können direkt über § 29 Nr. 3 in Anspruch genommen werden; eine Klauselumschreibung nach § 727 ZPO ist somit entbehrlich. Ist der Notar verstorben, so hat der Notarverwalter die vollstreckbare Ausfertigung der Kostenrechnung des verstorbenen Notars auf dessen Erben umzuschreiben (LG Hanau ZEV 2021, 398 = BeckRS 2020, 45097).

5. Fehler in Berechnung. Ein formeller Mangel der ursprünglichen Kostenberechnung kann durch eine nach § 89 ordnungsgemäße Vollstreckungsklausel heilen (LG München MittBayNot 1985, 220). 12

V. Weiteres Verfahren. Das Zwangsvollstreckungsverfahren erfolgt nach den Vorschriften der ZPO über die Zwangsvollstreckung. Im Übrigen ist eine Zwangsvollstreckung auch in ein Grundstück oder grundstücksgleiches Recht unbeschränkt zulässig. Eine Vollstreckung im Ausland ist mangels Titelanerkennung nicht möglich, hier verbleibt nur der Vorschuss nach § 15. Bei Beauftragung eines Gerichtsvollziehers ist eine Verwendung des Auftragsformulars nach § 1 II 1 GVFV nicht notwendig, da es sich bei den notariellen Kosten um eine öffentlich-rechtliche Forderung (BGH DNotZ 1990, 96 = BeckRS 9998, 154782) handelt (AG Bretten DGVZ 2021, 145 = BeckRS 2021, 7786). 13

1. Frist usw. Die Vollstreckung kann nach § 798 ZPO S. 1 Hs. 2 frühestens zwei Wochen nach dem Zeitpunkt der Zustellung des Vollstreckungstitels und der Vollstreckungsklausel nach § 166 ZPO beginnen (OLG Hamm MDR 1988, 420). Die nach §§ 19, 88 erforderliche Mitteilung braucht nicht vor der Zustellung der Vollstreckungsklausel zu geschehen, sondern kann zugleich mit ihr erfolgen (OLG Hamm MDR 1988, 420). Es kann zur Vermeidung einer Haftung nach § 90 I 2 ratsam sein, einen Monat zu warten, OLG Hamm MDR 1988, 420. Unter Umständen muss der Notar die Vollstreckungsklausel nach §§ 319, 329 ZPO berichtigen oder einschränken. Zustellungen erfolgen im Parteibetrieb durch den Gerichtsvollzieher nach §§ 191 ff. ZPO. § 189 ZPO ist bei einer **Auslandszustellung** grundsätzlich anwendbar. 14

2. Kosten. Die Kosten der Zwangsvollstreckung lassen sich im Rahmen des § 788 ZPO beitreiben. Für sie haften die Schuldner nach § 788 I 1, 3 ZPO. Zur Festsetzung ist das Vollstreckungsgericht zuständig, § 788 II ZPO (vgl. BeckOK ZPO/Preuß ZPO § 788 Rn. 46 ff.). Der Notar kann für die Erteilung eines Vollstreckungsauftrags keine Gebühr nach dem RVG beanspruchen (AG Frankfurt a. M. DGVZ 1995, 79). Er kann die Kosten eines zur Zwangsvollstreckung eingeschalteten Anwalts nicht erstattet fordern (AG Pfaffenhofen DGVZ 1984, 47). Er darf Beitreibungskosten nicht in die Kostenberechnung nach § 19 aufnehmen (LG Berlin DNotZ 1983, 583). Der Notar kann als Gläubiger für die Vollstreckungskosten vorschusspflichtig sein. Gegen die Kostenfestsetzung ist das Verfahren nach § 104 III ZPO iVm §§ 11, 21 RPflG statthaft. 15

3. Zinsen. Etwaige Verzugszinsen sind ebenfalls beitreibbar. Damit ist diese frühere Streitfrage erledigt. 16

4. Verjährung. Durch die Zustellung der Ausfertigung der Kostenberechnung nebst Vollstreckungsklausel wird aus der vierjährigen Verjährungsfrist des § 6 I 3 die 30jährige nach § 197 I Nr. 3 BGB (OLG Zweibrücken JurBüro 2001, 105 (wenn sie unanfechtbar geworden ist)). § 197 I Nr. 4 BGB gilt nicht, BGH NJW-RR 2004, 1578. Ein Neubeginn der Verjährung erfordert eine dem Zitiergebot entsprechende Rechnung (zum alten Recht BGH NJW-RR 2015, 1207). 17

VI. Rechtsbehelfe. Zur Rechtsbehelfsbelehrung, Verstoß siehe §§ 7a, 83 II 2. Gegen die Art und Weise der Zwangsvollstreckung ist die Erinnerung nach § 766 ZPO an das Vollstreckungsgericht des § 764 ZPO statthaft (AG Pfaffenhofen DGVZ 1984, 47). Gegen den Anspruch selbst hat der Vollstreckungsschuldner nicht die Vollstreckungsabwehrklage des § 767 ZPO, sondern nur die Möglichkeiten nach den vorrangigen §§ 127 ff. (OLG Oldenburg MDR 1997, 394); zumal über § 767 ZPO lediglich die Vollstreckbarkeit beseitigt wird, aber nicht der zugrundeliegende Anspruch. Gegen die Vollstreckungsklausel ist ebenfalls das Verfahren nach §§ 127 ff. statthaft. Dieses Verfahren hat keine aufschiebende Wirkung. 18

Zurückzahlung, Schadensersatz

90 **I 1 Wird die Kostenberechnung abgeändert oder ist der endgültige Kostenbetrag geringer als der erhobene Vorschuss, so hat der Notar die zu viel empfangenen Beträge zu erstatten. 2 Hatte der Kostenschuldner einen**

Antrag auf Entscheidung des Landgerichts nach § 127 Absatz 1 innerhalb eines Monats nach der Zustellung der vollstreckbaren Ausfertigung gestellt, so hat der Notar darüber hinaus den Schaden zu ersetzen, der dem Kostenschuldner durch die Vollstreckung oder durch eine zur Abwendung der Vollstreckung erbrachte Leistung entstanden ist. [3]Im Fall des Satzes 2 hat der Notar den zu viel empfangenen Betrag vom Tag des Antragseingangs bei dem Landgericht an mit jährlich fünf Prozentpunkten über dem Basiszinssatz nach § 247 des Bürgerlichen Gesetzbuchs zu verzinsen; die Geltendmachung eines weitergehenden Schadens ist nicht ausgeschlossen. [4]Im Übrigen kann der Kostenschuldner eine Verzinsung des zu viel gezahlten Betrags nicht fordern.

II [1]Über die Verpflichtungen gemäß Absatz 1 wird auf Antrag des Kostenschuldners in dem Verfahren nach § 127 entschieden. [2]Die Entscheidung ist nach den Vorschriften der Zivilprozessordnung vollstreckbar.

1 **I. Normzweck.** Die Vorschrift regelt eigentlich Selbstverständliches als eine vorrangige Spezialvorschrift in Ergänzung von §§ 89, 127 ff. im Bereich der Notarkosten abschließend (OLG Köln Rpfleger 2001, 203).

2 Eine ungerechtfertigte Bereicherung ist auch dem Notar verboten. Die Vorschrift dient der dann notwendigen Rückabwicklung in einer möglichst raschen einfachen Weise. Der Grundsatz einer für den Kostenschuldner möglichst günstigen Handhabung nach § 1 I sollte hier besonders gelten, zumal der Kostenschuldner im Bereich des § 90 zum Rückforderungsgläubiger wird. Die Monatsfrist des I 2 soll den Notar schützen. Er müsste sonst nach § 127 II 1 viel länger mit einem Antrag rechnen.

3 **II. Zurückzahlung (I 1).** Wenn der Notar mehr erhalten hat, als ihm an Gebühren und Auslagen nach der endgültigen korrekten Kostenberechnung oder einer im Beschwerdeweg oder freiwillig abgeänderten Kostenberechnung zusteht, muss er den überschießenden Betrag zurückzahlen (BayObLG FGPrax 1998, 196). Das gilt unabhängig davon, ob er diesen Betrag schon verbraucht hatte. Es handelt sich um einen Rückzahlungsanspruch eigener Art. Auf ihn sind die Grundsätze einer ungerechtfertigten Bereicherung nur begrenzt anwendbar. Dieser Anspruch besteht auch dann, wenn der Notar seine Forderung schon im Weg der Zwangsvollstreckung durchgesetzt hatte. Nach dem Tod des Notars haften seine Erben. Es besteht keine Aufrechenbarkeit mit einer anderen als einer in anderer Sache entstandenen Notarforderung. Die letztere kann aber einen Rückforderungsanspruch zu Fall bringen.

4 **Kein** Rückzahlungsanspruch besteht, soweit der Notar seine sachlich-rechtlich berechtigte Forderung lediglich formell unkorrekt geltend gemacht hatte (OLG Hamm NJW-RR 2000, 366). Der Anspruch kann auch infolge einer Verwirkung erloschen sein.

5 **III. Ersatzpflicht (I 2).** Es sind drei Schritte ratsam, um zu prüfen, ob der Notar nach I 2 ersatzpflichtig ist.

6 **1. Antragseinlegung.** Berechtigt ist nur ein Kostenschuldner (OLG Hamm Rpfleger 1990, 40). Der Kostenschuldner muss gegen die Kostenberechnung des Notars einen Antrag nach § 127 I 1 gestellt haben. Es reicht nicht eine Anweisung nach § 130 II.

7 **2. Frist.** Der Antrag nach → Rn. 6 muss innerhalb eines Monats seit der förmlichen Zustellung einer vollstreckbaren Ausfertigung der angefochtenen Kostenberechnung „gestellt" werden. Die Frist berechnet man wie bei §§ 187 ff. BGB. Es genügt nicht, dass der Kostenschuldner innerhalb dieser Frist die Kostenberechnung beim Notar beanstandet. Sein Antrag muss vielmehr innerhalb der Frist beim Gericht eingehen. Denn erst damit hat man den Antrag „gestellt". Eine Wiedereinsetzung wegen einer Fristversäumung ist nach den Grundsätzen des § 17 FamFG statthaft.

8 Es genügt neben der Einreichung einer Beschwerdeschrift eine Erklärung **zum Protokoll** des Urkundsbeamten der Geschäftsstelle nach § 130 III 1 iVm § 25 FamFG. Es besteht kein Anwaltszwang. Soweit der Kostenschuldner seinen Antrag nach § 25 FamFG beim Urkundsbeamten der Geschäftsstelle eines anderen Gerichts als desjenigen LG einlegt, in dessen Bezirk der Notar seinen Amtssitz hat, muss jene Geschäftsstelle das Protokoll wie bei § 121 I 1 BGB unverzüglich an das richtige LG

übersenden. Die Wirkung des Antrags tritt aber nach § 25 III 2 FamFG erst dann ein, wenn das Protokoll beim zuständigen LG eingeht. Wegen einer Verjährung gilt § 6 entsprechend.

3. Zustellung. Die Frist läuft nur, soweit die beanstandete Kostenberechnung äußerlich einwandfrei war (OLG Schleswig JurBüro 1978, 912), und soweit der Notar sie auch in einer nach § 89 vollstreckbarer Ausfertigung gerade diesem Kostenschuldner zugestellt hatte. 9

4. Folgen. Soweit die Voraussetzungen → Rn. 6–9 vorliegen, kann der Kostenschuldner neben dem Anspruch auf die Zurückzahlung zu viel gezahlter Beträge nach I 1 einen Anspruch nach I 2 auf den Ersatz desjenigen Schadens haben, den dieser Kostenschuldner dadurch hatte, dass der Notar gerade ihm gegenüber aus dieser Kostenberechnung eine Zwangsvollstreckung durchgeführt hat oder dass dieser Kostenschuldner gerade zur Abwendung dieser Zwangsvollstreckung eine Leistung an diesen Notar erbracht hat. Der Ersatzanspruch erstreckt sich also auf den Ersatz des unmittelbaren und mittelbaren Schadens (BeckOK ZPO/Ulrici ZPO § 717 Rn. 14 ff.). Der Kostenschuldner muss eine Leistung gerade unter dem Druck der drohenden Zwangsvollstreckung erbracht haben. 10

5. Anspruchsinhaber, -gegner. Der Schadensersatzanspruch steht dem **Kostenschuldner** und seinem Rechtsnachfolger zu. Er richtet sich auch gegen den Rechtsnachfolger des Notars. Zur Vermeidung dieser Haftung kann es ratsam sein, mit der Zwangsvollstreckung nicht nur die in § 89 S. 1 Hs. 2 iVm § 95 I FamFG, § 798 ZPO vorgeschriebene Woche, sondern einen Monat zu warten (OLG Hamm MDR 1988, 420). 11

IV. Verzinsungspflicht (I 3, 4). Eine solche Pflicht des Notars kann im Umfang von I 3 entstehen, aber nach I 4 nicht darüber hinaus. 12

V. Verfahren (II). Sowohl für den Rückzahlungsanspruch nach I 1 als auch für den Ersatzanspruch nach I 2 und den Verzinsungsanspruch nach I 3 ist der ordentliche Rechtsweg nach § 13 GVG unstatthaft. 13

1. Zuständigkeit. Die Ansprüche sind vielmehr nach II 1 nur im Verfahren nach §§ 127 ff. durchsetzbar (LG München MittBayNot 1985, 220). Diese Regelung ähnelt derjenigen des § 717 II, III ZPO. Das Verfahren ist auch nach dem Eintritt der formellen Rechtskraft der Entscheidung nach § 128 II, III statthaft. 14

2. Weiteres Verfahren. Die Kostenberechnung darf dann nicht mehr sachlichrechtlich überprüft werden (OLG Schleswig JurBüro 1981, 916; LG München MittBayNot 1985, 220). Dabei darf der Kostenschuldner seine Rechte in einem selbständigen Beschwerdeverfahren verfechten, aber auch durch einen Zwischen-(Inzident-)Antrag in einem von ihm oder von dem Notar anhängig gemachten Verfahren nach §§ 127 ff. Der Notar darf aufrechnen, wenn ihm zB statt Notargebühren aus derselben Tätigkeit als Anwalt eine Vergütung zusteht (OLG Hamm Rpfleger 1975, 451). 15

Soweit der Kostenschuldner die **Richtigkeit der Kostenberechnung bemängelt** und gleichzeitig die Rückzahlung eines zu viel geleisteten Betrags verlangt und soweit das Gericht dann die Kostenberechnung wegen eines unheilbaren Mangels aufheben muss, hat das Gericht über die Rückzahlung mitzuentscheiden. Das gilt, obwohl diese Entscheidung voraussetzt, eine Prüfung weiterer Einwendungen vorzunehmen (OLG Hamm Rpfleger 1975, 499). Dasselbe gilt dann, wenn ein Anwaltsnotar die Kostenrechnung von sich aus aufhebt (OLG Frankfurt a. M. FGPrax 2013, 82; OLG Hamm Rpfleger 1975, 449). Eine Anhörung der vorgesetzten Dienstbehörde des Notars ist zulässig, aber nicht notwendig. 16

3. Entscheidung. Die Entscheidung des Gerichts lautet auf eine Zurückweisung des Antrags oder auf eine Verurteilung zur Rückzahlung oder zum Schadensersatz. Das Verfahren vor dem LG ist gebührenfrei. 17

4. Rechtsmittel. Rechtsbehelfsbelehrung, Verstoß: §§ 7a, 83 II 2. Eine **Beschwerde** ist unter den Voraussetzungen § 129 I statthaft (OLG Hamm FGPrax 2016, 281). Eine Rechtsbeschwerde ist nach § 129 II denkbar. 18

19 **5. Vollstreckung.** Die Vollstreckung findet nach § 95 I FamFG, §§ 704 ff. ZPO statt. Der Urkundsbeamte der Geschäftsstelle des LG ist für die Erteilung der vollstreckbaren Ausfertigung der Entscheidung nach §§ 724 ff. ZPO zuständig. Eine Aussetzung der Vollziehung kommt durch das LG oder bei einer Beschwerde durch das OLG, bei einer Rechtsbeschwerde durch den BGH infrage.

Abschnitt 3. Gebührenvorschriften

Gebührenermäßigung

91 **I [1] Erhebt ein Notar die in Teil 2 Hauptabschnitt 1 oder 4 oder in den Nummern 23 803 und 25 202 des Kostenverzeichnisses bestimmten Gebühren von**

1. dem Bund, einem Land sowie einer nach dem Haushaltsplan des Bundes oder eines Landes für Rechnung des Bundes oder eines Landes verwalteten öffentlichen Körperschaft oder Anstalt,

2. einer Gemeinde, einem Gemeindeverband, einer sonstigen Gebietskörperschaft oder einem Zusammenschluss von Gebietskörperschaften, einem Regionalverband, einem Zweckverband,

3. einer Kirche oder einer sonstigen Religions- oder Weltanschauungsgemeinschaft, jeweils soweit sie die Rechtsstellung einer juristischen Person des öffentlichen Rechts hat,

und betrifft die Angelegenheit nicht deren wirtschaftliche Unternehmen, so ermäßigen sich die Gebühren bei einem Geschäftswert von mehr als 25 000 Euro bis zu einem

Geschäftswert von … Euro	um … Prozent
110 000	30
260 000	40
1 000 000	50
über 1 000 000	60

[2] Eine ermäßigte Gebühr darf jedoch die Gebühr nicht unterschreiten, die bei einem niedrigeren Geschäftswert nach Satz 1 zu erheben ist. [3] Wenn das Geschäft mit dem Erwerb eines Grundstücks oder grundstücksgleichen Rechts zusammenhängt, ermäßigen sich die Gebühren nur, wenn dargelegt wird, dass eine auch nur teilweise Weiterveräußerung an einen nichtbegünstigten Dritten nicht beabsichtigt ist. [4] Ändert sich diese Absicht innerhalb von drei Jahren nach Beurkundung der Auflassung, entfällt eine bereits gewährte Ermäßigung. [5] Der Begünstigte ist verpflichtet, den Notar zu unterrichten.

II Die Gebührenermäßigung ist auch einer Körperschaft, Vereinigung oder Stiftung zu gewähren, wenn

1. diese ausschließlich und unmittelbar mildtätige oder kirchliche Zwecke im Sinne der Abgabenordnung verfolgt,

2. die Voraussetzung nach Nummer 1 durch einen Freistellungs- oder Körperschaftsteuerbescheid oder durch eine vorläufige Bescheinigung des Finanzamts nachgewiesen wird und

3. dargelegt wird, dass die Angelegenheit nicht einen steuerpflichtigen wirtschaftlichen Geschäftsbetrieb betrifft.

III Die Ermäßigung erstreckt sich auf andere Beteiligte, die mit dem Begünstigten als Gesamtschuldner haften, nur insoweit, als sie von dem Begünstigten aufgrund gesetzlicher Vorschrift Erstattung verlangen können.

IV Soweit die Haftung auf der Vorschrift des § 29 Nummer 3 (Haftung nach bürgerlichem Recht) beruht, kann sich der Begünstigte gegenüber dem Notar nicht auf die Gebührenermäßigung berufen.

Übersicht

I. Normzweck. Die Vorschrift ist verfassungsgemäß (OLG Düsseldorf MDR 1991, 997). Sie stellt beim Notar in einer Abweichung von § 2 eine Abschwächung des Grundsatzes der Kostenpflicht des eigentlich Kostenfreien dar. Es handelt sich also um eine Ausnahmevorschrift (OLG Hamm FGPrax 1999, 75). Sie ist daher eng auslegbar (OLG Naumburg FGPrax 2008, 39). Das gilt trotz des Grundsatzes einer dem Kostenschuldner günstigen Handhabung nach § 1 I. 1

Der Notar soll zwar nicht umsonst arbeiten, aber auch nicht stets zu vollen Gebühren. Die Staffelung der Gebührenermäßigung wie auch die Differenzierung nach unterschiedlichen persönlichen und sachlichen Voraussetzungen bezwecken auch eine Beendigung des früheren Streits um die Gültigkeit der starren Ermäßigung. Nach III soll die Ermäßigung nicht dadurch verlorengehen, dass der Notar die Gebühr voll vom **Nichtbegünstigten** erhebt und dieser sie sich vom Begünstigten erstatten lässt. Der Notar soll aber die gesamte Gebühr vom Nichtbegünstigten dann fordern können, wenn dieser sie deshalb endgültig tragen muss, weil er keine Erstattung von einem Begünstigten fordern kann (Lappe DNotZ 1991, 659). 2

II. Sachliche Voraussetzungen für Gebührenermäßigung (I). Es müssen die folgenden Voraussetzungen zusammentreffen, damit eine Gebührenermäßigung eintritt. 3

1. Beurkundung usw (I 1). Es muss sich zunächst um eine Beurkundung handeln (KV 21 100-21 304) oder um einen Entwurf oder eine Beratung (KV 24 100-24 203) oder um die Erteilung einer vollstreckbaren Ausfertigung (KV 23 803) oder um die Herstellung eines Teilhypotheken-, Grundschuld- oder Rentenschuldbriefs (KV 25 202). Diese Aufzählung ist abschließend. **Nicht begünstigt** sind daher die Gebühren für Vollzug (LG Magdeburg NotBZ 2017, 355) und Betreuungstätigkeiten, Zusatzgebühren, die Verwahrungsgebühr nach KV 25 300, 25 301; sowie die Beratungsgebühr nach KV 22 200. 4

2. Kein wirtschaftliches Unternehmen (I 1). Die in → Rn. 4 genannte Angelegenheit darf auch nicht ein wirtschaftliches Unternehmen eines der Begünstigten betreffen (OLG Naumburg FGPrax 2008, 39). Das ist sowohl eine sachliche als auch eine persönliche Voraussetzung. Da die Gebührenermäßigung eine Ausnahme von der Gebührenpflicht gegenüber dem Notar darstellt, ist der Begriff des Fehlens eines 5

„wirtschaftlichen Unternehmens" eng auslegbar. Demgemäß ist das Vorliegen eines wirtschaftlichen Unternehmens weit auslegbar. Und sein Vorliegen ist daher auch im Zweifel mit der Folge des Bestehenbleibens der Gebührenpflicht zu bejahen.

6 **„Wirtschaftliches Unternehmen"** ist ein hochproblematischer Begriff. Er enthält eine Anlehnung an das Kommunalrecht (OLG Celle NVwZ-RR 2013, 869). I 1 meint ein solches wirtschaftliches Unternehmen, das auch ein privater Unternehmer betreiben kann und das der dauernden Gewinnerzielung dient (BGH NJW-RR 2017, 1016, OLG Celle NVwZ-RR 2013, 869). Hierher kann auch ein zumindest mittlerweile nach wirtschaftlichen Gesichtspunkten geführtes Unternehmen zählen (BFH NVwZ 1994, 414, OLG Zweibrücken NVwZ-RR 2010, 544).

7 **Kein** wirtschaftliches Unternehmen ist ein solches, dessen Einrichtung oder Unterhaltung die öffentliche Hand gesetzlich vornehmen muss oder bei dem die gemeinnützige Zielsetzung im Vordergrund steht (BGH NJW-RR 2017, 1016), oder ein solches, das der bloßen Vermögensverwaltung dient (OLG Hamm FGPrax 1999, 75). Die privatrechtliche Betriebsform kann auch in den letzteren Fällen für das Vorliegen eines wirtschaftlichen Unternehmens sprechen (OLG Zweibrücken NVwZ-RR 2010, 544), darauf kommt es aber nicht an, da Privatrechtssubjekte nicht vom Anwendungsbereich der Norm erfasst sind.

8 § 6 II 2 PostUmwG (Art. 3 PTNeuOG) bestimmt, dass sich Notarkosten auch zugunsten der bisherigen Teilsondervermögen und der 3 Aktiengesellschaften **Deutsche Post, Deutsche Postbank** und **Deutsche Telekom** ermäßigen. Man kann das **Bundeseisenbahnvermögen** nach Art. 1 §§ 1, 6 V ENeuOG ebenso beurteilen.

9 Die **Deutsche Bahn AG** nach Art. 2 § 1 II ENeuOG ist trotz des Umstands, dass die Bundesrepublik noch ihr Alleinaktionär ist, wegen der privatrechtlichen Organisation **kein** Unternehmen nach I 1. Ebenso wenig ist der Betrieb des Main-Donau-Kanals ein wirtschaftliches Unternehmen (BayObLGZ 93, 401). Bildungseinrichtungen (zB Kindergärten, Schulen) in kommunaler oder kirchlicher Trägerschaft sind keine wirtschaftlichen Unternehmen, da Zwecke der Fürsorge, Erziehung und Bildungsvermittlung im Vordergrund stehen, ggf. dienen diese Einrichtungen nach § 24 SGB VIII der Daseinsvorsorge (BGH NJW-RR 2017, 1016). Dasselbe gilt oft, aber keineswegs stets für ein Museum, ein Theater, ein Jugendheim, einen Friedhof, eine Turnhalle, ein Altenheim, eine kommunale Entsorgungsbetriebe GmbH.

10 **3. Grundstückserwerb usw.: Keine Weiterveräußerung an nichtbegünstigten Dritten (I 3, 4).** Selbst unter den Voraussetzungen nach → Rn. 4, 5 ff. tritt eine Ermäßigung bei einer mit dem Erwerb eines Grundstücks oder grundstücksgleichen Rechts auch nur zusammenhängenden Notartätigkeit nur unter einer weiteren Voraussetzung ein. Der Gebührenschuldner muss wenigstens darlegen, wenn auch nicht gleich glaubhaft machen oder gar beweisen, dass eine auch nur teilweise Weiterveräußerung an einen nichtbegünstigten Dritten nicht erfolgen soll (OLG Hamm FGPrax 1999, 75). Nach I 4 kommt es zunächst auf die Absicht im Zeitpunkt der Beurkundung und nicht wie bei § 10 S. 1 im Zeitpunkt der Fälligkeit der Gebühr an. Maßgeblich ist dabei der Zeitpunkt der Auflassung, nicht des schuldrechtlichen Vertrags.

11 Wegen des Ausnahmecharakters der Gebührenermäßigung muss man ihre Voraussetzungen auch beim Grundstückserwerb usw **eng auslegen** (LG Frankenthal JurBüro 1993, 359). Das gilt trotz des scheinbar entgegenstehenden Wortlauts. Daher liegt im Zweifel zwar ein Zusammenhang mit einem solchen Geschäft vor, nicht aber die Nichtbeabsichtigung der Weiterveräußerung. Allerdings wird zB die Lebenserfahrung etwa beim Bau eines Behördengebäudes gegen die Absicht seines Weiterverkaufs an einen Privatmann sprechen. Die Bestellung eines **Erbbaurechts** steht einer Weiterveräußerung gleich, da der Eigentümer von der wirtschaftlichen Nutzung seines Grundstücks weitestgehend ausgeschlossen ist.

12 **III. Begünstigte Gebührenschuldner (I 1).** Nur ein Gebührenschuldner gem. §§ 29, 30 kann begünstigt sein, nicht ein solcher Beteiligter, der keine solche Schuldnerschaft hat (LG Hannover JurBüro 1998, 41).

1. Bund, Land usw (I 1 Nr. 1). Die Vorschrift stimmt sachlich mit § 2 I 1 überein. Vgl. dort → § 2 Rn. 3 ff. Vgl. im Übrigen den ebenfalls inhaltsgleichen § 2 I 1 GKG, → GKG § 2 Rn. 6 ff. 13

2. Gemeinde, Gemeindeverband usw (I 1 Nr. 2). Die Vorschrift erweitert den Kreis der Begünstigten teilweise nur scheinbar. Im Übrigen stellt sie klar, dass auch Rechtssubjekte der dort genannten Art unabhängig davon begünstigt sind, ob man sie als „öffentliche Körperschaft oder Anstalt" im Sinn von I 1 Nr. 1 einstuft. 14

3. Kirche usw (I 1 Nr. 3). Die Vorschrift begünstigt alle Gliederungen der Kirche (Bengel MittBayNot 1998, 161). Hierher zählen zB ein Bistum, eine Landeskirche, eine Kirchengemeinde (OLG Hamm FGPrax 1999, 74, ein Orden, OLG Hamm FGPrax 2001, 168), eine Kirchenstiftung (nicht aber Pfarrpfündestiftungen), eine Religions- oder Weltanschauungsgemeinschaft als eine juristische Person des öffentlichen Rechts. Die Gebührenermäßigung gilt nur, wenn ausschließlich und unmittelbar mildtätige oder kirchliche Zwecke iSd Steuerrechts (§§ 51 ff. AO) verfolgt werden (LG Bremen RNotZ 2018, 727). 15

IV. Rechtsfolgen: Ermäßigung nur der Gebühren (I 1, 2). Eine Ermäßigung kommt nur bei den in I 1 abschließend aufgezählten Gebühren (→ Rn. 4) in Betracht. Auslagen sind wie sonst erstattbar, KV 32000 ff. Die Gebührenermäßigung tritt, falls überhaupt, kraft Gesetzes ein. Ein Ermessen auch des Gerichts kommt allenfalls bei der Prüfung der Voraussetzungen in Betracht. 16

Beim **Zusammentreffen** eines begünstigten und eines nichtbegünstigten Geschäfts bei gleichen Gebührensätzen muss man den Wert nach §§ 35, 86, 93 I ermitteln und dann die Ermäßigung anteilig auf den begünstigten Teil beschränken. Bei unterschiedlichen Gebührensätzen erfolgt die Berechnung nach § 94 I 1 unter Berücksichtigung der Ermäßigung und die Vergleichsberechnung erfolgt wie beim Zusammentreffen mehrerer Beurkundungsgegenstände mit gleichem Gebührensatz. 17

1. Keine Ermäßigung bis 25.000 EUR (I 1). Im Umkehrschluss zeigt die Vorschrift, dass beim Geschäftswert bis einschließlich 25.000 EUR überhaupt keine Gebührenermäßigung in Betracht kommt. 18

2. Gestaffelte Ermäßigung ab mehr als 25.000 EUR (I 1). Maßgeblich ist die amtliche Tabelle. Sie duldet keine „Interpolierung", ebensowenig wie zB diejenige des § 114 ZPO. 19

3. Untergrenzen der Ermäßigung (I 2). Die nach I 1 ermäßigte Gebühr darf nicht geringer werden als die bei einem niedrigeren Geschäftswert nach I 1 anfallende Gebühr (BeckOK KostR/Wegener Rn. 27 (Üb.)). 20

V. Wegfall der Ermäßigung (I 3, 4). Sobald sich die in I 2 genannte Lage beim Grundstücksgeschäft dahin ändert, dass nun doch die Absicht der Weiterveräußerung an einen nichtbegünstigten Dritten eintritt, kann kraft Gesetzes die Gebührenermäßigung nachträglich entfallen und damit doch noch eine volle Gebührenpflicht eintreten. Maßgeblich ist ein Zeitablauf von höchstens drei Jahren seit der Beurkundung der Auflassung. 21

Die **„Absicht"** tritt ein, sobald und soweit der bisherige Erwerber an irgendeinen Nichtbegünstigten weiterveräußern will, ohne ihn schon kennen oder gar mit ihm verhandeln zu müssen. Das gilt unabhängig davon, ob er bereits rechtswirksam eingetragen ist. Die Absicht der Weiterveräußerung muss ernsthaft sein. Die Weiterveräußerung muss demnächst erfolgen, nicht irgendwann, aber auch nicht notwendigerweise schon morgen. Der Nichtbegünstigte muss jedenfalls als **ein** etwaiger ernsthafter Erwerber in Betracht kommen. Maßgeblich ist eine objektive Beurteilung der Lage, evtl. bei einer rückschauenden Betrachtung, bei einer Berücksichtigung der erkennbar gewordenen Interessen der Beteiligten. Eine Erbbaurechtsbestellung ist eine Veräußerung, → Rn. 11. 22

VI. Unterrichtungspflicht (I 5). Sie tritt ein, sobald die Voraussetzungen nach → Rn. 21, 22 objektiv vorliegen. Eine Rechtsunkenntnis schützt den bisher Begünstigten hier so wenig wie sonst. Beim Verstoß können auch strafrechtliche Folgen für den beim Begünstigten zur Unterrichtung jeweils Verantwortlichen eintreten. Die Verjährung der Nachforderung des Notars beginnt wie sonst. § 6 ist allerdings anwendbar. Die volle Höhe entsteht erst mit dem Wegfall der Ermäßigung. 23

24 **VII. Mildtätiger, kirchlicher Zweck (II).** Die in dieser Vorschrift genannten Institutionen sind ohnehin nach I, III zu beurteilen, soweit sie deren Voraussetzungen erfüllen. II ist nur dann anwendbar, wenn ausschließlich und unmittelbar die dort genannten mildtätigen Zwecke usw nach §§ 51 ff. AO vorliegen, nicht auch dann, wenn außerdem gemeinnützige Zwecke bestehen (LG Bremen RNotZ 2018, 727). Im Übrigen stellt II zwei Bedingungen einer Gebührenermäßigung auf. Sie müssen zusammentreffen.

25 **1. Nachweis des Finanzamts.** Dem Notar ist ein Nachweis des Finanzamts vorzulegen, dass die Körperschaft, Vereinigung oder Stiftung ausschließlich und unmittelbar mildtätige oder kirchliche Zwecke nach der AO verfolgt, also zB eine Wohlfahrtspflege, ein Kinderheim, eine Behinderteneinrichtung, ein Kranken- oder Altenheim. Ausreichend sind ein sog. Freistellungsbescheid, ein Körperschaftssteuerbescheid oder eine vorläufige Bescheinigung. Sie alle müssen vom zuständigen Finanzamt stammen und sich auf den Zeitpunkt der Beurkundung beziehen. Das ergibt der Vergleich mit I 3, 4.

26 Natürlich darf die Bescheinigung einige Tage und evtl. auch wenige Wochen alt sein und beim Körperschaftssteuerbescheid den letzten darstellen. **Veraltete** Bescheinigungen sind aber ebenso unzureichend wie neue Bescheinigungen irgendeiner anderen Behörde.

27 **2. Darlegung, dass kein Geschäftsbetrieb betroffen ist.** Zusätzlich muss der eigentlich Gebührenpflichtige wenigstens darlegen, wenn auch nicht glaubhaft machen oder gar nachweisen, dass die Angelegenheit keinen steuerpflichtigen wirtschaftlichen Geschäftsbetrieb auch nur mitbetrifft. Wegen des Ausnahmecharakters der Gebührenermäßigung liegt im Zweifel keine ausreichende Darlegung vor. Schädlich ist erst ein auch gerade im Beurkundungszeitpunkt schon und noch irgendwie steuerpflichtiger derartiger Betrieb. Eine nachträgliche Änderung der Art des Betriebs ist unschädlich. Denn II enthält keine dem I 4 vergleichbare Regelung.

28 **VIII. Andere gesamtschuldnerische Beteiligte (III).** Der Notar darf auch bei nicht begünstigten Kostenschuldner nach § 29 Nr. 1, 30 I, II, der mit begünstigten Kostenschuldner gesamtschuldnerisch haftet, nur die ermäßigten Gebühren einfordern, wenn und soweit bei Inanspruchnahme des begünstigten Kostenschuldners diesem eine Gebührenermäßigung zu gewähren gewesen wäre und der in Anspruch genommene Kostenschuldner vom begünstigten Kostenschuldner „auf Grund gesetzlicher Vorschrift Erstattung verlangen" kann (BeckOK KostR/Wegener Rn. 46.7). Es kommt darauf an, ob der weitere Gesamtschuldner vom eigentlichen Begünstigten kraft Gesetzes und nicht nur auf Grund eines Vertrags eine Erstattung fordern kann, zB bei § 453 BGB (OLG Dresden NJW-RR 1999, 1519). Das kommt zB evtl. beim Träger einer Privatschule vor (BayObLG Rpfleger 1975, 182), ferner bei einer solchen Treuhandstelle, die für eine Sparkasse bei der Vergabe staatlicher Wohnungsmittel tätig wird (OLG Oldenburg Rpfleger 1990, 228). Beruht die Haftung nur auf § 29 Nr. 2 oder § 30 III, so ist der Anwendungsbereich des III nicht eröffnet.

29 Der Nichtbegünstigte mag die Kosten des Begünstigten **übernommen** haben (KG DNotZ 1980, 430, Dietrich DNotZ 1980, 402). Dann kann der Notar nicht etwa von jenem nun 100 % verlangen, weil er keinen Erstattungsanspruch mehr hat. Die Ermäßigung steht nicht im Gestaltungsermessen der Beteiligten, so dass diese die Notargebühren nicht durch eine Parteivereinbarung verändern können, § 125 (OLG Hamm ZNotP 2017, 241). Zur Rechenweise Lappe DNotZ 1991, 659.

30 **IX. Haftung nach § 29 Nr. 3 (IV).** Beruht die Haftung des begünstigten Schuldners ausschließlich auf § 29 Nr. 3, so kann er sich nicht auf die Ermäßigung berufen (BT-Drs. 17/11471, 179; BayObLG DNotZ 1985, 567 – zur KostO).

Rahmengebühren

92 **I Bei Rahmengebühren bestimmt der Notar die Gebühr im Einzelfall unter Berücksichtigung des Umfangs der erbrachten Leistung nach billigem Ermessen.**

II Bei den Gebühren für das Beurkundungsverfahren im Fall der vorzeitigen Beendigung und bei den Gebühren für die Fertigung eines Entwurfs ist für die vollständige Erstellung des Entwurfs die Höchstgebühr zu erheben.

III Ist eine Gebühr für eine vorausgegangene Tätigkeit auf eine Rahmengebühr anzurechnen, so ist bei der Bemessung der Gebühr auch die vorausgegangene Tätigkeit zu berücksichtigen.

I. Normzweck. Rahmengebühren sieht das KV vor für den Fall der Überprüfung, Änderung, Ergänzung bzw. Fertigung eines Entwurfs durch den Notar (KV 24 100 ff.), für die notarielle Beratung (KV 24 200 ff.), bei der vorzeitigen Beendigung eines Beurkundungsverfahrens (KV 21 300 ff.) und bei Rechtsbescheinigungen (KV 25 203). Die Norm regelt, wie bei Rahmengebühren die konkrete Gebühr zu bestimmen ist. 1

II. Rahmengebühr (I). Zum Begriff → RVG § 2 Rn. 8. Wie schon dort generell dargestellt, muss der Notar im Einzelfall ein „billiges" und damit pflichtgemäßes Ermessen ausüben und dabei alle Umstände und besonders den in I nur scheinbar als fast alleinigen Maßstab genannten Leistungsumfang berücksichtigen. Natürlich kommt es auch zB auf den Schwierigkeitsgrad und auf die Person des Auftraggebers wie der weiteren Beteiligten an, um nur zwei weitere Aspekte anzudeuten. Der Notar muss seine Abwägung nachvollziehbar begründen (können). Vgl. ergänzend → Rn. 5. Nicht zu berücksichtigen sind durch den Notar zu erfüllenden, gesetzlichen Pflichten (zB § 17 IIa 2 Nr. 2 BeurkG, KG NJOZ 2019, 157). 2

III. Vorzeitige Beendigung einer Beurkundung (II Fall 1). Diese Situation erfordert eine unverschuldete Entwicklung. Denn die Gesetzesforderung nach der Höchstsumme der Rahmengebühr kommt nicht dann infrage, wenn der Notar die erbetene Beurkundung aus eigenem Verschulden oder auch nur erheblichem Mitverschulden abbricht. Die Höchstgebühr meint hier denjenigen Höchstbetrag, der (nur) „für die vollständige Erstellung des Entwurfs" und nicht für eine vollständige Beurkundung etwa des Vertrags entstehen kann. 3

IV. Entwurf (II Fall 2). Das Wort „und" am Beginn von Fall 2 zeigt die Selbständigkeit dieses Teils von II gegenüber dem Fall 1. Für eine vollständige Entwurfserstellung ist es erforderlich, dass der Entwurf vollständig verwendbar ist – Platzhalter oder Alternativvorschläge schaden nicht (OLG Saarbrücken NJOZ 2020, 1077 = BeckRS 2019, 18438; OLG Naumburg RNotZ 2016, 120; LG Düsseldorf RNotZ 2017, 618), ebenfalls müssen von den Mandanten verlangte Änderungen noch nicht eingearbeitet sein (OLG Saarbrücken BeckRS 2019, 18438). Bei einem vollständigen Entwurf hat der Notar auch bei einer Rahmengebühr keinen Ermessensspielraum mehr. Dies gilt aber nicht, wenn der Notar unaufgefordert im Rahmen einer Beratung einen Entwurf erstellt (KG BeckRS 2018, 12984). 4

V. Anrechnung (III). Soweit das GNotKG bei einer Rahmengebühr nach I die Anrechnung einer Gebühr für eine vorausgegangene Tätigkeit (zB Beratung, KV 24 200 Anm. 2) vorschreibt, hat der Notar im Rahmen von I auch die für die weitere anzurechnende Gebühr zugrundliegende Tätigkeit bei der Bestimmung der Rahmengebühr mit zu beachten. 5

Einmalige Erhebung der Gebühren

93 **I 1 Die Gebühr für ein Verfahren sowie die Vollzugs- und die Betreuungsgebühr werden in demselben notariellen Verfahren jeweils nur einmal erhoben. 2 Die Vollzugs- und die Betreuungsgebühr werden bei der Fertigung eines Entwurfs jeweils nur einmal erhoben.**

II 1 Werden in einem Beurkundungsverfahren ohne sachlichen Grund mehrere Beurkundungsgegenstände zusammengefasst, gilt das Beurkundungsverfahren hinsichtlich jedes dieser Beurkundungsgegenstände als besonderes Verfahren. 2 Ein sachlicher Grund ist insbesondere anzunehmen, wenn hinsichtlich jedes Beurkundungsgegenstands die gleichen Personen an dem Verfahren beteiligt sind oder der rechtliche Verknüpfungswille in der Urkunde zum Ausdruck kommt.

1 **I. Normzweck.** Die Vorschrift ähnelt dem § 35 GKG, dem § 29 FamGKG. Sie geht aber in I 2, II über jene Vorschriften hinaus. I dient der Kostensparsamkeit nach § 1 I; II dient eher einer Untervergütung des Notars.

2 **II. Einmaligkeit der Gebühr (I).** Diese Begrenzung erfolgt in jedem selbständigen notariellen Verfahren iSd § 85. Mehrere solcher Verfahren können also die in I genannten Gebühren auch mehrmals entstehen lassen (zB für die Beurkundung eines Kaufvertrags und eines Nachtrages zu diesem Vertrag entsteht nicht nur je die Beurkundungsgebühr, sondern ggf. auch je Vollzugs- oder Betreuungsgebühr). Die Einmaligkeit je notariellen Verfahren gilt nach I 2 auch bei den beiden dort genannten Spezialgebühren jeweils für die Fertigung eines Entwurfs. I gilt analog für KV 22 114 (LG Düsseldorf NZG 2019, 596 = BeckRS 2018, 35549), aber nicht für KV 22 115 und 22 201. Von der Einmaligkeit der Gebühr wird nur in II und § 94 I abgewichen.

3 **III. Zusammenfassung mehrerer Beurkundungen (II).** Es geht um eine Zusammenfassung gerade in demselben Beurkundungsverfahren, wie sie ständig vorkommt. Hier würde an sich I 1 gelten und die Gebühren nur einmal entstehen. Dies gilt jedoch nicht, wenn die Zusammenfassung ohne einen „sachlichen Grund" erfolgt. Dann kommt die Annahme mehrerer Beurkundungsverfahren und folglich die Möglichkeit mehrerer Gebühren infrage.

4 **Sachlicher Grund** einer Zusammenfassung ist ein weiter Begriff. **II 2** gibt für sein Vorliegen nur einige Beispiele („insbesondere"): vollständige Personenidentität in den mehreren Beurkundungsgegenständen und rechtlicher Verknüpfungswille in der Urkunde sind zwei typische Fälle sachlicher Gründe. Bei teilweiser Personenidentität ist der Einzelfall maßgebend (LG Frankenthal FamRZ 2017, 1419).

5 **Kein** sachlicher Grund liegt vor bei einer Zustimmung zu Aufhebungsverträgen mehrerer Gesellschaften (BGH RNotZ 2018, 113 = BeckRS 2017, 132187). Ebenfalls kein sachlicher Grund besteht für die Erteilung von wechselseitigen Vorsorgevollmachten durch Eheleute in einer Urkunde, da weder Beteiligtenidentität besteht noch ein Verknüpfungswille ohne Weiteres angenommen werden kann (Korintenberg/Diehn Rn. 37). Der fehlende sachliche Grund führt dazu, dass trotz der Zusammenfassung mehrerer Beurkundungsgegenstände in einem Verfahren jeder einzelne Beurkundungsgegenstand als ein **gesondertes Verfahren** kostenrechtlich zu behandeln ist.

6 Zum Begriff des **Beurkundungsgegenstands** in II und daher auch zur Mehrheit von Beurkundungsgegenständen siehe §§ 86, 109.

Verschiedene Gebührensätze

94 **I Sind für die einzelnen Beurkundungsgegenstände oder für Teile davon verschiedene Gebührensätze anzuwenden, entstehen insoweit gesondert berechnete Gebühren, jedoch nicht mehr als die nach dem höchsten Gebührensatz berechnete Gebühr aus dem Gesamtbetrag der Werte.**

II 1 Soweit mehrere Beurkundungsgegenstände als ein Gegenstand zu behandeln sind (§ 109), wird die Gebühr nach dem höchsten in Betracht kommenden Gebührensatz berechnet. 2 Sie beträgt jedoch nicht mehr als die Summe der Gebühren, die bei getrennter Beurkundung entstanden wären.

1 **I. Normzweck.** Die Vorschrift übernimmt in I den Kern der §§ 36 III GKG, 30 III FamGKG → GKG § 36 Rn. 10 ff. II ergänzt I für den Spezialfall des § 109. In beiden Absätzen von § 94 ist eine Gebührenobergrenze der Gesetzeszweck. Generell soll die Norm den Schuldner davor schützen, eine höhere Gebühr durch die Zusammenrechnung mehrerer Geschäftswerte zu zahlen, sodass in den Fällen des § 94 eine Vergleichsberechnung erforderlich ist. I und II können auch innerhalb einer Urkunde zutreffen.

2 **II. Verschiedene Gebührensätze (I).** Voraussetzung für I ist, dass eine Urkunde mehrere Beurkundungsgegenstände enthält, die gegenstandsverschieden sind und für die **verschiedener Gebührensätze** gelten. Es hat eine **„Günstigerprüfung"** zwischen der getrennten Gebührenberechnung nach den Einzelwerten und der einmaligen Gebührenerhebung mit dem höchsten in Betracht kommenden Gebührensatz aus

der Wertsumme zu erfolgen. Wenn ein Mindest- oder Höchstwert eingreift, ist dies auch bei der Vergleichsberechnung zu berücksichtigen.

III. Höchster Gebührensatz (II). Für II ist Voraussetzung, dass in einer Urkunde mehrere Beurkundungsgegenstände gemäß § 109 zu einem Beurkundungsgegenstand zusammengefasst werden und für die einzelnen Beurkundungsgegenstände verschiedene Gebührensätze gelten. Es verbleibt grds. bei § 93 I, aber es ist stets der **höchste in Betracht kommende Gebührensatz** der Kostenberechnung zugrunde zu legen. Haben die einzelnen Beurkundungsgegenstände auch noch **unterschiedliche Geschäftswerte,** hat auch hier eine Vergleichsberechnung zu erfolgen und **die entstehende Gebühr darf nicht höher sein** als die Summe der Gebühren, welche bei getrennter Berechnung entstanden wären. 3

Abschnitt 4. Wertvorschriften

Unterabschnitt 1. Allgemeine Wertvorschriften

Mitwirkung der Beteiligten

95 **[1]Die Beteiligten sind verpflichtet, bei der Wertermittlung mitzuwirken. [2]Sie haben ihre Erklärungen über tatsächliche Umstände vollständig und wahrheitsgemäß abzugeben. [3]Kommen die Beteiligten ihrer Mitwirkungspflicht nicht nach, ist der Wert nach billigem Ermessen zu bestimmen.**

I. Normzweck. Die Norm regelt für die Wertermittlung zur Abrechnung aller notariellen Tätigkeiten durch den Notar die Mitwirkungspflicht der Beteiligten. Soweit diese Pflicht nicht erfüllt wird, ist der Notar zur Bestimmung des Geschäftswertes nach billigem Ermessen berechtigt. 1

II. Beteiligtenbegriff. Die Vorschrift erfasst persönlich alle Beteiligten. Den Begriff des Beteiligten bestimmt § 95 anders als zB § 7 FamFG nicht amtlich. Wegen Vergleichbarkeit der Sachgebiete kann man aber § 7 FamFG mit beachten. Danach sind Beteiligte diejenigen, deren Recht durch das Verfahren unmittelbar betroffen wird oder die auf Antrag zu beteiligen sind. Der Auftraggeber ist Beteiligter. Ob zB dessen Vertragspartner bei der Beurkundung eines Vertrags auch dann Beteiligter ist, wenn er zum Vertragsinhalt nichts erklärt oder ergänzt hat, kann im Einzelfall etwas zweifelhaft sein. Ein rein Begünstigter einer Erklärung eines anderen mag kein Beteiligter sein. Das gilt zumindest dann, wenn er an einem Vorgespräch oder einer Beurkundung oder sonstigen Tätigkeit des Notars gar nicht teilnimmt. Kaum Beteiligter ist ein Nachbar etwa dann, wenn jemand nur gern von ihm wissen möchte, welchen Kaufpreis **er** gezahlt hatte. 2

III. Mitwirkungspflicht. Nur ein nach → Rn. 2 Beteiligter hat diese Pflicht, S. 1. Sie erstreckt sich auf alle Fragen einer Wertermittlung. Sie beschränkt sich auf eine Mitwirkung. Diese Mitwirkung kann nach dem Grad der Beteiligung sehr unterschiedlich stark sein müssen. Die Grenze liegt bei einer Unzumutbarkeit, etwa einer zeit- oder kostenmäßig erheblichen Nachforschung. Aber auch Unbequemes oder Unangenehmes mag nicht zumutbar sein. Ein Zeugnisverweigerungsrecht hat eine Mitwirkungsverweigerungsmöglichkeit zur Folge. Der Notar ist zwar eine Amtsperson, aber kein Polizist oder Gerichtsvollzieher. Eine Mitwirkung besteht ohne Forderung auf Auslagenersatz oder gar Honorar. Sie kann aber ohne Auslagenerstattung unzumutbar sein. 3

IV. Vollständigkeit, Wahrhaftigkeit (S. 2). Es gelten dieselben Regeln wie zB bei § 138 ZPO (vgl. dort bei BeckOK ZPO/von Selle ZPO § 138 Rn. 31) auch zum „Wahrhaftigkeits"begriff (vgl. auch OLG Frankfurt a. M. JurBüro 1988, 1198). Wertangaben sind verbindlich (OLG Celle JurBüro 2015, 320), eine Korrektur des Wertes ist nur im Einzelfall möglich. 4

V. Verstoß (S. 3). Die Folge eines Verstoßes ist die Wertbestimmung nach „billigem" Ermessen zunächst des Notars durch Schätzung (LG Dresden NotBZ 2020, 317), dann evtl. nach §§ 127 ff. des Gerichts usw. Die Wertbestimmung nach billigem 5

Ermessen ist pflichtgemäß abwägendes Ermessen als Grundprinzip jeder Amtsführung, soweit es nicht um einen Festwert geht. S. 3 erweitert dabei den Bewertungsraum und engt ihn trotz § 1 I nicht etwa ein. Diese Folge setzt erst insoweit ein, als ein Beteiligter eine Mitwirkungspflicht aus irgendeinem Grund mit oder ohne Verschulden endgültig unterlässt. Soweit ein anderer Beteiligter ausreichend mitwirkt, erfolgt die Bewertung ohne Rückgriff auf S. 3. Stellt sich nach der Wertermittlung durch Ermessensausübung heraus, dass der über S. 3 ermittelte Wert zu hoch ist, kommt trotzdem eine Korrektur nicht in Betracht (OLG Düsseldorf NotBZ 2019, 219 = BeckRS 2018, 31653). Das Schätzungsrisiko einer ermessensfehlerfreien Wertermittlung nach S. 3 gehen zu Lasten des Kostenschuldners, der an der Wertermittlung nicht mitwirkt (OLG Jena NJOZ 2020, 919 = BeckRS 2020, 9175).

Zeitpunkt der Wertberechnung

96 Für die Wertberechnung ist der Zeitpunkt der Fälligkeit der Gebühr maßgebend.

1 **I. Normzweck.** Die Vorschrift regelt für alle Notartätigkeiten den Zeitpunkt, zu dem die Wertbestimmung erfolgt. Dies ist stets der Zeitpunkt der Fälligkeit.

2 **II. Fälligkeit.** Maßgebend für die Gebührenberechnung ist stets der Wert im Zeitpunkt der Fälligkeit der jeweils anfallenden Gebühr, dh bei einer notariellen Tätigkeit, die verschiedene Gebühren mit unterschiedlichen Fälligkeiten entstehen lässt, sind insoweit auch für die Wertbestimmung die verschiedenen Fälligkeiten zu berücksichtigen. Die Fälligkeit richtet sich nach § 10 (→ § 10 Rn. 2 f.).

3 Die Wertbestimmung erfolgt also stets zum Zeitpunkt der Fälligkeit. Somit sind spätere Veränderungen beim Wert nicht zu berücksichtigen. Jedoch ist die Verwertung von Erkenntnissen zum Wert, die der Notar erst nach dem Zeitpunkt des § 96 erfährt, zulässig (LG Cottbus NotBZ 2021, 314).

Unterabschnitt 2. Beurkundung

Verträge und Erklärungen

97 I Der Geschäftswert bei der Beurkundung von Verträgen und Erklärungen bestimmt sich nach dem Wert des Rechtsverhältnisses, das Beurkundungsgegenstand ist.

II Handelt es sich um Veränderungen eines Rechtsverhältnisses, so darf der Wert des von der Veränderung betroffenen Rechtsverhältnisses nicht überschritten werden, und zwar auch dann nicht, wenn es sich um mehrere Veränderungen desselben Rechtsverhältnisses handelt.

III Bei Verträgen, die den Austausch von Leistungen zum Gegenstand haben, ist nur der Wert der Leistungen des einen Teils maßgebend; wenn der Wert der Leistungen verschieden ist, ist der höhere maßgebend.

Übersicht

I. Normzweck. Die Vorschrift regelt nur den Geschäftswert von „Verträgen und Erklärungen". Vor § 97 muss man nach §§ 109 ff. prüfen, ob derselbe oder verschiedene Beurkundungsgegenstände vorliegen. 1

Die Vorschrift dient zum einem einer Angemessenheit der Vergütung bei den beträchtlichen Mühen, die eine korrekte Beurkundung der hier erfassten meist komplizierten und weitreichenden Vorgänge erfahrungsgemäß verursacht. Sie dient also der Kostengerechtigkeit. Sie dient aber ebenso klar dazu, die Kosten in erträglichen Grenzen zu halten (Hornung Rpfleger 1997, 518). Beides muss man bei der Auslegung beachten. 2

II. Überblick. §§ 98 ff. sind die speziellen Normen, nur soweit diese nicht für notarielle Verträge und Erklärungen eingreifen, gilt § 97. Soweit wiederum § 97 nicht anwendbar ist, gelten §§ 36 ff. Innerhalb des § 97 stellt I die Generalklausel dar. II bestimmt lediglich für seinen Anwendungsbereich einen Höchstwert. III ist eine Ausnahme von I: Bei Austauschverträgen sind die Leistungen nicht nach §§ 86 II, 35 I zu addieren, sondern nur die höherwertige Leistung bestimmt den Geschäftswert. III regelt somit wie § 109 II einen Fall der Gegenstandsgleichheit. § 97 gilt auch für Entwürfe nach § 119 und Unterschriftsbeglaubigungen nach § 121. 3

III. Rechtsverhältnis als Beurkundungsgegenstand (I). 1. Anwendungsbereich. I gilt für einseitige und mehrseitige, für empfangsbedürftige und nicht empfangsbedürftige Erklärungen und Verträge, soweit nicht die Ergänzung des III oder §§ 98 ff. eingreifen. Alle Erklärungen eines Rechtsverhältnisses, das über §§ 86, 109 ff., 35 zu bestimmen ist, stellen kostenrechtliche eine Einheit dar. 4

2. Geschäftswert. Der Geschäftswert bestimmt sich grundsätzlich nach dem objektiven Wert der beurkundeten Erklärungen (OLG Karlsruhe Rpfleger 2001, 321; Weber BB 2007, 2086). Ihr Wert richtet sich wiederum nach § 86 I (OLG Hamm MDR 2015, 1328), also nach demjenigen sachlich-rechtlichen Rechtsverhältnis, das sie betreffen (OLG Karlsruhe Rpfleger 2001, 321). Ein etwa abweichendes persönliches Interesse der Beteiligten ist unerheblich (BayObLG Rpfleger 1992, 77; OLG Hamm Rpfleger 1982, 489). Maßgebend ist nur der beurkundete Inhalt (OLG Karlsruhe Rpfleger 2001, 321). Nur in diesen Grenzen kann es auf den Beurkundungszweck mit ankommen. Auch die Rechtswirkungen sind unmaßgeblich. Maßgeblich ist also nicht die spätere Gestaltung. Nur dann ist der Wert des ganzen Rechtsverhältnisses maßgebend, wenn die Beurkundung auch das ganze Rechtsverhältnis erfasst, es etwa begründet oder aufhebt. Andernfalls ist nur der jeweils direkt betroffene Vorgang innerhalb des Rechtsverhältnisses maßgebend, etwa seine Änderung oder Erweiterung oder Verringerung. Soweit das zu bewertende Rechtsverhältnis bestimmt wurde, ist dieses wiederum nach **§§ 36, 46 ff.** zu bewerten. 5

3. Einzelfragen. a) Auseinandersetzungen, Tausch. Bei einem Auseinandersetzungsvertrag (zB Auseinandersetzung einer Erbengemeinschaft oder Personengesellschaft) handelt es sich nicht um einen Austausch von Leistungen, sondern um ihre Verteilung. Deshalb ist auch nicht III, sondern I anwendbar. Werden im Rahmen der Auseinandersetzung Gegenleistungen (zB Schuldübernahme, Ausgleichszahlungen, usw.) vereinbart, gilt III. Als Wert muss man denjenigen vollen Aktivwert ansetzen, über den die Auseinandersetzung erfolgt (OLG Hamm ErbR 2017, 109 = BeckRS 2016, 17410). Soweit Abfindungen zu zahlen sind oder ein Gesamthänder die Anteile der anderen erwirbt → Rn. 33. Anwendbar ist I auf einen **Austausch** realer Grundstücksteile (BayObLGZ 91, 208; anders als der Tausch ideeller Anteile, für den III gilt) → Rn. 28. 6

Bei einer Verpflichtung **zu** einer Leistung ist dasjenige maßgebend, was der Schuldner leisten muss, etwa eine Sache oder nur deren Gebrauch. Wenn jemand also 7 ein Grundstück unter der Bedingung erwirbt, es bebauen zu müssen oder sonst wie zu investieren **(Kauf mit Bau- bzw. Investitionsverpflichtung),** muss man auch die voraussichtlichen gesamten Bau- oder Investitionskosten berücksichtigen (OLG Celle JurBüro 1997, 40; LG Chemnitz JurBüro 1997, 40). Das gilt selbst dann, wenn man nach dem Vertrag Baukostenzuschüsse usw. leisten muss. Nicht etwa darf man nur das Architektenhonorar zugrunde legen.

8 **b) Gesellschaftsverträge, Umwandlungen.** Verträge über die **Gründung** einer Personen- oder Kapitalgesellschaft sind keine Austauschverträge, sondern Verträge über die Vereinigung von Leistungen (sog. Leistungserbringungs- bzw. Organisationsverträge). Der Geschäftswert bestimmt sich nach dem Wert aller Einlagen gemäß § 38 ohne Berücksichtigung der Schulden, aber unter Beachtung der Mindest- und Höchstwerte nach § 107 (OLG Zweibrücken OLGR 2002, 83; BayObLG ZEV 2004, 510). Dies gilt unabhängig davon, ob die jeweilige Einlage sofort oder später zu erbringen ist. Für die **Wertermittlung** ist die Pflicht zur Einlagenerbringung maßgebend, dagegen nicht der Zeitpunkt der Leistungserbringung. Die Geschäftswertbestimmung gilt auch, wenn nachträglich der Gesellschaftsvertrag einer Personengesellschaft beurkundet wird.

9 Bei der Gründung einer **Kapitalgesellschaft** ist zum Betrag des Grund-/Stammkapitals noch ein Agio oder das genehmigte Kapital (§ 105 I 1 Nr. 1 analog) hinzuzurechnen, auch eine Vereinbarung über eine spätere Einlagenerhöhung oder Nachschusspflicht ist werterhöhend zu berücksichtigen (OLG Neustadt MittBayNot 1955, 28).

10 Bei einer **Sachgründung,** wenn in die neu gegründete Gesellschaft die Anteilserbringung nicht in bar erfolgt, ist der einzubringenden Vermögensgegenstand zu bewerten: Grundstücke mit ihrem Verkehrswert nach § 46 I (KG MittBayNot 1972, 185), ein Handelsgeschäft bzw. Unternehmen mit der Summe der in der Bilanz ausgewiesenen Aktiva (OLG Düsseldorf DNotZ 1980, 189), Gesellschaftsanteile nach § 54; Dienstleistungen als Einlage nach § 99 II. Wenn Miterben eine **Kommanditgesellschaft** gründen und ein bisher in ungeteilter Erbengemeinschaft betriebenes Unternehmen in sie einbringen, muss man die Kosten nach dem Gesellschaftsvertrag über die KG berechnen, nicht etwa nach dem Wert der Erbauseinandersetzung.

11 Bei einer **Gründung ohne Einlagen** ist der Geschäftswert anhand des Bormann/Diehn/Sommerfeldt/Bormann § 107 Rn. 7). Bei Unternehmensverträgen ohne Gewinnabführungs- oder Verlustausgleichsverpflichtung ist der Wert nach I, § 36 I zu schätzen. Der Wert von **Unternehmensverträgen mit Gewinnabführungs**- oder Verlustausgleichsverpflichtung bestimmt sich dagegen nach § 52 (OLG Düsseldorf RNotZ 2017, 120).

12 Wird ein Gesellschaftsvertrag durch Vertrag **geändert,** bestimmt sich der Geschäftswert nach dem Wert des Gegenstands der von der Änderung betroffenen Regelungen §§ 97 II, 36 I. Werden nicht nur einzelne Punkte geändert, sondern der Gesellschaftsvertrag neu geregelt, so bestimmt sich der Wert nach → Rn. 8 Satzungsänderungen bei Kapitalgesellschaften erfolgen durch Beschluss und dessen Wert bestimmt sich nach § 108.

13 Verträge über **Gesellschafterwechsel** (zB Eintritt, Austritt) unterfallen III (→ Rn. 29 ff.), soweit es entgeltliche Verträge sind. **Umwandlungen** fallen ebenfalls unter I, lediglich wenn eine Gegenleistung durch Anteile am übernehmenden Rechtsträger vereinbart wird, gilt III (LG Neubrandenburg NotBZ 2020, 118 = BeckRS 2019, 40645). Soweit Umwandlungsverträge unter I fallen, bestimmt sich der Geschäftswert nach der Summe der in der Umwandlungsbilanz ausgewiesenen Aktiva ohne Abzug der Verbindlichkeiten oder der Rückstellung. Grundstücke und Gesellschaftsbeteiligungen sind nicht mit ihrem Bilanzwert, sondern mit ihrem Verkehrswert nach §§ 46, 54 zu berücksichtigen. Zudem sind die Mindest- und Höchstwerte nach § 107 zu beachten.

14 **c) Schenkungsvertrag.** Bei einem Schenkungsvertrag, also einem Vertrag ohne jegliche Gegenleistung, gilt I und der Wert der geschenkten Sache ohne Abzug der Schulden ist maßgebend.

15 **d) Weitere Einzelfälle.** Bei einer **Löschungsbewilligung** eines Miterben muss man die Kosten nach dem Wert des Grundpfandrechts ansetzen. Der Wert einer **Unterschriftsbeglaubigung** unter dem Antrag auf eine Berichtigung des Grund-

buchs durch die Eintragung des Erben als des Eigentümers ist nach §§ 46, 47 nach dem Wert des Grundstücks ansetzbar. Er hat grundsätzlich den Wert des Hauptvertrags. Soweit der Vorvertrag eine Vereinbarung über den Hauptvertrag hinaus enthält, muss man den Wert dieser Zusatzvereinbarung mitberücksichtigen. Auch die Beurkundung der Willenserklärungen für die Bestellung einer Dienstbarkeit richtet sich nach I, der Geschäftswert ist nach § 52 zu bestimmen (LG Chemnitz NotBZ 2020, 316).

IV. Änderung eines Rechtsverhältnisses (II). 1. Änderung. Zielen die Erklärungen auf die Änderung eines bestehenden Rechtsverhältnisses ab, handelt es sich um eine Änderung iSd II. Dazu zählen zB Änderungen bezüglich Zinsen und Nebenleistungen, Kostentragung, Fälligkeitsbestimmungen; dagegen nicht die Begründung, Aufhebung oder Umwandlung in ein neues Rechtsverhältnis. Die Bestellung einer Grundstücksbelastung unterfällt ebenfalls nicht II. 16

2. Wert. Für die Änderung maßgebend ist der bestimmte Geldwert der Änderung (zB bei Änderung des Kaufpreises) oder, soweit die Änderung keinen Geldwert hat (zB Änderung der Kaufpreisfälligkeit), bestimmt sich der Wert nach billigem Ermessen, § 36 I, idR 20–30 % des Wertes des Rechtsverhältnisses. Soweit es sich um Veränderungen eines und desselben Rechtsverhältnisses handelt, darf man den Wert des von der Änderung betroffenen Rechtsverhältnisses selbst dann nicht überschreiten, wenn es sich um wertmäßig an sich zusammenrechenbare mehrere Veränderungen desselben Rechtsverhältnisses handelt. Der Wert des Rechtsverhältnisses ist also stets die Höchstgrenze (BayObLG JurBüro 1995, 216). Entsprechendes gilt bei einer oder mehreren nur teilweisen Änderung(en) des Rechtsverhältnisses. 17

3. Einzelfragen. a) Grundpfandrechte. Die **Abtretung** einer Grundschuld und ihre gleichzeitige Umwandlung in eine Hypothek sind zwei Änderungen nach § 109. Bei einer Umwandlung einer Briefhypothek in eine Buchhypothek oder auch der Änderung einer Zahlungsabrede handelt es sich um eine Änderung iSd II. Bei der Einbeziehung eines Grundstücks in die **Mithaft** bereits bestehender Hypotheken und der Unterwerfung unter deren „sofortige" Zwangsvollstreckung muss man den Nennbetrag der Schuld und dann, wenn der Wert der neu verhafteten Grundstücke geringer ist, diesen Wert ansetzen. 18

b) Weitere Einzelfälle. Anwendbar ist II auch auf das **dingliche Erfüllungsgeschäft.** Anwendbar ist II bei einer nachträglichen Übertragung oder Abtretung (BayObLG JurBüro 1995, 216; Weber BB 2007, 2086), soweit nicht bereits ein Fall des III vorliegt. Denn ein solcher Vorgang ändert jedenfalls auch das bestehende Rechtsverhältnis. Anwendbar ist II bei der näheren Ausgestaltung des neuen Gesellschaftsverhältnisses anlässlich einer **Umwandlung** von einer Kapital- in eine Personengesellschaft. Bei der Umwandlung einer Grundschuld in eine Hypothek muss man den Nennbetrag der Hypothek als den Wert ansetzen. 19

V. Austauschvertrag (III). Es ist zwischen dem bloßen Austauschvertrag nach III (einschließlich der Erfüllungsgeschäfte) und einem Gesellschaftsvertrag usw. zu unterscheiden. Bei Gesellschaftsverträgen handelt es sich um die Begründung eines Rechtsverhältnisses nach I iVm § 107 III gilt nicht für Austauschverträge, für die eigene Normen existieren (zB § 99 für Agentur-, Dienst-, Lizenz- oder Kommissionsverträge), und nicht für besondere Beurkundungsgegenstände nach § 111, die stets gesondert zu bewerten sind. 20

1. Begriff, Wert. Austauschvertrag ist vor allem jeder gegenseitige Verpflichtungs- oder Verfügungsvertrag nach §§ 320 ff. BGB, durch den der eine Teil seine Leistung erbringt, um vom anderen Teil eine Gegenleistung zu erhalten (BayObLG JurBüro 1978, 578). Hierzu zählt aber auch jeder Vertrag, der überhaupt allen oder mindestens mehreren Vertragspartnern eine Leistung an den Vertragspartner oder an Dritte auferlegt. Insofern enthält der kostenrechtliche Begriff des Austauschvertrags einen weiteren Anwendungsbereich als der sachlich-rechtliche (bürgerlich-rechtliche) Begriff. Maßgebend ist der höhere der beiden **Austauschwerte.** § 46 festzustellende Verkehrswert des Grundstücks. Dabei sind auch die Sanierungskosten zu berücksichtigen, selbst wenn diese auf Rechnung des Käufers erfolgen (OLG Saarbrücken NotBZ 21

2014, 391; LG Leipzig NotBZ 2019, 319). Wertmäßig ist auch stets der Vertrags**abschluss** und der Vertrags**vollzug** zu unterscheiden (BayObLGZ 90, 113).

22 **2. Einzelfragen. a) Verträge über Immobilien.** Ein **Kaufvertrag** über Grundstücke, Erbbaurechte, Wohnungseigentum usw. ist grds. ein klassischer Austauschvertrag. Meist ist der Kaufpreis der Wert (BGH DNotZ 1975, 748, BayObLG JurBüro 1992, 183). Der Sach- oder Rechtswert kann höher und deshalb maßgeblich sein, zB wegen mit übernommener Pflichten (OLG Rostock MDR 2010, 1283). Ein Buchwert ist nicht maßgebend (OLG Rostock MDR 2010, 1283). **Kein** Austauschvertrag ist ein Kaufvertrag über eine Teilfläche nebst einem Vertrag über die Errichtung eines Gebäudes auf dem Rest, hier gilt I. Der Notar kann zur Bewertung des Verkehrswerts eines Grundstücks im Rahmen der Festsetzung des Geschäftswerts auch auf seine eigenen Erkenntnisse hinsichtlich der Nachbargrundstücke bei entsprechender ausführlicher und konkreter Darlegung zurückgreifen (OLG München NJW 2019, 1309). Wenn ein niedrigerer Preis als der wahre Wert eines Grundstücks angegeben und beurkundet ist, muss man nach III verfahren, also den wirklichen Wert nach §§ 46, 47 ermitteln.

23 Ein nach § 109 einheitlicher Austauschvertrag liegt vor, soweit es um einen **Baubetreuungsvertrag** geht (OLG Düsseldorf VersR 1982, 706; OLG Stuttgart DNotZ 1977, 54; Ackermann JurBüro 1976, 433). Als Wert muss man den vom Bauherrn zahlbaren Gesamtbetrag ansetzen (OLG Stuttgart DNotZ 1977, 54; Ackermann JurBüro 1976, 433). Ein gleichzeitiger Grundstückskaufvertrag berechnet sich gesondert. Ein Austauschvertrag liegt vor, soweit es um den Wohnungsbau des Unternehmers auf seine eigene Rechnung für einen **Werksangehörigen** gegen die Bereitstellung des Grundstücks durch das Werk geht.

24 Ein Austauschvertrag liegt vor, soweit es um einen Treuhandvertrag im Rahmen eines sog. Bauherrenmodells geht (OLG Schleswig JurBüro 1991, 1667). **Geschäftswert** ist der geplante Gesamtaufwand des Bauherrn (BayObLG MittBayNot 1985, 84; OLG Celle DNotZ 1983, 572; OLG Düsseldorf DNotZ 1981, 325; aM OLG Zweibrücken DNotZ 1981, 328, Honorar des Treuhänders. Aber das ist nicht die volle Gegenleistung). Wenn sich die Bauherren nach dem **Treuhandvertrag** zur Erteilung aller zur Durchführung des Bauvorhabens erforderlichen Vollmachten verpflichten, kann sich der Wert nach den Gesamtkosten des Bauvorhabens statt nach dem Gesamthonorar des Treuhänders richten (OLG Düsseldorf DNotZ 1981, 326). Überhaupt kommt die Summe der Aufwendungen unabhängig davon in Betracht, ob die Bauherrengesellschafter ein bestimmtes Bauherrenmodell gewählt haben (BayObLGZ 86, 234). Die Erteilung der gegenseitigen **Vollmachten** beurteilt sich nach § 98.

25 Ein Austauschvertrag kann in einem **Darlehen** gegen eine Wohnungsüberlassung liegen. Ein Erschließungsvertrag zB nach § 129 BauGB ist ein Austauschvertrag. Geschäftswert ist meist der Erschließungsaufwand (BayObLG JurBüro 1980, 914). Ein Austauschvertrag kann in einer **Hofübergabe** gegen einen Erbverzicht liegen. Vgl. aber auch § 48. Ein Austauschvertrag liegt vor, soweit es um einen Tausch von Grundstücken im Rahmen einer **Umlegung** geht (OLG Zweibrücken FGPrax 1996, 37).

26 Bei einem solchen Vertrag, der die **Bestellung eines Erbbaurechts** oder eines Wohnungserbbaurechts zum Gegenstand hat, gilt § 43 iVm §§ 52, 46 II. Weitere Verpflichtungen des Erbbauberechtigten wie zB das Vorkaufsrecht des Grundstückseigentümers am Erbbaurecht erhöhen den Wert der Leistungen. Die entgeltliche Veräußerung ist ein Austauschvertrag.

27 Ein Austauschvertrag liegt vor, soweit es sich um einen **Gutsüberlassungsvertrag** handelt. Der Wert der Gegenleistung ist nur dann maßgeblich, wenn er höher ist als der nach § 48 festgestellte, (zum alten Recht OLG Karlsruhe JurBüro 1991, 1360). Soweit die **Grundstücksübertragung** gegen Vorbehalt von Rechten für den Übergeber oder gegen Ausgleichszahlungen erfolgt, liegt ein Austauschvertrag vor (LG Stuttgart NJW-RR 2022, 1149). Die Gegenleistungen sind nach den allgemeinen Vorschriften zu bewerten (zB § 52, § 102 IV). Maßgebend ist der höhere Geschäftswert, dies wird idR die Leistung des Übergebers sein, Prüfungsabteilung der Notarkasse (NotBZ 2018, 417).

Ein Austauschvertrag liegt vor, soweit es um den **Tausch** ideeller Grundstücksanteile geht (BayObLGZ 91, 208). Auch beim sog. Ringtausch (Umlegung von Grundstücken) ist III anwendbar (BayObLGZ 88, 140; OLG Zweibrücken MittBayNot 1996, 58). **Kein** Austauschvertrag ist der Tausch realer Grundstücksteile. Für ihn gilt I (BayObLGZ 91, 208 → Rn. 6). Der Wert der Tauschobjekte ist zu vergleichen. Der höhere ist maßgebend (OLG Zweibrücken DNotZ 1996, 399). Man darf Lasten nach § 38 S. 1 nicht abziehen. Zum Ringtausch (BayObLG JurBüro 1988, 1369, krit. Lappe NJW 1989, 3259). Bei einem Tausch und bei einer gleichzeitigen Auflassung zweier Grundstücke muss man als Wert denjenigen des wertvolleren Grundstücks ansetzen. Die Höchstgrenze nach II gilt nur, soweit § 109 überhaupt eine Zusammenrechnung verlangt. Regelmäßig liegt derselbe Gegenstand nach § 109 dann vor, wenn der Notar die schuldrechtliche Verpflichtung und die Erfüllung in derselben Urkunde beurkundet, etwa bei einem Grundstückstausch die beiderseitigen Auflassungen. 28

b) Gesellschaftsverträge. Beim **Ausgliederungsvertrag** zwecks einer Aufnahme durch eine andere Gesellschaft liegt ein Austauschvertrag vor. Er ist nach demjenigen Betrag zu bewerten, den die Spaltungsbilanz als das Aktivvermögen ausweist (LG München JurBüro 1997, 265), die Mindest- und Höchstwerte nach § 107 sind zu beachten. Kein Austauschvertrag sind ein **Verschmelzungsvertrag** nach dem UmwG, oder ein Verschmelzungsvertrag nach dem KapErhG. Bei ihm ist nicht III, sondern I anwendbar, wenn keine Gegenleistung durch Anteile am übernehmenden Rechtsträger vereinbart wird (LG Neubrandenburg NotBZ 2020, 118 = BeckRS 2019, 40645). Der Wert einer Zustimmung ist nach § 98 ebenso zu bemessen wie für den Vertrag (BayObLG DB 1992, 1923). Man kann das Aktivvermögen aus der Schlussbilanz der übertragenden Gesellschaft ansetzen (BayObLG DB 1997, 971; LG Neubrandenburg NotBZ 2020, 118 = BeckRS 2019, 40645; LG München JurBüro 1997, 266). III ist dagegen anwendbar, wenn eine Gegenleistung in Form von Anteil am übernehmenden Rechtsträger erbracht wird. Generell ist wie bei → Rn. 13 mit dem Wert der zu gewährenden Anteile zu vergleichen, der höhere Wert ist maßgebend. Zugleich sind die Mindest- und Höchstwerte nach § 107 zu beachten. 29

Ein Austauschvertrag liegt vor, soweit es sich um die **Veräußerung eines Geschäftsanteils** eines Gesellschafters gegen Entgelt handelt (OLG Köln ZNotP 2005, 357; Wielgoss JurBüro 2002, 134), oder um dessen Abtretung. Der Wert des Gesellschaftsanteils bestimmt sich nach § 54, der höhere Wert der Leistung bzw. Gegenleistung ist maßgebend. Grds. **kein** Austauschvertrag liegt vor, soweit es sich um einen Gesellschaftsvertrag beliebiger Art handelt. Denn sein Ziel ist kein Austausch, sondern eine Vereinigung von gleichgerichteten Leistungen. Dann ist vielmehr I iVm § 107 anwendbar (→ Rn. 8). Exit-Vereinbarungen in Form von wechselseitigen An- und Vorkaufsrechten, Mitveräußerungsrechten und Mitveräußerungsverpflichtungen handelt es sich um ein Austauschverhältnis. Der Geschäftswert bestimmt sich nach der höherwertigen Austauschleistung. Bei der Einräumung von mehreren Erwerbsrechten ist das Austauschverhältnis dadurch berücksichtigt, dass vom Gesamtwert aller Geschäftsanteile der geringste Anteil nicht berücksichtigt wird, LG München I (MittBayNot 2019, 193). 30

c) Ehevertrag, Scheidungsfolgenvereinbarung. Grds. ist ein Ehevertrag oder eine Scheidungsfolgenvereinbarung nach § 100 zu bewerten. Ein Austauschvertrag liegt grds. nicht vor (LG Düsseldorf ZEV 2019, 109). Etwas anderes gilt dann, wenn innerhalb eines solchen Vertrags ein Austauschverhältnis vorliegt. Dies ist der Fall bei gegenseitigen Erb- und Pflichtteilsverzichten, bei gegenseitigen Unterhaltsverzicht, bei einseitigen Unterhaltsverzicht gegen die Zahlung einer Abfindung oder bei wechselseitigem Verzicht auf den Versorgungsausgleich (LG Düsseldorf LSK 2018, 30938; LG Schwerin NotBZ 2014, 399 = BeckRS 2014, 18658). Ebenfalls nach III beurteilt sich die Regelung über Immobilien zur Auseinandersetzung der Eheleute. 31

d) Erb-, Pflichtteilsverzicht. Es gilt grds. § 102, insbsd. bei einem Erb- oder Pflichtteilsverzicht zusammen mit einer letztwilligen Verfügung. Erfolgt der Erb- oder Pflichtteilsverzicht jedoch gegenseitig oder gegen Vereinbarung einer Abfindungszahlung, so liegt ein Austauschvertrag vor (OLG Hamm FamRZ 2017, 472). 32

e) Weitere Einzelfälle. Ein Austauschvertrag kann in jeder Art von **Auseinandersetzungen** liegen, soweit eine Gegenleistung (zB Schuldübernahme, Ausgleichs- 33 zahlung) vereinbart wird. **Geschäftswert** ist der zusammengerechnete Wert der Gesamthandgegenstände ohne einen Schuldenabzug und ohne eine Beachtung anderer Geschäfte (BayObLG MittBayNot 1995, 245). Ein Austauschvertrag liegt vor, soweit es um eine Verpflichtung geht, den Vertragspartner von einer **Bürgschaft** zu befreien. Geschäftswert ist der Nennbetrag. Ein Austauschvertrag liegt vor, soweit es sich um einen außergerichtlichen **Vergleich** handelt. Maßgeblich ist der höhere Wert einer Leistung. Maßgeblich ist nicht, worüber man sich vergleicht, sondern auf was der Vergleich lautet. Ausnahmen mögen bei einem Angehörigenvergleich oder bei einem Notvergleich vorliegen. Ein **Vorvertrag** hat denselben Charakter wie der Hauptvertrag und dessen Wert (OLG Stuttgart Rpfleger 1980, 404). Ein Austauschvertrag kann in einer **Schenkung** gegen eine Unterhaltspflicht liegen.

Vollmachten und Zustimmungen

98 **I Bei der Beurkundung einer Vollmacht zum Abschluss eines bestimmten Rechtsgeschäfts oder bei der Beurkundung einer Zustimmungserklärung ist Geschäftswert die Hälfte des Geschäftswerts für die Beurkundung des Geschäfts, auf das sich die Vollmacht oder die Zustimmungserklärung bezieht.**

II 1 Bei Vollmachten und Zustimmungserklärungen aufgrund einer gegenwärtigen oder künftigen Mitberechtigung ermäßigt sich der nach Absatz 1 bestimmte Geschäftswert auf den Bruchteil, der dem Anteil der Mitberechtigung entspricht. 2 Entsprechendes gilt für Zustimmungserklärungen nach dem Umwandlungsgesetz durch die in § 2 des Umwandlungsgesetzes bezeichneten Anteilsinhaber. 3 Bei Gesamthandsverhältnissen ist der Anteil entsprechend der Beteiligung an dem Gesamthandsvermögen zu bemessen.

III 1 Der Geschäftswert bei der Beurkundung einer allgemeinen Vollmacht ist nach billigem Ermessen zu bestimmen; dabei sind der Umfang der erteilten Vollmacht und das Vermögen des Vollmachtgebers angemessen zu berücksichtigen. 2 Der zu bestimmende Geschäftswert darf die Hälfte des Vermögens des Auftraggebers nicht übersteigen. 3 Bestehen keine genügenden Anhaltspunkte für eine Bestimmung des Werts, ist von einem Geschäftswert von 5000 Euro auszugehen.

IV In allen Fällen beträgt der anzunehmende Geschäftswert höchstens 1 Million Euro.

V Für den Widerruf einer Vollmacht gelten die vorstehenden Vorschriften entsprechend.

1 **I. Normzweck.** Die Vorschrift behandelt den Geschäftswert einer Vollmacht und denjenigen einer Zustimmungserklärung. Sie unterscheidet zwischen der Vollmacht zum Abschluss eines bestimmten einzelnen Rechtsgeschäfts nach I und einer allgemeinen Vollmacht zum Abschluss noch unbestimmt vieler einzelner Rechtsgeschäfte nach III. V stellt klar, dass die Beurkundung einer Vollmacht und ihr Widerruf kostenmäßig gleichstehen. IV enthält für den Geschäftswert in sämtlichen Fällen einen **Höchstbetrag** von 1 Million Euro.

2 Das „billige Ermessen" in III 1 Hs. 1 zeigt den Zweck der ganzen Vorschrift, eine den Anteilsinteressen entsprechende angemessene Vergütung zu erzielen (OLG Karlsruhe FamRZ 2014, 1225). Dem dient auch III 1 Hs. 2. Die absolute Obergrenze in IV bezweckt eine Kostendämpfung. Wegen der Höhe des dort genannten Betrags kann man ggf die außerordentliche Reichweite der rechtlichen und wirtschaftlichen Bedeutung einer Vollmacht in aller Regel innerhalb des verbleibenden Ermessens voll berücksichtigen. Entsprechend dem Grundsatz einer dem Kostenschuldner günstigen Auslegung nach § 1 I sollte man das Ermessen behutsam ausüben.

3 **II. Vollmacht für bestimmtes Rechtsgeschäft (I, V).** Bei einer begründenden oder bestätigenden Vollmacht zum Abschluss eines bestimmten einzelnen Rechtsgeschäfts entscheidet sein nach §§ 35 ff. ermittelbarer Wert im Zeitpunkt der Vollmachtsbeurkundung (OLG Celle JurBüro 1975, 224). Dies gilt auch für deren Widerruf, V. **Beispiel:** Es handelt sich um eine bestimmte Registeranmeldung. Wert

kann dann die Einlage zB des Kommanditisten sein (KG Rpfleger 2001, 377; OLG Karlsruhe JurBüro 1999, 266; OLG Stuttgart Rpfleger 1999, 293). Bei einer Gründungsvollmacht für eine GmbH ist die Stammeinlage oder Sacheinlage maßgeblich. Es ist nicht erforderlich, dass das Geschäft in allen Einzelheiten feststeht. Wenn zB der Kaufpreis noch ungewiss ist, entscheidet der Wert der Sache oder das mögliche Höchstgebot. I gilt auch bei einer Vollmachtsbestätigung. Nach I ist stets die Hälfte des ermittelten Wertes anzusetzen.

Bei **mehreren bestimmten** Geschäften gilt § 110. Bei mehreren Verfügungen über dieselbe Sache oder dasselbe Recht ist deren Wert die Obergrenze. Die im Rahmen einer Vollzugstätigkeit erstellten Entwürfe für eine formgerechte Vollmachtsbestätigung lösen neben der Vollzugsgebühr keine besondere Gebühr aus. 4

Stets muss man den Höchstwert von 1 Million Euro beachten, IV. Für den Wert ist der Zeitpunkt der Fälligkeit der Beurkundungsgebühr entscheidend (OLG Celle JurBüro 1975, 225). 5

III. Zustimmungserklärung (I, II). 1. Arten von Zustimmungserklärungen. a) Alleinberechtigter (I). Wie sich im Vergleich zu II ergibt, erfasst I die Zustimmungserklärung des gegenwärtigen oder künftigen alleinigen voll Berechtigten nach → Rn. 1 I erfasst also den Fall, dass nur eine einzige Zustimmungserklärung in Betracht kommt. 6

b) Mitberechtigter (II). Die Vorschrift behandelt die Zustimmungserklärung eines einzelnen gegenwärtigen oder künftigen unmittelbaren oder mittelbaren Mitberechtigten. Der Mitverpflichtete muss zum Kreis der Mitberechtigten nicht unbedingt zählen. II erfasst auch die Anwartschaft (Hornung Rpfleger 1997, 519), ferner die Zustimmung des Mitnacherben zur Verfügung des Vorerben (Hornung Rpfleger 1997, 519) oder die Zustimmung des Ehegatten nach § 1365 BGB. **Keine** Mitberechtigung liegt vor, soweit ein gesetzlicher Vertreter oder ein Mittestamentsvollstrecker handelt, oder wenn von nur gemeinschaftlich Handlungsbefugten einer der Erklärung des anderen beitritt, oder wenn es nur um einen Antrag nach § 13 GBO geht. Eine Ausnahme gilt bei der Leistungsbewilligung eines Mitberechtigten. 7

c) Erklärung (I, II 1). Beide Vorschriften behandeln die Beurkundung einer Zustimmungserklärung. Eine anderweitige Beurkundung ist keine Voraussetzung des § 98. Der im Rahmen einer Vollzugstätigkeit erstellte Zustimmungsentwurf löst neben der Vollzugsgebühr keine besondere Gebühr aus. 8

2. Geschäftswert (I, II). a) Wert des Geschäfts (I). Soweit → Rn. 6 (Alleinberechtigung) vorliegt, kommt es nicht auf einen Anteil am Geschäftsgegenstand an (Hornung Rpfleger 1997, 518), sondern nur auf den halben Wert desjenigen Geschäfts, auf das sich die alleinige Vollmacht oder Zustimmung bezieht. Wenn es zB darum geht, der Belastung eines Erbbaurechts mit einem Grundpfandrecht zuzustimmen, ist der halbe Wert des Grundpfandrechts maßgeblich. 9

b) Anteil des Zustimmenden (II 1, 2). Bei II 1 gilt: Der Geschäftswert nach → Rn. 9 ermäßigt sich grundsätzlich nach dem Anteil des Zustimmenden aus dem Umfang der Mitberechtigung (OLG Stuttgart MDR 2017, 548 zu § 36 I 1 FamGKG; Otto JurBüro 1997, 288; Tiedtke MittBayNot 1997, 210). Das gilt unabhängig davon, ob dieses Einzelgeschäft den gesamten Wert des zustimmungsbedürftigen Vermögens ausmacht. Bei einer nachträglichen **Zustimmung** von Gesellschaftern, Aktionären, Genossen oder Mitgliedern zur Umwandlung einer Kapitalgesellschaft in eine Personengesellschaft nach §§ 2, 13 II, 43 I, 128, 193 I, 233 I UmwG gilt gemäß II 2 die Regel II 1 entsprechend (Waldner JurBüro 1998, 173). Einzig bei der Zustimmung nach § 1365 BGB ist für den Geschäftswert der Zustimmungserklärung der Wert nach I anzusetzen (→ Rn. 9; OLG Jena MittBayNot 2021, 487 = BeckRS 2019, 33855). 10

c) Gesamthand (II 3). Bei einem Gesamthandverhältnis, also der BGB-Gesellschaft, Güter- oder Erbengemeinschaft, der OHG und KG (Hornung Rpfleger 1997, 519), ist der Anteil entsprechend der Beteiligung an dem (gesamten) Gesamthandvermögen maßgeblich. Das gilt unabhängig davon, ob das zustimmungsbedürftige konkrete Einzelgeschäft das gesamte Vermögen der Gesamthand umfasst. 11

Beispiel: Fünf Gesamthändern steht ein Gesamthandvermögen im Wert von 100.000 EUR zu. Vier Gesamthänder veräußern einen Gegenstand dieses Vermögens im

Wert von 20.000 EUR. Der fünfte Gesamthänder stimmt dieser Veräußerung zu. Der Wert seiner Zustimmungserklärung beträgt nicht etwa 20 % von 20.000 (= 4.000), sondern 20 % von 100.000 = 20.000 EUR.

12 **d) Höchstwert (IV).** Stets ist in allen Fällen → Rn. 9–11 der absolute Höchstwert 1.000.000 EUR zu beachten, IV.

13 **IV. Allgemeine Vollmacht (III, V).** Eine allgemeine Vollmacht liegt dann vor, wenn sie nicht nur zum Abschluss eines oder mehrerer bestimmter Rechtsgeschäfte dienen soll, → Rn. 3 (vgl. Langel NJW 2017, 3617). Erfasst sind somit insb. General- und Vorsorgevollmachten, aber auch inhaltlich bzw. gegenständlich beschränkte Vollmachten (zB Prokura, Handlungsvollmacht, allgemeine Handelsregistervollmacht, Nachlassvollmacht).

14 **1. Ermessen, III 1.** Die allgemeine Vollmacht und nach V auch deren Widerruf haben nach **III 1 Hs. 1** einen nach dem „billigen" und in Wahrheit wie stets pflichtgemäßen Ermessen des Notars bestimmbaren Wert. Bei mehreren geplanten Rechtsgeschäften muss man zusammenrechnen. Der Notar muss dabei sämtliche Umstände angemessen berücksichtigen. Von ihnen nennt III 1 Hs. 2 den Umfang der erteilten Ermächtigung und das Vermögen des Vollmachtgebers zwar ohne eine Zufügung des Worts „insbesondere". Trotzdem versteht III 1 diese Umstände nur als meist besonders wichtige Einzelfaktoren (OLG Stuttgart JurBüro 2000, 429). Weiterhin mit zu beachten sind zB: Das betroffene Rechtsgut ohne einen Schuldenabzug; beim Hausverwalter der Mietertrag; die Dauer der Vollmacht; ihre Widerruflichkeit; eine sachliche Vollmachtsbegrenzung. Bei einer Prokura muss man § 49 II HGB beachten. Im Übrigen darf nach **III 2** der Wert die Hälfte des Vermögens des Auftraggebers nicht übersteigen.

15 **2. General-, Vorsorgevollmacht (III).** Stets ist das Gesamtvermögen des Vollmachtgebers ohne einen Abzug der Schulden maßgebend, § 38 S. 1 (OLG Frankfurt a. M. FamRZ 2007, 1183; LG Kassel JurBüro 2009, 320; LG Koblenz FamRZ 2008, 2298). Die Beurkundung einer Generalvollmacht ohne inhaltliche oder zeitliche Einschränkung, wirksam über den Tod hinaus, rechtfertigt es, den halben Vermögenswert anzusetzen (LG Bremen ZEV 2019, 176 = BeckRS 2018, 36634). Generell kommt es darauf an, ob sie nicht nur im Außenverhältnis umfassend ist, sondern auch im Innenverhältnis zwischen dem Vollmachtgeber und seinem Bevollmächtigten (OLG Frankfurt a. M. FamRZ 2007, 1183). Bei einer Beschränkung im Innenverhältnis etwa nur zur Verfügung über bestimmte Vermögensmassen, etwa Grundstücke, muss man deren Wert ansetzen (aM OLG Zweibrücken FamRZ 2008, 1877). Bei einer persönlichen Vollmacht, die sich nicht auf Vermögensangelegenheiten bezieht, ist hinsichtlich des Geschäftswerts idR der Auffangwert des III 3 maßgebend, da ist der Entscheidung über höchstpersönliche Angelegenheiten, wie die medizinische Behandlung im Krankheitsfall, ein materieller Wert nicht beizumessen ist (LG Bremen ZEV 2019, 176 = BeckRS 2018, 36634).

16 **3. Höchstwert (IV).** In allen Fällen → Rn. 13–15 ist der absolute Höchstwert 1.000.000 EUR zu beachten, IV.

17 **4. Fehlen tatsächlicher Anhaltspunkte (III 3).** Soweit genügende tatsächliche Anhaltspunkte fehlen, muss man als Ausgangswert III 3 mit Vorrang gegenüber § 36 III anwenden. Das gilt etwa bei einer Postvollmacht. Bei einer der Vollmacht zur Hausverwaltung bilden aber die Mieten eine ausreichende Berechnungsgrundlage. Beim Bauherrenvertrag entscheidet der Gesamtaufwand des Vollmachtgebers (KG JurBüro 1987, 1213). Bei einer Altersvorsorgevollmacht kann man 10 % des Aktivvermögens ansetzen, aber auch 50 % entsprechend § 20 II (OLG Stuttgart JurBüro 2000, 428). Eine persönliche Angelegenheit erhöht ihren Wert nicht (Keilbach DNotZ 2004, 164). Bei einer Verbindung mit einer Generalvollmacht ist das Aktivvermögen ohne einen Schuldenabzug maßgebend (OLG Frankfurt a. M. FamRZ 2007, 1183). Bei einer allgemeinen Handelsregistervollmacht eines Kommanditisten ist die Kommanditeinlage, mindestens aber 30.000 EUR nach § 105 I 2 maßgebend.

18 **V. Besonderheiten.** Wenn **mehrere Personen** innerhalb einer bestehenden oder bevorstehenden Rechtsgemeinschaft mehreren anderen Personen eine Vollmacht zu einem bestimmten Geschäft oder eine allgemeine Vollmacht erteilen, liegt nur **eine**

Vollmacht vor, selbst wenn jeder Bevollmächtigte einzeln handeln darf. Wenn mehrere Personen außerhalb einer Gemeinschaft, Gesellschaft oder Gesamthand einen Dritten zu einem bestimmten Geschäft oder allgemein oder sich gegenseitig bevollmächtigen, liegen mehrere Vollmachten vor. Es kommt nicht darauf an, ob diese Personen wegen eines anderen Vermögens eine Gemeinschaft, Gesellschaft oder Gesamthand bilden, auf das sich die Vollmacht nicht bezieht. § 110 Nr. 3 gilt dann, wenn eine Vollmacht und ein anderes Rechtgeschäft unter Lebenden in derselben Urkunde zusammentreffen, etwa bei einer Finanzierung des Kaufpreises (OLG Celle JurBüro 1997, 156), aber auch bei einer darüber hinausgehenden Belastungsvollmacht (OLG Hamm FGPrax 2006, 37; OLG Rostock MittBayNot 2002, 207).

Miet-, Pacht- und Dienstverträge

99 **I [1]Der Geschäftswert bei der Beurkundung eines Miet- oder Pachtvertrags ist der Wert aller Leistungen des Mieters oder Pächters während der gesamten Vertragszeit. [2]Bei Miet- oder Pachtverträgen von unbestimmter Vertragsdauer ist der auf die ersten fünf Jahre entfallende Wert der Leistungen maßgebend; ist jedoch die Auflösung des Vertrags erst zu einem späteren Zeitpunkt zulässig, ist dieser maßgebend. [3]In keinem Fall darf der Geschäftswert den auf die ersten 20 Jahre entfallenden Wert übersteigen.**

II Der Geschäftswert bei der Beurkundung eines Dienstvertrags, eines Geschäftsbesorgungsvertrags oder eines ähnlichen Vertrags ist der Wert aller Bezüge des zur Dienstleistung oder Geschäftsbesorgung Verpflichteten während der gesamten Vertragszeit, höchstens jedoch der Wert der auf die ersten fünf Jahre entfallenden Bezüge.

Schrifttum: N. Schneider, Anwaltsvergütung: Mitwirken an Mietvertragserrichtung/-gestaltung, NZM 2016, 159 (Üb.).

I. Normzweck. Die Vorschrift enthält vielfach erhebliche Änderungen. I entspricht ein wenig § 41 GKG, II entspricht etwas § 42 II. § 99 enthält in der Reihe der Ergänzungen des § 97 eine vorrangige Spezialregelung. 1

Die von § 99 behandelten Bereiche stellen sozial empfindliche Vertragsformen dar. Ihre kostenmäßige Behandlung erfordert ein gesetzgeberisches Verantwortungsbewusstsein. Ihm wird I 1 weniger gerecht als der Rest der Vorschrift. Das gilt jedenfalls beim Wohnmietvertrag der einfachen Wohnqualitätsstufe. Soweit das Gericht insofern überhaupt noch ein Ermessen behält, sollte es ihn nach § 1 I entsprechend dem Grundsatz einer dem Kostenschuldner günstigen Auslegung handhaben. Dasselbe kann aber auch bei der Miete eines Geschäftsraums gelten, an der zB wegen seiner Lage praktisch die Existenz des Mieters hängen kann. 2

II. Miet- und Pachtrecht, I. I betrifft Miet- und Pachtrechte von Grundstücken, beweglichen Sachen und Rechten aller Art einschließlich Land- und Jagdpacht in ihrer inhaltlichen Gestaltung. Sie gilt von der Begründung über eine Erhöhung oder Herabstufung der Miete oder Pacht und über eine Änderung oder Verlängerung oder den Eintritt eines Dritten in den Vertrag bis zur Aufhebung des Vertrags (Meyer JurBüro 2010, 185). Die Vorschrift ist auf einen Leasingvertrag anwendbar (BayObLG JurBüro 1984, 1559). Sie ist auf einen Franchisevertrag entsprechend anwendbar. 3

Unanwendbar ist § 99 beim Leihvertrag. Dann gilt § 36. Bei einer Sicherungsabtretung der gesamten Mieteinnahmen eines Grundstücks ist I unanwendbar und § 53 anwendbar. Denn dann steht in Wahrheit die Nutzung infrage, also eine Nießbrauchsbestellung. Bei einer Abtretung zu einem anderen Zweck ist § 52 anwendbar, soweit § 36 I. 4

III. Wert, I. Der Wert berechnet sich nach dem Wert „aller Leistungen des Mieters oder Pächters" in Geld oder anderen Werten, also nicht nur nach der Miete und Pacht, sondern zB auch nach den einmalig oder laufend übernommenen Ein-, Um- oder Auszugskosten, ferner zB nach den Instandsetzungs- oder Umbaukosten, Ölheizungsbeiträgen, Reinigungskostenanteilen, Aufzugskosten, übernommenen Lasten oder Steuern, Versicherungen usw. Beim Zusammentreffen wiederkehrender Leis- 5 tungen und einer einmaligen Leistung erfolgt eine Zusammenrechnung beider Leistungen. Die Leistungen des Vermieters usw bleiben anders als bei § 97 III außer Betracht. Im Übrigen muss man zwei Fallgruppen unterscheiden und dazu den Vertrag nach dem Zeitpunkt seines Abschlusses auslegen, also nicht nach dem Zeitpunkt des Mietbeginns (BayObLG NZM 2000, 731).

6 **1. Bestimmte Vertragsdauer.** Ein solcher Vertrag liegt auch dann vor, wenn ein Vertragspartner unter bestimmten Voraussetzungen vorzeitig kündigen kann (BayObLG NZM 2000, 732). Bei einer bestimmten Vertragsdauer errechnet man den Wert nach dem Gesamtbetrag der Leistungen des Mieters oder Pächters während der gesamten Vertragszeit. Das gilt auch dann, wenn eine fristlose Kündigung möglich ist. Man darf jedoch nach I 3 höchstens den Wert der ersten 20 Jahre ansetzen. Nach dem Ablauf einer festen Mietzeit muss man eine Übergangszeit etwa bis zur Beziehbarkeit des Ersatzraums nach § 36 I dem Wert von § 99 I hinzurechnen (OLG Hamm JurBüro 1980, 1064).

7 **2. Unbestimmte Dauer.** Ein solcher Vertrag liegt zB bei einem Vertrag auf Lebenszeit vor, oder dann, wenn das Vertragsende von einer im Belieben eines Partners stehenden Kündigung abhängig ist. Das gilt selbst dann, wenn der andere Vertragspartner seinerseits erst nach Jahren kündigen könnte. Eine unbestimmte Vertragsdauer liegt auch dann vor, wenn der Vermieter dem Mieter ein Optionsrecht eingeräumt hat (BayObLG JurBüro 1992, 341), oder wenn ein unbedingtes Rücktrittsrecht besteht (BayObLG NJW-RR 2000, 1600).

8 Bei einer unbestimmten Vertragsdauer ist der **Wert der ersten fünf Jahre** maßgebend, sofern die Parteien nicht eine kürzere Höchstvertragsdauer oder eine längere Mindestvertragsdauer vereinbart haben. Das letztere ist zB dann so, wenn ein Partner frühestens nach fünf Jahren kündigen kann. Dann ist der Wert der Mindestvertragsdauer maßgeblich. Der 20-Jahres-Wert nach I 3 bildet auch hier die absolute Obergrenze.

9 Bei einer unbestimmten Vertragsdauer ist aber wie bei einer bestimmten nach I 3 der Wert des Miet- oder Pachtobjekts beim Beginn der Nutzungszeit stets der Höchstwert.

10 **IV. Dienstvertrag usw. (II).** Hierher gehört jeder Vertrag nach §§ 611 ff., 675 ff. BGB und jeder dieser Vertragsarten „ähnliche" Vertrag als Ganzes (LG Stuttgart AnwBl 1987, 341). Hierher zählt auch ein Anstellungsvertrag. Ferner zählen hierher zumindest entsprechend: Der Agenturvertrag; der Kommissionsvertrag; der Maklervertrag; der Handelsvertretervertrag (BayObLG JurBüro 1982, 1549; LG Wuppertal AnwBl 1975, 241).

11 **V. Wert (II).** Es kommt auf den Wert aller einmaligen wie laufenden Bezüge des zur Dienstleistung usw. Verpflichteten während der ganzen Vertragszeit an. Maßgebend ist also das gesamte Entgelt einschließlich einer Prämie, eines Gewinnanteils, einer Naturalverpflegung, einer Wohnung, eines Unkostenersatzes usw. (LG Wuppertal AnwBl 1975, 241). Das gilt auch dann, wenn ein Vertragspartner vorzeitig kündigen darf. Allerdings ist der Wert der auf die ersten fünf Jahre entfallenden Bezüge stets der Höchstwert. Beim Fehlen laufender Bezüge wird § 36 I anwendbar (BayObLG JurBüro 1982, 1549).

Güterrechtliche Angelegenheiten

100 **I [1]Der Geschäftswert**

1. bei der Beurkundung von Eheverträgen im Sinne des § 1408 des Bürgerlichen Gesetzbuchs, die sich nicht auf Vereinbarungen über den Versorgungsausgleich beschränken, und

2. bei der Beurkundung von Anmeldungen aufgrund solcher Verträge

ist die Summe der Werte der gegenwärtigen Vermögen beider Ehegatten. [2]Betrifft der Ehevertrag nur das Vermögen eines Ehegatten, ist nur dessen Vermögen maßgebend. [3]Bei Ermittlung des Vermögens werden Verbindlichkeiten bis zur Hälfte des nach Satz 1 oder 2 maßgeblichen Werts abge-

zogen. [4] Verbindlichkeiten eines Ehegatten werden nur von seinem Vermögen abgezogen.

II Betrifft der Ehevertrag nur bestimmte Vermögenswerte, auch wenn sie dem Anfangsvermögen hinzuzurechnen wären, oder bestimmte güterrechtliche Ansprüche, so ist deren Wert, höchstens jedoch der Wert nach Absatz 1 maßgebend.

III Betrifft der Ehevertrag Vermögenswerte, die noch nicht zum Vermögen des Ehegatten gehören, werden sie mit 30 Prozent ihres Werts berücksichtigt, wenn sie im Ehevertrag konkret bezeichnet sind.

IV Die Absätze 1 bis 3 gelten entsprechend bei Lebenspartnerschaftsverträgen.

Schrifttum: Felix, Notarkosten im Familien- und Erbrecht – Vom (A)usschluss des Versorgungsausgleichs bis zum (Z)eugnis des Testamentsvollstreckers, RNotZ 2019, 527 und RNotZ 2019, 606; Kühne/Wengemuth, Kostenberechnungen von Eheverträgen und Scheidungsfolgenvereinbarungen, NotBZ 2019, 247; 2019, 290.

I. Normzweck. Die Vorschrift betrifft bestimmte güterrechtliche Vereinbarungen 1 (zB zum Güterstand bzw. dessen Aufhebung). § 100 gilt nicht für die Bewertung von Vereinbarungen zum Unterhalt (§ 52), zum Versorgungsausgleich (→ Rn. 6) oder zu §§ 1357–1362, 1365, 1369 BGB (§ 51 II).

II. Anwendungsbereich. Es geht nach I 1 Nr. 1 nur um einen solchen **Ehe-** 2 **vertrag** nach § 1408 BGB, durch den die Ehegatten ihre ehelichen Vermögensbeziehungen regeln (Ehevertrag im engeren Sinn, Vertrag über Güterstand). Dabei muss man außerdem unterscheiden: Geht es um das Vermögen beider Eheleute oder nur um dasjenige eines der Partner? Betrifft der Ehevertrag nur bestimmte einzelne Vermögenswerte? Oder nur bestimmte einzelne güterrechtliche Ansprüche? Oder zumindest auch einen erst künftigen Vermögenswert? Diese Unterschiede regeln I 2–III. Schließlich gilt I–III auch nach IV beim Lebenspartnerschaftsvertrag entsprechend.

§ 100 gilt nicht für (Ehe)Verträge, soweit diese Vereinbarungen zum Versorgungs- 3 ausgleich (→ Rn. 6), zum Unterhalt (Wert: § 52), zu den Ehewirkungen im Allgemeinen (§§ 1353 ff. BGB, Wert: § 51 II), zu ehebedingten Zuwendungen, über den Anspruch nach § 1378 III 2 BGB mit einer Ausgleichszahlung (Wert: § 97, LG Düsseldorf NotBZ 2019, 197 = BeckRS 2018, 30938), zu einer Rechtswahl (Wert: § 104 I) oder zum Erbrecht (Wert: § 102) enthalten (LG Düsseldorf NJOZ 2020, 487 = BeckRS 2019, 15864).

Eine **Scheidungsfolgenvereinbarung** ist wie ein Ehevertrag → Rn. 2, 3 zu be- 4 werten. § 100 ist nur anwendbar, soweit eine Regelung zum Güterstand (zB Wechsel, Modifizierung) getroffen wird.

Der Wert einer Anmeldung zum Güterrechtsregister bis zum 31.12.2022 nach I 1 5 Nr. 2 bzw. als Entwurf nach § 121, die sich auf einen Vertrag nach I 1 Nr. 1 stützt, bestimmt sich ebenfalls nach § 100.

Der Wert einer Vereinbarung zum **Versorgungsausgleich** bestimmt sich nach 6 dem Ausgleichswert der betroffenen Anrechte, also nach dem Wert des Versorgungsrechts, der zum Ausgleich gebracht wird. Der gegenseitige Verzicht auf den Versorgungsausgleich ist als Austauschvertrag nach § 97 III zu bewerten, maßgebend ist die Summe der Ausgleichswerte, der höhere Wert ist maßgebend. Nur soweit der Kapitalwert des Versorgungsrechts nach § 5 III VersAusglG oder nach § 47 VersAusglG und darauf basierend der Ausgleichswert nicht ermittelt werden kann oder bei einem Ehevertrag, der bei oder vor Eheschließung abgeschlossen wird, noch keine Aussage über die Entwicklung der Anwartschaftsrechte getroffen werden kann (LG Chemnitz NotBZ 2021, 116), ist § 36 III maßgebend (zur Ermittlung der Werte vgl. Kühne/Wengemuth BNotZ 2019, 247).

III. Wert. Die Wertbestimmung erfolgt grds. nach dem folgenden Grundsatz, der 7 Vorrang vor § 36 I hat (BayObLG JurBüro 1985, 753). Er zeigt zahlreiche Ausprägungen. Die vom Ehevertrag iSd § 100 verschiedenen Beurkundungsgegenstände sind zu diesem Wert nach §§ 35 I, 86 II, 109 ff. dazu zu addieren, da der Ehevertrag im engeren Sinn stets nach § 111 Nr. 2 ein besonderer Beurkundungsgegenstand ist.

8 **1. Grundsatz: Zusammenrechnung des Vermögens (I).** Bei einem Ehe- oder Lebenspartnerschaftsvertrag muss man nach **I 1** grundsätzlich das gegenwärtige Vermögen (auch höchstpersönliche Vermögensgegenstände) beider Beteiligten zusammenrechnen. Das gilt unabhängig vom Arbeitsaufwand des Notars (OLG Köln FamRZ 2012, 396). Es gilt auch bei der Vereinbarung einer Gütertrennung (BayObLG Rpfleger 1988, 84). Hierher zählt auch die vertragliche Aufhebung der Zugewinngemeinschaft nebst einer endgültigen Vermögensauseinandersetzung (OLG Hamm NJW-RR 2014, 252). Wenn der Vertrag nur das Vermögen eines Beteiligten (zB Regelung zu §§ 1374 f. BGB nur bezüglich eines Ehegatten) betrifft, gilt nach **I 2** ausnahmsweise nur der Wert dieses Vermögens. Eine Vorerbschaft zählt als ein volles Vermögen (BayObLGZ 85, 5).

9 In beiden Fällen muss man nach **I 3** bei der Ermittlung des Gesamt- oder Einzelvermögens die jeweiligen **Schulden abziehen;** in einer Abweichung von § 38 S. 1 Hs. 1 gemäß Hs. 2 jedoch nur bis zur Hälfte des nach I 1, 2 maßgebenden Werts. Die Schulden nur eines Ehegatten darf man aber nach **I 4** nur von **seinem** Vermögen abziehen. Es erfolgt insoweit keine Gesamtsaldierung.

10 **2. Abweichung bei bestimmtem Vermögenswert (II).** Soweit ein Ehe- oder Partnerschaftsvertrag nur einen bestimmten Gegenstand oder mehrere bestimmte Gegenstände betrifft, kommt es allerdings zunächst nach **II Hs. 1** weder bei den Vermögen der beiden Beteiligten noch bei demjenigen nur eines Beteiligten auf sein jeweiliges Gesamtvermögen an. Maßgeblich ist vielmehr zunächst nur der Wert des bestimmten Gegenstands oder der mehreren bestimmten Gegenstände ohne einen Schuldenabzug (OLG Karlsruhe JurBüro 2008, 602). Allerdings gilt dann ein **Höchstwert:** Den Wert nach I 1–4 darf man nach **II Hs. 2** nicht überschreiten.

11 Ein solcher Vertrag liegt zB dann vor, wenn der Zugewinnausgleich nur für einen bestimmten Fall (zB Scheidung) ausgeschlossen wird, von der Quote des § 1378 I BGB abgewichen wird, die Bewertungsmodalitäten für einzelne Vermögensgegenstände regelt werden oder einzelne Vermögensgegenstände aus der Berechnung des Zugewinnausgleichs herausgenommen werden.

12 Soweit in derselben Urkunde solche Vereinbarungen stehen, die das gesamte Vermögen der Eheleute betreffen, neben solchen, die nur bestimmte Gegenstände betreffen, darf man den Wert der letzteren nicht besonders berücksichtigen (BayObLGZ 86, 49).

13 **3. Abweichung bei künftigem Vermögenswert (III).** Erfasst die ehevertragliche Regelung auch künftiges Vermögen eines Ehegatten (zB künftige Gesellschaftsbeteiligungen, künftiges Erbe), also Vermögen, das dem Ehegatten derzeit noch nicht gehört, gilt III. Der künftige Vermögensgegenstand muss dabei bestimmt genug und explizit im Vertrag genannt werden. Hier darf man nach **III Hs. 1** zusätzlich zum Wert nach I und II nur 30 % des Werts dazu addieren, und auch das nach **III Hs. 2** nur dann, wenn der Vertrag sie schon jetzt „konkret" bezeichnet, also nachvollziehbar genau. Ein Schuldenabzug erfolgt nicht.

14 **4. Einzelfälle.** Beim Vermögensstand der **Ausgleichsgemeinschaft** in einer **Lebenspartnerschaft** nach § 6 II LPartG gelten grds. dieselben Regeln wie bei der Zugewinngemeinschaft → Rn. 2, 8, 10. Bei einer Lebenspartnerschaft gelten bei einer Änderung des Vermögensstands von der Ausgleichsgemeinschaft, zu einem Lebenspartnerschaftsvertrag oder umgekehrt dieselben Erwägungen wie bei einer Güterstandsänderung in einer Ehe, soweit sie wirksam erfolgen können.

15 „Betroffen" ist das Vermögen bei der Begründung oder beim Ausschluss eines **güterrechtlichen Anspruchs** (BayObLGZ 86, 50).

16 Bewertbar nach I oder II ist auch ein solcher Ehevertrag, durch den man den **gesetzlichen Güterstand** abändert (BayObLGZ 85, 4), zB durch eine Änderung des Anfangsvermögens, durch eine andere Verteilung des Zugewinns, durch eine Gütertrennung (BayObLGZ 85, 4). Dann ist § 36 I unanwendbar.

17 **Schulden** muss man zwar nach I 3 abziehen, aber nur vom Vermögen des Schuldners, nicht von den Vermögen beider Ehegatten. Eine Gesamtschuld wird anteilig nach § 426 BGB vom Vermögen des Ausgleichspflichtigen abgezogen.

18 „Betroffen" ist das zwar Vermögen bei der Begründung oder beim Ausschluss einer **Verfügungsbeschränkung,** aber der Wert bestimmt sich nach § 51 II. Ist dagegen

das Vermögen bei der Begründung oder beim Ausschluss einer **Verwaltungsbefugnis** „betroffen", so gilt § 100 (BayObLGZ 86, 50).

Bewertbar nach § 100 sind auch ein vertraglicher Ausschluss oder die Aufhebung der **Zugewinngemeinschaft** (OLG Frankfurt a. M. JurBüro 1991, 1223; OLG Hamm NJW-RR 2014, 252); ein wechselseitiger Verzicht auf einen Zugewinnanspruch ohne Gegenleistung (BayObLG FamRZ 1987, 1294), → Rn. 3; eine sonstige erhebliche Änderung des gesetzlichen Güterstands. Dann ist § 36 I unanwendbar (BayObLG FamRZ 1987, 1294; OLG Hamm DNotZ 1979, 61). Wer demgegenüber den Wert der Erbrechtsverstärkung maßgeblich sein lässt, setzt sich über die ausdrückliche Regelung in § 100 hinweg und bringt darüber hinaus Unsicherheiten in die Berechnungsweise. Denn man weiß in aller Regel im maßgeblichen Zeitpunkt noch nicht, aus welchen Gegenständen der Nachlass bestehen wird und welchen Wert diese Gegenstände haben werden. 19

Annahme als Kind

101 **In Angelegenheiten, die die Annahme eines Minderjährigen betreffen, beträgt der Geschäftswert 5000 Euro.**

I. Normzweck. Die Vorschrift schafft in ihrem Anwendungsbereich einen Festwert und damit keine Möglichkeit mehr, den Wert nach Lage des Falls zu variieren. Das dient der Vereinfachung und damit der Rechtssicherheit, lässt aber eine Anpassung an evtl. äußerst unterschiedliche Lagen bei der Adoption eines Minderjährigen nicht mehr zu. 1

II. Anwendungsbereich. Es geht nur um die Annahme eines Minderjährigen als Kind nach §§ 1741–1766 BGB. Hier gilt der Festwert als Geschäftswert. Für eine Zustimmungserklärung, die nicht zugleich mit dem Antrag auf Annahme beurkundet wird, gilt § 98 I. Für die Annahme eines Volljährigen bestimmt sich der Geschäftswert nach den Vermögensverhältnissen der Beteiligten, dem Zweck der Adoption und der gesellschaftlichen Stellung der Beteiligten gemäß § 36 I, II (BayObLG Rpfleger 1981, 247). 2

Erbrechtliche Angelegenheiten

102 **I 1 Geschäftswert bei der Beurkundung einer Verfügung von Todes wegen ist, wenn über den ganzen Nachlass oder einen Bruchteil verfügt wird, der Wert des Vermögens oder der Wert des entsprechenden Bruchteils des Vermögens. 2 Verbindlichkeiten des Erblassers werden abgezogen, jedoch nur bis zur Hälfte des Werts des Vermögens. 3 Vermächtnisse und Auflagen werden nur bei Verfügung über einen Bruchteil und nur mit dem Anteil ihres Werts hinzugerechnet, der dem Bruchteil entspricht, über den nicht verfügt wird.**

II 1 Verfügt der Erblasser außer über die Gesamtrechtsnachfolge daneben über Vermögenswerte, die noch nicht zu seinem Vermögen gehören, jedoch in der Verfügung von Todes wegen konkret bezeichnet sind, wird deren Wert hinzugerechnet. 2 Von dem Begünstigten zu übernehmende Verbindlichkeiten werden abgezogen, jedoch nur bis zur Hälfte des Vermögenswerts. 3 Die Sätze 1 und 2 gelten bei gemeinschaftlichen Testamenten und gegenseitigen Erbverträgen nicht für Vermögenswerte, die bereits nach Absatz 1 berücksichtigt sind.

III Betrifft die Verfügung von Todes wegen nur bestimmte Vermögenswerte, ist deren Wert maßgebend; Absatz 2 Satz 2 gilt entsprechend.

IV 1 Bei der Beurkundung eines Erbverzichts-, Zuwendungsverzichts- oder Pflichtteilsverzichtsvertrags gilt Absatz 1 Satz 1 und 2 entsprechend; soweit der Zuwendungsverzicht ein Vermächtnis betrifft, gilt Absatz 3 entsprechend. 2 Das Pflichtteilsrecht ist wie ein entsprechender Bruchteil des Nachlasses zu behandeln.

V [1]Die Absätze 1 bis 3 gelten entsprechend für die Beurkundung der Anfechtung oder des Widerrufs einer Verfügung von Todes wegen sowie für den Rücktritt von einem Erbvertrag. [2]Hat eine Erklärung des einen Teils nach Satz 1 im Fall eines gemeinschaftlichen Testaments oder eines Erbvertrags die Unwirksamkeit von Verfügungen des anderen Teils zur Folge, ist der Wert der Verfügungen des anderen Teils dem Wert nach Satz 1 hinzuzurechnen.

Schrifttum: Felix, Notarkosten im Familien- und Erbrecht – Vom (A)usschluss des Versorgungsausgleichs bis zum (Z)eugnis des Testamentsvollstreckers, RNotZ 2019, 527 und RNotZ 2019, 606.

1 **I. Normzweck.** Die Wertregelung ist nicht abschließend. Es kommt nicht mehr auf die Wertangaben des Verfügenden an, sondern auf die objektiven Verhältnisse. Damit entfällt ein früherer Hauptgedanke, der Respekt vor dem Erblasser, zugunsten einer jedenfalls beim Wert von seinen Vorstellungen unabhängigen Methode. Jedoch sind aufgrund der Mitwirkungspflicht nach § 95 grds. die Wertangaben des Mandanten zugrunde zu legen.

2 **II. Verfügung von Todes wegen.** Dazu Langel, Kosten bei eigenhändigem und notariellem Testament und bei transmortaler/postmortaler Vollmacht, NJW 2017, 3617 (Üb.). Das ist auch bei der Bewertung der Oberbegriff für Testament (letztwillige Verfügung, § 1937 BGB) und Erbvertrag (LG Düsseldorf NJOZ 2020, 505 = BeckRS 2018, 33821).

3 § 102 erfasst sämtliche **Verfügungen von Todes** wegen (LG Potsdam BeckRS 2022, 21288), sowie ein Schenkungsversprechen von Todes wegen nach § 2301 BGB. Dagegen werden nicht erfasst Verträge nach § 311b IV, V BGB, nach § 301 BGB und nicht soweit die Verfügung von Todes wegen nur nichtvermögensrechtlicher Anordnungen umfasst (zB nach §§ 1776, 1638, 2197 BGB). Erfasst werden auch Verfügungen von Todes wegen, mit der ein bestehendes Testament/Erbvertrag abgeändert oder aufgehoben wird.

4 Nach § 111 Nr. 1 ist eine Verfügung von Todes wegen stets ein besonderer Beurkundungsgegenstand, so dass bei Mitbeurkundung von Rechtsgeschäften unter Lebenden §§ 35 I, 86 II, 94 zu beachten ist. Die Kostenprivilegierung des § 46 III KostO aF hat keinen Eingang in das GNotKG gefunden.

5 **III. Ganzer Nachlass, Bruchteil (I).** Es gibt einen Grundsatz mit zwei Ausnahmen.

6 **1. Grundsatz: Vermögenswert (I 1).** Zum Vermögen gehört alles Bewertbare und Vererbbare. Maßgeblich ist weder eine erhoffte noch eine erbetene, sondern die getroffene Verfügung im Zeitpunkt ihrer Beurkundung. Bei einer Vor- oder Nacherbschaft oder bei einem Vor- oder Nacherbvermächtnis besteht nur **eine** Verfügung. Bei einer Verfügung nur über einen Bruchteil ist nur dieser maßgeblich (zum Gewinnanteil: OLG Schleswig NJW-RR 2000, 1598). Beinhaltet die Verfügung von Todes wegen nur die Anordnung einer Testamentsvollstreckung bestimmt sich der Wert nicht nach § 102, sondern nach §§ 36 I, 51 II ($^{3}/_{10}$ vom Nachlass; OLG Naumburg RNotZ 2018, 353). Maßgeblich ist der Wert des gesamten Nachlasses oder Wert des entsprechenden Bruchteils. Der Wert der einzelnen Vermögensgegenstände (zum Erbschaftsbegriff s. § 1922 I BGB) bestimmt sich nach §§ 36 ff. Bei landwirtschaftlichem Grundbesitz kommt der geringere Wert des § 38 I nur in Betracht, wenn die Voraussetzungen des § 48 vorliegen und insbsd. der Erbe die unmittelbare Betriebsfortführung beabsichtigt (LG Magdeburg NotBZ 2020, 118 = BeckRS 2019, 40397). Nicht mehr mit dem Verkehrswert zu bewerten, sondern als wertneutral einzustufen und mit Null zu bewerten, ist in einer Vorurkunde übertragener Grundbesitz, da dieser nicht mehr dem Vermögen des Testierenden zuzurechnen ist (LG Potsdam BeckRS 2022, 21288).

7 **2. Abzug von Verbindlichkeiten (I 2).** Anders als bei § 38 S. 1 Hs. 1 muss man sie gemäß § 38 S. 1 Hs. 2 abziehen, jedoch nur bis zur Hälfte des nach I 1 ermittelten Vermögens. Maßgebend ist auch bei der Errechnung einer Verbindlichkeit der Zeitpunkt der Beurkundung der Verfügung. Auch der Zugewinnausgleichsanspruch ist eine Nachlassschuld (OLG Karlsruhe Rpfleger 1978, 272).

3. Hinzurechnung von Vermächtnis oder Auflage (I 3). Hier kommt eine Hinzurechnung nach **I 3 Hs. 1** nur dann infrage, wenn es sich bei der Verfügung nur um einen Vermögensbruchteil des Erblassers handelt. Selbst dann darf man nach **I 3 Hs. 2** nur denjenigen Wertanteil des Vermächtnisses oder der Auflage hinzurechnen, der dem von der Bruchteilsverfügung **nicht** betroffenen Teil des Vermögens des Erblassers entspricht. 8

Beispiel: Vermögen 100.000 EUR, Verfügung über 30.000 EUR, Auflage über 10.000 EUR. Über 70.000 EUR wurde im nicht verfügt, damit hinzurechenbar: 70 % von 10.000 = 7.000 EUR. 9

IV. Künftiges Vermögen (II). Die Regelung gilt dann, wenn neben einer Verfügung über die Gesamtrechtsnachfolge auch eine Verfügung über künftige Vermögen unter dessen konkreter Bezeichnung in einer Verfügung von Todes wegen erfolgt. Diese Mitverfügung erhält in II zum Wert wie bei I einen Grundsatz mit zwei Ausnahmen. 10

1. Grundsatz: Hinzurechnung (II 1). Das in → Rn. 10 genannte künftige Vermögen kommt nach → Rn. 5–9 errechneten Vermögen hinzu. Maßgeblich ist der bei der jetzigen Beurkundung abschätzbare Wert des mitverfügten Vermögens. 11

2. Abzug von Verbindlichkeiten (II 2). Auch hier muss man gemäß § 38 S. 1 Hs. 2 diejenigen Verbindlichkeiten abziehen, die der Begünstigte übernehmen müsste, auch hier nur bis zur Hälfte des Vermögenswerts nach → Rn. 11. 12

3. Weder Hinzurechnung noch Abzug (II 3). Diese Regelung gilt nur bei einem gemeinschaftlichen Testament nach §§ 2265 ff. BGB und bei einem gegenseitigen Erbvertrag nach §§ 2274 ff. BGB. Dann kommt es weder zur Zusammenrechnung nach II 1 noch zum Abzug nach II 2, soweit ein Vermögenswert schon nach I Berücksichtigung gefunden hat. Somit ist eine doppelte Berücksichtigung ausgeschlossen. 13

V. Nur bestimmte Vermögenswerte (III). Während I 1 eine Verfügung über den ganzen Nachlass oder dessen Bruchteil regelt, behandelt III eine Verfügung von Todes wegen über nur einen oder mehrere „bestimmte" Vermögenswerte, die der Erblasser nachvollziehbar genau bezeichnet haben muss. III gilt auch dann, wenn diese bestimmten Werte zwar einen errechenbaren Bruchteil des Gesamtvermögens darstellen, wenn der Erblasser aber nicht einen Bruchteil genannt hat, sondern einen oder mehrere Vermögensteile mit oder ohne deren eigene Bewertung. Ob er so vorging, muss man wie stets nach §§ 133, 157 BGB auslegen. Auch hier gibt es unter diesen Voraussetzungen einen Grundsatz und eine Ausnahme nach **Hs. 1:** Zunächst muss man die Summe der bestimmten Vermögenswerte ermitteln. Sodann muss man wegen der Verweisung in **Hs. 2** auf II 2 Verbindlichkeiten des Übernehmers abziehen, auch hier nur zur Hälfte. 14

VI. Verzichtsvertrag (IV). Es geht um einen Erbverzichts-, Zuwendungsverzichts- oder Pflichtteilsverzichtsvertrag und nicht nur um eine einseitige derartige Erklärung. Dann tritt die Regelung des IV ein. Der Wert bestimmt sich nach dem Erb- bzw. Pflichtteil am Nachlass iSd I 1, 2, auch hier werden Schulden bis maximal der Hälfte des Aktivvermögens abgezogen. Soweit der Verzicht entgeltlich erfolgt, gilt nicht IV, sondern § 97 III. Nach IV bzw. § 97 III wird auch ein gegenständlich beschränkter Verzicht, maßgeblich ist der Wert des Vermögensgegenstands, auf den sich der Verzicht bezieht, und die betroffene Pflichtteilsquote, so die hL (stellvertretend BeckOK KostR/Felix Rn. 37 ff.; aA LG Amberg MittBayNot 2019, 79), danach erfolgt die Bewertung nach § 36 I. Wird in einem Vertrag zwischen Ehegatten und deren Abkömmlingen auf das Pflichtteilsrecht nach dem erstversterbenden Elternteil verzichtet, so handelt es sich um einen Pflichtteilsverzicht gegenüber jeden Elternteil und beide Verzichte sind zu bewerten (LG Arnsberg ZEV 2022, 604). Dabei ist der Verzicht gegenüber dem längstlebenden Elternteil auflösend bedingt. Diese Bedingung ist bei der Wertbestimmung nicht zu berücksichtigen (OLG Düsseldorf NotBZ 2019, 219 = BeckRS 2018, 31653). 15

VII. Anfechtung, Widerruf, Rücktritt (V). Die ersten beiden Vorgänge bei einer jeden Verfügung nach → Rn. 3 sowie ein Rücktritt von einem Erbvertrag lösen 16 eine entsprechende Anwendbarkeit von I–III nach **V 1** aus. Hierunter fällt auch die Aufhebung eines Erbvertrags durch Vertrag (LG Düsseldorf ZEV 2019, 109 = BeckRS 2018, 33821; aA Bormann/Diehn/Sommerfeldt/Pfeiffer Rn. 41). **V 2** regelt den dortigen Sonderfall für Erklärungen nach §§ 2270 I, 2298 I BGB (Wertaddition). Wird neben der Anfechtung usw. auch eine neue Verfügung von Todes wegen beurkundet ist § 109 II 1 Nr. 2 zu beachten.

Erklärungen gegenüber dem Nachlassgericht, Anträge an das Nachlassgericht

103 **I Werden in einer vermögensrechtlichen Angelegenheit Erklärungen, die gegenüber dem Nachlassgericht abzugeben sind, oder Anträge an das Nachlassgericht beurkundet, ist Geschäftswert der Wert des betroffenen Vermögens oder des betroffenen Bruchteils nach Abzug der Verbindlichkeiten zum Zeitpunkt der Beurkundung.**

II Bei der Beurkundung von Erklärungen über die Ausschlagung des Anfalls eines Hofes (§ 11 der Höfeordnung) gilt Absatz 1 entsprechend.

1 **I. Normzweck, Anwendungsbereich.** Die Vorschrift erfasst jede Beurkundung einer jeden Erklärung gegenüber dem Nachlassgericht oder eines dorthin gerichteten bloßen Antrags gem. § 342 I Nr. 5 FamFG (zB **Erbscheinsantrag,** Erbausschlagung, Anzeige eines Erbschaftskaufs, Anfechtung eines Testaments, Antrag auf Nachlasspflegschaft, Nachlassverwaltung usw.). Zu diesen Erklärungen gehört auch eine für die Erbausschlagung notwendige familiengerichtliche Genehmigung (OLG Zweibrücken ZEV 2019, 266 = BeckRS 2018, 35246). Das gilt nur in einer vermögensrechtlichen Angelegenheit iSd § 36 I, vgl. dazu dort. Nicht von § 103 erfasst werden Erklärungen über die Person des Testamentsvollstreckers, hier gilt § 36 II. Außerdem erfasst II die Beurkundung einer Ausschlagung nach § 11 HöfeO. Beides gilt nur hilfsweise neben anderen vorrangigen Spezialregelungen etwa nach § 102. Die Norm gilt auch für eine Unterschriftsbeglaubigung oder einen Entwurf nach §§ 119, 121. Maßgebend ist für § 103 stets, dass das Nachlassgericht der Erklärungsadressat sein muss.

2 **II. Vermögenswert.** Maßgeblich ist der Wert des gerade von der Beurkundung nach → Rn. 1 „betroffenen" Vermögens oder Vermögensbruchteils nach Abzug von gerade darauf lastenden Schulden (OLG Zweibrücken ZEV 2019, 266 = BeckRS 2018, 35246). Der Schuldenabzug ist nicht begrenzt, bei überschuldetem Nachlass fällt lediglich die Mindestgebühr an (OLG Saarbrücken ZEV 2011, 657 = BeckRS 2011, 3924). Für die Geschäftswertbestimmung kommt es stets auf den Beurkundungszeitpunkt an. Welches Vermögen „betroffen" ist, ist unter Abwägung aller Umstände und unter Mitbeachtung von § 1 I eher zugunsten des Kostenschuldners zu klären. Nicht betroffen ist ein nur sehr mittelbar oder nur sehr bedingt schon jetzt irgendwie einbeziehbarer Posten. Bei mehreren Erklärungen nach § 103 in einer Urkunde gelten §§ 35 I, 86 II, 109 ff.

Rechtswahl

104 **I Bei der Beurkundung einer Rechtswahl, die die allgemeinen oder güterrechtlichen Wirkungen der Ehe betrifft, beträgt der Geschäftswert 30 Prozent des Werts, der sich in entsprechender Anwendung des § 100 ergibt.**

II Bei der Beurkundung einer Rechtswahl, die eine Rechtsnachfolge von Todes wegen betrifft, beträgt der Geschäftswert 30 Prozent des Werts, der sich in entsprechender Anwendung des § 102 ergibt.

III Bei der Beurkundung einer Rechtswahl in sonstigen Fällen beträgt der Geschäftswert 30 Prozent des Geschäftswerts für die Beurkundung des Rechtsgeschäfts, für das die Rechtswahl bestimmt ist.

1 **I. Normzweck.** Die Vorschrift nimmt zwecks Klarstellung drei Fallgruppen aus den allgemeinen Regelungen in § 36 IV iVm § 36 I–III heraus. Diese letzteren

Regelungen gelten daher neben § 104 allenfalls zur Vermeidung einer Lücke hilfsweise als Auffangvorschriften. Mit zu beachten ist § 111 Nr. 4 bei einer Rechtswahl nach internationalem Recht, danach ist eine Rechtswahl stets ein besonderer Beurkundungsgegenstand.

II. Ehewirkungen (I). 1. Anwendungsbereich. Es muss um die allgemeinen oder güterrechtlichen Ehewirkungen gehen. Erfasst sind sowohl die Rechtswahl nach Art. 14 EGBGB, Art 15 EGBGB aF, sowie nach Art. 22 I EuGüVO und Art. 22 I EuPartVO. 2

2. Geschäftswert. Maßgebens sind 30 % des sich aus § 100 ergebenden Werts (LG Düsseldorf BeckRS 2018, 30014). 3

III. Rechtsnachfolge von Todes wegen (II). Darunter ist nicht nur ein Testament und ein solches gemeinschaftliches zu verstehen, sondern jede Art von Rechtsnachfolge, zB auch ein Erbvertrag. Es muss eine Rechtswahl nach Art. 25 II EGBGB aF oder nach Art. 22 I, 83, 23 III EuErbVO handeln. Maßgeblich ist derselbe Wert wie bei § 102, davon 30 %. Hier muss man nach Hs. 1 den Wert des betroffenen Vermögensgegenstands zugrundelegen und dabei nach Hs. 2 den § 102 II 2 entsprechend anwenden. Vgl. daher dort. 4

IV. Sonstige Fälle (III). Diese Auffangklausel innerhalb des § 104 bringt zum Ausdruck, dass jede Art und Form von wirksamer Rechtswahl unter § 104 fällt, zumindest unter III, zB Rechtswahl nach Art. 3 Rom I-VO, Art. 5 Rom III-VO. Auch hier sind 30 % des Werts desjenigen Rechtsgeschäfts zugrunde zu legen, um dessen Beurkundung es geht. 5

Anmeldung zu bestimmten Registern

105 **I 1 Bei den folgenden Anmeldungen zum Handelsregister ist Geschäftswert der in das Handelsregister einzutragende Geldbetrag, bei Änderung bereits eingetragener Geldbeträge der Unterschiedsbetrag:**

1. erste Anmeldung einer Kapitalgesellschaft; ein in der Satzung bestimmtes genehmigtes Kapital ist dem Grund- oder Stammkapital hinzuzurechnen;
2. erste Anmeldung eines Versicherungsvereins auf Gegenseitigkeit;
3. Erhöhung oder Herabsetzung des Stammkapitals einer Gesellschaft mit beschränkter Haftung;
4. Beschluss der Hauptversammlung einer Aktiengesellschaft oder einer Kommanditgesellschaft auf Aktien über
   a) Maßnahmen der Kapitalbeschaffung (§§ 182 bis 221 des Aktiengesetzes); dem Beschluss über die genehmigte Kapitalerhöhung steht der Beschluss über die Verlängerung der Frist gleich, innerhalb derer der Vorstand das Kapital erhöhen kann;
   b) Maßnahmen der Kapitalherabsetzung (§§ 222 bis 240 des Aktiengesetzes);
5. erste Anmeldung einer Kommanditgesellschaft; maßgebend ist die Summe der Kommanditeinlagen; hinzuzurechnen sind 30 000 Euro für den ersten und 15 000 Euro für jeden weiteren persönlich haftenden Gesellschafter;
6. Eintritt eines Kommanditisten in eine bestehende Personenhandelsgesellschaft oder Ausscheiden eines Kommanditisten; ist ein Kommanditist als Nachfolger eines anderen Kommanditisten oder ein bisher persönlich haftender Gesellschafter als Kommanditist oder ein bisheriger Kommanditist als persönlich haftender Gesellschafter einzutragen, ist die einfache Kommanditeinlage maßgebend;
7. Erhöhung oder Herabsetzung einer Kommanditeinlage.

2 Der Geschäftswert beträgt mindestens 30 000 Euro.

II Bei sonstigen Anmeldungen zum Handelsregister sowie bei Anmeldungen zum Partnerschafts- und Genossenschaftsregister *[Fassung ab 1.1.2024: Gesellschafts-, Genossenschafts- und Partnerschaftsregister]* bestimmt sich der Geschäftswert nach den Absätzen 3 bis 5.

III Der Geschäftswert beträgt bei der ersten Anmeldung

1. eines Einzelkaufmanns 30 000 Euro;

2. *[Fassung ab 1.1.2024: einer Gesellschaft bürgerlichen Rechts,]* einer offenen Handelsgesellschaft oder einer Partnerschaftsgesellschaft mit zwei Gesellschaftern 45 000 Euro; hat die offene Handelsgesellschaft oder die Partnerschaftsgesellschaft *[Fassung ab 1.1.2024: Gesellschaft]* mehr als zwei Gesellschafter, erhöht sich der Wert für den dritten und jeden weiteren Gesellschafter um jeweils 15 000 Euro;

3. einer Genossenschaft oder einer juristischen Person (§ 33 des Handelsgesetzbuchs) 60 000 Euro.

IV Bei einer späteren Anmeldung beträgt der Geschäftswert, wenn diese

1. eine Kapitalgesellschaft betrifft, 1 Prozent des eingetragenen Grund- oder Stammkapitals, mindestens 30 000 Euro;

2. einen Versicherungsverein auf Gegenseitigkeit betrifft, 60 000 Euro;

3. eine Personenhandels- oder Partnerschaftsgesellschaft *[Fassung ab 1.1.2024: eine rechtsfähige Personengesellschaft]* betrifft, 30 000 Euro; bei Eintritt oder Ausscheiden von mehr als zwei persönlich haftenden Gesellschaftern oder Partnern sind als Geschäftswert 15 000 Euro für jeden eintretenden oder ausscheidenden Gesellschafter oder Partner anzunehmen;

4. einen Einzelkaufmann, eine Genossenschaft oder eine juristische Person (§ 33 des Handelsgesetzbuchs) betrifft, 30 000 Euro.

V Ist eine Anmeldung nur deshalb erforderlich, weil sich eine Anschrift geändert hat, oder handelt es sich um eine ähnliche Anmeldung, die für das Unternehmen keine wirtschaftliche Bedeutung hat, so beträgt der Geschäftswert 5000 Euro.

VI [1]Der in Absatz 1 Satz 2 und in Absatz 4 Nummer 1 bestimmte Mindestwert gilt nicht

1. für die Gründung einer Gesellschaft gemäß § 2 Absatz 1a des Gesetzes betreffend die Gesellschaften mit beschränkter Haftung und

2. für Änderungen des Gesellschaftsvertrags einer gemäß § 2 Absatz 1a des Gesetzes betreffend die Gesellschaften mit beschränkter Haftung gegründeten Gesellschaft, wenn die Gesellschaft auch mit dem geänderten Gesellschaftsvertrag hätte gemäß § 2 Absatz 1a des Gesetzes betreffend die Gesellschaften mit beschränkter Haftung gegründet werden können.

[2]Reine sprachliche Abweichungen vom Musterprotokoll oder die spätere Streichung der auf die Gründung verweisenden Formulierungen stehen der Anwendung des Satzes 1 nicht entgegen.

Schrifttum: Gustavus, Handelsregisteranmeldungen, 10. Aufl. 2020.

Übersicht

I. Normzweck. Die Beurkundung einer Anmeldung zum Handelsregister ist eine Aufgabe des Notars. Ihre Vergütung gehört daher ins Kapitel 3 „Notarkosten". **Einreichung** und Beurkundung lösen nur **eine** Bewertung aus. Erst die gerichtliche Eintragung schafft einen weiteren Kostenvorgang. Ihn erfasst § 58 nebst der zugehörigen Verordnung und Gebührenverzeichnis (GVHR). Die zur Eintragung ergangenen Entscheidungen des EuGH zur lediglich aufwandsbezogenen Vergütung sind bei § 58dargestellt. Der EuGH hat bisher keine entsprechende Forderung auch gegenüber der notariellen Anmeldevergütung erhoben. 1

II. Anwendungsbereich. 1. Allgemeines. Die Vorschriften gelten sowohl für die notarielle Beurkundung einer Anmeldung als auch für die Einreichung der Anmeldung zum Handels- Partnerschafts- und Genossenschaftsregister. Stets liegt der Kostenberechnung ein Geschäftswert zugrunde. Der Wert ist nach den in I–VI aufgezählten unterschiedlichen Maßstäben zu ermitteln. Ein Betriebswert spielt keine Rolle mehr. Die Norm gilt nicht für eine Anmeldung zum Vereinsregister – hier gilt insoweit § 100. 2

Neben der Gebühr für die Beurkundung bzw. für die Entwurfserstellung nach § 119 I entstehen daneben die Gebühren für die Erfassung der XML-Strukturdaten, sowie uU eine Vollzugs- und/oder Betreuungsgebühr. 3

I ist eine abschließende Regelung, maßgebend ist der einzutragende Geldbetrag. Alle nicht unter I fallenden Anmeldungen, sowie Anmeldungen zum Partnerschafts- und Genossenschaftsregister bestimmt sich gemäß II nach III–V. I, III und IV bestimmen daneben Mindestwerte, während V wiederum jeweils von den Mindestwerten die Ausnahmen regelt. Der Höchstwert ergibt sich aus § 106. 4

2. Einzutragender Geldbetrag (I). Maßgebend ist im Anwendungsbereich des I nach I 2 grundsätzlich (Ausnahmen: VI) mindestens der Betrag von 30.000 EUR und auf dieser Basis der jeweils einzutragende Geldbetrag, (zum alten Recht OLG Hamm DNotZ 1979, 679). Die frühere gesetzliche Unterscheidung zwischen einem „bestimmten" Geldbetrag und anderen Fällen ist wegen zahlreicher Abgrenzungsprobleme abgeschafft worden. Vielmehr kommt es zunächst nur darauf an, ob einer der in I 1 Nr. 1–7 abschließend aufgeführten Fälle vorliegt (Busch Rpfleger 1997, 89; Otto JurBüro 1997, 62). 5

Ein **„Geldbetrag"** liegt nur dann vor, wenn der Betrag aus den dem Gericht vorliegenden Unterlagen ohne weiteres ersichtlich ist oder wenn man ihn aus diesen Unterlagen ohne Schwierigkeiten errechnen kann (BayObLGZ 90, 137; LG Göttingen Rpfleger 1993, 408, Reuter BB 1989, 715). 6

Maßgeblich ist eine solche **Wertverschiebung,** die sich aus dem Gegenstand des Beschlusses und nicht nur aus seinem Zweck oder dem Abstimmungsergebnis ableiten lässt (BayObLGZ 90, 136). Für die Bestimmung des Geldbetrags nach I 1 ist insbesondere bei einer Änderung eines bereits eingetragenen Geldbetrags die Wertverschiebung maßgeblich, also der Unterschied der Werte vor dem Anmeldevorgang und hinterher (OLG Hamm Rpfleger 1975, 267). 7

3. Sonstige Anmeldungen (II–V). Die Vorschrift enthält der Übersichtlichkeit halber eine bloße Abgrenzung der Fallgruppen nach I zu denjenigen nach II–V, die II als „sonstige" Anmeldungen bezeichnet. Damit entsteht aber nicht etwa eine Auf- 8 fangklausel. Vielmehr enthalten III–V eine abschließende Aufzählung der „sonstigen Anmeldungen". Dabei geht es in § 105 um eine Anmeldung sowohl zum Handelsregister als auch zum Partnerschaftsregister und Genossenschaftsregister **[ab 1.1.2024: auch zum Gesellschaftsregister].** Beim Güterrechtsregister galt **bis 31.12.2022** § 100. Was weder unter I noch unter III–V fällt, lässt sich jedenfalls nicht nach § 105 bewerten. Eine Vollmacht zur Vornahme einer Registeranmeldung hat nach § 98 I den halben des sich aus § 105 ergebenden Rechtsgeschäfts, (zum alten Recht OLG Stuttgart JurBüro 1981, 912). Wegen des Mindestwerts → Rn. 5.

9 Das **Partnerschaftsregister** besteht in einer entsprechenden Anwendung der Regeln über das Handelsregister nach § 5 PartGG, beim AG. § 374 Nr. 3 FamFG. Zuständig ist nach § 3 Nr. 2d RPflG der Rpfl. Es gilt für eine Partnerschaftsgesellschaft (Partnerschaft) von Angehörigen freier Berufe nach § 1 PartGG, auch für deren Zweigniederlassung nach § 5 II PartGG. Die Anmeldung auch eines Ausscheidens usw. erfolgt nach § 4 PartGG iVm §§ 106 I, 108 HGB. Eintragungen erfolgen nach § 5 PartGG iVm den dort genannten Vorschriften des HGB. Die Partnerschaft wird im Verhältnis zu Dritten nach § 7 I PartGG erst mit ihrer Eintragung wirksam.

10 Das **Genossenschaftsregister** besteht ebenfalls beim AG, § 374 Nr. 2 FamFG. Zuständig ist nach § 3 Nr. 2d RPflG der Rpfleger. Der Begriff der Genossenschaft ergibt sich aus § 1 GenG. Die Genossenschaft wird im Verhältnis zu Dritten nach § 13 GenG UKS erst mit ihrer Eintragung wirksam.

11 Während III die erste Anmeldung einer der dort in Nr. 1–3 genannten Vorgänge betrifft, erfasst IV jede spätere Anmeldung. Es ist jede spätere Anmeldung gesondert zu bewerten (KG JurBüro 2001, 655, selbst auf Grund derselben Urkunde).

12 **III. Kapitalgesellschaften. 1. Anwendungsbereich.** Das ist im Gegensatz zur Personengesellschaft eine solche Gesellschaft, deren Merkmal die reine Kapitalbeteiligung (Mitgliedschaft gründet sich auf die reine Geldbeteiligung und nicht auf eine persönliche Mitarbeit der Gesellschafter) und nicht auch eine persönliche Mitarbeit der Gesellschafter ist, die nicht persönlich haften und ihre Anteile grundsätzlich frei veräußern und verwerten können. Hierher zählen: die Aktiengesellschaft; die Kommanditgesellschaft auf Aktien; die Gesellschaft mit beschränkter Haftung. Hierher gehören zB die Aktiengesellschaft, die Kommanditgesellschaft auf Aktien, die Gesellschaft mit beschränkter Haftung, die Unternehmergesellschaft, ferner die der deutschen Aktiengesellschaft weitgehend gleichstehende Europäische Gesellschaft (SE), § 3 SEA Gesetz v. 22.12.2004 (BGBl. I S. 3675). Erfasst werden auch die Anmeldungen bzgl. Zweigniederlassungen in-/ausländischer Kapitalgesellschaften nach §§ 13 ff. HGB.

13 **2. Erste Anmeldung (I 1 Nr. 1, 2). a) Kapitalgesellschaften (I 1 Nr. 1).** Die Norm erfasst im Gegensatz zu IV Nr. 1 nur die erste Anmeldung. I 1 Nr. 1 ist auch dann anwendbar, wenn eine Umwandlung in eine andere Kapitalgesellschaft stattfindet. Es kommt nicht darauf an, ob die Kapitalgesellschaft unter der bisherigen Firma mit oder ohne einen Zusatz über den Rechtsnachfolger fortbesteht. Auch die erste Anmeldung einer Zweigniederlassung der Kapitalgesellschaft gehört hierher. Im Übrigen ist nicht maßgeblich, ob ein neues Registerblatt entstehen soll, sondern es kommt auf die **sachliche Rechtslage** an.

14 Zu der Erstanmeldung gehört auch die Anmeldung der Vertretungsorgane samt abstrakter und konkreter Vertretungsregelung. Diese Angaben sind für die Erstanmeldung zwingend erforderlich und somit zur Erstanmeldung der Kapitalgesellschaft gegenstandsgleich (sog. notwendige Anmeldungseinheit → § 111 Rn. 4). Auch erforderliche Versicherungen in der Anmeldung (zB nach § 8 II, III GmbHG) sind nicht gesondert zu bewerten, sondern sind Teil der Erstanmeldung.

15 Maßgebend für die Geschäftswertbestimmung ist bei der Erstanmeldung das Stamm- bzw. Grundkapital. Zur Hinzurechnung von genehmigtem Kapital nach I 1 Nr. 1 Hs. 2 Hirte Rpfleger 2001, 6 (ausf.): Ein schon bei der Gründung vorgesehenes genehmigtes Kapital ist nach § 202 AktG derjenige Nennbetrag, um den der Vorstand einer Aktiengesellschaft oder Kommanditgesellschaft auf Aktien mit besonderer Ermächtigung das Grundkapital durch die Ausgabe neuer Aktien gegen entsprechende Einlagen erhöhen darf. Dabei ist sein Höchstbetrag ohne eine Rücksicht auf die Einbeziehung einer früheren Ermächtigung maßgeblich. Dasselbe gilt bei einer Ver-

längerung der Ausnutzungsfrist (aM OLG Hamm Rpfleger 1985, 127). Dieses genehmigte Kapital wird dem anzumeldenden Grundkapital für die Ermittlung des Geschäftswerts nach I 1 Nr. 1 hinzugerechnet. **Unanwendbar** ist I 1 Nr. 1 Hs. 2 bei einem erst späteren Beschluss über eine Kapitalerhöhung. Dann gilt I 1 Nr. 4a. Der Mindestwert nach I 2 beträgt 30.000 EUR.

b) Versicherungsverein auf Gegenseitigkeit (I 1 Nr. 2). Für die erste Anmeldung eines **Versicherungsvereins auf Gegenseitigkeit** (dabei handelt es sich um ein privates Versicherungsunternehmen als rechtsfähiger Verein mit den Versicherten als Vereinsmitgliedern, die Erstanmeldung erfolgt nach §§ 30 ff. VAG zum Handelsregister) gelten die in → Rn. 13 ff. dargestellten Regeln entsprechend, soweit möglich. Es ist der Nennbetrag des Gründungsstocks anzusetzen. Der Gründungsstock ergibt sich aus § 22 VAG (Otto JurBüro 1997, 63). 16

3. Kapitalmaßnahmen (I 1 Nr. 3, 4). a) Erhöhung oder Herabsetzung des Stammkapitals einer GmbH (I 1 Nr. 3). Die Vorschrift klärt eine Streitfrage. Die Vorschrift erfasst nur die Gesellschaft mit beschränkter Haftung, sowie die Unternehmergesellschaft, § 1 GmbHG, (zum alten Recht OLG Hamm FGPrax 2004, 305), keine andere Kapitalgesellschaft, letztere auch nicht entsprechend. 17

Es geht um das in § 5 I GmbHG geregelte Stammkapital. Es setzt sich aus Stammeinlagen zusammen. Sie können nach § 5 IV GmbHG in Bar- oder Sacheinlagen bestehen. Sie sind indessen unbeachtlich. Die Durchführungsart ist unbeachtlich. Denn maßgeblich ist nur die stets in EUR anzumeldende Summe der Einlagen, eben das Stammkapital. Es ist unerheblich, ob die Erhöhung einen bestimmten Betrag ausmacht oder ob der Beschluss nur eine Ermächtigung zu einer Erhöhung des Stammkapitals bis zu einem solchen bestimmten Betrag enthält (BayObLG Rpfleger 1990, 213; OLG Frankfurt a. M. Rpfleger 1987, 508; OLG Zweibrücken Rpfleger 1988, 151; aM KG Rpfleger 1985, 170). Beim Zusammentreffen einer Erhöhung und einer Herabsetzung muss man zusammenrechnen. Erfolgt die Kapitalerhöhung durch die Erhöhung des Stammkapitals und zugleich durch eine Einzahlung nach § 272 II Nr. 4 HGB, so sind beide Beträge zu addieren (OLG München NJW-RR 2018, 668). Die bloße Umstellung des Stammkapitals von DM auf Euro (ohne Änderung) unterfällt nicht unter I 1 Nr. 3, sondern unter V → Rn. 41 ff. 18

b) Kapitalbeschaffung, -herabsetzung bei AG oder KGaA (I 1 Nr. 4). Die Vorschrift erfasst andere inhaltlich ähnliche Maßnahmen der Kapitalbeschaffung oder -herabsetzung nur der Aktiengesellschaft, § 1 AktG, und der Kommanditgesellschaft auf Aktien, § 278 AktG, keine andere Kapitalgesellschaft, letztere auch nicht entsprechend. 19

I 1 Nr. 4a (Kapitalbeschaffung) erfasst jede Maßnahme nach §§ 182–221 AktG, also: Die Kapitalerhöhung gegen Einlagen nach §§ 182 ff., 278 III AktG, auch Sacheinlagen, § 183 AktG (nach dieser Vorschrift zu bewerten); bei einer gleichzeitigen Anmeldung auch eine bedingte Kapitalerhöhung nach §§ 192 ff., 278 III AktG auch diejenige mit Sacheinlagen nach § 194 AktG (nach dieser Vorschrift zu bewerten). Die Durchführung richtet sich nach I 1 Nr. 1; die genehmigte Kapitalerhöhung nach → Rn. 15, §§ 202 ff., 278 III AktG (Hirte Rpfleger 2001, 7 (ausf.)). Auch bei ihr richtet sich die Durchführung nach I 1 Nr. 1; die Kapitalerhöhung aus Gesellschaftsmitteln nach §§ 207 ff., 278 III AktG; die Wandelschuldverschreibung und die Gewinnschuldverschreibung nach §§ 221, 278 III AktG. Ihr steht der Hauptversammlungsbeschluss über die Verlängerung der in § 202 I, II AktG genannten Ermächtigungsfristen nach dem ausdrücklichen Wortlaut von § 105 I 1 Nr. 4a Hs. 2 GNotKG gleich. 20

Nicht hierher gehört die bloße Durchführung der Erhöhung im Anschluss an eine Anmeldung und Eintragung, sowie die Anmeldung der Durchführung der Kapitalerhöhung. Diese ist nach IV Nr. 1 zu bewerten 21

I 1 Nr. 4b (Kapitalherabsetzung) erfasst jede Maßnahme nach §§ 222–240 AktG, also: Die ordentliche Kapitalherabsetzung nach §§ 222–228 AktG, auch diejenige unter den Mindestnennbetrag; die Vereinfachte Herabsetzung nach §§ 229–236 AktG, auch bei einer Rückwirkung einer gleichzeitigen Kapitalerhöhung; die Herabsetzung durch Einziehung von Aktien nach §§ 237–239 AktG; den Ausweis der Kapitalherabsetzung nach § 240 AktG. Bei der Herabsetzung des Grundkapitals ist 22 der **Nennbetrag** nur insoweit maßgeblich, als man ihn für das Handelsregister anmelden muss.

23 **Nicht** hierher gehört die bloße Durchführung der Herabsetzung im Anschluss an eine Anmeldung und Eintragung, sowie die Anmeldung der Durchführung der Kapitalherabsetzung. Diese ist nach IV Nr. 1 zu bewerten.

24 **4. Sonstige Anmeldungen (II, IV). a) Kapitalgesellschaft (II, IV Nr. 1).** Die Vorschrift erfasst zB die Anmeldung von einer Satzungsänderung; die Anmeldung einer geänderten Vertretungsbefugnis; die Bestellung/Abberufung von Vertretungsorganen; Erteilung/Veränderungen/Erlöschen einer Prokura; die Auflösung der Gesellschaft; die Feststellung der Nichtigkeit eines Beschlusses; die Bestellung oder Abberufung eines Abwicklers; eine Sitzverlegung; die Durchführung von Kapitalmaßnahmen (Beschlüsse dazu → Rn. 17 ff.); Unternehmerverträge iSd §§ 295 ff. AktG (Abschluss, Änderung, Beendigung); Verlegung oder Aufhebung einer Zweigniederlassung; Auflösung und Beendigung der Gesellschaft; Veränderungen bgzl. des Komplementärs bei einer KGaA. Zu der Anmeldung der Auflösung gehört auch die Anmeldung des Ausscheidens der Geschäftsführer und die Anmeldung der bisherigen Geschäftsführer als geborene Liquidatoren nach §§ 66 I, 67 I GmbH samt abstrakter und konkreter Vertretungsregelung. Diese Angaben sind für die Anmeldung der Auflösung zwingend erforderlich und somit gegenstandsgleich (sog. notwendige Anmeldungseinheit → § 111 Rn. 4) (BGH DNotZ 2017, 229). Auch erforderliche Versicherungen in der Anmeldung sind nicht gesondert zu bewerten, sondern sind Teil der Anmeldung.

25 **Wert** ist 1 % nicht des einzutragenden, sondern des tatsächlich eingetragenen Grund- oder Stammkapitals, jedoch grundsätzlich mindestens 30.000 EUR (Ausnahmen → Rn. 27 ff.). Eine Satzungsänderung in mehreren Punkten ist keine Gegenstandsmehrheit, soweit die verschiedenen Satzungsänderungen ohne bestimmten Wert sind. Andernfalls ist jede Anmeldung nach § 111 Nr. 3 gesondert zu bewerten und bei mehreren Anmeldungen in einer Urkunde erfolgt eine Summierung der Geschäftswerte nach § 105 (zB Bestellung oder Abberufung mehrerer Geschäftsführer, KG MittBayNot 2000, 338; OLG Zweibrücken JurBüro 2001, 38).

26 **b) Versicherungsverein auf Gegenseitigkeit (II, IV Nr. 2).** Für spätere Anmeldungen zu einem VVaG ist der Geschäftswert von 60.000 EUR pro anzumeldender Änderung anzusetzen. Dies gilt zB für die Abberufung und Bestellung von Vorstandsmitgliedern.

27 **5. Musterprotokoll (VI).** Die Vorschrift zeigt zwei Ausnahmen von den Mindestwerten in I 2 und in IV Nr. 1. Diese Mindestwerte gelten nicht in den in VI genannten Fälle, sondern es bleibt beim einzutragenden Geldbetrag (Stammkapital) als Geschäftswert (dagegen gilt weiterhin die Mindestgebühr). Maßgebend ist die Verwendung des Musterprotokolls, von dem nicht abgewichen werden darf.

28 Nach VI Nr. 1 muss es sich um die Beurkundung einer Gründung einer GmbH oder UG handeln, die mit Musterprotokoll erfolgt. Maßgebend ist der Betrag des Stammkapitals. Nach VI Nr. 2 ist der Unterschiedsbetrag maßgebend, wenn eine GmbH/UG, die mit Musterprotokoll gegründet wurde, nun eine Satzungsänderung ebenfalls unter Verwendung des Musterprotokolls erfolgt. Erfolgt dagegen die Satzungsänderung unter Abweichung vom Musterprotokoll, so entfällt die Kostenprivilegierung des VI auch für die dazugehörigen Anmeldungen und für zukünftige Änderungen.

29 Soweit nur eine Firmenänderung oder Sitzverlegung unter Verwendung des Musterprotokolls angemeldet wird, gilt nicht VI, sondern IV Nr. 1 (1 % des Stammkapitals).

30 **IV. Personengesellschaften. 1. Anwendungsbereich.** Hier werden diejenigen Personengesellschaften erfasst, die zwecks Handels gegründet sind und derzeit zu auch oder nur solchem Zweck bestehen, also die Offene Handelsgesellschaft nach §§ 105 ff. HGB; die Kommanditgesellschaft nach §§ 161 ff. HGB, nicht diejenige auf Aktien: sie ist nach → Rn. 12 Kapitalgesellschaft; die Reederei, auch die Partenreederei nach §§ 486 ff. HGB; die EWIV, sowie **ab 1.1.2024** auch die rechtsfähige Gesellschaft bürgerlichen Rechts.

2. Erste Anmeldung (I 1 Nr. 5, III Nr. 2). a) Erste Anmeldung einer oHG (II, III Nr. 2). Die Vorschrift erfasst die erste Anmeldung der offenen Handelsgesellschaft oder einer EWIV. Dabei richtet sich der Wert nach der Zahl der Gesellschafter im Zeitpunkt der Anmeldung, wie in III Nr. 2 Hs. 2 im Einzelnen vorgeschrieben. **Unanwendbar** ist III Nr. 2 bei einer späteren Anmeldung und Eintragung. Dann gilt IV Nr. 3. Auch eine bloße Umwandlungsart zählt nicht hierher → Rn. 49 f. Zu der Erstanmeldung gehört auch die Anmeldung der Vertretungsorgane samt abstrakter und konkreter Vertretungsregelung. Diese Angaben sind für die Erstanmeldung zwingend erforderlich und somit zur Erstanmeldung der oHG gegenstandsgleich (sog. notwendige Anmeldungseinheit → § 111 Rn. 4). 31

b) Erste Anmeldung einer KG (I 1 Nr. 5). Die Vorschrift erfasst nur die KG, nicht die KGaA, die unter Nr. 1 fällt. Die erste Anmeldung kann nach dem Gesetzeswortlaut unter I 1 Nr. 5 fallen. Hierher zählt auch die Umwandlung einer Einzelfirma in eine KG. Maßgebend ist nach § 171 I HGB zumindest die Summe der Kommanditeinlagen (Otto JurBüro 1997, 63). Sacheinlagen werden mit ihrem anzumeldenden Wert eingesetzet. Hinzurechnen muss man die in I 1 Nr. 5 Hs. 2 genannten Festbeträge (30.000 EUR, sowie 15.000 EUR für jeden weiteren Komplementär). Zu der Erstanmeldung gehört auch die Anmeldung der Vertretungsorgane samt abstrakter und konkreter Vertretungsregelung (sog. notwendige Anmeldungseinheit → § 111 Rn. 4). **Unanwendbar** ist I 1 Nr. 5 bei der Umgründung einer oHG in eine KG. Dann gilt I 1 Nr. 6. Für die Anmeldungen zur oHG gilt II–IV. 32

3. Änderung bzgl. der Kommanditisten (I 1 Nr. 6, 7). a) Eintritt, Ausscheiden eines Kommanditisten (I Nr. 6). Die Vorschrift erfasst eine solche Situation sowohl dann, wenn es bisher noch keine KG gab, sondern eine andere Personenhandelsgesellschaft, vor allem eine OHG, als auch dann, wenn in eine KG ein weiterer Kommanditist eintritt (aM Otto JurBüro 1997, 63, auch als Nachfolger). Nr. 6 erfasst schließlich auch einen solchen Austritt. Dabei ist grundsätzlich der Wert der Einlage maßgeblich, wie man ihn für das Register anmelden muss. Bei I 1 Nr. 6 Hs. 2 ist wiederum die einfache Einlage maßgebend. Der frühere Höchstwert ist entfallen, jedoch ist der Mindestwert von 30.000 EUR zu beachten. Beim Zusammentreffen des Eintritts des A und des Austritts des B muss man zusammenrechnen. Bei einem Wechsel der Kommanditisten im Wege der **Gesamt- oder Sonderrechtsnachfolge** ist der Betrag der Einlage nur einmal als Geschäftswert anzusetzen. 33

b) Erhöhung oder Herabsetzung einer Kommanditeinlage (I 1 Nr. 7). Maßgebend ist nach I vor Nr. 1 der Unterschiedsbetrag zum bereits eingetragenen Geldbetrag der einfachen Einlage (Mindestwert: 30.000 EUR). 34

4. Sonstige Änderungen (II, IV Nr. 3). IV erfasst jede spätere Anmeldung zu einer Personengesellschaft, soweit nicht bereits I 1 Nr. 6, 7 eingreifen → Rn. 33, 34. **Hierher gehören** zB: grundsätzlich der Eintritt eines Gesellschafters (Ausnahme: I 1 Nr. 6); eine Firmenänderung, auch nach § 19 V HGB; eine Änderung der Vertretungsbefugnis; eine Sitzverlegung; die Auflösung und Beendigung einer Gesellschaft, die Fortsetzung der aufgelösten Gesellschaft; der Austritt eines Gesellschafters. 35

Wert ist grundsätzlich der in Nr. 3 Hs. 1 genannte Festbetrag, jedoch ausnahmsweise beim Eintritt oder beim Ausscheiden von 3 oder mehr persönlich haftenden Gesellschaftern oder Partnern für den dritten und jeden weiteren eintretenden oder ausscheidenden (gemeint auch hier: persönlich haftenden) Gesellschafter der in Nr. 3 Hs. 2 genannte Festbetrag je Person statt des in Hs. 1 genannten Festbetrags (Otto JurBüro 1997, 63). 36

Scheidet bei einer zweigliedrigen Gesellschaft der vorletzte Gesellschafter aus und wächst das Vermögen der Gesellschaft dem letzten Gesellschafter an, ist damit die Gesellschaft aufgelöst. Soweit der letzte Gesellschafter ein eK sein möchte, ist die Auflösung der Gesellschaft und das Ausscheiden des Gesellschafters nach IV Nr. 3 bzw. nach I 1 Nr. 6 und die Anmeldung zur Ersteintragung als Einzelkaufmann nach III Nr. 1 zu bewerten. Ist der letzte Gesellschafter bereits als eK im Handelsregister eingetragen, erfolgt die Bewertung nach IV Nr. 4. 37

V. Sonstige Rechtsformen. 1. Einzelkaufmann (III Nr. 1, IV Nr. 4). III Nr. 1 erfasst die erste Anmeldung eines Einzelkaufmanns nach §§ 18, 20, 29 HGB. 38

Man kann ihr die Erstanmeldung eines unter Lebenden oder von den Erben oder vom Testamentsvollstrecker fortgeführten Unternehmens gleichstellen (Busch Rpfleger 1997, 90), auch eine Wiedereintragung oder den Übergang von einer Kapital- oder Personengesellschaft auf einen Einzelkaufmann, ferner die Fortführung durch einen Testamentsvollstrecker. Der persönliche Anwendungsbereich ist nicht weit auslegbar. Der Wert beträgt den in III Nr. 1 genannten Festbetrag (30.000 EUR). Über IV Nr. 4 wird auch eine spätere Anmeldung zum Einzelkaufmann nach den §§ 12, 29 ff. HGB erfasst. Hierher gehören auch spätere Anmeldungen zu Prokuren (Anmeldung, Änderung, Erlöschen). Auch hier ist ein Festwert von 30.000 EUR maßgebend.

39 **2. Partnerschaft (III Nr. 2, IV Nr. 3).** III Nr. 2 erfasst die erste Anmeldung jeder Partnerschaftsgesellschaft nach dem PartGG. Dabei richtet sich der Wert nach der Zahl der Gesellschafter im Zeitpunkt der Anmeldung, wie in III Nr. 2 Hs. 2 im Einzelnen vorgeschrieben. Zu der Erstanmeldung gehört auch die Anmeldung der Vertretungsorgane samt abstrakter und konkreter Vertretungsregelung → § 111 Rn. 4). **Unanwendbar** ist III Nr. 2 bei einer späteren Anmeldung und Eintragung. Dann gilt IV Nr. 3. Auch eine bloße Umwandlungsart zählt nicht hierher. Für spätere Anmeldungen erfolgt die Bestimmung des Geschäftswerts nach IV Nr. 3.

40 **3. Genossenschaft, juristische Person (III Nr. 3, IV Nr. 4).** III Nr. 1 erfasst die erste Anmeldung Genossenschaft nach dem GenG oder einer solchen juristischen Person nach §§ 21 ff., 80 ff., 89 BGB, deren Eintragung nach § 33 I HGB mit Rücksicht auf den Gegenstand oder auf die Art und den Umfang ihres Gewerbebetriebs erfolgen muss. Wert ist stets der in III Nr. 3 genannte Festbetrag (60.000 EUR). Zu der Erstanmeldung gehört auch die Anmeldung der Vertretungsorgane samt abstrakter und konkreter Vertretungsregelung (sog. notwendige Anmeldungseinheit → § 111 Rn. 4). Über IV Nr. 4 werden auch spätere Anmeldungen erfasst. Hierher gehören auch spätere Anmeldungen zu Prokuren (Anmeldung, Änderung, Erlöschen), zu Sitzverlegungen, zur Auflösung und Beendigung. Bei mehreren Gegenständen in einer Anmeldung sind die Geschäftswerte zu addieren.

41 **VI. Keine wirtschaftliche Bedeutung (V).** Die Vorschrift erfasst I–IV und regelt ihren eigenen Anwendungsbereich als vorrangige und daher wie stets eng auslegbare und sogar dem IV vorgeordnete Spezialnorm (AG Göppingen Rpfleger 1985, 213). Der Zweck ist eine Begrenzung der Kosten und eine Vereinfachung bei Vorgängen ohne eine wirtschaftliche Bedeutung.

42 **1. Anwendungsbereich.** Es muss sich um eine solche Anmeldung eines formalen oder berichtigenden Charakters handeln, die auf die wirtschaftliche Führung des Unternehmens keinen Einfluss hat und die auch nicht objektiv erforderlich ist (AG Göppingen Rpfleger 1985, 213). Der wichtigste Anwendungsfall ist die bloße Änderung der inländischen Geschäftsanschrift.

43 **2. Beispiele.** V ist **unanwendbar,** wenn es um den Umtausch von Kleinaktien geht, wenn es sich um eine Zuwahl zu einem Aufsichtsrat handelt (dies gilt selbst dann, wenn die Wahl nur eines Ersatzmannes erfolgt ist); wenn die Dividende neu geregelt wird (BayObLG Rpfleger 1975, 333); wenn es sich um die Anmeldung einer GmbH statt einer Einzelperson als Komplementärin handelt (BayObLG Rpfleger 1978, 256), wenn es sich um das Erlöschen der Prokura zB infolge des Tods des Prokuristen handelt; wenn das Geschäftsjahr durch Satzungsänderung geändert wird oder wenn generell eine Änderung bei dem Vertretungsorgan angemeldet werden muss.

44 Dagegen liegt ein **Fall des V** vor, wenn es um die **Änderung des Namens** des Inhabers der Firma oder eines Vertretungsorgans infolge seiner Verheiratung oder sonstigen Umbenennung oder um eine Änderung der Anschrift des Inhabers geht bzw. lediglich der neue Wohnsitz oder Beruf eines Gesellschafters angemeldet wird. V ist also stets anwendbar, soweit es um eine Änderung nur zwecks einer klaren Identität des Inhabers eines Handelsgeschäfts geht. Ebenfalls ein Fall des V ist die Anmeldung der Änderung der **inländischen Geschäftsanschrift** handelt. Gemeint ist erst recht die bloße Änderung einer Postleitzahl oder eines Ortsteils.

V ist anwendbar, soweit das Stamm- bzw. Grundkapital lediglich von DM auf **Euro umgestellt** wird und damit keine Änderung des Stamm- bzw. Grundkapitals einhergeht. Erfolgt zugleich mit der Euro-Umstellung eine Kapitalerhöhung zur Glättung des Stamm-/Grundkapitals so sind dies besondere Beurkundungsgegenstände nach § 111 Nr. 3 (bzgl. der Beschlüsse gilt § 109 II 1 Nr. 4b → § 109 Rn. 44). 45

Bei einer **Firmenänderung, Sitzverlegung** oder (auch nur geringfügigen) **Änderung des Unternehmensgegenstands** ist V nicht anwendbar, soweit es sich um eine echte Änderung handelt (vgl. zu Firma Notarkasse MittBayNot 1982, 53). V gilt jedoch dann, wenn es sich bei der angemeldeten Änderung lediglich um eine redaktionelle Änderung handelt. Bei Kapitalgesellschaften sind die Anmeldung einer geänderten inländischen Geschäftsanschrift und einer Sitzverlegung nach § 111 Nr. 3 verschiedene Beurkundungsgegenstände, da hier Satzungssitz und Verwaltungssitz auseinanderfallen können (OLG Hamm FGPrax 2017, 138). Dagegen handelt es sich bei Personengesellschaften um denselben Beurkundungsgegenstand (LG Düsseldorf NZG 2019, 315 = BeckRS 2019, 203), und ist nicht nach V, sondern nach IV Nr. 3 zu bewerten. 46

Ein Fall des V ist zudem die Anmeldung nur der abstrakten Vertretungsbefugnis oder die Anmeldung eines Zustellungsbevollmächtigten nach § 10 II 2 GmbHG oder § 39 I 2 AktG. Ebenfalls nach V ist zu bewerten, soweit ein stellvertretender Vorsitzender oder Geschäftsführer zum ordentlichen bestellt wird (aM BayObLG MittBayNot 1997, 189; OLG Düsseldorf NJW 1989, 1259; AG Göppingen Rpfleger 1985, 213). Sonstige Änderungen beim Vertretungsorgan unterfallen dagegen nicht V. 47

3. Wert. Soweit V anwendbar ist, ist für jede Anmeldung ein Festbetrag von 5.000 EUR anzusetzen. 48

VII. Umwandlungen. Bei Umwandlungsvorgängen sind Anmeldungen für jeden beteiligten Rechtsträger vorzunehmen, die je einen besonderen Beurkundungsgegenstand nach § 111 Nr. 3 darstellen. Die Anmeldung für den übertragenden Rechtsträger bestimmt sich mangels Wert nach IV, lediglich die Anmeldung einer Kapitalherabsetzung ist wegen § 111 Nr. 3 gesondert zu bewerten. 49

Die Anmeldung für einen neu entstehenden Rechtsträger ist eine Anmeldung, die nach I bzw, III zu bewerten ist. Die Anmeldung für den übernehmenden, bereits bestehenden Rechtsträger ist eine spätere (sonstige) Anmeldung, die nach IV zu bewerten ist. Die Anmeldung eines Formwechsels, die nur beim umgewandelten Rechtsträger erfolgt, wird nach I, III (bei Neueintragung des Rechtsträgers) oder nach IV (vgl. § 202 I Nr. 1 UmwG) bewertet. 50

Höchstwert für Anmeldungen zu bestimmten Registern

106 **[1]Bei der Beurkundung von Anmeldungen zu einem in § 105 genannten Register und zum Vereinsregister** ***[Fassung ab 1.1.2026: [1]Bei der Beurkundung von Anmeldungen zu einem in § 105 genannten Register, zum Vereinsregister und zum Stiftungsregister]*** **beträgt der Geschäftswert höchstens 1 Million Euro. [2]Dies gilt auch dann, wenn mehrere Anmeldungen in einem Beurkundungsverfahren zusammengefasst werden.**

Als Ergänzung zu § 105 schafft die vorrangige Vorschrift bei der Beurkundung einer Anmeldung nach § 105 und zum Vereinsregister einen Höchstwert von 1 Million EUR. Das gilt nach S. 2 auch bei der Zusammenfassung mehrerer Anmeldungen in demselben Beurkundungsverfahren, §§ 35 I, 93 I, 111 Nr. 3. 1

Gesellschaftsrechtliche Verträge, Satzungen und Pläne

107 **(1) [1]Bei der Beurkundung von Gesellschaftsverträgen und Satzungen sowie von Plänen und Verträgen nach dem Umwandlungsgesetz beträgt der Geschäftswert mindestens 30 000 Euro und höchstens 10 Millionen Euro. [2]Der in Satz 1 bestimmte Mindestwert gilt nicht bei der Beurkundung von Gesellschaftsverträgen und Satzungen in den Fällen des § 105 Absatz 6.**

II [1]Bei der Beurkundung von Verträgen zwischen verbundenen Unternehmen (§ 15 des Aktiengesetzes) über die Veräußerung oder über die Verpflichtung zur Veräußerung von Gesellschaftsanteilen und -beteiligungen beträgt der Geschäftswert höchstens 10 Millionen Euro. [2]Satz 1 gilt nicht, sofern die betroffene Gesellschaft überwiegend vermögensverwaltend tätig ist, insbesondere als Immobilienverwaltungs-, Objekt-, Holding-, Besitz- oder sonstige Beteiligungsgesellschaft.

1 **I. Normzweck.** I bestimmt für die Beurkundung von Gesellschaftsverträgen, Satzungen und Verträgen samt Plänen nach dem UmwG Mindest- und Höchstwerte, sowie in S. 2 eine Ausnahme in den Fällen des § 105 VI. II enthält einen Sonderfall der verbundenen Unternehmen.

2 **II. Beurkundungen im Gesellschaftsrecht. 1. Allgemeines.** § 107 gilt nur für die in I und II genannten Beurkundungen (→ Rn. 3 ff.). Der Anwendungsbereich der Norm erstreckt sich nicht nur auf Personen- und Kapitalgesellschaften, sondern auch auf Vereine, Genossenschaften und Stiftungsgeschäfte unter Lebenden (vgl. auch → § 105 Rn. 12, 30, 40). Für die mit den Beurkundungen iSd § 107 zusammenhängenden bzw. zusätzlich erforderlichen Gesellschafterbeschlüsse und Handelsregisteranmeldungen gilt nicht § 107, sondern § 108 für Beschlüsse und § 105 für Anmeldungen zum Handelsregister, sowie § 98 für Zustimmungsbeschlüsse nach UmwG (zB §§ 8 III, 9 III, 12 III UmwG). Zugleich ist § 109 (→ § 109 Rn. 23, 35 f., 42 ff.) zu beachten.

3 **2. Gesellschaftsvertrag, Satzung.** I 1 erfasst die Beurkundung jeder Art von Gesellschaftsverträgen oder Satzungen und zwar unabhängig davon, ob der Gesellschaftsvertrag nach § 9 I 1 Nr. 2 BeurkG oder als Anlage zur Gründungsniederschrift nach § 9 I 2 BeurkG beurkundet wird.

4 Somit ist I 1 für Gesellschaftsverträge über die Gründung von Personen- oder Kapitalgesellschaften zu beachten, ebenso für eine nachträglich Beurkundung eines ursprünglich formlos oder schriftlich abgeschlossenen Gesellschaftsvertrag einer Personengesellschaft und auch für die Beurkundung von Änderungen des Gesellschaftsvertrags einer bestehenden Gesellschaft, soweit dies nicht über einen Gesellschafterbeschluss erfolgt (bei Kapitalgesellschaften, (→ § 108). Bei Personengesellschaften stellen auch Gesellschafterveränderungen (Eintritt oder Ausscheiden von Komplementären oder Kommanditisten, Kommanditistenwechsel im Wege der Sonderrechtsnachfolge) eine Änderung des Gesellschaftsvertrags dar, die in den Anwendungsbereich des I 1 fallen, soweit sie beurkundet werden.

5 **3. Pläne und Verträge nach UmwG.** I 1 erfasst alle Pläne und Verträge nach dem UmwG, somit jeden Verschmelzungs-, Spaltungs- und Ausgliederungsvertrag, sowie eine Vermögensübertragung; nicht dagegen den Formwechsel. Bei letzteren handelt es sich nicht um einen Vertrag, sondern um einen Beschluss (§ 193 UmwG). Verzichtserklärungen (zB §§ 8 III, 9 III, 12 III UmwG) sind it dem Vertrag nach § 109 I gegenstandsgleich. Grundbuchberichtigungsanträge dienen der Durchführung des Vertrags und sind ebenfalls nach § 109 I gegenstandsgleich. Dagegen sind Zustimmungsbeschlüsse nach UmwG (→ § 98 Rn. 10) und Anmeldungen zum Handelsregister (→ § 105 nach Rn. 49 f.) gegenstandsverschieden.

6 **4. Veräußerung von Gesellschaftsanteilen samt Verpflichtung dazu.** II 1 erfasst die Beurkundung von Verträgen zwischen **verbundenen Unternehmen** über die Verpflichtung zur Veräußerung von Gesellschaftsanteilen. Die Abtretung des Gesellschaftsanteils als dingliche Anteilsübertragung ist als Erfüllungsgeschäft im Verhältnis zum Verpflichtungsgeschäft nach § 109 I gegenstandsgleich. II 1 gilt aber nicht für alle Veräußerungsgeschäfte über Gesellschaftsbeteiligungen, sondern nur für Geschäfte zwischen verbundenen Unternehmen. Maßgebend ist, dass Veräußerer und Erwerber verbundene Unternehmen nach §§ 15 ff. AktG sind. Nicht zum Verbund iSd §§ 15 ff. AktG muss die Gesellschaft gehören, deren Gesellschaftsanteile bzw. Gesellschaftsbeteiligungen veräußert werden. Die Voraussetzungen nach §§ 15 ff. AktG sind rechtformunabhängig; die Geschäftswertbegrenzung nach II 1 kann auch außerhalb des Aktienrechts bestehen (LG Düsseldorf NZG 2022, 1070).

III. Geschäftswert und -grenzen. 1. Allgemeines. Der Geschäftswert einer Gesellschaft bzw. eines Gesellschaftsanteils richtet sich nach den allgemeinen Vorschriften, insbsd. § 54. § 107 bestimmt lediglich Mindest- und Höchstwerte. 7

2. Gesellschaftsvertrag, Satzung. Verträge über die Gründung einer Gesellschaft sind keine Austauschverträge iSd § 97 III, sondern Leistungserbringungs- bzw. Organisationsverträge und deren Wert bestimmt sich nach § 97 I 1 (→ § 97 Rn. 8 ff.). Bei diesen Verträgen ist nach I 1 der Mindestwert von 30.000 EUR und der Höchstwert von 1 Million EUR zu beachten. 8

Erfolgt die Beurkundung des Gesellschaftsvertrags unter Verwendung des **Musterprotokolls** nach § 2 Ia GmbHG, entfällt nach I 2 der Mindestwert des I 1. Die Mindestgebühr gilt jedoch weiterhin. Eine Abweichung vom Musterprotokoll lässt die Privilegierung des I 2 entfallen (OLG Stuttgart MittBayNot 2021, 402). 9

3. Pläne und Verträge nach UmwG. Der Geschäftswert von Plänen und Verträgen nach dem UmwG bestimmt sich nach § 97 I, soweit keine Gegenleistung durch die Gewährung von Anteilen am übernehmenden Unternehmen gewährt wird (LG Neubrandenburg NotBZ 2020, 118 = BeckRS 2019, 40645; → § 97 Rn. 8 f., 13, 29 f.). Auch hier ist der Mindestwert von 30.000 EUR und der Höchstwert von 1 Million EUR zu beachten. Werden mehrere Umwandlungsvorgänge in einer Urkunde zusammengefasst, sind diese stets verschiedene Beurkundungsgegenstände und der Mindest- und Höchstwert ist ggf. für jeden einzelnen Umwandlungsvorgang zu berücksichtigen. Als Gesamthöchstwert ist § 35 II zu beachten. 10

4. Gesellschaftsanteil. Der Geschäftswert für die Veräußerung von Gesellschaftsbeteiligungen bestimmt sich nach § 97 I (soweit unentgeltlich → § 97 Rn. 5, 8 ff., 29 f.). Lediglich bei Verträgen iSd → Rn. 6 ist der Höchstwert von 10 Millionen EUR und II 1 zu beachten. Somit ist bei verbundenen Unternehmen der Weg über das UmwG und über die Veräußerung von Gesellschaftsanteilen jeweils auf höchstens 10 Millionen EUR begrenzt und beide Gestaltungen werden kostenrechtlich gleich behandelt. Der Höchstwert nach II 1 gilt nicht wenn die die Gesellschaft, deren Anteil/Beteiligung veräußert wird, überwiegenden vermögensverwaltend tätig ist (zum Begriff: BeckOK KostR/Neie Rn. 53 ff.). Damit werden Liegenschaftstransaktionen nicht über das Gesellschaftsrecht (kosten)privilegiert. 11

Beschlüsse von Organen

108 **I 1 Für den Geschäftswert bei der Beurkundung von Beschlüssen von Organen von Kapital-, Personenhandels- und Partnerschaftsgesellschaften *[Fassung ab 1.1.2024: 1 Für den Geschäftswert bei der Beurkundung von Beschlüssen von Organen von Kapitalgesellschaften und rechtsfähigen Personengesellschaften]* sowie von Versicherungsvereinen auf Gegenseitigkeit, juristischen Personen (§ 33 des Handelsgesetzbuchs) oder Genossenschaften, deren Gegenstand keinen bestimmten Geldwert hat, gilt § 105 Absatz 4 und 6 entsprechend. 2 Bei Beschlüssen, deren Gegenstand einen bestimmten Geldwert hat, beträgt der Wert nicht weniger als der sich nach § 105 Absatz 1 ergebende Wert.**

II Bei der Beurkundung von Beschlüssen im Sinne des Absatzes 1, welche die Zustimmung zu einem bestimmten Rechtsgeschäft enthalten, ist der Geschäftswert wie bei der Beurkundung des Geschäfts zu bestimmen, auf das sich der Zustimmungsbeschluss bezieht.

III 1 Der Geschäftswert bei der Beurkundung von Beschlüssen nach dem Umwandlungsgesetz ist der Wert des Vermögens des übertragenden oder formwechselnden Rechtsträgers. 2 Bei Abspaltungen oder Ausgliederungen ist der Wert des übergehenden Vermögens maßgebend.

IV Der Geschäftswert bei der Beurkundung von Beschlüssen von Organen einer Gesellschaft bürgerlichen Rechts, deren Gegenstand keinen bestimmten Geldwert hat, beträgt 30 000 Euro. *[Fassung ab 1.1.2024: Der Geschäftswert von Beschlüssen von Gesellschafts-, Stiftungs- und Vereinsorganen sowie von ähnlichen Organen beträgt höchstens 5 Millionen Euro, auch wenn mehrere Beschlüsse mit*

verschiedenem Gegenstand in einem Beurkundungsverfahren zusammengefasst werden.]

V **Der Geschäftswert von Beschlüssen von Gesellschafts-, Stiftungs- und Vereinsorganen sowie von ähnlichen Organen beträgt höchstens 5 Millionen Euro, auch wenn mehrere Beschlüsse mit verschiedenem Gegenstand in einem Beurkundungsverfahren zusammengefasst werden.**

[Fassung ab 1.1.2024:]

V (aufgehoben)

Übersicht

1 **I. Normzweck, Anwendungsbereich.** Die Vorschrift bezieht sich in I 1, IV nur auf den Beschluss eines der dort genannten Organe, dessen Gegenstand keinen bestimmten Geldwert hat. Soweit der Beschluss einen bestimmten Geldwert hat, gilt I 2 sowie II. III erfasst demgegenüber in seinem Anwendungsbereich einen Beschluss unabhängig davon, ob ein bestimmter Geldwert vorliegt. V gilt sowohl bei I–IV ergänzend.

2 Als eine gegenüber §§ 105–107 vorrangige Spezialvorschrift ist § 108 grundsätzlich eng auslegbar. Das passt auch zum Grundsatz einer dem Kostenschuldner möglichst günstigen Handhabung nach § 1 I. Es widerspricht nicht dem Ziel des § 108, trotz einer Vereinfachung auch mittels der Verweisungstechnik die Kosten in Grenzen zu halten, besonders in V.

3 Beschlüsse von Vereinen oder Wohnungseigentümergemeinschaften sind nach § 36 I, III zu bewerten; es gilt aber auch hier der Höchstwert nach V. Mangels Anhaltspunkte ist idR ein Geschäftswert von 5.000 EUR anzusetzen (§ 36 III).

4 Treffen mehrere Beschlüsse und Erklärungen in einer Urkunde aufeinander, so ist neben § 110 Nr. 1 auch § 109 II 1 Nr. 4 zu beachten → § 109 Rn. 4; → § 110 Rn. 3.

5 **II. Beschlüsse nach I. 1. Voraussetzungen. a) Beschluss (I 1, 2).** Es muss ein Beschluss vorliegen. Er ist unabhängig von der Bezeichnung nur dann vorhanden, wenn die Versammlung eine Stellungnahme abgeben konnte und im Weg einer gleichgerichteten Gesamtwillensbildung mit der erforderlichen Mehrheit abgestimmt hat. Auch eine Einpersonengesellschaft kann einen Beschluss fassen. Hierher zählt auch die Bestellung des ersten Aufsichtsrats nach § 30 AktG (OLG München MittBayNot 2006, 444), die Bestellung des ersten Geschäftsführers außerhalb der Satzung (OLG Frankfurt a. M. NZG 2017, 919). Nicht hierher gehört die Bestellung eines Geschäftsführers im Musterprotokoll nach § 2 Ia GmbHG (OLG Celle RNotZ 2010, 425). Die Art der Beschlussversammlung ist unerheblich. Auf die Wirksamkeit des Beschlusses kommt es ebenfalls in den Grenzen des § 21 nicht an (KG MittBayNot 2006, 445). Maßgebend ist das Abstimmungsverhalten: Bei gesonderter Abstimmung über jeden Beschluss liegen mehrere Beschlüsse vor (LG Chemnitz NotBZ 2015, 278).

6 Die **bloße Verlesung** der Vorlage und ihre widerspruchslose Kenntnisnahme durch die Versammlung stellen keinen Beschluss dar. Dasselbe gilt bei einer bloßen

Willenserklärung, etwa der Satzung oder dem Gesellschaftsvertrag, sowie bei Berichten und der Feststellung von Vorgängen. Bei einem Streit über ein Stimmrecht liegt kein Beschluss vor, solange das Gericht nicht die Annahme des Punkts zum Protokoll festgestellt hat. Es kommt nicht darauf an, was man beschlossen hat, sondern worüber der Beschluss ergangen ist.

b) Beschlussbeteiligte (I 1, 2). Es muss sich um einen solchen Beschluss handeln, 7
den ein satzungsgemäßes oder sonst gesetzmäßiges Organ einer Kapitalgesellschaft (GmbH, AG, KGaA, UG, SE, nach Rubner NJW-Spezial 2008, 303 auch die Vorgesellschaft) oder Personenhandelsgesellschaft (oHG, KG, EWIV), einer Partnerschaftsgesellschaft, eines Versicherungsvereins auf Gegenseitigkeit, einer juristischen Person nach § 33 HGB (§§ 21, 22, 80 ff., 89 BGB) oder einer Genossenschaft gefasst hat. Der Beschluss muss sich nicht auf das Betriebs- oder Gesellschaftsvermögen beziehen. Es muss kein Einheitswert bestehen.

c) Kein bestimmter Geldwert (I 1). Der Gegenstand des Beschlusses nach 8
→ Rn. 3 und nicht nur das Beschlussergebnis darf keinen nach den allgemeinen Wertermittlungsregeln der §§ 35 ff. und insbesondere § 36 I bestimmten Geldwert haben. Geldwert ist ein weitergefasster Begriff als Geldbetrag. Der Gegenstand des Beschlusses muss geeignet sein, eine Wertverschiebung herbeizuführen. Ist dies der Fall, so liegt ein Beschluss mit bestimmtem Geldwert vor. Eine Berechenbarkeit genügt (BayObLG JurBüro 1981, 905). Das gilt zB bei der Ablehnung oder der Zustimmung zu einem Anteilsverkauf. Beim Unternehmensvertrag etwa zur Gewinnabführung kommt es auf die Umstände an und entscheidet nicht der Geldbetrag, sondern der Geldwert (OLG Düsseldorf RNotZ 2017, 120 = BeckRS 2016, 19675; aM OLG Stuttgart RNotZ 2008, 631 = BeckRS 2008, 13790. Einzelheiten in BeckOK KostR/Neie Rn. 18 ff.).

Hierher gehören zB die Entlastung des Organs; eine Ermächtigung zur Satzungs- 9
änderung; eine Wahl; ein Misstrauen; Tagesordnungsfragen; Satzungsänderungen (BayObLGZ 90, 133; OLG Hamm JurBüro 1975, 639); ein Jahresabschluss, ein Beschluss zu § 181 BGB, die Entlastung des Vorstands oder Aufsichtsrats, der Beschluss über die Auflösung der Gesellschaft, die Zusammenlegung oder Teilung von Geschäftsanteilen (OLG Frankfurt/Main MittBayNot 2006, 71).

Unbestimmt ist der Geldwert erst dann, wenn man ihn überhaupt nicht recht 10
berechnen oder beziffern kann. Auf die Notwendigkeit eines Beschlusses kommt es nicht an. Der Aufhebungsbeschluss kann denselben Wert wie der aufgehobene Beschluss haben, zB Beschlüsse zu § 181 BGB, Entlastung des Vorstands, Feststellung des Jahresabschlusses.

d) Bestimmter Geldwert (I 2). Zunächst → Rn. 8 ff. Beim bestimmten Geld- 11
wert erfolgt die Bewertung nach den allgemeinen Vorschriften, insbesondere § 97 (OLG München NZG 2018, 429). Dabei bestimmt sich der Mindestwert nach I2 iVm § 105 I 1, unter Berücksichtigung des § 105 I 2, also 30.000 EUR.

Hierher gehören zB Beschluss über Gewinnverwendung (OLG Düsseldorf 12
RNotZ 2002, 60; LG Chemnitz NotBZ 2015, 278), Beschluss über Kapitalbeschaffungsmaßnahmen, Beschluss über Einziehung von Geschäftsanteilen, Beschluss über Fortführung einer aufgelösten GmbH.

2. Geschäftswert. Soweit die Voraussetzungen → Rn. 5–12 zusammentreffen, ist 13
§ 105 IV, VI, I nach § 108 I entsprechend anwendbar.

a) Kapitalgesellschaft: § 105 IV Nr. 1 entspr. Wegen des Begriffs der Kapital- 14
gesellschaft → § 105 Rn. 12. Man kann hierher auch die GmbH in Gründung zählen. Wert ist auch bei einem Beschluss ohne einen bestimmten Geldwert 1 % des eingetragenen Grund- oder Stammkapitals, mindestens der in § 105 IV Nr. 1 genannte Betrag. V setzt einen absoluten Höchstbetrag nach → Rn. 21 (30.000 EUR). Durch die Verweisung auf § 105 VI 1 Nr. 2 gilt der Mindestwert nach § 105 I 2 nicht für Änderungen mit dem Musterprotokoll nach § 2 Ia GmbHG (zB Beschluss über Firmenänderung oder Sitzverlegung) (OLG München RNotZ 2011, 54 = BeckRS 2010, 100010), soweit die Beschlüsse keinen bestimmten Geldwert haben.

**b) Personenhandels- oder Partnerschaftsgesellschaft: § 105 IV Nr. 3 15
entspr.** Wegen des Begriffs der Personenhandelsgesellschaft → § 105 Rn. 30. Wert ist auch bei einem Beschluss ohne einen bestimmten Geldwert der jeweils in § 105 IV

Nr. 3 bestimmte Festbetrag. V setzt einen absoluten Höchstbetrag nach → Rn. 21 (30.000 EUR bzw. 15.000 EUR).

16 **c) Versicherungsverein auf Gegenseitigkeit: § 105 IV Nr. 2 entspr.** Wegen des Begriffs des Versicherungsvereins auf Gegenseitigkeit → § 105 Rn. 12. Wert ist auch bei einem Beschluss ohne einen bestimmten Geldwert der in § 105 IV Nr. 2 bestimmte Festbetrag. V setzt einen absoluten Höchstbetrag nach → Rn. 21 (60.000 EUR).

17 **d) Juristische Person (§ 33 HGB), Genossenschaft: § 105 IV Nr. 4 entspr.** Wegen des Begriffs der juristischen Person nach § 33 HGB → § 105 Rn. 40. Bei einer Satzungsänderung gilt § 105 II. Wert ist auch bei einem Beschluss ohne einen bestimmten Geldwert der in § 105 IV Nr. 4 bestimmte Festbetrag. V setzt einen absoluten Höchstbetrag nach → Rn. 21 (30.000 EUR).

18 **III. Zustimmungsbeschluss (II).** Die Zustimmung muss zu einem bestimmten Rechtsgeschäft und nicht generell erfolgt sein und ein Beschluss nach I der dort genannten Personenvereinigungen sein, zB Beschluss nach § 179a AktG, Zustimmungsbeschluss zu Unternehmensvertrag (nach OLG Düsseldorf RNotZ 2017, 120). Dann ist der Wert nach demjenigen zu ermitteln, den die Beurkundung des Geschäfts hat, auf das sich die Zustimmung bezieht.

19 **IV. Beschluss nach dem Umwandlungsgesetz (III).** Die gegenüber I und gegenüber §§ 35 ff. vorrangige speziellere Vorschrift erfasst jeden Beschluss nach dem UmwG zB nach §§ 13, 125, 176 I, 177 I, 178 I, 179 I, 180 I, 184 I, 186, 188 I, 189 I, 193 I UmwG (LG Neubrandenburg NotBZ 2020, 118 = BeckRS 2019, 40645; Hornung Rpfleger 1997, 517). Das gilt unabhängig vom Vorliegen eines bestimmten oder unbestimmten Geldwerts und unabhängig von der Art und Bedeutung seines Gegenstands. Es gilt auch unabhängig davon, ob er vermögensrechtlicher oder nichtvermögensrechtlicher Natur ist. **III 1** enthält die Bewertungsregel. **III 2** enthält zwei vorrangig bewertbare Sonderfälle. Das Aktivvermögen des übertragenden oder formwechselnden Rechtsträgers ermittelt sich wie sonst, BayObLG MittBayNot 1990, 61, also nach der der Anmeldung beizufügenden auf ihre Vereinbarkeit mit dem GNotKG geprüften Schlussbilanz ohne einen Schuldenabzug nach § 38 I 1 Hs. 1, jedoch unter einem Abzug von Wertberichtigungen zum Anlage- und Umlaufvermögen und Verlustvorträgen (Hornung Rpfleger 1997, 517; Meyer JurBüro 2004, 588). Gegenleistungen bleiben unberücksichtigt. Bei einer Abspaltung oder Ausgliederung ist der Wert des übergehenden Aktivvermögens maßgebend (Hornung Rpfleger 1997, 517). V ist anwendbar. Für Details s. BeckOK KostR/Neie Rn. 29 ff.

20 **V. Beschluss bei BGB-Gesellschaft (IV).** Diese vorrangige Spezialvorschrift erfasst nur einen solchen Beschluss nach §§ 705 ff. BGB, dessen Gegenstand keinen bestimmten Geldwert nach → Rn. 8 hat. Dann ergibt sich ein Festwert von 30.000 EUR. Soweit der Gegenstand einen bestimmten Geldwert hat, erfolgt die Bewertung nach den allgemeinen Vorschriften, insb. § 97.

21 **VI. Höchstwert (V).** Der Wert eines Beschlusses des Organs einer beliebigen Gesellschaft oder Stiftung oder eines beliebigen Vereins oder eines „ähnlichen Organs", also eines vergleichbaren Zusammenschlusses, etwa einer Arbeitsgemeinschaft (ARGE) oder einer Wohnungseigentümergemeinschaft, mit oder ohne einen bestimmten Geldwert darf in keinem Fall mehr als immerhin 5 Millionen EUR betragen. Das gilt auch dann, wenn mehrere solche Beschlüsse nach I in demselben Beurkundungsverfahren zusammentreffen, soweit ein sachlicher Grund für die Zusammenbeurkundung bestand (BGH NotBZ 2018, 99), andernfalls gilt § 93 II. Dabei können sogar verschiedene Gegenstände nach § 110 vorliegen → Rn. 4; → § 109 Rn. 4; → § 110 Rn. 3 IV erfasst auch ein Zusammentreffen eines Beschlusses nach mit einem unbestimmten Geldwert und eines Beschlusses über einen Gegenstand mit einem bestimmten Geldwert (Hornung Rpfleger 1997, 517), und auch den Umwandlungsfall nach III.

Derselbe Beurkundungsgegenstand

109 [1] [1] **Derselbe Beurkundungsgegenstand liegt vor, wenn Rechtsverhältnisse zueinander in einem Abhängigkeitsverhältnis stehen und**

das eine Rechtsverhältnis unmittelbar dem Zweck des anderen Rechtsverhältnisses dient. [2]Ein solches Abhängigkeitsverhältnis liegt nur vor, wenn das andere Rechtsverhältnis der Erfüllung, Sicherung oder sonstigen Durchführung des einen Rechtsverhältnisses dient. [3]Dies gilt auch bei der Beurkundung von Erklärungen Dritter und von Erklärungen der Beteiligten zugunsten Dritter. [4]Ein Abhängigkeitsverhältnis liegt insbesondere vor zwischen

1. dem Kaufvertrag und
 a) der Übernahme einer durch ein Grundpfandrecht am Kaufgrundstück gesicherten Darlehensschuld,
 b) der zur Löschung von Grundpfandrechten am Kaufgegenstand erforderlichen Erklärungen sowie
 c) jeder zur Belastung des Kaufgegenstands dem Käufer erteilten Vollmacht;

 die Beurkundung des Zuschlags in der freiwilligen Versteigerung steht dem Kaufvertrag gleich;

2. dem Gesellschaftsvertrag und der Auflassung bezüglich eines einzubringenden Grundstücks;

3. der Bestellung eines dinglichen Rechts und der zur Verschaffung des beabsichtigten Rangs erforderlichen Rangänderungserklärungen; § 45 Absatz 2 gilt entsprechend;

4. der Begründung eines Anspruchs und den Erklärungen zur Schaffung eines Titels gemäß § 794 Absatz 1 Nummer 5 der Zivilprozessordnung.

[5]In diesen Fällen bestimmt sich der Geschäftswert nur nach dem Wert des Rechtsverhältnisses, zu dessen Erfüllung, Sicherung oder sonstiger Durchführung die anderen Rechtsverhältnisse dienen.

II [1]Derselbe Beurkundungsgegenstand sind auch

1. der Vorschlag zur Person eines möglichen Betreuers und eine Patientenverfügung;

2. der Widerruf einer Verfügung von Todes wegen, die Aufhebung oder Anfechtung eines Erbvertrags oder der Rücktritt von einem Erbvertrag jeweils mit der Errichtung einer neuen Verfügung von Todes wegen;

3. die zur Bestellung eines Grundpfandrechts erforderlichen Erklärungen und die Schulderklärung bis zur Höhe des Nennbetrags des Grundpfandrechts;

4. bei Beschlüssen von Organen einer Vereinigung oder Stiftung
 a) jeder Beschluss und eine damit im Zusammenhang stehende Änderung des Gesellschaftsvertrags oder der Satzung,
 b) der Beschluss über eine Kapitalerhöhung oder -herabsetzung und die weiteren damit im Zusammenhang stehenden Beschlüsse,
 c) mehrere Änderungen des Gesellschaftsvertrags oder der Satzung, deren Gegenstand keinen bestimmten Geldwert hat,
 d) mehrere Wahlen, sofern nicht Einzelwahlen stattfinden,
 e) mehrere Beschlüsse über die Entlastung von Verwaltungsträgern, sofern nicht Einzelbeschlüsse gefasst werden,
 f) Wahlen und Beschlüsse über die Entlastung der Verwaltungsträger, sofern nicht einzeln abgestimmt wird,
 g) Beschlüsse von Organen verschiedener Vereinigungen bei Umwandlungsvorgängen, sofern die Beschlüsse denselben Beschlussgegenstand haben.

[2]In diesen Fällen bestimmt sich der Geschäftswert nach dem höchsten in Betracht kommenden Wert.

Übersicht

1 **I. Normzweck.** Die Vorschrift betrifft nur die Beurkundung mehrerer selbständiger rechtsgeschäftlicher Erklärungen in derselben Urkunde (OLG Oldenburg Rpfleger 1989, 330), und ergänzt § 86. Grds. entsteht auf Grund einer Urkunde nur **eine** Gebühr. Das gilt unabhängig davon, wie viele Erklärungen diese Urkunde enthält. Eine eidesstattliche Versicherung stellt keine Erklärung nach § 109 dar. Ein Beschluss einer Gesellschafterversammlung fällt unter § 110 Nr. 1. Damit für mehrere Erklärungen nur eine Gebühr entsteht, ist eine Beurkundung in derselben Verhandlung erforderlich, also in demselben Verhandlungsprotokoll. Ergänzend gilt zB § 102. Zur Entstehungsgeschichte BGHZ 153, 25.

2 Aus den Erwägungen → Rn. 1 muss der Notar aus Kostenersparnisgründen zusammengehörige Gegenstände auch möglichst einheitlich beurkunden (Meyer JurBüro 2005, 75). Die getrennte Beurkundung von Zusammengehörigem verstößt gegen § 21, soweit nicht ein anerkennbares Bedürfnis dazu vorliegt (BayObLG MittBayNot 2000, 275). Das gilt nur, soweit es nicht dem vorrangigen Grundsatz widerspricht, den für die Beteiligten richtigsten und sichersten Weg zu wählen. Eine bloße Kostenersparnis kann sogar zur Unwirksamkeit eines darin liegenden Gebührenverzichts und zur Notwendigkeit der Unterstellung getrennter Urkunden führen.

3 **II. Anwendungsbereich.** § 109 setzt nach I voraus, dass in einer Urkunde mehrere selbständige Erklärungen unter Lebenden vorliegen, die mehrere selbständige Rechtsverhältnisse umfassen, vgl. § 86 (BayObLG DNotZ 1987, 178). Für Austauschverträge gilt stets als lex specialis § 97 III. Die Gebühr für die Hauptvereinbarung deckt Nebenabreden ab. Solche Nebenabreden sind zB: Die Unterwerfung unter die „sofortige" Zwangsvollstreckung neben der Vertragsannahme (BayObLGZ 95, 301; aM OLG Zweibrücken FGPrax 2000, 44 – aber es liegen bei einer vernünftigen Betrachtung keine selbständigen Erklärungen vor, sondern die übliche, von allen Beteiligten als rechtlich und wirtschaftlich einheitlich betrachtete Gesamterklärung); die Unterwerfung neben der Hypothekenbestellung, nicht neben der bloßen Bewilligung; ein Rangvorbehalt bei einer Hypothekenbestellung. Er entspricht einer Zahlungsbedingung; ein Zuschreibungs- oder Abschreibungsantrag neben einer Beurkundung des Verkaufs.

4 § 109 ist stets im Zusammenhang mit § 86 II und §§ 110, 111 zu betrachten: § 109 ist eine Ausnahme von § 86 II, dh. mehrere Beurkundungsgegenstände in einer Urkunde werden wie ein Beurkundungsgegenstand behandelt. §§ 110, 111 bestimmen wiederum Rückausnahmen von § 109 und kehren somit zum Grundsatz nach § 86 II zurück.

5 §§ 109–111 gelten für das Beurkundungsverfahren, als auch für sonstige notarielle Verfahren, nicht dagegen für sonstige Geschäfte. Auf Entwürfe und Beratungen sind die Normen entsprechend anwendbar, damit Wertungswidersprüche vermieden werden.

6 **III. Derselbe Beurkundungsgegenstand nach I. 1. Voraussetzungen.** Es muss für I zwischen mehreren Rechtsverhältnissen eine Abhängigkeit bestehen: Das eine muss unmittelbar dem Zweck des anderen dienen, nämlich der Erfüllung, Sicherung oder sonstigen Durchführung (BGH JurBüro 2006, 262; OLG Hamm MDR 2015, 1328; OLG Köln FGPrax 2017, 238). Das gilt auch für oder gegen einen

Dritten gemäß I 3 (OLG Hamm FGPrax 2002, 87). Das ist der (gegenüber dem früheren Recht im Grunde unveränderte) Kern der Regelung.

Für das Abhängigkeitsverhältnis ist nicht eine rechtliche oder wirtschaftliche Abhängigkeit maßgebend, sondern ausschließlich nach I 2 (zB Auflassung dient als Erfüllungsgeschäft dem Kaufvertrag, Zwangsvollstreckungsunterwerfung bzgl. Kaufpreis im Kaufvertrag). Eine Teilidentität der Rechtsverhältnisse reicht nicht aus (zB mehrere Personen kaufen als GbR und schließen in derselben Urkunde zugleich ihren Gesellschaftsvertrag, in dem sie sich zur Einbringung des gekauften Grundstücks in GbR verpflichten). Die Aufzählung der Regelbeispiele ist nicht abschließend, in I 4 sind die wichtigsten bzw. häufigsten Fälle regelt. Details zu I in BeckOK KostR/Bachmayer Rn. 10 ff. 7

2. Geschäftswert. Soweit es sich um denselben Gegenstand nach I handelt, entsteht die Gebühr nur einmal nach dem Wert des herrschenden Rechtsverhältnisses nach I 5, auch wenn der Wert der Nebenerklärungen höher wäre, BGH MittBayNot 2006, 524. Für die **Wertbemessung** ist der Zeitpunkt der Beurkundung maßgeblich, nicht aber der Zeitpunkt einer etwaigen Vollstreckungsklausel. 8

3. Regelbeispiele und Einzelfragen. a) Kaufvertrag und Schuldübernahme (I 2, 4 Nr. 1a). Nr. 1a ist anwendbar, soweit es in einem Kaufvertrag um die Übernahme einer Forderung und der dazugehörigen Übernahme eines Grundpfandrechts geht (OLG Celle FGPrax 2003, 236; OLG München FGPrax 2006, 41; LG Trier JurBüro 2002, 380; aA OLG Rostock JurBüro 2003, 36). 9

Wird im Kaufvertrag die Kaufpreisforderung an einen Grundschuldgläubiger abgetreten, dient die Abtretung der Durchführung des Kaufvertrags, um eine Lastenfreiheit des Vertragsgegenstands sicherzustellen (BayObLG JurBüro 1983, 1235). Dies gilt auch beim Zusammentreffen eines Kaufs mit der Abtretung des Auflassungsanspruchs an einen Dritten oder der Bestellung einer Eigentümergrundschuld oder der Begründung eines Darlehens. 10

Über I 4 Nr. 1a gilt I über I 2 auch dann, wenn im Rahmen eines Kaufvertrags andere **dingliche Rechte** als Grundpfandrechte oder ein ungesichertes Darlehen oder eine Bauverpflichtung gegenüber der Gemeinde **übernommen** werden (OLG Frankfurt a. M. JurBüro 1977, 1271; OLG Hamm MDR 2015, 1328, Absicherung der Unterlassungspflicht, OLG Celle DNotZ 1963, 354). Dagegen liegt kein Fall des I vor, wenn ein Grundstücksteil verkauft wird und in derselben Urkunde am nicht verkauften, verbleibenden Grundstück ein **Vorkaufsrecht** für den Käufer bestellt wird (LG Trier JurBüro 2002, 432). Ebenfalls ein Fall des I 2, 4 Nr. 1a liegt vor, wenn die Schuldübernahme an der fehlenden Gläubigerzustimmung scheitert und damit nur als Erfüllungsübernahme nach § 415 III BGB gilt. 11

Wird zusätzlich im Kaufvertrag vereinbart, dass der Erwerber **Mietvertragspflichten** über §§ 566 ff. BGB hinaus übernimmt (zB weil der Vertragsgegenstand noch nicht dem Mieter überlassen wurde), so ist dies ebenfalls ein Fall des I (OLG Stuttgart FGPrax 1997, 159). Gleiches gilt, wenn sich der Käufer im Kaufvertrag wegen der Kaufpreiszahlung oder der Verkäufer wegen der Räumung und Besitzübergabe der sofortigen Zwangsvollstreckung unterwirft oder wenn im Kaufvertrag dingliche Rechte zur Absicherung der Kaufpreiszahlung bestellt werden (zB Kaufpreisresthypothek). 12

Kein Fall des I ist es, wenn neben einem Kaufvertrag eine **mittelbare Schenkung** beurkundet wird. Es reicht gerade nicht, wenn mittelbare Schenkung „auch" der Erfüllung etc. des Kaufvertrags dient (OLG Düsseldorf RNotZ 2017, 555 = BeckRS 2017, 109617). Ebenfalls kein Fall des I ist es, wenn in einer Urkunde ein Kaufvertrag aufgehoben und zugleich über denselben Vertragsgegenstand ein neuer Kaufvertrag abgeschlossen wird (OLG Köln FGPrax 2017, 238). 13

I ist anwendbar beim Zusammentreffen von Grundstückskauf und Verzicht auf eine Umsatzsteuerbefreiung (BGH MDR 2011, 350). 14

I ist anwendbar beim Zusammentreffen eines Kaufs mit dem Verzicht einer Vorkaufsberechtigten. Ebenso ist § 109 beim **„Einheimischenmodell"** anwendbar, wenn dem eingeräumten Vorkaufsrecht kein eigenständiges wirtschaftliches Interesse zugrunde liegt, sondern das Vorkaufsrecht der Absicherung einer vom Käufer im Kaufvertrag übernommenen Verpflichtung dient (OLG Hamm ZNotP 2015, 397). 15

Wird in dem Kaufvertrag eine Bauverpflichtung erst begründet und dies dann mit einem Wiederkaufrecht samt Vormerkung nach § 883 BGB abgesichert, liegt ein Fall des I 2 vor.

16 Ebenfalls ein Fall des I ist es, wenn in einem Kaufvertrag über **Wohnungseigentum** zugleich die Zustimmung des Verwalters beurkundet wird (LG Berlin JurBüro 1978, 1866). Kein Fall des I liegt vor, soweit es sich um die Umwandlung von Gesamthands- in Bruchteilseigentum und zugleich um die Begründung von Wohnungseigentum handelt (OLG Schleswig DNotZ 1987, 181). Die Aufhebung von Wohnungseigentum und die sich daran anschließende Auseinandersetzung der Miteigentümergemeinschaft sind voneinander unabhängige Rechtsverhältnisse und somit ist § 109 I nicht anwendbar.

17 Über I 4 hinaus gilt Nr. 1a auch für **andere Verträge,** in denen dingliche Rechte übernommen werden (Tausch, Überlassung, Einbringungsvertrag; LG Fulda JurBüro 1994, 558). Ebenso liegt ein Fall des I 2 vor, wenn in einem Überlassungsvertrag ein Rückforderungsrecht begründet wird, das durch eine entsprechende Vormerkung nach § 883 BGB gesichert wird. Dagegen nicht gegenstandsgleich ist ein Überlassungsvertrag mit gleichzeitigen Pflichtteilsverzicht (BGH FamRZ 2013, 1126; LG Kassel JurBüro 2009, 323).

18 **b) Kaufvertrag und Löschung (I 4 Nr. 1b).** Nr. 1b ist anwendbar bei einem Löschungsantrag in einem Kaufvertrag (BGHZ 166, 189; OLG Rostock JurBüro 2003, 36; KG DNotZ 1988, 454), jedoch nur soweit eine Belastung am Kaufgegenstand gelöscht werden soll. Bei der Löschung eines Gesamtrechts liegt **keine** Gegenstandsgleichheit vor, wenn nur die Pfandfreigabe zum Vollzug des Kaufvertrags erforderlich ist, aber die Löschung des gesamten Rechts bewilligt und beantragt wird. Nr. 1b meint nicht eine Löschungsbewilligung des **Gläubigers** im Kaufvertrag.

19 Über I 4 hinaus gilt Nr. 1b auch für andere Verträge, in denen eine Verpflichtung zur lastenfreien Übertragung begründet wird (Tausch, Überlassung, Einbringungsvertrag; LG Fulda JurBüro 1994, 558). Ebenso liegt ein Fall des I vor, wenn es um die Löschung anderer dinglichen Rechte geht.

20 § 109 kann trotz I 4 Nr. 1b **unanwendbar** sein, soweit es um einen Kaufvertrag und um die Löschung einer **Fremd**grundschuld geht (LG Darmstadt JurBüro 1977, 714). Nr. 1b ist ebenfalls unanwendbar, wenn in einem Kaufvertrag eine Eigentümergrundschuld an den Käufer abgetreten wird, wenn ihr Wert den Kaufpreis übersteigt (OLG Düsseldorf DNotZ 1985, 106).

21 I 4 Nr. 1b kann anwendbar sein, soweit es um eine lastenfreie Veräußerung und eine zu diesem Zweck vorgenommene Abtretung der Kaufpreisforderung geht (BayObLG DNotZ 1984, 442), oder um eine Abtretung des Auszahlungsanspruchs des Käufers gegen die Finanzierungsbank.

22 **c) Kaufvertrag und Belastungsvollmacht (I 4 Nr. 1c).** Erteilt der Verkäufer dem Erwerber im Kaufvertrag eine Belastungsvollmacht, so greift I 4 Nr. 1c (BGH NJW 2006, 2045), und zwar unabhängig von der Höhe der Belastungsvollmacht und auch dann, wenn mit der Belastung nur oder auch Baumaßnahmen finanziert werden sollen. Nr. 1c gilt unabhängig von Art des dinglichen Rechts (auch Dienstbarkeit, usw.). Über Nr. 1c hinaus handelt es sich um denselben Beurkundungsgegenstand, wenn die Belastungsvollmacht nicht in einem Kaufvertrag, sondern in einem anderen Vertrag erteilt wird (zB Überlassungsvertrag).

23 **d) Gesellschaftsvertrag und Grundstückseinbringung (I 4 Nr. 2).** Anwendbar ist I 4 Nr. 2 grds. beim Zusammentreffen eines Gesellschaftsvertrags mit der Einbringung eines Grundstücks (OLG Düsseldorf JurBüro 1988, 1201). Erfasst wird die Verpflichtung zur Einbringung und die Auflassungserklärung. Dagegen liegt kein Fall des I 4 Nr. 2 oder des I 2 vor, wenn das einzubringende Grundstück erst noch erworben werden muss und dieser Erwerbsvorgang zusammen mit dem Gesellschaftsvertrag und der eigentlichen Einbringung beurkundet wird. Kein Fall des I 4 Nr. 2 liegt vor, wenn die Grundstückseinbringung in einer gesonderten Urkunde erfolgt. Dann handelt es sich bei der Beurkundung des Gesellschaftsvertrags samt Einbringungsverpflichtung und der Beurkundung des Erfüllungsgeschäfts bereits um verschiedene Beurkundungsverfahren und der Anwendungsbereich des § 109 ist nicht eröffnet.

e) Bestellung dinglicher Rechte und Rangerklärung (I 4 Nr. 3). Nr. 3 gilt, wenn in einer Urkunde der Eigentümer nicht nur ein dingliches Recht bestellt, sondern auch noch weitere Erklärungen des Bestellers für eine bestimmte Rangstelle erforderlich sind. Nr. 3 erfasst dabei sowohl die Zustimmung des Grundstückseigentümers zu einem Rangrücktritt eines Grundpfandrechts als auch eine Rangrücktrittserklärung des betroffenen Gläubigers bzw. Berechtigten oder die Bewilligung einer Löschungsvormerkung wegen des vorrückenden Grundpfandrechts zugunsten des zurücktretenden Gläubigers, vgl. Nr. 3 aE iVm § 45 II. Die Ausnutzung eines Rangvorbehalts in der Bestellungsurkunde unterfällt ebenfalls in den Anwendungsbereich der Nr. 3. 24

Nicht hierunter fällt eine Urkunde, in der für den Sicherungsnehmer nicht nur ein Grundpfandrecht, sondern ein weiteres dingliches Recht (zB Vorkaufsrecht, Verpfändung des Eigentumsübertragungsanspruchs samt Vermerk bei der Auflassungsvormerkung) bestellt wird, insoweit handelt es sich nicht um ein Recht zur Absicherung des Grundpfandrechts. 25

f) Vollstreckungsunterwerfung (I 4 Nr. 4). Dieser Fall liegt vor, wenn in einer Urkunde nicht nur eine Forderung begründet wird, sondern zugleich auch die dazugehörige Unterwerfung unter die sofortige Zwangsvollstreckung erklärt wird und damit eine vollstreckbare Urkunde nach § 794 I Nr. 5 ZPO erstellt wird (OLG Zweibrücken JurBüro 2000, 151; Bengel DNotZ 1996, 361; BayObLG DNotZ 1996, 396). 26

Unterliegen die Forderungsbegründung und die Vollstreckungsunterwerfung verschiedenen Gebührensätzen, so gilt § 94 II 1 (zB Annahme eines Kaufvertrags mit Unterwerfung des Käufers unter die sofortige Zwangsvollstreckung bzgl. der Kaufpreiszahlung). 27

g) Weitere Fälle des I 2. Alternativ- oder Wahlschuldverhältnisse unterfallen nicht dem I 2, auch wenn sie einen Erfüllungs- oder Sicherungscharakter haben, da die Alternativschuldverhältnisse gegenstandsverschieden sind oder bereits ein Rechtsverhältnis nach § 86 I vorliegt, soweit nur eine Erfüllungs- oder Sicherungsvariante eintreten kann (vgl. Angebot für Grundstückskaufvertrag samt Einräumung eines Vorkaufsrechts, Notarkasse MittBayNot 2008, 330; LG München I MittBayNot 1981, 208). 28

Ein **Grundstücksvertrag,** der zugleich die Auflassung enthält, unterfällt I 2. Dies gilt auch, wenn die Auflassung zugleich mit der Annahme eines Angebots beurkundet wird oder wenn es sich um eine Erbauseinandersetzung handelt oder bei Beurkundung einer Vertragsaufhebung samt Auflassungserklärung (OLG Nürnberg MittBayNot 2021, 176 mAnm Storch). Auch gegenstandsgleich ist ein Vertrag über eine **Erbteilsübertragung** aufgrund eines Kauf- oder Schenkungsvertrags, der auch zugleich den Antrag auf Grundbuchberichtigung enthält. Nicht gegenstandsgleich zu diesem Vertrag ist der Antrag auf Berichtung des Grundbuchs hinsichtlich der Erbfolge als solches. 29

Zu Grundstücksverträgen gegenstandsgleich ist außerdem die zugleich mitbeurkundete Erklärung des Ehegatten nach **§ 1365 BGB** oder auch die Zustimmung des Grundstückseigentümers nach **§ 5 ErbbauRG** (→ Rn. 31) oder die **Vorkaufsrechtsverzichterklärung,** unabhängig von der Art des Vorkaufsrechts. Ebenfalls gegenstandsgleich ist die Ausübung des Vorkaufsrechts mit der gleichzeitigen Beurkundung der Auflassung an den Vorkaufsberechtigten. Bei einem **Grundstücksübertragungsvertrag** im Wege der vorweggenommenen Erbfolge erhöhen die vom Erwerber zu leistenden Ausgleichszahlungen an weitere Begünstigte nicht den Geschäftswert, weil auch hier ein einheitlicher Beurkundungsgegenstand vorliegt. Dies gilt auch, wenn im Übergabevertrag zugleich zugunsten dieser Zahlungsempfänger aus steuerlichen Gründen die schenkweise Zuwendung der Ausgleichszahlungen an diese Zahlungsempfänger beurkundet wird (LG Stuttgart (NJW-RR 2022, 1149). 30

Erwirbt der Erbbauberechtigte das mit dem Erbbaurecht belastete Grundstück und erklärt im Erwerbsvertrag die **Aufhebung des Erbbaurechts,** so ist dies ebenfalls gegenstandgleich. Ein Fall des I 2 liegt vor, wenn im Rahmen des Erwerbsvertrags über ein Erbbaurecht der Grundstückseigentümer in der Erwerbsurkunde seine Zustimmung zum Erwerb erteilt. Dies gilt auch im Fall der Belastung des Erbbaurechts und der Zustimmung des Grundstückseigentümers zur Belastung. 31

32 Wird ein **Erbbaurecht** begründet und zugleich ein Vorkaufsrecht für den Grundstückseigentümer am Erbbaurecht bestellt, so ist dies kein Fall des I 2 und somit nicht gegenstandsgleich (OLG München JurBüro 2006, 324). Dagegen liegt ein Fall des I 2 vor, wenn neben dem Erbbaurecht ein Vorkaufsrecht für den Erbbauberechtigten am Grundstück begründet wird (OLG Düsseldorf JurBüro 1983, 1237).

33 Auch die gleichzeitige Begründung eines **Erbbaurechts** und dessen Aufteilung in **Wohnungseigentum** ist kein Fall des I 2. Dies gilt auch für den Kauf eines Grundstücks und der gleichzeitigen Begründung eines Erbbaurechts an diesem Grundstück. In all diesen Fällen erfolgt eine Addition der Geschäftswerte. Die gleichzeitige Beurkundung einer **Teilungserklärung** nach § 8 WEG zusammen mit der Baubeschreibung ist nicht gegenstandsgleich (LG Leipzig NotBZ 2021, 119 = BeckRS 2020, 42797). Die Begründung von Wohnungseigentum nach § 3 WEG und die gleichzeitige Übertragung von Miteigentumsanteilen, die nicht für die Begründung nach § 3 WEG notwendig ist, ist kein Fall des I 2 (LG Offenburg ZWE 2022, 206).

34 Eine **Schiedsvereinbarung** nach § 1029 ZPO, vgl. zunächst § 36 I, ist mit einer gleichzeitigen Beurkundung des Rechtsgeschäfts (Hauptgeschäfts) nach I 2 gegenstandsgleich.

35 Zugleich mit der Beurkundung eines **Gesellschaftsvertrags** gegenstandsgleich nach I 2 ist die Bestellung eines Geschäftsführers, soweit das Musterprotokoll verwendet wird (OLG Celle JurBüro 2010, 260, zust. Bund JurBüro 2010, 227; LG Darmstadt JurBüro 1991, 1218). Trifft ein Gesellschaftsvertrag mit einem Darlehen zusammen, kann ebenfalls ein Fall des I 2 vorliegen. Dagegen nicht, wenn im Rahmen eines Gesellschaftsvertrags ein Gesellschafterdarlehen übertragen wird (LG Wuppertal DNotZ 2001, 294) oder wenn es in einer Urkunde um das Ausscheiden und/oder um die Neubestellung mehrerer (BGHZ 153, 27; LG Hannover JurBüro 2002, 91) oder einzelner Geschäftsführer geht (BGH Rpfleger 2003, 266; KG BB 2000, 1314; OLG Zweibrücken NJW-RR 2000, 1567).

36 Wird ein **GmbH-Geschäftsanteils** im Rahmen eines Verkaufs oder Schenkung abgetreten, so liegt ein Fall der Gegenstandsgleichheit nach I 2 vor, wenn zusammen mit der Abtretung zugleich die Genehmigung durch die Geschäftsführer erteilt wird oder ein Mitgesellschafter sein Vorkaufsrecht nicht ausübt.

37 Ein Fall des I 2 liegt bei einer **Erbauseinandersetzung** vor, wenn zugleich ein Ankaufs- oder Vorkaufsrecht für den Abgefundenen bestellt wird, soweit Grundstücke betroffen sind, auch einschließlich der Auflassung samt Auflassungsvormerkungen. Dagegen liegt ein Fall des I 2 vor, wenn ein Erbauseinandersetzungsvertrag aufgehoben wird und zugleich ein neuer gleichartiger Vertrag geschlossen wird. Erfolgt im Rahmen einer Erbauseinandersetzung eine Änderung eines bestehenden Gesellschaftsvertrags, so ist dies ebenfalls kein Fall des I 2. Dies gilt auch für eine Erbauseinandersetzung und gleichzeitige Überlassung des dabei erhaltenen Grundstücks an einen Dritten.

38 **IV. Derselbe Beurkundungsgegenstand nach II. 1. Voraussetzungen, Geschäftswert.** In den Fällen des II ist kein unmittelbares Abhängigkeitsverhältnis zwischen den Erklärungen erforderlich. Die Aufzählung des II ist abschließend. Der Wert bestimmt sich nach dem höchsten in Betracht kommende Wert. Auch hier reicht eine Teilidentität nicht aus.

39 **2. Einzelfragen. a) Betreuungsverfügung, Patientenverfügung (II 1 Nr. 1).** § 109 II Nr. 1 ist anwendbar auf eine Betreuungs- und Patientenverfügung (OLG Zweibrücken NJW-RR 2009, 574; OLG Frankfurt a. M. FamRZ 2007, 1183; OLG Oldenburg JurBüro 2005, 549; LG Kassel JurBüro 2009, 321). Beides ist aber im Verhältnis zur Vorsorgevollmacht nach § 110 Nr. 3 gegenstandsverschieden. Trotzdem entsteht nur eine Gebühr nach dem zusammengerechneten Wert, §§ 93, 35, 36 I, 98 III (vgl. OLG Frankfurt a. M. FamRZ 2007, 1183; Bund JurBüro 2005, 622 (Üb.)).

40 **b) Verfügung von Todes wegen (II 1 Nr. 2).** Wird zusammen mit der Errichtung einer Verfügung von Todes wegen eine bisherige Verfügung von Todes wegen widerrufen oder ein Erbvertrag aufgehoben oder angefochten oder der Rücktritt von einem Erbvertrag erklärt, so ist dies derselbe Beurkundungsgegenstand. Nr. 2 betrifft

nur die genannten erbrechtlichen Beurkundungsgegenstände und ist nicht auf Verträge im Allgemeinen anwendbar (BGH notar 2021, 306 = BeckRS 2020, 24163).

c) Grundpfandrecht und Schulderklärung (II 1 Nr. 3). Ebenfalls derselbe Beurkundungsgegenstand ist die Beurkundung einer Grundschuldbestellung zusammen mit der Beurkundung eines Schuldversprechens bzw. eines Schuldanerkenntnisses (§§ 780, 781 BGB), jedoch nur bis zur Höhe des Nennbetrags der Grundschuld. 41

d) Beschlüsse (II 1 Nr. 4). Mehrere Beschlüsse einer Gesellschaft (Kapital-, Personengesellschaft, Partnerschaft, juristische Person iSd § 33 HGB, Stiftungen, GbR, Verein, Wohnungseigentümergemeinschaft) sind grds. mehrere Beurkundungsgegenstände nach § 86 II und ausschließlich die in II 1 Nr. 4 genannten Fälle sind gegenstandsidentisch. Beschlüsse und andere Erklärungen sind nach § 110 Nr. 1 verschiedene Beurkundungsgegenstände mit der Folge der Geschäftswertaddition, § 35 I. Beschlüsse und Anmeldungen zum Handelsregister sind nach § 111 Nr. 3 verschiedene Beurkundungsgegenstände. 42

Eine Fallgestaltung der Nr. 4a liegt bei einem Beschluss und weiteren dadurch bedingten Beschluss zur **Änderung des Gesellschaftsvertrags** (zB Kapitalerhöhung, Firmenänderung, Sitzverlegung) vor. 43

Ein Beschluss über eine **Kapitalmaßnahme** und damit zusammenhängende Beschlüsse, die nicht Satzungsänderung sind (insoweit Nr. 4a), unterfallen Nr. 4b (zB Beschluss über Zulassung eines Gesellschafters zur Übernahme der neuen Stammeinlage, Beschluss über Ausschluss des Bezugsrechts, usw.). 44

Nach Nr. 4d–f sind **Wahlen** und **Entlastungsbeschlüsse** nur ein Beurkundungsgegenstand, aber nur soweit nicht einzeln, sondern insgesamt abgestimmt wird. 45

Beschlüsse zu **Umwandlungsvorgängen** fallen unter Nr. 4g, wenn sie denselben Beurkundungsgegenstand zum Inhalt haben (zB Zustimmungsbeschlüsse zur Verschmelzung, Verzicht eines Mitgesellschafters, OLG Zweibrücken JurBüro 2003, 148). Details hierzu in Bormann/Diehn/Sommerfeldt/Bormann Rn. 66 ff.; BeckOK KostR/Bachmayer Rn. 89 ff. § 109 kann zB nach II Nr. 4g anwendbar sein, soweit der Notar die Beschlüsse des übertragenden und des aufnehmenden Rechtsträgers zu einem Verschmelzungsvertrag in derselben Urkunde zusammenfasst, oder wenn es neben dem Verschmelzungsvertrag um den Verzicht auf die Erstattung eines Verschmelzungsberichts oder auf die Prüfung des Verschmelzungsvertrags sowie auf die Anfechtung der Verschmelzungsbeschlüsse geht (OLG Hamm FGPrax 2002, 87), oder soweit es sich um den Verschmelzungsvertrag und Verzichtserklärungen der Anteilsinhaber nach §§ 8 III, 9 III, 16 II 2 UmwG handelt (OLG Zweibrücken FGPrax 2002, 275), oder wenn die Wirksamkeit der einen Verschmelzung von der Wirksamkeit der anderen abhängen soll (OLG Hamm MittBayNot 2004, 68; Lappe NotBZ 2000, 232; Tiedtke ZNotP 2001, 241). § 109 kann **unanwendbar** sein, soweit die aufnehmende Kapitalgesellschaft zugleich mit der Zustimmung zur Verschmelzung eine Kapitalerhöhung beschließt, oder wenn eine Verschmelzung auf eine neu gegründete GmbH und die Bestellung eines Geschäftsführers zusammentreffen, oder wenn einer Übertragung eine Verschmelzung folgt (KG ZIP 2016, 1923). 46

Verschiedene Beurkundungsgegenstände

110 Abweichend von § 109 Absatz 1 sind verschiedene Beurkundungsgegenstände

1. Beschlüsse von Organen einer Vereinigung oder Stiftung und Erklärungen,

2. ein Veräußerungsvertrag und

a) Erklärungen zur Finanzierung der Gegenleistung gegenüber Dritten,

b) Erklärungen zur Bestellung von subjektiv-dinglichen Rechten sowie

c) ein Verzicht auf Steuerbefreiungen gemäß § 9 Absatz 1 des Umsatzsteuergesetzes sowie

3. Erklärungen gemäß § 109 Absatz 2 Satz 1 Nummer 1 und Vollmachten.

I. Normzweck. Die Vorschrift ergänzt den § 109 durch Rückausnahmen, die nach dem Grundsatz des § 86 II zu behandeln sind, es erfolgt also keine Addition des Wertes (§§ 35 I. 93 I). Die Aufzählung in Nr. 1–3 ist nur scheinbar abschließend. 1

Denn in Wahrheit nennt sie nur einige Fälle, in denen die Maßstäbe des § 109 I nicht gelten. Wohl der Hauptfall ist die dadurch entstandene gänzliche Neubeurteilung einer beliebigen Vollmacht in Nr. 3 Fall 2: Sie stellt stets einen „verschiedenen" Beurkundungsgegenstand dar und wird mithin deutlich teurer, § 98.

2 Im Gegensatz zu § 111 sind die in § 110 geregelten Fälle nur im Verhältnis zueinander gegenstandsverschieden (zB Vorsorgevollmacht mit Betreuungs- und Patientenverfügung: die beiden Verfügungen sind gegenstandsgleich nach § 109 II 1 Nr. 1, aber gegenstandsverschieden zur Vorsorgevollmacht.

3 **II. Beschlüsse usw. (Nr. 1).** Beschlüsse nach § 108 und andere Erklärungen in einer Urkunde sind stets verschiedene Beurkundungsgegenstände (vgl. dazu BeckOK KostR/Bachmayer Rn. 8 ff.), unter Berücksichtigung von § 109 II 1 Nr. 4 → § 109 Rn. 42.

4 **III. Veräußerungsvertrag und andere Erklärungen (Nr. 2).** Die Norm gilt für alle Arten von Veräußerungsverträgen, also für den Kaufvertrag, die Schenkung, die Überlassung, Auseinandersetzungsverträge, Vermächtniserfüllungsverträge usw. Unter Nr. 2a fällt ein abstraktes Schuldanerkenntnis samt der sofortigen Unterwerfung unter die Zwangsvollstreckung in der Veräußerungsurkunde aufgrund einer Schuldübernahme.

5 Nach Nr. 2b zu Veräußerungsverträgen gegenstandsverschieden sind die Erklärungen zu subjektiv-dinglichen Rechten (Grunddienstbarkeit, subjektiv-dingliches Vorkaufsrecht/Reallast), um nachbarschaftliche Verhältnisse zu regeln. Nicht von Nr. 2b werden subjektiv-persönliche Rechte erfasst. Im Anwendungsbereich der Nr. 2b wird stets eine Vergleichsberechnung nach § 94 I erforderlich sein.

6 Nach Nr. 2c ist eine Umsatzsteueroption zum Veräußerungsvertrag gegenstandsverschieden (LG Leipzig NotBZ 2021, 118 = BeckRS 2020, 42796; LG Münster BeckRS 2020, 19027; Ländernotarkasse NotBZ 2020, 133; Bormann/Diehn/Sommerfeldt/Bormann Rn. 12 ff.). Dagegen ist Nr. 2c nicht anwendbar auf eine Vereinbarung der Vertragsparteien darüber, dass der Verkäufer den Verzicht auf die Steuerbefreiung des § 4 Nr. 9 Buchst. a UStG nicht ohne schriftliche Zustimmung des Käufers zurücknimmt (sog. zweiseitige Sicherungsvereinbarung über die Option). Insoweit handelt es sich um eine vertragliche Vereinbarung der Beteiligten, die grundsätzlich dem Anwendungsbereich der Nr. 21100 unterfällt. Diese Sicherungsvereinbarung betreffend den Widerrufsverzicht ist im Verhältnis zu dem Kaufvertrag gegenstandsgleich, da Nr. 2c) eine Sicherheitsabrede über die Optionserklärung hinaus nicht umfasst (vgl. insoweit BGH RNotZ 2011, 442 = BeckRS 2011, 2226; LG Münster BeckRS 2020, 19027).

7 **IV. Vollmacht und Patientenverfügung (Nr. 3).** Nach § 109 II 1 Nr. 1 sind Betreuungs- und Patientenverfügung gegenstandsgleich, aber nach Nr. 3 im Verhältnis zur Vorsorgevollmacht (Wert nach § 98 III) gegenstandsverschieden mit der Folge des § 35 I und Bewertung nach § 36 III (OLG Düsseldorf BeckRS 2022, 28791; LG Bremen BeckRS 2018, 36624).

Besondere Beurkundungsgegenstände

111 Als besonderer Beurkundungsgegenstand gelten stets

1. vorbehaltlich der Regelung in § 109 Absatz 2 Nummer 2 eine Verfügung von Todes wegen,
2. ein Ehevertrag im Sinne von § 1408 Absatz 1 des Bürgerlichen Gesetzbuchs,
3. eine Anmeldung zu einem Register und
4. eine Rechtswahl nach dem internationalen Privatrecht.

1 **I. Normzweck, Anwendungsbereich.** Die Vorschrift schließt die Reihe §§ 109 ff. damit ab, dass sie eine Gruppe von Tätigkeiten durch die Einstufung als „besondere" Beurkundungsgegenstände im Ergebnis wie § 110 als verschiedene oder weitere oder zusätzliche Gegenstände einer zusätzlichen Vergütung eröffnet. Damit soll sicher sein, dass trotz einer Abhängigkeit nach § 109 I usw. jene Vorschrift nicht allzu viel von der gesamten Beurkundungsarbeit des Notars aufsaugt. § 111 ist

andererseits als vorrangige Spezialregelung eng und nicht weit auslegbar. Seine Aufzählung ist abschließend. Sie steht neben der ebenfalls speziellen Regelung in § 110, regelt jedoch eine absolute Gegenstandsverschiedenheit.

II. Verfügung von Todes wegen (Nr. 1). Grundsätzlich ein besonderer Beurkundungsgegenstand ist jede derartige Tätigkeit bei einem Vorgang nach §§ 2064 ff. BGB, soweit es mindestens auch um die eigentliche letztwillige Verfügung geht. Dieser Grundsatz erhält aber in Nr. 1 sogleich eine Ausnahme: **Kein** stets besonderer Beurkundungsgegenstand ist die Tätigkeit im Zusammenhang mit einem der in § 109 II 1 Nr. 2 aufgezählten Vorgänge, → § 109 Rn. 40. Mit Verfügung von Todes wegen ist nicht jede einzelne erbrechtliche Verfügung gemeint, sondern dies ist als Oberbegriff für Testament, Erbvertrag, usw. zu verstehen. Der Geschäftswert der letztwilligen Verfügung bestimmt sich nach § 102. 2

III. Ehevertrag (Nr. 2). Ein besonderer Beurkundungsgegenstand ist eine Tätigkeit wegen eines Ehevertrags nach § 1408 I BGB, die den Güterstand betrifft. Weitere andere Regelungen (zum Versorgungsausgleich, Unterhalt usw.) ist zum Wert des Ehevertrags dazu zu addieren, § 86 II. Der Wert bestimmt sich nach § 100. 3

IV. Registeranmeldung (Nr. 3). Hierzu N. Schneider JurBüro 2017, 285 Üb. zur Streitfrage. Ein besonderer Beurkundungsgegenstand ist eine Tätigkeit wegen jeder einzelnen Anmeldung (nur ihretwegen) zu einem Register beliebiger Art, mit Ausnahme des Grundbuchs. Das gilt aber nur bei einem Personenwechsel (OLG München JurBüro 2016, 537), und nur, soweit keine sog. **„notwendige Anmeldungseinheit“** vorliegt (BGH DNotZ 2017, 229). Einzelheiten Schmidt JurBüro 2015, 565 (Bsp. zur Anmeldungseinheit in BeckOK KostR/Bachmayer Rn. 27 ff.). Der Wert beträgt 1 % des Stammkapitals, höchstens 30.000 EUR (OLG Hamm JurBüro 2016, 538). Eine Vollzugsvollmacht für den Notar in der Handelsregistervollmacht ist nicht gegenstandsverschieden zur Anmeldung (LG Offenburg RNotZ 2018, 584 = BeckRS 2018, 17362). Der Wert bestimmt sich nach § 105. 4

V. Wahl des internationalen Rechts (Nr. 4). Dazu Annweiler/Graewe NZG 2017, 893 (Üb.). Ein besonderer Beurkundungsgegenstand ist eine Tätigkeit dann, wenn es um eine Rechtswahl gerade zumindest auch nach internationalem und nicht nur deutschen Recht geht, also auch nach supranationalem. Mehrere Rechtswahlen in einer Beurkundung gelten jeweils als besonderer Beurkundungsgegenstand. Nr. 4 gilt auch, wenn die Rechtswahl nur vorsorglich erfolgt (LG Düsseldorf NJOZ 2019, 1546 = BeckRS 2018, 30014). Der Geschäftswert der Rechtswahl bestimmt sich nach § 104. 5

Unterabschnitt 3. Vollzugs- und Betreuungstätigkeiten

Vollzug des Geschäfts

112 **[1]Der Geschäftswert für den Vollzug ist der Geschäftswert des zugrunde liegenden Beurkundungsverfahrens. [2]Liegt der zu vollziehenden Urkunde kein Beurkundungsverfahren zugrunde, ist der Geschäftswert derjenige Wert, der maßgeblich wäre, wenn diese Urkunde Gegenstand eines Beurkundungsverfahrens wäre.**

I. Normzweck, Anwendungsbereich. Die Vorschrift regelt nur den Wert für KV 22 110-22 114, 22 120-22 123 und 22 125, nicht die Gebührenhöhe der hinter dem unscheinbaren Wort „Vollzug“ in S. 1 steckenden umfangreichen und vielfältigen Tätigkeit des Notars. § 112 gilt bei jeder Art von Vollzug, unabhängig davon, ob ein Beurkundungsverfahren vorausgegangen war und wer diese etwaige Beurkundung vorgenommen hatte. 1

II. Geschäftswert. 1. Nach Beurkundungsverfahren (S. 1). Hier richtet sich der Geschäftswert nach dem Wert der Beurkundung, §§ 97 ff. Man darf nur den Teil berücksichtigen, der eine Vollzugstätigkeit erforderlich macht (BayObLG JurBüro 1994, 41 bei einem Wegerecht evtl. der volle Kaufpreis); OLG Frankfurt a. M. DNotZ 1993, 281; OLG Hamm DB 1986, 2176 (aber diese Beschränkung ist eigentlich selbstverständlich). 2

2. Ohne Beurkundungsverfahren (S. 1). Hier muss man für den Geschäftswert unterstellen, dass der Notar die jetzt zu vollziehende Urkunde beurkundet hätte oder 3 dass dies ein anderer Notar getan hätte. Der so unterstellte Vorgang ergibt den Wert der jetzigen Vollzugstätigkeit. Konsequente Fortsetzung von S. 1, aber nicht gerade einfaches Rechenwerk.

Betreuungstätigkeiten

113 **I Der Geschäftswert für die Betreuungsgebühr ist wie bei der Beurkundung zu bestimmen.**

II Der Geschäftswert für die Treuhandgebühr ist der Wert des Sicherungsinteresses.

1 Die Vorschrift gibt den Geschäftswert bei den nach KV 22 200, 22 201 gebührenpflichtigen Tätigkeiten des Notars an, Folge der äußeren Trennung zwischen den Regelungen von Gebühr und Wert (KV 22 200, 22 201). Ein Höchstbetrag ist nicht zu beachten, ebenfalls keine Höchstgebühr. Es ist lediglich die Mindestgebühr nach § 34 V zu beachten.

2 **I** verweist auf die Regelung des Beurkundungswerts. Es erfolgt keine Beschränkung des Wertes für die Betreuungsgebühr auf den von der Betreuungstätigkeit betroffenen Beurkundungsgegenstand (KG FGPrax 2021, 135). **II** lässt den Wert vom „Sicherungsinteresse" abhängen, ohne dessen Ermittlung zu erklären. Es ist eine wirtschaftliche Betrachtung vorzunehmen und auf das Interesse des Sicherungsnehmers und nicht des -gebers abstellen. Der Notar darf von dem ihm vom Kreditinstitut mitgeteilten Ablösebetrag samt Tageszinsen und Nebenkosten ausgehen (OLG Hamm MDR 2015, 1153, evtl. spätere Ermäßigung).

Unterabschnitt 4. Sonstige notarielle Geschäfte

Rückgabe eines Erbvertrags aus der notariellen Verwahrung

114 **Der Geschäftswert für die Rückgabe eines Erbvertrags aus der notariellen Verwahrung bestimmt sich nach § 102 Absatz 1 bis 3.**

1 **I. Normzweck, Anwendungsbereich.** Die Vorschrift regelt als vorrangige Spezialbestimmung nur die Rückgabe eines Erbvertrags (§§ 2274 ff. BGB) aus einer vereinbarten vorherigen notariellen Verwahrung. Jede weitere Rückgabe des zuvor erneut dem Notar zur wiederholten Verwahrung ausgehändigten Erbvertrags zählt gesondert, erst recht die Rückgabe eines anderen Erbvertrags. Der Rückgabegrund ist mindestens dann unerheblich, wenn er nicht in einem Verschulden des Notars liegt. Ein völlig geringes Mitverschulden des Notars ist unbeachtlich.

2 **II. Geschäftswert.** Er richtet sich infolge Verweisung nach den umfangreichen Regeln in → § 102 Rn. 5 ff.

Vermögensverzeichnis, Siegelung

115 **[1]Der Geschäftswert für die Aufnahme von Vermögensverzeichnissen sowie für Siegelungen und Entsiegelungen ist der Wert der verzeichneten oder versiegelten Gegenstände. [2]Dies gilt auch für die Mitwirkung als Urkundsperson bei der Aufnahme von Vermögensverzeichnissen.**

1 Maßgeblich ist der nach § 46 ermittelte Wert der verzeichneten oder versiegelten Gegenstände. Schulden werden nicht abgezogen, § 38.

Freiwillige Versteigerung von Grundstücken

116 **I Bei der freiwilligen Versteigerung von Grundstücken oder grundstücksgleichen Rechten ist der Geschäftswert nach dem Wert der zu versteigernden Grundstücke oder grundstücksgleichen Rechte zu bemessen für**

1. die Verfahrensgebühr,

2. die Gebühr für die Aufnahme einer Schätzung und
3. die Gebühr für die Abhaltung eines Versteigerungstermins.

II Bei der Versteigerung mehrerer Grundstücke wird die Gebühr für die Beurkundung des Zuschlags für jeden Ersteher nach der Summe seiner Gebote erhoben; ist der zusammengerechnete Wert der ihm zugeschlagenen Grundstücke oder grundstücksgleichen Rechte höher, so ist dieser maßgebend.

I. Normzweck, Anwendungsbereich. Die Vorschrift gilt bei einer freiwilligen Versteigerung eines Grundstücks oder eines jeden grundstücksgleichen Rechts. Die Wertberechnung für die in I genannten Gebühren erfolgt nach §§ 46, 49. Die Privilegierung des § 48 gilt nicht. **Unanwendbar** ist § 116 bei einem Versteigerungsverfahren im Rahmen des ZVG. 1

II. Geschäftswert. Zu unterscheiden sind die Versteigerung eines Einzelobjekts und die Versteigerung mehrerer Objekte. Im ersteren Fall gilt nach I der nach den Regeln zu §§ 46, 49 zu ermittelnde Wert für jede der in I Nr. 1–3 genannten Tätigkeitsarten. Bei der Versteigerung mehrerer Objekte gilt nach II die Summe der Gebote des Ersteigerers, jedoch evtl. der höhere Wert der zusammengerechneten Zuschlagsobjekte. 2

Versteigerung von beweglichen Sachen und von Rechten

117 Bei der Versteigerung von beweglichen Sachen und von Rechten bemisst sich der Geschäftswert nach der Summe der Werte der betroffenen Sachen und Rechte.

I. Normzweck, Anwendungsbereich. Die Vorschrift erfasst auch zB ein nicht mehr eingetragenes Schiff, Früchte auf dem Halm oder Holz auf dem Stamm. Zu den „Rechten" gehören zB: eine Forderung; die Jagdpacht; eine Grundschuld oder Rentenschuld; ein Erbschaftsanteil; ein Gesellschaftsanteil; ein gewerbliches Schutzrecht; ein Urheberrecht, ein Nießbrauch nach § 1059 BGB. 1

II. Geschäftswert. Die Werte sind zusammen zu rechnen. Die Einzelwerte richten sich bei Sachen nach § 46. Soweit der Erlös höher als der Verkehrswert ist, ist der Erlös maßgebend, § 47. 2

Vorbereitung der Zwangsvollstreckung

118 Im Verfahren über die Vollstreckbarerklärung eines Schiedsspruchs mit vereinbartem Wortlaut oder über die Erteilung einer vollstreckbaren Ausfertigung bemisst sich der Geschäftswert nach den Ansprüchen, die Gegenstand der Vollstreckbarerklärung oder der vollstreckbaren Ausfertigung sein sollen.

Der Schiedsspruch mit vereinbartem Wortlaut nach § 1053 ZPO kann viele Ansprüche umfassen. Für den Geschäftswert des § 118 kommt es nur auf diejenigen Ansprüche an, die aus dem Schiedsspruch nun gerade auch „Gegenstand der Vollstreckbarerklärung" nach § 1060 ZPO im Zeitraum der Notartätigkeit „sein sollen" und nicht etwa „sind" oder „geworden sind". 1

Dies gilt ebenso für die Erteilung **vollstreckbarer Ausfertigungen.** Den jeweiligen Anspruchswert regelt § 118 nicht gesondert. Er bemisst sich daher nach den allg. Vorschriften des GNotKG. Auch bei einer Umschreibung einer Vollstreckungsklausel ist für den Geschäftswert maßgebend, welche Ansprüche Gegenstand der Klausel sind. 2

Teilungssachen

118a [1] Geschäftswert in Teilungssachen nach § 342 Absatz 2 Nummer 1 des Gesetzes über das Verfahren in Familiensachen und in den Angelegenheiten der freiwilligen Gerichtsbarkeit ist der Wert des den Gegenstand der Auseinandersetzung bildenden Nachlasses oder Gesamtguts oder des von der Auseinandersetzung betroffenen Teils davon. [2] Die Werte

mehrerer selbständiger Vermögensmassen, die in demselben Verfahren auseinandergesetzt werden, werden zusammengerechnet. [3] Trifft die Auseinandersetzung des Gesamtguts einer Gütergemeinschaft mit der Auseinandersetzung des Nachlasses eines Ehegatten oder Lebenspartners zusammen, wird der Wert des Gesamtguts und des übrigen Nachlasses zusammengerechnet.

1 **I. Normzweck, Anwendungsbereich.** Die Vorschrift gilt für notarielle Vermittlungsverfahren nach §§ 342 II Nr. 1, 363 ff. FamFG, die seit dem 1.9.2013 auf den Notar übertragen wurden. Die Norm gilt auch für eine Teileinigung durch den Notar (LG Köln ZEV 2018, 521 = BeckRS 2018, 5213).

2 **II. Geschäftswert. 1. Grundsatz: Wert des Auseinandersetzungsgegenstands (S. 1).** In einer Teilungssache nach §§ 342 II Nr. 1, 363 ff. FamFG ist der Wert des den Gegenstand der Auseinandersetzung bildenden Nachlasses oder Gesamtguts oder des von der Auseinandersetzung betroffenen Teils maßgeblich, und zwar je Erblasser, ferner ohne Schuldenabzug nach § 38 S. 2 Fall 1. Zum Nachlass gehört auch eine Forderung an einen Miterben, nicht aber eine Ausgleichsforderung nach § 2050 BGB. Die Bewertung der einzelnen Gegenstände erfolgt über die allg. Vorschriften des GNotKG.

3 Es ist auch dann der Wert des gesamten Nachlasses zugrunde zu legen, wenn das Verfahren bzgl. des gesamten Nachlasses beantragt wurde und dann lediglich eine Teileinigung erfolgt, da sich die notarielle Tätigkeit aufgrund des unbeschränkten Vermittlungsantrags auf den gesamten Nachlass bezieht (LG Köln ZEV 2018, 521 = BeckRS 2018, 5213).

4 **2. Zusammenrechnung mehrerer Massen (S. 2).** Mehrere selbständige Vermögensmassen werden addiert, wenn sie in demselben Verfahren eine Auseinandersetzung finden. Soweit es nur um das Ausscheiden eines Miterben geht, bildet nach S. 1 aE nur dessen Anteil den Wert.

5 **3. Zusammentreffen von Gesamtgut und Nachlass (S. 3).** Auch dann erfolgt eine Zusammenrechnung.

Entwurf

119

I Bei der Fertigung eines Entwurfs bestimmt sich der Geschäftswert nach den für die Beurkundung geltenden Vorschriften.

II Der Geschäftswert für die Fertigung eines Serienentwurfs ist die Hälfte des Werts aller zum Zeitpunkt der Entwurfsfertigung beabsichtigten Einzelgeschäfte.

1 **I. Normzweck, Anwendungsbereich.** Die Vorschrift geht von einer Tätigkeit nach KV 24 100-24 103 aus. Dort ist zusammen mit der dortigen Vorb. 2.4.1 die Entwurfstätigkeit im Einzelnen gebührenmäßig differenziert dargestellt (Erstellung, Überprüfung, Änderung und/oder Ergänzung eines Entwurfs). Jede Entwurfsfertigung erhält ihren Geschäftswert nach I und bei einem Serienentwurf nach II. Dessen Begriff enthält KV Vorb. 2.4.1 V: Ein Entwurf zur beabsichtigten Verwendung für mehrere gleichartige Rechtsgeschäfte oder Erklärungen. „Mehrere" solche Vorgänge liegen schon bei zweien vor. Nach Vorb. 2.4.1. VI ist die Entwurfsgebühr auf eine spätere Beurkundungsgebühr in derselben Sache anzurechnen.

2 **II. Maßgeblichkeit des Beurkundungswerts (I).** Es sind diejenigen Wertvorschriften heranzuziehen, die die jeweilige Beurkundung behandeln. Das ist eine beträchtliche Vereinfachung und Verbesserung der Vergütung schon im bloßen Entwurfsfall. Dahinter steht natürlich die Erkenntnis, dass die eigentliche Kopfarbeit dem Entwurf vorausgehen muss.

3 **III. Halbierung beim Serienentwurf (II).** Bei Serienentwurf wird es komplizierter: Zwar ist Geschäftswert nur die Hälfte, aber die Hälfte immerhin „aller beabsichtigten Einzelgeschäfte" als Wertgrundlage. Maßgebender Berechnungszeitpunkt ist nicht das Endergebnis mit seiner Gesamtzahl gefertigter Einzelgeschäfte, sondern nur der Zeitpunkt der Entwurfsfertigung. Ergeben sich erst später Änderun-

gen bzgl der Gesamtzahl der Einzelgeschäfte, so hat dies auf den Geschäftswert keinen Einfluss.

Chancen wie Risiken für den Notar stecken in II. Das mag man als reichlich riskant oder viel zu großzügig beurteilen. Der sachlichrechtliche Aspekt einer Störung der „Geschäfts"-Grundlage nach § 313 BGB mag im krassen Einzelfall ausgleichend bei der Handhabung helfen können. Das nimmt § 119 ersichtlich als vertretbar hin. 4

Beratung bei einer Haupt- oder Gesellschafterversammlung

120 **[1]Der Geschäftswert für die Beratung bei der Vorbereitung oder Durchführung einer Hauptversammlung oder einer Gesellschafterversammlung bemisst sich nach der Summe der Geschäftswerte für die Beurkundung der in der Versammlung zu fassenden Beschlüsse. [2]Der Geschäftswert beträgt höchstens 5 Millionen Euro.**

I. Normzweck, Anwendungsbereich. Die Vorschrift erfasst die Beratungstätigkeit bei Vorbereitung oder Durchführung einer Mitgliederversammlung und setzt Folgendes voraus: Es muss zunächst um irgendeine Versammlung der Mitglieder einer beliebigen Personen- oder Kapitalgesellschaft des bürgerlichen oder sonstigen Rechts gehen, also nicht um eine solche einer Gemeinschaft oder einer sonstigen Form von Zusammenschluss. Es kann sich dabei um eine gesetzliche Hauptversammlung handeln. Sodann muss es entweder um deren Vorbereitung und/oder um deren Durchführung handeln. Die Tätigkeit mag sich also vor oder während der Versammlung abspielen. 1

Schließlich muss eine **Beratung** stattfinden. Das kann mit einer dann vorrangigen Beurkundung zusammenfallen. Für § 120 bleibt also eine Beratung ohne gleichzeitige Beurkundung. Ob letztere durch einen **gesonderten** späteren Auftrag nachfolgt, ist unbeachtlich. Dieser Zusatzauftrag mag der Beratung sogleich oder sofort folgen. Dann wird die Abgrenzung schwierig und der Notar muss notfalls beweisen, dass zunächst tatsächlich nur ein Beratungsauftrag vorlag. 2

II. Beurkundungswert (S. 1). Maßgeblich ist derjenige Wert, den die in der Versammlung geplanten oder zu beantragenden Beschlüsse haben werden. Dabei darf es nur um denjenigen Teil von geplanten Entscheidungen gehen, auf den sich die Beratung bezieht. Die Abgrenzung muss danach gehen, wozu der Auftraggeber bei Auftragserteilung Rat brauchte. Dieser Umfang mag sich im Laufe des Auftrags erweitert haben. Eine Verringerung ist nur dann beachtlich, wenn sie die Tätigkeit beeinflusste. **Voraussichtlichkeit** der Beschlussfassung reicht aus. Denn die Beratung geht dem Beschluss voraus. Somit bestimmt sich der Wert nach den beurkundeten Beschlüssen zzgl. des Werts für die Beratung zu Beschlüssen, die später nicht gefasst werden. 3

III. Höchstwert (S. 2). Er liegt bei jeder selbständigen Beratung bei 5 Millionen EUR. Entscheidend ist der Auftragsumfang. 4

Beglaubigung von Unterschriften, Handzeichen oder qualifizierten elektronischen Signaturen

121 **Der Geschäftswert für die Beglaubigung von Unterschriften, Handzeichen oder qualifizierten elektronischen Signaturen bestimmt sich nach den für die Beurkundung der Erklärung geltenden Vorschriften.**

I. Normzweck, Anwendungsbereich. Die Vorschrift gilt nur für die Beglaubigung gerade nur einer Unterschrift oder eines Handzeichens, also einer sog. Paraphe oder Namensabkürzung, § 40 BeurkG, nicht etwa für die Beglaubigung einer Ausfertigung oder sonstigen Urkunde. **Ab 1.8.2022** gilt die Norm zudem für die Beglaubigung einer qualifizierten elektronischen Signatur. 1

II. Maßgeblichkeit des Beurkundungswerts. Der Geschäftswert ist so zu bestimmen, als ob der Notar die Erklärung mit der Unterschrift oder dem Handzeichen beurkundet hätte, also nach §§ 95ff. (BGH NZM 2009, 87). Dabei kommt es zB 2 auch auf die Zahl der Gegenstände mit an. Die Unterschrift eines Mitberechtigten ist nach dem Anteil an der Masse bewertbar. Bei der Beglaubigung nur einer von mehreren Unterschriften ist nur die hier beglaubigte Erklärung vor dieser Unterschrift maßgeblich.

Rangbescheinigung

122 Geschäftswert einer Mitteilung über die dem Grundbuchamt bei Einreichung eines Antrags vorliegenden weiteren Anträge einschließlich des sich daraus ergebenden Rangs für das beantragte Recht (Rangbescheinigung) ist der Wert des beantragten Rechts.

1 **I. Normzweck, Anwendungsbereich.** Die Vorschrift definiert und gilt für die notarielle Rangbescheinigung, also nicht für eine bloße Mitteilung nach einer Grundbucheinsicht, sondern über eine Bescheinigung, die eine gutachterliche Prüfung der Rangverhältnisse durch den Notar voraussetzt (KG JurBüro 1998, 323). Insofern entsteht für eine Rangbescheinigung eine erhebliche Verantwortung des Notars. Das schlägt sich im Geschäftswert nieder.

2 **II. Wert des beantragten Rechts.** Anzusetzen ist der Wert des beantragten Rechts; dies ist die Folge der Verantwortung nach → Rn. 1. Da sich eine Rangbescheinigung idR auf ein Grundpfandrecht bezieht, gelten insoweit §§ 53 I, 37 I.

Gründungsprüfung

123 [1]Geschäftswert einer Gründungsprüfung gemäß § 33 Absatz 3 des Aktiengesetzes ist die Summe aller Einlagen. [2]Der Geschäftswert beträgt höchstens 10 Millionen Euro.

1 **I. Normzweck, Anwendungsbereich.** Die Vorschrift hat den Vorrang vor § 107. Denn sie erfasst nur einen Spezialfall, nämlich die Gründungsprüfung nach § 33 III AktG.

2 **II. Einlagensumme (S. 1).** Geschäftswert ist grundsätzlich die Summe aller derzeitigen Gründungseinlagen samt etwaiger Aufgelder. Soweit sie nicht in Geld bestehen, muss man sie nach den allgemeinen Wertregeln des GNotKG errechnen.

3 **III. Höchstwert (S. 2).** Er beträgt 10 Millionen EUR je Gründungsprüfung.

Verwahrung

124 [1]Der Geschäftswert bei der Verwahrung von Geldbeträgen bestimmt sich nach der Höhe des jeweils ausgezahlten Betrags. [2]Bei der Entgegennahme von Wertpapieren und Kostbarkeiten zur Verwahrung ist Geschäftswert der Wert der Wertpapiere oder Kostbarkeiten.

1 **I. Normzweck, Anwendungsbereich.** Die Vorschrift gilt nur für eine Verwahrung – von der Entgegennahme bis zur Auskehrung, Zahlung oder sonstigen Herausgabe. Insofern hat sie als Spezialregelung den Vorrang und ist entsprechend eng auslegbar. Norm gilt nur für Kostbarkeiten (zum Begriff: BeckOK ZPO/Uhl ZPO § 808 Rn. 20) und echte Wertpapiere (zB Aktien, Pfandbriefe), nicht dagegen für unechte Wertpapiere (zB Sparbücher, Bürgschaftsurkunden, Grundpfandrechtsbriefe), sowie für die Verwahrung anderer Gegenstände (zB Musiknoten).

2 **II. Geldbetrag (S. 1).** Hier geht es nur um Geld, also um aktuelle, gesetzliche Zahlungsmittel. Geschäftswert ist die jeweils ausgezahlte Summe, also ihr Betrag am Ende der Verwahrung und weder beim Erhalt noch zu einem sonstigen Zeitpunkt. Dabei handelt es sich bei der Auszahlung um eine Schickschuld.

3 **III. Wertpapier, Kostbarkeit (S. 2).** Hier ist maßgeblich der Zeitpunkt der „Entgegennahme“ und nicht etwa ein späterer, gar der Zeitpunkt der Rückgabe oder -sendung usw. Dabei mag sogar die Uhrzeit einer Entgegennahme erheblich sein, etwa bei einer Kursschwankung an jenem Tag. Im Zweifel sollte man wie stets 12 Uhr MEZ ansetzen. Der Wert bestimmt sich nach dem Kurs am Entgegennahme-

ort. Mangels eines Kurses muss man nach § 46 schätzen. Natürlich zählt jedes Einzelstück mit einem Wert extra.

Zu den Kostbarkeiten können auch Datenträger (Datenraum) gehören. Dies gilt aber jedenfalls nicht, wenn der Datenträger nur zu Beweiszwecken durch den Notar verwahrt wird (→ § 126 Rn. 4; LG Düsseldorf RNotZ 2020, 304 = BeckRS 2020, 5537). 4

Abschnitt 5. Gebührenvereinbarung

Verbot der Gebührenvereinbarung

125 Vereinbarungen über die Höhe der Kosten sind unwirksam, soweit sich aus der folgenden Vorschrift nichts anderes ergibt.

I. Normzweck. Die Vorschrift versteht unter dem Begriff Notar alle Notare nach der BNotO und begründet damit eine Amtspflicht des Notars, Gebührenvereinbarungen zu unterlassen. Zur Strafbarkeit bei pflichtwidriger Gebührenunterschreitung (BGH RNotZ 2018, 723). 1

II. Anwendungsbereich. Über den sachlichen Anwendungsbereich → Vor § 85 Rn. 3, 4. Die Vorschrift gilt **nicht,** soweit ein Bundesgesetz eine andere Regelung enthält, S. 1. Soweit ein deutscher oder ein ausländischer Notar außerhalb Deutschlands einen Auftrag angenommen und auch außerhalb Deutschlands ausgeführt hat, ist das GNotKG überhaupt nicht anwendbar. Sie gilt vielmehr nur für ein Amtsgeschäft eines deutschen Notars in Deutschland. Bei einer Beurkundung durch einen deutschen Konsul außerhalb Deutschlands → Vor § 85 Rn. 10. Landesrechtliche Kostenvorschriften bleiben nach § 2 V unberührt. 2

III. Vereinbarung über Kosten. 1. Kostenvereinbarung. § 125 erfasst jede Vereinbarung über die Höhe der Kosten (Gebühren und Auslagen) nach oben oder unten und auch über das Ob der Kostenerhebung wegen des öffentlich-rechtlichen Charakters dieser Kosten und der aus § 17 BNotO folgenden Pflicht des Notars zur Erhebung der gesetzlichen Vergütung (BGH BB 1989, 1582; OLG Düsseldorf MDR 1987, 684; Hansens NJW 1990, 1831). Das gilt auch grundsätzlich für eine Gebührenermäßigung (BGH ZIP 2013, 1984). Auch eine Auskunft bindet den Notar nicht. Sie macht ihn allenfalls nach § 16 haftbar (BayObLG JurBüro 1980, 914). Der Notar kann seine wahre Notartätigkeit auch nicht wirksam als eine Anwaltstätigkeit vereinbaren. 3

Das **gilt grundsätzlich auch für** einen Vergleich (BGH NJW 1988, 65). Es gilt sogar über Fragen des Wertansatzes (BGH NJW 1988, 65; OLG Schleswig DNotZ 1985, 779). Daher muss der Notar zB beim Grundstückswert gesetzmäßig sorgfältig vorgehen. Allerdings kann dann bei einem wirklichen Zweifel ein Mittelwert ratsam sein (Lappe NJW 1988, 3155). Es kann überhaupt ein Vergleich zulässig sein (OLG Schleswig DNotZ 1985, 480), ebenso wie bei Rechenfehlern (OLG Schleswig DNotZ 1985, 480), und überhaupt dann, wenn das Gericht im Gebührenverfahren auf Grund einer eigenen rechtlichen Prüfung maßgeblich am nachvollziehbar geregelten Vergleich mitwirkt (BGH NJW 1988, 66). Man kann auch nicht die gesamtschuldnerische Haftung durch eine Vereinbarung mit dem Notar ausschließen. 4

2. Gebührenverzicht. Eine Kostenermäßigung besteht nur im Rahmen des § 91. Ein Verzicht auf die Gebühren ist grundsätzlich nichtig (BGH NJW 1986, 2577; OLG Zweibrücken DNotZ 1977, 58). Richtlinien der BNotKammer (DNotZ 1999, 259, dort insbesondere Z VI. 3.2). Er kann auch in einer ungewöhnlichen Beurkundungsart liegen, ferner in der Unterlassung einer objektiv notwendigen Nachberechnung (LG Würzburg MittBayNot 1980, 124). Er ist allenfalls insoweit zulässig, als der Notar die Zahlung der Gebühr rechtlich nicht erzwingen kann (LG Würzburg MittBayNot 1980, 124). Soweit ein Anwaltsnotar über Anwalts- und Notartätigkeiten ein Gesamthonorar vereinbart, ist diese Abrede zumindest insoweit unwirksam, als sie die Notarkosten nicht nach § 19 nachvollziehbar ausweist (BGH NJW 1986, 2577). 5

Soweit der Notar lediglich seine örtliche **Zuständigkeit überschritten** hat, ist das Geschäft nach § 11 III BNotO nicht schon deshalb unwirksam. Daher darf er auch 6 insofern keine Kostenvereinbarung treffen. Eine Verwirkung der Kostenforderung des Notars ist nur in seltenen Ausnahmefällen möglich.

7 **3. Unanwendbarkeit.** Unanwendbar ist § 125 bei einer solchen Tätigkeit, die nicht zur Berufstätigkeit des Notars zählt, etwa bei einer Tätigkeit als Insolvenzverwalter, Betreuer, Testamentsvollstrecker oder als Vermögensverwalter.

8 **IV. Rechtsfolge. 1. Unwirksamkeit.** Eine Vereinbarung nach → Rn. 3 ff. ist verboten und unwirksam (BGH BB 1989, 1582; OLG Düsseldorf MDR 1987, 684).

9 **2. Vereinbarungsbefugnis bei § 126.** Als einzige Ausnahme vom grundsätzlichen Vereinbarungsverbot des § 125 weist Hs. 2 auf den öffentlich-rechtlichen Vertrag nach → § 126 hin.

10 **V. Sonstiges. 1. Nichterhebung der Kosten.** Von einer Vereinbarung über die Kostenhöhe ist eine Nichterhebung oder eine sonstige Unzulässigkeit der Geltendmachung eines Kostenanspruchs zu unterscheiden.

11 **2. Prozess-/Verfahrenskostenhilfe.** Der Notar darf und muss von der Erhebung der durch seine objektiv **unrichtige Sachbehandlung** entstandenen Kosten wegen § 21 absehen. Er muss dann zunächst selbst entscheiden und auch den Kostenansatz entsprechend berichtigen. Er muss ferner einem Bedürftigen eine vorläufige Gebührenfreiheit oder die Tätigkeit nach → Vor § 85 Rn. 2 nur gegen die Zahlung von Monatsraten gewähren. Ein Gebührenanspruch entfällt insoweit, als der Notar etwas verlangen würde, was er doch sogleich zurückgewähren müsste. In diesem Zusammenhang kann ein etwaiges Verschulden des Notars unerheblich sein, §§ 21, 127 ff. (OLG Hamm NJW 1978, 2604).

12 **Prozess- oder Verfahrenskostenhilfe** kann nach § 17 II BNotO iVm §§ 114 ff. ZPO in Betracht kommen und notfalls nach §§ 127 ff. durchsetzbar sein. Die Zahlungspflicht eines nicht begünstigten weiteren Beteiligten bleibt bestehen, daher auch dessen Vorauszahlungspflicht nach §§ 15, 16 und das Zurückbehaltungsrecht nach § 11.

Öffentlich-rechtlicher Vertrag

126 **I** **1** **Für die Tätigkeit des Notars als Mediator oder Schlichter ist durch öffentlich-rechtlichen Vertrag eine Gegenleistung in Geld zu vereinbaren.** **2** **Dasselbe gilt für notarielle Amtstätigkeiten, für die in diesem Gesetz keine Gebühr bestimmt ist und die nicht mit anderen gebührenpflichtigen Tätigkeiten zusammenhängen.** **3** **Die Gegenleistung muss unter Berücksichtigung aller Umstände des Geschäfts, insbesondere des Umfangs und der Schwierigkeit, angemessen sein.** **4** **Sofern nichts anderes vereinbart ist, werden die Auslagen nach den gesetzlichen Bestimmungen erhoben.**

II **Der Vertrag bedarf der Schriftform.**

III **1** **Die §§ 19, 88 bis 90 gelten entsprechend.** **2** **Der vollstreckbaren Ausfertigung der Kostenberechnung ist eine beglaubigte Kopie oder ein beglaubigter Ausdruck des öffentlich-rechtlichen Vertrags beizufügen.**

1 **I. Normzweck.** Die Vorschrift ist die einzige Ausnahme vom Grundsatz des Verbots einer Gebührenvereinbarung. Das ergibt sich aus § 125 Hs. 2. Sie folgt dem Umstand, dass die in I 1 genannte Tätigkeit keine typische Notarsaufgabe ist, obwohl sie ihr ähnelt.

2 **Zweck** ist die Erleichterung für den Bürger, zur Mediation oder Schlichtung als Vertrauensmann auch einen Notar zB statt eines Anwalts oder sonstigen Mediators usw finden zu können. Denn auch der Notar soll nicht umsonst arbeiten müssen. Sein spezielles Wissen und Können kann in so manchem Mediationsfall eine entscheidende Hilfe bringen.

3 **II. Anwendungsbereich (I 1, 2). 1. Mediator, Schlichter (I 1).** Eine Tätigkeit des Notars als Mediator oder Schlichter kann eine Gebührenvereinbarung statthaft machen. Mediator ist man nur dann, wenn man die Voraussetzungen eines Mediators oder eines zertifizierten Mediators nach dem MedG schon und noch erfüllt. Der Begriff des Schlichters ist nicht gesetzlich bestimmt. Es muss sich um eine Bemühung

einer Einigung vor Gericht oder außergerichtlicher Art handeln, wie sie vielfach nach auch landesrechtlichen Bestimmungen etwa zu Gütestellen erlaubt ist.

2. Keine gesetzliche Notargebühr (I 2). Auch eine solche Tätigkeit des Notars kann reichen, die sich als eine echte Amtstätigkeit darstellt, für die das Gesetz und insbesondere das GNotKG aber keine Gebühr bestimmt und die auch nicht mit einer anderen gebührenpflichtigen Amtstätigkeit zusammenhängt (Sikora DNotZ 2017, 720). Das dürfte nur selten vorkommen (zB Verwahrung eines Sparbuchs, Musiknoten, oÄ). Denn zumindest das GNotKG enthält so manche Auffangvorschrift gerade zwecks Verhinderung eines Vergütungslochs. Andererseits darf man nun auch nicht nur zwecks Unanwendbarkeit von I 2 einen Zusammenhang mit einer anderen, gebührenpflichtigen Amtstätigkeit gekünstelt herbeikonstruieren. Es ist vielmehr eine vernünftige Abwägung nötig. Bei der Verwahrung von Datenträgern („Datenraum") ist zwischen I 2 und § 124 iVm KV 25301 zu unterscheiden. Erfolgt die Verwahrung des Datenträgers explizit nur zu Beweiszwecken, kann hierüber nur eine Vereinbarung nach § 126 getroffen werden (LG Düsseldorf RNotZ 2020, 304 = BeckRS 2020, 5537). 4

III. Öffentlich-rechtlicher Vertrag. 1. Vertrag (I 1). Für die Tätigkeit des Notars als Mediator oder Schlichter kann eine Vereinbarung über eine Gegenleistung in Geld getroffen werden, I 1. Dies gilt nach I 2 ebenso dann, wenn für die Tätigkeit keine Gebühr bestimmt ist (→ Rn. 4). 5

2. Schriftform (II). Sie ist Wirksamkeitsbedingung. Sie gilt sowohl für eine Gebührenvereinbarung nach I 1–3 als auch für eine etwaige Auslagenvereinbarung nach I 4 Hs. 1. Eine Beurkundung ist nicht nötig. Telefaxe reichen aus 6

IV. Vereinbarung einer Gegenleistung. 1. Gegenleistung in Geld (I 1). Infrage kommt nur eine Gegenleistung gerade „in Geld", also nicht in einer anderen materiellen oder immateriellen Form. Diese letzteren Formen würden als Arten von „Vereinbarungen über die Höhe der Kosten" unter das Verbot nach § 125 Hs. 1 fallen, zumal § 126 als Ausnahmevorschrift eng auslegbar ist. „Geld" ist nicht nur Bargeld, sondern eine gleichwerte zumindest geldgleiche Leistung, zB ein Scheck, wohl auch noch ein Wechsel, auch eine Überweisung. Ob ein Wertpapier noch unter „Geld" fällt, ist nicht einfach beantwortbar. Denn es darf keine allzu fließenden Grenzen geben, etwa bei einer Option, eines Hedgefondsanteil usw. Im Zweifel kein Geld und daher Unwirksamkeit. Eine wertabhängige Vereinbarung ist **keine** in Geld. Denn sie erfordert zunächst eine zusätzliche Wertermittlung. 7

2. Angemessenheit der Gegenleistung (I 3). Nur dann ist eine Gegenleistung gesetzmäßig, wenn sie angemessen ist. Damit scheidet eine zu geringe Gegenleistung aus, aber auch eine zu hohe. Die Angemessenheit lässt sich nur dann klären, wenn man sämtliche Umstände gerade dieses Einzelgeschäfts und nur sie beachtet und dabei nicht nur, sondern „insbesondere" auch den Umfang und die Schwierigkeit der Tätigkeit bedenkt. 8

Bei Vertragsschluss muss die Angemessenheit bestehen. Denn nur dann kann die Gebührenvereinbarung überhaupt gesetzmäßig und damit wirksam zustande kommen. Spätere Umstände mögen die anfängliche Angemessenheit entfallen lassen, etwa deshalb, weil sich die Beteiligten auch ohne sonderliche Mitwirkung des Notars rasch voll einigten oder weil sich die Sache als nicht entfernt so schwierig herausstellte. Ob dann eine Anpassung der vereinbarten Gebührenhöhe wegen Störung der Geschäftsgrundlage nach Art der §§ 305 ff., 313 BGB infrage kommt, ist die eine Frage, verneint zB von Sikora (DNotZ 2017, 719). Den ganzen Vertrag schon deshalb als rückwirkend nichtig zu beurteilen ist eine andere, meist wohl eher zu verneinende andere Frage. Einen wirksam zustande gekommenen Vertrag sollte man nicht ohne zwingenden Grund beseitigen können, so seit 2000 Jahren (pacta sunt servanda). 9

V. Auslagen (I 4). Sie zählen nach § 1 I zu den Notarkosten. Daher zählen sie nach I 1 auch zur „Gegenleistung". Andererseits verbietet § 125 nach seiner amtlichen Überschrift nur eine „Gebührenvereinbarung". So lautet auch die amtliche Überschrift des Abschnitts 5. Von Vereinbarungen über die Höhe der „Kosten" spricht § 125 wiederum nicht. Es ist soweit auf Text wie Sinn von § 126 I 4 zu achten. Dort ergeben sich ein klarer Grundsatz und eine Ausnahme. 10

11 **1. Vereinbarkeit (I 4 Hs. 1).** Man kann auch oder nur zu Auslagen eine Vereinbarung unter den Voraussetzungen des § 126 treffen. Ob eine solche Auslagenvereinbarung (mit)besteht, muss man nach den üblichen Regeln mindestens entsprechend §§ 133, 157 BGB ermitteln. Dabei lassen sich zB die Auslagenregeln zu §§ 91 ff. ZPO mitbeachten, etwa bei höheren Reisekosten.

12 **2. Hilfsweise: Gesetzliche Regelung (I 4 Hs. 2).** Mangels Vereinbarung nach → Rn. 11 darf und muss der Notar auch bei einer für seine Gebühren wirksamen Vereinbarung doch seine Auslagen nach den „gesetzlichen Bestimmungen" erheben. Das sind zunächst die Auslagenvorschriften des GNotKG, zB §§ 10, 29 ff., 89 usw. Er muss sie entsprechend nachprüfbar darlegen.

13 **VI. Kostenerhebung (III).** §§ 19, 88–90 gelten nach III 1 entsprechend. Zur vollstreckbaren Ausfertigung der Kostenberechnung gehört eine beglaubigte Kopie oder ein beglaubigter Ausdruck der Vereinbarung nach I, II. Zudem ist der Kostenberechnung eine Rechtsbehelfsbelehrung beizufügen (§§ 7a, 83 II 2).

14 **VII. Verstoß.** Er führt entweder bereits nach § 125 oder nach dem zumindest entsprechend anwendbaren § 134 BGB zur Nichtigkeit des Vertrag(steils).

15 **VIII. Rechtsmittel.** Rechtsbehelfsbelehrung, Verstoß: §§ 7a, 83 II 2. §§ 127 ff. gelten auch bei einer Vereinbarung nach § 126. Soweit §§ 127 ff. nicht anwendbar sind, etwa wegen Fehlens eines Falls nach § 127 I 1, kommen die gesetzlichen Vorschriften zum öffentlich-rechtlichen Vertrag infrage. Denn die amtliche Überschrift bezeichnet jede Vereinbarung nach § 126 als solche Vertragsart nach §§ 54 ff. VwVfG.

16 Soweit die Angemessenheit der Gegenleistung als unbestimmter Rechtsbegriff im Verfahren nach §§ 127 ff. überprüft wird, setzt das Gericht die angemessene Gegenleistung selbst fest, wenn das Gericht die vereinbarte Gegenleistung nicht für angemessen hält (§ 128 II 2).

Abschnitt 6. Gerichtliches Verfahren in Notarkostensachen

Antrag auf gerichtliche Entscheidung

127 **I 1 Gegen die Kostenberechnung (§ 19), einschließlich der Verzinsungspflicht (§ 88), gegen die Zahlungspflicht, die Ausübung des Zurückbehaltungsrechts (§ 11) und die Erteilung der Vollstreckungsklausel kann die Entscheidung des Landgerichts, in dessen Bezirk der Notar den Amtssitz hat, beantragt werden. 2 Antragsberechtigt ist der Kostenschuldner und, wenn der Kostenschuldner dem Notar gegenüber die Kostenberechnung beanstandet, auch der Notar.**

II 1 Nach Ablauf des Kalenderjahres, das auf das Jahr folgt, in dem die vollstreckbare Ausfertigung der Kostenberechnung zugestellt ist, können neue Anträge nach Absatz 1 nicht mehr gestellt werden. 2 Soweit die Einwendungen gegen den Kostenanspruch auf Gründen beruhen, die nach der Zustellung der vollstreckbaren Ausfertigung entstanden sind, können sie auch nach Ablauf dieser Frist geltend gemacht werden.

Übersicht

I. Normzweck. Die Vorschrift schafft zusammen mit §§ 128–130 mit einem Vorrang vor §§ 81 ff. nur im Verhältnis zwischen dem Notar und seinem Kostenschuldner ein in sich möglichst abgeschlossenes vorrangiges Spezialverfahren mit eingehenden Anweisungen und einer zweitinstanzlichen Verknüpfung mit einem gerichtlichen Verfahren, um das Selbsttitulierungsrecht des Notars (vgl. § 88) auszugleichen. Die in § 130 II geregelte Möglichkeit der Dienstbehörde zu bestimmten Anweisungen an den Notar ist eine Folge seiner mit der Führung des Dienstsiegels auch äußerlich zum Ausdruck kommenden besonders verantwortungsbeladenen Stellung als eines Organs der Rechtspflege nach § 1 BNotO. 1

Als Gegengewicht zu den besonders in § 89 ausgeprägten Durchsetzungsmöglichkeiten dienen §§ 127 ff. der erforderlichen Überprüfbarkeit und Kontrolle und damit sowohl der Rechtssicherheit als auch der Kostengerechtigkeit. Die Einschaltung der Dienstbehörde vor derjenigen des Gerichts bezweckt eine möglichst rasche Klärung. 2

§ 127 regelt die gerichtliche Überprüfung der notariellen Kostenberechnung. Dieses Verfahren tritt als **Sonderrechtsweg** an die Stelle eines ordentlichen Gerichtsverfahrens (BGH NJW-RR 2005, 721 (722); OLG Frankfurt a. M. MittBayNot 2005, 248) und schließt den ordentlichen **Rechtsweg** nach § 13 GVG aus (BGH NJW-RR 2005, 721 (722)). Daher ist eine verneinende Feststellungsklage nach § 256 ZPO unstatthaft (OLG Oldenburg MDR 1997, 394), ebenso eine Vollstreckungsabwehrklage nach § 767 ZPO (OLG Düsseldorf NJW-RR 2002, 1512; OLG Oldenburg MDR 1997, 394). 3

Sämtliche Einwände des Kostenschuldners formelle wie auch materiell-rechtlicher Art hat der Kostenschuldner ausschließlich im Verfahren nach § 127 geltend zu machen → Rn. 18 (KG JurBüro 2020, 200). Lediglich Einwände gegen die Art und Weise der Zwangsvollstreckung sind über § 95 FamFG iVm §§ 766, 793 ZPO geltend zu machen. 4

Es ist das **Kostenfestsetzungsverfahren** nach § 85 FamFG iVm §§ 103 ff. ZPO vom Verfahren nach § 127 zu unterscheiden. Das gilt auch bei einem Rechtsmittel (BayObLG FGPrax 1999, 78). Ebenfalls ist ein **Rückzahlungsanspruch** des Notars nach einer angeblichen Kosten-Amtshaftung vom Verfahren nach § 127 zu unterscheiden. 5

Das Verfahren nach § 127 steht auch dem Notar zu, soweit seine Kostenberechnung durch den Kostenschuldner beanstandet wurde, um den Streit über die Kosten zu beenden. 6

II. Anwendungsbereich. 1. Vergleichbarkeit mit §§ 11, 19, 88, 89. § 127 hat denselben Anwendungsbereich wie §§ 11, 19, 88, 89. Dies gilt auch für den die Akten verwahrenden Notar wegen eines Amtsgeschäfts des verstorbenen Notars (OLG Frankfurt a. M. FGPrax 1995, 248; OLG Oldenburg JurBüro 1996, 379). 7

2. Notar. Die Norm gilt nur insoweit, als es sich um eine Berechnung der Kosten für eine gerade notarielle Tätigkeit handelt. Hierzu zählt auch die anwaltlich-notariell kombinierte Tätigkeit des Anwaltsnotars (BGH AnwBl 1988, 115). Seine etwa nur anwaltliche Tätigkeit fällt aber nicht unter § 127, sondern unterfällt dem RVG. Maßgebend ist aber, wie der Anwaltsnotar abgerechnet hat (BeckOK KostR/Schmidt-Räntsch Rn. 14). 8

9 Auch die Kostenberechnung eines ausgeschiedenen oder verstorbenen Notars kann überprüft werden. Nach dem **Ausscheiden** oder Tod des Notars kann und muss evtl. nur die Aktenverwahrstelle entsprechend vorgehen oder sein Rechtsnachfolger im Weg einer Abtretung mit einer Zustimmung des Kostenschuldners und der Erben in das Verfahren eintreten (KG DNotZ 1995, 788).

10 Über das Verfahren nach §§ 127 ff. werden Streitigkeiten zwischen Notar und Kostenschuldner sowie jeweils deren Rechtsnachfolger geklärt, nicht jedoch Streitigkeiten zwischen Notar und der (Länder)Notarkasse oder Streitigkeiten zwischen mehreren Kostenschuldner untereinander.

11 Nach dem **Ausscheiden** oder Tod des Notars kann und muss evtl. nur die Aktenverwahrstelle entsprechend vorgehen oder sein Rechtsnachfolger im Weg einer Abtretung mit einer Zustimmung des Kostenschuldners und der Erben in das Verfahren eintreten (KG DNotZ 1995, 788).

12 Bei einem **Insolvenzverfahren** erfolgt keine **Unterbrechung.** § 240 ZPO ist nicht entsprechend anwendbar, obwohl eine Zustellung an den Schuldner des Insolvenzverfahrens nicht mehr wirksam ist (KG MDR 1988, 329).

13 **3. Notarielle Kostenberechnung.** Das Verfahren nach § 127 setzt stets eine notarielle Kostenberechnung voraus, die nach § 88 für vollstreckbar erklärt werden kann. Für die gerichtliche Überprüfung spielt es keine Rolle, ob die Kosten bereits ganz oder teilweise bezahlt sind oder ob bereits eine Vollstreckungsklausel erteilt wurde. Überprüft werden alle Kosten (Gebühren und Auslagen) des Notars, die dieser mit der angegriffenen Kostenberechnung abgerechnet hat. Dies gilt auch für Zinsen, nicht dagegen für andere Ansprüche des Notars soweit er diese nicht mit einer Kostenberechnung abgerechnet hat.

14 Die Kostenberechnung muss **formell wirksam** sein. Der Kostenschuldner kann unter Aufgabe der bisher vertretenen Meinung also auch auf Grund einer nur vorläufigen Berechnung oder der Anforderungen eines Kostenvorschusses oder einer Teilkostenberechnung einen Antrag nach I 1 stellen (BGH MittBayNot 1984, 100 (101) – zur KostO; LG Köln RNotZ 2018, 346). Dagegen reicht es noch nicht, wenn der Notar lediglich die Kostenberechnung beabsichtigt (OLG Hamm NJW-RR 2003, 1511 = BeckRS 2003, 30318129) oder nur die voraussichtlichen Kosten zu Informationszwecken mitteilt.

15 § 127 setzt eine formell ordnungsgemäße und damit eine **formgültige** Kostenberechnung nach § 19 und deren ordnungsgemäße Mitteilung voraus (BayObLG MittBayNot 1984, 100 (101)). Soweit die Kostenberechnung den formellen Anforderungen des § 19 nicht entspricht, muss das Gericht die Berechnung ohne weitere sachliche Prüfung aufheben (BGH DNotZ 2007, 546 = BeckRS 2007, 01934; DNotZ 2006, 223; OLG Düsseldorf JurBüro 2003, 149).

16 Erstellt der Notar nach einer Entscheidung des LG eine neue Kostenberechnung kann der Kostenschuldner erneut einen Antrag nach I 1 stellen (OLG Hamm RNotZ 2013, 56 = BeckRS 2012, 19332).

17 § 127 verbietet dem Notar nicht, auf Grund einer formell rechtskräftigen gerichtlichen Entscheidung eine etwaige **Nachforderung** zu stellen. Das gilt nur im Umfang eines teilweise anderen Sachverhalts (KG BeckRS 2002, 30254778).

18 **III. Einwendungen und Einwände. 1. Jede Einwendungsart.** Die Vorschrift erfasst jede Art von formell-rechtlicher und materiell-rechtlicher Einwendungen gegen die Kostenberechnung nach § 19 (OLG Saarbrücken NJOZ 2020, 1077 = BeckRS 2019, 18438; KG NJW 2013, 880, nun ablehnend KG DNotZ 2021, 543 nAnm Ganter; die Rechtsbeschwerde ist beim BGH anhängig unter Az. V ZB 9/21), einschließlich der Verzinsungspflicht nach § 88, der Zahlungspflicht und der Erteilung der Vollstreckungsklausel nach § 89. Es ist also unerheblich, ob es sich um ein tatsächliches oder rechtliches Bedenken handelt (BGH AnwBl 1988, 115). Es ist ebenso unerheblich, ob sich die Einwendung nur gegen die Art und Weise der Kostenberechnung oder dagegen richtet, dass der Notar überhaupt gerade diesen Beteiligten als zahlungspflichtig betrachtet. Im Verfahren nach §§ 127 ff. sind auch solche Bedenken geltend zu machen, für die nicht die Erinnerung nach § 766 ZPO, sondern die Vollstreckungsabwehrklage nach § 767 ZPO statthaft wäre (OLG Olden-

burg MDR 1997, 394). Der Antrag nach I 1 ist auch statthaft wenn es um eine Beschränkung der Erbenhaftung geht, da § 785 ZPO auf § 767 ZPO verweist.

2. Statthaftigkeit einer Einwendung (I 1). Eine Einwendung ist statthaft, soweit 19

- der Notar die Einzelkosten falsch addiert hat,
- sie sich gegen die Berechnung von Auslagen richtet,
- sie irgendeinen nicht ersichtlich völlig unerheblichen Formfehler der Kostenrechnung nach § 19 rügt (BayObLG DB 1985, 487; OLG Düsseldorf NJW-RR 2002, 216) (dann evtl. Aufhebung ohne Sachprüfung),
- sie sich gegen die Anwendung einer oder mehrerer bestimmter Gebührenvorschriften richtet,
- der Notar einen unrichtigen Geschäftswert zugrunde gelegt hat (OLG Düsseldorf Rpfleger 1987, 219) bzw. sie sich gegen die Ermittlung des Geschäftswerts richtet (BGH NJW-RR 2009, 228 (229)); bei Ermessensentscheidungen beschränkt sich die Überprüfung auf Ermessens- und Beurteilungsfehler,
- sie sich gegen den Kostenansatz oder die Rechtsbehelfsbelehrung wendet,
- der Notar einen Beteiligten zu Unrecht als einen Kostenschuldner nach § 29 angesehen hat,
- sie sich gegen die Schuldner- bzw. Mitschuldnerschaft nach §§ 29 ff. richtet,
- der Notar die Rechtsprechung „seines" OLG nicht beachtet (OLG Köln JurBüro 2001, 540),
- der Zahlungspflichtige bereits geleistete Zahlungen auf Notarkosten wegen einer unrichtigen Beurkundung zurückfordert (BGH NJW-RR 2005, 722),
- der Notar eine (Über)Zahlung nicht berücksichtigt hat,
- der Notar die Einrede der Verjährung, die der Kostenschuldner geltend gemacht hat, nicht berücksichtigt hat,
- sich gegen eine unrichtige Sachbehandlung durch den Notar nach § 21 wendet (BayObLGZ 2004, 284),
- sie sich gegen die Verzinsungspflicht nach § 88 richtet,
- der Notar eine Vollstreckungsklausel nach § 89 rechtsfehlerhaft erteilt oder verweigert hat,
- sie sich gegen eine Zusatzgebühr richtet.

Eine Einwendung ist **unstatthaft,** soweit 20

- sie sich nur gegen die Art und Weise des Vorgehens des Vollstreckungsorgans richtet. Dann gilt vielmehr § 766 ZPO iVm § 95 FamFG,
- sie die Löschung einer Sicherungshypothek nach § 888 BGB bezweckt (OLG Düsseldorf AnwBl 1989, 239).

3. Einwand der Aufrechnung. Eine Einwendung ist statthaft, soweit der Zahlungspflichtige einen Schadensersatzanspruch wegen einer unrichtigen Behandlung der Sache durch den Anwaltsnotar nach § 21 erhebt (BGH MDR 2004, 1015; BayObLGZ 2004, 284; OLG Hamm DNotZ 1979, 57). Das gilt auch, falls ein Nur-Notar derart falsch gehandelt haben soll (BayObLG MDR 2005, 230 (Aufrechnung)). Die **Aufrechnung** kann man noch **nach der Zahlung** erklären (OLG Düsseldorf Rpfleger 1975, 411). Die Aufrechnung kann eine Aussetzung der Festsetzung zur Folge haben. Soweit allerdings ohnehin feststeht, dass der Notar keine Kosten erheben darf, ist eine Prüfung der etwaigen Aufrechenbarkeit wegen einer Amtshaftung unnötig. Eine Aufrechnung ist als Einwendung **ferner** statthaft, soweit der beliebige Gegenanspruch **unstreitig oder rechtskräftig** festgestellt ist (OLG Hamm Rpfleger 1975, 449; OLG Schleswig SchlHA 1977, 160). **Nicht statthaft** ist eine Einwendung im Verfahren nach I, soweit der Zahlungspflichtige nur einen solchen Gegenanspruch gegen den Notar hat, der mit dem in Rede stehenden notariellen Geschäft nichts zu tun hat, es sei denn, dieser Gegenanspruch wäre unstreitig oder rechtskräftig festgestellt (OLG Düsseldorf ZMR 1989, 92; OLG Hamm Rpfleger 1975, 450; Bormann/Diehn/Sommerfeldt/Neie Rn. 19). 21

Im Verfahren nach den §§ 127 ff. ist es grds. **unzulässig,** gegen die Kostenforderung des Notars mit einem materiell-rechtlichen Schadensersatzanspruch gegen diesen Notar aus einer Amtspflichtverletzung aufzurechnen. Dies ist aber dann zulässig, 22 wenn der Anspruch unstreitig oder rechtskräftig festgestellt ist (BGH FGPrax 2022, 232 unter Aufgabe von BGH DNotZ 1961, 430) oder wenn die Schadensersatzforderung mit dem notariellen Geschäft im Zusammenhang steht (OLG Frankfurt a. M. NJOZ 2019, 1675 = BeckRS 2018, 41886). Für Schadensersatzansprüche nach § 90 I regelt dies § 90 II.

23 **4. Einwand eines Zurückbehaltungsrechts.** Eine Einwendung ist statthaft, soweit der Notar Geld zu treuen Händen erhalten hat und dieses ganz oder teilweise zur Begleichung einer bestrittenen Kostenforderung **einbehalten** hat. Dann ist es unerheblich, ob die Einbehaltung im Weg einer Zurückbehaltung oder einer Aufrechnung erfolgt ist (aM KG OLGZ 1991, 21, kein Zurückbehaltungsrecht. Aber § 273 BGB ist zumindest dem Grundgedanken nach entsprechend anwendbar). Auch → Rn. 21 f. zur Aufrechnung.

24 **IV. Beanstandung beim Notar (Abhilfe; I 2).** Ein Zahlungspflichtiger kann Einwendungen nach → Rn. 18 ff. auch zunächst dem Notar gegenüber formlos erheben; eine Verpflichtung dazu besteht nicht. Es ist in diesem Zusammenhang unerheblich, ob der Notar gerade diesen Beteiligten schon zur Kostenzahlung herangezogen hat. Ein Gesamtschuldner hat nach einem internen Ausgleich ein Recht in einer sog. Verfahrensstandschaft (KG MDR 1998, 62). Der Notar darf dann nicht einfach untätig bleiben (Wudy NotBZ 2006, 69). Er kann dem Mangel abhelfen, indem eine neue, berichtigte Kostenberechnung dem Schuldner erteilt wird, oder nach seinem pflichtgemäßen Ermessen entweder den Zahlungspflichtigen auf den Antragsweg nach I 1 verweisen oder die Sache nach I 2 dem LG seines Bezirks zur Entscheidung vorlegen (OLG Frankfurt a. M. JurBüro 1998, 40). Das LG entscheidet nicht über die Weiterleitung des Notars, sondern über die als Antrag geltende Beanstandung.

25 Der Notar oder nach seinem Ausscheiden die Verwahrstelle darf die Kostenberechnung unabhängig von einem Verfahren nach § 127 und auch nach dem Ablauf der Fristen den Antrag nach I, II **nachholen oder berichtigen** (OLG Hamm FGPrax 2008, 270; OLG Köln FGPrax 2007, 292; OLG München FGPrax 2006, 180; LG Düsseldorf ZEV 2021, 406 = BeckRS 2021, 7634). Das LG muss dem Notar eine entsprechende Möglichkeit geben (BGH DNotZ 2009, 315). Diese Berichtigungsmöglichkeit entfällt allerdings mit dem Erlass der Entscheidung des Beschwerdegerichts. Das gilt auch dann, wenn der Kostenschuldner die Haftung nur dem Grunde nach bestreitet (OLG Schleswig DNotZ 1987, 383, zust. Kuntze). Eine Berichtigung liegt dann noch nicht vor, wenn der Notar während des Verfahrens nach § 127 berichtigende Erklärungen abgibt. Vielmehr muss er dann eine neue vollständige und ordnungsgemäße Kostenberechnung nach § 19 anfertigen und dem Schuldner übersenden. Sie ist dann der Prüfungsgegenstand, sofern auch gegen die berichtigte Kostenrechnung Einwendungen erhoben werden (OLG Frankfurt a. M. NJOZ 2019, 424 = BeckRS 2018, 10732), im Verfahren gegen die ursprüngliche Kostenrechnung entfällt das Rechtschutzbedürfnis (KG FGPrax 2022, 182).

26 Soweit der Notar seine Kostenberechnung für unrichtig hält, darf er die Kostenforderung unabhängig von einem Verfahren nach § 127 bis zur Entscheidung des Beschwerdegerichts **ermäßigen oder erhöhen.**

27 **V. Zulässigkeit eines Antrags (I, II).** Der Kostenschuldner kann statt einer Beanstandung nach → Rn. 24 ff. auch unmittelbar den Antrag nach I 1 stellen. Er ist unter den folgenden Voraussetzungen zulässig:

28 **1. Beschwer.** Die Kostenberechnung des Notars muss den Antragsteller in seinen Rechten beeinträchtigen, wie bei § 59 I FamFG. Die Beschwer muss im Zeitpunkt des Antragseingangs vorliegen, und zwar bei mehreren Antragstellern für jeden von ihnen. Es muss mindestens einer von etwa mehreren Antragstellern Kenntnis von der Kostenberechnung haben. Die Beschwer hängt aber weder von einer förmlichen Zustellung der Kostenberechnung noch von einer drohenden Zwangsvollstreckung aus ihr ab. Auch eine vorbehaltlose Zahlung beseitigt eine Beschwer nicht. Eine Beschwer **fehlt** zB, soweit die Aufhebung der Kostenberechnung für den Beschwerdeführer bedeutungslos ist. Für eine rein theoretische Entscheidung liegt keine Be-

schwer vor, auch nicht zur bloßen Erlangung einer obergerichtlichen Entscheidung für ähnliche Fälle.

Bei einer Anweisung nach § 130 II 1 ersetzt das der Anweisung zugrunde liegende öffentliche Interesse das Erfordernis der Beschwer. 29

2. Kein Beschwerdemindestwert. Entgegen dem sonst in Kostensachen geltenden Grundsatz, dass ein Beschwerdewert erforderlich sei, § 567 II ZPO, ist ein Beschwerdewert weder im Antragsverfahren nach I 1 oder I 2 noch übrigens im Beschwerdeverfahren nach § 129 eine Zulässigkeitsvoraussetzung. 30

3. Antragsberechtigung. Antragsberechtigt ist jeder, den der Notar durch die angefochtene Kostenberechnung in Anspruch nimmt, wie bei § 59 I FamFG, sowie jeder, der nach §§ 29 ff. kraft Gesetzes für die Notarkosten haftet (BGH NJW-RR 2006, 1509; OLG Hamm FGPrax 2008, 269). Da nach § 130 II 1 die Dienstbehörde den Notar anweisen kann, seine Kostenberechnung durch das LG prüfen zu lassen, ist auch der **Notar** antragsberechtigt (OLG Nürnberg MittBayNot 2021, 176; BeckOK KostR/Schmidt-Räntsch Rn. 37). Der noch amtierende Notar hat zudem nach I 2 ein eigenes Antragsrecht (OLG Saarbrücken NJOZ 2020, 1077 = BeckRS 2019, 18438). Dabei ist die bloße Nichtzahlung nicht als Beanstandung anzusehen (OLG Düsseldorf NJOZ 2018, 1183). Der Notar kann wegen einer Nachforderung einen Anschlussantrag stellen. In einem laufenden Verfahren treten ggf. die Erben an die Stelle des Notars (LG Leipzig BeckRS 2019, 44071). 31

Bei mehreren Kostenschuldnern genügt zur Antragsberechtigung eines jeden die Kenntnis nur eines von ihnen von der Kostenberechnung (BayObLG MittBayNot 1985, 48; OLG Hamm JurBüro 2000, 152). Wer nicht Kostenschuldner ist, hat außerhalb von I 2 kein Antragsrecht (OLG Hamm Rpfleger 1990, 10; LG Hannover JurBüro 2004, 439). 32

Der Rechtsnachfolger zB infolge einer Abtretung durch den Erben des Notars kann in das Verfahren eintreten (KG DNotZ 1995, 788, zu § 265 ZPO). Vgl. ferner §§ 58 III, 64 IV BNotO. Ein Kostenübernehmer ist grundsätzlich zumindest im annehmbaren Einverständnis des eigentlichen Kostenschuldners antragsberechtigt (iSe Verfahrensstandschaft; BayObLG DNotZ 1972, 243 (245)). Ein Anschlussantrag kann statthaft sein. 33

Kein eigenes Antragsrecht haben die (Länder)Notarkasse und die vorgesetzte Dienstbehörde. Letzterer bleibt nur das Recht zur Anweisung nach § 130 II 1. 34

Ein **Verzicht** auf Einwendungen ist ebenso statthaft wie eine Antragsrücknahme, § 130 III 1 iVm § 22 FamFG. Bei ihr sind §§ 516 III, 565 ZPO unanwendbar (OLG Schleswig FGPrax 2008, 132). Das darf wegen § 125 nicht auf eine wegen der Amtsstellung des Notars verbotene Verringerung der Notargebühren hinauslaufen. Hat der Notar den Antrag aufgrund Anweisung nach § 130 II 1 gestellt, so bedarf der Notar für eine Antragsrücknahme der Zustimmung der Dienstbehörde. 35

4. Form. Der Antrag ist schriftlich oder zum Protokoll des Urkundsbeamten der Geschäftsstelle zulässig, § 130 III 1 iVm § 25 FamFG. Zwar ist nach I 1 grundsätzlich nur die Geschäftsstelle desjenigen LG zuständig, bei dem der Notar seinen Amtssitz hat. Indessen kann man den Antrag gemäß § 25 II FamFG auch vor dem Urkundsbeamten der Geschäftsstelle eines jeden AG zum Protokoll einlegen. Jene Geschäftsstelle übersendet den Antrag nach § 25 III FamFG unverzüglich an das zuständige LG. Für eine Wirksamkeit und für die Fristeinhaltung nach → Rn. 39 ff. ist der Eingang beim zuständigen LG maßgebend. 36

Der schriftliche Antrag soll unterschrieben sein, § 23 I 4 FamFG. Die Einreichung kann auch per Fax erfolgen. Maßgebend ist, dass sich zumindest aus den Umständen eine mit der Unterschrift vergleichbare Gewähr für den Antragsberechtigten ergibt (BGH FGPrax 2011, 41). Das gesamte Antragsverfahren und daher schon die Antragstellung braucht **keine Mitwirkung eines Anwalts** nach § 10 III Nr. 3 FamFG. 37

5. Inhalt. Es ist kein bestimmter Antrag und keine bestimmte Antragssumme erforderlich. Das Begehren zur Überprüfung der Kostenberechnung muss aber nachvollziehbar erkennbar sein, sei es zur Forderungshöhe, zum Geschäftswert, zum Gebührentatbestand oder zu Auslagen, zu einer Zahlungspflicht oder zu einer erfolgten Zahlung oder Aufrechnung (BayObLG MittBayNot 1979, 89; OLG Hamm DNotZ 1979, 57; LG Kleve BeckRS 2016, 19008; LG Düsseldorf NotBZ 2015, 358 38

= BeckRS 2015, 5136), oder zu einer angeblich unrichtigen Sachbehandlung nach § 21 (OLG Hamm DNotZ 1979, 57) oder zur Vollstreckungsklausel nach § 89. Das Gericht darf und muss auslegen. Es fragt evtl. nach § 26 FamFG nach. Der Antrag soll begründet sein, § 130 III 1 iVm § 23 FamFG.

39 **6. Frist.** Der Antrag ist zunächst unbefristet, unabhängig vom Zahlungszeitpunkt (LG Hannover JurBüro 1996, 317). Das gilt unabhängig von der ZPO. Denn nach § 130 III 1 verläuft das Verfahren nach dem FamFG. Man kann das Fehlen einer Frist aus dem Vergleich von I 1 mit II 1 mit dessen aus § 130 III 1 iVm § 63 FamFG folgenden Befristung nur der etwa anschließenden Beschwerde ableiten.

40 Nach dem **Ablauf desjenigen Kalenderjahrs,** das auf das Jahr folgt, in dem der Notar die vollstreckbare Ausfertigung der Kostenberechnung nach §§ 88, 89 wirksam **zugestellt** hat, ist aber nach II 1 ein „neuer" und damit auch ein erster Antrag grundsätzlich nur noch insoweit zulässig, als die Einwendung gegen den Kostenanspruch nach II 2 auf einem solchen Grund beruht, der objektiv erst nach dem Zeitpunkt der Zustellung der vollstreckbaren Ausfertigung entstanden ist. Das gilt unabhängig von einer zugehörigen Kenntnis des Beschwerten. Ein Fristablauf schneidet diesem Antragsteller sämtliche vor der Zustellung der vollstreckbaren Ausfertigung entstandenen Einwendungen ab (OLG Düsseldorf FGPrax 2001, 89). Der Fristablauf nach II 1 führt nicht zu einer Umwandlung in eine dreijährige Verjährungsfrist (BGH FamRZ 2004, 1721).

41 Man kann der Zustellung der vollstreckbaren Ausfertigung eine **freiwillige Zahlung** nicht gleichsetzen. Denn II 1 ist eine eng auslegbare Ausnahmevorschrift (BayObLG DNotZ 1987, 176; OLG Hamm Rpfleger 1980, 243; OLG Schleswig JurBüro 1983, 1694). Der Antrag ist bei jeder vorbehaltlosen Zahlung möglich. Der Zustellung der vollstreckbaren Ausfertigung steht auch nicht die Situation gleich, dass sich der Notar durch eine **Verrechnung** befriedigt hat oder dass er auf Grund von Beanstandungen keinen Hinweis auf I 1 gab und nicht dem LG vorlegte (KG NJW-RR 1998, 646). Nach OLG Celle (RNotZ 2004, 102) soll auch die Zahlung die Frist beginnen lassen, aber es gibt keine Veranlassung dazu. Mit II 1 wird lediglich ein Endtermin zur Überprüfung der Kostenberechnung gesetzt.

42 Es gilt dann **nicht,** wenn der Notar eine direkte Beanstandung des Kostenschuldners nur mit der Zustellung der vollstreckbaren Ausfertigung der Kostenberechnung beantwortet hatte (OLG Düsseldorf JurBüro 2007, 373; KG NJW 2013, 879).

43 Die Frist des II 1 ist keine Notfrist nach § 224 I 1 ZPO, sondern eine **Ausschlussfrist** (BayObLG DNotZ 1987, 175). Deshalb ist nach § 130 III 1 iVm § 16 II FamFG, § 224 II, III ZPO weder eine Fristverkürzung noch eine Fristverlängerung zulässig. Eine Wiedereinsetzung in den vorigen Stand nach § 17 I FamFG kommt nicht in Betracht, zwar schafft I 1 einen Rechtsbehelf, aber die Wiedereinsetzung ist in § 127 nicht geregelt und somit auch nicht zulässig (LG Köln BeckRS 2020, 9810).

43a Auch eine Verwirkung kommt wie stets nach § 242 BGB in Betracht (Zusammenwirken eines Zeit- und eines Umstandsmoments), zumal bereits II 1 auf diesem Rechtsgedanken beruht (BT-Drs. 16/6308, 337; BT-Drs. 17/11471 (neu), 192).

44 **7. Fristbeginn.** Die Frist beginnt mit der Zustellung der vollstreckbaren Ausfertigung der Kostenberechnung. Die Frist beginnt für jeden Kostenschuldner mit der Zustellung an ihn (OLG Hamm ZEV 2019, 373 = BeckRS 2019, 08171). Der Fristbeginn nach II 1 setzt voraus, dass der Notar die Vollstreckungsklausel nach § 89 unterschrieben hat (LG Darmstadt JurBüro 1977, 708). Die Zustellung erfolgt durch Zustellung durch den Gerichtsvollzieher, dem die vollstreckbare Ausfertigung samt für die Zustellung erforderlichen Anzahl an beglaubigten Abschriften von der vollstreckbaren Ausfertigung, §§ 192, 193 ZPO, im Rahmen des Zustellauftrags zu übersenden ist. Nicht ausreichend ist es, wenn für die Zustellung dem Gerichtsvollzieher nur eine beglaubigte **Kopie oder Abschrift** der mit der Vollstreckungsklausel versehenen Ausfertigung übermittelt wird (OLG Hamburg MittBayNot 1996, 450; OLG Zweibrücken MittBayNot 2000, 578; aM KG FGPrax 2003, 91).

45 **8. Unanwendbarkeit.** II gilt im Verfahren über die Beschwerde nach § 129 I ebenso wenig wie dann, wenn die Aufsichtsbehörde dem Notar eine Anweisung nach § 130 II 1, 2 erteilt. Denn im letzteren Fall handelt es sich um eine Maßnahme der Dienstaufsicht. Sie kann vor ihrer Anweisung oder der in größeren zeitlichen Abstän-

den durchgeführten Kontrollen vom Beginn des Fristablaufs keine Kenntnis haben. II gilt dann nicht zulasten des Kostenschuldners, wenn der Notar auf Grund rechtzeitiger Beanstandungen des Kostenschuldners entgegen → Rn. 19 gar nichts bis zum „Fristablauf" veranlasst hatte (OLG Frankfurt a. M. JurBüro 1998, 40).

VI. Verfahren (I, II). Es richtet sich nach dem FamFG, § 130 III 1 (BGH NJW-RR 2005, 721 (722)). Soweit ein Antrag bei einem unzuständigen Gericht eingeht, ist das Verfahren an das zuständige Landgericht zu verweisen, § 281 ZPO analog (BGH NJW-RR 2005, 722). Hat das Instanzgericht fälschlich stattdessen als unzulässig abgewiesen, verweist sogar das Rechtsbeschwerdegericht auch ohne eine entsprechende Verfahrensrüge durch Beschluss (BGH NJW-RR 2005, 721 (722)). Das Gericht darf nicht mehrere unabhängige Vorgänge noch dazu mit unterschiedlichen Kostenschuldnern verbinden (OLG Zweibrücken NJW-RR 2001, 31). 46

1. Zuständigkeit. Zur Entscheidung über den Antrag ist abweichend vom FamFG dasjenige LG sachlich und örtlich ausschließlich und daher ohne Abbedingungsmöglichkeiten zuständig, in dessen Bezirk derjenige Notar im Zeitpunkt der Fälligkeit der Kostenforderung nach § 10 bzw. vor Fälligkeit im Zeitpunkt der Antragstellung bei Gericht seinen Amtssitz hat, dessen Kostenberechnung der Antragsteller angreift. Ein späterer Amtssitzwechsel oder das Ausscheiden oder der Tod des Notars ändern an der Zuständigkeit nichts. Funktionell ist die Zivilkammer und nicht die Kammer für Handelssachen zuständig. Das LG entscheidet an sich in der vollen Besetzung der nach der Geschäftsverteilung zuständigen Kammer. Wegen eines Einzelrichters gilt § 128 III. 47

Weder der **Präsident** des LG noch sein Vizepräsident noch ein Mitglied einer anderen Zivilkammer noch der etwaige Dezernent der Gerichtsverwaltung für Fragen der freiwilligen Gerichtsbarkeit dürfen an diesem Verfahren mitwirken (OLG Brandenburg MDR 2000, 665; OLG Hamm JurBüro 1998, 153). Sie dürfen zumindest insoweit nicht mitwirken, als sie im Verwaltungsverfahren tätig geworden waren (BayObLG Rpfleger 1987, 478; OLG Hamm FGPrax 2006, 36). Das gilt trotz der in § 130 III 1 enthaltenen grundsätzlichen Verweisung auf das FamFG. Soweit mitwirkungsberechtigt, darf sich der Vizepräsident nicht ständig vertreten lassen (OLG Hamm FGPrax 1998, 154). 48

2. Amtsermittlung. Das LG entscheidet nach § 130 III 1 im Verfahren nach dem FamFG (OLG Frankfurt a. M. MDR 1997, 686). Das gilt nach dem klaren Text von I trotz des Umstands, dass das LG im FamFG-Verfahren eigentlich gar nicht zuständig ist. Daher darf und muss das LG die zur Feststellung der entscheidungserheblichen Tatsachen erforderlichen Ermittlungen nach § 26 FamFG von Amts wegen veranlassen. Es muss die evtl. ihm wie bei § 286 ZPO notwendig und geeignet erscheinenden Beweise von Amts wegen aufnehmen (OLG Schleswig DNotZ 1985, 480; LG Kassel JurBüro 2009, 323). 49

3. Sonstiges Verfahren. Vgl. dazu § 128. Das LG entscheidet durch Beschluss nach § 38 FamFG, der nach § 41 I, II 4 FamFG bekannt zu geben ist. Zur Entscheidung selbst → § 128 Rn. 22. Ein Insolvenzverfahren unterbricht nicht (KG DNotZ 1988, 454). Zur Ausforschung kann man die ZPO-Regeln entsprechend heranziehen (OLG Hamm FGPrax 2004, 50). Eine Aufrechnung ist nur bei rechtskräftiger Feststellung oder Unstreitigkeit beachtlich (LG Lübeck JurBüro 2017, 29). 50

Dennoch muss der Antragsteller nach § 130 III 1 iVm § 27 II FamFG diejenigen **Tatsachen und Beweismittel** angeben, die das Verfahren fördern können und die er kennt. Soweit er eine solche Angabe trotz einer Aufforderung des Gerichts nebst dessen ausreichender Fristsetzung vorwerfbar unterlässt, kommt die Antragszurückweisung in Betracht. 51

VII. Wirkung des Antrags. Ein Verfahren nach §§ 127 ff. hemmt die **Verjährung** der Ansprüche des Notars, § 6 III Hs. 1 iVm § 204 I Nr. 1 BGB analog (BayObLGZ 92, 72 (75 ff.); OLG München BWNotZ 2019, 281 = BeckRS 2019, 26863; OLG Düsseldorf JurBüro 2007, 93; KG NJW-RR 2003, 1725). 52

53 **VIII. Kosten.** Das Verfahren ist gebührenfrei, gerichtliche Auslagen hat grds. nach § 22 I der Antragsteller zu tragen, soweit nicht das Gericht über die Kostentragung entscheidet (§ 130 II 1 iVm § 81 I 2 FamFG).

Verfahren

128

I [1]Das Gericht soll vor der Entscheidung die Beteiligten, die vorgesetzte Dienstbehörde des Notars und, wenn eine Kasse gemäß § 113 der Bundesnotarordnung errichtet ist, auch diese hören. [2]Betrifft der Antrag die Bestimmung der Gebühr durch den Notar nach § 92 Absatz 1 oder die Kostenberechnung aufgrund eines öffentlich-rechtlichen Vertrags, soll das Gericht ein Gutachten des Vorstands der Notarkammer einholen. [3]Ist eine Kasse nach § 113 der Bundesnotarordnung errichtet, tritt diese an die Stelle der Notarkammer. [4]Das Gutachten ist kostenlos zu erstatten.

II [1]Entspricht bei einer Rahmengebühr die vom Notar bestimmte Gebühr nicht der Vorschrift des § 92 Absatz 1, setzt das Gericht die Gebühr fest. [2]Liegt ein zulässiger öffentlich-rechtlicher Vertrag vor und entspricht die vereinbarte Gegenleistung nicht der Vorschrift des § 126 Absatz 1 Satz 3, setzt das Gericht die angemessene Gegenleistung fest.

III Das Gericht kann die Entscheidung über den Antrag durch Beschluss einem seiner Mitglieder zur Entscheidung als Einzelrichter übertragen, wenn die Sache keine besonderen Schwierigkeiten tatsächlicher oder rechtlicher Art aufweist und keine grundsätzliche Bedeutung hat.

Übersicht

1 **I. Normzweck.** Die Vorschrift regelt das Verfahren über einen Antrag nach § 127 entgegen ihrer Überschrift weder vollständig noch in sonderlich überzeugender Reihenfolge. Ergänzend gilt zumindest § 130 sowie § 131. Der Regelungszweck ist eine Mischung unterschiedlicher Grundsätze eines rechtsstaatlichen Verfahrens.

2 **II. Anhörung (I).** Es gibt mehrere Gruppen von anzuhörenden und evtl. mehrere Stadien einer Anhörung.

3 **1. Anhörungspflicht (I 1).** Das LG „soll" vor seiner Entscheidung alle Beteiligten anhören. Wegen Art. 103 I GG besteht in Wahrheit eine Anhörungspflicht (BVerfG

NJW-RR 2001, 860; BayObLG FGPrax 2003, 236; OLG Zweibrücken Rpfleger 2002, 100). Die Anhörung ist zumindest insoweit erforderlich, als die Entscheidung für den Anzuhörenden Nachteile bringen könnte (OLG Oldenburg JurBüro 1997, 376).

2. Beispiele zur Anhörungspflicht (I 1–3). Anzuhören ist 4

- die etwa nach dem Wegfall des Notars aktenführende Stelle,
- jeder Beschwerdeführer,
- auch ein Bevollmächtigter eines Beteiligten, soweit er eine entsprechende Vollmacht hat,
- jeder Rechtsnachfolger eines Beteiligten (OLG Frankfurt a. M. MittBayNot 2006, 360; *Bengel/Tiedtke* DNotZ 2006, 440),
- die vorgesetzte Dienstbehörde des Notars (OLG Hamm FGPrax 2008, 268),
- den Insolvenzverwalter statt des sich in Insolvenz befindlichen Beteiligten,
- alle diejenigen Personen anhören, die nach § 22 oder nach einer sonstigen gesetzlichen Vorschrift Schuldner der angefochtenen notariellen Gebühren oder Auslagen sein können (OLG Zweibrücken Rpfleger 2002, 100),
- nach I 3 auch eine etwa nach § 113 BNotO errichtete Notarkasse (BayObLG MittBayNot 2003, 500; OLG Brandenburg MDR 2000, 665; OLG Jena FGPrax 2000, 251).

Anzuhören ist wegen Art. 103 I GG auch zum Ergebnis einer etwaigen Beweis- 5
aufnahme.

3. Anzuhörende Personen. Anzuhören ist der Notar, unabhängig von dem 6
Grund seines Ausscheidens aus dem Amt. Der Notar ist von der sonst bestehenden Schweigepflicht frei, soweit er nur durch eine Stellungnahme den umstrittenen Anspruch durchsetzen kann oder soweit er nur durch eine Äußerung seine Position verdeutlichen kann. Seine Verteidigung hemmt die Verjährung seines Anspruchs (OLG Schleswig JurBüro 1995, 216).

Der Präsident des LG und sein Stellvertreter dürfen aus den Gründen → § 127 7
Rn. 47, 48 nicht selbst an einer Anhörung teilnehmen (BayObLG DNotZ 1988, 260; OLG Hamm JurBüro 1998, 153).

4. Anhörungsform (I 1). Die Anhörung kann mündlich oder schriftlich erfolgen. 8
Eine Gelegenheit zur Äußerung reicht. Sie ist auch dann erforderlich, wenn die vorgesetzte Dienstbehörde des Notars ihn nach § 130 zur Herbeiführung der Entscheidung angewiesen hatte (OLG Oldenburg JurBüro 1997, 376). Das LG muss eine Stellungnahme des Angehörten den übrigen Beteiligten mitteilen.

5. Mitteilungspflicht. Das LG muss die **Stellungnahme** der vorgesetzten Dienst- 9
behörde des Notars den Beteiligten jedenfalls dem Inhalt nach in allen wesentlichen Punkten mitteilen (OLG Zweibrücken Rpfleger 2002, 100). Denn diese Stellungnahme hat für das LG mindestens die Bedeutung einer gutachterlichen Äußerung und oft ein entscheidendes Gewicht.

6. Umfang (I 1). Das Gericht muss zunächst sämtliche mit dem Antrag erhobenen 10
Einwendungen gegen die angefochtene Kostenberechnung prüfen. Es muss darüber hinaus nach § 21 I prüfen, ob der Antragsteller einen Ersatzanspruch hat. Das LG muss ferner etwaige Einwendungen gegen die Vollstreckungsklausel nach § 89 prüfen. Zum Ergebnis einer Beweisaufnahme müssen die Beteiligen nach § 130 III 1 iVm § 30 IV FamFG Stellung nehmen können. Eine Beteiligtenöffentlichkeit der Beweisaufnahme nach der Art des § 357 ZPO ist aber nicht (mehr) notwendig. Die Beweismittel sind nicht begrenzt (BayObLG NJW-RR 2003, 1295; OLG Hamm FGPrax 2003, 97).

Da es sich nach → § 127 Rn. 49, 50 um ein **Amtsverfahren** handelt, muss das 11
Gericht aber auch unabhängig von der Art und dem Umfang der Antragsbegründung **alle Teile** der überhaupt beanstandeten Kostenberechnung auf ihre Richtigkeit überprüfen (OLG Düsseldorf JurBüro 2007, 93). Das gilt auch gegenüber einer etwaigen Anweisung nach § 130 II. Die Entscheidung wirkt für und gegen alle Kostenschuldner (BayObLGZ 89, 263). Das LG darf nicht über die Anträge hinausgehen (BayObLG JurBüro 1989, 227). Es darf eine Ermessensentscheidung des Notars etwa beim Wertansatz zB nach § 36 nur auf einen etwaigen Ermessensfehlgebrauch überprüfen

und erst nach dessen Feststellung ein eigenes Ermessen ausüben (BGH NZM 2009, 87; OLG Köln FGPrax 2000, 127). § 46 bindet aber das LG, BayObLG DNotZ 1988, 451.

12 **7. Gutachten der Notarkammer (I 2, 4).** Die Regelung knüpft in der Sache an § 14 III RVG an, → RVG § 14 Rn. 37 ff. insbesondere zu den Einzelheiten des Einholungsverfahrens und zur Kostenlosigkeit des Gutachtens. Es gibt zwei Voraussetzungen der Einholungspflicht, von denen eine jede genügt. **Rahmengebühr, § 92 I,** ist eine solche Voraussetzung → § 92 Rn. 2 ff., **Mediation oder Schlichtung nach § 126,** ist die weitere mögliche Bedingung → § 126 Rn. 1 ff.

13 **8. Gutachten der Notarkasse (I 3, 4).** Diese tritt beim Gutachtenauftrag unter den Voraussetzungen von § 113 BNotO als Gutachterin an die Stelle der Notarkammer. Auch zu diesen Einzelfragen → RVG § 14 Rn. 43 ff. Auch dieses Gutachten ist kostenfrei.

14 **III. Inhalt der gerichtlichen Entscheidung. 1. Unzulässigkeit.** Soweit das LG den Antrag für unzulässig hält, auch wegen einer Erledigung oder wegen ihrer Nichtförderung durch den Antragsteller, weist es ihn eben als unzulässig zurück. Es verwirft sie also.

15 **2. Unbegründetheit.** Soweit das LG den Antrag für unbegründet hält, weist es ihn eben als unbegründet zurück.

16 **3. Zulässigkeit und Begründetheit.** Soweit das LG den Antrag für zulässig und begründet hält, gibt es ihm statt und legt nicht etwa die Akten dem OLG vor. Das letztere kommt erst bei einer Beschwerde in Betracht. Das LG darf die angefochtene Kostenberechnung grundsätzlich nicht zum Nachteil des Antragstellers ändern (BayObLG JurBüro 1978, 574; OLG Hamm JurBüro 1992, 343). Das gilt nur dann nicht, wenn der Notar auf Grund einer vorangegangenen Beanstandung des Kostenschuldners einen Antrag nach § 130 II gestellt hatte.

17 Es kommt also zwar eine Erhöhung der Wertansätze in Betracht. Erlaubt ist dem LG jedoch bei demselben Notargeschäft grundsätzlich weder eine Erhöhung des Endbetrags der Kostenberechnung (Verschlechterungsverbot; BayObLG MittBayNot 1977, 1407; OLG Hamm MDR 1992, 716), noch eine Anweisung an den Notar, weitere ihm entstandene Kosten zu erheben. Die Entscheidungsformel muss wegen der **Rechtskraftwirkung** für und gegen alle Kostenschuldner ergeben, über welche Einwendungen das LG entschieden hat (BayObLGZ 89, 263). Nach einer Überzahlung ordnet das LG ihre Rückzahlung an. Das LG muss die Sachentscheidung grundsätzlich selbst treffen. Es darf eine Neuberechnung dem Notar nur ausnahmsweise überlassen (OLG Zweibrücken MittBayNot 1981, 208).

18 **4. Gerichtliche Festsetzung (II).** Die Regelung ähnelt ein wenig den Befugnissen und Pflichten bei § 3a II RVG. Sie geht damit weiter als bei § 14 RVG. Das beruht auch auf dem öffentlich-rechtlichen Teil der Tätigkeit des Notars und der daraus mitfolgenden Notwendigkeit, als Gegengewicht zur Beitreibbarkeit seiner Kosten nach § 89 von vornherein auf das Unterbleiben überhöhter Forderungen hinzuwirken. Damit dient II dem Verhältnismäßigkeitsgrundsatz und der Rechtssicherheit im Notarkostenbereich. Demgemäß ist die Vorschrift auslegbar.

19 **a) Überhöhte Rahmengebühr (II 1).** Der Notar muss sein billiges Ermessen nach § 92 I überschritten haben → § 92 Rn. 2 ff.

20 **b) Unangemessene Gegenleistung (II 2).** Der Notar mag auch beim Mediations- oder Schlichtungsvertrag nach § 126 I eine nach dort I 3 unangemessen hohe oder niedrige Gegenleistung akzeptiert haben → § 126 Rn. 1 ff.

21 **c) Festsetzung durch Gericht (II 1, 2).** In beiden Situationen → Rn. 19, 20 darf und muss das Gericht ohne Ermessen zum Ob die richtige Gebühr oder Gegenleistung von Amts wegen ermitteln und sodann durch einen Beschluss mit Begründung nachprüfbarer Art festsetzen. Es muss eine in EUR bestimmte Summe bestimmen. Es darf dabei nur die bis zur Entscheidung übersehbaren Umstände heranziehen.

22 **IV. Entscheidung des LG (I–III). 1. Beschluss.** Das Gericht entscheidet als Kammer oder als Einzelrichter durch Beschluss.

2. Kostenentscheidung. Die Kostengrundentscheidung ergeht nach § 130 III 3 iVm § 81 FamFG und nicht nach § 84 FamFG (OLG Hamburg NJW 2019, 1155 = BeckRS 2018, 36724). Der Notar ist idR selbst in der Lage, seine Gebührenforderungen durchzusetzen. Somit sind Anwaltskosten des Notars nicht erstattungsfähig (OLG Hamburg NJW 2019, 1155 = BeckRS 2018, 36724). 23

3. Form. Das Gericht entscheidet nach § 130 III 1 iVm §§ 38 I 1, 69 III FamFG durch einen Beschluss. Es muss seinen Beschluss nach FamFG § 38 III 1 grundsätzlich begründen (BeckOK FamFG/Obermann FamFG § 38 Rn. 54 ff.). Eine Begründung kann fehlen, soweit der Beschluss in keine Rechte eines Betroffenen eingreift (BVerfG NJW 1957, 298). Das gilt zB dann, wenn er den übereinstimmenden Anträgen entspricht oder wenn die Gründe schon allen bekannt sind. Es gilt auch dann, wenn alle Beteiligten einen Rechtsmittelverzicht wirksam erklärt haben, auch wenn die der Entscheidung zugrunde liegenden Fragen auf der Hand liegen oder wenn sie sich aus dem Streitstoff selbst ergeben (KG FamRZ 1976, 99). 24

Alle an der Entscheidung beteiligten Richter müssen den Beschluss nach § 130 III 1 iVm § 38 III 2 FamFG **unterschreiben.** Denn nur die Unterschrift verbürgt seine Herkunft. Die Unterschrift desjenigen Vorsitzenden, der nicht als Einzelrichter amtiert, oder diejenige desjenigen Vorsitzenden und des Berichterstatters genügen nicht. Ein Handzeichen (Paraphe) ist keine hier ausreichende Unterschrift (BGH NJW-RR 2012, 1; BeckOK FamFG/Obermann FamFG § 38 Rn. 80). 25

4. Zustellung. Das LG muss seine Entscheidung wegen § 129 I nach § 130 III 1 iVm § 41 I 2 FamFG jedem durch sie Beschwerten förmlich zustellen. Das gilt auch dann, wenn das LG die Entscheidung auf Grund einer mündlichen Verhandlung getroffen hat. Bei einer Mehrheit von Antragstellern ist eine förmliche Zustellung an jeden notwendig. Die Zustellung ist auch an den Notar erforderlich. Dabei reicht sein Empfangsbekenntnis wie bei § 195 II 1 ZPO. Auch ihm gegenüber ist eine Zustellungsurkunde notwendig. 26

5. Einzelrichter, III. Das nach § 127 I erstinstanzlich örtlich wie sachlich zuständige LG „kann" im Rahmen eines pflichtgemäßen Ermessens die Entscheidung und damit bei vernünftiger Auslegung auf das Verfahren bis zu dieser Entscheidung unter den in III abschließend genannten Voraussetzungen einem seiner Mitglieder übertragen. Zwei Bedingungen müssen zusammentreffen. 27

a) Keine besonderen Schwierigkeiten. Sie dürfen weder tatsächlich noch rechtlich bestehen. Das ist dieselbe Bedingung wie zB in § 348a I Nr. 1 ZPO (vgl. daher die Kommentare dazu, etwa Musielak/Voit/Wittschier ZPO § 348a Rn. 8). 28

b) Keine grundsätzliche Bedeutung. Das ist die zusätzliche weitere Bedingung, dieselbe wie zB in § 348a I Nr. 2 ZPO (vgl. daher auch dazu zB Musielak/Voit/Wittschier ZPO § 348a Rn. 9). 29

c) Endgültigkeit der Übertragung. Wenn das Kollegium die Sache dem Einzelrichter überträgt, wird und bleibt er „das LG" nach § 127 I 1 und § 129 I sowie § 130 I 1. Er darf die Sache anders als zB bei § 348a II nicht der Kammer zur Entscheidung über eine Rücknahme vorlegen, selbst wenn sie sehr schwierig und/oder grundsätzlich wird. 30

V. Verstoß (I–III). Infolge § 130 III 1 gilt das FamFG, soweit nicht das GNotKG vorrangige Sonderregeln enthält. Wegen der Rechtsmittel gilt § 129. 31

Beschwerde und Rechtsbeschwerde

129 **I Gegen die Entscheidung des Landgerichts findet ohne Rücksicht auf den Wert des Beschwerdegegenstands die Beschwerde statt.**

II Gegen die Entscheidung des Oberlandesgerichts findet die Rechtsbeschwerde statt.

Übersicht

1 **I. Normzweck.** Die Vorschrift knüpft an §§ 127, 128 an und wird in § 130 ergänzt. § 129 geht nach § 1 VI jeder Regelung der für das zugrundeliegende Verfahren geltenden Vorschriften anderer Gesetze vor. § 129 dient den bei § 127 erläuterten Zielen.

2 **II. Beschwerde, I.** Zur Rechtsbehelfsbelehrung, Verstoß → §§ 7a, 83 II 2. Gegen die Entscheidung des LG nach §§ 127, 128 ist ein Rechtsmittel statthaft. I nennt es „Beschwerde". Es ist aber nach → Rn. 3 in Wahrheit eine befristete Beschwerde. Es ähnelt damit einer sofortigen Beschwerde. Allerdings besteht die Besonderheit, dass die zulassungsfreie Statthaftigkeit abweichend von § 61 FamFG nicht von einem Beschwerdewert abhängt (OLG Celle FGPrax 2017, 190). Dagegen muss eine Beschwer vorliegen, vgl. § 59 I FamFG. § 131 bleibt anwendbar. Im Übrigen sind **§§ 58 ff. FamFG** anwendbar, § 130 III 1. Damit ergeben sich die folgenden Hauptaspekte.

3 **1. Statthaftigkeit, Beschwerderecht.** Der Beurteilung des Beschwerdegerichts unterliegen nach § 130 III 1 iVm § 58 II FamFG auch diejenigen nicht selbständig anfechtbaren Entscheidungen, die der Endentscheidung des LG vorausgegangen waren. Vgl. auch § 62 FamFG.

4 **Beschwerdeberechtigt** ist nach § 130 III 1 iVm § 59 II FamFG in diesem Antragsverfahren nur der beschwerte Antragsteller nach § 127 I, also nicht der Notar nur zugunsten des Kostenschuldners (OLG Zweibrücken JurBüro 1988, 1054). Eine Beschwerdeberechtigung nach § 59 III FamFG für die vorgesetzte Dienstbehörde des Notars folgt aus § 130 II unabhängig von einer begrifflich gar nicht möglichen Beschwer. Bei einem minderjährigen Zahlungspflichtigen muss man nach § 130 III 1 auch § 60 FamFG mit beachten.

5 **2. Beschwerdefrist, Beschwerdebegründung.** Nach § 130 III 1 iVm § 63 I, III FamFG läuft ab der schriftlichen Bekanntgabe des Beschlusses nach § 41 FamFG und spätestens mit dem Ablauf von fünf Monaten seit seinem Erlass eine Frist von einem Monat zur Einlegung der Beschwerde. Sie ist keine Notfrist. Gegen eine schuldlose Fristversäumung ist nach § 17 I FamFG eine Wiedereinsetzung auf Antrag statthaft. § 17 II FamFG vermutet das Fehlen eines Verschuldens dann, wenn das LG keine ordnungsgemäße Rechtsbehelfsbelehrung erteilt hatte. Diese richtet sich nach § 39 FamFG. Denn § 130 III 1 verweist auch im Verfahren vor dem LG nach §§ 127, 128 auf das FamFG. Das LG muss also auf die Statthaftigkeit einer Beschwerde, auf das Fehlen eines Mindestbeschwerdewerts, auf das zuständige OLG als Beschwerdegericht, auf seinen Sitz und auf die notwendige Form und Frist einer Beschwerde hinweisen.

6 Die **Einlegung** der Beschwerde muss nach § 130 III 1 iVm §§ 10, 64 FamFG beim LG des Antragsverfahrens nach §§ 127, 128 erfolgen. Sie kann nach § 25 FamFG auch zum Protokoll der Geschäftsstelle eines jeden AG geschehen. Denn nach § 10 I FamFG gibt es keinen Anwaltszwang vor dem LG oder OLG. Natürlich ist zur Fristwahrung der Eingang der evtl. weitergeleiteten Beschwerde beim zuständig gewesenen LG erforderlich. Das gilt auch dann, wenn man die Beschwerde irrig beim OLG eingereicht hatte. Alle weiterleitenden Stellen müssen ähnlich wie bei

§ 129a ZPO unverzüglich handeln, brauchen aber dazu nicht alles andere stehen- und liegenzulassen (BeckOK ZPO/von Selle ZPO § 129a Rn. 11).

Eine **einstweilige Anordnung** insbesondere auf eine Aussetzung der Vollziehung des angefochtenen Beschlusses ist dem Gericht nach § 130 I 2 erlaubt. 7

Eine **Beschwerdebegründung** „soll" nach § 130 III 1 iVm § 65 I FamFG zwar nur erfolgen. Sie ist aber dringend ratsam, schon zur Klarstellung, in welchem Umfang überhaupt eine Anfechtung erfolgt. Das OLG kann dem Beschwerdeführer nach § 65 II FamFG eine Begründungsfrist setzen und nach deren erfolglosem Ablauf ohne weiteres Zuwarten entscheiden, soweit es nicht nach § 16 II FamFG, §§ 224 II, III, 225 ZPO antragsgemäß eine Fristverlängerung gewährt hat oder gewähren musste. Man kann die Beschwerde nach § 65 III FamFG auf neue Tatsachen und Beweismittel stützen, aber nach § 65 IV FamFG nicht auf eine Unzuständigkeit des LG im Antragsverfahren. 8

3. Anschlussbeschwerde. Sie ist nach § 130 III 1 iVm § 68 S. 1 FamFG statthaft, selbst nach einem Beschwerdeverzicht des Anschlussbeschwerdeführers oder nach dem Ablauf seiner Beschwerdefrist. Die Anschließung verliert ihre Wirkung nach § 66 S. 2 FamFG mit der Zurücknahme oder Verwerfung der Beschwerde als unzulässig. 9

4. Verzicht, Rücknahme. Die Beschwerde ist nach § 130 III 1 iVm § 67 I FamFG unzulässig, soweit der Beschwerdeführer auf sie nach der Bekanntgabe des Beschlusses nach § 41 FamFG durch eine Erklärung gegenüber dem Gericht verzichtet hat. § 67 II FamFG enthält für eine Anschlussbeschwerde eine entsprechende Regelung. § 67 III FamFG behandelt den Verzicht einem anderen Beteiligten gegenüber. Nach § 67 IV FamFG kann man die Beschwerde bis zum Erlass der Beschwerdeentscheidung des OLG zurücknehmen. 10

5. Gang des Beschwerdeverfahrens. Ihn regeln §§ 127, 128, ferner § 130 III 1 iVm § 68 FamFG ausführlich. Die Grundlinien lauten wie folgt: 11

Abhilfe des LG ist nach § 68 I 1 Hs. 1 FamFG möglich und daher eine Prüfpflicht des LG vor einer Vorlage beim nach § 119 I Nr. 2 GVG zuständigen OLG. Letztere muss nach V 3 iVm § 68 I 1 FamFG unverzüglich erfolgen. Gegen die Abhilfe durch das LG ist Beschwerde statthaft. 12

Mangels Statthaftigkeit, form- und fristgerechter Einlegung, die das OLG von Amts wegen prüft, erfolgt eine Verwerfung als unzulässig. Im Übrigen richtet sich das Beschwerdeverfahren nach den FamFG-Vorschriften des dortigen ersten Rechtszugs. Eine mündliche Verhandlung ist freigestellt. Der Einzelrichter kann nach § 68 IV FamFG, § 526 ZPO durch Beschluss des Senats zuständig werden und bleiben. 13

6. Beschwerdeentscheidung. Die Beschwerdeentscheidung ergeht nach § 130 III 1 iVm § 69 FamFG. Dazu hier nur die Grundlinien. Die Anträge binden das OLG. Wegen der **Kosten** → § 130 II 3, 4. Eine Zustellung durch ein **Empfangsbekenntnis** entfällt. Der auf die vorgenannten ZPO-Vorschriften mitverweisende § 113 I 2 FamFG gilt hier nicht. 14

Zurückverweisung ist dem OLG nach § 69 I 2, 3 FamFG nur insoweit erlaubt, als das LG entweder in Wahrheit noch gar nicht in der Sache entschieden hat oder als das LG-Verfahren an einem wesentlichen Mangel leidet **und** zur OLG-Entscheidung eine umfangreiche oder aufwendige Beweiserhebung notwendig wäre **und** ein Beteiligter auch eine Zurückverweisung direkt (mit)beantragt (vgl. zu alledem BeckOK FamFG/Obermann FamFG § 69 Rn. 3 ff.). 15

Sachentscheidung ist mangels einer Zurückverweisung die Pflicht des OLG nach § 69 I 1 FamFG. Es darf seine Entscheidung stets begründen. Es „soll" dies nach § 69 II 1 FamFG tun und „muss" es nach § 69 II 2 FamFG in dessen Fällen Nr. 1–4 tun. Im Übrigen gelten nach § 69 III FamFG die dortigen erstinstanzlichen Regeln entsprechend. 16

Eine **Rechtsmittelbelehrung** ist nach § 130 III 1 iVm § 39 FamFG zwingend. Vgl. ferner §§ 7a, 83 II 2. Das OLG trägt die Verantwortung für ihre Richtigkeit. Soweit die Rechtsmittelbelehrung falsch ist, kann nach einer darauf beruhenden Versäumung der Frist nach → Rn. 5 eine Wiedereinsetzung in den vorigen Stand nach § 130 III 1 iVm § 17 FamFG in Betracht kommen. Außerdem kann eine diesbezügliche Kostenniederschlagung nach § 21 notwendig sein. Soweit sie fehlt, ist 17 nicht schon deshalb eine Wiedereinsetzung möglich. Denn man hätte sich nach der Frist erkundigen müssen (BayObLG MDR 1997, 1058).

18 **7. Gegenvorstellung.** Insbesondere nach einem Verstoß gegen Art. 103 I GG kann das LG theoretisch eine Gegenvorstellung zulassen müssen und daher nochmals entscheiden müssen, (zum alten Recht BVerfG NJW-RR 2001, 860). Das OLG kann an diese Zulassung gebunden sein (BVerfG NJW-RR 2001, 860). Die Gegenvorstellung hat seit der Einführung der Anhörungsrüge nach § 131 iVm § 44 FamFG praktisch keine Erfolgsaussicht mehr.

19 **III. Rechtsbeschwerde (II).** Zur Rechtsbehelfsbelehrung, Verstoß siehe §§ 7a, 83 II 2. Im Übrigen sind acht Aspekte zu beachten:

20 **1. Einwendungen.** Man kann mit der Rechtsbeschwerde nach § 130 III 1 iVm § 70 FamFG sämtliche im Beschwerdeverfahren statthaft gewesenen Einwendungen erneut oder erstmals geltend machen. Das gilt allerdings abhängig von der Frist nach § 130 III 1 iVm § 71 FamFG.

21 **2. Zulassung; Sprungrechtsbeschwerde.** Die Rechtsbeschwerde nach § 130 III 1 iVm § 70 II FamFG ist nur insoweit zulässig, als das OLG sie wegen einer grundsätzlichen Bedeutung der Rechtssache oder zwecks Rechtsfortbildung oder Sicherung einer einheitlichen Rechtsprechung zugelassen hat, (OLG München BWNotZ 2020, 160 = BeckRS 2020, 13996; BWNotZ 2019, 281 = BeckRS 2019, 26863). Die Zulassung muss nach § 70 I FamFG grundsätzlich bereits im Beschluss erfolgen. Sie ist also nicht nachholbar (OLG Düsseldorf FGPrax 1997, 73; OLG Köln OLGZ 1988, 296). Eine Zulassung bindet den BGH nach § 70 II 2 FamFG. Die Zulässigkeit einer Überprüfung nur auf einen Rechtsverstoß nach § 72 I FamFG erstreckt sich aber nur auf denjenigen Bereich der Entscheidung, für den das OLG die Rechtsbeschwerde eindeutig zugelassen hat, (je zum alten Recht BayObLGZ 85, 3; OLG Düsseldorf AnwBl 1993, 41; OLG Schleswig JurüroB 1978, 911). Das OLG kann die Zulassung auf selbständige Teile beschränken. Denn „wenn" in § 70 I FamFG meint verständigerweise „soweit" (OLG Düsseldorf JurBüro 1992, 551; OLG Frankfurt a. M. DNotZ 1978, 118). Eine Beschränkung auf einen Wertteil ist aber unzulässig (BayObLG MittBayNot 1977, 140). Eine **Sprungrechtsbeschwerde** ist wegen § 75 FamFG denkbar (Leßniak MittBayNot 2009, 495; Tiedtke/Diehm ZNotP 2009, 386).

22 **3. Keine Nichtzulassungsbeschwerde.** Soweit eine Zulassung nicht erfolgt ist, kann man die daher unstatthafte Rechtsbeschwerde nicht mit einer sog. Nichtzulassungsrüge oder mit der Begründung einlegen, Art. 103 I GG sei verletzt (OLG Frankfurt a. M. JurBüro 1993, 545). Eine Ausnahme besteht auch nicht mehr wegen einer sog. greifbaren Gesetzwidrigkeit (BGH MDR 2004, 466). Allenfalls kommt eine fristgebundene Gegenvorstellung in Betracht (BVerfG NJW 2002, 3387, Erschöpfung des Rechtswegs vor einer etwaigen Verfassungsbeschwerde).

23 **4. Kein weiterer Kostenrechtszug.** Gegen die Anwendbarkeit von § 130 III 1 iVm § 70 II FamFG auf die Kostenentscheidung des Beschwerdegerichts nach übereinstimmenden wirksamen Beendigungserklärungen bestehen Bedenken. Denn dadurch würde man weitergehend als bei der Hauptsache und deshalb grundsätzlich problematisch einen weiteren isolierten Kostenrechtszug eröffnen (OLG Frankfurt a. M. MDR 1995, 1063; OLG Jena FGPrax 2002, 101; aM KG FGPrax 2003, 188).

24 **5. Beschwer.** Es muss nach § 130 III 1 iVm § 59 I FamFG grundsätzlich eine Beschwer gerade dieses Beschwerdeführers durch die Entscheidung des OLG vorliegen, (zum alten Recht BayObLG MittBayNot 1981, 210); dies gilt aber nicht für den Notar, der nach § 130 II 1 angewiesen wurde oder der nur zugunsten des Kostenschuldners die Rechtsbeschwerde einlegt (BVerfG NotBZ 2005, 401; OLG Frankfurt a. M. MittBayNot 2006, 71 (72)); BeckOK KostR/Schmidt-Räntsch Rn. 60). Im Übrigen bedarf es gerade wegen derjenigen Frage, für deren Klärung das OLG die Rechtsbeschwerde zugelassen hat, der Beschwer. Von diesem Grundsatz gilt im Rahmen von § 130 II eine Ausnahme. Es ist aber kein neuer selbständiger Beschwerdegrund erforderlich. Das übersieht OLG Köln JurBüro 1994, 173. Eine Beschwer auch der vorgesetzten Dienstbehörde ist nicht erforderlich (BayObLGZ 93,

400; aM OLG Düsseldorf JurBüro 1995, 212). Es ist **kein Beschwerdewert** nötig (OLG Celle FGPrax 2017, 190).

6. Beschwerdeberechtigter. Zur Einlegung der Rechtsbeschwerde ist jeder berechtigt, für den das OLG die Rechtsbeschwerde zugelassen hat. Das OLG braucht die hiernach Berechtigten in seiner Beschwerdeentscheidung nicht namentlich erwähnt zu haben. Es muss aber eindeutig erkennbar machen, dass es gerade diesem Beschwerdeführer die Rechtsbeschwerde eröffnen wollte. 25

Danach können der **Kostenschuldner** und der **Notar** beschwerdeberechtigt sein (BayObLGZ 85, 3), und zwar auch ein inzwischen aus dem Amt ausgeschiedener Notar und sein Rechtsnachfolger. Der Notar kann die Rechtsbeschwerde auch schon deshalb einlegen, weil er eine Besserstellung des Kostenschuldners erreichen möchte (BeckOK KostR/Schmidt-Räntsch Rn. 60). Der Notar kann neben einer Berechtigung und einer etwaigen Verpflichtung, nach § 130 II vorzugehen, ein Recht zur Einlegung einer Rechtsbeschwerde haben. Eine Dienstausweisung muss erkennen lassen, mit welchem Ziel der Notar die Rechtsbeschwerde einlegen soll (BayObLG FGPrax 1997, 197). Ein Beteiligter verliert das Recht zur Rechtsbeschwerde nicht schon deshalb, weil er die Kostenberechnung nicht beanstandet und sich am weiteren Verfahren bisher nicht beteiligt hatte. 26

7. Form. Es gelten dieselben Anforderungen wie bei der Erstbeschwerde. Es besteht also nach § 130 III 2 (Unanwendbarkeit von § 10 IV FamFG) auch für den Notar kein Anwaltszwang. Dagegen muss sich ein anderer Beteiligter vor dem BGH nach § 130 III 1 iVm § 10 IV 1 FamFG durch einen beim BGH zugelassenen Anwalt vertreten lassen. 27

8. Frist. Die Rechtsbeschwerde ist nach § 130 III 1 iVm § 71 I 1 FamFG nur innerhalb einer Frist von einem Monat zulässig. Die Frist beginnt nach § 130 III 1 iVm §§ 41, 71 I 1 FamFG im Zeitpunkt der schriftlichen Bekanntgabe der Entscheidung des OLG an diesen Beschwerdeführer. Sie läuft also bei mehreren Beteiligten evtl. zu verschiedenen Zeitpunkten an und aus. Für die Berechnung der Frist gilt § 130 III 1 iVm § 16 FamFG. Die schriftliche Erklärung reicht aus, man erkenne die formlose Übersendung als eine förmliche Zustellung an (BayObLG FGPrax 1997, 74). 28

Soweit die Frist **verstrichen** ist und keine Wiedereinsetzung erfolgt, kommt eine Rechtsbeschwerde nicht schon wegen Art. 103 I GG in Betracht (OLG Zweibrücken Rpfleger 1986, 451). 29

9. Anschlussrechtsbeschwerde. Rechtsbehelfsbelehrung, Verstoß: §§ 7a, 83 II 2. Eine selbständige Anschlussrechtsbeschwerde ist im Rahmen von § 130 III 1 iVm § 73 FamFG statthaft, KG DNotZ 1988, 201. Die unselbständige Anschlussrechtsbeschwerde ist nach § 130 III 1 iVm § 73 S. 1 FamFG innerhalb eines Monats seit Bekanntgabe der Begründungsschrift der Rechtsbeschwerde zulässig. 30

10. Begründung. Eine Rechtsbeschwerde ist zu begründen und es ist nach § 130 III 1 iVm § 71 III Nr. 1, 2 FamFG näher darzulegen, dass und weshalb die Entscheidung des OLG auf einer Verletzung des Rechts beruht. Das Recht ist nach V 3 iVm § 72 I FamFG sowie § 132 iVm Art. 1 II EGBGB verletzt, soweit das LG eine Rechtsnorm nicht oder nicht richtig angewendet hat. Die Entscheidung des OLG beruht nach § 130 III 1 iVm § 72 III FamFG stets auf einer Verletzung des Rechts, soweit einer der in § 547 Nr. 1–6 ZPO genannten, dort als unbedingte Revisionsgründe anerkannten Fälle vorliegt. Man darf die erforderliche Begründung der Rechtbeschwerde nicht durch eine nichtssagende Redensart ersetzen. Ein Nachschieben von Gründen ist wegen des revisionsähnlichen Charakters von II unstatthaft (OLG Brandenburg DNotZ 1997, 249). 31

Gemeinsame Vorschriften

130 **I 1 Der Antrag auf Entscheidung des Landgerichts, die Beschwerde und die Rechtsbeschwerde haben keine aufschiebende Wirkung. 2 Das Gericht oder das Beschwerdegericht kann auf Antrag oder von Amts wegen die aufschiebende Wirkung ganz oder teilweise anordnen; ist nicht**

der Einzelrichter zur Entscheidung berufen, entscheidet der Vorsitzende des Gerichts.

II [1]**Die dem Notar vorgesetzte Dienstbehörde kann diesen in jedem Fall anweisen, die Entscheidung des Landgerichts herbeizuführen, Beschwerde oder Rechtsbeschwerde zu erheben.** [2]**Die hierauf ergehenden gerichtlichen Entscheidungen können auch auf eine Erhöhung der Kostenberechnung lauten.** [3]**Gerichtskosten hat der Notar in diesen Verfahren nicht zu tragen.** [4]**Außergerichtliche Kosten anderer Beteiligter, die der Notar in diesen Verfahren zu tragen hätte, sind der Landeskasse aufzuerlegen.**

III [1]**Auf die Verfahren sind im Übrigen die Vorschriften des Gesetzes über das Verfahren in Familiensachen und in den Angelegenheiten der freiwilligen Gerichtsbarkeit anzuwenden.** [2]**§ 10 Absatz 4 des Gesetzes über das Verfahren in Familiensachen und in den Angelegenheiten der freiwilligen Gerichtsbarkeit ist auf den Notar nicht anzuwenden.**

1 **I. Systematik.** In der auf die fünf Vorschriften der §§ 127–131 auseinandergezogenen Ordnung des Gerichtsverfahrens in einer Notarkostensache bringt **I** eine Reglung zur Möglichkeit einer Anordnung aufschiebender Wirkung. **II 1** regelt das eigenartige gerichtliche Anweisungsverfahren, **II 2–4** regeln Kostenfolgen. **III 1** bringt eine Verweisung auf alle möglichen Vorschriften des FamFG, **III 2** eine Befreiung des Notars von einem Anwaltszwang vor dem BGH im Rechtsbeschwerdeverfahren nach § 129 II.

2 Es gibt in den verschiedenen Teilen der Vorschrift Bemühungen sowohl um Gerechtigkeit als auch um Rechtssicherheit wie Zweckmäßigkeit als der Hauptbestandteile der Rechtsidee. Demgemäß darf man einerseits großzügig auslegen, andererseits muss man mal streng vorgehen. §§ 1–54 sind ohnehin stets mit zu beachten.

3 **II. Aufschiebende Wirkung, Aussetzung oder Unterbrechung des Verfahrens (I, III).** Grundsätzlich hat nach **I 1** ein Antrag nach § 127 oder ein Rechtsmittel nach § 129 keine aufschiebende Wirkung. Ausnahmsweise kann aber nach **I 2 Hs. 1** das Gericht oder Beschwerdegericht oder nach **I 2 Hs. 2** der Vorsitzende auf einen Antrag oder von Amts wegen die aufschiebende Wirkung im Rahmen eines pflichtgemäßen weiten Ermessens ganz oder teilweise mit oder ohne eine Sicherheitsleistung unanfechtbar anordnen (BayObLG DNotZ 1996, 120). Das wird das nur dann geschehen, wenn das Rechtsmittel zulässig eingelegt ist, die Rechtslage zweifelhaft ist und dem Rechtsmittelführer größere unwiederbringliche Nachteile drohen. Entscheidend wird auch sein, ob der Notar aus der Kostenrechnung die Zwangsvollstreckung betreibt. Eine einstweilige Anordnung nach § 49 FamFG oder § 64 III FamFG können nicht getroffen werden.

4 Eine **Aussetzung** nicht nur der Vollziehung, sondern des ganzen Verfahrens kann nach **III 1** iVm § 21 FamFG dann in Betracht kommen, wenn zB über eine Amtshaftung ein Zivilprozess schwebt (OLG Düsseldorf DNotZ 1976, 251), aber nicht schon wegen jeder Aufrechnung. Ein Insolvenzverfahren über das Vermögen des Kostenschuldners unterbricht nicht nach § 240 ZPO (KG DNotZ 1988, 454).

5 **III. Anweisung der Dienstbehörde (II). 1. Zweck.** Der Notar ist nach § 1 BNotO als ein unabhängiges Organ der Rechtspflege tätig. Das gilt auch, soweit ihm die Gebühren selbst zufließen. Er muss sein Amt streng unparteiisch verwalten. Er darf nach § 125 keine Vereinbarung über die Kosten treffen. Diese Grundsätze machen eine vorbeugende Aufsicht und eine Überprüfbarkeit der Kostenberechnungen des Notars auch durch die vorgesetzte Dienstbehörde notwendig (BVerfG NotBZ 2005, 401; BGH DNotZ 1988, 255). Das gilt sogar nach dem Ausscheiden oder nach dem Tod des Notars, nur gegenüber derjenigen Stelle, die jetzt seine Akten verwahrt.

6 Insofern liegt eine **Einschränkung der Unabhängigkeit** des Notars vor (BGH DNotZ 1985, 99). Sie ist insoweit unbedenklich, als das Verfahren nach II nicht etwa zu einer Verwaltungsentscheidung führt, also nicht zu einer Anweisung, sondern vor allem zu einer richterlichen Entscheidung.

2. Anweisungsrecht. Der Präsident des LG darf als vorgesetzte Dienstbehörde nach **II 1** „in jedem Fall" den Notar zur Herbeiführung der Entscheidung des LG oder zu einer Beschwerde oder Rechtsbeschwerde anweisen. Ein solches Weisungsrecht besteht also auch dann, wenn bereits der Kostenschuldner dergleichen eingelegt oder zurückgenommen oder erklärt hat, er betrachte die Kostenfrage als erledigt. Dann läuft eine weisungsgemäße Herbeiführung der Entscheidung des LG usw durch den Notar auf ein Anschlussrechtsmittel hinaus. Das Gericht darf den Kostenansatz nach **II 2** dann erhöhen. 7

Das **Weisungsrecht** des Präsidenten des LG besteht sowohl dann, wenn noch keine Entscheidung des LG nach § 127 I vorliegt, als auch dann, wenn nach § 129 nur noch eine Beschwerde oder gar nur noch eine Rechtsbeschwerde in Betracht kommt. Das Weisungsrecht besteht unabhängig davon, ob sich der Kostenschuldner oder der Notar beschwert fühlen (BGH DNotZ 1988, 256). Denn die Anweisung ersetzt einen Antrag oder eine Beschwerde oder Rechtsbeschwerde des Vertreters der Staatskasse. Er ist also nicht beschwerdeberechtigt. Vgl. auch § 56 KostVfg. Das Weisungsrecht ist auch von einer Verjährung der Kostenforderung unabhängig. Denn die Verjährung lässt den Anspruch bis zur Geltendmachung des Leistungsverweigerungsrechts nach § 214 I BGB unberührt. 8

3. Entbehrlichkeit einer Beschwer. Eine Beschwer ist nicht erforderlich. Das ergibt sich auch aus den Worten „in jedem Fall" in II 1 (BayObLG DNotZ 1994, 703). Eine Beschwer der Aufsichtsbehörde ist ohnehin begrifflich unstatthaft. Eine Frist nennt II nicht. § 127 II 1 gilt hier nicht. 9

4. Weisungsinhalt. Der Präsident des LG muss auch als eine Zulässigkeitsvoraussetzung der Anweisung erkennen lassen, in welcher Hinsicht er die Kostenberechnung des Notars für unrichtig hält und mit welchem Ziel das Gericht eine Entscheidung herbeiführen soll (BayObLG FGPrax 1997, 197; OLG Celle JurBüro 2005, 43; OLG Hamm FGPrax 2009, 185). In diesem Rahmen muss der Präsident des LG aber dann in seiner Anweisung nicht im Einzelnen angeben, in welcher Richtung der Notar eine Anfechtung vornehmen soll (BayObLG DNotZ 1994, 703). 10

5. Weisungsgrenzen. Ein Weisungsrecht des Präsidenten des LG besteht allerdings insofern nicht, als das OLG im Verfahren einer weisungsgemäß eingelegten Beschwerde die Rechtsansicht des LG rechtskräftig bestätigt hat, (zum alten Recht OLG Celle JurBüro 2005, 43). Ferner ist das Weisungsrecht dann eingeschränkt, wenn die Aufsichtsbehörde eine bestimmte Praxis der Kostenberechnung beanstandungsfrei hingenommen hat oder wenn diese sonst als rechtens gilt (BGH DNotZ 1988, 255). Der Präsident des LG muss das Verhältnismäßigkeitsgebot beachten (BGH DNotZ 1988, 255). Die Überwachungsmaßnahme muss zumutbar sein (BGH DNotZ 1988, 255). Es ist ein Weisungsrecht nur wegen des Kostenansatzes und nicht wegen des sachlichen Rechts etwa bei einer Stundung, Aufrechnung usw zulässig. 11

Der Präsident des LG darf den Notar **nicht** anweisen, beim Antrag auf die Entscheidung des LG oder mit der Beschwerde oder Rechtsbeschwerde eine bestimmte **Rechtsansicht zu vertreten.** Denn einen so weitgehenden Eingriff in die Unabhängigkeit des Notars sieht II nicht vor (BGH DNotZ 1988, 255). Insofern muss man notfalls beim OLG einen Aufhebungsantrag nach §§ 23, 25 EGGVG stellen. Der LG-Präsident darf auch nicht mit dem Ziel anweisen, eine Gebühr als nicht entstanden festzustellen (OLG Hamm JurBüro 2003, 484). 12

6. Keine Dienstaufsichtsbeschwerde. Einer Dienstaufsichtsbeschwerde des Notars gegen eine Anweisung nach II fehlt meist das Rechtsschutzbedürfnis. Eine Ausnahme mag zB bei einem unangemessenen Weisungston oder bei einer zu kurzen Frist zur Stellungnahme des Notars vorliegen. 13

7. Verfahren. Das Verfahren richtet sich bei einem weisungsgemäß gestellten Antrag nach § 127 I, bei der Erstbeschwerde nach III, bei einer Rechtsbeschwerde nach § 129 I jeweils iVm I. Indessen kann das Gericht nach II 2 nach einem vergeblichen Antrag des Notars auch eine Erhöhung der Kostenberechnung vornehmen. Es kann die angefochtene Kostenberechnung also zum Nachteil des Kostenschuldners ändern. 14

15 **8. Kosten.** Grds. gelten über III 1 die §§ 80 ff. FamFG. Soweit der Notar den Antrag aufgrund einer Anweisung gestellt hat, gelten nur II S. 3 und 4 (BGH RNotZ 2020, 593 = BeckRS 2020, 24163). Demnach ist das Verfahren für den Notar gerichtskostenfrei (BGH NJOZ 2018, 393 = BeckRS 2017, 136028). Außergerichtliche Kosten anderer Beteiligter sind nach II 4 der Landeskasse aufzuerlegen (BGH RNotZ 2021, 47 = BeckRS 2020, 27301).

16 Das Gericht hat eine **Entscheidungsbefugnis nur insoweit,** als der Notar die Entscheidung gerade dieses Gerichts weisungsgemäß beantragt hat (BayObLG JurBüro 1998, 207; OLG Hamm NJW-RR 2014, 252). Der Notar braucht keinen bestimmten Antrag zu stellen. Er kann aber auch beantragen, das Gericht möge die Anweisung des Präsidenten des LG verwerfen. Das Gericht muss den Anweisenden ohnehin vor einer seinen erkennbaren Vorstellungen nicht voll entsprechenden Entscheidung anhören. Der Notar braucht sich auch nicht diejenige Rechtsansicht zu eigen zu machen, die der Weisung des Präsidenten des LG zugrunde liegt. Er muss eine weisungsgemäß eingelegte Beschwerde nach III 1 iVm § 71 II, III FamFG begründen. Rechtsbehelfsbelehrung Verstoß: §§ 7a, 83 II 2.

17 **9. Ausscheiden, Tod des Notars.** Nach dem Ausscheiden oder dem Tod des Notars besteht kein Antragsrecht oder Beschwerderecht der Aktenverwahrungsstelle.

18 **IV. Anwendbarkeit des FamFG (III).** Dieser Teil der Vorschrift gilt schon nach der amtlichen Überschrift von § 130 „Gemeinsame Vorschriften" für §§ 127–130. III 2 stimmt wörtlich mit § 131 S. 2 überein. Das FamFG ist direkt (mit einer Ausnahme) und nicht nur entsprechend anwendbar.

19 **1. Grundsatz: Direkte Anwendbarkeit (III 1).** Nur „im Übrigen" ist das FamFG anwendbar, also nur insoweit, als nicht §§ 127–130 I, II vorrangig Spezielleres bestimmen. In diesem Hilfsrahmen ist das FamFG grundsätzlich voll anwendbar. Es besteht dazu kein Ermessen, weder des Gerichts noch des Präsidenten des LG noch des Notars. Soweit nicht II 3 und 4 eingreift, ist die Kostenentscheidung nach §§ 80 ff. FamFG zu treffen und das Gericht hat die Kosten des Verfahrens nach billigem Ermessen den Beteiligten aufzuerlegen (BGH RNotZ 2021, 47 = BeckRS 2020, 27301; KG NJOZ 2021, 254 = BeckRS 2020, 25411).

20 **2. Ausnahme: Kein Anwaltszwang für Notar vor dem BGH (III 2).** § 10 IV FamFG ist wie bei § 131 S. 2 auf den Notar und nur auf ihn im Verfahren einer Rechtsbeschwerde unanwendbar. Er darf sich also vor dem BGH selbst vertreten, auch als sog. Nur-Notar.

Abhilfe bei Verletzung des Anspruchs auf rechtliches Gehör

131 **[1]Die Vorschriften des Gesetzes über das Verfahren in Familiensachen und in den Angelegenheiten der freiwilligen Gerichtsbarkeit über die Abhilfe bei Verletzung des Anspruchs auf rechtliches Gehör sind anzuwenden. [2]§ 10 Absatz 4 des Gesetzes über das Verfahren in Familiensachen und in den Angelegenheiten der freiwilligen Gerichtsbarkeit ist auf den Notar nicht anzuwenden.**

1 Die Norm gilt bei Notarkosten (also im Verfahren nach §§ 127 ff.). S. 1 verweist auf § 44 FamFG. S. 2 stimmt wörtlich mit § 130 III 2 überein (→ § 130 Rn. 20). Für Gerichtskosten gilt § 84.

2 Die Gehörsrüge, die nur gegen unanfechtbare Entscheidungen zulässig ist, kommt gegen die Beschwerdeentscheidung des OLG ohne Zulassung der Rechtsbeschwerde und gegen die Entscheidung des BGH in Betracht. Beanstandet werden kann nur die Verletzung des Anspruchs auf rechtliches Gehör (BVerfG NJW 2009, 3710 = BeckRS 2009, 38640) von einem Beteiligten, der durch die Entscheidung beschwert wird, § 59 FamFG analog. Neben einer Frist von zwei Wochen ab Kenntnis von der Verletzung des rechtlichen Gehörs ist bei der Rüge die Form des § 44 II 3 FamFG zu beachten.

Kapitel 4. Schluss- und Übergangsvorschriften

Verhältnis zu anderen Gesetzen

132 Artikel 1 Absatz 2 und Artikel 2 des Einführungsgesetzes zum Bürgerlichen Gesetzbuche sind entsprechend anzuwenden.

Die entsprechende Anwendbarkeit von Art. 1 II EGBGB besagt, ein landesrechtlicher Regelungsvorbehalt bleibt auch für die Zukunft wirksam. Es ist zu beachten, dass landesrechtliche Vorschriften im Sinne von Art. 1 II EGBGB alle Rechtsnormen sind, also auch eine VO, eine autonome Satzung, das Gewohnheitsrecht, ein Tarifvertrag, ein Staatsvertrag. 1

Keine Rechtsnorm sind zB eine Regelung in AGB, die Verkehrssitte, eine Vereinssatzung, ein Handelsbrauch. 2

Bekanntmachung von Neufassungen

133 **[1]Das Bundesministerium der Justiz und für Verbraucherschutz kann nach Änderungen den Wortlaut des Gesetzes feststellen und als Neufassung im Bundesgesetzblatt bekannt machen. [2]Die Bekanntmachung muss auf diese Vorschrift Bezug nehmen und angeben**

1. den Stichtag, zu dem der Wortlaut festgestellt wird,
2. die Änderungen seit der letzten Veröffentlichung des vollständigen Wortlauts im Bundesgesetzblatt sowie
3. das Inkrafttreten der Änderungen.

Die Vorschrift stimmt wörtlich überein mit § 70a GKG und mit § 62a FamGKG, sowie mit § 59a RVG. Vgl. daher jeweils dort (→ § 70a GKG Rn. 1). 1

Übergangsvorschrift

134 **I [1]In gerichtlichen Verfahren, die vor dem Inkrafttreten einer Gesetzesänderung anhängig geworden oder eingeleitet worden sind, werden die Kosten nach bisherigem Recht erhoben. [2]Dies gilt nicht im Verfahren über ein Rechtsmittel, das nach dem Inkrafttreten einer Gesetzesänderung eingelegt worden ist. [3]Die Sätze 1 und 2 gelten auch, wenn Vorschriften geändert werden, auf die dieses Gesetz verweist. [4]In Verfahren, in denen Jahresgebühren erhoben werden, und in Fällen, in denen die Sätze 1 und 2 keine Anwendung finden, gilt für Kosten, die vor dem Inkrafttreten einer Gesetzesänderung fällig geworden sind, das bisherige Recht.**

II Für notarielle Verfahren oder Geschäfte, für die ein Auftrag vor dem Inkrafttreten einer Gesetzesänderung erteilt worden ist, werden die Kosten nach bisherigem Recht erhoben.

I. Systematik (I, II). Es handelt sich um die grundsätzliche Übergangsregelung. Sie tritt in den Sonderfällen §§ 135, 136 zurück. Auch Art. 111 FGG-RG geht vor (vgl. KG JurBüro 2011, 539= BeckRS 2011, 17934 zum alten Recht). Vgl. ferner § 63 FamGKG. 1

II. Normzweck (I, II). I bekräftigt nur einen in jedem Gesetz mit seiner Bestimmung zum Inkrafttreten genannten Gedanken des grundsätzlichen Rückwirkungsverbots. I 1 soll eine Kostenerhöhung im laufenden Verfahren verhindern. Das muss man bei der Auslegung mitbeachten. 2

III. Geltungsbereich (I, II). Die Regelung gilt für gerichtliche Verfahren und für Notare. 3

4 **IV. Verfahrensgebühr (I, II).** Man muss zwei Aspekte beachten.

1. Einleitung des Verfahrens, Rechtsmittelverfahren. Bei einer Verfahrensgebühr ist für die Frage nach der Anwendbarkeit des alten oder des neuen Rechts gemäß I 1 nicht die Fälligkeit nach §§ 8, 9 maßgeblich, sondern schon der Zeitpunkt der Einleitung des jeweiligen einzelnen Verfahrens. Das ist beim **Amtsverfahren** die erste nach außen wirksame Gerichtsmaßnahme, beim Antragsverfahren der Antragseingang beim Gericht, nicht der Beginn der Bearbeitung durch das Gericht. Stellt der Antragsteller den Antrag bei einem unzuständigen Gericht (vgl. § 25 FamFG), beginnt das Verfahren mit Eingang des Antrages beim zuständigen Gericht.

5 **Jede Instanz ist gesondert** beurteilen. Es kann also für die erste das alte Recht anwendbar sein, für die zweite das neue Recht, vgl. I 2. Die Rechtsmittelinstanz beginnt mit dem Eingang des Rechtsmittels. Mit dem Erlass einer zurückverweisenden Entscheidung beginnt ein neuer Rechtszug.

6 **2. Gebühren nach Zeitabschnitten.** Soweit die Gebühren nach Zeitabschnitten entstehen, ist nach I 4 die **Fälligkeit entscheidend.** Danach gilt das alte Recht auch für die seit einer Gesetzesänderung begonnenen Zeitabschnitte, sofern die Gebühr im Zeitraum der Geltung des alten Rechts fällig geworden ist. Diese Fälle treten zB bei einer **Betreuung, Pflegschaft, Dauerbeistandschaft oder Beaufsichtigung einer Stiftung** ein. Entsprechendes gilt in Verfahren in denen I 1 und 2 nicht anwendbar sind.

7 **V. Verweisung (I 3).** Das Übergangsrecht ist auch dann anwendbar, wenn sich eine Vorschrift ändert, auf die das GNotKG verweist.

8 **VI. Notargeschäft (II).** Für notarielle Verfahren oder Geschäfte kommt es nach II darauf an, wann der **Auftrag** an den Notar rechtsverbindlich erteilt wurde. Unter „Auftrag" ist ein öffentlich-rechtliches Auftragsverhältnis zu verstehen, für das die §§ 662 ff. BGB nicht gelten. Vielmehr handelt es sich das Ersuchen einer Person an den Notar um die Erbringung einer konkreten Amtstätigkeit (vgl. dazu BGH NJW 1999, 2183). Abzugrenzen ist die Auftragserteilung von Vorgesprächen, in denen sich der „Auftraggeber" nur über Abwicklungsfragen informiert.

Sonderregelung für Baden-Württemberg

135 **I Solange und soweit im Land Baden-Württemberg die Gebühren für die Tätigkeit des Notars der Staatskasse zufließen, ist § 2 anstelle von § 91 anzuwenden.**

II 1 Solange im Land Baden-Württemberg anderen als gerichtlichen Behörden die Aufgaben des Grundbuchamts, des Betreuungs- oder des Nachlassgerichts übertragen sind, sind die Kosten gleichwohl nach diesem Gesetz zu erheben. 2 Der Geschäftswert ist nur auf Antrag festzusetzen. 3 Über die Festsetzung des Geschäftswerts und über die Erinnerung gegen den Kostenansatz entscheidet das Amtsgericht, in dessen Bezirk die Behörde ihren Sitz hat.

III Ein Notariatsabwickler steht einem Notariatsverwalter gleich.

1 Die Vorschrift dürfte gegenstandslos sein, weil die durch den EuGH (NJW 2000, 939) angestoßen Umstellung der badischen und württembergischen Notariatsverfassungen – einschließlich der Übertragung der grundbuchlichen sowie betreuungs- und nachlassrechtlichen Angelegenheiten von den Gemeinden bzw. staatlichen Notariaten auf die Gerichte – abgeschlossen ist.

Übergangsvorschrift zum 2. Kostenrechtsmodernisierungsgesetz

136 **I Die Kostenordnung in der im Bundesgesetzblatt Teil III, Gliederungsnummer 361-1, veröffentlichten bereinigten Fassung, die zuletzt durch Artikel 8 des Gesetzes vom 26. Juni 2013 (BGBl. I S. 1800) geändert worden ist, und Verweisungen hierauf sind weiter anzuwenden**

1. in gerichtlichen Verfahren, die vor dem Inkrafttreten des 2. Kostenrechtsmodernisierungsgesetzes vom 23. Juli 2013 (BGBl. I S. 2586) anhängig

geworden oder eingeleitet worden sind; die Jahresgebühr 12 311 wird in diesen Verfahren nicht erhoben;

2. in gerichtlichen Verfahren über ein Rechtsmittel, das vor dem Inkrafttreten des 2. Kostenrechtsmodernisierungsgesetzes vom 23. Juli 2013 (BGBl. I S. 2586) eingelegt worden ist;

3. hinsichtlich der Jahresgebühren in Verfahren vor dem Betreuungsgericht, die vor dem Inkrafttreten des 2. Kostenrechtsmodernisierungsgesetzes vom 23. Juli 2013 (BGBl. I S. 2586) fällig geworden sind;

4. in notariellen Verfahren oder bei notariellen Geschäften, für die ein Auftrag vor dem Inkrafttreten des 2. Kostenrechtsmodernisierungsgesetzes vom 23. Juli 2013 (BGBl. I S. 2586) erteilt worden ist;

5. in allen übrigen Fällen, wenn die Kosten vor dem Tag vor dem Inkrafttreten des 2. Kostenrechtsmodernisierungsgesetzes vom 23. Juli 2013 (BGBl. I S. 2586) fällig geworden sind.

II Soweit Gebühren nach diesem Gesetz anzurechnen sind, sind auch nach der Kostenordnung für entsprechende Tätigkeiten entstandene Gebühren anzurechnen.

III Soweit für ein notarielles Hauptgeschäft die Kostenordnung nach Absatz 1 weiter anzuwenden ist, gilt dies auch für die damit zusammenhängenden Vollzugs- und Betreuungstätigkeiten sowie für zu Vollzugszwecken gefertigte Entwürfe.

IV Bis zum Erlass landesrechtlicher Vorschriften über die Höhe des Haftkostenbeitrags, der von einem Gefangenen zu erheben ist, ist anstelle der Nummern 31 010 und 31 011 des Kostenverzeichnisses § 137 Absatz 1 Nummer 12 der Kostenordnung in der bis zum 27. Dezember 2010 geltenden Fassung anzuwenden.

V [1] Absatz 1 ist auf die folgenden Vorschriften in ihrer bis zum Tag vor dem Inkrafttreten des 2. Kostenrechtsmodernisierungsgesetzes vom 23. Juli 2013 (BGBl. I S. 2586) geltenden Fassung entsprechend anzuwenden:

1. § 30 des Einführungsgesetzes zum Gerichtsverfassungsgesetz,
2. § 15 des Spruchverfahrensgesetzes,
3. § 12 Absatz 3, die §§ 33 bis 43, 44 Absatz 2 sowie die §§ 45 und 47 des Gesetzes über das gerichtliche Verfahren in Landwirtschaftssachen,
4. § 102 des Gesetzes über Rechte an Luftfahrzeugen,
5. § 100 Absatz 1 und 3 des Sachenrechtsbereinigungsgesetzes,
6. § 39b Absatz 1 und 6 des Wertpapiererwerbs- und Übernahmegesetzes,
7. § 99 Absatz 6, § 132 Absatz 5 und § 260 Absatz 4 des Aktiengesetzes,
8. § 51b des Gesetzes betreffend die Gesellschaften mit beschränkter Haftung,
9. § 62 Absatz 5 und 6 des Bereinigungsgesetzes für deutsche Auslandsbonds,
10. § 138 Absatz 2 des Urheberrechtsgesetzes,
11. die §§ 18 bis 24 der Verfahrensordnung für Höfesachen,
12. § 18 des Gesetzes zur Ergänzung des Gesetzes über die Mitbestimmung der Arbeitnehmer in den Aufsichtsräten und Vorständen der Unternehmen des Bergbaus und der Eisen und Stahl erzeugenden Industrie und
13. § 65 Absatz 3 des Landwirtschaftsanpassungsgesetzes.

[2] An die Stelle der Kostenordnung treten dabei die in Satz 1 genannten Vorschriften.

I. Vorbemerkung. Das 2. KostRModG vom 23.7.2013 (BGBl. I 2586) ist am 1.8.2013 in Kraft getreten (Art. 50 KostRModG). Die KostO ist abgedruckt und kommentiert bis zur 42. Aufl. (2013). Sie ist grundsätzlich mit dem 31.7.2013 außer Kraft getreten (Art. 45 Nr. 1 des 2. KostRModG). 1

II. Anwendungsbereich (I 5). Maßgebend ist wie bei § 134 der Eingang, nicht der Bearbeitungsbeginn (OLG Bamberg JurBüro 2014, 84 = BeckRS 2013, 21195; OLG Köln JurBüro 2014, 202 = BeckRS 2014, 8919). 2

Anlage 1 (zu § 3 Absatz 2)

Kostenverzeichnis

Die Anhebung der Gebühren zum 1.1.2021 durch das Kostenrechtsänderungsgesetz 2021 erfasst Altfälle nicht; zur Abgrenzung in zeitlicher Hinsicht vgl. die Dauerübergangsregelung des § 134.

Übersicht

Teil 1. Gerichtsgebühren

Vorbemerkung 1:

I Im Verfahren der einstweiligen Anordnung bestimmen sich die Gebühren nach Hauptabschnitt 6.

II Für eine Niederschrift, die nach den Vorschriften des Beurkundungsgesetzes errichtet wird, und für die Abnahme der eidesstattlichen Versicherung nach § 352 Abs. 3 Satz 3 FamFG oder § 36 Abs. 2 Satz 1 IntErbRVG erhebt das Gericht Gebühren nach Teil 2.

III 1 In einem Verfahren, für das sich die Kosten nach diesem Gesetz bestimmen, ist die Bestellung eines Pflegers für das Verfahren und deren Aufhebung Teil des Verfahrens, für das der Pfleger bestellt worden ist. 2 Bestellung und Aufhebung sind gebührenfrei.

1 **I. Verfahren der einstweiligen Anordnung (I).** Die Vorb. 1 I stellt klar, dass bei einstweiligen Anordnungen nur Gebühren nach Hauptabschnitt 6 und nicht nach den Gebührentatbeständen anfallen, die sonst für das gerichtliche Verfahren gelten (BT-Drs. 17/11471 neu, 194).

2 **II. Niederschrift nach BeurkG und eidesstattliche Versicherung (II).** Um eine Niederschrift, die nach den Vorschriften des BeurkG errichtet wird, handelt es

sich vor allem bei der Beurkundung der Ausschlagungserklärung durch das Nachlassgericht (§ 1945 II BGB). In Bezug genommen wird insoweit KV 21201 Nr. 7 und für die Versicherung an Eides nach § 352 III 3 FamFG KV 23300.

III. Verfahrenspfleger (III). Während für die Bestellung eines Verfahrenspflegers und deren Aufhebung keine gesonderten Gebühren anfallen, gehören die Auslagen, die im Zusammenhang mit der Verfahrenspflegschaft entstehen (vgl. KV 31015), zu dem Verfahren, für das der Pfleger bestellt wurde. 3

Hauptabschnitt 1. Betreuungssachen und betreuungsgerichtliche Zuweisungssachen

Vorbemerkung 1.1:

I In Betreuungssachen werden von dem Betroffenen Gebühren nach diesem Hauptabschnitt nur erhoben, wenn zum Zeitpunkt der Fälligkeit der jeweiligen Gebühr sein Vermögen nach Abzug der Verbindlichkeiten mehr als 25 000 € beträgt; der in § 90 Abs. 2 Nr. 8 des Zwölften Buches Sozialgesetzbuch genannte Vermögenswert wird nicht mitgerechnet.

II Im Verfahren vor dem Registergericht über die Bestellung eines Vertreters des Schiffseigentümers nach § 42 Abs. 2 des Gesetzes über Rechte an eingetragenen Schiffen und Schiffsbauwerken werden die gleichen Gebühren wie für eine betreuungsgerichtliche Zuweisungssache nach § 340 Nr. 2 FamFG erhoben.

Schrifttum: Felix, Gerichtsgebühren in Betreuungssachen, JurBüro 2016, 227; Schlaak, Gerichtskostenanfall bei der Kontrollbetreuung nach dem 2. Kostenrechtsreformgesetz, Rpfleger 2016, 7 (je: Üb.).

I. Betreuungssachen (I). Die Regelung bewirkt, dass der Betroffene in Betreuungssachen (§ 271 FamFG) nur zur Zahlung der Gebühren nach KV 11100–11400 herangezogen werden kann, wenn sein Reinvermögen mehr als 25.000 EUR beträgt (zur Ermittlung des Betrags → KV 11101–11105 Rn. 3). Das gilt selbst dann, wenn es nicht zur Betreuerbestellung kommt und ihm die Verfahrenskosten auferlegt wurden (BT-Drs. 18/3068, 8). Entsprechende Regelungen für das Verfahren über den Erlass einer einstweiligen Anordnung finden sich in Vorb. 1.6.1 und für Auslagen in Vorb. 3.1 II. Ohne Bedeutung ist die Vermögensfreigrenze, wenn die Kosten in einer Betreuungssache anderen Personen auferlegt werden (BT-Drs. 17/11471 (neu), 194), bei Dauerpflegschaften und Pflegschaften für einzelne Rechtshandlungen, für sonstige betreuungsgerichtliche Zuweisungssachen nach § 340 FamFG sowie für Verfahren nach II. 1

II. Bestellung eines Vertreters des Schiffseigentümers (II). Die Vorb. 1.1 II stellt die Bestellung eines Vertreters nach § 42 II SchRG gebührenrechtlich mit der Vertreterbestellung nach § 1141 II BGB gleich, bei der es sich um eine betreuungsgerichtliche Zuweisungssache nach § 340 Nr. 2 FamFG handelt. Die Vorschriften für Registersachen sind daher insoweit nicht anwendbar. Die Regelung korrespondiert mit Vorbemerkung 1.4 VI. Erfasst werden nicht nur die Gebühren für das Verfahren über die Bestellung des Vertreters (KV 11100), sondern auch die Gebühren für ein Rechtsmittelverfahren (dazu insgesamt BT-Drs. 17/11471 (neu), 195). 2

Abschnitt 1. Verfahren vor dem Betreuungsgericht

Vorbemerkung 1.1.1:

Dieser Abschnitt ist auch anzuwenden, wenn ein vorläufiger Betreuer bestellt worden ist.

Endet das Verfahren der einstweiligen Anordnung (§§ 300 f. FamFG) mit der Bestellung eines vorläufigen Betreuers, entstehen nach der Vorb. 1.1.1 für die sich daran anschließende Betreuung dieselben Gebühren wie bei einer Betreuerbestellung im Hauptsacheverfahren (KV 11101–11103, KV 16110 Anm. II 2). Endet auch das Hauptsacheverfahren mit der Bestellung eines Betreuers, fallen die Gebühren aller- 1 dings nur einmal an (KV 11101 Anm. II 2, KV 11102 Anm. I 2). Für das Verfahren der einstweiligen Anordnung siehe Vorb. 1 I und KV 16110.

Nr.	Gebührentatbestand	Gebühr oder Satz der Gebühr nach § 34 GNotKG – Tabelle A
11100	**Verfahren im Allgemeinen** .... **Die Gebühr entsteht nicht für Verfahren,** **1. die in den Rahmen einer bestehenden Betreuung oder Pflegschaft fallen,** **2. für die die Gebühr 11103 oder 11105 entsteht oder** **3. die mit der Bestellung eines Betreuers oder der Anordnung einer Pflegschaft enden.**	**0,5**

1 **I. Normzweck.** Die Vorschrift regelt die Gebühr für allgemeine Verfahren in Betreuungssachen (§ 271 FamFG) und betreuungsgerichtlichen Zuweisungssachen (§ 340 FamFG). Die Anm. schränkt den Anwendungsbereich jedoch erheblich ein.

2 **II. Einschränkungen. 1. Zusammentreffen mit Dauerbetreuung/-pflegschaft (Anm. Nr. 1).** Die Gebühr nach KV 11100 kommt nicht in Betracht, wenn für den Betroffenen eine Dauerbetreuung/-pflegschaft eingerichtet ist, weil dann bereits Jahresgebühren nach KV 11101, 11102, 11104 entstehen. Voraussetzung ist allerdings, dass das Verfahren „in den Rahmen" der Dauerbetreuung/-pflegschaft fällt, dh der Verfahrensgegenstand insoweit identisch ist.

3 **2. Betreuung/Pflegschaft für einzelne Rechtshandlungen (Anm. Nr. 2).** Die Gebühr fällt nicht an, wenn in dem Verfahren eine Gebühr nach KV 11103 oder 11105 (Betreuung/Pflegschaft für einzelne Rechtshandlungen) entsteht. Das ist auch der Fall, wenn ein Verfahren zur Bestellung eines Betreuers für einzelne Rechtshandlungen oder über die Anordnung einer Pflegschaft für einzelne Rechtshandlungen eingeleitet wird, aber ohne eine entsprechende Bestellung bzw. Anordnung endet (BT-Drs. 17/11471 neu, 195).

4 **3. Bestellung eines Betreuers/Anordnung einer Pflegschaft (Anm. Nr. 3).** Außerdem entsteht die Gebühr nach KV 11100 nicht, wenn das Verfahren mit der Bestellung eines Betreuers oder der Anordnung einer Pflegschaft endet, weil dann wiederum Jahresgebühren nach KV 11101, 11102, 11104 anfallen.

5 **III. Rechtsfolgen. 1. Verbleibender Anwendungsbereich (Anm. Nr. 1–3).** Die Gebühr nach KV 11100 fällt an, wenn ein Hauptsacheverfahren zur Bestellung eines Betreuers im Rahmen einer Dauerbetreuung ohne die Bestellung eines Betreuers endet (BT-Drs. 17/11471 neu, 195). Das gilt außerdem für entsprechende Pflegschaftssachen (§ 340 Nr. 1 FamFG). Zum Verfahren für einzelne Rechtshandlungen, die ohne eine Bestellung bzw. Anordnung enden → Rn. 3 und zum Verfahren auf Erlass einer einstweiligen Anordnung, das ohne Bestellung eines vorläufigen Betreuers endet, siehe KV 16110.

6 KV 11100 erfasst außerdem Verfahren über die Bestellung sonstiger Vertreter für Volljährige (§ 340 Nr. 2 FamFG), zB nach § 81 I AO, § 15 I SGB X, § 16 I VwVfG und entsprechenden landesrechtlichen Vorschriften wie § 16 I VwVfG NRW. Ferner gilt die Vorschrift nach der Vorb. 1.1 II für das Verfahren vor dem Registergericht über die Bestellung eines Vertreters des Schiffseigentümers nach § 42 II SchRG.

7 **2. Gebühr.** Als Verfahrenspauschale fällt eine 0,5-Gebühr nach der Tabelle A an. Sie entsteht im Antragsverfahren mit dem Antragseingang bei Gericht, im Übrigen mit der Verfahrenseinleitung von Amts wegen. Letzteres gilt auch, wenn lediglich eine Anregung iSd § 24 FamFG vorliegt (OLG Saarbrücken AGS 2022, 265 bespr. v. Schneider). Die Gebühr gilt die Gerichtstätigkeit ohne Rücksicht auf Umfang oder Schwierigkeit bis zum Ende der Instanz ab. Eine Ermäßigung bei Antragsrücknahme sieht das Gesetz nicht vor. Zur Vermögensfreigrenze → KV Vorb. 1.1 I Rn. 1.

3. Geschäftswert. Der Geschäftswert richtet sich nach §§ 36 I–III, 59. Dabei handelt es sich selbst dann um eine nichtvermögensrechtliche Angelegenheit iSd § 36 II, wenn die Betreuung auch mit dem Aufgabenkreis der Vermögenssorge angeordnet werden sollte (OLG Stuttgart FGPrax 2019, 92). Nicht anzuwenden ist § 63, weil die dort vorausgesetzte Betreuung oder Pflegschaft für einzelne Rechtshandlungen nicht unter KV 11100 fällt (Anm. Nr. 2 iVm KV 11103, 11105). 8

4. Fälligkeit, Gebührenschuldner. Die Fälligkeit richtet sich nach § 9 I und der Gebührenschuldner insbesondere nach § 27 Nr. 1. § 22 I ist nur anwendbar, wenn das Verfahren ausschließlich auf Antrag eingeleitet wird (wie bei § 42 II SchRG). 9

Nr.	Gebührentatbestand	Gebühr oder Satz der Gebühr nach § 34 GNotKG – Tabelle A
11101	**Jahresgebühr für jedes angefangene Kalenderjahr bei einer Dauerbetreuung, wenn nicht Nummer 11 102 anzuwenden ist ....**	**10,00 € je angefangene 5000,00 € des zu berücksichtigenden Vermögens – mindestens 200,00 €**
	I 1 Für die Gebühr wird das Vermögen des von der Maßnahme Betroffenen nur berücksichtigt, soweit es nach Abzug der Verbindlichkeiten mehr als 25 000 € beträgt; der in § 90 Abs. 2 Nr. 8 des Zwölften Buches Sozialgesetzbuch genannte Vermögenswert wird nicht mitgerechnet. 2 Ist Gegenstand der Betreuung ein Teil des Vermögens, ist höchstens dieser Teil des Vermögens zu berücksichtigen.	
	II 1 Für das bei der ersten Bestellung eines Betreuers laufende und das folgende Kalenderjahr wird nur eine Jahresgebühr erhoben. 2 Geht eine vorläufige Betreuung in eine endgültige über, handelt es sich um ein einheitliches Verfahren.	
	III Dauert die Betreuung nicht länger als drei Monate, beträgt die Gebühr abweichend von dem in der Gebührenspalte bestimmten Mindestbetrag 100,00 €.	
11102	**Jahresgebühr für jedes angefangene Kalenderjahr bei einer Dauerbetreuung, die nicht unmittelbar das Vermögen oder Teile des Vermögens zum Gegenstand hat ....**	**300,00 € – höchstens eine Gebühr 11 101**
	I 1 Für das bei der ersten Bestellung eines Betreuers laufende und das folgende Kalenderjahr wird nur eine Jahresgebühr erhoben. 2 Geht eine vorläufige Betreuung in eine endgültige über, handelt es sich um ein einheitliches Verfahren.	
	II Dauert die Betreuung nicht länger als drei Monate, beträgt die Gebühr abweichend von dem in der Gebührenspalte bestimmten Mindestbetrag 100,00 €.	
11103	**Verfahren im Allgemeinen bei einer Betreuung für einzelne Rechtshandlungen ....**	**0,5 – höchstens eine Gebühr 11 101**
	I Die Gebühr wird nicht neben einer Gebühr 11 101 oder 11 102 erhoben.	
	II Absatz 3 der Anmerkung zu Nummer 11101 ist nicht anzuwenden.	
11104	**Jahresgebühr für jedes angefangene Kalenderjahr bei einer Dauerpflegschaft ....**	**10,00 €**

Nr.	Gebührentatbestand	Gebühr oder Satz der Gebühr nach § 34 GNotKG – Tabelle A
	I Ist Gegenstand der Pflegschaft ein Teil des Vermögens, ist höchstens dieser Teil des Vermögens zu berücksichtigen. II Für das bei der ersten Bestellung eines Pflegers laufende und das folgende Kalenderjahr wird nur eine Jahresgebühr erhoben. III Erstreckt sich die Pflegschaft auf mehrere Betroffene, wird die Gebühr für jeden Betroffenen gesondert erhoben. IV Dauert die Pflegschaft nicht länger als drei Monate, beträgt die Gebühr abweichend von dem in der Gebührenspalte bestimmten Mindestbetrag 100,00 €.	**je angefangene 5000,00 € des reinen Vermögens – mindestens 200,00 €**
11105	**Verfahren im Allgemeinen bei einer Pflegschaft für einzelne Rechtshandlungen .... I Die Gebühr wird nicht neben einer Gebühr 11 104 erhoben. II Erstreckt sich die Pflegschaft auf mehrere Betroffene, ist Höchstgebühr die Summe der Gebühren 11 104. III Absatz 4 der Anmerkung zu Nummer 11104 ist nicht anzuwenden.**	**0,5 – höchstens eine Gebühr 11 104**

1 **I. Normzweck.** Die Vorschriften betreffen einerseits Betreuungssachen iSd § 271 FamFG (KV 11101–11103) und andererseits Pflegschaftssachen iSd § 340 Nr. 1 FamFG (KV 11104, 11105). Außerdem regeln sie zum einen Verfahren, die eine Dauertätigkeit beinhalten (KV 11101, 11102, 11104), und zum anderen Verfahren, die sich auf einzelne Rechtshandlungen beziehen (KV 11103, 11105), zur Abgrenzung → § 63 Rn. 1. Zur Anwendbarkeit, wenn das jeweilige Verfahren ohne die Bestellung eines Betreuers oder die Anordnung einer Pflegschaft endet → KV 11100 Rn. 3, 5 und für Verfahren der einstweiligen Anordnung siehe Vorb. 1 I, Vorb. 1.1.1 sowie KV 16110.

2 Bei Dauerbetreuungen und -pflegschaften sind Verfahrensgebühren nicht praktikabel, weil die gerichtliche Tätigkeit zeitlich über den Erlass einer Endentscheidung unabsehbar hinausgeht. Wie bei Vormundschaften und Dauerpflegschaften für Minderjährige (KV 1311 FamGKG) sieht das GNotKG daher Jahresgebühren vor.

3 **II. Freigrenze, Freibetrag und Reinvermögen. 1. Betreuungssachen.** Die Gebühren nach KV 11101–11103 dürfen von dem Betroffenen nur erhoben werden, wenn sein Vermögen nach Abzug der Verbindlichkeiten und des in § 90 II Nr. 8 SGB XII genannten Vermögenswertes mehr als die Freigrenze von 25.000 EUR beträgt (Vorb. 1.1 I). Zudem wird lediglich Vermögen, das einen Freibetrag in entsprechender Höhe übersteigt, bei der Berechnung der Gebührenhöhe (→ Rn. 9) berücksichtigt. Das gilt für KV 11101 über die Anm. I 1 und für KV 11102, 11103 durch die Begrenzung auf die Gebühr nach KV 11101. Vermögen, das nicht Gegenstand der Betreuung ist, bleibt unberücksichtigt (KV 11101 Anm. I 2; Beispiel: OLG Hamm NZFam 2015, 92 mAnm Lauck/Schmalenberger). Für die Vermögenshöhe ist auf den Zeitpunkt abzustellen, zu dem die jeweilige Gebühr fällig wird (Vorb. 1.1 I; OLG Rostock FGPrax 2021, 187).

4 Da eine eigenständige Definition des Vermögensbegriffs im GNotKG fehlt, das Gesetz aber zumindest auf § 90 II Nr. 8 SGB XII Bezug nimmt, kann zunächst auf das sozialhilferechtliche Begriffsverständnis zugriffen werden. Danach ist Vermögen der Bestand an beweglichen und unbeweglichen Gütern und Rechten einschließlich Forderungen (BeckOK Sozialrecht/Siebel-Huffmann SGB XII § 90 Rn. 2). Anders

als im Sozialhilferecht kommt es allerdings nicht darauf an, ob das Vermögens verwertbar und für den Betroffenen verfügbar ist. Das Vermögen muss aber unmittelbar Gegenstand der Betreuung sein, weil die Gebühren insbesondere den damit zusammenhängenden Bearbeitungsaufwand des Gerichts abgelten sollen. Für Nachlassvermögen, das einer Testamentsvollstreckung unterliegt, ist das nicht der Fall. Es ist deshalb bei der Ermittlung des Reinvermögens nicht zu berücksichtigen (OLG Zweibrücken FGPrax 2021, 45; OLG München FGPrax 2019, 89; OLG Köln FGPrax 2019, 235; OLG Bamberg FamRZ 2020, 947; LG Ravensburg BeckRS 2022, 20880; dagegen für eine Berücksichtigung des vollen Vermögenswertes: OLG Karlsruhe ZEV 2021, 186; OLG Rostock FGPrax 2021, 187; OLG Nürnberg FGPrax 2021, 284; OLG Stuttgart FGPrax 2020, 195; OLG Hamm FGPrax 2015, 278; OLG Hamm FGPrax 2020, 293; OLG Celle FamRZ 2020, 949; OLG Celle NZFam 2017, 327 mAnm Weber). Zum Vermögen zählt jedoch ein Gegenstand, den der Bedürftige gerade durch dasjenige Geschäft erwirbt, für das der Betreuer bestellt wurde, weil die KV 11101 ff. auf sozialen Erwägungen beruhen.

Abzugrenzen ist das Vermögen auch gebührenrechtlich vom Einkommen, dh dem, **5** was wertmäßig hinzukommt, soweit es sich nicht um ein Surrogat für einen vormals vorhandenen Vermögensgegenstand handelt. Einkommen wird erst dann zu Vermögen, wenn es nicht verbraucht wurde (BeckOK Sozialrecht/Siebel-Huffmann SGB XII § 90 Rn. 2).

Ist das Hausgrundstück nach den in § 90 II Nr. 8 S. 2 SGB XII genannten Krite- **6** rien unangemessen, wird nur der Betrag, der über der Angemessenheitsgrenze liegt, nicht vom Vermögen des Betroffenen abgezogen (OLG Frankfurt a. M. NJOZ 2021, 744). Im Übrigen wird auf die sozialhilferechtliche Literatur verwiesen (zB BeckOK Sozialrecht/Siebel-Huffmann SGB XII § 90 Rn. 24–33). Die Schonvermögenstatbestände nach § 90 II Nr. 1–7, 9 SGB XII sind im Gebührenrecht nicht anzuwenden (OLG Hamm RPfleger 1998, 541). Zu den abzuziehenden Verbindlichkeiten gehören die Aufwendungen eines Betreuers.

2. Pflegschaftssachen. Bei KV 11104 und mittelbar bei KV 11105 ist das Rein- **7** vermögen zu ermitteln, dh vom Vermögen sind die Verbindlichkeiten abzuziehen. Es gilt jedoch weder die Freigrenze nach Vorb. 1.1 I, noch der Freibetrag aus KV 11101. Vermögen, das nicht Gegenstand der Pflegschaft ist, bleibt unberücksichtigt (KV 11104 Anm. I), → Rn. 3. Bei mehreren Bedürftigen ist die Gebühr nach 11104 Anm. III für jeden Betroffenen gesondert zu berechnen. Entsprechendes gilt bei der Ermittlung der Höchstgebühr nach 11105 Anm. II. Die Reinvermögen sind daher nicht zu addieren.

III. Rechtsfolgen. 1. Jahresgebühr bei Dauertätigkeit. Die Jahresgebühr nach **8** KV 11101, 11102, 11104 entsteht erst mit dem Beginn der Dauerbetreuung/-pflegschaft durch die Bestellung des Betreuers/Pflegers, nicht bereits mit der Einleitung des Verfahrens (Anm. II 1: „Bestellung", im Gegensatz zu § 92 I 5 KostO: „Einleitung"). Für das bei der Bestellung laufende und das folgende Kalenderjahr wird nur eine Jahresgebühr erhoben (KV 11101 Anm. II 1, KV 11102 Anm. I 1, KV 11104 Anm. II). Im Übrigen fällt sie für jedes angefangene Kalenderjahr an. Das gilt auch für das Kalenderjahr, in dem die Dauerbetreuung/-pflegschaft durch Tod des Betroffenen oder Aufhebung endet. Ein Wechsel des Betreuers/Pflegers oder dessen Tod sind gebührenrechtlich unerheblich. Die Jahresgebühr gilt die gesamte Tätigkeit des Gerichts im Rahmen des Verfahrens ab, zB die Genehmigung von Rechtsgeschäften (§§ 1848 ff. BGB) und die Rechnungsprüfung (§ 1873 BGB). Geht eine vorläufige Betreuung in eine endgültige Betreuung über, entsteht die Gebühr nach KV 11101 bzw. 11102 nur einmal (KV 11101 Anm. II 2, KV 11102 Anm. I 2).

Die Jahresgebühr nach KV 11101, 11104 beträgt 10 EUR je angefangene **9** 5.000 EUR des zu berücksichtigenden Vermögens (KV 11101 → Rn. 3–6) bzw. des Reinvermögens (KV 11104 → Rn. 7). Die Mindestgebühr beträgt jeweils grundsätzlich 200 EUR. Dauert die Betreuung/Pflegschaft allerdings nicht länger als drei Monate, reduziert sich die Mindestgebühr auf 100 EUR (KV 11101 Anm. III, KV 11104 Anm. IV). Diese Regelung ist nicht auf die Dauer in einzelnen Kalenderjahren anzuwenden, dh es bleibt zB auch dann bei der Mindestgebühr von 200 EUR für das dritte Kalenderjahr, wenn die Betreuung/Pflegschaft vor dem 31.3. endet. Die Jahresgebühr nach KV 11102 liegt bei 300 EUR, höchstens jedoch bei der Gebühr nach KV 11101. Auch insoweit gelten die Mindestgebühren von grundsätzlich 200 EUR (Gebührenspalte bei KV 11101) bzw. ausnahmsweise 100 EUR, wenn die Betreuung nicht länger als drei Monate dauert (KV 11102 Anm. II).

10 **2. Verfahrenspauschale bei einzelner Rechtshandlung.** Die Verfahrenspauschale nach KV 11103, 11105 gilt die gesamte Gerichtstätigkeit für die Einzelmaßnahme ab. Sie entsteht nicht neben KV 11101, 11102 bzw. KV 11104 (KV 11103 Anm. I bzw. KV 11105 Anm. I). Bei KV 11103, 11105 handelt es sich um eine 0,5-Verfahrensgebühr nach der Tabelle A. Sie ist auf die Gebührenhöhe nach KV 11101 (KV 11103) bzw. KV 11104 (KV 11105) begrenzt, allerdings beträgt die Mindestgebühr stets 200 EUR (Gebührenspalte bei KV 11101). Unerheblich ist insoweit, ob die Betreuung länger als drei Monate dauert (KV 11103 Anm. II, KV 11105 Anm. III), weil sich der Aufwand des Gerichts nicht nach der Verfahrensdauer richtet.

11 **3. Geschäftswert, Fälligkeit, Gebührenschuldner.** Soweit sich die Gebührenhöhe nach dem Reinvermögen bemisst (KV 11101, 11104), ist die Höchstgrenze des § 35 II GNotKG nicht anwendbar, OLG Köln FGPrax 2019, 189. Der Geschäftswert bei KV 11103, 11105 bestimmt sich nach §§ 63, 59. KV 11102 ist eine Festgebühr. Die Fälligkeit, die auch für die Freigrenze von 25.000 EUR maßgeblich ist (Vorb. 1.1 I), richtet sich nach § 8 S. 1 Hs. 1 und der Gebührenschuldner insbesondere nach §§ 23 Nr. 1, 2, 27 Nr. 1.

Abschnitt 2. Beschwerde gegen die Endentscheidung wegen des Hauptgegenstands

Nr.	Gebührentatbestand	Gebühr oder Satz der Gebühr nach § 34 GNotKG – Tabelle A
11200	**Verfahren im Allgemeinen**	**1,0**
11201	**Beendigung des gesamten Verfahrens ohne Endentscheidung:** **Die Gebühr 11 200 ermäßigt sich auf**	**0,5**
	I Wenn die Entscheidung nicht durch Verlesen der Entscheidungsformel bekannt gegeben worden ist, ermäßigt sich die Gebühr auch im Fall der Zurücknahme der Beschwerde oder des Antrags vor Ablauf des Tages, an dem die Endentscheidung der Geschäftsstelle übermittelt wird. **II Eine Entscheidung über die Kosten steht der Ermäßigung nicht entgegen, wenn die Entscheidung einer zuvor mitgeteilten Einigung über die Kostentragung oder einer Kostenübernahmeerklärung folgt.**	

Abschnitt 3. Rechtsbeschwerde gegen die Endentscheidung wegen des Hauptgegenstands

Nr.	Gebührentatbestand	Gebühr oder Satz der Gebühr nach § 34 GNotKG – Tabelle A
11300	**Verfahren im Allgemeinen**	**1,5**
11301	**Beendigung des gesamten Verfahrens durch Zurücknahme der Rechtsbeschwerde oder des Antrags, bevor die Schrift zur Begrün-**	

Nr.	Gebührentatbestand	Gebühr oder Satz der Gebühr nach § 34 GNotKG – Tabelle A
	dung der Beschwerde bei Gericht eingegangen ist:	
	Die Gebühr 11 300 ermäßigt sich auf	**0,5**
11302	**Beendigung des gesamten Verfahrens durch Zurücknahme der Rechtsbeschwerde oder des Antrags vor Ablauf des Tages, an dem die Endentscheidung der Geschäftsstelle übermittelt wird, wenn nicht Nummer 11 301 erfüllt ist:**	
	Die Gebühr 11 300 ermäßigt sich auf	**1,0**

Abschnitt 4. Zulassung der Sprungrechtsbeschwerde gegen die Endentscheidung wegen des Hauptgegenstands

Nr.	Gebührentatbestand	Gebühr oder Satz der Gebühr nach § 34 GNotKG – Tabelle A
11400	**Verfahren über die Zulassung der Sprungrechtsbeschwerde:**	
	Soweit der Antrag abgelehnt wird	**0,5**

I. Normzweck. Die Vorschriften entsprechen teilweise KV 1220 ff. GKG und KV 1120 ff. FamGKG, daher zunächst dort. Unterschiedlich sind nur teilweise die Ermäßigungsvoraussetzungen in KV 11201 (Kaufmann/Kurpat MDR 2014, 7), KV 11301, 11302. 1

II. Rechtsfolgen. Für die Gebührenhöhe gilt jeweils die Tabelle A und für die Geschäftswerte § 61. Die Fälligkeit richtet sich nach § 9 I. Zum Gebührenschuldner siehe § 22 I. 2

Hauptabschnitt 2. Nachlasssachen

Vorbemerkung 1.2:

I Gebühren nach diesem Hauptabschnitt werden auch für das Erbscheinsverfahren vor dem Landwirtschaftsgericht und für die Entgegennahme der Erklärung eines Hoferben über die Wahl des Hofes erhoben.

II Die Gebühr für das Verfahren zur Abnahme der eidesstattlichen Versicherung nach § 2006 BGB bestimmt sich nach Hauptabschnitt 5 Abschnitt 2.

Schrifttum: *Felix,* Gerichtskosten in Nachlasssachen, JurBüro 2016, 340 (Üb.).

Abschnitt 1. Verwahrung und Eröffnung von Verfügungen von Todes wegen

Nr.	Gebührentatbestand	Gebühr oder Satz der Gebühr nach § 34 GNotKG – Tabelle B
12100	**Annahme einer Verfügung von Todes wegen in besondere amtliche Verwahrung ....**	**75,00 €**

Nr.	Gebührentatbestand	Gebühr oder Satz der Gebühr nach § 34 GNotKG – Tabelle B
	Mit der Gebühr wird auch die Verwahrung, die Mitteilung nach § 347 FamFG und die Herausgabe abgegolten.	

1 **I. Amtliche Verwahrung einer letztwilligen Verfügung von Todes wegen. 1. Amtliche Verwahrung.** Die Vorschrift setzt voraus, dass eine letztwillige Verfügung von Todes wegen zur besonderen amtlichen Verwahrung angenommen wird (§ 346 FamFG). Unerheblich ist, ob der Erblasser die besondere amtliche Verwahrung verlangt (§ 2248 BGB) oder die Ablieferung gesetzlich vorgesehen ist (zB nach § 34 I, II BeurkG). Unanwendbar ist KV 12100, wenn

- ein gemeinschaftliches Testament nach dem Tod des vorverstorbenen Ehegatten eröffnet und anschließend für den Überlebenden wieder in besondere amtliche Verwahrung genommen wird (§ 344 II FamFG),
- der Erblasser nach § 344 I 2 FamFG die besondere amtliche Weiterverwahrung bei einem anderen Gericht verlangt (vgl. aber KV 31003),
- eine letztwillige Verfügung nach bloßer Einsichtnahme, dh ohne Rückgabe iSd § 2256 BGB weiterverwahrt wird,
- die Verfügung zunächst nach § 351 FamFG eröffnet wurde, später jedoch weiterzuverfahren ist, weil der vermeintliche Erblasser noch lebt,
- jemand ein zuvor nicht in die besondere amtliche Verwahrung gelangtes eigenhändiges Testament nach dem Tod des Erblassers nach § 2259 BGB an das Nachlassgericht abliefert,
- die Annahme zur besonderen amtlichen Verwahrung verweigert wird,
- der Notar einen Erbvertrag aus der notariellen Verwahrung (vgl. § 34 III 2 BeurkG) nach dem Eintritt des Erbfalls an das Nachlassgericht abliefert (§ 34a III 2 BeurkG) und der Überlebende keine besondere amtliche Verwahrung beantragt oder
- das Gericht eine letztwillige Verfügung aus anderen Gründen außerhalb der Vorgänge des § 2248 BGB verwahrt.

2 **2. Letztwillige Verfügung von Todes wegen.** Dazu gehören alleinige und gemeinschaftliche eigenhändische Testamente (§§ 2247, 2267 BGB, § 10 IV LPartG), Nottestamente (§§ 2249, 2250, 2251 BGB), öffentliche Testamente (§ 2232 BGB), Konsulartestamente (§ 11 KonsG), Erbverträge (§§ 1941, 2274 ff. BGB) und nach ausländischem Recht errichtete letztwillige Verfügungen (Art. 26 EGBGB).

3 **II. Rechtsfolgen. 1. Gebühr.** Die Festgebühr beträgt 75 EUR. Sie entsteht mit der Annahme der letztwilligen Verfügung zur besonderen amtlichen Verwahrung aufgrund einer entsprechenden Anordnung, also nicht schon mit dem Eingang bei Gericht. Bei gemeinschaftlichen Testamenten, Erbverträgen und mehreren gleichzeitig von demselben Erblasser zur besonderen amtlichen Verwahrung gegebenen letztwilligen Verfügungen entsteht die Gebühr nur einmal. Sie fällt jedoch erneut an, wenn der Erblasser zu einem späteren Zeitpunkt eine weitere oder eine aus der besonderen amtlichen Verwahrung nach § 2256 BGB zurückgegebene letztwillige Verfügung (erneut) in amtliche Verwahrung gibt. Gebührenrechtlich unerheblich ist es, wenn sich nach der Annahme herausstellt, dass die letztwillige Verfügung unwirksam ist oder widerrufen wurde. Die Gebühr gilt nach der Anm. die gesamte besondere amtliche Verwahrung unabhängig von der Dauer, die Mitteilung an das Zentrale Testamentsregister (§ 347 FamFG) und die Herausgabe (vgl. § 2256 BGB) ab. Etwaige Auslagen werden von dieser Gebührenregelung nicht erfasst.

4 Kosten, die von der Bundesnotarkammer im Zusammenhang mit dem Zentralen Testamentsregister erhoben werden, gilt die Gebühr nicht ab (siehe dazu die Testamentsregister-Gebührensatzung der Bundesnotarkammer).

2. Fälligkeit, Gebührenschuldner. Die Fälligkeit richtet sich nach § 9 I. Kostenschuldner ist nach §§ 22 I, 32 jeder Erblasser (auch bei der Ablieferung durch einen Notar). Ein Erbvertragspartner ist nicht Kostenschuldner, wenn er in dem Erbvertrag keine letztwillige Verfügung trifft. 5

Nr.	Gebührentatbestand	Gebühr oder Satz der Gebühr nach § 34 GNotKG – Tabelle B
12101	**Eröffnung einer Verfügung von Todes wegen** **Werden mehrere Verfügungen von Todes wegen desselben Erblassers bei demselben Gericht gleichzeitig eröffnet, so ist nur eine Gebühr zu erheben.**	**100,00 €**

I. Normzweck. Während KV 12100 die bloße Annahme und Verwahrung der Verfügung von Todes wegen regelt, erfasst KV 12101 ihre gerichtliche Eröffnung. 1

II. Eröffnung. Gemeint ist die Eröffnung nach § 348 I 1 FamFG. Sie ist erfolgt, wenn das Gericht die Verfügung von Todes wegen erforderlichenfalls physisch geöffnet, ihren Inhalt zur Kenntnis genommen und ggf. den erschienenen Beteiligten mündlich oder durch Vorlage bekanntgegeben hat (vgl. § 348 II FamFG). Auf die Niederschrift (§ 348 I 2 FamFG) und Benachrichtigung aller Beteiligten (§ 348 III 1 FamFG) kommt es nicht an. Die Gebühr entsteht unabhängig davon, 2

- um welche Art einer Verfügung von Todes wegen es sich handelt,
- wie sie aufbewahrt wird (offen oder verschlossen, in einfacher oder besonderer amtlicher Verwahrung),
- aus welchem Grund sie eröffnet wird (§ 348 I 1 FamFG oder § 351 FamFG),
- ob die Eröffnung bei dem zuständigen Nachlassgericht (§ 343 FamFG) oder einem bloßen Verwahrgericht (§ 344 VI FamFG) erfolgt,
- ob die Verfügung mit und ohne Termin eröffnet wird (§ 348 II 2 FamFG),
- ob es sich lediglich um eine inhaltsgleiche weitere Verfügung handelt (LG Berlin Rpfleger 1989, 286) oder
- ob sie überhaupt wirksam ist bzw. bereits widerrufen wurde (OLG Köln RPfleger 1992, 394; OLG Stuttgart Rpfleger 1988, 485; LG Duisburg Rpfleger 1988, 190; LG Siegen Rpfleger 1986, 182; OLG Köln RPfleger 1992, 394; OLG Stuttgart Rpfleger 1988, 485; LG Koblenz NJOZ 2005, 1237).

Eine Eröffnung unterbleibt, wenn das Schriftstück inhaltlich zweifelsfrei keine Verfügung von Todes wegen darstellen kann (BeckOK FamFG/Schlögel FamFG § 348 Rn. 6). In diesem Fall handelt es sich bei einer dennoch vorgenommenen Eröffnung um eine unrichtige Sachbehandlung (§ 21). 3

Ein gemeinschaftliches Testament oder Erbvertrag mit Regelungen für beide Erbfälle wird sowohl beim ersten als auch zweiten Erbfall eröffnet (vgl. § 349 I, IV FamFG). Liegen für den zweiten Erbfall keine Regelungen vor, zB weil nur eine gegenseitige Erbeinsetzung erfolgt ist, wäre die dennoch vorgenommene erneute Eröffnung nach dem Letztversterbenden eine unrichtige Sachbehandlung (§ 21). Versterben die Erblasser gleichzeitig und haben sie Regelungen für beide Erbfälle getroffen, handelt es sich rechtlich auch dann um zwei Eröffnungen, wenn sie tatsächlich gleichzeitig vorgenommen werden. 4

III. Rechtsfolgen. 1. Gebühr. Die Festgebühr entsteht für jede Eröffnung. Sie gilt das gesamte Eröffnungsverfahren einschließlich der Niederschrift (§ 348 I 2 FamFG) und Benachrichtigung aller Beteiligten (§ 348 III 1 FamFG) ab. Wird im Zusammenhang mit der Benachrichtigung nach § 348 III 1 FamFG vAw eine Kopie der letztwilligen Verfügung übersandt, fällt mangels eines Antrages keine Dokumentenpauschale (KV 31000) an. Nicht abgegolten ist ein etwaiges Zwangsverfahren nach § 2259 BGB, § 358 FamFG, KV 17006. 5

6 Eröffnet dasselbe Gericht mehrere Verfügungen von Todes wegen desselben Erblassers gleichzeitig, entsteht die Gebühr nach der Anm. nur einmal. Ob die Verfügungen denselben oder unterschiedlichen Inhalt haben, ist gebührenrechtlich nicht relevant. In allen übrigen Fällen entsteht die Eröffnungsgebühr wiederholt, zB wenn die Verfügungen zu unterschiedlichen Zeitpunkten (OLG Zweibrücken FamRZ 2012, 396) oder von verschiedenen Gerichten eröffnet werden (KG FGPrax 2002, 136; OLG Stuttgart Rpfleger 1988, 485; LG Koblenz NJOZ 2005, 1237). Eine unrichtige Sachbehandlung (§ 21) liegt allerdings vor, wenn das Gericht mehrere Verfügungen von Todes wegen zu unterschiedlichen Zeitpunkten eröffnet, aber eine gleichzeitige Eröffnung ohne Zuwarten möglich gewesen wäre.

7 Die Gebühr fällt nicht weg, wenn die Verfügung von Todes wegen nach § 351 FamFG eröffnet wurde und später festgestellt wird, dass der Erblasser noch lebt, vgl. aber → Rn. 8 (Bormann/Diehn/Sommerfeldt/Sommerfeldt Rn. 8–22).

8 **2. Fälligkeit, Gebührenschuldner.** Die Gebühr wird nach § 9 I fällig. Kostenschuldner ist der Erbe (§ 24 Nr. 1). Mehrere Erben haften als Gesamtschuldner (§ 32 I). Auf das Interesse an der Eröffnung kommt es nicht an. Im Fall der → Rn. 7 ist kein Kostenschuldner vorhanden. Die Gebühr wird stets durch das nach § 343 FamFG zuständige Nachlassgericht erhoben, unabhängig davon, ob die Eröffnung bei einem anderen Gericht stattgefunden hat (§ 18 II 1 Nr. 1 GNotKG; OLG Köln FGPrax 2018, 185).

Abschnitt 2. Erbschein, Europäisches Nachlasszeugnis und andere Zeugnisse

Vorbemerkung 1.2.2:

I Dieser Abschnitt gilt für Verfahren über den Antrag auf Erteilung

1. eines Erbscheins,
2. eines Zeugnisses über die Fortsetzung der Gütergemeinschaft,
3. eines Zeugnisses nach § 36 oder § 37 der Grundbuchordnung oder § 42 der Schiffsregisterordnung, auch in Verbindung mit § 74 der Schiffsregisterordnung oder § 86 des Gesetzes über Rechte an Luftfahrzeugen, und
4. eines Testamentsvollstreckerzeugnisses

sowie für das Verfahren über deren Einziehung oder Kraftloserklärung.

II 1 Dieser Abschnitt gilt ferner für Verfahren über den Antrag auf Ausstellung eines Europäischen Nachlasszeugnisses sowie über dessen Änderung oder Widerruf. 2 Für Verfahren über die Aussetzung der Wirkungen eines Europäischen Nachlasszeugnisses werden Gebühren nach Hauptabschnitt 6 Abschnitt 2 erhoben.

III Endentscheidungen im Sinne dieses Abschnitts sind auch der Beschluss nach § 352e Abs. 1 FamFG und die Ausstellung eines Europäischen Nachlasszeugnisses.

Unterabschnitt 1. Erster Rechtszug

Vorbemerkung 1.2.2.1:

Die Ausstellung des Europäischen Nachlasszeugnisses durch das Beschwerdegericht steht der Ausstellung durch das Nachlassgericht gleich.

Nr.	Gebührentatbestand	Gebühr oder Satz der Gebühr nach § 34 GNotKG – Tabelle B
12210	Verfahren über den Antrag auf Erteilung eines Erbscheins oder eines Zeugnisses oder auf Ausstellung eines Europäischen Nachlass-	

Nr.	Gebührentatbestand	Gebühr oder Satz der Gebühr nach § 34 GNotKG – Tabelle B
	zeugnisses, wenn nicht Nummer 12 213 anzuwenden ist	**1,0**
	I Für die Abnahme der eidesstattlichen Versicherung wird die Gebühr gesondert erhoben (Vorbemerkung 1 Abs. 2).	
	II 1 Ist die Gebühr bereits für ein Verfahren über den Antrag auf Erteilung eines Erbscheins entstanden, wird sie mit 75 % auf eine Gebühr für ein Verfahren über den Antrag auf Ausstellung eines Europäischen Nachlasszeugnisses angerechnet, wenn sich der Erbschein und das Europäische Nachlasszeugnis nicht widersprechen. 2 Dies gilt entsprechend, wenn zuerst die Gebühr für ein Verfahren über den Antrag auf Ausstellung eines Europäischen Nachlasszeugnisses entstanden ist.	

Schrifttum: Gregor, Erbscheinsverfahren, 4. Aufl. 2008.

I. Normzweck. Die Vorschrift regelt zusammen mit der Vorb. 1.2.2 und den KV 12211–12215, wie eine Hauptaufgabe des Nachlassgerichts zu vergüten ist. Die Wertgebühren in Nachlasssachen sind verfassungsgemäß (BayObLG FGPrax 2002, 42; OLG Köln NJW-RR 2004, 357) und verstoßen auch nicht gegen Europarecht (OLG Köln NJW-RR 2004, 357; OLG Stuttgart NJOZ 2004, 1717). Der differenzierte Maßstab und die Ermäßigungsmöglichkeiten dienen der Kostengerechtigkeit und sozialen Erträglichkeit, da die Erben auch mit der Erbschaftssteuer belastet sind. 1

II. Anwendungsbereich. Die Gebühr gilt nach der Vorb. 1.2.2 I für Verfahren über die Erteilung eines 2

- Erbscheins (§ 352 FamFG) oder Europäischen Nachlasszeugnisses (Art. 67 ff. EuErbVO), auch bei Zuständigkeit des Landwirtschaftsgerichts nach § 18 II 3 HöfeO (Vorb. 1.2 I, Vorb. 1.5.1 I 1), vgl. aber KV 12218,
- Zeugnisses über die Fortsetzung der Gütergemeinschaft (§ 1507 BGB),
- Zeugnisses nach §§ 36, 37 GBO, §§ 42, 74 SchRegO oder § 86 LuftRG oder
- Testamentsvollstreckerzeugnisses (§ 2368 BGB, § 354 FamFG), vgl. aber KV 12213.

Eine Bescheinigung, mit der das Gericht lediglich die Annahme des Testamentsvollstreckeramtes bestätigt (Amtsannahmebestätigung), ist kein Testamentsvollstreckerzeugnis iSd 2368 BGB (BT-Drs. 19/23484, 60) und fällt deshalb nicht unter KV 12210, sondern KV 12413. Die bloße Angabe der Testamentsvollstreckung im Erbschein (§ 2364 I BGB) ist gebührenfrei. Gleiches gilt für die Feststellung, dass ein anderer Erbe als der Fiskus nicht vorhanden ist (§ 1964 I BGB). 3

III. Rechtsfolgen. 1. Entstehung. Die Gebühr entsteht bereits mit dem Antragseingang, nicht erst mit der Erteilung. Für den gemeinsamen Antrag oder mehrere gleichlautende Anträge aller oder mehrerer Miterben auf Erteilung eines gemeinschaftlichen (Teil-)Erbscheins fällt die Gebühr nur einmal an (§ 55 I). Bei gegensätzlichen Anträgen werden mehrere Verfahren geführt, so dass für den erfolgreichen Antrag eine Gebühr nach KV 12210 und für den zurückgenommenen oder zurückgewiesenen Antrag eine Gebühr nach KV 12211 oder KV 12212 entsteht (vgl. OLG München NJW-RR 2017, 1277). Werden ein Sammelerbschein oder Testamentsvollstreckerzeugnis für mehrere Erbfälle, mehrere Teilerbscheine oder ein Erbschein und ein Testamentsvollstreckerzeugnis für denselben Erbfall beantragt, entsteht die Gebühr für jeden Erbfall bzw. Antrag gesondert. Sie entsteht erneut für das Verfahren über die Erteilung eines Erbscheins für den Nacherben (BayObLG MDR 1995, 643), 4 eines weiteren Teilerbscheins und die Erteilung eines neuen Erbscheins nach Einziehung oder Kraftloserklärung. Das gilt auch dann, wenn der frühere Erbschein lediglich teilweise unrichtig war (KG RPfleger 1993, 42; OLG Braunschweig NdsRpfl. 1985, 43; aA Lappe NJW 1994, 1194). Der Antrag auf Erteilung weiterer Ausfertigungen oder Abschriften löst die Gebühr nach KV 12210 dagegen nicht erneut aus (vgl. aber KV 12218 für das Europäische Nachlasszeugnis).

5 **2. Abgeltung.** Die Gebühr gilt das gesamte Erteilungsverfahren von der Entgegennahme bzw. Protokollierung des Antrags über die Sachverhaltsermittlung bis hin zur Erteilung des Erbscheins usw. ab. Auch ein Erbenaufgebot (§ 352d FamFG) ist eingeschlossen. Für die Beurkundung der eidesstattlichen Versicherung nach § 352 III 3 FamFG oder § 36 II 1 IntErbRVG entsteht allerdings wegen der Vorb. 1 II und der Anm. I eine gesonderte Gebühr nach KV 23300 (OLG Köln FGPrax 2018, 185).

6 **3. Gebührenhöhe.** Es entsteht eine 1,0-Gebühr nach der Tabelle B. Im Fall der Anm. II ist die Gebühr für das zweite Verfahren wegen des insoweit erheblich reduzierten Aufwands lediglich zu einem Viertel zu erheben. Das gilt aus dem demselben Grund und über den Wortlaut hinaus entsprechend, wenn der Erbschein und das Europäische Nachlasszeugnis gleichzeitig beantragt werden (Korintenberg/Wilsch KV 12210–12212 Rn. 9e–13; aA BeckOK KostR/Felix KV 12210 Rn. 32–35). Des Weiteren sind die Ermäßigungen nach KV 12211, 12212 zu beachten. Auf die Gebühr für das Verfahren über den Antrag auf Erteilung eines Testamentsvollstreckerzeugnisses ist die Gebühr für eine Amtsannahmebestätigung nach KV 12413 nicht anzurechnen.

7 **4. Geschäftswert, Gebührenschuldner.** Für den Geschäftswert gilt grundsätzlich § 40, im Verfahren zur Erteilung der Zeugnisse nach §§ 36f. GBO, §§ 42, 74 SchRegO oder § 86 LuftRG jedoch § 41. Gebührenschuldner ist nach § 22 I jeder Antragsteller (vgl. aber vorrangig §§ 27, 33). Erben, die keinen Antrag gestellt haben, haften daher nicht. Der Kostenansatz obliegt dem nach § 343 FamFG zuständigen Nachlassgericht (§ 18 I 1 Nr. 1).

8 **5. Fälligkeit.** Die Gebühr wird nach § 9 I fällig, dh insbesondere mit der Erteilung des Erbscheins bzw. der Ausstellung des Zeugnisses. Die Erteilung ist abgeschlossen, wenn einem Antragsteller oder antragsgemäß einem Dritten die Urschrift oder eine Ausfertigung ausgehändigt oder übergeben wurde (für den Erbschein: OLG Karlsruhe NJW-RR 2011, 874).

Nr.	Gebührentatbestand	Gebühr oder Satz der Gebühr nach § 34 GNotKG – Tabelle B
12211	**Beendigung des gesamten Verfahrens** **1. ohne Endentscheidung oder** **2. durch Zurücknahme des Antrags vor Ablauf des Tages, an dem die Endentscheidung der Geschäftsstelle übermittelt wird, wenn die Entscheidung nicht bereits durch Verlesen der Entscheidungsformel bekannt gegeben worden ist:** **Die Gebühr 12 210 ermäßigt sich auf**	**0,3** **– höchstens 200,00 €**

1 **I. Normzweck.** Es handelt sich um eine Gebührenermäßigung von KV 12210, die dem bereits entstandenen, aber geringeren Aufwand des Gerichts Rechnung trägt. Die Vorschrift ähnelt KV 1211 GKG, KV 1212, 1321 Nr. 1, 2 FamGKG.

2 **II. Voraussetzungen (Nr. 1, 2). 1. Beendigung ohne Endentscheidung (Nr. 1).** Durch eine Endentscheidung wird der Verfahrensgegenstand ganz oder teilweise erledigt (§ 38 I 1 FamFG). Zu den Endentscheidungen iSd KV 12211

gehören vor allem der Feststellungsbeschluss nach § 352e I FamFG und die Ausstellung des Europäischen Nachlasszeugnisses (Vorb. 1.2.2 III) sowie die Zurückweisung des Antrages. Ein Wertfestsetzungsbeschluss zählt nicht dazu.

Eine Endentscheidung über einen Antrag ergeht nicht, soweit alle Beteiligten erklären, dass sie das Verfahren beenden wollen (§ 22 III FamFG). Das Verfahren muss beendet sein, bevor eine Endentscheidung ergangen ist. Maßgeblicher Zeitpunkt ist die Übergabe an die Geschäftsstelle bzw. die Bekanntgabe durch Verlesen der Beschlussformel in Anwesenheit der Beteiligten (§ 38 III 3 FamFG). 3

2. Antragsrücknahme (Nr. 2). Die Antragsrücknahme (§ 22 I 1 FamFG) muss vor dem Ablauf des Tages bei Gericht eingegangen sein, an dem eine Endentscheidung → Rn. 2 in der Geschäftsstelle angekommen ist (vgl. § 38 III 3 FamFG). Des Weiteren darf das Gericht die Endentscheidung bis zum Eingang in der Geschäftsstelle noch nicht durch Verlesen der Entscheidungsformel bekanntgemacht haben (vgl. § 38 III 3, § 41 II 1 FamFG). Bei mehreren Antragstellern müssen alle zurücknehmen, damit die Gebührenermäßigung eintritt. 4

3. Erlassene Endentscheidung oder verspätete Antragsrücknahme. Wurde die Endentscheidung bereits erlassen → Rn. 2, 3 oder erfolgt die Rücknahme verspätet → Rn. 4, bleibt es bei KV 12210. Das ist auch der Fall, wenn die Endentscheidung durch das Beschwerdegericht aufgehoben und der Antrag anschließend zurückgekommen wird (vgl. OLG Celle NJOZ 2013, 2019 für KV 1211 GKG). Allerdings kommt ggf. eine Ermäßigung nach KV 12212 in Betracht. 5

III. Rechtsfolgen. Die Gebührenhöhe beträgt 0,3-Gebühr nach Tabelle B, höchstens jedoch 200 EUR. Für den Geschäftswert gelten die §§ 40 f. und für die Fälligkeit § 9 I. Gebührenschuldner ist nach § 22 I jeder Antragsteller; mehrere haften als Gesamtschuldner (§ 32). Die §§ 27, 33 kommen mangels Endentscheidung nicht in Betracht. 6

Nr.	Gebührentatbestand	Gebühr oder Satz der Gebühr nach § 34 GNotKG – Tabelle B
12212	**Beendigung des Verfahrens ohne Erteilung des Erbscheins oder des Zeugnisses oder ohne Ausstellung des Europäischen Nachlasszeugnisses, wenn nicht Nummer 12 211 erfüllt ist: Die Gebühr 12 210 ermäßigt sich auf ....**	**0,5 – höchstens 400,00 €**

I. Normzweck, Anwendungsbereich. Es handelt sich um eine Gebührenermäßigung von KV 12210, die im Verhältnis zu KV 12211 nachrangig ist. Wird das Verfahren über den Antrag auf Erteilung eines weiteren Testamentsvollstreckerzeugnisses ohne Erteilung des Zeugnisses beendet, gilt KV 12213. 1

II. Voraussetzungen. Die Ermäßigung greift, wenn 2

- der Antrag zurückgewiesen wurde oder
- das Verfahren für eine Ermäßigung nach KV 12211 zu spät beendet war, aber dennoch kein Erbschein erteilt bzw. Zeugnis ausgestellt wurde.

Letztes ist vor allem der Fall, wenn der Antrag nach dem Erlass eines Feststellungsbeschluss nach § 352e FamFG, aber vor der Erteilung des Erbscheins zurückgenommen wird (zum Zeitpunkt der Erteilung → KV 12210 Rn. 8).

III. Rechtsfolgen. Es entsteht eine 0,5-Gebühr nach Tabelle B von höchstens 400 EUR. Zum Geschäftswert und zur Fälligkeit → KV 12211 Rn. 6 und zum Gebührenschuldner → KV 12210 Rn. 7. 3

Nr.	Gebührentatbestand	Gebühr oder Satz der Gebühr nach § 34 GNotKG – Tabelle B
12213	**Verfahren über den Antrag auf Erteilung eines weiteren Testamentsvollstreckerzeugnisses bezüglich desselben Nachlasses oder desselben Teils des Nachlasses**	**0,3**
12214	**Beendigung des Verfahrens ohne Erteilung des Zeugnisses:** **Die Gebühr 12 213 beträgt**	**– höchstens 200,00 €**
12215	**Verfahren über die Einziehung oder Kraftloserklärung** **1. eines Erbscheins,** **2. eines Zeugnisses über die Fortsetzung der Gütergemeinschaft,** **3. eines Testamentsvollstreckerzeugnisses oder** **4. eines Zeugnisses nach § 36 oder § 37 der Grundbuchordnung oder nach § 42 auch i. V. m. § 74 der Schiffsregisterordnung** ..	**0,5 – höchstens 400,00 €**
12216	**Verfahren über den Widerruf eines Europäischen Nachlasszeugnisses**	**0,5 – höchstens 400,00 €**
12217	**Verfahren über die Änderung eines Europäischen Nachlasszeugnisses**	**1,0**

1 **I. Anwendungsbereich.** Während die KV 12210–12212 ein zeitlich erstes Testamentsvollstreckerzeugnis (§ 2368 BGB) regeln, behandeln die KV 12213–12214 das Verfahren auf Erteilung eines zeitlich nachfolgenden weiteren Zeugnisses gesondert, zB nach einem Wechsel der Person des Testamentsvollstreckers. Hintergrund ist der geringe Aufwand des Gerichts. Voraussetzung ist, dass sich das weitere Testamentsvollstrecker(teil)zeugnis auf denselben (Teil-)Nachlass bezieht. Nicht erfasst wird die (gebührenfreie) Erteilung einer weiteren Ausfertigung oder Abschrift desselben ersten oder weiteren Testamentsvollstreckerzeugnisses.

2 KV 12215 bezieht sich auf die Verfahren über die Einziehung oder Kraftloserklärung der genannten Urkunden (§§ 2361, 2368 S. 2, 1507 S. 2 BGB, § 353 FamFG). Berichtigungen und Ergänzungen nach §§ 42, 43 FamFG fallen nicht darunter. KV 12216 behandelt den Widerruf und KV 12217 eine Änderung eines Europäischen Nachlasszeugnisses nach §§ 33 ff. InErbRVG (Sikora DNotZ 2017, 720).

3 **II. Rechtsfolgen. 1. Gebührenhöhen.** Es gilt jeweils Tabelle B. Bei KV 12213 fällt je Verfahren eine 0,3-Gebühr an, jedoch nach KV 12214 bei Beendigung des Verfahrens ohne Erteilung des weiteren Zeugnisses nur eine Höchstgebühr von 200 EUR. Nach KV 12215 entsteht mit der Einleitung eines Verfahrens auf Einziehung oder Kraftloserklärung einer jeden der dort genannten Urkunden eine 0,5-Gebühr mit einer Obergrenze von 400 EUR. Bei Einziehung und Kraftloserklärung derselben Urkunde fällt die Gebühr nur einmal an (§ 55 I) und bei einer Neuerteilung entsteht sie neben KV 12210. Nicht abgegolten ist ein etwaiges Zwangsverfahren nach § 35 FamFG → KV 18003. Nach KV 12216 entsteht eine 0,5-Gebühr mit einer Höchstgebühr von 400 EUR, bei KV 12217 eine 1,0-Gebühr ohne Höchstgrenze.

III. Geschäftswert, Fälligkeit, Gebührenschuldner. Für den Geschäftswert gelten die §§ 40, 41. Die Fälligkeit richtet sich nach § 9 I und der Gebührenschuldner nach § 22 I, 27, 33. 4

Nr.	Gebührentatbestand	Gebühr oder Satz der Gebühr nach § 34 GNotKG – Tabelle B
12218	**Erteilung einer beglaubigten Abschrift eines Europäischen Nachlasszeugnisses nach Beendigung des Verfahrens auf Ausstellung des Europäischen Nachlasszeugnisses oder Verlängerung der Gültigkeitsfrist einer beglaubigten Abschrift eines Europäischen Nachlasszeugnisses** .... Neben der Gebühr wird keine Dokumentenpauschale erhoben.	20,00 €

I. Anwendungsbereich. Beglaubigte Abschriften eines Europäischen Nachlasszeugnisses (§§ 33 ff. IntErbRVG), die im Rahmen des Ausstellungsverfahrens erteilt werden, sind durch KV 12210 abgegolten. Ist das Ausstellungsverfahren beendet, gilt für die Erteilung einer beglaubigten Abschrift und die Verlängerung der Gültigkeitsfrist einer beglaubigten Abschrift KV 12218. 1

II. Rechtsfolgen. Die Festgebühr je Abschrift und Verlängerung beträgt 20 EUR. Es handelt sich um eine Aktgebühr, dh die rechtzeitige Antragsrücknahme und die Ablehnung bleiben gebührenfrei. Nach der Anm. entsteht neben ihr keine Dokumentenpauschale. Die Fälligkeit richtet sich nach § 9 I. Gebührenschuldner ist nach § 22 I der Antragsteller. 2

Unterabschnitt 2. Beschwerde gegen die Endentscheidung wegen des Hauptgegenstands

Nr.	Gebührentatbestand	Gebühr oder Satz der Gebühr nach § 34 GNotKG – Tabelle B
12220	**Verfahren im Allgemeinen**	1,0 – höchstens 800,00 €
12221	**Beendigung des gesamten Verfahrens durch Zurücknahme der Beschwerde oder des Antrags, bevor die Schrift zur Begründung der Beschwerde bei Gericht eingegangen ist:** **Die Gebühr 12 220 ermäßigt sich auf**	0,3 – höchstens 200,00 €
12222	**Beendigung des gesamten Verfahrens ohne Endentscheidung, wenn nicht Nummer 12 221 erfüllt ist:** **Die Gebühr 12 220 ermäßigt sich auf** ...... I Wenn die Entscheidung nicht durch Verlesen der Entscheidungsformel bekannt gegeben worden ist, ermäßigt sich die Gebühr auch im Fall der Zurücknahme der Beschwerde oder des An-	0,5 – höchstens 400,00 €

Nr.	Gebührentatbestand	Gebühr oder Satz der Gebühr nach § 34 GNotKG – Tabelle B
	trags vor Ablauf des Tages, an dem die Endentscheidung der Geschäftsstelle übermittelt wird. II Eine Entscheidung über die Kosten steht der Ermäßigung nicht entgegen, wenn die Entscheidung einer zuvor mitgeteilten Einigung über die Kostentragung oder einer Kostenübernahmeerklärung folgt.	

Unterabschnitt 3. Rechtsbeschwerde gegen die Endentscheidung wegen des Hauptgegenstands

Nr.	Gebührentatbestand	Gebühr oder Satz der Gebühr nach § 34 GNotKG – Tabelle B
12230	**Verfahren im Allgemeinen ....**	**1,5 – höchstens 1200,00 €**
12231	**Beendigung des gesamten Verfahrens durch Zurücknahme der Rechtsbeschwerde oder des Antrags, bevor die Schrift zur Begründung der Beschwerde bei Gericht eingegangen ist: Die Gebühr 12 230 ermäßigt sich auf ....**	**0,5 – höchstens 400,00 €**
12232	**Beendigung des gesamten Verfahrens durch Zurücknahme der Rechtsbeschwerde oder des Antrags vor Ablauf des Tages, an dem die Endentscheidung der Geschäftsstelle übermittelt wird, wenn nicht Nummer 12 231 erfüllt ist: Die Gebühr 12 230 ermäßigt sich auf ....**	**1,0 – höchstens 800,00 €**

Unterabschnitt 4. Zulassung der Sprungrechtsbeschwerde gegen die Endentscheidung wegen des Hauptgegenstands

Nr.	Gebührentatbestand	Gebühr oder Satz der Gebühr nach § 34 GNotKG – Tabelle B
12240	**Verfahren über die Zulassung der Sprungrechtsbeschwerde: Soweit der Antrag abgelehnt wird: ....**	**0,5 – höchstens 400,00 €**

Die Vorschriften entsprechen im Kern denjenigen in KV 11200–11400. Vgl. daher jeweils dort. Unterschiedlich sind nur die jeweiligen Gebührenhöhen. Es gilt Tabelle B. 1

Abschnitt 3. Sicherung des Nachlasses einschließlich der Nachlasspflegschaft, Nachlass- und Gesamtgutsverwaltung

Unterabschnitt 1. Erster Rechtszug

Nr.	Gebührentatbestand	Gebühr oder Satz der Gebühr nach § 34 GNotKG – Tabelle A
12310	**Verfahren im Allgemeinen** . . . . **[1] Die Gebühr entsteht nicht für Verfahren, die in den Rahmen einer bestehenden Nachlasspflegschaft oder Nachlass- oder Gesamtgutsverwaltung fallen. [2] Dies gilt auch für das Verfahren, das mit der Nachlasspflegschaft oder der Nachlass- oder Gesamtgutsverwaltung endet.**	**0,5**

Schrifttum: *Felix,* Gerichtskosten in Nachlasssachen, JurBüro 2016, 340 und 403 (Üb.).

I. Anwendungsbereich. KV 12310 erfasst Sicherungsverfahren außerhalb einer Nachlasspflegschaft und einer Nachlass- oder Gesamtgutsverwaltung. Darunter fallen zum einen allgemeine Sicherungsmaßnahmen wie die Anordnung, Siegel anzulegen, Geld, Wertpapiere und Kostbarkeiten zu hinterlegen oder ein Nachlassverzeichnis aufzunehmen (§ 1960 II BGB). Zum anderen gilt die Vorschrift für Antragsverfahren auf Anordnung einer Nachlasspflegschaft, -verwaltung oder Gesamtgutsverwaltung, die durch eine Rücknahme oder Zurückweisung enden (OLG München FGPrax 2019, 37; BT-Drs. 17/11471 (neu), 174). 1

KV 12311 und KV 12312 sind vorrangig zu beachten, wenn eine Nachlasspflegschaft und einer Nachlass- oder Gesamtgutsverwaltung besteht oder das Verfahren mit einer Nachlasspflegschaft, -verwaltung oder Gesamtgutsverwaltung endet. KV 12310 kommt daher lediglich eine Auffangfunktion zu. 2

II. Rechtsfolgen. 1. Gebühr. Mit der ersten sicherungsbezogenen Tätigkeit des Nachlassgerichts entsteht eine 0,5-Gebühr nach der Tabelle A unabhängig davon, wie viele Sicherungsmaßnahmen gleichzeitig angeordnet werden oder wie viele Gegenstände betroffen sind (§ 55 I) bzw. wie schwierig oder umfangreich das Verfahren ist. Bei einer Erweiterung der Sicherungsmaßnahmen für dieselben Gegenstände entsteht die Gebühr nicht erneut. Spätere Sicherungsmaßnahmen für andere Gegenstände bilden jedoch ein eigenständiges Verfahren und lösen die Gebühr nach KV 12310 erneut aus. Wie bei anderen Gebühren ist auch bei KV 12310 auf den Erblasser abzustellen, so dass die Gebühr trotz eines einheitlichen Sicherungsverfahrens mehrfach entsteht, wenn der zu sichernde Gegenstand zu mehreren Nachlässen gehört (aA: BeckOK KostR/Felix Rn. 13). 3

2. Geschäftswert. Bei allgemeinen Sicherungsmaßnahmen ist als Geschäftswert ein Teilwert des Sicherungsgegenstandes zugrunde zu legen (§§ 36 ff., 46 ff., 59). Er ist ggf. auf mehrere Nachlässe, zu denen er gehört, aufzuteilen. Wird der Antrag auf Anordnung einer Nachlasspflegschaft oder -verwaltung oder einer Gesamtgutsverwaltung zurückgewiesen oder zurückgenommen, gilt § 64 (vgl. OLG Schleswig ZErb 2014, 228). 4

3. Fälligkeit, Gebührenschuldner. Die Fälligkeit richtet sich nach § 9 I. Gebührenschuldner ist nach § 24 Nr. 2 jeder Miterbe als Gesamtschuldner nach § 32 I, soweit nicht das Gericht etwas anderes bestimmt (vgl. ferner § 27). 5

Nr.	Gebührentatbestand	Gebühr oder Satz der Gebühr nach § 34 GNotKG – Tabelle A
12311	**Jahresgebühr für jedes Kalenderjahr bei einer Nachlasspflegschaft, die nicht auf einzelne Rechtshandlungen beschränkt ist, oder bei einer Nachlass- oder Gesamtgutsverwaltung ..** **I 1 Ist Gegenstand des Verfahrens ein Teil des Nachlasses, ist höchstens dieser Teil des Nachlasses zu berücksichtigen. 2 Verbindlichkeiten werden nicht abgezogen.** **II Für das bei der ersten Bestellung eines Nachlasspflegers oder bei der Anordnung der Nachlass- oder Gesamtgutsverwaltung laufende und das folgende Kalenderjahr wird nur eine Jahresgebühr erhoben.** **III Dauert die Nachlasspflegschaft nicht länger als drei Monate, beträgt die Gebühr abweichend von dem in der Gebührenspalte bestimmten Mindestbetrag 100,00 €.**	**10,00 € je angefangene 5000,00 € des Nachlasswerts – mindestens 200,00 €**

1 **I. Anwendungsbereich.** Die Vorschrift gilt für die Nachlassverwaltung (§§ 1975, 1981 f. BGB) und die Gesamtgutsverwaltung (§ 1489 II iVm §§ 1981 f. BGB). Außerdem wird eine sonstige Pflegschaft über den Nachlass oder einen Nachlassteil (§§ 1960 f. BGB) erfasst, sofern es sich um eine Dauerpflegschaft handelt. Die Abgrenzung zur Pflegschaft für einzelne Rechtshandlungen (KV 12312) richtet sich nach dem Aufgabenkreis des Nachlasspflegers (vgl. BGH FamRZ 2017, 647 für den Betreuer). Eine Dauerpflegschaft liegt insbesondere vor, wenn dem Nachlasspfleger allgemein die Sicherung und Verwaltung des Nachlasses sowie die Erbenermittlung übertragen wird. Bei einer Pflegschaft auf Gläubigerantrag (§ 1961 BGB) handelt es sich idR um eine Nachlasspflegschaft, die auf einzelne Rechtshandlungen beschränkt ist → KV 12312 Rn. 1.

2 Sicherungsverfahren außerhalb einer Nachlasspflegschaft und Nachlass- oder Gesamtgutsverwaltung fallen unter KV 12310. Gleiches gilt, wenn ein Antragsverfahren auf Anordnung einer Nachlasspflegschaft, -verwaltung oder Gesamtgutsverwaltung durch Zurückweisung oder Rücknahme vor einer Entscheidung endet → KV 12310 Rn. 1.

3 **II. Rechtsfolgen. 1. Gebührenhöhe.** Maßgeblich ist der Wert des verwalteten Vermögens (§ 64 I) bzw. bei Gläubigeranträgen der auf den Vermögenswert begrenzte Forderungsbetrag (§ 64 II; OLG Celle ZEV 2020, 762). Bei Teilpflegschaften ist der Wert des betroffenen Nachlassteils maßgeblich (Anm. I 1). Verbindlichkeiten sind in keiner Variante anzuziehen (Anm. I 2). Ebenso wenig existieren Freibeträge.

4 Die Jahresgebühr beträgt 10 EUR je angefangene 5.000 EUR des Vermögenswertes bzw. der Forderung bei einer grundsätzlichen Mindestgebühr von 200 EUR, die auch bei einer bloßen Teilpflegschaft anfällt. Dauert die Nachlasspflegschaft nicht länger als drei Monate, reduziert sich die Mindestgebühr auf 100 EUR (Anm. III). Abgesehen von Zwangsmitteln (dazu KV 17006) deckt die Gebühr alle gerichtlichen Handlungen im Zusammenhang mit der Nachlass- oder Gesamtgutsverwaltung bzw. sonstigen Nachlasspflegschaft von der Anordnung bis zur Aufhebung ab.

5 Die Jahresgebühr (auch die Mindestgebühr) entsteht für das erste und das folgende Kalenderjahr nur einmal (Anm. II), dh das zweite Kalenderjahr ist gebührenfrei. Sie reduziert sich nicht, wenn das Verfahren unterjährig endet.

6 **2. Fälligkeit, Gebührenschuldner.** Die Fälligkeit richtet sich nach § 8. Kostenschuldner ist nur der Erbe (§ 24).

Nr.	Gebührentatbestand	Gebühr oder Satz der Gebühr nach § 34 GNotKG – Tabelle A
12312	**Verfahren im Allgemeinen bei einer Nachlasspflegschaft für einzelne Rechtshandlungen** .... [I] Die Gebühr wird nicht neben der Gebühr 12 311 erhoben. [II] Absatz 3 der Anmerkung zu Nummer 12311 ist nicht anzuwenden.	0,5 – höchstens eine Gebühr 12 311

I. Anwendungsbereich. Die Nachlasspflegschaft (§§ 1960 f. BGB) für einzelne Rechtshandlungen ist von der Dauerpflegschaft abzugrenzen → KV 12311 Rn. 1. KV 12312 gilt vor allem für die Pflegschaft auf Gläubigerantrag (§ 1961 BGB), die sich auf einzelne Rechtshandlungen beschränkt, zB die gerichtliche Geltendmachung des Auseinandersetzungsanspruchs nach § 2042 BGB gegen die unbekannten Erbeserben (vgl. OLG Braunschweig FGPrax 2019, 270), die Beendigung und Abwicklung eines Mietverhältnisses des Erblassers (vgl. NJW-RR 2012, 842) oder die Durchführung der Zwangsvollstreckung (vgl. LG Oldenburg Rpfleger 1982, 105). Zur Gebühr bei Sicherungsmaßnahmen außerhalb einer Nachlasspflegschaft und Antragsrücknahme oder -zurückweisung → KV 12311 Rn. 2. 1

II. Rechtsfolgen. 1. Gebührenhöhe. Maßgeblich ist der Wert des verwalteten Vermögens (§ 64 I), dh hier der Rechtshandlung bzw. bei Gläubigeranträgen der auf den Vermögenswert begrenzte Forderungsbetrag (§ 64 II). Es entsteht wegen jedes selbständigen Verfahrens eine 0,5-Gebühr nach Tabelle A. Die Obergrenze bildet die Gebührenhöhe nach KV 12311, die mindestens 200 EUR beträgt (Gebührenspalte bei KV 12311). Unerheblich ist insoweit, ob die Pflegschaft länger als drei Monate dauert (KV 12312 Anm. II), weil sich der Aufwand des Gerichts bei KV 12312 nicht nach der Verfahrensdauer richtet. Nach der Anm. I wird die Gebühr nach KV 12312 nicht neben der Gebühr KV 12311 erhoben (zur Dauerpflegschaft nach einer Pflegschaft für einzelne Rechnungshandlungen siehe Felix JurBüro 2016, 403 (404)). 2

2. Fälligkeit, Gebührenschuldner. Die Fälligkeit richtet sich nach § 9. Kostenschuldner ist der Erbe (§ 24 Nr. 3). 3

Unterabschnitt 2. Beschwerde gegen die Endentscheidung wegen des Hauptgegenstands

Nr.	Gebührentatbestand	Gebühr oder Satz der Gebühr nach § 34 GNotKG – Tabelle A
12320	**Verfahren im Allgemeinen**	1,0
12321	**Beendigung des gesamten Verfahrens ohne Endentscheidung:** **Die Gebühr 12 320 ermäßigt sich auf** ...... [I] Wenn die Entscheidung nicht durch Verlesen der Entscheidungsformel bekannt gegeben worden ist, ermäßigt sich die Gebühr auch, wenn die Beschwerde vor Ablauf des Tages, an dem die Endentscheidung der Geschäftsstelle übermittelt wird, zurückgenommen wird. [II] Eine Entscheidung über die Kosten steht der Ermäßigung nicht entgegen, wenn die Entscheidung einer zuvor mitgeteilten Einigung über die Kostentragung oder einer Kostenübernahmeerklärung folgt.	0,5

Unterabschnitt 3. Rechtsbeschwerde gegen die Endentscheidung wegen des Hauptgegenstands

Nr.	Gebührentatbestand	Gebühr oder Satz der Gebühr nach § 34 GNotKG – Tabelle B
12330	Verfahren im Allgemeinen	1,5
12331	Beendigung des gesamten Verfahrens durch Zurücknahme der Rechtsbeschwerde oder des Antrags, bevor die Schrift zur Begründung der Beschwerde bei Gericht eingegangen ist: Die Gebühr 12 330 ermäßigt sich auf	0,5
12332	Beendigung des gesamten Verfahrens durch Zurücknahme der Rechtsbeschwerde oder des Antrags vor Ablauf des Tages, an dem die Endentscheidung der Geschäftsstelle übermittelt wird, wenn nicht Nummer 12 331 erfüllt ist: Die Gebühr 12 330 ermäßigt sich auf	1,0

Unterabschnitt 4. Zulassung der Sprungrechtsbeschwerde gegen die Endentscheidung wegen des Hauptgegenstands

Nr.	Gebührentatbestand	Gebühr oder Satz der Gebühr nach § 34 GNotKG – Tabelle A
12340	Verfahren über die Zulassung der Sprungrechtsbeschwerde: Soweit der Antrag abgelehnt wird:	0,5

1 Die Vorschriften entsprechen im Kern denjenigen in KV 11200–11400. Vgl. daher jeweils dort. Unterschiedlich sind nur die jeweiligen Gebührenhöhen. Es gilt jeweils Tabelle A.

Abschnitt 4. Entgegennahme von Erklärungen, Fristbestimmungen, Nachlassinventar, Testamentsvollstreckung

Unterabschnitt 1. Entgegennahme von Erklärungen, Fristbestimmungen und Nachlassinventar

Nr.	Gebührentatbestand	Gebühr oder Satz der Gebühr nach § 34 GNotKG – Tabelle A
12410	Entgegennahme von Erklärungen und Anzeigen .... I Die Gebühr entsteht für die Entgegennahme 1. einer Forderungsanmeldung im Fall des § 2061 BGB, 2. einer Erklärung über die Anfechtung eines Testaments oder Erbvertrags (§§ 2081, 2281 Abs. 2 BGB),	15,00 €

Nr.	Gebührentatbestand	Gebühr oder Satz der Gebühr nach § 34 GNotKG – Tabelle A
	3. einer Anzeige des Vorerben oder des Nacherben über den Eintritt der Nacherbfolge (§ 2146 BGB), **4. einer Erklärung betreffend die Bestimmung der Person des Testamentsvollstreckers oder die Ernennung von Mitvollstreckern (§ 2198 Abs. 1 Satz 2 und § 2199 Abs. 3 BGB), die Annahme oder Ablehnung des Amtes des Testamentsvollstreckers (§ 2202 BGB) sowie die Kündigung dieses Amtes (§ 2226 BGB),** **5. einer Anzeige des Verkäufers oder Käufers einer Erbschaft über den Verkauf nach § 2384 BGB sowie einer Anzeige in den Fällen des § 2385 BGB,** **6. eines Nachlassinventars oder einer Erklärung nach § 2004 BGB oder** **7. der Erklärung eines Hoferben über die Wahl des Hofes gemäß § 9 Abs. 2 Satz 1 HöfeO.** **II Für die gleichzeitige Entgegennahme mehrerer Forderungsanmeldungen, Erklärungen oder Anzeigen nach derselben Nummer entsteht die Gebühr nur einmal.**	

I. Anwendungsbereich. Erfasst wird die Entgegennahme der genannten Erklärungen durch das Nachlassgericht (§ 342 I Nr. 5 FamFG). Für das gerichtliche Aufgebot (§§ 433 ff. FamFG) gilt nicht KV 12410 Nr. 1, sondern KV 15212. Beschlüsse nach §§ 2198 II, 2202 III 1 BGB fallen nicht unter I Nr. 4, sondern KV 12411 Nr. 5. Zur amtlichen Aufnahme eines Nachlassinventars durch den Notar (§ 2003 BGB) siehe KV 12412, 23500 ff. 1

Die Aufzählung in I Nr. 1–7 ist abschließend, dh die Entgegenahme nicht genannter Erklärungen (zB von Ausschlagungen oder Annahmeanfechtungen) ist gebührenfrei. Zur Beurkundung der Ausschlagungserklärung siehe Vorb. 1 II und 21201 Nr. 7. 2

II. Rechtsfolgen. 1. Gebühr. Für die Entgegennahme einer jeden der in I genannten Erklärungen entsteht grundsätzlich eine Festgebühr von 15 EUR. Ausnahmsweise entsteht lediglich eine Gebühr, wenn mehrere Erklärungen nach derselben Nummer in einem Schriftsatz gleichzeitig entgegengenommen werden (II). Ob die Erklärungen in diesem Fall von einer oder verschiedenen Personen abgegeben wurden, ist unerheblich. Dagegen bleibt es beim Grundsatz mehrerer Gebühren, wenn zB drei Erben dieselbe Erklärung in verschiedenen Urkunden abgeben. 3

Die Gebühr gilt die gesamte gerichtliche Tätigkeit im Zusammenhang mit der Entgegennahme einschließlich einer etwaigen Eingangsbestätigung ab. Zur Erteilung einer Bescheinigung, mit der das Gericht die Annahme des Testamentsvollstreckeramtes bestätigt (Amtsannahmebescheinigung) siehe KV 12413. 4

2. Fälligkeit, Gebührenschuldner. Für die Fälligkeit gilt § 9 I Nr. 5. Der Gebührenschuldner richtet sich nach § 23 Nr. 3, 4 und § 24 Nr. 8. 5

Nr.	Gebührentatbestand	Gebühr oder Satz der Gebühr nach § 34 GNotKG – Tabelle A
12411	**Verfahren über** **1. eine Fristbestimmung nach den §§ 2151, 2153 bis 2155, 2192, 2193 BGB,** **2. die Bestimmung einer Inventarfrist,** **3. die Bestimmung einer neuen Inventarfrist,** **4. die Verlängerung der Inventarfrist oder** **5. eine Fristbestimmung, die eine Testamentsvollstreckung betrifft**	**25,00 €**

1 **I. Anwendungsbereich.** Die Aufzählung ist abschließend. Bei Nr. 2 geht es um die Fristbestimmung nach § 1994 I 1 BGB, bei Nr. 3, 4 um §§ 1995 III, 1996 I, 2005 II BGB und bei Nr. 5 um § 2198 II BGB (zu § 2198 I 2 BGB siehe KV 12410 Nr. 4) sowie § 2202 III 1 BGB.

2 **II. Gebühr, Fälligkeit, Gebührenschuldner.** Für jedes der Verfahren entsteht (auch bei Zurückweisung oder Rücknahme des Antrages vor einer Entscheidung) eine Festgebühr von 25 EUR. Die Fälligkeit richtet sich nach § 9 I und der Gebührenschuldner nach §§ 22 I, 27.

Nr.	Gebührentatbestand	Gebühr oder Satz der Gebühr nach § 34 GNotKG – Tabelle A
12412	**Verfahren über den Antrag des Erben, einen Notar mit der amtlichen Aufnahme des Nachlassinventars zu beauftragen**	**40,00 €**

1 **I. Anwendungsbereich.** Die Gebühr gilt die Aufnahme des Antrags nach § 2003 I 1 BGB ab. Die folgende notarielle Aufnahme des Inventars richtet sich nach KV 23500. Für die anschließende Entgegennahme des Inventars durch das Nachlassgericht entsteht daneben eine Gebühr nach KV 12410 Nr. 6.

2 **II. Gebühr, Fälligkeit, Gebührenschuldner.** Jedes selbständige Verfahren lässt (auch bei Zurückweisung oder Rücknahme des Antrages vor einer Entscheidung) die Festgebühr von 40 EUR entstehen. Die Fälligkeit richtet sich nach § 9 I und der Gebührenschuldner nach §§ 24 Nr. 4, 27.

Nr.	Gebührentatbestand	Gebühr oder Satz der Gebühr nach § 34 GNotKG – Tabelle A
12413	**Verfahren über die Erteilung einer Bescheinigung, die die Annahme des Amtes als Testamentsvollstrecker bestätigt**	**50,00 €**

1 **I. Anwendungsbereich.** Die Vorschrift gilt für die Erteilung einer Bescheinigung, mit der das Gericht lediglich die Annahme des Testamentsvollstreckersamtes bestätigt (Amtsannahmebestätigung). Sie ist kein Testamentsvollstreckerzeugnis iSd § 2368 BGB und löst deshalb keine Gebühr nach KV 12210 aus (BT-Drs. 19/23484, 60). Für die Entgegenname der Annahmeerklärung ist KV 12410 I Nr. 4 beachten. Kommt es später zu einem Verfahren auf Erteilung eines Testamentsvollstreckerzeugnisses, wird die Gebühr nach KV 12413 nicht auf die Gebühr nach KV 12210 angerechnet.

II. Gebühr, Fälligkeit, Gebührenschuldner. Es entsteht eine Festgebühr von 50 EUR. Für die Fälligkeit gilt § 9 I. 2

Der Gebührenschuldner richtet sich nicht nach § 22, sondern § 24 Nr. 8 und ggf. § 27. Der Gesetzgeber hat die Gebühr für ein Verfahren über die Erteilung einer Bescheinigung, die die Annahme des Amtes als Testamentsvollstrecker bestätigt, im „Abschnitt 4 Entgegennahme von Erklärungen, Fristbestimmungen und Nachlassinventar" des Hauptabschnitts 2 untergebracht. Kostenrechtlich sieht er die von KV 12413 erfasste Bescheinigung daher als Eingangsbestätigung für die Entgegennahme einer Erklärung an, denn um eine Fristbestimmung oder ein Nachlassinventar geht es ersichtlich nicht. Die Kostenhaftung für die Entgegennahme von Erklärungen bei einer Testamentsvollstreckung regelt § 24 Nr. 8. Für die Erben als Kostenschuldner der Gebühr nach KV 12413 streitet deshalb zunächst die Gesetzessystematik. Diese Zuordnung von KV 12413 erfolgte zudem nicht unbedacht, denn nach einem früheren Referentenentwurf sollte ein entsprechender Gebührentatbestand zunächst in KV 12420 eingefügt werden. Im Gesetzgebungsverfahren wurde jedoch schließlich entschieden, die Festgebühr nach KV 12413 zu schaffen. Ein redaktionelles Versehen lässt sich mithin ausschließen. Der Gesetzgeber ging bei der Schaffung von KV 12413 außerdem davon aus, dass die von diesem Gebührentatbestand erfasste Amtsannahmebestätigung vor der Gesetzesänderung kostenfrei zu erteilen war (BT-Drs. 19/23484, 59). Das wäre der Fall gewesen, wenn sie nicht unter KV 12210 fiel, sondern mit der Festgebühr nach KV 12410 abgegolten war. Der Gesetzgeber hat mit der Schaffung von KV 12413 die Erteilung der erfassten Amtsannahmebescheinigung folglich dem Grunde nach aus der Festgebühr nach KV 12410 herausgelöst. Der Gesetzesbegründung (BT-Drs. 19/23484, 58 f.) ist jedoch nicht zu entnehmen, dass er damit zugleich etwas an der Kostenhaftung der Erben für dieses Verfahren ändern wollte, die im Ergebnis zuvor über KV 12410 und § 24 Nr. 8 bestand. Ferner weist die Gesetzesbegründung (BT-Drs. 19/23484, 58 f.) darauf hin, dass die Gebühr nach KV 12413 ggf. neben einer Gebühr für das Verfahren auf Erteilung eines Testamentsvollstreckerzeugnisses entsteht und eine Anrechnung nicht vorgeschlagen wurde. Das in der Entstehungsgeschichte angelegte Nebeneinander der beiden Gebühren spricht ebenfalls für eine unterschiedliche Kostenhaftung bzw. legt dafür zumindest das Fundament. Für eine Anwendung von § 24 Nr. 8 lassen sich jedoch nicht nur die Gesetzessystematik und die Entscheidungsgeschichte anführen. Das gilt gleichermaßen für den Wortlaut, denn KV 12413 bezieht sich auf eine „Bescheinigung, die die Annahme des Amtes als Testamentsvollstrecker bestätigt", während § 24 Nr. 8 in „gerichtlichen Verfahren [...] über die Annahme [...] des Amtes als Testamentsvollstrecker" gilt. Dagegen ließe sich das teleologische Argument, die von KV 12413 erfasste Bestätigung diene ähnlichen Funktionen wie ein Testamentsvollstreckerzeugnis und müsse daher bei der Kostenhaftung entsprechend behandelt werden, nicht gegen eine Anwendung von § 24 Nr. 8 anführen. Zwar kann eine Bestätigung der Amtsannahme im Rechtsverkehr ein Testamentsvollstreckerzeugnis zum Teil ersetzen. Trotzdem stellt die von KV 12413 erfasste Amtsannahmebestätigung nach der Vorstellung des Gesetzgebers gerade kein Testamentsvollstreckerzeugnis iSd § 2368 BGB dar, weshalb die Gebühr nach KV 12210 nicht entsteht (BT-Drs. 19/23484, 59). Dann kann die Bestätigung auch bei der Kostenhaftung nicht wie ein Testamentsvollstreckerzeugnis behandelt werden. Da nach diesem Auslegungsergebnis § 24 Nr. 8 einschlägig ist, geht er als speziellere Norm der allgemeineren Bestimmung des § 22 vor (→ § 24 Rn. 1 zur Spezialität von § 24). Dass die Amtsannahmebescheinigung nur auf Antrag erteilt wird, wirkt sich mithin nicht aus. Auch in einem reinen Antragsverfahren wird § 22 I durch § 24 verdrängt (Korintenberg/Wilsch § 24 Rn. 1). 3

Unterabschnitt 2. Testamentsvollstreckung

Vorbemerkung 1.2.4.2:

Die Gebühren für die Entgegennahme von Erklärungen und für das Verfahren über eine Fristbestimmung bestimmen sich nach Unterabschnitt 1, die Gebühr für das Verfahren auf Erteilung eines Testamentsvollstreckerzeugnisses sowie dessen Einziehung oder Kraftloserklärung nach Abschnitt 2.

Nr.	Gebührentatbestand	Gebühr oder Satz der Gebühr nach § 34 GNotKG – Tabelle A
12420	**Verfahren über die Ernennung oder Entlassung von Testamentsvollstreckern und über sonstige anlässlich einer Testamentsvollstreckung zu treffenden Anordnungen**	**0,5**

1 **I. Anwendungsbereich.** Die Vorschrift erfasst zum einen die erste und spätere Ernennung oder Entlassung eines jeden Testamentsvollstreckers durch das Nachlassgericht nach §§ 2200, 2227 BGB. Zum anderen gilt KV 12420 für alle sonstigen aus Anlass einer Testamentsvollstreckung vom Nachlassgericht getroffenen Anordnungen. Dazu gehören:

- die Außerkraftsetzung einer Anordnung des Erblassers nach § 2216 II 2 BGB und
- die Entscheidung bei einer Meinungsverschiedenheit nach § 2224 I 1 Hs. 2 BGB.

2 Nicht anwendbar ist KV 12420 auf

- eine Ermächtigung zur Ernennung eines Mitvollstreckers nach § 2199 BGB,
- die Entgegennahme von Erklärungen nach §§ 2198 I 2, 2199 III, 2202 II, 2226 BGB (dazu KV 12410 Nr. 4),
- die Erteilung, Einziehung oder Kraftloserklärung des Testamentsvollstreckerzeugnisses nach § 2368 BGB (dazu Vorb. 1.2.4.2 S. 2 und KV 12210–12215),
- Fristbestimmungen §§ 2198 II, 2202 III 1 (dazu KV 12411 Nr. 5) und
- die Erteilung einer Bescheinigung, mit der das Gericht die Annahme des Testamentsvollstreckersamtes bestätigt (dazu KV 12413).

3 **II. Rechtsfolgen. 1. Gebührenhöhe.** In jedem Verfahren nach KV 12420 entsteht (auch bei Zurückweisung oder Rücknahme des Antrages vor einer Entscheidung) eine 0,5-Gebühr nach Tabelle A. Bei der gleichzeitigen Ernennung mehrerer Testamentsvollstrecker entsteht die Gebühr nur einmal (§ 55 I). Das gilt ebenso bei einer entsprechenden Entlassung. Dagegen fällt bei der gleichzeitigen Entlassung des einen und der Ernennung des anderen Testamentsvollstreckers die Gebühr zweimal an.

4 **2. Geschäftswert, Fälligkeit, Gebührenschuldner.** Der Geschäftswert für die Ernennung oder Entlassung ergibt sich aus § 65. Für sonstige Anordnungen gilt § 36. Die Fälligkeit richtet sich nach § 9 I. Gebührenschuldner sind in Verfahren nach §§ 2200, 2227 BGB alle Erben (§ 24 Nr. 7). Im Übrigen gelten die §§ 22, 27.

Nr.	Gebührentatbestand	Gebühr oder Satz der Gebühr nach § 34 GNotKG – Tabelle A
12421	**Verfahren über die Beschwerde gegen die Endentscheidung wegen des Hauptgegenstands**	**1,0**
12422	**Beendigung des gesamten Verfahrens ohne Endentscheidung:** **Die Gebühr 12 421 ermäßigt sich auf**	**0,5**
	[I] Wenn die Entscheidung nicht durch Verlesen der Entscheidungsformel bekannt gegeben worden ist, ermäßigt sich die Gebühr auch im Fall der Zurücknahme der Beschwerde oder des Antrags vor Ablauf des Tages, an dem die Endentscheidung der Geschäftsstelle übermittelt wird. **[II] Eine Entscheidung über die Kosten steht der Ermäßigung nicht entgegen, wenn die Entschei-**	

Nr.	Gebührentatbestand	Gebühr oder Satz der Gebühr nach § 34 GNotKG – Tabelle A
	dung einer zuvor mitgeteilten Einigung über die Kostentragung oder einer Kostenübernahmeerklärung folgt.	
12425	**Verfahren über die Rechtsbeschwerde gegen die Endentscheidung wegen des Hauptgegenstands ....**	**1,5**
12426	**Beendigung des gesamten Verfahrens durch Zurücknahme der Rechtsbeschwerde oder des Antrags, bevor die Schrift zur Begründung der Beschwerde bei Gericht eingegangen ist:** **Die Gebühr 12 425 ermäßigt sich auf ....**	**0,5**
12427	**Beendigung des gesamten Verfahrens durch Zurücknahme der Rechtsbeschwerde oder des Antrags vor Ablauf des Tages, an dem die Endentscheidung der Geschäftsstelle übermittelt wird, wenn nicht Nummer 12 426 erfüllt ist:** **Die Gebühr 12 425 ermäßigt sich auf ....**	**1,0**
12428	**Verfahren über die Zulassung der Sprungrechtsbeschwerde:** **Soweit der Antrag abgelehnt wird: ....**	**0,5**

Die Vorschriften entsprechen im Kern denjenigen in KV 11200–11400. Vgl. daher jeweils dort. Unterschiedlich sind nur die jeweiligen Gebührenhöhen. Es gilt jeweils Tabelle A. 1

Abschnitt 5. Übrige Nachlasssachen

Unterabschnitt 1. Teilungssachen. *(aufgehoben)*

Unterabschnitt 2. Stundung des Pflichtteilsanspruchs

Nr.	Gebührentatbestand	Gebühr oder Satz der Gebühr nach § 34 GNotKG – Tabelle A
12520	**Verfahren im Allgemeinen ....**	**2,0**
12521	**Beendigung des gesamten Verfahrens** **1. ohne Endentscheidung,** **2. durch Zurücknahme des Antrags vor Ablauf des Tages, an dem die Endentscheidung der Geschäftsstelle übermittelt wird, wenn die Entscheidung nicht bereits durch Verlesen der Entscheidungsformel bekannt gegeben worden ist, oder** **3. wenn die Endentscheidung keine Begründung enthält oder nur deshalb eine Begründung enthält, weil zu erwarten ist, dass der Beschluss im Ausland geltend gemacht wird (§ 38 Abs. 5 Nr. 4 FamFG):** **Die Gebühr 12520 ermäßigt sich auf ....**	**0,5**

Nr.	Gebührentatbestand	Gebühr oder Satz der Gebühr nach § 34 GNotKG – Tabelle A
	I Die Vervollständigung einer ohne Begründung hergestellten Endentscheidung (§ 38 Abs. 6 FamFG) steht der Ermäßigung nicht entgegen. **II Die Gebühr ermäßigt sich auch, wenn mehrere Ermäßigungstatbestände erfüllt sind.**	

1 **I. Anwendungsbereich.** Es geht um die Verfahren über den Antrag eines Erben, den Pflichtteilsanspruch zu stunden (§§ 2331a I, 1382 BGB, §§ 362, 264 FamG). Eine außergerichtlich Stundungsvereinbarung wird nicht erfasst.

2 **II. Rechtsfolgen. 1. Gebührenhöhe.** Wegen des ersten und jedes folgenden Antrags entsteht je Pflichtteilsanspruch (auch bei Zurückweisung) eine 2,0-Gebühr nach Tabelle A (KV 12520). Bei einem Stundungsantrag mehrerer Miterben für denselben Pflichtteilsanspruch fällt sie allerdings nur einmal an (§ 55 I). Sie gilt die gerichtliche Tätigkeit im gesamten Verfahren bis zur Mitteilung der Entscheidung ab. Für Aufhebungs- und Abänderungsanträge (§ 1382 VI BGB) gilt § 57 II.

3 Die Gebühr ermäßigt sich nach Maßgabe von KV 12521 auf 0,5. KV 12521 Nr. 1, 2 entsprechen dabei KV 12211 Nr. 1, 2, vgl. deshalb dort. Zu KV 12521 Nr. 1 führt auch ein Vergleich (§ 36 FamFG). Bei KV 12521 Nr. 3 schadet eine nachträgliche Vervollständigung nach § 38 VI FamFG nicht (KV 12521 I).

2. Geschäftswert, Fälligkeit, Gebührenschuldner. Für den Geschäftswert gilt § 36 I, III. In Anlehnung an § 65 kann idR von 10 % des Pflichteilwerts ausgegangen werden. Die Fälligkeit richtet sich nach § 9 I und der Gebührenschuldner nach §§ 22 I, II, 27.

Unterabschnitt 3. Beschwerde gegen die Endentscheidung wegen des Hauptgegenstands

Nr.	Gebührentatbestand	Gebühr oder Satz der Gebühr nach § 34 GNotKG – Tabelle A
12530	**Verfahren im Allgemeinen**	3,0
12531	**Beendigung des gesamten Verfahrens durch Zurücknahme der Beschwerde oder des Antrags, bevor die Schrift zur Begründung der Beschwerde bei Gericht eingegangen ist:** **Die Gebühr 12 530 ermäßigt sich auf**	0,5
12532	**Beendigung des gesamten Verfahrens ohne Endentscheidung, wenn nicht Nummer 12 531 erfüllt ist:** **Die Gebühr 12 530 ermäßigt sich auf**	1,0
	I Wenn die Entscheidung nicht durch Verlesen der Entscheidungsformel bekannt gegeben worden ist, ermäßigt sich die Gebühr auch im Fall der Zurücknahme der Beschwerde oder des Antrags vor Ablauf des Tages, an dem die Endentscheidung der Geschäftsstelle übermittelt wird. **II Eine Entscheidung über die Kosten steht der Ermäßigung nicht entgegen, wenn die Entscheidung einer zuvor mitgeteilten Einigung über die Kostentragung oder einer Kostenübernahmeerklärung folgt.**	

Unterabschnitt 4. Rechtsbeschwerde gegen die Endentscheidung wegen des Hauptgegenstands

Nr.	Gebührentatbestand	Gebühr oder Satz der Gebühr nach § 34 GNotKG – Tabelle A
12540	**Verfahren im Allgemeinen**	**4,0**
12541	**Beendigung des gesamten Verfahrens durch Zurücknahme der Rechtsbeschwerde oder des Antrags, bevor die Schrift zur Begründung der Beschwerde bei Gericht eingegangen ist:** **Die Gebühr 12 540 ermäßigt sich auf**	**1,0**
12542	**Beendigung des gesamten Verfahrens durch Zurücknahme der Rechtsbeschwerde oder des Antrags vor Ablauf des Tages, an dem die Endentscheidung der Geschäftsstelle übermittelt wird, wenn nicht Nummer 12 541 erfüllt ist:** **Die Gebühr 12 540 ermäßigt sich auf**	**2,0**

Unterabschnitt 5. Zulassung der Sprungrechtsbeschwerde gegen die Endentscheidung wegen des Hauptgegenstands

Nr.	Gebührentatbestand	Gebühr oder Satz der Gebühr nach § 34 GNotKG – Tabelle A
12550	**Verfahren über die Zulassung der Sprungrechtsbeschwerde:** **Soweit der Antrag abgelehnt wird:**	**1,0**

Die Vorschriften entsprechen im Kern KV 11200–11400. Vgl. daher jeweils dort. Unterschiedlich sind nur die jeweiligen Gebührenhöhen. Es gilt jeweils Tabelle A. 1

Hauptabschnitt 3. Registersachen sowie unternehmensrechtliche und ähnliche Verfahren

Vorbemerkung 1.3:

I Dieser Hauptabschnitt gilt für

1. **Registersachen (§ 374 FamFG), soweit die Gebühren nicht aufgrund einer Rechtsverordnung nach § 58 Abs. 1 GNotKG erhoben werden,**
2. **unternehmensrechtliche Verfahren (§ 375 FamFG) und ähnliche Verfahren sowie**
3. **bestimmte Vereins- und Stiftungssachen *[Fassung ab 1.7.2023: bestimmte Vereinssachen]*.**

II Gebühren werden nicht erhoben

1. **für die aus Anlass eines Insolvenzverfahrens von Amts wegen vorzunehmenden Eintragungen,**
2. **für die Löschung von Eintragungen (§ 395 FamFG) und**
3. **von berufsständischen Organen im Rahmen ihrer Beteiligung nach § 380 FamFG.**

Abschnitt 1. Vereinsregistersachen

Nr.	Gebührentatbestand	Gebühr oder Satz der Gebühr nach § 34 GNotKG – Tabelle A
13100	**Verfahren über die Ersteintragung in das Vereinsregister**	**75,00 €**
13101	**Verfahren über eine spätere Eintragung in das Vereinsregister** .... **I Bei einer Sitzverlegung in den Bezirk eines anderen Registergerichts wird die Gebühr für eine spätere Eintragung nur durch das Gericht erhoben, in dessen Bezirk der Sitz verlegt worden ist.** **II Die Gebühr wird für mehrere Eintragungen nur einmal erhoben, wenn die Anmeldungen am selben Tag beim Registergericht eingegangen sind und denselben Verein betreffen.** **III Für die Eintragung** **1. des Erlöschens des Vereins,** **2. der Beendigung der Liquidation des Vereins,** **3. der Fortführung als nichtrechtsfähiger Verein,** **4. des Verzichts auf die Rechtsfähigkeit oder** **5. der Entziehung der Rechtsfähigkeit** **und für die Schließung des Registerblatts wird keine Gebühr erhoben.**	**50,00 €**
13102	**Bereitstellung von Daten und Dokumenten zum Abruf...** **Die Gebühr entsteht neben jeder Gebühr für eine Eintragung in das Vereinsregister nach diesem Abschnitt gesondert.**	**1/3 der für die Eintragung bestimmten Gebühr**

1 **I. Anwendungsbereich.** Die Vorschriften regeln die Gebühren für die Erst- und jede spätere Eintragung in das Vereinsregister. Spätere Eintragungen sind alle Änderungen und Löschungen bei einem Verein, der bereits eingetragen ist.

2 **II. Rechtsfolgen. 1. Gebührpflicht.** Im Verfahren über die Ersteintragung entsteht (auch bei Zurückweisung oder Rücknahme vor einer Entscheidung bzw. Eintragung) eine Festgebühr von 75 EUR (KV 13100). Sie gilt alle mit der Ersteintragung verbundenen Eintragungen ab.

3 Für spätere Eintragungen entsteht (in Antragsverfahren auch bei Zurückweisung oder Rücknahme vor einer Entscheidung bzw. Eintragung) grundsätzlich eine Festgebühr von 50 EUR (KV 13101). Gebührenpflichtig sind zB die Eintragung einer Änderung der Satzung oder des Vorstands, der Verlegung des Sitzes in einen anderen Registerbezirk (dazu Anm. I) oder eine Umwandlung nach dem UmwG.

4 **2. Gebührenfreiheit.** Die in Anm. III und der Vorb. 1.3 II Nr. 1, 2 genannten Eintragungen sind gebührenfrei. Von der nach Anm. III Nr. 1 gebührenfreien Eintragung des Erlöschens ist die Eintragung der Auflösung des Vereins zu unterscheiden. Letztere ist grundsätzlich nach KV 13101 gebührenpflichtig. Das ist in der Gesamtschau von Anm. Nr. 1, 2 nur dann anders, wenn die Auflösung und Beendigung zusammenfallen, dh keine Liquidation stattfindet (für eine generelle Gebührenfreiheit der Auflösungseintragung: Schneider/Volpert/Fölsch/Heinemann KV 13200 Rn. 20, 24).

Bei mehreren Eintragungen entsteht die Gebühr nur einmal, wenn sie an demselben Tag beim Registergericht eingehen und denselben Verein betreffen (Anm. II). Es können daher auch mehrere Urkunden zugrunde liegen. 5

III. Fälligkeit, Gebührenschuldner. Die Fälligkeit richtet sich nach § 9 I. Gebührenschuldner ist nach §§ 22 I, 23 Nr. 7 grundsätzlich der Verein. Der Vorstand handelt nur als dessen gesetzlicher Vertreter. Vgl. ferner § 27. 6

Abschnitt 2. *(aufgehoben)*

Abschnitt 3. Zwangs- und Ordnungsgeld in Verfahren nach den §§ 389 bis 392 FamFG

Unterabschnitt 1. Erster Rechtszug

Nr.	Gebührentatbestand	Gebühr oder Satz der Gebühr nach § 34 GNotKG – Tabelle A
13310	**Festsetzung von Zwangs- und Ordnungsgeld: je Festsetzung**	**100,00 €**

I. Anwendungsbereich. Die Vorschrift bezieht sich nach der amtlichen Überschrift des Abschnitts 3 nur auf die Festsetzung im Zwangs- und Ordnungsgeldverfahren nach § 389–392 FamFG. Die vorausgehende Androhung ist gebührenfrei. 1

II. Gebühr, Fälligkeit, Gebührenschuldner. Mit jeder wirksamen Festsetzung entsteht eine Festgebühr von 100 EUR. Sie entfällt bei Aufhebung der Festsetzung im Rechtsmittelverfahren bzw. nach § 390 VI FamFG. Die Fälligkeit richtet sich nach § 9 I und der Gebührenschuldner nach § 389 II FamFG, § 27 Nr. 1. 2

Nr.	Gebührentatbestand	Gebühr oder Satz der Gebühr nach § 34 GNotKG – Tabelle A
13311	**Verwerfung des Einspruchs**	**100,00 €**

I. Anwendungsbereich. Gemeint ist die Verwerfung des Einspruchs nach § 390 IV 1 FamFG. 1

II. Gebühr, Fälligkeit, Gebührenschuldner. Es entsteht je Verwerfung eine Festgebühr von 100 EUR. Sie entfällt bei rechtzeitiger Rücknahme des Einspruchs (§ 22 I 1 FamFG) oder Aufhebung der Verwerfung im Rechtsmittelverfahren. Wird neben der Verwerfung außerdem das angedrohte Zwangsgeld festgesetzt (§ 390 IV 1 FamFG), entsteht die Gebühr neben KV 13310. Wird der Einspruch für begründet erachtet und die getroffene Entscheidung aufgehoben (§ 390 III FamFG), entsteht weder die Gebühr nach KV 13110 noch KV 13311. Die Fälligkeit richtet sich nach § 9 I und der Gebührenschuldner nach § 389 II FamFG, § 27 Nr. 1 oder mangels Kostenentscheidung nach § 22 I. 2

Unterabschnitt 2. Beschwerde gegen die Endentscheidung wegen des Hauptgegenstands

Nr.	Gebührentatbestand	Gebühr oder Satz der Gebühr nach § 34 GNotKG – Tabelle A
13320	**Verfahren im Allgemeinen: Die Beschwerde wird verworfen oder zurückgewiesen**	**150,00 €**

Nr.	Gebührentatbestand	Gebühr oder Satz der Gebühr nach § 34 GNotKG – Tabelle A
	Wird die Beschwerde nur teilweise verworfen oder zurückgewiesen, kann das Gericht die Gebühr nach billigem Ermessen auf die Hälfte ermäßigen oder bestimmen, dass eine Gebühr nicht zu erheben ist.	
13321	**Verfahren im Allgemeinen: Beendigung des gesamten Verfahrens durch Zurücknahme der Beschwerde oder des Antrags, bevor die Schrift zur Begründung der Beschwerde bei Gericht eingegangen ist ....**	**75,00 €**
13322	**Verfahren im Allgemeinen: Beendigung des gesamten Verfahrens durch Zurücknahme der Beschwerde oder des Antrags vor Ablauf des Tages, an dem die Endentscheidung der Geschäftsstelle übermittelt wird, wenn die Entscheidung nicht bereits durch Verlesen der Entscheidungsformel bekannt gegeben worden ist, oder wenn nicht Nummer 13 321 erfüllt ist ....**	**100,00 €**

Unterabschnitt 3. Rechtsbeschwerde gegen die Endentscheidung wegen des Hauptgegenstands

Nr.	Gebührentatbestand	Gebühr oder Satz der Gebühr nach § 34 GNotKG – Tabelle A
13330	**Verfahren im Allgemeinen: Die Rechtsbeschwerde wird verworfen oder zurückgewiesen ....**	**200,00 €**
	Wird die Rechtsbeschwerde nur teilweise verworfen oder zurückgewiesen, kann das Gericht die Gebühr nach billigem Ermessen auf die Hälfte ermäßigen oder bestimmen, dass eine Gebühr nicht zu erheben ist.	
13331	**Verfahren im Allgemeinen: Beendigung des gesamten Verfahrens durch Zurücknahme der Rechtsbeschwerde oder des Antrags, bevor die Schrift zur Begründung der Beschwerde bei Gericht eingegangen ist ....**	**100,00 €**
13332	**Verfahren im Allgemeinen: Beendigung des gesamten Verfahrens durch Zurücknahme der Rechtsbeschwerde oder des Antrags vor Ablauf des Tages, an dem die Endentscheidung der Geschäftsstelle übermittelt wird, wenn nicht Nummer 13 331 erfüllt ist ....**	**150,00 €**

1 Die Vorschriften entsprechen im Kern KV 11200–11400. Vgl. daher jeweils dort. Unterschiedlich sind die jeweiligen Gebührenhöhen. Ferner sind die Sonderregelungen der Anm. zu KV 13320 und 13330 bei einer bloßen Teilverwerfung oder -zurückweisung zu beachten.

Abschnitt 4. Löschungs- und Auflösungsverfahren sowie Verfahren über die Entziehung der Rechtsfähigkeit eines Vereins vor dem Amtsgericht

Nr.	Gebührentatbestand	Gebühr oder Satz der Gebühr nach § 34 GNotKG – Tabelle A
13400	**Verfahren über** **1. den Widerspruch gegen eine beabsichtigte Löschung (§§ 393 bis 398 FamFG),** **2. den Widerspruch gegen die beabsichtigte Feststellung eines Mangels der Satzung oder des Gesellschaftsvertrages (§ 399 FamFG) oder** **3. die Entziehung der Rechtsfähigkeit eines Vereins**	**1,0**

I. Anwendungsbereich. Die Vorschrift regelt die Gebühr für die genannten Widerspruchsverfahren (Nr. 1, 2). Des Weiteren wird das Verfahren zur Entziehung der Rechtsfähigkeit eines Vereins nach § 401 FamFG mit einer Gebühr belegt (Nr. 3). Das Löschungsverfahren nach §§ 393–398 FamFG und das Verfahren nach § 399 FamFG fallen nicht darunter. Sie sind gebührenfrei. 1

II. Rechtsfolge. 1. Gebühr. In jedem Verfahren entsteht (unabhängig vom Verfahrensausgang) eine 1,0-Verfahrensgebühr nach Tabelle A. Sie gilt die gesamte Gerichtstätigkeit seit dem Eingang des Widerspruchs nach Nr. 1, 2 oder dem Beginn des Verfahrens nach Nr. 3 ab. 2

Der Geschäftswert richtet sich nach §§ 35, 36 I, III. Das gilt auch bei Nr. 3. Insoweit ist nicht § 67 I Nr. 3 einschlägig, weil es sich zwar um eine Vereinssache handelt, das Verfahren aber nicht die Ernennung oder Abberufung von Personen betrifft. 3

2. Fälligkeit, Gebührenschuldner. Die Fälligkeit ergibt sich aus § 9 I. Gebührenschuldner ist bei Nr. 1, 2 nach § 22 I der Widerspruchsführer, bei Nr. 3 nach § 22 I (Antragsverfahren) oder § 23 Nr. 7 (Amtsverfahren) der Verein, nicht sein gesetzlicher Vertreter. Vgl. ferner § 27. Bei einem erfolgreichen Widerspruch nach Nr. 1, 2 wird anzuordnen sein, dass von einer Kostenerhebung abzusehen ist (§ 81 I 2 FamFG). 4

Abschnitt 5. Unternehmensrechtliche und ähnliche Verfahren, Verfahren vor dem Registergericht und Vereins- und Stiftungssachen *[Fassung ab 1.7.2023: Vereinssachen]* vor dem Amtsgericht

Vorbemerkung 1.3.5:

[1]Die Vorschriften dieses Abschnitts gelten für

1. unternehmensrechtliche Verfahren nach § 375 FamFG und für Verfahren vor dem Registergericht,
2. Verfahren vor dem Landgericht nach
   a) den §§ 98, 99, 132, 142, 145, 258, 260, 293c und 315 des Aktiengesetzes,
   b) § 51b GmbHG,
   c) § 26 des SEAG,
   d) § 10 UmwG,
   e) dem SpruchG und
   f) den §§ 39a und 39b WpÜG,
3. Verfahren vor dem Oberlandesgericht nach § 8 Abs. 3 des Gesetzes über die Mitbestimmung der Arbeitnehmer in den Aufsichtsräten und Vor-

ständen der Unternehmen des Bergbaus und der Eisen und Stahl erzeugenden Industrie und

4. Vereins- oder Stiftungssachen *[Fassung ab 1.7.2023: Vereinssachen]* über
   a) die Notbestellung von Vorstandsmitgliedern oder Liquidatoren,
   b) die Ermächtigung von Mitgliedern zur Berufung der Mitgliederversammlung einschließlich der Anordnungen über die Führung des Vorsitzes.

[2] Gebühren nach diesem Abschnitt werden auch erhoben, soweit die für Vereine geltenden §§ 29 und 48 BGB entsprechend anzuwenden sind.

1 **Unternehmensrechtliche Verfahren** iSd Vorb. 1.3.5 S. 1 Nr. 1 sind in § 375 Nr. 1–16 FamFG abschließend aufgezählt. **Ab 1.7.2023** entfällt die Zuständigkeit der Amtsgerichte für die Notbestellung von Mitgliedern des Vorstands einer Stiftung und die Notbestellung von Liquidatoren nach § 86 S. 1 iVm § 29 BGB (§ 84c BGB idF **ab 1.7.2023**), so dass sich auch die Vorb. 1.3.5 S. 1 Nr. 4 nicht mehr auf Stiftungssachen erstreckt.

Nr.	Gebührentatbestand	Gebühr oder Satz der Gebühr nach § 34 GNotKG – Tabelle A
13500	**Verfahren im Allgemeinen**	**2,0**
	Die Festsetzung einer Vergütung für Personen, die vom Gericht bestellt worden sind, gehört zum Rechtszug.	

1 **I. Anwendungsbereich.** Die Vorschrift gilt (vorbehaltlich KV 13501–13504) für die in der Vorb. 1.3.5 S. 1 Nr. 1–4 genannten Verfahren.

2 Der ein Verklarungsverfahren nach §§ 11 BinSchG, 375 Nr. 2 FamFG beendende Beschluss (vgl. Vorb. 1.3.5 S. 1 Nr. 1) ist eine Endentscheidung iSd § 38 I 1 FamFG mit der Folge, dass die 2,0-Gebühr anfällt (OLG Karlsruhe RdTW 2019, 438). Auch die Entscheidung eines Schifffahrtsgerichts über die Schließung der Beweisaufnahme in einem Verklarungsverfahren gem. § 11 BinSchG zur Feststellung des Hergangs eines Schiffsunfalls stellt im kostenrechtlichen Sinne eine verfahrensbeendende Endentscheidung dar (OLG Köln BeckRS 2015, 19514). In beiden Fällen kommt eine Ermäßigung nach KV 13504 Nr. 1 daher nicht in Betracht.

3 **II. Gebührenhöhe, Geschäftswert, Fälligkeit, Gebührenschuldner.** Es entsteht eine 2,0-Verfahrensgebühr nach der Tabelle A. Sie gilt die gesamte Tätigkeit des Gerichts vom Antragseingang bis zur Verfahrensbeendigung ab und kann sich nach KV 13501–13504 ermäßigen. Der Geschäftswert ergibt sich aus §§ 67 f., 72–75. Die Fälligkeit richtet sich nach § 9 I und der Gebührenschuldner nach §§ 22 I, 27, in Abhängigkeit vom Verfahrensgegenstand kommen ferner § 23 Nr. 9, 10, 14 in Betracht.

Nr.	Gebührentatbestand	Gebühr oder Satz der Gebühr nach § 34 GNotKG – Tabelle A
13501	**Soweit das Verfahren zum Zweck der Verhandlung über die Dispache ohne deren Bestätigung beendet wird:** **Die Gebühr 13 500 ermäßigt sich auf**	**1,0**
13502	**Soweit das Verfahren zum Zweck der Verhandlung über die Dispache vor Eintritt in die Verhandlung durch Zurücknahme des Antrags oder auf andere Weise erledigt wird:** **Die Gebühr 13 500 ermäßigt sich auf**	**0,5**

Nr.	Gebührentatbestand	Gebühr oder Satz der Gebühr nach § 34 GNotKG – Tabelle A
13503	**Soweit im Verfahren nach dem SpruchG lediglich ein Beschluss nach § 11 Abs. 4 Satz 2 SpruchG ergeht:** **Die Gebühr 13 500 ermäßigt sich auf ....**	**1,0**
13504	**Beendigung des gesamten Verfahrens, soweit nicht die Nummer 13 501 oder 13 502 anzuwenden ist,** **1. ohne Endentscheidung,** **2. durch Zurücknahme des Antrags vor Ablauf des Tages, an dem die Endentscheidung der Geschäftsstelle übermittelt oder ohne Beteiligung der Geschäftsstelle bekannt gegeben wird, wenn sie nicht bereits durch Verlesen der Entscheidungsformel bekannt gegeben worden ist:** **Die Gebühr 13 500 ermäßigt sich auf ......**	**0,5**

1 Es handelt sich um ergänzende Regelungen zu KV 13500. Zur Gebührenhöhe, zu den Geschäftswerten, zur Fälligkeit und zum Gebührenschuldner gilt dasselbe wie bei KV 13500. KV 13504 Nr. 1, 2 entsprechen KV 12211 Nr. 1, 2, vgl. daher dort.

Abschnitt 6. Rechtsmittelverfahren in den in den Abschnitten 4 und 5 genannten Verfahren

Unterabschnitt 1. Beschwerde gegen die Endentscheidung wegen des Hauptgegenstands

Nr.	Gebührentatbestand	Gebühr oder Satz der Gebühr nach § 34 GNotKG – Tabelle A
13610	**Verfahren im Allgemeinen ....**	**3,0**
13611	**Beendigung des gesamten Verfahrens durch Zurücknahme der Beschwerde oder des Antrags, bevor die Schrift zur Begründung der Beschwerde bei Gericht eingegangen ist:** **Die Gebühr 13 610 ermäßigt sich auf ....**	**0,5**
13612	**Beendigung des gesamten Verfahrens ohne Endentscheidung, wenn nicht Nummer 13 611 erfüllt ist:** **Die Gebühr 13 610 ermäßigt sich auf ....** **I Wenn die Entscheidung nicht durch Verlesen der Entscheidungsformel bekannt gegeben worden ist, ermäßigt sich die Gebühr auch im Fall der Zurücknahme der Beschwerde oder des Antrags vor Ablauf des Tages, an dem die Endentscheidung der Geschäftsstelle übermittelt wird.** **II Eine Entscheidung über die Kosten steht der Ermäßigung nicht entgegen, wenn die Entscheidung einer zuvor mitgeteilten Einigung über die Kostentragung oder einer Kostenübernahmeerklärung folgt.**	**1,0**

Unterabschnitt 2. Rechtsbeschwerde gegen die Endentscheidung wegen des Hauptgegenstands

Nr.	Gebührentatbestand	Gebühr oder Satz der Gebühr nach § 34 GNotKG – Tabelle A
13620	**Verfahren im Allgemeinen**	4,0
13621	**Beendigung des gesamten Verfahrens durch Zurücknahme der Rechtsbeschwerde oder des Antrags, bevor die Schrift zur Begründung der Beschwerde bei Gericht eingegangen ist:** **Die Gebühr 13 620 ermäßigt sich auf**	1,0
13622	**Beendigung des gesamten Verfahrens durch Zurücknahme der Rechtsbeschwerde oder des Antrags vor Ablauf des Tages, an dem die Endentscheidung der Geschäftsstelle übermittelt wird, wenn nicht Nummer 13 621 erfüllt ist:** **Die Gebühr 13 620 ermäßigt sich auf**	2,0

Unterabschnitt 3. Zulassung der Sprungrechtsbeschwerde gegen die Endentscheidung wegen des Hauptgegenstands

Nr.	Gebührentatbestand	Gebühr oder Satz der Gebühr nach § 34 GNotKG – Tabelle A
13630	**Verfahren über die Zulassung der Sprungrechtsbeschwerde:** **Soweit der Antrag abgelehnt wird:**	1,0

1 Die Vorschriften entsprechen im Kern KV 11200–11400. Vgl. daher jeweils dort. Unterschiedlich sind nur die jeweiligen Gebührenhöhen. Es gilt jeweils Tabelle A.

Hauptabschnitt 4. Grundbuchsachen, Schiffs- und Schiffsbauregistersachen und Angelegenheiten des Registers für Pfandrechte an Luftfahrzeugen

Vorbemerkung 1.4:

I Die für Grundstücke geltenden Vorschriften sind auf Rechte entsprechend anzuwenden, die den für Grundstücke geltenden Vorschriften unterliegen.

II Gebühren werden nicht erhoben für

1. **Eintragungen und Löschungen, die gemäß § 18 Abs. 2 oder § 53 der Grundbuchordnung von Amts wegen erfolgen,**
2. **Eintragungen und Löschungen, die auf Ersuchen oder Anordnung eines Gerichts, insbesondere des Insolvenz- oder Vollstreckungsgerichts erfolgen; ausgenommen sind die Eintragung des Erstehers als Eigentümer, die Eintragung der Sicherungshypothek für die Forderung gegen den Ersteher und Eintragungen aufgrund einer einstweiligen Verfügung (§ 941 ZPO), und**
3. **Eintragungen oder Löschungen, die nach den Vorschriften der Insolvenzordnung statt auf Ersuchen des Insolvenzgerichts auf Antrag des Insol-**

venzverwalters oder, wenn kein Verwalter bestellt ist, auf Antrag des Schuldners erfolgen.

III [1] **Wird derselbe Eigentümer oder dasselbe Recht bei mehreren Grundstücken, Schiffen, Schiffsbauwerken oder Luftfahrzeugen eingetragen, über die das Grundbuch oder Register bei demselben Amtsgericht geführt wird, wird die Gebühr nur einmal erhoben, wenn die Eintragungsanträge in demselben Dokument enthalten und am selben Tag bei Grundbuchamt oder beim Registergericht eingegangen sind.** [2] **Als dasselbe Recht gelten auch nicht gesamtrechtsfähige inhaltsgleiche Rechte und Vormerkungen, die bei mehreren Grundstücken für denselben Berechtigten eingetragen werden.** [3] **Die Sätze 1 und 2 gelten für die Eintragung von Veränderungen, Löschungen und Entlassungen aus der Mithaft entsprechend.**

IV **Bezieht sich die Eintragung einer Veränderung auf mehrere Rechte, wird die Gebühr für jedes Recht gesondert erhoben, auch wenn es nur der Eintragung eines einheitlichen Vermerks bedarf.**

V **Beziehen sich mehrere Veränderungen auf dasselbe Recht, wird die Gebühr nur einmal erhoben, wenn die Eintragungsanträge in demselben Dokument enthalten und am selben Tag beim Grundbuchamt oder beim Registergericht eingegangen sind.**

VI **Für die Bestellung eines Vertreters des Schiffseigentümers nach § 42 Abs. 2 des Gesetzes über Rechte an eingetragenen Schiffen und Schiffsbauwerken durch das Registergericht werden die Gebühren nach Hauptabschnitt 1 wie für eine betreuungsgerichtliche Zuweisungssache nach § 340 Nr. 2 FamFG erhoben.**

Übersicht

A. Normzweck und -struktur. Die Vorb. 1.4 beschreibt den Anwendungsbereich der Gebühren im 4. Hauptabschnitt, benennt ohne Gebührenfolge bleibende Fälle von Eintragungen und koordiniert insbesondere die Anzahl der Gebühren bei mehreren Eintragungen. 1

B. Anwendungsbereich. I. Verweisungsvorschrift (Vorb. 1.4 Abs. 1). Entsprechende Anwendung: Nach Absatz 1 der Vorb. 1.4 sollen die Erbbaurechte (§ 11 Abs. 1 Satz 1 ErbbauRG), das Bergwerkseigentum (§ 9 Abs. 1 Satz 1 BBergG) und sonstige Berechtigungen, die den für Grundstücke geltenden materiell-rechtlichen Vorschriften unterliegen, kostenrechtlich wie Grundstücke oder wie Rechte an Grundstücken behandelt werden. Die korrespondierende Bewertungsvorschrift ist § 49 GNotKG. 2

Das Wohnungseigentum hingegen geht vom Eigentumsbegriff des allgemeinen bürgerlichen Rechts aus. Es ist echtes Eigentum, und zwar eine Mischung von Alleineigentum (§§ 903 ff. BGB) und Bruchteilsmiteigentum (§§ 1008 ff. BGB). Es verbindet das Alleineigentum an einer Wohnung oder sonstigen Raumeinheit (Sondereigentum) mit dem Bruchteilseigentum am Grundstücksrest (Miteigentum, ge- 3 meinschaftliches Eigentum (BGHZ 49, 250 = NJW 1968, 499)). Nach § 7 I WEG steht für Wohnungseigentum oder Teileigentum im Vordergrund der Miteigentumsanteil, für den ein besonderes Grundbuchblatt angelegt wurde, sodass es dieser Verweisung nicht bedarf.

3a Mit dem Wohnungseigentumsmodernisierungsgesetz vom 16.10.2020 wurde in § 3 I S. 1 WEG eine Legaldefinition des Sondereigentums gegeben. Dadurch wird verdeutlicht, dass Sondereigentum Eigentum iSd BGB ist.

4 **II. Eintragungen, für die keine Gebühren erhoben werden.** Zum einen werden Gebühren für eine Eintragung wegen § 1 I („nur") nicht erhoben, wenn es an einem Gebührentatbestand fehlt. Zum anderen bestimmt II der Vorb. für einige Eintragungen klarstellend, für andere konstitutiv, dass Gebühren nicht erhoben werden.

5 **1. Amtswegige Eintragungen (II Nr. 1).** Die von Amts wegen erfolgende Eintragung von Vormerkungen zur Sicherung einer Eintragung oder Widersprüchen zur Sicherung einer Löschung nach § 18 II GBO ist gebührenfrei. Ebenso gebührenfrei ist deren spätere Löschung (Rötung gem. § 19 II GBV). Dagegen bezieht sich die Nichterhebung von Gebühren nicht auf die Umschreibung der Vormerkung in das Vollrecht oder die Vornahme der ursprünglich beantragten Löschung. Dafür entstehen Gebühren nach dem Abschnitt 1. Wird der frühere Antrag durch Zurückweisung oder Zurücknahme erledigt, entstehen Gebühren nach dem Abschnitt 4.

6 Ebensowenig werden Gebühren erhoben für die Eintragung eines Amtswiderspruchs nach § 53 I GBO oder für die Löschung einer inhaltlich unzulässigen Eintragung nach § 53 I S. 2 GBO. Wird der Amtswiderspruch später gelöscht, entsteht dafür keine Gebühr mangels Gebührentatbestands. Da die Löschung des Amtswiderspruchs nur im Antragsverfahren erfolgen kann, können insoweit jedoch Gebühren nach Abschnitt 4 entstehen.

7 **2. Bestimmte Ersuchen (II Nr. 2).** Wenn ein Ersuchen den Antrag ersetzt, ist die ersuchende Stelle Antragsteller. ZB bei der Eintragung oder Löschung des Zwangsversteigerungs-Vermerks oder des Insolvenz-Vermerks ist dann der Antragsteller bereits nach § 2 kostenbefreit. Auf jeden Fall wird die Eintragung jedoch durch die Vorb. 1.4 Abs. 3 gebührenfrei gestellt.

8 **Beispiele** für **Ersuchen des Insolvenzgerichts:**

– auf Eintragung eines allgemeinen Verfügungsverbots oder eines Zustimmungserfordernisses nach §§ 21 II Nr. 2, 32 InsO (auch im Schiffsregister, im Schiffsbauregister und im Register über Pfandrechte an Luftfahrzeugen gem. § 23 III InsO).
– auf Eintragung des Eröffnungsvermerks nach § 32 InsO bei Grundstücken, als deren Eigentümer der Insolvenzschuldner eingetragen ist oder bei den für den Insolvenzschuldner eingetragenen Rechten an Grundstücken und an eingetragenen Rechten (auch im Schiffsregister, im Schiffsbauregister und im Register über Pfandrechte an Luftfahrzeugen gem. § 33 InsO).
– auf Löschung der Eintragung des Insolvenzvermerks gem. § 32 III InsO, wenn ein Grundstück oder ein Recht, bei denen die Eröffnung des Verfahrens eingetragen worden ist, vom Verwalter freigegeben oder veräußert wurde.
– auf Eintragung des Insolvenzeröffnungsvermerks nach Art. 102 § 6 II EGInsO für den Anwendungsbereich der EuInsVO auf Antrag des ausländischen Insolvenzverwalters unter Zwischenschaltung des Insolvenzgerichts (OLG Köln RNotZ 2020, 352).
– im Inland auf Antrag des sonstigen ausländischen Insolvenzverwalters auf Eintragung der Eröffnung des Insolvenzverfahrens und der Art der Einschränkung der Verfügungsbefugnis des Insolvenzschuldners in das Grundbuch gem. § 346 InsO.
– auf Löschung der insolvenzrechtlichen Vermerke nach §§ 200 II, 32 InsO oder über § 258 InsO.

9 **Beispiele** für gebührenfreie Eintragungen aufgrund von **Ersuchen des Vollstreckungsgerichts** (§ 764 ZPO) ohne die in II Nr. 2 Hs. 2 genannten Ausnahmen:

– Eintragung der Anordnung der Zwangsversteigerung nach § 19 I ZVG.
– Eintragung der Löschung des Versteigerungsvermerks nach § 34 ZVG bei Aufhebung.

– Eintragung der Löschung des Versteigerungsvermerks sowie der durch den Zuschlag erloschenen Rechte nach § 130 I ZVG.
– Eintragung der Löschung eines bei der Feststellung des geringsten Gebots berücksichtigten, nicht zur Entstehung gelangten oder erloschenen Rechts nach § 130 II ZVG.
– Eintragung der Anordnung der Zwangsverwaltung, § 146 ZVG.
– Löschung nach § 158 II ZVG nach Zahlungen auf das Kapital von Grundpfandrechten in der Zwangsverwaltung.
– Eintragung der Löschung des Zwangsverwaltungsvermerks nach §§ 34, 161 IV ZVG bei Aufhebung.
– Eintragungen und Löschungen zur Berichtigung anderer Eintragungen aufgrund Ersuchens (vgl. Brandenburgisches OLG FGPrax 2015, 11).

Die in II Nr. 2 genannten **Ausnahmen,** in denen auch bei einem Ersuchen oder einer Anordnung des Gerichts keine Nichterhebung der Gebühr geregelt wurde, sind **10**
– die Eintragung des Erstehers als Eigentümer (§ 130 I ZVG),
– die Eintragung der Sicherungshypothek für die Forderung gegen den Ersteher (§§ 130, 132, 50 ZVG; aber nicht die vom Ersteher vor dessen Eintragung bewilligte Belastung gem. § 130 III ZVG) und
– Eintragungen aufgrund einer einstweiligen Verfügung (§ 941 ZPO).

Die **Arresthypothek** (§ 932 ZPO) wird hingegen aufgrund des Antrags des Gläubigers eingetragen (§§ 932 II, 867 I 1 ZPO). Das gilt auch für die Eintragung der Pfändung bei einer Buchhypothek (§ 830 ZPO) und bei der Schiffshypothekenforderung (§ 830a ZPO). **11**

Nach § 111f II StPO wird ein **Vermögensarrest** in ein Grundstück oder ein Recht, das den Vorschriften über die Zwangsvollstreckung in das unbewegliche Vermögen unterliegt, durch Eintragung einer Sicherungshypothek bewirkt. **12**

Nach § 111k I 1 StPO werden Beschlagnahme und Vermögensarrest durch die StA vollzogen, dh das Ersuchen wird von der StA gestellt (OLG Hamm FGPrax 2018, 154). Die Anordnung durch das Gericht nach § 111j I 1 StPO bezieht sich nicht auf die Eintragung; sie ist dem GBA nicht einmal vorzulegen (BGH FGPrax 2020, 7). Der Beschuldigte ist nicht Kostenschuldner (OLG Düsseldorf StV 2003, 550), denn die Kosten der Eintragung sind Kosten des Strafverfahrens (OLG Köln Rpfleger 2004, 735). **13**

Nicht unter den Begriff der gerichtlichen Anordnung fällt dagegen die Eintragung auf Antrag des Gläubigers nach Verurteilungen zur Abgabe einer Willenserklärung (§ 894 ZPO). Denn in diesen Fällen ist idR nicht der Verfahrensantrag betroffen. **14**

Ersuchen von **Behörden** sind nicht erfasst. Mangels eines Gebührentatbestands ist jedoch zB die Eintragung des Veräußerungsverbots nach § 250 III BauBG auf Ersuchen der Genehmigungsbehörde gleichwohl gebührenfrei (Böhringer Rpfleger 2021, 564). **15**

3. Anträge des Insolvenzverwalters oder des Schuldners (II Nr. 3). Soweit in den Fällen des II Nr. 2 entsprechende Anträge des Insolvenzverwalters oder des Schuldners zulässig sind, werden diese von der Vorb. 1.4 Abs. 2 Nr. 3 erfasst. **16**

Beispiele für weitere Ersuchen oder Anordnungen siehe Boehringer RPfleger 2014, 53. **17**

III. Gebührenzusammenfassung bei privilegierender Antragstellung (III). **18, 19**
1. Privilegierende Antragstellung. Eine privilegierende Antragstellung nach Vorb. 1.4 Abs. 3 und 5 liegt dann vor, wenn mehrere Eintragungsanträge in demselben Dokument enthalten sind und am selben Tag beim Grundbuchamt eingehen.

In **demselben Dokument** sind Anträge enthalten, wenn sie zB gemeinsam in einem Antragsschreiben eines nach § 15 II GBO als bevollmächtigt geltenden Notars oder aber gemeinsam in einem anderen Dokument, dass durch wirksame Einreichung beim Grundbuchamt zum Antrag wird, enthalten sind. **20**

Maßgeblich ist also nicht der Eingang bei Gericht, sondern das **Präsentat** gem. § 13 III GBO. Es kommt auch nicht darauf an, ob der eine Antrag eingeht, bevor der andere erledigt ist, so dass sie dem Grundbuchamt zur gleichzeitigen Bearbeitung vorliegen. Die Frage dieser Gleichzeitigkeit hinge dann von der Arbeitsweise des **21**

Grundbuchamts ab, was durch die Formulierung verhindert werden soll (Drs. 17/11471 (neu), 205).

22 Hinsichtlich des Abs. 4 der Vorb. 1.4 ist eine solche Regelung nicht erforderlich, weil dort nicht die Voraussetzungen einer Rechtsfolge „wird die Gebühr nur einmal erhoben" geregelt ist, sondern klargestellt wird, dass ein einheitlicher Eintragungsvermerk nicht aus sich heraus zu einer einheitlichen Gebühr führt. Auch in diesem Fall soll also nicht die Bearbeitungsweise des Grundbuchamts die Gebührenentstehung beeinflussen.

23 **2. Konstellationen.** In der Vorb. 1.4 Abs. 3 werden Konstellationen aufgeführt, in denen abweichend von der Regel in → § 55 Abs. 2, wonach für Eintragungen in das Grundbuch, Schiffs- und Schiffsbauregister und in das Register für Luftfahrzeuge Gebühren für jede Eintragung gesondert erhoben werden, es zu einer Gebührenzusammenfassung kommt.

24 **a) Eigentümereintragung.** Für die Eintragung eines Eigentümers bei einem Grundstück entsteht eine Gebühr KV 14110. Ebenso entsteht nur eine Gebühr – allerdings nach dem gem. § 69 I zusammengerechneten Wert – für die Eintragung eines Eigentümers bei privilegierender Antragstellung iSv Vorb. 1.4 Abs. 3 Satz 1. Das gilt auch, wenn ein Eigentümer bei einem Grundstück und bei einem (zugebuchten) Miteigentumsanteil eingetragen wird (Alternativen in KV 14110 Nr. 1). Es dürfte ebenfalls gelten, wenn ein Berechtigter als Eigentümer und als Gesellschafter einer Gesellschaft bürgerlichen Rechts (Alternativen der KV 14110 Nr. 1 und 2) aufgrund privilegierter Antragstellung eingetragen wird.

25 Dabei muss in jedem Fall nicht die Eintragung gleichzeitig erfolgen, sondern es ist auf die **Antragstellung** abzustellen.

26 Die Zusammenfassung zu einer Gebühr erfolgt jedoch nicht, wenn sich lediglich beim gleichzeitigen Kostenansatz herausstellt, dass mehrere Anträge in verschiedenen Dokumenten oder an verschiedenen Tagen zu Eintragungen geführt haben. Die Vergünstigung gilt nach dem Wortlaut auch nicht für **vergessene Anträge,** wenn also erst durch eine Nachfrage bzw. Zwischenverfügung des Grundbuchamts ein weiterer, vom sogenannten Antragsrecht des Notars verdrängter Antrag der Beteiligten in der Urkunde wirksam wird.

27 **b) Gesamtrechtsfähige Rechte.** Gesamtrechtsfähige Rechte sind: Grundpfandrechte, Reallast, Erbbaurecht (BGH NJW 1976, 519).

28 **aa) Eintragung.** Wird ein gesamtrechtsfähiges Recht aufgrund privilegierender Antragstellung bei mehreren Grundstücken desselben Grundbuchamtsbezirks eingetragen, entsteht nach der Vorb. 1.4 Abs. 3 S. 1 nur eine Gebühr. Eine Zusammenrechnungsanordnung für den Wert nach § 69 GNotKG besteht insoweit nicht. Ist die Antragstellung entweder nicht am selben Tag oder nicht in demselben Dokument erfolgt, ist zu prüfen, ob teilweise KV 14123 mit Wertvergleich nach § 44 in Betracht kommt. Sind ohnehin mehrere Grundbuchämter beteiligt, siehe KV 14120, 14122.

29 **bb) Veränderung.** Wird die einzelne Veränderung eines gesamtrechtsfähigen Rechts aufgrund privilegierender Antragstellung bei mehreren Grundstücken desselben Grundbuchamtsbezirks eingetragen, entsteht nach Vorb. 1.4 Abs. 3 Satz 1, 3 nur eine gemeinsame Gebühr. Von § 53 abweichende Bewertungsvorschriften bestehen nicht. § 69 II bezieht sich auf die in Vorb. 1.4 Abs. 5 geregelten Fälle.

30 Ist die Antragstellung entweder nicht am selben Tag oder nicht in demselben Dokument erfolgt, entstehen mehrere Gebühren KV 14130. Sind ohnehin mehrere Grundbuchämter beteiligt (siehe KV 14130, 14131).

31 **cc) Löschung.** Wird ein gesamtrechtsfähiges Recht aufgrund privilegierender Antragstellung bei allen Grundstücken desselben Grundbuchamtsbezirks gelöscht, entsteht insoweit nach der Vorb. 1.4 Abs. 3 S. 1, 3 nur eine Gebühr. Von § 53 abweichende Bewertungsvorschriften bestehen nur in → § 44 I 2 (Löschung der letzten Mithaftstelle; → Rn. 46). Soweit Antragstellung entweder nicht am selben Tag oder nicht in demselben Dokument erfolgt, ist zu prüfen, ob teilweise eine Mithaftentlassung zur Eintragung gekommen ist. Sind ohnehin mehrere Grundbuchämter beteiligt, siehe KV 14140, 14141. Auch dabei erfolgt im Anwendungsbereich der KV 14140 eine Zusammenrechnung.

c) Nicht gesamtrechtsfähige Rechte in Abt. II. aa) Eintragung. Wird ein nicht gesamtrechtsfähiges Recht aufgrund privilegierender Antragstellung → Rn. 19 bei mehreren Grundstücken desselben Grundbuchamtsbezirks eingetragen, entsteht nach der Vorb. 1.4 Abs. 3 S. 1, 2 nur eine Gebühr, wenn die Rechte inhaltsgleich sind und für denselben Berechtigten eingetragen werden. Eine Zusammenrechnungsanordnung für den Wert nach § 69 besteht insoweit nicht. Ist die Antragstellung entweder nicht am selben Tag oder nicht in demselben Dokument erfolgt, oder sind die Rechte nicht inhaltsgleich, entstehen mehrere Gebühren. Sind ohnehin mehrere Grundbuchämter beteiligt, gilt die Gesamtrechtsfiktion der Vorb. 1.4 nicht. 32, 33

Übertragen zB Eltern (Miteigentümer) ihren Grundbesitz A an Kind 1 und ihren Grundbesitz B an Kind 2, und behalten sich jeweils einen Nießbrauch (als Gesamtberechtigte nach § 428 BGB) vor, handelt es sich kostenrechtlich nur um **einen** Nießbrauch, der nach dem addierten Jahreswert bewertet wird. Denn es ist auf die Einheit des Berechtigten abzustellen, nicht auf die Identität der Verpflichteten. Immerhin kann eine Grundschuld als Gesamtrecht ebenso an den Grundstücken zweier Eigentümer eingetragen werden (Grüneberg/Bassenge BGB § 1132 Rn. 3), ohne dass die Einheit der Gebühr KV 14120 oder 14121 berührt wird. 34

Problematisch für die Frage, ob die mehreren Rechte für denselben Berechtigten eingetragen werden, ist die Rechtsinhaberschaft subjektiv-dinglicher Rechte (zB Grunddienstbarkeiten). Da das Gesetz offensichtlich beabsichtigt, bei vermindertem Prüfungsaufwand des Grundbuchamts bei Gesamtrechten ebenso wie bei inhaltsgleichen Rechten eine Vergünstigung zu schaffen, muss dies auch bei subjektiv-dinglichen Rechten gelten. Es entfallen zB mehrfache Prüfungen hinsichtlich der Bezeichnung und der Rechtsfähigkeit des Berechtigten. 35

bb) Veränderung. Wird die einzelne Veränderung eines nicht gesamtrechtsfähigen Rechts aufgrund privilegierender Antragstellung bei mehreren Grundstücken desselben Grundbuchamtsbezirks eingetragen, entsteht nach Vorb. 1.4 Abs. 3 Satz 3, 2, 1 nur eine gemeinsame Gebühr. § 69 II bezieht sich auf die in Vorb. 1.4 Abs. 5 geregelten Fälle. 36

Ist die Antragstellung entweder nicht am selben Tag oder nicht in demselben Dokument erfolgt, entstehen mehrere Gebühren KV 14130. Sind ohnehin mehrere Grundbuchämter beteiligt, siehe KV 14130, 14131. 37

cc) Löschung. Da die Löschung nicht gesamtrechtsfähiger Rechte mit einer Festbetragsgebühr nach KV 14143 bewehrt ist, stellt sich beim Kostenansatz lediglich die Frage nach der Anzahl der Gebühren. 38

Wird ein nicht gesamtrechtsfähiges Recht aufgrund privilegierender Antragstellung bei allen Grundstücken desselben Grundbuchamtsbezirks gelöscht, entsteht insoweit nach der Vorb. 1.4 Abs. 3 S. 1, 2, 3 nur eine Gebühr. Soweit Antragstellung entweder nicht am selben Tag oder nicht in demselben Dokument erfolgt, entstehen mehrere Gebühren; ebenso, wenn ohnehin mehrere Grundbuchämter beteiligt sind. 39

Für die Eintragung, Veränderung und Löschung mehrerer nicht gesamtrechtsfähiger Rechte ist überdies § 18 III nicht anwendbar. 40

d) Vormerkungen in Abt. II. Vormerkungen sind keine Rechte, sondern Sicherungsmittel eigener Art für schuldrechtliche Ansprüche auf dingliche Rechtsänderung und als solche eintragungsfähig. 41

aa) Eintragung. Wird eine Vormerkung aufgrund privilegierender Antragstellung bei mehreren Grundstücken desselben Grundbuchamtsbezirks eingetragen, entsteht nach der Vorb. 1.4 Abs. 3 S. 1, 2 nur eine Gebühr, wenn die Vormerkungen inhaltsgleich sind und für denselben Berechtigten eingetragen werden. Ist die Antragstellung entweder nicht am selben Tag oder nicht in demselben Dokument erfolgt, oder sind die Rechte nicht inhaltsgleich, entstehen mehrere Gebühren. Sind ohnehin mehrere Grundbuchämter beteiligt, gilt die Gesamtrechtsfiktion der Vorb. 1.4 nicht. 42

bb) Veränderung. Die Eintragung der Veränderung einer Vormerkung verwirklicht keinen Gebührentatbestand. 43

cc) Löschung. Da die Löschung von Vormerkungen mit einer Festbetragsgebühr nach KV 14143 bewehrt ist, stellt sich beim Kostenansatz lediglich die Frage nach der Anzahl der Gebühren. 44

Wird eine Vormerkung aufgrund privilegierender Antragstellung bei allen Grundstücken desselben Grundbuchamtsbezirks gelöscht, entsteht insoweit nach der Vorb. 45

1.4 Abs. 3 S. 1, 2, 3 nur eine Gebühr. Soweit Antragstellung entweder nicht am selben Tag oder nicht in demselben Dokument erfolgt, entstehen mehrere Gebühren; ebenso, wenn ohnehin mehrere Grundbuchämter beteiligt sind.

46 **e) Mithaftentlassungen:** Mithaftentlassungen sind materiell-rechtlich und nach den Unterscheidungen in Unterabschnitt 4 des KV keine Löschungen. Sie sollen aber nach der Erweiterung der Ausnahme durch das KostRÄG 2021 hinsichtlich der Anzahl der entstehenden Gebühren ebenso behandelt werden. Die Gebührenzusammenfassung gilt damit auch, wenn mehrere Objekte betroffen sind. Vorb. 1.4 Abs. 3 Satz 1 ist daher zu lesen: „Werden hinsichtlich desselben Rechts mehrere Grundstücke, Schiffe, Schiffsbauwerke oder Luftfahrzeuge aus der Mithaft entlassen, über die das Grundbuch oder Register bei demselben Amtsgericht geführt wird, wird die Gebühr nur einmal erhoben, wenn die Eintragungsanträge in demselben Dokument enthalten und am selben Tag beim Grundbuchamt oder beim Registergericht eingegangen sind."

47 Die Verweisung auch auf Satz 2 ist insoweit inhaltsleer.

48 Von der Zusammenfassung erfasst ist somit, wenn im Rahmen eines Erwerbsvorgangs für die **Globalgrundschuld** des Bauträgers das Grundstück und das separate Garagengrundstück eines Erwerbers aus der Mithaft entlassen werden. Die Entscheidung des OLG Köln MDR 2017, 671 ist damit überholt. Werden zufällig am selben Tag die Grundstücke mehrerer Erwerber aus der Mithaft für die Globalgrundschuld entlassen, dürfte es idR an dem Antrag in demselben Dokument fehlen.

49 **IV. Veränderung mehrerer Rechte (IV).** Bezieht sich die Eintragung einer Veränderung auf mehrere Rechte, wird die Gebühr für jedes Recht gesondert erhoben, auch wenn es nur der Eintragung eines einheitlichen Vermerks bedarf.

50 Der Begriff Veränderung ist wie im Unterabschnitt 3 des KV zu verwenden. Für die Frage, welches von mehreren Rechten iSd Kostenrechts verändert wird, ist auf die Definitionen in KV Anm. 1, 2 zu 14130 zurückzugreifen. Erst danach ist bestimmbar, ob mehrere Rechte verändert wurden.

51 ZB bezieht sich der Rangrücktritt einer Grundschuld unter deren gleichzeitiger Abtretung nur auf ein Recht. Wird dabei jedoch das vortretende Recht abgetreten, beziehen sich die Eintragungen auf mehrere Rechte. Ein einheitlicher Vermerk kann gegeben sein, wenn mehrere Rechte an dieselbe Person abgetreten werden.

52 **V. Mehrere Veränderungen desselben Rechts (Abs. 5).** Eine Zusammenfassung der Gebühr ergibt sich, wenn von mehreren eingetragenen Veränderungen nur ein Recht betroffen ist: Beziehen sich mehrere Veränderungen auf dasselbe Recht, wird die Gebühr nur einmal erhoben, wenn die Eintragungsanträge in demselben Dokument enthalten und am selben Tag beim Grundbuchamt oder beim Registergericht eingegangen sind.

53 Zur privilegierenden Antragstellung siehe Vorb. 1.4 Abs. 3.

54 Damit korrespondiert die Wertaddition aus § 69 Abs. 2, die zum zusammengerechneten Wert der mehreren Veränderungen führt, jedoch den Wert des betroffenen (Ausgangs-)Rechts als Obergrenze setzt (OLG Düsseldorf BeckRS 2022, 37901).

55 **VI. Bestellung eines Vertreters des Schiffseigentümers (Abs. 6).** Für die Bestellung eines Vertreters des Schiffseigentümers nach § 42 Abs. 2 Gesetz über Rechte an eingetragenen Schiffen und Schiffsbauwerken durch das Registergericht werden die gleichen Gebühren wie für eine betreuungsgerichtliche Zuweisungssache nach § 340 Nr. 2 FamFG erhoben. Mit dieser Regelung wird die genannte Bestellung gebührenrechtlich mit der vergleichbaren Vertreterbestellung nach § 1141 II BGB gleichgestellt. Die Regelung korrespondiert mit Vorb. 1.1. Im Hauptabschnitt 4 Abschnitt 2 gibt es keinen Gebührentatbestand, der durch die Bestellung eines Vertreters nach § 42 II SchRG erfüllt wird. Da nach Vorb. 1.1 Abs. 2 jedoch eine Gebühr nach dem Hauptabschnitt 1 für das Verfahren über die Bestellung eines Vertreters eingeführt wird, muss die Zuordnung zum ersten Hauptabschnitt auch für den Fall der Zurückweisung oder der Zurücknahme des entsprechenden Antrags gelten. Daher stellt sich die Frage, ob bei Zurückweisung eine Gebühr nach der Vorb. 1.4.4 Satz 2 entsteht, nicht. Auch die Gebühren für ein Rechtsmittelverfahren richten sich nach Hauptabschnitt 1 und nicht nach Hauptabschn. 4 Abschn. 5.

Abschnitt 1. Grundbuchsachen

Unterabschnitt 1. Eigentum

Nr.	Gebührentatbestand	Gebühr oder Satz der Gebühr nach § 34 GNotKG – Tabelle B
14110	**Eintragung** **1. eines Eigentümers oder von Miteigentümern oder** **2. von Gesellschaftern einer Gesellschaft bürgerlichen Rechts im Wege der Grundbuchberichtigung**	**1,0**
	I [1] Die Gebühr wird nicht für die Eintragung von Erben des eingetragenen Eigentümers oder von Erben des Gesellschafters bürgerlichen Rechts erhoben, wenn der Eintragungsantrag binnen zwei Jahren seit dem Erbfall bei dem Grundbuchamt eingereicht wird. [2] Dies gilt auch, wenn die Erben erst infolge einer Erbauseinandersetzung eingetragen werden. **II Die Gebühr wird ferner nicht bei der Begründung oder Aufhebung von Wohnungs- oder Teileigentum erhoben, wenn damit keine weitergehende Veränderung der Eigentumsverhältnisse verbunden ist.**	
[Fassung ab 1.1.2024:] 14110	***[Fassung ab 1.1.2024: Eintragung eines Eigentümers oder von Miteigentümern***	***1,0***
	(1) Die Gebühr wird nicht für die Eintragung von Erben des eingetragenen Eigentümers erhoben, wenn der Eintragungsantrag binnen zwei Jahren seit dem Erbfall bei dem Grundbuchamt eingereicht wird. Dies gilt auch, wenn die Erben erst infolge einer Erbauseinandersetzung eingetragen werden. ***(2) Die Gebühr wird ferner nicht bei der Begründung oder Aufhebung von Wohnungs- oder Teileigentum erhoben, wenn damit keine weitergehende Veränderung der Eigentumsverhältnisse verbunden ist.]***	

Schrifttum: Böhringer, JurBüro 2014, 288; ders., Protokollierung der Grundbucheinsicht bei Grundbuchamt, Rpfleger 2014, 53; Gutfried, Änderung der Gerichtsgebühren in Grundbuchsachen durch das GNotKG, DNotZ 2013, 804 (je: Üb.).

Übersicht

1 **I. Systematik, Nr. 1, 2.** Die Vorschrift eröffnet zusammen mit der Vorb. 1.4 Regelungen des weiten Kreises von Grundbuchsachen nach § 1 GBO. Eine ganze Reihe von ihr gegenüber vorrangigen Sondervorschriften ergänzt sie zu Einzelvorgängen. Die Gebührenpflicht nach KV 14110 ff. für Grundbucheintragungen und ihre Anknüpfung an §§ 46 ff. verstößt nicht gegen EG-Recht (EuGH NJW 2006, 2972), und nicht gegen das GG (BVerfG NJW 2004, 3321; BayObLG FGPrax 2001, 37; OLG München Rpfleger 2007, 116, wegen einer Ausgliederung auch kein Verstoß gegen EU-Recht). Indessen darf keine europarechtswidrige indirekte Steuer entstehen (EuGH Rpfleger 2006, 670), sondern nur allenfalls eine „Besitzwechselsteuer" (EuGH Rpfleger 2006, 670; Wilsch Rpfleger 2006, 672). KV 14110 verstößt aber grundsätzlich nicht gegen die Richtlinie 69/335/EWG, KG Rpfleger 2008, 161. In Bayern besteht eine Katasterfortführungsgebühr neben KV 14110, Gesetz v. 12.12.1973 (GVBl. 649, geändert am 15.5.2018, GVBl. 260).

2 **II. Regelungszweck (Nr. 1, 2).** Die durch die Grundbucheintragung erzeugte Rechtssicherheit führt für den eingetragenen Eigentümer zu einer geschützten Position. Für die Eintragung des Wechsels des Rechtsträgers durch Rechtsgeschäft, kraft Gesetzes oder durch Hoheitsakt sowie des noch unerkannten Buchersitzers nach § 900 BGB ist deshalb eine an die formelle Eintragungsposition geknüpfte Gebühr eingeführt.

3 **III. Eintragung des Eigentümers usw (Nr. 1, 2).** Ein Grundsatz enthält zahlreiche Einzelprobleme.

4 **1. Grundsatz: Jede Eintragung.** Die Eintragungsgebühr entsteht grundsätzlich durch jede beliebige Eintragung eines neuen Eigentümers. Es kommt grundsätzlich nicht auf den privaten oder öffentlichen Rechtsgrund der Eintragung an (BayObLG FGPrax 1995, 204; OLG Düsseldorf MDR 1989, 326; OLG München Rpfleger 2013, 710). Maßgebend ist zunächst ihr äußeres Erscheinungsbild (KG Rpfleger 1989, 98). Von diesem Grundsatz enthält allerdings die Anm. I, II Ausnahmen. Für die Gebühr ist nur die tatsächliche Eintragung maßgeblich (OLG Schleswig JurBüro 1991, 1363). Die **Rechtsauffassung des Rechtspflegers** als Grundlage seiner grundbuchmäßigen Behandlung des Sachantrags ist also auch für die Beurteilung maßgeblich, ob und welche Kosten durch die Eintragung entstanden sind.

5 Hauptanwendungsfall ist der Eigentumserwerb durch Auffassung und konstitutive Eintragung, zB:

Auseinandersetzung: Übertragung eines einer BGB-Gesellschaft, oHG oder KG gehörenden Grundstücks auf einen oder mehrere Gesellschafter nach auch teilweiser Auseinandersetzung, auch in anderem Gesellschaftsverhältnis stehend (Wertvergünstigung nach § 70 prüfen).

Erbschaftskäufer: Erwerb des Erbschaftskäufers eines Alleinerben.

Erbengemeinschaft: Auseinandersetzung einer Erbengemeinschaft (dabei ist Anm. 2 S. 2 zu prüfen).

Gemeinden, Städte: Übertragung von Grundbesitz zwischen Gemeinden, soweit sie nicht auf Gesetz beruht.

Gesamtgut: Auseinandersetzung eines Gesamtguts in Vorbehaltsgut und umgekehrt (zum Wert siehe § 70).

Gesellschaft: Einbringung eines Grundstücks in eine Gesellschaft (BGB-Gesellschaft, oHG, KG oder Kapitalgesellschaft) bei deren Gründung.

Kauf: Erfüllungsgeschäft zu Kauf, Tausch, Schenkung.

Miteigentum: Veränderung von Miteigentümerbruchteilen innerhalb der Gemeinschaft erfordert ebenfalls Auflassung

Stiftung: Übertragung auf die Stiftung nach staatlicher Anerkennung (§ 82 BGB).

Vermächtnis: Erfüllung eines Vermächtnisses (§§ 2147, 2174 BGB), auch als Vorausvermächtnis an einen Miterben (§ 2150 BGB).

6 Eintragung eines Eigentümers erfolgt auch bei einem Zuschlag im Zwangsversteigerungsverfahren und auch bei der Neueintragung des bisherigen Eigentümers (Vorb. 1.4 Abs. 2 Nr. 2).

7 Eine bloße **Änderung** des Namens oder der Firma führt nicht zur Neueintragung, sondern nur zur Berichtigung der Bezeichnung des bereits eingetragenen Eigentümers und löst daher keine Gebühr aus. Hat das Grundbuchamt nur irrig einen bloßen Namenswechsel angenommen, gilt KV 14110 (aA BayObLG JurBüro 1998, 602 (§ 16); KG Rpfleger 1989, 98). Die Eintragung von Miteigentümern lässt nach Nr. 1 eine 1,0-Gebühr entstehen. Das gilt unabhängig davon, ob die Eintragung des Miteigentums zur gesamten Hand oder nach Bruchteilen erfolgt. Man darf also bei der Eintragung von Miteigentümern die Kosten nicht nach Bruchteilen berechnen. Die Eintragung des schon als Miteigentümer Eingetragenen als Alleineigentümer zählt nach → „Umschreibung der Eigentumsart" zu Nr. 1, auch etwa bei einer Zwangsversteigerung.

8 Soweit es notwendig ist, zunächst den **Veräußerer** einzutragen, entsteht die Gebühr grundsätzlich zweimal, falls das Grundbuchamt gesetzmäßig verfahren ist und nicht den Erwerber unmittelbar eingetragen hat. Von diesem Grundsatz enthält § 40 GBO eine Ausnahme. Es ist unerheblich, ob das zugrunde liegende Rechtsgeschäft wirksam war, also die Auflassung und die Einigung, → „Nichtigkeit der Voreintragung".

2. Beispiele zur Frage einer Anwendbarkeit von Nr. 1, 2

9 **Aneignung:** Die Eintragung der Aneignung durch den Fiskus nach § 928 II 2 BGB ist Eintragung eines Eigentümers; Kostenfreiheit beachten (Wilsch Rpfleger 2022, 12).

Auflösung einer Gesellschaft: Die Eintragung des letzten verbleibenden Gesellschafters einer BGB-Gesellschaft als Alleineigentümer nach Auflösung der Gesellschaft durch Vereinigung aller Gesellschaftsanteile in der Hand des letzten Gesellschafters ist Eigentumseintragung (OLG Frankfurt NJW-RR 2013, 876). → „Umschreibung auf Gesellschafter".

Ausgliederung: Nr. 1, 2 können anwendbar sein (OLG München JurBüro 2006, 651; OLG Oldenburg JurBüro 2017, 27).

Ausscheiden aus Gesellschaft: Nr. 1, 2 sind bei ihm anwendbar (OLG Düsseldorf NJW-RR 2000, 115; OLG München Rpfleger 2011, 635; OLG Schleswig JurBüro 1991, 1363), auch bei einer Liquidation (BayObLG Rpfleger 1975, 448). Ist lediglich einer von mehreren BGB-Gesellschaftern ausgeschieden, fehlt es an dem Merkmal der Eintragung eines Eigentümers oder Gesellschafters; insoweit entsteht keine Gebühr. Anders jedoch bei der Vereinigung aller Gesellschaftsanteile einer oHG oder KG und der darauf folgenden Eintragung des bisherigen Mitgesellschafters als Alleineigentümer.

Bergwerk: Nr. 1, 2 sind (jetzt) nach der Vorb. 1.4 I anwendbar, auch soweit es sich um die Eintragung des Eigentümers eines ungeteilten Bergwerks als der Eigentümer der aufgeteilten Grubenfelder handelt.

Berichtigung: → „Ausgliederung"

Eigentumswechsel bei Gesellschafter: Nr. 1, 2 sind anwendbar, soweit es um die Eintragung eines Eigentumswechsels wegen eines Anteilserwerbs geht (BayObLG DB 1997, 1273; OLG Frankfurt Rpfleger 2000, 187; OLG Schleswig JurBüro 1991, 1363), oder soweit nach der Auflösung einer KG die frühere Kommanditistin als Alleineigentümerin eingetragen wird (OLG Düsseldorf NJW-RR 2000, 116).

Einbringung in Gesellschaft: Nr. 1, 2 sind (jetzt) anwendbar, soweit es um die Einbringung eines Grundstücks in eine Gesellschaft geht (OLG Hamm Rpfleger 2001, 153 (Wert = Grundstückswert, Unanwendbarkeit der EG-Gesellschaftssteuerrichtlinie); Wilsch JurBüro 2007, 397). Das gilt selbst dann, wenn die Gesellschafter und die Miteigentümer des Grundstücks identisch sind (OLG München NJW 2009, 603; OLG Schleswig MDR 2008, 1186). Es kommt auf den Wechsel des Rechtsträgers an (OLG Köln FGPrax 2018, 93). Auch → „Verschmelzung".

Erbrecht: Nr. 1, 2 sind anwendbar, soweit es sich um die Eintragung eines Erben kraft Übernahmerechts (OLG Stuttgart JurBüro 2015, 597), oder nur die Eintragung einer Erbengemeinschaft handelt (OLG Köln FamRZ 2019, 1808; OLG

München JurBüro 2016, 255), selbst wenn einzelne Miterben noch nicht benennbar sind. Nr. 1, 2 sind ferner dann anwendbar, wenn es sich um die Eintragung der Rechtsnachfolger eines Miterben oder um das Grundstück einer solchen Kommanditgesellschaft handelt, deren einziger Komplementär den einzigen Kommanditisten beerbt (BayObLG Rpfleger 1975, 448). Die Gebühr entsteht auch, wenn nach dem Ausscheiden lediglich ein Miterbe verbleibt, welcher zum Alleineigentümer wird.

Ersteigerung: → „Zwangsversteigerung".

Firmenänderung: → Rn. 7.

Formwechsel: nach § 190 UmwG lässt die Identität des Rechtsträgers unverändert, daher keine Gebühr.

Gesellschaft: → „Ausscheiden aus Gesellschaft", → „Einbringung in Gesellschaft", → „Übertragung auf Dritten", „Umschreibung auf Gesellschafter", → „Wechsel von Gesellschaftern", „Zusammenfallen von Gesellschaftsanteilen".

Grundstücksteilung: Nr. 1, 2 sind bei ihr **unanwendbar.** Es gilt dann KV 14160.

Grundstücksvereinigung: Nr. 1, 2 sind bei ihr **unanwendbar.** Es gilt dann KV 14160.

Liquidation: → „Ausscheiden aus Gesellschaft".

MoPeG: Ab dem 1.1.2024 führt das Personengesellschaftsrechtsmodernisierungsgesetz vom 10.8.2021 (BGBl. I 3436; MoPeG) zum Wegfall der Nr. 2. Zu Einzelheiten → Rn. 26 f.

Nämlichkeit: Nr. 1 ist auch bei Nämlichkeit der Gesellschafter verschiedener Gesellschaften anwendbar (OLG Köln FGPrax 2018, 93). Nr. 1, 2 sind **unanwendbar,** soweit es sich um einen solchen Vorgang handelt, bei dem die Rechtspersönlichkeit identisch bleibt und nur ihre äußere Form wechselt (Formwechsel nach § 190 UmwG). Auch → „Umwandlung".

Namensänderung: → Rn. 7.

Nichtigkeit der Voreintragung: Nr. 1, 2 sind anwendbar, soweit nach einer nichtigen Eintragung nun eine wirksame erfolgt.

Übertragung auf Dritten: Wird ein Erbanteil oder ein Gesellschaftsanteil auf einen Dritten übertragen, entsteht für dessen Eintragung eine volle Gebühr, § 70 beachten.

Umschreibung der Eigentumsart: Nr. 1, 2 sind anwendbar, soweit es um die Umschreibung eines Gesamteigentums in ein Bruchteilseigentum geht, und umgekehrt.

Umschreibung auf Gesellschafter: Nr. 1, 2 sind anwendbar, soweit es um die Umschreibung eines Grundstücks einer Offenen Handelsgesellschaft oder Kommanditgesellschaft auf den neuen oder auf die Gesellschafter trotz eines Fortbestehens der Gesellschaft geht (OLG Düsseldorf NJW-RR 2000, 115; KG Rpfleger 1989, 98; OLG Schleswig JurBüro 1991, 1363). Das ist anderer Vorgang als ein bloßer Formwechsel usw).

Nr. 1, 2 sind aber **unanwendbar,** soweit es um die Umschreibung eines einer Offenen Handelsgesellschaft gehörenden Grundstücks nach ihrer Auflösung auf die Gesellschafter der nun bestehenden BGB-Gesellschaft geht.

Umwandlung: Nr. 1, 2 sind grds. anwendbar, soweit es um die Umwandlung einer Kapitalgesellschaft in eine Personengesellschaft oder in ein Einzelunternehmen oder umgekehrt geht (OLG Köln Rpfleger 1992, 540), oder wenn dieselben Gesellschafter eine andere Gesellschaft bilden. Bei einer Spaltung nach § 123 UmwG erfolgt eine Zuordnung zu einem neuen Rechtsträger. Die Vermögensübertragung nach § 174 UmwG löst ebenfalls die Gebühr aus.

Nr. 1, 2 sind aber **unanwendbar,** soweit bei einer solchen Umwandlung bei bloßem Formwechsel die Gesellschafter, §§ 139 I, 162 III HGB, oder die Rechtsträger, § 190 UmwG, identisch bleiben

Auch → „Nämlichkeit", → „Verschmelzung".

Vereinigung von Berufsgenossenschaften: 1 ist anwendbar (OLG München Rpfleger 2013, 709).

Verschmelzung: Nr. 1 ist **anwendbar,** soweit es um eine Verschmelzung mehrerer Gesellschaften durch die Aufnahme oder Umwandlung einer Gesellschaft in eine andere geht (OLG Hamm Rpfleger 1993, 42), da hier ein neuer Rechtsträger entstanden ist und eingetragen wird. Für den sog. Brexit wurde § 122m UmwG geschaffen.

Verzicht: Die Eintragung eines Verzichts ist nicht die Eintragung eines Eigentümers (Wilsch RPfleger 2022, 10).

Wechsel von Gesellschaftern: Nr. 1, 2 sind bei ihm anwendbar (OLG Frankfurt Rpfleger 2000, 187).

Zusammenfallen von Gesellschaftsanteilen: → „Erbrecht".

Zuschlag: → „Zwangsversteigerung".

Zuschreibung: Nr. 1, 2 sind bei ihr **unanwendbar.** Es gilt dann KV 14160.

Zwangsversteigerung: Nr. 1, 2 sind anwendbar, soweit es sich um eine Ersteigerung handelt, § 130 ZVG (BayObLG JurBüro 1978, 905). Das gilt auch dann, wenn der bisherige (Mit-)Eigentümer den Zuschlag erhält (OLG Düsseldorf MDR 1989, 366).

3. Nebengeschäft. Ein Nebengeschäft ist nach § 1 I („nur") gebührenfrei. Das gilt zB für die Übertragung auf ein anderes Grundbuchblatt, für die Mitübertragung der bisherigen Eintragungen, für die bloße redaktionelle Neuordnung und für die Zubuchung von Miteigentumsanteilen, § 3 IV, V GBO. 10

Beispiele nicht gebührenfreier Vorgänge: Bei der Übertragung auf ein anderes Blatt finden echte sachliche Veränderungen statt; es geht um die Eintragung eines Nacherben. 11

IV. Gebührenhöhe (Nr. 1, 2). Soweit überhaupt eine Gebührenpflicht und nicht nach der Anm. I, II eine Gebührenfreiheit besteht, bei der Anmerkung I 2 nur beim Fehlen einer Voreintragung der Gemeinschaft (OLG München JurBüro 2016, 255), entsteht bei jeder Eintragung nach Nr. 1 oder 2 eine 1,0-Gebühr nach der Tabelle B. 12

V. Geschäftswert (Nr. 1, 2). Man sollte zwei Fallgruppen unterscheiden. 13

1. Grundsatz: Sachwert. Für den Geschäftswert sind §§ 46 ff. maßgeblich. Für die Wertberechnung ist der Zeitpunkt der Antragstellung ausschlaggebend, § 59. Der Wert des Zubehörs ist sowohl bei der Eintragung als auch bei der Auflassung unerheblich, anders als bei der Beurkundung (OLG Zweibrücken Rpfleger 1986, 73). Man muss ihn daher evtl. vom Kaufpreis abziehen (OLG Oldenburg JurBüro 2013, 96). Die Einbauküche (dazu Holch DGVZ 1998, 65 (Üb.)), ist evtl. Zubehör (BGH NJW-RR 1990, 586, regionale Unterschiede!?, OLG Bremen FamRZ 2018, 250; OLG Nürnberg MDR 2002, 815; LG Lüneburg DGVZ 1980, 95; OLG Düsseldorf NJW-RR 1994, 1039). Man muss den Wert eines nach der Beurkundung bis zum Zeitpunkt der Antragstellung errichteten Gebäudes grundsätzlich hinzurechnen. Auch ein entschädigungsloser Grunderwerb kraft Gesetzes kann einen Wert haben, BayObLGZ 1986, 281. Bei Miteigentümern gibt es grundsätzlich nur eine Gebühr nach dem Gesamtwert, nicht mehrere Gebühren nach den Anteilswerten. Eine Ausnahme davon gilt bei § 3 V GBO. Die Eintragung nur des Erben eines Miteigentümers geschieht nach seinem Anteil. Bei einer Hofübergabe gilt § 48 (BayObLG DNotZ 1990, 668). 14

2. Zwangsversteigerung. Bei einem Erwerb im Zwangsversteigerungsverfahren ist Geschäftswert der nach § 74a V ZVG festgesetzte Wert (OLG Naumburg BeckRS 2017, 150175; OLG Karlsruhe ZfIR 2016, 245; OLG Frankfurt OLGR Frankfurt 2005, 108; KG JurBüro 2006, 540; OLG Saarbrücken FGPrax 2011, 38; Düsseldorf OLGR Düsseldorf 2002, 446; OLG Stuttgart JurBüro 1990, 1493). Abweichungen nach unten sind möglich, wenn im Rahmen des § 46 feststeht, dass sich seit der länger zurückliegenden Begutachtung der Grundstücksmarkt oder das Objekt verändert hat (zB Brand; BayObLG Rpfleger 2002, 382) oder das Gutachten nicht auf einer Besichtigung des Objekts von innen beruhte, aber gravierende Beeinträchtigungen vorhanden sind. Das Meistgebot ist allenfalls dann maßgeblich, wenn es über dem Verkehrswert liegt (OLG Naumburg BeckRS 2017, 150175). → § 46 Rn. 13 „Zwangsversteigerung". 15

Beim alsbald wesentlich höheren **Weiterverkauf** mag dieser Preis auch rückwirkend ausnahmsweise maßgeblich sein (OLG Düsseldorf Rpfleger 1989, 250). Es kann für den höheren Preis jedoch ganz vom Zuschlagszeitpunkt unabhängige Gründe gegeben haben. Das alles gilt auch beim Zuschlag an einen Miteigentümer (BayObLG JurBüro 1996, 207). 16

17 Man muss eine **bestehenbleibende Hypothek** usw immer mit ihrem Nennwert ansetzen, selbst wenn der Gläubiger das Grundstück ersteigert, vgl. allerdings auch § 54 II 1 GKG.

18 **VI. Fälligkeit, Gebührenschuldner (Nr. 1, 2).** Die Fälligkeit richtet sich nach § 9 I. **Gebührenschuldner** ist man nach §§ 22 I, 23 Nr. 11, 12 und 27.

19 **VII. Gebührenfreiheit (Anm. I, II).** Eine solche Begünstigung gibt es in zwei Fallgruppen.

20 **1. Erbeneintragung (Anm. I).** Oft scheuen sich die Erben des eingetragenen Eigentümers, sich ihrerseits als jetzige Eigentümer im Grundbuch eintragen zu lassen, weil sie einen Kostenanfall befürchten oder zB den überlebenden Elternteil als bloßen Miterben schonen wollen. Um den Erben einen Anreiz zu geben, den im allgemeinen Interesse liegenden Berichtigungsantrag möglichst bald zu stellen, lässt die Anm. I dann eine Gebührenbefreiung unter der Voraussetzung eintreten, dass der Eintragungsantrag binnen 2 Jahren seit dem Erbfall beim Grundbuchamt eingeht, auch wenn er noch nicht vollzugsfähig ist (OLG München Rpfleger 2015, 386), wenn er also vor allem noch nicht alle erforderlichen Nachweise enthält, zB den Erbschein (OLG Hamm FGPrax 2010, 276; OLG Köln Rpfleger 1988, 549; OLG Zweibrücken MDR 1997, 298; aA OLG Karlsruhe Rpfleger 1988, 20; LG Koblenz MDR 1997, 207, aber der Gesetzeswortlaut ist eindeutig). Die Zweijahresfrist ist eine Ausschlussfrist (BayObLG Rpfleger 1999, 509; OLG Köln JurBüro 2018, 640; OLG München Rpfleger 2015, 368).

21 Die Frist berechnet sich nach der Anm. 1 bis zum Eingang bei dem Grundbuchamt binnen zwei Jahren ab dem Erbfall. Für das Kostenrecht gelten ergänzend die Vorschriften des FamFG. Gem. § 16 II FamFG, § 222 II ZPO muss der Berichtigungsantrag daher am folgenden Werktag eingehen, wenn der letzte Tag der Frist ein Sonnabend, Sonntag oder gesetzlicher Feiertag ist (OLG Köln Rpfleger 2022, 222). Der Eingang bei der Posteingangsstelle des Gerichts wahrt die Frist nicht.

22 Als Erbe gilt auch der **Erbeserbe** sowie der Nacherbe (KG Rpfleger 1968, 66, OLG München Rpfleger 2015, 368). Im letzteren Fall muss man die Zweijahresfrist sowohl nach dem Eintritt des Vorerbfalls wahren als auch nach dem Eintritt des Nacherbfalls (OLG München Rpfleger 2015, 368). Die Vorschrift ist auch dann anwendbar, wenn es um den überlebenden Ehegatten und die gemeinsamen Kinder bei einer fortgesetzten Gütergemeinschaft geht (BayObLG Rpfleger 1993, 464), oder wenn es um einen Erbvertrag geht (anders bei Schenkung auf den Todesfall, OLG Düsseldorf Rpfleger 1993, 421).

23 Bei der Anm. I muss es sich aber um einen **unmittelbaren Übergang** vom Erblasser oder Vorerben auf den Erben oder Nacherben ohne ein Zwischenglied handeln (LG Detmold FamRZ 2009, 246). Das ergibt sich aus den Worten des Gesetzes „Erben des eingetragenen Eigentümers“ (BayObLG Rpfleger 1986, 157).

2. Beispiele zur Frage einer Anwendbarkeit der Anm. I

24 **Abschichtungsvereinbarung:** I ist anwendbar (OLG Zweibrücken FGPrax 2012, 223).

Anwachsung: Eine Gebühr entsteht nicht, wenn nach dem Versterben eines Gesellschafters Anwachsung an die übrigen Gesellschafter eintritt und lediglich der verstorbene Gesellschafter gelöscht wird. → „Gesellschaftserbe“.

Ausgliederung: I ist dann **unanwendbar** (OLG München Rpfleger 2007, 117).

Auslagenerstattung: I ist nur auf Gebühren anwendbar, **nicht** aber auch auf Auslagen. I schafft also keine Befreiung von der Pflicht zur Auslagenerstattung.

Enkel: I ist anwendbar, soweit es um die Eintragung eines Enkels als des Testamentserben des eingetragenen Großvaters geht.

Erbauseinandersetzung: → „Miterbe“.

Erbteilskauf: → „Kauf eines Erbanteils“.

Fristversäumung: I ist **unanwendbar,** soweit ein Erbe die Zweijahresfrist verstreichen lässt, sei es auch nur unverschuldet (OLG Köln FGPrax 2018, 236). Die 2-Jahres-Frist ist eine Ausschlussfrist. Da aber das Grundbuch durch den Rechtsübergang außerhalb des Grundbuchs unrichtig geworden ist, muss der Rpfleger dem Eigentümer oder dem verwaltenden Testamentsvollstrecker nach § 82 GBO auferlegen, einen Berichtigungsantrag zu stellen und die erforderlichen Unterlagen beizubringen.

Gesellschaftserbe: Wächst das Gesellschaftsvermögen jedoch dem letzten verbliebenen Gesellschafter zu Alleineigentum an, wechselt die Rechtsträgerschaft und eine Gebühr entsteht, ohne dass I anwendbar ist. I ist **unanwendbar,** soweit der Erbe als solcher der Alleineigentümer eines Firmengrundstücks wurde (BayObLG Rpfleger 1975, 448).

Grundbuchberichtigung: → „Fristversäumung".

Gütergemeinschaft: I ist **unanwendbar,** soweit der in Gütergemeinschaft lebende Ehegatte erbt und sein Ehegatte wegen § 1416 BGB eingetragen wird (BayObLG Rpfleger 1986, 157). Zum Wert s. § 70.

Kauf eines Erbanteils: I ist **unanwendbar,** soweit es sich um den Erwerb eines Erbanteils handelt (OLG Celle Nds. Rpfl. 1988, 61, es kommt auf den unmittelbaren Rechtsvorgang und nicht auf die wirtschaftlich ähnlichen Folgen an). Ist der Erwerber jedoch bereits als Miterbe eingetragen, entstand dafür gf bereits keine Gebühr.

Miterbe: I ist anwendbar, soweit es sich um die Eintragung eines Miterben nach einer **Auseinandersetzung** der Erbengemeinschaft handelt. Wenn zuvor die Erbengemeinschaft eingetragen war, entfällt die Befreiung, denn dann wird nicht mehr der Erbe des eingetragenen Eigentümers eingetragen. Unerheblich ist, ob ein oder mehrere Auseinandersetzungsverträge erfolgt sind (OLG München Rpfleger 2006, 288), sowie ob dieser Miterbe ein Ehegatte oder ein Abkömmling des eingetragenen Eigentümers ist oder nicht (BayObLG Rpfleger 1993, 464; OLG Köln NJW-RR 2003, 1727; OLG München NJW-RR 2006, 648). I stellt eindeutig nur auf die Erbenstellung ab)

Nacherbe: I ist **anwendbar,** soweit es um das einzutragende Eigentum des Nacherben geht, denn der Nacherbe ist Erbe des ursprünglichen Erblassers, § 2139 BGB.

Rechtsgeschäft: I ist **unanwendbar,** soweit es um einen rechtsgeschäftlichen Erwerb auf den Todesfall geht (OLG Düsseldorf JurBüro 1994, 170).

Schenkung: I ist **unanwendbar,** soweit es um eine Schenkung auf den Todesfall geht (OLG Düsseldorf JurBüro 1994, 170).

Testamentsvollstrecker: I ist **unanwendbar,** soweit es um die Eintragung einer Testamentsvollstreckung geht.

Vater: I ist **anwendbar,** soweit der nunmehr verstorbene Vater zunächst geerbt hatte, aber noch nicht eingetragen worden war (Erbeserbe, → Rn. 21).

Vorausvermächtnis: I ist anwendbar (OLG Köln Rpfleger 2022, 222; OLG Braunschweig FGPrax 2018, 233, OLG München Rpfleger 2016, 376; OLG Stuttgart JurBüro 2015, 597).

3. Wohnungs-, Teileigentum (Anm. II). Eine Eintragung bei der Begründung oder Aufhebung dieser Rechte bleibt dann gebührenfrei, wenn mit ihnen keine weitergehende Veränderung der Eigentumsverhältnisse einhergeht. Insbesondere bei einer Teilung nach § 3 WEG kann es jedoch zu einer Übertragung von Bruchteilen zwecks Anpassung an die Sondereigentumseinheiten kommen. Zur Abgrenzung vgl. KV 14130. **25**

VIII. MoPeG ab 1.1.2024. Das MoPeG konzipiert die Gesellschaft bürgerlichen Rechts in Gestalt der rechtsfähigen Gesellschaft als auf eine gewisse Dauer angelegte, mit eigenen Rechte und Pflichten ausgestattete Personengesellschaft (§ 705 II Alt. 2 BGB in der Fassung **ab dem 1.1.2024**). Daraus folgt, dass Trägerin der dem Gesellschaftsvermögen zugehörigen Rechte und Pflichten die Gesellschaft selbst ist, nicht mehr die Gesellschafter in ihrer gesamthänderischen Verbundenheit. **26**

Daneben gibt es die nicht rechtsfähige Gesellschaft (§ 705 II Alt. 2 BGB nF), die im Grundbuchverfahren jedoch keine Rolle spielt, weil sie lediglich den Gesellschaftern untereinander zur Ausgestaltung ihres Rechtsverhältnisses dient und kein Vermögen hat (§ 740 I BGB nF). Mangels Rechtsfähigkeit kann sie selbst nicht Trägerin von Vermögen sein; es kommt auch kein gesamthänderisch gebundenes Vermögen der Gesellschafter in Betracht (siehe auch Anm. Böhringer zu OLG Köln Rpfleger 2023, 20).

Für rechtsfähige Gesellschaften nach BGB ergeben sich damit aufgrund der Änderungen durch das MoPeG folgende Konstellationen:

27 Wird **ab dem 1.1.2024** eine **BGB-Gesellschaft als solche** als Eigentümerin im Grundbuch eingetragen, erfolgt die Eintragung der Gesellschaft unter deren Namen mit dem Zusatz gem. § 707a II BGB nF, § 47 II GBO nF) „eingetragene Gesellschaft bürgerlichen Rechts" oder „eGbR". Für die Eintragung entsteht die Gebühr.

28 Für **Änderungen des Gesellschafterbestands** entfällt der Gebührentatbestand KV 14110 Nr. 2 GNotKG aF. Dieser knüpft hinsichtlich der kostenrechtlichen Behandlung von Veränderungen im Gesellschafterbestand an die Miteintragung der Gesellschafter nach § 47 II GBO an. Dadurch, dass die Gesellschaft bürgerlichen Rechts in Zukunft unter ihrem Namen in das Grundbuch eingetragen wird, erübrigt sich dieser Gebührentatbestand. Für das **Übergangsrecht** kommt es dabei nicht auf den Zeitpunkt des Gesellschafterwechsels, sondern auf die Antragstellung an. Für gerichtliche Verfahren, die vor dem Inkrafttreten des neuen Rechts anhängig geworden oder eingeleitet worden sind, sind nach § 134 I 1 die Kosten nach dem alten Recht zu erheben (RegE MoPeG, S. 253).

29 Das **Ausscheiden des vorletzten Gesellschafters** ist in § 712a BGB gesetzlich geregelt. Danach geht das Gesellschaftsvermögen zum Zeitpunkt des Ausscheidens des vorletzten Gesellschafters im Wege der **Gesamtrechtsnachfolge** auf den verbleibenden Gesellschafter über, wenn dieser sich bis dahin gegenüber dem vorletzten Gesellschafter zur Übernahme bereit erklärt hat. Dessen Eintragung als Eigentümer im Grundbuch führt zu einer Gebühr nach KV 14110 nach dem Wert des Grundstücks. § 70 enthält keine Sonderregelung mehr.

30 Der **Erbe** eines Gesellschafters kann sein Verbleiben in der Gesellschaft gem. § 724 I BGB nF davon abhängig machen, dass er Kommanditist wird. Durch fristgemäße Umwandlung der Mitgliedschaft oder durch fristgemäßen Austritt aus der Gesellschaft beschränkt der Erbe seine gesellschaftsrechtliche Haftung. Die Eintragung des geänderten Namens der Gesellschaft nach der **formwechselnden Umwandlung** bei identischem Rechtsträger ist keine Eintragung eines neuen Eigentümers iS des Gebührentatbestands.

31 Eine bereits nach bisherigem Recht bestehende BGB-Gesellschaft, deren Gesellschafter nach § 47 II GBO aF mit eingetragen sind, kann sich im Gesellschaftsregister eintragen lassen und dadurch verpflichtet werden, den Namenszusatz nach § 707a II BGB nF zu führen. Wird diese Gesellschaft bürgerlichen Rechts nunmehr nach § 47 II GBO nF unter ihrem Namen in das Grundbuch eingetragen, betrifft diese Eintragung kein Recht der Gesellschaft im Sinne von Art. 229 § 21 I EGBGB nF Eine solche **„isolierte Umfirmierung"** kann als bloße Berichtigung der Bezeichnung im Grundbuch eingetragen werden und ist ebenfalls keine Eintragung eines neuen Eigentümers iS des Gebührentatbestands (KG ZIP 2009, 1671; OLG München MDR 2016, 168).

32 Kommt es bei einer bereits nach bisherigem Recht bestehenden BGB-Gesellschaft, deren Gesellschafter nach § 47 II GBO aF mit eingetragen sind, zu einer Veränderung im Gesellschafterbestand, ist nach Art. 229 § 21 Abs. 2 Satz 1 EGBGB n. F. eine entsprechende Grundbuchberichtigung ausgeschlossen. Vielmehr erklärt Art. 229 § 21 II 2 EGBGB nF den § 82 GBO nF hinsichtlich der Eintragung der Gesellschaft für entsprechend anwendbar. Das bedeutet in der Sache zunächst eine Eintragung der Gesellschaft im Gesellschaftsregister unter Verlautbarung des geänderten Gesellschafterbestands und eine anschließende Richtigstellung der Bezeichnung der Gesellschaft im Grundbuch (RegE MoPeG, 254).

33 Ändert sich lediglich der **Name** eines bereits nach § 47 II GBO aF eingetragenen **Gesellschafters,** entsteht für dessen Berichtigung im Grundbuch keine Gebühr (→ Rn. 7).

34 Dies gilt auch für **Altfälle,** wenn die Eintragung der BGB-Gesellschaft vor Inkrafttreten des Gesetzes zur Einführung des elektronischen Rechtsverkehrs und der elektronischen Akte im Grundbuchverfahren sowie zur Änderung weiterer grundbuch-, register- und kostenrechtlicher Vorschriften (ERVGBG) vom 11.8.2009 (BGBl. 2009 I 2713) erfolgt ist.

Nr.	Gebührentatbestand	Gebühr oder Satz der Gebühr nach § 34 GNotKG – Tabelle B
14111	**Die Eintragung im Wege der Grundbuchberichtigung erfolgt aufgrund des § 82a der Grundbuchordnung von Amts wegen:** **Die Gebühr 14 110 beträgt ....**	**2,0**
	Daneben wird für das Verfahren vor dem Grundbuchamt oder dem Nachlassgericht keine weitere Gebühr erhoben.	

I. Anwendungsbereich. Die Vorschrift ist lediglich ein Erhöhungstatbestand zu KV 14110 und als speziellere Regelung eng auslegbar. Es müssen zunächst alle Voraussetzungen der KV 14110 vorliegen. 1

II. Berichtigung von Amts wegen. Wenn ein Berichtigungszwangsverfahren nach § 82 GBO nicht durchführbar oder aussichtslos ist, erfolgt eine Eintragung des Eigentümers von Amts wegen nach § 82a GBO. 2

III. Gebührenhöhe. Es entsteht bei einer Eintragung nach → Rn. 2 eine Wertgebühr aus der Tabelle B von 2,0. Sie gilt das Verfahren vor dem Grundbuchamt oder dem Nachlassgericht nach der Anm. mit ab. Man muss stets die Vorb. 1.4 mitbeachten. Mangels Antrags kommt es nicht zu einer Befreiung nach KV 14110 Anm. I. 3

IV. Geschäftswert. Es gilt § 46. 4

V. Fälligkeit, Gebührenschuldner. Die Fälligkeit richtet sich nach § 9 I. **Gebührenschuldner** ist man nach § 23 Nr. 11. Vgl. auch § 27. 5

Nr.	Gebührentatbestand	Gebühr oder Satz der Gebühr nach § 34 GNotKG – Tabelle B
14112	**Eintragung der vertraglichen Einräumung von Sondereigentum oder Anlegung der Wohnungs- oder Teileigentumsgrundbücher im Fall des § 8 WEG ....**	**1,0**

I. Anwendungsbereich. Die Vorschrift bestimmt nur die Gebühr für die Eintragung des Sondereigentums. Die damit verbundenen weiteren Geschäfte erfordern eine besondere Gebühr, auch wenn man sie gleichzeitig beantragt. Das gilt zB: Für die Eintragung des Erwerbs des Miteigentums anlässlich der Begründung von Sondereigentum (BGH NJW 1983, 1672); für den Hinzuerwerb von Flächen und die Vereinigung. 1

II. Begründung von Sondereigentum. Für die bei der **Begründung** von Sondereigentum und Teileigentum erforderlichen Grundbuchgeschäfte, nämlich für die Eintragung der vertraglichen Einräumung von Sondereigentum in das Wohnungsgrundbuch nach §§ 3, 4 I, 7 WEG oder für die Anlegung des Wohnungsgrundbuchs bei der Teilung auf Grund der Teilungserklärung des Eigentümers nach § 8 WEG entsteht eine Gebühr. Die Anzahl der auf die eine oder andere Weise gebildeten Wohnungseinheiten ist unerheblich. Diese Gebühr gilt alle bei der Begründung des Sondereigentums notwendigen buchungstechnischen Vorgänge ab. Bei einer Vormerkung gilt KV 14150. Sondereigentum wird auch vertraglich eingeräumt, wenn Gemeinschaftseigentum erstmals in Sondereigentum überführt und einer bestehenden Einheit zugeschlagen wird (OLG München MDR 2020, 955). Wenn durch eine **weitere Unterteilung** eines Wohnungseigentums oder die Bildung eines weiteren Sondereigentums verbunden mit Miteigentumsanteil aus dem Gemeinschaftseigentum nach § 8 WEG ein neues Blatt anzulegen ist, entsteht die Gebühr ebenfalls. 2

3 Ein **Nebengeschäft** ist gebührenfrei. Das gilt zB: Bei der vertraglichen Einräumung für die Anlegung des Wohnungsgrundbuchs; für die Schließung des bisherigen Grundbuchblatts; für die Eintragung der Beschränkung des Miteigentums; für die Eintragung des Inhalts des Sondereigentums, für die Eintragung einer anfänglichen Haftungsklausel nach §§ 16, 28 WEG (Böhringer Rpfleger 2022, 375 (377)), auch soweit die Eintragungen nicht durch eine Bezugnahme auf die Eintragungsbewilligung erfolgen, § 7 WEG; bei einer Teilung nach § 8 WEG für die Schließung des bisherigen Blatts und die Eintragung des Wohnungseigentums im Wohnungsgrundbuch.

4 Wegen der **gleichzeitig** beantragten Eintragung des Erwerbs des **Miteigentums** → Rn. 1. Wenn die Miteigentumsanteile in den Bestandsverzeichnissen der Wohnungsblätter von den Miteigentumsanteilen der Miteigentümer in Abt. I des Ausgangsblatts abweichen, beruht das auf einer Eigentumsübertragung und führt daneben noch zu einer Gebühr KV 14110 (Wert § 46).

5 **III. Gebührenhöhe.** Es entsteht 1,0-Gebühr nach der Tabelle B.

6 **IV. Geschäftswert.** Es gilt § 42.

7 **V. Fälligkeit, Gebührenschuldner.** Die Fälligkeit richtet sich nach § 9 I. **Gebührenschuldner** ist man nach § 22. Vgl. auch § 27.

Unterabschnitt 2. Belastungen

Vorbemerkung 1.4.1.2:

Dieser Unterabschnitt gilt für die Eintragung einer Hypothek, Grundschuld oder Rentenschuld, einer Dienstbarkeit, eines Dauerwohnrechts, eines Dauernutzungsrechts, eines Vorkaufsrechts, einer Reallast, eines Erbbaurechts oder eines ähnlichen Rechts an einem Grundstück.

Nr.	Gebührentatbestand	Gebühr oder Satz der Gebühr nach § 34 GNotKG – Tabelle B
14120	Eintragung einer Briefhypothek, Briefgrundschuld oder Briefrentenschuld	1,3

1 **I. Anwendungsbereich.** Die Vorschrift stellt systematisch die Brief-Grundpfandrechte voran und hebt sie von den Buchrechten ab.

2 **II. Gebührenhöhe:** Wegen der zusätzlichen Arbeit einer Herstellung und Erteilung von Briefen entsteht eine gegenüber KV 14121 erhöhte Wertgebühr von je 1,3-Gebühr nach der Tabelle B, günstiger als bei nachträglicher Erteilung eines Briefs, KV 14124 KV. Sind mehrere Grundbuchämter beteiligt, sind § 18 und KV 14122 KV zu beachten. Zur Anzahl der Gebühren bei Gesamtrechten → Vorb. 1.4 Rn. 27 ff.).

3 **III. Geschäftswert.** Es gilt § 53 I.

4 **IV. Fälligkeit, Gebührenschuldner.** Die Fälligkeit richtet sich nach § 9 I. **Gebührenschuldner** ist man nach §§ 22 I, 27.

Nr.	Gebührentatbestand	Gebühr oder Satz der Gebühr nach § 34 GNotKG – Tabelle B
14121	Eintragung eines sonstigen Rechts	1,0

1 **I. Systematik.** Die Vorschrift betrifft in der Reihe der KV 14110 ergänzenden und ihm gegenüber vorrangigen Sonderbestimmungen nur die Neueintragung einer Belastung des Grundstücks oder grundstücksgleichen Rechts ohne Brief (sonst KV 14120). Eine dinglich-rechtliche Veränderung einschließlich einer Zinserhöhung fällt unter KV 14130. Eine Vormerkung und ein Widerspruch fallen unter KV 14150,

14151. Eine Löschung fällt unter KV 14140–14142. Die Eintragung von Wohnungs- und Teileigentum fällt unter KV 14112. Es kommt in diesem Zusammenhang nicht darauf an, in welcher Spalte die Eintragung erfolgt, sondern darauf, was man eintragen muss (OLG Frankfurt a. M. Rpfleger 1976, 263). Die Bildung einer Einheitshypothek durch eine Zusammenfassung mehrerer unmittelbar aufeinanderfolgender Hypotheken zu einer einzigen Hypothek ist nur eine Veränderung (KV 14130).

II. Regelungszweck. Die Vorschrift dient einer der Verantwortung entsprechen- 2
den Angemessenheit der Vergütung. Das muss man stets mitbeachten.

III. Eintragungsgrundlage, Anzahl der Gebühren. Eine Gebühr entsteht nach 3
der Vorb. 1.4.1.2 für jede der folgenden Eintragungen auf Grund einer Bewilligung, einer Grundbuchberichtigung oder der Zwangsvollstreckung nach § 867 ZPO. Die Anzahl der Gebühren richtet sich nach der Vorb. 1.4 Abs. 3 Satz 2, 1; auch für mehrere nicht gesamtrechtsfähige inhaltsgleiche Rechte, die bei mehreren Grundstücken für denselben Berechtigten eingetragen werden, kann bei privilegierender Antragstellung daher nur eine Gebühr entstehen (→ Vorb. 1.4 Rn. 18 ff.). Ebenso entsteht bei Gesamtberechtigung nach § 428 BGB nur eine Gebühr (Nießbrauch: OLG Düsseldorf JurBüro 2016, 536; Wohnungsrecht: OLG Köln FGPrax 2017, 91, OLG Hamm FGPrax 2016, 233).

1. Hypothek. Ihre Eintragung nach §§ 1113 ff. BGB als Buchrecht lässt die Gebühr 4
entstehen. Das gilt auch bei der Eintragung einer nach § 1287 S. 2 BGB entstandenen Sicherungshypothek (OLG Frankfurt a. M. Rpfleger 1976, 263). Die Gebühr entsteht auch für Sicherungshypothek nach § 111f II StPO (Ersuchen, OLG Hamm FGPrax 2018, 154), Einziehung jedoch nur über § 465 StPO (OLG Köln Rpfleger 2004, 735).

2. Grundschuld, Rentenschuld. Ihre Eintragung nach §§ 1113 ff. BGB als 5
Buchrecht lässt die Gebühr entstehen.

3. Dienstbarkeit. Ihre Eintragung nach §§ 1018 ff. BGB lässt die Gebühr ent- 6
stehen. Es kommt nicht darauf an, um welche Art von Dienstbarkeit es sich handelt (Böhringer JurBüro 1994, 514). **Beispiele:** Brauchwasserleitung (OLG Köln JurBüro 2022, 149), Geh- und Fahrrecht (OLG Köln FGPrax 2015, 281); Mieterdienstbarkeit (Gabriel ZfIR 2022, 305), Mieterdienstbarkeit für Nahversorgungssortimenter (OLG München MDR 2019, 546; OLG München Rpfleger 2016, 612); Grunddienstbarkeit zum Betrieb einer Photovoltaikanlage (OLG Rostock FGPrax 2021, 94).

4. Dauerwohn- oder Dauernutzungsrecht. Die Eintragung eines solchen 7
Rechts nach §§ 31 ff. WEG lässt die Gebühr entstehen (OLG Hamm FGPrax 2016, 233).

5. Vorkaufsrecht. Seine Eintragung nach §§ 1094 ff. BGB lässt die Gebühr ent- 8
stehen.

6. Reallast. Ihre Eintragung nach §§ 1105 ff. BGB, § 9 ErbbauRG lässt die Ge- 9
bühr entstehen. Hierher zählt auch die Überbau- und Notwegrente nach §§ 914 II 2, 917 II 2 BGB.

7. Erbbaurecht. Erst das eingetragene Erbbaurecht steht kostenmäßig einem 10
Grundstück gleich. Die Eintragung des Erbbaurechts nach § 14 ErbbauRG lässt die Gebühr entstehen. Diese umfasst die Eintragung des Inhalts des Erbbaurechts. Für die Eintragung eines dinglichen Vorkaufsrechts zugunsten des Erbbauberechtigten und eine Reallast nach § 9 ErbbauRG zugunsten des Grundstückseigentümers entsteht eine gesonderte Gebühr. Das gilt auch dann, wenn diese Eintragung gleichzeitig mit der Eintragung des Erbbaurechts erfolgt (LG Lübeck JurBüro 1976, 951, zust. *Schalhorn*). Die Anlegung des Erbbaugrundbuchs ist daneben gebührenfrei.

8. Ähnliches Recht. Hierhin gehören zB: Das dingliche Wiederkaufsrecht; ein 11
Altenteil; ein Leibgedinge; eine Kohlenabbaugerechtigkeit.

IV. Gebührenhöhe. Es entsteht jeweils nach der Tabelle B 1,0-Gebühr. 12

V. Geschäftswert. Es gelten §§ 49 I, 52 I, IV (OLG Hamm FGPrax 2016, 233), 13
§ 69 I 2 Hs. 1.

VI. Fälligkeit, Gebührenschuldner. Die Fälligkeit richtet sich nach § 9 I. **Ge-** 14
bührenschuldner ist man nach §§ 22 I, 27.

Nr.	Gebührentatbestand	Gebühr oder Satz der Gebühr nach § 34 GNotKG – Tabelle B
14122	**Eintragung eines Gesamtrechts, wenn das Grundbuch bei verschiedenen Grundbuchämtern geführt wird:** **Die Gebühren 14 120 und 14 121 erhöhen sich ab dem zweiten für jedes weitere beteiligte Grundbuchamt um** .... **Diese Vorschrift ist anzuwenden, wenn der Antrag für mehrere Grundbuchämter gleichzeitig bei einem Grundbuchamt gestellt wird oder bei gesonderter Antragstellung, wenn die Anträge innerhalb eines Monats bei den beteiligten Grundbuchämtern eingehen.**	**0,2**

1 **I. Anwendungsbereich.** Die Vorschrift ist gegenüber KV 14120, 14121 lediglich ein Erhöhungstatbestand. Sie hat drei Voraussetzungen. Diese müssen zusätzlich vorliegen.

2 **1. Eintragung eines Gesamtrechts.** Es muss sich um dieselbe Belastung handeln (Vorb. 1.4.1.2.), sofern gesamtrechtsfähig (Reallast: BGH NJW-RR 2017, 1227). Natürlich können auch jeweils mehrere solche Belastungen vorliegen. Es reicht aber nicht eine Belastung des Grundstücks 1 mit zB einer Hypothek, des Grundstücks 2 mit einem Erbbaurecht.

3 **2. Mehrere Grundbuchämter.** Die belasteten Grundstücke müssen zu verschiedenen Grundbuchämtern gehören, selbst wenn sie vielleicht direkt nebeneinander liegen.

4 **3. Gleichzeitigkeit.** Der Eintragungsantrag muss bei den verschiedenen Grundbuchämtern gleichzeitig eingehen. Als gleichzeitig gilt nach der Anmerkung Hs. 1 ein Eingang zwar nur **bei einem** Grundbuchamt, aber **für mehrere.** Diesem Fall steht nach der Anm. Hs. 2 gleich, wenn mehrere Anträge zu demselben Gesamtrecht nach → Rn. 2 zwar von vornherein bei verschiedenen Grundbuchämtern eingehen, aber innerhalb eines Monats. Er errechnet sich nach § 188 II, III BGB. Es geht also nicht um einen Kalendermonat (1. bis letzter Tag).

5 **II. Gebührenhöhe.** Je weiter beteiligten Grundbuchamts entsteht eine Erhöhung um 0,2-Gebühr. Dabei ergibt sich bei KV 14120 insgesamt bei der ersten Erhöhung 1,3 + 0,2 = 1,5-Gebühr, also nicht etwa 1,3 + 0,26 = 1,56-Gebühr usw. Gemeinsamer Ansatz nach § 18 III.

6 **II. Geschäftswert:** Es gilt dasselbe wie bei KV 14120, 14121.

7 **III. Fälligkeit, Gebührenschuldner.** Es gilt dasselbe wie bei KV 14120, 14121.

Nr.	Gebührentatbestand	Gebühr oder Satz der Gebühr nach § 34 GNotKG – Tabelle B
14123	**Eintragung eines Rechts, das bereits an einem anderen Grundstück besteht, wenn nicht die Nummer 14 122 anzuwenden ist**	**0,5**

1 **I. Anwendungsbereich.** Auch diese gegenüber KV 14120–14122 speziellere Ergänzungsbestimmung ist eng auslegbar. Es müssen die folgenden Voraussetzungen zusammentreffen.

1. Eintragung eines Rechts. Es reicht ein jedes der in der Vorb. 1.4.2.1 aufgezählten Rechte. Ein förmliches Gesamtrecht fordert KV 14123 anders als KV 14122 nicht ausdrücklich. Aber nur dann handelt es sich um dasselbe Recht. 2

2. Belastung bereits eines anderen Grundstücks. Das jetzt einzutragende Recht muss bereits an mindestens einem anderen Grundstück eingetragen sein. Es kommt nicht auf den etwa früheren Zeitpunkt eines Eintragungsantrags an, sondern hier anders als bei KV 14122 nur darauf, ob schon ein anderes Grundstück dieselbe Belastung aufweist. Dafür ist es unerheblich, ob etwa dieselbe Hypothek dort an besserer oder schlechterer Stelle eingetragen ist, als das jetzt auf dem weiteren Grundstück geschehen könnte. Hauptanwendungsfall ist die Nachverpfändung → Rn. 6 3

3. Unanwendbarkeit von KV 14122. Schließlich muss kein Fall nach KV 14122 dessen Anwendung erlauben. KV 14123 gilt also nur hilfsweise. 4

II. Gebührenhöhe. Es entsteht eine 0,5-Gebühr nach der Tabelle B. 5

III. Geschäftswert. Wertvergleich gem. § 44 I. 6

IV. Fälligkeit, Gebührenschuldner. Es gilt dasselbe wie bei KV 14120. 7

Nr.	Gebührentatbestand	Gebühr oder Satz der Gebühr nach § 34 GNotKG – Tabelle B
14124	**Nachträgliche Erteilung eines Hypotheken-, Grundschuld- oder Rentenschuldbriefs, Herstellung eines Teilbriefs oder eines neuen Briefs** .... **Sind die belasteten Grundstücke bei verschiedenen Grundbuchämtern eingetragen, so werden für die gemäß § 59 Abs. 2 der Grundbuchordnung zu erteilenden besonderen Briefe die Gebühren gesondert erhoben.**	**0,5**

I. Systematik. Die Vorschrift gilt auch bei einem Teilbrief. Sie erfasst nur (noch) eine nachträgliche Erteilung, also nicht eine zeitgleich mit der Eintragung des Grundpfandrechts erfolgende Brieferteilung. Sie gilt auch nicht die Rechtsänderung an sich ab (KV 14130). 1

II. Regelungszweck. Die Belastung mit immerhin 0,5-Gebühr zusätzlich mag als recht hoch erscheinen. Immerhin bringt aber die Anfertigung der Urkunde auch eine zusätzliche Verantwortung. Sie kann sich auf die Wirksamkeit der ganzen Belastung zumindest wirtschaftlich und verfahrensrechtlich bis hin zur etwaigen Notwendigkeit eines Aufgebotsverfahrens auswirken. 2

III. Gewöhnlicher Brief. Man muss zwei Situationen unterscheiden. 3

1. Ersterteilung. Die Brieferteilung infolge nachträglicher Aufhebung des Ausschlusses der Brieferteilung kostet eine Gebühr. Die Eintragung des Erteilungsvermerks wird über KV 14130 abgegolten. Die mit dem Brief nach § 58 I GBO verbundene Schuldurkunde kostet weder eine Gebühr noch eine Dokumentenpauschale, soweit sie das Gericht herstellt. 4

2. Neuerteilung. Ein neuer Brief nach § 67 GBO fällt ebenfalls unter KV 14124. Die Unbrauchbarmachung des alten Briefs und die Übertragung der Vermerke auf den neuen Brief sind gebührenfrei. 4

Wenn das Grundbuchamt feststellt, dass der bisherige Brief durch eine **Kriegseinwirkung** vernichtet worden oder sonst abhandengekommen ist, erteilt es einen neuen Brief. Eine Feststellung des Verlusts durch das Grundbuchamt reicht auch dann aus, wenn die Brieferteilung nachträglich entfällt oder wenn die Hypothek gelöscht werden soll. Die Erteilung des neuen Briefs und die Feststellung der Vernichtung des alten ergehen nach § 26 I 3 GBMaßnG in diesem Fall gebührenfrei. 5

6 Soweit eine Hypothek auf den Eigentümer **übergeht,** meist als Grundschuld nach § 1177 BGB, entsteht für die Umschreibung eine Gebühr nach KV 14130 und für den neu beantragten Brief eine Gebühr nach KV 14124. Auch bei einer Umwandlung der einen Art von Grundpfandrecht in eine andere unterfällt ein neuer Brief dem KV 14124 neben KV 14130. Ein Vermerk nach § 68 III GBO ist ein gebührenfreies Nebengeschäft.

7 **IV. Gebührenhöhe.** Es entsteht nach der Tabelle B 0,5-Gebühr.

8 **V. Geschäftswert.** Es gelten §§ 71, 69 II, 53. Bei Teilbriefen anteilig.

9 **VI. Fälligkeit, Gebührenschuldner.** Die Fälligkeit richtet sich nach § 9 I.

10 **Gebührenschuldner** ist man nach §§ 22 I, 27.

VII. Umsatzsteuerrelevanz. Soweit es sich um die Herstellung eines Teilbriefes handelt, sind auch Notare zuständig (§§ 61 Abs. 1, 70 GBO). Daher besteht ein Wettbewerbsverhältnis iSv § 2b Abs. 1 Satz 2 UStG. Der Auslagentatbestand KV 31017 ist zu prüfen.

Nr.	Gebührentatbestand	Gebühr oder Satz der Gebühr nach § 34 GNotKG – Tabelle B
14125	**Ergänzung des Inhalts eines Hypotheken-, Grundschuld- oder Rentenschuldbriefs, die auf Antrag vorgenommen wird (§ 57 Abs. 2 und § 70 der Grundbuchordnung)**	**25,00 €**

1 **I. Anwendungsbereich.** Für die Ergänzung des nach §§ 57 II, 70 GBO in den Grundpfandrechtsbrief aufgenommenen Grundbuchauszugs kann eine Gebühr entstehen. Das gilt aber nur dann, wenn die Ergänzung kein gebührenfreies Nebengeschäft darstellt. Sie ist ein solches Nebengeschäft, soweit sie von Amts wegen stattfindet, §§ 61 IV, 62 I 1, 63, 65 GBO. Daher entsteht die Gebühr nur für eine Ergänzung auf Grund eines Antrags. Die Festgebühr entsteht auch bei mehreren gleichzeitigen Ergänzungen und Vermerken auf demselben Brief nur einmal je Grundbuchamt. Die Dokumentenpauschale nach KV 31000 ist durch die Festgebühr oder die für das Hauptgeschäft erforderliche Gebühr abgegolten.

2 **II. Sonstiger Vermerk.** Die Vorschrift erfasst nicht mehr die nach § 62 GBO auf dem Brief sonst notwendigen Eintragungen. Sie sind dann ein gebührenfreies Nebengeschäft.

3 **III. Festgebühr.** Sie beträgt 25 EUR.

4 **IV. Fälligkeit, Gebührenschuldner.** Die Fälligkeit richtet sich nach § 9 I. Gebührenschuldner ist man nach §§ 22 I, 27.

Unterabschnitt 3. Veränderung von Belastungen

Nr.	Gebührentatbestand	Gebühr oder Satz der Gebühr nach § 34 GNotKG – Tabelle B
14130	**Eintragung der Veränderung einer in der Vorbemerkung 1.4.1.2 genannten Belastung**	**0,5**
	I 1 Als Veränderung eines Rechts gilt auch die Löschungsvormerkung (§ 1179 BGB). 2 Für sie wird keine Gebühr erhoben, wenn ihre Eintragung zugunsten des Berechtigten gleichzeitig mit dem Antrag auf Eintragung des Rechts beantragt wird.	
	II Änderungen des Ranges eingetragener Rechte sind nur als Veränderungen des zurück-	

Nr.	Gebührentatbestand	Gebühr oder Satz der Gebühr nach § 34 GNotKG – Tabelle B
	tretenden Rechts zu behandeln, Löschungsvormerkungen zugunsten eines nach- oder gleichstehenden Gläubigers nur als Veränderungen des Rechts, auf dessen Löschung der vorgemerkte Anspruch gerichtet ist.	

I. Systematik. Gegenüber KV 14111–14125 stellt KV 14130 eine noch speziellere und vorrangige weitere Ergänzung zu KV 14110 dar. Das gilt auch für die zugehörige Regelung des Werts gegenüber §§ 46 ff. Die KV 14140 ff. stellen jedenfalls theoretisch solche Fälle dar, die nicht unter KV 14130 fallen können. Ergänzend gilt KV 14131. 1

II. Regelungszweck. Die Vorschrift bezweckt eine kostengerechte sozial erträgliche Abgeltung mithilfe von Begriffen wie „gleichzeitiger Antrag". Man sollte die in der Praxis auftretenden Probleme unter Mitbeachtung des Grundsatzes einer dem Kostenschuldner günstigen Auslegung nach → § 1 Rn. 2 lösen. 2

III. Veränderung. Dazu Böhringer JurBüro 2017, 506 (Üb.). Man muss drei Aspekte beachten. 3

1. Begriff. Unter einer „Veränderung" eines eingetragenen Rechts versteht KV 14130 alles, was den Inhalt des Rechts ändert, aber auch die Übertragung oder eine Belastung. Die Veränderung mag die Person eines Beteiligten treffen, aber auch den Rechtsinhalt, den Rang des Rechts (OLG München JurBüro 2010, 485). 4

2. Beispiele zur Frage einer Veränderung

Abtretung: Wegen einer Gesamtgrundschuld (OLG Dresden NJW-RR 2015, 448) (bei jedem Grundbuch 0,1-Gebühr gem. Nr. 14131 KV aus dem Nennbetrag, höchstens 60 Millionen EUR). 5

Aufhebung: Veränderung ist eine Aufhebung zB einer Hypothek nach § 1183 BGB oder des Ausschlusses eines Grundschuldbriefs (OLG Hamm JurBüro 2019, 140, OLG Bamberg JurBüro 2017, 535).

Auflassungsvormerkung: Eintragungen von Veränderungen einer Vormerkung (auch Bedingung, Befristung) sind gebührenfrei, da hierbei keine Belastung iSv Unterabschnitt 3 verändert wird (Drs. 17/11471 (neu), 209).

Belastung: Veränderung ist eine Belastung, zB eine Pfändung oder Verpfändung.

Berechtigtenwechsel: Veränderung ist ein solcher Vorgang. Aber auch → „Name".

Dauerwohnrecht: Veränderung ist seine Änderung.

Erbbaurecht: Veränderung ist seine Änderung. Übertragung führt jedoch zu KV 14110, Vorb. 1.4 Abs. 1, §§ 49 II, 47. Aufhebung an einem von mehreren Grundstücken bei Gesamterbbaurecht (§§ 6a GBO, 39 Abs. 3 SachenRBerG) ist weder Veränderung noch Entlassung aus der Mithaft, sondern „Löschung im Übrigen" → Nr. 14143 KV).

Erhöhung: Die Erhöhung zB der Erbbauzinsreallast ist keine Veränderung, sondern Neubestellung an rangbereiter Stelle, KV Nr. 14121.

Erweiterung: Veränderung ist eine Erweiterung zB durch eine Nebenpflicht.

Forderungsauswechslung: Veränderung ist ein solcher Vorgang, zB die Ersetzung einer Hypothekenforderung durch eine andere Forderung desselben oder eines anderen Gläubigers.

Gesamtgrundpfandrecht: → „Verteilung".

Gläubigervertreter: Veränderung ist seine nachträgliche Bestellung nach § 1189 BGB.

Gläubigerverzicht: Veränderung ist ein solcher nach § 1168 BGB. Verzicht auf Hypothek an einem der Grundstücke, § 1175 I 2 BGB, ist jedoch Mithaftentlassung, → „Mithaftvermerk".

Grundschuld: → „Umwandlung".

Heimfall: → „Erbbaurecht".

Höchstbetragseintragung: Veränderung ist auch eine nachträgliche Bestimmung eines Höchstbetrags des Wertersatzes nach §§ 877, 882 BGB (aA Thamer ZfIR 2013, 580).

Hypothek: → „Aufhebung", „Forderungsauswechslung", „Teilung", „Umwandlung", „Verzicht", „Zusammenfassung".

Laufzeit: Veränderung ist eine Laufzeitänderung (OLG Frankfurt ErbbauZ 2022, 53; LG Bayreuth JurBüro 1985, 1128).

Löschungsvormerkung: Die Anm. I 1 nennt diejenige nach § 1179 BGB als eine Rechtsveränderung. Vgl. freilich auch dort I 2, II. Eine Gebühr wird nicht erhoben, wenn ihre Eintragung gleichzeitig mit der Eintragung des zur Löschung vorgemerkten Rechts beantragt wird. Die Löschung einer Löschungsvormerkung fällt demgegenüber unter KV 14152. Auch → „Auflassungsvormerkung".

Mithaftvermerk: Keine Veränderung ist ein solcher Vorgang. → Nr. 14123 KV.

Name: Keine Veränderung ist eine bloße Namensänderung (Drs. 17/11471 (neu), 210).

Nießbrauch: Veränderung ist ein Nießbrauch an einem eingetragenen Recht, § 1069 BGB.

Pfändung: → „Belastung".

Rang: Veränderung ist eine Rangänderung. Vgl. aber die Anm. II 1. Ein bloßer Rangvermerk ist gebührenfrei.

Teilung: Veränderung ist ein solcher Vorgang zB bei einer Hypothek. Kann Nebengeschäft sein.

Todesnachweis: Keine Veränderung ist eine nachträgliche Eintragung, dass zur Löschung ein solcher Nachweis genüge, BT-Drs. 17/11471 (neu), 210.

Übergang: Veränderung ist ein gesetzlicher Übergang auf einen anderen.

Übertragung: Veränderung ist die rechtsgeschäftliche Übertragung auf einen anderen.

Umwandlung: Veränderung ist eine Umwandlung der Hypothek in eine Grundschuld und umgekehrt, ferner die Umwandlung einer Sicherungshypothek in eine gewöhnliche Hypothek oder einer Arresthypothek in eine Zwangshypothek (OLG München JurBüro 2010, 484).

Verpfändung: → „Belastung".

Verteilung: Veränderung ist die Verteilung eines Gesamtgrundpfandrechts nach § 1132 II BGB (BayObLG Rpfleger 1981, 326).

Verzicht: Veränderung ist ein Verzicht zB auf eine Hypothek nach § 1168 BGB. Auch → „Verteilung"

Vormerkung: → „Auflassungsvormerkung", „Löschungsvormerkung".

Wohnungseigentum: Nicht von Vorb. 1.4.1.2. erfasst. Veränderung des Miteigentumsanteils ist Eigentumsübergang, Veränderung des Sondereigentums ist nach KV 14160 Nr. 5 abzurechnen.

Wirksamkeitsvermerk: Die Eintragung eines Wirksamkeitsvermerks ist keine Veränderung; durch die Eintragung wird das Recht nicht verändert, sondern ein Zustand klargestellt (BGH ZfIR 1999, 358).

Zahlungsbedingungen: Veränderung ist eine Änderung der Zahlungsbedingungen.

Zinsen: Veränderung ist eine Änderung des Zinssatzes. Wert nach §§ 37 II, 52 III 2.

Zusammenfassung: Veränderung ist die Zusammenfassung zu einer Einheitshypothek.

6 **IV. Gebührenhöhe.** Jede Veränderung macht grundsätzlich 0,5-Gebühr nach Tabelle B fällig, und zwar nach dem vollen Nennbetrag der abgetretenen Gesamtgrundschuld (OLG Düsseldorf FGPrax 2015, 92). Eine Erhöhung des Betrags einer Einheitshypothek durch eine neue Post und die Zusammenschreibung mit der Einheitshypothek ist eine Neueintragung und eine Veränderung. Die Eintragung einer Teiländerung betrifft das bis dahin ungeteilte Recht. Die Zerlegung ist gebührenrechtlich unerheblich.

7 **V. Mehrere Veränderungen, mehrere Rechte.** Man muss vier Gesichtspunkte beachten.

8 **1. Begriff.** Maßgebend ist der Zustand vor der Veränderung.

2. Veränderung mehrerer Rechte (Vorb. 1.4 IV). Die Veränderung kann sich auf mehrere Rechte beziehen, LG Kempten Rpfleger 1984, 480. Dann entsteht die 0,5-Gebühr nach I für jedes Recht besonders (→ Vorb. 1.4 Rn. 49). Das gilt auch dann, wenn nur die Eintragung eines einheitlichen Vermerks notwendig ist oder wenn die mehreren Rechte hinter ein anderes zurücktreten (OLG Hamm Rpfleger 1988, 101, keine Verfassungswidrigkeit). 9

3. Mehrere Veränderungen desselben Rechts (Vorb. 1.4 V). In diesem Fall muss man prüfen, ob die Anträge an demselben Tag beim Gericht eingegangen und in demselben Dokument enthalten sind (privilegierende Antragstellung). Dann entsteht die 0,5-Gebühr nur einmal unabhängig davon, ob die Eintragung eines oder mehrerer Vermerke notwendig ist (→ Vorb. 1.4 Rn. 52). 10

4. Mehrere belastete Grundstücke (Vorb. 1.4 III). In diesem Fall kommt es bei privilegierender Antragstellung → Rn. 10 darauf an, ob die Grundstücke bei demselben Grundbuchamt registriert sind. Falls ja, entsteht die 0,5-Gebühr dann nur einmal. Falls nein, entsteht die 0,5-Gebühr mehrmals (OLG Naumburg Rpfleger 2015, 495). 11

Werden nicht gesamtrechtsfähige inhaltsgleiche Rechte, die auf mehreren Objekten lasten und für denselben Berechtigten eingetragen sind, aufgrund privilegierender Antragstellung → Rn. 8 verändert, entsteht nur eine Gebühr, ggf. Wertaddition. 12

VI. Geschäftswert. Es gilt § 69 I, II. 13

VII. Fälligkeit, Gebührenschuldner. Die Fälligkeit richtet sich nach § 9 I. Gebührenschuldner ist man nach §§ 22 I, 27. 14

Nr.	Gebührentatbestand	Gebühr oder Satz der Gebühr nach § 34 GNotKG – Tabelle B
14131	**Eintragung der Veränderung eines Gesamtrechts, wenn das Grundbuch bei verschiedenen Grundbuchämtern geführt wird:** **Die Gebühr 14 130 erhöht sich ab dem zweiten für jedes weitere beteiligte Grundbuchamt um** .... **Diese Vorschrift ist anzuwenden, wenn der Antrag für mehrere Grundbuchämter gleichzeitig bei einem Grundbuchamt gestellt wird oder bei gesonderter Antragstellung, wenn die Anträge innerhalb eines Monats bei den beteiligten Grundbuchämtern eingehen.**	0,1

I. Anwendungsbereich. Es geht um eine Ergänzung von KV 14130 (Erhöhungstatbestand). Unter den in der Vorb. 1.4.1.2 genannten Rechten sind Grundpfandrechte, Reallasten und Erbbaurechte als Gesamtrechte möglich. **Verschiedene Grundbuchämter** müssen das Gesamtrecht führen. 1

II. Antragszeitpunkte (Anm.). Nach diesem Teil der Vorschrift kommen zwei weitere Bedingungen infrage. 2

1. Nur ein einziger Antrag (Hs. 1). Entweder muss nur ein einziger Antrag für alle beteiligten Grundbuchämter vorliegen. Ein solcher nur für einen Teil von mehreren beteiligten Ämtern reicht nicht. Der Antrag muss sich eindeutig auf alle Ämter beziehen. Freilich ist er auslegbar, wie jede Parteiprozesshandlung nach Anders/Gehle/Anders ZPO Vor § 128 Rn. 47, 51, 52. Die Bezugnahme kann also auch stillschweigend erfolgt sein. In aller Regel will der Antragsteller sämtliche beteiligten Ämter anrufen. 3

Gleichzeitig muss das geschehen sein. Dieses Wort ist deshalb eigentlich überflüssig, weil Hs. 1 ja ohnehin von „dem" Antrag spricht, während Hs. 2 „die Anträge" regelt. Bei Hs. 1 liegt auch im Gegensatz zu Hs. 2 keine „gesonderte" Antrag- 4 stellung vor. Immerhin mag unter Hs. 1 auch fallen, dass der Antragsteller mehrere Schriftstücke bei nur einem der beteiligten Ämter für mehrere von ihnen einreicht. Auch dann müssen sie bei dem von ihm ausgewählten beteiligten Grundbuchamt gleichzeitig eingehen. Dieses Amt muss sie dann wie bei § 121 I 1 BGB unverzüglich an jedes weiter beteiligte Amt in Kopie oder in dem etwa vom Antragsteller eingereichten weiteren Exemplar der einzigen Antragsschrift zuleiten. Ist die Anschrift der weiteren beteiligten Ämter dem Zugangsamt unbekannt, wird es nach § 26 FamFG diese beim Antragsteller erfragen.

5 **2. Mehrere Anträge (Hs. 2).** Oder es müssen mehrere „gesonderte" Anträge vorliegen. Sie müssen sich jeweils an eines der beteiligten Grundbuchämter richten. Es müssen aus den Gründen → Rn. 2 Anträge an sämtliche beteiligten Ämter vorliegen.

6 **Innerhalb eines Monats** müssen sämtliche gesonderten Anträge bei sämtlichen beteiligten Ämtern eingegangen sein. Einen Falscheingang darf man nur dann als innerhalb der Frist erfolgt bewerten, wenn ihn der Adressat rechtzeitig wie bei § 129a II 2 ZPO an den richtigen Adressaten weitergeleitet hat. Er braucht zu diesem Zweck nicht alles stehen und liegen zu lassen.

7 **III. Gebührenhöhe.** Es entsteht bei jedem weiteren beteiligten Grundbuchamt, 0,1 Gebühr mehr als nach KV 14130. Solche Erhöhung tritt erst „ab dem zweiten" beteiligten Amt ein (bei insgesamt drei Grundbuchämtern also eine 0,7-Gebühr).

8 **IV. Geschäftswert.** Es gilt dasselbe wie bei → KV 14130 Rn. 10.

9 **V. Fälligkeit, Gebührenschuldner.** Es gilt dasselbe wie bei → KV 14130 Rn. 11.

Unterabschnitt 4. Löschung von Belastungen und Entlassung aus der Mithaft

Vorbemerkung 1.4.1.4:

Dieser Unterabschnitt gilt für die Löschung einer Hypothek, Grundschuld oder Rentenschuld, einer Dienstbarkeit, eines Dauerwohnrechts, eines Dauernutzungsrechts, eines Vorkaufsrechts, einer Reallast, eines Erbbaurechts oder eines ähnlichen Rechts an einem Grundstück.

Nr.	Gebührentatbestand	Gebühr oder Satz der Gebühr nach § 34 GNotKG – Tabelle B
14140	**Löschung in Abteilung III des Grundbuchs ..**	**0,5**
14141	**Löschung eines Gesamtrechts, wenn das Grundbuch bei verschiedenen Grundbuchämtern geführt wird:** **Die Gebühr 14 140 erhöht sich ab dem zweiten für jedes weitere beteiligte Grundbuchamt um ....**	**0,1**
	Diese Vorschrift ist anzuwenden, wenn der Antrag für mehrere Grundbuchämter gleichzeitig bei einem Grundbuchamt gestellt wird oder bei gesonderter Antragstellung, wenn die Anträge innerhalb eines Monats bei den beteiligten Grundbuchämtern eingehen.	
14142	**Eintragung der Entlassung aus der Mithaft ..**	**0,3**
14143	**Löschung im Übrigen ....**	**25,00 €**

1 **I. Anwendungsbereich.** Die Vorschriften machen keineswegs jede Löschung (Rötung) im Grundbuch gebührenpflichtig. Daran ändert auch die Auffangvorschrift KV 14143 nichts. Denn ihre Worte „im Übrigen" stehen auf der Basis der Vorb. 1.4.1.4. Dort wird der Anwendungsbereich dieses Unterabschnitts 4 zunächst

durch eine längere Aufzählung von Belastungen gekennzeichnet, dann aber mit dem Begriff „ähnliches Recht an einem Grundstück" einerseits erweitert, andererseits aber auch begrenzt: Es muss immerhin um eine solche Eintragung gehen, die einer Belastung ähnlich ist.

Unanwendbar ist daher schon wegen des Worts „nur" in § 1 I die Löschung einer solchen Eintragung, die zB von Amts wegen auf Grund einer Unrichtigkeit erfolgt. Die Löschung einer Vormerkung, nicht zu verwechseln mit der Eintragung einer Löschungsvormerkung nach § 1179 BGB, dürfte freilich durchweg unter KV 14152 fallen. Im Zweifel keine Gebührenpflicht. Vgl. auch die Vorb. 1.4 II Nr. 1–3. 2

II. Löschung in Abt. III (KV 14140). Hierher zählt eine Löschung der in der Vorb. 1.4.1.4 aufgezählten Rechte, soweit sie gerade in Abt. III standen. Das Erbbaurecht ist im Grundbuch des belasteten Grundstücks in Abt. II eingetragen. Eine Löschungsvormerkung steht in Abt. III, wird aber von Vorb. 1.4.1.4 nicht erfasst. 3

III. Löschung eines Gesamtrechts (KV 14141). Es entsteht eine Erhöhung unter den Voraussetzungen der Anm. zu KV 14141, wenn mehrere Grundbuchämter beteiligt werden. Dann erfolgt Koordinierung der Zuständigkeit nach § 18 III (siehe auch § 18 KostVfg). Wenn bereits zumindest ein Grundstück aus der Mithaft entlassen worden war, erfolgt Wertvergleich nach § 44 I 2. 4

Beispiel: Der Notar beantragt die Löschung aller restlichen Mithaftstellen einer Globalgrundschuld von 8.100.000 EUR bei dem GBA A. Dabei teilt er mit, er habe am selben Tag einen gleichlautenden Löschungsantrag bei allen zuständigen Grundbuchämtern eingereicht. Zunächst ist die eigene Zuständigkeit festzustellen durch Ermittlung des Zeitpunktes des Antragseingangs bei den anderen Amtsgerichten (§ 18 Abs. 3 GNotKG, § 18 KostVfg). Dabei sollte wegen § 44 I 2 bereits auch nach dem Wert des dort entlassenen Grundbesitzes gefragt werden.
Die Anfrage ergibt, dass bei dem Grundbuchamt B noch sieben Mithaftstellen (Grundbesitz-Wert 1.400.000 EUR; Eingang 2.11, 8.50 Uhr) bestehen, beim Grundbuchamt C noch 20 Mithaftstellen (Wert 4.000.000 EUR; Eingang 2.11, 8.50 Uhr). Beim Grundbuchamt A sind noch 16 Mithaftstellen (Wert 3.200.000 EUR) verzeichnet. Der Antrag ist beim Grundbuchamt A am 2.11. um 8.49 Uhr eingegangen.
Damit ist Grundbuchamt A für den Kostenansatz zuständig. Die 0,5-Gebühr Nr. 14140 KV erhöht sich gem. KV 14141 um 2-mal 0,1 auf 0,7. Der Wert beträgt 8.100.000 EUR, die Summe der Grundbesitzwerte wäre höher.

Unanwendbar ist die Erhöhung auf die Löschung eines Gesamtrechts durch nur ein Grundbuchamt. Dann bemisst sich die Anzahl der Gebühren nur nach Vorb. 1.4 III. 5

IV. Entlassung aus der Mithaft (KV 14142). Sie stellt zwar formell keine Löschung dar, sondern eine Eintragung. Sie ist aber der Sache nach ein löschungsgleicher Vorgang zulasten des Mithaftbegünstigten. Sie kann auch dann vorliegen, wenn schon eine Gesamtlöschung möglich wäre (KG Rpfleger 1976, 333). Mögliche Zusammenfassung der Gebühren bei einem Grundbuchamt nach Vorb. 1.4 Abs. 3 Satz 3 (überholt: OLG Köln Rpfleger 2017, 244), jedoch nicht bei mehreren Grundbuchämtern. 6

V. Gebühren. Es gelten zwei verschiedene Prinzipien. 7

1. Wertgebühren (KV 14140–14142). Bei ihnen gilt jeweils die Tabelle B. Die Löschung nach KV 14140 kostet jeweils 0,5-Gebühr, die Löschung eines Gesamtrechts evtl. nach KV 14141 0,5 + 0,1 = 0,6-Gebühr. Die Entlassungseintragung nach KV 14142 verursacht jeweils eine 0,3-Gebühr mit einem Wertvergleich nach § 44 I. 8

2. Festgebühr (KV 14143). Sie beträgt 25 EUR. Für Reallast und Erbbaurecht → Vorb. 1.4 Rn. 31. Für nicht gesamtrechtsfähige Rechte in Abteilung II siehe Vorb. 1.4 Rn. 38. 9

3. Nichtmitübertragung. Vollzieht das Grundbuchamt die Löschung durch Nichtmitübertragung nach § 46 II GBO, entsteht die Gebühr ebenfalls (OLG Hamburg RPfleger 1972, 380; OLG Düsseldorf RPfleger 1977, 460). 10

VI. Geschäftswert (KV 14140–14142). Vgl. §§ 36 I, III, 44, nicht § 69 (keine Eintragung mehrerer Veränderungen). 11

VII. Fälligkeit, Gebührenschuldner. Die Fälligkeit richtet sich nach § 9 I. **Gebührenschuldner** ist der Antragsteller nach § 22 I. Vgl. auch § 27. 12

Unterabschnitt 5. Vormerkungen und Widersprüche

Nr.	Gebührentatbestand	Gebühr oder Satz der Gebühr nach § 34 GNotKG – Tabelle B
14150	**Eintragung einer Vormerkung**	**0,5**
14151	**Eintragung eines Widerspruchs**	**50,00 €**
14152	**Löschung einer Vormerkung**	**25,00 €**

1 **I. Anwendungsbereich.** Die Vorschriften stellen vorrangige eng auslegbare Spezialregelungen dar.

2 **II. Vormerkung (KV 14150).** Die Vorschrift erfasst die Eintragung einer Auflassungsvormerkung und einer Sicherungsvormerkung nach § 883 BGB (BayObLG ZMR 1994, 68), oder nach anderen Vorschriften, zB nach § 28 II BauGB. Das gilt unabhängig davon, ob die Eintragung von Amts wegen oder auf einen Antrag auch nach § 895 ZPO oder auf ein gerichtliches oder behördliches Ersuchen erfolgt. Man muss eine Eintragung der Vormerkung zur Sicherung einer Veränderung oder Aufhebung eines Rechts ebenso wie die endgültige Eintragung beurteilen. Nur **eine** Gebühr entsteht für eine Vormerkung für mehrere in Gesamtberechtigung nach § 428 BGB (OLG Düsseldorf JurBüro 2016, 536). Die Anzahl der Gebühren bemisst sich bei mehreren betroffenen Grundstücken nach Vorb. 1.4 III. § 69 ist über § 45 III anwendbar.

3 Wegen der **Veränderung** einer Auflassungsvormerkung → KV 14130 Rn. 5 „Auflassungsvormerkung". Die Löschung einer Vormerkung fällt unter KV 14152 (OLG Hamm FGPrax 2017, 140).

4 Die spätere **endgültige Eintragung** lässt die dafür geltende Gebühr besonders entstehen. Eine Löschungsvormerkung nach § 1179 BGB gilt kostenrechtlich nach KV 14130 Anm. I als bloße Veränderung einer Belastung (OLG München MittBayNot 2019, 392 Rn. 41, beck-online).

5 **III. Widerspruch (KV 14151).** Die Vorschrift behandelt die Eintragung eines Widerspruchs nach § 899 BGB oder nach anderen Vorschriften, zB nach § 7 II GrdstVG. Das gilt unabhängig davon, ob die Eintragung von Amts wegen oder auf einen Antrag auch nach § 895 ZPO oder auf ein gerichtliches oder behördliches Ersuchen erfolgt. Der Amtswiderspruch nach § 53 GBO ist gebührenfrei nach Vorb. 1.4 II Nr. 1. Der in Anlehnung an den Widerspruch entwickelte sog. Rechtshängigkeitsvermerk ist gebührenfrei. Die Löschung des Widerspruchs ist gebührenfrei (BT-Drs. 17/11471, 209).

6 **IV. Löschung einer Vormerkung (KV 14152).** Es entstehen 25 EUR. Für die Löschung nur eines Mitberechtigten einer Rückübertragungsvormerkung, die gem. § 428 BGB für Gesamtberechtigte eingetragen ist, entsteht die Gebühr nicht, solange nicht die gesamte Vormerkung gelöscht wird.

7 **V. Wertgebühr (KV 14150).** Es entsteht eine 0,5-Gebühr nach Tabelle B.

8 **VI. Festgebühren (KV 14151, 14152).** Es entstehen Festgebühren (50 EUR Widerspruch oder 25 EUR Löschung). Die Anzahl der Gebühren bestimmt sich nach Vorb. 1.4 III.

9 **VII. Geschäftswert (KV 14150).** Der Geschäftswert richtet sich nach der endgültigen Eintragung. Man darf wegen einer Bedingung oder Befristung keinen Abzug vornehmen. Maßgebend sind §§ 36 I, III, 38, 50, 45 III, 69. Da eine Rückgewährvormerkungen den Anspruch auf Abtretung eines dinglichen Grundpfandrechts an den Vormerkungsberechtigten sichert, entspricht der maßgebliche Bezugswert des Grundpfandrechts gemäß § 53 Abs. 1 Satz 1 GNotKG dem Nennbetrag der Schuld (OLG München MittBayNot 2019, 392 Rn. 41, beck-online).

10 Beim **Vorkaufs-** oder **Wiederkaufsrecht** ist der halbe Kaufpreis maßgebend (§§ 45 III, 51 I 2).

11 **VIII. Fälligkeit, Gebührenschuldner (KV 14150–14152).** Die Fälligkeit richtet sich nach § 9 I. **Gebührenschuldner:** Es gilt § 22 I.

Unterabschnitt 6. Sonstige Eintragungen

Nr.	Gebührentatbestand	Gebühr oder Satz der Gebühr nach § 34 GNotKG – Tabelle B
14160	**Sonstige Eintragung** .... **Die Gebühr wird erhoben für die Eintragung** **1. eines Vermerks über Rechte, die dem jeweiligen Eigentümer zustehen, einschließlich des Vermerks hierüber auf dem Grundbuchblatt des belasteten Grundstücks;** **2. der ohne Eigentumsübergang stattfindenden Teilung außer im Fall des § 7 Abs. 1 der Grundbuchordnung;** **3. der ohne Eigentumsübergang stattfindenden Vereinigung oder Zuschreibung von Grundstücken; dies gilt nicht, wenn die das amtliche Verzeichnis (§ 2 Abs. 2 der Grundbuchordnung) führende Behörde bescheinigt, dass die Grundstücke örtlich und wirtschaftlich ein einheitliches Grundstück darstellen oder die Grundstücke zu einem Hof gehören;** **4. einer oder mehrerer gleichzeitig beantragter Belastungen nach § 1010 BGB; die Gebühr wird für jeden belasteten Anteil gesondert erhoben, auch wenn es nur der Eintragung eines Vermerks bedarf, oder** **5. einer oder mehrerer gleichzeitig beantragter Änderungen des Inhalts oder Eintragung der Aufhebung des Sondereigentums; die Gebühr wird für jedes betroffene Sondereigentum gesondert erhoben; die Summe der zu erhebenden Gebühren beträgt in diesem Fall höchstens 500,00 €, bei der Löschung einer Veräußerungsbeschränkung nach § 12 des Wohnungseigentumsgesetzes höchstens 100,00 €.**	**50,00 €**

I. Anwendungsbereich. Alle Neuregelungen sind als Spezialbestimmungen eng auslegbar. Vorb. 1.4 III–V ist nicht anwendbar; die Norm enthält eigene Regeln für die Anzahl der Festgebühren. 1

II. Rechtsvermerk (Anm. Nr. 1). Es geht um die Eintragung des Vermerks eines solchen Rechts, das dem jeweiligen Eigentümer zusteht, auf dem Grundbuchblatt des herrschenden Grundstücks (Herrschvermerk) einschließlich des Vermerks hierüber auf dem Grundbuchblatt des belasteten Grundstücks nach § 9 I, III GBO. In Betracht kommt zB eine Grunddienstbarkeit oder ein Vorkaufsrecht nach § 1094 II BGB oder eine Reallast nach § 1105 II BGB einschließlich Erbbauzins. Bei gleichzeitiger Eintragung mehrerer sog. Herrschvermerke ist die Zahl der Rechte und nicht der Vermerke maßgeblich (OLG München ZfIR 2016, 542). Wenn das Recht als Gesamtberechtigung nach § 428 BGB eingetragen wird, fällt demnach nur einmal eine Festgebühr an. Die Gebühr entsteht nicht für die Löschung eines solchen Vermerks. 2

III. Teilung (Anm. Nr. 2). Es geht um die Eintragung einer ohne einen Eigentumsübergang auf einen Eigentümerantrag stattfindenden Teilung in mehrere selb- 3 ständige Grundstücke. Der Eigentumsübergang darf nicht gleichzeitig mit der Eintragung der Teilung einzutragen sein. Da das Eigentum rechtsgeschäftlich mit Eintragung übergeht, entsteht die Gebühr, wenn die Teilung bereits zusammen mit der Teilflächen-Erwerbsvormerkung eingetragen wird.

4 **Unanwendbar** ist Nr. 2 nach ihrem **Hs. 2** bei einer Abschreibung eines Grundstücksteils und dessen Eintragung als selbständiges Grundstück zwecks Belastung mit einem Recht nach § 7 I GBO. Nr. 2 betrifft auch nicht die Abvermessung und Zerlegung von Flurstücken (als Teile eines Grundstücks).

5 Die **Unterteilung von Wohnungseigentum** gehört zu KV 14112.

6 **IV. Vereinigung, Zuschreibung (Anm. Nr. 3).** Es geht um die Eintragung einer ohne einen Eigentumsübergang auf einen Eigentümerantrag stattfindenden Vereinigung oder Zuschreibung von Grundstücksteilen in derselben Hand nach § 890 BGB.

7 **Unanwendbar** ist Nr. 3 nach ihrem **Hs. 2** dann, wenn die nach § 2 II GBO zuständige Behörde bescheinigt, dass die Grundstücke örtlich **und** wirtschaftlich ein einheitliches Grundstück darstellen oder dass die Grundstücke zu einem Hof gehören. Ob eine Bescheinigung dergleichen ausreichend bescheinigt, muss man nach pflichtgemäßem Ermessen durch Auslegung klären. Eine Flurkarte bescheinigt nicht, insbesondere nicht die wirtschaftliche Einheit.

8 **V. Belastung nach § 1010 BGB (Anm. Nr. 4).** Es geht um die Eintragung einer Belastung eines Grundstücks zulasten des Sondernachfolgers eines Miteigentümers infolge der Regelung der Verwaltung oder Benutzung oder infolge einer Begrenzung des Rechts, die Aufhebung der Gemeinschaft zu verlangen. Es mag dabei um eine oder mehrere solche Belastungen gehen. Der Eintragungsantrag muss stets gleichzeitig mit einem oder mehreren weiteren solchen Anträgen eingegangen sein.

9 **VI. Änderung, Aufhebung von Sondereigentum (Anm. Nr. 5).** Es geht um die Eintragung einer oder mehrerer gleichzeitig beantragter Inhaltsänderungen oder der Aufhebung eines Sondereigentums nach § 7 I WEG (OLG Hamm FGPrax 2016, 184). Das gilt auch bei nur teilweiser Aufhebung (OLG Hamm FGPrax 2016, 184).

9a Eine **Aufhebung** von Sondereigentum erfolgt nach § 4 I WEG. Sie erfolgt auch auf Antrag bei einer Vereinigung aller Wohnungseigentumsrechte in einer Hand nach § 9 I Nr. 2 WEG durch die Schließung der Wohnungsgrundbücher und durch die Anlegung eines Grundbuchblatts für das Grundstück (Erlöschen), falls die Rechte nicht bereits nach § 9 III WEG aufgehoben sind.

10 Zur **Änderung** zählt auch eine Umwandlung von Wohnungs- in Teileigentum und umgekehrt (§ 1 II, III WEG), ferner eine Änderung oder Erweiterung eines Sondernutzungsrechts (OLG München FGPrax 2015, 184; aA OLG Hamburg BeckRS 2018, 42525 bei Neubegründung eines Sondernutzungsrechts), die später vereinbarte Haftungsklausel (Böhringer Rpfleger 2022, 375 (377)) oder die Aufhebung einer Veräußerungsbeschränkung (OLG München Rpfleger 2016, 59; jedoch Begrenzung → Rn. 12). Nr. 5 fällt nur einmal an, falls eine Sondernutzung schon aus der Teilungserklärung entstand (negative Komponente) und später eine Zuordnung zu einem einzelnen Wohnungseigentum erhielt (positive Komponente) (OLG Zweibrücken ZMR 2016, 919).

11 **Mehrere Gebühren** nach Nr. 5 entstehen bei Anträgen zu verschiedenen (Eingangs-)Zeitpunkten (OLG Hamm Rpfleger 2014, 50). Aber auch: Erwerb eines Sondernutzungsrechts von anderem Wohnungseigentümer: zwei Gebühren (Böhringer BWNotZ 2016, 74; Kellertausch (Sondernutzungsrechte): zwei Gebühren; Ringtausch (Sondernutzungsrechte): nur nach der Anzahl der beteiligten Sondereigentümer („mehrere gleichzeitig beantragte“).

11a Das „betroffene“ Sondereigentum ist abzählbar an der rechtlichen Betroffenheit der konkreten Sondereigentumseinheiten, neben den begünstigten also auch den verlierenden Einheiten. Wird in einem Haus mit 22 Sondereigentumseinheiten einer Einheit nachträglich ein Sondernutzungsrecht eingeräumt, entstehen 22 Gebühren (OLG München FGPrax 2015, 184).

12 **Begrenzung:** Die durch das WEMoG vom 16.10.2020 in Nr. 5 eingeführte Begrenzung für den Fall der Löschung einer Veräußerungsbeschränkung nach § 12 WEG bezieht sich nur auf gleichzeitig beantragte Änderungen; dann beträgt die

Summe der zu erhebenden Gebühren höchstens 100 EUR. Ein Mehrheitsbeschluss der Wohnungseigentümer gemäß § 12 Abs. 4 WEG über die Aufhebung der Veräußerungsbeschränkung bewirkt eine Änderung des bisherigen Inhalts des Sondereigentums, ist aber nur in den Wohnungseigentumsblättern zu vermerken, zu denen es beantragt wird. Werden solche Löschungen zugleich mit anderen Inhaltsänderungen beantragt, bleibt es insoweit bei der besonderen Erhebung der Gebühr, da die Ausnahmeregelung eng anzuwenden ist.

Durch das KostRÄG 2021 wurde eine weitere Deckelung für mehrere zu erhebende Gebühren auf eine Summe von 500 EUR eingeführt (siehe auch *Becker,* Rpfleger 2021, 330). Ist ein Sondereigentum betroffen, entsteht auch für mehrere gleichzeitig beantragte Änderungen nur eine Gebühr. Sind mehrere Grundbuchblätter betroffen, entstehen höchstens Gebühren bis zur **Obergrenze** von 500 EUR. Innerhalb dieser Obergrenze ist die **spezifische Grenze** für Fälle nach § 12 WEG zu beachten. **13**

Beispiel: Zu einer Serie von 15 Sondereigentumseinheiten werden gleichzeitig in zehn Fällen nur Änderungen nach § 12 WEG beantragt, in weiteren fünf Grundbuchblättern auch andere Änderungen des Sondereigentums. Begrenzend für die Summe der erhebenden Gebühren ist hier auch die kleinere Obergrenze von 100 EUR; hinzu kommen weitere Gebühren von 250 EUR, mithin insgesamt 350 EUR.

An dem Merkmal der Eintragung der Änderung eines Inhalts fehlt es, wenn eine unzulässig lediglich durch Bezugnahme eingetragene Veräußerungsbeschränkung berichtigend vermerkt wird (Schneider ZfIR 2020, 822) oder wenn eine bereits durch Bezugnahme eingetragene Haftungsklausel nach §§ 16, 28 WEG nachgetragen wird (Böhringer Rpfleger 2022, 375 (378)). **14**

Wenn von der durch das WEMoG geschaffenen Möglichkeit (Fiktion der Raumeigenschaft für Stellplätze, § 3 I WEG) Gebrauch gemacht wird, aus einem Sondernutzungsrecht an einem Stellplatz ein eigenes Sondereigentum zu bilden, entsteht neben der Gebühr nach Nr. 5 auch eine Gebühr Nr. 14112 für die Umwandlung von Gemeinschafts- in Sondereigentum. Dies dürfte auch gelten, wenn der Stellplatz (SNR) einem bestehenden Sondereigentum zugeschlagen wird. **15**

VII. Gebühr. Es entsteht in jedem Fall nach der Anm. Nr. 1–5 eine Festgebühr von 50 EUR. Bei Nr. 4 entsteht sie nach deren Hs. 2 für jeden belasteten Anteil auch dann gesondert, wenn die Eintragung nur eines Vermerks nötig ist. **16**

VIII. Fälligkeit, Gebührenschuldner. Die Fälligkeit richtet sich nach § 9 I. **Gebührenschuldner** ist jeweils der Antragsteller nach § 22 I. Vgl. auch § 27. **17**

Abschnitt 2. Schiffs- und Schiffsbauregistersachen

Unterabschnitt 1. Registrierung des Schiffs und Eigentum

Nr.	Gebührentatbestand	Gebühr oder Satz der Gebühr nach § 34 GNotKG – Tabelle B
14210	**Eintragung eines Schiffs**	**1,0**
14211	**Löschung der Eintragung eines Schiffs, dessen Anmeldung dem Eigentümer freisteht, auf Antrag des Eigentümers (§ 20 Abs. 2 Satz 2 der Schiffsregisterordnung)**	**50,00 €**
14212	**Löschung der Eintragung eines Schiffsbauwerks auf Antrag des Eigentümers des Schiffsbauwerks und des Inhabers der Schiffswerft, ohne dass die Löschung ihren Grund in der Ablieferung des Bauwerks ins Ausland oder im Untergang des Bauwerks hat**	**50,00 €**
14213	**Eintragung eines neuen Eigentümers**	**1,0**

1 Die in Nr. 14210 genannte Eintragung ist nur die Ersteintragung gem. § 16 SchRegO. Die Verlegung des Heimathafens in den Zuständigkeitsbereich eines anderen Registergerichts führt zur Eintragung einer das Schiff betreffenden Veränderung, die gebührenfrei bleibt (OLG Bremen BeckRS 2015, 18160).

Unterabschnitt 2. Belastungen

Vorbemerkung 1.4.2.2:

Die Übertragung der im Schiffsbauregister eingetragenen Hypotheken in das Schiffsregister ist gebührenfrei.

Nr.	Gebührentatbestand	Gebühr oder Satz der Gebühr nach § 34 GNotKG – Tabelle B
14220	**Eintragung einer Schiffshypothek, eines Arrestpfandrechts oder eines Nießbrauchs .....**	**1,0**
14221	**Eintragung eines Gesamtrechts, das Schiffe oder Schiffsbauwerke belastet, für die das Register bei verschiedenen Gerichten geführt wird:** **Die Gebühr 14 220 erhöht sich ab dem zweiten Gericht für jedes beteiligte Gericht um ..** **Diese Vorschrift ist anzuwenden, wenn der Antrag für mehrere Registergerichte gleichzeitig bei einem Registergericht gestellt wird oder bei gesonderter Antragstellung, wenn die Anträge innerhalb eines Monats bei den beteiligten Registergerichten eingehen.**	**0,2**
14222	**Eintragung eines Rechts, das bereits an einem anderen Schiff oder Schiffsbauwerk besteht, wenn nicht die Nummer 14 221 anzuwenden ist ....**	**0,5**

1 Nach Zöller/Herget ZPO § 830a Rn. 3 soll für die Eintragung der Pfändung die Gebühr Nr. 14220 entstehen. Eine Pfändung ist jedoch eine Veränderung, siehe KV 14230.

Unterabschnitt 3. Veränderungen

Nr.	Gebührentatbestand	Gebühr oder Satz der Gebühr nach § 34 GNotKG – Tabelle B
14230	**Eintragung einer Veränderung, die sich auf eine Schiffshypothek, ein Arrestpfandrecht oder einen Nießbrauch bezieht ....**	**0,5**
14231	**Eintragung der Veränderung eines Gesamtrechts, wenn das Register bei verschiedenen Gerichten geführt wird:** **Die Gebühr 14 230 erhöht sich ab dem zweiten für jedes weitere beteiligte Gericht um ..** **Diese Vorschrift ist anzuwenden, wenn der Antrag für mehrere Registergerichte gleichzeitig bei einem Registergericht gestellt wird oder bei gesonderter Antragstellung, wenn die Anträge**	**0,1**

Nr.	Gebührentatbestand	Gebühr oder Satz der Gebühr nach § 34 GNotKG – Tabelle B
	innerhalb eines Monats bei den beteiligten Registergerichten eingehen.	

Die Vorschrift entspricht fast wörtlich dem KV 14131. Vgl. daher insgesamt dort. 1

Unterabschnitt 4. Löschung und Entlassung aus der Mithaft

Nr.	Gebührentatbestand	Gebühr oder Satz der Gebühr nach § 34 GNotKG – Tabelle B
14240	**Löschung einer Schiffshypothek, eines Arrestpfandrechts oder eines Nießbrauchs .....**	**0,5**
14241	**Löschung eines Gesamtrechts, das Schiffe oder Schiffsbauwerke belastet, für die das Register bei verschiedenen Gerichten geführt wird:** **Die Gebühr 14 240 erhöht sich ab dem zweiten für jedes weitere beteiligte Gericht um ..**	**0,1**
	Diese Vorschrift ist anzuwenden, wenn der Antrag für mehrere Registergerichte gleichzeitig bei einem Registergericht gestellt wird oder bei gesonderter Antragstellung, wenn die Anträge innerhalb eines Monats bei den beteiligten Registergerichten eingehen.	
14242	**Eintragung der Entlassung aus der Mithaft ..**	**0,3**

Unterabschnitt 5. Vormerkungen und Widersprüche

Nr.	Gebührentatbestand	Gebühr oder Satz der Gebühr nach § 34 GNotKG – Tabelle B
14250	**Eintragung einer Vormerkung ....**	**0,5**
14251	**Eintragung eines Widerspruchs ....**	**50,00 €**
14252	**Löschung einer Vormerkung ....**	**25,00 €**

Unterabschnitt 6. Schiffsurkunden

Nr.	Gebührentatbestand	Gebühr oder Satz der Gebühr nach § 34 GNotKG – Tabelle B
14260	**Erteilung des Schiffszertifikats oder des Schiffsbriefs ....**	**25,00 €**
14261	**Vermerk von Veränderungen auf dem Schiffszertifikat oder dem Schiffsbrief .....**	**25,00 €**

1 KV 14261 wird bei dem Vermerk mehrerer Veränderungen nur einmal erhoben, soweit die Veränderungen dasselbe Recht betreffen (OLG Oldenburg RPfleger 2016, 185). § 55 II gilt insoweit nicht. Die Gebühr kann neben anderen Gebühren der Unterabschnitte 1–5 entstehen (OLG Oldenburg RPfleger 2016, 125).

Abschnitt 3. Angelegenheiten des Registers für Pfandrechte an Luftfahrzeugen

Unterabschnitt 1. Belastungen

Nr.	Gebührentatbestand	Gebühr oder Satz der Gebühr nach § 34 GNotKG – Tabelle B
14310	**Eintragung eines Registerpfandrechts ....**	**1,0**
14311	**Eintragung eines Registerpfandrechts, das bereits an einem anderen Luftfahrzeug besteht .**	**0,5**

Unterabschnitt 2. Veränderungen

Nr.	Gebührentatbestand	Gebühr oder Satz der Gebühr nach § 34 GNotKG – Tabelle B
14320	**Eintragung der Veränderung eines Registerpfandrechts ....**	**0,5**

Unterabschnitt 3. Löschung und Entlassung aus der Mithaft

Nr.	Gebührentatbestand	Gebühr oder Satz der Gebühr nach § 34 GNotKG – Tabelle B
14330	**Löschung eines Registerpfandrechts ....**	**0,5**
14331	**Eintragung der Entlassung aus der Mithaft ..**	**0,3**

Unterabschnitt 4. Vormerkungen und Widersprüche

Nr.	Gebührentatbestand	Gebühr oder Satz der Gebühr nach § 34 GNotKG – Tabelle B
14340	**Eintragung einer Vormerkung ....**	**0,5**
14341	**Eintragung eines Widerspruchs ....**	**50,00 €**
14342	**Löschung einer Vormerkung ....**	**25,00 €**

Abschnitt 4. Zurückweisung und Zurücknahme von Anträgen

Vorbemerkung 1.4.4:

[1]Dieser Abschnitt gilt für die Zurückweisung und die Zurücknahme von Anträgen, die auf die Vornahme von Geschäften gerichtet sind, deren Gebühren sich nach diesem Hauptabschnitt bestimmen. [2]Die in diesem Abschnitt bestimmten Mindestgebühren sind auch dann zu erheben, wenn für die Vornahme des Geschäfts keine Gebühr anfällt.

Nr.	Gebührentatbestand	Gebühr oder Satz der Gebühr nach § 34 GNotKG – Tabelle B
14400	**Zurückweisung eines Antrags** .... [1]Von der Erhebung von Kosten kann abgesehen werden, wenn der Antrag auf unverschuldeter Unkenntnis der tatsächlichen oder rechtlichen Verhältnisse beruht. [2]§ 21 Abs. 2 GNotKG gilt entsprechend.	50 % der für die Vornahme des Geschäfts bestimmten Gebühr – mindestens 15,00 €, höchstens 400,00 €
14401	**Zurücknahme eines Antrags vor Eintragung oder vor Ablauf des Tages, an dem die Entscheidung über die Zurückweisung der Geschäftsstelle übermittelt oder ohne Beteiligung der Geschäftsstelle bekannt gegeben wird** .... [1]Von der Erhebung von Kosten kann abgesehen werden, wenn der Antrag auf unverschuldeter Unkenntnis der tatsächlichen oder rechtlichen Verhältnisse beruht. [2]§ 21 Abs. 2 GNotKG gilt entsprechend.	25 % der für die Vornahme des Geschäfts bestimmten Gebühr – mindestens 15,00 €, höchstens 250,00 €

Übersicht

I. Systematik. Die Vorbemerkungen und die Gebührentatbestände umfassen jede antragsabhängige gerichtliche Tätigkeit im Anwendungsbereich von Hauptabschnitt 4 (KV 14110 ff.). Dabei werden Antragsrücknahmen günstiger gestellt als Zurückweisungen, die eine intensivere gerichtliche Tätigkeit erfordern. Hinsichtlich der Antragsrücknahme kommt es jedoch nicht darauf an, ob der Antrag zurückzuweisen war. Dabei wird die Gebührenhöhe gegenüber den Gebühren für die vorgenommene beantragte Eintragung deutlich reduziert und durch Mindest- und Höchstbeträge begrenzt. 1

1. Geschäfte. Geschäfte iSd Vorb. sind Eintragungen und andere Geschäfte (zB Briefvermerke, Erteilung eines Schiffszertifikats oder Schiffsbriefs). 2

2. Nur Antragsverfahren. Im Amtsverfahren kommt eine „Antragstellerhaftung“ für die Kosten (§ 22) nicht in Betracht; dementsprechend gilt KV 14400 auch nicht 3 dafür (OLG München NJOZ 2017, 465). Soweit das Gericht von Amts wegen tätig werden muss, liegt selbst dann keine Zurückweisung vor, wenn das Gericht einer Anregung nicht entspricht

4 **3. Nicht auch bei Erledigung der Hauptsache.** Auch im Grundbucheintragungsverfahren kann eine Erledigung der Hauptsache mit der Folge eintreten, dass das Grundbuchamt eine Sachentscheidung nicht mehr zu treffen hat, ohne dass es einer Antragsrücknahme bedarf (Bauer/Schaub/Bauer, 4. Aufl. 2018, GBO § 13 Rn. 105), und zwar auch im erstinstanzlichen Eintragungsverfahren. Die Begriffsbildung und die verfahrensrechtliche Behandlung der Erledigung der Hauptsache folgen im Grundbuchverfahren den für das Verfahren der freiwilligen Gerichtsbarkeit entwickelten Grundsätzen. Danach tritt eine Erledigung der Hauptsache ein, wenn der Verfahrensgegenstand durch ein Ereignis, das eine Änderung der Sach- und Rechtslage herbeigeführt hat, fortgefallen ist, so dass eine Weiterführung des Verfahrens keinen Sinn mehr hätte, weil eine Sachentscheidung nicht mehr ergehen kann (BGH FGPrax 2012, 91). In diesen Fällen entsteht keine Gebühr nach dem 4. Abschnitt.

5 Davon zu unterscheiden ist jedoch der von Anfang an gegenstandslose oder unzulässige Antrag, der zurückzuweisen ist, wenn er nicht zurückgenommen wurde (OLG Hamm BeckRS 2016, 116828 Rn. 6 = FGPrax 2017, 139 = Rpfleger 2017, 424). In diesem Fall entsteht eine Gebühr.

6 **II. KV 14400: Tatbestandsvoraussetzungen bei Zurückweisung eines Antrags.** Zunächst ist die wirksame Zurückweisung des Antrags erforderlich, nicht nur eine Zwischenverfügung.

7 **1. Für die Vornahme des Geschäfts entsteht eine Gebühr.** Wenn für die Vornahme des Geschäfts eine Gebühr entsteht, wird für die Zurückweisung des unbegründeten oder unzulässigen Antrags eine nach der Gebührenspalte dieses Abschnitts gebildete Gebühr berechnet. Das gilt auch, wenn für die Eintragung eine **Festbetragsgebühr** entstanden wäre. Dann wird ein **Prozentsatz** dieses Betrags berechnet.

8 **2. Für die Vornahme des Geschäfts wird ausnahmsweise keine Gebühr erhoben.** Wenn für die Vornahme des Geschäfts ausnahmsweise keine Gebühr zu erheben ist, wird nach den Gründen zu unterscheiden sein: Liegt nur der Antrag eines Gebührenbefreiten vor, entsteht zwar eine Gebühr nach diesem Abschnitt, der Antragsteller ist jedoch von der Zahlung befreit (§ 2 Abs. 1) bzw. sie wird von einem Kostenbefreiten nicht erhoben (§ 2 Abs. 3). Es bleibt also bei der Gebührenfreiheit. Beruht die ausnahmsweise Gebührenfreiheit im Falle der KV 14110 hingegen auf der rechtzeitigen Antragstellung innerhalb der 2-Jahres-Frist, so wird zwar für die Eintragung keine Gebühr erhoben, für die Zurückweisung entsteht nach der Vorb. 1.4.4 Satz 3 jedoch die Mindestgebühr gemäß der Gebührenspalte.

9 **3. Für die Vornahme des Geschäfts wird abstrakt keine Gebühr erhoben.** Wenn für die Vornahme des Geschäfts abstrakt keine Gebühr zu erheben ist, weil in einer Grundbuchsache, Schiffsbau- oder Schiffsregistersache oder in einer Angelegenheit des Registers für Pfandrechte an Luftfahrzeugen für die Eintragung kein Gebührentatbestand vorliegt, entsteht ebenfalls die Mindestgebühr. Die Entscheidung BGH FamRZ 2013, 1572 erging noch zu § 130 KostO, der keine der Vorb. 1.4.4 entsprechende Regelung enthielt. Wird zB beantragt, ein Mietverhältnis im Grundbuch zu verlautbaren und wird dieser Antrag zurückgewiesen, entsteht dafür die Mindestgebühr gem. der Gebührenspalte.

10 **III. KV 14401: Tatbestandsvoraussetzungen bei Zurücknahme eines Antrags.** Zunächst ist die wirksame Rücknahme des Antrags erforderlich.

11 **1. Rechtzeitigkeit.** Die Antragsrücknahme muss rechtzeitig, also vor Eintragung oder vor Ablauf des Tages, an dem die Entscheidung über die Zurückweisung der Geschäftsstelle übermittelt oder ohne Beteiligung der Geschäftsstelle bekannt gegeben wird, erfolgen. Ist sie nicht rechtzeitig vor Eintragung, entstehen Eintragungsgebühren nach den Abschnitten 1 bis 3. Ist die Rücknahme nicht rechtzeitig vor der Zurückweisung, entsteht die Gebühr KV 14400.

2. Für die Vornahme des Geschäfts entsteht eine Gebühr. Wenn für die Vornahme des Geschäfts eine Gebühr entsteht, wird für die Rücknahme des Antrags eine nach der Gebührenspalte dieses Abschnitts gebildete Gebühr berechnet. Unerheblich ist, warum der Antrag zurückgenommen wird, ob er etwa unbegründet oder unzulässig ist oder der Antragsteller sonst davon Abstand genommen hat. 12

Das gilt auch, wenn für die Eintragung eine **Festbetragsgebühr** entstanden wäre. Dann wird ein **Prozentsatz** dieses Betrags berechnet. 13

3. Für die Vornahme des Geschäfts wird ausnahmsweise keine Gebühr erhoben. Wenn für die Vornahme des Geschäfts ausnahmsweise keine Gebühr zu erheben ist, wird auch hier nach den Gründen zu unterscheiden sein: Liegt nur der Antrag eines Gebührenbefreiten vor, entsteht zwar eine Gebühr nach diesem Abschnitt, der Antragsteller ist jedoch von der Zahlung befreit (§ 2 Abs. 1) bzw. sie wird von einem Kostenbefreiten nicht erhoben (§ 2 Abs. 3). Es bleibt also bei der Gebührenfreiheit. Beruht die ausnahmsweise Gebührenfreiheit im Falle der KV 14110 hingegen auf der rechtzeitigen Antragstellung innerhalb der 2-Jahres-Frist, so wird zwar für die Eintragung keine Gebühr erhoben, für die Zurückweisung entsteht nach der Vorb. 1.4.4 Satz 3 jedoch die **Mindestgebühr** gemäß der Gebührenspalte. 14

4. Für die Vornahme des Geschäfts wird abstrakt keine Gebühr erhoben. Wenn für die Vornahme des Geschäfts abstrakt keine Gebühr zu erheben ist, weil in einer Grundbuchsache, Schiffsbau- oder Schiffsregistersache oder in einer Angelegenheit des Registers für Pfandrechte an Luftfahrzeugen für die **Eintragung kein Gebührentatbestand** vorliegt, entsteht ebenfalls die **Mindestgebühr.** Die Entscheidung BGH FamRZ 2013, 1572 erging noch zu § 130 KostO, der keine der Vorb. 1.4.4 entsprechende Regelung enthielt. Wird zB beantragt, ein Mietverhältnis im Grundbuch zu verlautbaren und wird dieser Antrag zurückgenommen, entsteht dafür die Mindestgebühr gem. der Gebührenspalte. 15

IV. Anzahl der Gebühren. Werden mehrere Anträge zurückgenommen oder zurückgewiesen, fallen die Gebühren ohnehin gesondert an (Drs. 17/11471 (neu), 212). Somit ist Vorb. 1.4 Abs. 3 anwendbar (OLG Hamm RPfleger 2017, 424). Die Anzahl der Gebühren des Abschnitts 4 **entspricht** daher der Anzahl der Gebühren, die entstanden wären, hätte das Geschäft vorgenommen werden können. 16

V. Wert. Die Werte für die Gebühren bestimmen sich nach den Werten für die Gebühren, die bei Eintragung entstanden wären. Wenn eine Gebühr nach der Vorb. 1.4.4 Satz 2 anfällt, entsteht die Mindestgebühr. 17

VI. Fälligkeit, Gebührenschuldner. Die Fälligkeit richtet sich nach § 9 I. **Gebührenschuldner** ist man nach §§ 22 I, 27. 18

VII. Absehen von Kosten. Die Vorschrift ist auch im Beschwerdeverfahren anwendbar (OLG Köln FGPrax 2011, 142, OLG München FamRZ 2006, 186). 19

Wenn ein Antrag wegen eines nicht gezahlten Vorschusses zurückgewiesen wird, weil Folgeanträge eingehen, ist von der Erhebung von Kosten gem. § 81 I 2 FamFG abzusehen (OLG Düsseldorf RPfleger 2018, 14). 20

VIII. Schuldlosigkeit. Sowohl bei einer Zurückweisung als auch bei einer Zurücknahme eines Antrags entstehen weder Gebühren noch Auslagen, soweit das Gericht im Rahmen eines pflichtgemäßen Ermessens zu dem Ergebnis kommt, dass der Antrag auf einer unverschuldeten Unkenntnis des Antragstellers oder seines Vertreters oder Bevollmächtigten oder Notars wegen der tatsächlichen oder rechtlichen Verhältnisse beruht (OLG Hamm FGPrax 2017, 139). Es ist dann unerheblich, ob die Zurückweisung wegen einer Unzulässigkeit oder Unbegründetheit erfolgt ist. 21

Sobald das Gericht im Rahmen seines Ermessens zu den vorgenannten Ergebnissen gekommen ist, besteht kein weiteres Ermessen auch dazu, in welchem Umfang das Gericht von der Kostenerhebung absehen darf. Das Wort „kann" in jeder der beiden Anmerkungen bedeutet eben nur wie so oft eine Zuständigkeitsregelung, keinen weiteren Ermessensspielraum. Ein Ermessen besteht also nur insofern, als es um die Voraussetzungen der Nichterhebung geht, nämlich darum, ob die Unkenntnis unverschuldet war. Gerade diese Unterscheidung übersieht OLG Köln FGPrax 2011, 142. 22

Infolge der Verweisung in beiden Anmerkungen gilt für das Verfahren: Das Gericht trifft die **Entscheidung.** Solange es nicht entschieden hat, kann im Verwal- 23 tungsweg eine Anordnung der Nichterhebung ergehen. Eine im Verwaltungsweg getroffene Anordnung ist nur im Verwaltungsweg abänderbar.

24 Eine Entscheidung nach einer der Anmerkungen kann nur nachträglich und **nicht im Voraus** erfolgen. Sie kann auch auf das Beschwerdeverfahren beschränkt ergehen.

Abschnitt 5. Rechtsmittel

Vorbemerkung 1.4.5:

Sind für die Vornahme des Geschäfts Festgebühren bestimmt, richten sich die Gebühren im Rechtsmittelverfahren nach Hauptabschnitt 9.

Unterabschnitt 1. Beschwerde gegen die Endentscheidung wegen des Hauptgegenstands

Nr.	Gebührentatbestand	Gebühr oder Satz der Gebühr nach § 34 GNotKG – Tabelle B
14510	**Verfahren im Allgemeinen:** **Soweit die Beschwerde verworfen oder zurückgewiesen wird**	**1,0** **– höchstens 800,00 €**
14511	**Verfahren im Allgemeinen:** **Beendigung des gesamten Verfahrens ohne Endentscheidung** .... **Diese Gebühr ist auch zu erheben, wenn die Beschwerde vor Ablauf des Tages, an dem die Endentscheidung der Geschäftsstelle übermittelt wird, zurückgenommen wird.**	**0,5** **– höchstens 400,00 €**

Unterabschnitt 2. Rechtsbeschwerde gegen die Endentscheidung wegen des Hauptgegenstands

Nr.	Gebührentatbestand	Gebühr oder Satz der Gebühr nach § 34 GNotKG – Tabelle B
14520	**Verfahren im Allgemeinen:** **Soweit die Rechtsbeschwerde verworfen oder zurückgewiesen wird**	**1,5** **– höchstens 1200,00 €**
14521	**Verfahren im Allgemeinen:** **Beendigung des gesamten Verfahrens durch Zurücknahme der Rechtsbeschwerde oder des Antrags, bevor die Schrift zur Begründung der Beschwerde bei Gericht eingegangen ist**	**0,5** **– höchstens 400,00 €**
14522	**Verfahren im Allgemeinen:** **Beendigung des gesamten Verfahrens durch Zurücknahme der Rechtsbeschwerde oder des Antrags vor Ablauf des Tages, an dem die**	**1,0**

Nr.	Gebührentatbestand	Gebühr oder Satz der Gebühr nach § 34 GNotKG – Tabelle B
	Endentscheidung der Geschäftsstelle übermittelt wird, wenn nicht Nummer 14 521 erfüllt ist:	**– höchstens 800,00 €**

Unterabschnitt 3. Zulassung der Sprungrechtsbeschwerde gegen die Endentscheidung wegen des Hauptgegenstands

Nr.	Gebührentatbestand	Gebühr oder Satz der Gebühr nach § 34 GNotKG – Tabelle B
14530	**Verfahren über die Zulassung der Sprungrechtsbeschwerde:** **Soweit der Antrag abgelehnt wird:**	**0,5** **– höchstens 400,00 €**

Die Vorschriften entsprechen im Kern denjenigen in KV 11200–11400. Vgl. daher jeweils dort. Für Grundbuchverfahren gelten jedoch zugleich Höchstgebühren. Im Falle von Festbetragsgebühren des Hauptabschnitts 4 gelten gem. Vorb. 1.4.5 für Beschwerdeverfahren die Festbetragsgebühren des Hauptabschnitts 9. Es gilt jeweils Tabelle B. 1

Bei Verwerfung oder Zurückweisung einer Beschwerde ist eine Kostenentscheidung nicht veranlasst. Die Pflicht des Beschwerdeführers, die Gerichtskosten für sein unbegründetes Rechtsmittel zu tragen, folgt unmittelbar aus § 22 I, 25 I iVm KV 14510 (OLG Nürnberg NJOZ 2019, 75 Rn. 21 (insoweit nicht abgedruckt in FGPrax 2018, 14)). 2

Hauptabschnitt 5. Übrige Angelegenheiten der freiwilligen Gerichtsbarkeit

Abschnitt 1. Verfahren vor dem Landwirtschaftsgericht und Pachtkreditsachen im Sinne des Pachtkreditgesetzes

Vorbemerkung 1.5.1:

I [1] Für Erbscheinsverfahren durch das Landwirtschaftsgericht bestimmen sich die Gebühren nach Hauptabschnitt 2 Abschnitt 2, für die Entgegennahme der Erklärung eines Hoferben über die Wahl des Hofs gemäß § 9 Abs. 2 Satz 1 HöfeO nach Nummer 12 410. [2] Für die Entgegennahme der Ausschlagung des Anfalls des Hofs nach § 11 HöfeO wird keine Gebühr erhoben.

II Die nach Landesrecht für die Beanstandung eines Landpachtvertrags nach dem LPachtVG zuständige Landwirtschaftsbehörde und die Genehmigungsbehörde nach dem GrdstVG sowie deren übergeordnete Behörde und die Siedlungsbehörde sind von der Zahlung von Gerichtsgebühren befreit.

Unterabschnitt 1. Erster Rechtszug

Vorbemerkung 1.5.1.1:

In gerichtlichen Verfahren aufgrund der Vorschriften des LPachtVG und der §§ 588, 590, 591, 593, 594d, 595 und 595a BGB werden keine Gebühren erhoben, wenn das Gericht feststellt, dass der Vertrag nicht zu beanstanden ist.

Nr.	Gebührentatbestand	Gebühr oder Satz der Gebühr nach § 34 GNotKG – Tabelle A
15110	**Verfahren** **1. aufgrund der Vorschriften über die gerichtliche Zuweisung eines Betriebes (§ 1 Nr. 2 des Gesetzes über das gerichtliche Verfahren in Landwirtschaftssachen),** **2. über Feststellungen nach § 11 Abs. 1 Buchstabe g HöfeVfO,** **3. zur Regelung und Entscheidung der mit dem Hofübergang zusammenhängenden Fragen im Fall des § 14 Abs. 3 HöfeO,** **4. über sonstige Anträge und Streitigkeiten nach § 18 Abs. 1 HöfeO und nach § 25 HöfeVfO und** **5. Verfahren nach dem LwAnpG, soweit nach § 65 Abs. 2 LwAnpG die Vorschriften des Zweiten Abschnitts des Gesetzes über das gerichtliche Verfahren in Landwirtschaftssachen entsprechend anzuwenden sind ...**	**2,0**
15111	**Beendigung des gesamten Verfahrens** **1. ohne Endentscheidung,** **2. durch Zurücknahme des Antrags vor Ablauf des Tages, an dem die Endentscheidung der Geschäftsstelle übermittelt wird, wenn die Entscheidung nicht bereits durch Verlesen der Entscheidungsformel bekannt gegeben worden ist:** **Die Gebühr 15 110 ermäßigt sich auf ....**	**1,0**
15112	**Verfahren im Übrigen ....** **[I] Die Gebühr entsteht auch für das Verfahren vor dem Landwirtschaftsgericht über das Ersuchen an das Grundbuchamt um Eintragung oder Löschung des Hofvermerks (§ 3 Abs. 1 HöfeVfO).** **[II] [1] Die Gebühr wird in Pachtkreditsachen erhoben für** **1. jede Niederlegung eines Verpfändungsvertrages,** **2. die Entgegennahme der Anzeige über die Abtretung der Forderung und** **3. die Herausgabe des Verpfändungsvertrages.** **[2] Neben einer Gebühr für die Niederlegung wird eine Gebühr für die Erteilung einer Be-**	**0,5**

Nr.	Gebührentatbestand	Gebühr oder Satz der Gebühr nach § 34 GNotKG – Tabelle A
	scheinigung über die erfolgte Niederlegung nicht erhoben.	

KV 15112 soll Auffangtatbestand für sämtliche Verfahren sein, die nicht in KV 15110 erfasst sind (BT-Drs. 17/11471, 213). Im Bereich der HöfeO und der HöfeVfO gilt die Vorschrift deshalb bei Feststellungsverfahren zB nach § 11 Ia HöfeVfO (OLG Celle FamRZ 2016, 737), und § 11 I g HöfeVfO (Geschäftswert: § 76 Nr. 1), beim Wahl- und Fristsetzungsverfahren nach § 9 Abs. 2 S. 1 und S. 2 (Geschäftswert: § 76 Nr. 2 und 3) und beim Hofübergabegenehmigungsverfahren gem. § 17 III HöfeO; Geschäftswert: § 60, §§ 36 Abs. 1, 46 (OLG Hamm RNotZ 2016, 696: § 48 ist nicht anwendbar, vgl. aber OLG Hamm FGPrax 2015, 183; AG Kempen FamRZ 2016, 736). KV 15110 gilt für Hofübergabegenehmigungsverfahren nicht. 1

Ob KV 15112 bei § 3 I HöfeVfO – Ersuchen um Eintragung oder Löschung des die Eigenschaft als Hof oder als Ehegattenhof ausweisenden Vermerks (Hofvermerks) – anwendbar ist, war umstritten (bejahend Korintenberg/Fackelmann KV 15112 Rn. 20; Fackelmann/Heinemann/Giers Vorb. KV 1.5.1.1. Rn. 2; NK-GK/Giers KV 15112 Rn. 1; NK-GK/Fackelmann § 76 Rn 32; Steffen/Ernst, Höfeordnung, 4. Aufl. 2015, Rn. 28; aA OLG Celle MDR 2017, 178 = NJOZ 2018, 397; OLG Hamm JurBüro 2017, 30; OLG Köln BeckRS 2017, 121962; OLG Schleswig JurBüro 2016, 478 = NJOZ 2017, 141) und ist nun durch das KostRÄndG 2021 durch den neu eingefügte Anm. I geklärt (vgl. Begr. RegE, BT-Drs. 19/23484, 60). 2

Unterabschnitt 2. Beschwerde gegen die Endentscheidung wegen des Hauptgegenstands

Nr.	Gebührentatbestand	Gebühr oder Satz der Gebühr nach § 34 GNotKG – Tabelle A
15120	**Verfahren über die Beschwerde in den in Nummer 15 110 genannten Verfahren ......**	**3,0**
15121	**Beendigung des gesamten Verfahrens durch Zurücknahme der Beschwerde oder des Antrags, bevor die Schrift zur Begründung der Beschwerde bei Gericht eingegangen ist:** **Die Gebühr 15 120 ermäßigt sich auf ....**	**0,5**
15122	**Beendigung des gesamten Verfahrens ohne Endentscheidung, wenn nicht Nummer 15 121 erfüllt ist:** **Die Gebühr 15 120 ermäßigt sich auf ....** **I Wenn die Entscheidung nicht durch Verlesen der Entscheidungsformel bekannt gegeben worden ist, ermäßigt sich die Gebühr auch im Fall der Zurücknahme der Beschwerde oder des Antrags vor Ablauf des Tages, an dem die Endentscheidung der Geschäftsstelle übermittelt wird.** **II Eine Entscheidung über die Kosten steht der Ermäßigung nicht entgegen, wenn die Entscheidung einer zuvor mitgeteilten Einigung über die Kostentragung oder einer Kostenübernahmeerklärung folgt.**	**1,0**

Nr.	Gebührentatbestand	Gebühr oder Satz der Gebühr nach § 34 GNotKG – Tabelle A
15123	Verfahren über die Beschwerde in den in Nummer 15 112 genannten Verfahren	1,0
15124	Beendigung des gesamten Verfahrens durch Zurücknahme der Beschwerde oder des Antrags, bevor die Schrift zur Begründung der Beschwerde bei Gericht eingegangen ist: Die Gebühr 15 123 ermäßigt sich auf	0,3
15125	Beendigung des gesamten Verfahrens ohne Endentscheidung, wenn nicht Nummer 15 124 erfüllt ist: Die Gebühr 15 123 ermäßigt sich auf .... I Wenn die Entscheidung nicht durch Verlesen der Entscheidungsformel bekannt gegeben worden ist, ermäßigt sich die Gebühr auch im Fall der Zurücknahme der Beschwerde oder des Antrags vor Ablauf des Tages, an dem die Endentscheidung der Geschäftsstelle übermittelt wird. II Eine Entscheidung über die Kosten steht der Ermäßigung nicht entgegen, wenn die Entscheidung einer zuvor mitgeteilten Einigung über die Kostentragung oder einer Kostenübernahmeerklärung folgt.	0,5

Unterabschnitt 3. Rechtsbeschwerde gegen die Endentscheidung wegen des Hauptgegenstands

Nr.	Gebührentatbestand	Gebühr oder Satz der Gebühr nach § 34 GNotKG – Tabelle A
15130	Verfahren über die Rechtsbeschwerde in den in Nummer 15 110 genannten Verfahren	4,0
15131	Beendigung des gesamten Verfahrens durch Zurücknahme der Rechtsbeschwerde oder des Antrags, bevor die Schrift zur Begründung der Beschwerde bei Gericht eingegangen ist: Die Gebühr 15 130 ermäßigt sich auf	1,0
15132	Beendigung des gesamten Verfahrens durch Zurücknahme der Rechtsbeschwerde oder des Antrags vor Ablauf des Tages, an dem die Endentscheidung der Geschäftsstelle übermittelt wird, wenn nicht Nummer 15 131 erfüllt ist: Die Gebühr 15 130 ermäßigt sich auf	2,0
15133	Verfahren über die Rechtsbeschwerde in den in Nummer 15 112 genannten Verfahren	1,5
15134	Beendigung des gesamten Verfahrens durch Zurücknahme der Rechtsbeschwerde oder des Antrags, bevor die Schrift zur Begründung der Beschwerde bei Gericht eingegangen ist:	

Nr.	Gebührentatbestand	Gebühr oder Satz der Gebühr nach § 34 GNotKG – Tabelle A
	Die Gebühr 15 133 ermäßigt sich auf	**0,5**
15135	**Beendigung des gesamten Verfahrens durch Zurücknahme der Rechtsbeschwerde oder des Antrags vor Ablauf des Tages, an dem die Endentscheidung der Geschäftsstelle übermittelt wird, wenn nicht Nummer 15 134 erfüllt ist:** **Die Gebühr 15 133 ermäßigt sich auf ....**	**1,0**

Unterabschnitt 4. Zulassung der Sprungrechtsbeschwerde gegen die Endentscheidung wegen des Hauptgegenstands

Nr.	Gebührentatbestand	Gebühr oder Satz der Gebühr nach § 34 GNotKG – Tabelle A
15140	**Verfahren über die Zulassung der Sprungrechtsbeschwerde in den in Nummer 15 110 genannten Verfahren:** **Soweit der Antrag abgelehnt wird: ....**	**1,0**
15141	**Verfahren über die Zulassung der Sprungrechtsbeschwerde in den in Nummer 15 112 genannten Verfahren:** **Soweit der Antrag abgelehnt wird: ....**	**0,5**

Die Vorschriften entsprechen im Kern denjenigen in KV 11200–11400. Vgl. daher jeweils dort. Unterschiedlich sind nur die Gebührenhöhen. Es gilt jeweils Tabelle A. 1

Abschnitt 2. Übrige Verfahren

Vorbemerkung 1.5.2:

In Verfahren nach dem PStG werden Gebühren nur erhoben, wenn ein Antrag zurückgenommen oder zurückgewiesen wird.

Unterabschnitt 1. Erster Rechtszug

Nr.	Gebührentatbestand	Gebühr oder Satz der Gebühr nach § 34 GNotKG – Tabelle A
15210	**Verfahren nach dem** **1. Verschollenheitsgesetz oder** **2. TSG ....** **Die Verfahren nach § 9 Abs. 1 und 2 TSG gelten zusammen als ein Verfahren.**	**1,0**
15211	**Beendigung des gesamten Verfahrens** **1. ohne Endentscheidung oder** **2. durch Zurücknahme des Antrags vor Ablauf des Tages, an dem die Endentscheidung der Geschäftsstelle übermittelt wird,**	

Nr.	Gebührentatbestand	Gebühr oder Satz der Gebühr nach § 34 GNotKG – Tabelle A
	wenn die Entscheidung nicht bereits durch Verlesen der Entscheidungsformel bekannt gegeben worden ist:	
	Die Gebühr 15 210 ermäßigt sich auf	**0,3**

1 **I. Anwendungsbereiche.** Die Regelungen sind vorrangig und eng auszulegen.

II. Verschollenheitsgesetz (KV 15210 Nr. 1)

2 **Art. 2 § 6 VerschollhRÄndG [Gerichtskosten]**

In den Fällen der §§ 1, 2 und den entsprechenden Fällen des § 4 werden für das Verfahren vor dem Amtsgericht Gerichtskosten nicht erhoben.

3 **1. Kriegsverschollenheit.** Der oben abgedruckte Art. 2 § 6 VerschÄndG vom 15.1.1951 (BGBl. I 59, FNA 401-7) geht als eine Sondervorschrift dem KV 15210, 15211 vor. Demgemäß besteht eine Gerichtskostenfreiheit, soweit es sich um eine Todeserklärung oder um die Feststellung der Todeszeit bei einem aus Anlass des Kriegs 1939–1945 Verschollenen handelt. Es ist unerheblich, ob die Verschollenheit im Kriegsgebiet oder im Heimatgebiet eingetreten ist, ob der Verschollene am Krieg als Soldat teilgenommen hat oder ob er bei einem Luftangriff in der Heimat als Zivilist verschollen ist.

4 **2. Weitere Verschollenheit.** Die Vorschrift erfasst auch eine Verschollenheit infolge der Gefangennahme oder infolge einer gegen die Person gerichteten solchen Zwangsmaßnahme, die sie an der freien Bestimmung ihres Aufenthaltsorts gehindert hatte. Daher besteht eine Gerichtskostenfreiheit auch bei einer Verschollenheit infolge einer nationalsozialistischen Verfolgung oder infolge einer Flucht vor dem Feind, infolge einer Gefangennahme oder Verhaftung durch eine Besatzungsbehörde, infolge einer Verlegung in ein Konzentrationslager oder Internierungslager und dergleichen, sofern das Vermisstsein vor dem 1.7.1948 eingetreten ist.

5 In allen diesen Fällen entsteht nicht nur eine Gebührenfreiheit, sondern auch eine **Auslagenfreiheit.**

6 **3. Vereinte Nationen.** Eine Kostenfreiheit besteht ferner für ein Verfahren nach der Konvention der Vereinten Nationen vom 6.4.1950 (BGBl. 1955 II 706) und vom 25.6.1958 (BGBl. II 165), vgl. auch § 7 Gesetz vom 7.7.1955 (BGBl. I 401). Auch diese Vorschriften sind gegenüber KV 15210, 15211 vorrangige Sondervorschriften.

7 **4. Weitere Fälle.** Soweit nicht die in → Rn. 1–5 genannten Sonderregeln gelten, erfasst I das Verfahren nach dem VerschG. Es findet ein Aufgebot nach §§ 433 ff. FamFG statt. Es entstehen Gebühren für jedes Verfahren. Soweit ein Aufgebotsverfahren in ein Verfahren zur Feststellung der Todeszeit übergeht, muss man es als ein einheitliches Verfahren behandeln.

8 **III. TSG, KV 15210 Nr. 2.** Das nach § 2 TSG örtlich und sachlich zuständige AG entscheidet sowohl über einen Antrag auf eine Änderung der Vornamen als auch über einen Antrag auf die Feststellung der Zugehörigkeit zum anderen Geschlecht und schließlich über die jeweiligen etwa notwendigen Folgemaßnahmen wie zB Aufhebungen usw und über Zwischenmaßnahmen wie zB eine Vorabentscheidung nach § 9 TSG grundsätzlich im Verfahren nach §§ 410 ff. FamFG, §§ 4 I, 6 II 1, 9 III 1 TSG.

9 **IV. Gebührenhöhe.** Es entsteht jeweils nach der Tabelle A eine Verfahrensgebühr zur Abgeltung der gesamten Tätigkeit des Gerichts. Sie beträgt grundsätzlich 1,0-Gebühr, KV 15210. Dabei gelten nach der dortigen Anm. die Verfahren nach § 9 I und II TSG als nur ein Verfahren.

10 **Ermäßigungen** treten nach KV 15211 sowohl nach dort **Nr. 1** als auch nach dort **Nr. 2** ein. Es entsteht dann jeweils nur 0,3-Gebühr.

11 **V. Geschäftswerte.** Sie richten sich nach §§ 35 ff.

VI. Fälligkeit, Gebührenschuldner. Die Fälligkeiten richten sich nach § 9 I. **Gebührenschuldner** ist man jeweils nach §§ 22 I, 27. 12

Nr.	Gebührentatbestand	Gebühr oder Satz der Gebühr nach § 34 GNotKG – Tabelle A
15212	**Verfahren** **1. in weiteren Angelegenheiten der freiwilligen Gerichtsbarkeit (§ 410 FamFG), einschließlich Verfahren auf Abnahme einer nicht vor dem Vollstreckungsgericht zu erklärenden eidesstattlichen Versicherung, in denen § 260 BGB aufgrund bundesrechtlicher Vorschriften entsprechend anzuwenden ist, und Verfahren vor dem Nachlassgericht zur Abnahme der eidesstattlichen Versicherung nach § 2006 BGB,** **2. nach § 84 Abs. 2, § 189 VVG,** **3. in Aufgebotssachen (§ 433 FamFG),** **4. in Freiheitsentziehungssachen (§ 415 FamFG),** **5. nach dem PStG,** **6. nach § 7 Abs. 3 ErbbauRG und** **7. über die Bewilligung der öffentlichen Zustellung einer Willenserklärung und die Bewilligung der Kraftloserklärung von Vollmachten (§ 132 Abs. 2 und § 176 Abs. 2 BGB) sowie** **Verteilungsverfahren nach den §§ 65, 119 BauGB; nach § 74 Nr. 3, § 75 FlurbG, § 94 BBergG, § 55 Bundesleistungsgesetz, § 8 der Verordnung über das Verfahren zur Festsetzung von Entschädigung und Härteausgleich nach dem Energiesicherungsgesetz und nach § 54 Landbeschaffungsgesetz**	**0,5**
	I Die Bestellung des Verwahrers in den Fällen der §§ 432, 1217, 1281 und 2039 BGB sowie die Festsetzung der von ihm beanspruchten Vergütung und seiner Aufwendungen gelten zusammen als ein Verfahren. **II Das Verfahren betreffend die Zahlungssperre (§ 480 FamFG) und ein anschließendes Aufgebotsverfahren sowie das Verfahren über die Aufhebung der Zahlungssperre (§ 482 FamFG) gelten zusammen als ein Verfahren.**	
15213	**Verfahren über den Antrag auf Erlass einer Anordnung über die Zulässigkeit der Verwendung von Verkehrsdaten nach** **1. § 140b Abs. 9 des Patentgesetzes,** **2. § 24b Abs. 9 GebrMG, auch in Verbindung mit § 9 Abs. 2 HalblSchG,** **3. § 19 Abs. 9 MarkenG,** **4. § 101 Abs. 9 des Urheberrechtsgesetzes,** **5. § 46 Abs. 9 DesignG,** **6. § 37b Abs. 9 des Sortenschutzgesetzes** ...	**200,00 €**

1 **I. Anwendungsbereich.** Die Vorschrift regelt vorrangig und eng auszulegend nur die in Nr. 1–6 abschließend genannten Fälle. Anträge nach § 14 Abs. 4 Telemediengesetz (TMG) sind deshalb nicht erfasst, auch weil nach § 1 Abs. 2 Nr. 18 Kosten nach dem GNotKG nur für Verfahren über Anordnungen über die Zulässigkeit der Verwendung von **Verkehrsdaten** erhoben werden. In Verfahren nach § 14 Abs. 3–5 TMG geht es aber um die Auskunftserteilung über **Bestandsdaten.** Das sind gem. § 14 Abs. 1 TMG personenbezogene Daten eines Diensteanbieters, die für die Begründung, inhaltliche Ausgestaltung oder Änderung eines Vertragsverhältnisses zwischen dem Diensteanbieter und dem Nutzer über die Nutzung von Telemedien erforderlich sind (Bestandsdaten). § 1 Abs. 2 Nr. 18 müsste also darüber hinaus auch Verfahren über die Auskunftserteilung über vorhandene Bestandsdaten umfassen.

2 **II. Festgebühr.** Es entsteht in jedem selbständigen Verfahren nach Nr. 1–6 eine Festgebühr von 200 EUR. **Nr. 4:** Werden in einem Verfahren nach § 101 Abs. 9 UrhG mehrere Anträge zusammengefasst werden, fällt die Festgebühr über 200 EUR mehrfach an. Denn wird das Auskunftsbegehren auf die Verletzung von Rechten an mehreren verschiedenen geschützten Werken gestützt, so liegt eine Mehrzahl von Anträgen vor, die jeweils eine gesonderte Gebühr in Höhe von 200 EUR nach KV 15231 Nr. 4 auslösen (OLG Düsseldorf BeckRS 2018, 15349; NJOZ 2019, 183; OLG Köln JurBüro 2013, 434, so auch noch zu § 128e Abs. 1 Nr. 4 KostO OLG Köln JurBüro 2014, 311; OLG Frankfurt GRUR-RR 2009, 407; OLG Karlsruhe MMR 2009, 263; OLG Karlsruhe GRUR-RR 2012, 230; aA OLG München JurBüro 2013, 593; OLG München GRUR-RR 2011, 230 (231), je noch zu § 128e Abs. 1 Nr. 4 KostO). Eine Auskunft zu mehreren IP-Adressen in einem Antrag löst die Gebühr dagegen nicht mehrfach aus (OLG Düsseldorf JurBüro 2009, 321; OLG Köln JurBüro 2014, 311).

3 § 55 Abs. 1 steht dem mehrfachen Ansatz der Festgebühr in Höhe 200 EUR in einem Verfahren dabei nicht entgegen. Es kommt nicht darauf an, ob formal nur eine Antragsschrift und nur ein unter einem Aktenzeichen geführtes Verfahren vorliegt. § 55 Abs. 1 kann schon dem Wortlaut nach nur für Verfahren gelten, in denen die (allgemeine) Verfahrensgebühr als **Wertgebühr** (§ 34) erhoben wird. Fiele keine Festgebühr, sondern eine Wertgebühr an, würde zwar über § 55 Abs. 1 nur eine Gebühr erhoben, diese würde aber nach den gem. § 35 Abs. 1 addierten Werten abgerechnet. Bei der Festgebühr besteht diese Kompensation durch Wertaddition nicht. Bei Bejahung der Anwendbarkeit von § 55 Abs. 1 auch bei der Festgebühr KV 15213 hält einen Antragsteller in Urheberrechtssachen gem. § 101 Abs. 9 UrHG nichts davon ab, nicht nur die Verletzung von beispielsweise 30 Werken in einem Antrag zusammenzufassen, sondern auch von 300, 500, oder gar 5.000 Werken. Denn wenn er weiß, dass das Verfahren stets nur eine Festgebühr über 200 EUR auslöst, wenn rein formal nur auf das Verfahren und nicht dessen Inhalt abgestellt wird, könnte er versucht sein, den mehrfachen Gebührenanfall durch Antragshäufungen so weit wie möglich zu vermeiden (vgl. OLG Düsseldorf BeckRS 2018, 15349; NJOZ 2019, 183; OLG Frankfurt GRUR-RR 2009, 407; OLG Karlsruhe MMR 2009, 263; OLG Karlsruhe GRUR-RR 2012, 230). Es darf nicht unberücksichtigt bleiben, dass der Prüfungsaufwand des Gerichts in einem Verfahren nach § 101 Abs. 9 UrHG mit jedem verletzten Werk ansteigt. Bei einer Festgebühr muss also der erhöhte Aufwand des Gerichts anders kompensiert werden, und zwar durch die mehrfache Erhebung der Festgebühr.

4 Ein Eilverfahren (einstweilige Anordnung) löst gesondert Gebühren aus (OLG Karlsruhe GRUR-RR 2012, 230).

5 **III. Fälligkeit, Gebührenschuldner.** Die Fälligkeit richtet sich nach § 9 I. Eine etwaige Vorauszahlungspflicht richtet sich nach § 13. Der Kostenbeamte hat insoweit zuvor die Entscheidung des Richters einzuholen (§ 20 Abs. 3 KostVfg). Die Vorauszahlung erscheint in den Fällen der Nr. 4 ratsam, wenn der Antragsteller und Kostenschuldner seinen Sitz im Ausland hat. Der **Kostenschuldner** ergibt sich aus §§ 22 I, 27.

Nr.	Gebührentatbestand	Gebühr oder Satz der Gebühr nach § 34 GNotKG – Tabelle B
15214	**Der Antrag wird zurückgenommen: Die Gebühr 15 213 ermäßigt sich auf ....**	**50,00 €**
15215	**Verfahren nach § 46 IntErbRVG oder nach § 31 IntGüRVG über die Authentizität einer Urkunde ....**	**60,00 €**

I. Anwendungsbereich. Es geht zum einen um das Verfahren nach § 46 IntErbRVG. Dessen I behandelt Einwände gegen die Echtheit (Authentizität) einer deutschen öffentlichen Urkunde nach Art. 59 II VO (EU) Nr. 650/2012 vom 4.7.2012 (ABl. 2012 L 201, 107). Deren Art. 59 II gibt den Gerichten des Ursprungsmitgliedstaats die Zuständigkeit über Einwände vorgenannter Art und macht deren Recht anwendbar. Demgemäß regelt § 46 IntErbRVG das deutsche Verfahren bei einer deutschen öffentlichen Urkunde nach § 415 ZPO und nennt insofern überflüssigerweise auch eine ohnehin zugehörige notarielle Urkunde und eine konsularische. Das Verfahren erfolgt nach dem FamFG. Es führt zu einem Beschluss für und gegen alle ohne Abänderungsmöglichkeit und mit Wirksamkeit ab formeller Rechtskraft. § 46 IntErbRVG regelt auch die Zuständigkeit. 1

Erfasst ist zum anderen mit Wirkung vom 29.1.2019 auch das Verfahren nach § 31 des Internationalen Güterrechtsverfahrensgesetzes (IntGüRVG), bei dem es sich nicht um eine Familiensache handelt (BT-Drs. 19/4852, 41). Auch in diesem Verfahren geht es um die Entscheidung über Einwände gegen die Authentizität einer deutschen öffentlichen Urkunde. Zuständig zur Entscheidung ist bei gerichtlichen Urkunden das Gericht, das die Urkunde errichtet hat. Bei notariellen Urkunden entscheidet das für den Amtssitz des Notars zuständige Amtsgericht. Bei einer von einem Konsularbeamten im Ausland errichteten Urkunde entscheidet das Amtsgericht Schöneberg in Berlin. Im Übrigen entscheidet das Amtsgericht, in dessen Bezirk die Urkunde errichtet worden ist. 2

Für die **notariellen Verfahren** nach § 4 Abs. 4 IntGüRVG (Vollstreckbarerklärung) und nach § 27 IntGüRVG (Bescheinigung zu inländischen Titeln) enthalten KV 23806 und KV 23808 die gleichen Gebühren wie für die entsprechenden Verfahren nach § 3 Abs. 4 IntErbRVG und nach § 27 IntErbRVG in Höhe von 240 EUR bzw. 15 EUR. 3

II. Gebührenhöhe. Es entsteht für jedes Verfahren eine Festgebühr von 60 EUR. 4

III. Fälligkeit, Gebührenschuldner. Die Fälligkeit richtet sich nach § 9 I. Der Gebührenschuldner ergibt sich aus §§ 22 I, 27. 5

Unterabschnitt 2. Beschwerde gegen die Endentscheidung wegen des Hauptgegenstands

Nr.	Gebührentatbestand	Gebühr oder Satz der Gebühr nach § 34 GNotKG – Tabelle A
15220	**Verfahren über die Beschwerde in den in Nummer 15 210 genannten Verfahren .....**	**2,0**
15221	**Beendigung des gesamten Verfahrens durch Zurücknahme der Beschwerde oder des Antrags, bevor die Schrift zur Begründung der Beschwerde bei Gericht eingegangen ist: Die Gebühr 15 220 ermäßigt sich auf ....**	**0,5**

Nr.	Gebührentatbestand	Gebühr oder Satz der Gebühr nach § 34 GNotKG – Tabelle A
15222	**Beendigung des gesamten Verfahrens ohne Endentscheidung, wenn nicht Nummer 15 221 erfüllt ist:** **Die Gebühr 15 220 ermäßigt sich auf** .... I Wenn die Entscheidung nicht durch Verlesen der Entscheidungsformel bekannt gegeben worden ist, ermäßigt sich die Gebühr auch im Fall der Zurücknahme der Beschwerde oder des Antrags vor Ablauf des Tages, an dem die Endentscheidung der Geschäftsstelle übermittelt wird. II Eine Entscheidung über die Kosten steht der Ermäßigung nicht entgegen, wenn die Entscheidung einer zuvor mitgeteilten Einigung über die Kostentragung oder einer Kostenübernahmeerklärung folgt.	1,0
15223	**Verfahren über die Beschwerde in den in Nummer 15212 genannten Verfahren**	1,0
15224	**Beendigung des gesamten Verfahrens ohne Endentscheidung:** **Die Gebühr 15 223 ermäßigt sich auf** .... I Wenn die Entscheidung nicht durch Verlesen der Entscheidungsformel bekannt gegeben worden ist, ermäßigt sich die Gebühr auch im Fall der Zurücknahme der Beschwerde oder des Antrags vor Ablauf des Tages, an dem die Endentscheidung der Geschäftsstelle übermittelt wird. II Eine Entscheidung über die Kosten steht der Ermäßigung nicht entgegen, wenn die Entscheidung einer zuvor mitgeteilten Einigung über die Kostentragung oder einer Kostenübernahmeerklärung folgt.	0,5
15225	**Verfahren über die Beschwerde in den in Nummer 15 213 genannten Verfahren:** **Die Beschwerde wird verworfen oder zurückgewiesen** .... Wird die Beschwerde nur teilweise verworfen oder zurückgewiesen, kann das Gericht die Gebühr nach billigem Ermessen auf die Hälfte ermäßigen oder bestimmen, dass eine Gebühr nicht zu erheben ist.	200,00 €
15226	**Verfahren über die Beschwerde in den in Nummer 15 213 genannten Verfahren:** **Beendigung des gesamten Verfahrens durch Zurücknahme der Beschwerde oder des Antrags, bevor die Schrift zur Begründung der Beschwerde bei Gericht eingegangen ist**	100,00 €
15227	**Verfahren über die Beschwerde in den in Nummer 15 213 genannten Verfahren:** **Beendigung des gesamten Verfahrens durch Zurücknahme der Beschwerde oder des Antrags vor Ablauf des Tages, an dem die Endentscheidung der Geschäftsstelle übermittelt wird, wenn die Entscheidung nicht bereits**	

Nr.	Gebührentatbestand	Gebühr oder Satz der Gebühr nach § 34 GNotKG – Tabelle A
	durch Verlesen der Entscheidungsformel bekannt gegeben worden ist, oder wenn nicht Nummer 15 226 erfüllt ist	150,00 €

Unterabschnitt 3. Rechtsbeschwerde gegen die Endentscheidung wegen des Hauptgegenstands

Nr.	Gebührentatbestand	Gebühr oder Satz der Gebühr nach § 34 GNotKG – Tabelle A
15230	Verfahren über die Rechtsbeschwerde in den in Nummer 15 210 genannten Verfahren	3,0
15231	Beendigung des gesamten Verfahrens durch Zurücknahme der Rechtsbeschwerde oder des Antrags, bevor die Schrift zur Begründung der Beschwerde bei Gericht eingegangen ist: Die Gebühr 15 230 ermäßigt sich auf	1,0
15232	Beendigung des gesamten Verfahrens durch Zurücknahme der Rechtsbeschwerde oder des Antrags vor Ablauf des Tages, an dem die Endentscheidung der Geschäftsstelle übermittelt wird, wenn nicht Nummer 15 231 erfüllt ist: Die Gebühr 15 230 ermäßigt sich auf	2,0
15233	Verfahren über die Rechtsbeschwerde in den in Nummer 15 212 genannten Verfahren	1,5
15234	Beendigung des gesamten Verfahrens durch Zurücknahme der Rechtsbeschwerde oder des Antrags, bevor die Schrift zur Begründung der Beschwerde bei Gericht eingegangen ist: Die Gebühr 15 233 ermäßigt sich auf	0,5
15235	Beendigung des gesamten Verfahrens durch Zurücknahme der Rechtsbeschwerde oder des Antrags vor Ablauf des Tages, an dem die Endentscheidung der Geschäftsstelle übermittelt wird, wenn nicht Nummer 15 234 erfüllt ist: Die Gebühr 15 233 ermäßigt sich auf	1,0

Unterabschnitt 4. Zulassung der Sprungrechtsbeschwerde gegen die Endentscheidung wegen des Hauptgegenstands

Nr.	Gebührentatbestand	Gebühr oder Satz der Gebühr nach § 34 GNotKG – Tabelle A
15240	Verfahren über die Zulassung der Sprungrechtsbeschwerde in den in Nummer 15 210 genannten Verfahren: Soweit der Antrag abgelehnt wird:	1,0

Nr.	Gebührentatbestand	Gebühr oder Satz der Gebühr nach § 34 GNotKG – Tabelle A
15241	**Verfahren über die Zulassung der Sprungrechtsbeschwerde in den in Nummer 15 212 genannten Verfahren:** **Soweit der Antrag abgelehnt wird: ....**	**0,5**

1 Die Vorschriften entsprechen im Kern denjenigen in KV 11200–11400. Vgl. daher jeweils dort. Unterschiedlich sind nur die jeweiligen Gebührenhöhen. Es gilt jeweils Tabelle A.

Abschnitt 3. Übrige Verfahren vor dem Oberlandesgericht

Vorbemerkung 1.5.3:

Dieser Abschnitt gilt für Verfahren über die Anfechtung von Justizverwaltungsakten nach den §§ 23 bis 29 des Einführungsgesetzes zum Gerichtsverfassungsgesetz und Verfahren nach § 138 Abs. 2 des Urheberrechtsgesetzes.

Nr.	Gebührentatbestand	Gebühr oder Satz der Gebühr nach § 34 GNotKG – Tabelle A
	Verfahrensgebühr:	
15300	**– der Antrag wird zurückgenommen ....**	**0,5**
15301	**– der Antrag wird zurückgewiesen ....**	**1,0**

Hauptabschnitt 6. Einstweiliger Rechtsschutz

Vorbemerkung 1.6:

Im Verfahren über den Erlass einer einstweiligen Anordnung und über deren Aufhebung oder Änderung werden die Gebühren nur einmal erhoben.

Abschnitt 1. Verfahren, wenn in der Hauptsache die Tabelle A anzuwenden ist

Vorbemerkung 1.6.1:

In Betreuungssachen werden von dem Betroffenen Gebühren nur unter den in Vorbemerkung 1.1 Abs. 1 genannten Voraussetzungen erhoben.

Unterabschnitt 1. Erster Rechtszug

Nr.	Gebührentatbestand	Gebühr oder Satz der Gebühr nach § 34 GNotKG – Tabelle A
16110	**Verfahren im Allgemeinen, wenn die Verfahrensgebühr für den ersten Rechtszug in der Hauptsache weniger als 2,0 betragen würde .** **I Die Gebühr entsteht nicht für Verfahren, die in den Rahmen einer bestehenden Betreuung**	**0,3**

Nr.	Gebührentatbestand	Gebühr oder Satz der Gebühr nach § 34 GNotKG – Tabelle A
	oder Pflegschaft fallen, auch wenn nur ein vorläufiger Betreuer bestellt ist.	
	II 1 Die Gebühr entsteht ferner nicht, wenn das Verfahren mit der Bestellung eines vorläufigen Betreuers endet. 2 In diesem Fall entstehen Gebühren nach Hauptabschnitt 1 Abschnitt 1 wie nach der Bestellung eines nicht nur vorläufigen Betreuers.	
16111	**Die Gebühr für die Hauptsache würde 2,0 betragen:** **Die Gebühr 16 110 beträgt ....**	**1,5**
16112	**Beendigung des gesamten Verfahrens im Fall der Nummer 16 111 ohne Endentscheidung:** **Die Gebühr 16 111 ermäßigt sich auf ....**	**0,5**
	I Wenn die Entscheidung nicht durch Verlesen der Entscheidungsformel bekannt gegeben worden ist, ermäßigt sich die Gebühr auch im Fall der Zurücknahme des Antrags vor Ablauf des Tages, an dem die Endentscheidung der Geschäftsstelle übermittelt wird.	
	II Eine Entscheidung über die Kosten steht der Ermäßigung nicht entgegen, wenn die Entscheidung einer zuvor mitgeteilten Einigung über die Kostentragung oder einer Kostenübernahmeerklärung folgt.	

Die Unterscheidung zwischen Abschnitt 1 und Abschnitt 2 besteht nur darin, dass die jeweilige Gebührenhöhe davon abhängt, ob in einer zugehörigen Hauptsache Tabelle A oder B anwendbar ist oder wäre. Im Übrigen stimmen Abschnitte 1 und 2 praktisch wörtlich überein. 1

Im Übrigen entsprechen die Vorschriften im Kern denjenigen in KV 1410, 1420, 1421 FamGKG. Vgl. daher dort. Unterschiedlich sind nur die Gebührenhöhen. Wegen der jeweils im Ausgang maßgeblichen Tabelle → Rn. 1. 2

Unterabschnitt 2. Beschwerde gegen die Endentscheidung wegen des Hauptgegenstands

Nr.	Gebührentatbestand	Gebühr oder Satz der Gebühr nach § 34 GNotKG – Tabelle A
16120	**Verfahren im Allgemeinen, wenn sich die Gebühr für den ersten Rechtszug nach Nummer 16 110 bestimmt ....**	**0,5**
16121	**Verfahren im Allgemeinen, wenn sich die Gebühr für den ersten Rechtszug nach Nummer 16 111 bestimmt ....**	**2,0**
16122	**Beendigung des gesamten Verfahrens im Fall der Nummer 16 120 ohne Endentscheidung:** **Die Gebühr 16 120 ermäßigt sich auf ......**	**0,3**
	I Wenn die Entscheidung nicht durch Verlesen der Entscheidungsformel bekannt gegeben worden ist, ermäßigt sich die Gebühr auch im Fall	

Nr.	Gebührentatbestand	Gebühr oder Satz der Gebühr nach § 34 GNotKG – Tabelle A
	der Zurücknahme der Beschwerde oder des Antrags vor Ablauf des Tages, an dem die Endentscheidung der Geschäftsstelle übermittelt wird. **II Eine Entscheidung über die Kosten steht der Ermäßigung nicht entgegen, wenn die Entscheidung einer zuvor mitgeteilten Einigung über die Kostentragung oder einer Kostenübernahmeerklärung folgt.**	
16123	**Beendigung des gesamten Verfahrens im Fall der Nummer 16 121 durch Zurücknahme der Beschwerde oder des Antrags, bevor die Schrift zur Begründung der Beschwerde bei Gericht eingegangen ist:** **Die Gebühr 16 121 ermäßigt sich auf**	**0,5**
16124	**Beendigung des gesamten Verfahrens im Fall der Nummer 16 121 ohne Endentscheidung, wenn nicht Nummer 16 123 erfüllt ist:** **Die Gebühr 16 121 ermäßigt sich auf**	**1,0**
	I Wenn die Entscheidung nicht durch Verlesen der Entscheidungsformel bekannt gegeben worden ist, ermäßigt sich die Gebühr auch im Fall der Zurücknahme der Beschwerde oder des Antrags vor Ablauf des Tages, an dem die Endentscheidung der Geschäftsstelle übermittelt wird. **II Eine Entscheidung über die Kosten steht der Ermäßigung nicht entgegen, wenn die Entscheidung einer zuvor mitgeteilten Einigung über die Kostentragung oder einer Kostenübernahmeerklärung folgt.**	

1 Die Vorschriften entsprechen im Kern denjenigen in KV 11200–11400. Vgl. daher jeweils dort. Unterschiedlich sind nur die jeweiligen Gebührenhöhen. Es gilt jeweils Tabelle A.

Abschnitt 2. Verfahren, wenn in der Hauptsache die Tabelle B anzuwenden ist

Vorbemerkung 1.6.2:

Die Vorschriften dieses Abschnitts gelten auch für Verfahren über die Aussetzung der Wirkungen eines Europäischen Nachlasszeugnisses.

Unterabschnitt 1. Erster Rechtszug

Nr.	Gebührentatbestand	Gebühr oder Satz der Gebühr nach § 34 GNotKG – Tabelle B
16210	**Verfahren im Allgemeinen, wenn die Verfahrensgebühr für den ersten Rechtszug in der Hauptsache weniger als 2,0 betragen würde** .	**0,3**
16211	**Die Gebühr für die Hauptsache würde 2,0 betragen:**	**1,5**

Nr.	Gebührentatbestand	Gebühr oder Satz der Gebühr nach § 34 GNotKG – Tabelle B
	Die Gebühr 16 210 beträgt	
16212	**Beendigung des gesamten Verfahrens im Fall der Nummer 16 211 ohne Endentscheidung: Die Gebühr 16 211 ermäßigt sich auf**	**0,5**
	I Wenn die Entscheidung nicht durch Verlesen der Entscheidungsformel bekannt gegeben worden ist, ermäßigt sich die Gebühr auch im Fall der Zurücknahme des Antrags vor Ablauf des Tages, an dem die Endentscheidung der Geschäftsstelle übermittelt wird. II Eine Entscheidung über die Kosten steht der Ermäßigung nicht entgegen, wenn die Entscheidung einer zuvor mitgeteilten Einigung über die Kostentragung oder einer Kostenübernahmeerklärung folgt.	

Die Vorschriften stimmen praktisch wörtlich mit KV 16110–16112 überein. Vgl. daher dort. 1

Unterabschnitt 2. Beschwerde gegen die Endentscheidung wegen des Hauptgegenstands

Nr.	Gebührentatbestand	Gebühr oder Satz der Gebühr nach § 34 GNotKG – Tabelle B
16220	**Verfahren im Allgemeinen, wenn sich die Gebühr für den ersten Rechtszug nach Nummer 16 210 bestimmt**	**0,5**
16221	**Verfahren im Allgemeinen, wenn sich die Gebühr für den ersten Rechtszug nach Nummer 16 211 bestimmt**	**2,0**
16222	**Beendigung des gesamten Verfahrens im Fall der Nummer 16 220 ohne Endentscheidung: Die Gebühr 16 220 ermäßigt sich auf**	**0,3**
	I Wenn die Entscheidung nicht durch Verlesen der Entscheidungsformel bekannt gegeben worden ist, ermäßigt sich die Gebühr auch im Fall der Zurücknahme der Beschwerde oder des Antrags vor Ablauf des Tages, an dem die Endentscheidung der Geschäftsstelle übermittelt wird. II Eine Entscheidung über die Kosten steht der Ermäßigung nicht entgegen, wenn die Entscheidung einer zuvor mitgeteilten Einigung über die Kostentragung oder einer Kostenübernahmeerklärung folgt.	
16223	**Beendigung des gesamten Verfahrens im Fall der Nummer 16 221 durch Zurücknahme der Beschwerde oder des Antrags, bevor die Schrift zur Begründung der Beschwerde bei Gericht eingegangen ist: Die Gebühr 16 221 ermäßigt sich auf**	**0,5**

Nr.	Gebührentatbestand	Gebühr oder Satz der Gebühr nach § 34 GNotKG – Tabelle B
16224	**Beendigung des gesamten Verfahrens im Fall der Nummer 16 221 ohne Endentscheidung, wenn nicht Nummer 16 223 erfüllt ist:** **Die Gebühr 16 221 ermäßigt sich auf ....** **I Wenn die Entscheidung nicht durch Verlesen der Entscheidungsformel bekannt gegeben worden ist, ermäßigt sich die Gebühr auch im Fall der Zurücknahme der Beschwerde oder des Antrags vor Ablauf des Tages, an dem die Endentscheidung der Geschäftsstelle übermittelt wird.** **II Eine Entscheidung über die Kosten steht der Ermäßigung nicht entgegen, wenn die Entscheidung einer zuvor mitgeteilten Einigung über die Kostentragung oder einer Kostenübernahmeerklärung folgt.**	1,0

1 Die Vorschriften entsprechen im Kern denjenigen in KV 11200–11400. Vgl. daher jeweils dort. Unterschiedlich sind nur die jeweiligen Gebührenhöhen. Es gilt jeweils Tabelle B.

Hauptabschnitt 7. Besondere Gebühren

Nr.	Gebührentatbestand	Gebühr oder Satz der Gebühr nach § 34 GNotKG – Tabelle A
	Erteilung von Ausdrucken oder Fertigung von Kopien aus einem Register oder aus dem Grundbuch auf Antrag oder deren beantragte Ergänzung oder Bestätigung:	
17000	**– Ausdruck oder unbeglaubigte Kopie ....**	10,00 €
17001	**– amtlicher Ausdruck oder beglaubigte Kopie ....** **Neben den Gebühren 17000 und 17001 wird keine Dokumentenpauschale erhoben.**	20,00 €
	Anstelle eines Ausdrucks wird in den Fällen der Nummern 17 000 und 17 001 die elektronische Übermittlung einer Datei beantragt:	
17002	**– unbeglaubigte Datei ....**	5,00 €
17003	**– beglaubigte Datei ....** **1 Werden zwei elektronische Dateien gleichen Inhalts in unterschiedlichen Dateiformaten gleichzeitig übermittelt, wird die Gebühr 17002 oder 17003 nur einmal erhoben. 2 Sind beide Gebührentatbestände erfüllt, wird die höhere Gebühr erhoben.**	10,00 €
	Erteilung von Ausdrucken oder Fertigung von Kopien aus einem Register oder aus dem Grundbuch auf Antrag oder deren beantragte Ergänzung oder Bestätigung:	
17000	**– Ausdruck oder unbeglaubigte Kopie ...**	10,00 €

Nr.	Gebührentatbestand	Gebühr oder Satz der Gebühr nach § 34 GNotKG – Tabelle A
17001	– amtlicher Ausdruck oder beglaubigte Kopie	20,00 €
	Neben den Gebühren 17000 und 17001 wird keine Dokumentenpauschale erhoben.	
	Anstelle eines Ausdrucks wird in den Fällen der Nummern 17 000 und 17 001 die elektronische Übermittlung einer Datei beantragt:	
17002	– unbeglaubigte Datei	5,00 €
17003	– beglaubigte Datei	10,00 €
	[1] Werden zwei elektronische Dateien gleichen Inhalts in unterschiedlichen Dateiformaten gleichzeitig übermittelt, wird die Gebühr 17002 oder 17003 nur einmal erhoben. [2] Sind beide Gebührentatbestände erfüllt, wird die höhere Gebühr erhoben.	

Schrifttum: Böhringer, Entwicklung des Grundstücks- und Grundbuchrechts seit 2013, Rpfleger 2014, 404 (Üb.).

I. Anwendungsbereich. Register sind die Handels-, Genossenschafts-, Partnerschafts- und Vereinsregister; ab dem 1.1.2023 auch das Gesellschaftsregister nach § 707 BGB. Das Grundbuchblatt ist für das Grundstück als Grundbuch anzusehen, §§ 3, 4 GBO. Jede Erteilung (Hinausgabe) und nicht nur Anfertigung einer Kopie auch nur eines Blattteils zählt gesondert. Jede Bestätigung oder Ergänzung zählt ebenfalls gesondert, unabhängig vom Umfang. Die Regelung verstößt wohl nicht gegen Europarecht (LG Coburg JurBüro 2000, 540, krit. Waldner). 1

II. Festgebühr. Eine antragsgemäße unbeglaubigte Kopie oder ein einfacher Ausdruck aus einem Register oder Grundbuch oder deren Ergänzung oder Bestätigung kosten unabhängig vom Umfang 10 EUR, (KV 17000). Für jede beglaubigte Kopie oder für den ihr nach § 131 RegVBG gleichstehenden amtlichen Ausdruck oder deren Ergänzung oder Bestätigung entsteht die Festgebühr von 20 EUR (KV 17001). Das gilt unabhängig vom Umfang und für jede Beglaubigung. Das Grundbuchamt oder Registergericht muss den vorgenannten amtlichen Ausdruck nach § 133 RegVBG als solchen bezeichnen und mit einem Dienstsiegel oder -stempel versehen. Neben der jeweiligen Festgebühr entsteht keine Dokumentenpauschale (KV 17001 Anm.). Bei einer gleichzeitigen Erteilung mehrerer gleichlautender beglaubigter Kopien oder Ausdrucke entsteht keine Ermäßigung mehr. 2

Nicht hierher gehören zB die Kopie oder der Ausdruck eines geschlossenen Grundbuchs, eines Antrags, eines Teils der Grundakten oder einer sonstigen Urkunde oder eines Grundpfandbriefs oder eines Grundstück- oder Eigentümerverzeichnisses, auch nicht eine Grundbucheinsicht. 3

Bei beantragter **elektronischer Dateiübermittlung** entstehen statt 10 EUR nur 5 EUR (KV 17002) und statt 20 EUR nur 10 EUR (KV 17003). Eine beglaubigte Datei setzt die qualifizierte elektronische Signatur voraus (§ 78 Abs. 2 Satz 2 GBV). 4

Die Anm. zu KV 17002 und 17003 bewirkt, dass die jeweilige Gebühr auch dann nur einmal erhoben wird, wenn neben einer Datei, die den Grundbuch- oder Registerauszug als Registerblatt darstellt, zusätzlich eine XML-Datei übermittelt wird (BT-Drs. 17/11471, 215). 5

III. Fälligkeit, Gebührenschuldner. Die Fälligkeit richtet sich jeweils nach §§ 7 (elektronische Übermittlung), § 9 I. **Gebührenschuldner** ist man nach §§ 22, 27. Ein Rechtsanwalt stellt den Antrag namens seines Mandanten (OLG Saarbrücken NJOZ 2019, 838). Etwaige Gebührenfreiheit beachten. 6

7 **IV. Umsatzsteuerrelevanz.** Nach § 39 BeurkG kann ein Notar eine Urkunde als Bescheinigung über Eintragungen in einem öffentlichen Register ausstellen. Diesem Vermerk des Notars kommt dieselbe Beweiskraft wie ein beglaubigter Registerauszug zu. Der Ausdruck oder die Kopie aus dem Register oder Grundbuch wird somit im Wettbewerb zu privaten Anbietern gefertigt (§ 2b Abs. 1 S. 2 UStG). Das Güterrechtsregister (bis 31.12.2037, Art. 229 § 64 IV EGBGB) ist ein öffentliches Register in diesem Sinne. Daher ist der Auslagentatbestand KV 31017 zu prüfen.

Nr.	Gebührentatbestand	Gebühr oder Satz der Gebühr nach § 34 GNotKG – Tabelle A
17004	**Erteilung** **1. eines Zeugnisses des Grundbuchamts,** **2. einer Bescheinigung aus einem Register,** **3. einer beglaubigten Abschrift des Verpfändungsvertrags nach § 16 Abs. 1 Satz 3 des Pachtkreditgesetzes oder** **4. einer Bescheinigung nach § 16 Abs. 2 des Pachtkreditgesetzes**	**20,00 €**

1 **I. Anwendungsbereich.** Die Vorschrift ist eine vorrangige eng auslegbare Spezialregelung. „Erteilung" meint die Hinausgabe und nicht schon die zugehörige Vorbereitung. Diese ist aber natürlich in der Erteilungsvergütung enthalten.

2 **1. Zeugnis (Nr. 1).** Erfasst ist das Zeugnis gem. § 17 II ZVG, mit dem der Gläubiger die Eintragungsposition des Schuldners nachweisen kann. Die Erteilung mag von Amts wegen oder auf Antrag erfolgen. Jedes selbständige Zeugnis zählt extra, auch bei demselben Grundbuchvorgang. Auch ein wiederholtes Zeugnis zählt gesondert.

3 **2. Registerbescheinigung (Nr. 2).** Es gilt bei jeder Art von Register (→ KV 17000–17003 Rn. 1). Im Übrigen gelten dieselben Regeln wie hier bei → Rn. 2. Die Verschmelzungsbescheinigung nach § 122k UmwG als Vorabbescheinigung ist keine Bescheinigung aus einem Register.

4 **3. Pachtkreditgesetz (Nr. 3, 4).** Beide Fälle stehen selbständig nebeneinander.

5 **II. Festgebühr.** Es entsteht jeweils eine Festgebühr von 20 EUR, also je Zeugnis oder Bescheinigung oder Kopie. Hier ergibt sich bei elektronischer Erteilung keine Ermäßigung.

6 **III. Fälligkeit, Gebührenschuldner.** Die Fälligkeit richtet sich nach § 9 I. **Gebührenschuldner** ist man nach §§ 22 I, 27. Neben Nr. 3 können Dokumentenpauschalen entstehen.

7 **IV. Umsatzsteuerrelevanz.** Die Erteilung einer Bescheinigung aus einem Register (Nr. 2) kann im Wettbewerb zu privaten Anbietern stehen (§ 2b I 2 UStG), soweit die betreffende Landesregierung nicht von § 133a V GBO Gebrauch gemacht und den Wettbewerb ausgeschlossen hat. Bescheinigungen über Daten aus einem Register können auch von Notaren gem. § 21 I BNotO ausgestellt werden. Sie haben die die gleiche Beweiskraft wie ein Zeugnis des Registergerichts. Daher ist hinsichtlich Nr. 2 der Auslagentatbestand KV 31017 zu prüfen.

Nr.	Gebührentatbestand	Gebühr oder Satz der Gebühr nach § 34 GNotKG – Tabelle A
17005	**Abschluss eines gerichtlichen Vergleichs: Soweit ein Vergleich über nicht gerichtlich anhängige Gegenstände geschlossen wird** ...	**0,25**

Nr.	Gebührentatbestand	Gebühr oder Satz der Gebühr nach § 34 GNotKG – Tabelle A
	[1] Die Gebühr entsteht nicht im Verfahren über die Prozess- oder Verfahrenskostenhilfe. [2] Im Verhältnis zur Gebühr für das Verfahren im Allgemeinen ist § 56 Abs. 3 GNotKG entsprechend anzuwenden.	

Die Vorschrift stimmt in dem Haupttext und in der Anm. S. 1 wörtlich mit KV 1900 GKG überein. Vgl. daher insofern dort. Wegen der Verweisung in der Anm. S. 2 auf § 56 III vgl. dort und OLG Köln NJW-RR 2010, 1512. Ein Wettbewerb zu privaten Anbietern ist gegeben (§ 2b Abs. 1 S. 2 UStG), weil der Vergleich gem. § 20 Abs. 1 Satz 1 BNotO auch von einem Notar beurkundet werden könnte. Daher Umsatzsteuerrelevanz (KV 31017) prüfen). 1

Nr.	Gebührentatbestand	Gebühr oder Satz der Gebühr nach § 34 GNotKG – Tabelle A
17006	**Anordnung von Zwangsmaßnahmen durch Beschluss nach § 35 FamFG: je Anordnung ....**	**22,00 €**

I. Anwendungsbereich. Es handelt sich um eine Parallelvorschrift zu KV 1502 FamGKG. Nötig ist ein Anordnungsbeschluss nach § 35 FamFG, über die Durchsetzung einer Verpflichtung zur Vornahme oder Unterlassung einer Handlung, zB die Verpflichtung zur Antragstellung nach § 82 GBO. 1

II. Festgebühr. Es entsteht je Anordnung (ggf. mehrere in einem Beschluss) eine **Aktgebühr** von 22 EUR. Die Gebühr kann also mehrmals entstehen bei wiederholtem Zwangsgeld oder bei späterer bzw. gleichzeitiger hilfsweiser Anordnung von Zwangshaft. 2

III. Fälligkeit, Gebührenschuldner. Die Fälligkeit richtet sich nach § 9 I Nr. 1. **Gebührenschuldner** ist man nach § 27 Nr. 1 aufgrund der Auferlegung nach § 35 Abs. 3 Satz 2 FamFG. 3

Hauptabschnitt 8. Vollstreckung

Vorbemerkung 1.8:

[1] Die Vorschriften dieses Hauptabschnitts gelten für die Vollstreckung nach Buch 1 Abschnitt 8 des FamFG. [2] Für Handlungen durch das Vollstreckungsgericht werden Gebühren nach dem GKG erhoben.

Nr.	Gebührentatbestand	Gebühr oder Satz der Gebühr nach § 34 GNotKG – Tabelle B
18000	**Verfahren über die Erteilung einer vollstreckbaren Ausfertigung einer notariellen Urkunde, wenn der Eintritt einer Tatsache oder einer Rechtsnachfolge zu prüfen ist (§§ 726 bis 729 ZPO) ....**	**0,5**

Nr.	Gebührentatbestand	Gebühr oder Satz der Gebühr nach § 34 GNotKG – Tabelle B
18001	**Verfahren über den Antrag auf Erteilung einer weiteren vollstreckbaren Ausfertigung (§ 733 ZPO)**	22,00 €
	Die Gebühr wird für jede weitere vollstreckbare Ausfertigung gesondert erhoben.	
18002	**Anordnung der Vornahme einer vertretbaren Handlung durch einen Dritten**	22,00 €
18003	**Anordnung von Zwangs- oder Ordnungsmitteln:**	
	je Anordnung	22,00 €
	[1] Mehrere Anordnungen gelten als eine Anordnung, wenn sie dieselbe Verpflichtung betreffen.	
	[2] Dies gilt nicht, wenn Gegenstand der Verpflichtung die wiederholte Vornahme einer Handlung oder eine Unterlassung ist.	
18004	**Verfahren zur Abnahme einer eidesstattlichen Versicherung (§ 94 FamFG)**	35,00 €
	Die Gebühr entsteht mit der Anordnung des Gerichts, dass der Verpflichtete eine eidesstattliche Versicherung abzugeben hat, oder mit dem Eingang des Antrags des Berechtigten.	

1 Die Vorschriften entsprechen im Wesentlichen KV 1600–1603 FamGKG und KV 2110–2111 GKG. Vgl. daher jeweils die dortige Kommentierung. Unterschiedlich sind nur die Gebührenhöhen. Bei KV 18000 gilt Tabelle B.

Hauptabschnitt 9. Rechtsmittel im Übrigen und Rüge wegen Verletzung des Anspruchs auf rechtliches Gehör

Abschnitt 1. Rechtsmittel im Übrigen

Unterabschnitt 1. Sonstige Beschwerden

Nr.	Gebührentatbestand	Gebühr oder Satz der Gebühr nach § 34 GNotKG – Tabelle B
19110	**Verfahren über die Beschwerde in den Fällen des § 129 GNotKG und des § 372 Abs. 1 FamFG**	99,00 €
19111	**Beendigung des gesamten Verfahrens ohne Endentscheidung:**	
	Die Gebühr 19 110 ermäßigt sich auf	66,00 €
	[1] Wenn die Entscheidung nicht durch Verlesen der Entscheidungsformel bekannt gegeben worden ist, ermäßigt sich die Gebühr auch im Fall der Zurücknahme der Beschwerde oder des Antrags vor Ablauf des Tages, an dem die Endentscheidung der Geschäftsstelle übermittelt wird.	

Nr.	Gebührentatbestand	Gebühr oder Satz der Gebühr nach § 34 GNotKG – Tabelle B
	[II] Eine Entscheidung über die Kosten steht der Ermäßigung nicht entgegen, wenn die Entscheidung einer zuvor mitgeteilten Einigung über die Kostentragung oder einer Kostenübernahmeerklärung folgt.	
19112	Verfahren über die Beschwerde gegen Entscheidungen, die sich auf Tätigkeiten des Registergerichts beziehen, für die Gebühren nach der HRegGebV zu erheben sind: Die Beschwerde wird verworfen oder zurückgewiesen .... Wird die Beschwerde nur wegen eines Teils der Anmeldung verworfen oder zurückgewiesen, ist für die Höhe der Gebühr die für die Eintragung nur dieses Teils der Anmeldung vorgesehene Gebühr maßgebend.	3,5 der Gebühr für die Eintragung nach der HRegGebV
19113	Verfahren über die in Nummer 19 112 genannte Beschwerde: Beendigung des gesamten Verfahrens durch Zurücknahme der Beschwerde oder des Antrags, bevor die Schrift zur Begründung der Beschwerde bei Gericht eingegangen ist	0,5 der Gebühr für die Eintragung nach der HRegGebV
19114	Verfahren über die in Nummer 19 112 genannte Beschwerde: Beendigung des gesamten Verfahrens ohne Endentscheidung, wenn nicht Nummer 19 113 erfüllt ist .... Diese Gebühr ist auch zu erheben, wenn die Entscheidung nicht durch Verlesen der Entscheidungsformel bekannt gegeben worden ist, die Beschwerde jedoch vor Ablauf des Tages zurückgenommen wird, an dem die Endentscheidung der Geschäftsstelle übermittelt wird.	1,5 der Gebühr für die Eintragung nach der HRegGebV
19115	Verfahren über die Beschwerde nach § 335a Abs. 1 HGB: Die Beschwerde wird verworfen oder zurückgewiesen .... Wird die Beschwerde nur teilweise verworfen oder zurückgewiesen, kann das Gericht die Gebühr nach billigem Ermessen auf die Hälfte ermäßigen oder bestimmen, dass eine Gebühr nicht zu erheben ist.	150,00 €
19116	Verfahren über eine nicht besonders aufgeführte Beschwerde, die nicht nach anderen Vorschriften gebührenfrei ist: Die Beschwerde wird verworfen oder zurückgewiesen	66,00 €

Nr.	Gebührentatbestand	Gebühr oder Satz der Gebühr nach § 34 GNotKG – Tabelle B
	Wird die Beschwerde nur teilweise verworfen oder zurückgewiesen, kann das Gericht die Gebühr nach billigem Ermessen auf die Hälfte ermäßigen oder bestimmen, dass eine Gebühr nicht zu erheben ist.	

Unterabschnitt 2. Sonstige Rechtsbeschwerden

Nr.	Gebührentatbestand	Gebühr oder Satz der Gebühr nach § 34 GNotKG – Tabelle B
19120	Verfahren über die Rechtsbeschwerde in den Fällen des § 129 GNotKG und des § 372 Abs. 1 FamFG	198,00 €
19121	Beendigung des gesamten Verfahrens durch Zurücknahme der Rechtsbeschwerde oder des Antrags, bevor die Schrift zur Begründung der Rechtsbeschwerde bei Gericht eingegangen ist: Die Gebühr 19 120 ermäßigt sich auf	66,00 €
19122	Beendigung des gesamten Verfahrens durch Zurücknahme der Rechtsbeschwerde oder des Antrags vor Ablauf des Tages, an dem die Endentscheidung der Geschäftsstelle übermittelt wird, wenn nicht Nummer 19 121 erfüllt ist: Die Gebühr 19 120 ermäßigt sich auf	99,00 €
19123	Verfahren über die Rechtsbeschwerde gegen Entscheidungen, die sich auf Tätigkeiten des Registergerichts beziehen, für die Gebühren nach der HRegGebV zu erheben sind: Die Rechtsbeschwerde wird verworfen oder zurückgewiesen .... Wird die Rechtsbeschwerde nur wegen eines Teils der Anmeldung verworfen oder zurückgewiesen, bestimmt sich die Höhe der Gebühr nach der Gebühr für die Eintragung nur dieses Teils der Anmeldung.	5,0 der Gebühr für die Eintragung nach der HRegGebV
19124	Verfahren über die in Nummer 19 123 genannte Rechtsbeschwerde: Beendigung des gesamten Verfahrens durch Zurücknahme der Rechtsbeschwerde oder des Antrags, bevor die Schrift zur Begründung der Beschwerde bei Gericht eingegangen ist	1,0 der Gebühr für die Eintragung nach der HRegGebV

Nr.	Gebührentatbestand	Gebühr oder Satz der Gebühr nach § 34 GNotKG – Tabelle B
19125	Verfahren über die in Nummer 19 123 genannte Rechtsbeschwerde: Beendigung des gesamten Verfahrens durch Zurücknahme der Rechtsbeschwerde oder des Antrags vor Ablauf des Tages, an dem die Endentscheidung der Geschäftsstelle übermittelt wird, wenn nicht Nummer 19 124 erfüllt ist	2,5 der Gebühr für die Eintragung nach der HRegGebV
19126	Verfahren über die Rechtsbeschwerde in den Fällen des § 335a Abs. 3 HGB: Die Rechtsbeschwerde wird verworfen oder zurückgewiesen	300,00 €
	Wird die Rechtsbeschwerde nur teilweise verworfen oder zurückgewiesen, kann das Geicht die Gebühr nach billigem Ermessen auf die Hälfte ermäßigen oder bestimmen, dass eine Gebühr nicht zu erheben ist.	
19127	Verfahren über die in Nummer 19 126 genannte Rechtsbeschwerde: Beendigung des gesamten Verfahrens durch Zurücknahme der Rechtsbeschwerde oder des Antrags vor Ablauf des Tages, an dem die Endentscheidung der Geschäftsstelle übermittelt wird	150,00 €
19128	Verfahren über eine nicht besonders aufgeführte Rechtsbeschwerde, die nicht nach anderen Vorschriften gebührenfrei ist: Die Rechtsbeschwerde wird verworfen oder zurückgewiesen	132,00 €
	Wird die Rechtsbeschwerde nur teilweise verworfen oder zurückgewiesen, kann das Gericht die Gebühr nach billigem Ermessen auf die Hälfte ermäßigen oder bestimmen, dass eine Gebühr nicht zu erheben ist.	
19129	Verfahren über die in Nummer 19 128 genannte Rechtsbeschwerde: Beendigung des gesamten Verfahrens durch Zurücknahme der Rechtsbeschwerde oder des Antrags vor Ablauf des Tages, an dem die Endentscheidung der Geschäftsstelle übermittelt wird	66,00 €

Unterabschnitt 3. Zulassung der Sprungrechtsbeschwerde in sonstigen Fällen

Nr.	Gebührentatbestand	Gebühr oder Satz der Gebühr nach § 34 GNotKG – Tabelle B
19130	**Verfahren über die Zulassung der Sprungrechtsbeschwerde in den nicht besonders aufgeführten Fällen: Der Antrag wird abgelehnt**	**66,00 €**

1 Die Vorschriften entsprechen im Kern KV 11200–11400. Vgl. daher jeweils dort. Unterschiedlich sind nur die jeweiligen Gebührenhöhen. Es gilt bei den Wertgebühren jeweils Tabelle B. Die HRegGebV ist in diesem Werk abgedruckt (→ HRegGebV §§ 1 ff.).

Abschnitt 2. Rüge wegen Verletzung des Anspruchs auf rechtliches Gehör

Nr.	Gebührentatbestand	Gebühr oder Satz der Gebühr nach § 34 GNotKG – Tabelle B
19200	**Verfahren über die Rüge wegen Verletzung des Anspruchs auf rechtliches Gehör: Die Rüge wird in vollem Umfang verworfen oder zurückgewiesen**	**66,00 €**

1 Die Vorschrift entspricht KV 1700, 2600, 3920, 4500, 5400, 6400, 7400, 8500 GKG, KV 1800 FamGKG. Vgl. daher vor allem die Kommentierung zu KV 1700 GKG.

Teil 2. Notargebühren

Vorbemerkung 2:

I In den Fällen, in denen es für die Gebührenberechnung maßgeblich ist, dass ein bestimmter Notar eine Tätigkeit vorgenommen hat, steht diesem Notar der Aktenverwahrer gemäß § 51 BNotO, der Notariatsverwalter gemäß § 56 BNotO oder ein anderer Notar, mit dem der Notar am Ort seines Amtssitzes zur gemeinsamen Berufsausübung verbunden ist oder mit dem er dort gemeinsame Geschäftsräume unterhält, gleich.

II 1 Bundes- oder landesrechtliche Vorschriften, die Gebühren- oder Auslagenbefreiung gewähren, sind nicht auf den Notar anzuwenden. 2 Außer in den Fällen der Kostenerstattung zwischen den Trägern der Sozialhilfe gilt die in § 64 Abs. 2 Satz 3 Nr. 2 SGB X bestimmte Gebührenfreiheit auch für den Notar.

III Beurkundungen nach § 67 Abs. 1 BeurkG und die Bezifferung dynamisierter Unterhaltstitel zur Zwangsvollstreckung im Ausland sind gebührenfrei.

1 **I. Normzweck.** Gebühren und Auslagen entstehen mangels Auffangtatbestandes nur, sofern und soweit ein entsprechender Tatbestand die Kostenpflicht positiv und ausdrücklich bestimmt.

2 **II. Persönlicher Anwendungsbereich (I).** Die unter „Teil 2. Notargebühren" geregelten Gebühren gelten grds. für Notare, Notariatsverwalter und Aktenverwahrer. Soweit es für die Gebühr maßgeblich ist, dass ein bestimmter Notar eine Tätigkeit

vorgenommen wird, stellt I den Aktenverwahrer, Notariatsverwalter und den Sozius dem Notar gleich.

III. Gebührenfreiheit (II, III). Bestimmungen des Bundes- oder Landesrecht bzgl. Gebührenbefreiung gelten nach II 1 nicht für den Notar, der lediglich die Gebührenermäßigung nach § 91 zu beachten hat. Gemäß II 2 ist die Gebührenfreiheit nach § 64 II 3 Nr. 2 SGB X auch durch den Notar zu beachten (zB eidesstattliche Versicherung für Antrag auf Sozialleistungen), vgl. dazu auch § 67 BeurkG (BeckOK BeurkG/Schmitz BeurkG § 67 Rn. 2 ff.) und § 59 SGB VIII (BeckOGK SGB VIII/Uhl § 59 Rn. 44. Die Befreiung betrifft nur die Beurkundungs- und Beglaubigungskosten und somit diese Gebühren, nicht aber Vollzugs- oder Betreuungsgebühren, sowie die Auslagen (LG Magdeburg NotBZ 2017, 355). II 2 gilt auch bei darlehensweiser Sozialhilfe (OLG Hamm FGPrax 2017, 280). II 2 gilt nur für unmittelbar Hilfsbedürfte oder deren Erben, aber nicht für freie Träger (LG Gera NotBZ 2002, 188). Ebenfalls gebührenfrei sind Beurkundungen nach III, also alle Erklärungen über die Anerkennung der Vaterschaft, Verpflichtungen zur Erfüllung von Unterhaltsansprüchen eines Kindes und Verpflichtungen zur Erfüllung von Unterhaltsansprüchen nach § 1615l BGB, sowie alle damit im unmittelbaren Zusammenhang stehenden Erklärungen. Nicht erfasst werden Sorgerechtserklärungen und Namenserklärungen. Ebenfalls gebührenfrei ist das Verfahren nach § 245 I FamFG. 3

Hauptabschnitt 1. Beurkundungsverfahren

Vorbemerkung 2.1:

I Die Gebühr für das Beurkundungsverfahren entsteht für die Vorbereitung und Durchführung der Beurkundung in Form einer Niederschrift (§§ 8, 16b und 36 des BeurkG) einschließlich der Beschaffung der Information.

II Durch die Gebühren dieses Hauptabschnitts werden auch abgegolten

1. **die Übermittlung von Anträgen und Erklärungen an ein Gericht oder eine Behörde,**
2. **die Stellung von Anträgen im Namen der Beteiligten bei einem Gericht oder einer Behörde,**
3. **die Erledigung von Beanstandungen einschließlich des Beschwerdeverfahrens und**
4. **bei Änderung eines Gesellschaftsvertrags oder einer Satzung die Erteilung einer für die Anmeldung zum Handelsregister erforderlichen Bescheinigung des neuen vollständigen Wortlauts des Gesellschaftsvertrags oder der Satzung.**

Die Gebühr für die Beurkundung iSd §§ 8, 16b, 36 BeurkG – ab 1.8.2022 – umfasst als Verfahrensgebühr neben der Beurkundung selbst auch die dazugehörige **Informationsbeschaffung,** die Vorbereitung und die Durchführung der Beurkundung. Tätigkeiten nach erfolgter Beurkundung sind nicht mit dieser Gebühr abgegolten, insb. Vollzugstätigkeiten sind unabhängig vom Zeitpunkt der Vornahme stets nicht erfasst. Zur Anrechnung der Entwurfsgebühr nach KV 24100 ff. bei Beurkundung s. Vorb. 2.4.1. (→ KV 24100 Rn. 17). 1

Klarstellend regelt II den Abgeltungsumfang der Beurkundungsgebühr, danach sind insbes. die Botentätigkeit des Notars, dessen Antragstellung zB nach § 15 GBO, sowie die Registrierung beim ZTR/ZVR erfasst. 2

Abschnitt 1. Verträge, bestimmte Erklärungen sowie Beschlüsse von Organen einer Vereinigung oder Stiftung

Vorbemerkung 2.1.1:

Dieser Abschnitt ist auch anzuwenden im Verfahren zur Beurkundung der folgenden Erklärungen:

1. **Antrag auf Abschluss eines Vertrags oder Annahme eines solchen Antrags oder**
2. **gemeinschaftliches Testament.**

Nr.	Gebührentatbestand	Gebühr oder Satz der Gebühr nach § 34 GNotKG – Tabelle B
21100	**Beurkundungsverfahren**	**2,0 – mindestens 120,00 €**

1 **I. Normzweck.** KV erfasst als lex specialis zu KV 21200 alle zweiseitigen bzw. mehrseitigen Rechtsakte. Ob nun allerdings **„sonstige"** Erklärungen mit ihrer nach KV 21200 gegenüber KV 21100 halbierten und nach KV 21201 sogar geviertelten Vergütung so viel weniger Mühe machen, bleibt hochzweifelhaft. Das Ganze erweckt einen wenig durchdachten Gesamteindruck. Erstaunlich, dass alle Beteiligten offenbar jahrelang an ihm vorweg bemüht waren.

2 **II. Anwendungsbereich.** Die Vorschrift bringt zusammen mit der Vorb. 2.1.1 Nr. 1 sowie der 2.1.2 I **Beurkundungen von Verträgen, Vertragsangeboten, gemeinschaftliche Testamente und Beschlüsse** von Organen einer Vereinigung oder Stiftung unter KV 21100 und damit auch unter dieselbe Gebührenhöhe. Daran ändert auch die amtliche Überschrift des Abschnitts 2 (vor KV 21200) „Sonstige" Erklärungen nichts. Zur ratsamen Prüfungsreihenfolge vgl. → KV 21200, 21201 Rn. 2. KV 21100 ist lex specialis zu KV 21200.

3 **Das bedeutet:** Die Beurkundung nur eines Angebots kostet **genauso viel** wie die gleichzeitige Beurkundung von Angebot und Annahme, also des Vertrags. Es kommt dabei nicht auf die Bezeichnung „Angebot" an, sondern auf den inhaltlichen **Vorschlag** zum Abschluss oder zur Änderung oder Aufhebung eines Vertrags. Die Einräumung einer Anwartschaft oder Option ist kein Vertragsangebot. Eine Erklärung des Inhalts, man habe einen Vertrag vereinbart, lässt sich grundsätzlich nicht als ein Vertragsangebot bewerten.

4 **Die Änderung** eines Angebots fällt unter KV 21200. Eine Annahme ist nur unter der Bedingung einer Änderung als eine Ablehnung des Angebots aufzufassen, verbunden mit einem Gegenangebot.

5 **„Sonstige"** Erklärungen reicht auch nicht als Begründung wenigstens einer angeblichen Widersprüchlichkeit zu dem Wort „bestimmte" Erklärungen in der amtlichen Überschrift zum Abschnitt 1 (vor KV 21100) aus, um nach § 1 I zu einer im Zweifel kostengünstigeren Auslegung zu kommen. Denn die Vorb. 2.1.2 I Hs. 1 wiederholt eindeutig mit ihrem Verweis auf Abschnitt 1 auch beim „Antrag" (statt „Angebot") auf Vertragsabschluss die Geltung nur der KV 21100–21102 statt KV 21200.

6 **Fazit:** Es gibt keinen Gebührenunterschied zwischen Vertrag und dessen Angebot. Damit besteht auch keine Notwendigkeit mehr, einen Beurkundungsvorgang insoweit genauer einzuordnen.

7 **III. Begriff „Beurkundungsverfahren".** Wie schon in → Rn. 1 angesprochen, muss man zur Klärung des Begriffs „Beurkundungsverfahren" in dem Haupttext von KV 21100–21102 einerseits, KV 21200 andererseits die zugehörigen Vorbemerkungen mit beachten.

8 Die **2.1.1 Nr. 1** besagt eindeutig, dass (außer den in der amtlichen Überschrift zum Abschnitt 1 genannten „Verträgen") ein Antrag auf Abschluss eines Vertrags eben die Gebühr nach KV 21100–21102 auslöst. Genau dasselbe wiederholt eigentlich deshalb überflüssigerweise dann die **2.1.2 I Hs. 1.**

9 Auch das bloße **Angebot** ohne Zusammenfassung in derselben Urkunde fällt unter KV 21100, wie schon in → Rn. 3 ff. festgestellt. Hinzu tritt die gleichzeitige Vertragsbeurkundung und die Beurkundung eines gemeinschaftlichen Testaments nach der Vorb. 2.1.1 Nr. 2.

10 Den Begriff der Beurkundung erläutert die amtliche Vorb. 2.1 ausführlich, auch durch ihre Verweisung auf §§ 8, 36 BeurkG (→ Rn. 1, 2 ff.).

11 **IV. Beurkundungsgegenstand.** Es ist zwischen den in → Rn. 2 ff. genannten Gegenständen (Vertrag (auch Erbvertrag), Angebot und gemeinschaftlichen Testa-

ment) und den in KV 21101, 21102, 21200, 21201 aufgeführten Spezialgegenständen zu unterscheiden; zu KV 21200 gehört auch das Einzeltestament (→ KV 21200, 21201 Rn. 3, 4, 32). KV 21101, 21102 und 21201 haben den gebührenmäßigen Vorrang und sind deshalb wie auch wegen des Worts „nur" in § 1 I eng auslegbar. Vgl. zu ihnen jeweils dort.

Zu den **Verträgen** gehören zB Kaufverträge, Übertragungsverträge, Gesellschaftsverträge, Eheverträge, Erbauseinandersetzungsverträge und Erbverträge, aber auch **Vertragsänderungen** (→ § 93 Rn. 2). Soweit nur die Auflassung ohne das zugrundeliegende Rechtsgeschäft beurkundet wird, gilt diese KV, andernfalls KV 21101 oder 21102. 12

Ebenfalls unter diese KV fallen Beschlüsse aller Art im Gesellschafts- und Vereinsrecht. 13

Identitätserklärungen unterfallen dieser KV, wenn der Kaufvertrag materiellrechtlich ergänzt wird. Soweit nur die Auflassung ergänzt wird, gilt KV 21101 Nr. 2 oder 21102 Nr. 1. Wird mit der Identitätserklärung das Pfandobjekt der Grundschuld bezeichnet, gilt KV 21200, soweit sich die Erklärung auch auf die prozessualen Erklärungen bezieht (DNotI-Report 1997, 97), andernfalls KV 21201 Nr. 4. 14

V. Gebührenhöhe. Bei KV 21100 entsteht eine 2,0-Gebühr, mindestens aber 120 EUR. 15

VI. Geschäftswert. Es gilt § 97. Bei Verträgen aus dem Gesellschaftsrecht ist neben § 97 auch § 107 zu beachten. Der Geschäftswert von Beschlüssen im Gesellschaftsrecht bestimmt sich nach § 108, der Wert von Eheverträgen nach § 100 und der Wert von letztwilligen Verfügungen von Todes wegen nach § 102. 16

VII. Fälligkeit, Gebührenschuldner. Die Fälligkeit richtet sich nach § 10 Hs. 1, der Gebührenschuldner nach §§ 29 Nr. 1–3, 30. 17

Nr.	Gebührentatbestand	Gebühr oder Satz der Gebühr nach § 34 GNotKG – Tabelle B
21101	**Gegenstand des Beurkundungsverfahrens ist** **1. die Annahme eines Antrags auf Abschluss eines Vertrags oder** **2. ein Verfügungsgeschäft und derselbe Notar hat für eine Beurkundung, die das zugrunde liegende Rechtsgeschäft betrifft, die Gebühr 21 100 oder 23 603 erhoben:** **Die Gebühr 21 100 beträgt ....**	**0,5 – mindestens 30,00 €**
	I Als zugrunde liegendes Rechtsgeschäft gilt nicht eine Verfügung von Todes wegen. **II Die Gebühr für die Beurkundung des Zuschlags in einer freiwilligen Versteigerung von Grundstücken oder grundstücksgleichen Rechten bestimmt sich nach 23 603.**	
21102	**Gegenstand des Beurkundungsverfahrens ist** **1. ein Verfügungsgeschäft und das zugrunde liegende Rechtsgeschäft ist bereits beurkundet und Nummer 21 101 nicht anzuwenden oder** **2. die Aufhebung eines Vertrags:** **Die Gebühr 21 100 beträgt ....**	**1,0 – mindestens 60,00 €**

1 **I. Normzweck, Regelungszweck.** Zunächst → KV 21100 Rn. 2ff. Die sehr unterschiedliche Vergütung eines bloßen Angebots mit einer 2,0-Gebühr nach KV 21100, seiner bloßen Annahme mit nur einer 0,5-Gebühr nach KV 21101 Nr. 1 ist vom Gesetzgeber gewollt.

2 **II. Anwendungsbereich.** Es geht bei **KV 21101 Nr. 1** (nur!) um die bloße Annahme eines Antrags auf Abschluss eines Vertrags, also eines Angebots, und ferner um ein in **Nr. 2** näher bezeichnetes Verfügungsgeschäft des Auftraggebers (zB Auflassung bzw. Einigung nach § 873 BGB, Abtretung eines GmbH-Geschäftsanteils), also nur dann, wenn derselbe Notar für die Beurkundung des zugrundeliegenden Rechtsgeschäfts bereits eine Gebühr KV 21100 oder 23603 erhoben hatte. Dabei muss man aber nun wieder die Ausnahmen in der Anm. I, II beachten. Es heißt also bei Nr. 2 sehr aufpassen. Die getrennte Beurkundung von schuldrechtlichem und dinglichem Rechtsgeschäft ist kein Fall des § 21 I 1, da der Notar entscheidet, ob eine getrennte Beurkundung den Interessen der Beteiligten entspricht (BGH RNotZ 202021, 51 = BeckRS 2020, 30692). Auch trifft den Notar keine Belehrungspflicht über die höheren Kosten, die dadurch entstehen. Eine wegen nicht exakter Vermessung notwendige Neubeurkundung führt zu weiterer Vergütung (LG Düsseldorf JurBüro 2017, 595).

3 Bei **KV 21102** geht es um die dort in Nr. 1, 2 näher bezeichneten Spezialfälle, nämlich eine (vollständige) Vertragsaufhebung und Verfügungsgeschäfte, wenn das zugrunde liegende Rechtsgeschäft bereits beurkundet ist, soweit ein anderer Notar beurkundet hat, oder Inhalt eines gerichtlichen Vergleichs ist. Dem steht der Zuschlag im Rahmen einer freiwilligen Grundstücksversteigerung, aber auch eine notarielle Verfügung von Todes wegen, die ein Vermächtnis anordnet, gleich. Eine Vermächtniserfüllung aufgrund eines eigenhändigen Testaments unterfällt wiederum KV 21100.

4 **III. Gebührenhöhe.** Es entstehen die jeweiligen Wertgebühren und Mindestgebühren.

5 **IV. Geschäftswerte.** Es gilt jeweils § 97.

6 **V. Fälligkeit, Gebührenschuldner.** Die Fälligkeit richtet sich jeweils nach § 10 Hs. 1, der Gebührenschuldner nach §§ 29 Nr. 1–3, 30.

Abschnitt 2. Sonstige Erklärungen, Tatsachen und Vorgänge

Vorbemerkung 2.1.2:

I Die Gebühr für die Beurkundung eines Antrags zum Abschluss eines Vertrages und für die Beurkundung der Annahme eines solchen Antrags sowie für die Beurkundung eines gemeinschaftlichen Testaments bestimmt sich nach Abschnitt 1, die Gebühr für die Beurkundung des Zuschlags bei der freiwilligen Versteigerung von Grundstücken oder grundstücksgleichen Rechten bestimmt sich nach Nummer 23 603.

II Die Beurkundung der in der Anmerkung zu Nummer 23 603 genannten Erklärungen wird durch die Gebühr 23 603 mit abgegolten, wenn die Beurkundung in der Niederschrift über die Versteigerung erfolgt.

Nr.	Gebührentatbestand	Gebühr oder Satz der Gebühr nach § 34 GNotKG – Tabelle B
21200	**Beurkundungsverfahren** .... **Unerheblich ist, ob eine Erklärung von einer oder von mehreren Personen abgegeben wird.**	**1,0 – mindestens 60,00 €**
21201	**Beurkundungsgegenstand ist** **1. der Widerruf einer letztwilligen Verfügung,** **2. der Rücktritt von einem Erbvertrag,**	

Nr.	Gebührentatbestand	Gebühr oder Satz der Gebühr nach § 34 GNotKG – Tabelle B
	3. die Anfechtung einer Verfügung von Todes wegen, 4. ein Antrag oder eine Bewilligung nach der Grundbuchordnung, der Schiffsregisterordnung oder dem Gesetz über Rechte an Luftfahrzeugen oder die Zustimmung des Eigentümers zur Löschung eines Grundpfandrechts oder eines vergleichbaren Pfandrechts, 5. eine Anmeldung zum Handelsregister oder zu einem ähnlichen Register, 6. ein Antrag an das Nachlassgericht, 7. eine Erklärung, die gegenüber dem Nachlassgericht abzugeben ist, oder 8. die Zustimmung zur Annahme als Kind: Die Gebühr 21200 beträgt .... In dem in Vorbemerkung 2.3.3 Abs. 2 genannten Fall ist das Beurkundungsverfahren für den Antrag an das Nachlassgericht durch die Gebühr 23 300 für Abnahme der eidesstattlichen Versicherung mit abgegolten; im Übrigen bleiben die Vorschriften in Hauptabschnitt 1 unberührt.	**0,5 – mindestens 30,00 €**

Übersicht

I. Normzweck. In dem komplizierten System von Bestimmungen, Vorbemer- 1
kungen verschiedener Grade, Fallaufzählungen im jeweiligen Haupttext, Anmerkun-

gen und der jeweiligen Kombination einer Wert- und einer Mindestgebühr sowie Verweisungen auf ganz andere Gesetzesteile stellen KV 21200, 21201 unter der amtlichen Überschrift „Sonstige Erklärungen, Tatsachen und Vorgänge" das Gegenstück zum Abschnitt 1 mit nicht nur Verträgen, sondern auch wiederum bestimmten „Erklärungen" usw dar, also ebenfalls evtl. einseitigen Willensäußerungen.

2 **Prüfungsreihenfolge** sollte die folgende sein: Zunächst Prüfung des jeweiligen Haupttextes beginnend mit KV 21201 (Spezialrecht) und mit einer bei KV 21200 relativ weiten Auslegungsmöglichkeit, bei KV 21201 wegen seines spezielleren Charakters entsprechend engeren. Sodann Prüfung der jeweiligen Anm. Anschließend Prüfung der amtlichen Abschnittsvorb. 2.1.2. Danach Prüfung der Vorb. des Hauptabschnitts mit der Benennung 2.1. Schließlich Prüfung der Vorb. des Teils mit der Zahl 2. Bei jedem dieser Schritte können sich zusätzliche Prüfnotwendigkeiten ergeben. Das alles dient nur der Klärung der Gebührenhöhe. Bei jeder Wertgebühr muss dann noch die Klärung des Geschäftswerts hinzutreten.

3 **II. Anwendungsbereich.** Die Vorschriften erfassen insbesondere einseitige Erklärungen und rechtsgeschäftsähnliche Erklärungen, vgl. auch §§ 32 ff.

4 **III. Beurkundung.** Es gilt derselbe Begriff wie bei KV 21100 (→ KV 21100 Rn. 7). Zur Unterschriftsbeglaubigung nach Fertigung eines Entwurfs → KV 24100 ff.

5 **IV. Gegenstand.** Zunächst → Rn. 1.

6 **1. Abgrenzung der KV untereinander.** Im Verhältnis der beiden KV zueinander gilt, dass KV 21201 spezieller ist und KV 21200 nur für einseitige Erklärungen anwendbar ist, die nicht unter KV 21201 unterfallen.

7 **2. Widerruf (KV 21201 Nr. 1).** Es handelt sich um den Widerruf einer ganzen oder teilweisen letztwilligen Verfügung nach §§ 2253 ff. BGB. Als einen bloßen Widerruf kann man auch eine umfangreiche **Abänderung** nebst einer grundsätzlichen Neuanordnung ansehen, vgl. § 2258 BGB. Dieser Widerruf ist nach § 109 II 1 gegenstandsgleich mit dem neuen Testament und der höhere Wert ist nach § 94 II maßgebend. Nr. 1 gilt auch beim gemeinschaftlichen Widerruf eines gemeinschaftlichen Testaments und einer neuen Verfügung von Todes wegen durch nur einen der Ehegatten, §§ 2253 ff., 2271 BGB.

8 **3. Rücktritt (KV 21201 Nr. 2).** Er erfolgt nach § 2296 BGB. Für eine ebenfalls mitbeurkundete Zustimmung des Partners des Erbvertrags entsteht keine besondere Gebühr. Etwas anderes gilt allerdings dann, wenn der Vertragspartner diese Zustimmung in einer besonderen Urkunde erklärt. Eine Aufhebung eines Erbvertrags löst die Gebühr nach KV 21100 aus (BT-Drs. 17/11471, 219).

9 **4. Anfechtung (KV 21201 Nr. 3).** Es geht hier um diejenige einer Verfügung von Todes wegen nach §§ 2081, 2281 ff. BGB. Der Erblasser mag einen Erben eingesetzt, einen gesetzlichen Erben von der Erbfolge ausgeschlossen, einen Testamentsvollstrecker ernannt oder eine solche Verfügung aufgehoben haben usw.

10 **5. Eintragungs- oder Löschungsantrag und -bewilligung (KV 21201 Nr. 4 Alt. 1).** Die Vorschrift erfasst nur die formelle Bewilligung und den formellen Antrag einschließlich einer Nämlichkeitsklärung, §§ 13, 19, 27 GBO (OLG Hamm JurBüro 2007, 541). Auch seine Rücknahme gehört wegen §§ 29, 32 GBO hierher, soweit nicht der Notar nach § 24 III BNotO eine gebührenfreie Nebentätigkeit ausübt. Auch ein Berichtigungsantrag, eine Berichtigungsbewilligung und die Bewilligung einer Eintragung oder Löschung nach §§ 18, 19 GBO zählen hierher.

11 Wenn der Notar das zugrunde liegende Rechtsgeschäft gleichzeitig beurkundet, ist nach der Vorb. 2.1 II Nr. 1, 2 nur die Gebühr nach KV 21100–21102 entstanden. Es ist also zu prüfen, ob eine gleichzeitige Beurkundung vorliegt (LG Frankfurt a. M. Rpfleger 1989, 281 (WEG)). Wer zB die Eintragung einer Verkehrshypothek auf seinem Grundstück bewilligt, muss das persönliche Schuldverhältnis erwähnen. Diese Erwähnung ist aber noch keine Beurkundung.

12 Die **Beurkundung** der Einigungserklärung nach den §§ 873 ff. BGB ist neben der Bewilligung der Eintragung oder dem Eintragungsantrag grundsätzlich unnötig, da diese Erklärungen formlos möglich sind. Die Beifügung für eine Erläuterung oder Begründung ist gebührenfrei, ebenso die Erläuterung der einer Grundschuld zugrunde liegenden Schuld.

Jedoch gilt **bei einer echten Beurkundung** der materiell-rechtlichen Einigung nach §§ 873 ff. BGB KV 21200 (OLG Stuttgart DNotZ 1976, 440; LG Münster JurBüro 1977, 247). Dasselbe gilt dann, wenn jemand neben der Bewilligung einer Löschungsvormerkung auch noch eine entsprechende schuldrechtliche Verpflichtung übernimmt. 13

Die **Unterwerfung** unter die „sofortige" Zwangsvollstreckung nach § 800 ZPO ist bei einer Verpfändung des Grundstücks ein gebührenfreies Nebengeschäft. Soweit sie nicht gleichzeitig erfolgt, fällt sie als eine Eintragungsbewilligung unter KV 21201 Nr. 4 Hs. 1. 14

6. Zustimmungserklärung (KV 21201 Nr. 4 Alt. 2). Hierher gehören zB Beurkundungen von formell-rechtlichen Zustimmungserklärungen nach den §§ 27 I GBO iVm § 1183 BGB, §§ 35, 74 SchiffsRegO. Auch eine Berichtigung zB nach §§ 1173 I, 1174 I, 1175 I, 1181 II BGB gehört hierher. Bei der gleichzeitigen Beurkundung des zugrunde liegenden Rechtsgeschäfts gilt dasselbe wie bei → Rn. 10 ff. Wird in einem Grundstückskaufvertrag zugleich die Löschungszustimmung zu einer Grundschuld, die nur am Kaufgegenstand lastet, so ist die Löschungszustimmung nach § 109 I Nr. 4b gegenstandsgleich (→ § 109 Rn. 18 ff.). Wird dagegen eine über die Verpflichtung zur lastenfreien Eigentumsübertragung hinausgehende Löschungszustimmung beurkundet, so ist dies kein Fall des § 109 I Nr. 4b und es ist zu prüfen, ob die isolierte Unterschriftsbeglaubigung nach KV 25101 Nr. 2 günstiger ist. 15

Eine sachlich-rechtlich notwendige Zustimmung fällt **nicht** unter → Rn. 15. Es ist nach den Umständen zu ermitteln, welche Rechtsnatur die Zustimmungserklärung hat. Ein Zurücktreten im Rang nach § 880 II 2 BGB oder die Zustimmung eines Dritten nach § 876 BGB oder die Zustimmung zur Forderungsersetzung nach § 1180 II BGB oder die sachlich-rechtliche Zustimmung zur Aufhebung einer Hypothek nach § 1183 BGB usw. gehören nicht zu → Rn. 15. 16

7. Registeranmeldung usw (KV 21201 Nr. 5). Unter den Begriff „ähnliches Register" zählen: Das Vereinsregister; das Genossenschaftsregister; das Partnerschaftsregister; das Musterregister; das Patendregister und das Schiffsregister. Das Musterregister, das Schiffsregister usw. lassen formfreie und gebührenfreie Anmeldungen zu. Eine etwa freiwillig vorgenommene notarielle Beurkundung fällt aber stets unter Nr. 5 (Meyer JurBüro 2008, 296). Soweit nur eine Unterschrift unter einen durch den Notar gefertigten Entwurf beglaubigt wird, so entsteht eine Gebühr nach KV 24102. 17

Nach Nr. 5 entsteht **keine** besondere Gebühr bei der Anmeldung einer GmbH für den Entwurf der Liste der Gesellschafter, sondern ggf. eine Vollzugsgebühr, OLG Karlsruhe Rpfleger 1977, 229. Bei einer Anmeldung zur Zweigniederlassung entsteht keine besondere Gebühr. Denn dann genügen nach § 13a HGB, § 36 AktG eine beglaubigte Ablichtung oder Abschrift oder eine Ausfertigung für die Zweigniederlassung. **Unanwendbar** ist Nr. 5 beim Antrag an das Registergericht auf die Bestellung oder Abberufung eines Not-Vertretungsorgans einer Vereinigung. 18

8. Antrag, Erklärung an das Nachlassgericht (KV 21201 Nr. 6, 7). Eine Gebühr für eine Beurkundung einer Erklärung gegenüber dem Nachlassgericht entsteht nur in den formbedürftigen Fällen (zB Ausschlagung, Anfechtung, Annahme der Erbschaft, Erklärung nach §§ 1484, 1491 1492, 1945 BGB, Anzeige nach §§ 2384, 2395 BGB, soweit dies nicht zugleich mit dem zugrundeliegenden Erbanteilsverkauf erfolgt.). Die Beurkundung eines Erbscheinsantrags und eines Antrags auf Erteilung eines Testamentsvollstreckerzeugnisses unterfallen aufgrund der mitzubeurkundenden eidesstattlichen Versicherung ausschließlich KV 23300 (→ KV 23300–23302 Rn. 2). 19

9. Zustimmungserklärung (KV 21201 Nr. 8). Eine Gebühr entsteht für die Beurkundung einer Zustimmungserklärung zur Annahme als Kind nach §§ 1797, 1746 ff. BGB. 20

V. Gebührenhöhe. Es entstehen die in der Gebührenspalte genannten Wertgebühren mit jeweils der dort mit genannten Mindestgebühr, soweit nicht die in → Rn. 1 erörterten Vorbemerkungen und Anmerkungen weitere Abweichungen anordnen. 21

22 **VI. Geschäftswerte. 1. Verfahren nach KV 21200.** Der Wert richtet sich nach § 97 I.

23 **2. Widerruf (KV 21201 Nr. 1).** Der Wert ergibt sich aus § 102 VI iVm I–III.

24 **3. Rücktritt (KV 21201 Nr. 2).** Der Wert ergibt sich aus § 102 VI iVm I–III.

25 **4. Anfechtung (KV 21201 Nr. 3).** Der Wert richtet sich nach § 102 VI iVm I–III.

26 **5. Eintragungsantrag usw (KV 21201 Nr. 4 Hs. 1).** Der Wert ergibt sich aus § 53, evtl. auch aus § 36.

27 **6. Zustimmungserklärung (KV 21201 Nr. 4 Hs. 2).** Der Wert richtet sich nach § 53, evtl. auch nach § 36.

28 **7. Registeranmeldung usw (KV 21201 Nr. 5).** Der Wert ergibt sich aus § 105.

29 **8. Antrag usw an das Nachlassgericht (KV 21201 Nr. 6, 7).** Der Wert richtet sich nach § 103.

30 **9. Zustimmungserklärung (KV 21201 Nr. 8).** Der Wert ergibt sich aus § 101.

31 **VII. Fälligkeit, Gebührenschuldner.** Die Fälligkeit richtet sich nach § 10 Hs. 1, Gebührenschuldner nach § 29 Nr. 1–3.

32 **VIII. ABC zum Anwendungsbereich. 1. KV 21200.** Unter KV 21200 fallen folgende Erklärungen: Anfechtung eines Rechtsgeschäfts nach § 143 BGB, nicht aber die Anfechtung einer Verfügung von Todes wegen; **Adoptionsantrag;** materiellerechtliche Aufhebungserklärung eines Grundstücksrechts nach **§ 875 BGB;** Begründung von Grundstücksrechten nach **§ 873 BGB** (auch Eigentümererbbaurecht, auch mit Zwangsvollstreckungsunterwerfung, auch Nachverpfändungserklärung mit Zwangsvollstreckungserklärung, OLG Hamm RnotZ 2019, 266 = BeckRS 2019, 4706), nicht aber die formell-rechtliche Bewilligung (→ Rn. 10 ff.); Betreuungsverfügung; Gründung einer **Ein-Mann-GmbH;** Patientenverfügung (LG Bremen NJW-RR 2019, 894 = BeckRS 2018, 36634); Rücktritterklärung nach §§ 323 ff. BGB; Schenkungswiderruf; **Schuldanerkenntnis;** Errichtung von Stiftungen nach §§ 80 ff. BGB; Teilungserklärung nach **§ 8 WEG; (Einzel)Testament; Vollmacht** und deren Widerruf; **Unterwerfung** unter sofortige Zwangsvollstreckung; Zustimmungserklärungen, soweit diese nicht unter KV 21201 Nr. 4 oder KV 25102 Nr. 2 fallen.

33 **2. KV 21200 und KV 21201 Nr. 4. Abtretung** einer Grundschuld samt Abtretung der Ansprüche aus dem abstrakten Schuldversprechen: KV 21200; Abtretung einer Buchgrundschuld: KV 21201 Nr. 4; Bestellung einer Grundschuld mit Zwangsvollstreckungsunterwerfung und/oder abstrakten Schuldanerkenntnis: KV 21200; **Bewilligung** zur Eintragung eines dinglichen Rechts: KV 21201 Nr. 4; **Freigabeerklärung** des Berechtigten sowie Löschungsbewilligungen: KV 21201 Nr. 4; Bewilligung zur Pfanderstreckung eines Grundpfandrechts: KV 21201 Nr. 4; Erklärungen zu Grundpfandrechten mit Zwangsvollstreckungsunterwerfung: KV 21200; Bewilligung zur Rangänderungen: KV 21201 Nr. 4; Erklärungen zur Bestandsteilszuschreibungen, Vereinigungen oder Teilung von Grundstücken: KV 21201 Nr. 4; Teilungserklärung nach § 8 WEG: KV 21200.

Abschnitt 3. Vorzeitige Beendigung des Beurkundungsverfahrens

Vorbemerkung 2.1.3:

I [1] Ein Beurkundungsverfahren ist vorzeitig beendet, wenn vor Unterzeichnung der Niederschrift durch den Notar oder bevor der Notar die elektronische Niederschrift mit seiner qualifizierten elektronischen Signatur versehen hat, der Beurkundungsauftrag zurückgenommen oder zurückgewiesen wird oder der Notar feststellt, dass nach seiner Überzeugung mit der beauftragten Beurkundung aus Gründen, die nicht in seiner Person liegen, nicht mehr zu rechnen ist. [2] Wird das Verfahren länger als 6 Monate nicht mehr betrieben, ist in der Regel nicht mehr mit der Beurkundung zu rechnen.

II Führt der Notar nach der vorzeitigen Beendigung des Beurkundungsverfahrens demnächst auf der Grundlage der bereits erbrachten notariellen Tätigkeit ein erneutes Beurkundungsverfahren durch, wird die nach diesem Abschnitt zu erhebende Gebühr auf die Gebühr für das erneute Beurkundungsverfahren angerechnet.

III Der Fertigung eines Entwurfs im Sinne der nachfolgenden Vorschriften steht die Überprüfung, Änderung oder Ergänzung eines dem Notar vorgelegten Entwurfs gleich.

Nr.	Gebührentatbestand	Gebühr oder Satz der Gebühr nach § 34 GNotKG – Tabelle B
21300	Vorzeitige Beendigung des Beurkundungsverfahrens 1. vor Ablauf des Tages, an dem ein vom Notar gefertigter Entwurf an einen Beteiligten durch Aufgabe zur Post versandt worden ist, 2. vor der Übermittlung eines vom Notar gefertigten Entwurfs per Telefax, vor der elektronischen Übermittlung als Datei oder vor Aushändigung oder 3. bevor der Notar mit allen Beteiligten in einem zum Zweck der Beurkundung vereinbarten Termin auf der Grundlage eines von ihm gefertigten Entwurfs verhandelt hat: Die jeweilige Gebühr für das Beurkundungsverfahren ermäßigt sich auf	20,00 €
21301	In den Fällen der Nummer 21 300 hat der Notar persönlich oder schriftlich beraten: Die jeweilige Gebühr für das Beurkundungsverfahren ermäßigt sich auf eine Gebühr	in Höhe der jeweiligen Beratungsgebühr
21302	Vorzeitige Beendigung des Verfahrens nach einem der in Nummer 21 300 genannten Zeitpunkte in den Fällen der Nummer 21 100: Die Gebühr 21 100 ermäßigt sich auf	0,5 bis 2,0 – mindestens 120,00 €
21303	Vorzeitige Beendigung des Verfahrens nach einem der in Nummer 21 300 genannten Zeitpunkte in den Fällen der Nummern 21 102 und 21 200: Die Gebühren 21 102 und 21 200 ermäßigen sich auf	0,3 bis 1,0 – mindestens 60,00 €
21304	Vorzeitige Beendigung des Verfahrens nach einem der in Nummer 21 300 genannten Zeitpunkte in den Fällen der Nummern 21 101 und 21 201: Die Gebühren 21 101 und 21 201 ermäßigen sich auf	0,3 bis 0,5 – mindestens 30,00 €

1 **I. Normzweck, Anwendungsbereiche.** Der im gesamten Kostenrecht vorhandene Grundsatz einer Ermäßigung der Gebühr bei einer vorzeitigen Beendigung des fraglichen Vorgangs findet in der Vorb. 2.1.3 und in KV 21300–21304 eine so ausführliche Regelung, dass sich eine Kurzkommentierung zunächst auf die Verweisung auf den Gesetzestext beschränken kann. Bei jeder KV-Nr. ist dieser Gesamttext mit zu beachten, um den Einzelfall richtig einordnen zu können.

2 Eine **vorzeitige Beendigung** liegt vor, wenn der Notar die Beurkundung zurückgewiesen hat, der Beurkundungsauftrag zurückgenommen wurde oder zumindest nicht mehr mit einer Beurkundung gerechnet werden kann (vgl. OLG Saarbrücken NJOZ 2020, 1077 = BeckRS 2019, 18438). Hierbei dürfen die Gründe für die Nichtbeurkundung **nicht** in der Person des Notars liegen. Erforderlich ist zudem, dass die Beendigungsgründe vor der Unterzeichnung der Niederschrift durch den Notar eintreten. Dauert die Tätigkeit des Notars zu lange und wird der Auftrag deshalb zurückgenommen wird, gelten insoweit die Verzugsvorschriften (OLG Frankfurt a. M. BeckRS 2019, 21547). Zur Abgrenzung zu KV 24100 ff. → KV 24100–24103 Rn. 2.

3 KV 21300 ff. gelten auch, wenn der Notar einen fremden Entwurf inhaltlich überprüft, ändert oder ergänzt.

4 **II. Gebühren.** Es entstehen teils Festgebühren, teils Wertgebühren und teils solche mit Mindest- und Höchstsätzen sowie mit Mindestgebühr.

5 Welche KV greift, hängt davon ab, **wann genau** das Beurkundungsverfahren vorzeitig endet: Hat der Notar bislang keinen Entwurf gefertigt oder der Entwurf hat den Machtbereich des Notars noch nicht verlassen, so gilt der Auffangtatbestand der KV 21300. Hat der Notar im Stadium der Verfahrensbeendigung nach KV 21300 einen Beteiligten beraten, gilt KV 21301. Soweit die Verfahrensbeendigung erfolgt, nachdem der Notar einen Entwurf erstellt hat und der Zeitpunkt nach KV 21300 Nr. 1–3 verstrichen ist, so gelten die KV 21302–21304. Hier gilt der Gebührenrahmen, innerhalb dessen die Gebühr im Einzelfall unter Berücksichtigung des Umfangs der durch den Notar erbrachten Leistungen bestimmt wird. Nach § 92 II ist **stets die Höchstgebühr** zu erheben, wenn bereits ein vollständiger Entwurf gefertigt wurde (KG BeckRS 2021, 477; OLG Saarbrücken NJOZ 2020, 1077 = BeckRS 2019, 18438; LG Düsseldorf ErbR 2021, 720 = BeckRS 2021, 7635). Der Entwurf ist auch dann als vollständig anzusehen, wenn er noch Lücken oder Auslassungen enthält, die nicht dem Notar zuzurechnen sind (KG BeckRS 2021, 477; OLG Saarbrücken NJOZ 2020, 1077 = BeckRS 2019, 18438; LG Düsseldorf ErbR 2021, 720 = BeckRS 2021, 7635; LG Bremen BeckRS 2019, 6153).

6 **III. Geschäftswert.** Bei den Wertgebühren ist § 97 als Ausgangsvorschrift maßgebend bzw. der Wert, der bei der Beurkundung nach KV 21100 ff. zu berücksichtigen wäre.

7 **IV. Fälligkeit, Gebührenschuldner.** Die Fälligkeit richtet sich nach § 10 Hs. 1, der Gebührenschuldner nach § 29 Nr. 1–3.

8 **V. Anrechnung.** Soweit eine Beurkundung demnächst auf Basis der bereits erbrachten notariellen Tätigkeit erfolgt, erfolgt nach der Anm. 2.1.3. II eine Anrechnung der Gebühr (OLG Rostock NotBZ 2019, 196). Ein solcher Fall liegt nicht vor, wenn die Vertragsbeteiligten über die Wirksamkeit eines Vertragsrücktritts streiten und deshalb ein neuer Vertrag beurkundet wird (OLG Rostock NotBZ 2019, 196).

Hauptabschnitt 2. Vollzug eines Geschäfts und Betreuungstätigkeiten

Vorbemerkung 2.2:

Gebühren nach diesem Hauptabschnitt entstehen nur, wenn dem Notar für seine Tätigkeit ein besonderer Auftrag erteilt worden ist; dies gilt nicht für die Gebühren 22 114, 22 125 und die Gebühr 22 200 im Fall der Nummer 6 der Anmerkung.

Abschnitt 1. Vollzug

Unterabschnitt 1. Vollzug eines Geschäfts

Vorbemerkung 2.2.1.1:

I [1]Die Vorschriften dieses Unterabschnitts sind anzuwenden, wenn der Notar eine Gebühr für das Beurkundungsverfahren oder für die Fertigung eines Entwurfs erhält, die das zugrunde liegende Geschäft betrifft. [2]Die Vollzugsgebühr entsteht für die

1. **Anforderung und Prüfung einer Erklärung oder Bescheinigung nach öffentlich-rechtlichen Vorschriften, mit Ausnahme der Unbedenklichkeitsbescheinigung des Finanzamts,**
2. **Anforderung und Prüfung einer anderen als der in Nummer 4 genannten gerichtlichen Entscheidung oder Bescheinigung, dies gilt auch für die Ermittlung des Inhalts eines ausländischen Registers,**
3. **Fertigung, Änderung oder Ergänzung der Liste der Gesellschafter (§ 8 Abs. 1 Nr. 3, § 40 GmbHG) oder der Liste der Personen, welche neue Geschäftsanteile übernommen haben (§ 57 Abs. 3 Nr. 2 GmbHG),**
4. **Anforderung und Prüfung einer Entscheidung des Familien-, Betreuungs- oder Nachlassgerichts einschließlich aller Tätigkeiten des Notars gemäß den §§ 1855 und 1856 BGB im Namen der Beteiligten sowie die Erteilung einer Bescheinigung über die Wirksamkeit oder Unwirksamkeit des Rechtsgeschäfts,**
5. **Anforderung und Prüfung einer Vollmachtsbestätigung oder einer privatrechtlichen Zustimmungserklärung,**
6. **Anforderung und Prüfung einer privatrechtlichen Verzichtserklärung,**
7. **Anforderung und Prüfung einer Erklärung über die Ausübung oder Nichtausübung eines privatrechtlichen Vorkaufs- oder Wiederkaufsrechts,**
8. **Anforderung und Prüfung einer Erklärung über die Zustimmung zu einer Schuldübernahme oder einer Entlassung aus der Haftung,**
9. **Anforderung und Prüfung einer Erklärung oder sonstigen Urkunde zur Verfügung über ein Recht an einem Grundstück oder einem grundstücksgleichen Recht sowie zur Löschung oder Inhaltsänderung einer sonstigen Eintragung im Grundbuch oder in einem Register oder Anforderung und Prüfung einer Erklärung, inwieweit ein Grundpfandrecht eine Verbindlichkeit sichert,**
10. **Anforderung und Prüfung einer Verpflichtungserklärung betreffend eine in Nummer 9 genannte Verfügung oder einer Erklärung über die Nichtausübung eines Rechts und**
11. **über die in den Nummern 1 und 2 genannten Tätigkeiten hinausgehende Tätigkeit für die Beteiligten gegenüber der Behörde, dem Gericht oder der Körperschaft oder Anstalt des öffentlichen Rechts.**

[3]Die Vollzugsgebühr entsteht auch, wenn die Tätigkeit vor der Beurkundung vorgenommen wird.

II Zustimmungsbeschlüsse stehen Zustimmungserklärungen gleich.

III Wird eine Vollzugstätigkeit unter Beteiligung eines ausländischen Gerichts oder einer ausländischen Behörde vorgenommen, bestimmt sich die Vollzugsgebühr nach Unterabschnitt 2.

Nr.	Gebührentatbestand	Gebühr oder Satz der Gebühr nach § 34 GNotKG – Tabelle B
22110	Vollzugsgebühr	0,5

Übersicht

1 **I. Normzweck, Systematik.** Die Vorschrift verbirgt in ihrem Haupttext die Vollzugstätigkeiten. Diese ergeben sich aus der umfangreichen Vorb. 2.2.1.1, auf die auch KV 22112, 22113 und 22120, 22121 ausdrücklich verweisen. In der Vorb. 2.2 erfolgen weitere Spezialisierungen.

2 Eine **Auffangvorschrift** fehlt. Demzufolge können nur die in den Vorbemerkungen 2.2 und 2.2.1.1. genannten Tätigkeiten über die Vollzugsgebühr abgerechnet werden.

3 **Arbeitstechnisch** empfiehlt sich auch in diesem Bereich der Weg vom Spezielleren und daher vom eng auslegbaren Vorrangigen zum Einfacheren und Grundsätzlicheren, also von KV 22124 (22125 behandelt einen Sonderfall) rückwärts bis zur Vorb. 2.2. Dabei ist durchweg die ganze Vorschriftenkette mit zu beachten und obendrein auch stets zB die Bestimmungen zur Beratung, zum Entwurf und zur Beurkundung mit zu bedenken, um die richtigen Abgrenzungen zu finden.

4 **II. Regelungszweck.** Ein unverzüglicher korrekter Vollzug im Anschluss an ein Beurkundungsverfahren hat für die Beteiligten rechtlich wie wirtschaftlich meist eine hohe Bedeutung. Für den Notar bringt der Vollzug eine Fülle zusätzlich zu beachtender Vorschriften und die Notwendigkeit einer selbstkritisch bleibenden Umsichtigkeit, Hartnäckigkeit und auch einer anpassungsfähigen Geduld mit sich. Das gilt sowohl gegenüber säumigen Vertragsschuldnern oder ungeduldigen Banken als auch gegenüber dem Grundbuch- oder Finanzamt usw. Alles das rechtfertigt durchaus eine zusätzliche Vergütung. Es rechtfertigt aber keine bequeme oder gar rechtswidrige Bereicherung. Die Auslegung erfordert Verständnis für **alle** Beteiligten.

5 **III. Vollzug.** Diesen Begriff nennt das GNotKG nicht. Man findet in KV 22110 ff. nur den Begriff Vollzugsgebühr. Diesen letzteren Begriff bestimmt die Vorb. 2.2.1.1 I 2 durch die in den Nr. 1–11 erfolgende Aufzählung. Diese scheint abschließend zu sein. Denn es fehlen am Anfang die Kürzel „zB" oder das Wort „beispielsweise" oder „insbesondere".

6 **Ergänzungen** bestehen bei genauer Prüfung aber doch. Das zeigt zunächst die Vorb. 2.2.1.1 I 3 mit dem Wort „auch", ferner etwa die Vorb. 2.2.1.1 III mit ihrer Ergänzung von I 2 Nr. 5 usw. Dennoch ist die Aufzählung Nr. 1–11 zumindest fast abschließend.

7 **Anforderung und Prüfung** sind die dort durchweg vorausgesetzten Tätigkeitsarten. Nur deren Gegenstände sind in Nr. 1–11 unterschiedlich. Nun bringt die Formel „Anforderung und Prüfung" aber gar nichts gerade für eine Vollzugstätigkeit zur Abgrenzung Brauchbares. Denn zumindest prüfen muss der Notar bei jeder Tätigkeitsart, und anfordern braucht er in Wahrheit keineswegs bei jedem Vollzug, zB dann nicht, wenn er die vollzugsbedürftige Urkunde selbst gefertigt hatte. Diese Formel ist also als Selbstverständlichkeit eigentlich überflüssig.

8 Somit hat man anders vorzugehen. **Vollzug** ist diejenige Tätigkeit, die nach oder gemäß der Vorb. 2.2.1.1 I 3 auch vor oder sogar ganz ohne Betätigung durch Beratung, Entwurf, Beurkundung usw. dem Ziel dient, den vom Auftraggeber gewünschten rechtlichen oder wirtschaftlichen oder immateriellen Erfolg herbeizuführen oder ihm doch näherzukommen.

9 Das kann theoretisch auf jedem Gebiet geschehen, auf dem der Notar überhaupt auftragsgemäß arbeiten kann und darf. Die Aufzählung in der Vorb. 2.2.1.1 I 2 Nr. 1–11 schränkt schon wegen des Worts „nur" in § 1 I weitgehend ein. Soweit sich die Vollzugstätigkeit auf mehrere Urkunden bezieht, so unterfällt die Tätigkeit entweder dem Katalogaufzählungen, andernfalls kann auf die Vollzugsdefinition zu §§ 146, 147 II KostO zurückgegriffen werden, dh dem Vollzug dient jede Tätig-

keit, die zu den beurkundeten Erklärungen der Beteiligten hinkommen muss, um die Wirksamkeit der Urkunde herbeizuführen oder deren Ausführung zu ermöglichen.

IV. Gegenstände einer Vollzugstätigkeit. Die folgende Darstellung folgt aus den Gründen → Rn. 9 der Reihenfolge der Vorb. 2.2.1.1 I 2 Nr. 1–11. **Unanwendbar** sind Nr. 1–11 nach der Vorb. 2.2.1.1 IV bei einer Beteiligung eines **ausländischen** Gerichts oder einer ausländischen Behörde. Dann gelten KV 22120–22125. 10

Nr. 1: Erklärung, Bescheinigung. Es muss um eine solche Urkunde handeln, die gerade nach einer öffentlich-rechtlichen Vorschrift notwendig ist. Der Notar muss eine zugehörige schriftliche Unterlage erhalten haben (LG Düsseldorf JurBüro 2017, 651). Es darf sich nach § 1 III nicht um einen nur nach dem FamGKG, zu vergütenden Vorgang handeln. Hierunter fallen Genehmigungen bzw. Negativatteste nach §§ 24 ff., 51, 144 ff., 169 BauGB, Naturschutzrecht, Denkmalschutz, Grundstücksverkehrsgesetz, Wasserhaushaltsgesetz, (Kirchen-)Aufsichtsrecht, sowie auch die Einholung einer Stellungnahme der zuständigen Industrie- und Handelskammer nach § 380 FamFG. 11

Unanwendbar ist Nr. 1 bei der Unbedenklichkeitsbescheinigung des Finanzamts, Nr. 1 Hs. 2. 12

Nr. 2: Entscheidung, Bescheinigung. Hierunter fällt die Beschaffung zB von Erbscheinsausfertigungen. Es kann sich nach Nr. 1 Hs. 2 auch um den Inhalt eines ausländischen Registers handeln. **Unanwendbar** ist Nr. 2 bei einer Entscheidung oder Bescheinigung nach Nr. 4. 13

Nr. 3: Gesellschafterliste. Vgl. § 40 GmbHG. Es reicht auch eine Änderung oder Ergänzung. Die Erstellung der Liste als Entwurf im Rahmen einer GmbH-Gründung unterfällt ebenfalls der Nr. 3 (BGH RNotZ 2019, 563 = BeckRS 2019, 16056) und nicht als Anhängsel zur Handelsregisteranmeldungen. Lediglich bei der Gründung einer Ein-Mann-GmbH ist für den Entwurf der Gesellschafterliste die 0,3-Gebühr nach KV 22111 anzurechnen. Nach aA ist diese Variante ein Fall der KV 22111, 22113, da die Erstellung der Liste nicht dem Vollzug der GmbH-Gründung, sondern dem Vollzug der Handelsregisteranmeldung darstellt (OLG Nürnberg NotBZ 2018, 355 mit widersprechender Anm. Volpert). Ebenfalls unter Nr. 3 fällt der Entwurf einer Liste der Übernehmer im Rahmen einer Kapitalerhöhung, § 57 III Nr. 2 GmbHG, bzw. für den Entwurf der Liste der Aufsichtsratsmitglieder, §§ 37 IV Nr. 3a, 106 AktG. Der Entwurf einer Gesellschafterliste außerhalb eines Beurkundungsverfahrens ist nach KV 24101 mit dem Wert nach §§ 92 II, 36 I abzurechnen. 14

Nr. 4: Genehmigung, Entscheidung, Wirksamkeitserklärung. Hierunter fallen alle Tätigkeiten, um eine Entscheidung des Familien-, Betreuungs- oder Nachlassgerichts herbeizuführen. 15

Nr. 5: Vollmacht, Zustimmung. Es geht nur um gerade die Bestätigung und nicht nur um die Erteilung einer Vollmacht beliebiger Art und beliebigen Umfangs. Nur eine gerade privatrechtliche Zustimmung oder Genehmigung gehört hierher, zB § 1365 BGB, § 70 VAG. 16

Unanwendbar ist Nr. 5 daher bei einer behördlichen oder gerichtlichen Zustimmung oder Genehmigung. 17

Nr. 6: Verzicht. Nur ein privatrechtlicher Verzicht zählt hier, zB auf ein Grundpfandrecht, auch durch Mithaftentlassung, auf §§ 8 III, 9 III, 12 III UmwG. 18

Nr. 7: Vorkauf, Wiederkauf. Nur ein privatrechtliches derartiges Geschäft zählt hier: Dabei mag es um die Vornahme oder um die Erklärung der Nichtvornahme gehen. 19

Nr. 8: Schuldübernahme. Es muss um eine solche gerade nach § 415 BGB gehen. Auch die Zustimmungsverweigerung ist eine „Erklärung über die Zustimmung". 20

Nr. 9: Verfügung, Löschung, Inhaltsänderung. Es mag sich um eine sachlichrechtliche Erklärung oder um eine sonstige Urkunde handeln. Sie muss sich auf ein Recht an einem Grundstück oder grundstücksgleichen Recht nach § 49 beziehen. Es reicht aber auch bei einer Löschung oder Inhaltsänderung eine andere Eintragung im Grundbuch oder (nur hier) in einem Register. 21

22 **Nr. 10: Verpflichtung nach Nr. 9.** Hier geht es um diejenige schuldrechtliche Verpflichtung, die einer dinglichen Verpflichtung, Löschung, Inhaltsänderung vorausgeht, aber auch um eine Verpflichtung zur Nichtvornahme einer Maßnahme nach Nr. 9.

23 **Nr. 11: Tätigkeit gegenüber Behörde, Gericht usw. über Nr. 1, 2 hinaus.** Das ist eine eher zu Nr. 1, 2 selbst gehörende erweiterte Tätigkeit. Sie ist außerordentlich weitgefasst.

24 **V. Gebührenhöhe.** Für jede Tätigkeit nach → Rn. 11–23 entsteht grundsätzlich eine 0,5-Gebühr als Pauschale unabhängig vom Umfang und Schwierigkeitsgrad sowie von der zeitlichen Dauer. Dabei darf man bloße Pausen oder Unterbrechungen nicht als Ende der ersten Tätigkeit und anschließenden Beginn einer mit nochmals 0,5-Gebühr versehenen weiteren Tätigkeit nach derselben Ziffer betrachten, solange nicht bei verständiger Beurteilung wirklich eine echte Zäsur vorliegt. Strafrechtlich gesprochen: Bei Tateinheit und Fortsetzungszusammenhang nur einmal Gebühr, bei Tatmehrheit mehrmals.

25 **Sonderregeln** begrenzen die Vollzugsgebühr aber nach den vorrangigen KV 22111–22113, 22120–22125. Vgl. jeweils dort.

26 Verursacht eine Niederschrift verschiedene Beurkundungsgebühren, so ist der höchste Gebührensatz für die Vollzugsgebühr maßgebend (LG Düsseldorf NotBZ 2015, 358).

27 **VI. Vorrang von Beurkundungs- oder Entwurfsgebühr bei Erklärung.** Derselbe Notar erhält wegen derselben Sache neben einer Beurkundungsgebühr nach KV 21110–21201 oder einer Entwurfsgebühr nach KV 24100–24103, dann verbleibt es bei den KV 22110 ff., andernfalls gelten die KV 22120 ff.

28 **VII. Geschäftswert.** Es gilt § 112.

29 **VIII. Fälligkeit, Gebührenschuldner.** Die Fälligkeit richtet sich nach § 10 Hs. 1, der Gebührenschuldner nach § 29 Nr. 1–3.

Nr.	Gebührentatbestand	Gebühr oder Satz der Gebühr nach § 34 GNotKG – Tabelle B
22111	**Vollzugsgebühr, wenn die Gebühr für das zugrunde liegende Beurkundungsverfahren weniger als 2,0 beträgt:** **Die Gebühr 22 110 beträgt**	**0,3**

1 **I. Normzweck, Anwendungsbereich.** Es handelt sich um eine ergänzende Beschränkung nur der Gebührenhöhe von KV 22110. Sie tritt dann ein, wenn der Notar in demjenigen Beurkundungsverfahren tätig war oder wird, das dem Vollzug zugrunde lag oder liegt, und wenn außerdem die Beurkundungsgebühr unter 2,0 lag oder liegt.

2 **II. Gebührenhöhe.** Unter den Voraussetzungen → Rn. 1 entsteht eine Vollzugsgebühr von nur 0,3.

3 **III. Geschäftswert.** Es gilt § 112.

4 **IV. Fälligkeit, Gebührenschuldner.** Die Fälligkeit richtet sich nach § 10 Hs. 1, der Gebührenschuldner nach § 29 Nr. 1–3.

Nr.	Gebührentatbestand	Gebühr oder Satz der Gebühr nach § 34 GNotKG – Tabelle B
	Vollzugsgegenstand sind lediglich die in der Vorbemerkung 2.2.1.1 Abs. 1 Satz 2 Nr. 1 bis 3 genannten Tätigkeiten:	

Nr.	Gebührentatbestand	Gebühr oder Satz der Gebühr nach § 34 GNotKG – Tabelle B
	Die Gebühren 22 110 und 22 111 betragen	
22112	**– für jede Tätigkeit nach Vorbemerkung 2.2.1.1 Abs. 1 Satz 2 Nr. 1 und 2 ....**	**höchstens 50,00 €**
22113	**– für jede Tätigkeit nach Vorbemerkung 2.2.1.1 Abs. 1 Satz 2 Nr. 3 ....**	**höchstens 250,00 €**

I. Normzweck, Anwendungsbereich. Die Vorschriften treten wie KV 22111 als weitere ergänzende Einschränkungen von KV 22110 vorrangig und eng auslegbar hinzu, soweit die Notartätigkeit entweder unter die Vorb. 2.2.1.1 I 2 Nr. 1, 2 oder unter dort Nr. 3 fällt. Vgl. zu diesen Tätigkeiten → KV 22110 Rn. 11–14. Die KV 22112 bzw. 22113 sind anzuwenden (anstelle von KV 22110), wenn sich die Vollzugstätigkeiten des Notars nur auf die Tätigkeiten nach der Vorb. 2.2.1.1. I 2 Nr. 1, 2 und 3 beschränken. 1

II. Gebührenhöhe. Es entsteht zunächst die Vollzugsgebühr nach KV 22110, also eine 0,5-Gebühr. Es gibt aber Höchstgebühren. Sie betragen bei KV 22112 50 EUR, bei KV 22113 250 EUR. Dabei entsteht die Gebühr für jede einzelne dieser KV unterfallenden Vollzugtätigkeit; der Notar darf aber maximal die Vollzugsgebühr nach KV 22110 bzw. KV 22111 abrechnen. 2

III. Geschäftswert. Ein Geschäftswert ist nicht zu bestimmen, da es sich jeweils um eine Festgebühr handelt. Lediglich für den Vergleich mit der Gebühr nach KV 22110, 22111 bedarf es der Wertermittlung nach § 112 (→ KV 22110 Rn. 28). 3

IV. Fälligkeit, Gebührenschuldner. Es gilt dasselbe wie bei → KV 22110 Rn. 29. 4

Nr.	Gebührentatbestand	Gebühr oder Satz der Gebühr nach § 34 GNotKG – Tabelle B
22114	**Erzeugung von strukturierten Daten in Form der Extensible Markup Language (XML) oder in einem nach dem Stand der Technik vergleichbaren Format für eine automatisierte Weiterbearbeitung ....**	**0,2 – höchstens 125,00 €**
22115	**Neben der Gebühr 22114 entstehen andere Gebühren dieses Unterabschnitts: Die Gebühr 22114 beträgt: ....**	**0,1 – höchstens 125,00 €**

I. Anwendungsbereich. Der Haupttext stellt die Tätigkeit der elektronischen Einreichung zum Amtsgericht (Handelsregister, Grundbuchamt) näher dar. Vorrangig gilt der speziellere KV 22125, vgl. → KV 22120–22125 Rn. 10. Nicht hierunter fallen die Registrierungen im elektronischen Bundesanzeiger, im ZTR, im ZVR und im elektronischen Urkundenarchiv. Die Abgrenzung zwischen KV 22114, 22115 und KV 22125 erfolgt durch die Frage, ob die Erzeugung von strukturierten Daten in XML als Vollzugstätigkeit nach einem Beurkundungsverfahrens erfolgt (dann KV 22114, 22115) oder nicht (dann KV 22125). Auch für die Einreichung der Gesellschafterliste nach einer Geschäftsanteilsabtretung durch den Notar entsteht die Gebühr nach KV 22115 (Diehn Notarkostenberechnungen Rn. 1301; aA LG Duisburg BeckRS 2021, 14821). 1

2 **II. Gebühr.** Die Gebühr als solche entsteht unabhängig von den Vollzugsgebühren nach KV 22110 ff. Somit erhält der Notar eine 0,2-Gebühr, jedoch höchstens 125 EUR, soweit keine andere Gebühr nach KV 22110 ff. entsteht. Dagegen reduziert sich diese Gebühr auf 0,1, höchstens 125 EUR, wenn daneben eine andere Gebühr nach diesem Unterabschnitt entsteht.

3 **III. Geschäftswert.** Er richtet sich nach § 112. Denn KV 22114, 22115 stehen im Unterabschnitt „Vollzug eines Geschäfts", der der amtlichen Überschrift des § 112 „Vollzug des Geschäfts" entspricht.

4 **IV. Fälligkeit, Gebührenschuldner.** Die Fälligkeit richtet sich nach § 10 Hs. 1, der Gebührenschuldner nach § 29 Nr. 1–3.

Unterabschnitt 2. Vollzug in besonderen Fällen

Vorbemerkung 2.2.1.2:

Die Gebühren dieses Unterabschnitts entstehen, wenn der Notar
1. keine Gebühr für ein Beurkundungsverfahren oder für die Fertigung eines Entwurfs erhalten hat, die das zu vollziehende Geschäft betrifft, oder
2. eine Vollzugstätigkeit unter Beteiligung eines ausländischen Gerichts oder einer ausländischen Behörde vornimmt.

Nr.	Gebührentatbestand	Gebühr oder Satz der Gebühr nach § 34 GNotKG – Tabelle B
22120	**Vollzugsgebühr für die in Vorbemerkung 2.2.1.1 Abs. 1 Satz 2 genannten Tätigkeiten, wenn die Gebühr für ein die Urkunde betreffendes Beurkundungsverfahren 2,0 betragen würde**	**1,0**
22121	**Vollzugsgebühr für die in Vorbemerkung 2.2.1.1 Abs. 1 Satz 2 genannten Tätigkeiten, wenn die Gebühr für ein die Urkunde betreffendes Beurkundungsverfahren weniger als 2,0 betragen würde**	**0,5**
22122	**Überprüfung, ob die Urkunde bei Gericht eingereicht werden kann** **I Die Gebühr entsteht nicht neben einer der Gebühren 22 120 und 22 121.** **II Die Gebühr entsteht nicht für die Prüfung der Eintragungsfähigkeit in den Fällen des § 378 Abs. 3 FamFG und des § 15 Abs. 3 der Grundbuchordnung.**	**0,5**
22123	**Erledigung von Beanstandungen einschließlich des Beschwerdeverfahrens** **Die Gebühr entsteht nicht neben einer der Gebühren 22 120 bis 22 122.**	**0,5**
22124	**Die Tätigkeit beschränkt sich auf** **1. die Übermittlung von Anträgen, Erklärungen oder Unterlagen an ein Gericht, eine Behörde oder einen Dritten oder die Stellung von Anträgen im Namen der Beteiligten,** **2. die Prüfung der Eintragungsfähigkeit in den Fällen des § 378 Abs. 3 FamFG und des § 15 Abs. 3 der Grundbuchordnung**	**20,00 €**

Nr.	Gebührentatbestand	Gebühr oder Satz der Gebühr nach § 34 GNotKG – Tabelle B
	I Die Gebühr entsteht nur, wenn nicht eine Gebühr nach den Nummern 22120 bis 22123 anfällt. **II Die Gebühr nach Nummer 2 entsteht nicht neben der Gebühr 25 100 oder 25 101.** **III 1 Die Gebühr entsteht auch, wenn Tätigkeiten nach Nummer 1 und nach Nummer 2 ausgeübt werden. 2 In diesem Fall wird die Gebühr nur einmal erhoben.**	
22125	**Erzeugung von strukturierten Daten in Form der Extensible Markup Language (XML) oder einem nach dem Stand der Technik vergleichbaren Format für eine automatisierte Weiterbearbeitung** .... **I Die Gebühr entsteht neben anderen Gebühren dieses Unterabschnitts gesondert.** **II Die Gebühr entsteht nicht neben der Gebühr 25101.**	**0,5 – höchstens 250,00 €**

I. Anwendungsbereich. Von der 0,5-Grundgebühr nach KV 22110 gibt es Ausnahmen: nicht nur nach KV 22111–22114, sondern auch nach den noch spezielleren und daher noch vorrangigeren, noch enger auslegbaren KV 22120–22125. Es bleibt daher erst recht beim Vorschlag einer Arbeitstechnik nach → KV 22110 Rn. 3, nämlich „von hinten anzufangen", also bei KV 22125. 1

Den KV 22120–22125 **gemeinsam** ist die in der Vorb. 2.2.1.2 Nr. 1, 2 genannte Bedingung einer Vollzugstätigkeit des Notars entweder ohne Erhalt einer Gebühr für ein Beurkundungsverfahren vor oder nach der Vollzugstätigkeit oder ohne Erhalt einer Entwurfsgebühr wegen des Vollzugsgeschäfts einerseits (damit ist faktisch nur eine Unterschriftsbeglaubigung ohne Entwurfsfertigung erfasst) oder einer Vollzugstätigkeit unter Beteiligung einer ausländischen Stelle (Gericht oder Behörde). Auf diesen letzteren Fall weist auch schon die Vorb. 2.2.1.1 III hin. 2

II. Gebührenhöhe. 1. KV 22120. Diese Vorschrift unterscheidet sich von KV 22111 dadurch, dass eine Vollzugsgebühr sich nach einer Beurkundungsgebühr von genau 2,0 errechnet. Es entsteht dann unter den Bedingungen → Rn. 2 eine Vollzugsgebühr von 1,0. 3

2. KV 22121. Diese Vorschrift unterscheidet sich von KV 22111 nur dadurch, dass die Gebühr für eine Beurkundung weniger als 2,0 betragen würde. Es entsteht dann eine Vollzugsgebühr von 0,5. 4

3. KV 22122. Die Vorschrift behandelt eine sehr begrenzte, manchmal von den Tätigkeiten der Vorb. 2.2.1.1 I 2 Nr. 1–11 nur haarfein unterscheidbare Tätigkeit. Die Überprüfung der Einsetzbarkeit einer Urkunde bei Gericht besteht nicht in der Klärung der physischen Möglichkeit einer Vorlage, sondern in der Klärung, ob diese sinnvoll, ratsam, notwendig oder gefährlich, risikovoll, zu folgenschwer wäre. Es kommt also auf eine Abwägung an. Diese muss immerhin naheliegen und darf nicht erkennbar ganz überflüssig sein. 5

Selbst dann ist KV aber **unanwendbar** neben KV 22120 oder 22121. Das ergibt sich aus der Anm.g I. Ebenfalls unanwendbar ist die KV auf die Prüfung der Eintragungsfähigkeit nach § 15 III GBO bzw. § 378 III FamFG. 6

4. KV 22123. Es muss eine Beanstandung vorliegen. Der Notar muss sie „erledigen", also mit Erfolg beseitigen. Die Beanstandung mag objektiv statthaft und begründet oder von vornherein zweifelhaft gewesen sein. Ein wesentlicher Teilerfolg mag genügen. Bei mehreren Beanstandungen muss der Notar sie alle erledigt haben 7 (der Haupttext nennt nicht „eine Beanstandung" sondern „Beanstandungen"). Das alles mag erst- oder zweitinstanzlich geschehen sein.

8 **Unanwendbar** ist KV 22123 neben KV 22120, 22121 oder 22122. Das ergibt sich aus der Anm. Sie geht also noch weiter als bei KV 22122.

9 **5. KV 22124.** Es geht um bloße Antragsübermittlung usw. oder um eine „Antragstellung im Namen" einer Beteiligten oder um die Prüfung nach § 15 III GBO bzw. § 378 III FamFG. Es entsteht, auch beim Zusammentreffen von Nr. 1 und Nr. 2, nur eine Festgebühr von 20 EUR. Das gilt aber nur hilfsweise: KV 22120–22123, 22125 haben Vorrang (Anm). Das Einreichen einer Urkunde beim Landgericht, um eine Apostille oder Legalisation zu erwirken wird bereits durch KV 25207 abgedeckt, daneben fällt keine Vollzugsgebühr an (BGH NJW 2019, 3524 = BeckRS 2019, 24278). Etwas anderes gilt für die Übersendung der Urkunde samt Apostille an den Beteiligten, dafür entsteht eine Vollzugsgebühr.

10 **6. KV 22125.** Diese Vorschrift unterscheidet sich von KV 22114 nur dadurch, dass der Notar gerade unter den Bedingungen → Rn. 2 tätig wurde. Es entsteht zwar zunächst 0,5 Gebühr, jedoch begrenzt durch den Höchstbetrag von 125 EUR. Diese Regelung gilt stets unabhängig von KV 22120–22124 Anm. I. Für die Erzeugung von Daten, die im Anschluss an eine Beglaubigung iSd KV 25101 erforderlich ist, entsteht die Gebühr nach dieser KV nicht (Anm. II).

11 **III. Geschäftswerte.** Es gilt jeweils § 112.

12 **IV. Fälligkeit, Gebührenschuldner.** Es gelten jeweils bei der Fälligkeit § 112, beim Gebührenschuldner § 29 Nr. 1–3.

Abschnitt 2. Betreuungstätigkeiten

Nr.	Gebührentatbestand	Gebühr oder Satz der Gebühr nach § 34 GNotKG – Tabelle B
22200	Betreuungsgebühr	0,5
	Die Betreuungsgebühr entsteht für die **1. Erteilung einer Bescheinigung über den Eintritt der Wirksamkeit von Verträgen, Erklärungen und Beschlüssen,** **2. Prüfung und Mitteilung des Vorliegens von Fälligkeitsvoraussetzungen einer Leistung oder Teilleistung,** **3. Beachtung einer Auflage eines an dem Beurkundungsverfahren Beteiligten im Rahmen eines Treuhandauftrags, eine Urkunde oder Auszüge einer Urkunde nur unter bestimmten Bedingungen herauszugeben, wenn die Herausgabe nicht lediglich davon abhängt, dass ein Beteiligter der Herausgabe zustimmt, oder die Erklärung der Bewilligung nach § 19 der Grundbuchordnung aufgrund einer Vollmacht, wenn diese nur unter bestimmten Bedingungen abgegeben werden soll,** **4. Prüfung und Beachtung der Auszahlungsvoraussetzungen von verwahrtem Geld und der Ablieferungsvoraussetzungen von verwahrten Wertpapieren und Kostbarkeiten,** **5. Anzeige oder Anmeldung einer Tatsache, insbesondere einer Abtretung oder Verpfändung, an einen nicht an dem Beurkundungsverfahren Beteiligten zur Erzielung**	

Nr.	Gebührentatbestand	Gebühr oder Satz der Gebühr nach § 34 GNotKG – Tabelle B
	einer Rechtsfolge, wenn sich die Tätigkeit des Notars nicht darauf beschränkt, dem nicht am Beurkundungsverfahren Beteiligten die Urkunde oder eine Kopie oder eine Ausfertigung der Urkunde zu übermitteln, **6. Erteilung einer Bescheinigung über Veränderungen hinsichtlich der Personen der Gesellschafter oder des Umfangs ihrer Beteiligung (§ 40 Abs. 2 GmbHG), wenn Umstände außerhalb der Urkunde zu prüfen sind, und** **7. Entgegennahme der für den Gläubiger bestimmten Ausfertigung einer Grundpfandrechtsbestellungsurkunde zur Herbeiführung der Bindungswirkung gemäß § 873 Abs. 2 BGB.**	

I. Anwendungsbereich. Die Anm. enthält zwar eine längere Aufzählung in Nr. 1–7. Sie bringt aber keineswegs zum Ausdruck, sie sei nur beispielhaft. Daher ist sie schon wegen des Worts „nur" in § 1 I abschließend und damit ziemlich eng auslegbar. 1

II. Betreuungsgebühr. Dieser neue Sammelbegriff bedeutet hier etwas grundsätzlich ganz anderes als die zB für das Gericht nach KV 11100 ff. geltenden Gebühren vor dem Betreuungsgericht. Es geht bei KV 22200 vielmehr um eher einem Vollzug zugeordneten Tätigkeiten. Ob man sie unter „Betreuungstätigkeiten" treffend zusammenfassen sollte, mag offen bleiben. 2

III. Tätigkeiten. Es lassen sich zB beim Stichwort Fälligkeitsprüfung schon nach der bisherigen Rspr. und Lehre viele Aspekte erwähnen, bei anderen Stichwörtern nur wenige. 3

IV. Beispiele zur Frage einer Zuordnung (Nr. 1–7). Anwendbar sein kann Nr. 2 dann, wenn der Notar eine Fälligkeit oder den Eingang des Kaufpreises **überwacht,** soweit von diesem Eingang nach dem Vertrag die Eigentumsumschreibung abhängig ist (OLG Düsseldorf FGPrax 1995, 165, die Fälligkeitsmitteilung kann Nr. 2 zusätzlich auslösen; OLG Hamm JurBüro 1998, 153; OLG Schleswig JurBüro 1995, 260; aM BGH MDR 2011, 1507 (§ 149) (aber das ist ein typischer Fall von Nr. 2)). 4

Die Überwachung sowohl der Zahlung als auch der Fälligkeit lassen Nr. 2 evtl. **zweimal** entstehen (BGH NJW 2005, 3218); auch hier ist § 93 zu beachten. Auch soweit der Notar zugleich auch eine Überwachung der Urkundenvorlage zu dem vom Verkäufer festgelegten Zeitpunkt im Interesse und Auftrag des Käufers vornimmt, liegt neben der Überwachung des Empfangs oder der Fälligkeit des Kaufpreises eine getrennte weitere Tätigkeit nach Nr. 2 vor (OLG Düsseldorf JurBüro 1996, 101; OLG Hamm MittBayNot 1998, 202; LG Kleve JurBüro 2000, 543 (595) (dann aber geringerer Wert); aM OLG Celle JurBüro 1997, 40; OLG Köln MittRhNotK 1991, 226). Zur Betreuungstätigkeit zählt auch die Vorlageüberwachung über die **Einzahlung des Stammkapitals** bei der Gründung einer GmbH oder UG nach Nr. 3, sowie die Überwachung der Vorlage eines Grundbuchberichtigungsantrags im Rahmen eines Umwandlungsvorgangs. 5

Nr. 5 gilt auch, wenn der Notar den Grundschuldgläubiger auf den eingeschränkten **Sicherungszweck** des Grundpfandrechts hinweist. Ausreichend ist dieser Hinweis in einem Begleitschreiben (OLG Bamberg NotBZ 2019, 347 = BeckRS 2019, 7981; BeckRS 2018, 45457). Unter Nr. 5 fällt auch die Anzeige einer Abtretung. 6

Bereits die Übersendung der entsprechenden Urkunde dient der Herbeiführung der Rechtswirkung (OLG Bamberg NotBZ 2019, 347 = BeckRS 2019, 7981).

7 **Nr. 6** gilt statt KV 25104, soweit der Notar keine Umstände außerhalb der Urkunde prüfen muss (LG Düsseldorf RNotZ 2018, 115; MittBayNot 2016, 269).

8 **V. Gebührenhöhe.** In jedem Fall einer oder mehrerer Tätigkeiten nach Nr. 1–7 entsteht eine 0,5-Gebühr als Verfahrenspauschale, § 93 I.

9 **VI. Geschäftswert.** Es gilt § 113.

10 **VII. Fälligkeit, Gebührenschuldner.** Die Fälligkeit richtet sich nach § 10 Hs. 1, der Gebührenschuldner nach §§ 29 Nr. 1–3, 30.

Nr.	Gebührentatbestand	Gebühr oder Satz der Gebühr nach § 34 GNotKG – Tabelle B
22201	**Treuhandgebühr** .... **[1] Die Treuhandgebühr entsteht für die Beachtung von Auflagen durch einen nicht unmittelbar an dem Beurkundungsverfahren Beteiligten, eine Urkunde oder Auszüge einer Urkunde nur unter bestimmten Bedingungen herauszugeben. [2] Die Gebühr entsteht für jeden Treuhandauftrag gesondert.**	**0,5**

1 **I. Anwendungsbereich.** Die Anm. umschreibt sie einigermaßen. Es handelt sich um mehr als eine in KV 22110 ff. geregelte bloße Vollzugstätigkeit. Der Notar muss den zusätzlichen Treuhandauftrag angenommen und vertragsgemäß zB mit einer Behörde oder Bank verhandelt oder Auskünfte eingeholt haben, um nur einen kleinen Teil der Treuhandaufgaben anzudeuten. Die Stellung von KV 22201 hinter KV 22200 mit der umfangreichen Aufzählung der dortigen Anm. Nr. 1–7 zeigt, dass die „Treuhandgebühr" eine ergänzende Auffangfunktion hat. Aber man darf sie wegen § 1 I mit seinem Wort „nur" nun auch nicht zur beliebig großzügigen Lückenfüllung missbrauchen. Es muss ein wirkliches Treuhandverhältnis vorliegen, wie immer man es im Einzelnen definieren mag. Hauptanwendungsfall ist die Lastenfreistellung im Rahmen eines Grundstückskaufvertrag und die KV ist einschlägig, wenn der Gläubiger seinerseits dem Notar Auflagen über die Verwendung von Unterlagen macht.

2 **II. Gebührenhöhe.** Es entsteht eine Verfahrensgebühr in Höhe von einer 0,5-Gebühr.

3 **III. Geschäftswert.** Es gilt § 113 II.

4 **IV. Fälligkeit, Gebührenschuldner.** Die Fälligkeit richtet sich nach § 10, der Gebührenschuldner nach § 29 Nr. 1–3.

Hauptabschnitt 3. Sonstige notarielle Verfahren

Vorbemerkung 2.3:

Mit den Gebühren dieses Hauptabschnitts wird auch die Fertigung einer Niederschrift abgegolten. [2] Nummer 23 603 bleibt unberührt.

Abschnitt 1. Rückgabe eines Erbvertrags aus der notariellen Verwahrung

Nr.	Gebührentatbestand	Gebühr oder Satz der Gebühr nach § 34 GNotKG – Tabelle B
23100	**Verfahrensgebühr** .... **[1] Wenn derselbe Notar demnächst nach der Rückgabe eines Erbvertrags eine erneute Verfügung von Todes wegen desselben Erblassers beurkundet, wird die Gebühr auf die Gebühr für das Beurkundungsverfahren angerechnet. [2] Bei einer Mehrheit von Erblassern erfolgt die Anrechnung nach Kopfteilen.**	0,3

I. Anwendungsbereich. Nach der KostO war die Rückgabe eines Erbvertrags aus der notariellen Verwahrung gebührenfrei. Sie gilt nach §§ 2256 I 1, 2300 II 3 BGB als Widerruf des Erbvertrags. Er gehört nach KV 21201 Nr. 1–8 nicht zu den dort genannten gebührenpflichtigen Vorgängen. KV 23100 stellt eine Gebührenpflicht klar. Die Gebühr entsteht nicht, wenn die Beteiligten von einem Rückgabeverlangen Abstand nehmen (OLG Düsseldorf MittBayNot 2020, 200; BeckRS 2018, 31629). 1

II. Gebührenhöhe. Es entsteht eine 0,3-Verfahrensgebühr. Sie gilt die gesamte Tatigkeit des Notars zwecks Rückgabe des Erbvertrags aus seiner Verwahrung an die Beteiligten ab. Nach § 2300 II 2 Hs. 1 BGB kann die Rückgabe nur an alle Vertragspartner gemeinschaftlich erfolgen. Der Notar muss auch die in dort Hs. 2 genannten Bestimmungen des § 2290 I 2, II, III BGB mit beachten und die durch Verweisung notwendige Belehrung nach §§ 2256 I 2 nebst Vermerken auf der Urkunde und in seiner Handakte erteilen. Das alles gilt die 0,3-Gebühr mit ab. 2

Eine **Anrechnung** nach der Anm. S. 1, 2 auf eine Beurkundungsgebühr nach KV 21100 kann notwendig werden. „Demnächst" setzt dabei einen gewissen zeitlichen Zusammenhang (idR bis zu sechs Monate) voraus. S. 2 der Anm. betrifft die Erbverträge, bei denen mehrere Erblasser beteiligt waren. 3

III. Geschäftswert. Es gilt § 114. 4

IV. Fälligkeit, Gebührenschuldner. Die Fälligkeit richtet sich nach § 10, der Gebührenschuldner nach § 29 Nr. 1–3. 5

Abschnitt 2. Verlosung, Auslosung

Nr.	Gebührentatbestand	Gebühr oder Satz der Gebühr nach § 34 GNotKG – Tabelle B
23200	**Verfahrensgebühr** .... **Die Gebühr entsteht auch, wenn der Notar Prüfungstätigkeiten übernimmt.**	2,0
23201	**Vorzeitige Beendigung des Verfahrens:** **Die Gebühr 23 200 ermäßigt sich auf**	0,5

I. Anwendungsbereich. Man kann zu den beiden im Text der amtlichen Überschrift genannten Vorgängen noch drei zugehörige weitere Tätigkeiten zählen. Voraussetzung ist stets, dass der Notar selbst tätig wird; bei einer Zeugnisurkunde gilt Hauptabschnitt 1. 1

1. Verlosung. Verlosung ist die Ziehung zB bei Studien- oder Reiseplätzen oder bei einer Lotterie per Trommel usw oder per Brief oder elektronischer Beteiligung. 2

Es ist unerheblich, wie lange sie dauert. Bei einer Klassenlotterie muss man jede Ziehung einzeln behandeln. Auch ein Preisausschreiben kann hierher zählen.

3 **Unanwendbar** ist KV 23200 beim bloßen Nebengeschäft. Eine Verteilung der Erbmasse durch das Los nach § 369 FamFG ist ein Nebengeschäft des Erbauseinandersetzungsvertrags.

4 **2. Auslosung.** Eine Auslosung von Wertpapieren ist der Vorgang der Feststellung der zahlbaren Papiere.

5 **3. Vernichtung.** Zum Vorgang der Vernichtung zählt nicht nur die physische Beseitigung, etwa durch ein Zerreißen, sondern auch die Feststellung der Ungültigkeit eines schon durch ein anderes Wertpapier ersetzten Papiers. Das gilt auch dann, wenn die äußere Entwertung des bisherigen Wertpapiers nicht stattfindet.

6 **4. Einzählen.** Dieser Vorgang erfordert mehr als zB das Einschütten der von Anderen angeblich genau abgezählten Lose in die Lostrommel. Vielmehr umfasst das Einzählen eine solche Tätigkeit, die gerade die Zahl der Lose kontrolliert (OLG Celle Rpfleger 1979, 36).

7 **5. Prüfung.** Die notarielle Anwesenheit ist wohl durchweg der Mindestgrund der Hinzuziehung dieser Amtsperson. Sie soll schon dadurch die Korrektheit des Gesamtvorgangs garantieren. Meist soll der Notar aber darüber hinaus den Hergang auch mit überprüfen. Diese zusätzliche Tätigkeit könnte nach der Anm. zu KV 23200 zwar an sich bereits die Gebühr auslösen. Praktisch kommt aber Anwesenheit mit (Mit-)Prüfung zusammen. Die Anm. soll durch das missverständliche Wort „auch" wohl kaum bedeuten, dass die Prüfung eine Zusatzgebühr auslösen würde. Sie soll vielmehr vernünftig ausgelegt nur klären, dass beides durchweg zugleich erfolgt.

8 **II. Gebührenhöhen. 1. Beendigung des Verfahrens (KV 23200).** Die Beendigung der Verlosung bzw. Auslosung löst eine Verfahrensgebühr von 2,0 aus und erfasst das gesamte Verfahren.

9 **2. Vorzeitige Beendigung.** Der Begriff der vorzeitigen Beendigung wird anders als zB KV 21300 Nr. 1–3 nicht näher erläutert. Daher ist durch Auslegung zu ermitteln, ob der Verlosungs- oder Auslosungsvorgang vorzeitig endete. Dabei kommt es nicht darauf an, ob der Notar an einer normal beendeten Verlosung usw. bis zu ihrem Ende teilnahm, sondern nur darauf, ob sie objektiv vorzeitig endete. Es entsteht dann keine volle Verfahrensgebühr, wenn der Notar überhaupt nur wenige Sekunden anwesend war. Eine kürze Auslosung mag aber bis zum Normalende nur wenige Minuten gedauert haben. Eine vorzeitige Beendigung erbringt nur eine 0,5-Gebühr.

10 **III. Geschäftswert.** Soweit zur Verlosung oder Auslosung eine Beurkundung hinzukam, gilt § 97 I. Sonst gilt § 36 I, III, IV.

11 **IV. Fälligkeit, Gebührenschuldner.** Die Fälligkeit richtet sich nach § 10, der Gebührenschuldner nach § 29 Nr. 1–3.

Abschnitt 3. Eid, eidesstattliche Versicherung, Vernehmung von Zeugen und Sachverständigen

Vorbemerkung 2.3.3:

I Die Gebühren entstehen nur, wenn das in diesem Abschnitt genannte Verfahren oder Geschäft nicht Teil eines anderen Verfahrens oder Geschäfts ist.

II Wird mit der Niederschrift über die Abnahme der eidesstattlichen Versicherung zugleich ein Antrag an das Nachlassgericht beurkundet, wird mit der Gebühr 23300 insoweit auch das Beurkundungsverfahren abgegolten.

Nr.	Gebührentatbestand	Gebühr oder Satz der Gebühr nach § 34 GNotKG – Tabelle B
23300	**Verfahren zur Abnahme von Eiden und eidesstattlichen Versicherungen**	**1,0**
23301	**Vorzeitige Beendigung des Verfahrens: Die Gebühr 23 300 beträgt**	**0,3**
23302	**Vernehmung von Zeugen und Sachverständigen**	**1,0**

I. Anwendungsbereich. 1. Eid, eidesstattliche Versicherung (KV 23300, 23301). Es geht um die Abnahme eines Eides oder einer Versicherung an Eides Statt beliebiger Art, § 38 BeurkG. Das gilt nach der Vorb. 2.3.3 I nur insoweit, als es für diese Abnahme nicht Sonderregeln gibt, etwa für ein Vermittlungsverfahren oder für die Beeidigung eines Sachverständigen zur Feststellung eines Zustands. 1

KV 23300 ff. erfassen neben dem **Erbscheinsantrag** samt eidesstattlicher Versicherung auch den Antrag auf Erteilung eines Europäischen Nachlasszeugnisses und den Antrag auf Erteilung eines Testamentsvollstreckerzeugnisses. Nach der Ausnahme in der Anm. 2.3.3. II entsteht für den Erbscheinsantrag und die dazugehörige eidesstattliche Versicherung die Gebühr nach KV 23300, 23301 und nicht nach KV 21201 Nr. 6, 7 (→ KV 21200, 21201 Rn. 19); ggf. daneben noch KV 22110 ff. Bei mehreren Eiden bzw. eidesstattlichen Versicherungen gilt § 35 I. 2

Unanwendbar ist I daher zB bei §§ 259, 260, 2028, 2057, 2058, 2314 BGB. Die Beeidigung eines zur Amtshandlung des Notars hinzugezogenen Dolmetschers ist ein nach § 1 I gebührenfreies Nebengeschäft. Eine Aussageverweigerung ist keine eidesstattliche Versicherung. Überhaupt führt die Eidesverweigerung mangels „Abnahme“ nach KV 23200 nicht zu dessen Anwendung. Beim bloßen Entwurf gelten KV 24100 ff. Die Versicherung nach § 8 III GmbHG, § 37 II AktG, usw. sind keine eidesstattliche Versicherung in diesem Sinne. 3

Werden in einer Urkunde Erklärungen zu mehreren Erbvorgängen aufgenommen werden, so sind die Werte getrennt zu ermitteln und zusammenzurechnen (OLG Hamm Rpfleger 1965, 24). 4

2. Vernehmung (KV 23302). Diese Vorschrift gilt bei der Vernehmung eines Zeugen oder eines Sachverständigen. Auch dann ist die Vorschrift allerdings nach der Vorb. 2.3.3 I nur insoweit anwendbar, als eine solche Vernehmung nicht ein Teil eines anderen Verfahrens ist. Das letztere ist zB dann so, wenn das Gericht in einer Betreuungssache nach KV 22200 einen Zeugen vernimmt. 5

II. Gebührenhöhen. 1. Volles Abnahmeverfahren (KV 23300). Es entsteht grundsätzlich eine 1,0-Gebühr. Sie gilt nach der Vorb. 2.3.3 II auch das dort genannte Beurkundungsverfahren mit ab. 6

2. Vorzeitige Verfahrensbeendigung (KV 23301). Zu diesem Begriff vgl. zunächst KV 23201. Die Gebühr 23300 beträgt hier nur eine 0,3-Gebühr. Da eben die Gebühr KV 23300 geringer wird, gilt auch hier die Vorb. 2.3.3 II. 7

3. Vernehmung (KV 23302). Es entsteht eine 1,0-Gebühr. 8

III. Geschäftswerte. Grundsätzlich gilt § 36 I, III, IV für die Wertermittlung. Für den Antrag auf Erbscheinserteilung bzw. auf Erteilung des Europäischen Nachlasszeugnisses gilt § 40. Maßgebend ist Wert des Nachlasses im Zeitpunkt des Erbfalls, also die Summe der geldwerten Güter des Erblassers. Die Wertermittlung für die einzelnen Nachlassgegenstände richtet sich dann wiederum nach §§ 36 ff. Der Wert für den Antrag auf Erteilung eines Nachlasszeugnisses bestimmt sich nach § 40 V. 9

IV. Fälligkeit, Gebührenschuldner. Die Fälligkeit richtet sich nach § 10. Das gilt auch bei KV 23300. Denn seine Anm. regelt nur die Entstehung und nicht auch die davon zu unterscheidende Fälligkeit. Gebührenschuldner ist man nach § 29 Nr. 1–3. 10

Abschnitt 4. Wechsel- und Scheckprotest

Vorbemerkung 2.3.4:

Neben den Gebühren dieses Abschnitts werden die Gebühren 25 300 und 26 002 nicht erhoben.

Nr.	Gebührentatbestand	Gebühr oder Satz der Gebühr nach § 34 GNotKG – Tabelle B
23400	**Verfahren über die Aufnahme eines Wechsel- und Scheckprotests** .... **Die Gebühr fällt auch dann an, wenn ohne Aufnahme des Protestes an den Notar gezahlt oder ihm die Zahlung nachgewiesen wird.**	**0,5**
23401	**Verfahren über die Aufnahme eines jeden Protests wegen Verweigerung der Ehrenannahme oder wegen unterbliebener Ehrenzahlung, wenn der Wechsel Notadressen enthält**	**0,3**

1 **I. Anwendungsbereich.** Die Vorschriften entsprechen teilweise § 12 GvKostG. Sie sind eng auslegbare Spezialbestimmungen. Sie gehen nach der Vorb. 2.3.4 den KV 25300, 26002 vor.

2 **II. Wechsel- oder Scheckprotest (KV 23400).** Durch die Protestierung eines jeden Wechsels oder Schecks durch den Notar entsteht eine Verfahrensgebühr. Die Protestgebühr entsteht, sobald man den Wechsel oder Scheck aus einem beliebigen Grund vorlegt und damit die Aufforderung zur Zahlung oder Annahme vornimmt oder wenn man den Bezogenen nicht antrifft oder wenn man seine Wohnung nicht ermitteln kann. Eine Aufnahme des Protests ist nicht unbedingt notwendig (Kersting DNotZ 1993, 788).

3 Nach der Anmerkung reicht es aus, dass ein Wechselschuldner oder ein Dritter ohne einen vorherigen Protest an den Notar in dessen Amtsraum oder beim Schuldner zahlt oder ihm die Zahlung nachweist, sofern dieser den Wechsel im Besitz hat und einen Auftrag hat (Kersting DNotZ 1993, 788). Dabei ist es unerheblich, ob die Vorlegung und Zahlungsaufforderung schon erfolgt waren.

4 Falls der Auftraggeber den Auftrag erst nach dem Entstehen der Protestgebühr **zurücknimmt,** entsteht die volle Gebühr, sofern die Protestierung bereits begonnen hatte und nun die Beurkundung wegen der Auftragsrücknahme unterbleibt. Soweit der Auftraggeber nur die Zahlung mitteilt, darf man diese Mitteilung nicht als einen Zahlungsnachweis ansehen, sondern als eine Auftragsrücknahme. Bei **mehreren** Protesten macht jeder Protest eine Gebühr fällig, auch wenn es sich um denselben Wechsel usw. handelt.

5 **III. Notadresse (KV 23401).** Eine solche Verfahrensgebühr entsteht nicht durch die Angabe der Notadresse derjenigen Person, die notfalls annehmen oder zahlen soll, sondern erst dann, wenn sie der Protestbeamte spätestens am Tag nach dem Fristablauf zur Protestierung durch den eigentlich Bezogenen aufsucht und wenn es zur Ehrenannahme oder -zahlung kommt oder auch nicht kommt. Die Gebühr entsteht für jeden Protest. Dann muss der Notar allerdings nicht nach Art. 81 I WG eine besondere Urkunde aufnehmen.

6 **IV. Gebührenhöhe.** Für die Aufnahme eines Wechsel- oder Scheckprotestes entsteht eine 0,5-Gebühr, im Übrigen eine 0,3-Gebühr.

7 **V. Geschäftswert.** Das ist der Nennbetrag des Wechsels oder Schecks ohne Zinsen und Kosten nach § 37 I. Soweit der Auftrag nur eine Teilforderung betrifft,

gilt nur ihr Betrag als Wert. Jedoch ist der Gesamtwert dann maßgeblich, wenn der Protest nach einer Teilzahlung wegen des Rests erfolgt.

VI. Fälligkeit, Gebührenschuldner. Die Fälligkeit richtet sich nach § 10, der Gebührenschuldner nach § 29 Nr. 1–3. 8

Abschnitt 5. Vermögensverzeichnis und Siegelung

Vorbemerkung 2.3.5:

Neben den Gebühren dieses Abschnitts wird die Gebühr 26 002 nicht erhoben.

Nr.	Gebührentatbestand	Gebühr oder Satz der Gebühr nach § 34 GNotKG – Tabelle B
23500	**Verfahren über die Aufnahme eines Vermögensverzeichnisses einschließlich der Siegelung**	**2,0**
	Die Gebühr entsteht nicht, wenn die Aufnahme des Vermögensverzeichnisses Teil eines beurkundeten Vertrags ist.	
23501	**Vorzeitige Beendigung des Verfahrens: Die Gebühr 23 500 ermäßigt sich auf**	**0,5**
23502	**Mitwirkung als Urkundsperson bei der Aufnahme eines Vermögensverzeichnisses einschließlich der Siegelung**	**1,0**
23503	**Siegelung, die nicht mit den Gebühren 23 500 oder 23 502 abgegolten ist, und Entsiegelung**	**0,5**

Schrifttum: Roth, Praxisfragen zu erbrechtlichen Nachlassverzeichnissen, NJW-Spezial 2017, 423; Zimmermann, Das Nachlassverzeichnis des Testamentsvollstreckers, ZEV 2019, 197.

I. Anwendungsbereich. Eine Vergütung erhält die Aufnahme eines Vermögensverzeichnisses zB nach §§ 1035 S. 3, 1667 II, 1682, 1802 III, 2002, 2003, 2121 III BGB. Hierher gehört ferner im Anschluss an eine Nachlasssicherung die Durchführung einer Siegelung oder Entsiegelung nach § 1960 II BGB durch den Notar, auch auf eine Veranlassung eines Insolvenzverwalters oder Testamentsvollstreckers. Eine Mitwirkung nach § 115 S. 2 kann zB nach §§ 1802 II, 2003 BGB, § 151 InsO erfolgen. Der bloße Auftrag des Gerichts zur Siegelung an einen Notar usw. ist gebührenfrei. Bei einem **Auseinandersetzungsvertrag** oder einem Übergabevertrag usw. ist KV 23500 nur insoweit anwendbar, als der Notar wirklich persönlich das Vermögen aufnimmt und nicht nur die Erklärungen der Beteiligten über den Bestand beurkundet. 1

II. Gebühren. 1. Aufnahme durch Notar nebst Siegelung (KV 23500). Wenn der Notar die Aufnahme selbst vornimmt, entsteht eine 2,0-Verfahrensgebühr. Sie erfolgt nur dann, wenn die Tätigkeit des Notars ein volles Aufnahmeverfahren betrifft, einschließlich einer Siegelung. Sie entsteht selbst in solchem Fall dann nicht, wenn diese ganze Tätigkeit nur Teil eines von diesem Notar beurkundeten Vertrags ist. KV 21100, 21101 haben also den Vorrang. 2

2. Vorzeitige Verfahrensbeendigung (KV 23501). Siehe KV 23301. Es entsteht nur eine 0,5-Gebühr. 3

3. Bloße Mitwirkung (KV 23502). Hier beschränkt sich die Notartätigkeit auf solche Assistenz. Es entsteht eine 1,0-Gebühr. 4

4. Bloße Siegelung oder Entsiegelung (KV 23503). Das ist neben KV 23500 oder KV 23502 eine bloße Hilfsvorschrift. Sie erbringt eine 0,5-Gebühr. 5

6 **III. Geschäftswert.** Maßgeblich ist nach § 46 I, II grundsätzlich der Wert der verzeichneten oder versiegelten Gegenstände, soweit nicht § 115 greift.

7 **IV. Fälligkeit, Gebührenschuldner.** Die Fälligkeit richtet sich nach § 10, der Gebührenschuldner nach § 29 Nr. 1–3.

Abschnitt 6. Freiwillige Versteigerung von Grundstücken

Vorbemerkung 2.3.6:

Die Vorschriften dieses Abschnitts sind auf die freiwillige Versteigerung von Grundstücken und grundstücksgleichen Rechten durch den Notar zum Zwecke der Veräußerung oder Verpachtung anzuwenden.

Nr.	Gebührentatbestand	Gebühr oder Satz der Gebühr nach § 34 GNotKG – Tabelle B
23600	**Verfahrensgebühr**	0,5
23601	**Aufnahme einer Schätzung**	0,5
23602	**Abhaltung eines Versteigerungstermins: für jeden Termin** **Der Versteigerungstermin gilt als abgehalten, wenn zur Abgabe von Geboten aufgefordert ist.**	1,0
23603	**Beurkundung des Zuschlags** [1]**Die Beurkundung bleibt gebührenfrei, wenn sie in der Niederschrift über die Versteigerung erfolgt und wenn** **1. der Meistbietende die Rechte aus dem Meistgebot oder der Veräußerer den Anspruch gegen den Ersteher abtritt oder** **2. der Meistbietende erklärt, für einen Dritten geboten zu haben, oder** **3. ein Dritter den Erklärungen nach Nummer 2 beitritt.** [2]**Das Gleiche gilt, wenn nach Maßgabe der Versteigerungsbedingungen für den Anspruch gegen den Ersteher die Bürgschaft übernommen oder eine sonstige Sicherheit bestellt und dies in dem Protokoll über die Versteigerung beurkundet wird.**	1,0

1 **I. Normzweck, Regelungszweck.** Die echte Zwangsversteigerung unterfällt § 54 GKG iVm KV 12210 ff. GKG. Demgegenüber erfassen KV 23600–23603 jede „freiwillige" Versteigerung iSd § 156 BGB der in der Vorb. 2.3.6 genannten Sachen. Für bewegliche Sachen gelten KV 23700, 23701. Die zu KV 23600–23603 gehörenden vielschichtigen Vorgänge unterstehen einer sorgfältig ausdifferenzierten Regelung.

2 Die in → Rn. 1 angesprochene sorgfältige Differenzierung dient der Kostengerechtigkeit. Sie nimmt eine gewisse Mühe bei der Ermittlung des im Einzelfall Richtigen hin. Bei einer „freiwilligen" Versteigerung hat der Kostenschuldner wohl durchweg eine wirtschaftlich wesentlich stärkere Position als bei einer echten Zwangsversteigerung. Das darf man trotz des auch hier geltenden Grundsatzes einer ihn schonenden Auslegung nach → § 1 Rn. 2 bei der Handhabung mit beachten.

3 **II. Anwendungsbereich.** Die Vorschriften regeln nach der Vorb. 2.3.6 die freiwillige Versteigerung oder Verpachtung eines Grundstücks oder eines grundstücksgleichen Rechts. Es ist für die Gebührenhöhe unerheblich, ob die Versteigerung

einen Verkauf oder eine Verpachtung bezweckt. KV gilt nicht für Schiffe und Luftfahrzeuge, außerdem nicht für Vermietung oder Leasing.

III. Gebühren. Sie setzen voraus, dass der Notar die Versteigerung selbst vornimmt und nicht nur zur Beurkundung der von jemand anderem vorgenommenen Versteigerung tätig wird. Es sind die folgenden Fallgruppen zu unterscheiden. **4**

1. Verfahrensgebühr (KV 23600). Für jedes Verfahren im Allgemeinen entsteht eine 0,5-Gebühr. Sie gilt die gesamte Tätigkeit in diesem Verfahren ab, soweit nicht KV 23601–23603 anwendbar sind. Sie erfasst also zB die Prüfung des Antragsrechts, die Klärung der Versteigerungsbedingungen, die Bekanntmachung des Versteigerungstermins, die Mitteilungen an die Beteiligten. **5**

2. Schätzung (KV 23601). Für die Aufnahme einer notariellen Schätzung entsteht eine 0,5-Gebühr. Die bloße Entgegennahme einer von einem Beteiligten eingereichten Schätzung und die Erlaubnis der zugehörigen Einsicht fallen unter KV 23600, nicht unter KV 23601. **6**

3. Versteigerungstermin (KV 23602). Für die Abhaltung jedes Versteigerungstermins entsteht eine 1,0-Gebühr nach dem Wert der jeweils in diesem Termin versteigerten Sachen. Sie erfasst die gesamte Terminstätigkeit mit Ausnahme von KV 23603. Sie entsteht nach der Anm. mit der Aufforderung zur Abgabe eines Gebots. Als Versteigerungstermin gilt nur der zur Abgabe von Geboten bestimmte Termin. Hierher gehört also nicht ein bloßer Zuschlagstermin und dergleichen. Wenn derselbe Versteigerungstermin wegen desselben Grundstücks mehrere Tage hintereinander andauert, entsteht nur eine einzige Terminsgebühr. Eine bloße Pause beendet den Termin nicht, auch keine Essenspause. Ein Abbruch wegen fortgeschrittener Zeit an diesem Tag beendet aber diesen Termin. Es kann eine Zusatzgebühr nach KV 26000 ff. entstehen, und zwar zu jeder Terminsgebühr. **7**

4. Zuschlag (KV 23603). Für die Beurkundung des Zuschlags nach § 156 BGB entsteht bei jedem Ersteher 1,0-Gebühr. Das gilt auch dann, wenn die Beurkundung des Zuschlags nicht schon im Versteigerungstermin erfolgt. Der Zuschlag ist erst dann erteilt, wenn sämtliche Verkäufer zustimmen. **8**

5. Gebührenfreiheit (KV 23603 Anm. S. 1, 2). Diese Anm. gilt nur bei KV 23603. Das zeigt sich schon daran, dass ihre Eingangsworte „Die Beurkundung" nur mit dem Eingangswort „Beurkundung" des Haupttextes von (nur) KV 23603 übereinstimmen. Die Aufzählung in S. 1 Nr. 1–3 ist nicht abschließend. Hierhin gehören zB die Beurkundung der Auflassung und der Vollmacht zur Auflassung; der Antrag des Erstehers auf eine Löschung einer nicht übernommenen Hypothek. **9**

IV. Geschäftswert. Grundsätzlich gelten §§ 46, 49 I. Bei einer Verpachtung auf Zuschlag gilt § 52. Nach § 116 muss man die Einzelwerte bei der Versteigerung mehrerer Grundstücke in demselben Verfahren zusammenrechnen usw. **10**

V. Fälligkeit, Gebührenschuldner. Die Fälligkeit richtet sich nach § 10. Gebührenschuldner ist man nach § 29 Nr. 1–3. Es entsteht insoweit also keine Mithaft der übrigen Antragsteller über denjenigen Betrag hinaus, der dann entstanden wäre, wenn nur das jeweilige Einzelgrundstück dieses Beteiligten zur Versteigerung gekommen wäre. Für den Ersteher gilt § 31 I. **11**

Abschnitt 7. Versteigerung von beweglichen Sachen und von Rechten

Nr.	Gebührentatbestand	Gebühr oder Satz der Gebühr nach § 34 GNotKG – Tabelle B
23700	**Verfahrensgebühr** .... **I Die Gebühr entsteht für die Versteigerung von beweglichen Sachen, von Früchten auf dem Halm oder von Holz auf dem Stamm sowie von Forderungen oder sonstigen Rechten.**	**3,0**

Nr.	Gebührentatbestand	Gebühr oder Satz der Gebühr nach § 34 GNotKG – Tabelle B
	II Ein Betrag in Höhe der Kosten kann aus dem Erlös vorweg entnommen werden.	
23701	**Beendigung des Verfahrens vor Aufforderung zur Abgabe von Geboten: Die Gebühr 23 700 ermäßigt sich auf ....**	**0,5**

1 **I. Normzweck, Regelungszweck.** Die Vorschriften entsprechen KV 300 ff. GvKostG. Zur Abgrenzung → KV 23600–23603 Rn. 1. Auch zum Regelungszweck gelten eingeschränkt die in → KV 23600–23603 Rn. 2 angestellten Erwägungen.

2 **II. Anwendungsbereich.** Die Vorschriften betreffen eine vom Notar vorgenommene Versteigerung einer beweglichen Sache oder eines Rechts, auch diejenige eines nicht eingetragenen Schiffs oder Luftfahrzeugs. Früchte auf dem Halm und das Holz auf dem Stamm gelten als bewegliche Sachen. Zu den „sonstigen Rechten" gehören zB: Eine Forderung; die Jagdpacht; eine Grundschuld oder Rentenschuld; ein Anteil an einer Erbschaft oder Gesellschaft; ein Patent- oder Gebrauchsmusterrecht oder Designrecht; ein Urheberrecht; die Überlassung eines Nießbrauchs nach § 1059 BGB.

3 **III. Gebührenhöhen.** Es entsteht unabhängig von der Verfahrensdauer usw. beim vollen Verfahren nach KV 23700 nur eine 3,0-Gebühr als eine Pauschale. Das gilt auch bei einem mehrtägigen Versteigerungstermin, auch unabhängig davon, ob ein Gebot oder ein Zuschlag erfolgt. Nur bei einer Erledigung des Verfahrens und nicht nur dieses Termins vor der Aufforderung zur Abgabe eines Gebots ermäßigt sich die Gebühr nach KV 23701 auf eine 0,5-Gebühr. Die Pauschgebühr erfasst auch alle Vorbereitungs- und Abarbeitungsarbeit. Es entsteht evtl. auch eine Zusatzgebühr nach KV 26000 ff. KV 31006 bleibt anwendbar.

4 Für die **Empfangnahme** des Erlöses erhält der Notar die Hebegebühr nach KV 25300, 25301. Der Notar kann die Kosten nach KV 23700 Anm. II aus dem etwa direkt an ihn gezahlten Erlös vorweg entnehmen.

5 **IV. Geschäftswert.** Maßgeblich ist der Wert der ausgebotenen Sache oder des Rechts (§ 46), auch der Erlös. Mehrere solche Gegenstände werden zusammengerechne (§ 117).

6 **V. Fälligkeit, Gebührenschuldner.** Die Fälligkeit richtet sich nach § 10. Gebührenschuldner ist man nach § 29 Nr. 1–3.

Abschnitt 8. Vorbereitung der Zwangsvollstreckung

Nr.	Gebührentatbestand	Gebühr oder Satz der Gebühr nach § 34 GNotKG – Tabelle B
23800	**Verfahren über die Vollstreckbarerklärung eines Anwaltsvergleichs nach § 796a ZPO .....**	**66,00 €**
23801	**Verfahren über die Vollstreckbarerklärung eines Schiedsspruchs mit vereinbartem Wortlaut (§ 1053 ZPO) ....**	**2,0**
23802	**Beendigung des gesamten Verfahrens durch Zurücknahme des Antrags: Die Gebühr 23 801 ermäßigt sich auf ....**	**1,0**
23803	**Verfahren über die Erteilung einer vollstreckbaren Ausfertigung, wenn der Eintritt einer Tatsache oder einer Rechtsnachfolge zu prüfen ist (§§ 726 bis 729 ZPO) ....**	**0,5**

Nr.	Gebührentatbestand	Gebühr oder Satz der Gebühr nach § 34 GNotKG – Tabelle B
23804	**Verfahren über den Antrag auf Erteilung einer weiteren vollstreckbaren Ausfertigung (§ 797 Abs. 2, § 733 ZPO)**	**22,00 €**
	Die Gebühr wird für jede weitere Ausfertigung gesondert erhoben.	
23805	**Verfahren über die Ausstellung einer Bestätigung nach § 1079 ZPO oder über die Ausstellung einer Bescheinigung nach § 1110 ZPO** .	**22,00 €**
23806	**Verfahren über einen Antrag auf Vollstreckbarerklärung einer notariellen Urkunde nach § 55 Abs. 3 AVAG, nach § 35 Abs. 3 AUG oder nach § 3 Abs. 4 IntErbRVG**	**264,00 €**
23807	**Beendigung des gesamten Verfahrens durch Zurücknahme des Antrags:** **Die Gebühr 23 806 ermäßigt sich auf**	**99,00 €**
23808	**Verfahren über die Ausstellung einer Bescheinigung nach § 57 AVAG oder § 27 IntErbRVG oder für die Ausstellung des Formblatts oder der Bescheinigung nach § 71 Abs. 1 AUG** ...	**17,00 €**

I. Anwendungsbereich. Die Vorschriften erfassen sehr unterschiedliche Arbeitsbereiche des Notars, der meist nur **eine** von mehreren Urkundsstellen ist. Die Vorb. 2.3 I, II ist stets mit zu beachten. Die Einzelvorschriften sind als Spezialregelungen eng auslegbar. 1

1. Vergleich (KV 23800). Es geht zunächst um den sog. Anwaltsvergleich nach § 796a ZPO, den der Notar mit einer Zustimmung der Parteien nicht nur in seine Verwahrung genommen hat, sondern den er dann auch für vollstreckbar erklärt hat (796c I ZPO), oder dessen Vollstreckbarerklärung er abgelehnt hat, (§ 796c II ZPO). Er muss zuständig sein, also seinen Amtssitz im Bezirk eines nach § 796a I ZPO zuständigen Gerichts haben (§ 796c I 1 ZPO). 2

2. Schiedsspruch mit vereinbartem Wortlaut (KV 23801, 23802). Es geht ferner um das Verfahren über den Antrag auf die Vollstreckbarerklärung eines dem Notar vorgelegten Schiedsspruchs mit vereinbartem Wortlaut nach § 1053 IV 1 ZPO, auch soweit der Notar die Vollstreckbarerklärung zB wegen eines Aufhebungsgrunds nach § 1059 ZPO oder mangels eines Rechtsschutzbedürfnisses abgelehnt hat (§ 1053 IV 2 ZPO). 3

3. Ausfertigung bei §§ 726–729 ZPO (KV 23803). Es gilt hier nur die Notwendigkeit eine Prüfung einer Tatsache oder Rechtsnachfolge im Rahmen der Erteilung einer qualifizierten Vollstreckungsklausel durch den Notar §§ 797 II, 726 ff. ZPO. Die Erteilung einer einfachen Klausel nach § 724 ZPO ist gebührenfrei. Die Gebühr entsteht nur einmal, wenn mehrere Tatsachen oder Rechtsnachfolgen in einem Vermerk verlautbart werden. Die Gebühr entsteht bereits nach Prüfung der eingereichten Unterlagen, auch wenn eine Maßnahme unterblieben ist (LG Düsseldorf BWNotZ 2019, 61 = BeckRS 2018, 30937). 4

4. Weitere vollstreckbare Ausfertigung nach §§ 733, 797 III ZPO, KV 28804. Es geht ferner um eine solche weitere vollstreckbare Ausfertigung bei einer gerichtlichen oder notariellen Urkunde durch das sie verwahrende Gericht oder den sie verwahrenden Notar oder bei einer verwahrenden Behörde durch das AG ihres Amtssitzes im Verfahren nach § 733. 5

5. Bestätigung nach § 1079 ZPO (KV 23805). Es geht ferner um die Ausstellung einer Bestätigung nach § 1079 ZPO durch den Notar, soweit er für die Erteilung einer vollstreckbaren Ausfertigung nach §§ 795 ff. ZPO zuständig ist. Grundlage sind dabei 6

Art. 6 II, 3, 9 I, 24 I, 25 I VO (EG) Nr. 805/2004, abgedruckt bei Musielak/Voit ZPO Buch 11 Abschnitt 4. Ferner geht es um eine Bescheinigung nach § 1110 ZPO.

7 **6. Notarielle Urkunde nach § 55 III AVAG/§ 35 III AUG/§ 35 IV IntErbRVG (KV 23806, 23807).** Es geht ferner um die Vollstreckbarerklärung einer notariellen Urkunde nach § 55 III AVAG im Bereich der VO (EG) Nr. 44/2001. Eine solche Urkunde kann je nach § 55 III 1 AVAG auch ein Notar für vollstreckbar erklären. Dabei gelten dann die Vorschriften über das Verfahren einer Vollstreckbarerklärung durch das Gericht nach § 55 III 2 AVAG sinngemäß. Alles das gilt auch bei § 35 III AUG und bei § 35 IV IntErbRVG.

8 **7. Bescheinigung nach § 57 AVAG/§ 27 IntErbRVG/§ 71 I AUG (KV 23808).** Es geht schließlich um die Ausstellung einer Bescheinigung nach § 57 AVAG oder nach § 27 IntErbRVG oder eines Formblatts oder einer Bescheinigung nach § 71 I AUG durch den Notar als einer „mit öffentlichem Glauben versehenen Person" nach § 56 S. 1 Hs. 3 AVAG statt des nach Hs. 1 ebenfalls befugten Gerichts oder der nach Hs. 2 ebenfalls befugten Behörde (Hök JurBüro 2002, 514). Die Bescheinigung muss sich wegen der Verweisung in § 56 S. 1 AVAG auf Art. 54, 57, 58 der VO (EG) Nr. 44/2001 beziehen, bei § 27 IntErbRVG auf Art. 46 III b, 60 II, 61 II der VO (EU) Nr. 650/2012.

9 **II. Gebühren(höhe).** Es entstehen zum Teil Festgebühren, zum anderen Teil Wertgebühren. Lediglich diejenige nach KV 23801 ermäßigt sich unter den Voraussetzungen KV 23802. Eine weitere Ermäßigung gegenüber diesmal KV 23806 enthält KV 23807.

10 **III. Geschäftswert.** Es gilt § 118.

11 **IV. Fälligkeit, Gebührenschuldner.** Die Fälligkeit richtet sich nach § 10, der Gebührenschuldner nach § 29 Nr. 1–3.

Abschnitt 9. Teilungssachen

Vorbemerkung 2.3.9:

I Dieser Abschnitt gilt für Teilungssachen zur Vermittlung der Auseinandersetzung des Nachlasses und des Gesamtguts einer Gütergemeinschaft nach Beendigung der ehelichen, lebenspartnerschaftlichen oder fortgesetzten Gütergemeinschaft (§ 342 Abs. 2 Nr. 1 FamFG).

II Neben den Gebühren dieses Abschnitts werden gesonderte Gebühren erhoben für

1. die Aufnahme von Vermögensverzeichnissen und Schätzungen,
2. Versteigerungen und
3. das Beurkundungsverfahren, jedoch nur, wenn Gegenstand ein Vertrag ist, der mit einem Dritten zum Zweck der Auseinandersetzung geschlossen wird.

Nr.	Gebührentatbestand	Gebühr oder Satz der Gebühr nach § 34 GNotKG – Tabelle B
23900	**Verfahrensgebühr**	**6,0**
23901	**Soweit das Verfahren vor Eintritt in die Verhandlung durch Zurücknahme oder auf andere Weise endet, ermäßigt sich die Gebühr 23 900 auf**	**1,5**
23902	**Soweit der Notar das Verfahren vor Eintritt in die Verhandlung wegen Unzuständigkeit an einen anderen Notar verweist, ermäßigt sich die Gebühr 23 900 auf**	**1,0 – höchstens 100,00 €**

Nr.	Gebührentatbestand	Gebühr oder Satz der Gebühr nach § 34 GNotKG – Tabelle B
23903	**[1] Das Verfahren wird nach Eintritt in die Verhandlung** **1. ohne Bestätigung der Auseinandersetzung abgeschlossen oder** **2. wegen einer Vereinbarung der Beteiligten über die Zuständigkeit an einen anderen Notar verwiesen:** **[2] Die Gebühr 23 900 ermäßigt sich auf**	**3,0**

I. Normzweck, Regelungszweck. Geregelt sind die Gebühren für Verfahren nach §§ 342 II Nr. 1, 363, 373 FamFG. Die Zuständigkeit liegt nach § 23a III GVG iVm § 20 I 2 BNotO mittlerweile bei den Notaren. Die örtliche Zuständigkeit regelt § 344 IVa FamFG. Das Verfahren endet mit der Bestätigung des notariellen Auseinandersetzungsplanes, § 368 II FamFG. Nach der Vorb. 2.3.9 II können weitere Gebühren für die dort genannten Tätigkeiten erhoben werden. 1

KV 23900–23903 bezwecken auch beim Zusammenwirken des Nachlassgerichts und des Notars die Kosten möglichst niedrig zu halten. 2

II. Notarielle Vermittlung. Bei einer Vermittlung entsteht eine Verfahrensgebühr. Sie gilt das gesamte Auseinandersetzungsverfahren einschließlich des vorangegangenen Verfahrens ab, also das gesamte Verfahren vom Eingang des Antrags bis zur Bestätigung der Auseinandersetzung nach § 368 II FamFG. Auf die Rechtskraft des Beschlusses nach § 371 FamFG kommt es für die Gebühr nicht an. 3

Nicht abgegolten sind zB der Erbschein und die Pflegerbestellung, § 364 FamFG die Aufnahme eines Vermögensverzeichnisses oder einer Schätzung sowie die Beurkundungsgebühr für den Vertrag mit einem Dritten (Vorb. 2.3.9 II Nr. 1–3). 4

Soweit es sich nur um eine **Teilbestätigung** handelt, entsteht eine Gebührenpflicht jeweils vom Teil. Dagegen entsteht die Gebühr nach KV 23900 aus dem vollen Nachlasswert, wenn eine Vermittlung über den gesamten Nachlass beauftragt wurde – auch dann, wenn nur eine Teilvermittlung erreicht wird (LG Köln RNotZ 2018, 346 = BeckRS 2018, 5213). 5

Die **Ermittlung der Erben** ist gebührenfrei, § 1 I. Die Aufnahme eines bereits vorher eingestellten Verfahrens begründet ein neues Verfahren mit einer neuen Gebührenpflicht, soweit nicht eine unrichtige Sachbehandlung nach § 21 vorangegangen war. 6

III. Gebührenhöhe. 1. Verfahrenspauschale. Für das gesamte Vermittlungsverfahren vor dem Notar entsteht eine 6,0-Gebühr, vgl. Kutschmann, Der Notar als Vermittler – Die notariell vermittelte Nachlassauseinandersetzung gemäß §§ 363 ff. FamFG, RNotZ 2019, 301 (321). 7

2. Ermäßigungen. Sie kommen nach KV 23901–23903 infrage. 8

IV. Geschäftswert. Es gilt § 118a. 9

V. Fälligkeit, Gebührenschuldner. Die Fälligkeit richtet sich nach § 10. Gebührenschuldner ist der in § 31 II Benannte. 10

Hauptabschnitt 4. Entwurf und Beratung

Abschnitt 1. Entwurf

Vorbemerkung 2.4.1:

1 [1] Gebühren nach diesem Abschnitt entstehen, wenn außerhalb eines Beurkundungsverfahrens ein Entwurf für ein bestimmtes Rechtsgeschäft oder eine bestimmte Erklärung im Auftrag eines Beteiligten gefertigt worden ist. [2] Sie entstehen jedoch nicht in den Fällen der Vorbemerkung 2.2 Abs. 2.

II Beglaubigt der Notar, der den Entwurf gefertigt hat, demnächst unter dem Entwurf eine oder mehrere Unterschriften oder Handzeichen oder qualifizierte elektronische Signaturen, entstehen für die erstmaligen Beglaubigungen, die an ein und demselben Tag erfolgen, keine Gebühren.

III [1]Gebühren nach diesem Abschnitt entstehen auch, wenn der Notar keinen Entwurf gefertigt, aber einen ihm vorgelegten Entwurf überprüft, geändert oder ergänzt hat. [2]Dies gilt nicht für die Prüfung der Eintragungsfähigkeit in den Fällen des § 378 Abs. 3 FamFG und des § 15 Abs. 3 der Grundbuchordnung.

IV Durch die Gebühren dieses Abschnitts werden auch abgegolten

1. die Übermittlung von Anträgen und Erklärungen an ein Gericht oder eine Behörde,
2. die Stellung von Anträgen im Namen der Beteiligten bei einem Gericht oder einer Behörde und
3. die Erledigung von Beanstandungen einschließlich des Beschwerdeverfahrens.

V [1]Gebühren nach diesem Abschnitt entstehen auch für die Fertigung eines Entwurfs zur beabsichtigten Verwendung für mehrere gleichartige Rechtsgeschäfte oder Erklärungen (Serienentwurf). [2]Absatz 3 gilt entsprechend.

VI Wenn der Notar demnächst nach Fertigung eines Entwurfs auf der Grundlage dieses Entwurfs ein Beurkundungsverfahren durchführt, wird eine Gebühr nach diesem Abschnitt auf die Gebühr für das Beurkundungsverfahren angerechnet.

VII Der Notar ist berechtigt, dem Auftraggeber die Gebühren für die Fertigung eines Serienentwurfs bis zu einem Jahr nach Fälligkeit zu stunden.

Nr.	Gebührentatbestand	Gebühr oder Satz der Gebühr nach § 34 GNotKG – Tabelle B
24100	**Fertigung eines Entwurfs, wenn die Gebühr für das Beurkundungsverfahren 2,0 betragen würde ...**	**0,5 bis 2,0 – mindestens 120,00 €**
24101	**Fertigung eines Entwurfs, wenn die Gebühr für das Beurkundungsverfahren 1,0 betragen würde ...**	**0,3 bis 1,0 – mindestens 60,00 €**
24102	**Fertigung eines Entwurfs, wenn die Gebühr für das Beurkundungsverfahren 0,5 betragen würde ...**	**0,3 bis 0,5 – mindestens 30,00 €**
24103	**Auf der Grundlage eines von demselben Notar gefertigten Serienentwurfs finden Beurkundungsverfahren statt: Die Gebühren dieses Abschnitts ermäßigen sich jeweils um ...**	**die Gebühr für das Beurkundungsverfahren**

Übersicht

I. Normzweck. Die Vorschriften vergüten die Tätigkeit des Notars im Rahmen einer Erstellung, Überprüfung, Ergänzung oder Änderung eines Entwurfs außerhalb eines Beurkundungsverfahrens. 1

II. Anwendungsbereich: Entwurf. Bloß eigener Entwurf **außerhalb** und nicht im Rahmen eines Beurkundungsverfahrens ist der eigentliche Hauptvorgang bei KV 24100–24102. Soweit der Entwurf nicht isoliert, sondern aufgrund eines Beurkundungsauftrags zur Vorbereitung des Beurkundungsverfahrens erstellt wurde, so sind KV 21300 ff. (→ KV 21300–21304 Rn. 2, 5) anwendbar (OLG Saarbrücken NJOZ 2020, 1077 = BeckRS 2019, 18438). Diese Tätigkeit erfordert nach der Vorb. 2.4.1 I zunächst einen Auftrag und sodann eine vollständig eigene Kopfarbeit bis zur Erstellung eines vollständigen Entwurfs, der ohne Änderungen beurkundungsfähig ist und **ein** bestimmtes Rechtsgeschäft oder **eine** bestimmte Erklärung bezweckt, ohne schon im Beurkundungsverfahren zu erfolgen. 2

Mehrfache Verwendung des vorgenannten eigenen Entwurfs ist eine Zweckvariante, der sog. Serienentwurf desselben Notars nach der Vorb. 2.4.1 V und nach KV 24103. Auch hier geht es zunächst nur um die trotz des Serienzwecks einmalige Entwurfsarbeit. 3

Fremdentwurf kann nach der Vorb. 2.4.1 III der Ausgangspunkt eigener Notartätigkeit durch dessen Überprüfung, Änderung oder Ergänzung sein. Dabei kann es sich um fremde Formulare, Vorschläge und andere Vorlagen aus der Rechtsprechung oder aus dem Schrifttum handeln. Sie mögen dem Notar aus Akten oder anderswie bekanntgeworden sein, durch den Auftraggeber oder durch einen Dritten, etwa durch eine Bank. Eine Variante wäre die Mitbenutzung eigener früherer Arbeit solcher Art. 4

Beurkundung nach Entwurf ist eine nicht stets, aber oft folgende Notartätigkeit nach der Vorb. 2.4.1 VI. Das kann sowohl auf Grund eines Einzelentwurfs als auch auf der Basis eines eigenen oder fremden Serienentwurfs geschehen. Dann ist die Gebühr nach KV 24100 ff. auf die Beurkundungsgebühr anzurechnen. 5

Begleitarbeiten können überall hinzutreten, zB eine Beglaubigung nach der Vorb. 2.4.1 II, oder eine der in der Vorb. 2.4.1 IV Nr. 1–3 aufgezählten Arbeiten. Diese Vollzugstätigkeiten sind durch die Entwurfsgebühr bereits abgegolten. 6

Die Entwurfstätigkeit des Notars kann bereits praktisch dieselbe Mühe ausmachen wie die anschließenden Tätigkeiten. Schon der Entwurf erfordert meist die volle Sachkenntnis, dasselbe Fingerspitzengefühl und Verantwortungsbewusstsein wie die 7

Endfassung. Daher muss im Interesse der Kostengerechtigkeit auch der bloße Entwurf schon eine solche Vergütung herbeiführen, die derjenigen der Endfassung nicht nennenswert nachsteht. Die Vorschrift enthält schon einige bemerkenswerte Vergünstigungen für den Kostenschuldner. Man darf sie deshalb nicht einfach auch noch darüber hinaus stets zu seinen Gunsten auslegen.

8 **1. Entwurfsanfertigung.** Der Notar erhält die volle Beurkundungsgebühr, sofern die folgenden Voraussetzungen zusammentreffen, § 92.

9 **a) Rechtsgeschäftliche Erklärung.** Es muss sich um einen Auftrag handeln. Er kann auch stillschweigend erfolgen (OLG Köln JurBüro 1997, 604, Erscheinen nur eines Beteiligten). Der Auftrag muss auf eine solche rechtsgeschäftliche Erklärung gehen, die eine Beurkundung nach KV 21100 braucht (OLG Celle FGPrax 2004, 137; OLG Düsseldorf JurBüro 2006, 94; LG Trier JurBüro 2002, 380, je: Genehmigung). Denn jede dieser Vorschriften stellt auf ein entsprechendes „Beurkundungsverfahren" ab. Dem Auftraggeber muss die Entgeltlichkeit des Entwurfs klar sein (LG Kassel JurBüro 2009, 323).

10 **b) Entwurfsfertigung.** Der Notar muss nach § 24 BNotO einen Entwurf gefertigt haben. Der Entwurf setzt eine selbständige gerade notarielle Tätigkeit voraus (OLG Oldenburg JurBüro 1996; 206; OLG Zweibrücken NJW-RR 2001, 864; LG Hannover JurBüro 2003, 97). Vgl. im Übrigen → Rn. 2 ff. Eine nach § 24 II BNotO anwaltliche Tätigkeit gehört nicht hierher, also zB nicht die Wahrnehmung nur einseitiger Interessen etwa durch einen dann nach dem RVG vergütbaren Anwaltsnotar. Es kommt zur Abgrenzung auf das Vorliegen einer objektiv unparteiischen Tätigkeit an. Jeder Entwurf eines rechtlich selbständigen Vorgangs zählt gesondert, ohne dass der Notar darauf besonders hinweisen müsste (OLG Hamm JurBüro 1999, 97, Kauf und Erbbaurecht nacheinander).

11 Ein Entwurf in diesem Sinn liegt **auch dann** vor, wenn nach ihm nur eine bereits jetzt begrenzte Zahl von Einzelverträgen zustande kommen soll (BayObLGZ 1991, 311; OLG Düsseldorf DNotZ 1984, 119; OLG Schleswig JurBüro 1994, 287). Den Gegensatz bildet ein Vertragsmuster für eine unbestimmte Zahl von etwaigen späteren Einzelfällen. Dann gilt nach der Vorb. 2.4.1 V ebenfalls KV 24100 ff.

12 **c) Wesentlichkeit.** Der Entwurf ist gefertigt, sobald er alles Wesentliche in einer zur endgültigen Festlegung einer auch etwa nur einseitigen rechtsgeschäftlichen Erklärung geeigneten Form enthält (OLG Frankfurt a. M. JurBüro 1976, 954). Unter dieser Voraussetzung ist keine restlose Fertigstellung des Gesamttextes notwendig (KG DNotZ 1986, 113; aM BayObLG MittBayNot 1990, 58, aber der endgültige Preis oder Käufer sind als einzig noch Fehlendes rechtlich zwar wichtig, aber nicht für die Gedankenarbeit eines Entwurfs wesentlich). Ebenso wenig ist eine Mitteilung des Entwurfs erforderlich (OLG Frankfurt a. M. JurBüro 1998, 375). Andernfalls würde manche erhebliche Arbeit des Notars unzulänglich bezahlt bleiben.

13 **d) Lediglich Entwurfsarbeit.** KV 24100 ff. setzen nach der Vorb. 2.4.1. I voraus, dass der Auftrag an den Notar nur die Fertigung des dann allerdings vollständigen Entwurfs umfasst, selbst wenn ein Beurkundungsauftrag in Aussicht steht (OLG Oldenburg JurBüro 1996, 206; Tiedtke DNotZ 2017, 390; aM OLG Köln JurBüro 1997, 604). Soweit also der Auftrag von vornherein dahin geht, auf der Basis des zu fertigenden Entwurfs dann auch eine zugehörige Beurkundung vorzunehmen, muss man die Entwurfsgebühr nach der Vorb. 2.4.1 VI auf Entgelt für die Beurkundung anrechnen → Rn. 20 ff. Etwas anderes gilt evtl. bei einer bloßen Änderung oder dann, wenn die weitere Verhandlung oder Überprüfung einen Entwurf erfordert (BayObLG JurBüro 1982, 1549; OLG Frankfurt a. M. DNotZ 1978, 439; OLG Schleswig DNotZ 1978, 760), oder wenn der Auftraggeber den Beurkundungsauftrag vor der Beurkundung zurücknimmt (OLG Stuttgart FamRZ 2012, 397). Dann gelten KV 21300 ff. (Tiedtke DNotZ 2017, 390).

14 Die Frage, **welchen Umfang** der Auftrag hatte, wird nach einem objektiven Maßstab beantwortet (Tiedtke DNotZ 2017, 390), und es darf nicht nur die persönliche Ansicht der Beteiligten oder des Notars zugrunde gelegt werden (OLG Frankfurt a. M. DNotZ 1979, 120). Es ist denkbar, dass der Notar gleichzeitig mehrere voneinander unabhängige selbständige Aufträge einerseits zur Fertigung eines Entwurfs und andererseits zu einer Beurkundung auf Grund des Entwurfs

erhalten hat (OLG Frankfurt a. M. NJW 1977, 1737; OLG Schleswig JurBüro 1977, 847; Delp JurBüro 1976, 731). Es kann auch zunächst ein solcher Beurkundungsauftrag vorgelegen haben, den der Auftraggeber dann in den Auftrag auf einen bloßen Entwurf abänderte. Dann können KV 24100–24103 unabhängig davon anwendbar sein, ob der Notar den Entwurf vor oder nach dieser Auftragserteilung fertigte (KG NJW-RR 1997, 64).

e) Auftrag. KV 24100–24103 setzen nach der Vorb. 2.4.1 I voraus, dass der Notar seine Arbeit gerade „im Auftrag eines Beteiligten" geleistet hat. Der Auftraggeber hat den Entwurf erfordert, soweit gerade er und nicht nur der Geschäftsgegner zumindest zunächst oder überhaupt nur, aber nach Treu und Glauben doch eindeutig die Herstellung einer selbständigen notariellen Tätigkeit unter einer Billigung der gesetzlichen Kostenpflicht verlangt hat (BayObLG MittBayNot 1990, 58; OLG Bremen FGPrax 2012, 82; OLG Oldenburg JurBüro 1996, 206). 15

2. Überprüfung, Ergänzung, Änderung. Zur Abgrenzung von der Anfertigung eines eigenen Entwurfs → Rn. 1 ff., 8 ff. Selbst eine wesentliche Ergänzung kann eine bloße Ergänzung des Fremdentwurfs nach der Vorb. 2.4.1 III sein (OLG Stuttgart FGPrax 2002, 237). Der Fremdtext muss immerhin eine Entwurfsqualität nach → Rn. 13 haben. Die Notararbeit kann aber auch einen eigenen Entwurf bedeuten (Bengel/Tiedtke DNotZ 2004, 258). Die Abgrenzung ist fließend (OLG Stuttgart JurBüro 1992, 618; Reimann DNotZ 1987, 136). Im Übrigen gelten die Voraussetzungen → Rn. 8, 17 entsprechend. Eine rein sprachliche Verbesserung reicht also zB nicht (OLG Karlsruhe JurBüro 1992, 549). Eine Schrift ohne einen Bezug auf ein bestimmtes Geschäft ist kein Entwurf (Reimann DNotZ 1987, 136; Schmidt NJW 1987, 292). Die bloße Änderung oder Ergänzung des vom Notar zuvor gefertigten Entwurfs fällt nicht unter KV 24100–24103. 16

III. Anrechnung bei Beurkundung. Eine Anrechnung nur der nach KV 24100 ff. berechneten bloßen Entwurfsgebühr nebst den zugehörigen Auslagen auf Beurkundungsgebühren nach KV 21100 ff. ist nach der Vorb. 2.4.1 VI möglich. Sie ist in der Reihenfolge der Entstehung der Beurkundungsgebühren zulässig und notwendig, sofern die folgenden Voraussetzungen zusammentreffen. 17

1. Entwurf. Zunächst muss ein Entwurf nach → Rn. 8 ff. oder dessen Überprüfung usw. nach → Rn. 16 vorliegen. Ihn muss der Notar gerade als solcher und nicht etwa als Anwalt gefertigt haben. 18

2. Zeitlich nachfolgende Beurkundung. Es müssen zeitlich nach der Fertigung oder Überprüfung usw des Entwurfs eine oder mehrere Beurkundungen durch denselben Notar nachfolgen. Stets genügt die Beurkundung des Notarvertreters. Etwaige Änderungen oder Ergänzungen in der Beurkundung sind insoweit unerheblich, als sie den Inhalt des Entwurfs oder der in → Rn. 16 genannten Arbeit nicht im Wesentlichen verändern. Wird aus einer Schenkung ein Entgelt, wird KV 24100 ff. unanwendbar (LG Hannover JurBüro 2001, 540). 19

3. Ursachenzusammenhang. Die Beurkundung muss gerade „auf der Grundlage dieses Entwurfs" erfolgen. Der Entwurf muss also immerhin sowohl wegen des Erklärenden oder eines anderen Beteiligten als auch wegen der Sache wenigstens eine der Grundlagen der Beurkundung darstellen (KG JurBüro 1979, 1560). Er darf für die Beurkundung nicht völlig unwesentlich sein. Es darf nicht jetzt etwas ganz anderes entstehen, etwa ein Kauf- statt eines Erbbau- oder Mietvertrags oder ein entgeltliches statt eines unentgeltlichen Geschäfts (LG Hannover JurBüro 2001, 539). Ein OHG-statt KG-Vertrag ist meist nicht etwas derart ganz anderes. Dabei kommt es auf den objektiven Charakter und nicht auf persönliche Motive eines Beteiligten an (OLG Hamm JurBüro 1999, 97). Andererseits sind solche Änderungen, Ergänzungen, Auslassungen zulässig, die das Wesen des Entwurfs nicht verändern (KG JurBüro 1979, 1560). 20

Kein Ursachenzusammenhang ist der Wechsel eines Beteiligten nebst Änderungswünschen usw. (LG Düsseldorf JurBüro 2017, 596). 21

4. Demnächst folgende Beurkundung. Die Beurkundung auf Grund des Entwurfs muss „demnächst" nachfolgen. Ausreichend ist ein gewisser zeitlicher Zusammenhang (OLG Hamm FGPrax 2007, 187; Mümmler JurBüro 1976, 579). Trotz der 22 heutigen Verständigungsmöglichkeiten kann eine nicht unerhebliche Zeitspanne verstreichen, bis alle Beteiligten sich über die Brauchbarkeit des Entwurfs in tatsächlicher und/oder rechtlicher Hinsicht klar geworden sind. Das gilt gerade in einem rechtlich oder tatsächlich komplizierten Fall oder bei einem wirtschaftlich erheblichen Objekt oder dann, wenn die Beteiligten weit voneinander entfernt ansässig sind usw. Es sind alle Umstände bei der Prüfung der Frage heranzuziehen, ob die Beurkundung noch „demnächst" nachfolgte (OLG Hamm FGPrax 2007, 188). Mehrere Jahre sind meist nicht aber mehr „demnächst" (LG Hannover JurBüro 2003, 97).

23 Man darf in diesem Zusammenhang auch nicht etwa nur die Lehre und Rechtsprechung zu §§ 167, 696 III ZPO entsprechend anwenden. Vielmehr ist eine großzügigere zeitliche Ausdehnung notwendig.

24 Andererseits kann auch ein Zeitraum von nur einigen wenigen **Wochen oder Monaten** so lang sein, dass man nicht mehr von einer demnächst folgenden Beurkundung sprechen kann. Das ist etwa dann so, wenn es sich um einen tatsächlich und rechtlich einfachen Sachverhalt handelt, wenn die Beteiligten an demselben Ort wohnen, wenn keiner von ihnen noch eine Rückfrage bei seinem Vertrauensanwalt stellen musste, wenn man andererseits zunächst erwarten konnte, die Beurkundung werde rasch folgen, und wenn die zeitliche Verzögerung der Beurkundung keine schon im Entwurfszeitpunkt erkennbaren triftigen Gründe hat. Mehrere Jahre sind zu lang (LG Hamm JurBüro 2003, 98).

25 **5. Reihenfolge der Anrechnung.** Bei mehreren Beurkundungen muss man die Entwurfsgebühr unter den Voraussetzungen → Rn. 18–24 zunächst auf die zeitlich erste Beurkundung voll anrechnen. Soweit bei dieser Anrechnung von der Entwurfsgebühr noch ein Restbetrag verbleibt, muss man ihn auf die zeitlich nächstfolgende Beurkundungsgebühr anrechnen, und so fort. Er erfolgt keine Anrechnung der etwaigen Zusatzgebühren nach KV 26000 ff. oder derjenigen Auslagen, die aus Anlass des Entwurfs entstanden sind.

26 **IV. Nachfolgende Beglaubigung.** Sofern der Notar „demnächst" nach → Rn. 18–24 unter einer von ihm selbst entworfenen oder überprüften, geänderten, ergänzten Urkunde eine oder mehrere Unterschriften oder Handzeichen beglaubigt, darf er nach der Vorb. 2.4.1 II für die zeitlich ersten und an demselben Tag erfolgenden derartigen Beglaubigungen gleich wessen Beteiligten keine Gebühr erheben, sondern nur seine Auslagen ansetzen. Er muss aber für weitere gesonderte Beglaubigungen die dafür vorgesehenen Gebühren auch gesondert erheben. Das gilt auch bei sofort folgenden weiteren Beglaubigungen.

27 **V. Gerichts- oder Behördenvorlegung.** Soweit ein Rechtsgeschäft wegen der Versagung einer erforderlichen Genehmigung scheitert, würde die Belastung der Beteiligten mit den vollen sonst anfallenden Notargebühren wirtschaftlich für sie unbillig sein. Deshalb schafft die Vorb. 2.4 IV eine gewisse Gebührenermäßigung. Sie tritt dann ein, wenn die folgenden Voraussetzungen zusammentreffen.

28 **1. Entwurfsfertigung.** Der Notar muss den Entwurf nach KV 24100–24102 gefertigt haben, → Rn. 2 ff., 8 ff. Eine bloße Überprüfung nach → Rn. 16 reicht nicht. Denn sonst könnte die Vergütung wegen ihrer Mindesthöhe höher als bei → Rn. 16 sein. Das ist nicht der Sinn des Gesetzes.

29 **2. Vorlegungszweck.** Der Notar muss den Entwurf auch gerade zur Vorlegung bei einer Behörde gefertigt haben. Es reicht aus, dass der Entwurf zum Ausdruck bringt, dass das Rechtsgeschäft der behördlichen Genehmigung bedürfe.

30 **3. Einverständnis der Beteiligten.** Die Entwurfsarbeit muss im Einverständnis aller an diesem Rechtsgeschäft Beteiligten zur Einholung der Genehmigung erfolgt sein. Die Gebührenermäßigung entfällt dann, wenn auch nur einer der Beteiligten mit der Anfertigung eines solchen Entwurfs nicht einverstanden war. Das steht zwar nicht mehr so im Gesetz, ist aber selbstverständlich.

31 **4. Genehmigungsbedürftigkeit.** Das Rechtsgeschäft muss auch objektiv in seiner Wirksamkeit von der Genehmigung eines Gerichts oder einer Behörde und nicht etwa nur von der Genehmigung einer Privatperson abhängig sein.

32 **5. Übermittlung, Antragstellung, Beanstandungserledigung.** Es muss zu den Vorgängen → Rn. 28–31 eine der in der Vorb. 2.4.1 IV Nr. 1–3 aufgezählten Notar-

tätigkeiten hinzugetreten sein. Sie muss ebenfalls antragsgemäß gewesen sein. Allerdings braucht sie sachlich keinen Erfolg gehabt zu haben, sondern muss nur formell vollständig gewesen sein. Es muss also zB ein Antrag richtig eingegangen sein. Die „Erledigung" einer Beanstandung nach Nr. 3 muss formell vollständig gewesen sein.

Mitabgeltung durch die Entwurfsgebühr ist die Rechtsfolge. Es entsteht also insoweit keine Zusatzgebühr. 33

VI. Gebühren. Es entstehen jeweils Rahmengebühren (→ RVG § 2 Rn. 8) mit jeweils einer Mindestgebühr. Ihnen gemeinsam ist die Abhängigkeit nach oben von der entsprechenden Beurkundungsgebühr nach KV 21100–21102 (OLG Köln FGPrax 2017, 141), ohne Einschränkung der jeweiligen Mindestgebühr. Diese kann also dazu führen, dass etwa bei KV 24100 auch bei einer 2,0-Gebühr von 100 EUR im Ergebnis doch eine Gebühr von 120 EUR entsteht. Zur Ermäßigung beim Serienentwurf vgl. KV 24103. § 92 ist zu beachten. 34

VII. Geschäftswert. Er folgt demjenigen des Beurkundungsverfahrens, auf dem KV 24100–24103 ausdrücklich aufbauen. Vgl. daher zum Wert bei KV 21100–21102. § 92 ist zu beachten. 35

VIII. Fälligkeit, Gebührenschuldner. Die Fälligkeit richtet sich nach § 10 I. Zur Stundungsmöglichkeit vgl. die amtl. Vorb. 2.4.1 VII (nur beim Serienentwurf). Gebührenschuldner bestimmt sich wie bei KV 21100–21102 jeweils nach § 29 Nr. 1–3. 36

IX. ABC zur Entwurfsanfertigung. 1. ABC zur Anfertigung – rechtsgeschäftliche Erklärung

Allgemeine Geschäftsbedingungen: Unanwendbar sind KV 24100–24103 nach § 147 bei ihnen (OLG Frankfurt a. M. JurBüro 1980, 116; OLG Schleswig JurBüro 1977, 848; Madert/Schmidt NJW 1987, 292; aM OLG Hamm DNotZ 1992, 110; LG Hannover JurBüro 1996, 264). 37

Antrag: Unanwendbar sein können KV 24100–24103 bei ihm.

Bescheinigung: Unanwendbar sind KV 24000–24103 bei ihr.

Beschwerde: Unanwendbar sein können KV 24100–24103 bei ihr (Mümmler JurBüro 1976, 531; aM KG DNotZ 1987, 381; Bengel DNotZ 1985, 272).

Darlehensübernahme: Unanwendbar sein können KV 24100–24103 bei ihr (OLG Celle FGPrax 2004, 137). Das ist eine Fallfrage.

Erklärung: Unanwendbar sind KV 24000–24103 bei einer nicht rechtsgeschäftlichen schriftlichen.

Gesellschafterbeschluss: Unanwendbar sind KV 24000–24103 bei ihm (aM OLG Düsseldorf JurBüro 2010, 311).

Gesellschafterliste: KV 24101 ist bei isoliertem Entwurf einer Gesellschafterliste anwendbar (LG Bielefeld 19.8.2016 – 23 T 101/16; vgl. Tiedtke/Sikora DNotZ 2017, 673 (686 f.)).

Liste der Aufsichtsratsmitglieder: Ein entsprechender Entwurf unterfällt KV 24101.

Sachgründungsbericht: Der Entwurf eines Sachgründungsberichts im Gesellschaftsrecht unterfällt KV 24101.

Tatsachenprotokoll: Unanwendbar sind KV 24000–24103 bei ihm.

Verfahrenshandlung: Unanwendbar sein können KV 24100–24103 bei einer bloßen solchen (OLG Stuttgart DNotZ 1984, 654; aM OLG Düsseldorf DNotZ 1976, 678).

Versammlungsbeschluss: Unanwendbar sind KV 24100–24103 bei ihm (LG Hannover JurBüro 2003, 97).

Vertragsmuster: Unanwendbar sind KV 24100–24103 bei ihm. Auch → „Allgemeine Geschäftsbedingungen".

2. ABC zur Anfertigung – Wesentlichkeit

Änderung: Anwendbar sind KV 24100–24103 dann, wenn der Auftraggeber einen neuen zusätzlichen Auftrag für einen zu ändernden Entwurf erteilt hat. Unanwendbar sind die Vorschriften aber bei einer solchen Änderung, die auf dem bisherigen Auftrag beruht und daher dasselbe Geschäft betrifft. Denn dann hatte der Notar den Entwurf rechtlich betrachtet noch nicht fertiggestellt. 38

Anrechnung: → „Hauptgeschäftsgebühr".
Beratung: → „Vorarbeit".
Einsicht in Register usw.: → „Hauptgeschäftsgebühr", → „Vorarbeit".
Erörterung: Eine vorherige mit den Beteiligten kann eine Wegegebühr entstehen lassen.
Hauptgeschäftsgebühr: Sie gilt den zugehörigen Entwurf mit ab. Das folgt aus der Vorb. 2.4.1 VI (Anrechnung). Sie gilt ferner Nebenarbeiten mit ab, etwa eine Einsicht des Grundbuchs.
Mitarbeiter: Anwendbar sind KV 24100–24103 auch, soweit der Notar die Anfertigung des Entwurfs von einem Mitarbeiter durchführen lässt, etwa vom Bürovorsteher.
Teilnahme an Besprechung: Unanwendbar sind KV 24100–24103 auf die bloße Teilnahme beim Notar (OLG Köln JurBüro 1978, 419).
Vorarbeit: Unanwendbar sind KV 24100–24103 auf eine bloße Vorarbeit einer Beurkundung (OLG Düsseldorf JurBüro 1994, 239; OLG Frankfurt a. M. DNotZ 1978, 439; OLG Zweibrücken NJW-RR 2001, 864). Sie fällt vielmehr unter KV 24200 ff. Hierzu zählt eine vorbereitende und fördernde Tätigkeit wie eben eine Beratung, eine Einsicht usw.

3. ABC zur Anfertigung – Auftrag

39 **Aushändigung:** Kein Auftrag liegt vor, soweit der Notar dem Käufer nur den notwendigen Text des Rechtsgeschäfts aushändigt.
Belehrung: Ein Auftrag liegt nur dann vor, wenn der Notar den Auftraggeber zumindest auf dessen Befragen über dessen Kostenpflicht nach § 21 belehrt hat.
Entgegennehmen: Kein Auftrag liegt meist schon im bloßen Entgegennehmen (OLG Bremen FGPrax 2012, 82; OLG Köln JurBüro 1993, 100).
Gebrauchen: Kein Auftrag liegt schon im bloßen Gebrauchen.
Genehmigung: → „Stillschweigen".
Nebenerklärung: → „Stillschweigen".
Stillschweigen: Ein Auftrag lässt sich auch stillschweigend erteilen (KG DNotZ 1975, 178; OLG Köln JurBüro 1978, 418; LG Wuppertal MittRhNotK 1990, 288; aM OLG Karlsruhe JurBüro 1992, 549; Hansens JurBüro 1983, 1122, aber es gelten die normalen Regeln zur Auslegung einer Willenserklärung nach §§ 157, 242 BGB wie einer Parteiprozesshandlung, vgl. dazu BGH NJW-RR 1997, 1216 (1217)).
Unbrauchbarkeit: Soweit der Notar so arbeitet, entfällt eine Kostenschuld des Veranlassers (LG Hannover JurBüro 1996, 550).
Vertrag statt Angebot: Bei einem solchen Entwurf entfällt eine Kostenschuld des Veranlassers (BayObLG JurBüro 1994, 500; OLG Köln JurBüro 1978, 418; Mümmler JurBüro 1976, 576).
Vorbereitung: Kein Auftrag liegt vor, soweit der Auftraggeber den Notar nur um eine bloße Vorbereitungsmaßnahme nach → Rn. 14 zur folgenden Beurkundung bittet (BayObLGZ 1983, 91; OLG Oldenburg JurBüro 1996, 206; LG Hannover JurBüro 2003, 97). Auch → „Weitere Überlegungen oder Verhandlungen".
Weitere Überlegungen oder Verhandlungen: Kein Auftrag liegt vor, soweit der Auftraggeber nur eine Vorlage für weitere Überlegungen usw. erbittet (BayObLG JurBüro 1982, 1549; OLG Oldenburg JurBüro 1996, 439; OLG Schleswig DNotZ 1978, 760). Auch → „Vorbereitung".
Zweck: Er ist unerheblich (KG FamRZ 2016, 733).

Anhang nach KV 24103
Notarkosten im Vermittlungsverfahren nach dem SachenRBerG

Vom 21.9.1994 (BGBl. I 2457)

FNA 403-23-2

Zuletzt geändert durch Gesetz vom 4.5.2021 (BGBl. I 882)

§ 100 SachenRBerG. Kosten

(1) [1] Für das notarielle Vermittlungsverfahren erhält der Notar eine Gebühr mit einem Gebührensatz von 4,0 nach der Tabelle B des § 34 Absatz 2 des Gerichts- und Notarkostengesetzes. [2] Die Gebühr ermäßigt sich auf

1. einen Gebührensatz von 2,0, wenn das Verfahren vor Ausarbeitung eines Vermittlungsvorschlags beendet wird,
2. einen Gebührensatz von 0,5, wenn sich das Verfahren vor dem Erörterungstermin erledigt.

[3] Als Auslagen des Verfahrens erhebt der Notar auch die durch Ermittlungen nach § 97 Abs. 1 entstandenen Kosten.

II [1] Die Gebühren nach Absatz 1 bestimmen sich nach dem Geschäftswert, der sich aus den folgenden Vorschriften ergibt. [2] Maßgebend ist das Fünfundzwanzigfache des Jahreswertes des Erbbauzinses ohne Rücksicht auf die Zinsermäßigung in der Eingangsphase oder der Kaufpreis, in jedem Fall jedoch mindestens die Hälfte des nach den §§ 19 und 20 Abs. 1 und 6 ermittelten Wertes. [3] Endet das Verfahren ohne eine Vermittlung, bestimmt sich die Gebühr nach dem in Satz 2 genannten Mindestwert.

III [1] Wird mit einem Dritten eine Vereinbarung über die Bestellung oder den Verzicht auf dingliche Rechte geschlossen, erhält der Notar für deren Vermittlung eine Gebühr mit einem Gebührensatz von 0,5 nach der Tabelle B des § 34 Absatz 2 des Gerichts- und Notarkostengesetzes. [2] Der Wert richtet sich nach den Bestimmungen über den Geschäftswert im Gerichts- und Notarkostengesetz, in den Fällen der §§ 36 und 63 jedoch nicht über den Anteil hinaus, für den der Nutzer nach Maßgabe dieser Vorschriften mithaftet.

§ 19 SachenRBerG. Grundsätze

I Erbbauzins und Ankaufspreis sind nach dem Bodenwert in dem Zeitpunkt zu bestimmen, in dem ein Angebot zum Vertragsschluß nach diesem Kapitel abgegeben wird.

II [1] Der Bodenwert bestimmt sich nach dem um die Abzugsbeträge nach Satz 3 verminderten Wert eines baureifen Grundstücks. [2] Der Wert eines baureifen Grundstücks ist, vorbehaltlich der Regelung in § 20, der Verkehrswert im Sinne des § 194 des Baugesetzbuchs, der sich ergeben würde, wenn das Grundstück unbebaut wäre. [3] Der Wert des baureifen Grundstücks ist zu vermindern um

1. einen nach Absatz 3 zu bemessenden Abzug für die Erhöhung des Werts des baureifen Grundstücks durch Aufwendungen zur Erschließung, zur Vermessung und für andere Kosten zur Baureifmachung des Grundstücks, es sei denn, daß der Grundstückseigentümer diese Kosten getragen hat oder das Grundstück bereits während der Dauer seines Besitzes erschlossen und vermessen war, und
2. die gewöhnlichen Kosten des Abbruchs eines aufstehenden Gebäudes oder einer baulichen Anlage, wenn ein alsbaldiger Abbruch erforderlich und zu erwarten ist, soweit diese Kosten im gewöhnlichen Geschäftsverkehr berücksichtigt werden.

III [1] Der Abzug nach Absatz 2 Satz 3 Nr. 1 beträgt

1. 12,78 Euro/m² in Gemeinden mit mehr als 100 000 Einwohnern,
2. 7,67 Euro/m² in Gemeinden mit mehr als 10 000 bis zu 100 000 Einwohnern und
3. 5,11 Euro/m² in Gemeinden bis zu 10 000 Einwohnern.

[2] Als Bodenwert ist jedoch mindestens der Wert zugrunde zu legen, der sich für das Grundstück im Entwicklungszustand des Rohbaulandes ergeben würde.

IV [1] Der Abzug nach Absatz 2 Satz 3 Nr. 2 darf nicht zu einer Minderung des Bodenwerts unter das Doppelte des in § 82 Abs. 5 bestimmten Entschädigungswertes führen. [2] Der Abzug ist nicht vorzunehmen, wenn die Erforderlichkeit alsbaldigen Abbruchs auf unterlassener Instandhaltung des Gebäudes oder der baulichen Anlage durch den Nutzer beruht oder der Nutzer sich vertraglich zum Abbruch verpflichtet hat.

V [1] Soweit für das Grundstück Bodenrichtwerte nach § 196 des Baugesetzbuchs vorliegen, soll der Wert des baureifen Grundstücks hiernach bestimmt werden. [2] Jeder Beteiligte kann eine hiervon abweichende Bestimmung verlangen, wenn

1. Anhaltspunkte dafür vorliegen, daß die Bodenrichtwerte nicht den tatsächlichen Marktverhältnissen entsprechen, oder
2. aufgrund untypischer Lage oder Beschaffenheit des Grundstücks die Bodenrichtwerte als Ermittlungsgrundlage ungeeignet sind.

§ 20 SachenRBerG. Bodenwertermittlung in besonderen Fällen

(Vom Abdruck wird hier abgesehen.)

§ 101 SachenRBerG. Kostenpflicht

I [1] Für die Kosten des Vermittlungsverfahrens haften Grundstückseigentümer und Nutzer als Gesamtschuldner. [2] Sie haben die Kosten zu teilen. [3] Eine Erstattung der den Beteiligten entstandenen Auslagen findet nicht statt.

II Die für das notarielle Vermittlungsverfahren im Falle einer Einstellung nach § 95 entstandenen Kosten sind

1. in den Fällen des § 95 Abs. 1 Nr. 1 zwischen Eigentümer und Nutzer zu teilen,
2. in den Fällen des § 95 Abs. 1 Nr. 2 von dem Antragsteller zu tragen,
3. in den Fällen des § 95 Abs. 2 von dem Beteiligten zu tragen, der das Verfahren nach § 64 des Landwirtschaftsanpassungsgesetzes beantragt hat.

§ 14 VerkFlBerG. ... Notarielles Vermittlungsverfahren

I, II *(nicht abgedruckt)*

III [3] Die Kosten des notariellen Vermittlungsverfahrens trägt abweichend von § 101 Abs. 1 des Sachenrechtsbereinigungsgesetzes der öffentliche Nutzer; dies gilt auch im Fall des § 101 Abs. 2 Nr. 1 des Sachenrechtsbereinigungsgesetzes.

§ 102 SachenRBerG. Verfahrenskostenhilfe

I [1] Für das notarielle Vermittlungsverfahren finden die §§ 76, 77 und 78 Abs. 4 und 5 des Gesetzes über das Verfahren in Familiensachen und in den Angelegenheiten der freiwilligen Gerichtsbarkeit sowie im Übrigen die Vorschriften der Zivilprozeßordnung über die Prozeßkostenhilfe mit Ausnahme des § 121 Abs. 1 bis 3 entsprechende Anwendung. [2] Einem Beteiligten ist auf Antrag ein Rechtsanwalt beizuordnen, wenn der andere Beteiligte durch einen Rechtsanwalt vertreten ist und die Beiordnung zur zweckentsprechenden Rechtsverfolgung erforderlich ist.

II Für die Entscheidung nach Absatz 1 ist das Gericht zuständig, das nach § 103 Abs. 1 über eine Klage auf Feststellung des Erbbaurechts oder des Ankaufsrechts zu entscheiden hat.

III Der Notar hat dem Gericht die Antragsunterlagen zu übermitteln.

1 **A. § 100 SachenRBerG. I. Gebühren (§ 100 I, III 1 SachenRBerG).** Das Vermittlungsverfahren nach §§ 87 ff. SachenRBerG ist einem etwaigen gerichtlichen (Klage-)Verfahren nach §§ 103 ff. SachenRBerG als notarielles Vorverfahren zwingend vorgeschaltet. Es handelt sich dabei um ein Zulässigkeitserfordernis für eine Klage (§ 104 S. 2, 3 SachenRBerG). Die Vergütungen des Notars in diesem Verfahren bestimmen sich nach I, III. Es ist das Verfahren zwischen dem Nutzer und dem Grundstückseigentümer einerseits und dasjenige mit einem Dritten andererseits zu unterscheiden.

2 **1. Grundsatz: Vermittlungsvorschlag: Vierfache Gebühr (§ 100 I 1 SachenRBerG).** Für jedes mit dem Antragseingang nach § 90 SachenRBerG beginnende notarielle Vermittlungsverfahren zwischen dem Nutzer und dem Grundstückseigentümer erhält der Notar eine 4,0-Gebühr nach § 34 II GNotKG. Es handelt sich um eine Pauschgebühr. Sie gilt die gesamte Tätigkeit des Notars bis zum Vermittlungsvorschlag nach § 98 SachenRBerG ab. Das gilt unabhängig davon, ob der Vermittlungsvorschlag gesetzmäßig ergangen ist und ob die Beteiligten ihn annehmen, solange er sich nur pflichtgemäß um eine gesetzmäßige Vermittlung bemüht hat.

3 Den auf Grund eines Vermittlungsvorschlags dieses oder eines anderen Notars nunmehr geschlossenen **Vertrag** müssen die Beteiligten **zusätzlich** zu der Gebühr des § 100 SachenRBerG wie sonst vergüten. Denn das Vermittlungsverfahren endet mit dem bloßen Vertragsentwurf (§ 98 I SachenRBerG).

4 Mangels einer Einigung kann daher auch zB das **Abschlussprotokoll** nach § 99 SachenRBerG das vorläufige Ende des Vermittlungsverfahrens darstellen.

5 Der Notar erhält die Tätigkeit **nach dem Abschluss** des gerichtlichen Klageverfahrens auf Grund der Mitteilung des Urkundsbeamten nach §§ 106 IV, 98 II 2 SachenRBerG, also den Antrag auf eine Löschung des Vermerks nach § 92 V SachenRBerG im Grundbuch, gesondert wie sonst nach dem GNotKG vergütet. Denn sie erfolgt nach dem Abschluss des gerichtlichen Verfahrens, das seinerseits vom Abschluss des Vermittlungsverfahrens abhing.

6 **2. Verfahrensende vor Vermittlungsvorschlag: Doppelte Gebühr (§ 100 I 2 Nr. 1 SachenRBerG).** Soweit das Vermittlungsverfahren durch eine Antragsrücknahme, eine Aussetzung der Vermittlung nach § 94 SachenRBerG, eine Erledigung der Hauptsache, eine Einstellung nach § 95 SachenRBerG oder infolge des Ausbleibens eines Antrags im Termin nach § 96 SachenRBerG endet, bevor der Notar seinen Vermittlungsvorschlag nach § 98 SachenRBerG ausgearbeitet hat, ermäßigt sich die 4,0-Gebühr des I 1 auf 2,0-Gebühr.

7 **„Ausarbeitung"** ist die beurkundungsreife gesetzmäßige Fertigstellung des gesamten Vermittlungsvorschlags nach §§ 96 III, 98 II SachenRBerG in wenigstens einem Reinschrift-Original. Eine solche Fassung, die nicht den Anforderungen eines Vertragsentwurfs nach KV 24100 ff. entspricht, ist keine Ausarbeitung eines Vermittlungsvorschlags. Denn diesen muss man nach § 98 I SachenRBerG gerade „in Form eines Vertragsentwurfs" vorlegen, „der den gesetzlichen Bestimmungen entsprechen und alle für einen Vertragsschluss erforderlichen Punkte und, wenn dies von einem Beteiligten beantragt wird, auch die für dessen Erfüllung notwendigen Erklärungen zu umfassen hat".

Eine **Mitteilung,** Übersendung, Anfertigung einer Ausfertigung usw. ist aber **nicht** erforderlich, um eine Ausarbeitung zu bejahen. Eine Einigung über den Vermittlungsvorschlag ist erst recht nicht erforderlich, um eine Ausarbeitung des bloßen Vermittlungsvorschlags zu bejahen. 8

3. Erledigung des Verfahrens vor Erörterungstermin: Halbe Gebühr (§ 100 I 2 Nr. 2 SachenRBerG). Soweit sich das Vermittlungsverfahren vor dem vom Notar nach § 92 SachenRBerG anberaumten Erörterungstermin des § 93 SachenRBerG erledigt, ermäßigt sich die Gebühr auf 0,5-Gebühr. Eine bloße Vorerörterung usw reicht nicht. 9

Eine **Erledigung** kann auf verschiedenen Gründen beruhen, zB darauf, dass ähnlich wie bei → Rn. 6 eine Einstellung nach § 95 SachenRBerG durch den Notar erfolgt oder dass es nach einer Aussetzung nach § 94 SachenRBerG nicht mehr zur Aufnahme des Verfahrens kommt, dass überhaupt der Antragsteller seinen nach § 87 SachenRBerG erforderlichen Antrag wirksam zurücknimmt. Erledigung ist also nicht nur nach § 91a ZPO gemeint, zumal das ganze notarielle Vermittlungsverfahren grundsätzlich nach dem FamFG abläuft (§ 89 I SachenRBerG). Erst das etwa anschließende gerichtliche Verfahren folgt der ZPO (§ 103 I 1 SachenRBerG). 10

4. Vereinbarung mit Drittem (§ 100 III 1 SachenRBerG). Soweit es im Verlauf eines zwischen dem Nutzer und dem Grundstückseigentümer anhängigen notariellen Vermittlungsverfahrens zu einer Vereinbarung mit einem Dritten über die Bestellung oder den Verzicht auf dingliche Rechte kommt, erhält der Notar für deren Vermittlung eine 0,5-Gebühr. Sie fällt zusätzlich zu den nach I verdienten Gebührenarten an. 11

„Vereinbarung“ ist jede endgültige, unbedingte vertragliche Regelung, an der mindestens der Dritte und einer der Beteiligten des eigentlichen notariellen Vermittlungsverfahrens teilhaben. **„Bestellung oder Verzicht auf dingliche Rechte“** ist dasselbe wie sonst im Sachen- oder Grundbuchrecht. Die Höhe der Gebühr nach III ist unabhängig von der Höhe der Gebühr nach I. Das zur Wirksamkeit der Vereinbarung Notwendige ist wie sonst zu beachten. Das ist eine der Voraussetzungen der Gebühr nach III. 12

II. Geschäftswert (§ 100 II, III 2 SachenRBerG). Für die Gebühren sind unterschiedliche Wertvorschriften maßgeblich. Die Gebühren nach I richten sich nach dem gemäß II ermittelten Werts. Die Gebühr nach III 1 richtet sich nach den Wertvorschriften in III 2. 13

1. Ausgangswert: 25facher Jahreswert (§ 100 II 2 Hs. 1 SachenRBerG). Es ist grundsätzlich den 25fachen Jahreswert des Erbbauzinses im Zeitpunkt der Fälligkeit der Gebühr nach § 35 zu ermitteln, also bei der Beendigung der Tätigkeit des Notars, § 10 Hs. 1. Die in II 1 erwähnte Zinsermäßigung in der Eingangsphase beruht auf einem Redaktionsversehen des Gesetzgebers (§ 45 Entwurf SachenRBerG ist nicht Gesetz geworden). 14

2. Weiterer Ausgangswert: Kaufpreis (§ 100 II 2 Hs. 2 SachenRBerG). Nach dem Wortlaut von II 2 ist statt des in Hs. 1 genannten 25fachen Jahreswerts gleichberechtigt nach Hs. 2 auch der Kaufpreis als Wert ansetzbar. Praktisch kann der Notar daher wählen und den höheren der beiden Werte ansetzen. Man kann dieses eigenartige Verfahren auch nicht durch eine Vereinbarung nach § 125 GNotKG umgehen. 15

3. Mindestwert: Hälfte des Werts nach §§ 19, 20 I, VI SachenRBerG (§ 100 II 2 Hs. 3 SachenRBerG). Stets ist Wert mindestens die Hälfte des nach §§ 19, 20 I, VI SachenRBerG ermittelten Werts. Das macht die gesamte Wertermittlung für die Gebühren nach I außerordentlich kompliziert, zumal auch nach § 125 GNotKG insofern Vereinbarungen unwirksam sind. 16

4. Keine Vermittlung: Mindestwert (§ 100 II 3 SachenRBerG). Der in → Rn. 16 dargestellte Mindestwert ist auch dann maßgeblich, wenn das notarielle Verfahren ohne eine Vermittlung endet, wenn also einer der Fälle → Rn. 10 vorliegt. 17

5. Vereinbarung mit Drittem: Grundsätzliche Anwendung des GNotKG (§ 100 III 2 Hs. 1 SachenRBerG). Soweit es um die in III 1 genannte Gebühr geht, dazu → Rn. 11, 12, muss man als Wert grundsätzlich den nach dem GNotKG 18 jeweils maßgebenden Geschäftswert ansetzen, meist also einen Wert nach § 52. Das ergibt sich aus III 2 Hs. 1.

19 **6. Vereinbarung mit Drittem: Höchstwert = Anteil der Mithaft (§ 100 III 2 Hs. 2 SachenRBerG).** Die grundsätzlich nach → Rn. 18 erforderliche Berechnung bei §§ 36, 63 SachenRBerG hat ausnahmsweise nach III 2 Hs. 2 eine Obergrenze in demjenigen Anteil, für den der Nutzer nach diesen eben genannten Vorschriften des SachenRBerG mit haftet. Für eine Vereinbarung des Nutzers mit dem Dritten über die Belastung des Erbbaurechts oder die lastenfreie Abschreibung darf man den Geschäftswert also nicht etwa nach § 53 I bestimmen, also nicht nach dem Nennbetrag der Schuld. Denn dieser Wert wäre unvertretbar hoch. Maßgebend ist eben vielmehr nur derjenige Betrag, für den der Nutzer nach dem SachenRBerG anteilig halten müsste.

20 **B. § 101 SachenRBerG. I. Grundsatz: Gesamtschuldner (§ 101 I 1 SachenRBerG).** An sich ist auf das gesamte notarielle Vermittlungsverfahren nach § 89 I SachenRBerG das FamFG und daher das GNotKG anwendbar. Als eine gegenüber §§ 22 ff. GNotKG vorrangige Sonderregelung gilt aber § 101 SachenRBerG. I 1 schafft den Grundsatz der gesamtschuldnerischen Haftung von Grundstückseigentümer und Nutzer wegen der nach § 10 Hs. 1 KostO fälligen Gebühren und Auslagen. Ergänzend gilt § 94 IV SachenRBerG für die Kosten bei einer Aussetzung. §§ 420 ff. BGB sind insoweit im Außenverhältnis anwendbar. Gegenüber dem SachenRBerG ist nochmals vorrangig das oben mitabgedruckte VerkFlBerG. Den Vorschuss regelt § 15. §§ 127 ff. GNotKG bleiben für die Überprüfbarkeit des Vorgehens des Notars anwendbar.

21 **II. Kostenteilung (§ 101 I 2 SachenRBerG).** Im Innenverhältnis der Gesamtschuldner nach → Rn. 1 findet eine (gemeint natürlich: hälftige) Kostenteilung statt. Diese gesetzliche Regelung ist zwingend. Sie lässt also nach → Rn. 1 anders als § 426 I 1 Hs. 2 BGB keine abweichende Vereinbarung zu. § 426 II BGB bleibt anwendbar.

22 **III. Keine Auslagenerstattung (§ 101 I 3 SachenRBerG).** Die Vorschrift stellt klar, dass kein am notariellen Vermittlungsverfahren Beteiligter eine Erstattung seiner Auslagen fordern kann, insbesondere also nicht die Erstattung der Kosten eines von ihm mit seiner Vertretung vor dem Notar beauftragten und nicht etwa nach § 102 SachenRBerG zusätzlich beigeordneten Anwalts.

23 **IV. Sonderregeln bei Einstellung (§ 101 II SachenRBerG).** Soweit der Notar das Vermittlungsverfahren nach § 95 SachenRBerG einstellt, muss man die gegenüber I 2 vorrangigen folgenden Sonderregeln beachten.

24 **1. Einleitung eines Bodenneuordnungsverfahrens (§ 101 II Nr. 1 SachenRBerG).** Soweit die Einstellung auf der Einleitung eines Bodenneuordnungsverfahrens wegen Ansprüchen auf eine Rückübertragung nach dem VermG oder auf eine Aufhebung des Nutzungsrechts beruht, weil noch keine Entscheidung des Vermögensamts hierzu ergangen ist, und soweit eben das jetzt zu klärende Grundstück in jenes Verfahren einbezogen ist, muss man die Notarkosten im Innenverhältnis zwischen dem Eigentümer und Nutzer teilen. Denn hier hat kein Beteiligter die Ursache für die Einstellung des Vermittlungsverfahrens gesetzt. II Nr. 1 lässt also im Ergebnis nur klarstellend die Regelung von I 2 unberührt. Im Außenverhältnis bleibt es ohnehin bei der Gesamtschuldnerschaft nach I 1.

25 **2. Vorangegangener Antrag auf Zusammenführung (§ 101 II Nr. 2 SachenRBerG).** Soweit die Einstellung des notariellen Vermittlungsverfahrens nach § 95 I Nr. 2 SachenRBerG darauf beruht, dass ein Antrag auf eine Zusammenführung des Grundstücks- und Gebäudeeigentums nach § 64 LwAnpG **vor** der Einleitung des Vermittlungsverfahrens erfolgt war, muss im Innenverhältnis der Gesamtschuldner der Antragsteller die Notarkosten tragen. Gemeint ist der Antragsteller des Vermittlungsverfahrens, nicht etwa der Antragsteller nach § 64 LwAnpG, falls nicht ohnehin beide identisch sind. Denn der erstere hat das Vermittlungsverfahren veranlasst.

26 **3. Nachfolgender Antrag auf Zusammenführung (§ 101 II Nr. 3 SachenRBerG).** Soweit die Einstellung des Vermittlungsverfahrens auf einem solchen

Antrag nach → Rn. 25 beruht, der erst **während** des Vermittlungsverfahrens erfolgten, tritt die Situation nach § 95 II SachenRBerG ein. Der Notar muss dann die Beteiligten zur Mitteilung auffordern, ob sie das Bodenneuordnungsverfahren fortsetzen wollen usw. In dieser Lage ist nach II Nr. 3 Kostenschuldner im Innenverhältnis nur derjenige Beteiligte, der das Verfahren nach § 64 LwAnpG beantragt hat.

Im **Außenverhältnis** bleibt es aber auch dann bei der Gesamtschuldnerhaftung nach I 1. Denn II stellt Sonderregeln nur für das Innenverhältnis auf. Das ist eine Abweichung nur von I 2. Es ist nicht einsehbar, weshalb auch dem Notar gegenüber im Außenverhältnis eine Schwächung der gesamtschuldnerischen Haftung der Beteiligten des Vermittlungsverfahrens eintreten sollte, nur weil einer von ihnen während dieses Verfahrens andere Zwecke mit zu verfolgen begonnen hat. 27

C. § 102 SachenRBerG. I. Anwendbarkeit des FamFG und der ZPO (§ 102 I 1 SachenRBerG). Die Vorschrift erklärt das Verfahren der §§ 76–78 FamFG, §§ 114 ff. ZPO mit Ausnahme von § 121 I–III ZPO für das notarielle Vermittlungsverfahren für entsprechend anwendbar. Das ist unnötig. Denn das ganze notarielle Vermittlungsverfahren unterliegt nach § 89 I SachenRBerG grundsätzlich ohnehin dem FamFG und damit dem § 76 FamFG, der seinerseits auf §§ 114 ff. ZPO verweist. Wegen der Einzelheiten des PKH-Verfahrens BeckOK ZPO/Reichling ZPO § 114 Rn. 1 ff., sowie BeckOK FamFG/Weber FamFG § 76 Rn. 1 ff. 28

II. Beiordnung eines Anwalts (§ 102 I 2 SachenRBerG). Die Voraussetzungen der Beiordnung sind zunächst in I 2 und insoweit gegenüber dem in I 1 ausdrücklich für unanwendbar erklärten § 121 I–III ZPO hier vorrangig spezialgesetzlich geregelt. § 121 IV ZPO bleibt über I 1 Hs. 1 anwendbar. 29

1. Antragserfordernis. Eine Beiordnung findet nur auf den Antrag eines Beteiligten statt, also nicht von Amts wegen. Das gilt auch dann, wenn der Beteiligte keinen zur Vertretung bereiten Anwalt findet. Denn auch § 121 IV ZPO nennt das Antragserfordernis. 30

2. Rechtsanwalt. Beiordnen darf man nur einen Anwalt (BeckOK ZPO/Reichling ZPO § 121 Rn. 4–6). 31

3. Anderer Beteiligter durch Anwalt vertreten. Eine weitere Voraussetzung einer Beiordnung ist, dass der andere Beteiligte bereits und noch im Zeitpunkt der Entscheidungsreife über den Beiordnungsantrag einen Anwalt hat. Der Zweck der Regelung ist eine Herbeiführung einer Waffengleichheit (BeckOK ZPO/Reichling ZPO § 121 Rn. 26 ff.). 32

4. Erforderlichkeit zur Rechtsverfolgung. Eine zusätzliche weitere Voraussetzung einer Beiordnung ist, dass sie zur zweckentsprechenden Rechtsverfolgung erforderlich **ist,** nicht nur als erforderlich **erscheint** (so § 121 II 1 ZPO). Es reicht also nicht aus, dass der andere Beteiligte bereits einen Anwalt hat. Wegen des Begriffs der Erforderlichkeit (BeckOK ZPO/Reichling ZPO § 121 Rn. 18 ff.). Auch insofern muss man den Gedanken einer Waffengleichheit beachten. 33

III. Zuständigkeit (§ 102 II SachenRBerG). Zur Entscheidung über den Beiordnungsantrag, auch nach § 121 IV ZPO, ist das für eine Klage auf eine Feststellung des Erbbaurechts oder des Ankaufsrechts nach § 103 I SachenRBerG berufene Gericht zuständig. Das ist also in aller Regel dasjenige LG, in dessen Bezirk das Grundstück ganz oder zum größten Teil liegt. Dort ist die etwa nach § 103 II SachenRBerG gebildete Kammer für Verfahren nach diesem Gesetz funktionell zuständig. Diese Zuständigkeit ist ausschließlich, § 103 I 2 SachenRBerG. Das gilt also auch für die Beiordnung nach § 102 SachenRBerG. 34

IV. Übermittlung der Antragsunterlagen (§ 102 III SachenRBerG). Zwar muss der Beteiligte den Beiordnungsantrag selbst oder über einen Bevollmächtigten stellen, meist also über den zur Vertretung bereiten Beizuordnenden. Da aber das ganze Vermittlungsverfahren in der Hand des Notars liegt, stellt III klar, dass er eine gesetzliche Pflicht zur unverzüglichen Übermittlung aller Antragsunterlagen an das nach II zuständige LG hat. Die nach § 100 SachenRBerG anfallende Gebühr umfasst seine Übermittlung. Auslagen treten wie sonst hinzu. Ein Verstoß kann seine Haftung begründen. 35

36 **V. Grenzen des Forderungsrechts des Notars (§ 102 I–III SachenRBerG).** Infolge der Verweisung auf §§ 114 ff. ZPO, → Rn. 1, ist auch § 122 I Nr. 1a ZPO mit seinem Ausschluss des Forderungsrechts des Notars gegen den Begünstigten anwendbar. Daher braucht auch der Antragsgegner nach § 122 II ZPO zunächst keinen Vorschuss zu zahlen. Vielmehr haftet die Staatskasse. § 125 II ZPO bleibt unberührt.

Abschnitt 2. Beratung

Nr.	Gebührentatbestand	Gebühr oder Satz der Gebühr nach § 34 GNotKG – Tabelle B
24200	**Beratungsgebühr ....**	**0,3 bis 1,0**
	I Die Gebühr entsteht für eine Beratung, soweit der Beratungsgegenstand nicht Gegenstand eines anderen gebührenpflichtigen Verfahrens oder Geschäfts ist.	
	II Soweit derselbe Gegenstand demnächst Gegenstand eines anderen gebührenpflichtigen Verfahrens oder Geschäfts ist, ist die Beratungsgebühr auf die Gebühr für das andere Verfahren oder Geschäft anzurechnen.	
24201	**Der Beratungsgegenstand könnte auch Beurkundungsgegenstand sein und die Beurkundungsgebühr würde 1,0 betragen:**	
	Die Gebühr 24 200 beträgt	**0,3 bis 0,5**
24202	**Der Beratungsgegenstand könnte auch Beurkundungsgegenstand sein und die Beurkundungsgebühr würde weniger als 1,0 betragen:**	
	Die Gebühr 24 200 beträgt	**0,3**
24203	**Beratung bei der Vorbereitung oder Durchführung einer Hauptversammlung oder Gesellschafterversammlung ....**	**0,5 bis 2,0**
	Die Gebühr entsteht, soweit der Notar die Gesellschaft über die im Rahmen eines Beurkundungsverfahrens bestehenden Amtspflichten hinaus berät.	

1 **I. Normzweck.** Diese Vorschriften führen den Tätigkeitsbereich unter der Bezeichnung Beratung ein. Was man darunter verstehen muss, kann man erst aus der Anm. erkennen. Das passt zu dem Grundsatz, das eigentlich Wesentliche einer Tätigkeit nicht wie früher in Paragraphen zu bestimmen, sondern im Kostenverzeichnis und auch hier erst im Vorbemerkungs- und/oder Anmerkungsgeflecht, das rein optisch vom Haupttext auch einmal weit entfernt steht, hier zB wegen der Mitbeachtung der Vorb. 2.

2 **1. Hilfsfunktion.** KV 24200 benennt sie in der Anm. Nach Anm. Abs. 1 entsteht die Beratungsgebühr nur, soweit der Beratungsgegenstand nicht schon Gegenstand eines anderen gebührenpflichtigen Verfahrens oder Geschäfts ist. Nach der Anm. Abs. 2 ist die Beratungsgebühr auf eine Beurkundungsgebühr anzurechnen, soweit es sich bei den Gegenständen zumindest um eine Teilidentität handelt (KG FGPrax 2021, 135) und soweit „demnächst" ein anderes solches Verfahren oder Geschäft zu demselben Gegenstand hinzutritt. Andernfalls käme eine Beratungsgebühr zu praktisch jeder Notartätigkeitsvergütung hinzu. Denn gerade der unparteiische Notar darf und muss stets zumindest auch von sich aus und oft sogar gegen eine erkennbare Hoffnung eines Beteiligten zB auch unangenehme Begleitfolgen usw. mitansprechen

und damit beratend fürsorglich sein. Wann eine Beurkundung noch demnächst ist, entscheidet sich nicht anhand fester Fristen, sondern stets anhand der Umstände des Einzelfalls. Maßgebend ist dabei auch, ob für die Beurkundung ein weiterer Beratungs- und Aufklärungsaufwand des Notars entsteht (Beurkundung binnen eines Jahres noch demnächst nach KG FGPrax 2021, 135).

2. Vergütbarkeit. Auch ein Notar soll nicht umsonst arbeiten müssen. Da aber wegen § 1 I „nur" eine klar im GNotKG genannte Tätigkeit Gebühren bringen darf, wäre jede bloße Unklarheit des Gesetzes schon ein Zwang, umsonst arbeiten zu müssen. Diese Folge sollen KV 24200 ff. wenigstens dort vermeiden, wo man von einer „Beratung" sprechen kann. Und diese ist eben nach → Rn. 2 praktisch fast stets vorhanden. Deshalb sollte man diesen Begriff auch trotz § 1 I nicht zu streng auslegen. 3

II. Anwendungsbereich: Beratung. Beratung gerade nach KV 24200–24203 ist einerseits nur dasjenige, andererseits aber auch alles dasjenige, was ohne Vergütbarkeit nach irgendeiner anderen Bestimmung in einem ziemlich weiten Sinn einen Rat, eine Empfehlung, einen Hinweis, auch eine bloße Warnung oder gar nur Erwägung rechtlicher und/oder wirtschaftlicher oder gar nur psychologischer Art darstellt. Es kommt weder auf die Art und Form an, noch auf den Ort, noch auf den Zeitpunkt. Es muss in erkennbarem Zusammenhang mit dem Auftrag an den Notar geschehen. Auch ein Schweigen kann auf eine Beratung hinauslaufen. 4

III. Gebührenhöhe. 1. Keine Beurkundungsgebühr möglich (KV 24200). Soweit der Beratungsgegenstand nicht auch ein Beurkundungsgegenstand sein könnte, gilt KV 24200. Das ergibt sich erst aus dem Vergleich mit den Haupttexten von KV 24201 ff. Dabei muss man auf die Vorhersehbarkeit im Zeitpunkt des Beratungsbeginns abstellen. Denn bei der auch bei einer Beratungsgebühr vorliegenden Vorgangspauschale erfolgt eine Abgeltung der gesamten Beratungstätigkeit und damit eines evtl. nicht nur ganz kurzen Handelns des Notars, und damit entsteht die Gebühr mit Beginn seiner Tätigkeit. Nur die Fälligkeit und damit Einklagbarkeit hängt nach § 10 Hs. 1 vom Ende des Vorgangs ab. Folglich sind Verschlechterungen erst nach dem Anfang der Beratung unerheblich: Es kommt nur darauf an, ob an ihrem Anfang eine Beurkundungsgebühr entstehen könnte. 5

Beratungsanfang ist dabei der Beginn auftrags- oder amtsgemäßer Denktätigkeit beratender Art, nicht erst die aus ihr logisch erst nachfolgende erste Äußerung usw. 6

Auf dieser Basis entsteht eine 0,3- bis 1,0-Gebühr. Wegen (nur) ihrer Anrechnung vgl. die Anm. II. 7

2. Beurkundungsgebühr von (mindestens) 1,0 möglich (KV 24201). Zunächst → Rn. 6 ff. Soweit danach am Anfang der beratenden Denkarbeit des Notars auch eine Beurkundungsgebühr für denselben Gegenstand möglich sein könnte, muss man prüfen, ob sie nach der derzeitigen Vorhersehbarkeit am Anfang der Denktätigkeit der Beratung eine 1,0-Gebühr oder mehr betragen könnte. Dann entsteht für die Beratung eine 0,3- bis (nur) 0,5-Gebühr. 8

3. Beurkundungsgebühr von nur unter 1,0 möglich (KV 24202). Zunächst → Rn. 5 ff. und sodann → Rn. 8. Soweit danach die eine mögliche Beurkundungsgebühr weniger als 1,0 betragen könnte, entsteht für die Beratung nur eine 0,3-Gebühr. 9

4. Haupt- oder Gesellschafterversammlung (KV 24203). Soweit der Notar nach der Anm. eine Gesellschaft beliebiger Art über die im Rahmen eines Beurkundungsverfahrens bestehenden Amtspflichten hinaus zwecks Vorbereitung oder Durchführung einer Hauptversammlung oder Gesellschafterversammlung berät, entsteht eine 0,5 bis 2,0-Gebühr. 10

Unanwendbar ist KV 24203, soweit der Notar nur einen oder mehrere Gesellschafter so berät. Denn die Anm. nennt die Beratung nur der „Gesellschaft", also nicht (nur) ihrer Mitglieder. Unschädlich für KV 24203 bleibt die Beratung der Gesellschaft **und** eines oder mehrerer Gesellschafter. 11

IV. Geschäftswert. 1. KV 24200–24202. Der Wert folgt demjenigen der Beratungsgegenstände nach §§ 95 ff. iVm §§ 36, 92 I. 12

2. KV 24203. Es gilt § 120. 13

14 **V. Fälligkeit, Gebührenschuldner.** Die Fälligkeit richtet sich jeweils nach § 10 Hs. 1, der Gebührenschuldner jeweils nach § 29 Nr. 1–3.

15 **VI. ABC zum Anwendungsbereich.** Bei jeder nachfolgenden Fundstelle vor Inkrafttreten des GNotKG sollte man einschränkend die noch stärkere bloße Hilfsfunktion nach → Rn. 2 berücksichtigen und daher prüfen, ob nicht zuvor eine andere Bestimmung eher anwendbar ist. Unter diesem Vorbehalt kann man etwa wie folgt einordnen:

Ablösungsbetrag: KV 24200 ff. können anwendbar sein, soweit der Gläubiger dem Notar den Empfang der Ablösungssumme bestätigt (LG Hannover JurBüro 2006, 91).

Abtretungsanzeige: KV 24200 ff. können anwendbar sein, soweit der Notar den Schuldner von der Abtretung einer Forderung unterrichtet.

Amtliche Verwahrung: → „Testament".

Anmeldung: KV 24200 ff. können **unanwendbar** sein, soweit der Notar aus Anlass einer Anmeldung einen vollständigen Wortlaut des Gesellschaftsvertrags fertigt (OLG Celle Rpfleger 1991, 462), oder soweit er eine Gesellschafterliste erstellt (OLG Celle JurBüro 1994, 41 – (keine diesbezügliche Belehrungspflicht wegen der Kosten)). Aber auch → „Gesellschafterliste", → „Elektronische Registeranmeldung".

Annahmevollmacht: KV 24200 ff. können anwendbar sein, soweit der Notar als ein Zustellungsbevollmächtigter des Verkäufers amtiert, weil dieser im Verkaufsangebot den Notar zur Entgegennahme der Annahmeerklärung bevollmächtigt hatte (OLG Schleswig DNotZ 1980, 780).

Aufgebotsverfahren: Die dortige Tätigkeit kann unter KV 24200 ff. fallen.

Auflassung: KV 24200 ff. können anwendbar sein, soweit der Notar die noch ausstehende Auflassung nur unter bestimmten auch notwendigen Voraussetzungen beurkunden darf (KG Rpfleger 1986, 282), oder eine Löschungsbewilligung nur bei einer Nichterfüllung des Kaufvertrags vollziehen darf (KG JurBüro 2007, 600 (zust. Filzek)). Zum Geschäftswert Delp JurBüro 1977, 297. KV 24200 ff. können **unanwendbar** sein, soweit der Notar die Auszahlung des bei ihm verwahrten Kaufgeldes erst dann vornehmen darf, wenn einer Auflassungsvormerkung keine Hindernisse entgegenstehen (OLG Celle FGPrax 2005, 86; OLG Hamm Rpfleger 1990, 316; LG Kiel JurBüro 1977, 401).

Auseinandersetzung: Soweit § 148 ausscheidet, kann hilfsweise KV 24200 ff. anwendbar sein.

Auszahlungsanweisung: → „Überwachung".

Bedingung: → „Auflassung".

Beglaubigung: KV 24200 ff. können anwendbar sein (Bund JurBüro 2005, 234 (ausf.)).

Behördeneingabe: KV 24200 ff. können anwendbar sein, soweit es sich um die Eingabe an eine Behörde handelt.

Beistandsleistung: Sie kann unter KV 24200 ff. fallen, zB bei einer Testamentseröffnung oder bei einer Steuererklärung.

Beleihungsgrenze: KV 24200 ff. können anwendbar sein, soweit der Notar sie feststellen soll.

Beratung: KV 24200 ff. können in folgenden Fällen anwendbar sein: Es geht um eine Beratung außerhalb einer Entwurfstätigkeit (OLG Düsseldorf DNotZ 1984, 119; LG Lübeck JurBüro 1992, 43); es handelt sich um eine Beratung außerhalb der Beurkundung eines Rechtsgeschäfts (OLG Hamm FGPrax 2008, 270; LG Hannover JurBüro 2006, 544; krit. Bund), etwa anlässlich der Beurkundung des Beschlusses einer Hauptversammlung; es geht um zusätzliche steuerrechtliche Fragen.

Bescheinigung: KV 24200 ff. können anwendbar sein.

Beurkundung: KV 24200 ff. gelten neben einer Beurkundungsgebühr grds. **nicht** (aM OLG Hamm FGPrax 2008, 269; LG Hannover JurBüro 2006, 545). Aber auch → „Steuerrecht".

Bürgschaftserklärung: → „Urkundenverwahrung".

Darlehens-Schuldübernahme: → „Schuldübernahme".

Dritter: → „Wertpapier".
Eigentümergrundschuld: KV 24200 ff. können anwendbar sein, soweit der Notar bei der Bestellung einer solchen Briefgrundschuld den Brief entgegennehmen und weisungsgemäß verwenden soll.
Eigenurkunde: Zu ihrer erheblichen Problematik Bund JurBüro 2003, 232. Zum Zentralen Testamentsregister Panz Rpfleger 2012, 444.
Einheitlichkeit des Geschäfts: → „Mehrheit von Geschäften".
Eintragungsreife: KV 24200 ff. können anwendbar sein, soweit es sich um eine Bestätigung des Notars handelt, dass einer Eintragung kein Hindernis entgegenstehe (OLG Celle JurBüro 1978, 1381). Aber auch → „Auflassung".
Elektronische Registeranmeldung: Unanwendbar sind KV 24200 ff. grds. wegen KV 22114, 22125 bei einer sog. XML-Datei (BGH WM 2013, 670; OLG Stuttgart JurBüro 2010, 312; LG Braunschweig JurBüro 2010, 95, aM Diehn MittBayNot 2010, 376). → „Anmeldung".
Entwurf: → „Vorbereitung des Entwurfs".
Erbenermittlung: Sie kann unter KV 24200 ff. fallen.
Erbschein: KV 24200 ff. können anwendbar sein, soweit es um die Tätigkeit des Notars zwecks der Einziehung eines Erbscheins geht (OLG Düsseldorf MDR 1978, 325).
Fälligkeit: → „Überwachung".
Firmenrecht: KV 24200 ff. können anwendbar sein, soweit der Notar zur Firmengestaltung eine Stellungnahme der Industrie- und Handelskammer einholt (OLG Oldenburg JurBüro 1982, 1714).
Flurbereinigungsverfahren: Die dortige Tätigkeit kann unter KV 24200 ff. fallen.
Gemeinderat: KV 24200 ff. können anwendbar sein, soweit der Notar den Beschluss eines Gemeinderats usw. einholt (Notarkasse München MittBayNot 1976, 10).
Genehmigung: KV 24200 ff. können anwendbar sein, sofern der Notar sie ohne eine Entwurfstätigkeit zB nach § 177 I BGB beschafft (OLG Köln DNotZ 2003, 528, OLG München MittBayNot 1980, 60; Lappe DNotZ 1990, 328; aM OLG Hamm JurBüro 1987, 418). Ihre bloße **Entgegennahme** macht KV 24200 ff. grds. **nicht** anwendbar (OLG Köln FGPrax 2003, 141). Das gilt auch bei der Weitergabe an das Grundbuchamt (OLG Zweibrücken DNotZ 1993, 765, LG Koblenz MittRhNotK 1996, 107). **Ausnahmsweise** können KV 24200 ff. bei § 1829 BGB anwendbar sein. Auch → „Schuldübernahme".
Gesellschafterliste: KV 24200 ff. können anwendbar sein, soweit derjenige Notar, der die Anmeldung einer GmbH zum Handelsregister entwirft, auch den Entwurf der beizufügenden Gesellschafterliste fertigt (BGH WM 2012, 655, zust. Diehn DNotZ 2012, 395; OLG Celle GmbHR 1993, 294; OLG Hamm JurBüro 2012, 486, mkritAnm Filzek; aM OLG Frankfurt a. M. ZIP 2010, 2447; OLG Hamm FGPrax 2013, 83; OLG Stuttgart DNotZ 1985, 121). Aber auch → „Anmeldung".
Grundbuch: → „Eintragungsreife".
Grundlagen- oder Bezugsurkunde: → „Verweisungsurkunde".
Grundpfandgläubiger: → „Schuldübernahme", → „Weisung".
Handelsregister: → „Gesellschafterliste".
Hauptversammlung: KV 24200 ff. können in folgenden Fällen anwendbar sein: Es geht um den Entwurf des Antrags, die Hauptversammlung möge einen Beschluss fassen; es handelt sich um eine Beratung außerhalb der Beurkundung des Beschlusses einer Hauptversammlung.
Hebegebühr: KV 24200 ff. sind neben KV 25300, 25301 grds. **unanwendbar.**
Hypothekenbrief: → „Urkundenverwahrung".
Kataster: KV 24200 ff. können anwendbar sein, soweit der Notar Katasterfragen klärt.
Kaufpreis: → „Überwachung".
Lastenfreistellung: KV 24200 ff. können bei ihrer Beschaffung oder Ermöglichung anwendbar sein (OLG Düsseldorf MittRhNotK 1988, 74; OLG Hamm DNotZ 1990, 326; KG JurBüro 1975, 213).
Makler- und Bauträgerverordnung: KV 24200 ff. können auf eine nach einer solchen Vorschrift erstellte Bescheinigung anwendbar sein (OLG Köln JurBüro 1995, 261).

Mediation: KV 24200 ff. können auf sie anwendbar sein (aM BNotKammer DNotZ 2000, 1).

Mehrheit von Geschäften: Bei einer Mehrheit von Geschäften sind mehrere Gebühren dann möglich, wenn nicht ein so enger Zusammenhang der Tätigkeiten besteht, dass man die Gesamtarbeit des Notars als ein einheitliches Geschäft ansehen muss (OLG Düsseldorf JurBüro 1995, 598; OLG Frankfurt a. M. FGPrax 2013, 82; OLG Köln MittRhNotK 1991, 226).

Mitteilung der Fälligkeit: → „Überwachung".

Mutterurkunde: Auf sie ist KV 21100 anwendbar (OLG Hamm MittBayNot 1995, 410; KG DNotZ 1994, 707; LG Hannover JurBüro 1992, 552).

Nämlichkeit: KV 24200 ff. können **unanwendbar** sein, soweit es nur um ihre Prüfung geht (OLG Celle JurBüro 2001, 376; OLG Hamm MDR 1994, 1511; OLG Schleswig DNotZ 1992, 823; aM OLG Düsseldorf JurBüro 1990, 634).

Nichtvalutierungsanzeige: KV 24200 ff. können anwendbar sein.

Pfandentlassung: KV 24200 ff. können **unanwendbar** sein, soweit der Notar im Rahmen eines Verwahrungsgeschäfts eine Pfandentlassung beschafft, OLG Oldenburg JurBüro 1992, 754.

Pflichtteil: Seine Berechnung kann mit unter KV 24200 ff. fallen.

Rangbestätigung, Rangrücktritt: KV 24200 ff. können anwendbar sein, soweit der Notar im Anschluss an eine zur Vorbereitung des Hauptgeschäfts vorgenommene Einsicht in das Grundbuch eine gutachterliche Äußerung darüber erstattet, ob ein Darlehensgeber auf Grund der aus dem Grundbuch ersichtlichen Belastung ein Darlehen geben kann (sog. Rangbestätigungserklärung) (KG JurBüro 1998, 323; Delp JurBüro 1977, 773), oder soweit es um einen Rangrücktritt geht (OLG Frankfurt a. M. JurBüro 1998, 115; aM BGH Rpfleger 2006, 677).

Rechtsauskunft: KV 24200 ff. können anwendbar sein.

Registeranmeldung: → „Anmeldung"; → „Elektronische Registeranmeldung".

Rentabilitätsberechnung: KV 24200 ff. können anwendbar sein, soweit der Notar sie vornimmt.

Satzungsänderung: KV 24200 ff. können bei ihrem Entwurf anwendbar sein.

Schlichtung: KV 24200 ff. können auf sie anwendbar sein.

Schuldübernahme: KV 24200 ff. können anwendbar sein, soweit es um die Mitteilung einer befreienden Schuldübernahme an den Grundpfandgläubiger und um die Einholung seiner Genehmigung geht (OLG Celle FGPrax 2004, 137; OLG Düsseldorf DNotZ 1980, 61).

Steuerrecht: KV 24200 ff. können anwendbar sein, soweit der Notar steuerrechtliche Fragen prüft, auch im Rahmen einer Beurkundung.

Terminswahrnehmung: Sie kann zB vor einer Behörde stattfinden und unter KV 24200 ff. fallen.

Testament: KV 24200 ff. können anwendbar sein, soweit es sich um seine Ablieferung oder um eine Anfrage handelt, ob sich ein Testament in amtlicher Verwahrung befinde.

Treuhandauflage: KV 24200 ff. können bei ihr anwendbar sein (aM OLG Köln FGPrax 2010, 312).

Überwachung: Es entstehen zahlreiche Fragen.

(Ablösung): KV 24200 ff. können dann anwendbar sein, wenn der Notar die Ablösung eines Grundpfandrechts überwacht (OLG Köln JurBüro 1997, 41), solange der Käufer den Kaufpreis nicht hinterlegt hat und keine Hebegebühr nach KV 23300, 23301 entsteht (LG Mainz JurBüro 2001, 600).

(Auflassung): Der Notar darf eine noch nicht erfolgte Auflassung evtl. nur unter bestimmten Voraussetzungen beurkunden (KG Rpfleger 1986, 282).

(Löschungsbewilligung): → „– (Treuhandauflage)".

(Notarfehler): → „– (Verteuerung)".

(Treuhandauflage): KV 24200 ff. können dann anwendbar sein, wenn der Notar eine mit der Löschungsbewilligung verbundene Treuhandauflage überwacht, solange der Käufer den Kaufpreis nicht hinterlegt hat und keine Hebegebühr nach KV 23300, 23301 entsteht (LG Mainz JurBüro 2001, 600).

(Unrichtige Sachbehandlung): → „– (Verteuerung)".

(Verteuerung): KV 24200 ff. können **unanwendbar** sein, soweit der Notar nach einer Anweisung an ihn, die Zahlung beim Verkäufer oder beim Käufer zu überwachen, den teureren Weg wählt, OLG Oldenburg JurBüro 1997, 489, oder soweit eine treuhänderische Überwachung offenkundig nicht nötig ist und daher gegen § 21 verstößt.

(Wartepflicht): KV 24200 ff. können dann anwendbar sein, wenn der Notar trotz seiner Pflicht zum Abwarten einer Auszahlungsanweisung des Käufers auch von sich aus irgendeine Überwachung vornimmt (OLG Düsseldorf Rpfleger 1978, 72). KV 24200 ff. können **unanwendbar** sein, soweit der Notar lediglich auf eine Anweisung zur Einreichung beim Grundbuchamt warten muss, während der Verkäufer die Zahlung des Kaufpreises selbst überwacht (OLG Zweibrücken JurBüro 1995, 101; LG Bonn NJW 1975, 62).

Umlegungsverfahren: Die dortige Tätigkeit kann unter KV 24200 ff. fallen.

Umschuldung: KV 24200 ff. können anwendbar sein, soweit der Notar ihretwegen eine Verhandlung führt oder eine Kündigung erklärt (KG Rpfleger 1975, 110, auch zu einer Ausnahme).

Umwandlung: KV 24200 ff. können **unanwendbar** sein, soweit der Notar nur ihre Möglichkeit erörtert.

Urkundenbeschaffung, -einreichung: KV 24200 ff. können anwendbar sein, soweit es um die selbständige Beschaffung oder Einreichung einer Urkunde ohne einen Zusammenhang mit einer anderen gebührenpflichtigen Tätigkeit geht.

Urkundenversendung: KV 24200 ff. können auf sie als eine Vollzugsaufgabe anwendbar sein (OLG Zweibrücken NJW-RR 2001, 864, auch zu III).

Urkundenverwahrung: KV 24200 ff. können anwendbar sein, soweit es um die Verwahrung einer solchen Urkunde geht, die kein Wertpapier ist, etwa eines Grundschuld- oder Hypothekenbriefs oder einer Bürgschaftserklärung (OLG Düsseldorf DNotZ 1980, 61).

Urkundenvorlage: → „Überwachung“, → „Urkundenzuleitung“.

Urkundenzuleitung: KV 24200 ff. können anwendbar sein, soweit es sich um die auftragsgemäße Zuleitung einer von diesem Notar nicht aufgenommenen Urkunde an einen bestimmten Empfänger zu einem bestimmten Zeitpunkt handelt. Dann muss man den Geschäftswert nach dem Interesse des Auftraggebers an einer ordnungsgemäßen Erledigung schätzen. Auch → „Überwachung“.

Vermächtnis: Seine Berechnung kann unter KV 24200 ff. fallen.

Verpfändungsanzeige: KV 24200 ff. können anwendbar sein, soweit der Notar eine Verpfändungsmitteilung nach § 1280 BGB macht.

Vertragsmuster: Es kann unter KV 24200 ff. fallen.

Vertrauensperson: Die Einschaltung des Notars als einer Vertrauensperson kann unter KV 24200 ff. fallen.

Verwahrung: → „Pfandentlassung“.

Verweisungsurkunde: KV 24200 ff. können anwendbar sein, soweit es um eine sog. Verweisungsurkunde nach § 13a BeurkG mit bloßen Absichtserklärungen und keinen Willenserklärungen geht (BayObLGZ 85, 15, abl. Bengel DNotZ 1985, 574; OLG Hamm DNotZ 1985, 572; aM BGH NJW 2006, 1209; OLG Schleswig DNotZ 1990, 679).

Vollmachtsaushändigung: KV 24200 ff. können anwendbar sein, soweit der Notar eine Vollmacht nur unter bestimmten Voraussetzungen aushändigen soll und diese Voraussetzungen dann auch prüft.

Vollzugsaufgaben: KV 24200 ff. können auf sie anwendbar sein (OLG Zweibrücken NJW-RR 2001, 864). Vgl. bei KV 22110 ff.

Vorbereitung des Entwurfs: KV 24200 ff. können anwendbar sein, soweit es um die bloße Vorbereitung eines Entwurfs zwecks einer dann unterbliebenen Beurkundung geht (aM OLG Köln JurBüro 1994, 168).

Vorentwurf: Er kann auch unter KV 24200 ff. fallen.

Vorkaufsrecht: Jede notwendige oder wenigstens sinnvolle Anfrage nach einem weiteren gesetzlichen Vorkaufsrecht lässt sich evtl. auch nach KV 24200 ff. behandeln (BayObLG MittBayNot 1980, 180; LG Deggendorf MittBayNot 1982, 147). Soweit der Notar die Mitteilung an den Mieter wegen seines Vorkaufsrechts nach §§ 577, 469 BGB übernimmt, entsteht evtl. auch eine Gebühr nach KV 24200 ff.

(Langbein DNotZ 1993, 668). Daneben kann eine weitere Gebühr nach KV 24200 ff. für eine gesonderte Unterrichtung nach § 577 II BGB entstehen (Langbein DNotZ 1993, 668). **Unanwendbar** sind KV 24200 ff. wegen § 21 bei einer offenkundig unnötigen Anfrage zu einem in Wahrheit keineswegs irgendwie in Betracht kommenden Vorkaufsrecht (BayObLG MittBayNot 1980, 180; KG JurBüro 1981, 1555). Auch → „Mehrheit von Geschäften".

Vormerkung: → „Auflassung".

Weisung: KV 24200 ff. können **unanwendbar** sein, soweit der Notar bei einer Auszahlung vom Anderkonto ohnehin dasjenige beachten muss, wozu ihn ein Grundpfandrechtsgläubiger anweist (OLG Frankfurt a. M. DNotZ 1990, 323). Auch → „Wertpapier".

Wertpapier: KV 24200 ff. können anwendbar sein, soweit es sich um die Annahme und Weiterleitung von Wertpapieren oder Zahlungsanweisungen zu treuen Händen zum Zweck der Herbeiführung der Unterschrift eines Dritten in der Kanzlei des Notars und der anschließenden Rücksendung oder zum Zweck der Erfüllung der Pflichten des Käufers handelt. Dann sind allerdings nur KV 23300, 23301 anwendbar, wenn die Bank bei einer Zahlung auf das Notaranderkonto solche Weisungen erteilt, die mit den im Kaufvertrag vereinbarten nicht übereinstimmen (KG NJW 1975, 455).

XML-Datei: → „Anmeldung"; → „Elektronische Registeranmeldung".

Zahlungsanweisung: → „Wertpapier".

Zusammenhang: → „Mehrheit von Geschäften".

Zustellungsvollmacht: → „Annahmevollmacht".

Zustimmungserklärung: Diejenigen eines unmittelbar Beteiligten kann unter KV 24200 ff. fallen (Lappe DNotZ 1990, 328, aM OLG Hamm JurBüro 1987, 418).

Hauptabschnitt 5. Sonstige Geschäfte

Abschnitt 1. Beglaubigungen und sonstige Zeugnisse (§§ 39, 39a BeurkG)

Nr.	Gebührentatbestand	Gebühr oder Satz der Gebühr nach § 34 GNotKG – Tabelle B
25100	**Beglaubigung einer Unterschrift, eines Handzeichens oder einer qualifizierten elektronischen Signatur** .... **I Die Gebühr entsteht nicht in den in Vorbemerkung 2.4.1 Abs. 2 genannten Fällen.** **II Mit der Gebühr ist die Beglaubigung mehrerer Unterschriften, Handzeichen oder qualifizierter elektronischer Signaturen abgegolten, wenn diese in einem einzigen Vermerk erfolgt.**	**0,2 – mindestens 20,00 €, höchstens 70,00 €**
25101	**Die Beglaubigung erfolgt für** **1. eine Erklärung, für die nach den Staatsschuldbuchgesetzen eine öffentliche Beglaubigung vorgeschrieben ist,** **2. eine Zustimmung gemäß § 27 der Grundbuchordnung sowie einen damit verbundenen Löschungsantrag gemäß § 13 der Grundbuchordnung,** **3. den Nachweis der Verwaltereigenschaft gemäß § 26 Abs. 4 WEG:** **Die Gebühr 25 100 beträgt**	**20,00 €**

I. Anwendungsbereich. Es ist zwischen der Beglaubigung einer Unterschrift oder eines Handzeichens sowie ab 1.8.2022: einer qualifizierten elektronischen Signatur einerseits und der Beglaubigung der (ggf. zugehörigen) Dokumente andererseits zu unterscheiden, die KV 25102 Anm. II, III abschließend aufzählen. 1

KV 25101 enthält als **eng auslegbare** speziellere Regelung in ihrer abschließenden Aufzählung Nr. 1–3 die zunächst prüfbaren Vorgänge, KV 25100 ist die Auffangvorschrift für die restlichen Unterschriftsbeglaubigungen. **Trifft** in einer Urkunde eine in **KV 25101** genannte Erklärung **auf** weitere nicht in **KV 25101** genannte Erklärung aufeinander, so bleibt es bei der Gebühr nach KV 25100 (Ländernotarkasse NotBZ 2020, 90; Leipziger Kostenspiegel Teil 11 Rn. 117 ff.). 2

KV 25101 Nr. 1 betrifft nur eine Erklärung, die nach Staatsschuldbuchgesetzen öffentlich beglaubigt werden. Nr. 3 betrifft nur die Beglaubigung unter dem Versammlungsprotokoll der Eigentümergemeinschaft nach § 26 III WEG, nicht dagegen die Zustimmung des Verwalters nach § 12 WEG. Nr. 2 erfasst die **Löschungszustimmung des Grundstückseigentümers** nach § 27 GBO zur Löschung von Grundpfandrechten. Umfasst die Erklärung die Löschungszustimmung zur Löschung von mehreren Grundpfandrechten, so entsteht die Gebühr nur einmal → Rn. 5. 3

II. Beglaubigung. Das ist der in § 129 I BGB bestimmte Vorgang: Bestätigung des Notars, dass jemand unter seiner schriftlich abgefassten Erklärung von Hand in Gegenwart des Notars eine volle Unterschrift oder, soweit gesetzlich ausreichend, ein Namenskürzel (Handzeichen, Paraphe) gesetzt hat. Auf die Art der Erklärung und ihren Inhalt kommt es bei KV 25101 an. Die Zahl der Unterzeichnungen ist nach KV 25100 Anm. II dann unerheblich, wenn der Notar für mehrere Personen nur einen einzigen Beglaubigungsvermerk fertigt (BGH RNotZ 2020, 348 = BeckRS 2020, 6146). 4

Auch für KV 25101 gilt, wenn die Löschungsbewilligung mehrere Grundschulden betrifft, dass die Gebühr **nur einmal** entsteht (BGH RNotZ 2020, 348 = BeckRS 2020, 6146; OLG Celle RNotZ 2019, 643 = BeckRS 2019, 6731; OLG Hamm ZNotP 2015, 277; vgl. Tiedtke/Sikora DNotZ 2016, 673 (688); Leipziger Kostenspiegel Teil 11 Rn. 121 ff.). KV 25101 modifiziert nur die Gebührenhöhe der KV 25100, iÜ verbleibt es bei den Grundsätzen zu KV 25100 (BGH RNotZ 2020, 348 = BeckRS 2020, 6146). 5

Im Übrigen entsteht für jeden Vermerk eine neue Beglaubigungsgebühr. Beim Beglaubigen eines Entwurfs ist nach KV Anm. I die Vorb. 2.4.1 II zu beachten. Daneben können weitere Gebühren (zB KV 25202, 25207, 25208, 26000, 26001, 26002) und Auslagen (zB für Grundbucheinsichten) anfallen. Die bloße Grundbucheinsicht lässt jedoch ohne entsprechende Mitteilung des Inhalts an den Mandanten nicht die Gebühr nach KV 25209 entstehen. 6

Soweit der Auftrag **vorzeitig beendet** wird, entsteht zum einen keine Beglaubigungsgebühr, aber auch keine Beendigungsgebühr, da es keine mit KV 21300 vergleichbare KV gibt. 7

Beglaubigt der Notar nicht nur eine Unterschrift, sondern hat auch den dazugehörigen **Entwurf** des Dokuments gefertigt, so entsteht nicht die Gebühr nach KV 25100, 25101, sondern nach KV 24100 ff. (→ KV 24100–24103 Rn. 26). 8

III. Gebühren. Bei KV 25100 entsteht eine 0,2-Gebühr, mindestens 20 EUR, höchstens 70 EUR. Bei KV 25101 entsteht eine Festgebühr von 20 EUR. Die in → Rn. 12 genannten mit zu beachtenden weiteren Regeln gelten auch bei KV 25101. Denn danach beträgt „die Gebühr 25100" den Festbetrag. 9

Erfolgt nicht nur die Unterschriftsbeglaubigung, sondern reicht der Notar den Löschungsantrag auch beim Grundbuchamt ein, entsteht daneben noch die Gebühr nach KV 22124, jedoch nicht (mehr) die Gebühr nach KV 22125 für die Erzeugung von XML-Daten (→ KV 2210–22125 Rn. 9, 10). 10

IV. Geschäftswert, KV 25100. Er richtet sich in den Grenzen der Wertgebühr nach § 121. 11

V. Fälligkeit, Gebührenschuldner. Die Fälligkeit richtet sich nach § 10 Hs. 1, der Gebührenschuldner nach § 29 Nr. 1–3. 12

VI. ABC zum Anwendungsbereich

13 **Auslandsbezug:** Die Gebühren KV 25100, 25101 entstehen für eine im Inland vorgenommene Beglaubigung selbst dann, wenn die Unterschrift im Ausland erfolgte und im Inland anerkannt wurde.

Inhaltliche Prüfung: Eine weitere inhaltliche Überprüfung löst eine weitere Vergütung aus, meist nach KV 24100 ff. Das kann aber nach der Vorb. 2.4.1 II die erste Beglaubigungsgebühr entfallen lassen, KV 25100 Anm. I. Dies gilt aber nicht für die Entwurfsfertigung als Vollzugstätigkeit.

Mehrere Ausfertigungen: Mehrere Gebühren entstehen bei einer Beglaubigung der Unterschrift derselben Person auf mehreren Ausfertigungen.

Nämlichkeit: Soweit der Notar diejenige eines Beteiligten und den Urkundeninhalt wegen etwaiger Versagungsgründe nach § 14 II BNotO und § 4 BeurG prüft, erfasst KV 25100 diese Tätigkeit mit, ebenso die Identitätsfeststellung.

Sachliche Änderung: Soweit der Notar eine sachliche nicht ganz unerhebliche Änderung vornimmt, entsteht die Entwurfsgebühr KV 24100 ff. (LG Mannheim JurBüro 1999, 378), falls man ihn damit wenigstens stillschweigend beauftragt hatte (OLG Karlsruhe JurBüro 1992, 549 (also nicht stets); OLG Stuttgart JurBüro 1981, 913).

Sprachliche Änderung: Soweit der Notar nur eine sprachliche Änderung oder eine ähnliche „Berichtigung" (also nur eine unerhebliche Änderung) vornimmt, bleibt es bei KV 25100 (OLG Stuttgart JurBüro 1992, 618; LG Mainz MDR 1998, 1502; LG Mannheim JurBüro 1999, 378).

Vollzug: Eine Vollzugsgebühr KV 22120 kann neben KV 25100 anfallen, wenn der Notar die Erklärung auftragsgemäß einholt (OLG Hamm FGPrax 2015, 276; LG Potsdam NotBZ 2017, 117).

Weiterleitung an Grundbuchamt: Neben KV 25101 kann eine Gebühr nach KV 22124 entstehen, wenn der Notar die Erklärung an das Grundbuchamt weiterleitet.

Nr.	Gebührentatbestand	Gebühr oder Satz der Gebühr nach § 34 GNotKG – Tabelle B
25102	**Beglaubigung von Dokumenten** .... **I Neben der Gebühr wird keine Dokumentenpauschale erhoben.** **II Die Gebühr wird nicht erhoben für die Erteilung** **1. beglaubigter Kopien oder Ausdrucke der vom Notar aufgenommenen oder entworfenen oder in Urschrift in seiner dauernden Verwahrung befindlichen Urkunden und** **2. beglaubigter Kopien vorgelegter Vollmachten und Ausweise über die Berechtigung eines gesetzlichen Vertreters, die der vom Notar gefertigten Niederschrift beizulegen sind (§ 12 BeurkG).** **III Einer Kopie im Sinne des Absatzes 2 steht ein in ein elektronisches Dokument übertragenes Schriftstück gleich, insbesondere wenn dieses einer vom Notar gefertigten elektronischen Niederschrift beigefügt ist (§ 16d des BeurkG).**	**1,00 € für jede angefangene Seite – mindestens 10,00 €**

1 **I. Anwendungsbereich.** Die Vorschrift regelt diejenige Beglaubigung, bei der der Notar über die Bestätigung eines der Vorgänge der KV 25100, 25101 hinaus die Echtheit des unterzeichneten inhaltlichen Vorgangs oder überhaupt nur ihn bestätigt. Die Anm. III stellt klar, dass zu den in I, II genannten Kopien auch ein solches Schriftstück zählt, dass man in ein elektronisches Dokument übertragen hat (bzw. ab

1.8.2022: oder dass der Notar der elektronische gefertigten Niederschrift nach § 16d BeurkG beigefügt hat).

II. Gebühr. Hier entsteht eine Festgebühr je angefangene Seite des beglaubigten Dokuments. Somit greift die Gebühr pro Seite erst aber der 11. Seite eines Dokuments. Für eine bis zehn Seiten gilt die Mindestgebühr von 10 EUR, aber keine Höchstgebühr wie bei KV 25100. Die Gebühr entsteht auch für die Beglaubigung von Kopien, die nicht der Notar, sondern der Mandant gefertigt hat. Maßgeblich ist stets die Seitenzahl des zu beglaubigenden Dokuments (Ländernotarkasse NotBZ 2020, 187). 2

III. Fälligkeit, Gebührenschuldner. Die Fälligkeit richtet sich nach § 10 Hs. 1, der Gebührenschuldner nach § 29 Nr. 1–3. 3

Nr.	Gebührentatbestand	Gebühr oder Satz der Gebühr nach § 34 GNotKG – Tabelle B
25103	**Sicherstellung der Zeit, zu der eine Privaturkunde ausgestellt ist, einschließlich der über die Vorlegung ausgestellten Bescheinigung . .**	**20,00 €**

I. Anwendungsbereich. Es geht um eine Beurkundung des genauen Zeitpunkts der Ausstellung einer Privaturkunde nach § 416 ZPO usw. sowie einer Bescheinigung des Notars darüber, dass und wann die Vorlegung erfolgte. Dieses Zeugnis gehört auf die Urkunde und muss deren Beschaffenheit klarstellen. 1

II. Festgebühr. Sie beträgt 20 EUR. 2

III. Fälligkeit, Gebührenschuldner. Die Fälligkeit richtet sich nach § 10 Hs. 1, der Gebührenschuldner nach § 29 Nr. 1–3. 3

Nr.	Gebührentatbestand	Gebühr oder Satz der Gebühr nach § 34 GNotKG – Tabelle B
25104	**Erteilung von Bescheinigungen über Tatsachen oder Verhältnisse, die urkundlich nachgewiesen oder offenkundig sind, einschließlich der Identitätsfeststellung, wenn sie über die §§ 10 und 40 Abs. 4 BeurkG hinaus selbständige Bedeutung hat . . . .**	**1,0**
	Die Gebühr entsteht nicht, wenn die Erteilung der Bescheinigung eine Betreuungstätigkeit nach Nummer 22 200 darstellt.	

I. Normzweck. Die Vorschrift hat eher die Funktion einer Hilfsregelung mangels anderer, spezieller Normen. **Unanwendbar** ist KV 25104 nach der Anmerkung neben KV 22200. 1

Die Gebührenhöhe und das Fehlen fester Obergrenzen lassen erkennen, dass das Gesetz die außerordentlich breite Differenzierung berücksichtigen lässt, die bei solchen Vorgängen bald eine nur geringe rechtliche oder wirtschaftliche Bedeutung haben, bald eine sehr hohe. 2

II. Anwendungsbereich. Hierher gehört die Erteilung einer selbständigen Bescheinigung nach § 20 I 2 BNotO, § 39 BeurkG nicht über eine Willenserklärung, sondern über eine Tatsache oder über solche Verhältnisse, die dem Notar urkundlich nachgewiesen oder ihm offenkundig sind. Zu diesem letzteren Begriff vgl. § 291 ZPO. Es kann sich auch um eine Bescheinigung darüber handeln, was ein Dritter dem Notar an Wahrnehmungen mitgeteilt habe. Eine Gebühr entsteht nur insofern, 3 als es sich nicht etwa wie bei einer zugehörigen Einsicht in ein Grundbuch oder Register oder bei einer Rangbestätigung bloß um ein Nebengeschäft handelt, etwa bei der Klärung, dass eine erforderliche Urkunde vorliege. Es können auch Sonderregeln den Vorrang haben. Die Bescheinigung erfolgt durch eine Beurkundung oder einen Vermerk nach § 39 BeurkG. Sie muss mit einem Dienstsiegel erfolgen. KV 25200 ist als eine Sonderregel zu beachten. Maßgebend ist der **wirkliche Inhalt** der Bescheinigung.

4 **III. Gebührenhöhe.** Es entsteht eine 1,0-Gebühr.

5 **IV. Geschäftswert.** Das ist derjenige der §§ 18 ff., meist der Wert des Gegenstands, zB § 30 I (OLG Karlsruhe JurBüro 1993, 433), hilfsweise der nach § 30 II, III ermittelbare. §§ 39 ff. sind anwendbar. Es kann ein Teilwert als Geschäftswert angemessen sein, aber auch der volle Wert. Es ist stets der Verwendungszweck zu beachten. Es gilt **nicht § 121.** Denn sein Anwendungsbereich umfasst nicht mehr als die Beglaubigung von Handzeichen oder Unterschriften. Daran ändert auch nichts der Umstand, dass KV 25104 im Abschnitt „Beglaubigungen und sonstige Zeugnisse" steht. Daher passt am ehesten § 36, dort wohl III, IV.

6 **V. Fälligkeit, Gebührenschuldner.** Die Fälligkeit richtet sich nach § 10 Hs. 1, der Gebührenschuldner nach § 29 Nr. 1–3.

7 **VI. ABC zum Anwendungsbereich**

Abtretung: Unanwendbar ist KV 25104 nach → Rn. 1 im Bereich KV 22200 Nr. 5.

Akte: Anwendbar ist KV 25104 auf eine Bescheinigung aus einer Akte.

Aktienhinterlegung: Unanwendbar ist KV 25104 auf eine Bescheinigung des Notars über die Hinterlegung von Aktien nach § 123 III AktG. Sie ist vielmehr ist Hauptgeschäft nach KV 25300 (OLG München DNotZ 1983, 1937).

Auszahlung: → „Verwahrung".

Buchinhalt: Anwendbar ist KV 25104 auf die mit einem Amtssiegel versehene Bescheinigung des Notars aus einem gerichtlichen Buch, also nicht ein bloßer Bericht.

Design: Anwendbar ist KV 25104 auf eine Bestätigung oder eine Prioritätsbescheinigung wegen einer Designanmeldung im Ausland, OLG Frankfurt a. M. MDR 1975, 238.

Eintragungshindernis: Unanwendbar ist KV 25104 auf eine Bewertung oder Begutachtung oder Schlussfolgerung wie die Bestätigung des Notars, dass einer Eintragung kein Hindernis entgegensteht. Sie fällt evtl. unter KV 22110 ff., auch wenn mit ihr eine nur unselbständige Tatsachenfeststellung erfolgt (OLG Schleswig JurBüro 1977, 1129).

Familienstand: Anwendbar ist KV 25104 bei einer Bescheinigung über den Familienstand.

Feuerbestattung: Anwendbar ist KV 25104 auf die Bescheinigung, dass jemand vor dem Notar eine solche Bestattung angeordnet habe.

Gesellschafterliste: Unanwendbar ist KV 25104 nach → Rn. 1 im Bereich KV 22200 Nr. 6 (LG Düsseldorf RNotZ 2015, 531 = BeckRS 2015, 14755).

Grundbuch: Anwendbar sein kann KV 25104 auf eine Bescheinigung aus einem Grundbuch. Vgl. aber auch → Rn. 1 und KV 22200 Nr. 7, sowie → „Rangbestätigung".

Identitätsfeststellung: Anwendbar ist KV 25104 nach seinem Haupttext Hs. 2 auf diejenige Bescheinigung über die Identitätsfeststellung einer Person, die über §§ 10, 40 IV BeurkG hinausgeht, etwa bei einer Kontoeröffnung oder Legitimationsprüfung (Bund DNotZ 2004, 183).

Lebensbescheinigung: Anwendbar ist KV 25104 bei ihr.

Name: Anwendbar ist KV 25104 bei einer Veränderungsbescheinigung.

Nebengeschäft: → Rn. 3.

Rangbestätigung: Vgl. KV 25201.

Register: Anwendbar ist KV 25104 auf eine Bescheinigung aus einem Register, zB wegen § 181 BGB.

Satzungsänderung: Anwendbar ist KV 25104 auf eine Bescheinigung über eine solche Änderung nach § 54 GmbHG, soweit sie nicht ein gebührenfreies Nebengeschäft ist (Diehn MittBayNot 2010, 376).
Testament: Anwendbar ist KV 25104 auf eine Bescheinigung dazu, dass jemand in der Gegenwart eines Notars ein Testament eigenhändig geschrieben und unterschrieben habe.
Testamentsvollstrecker: Anwendbar ist KV 25104 auf eine Bescheinigung über den Eingang einer Erklärung der Annahme des Testamentsvollstreckeramts.
Treuhand: Unanwendbar ist KV 25104 nach → Rn. 1 im Bereich von KV 22200 Nr. 3.
Umschreibung: Unanwendbar ist KV 25104 auf eine „Umschreibung" wegen einer bloßen Änderung eines Namens oder einer Firma. Sie kann gebührenfrei sein (KG JurBüro 1993, 226).
Verwahrung: Unanwendbar ist KV 25104 nach → Rn. 1 im Bereich KV 22200 Nr. 5.
Vollmachtskette: Eine zugehörige Bescheinigung macht KV 25104 anwendbar (BGH JurBüro 2017, 132, nennt irrig einen KV 25124).
Vorlage: Anwendbar ist KV 25104 auf eine Bescheinigung dazu, dass jemand eine Urkunde oder andere Sache zu einem bestimmten Zeitpunkt dem Notar vorgelegt habe.
Wirksamkeitsbescheinigung: Es gilt bei § 40 II 2 GmbHG dasselbe wie bei „Gesellschafterliste".
Wohnsitz: Anwendbar ist KV 25104 auf eine Wohnsitzbescheinigung.
Zuschlagsbeschluss: Unanwendbar ist KV 25104 auf eine bloße Feststellung seiner Rechtskraft.

Abschnitt 2. Andere Bescheinigungen und sonstige Geschäfte

Nr.	Gebührentatbestand	Gebühr oder Satz der Gebühr nach § 34 GNotKG – Tabelle B
25200	**Erteilung einer Bescheinigung nach § 21 Abs. 1 BNotO**	**15,00 € für jedes Registerblatt, dessen Einsicht zur Erteilung erforderlich ist**

I. Anwendungsbereich. Die Vorschrift ist eine vorrangige eng auslegbare Spezialbestimmung. 1

II. Bescheinigung nach § 21 I, II BNotO. Die Vorschrift lautet: 2

§ 21 BNotO Bescheinigungen

I [1] Die Notare sind zuständig,

1. Bescheinigungen über eine Vertretungsberechtigung sowie
2. Bescheinigungen über das Bestehen oder den Sitz einer juristischen Person oder Handelsgesellschaft, die Firmenänderung, *[Fassung ab 1.1.2024: oder rechtsfähigen Personengesellschaft, die Änderung der Firma oder des Namens,]* eine Umwandlung oder sonstige rechtserhebliche Umstände auszustellen,

wenn sich diese Umstände aus einer Eintragung im Handelsregister oder in einem ähnlichen Register ergeben. [2] Die Bescheinigung hat die gleiche Beweiskraft wie ein Zeugnis des Registergerichts.

II [1] Der Notar darf die Bescheinigung nur ausstellen, wenn er sich zuvor über die Eintragung Gewißheit verschafft hat, die auf Einsichtnahme in das Register oder in eine beglaubigte Abschrift hiervon beruhen muß. [2] Er hat den Tag der Einsichtnahme in das Register oder den Tag der Ausstellung der Abschrift in der Bescheinigung anzugeben.

3 **III. Gebührenhöhe.** Die Festgebühr entsteht **für jede** derartige **Bescheinigung besonders.** Das gilt auch dann, wenn mehrere Bescheinigungen in demselben Dokument stehen und nicht dasselbe Objekt betreffen (OLG Hamm JurBüro 1980, 1879). Unerheblich ist, wie vielen Geschäften eine Bescheinigung dient. Es handelt sich nicht um ein gebührenfreies Nebengeschäft, und zwar auch nicht bei einer Beurkundung oder Beglaubigung. Die Gebühr gilt die gesamte Tätigkeit ab, also auch die Einsicht. Bei einer Einsicht in mehrere Register entsteht die Gebühr aber mehrfach, amtliche Gebührenspalte. Die Gebühr entsteht, unabhängig davon, ob der Notar das Register (elektronisch) oder einen beglaubigten Registerauszug einsieht. Das folgt aus § 21 II BNotO.

4 Oft fordert ein **ausländisches Gericht** oder eine ausländische Behörde eine Bescheinigung nach Nr. 2 als eine Voraussetzung der **Anerkennung** eines dort geltend gemachten Rechts an. **Reisekosten** und andere Auslagen können gesondert anfallen.

5 **IV. Fälligkeit, Gebührenschuldner.** Die Fälligkeit richtet sich nach § 10. **Gebührenschuldner** ist nach § 29 Nr. 1 derjenige, der die Bescheinigung beantragt, oder nach § 2 Nr. 2 derjenige, der die Gebührenpflicht aber nicht schon derjenige, der beurkunden lässt.

Nr.	Gebührentatbestand	Gebühr oder Satz der Gebühr nach § 34 GNotKG – Tabelle B
25201	**Rangbescheinigung (§ 122 GNotKG)**	**0,3**

1 **I. Anwendungsbereich.** Soweit der Notar auftragsgemäß eine Rangbescheinigung iSd § 122 erteilt, so wird dieser Vorgang nach KV 25201 vergütet.

2 **II. Gebührenhöhe.** Es entsteht für jede erteilte Rangbescheinigung eine 0,3-Gebühr.

3 **III. Geschäftswert.** Es gilt § 122.

4 **IV. Fälligkeit, Gebührenschuldner.** Die Fälligkeit richtet sich nach § 10, der Gebührenschuldner nach § 29.

Nr.	Gebührentatbestand	Gebühr oder Satz der Gebühr nach § 34 GNotKG – Tabelle B
25202	**Herstellung eines Teilhypotheken-, -grundschuld- oder -rentenschuldbriefs**	**0,3**

1 **I. Anwendungsbereich.** Während den vollen Brief nach § 56 I 1 GBO nur das Grundbuchamt erteilen darf, ist zur Herstellung eines Teilbriefs nach § 61 I GBO neben dem Grundbuchamt auch der Notar zuständig. Wegen der Einzelheiten vgl. § 61 II–IV GBO (→ BeckOK GBO/Kral GBO § 61 Rn. 3 ff.). Diesen Vorgang vergütet KV 25202.

2 **II. Gebührenhöhe.** Es entsteht zur Herstellung eines jeden Teilhypothekenbriefs eine 0,3-Gebühr. Dasselbe gilt bei jedem Teilgrundschuldbrief oder Teilrentenschuldbrief wegen der entsprechenden Geltung auch des § 61 I GBO nach § 70 I 1 GBO. Denn ein voller solcher Brief gehört gerade nicht zu den Herstellungsbefugnissen auch des Notars. Jeder weitere Teilbrief kostet eine weitere 0,3-Gebühr.

3 **III. Geschäftswert.** Es gilt § 49, nicht § 69.

4 **IV. Fälligkeit, Gebührenschuldner.** Die Fälligkeit richtet sich nach § 10, der Gebührenschuldner nach § 29 Nr. 1, 3.

Nr.	Gebührentatbestand	Gebühr oder Satz der Gebühr nach § 34 GNotKG – Tabelle B
25203	**Erteilung einer Bescheinigung über das im Inland oder im Ausland geltende Recht einschließlich von Tatsachen**	**0,3 bis 1,0**

I. Anwendungsbereich. Die Vorschrift vergütet nicht etwa ein Gutachten, sondern formell eine „Bescheinigung" über Inlands- oder Auslandsrecht. Der Sache nach lässt sich eine solche Erklärung aber überhaupt nur auf Grund einer im Kern gutachterlichen Prüfung und Bewertung verantworten. Dazu gehört auch die Angabe der zu solcher Bewertung herangezogenen oder nach Meinung des Notars noch zu klärenden Tatsachen. Diese letztere Arbeit gilt KV 25203 ausdrücklich mit ab. 1

II. Gebührenhöhe. Es gilt eine Betragsrahmengebühr nach (→ RVG § 2 Rn. 8) von einer 0,3 bis 1,0-Gebühr, je nach Umfang der Schwierigkeit der Tätigkeit bis zur Erteilung der Bescheinigung und nach ihrem Text. Der Notar hat insofern ein pflichtgemäßes Ermessen. 2

III. Geschäftswert. Es gilt § 36 I, nicht § 104. 3

IV. Fälligkeit, Gebührenschuldner. Die Fälligkeit richtet sich nach § 10, der Gebührenschuldner nach § 29 Nr. 1–3. 4

Nr.	Gebührentatbestand	Gebühr oder Satz der Gebühr nach § 34 GNotKG – Tabelle B
25204	**Abgabe einer Erklärung aufgrund einer Vollmacht anstelle einer in öffentlich beglaubigter Form durch die Beteiligten abzugebenden Erklärung** .... **Die Gebühr entsteht nicht, wenn für die Tätigkeit eine Betreuungsgebühr anfällt.**	**in Höhe der für die Fertigung des Entwurfs der Erklärung zu erhebenden Gebühr**

I. Anwendungsbereich. Zum Verständnis der Vorschrift sollte man zunächst die Vorb. 2.1 II Nr. 1 lesen. Danach gilt eine Gebühr im Beurkundungsverfahren nach KV 21100 ff. auch die „Übermittlung von Erklärungen an ein Gericht oder eine Behörde" mit ab. Von diesem Grundsatz macht diese KV eine eng auslegbare Ausnahme. Sie spricht nicht von „Übermittlung", sondern von „Abgabe" einer Erklärung und schränkt weiter ein: Es muss gerade um eine Erklärung auf Grund einer Vollmacht gehen, und diese Vollmacht muss gerade anstelle einer in öffentlich beglaubigter Form durch „die" Beteiligten abzugebenden Erklärung wirken. KV betrifft den Fall der Errichtung einer **Eigenurkunde** aufgrund Vollmacht der Beteiligten. 1

Es reichen also **nicht** die Erklärung nur **eines** Beteiligten: eine formlose mögliche Erklärung; eine Verhaltensweise, die man nicht als Erklärung bewerten kann; ferner eine Tätigkeit neben einer Betreuungsgebühr nach KV 22100 ff. Dagegen kann die Errichtung einer Eigenurkunde ausreichen, soweit die Eigenurkunde nicht bereits als Vollzugs- oder Betreuungstätigkeit abgerechnet wurde (OLG Dresden NotBZ 2017, 309 = BeckRS 2016, 124843), und soweit die Eigenurkunde anstelle einer Erklärung durch die Beteiligten errichtet wird (Weber DNotZ 2019, 164 (174)). 2

II. Gebührenhöhe. KV 25204 zwingt dazu zu prüfen, wie die Erklärung zu beurkunden wäre, wenn der Urkundsnotar oder ein anderer Notar sie auftragsgemäß als Entwurf gefertigt hätte. Das richtet sich nach KV 24100 ff. Hier zeigt sich, dass 3 auch die Vorb. 2.4.1 IV Nr. 1 an sich ebenso wie die Vorb. 2.1 II Nr. 1 eine Übermittlung als mit durch (hier) die Entwurfsgebühr abgegolten bezeichnet.

4 **III. Geschäftswert.** Es gilt wegen der Anknüpfung in der Gebührenspalte an eine Entwurfsgebühr § 119.

5 **IV. Fälligkeit, Gebührenschuldner.** Die Fälligkeit richtet sich nach § 10, der Gebührenschuldner nach § 30, aber auch nach § 29 Nr. 1–3.

Nr.	Gebührentatbestand	Gebühr oder Satz der Gebühr nach § 34 GNotKG – Tabelle B
25205	**Tätigkeit als zu einer Beurkundung zugezogener zweiter Notar** .... **I Daneben wird die Gebühr 26002 oder 26003 nicht erhoben.** **II Der zuziehende Notar teilt dem zugezogenen Notar die Höhe der von ihm zu erhebenden Gebühr für das Beurkundungsverfahren mit.**	**in Höhe von 50 % der dem beurkundenden Notar zustehenden Gebühr für das Beurkundungsverfahren**

1 **I. Anwendungsbereich.** Das Gesetz verlangt oft die Hinzuziehung eines zweiten Notars als Zeugen zB in § 2233 BGB iVm §§ 22, 25, 29 BeurkG. Das gilt keineswegs nur bei einem Testament (aM LG Arnsberg MDR 2004, 238). Man kann auch ohne gesetzlichen Zwang einen zweiten Notar hinzuziehen. KV 25205 unterscheidet dabei nicht (mehr) zwischen einer Hinzuziehung auf oder ohne Verlangen eines Beteiligten. Der zweite Notar muss aber gerade nicht nur als Zeuge hinzukommen, sondern „zur Beurkundung". Dabei kommt es nach dem Wortlaut nicht darauf an, ob der zweite Notar von Anfang an hinzutritt oder erst im Verlauf oder auch nur in einer Eingangsphase der Beurkundung. Die Hinzuziehung „zu einer Beurkundung" lässt auch auf die Notwendigkeit der Mitwirkung am gesamten Beurkundungsvorgang schließen.

2 **II. Gebührenhöhe.** Es entsteht eine Gebühr, deren Höhe von derjenigen des ersten Notars für seine Beurkundungstätigkeit nach KV 21100 ff. abhängt und die der zuziehende Notar dem Zugezogenen nach KV Anm. II von Amts wegen wie bei § 121 I 1 BGB unverzüglich mitteilen muss. Von dieser eigentlichen Beurkundungsgebühr beträgt die Gebühr nach KV 25205 die Hälfte. Daneben gibt es (nur) für den Zweitnotar keine Zusatzgebühr nach KV 26002 oder KV 26003. Das ergibt sich aus KV 25205 Anm. I.

3 **III. Geschäftswert.** Er ist derselbe wie derjenige beim zuziehenden Erstnotar nach KV 21100 ff.

4 **IV. Fälligkeit, Gebührenschuldner.** Die Fälligkeit richtet sich nach § 10, der Gebührenschuldner nach § 30, aber auch nach § 29 Nr. 1–3.

Nr.	Gebührentatbestand	Gebühr oder Satz der Gebühr nach § 34 GNotKG – Tabelle B
25206	**Gründungsprüfung gemäß § 33 Abs. 3 des Aktiengesetzes**	**1,0 – mindestens 1000,00 €**

1 **I. Anwendungsbereich.** Die Vorschrift vergütet den Fall, dass der die Gründung einer Aktiengesellschaft beurkundende Notar anstelle eines Gründungsprüfers im Auftrag der Gründer die nach § 33 II Nr. 1, 2 AktG erforderliche Gründungsprüfung nach § 33 III 1 AktG selbst vornimmt.

II. Gebührenhöhe. Es entsteht eine 1,0-Gebühr, mindestens aber eine Gebühr von 1000 EUR. 2

III. Geschäftswert. Es gelten § 36 IV 2 iVm I, III. 3

IV. Fälligkeit, Gebührenschuldner. Die Fälligkeit richtet sich nach § 10. Gebührenschuldner sind die in § 29 Nr. 1–3 Benannten. 4

Nr.	Gebührentatbestand	Gebühr oder Satz der Gebühr nach § 34 GNotKG – Tabelle B
25207	**Erwirkung der Apostille oder der Legalisation einschließlich der Beglaubigung durch den Präsidenten des Landgerichts**	**25,00 €**
25208	**Erwirkung der Legalisation, wenn weitere Beglaubigungen notwendig sind: Die Gebühr 25 207 beträgt**	**50,00 €**

I. Anwendungsbereich. Apostille, Legalisation, Amtsbekräftigung ist die Bescheinigung der Echtheit, also der Herkunft einer Urkunde, durch die dazu berufene deutsche Amtsstelle (Bindseil DNotZ 1992, 277 (ausf.); Luther MDR 1986, 10 (Üb.); Wagner DNotZ 1975, 581). Vgl. dazu die Ländervorschriften in der Aufstellung auf der Website des Deutschen Notarinstituts. Die Gebühr entsteht nur, wenn der Notar die Apostille/Legalisation beim Landgericht beantragt (OLG Celle NJOZ 2020, 466 = BeckRS 2019, 3843). Daneben steht ihm keine Vollzugsgebühr nach KV 22124 zu, da die Übermittlungstätigkeit notwendiger Teil des Verfahrens zur Erwirkung der Apostille/Legalisation ist (BGH RNotZ 2020, 56 = BeckRS 2019, 24278; Notarkasse München, Streifzug durch das GNotKG, 13. Aufl. 2021, Rn. 123; aA Leipziger GNotK/Arnold, 3. Aufl. 2021, Nr. 25207–25208 Rn. 15). 1

II. Gebührenhöhe. Es entstehen Festgebühren in unterschiedlicher Höhe. 2

III. Fälligkeit, Gebührenschuldner. Die Fälligkeit richtet sich nach § 10, der Gebührenschuldner nach § 29 Nr. 1–3. 3

Nr.	Gebührentatbestand	Gebühr oder Satz der Gebühr nach § 34 GNotKG – Tabelle B
25209	**Einsicht in das Grundbuch, in öffentliche Register und Akten einschließlich der Mitteilung des Inhalts an den Beteiligten** .... **Die Gebühr entsteht nur, wenn die Tätigkeit nicht mit einem gebührenpflichtigen Verfahren oder Geschäft zusammenhängt.**	**15,00 €**

I. Normzweck. Die Vorschrift bringt erhebliche Vereinfachungen sowohl der Voraussetzungen als auch der Vergütung des Notars. 1

II. Anwendungsbereich. 1. Grundbucheinsicht. Die Einsicht des Notars in das Grundbuch ist grundsätzlich gebührenpflichtig. Dabei unterscheidet diese Vorschrift nicht zwischen derjenigen nebst einer gleichzeitigen Mitteilung über weitere Grundbuchanträge und derjenigen ohne eine solche Mitteilung. 2

KV 25200 bleibt vorrangig (OLG Celle Rpfleger 1990, 43; OLG Hamm Rpfleger 2002, 101; KG Rpfleger 1992, 409; aM OLG Bremen DNotZ 1990, 680; OLG Schleswig JurBüro 1991, 1367; OLG Zweibrücken JurBüro 1988, 1052, aber KV 25200 ist ein Spezialgesetz und vergütet die Bescheinigung und nicht den Umfang des Wegs dorthin). 3

4 Jedoch hat die **Anm.** als eine Sonderregel eine vorrangige Bedeutung. Wenn daher die Einsicht zB als eine vorbereitende oder fördernde Tätigkeit eines Hauptgeschäfts erforderlich ist, vor allem einer Beurkundung oder Beglaubigung, dann entsteht neben der dortigen Gebühr keine besondere Einsichtsgebühr.

5 **2. Einsicht in öffentliche Register oder Akten.** Die Vorschrift erfasst den Einblick in alle Teile des Grundbuchs einschließlich der Grundakten und in alle Teile eines öffentlichen Registers, sei es beim Gericht, zB des Vereins-, Handelsregisters, sei es bei einer anderen Behörde, zB des Katasteramts. Sie erfasst ferner die Einsicht aller Teile einer Akte, sei es eines Gerichts beliebiger Art, sei es einer Behörde, eines anderen Notars, eines Anwalts, einer Schiedsstelle.

6 Zur **Entstehung** der Gebühr ist keine Einsicht in sämtliche vorhandenen Teile und keine vollständige Einsicht in alle Blätter des in Augenschein genommenen Teils erforderlich. Ein bloßer Vergleich des Aktenzeichens und anderer Angaben auf dem Aktendeckel kann je nach den Umständen eine Einsicht oder eine bloße technische Begleitmaßnahme sein. Die Einsicht erfordert eine gewisse Inhaltskontrolle.

7 **Unanwendbar** ist KV 25209, soweit der Notar von vornherein nur einen Auszug aus dem Grundbuchblatt oder Register einsieht und nicht etwa eine wenigstens teilweise Einsicht immerhin in das vollständige Grundbuchblatt oder Register vornimmt.

8 **3. Nicht: Einsicht in Privatakte.** Einsicht in Privatakten zB einer Handelsgesellschaft oder eines Privatmanns kann zwar durchaus notwendig oder doch sachdienlich sein. Nach dem Wortlaut könnte evtl. auch sie gebührenfähig sein. Indessen steht die Akteneinsicht hinter der Grundbucheinsicht und der Einsicht in öffentliche Register an dritter Stelle einer solchen Aufzählung, deren Sinn offenbar dahin geht, nur die Einsicht in öffentliche Unterlagen gesondert zu vergüten.

9 **4. Mitteilung aus Register, Akte.** Stets gebührenpflichtig ist eine im Auftrag wenigstens eines Beteiligten erfolgende Mitteilung über den Inhalt eines öffentlichen Registers beliebiger Art oder des Grundbuchs. Die Mitteilung über den Inhalt einer Akte beliebiger Art nach → Rn. 8 ist jedenfalls nicht nach KV 25209 gebührenpflichtig. Dasselbe gilt bei einer auftragslosen Mitteilung der eben genannten Arten. Im Übrigen muss man Mitteilungen an Behörden nach KV 22110 ff. beurteilen.

10 **5. Mitteilung aus Grundbuch.** Der Notar mag den Auftrag zu einer Mitteilung über den Inhalt des Grundbuchs und über einen dortigen Rang durch eine sog. Rangbestätigung nach KV 25201 haben. Dann muss man weiter unterscheiden. Hat der Notar einen Antrag eingereicht, liegen dem Grundbuchamt beim Antragseingang bereits ein oder mehrere weitere Anträge beliebiger Art vor allem auf Eintragungen vor und gehört es zu den Aufgaben des Notars, über diese weiteren Anträge dem Auftraggeber eine Mitteilung zu machen, auch über die zu erwartenden Rangverhältnisse oder ohne diese, dann gelten KV 22110 ff. Bei einer sonstigen Mitteilung über den Grundbuchinhalt gilt die Festgebühr KV 25209, soweit die Mitteilung gerade im Auftrag wenigstens eines der Beteiligten erfolgt. In den restlichen Fällen ist die Mitteilung über den Grundbuchinhalt nach § 1 I gebührenfrei. Bei KV 25209 erfolgt neben der Aushändigung des Abdrucks auch noch eine Mitteilung des Inhalts durch den Notar in seinen Worten und dies wiederum setzt ein „Lesen" des Ausdrucks durch den Notar voraus.

11 **III. Gebührenhöhe.** Die Festgebühr entsteht für jede Einsicht gesondert, soweit nicht die weitere Einsicht nur der Korrektur einer unvollständigen oder sonst fehlerhaften ersten Einsicht dient oder nur eine vorsorgliche nochmalige Vergewisserung ohne einen äußeren Anlass bezweckt. Bei mehreren Einsichten wegen verschiedener Angelegenheiten, also verschiedener selbständiger Tätigkeiten nach dem BeurkG, in verschiedene Grundbuchblätter, Akten oder Register bei demselben oder bei verschiedenen Stellen entstehen also mehrere Gebühren.

12 Die in KV 25209 genannte Mitteilung löst schon nach dem Wortlaut des Gesetzes („einschließlich") keine weitere Festgebühr aus. Eine auftragslose Mitteilung ist nicht gebührenpflichtig. Eine auftragsgemäße Mitteilung wird aber in der Praxis schon wegen der Haftung des Notars kaum vorkommen.

13 **IV. Fälligkeit, Gebührenschuldner.** Die Fälligkeit richtet sich nach § 10, der Gebührenschuldner nach § 29 Nr. 1, 3.

Nr.	Gebührentatbestand	Gebühr oder Satz der Gebühr nach § 34 GNotKG – Tabelle B
	Erteilung von Abdrucken aus einem Register oder aus dem Grundbuch auf Antrag oder deren beantragte Ergänzung oder Bestätigung:	
25210	**– Abdruck ....**	**10,00 €**
25211	**– beglaubigter Abdruck ....**	**15,00 €**
	Neben den Gebühren 25210 und 25211 wird keine Dokumentenpauschale erhoben.	
	Anstelle eines Abdrucks wird in den Fällen der Nummern 25210 und 25211 die elektronische Übermittlung einer Datei beantragt:	
25212	**– unbeglaubigte Datei ....**	**5,00 €**
25213	**– beglaubigte Datei ....**	**10,00 €**
	[1] Werden zwei elektronische Dateien gleichen Inhalts in unterschiedlichen Dateiformaten gleichzeitig übermittelt, wird die Gebühr 25212 oder 25213 nur einmal erhoben. [2] Sind beide Gebührentatbestände erfüllt, wird die höhere Gebühr erhoben.	

KV sind nur einschlägig, wenn lediglich ein einfacher oder beglaubigter Abdruck oder eine un- oder beglaubigte Datei aus dem Grundbuch oder Register erteilt wird. 1

Nr.	Gebührentatbestand	Gebühr oder Satz der Gebühr nach § 34 GNotKG – Tabelle B
25214	**Erteilung einer Bescheinigung nach § 21 Abs. 3 BNotO ....**	**15,00 €**

KV ist einschlägig, wenn gemäß § 21 III BNotO der Notar eine Bescheinigung über das Vorliegen einer Vertretungsmacht aufgrund Vollmacht erteilt wird. Die Gebühr entsteht für die Prüfung jeder einzelnen Vollmacht (BGH DNotZ 2017, 303). 1

Abschnitt 3. Verwahrung von Geld, Wertpapieren und Kostbarkeiten

Vorbemerkung 2.5.3:

I Die Gebühren dieses Abschnitts entstehen neben Gebühren für Betreuungstätigkeiten gesondert.

II § 35 Abs. 2 GNotKG und Nummer 32013 sind nicht anzuwenden.

Nr.	Gebührentatbestand	Gebühr oder Satz der Gebühr nach § 34 GNotKG – Tabelle B
25300	**Verwahrung von Geldbeträgen: je Auszahlung ....**	**1,0**
	Der Notar kann die Gebühr bei der Ablieferung an den Auftraggeber entnehmen.	**– soweit der Betrag 13 Mio. €**

Nr.	Gebührentatbestand	Gebühr oder Satz der Gebühr nach § 34 GNotKG – Tabelle B
		übersteigt: 0,1 % des Auszahlungsbetrags
25301	**Entgegennahme von Wertpapieren und Kostbarkeiten zur Verwahrung** .... **Durch die Gebühr wird die Verwahrung mit abgegolten.**	**1,0 – soweit der Betrag 13 Mio. € übersteigt: 0,1 % des Werts**

Schrifttum: Bräu, Die Verwahrungstätigkeit der Notare, 1992.

1 **I. Normzweck.** Die Vorschriften ähneln VV 1009 RVG. Die Verwahrungsgebühr (früher: Hebegebühr) entsteht stets besonders. Es handelt sich nicht um eine Vermögensverwaltung oder um eine Treuhänderschaft nach § 23 BNotO, die überdies nach § 8 II Nr. 1 BNotO genehmigungspflichtig wäre. Daher findet bei Einwendungen gegen die Kostenberechnung des Notars ein Verfahren nach §§ 127 ff. und kein Zivilprozess statt. Dem KV 25300 gehen KV 23400, 23401 nach der Vorb. 2.3.4 vor.

2 **II. Regelungszweck.** Wie beim Anwalt, ist auch gerade beim Notar als einem unparteilichen, vertrauenswürdigen Organ der Rechtspflege der Umgang mit fremdem Geld in bar oder unbar oder anderen Werten eine zwar oft zu seinen typischen rechtlichen Aufgaben gehörende Tätigkeit, aber doch nicht das Hauptmerkmal. Umso verantwortungsvoller muss er diese auch für ihn gefährliche verführerische Aufgabe erledigen. KV 25300, 25301 dienen der Abwicklung eines Zug-um-Zug-Geschäfts (BGH MDR 1998, 953). Ihre gesonderte Vergütung dient einerseits der Abgeltung der oft erheblichen organisatorischen, zeitlichen und personellen Mühe. Die Gebühren dienen andererseits auch ein wenig der Verhütung von Übergriffen mit ihren straf-, zivil- und berufsrechtlichen Gefahren.

3 Schließlich ist der Notar als ein Verwalter fremder Gelder usw. aber **keine Bank.** Er soll keine Geschäfte damit machen. Er darf nach § 21 keine unnötige Verwahrung vornehmen (OLG Brandenburg JurBüro 2011, 144). Er muss die sicherste Verwahrungsart wählen, zB ein Anderkonto (Steuer DNotZ 1979, 208, auch wegen dessen Bedingungen). Sicherheit geht vor Zinshöhe. Alles das muss bei der Auslegung berücksichtigt werden.

4 **III. Anwendungsbereich.** Die KV erfassen neben der Verwahrung von Geldbeträgen auch die Entgegennahme von Wertpapieren und Kostbarkeiten zur Verwahrung. Für die Verwahrung muss ein auftragsgemäßes und nicht nur gesetzliches Verhältnis vorliegen, ferner ein gerade notarielles und nicht ein unter VV 1009 fallendes anwaltliches Verhältnis (BayObLGZ 88, 145). Es richtet sich nach der BNotO (Reimann MittBayNot 1988, 246). Es kommt auf die Allein- oder wenigstens Mitverfügungsgewalt des Notars an (OLG Hamm MittBayNot 2002, 208), oder auf seine unwiderrufliche Weisungsbefugnis (KG DNotZ 1981, 204). Das Verwahrungsgeschäft und damit die Vergütung nach KV 25300, 25301 umfasst die gesamte Tätigkeit der Erhebung (KG DNotZ 1980, 59; OLG Köln MittBayNot 1984, 99; OLG Schleswig JurBüro 1981, 915). Es umfasst also auch zB die Empfangnahme von einem Dritten zwecks einer Ablieferung an den Auftraggeber, die Verwahrung und die Ablieferung an einen Dritten (KG MDR 1985, 154; Zenker NJW 2003, 3460). Das Verwahrungsbuch des Notars (zukünftig das Verwahrungsverzeichnis) beantwortet die Frage der Anwendbarkeit KV 25300, 25301 nicht stets. Mit der Gebühr wird auch ab 1.1.2021 die dem Notar obliegende Gebühr für die Führung des Verwahrungsverzeichnisses mit abgegolten (§ 78j II 1 Nr. 2 BNotO).

5 **IV. Gebühren.** Eine Hebegebühr entsteht nur, soweit ein Auftrag auf das Verwahrungsgeschäft als solches oder auf einen seiner Teile vorliegt. Die Höhe der

Gebühren hängt vom auszahlbaren oder zurückzahlbaren Betrag oder vom Wert zur Verwahrung entgegengenommenen Wertpapiere oder Kostbarkeiten ab.

1. Teilvornahme. Soweit der Notar die Gesamtsumme in Teilbeträgen auszahlt oder zurückzahlt, entstehen die in KV 25300 genannten Gebühren von jedem jeweils ausgezahlten oder zurückgezahlten Betrag besonders (KG DNotZ 1977, 56). Dann ist die Gesamtvergütung des Notars also im Allgemeinen höher als bei einer einmaligen Zahlung. **6**

2. Kostensparsamkeit. Der Notar muss im Kosteninteresse des Auftraggebers die Auszahlung, Zurückzahlung oder Entgegennahme grundsätzlich in nur einem Arbeitsgang vornehmen. Er darf nicht etwas ohne eine Zustimmung des Auftraggebers oder des begünstigten Dritten zu eigenen Zwecken verrechnen usw. (KG DNotZ 1987, 567; aM OLG Köln mAnm Zimmermann DNotZ 1987, 571). **7**

Der Notar darf keine Gebühr auslösen, soweit der Erfolg auch gebührenfrei erzielbar war. Andernfalls kann eine unrichtige Sachbehandlung nach § 21 vorliegen. Der Notar braucht aber grundsätzlich nicht von sich aus auf die Hebegebühr hinzuweisen (BayObLG DNotZ 1984, 111; LG Flensburg JurBüro 1984, 1226, LG Kassel JurBüro 2003, 432). Eine evtl. billigere Tätigkeit bleibt unbeachtlich, soweit sie nicht sachdienlich und auch nicht üblich ist, LG Darmstadt JurBüro 1976, 6. Auch → § 21 Rn. 4 ff. **8**

3. Mindestgebühr. Bei jeder Auszahlung, Zurückzahlung oder Verwahrungsentgegennahme beträgt die Mindestgebühr nach § 34 V 15 EUR. **9**

V. Geschäftswert. Maßgebend ist § 46. Jeder verwahrte Gegenstand löst einen eigenen Wert aus. Soweit es sich um Bargeld handelt, ist der Nominalwert maßgeblich. Bei einer Zahlung in einer ausländischen Währung ist der Kurswert im Zeitpunkt der Belastung des Kontos des Notars maßgeblich. Zwar erlischt die Zahlungspflicht erst mit der Gutschrift beim Empfänger. Der Zeitraum zwischen der Belastung des Notarkontos und der Gutschrift beim Empfänger ist aber von der Tätigkeit des Notars bei einer pflichtgemäßen Zahlungsanweisung weitgehend unabhängig. Man darf ihn nicht zulasten des Kostenschuldners gebührenerhöhend berücksichtigen. Andererseits wäre es unbillig, eine Kursminderung in einem solchen Zeitraum gebührenmindernd zu berücksichtigen, in dem der Notar über das Geld keinerlei Anweisungen mehr erteilen konnte. **10**

Bei einem **Wertpapier** ist der Kurswert im Zeitpunkt der Entgegennahme zur Verwahrung maßgeblich. Soweit ein Kurswert nicht besteht, ist der Verkehrswert im vorgenannten Zeitpunkt maßgeblich. Das gilt auch bei einer Kostbarkeit. **11**

Soweit der Notar aus Anlass eines **Wechsel- oder Scheckprotests** das Geld in Empfang nimmt, entsteht eine Gebühr nach KV 25300. Sie gilt die gesamte Tätigkeit von der Annahme bis zur Ablieferung ab. Die Gebühr ist jedoch auf die dann zahlbare Protestgebühr anzurechnen, V. Allerdings findet keine Anrechnung auf die Wegegebühr statt. Infolgedessen ist jeweils die höhere der beiden Gebühren (Protest oder Annahme) entstanden. Beide Gebühren können zusammentreffen, soweit die Zahlung erst nach der Aufnahme des Protests erfolgt. **12**

VI. Fälligkeit, Gebührenschuldner. Die Fälligkeit tritt mit der Auszahlung oder Zurückzahlung oder mit der Entgegennahme zur Verwahrung jeweils gerade durch den bisherigen Notar ein. Bei einer Auszahlung oder Zurückzahlung eines Teilbetrags ist dieser Zeitpunkt maßgeblich, KG Rpfleger 1976, 228. Beim Notarwechsel kommt es auf eine der vorgenannten Tätigkeiten durch den jeweils Handelnden an. **13**

Unerheblich ist ein Vorgang auf dem bloßen Anderkonto (LG Flensburg JurBüro 1984, 1226). **14**

Den Gebührenschuldner muss man nach §§ 29, 32 ermitteln. Gebührenschuldner ist zB nach § 29 Nr. 1 derjenige, der den Verwahrungsvertrag mit dem Notar geschlossen hat (LG Hannover JurBüro 2005, 204, LG Regensburg DNotZ 1979, 678). Gebührenschuldner ist auch nach § 29 Nr. 2 der vertragliche Gebührenübernehmer. **15**

Nicht aber ist schon stets derjenige ein Gebührenschuldner, der ohne eine solche Vereinbarung etwas auf ein Anderkonto gezahlt hat (BayObLGZ 88, 147; OLG Celle JurBüro 1978, 1235). Diejenige Bank, die im Namen des Kunden handelt und **16**

erklärt, sie übernehme keine Kosten, ist keine Gebührenschuldnerin (BayObLGZ 88, 145; OLG Düsseldorf MDR 1987, 684; aM Lappe EWiR 1988, 816, aber das ist eine wirksam mögliche Bedingung). Wird ein Geldbetrag zugunsten eines Dritten hinterlegt und erhält dieser das Recht, das Geld nach der Erfüllung von Treuhandauflagen abzurufen, wird er nicht schon durch einen solchen Abruf zum Gebührenschuldner (KG MDR 1985, 154).

17 **VII. Entnahmerecht, KV 25300 Anm.** Wird das verwahrte Geld an den Auftraggeber und nicht etwa ohne dessen Erlaubnis an einen Dritten abgeliefert, kann der Notar eine fällige Hebegebühr dem Betrag entnehmen (KG Rpfleger 1980, 445; OLG Köln DNotZ 1989, 258; Schneider NJW 1981, 558; aM Zimmermann DNotZ 1989, 264). Das gilt auch bei der Ablieferung eines jeden Teilbetrags.

18 Diese Befugnis besteht also **nicht,** soweit der Notar eine Summe an einen Dritten auszahlen soll oder soweit es sich um eine Forderung aus einer anderen Sache handelt (OLG Düsseldorf DNotZ 1991, 558). Bei Wertpapieren oder Kostbarkeiten ist die Anm. ebenfalls unanwendbar. Denn sie steht hier hinter KV 25300. Es gibt dann allenfalls ein Zurückbehaltungsrecht bis zur Gebührenzahlung nach § 15.

VIII. ABC zum Anwendungsbereich

19 **Ablieferung:** → Rn. 2.

Abtretung: KV 25300 ist anwendbar, soweit der Notar dem Darlehensgeber anzeigt, dass der Käufer den Auszahlungsanspruch an den Verkäufer abgetreten hat (OLG Düsseldorf JurBüro 1992, 822; OLG Zweibrücken NJW-RR 2005, 511).

Anderkonto KV 25300: → „Weiterleitung"; → „Verrechnung".

Anweisung: KV 25300 gilt als eine vorrangige abschließende Sondervorschrift die genannte zugehörige Notararbeit ab (LG Hannover JurBüro 2004, 665), auch die Prüfung der Anweisung des Einzahlers oder eines an der Abwicklung beteiligten Kreditinstituts (OLG Hamm FGPrax 1999, 239; OLG Schleswig JurBüro 2000, 426). Das gilt auch für eine vom Vertrag abweichende Anweisung (KG DNotZ 1980, 60; LG Kiel JurBüro 1977, 401; aM OLG Frankfurt a. M. DNotZ 1978, 118; OLG Köln FGPrax 2007, 293; Mümmler JurBüro 1983, 509). KV 25300 ist **unanwendbar,** soweit der Notar eine Anweisung nach §§ 783 ff. BGB verwahrt. Das gilt selbst bei einer unwiderruflichen derartigen Anweisung, es sei denn, dass das auf dem Sparkonto befindliche Geld in die alleinige Verfügungsgewalt des Notars kommen soll.

Auflassungsvormerkung: → „Eintragungsreife"; → „Einzahlungsreife"

Auszahlungsreife: KV 25300 ist anwendbar, soweit der Notar die Auszahlungsunterlagen und die Auszahlungsreife prüft (OLG Düsseldorf JurBüro 1992, 823; OLG Zweibrücken JurBüro 1995, 101; LG Hannover JurBüro 2004, 665). **Unanwendbar** ist KV 25300 auf die bloße Anweisung zur Zahlung bei deren Fälligkeit.

Briefmarken: KV 25301 ist bei (kostbaren) Briefmarken als Verwahrgegenstand anwendbar.

Darlehen: → „Abtretung", → „Weiterleitung".

Datenträger/Datenraum: → § 124 Rn. 4 bzw. → § 126 Rn. 4.

Dritter: → Rn. 2, → „Weiterleitung".

Einzahlungsreife: KV 25300 ist anwendbar, soweit der Notar die Einzahlungsreife prüft (OLG Hamm JurBüro 1990, 899; OLG Oldenburg JurBüro 1986, 429; OLG Zweibrücken MittBayNot 1995, 76; aM OLG Schleswig MittRhNotK 1996, 91; Klein Rpfleger 1988, 178).

Empfangnahme: → Rn. 2, 12.

Erhebung: → Rn. 2.

Fälligkeitsmitteilung und -prüfung: KV 25300 ist auf sie anwendbar (BGH MDR 2009, 954; OLG Hamm JurBüro 1990, 899; OLG Oldenburg JurBüro 1996, 429).

Geld: KV 25300 ist bei Geld (bar oder unbar) anwendbar, I 2.

Genehmigung: KV 25300 ist bei ihr anwendbar.

Gerichtskosten: → „Vollzug".

Gläubigerauflagen: KV 25300 umfasst auch die Überwachung von Gläubigerauflagen (OLG Köln JurBüro 1988, 83, OLG Oldenburg JurBüro 1992, 753, OLG

Schleswig JurBüro 1988, 453; aM OLG Düsseldorf DNotZ 1988, 453; OLG Hamm JurBüro 2000, 94; KG JurBüro 1979, 1563); → „Treuhandauflagen".

Grundschuldbrief: → „Wertpapier".

Haftpflichtversicherung: Vgl. die Vorb. 2.5.3 II, KV 32013 ist also anwendbar.

Hinterlegung: KV 25300 ist auf die vorbereitende Tätigkeit anwendbar (OLG Schleswig NJW-RR 2000, 1599).

Insolvenzverwalter: → „Nebentätigkeit".

Kostbarkeit: KV 25301 ist anwendbar, soweit es sich um die Verwahrung einer Kostbarkeit beliebiger Art handelt. Zum Begriff der Kostbarkeit BeckOK ZPO/Uhl ZPO § 808 Rn. 20.

Löschungsbewilligung: KV 25300 ist anwendbar, soweit es um die Einholung einer Löschungsbewilligung geht (Klein DNotZ 1987, 185; aM OLG Köln DNotZ 1987, 183; OLG Oldenburg DNotZ 1994, 706). Das gilt auch beim Antrag auf eine Lastenfreistellung (OLG Hamm Rpfleger 1990, 92). Vgl. auch → „Gläubigerauflagen; → „Treuhandauflagen".

Manuskript: KV 25301 ist anwendbar, soweit es eine Kostbarkeit darstellt, → „Kostbarkeit".

Mehrheit von Tätigkeiten: KV 25300 oder KV 25301 ist auch dann nur einmal anwendbar, wenn der Notar mehrere unter eine dieser Vorschriften fallende Tätigkeiten ausübt (KG DNotZ 1980, 60). Eine Gebühr entsteht schon dann, wenn nur eine der unter diese Vorschrift fallenden Tätigkeiten vorliegt. Auch → „Zusammenhang mit Verwahrgeschäft".

Mitverfügungsgewalt: KV 25301 ist anwendbar, soweit der Notar auch nur eine Mitverfügungsgewalt hat, zB nur einen von mehreren notwendigen verschiedenen Schlüsseln.

Musiknoten: KV 25300, 25301 sind auf unechte Wertpapiere nicht anwendbar; → „Wertpapier".

Nebentätigkeit: Unanwendbar sind KV 25300, 25301 bei einer nur als Nebentätigkeit erfolgenden Verwahrung zB als Testamentsvollstreckers, als Treuhänders oder als Insolvenzverwalters.

Pfandentlassungserklärung: → „Gläubigerauflagen".

Schriftwechsel: KV 25300 ist anwendbar, soweit es um den Schriftwechsel wegen eines Anderkontos des Notars geht (OLG Schleswig JurBüro 1975, 501). KV 25301 ist anwendbar soweit der Schriftwechsel eine Kostbarkeit nach → „Kostbarkeit" darstellt.

Sparbuch: → „Wertpapier".

Sparkonto: → „Anweisung", → „Wertpapier".

Testamentsvollstrecker: → „Nebentätigkeit".

Treuhänder: → „Nebentätigkeit".

Treuhandauflagen: KV 25300, 25301 umfassen die Übernahme von Treuhandauflagen (OLG Köln JurBüro 1988, 83; OLG Schleswig JurBüro 1981, 915; aM OLG Düsseldorf DNotZ 1988, 453 (§ 146 I)). Auch → „Gläubigerauflagen"; → „Löschungsbewilligung".

Überwachung: Sie lässt grds. keine zusätzliche Gebühr zu (OLG Brandenburg JurBüro 2011, 144). Vgl. aber die Vorb. 2.5.3 I.

Umbuchung: → „Weiterleitung".

Umschreibungsreife: KV 25300 ist anwendbar, soweit der Notar eine Umschreibungsreife prüft (BGH MDR 2009, 953; OLG Celle JurBüro 2005, 44; OLG Hamm JurBüro 1999, 253; aM OLG Düsseldorf JurBüro 1992, 823; KG JurBüro 1986, 903; vgl. aber → Rn. 4 sowie → „Auszahlungsreife", „Einzahlungsreife").

Unrichtige Sachbehandlung: § 21 ist anwendbar, → Rn. 8.

Verrechnung: KV 25300 ist anwendbar, soweit der Notar einen eingezogenen Betrag von seinem Anderkonto auf sein Privatkonto verrechnet.

Verwahrung: → Rn. 4.

Vollzug: KV 25300 ist anwendbar, soweit der Notar einen vom Auftraggeber auf ein Anderkonto des Notars ohne eine besondere Zweckbestimmung eingezahlten Betrag zum grundbuchamtlichen Vollzug eines beurkundeten Kaufvertrags verwendet (KG DNotZ 1982, 450; *Schneider* NJW 1981, 560).

Vorbereitung: KV 25300, 25301 sind auf eine zugehörige vorbereitende Tätigkeit anwendbar (OLG Schleswig NJW-RR 2000, 1599).

Weiterleitung: KV 25300 ist anwendbar, soweit es sich um die Weiterleitung zB des Schecks des Auftraggebers an einen Dritten handelt (KG MDR 1985, 154), oder soweit der Notar ein Darlehen der Käuferbank nach einer Prüfung der Sicherung im Grundbuch an den Verkäufer weiterleitet (OLG Celle FGPrax 2005, 86; OLG Hamm JurBüro 2000, 94; OLG Schleswig JurBüro 2000, 426). KV 25300 ist **unanwendbar,** soweit der Notar einen auf sein Anderkonto 1 eingezahlten Betrag auftragsgemäß auf sein Anderkonto 2 weiterleitet (aM Willemer DNotZ 1982, 227, aber dieser interne Vorgang darf nicht auch eine Gebühr auslösen).

Wertpapier: KV 25301 ist grds. anwendbar, soweit es sich um ein Wertpapier im engeren Sinn handelt (BayObLG DNotZ 1985, 102), etwa um eine Aktie, einen Zwischenschein, eine Schuldverschreibung auf den Inhaber, ein Kux, einen Pfandbrief, einen Scheck. KV 25301 ist **unanwendbar,** soweit der Notar ein unechtes Wertpapier verwahrt, zB ein Sparbuch oder einen Grundschuld- oder Hypothekenbrief, eine Bürgschaftsurkunde oder einen Fondsanteil. Dann gilt § 147 (BayObLG DNotZ 1985, 102).

Zahlungsfälligkeit: → „Auszahlungsreife".

Zusammenhang mit Verwahrgeschäft: KV 25300, 25301 gelten alle mit dem Verwahrgeschäft zusammenhängenden Tätigkeiten ab (OLG Düsseldorf JurBüro 1994, 281; OLG Hamm Rpfleger 1990, 92). Auch → „Mehrheit von Tätigkeiten".

Zweckbestimmung: → „Vollzug".

Hauptabschnitt 6. Zusatzgebühren

Nr.	Gebührentatbestand	Gebühr oder Satz der Gebühr nach § 34 GNotKG – Tabelle B
26000	**Tätigkeiten, die auf Verlangen der Beteiligten an Sonntagen und allgemeinen Feiertagen, an Sonnabenden vor 8 und nach 13 Uhr sowie an den übrigen Werktagen außerhalb der Zeit von 8 bis 18 Uhr vorgenommen werden .....** **I Treffen mehrere der genannten Voraussetzungen zu, so wird die Gebühr nur einmal erhoben.** **II Die Gebühr fällt nur an, wenn bei den einzelnen Geschäften nichts anderes bestimmt ist.**	**in Höhe von 30 % der für das Verfahren oder das Geschäft zu erhebenden Gebühr – höchstens 30,00 €**

1 **I. Normzweck.** Die Vorschrift entspricht § 11 GvKostG. Sie gilt nach der Anmerkung II stets nur hilfsweise, wobei derzeit nichts anderes geregelt ist. Sie erfasst zeitliche Sonderleistungen. Sie verteuert dadurch die Gesamtvergütung nicht unbeträchtlich.

2 **II. Regelungszweck.** Da das Gericht für eine Tätigkeit außerhalb der normalen Geschäftsstunden gar nichts zusätzlich erhält, kann der Sinn von KV 26000 eigentlich nur in einer möglichsten Eindämmung derartiger Sonderleistungen bestehen. Ob ihre Verteuerung ein geeignetes Mittel zu einer solchen Eindämmung ist, lässt sich trefflich bestreiten. Jedenfalls sollte man die ganze Bestimmung zur „Unzeitgebühr" (Sikora DNotZ 2017, 720), so zurückhaltend wie irgend möglich auslegen (OLG Köln Rpfleger 2001, 567).

3 **III. Anwendungsbereich.** Die Zusatzgebühr entsteht unabhängig von KV 26001–26003 und daher auch neben diesen Zusatzgebühren als eine weitere Zusatzgebühr dann, wenn eine der folgenden Voraussetzungen vorliegt. Die Vorschrift erfasst sowohl eine Beurkundung als auch jede andere Notartätigkeit.

1. Sonntag, allgemeiner Feiertag. Die notarielle Tätigkeit muss am Vornahmeort an einem Sonntag oder allgemeinen Feiertag stattfinden. Unerheblich ist die am Kanzleiort geltende Regelung. Denn der Wortlaut stellt eindeutig auf die Tätigkeit ab. Die folgenden Hinweise gelten nach → GvKostG § 11 Rn. 5 ff. ebenso beim Gerichtsvollzieher. 4

– Bundesrecht. In ganz Deutschland gelten folgende Tage als Feiertage: Neujahr; Karfreitag; Ostermontag; Tag der Arbeit (1.5.); Christi Himmelfahrt; Pfingstmontag; Tag der Deutschen Einheit; 1. und 2. Weihnachtstag. Der **Sonnabend** vor Ostern und Pfingsten ist kein Feiertag; ebenso wenig ist derjenige durch eine etwaige Verwaltungsanordnung bestimmte Sonnabend ein Feiertag, an dem nur ein Sonntagsdienst stattfindet. 5

– Landesrecht. Je nach dem Landesrecht gelten ferner folgende Tage als Feiertage. Dabei kommt es auf den Ort an, an dem die Tätigkeit tatsächlich erfolgt, BAG NJW 1989, 1181: Heilige Drei Könige bzw. Erscheinungsfest bzw. Epiphanias (6.1.); Frauentag (8.3.); Fronleichnam; Mariä Himmelfahrt (15.8.) (VGH Bayern NJW 1997, 2130); Weltkindertag (20.9.), Reformationstag (31.10.), Allerheiligen (1.11.). Hinzu kommen einige lokale Besonderheiten (zB Friedensfest (8.8) in Augsburg). Keine Feiertage sind Rosenmontag, Fastnacht, Aschermittwoch, Muttertag, Nikolaustag, Heilig Abend, Silvester. 6

Die **Länder** haben folgende Feiertagsgesetze erlassen: 7

Baden-Württemberg: Gesetz idF 1.4.1995 (GVBl. 1995, 450, zuletzt geändert durch Gesetz v. 1.12.2015, GVBl. S. 1034);

Bayern: Gesetz v. 21.5.1980,(GVBl. S. 215, zuletzt geändert durch Verordnung v. 26.3.2019, GVBl. S. 98);

Berlin: Gesetz v. 28.10.1954 (GVBl. S. 615, zuletzt geändert durch Gesetz v. 30.1.2019, GVBl. S. 22);

Brandenburg: Gesetz v. 21.3.1991 (GVBl. S. 44, zuletzt geändert durch Gesetz v. 30.4.2015, GVBl. I/15);

Bremen: Gesetz v. 12.11.1954 (Brem. GBl. 1954 S. 115, zuletzt geändert durch Gesetz v. 3.3.2020, Brem. GBl. 2020, S. 52);

Hamburg: Gesetz v. 16.10.1953 (HmbGVBl. 1953, S. 289, zuletzt geändert durch Gesetz v. 19.12.2019, HmbGVBl. 2019, S. 516);

Hessen: Gesetz idF v. 29.12.1971 (GVBl. 1971 S. 343, zuletzt geändert durch Gesetz v. 13.12.2012, GVBl. 2012, S. 622);

Mecklenburg-Vorpommern: Gesetz idF v. 8.3.2002 (GVOBl. 2002, S. 145; geändert durch Gesetz v. 15.11.2012, GVOBl. 2012, S. 502);

Niedersachsen: Gesetz idF v. 7.3.1995 (GVBl. S. 51, geändert durch Gesetz v. 22.6.2018, Nds. GVBl. S. 123);

Nordrhein-Westfalen: Gesetz v. 23.4.1989 I(GV. NRW S. 222, zuletzt geändert (nur) wegen des 31.10.2017 durch Gesetz v. 25.6.2015, GV. NRW S. 496);

Rheinland-Pfalz: Gesetz v. 15.7.1970 (GVBl. 1970 S. 225, zuletzt geändert durch Gesetz v. 27.10.2009, GVBl. S. 358);

Saarland: Gesetz v. 18.2.1976 (Amtsbl. S. 1976, 211, zuletzt geändert durch Gesetz v. 13.10.2015, Amtsbl. I 790);

Sachsen: Gesetz v. 10.11.1992 (GVBl. S. 536, geändert durch Gesetz v. 30.1.2013, GVBl. S. 2);

Sachsen-Anhalt: Gesetz v. 25.8.2004 (GVBl. LSA 2004, 538, zuletzt geändert durch Gesetz v. 22.11.2006, GVBl. LSA S. 528);

Schleswig-Holstein: Gesetz idF v. 28.6.2004 (GVOBl. S. 213; zuletzt ergänzt durch Gesetz vom 21.3.2018, GVOBl. S. 69);

Thüringen: Gesetz v. 21.12.1994 (GVBl. S. 1221, zuletzt geändert durch Gesetz v. 26.3.2019, GVBl. S. 22).

2. Außerhalb bestimmter Zeiten. Soweit die Tätigkeit an einem Werktag (Montag bis Freitag, sowie Samstag) stattfindet, entsteht die Zusatzgebühr dann, wenn die Tätigkeit außerhalb der Zeit von 8–18 Uhr oder an einem Sonnabend zwischen 8–13 Uhr stattfindet, wenn sie also vor 8 Uhr beginnt oder nach 13 oder 18 Uhr endet, sei es auch „nur" beim Wegantritt oder beim Wegende. Es kommt in diesem Zusammenhang jedoch auch darauf an, welche üblichen Dienstzeiten der Notar hat. 8

Bei einer Tätigkeit innerhalb der Öffnungszeiten des Notarbüros entsteht keine Gebühr nach dieser KV.

9 **IV. Tätigkeit.** Sie muss in den fraglichen Zeiträumen stattfinden. Es reicht aus, dass ein Teil des Geschäfts in den genannten Sonderzeiten stattfindet. Es ist unschädlich, dass das Geschäft oder der Weg im Übrigen außerhalb dieser Sonderzeiträume stattfindet, soweit bei dem gewöhnlichen Verlauf der Tätigkeit mit dem unzeitigen Abschluss zu rechnen war (LG Mühlhausen NotBZ 2015, 78).

10 **V. Verlangen eines Beteiligten.** Die Vornahme der Tätigkeit mag auf Grund eines Verlangens des Antragstellers objektiv notwendig sein (BVerfG NJW-RR 2011, 856; OLG Köln Rpfleger 2001, 567). Auch die große Zahl der Beteiligten kann eine solche objektive Notwendigkeit ergeben. Das Verlangen des Antragstellers kann sich bereits aus der Natur der erbetenen Tätigkeit ergeben. Ein stillschweigendes Verlangen reicht aus (Mümmler JurBüro 1976, 1011). Ein bloß mutmaßliches Verlangen reicht aber nicht (OLG Köln Rpfleger 2001, 567). Oft sprechen die tatsächlichen Umstände für ein Verlangen. Das gilt auch zB dann, wenn der Notar anlässlich einer Beurkundung für einen anderen ein Geschäft vornimmt.

11 **Nicht ausreichend** ist ein nur in der Person oder in unzulänglichen Räumlichkeiten des Notars liegender Grund (OLG Köln Rpfleger 2001, 567; Mümmler JurBüro 1976, 1011), sowie ein Tätigwerden des Notars aus eigenem Antrieb.

12 **VI. Art der Tätigkeit.** Die Vornahme des Geschäfts außerhalb der Geschäftsräume mag auch auf Grund der Art der Tätigkeit notwendig sein. Hierher gehören etwa eine Augenscheinseinnahme oder eine Verlosung oder eine Generalversammlung. Bei der Beglaubigung einer Unterschrift entscheidet deren Vollziehung oder Anerkennung, nicht die Vornahme des Beglaubigungsvermerks (OLG Köln DNotZ 2001, 530; Mümmler JurBüro 1984, 191).

13 **VII. Gebührenhöhe.** Es entsteht eine Annex-Gebühr, deren Höhe von der Gebühr für das zugehörige notarielle Verfahren oder notarielle Geschäft abhängt. Sie beträgt 30 % dieser Gebühr zusätzlich zu ihr. Die Vollzugs- und Betreuungsgebühr erhöht sich ebenfalls, wenn diese Tätigkeiten gemäß → Rn. 3–12 erfolgen. Es entsteht höchstens ein Betrag von 30 EUR. Alle diese Gebühren fallen nach der Anm. I auch beim Zusammentreffen mehrerer Voraussetzungen nach → Rn. 3–12 insgesamt nur einmal je Urkunde an. Es gibt keine Mindestgebühr, § 34 V. Das Zitiergebot nach § 19 II Nr. 3 gilt nicht.

14 **VIII. Fälligkeit, Gebührenschuldner.** Die Fälligkeit richtet sich nach § 10, der Gebührenschuldner nach § 29 Nr. 1–3, unter Beachtung von § 32 II.

Nr.	Gebührentatbestand	Gebühr oder Satz der Gebühr nach § 34 GNotKG – Tabelle B
26001	**Abgabe der zu beurkundenden Erklärung eines Beteiligten in einer fremden Sprache ohne Hinzuziehung eines Dolmetschers sowie Beurkundung, Beglaubigung oder Bescheinigung in einer fremden Sprache oder Übersetzung einer Erklärung in eine andere Sprache** **Mit der Gebühr ist auch die Erteilung einer Bescheinigung gemäß § 50 BeurkG abgegolten.**	**in Höhe von 30 % der für das Beurkundungsverfahren, für eine Beglaubigung oder Bescheinigung zu erhebenden Gebühr – höchstens 5000,00 €**

I. Anwendungsbereich. Die Vorschrift begründet eine Zusatzgebühr für die Tätigkeit wegen auch nur eines solchen Beteiligten, der sich bei der Beurkundung in einer fremden Sprache erklärt. Sie gilt nur dann, wenn der Notar keinen Dolmetscher hinzuzieht oder wenn der Notar den für die Entschließung maßgebenden Sachverhalt einer des Deutschen nicht mächtigen Person in einer fremden Sprache vorträgt. „Fremd" ist jede nicht deutsche Sprache. Deutsche Mundart ist deutsche Sprache. Liegen mehrere Fälle gleichzeitig vor, entsteht die Gebühr auch mehrfach. Bei mehreren fremdsprachigen Beteiligten kann die Gebühr mehrfach entstehen, wenn mehrere fremde Sprachen beteiligt sind. KV ist einschlägig, wenn auch nur ein Teil der Erklärung den Tatbestand erfüllt. 1

Die Vorschrift betrifft nur die Beurkundung einer rechtsgeschäftlichen oder sonstigen **Erklärung,** auch einer Tatsachenerklärung, zB wegen § 38 BeurkG bei einer eidesstattlichen Versicherung oder beim Beschluss einer Gesellschafterversammlung, soweit ein Beteiligter sich in fremder Sprache erklärt. Sie betrifft zwar nicht die Behandlung eines erklärungslosen Vorgangs, etwa eine Unterschriftsbeglaubigung, und nicht die Beurkundung eines Gebots bei der Versteigerung. Sie betrifft aber wohl auch die Beurkundung beim Zuschlag. 2

Sie gilt auch bei einer Beurkundung, Beglaubigung oder Bescheinigung in einer fremden Sprache. Sie gilt auch eine Bescheinigung nach § 50 BeurkG ab, Anm. Bei der Beglaubigung ist allein die Sprache des notariellen Vermerks maßgebend. 3

Die Gebühr entsteht bereits, wenn der Notar Erklärungen in eine fremde Sprache übersetzt. Auf eine deutsche und zugleich zusätzlich fremdsprachige Beurkundung als „Convience" Übersetzung oder doppelspaltige Urkunde ist KV 26001 dann anwendbar, wenn der Notar entworfen und übersetzt hat oder er sich die Übersetzung zB durch eigene Änderungen in der Verhandlung zu eigen gemacht hat. Zum bloßen Entwurf KV 24100 ff. 4

Unanwendbar ist KV bei der Erklärung eines solchen **Taubstummen,** der sich durch einen Dolmetscher äußert, § 24 BeurkG. 5

II. Gebührenhöhe. Es entsteht eine Gebühr, deren Höhe wie bei KV 26000 von der Gebühr für das zugehörige Beurkundungsverfahren nach KV 21100 ff., für eine Beglaubigung oder Bescheinigung abhängt. Sie beträgt 30 % dieser Beurkundungsgebühr zusätzlich zu ihr. Es gibt wie bei KV 26000 eine Höchstgrenze, hier von 5000 EUR. Neben dieser Gebühr fällt bei einer Bescheinigung nicht die Gebühr nach KV 25104 an. 6

III. Fälligkeit, Gebührenschuldner. Die Fälligkeit richtet sich nach § 10, der Gebührenschuldner nach § 29 Nr. 1–3. 7

Nr.	Gebührentatbestand	Gebühr oder Satz der Gebühr nach § 34 GNotKG – Tabelle B
26002	**Die Tätigkeit wird auf Verlangen eines Beteiligten außerhalb der Geschäftsstelle des Notars vorgenommen:** **Zusatzgebühr für jede angefangene halbe Stunde der Abwesenheit, wenn nicht die Gebühr 26 003 entsteht** .... **I 1 Nimmt der Notar mehrere Geschäfte vor, so entsteht die Gebühr nur einmal. 2 Sie ist auf die einzelnen Geschäfte unter Berücksichtigung der für jedes Geschäft aufgewandten Zeit angemessen zu verteilen.** **II Die Zusatzgebühr wird auch dann erhoben, wenn ein Geschäft aus einem in der Person eines Beteiligten liegenden Grund nicht vorgenommen wird.**	**50,00 €**

Nr.	Gebührentatbestand	Gebühr oder Satz der Gebühr nach § 34 GNotKG – Tabelle B
	III Neben dieser Gebühr wird kein Tages- und Abwesenheitsgeld (Nummer 32 008) erhoben.	
26003	**Die Tätigkeit wird auf Verlangen eines Beteiligten außerhalb der Geschäftsstelle des Notars vorgenommen und betrifft ausschließlich** **1. die Errichtung, Aufhebung oder Änderung einer Verfügung von Todes wegen,** **2. die Errichtung, den Widerruf oder die Änderung einer Vollmacht, die zur Registrierung im Zentralen Vorsorgeregister geeignet ist,** **3. die Abgabe einer Erklärung gemäß § 1816 Abs. 2 BGB betreffend die Person eines Betreuers oder** **4. eine Willensäußerung eines Beteiligten hinsichtlich seiner medizinischen Behandlung oder deren Abbruch:** **Zusatzgebühr**	**50,00 €**
	1 Die Gebühr entsteht für jeden Auftraggeber nur einmal. 2 Im Übrigen gelten die Absätze 2 und 3 der Anmerkung zu 26 002 entsprechend.	

1 **I. Anwendungsbereich.** Die Reihenfolge der beiden Vorschriften ist verunglückt: KV 26003 stellt die in erster Linie zu beachtende, eng auslegbare und technisch einfachere Ausgangsbestimmung dar, KV 26002 gilt nur hilfsweise dann, „wenn nicht die Gebühr 26003 entsteht", und nur KV 26002 gibt eine in Wahrheit evtl. weit über 50 EUR hinausgehende Gebühr und enthält in nur ihrer Anm. I–III beachtliche weitere Voraussetzungen. Beim Zusammentreffen von Tätigkeiten nach diesen KV innerhalb eines Geschäftsgangs kann nur die Zeitgebühr nach KV 26002 geltend gemacht werden (unabhängig davon, wie viele Auftraggeber es betrifft).

2 **Unanwendbar** sind KV 26002, 26003 neben KV 23400, 23401 nach der Vorb. 2.3.4, neben KV 23500–23503 nach der Vorb. 2.3.5 und 25205 (zweiter Notar), dort Anm. I.

3 **II. Außerhalb der Geschäftsstelle.** Die Tätigkeit des Notars muss außerhalb seiner „Geschäftsstelle" erfolgen, also außerhalb seiner Geschäftsräume seiner Kanzlei (BVerfG NJW-RR 2011, 856). Die Wohnung ist grundsätzlich nicht ein Teil der Kanzlei. Sie kann aber nach den Umständen im Einzelfall dazugehören. Der Raum eines Sprechtags des Notars ist Teil seiner Geschäftsstelle (Mümmler JurBüro 1976, 1010). Das gilt nur am Sprechtag und nicht in einem anderen Raum als denjenigen des Sprechtags (→ § 87 Rn. 1 ff.).

4 KV 26002, 26003 stellen nicht (mehr) auf die Vornahme eines „Geschäfts" ab, sondern auf diejenige einer „Tätigkeit". Daher kann auch zB eine vorbereitende Grundbucheinsicht hierher zählen, ebenso eine Vorbesprechung oder andere Art der Vorbereitung des eigentlichen Beurkundungsvorgangs. Daran ändert der Umstand nichts, dass in der Anm. (nur zu KV 26002) der Wort Geschäft(svornahme) wieder vorkommt. Denn auch eine Vorbereitung ist zumindest eine „Tätigkeit" des Notars. Tätigkeit ist der Oberbegriff. Das zeigt sich auch an der Anm. II: Zusatzgebühr auch bei Nichtvornahme eines Geschäfts unter den dortigen weiteren Voraussetzungen.

5 **III. Verlangen eines Beteiligten.** Zu dieser weiteren Voraussetzungen → KV 26000 Rn. 10. Soweit der Notar nicht über barrierefrei erreichbare Geschäftsräume verfügt und deshalb außerhalb dieser (zB auf dem Parkplatz) seine Tätigkeit ausübt, liegt kein Verlangen eines Beteiligten vor, sondern ein in der Person oder in den

unzulänglichen Räumlichkeiten des Notars liegender Grund und die KV ist nicht anwendbar. Dies gilt ebenso, wenn der Notar aufgrund einer Pandemie Räumlichkeiten außerhalb seiner Geschäftsräume aus Infektionsschutzgründen wählt (NotBZ 2020, 254).

IV. Notwendigkeit der Tätigkeit. → Rn. 4 sowie → KV 26000 Rn. 12. 6

V. Gebühren. 1. Festgebühr je angefangene halbe Stunde (KV 26002). Sie entsteht für jede dieser Zeiteinheiten „der Abwesenheit", also ab Verlassen der Kanzlei bis zum dortigen Wiedereintritt (Bruttoabwesenheitszeit). Das gilt nach → Rn. 1 neben KV 26003 nur hilfsweise. Für jede angefangene halbe Stunde entsteht die Gebühr iHv 50 EUR. 7

2. Einmaligkeit (KV 26002 Anm. I). Auch bei mehreren Auswärtsgeschäften gibt es nach dort I 1 die nach → Rn. 7 errechenbare Gebühr von 50 EUR je angefangene halbe Stunde insgesamt nur einmal. Wenn der Notar also zB von 9.00 Uhr bis 11.31 der Kanzlei fern mehrere Beurkundungen für dieselben Beteiligten vornahm, erhält er 300 EUR. Ihre Verteilung auf zB drei Geschäfte richtet sich nach dort I 2 nicht nach deren Wert, sondern nach deren Zeitaufwand. Es mögen also von den 300 EUR 100 EUR auf das Geschäft A und 150 EUR auf B, restliche 50 EUR auf C entfallen. 8

3. Gebühr auch ohne Geschäftsvornahme (KV 26002 Anm. II). Eine Zusatzgebühr (nur) nach KV 26002 entsteht auch dann, wenn der Notar zwar nötig war, aber letztlich kein Geschäft vorgenommen hat. Das gilt nur dann, wenn die Geschäftsvornahme nur aus einem gerade in der Person eines oder mehrerer Beteiligter liegenden Grund nicht zustande kam, wenn also weder der Notar noch ein Dritter die Ursache der Nichtvornahme setzten. Das muss der Notar beweisen. 9

4. Vorrang vor KV 32008 (KV 26002 Anm. III). Es gibt also neben dieser Zusatzgebühr kein Tages- oder Abwesenheitsgeld als Auslagen. 10

5. Festgebühr (KV 26003). Sie entsteht in Höhe von 50 EUR unabhängig von der Dauer der Abwesenheit des Notars dann, wenn seine Tätigkeit nach → Rn. 4, 6 „ausschließlich" eine der in KV 26003 Nr. 1–4 genannten Vorgänge betrifft → Rn. 1. Erfasst werden Tätigkeiten zur Verfügung von Todes wegen, Vorsorgevollmachten, Betreuungsverfügung und Patientenverfügung nach § 1901a I BGB bzw. Behandlungswünsche nach § 1091a II BGB. Treffen KV 26002 und KV 26003 zusammen, so ist nur nach KV 26002 abzurechnen. 11

6. Einmaligkeit (KV 26003 Anm. S. 1). Hier kommt es auf die Zahl weder der Tätigkeiten noch der Geschäfte allein an, sondern zunächst nur auf die Zahl der Auftraggeber. Wenn also der Notar zB für den Auftraggeber A Tätigkeiten nach dem Haupttext Nr. 1 und 3 vornahm, erhält er insgesamt nur 50 EUR von diesem Mandanten. 12

7. Gebühr auch ohne Geschäftsvornahme (KV 26003 Anm. S. 2 Fall 1). Es gilt dasselbe wie bei → Rn. 8. 13

8. Vorrang vor KV 32008 (KV 26003 Anm. S. 2 Fall 2). Es gilt dasselbe wie bei → Rn. 10. 14

VI. Fälligkeit, Gebührenschuldner. Die Fälligkeit richtet sich nach § 10, der Gebührenschuldner nach § 29 Nr. 1, 32 II. 15

Teil 3. Auslagen

Vorbemerkung 3:

[1]Sind Auslagen durch verschiedene Rechtssachen veranlasst, werden sie auf die Rechtssachen angemessen verteilt. [2]Dies gilt auch, wenn die Auslagen durch Notar- und Rechtsanwaltsgeschäfte veranlasst sind.

Hauptabschnitt 1. Auslagen der Gerichte

Vorbemerkung 3.1:

I Auslagen, die durch eine für begründet befundene Beschwerde entstanden sind, werden nicht erhoben, soweit das Beschwerdeverfahren gebührenfrei ist; dies gilt jedoch nicht, soweit das Beschwerdegericht die Kosten dem Gegner des Beschwerdeführers auferlegt hat.

II [1] In Betreuungssachen werden von dem Betroffenen Auslagen nur unter den in Vorbemerkung 1.1 Abs. 1 genannten Voraussetzungen erhoben. [2] Satz 1 gilt nicht für die Auslagen 31 015.

1 Die Vorb. 3.1 II stellt sicher, dass der Betroffene grundsätzlich nur zur Zahlung der Auslagen herangezogen werden kann, wenn sein Reinvermögen mehr als 25.000 EUR beträgt (zur Ermittlung des Betrags → KV 11101–11105 Rn. 3–6). Das gilt selbst dann, wenn es nicht zur Betreuerbestellung kommt und ihm die Verfahrenskosten auferlegt wurden. Davon ausgenommen werden lediglich die an den Verfahrenspfleger zu zahlenden Beträge (KV 31015). Entsprechende Regelungen für die Gebühren finden sich in der Vorb. 1.1 I und der Vorb. 1.6.1.

Nr.	Auslagentatbestand	Höhe
31000	**Pauschale für die Herstellung und Überlassung von Dokumenten:** **1. Ausfertigungen, Kopien und Ausdrucke bis zur Größe von DIN A3, die** **a) auf Antrag angefertigt oder auf Antrag per Telefax übermittelt worden sind oder** **b) angefertigt worden sind, weil zu den Akten gegebene Urkunden, von denen eine Kopie zurückbehalten werden muss, zurückgefordert werden; in diesem Fall wird die bei den Akten zurückbehaltene Kopie gebührenfrei beglaubigt:** **für die ersten 50 Seiten je Seite ....** **für jede weitere Seite ....** **für die ersten 50 Seiten in Farbe je Seite ..** **für jede weitere Seite in Farbe ....** **2. Entgelte für die Herstellung und Überlassung der in Nummer 1 genannten Kopien oder Ausdrucke in einer Größe von mehr als DIN A3** **oder pauschal je Seite ....** **oder pauschal je Seite in Farbe ....** **3. Überlassung von elektronisch gespeicherten Dateien oder deren Bereitstellung zum Abruf anstelle der in den Nummern 1 und 2 genannten Ausfertigungen, Kopien und Ausdrucke:** **je Datei ....** **für die in einem Arbeitsgang überlassenen, bereitgestellten oder in einem Arbeitsgang auf denselben Datenträger übertragenen Dokumente insgesamt höchstens ....** **I [1] Die Höhe der Dokumentenpauschale nach Nummer 1 ist in gerichtlichen Verfahren in je-**	 **0,50 €** **0,15 €** **1,00 €** **0,30 €** **in voller Höhe** **3,00 €** **6,00 €** **1,50 €** **5,00 €**

Nr.	Auslagentatbestand	Höhe
	dem Rechtszug, bei Dauerbetreuungen und -pflegschaften in jedem Kalenderjahr und für jeden Kostenschuldner nach § 26 Abs. 1 GNotKG gesondert zu berechnen. ²Gesamtschuldner gelten als ein Schuldner.	
	II Werden zum Zweck der Überlassung von elektronisch gespeicherten Dateien Dokumente zuvor auf Antrag von der Papierform in die elektronische Form übertragen, beträgt die Dokumentenpauschale nach Nummer 3 nicht weniger, als die Dokumentenpauschale im Fall der Nummer 1 für eine Schwarz-Weiß-Kopie ohne Rücksicht auf die Größe betragen würde.	
	III Frei von der Dokumentenpauschale sind für jeden Beteiligten und seinen bevollmächtigten Vertreter jeweils 1. bei Beurkundungen von Verträgen zwei Ausfertigungen, Kopien oder Ausdrucke, bei sonstigen Beurkundungen eine Ausfertigung, eine Kopie oder ein Ausdruck, 2. eine vollständige Ausfertigung oder Kopie oder ein vollständiger Ausdruck jeder gerichtlichen Entscheidung und jedes vor Gericht abgeschlossenen Vergleichs, 3. eine Ausfertigung ohne Begründung und 4. eine Kopie oder ein Ausdruck jeder Niederschrift über eine Sitzung.	
	IV § 191a Abs. 1 Satz 5 GVG bleibt unberührt.	
	V Bei der Gewährung der Einsicht in Akten wird eine Dokumentenpauschale nur erhoben, wenn auf besonderen Antrag ein Ausdruck einer elektronischen Akte oder ein Datenträger mit dem Inhalt einer elektronischen Akte übermittelt wird.	

Übersicht

I. Normzweck und Anwendungsbereich (Nr. 1–3). Die Bestimmung entspricht im Wesentlichen KV 9000 GKG, KV 2000 FamGKG, KV 2000 JVKostG, KV 700 GvKostG. 1

2 Grundsätzlich gelten die Gebühren nach dem GNotKG auch die Unkosten für die Herstellung und Überlassung von Kopien usw. ab (LG Krefeld Rpfleger 1982, 488 zur KostO). Inwieweit der Kostenschuldner darüber hinaus für die Unkosten aufzukommen hat, weil ansonsten der Justizfiskus und damit die Allgemeinheit unvertretbar belasten wäre, regelt KV 31000 abschließend (BayObLGZ 1989, 264; OLG Düsseldorf Rpfleger 1983, 177; OLG Koblenz NJW-RR 1996, 448). KV 9000 ff. GKG und KV 2000 ff. FamGKG sind nicht entsprechend anzuwenden (BayObLGZ 1989, 264 (265)).

3 Die Vorschrift gilt nur für das gerichtliche Verfahren, also für die Anordnung durch den Richter, Rpfleger oder Urkundsbeamten im oder nach dem Verfahren. Abrufe in Handels-, Partnerschafts-, Genossenschafts- und Vereinsregisterangelegenheiten sind seit 1.8.2022 kostenfrei (→ JVKostG KV 1150 ff. Rn. 1). Die Kosten für den Abruf von Daten in Grundbuchangelegenheiten, in Angelegenheiten der Schiffsregister, des Schiffsbauregisters und des Registers für Pfandrechte an Luftfahrzeugen richten sich nach den vorrangigen KV 1150 ff. JVKostG, während bei Kopien usw. aus den zugehörigen Akten KV 31000 anwendbar ist. Wird die Justizverwaltung tätig, gilt ebenfalls das JVKostG, zB bei Presseinformationen. Wegen der Notare vgl. KV 32000 ff. Zum Zentralen Testamentsregister siehe Panz Rpfleger 2012, 664.

4 **II. Auslagenpflicht (Nr. 1–3). 1. Ausfertigungen, Kopien und Ausdrucke (Nr. 1–2). a) Antrag (Nr. 1a, 2).** Die Auslagenpflicht entsteht (mit Ausnahmen in Anm. III, IV → Rn. 10–16), wenn auf Antrag eine Ausfertigung, eine Kopie oder ein Ausdruck angefertigt oder per Telefax übermittelt wird. Zum Begriff der Ausfertigung im kostenrechtlichen Sinne → GKG KV 9000 Rn. 3, → FamGKG KV 2000 Rn. 2. Der Antrag muss sich speziell auf die Anfertigung, Erteilung usw. richten, nicht nur auf die Vornahme einer anderen gerichtlichen Maßnahme (LG Krefeld Rpfleger 1982, 488). Für die Dokumentenpauschale ist allerdings nicht entscheidend, ob das Gericht die Kopie usw. anlassbezogen herstellt oder ein auf Vorrat hergestelltes Exemplar nutzt. Ferner genügt es, wenn die Kopie usw. antragsgemäß in eine andere bereits vorhandene Akte aufgenommen wird, anstatt sie dem Antragsteller zu überlassen. Beim Telefax reicht die ordnungsgemäße Aufgabe. Eine Antragsrücknahme vor Anfertigung der Kopie usw. macht auslagenfrei. Das ergibt sich aus § 1 I („nur"). Wird dagegen lediglich die Vorlage zurückgegeben, nachdem die Kopie usw. angefertigt wurde, führt dies nicht zur Auslagenfreiheit (auch → Rn. 6).

5 Wird das Gericht bei der Herstellung und Übermittlung von Amts wegen tätig, sieht das GNotKG (mit Ausnahme in Nr. 1b → Rn. 6) keine Dokumentenpauschale vor. Das gilt zB, wenn ein Beteiligter es unterlassen hat, die erforderliche Zahl von Mehrfertigungen beizufügen und sie deshalb vom Gericht von Amts wegen angefertigt werden (anders KV 9000 Nr. 1b GKG und KV 2000 Nr. 1b FamGKG; vgl. auch OLG München FamRZ 2006, 1621).

6 **b) Zurückforderung (Nr. 1b, 2).** Wird eine Kopie von Amts wegen angefertigt, weil eine zu den Akten gegebene Urkunde zurückgefordert wird, aber eine Kopie zurückbehalten werden muss, ist dies auslagenpflichtig. Ob eine solche Notwendigkeit besteht, ist nach den Umständen unter Berücksichtigung des voraussichtlichen weiteren Verfahrensablaufs zu beurteilen. Dabei ist eine enge Auslegung geboten, weil Nr. 1b eine Ausnahme vom Grundsatz der Kostenfreiheit nach § 1 I darstellt. Es genügt jedoch, dass sich die Kopie in der Akte befinden muss, damit der Vorgang verständlich bleibt; ein gesetzliches Erfordernis ist nicht notwendig.

7 Eine Rückforderung liegt vor, wenn der Einreicher den unmissverständlichen und endgültigen Willen zu erkennen gibt, das eingereichte Exemplar in seinen endgültigen Besitz und Gewahrsam zurückzubekommen. Eine nur vorübergehende Rückanforderung, zB zur Klärung von Zweifelsfragen, ist keine Rückforderung iSd Nr. 1b. Die bloße Anheimgabe des Einreichers, ihm die Unterlagen nach Gebrauch zurückzugeben, ist grundsätzlich keine eindeutige Rückforderung.

8 Eine Beglaubigung der zurückbehaltenen Kopie ist gebührenfrei (Nr. 1b Hs. 2). Soweit ein Beteiligter nicht das Original zurückfordert, sondern nur eine Kopie beantragt, wird deren Beglaubigung jedoch gebührenpflichtig. Daher bleibt im Zweifel in den Akten nur eine Kopie zurück, um einen Verstoß gegen § 21 zu vermeiden.

2. Elektronisch gespeicherte Datei (Nr. 3). Wird eine elektronisch gespeicherte Datei überlassen oder zum Abruf bereitgestellt, ist dies nur auslagenpflichtig, wenn die Datei an die Stelle der in Nr. 1, 2 genannten Dokumente tritt. 9

III. Auslagenfreiheit (Anm. III, IV). Die Anm. III, IV sehen in Fortführung des Wortes „nur" aus § 1 I eine weitreichende Auslagenfreiheit vor und sind entsprechend weit auszulegen. Außerdem ist die Auslagenpauschale nicht neben den Gebühren nach KV 17000, 17001 zu erheben (KV 17001 Anm.). 10

1. Blindenschrift usw. (Anm. IV). Frei von Auslagen sind die für einen Blinden oder Sehbehinderten in einer für ihn wahrnehmbaren Form gefertigten Dokumente. Das ergibt sich aus dem Verweis auf § 191a I 5 GVG. 11

2. Beurkundung (Anm. III Nr. 1). Bei Beurkundungen sind die in Anm. III Nr. 1 genannten Dokumente auslagenfrei. Beantragt ein Beteiligter darüber hinaus nicht auslagenfreie Ausfertigungen usw., hat er die insoweit entstehende Dokumentenpauschale allein zu tragen (§§ 26 I 1, 32 II GNotKG). 12

3. Entscheidung, Vergleich und Kurzausfertigung (Anm. III Nr. 2, 3). Frei von Auslagen sind die in Anm. III Nr. 2, 3 genannten Dokumente. Der Begriff der „Entscheidung" ist wegen § 1 I weit auszulegen. Er erfasst nicht nur Endentscheidungen, sondern sämtliche Urteile und Beschlüsse. Keine Entscheidung iSd Anm. III Nr. 2 ist die nur prozessleitende Verfügung, die idR in Hinweisen, Aufforderungen oder Anfragen besteht (OVG Nordrhein-Westfalen Rpfleger 1981, 125). 13

4. Protokollkopie (Anm. III Nr. 4). Schließlich ist eine Kopie usw. jeder Niederschrift über eine Sitzung einschließlich der Anlagen (zB nach § 160 V ZPO, §§ 9 I 2, 37 I 2 BeurkG) auslagenfrei. 14

„Sitzung" ist jede verfahrensmäßige Erörterung des Gerichts. „Niederschrift" ist auch ein bloßer gerichtlicher Vermerk oder ein elektronisches Dokument. 15

5. Beteiligte und Bevollmächtigte (Anm. III). Die Auslagenfreiheit nach Anm. III gilt für jeden Beteiligten und seinen bevollmächtigten Vertreter (III vor Nr. 1). Wer Beteiligter ist, richtet sich nach den verfahrensrechtlichen Bestimmungen. Je Beteiligtem ist nur ein Bevollmächtigter begünstigt. Vertritt ein Bevollmächtigter mehrere Beteiligten, ist ein Dokument für ihn und für jeden Auftraggeber auslagenfrei. Soweit sich Wohnungseigentümer nicht selbst am Verfahren beteiligen, erhalten daher nur der Verwalter und sein bevollmächtigter Vertreter die in Anm. III Nr. 2 genannten Dokumente auslagenfrei (BayObLG WuM 1993, 495 zu § 136 II Nr. 2 KostO). 16

IV. Akteneinsicht (Anm. V). Es gilt dasselbe wie bei KV 9000 GKG, KV 2000 FamGKG. Vgl. daher dort. 17

V. Rechtsfolgen (Nr. 1–3). 1. Ausfertigungen, Kopien und Ausdrucke (Nr. 1, 2). Die Kosten je Seite gelten unabhängig von Art, Format, Zeilenzahl und Herstellungsweise. Jede angefangene Seite zählt als volle Seite (Ausnahme: bloßer Ausfertigungsvermerk). 18

2. Seitenanzahl (Anm. I 1, 2). Für die Höhe der Dokumentenpauschale nach Nr. 1 ist zwischen den ersten 50 Seiten und den weiteren Seiten zu unterscheiden. Die Summe der Seiten ist nach Anm. I 1 in jedem Rechtszug und bei Dauerbetreuungen bzw. -pflegschaften in jedem Kalenderjahr separat zu berechnen. Der Begriff des Rechtszugs ist wie bei § 19 RVG zu verstehen. Anzusetzen ist die Dokumentenpauschale bei der Stelle, bei der sie entstanden ist (§ 18 V). Zur Abgrenzung von Dauerbetreuungen/-pflegschaften und Betreuungen/Pflegschaften für einzelne Rechtshandlungen → § 63 Rn. 1. 19

Des Weiteren ist die Seitenanzahl für jeden Kostenschuldner nach § 26 I grundsätzlich separat zu berechnen (Anm. I 1). Bei Gesamtschuldnern ist die Seitenanzahl dagegen gemeinsam zu ermitteln (Anm. I 2). Gesamtschuldner in diesem Sinne sind nicht nur solche Kostenschuldner, die bereits nach bürgerlichem Recht als Gesamtschuldner haften, sondern auch jene, bei denen sich die gesamtschuldnerische Haftung lediglich wegen eines gemeinsamen Antrags auf Erteilung derselben Kopien usw. aus § 32 I ergibt und damit nur kostenrechtlicher Natur ist (BGH NJW-RR 2007, 643 zu §§ 5, 136 II 2 Hs. 2 KostO). 20

21 **3. Elektronisch gespeicherte Dateien (Nr. 3, Anm. II).** Die Dateigröße ist für die Höhe der Dokumentenpauschale nach Nr. 3 unerheblich. Ist eine Aufteilung auf mehrere Dateien erforderlich, weil die technischen Möglichkeiten des Gerichts begrenzt sind, dürfen die Mehrkosten nach § 21 I 1 nicht erhoben werden. Werden Papierdokumente auf Antrag eingescannt, um sie anschließend als elektronisch gespeicherte Dateien zu überlassen oder zum Abruf bereitzustellen, gilt für die Dokumentenpauschale mindestens die in Nr. 1 für Schwarz-Weiß-Kopien festgelegte Höhe (Anm. II). Die Höhe der Dokumentenpauschale für Ausdrucke von elektronisch gespeicherten Dateien richtet sich dagegen unmittelbar nach Nr. 1, 2.

22 **4. Fälligkeit, Auslagenschuldner (Nr. 1–3).** Die Auslagen werden nach § 9 II sofort fällig. Wer Auslagenschuldner ist, richtet sich nach §§ 22 ff., insbesondere §§ 22 I, 26 I 1, 27 Nr. 1 und 2, 32.

Nr.	Auslagentatbestand	Höhe
31001	**Auslagen für Telegramme**	**in voller Höhe**

1 Die Vorschrift stimmt wörtlich mit KV 9001 GKG überein. Vgl. daher dort.

Nr.	Auslagentatbestand	Höhe
31002	**Pauschale für Zustellungen mit Zustellungsurkunde, Einschreiben gegen Rückschein oder durch Justizbedienstete nach § 168 Abs. 1 ZPO je Zustellung** .... **Neben Gebühren, die sich nach dem Geschäftswert richten, wird die Zustellungspauschale nur erhoben, soweit in einem Rechtszug mehr als 10 Zustellungen anfallen.**	**3,50 €**

1 Die Vorschrift stimmt nahezu wörtlich mit KV 9002 GKG nebst Anm. S. 1 überein. Vgl. daher zunächst dort. Die Anm. gilt nicht bei den Jahresgebühren nach KV 11101, 11102, 11104 und 12311, die sich nach einem Vermögenswert und nicht nach einem Geschäftswert iSd § 34 richten. Insoweit sind daher die Zustellungsauslagen auch dann anzusetzen, wenn weniger als 11 Zustellungen anfallen (LG Köln NJOZ 2015, 757; AG Papenburg JurBüro 2018, 298), vgl. aber Vorb. 3.1 II 1.

Nr.	Auslagentatbestand	Höhe
31003	**Pauschale für die bei der Versendung von Akten auf Antrag anfallenden Auslagen an Transport- und Verpackungskosten je Sendung** .... **Die Hin- und Rücksendung der Akten durch Gerichte gelten zusammen als eine Sendung.**	**12,00 €**

1 Die Vorschrift stimmt nahezu wörtlich mit KV 9003 GKG nebst Anm. I überein. Vgl. daher dort.

Nr.	Auslagentatbestand	Höhe
31004	**Auslagen für öffentliche Bekanntmachungen** **Auslagen werden nicht erhoben für die Bekanntmachung in einem elektronischen Informations- und Kommunikationssystem, wenn das Entgelt nicht für den Einzelfall oder nicht für ein einzelnes Verfahren berechnet wird.**	**in voller Höhe**

Die Vorschrift stimmt nahezu wörtlich mit KV 9004 GKG nebst Anm. I 1 sowie KV 2004 FamGKG nebst Anm. überein. Vgl. daher insoweit jeweils dort. 1

Nr.	Auslagentatbestand	Höhe
31005	**Nach dem JVEG zu zahlende Beträge ....** **I [1]Die Beträge werden auch erhoben, wenn aus Gründen der Gegenseitigkeit, der Verwaltungsvereinfachung oder aus vergleichbaren Gründen keine Zahlungen zu leisten sind. [2]Ist aufgrund des § 1 Abs. 2 Satz 2 JVEG keine Vergütung zu zahlen, ist der Betrag zu erheben, der ohne diese Vorschrift zu zahlen wäre.** **II Nicht erhoben werden Beträge, die an ehrenamtliche Richter (§ 1 Abs. 1 Satz 1 Nr. 2 JVEG), an Übersetzer, die zur Erfüllung der Rechte blinder oder sehbehinderter Personen herangezogen werden (§ 191a Abs. 1 GVG), und an Kommunikationshilfen zur Verständigung mit einer hör- oder sprachbehinderten Person (§ 186 GVG) gezahlt werden.**	**in voller Höhe**

Die Vorschrift stimmt im Wesentlichen mit KV 9005 GKG nebst Anm. I–III überein. Vgl. daher dort. Zur Nichterhebung überhöhter Sachverständigenkosten siehe außerdem BayObLG FGPrax 2004, 138 und OLG Düsseldorf DS 2004, 264. 1

Nr.	Auslagentatbestand	Höhe
31006	**Bei Geschäften außerhalb der Gerichtsstelle** **1. die den Gerichtspersonen aufgrund gesetzlicher Vorschriften gewährte Vergütung (Reisekosten, Auslagenersatz) und die Auslagen für die Bereitstellung von Räumen ....** **2. für den Einsatz von Dienstkraftfahrzeugen für jeden gefahrenen Kilometer .....**	**in voller Höhe** **0,42 €**

Die Vorschrift stimmt wörtlich mit KV 9006 Nr. 1, 2 GKG überein. Vgl. daher dort. 1

Nr.	Auslagentatbestand	Höhe
31007	**An Rechtsanwälte zu zahlende Beträge mit Ausnahme der nach § 59 RVG auf die Staatskasse übergegangenen Ansprüche ....**	**in voller Höhe**

Die Vorschrift stimmt wörtlich mit KV 9007 GKG überein. Vgl. daher dort. 1

Nr.	Auslagentatbestand	Höhe
31008	**Auslagen für** **1. die Beförderung von Personen ....** **2. Zahlungen an mittellose Personen für die Reise zum Ort einer Verhandlung oder Anhörung sowie für die Rückreise ......**	**in voller Höhe** **bis zur Höhe der nach dem JVEG an Zeugen zu zahlenden Beträge**

1 Die Vorschrift stimmt nahezu wörtlich mit KV 9008 Nr. 1, 2 GKG überein. Vgl. daher dort.

Nr.	Auslagentatbestand	Höhe
31009	**An Dritte zu zahlende Beträge für** **1. die Beförderung von Tieren und Sachen mit Ausnahme der für Postdienstleistungen zu zahlenden Entgelte, die Verwahrung von Tieren und Sachen sowie die Fütterung von Tieren** .... **2. die Durchsuchung oder Untersuchung von Räumen und Sachen einschließlich der die Durchsuchung oder Untersuchung vorbereitenden Maßnahmen**	**in voller Höhe** **in voller Höhe**

1 Die Vorschrift stimmt wörtlich mit KV 9009 Nr. 1 und 3 GKG überein. Vgl. daher dort.

Nr.	Auslagentatbestand	Höhe
31010	**Kosten einer Zwangshaft** **Maßgebend ist die Höhe des Haftkostenbeitrags, der nach Landesrecht von einem Gefangenen zu erheben ist.**	**in Höhe des Haftkostenbeitrags**

1 Die Vorschrift stimmt nahezu wörtlich mit KV 9010 GKG überein. Vgl. daher dort.

Nr.	Auslagentatbestand	Höhe
31011	**Kosten einer Ordnungshaft** .... [1]**Maßgebend ist die Höhe des Haftkostenbeitrags, der nach Landesrecht von einem Gefangenen zu erheben ist.** [2]**Diese Kosten werden nur angesetzt, wenn der Haftkostenbeitrag auch von einem Gefangenen im Strafvollzug zu erheben wäre.**	**in Höhe des Haftkostenbeitrags**

1 Die Vorschrift stimmt nahezu wörtlich mit KV 9011 GKG nebst Anm. überein. Vgl. daher dort.

Nr.	Auslagentatbestand	Höhe
31012	**Nach § 12 BGebG, dem 5. Abschnitt des Konsulargesetzes und der Besonderen Gebührenverordnung des Auswärtigen Amts nach § 22 Abs. 4 BGebG zu zahlende Beträge**	**in voller Höhe**

1 Der Regelungsgehalt entspricht KV 9012 GKG. Vgl. daher dort.

Nr.	Auslagentatbestand	Höhe
31013	**An deutsche Behörden für die Erfüllung von deren eigenen Aufgaben zu zahlende Gebühren sowie diejenigen Beträge, die diesen Behörden, öffentlichen Einrichtungen oder de-**	**in voller Höhe,**

Nr.	Auslagentatbestand	Höhe
	ren Bediensteten als Ersatz für Auslagen der in den Nummern 31 000 bis 31 012 bezeichneten Art zustehen	
	Die als Ersatz für Auslagen angefallenen Beträge werden auch erhoben, wenn aus Gründen der Gegenseitigkeit, der Verwaltungsvereinfachung oder aus vergleichbaren Gründen keine Zahlungen zu leisten sind.	**die Auslagen begrenzt durch die Höchstsätze für die Auslagen 31 000 bis 31 012**

Die Vorschrift stimmt nahezu wörtlich mit KV 9013 GKG nebst Anm. überein. Vgl. daher dort. Die Vorschrift kann auch Kosten der Betreuungsbehörde als Vollstreckungsorgan des Gerichts erfassen (LG Saarbrücken FamRZ 2013, 399). 1

Nr.	Auslagentatbestand	Höhe
31014	**Beträge, die ausländischen Behörden, Einrichtungen oder Personen im Ausland zustehen, sowie Kosten des Rechtshilfeverkehrs mit dem Ausland ....**	**in voller Höhe**
	Die Beträge werden auch erhoben, wenn aus Gründen der Gegenseitigkeit, der Verwaltungsvereinfachung oder aus vergleichbaren Gründen keine Zahlungen zu leisten sind.	

Die Vorschrift stimmt wörtlich mit KV 9014 GKG überein. Vgl. daher dort. 1

Nr.	Auslagentatbestand	Höhe
31015	**An den Verfahrenspfleger zu zahlende Beträge ....**	**in voller Höhe**
	Die Beträge werden von dem Betroffenen nur nach Maßgabe des § 1880 Abs. 2 BGB erhoben.	

Der Schonbetrag von 25.000 EUR Reinvermögen nach Vorb. 1.1 I gilt nicht für die Erhebung der an Verfahrenspfleger zu zahlenden Beträge (Vorb. 3.1 II 2). Vielmehr werden diese Beträge nach der Anm. bereits dann erhoben, **soweit** das Einkommen oder Vermögen gem. § 1880 Abs. 2 BGB einzusetzen ist (dazu ausführlich BeckOK BGB/Bettin BGB § 1880 Rn. 4–7). 1

Nr.	Auslagentatbestand	Höhe
31016	**Pauschale für die Inanspruchnahme von Videokonferenzverbindungen:** **je Verfahren für jede angefangene halbe Stunde ....**	**15,00 €**

Die Vorschrift stimmt mit KV 9019 GKG überein. Vgl. daher dort. 1

Nr.	Auslagentatbestand	Höhe
31017	**Umsatzsteuer auf die Kosten: ....**	**in voller Höhe**
	Dies gilt nicht, wenn die Umsatzsteuer nach § 19 Abs. 1 UStG unerhoben bleibt.	

Die Vorschrift stimmt mit KV 9020 GKG überein. Vgl. daher dort. 1

Hauptabschnitt 2. Auslagen der Notare

Vorbemerkung 3.2:

I Mit den Gebühren werden auch die allgemeinen Geschäftskosten entgolten.

II Eine Geschäftsreise liegt vor, wenn das Reiseziel außerhalb der Gemeinde liegt, in der sich der Amtssitz oder die Wohnung des Notars befindet.

1 Unanwendbar sind KV 32000 ff. nach der Vorb. 3.2 I auf allgemeine Geschäftskosten des Notars, dh nur Geschäftskosten nach KV 32000 ff. sind nicht bereits durch die Gebühren abgedeckt. Zu diesem Begriff → RVG VV Vorb. 7 I Rn. 5 II definiert den Begriff „Geschäftsreise", maßgebend für die Auslagen nach KV 32006 ff., → KV 32006 Rn. 3 ff.

Nr.	Auslagentatbestand	Höhe
32000	**Pauschale für die Herstellung und Überlassung von Ausfertigungen, Kopien und Ausdrucken (Dokumentenpauschale) bis zur Größe von DIN A3, die auf besonderen Antrag angefertigt oder per Telefax übermittelt worden sind:**	
	für die ersten 50 Seiten je Seite	**0,50 €**
	für jede weitere Seite	**0,15 €**
	für die ersten 50 Seiten in Farbe je Seite	**1,00 €**
	für jede weitere Seite in Farbe	**0,30 €**
	Dieser Auslagentatbestand gilt nicht für die Fälle der Nummer 32 001 Nr. 2 und 3.	
32001	**Dokumentenpauschale für Ausfertigungen, Kopien und Ausdrucke bis zur Größe von DIN A3, die**	
	1. ohne besonderen Antrag von eigenen Niederschriften, eigenen Entwürfen und von Urkunden, auf denen der Notar eine Unterschrift beglaubigt hat, angefertigt oder per Telefax übermittelt worden sind; dies gilt nur, wenn die Dokumente nicht beim Notar verbleiben;	
	2. in einem Beurkundungsverfahren auf besonderen Antrag angefertigt oder per Telefax übermittelt worden sind; dies gilt nur, wenn der Antrag spätestens bei der Aufnahme der Niederschrift gestellt wird;	
	3. bei einem Auftrag zur Erstellung eines Entwurfs auf besonderen Antrag angefertigt oder per Telefax übermittelt worden sind; dies gilt nur, wenn der Antrag spätestens am Tag vor der Versendung des Entwurfs gestellt wird:	
	je Seite	**0,15 €**
	je Seite in Farbe	**0,30 €**

1 **I. Anwendungsbereich.** Im Gegensatz zur Regelung gerichtlicher Auslagen (KV 31000) muss zwischen dem Papierformat bis einschließlich DIN A3 (also DIN A3, DIN A4, DIN A5 und kleinere Formate) und demjenigen von **mehr** als DIN A3 unterschieden werden. DIN A2 und größer kommt praktisch nur bei großen Plänen/Zeichnungen usw. vor und führt nach KV 32003 zu einer höheren Entschädigung für die Herstellung und Überlassung von Ausfertigungen, Kopien und Ausdrucken. Die

Pauschale nach KV 32000 kann nicht gem. Anm. 1 zu KV 25102, Anm. zu KV 25210 u. 25211 neben diesen Gebühren erhoben werden.

II. Auslagenhöhe. Die Auslagen sind bei KV 32000 für die ersten 50 Seiten höher als bei KV 32001 und die konkrete Höhe bestimmt sich auch nach der Frage, ob eine Schwarz-Weiß-Kopie oder eine Farbkopie gefertigt wurde. Bei der Seitenanzahl ist jeder Vorgang getrennt zu bewerten und es sind alle gefertigten Kopien zu berücksichtigen. 2

III. Rangverhältnis. KV 32001 geht KV 32000 vor. Maßgebend für die Unterscheidung ist, ob der Notar mit oder ohne Auftrag handelte, teils ist maßgeblich, wo ein Original verbleibt, teils ist der Auftrags- oder Antragszeitpunkt maßgeblich, teils die Übermittlungsart. 3

KV 32001 gilt für Ausfertigungen, Kopien und Ausdrucke innerhalb des Beurkundungsverfahrens und von eigenen Entwürfen und Urkunden des Notars. KV 32001 Nr. 1 erfasst nicht die Urschrift bzw. die beglaubigte Abschrift für den Verbleib in der Urkundensammlung des Notars. KV 32001 Nr. 2 erfasst für Niederschriften nach §§ 8 ff. BeurkG die Anfertigung von Abschriften usw. für Urkundsbeteiligte und Dritte, soweit ein besonderer Antrag vorliegt. KV 32001 Nr. 3 entspricht Nr. 2 im Rahmen eines Auftrags zur Entwurfserstellung. KV 32000 gilt für Ausfertigungen iSd § 49 BeurkG, Kopien und Ausdrucke außerhalb eines Beurkundungsverfahrens. Elektronische Dateien unterfallen KV 32002. 4

IV. Fälligkeit, Auslagenschuldner. Die Fälligkeit richtet sich nach § 10 Hs. 2. Der Auslagenschuldner bestimmt sich nach § 29 Nr. 1–3. 5

Nr.	Auslagentatbestand	Höhe
32002	**Dokumentenpauschale für die Überlassung von elektronisch gespeicherten Dateien oder deren Bereitstellung zum Abruf anstelle der in den Nummern 32 000 und 32 001 genannten Dokumente ohne Rücksicht auf die Größe der Vorlage:**	
	je Datei	**1,50 €**
	für die in einem Arbeitsgang überlassenen, bereitgestellten oder in einem Arbeitsgang auf denselben Datenträger übertragenen Dokumente insgesamt höchstens	**5,00 €**
	Werden zum Zweck der Überlassung von elektronisch gespeicherten Dateien Dokumente zuvor auf Antrag von der Papierform in die elektronische Form übertragen, beträgt die Dokumentenpauschale nicht weniger, als die Dokumentenpauschale im Fall der Nummer 32 000 für eine Schwarz-Weiß-Kopie betragen würde.	

I. Anwendungsbereich, Auslagenhöhe. Vorschrift stimmt mit KV 31000 Nr. 3 und dort Abs. II fast wörtlich überein. → KV 31000 Rn. 1, 9, 21. Die Auslagen entstehen für die Überlassung einer Datei durch den Notar zB als E-Mail oder EGVP. Die Datei muss ein Dokument iSd KV 32000, 32001 enthalten. 1

II. Auslagenhöhe. Pro Datei beträgt die Pauschale 1,50 EUR für die Überlassung an einem Empfänger. Bei mehreren Empfängern fällt die Pauschale mehrfach an, ist aber für jeden Arbeitsgang auf 5 EUR begrenzt. Ein Arbeitsgang liegt vor, wenn mehrere Dateien an einen oder mehrere Empfänger zB in einer E-Mail versandt werden. Ist vor der Überlassung der Datei eine Umwandlung eines Papierdokuments in die elektronische Form erforderlich, so beträgt die Höhe mindestens die Pauschale nach KV 32000 für eine Schwarz-Weiß-Kopie. 2

III. Fälligkeit, Auslagenschuldner. Die Fälligkeit richtet sich nach § 10 Hs. 2. Der Auslagenschuldner bestimmt sich nach § 29 Nr. 1–3. 3

Nr.	Auslagentatbestand	Höhe
32003	**Entgelte für die Herstellung von Kopien oder Ausdrucken der in den Nummern 32 000 und 32 001 genannten Art in einer Größe von mehr als DIN A3** .... **oder pauschal je Seite** .... **oder pauschal je Seite in Farbe**	 **in voller Höhe** **3,00 €** **6,00 €**

1 **I. Anwendungsbereich.** Die Vorschrift stimmt mit KV 32000, 32001 bis auf das Papierformat (hier **mehr** als DIN A3) wörtlich überein. Die Norm greift auch dann, wenn ein Original in DIN A2 oder größer auf DIN A3 oder kleiner verkleinert wird.

2 **II. Auslagenhöhe.** Sie entspricht nach Wahl entweder der Pauschale oder den tatsächlich entstandenen Kosten. Der Notar muss die tatsächlichen Kosten voll darstellen und notfalls beweisen.

3 **III. Fälligkeit, Auslagenschuldner.** Die Fälligkeit richtet sich nach § 10 Hs. 2. Der Auslagenschuldner bestimmt sich nach § 29 Nr. 1–3.

Nr.	Auslagentatbestand	Höhe
32004	**Entgelte für Post- und Telekommunikationsdienstleistungen** .... **I Für die durch die Geltendmachung der Kosten entstehenden Entgelte kann kein Ersatz verlangt werden.** **II Für Zustellungen mit Zustellungsurkunde und für Einschreiben gegen Rückschein ist der in Nummer 31 002 bestimmte Betrag anzusetzen.**	 **in voller Höhe**
32005	**Pauschale für Entgelte für Post- und Telekommunikationsdienstleistungen** .... **1 Die Pauschale kann in jedem notariellen Verfahren und bei sonstigen notariellen Geschäften anstelle der tatsächlichen Auslagen nach Nummer 32 004 gefordert werden. 2 Ein notarielles Geschäft und der sich hieran anschließende Vollzug sowie sich hieran anschließende Betreuungstätigkeiten gelten insoweit zusammen als ein Geschäft.**	 **20 %** **der Gebühren – höchstens 20,00 €**

1 **I. Anwendungsbereich.** Die Vorschriften stimmen fast wörtlich mit VV 7001, 7002 RVG überein (→ RVG VV 7001, 7002 Rn. 1, 2). Der Notar kann wahlweise die tatsächlich anfallenden Kosten oder die Pauschale geltend machen. Grds. erstattungsfähig sind sämtliche Portokosten, Kosten für Boten, Telefonkosten usw.

2 **II. Auslagenhöhe. 1. Konkrete Entgelte.** Nach KV 32004 kann der Notar alle zu einem Vorgang entstandenen Entgelte, die für die Nutzung von Post- und Telekommunikationsdienstleistungen zu zahlen sind, in voller Höhe beanspruchen. Dabei besteht nach KV 32004 II generell ein Wahlrecht zwischen den tatsächlichen Kosten für Zustellungen und Einschreiben mit Rückschein oder die Pauschale iHv 3,50 EUR. Nicht erstattungsfähig sind die Kosten, die für die Geltendmachung der Kosten entstehen (zB Porto für Übersendung der Kostenrechnung).

3 **2. Pauschale.** Soweit keine Entgelte für Post- und Telekommunikationsdienstleistungen angefallen sind oder eine konkrete Abrechnung nach KV 32004 nicht erfolgen soll, kann alternativ auch die Pauschale für jedes notarielles Geschäft erhoben werden. Als ein Geschäft gilt ein notarielles Geschäft samt Vollzugs- und Betreuungstätigkeit. Gesondert abgerechnete Verwahrungstätigkeit stellt dagegen ein eigenständiges notarielles Geschäft dar (BT-Drs. 17/11471, 327). Die Höhe der Pauschale beträgt 20 Pro-

zent der (Gesamt)Gebühren. Ab einer Gebührenhöhe von 100 EUR ist die Pauschale auf einen Betrag von 20 EUR begrenzt.

III. Fälligkeit, Auslagenschuldner. Die Fälligkeit richtet sich nach § 10 Hs. 2. Der Auslagenschuldner bestimmt sich nach § 29 Nr. 1–3. 4

Nr.	Auslagentatbestand	Höhe
32006	**Fahrtkosten für eine Geschäftsreise bei Benutzung eines eigenen Kraftfahrzeugs für jeden gefahrenen Kilometer**	**0,42 €**
	Mit den Fahrtkosten sind die Anschaffungs-, Unterhaltungs- und Betriebskosten sowie die Abnutzung des Kraftfahrzeugs abgegolten.	
32007	**Fahrtkosten für eine Geschäftsreise bei Benutzung eines anderen Verkehrsmittels, soweit sie angemessen sind**	**in voller Höhe**
32008	**Tage- und Abwesenheitsgeld bei einer Geschäftsreise**	
	1. von nicht mehr als 4 Stunden	**30,00 €**
	2. von mehr als 4 bis 8 Stunden	**50,00 €**
	3. von mehr als 8 Stunden	**80,00 €**
	Das Tage- und Abwesenheitsgeld wird nicht neben der Gebühr 26 002 oder 26 003 erhoben.	
32009	**Sonstige Auslagen anlässlich einer Geschäftsreise, soweit sie angemessen sind**	**in voller Höhe**

I. Systematik, Normzweck. Die Vorschriften entsprechen teilweise VV 7003 ff. Die Reisekosten für Beurkundungen außerhalb der Geschäftsstelle fallen unter KV 32006 ff., dagegen nicht die Reisekosten für Tätigkeiten nach KV 26002, 26003. 1

Wie beim Anwalt nach VV 7003–7006 dient der pauschalierte Auslagenersatz nach KV 32006 ff. dazu, eine mögliche Missbrauchsgefahr zu bannen und zugleich dem Notar die würdegemäße Handhabung seiner Amtspflichten zu ermöglichen, um den Interessen sowohl des Notars als auch seines Auftraggebers gerecht zu werden. Der Notar soll jedem Einzelauftrag seine volle Arbeitskraft widmen. Er hat aber die Pflicht zur Unparteilichkeit. Seine Stellung ist einem Staatsorgan immerhin angenähert. Er darf und muss darauf achten, auch einmal ein aufwendigeres, weil schnelleres oder erträglicheres Reisemittel zu wählen, um auch für andere Auftraggeber ausreichend verfügbar zu bleiben. Das alles sollte bei der Auslegung mit beachtet werden. 2

II. Geschäftsreise. Eine Reisekostenerstattung erfolgt, sofern der Notar → Rn. 4 eine Geschäftsreise → Rn. 5 im Auftrag eines Beteiligten → Rn. 6 unternommen hat. 3

1. Notar. Es muss sich um einen Notar und nicht um einen Angestellten des Notars handeln. Die Kosten für eine Reise eines Notarangestellten sind nicht über KV 32006 ff., sondern nur über KV 32015 erstattungsfähig, soweit dessen Voraussetzungen vorliegen. 4

2. Geschäftsreise. Der Notar muss eine Geschäftsreise ausgeführt haben. Sie liegt nach der Vorb. 3.2 II dann vor, wenn das **Reiseziel** außerhalb derjenigen Gemeinde liegt, in der sich nach § 10 BNotO der Amtssitz oder die Wohnung des Notars befindet. Beim auswärtigen Sprechtag usw. gilt § 87. **Wohnung** ist der beim Einwohnermeldeamt angegebene Erst- wie Zweitwohnsitz. Für den Begriff der Gemeinde ist auf die politische Gemeinde abzustellen. Verkehrskosten jeder Art innerhalb der Gemeinde sind allgemeine Geschäftsunkosten und nur über KV 32015 erstattungsfähig, soweit dessen Voraussetzungen vorliegen. Insbesondere ist innerhalb desselben Orts unabhängig von seiner Größe auch die Fahrt zwischen dem Büro oder der Wohnung und dem Gericht oder der Behörde **keine Geschäftsreise.** Wohl aber kann eine Entschädigung für eine Reise zu einer auswärtigen Zweigstelle des Gerichts oder zu einem Gerichtstag entstehen. Bei einer Änderung des Gemeindegebiets kann sich auch der Amtssitz ändern (OLG Hamm DNotZ 1978, 758). Soweit der Notar als 5 ein **Zeuge oder Sachverständiger** reist, entsteht keine Entschädigung nach KV 32006 ff., sondern eine solche nach dem JVEG. Das gilt auch insoweit, als er über seine Wahrnehmungen als Notar aussagen soll.

6 **3. Auftrag.** Der Notar muss die Geschäftsreise gerade im Auftrag eines Beteiligten unternommen haben, insbsd. eine Reise zur Wohnung des Beteiligten oder ins Krankenhaus, wenn der Beteiligte die Amtsstelle des Notars nicht aufsuchen kann. Ein ausdrücklicher Reiseauftrag braucht nur insoweit vorzuliegen, als sich die Notwendigkeit der Reise nicht schon aus der Art des Grundauftrags für den Beteiligten erkennbar ergeben hat. Im Zweifel entscheidet das objektive wohlverstandene Interesse des Beteiligten. Der Notar muss aber seine Tätigkeit für den Auftraggeber schon wegen § 21 so kostengünstig wie möglich abwickeln. Er muss daher evtl. vor dem Reiseantritt mit dem Auftraggeber darüber sprechen, ob er die Reise durchführen soll. Das gilt selbst dann, wenn der Notar die Reise für zweckmäßig hält und halten darf, solange eben nicht aus der Zweckmäßigkeit eindeutig eine Notwendigkeit dazu besteht.

7 **III. Auslagenhöhe.** Unter den Voraussetzungen → Rn. 3–6 entstehen die in KV 32006–32009 genannten Ersatzansprüche für die Geschäftsreise. Der Notar kann die Art des Verkehrsmittels nach seinem eigenen pflichtgemäßen Ermessen frei wählen. Kriterien im Rahmen der Ermessensausübung sind die Entfernung, die Dringlichkeit des notariellen Geschäfts, die Üblichkeit des gewählten Verkehrsmittels und die Zeitersparnis im Vergleich mit anderen Verkehrsmitteln. Bei **mehreren Geschäften** auf derselben Reise gilt → Rn. 12, auch wenn es sich teilweise um Notargeschäfte, teilweise um Anwaltsgeschäfte handelt. Eine Vereinbarung über die Höhe der Reisekosten ist nach § 125 grundsätzlich unwirksam.

8 **1. Eigenes Kraftfahrzeug (KV 32006).** Bei der Benutzung eines eigenen Kraftfahrzeugs iSd § 1 II StVG entsteht die Fahrtkostenentschädigung iHv 0,42 EUR pro gefahrenem Kilometer. Die bloße Mitfahrt im fremden Kfz ist keine „Benutzung". Die Mitnahme eines Dritten ändert nichts an der „Benutzung". Maßgeblich ist die Haltereigenschaft zur Zeit der Geschäftsreise oder die tatsächliche Verfügungsgewalt. Das gilt etwa bei einer Benutzung des Kfz des Ehegatten. Parkkosten zählen zu KV 32009 → Rn. 11. Mit dem Auslagenersatz sind auch alle mit einem Kfz im Zusammenhang stehenden Kosten (zB Anschaffungskosten usw.) abgegolten.

9 **2. Andere Verkehrsmittel (KV 32007).** Bei einer Benutzung anderer Verkehrsmittel (zB Zug, öffentlicher Nahverkehr, Taxi) als des eigenen Kfz entsteht ein Anspruch auf eine Erstattung der tatsächlichen (nicht fiktiven) Aufwendungen, begrenzt durch das „Angemessene" → Rn. 6. Das ist grundsätzlich mehr als das unbedingt Notwendige und weniger als das durchaus Unnötige. Indessen kann zB der ein Milliardengeschäft betreuende Notar erheblich aufwendiger reisen als derjenige, der das Testament über einen Nachlass von 5.000 EUR aufsetzen soll. Im Rahmen der Vermeidung des Luxuriösen hat der Notar einen breiten Spielraum.

10 **3. Tage- und Abwesenheitsgeld (KV 32008).** Der Notar erhält die hier direkt genannten Beträge. Die Reisedauer errechnet sich ab dem und bis zum Amtssitz oder seiner Wohnung. Das gilt auch an einem Sonn- oder Feiertag. **Unanwendbar** ist KV 32008 neben KV 26002 oder 26003. Damit kann KV 32008 nur für die Aufnahme eines Wechsel- oder Scheckprotests, die Aufnahme eines Vermögensverzeichnisses oder die Tätigkeit als zweiter Notar beansprucht werden.

11 **4. Sonstige Auslagen (KV 32009).** Der Notar erhält „angemessene" Übernachtungskosten ersetzt, ferner zB Parkkosten, Maut-, Fährgebühren.

12 **5. Mehrheit von Geschäften.** Die Kosten einer Geschäftsreise, mit der mehrere notarielle Geschäfte erledigt werden, sind gem. KV Vorb. 3 auf diese Vorgänge zu verteilen. Dabei stehen für die Verrechnung die Anwalts- und Notargeschäfte gleich.

13 **IV. Fälligkeit, Auslagenschuldner.** Die Fälligkeit richtet sich nach § 10 Hs. 2. Auslagenschuldner bestimmt sich nach § 29 Nr. 1–3.

Nr.	Auslagentatbestand	Höhe
32010	**An Dolmetscher, Übersetzer und Urkundszeugen zu zahlende Vergütungen sowie Kosten eines zugezogenen zweiten Notars ......**	**in voller Höhe**

I. Anwendungsbereich. Die Vorschrift setzt voraus, dass der Notar an einen Dolmetscher, Übersetzer oder Urkundszeugen eine Vergütung gezahlt oder beim zweiten Notar dessen gesetzlichen Gebühren und Auslagen ersetzt hat. 1

II. Auslagenhöhe. Der Auslagenschuldner muss denjenigen Betrag ersetzen, den der Notar jeweils zu zahlen verpflichtet war. Dieser Betrag ergibt sich beim Dolmetscher, Übersetzer und Urkundszeugen aus dem JVEG und beim zweiten Notar aus dem GNotKG. 2

III. Fälligkeit, Auslagenschuldner. Die Fälligkeit richtet sich nach § 10 Hs. 2. Auslagenschuldner bestimmt sich nach § 29 Nr. 1–3. 3

Nr.	Auslagentatbestand	Höhe
32011	**Nach dem JVKostG für den Abruf von Daten im automatisierten Abrufverfahren zu zahlende Beträge ....**	**in voller Höhe**

I. Anwendungsbereich. Die Vorschrift knüpft an § 1 II Nr. 4, 5 JVKostG (automatisiertes Abrufverfahren in Grundbuchangelegenheiten, Handelsregisteranlegenheiten usw.) an. 1

II. Auslagenhöhe. Der Auslagenschuldner muss diejenigen Beträge erstatten, die sich aus dem JVKostG (vgl. KV 1140 ff., 1150 ff. JVKostG) ergeben, soweit es um einen Abruf im dortigen automatisierten Abrufverfahren geht. 2

III. Fälligkeit, Auslagenschuldner. Da Auslagen des Notars nach § 10 Hs. 2 sofort nach ihrer Entstehung fällig werden, kommt es auf den Zeitpunkt der Entstehung nach §§ 6, 7 JVKostG an. Mangels sofortiger Begleichung über ein elektronisches Bezahlsystem nach § 6 II Hs. 2 JVKostG werden Abrufkosten nach § 6 II JVKostG jeweils am 15. Tag des auf den Abruf bzw. Übermittlung folgenden Monats fällig. Auslagenschuldner bestimmt sich nach § 29 Nr. 1–3. 3

Nr.	Auslagentatbestand	Höhe
32012	**Im Einzelfall gezahlte Prämie für eine Haftpflichtversicherung für Vermögensschäden, wenn die Versicherung auf schriftliches Verlangen eines Beteiligten abgeschlossen wird .**	**in voller Höhe**

I. Normzweck. Die Norm regelt wie KV 32013 die Erstattungsfähigkeit einer für ein bestimmtes Geschäft abgeschlossene Haftpflichtversicherung. 1

II. Anwendungsbereich. Die Vorschrift übernimmt anders als KV 32013 nicht die dortige Begrenzung auf mehr als 60 Millionen EUR. Dafür erfordert KV 32012 ein schriftliches Verlangen eines Beteiligten an den Notar, eine Haftpflichtversicherung für diesen Einzelfall abzuschließen. Wenn der Notar selbst ohne das Verlangen eines Beteiligten die Versicherung abschließt, so erfolgt kein Prämienersatz, auch nicht bei sehr hohem Geschäftswert. 2

Beteiligt ist jeder, für den die Tätigkeit des Notars gerade in dieser Angelegenheit irgendeine nicht völlig unbedeutende rechtliche und/oder wirtschaftliche Auswirkung hat **und** der auf diese Tätigkeit irgendeinen nicht völlig unerheblichen Miteinfluss nehmen kann. Anders würde man den Kreis derer, von denen der Notar ein schriftliches Verlangen für den Prämienersatz erbitten müsste, nicht mehr brauchbar ausweiten müssen. 3

III. Auslagenhöhe. Derjenige Beteiligte, der die Versicherung schriftlich verlangt hatte, muss die Prämie nur in der gerade für diesen Einzelfall gezahlten Höhe voll 4 ersetzen. **Nicht** ersetzbar ist die Prämie einer **generell** abgeschlossenen Haftpflichtversicherung. Diese zählt zu den allgemeinen Geschäftskosten. Das gilt auch dann, wenn die allgemein abgeschlossene Versicherung im Prämienzeitraum nur wegen eines einzigen Falls zahlungspflichtig war oder werden könnte.

5 **IV. Fälligkeit, Auslagenschuldner.** Die Fälligkeit richtet sich nach § 10 Hs. 2. Auslagenschuldner ist nur derjenige Beteiligte, der die Versicherung schriftlich verlangt hatte, nach § 29 Nr. 1.

Nr.	Auslagentatbestand	Höhe
32013	**Im Einzelfall gezahlte Prämie für eine Haftpflichtversicherung für Vermögensschäden, soweit die Prämie auf Haftungsbeträge von mehr als 60 Mio. € entfällt und wenn nicht Nummer 32 012 erfüllt ist** .... **Soweit sich aus der Rechnung des Versicherers nichts anderes ergibt, ist von der Gesamtprämie der Betrag zu erstatten, der sich aus dem Verhältnis der 60 Mio. € übersteigenden Versicherungssumme zu der Gesamtversicherungssumme ergibt.**	**in voller Höhe**

1 **I. Normzweck.** Die Norm regelt wie KV 32012 die Erstattungsfähigkeit einer für ein bestimmtes Geschäft abgeschlossene Haftpflichtversicherung. Vorschrift gilt gegenüber KV 32012 nur hilfsweise.

2 **II. Anwendungsbereich.** Sie erfasst nur eine solche Prämie einer Einzelfallversicherung, die auf eine Haftung von mehr als 60 Millionen EUR entfällt. Maßgebend ist nicht der Geschäftswert des durch die Versicherung abgedeckten Geschäfts, sondern die konkrete Versicherungshöhe. Anders als KV 32012 setzt sie aber kein schriftliches Verlangen eines Beteiligten nach einer Haftpflichtversicherung voraus. Zum Problem Haeder DNotZ 2004, 406.

3 **III. Auslagenhöhe.** Der Auslagenschuldner muss die Prämie nur in der gerade für diesen Einzelfall gezahlten Höhe und selbst dann nach der Anm. nur teilweise ersetzen. Abrechnungsfähig ist nur der Teil der Prämie, der auf den Versicherungsbetrag über 60 Millionen EUR entfällt. Dieser Betrag sollte sich aus der Rechnung der Versicherung ergeben, andernfalls muss der Notar seine Rechnung genau abfassen. Nicht ersetzbar ist die Prämie einer generell abgeschlossenen Haftpflichtversicherung wie bei → KV 32012 Rn. 1, 3.

4 **IV. Fälligkeit, Auslagenschuldner.** Die Fälligkeit richtet sich nach § 10 Hs. 2. Auslagenschuldner ist man nach § 29 Nr. 1–3.

Nr.	Auslagentatbestand	Höhe
32014	**Umsatzsteuer auf die Kosten** .... **Dies gilt nicht, wenn die Umsatzsteuer nach § 19 Abs. 1 UStG unerhoben bleibt.**	**in voller Höhe**

1 **I. Normzweck.** Die Norm regelt die Erstattungsfähigkeit der Umsatzsteuer.

2 **II. Anwendungsbereich.** Der Notar ist als Freiberufler umsatzsteuerpflichtig (Reich DNotZ 2004, 95), sofern eine Umsatzsteuer nicht nach dem UStG entfällt. Sie entfällt etwa bei einer Tätigkeit für einen Auftraggeber mit dem Sitz außerhalb des Erhebungsgebiets (OLG Hamburg MDR 1982, 857 (zu VV 7008)). Sie entfällt ferner nach der Anm., sofern der Notar zu den nicht optierenden und deshalb auch von der Möglichkeit eines Vorsteuerabzugs ausgeschlossenen Kleinunternehmern nach § 19 I UStG gehört. Eine Anwaltsgemeinschaft ist wegen der Notargeschäfte eines Mitglieds im vorgenannten Umfang umsatzsteuerpflichtig. Soweit der Notar

nicht umsatzsteuerpflichtig ist, darf er auch keinen Ausgleichsbetrag früheren Rechts fordern.

III. Auslagenhöhe. Die Umsatzsteuer ist in voller Höhe zu ersetzen. Die Steuer beträgt seit 1.1.2007 **19 %** (bzw. **16 %** in der Zeit vom 1.7.2020 bis 31.12.2020, vgl. § 28 I UStG), soweit der Notar überhaupt bei einem von seiner etwaigen Anwaltstätigkeit getrennt ermittelbaren Umsatz gerade als Notar oder sog. optierender Kleinunternehmer umsatzsteuerpflichtig ist und soweit er „nur" freiberuflich tätig ist. Sie entsteht mit der Ausnahme von → Rn. 5 für alle typischen wie atypischen Leistungen, die der Notar gegen Entgelt erbringt. 3

Die Umsatzsteuer entsteht auch auf die **Auslagen,** nicht aber auf die sog. **durchlaufenden Posten** im Namen und für die Rechnung eines Dritten wie zB Gerichtskosten (*Reetz/Beus* RNotZ 2004, 322 → KV 32015 Rn. 6). Grundbuch- und Registerabrufgebühren → KV 32011 Rn. 1 ff. sind keine durchlaufende Posten, wenn bei Abruf nicht das Handeln namens der Beteiligten zum Ausdruck gebracht wird. Keine Umsatzsteuer entsteht für Verzugszinsen auf Notarkosten. 4

Die Steuer beträgt auch seit 1.1.2007 unverändert **nur 7 %** (bzw. **5 %** in der Zeit vom 1.7.2020 bis 31.12.2020, vgl. § 28 II UStG), soweit der Notar eine solche Leistung erbringt, die zumindest auch und nicht nur völlig der freiberuflichen Tätigkeit untergeordnet ein nach dem UrhG geschütztes Werk darstellt, § 12 II Nr. 7c UStG. Ein solches Werk liegt allerdings bei einer Notartätigkeit kaum je vor. **Infrage kommt** für nur 7 % zB ein wissenschaftlich begründetes Gutachten nach Art von → RVG § 34 Rn. 3. Das gilt auch dann, wenn der Notar es im Auftrag des Mandanten für eine solche Auseinandersetzung erstattet, für die er im Übrigen eine Vergütung nach dem GNotKG oder als Anwalt ein Honorar nach dem RVG erhält. § 45 I UrhG steht nicht entgegen. Für den Steuersatz ist stets die Fälligkeit nach § 7 maßgeblich (OLG München JurBüro 1978, 1806). 5

IV. Kostenrechnung. Der Notar muss die Umsatzsteuer in seine Kostenberechnung nach § 19 II Nr. 2 mitaufnehmen, schon damit der Auftraggeber sie evt. als Vorsteuer absetzen kann (FG Nürnberg EFG 1991, 50). Zusätzlich sind die Vorgaben nach § 14 II, IV 1 UStG, § 14b UStG und § 31 II UStGV zu beachten. 6

V. Fälligkeit, Auslagenschuldner. Die Fälligkeit richtet sich nach § 10 Hs. 2 iVm §§ 13, 16 UStG Auslagenschuldner bestimmt sich nach § 29 Nr. 1–3. 7

Nr.	Auslagentatbestand	Höhe
32015	**Sonstige Aufwendungen ....** **[1] Sonstige Aufwendungen sind solche, die der Notar aufgrund eines ausdrücklichen Auftrags und für Rechnung eines Beteiligten erbringt.** **[2] Solche Aufwendungen sind insbesondere verauslagte Gerichtskosten und Gebühren in Angelegenheiten des Zentralen Vorsorge- oder Testamentsregisters sowie des Elektronischen Urkundenarchivs.**	**in voller Höhe**

I. Normzweck. Die Vorschrift regelt den Ersatz von Aufwendungen, die noch nicht in KV 32000–32014 erfasst sind, da der Notar soll alle wirklichen Auslagen ersetzt bekommen soll. 1

II. Anwendungsbereich. Der Notar kann einen nicht nach anderen Bestimmungen möglichen Auslagenersatz nur insoweit fordern, als er gerade auf Grund eines sogar „ausdrücklichen" Auftrags und gerade für Rechnung eines Beteiligten handelte. 2

Unanwendbar ist KV also zB insoweit, als der Notar über das nach einem Auftrag Sinnvolle oder gar Notwendige eindeutig nicht ganz unerheblich hinausging oder als er ganz auftragslos handelte. Ihm ist ein pflichtgemäßes, aber nicht gar zu enges Ermessen zu zu billigen. Er muss mindestens ebenso wie ein Anwalt diejenige Behandlung wählen, die das geringste Risiko nicht nur für den eigentlichen Auftraggeber bedeutet, sondern auch für die übrigen an seiner unparteiischen Amtshandlung 3 rechtlich oder direkt wirtschaftlich Beteiligten zB nach §§ 7, 8 FamFG. In solchem Umfang muss er zumindest Auslagenersatz fordern können.

4 **III. Auslagenhöhe. 1. Gerichtskosten.** Ersetzbar sind nach der Anm. S. 2 Hs. 1 die auftragsgemäß verauslagten Gerichtskosten in deren tatsächlich erbrachter und dem Notar bisher nicht zurückgezahlter Höhe (zB Gerichtskosten für Erteilung einer Apostille oder Legalisation).

5 **2. Vorsorge-/Testaments-/Transparenzregister, Urkundenarchiv.** Ersetzbar sind nach der Anm. S. 2 Hs. 2 die verauslagten Gebühren, vgl. §§ 1 ff. ZTR-GebS, §§ 1 ff. VRegGebS, §§ 1 ff. TrGebV, § 78j II 1 Nr. 1 BNotO. Nicht zu den erstattbaren Auslagen gehört die dem Notar obliegende Gebühr für die Führung des Verwahrungsverzeichnisses (§ 78j II 1 Nr. 2 BNotO).

6 **IV. USt.** Die Aufwendungen werden als durchlaufender Posten in der Kostenrechnung ausgewiesen und unterliegen nicht der Umsatzsteuer nach KV 32014 → KV 32014 Rn. 4.

7 **V. Fälligkeit, Auslagenschuldner.** Die Fälligkeit richtet sich nach § 10 Hs. 2. Auslagenschuldner bestimmt sich nach § 29 Nr. 1–3.

Nr.	Auslagentatbestand	Höhe
32016	**Pauschale für die Inanspruchnahme des Videokommunikationssystems der Bundesnotarkammer (§ 78p BNotO):**	
	1. für die Beglaubigung einer qualifizierten elektronischen Signatur	**8,00 €**
	2. für das Beurkundungsverfahren	**25,00 €**
	Erfolgt die Beglaubigung mehrerer qualifizierter elektronischer Signaturen in einem einzigen Vermerk, entsteht die Pauschale nur einmal.	

1 **I. Normzweck.** Die Vorschrift regelt den (pauschalen) Ersatz für die Inanspruchnahme des Videokommunikationssystems der Bundesnotarkammer (§ 78p BNotO) und unterscheidet hinsichtlich der Gebührenhöhe zwei Varianten.

2 **II. Anwendungsbereich.** Der Notar kann für die Inanspruchnahme des Videokommunikationssystems der Bundesnotarkammer für die Beglaubigung einer qualifizierten elektronischen Signatur oder für das Beurkundungsverfahren die in der KV geregelte Pauschale abrechnen.

3 **III. Auslagenhöhe.** Für die Beglaubigung einer qualifizierten elektronischen Signatur entsteht die niedrigere Pauschale und für das Beurkundungsverfahren die Pauschale in Höhe von 25 EUR.

4 **IV. Fälligkeit, Auslagenschuldner.** Die Fälligkeit richtet sich nach § 10 Hs. 2. Auslagenschuldner bestimmt sich nach § 29 Nr. 1–3.

V. Verfahren in Landwirtschaftssachen

Gesetz über das gerichtliche Verfahren in Landwirtschaftssachen (LwVG)

Vom 21.7.1953 (BGBl. I 667)

FNA 317-1

Zuletzt geändert durch Art. 8 Gesetz vom 27.8.2017 (BGBl. I 3295)

(Auszug)

Erster Abschnitt. Sachliche Zuständigkeit und Einrichtung der Gerichte

[Sachliche Zuständigkeit]

1 Die Bestimmungen dieses Gesetzes gelten in den Verfahren auf Grund der Vorschriften über

1. die Anzeige und Beanstandung von Landpachtverträgen im Landpachtverkehrsgesetz vom 8. November 1985 (BGBl. I S. 2075) und über den Landpachtvertrag in den Fällen des § 585b Abs. 2, der §§ 588, 590 Abs. 2, des § 591 Abs. 2 und 3, der §§ 593, 594d Abs. 2 und der §§ 595 und 595a Abs. 2 und 3 des Bürgerlichen Gesetzbuchs,

1a. den Landpachtvertrag im übrigen,

2. die rechtsgeschäftliche Veräußerung, die Änderung oder Aufhebung einer Auflage, die gerichtliche Zuweisung eines Betriebes sowie die Festsetzung von Zwangsgeld im Grundstückverkehrsgesetz vom 28. Juli 1961 (Bundesgesetzbl. I S. 1091),

3. Einwendungen gegen das siedlungsrechtliche Vorkaufsrecht in § 10 des Reichssiedlungsgesetzes,

4. die Aufhebung von Pacht- und sonstigen Nutzungsverhältnissen sowie die Inanspruchnahme von Gebäuden oder Land in §§ 59 und 63 Abs. 3 und 4 des Bundesvertriebenengesetzes in der Fassung der Bekanntmachung vom 3. September 1971 (BGBl. I S. 1565, 1807), ferner die Festsetzung des Ersatzanspruchs und der Entschädigung nach § 7 Abs. 2 des Gesetzes zur Ergänzung des Reichssiedlungsgesetzes in der im Bundesgesetzblatt Teil III, Gliederungsnummer 2331-2, veröffentlichten bereinigten Fassung,

5. das Anerbenrecht einschließlich der Versorgungsansprüche bei Höfen, Hofgütern, Landgütern und Anerbengütern,

6. Angelegenheiten, die mit der Aufhebung der früheren Vorschriften über Erbhöfe zusammenhängen,

jedoch in den in den Nummern 5 und 6 bezeichneten Verfahren nur, soweit die beim Inkrafttreten dieses Gesetzes für diese geltenden oder die künftig erlassenen Vorschriften die Zuständigkeit von Gerichten mit ehrenamtlichen Richtern vorsehen.

Schrifttum: Düring/Martinez, Agrarrecht, 2. Aufl. 2022; Ernst, LwVG, 9. Aufl. 2019; Felix, Gerichtskosten und Wertbestimmung in Landwirtschaftssachen, JurBüro 2017, 452; Lüdtke-Handjery/Haarstrich, Landpachtrecht, 5. Aufl. 2022; Lüdtke-Handjery/v. Jeinsen, HöfeO, 11. Aufl. 2015; Madert, Rechtsanwaltsgebühren und Gegenstandswert in gerichtlichen Verfahren in Landwirtschaftssachen, AnwBl 1983, 5; v. Selle/Huth, LwVG, 2017; Seutemann, Landwirtschaftssachen, 2020; Steffen/Ernst, Höfeordnung mit Höfeverfahrensordnung, 4. Aufl. 2015.

1 **I. Allgemeines.** Die in § 1 bezeichneten Verfahren sind sog. Landwirtschaftssachen, die in die Zuständigkeit der **Landwirtschaftsgerichte** (§ 2) fallen. Im ersten Rechtszug zuständig ist das AG als Landwirtschaftsgericht, als Rechtsmittelgerichte sind die Senate für Landwirtschaftssachen bei den OLG bzw. dem BGH zuständig; besetzt sind die Spruchkörper außer mit Richtern des jeweiligen Gerichts zusätzlich mit zwei ehrenamtlichen Richtern (selbständige Landwirte, § 4 III Nr. 1). Das LwVG unterscheidet dabei zwei Arten von Verfahren:

2 Mit Ausnahme der in § 1 Nr. 1a genannten Verfahren handelt es sich um **Landwirtschaftssachen der freiwilligen Gerichtsbarkeit** (§ 9). Auf diese Verfahren sind nach § 9 die (das Verfahren der freiwilligen Gerichtsbarkeit betreffenden) Vorschriften des **FamFG** sinngemäß anzuwenden, soweit die §§ 10–45 keine besonderen Regelungen enthalten. Sog. Höfesachen nach der (in Hamburg, Niedersachsen, Nordrhein-Westfalen und Schleswig-Holstein geltenden) HöfeO (idF der Bek. v. 26.7.1976, BGBl. I 1933, zuletzt geändert durch Art. 24 Gesetz v. 20.11.2015, BGBl. I 2010) und der HöfeVfO (idF der Bek. v. 29.3.1976, BGBl. I 881, 885; 1977 I S. 288, zuletzt geändert durch Art. 25 Gesetz v. 20.11.2015, BGBl. I 2010) sind Anerbensachen iSd § 1 Nr. 5 (die nach § 1 aE erforderliche Zuständigkeit von Gerichten mit ehrenamtlichen Richtern ergibt sich aus § 18 HöfeO); § 1 I HöfeVfO verweist zusätzlich auf die Anwendung des LwVG. Gleiches gilt für Verfahren nach dem BbgHöfeOG (v. 19.6.2019, GVBl. I Nr. 28), vgl. § 18 BbgHöfeOG (für Verfahren nach den landesrechtlichen Höferegelungen in Baden-Württemberg, Bremen, Hessen und Rheinland-Pfalz gilt dies nur eingeschränkt, vgl. v. Selle/Huth LwVG § 1 Rn. 239 ff.; Ernst LwVG § 1 Rn. 143 ff.).

3 Die in § 1 Nr. 1a genannten „übrigen" Landpachtsachen sind hingegen **streitige Landwirtschaftssachen,** auf die nach § 48 I 1 die **ZPO** (mit den in der Vorschrift genannten Besonderheiten) anzuwenden ist.

4 Entspr. gelten die Verfahrensvorschriften des LwVG für Verfahren nach dem **LwAnpG** (§ 65 LwAnpG) und für Verfahren über die **Beanstandung von Jagdpachtverträgen** (§ 12 III 3 BJagdG; das Landwirtschaftsgericht entscheidet aber ohne die ehrenamtlichen Richter).

5 **II. Gerichtskosten.** In Landwirtschaftssachen der **freiwilligen Gerichtsbarkeit** werden aufgrund der entspr. Geltung des FamFG (→ Rn. 2) Kosten nach dem **GNotKG** erhoben (zu Höfesachen vgl. außerdem § 1 II Nr. 9 GNotKG). Dieses enthält für bestimmte Verfahren eine besondere Wertvorschrift (§ 76 GNotKG); besondere Gebührentatbestände sind in KV 15110–15141 GNotKG geregelt. Gem. § 60 III 2 fortgeltende Vorschriften über die Höhe des Geschäftswertes und der gerichtlichen Kosten haben für Verfahren vor den Landwirtschaftsgerichten keine Bedeutung, weil es Vorschriften im Sinne des Buchst. b) nicht mehr gibt (v. Selle/Huth LwVG § 60 Rn. 3; Ernst LwVG § 60 Rn. 3) und die in Buchst. a) genannten landesrechtlichen Anerbensachen idR nicht unter das LwVG fallen (→ Rn. 2). Nach § 42 steht es im Ermessen des Gerichts, bei Vorliegen besonderer Gründe von einer Kostenerhebung ganz oder teilweise abzusehen (§ 21 GNotKG geht aber als zwingende Vorschrift vor, v. Selle/Huth LwVG § 42 Rn. 2; Ernst LwVG § 42 Rn. 2).

6 In **streitigen Landwirtschaftssachen** werden aufgrund der Verweisung auf die ZPO (→ Rn. 3) Kosten nach dem **GKG** erhoben (→ GKG § 1 Rn. 15). Insoweit gelten keine Besonderheiten.

7 Bei **Abgabe** eines Verfahrens vom Prozess- an das Landwirtschaftsgericht oder umgekehrt (§ 12) gilt für die Gerichtskosten § 5 I 2 GNotKG bzw. § 4 GKG entspr. (→ GKG § 4 Rn. 9).

8 **III. Anwaltsvergütung.** In den Verfahren vor dem AG als Landwirtschaftsgericht und in Landwirtschaftssachen der freiwilligen Gerichtsbarkeit auch vor dem OLG können sich die Beteiligten (u. a.) durch einen Rechtsanwalt vertreten lassen (§ 9 iVm § 10 II 1 FamFG bzw. § 48 I 1 iVm § 79 II 1 ZPO); vor dem OLG in streitigen Landwirtschaftssachen und stets vor dem BGH besteht nach Maßgabe von § 9 iVm § 10 IV FamFG bzw. § 48 I 1 iVm § 78 I ZPO Vertretungszwang. Die Vergütung eines als Verfahrens- bzw. Prozessbevollmächtigten richtet sich als anwaltliche Tätigkeit nach dem **RVG** (§ 1 I 1 RVG); für die Vertretung in Verfahren gelten die VV 3100 ff. RVG.

IV. Kostenerstattung. Wer die Kosten zu tragen hat, ist in Landwirtschaftssachen der freiwilligen Gerichtsbarkeit gem. §§ 44, 45 nach billigem Ermessen vom Landwirtschaftsgericht zu entscheiden. In streitigen Landwirtschaftssachen richtet sich die Kostenentscheidung nach den Vorschriften der §§ 91 ff. ZPO (§ 48 I 1). Welche Kosten von dem zur Kostentragung Verpflichteten zu erstatten sind und das Kostenfestsetzungsverfahren richtet sich nach den §§ 80, 85 FamFG bzw. den §§ 91, 103 ff. ZPO. 9

V. Verfahrens- Prozesskostenhilfe. Für die Gewährung von Verfahrens- bzw. Prozesskostenhilfe gelten in Verfahren vor den Landwirtschaftsgerichten aufgrund der Verweisungen in §§ 9, 48 I 1 die entspr. Vorschriften in FamFG (§§ 76–78 FamFG) und ZPO (§§ 114–127 ZPO). 10

[Rechtsweg; Besetzung der Gerichte]

2 **I 1In den in § 1 bezeichneten Verfahren sind im ersten Rechtszug die Amtsgerichte als Landwirtschaftsgerichte zuständig. 2Die Zuständigkeit ist auch in bürgerlichen Rechtsstreitigkeiten des § 1 Nr. 1a ausschließlich. 3Im zweiten Rechtszug sind die Oberlandesgerichte, im dritten Rechtszug der Bundesgerichtshof zuständig.**

II Soweit dieses Gesetz nichts anderes bestimmt, ist
das Amtsgericht in der Besetzung von einem Richter beim Amtsgericht als Vorsitzenden und zwei ehrenamtlichen Richtern,
das Oberlandesgericht in der Besetzung von drei Mitgliedern des Oberlandesgerichts mit Einschluß des Vorsitzenden und zwei ehrenamtlichen Richtern,
der Bundesgerichtshof in der Besetzung von drei Mitgliedern des Bundesgerichtshofes mit Einschluß des Vorsitzenden und zwei ehrenamtlichen Richtern
tätig.

→ § 1 Rn. 1 ff.

3-8 *(nicht abgedruckt)*

Zweiter Abschnitt. Landwirtschaftssachen der freiwilligen Gerichtsbarkeit

[Entsprechende Anwendung des FamFG]

9 **Soweit dieses Gesetz nichts anderes bestimmt, sind in Angelegenheiten des § 1 Nr. 1 und Nr. 2 bis 6 die Vorschriften des Gesetzes über das Verfahren in Familiensachen und in den Angelegenheiten der freiwilligen Gerichtsbarkeit sinngemäß anzuwenden.**

→ § 1 Rn. 1 ff.

10-11 *(nicht abgedruckt bzw.* ***aufgehoben****)*

[Abgabe an zuständiges Gericht]

12 **I 1Hält das Gericht sich für unzuständig, so hat es die Sache an das zuständige Gericht abzugeben. 2Der Abgabebeschluß kann nach Anhörung der Beteiligten ohne mündliche Verhandlung ergehen. 3Er ist für das**

in ihm bezeichnete Gericht bindend. [4] Im Falle der Abgabe an ein Gericht der streitigen Gerichtsbarkeit gilt die Rechtshängigkeit der Sache in dem Zeitpunkt als begründet, in dem der bei dem für Landwirtschaftssachen zuständigen Gericht gestellte Antrag dem Beteiligten bekanntgemacht worden ist, der nach der Abgabe Beklagter ist. [5] § 167 der Zivilprozeßordnung ist entsprechend anzuwenden.

II [1] Wird in einem Rechtsstreit eine Angelegenheit des § 1 Nr. 1 oder Nr. 2 bis 6 anhängig gemacht, so hat das Prozeßgericht die Sache insoweit an das für Landwirtschaftssachen zuständige Gericht abzugeben. [2] Absatz 1 Satz 2, 3 ist anzuwenden.

→ § 1 Rn. 1 ff.

[Bevollmächtigte, Beistände]

13 **I [1] Als Bevollmächtigte sind, soweit eine Vertretung durch Rechtsanwälte nicht geboten ist, auch berufsständische Vereinigungen der Landwirtschaft für ihre Mitglieder vertretungsbefugt. [2] Sie handeln durch ihre Organe und mit der Verfahrensvertretung beauftragten Vertreter.**

II [1] Ehrenamtliche Richter dürfen nicht als Bevollmächtigte vor einem Spruchkörper auftreten, dem sie angehören. [2] Das Gericht weist Bevollmächtigte, die nicht vertretungsbefugt sind, durch unanfechtbaren Beschluss zurück. [3] Verfahrenshandlungen eines nicht vertretungsbefugten Bevollmächtigten und Zustellungen oder Mitteilungen an diesen Bevollmächtigten sind bis zu seiner Zurückweisung wirksam. [4] Die Sätze 1 und 2 gelten für Beistände entsprechend.

→ § 1 Rn. 1 ff.

14-33 *(nicht abgedruckt bzw.* ***aufgehoben****)*

[Kostenentscheidung]

34 **Über die Kosten ist zugleich mit der Entscheidung über die Hauptsache zu entscheiden.**

→ § 1 Rn. 1 ff.

35-41 ***(aufgehoben)***

[Absehen von Kostenerhebung]

42 **[1] Aus besonderen Gründen kann das Gericht anordnen, daß von der Erhebung von Gerichtskosten ganz oder teilweise abgesehen wird. [2] Die Entscheidung kann nur gleichzeitig mit der Entscheidung in der Hauptsache ergehen.**

→ § 1 Rn. 1 ff.

43 ***(aufgehoben)***

[Kostentragungspflicht]

44 **I Sind an einem Verfahren mehrere Personen beteiligt, so hat das Gericht nach billigem Ermessen zu entscheiden, wer die Kosten zu tragen hat und wie sie zu verteilen sind.**

II Bei einem Verfahren, das von der nach Landesrecht zuständigen Behörde, der Genehmigungsbehörde, der übergeordneten Behörde (§ 32 Absatz 2) oder der Siedlungsbehörde eingeleitet ist oder auf ihrem Antrag oder ihrer Beschwerde beruht, ist nach billigem Ermessen darüber zu entscheiden, ob und inwieweit anderen am Verfahren Beteiligten die Kosten aufzuerlegen sind.

→ § 1 Rn. 1 ff.

[Erstattung außergerichtlicher Kosten]

45 **1 Bei der Entscheidung in der Hauptsache kann das Gericht anordnen, daß die außergerichtlichen Kosten ganz oder teilweise von einem unterliegenden Beteiligten zu erstatten sind. 2 Dies hat dann zu geschehen, wenn der Beteiligte die Kosten durch ein unbegründetes Rechtsmittel oder durch grobes Verschulden veranlaßt hat.**

→ § 1 Rn. 1 ff.

46, 47 *(aufgehoben)*

Dritter Abschnitt. Streitige Landwirtschaftssachen

[Abgrenzung zur ZPO und Rechtsmittelbelehrung]

48 **I 1 In bürgerlichen Rechtsstreitigkeiten des § 1 Nr. 1a findet die Zivilprozeßordnung Anwendung. 2 Jedoch treten die §§ 10 und 20 Abs. 1 und 2 dieses Gesetzes an die Stelle der entsprechenden Vorschriften der Zivilprozeßordnung; § 315 Abs. 1 Satz 1 der Zivilprozeßordnung gilt mit der Maßgabe, daß es der Unterschrift der ehrenamtlichen Richter nicht bedarf.**

II Die §§ 13 und 19 dieses Gesetzes sind entsprechend anzuwenden.

→ § 1 Rn. 1 ff.

49 *(aufgehoben)*

Vierter Abschnitt. Zusatz-, Übergangs- und Schlußbestimmungen

51–58 *(nicht abgedruckt)*

[Nicht unter § 1 fallende Vorschriften]

59 [1] **Soweit Vorschriften, die nach diesem Gesetz in Kraft bleiben oder von diesem Gesetz nicht berührt werden, bestimmen, daß für ein Verfahren, das nicht unter § 1 fällt, mit landwirtschaftlichen Beisitzern besetzte Gerichte zuständig sind, treten an die Stelle dieser Gerichte die entsprechenden nach den Vorschriften dieses Gesetzes besetzten Gerichte; ist bestimmt, daß an Stelle der landwirtschaftlichen Beisitzer andere Beisitzer mitwirken, so behält es dabei sein Bewenden.** [2] **Soweit nach den in Satz 1 bezeichneten Vorschriften für das Verfahren Bestimmungen gelten, die durch § 60 außer Kraft gesetzt werden, treten an deren Stelle die entsprechenden Vorschriften dieses Gesetzes.**

→ § 1 Rn. 1 ff.

[Inkrafttreten; aufgehobene Vorschriften]

60 I **Dieses Gesetz tritt am 1. Oktober 1953 in Kraft.**

II **Folgende Vorschriften treten außer Kraft:**

1. **bis 7. (entfallen)**
8. **§ 31 Abs. 2, §§ 32 bis 47, 54 der Badischen Durchführungsverordnung zum Kontrollratsgesetz Nr. 45 vom 11. Dezember 1948 (Badisches Gesetz- und Verordnungsblatt S. 217);**
9. **§ 32 Abs. 2, §§ 33 bis 48, 55 der Grundstücksverkehrs- und -bewirtschaftungs-Verordnung des Landes Rheinland-Pfalz vom 11. Dezember 1948 (Gesetz- und Verordnungsblatt der Landesregierung Rheinland-Pfalz S. 447);**
10. **(entfallen)**
11. **(entfallen)**
12. **§ 32 Abs. 2, §§ 33 bis 50, 57 des Ersten Ausführungsgesetzes des Landes Württemberg-Hohenzollern zum Kontrollratsgesetz Nr. 45 vom 2. Mai 1949 (Regierungsblatt für das Land Württemberg-Hohenzollern S. 143);**
13. **bis 16. (entfallen)**

jedoch gelten die in den Nummern 8, 9 und 12 bezeichneten Vorschriften außer im Verfahren nach dem Landpachtgesetz fort, soweit sie auf das Verfahren der Verwaltungsbezirke anzuwenden sind.

III [1] **Aufgehoben werden die bisher geltenden kostenrechtlichen Vorschriften, soweit sie für das Verfahren der Gerichte mit landwirtschaftlichen Beisitzern gelten, einschließlich der Vorschriften über Rechtsanwaltsgebühren.** [2] **Die bisher geltenden Vorschriften über die Höhe des Geschäftswertes und der gerichtlichen Kosten gelten jedoch fort**

a) **in den unter § 1 Nr. 5 fallenden Verfahren,**
b) **in den nicht unter § 1 fallenden Verfahren, die auf in Kraft bleibenden oder unberührt bleibenden Vorschriften beruhen (§ 50).**

→ § 1 Rn. 1 ff.

61 *(gegenstandslos)*

VI. Arbeitsgerichtliche Verfahren

1. Arbeitsgerichtsgesetz (ArbGG)

In der Fassung der Bekanntmachung vom 2.7.1979 (BGBl. I 853, ber. 1036)
FNA 320-1
Zuletzt geändert durch Art. 3 I Gesetz vom 4.1.2023 (BGBl. I Nr. 10)
(Auszug)

Beiordnung eines Rechtsanwalts, Prozeßkostenhilfe

11a **I Die Vorschriften der Zivilprozessordnung über die Prozesskostenhilfe und über die grenzüberschreitende Prozesskostenhilfe innerhalb der Europäischen Union nach der Richtlinie 2003/8/EG gelten in Verfahren vor den Gerichten für Arbeitssachen entsprechend.**

II Das Bundesministerium für Arbeit und Soziales wird ermächtigt, zur Vereinfachung und Vereinheitlichung des Verfahrens durch Rechtsverordnung mit Zustimmung des Bundesrates Formulare für die Erklärung der Partei über ihre persönlichen und wirtschaftlichen Verhältnisse (§ 117 Abs. 2 der Zivilprozeßordnung) einzuführen.

→ § 12a Rn. 11 ff.

Kosten

12 **1 Das Justizverwaltungskostengesetz und das Justizbeitreibungsgesetz gelten entsprechend, soweit sie nicht unmittelbar Anwendung finden. 2 Bei Einziehung der Gerichts- und Verwaltungskosten leisten die Vollstreckungsbehörden der Justizverwaltung oder die sonst nach Landesrecht zuständigen Stellen den Gerichten für Arbeitssachen Amtshilfe, soweit sie diese Aufgaben nicht als eigene wahrnehmen. 3 Vollstreckungsbehörde ist für die Ansprüche, die beim Bundesarbeitsgericht entstehen, die Justizbeitreibungsstelle des Bundesarbeitsgerichts.**

→ § 12a Rn. 14 ff.

Kostentragungspflicht

12a **I 1 In Urteilsverfahren des ersten Rechtszugs besteht kein Anspruch der obsiegenden Partei auf Entschädigung wegen Zeitversäumnis und auf Erstattung der Kosten für die Zuziehung eines Prozeßbevollmächtigten oder Beistandes. 2 Vor Abschluß der Vereinbarung über die Vertretung ist auf den Ausschluß der Kostenerstattung nach Satz 1 hinzuweisen. 3 Satz 1 gilt nicht für Kosten, die dem Beklagten dadurch entstanden sind, daß der Kläger ein Gericht der ordentlichen Gerichtsbarkeit, der allgemeinen Verwaltungsgerichtsbarkeit, der Finanz- oder Sozialgerichtsbarkeit angerufen und dieses den Rechtsstreit an das Arbeitsgericht verwiesen hat.**

II 1 Werden im Urteilsverfahren des zweiten und dritten Rechtszugs die Kosten nach § 92 Abs. 1 der Zivilprozeßordnung verhältnismäßig geteilt und ist die eine Partei durch einen Rechtsanwalt, die andere Partei durch einen Verbandsvertreter nach § 11 Abs. 2 Satz 2 Nr. 4 und 5 vertreten, so ist diese Partei hinsichtlich der außergerichtlichen Kosten so zu stellen, als wenn sie durch einen Rechtsanwalt vertreten worden wäre. 2 Ansprüche auf Erstattung stehen ihr jedoch nur insoweit zu, als ihr Kosten im Einzelfall tatsächlich erwachsen sind.

Schrifttum: Hansens, Der Ausschluss der Kostenerstattung in arbeitsgerichtlichen Verfahren, RVGReport 2008, 161; ders., Der Ausschluss der Kostenerstattung im Arbeitsgerichtsverfahren, RVGReport 2015, 401; Löw, Erstattungsfähigkeit von Anwaltskosten im arbeitsgerichtlichen Verfahren erster Instanz, MDR 2007, 637; Meier/Oberthür, Gebühren, Streitwerte und Rechtsschutzversicherung im Arbeitsrecht, 4. Aufl. 2016; Oberthür, Einschränkung der Kostenerstattung im arbeitsgerichtlichen Verfahren, ArbRB 2008, 189; Ostermeier, Die Erstattung vorprozessualer Anwaltskosten im Arbeitsrecht, NJW 2008, 551; R. Schaefer/M. Schaefer, Anwaltsgebühren im Arbeitsrecht, 6. Aufl. 2021; Schleusener/Kühn, Die Reichweite der Kostenpräklusion nach § 12a I ArbGG, NZA 2008, 147; Ziemann/Altenburg/Paschke, Streitwert und Kosten im Arbeitsrecht, 2. Aufl. voraussichtlich 2024.

1 **I. Allgemeines.** Bestimmte arbeitsrechtliche Streitigkeiten sind nach Maßgabe der §§ 2–4 den **Gerichten für Arbeitssachen** (ArbG, LAG, BAG) zugewiesen. Diese Zuweisung ist seit der Neufassung der §§ 17 ff. GVG durch Art. 2 4. VwGOÄndG vom 17.12.1990 (BGBl. I 2809 (2816 f.)) nicht (mehr) eine Frage der sachlichen Zuständigkeit, sondern des **Rechtswegs** (BAGE 83, 40 = NJW 1996, 2948; BGH NJW 1998, 909). Das Verfahren vor den Gerichten für Arbeitssachen wird durch das **ArbGG** geregelt, das an einigen Stellen ergänzend auf die ZPO verweist (vgl. insbes. §§ 11a I, 46 II, 46a, 77 S. 4, 78 S. 1, 79, 85). Dieses kennt zwei unterschiedliche Verfahrensarten, das (die in § 2 genannten bürgerlichen Rechtstreitigkeiten betreffende) **Urteilsverfahren** und das (die in § 2a genannten kollektivrechtlichen Streitigkeiten betreffende) **Beschlussverfahren.** Entscheidungen der Gerichte für Arbeitssachen betreffende **Zwangsvollstreckungsverfahren** richten sich im Wesentlichen nach der ZPO, § 62 II, so dass eine Zuständigkeit der Gerichte für Arbeitssachen nur in Betracht kommt, soweit es um Handlungen geht, die von der ZPO dem Prozessgericht zugewiesen sind (sonst Gerichtsvollzieher oder AG).

2 Besondere **kostenrechtliche Regelungen** enthält das ArbGG nur in den hier kommentierten **§§ 11a–12a.** Im Übrigen geltend die Bestimmungen des **GKG** (→ Rn. 3) und des **RVG** (→ Rn. 8) unmittelbar.

3 **II. Gerichtskosten.** Bis zum 30.6.2004 enthielt das ArbGG eine teilweise eigenständige Regelung der in Verfahren vor den Gerichten für Arbeitssachen anfallenden Gerichtskosten (§ 12 aF). Das KostRMoG (→ GKG Vor § 1 Rn. 16) hat diese Regelungen in das GKG übernommen. Seither ist auch auf arbeitsgerichtliche Verfahren nur das **GKG** anzuwenden, § 1 II Nr. 4 GKG (→ GKG § 1 Rn. 37). Das GKG differenziert zwischen dem Urteils- und dem Beschlussverfahren.

4 Für das **Urteilsverfahren** enthält das GKG besondere, in **KV Teil 8 GKG** aufgeführte (aus der früheren Anlage 1 zu § 12 aF übernommene) Gebührentatbestände, die zwar weitgehend parallel zu den in KV Teil 1 GKG geregelten Gebührentatbeständen für zivilrechtliche Verfahren vor den ordentlichen Gerichten ausgestaltet sind, aber geringere Gebühren vorsehen. Ferner fallen Auslagen nach KV Teil 9 GKG an. Für diese Gebühren und Auslagen gelten die allg. Bestimmungen des GKG, das allerdings einige **Sonderregelungen für arbeitsgerichtliche Verfahren** enthält: So ist eine persönliche Kostenfreiheit, wie sie tlw. für Verfahren in anderen Gerichtsbarkeiten gewährt wird, allg. ausgeschlossen, vgl. **§ 2 I, IV 1 GKG** (→ GKG § 2 Rn. 8 f.). Die Kosten werden nicht bereits gem. § 6 I GKG mit der Einreichung der Klage-, Antrags-, Einspruchs- oder Rechtsmittelschrift fällig, sondern erst nach Maßgabe des § 9 II, III GKG, dh regelmäßig mit Beendigung der Instanz, **§ 6 III GKG.** Gem. **§ 11 GKG** darf die Tätigkeit des Gerichts nicht (wie insbes. nach § 12 GKG) von einer Vorschusszahlung der (noch nicht fälligen) Gerichtskosten abhängig gemacht werden. Nach **§ 22 II GKG** ist die Antragstellerhaftung ausgeschlossen, wenn ein Entscheidungs- oder Übernahmeschuldner vorhanden ist, bzw. kommt nicht in Betracht, solange ein Entscheidungs- oder Übernahmeschuldner nach Zurückweisung des Verfahrens aus der Rechtsmittelinstanz noch nicht feststeht. **§ 42 II GKG** enthält eine besondere – von § 48 I GKG iVm §§ 8, 9 ZPO abweichende – Wertvorschriften für Streitigkeiten über das Bestehen, das Nichtbestehen oder die Kündigung eines Arbeitsverhältnisses (höchstens ein Viertel des Jahresarbeitsentgelts) und für Eingruppierungsstreitigkeiten (dreijähriger Unterschiedsbetrag zur begehrten Vergütung, soweit nicht der Gesamtbetrag der geforderten Leistungen geringer ist).

Das **Beschlussverfahren** ist demgegenüber gänzlich **gerichtskostenfrei,** § 2 II GKG. Es fallen also weder Gebühren noch Auslagen an (vgl. zum Begriff der „Kosten" § 1 I 1 GKG aE, → GKG § 1 Rn. 2). 5

In Entscheidungen der Gerichte für Arbeitssachen betreffenden **Zwangsvollstreckungsverfahren** richten sich, soweit das Vollstreckungsgericht (und damit das AG, § 62 II und → Rn. 2) zuständig ist, die Gerichtskosten nach **KV Teil 2 GKG.** Für Kosten des Gerichtsvollziehers als Vollstreckungsorgan gelten die allg. Vorschriften des GvKostG. Kostenrechtliche Besonderheiten gegenüber Vollstreckungen aus Entscheidungen in zivilrechtliche Verfahren vor den ordentlichen Gerichten ergeben sich insoweit nicht. 6

Das **ArbGG** enthält besondere, (auch) die Gerichtskosten betreffende Regelungen nur für Prozesskostenhilfe (§ 11a, → Rn. 11 ff.), Justizverwaltungskosten und Kostenbeitreibung (§ 12) sowie die Kostentragung im Urteilsverfahren (§ 12a, → Rn. 14 ff.). Eine weitere kostenrechtliche Besonderheit des arbeitsgerichtlichen Verfahrens ist der durch die Konferenz der Präsidentinnen und Präsidenten der LAG erstmals zum 9.7.2014 erstellte und zuletzt am 9.2.2018 überarbeitete (unverbindliche) **Streitwertkatalog für die Arbeitsgerichtsbarkeit** (in diesem Werk abgedruckt, → Streitwertkatalog ArbGG). Auf ältere (in die Erarbeitung des Streitwertkatalogs eingeflossene) Rspr. und Literatur zu Streitwertfragen kann daher nur bedingt zurückgegriffen werden. 7

III. Anwaltsvergütung. In Verfahren vor den Gerichten für Arbeitssachen können sich die Parteien durch einen **Rechtsanwalt** vertreten lassen, § 11 II 1, IV; wobei (nur) vor den LAG und dem BAG Vertretungszwang besteht (außer durch Rechtsanwälte kommt aber auch eine Vertretung insbes. durch Gewerkschaften bzw. Arbeitgeberverbände in Betracht, vgl. § 11 II 2, IV 2). Die Prozessvertretung ist anwaltliche Tätigkeit, die nach dem **RVG** vergütet wird, § 1 I 1 RVG, ohne dass insoweit Besonderheiten gelten. 8

Richtet sich die Vergütung nach dem **Gegenstandswert,** ist im **Urteilsverfahren** – soweit Prozessauftrag und Streitgegenstand deckungsgleich sind – der für die Gerichtsgebühren festgesetzte Streitwert maßgeblich, §§ 23 I 1, 32 I RVG. Im (gerichtskostenfreien, → Rn. 5) **Beschlussverfahren** ist der Gegenstandswert in entspr. Anwendung der Vorschriften des GKG zu ermitteln, § 23 I 2 RVG; dessen gerichtliche Festsetzung kann nach Maßgabe von § 33 RVG beantragt werden. Auch für die anwaltliche Vergütung ist daher der **Streitwertkatalog für die Arbeitsgerichtsbarkeit** (→ Rn. 7), der in seinem Teil II. auch Bewertungsvorschläge für das Beschlussverfahren enthält, praktisch bedeutsam. 9

Eine **Kostenerstattung** findet im **Urteilsverfahren** nach Maßgabe von § 12a statt (→ Rn. 17 ff.). Im **Beschlussverfahren** gibt es mangels gesetzlicher Grundlage **keinen prozessualen Kostenerstattungsanspruch** (BAGE 124, 175 = NZA 2008, 372 Rn. 11 mwN; NZA 2018, 1574 Rn. 10; BAGE 183, 309 = NZA 2019, 121 Rn. 8). Ein Anspruch auf Kostenerstattung kann sich dort nur auf materiell-rechtlicher Grundlage ergeben, was allerdings im Grundsatz nur in Betracht kommt, wenn einschlägige Bestimmungen insbes. des Betriebsverfassungs- oder Personalvertretungsrechts dies vorsehen (BAGE 124, 175 = NZA 2008, 372 Rn. 12 ff.; NZA 2018, 1574 Rn. 9); dies gilt auch für das Zwangsvollstreckungsverfahren nach Maßgabe von § 85 (BAG JurBüro 2008, 550 = BeckRS 2010, 66817 Rn. 12). 10

IV. Prozesskostenhilfe (§ 11a). Die Gewährung von Prozesskostenhilfe in Verfahren vor den Gerichten für Arbeitssachen ist in § 11a geregelt. Bis zur Änderung der Vorschrift durch Art. 7 Gesetz zur Änderung der Prozesskostenhilfe- und Beratungshilferechts vom 31.10.2013 (BGBl. I 3533 (3537)) enthielt die Vorschrift noch Sonderregelungen für das erstinstanzliche Verfahren über die Beiordnung eines (mangels Vertretungszwangs prozessrechtlich nicht erforderlichen, → Rn. 8) Rechtsanwaltes, wenn die Gegenpartei durch einen Anwalt vertreten ist. Dies wurde später für entbehrlich gehalten, weil die damit bezweckte Waffengleichheit in ähnlicher Weise durch § 121 II Fall 2 ZPO gewährleistet werde (Begr. RegE, BT-Drs. 17/11472, 46). Seither kommt eine Beiordnung – wie in anderen Verfahrensordnungen – nur im Rahmen einer PKH-Gewährung in Betracht. 11

12 Für die Gewährung von PKH und die Beiordnung eines Rechtsanwalts enthält das ArbGG keine eigenständigen Regelungen (mehr), sondern verweist in § 11a I auf die **entspr. Anwendung** der **§§ 114–127 ZPO** sowie – in Streitsachen mit grenzüberschreitendem Bezug für Unionsbürger – der **§§ 1076–1078 ZPO.** Arbeitsgerichtsverfahrensrechtliche Besonderheiten gelten insoweit nicht (mehr).

13 Soweit § 117 III ZPO den Bundesminister für Justiz und für Verbraucherschutz ermächtigt, **Formulare** für die (von § 117 II ZPO verlangte) Erklärung der Partei über ihre persönlichen und wirtschaftlichen Verhältnisse einzuführen (vgl.), bedurfte es allerdings für die – nicht zum Ressort der Justiz-, sondern der Arbeitsverwaltung gehörenden – Arbeitsgerichtsbarkeit eine eigene Regelung. § 11a II ermächtigt daher entspr. das Bundesministerium für Arbeit und Soziales. Beide Ministerien gemeinsam, jeweils gestützt auf die für sie bestehenden Ermächtigungsgrundlage, haben die PKHFV vom 6.1.2014 (BGBl. I 34) erlassen, so dass für alle Verfahrensordnungen dasselbe Formular gilt.

14 **V. Justizverwaltungskosten, Beitreibung (§ 12).** Ursprünglich enthielt § 12 eine teilweise eigenständige Regelung der Gerichtskosten für Verfahren vor den Gerichten für Arbeitssachen (→ Rn. 3). Mit der Übernahme dieser Regelungen in das GKG durch das KostRMoG vom 5.5.2004 ist nur noch die in VI aF enthaltene Regelung übriggeblieben, die einerseits in der Arbeitsgerichtsbarkeit anfallende **Justizverwaltungskosten,** andererseits die **Beitreibung** der arbeitsgerichtlichen Gerichts- und Justizverwaltungskosten betrifft.

15 In Justizverwaltungssachen (die allerdings in der Arbeitsgerichtsbarkeit kaum eine Rolle spielen dürften) werden Kosten **(Justizverwaltungskosten)** nach dem **JVKostG** erhoben. Dieses ist auf bei dem BAG anfallenden Kosten, weil die dort zuständigen Stellen Justizbehörden des Bundes sind, unmittelbar (vgl. § 1 I JVKostG) und auf die für die bei ArbG und LAG anfallenden Kosten zuständigen Landesjustizbehörden gem. § 12 S. 1 entspr. anzuwenden.

16 Die **Beitreibung** sowohl von Gerichts- als auch eventuellen Justizverwaltungskosten erfolgt nach dem **JBeitrG.** Auch dieses gilt für das BAG unmittelbar (vgl. § 1 I JBeitrG) und für ArbG und LAG gem. S. 1 entspr. Für bei den ArbG oder den LAG anfallenden Kosten ist Vollstreckungsbehörde nicht die jeweilige Gerichtskasse, sondern gem. § 12 S. 2 – im Wege der Amtshilfe – die Vollstreckungsbehörde der (Landes-)Justizverwaltung (bzw. einer vom Landesrecht anderweitig bestimmten Stelle). Für beim BAG anfallenden Kosten ist nicht – wie gem. § 2 II JBeitrG für Kosten der übrigen obersten Bundesgerichte – das Bundesamt für Justiz, sondern gem. § 12 S. 3 die Justizbeitreibungsstelle des BAG Vollstreckungsbehörde.

17 **VI. Kostentragungspflicht (§ 12a).** Einen **prozessualen Kostenerstattungsanspruch** gibt es in Verfahren vor den Gerichten für Arbeitssachen nur im (bürgerliche Rechtsstreitigkeiten iSv § 2 betreffenden) **Urteilsverfahren** (§§ 46–79), nicht aber im (kollektivrechtliche Streitigkeiten iSv § 3 betreffenden) Beschlussverfahren (→ Rn. 10). Für diesen gelten gem. §§ 46 II 1, 64 VI, 72 V die **§§ 91–107 ZPO entsprechend.** Allerdings werden diese durch § 12a – zur Verringerung der Kostenbelastung der Parteien – **modifiziert.**

18 Danach ist im **erstinstanzlichen Verfahren** vor dem ArbG ein Kostenerstattungsanspruch nach Maßgabe von § 12a I 1 generell **ausgeschlossen** (dies schließt auch einen eventuellen materiellrechtlichen Kostenerstattungsanspruch aus, BAGE 163, 309 = NJW 2019, 2193 Rn. 25 mwN; BAGE 169, 14 = NZA 2021, 127 Rn. 11; NJW 2020, 1161 Rn. 20 ff.; 2021, 3483 Rn. 33). Dieser Ausschluss erfasst zum einen die für die Zuziehung eines (mangels Vertretungszwangs nicht notwendigen, → Rn. 8) Rechtsanwalts als Prozessbevollmächtigten oder eines Beistands (iSv § 11 VI) der Partei entstandenen Kosten (den Vertreter trifft gegenüber seiner Partei eine Hinweispflicht, § 12a I 2, deren Verletzung einen Schadensersatzanspruch auslösen kann!), zum anderen aber auch eine Entschädigung wegen Zeitversäumnis der Partei selbst. § 12a I 3 nimmt vom Ausschluss der Kostenerstattung Kosten aus, die bei einem zuvor angerufenen unzuständigen Gericht eines anderen Rechtswegs angefallen sind (vgl. § 17b II GVG). Nicht von § 12a I 1 erfasst und mithin **erstattungsfähig** sind aber für die Rechtsverfolgung oder -verteidigung **notwendige Aufwendungen** der Partei wie insbes. Reisekosten (BAG NJW 2015, 3053 Rn. 14). Soweit

solche Aufwendungen durch die Beauftragung eines Prozessbevollmächtigten erspart werden, kommt auch eine auf die Höhe der ersparten Aufwendungen begrenzte Erstattung der Anwaltskosten (bzw. „fiktiver Reisekosten") in Betracht (vgl. nur LAG Köln NZA-RR 2017, 673 (674); LAG Mecklenburg-Vorpommern NZA-RR 2016, 34 mwN).

In den **höheren Instanzen** bleibt es demgegenüber im Ausgangspunkt bei den allg. Kostenerstattungsregeln (BAGE 153, 261 = NJW 2016, 1675 Rn. 23; dies gilt auch für das Beschwerdeverfahren nach § 78, BAG NZA 2015, 182 Rn. 7). Allerdings zieht § 12a II die Konsequenz einerseits aus dem dort bestehenden Vertretungszwang, andererseits aus der gleichwertigen Möglichkeit der Vertretung entweder durch Rechtsanwälte oder durch Verbandsvertreter der Gewerkschaften bzw. Arbeitgeberverbände. Danach sind bei einer **Kostenteilung** bei der Partei, die (unentgeltlich als Verbandsmitglieder; zum Fall der entgeltlichen Vertretung vgl. BAG NJW 2020, 3612) durch einen Verbandsvertreter vertreten ist, in die Berechnung des Erstattungsanspruchs fiktive Rechtsanwaltskosten einzustellen, die bei einer anwaltlichen Vertretung angefallen wären (§ 12a II 1). Dies verhindert, dass die Kostenausgleichung sich allein in Ermangelung zu berücksichtigender Kosten zu ihrem Nachteil verschiebt. Einen eigenen Kostenerstattungsanspruch kann die Partei aber nur haben, soweit sie tatsächlich hat Kosten aufwenden müssen (§ 12a II 2), so dass es iErg nur um eine Minderung der von ihr an die Gegenseite zu erstattenden Kosten geht. **19**

2. Streitwertkatalog für die Arbeitsgerichtsbarkeit

Überarbeitete Fassung vom 9.2.2018
(NZA 2018, 498)

Schrifttum: Jörchel, Einführung zum Streitwertkatalog für die Arbeitsgerichtsbarkeit, NZA 2018, 497; Richter, Streitwertkatalog IV – Die Neuerungen der Fassung 2018, ArbR 2018, 176; Schäder/Weber, Praxiskommentar zum Streitwertkatalog Arbeitsrecht, 2. Aufl. 2019; Willemsen/Schipp/Reinhard/Meier NZA 2013, 1112.

Streitwertkatalog für die Arbeitsgerichtsbarkeit
Überarbeitete Fassung vom 9. Februar 2018
Streitwertkommission der Arbeitsgerichtsbarkeit*

Vorbemerkung

Auf der Basis der ersten Fassung eines einheitlichen Streitwertkatalogs für die Arbeitsgerichtsbarkeit aus dem Jahre 2013 hat die Streitwertkommission unter Auswertung der Stellungnahmen und Vorschläge aus der Anwaltschaft, von Seiten der Gewerkschaften und der Arbeitgeberverbände, von Seiten der Versicherungswirtschaft und aus der Richterschaft eine überarbeitete Fassung des Streitwertkatalogs erstellt. Auch künftig soll der Streitwertkatalog weiter entwickelt werden.

Der Streitwertkatalog kann selbstverständlich nur praktisch wichtige Fallkonstellationen aufgreifen, ebenso selbstverständlich sind die darin enthaltenen Bewertungsvorschläge zugeschnitten auf die entsprechenden typischen Fallkonstellationen. Die Aussagen des Katalogs sind verfahrensbezogen zu sehen und gelten nicht verfahrensübergreifend.

Trotz dieser Einschränkungen versteht sich der Streitwertkatalog als Angebot auf dem Weg zu einer möglichst einheitlichen Wertrechtsprechung in Deutschland, im Interesse der Rechtssicherheit und Rechtsklarheit für alle Beteiligten. Er beansprucht jedoch keine Verbindlichkeit.

I. Urteilsverfahren

Nr.	Gegenstand
1.	**Abfindung und Auflösungsantrag, tarifliche Abfindung, Sozialplanabfindung, Nachteilsausgleich**
	Wird im Kündigungsrechtsstreit eine gerichtliche Auflösung des Arbeitsverhältnisses beantragt (§§ 9, 10 KSchG; § 13 I 3–5, II KSchG; § 14 II 2 KSchG), führt dies nicht zu einer Werterhöhung.
	Wird in der Rechtsmittelinstanz isoliert über die Auflösung gestritten, gilt § 42 II 1 GKG; wird isoliert über die Abfindungshöhe gestritten, ist maßgebend der streitige Differenzbetrag, höchstens jedoch das Vierteljahresentgelt.**
	Eine im Vergleich vereinbarte Abfindung in entsprechender Anwendung der §§ 9, 10 KSchG ist nicht streitwerterhöhend; Vereinbarungen über andere Abfindungen oder einen Nachteilsausgleich im Vergleich können hingegen zu einer Werterhöhung führen.
	Wird hingegen über eine Sozialplanabfindung, über eine tarifliche Abfindung oder über einen Fall des Nachteilsausgleichs nach § 113 I BetrVG gestritten, richtet sich der Wert nach dem streitigen Betrag. Ggf. ist das zum Hilfsantrag (siehe I. Nr. 18) Ausgeführte zu beachten.
2.	**Abmahnung**
2.1	Der Streit über eine Abmahnung wird – unabhängig von der Anzahl und der Art der darin enthaltenen Vorwürfe und unabhängig von dem Ziel der Klage (Entfernung, vollständige Entfernung, ersatzlose Entfernung, Zurücknahme/Widerruf, Feststellung der Unwirksamkeit) – mit 1 Monatsvergütung bewertet.**
2.2	Mehrere in einem Verfahren angegriffene Abmahnungen werden mit maximal dem Vierteljahresentgelt bewertet.**
3.	**Abrechnung**
	Reine Abrechnung nach § 108 GewO, gegebenenfalls auch kumulativ mit einer Vergütungsklage:
	5 % der Vergütung für den geltend gemachten Abrechnungszeitraum.

Nr.	Gegenstand
4.	**Änderungskündigung** – bei Annahme unter Vorbehalt – und sonstiger **Streit über den Inhalt des Arbeitsverhältnisses:**
4.1	1 Monatsvergütung** bis zu einem Vierteljahresentgelt** je nach dem Grad der Vertragsänderung.
4.2	Bei Änderungskündigungen mit Vergütungsänderung oder sonstigen messbaren wirtschaftlichen Nachteilen: 3-fache Jahresdifferenz, mindestens 1 Monatsvergütung, höchstens die Vergütung für ein Vierteljahr.**
5.	**Altersteilzeitbegehren** Bewertung entsprechend I. Nr. 4.
6.	**Annahmeverzug** Wird in einer Bestandsstreitigkeit im Wege der Klagehäufung Annahmeverzugsvergütung geltend gemacht, bei der die Vergütung vom streitigen Fortbestand des Arbeitsverhältnisses abhängt, so besteht nach dem Beendigungszeitpunkt eine wirtschaftliche Identität zwischen Bestandsstreit und Annahmeverzug. Nach § 45 I 3 GKG findet keine Wertaddition statt. Der höhere Wert ist maßgeblich.
7.	**Arbeitspapiere**
7.1	Handelt es sich hierbei nur um reine Bescheinigungen zB hinsichtlich sozialversicherungsrechtlicher Vorgänge, Urlaub oder Lohnsteuer: pro Arbeitspapier 10 % einer Monatsvergütung.**
7.2	Nachweis nach dem Nachweisgesetz: 10 % einer Monatsvergütung.**
8.	**Arbeitszeitveränderung** Bewertung entsprechend I. Nr. 4.
9.	**Auflösungsantrag nach dem KSchG** Dazu wird auf I. Nr. 1 verwiesen.
10.	**Auskunft/Rechnungslegung/Stufenklage** (für leistungsabhängige Vergütung zB Provision oder Bonus):
10.1	**Auskunft (isoliert):** von 10 % bis 50 % der zu erwartenden Vergütung, je nach Bedeutung der Auskunft für die klagende Partei im Hinblick auf die Durchsetzung des Zahlungsanspruchs.
10.2	**Eidesstattliche Versicherung (isoliert):** 10 % der Vergütung.
10.3	**Zahlung:** Nennbetrag (ggf. nach der geäußerten Erwartung der klagenden Partei, unter Berücksichtigung von § 44 GKG).
11.	**Befristung, sonstige Beendigungstatbestände** Für den Streit über die Wirksamkeit einer Befristungsabrede, einer auflösenden Bedingung, einer Anfechtung des Arbeitsvertrags, einer Eigenkündigung und eines Auflösungs- oder Aufhebungsvertrags gelten die Bewertungsgrundsätze der I. Nr. 20 und 21 sowie der Nr. 17.
12.	**Beschäftigungsanspruch** 1 Monatsvergütung.**
13.	**Betriebsübergang** Bestandsschutzklage gegen Veräußerer und Feststellungs- bzw. Bestandsschutzklage gegen Erwerber: allein Bewertung der Beendigungstatbestände nach I. Nrn. 11, 20 und 21, keine Erhöhung nur wegen subjektiver Klagehäufung (also zB bei Klage gegen eine Kündigung des Veräußerers und Feststellungsklage gegen Erwerber im selben Verfahren: Vergütung für ein Vierteljahr).** Bestandsschutzklage gegen Veräußerer und Beschäftigungsklage/Weiterbeschäftigungsklage gegen Erwerber: Bewertung nach I. Nrn. 11, 12, 20 und 21, keine Erhöhung allein wegen subjektiver Klagehäufung (also zB bei Klage gegen eine Kündigung des Veräußerers und Beschäftigungsklage gegen Erwerber im selben Verfahren): 4 Monatsvergütungen.** Alleiniger Streit in Rechtsmittelinstanz über Bestand Arbeitsverhältnis mit Betriebserwerber: Vergütung für ein Vierteljahr.**
14.	**Direktionsrecht – Versetzung** Von in der Regel 1 Monatsvergütung bis zu einem Vierteljahresentgelt,** abhängig vom Grad der Belastungen aus der Änderung der Arbeitsbedingungen für die klagende Partei.
15.	**Einstellungsanspruch/Wiedereinstellungsanspruch** Die Vergütung für ein Vierteljahr;** ggf. unter Berücksichtigung von I. Nr. 18.
16.	**Einstweilige Verfügung**
16.1	Bei Vorwegnahme der Hauptsache: 100 % des allgemeinen Werts.
16.2	Einstweilige Regelung: Je nach Einzelfall, idR 50 % des Hauptsachestreitwerts.
17.	**Feststellungsantrag, allgemeiner (Schleppnetzantrag):**
17.1	Allgemeiner Feststellungsantrag isoliert: höchstens Vergütung für ein Vierteljahr.
17.2	Allgemeiner Feststellungsantrag neben punktuellen Bestandsschutzanträgen (Schleppnetzantrag): keine zusätzliche Bewertung (arg. § 42 II 1 GKG).
18.	**Hilfsantrag** Auch uneigentlicher/unechter Hilfsantrag: Es gilt § 45 I 2 und 3 GKG.

Nr.	Gegenstand
19.	**Konkurrentenklage**
19.1	Isolierter Abbruch des Bewerbungsverfahrens: 1 Monatsvergütung.**
19.2	Neubescheidung: 2 Monatsvergütungen.**
19.3	Übertragung der begehrten Stelle: Vergütung für ein Vierteljahr.**
19.4	Einstweilige Verfügung: siehe unter I. 16
20.	**Kündigung (eine)**
	Die Vergütung für ein Vierteljahr** es sei denn unter Auslegung des Klageantrags und der Klagebegründung ist nur ein Fortbestand des Arbeitsverhältnisses von unter 3 Monaten im Streit (dann entsprechend geringerer Wert).
21.	**Kündigungen (mehrere):**
21.1	Außerordentliche Kündigung, die hilfsweise als ordentliche erklärt wird (einschließlich Umdeutung nach § 140 BGB): höchstens die Vergütung für ein Vierteljahr**, unabhängig davon, ob sie in einem oder in mehreren Schreiben erklärt werden.
21.2	Mehrere Kündigungen ohne Veränderung des Beendigungszeitpunkts: keine Erhöhung.
21.3	Folgekündigungen mit Veränderung des Beendigungszeitpunktes: Für jede Folgekündigung die Entgeltdifferenz zwischen den verschiedenen Beendigungszeitpunkten, maximal jedoch die Vergütung für ein Vierteljahr** für jede Folgekündigung. Die erste Kündigung – bewertet nach den Grundsätzen der I. Nr. 20 – ist stets die mit dem frühesten Beendigungszeitpunkt, auch wenn sie später ausgesprochen und später angegriffen wird. Die Grundsätze des Absatzes 1 gelten jeweils für die betreffende Instanz. Fallen Klagen gegen einzelne Kündigungen im Laufe des Verfahrens in einer Instanz weg, gelten die Grundsätze des ersten Absatzes ab diesem Zeitpunkt für die in dieser Instanz verbleibenden Kündigungen.
22.	**Rechnungslegung:** siehe Auskunft **(I. Nr. 10.)**
23.	**Schadenersatzklage**
	Der Wert einer unbezifferten Schadenersatzklage richtet sich nach dem wirtschaftlichen Interesse der klagenden Partei; abzustellen ist auf die Wahrscheinlichkeit des Schadenseintritts, die Höhe des (auch künftigen) Schadens sowie das Risiko der tatsächlichen Inanspruchnahme.
24.	**Urlaub**
24.1	Klage auf Feststellung des fälligen Urlaubsanspruchs, auf Gewährung von Urlaub und/oder von Urlaubsentgelt: Höhe des Urlaubsentgelts.
24.2	Einstweilige Verfügung auf Freistellung: siehe I. 16.
25.	**Vergleichsmehrwert**
25.1	Ein Vergleichsmehrwert fällt nur an, wenn durch den Vergleichsabschluss ein weiterer Rechtsstreit und/oder außergerichtlicher Streit erledigt und/oder die Ungewissheit über ein Rechtsverhältnis beseitigt werden. Dabei muss gerade über die Frage eines Anspruchs oder Rechts in Bezug auf die jeweilige Regelung zwischen den Parteien Streit und/oder Ungewissheit bestanden haben; keine Werterhöhung tritt ein, wenn es sich lediglich um eine Gegenleistung zur Beilegung des Rechtsstreits handelt. Abzustellen ist auf die Umstände zum Zeitpunkt des Vergleichsabschlusses. Vergleichsweise miterledigte anderweitig rechtshängige Verfahren führen nur dann zu einem Vergleichsmehrwert, wenn sie bei Geltendmachung in einem Verfahren zu einer Werterhöhung führen würden. 25.1.1 Die Veränderung des Beendigungszeitpunkts führt (auch bei Verknüpfung mit einer Erhöhung des Abfindungsbetrages – Turbo- oder Sprinterklausel) nicht zu einem Vergleichsmehrwert. 25.1.2 Wird im Rahmen eines Abmahnungsrechtsstreits oder des Streits über eine Versetzung die Beendigung des Arbeitsverhältnisses vereinbart, ist dies zusätzlich nach I. Nr. 20 zu bewerten. 25.1.3 Typischerweise wird das Merkmal der „Ungewissheit" insbesondere bei Vereinbarung eines Arbeitszeugnisses mit inhaltlichen Festlegungen zum Leistungs- und Führungsverhalten in einem Rechtsstreit über eine auf Verhaltens- oder Leistungsmängel gestützte Kündigung gegeben sein; dies ist zusätzlich nach I. Nr. 29 zu bewerten. 25.1.4 Nur wenn eine Partei sich eines Anspruchs auf oder eines Rechts zur Freistellung berühmt hat, wird die Freistellungsvereinbarung mit bis zu 1 Monatsvergütung** (unter Anrechnung des Werts einer Beschäftigungs- oder Weiterbeschäftigungsklage) bewertet. Die Freistellung wird nur zukunftsbezogen ab dem Zeitpunkt des Vergleichsabschlusses berücksichtigt, etwaige Zeiten einer Freistellung zuvor spielen keine Rolle. 25.1.5 Ausgleichsklauseln erhöhen den Vergleichswert nur, wenn durch sie ein streitiger oder ungewisser Anspruch erledigt wird. Abzustellen ist auf das wirtschaftliche Interesse der in Anspruch genommenen Partei.

Nr.	Gegenstand
	25.1.6 Geht es bei der Ausgleichsklausel um den Ausschluss von Forderungen auf Ersatz gegenwärtigen und/oder künftigen Schadens, kommt es auf die Wahrscheinlichkeit des Schadenseintritts, die Höhe des (auch künftigen) Schadens sowie das Risiko der tatsächlichen Inanspruchnahme an.
	25.1.7 Kein Mehrwert bei Erledigung bzw. Verpflichtung zur Erledigung/Rücknahme bei behördlichen Verfahren (Integrationsamt, sonstige Arbeitsschutzbehörde) oder Gerichten (Verwaltungsgericht) im Zusammenhang mit Kündigungsverfahren.
25.2	Ist ein Anspruch unstreitig und gewiss, aber seine Durchsetzung ungewiss, wird das Titulierungsinteresse mit 20 % des Wertes des Anspruches bewertet.
26.	**Weiterbeschäftigungsantrag incl. Anspruch nach § 102 V BetrVG** 1 Monatsvergütung.**
27.	**Wiedereinstellungsanspruch:** siehe Einstellungsanspruch **(I. Nr. 15.)**
28.	**Zahlungsklage – Erhöhungsklage** Die Streitwertbemessung hat sich nach dem Leistungsbegehren des Klägers zu richten. Dieses ist durch Auslegung des Klageantrags und seiner Begründung zu ermitteln. Ergibt diese, dass nicht nur ein streitiger Differenzbetrag, sondern eine Titulierung des Gesamtbetrags begehrt wird, bildet letzterer den Streitwert. Ob und ggf. in welchem Umfang die geltend gemachte Forderung dabei im Streit steht, ist unerheblich.
29.	**Zeugnis**
29.1	Erteilung oder Berichtigung eines einfachen Zeugnisses: 10 % einer Monatsvergütung.**
29.2	Erteilung oder Berichtigung eines qualifizierten Zeugnisses: 1 Monatsvergütung**, und zwar unabhängig von Art und Inhalt eines Berichtigungsverlangens, auch bei kurzem Arbeitsverhältnis.
29.3	Zwischenzeugnis: Bewertung wie I. Nr. 29.2. Wird ein Zwischen- und ein Endzeugnis (kumulativ oder hilfsweise) im Verfahren verlangt: Insgesamt 1 Monatsvergütung.**

II. Beschlussverfahren

Nr.	Verfahrensgegenstand
1.	**Betriebsänderung/Personalabbau**
1.1	Realisierung des Verhandlungsanspruchs: Ausgehend vom Hilfswert nach § 23 III 2 RVG wird gegebenenfalls unter Berücksichtigung der Umstände des Einzelfalles, zB Inhalt und Bedeutung der Regelungsfrage, eine Erhöhung bzw. ein Abschlag vorgenommen.
1.2	Unterlassung der Durchführung einer Betriebsänderung: Ausgehend von II. Nr. 1.1 erfolgt eine Erhöhung nach der Staffelung von II. Nr. 14.7.
2.	**Betriebsratswahl**
2.1	Bestellung des Wahlvorstands: Ausgehend vom Hilfswert des § 23 III 2 RVG kann abhängig vom Gegenstand des Mitbestimmungsrechts und der Bedeutung des Einzelfalls sowie des Aufwands eine Herauf- oder Herabsetzung erfolgen; bei zusätzlichem Streit über die Größe des Wahlvorstandes bzw. Einzelpersonen: Erhöhung jeweils um 1/2 Hilfswert nach § 23 III 2 RVG.
2.2	Maßnahmen innerhalb des Wahlverfahrens (incl. einstweilige Verfügungen) zB: Abbruch der Wahl: 1/2 Wert der Wahlanfechtung (siehe II. Nr. 2.3). Zurverfügungstellung von Unterlagen (auch Herausgabe der Wählerlisten): 1/2 Hilfswert von § 23 III 2 RVG.
2.3	Wahlanfechtung (incl. Prüfung der Nichtigkeit der Wahl): ausgehend vom doppelten Hilfswert nach § 23 III 2 RVG, Steigerung nach der Staffel gemäß § 9 BetrVG mit jeweils 1/2 Hilfswert.
3.	**Betriebsvereinbarung** Ausgehend vom Hilfswert nach § 23 III 2 RVG wird gegebenenfalls unter Berücksichtigung der Umstände des Einzelfalles, zB Inhalt und Bedeutung der Regelungsfrage, eine Erhöhung bzw. ein Abschlag vorgenommen.
4.	**Einigungsstelle, Einsetzung nach § 100 ArbGG** bei Streit um:
4.1	Offensichtliche Unzuständigkeit: Höchstens Hilfswert nach § 23 III 2 RVG.
4.2	Person des Vorsitzenden: Grundsätzlich 1/4 Hilfswert nach § 23 III 2 RVG.
4.3	Anzahl der Beisitzer: Grundsätzlich insgesamt 1/4 Hilfswert nach § 23 III 2 RVG.
5.	**Einigungsstelle, Anfechtung des Spruchs** Ausgehend vom Hilfswert nach § 23 III 2 RVG wird gegebenenfalls unter Berücksichtigung der Umstände des Einzelfalls, zB Inhalt und Bedeutung der Regelungsfrage, eine Erhöhung bzw. ein Abschlag vorgenommen.

Nr.	Verfahrensgegenstand
6.	**Einigungsstelle, Anfechtung des Spruchs über Sozialplan**
6.1	Macht der Arbeitgeber eine Überdotierung geltend, dann entspricht der Wert des Verfahrens der vollen Differenz zwischen dem festgesetzten Volumen und der von ihm als angemessen erachteten Dotierung.
6.2	Beruft sich der anfechtende Betriebsrat nur auf eine Unterdotierung, dann finden die Grundsätze von § 23 III 2 RVG Anwendung.
7.	**Einstweilige Verfügung**
7.1	Bei Vorwegnahme der Hauptsache: 100 % des allgemeinen Wertes.
7.2	Einstweilige Regelung: Je nach Einzelfall, idR 50 % des Hauptsachestreitwerts.
8.	**Entsendung von Mitgliedern in den Gesamt- bzw. Konzernbetriebsrat** Hilfswert nach § 23 III 2 RVG je Mitglied.
9.	**Freistellung eines Betriebsratsmitglieds**
9.1	Freistellung von der Arbeitspflicht im Einzelfall (§ 37 II und III BetrVG): Bewertung nach § 23 III 2 RVG, abhängig von Anlass und Dauer der Freistellung kann eine Herauf- oder Herabsetzung des Wertes erfolgen.
9.2	Zusätzliche Freistellung (§ 38 BetrVG): Ausgehend vom doppelten Hilfswert des § 23 III 2 RVG kann abhängig von der Bedeutung des Einzelfalls sowie des Aufwands eine Herauf- oder Herabsetzung erfolgen.
10.	**Informations- und Beratungsansprüche**
10.1	Ausgehend vom Hilfswert des § 23 III 2 RVG kann abhängig vom Gegenstand des Mitbestimmungsrechts und der Bedeutung des Einzelfalls sowie des Aufwands eine Herauf- oder Herabsetzung des Wertes erfolgen.
10.2	Sachverständige/Auskunftsperson: Nichtvermögensrechtliche Streitigkeit: Es ist vom Hilfswert nach § 23 III 2 RVG auszugehen, einzelfallabhängig kann eine Herauf- oder Herabsetzung erfolgen.
11.	**Mitbestimmung in sozialen Angelegenheiten** Streit über das Bestehen eines Mitbestimmungsrechts: Ausgehend vom Hilfswert des § 23 III 2 RVG kann abhängig vom Gegenstand des Mitbestimmungsrechts und der Bedeutung des Einzelfalls (organisatorische und wirtschaftliche Auswirkungen, Anzahl der betroffenen Arbeitnehmer u. a.) eine Herauf- oder Herabsetzung des Wertes ohne Staffelung erfolgen.
12.	**Mitbestimmung in wirtschaftlichen Angelegenheiten** Siehe II. Nr. 1.
13.	**Nichtigkeit einer Betriebsratswahl** Siehe Betriebsratswahl (II. Nr. 2.3).
14.	**Personelle Einzelmaßnahmen nach §§ 99, 100, 101 BetrVG**
14.1	**Grundsätzliches:** Es handelt sich um nichtvermögensrechtliche Angelegenheiten; entscheidend sind die Aspekte des Einzelfalles, zB die Dauer und Bedeutung der Maßnahme und die wirtschaftlichen Auswirkungen, die zur Erhöhung oder Verminderung des Wertes führen können.
14.2	**Einstellung:** Als Anhaltspunkte für die Bewertung können dienen:
14.2.1	der Hilfswert von § 23 III 2 RVG **oder**
14.2.2	die Regelung von § 42 II 1 GKG, wobei eine Orientierung am 2-fachen Monatsverdienst des Arbeitnehmers sachgerecht erscheint.
14.3	**Eingruppierung/Umgruppierung:** Die Grundsätze zu II. Nr. 14.1 und 14.2 gelten unter Berücksichtigung des Einzelfalles auch bei diesem Mitbestimmungsrecht, wobei bei der Wertung gemäß II. Nr. 14.2.2 die Orientierung an § 42 II 2 GKG vorzunehmen ist. Bei der 36-fachen Monatsdifferenz erfolgt ein Abschlag iHv 25 % wegen der nur beschränkten Rechtskraftwirkung des Beschlussverfahrens für den fraglichen Arbeitnehmer.
14.4	**Versetzung:** Je nach Bedeutung der Maßnahme Hilfswert (bei Vorgehensweise nach II. Nr. 14.2.1) oder Bruchteil davon **bzw.** (bei Vorgehensweise nach II Nr. 14.2.2) 1 bis 2 Monatsgehälter, angelehnt an die für eine Versetzung im Urteilsverfahren genannten Grundsätze.
14.5	Das Verfahren nach **§ 100 BetrVG** wird mit dem $^{1}/_{2}$ Wert des Verfahrens nach § 99 IV BetrVG bewertet.
14.6	Das Verfahren nach **§ 101 BetrVG** wird als eigenständiges Verfahren wie das Verfahren nach § 99 IV BetrVG bzw. nach § 100 BetrVG bewertet. Als kumulativer Antrag in einem Verfahren mit $^{1}/_{2}$ Wert des Verfahrens nach § 99 IV bzw. 100 BetrVG.

Nr.	Verfahrensgegenstand
14.7	Bei **Massenverfahren** (objektive Antragshäufung) mit wesentlich gleichem Sachverhalt, insbesondere bei einer einheitlichen unternehmerischen Maßnahme und parallelen Zustimmungsverweigerungsgründen und/oder vergleichbaren Eingruppierungsmerkmalen, erfolgt – ausgehend von vorgenannten Grundsätzen – ein linearer Anstieg des Gesamtwertes, wobei als Anhaltspunkt folgende Staffelung für eine Erhöhung angewendet wird: – beim **2. bis einschließlich 20.** parallel gelagerten Fall wird für jeden Arbeitnehmer der für den Einzelfall ermittelte Ausgangswert mit 25 % bewertet, – beim **21. bis einschließlich 50.** parallel gelagerten Fall wird für jeden Arbeitnehmer der für den Einzelfall ermittelte Ausgangswert mit 12,5 % bewertet, – **ab dem 51.** parallel gelagerten Fall wird für jeden Arbeitnehmer der Ausgangswert mit 10 % bewertet.
15.	**Sachmittel – Kostenerstattung nach § 40 BetrVG**
15.1	Vermögensrechtliche Streitigkeit: Entscheidend ist die Höhe der angefallenen Kosten/des Wertes der Aufwendungen; bei dauernden Kosten, zB Mietzinszahlungen: Max. 36 Monatsaufwendungen.
15.2	Schulungskosten: Vermögensrechtliche Streitigkeit: Entscheidend ist die Höhe der Schulungskosten, inklusive Fahrtkosten.
16.	**Statusverfahren leitender Angestellter** Abzustellen ist auf den Hilfswert nach § 23 III 2 RVG; bei objektiver Antragshäufung und gleichliegendem Sachverhalt gilt II. 14.7.
17.	**Unterlassungsanspruch** Sowohl für den allgemeinen Unterlassungsanspruch als auch den Anspruch nach § 23 III BetrVG: Festsetzung entsprechend dem Wert des streitigen Mitbestimmungs- oder Mitwirkungsrechts.
18.	**Zuständigkeitsstreitigkeiten/Kompetenzabgrenzung**
18.1	Abgrenzung Zuständigkeit Betriebsratsgremien: Ausgehend vom Hilfswert nach § 23 III 2 RVG kann unter Berücksichtigung der Umstände des Einzelfalles eine Erhöhung bzw. ein Abschlag in Betracht kommen.
18.2	Abgrenzung Betrieb/gemeinsamer Betrieb/Betriebsteil: Ausgehend vom Hilfswert nach § 23 III 2 RVG kann unter Berücksichtigung der Umstände des Einzelfalles eine Erhöhung bzw. ein Abschlag in Betracht kommen.
19.	**Zustimmungsersetzungsantrag (§ 103 BetrVG)** Vergütung des betroffenen Arbeitnehmers für ein Vierteljahr (wegen der Rechtskraftwirkung).

* Mitglieder der Streitwertkommission sind: Vizepräsident Hans-Jürgen Augenschein (LAG Baden-Württemberg), Präsident Thorsten Beck (LAG Bremen), Vorsitzender Richter Martin Dreßler (LAG Berlin-Brandenburg), Direktor des ArbG Neunkirchen Hans-Georg Dutt (LAG Saarland), Vorsitzender Richter Pierre Goltzsche (LAG Hessen), Vorsitzender Richter Johannes Jasper (LAG Hamm), Präsidentin Gabriele Jörchel (LAG Hessen, Vorsitzende der Kommission), Vorsitzende Richterin Astrid König (LAG Thüringen), Präsident Dr. Helmut Nause (LAG Hamburg), Vorsitzende Richterin Brigitte Olesch (LAG Köln), Vorsitzender Richter Martin Quecke (LAG Düsseldorf), Vizepräsident Norbert Roth (LAG Nürnberg), Vorsitzende Richterin Roswitha Stöcke-Muhlack (LAG Niedersachsen), Präsidentin Kathrin Thies (LAG Sachsen-Anhalt), Vorsitzender Richter a. 4. Werner Ziemann (LAG Hamm). *Allgemeiner Hinweis:* Personenbezogene Bezeichnungen beziehen sich auf alle Geschlechter. Zur besseren Lesbarkeit wird im Text nur die männliche Form verwendet.

** Bei der Berechnung der Vergütung für ein Vierteljahr bzw. der Monatsvergütung ist das arbeitsleistungsbezogene Arbeitsentgelt des auf den Beendigungstermin folgenden Vierteljahreszeitraums zu Grunde zu legen. Jahres- oder sonstige Leistungen werden unabhängig vom Auszahlungszeitpunkt berücksichtigt, wenn sie auch Entgeltcharakter haben. Dabei hat ggf. eine Hochrechnung eines vereinbarten Nettoverdienstes auf den Bruttobetrag zu erfolgen. Das Monatsentgelt errechnet sich mit einem Drittel des Vierteljahresentgeltes.

VII. Verwaltungsgerichtliche Verfahren

1. Verwaltungsgerichtsordnung (VwGO)

In der Fassung der Bekanntmachung vom 19.3.1991 (BGBl. I 686)
FNA 340-1
Zuletzt geändert durch Art. 3 Gesetz vom 20.7.2022 (BGBl. I 1325)
(Auszug)

Teil IV. Kosten und Vollstreckung

16. Abschnitt Kosten

[Kostentragungspflicht]

154 I **Der unterliegende Teil trägt die Kosten des Verfahrens.**

II **Die Kosten eines ohne Erfolg eingelegten Rechtsmittels fallen demjenigen zur Last, der das Rechtsmittel eingelegt hat.**

III **Dem Beigeladenen können Kosten nur auferlegt werden, wenn er Anträge gestellt oder Rechtsmittel eingelegt hat; § 155 Abs. 4 bleibt unberührt.**

IV **Die Kosten des erfolgreichen Wiederaufnahmeverfahrens können der Staatskasse auferlegt werden, soweit sie nicht durch das Verschulden eines Beteiligten entstanden sind.**

→ § 166 Rn. 1 ff.

[Kostenverteilung]

155 I [1] **Wenn ein Beteiligter teils obsiegt, teils unterliegt, so sind die Kosten gegeneinander aufzuheben oder verhältnismäßig zu teilen.** [2] **Sind die Kosten gegeneinander aufgehoben, so fallen die Gerichtskosten jedem Teil zur Hälfte zur Last.** [3] **Einem Beteiligten können die Kosten ganz auferlegt werden, wenn der andere nur zu einem geringen Teil unterlegen ist.**

II **Wer einen Antrag, eine Klage, ein Rechtsmittel oder einen anderen Rechtsbehelf zurücknimmt, hat die Kosten zu tragen.**

III **Kosten, die durch einen Antrag auf Wiedereinsetzung in den vorigen Stand entstehen, fallen dem Antragsteller zur Last.**

IV **Kosten, die durch Verschulden eines Beteiligten entstanden sind, können diesem auferlegt werden.**

→ § 166 Rn. 1 ff.

[Kosten bei sofortigem Anerkenntnis]

156 **Hat der Beklagte durch sein Verhalten keine Veranlassung zur Erhebung der Klage gegeben, so fallen dem Kläger die Prozeßkosten zur Last, wenn der Beklagte den Anspruch sofort anerkennt.**

→ § 166 Rn. 1 ff.

157 **(weggefallen)**

[Anfechtung der Kostenentscheidung]

158 **I Die Anfechtung der Entscheidung über die Kosten ist unzulässig, wenn nicht gegen die Entscheidung in der Hauptsache ein Rechtsmittel eingelegt wird.**

II Ist eine Entscheidung in der Hauptsache nicht ergangen, so ist die Entscheidung über die Kosten unanfechtbar.

→ § 166 Rn. 1 ff.

[Mehrere Kostenpflichtige]

159 **1 Besteht der kostenpflichtige Teil aus mehreren Personen, so gilt § 100 der Zivilprozeßordnung entsprechend. 2 Kann das streitige Rechtsverhältnis dem kostenpflichtigen Teil gegenüber nur einheitlich entschieden werden, so können die Kosten den mehreren Personen als Gesamtschuldnern auferlegt werden.**

→ § 166 Rn. 1 ff.

[Kostenpflicht bei Vergleich]

160 **1 Wird der Rechtsstreit durch Vergleich erledigt und haben die Beteiligten keine Bestimmung über die Kosten getroffen, so fallen die Gerichtskosten jedem Teil zur Hälfte zur Last. 2 Die außergerichtlichen Kosten trägt jeder Beteiligte selbst.**

→ § 166 Rn. 1 ff.

[Kostenentscheidung; Erledigung der Hauptsache]

161 **I Das Gericht hat im Urteil oder, wenn das Verfahren in anderer Weise beendet worden ist, durch Beschluß über die Kosten zu entscheiden.**

II 1 Ist der Rechtsstreit in der Hauptsache erledigt, so entscheidet das Gericht außer in den Fällen des § 113 Abs. 1 Satz 4 nach billigem Ermessen über die Kosten des Verfahrens durch Beschluß; der bisherige Sach- und Streitstand ist zu berücksichtigen. 2 Der Rechtsstreit ist auch in der Hauptsache erledigt, wenn der Beklagte der Erledigungserklärung des Klägers nicht innerhalb von zwei Wochen seit Zustellung des die Erledigungserklärung enthaltenden Schriftsatzes widerspricht und er vom Gericht auf diese Folge hingewiesen worden ist.

III In den Fällen des § 75 fallen die Kosten stets dem Beklagten zur Last, wenn der Kläger mit seiner Bescheidung vor Klageerhebung rechnen durfte.

→ § 166 Rn. 1 ff.

[Erstattungsfähige Kosten]

162 **I Kosten sind die Gerichtskosten (Gebühren und Auslagen) und die zur zweckentsprechenden Rechtsverfolgung oder Rechtsverteidigung notwendigen Aufwendungen der Beteiligten einschließlich der Kosten des Vorverfahrens.**

II 1 Die Gebühren und Auslagen eines Rechtsanwalts oder eines Rechtsbeistands, in den in § 67 Absatz 2 Satz 2 Nummer 3 und 3a genannten Angelegenheiten auch einer der dort genannten Personen, sind stets erstattungsfähig. 2 Soweit ein Vorverfahren geschwebt hat, sind Gebühren und Auslagen erstattungsfähig, wenn das Gericht die Zuziehung eines Bevollmächtigten für das Vorverfahren für notwendig erklärt. 3 Juristische Personen des öffent-

lichen Rechts und Behörden können an Stelle ihrer tatsächlichen notwendigen Aufwendungen für Post- und Telekommunikationsdienstleistungen den in Nummer 7002 der Anlage 1 zum Rechtsanwaltsvergütungsgesetz bestimmten Höchstsatz der Pauschale fordern.

III Die außergerichtlichen Kosten des Beigeladenen sind nur erstattungsfähig, wenn sie das Gericht aus Billigkeit der unterliegenden Partei oder der Staatskasse auferlegt.

→ § 166 Rn. 1 ff.

163 (weggefallen)

[Kostenfestsetzung]

164

Der Urkundsbeamte des Gerichts des ersten Rechtszugs setzt auf Antrag den Betrag der zu erstattenden Kosten fest.

→ § 166 Rn. 1 ff.

[Anfechtung der Kostenfestsetzung]

165

[1] Die Beteiligten können die Festsetzung der zu erstattenden Kosten anfechten. [2] § 151 gilt entsprechend.

→ § 166 Rn. 1 ff.

[Prozesskostensicherheit]

165a

§ 110 der Zivilprozessordnung gilt entsprechend.

→ § 166 Rn. 1 ff.

[Prozesskostenhilfe]

166

I [1] Die Vorschriften der Zivilprozeßordnung über die Prozeßkostenhilfe sowie § 569 Abs. 3 Nr. 2 der Zivilprozessordnung gelten entsprechend. [2] Einem Beteiligten, dem Prozesskostenhilfe bewilligt worden ist, kann auch ein Steuerberater, Steuerbevollmächtigter, Wirtschaftsprüfer oder vereidigter Buchprüfer beigeordnet werden. [3] Die Vergütung richtet sich nach den für den beigeordneten Rechtsanwalt geltenden Vorschriften des Rechtsanwaltsvergütungsgesetzes.

II [1] Die Prüfung der persönlichen und wirtschaftlichen Verhältnisse nach den §§ 114 bis 116 der Zivilprozessordnung einschließlich der in § 118 Absatz 2 der Zivilprozessordnung bezeichneten Maßnahmen, der Beurkundung von Vergleichen nach § 118 Absatz 1 Satz 3 der Zivilprozessordnung und der Entscheidungen nach § 118 Absatz 2 Satz 4 der Zivilprozessordnung obliegt dem Urkundsbeamten der Geschäftsstelle des jeweiligen Rechtszugs, wenn der Vorsitzende ihm das Verfahren insoweit überträgt. [2] Liegen die Voraussetzungen für die Bewilligung der Prozesskostenhilfe hiernach nicht vor, erlässt der Urkundsbeamte die den Antrag ablehnende Entscheidung; anderenfalls vermerkt der Urkundsbeamte in den Prozessakten, dass dem Antragsteller nach seinen persönlichen und wirtschaftlichen Verhältnissen Prozesskostenhilfe gewährt werden kann und in welcher Höhe gegebenenfalls Monatsraten oder Beträge aus dem Vermögen zu zahlen sind.

III Dem Urkundsbeamten obliegen im Verfahren über die Prozesskostenhilfe ferner die Bestimmung des Zeitpunkts für die Einstellung und eine

Wiederaufnahme der Zahlungen nach § 120 Absatz 3 der Zivilprozessordnung sowie die Änderung und die Aufhebung der Bewilligung der Prozesskostenhilfe nach den §§ 120a und 124 Absatz 1 Nummer 2 bis 5 der Zivilprozessordnung.

IV [1]**Der Vorsitzende kann Aufgaben nach den Absätzen 2 und 3 zu jedem Zeitpunkt an sich ziehen.** [2]**§ 5 Absatz 1 Nummer 1, die §§ 6, 7, 8 Absatz 1 bis 4 und § 9 des Rechtspflegergesetzes gelten entsprechend mit der Maßgabe, dass an die Stelle des Rechtspflegers der Urkundsbeamte der Geschäftsstelle tritt.**

V **§ 87a Absatz 3 gilt entsprechend.**

VI **Gegen Entscheidungen des Urkundsbeamten nach den Absätzen 2 und 3 kann innerhalb von zwei Wochen nach Bekanntgabe die Entscheidung des Gerichts beantragt werden.**

VII **Durch Landesgesetz kann bestimmt werden, dass die Absätze 2 bis 6 für die Gerichte des jeweiligen Landes nicht anzuwenden sind.**

Schrifttum: Just, Kostenverfahren in der Finanz- und Verwaltungsgerichtsbarkeit, 2014; Mutschler, Kostenrecht in öffentlich-rechtlichen Streitigkeiten, 2003.

I. Allgemeines. Öffentlich-rechtlichen Streitigkeiten nichtverfassungsrechtlicher Art, die nicht anderen Gerichten (Sozial-, Finanzgerichtsbarkeit oder – für Entschädigungs- oder Haftungsansprüche gegen die öffentliche Hand – ordentliche Gerichtsbarkeit) zugewiesen sind, fallen in die Zuständigkeit der Gerichte der Verwaltungsgerichtsbarkeit (VG, OVG/VGH, BVerwG), § 40. Das Verfahren vor den Gerichten der Verwaltungsgerichtsbarkeit wird durch die VwGO geregelt, die für Einzelfragen, vgl. etwa die vorstehenden §§ 165a, 166, und iÜ ergänzend, § 173, auf die ZPO verweist. Wie die FG (→ FGO § 149 Rn. 1; aber anders als im Verfahren vor den Sozialgerichten das SG, → SGG Vor § 183 Rn. 1) ist bei Vollstreckungen gegen die öffentliche Hand das VG gem. § 167 I 2 auch Vollstreckungsgericht. Die kostenrechtliche Behandlung von Verfahren vor den Gerichten der Verwaltungsgerichtsbarkeit richtet sich für die Gerichtskosten nach dem GKG (→ Rn. 2) und für die Anwaltsvergütung nach dem RVG (→ Rn. 3). 1

II. Gerichtskosten. Zunächst wurden Gerichtskosten in Verfahren vor den Verwaltungsgerichten der Ländern nach den am Sitz des Gerichts des ersten Rechtszugs geltenden landesrechtlichen Bestimmungen und im Verfahren vor dem BVerwG entspr. den Vorschriften des GKG erhoben; mit dem KostRÄndG 1975 erfolgte die Vereinheitlichung und Einbeziehung der Verwaltungsgerichtsbarkeit insgesamt in den Anwendungsbereich des GKG, vgl. jetzt § 1 II Nr. 1 GKG (→ GKG Vor § 1 Rn. 8). Die Gebühren für Verfahren vor den Gerichten der Verwaltungsgerichtsbarkeit sind in **KV Teil 5 GKG** (und dem für alle Gerichtsbarkeiten geltenden KV Teil 9 GKG) geregelt. Für die Bestimmung des Streitwertes enthält § 52 GKG eine besondere Bestimmung. Für deren Konkretisierung bietet der von einer aus Richtern der Verwaltungsgerichtsbarkeit zusammengesetzten Arbeitsgruppe erstmals 1991 vorgelegten, zuletzt durch Beschlüsse vom 31.5./1.6.2012 und vom 18.7.2013 aktualisierte **Streitwertkatalog für die Verwaltungsgerichtsbarkeit** (in diesem Werk abgedruckt, → Streitwertkatalog VwGO) Orientierungshilfe. 2

III. Anwaltsvergütung. Vor dem VG können sich die Parteien (u. a.) durch einen Rechtsanwalt vertreten lassen (§ 67 II 1), vor dem OVG und dem BVerwG besteht Vertretungszwang (§ 67 IV). Die Vergütung eines als Prozessvertreter beauftragen Rechtsanwalts richtet sich als anwaltliche Tätigkeit nach dem **RVG,** § 1 I 1 RVG (soweit nach § 67 II 2 Nr. 3, IV 7 auch die Vertretung durch einen Steuerberater, Steuerbevollmächtigten, Wirtschaftsprüfer oder vereidigte Buchprüfer möglich und nach Maßgabe von § 3 RDG iVm § 3 StBerG bzw § 5 RDG zulässig ist, gilt dies nach § 45 StBVV (abgedruckt in diesem Werk, → StBVV § 45) jedenfalls für Steuerberater und Steuerbevollmächtigte gleichermaßen). 3

IV. Kostenerstattung. Wer die Kosten des Verfahrens zu tragen hat, ist im Verwaltungsgerichtsverfahren nach den vorstehend wiedergegebenen §§ 154–161 zu entscheiden. Welche Kosten von dem zur Kostentragung Verpflichteten zu erstatten sind 4 und das Kostenfestsetzungsverfahren sind in den ebenfalls vorstehend wiedergegebenen §§ 162–165 geregelt.

5 **V. Prozesskostenhilfe.** Die Gewährung von Prozesskostenhilfe für Verfahren vor der Verwaltungsgerichtsbarkeit ist unter weitgehender Verweisung auf die ZPO im vorstehend wiedergegebenen § 166 geregelt. Im Hinblick auf die nach der VwGO bestehende Möglichkeit der Vertretung durch Steuerberater, Steuerbevollmächtigte, Wirtschaftsprüfer oder vereidigte Buchprüfer (→ Rn. 3) lässt § 166 I 2 auch deren Beiordnung zu. Die bei den ordentlichen Gerichten im Prozesskostenhilfeverfahren den Rechtspflegern übertragenen Aufgaben überträgt § 166 II, III in Ermangelung von Rechtspflegern in der Verwaltungsgerichtsbarkeit dem Urkundsbeamten der Geschäftsstelle.

2. Streitwertkatalog für die Verwaltungsgerichtsbarkeit

In der Fassung der am 31.5./1.6.2012 und am 18.7.2013 beschlossenen Änderungen (https://www.bverwg.de/user/data/media/streitwertkatalog.pdf)

Schrifttum: Geiger, Anmerkungen zum neuen Streitwertkatalog für die Verwaltungsgerichtsbarkeit, BayVBl 1997, 106; ders., Gerichtskosten und Streitwerte in verkehrsverwaltungsrechtlichen Streitigkeiten, DAR 2005, 491; Herrmann, Streitwert, Gebühren, Erstattung – Neuerungen und Probleme aufgrund des Kostenmodernisierungsgesetzes und des Streitwertkatalogs 2004, VBlBW 2005,424; Maiwald, Streitwertkatalog für die Verwaltungsgerichtsbarkeit 1996, GewA 1996, 462; Schinkel, Streitwertkatalog für die Verwaltungsgerichtsbarkeit, DVBl 1991, 1239; ders., Streitwertkatalog für die Verwaltungsgerichtsbarkeit, DÖV 1992, 257; ders., Streitwertkatalog für die Verwaltungsgerichtsbarkeit, NVwZ 1991, 1156; Sendler, Zum Entwurf eines Streitwertkataloges für die Verwaltungsgerichtsbarkeit, NVwZ 1989, 1041.

Vorbemerkungen

1. Seit der Bekanntgabe im Juli 2004 (NVwZ 2004, 1327; DVBl. 2004, 1525; JurBüro 2005, 7) ist der Streitwertkatalog 2004 für die Verwaltungsgerichtsbarkeit unverändert geblieben. Die Präsidentinnen und Präsidenten des Bundesverwaltungsgerichts und der Oberverwaltungsgerichte bzw. der Verwaltungsgerichtshöfe haben die Streitwertkommission reaktiviert und gebeten zu prüfen, ob der Streitwertkatalog zu ergänzen oder vorgeschlagene Werte auf Grund neuerer Erkenntnisse anzupassen sind.

2. [1] Wie schon bei der Erstellung der Streitwertkataloge 1996 und 2004 orientiert sich die Kommission grundsätzlich an der im Wege einer Umfrage erhobenen Rechtsprechung des Bundesverwaltungsgerichts und an der Streitwertpraxis der Oberverwaltungsgerichte bzw. Verwaltungsgerichtshöfe. [2] Die Kommission hat in ihre Überlegungen auch Anregungen der Bundesrechtsanwaltskammer und des Deutschen Anwaltsvereins einbezogen. [3] Ferner wurden die sich aus dem 2. Kostenrechtsmodernisierungsgesetz (vgl. BGBl. 2013 I 2586) ergebenden Änderungen des § 52 Abs. 3 GKG berücksichtigt. [4] Soweit unter den Nrn. 5301, 5400 und 5502 des Kostenverzeichnisses zu § 3 GKG eine Festgebühr vorgeschrieben ist, sieht die Kommission davon ab, Streitwerte für Zwischenverfahren vorzuschlagen.

3. Mit dem Katalog werden – soweit nicht auf gesetzliche Bestimmungen hingewiesen wird – Empfehlungen ausgesprochen, denen das Gericht bei der Festsetzung des Streitwertes bzw. des Wertes der anwaltlichen Tätigkeit (§ 33 Abs. 1 RVG) aus eigenem Ermessen folgt oder nicht.

Streitwertkatalog

1. Allgemeines

1.1 Klage-/Antragshäufung, Vergleich

1.1.1 Werden mehrere Anträge mit selbstständiger Bedeutung gestellt, so werden die Werte addiert, wenn die Streitgegenstände jeweils einen selbstständigen wirtschaftlichen Wert oder einen selbstständigen materiellen Gehalt haben (vgl. § 39 GKG).

1.1.2 Wird in einen Vergleich ein weiterer Gegenstand einbezogen, so ist dafür zusätzlich ein gesonderter Vergleichswert festzusetzen (§ 45 Abs. 4 iVm Abs. 1 GKG, Nr. 5600 KV – Anlage 1 zu § 3 Abs. 2 GKG).

1.1.3 Klagen mehrere Kläger gemeinschaftlich, sind die Werte der einzelnen Klagen zu addieren, es sei denn sie begehren oder bekämpfen eine Maßnahme als Rechtsgemeinschaft.

1.1.4 Für Hilfsanträge gilt § 45 Abs. 1 S. 2 und 3 GKG.

1.2 Verbandsklagen: Maßgeblich sind die Auswirkungen der begehrten Entscheidung auf die vertretenen Interessen, in der Regel 15 000–30 000 EUR.

1.3 Feststellungsklagen und Fortsetzungsfeststellungsklagen sind in der Regel ebenso zu bewerten wie eine auf das vergleichbare Ziel gerichtete Anfechtungs- bzw. Verpflichtungsklage.

1.4 Wird lediglich Bescheidung beantragt, so kann der Streitwert einen Bruchteil, mindestens jedoch 1/2 des Wertes der entsprechenden Verpflichtungsklage betragen.

1.5 [1] In Verfahren des vorläufigen Rechtsschutzes beträgt der Streitwert in der Regel 1/2, in den Fällen des § 80 Abs. 2 Satz 1 Nr. 1 VwGO und bei sonstigen auf bezifferte Geldleistungen gerichteten Verwaltungsakten 1/4 des für das Hauptsacheverfahren anzunehmenden Streitwertes. [2] In Verfahren des vorläufigen Rechtsschutzes, die die Entscheidung in der Sache ganz oder zum Teil vorwegnehmen, kann der Streitwert bis zur Höhe des für das Hauptsacheverfahren anzunehmenden Streitwerts angehoben werden.

1.6 Betrifft der Antrag des Klägers eine bezifferte Geldleistung oder einen hierauf gerichteten Verwaltungsakt, kann mit Blick auf ein in der Zukunft liegendes wirtschaftliches Interesse des Klägers der Streitwert bis zum Dreifachen des bezifferten Betrages erhöht werden (§ 52 Abs. 3 S. 2 GKG).

1.7 Vollstreckung

1.7.1 In selbstständigen Vollstreckungsverfahren entspricht der Streitwert der Höhe des festgesetzten Zwangsgeldes oder der geschätzten Kosten der Ersatzvornahme. Im Übrigen beträgt er ¼ des Streitwertes der Hauptsache. Bei der Androhung von Zwangsmitteln ist die Hälfte des sich nach Satz 1 ergebenden Betrages festzusetzen.

1.7.2 Wird in dem angefochtenen Bescheid neben einer Grundverfügung zugleich ein Zwangsgeld oder die Ersatzvornahme angedroht, so bleibt dies für die Streitwertfestsetzung grundsätzlich außer Betracht. Soweit die Höhe des angedrohten Zwangsgeldes bzw. des für die Ersatzvornahme zu entrichtenden Vorschusses höher ist als der für die Grundverfügung selbst zu bemessende Streitwert, ist dieser höhere Wert festzusetzen.

Sachgebiet	Streitwert
2. Abfallentsorgung	Es gelten grundsätzlich die nachstehend aufgeführten Werte. Soweit diese die Bedeutung der Genehmigung, des Vorbescheides oder der Anfechtung einer belastenden Maßnahme für den Kläger nicht angemessen erfassen, gilt stattdessen das geschätzte wirtschaftliche Interesse bzw. der Jahresnutzwert.
2.1 Klage des Errichters/Betreibers	
2.1.1 auf Zulassung einer Anlage oder Anlagenänderung	2,5 % der Investitionssumme
2.1.2 gegen Nebenbestimmung	Betrag der Mehrkosten
2.1.3 gegen Untersagung des Betriebs	1 % der Investitionssumme
2.1.4 gegen sonstige Ordnungsverfügung	Betrag der Aufwendungen
2.1.5 gegen Mitbenutzungsanordnung	Anteil der Betriebskosten (einschl. Abschreibung) für Dauer der Mitbenutzung
2.2 Klage eines drittbetroffenen Privaten	
2.2.1 wegen Eigentumsbeeinträchtigung	Betrag der Wertminderung des Grundstücks, regelmäßig 50 % des geschätzten Verkehrswertes
2.2.2 wegen sonstiger Beeinträchtigungen	15.000 EUR
2.2.3 gegen Vorbereitungsarbeiten	7.500 EUR
2.3 Klage einer drittbetroffenen Gemeinde	60.000 EUR
2.4 Klage des Abfallbesitzers	
2.4.1 Beseitigungsanordnung	20 EUR je m^3 Abfall
2.4.2 Untersagungsverfügung	20.000 EUR
3. Abgabenrecht	
3.1 Abgabe	Betrag der streitigen Abgabe (§ 52 Abs. 3 GKG); bei wiederkehrenden Leistungen: dreifacher Jahresbetrag, sofern nicht die voraussichtliche Belastungsdauer geringer ist
3.2 Stundung	6 vH des Hauptsachewertes je Jahr (§ 238 AO)
	mindestens Auffangwert
3.3 Normenkontrollverfahren	**Streitwert**
4. Arzneimittelrecht	siehe Lebensmittelrecht
5. Asylrecht	siehe § 30 RVG

Sachgebiet	Streitwert
6. Atomrecht	
6.1 Klage des Errichters/Betreibers	
6.1.1 auf Genehmigung oder Teilgenehmigung oder Planfeststellung einer Anlage, §§ 7, 9, 9b AtG	2,5 % der Investitionssumme
6.1.2 auf Aufbewahrungsgenehmigung, § 6 AtG	1 % der für die Aufbewahrung(-sanlage) getätigten Investitionssumme
6.1.3 gegen Nebenbestimmung	Betrag der Mehrkosten
6.1.4 auf Vorbescheid nach § 7a AtG	1 % der Investitionssumme für die beantragten Maßnahmen
6.1.5 auf Standortvorbescheid	1 % der Gesamtinvestitionssumme
6.1.6 gegen Einstellung des Betriebes	wirtschaftlicher Verlust infolge Betriebseinstellung
6.2 Klage eines drittbetroffenen Privaten	wie Abfallentsorgung Nr. 2.2
6.3 Klage einer drittbetroffenen Gemeinde	60.000 EUR
7. Ausbildungsförderung	
7.1 Klage auf bezifferte Leistung	geforderter Betrag (§ 52 Abs. 3 GKG)
7.2 Klage auf Erhöhung der Förderung	Differenzbetrag im Bewilligungszeitraum
7.3 Klage auf Verpflichtung zur Leistung in gesetzlicher Höhe	gesetzlicher Bedarfssatz für den streitigen Bewilligungszeitraum
7.4 Klage auf Änderung der Leistungsform	1/2 des bewilligten Förderbetrages
7.5 Klage auf Vorabentscheidung	gesetzlicher Bedarfssatz im ersten Bewilligungszeitraum
8. Ausländerrecht	
8.1 Aufenthaltstitel	Auffangwert pro Person; keine Erhöhung durch eventuell beigefügte Abschiebungsandrohung
8.2 Ausweisung	Auffangwert pro Person; keine Erhöhung durch eventuell beigefügte Abschiebungsandrohung
8.3 Abschiebung; isolierte Abschiebungsandrohung	1/2 Auffangwert pro Person
8.4 Pass/Passersatz	Auffangwert pro Person
9. Bau- und Raumordnungsrecht	Es gelten grundsätzlich die nachstehend aufgeführten Werte. Soweit diese die Bedeutung der Genehmigung, des Vorbescheides oder der Anfechtung einer belastenden Maßnahme für den Kläger nicht angemessen erfassen, gilt stattdessen das geschätzte wirtschaftliche Interesse bzw. der Jahresnutzwert.
9.1 Klage auf Erteilung einer Baugenehmigung für	
9.1.1 Wohngebäude	
9.1.1.1 Einfamilienhaus	20.000 EUR
9.1.1.2 Doppelhaus	25.000 EUR
9.1.1.3 Mehrfamilienhaus	10.000 EUR je Wohnung
9.1.2 Gewerbliche und sonstige Bauten	
9.1.2.1 Einzelhandelsbetrieb	150 EUR/m² Verkaufsfläche
9.1.2.2 Spielhalle	600 EUR/m² Nutzfläche (ohne Nebenräume)
9.1.2.3 Werbeanlagen	
9.1.2.3.1 Großflächige Werbetafel	5.000 EUR
9.1.2.3.2 Wechselwerbeanlage	250 EUR/m²
9.1.2.4 Imbissstand	6.000 EUR
9.1.2.5 Windkraftanlagen soweit nicht 19.1.2	10 % der geschätzten Herstellungskosten
9.1.2.6 sonstige Anlagen	je nach Einzelfall: Bruchteil der geschätzten Rohbaukosten oder Bodenwertsteigerung
9.2 Erteilung eines Bauvorbescheides	Bruchteil des Streitwerts für eine Baugenehmigung, sofern nicht Anhaltspunkte für eine Bodenwertsteigerung bestehen

Sachgebiet	Streitwert
9.3 Abrissgenehmigung	wirtschaftliches Interesse am dahinterstehenden Vorhaben
9.4 Bauverbot, Stillegung, Nutzungsverbot, Räumungsgebot	Höhe des Schadens oder der Aufwendungen (geschätzt)
9.5 Beseitigungsanordnung	Zeitwert der zu beseitigenden Substanz plus Abrisskosten (20–30 EUR/m³ umbauten Raumes)
9.6 Vorkaufsrecht	
9.6.1 Anfechtung des Käufers	25 % des Kaufpreises
9.6.2 Anfechtung des Verkäufers	Preisdifferenz, mindestens Auffangwert
9.7 Klage eines Drittbetroffenen	
9.7.1 Nachbar	7.500-15.000 EUR, soweit nicht ein höherer wirtschaftlicher Schaden feststellbar
9.7.2 Nachbargemeinde	30.000 EUR
9.8 Normenkontrollverfahren	
9.8.1 Privatperson gegen Bebauungsplan oder Flächennutzungsplan	7.500-60.000 EUR
9.8.2 Privatperson gegen Raumordnungsplan	30.000–60.000 EUR
9.8.3 Nachbargemeinde gegen Bebauungsplan, Flächennutzungsplan oder Raumordnungsplan	60.000 EUR
9.8.4 Normenkontrolle gegen Veränderungssperre	1/2 der Werte zu 9.8.1 und 9.8.3
9.9 Genehmigung eines Flächennutzungsplanes	mindestens 10.000 EUR
9.10 Ersetzung des Einvernehmens der Gemeinde	15.000 EUR
10. Beamtenrecht	
10.1 (Großer) Gesamtstatus: Begründung, Umwandlung, Bestehen, Nichtbestehen, Beendigung eines Beamtenverhältnisses, Versetzung in den Ruhestand	§ 52 Abs. 5 S. 1 Nr. 1, 2, S. 2, 3 GKG
10.2 (Kleiner) Gesamtstatus: Verleihung eines anderen Amtes, Streit um den Zeitpunkt der Versetzung in den Ruhestand, Schadensersatz wegen verspäteter Beförderung, Zahlung einer Amtszulage, Verlängerung der Probezeit	§ 52 Abs. 5 S. 4 iVm S. 1–3 GKG: Hälfte von 10.1
10.3 Neubescheidung eines Beförderungsbegehrens	Hälfte des sich aus § 52 Abs. 5 S. 4 GKG ergebenden Betrages (1/4 von 10.1)
10.4 Teilstatus: Streit um Umfang/Teilzeitbeschäftigung, um Übergang von Teilzeit auf Vollzeit, höhere Versorgung, Besoldung oder Zulagen sowie Berücksichtigung von Vordienstzeiten bei Versorgung, Zeiten für BDA, Unfallausgleich, Unfallruhegehalt, Unterhaltsbeitrag, Hinterbliebenenversorgung	2-facher Jahresbetrag der Differenz zwischen innegehabtem und erstrebtem Teilstatus bzw. des erstrebten Unfallausgleichs etc.
10.5 dienstliche Beurteilung	Auffangwert
10.6 Streit um Nebentätigkeit	Gesamtbetrag der Einkünfte aus der Nebentätigkeit, höchstens Jahresbetrag
10.7 Gewährung von Trennungsgeld	Gesamtbetrag des Trennungsgeldes, höchstens Jahresbetrag
10.8 Anerkennung eines Dienstunfalles	Auffangwert
10.9 Bewilligung von Urlaub	Auffangwert
11. Bergrecht	Es gelten grundsätzlich die nachstehend aufgeführten Werte. Soweit diese die Bedeutung der Genehmigung, des Vorbescheides oder der Anfechtung einer belastenden Maßnahme für den Kläger nicht angemessen erfassen, gilt stattdessen das geschätzte wirtschaftliche Interesse bzw. der Jahresnutzwert.

Sachgebiet		Streitwert
	11.1 Klage des Unternehmers	
	11.1.1 auf Planfeststellung eines Rahmenbetriebsplans	2,5 % der Investitionssumme
	11.1.2 auf Zulassung eines Rahmenbetriebsplans	1 % der Investitionssumme
	11.1.3 auf Zulassung eines Sonder- oder Hauptbetriebsplans	2,5 % der Investitionssumme
	11.1.4 gegen belastende Nebenbestimmungen	Betrag der Mehrkosten
	11.2 Klage eines drittbetroffenen Privaten	wie Abfallentsorgung Nr. 2.2
	11.3 Klage einer drittbetroffenen Gemeinde	60.00 EUR
12.	**Denkmalschutzrecht**	
	12.1 Feststellung der Denkmaleigenschaft, denkmalschutzrechtliche Anordnungen, Bescheinigungen	wirtschaftlicher Wert, sonst Auffangwert
	12.2 Abrissgenehmigung	wie 9.3
	12.3 Vorkaufsrecht	wie Nr. 9.6
13.	**Flurbereinigung/Bodenordnung**	
	13.1 Anordnung des Verfahrens	Auffangwert
	13.2 Entscheidungen im Verfahren	
	13.2.1 Wertermittlung	Auswirkungen der Differenz zwischen festgestellter und gewünschter Wertverhältniszahl
	13.2.2 Abfindung	Auffangwert, es sei denn abweichendes wirtschaftliches Interesse kann festgestellt werden
	13.2.3 sonstige Entscheidungen	Auffangwert, es sei denn abweichendes wirtschaftliches Interesse kann festgestellt werden
14.	**Freie Berufe (Recht der freien Berufe)**	
	14.1 Berufsberechtigung, Eintragung, Löschung	Jahresbetrag des erzielten oder erwarteten Gewinns, mindestens 15.000 EUR
	14.2 Mitgliedschaft in einem berufsständischen Versorgungswerk, Befreiung	dreifacher Jahresbetrag des Beitrages
	14.3 Rentenanspruch	dreifacher Jahresbetrag der Rente
15.	**Friedhofsrecht**	
	15.1 Grabnutzungsrechte	Auffangwert
	15.2 Umbettung	Auffangwert
	15.3 Grabmalgestaltung	$1/2$ Auffangwert
	15.4 Gewerbliche Betätigung auf Friedhöfen	Betrag des erzielten oder erwarteten Jahresgewinns, mindestens 15.000 EUR
16.	**Gesundheitsverwaltungsrecht**	
	16.1 Approbation	Jahresbetrag des erzielten oder erwarteten Verdienstes, mindestens 30.000 EUR
	16.2 Facharzt-, Zusatzbezeichnung	15.000 EUR
	16.3 Erlaubnis nach § 10 BÄO	20.000 EUR
	16.4 Notdienst	Auffangwert
	16.5 Beteiligung am Rettungsdienst	15.000 EUR pro Fahrzeug
17.	**Gewerberecht**	s. Wirtschaftsverwaltungsrecht, Nr. 54
18.	**Hochschulrecht, Recht der Führung akademischer Grade**	
	18.1 Anerkennung der Hochschulreife, Zulassung zum Studium, Immatrikulation, Exmatrikulation	Auffangwert
	18.2 Zulassung zu einzelnen Lehrveranstaltungen bzw. Modulen	$1/2$ Auffangwert

	Sachgebiet	Streitwert
	18.3 Zwischenprüfung	Auffangwert
	18.4 Bachelor	10.000 EUR
	18.5 Diplomprüfung, Graduierung, Nachgraduierung, Master	15.000 EUR
	18.6 Leistungsnachweis	1/2 Auffangwert
	18.7 Promotion, Entziehung des Doktorgrades	15.000 EUR
	18.8 Nostrifikation	15.000 EUR
	18.9 Habilitation	20.000 EUR
	18.10 Lehrauftrag	Auffangwert
	18.11 Ausstattung eines Instituts/Lehrstuhls	10 % des Wertes der streitigen Mehrausstattung, mindestens 7.500 EUR
	18.12 Hochschulwahlen	Auffangwert
19.	**Immissionsschutzrecht**	Es gelten grundsätzlich die nachstehend aufgeführten Werte. Soweit diese die Bedeutung der Genehmigung, des Vorbescheides oder der Anfechtung einer belastenden Maßnahme für den Kläger nicht angemessen erfassen, gilt stattdessen das geschätzte wirtschaftliche Interesse bzw. der Jahresnutzwert.
	19.1 Klage des Errichters/Betreibers	
	19.1.1 auf Genehmigung oder Teilgenehmigung oder Planfeststellung einer Anlage	2,5 % der Investitionssumme, mindestens Auffangwert
	19.1.2 auf Genehmigung von Windkraftanlagen	10 % der geschätzten Herstellungskosten
	19.1.3 gegen Nebenbestimmung	Betrag der Mehrkosten
	19.1.4 auf Vorbescheid	50 % des Wertes zu 19.1.1 bzw. 19.1.2, mindestens Auffangwert
	19.1.5 auf Standortvorbescheid	50 % des Wertes zu 19.1.1 bzw. 19.1.2, mindestens Auffangwert
	19.1.6 gegen Stillegung, Betriebsuntersagung	50 % des Wertes zu 19.1.1 bzw. 19.1.2; soweit nicht feststellbar: entgangener Gewinn, mindestens Auffangwert
	19.1.7 gegen sonstige Anordnungen im Einzelfall	Betrag der Aufwendungen
	19.2 Klage eines drittbetroffenen Privaten	s. Abfallentsorgung Nr. 2.2
	19.3 Klage einer drittbetroffenen Gemeinde	60.000 EUR
20.	**Jagdrecht**	
	20.1 Bestand und Abgrenzung von Jagdbezirken	19.000 EUR
	20.2 Verpachtung von Jagdbezirken	Jahresjagdpacht
	20.3 Erteilung/Entzug des Jagdscheins	8.000 EUR
	20.4 Jägerprüfung	Auffangwert
21.	**Kinder- und Jugendhilferecht**	
	21.1 laufende Leistungen	Wert der streitigen Leistung, höchstens Jahresbetrag
	21.2 einmalige Leistungen, Kostenerstattung, Aufwendungsersatz, Kostenersatz	Wert der streitigen Leistung
	21.3 Überleitung von Ansprüchen	höchstens Jahresbetrag
	21.4 Heranziehung zur Kostentragung	höchstens Jahresbetrag
	21.5 Erteilung der Erlaubnis, § 45 SGB VIII	Jahresgewinn aus dem Betrieb, mindestens 15.000 EUR
	21.6 Pflegeerlaubnis	Auffangwert
22.	**Kommunalrecht**	
	22.1 Kommunalwahl	
	22.1.1 Anfechtung durch Bürger	Auffangwert
	22.1.2 Anfechtung durch Partei, Wählergemeinschaft	mindestens 15.000 EUR
	22.1.3 Anfechtung durch Wahlbewerber	mindestens 7.500 EUR

Sachgebiet	Streitwert
22.2 Sitzungs- und Ordnungsmaßnahmen	Auffangwert
22.3 Benutzung/Schließung einer Gemeindeeinrichtung	wirtschaftliches Interesse, sonst Auffangwert
22.4 Anschluss- und Benutzungszwang	ersparte Anschlusskosten, mindestens 5.000 EUR
22.5 Kommunalaufsicht	15.000 EUR
22.6 Bürgerbegehren	15.000 EUR
22.7 Kommunalverfassungsstreit	10.000 EUR
23. Krankenhausrecht	
23.1 Aufnahme in den Krankenhausbedarfsplan	50.000 EUR
23.2 Planbettenstreit	500 EUR pro Bett
23.3 Festsetzung von Pflegesätzen	streitiger Anteil des Pflegesatzes × Bettenzahl × Belegungsgrad
24. Land- und Forstwirtschaft	
24.1 Festsetzung einer Referenzmenge	streitige Referenzmenge × 0,10 EUR/kg
24.2 Zuteilung der zahlenmäßigen Obergrenze prämienberechtigter Tiere	Jahresmehrbetrag
25. Lebensmittel-/Arzneimittelrecht	
25.1 Einfuhr-, Verkaufsverbot (Verbot bestimmte Erzeugnisse eines Betriebs in Verkehr zu bringen), Vernichtungsauflage	Verkaufswert der betroffenen Waren (Jahresbetrag der erwarteten wirtschaftlichen Auswirkungen/Gewinnerwartung)
25.2 Sonstige Maßnahmen	Jahresbetrag der erwarteten wirtschaftlichen Auswirkung, sonst Auffangwert
26. Erlaubnis für Luftfahrtpersonal	
26.1 Privatflugzeugführer	10.000 EUR
26.2 Berufsflugzeugführer	Jahresbetrag des erzielten oder erwarteten Verdienstes, mindestens 20.000 EUR
26.3 Verkehrsflugzeugführer	Jahresbetrag des erzielten oder erwarteten Verdienstes, mindestens 30.000 EUR
26.4 sonstige Erlaubnisse für Luftfahrtpersonal	Jahresbetrag des erzielten oder erwarteten Verdienstes, mindestens 7.500 EUR
26.5 sonstige Erlaubnisse nach dem Luftsicherheitsgesetz	Auffangwert
27. Mutterschutzrecht	
27.1 Zustimmung zur Kündigung	Auffangwert
27.2 Zulässigkeitserklärung gemäß § 18 BEEG	Auffangwert
28. Namensrecht	
28.1 Änderung des Familiennamens oder Vornamens	Auffangwert
28.2 Namensfeststellung	Auffangwert
29. Naturschutzrecht	Es gelten grundsätzlich die nachstehend aufgeführten Werte. Soweit diese die Bedeutung der Genehmigung oder der Anfechtung einer belastenden Maßnahme für den Kläger nicht angemessen erfassen, gilt stattdessen das geschätzte wirtschaftliche Interesse bzw. der Jahresnutzwert.
29.1 Klage auf Erteilung einer Fällgenehmigung	Auffangwert
29.2 Normenkontrolle gegen Schutzgebietsausweisung	wie Bebauungsplan (Nr. 9.8)
30. Passrecht	
30.1 Personalausweis, Reisepass	Auffangwert
31. Personalvertretungsrecht	Auffangwert
32. Personenbeförderungsrecht	vgl. Verkehrswirtschaftsrecht

Sachgebiet	Streitwert
33. Pflegegeld	Wert der streitigen Leistung, höchstens Jahresbetrag
33a. Pflegezeitrecht	
33a.1 Zustimmung der obersten Landesbehörde nach § 5 Abs. 2 PflegeZG	Auffangwert
34. Planfeststellungsrecht	Es gelten grundsätzlich die nachstehend aufgeführten Werte. Soweit diese die Bedeutung der Genehmigung, des Vorbescheides oder der Anfechtung einer belastenden Maßnahme für den Kläger nicht angemessen erfassen, gilt statt dessen das geschätzte wirtschaftliche Interesse bzw. der Jahresnutzwert.
34.1 Klage des Errichters/Betreibers	
34.1.1 auf Planfeststellung einer Anlage oder Änderung des Planfeststellungsbeschlusses	2,5 % der Investitionssumme
34.1.2 gegen Nebenbestimmung	Betrag der Mehrkosten
34.2 Klage eines drittbetroffenen Privaten	wie Abfallentsorgung Nr. 2.2
34.2.1 wegen Eigentumsbeeinträchtigung – soweit nicht einer der Pauschalierungsvorschläge 34.2.1.1 bis 34.2.3 greift:	Betrag der Wertminderung des Grundstücks, höchstens 50 % des geschätzten Verkehrswerts
34.2.1.1 Beeinträchtigung eines Eigenheimgrundstücks oder einer Eigentumswohnung	15 000 EUR
34.2.1.2 Beeinträchtigung eines Mehrfamilienhauses	Wohnungszahl × 15 000 EUR, höchstens 60 000 EUR bei Klägeridentität
34.2.2 Beeinträchtigung eines Gewerbebetriebes	60 000 EUR
34.2.3 Beeinträchtigung eines Landwirtschaftbetriebes	Haupterwerb 60 000 EUR, Nebenerwerb 30 000 EUR
34.2.4 Dauerhafte Inanspruchnahme landwirtschaftlicher Flächen	0,50 EUR/m²
34.2.5 wegen sonstiger Beeinträchtigungen soweit nicht einer der Pauschalierungsvorschläge greift	15 000 EUR
34.2.6 gegen Vorbereitungsarbeiten	7500 EUR
34.2.7 gegen nachträgliche Anordnung von Schutzauflagen	5000 EUR je betroffenem Grundstück
34.3 Klage einer in ihrem Selbstverwaltungsrecht betroffenen Gemeinde	60 000 EUR
34.4 Verbandsklage eines Naturschutzvereins oder einer anderen NRO	Auswirkungen der begehrten Entscheidung auf die vertretenen Interessen; in der Regel 15 000–30 000 EUR
35. Polizei- und Ordnungsrecht	
35.1 polizei- und ordnungsrechtliche Verfügung, polizeiliche Sicherstellung	wirtschaftliches Interesse, sonst Auffangwert
35.2 Anordnung gegen Tierhalter	Auffangwert; sofern die Anordnung einer Gewerbeuntersagung gleichkommt, wie Nr. 54.2.1
35.3 Obdachloseneinweisung	Auffangwert
35.4 Wohnungsverweisung	½ Auffangwert
35.5 Streit um erkennungsdienstliche Maßnahmen und kriminalpolizeiliche Unterlagen	Auffangwert
35.6 Normenkontrolle	wirtschaftliches Interesse, sonst Auffangwert
36. Prüfungsrecht	
36.1 noch nicht den Berufszugang eröffnende (Staats-)Prüfung, Einzelleis-	7.500 EUR

Sachgebiet	Streitwert
tungen, deren Nichtbestehen zur Beendigung des Studiums führen	
36.2 den Berufszugang eröffnende abschließende (Staats-)Prüfung, abschließende ärztliche oder pharmazeutische Prüfung	Jahresbetrag des erzielten oder erwarteten Verdienstes, mindestens 15.000 EUR
36.3 Sonstige berufseröffnende Prüfungen	Jahresbetrag des erzielten oder erwarteten Verdienstes, mindestens 15.000 EUR
36.4 Sonstige Prüfungen	Auffangwert
37. Rundfunkrecht	
37.1 Hörfunkkonzession	200.000 EUR
37.2 Fernsehkonzession	350.000 EUR
37.3 Kanalbelegung	wie Hörfunk-/Fernsehkonzession
37.4 Einräumung von Sendezeit	15.000 EUR, bei bundesweit ausgestrahltem Programm: 500.000 EUR
38. Schulrecht	
38.1 Errichtung, Zusammenlegung, Schließung einer Schule (Klage der Eltern bzw. Schüler)	Auffangwert
38.2 Genehmigung zum Betrieb einer Ersatzschule	30.000 EUR
38.3 Schulpflicht, Einweisung in eine Sonderschule, Entlassung aus der Schule	Auffangwert
38.4 Aufnahme in eine bestimmte Schule oder Schulform	Auffangwert
38.5 Versetzung, Zeugnis	Auffangwert
38.6 Reifeprüfung	Auffangwert
39. Schwerbehindertenrecht	
39.1 Zustimmung des Integrationsamtes	Auffangwert
40. Soldatenrecht	
40.1 Berufssoldaten	wie Beamte auf Lebenszeit
40.2 Soldaten auf Zeit	wie Beamte auf Probe
41. Sozialhilfe/Kriegsopferfürsorge	siehe Streitwertkatalog idFv Jan. 1996 (NVwZ 1996, 562; DVBl 1996, 605)
42. Staatsangehörigkeitsrecht	
42.1 Einbürgerung	doppelter Auffangwert pro Person
42.2 Feststellung der Staatsangehörigkeit	doppelter Auffangwert pro Person
43. Straßen- und Wegerecht (ohne Planfeststellung), Straßenreinigung	
43.1 Sondernutzung	zu erwartender Gewinn bis zur Grenze des Jahresbetrages, mindestens 500 EUR
43.2 Sondernutzungsgebühr	siehe Abgabenrecht
43.3 Widmung, Einziehung	wirtschaftliches Interesse, mindestens 7.500 EUR
43.4 Anfechtung einer Umstufung zur Vermeidung der Straßenbaulast	dreifacher Jahreswert des Erhaltungs- und Unterhaltungsaufwandes
43.5 Straßenreinigungspflicht	Auffangwert
44. Subventionsrecht	
44.1 Vergabe einer Subvention	
44.1.1 Leistungsklage	streitiger Betrag (§ 52 Abs. 3 GKG)
44.1.2 Konkurrentenklage	50 % des Subventionsbetrages
44.2 Bescheinigung als Voraussetzung für eine Subvention	75 % der zu erwartenden Subvention
44.3 Zinsloses oder zinsermäßigtes Darlehen	Zinsersparnis, im Zweifel pauschaliert: zinsloses Darlehen 25 %, zinsermäßig/tes Darlehen 10 % des Darlehensbetrages

Sachgebiet		Streitwert
45.	**Vereins- und Versammlungsrecht**	
	45.1 Vereinsverbot	
	45.1.1 durch oberste Landesbehörde	15.000 EUR
	45.1.2 durch oberste Bundesbehörde	30.000 EUR
	45.2 Anfechtung eines Verbots durch einzelne Mitglieder	Auffangwert je Kläger
	45.3 Auskunftsverlangen	Auffangwert
	45.4 Versammlungsverbot, Auflage	1/2 Auffangwert
46.	**Verkehrsrecht**	
	46.1 Fahrerlaubnis Klasse A	Auffangwert
	46.2 Fahrerlaubnis Klasse A M, A 1, A 2	1/2 Auffangwert
	46.3 Fahrerlaubnis Klasse B, BE	Auffangwert
	46.4 Fahrerlaubnis Klasse C, CE	1 1/2 Auffangwert
	46.5 Fahrerlaubnis Klasse C 1, C 1E	Auffangwert
	46.6 Fahrerlaubnis Klasse D, DE	1 1/2 Auffangwert
	46.7 Fahrerlaubnis Klasse D 1, D 1E	Auffangwert
	46.8 Fahrerlaubnis Klasse L	1/2 Auffangwert
	46.9 Fahrerlaubnis Klasse T	1/2 Auffangwert
	46.10 Fahrerlaubnis zur Fahrgastbeförderung	2-facher Auffangwert
	46.11 Fahrtenbuchauflage	400 EUR je Monat
	46.12 Teilnahme an Aufbauseminar	1/2 Auffangwert
	46.13 Verlängerung der Probezeit	1/2 Auffangwert
	46.14 Verbot des Fahrens erlaubnisfreier Fahrzeuge	Auffangwert
	46.15 Verkehrsregelnde Anordnung	Auffangwert
	46.16 Sicherstellung, Stilllegung eines Kraftfahrzeugs	1/2 Auffangwert
47.	**Verkehrswirtschaftsrecht**	[1] Es gelten grundsätzlich die nachstehend aufgeführten Werte. [2] Soweit diese die Bedeutung der Genehmigung oder der Anfechtung einer belastenden Maßnahme für den Kläger nicht angemessen erfassen, gilt stattdessen das geschätzte wirtschaftliche Interesse bzw. der Jahresnutzwert.
	47.1 Güterfernverkehrsgenehmigung, Gemeinschaftslizenz für EG Ausland, grenzüberschreitender Verkehr	30.000 EUR
	47.2 Bezirksverkehrsgenehmigung	20.000 EUR
	47.3 Nahverkehrsgenehmigung	15.000 EUR
	47.4 Taxigenehmigung	15.000 EUR
	47.5 Mietwagengenehmigung	10.000 EUR
	47.6 Linienverkehr mit Omnibussen	20.000 EUR je Linie
	47.7 Gelegenheitsverkehr mit Omnibussen	20.000 EUR
48.	**Vermögensrecht**	
	48.1 Rückübertragung	
	48.1.1 Grundstück	aktueller Verkehrswert; klagen einzelne Mitglieder einer Erbengemeinschaft auf Leistung an die Erbengemeinschaft, so ist das wirtschaftliche Interesse nach dem Erbanteil zu bemessen.
	48.1.2 Unternehmen	aktueller Verkehrswert
	48.1.3 sonstige Vermögensgegenstände	wirtschaftlicher Wert
	48.2 Besitzeinweisung	30 % des aktuellen Verkehrswerts
	48.3 Investitionsvorrangbescheid	30 % des aktuellen Verkehrswerts
	48.4 Einräumung eines Vorkaufsrechts	50 % des aktuellen Verkehrswerts

Sachgebiet	Streitwert
49. Vertriebenen- und Flüchtlingsrecht	
49.1 Erteilung oder Entziehung eines Vertriebenenausweises	Auffangwert
49.2 Erteilung oder Rücknahme eines Aufnahmebescheides/einer Bescheinigung nach § 15 BVFG	Auffangwert
50. Waffenrecht	
50.1 Waffenschein	7.500 EUR
50.2 Waffenbesitzkarte	Auffangwert zzgl. 750 EUR je weitere Waffe
50.3 Munitionserwerbsberechtigung	1.500 EUR
50.4 Waffenhandelserlaubnis	s. Gewerbeerlaubnis Nr. 54.2.1
51. Wasserrecht (ohne Planfeststellung)	
51.1 Erlaubnis, Bewilligung	wirtschaftlicher Wert
51.2 Anlagen an oder in Gewässern	
51.2.1 gewerbliche Nutzung	Jahresgewinn, mindestens Auffangwert
51.2.2 nichtgewerbliche Nutzung	Auffangwert
51.2.3 Steganlagen incl. ein Bootsliegeplatz	Auffangwert zzgl. 750 EUR für jeden weiteren Liegeplatz
52. Wehrdienst	
52.1 Anerkennung als Kriegsdienstverweigerer	Auffangwert
52.2 Wehrübung	Auffangwert
53. Weinrecht	
53.1 Veränderung der Rebfläche	1,50 EUR/m² Rebfläche
53.2 Genehmigung zur Vermarktung oder Verarbeitung von nicht verkehrsfähigem Wein	2 EUR/Liter
54. Wirtschaftsverwaltungsrecht	
54.1 Gewerbeerlaubnis, Gaststättenkonzession	Jahresbetrag des erzielten oder erwarteten Gewinns, mindestens 15 000 EUR
54.2 Gewerbeuntersagung	
54.2.1 ausgeübtes Gewerbe	Jahresbetrag des erzielten oder erwarteten Gewinns, mindestens 15.000 EUR
54.2.2 erweiterte Gewerbeuntersagung	Erhöhung um 5.000 EUR
54.3 Handwerksrecht	
54.3.1 Eintragung/Löschung in der Handwerksrolle	Jahresbetrag des erzielten oder erwarteten Gewinns, mindestens 15.000 EUR
54.3.2 Meisterprüfung	15.000 EUR
54.3.3 Gesellenprüfung	7.500 EUR
54.4 Sperrzeitregelung	Jahresbetrag des erzielten oder erwarteten zusätzlichen Gewinns, mindestens 7.500 EUR
54.5 Zulassung zu einem Markt	erwarteter Gewinn, mindestens 300 EUR pro Tag
55. Wohngeldrecht	
55.1 Miet- oder Lastenzuschuss	streitiger Zuschuss, höchstens Jahresbetrag
56. Wohnraumrecht	
56.1 Anerkennung als steuerbegünstigte Wohnung	Gesamtbetrag der Steuerersparnis
56.2 Bewilligung öffentlicher Mittel	Zuschussbetrag zuzüglich 10 % der Darlehenssumme
56.3 Erteilung einer Wohnberechtigungsbescheinigung	Auffangwert
56.4 Fehlbelegungsabgabe	streitiger Betrag, höchstens dreifacher Jahresbetrag
56.5 Freistellung von der Wohnungsbindung	Auffangwert je Wohnung
56.6 Zweckentfremdung	
56.6.1 Erlaubnis mit Ausgleichszahlung	Jahresbetrag der Ausgleichszahlung, bei laufender Zahlung: Jahresbetrag

Sachgebiet	Streitwert
56.6.2 Erlaubnis ohne Ausgleichszahlung	Auffangwert
56.6.3 Aufforderung, Wohnräume wieder Wohnzwecken zuzuführen	Falls eine wirtschaftlich günstigere Nutzung stattfindet: Jahresbetrag des Interesses, sonst Auffangwert je Wohnung
56.7 Wohnungsaufsichtliche Anordnung	veranschlagte Kosten der geforderten Maßnahme

VIII. Finanzgerichtliche Verfahren und sonstige Steuersachen

1. Finanzgerichtsordnung (FGO)

In der Fassung der Bekanntmachung vom 28.3.2001 (BGBl. I 442, ber. 2262; 2002 I 679)

FNA 350-1

Zuletzt geändert durch Art. 17–19 Gesetz vom 5.10.2021 (BGBl. I 4607)

(Auszug)

Dritter Teil. Kosten und Vollstreckung

Abschnitt I. Kosten

[Kostenpflichtige]

135 **I Der unterliegende Beteiligte trägt die Kosten des Verfahrens.**

II Die Kosten eines ohne Erfolg eingelegten Rechtsmittels fallen demjenigen zur Last, der das Rechtsmittel eingelegt hat.

III Dem Beigeladenen können Kosten nur auferlegt werden, soweit er Anträge gestellt oder Rechtsmittel eingelegt hat.

IV Die Kosten des erfolgreichen Wiederaufnahmeverfahrens können der Staatskasse auferlegt werden, soweit sie nicht durch das Verschulden eines Beteiligten entstanden sind.

V [1] Besteht der kostenpflichtige Teil aus mehreren Personen, so haften diese nach Kopfteilen. [2] Bei erheblicher Verschiedenheit ihrer Beteiligung kann nach Ermessen des Gerichts die Beteiligung zum Maßstab genommen werden.

→ § 149 Rn. 1 ff.

[Kompensation der Kosten]

136 **I [1] Wenn ein Beteiligter teils obsiegt, teils unterliegt, so sind die Kosten gegeneinander aufzuheben oder verhältnismäßig zu teilen. [2] Sind die Kosten gegeneinander aufgehoben, so fallen die Gerichtskosten jedem Teil zur Hälfte zur Last. [3] Einem Beteiligten können die Kosten ganz auferlegt werden, wenn der andere nur zu einem geringen Teil unterlegen ist.**

II Wer einen Antrag, eine Klage, ein Rechtsmittel oder einen anderen Rechtsbehelf zurücknimmt, hat die Kosten zu tragen.

III Kosten, die durch einen Antrag auf Wiedereinsetzung in den vorigen Stand entstehen, fallen dem Antragsteller zur Last.

→ § 149 Rn. 1 ff.

[Anderweitige Auferlegung der Kosten]

137 **[1] Einem Beteiligten können die Kosten ganz oder teilweise auch dann auferlegt werden, wenn er obsiegt hat, die Entscheidung aber auf Tatsachen beruht, die er früher hätte geltend machen oder beweisen**

können und sollen. [2]Kosten, die durch Verschulden eines Beteiligten entstanden sind, können diesem auferlegt werden. [3]Berücksichtigt das Gericht nach § 76 Abs. 3 Erklärungen und Beweismittel, die im Einspruchsverfahren nach § 364b der Abgabenordnung rechtmäßig zurückgewiesen wurden, sind dem Kläger insoweit die Kosten aufzuerlegen.

→ § 149 Rn. 1 ff.

[Kostenentscheidung durch Beschluss]

138 **I Ist der Rechtsstreit in der Hauptsache erledigt, so entscheidet das Gericht nach billigem Ermessen über die Kosten des Verfahrens durch Beschluss; der bisherige Sach- und Streitstand ist zu berücksichtigen.**

II [1]Soweit ein Rechtsstreit dadurch erledigt wird, dass dem Antrag des Steuerpflichtigen durch Rücknahme oder Änderung des angefochtenen Verwaltungsakts stattgegeben oder dass im Fall der Untätigkeitsklage gemäß § 46 Abs. 1 Satz 3 Halbsatz 2 innerhalb der gesetzten Frist dem außergerichtlichen Rechtsbehelf stattgegeben oder der beantragte Verwaltungsakt erlassen wird, sind die Kosten der Behörde aufzuerlegen. [2]§ 137 gilt sinngemäß.

III Der Rechtsstreit ist auch in der Hauptsache erledigt, wenn der Beklagte der Erledigungserklärung des Klägers nicht innerhalb von zwei Wochen seit Zustellung des die Erledigungserklärung enthaltenden Schriftsatzes widerspricht und er vom Gericht auf diese Folge hingewiesen worden ist.

→ § 149 Rn. 1 ff.

[Erstattungsfähige Kosten]

139 **I Kosten sind die Gerichtskosten (Gebühren und Auslagen) und die zur zweckentsprechenden Rechtsverfolgung oder Rechtsverteidigung notwendigen Aufwendungen der Beteiligten einschließlich der Kosten des Vorverfahrens.**

II Die Aufwendungen der Finanzbehörden sind nicht zu erstatten.

III [1]Gesetzlich vorgesehene Gebühren und Auslagen eines Bevollmächtigten oder Beistands, der nach den Vorschriften des Steuerberatungsgesetzes zur geschäftsmäßigen Hilfeleistung in Steuersachen befugt ist, sind stets erstattungsfähig. [2]Aufwendungen für einen Bevollmächtigten oder Beistand, für den Gebühren und Auslagen gesetzlich nicht vorgesehen sind, können bis zur Höhe der gesetzlichen Gebühren und Auslagen der Rechtsanwälte erstattet werden. [3]Soweit ein Vorverfahren geschwebt hat, sind die Gebühren und Auslagen erstattungsfähig, wenn das Gericht die Zuziehung eines Bevollmächtigten oder Beistands für das Vorverfahren für notwendig erklärt. [4]Steht der Bevollmächtigte oder Beistand in einem Angestelltenverhältnis zu einem Beteiligten, so werden die durch seine Zuziehung entstandenen Gebühren nicht erstattet.

IV Die außergerichtlichen Kosten des Beigeladenen sind nur erstattungsfähig, wenn das Gericht sie aus Billigkeit der unterliegenden Partei oder der Staatskasse auferlegt.

→ § 149 Rn. 1 ff.

140, 141 **(weggefallen)**

[Prozesskostenhilfe]

142 **I Die Vorschriften der Zivilprozessordnung über die Prozesskostenhilfe gelten sinngemäß.**

II 1 Einem Beteiligten, dem Prozesskostenhilfe bewilligt worden ist, kann auch ein Steuerberater, Steuerbevollmächtigter, Wirtschaftsprüfer oder vereidigter Buchprüfer beigeordnet werden. 2 Die Vergütung richtet sich nach den für den beigeordneten Rechtsanwalt geltenden Vorschriften des Rechtsanwaltsvergütungsgesetzes.

III 1 Die Prüfung der persönlichen und wirtschaftlichen Verhältnisse nach den §§ 114 bis 116 der Zivilprozessordnung einschließlich der in § 118 Absatz 2 der Zivilprozessordnung bezeichneten Maßnahmen und der Entscheidungen nach § 118 Absatz 2 Satz 4 der Zivilprozessordnung obliegt dem Urkundsbeamten der Geschäftsstelle des jeweiligen Rechtszugs, wenn der Vorsitzende ihm das Verfahren insoweit überträgt. 2 Liegen die Voraussetzungen für die Bewilligung der Prozesskostenhilfe hiernach nicht vor, erlässt der Urkundsbeamte die den Antrag ablehnende Entscheidung; anderenfalls vermerkt der Urkundsbeamte in den Prozessakten, dass dem Antragsteller nach seinen persönlichen und wirtschaftlichen Verhältnissen Prozesskostenhilfe gewährt werden kann und in welcher Höhe gegebenenfalls Monatsraten oder Beträge aus dem Vermögen zu zahlen sind.

IV Dem Urkundsbeamten obliegen im Verfahren über die Prozesskostenhilfe ferner die Bestimmung des Zeitpunkts für die Einstellung und eine Wiederaufnahme der Zahlungen nach § 120 Absatz 3 der Zivilprozessordnung sowie die Änderung und die Aufhebung der Bewilligung der Prozesskostenhilfe nach den §§ 120a und 124 Absatz 1 Nummer 2 bis 5 der Zivilprozessordnung.

V 1 Der Vorsitzende kann Aufgaben nach den Absätzen 3 und 4 zu jedem Zeitpunkt an sich ziehen. 2 § 5 Absatz 1 Nummer 1, die §§ 6, 7, 8 Absatz 1 bis 4 und § 9 des Rechtspflegergesetzes gelten entsprechend mit der Maßgabe, dass an die Stelle des Rechtspflegers der Urkundsbeamte der Geschäftsstelle tritt.

VI § 79a Absatz 4 gilt entsprechend.

VII 1 Gegen Entscheidungen des Urkundsbeamten nach den Absätzen 3 und 4 ist die Erinnerung an das Gericht gegeben. 2 Die Frist für die Einlegung der Erinnerung beträgt zwei Wochen. 3 Über die Erinnerung entscheidet das Gericht durch Beschluss.

VIII Durch Landesgesetz kann bestimmt werden, dass die Absätze 3 bis 7 für die Gerichte des jeweiligen Landes nicht anzuwenden sind.

→ § 149 Rn. 1 ff.

[Kostenentscheidung]

143 **I Das Gericht hat im Urteil oder, wenn das Verfahren in anderer Weise beendet worden ist, durch Beschluss über die Kosten zu entscheiden.**

II Wird eine Sache vom Bundesfinanzhof an das Finanzgericht zurückverwiesen, so kann diesem die Entscheidung über die Kosten des Verfahrens übertragen werden.

→ § 149 Rn. 1 ff.

[Kostenentscheidung bei Rücknahme eines Rechtsbehelfs]

144 **Ist ein Rechtsbehelf seinem vollen Umfang nach zurückgenommen worden, so wird über die Kosten des Verfahrens nur entschieden, wenn ein Beteiligter Kostenerstattung beantragt.**

→ § 149 Rn. 1 ff.

[Anfechtung der Kostenentscheidung]

145 **Die Anfechtung der Entscheidung über die Kosten ist unzulässig, wenn nicht gegen die Entscheidung in der Hauptsache ein Rechtsmittel eingelegt wird.**

→ § 149 Rn. 1 ff.

146 bis 148 **(weggefallen)**

[Festsetzung der zu erstattenden Aufwendungen]

149 **I Die den Beteiligten zu erstattenden Aufwendungen werden auf Antrag von dem Urkundsbeamten des Gerichts des ersten Rechtszugs festgesetzt.**

II 1 Gegen die Festsetzung ist die Erinnerung an das Gericht gegeben. 2 Die Frist für die Einlegung der Erinnerung beträgt zwei Wochen. 3 Über die Zulässigkeit der Erinnerung sind die Beteiligten zu belehren.

III Der Vorsitzende des Gerichts oder das Gericht können anordnen, dass die Vollstreckung einstweilen auszusetzen ist.

IV Über die Erinnerung entscheidet das Gericht durch Beschluss.

Schrifttum: Jost, Vergütungs- und Kostenrecht im FG- und BFH-Verfahren, 6. Aufl. 2020; Just, Kostenverfahren in der Finanz- und Verwaltungsgerichtsbarkeit, 2014; Mutschler, Kostenrecht in öffentlich-rechtlichen Streitigkeiten, 2003.

1 **I. Allgemeines.** Die in § 33 genannten öffentlich-rechtliche Streitigkeiten (insbes. über Abgabenangelegenheiten) fallen in die Zuständigkeit der Gerichte der Finanzgerichtsbarkeit (FG, BFH). Das Verfahren vor den Gerichten der Finanzgerichtsbarkeit wird durch die FGO geregelt, die für Einzelfragen, vgl. etwa den vorstehenden § 142, und iÜ ergänzend, § 155, auf die ZPO verweist. Wie die VG (→ VwGO § 166 Rn. 1; aber anders als im Verfahren vor den Sozialgerichten das SG, → SGG Vor § 183 Rn. 1) ist bei Vollstreckungen gegen die öffentliche Hand das FG gem. § 151 I 2 auch Vollstreckungsgericht. Die kostenrechtliche Behandlung von Verfahren vor den Gerichten der Finanzgerichtsbarkeit richtet sich für die Gerichtskosten nach dem GKG (→ Rn. 2) und für die Anwaltsvergütung nach dem RVG (→ Rn. 3).

2 **II. Gerichtskosten.** Für Verfahren vor den Finanzgerichten galt das GKG zunächst entsprechend, bis die Finanzgerichtsbarkeit mit dem KostRÄndG 1975 in den unmittelbaren Anwendungsbereich des GKG einbezogen wurde, vgl. jetzt § 1 II Nr. 2 GKG (→ GKG Vor § 1 Rn. 8). Die Gebühren für Verfahren vor den Gerichten der Finanzgerichtsbarkeit sind in **KV Teil 6 GKG** (und dem für alle Gerichtsbarkeiten geltenden KV Teil 9 GKG) geregelt. Für die Bestimmung des Streitwertes enthält § 52 GKG eine besondere Bestimmung. Für deren Konkretisierung bietet der am 15./16.6.2009 von den Präsidenten der FG beschlossene, zuletzt mit Stand Dezember 2016 aktualisierte **Streitwertkatalog für die Finanzgerichtsbarkeit** (in diesem Werk abgedruckt, → Streitwertkatalog FGO) Orientierungshilfe.

3 **III. Anwaltsvergütung.** Vor dem FG können sich die Parteien (ua) durch einen Rechtsanwalt vertreten lassen (§ 62 II 1) vor dem BFH besteht Vertretungszwang (§ 62 IV). Die Vergütung eines als Prozessvertreter beauftragen Rechtsanwalts richtet

sich als anwaltliche Tätigkeit nach dem **RVG,** § 1 I 1 RVG (soweit nach § 62 II 1, IV 2 auch die Vertretung durch einen Steuerberater, Steuerbevollmächtigten, Wirtschaftsprüfer oder vereidigte Buchprüfer möglich und nach Maßgabe von § 3 RDG iVm § 3 StBerG bzw § 5 RDG zulässig ist, gilt dies nach § 45 StBVV (abgedruckt in diesem Werk → StBVV § 45) jedenfalls für Steuerberater und Steuerbevollmächtigte gleichermaßen). Die Tätigkeit vor den Finanzgerichten wird wie eine Tätigkeit im Berufungsverfahren vergütet (VV Vorb. 3.2.1 Nr. 1 RVG).

IV. Kostenerstattung. Wer die Kosten des Verfahrens zu tragen hat, ist im 4
Finanzgerichtsverfahren nach den vorstehend wiedergegebenen §§ 135–138, 143–145 zu entscheiden. Welche Kosten von dem zur Kostentragung Verpflichteten zu erstatten sind und das Kostenfestsetzungsverfahren sind in den ebenfalls vorstehend wiedergegebenen §§ 139, 149 geregelt.

V. Prozesskostenhilfe. Die Gewährung von Prozesskostenhilfe für Verfahren vor 5
der Finanzgerichtsbarkeit ist unter weitgehender Verweisung auf die ZPO im vorstehend wiedergegebenen § 142 geregelt. Im Hinblick auf die nach der FGO bestehende Möglichkeit der Vertretung durch Steuerberater, Steuerbevollmächtigte, Wirtschaftsprüfer oder vereidigte Buchprüfer (→ Rn. 3) lässt § 142 II auch deren Beiordnung zu. Die bei den ordentlichen Gerichten im Prozesskostenhilfeverfahren den Rechtspflegern übertragenen Aufgaben überträgt § 142 III, IV in Ermangelung von Rechtspflegern in der Finanzgerichtsbarkeit dem Urkundsbeamten der Geschäftsstelle.

2. Streitwertkatalog für die Finanzgerichtsbarkeit

Vom 15./16.6.2009; Stand der letzten Überarbeitung: Dezember 2019 (https://www.fg-muenster.nrw.de/infos/Verfahren_Kosten/Streitwertkatalog/index.php*)

Streitwertkatalog für die Finanzgerichtsbarkeit[1]

(Stand: Dezember 2019)

Vorbemerkungen

Der Streitwertkatalog enthält eine Zusammenstellung der finanzgerichtlichen Rechtsprechung zur Streitwertfestsetzung. Er versteht sich vor dem Hintergrund der seit dem 1.1.2002 ausgeschlossenen Streitwertbeschwerde[2] an den Bundesfinanzhof als Beitrag zur Vereinheitlichung und Vorhersehbarkeit der Streitwertfestsetzung und folgt mit dieser Intention den bereits für die Verwaltungsgerichtsbarkeit[3] und Sozialgerichtsbarkeit[4] vorliegenden Streitwertkatalogen.

Der Streitwertkatalog erhebt weder Anspruch auf Vollständigkeit noch auf Verbindlichkeit. Mit den in diesem Katalog angegebenen Werten werden – soweit diese nicht auf gesetzlichen Bestimmungen beruhen – lediglich Empfehlungen ausgesprochen. Die verbindliche Festsetzung des im Einzelfall zutreffenden Streitwertes obliegt allein dem zuständigen Gericht.

Entsprechend dem Grundgedanken des Katalogs sind in der Regel Richtwerte und keine Rahmenwerte angegeben worden.

Der Streitwertkatalog will zugleich einen Beitrag zur gerichtsbarkeitsübergreifenden Vereinheitlichung der Streitwertrechtsprechung leisten. Die empfohlenen Richtwerte orientieren sich deshalb, soweit nicht Besonderheiten des finanzgerichtlichen Verfahrens entgegenstehen, an dem Streitwertkatalog für die Verwaltungsgerichtsbarkeit.

Der Streitwertkatalog wird in regelmäßigen Zeitabständen aktualisiert und fortgeschrieben.[5]

I. Allgemeines

Der Streitwert ist Bemessungsgrundlage für die Gerichtsgebühren sowie für die Gebühren der bevollmächtigten Rechtsanwälte, Steuerberater und anderer Prozessbevollmächtigter, die geschäftsmäßige Hilfe in Steuersachen leisten. Darüber hinaus hat der Streitwert Bedeutung im Rahmen des § 94a FGO, wonach das Gericht sein Verfahren nach billigem Ermessen bestimmen kann, wenn der Streitwert bei einer Klage, die eine Geldleistung oder einen hierauf gerichteten Verwaltungsakt betrifft, 500 EUR nicht übersteigt.

1. Grundlagen

Soweit gesetzlich nichts anderes bestimmt ist, ist in Verfahren vor den Gerichten der Finanzgerichtsbarkeit der Streitwert nach der sich aus dem Antrag des Klägers für ihn ergebenden Bedeutung der Sache nach Ermessen zu bestimmen (§ 52 Abs. 1 GKG[6]).

Soweit gesetzlich nichts anderes bestimmt ist, ist der Streitwert nach der sich aus dem Antrag des Klägers für ihn ergebenden Bedeutung der Sache nach Ermessen zu bestimmen (§ 52 Abs. 1 GKG). Betrifft der Antrag des Klägers eine bezifferte Geldleistung oder einen hierauf gerichteten Verwaltungsakt, so ist deren Höhe maßgebend (§ 52 Abs. 3 Satz 1 GKG). Auch wenn eine Erhöhung der Steuer begehrt wird, bemisst sich der Streitwert grundsätzlich nach der Differenz zwischen der festgesetzten und der angestrebten Steuer[7]. Für Klageeingänge ab dem

---

* Der nachfolgend dargestellte Streitwertkatalog beruht auf einer inhaltlichen Abstimmung mit den anderen deutschen Finanzgerichten. Im Hinblick darauf, dass das Verfahren der Kostenfestsetzung praktikabel und das Kostenrisiko für den Bürger einschätzbar sein soll, ist es sinnvoll, dass die Beamten des gehobenen Dienstes den Streitwert möglichst nach einheitlichen Grundsätzen bestimmen. Diese Grundsätze sind im Streitwertkatalog dargestellt. Besonderheiten eines Falles können dazu führen, dass im Einzelfall von den im Streitwertkatalog aufgestellten Grundsätzen abgewichen werden muss, um einen zutreffenden Streitwert festzustellen. Für die Richter enthält der Katalog auf Grundlage der bisherigen Rechtsprechung Empfehlungen, an die sie wegen der richterlichen Unabhängigkeit nicht gebunden sind. Im Streitwertkatalog sind nicht alle denkbaren Fälle der Streitwertfestsetzung berücksichtigt, sodass in Einzelfällen auf die einschlägige Kommentierung zurückgegriffen werden muss.

[1] Beschlossen auf der Arbeitstagung der Präsidenten der Finanzgerichte der Bundesrepublik Deutschland am 15. und 16. Juni 2009 in Hannover.

[2] Vgl. § 68 Abs. 1 Satz 5 i. V. m. § 66 Abs. 3 Satz 3 GKG.

[3] Veröffentlicht u. a. auf den Internetseiten des Bundesverwaltungsgerichts: www.bverwg.de.

[4] Veröffentlicht u. a. auf den Internetseiten des Landessozialgerichts Rheinland-Pfalz: www.lsgrp.justiz.rlp.de.

[5] Letzte Überarbeitung: Dezember 2016.

[6] Neufassung des Gerichtskostengesetz (GKG) vom 27.2.2014, zuletzt geändert durch Art. 9 des Gesetzes vom 21.11.2016 (BGBl. I 2591).

[7] BFH, Beschluss vom 21.7.2017, X S 15/17, BFH/NV 2017, 1460.

1.8.2013 gilt: Hat der Antrag offensichtlich absehbare Auswirkungen auf die Zukunft[8], d. h. wenn ohne umfangreiche Prüfung oder aufwändige Überlegungen, also auf den ersten Blick, erkennbar ist, dass der konkret verwirklichte Sachverhalt auch die Höhe zukünftiger Bescheide beeinflusst, ist der Streitwert insoweit zu erhöhen[9]. Dabei darf das Dreifache des Werts nach § 52 Abs. 3 Satz 1 GKG bzw. in Kindergeldangelegenheiten – ab dem 16.7.2014 – der einfache Jahresbetrag nicht überschritten werden (§ 52 Abs. 3 Sätze 2 und 3 GKG). Sind mehrere Jahre im Streit, ist die Erhöhung auf das Dreifache des durchschnittlichen Streitwerts für die anhängigen Streitjahre begrenzt[10]. 52 Abs. 3 Satz 2 GKG findet keine Anwendung, wenn dieselbe rechtliche Problematik in zukünftigen Zeiträumen auftritt, die Verwirklichung des entsprechenden konkreten Sachverhalts aber nicht hinreichend sicher absehbar ist[11]. Insoweit reicht es aber grundsätzlich aus, wenn eindeutig bestimmbar ist, dass die künftigen steuerlichen Auswirkungen dem Grunde nach eintreten werden und ihre Höhe einigermaßen zuverlässig geschätzt werden kann[12]. Im Übrigen ist § 52 Abs. 3 Satz 2 GKG nur anwendbar, wenn sich der Streitwert nach § 52 Abs. 3 Satz 1 GKG richtet, nicht aber in Fällen des § 52 Abs. 1 GKG[13].

Der Streitwert darf gemäß § 52 Abs. 4 Nr. 1 GKG 1.500 EUR (bzw. 1.000 EUR für Verfahren, die bereits vor dem 1.8.2013 anhängig waren) nicht unterschreiten (sog. Mindeststreitwert). Auch beim Ansatz des Mindeststreitwerts kommt eine Streitwerterhöhung nach § 52 Abs. 3 Satz 2 GKG in Betracht[14]. Für Kindergeldangelegenheiten (gilt auch für Verfahren betreffend Kostenentscheidungen in Kindergeldangelegenheiten gemäß § 77 EStG), die seit dem 1.8.2013 eingegangen sind, kommt ein Mindeststreitwert nicht mehr zur Anwendung[15].

Bietet der Sach- und Streitstand für die Bestimmung des Streitwerts keine genügenden Anhaltspunkte, so ist als sog. Auffangstreitwert ein Streitwert von 5.000 EUR anzunehmen (§ 52 Abs. 2 GKG).

Diese Grundsätze gelten – mit Ausnahme des Mindeststreitwertes[16] – auch für Verfahren des vorläufigen Rechtsschutzes (§ 53 Abs. 2 Nr. 1 und Nr. 3 GKG; siehe hierzu aber auch die Ausführungen unter Ziff. 8 und 9).

Die Vorauszahlung von Gerichtsgebühren ist, solange der Wert nicht festgesetzt ist und sich in den Fällen des § 52 Abs. 3 GKG auch nicht unmittelbar aus den gerichtlichen Verfahrensakten ergibt, vorläufig nach dem Mindeststreitwert zu bemessen (§ 52 Abs. 5 GKG). Bei Verfahren, die nicht unter § 52 Abs. 3 GKG fallen, ist somit zunächst stets vom Mindeststreitwert auszugehen[17].

2. Objektive Klagehäufung

Werden in einer Klage mehrere selbständige Klagebegehren (§ 43 FGO) zusammen verfolgt, sind die Beträge[18] der einzelnen Begehren – ohne Berücksichtigung des Mindeststreitwerts für einzelne Klagebegehren[19] – zu einem Gesamtstreitwert zu addieren (§ 39 Abs. 1 GKG)[20], sofern sie nicht gemäß § 45 Abs. 1 Satz 3 GKG denselben Gegenstand betreffen[21]. Dies gilt auch dann, wenn für einzelne oder alle Klagebegehren der Auffangstreitwert aus § 52 Abs. 2 GKG anzunehmen ist[22].

---

[8] Vgl. für Fälle mit ruhenden Einspruchsverfahren BFH, Beschluss vom 17.8.2015, XI S 1/15, BFHE 250, 327 = BStBl. II 2015, 906.

[9] Minderungen des Streitwerts können auf § 52 Abs. 3 Satz 2 GKG nicht gestützt werden, vgl. BFH, Beschluss vom 15.1.2019, II S 1/19, BFHE 263, 302 = BStBl. II 2019, 183; Beschluss vom 16.12.2015, X E 20/15, BFH/NV 2016, 573.

[10] BFH, Beschluss vom 17.8.2015, XI S 1/15, BFHE 250, 327 = BStBl. II 2015, 906.

[11] BFH, Beschluss vom 17.8.2015, XI S 1/15, BFHE 250, 327 = BStBl. II 2015, 906.

[12] BFH, Beschluss vom 24.7.2018, VI S 12/17, BFH/NV 2018, 1090; Beschluss vom 21.7.2017, X S 15/17, BFH/NV 2017, 1460.

[13] BFH, Beschluss vom 18.1.2017, X S 22/16, BFH/NV 2017, 615; für Berücksichtigung im Rahmen des Ermessens aber FG Hamburg, Gerichtsbescheid vom 6.6.2017, 5 K 148/16, juris (Rev. III R 46/17).

[14] BFH, Beschluss vom 24.7.2018, VI S 12/17, BFH/NV 2018, 1090.

[15] Nach FG Köln, Beschluss vom 3.2.2016, 10 KO 2084/15, EFG 2016, 682, gilt dies auch für im Zusammenhang mit Kindergeld stehende Verfahren, zB Festsetzung von Hinterziehungszinsen wegen unberechtigter Vereinnahmung von Kindergeld.

[16] BFH, Beschluss vom 14.12.2007, IX E 17/07, BFHE 220, 22 = BStBl. II 2008, 199 = BFH/NV 2008, 307.

[17] BFH, Beschluss vom 19.10.2017, X E 1/17, BFH/NV 2018, 227; Beschluss vom 19.7.2016, IV E 2/16, BFH/NV 2016, 1582.

[18] Ohne Berücksichtigung etwaiger Minus-Vorzeichen, FG Baden-Württemberg, Beschluss vom 20.5.2015, 13 KO 280/15, EFG 2015, 1388.

[19] Nieders. FG, Beschluss vom 17.3.2015, 15 K 196/11, EFG 2015, 1023; FG Köln, Beschluss vom 19.11.2007, 10 Ko 257/07, 10 Ko 258/07, EFG 2008, 332.

[20] BFH, Beschluss vom 10.10.2006, VIII B 177/05, BFHE 214, 208 = BStBl. II 2007, 54 = BFH/NV 2007, 155; Beschluss vom 26.9.2006, X S 4/06, BFHE 214, 201 = BStBl. II 2007, 55 = BFH/NV 2007, 151.

[21] BFH, Beschluss vom 29.1.2016, X B 93/15, BFH/NV 2016, 776; FG Baden-Württemberg, Beschluss vom 31.10.2014, 8 KO 488/14, juris.

[22] FG Köln, Beschluss vom 19.11.2007, 10 Ko 257/07, 10 Ko 258/07, EFG 2008, 332; FG Sachsen-Anhalt, Beschluss vom 25.6.2007, 2 KO 720/07, EFG 2007, 1985; vgl. noch zu § 13 Abs. 1 Satz 2 GKG a. F. BFH, Beschluss vom 11.6.2004, IV B 167/02, BFH/NV 2004, 1657; Beschluss vom 5.1.1998, I E 2/97, BFH/NV 1998, 879.

3. Subjektive Klagehäufung

Die subjektive Klagehäufung führt zu keiner Erhöhung des Streitwertes, wenn und soweit die verfolgten Klagebegehren wirtschaftlich identisch sind[23].

4. Nebenforderungen

Sind Nebenforderungen (z. B. Zinsen) neben der Hauptforderung streitig, werden sie bei der Streitwertberechnung nicht berücksichtigt (§ 43 Abs. 1 GKG); ist die streitgegenständliche Nebenforderung aber durch einen gesonderten Bescheid festgesetzt worden, gilt § 43 Abs. 2 GKG.

Sind Nebenforderungen ohne den Hauptanspruch streitig, bemisst sich der Streitwert nach dem Wert der Nebenforderungen, soweit er den Wert der Hauptforderung nicht übersteigt (§ 43 Abs. 2 GKG).

Sind allein die Kosten des Rechtsstreits ohne den Hauptanspruch betroffen, ist der Betrag der Kosten maßgebend, soweit er den Wert des Hauptanspruchs nicht übersteigt (§ 43 Abs. 3 GKG).

5. Verbindung von Verfahren

Das gesamte Verfahren vor den Finanzgerichten wird durch eine pauschale Verfahrensgebühr abgegolten. Ein Verbindungsbeschluss hat deshalb keine Auswirkungen auf die Höhe der vor der Verbindung der Verfahren jeweils bereits entstandenen Verfahrensgebühr; diese bemisst sich jeweils allein nach dem für das jeweilige Klageverfahren zu bildenden (Einzel-)Streitwert. Ein Gesamtstreitwert ist lediglich für die gegebenenfalls nach einer Verbindung nach dem Rechtsanwaltsvergütungsgesetz (RVG) entstandenen Gebühren zu bilden.

6. Trennung von Verfahren

Werden mehrere in einem Verfahren zusammengefasste Klagegegenstände getrennt, so ist für jedes einzelne Verfahren rückwirkend zum Zeitpunkt der Klageerhebung ein Streitwert anzusetzen[24].

7. Hilfsanträge

Hilfsanträge wirken sich nur streitwerterhöhend aus, wenn das Gericht über sie entscheidet (§ 45 Abs. 1 Satz 2 GKG). Umfasst der Hilfsantrag (teilweise) denselben Gegenstand, ist nur der Wert des weitergehenden Antrags maßgebend (§ 45 Abs. 1 Satz 3 GKG)[25].

8. Aussetzung der Vollziehung

In Verfahren auf Aussetzung der Vollziehung ist der Streitwert mit 10 % des Betrags zu bemessen, dessen Aussetzung begehrt wird[26]. Teilweise[27] wird für eine Erhöhung auf 25 % des Hauptsachestreitwertes eingetreten. Die Regelung über den Mindeststreitwert (§ 52 Abs. 4 Nr. 1 GKG) findet keine Anwendung[28]. Wird darum gestritten, ob die Vollziehung gegen oder ohne Sicherheitsleistung auszusetzen ist, beträgt der Streitwert grundsätzlich 10 % der geforderten Sicherheitsleistung[29].

Ist für das Verfahren auf Aussetzung der Vollziehung der Auffangstreitwert nach § 52 Abs. 2 GKG anzunehmen (s. o. Ziff. 1), bleibt es bei diesem fiktiven Wert; eine Ermäßigung dieses Wertes auf 10 % bzw. 25 % kommt nicht in Betracht[30].

9. Einstweilige Anordnung

Der Streitwert einer einstweiligen Anordnung, die darauf gerichtet ist, einen zeitlichen Aufschub der Zahlungsverpflichtung oder die vorläufige Einstellung der Zwangsvollstreckung zu

---

[23] BFH, Beschluss vom 26.9.2006, X S 4/06, BFHE 214, 201 = BStBl. II 2007, 55 = BFH/NV 2007, 151.

[24] BFH, Beschluss vom 13.4.2016, X E 5/16, BFH/NV 2016, 1057; Beschluss vom 22.9.2008, II E 14/07, juris.

[25] BFH, Beschluss vom 3.8.2005, I E 3/05, BFH/NV 2005, 2228; Beschluss vom 23.9.2003, IX E 10/03, BFH/NV 2004, 77.

[26] BFH, Beschluss vom 6.9.2012, VII E 12/12, BFH/NV 2013, 211; Beschluss vom 17.11.2011, IV S 15/10, BFHE 235, 122 = BStBl. II 2012, 246; Beschluss vom 4.5.2011, VII S 61/11, BFH/NV 2011, 1721; Beschluss vom 14.12.2007, IX E 17/07, BFHE 220, 22 = BStBl. II 2008, 199 = BFH/NV 2008.

[27] Sächsisches FG, Beschluss vom 8.7.2014, 6 Ko 948/14, juris; FG Hamburg, Beschluss vom 2.6.2014, 3 KO 110/14, EFG 2014, 1817; Beschluss vom 31.10.2007, IV 169/05, EFG 2008, 488; FG Düsseldorf, Beschluss vom 14.11.2011, 11 V 1531/11, EFG 2012, 266; FG Münster, Beschluss vom 30.1.2007, 11 V 4418/05 AO, EFG 2007, 1109; ebenso der Streitwertkatalog für die Verwaltungsgerichtsbarkeit (Stand 2013), Ziff. 1.5.

[28] BFH, Beschluss vom 29.11.2012, IV E 7/12, BFH/NV 2013, 403; Beschluss vom 18.10.2012, IV S 17/12, BFH/NV 2012, 248; Beschluss vom 29.2.2012, IV E 1/12, BFH/NV 2012, 1153; Beschluss vom 26.9.2011, VIII E 2/11, BFH/NV 2012, 444; Beschluss vom 14.12.2007, IX E 17/07, BFHE 220, 22 = BStBl. II 2008, 199 = BFH/NV 2008, 307.

[29] BFH, Beschluss vom 3.3.1997, X S 11/96, juris; Beschluss vom 23.11.1982, VIII R 100/82, juris; Beschluss vom 25.9.1972, IV B 52/67, BFHE 106, 498 = BStBl. II 1973, 16.

[30] BFH, Beschluss vom 10.4.1990, III E 2/89, BFH/NV 1991, 552; FG Schleswig-Holstein, Beschluss vom 10.1.2011, 5 V 206/10, juris; FG Baden-Württemberg, Beschluss vom 10.7.2006, 3 V 36/05, juris; FG Düsseldorf, Beschluss vom 1.2.2005, 12 V 5806/04, EFG 2005, 1150; a. A. FG Münster, Beschluss vom 30.1.2007, 11 V 4418/05 AO, EFG 2007, 1109.

erreichen, ist entsprechend den Grundsätzen zur Aussetzung der Vollziehung (s. o. Ziff. 8) zu bestimmen.

Soll durch die einstweilige Anordnung ein endgültiger Zustand erreicht werden, ist der Streitwert der Hauptsache anzusetzen. Ist als Wert der Hauptsache der Auffangstreitwert (§ 52 Abs. 2 GKG) anzusetzen, gilt dieser Wert auch für das Antragsverfahren. Im Fall einer beschränkten Geltungsdauer der Anordnung ist der Streitwert angemessen auf $^1/_3$[31] bis zu 10 %[32] zu reduzieren. Die Regelung über den Mindeststreitwert (§ 52 Abs. 4 Nr. 1 GKG) findet keine Anwendung.

10. Verfahren vor dem Gerichtshof der Europäischen Union

Das Vorabentscheidungsverfahren vor dem EuGH beeinflusst den Streitwert nicht.

11. Erledigung der Hauptsache

Übereinstimmende Erledigungserklärungen der Beteiligten lassen den ursprünglichen Streitwert unverändert.

12. Gesonderte und einheitliche Feststellung von Besteuerungsgrundlagen

a) Allgemeine Grundsätze

Im Verfahren der gesonderten und einheitlichen Gewinnfeststellung bemisst sich der Streitwert nach der typisierten einkommensteuerlichen Bedeutung für die Gesellschafter (§ 52 Abs. 1 GKG), die grundsätzlich mit 25 % des streitigen Gewinns oder Verlustes zu bemessen ist, sofern die Feststellung des laufenden, nicht tarifbegünstigten Gewinns streitig ist. Die tatsächlichen einkommensteuerrechtlichen Auswirkungen bei den einzelnen Gesellschaftern werden grundsätzlich nicht ermittelt[33].

Der Ansatz eines höheren Prozentsatzes kommt in Betracht, wenn ohne besondere Ermittlungen im Gewinnfeststellungsverfahren erkennbar ist, dass der Pauschalsatz von 25 % den tatsächlichen einkommensteuerlichen Auswirkungen nicht gerecht wird[34]. Die Obergrenze des Pauschalsatzes[35] orientiert sich an dem für das Streitjahr geltenden Höchststeuersatz wie folgt: Veranlagungszeitraum 2000 und älter: 50 %, Veranlagungszeitraum 2001 bis 2003: 45 %, Veranlagungszeitraum 2004: 42 %, Veranlagungszeitraum ab 2005: 40 %. Nach § 35 EStG begünstigte gewerbliche Einkünfte führen zu einem weiteren pauschalen Abschlag in Höhe von 5 %[36]. Ist an den Einkünften eine Kapitalgesellschaft beteiligt, deren Anteil ohne weitere Ermittlungen eindeutig festgestellt werden kann, ist auf den betreffenden Teilbetrag ein dem Körperschaftsteuersatz entsprechender Pauschalsatz anzuwenden[37].

Abweichend von den vorstehend beschriebenen Grundsätzen sind vor allem folgende Sonderfälle zu berücksichtigen:

b) Einkünfte aus Gewerbebetrieb

Betrifft die gesonderte und einheitliche Feststellung gewerbliche Einkünfte, ist wegen der Möglichkeit der Anrechnung von Gewerbesteuer nach § 35 EStG bei der Bemessung des typisierten Satzes ein angemessener Abschlag zu machen (s. o. Buchst. a). Bei Feststellung eines Verlusts ist eine solche Korrektur des Pauschalsatzes allerdings im Regelfall nicht vorzunehmen, weil Bemessungsgrundlage für die Anrechnung der Gewerbesteuermessbetrag ist, der im Fall eines Verlusts jedoch grundsätzlich Null beträgt[38].

c) Tarifbegünstigter Veräußerungsgewinn

Der Streitwert ist im Regelfall mit 15 % des streitigen Betrags anzusetzen, der bei sehr hohen Veräußerungsgewinnen aber angemessen auf bis zu 25 % angehoben werden kann[39]. Ist nur die Behandlung eines unstreitig entstandenen Gewinns als tarifbegünstigter Veräußerungsgewinn streitig (sog. Fünftelregelung), ist der Streitwert in der Regel mit einem Betrag von 10 % anzusetzen, der auf bis zu 20 % angehoben werden kann, wenn Anhaltspunkte dafür bestehen, dass die Feststellungsbeteiligten die Tarifbegünstigung des § 34 Abs. 3 EStG beanspruchen können[40].

---

[31] BFH, Beschluss vom 14.10.1998, I B 82/98, BFH/NV 1999, 352; FG Köln, Beschluss vom 16.11.2001, 10 Ko 6021/01, EFG 2002, 224.

[32] BFH, Beschluss vom 15.4.1997, VII E 2/97, BFH/NV 1997, 699; Beschluss vom 22.8.1995, VII B 153/95 u. a. = BFHE 178,15, BStBl. II 1995, 645.

[33] BFH, Beschluss vom 14.4.2016, IV E 1/16, BFH/NV 2016, 1066; Beschluss vom 29.11.2012, IV E 7/12, BFH/NV 2013, 403; Beschluss vom 18.10.2012, IV S 17/12, BFH/NV 2012, 248; Beschluss vom 29.2.2012, IV E 1/12, BFH/NV 2012, 1153.

[34] BFH, Beschluss vom 22.1.2015, IV S 17/14, juris; Beschluss vom 31.7.2014, IV E 2/14, BFH/NV 2014, 1766; Beschluss vom 10.10.2006, VIII B 177/05, BFHE 214, 208 = BStBl. II 2007, 54 = BFH/NV 2007, 155.

[35] Zum Teil wird in diesen Fällen auch der Mittelwert des Einkommensteuertarifs aus Grund- und Splittingtabelle angesetzt.

[36] BFH, Beschluss vom 18.4.2018, IV E 1/18, BFH/NV 2018, 835; Beschluss vom 14.4.2016, IV E 1/16, BFH/NV 2016, 1066; Beschluss vom 10.10.2006, VIII B 177/05, BFHE 214, 208 = BStBl. II 2007, 54 = BFH/NV 2007, 155.

[37] BFH, Beschluss vom 18.4.2018, IV E 1/18, BFH/NV 2018, 835.

[38] BFH, Beschluss vom 12.11.2015, IV E 8/15, BFH/NV 2016, 221.

[39] BFH, Beschluss vom 6.4.2016, IV E 9/15, BFH/NV 2016, 1063; Beschluss vom 17.11.2011, IV S 15/10, BFHE 235, 122 = BFH/NV 2012, 246; Beschluss vom 14.2.2007, IV E 3/06, BFH/NV 2007, 1155.

[40] BFH, Beschluss vom 17.11.2011, IV S 15/10, BFHE 235, 122 = BFH/NV 2012, 246.

d) Aufhebung eines Gewinnfeststellungsbescheides

Es gelten die unter a) beschriebenen Grundsätze einschließlich der ab dem Veranlagungszeitraum 2001 zu berücksichtigenden Obergrenzen. Beschränkt sich der Streit auf die gemeinschaftliche Einkünfteerzielung oder formelle Mängel, ist der Streitwert mit 10 % des festgestellten Gewinns anzusetzen.

e) Verluste bzw. Verlustanteile bei Abschreibungsgesellschaften oder Bauherrengemeinschaften

50 % des streitigen Verlustbetrags[41]; ab Veranlagungszeitraum 2001 sind die oben unter a) aufgelisteten Obergrenzen zu beachten.

f) Einkünfteverteilung

Bei Streit nur über die Einkünfteverteilung: 25 % der laufenden bzw. 15 % der tarifbegünstigten Einkünfte[42]; bei zusammen veranlagten Ehegatten sind 10 % der laufenden bzw. 5 % der tarifbegünstigten Einkünfte anzusetzen[43].

g) Einkünftequalifizierung

25 % der im Wege der Umqualifizierung begehrten Freibeträge oder Freigrenzen. Ergeben sich aus der begehrten Umqualifizierung keine einkommensteuerrechtlichen Auswirkungen, beträgt der Streitwert 1 % der umzuqualifizierenden Einkünfte.

13. Gesonderte Feststellung von Besteuerungsgrundlagen

Maßgeblich für die Streitwertbestimmung bei der gesonderten Gewinnfeststellung sind grundsätzlich die konkreten einkommensteuerlichen Auswirkungen[44]. Sind die tatsächlichen Auswirkungen nicht zu ermitteln, ist der Streitwert grundsätzlich (s. insoweit auch Ziff. 12 Buchst. a) 2. Absatz) mit 25 % des streitigen Betrags der Einkünfte anzusetzen[45].

B. Besondere Wertansätze:

Abgabe einer eidesstattlichen Versicherung	50 % der rückständigen Steuerbeträge, jedoch nicht mehr als 500.000 EUR[46]
Abrechnungsbescheid	– Höhe des streitigen Steueranspruchs – Bei Streit über die Zahlungsverjährung Nennbetrag sämtlicher Forderungen (einschließlich Nebenleistungen[47]) – Erteilung eines Abrechnungsbescheides als solchen: Auffangstreitwert
Akteneinsicht	Auffangstreitwert[48]
Anhörungsrüge	Gerichtsgebühr beträgt streitwertunabhängig 60 EUR, sofern die Rüge in vollem Umfang verworfen oder zurückgewiesen wird
Arrestanordnung	50 % der Arrestsumme[49]
Aufrechnung	– bei Streit um den Bestand bzw. die Höhe der zur Aufrechnung gestellten Gegenforderung: streitige Gegenforderung[50] – bei Streit nur um die Zulässigkeit der Aufrechnung: 10 % der zur Aufrechnung gestellten Steuerforderung[51]
Ausfuhrerstattung	– Ausfuhrnachweis: Auffangstreitwert – Fristverlängerung hinsichtlich des Nachweises der Erfüllung der Einfuhrzollförmlichkeiten: Auffangstreitwert – Gewährung: beantragter Erstattungsbetrag – Rückforderung: streitiger Rückforderungsbetrag – Sanktion: streitiger Sanktionsbetrag – Vorfinanzierung bzw. Vorauszahlung: beantragter Vorfinanzierungs- bzw. Vorauszahlungsbetrag ohne Berücksichtigung der Sicherheitsleistung

[41] BFH, Beschluss vom 11.5.2007, IX E 12/07, BFH/NV 2007, 1528; Beschluss vom 22.1.2001, IV S 10/00, BFH/NV 2001, 806.

[42] BFH, Beschluss vom 6.9.2001, VIII S 6/01, BFH/NV 2002, 207.

[43] BFH, Beschluss vom 12.8.1987, IV E 3/87, BFH/NV 1988, 657.

[44] BFH, Beschluss vom 21.11.2005, III E 2/05, BFH/NV 2006, 585; Beschluss vom 10.6.1999, IV E 2/99, BFH/NV 1999, 1608.

[45] Nieders. FG, Beschluss vom 17.3.2015, 15 K 196/11, EFG 2015, 1023.

[46] BFH, Beschluss vom 23.10.2003, VII E 14/03, BFH/NV 2004, 351.

[47] BFH, Beschluss vom 7.3.2016, VII E 1/16, BFH/NV 2016, 1039.

[48] FG Saarland, Beschluss vom 1.9.2010, 2 K 1614/09, EFG 2011, 271.

[49] BFH, Beschluss vom 12.3.1985, VII R 150/81, BFH/NV 1986, 782.

[50] BFH, Beschluss vom 29.1.1991, VII E 6/90, BFHE 163, 195 = BStBl. II 1991, 467.

[51] BFH, Beschluss vom 31.8.1995, VII R 58/94, BStBl. II 1996, 55 = HFR 1996, 3.

Auskunftsbegehren	Auffangstreitwert, sofern das konkrete Interesse des Klägers an der Auskunftserteilung nicht bestimmbar ist[52]
Aussetzung des Verfahrens	Bestimmung des Streitwerts nach allgemeinen Grundsätzen
Aussetzung der Vollziehung	s. I.8
Aussetzungszinsen	s. I.4
Außenprüfung	Anfechtung der Prüfungsanordnung oder einzelner Prüfungsmaßnahmen: 50 % der mutmaßlich zu erwartenden Mehrsteuern[53]; bei Fehlen geeigneter Schätzungsgrundlagen Auffangstreitwert[54] Ist die (Zoll)prüfung bei Erhebung der Klage noch nicht abgeschlossen, bestimmt sich der Streitwert ebenfalls nach dem Auffangwert[55].
Beiladung	Eine Beiladung wirkt sich auf den Streitwert des Verfahrens nicht aus; auch wird für den Beigeladenen grundsätzlich kein gesonderter Streitwert festgesetzt.
Bescheidungsklage	50 % des für eine Verpflichtungsklage anzusetzenden Wertes[56]
Bewertungsgesetz	– Grundbesitzbewertung für die Erbschaft- oder Schenkungsteuer: 10 %, 20 % bzw. 25 % der Wertdifferenz bei Grundstückswerten < 600.000 EUR, < 13.000.000 EUR bzw. > 13.000.000 EUR[57] – Einheitswertbescheid: 8 % (bis 1997: 6 %) des streitigen Wertunterschieds[58]
Duldungsbescheid	Höhe der zugrunde liegenden Forderung, maximal aber Wert des Vollstreckungsgegenstandes[59]
Eigenheimzulage	Wert der Eigenheimzulage über den gesamten streitigen Förderzeitraum[60]
Einfuhrumsatzsteuer	streitiger Einfuhrumsatzsteuerbetrag; dies gilt auch, wenn der Steuerpflichtige zum vollen Vorsteuerabzug berechtigt ist
Einkommensteuer	– Differenz zwischen dem festgesetzten und dem begehrten Steuerbetrag; sog. Folgesteuern, die nicht ebenfalls ausdrücklich angefochten sind, bleiben außer Betracht – Verlustfeststellung (§ 10d EStG): 10 % des streitigen Verlustes, sofern die steuerlichen Auswirkungen nicht bestimmbar sind[61], eine ggf. mitangefochtene ESt-Festsetzung auf Null erhöht den Streitwert des Verfahrens nicht[62]
Einspruchsentscheidung	– Klage auf Erlass einer Einspruchsentscheidung: Auffangstreitwert, maximal Höhe der streitigen Steuerforderung – isolierte Anfechtung einer Einspruchsentscheidung: Wert des der Einspruchsentscheidung zugrunde liegenden Verwaltungsaktes

[52] BFH, Urteil vom 11.7.1986, III R 25/85, BFH/NV 1987, 99.

[53] BFH, Beschluss vom 20.5.2014, X E 1/14, BFH/NV 2014, 1387, BFH, Beschluss vom 11.1.2011, VI E 11/10, BFH/NV 2011, 629; Beschluss vom 29.7.2009, VIII E 4/09, BFH/NV 2009, 1823.

[54] BFH, Beschluss vom 11.1.2011, VI E 11/10, BFH/NV 2011, 629; Beschluss vom 11.6.2004, IV B 167/02, BFH/NV 2004, 1657.

[55] FG Hamburg, Beschluss vom 5.11.2019, 4 K 142/17.

[56] BFH, Beschluss vom 1.12.2000, II E 2, 3, 4, 5/00, juris.

[57] Vgl. BFH, Beschluss vom 19.2.2009, II E 1/09, BFHE 224, 21 = BStBl. II 2009, 446; Beschluss vom 11.1.2006, II E 3/05, BFHE 211, 422 = BStBl. II 2006, 333 = BFH/NV 2006, 685; Beschluss vom 22.8.2007, II E 9/07, BFH/NV 2007, 2319.

[58] BFH, Beschluss vom 3.1.2000, II E 6/99, BFH/NV 2000, 852; Hessisches FG, Beschluss vom 15.10.2004, 3 K 1128/01, EFG 2005, 567; a. A. FG Berlin-Brandenburg, Beschluss vom 8.6.2017, 3 K 3033/17, EFG 2017, 1204; FG Baden-Württemberg, Beschluss vom 12.6.2014, juris – das Sechsfache der jährlichen grundsteuerlichen Auswirkung.

[59] BFH, Beschluss vom 29.6.2006, VII E 13/05, BFH/NV 2006, 2100.

[60] BFH, Beschluss vom 23.12.2010, X E 8/10, BFH/NV 2011, 449; Beschluss vom 13.6.2008, IX E 4/08, BFH/NV 2008, 1516; Beschluss vom 4.11.2004, III E 1/04, juris.

[61] BFH, Beschluss vom 7.8.2018, IX E 1/18, BFH/NV 2018, 1282; Beschluss vom 23.6.2015, I E 4/15, BFH/NV 2015, 1440; Beschluss vom 31.3.2008, IX E 1/08, BFH/NV 2008, 1336; Beschluss vom 26.1.2006, VIII E 6/05, BFH/NV 2006, 1112.

[62] FG Köln, Beschluss vom 23.7.2015, 10 Ko 597/15, EFG 2015, 1752.

einstweilige Anordnung	s. I.9
Energiesteuer	– Abgabe: streitiger Abgabenbetrag – Erlaubnis zur steuerfreien Verwendung von Energieerzeugnissen: Durchschnittlicher jährlicher Nutzen der Vergünstigung, teilweise werden die bei Einreichung der Klage bereits fälligen Beträge hinzugerechnet – Rücknahme einer Erlaubnis zur steuerfreien Verwendung von Energieerzeugnissen: Auffangstreitwert – Vergütung: Betrag der streitigen Vergütung
Erlass	begehrter Erlassbetrag
Erzwingungsgeld	angedrohter bzw. festgesetzter Betrag
Fälligkeit einer Steuerforderung	10 % der Steuerforderung, sofern diese nach Grund und Höhe unstreitig ist
fehlende Bezeichnung des Klagebegehrens (§ 65 FGO)	grundsätzlich Auffangstreitwert, höchstens jedoch Höhe der festgesetzten Steuer; regelmäßig wird der Wert nicht je Verfahren, sondern je Streitgegenstand angesetzt
Feststellungsbescheid	– einheitliche u. gesonderte Feststellung: s. I.12 – gesonderte Feststellung: s. I.13
Fortsetzungsfeststellungsklage	wie eine auf das gleiche Ziel gerichtete Anfechtungs- bzw. Verpflichtungsklage[63]
Freistellungsbescheinigung	– nach § 44a Abs. 5 EStG: das Dreifache des auf Seiten des Steuerpflichtigen ohne die Bescheinigung eintretenden Zinsverlusts – nach § 48b Abs. 1 EStG: 10 % der Abzugssteuer – nach § 50d Abs. 2 EStG: die aufgrund der Freistellungsbescheinigung zu erwartende Steuerersparnis
Gemeinnützigkeit	Bei Streit um die Anerkennung der Körperschaft als gemeinnützig: Auffangstreitwert pro Streitjahr und Steuerart, sofern die festgesetzte Steuer nicht höher ist
Gewerbesteuer	– Gewerbesteuerbescheid: Differenz zwischen festgesetzter und begehrter Steuer – Verlustfeststellung (§ 10a GewStG): 10 % des streitigen Verlusts, sofern sich die konkreten Auswirkungen auf die GewSt in Folgejahren im Zeitpunkt der Erhebung des Rechtsmittels nicht feststellen lassen[64] – Gewerbesteuermessbescheid: gewerbesteuerliche Auswirkungen ausgedrückt durch die Differenz zwischen festgesetztem und begehrtem Steuermessbetrag multipliziert mit dem für das jeweilige Jahr geltenden Hebesatz. Der Streitwert des allein gegen die Gewerbesteuermessbescheide gerichteten Verfahrens ist nicht um den Betrag der vom Kostenschuldner ggf. zu beanspruchenden Steuerermäßigung nach § 35 EStG zu mindern[65] – Gewerbesteuerzerlegungsbescheid: konkrete steuerliche Auswirkungen
Grunderwerbsteuer	Differenz zwischen festgesetzter und begehrter Steuer
Grundsteuer	das 6-fache der auf den streitigen Messbetrag entfallenden Jahressteuer[66]

[63] A. A. BFH, Beschluss vom 29.6.2006, VII E 13/05, BFH/NV 2006, 2100; Beschluss vom 20.10.2005, III S 20/05, BFHE 211, 267 = BStBl. II 2006, 77.
[64] BFH, Beschluss vom 13.5.2013, I E 4/13, BFH/NV 2013, 1449; BFH, Beschluss vom 28.12.2009, IV E 1/09, BFH/NV 2010, 666.
[65] BFH, Beschluss vom 16.12.2015, X E 20/15, BFH/NV 2016, 573.
[66] BFH, Urteil vom 16.10.1996, II R 17/96, BFHE 181, 515 = BStBl. II 1997, 228.

Haftungsbescheid	grundsätzlich streitige Haftungssumme[67]; bei gleichzeitiger Anfechtung des Leistungsgebotes wird teilweise für einen Zuschlag von 10 % eingetreten; bei Klage nur gegen das Leistungsgebot, mit dem Ziel, von der Zahlungsverpflichtung endgültig befreit zu werden, grundsätzlich der volle im Leistungsgebot geforderte Betrag[68]
Hilfsanträge	s. I.7
Hinterziehungszinsen	s. I.4
Insolvenzantrag	Antrag auf Rücknahme des Insolvenzantrags: 50 % der Abgabenrückstände, jedoch nicht mehr als 500.000 EUR[69]
Insolvenzverfahren	Aufnahme des durch die Eröffnung des Insolvenzverfahrens unterbrochenen Rechtsstreits durch den Insolvenzverwalter: Für das Verfahren ab Aufnahme des Rechtsstreits bestimmt sich der Streitwert nach dem Betrag, der bei der Verteilung der Insolvenzmasse für die noch unerfüllte Steuerforderung zu erwarten ist. Für die bis zur Aufnahme des Rechtsstreits durch den Insolvenzverwalter entstandenen Kosten bleibt der ursprüngliche Streitwert maßgebend.
Insolvenztabelle	Klagen auf die Feststellung von Forderungen zur Insolvenztabelle: bei Fehlen genauerer Erkenntnisse kann eine Insolvenzquote von 2 % geschätzt werden[70]
Kindergeld	– Festsetzung, Auszahlung oder Aufhebung: Summe der Kindergeldbeträge ab streitigem Zeitpunkt bis zum Monat der Bekanntgabe der Einspruchsentscheidung[71] bzw. ab dem 1.8.2013 bis zur Einreichung der Klage[72]; ob und wann noch eine Anhebung des Streitwerts zu erfolgen hat, ist finanzgerichtlich umstritten und höchstrichterlich noch nicht abschließen geklärt[73] – ab 1.8.2013 bestimmt das GKG, dass der sich aus einem bezifferten Antrag oder Bescheid ergebende Streitwert (§ 52 Abs. 3 S. 1) anzuheben ist, wenn und soweit der Antrag offensichtlich absehbare Auswirkungen auf künftige Geldleistungen bzw. entsprechende Verwaltungsakte hat und zwar bis maximal zum dreifachen (§ 52 Abs. 3 S. 2) bzw. ab 16.7.2014 um den einfachen Jahresbetrag (§ 52 Abs. 3 S. 3 i. V. m. § 42 Abs. 1, 3) – Rückforderung: streitiger Rückforderungsbetrag, soweit er nicht bereits von der Anfechtung der Aufhebung abgedeckt ist – Verlangen auf Erstattung der Vorverfahrenskosten nach § 77 EStG: Betrag der geltend gemachten tatsächlichen Kosten[74]
Kirchensteuer	Streitiger Kirchensteuerbetrag, sofern die Kirchensteuer nach Grund oder Höhe gesondert angegriffen wird; s. I.4
Körperschaftsteuer	– Grundsatz: Unterschied zwischen festgesetzter und erstrebter Steuer[75] – verdeckte Gewinnausschüttung: Bruchteil des streitigen Ausschüttungsbetrags, Erhöhungen oder Minderungen nach § 27 KStG a. F. bleiben außer Ansatz: – bis 1993: $^9/_{16}$,

[67] BFH, Beschluss vom 4.5.2011, VII S 60/10, BFH/NV 2011, 1721; Beschluss vom 19.5.2004, VII B 184/03, BFH/NV 2004, 1413.

[68] BFH, Beschluss vom 15.5.2015, VII E 18/14, BFH/NV 2015, 1417.

[69] FG Mecklenburg-Vorpommern, Beschluss vom 28.8.2015, 3 V 65/15, EFG 2016, 56; FG Düsseldorf, Beschluss vom 5.5.2008, 8 KO 249/08 GK, EFG 2008, 642; anders noch FG Saarland, Beschluss vom 2.6.2004, 1 K 437/02, juris; im Fall einer Kapitalgesellschaft nimmt FG Sachsen-Anhalt einen Mindestwert von EUR 50.000 an, Beschluss vom 15.5.2013, 3 K 1339/12, EFG 2013, 1697.

[70] FG Köln, Beschluss vom 17.8.2016, 10 Ko 781/16, EFG 2016, 1726.

[71] BFH, Beschluss vom 2.10.2014, III S 2/14, BFHE 247, 119, BStBl. II 2015, 37; BFH, Beschluss vom 18.11.2014, V S 30/14, BFH/NV 2015, 346.

[72] 2. KostRMoG, s. Nieders. FG, Beschluss vom 27.11.2014, EFG 2015, 1858.

[73] Offengelassen von BFH, Beschluss vom 2.10.2014, III S 2/14, BFHE 247, 119 = BStBl. II 2015, 37; restriktiv FG Köln, Beschluss vom 23.7.2015, 10 KO 890/15, juris; dafür Nieders. FG, Beschluss vom 27.11.2014, EFG 2015, 1858; vgl. auch FG Rheinland-Pfalz, Beschluss vom 21.8.2014, 6 K 1191/14, EFG 2014, 1991 zum Begriff der offensichtlichen absehbaren zukünftigen Auswirkung.

[74] S. FG Münster, Beschluss vom 23.12.2013, 4 KO 4071/13 GK, EFG 2014, 586.

[75] BFH, Beschluss vom 22.9.2008, II E 14/07, juris.

	– 1994 bis 2000/2001: $^{3}/_{7}$ – 2001/2002 bis 2007: 25 % – ab 2008: 15 % – gesonderte Feststellung nach § 47 Abs. 1 KStG a. F.: 10 % des geltend gemachten Unterschiedsbetrags[76]; wird zugleich der KSt-Bescheid angefochten, ohne dass spezifische Einwendungen betr. das verwendbare Eigenkapital erhoben werden, so kann der Streitwert für die Feststellung mit 500 EUR[77] bemessen werden – gesonderte Feststellung nach § 47 Abs. 2 KStG a. F.: 10 % der streitigen Feststellung – § 27 KStG n. F.: 10 % des streitigen Einlagebetrags[78]; eine an dem Kapitalertragsteuer-Einbehalt (= 25 % des Ausschüttungsbetrags) ausgerichtete Streitwertbemessung ist allerdings regelmäßig nicht zu beanstanden[79] – § 36 KStG n. F.: der volle Erhöhungsbetrag[80] – § 37 KStG n. F.: Höhe des streitigen Körperschaftsteuerguthabens bzw. $^{1}/_{6}$ der streitigen Gewinnausschüttung – § 38 KStG n. F.: $^{3}/_{7}$ (ab 2008: $^{3}/_{100}$) des streitigen Erhöhungsbetrags bzw. der streitigen Leistungen – Verlustfeststellung: 10 % des streitigen Erhöhungsbetrags, sofern die steuerlichen Auswirkungen nicht hinreichend bestimmbar sind
Kraftfahrzeugsteuer	– bei unbefristeter Steuerfestsetzung: der bez. des Entrichtungszeitraumes streitige Steuerbetrag[81] – bei befristeter Steuerfestsetzung: der bez. des konkreten Zeitabschnitts streitige Steuerbetrag[82]
Lohnsteuer	– Eintragung eines Freibetrags auf der Lohnsteuerkarte: Unterschiedsbetrag im Ermäßigungszeitraum zwischen Lohnsteuer, die ohne Gewährung des beantragten Freibetrags zu zahlen ist, und der Lohnsteuer, die bei Gewährung des beantragten Freibetrags zu zahlen ist – Durchführung Lohnsteuerjahresausgleich: Wert der beantragten Erstattung
Lohnsteuer-Hilfeverein	– Eintragung in das Verzeichnis der Lohnsteuerhilfevereine: Auffangstreitwert – Streit über die Person eines Leiter der Beratungsstelle: Auffangstreitwert[83] – Widerruf einer Anerkennung: 50.000 EUR[84]
Milchquote	Gewährung einer höheren Referenzmenge: Abgabenbetrag, der für die streitige Referenzmenge für einen zwölfmonatigen Entrichtungszeitraum zu zahlen wäre[85]
Nebenforderungen	s. I.4
Nichtigkeit eines Verwaltungsaktes	Feststellung der Nichtigkeit: wie bei einer entsprechenden Anfechtungsklage[86]
Objektive Klagehäufung	s. I.2
Richterablehnung	keine Beeinflussung des Streitwerts

[76] BFH, Beschluss vom 1.12.2004, I E 3/04, BFH/NV 2005, 572; Beschluss vom 12.8.1996, I R 20/95, BFH/NV 1997, 136.
[77] 500 EUR sind der Tabelleneingangswert der Wertgebührenvorschrift § 34 Abs. 1 GKG.
[78] FG Köln, Beschluss vom 8.8.2016, 10 KO 3506/15, EFG 2016, 1557, unter Bezugnahme auf diesen Streitwertkatalog.
[79] BFH, Beschluss vom 16.2.2016, I E 1/16, BFH/NV 2016, 774.
[80] BFH, Beschluss vom 27.10.2015, I E 9–12/15, BFH/NV 2016, 782.
[81] BFH, Beschluss vom 4.10.2005, VII S 41/05, BFH/NV 2006, 319; Beschluss vom 21.12.1999, VII R 71/98, BFH/NV 2000, 598.
[82] S. vorherige Fußnote.
[83] BFH, Beschluss vom 3.4.1995, VII B 116/94, BFH/NV 1995, 921.
[84] BFH, Beschluss vom 22.3.2011, VII R 49/09, BFH/NV 2011, 1164.
[85] BFH, Beschluss vom 4.2.1992, VII E 10/91, BFH/NV 1992, 621.
[86] BFH, Beschluss 6.4.2016, IV E 9/15, BFH/NV 2016, 1063; Beschluss vom 29.6.2006, VII E 13/05, BFH/NV 2006, 2100.

Ruhen des Verfahrens	Bestimmung des Streitwerts nach allgemeinen Grundsätzen
Säumniszuschlag	s. I.4
Schätzungsbescheid	Antrag auf Aufhebung ohne nähere Begründung oder unbezifferter Antrag auf Herabsetzung: wie „fehlende Bezeichnung des Klagebegehrens"
Solidaritätszuschlag	Streitiger Solidaritätszuschlag, sofern dessen Festsetzung nach Grund oder Höhe ausdrücklich angefochten wird; s. I.4
Steuerberater	– Bestehen der Steuerberaterprüfung: pauschal 25.000 EUR[87]; bei Rechtsanwälten bzw. Fachanwälten für Steuerrecht Reduzierung auf 50 % bzw. 25 %[88] – prüfungsfreie Bestellung als Steuerberater: pauschal 25.000 EUR[89] – Widerruf der Bestellung eines Steuerberaters: pauschal 50.000 EUR; ggf. Reduzierung entspr. 1. Spiegelstrich[90] – Zulassung zur Prüfung: Auffangstreitwert
Steuerberatungsgesellschaft	– Anerkennung bzw. Rücknahme oder Widerruf der Anerkennung: pauschal 50.000 EUR (ggf. 100.000 EUR bei Rücknahme oder Widerruf der Anerkennung großer Gesellschaften)[91] – Genehmigung nach § 50 Abs. 3 StBerG: pauschal 50.000 EUR
Steuererklärung	– Streit über die Verpflichtung zur Abgabe: Auffangstreitwert – Übersendung von Erklärungsvordrucken: Auffangstreitwert – Verlängerung der Abgabefrist: Auffangstreitwert
Stromsteuer	s. Energiesteuer
Stundung	10 % des Steuerbetrags, dessen Stundung begehrt wird
subjektive Klagehäufung	s. I.3
Tabaksteuer	– Anfechtung Abgabenbescheid: streitiger Abgabenbetrag – Steuerzeichen: Differenz zwischen der Steuer für beantragten und der Steuer für die zugewiesenen Steuerzeichen
Trennung von Verfahren	s. I.6
Umsatzsteuer	Differenz zwischen festgesetzter und erstrebter Steuer
Untätigkeitsklage	sofern die Klage nur auf das Tätigwerden der Behörde gerichtet ist: 10 % des streitigen Steuerbetrags[92]
Untersagung der Hilfeleistung in Steuersachen	Höhe der Einkünfte, die der von der Untersagungsverfügung Betroffene in dem der Untersagungsverfügung vorangegangenen Kalenderjahr aus der untersagten Tätigkeit erzielt hat[93]
unzulässige Klage	grds. keine Unterschiede bei der Streitwertberechnung zwischen Unzulässigkeit und Unbegründetheit der Klage, s. aber auch „fehlende Bezeichnung des Klagebegehrens"
Verbindung von Verfahren	s. A) I.
verbindliche Auskunft	Differenz zwischen dem Steuerbetrag, der aufgrund der von dem Antragsteller vorgetragenen Rechtsauffassung entstehen würde, und dem Steuerbetrag, der sich bei einer von der Finanz-

[87] BFH, Beschluss vom 18.11.2003, VII B 299/02, BFH/NV 2004, 515.
[88] FG Hamburg, Beschluss vom 2.9.2004, V 12/02, EFG 2005, 312.
[89] BFH, Beschluss vom 10.4.2003, VII S 9/03, BFH/NV 2003, 1082.
[90] BFH, Beschluss vom 20.6.2011, VII E 11/11, BFH/NV 2011, 1723; Beschluss vom 10.12.2009, VII R 39/07, BFH/NV 2010, 661; Beschluss vom 15.5.2006, VII E 15/05, BFH/NV 2006, 1678; Beschluss vom 27.10.2005, VII E 9/05, BFH/NV 2006, 344.
[91] BFH, Beschluss vom 10.12.2009, VII R 39/07, BFH/NV 2010, 661.
[92] FG Rheinland-Pfalz, Beschluss vom 16.4.2015, 6 KO 1093/15, EFG 2015, 1229; für die Kosten des Vorverfahrens im Falle eines Untätigkeitseinspruchs nach § 77 EStG ebenso FG Hamburg, Gerichtsbescheid vom 6.6.2017, 5 K 148/16, juris (Rev. III R 46/17).
[93] Std. Rechtsprechung, s. etwa BFH, Beschluss vom 9.12.2005, VI B 324/04, BFH/NV 2006, 764.

	behörde vertretenen entgegengesetzten Rechtsauffassung ergeben würde; steuerliche Auswirkungen, die sich mittelbar ergeben können, die jedoch nicht selbst zum Gegenstand des Antrags auf verbindliche Auskunft gemacht worden sind, werden bei der Bemessung der Auskunftsgebühr nicht berücksichtigt[94]
verdeckte Gewinnausschüttung	s. Körperschaftsteuer
Verlustvortrag	ab 14.12.2010 gelten (nach JStG 2010) ESt-/KSt-/GewStMessbetrags-Bescheide verfahrensrechtlich als („Quasi-") Grundlagenbescheide für den vortragsfähigen Verlust. Deshalb sind bei Verfahren gegen diese Bescheide (ggf. auch Null-Bescheide) die Auswirkungen für die Bescheide der Folgejahre zu berücksichtigen[95]
Vermögensteuer	das 3-fache des strittigen Jahresbetrags[96]
Vollstreckungsverfahren	– grundsätzlich Höhe der zu vollstreckenden Forderung, sofern der Wert der gepfändeten Forderung nicht niedriger ist – Antrag nach § 152 FGO: Höhe der zu vollstreckenden Forderung – Antrag nach § 258 AO: 10 % des streitigen Beitreibungsbetrags – Zwangsgeldfestsetzung: Höhe des festgesetzten Zwangsgeldes – Zwangsgeldandrohung: 50 % des angedrohten Zwangsgeldes – Vermögensauskunft des Vollstreckungsschuldners (vor 1.1.2013: Vorlage eines Vermögensverzeichnisses einschließlich der Abgabe der eidesstattlichen Versicherung): 50 % der rückständigen Steuerbeträge, jedoch nicht mehr als 500.000 EUR
Vorbehalt der Nachprüfung	bei isoliertem Streit über die Nichtaufhebung eines Vorbehalts nach Außenprüfung[97]: Auffangstreitwert; ebenso wenn es um die Beifügung des Vorbehalts geht, sofern das Begehren nicht auf eine spätere Herabsetzung einer festgesetzten Steuer zielt, dann wie bei Aussetzung der Vollziehung (s. o. unter I.8.)
Vorläufige Veranlagung	bei isoliertem Streit über die Beifügung des Vorläufigkeitsvermerks als solchem: wenn das Begehren auf eine spätere Herabsetzung einer festgesetzten Steuer zielt: wie Aussetzung der Vollziehung (s. o. unter I.8.)[98], ansonsten: Auffangstreitwert[99]
Zolltarifauskunft	Auffangstreitwert
Zusammenveranlagung nach vorangegangener getrennter Veranlagung	Differenz zwischen der im Wege der getrennten Veranlagung festgesetzten Einkommensteuer und dem auf den Kläger entfallenden Anteil an der im Wege der Zusammenveranlagung festzusetzenden Einkommensteuer
Zwangsgeld	s. Vollstreckungsverfahren

[94] BFH, Urteil vom 22.4.2015, IV R 13/12, BFHE 250, 295 = BStBl. II 2015, 989.
[95] FG Sachsen-Anhalt, Beschluss vom 15.9.2015, 3 KO 962/15, EFG 2015, 2108; FG Köln, Beschluss vom 23.7.2015, 10 KO 597/15, EFG 2015, 1752.
[96] BFH, Beschluss vom 3.3.1988, IV R 231/85, BFH/NV 1990, 49.
[97] BFH, Beschluss vom 18.10.1984, V B 37/84, juris.
[98] FG Nürnberg, Beschluss vom 25.5.1993, VI 51/93, juris.
[99] BFH, Beschluss vom 23.11.1994, II R 54/90, BFHE 113, 345, BStBl. II 1975, 38; FG Sachsen-Anhalt, Beschluss vom 12.7.2011, 2 KO 225/11, EFG 2012, 549.

3. Vergütungsverordnung für Steuerberater, Steuerbevollmächtigte und Berufsausübungsgesellschaften (Steuerberatervergütungsverordnung – StBVV)

Vom 17.12.1981 (BGBl. I 1442)

FNA 610-10-7

Zuletzt geändert durch Art. 1 VO vom 10.6.2022 (BGBl. I 877)

Erster Abschnitt. Allgemeine Vorschriften

Anwendungsbereich

1 **I 1 Die Vergütung (Gebühren und Auslagenersatz) des Steuerberaters mit Sitz im Inland für seine im Inland selbständig ausgeübte Berufstätigkeit (§ 33 des Steuerberatungsgesetzes) bemisst sich nach dieser Verordnung. 2 Dies gilt für die Höhe der Vergütung nur, soweit nicht etwas anderes vereinbart wird.**

II Für die Vergütung der Steuerbevollmächtigten und der Berufsausübungsgesellschaften gelten die Vorschriften über die Vergütung der Steuerberater entsprechend.

Schrifttum: Berners, Praxiskommentar Steuerberatervergütungsverordnung, 6. Aufl. 2020; Eckert, Steuerberatervergütungsverordnung, 7. Aufl. 2023; Feiter, Steuerberatervergütungsverordnung, 3. Aufl. 2020; Fuldner, Steuerberatervergütungsverordnung, 2022; Meyer/Goez/Schwamberger, StBVV, 11. Aufl. 2023.

Die StBVV regelt die Vergütung der Steuerberater, § 1 I und in entspr. Anwendung, § 1 II, die der Steuerbevollmächtigten und Steuerberatungsgesellschaften. Im Rahmen dieses Werkes ist auf zwei Dinge hinzuweisen: 1

Nach § 3 Nr. 1 StBerG sind ua auch **Rechtsanwälte** zur geschäftsmäßigen **Hilfeleistung in Steuersachen** befugt. Für einen Rechtsanwalt ist daher auch eine solche Hilfeleistung anwaltliche Tätigkeit, die nach § 1 I 1 RVG nach dem RVG zu vergüten ist. § 35 I RVG verweist aber (nur) für die in den §§ 23–39 genannten Tätigkeiten auf eine entspr. Anwendung dieser Vorschriften der **StBVV** (iVm §§ 10, 13), so dass insoweit für die Vergütung von Steuerberatern und Rechtsanwälten dasselbe gilt (vgl. iÜ die Kommentierung von § 35 RVG). 2

Umgekehrt können **Steuerberater** und Steuerbevollmächtigte vor den Gerichten der Verwaltungs-, Finanz- und Sozialgerichtsbarkeit als **Prozessvertreter** auftreten (§ 67 II 2 Nr. 3, IV 7 VwGO, § 62 II 1, IV 2 FGO, § 73 II 2 Nr. 4 SGG; ob sie dies auch dürfen, ist nach § 3 RDG iVm § 3 StBerG bzw § 5 RDG zu beurteilen). Deren Vergütung bemisst sich dann nach § 1 nach der StBVV, die aber in § 45 für die Tätigkeit in gerichtlichen Verfahren (wie iÜ auch die §§ 40, 44) auf eine sinngemäße Anwendung des **RVG** verweist und damit ebenfalls eine Gleichheit der Vergütung von Steuerberatern und Rechtsanwälten herstellt. 3

Singgemäße Anwendung der Verordnung

2 **Ist in dieser Verordnung über die Gebühren für eine Berufstätigkeit des Steuerberaters nicht bestimmt, so sind die Gebühren in singgemäßer Anwendung der Vorschriften dieser Verordnung zu bemessen.**

→ § 1 Rn. 1 ff.

Auslagen

3 I Mit den Gebühren werden auch die allgemeinen Geschäftskosten entgolten.

II Der Anspruch auf Zahlung der auf die Vergütung entfallenden Umsatzsteuer und auf Ersatz für Post- und Telekommunikationsdienstleistungen zu zahlende Entgelte, der Dokumentenpauschale und der Reisekosten bestimmt sich nach den §§ 15 bis 20.

→ § 1 Rn. 1 ff.

Vereinbarung der Vergütung

4 I [1] Aus einer Vereinbarung kann der Steuerberater eine höhere als die gesetzliche Vergütung nur fordern, wenn die Erklärung des Auftraggebers in Textform abgegeben ist. [2] Ist das Schriftstück nicht vom Auftraggeber verfasst, muss

1. das Schriftstück als Vergütungsvereinbarung oder in vergleichbarer Weise bezeichnet sein,
2. das Schriftstück von anderen Vereinbarungen mit Ausnahme der Auftragserteilung deutlich abgesetzt sein und darf nicht in der Vollmacht enthalten sein.

[3] Art und Umfang des Auftrags nach Satz 2 sind zu bezeichnen. [4] Hat der Auftraggeber freiwillig und ohne Vorbehalt geleistet, kann er das Geleistete nicht deshalb zurückfordern, weil seine Erklärung den Vorschriften der Sätze 1 bis 3 nicht entspricht.

II Ist eine vereinbarte Vergütung unter Berücksichtigung aller Umstände unangemessen hoch, so kann sie im Rechtsstreit auf den angemessenen Betrag bis zur Höhe der sich aus dieser Verordnung ergebenden Vergütung herabgesetzt werden.

III [1] In außergerichtlichen Angelegenheiten kann eine niedrigere als die gesetzliche Vergütung unter den Formerfordernissen des Absatzes 1 vereinbart werden. [2] Sie muss in einem angemessenen Verhältnis zu der Leistung, der Verantwortung und dem Haftungsrisiko des Steuerberaters stehen.

IV Der Steuerberater hat den Auftraggeber in Textform darauf hinzuweisen, dass eine höhere oder niedrigere als die gesetzliche Vergütung in Textform vereinbart werden kann.

→ § 1 Rn. 1 ff.

Mehrere Steuerberater

5 Ist die Angelegenheit mehreren Steuerberatern zur gemeinschaftlichen Erledigung übertragen, so erhält jeder Steuerberater für seine Tätigkeit die volle Vergütung.

→ § 1 Rn. 1 ff.

Mehrere Auftraggeber

6 I Wird der Steuerberater in derselben Angelegenheit für mehrere Auftraggeber tätig, so erhält er die Gebühren nur einmal.

II [1] Jeder Auftraggeber schuldet dem Steuerberater die Gebühren und Auslagen, die er schulden würde, wenn der Steuerberater nur in seinem Auftrag tätig geworden wäre. [2] Der Steuerberater kann aber insgesamt nicht mehr fordern als die nach Absatz 1 berechneten Gebühren und die insgesamt entstandenen Auslagen.

→ § 1 Rn. 1 ff.

Fälligkeit

7 **Die Vergütung des Steuerberaters wird fällig, wenn der Auftrag erledigt oder die Angelegenheit beendigt ist.**

→ § 1 Rn. 1 ff.

Vorschuß

8 **Der Steuerberater kann von seinem Auftraggeber für die entstandenen und die voraussichtlich entstehenden Gebühren und Auslagen einen angemessenen Vorschuß fordern.**

→ § 1 Rn. 1 ff.

Berechnung

9 **I [1] Der Steuerberater kann die Vergütung nur auf Grund einer dem Auftraggeber mitgeteilten Berechnung einfordern. [2] Die Berechnung ist von dem Steuerberater zu unterzeichnen oder vorbehaltlich der Zustimmung des Auftraggebers in Textform zu erstellen. [3] Die Zustimmung muss nicht für jede Berechnung einzeln erteilt werden. [4] Der Lauf der Verjährungsfrist ist von der Mitteilung der Berechnung nicht abhängig.**

II [1] In der Berechnung sind die Beträge der einzelnen Gebühren und Auslagen, die Vorschüsse, eine kurze Bezeichnung des jeweiligen Gebührentatbestands, die Bezeichnung der Auslagen sowie die angewandten Vorschriften dieser Gebührenverordnung und bei Wertgebühren auch der Gegenstandswert anzugeben. [2] Nach demselben Stundensatz berechnete Zeitgebühren können zusammengefaßt werden. [3] Bei Entgelten für Post- und Telekommunikationsdienstleistungen genügt die Angabe des Gesamtbetrages.

III Hat der Auftraggeber die Vergütung gezahlt, ohne die Berechnung erhalten zu haben, so kann er die Mitteilung der Berechnung noch fordern, solange der Steuerberater zur Aufbewahrung der Handakten nach § 66 des Steuerberatungsgesetzes verpflichtet ist.

→ § 1 Rn. 1 ff.

Zweiter Abschnitt. Gebührenberechnung

Wertgebühren

10 **I [1] Die Wertgebühren bestimmen sich nach den dieser Verordnung als Anlage beigefügten Tabellen A bis D. [2] Sie werden nach dem Wert berechnet, den der Gegenstand der beruflichen Tätigkeit hat. [3] Maßgebend ist, soweit diese Verordnung nichts anderes bestimmt, der Wert des Interesses.**

II In derselben Angelegenheit werden die Werte mehrerer Gegenstände zusammengerechnet; dies gilt nicht für die in den §§ 24 bis 27, 30, 35 und 37 bezeichneten Tätigkeiten.

→ § 1 Rn. 1 ff.

Rahmengebühren

11 **[1] Ist für die Gebühren ein Rahmen vorgesehen, so bestimmt der Steuerberater die Gebühr im Einzelfall unter Berücksichtigung aller Umstände, vor allem des Umfangs und der Schwierigkeit der beruflichen Tätigkeit, der Bedeutung der Angelegenheit sowie der Einkommens- und Ver-**

mögensverhältnisse des Auftraggebers, nach billigem Ermessen. [2]Ein besonderes Haftungsrisiko des Steuerberaters kann bei der Bemessung herangezogen werden. [3]Bei Rahmengebühren, die sich nicht nach dem Gegenstandswert richten, ist das Haftungsrisiko zu berücksichtigen. [4]Ist die Gebühr von einem Dritten zu ersetzen, ist die von dem Steuerberater getroffene Bestimmung nicht verbindlich, wenn sie unbillig ist.

→ § 1 Rn. 1 ff.

Abgeltungsbereich der Gebühren

12 **I Die Gebühren entgelten, soweit diese Verordnung nichts anderes bestimmt, die gesamte Tätigkeit des Steuerberaters vom Auftrag bis zur Erledigung der Angelegenheit.**

II Der Steuerberater kann die Gebühren in derselben Angelegenheit nur einmal fordern.

III Sind für Teile des Gegenstandes verschiedene Gebührensätze anzuwenden, so erhält der Steuerberater für die Teile gesondert berechnete Gebühren, jedoch nicht mehr als die aus dem Gesamtbetrag der Wertteile nach dem höchsten Gebührensatz berechnete Gebühr.

IV Auf bereits entstandene Gebühren ist es, soweit diese Verordnung nichts anderes bestimmt, ohne Einfluß, wenn sich die Angelegenheit vorzeitig erledigt oder der Auftrag endigt, bevor die Angelegenheit erledigt ist.

V [1]Wird der Steuerberater, nachdem er in einer Angelegenheit tätig geworden war, beauftragt, in derselben Angelegenheit weiter tätig zu werden, so erhält er nicht mehr an Gebühren, als er erhalten würde, wenn er von vornherein hiermit beauftragt worden wäre. [2]Ist der frühere Auftrag seit mehr als zwei Kalenderjahren erledigt, gilt die weitere Tätigkeit als neue Angelegenheit.

VI Ist der Steuerberater nur mit einzelnen Handlungen beauftragt, so erhält er nicht mehr an Gebühren, als der mit der gesamten Angelegenheit beauftragte Steuerberater für die gleiche Tätigkeit erhalten würde.

→ § 1 Rn. 1 ff.

Zeitgebühr

13 **[1]Die Zeitgebühr ist zu berechnen**

1. in den Fällen, in denen diese Verordnung dies vorsieht,
2. wenn keine genügenden Anhaltspunkte für eine Schätzung des Gegenstandswerts vorliegen; dies gilt nicht für Tätigkeiten nach § 23 sowie für die Vertretung im außergerichtlichen Rechtsbehelfsverfahren (§ 40), im Verwaltungsvollstreckungsverfahren (§ 44) und in gerichtlichen und anderen Verfahren (§§ 45, 46).

[2]Sie beträgt 30 bis 75 Euro je angefangene halbe Stunde.

→ § 1 Rn. 1 ff.

Pauschalvergütung

14 **I [1]Für einzelne oder mehrere für denselben Auftraggeber laufend auszuführende Tätigkeiten kann der Steuerberater eine Pauschalvergütung vereinbaren. [2]Die Vereinbarung ist in Textform und für einen Zeitraum von mindestens einem Jahr zu treffen. 3In der Vereinbarung sind die vom Steuerberater zu übernehmenden Tätigkeiten und die Zeiträume, für die sie geleistet werden, im einzelnen aufzuführen.**

II Die Vereinbarung einer Pauschalvergütung ist ausgeschlossen für

1. **die Anfertigung nicht mindestens jährlich wiederkehrender Steuererklärungen;**
2. **die Ausarbeitung von schriftlichen Gutachten (§ 22);**
3. **die in § 23 genannten Tätigkeiten;**
4. **die Teilnahme an Prüfungen (§ 29);**
5. **die Beratung und Vertretung im außergerichtlichen Rechtsbehelfsverfahren (§ 40), im Verwaltungsvollstreckungsverfahren (§ 44) und in gerichtlichen und anderen Verfahren (§ 45).**

III Der Gebührenanteil der Pauschalvergütung muß in einem angemessenen Verhältnis zur Leistung des Steuerberaters stehen.

→ § 1 Rn. 1 ff.

Dritter Abschnitt. Umsatzsteuer, Ersatz von Auslagen

Umsatzsteuer

15 **[1]Der Vergütung ist die Umsatzsteuer hinzuzurechnen, die nach § 12 des Umsatzsteuergesetzes auf die Tätigkeit entfällt. [2]Dies gilt nicht, wenn die Umsatzsteuer nach § 19 Abs. 1 des Umsatzsteuergesetzes unerhoben bleibt.**

→ § 1 Rn. 1 ff.

Entgelte für Post- und Telekommunikationsdienstleistungen

16 **[1]Der Steuerberater hat Anspruch auf Ersatz der bei der Ausführung des Auftrags für Post- und Telekommunikationsdienstleistungen zu zahlenden Entgelte. [2]Er kann nach seiner Wahl an Stelle der tatsächlich entstandenen Kosten einen Pauschsatz fordern, der 20 Prozent der sich nach dieser Verordnung ergebenden Gebühren beträgt, in derselben Angelegenheit jedoch höchstens 20 Euro.**

→ § 1 Rn. 1 ff.

Dokumentenpauschale

17 **I [1]Der Steuerberater erhält eine Dokumentenpauschale**

1. **für Ablichtungen**
   a) **aus Behörden- und Gerichtsakten, soweit deren Herstellung zur sachgerechten Bearbeitung der Angelegenheit geboten war,**
   b) **zur Mitteilung an Gegner oder Beteiligte und Verfahrensbevollmächtigte auf Grund einer Rechtsvorschrift oder nach Aufforderung durch das Gericht, die Behörde oder die sonst das Verfahren führende Stelle, soweit hierfür mehr als 100 Ablichtungen zu fertigen waren,**
   c) **zur notwendigen Unterrichtung des Auftraggebers, soweit hierfür mehr als 100 Ablichtungen zu fertigen waren,**
   d) **in sonstigen Fällen nur, wenn sie im Einverständnis mit dem Auftraggeber zusätzlich, auch zur Unterrichtung Dritter, angefertigt worden sind und**
2. **für die Überlassung elektronischer Dokumente an Stelle der in Nummer 1 Buchstabe d genannten Ablichtungen.**

[2]Eine Übermittlung durch den Steuerberater per Telefax steht der Herstellung einer Ablichtung gleich.

II [1]Die Höhe der Dokumentenpauschale bemisst sich nach den für die Dokumentenpauschale im Vergütungsverzeichnis zum Rechtsanwaltsver-

gütungsgesetz bestimmten Beträgen. [2]Die Höhe der Dokumentenpauschale nach Absatz 1 Nr. 1 ist in derselben Angelegenheit und in gerichtlichen Verfahren in demselben Rechtszug einheitlich zu berechnen.

→ § 1 Rn. 1 ff.

Geschäftsreisen

18 I [1]Für Geschäftsreisen sind dem Steuerberater als Reisekosten die Fahrtkosten und die Übernachtungskosten zu erstatten; ferner erhält er ein Tage- und Abwesenheitsgeld. [2]Eine Geschäftsreise liegt vor, wenn das Reiseziel außerhalb der Gemeinde liegt, in der sich die Kanzlei oder die Wohnung des Steuerberaters befindet.

II Als Fahrtkosten sind zu erstatten:

1. bei Benutzung eines eigenen Kraftfahrzeugs zur Abgeltung der Anschaffungs-, Unterhaltungs- und Betriebskosten sowie der Abnutzung des Kraftfahrzeugs 0,42 Euro für jeden gefahrenen Kilometer zuzüglich der durch die Benutzung des Kraftfahrzeugs aus Anlaß der Geschäftsreise regelmäßig anfallenden baren Auslagen, insbesondere der Parkgebühren,
2. bei Benutzung anderer Verkehrsmittel die tatsächlichen Aufwendungen, soweit sie angemessen sind.

III [1]Als Tage- und Abwesenheitsgeld erhält der Steuerberater bei einer Geschäftsreise von nicht mehr als 4 Stunden 25 Euro, von mehr als 4 bis 8 Stunden 40 Euro und von mehr als 8 Stunden 70 Euro; bei Auslandsreisen kann zu diesen Beträgen ein Zuschlag von 50 Prozent berechnet werden. [2]Die Übernachtungskosten sind in Höhe der tatsächlichen Aufwendungen zu erstatten, soweit sie angemessen sind.

→ § 1 Rn. 1 ff.

Reisen zur Ausführung mehrerer Geschäfte

19 Dient eine Reise der Ausführung mehrerer Geschäfte, so sind die entstandenen Reisekosten und Abwesenheitsgelder nach dem Verhältnis der Kosten zu verteilen, die bei gesonderter Ausführung der einzelnen Geschäfte entstanden wären.

→ § 1 Rn. 1 ff.

Verlegung der beruflichen Niederlassung

20 Ein Steuerberater, der seine berufliche Niederlassung nach einem anderen Ort verlegt, kann bei Fortführung eines ihm vorher erteilten Auftrags Reisekosten und Abwesenheitsgelder nur insoweit verlangen, als sie auch von seiner bisherigen beruflichen Niederlassung aus entstanden wären.

→ § 1 Rn. 1 ff.

Vierter Abschnitt. Gebühren für die Beratung und für die Hilfeleistung bei der Erfüllung allgemeiner Steuerpflichten

Rat, Auskunft, Erstberatung

21 I [1]Für einen mündlichen oder schriftlichen Rat oder eine Auskunft, die nicht mit einer anderen gebührenpflichtigen Tätigkeit zusammenhängt, erhält der Steuerberater eine Gebühr in Höhe von 1 Zehntel bis 10 Zehntel der vollen Gebühr nach Tabelle A (Anlage 1). [2]Beschränkt sich die Tätigkeit nach Satz 1 auf ein erstes Beratungsgespräch und ist der Auftraggeber Verbraucher, so kann der Steuerberater, der erstmals von diesem Rat-

suchenden in Anspruch genommen wird, keine höhere Gebühr als 190 Euro fordern. [3]Die Gebühr ist auf eine Gebühr anzurechnen, die der Steuerberater für eine sonstige Tätigkeit erhält, die mit der Raterteilung oder Auskunft zusammenhängt.

II [1]Wird ein Steuerberater, mit der Prüfung der Erfolgsaussicht eines Rechtsmittels beauftragt, so ist für die Vergütung das Rechtsanwaltsvergütungsgesetz sinngemäß anzuwenden. [2]Die Gebühren bestimmen sich nach Teil 2 Abschnitt 1 des Vergütungsverzeichnisses zum Rechtsanwaltsvergütungsgesetz.

→ § 1 Rn. 1 ff.

Gutachten

22 Für die Ausarbeitung eines schriftlichen Gutachtens mit eingehender Begründung erhält der Steuerberater eine Gebühr von 10 Zehnteln bis 30 Zehntel der vollen Gebühr nach Tabelle A (Anlage 1).

→ § 1 Rn. 1 ff.

Sonstige Einzeltätigkeiten

23 [1]Die Gebühr beträgt für

1. **die Berichtigung einer Erklärung** — **2/10 bis 10/10**
2. **einen Antrag auf Stundung** — **2/10 bis 8/10**
3. **einen Antrag auf Anpassung der Vorauszahlungen** — **2/10 bis 8/10**
4. **einen Antrag auf abweichende Steuerfestsetzung aus Billigkeitsgründen** — **2/10 bis 8/10**
5. **einen Antrag auf Erlaß von Ansprüchen aus dem Steuerschuldverhältnis oder aus zollrechtlichen Bestimmungen** — **2/10 bis 8/10**
6. **einen Antrag auf Erstattung (§ 37 Abs. 2 der Abgabenordnung)** — **2/10 bis 8/10**
7. **einen Antrag auf Aufhebung oder Änderung eines Steuerbescheides oder einer Steueranmeldung** — **2/10 bis 10/10**
8. **einen Antrag auf volle oder teilweise Rücknahme oder auf vollen oder teilweisen Widerruf eines Verwaltungsaktes** — **4/10 bis 10/10**
9. **einen Antrag auf Wiedereinsetzung in den vorigen Stand außerhalb eines Rechtsbehelfsverfahrens** — **4/10 bis 10/10**
10. **sonstige Anträge, soweit sie nicht in Steuererklärungen gestellt werden** — **2/10 bis 10/10**

einer vollen Gebühr nach Tabelle A (Anlage 1). [2]Soweit Tätigkeiten nach den Nummern 1 bis 10 denselben Gegenstand betreffen, ist nur eine Tätigkeit maßgebend, und zwar die mit dem höchsten oberen Gebührenrahmen.

→ § 1 Rn. 1 ff.

Steuererklärungen

24 I Der Steuerberater erhält für die Anfertigung

1. **der Einkommensteuererklärung ohne Ermittlung der einzelnen Einkünfte** — **10/10 bis 6/10**
   einer vollen Gebühr nach Tabelle A (Anlage 1); Gegenstandswert ist die Summe der positiven Einkünfte, jedoch mindestens 8 000 Euro;
2. **der Erklärung zur gesonderten Feststellung der Einkünfte ohne Ermittlung der Einkünfte** — **1/10 bis 5/10**

einer vollen Gebühr nach Tabelle A (Anlage 1); Gegenstandswert ist die Summe der positiven Einkünfte, jedoch mindestens 8 000 Euro;

3. **der Körperschaftsteuererklärung** **2/10 bis 8/10**
   einer vollen Gebühr nach Tabelle A (Anlage 1); Gegenstandswert ist das Einkommen vor Berücksichtigung eines Verlustabzugs, jedoch mindestens 16 000 Euro; bei der Anfertigung einer Körperschaftsteuererklärung für eine Organgesellschaft ist das Einkommen der Organgesellschaft vor Zurechnung maßgebend; das entsprechende Einkommen ist bei der Gegenstandswertberechnung des Organträgers zu kürzen;
4. ***(aufgehoben)***
5. **der Erklärung zur Gewerbesteuer** **1/10 bis 6/10**
   einer vollen Gebühr nach Tabelle A (Anlage 1); Gegenstandswert ist der Gewerbeertrag vor Berücksichtigung des Freibetrags und eines Gewerbeverlustes, jedoch mindestens 8 000 Euro;
6. **der Gewerbesteuerzerlegungserklärung** **1/10 bis 6/10**
   einer vollen Gebühr nach Tabelle A (Anlage 1); Gegenstandswert sind 10 Prozent der als Zerlegungsmaßstab erklärten Arbeitslöhne, jedoch mindestens 4 000 Euro;
7. **der Umsatzsteuer-Voranmeldung sowie hierzu ergänzender Anträge und Meldungen** **1/10 bis 6/10**
   einer vollen Gebühr nach Tabelle A (Anlage 1); Gegenstandswert sind 10 Prozent der Summe aus dem Gesamtbetrag der Entgelte und der Entgelte, für die der Leistungsempfänger Steuerschuldner ist, jedoch mindestens 650 Euro;
8. **der Umsatzsteuererklärung für das Kalenderjahr einschließlich ergänzender Anträge und Meldungen** **1/10 bis 8/10**
   einer vollen Gebühr nach Tabelle A (Anlage 1); Gegenstandswert sind 10 Prozent der Summe aus dem Gesamtbetrag der Entgelte und der Entgelte, für die der Leistungsempfänger Steuerschuldner ist, jedoch mindestens 8 000 Euro;
9. ***(aufgehoben)***
10. **der Vermögensteuererklärung oder der Erklärung zur gesonderten Feststellung des Vermögens von Gemeinschaften** **1/20 bis 18/20**
    einer vollen Gebühr nach Tabelle A (Anlage 1); Gegenstandswert ist das Rohvermögen, jedoch bei natürlichen Personen mindestens 12 500 Euro und bei Körperschaften, Personenvereinigungen und Vermögensmassen mindestens 25 000 Euro;
11. **der Erklärung zur Feststellung nach dem Bewertungsgesetz oder dem Erbschaftsteuer- und Schenkungsteuergesetz, vorbehaltlich der Nummer 11a,** **1/20 bis 18/20**
    einer vollen Gebühr nach Tabelle A (Anlage 1); Gegenstandswert ist der erklärte Wert, jedoch mindestens 25 000 Euro;

11a. **der Erklärung zur Feststellung oder Festsetzung für Zwecke der Grundsteuer im Rahmen des ab dem Jahr 2025 anzuwendenden Grundsteuerrechts** **1/20 bis 9/20**
einer vollen Gebühr nach Tabelle A (Anlage 1); Gegenstandswert ist der Grundsteuerwert oder, sofern dessen Feststellung nicht vorgesehen ist, der jeweilige Grund-

steuermessbetrag dividiert durch die Grundsteuermesszahl nach § 15 Absatz 1 Nummer 2 Buchstabe a des Grundsteuergesetzes, jedoch jeweils mindestens 25 000 Euro;

12. der Erbschaftsteuererklärung ohne Ermittlung der Zugewinnausgleichsforderung nach § 5 des Erbschaftsteuer- und Schenkungsteuergesetzes 2/10 bis 10/10
einer vollen Gebühr nach Tabelle A (Anlage 1); Gegenstandswert ist der Wert des Erwerbs von Todes wegen vor Abzug der Schulden und Lasten, jedoch mindestens 16 000 Euro;

13. der Schenkungsteuererklärung 2/10 bis 10/10
einer vollen Gebühr nach Tabelle A (Anlage 1); Gegenstandswert ist der Rohwert der Schenkung, jedoch mindestens 16 000 Euro;

14. der Kapitalertragsteueranmeldung sowie für jede weitere Erklärung in Zusammenhang mit Kapitalerträgen 1/20 bis 6/20
einer vollen Gebühr nach Tabelle A (Anlage 1); Gegenstandswert ist die Summe der kapitalertragsteuerpflichtigen Kapitalerträge, jedoch mindestens 4 000 Euro;

15. der Lohnsteuer-Anmeldung 1/20 bis 6/20
einer vollen Gebühr nach Tabelle A (Anlage 1); Gegenstandswert sind 20 Prozent der Arbeitslöhne einschließlich sonstiger Bezüge, jedoch mindestens 1 000 Euro;

16. von Steuererklärungen auf dem Gebiet der Einfuhr- und Ausfuhrabgaben, und der Verbrauchsteuern, die als Einfuhrabgaben erhoben werden, 1/10 bis 3/10
einer vollen Gebühr nach Tabelle A (Anlage 1); Gegenstandswert ist der Betrag, der sich bei Anwendung der höchsten in Betracht kommenden Abgabensätze auf die den Gegenstand der Erklärung bildenden Waren ergibt, jedoch mindestens 1 000 Euro;

17. von Anmeldungen oder Erklärungen auf dem Gebiete der Verbrauchsteuern, die nicht als Einfuhrabgaben geschuldet werden, 1/10 bis 3/10
einer vollen Gebühr nach Tabelle A (Anlage 1); Gegenstandswert ist für eine Steueranmeldung der angemeldete Betrag und für eine Steuererklärung der festgesetzte Betrag, jedoch mindestens 1 000 Euro;

18. von Anträgen auf Gewährung einer Verbrauchsteuervergütung oder einer einzelgesetzlich geregelten Verbrauchsteuererstattung, sofern letztere nicht in der monatlichen Steuererklärung oder Steueranmeldung geltend zu machen ist, 1/10 bis 3/10
einer vollen Gebühr nach Tabelle A (Anlage 1); Gegenstandswert ist die beantragte Vergütung oder Erstattung, jedoch mindestens 1 000 Euro;

19. von Anträgen auf Gewährung einer Investitionszulage 1/10 bis 6/10
einer vollen Gebühr nach Tabelle A (Anlage 1); Gegenstandswert ist die Bemessungsgrundlage;

20. von Anträgen auf Steuervergütung nach § 4a des Umsatzsteuergesetzes 1/10 bis 6/10
einer vollen Gebühr nach Tabelle A (Anlage 1); Gegenstandswert ist die beantragte Vergütung;

21. von Anträgen auf Vergütung der abziehbaren Vorsteuerbeträge 1/10 bis 6/10

einer vollen Gebühr nach Tabelle A (Anlage 1); Gegenstandswert ist die beantragte Vergütung, jedoch mindestens 1300 Euro;

22. von Anträgen auf Erstattung von Kapitalertragsteuer und Vergütung der anrechenbaren Körperschaftsteuer 1/10 bis 6/10 einer vollen Gebühr nach Tabelle A (Anlage 1); Gegenstandswert ist die beantragte Erstattung, jedoch mindestens 1 000 Euro;
23. von Anträgen nach Abschnitt X des Einkommensteuergesetzes einer vollen Gebühr nach Tabelle A (Anlage 1); Gegenstandswert ist das beantragte Jahreskindergeld; 2/10 bis 10/10
24. (weggefallen)
25. der Anmeldung über den Steuerabzug von Bauleistungen 1/10 bis 6/10 einer vollen Gebühr nach Tabelle A (Anlage 1); Gegenstandswert ist der angemeldete Steuerabzugsbetrag (§§ 48 ff. des Einkommensteuergesetzes), jedoch mindestens 1 000 Euro;
26. sonstiger Steuererklärungen 1/10 bis 6/10 einer vollen Gebühr nach Tabelle A (Anlage 1); Gegenstandswert ist die jeweilige Bemessungsgrundlage, jedoch mindestens 8 000 Euro.

II Für die Ermittlung der Zugewinnausgleichsforderung nach § 5 des Erbschaftsteuer- und Schenkungsteuergesetzes erhält der Steuerberater 5 Zehntel bis 15 Zehntel einer vollen Gebühr nach Tabelle A (Anlage 1); Gegenstandswert ist der ermittelte Betrag, jedoch mindestens 12 500 Euro.

III Für einen Antrag auf Lohnsteuer-Ermäßigung (Antrag auf Eintragung von Freibeträgen) erhält der Steuerberater 1/20 bis 4/20 einer vollen Gebühr nach Tabelle A (Anlage 1); Gegenstandswert ist der voraussichtliche Jahresarbeitslohn; er beträgt mindestens 4 500 Euro.

IV Der Steuerberater erhält die Zeitgebühr

1. *(aufgehoben)*
2. für Arbeiten zur Feststellung des verrechenbaren Verlustes gemäß § 15a des Einkommensteuergesetzes;
3. für die Anfertigung einer Meldung über die Beteiligung an ausländischen Körperschaften, Vermögensmassen und Personenvereinigungen und an ausländischen Personengesellschaften;
4. *(aufgehoben)*
5. für sonstige Anträge und Meldungen nach dem Einkommensteuergesetz;

6.–12. *(aufgehoben)*

13. für die Überwachung und Meldung der Lohnsumme sowie der Behaltensfrist im Sinne von § 13a Absatz 1 in Verbindung mit Absatz 6 Satz 1, Absatz 5 in Verbindung mit Absatz 6 Satz 2 des Erbschaftsteuer- und Schenkungsteuergesetzes;
14. für die Berechnung des Begünstigungsgewinnes im Sinne von § 34a Absatz 1 Satz 1 des Einkommensteuergesetzes (Begünstigung der nicht entnommenen Gewinne).

→ § 1 Rn. 1 ff.

Ermittlung des Überschusses der Betriebseinnahmen über die Betriebsausgaben

25 I 1 Die Gebühr für die Ermittlung des Überschusses der Betriebseinnahmen über die Betriebsausgaben bei den Einkünften aus Land- und Forstwirtschaft, Gewerbebetrieb oder selbständiger Arbeit beträgt 5 Zehntel bis 30 Zehntel einer vollen Gebühr nach Tabelle B (Anlage 2). 2 Gegenstandswert ist der jeweils höhere Betrag, der sich aus der Summe der Be-

triebseinnahmen oder der Summe der Betriebsausgaben ergibt, jedoch mindestens 17.500 Euro.

II Für Vorarbeiten, die über das übliche Maß erheblich hinausgehen, erhält der Steuerberater die Zeitgebühr.

III Sind bei mehreren Einkünften aus derselben Einkunftsart die Überschüsse getrennt zu ermitteln, so erhält der Steuerberater die Gebühr nach Absatz 1 für jede Überschußrechnung.

IV 1 Für die Aufstellung eines schriftlichen Erläuterungsberichts zur Ermittlung des Überschusses der Betriebseinnahmen über die Betriebsausgaben erhält der Steuerberater 2/10 bis 1 2/10 einer vollen Gebühr nach Tabelle B (Anlage 2). 2 Der Gegenstandswert bemisst sich nach Absatz 1 Satz 2.

→ § 1 Rn. 1 ff.

Ermittlung des Gewinns aus Land- und Forstwirtschaft nach Durchschnittsätzen

26 **I 1 Die Gebühr für die Ermittlung des Gewinns nach Durchschnittsätzen beträgt 5 Zehntel bis 20 Zehntel einer vollen Gebühr nach Tabelle B (Anlage 2). 2 Gegenstandswert ist der Durchschnittssatzgewinn nach § 13a Abs. 3 Satz 1 des Einkommensteuergesetzes.**

II Sind für mehrere land- und forstwirtschaftliche Betriebe desselben Auftraggebers die Gewinne nach Durchschnittsätzen getrennt zu ermitteln, so erhält der Steuerberater die Gebühr nach Absatz 1 für jede Gewinnermittlung.

→ § 1 Rn. 1 ff.

Ermittlung des Überschusses der Einnahmen über die Werbungskosten

27 **I 1 Die Gebühr für die Ermittlung des Überschusses der Einnahmen über die Werbungskosten bei den Einkünften aus nichtselbständiger Arbeit, Kapitalvermögen, Vermietung und Verpachtung oder sonstigen Einkünften beträgt 1 Zwanzigstel bis 12 Zwanzigstel einer vollen Gebühr nach Tabelle A (Anlage 1). 2 Gegenstandswert ist der jeweils höhere Betrag, der sich aus der Summe der Einnahmen oder der Summe der Werbungskosten ergibt, jedoch mindestens 8 000 Euro.**

II Beziehen sich die Einkünfte aus Vermietung und Verpachtung auf mehrere Grundstücke oder sonstige Wirtschaftsgüter und ist der Überschuß der Einnahmen über die Werbungskosten jeweils getrennt zu ermitteln, so erhält der Steuerberater die Gebühr nach Absatz 1 für jede Überschußrechnung.

III Für Vorarbeiten, die über das übliche Maß erheblich hinausgehen, erhält der Steuerberater die Zeitgebühr.

→ § 1 Rn. 1 ff.

Prüfung von Steuerbescheiden

28 **Für die Prüfung eines Steuerbescheids erhält der Steuerberater die Zeitgebühr.**

→ § 1 Rn. 1 ff.

Teilnahme an Prüfungen und Nachschauen

29 **Der Steuerberater erhält**

1. für die Teilnahme an einer Prüfung, insbesondere an einer Außenprüfung, einer Zollprüfung oder einer Nachschau einschließlich der Schlussbespre-

chung und der Prüfung des Prüfungsberichts, für die Teilnahme an einer Ermittlung der Besteuerungsgrundlagen (§ 208 der Abgabenordnung) oder für die Teilnahme an einer Maßnahme der Steueraufsicht (§§ 209 bis 217 der Abgabenordnung) die Zeitgebühr;
2. für schriftliche Einwendungen gegen den Prüfungsbericht 5 Zehntel bis 10 Zehntel einer vollen Gebühr nach Tabelle A (Anlage 1).

→ § 1 Rn. 1 ff.

Selbstanzeige

30 **I Für die Tätigkeit im Verfahren der Selbstanzeige (§§ 371 und 378 Absatz 3 der Abgabenordnung) einschließlich der Ermittlungen zur Berichtigung, Ergänzung oder Nachholung der Angaben erhält der Steuerberater 10/10 bis 30/10 einer vollen Gebühr nach Tabelle A (Anlage 1).**

II Der Gegenstandswert bestimmt sich nach der Summe der berichtigten, ergänzten und nachgeholten Angaben, er beträgt jedoch mindestens 8 000 Euro.

→ § 1 Rn. 1 ff.

Besprechungen

31 **I Für Besprechungen mit Behörden oder mit Dritten in abgaberechtlichen Sachen erhält der Steuerberater 5/10 bis 10/10 einer vollen Gebühr nach Tabelle A (Anlage 1).**

II 1 Die Besprechungsgebühr entsteht, wenn der Steuerberater an einer Besprechung über tatsächliche oder rechtliche Fragen mitwirkt, die von der Behörde angeordnet ist oder im Einverständnis mit dem Auftraggeber mit der Behörde oder mit einem Dritten geführt wird. 2 Der Steuerberater erhält diese Gebühr nicht für die Beantwortung einer mündlichen oder fernmündlichen Nachfrage der Behörde.

→ § 1 Rn. 1 ff.

Fünfter Abschnitt. Gebühren für die Hilfeleistung bei der Erfüllung steuerlicher Buchführungs- und Aufzeichnungspflichten

Einrichtung einer Buchführung

32 **Für die Hilfeleistung bei der Einrichtung einer Buchführung im Sinne der §§ 33 und 34 erhält der Steuerberater die Zeitgebühr.**

→ § 1 Rn. 1 ff.

Buchführung

33

I Für die Buchführung oder das Führen steuerlicher Aufzeichnungen einschließlich des Kontierens der Belege beträgt die Monatsgebühr 2/10 bis 12/10 einer vollen Gebühr nach Tabelle C (Anlage 3).

II Für das Kontieren der Belege beträgt die Monatsgebühr 1/10 bis 6/10 einer vollen Gebühr nach Tabelle C (Anlage 3).

III Für die Buchführung oder das Führen steuerlicher Aufzeichnungen nach vom Auftraggeber kontierten Belegen oder erstellten Kontierungsunterlagen beträgt die Monatsgebühr 1/10 bis 6/10 einer vollen Gebühr nach Tabelle C (Anlage 3).

IV Für die Buchführung oder das Führen steuerlicher Aufzeichnungen nach vom Auftraggeber erstellten Eingaben für die Datenverarbeitung und mit beim Auftraggeber eingesetzten Datenverarbeitungsprogrammen des Steuerberaters erhält der Steuerberater neben der Vergütung für die Datenverarbeitung und für den Einsatz der Datenverarbeitungsprogramme eine Monatsgebühr von 1/20 bis 10/20 einer vollen Gebühr nach Tabelle C (Anlage 3).

V Für die laufende Überwachung der Buchführung oder der steuerlichen Aufzeichnungen des Auftraggebers beträgt die Monatsgebühr 1/10 bis 6/10 einer vollen Gebühr nach Tabelle C (Anlage 3).

VI Gegenstandswert ist der jeweils höchste Betrag, der sich aus dem Jahresumsatz oder aus der Summe des Aufwandes ergibt.

VII Für die Hilfeleistung bei sonstigen Tätigkeiten im Zusammenhang mit der Buchführung oder dem Führen steuerlicher Aufzeichnungen erhält der Steuerberater die Zeitgebühr.

VIII Mit der Gebühr nach den Absätzen 1, 3 und 4 sind die Gebühren für die Umsatzsteuervoranmeldung (§ 24 Abs. 1 Nr. 7) abgegolten.

→ § 1 Rn. 1 ff.

Lohnbuchführung

34 I Für die erstmalige Einrichtung von Lohnkonten und die Aufnahme der Stammdaten erhält der Steuerberater eine Gebühr von 5 bis 18 Euro je Arbeitnehmer.

II Für die Führung von Lohnkonten und die Anfertigung der Lohnabrechnung erhält der Steuerberater eine Gebühr von 5 bis 28 Euro je Arbeitnehmer und Abrechnungszeitraum.

III Für die Führung von Lohnkonten und die Anfertigung der Lohnabrechnung nach vom Auftraggeber erstellten Buchungsunterlagen erhält der Steuerberater eine Gebühr von 2 bis 9 Euro je Arbeitnehmer und Abrechnungszeitraum.

IV Für die Führung von Lohnkonten und die Anfertigung der Lohnabrechnung nach vom Auftraggeber erstellten Eingaben für die Datenverarbeitung und mit beim Auftraggeber eingesetzten Datenverarbeitungsprogrammen des Steuerberaters erhält der Steuerberater neben der Vergütung für die Datenverarbeitung und für den Einsatz der Datenverarbeitungsprogramme eine Gebühr von 1 bis 4 Euro je Arbeitnehmer und Abrechnungszeitraum.

V Für die Hilfeleistung bei sonstigen Tätigkeiten im Zusammenhang mit dem Lohnsteuerabzug und der Lohnbuchführung erhält der Steuerberater die Zeitgebühr.

VI Mit der Gebühr nach den Absätzen 2 bis 4 sind die Gebühren für die Lohnsteueranmeldung (§ 24 Abs. 1 Nr. 15) abgegolten.

→ § 1 Rn. 1 ff.

Abschlußarbeiten

35 I Die Gebühr beträgt für

1. a) die Aufstellung eines Jahresabschlusses (Bilanz und Gewinn- und Verlustrechnung) 10/10 bis 40/10

b) die Erstellung eines Anhangs 2/10 bis 12/10

c) *(aufgehoben)*

2. die Aufstellung eines Zwischenabschlusses oder eines vorläufigen Abschlusses (Bilanz und Gewinn- und Verlustrechnung) 10/10 bis 40/10
3. a) die Ableitung des steuerlichen Ergebnisses aus dem Handelsbilanzergebnis 2/10 bis 10/10
b) die Entwicklung einer Steuerbilanz aus der Handelsbilanz 5/10 bis 12/10
4. die Aufstellung einer Eröffnungsbilanz 5/10 bis 12/10
5. die Aufstellung einer Auseinandersetzungsbilanz 5/10 bis 20/10
6. den schriftlichen Erläuterungsbericht zu Tätigkeiten nach den Nummern 1 bis 5 2/10 bis 12/10
7. a) die beratende Mitwirkung bei der Aufstellung eines Jahresabschlusses (Bilanz und Gewinn- und Verlustrechnung) 2/10 bis 10/10
b) die beratende Mitwirkung bei der Erstellung eines Anhangs 2/10 bis 4/10
c) die beratende Mitwirkung bei der Erstellung eines Lageberichts 2/10 bis 4/10
8. *(aufgehoben)*

einer vollen Gebühr nach Tabelle B (Anlage 2).

[II] [1] Gegenstandswert ist

1. in den Fällen des Absatzes 1 Nummer 1 bis 3 und 7 das Mittel zwischen der berichtigten Bilanzsumme und der betrieblichen Jahresleistung;
2. in den Fällen des Absatzes 1 Nr. 4 und 5 die berichtigte Bilanzsumme;
3. in den Fällen des Absatzes 1 Nr. 6 der Gegenstandswert, der für die dem Erläuterungsbericht zugrunde liegenden Abschlußarbeiten maßgeblich ist.

[2] Die berichtigte Bilanzsumme ergibt sich aus der Summe der Posten der Aktivseite der Bilanz zuzüglich Privatentnahmen und offener Ausschüttungen, abzüglich Privateinlagen, Kapitalerhöhungen durch Einlagen und Wertberichtigungen. [3] Die betriebliche Jahresleistung umfaßt Umsatzerlöse, sonstige betriebliche Erträge, Erträge aus Beteiligungen, Erträge aus anderen Wertpapieren und Ausleihungen des Finanzanlagevermögens, sonstige Zinsen und ähnliche Erträge, Veränderungen des Bestands an fertigen und unfertigen Erzeugnissen, andere aktivierte Eigenleistungen sowie außerordentliche Erträge. [4] Ist der betriebliche Jahresaufwand höher als die betriebliche Jahresleistung, so ist dieser der Berechnung des Gegenstandswerts zugrunde zu legen. [5] Betrieblicher Jahresaufwand ist die Summe der Betriebsausgaben einschließlich der Abschreibungen. [6] Bei der Berechnung des Gegenstandswerts ist eine negative berichtigte Bilanzsumme als positiver Wert anzusetzen. [7] Übersteigen die betriebliche Jahresleistung oder der höhere betriebliche Jahresaufwand das 5fache der berichtigten Bilanzsumme, so bleibt der übersteigende Betrag bei der Ermittlung des Gegenstandswerts außer Ansatz. [8] Der Gegenstandswert besteht nur aus der berichtigten Bilanzsumme, wenn die betriebliche Jahresleistung geringer als 3 000 Euro ist. [9] Der Gegenstandswert besteht nur aus der betrieblichen Jahresleistung, wenn die berichtigte Bilanzsumme geringer als 3 000 Euro ist.

[III] Für die Anfertigung oder Berichtigung von Inventurunterlagen und für sonstige Abschlußvorarbeiten bis zur abgestimmten Saldenbilanz erhält der Steuerberater die Zeitgebühr.

→ § 1 Rn. 1 ff.

Steuerliches Revisionswesen

36 **I Der Steuerberater erhält für die Prüfung einer Buchführung, einzelner Konten, einzelner Posten des Jahresabschlusses, eines Inventars, einer Überschussrechnung oder von Bescheinigungen für steuerliche Zwecke und für die Berichterstattung hierüber die Zeitgebühr.**

II Der Steuerberater erhält

1. für die Prüfung einer Bilanz, einer Gewinn- und Verlustrechnung, eines Anhangs, eines Lageberichts oder einer sonstigen Vermögensrechnung für steuerliche Zwecke $^{2}/_{10}$ bis $^{10}/_{10}$ einer vollen Gebühr nach Tabelle B (Anlage 2) sowie die Zeitgebühr; der Gegenstandswert bemisst sich nach § 35 Absatz 2;

2. für die Berichterstattung über eine Tätigkeit nach Nummer 1 die Zeitgebühr.

→ § 1 Rn. 1 ff.

Vermögensstatus, Finanzstatus für steuerliche Zwecke

37 **1 Die Gebühr beträgt für**

1. die Erstellung eines Vermögensstatus oder Finanzstatus $^{5}/_{10}$ bis $^{15}/_{10}$

2. die Erstellung eines Vermögensstatus oder Finanzstatus aus übergebenen Endzahlen (ohne Vornahme von Prüfungsarbeiten) $^{2}/_{10}$ bis $^{6}/_{10}$

3. den schriftlichen Erläuterungsbericht zu den Tätigkeiten nach Nummer 1 $^{1}/_{10}$ bis $^{6}/_{10}$

einer vollen Gebühr nach Tabelle B (Anlage 2). 2 Gegenstandswert ist für die Erstellung eines Vermögensstatus die Summe der Vermögenswerte, für die Erstellung eines Finanzstatus die Summe der Finanzwerte.

→ § 1 Rn. 1 ff.

Erteilung von Bescheinigungen

38 **I 1 Der Steuerberater erhält für die Erteilung einer Bescheinigung über die Beachtung steuerrechtlicher Vorschriften in Vermögensübersichten und Erfolgsrechnungen 1 Zehntel bis 6 Zehntel einer vollen Gebühr nach Tabelle B (Anlage 2). 2 Der Gegenstandswert bemißt sich nach § 35 Abs. 2.**

II Der Steuerberater erhält für die Mitwirkung an der Erteilung von Steuerbescheinigungen die Zeitgebühr.

→ § 1 Rn. 1 ff.

Buchführungs- und Abschlußarbeiten für land- und forstwirtschaftliche Betriebe

39 **I Für Angelegenheiten, die sich auf land- und forstwirtschaftliche Betriebe beziehen, gelten abweichend von den §§ 32, 33, 35 und 36 die Absätze 2 bis 7.**

II 1 Die Gebühr beträgt für

1. laufende Buchführungsarbeiten oder für das Führen steuerlicher Aufzeichnungen einschließlich Kontieren der Belege jährlich $^{3}/_{10}$ bis $^{20}/_{10}$

2. die Buchführung oder für das Führen steuerlicher Aufzeichnungen nach vom Auftraggeber kontierten Belegen oder erstellten Kontierungsunterlagen jährlich $^{3}/_{20}$ bis $^{20}/_{20}$

3. die Buchführung oder für das Führen steuerlicher Aufzeichnungen nach vom Auftraggeber erstellten Datenträgern oder anderen Eingabemitteln für die Datenverarbeitung neben der Vergütung für die Datenverarbeitung und für den Einsatz der Datenverarbeitungsprogramme jährlich $^{1}/_{20}$ bis $^{16}/_{20}$
4. die laufende Überwachung der Buchführung oder für das Führen steuerlicher Aufzeichnungen jährlich $^{1}/_{10}$ bis $^{6}/_{10}$

einer vollen Gebühr nach Tabelle D (Anlage 4). [2]Die volle Gebühr ist die Summe der Gebühren nach Tabelle D Teil a und Tabelle D Teil b.

III [1]Die Gebühr beträgt für

1. die Abschlußvorarbeiten $^{1}/_{10}$ bis $^{5}/_{10}$
2. die Aufstellung eines Abschlusses $^{3}/_{10}$ bis $^{10}/_{10}$
3. die Entwicklung eines steuerlichen Abschlusses aus dem betriebswirtschaftlichen Abschluß oder aus der Handelsbilanz oder die Ableitung des steuerlichen Ergebnisses vom Ergebnis des betriebswirtschaftlichen Abschlusses oder der Handelsbilanz $^{3}/_{20}$ bis $^{10}/_{20}$
4. die beratende Mitwirkung bei der Erstellung eines Abschlusses $^{1}/_{20}$ bis $^{10}/_{20}$
5. die Prüfung eines Abschlusses für steuerliche Zwecke $^{1}/_{10}$ bis $^{8}/_{10}$
6. den schriftlichen Erläuterungsbericht zum Abschluß $^{1}/_{10}$ bis $^{8}/_{10}$

einer vollen Gebühr nach Tabelle D (Anlage 4). [2]Die volle Gebühr ist die Summe der Gebühren nach Tabelle D Teil a und Tabelle D Teil b.

IV Die Gebühr beträgt für

1. die Hilfeleistung bei der Einrichtung einer Buchführung oder dem Führen steuerlicher Aufzeichnungen $^{1}/_{10}$ bis $^{6}/_{10}$
2. die Erfassung der Anfangswerte bei Buchführungsbeginn $^{3}/_{10}$ bis $^{15}/_{10}$

einer vollen Gebühr nach Tabelle D Teil a (Anlage 4).

V [1]Gegenstandswert ist für die Anwendung der Tabelle D Teil a die Betriebsfläche. [2]Gegenstandswert für die Anwendung der Tabelle D Teil b ist der Jahresumsatz zuzüglich der Privateinlagen, mindestens jedoch die Höhe der Aufwendungen zuzüglich der Privatentnahmen. [3]Im Falle des Absatzes 3 vermindert sich der 100 000 Euro übersteigende Betrag auf die Hälfte.

VI Bei der Errechnung der Betriebsfläche (Absatz 5) ist

1. bei einem Jahresumsatz bis zu 1 000 Euro je Hektar das Einfache,
2. bei einem Jahresumsatz über 1 000 Euro je Hektar das Vielfache, das sich aus dem durch 1 000 geteilten Betrag des Jahresumsatzes je Hektar ergibt,
3. bei forstwirtschaftlich genutzten Flächen die Hälfte,
4. bei Flächen mit bewirtschafteten Teichen die Hälfte,
5. bei durch Verpachtung genutzten Flächen ein Viertel

der tatsächlich genutzten Flächen anzusetzen.

VII Mit der Gebühr nach Absatz 2 Nr. 1, 2 und 3 ist die Gebühr für die Umsatzsteuervoranmeldungen (§ 24 Abs. 1 Nr. 7) abgegolten.

Sechster Abschnitt. Gebühren für die Vertretung im außergerichtlichen Rechtsbehelfsverfahren und im Verwaltungsvollstreckungsverfahren

Verfahren vor den Verwaltungsbehörden

40 Auf die Vergütung des Steuerberaters für Verfahren vor den Verwaltungsbehörden sind die Vorschriften des Rechtsanwaltsvergütungsgesetzes sinngemäß anzuwenden.

→ § 1 Rn. 1 ff.

41-43 *(aufgehoben)*

Verwaltungsvollstreckungsverfahren

44 **Auf die Vergütung des Steuerberaters im Verwaltungsvollstreckungsverfahren sind die Vorschriften des Rechtsanwaltsvergütungsgesetzes sinngemäß anzuwenden.**

→ § 1 Rn. 1 ff.

Siebenter Abschnitt. Gerichtliche und andere Verfahren

Vergütung in gerichtlichen und anderen Verfahren

45 **Auf die Vergütung des Steuerberaters im Verfahren vor den Gerichten der Finanzgerichtsbarkeit, der Sozialgerichtsbarkeit und der Verwaltungsgerichtsbarkeit, im Strafverfahren, berufsgerichtlichen Verfahren, Bußgeldverfahren und in Gnadensachen sind die Vorschriften des Rechtsanwaltsvergütungsgesetzes sinngemäß anzuwenden.**

→ § 1 Rn. 1 ff.

Vergütung bei Prozeßkostenhilfe

46 **Für die Vergütung des im Wege der Prozeßkostenhilfe beigeordneten Steuerberaters gelten die Vorschriften des Rechtsanwaltsvergütungsgesetzes sinngemäß.**

→ § 1 Rn. 1 ff.

Achter Abschnitt. Übergangs- und Schlußvorschriften

Anwendung

47 **I Diese Verordnung ist erstmals anzuwenden auf**

1. **Angelegenheiten, mit deren Bearbeitung nach dem Inkrafttreten dieser Verordnung begonnen wird,**
2. **die Vertretung in Verfahren vor Verwaltungsbehörden, wenn das Verfahren nach Inkrafttreten dieser Verordnung beginnt.**

II Hat der Steuerberater vor der Verkündung der Verordnung mit dem Auftraggeber schriftliche Vereinbarungen getroffen, die den Vorschriften dieser Verordnung nicht entsprechen, so ist insoweit diese Verordnung spätestens zwei Jahre nach ihrem Inkrafttreten anzuwenden.

→ § 1 Rn. 1 ff.

Übergangsvorschrift für Änderungen dieser Verordnung

47a **[1] Die Vergütung ist nach bisherigem Recht zu berechnen, wenn der Auftrag zur Erledigung der Angelegenheit vor dem Inkrafttreten einer Änderung der Verordnung erteilt worden ist. [2] Hat der Steuerberater mit dem Auftraggeber schriftliche Vereinbarungen über auszuführende Tätigkeiten mit einer Geltungsdauer von mindestens einem Jahr getroffen oder eine Pauschalvergütung im Sinne des § 14 vereinbart und tritt während der Geltungsdauer dieser Vereinbarung eine Änderung der Verordnung in Kraft,**

so ist die Vergütung bis zum Ablauf des Jahres, in dem eine Änderung der Verordnung in Kraft tritt, nach bisherigem Recht zu berechnen. [3] Die Sätze 1 und 2 gelten auch, wenn Vorschriften geändert werden, auf die diese Verordnung verweist.

→ § 1 Rn. 1 ff.

48 *(gegenstandslos)*

Inkrafttreten

49 **Diese Verordnung tritt am 1. April 1982 in Kraft.**

→ § 1 Rn. 1 ff.

Anlage 1

Tabelle A
(Beratungstabelle)

Gegenstandswert bis … Euro	Volle Gebühr ($^{10}/_{10}$) Euro
300	29
600	53
900	76
1 200	100
1 500	123
2 000	157
2 500	189
3 000	222
3 500	255
4 000	288
4 500	321
5 000	354
6 000	398
7 000	441
8 000	485
9 000	528
10 000	571
13 000	618
16 000	665
19 000	712
22 000	759
25 000	806
30 000	892
35 000	977
40 000	1 061
45 000	1 146
50 000	1 230
65 000	1 320
80 000	1 411
95 000	1 502
110 000	1 593
125 000	1 683
140 000	1 773
155 000	1 864

Gegenstandswert bis … Euro	Volle Gebühr ($^{10}/_{10}$) Euro
170 000	1 945
185 000	2 045
200 000	2 136
230 000	2 275
260 000	2 414
290 000	2 552
320 000	2 697
350 000	2 760
380 000	2 821
410 000	2 882
440 000	2 939
470 000	2 995
500 000	3 051
550 000	3 132
600 000	3 211
vom Mehrbetrag bis 5 000 000 Euro je angefangene 50 000 Euro	141
vom Mehrbetrag über 5 000 000 Euro bis 25 000 000 Euro je angefangene 50 000 Euro	106
vom Mehrbetrag über 25 000 000 Euro je angefangene 50 000 Euro	83

Anlage 2

Tabelle B (Abschlusstabelle)

Gegenstandswert bis … Euro	Volle Gebühr ($^{10}/_{10}$) Euro
3 000	46
3 500	54
4 000	64
4 500	72
5 000	81
6 000	91
7 000	99
8 000	109
9 000	114
10 000	120
12 500	126
15 000	142
17 500	157
20 000	168
22 500	180
25 000	190
37 500	203
50 000	248
62 500	286
75 000	319
87 500	333
100 000	348

Gegenstandswert bis ... Euro	Volle Gebühr ($^{10}/_{10}$) Euro
125 000	399
150 000	444
175 000	483
200 000	517
225 000	549
250 000	578
300 000	605
350 000	657
400 000	704
450 000	746
500 000	785
625 000	822
750 000	913
875 000	991
1 000 000	1 062
1 250 000	1 126
1 500 000	1 249
1 750 000	1 357
2 000 000	1 455
2 250 000	1 542
2 500 000	1 621
3 000 000	1 695
3 500 000	1 841
4 000 000	1 971
4 500 000	2 089
5 000 000	2 196
7 500 000	2 566
10 000 000	2 983
12 500 000	3 321
15 000 000	3 603
17 500 000	3 843
20 000 000	4 050
22 500 000	4 314
25 000 000	4 558
30 000 000	5 014
35 000 000	5 433
40 000 000	5 823
45 000 000	6 187
50 000 000	6 532
vom Mehrbetrag bis 125 000 000 Euro je angefangene 5 000 000 Euro	258
vom Mehrbetrag über 125 000 000 Euro bis 250 000 000 Euro je angefangene 12 500 000 Euro	450
vom Mehrbetrag über 250 000 000 Euro je angefangene 25 000 000 Euro	642

Anlage 3

Tabelle C (Buchführungstabelle)

Gegenstandswert bis … Euro	Volle Gebühr ($^{10}/_{10}$) Euro
15 000	68
17 500	75
20 000	83
22 500	88
25 000	95
30 000	102
35 000	110
40 000	115
45 000	122
50 000	130
62 500	137
75 000	149
87 500	164
100 000	177
125 000	197
150 000	217
200 000	259
250 000	299
300 000	339
350 000	381
400 000	416
450 000	448
500 000	483
vom Mehrbetrag über 500 000 Euro je angefangene 50 000 Euro	34

Anlage 4

Tabelle D
Teil a (Landwirtschaftliche Tabelle – Betriebsfläche)

Betriebsfläche bis … Hektar	Volle Gebühr ($^{10}/_{10}$) Euro
40	348
45	373
50	396
55	419
60	441
65	461
70	479
75	497
80	514
85	530
90	543
95	556
100	567
110	595
120	622
130	648
140	674
150	700
160	725

Betriebsfläche bis … Hektar	Volle Gebühr ($^{10}/_{10}$) Euro
170	748
180	772
190	794
200	816
210	838
220	859
230	879
240	898
250	917
260	936
270	954
280	970
290	987
300	1 002
320	1 035
340	1 067
360	1 100
380	1 130
400	1 160
420	1 191
440	1 220
460	1 248
480	1 275
500	1 301
520	1 329
540	1 355
560	1 380
580	1 404
600	1 429
620	1 453
640	1 475
660	1 497
680	1 519
700	1 538
750	1 586
800	1 628
850	1 664
900	1 695
950	1 719
1 000	1 738
2 000 je ha	1,59 mehr
3 000 je ha	1,44 mehr
4 000 je ha	1,30 mehr
5 000 je ha	1,15 mehr
6 000 je ha	1,01 mehr
7 000 je ha	0,87 mehr
8 000 je ha	0,72 mehr
9 000 je ha	0,57 mehr
10 000 je ha	0,43 mehr
11 000 je ha	0,28 mehr
12 000 je ha	0,15 mehr
ab 12 000 je ha	0,15 mehr

Teil b (Landwirtschaftliche Tabelle – Jahresumsatz)

Jahresumsatz im Sinne von § 39 Absatz 5 bis … Euro	Volle Gebühr ($^{10}/_{10}$) Euro
40 000	362
42 500	380
45 000	398
47 500	417
50 000	433
55 000	469
60 000	503
65 000	539
70 000	571
75 000	606
80 000	640
85 000	673
90 000	706
95 000	738
100 000	771
105 000	802
110 000	833
115 000	866
120 000	897
125 000	927
130 000	959
135 000	989
140 000	1 020
145 000	1 051
150 000	1 081
155 000	1 111
160 000	1 141
165 000	1 172
170 000	1 201
175 000	1 230
180 000	1 260
185 000	1 289
190 000	1 318
195 000	1 347
200 000	1 376
205 000	1 406
210 000	1 434
215 000	1 462
220 000	1 491
225 000	1 520
230 000	1 547
235 000	1 575
240 000	1 603
245 000	1 630
250 000	1 656
255 000	1 684
260 000	1 712
265 000	1 738
270 000	1 765
275 000	1 791
280 000	1 817
285 000	1 842

Jahresumsatz im Sinne von § 39 Absatz 5 bis … Euro	Volle Gebühr ($^{10}/_{10}$) Euro
290 000	1 868
295 000	1 894
300 000	1 919
305 000	1 943
310 000	1 968
315 000	1 991
320 000	2 015
325 000	2 038
330 000	2 062
335 000	2 084
340 000	2 107
345 000	2 129
350 000	2 149
355 000	2 172
360 000	2 193
365 000	2 213
370 000	2 234
375 000	2 255
380 000	2 268
385 000	2 295
390 000	2 313
395 000	2 332
400 000	2 351
410 000	2 388
420 000	2 424
430 000	2 461
440 000	2 495
450 000	2 530
460 000	2 565
470 000	2 596
480 000	2 629
490 000	2 658
500 000	2 687
vom Mehrbetrag über 500 000 Euro je angefangene 50 000 Euro	156

Anlage 5. ***(aufgehoben)***

IX. Sozialgerichtliche Verfahren

1. Sozialgerichtsgesetz (SGG)

In der Fassung der Bekanntmachung vom 23.9.1975 (BGBl. I 2535)
FNA 330-1
Zuletzt geändert durch Art. 10 Gesetz vom 20.12.2022 (BGBl. I 2759)
(Auszug)

Vierter Abschnitt. Kosten und Vollstreckung

Erster Unterabschnitt. Kosten
Vorbemerkung zu § 183

Schrifttum: Braun/Buhr/Höland, Gebührenrecht im sozialgerichtlichen Verfahren, 2009; Dahn/Schmidt, Anwaltsgebühren im Sozialrecht, 3. Aufl. 2021; Hinne, Anwaltsvergütung im Sozialrecht, 3. Aufl. 2021; Mutschler, Kostenrecht in öffentlich-rechtlichen Streitigkeiten, 2003.

I. Allgemeines. Bestimmte, in § 51 I aufgezählte öffentlich-rechtliche Streitig- 1
keiten sowie in § 51 II genannten privatrechtlichen Streitigkeiten sind den **Gerichten der Sozialgerichtsbarkeit** (SG, LSG, BSG) zugewiesen. Das Verfahren in der Sozialgerichtsbarkeit wird durch das **SGG** geregelt, das teilweise zur Ergänzung auf Vorschriften der ZPO und gelegentlich auch der VwGO verweist. Nach § 51 I Nr. 2 den Gerichten der Sozialgerichtsbarkeit zugewiesene Beitragsansprüche von Unternehmen der privaten Pflegeversicherung können nach § 182a auch durch **Mahnverfahren** geltend gemacht werden, das sich nach den Vorschriften der ZPO (§§ 688–703d ZPO) richtet und den AG zugewiesen ist (anders als in der Arbeitsgerichtsbarkeit gibt es mithin in der Sozialgerichtsbarkeit kein eigenes Mahnverfahren). Für Entscheidungen der Gerichte der Sozialgerichtsbarkeit betreffende **Zwangsvollstreckungsverfahren** gelten – mit den Besonderheiten der §§ 198–201 – gem. § 198 I die Vorschriften des 8. Buchs der ZPO (§§ 704–959 ZPO) entsprechend, so dass insbesondere Vollstreckungsorgan für Geldforderungen nicht das SG, sondern das AG ist.

Die kostenrechtliche Behandlung von Verfahren vor den Gerichten der Sozial- 2
gerichtsbarkeit richtet sich für die **Gerichtskosten** einerseits nach den besonderen Vorschriften der **§§ 183–197b,** andererseits nach dem **GKG,** § 1 II Nr. 3 GKG (→ Rn. 3) und für die Anwaltsvergütung unmittelbar nach dem **RVG** (→ Rn. 6).

II. Gerichtskosten. Die Regelung der Gerichtskosten für Verfahren vor Gerich- 3
ten der Sozialgerichtsbarkeit ist etwas unübersichtlich deshalb, weil hierfür (und iErg auch für die Anwaltsvergütung, → Rn. 6, und die Kostenerstattung, → Rn. 7) **zwei Arten von Verfahren** zu unterscheiden sind: Zum einen gibt es Verfahren, bei denen die Gerichtskosten im Wesentlichen (nur) durch das GKG geregelt werden, und zum anderen solche, für die (nur, aber → §§ 184–190 Rn. 4) die besonderen Kostenvorschriften der §§ 183–195 anzuwenden sind.

Gerichtsgebühren (nur) nach dem **GKG** sind gem. § 1 II Nr. 3 GKG zu 4
erheben, soweit dies im SGG vorgeschrieben ist (die Verweisung auf „dieses" Gesetz in § 1 II Nr. 3 GKG ist sprachlich doppeldeutig, meint aber das SGG und nicht etwa das GKG). Vorgeschrieben ist die Anwendung des GKG in § 197a für zwei Fälle, nämlich zum einen für **Verfahren ohne Beteiligung nach § 183 kostenprivilegierter Personen** (zB Streitigkeiten zwischen Sozialversicherungsträgern oder zwischen Sozialversicherungsträgern und Dritten wie etwa Leistungserbringern oder Arbeitgebern von kostenprivilegierten Personen) und zum anderen für **Verfahren wegen eines überlangen Gerichtsverfahrens** nach § 202 S. 2

iVm §§ 198–201 GVG. Überdies ist das GKG anzuwenden auf dem AG übertragenen Verfahren (Mahn-, Zwangsvollstreckungsverfahren, → Rn. 1). Die Gebühren für solche Verfahren vor den Gerichten der Sozialgerichtsbarkeit sind in **KV Teil 7 GKG** geregelt. Soweit es danach auf den Streitwert (vgl. **§ 52 GKG**) ankommt, bietet der von der Konferenz der Präsidentinnen und Präsidenten der LSG am 16.5.2006 auf Vorschlag des federführenden LSG Rheinland-Pfalz erstellte, zuletzt in 5. Auflage mit Stand März 2017 aktualisierte **Streitwertkatalog für die Sozialgerichtsbarkeit** (in diesem Werk abgedruckt, → Streitwertkatalog SGG) Orientierungshilfe; Streitwertobergrenze ist nach § 52 IV Nr. 2 GKG der Betrag von 2,5 Mio. EUR.

5 In **allen übrigen Verfahren** werden Gerichtsgebühren (nur) nach Maßgabe der **§§ 183–195** erhoben (s. dort). Dies betrifft Verfahren, an denen als Kläger oder Beklagter Personen beteiligt sind, die nach § 183 kostenprivilegiert sind, also Versicherte, Leistungsempfänger einschließlich Hinterbliebenenleistungsempfänger, behinderte Menschen oder deren Sonderrechtsnachfolger nach § 56 SGB I, und damit den Regelfall vor den Gerichten der Sozialgerichtsbarkeit.

6 **III. Anwaltsvergütung.** Vor dem SG und dem LSG können sich die Parteien gem. § 73 II 1 durch einen Rechtsanwalt (oder durch eine der in der Vorschrift weiter genannten Personen bzw. Organisationen) vertreten lassen, vor dem BSG besteht nach Maßgabe von § 73 IV Vertretungszwang. Die Vergütung eines als Prozessvertreter beauftragen Rechtsanwalts richtet sich als anwaltliche Tätigkeit nach dem **RVG,** § 1 I 1 RVG. In Verfahren, in denen das GKG nicht anzuwenden ist (→ Rn. 5), fallen **Betragsrahmengebühren** an (§ 3 S. 1 RVG; vgl. VV 3106, 3204 f., 3212 f., 3406, 3501, 3511 f., 3515, 3517 f. RVG), in den anderen Fällen (→ Rn. 4) dagegen die auch vor Gerichten anderer Gerichtszweige nach Teil 3 VV RVG geltenden **Wertgebühren** (§ 3 S. 2 RVG). Für letztere ist der **Streitwertkatalog für die Sozialgerichtsbarkeit** (→ Rn. 4) von Bedeutung.

7 Auch für die **Kostenerstattung** im sozialgerichtlichen Verfahren ist zu differenzieren zwischen Verfahren, in denen Kosten nach dem GKG erhoben werden, und Verfahren, bei denen sich die Gerichtskosten nach den §§ 183–195 richten: Ist das GKG anzuwenden, richtet sich die Kostenerstattung gem. § 197a I 2 nach den §§ 154–162 VwGO mit den Besonderheiten aus § 197a I 3, II. In den übrigen Fällen gelten für die Kostenerstattung die §§ 192–195 (s. dort).

[Kostenfreiheit]

183 **[1] Das Verfahren vor den Gerichten der Sozialgerichtsbarkeit ist für Versicherte, Leistungsempfänger einschließlich Hinterbliebenenleistungsempfänger, Menschen mit Behinderung oder deren Sonderrechtsnachfolger nach § 56 des Ersten Buches Sozialgesetzbuch kostenfrei, soweit sie in dieser jeweiligen Eigenschaft als Kläger oder Beklagte beteiligt sind. [2] Nimmt ein sonstiger Rechtsnachfolger das Verfahren auf, bleibt das Verfahren in dem Rechtszug kostenfrei. [3] Den in Satz 1 und 2 genannten Personen steht gleich, wer im Falle des Obsiegens zu diesen Personen gehören würde. [4] Leistungsempfängern nach Satz 1 stehen Antragsteller nach § 55a Absatz 2 Satz 1 zweite Alternative gleich. [5] § 93 Satz 3, § 109 Abs. 1 Satz 2, § 120 Absatz 1 Satz 2 und § 192 bleiben unberührt. [6] Die Kostenfreiheit nach dieser Vorschrift gilt nicht in einem Verfahren wegen eines überlangen Gerichtsverfahrens (§ 202 Satz 2).**

1 Die Vorschrift bestimmt die **Kostenfreiheit für bestimmte, kostenprivilegierte Personen** in Verfahren vor den Gerichten der Sozialgerichtsbarkeit. IVm § 197a I dient sie überdies der Abgrenzung zwischen Verfahren, auf die das GKG anwendbar ist, und den Verfahren, bei denen sich die Gerichtskosten nur nach den §§ 183–195 richten (→ Vor § 183 Rn. 3 ff.).

2 Anwendungsvoraussetzung ist zunächst das Vorliegen bestimmter **persönlicher Merkmale.** Kostenprivilegiert sind nur Begünstigte von Sozialversicherungs- bzw. Fürsorgeleistungen aus dem Bereich der öffentlich-rechtlichen Zuständigkeit der Sozialgerichtsbarkeit (§ 51 I), nämlich **Versicherte,** dh kraft bestehender Versiche-

rungspflicht oder aufgrund freiwilligen Beitritts sozialversicherte Personen (auch in der privaten Pflegeversicherung, vgl. § 51 I Nr. 2), sowie – unabhängig von ihrer Versicherteneigenschaft – **Leistungsempfänger** einschließlich Hinterbliebenenleistungsempfänger, dh Empfänger sozialer Fürsorgeleistungen, und **behinderte Menschen,** die nicht unmittelbar Sozialleistungen, sondern etwa die Feststellung des Grades der Behinderung begehren (nichtrechtsfähige Personenvereinigungen iSd § 70 Nr. 2 scheiden insoweit aus, BSG BeckRS 2017, 152134 Rn. 13). Hinzukommen – nur für Ansprüche auf laufende Geldleistungen (BSG BeckRS 2016, 74607 mAnm Lange NZS 2017, 35) – deren **Sonderrechtsnachfolger nach § 56 SGB I,** dh Ehegatten, Lebenspartner, Kindern, Eltern, Haushaltsführer, wenn diese mit dem Berechtigten zur Zeit seines Todes in einem gemeinsamen Haushalt gelebt haben oder von ihm wesentlich unterhalten worden sind. Für die Eigenschaft als Versicherter oder Leistungsempfänger genügt es, dass deren Erwerb gerade Ziel des Rechtsstreits ist, S. 3, bzw. dass eine (noch) leistungsausschließende Satzung iSd § 22a SGB II angegriffen wird, S. 4 iVm § 55a II 1 Fall 2.

Weitere Voraussetzung ist, dass der Kostenprivilegierte auch gerade **„in dieser jeweiligen Eigenschaft"** verfahrensbeteiligt ist. So genügt die Eigenschaft als Schwerbehinderter alleine nicht; vielmehr muss um ein Recht gestritten wird, das gerade behinderten Menschen in dieser Eigenschaft zusteht (BSG BeckRS 2016, 133987 Rn. 8). Andererseits kann aber auch etwa eine bereits beendete Versicherteneigenschaft genügen, wenn Streitgegenstand Ansprüche aus dem beendeten Versicherungsverhältnis sind (vgl. BSG BeckRS 2004, 40611). Schließlich muss der Kostenprivilegierte **„als Kläger oder Beklagte"** beteiligt sein. Dies schließt zum einen die Anwendung der Vorschrift auf die Geltendmachung von Rechten als Zedent aus (vgl. BSG NZS 2017, 155), zum anderen aber auch auf eine als Beigeladenen iSd § 69 Nr. 3 beteiligte Person. Das Vorliegen der Voraussetzungen ist in jedem Rechtszug gesondert zu prüfen (BSG NZS 2007, 53 Rn. 14). 3

Unmittelbare Rechtsfolge ist die (persönliche) **Kostenfreiheit** des Verfahrens (bzw. – genauer – des jeweiligen Rechtszugs) für die in der Vorschrift genannten kostenprivilegierten Personen (andere als Kläger oder Beklagte Beteiligte schulden dagegen im Grundsatz die Pauschgebühr nach § 184). Ausgenommen hiervon ist lediglich das Verfahren wegen eines überlangen Gerichtsverfahrens nach § 202 S. 2 iVm §§ 198–201 GVG, S. 6. Vorbehalten bleibt überdies nach S. 5 eine Auslagenerhebung nach den §§ 93 S. 3, 109 I 2, 120 I 2 sowie die Auferlegung verschuldeter Kosten nach § 192. Mittelbar führt die Beteiligung einer kostenprivilegierten Person zum Ausschluss der Anwendung des GKG, vgl. § 197a I. 4

[Pauschgebühr]

184 **I 1 Kläger und Beklagte, die nicht zu den in § 183 genannten Personen gehören, haben für jede Streitsache eine Gebühr zu entrichten. 2 Die Gebühr entsteht, sobald die Streitsache rechtshängig geworden ist; sie ist für jeden Rechtszug zu zahlen. 3 Soweit wegen derselben Streitsache ein Mahnverfahren (§ 182a) vorausgegangen ist, wird die Gebühr für das Verfahren über den Antrag auf Erlass eines Mahnbescheids nach dem Gerichtskostengesetz angerechnet.**

II Die Höhe der Gebühr wird für das Verfahren

vor den Sozialgerichten auf	**150 Euro,**
vor den Landessozialgerichten auf	**225 Euro,**
vor dem Bundessozialgericht auf	**300 Euro**

festgesetzt.

III § 2 des Gerichtskostengesetzes gilt entsprechend.

→ § 190 Rn. 1 ff.

[Fälligkeit der Pauschgebühr]

185 **Die Gebühr wird fällig, sobald die Streitsache durch Zurücknahme des Rechtsbehelfs, durch Vergleich, Anerkenntnis, Beschluß oder durch Urteil erledigt ist.**

→ § 190 Rn. 1 ff.

[Ermäßigung der Pauschgebühr]

186 **[1]Wird eine Sache nicht durch Urteil erledigt, so ermäßigt sich die Gebühr auf die Hälfte. [2]Die Gebühr entfällt, wenn die Erledigung auf einer Rechtsänderung beruht.**

→ § 190 Rn. 1 ff.

[Mehrere Gebührenpflichtige]

187 **Sind an einer Streitsache mehrere nach § 184 Abs. 1 Gebührenpflichtige beteiligt, so haben sie die Gebühr zu gleichen Teilen zu entrichten.**

→ § 190 Rn. 1 ff.

[Pauschgebühr bei Wiederaufnahme]

188 **Wird ein durch rechtskräftiges Urteil abgeschlossenes Verfahren wieder aufgenommen, so ist das neue Verfahren eine besondere Streitsache.**

→ § 190 Rn. 1 ff.

[Feststellung der Pauschgebühr, Verzeichnis]

189 **I [1]Die Gebühren für die Streitsachen werden in einem Verzeichnis zusammengestellt. [2]Die Mitteilung eines Auszuges aus diesem Verzeichnis an die nach § 184 Abs. 1 Gebührenpflichtigen gilt als Feststellung der Gebührenschuld und als Aufforderung, den Gebührenbetrag binnen eines Monats an die in der Mitteilung angegebene Stelle zu zahlen.**

II [1]Die Feststellung erfolgt durch den Urkundsbeamten der Geschäftsstelle. [2]Gegen diese Feststellung kann binnen eines Monats nach Mitteilung das Gericht angerufen werden, das endgültig entscheidet.

→ § 190 Rn. 1 ff.

[Niederschlagung der Pauschgebühr]

190 **[1]Die Präsidenten und die aufsichtführenden Richter der Gerichte der Sozialgerichtsbarkeit sind befugt, eine Gebühr, die durch unrichtige Behandlung der Sache ohne Schuld der gebührenpflichtigen Beteiligten entstanden ist, niederzuschlagen. [2]Sie können von der Einziehung absehen, wenn sie mit Kosten oder Verwaltungsaufwand verknüpft ist, die in keinem Verhältnis zu der Einnahme stehen.**

1 Die §§ 184–190 regeln für Verfahren, an denen eine nach § 183 kostenprivilegierte Person als Kläger oder Beklagter beteiligt ist, und die kein Verfahren wegen eines überlangen Gerichtsverfahrens sind (und auf die daher das GKG keine Anwendung findet, vgl. § 197a I), eigenständig die Kostenpflicht der nicht kostenprivilegierten Beteiligten (zur Verfassungsmäßigkeit vgl. BVerfG NZS 2008, 588).

2 § 184 sieht als Pauschgebühr eine **Festgebühr** (in der in § 184 II bestimmten Höhe) vor. Diese fällt (einmalig, vgl. § 187) für jeden Rechtszug gesondert an,

§ 184 I 2 Hs. 2; ein nach Eintritt der Rechtskraft wieder aufgenommenes Verfahren löst neue Pauschgebühren aus, § 188. Sie **entsteht** gem. § 184 I 2 Hs. 1 mit der Rechtshängigkeit, dh mit Klageerhebung durch Einreichung der Klage bei dem SG, §§ 90, 94 S. 1 (Anhängigkeit und Rechtshängigkeit fallen mithin zusammen; die – historisch bedingte, vgl. Toussaint FS Leenen, 2012, 279 (288) – Besonderheit des § 253 II ZPO, nach dem die Klage erst mit Zustellung erhoben ist, ebenso § 46 II 1 ArbGG, gibt es in anderen Verfahrensordnungen nicht), bzw. in entspr. Anwendung der Vorschrift mit Einlegung des Rechtsmittels, und wird gem. § 185 (erst) mit Erledigung des jeweiligen Rechtszugs **fällig.** Wird das Verfahren bzw. der Rechtszug anders als durch Urteil – zB durch Vergleich (§ 101 I), angenommenes Anerkenntnis (§ 101 II) durch Klagerücknahme (§ 102), Rechtsmittelrücknahme (§§ 156, 165) oder durch einen verfahrens- bzw. rechtszugabschließenden Beschluss (zB nach §§ 153 IV, 158, 160a IV 3, 169 S. 2) – erledigt, ermäßigt sich die Gebühr auf die Hälfte bzw. entfällt, wenn die Erledigung auf einer Rechtsänderung (die zB eine Klagerücknahme erzwungen hat) beruht, ganz, § 186. Anzurechnen auf die Gebühr sind gem. § 184 I 3 ggf. im Mahnverfahren vor dem AG angefallene Gerichtsgebühren nach dem GKG, → Vor § 183 Rn. 1, 4.

Kostenschuldner ist allein die nicht nach § 183 kostenprivilegierte Person. Voraussetzung ist ihre Beteiligung als Kläger oder Beklagter (ein nach § 69 Nr. 3 Beigeladener bleibt dagegen stets kostenfrei). Sind danach mehrere Kostenschuldner vorhanden, schuldet jeder nur einen nach Kopfteilen zu bildenden Anteil, § 187. Auch eine nicht nach § 183 kostenprivilegierte Person kann allerdings nach Maßgabe von § 184 II iVm § 2 GKG **persönliche Kostenfreiheit** genießen. Dies sind zum einen nach § 2 I GKG der Bund, die Länder sowie nach Haushaltsplänen eines Bundes oder eines Landes verwaltete öffentliche Anstalten oder Kassen (und damit – jedenfalls wegen ihres eigenen Haushalts – nicht die Bundesagentur für Arbeit, BSG BeckRS 2018, 3705 Rn. 8 mwN). Zum anderen gilt dies nach § 2 III 1 GKG iVm § 64 III 2 SGB X generell für (gerade in dieser Eigenschaft handelnde, BSG BeckRS 2018, 3705 Rn. 11) Träger der Eingliederungshilfe, der Sozialhilfe, der Grundsicherung für Arbeitsuchende, der Leistungen nach dem Asylbewerberleistungsgesetz, der Jugendhilfe und der Kriegsopferfürsorge. 3

Der **Kostenansatz** erfolgt nach Maßgabe von § 189, für eine Nachforderung gilt § 20 GKG entspr. (LSG Thüringen BeckRS 2019, 14615 Rn. 13 mwN). Zur **Beitreibung** vgl. § 197b. § 190 S. 2 ermöglicht ein Absehen von der Einziehung bei hierdurch entstehenden unverhältnismäßigen Kosten. Zur Anrufung des Gerichts nach § 189 II 2 vgl. § 178. 4

Eine **Kostenniederschlagung** wegen unrichtiger Sachbehandlung ist nach § 190 S. 1 möglich (vgl. hierzu die Kommentierung der Parallelvorschrift § 21 GKG). 5

[Auslagenvergütung für Beteiligte]

191 Ist das persönliche Erscheinen eines Beteiligten angeordnet worden, so werden ihm auf Antrag bare Auslagen und Zeitverlust wie einem Zeugen vergütet; sie können vergütet werden, wenn er ohne Anordnung erscheint und das Gericht das Erscheinen für geboten hält.

Die Vorschrift betrifft nur die Verfahren, in denen **eine Partei nach § 183 kostenprivilegiert** ist, und die kein überlanges Gerichtsverfahren betreffen. Sie gibt jedem Beteiligten einen (die Kostenerstattung gegen den Prozessgegner ausschließenden, SG Köln AGS 2018, 304) Anspruch gegen den Justizfiskus auf Vergütung von Auslagen und Zeitverlust. 1

Voraussetzungen sind im Grundsatz die **Anordnung seines persönlichen Erscheinens,** hierdurch eingetretene bare Auslagen und/oder Zeitverlust und ein entsprechender **Erstattungsantrag** (S. 1). Erscheint ein Beteiligter, ohne dass sein persönliches Erscheinen angeordnet wurde, kommt – auf Antrag – eine Erstattung in Betracht, wenn das Gericht sein Erscheinen (nachträglich) für geboten hält (S. 2). 2

Liegen diese Voraussetzungen vor, erhält der Beteiligte eine Vergütung entspr. den Regelungen in **§§ 19–22 JVEG.** 3

[Verschuldenskosten]

192 **I [1]Das Gericht kann im Urteil oder, wenn das Verfahren anders beendet wird, durch Beschluss einem Beteiligten ganz oder teilweise die Kosten auferlegen, die dadurch verursacht werden, dass**

1. durch Verschulden des Beteiligten die Vertagung einer mündlichen Verhandlung oder die Anberaumung eines neuen Termins zur mündlichen Verhandlung nötig geworden ist oder

2. der Beteiligte den Rechtsstreit fortführt, obwohl ihm vom Vorsitzenden die Missbräuchlichkeit der Rechtsverfolgung oder -verteidigung dargelegt worden und er auf die Möglichkeit der Kostenauferlegung bei Fortführung des Rechtsstreites hingewiesen worden ist.

[2]Dem Beteiligten steht gleich sein Vertreter oder Bevollmächtigter. [3]Als verursachter Kostenbetrag gilt dabei mindestens der Betrag nach § 184 Abs. 2 für die jeweilige Instanz.

II *(aufgehoben)*

III [1]Die Entscheidung nach Absatz 1 wird in ihrem Bestand nicht durch die Rücknahme der Klage berührt. [2]Sie kann nur durch eine zu begründende Kostenentscheidung im Rechtsmittelverfahren aufgehoben werden.

IV [1]Das Gericht kann der Behörde ganz oder teilweise die Kosten auferlegen, die dadurch verursacht werden, dass die Behörde erkennbare und notwendige Ermittlungen im Verwaltungsverfahren unterlassen hat, die im gerichtlichen Verfahren nachgeholt wurden. [2]Die Entscheidung ergeht durch gesonderten Beschluss.

1 Die Vorschrift enthält – nur – für Verfahren **mit einer nach § 183 kostenprivilegierten Partei** (nicht: wegen eines überlangen Gerichtsverfahrens) eine Regelung für sog. **Missbrauchs- oder Verschuldenskosten.** Unter den Voraussetzungen von I 1 von einem Beteiligten (also auch Beigeladenen, vgl. § 69) bzw. nach I 2 auch seinem Vertreter oder Bevollmächtigten verursachte Kosten (mindestens die Pauschbeträge nach § 184 II, I 3) können ihm danach ganz oder teilweise auferlegt werden.

[Kostenentscheidung]

193 **I [1]Das Gericht hat im Urteil zu entscheiden, ob und in welchem Umfang die Beteiligten einander Kosten zu erstatten haben. [2]Ist ein Mahnverfahren vorausgegangen (§ 182a), entscheidet das Gericht auch, welcher Beteiligte die Gerichtskosten zu tragen hat. [3]Das Gericht entscheidet auf Antrag durch Beschluß, wenn das Verfahren anders beendet wird.**

II Kosten sind die zur zweckentsprechenden Rechtsverfolgung oder Rechtsverteidigung notwendigen Aufwendungen der Beteiligten.

III Die gesetzliche Vergütung eines Rechtsanwalts oder Rechtsbeistands ist stets erstattungsfähig.

IV Nicht erstattungsfähig sind die Aufwendungen der in § 184 Abs. 1 genannten Gebührenpflichtigen.

→ § 195 Rn. 1 ff.

[Mehrheit von Kostenschuldnern]

194 **[1]Sind mehrere Beteiligte kostenpflichtig, so gilt § 100 der Zivilprozeßordnung entsprechend. [2]Die Kosten können ihnen als Gesamtschuldnern auferlegt werden, wenn das Streitverhältnis ihnen gegenüber nur einheitlich entschieden werden kann.**

→ § 195 Rn. 1 ff.

[Kostentragung bei Vergleich]

195 Wird der Rechtsstreit durch gerichtlichen Vergleich erledigt und haben die Beteiligten keine Bestimmung über die Kosten getroffen, so trägt jeder Beteiligte seine Kosten.

Die §§ 193–195 regeln (nur) für Verfahren, an denen eine nach § 183 kostenprivilegierte Person als Kläger oder Beklagter beteiligt ist, und das kein Verfahren wegen eines überlangen Gerichtsverfahren ist, das Bestehen prozessualer Kostenerstattungsansprüche der Parteien untereinander (zu den übrigen Verfahren → § 197a Rn. 4). 1

In solchen Verfahren hat das Gericht nach § 193 I im Urteil oder in einem das Verfahren anderweitig beendenden Beschluss eine **Kostengrundentscheidung** nach Maßgabe der weiteren Regelungen in den §§ 192–195 zu treffen; entspr. gilt für Entscheidungen, die selbständige Nebenverfahren beenden. Sie betrifft im Grundsatz nur die (zur zweckentsprechenden Rechtsverfolgung oder -verteidigung notwendigen, vgl. auch § 193 III, nicht bereits der Partei nach § 191 erstatteten, vgl. SG Köln AGS 2018, 304) außergerichtlichen Kosten, § 193 II, Gerichtskosten mithin nur in dem in § 193 I 2 genannten Ausnahmefall. Ausgeschlossen ist allerdings eine Erstattung der außergerichtlichen Kosten einer nicht nach § 183 kostenprivilegierten Partei, § 193 IV. Für den Inhalt der Entscheidung sind iÜ (von der in § 194 genannten Ausnahme abgesehen) nicht die Maßstäbe der ZPO maßgeblich; vielmehr hat das Gericht seine Entscheidung **nach sachgemäßem Ermessen** zu treffen (vgl. nur BSG BeckRS 9998, 83392 aE mwN; insoweit ohne Abdr. in NZS 1993, 462). 2

Erledigen die Beteiligten den Rechtsstreit durch **Vergleich,** richtet sich die Kostenverteilung gem. § 195 (wie nach § 98 S. 1 ZPO) vorrangig nach der im Vergleich getroffenen Kostenregelung. In Betracht kommt insoweit nicht nur eine positive Kostenregelung, sondern auch eine sog. negative Kostenregelung, die die Kostenverteilung dem Gericht überlässt (vgl. LSG Bayern BeckRS 2019, 22708). Fehlt es an einer solchen Kostenregelung, ist eine Erstattung außergerichtlicher Kosten ausgeschlossen. 3

Das Kostenfestsetzungsverfahren richtet sich nach § 197. 4

196 **(weggefallen)**

[Kostenfestsetzung]

197 **I 1 Auf Antrag der Beteiligten oder ihrer Bevollmächtigten setzt der Urkundsbeamte des Gerichts des ersten Rechtszugs den Betrag der zu erstattenden Kosten fest. 2 § 104 Abs. 1 Satz 2 und Abs. 2 der Zivilprozeßordnung findet entsprechende Anwendung.**

II Gegen die Entscheidung des Urkundsbeamten der Geschäftsstelle kann binnen eines Monats nach Bekanntgabe das Gericht angerufen werden, das endgültig entscheidet.

Die Vorschrift regelt allg. für alle Verfahren vor den Gerichten der Sozialgerichtsbarkeit – unabhängig von der Beteiligung nach § 183 kostenprivilegierter Partei – das **Kostenfestsetzungsverfahren.** I 1 verweist es in die Zuständigkeit des Urkundsbeamten des SG; I 2 ordnet die entspr. Anwendung der Vorschriften der ZPO (§§ 103–107 ZPO) an. Abweichend von § 104 III ZPO, § 11 RPflG, ist nach II gegen die Entscheidung des Urkundsbeamten die Anrufung des Gerichts gegeben, vgl. § 178, dessen Entscheidung unanfechtbar ist. 1

[Kostenpflichtigkeit]

197a **I 1 Gehört in einem Rechtszug weder der Kläger noch der Beklagte zu den in § 183 genannten Personen oder handelt es sich um ein Verfahren wegen eines überlangen Gerichtsverfahrens (§ 202 Satz 2), werden Kosten nach den Vorschriften des Gerichtskostengesetzes erhoben; die §§ 184 bis 195 finden keine Anwendung; die §§ 154 bis 162 der Verwaltungsgerichtsordnung sind entsprechend anzuwenden. 2 Wird die Klage zurückgenommen, findet § 161 Abs. 2 der Verwaltungsgerichtsordnung keine Anwendung.**

II 1 Dem Beigeladenen werden die Kosten außer in den Fällen des § 154 Abs. 3 der Verwaltungsgerichtsordnung auch auferlegt, soweit er verurteilt wird (§ 75 Abs. 5). 2 Ist eine der in § 183 genannten Personen beigeladen, können dieser Kosten nur unter den Voraussetzungen von § 192 auferlegt werden. 3 Aufwendungen des Beigeladenen werden unter den Voraussetzungen des § 191 vergütet; sie gehören nicht zu den Gerichtskosten.

III Die Absätze 1 und 2 gelten auch für Träger der Sozialhilfe einschließlich der Leistungen nach Teil 2 des Neunten Buches Sozialgesetzbuch, soweit sie an Erstattungsstreitigkeiten mit anderen Trägern beteiligt sind.

1 Die Vorschrift betrifft nach I 1 Hs. 1 zwei Arten von Verfahren: Zum einen solche, an denen **nur nicht nach § 183 kostenprivilegierte Parteien** (zB Sozialversicherungsträger oder Arbeitgeber, die nicht als selbst Sozialversicherte beteiligt sind) als Kläger oder Beklagter beteiligt sind, zum anderen **Verfahren wegen eines überlangen Gerichtsverfahrens** nach § 202 S. 2 iVm §§ 198–201 GVG (auch wenn sie ein PKH-Verfahren betreffen, BSG BeckRS 2019, 14635 Rn. 9).

2 Für diese Verfahren schließt zunächst I 1 Hs. 3 die Anwendung der **§§ 184–195** in Gänze **aus.** Lediglich die §§ 191, 192 sind mit den Maßgaben in II 2, 3 beschränkt anwendbar.

3 Die **Gerichtskosten** in solchen Verfahren richten sich (anstelle der ausgeschlossenen §§ 184–190) gem. § 197a I 1 Hs. 2 iVm § 1 II Nr. 3 GKG nach den Vorschriften des **GKG.** Zur danach gegebenen persönlichen Kostenfreiheit vgl. § 2 I GKG und § 2 III GKG iVm § 64 III 2 SGB X, → §§ 184–190 Rn. 3. Die Gebühren richten sich nach KV Teil 7 GKG und die Auslagen nach den allg. Bestimmungen in KV Teil 9 GKG. Soweit es danach auf den Streitwert ankommt, richtet sich die Bewertung nach § 52 GKG, vgl. hierzu den Streitwertkatalog für die Sozialgerichtsbarkeit, → Vor § 183 Rn. 4. Zur Anwaltsvergütung → Vor § 183 Rn. 6.

4 Die **Kostenerstattung** richtet sich nicht nach den §§ 193–195, sondern nach den gem. § 197a I 1 Hs. 4 entsprechend anzuwendenden Vorschriften der **VwGO** (§§ 195-162 VwGO). Deren Regelungen werden allerdings durch I 2 und II 1 geringfügig modifiziert. Für das Festsetzungsverfahren gilt aber insoweit § 197.

[Ansprüche beim Bundessozialgericht]

197b **Für Ansprüche, die beim Bundessozialgericht entstehen, gelten das Justizverwaltungskostengesetz und das Justizbeitreibungsgesetz entsprechend, soweit sie nicht unmittelbar Anwendung finden. Vollstreckungsbehörde ist die Justizbeitreibungsstelle des Bundessozialgerichts.**

1 Gerichtskosten sind grds. Justizverwaltungskosten, deren Beitreibung, soweit sie bei den SG oder den LSG entstehen, nach landesrechtlichen Bestimmungen erfolgt. Für bei dem BSG entstehende Kosten verweist die Vorschrift auf die bundesrechtlichen Bestimmungen in JVKostG und JBeitrG. Nach S. 2 ist Vollstreckungsbehörde – anders als bei anderen obersten Bundesgerichten – nicht das Bundesamt für Justiz (vgl. § 2 II JBeitrG), sondern die Justizbeitreibungsstelle des BSG.

2. Streitwertkatalog für die Sozialgerichtsbarkeit

Stand 1. März 2017
Überarbeitung des von der Konferenz der Präsidentinnen und Präsidenten der Landessozialgerichte am 16. Mai 2006 auf Vorschlag des Landessozialgerichts Rheinland-Pfalz beschlossenen Streitwertkatalogs 2006 (vgl. SG Streitwert Beck-online)

Vorbemerkungen

Der Streitwert (Wert des Streitgegenstandes; § 3 des Gerichtskostengesetzes – GKG –) ist auch in den Verfahren vor den Gerichten der Sozialgerichtsbarkeit maßgebend für die Höhe der gerichtlichen Kosten (Gebühren und Auslagen). Kosten werden nur in den Verfahren erhoben, in denen § 197a des Sozialgerichtsgesetzes (SGG) anzuwenden ist (§ 1 Abs. 2 Nr. 3 GKG). Die Verfahrensgebühr wird mit der Einreichung des Begehrens fällig (§ 6 Abs. 1 S. 1 Nr. 5 GKG).

Der Streitwertkatalog soll dazu beitragen, die Maßstäbe der Festsetzung des Streitwerts zu vereinheitlichen und die Entscheidungen der Gerichte vorhersehbar zu machen. Er erhebt keinen Anspruch auf Vollständigkeit und Richtigkeit und kann die Gerichte nicht davon entbinden, unter Berücksichtigung aller Umstände des Einzelfalls eine eigenständige Entscheidung zu Fragen des Streitwerts zu treffen.

Der Streitwertkatalog ist eine Empfehlung auf der Grundlage der Rechtsprechung der Gerichte der Sozialgerichtsbarkeit unter Berücksichtigung der einschlägigen Rechtsliteratur und ergänzend auch der Rechtsprechung anderer Gerichtsbarkeiten. Die Empfehlungen sind Vorschläge ohne verbindliche Wirkung für die Gerichte der Sozialgerichtsbarkeit (vgl. LSG Nordrhein-Westfalen, 17.12.2009 – L 11 B 7/09 KA ; 13.9.2016 – L 11 KA 78/15 –, LSG Sachsen-Anhalt, 10.1.2011 – L 10 KR 71/10 B –).

Der Streitwertkatalog wird in regelmäßigen Zeitabständen aktualisiert und fortgeschrieben werden. Zuständig hierfür ist das Landessozialgericht Rheinland-Pfalz.

A. Allgemeiner Teil

I. Grundlagen der Streitwertfestsetzung

1. Grundsätzliches zur Kostenfreiheit und Kostenpflichtigkeit (§§ 183, 197a SGG)

1.1 Für die Anwendung des § 197a SGG ist auf die Stellung eines Beteiligten im jeweiligen Rechtszug abzustellen. Ein Kostenprivilegierter hat auch dann keine Gerichtskosten zu tragen, wenn er in seiner ursprünglichen Rolle als Beigeladener in einem Prozess zwischen Nichtprivilegierten Rechtsmittel einlegt. Diese Kostenprivilegierung erstreckt sich dann auch auf einen nicht privilegierten Rechtsmittelführer (BSG, 13.4.2006 – B 12 KR 21/05 B –; 29.5.2006 – B 2 U 391/05 B –; 29.11.2011 – B 2 U 27/10 R –; 24.5.2012 – B 9 V 2/11 R –); die Kostenprivilegierung gilt dann nicht, wenn nur ein nicht Kostenprivilegierter Rechtsmittel einlegt (BSG, 24.3.2016 – B 12 KR 6/14 R –).

1.2 Versicherter gem. § 183 S. 1 SGG ist – unabhängig vom Ausgang des Verfahrens – jeder Beteiligte, über dessen Status als Versicherter gestritten wird. Auch wenn der Beteiligte die vom Versicherungsträger behauptete Versicherteneigenschaft bestreitet, gilt der insoweit allgemeine Rechtsgedanke des § 183 Satz 3 SGG (BSG, 5.10.2006 – B 10 LW 5/05 R –; 27.10.2009 – B 1 KR 12/09 R –); aber dann nicht für Vorverfahrenskosten, die in einem nachfolgenden Rechtsstreit geltend gemacht werden (BSG, 5.10.2006 – B 10 LW 5/05 R –).

1.3 Eine Kostenprivilegierung eines behinderten Menschen gem. § 183 S. 1 SGG setzt voraus, dass um ein Recht gestritten wird, das gerade behinderten Menschen in dieser Eigenschaft zusteht (BSG, 6.6.2016 – B 13 SF 11/16 S –; 15.2.2017 – B 13 SF 4/17 S –).

1.4 Eine Sonderrechtsnachfolge nach § 183 S. 1 SGG, § 56 Abs. 1 S. 1 SGB I setzt voraus, dass fällige Ansprüche auf laufende Geldleistungen Streitgegenstand sind. Dies ist beim Begehren auf Feststellung eines Versicherungsfalls nicht gegeben (BSG, 27.10.2016 – B 2 U 45/16 B –), allerdings bei einem Begehren auf Kostenerstattung nach § 13 Abs. 3 SGB V möglich (vgl. B. V.1.). Die einheitliche Kostenprivilegierung gilt auch bei nur teilweiser Sonderrechtsnachfolge, wenn im übrigen Erbfall nach § 58 SGB I (Hessisches LSG, 8.10.2013 – L 2 R 241/12 –).

1.5 Bei Miterben <keine Kostenprivilegierung nach § 183 S. 1 SGG> richtet sich die Höhe des Streitwerts nicht nach dem Erbteil des Miterben, sondern nach dem Gesamtwert der für die Erbengemeinschaft begehrten Leistung (BSG, 25.2.2015 – B 3 P 15/14 B –).

1.6 Bzgl. der Rücknahme eines Bewilligungsbescheides gegenüber dem Leistungsempfänger Kostenprivilegierung der Hinterbliebenen als Sonderrechtsnachfolger (§ 183 S. 1 SGG) möglich, aber nicht hinsichtlich der Erstattungsforderung, insoweit gilt § 197a SGG <kein fälliger Geldleistungsanspruch, außerdem gegen den Berechtigten> (BSG, 20.3.2013 – B 5 R 16/12 R –; unveröff. Beschluss vom 11.10.2012 – B 5 R 16/12 R –).

1.7 Für sonstige Rechtsnachfolger gem. § 183 S. 2 SGG gilt die Kostenprivilegierung nur in dem Rechtszug, in welchem sie das Verfahren aufnehmen; dies gilt auch bei einer Nachlasspflegschaft (BSG, 22.10.2015 – B 13 R 190/15 B –).

1.8 Die Kostenprivilegierung gilt nach § 183 S. 3 SGG für denjenigen, der sich eines Rechts berühmt, bei welchem die Voraussetzungen dieser Norm vorliegen (BSG, 13.7.2010 – B 8 SO 13/09 R –).

1.9 Die Kostenprivilegierung des § 183 S. 1 SGG entfällt bei einem Beteiligtenwechsel vor dem Beginn des Rechtszuges; vgl. auch § 183 Satz 2 SGG (BSG, 3.8.2006 – B 3 KR 24/05 R –).

1.10 Anwendung des § 183 SGG, wenn Prozessstandschaft für Kostenprivilegierten (BSG, 5.5.2015 – B 10 KG 1/14 R –; 17.3.2016 – B 11 AL 3/15 R –; 22.4.1998 – B 9 VG 6/96 R –).

1.11 Die Kostenprivilegierung des § 183 SGG gilt nur für statthafte Verfahren und Beschwerden <vgl. hierzu A. IV.1.10 und A. V.1.3>, auch wenn in der Hauptsache eine Kostenprivilegierung eingreift (Bayerisches LSG, 28.9.2015 – L 15 SF 36/15 B –; 7.10.2015 – L 15 RF 40/15 –; 25.8.2016 – L 15 SF 225/16 E –). Sie gilt nicht, wenn kein Bezug zu einem in § 183 SGG genannten Tatbestand vorliegt (BSG, 21.2.2017 – B 11 AL 7/17 B –)

2. Wertgrundregeln (§ 52 GKG)

2.1 Ein Streitwert nach dem GKG ist nicht festzusetzen, wenn keine streitwertabhängigen Gerichtsgebühren anfallen <vgl. § 63 Abs. 1 Satz 1 GKG> (BSG, 1.9.2009 – B 1 KR 1/09 D –; 11.9.2009 – B 1 KR 3/09 D –; 7.9.2010 – B 1 KR 1/10 D –). Die Gebührentatbestände des GKG sind für Verfahren nach dem SGG abschließend und lassen eine analoge Anwendung nicht zu (BVerfG, 20.4.2010 – 1 BvR 1670/09 –).

2.2 Auf Antrag eines Rechtsanwalts (§§ 32 Abs. 2, 33 Abs. 1 RVG) ist zum Zwecke der anwaltlichen Gebührenfestsetzung eine Festsetzung des Streitwerts vorzunehmen (BSG, 1.9.2009 – B 1 KR 1/09 D –; 26.10.2010 – B 8 AY 1/09 R –; 16.1.2012 – B 11 SF 1/10 R –).

2.3 Für die Festsetzung des Streitwerts ist die sich aus dem Antrag des Klägers für ihn ergebende Bedeutung der Sache maßgebend, dh in der Regel das wirtschaftliche Interesse an der erstrebten Entscheidung (§ 52 Abs. 1 GKG; BSG, 5.10.1999 – B 6 KA 24/98 R –), maßgebend ist der weitestgehende Antrag (LSG Sachsen-Anhalt, 26.4.2012 – L 4 P 1/10 B –); keine Erhöhung im Hinblick auf das wirtschaftliche Interesse eines Beigeladenen (BSG, 12.12.1996 – 1 RR 5/90 –).

2.4 Der mittelbare wirtschaftliche Wert eines endgültigen oder vorläufigen Prozesserfolgs ist bei der Streitwertfestsetzung nicht zu berücksichtigen (BSG, 9.5.2000 – B 6 KA 72/97 R –; vgl. auch zu § 144 Abs. 1 S. 1 Nr. 1 SGG: BSG, 6.2.1997 – 14/10 BKg 14/96 –).

2.5 Zwingende Anhebung des Streitwerts nach § 52 Abs. 3 S. 2 GKG: faktische, auf den ersten Blick erkennbare rein zukunftsbezogene <die zeitlich nachfolgenden Verwaltungsakte dürfen noch nicht erlassen sein> Auswirkungen auf gleichartige, wiederkehrende Geldleistungen oder Verwaltungsakte (vgl. Wiegand, KrV 2014, 137); nicht bei Klage gegen Aufnahme- und Beitragsbescheid bei beendeter Mitgliedschaft (BSG, 23.7.2015 – B 2 U 78/15 B –).

2.6 Bei Musterverfahren sind die wirtschaftlichen Folgewirkungen für andere Klageansprüche nicht zu berücksichtigen (BSG, 25.9.1997 – 6 RKa 65/91 –; 24.9.2008 – B 12 R 10/07 R –).

2.7 Betrifft der Antrag des Klägers eine bezifferte Geldleistung oder einen hierauf gerichteten Verwaltungsakt (auch Bescheide, mit welchen die Behörde einen Zahlungsanspruch geltend macht, Wiegand, KrV 2014, 137, 138) ist deren Höhe maßgebend (§ 52 Abs. 3 S. 1 GKG). Für die Ansetzung des Streitwerts ist der Urkundsbeamte der Geschäftsstelle zuständig (Hartmann, Kostengesetze, 47. Aufl., § 63 GKG Rdnrn. 2–4).

2.8 Bietet der Sach- und Streitstand für die Bestimmung des Streitwerts keine genügenden Anhaltspunkte, ist ein Streitwert von 5000 Euro anzunehmen (§ 52 Abs. 2 GKG: Auffangwert bzw. Auffangstreitwert [BSG, 28.2.2006 – B 2 U 31/05 R –; 9.5.2006 – B 2 U 34/05 R –; 29.11.2011 – B 2 U 27/10 R; LSG Schleswig-Holstein, 14.3.2006 – L 4 KA 3/04 –; Hartmann, Kostengesetze, 47. Aufl., § 52 GKG Rdnr. 20]; auch Regelstreitwert [BSG, 20.10.2004 – B 6 KA 15/04 R –; 1.2.2005 – B 6 KA 70/04 B –; 15.1.2009 – B 3 KS 5/08 B –; 9.2.2016 – B 3 KR 46/15 B –] oder Regelwert [BSG, 28.11.2007 – B 6 KA 26/07 R –; 15.1.2008 – B 12 KR 69/07 B –; 5.6.2013 – B 6 KA 4/13 B –]). Ein Abschlag von diesem Auffangstreitwert ist nach der gesetzlichen Regelung nicht möglich (BSG, 21.7.2010 – B 7 AL 60/10 B –; 14.5.2012 – B 8 SO 78/11 B –), eine Rechtsgrundlage für eine Vervielfältigung des Auffangstreitwerts ist nicht gegeben (BSG, 8.12.2009 – B 12 R 7/09 B; 5.3.2010 – B 12 R 8/09 R –; Sächsisches LSG, 20.5.2016 – L 1 KA 10/16 B –), es sei denn, es liegen mehrere Streitgegenstände vor (BSG, 19.9.2006 – B 6 KA 30/06 B –).

2.9 Für die Wertberechnung ist der Zeitpunkt der den jeweiligen Streitgegenstand betreffenden Antragstellung maßgebend, die den Rechtszug einleitet (§ 40 GKG). Dies ist der Zeitpunkt der Klageerhebung bzw. der Einlegung des Rechtsmittels (BSG, 30.9.2015 – B 3 KS 1/14 R –; LSG Nordrhein-Westfalen, 14.9.2011 – L 2 U 298/11 B –). Eine nachträgliche Änderung kommt nach Abschluss des Verfahrens nicht in Betracht, was auch gilt, wenn die Einschränkung des Begehrens gleichzeitig mit der Rücknahme erklärt wird (BFH, 4.9.2014 – VIII E 4/14 –). Nach teilweiser Erledigung des Rechtsstreits ist in dieser Instanz keine gestaffelte Streitwertfestsetzung vorzunehmen (BSG, 16.7.2014 – B 3 KS 3/14 B –; a. A.: LSG Rheinland-Pfalz, 13.3.2007 – L 5 B 373/06 KNK –; 13.10.2014 – L 7 KA 5/14 B –; LSG Nordrhein-Westfalen, 20.5.2008 – L 16 B 87/07 KR –; 3.7.2008 – L 16 B 31/08 KR –; Bayerisches LSG, 14.9.2011 – L 2 U 298/11 B –; LSG Sachsen-Anhalt, 18.3.2013 – L 4 KR

104/12 B –; Sächsisches LSG, 30.5.2016 – L 1 KA 3/15 B –; vgl. auch A. II.2.). Liegen die Voraussetzungen des § 33 RVG nicht vor, kann sich ein Interesse des Rechtsanwalts aus § 32 RVG ergeben, den Streitwert nach Verfahrensabschnitten gestaffelt festzusetzen (LSG Mannheim, 15.3.2016 – L 11 R 5055/15 B –).

2.10 Eine Streitwertfestsetzung darf auch im Urteil erfolgen (BSG, vgl. zB 22.9.2009 – B 2 U 32/08 R –; 22.6.2010 – B 1 A 1/09 R –; 1.7.2010 – B 11 AL 6/09 R –; 9.11.2011 – B 12 KR 3/10 R –; 22.3.2012 – B 8 SO 2/11 R –; LSG Rheinland-Pfalz, 23.3.2009 – L 1 AL 25/09 B –; Hartmann, Kostengesetze, 47. Aufl., § 63 GKG Rdnr. 26; a. A.: LSG Berlin-Brandenburg, 12.11.2008 – L 9 KR 119/08 –; 30.6.2010 – L 9 KR 42/09 –).

2.11 Die Höhe des Streitwerts unterliegt nicht der Dispositionsfreiheit der Beteiligten (arg. § 61, § 63 Abs. 1 Satz 1, Abs. 2 Satz 1 GKG; OLG Frankfurt a. M., 21.5.2013 – 17 W 15/13 –).

2.12 Der Streitwert ist auf volle Eurobeträge zu runden (BSG, 25.1.2017 – B 6 KA 44/16 B –).

3. Wertfestsetzung (§ 63 Abs. 1 und 2 GKG)

3.1 Der Streitwert ist sogleich mit der Einreichung der Klage-, Antrags- oder Rechtsmittelschrift oder mit der Abgabe der entsprechenden Erklärung zu Protokoll ohne Anhörung der Beteiligten vorläufig festzusetzen (nicht mehr nach Beendigung des Rechtsstreits: Bayerisches LSG, 21.12.2016 – L 15 SF 130/16 –), wenn Gegenstand des Verfahrens nicht eine bestimmte Geldsumme in Euro ist oder gesetzlich kein fester Wert bestimmt ist (§ 63 Abs. 1 Satz 1 GKG). Ein Beschwerderecht gegen die vorläufige Streitwertfestsetzung ist nicht gegeben (LSG Rheinland-Pfalz, 21.12.2006 – L 5 B 350/06 KA –; LSG Mannheim, 3.12.2007 – L 5 KA 3492/07 W-B –; 29.3.2009 – L 11 R 882/11 B –; auch nicht aus § 32 Abs. 2 RVG: LSG Schleswig-Holstein, 9.7.2012 – L 4 SF 80/11 B SG –); auch eine Überprüfung im Rahmen der Beschwerde gegen den Kostenansatz (§ 66 Abs. 2 GKG) kommt nicht in Betracht (Thüringer LSG, 16.2.2007 – L 6 B 141/06 SF –; Bayerisches LSG, 22.4.2015 – L 15 SF 33/15 –).

3.2 Angaben zum Streitwert haben frühzeitig bei oder nach Beginn eines Verfahrens zu erfolgen (§ 61 GKG), nicht nach Beendigung des Verfahrens (Bayerisches LSG, 11.3.2015 – L 16 R 1229/13 B –). Diese haben zwar keine Bindungswirkung, begründen aber ein wesentliches Indiz für die Höhe des Streitwerts (BGH, 26.3.1997 – III ZR 296/96 –; LAG Mannheim, 11.11.2014 – 5 Ta 122/14 –); Beweisermittlungen und Beweiserhebungen sind nicht durchzuführen (LSG Nordrhein-Westfalen, 16.12.2015 – L 1 KR 414/15 B –; Sächsisches LSG, 20.5.2016 – L 1 KA 10/16 B –).

3.3 Spätestens nach Abschluss des Verfahrens ist der Streitwert von Amts wegen endgültig festzusetzen (§ 63 Abs. 2 GKG). Ein Antrag ist nicht notwendig, kann aber (vgl. § 32 Abs. 2 und § 33 Abs. 1 RVG durch Rechtsanwalt), gestellt werden. Die Festsetzung ist erst nach Beendigung der Rechtshängigkeit zulässig (Bayerisches LSG, 4.7.2006 – L 5 B 160/06 KR –); ein verfrüht ergangener endgültiger Festsetzungsbeschluss ist aufzuheben (Thüringer LSG, 10.12.2010 – L 6 KR 972/10 B –; keine Festsetzung bei Unterbrechung, Aussetzung bzw. Ruhen des Verfahrens und statistischer Erledigung: Sächsisches LSG, 19.3.2012 – L 3 AS 897/11 B –); vgl. zur Nachholung einer unterbliebenen Streitwertfestsetzung durch das Rechtsmittelgericht A. IV.2.2.

4. Nebenforderungen (§ 43 GKG)

4.1 Sind außer dem Hauptanspruch noch Nebenforderungen (diese stehen in einem Abhängigkeitsverhältnis zur Hauptforderung und hängen sachlich-rechtlich von ihr ab, BGH, 13.2.2007 – VI ZB 39/06 –) betroffen, wird der Wert der Nebenforderungen nicht berücksichtigt (§ 43 Abs. 1 GKG). Sind Nebenforderungen ohne den Hauptanspruch betroffen, ist der Wert der Nebenforderungen maßgebend, soweit er den Wert des Hauptanspruchs nicht übersteigt (§ 43 Abs. 2 GKG). Diese Begrenzung auf die Höhe der Hauptforderung gilt nicht, wenn die Hauptforderung von vornherein nicht rechtshängig war oder erledigt ist und nur die Nebenforderung streitig ist (Zinsen, BSG, 8.9.2009 – B 1 KR 8/09 R –; 27.6.2012 – B 6 KA 65/11 B –).

5. Wiederkehrende Leistungen (§ 42 Abs. 1 GKG)

5.1 Werden Ansprüche auf wiederkehrende Leistungen dem Grunde oder der Höhe nach geltend gemacht oder abgewehrt, ist der dreifache Jahresbetrag der wiederkehrenden Leistungen maßgebend, wenn nicht der Gesamtbetrag der geforderten Leistungen geringer ist (§ 42 Abs. 1 GKG). Ist die Höhe des Jahresbetrags nicht nach dem Antrag des Klägers bestimmt oder nach diesem Antrag mit vertretbarem Aufwand bestimmbar, ist der Streitwert nach § 52 Abs. 1 und 2 GKG zu bestimmen (§ 42 Abs. 1 Satz 2 GKG).
Vgl. allgemein zu dem dreifachen Jahresbetrag: BSG, 8.8.2013 – B 3 KR 17/12 R –, zu wiederkehrenden Rentenleistungen BSG, 22.10.2015 – B 13 R 190/15 B – und im Besonderen Teil zB B. VI.15.7.

6. Verjährung

6.1 Es gilt keine Verjährung für den Antrag auf Festsetzung des Streitwertes (BSG, 15.2.2001 – 6 RKa 20/83 –). Nach § 63 Abs. 1 und 2 GKG ist der Streitwert von Amts wegen festzusetzen.

II. Klagearten, Einstweilige Anordnung

1. Klage-/Antragshäufung

1.1 Richtet sich eine Klage gegen mehrere Beklagte, so ist der Streitwert auf ein Mehrfaches des wirtschaftlichen Wertes für den Kläger (§ 39 Abs. 1 GKG; BSG, 8.4.2005 – B 6 KA 60/04 B –), hilfsweise auf ein Mehrfaches des Regelstreitwertes festzusetzen.

1.2 Ein hilfsweise geltend gemachter Anspruch wird mit dem Hauptanspruch zusammengerechnet, soweit über ihn entschieden wird (§ 45 Abs. 1 S. 2 GKG). Betreffen die Ansprüche denselben Gegenstand, ist nur der Wert des höheren Anspruchs maßgebend (§ 45 Abs. 1 S. 3 GKG). „Derselbe Gegenstand" nach S. 3 ist ein selbständiger kostenrechtlicher Begriff, der eine wirtschaftliche Betrachtung erfordert und hier vorliegt, wenn die in ein Eventualverhältnis gestellten Ansprüche nicht in der Weise nebeneinander bestehen können, dass – die Bedingung fortgedacht – allen stattgegeben werden könnte, sondern dass die Verurteilung gem. dem einen Antrag notwendigerweise die Abweisung des anderen Antrags nach sich zöge (BGH, 12.9.2013 – I ZR 58/11 –).

1.3 Bei subjektiver Klagehäufung kommt es nicht auf die Anzahl der Prozessrechtsverhältnisse, sondern darauf an, ob mehrere unterschiedliche Streitgegenstände vorliegen (BSG, 14.9.2006 – B 6 KA 24/06 B –; 19.9.2006 – B 6 KA 30/06 B –).

1.4 Ist bei teilbarem Streitgegenstand nur ein Teil kostenprivilegiert, so ist bei der Kostenentscheidung nach den Streitgegenständen zu differenzieren. Dies gilt sowohl bei einer objektiven Klagehäufung als auch bei einer Eventualklagehäufung (BSG, 26.7.2006 – B 3 KR 6/06 B –; 26.9.2006 – B 1 KR 1/06 R –; LSG Mannheim, 30.3.2012 – L 4 R 2043/10 –).

1.5 Ist bei unteilbarem Streitgegenstand ein kostenrechtlich Privilegierter Hauptbeteiligter, gilt für die jeweilige Instanz einheitlich die Regelung für Kostenprivilegierte. Dies gilt auch bei subjektiver Klagehäufung mit einem nicht Kostenprivilegierten (BSG, 29.5.2006 – B 2 U 391/05 B –; 26.7.2006 – B 3 KR 6/06 B –; 26.9.2006 – B 1 KR 1/06 R –; 30.7.2008 – B 5a/5 R 30/07 R –; 24.9.2008 – B 12 R 10/07 R –; nicht bei fehlendem Rechtsschutzbedürfnis des Kostenprivilegierten: LSG Niedersachsen-Bremen, 20.6.2016 – L 2 R 276/16 B ER –) und unabhängig davon, ob die Klagen von Anfang an gemeinsam erhoben oder erst nach einem gerichtlichen Verbindungsbeschluss in einem Verfahren geführt werden (Bayerisches LSG, 2.3.2010 – L 5 R 109/10 B –).

2. Klageänderung

2.1 Eine Streitwertaddition ist nicht vorzunehmen, sondern ggfs. eine zeitlich gestaffelte Festsetzung (OLG Düsseldorf, 16.8.2010 – I-24 W 9/10 – auch zum Streitstand). vgl. auch A. I.2.9).

3. Feststellungsklage

3.1 Der Streitwert ist grundsätzlich niedriger als der Streitwert der Leistungsklage (Bayerisches LSG, 15.7.2005 – L 3 B 154/05 KA). Bei einer Feststellungsklage, die mit einer Leistungsklage gleichwertig ist <gegen eine öffentlich-rechtliche Körperschaft>, bemisst sich der Streitwert nach dem Betrag, den der Kläger letztlich erstrebt; ein Abzug ist nicht vorzunehmen (BSG, 5.10.1999 – B 6 KA 24/98 R –; 6.12.2012 – B 11 AL 25/11 R –). Regelstreitwert, wenn Anhaltspunkte für eine anderweitige Festsetzung fehlen (BSG, 15.1.2009 – B 3 KS 5/08 B –). Streitfälle der Leistungs- und Feststellungsklage sind zusammenzurechnen (BSG, 23.8.2013 – B 8 SO 14/12 R –; 30.6.2016 – B 8 SO 6/15 R).

4. Bescheidungsklage

4.1 Bei Verpflichtungs-Neubescheidungen beträgt der Wert des Streitgegenstandes drei Viertel bis zur Hälfte des Streitwerts der „Hauptsache" (Hälfte: LSG Mannheim, 23.5.1996 – L 5 Ka 653/96 W-A –; drei Viertel: LSG Schleswig-Holstein, 22.9.2003 – L 6 SF 22/03 SG –).

4.2 Bei Anfechtungs-Neubescheidungen ist der mit dem Verwaltungsakt angeforderte Betrag in voller Höhe als Streitwert zugrundezulegen (BSG, 16.7.2008 – B 6 KA 57/07 R –).

5. Untätigkeitsklage

5.1 Der Wert des Streitgegenstandes beträgt unter Berücksichtigung der wirtschaftlichen Bedeutung der Verzögerung 10 bis 25 v. H. des Streitwerts der „Hauptsache" (LSG Rheinland-Pfalz, 11.8.1994 – L 3 Sb 19/94 –; Bayerisches LSG, 9.10.2014 – L 5 R 604/14 B –), evtl. ein Drittel der „Hauptsache" (SG Berlin, 11.3.2009 – S 47 SO 2743/08 –) bzw. ein Zehntel des Auffangstreitwerts (LSG Nordrhein-Westfalen, 1.7.2013 – L 11 KA 31/13 B –); wenn auch das Begehren in der Sache verfolgt wird, Auffangstreitwert (LSG Berlin-Brandenburg, 13.2.2012 – L 24 KA 22/11 B –).

6. Widerklage (§ 45 Abs. 1 S. 1 und 3; Abs. 2 GKG)

6.1 Ob „derselbe Gegenstand" nach S. 3 vorliegt, beurteilt sich unabhängig vom zivilprozessualen Streitgegenstand nach der wirtschaftlichen Identität, die gegeben ist, wenn beiden

Anträgen gleichzeitig stattgegeben werden könnte (LSG Nordrhein-Westfalen, 3.7.2008 – L 16 B 31/08 KR –; 16.10.2013 – L 11 KR 210/13 B –; BGH, 11.3.2014 – VIII ZR 261/12 –); eine Zusammenrechnung nach S. 1 ist auch bei einer Eventualwiderklage möglich (BSG, 12.7.2012 – B 3 KR 18/11 R –), aber nicht bei Rücknahme der Eventualwiderklage (LSG Nordrhein-Westfalen, 3.4.2017 – L 1 KR 922/16 B –).

6.2 Bei einer Hauptaufrechnung <kein Fall des § 45 Abs. 3 GKG> und Widerklage ist ebenfalls eine Zusammenrechnung möglich (LSG Nordrhein-Westfalen, 6.12.2016 – L 1 KR 358/15 –; a. A.: LSG Nordrhein-Westfalen, 15.8.2016 – L 11 KR 372/16 B –).

7. Stufenklage

7.1 Für die Wertberechnung ist nur einer der verbundenen Ansprüche, und zwar der höhere, maßgebend (§ 44 GKG). Dies gilt aber nur, wenn in einer Instanz über beide Ansprüche entschieden wird. Wird nur über einen Anspruch entschieden, ist der Streitwert nur anhand dieses Anspruchs zu bemessen (BSG, 28.2.2007 – B 3 KR 12/06 R –; LSG Nordrhein-Westfalen, 21.3.2012 – L 11 KR 628/11 B –).

7.2 Ist nur der Herausgabe- bzw. Auskunftsanspruch Streitgegenstand, ist ein Abschlag vom Leistungsanspruch vorzunehmen (ein Zehntel des voraussichtlichen Leistungsanspruchs, wenn die fraglichen Verhältnisse schon fast bekannt sind). Der Streitwert kann aber auch deutlich höher liegen und den Wert des Zahlungsanspruchs erreichen, je nachdem in welchem Umfang der Kläger auf die Auskunft angewiesen ist (BSG, 28.2.2007 – B 3 KR 12/06 R –; 28.11.2013 – B 3 KR 27/12 R –; 27.11.2014 – B 3 KR 7/13 R –), darf aber den Zahlungsanspruch nicht übersteigen (BSG, 13.11.2012 – B 1 KR 24/11 R –).

7.3 Sind sowohl der Auskunfts- bzw. Herausgabeanspruch und der Zahlungsanspruch Streitgegenstand, ist nur der höhere Anspruch maßgebend (BSG, 18.7.2013 – B 3 KR 22/12 R –; 1.7.2014 – B 1 KR 48/12 R –; 29.3.2016 – B 1 KR 126/15 B –); bei fehlenden Anhaltspunkten Auffangstreitwert (LSG Nordrhein-Westfalen, 16.12.2015 – L 1 KR 75/15 B und L 1 KR 414/15 B –; Sächsisches LSG, 20.5.2016 – L 1 KA 10/16 B –).

7.4 Bei einem Teilurteil zur ersten Stufe Streitwertfestsetzung erst im Endurteil, es sei denn es liegt eine „stecken gebliebene" Stufenklage (Zahlungsanspruch wird nicht mehr beziffert oder aufgerufen <auch dann Wert des höheren Anspruchs maßgebend>) vor (LSG Nordrhein-Westfalen, 16.5.2012 – L 1 (16) KR 265/09 –).

8. Auskunftsklage

8.1 Wirtschaftliches Interesse an der Auskunft, im Regelfall niedriger als der Wert des Leistungsanspruchs; ein Zehntel des voraussichtlichen Leistungsanspruchs, wenn die fraglichen Verhältnisse schon fast bekannt sind, kann auch deutlich höher liegen und fast den Wert des Zahlungsanspruchs erreichen, etwa wenn der Kläger einen Zahlungsanspruch ohne die Auskunft voraussichtlich nicht erreichen kann (BSG, 28.2.2007 – B 3 KR 12/06 R –; ein Viertel des mutmaßlichen Zahlungsanspruchs, LSG Niedersachsen-Bremen, 22.4.2009 – L 1 KR 60/09 B –; 25.6.2009 – L 4 KR 168/09 B –; beim Begehren auf Herausgabe eines Rentenbescheides <hier eher Auskunftsanspruch> LSG Nordrhein-Westfalen, 27.4.2012 – L 18 KN 242/11 B –).

9. Fortsetzungsfeststellungsklage (§ 131 Abs. 1 Satz 3 SGG)

9.1 Die Hälfte des Streitwerts (BSG, 10.3.2010 – B 3 KR 26/08 R –; LSG Nordrhein-Westfalen, 16.4.2010 – L 1 B 16/09 AL –).

10. Einstweilige Anordnung

10.1 Der Streitwert beträgt ein Viertel bis zur Hälfte des Streitwerts der Hauptsache je nach deren wirtschaftlicher Bedeutung. Bei Vorwegnahme der Hauptsache ist in der Regel der volle Streitwert festzusetzen.
Voller Auffangstreitwert in Verfahren nach § 86b SGG (§§ 53 Abs. 2 Nr. 4, 52 Abs. 2 GKG; Sächsisches LSG, 24.2.2010 – L 1 P 1/10 B ER –; LSG Berlin-Brandenburg, 29.3.2010 – L 27 P 14/10 B ER –; LSG Sachsen-Anhalt, 11.8.2011 – L 4 P 8/11 B ER –; LSG Niedersachsen-Bremen, 12.8.2011 – L 15 P 2/11 B ER –; Bayerisches LSG, 30.7.2015 – L 8 SO 146/15 B ER –; a. A. Minderung des Auffangstreitwerts je nach wirtschaftlicher Bedeutung, LSG Rheinland-Pfalz, 17.4.2014 – L 7 KA 6/14 B –; Sächsisches LSG, 11.6.2012 – L 7 SO 22/10 B ER –).

10.2 Bei Verfahren nach § 86a Abs. 2 und § 86b Abs. 1 S. 1 Nr. 2 SGG: ein Viertel des Hauptsachestreitwertes (BSG, 29.8.2011 – B 6 KA 18/11 R –; LSG Mannheim, 14.2.2007 – L 5 KR 2854/06 W-A –; 13.2.2012 – L 13 R 4441/11 B –; LSG Berlin-Brandenburg, 2.3.2012 – L 2 U 164/11 B ER –).

III. Verfahrensrecht

1. Verbindung und Trennung mehrerer Rechtsstreitigkeiten (§ 113 SGG; 202 S. 1 SGG i. V. m. § 145 Abs. 1 ZPO)

1.1 Bis zur Verbindung gesonderte Festsetzung für jedes Verfahren, danach gem. § 39 Abs. 1 GKG Zusammenrechnung (BSG, 23.3.2010 – B 8 SO 2/09 R –), bei Abtrennung Festsetzung eines eigenen Werts (§ 36 GKG) für das abgetrennte Verfahren rückwirkend auf den Zeitpunkt der Verfahrenseinleitung (Schleswig-Holsteinisches LSG, 19.1.2015 – L 5 KR 180/15 B –; Sächsisches LSG, 10.1.2017 – L 7 AS 365/14 – <auch zu der Frage der Nichterhebung von Kosten gem. § 21 Abs. 1 S. 1 GKG, vgl. auch A. IV.5.1>).

2. Gerichtlicher Vergleich; Klagerücknahme

2.1 Wenn Einigung im gerichtlichen Vergleich auch über nicht streitgegenständliche Ansprüche oder Rechtsverhältnisse: abweichend von § 40 GKG Zusammenrechnung aller Streitgegenstände (OVG Rheinland-Pfalz, 8.7.2011 – 10 B 10684/11 –; LSG Rheinland-Pfalz, 25.8.2011 – L 5 KA 38/11 B –); beim außergerichtlichen Vergleich Wertfestsetzung auf Antrag des Rechtsanwalts nach § 33 Abs. 1 RVG.

2.2 Bei Streit über die Wirksamkeit eines Prozessvergleichs (Begehren ist Fortsetzung des Rechtsstreits) Wert der ursprünglich gestellten Anträge maßgebend (BGH, 19.9.2012 – V ZB 56/12 –); dies gilt auch bei einem Streit über die Wirksamkeit einer Klagerücknahme (LSG Rheinland-Pfalz, 13.10.2015 – L 6 AS 432/14 –; LSG Berlin-Brandenburg, 28.12.2016 – L 14 AL 745/16 –).

2.3 Zur gestaffelten Streitwertfestsetzung bei teilweiser Erledigung: vgl. A. I.2.9 und A. II.2.1.

3. Beigeladene

3.1 Für Beigeladene ist grundsätzlich der Antrag des Klägers maßgebend.
Eine gesonderte Streitwertfestsetzung <niedriger, wenn kein eigenes Interesse am Ausgang des Rechtsstreits> ist zulässig (BSG, 19.2.1996 – 6 RKa 40/93 –).
Der Streitwert darf jedoch nicht höher als der für die Hauptbeteiligten festgesetzt werden (BSG, 25.11.1992 – 1 RR 1/91 –); vgl. auch A. I.2.3.

4. Verfahren auf Gewährung von Akteneinsicht

4.1 Auffangstreitwert (Bayerisches LSG, 16.11.2011 – L 2 U 414/11 B –).

IV. Beschwerde gegen die Streitwertfestsetzung; Abänderung der Festsetzung; Erinnerung gegen den Kostenansatz

1. Beschwerde gegen Festsetzung des Streitwerts (§ 68 GKG)

1.1 Wert des Beschwerdegegenstands (§ 68 Abs. 1 S. 1 GKG): Berechnung nicht aus der Differenz des festgesetzten und erstrebten Streitwerts, sondern aus der Differenz der Gebühren (LSG Mannheim, 30.8.2016 – L 6 SB 2664/16 B –).

1.2 Beschwer des Rechtsmittelführers nötig, die grundsätzlich voraussetzt, dass er kostenpflichtig ist und eine Herabsetzung des Streitwerts begehrt (LSG Sachsen-Anhalt, 16.2.2015 – L 9 KA 7/14 B –). Ausnahmsweise auch bei einer begehrten Streitwerterhöhung des Kostenerstattungsberechtigten gegeben, wenn eine Honorarvereinbarung mit dem Prozessbevollmächtigten besteht, nach welcher ein höheres Honorar als nach der bisherigen Streitwertfestsetzung geschuldet ist (Sächsisches LSG, 30.5.2016 – L 1 KA 3/15 B –; a. A.: LSG Nordrhein-Westfalen, 24.2.2006 – L 10 B 21/05 KA –).

1.3 Beschwerdefrist: §§ 68 Abs. 1 S. 3, 63 Abs. 3 S. 2 GKG. Einzulegen beim judex a quo (§§ 68 Abs. 1 S. 5, 66 Abs. 5 S. 5 GKG), weshalb § 173 S. 2 SGG nicht gilt (Sächsisches LSG, 29.6.2016 – L 7 AS 749/15 B –).

1.4 Möglich auch wenn Streitwertfestsetzung im Urteil erfolgt ist (vgl. A. I.2.10.), da darin Beschluss zu sehen (Meyer-Ladewig, SGG, 11. Aufl. § 197a Rdnr. 5). Das Gericht ist an keine Anträge gebunden. Es gilt auch nicht das Verschlechterungsverbot (BSG, 5.10.2006 – B 10 LW 5/05 R –).

1.5 Vor der Entscheidung über die Beschwerde hat das SG nach §§ 68 Abs. 1 S. 5, 66 Abs. 3 S. 1 GKG über die Abhilfe zu entscheiden (LSG Rheinland-Pfalz, 27.4.2009 – L 5 B 451/08 KA –), ein Aktenvermerk ist ausreichend (LSG Mannheim, 17.7.2014 – L 11 R 2546/14 B –). Jedoch keine Verfahrensvoraussetzung für Beschwerdeinstanz, eine Nachholung muss nicht veranlasst werden (Sächsisches LSG, 30.5.2016 – L 1 KA 3/15 B –).

1.6 Der Rechtsanwalt kann aus eigenem Recht eine Streitwertbeschwerde erheben (§§ 32 Abs. 2, 33 Abs. 3 RVG; LSG Nordrhein-Westfalen, 24.2.2006 – L 10 B 21/05 KA –; 3.4.2017 – L 1 KR 922/16 B –); dies gilt nicht bei einer vorläufigen Festsetzung des Streitwerts (LSG Rheinland-Pfalz, 21.12.2006 – L 5 B 350/06 KA –; LSG Mannheim, 3.12.2007 – L 5 KA 3492/07 W-B –). Über die Beschwerde entscheidet grundsätzlich der Berichterstatter (§ 33 Abs. 8 RVG; LSG Nordrhein-Westfalen, 17.11.2015 – L 1 KR 323/15 B –).

1.7 Über Beschwerden gegen die Festsetzung des Streitwerts entscheidet aufgrund der Spezialzuweisung des § 68 Abs. 1 Satz 5 i. V. m. § 66 Abs. 6 Satz 1 GKG allein der Berichterstatter (wohl hM: vgl. Meyer-Ladewig, SGG, 11. Aufl., § 155 Rdnr. 9d; Thüringer LSG, 25.6.2013 – L 12 R 504/13 B –; Sächsisches LSG, 30.5.2016 – L 1 KA 3/15 B –; LSG Sachsen-Anhalt, 16.2.2015 – L 9 KA 7/14 B –; Bayerisches LSG, 7.7.2015 – L 7 R 4/15 B –; LSG Nordrhein-Westfalen, 17.11.2015 – L 1 KR 323/15 B –; 16.1.2017 – L 11 KA 28/16 B –; LSG Mannheim, 30.8.2016 – L 6 SB 2664/16 B –), wobei die Möglichkeit der Übertragung auf den Senat (§ 66 Abs. 6 Satz 2 GKG) besteht.

1.8 Die Ablehnung einer Streitwertfestsetzung stellt einen beschwerdefähigen Beschluss dar (LSG Nordrhein-Westfalen, 23.7.2007 – L 1 B 18/07 AL –; Hartmann, Kostengesetze, 42. Aufl., § 63 GKG Rdnr. 26).

1.9 Eine unselbstständige Anschlussbeschwerde entsprechend § 567 Abs. 3 ZPO ist zulässig (Hessisches LSG, 31.5.2010 – L 1 KR 352/09 B –; LSG Sachsen-Anhalt, 26.4.2012 – L 4 P 1/10 B –).

1.10 Das Verfahren ist gebührenfrei (§ 68 Abs. 3 Satz 1 GKG). Außergerichtliche Kosten sind nicht zu erstatten (§ 68 Abs. 3 Satz 2 GKG); dies gilt auch bei einer unzulässigen Beschwerde (vgl. Schneider, NJW, 2011, 2628, 2630), jedoch nicht bei einer unstatthaften Beschwerde (BGH, 3.3.2014 – IV ZB 4/14 –; BFH, 15.2.2008 – II B 84/07 –; a. A.: LSG Mannheim, 29.3.2009 – L 11 R 882/11 B –).

1.11 Das Verbot der reformatio in peius gilt nicht <Grundsatz der Streitwertwahrheit>, auch für das Rechtsmittel des Rechtsanwalts gem. §§ 32 Abs. 2, 33 Abs. 3 RVG (Bayerisches LSG, 30.4.2015 – L 7 AS 640/13 B –; LAG München, 23.6.2015 – 3 Ta 170/15 –).

2. Abänderung des Streitwerts durch das Rechtsmittelgericht (§ 63 Abs. 3 GKG)

2.1 Für den Wert des Streitgegenstands des ersten Rechtszuges ist gemäß § 47 Absatz 2 GKG nicht der in erster Instanz festgesetzte, sondern der objektiv angemessene Streitwert maßgeblich. Die Abänderung der erstinstanzlichen Streitwertfestsetzung steht gemäß § 63 Abs. 3 S. 1 GKG im Ermessen des Rechtsmittelgerichts (BSG, 19.9.2006 – B 6 KA 30/06 B –). Dies gilt auch bei unzulässigen Beschwerden (BSG, 10.6.2010 – B 2 U 4/10 B –; 7.3.2017 – B 2 U 140/16 B –) und bei Nichtzulassungsbeschwerden (BSG, 11.7.2013 – B 3 KR 6/13 B –).

2.2 Eine unterbliebene Streitwertfestsetzung kann vom Rechtsmittelgericht jedenfalls bei betragsmäßig von vornherein feststehendem und offensichtlich gleich gebliebenem Streitwert in erweiternder Auslegung des § 63 Absatz 3 Satz 1 GKG nachgeholt werden (BSG, 5.10.2006 – B 10 LW 5/05 R –).

2.3 Eine infolge Streitwertänderung (rechnerisch) unrichtig (gewordene) Kostengrundentscheidung kann durch die Vorinstanz nicht im Wege der Urteilsberichtigung geändert werden (BGH, 17.11.2015 – II ZB 20/14 –).

3. Erinnerung gegen den Kostenansatz (§ 66 Abs. 1 GKG); Beschwerde (§ 66 Abs. 2 GKG)

3.1 Bei der Entscheidung über die Erinnerung (durch den Einzelrichter: BSG, 19.9.2014 – B 13 SF 6/14 S –; 6.6.2016 – B 13 SF 11/16 S –) kann die Streitwertfestsetzung wegen der eingetretenen Bestandskraft nicht geändert werden (BSG, 6.6.2016 – B 13 SF 11/16 S –; Bayerisches LSG, 4.7.2014 – L 15 SF 183/14 E –; 11.9.2015 – L 15 SF 249/15 E –; 15.10.2015 – L 15 SF 281/15 –); jedoch Prüfung der Nichterhebung von Gerichtskosten (§ 21 Abs. 1 GKG) möglich (BSG, 10.1.2017 – B 13 SF 19/16 S –), vgl. A. IV.5.

3.2 Ohne endgültigen Streitwertbeschluss (§ 63 Abs. 2 GKG) darf eine endgültige Gerichtskostenfeststellung nicht ergehen (Bayerisches LSG, 21.12.2016 – L 15 SF 130/16 –).

4. Gegenvorstellung

4.1 Gegen unanfechtbare Streitwertbeschlüsse ist die Gegenvorstellung statthaft. Die Einlegung muss innerhalb eines Monats <Frist zur Einlegung einer Verfassungsbeschwerde> erfolgen (BSG, 8.9.1997 – 3 RK 27/95 –); a. A: sechs Monate entspr. §§ 68 Abs. 1 S. 3, 63 Abs. 3 S. 2 GKG, BGH, 22.11.2016 – XI ZR 305/14 –.

4.2 Auch im Gegenvorstellungsverfahren ist eine Kostenentscheidung zu treffen (BSG, 28.7.2005 – B 13 RJ 178/05 B –; Bayerisches LSG, 28.9.2015 – L 15 RF 36/15 B –), aber der Streitwert nur dann festzusetzen, wenn eine anwaltliche Vertretung vorlag (LSG Nordrhein-Westfalen, 27.1.2009 – L 16 B 24/08 R –; Bayerisches LSG, 28.9.2015 – L 15 RF 36/15 B –).

5. Nichterhebung von Kosten wegen unrichtiger Sachbehandlung (§ 21 GKG)

5.1 Soweit Kosten zu Unrecht erhoben wurden, ist die Erinnerung gegen den Kostenansatz gem. § 66 GKG möglich, vgl. A. IV. 3.1 (BSG, 29.12.2011 – B 13 SF 3/11 S –; 19.9.2014 – B 13 SF 6/14 S –, Bayerisches LSG, 18.4.2016 – L 15 SF 99/16 –); zu Verfahren der Urteilsberichtigung: BSG, 6.3.2012 – B 1 KR 43/11 B –) und der Verfahrenstrennung: LSG Nordrhein-Westfalen, 3.5.2016 – L 5 KR 190/15 B –; 4.7.2016 – L 11 KR 191/15 B –; Sächsisches LSG, 10.1.2017 – L 7 AS 365/14 –.

V. Streitwert im Rechtsmittelverfahren

1. Allgemeines

1.1 Im Rechtsmittelverfahren bestimmt sich der Streitwert nach den Anträgen des Rechtsmittelführers (§ 47 Abs. 1 Satz 1 GKG), nur ausnahmsweise nach der Beschwer (§ 47 Abs. 1 Satz 2 GKG). Es bleibt bei der Streitwertberechnung nach § 52 GKG entsprechend der Bedeutung der Sache für den Kläger, wenn der Streitgegenstand unverändert geblieben ist und der Beklagte als Rechtsmittelführer nach wie vor die Abweisung der Klage beantragt (BSG, 28.2.2007 – B 3 KR 12/06 R –, 12.6.2008 – B 3 P 2/07 R –; 8.8.2013 – B 3 KR 17/12 R –).

1.2 Anschlussberufung, Anschlussbeschwerde, Anschlussrevision: Addition der Streitwerte, wenn unterschiedliche Streitgegenstände <vgl. § 45 Abs. 1 Satz 1, Abs. 2 GKG> (LSG Berlin, 30.1.2004 – L 15 B 41/00 KR ER –; Hessisches LSG, 29.4.2009 – L 4 KA 76/08 –; LSG Nordrhein-Westfalen, 16.3.2011 – L 11 KA 96/10 B ER –; BSG, 17.2.2009 – B 2 U 38/06 R –).

1.3 Bei einer unstatthaften Beschwerde greift keine Gebührenbefreiung auch wenn der Beschwerdeführer im Hauptsacheverfahren kostenprivilegiert ist (Bayerisches LSG, 11.5.2015 – L 15 SF 383/13 E –; 25.8.2016 – L 15 SF 225/16 E –). Keine Streitwertfestsetzung notwendig, da eine Festgebühr gem. Nr. 7504 Anl. 1 zum GKG anfällt.

2. Nichtzulassungsbeschwerde

2.1 Der Streitwert bemisst sich gemäß § 47 Absatz 3 GKG nach dem Streitwert des Rechtsmittelverfahrens (BSG, 12.9.2006 – B 6 KA 70/05 B –; 25.7.2011 – B 12 KR 114/10 B –).

2.2 Wird ein Rechtsmittel und hilfsweise eine Nichtzulassungsbeschwerde eingelegt ist ein gesonderter Streitwert für die Nichtzulassungsbeschwerde nicht festzusetzen (BGH, 9.12.2014 – X ZR 94/13 –).

3. Rechtswegbeschwerde

3.1 Im Verfahren über eine Rechtswegbeschwerde ist eine Kostenentscheidung zu treffen, da § 17b Abs. 2 GVG hier keine Anwendung findet (BSG, 29.9.1994 – 3 BS 2/93 –; 9.2.2006 – B 3 SF 1/05 R –; 1.4.2009 – B 14 SF 1/08 R –). Der Streitwert beträgt im Regelfall ein Fünftel, höchstens bis zu einem Drittel des Hauptsachewerts (BSG, 6.9.2007 – B 3 SF 1/07 R –; 29.7.2014 – B 3 SF 1/14 R –; 21.7.2016 – B 3 SF 1/16 R –). Keine Streitwertfestsetzung notwendig, wenn die Beschwerde verworfen oder zurückgewiesen wird, da sich dann die Gerichtsgebühr nicht nach einem Streitwert richtet, sondern eine Festgebühr gem. Nr. 7504 Anl. 1 zum GKG anfällt (BSG, 26.10.2010, – B 8 AY 1/09 R –; 3.8.2011 – B 11 SF 1/10 R –; 4.4.2012 – B 12 SF 1/10 R –) bzw. wenn Kostenfreiheit besteht und kein Antrag des Rechtsanwalts (§ 33 Abs. 1 RVG) vorliegt (BSG, 30.9.2014 – B 8 SF 1/14 R –).

4. Zurückverweisung

4.1 Bei Zurückverweisung ist eine Festsetzung des Streitwerts vorzunehmen (BSG, 13.12.2005 – B 4 RA 28/05 R –; 10.5.2007 – B 10 KR 1/05 R –; 12.2.2015 – B 10 ÜG 11/13 R –); evtl. niedriger als Hauptsache, da Rechtsstreit nicht endgültig beigelegt (BVerfG, 17.7.2013 – 1 BvR 2045/12 –, insoweit veröff. in NZS 2013, 737). Dies gilt dann nicht, wenn es wegen Gerichtskostenfreiheit eines Beteiligten (noch) an „zu erhebenden Gebühren" (§ 63 Abs. 2 GKG) fehlt (BSG, 20.4.2016 – B 8 SO 25/14 R –).

5. Anhörungsrüge (§ 178a SGG)

5.1 Einer Streitwertfestsetzung bedarf es nicht, da sich die Gerichtsgebühr unmittelbar aus Nr. 7400 der Anlage 1 des GKG ergibt (BSG, 8.11.2006 – B 2 U 5/06 C –; 6.3.2013 – B 6 KA 6/12 C; 2.3.2016 – B 13 SF 7/16 S –).

6. Beschwerde gegen Ablehnung von Prozesskostenhilfe in Verfahren nach § 197a SGG

6.1 Ein Streitwert nach dem GKG ist nicht festzusetzen, da keine streitwertabhängigen Gerichtskosten anfallen (Bayerisches LSG, 15.10.2015 – L 7 AS 588/15 B –).

VI. Einzelfälle

1. Widerspruchsverfahren

1.1 Klage des Versicherten auf Erstattung höherer Kosten: Gerichtskostenfrei nach § 183 SGG (BSG, 27.1.2009 – B 7/7a AL 20/07 R –), ebenso bei einem Begehren auf Freistellung von Rechtsanwaltskosten (LSG Rheinland-Pfalz, 6.5.2015 – L 6 AS 34/15 –).

1.2 Zurückweisung des Bevollmächtigten im Widerspruchsverfahren (§ 13 Abs. 5 SGB X) und Klage des Bevollmächtigten: Höhe des Gebührenanspruchs des Bevollmächtigten für die begehrte Vertretung, auch wenn das (Fortsetzungsfeststellungs-)Interesse dahin geht, in anderen ähnlich gelagerten Fällen zukünftig eine Vertretungsbefugnis zu haben (BSG, 14.11.2013 – B 9 SB 5/12 R –).

1.3 Bei Anwendungsfällen des § 197a SGG: Erstattung der Aufwendungen nach § 63 SGB X: Differenz zwischen den geforderten und den erstatteten Kosten (BSG, 5.10.2006 – B 10 LW 5/05 R –; 9.4.2008 – B 6 KA 3/07 B –; 25.3.2015 – B 6 KA 48/14 B –).

1.4 Eine gesonderte Festsetzung des Gegenstandswerts durch die Verwaltung ist im Gesetz nicht vorgesehen und damit unzulässig (lediglich Berechnungsfaktor). Die Gerichte haben im Rahmen der Prüfung der Höhe der Kostenerstattung den Gegenstandswert eigenständig zu bestimmen (BSG, 9.4.2008 – B 6 KA 3/07 B –; LSG Berlin-Brandenburg, 10.9.2010 – L 7 KA 121/09 –).

2. Ablehnung eines Sachverständigen wegen Besorgnis der Befangenheit (§ 118 Abs. 1 Satz 1 SGG)

2.1 Ein Drittel des Streitwerts der Hauptsache (LSG Nordrhein-Westfalen, 4.6.2007 – L 1 B 7/07 AL –; Bayerisches LSG, 19.11.2013 – L 2 SF 121/12 B –).

3. Ordnungsgeld gegen Sachverständigen (§§ 118 Abs. 1 SGG, 411 Abs. 2 ZPO); Beschwerde

3.1 Höhe des Ordnungsgeldes (Bayerisches LSG, 6.2.2014 – L 2 R 466/12 B –; 3.3.2014 – L 2 R 77/14 B –).

4. Ablehnung von Gerichtspersonen (§ 60 SGG); unzulässige Beschwerde (§ 172 Abs. 2 SGG)

4.1 10 v. H. des Streitwerts der Hauptsache (Hartmann, Kostengesetze, 47. Aufl., GKG Anh. II A § 52 Rdnr. 2; LSG Rheinland-Pfalz, 14.5.2012 – L 7 KA 26/12 B –).

5. Befundbericht; Klage des Arztes auf höhere Vergütung (JVEG)

5.1 Höhe der streitigen Vergütung (BSG, 2.10.2008 – B 9 SB 7/07 R –).

6. Antrag/Klage eines vollmachtlosen Vertreters

6.1 Keine Kostenprivilegierung, Kosten sind nach § 197a SGG dem vollmachtlosen Vertreter aufzuerlegen (Bayerisches LSG, 15.4.2014 – L 5 R 1201/13 B ER – <Streitwert ein Viertel der Hauptsache>; 23.2.2017 – L 15 AS 44/17 B ER – <Auffangstreitwert>).

7. Auferlegung von Kosten bei von Behörden unterlassenen Ermittlungen (§ 192 Abs. 4 SGG)

7.1 § 197a SGG gilt für die Behörde, da Versicherter an diesem Verfahren nicht beteiligt ist (Thüringer LSG, 17.1.2017 – L 5 SB 1136/15 B –; LSG Nordrhein-Westfalen, 3.3.2017 – L 18 KN 92/16 B –). Keine Streitwertfestsetzung notwendig, da eine Festgebühr gem. Nr. 7504 Anl. 1 zum GKG anfällt.

8. Hausverbot

8.1 Auffangstreitwert (LSG Rheinland-Pfalz, 10.9.2009 – L 5 KA 38/09 B ER –).

9. Übertragung und Verpfändung (§ 53 SGB I)

9.1 Bei Klage des Zessionars Höhe des Betrags (BSG, 29.1.2014 – B 5 R 36/12 R –), ggf. dreifacher Jahresbetrag der umstrittenen Rentenzahlung (LSG Mannheim, 19.11.2013 – L 13 R 1662/12 –).

10. Vollstreckung nach der ZPO (§ 198 SGG)

10.1 Einstweilige Einstellung der Zwangsvollstreckung (§ 769 Abs. 1 S. 1 ZPO): ein Viertel des in der Hauptsache streitigen Betrags (LSG Niedersachsen-Bremen, 9.1.2017 – L 3 KA 87/16 B ER –).

10.2 Vollstreckungsabwehrklage (§ 767 ZPO): Umfang der erstrebten Ausschließung der Zwangsvollstreckung <Wert des zu vollstreckenden Anspruchs einschließlich etwaiger Rückstände ohne Zinsen und Kosten> ohne Rücksicht auf seine Realisierbarkeit (BGH, 9.2.2006 – IX ZB 310/04).

11. Gerichtliches Vollstreckungsverfahren nach § 201 SGG

11.1 Streitwertfestsetzung nur im Anwendungsbereich des § 197a SGG (SG Fulda, 5.9.2012 – S 4 U 8/06 –; a. A.: LSG Berlin-Brandenburg, 27.9.2006 – L 10 B 752/06 AS ER –).
11.2 Höhe des zur Festsetzung beantragten Zwangsgeldes, nicht der Wert des Verfahrensgegenstands im vorausgegangenen Gerichtsverfahren (LSG Berlin-Brandenburg, 12.12.2006 – L 7 B 124/03 KA –).
11.3 Bei Androhung: die Hälfte des beantragten Zwangsgeldes (LSG Berlin-Brandenburg, 12.12.2006 – L 7 B 124/03 KA –).

12. Dienstaufsichtsbeschwerde

12.1 Anspruch auf Bescheidung einer Dienstaufsichtsbeschwerde: Regelstreitwert (LSG Berlin-Brandenburg, 27.4.2009 – L 18 AL 100/09 B ER –).

13. Rechtsschutz bei überlangen Gerichtsverfahren (§§ 202 SGG, 198 GVG)

13.1 Höhe der begehrten Entschädigungssumme (BSG, 3.9.2014 – B 10 ÜG 2/14 R –; 5.5.2015 – B 10 ÜG 8/14 R –; 26.10.2015 – B 10 ÜG 13/15 B –), hilfsweise Auffangstreitwert (BSG, 3.9.2014 – B 10 ÜG 9/13 R –).
13.2 Beim Feststellungsbegehren nach § 198 Abs. 4 GVG handelt es sich um ein auf Entschädigung in anderer Weise gerichtetes Leistungsbegehren, deshalb keine Streitwertreduzierung (BSG, 15.12.2015 – B 10 ÜG 1/15 R –; 30.1.2017 – B 10 ÜG 28/16 B –).

B. Besonderer Teil

I. SGB II – Grundsicherung für Arbeitsuchende

1.	Abschluss einer Vereinbarung zur Schaffung von Arbeitsgelegenheiten (§§ 16d, 17 Abs. 2 SGB II)	Keine Kostenprivilegierung, da institutionelle Förderung begehrt (SG Hamburg, 27.4.2010 – S 59 AS 113/08 –; LSG Nordrhein-Westfalen, 2.5.2012 – L 19 AS 521/12 B –); a. A.: Gleichstellung mit einem Leistungsempfänger nach § 183 SGG (LSG Berlin-Brandenburg, 18.3.2008 – L 29 B 1675/07 AS –).
2.	Beteiligung an der Schuldnerberatung (§§ 16a Nr. 2, 17 Abs. 2 SGB II)	Auffangstreitwert (BSG, 10.8.2016 – B 14 AS 23/15 R –).
3.	Vermittlungsgutschein	
3.1	Rechtsverhältnis Jobcenter und Maßnahmeträger/Vermittler	
3.1.1	§§ 16 SGB II, 421g SGB III i. d. F. bis 31.3.2012: Ausstellung des Vermittlungsgutscheins bzw. Ablehnung der Auszahlung der Vermittlungsvergütung	Der Vermittler ist kein Leistungsempfänger im Sinne des § 183 SGG (BSG, 16.2.2012 – B 4 AS 77/11 R –).
3.1.2	§§ 16 Abs. 1 S. 2 Nr. 2 SGB II, 45 Abs. 4 ff., 83 Abs. 2 SGB III ab 1.4.2012: Ablehnung der Auszahlung der Vermittlungsvergütung	Keine Streitwertfestsetzung, da gerichtskostenfrei nach § 183 SGG <Sozialleistung> (BSG, 11.12.2014 – B 11 AL 1/14 R –; SG Magdeburg, 30.7.2014 – S 18 AL 190/13 –; Baar in NK, SGB III, 6. Aufl., § 83 Rn. 11); a. A.: LSG Berlin-Brandenburg, 21.1.2016 – L 31 AS 1974/15 –, 28.4.2016 – L 32 AS 846/15 –.
4.	Zahlung der Bedarfe für Unterkunft und Heizung an den Vermieter (§ 22 Abs. 7 SGB II)	Höhe der Beträge (LSG Niedersachsen-Bremen, 28.11.2016 – L 11 AS 699/15 –).
5.	Übergang von Ansprüchen (§ 33 SGB II)	Bei Klage eines Dritten auf Durchführung des Verfahrens gegen den Schuldner bzw. auf Information: Auffangstreitwert (Bayerisches LSG, 23.4.2007 – L 11 B 818/06 AS ER –).
6.	Erbenhaftung (§ 35 SGB II)	Keine Kostenprivilegierung, (SG Berlin, 24.5.2011 – S 149 AS 21300/08 –; Bayerisches LSG, 10.4.2014, – L 7 AS 731/12 –).
7.	Erteilung einer Auskunft über die Einkommens- und Vermögensverhältnisse (§ 60 SGB II)	Auffangstreitwert <ohne Abschlag> (BSG, 24.2.2011 – B 14 AS 87/09 R –; 23.6.2016 – B 14 AS 4/15 R –; LSG Mannheim, 27.9.2011 – L 13 AS 4950/10 –); ggfs. mehrfach bei mehreren Auskunftsansprüchen (Bayerisches LSG, 30.4.2015 – L 7 AS 640/13 B –).

8.	Beteiligung von Trägern der Grundsicherung für Arbeitsuchende	Befreiung von den Gerichtskosten nach § 64 Abs. 3 Satz 2 SGB X (BSG, 28.1.2016 – B 13 SF 3/16 S –; 12.11.2015 – B 14 AS 50/14 R –; Sächsisches LSG, 29.6.2016 – L 7 AS 749/15 B –; Hess. LSG, 27.5.2016 – L 2 SF 15/16 –: auch bei Forderungseinzug).
9.	Abzweigung (§ 48 Abs. 1 S. 1 SGB I)	Keine Kostenprivilegierung (BSG, 17.3.2009 – B 14 AS 34/07 R –; Auffangstreitwert, SG Trier, 31.1.2014 – S 4 AS 89/13 –).
10.	Klage eines Leistungsbeziehers mit allgemeinen Begehren	Kostenprivilegierung nach § 183 SGG <gegen Bundesrepublik Deutschland betr. die allgemeine Durchführung des SGB II> (BSG, 31.7.2013 – B 14 SF 5/13 S –): a. A. <gegen Leistungsträger betr. die Benennung als Jobcenter>(LSG Rheinland-Pfalz, 10.11.2014 – L 3 AS 528/14 B –).
II. SGB III – Arbeitsförderung		
1.	Arbeitsgenehmigung (Arbeitserlaubnis, Arbeitsberechtigung), § 284 SGB III	
1.1	Erteilung	Wirtschaftliches Interesse des Unternehmers; bei normalem Geschäftsbetrieb erzielbarer Unternehmensgewinn (Hessisches LSG, 31.8.1998 – L 6 AL 1106/97 ER –; LSG Nordrhein-Westfalen, 16.4.2010 – L 1 B 16/09 AL –).
1.2	Gebühr für die Erteilung	Höhe der Gebühr (BSG, 13.12.2000 – B 7 AL 58/99 R –).
2.	Arbeitnehmerüberlassung	
2.1	Erteilung der Erlaubnis (§ 2 AÜG)	Unmittelbares wirtschaftliches Interesse; bei fehlenden Anhaltspunkten für die wirtschaftliche Bedeutung Auffangwert (LSG Mannheim, 11.3.2011 – L 13 AL 3438/10 ER-B –).
2.2	Rücknahme, Widerruf der Erlaubnis (§ 4, § 5 AÜG)	Unmittelbarer wirtschaftlicher „Schaden" (LSG Niedersachsen-Bremen, 6.5.2003 – L 8 AL 336/02 ER –) bzw. bei normalem Geschäftsbetrieb erzielbarer Unternehmensgewinn (Bayerisches LSG, 13.12.2006 – L 9 B 823/06 AL ER –), hilfsweise Regelstreitwert (LSG Niedersachsen-Bremen, 21.1.2003 – L 8 B 158/03 AL –).
2.3	Auflage (§ 2 AÜG)	Regelstreitwert (BSG, 12.10.2016 – B 11 AL 6/15 R –).
3.	Zulassung von Trägern und Maßnahmen (§§ 84, 85 SGB III i. d. F. bis 31.3.2012, §§ 176 ff. SGB III, § 184 SGB III i. V. m. AZAV)	Keine Kostenprivilegierung (Hessisches LSG, 28.4.2009 – L 7 AL 118/08 B ER –); Regelstreitwert je begehrte Maßnahme für drei Jahre <§ 42 Abs. 2 GKG> (BSG, 16.1.2012 – B 11 SF 1/10 R –) bzw. Hälfte des Streitwerts für die Genehmigung einer Ersatzschule: 15 000 € (Nr. 38.2 Streitwertkatalog Verwaltungsgerichtsbarkeit; LSG Mannheim, 4.4.2005 – L 13 AL 219/05 W-A –).
4.	Eingliederungszuschüsse (§§ 217 ff. SGB III i. d. F. bis 31.3.2012, §§ 88 ff. SGB III)	Keine Streitwertfestsetzung, da gerichtskostenfrei nach § 183 SGG <Leistungsempfänger> (BSG, 22.9.2004 – B 11 AL 33/03 R –).
5.	Lohnkostenzuschuss nach den Richtlinien zur Durchführung des Sofortprogramms zum Abbau der Jugendarbeitslosigkeit	Keine Streitwertfestsetzung, da gerichtskostenfrei nach § 183 SGG <Leistungsempfänger> (BSG, 1.7.2010 – B 11 AL 1/09 R –).
6.	Erstattungspflicht des Arbeitgebers (§ 147a SGB III i. d. F. bis zum 31.3.2012)	
6.1	Grundlagenbescheid	Regelstreitwert (BSG, 22.3.2001 – B 11 AL 91/00 R –; 4.9.2001 – B 7 AL 6/01 R –).
6.2	Abrechnungsbescheid	Höhe der Erstattungsforderung (BSG, 3.3.1998 – 11 RAr 103/96 –).

Nr.	Gegenstand	Streitwert
7.	Kurzarbeitergeld (§§ 95 ff. SGB III); Klagen des Arbeitnehmers oder der Betriebsvertretung	Keine Streitwertfestsetzung, da gerichtskostenfrei nach § 183 SGG <Prozessstandschafter für Arbeitnehmer> (BSG, 21.7.2009 – B 7 AL 3/08 R –; 11.12.2014 – B 11 AL 3/14 R –; 17.3.2016 – B 11 AL 3/15 R –; LSG Nordrhein-Westfalen, 2.2.2006 – L 9 AL 76/05 –).
8.	Vermittlungsgutschein	
8.1	Rechtsverhältnis Agentur für Arbeit und Maßnahmeträger/Vermittler	
8.1.1	§ 421g SGB III i. d. F. bis 31.3.2012: Ausstellung des Vermittlungsgutscheins bzw. Ablehnung der Auszahlung der Vermittlungsvergütung	Der Vermittler ist kein Leistungsempfänger im Sinne des § 183 SGG (BSG, 6.4.2006 – B 7a AL 56/05 R –): Wert des Gutscheins (BSG, 21.2.2008 – B 11a AL 91/07 B –) bzw. 1000 € als Teilbetrag der ersten oder zweiten Rate (BSG, 11.12.2014 – B 11 AL 1/14 R –).
8.1.2	§§ 45 Abs. 4 ff., 83 Abs. 2 SGB III ab 1.4.2012: Ablehnung der Auszahlung der Vermittlungsvergütung	Keine Streitwertfestsetzung, da gerichtskostenfrei nach § 183 SGG <Sozialleistung> (BSG, 11.12.2014 – B 11 AL 1/14 R –; SG Magdeburg, 30.7.2014 – S 18 AL 190/13 –; Baar in NK, SGB III, 6. Aufl., § 83 Rn. 11); a. A.: Sächs. LSG, 4.5.2016 – L 3 AL 123/14 –; 3.11.2016 – L 3 AL 111/14 –; LSG Hamburg, 8.2.2017 – L 2 AL 58/16 und L 2 AL 61/16 –.
9.	Umlagen: Winterbeschäftigungs-Umlage (§§ 354 ff. SGB III); Insolvenzgeldumlage (§§ 358 ff. SGB III)	
9.1	Grundlagenbescheid	Regelstreitwert.
9.2	Festsetzung der Umlagenhöhe	Dreifacher Jahresbetrag der Umlage (BSG, 20.6.1995 – 10 RAr 7/94 –); bei auf einen Teilbetrag beschränkter Anfechtung: dieser Teilbetrag (BSG, 22.2.2012 – B 11 AL 4/11 R –).
10.	Anzeigepflichtige Entlassungen (§§ 17 ff. KSchG); Klage eines Arbeitnehmers gegen den Bescheid der Bundesagentur	Der Arbeitnehmer ist kein Versicherter im Sinne des § 183 SGG; Regelstreitwert (LSG Mannheim, 8.1.2007 – L 9 AL 3242/06 AK-A –).
11.	Insolvenzgeld	
11.1	Übertragung des Anspruchs auf Arbeitsentgelt auf einen Dritten vor Antragstellung (§ 188 Abs. 1 SGB III i. d. F. bis zum 31.3.2012, § 170 SGB III)	Dritter ist Leistungsempfänger im Sinne des § 183 SGG; kein Fall der Rechtsnachfolge nach § 183 S. 2 SGG, da Anspruchsübergang kraft Gesetzes (BSG, 5.12.2006 – B 11a AL 19/05 R –)
11.2	Abtretung (§ 398 BGB) des Insolvenzgeldanspruchs an einen Dritten	Die Kostenprivilegierung gilt nicht, auch dann nicht, wenn der ursprünglich Leistungsberechtigte als gewillkürter Prozessstandschafter auftritt, da der Anspruch des Rechtsnachfolgers eines Leistungsempfängers – kein Fall des § 183 S. 2 SGG – geltend gemacht wird (BSG, 4.6.2007 – B 11a AL 153/06 B –; 1.7.2010 – B 11 AL 6/09 R –).
12.	Berichtigung einer Arbeitsbescheinigung (§ 312 SGB III)	Regelstreitwert ohne Abschlag (BSG, 21.7.2010 – B 7 AL 60/10 B –); a. A.: ein Zehntel des Arbeitsentgelts, dessen zusätzliche Bescheinigung begehrt wird (SG Hamburg, 27.4.2006 – S 60 AL 2074/04 –) oder ein Zehntel des mittelbar verfolgten Begehrens (<Verhinderung einer Sperrzeit> LSG Rheinland-Pfalz, 23.3.2009 – L 1 AL 25/09 B –; <Leistungsanspruch> 14.2.2011 – L 1 AL 6/11 B –).
13.	Erstattung von Leistungen nach §§ 4 und 12 Altersteilzeitgesetz – ATG –; Klage des Arbeitgebers	Keine Streitwertfestsetzung, da gerichtskostenfrei nach § 183 SGG <Leistungsempfänger> (BSG, 21.3.2007 – B 11a AL 9/06 R –; 23.2.2011 – B 11 AL 14/10 R –).

Nr.	Gegenstand	Streitwert
14.	Anordnung einer Außenprüfung nach §§ 304 Abs. 1 Nr. 2, 305 Abs. 1 S. 1 SGB III i. d. F. bis zum 31.7.2004	Regelstreitwert (BSG, 1.3.2011 – B 7 AL 2/10 R –).
15.	Erprobung von Projekten der aktiven Arbeitsförderung nach § 421h SGB III i. d. F. bis zum 31.3.2012	Regelstreitwert, wenn kein Zahlungsbegehren (LSG Mannheim, 23.8.2011 – L 13 AL 350/11 –).
16.	Ausschluss von der Nutzung der (Internet-) Jobbörse; Deaktivierung des Benutzerkontos (§ 40 SGB III)	Regelstreitwert (BSG, 6.12.2012 – B 11 AL 25/11 R –; LSG Rheinland-Pfalz, 26.1.2017 – L 1 AL 67/15 –).
17.	Abzweigung (§ 48 Abs. 1 S. 1 SGB I)	Keine Kostenprivilegierung (BSG, 8.7.2009 – B 11 AL 30/08 R –).

III. SGB IV – Aufsichtsrecht, Sozialversicherungswahl

Nr.	Gegenstand	Streitwert
1.	Genehmigung zur Errichtung oder Erweiterung einer Krankenkasse (§§ 147 ff., §§ 157 ff. SGB V, §§ 87 ff. SGB IV)	Bedeutung der Sache: bei bis zu 1000 betroffenen Pflichtmitgliedern 20-facher, bei bis zu 5000 Pflichtmitgliedern 30-facher Regelstreitwert (BSG, 12.12.1996 – 1 RR 5/90 –).
2.	Schließung einer Betriebskrankenkasse (§ 153 SGB V); Klage eines Arbeitnehmers gegen die Aufsichtsbehörde	Auffangstreitwert (BSG, 12.3.2013 – B 1 A 1/12 R –).
3.	Vereinigung von Krankenkassen (§ 171a SGB V)	Höchststreitwert (BSG, 11.9.2012 – B 1 A 2/11 R –).
4.	Genehmigung zur Ermäßigung der Beiträge einer Krankenkasse (§ 220 Abs. 3 SGB V a. F.)	Dreifacher Regelstreitwert (LSG Mannheim, 9.2.2005 – L 1 A 5378/04 W-B –).
5.	Genehmigung einer Satzung oder Satzungsänderung (§ 34 Abs. 1 SGB IV)	
5.1	Vorlegung des Sitzes einer Krankenkasse (§ 195 SGB V i. V. m. Satzung)	Regelstreitwert (LSG Berlin-Brandenburg, 9.9.2005 – L 24 B 1038/05 KR ER –).
5.2	Genehmigung einer Satzung oder Satzungsänderung (Beitragsrecht)	Bei einer bundesweit zuständigen Krankenkasse (§ 195 Abs. 1 SGB V) zehnfacher Regelstreitwert <50 000 €> (BSG, 19.9.2007 – B 1 A 4/06 R –) bzw. 500 000 € (BSG, 22.6.2010 – B 1 A 1/09 R –; 8.11.2011 – B 1 A 1/11 R –) oder 1 000 000 € (12.3.2015 – B 1 A 2/12 R –).
5.3	Gewährung einer zusätzlichen, nicht durch Gesetz bestimmten Leistung an Versicherte durch die Satzung einer Krankenkasse (§§ 194 Abs. 1 Nr. 3, 195 SGB V)	Höhe der aufgewendeten Beitragsmittel <Gruppenversicherungsvertrag für Auslandsreisen> (BSG, 31.5.2016, – B 1 A 2/15 R –) bzw. zehnfacher Regelstreitwert <50 000 €; Leistungen der künstlichen Befruchtung> (18.11.2014 – B 1 A 1/14 R).
5.4	Anordnung zur Änderung einer Satzung (§ 195 Abs. 2 SGB V)	Auffangstreitwert (Schleswig-Holsteinisches LSG, 7.12.2016 – L 5 KR 151/16 KL ER –).
6.	Aufsichtsverfügung (§§ 89, 90 SGB IV)	
6.1	Zuständigkeit der Aufsichtsbehörde (§ 90 SGB IV)	100 000 € (BSG, 10.3.2015 – B 1 A 10/13 R –).
6.2	Aufsichtsverfügungen	– Zehnfacher Regelstreitwert, wenn erhebliche Schadensersatzforderungen befürchtet werden (BSG, 14.2.2007 – B 1 A 3/06 R –: Veröffentlichung der Vergütung eines Vorstandsmitglieds gem. § 35 Abs. 6 Satz 2 SGB IV). – Höchststreitwert nach § 52 Abs. 4 GKG bei Streit über die Rechtmäßigkeit einer Festgeldanlage von 100 Mio. € (BSG, 3.3.2009 – B 1 A 1/08 R –) sowie über eine Weisung gegenüber der Bundesagentur für Arbeit zur Begleichung von Abrechnungen (BSG, 7.12.2010 – B 11 AL 74/10 B –).
7.	Prüfungsverfügung (§§ 304 ff. SGB III a. F., § 107 SGB IV a. F.; § 18h Abs. 3 bis 8 SGB IV a. F. i. V. m. dem Schwarzarbeitsbekämpfungsgesetz)	Auffangstreitwert (BSG, 28.8.2007 – B 7/7a AL 16/06 R –).
8.	Sozialversicherungswahl (§§ 45 ff., 57 SGB IV)	Regelstreitwert (BSG, 8.9.2015 – B 1 KR 28/14 R –).

IV. SGB IV – KSVG; Beitragsrecht

1.	Anfrageverfahren (§ 7a SGB IV)	
1.1	Klage des Arbeitnehmers	Keine Streitwertfestsetzung, da gerichtskostenfrei nach § 183 SGG
1.2	Klage des Arbeitgebers	Auffangstreitwert nach wohl h. M. (BSG, 11.3.2009 – B 12 R 11/07 R –; 4.6.2009 – B 12 R 6/08 R –; 30.10.2013 – B 12 KR 17/11 R –; 20.2.2017 – B 12 KR 95/16 B –; LSG Mannheim, 17.7.2014 – L 11 R 2546/14 B –; 21.2.2017 – L 11 R 2433/16 –; Bayerisches LSG, 27.11.2015 – L 7 R 759/15 B –; zum Streitstand vgl. Reyels, jurisPR-SozR 20/2015 Anm. 6), eine Rechtsgrundlage für eine Vervielfältigung des Auffangstreitwerts besteht nicht (BSG, 5.3.2010 – B 12 R 8/09 R –; Berchtold, NZS 2014, 888), jedoch kann dieser bei Verfahren, die mehrere Personen betreffen, mit der Anzahl der Personen multipliziert werden (LSG Mannheim, 10.9.2010 – L 4 R 1775/07 –).
1.3	Klagen sowohl des Arbeitnehmers als auch des Arbeitgebers	Es liegt auch bei Verbindung getrennter Klagen ein einheitlicher Streitgegenstand bei subjektiver Klagehäufung vor (BSG, 29.7.2015 – B 12 KR 23/13 R –: LSG Berlin-Brandenburg, 24.2.2014 – L 1 KR 271/13 –); a. A.: teilbarer Streitgegenstand und damit objektive Klagehäufung (LSG Rheinland-Pfalz, 11.12.2013 – L 6 R 152/12 B –; LSG Mannheim, 30.3.2012 – L 4 R 2043/10 –: § 183 SGG für Arbeitnehmer und § 197a SGG für Arbeitgeber).
1.4	Berechtigung eines Steuerberaters zum Auftreten als Bevollmächtigter	Bei allgemeinem zukunftsgerichtetem Begehren Auffangstreitwert und nicht nur kostenrechtlicher Gebührenanspruch (BSG, 5.3.2014 – B 12 R 7/12 R und 4/12 R –).
2.	Gesamtsozialversicherungsbeitrag (§ 28d, § 28e SGB IV)	
2.1	Geltendmachung einer Beitragsforderung	Höhe der Forderung (BSG, 1.6.2006 – B 12 KR 34/05 B –; 20.3.2013 – B 12 KR 7/11 R –); ggfs. ohne Umlagebeträge nach dem AAG: B. V. 4.
2.2	Verpflichtung des Arbeitgebers zur Erteilung einer Ermächtigung zum Einzug des Gesamtsozialversicherungsbeitrags (§ 28a Abs. 7 Satz 2 SGB IV)	Auffangstreitwert, da keine Beitragsforderung, sondern die Art und Weise der Beitragszahlung streitig ist (BSG, 8.12.2008 – B 12 R 38/07 B –).
3.	Betriebsprüfung, Feststellung der Versicherungspflicht, Beitragsforderung (§ 28p SGB IV)	
3.1	Klage des Arbeitnehmers	Keine Streitwertfestsetzung, da gerichtskostenfrei nach § 183 SGG.
3.2	Klage des Arbeitgebers	Höhe der Beiträge, wenn zu Beginn des Verfahrens (§ 40 GKG) auch Beitragsbescheid vorlag (LSG Schleswig-Holstein, 19.1.2015 – L 5 KR 180/15 B –); wendet sich der Kläger nur gegen die Versicherungspflicht Auffangstreitwert (BSG, 8.12.2008 – B 12 R 37/07 B –).
3.3	Klagen sowohl des Arbeitnehmers als auch des Arbeitgebers	Es liegt auch bei Verbindung getrennter Klagen ein einheitlicher Streitgegenstand bei subjektiver Klagehäufung vor (BSG, 29.7.2015 – B 12 KR 23/13 R –: LSG Berlin-Brandenburg, 24.2.2014 – L 1 KR 271/13 –); a. A.: teilbarer Streitgegenstand und damit objektive Klagehäufung (LSG Rheinland-Pfalz, 11.12.2013 – L 6 R 152/12 B –; LSG Mannheim, 30.3.2012 – L 4 R 2043/10 –: § 183 SGG für Arbeitnehmer und § 197a SGG für Arbeitgeber).

3.4	Aufforderung des Arbeitgebers zur Vorlage von Unterlagen	Auffangstreitwert, evtl. zusätzlich das angedrohte Zwangsgeld (LSG Mannheim, 20.9.2012 – L 11 R 2785/12 ER – B –; 23.10.2013 – L 4 R 4066/13 ER-B –).
3.5	Untersagung der Ausweitung der Betriebsprüfung auf Kunden des Arbeitgebers	Auffangstreitwert (LSG Schleswig-Holstein, 27.8.2014 – L 5 KR 149/14 B ER –).
3.6	Eröffnung des Insolvenzverfahrens; Klage des Insolvenzverwalters als Adressat des Bescheids an Stelle des Arbeitgebers (§ 80 Abs. 1 InsO); Vollstreckungsverbot (§ 210 InsO)	Höhe der Beitragsforderung (BSG, 28.5.2015 – B 12 R 16/13 R –; 15.9.2016 – B 12 R 2/15 R –).
4.	Säumniszuschlag (§ 24 SGB IV)	
4.1	Von der Hauptforderung getrennte Erhebung	Höhe der Forderung (BSG, 29.11.2007 – B 13 R 48/06 R –).
4.2	Erhebung zusammen mit der Hauptforderung	Bei der Höhe des Streitwerts zu berücksichtigen, da nicht zu den Nebenforderungen (§ 43 Abs. 1 GKG) gehörend (BSG, 10.6.2010 – B 2 U 4/10 B –).
5.	Erstattung von Beiträgen (§ 26 SGB IV)	Keine Streitwertfestsetzung, da gerichtskostenfrei nach § 183 SGG: Der kostenrechtliche Status richtet sich nach dem Status, der nach der ursprünglichen Annahme das Versicherungsverhältnis begründet hatte (BSG, 12.12.2007 – B 12 AL 1/06 R –).
6.	Erlass von Beitragsansprüchen (§ 76 Abs. 3 S. 3 Nr. 3 SGB IV)	Höhe der Beitragsforderung sowie von etwaigen Vollstreckungskosten und Säumniszuschlägen (Bayerisches LSG, 9.3.2010 – L 2 U 328/09 B –).
7.	Künstlersozialversicherung (KSVG)	
7.1	Erfassungsbescheid gegenüber einem Unternehmer nach §§ 23 ff. KSVG	Festgesetzte oder voraussichtlich anfallende Beträge bei einem Zeitraum von unter drei Jahren, ansonsten der zu erwartende Betrag der Abgabe in den ersten drei Jahren (BSG, 30.5.2006 – B 3 KR 7/06 R –); kein Abzug wegen eines evtl. anschließenden Streits über die Betragshöhe (BSG, 18.9.2008 – B 3 KS 1/08 R –); bei gesondertem Abgabebescheid ohne Entgeltforderung oder bei fehlenden Anhaltspunkten für die Höhe Regelstreitwert (BSG, 21.6.2012 – B 3 KS 2/11 R –; 22.4.2015 – B 3 KS 7/13 R –); eine gesonderte Feststellungsklage zum Nichtbestehen der Abgabepflicht ist nicht streitwerterhöhend (BSG, 8.10.2014 – B 3 KS 1/13 R –; 25.2.2015 – B 3 KS 5/13 R –).
7.2	Abgabebescheid gegenüber einem Unternehmer	Höhe der festgesetzten Künstlersozialabgabe (BSG, 1.10.2009 – B 3 KS 4/08 R –; 29.11.2016 – B 3 KS 2/15 R –). Keine Erhöhung nach § 42 Abs. 2 Satz 1 GKG (wiederkehrende Leistungen), da jahresbezogene einmalige Leistung (BSG, 7.12.2006 – B 3 KR 2/06 R –).
7.3	Erfassungs- und Abgabebescheid	Da zwei zu trennende Streitgegenstände Addition der Beträge nach 7.1 und 7.2, wenn die Regelungszeiträume nicht übereinstimmen (BSG, 16.7.2014 – B 3 KS 3/13 R –; 8.10.2014 – B 3 KS 1/13 R –; 25.2.2015 – B 3 KS 5/13 R –; 30.9.2015 – B 3 KS 1/14 R –); ansonsten allein Höhe der Beitragsschuld für 3 Jahre, da einheitliches Begehren auf Vermeidung der Abgabepflicht (BSG, 25.11.2010 – B 3 KS 1/10 R –).

V. SGB V – Krankenversicherung

1.	Kostenerstattung (§ 13 Abs. 3 Satz 1 SGB V)	Sonderrechtsnachfolge (§ 56 SGB I) und damit Kostenprivilegierung nach § 183 Satz 1 SGG bei laufenden Geldleistungen möglich (BSG, 3.7.2012 – B 1 KR 6/11 R –; 8.9.2015 – B 1 KR 14/14 R –); vgl. auch A. I.1.4.

2.	Leistungsaushilfe durch den Arbeitgeber bei Beschäftigung im Ausland (§ 17 SGB V)	Sowohl bei Klage des Mitglieds bzw. des Familienangehörigen als auch des Arbeitgebers gerichtskostenfrei nach § 183 SGG <Leistungsempfänger> (BSG, 28.9.2010 – B 1 KR 2/10 R –).
3.	Zuschuss zu ambulanten Hospizdiensten (§ 39a Abs. 2 SGB V)	Gerichtskostenfrei nach § 183 SGG <Träger ist Leistungsempfänger> (BSG, 17.2.2010 – B 1 KR 15/09 R –).
4.	Erstattung von Arbeitgeberaufwendungen bei Entgeltfortzahlung (§§ 1, 9 des Aufwendungsausgleichsgesetzes – AAG –; bis 31.12.2005: § 10 LFZG)	Gerichtskostenfrei nach § 183 SGG <Arbeitgeber sind Versicherte> (BSG, 20.12.2005 – B 1 KR 5/05 B –; 27.10.2009 – B 1 KR 12/09 R –; 13.12.2011 – B 1 KR 7/11 R – und B 1 KR 3/11 R –; 31.5.2016 – B 1 KR 17/15 R –); dies gilt auch bei einer Klage des Insolvenzverwalters (BSG, 31.5.2016 – B 1 KR 38/15 R –).
5.	Werbemaßnahmen	
5.1	Wettbewerb zwischen Krankenkassen	Regelstreitwert, da wirtschaftliches Interesse nicht zu beziffern (LSG Rheinland-Pfalz, 3.5.2005 – L 1 ER 11/05 KR –, 14.6.2006 – L 5 ER 57/06 KR –, 21.6.2007 – L 5 ER 158/07 KR –, 13.12.2007 – L 5 ER 289/07 KR –; LSG Saarland, 21.6.2006 – L 2 B 5/06 KR –, LSG Schleswig-Holstein, 26.9.2007 L 5 B 522/07 KR ER –; LSG Hamburg, 18.9.2008 – L 1 B 139 und 149/08 ER KR –; Thüringer LSG, 23.12.2009 – L 6 KR 331/09 ER –).
5.2	Werbemaßnahmen einer Apotheke	Regelstreitwert (LSG Rheinland-Pfalz, 4.6.2009 – L 5 KR 57/09 B ER –).
5.3	Untersagung des Betreibens einer Internetseite „Krankenhausnavigator" durch AOK-Bundesverband (§ 212 Abs. 1 SGB V)	Regelstreitwert (LSG Berlin-Brandenburg, 11.6.2014 – L 1 KR 301/13 B ER –).
6.	Unterstützung der Versicherten bei Behandlungsfehlern (§ 66 SGB V)	Keine Streitwertfestsetzung, da gerichtskostenfrei nach § 183 SGG (LSG Schleswig-Holstein, 20.3.2015 – L 5 KR 40/15 B ER –).
7.	Informationspflicht gegenüber Vertragsärzten nach § 73 Abs. 8 S. 1 SGB V	Auffangstreitwert (SG Osnabrück, 27.12.2011 – S 13 KR 377/11 ER –).
8.	Hausarztzentrierte Versorgung (§ 73b SGB V)	
8.1	Benennung einer Schiedsperson (§ 73b Abs. 4a SGB V)	Auffangstreitwert (Bayerisches LSG, 22.2.2010 – L 12 KA 4/10 B ER –; LSG Niedersachsen-Bremen, 22.9.2010 – L 3 KA 68/10 B ER –; LSG Nordrhein-Westfalen, 11.10.2010 – L 11 KA 61/10 B ER –; LSG Sachsen-Anhalt, 25.11.2010 – L 9 KA 2/10 ER KL –; LSG Berlin-Brandenburg, 17.1.2011 – L 7 KA 66/10 B ER –).
8.2	Klage gegen den Schiedsspruch	Regelstreitwert je streitigem Abrechnungsquartal (LSG Niedersachsen-Bremen, 3.11.2011 – L 3 KA 104/10 B ER –).
8.3	Kündigung eines Vertrages über die hausarztzentrierte Versorgung	Höchststreitwert (Bayerisches LSG, 15.4.2011 – L 12 KA 2/11 B ER –).
9.	Unterlassungsanspruch eines Leistungserbringers gegenüber der Krankenkasse	
9.1	Überprüfung der Voraussetzungen einer spezialisierten ambulanten Palliativversorgung (§ 37b SGB V) durch Einholung eines Gutachtens bei einem Wettbewerber eines Leistungserbringers	Auffangstreitwert für jeden Hauptantrag (Sächsisches LSG, 17.6.2010 – L 1 KR 78/09 B ER –).
9.2	Unterlassen der Behauptung, eine Zulassung liege nicht vor	Auffangstreitwert (LSG Nordrhein-Westfalen, 9.10.2006 – L 16 B 52/06 KR ER –).
9.3	Unterlassen von Äußerungen, bei Krankentransporten (§ 60 Abs. 2 S. 1 Nr. 3 SGB V) bestehe eine Vorabgenehmigungspflicht	Auffangstreitwert für jeden Hauptantrag (SG Berlin, 2.9.2011 – S 81 KR 372/11 –).
10.	Sonderkündigungsrecht der Mitglieder (§ 175 Abs. 4 Satz 5 SGB V), Feststellungsbegehren zwischen Krankenkassen	Wirtschaftliche Bedeutung der Sache: wie bei B. III.1.; Auffangstreitwert bei nur einem betroffenen Mitglied (BSG, 13.6.2007 – B 12 KR 19/06 R –; 26.10.2010 – B 12 KR 96/09 B –) oder bei einem fünfmonatigen Zeitraum (BSG, 9.11.2011 – B 12 KR 3/10 R –).

Nr.	Gegenstand	Streitwert
11.	Streit zwischen Krankenversicherungsträgern über die Zuständigkeit für die Durchführung der Krankenversicherung	Auffangstreitwert (BSG, 23.7.2014 – B 12 KR 16/12 R –).
12.	Feststellung der Versicherungspflicht durch die Einzugsstelle (Krankenkasse; § 28h SGB IV) bei Streit über ein Beschäftigungsverhältnis (§ 25 Abs. 1 Satz 1 SGB III, § 5 Abs. 1 Nr. 1 SGB V, § 1 Satz 1 Nr. 1 SGB VI, § 20 Abs. 1 Satz 2 Nr. 1 SGB XI)	
12.1	Klage des Arbeitnehmers	Keine Streitwertfestsetzung, da gerichtskostenfrei nach § 183 SGG.
12.2	Klage des Arbeitgebers	Auffangstreitwert (BSG, 11.3.2009 – B 12 R 11/07 R –; 4.6.2009 – B 12 R 6/08 R –; 25.4.2012 – B 12 KR 10/10 R –; LSG Mannheim, 17.7.2014 – L 11 R 2546/14 B –), eine Rechtsgrundlage für eine Vervielfältigung des Auffangstreitwerts besteht nicht (BSG, 5.3.2010 – B 12 R 8/09 R –; Berchtold, NZS 2014, 888), jedoch kann dieser bei Verfahren, die mehrere Personen betreffen, mit der Anzahl der Personen multipliziert werden (LSG Mannheim, 10.9.2010 – L 4 R 1775/07 –).
12.3	Klagen sowohl des Arbeitnehmers als auch des Arbeitgebers	Es liegt auch bei Verbindung getrennter Klagen ein einheitlicher Streitgegenstand bei subjektiver Klagehäufung vor (BSG, 29.7.2015 – B 12 KR 23/13 R –: LSG Berlin-Brandenburg, 24.2.2014 – L 1 KR 271/13 –); a. A.: teilbarer Streitgegenstand und damit objektive Klagehäufung (LSG Rheinland-Pfalz, 11.12.2013 – L 6 R 152/12 B –; LSG Mannheim, 30.3.2012 – L 4 R 2043/10 –: § 183 SGG für Arbeitnehmer und § 197a SGG für Arbeitgeber).
12.4	Klage eines Versicherungsträgers gegen die Einzugsstelle	Regelmäßig Auffangstreitwert (LSG Berlin-Brandenburg, 13.3.2009 – L 1 KR 555/07 –).
13.	Auffang-Versicherungspflicht (§ 5 Abs. 1 Nr. 13 SGB V); Klage eines Sozialhilfeempfängers auf Statusfeststellung und Rechtsmittel des beigeladenen Sozialhilfeträgers	Auffangstreitwert (BSG, 24.3.2016 – B 12 KR 6/14 R –).
14.	Begehren auf Gewährung von Krankenversicherungsschutz; Rechtsmittel des beigeladenen Trägers der privaten Krankenversicherung	Auffangstreitwert (LSG Berlin-Brandenburg, 28.2.2014 – L 1 KR 47/14 B ER –).
15.	Krankenhäuser und Rehabilitationseinrichtungen (§§ 107 ff., 115 ff. SGB V)	
15.1	Zulassung von Krankenhäusern und Rehabilitationseinrichtungen (§§ 108 ff. SGB V)	– Überschuss aus den Gesamteinnahmen und den Betriebsausgaben <Gewinn> innerhalb von drei Jahren; Vergleichsberechnung anhand bestehender Einrichtungen gleicher Art und Größe möglich (BSG, 10.11.2005 – B 3 KR 36/05 B –); bei fehlendem Zahlenmaterial Höchststreitwert (BSG, 11.11.2003 – B 3 KR 8/03 B –; 16.5.2012 – B 3 KR 9/11 R –). – Bei gemeinnützigen Einrichtungen ohne Gewinnerzielungsabsicht je Quartal 4000 € (LSG Berlin-Brandenburg, 23.8.2007 – L 7 B 9/07 KA –).
15.2	Begehren der Einrichtung auf Zuweisung von Versicherten	Wie 15.1 (Bayerisches LSG, 7.5.2010 – L 14 R 72/10 B ER –).
15.3	Vergütung von Krankenhausbehandlungen (§ 109 Abs. 4 Satz 3 SGB V i. V. m. dem Krankenhausbehandlungsvertrag nach § 112 Abs. 2 Nr. 1 SGB V)	Höhe der Vergütung (BSG, 23.6.2015 – B 1 KR 20/14 R –).
15.4	Aufwandspauschale (§ 275 Abs. 1c Satz 3 SGB V)	Höhe der Pauschale ohne vorprozessuale Kosten <Nebenforderung, § 43 Abs. 1 GKG> (BSG, 23.6.2015 – B 1 KR 17/14 R und B 1 KR 23/14 R –; 25.10.2016 – B 1 KR 22/16 R –).

15.5	Unterlassung von Mitteilungen gegenüber Versicherten	Auffangstreitwert (Sächsisches LSG, 2.3.2011 – L 1 KR 177/10 B ER –).
15.6	Bestimmung zur ambulanten Behandlung im Krankenhaus (§ 116b Abs. 2 SGB V); defensive Konkurrentenklage	Umsatzeinbuße im Drei-Jahres-Zeitraum, evtl. Auffangstreitwert je Quartal für drei Jahre (BSG, 29.9.2011 – B 1 KR 1/11 R –; 15.3.2012 – B 3 KR 13/11 R –; Sächsisches LSG, 3.6.2010 – L 1 KR 94/10 B ER –).
15.7	Ambulantes Operieren (§ 115b SGB V); Schiedsspruch nach § 115b Abs. 3 SGB V	Höchststreitwert (BSG, 4.3.2014 – B 1 KR 16/13 R –).
15.8	Landesschiedsstelle (§ 114 SGB V); Festsetzung des Inhalts des Landesvertrags (§ 112 SGB V)	Höchststreitwert (BSG, 13.11.2012 – B 1 KR 27/11 R –).
15.9	Mindestmengenregelung (§ 136b Abs. 1 Satz 1 Nr. 2 SGB V)	Wirtschaftliches Interesse zur Erbringung von Leistungen unterhalb der Mindestmenge für drei Jahre, evtl. zu erwartender Gewinn zzgl. Gestehungskosten (BSG, 12.9.2012 – B 3 KR 10/12 R –; 8.8.2013 – B 3 KR 17/12 R –; Höchststreitwert: BSG, 18.12.2012 – B 1 KR 34/12 R –; 17.11.2015 – B 1 KR 15/15 R –).
16.	Versorgung mit Heilmitteln (§§ 124, 125 SGB V)	
16.1	Zulassung zur Heilmittelabgabe	Auffangstreitwert (BSG, 12.8.2010 – B 3 KR 9/09 R –; 7.10.2010 – B 3 KR 12/09 R –), ebenso bei Erweiterung der Zulassung (LSG Mannheim, 13.5.2016 – L 4 KR 3332/15 –).
16.2	Widerruf der Zulassung (§ 124 Abs. 6 SGB V)	Dreifacher Jahresgewinn (LSG Mannheim, 7.10.2010 – L 11 KR 4173/10 ER-B –).
16.3	Feststellung des Inhalts eines Rahmenvertrags (§ 125 Abs. 2 SGB V)	Höchststreitwert (BSG, 27.10.2009 – B 1 KR 4/09 R –).
16.4	Feststellung der Verpflichtung zur Information über Vertragsänderungen	Auffangstreitwert (LSG Mannheim, 15.11.2013 – L 4 KR 2784/13 –).
16.5	Feststellung, die Schiedsmöglichkeit in Anspruch zu nehmen (§ 125 Abs. 2 Satz 4 bis 6 SGB V)	150 000 € (BSG, 30.9.2015 – B 3 KR 2/15 R –).
16.6	Unterlassung der Aufrechnung von Erstattungsforderungen mit Vergütungsansprüchen	Regelstreitwert (BSG, 9.2.2016 – B 3 KR 46/15 B –).
17.	Versorgung mit Hilfsmitteln (§§ 126 ff. SGB V); Hilfsmittelverzeichnis (§ 139 SGB V)	
17.1	Zulassung (§ 126 SGB V i. d. F. bis zum 31.3.2007)	Überschuss aus den Gesamteinnahmen und den Betriebsausgaben innerhalb von drei Jahren; Vergleichsberechnung anhand bestehender Praxen gleicher Art und Größe möglich; Abschlag, wenn sich der Anspruch auf einen Zeitraum von weniger als drei Jahren bezieht (BSG, 10.11.2005 – B 3 KR 36/05 B –).
17.2	Widerruf der Zulassung zur Abgabe von Hilfsmitteln (§ 126 Abs. 4 SGB V i. d. F. bis zum 31.3.2007)	Fünf Prozent der Bruttoauftragssumme entsprechend § 50 Abs. 2 GKG; bei weit in die Zukunft hineinragenden Genehmigungen für drei Jahre (LSG Mannheim, 10.10.2006 – L 5 KR 897/06 W-A –).
17.3	Abschluss eines Versorgungsvertrages (§ 127 Abs. 2 SGB V)	Fünf Prozent des erzielbaren Umsatzes entsprechend § 50 Abs. 2 GKG (BSG, 10.3.2010 – B 3 KR 26/08 R –).
17.4	Beitritt zu einem Versorgungsvertrag (§ 127 Abs. 2a SGB V)	Fünf Prozent des erzielbaren Umsatzes entsprechend § 50 Abs. 2 GKG für drei Jahre (Sächsisches LSG, 1.12.2010 – L 1 KR 99/10 B ER –; LSG Berlin-Brandenburg, 20.2.2012 – L 9 KR 389/11 B ER –; 15.3.2012 – L 1 KR 18/12 B ER –).
17.5	Kündigung des Versorgungsvertrages (§ 127 SGB V)	(Durchschnittlicher) Jahresumsatz für drei Jahre, bei fehlenden Anhaltspunkten Regelstreitwert (Thüringer LSG, 22.8.2008 – L 6 KR 324/08 ER –; Sächsisches LSG, 29.4.2008 – L 1 B 207/08 KR-ER –; Hessisches LSG, 31.5.2010 – L 1 KR 352/09 B –).

17.6	Auskunft über den Inhalt des Versorgungsvertrages	Auffangstreitwert (BSG, 22.4.2015 – B 3 KR 2/14 R –).
17.7	Aufnahme in das Hilfsmittelverzeichnis (§ 139 SGB V)	Doppelter (BSG, 15.3.2012 – B 3 KR 6/11 R –) bzw. vierfacher (BSG, 8.7.2015 – B 3 KR 6/14 R –) Auffangstreitwert für jedes Produkt.
17.8	Streichung eines Hilfsmittels aus dem Hilfsmittelverzeichnis (§ 139 Abs. 6 Satz 5 SGB V)	Auffangstreitwert für jedes Produkt (BSG, 23.6.2016 – B 3 KR 20/15 R –).
17.9	Klage des Herstellers gegen das Hilfsmittelverzeichnis	– Änderung einer Produktgruppe: Fünf Prozent des durchschnittlichen Jahresumsatzes in einem Zeitraum von zwei Jahren (LSG Baden-Württemberg, 17.10.2005 – L 5 KR 2351/05 W-A –). – Streichung einer Produktuntergruppe: Gewinn in einem Zeitraum von fünf Jahren (LSG Mannheim, 15.6.2005 – L 11 KR 1158/05 W-A –), hilfsweise mehrfacher Regelstreitwert.
17.10	Festbeträge für Hilfsmittel (§ 36 SGB V)	50 000 € je Produktgruppe (BSG, 22.11.2012 – B 3 KR 19/11 R –).
18.	Versorgung mit Haushaltshilfe (§§ 38, 132 SGB V) bzw. häuslicher Krankenpflege (§§ 37, 132a SGB V)	
18.1	Vergütungsanspruch des Pflegedienstes	Höhe des Betrags (BSG, 20.4.2016 – B 3 KR 17/15 R –).
18.2	Abschluss einer Vergütungsvereinbarung (§ 132 Abs. 1 SGB V)	Kalkulierter Mehrumsatz für drei Jahre (LSG Mannheim, 10.7.2007 – L 11 KR 6157/06 –).
18.3	Feststellung der Eignung für die Leitung eines ambulanten Krankenpflegedienstes (§ 132a Abs. 2 SGB V)	Zu schätzender Betrag der künftigen verminderten Einkünfte für drei Jahre (BSG, 7.12.2006 – B 3 KR 5/06 R –).
18.4	Kündigung des Versorgungsvertrags (§ 132a Abs. 2 SGB V)	Gewinn für drei <§ 42 Abs. 2 GKG> Jahre (LSG Rheinland-Pfalz, 14.7.2009 – L 5 KR 19/09 B ER –).
18.5	Schiedsspruch (§ 132a Abs. 2 S. 6 SGB V)	Regelstreitwert (BSG, 25.11.2010 – B 3 KR 1/10 R –; 23.6.2016 – B 3 KR 25/15 R und B 3 KR 26/15 R –).
19.	Krankentransportleistungen (§ 133 SGB V)	
19.1	Abschluss einer Vergütungsvereinbarung	Dreifacher Betrag der zu erwartenden Einnahmen (LSG Berlin-Brandenburg, 27.11.2003 – L 4 B 75/03 KR ER –), hilfsweise dreifacher Regelstreitwert.
19.2	Vergütungsanspruch bei bestehender Vergütungsvereinbarung	Höhe der Vergütung (BSG, 13.12.2011 – B 1 KR 9/11 R –).
19.3	Vergütungsanspruch bei fehlender Vergütungsvereinbarung	Dreifacher Jahresbetrag der Einnahmen (LSG Schleswig-Holstein, 6.3.2015 – L 5 KR 206/14 B ER –).
20.	Richtlinien und Beschlüsse zur Qualitätssicherung (§ 137 SGB V)	
20.1	Richtlinie zur Qualitätssicherung der Versorgung von Früh- und Neugeborenen (QNeuRL), § 137 Abs. 3 S. 1 Nr. 2 SGB V a. F.	Umsatz- bzw. Gewinneinbußen, hilfsweise <mehrfacher> Auffangstreitwert (LSG Berlin-Brandenburg, 26.1.2011 – L 7 KA 79/10 LK ER –; SG Braunschweig, 11.4.2011 – S 40 KR 11/07 –).
21.	Zulassung strukturierter Behandlungsprogramme (§§ 137g, 137f SGB V)	Wirtschaftliche Bedeutung, evtl. Höchststreitwert (BSG, 21.6.2011 – B 1 KR 14/10 R – und B 1 KR 21/10 R –).
22.	Benennung von Patientenvertretern im Gemeinsamen Bundesausschuss (§ 140f Abs. 2 SGB V)	Auffangstreitwert (LSG Berlin-Brandenburg, 12.11.2013 – L 9 KR 262/13 B ER –).
23.	Beitragserstattungsanspruch eines Trägers einer Werkstatt für behinderte Menschen (§ 251 Abs. 2 Satz 2 SGB V)	Gerichtskostenfrei nach § 183 SGG <Leistungsempfänger> (BSG, 6.8.2014 – B 11 AL 7/13 R –; 23.7.2014 – B 12 P 1/12 R –).
24.	Gewährung eines Beitragszuschusses durch den Arbeitgeber eines Beschäftigten (§ 257 SGB V)	Gerichtskostenfrei nach § 183 SGG <Versicherter und Leistungsempfänger> (BSG, 20.3.2013 – B 12 KR 4/11 R –).
25.	Arzneimittelabrechnung im Datenträgeraustauschverfahren (§ 300 SGB V)	Voraussichtliche Kosten der Umstellung des Abrechnungsverfahrens (LSG Nordrhein-Westfalen, 6.10.2005 – L 16 KR 232/04 –).

26.	Herausgabe von medizinischen Unterlagen an den MdK (§ 275 SGB V); Auskunftsanspruch	Stufenklage (§ 44 GKG); vgl. auch A. II.7. – Ist nur der Herausgabe- bzw. Auskunftsanspruch Streitgegenstand, ist ein Abschlag vom Leistungsanspruch vorzunehmen (ein Zehntel des voraussichtlichen Leistungsanspruchs, wenn die fraglichen Verhältnisse schon fast bekannt sind). Der Streitwert kann aber auch deutlich höher liegen und den Wert des Zahlungsanspruchs erreichen, je nachdem in welchem Umfang der Kläger auf die Auskunft angewiesen ist (BSG, 28.2.2007 – B 3 KR 12/06 R –; 28.11.2013 – B 3 KR 27/12 R –; 17.12.2013 – B 1 KR 52/12 R –; 27.11.2014 – B 3 KR 7/13 R –), darf aber den Zahlungsanspruch nicht übersteigen (BSG, 13.11.2012 – B 1 KR 24/11 R –). – Sind sowohl der Auskunfts- bzw. Herausgabeanspruch und der Zahlungsanspruch Streitgegenstand, ist nur der höhere Anspruch maßgebend (BSG, 18.7.2013 – B 3 KR 22/12 R –; 1.7.2014 – B 1 KR 48/12 R –).
27.	Begehren eines Patienten gegenüber einem Arzt auf Benennung eines weiterbehandelnden Arztes	Keine Gerichtskostenfreiheit, wenn das Begehren nicht als Versicherter, sondern als Patient erhoben wird, Auffangstreitwert (LSG Nordrhein-Westfalen, 13.5.2008 – L 16 B 3/08 SF –).
28.	Antrag auf richterliche Gestattung der Durchsuchung der Wohnung (§ 66 Abs. 3 Satz 1 SGB X i. V. m. dem Landesverwaltungsvollstreckungsgesetz Rheinland-Pfalz)	Zwar Kostenentscheidung nach § 197a SGG hinsichtlich der außergerichtlichen Kosten zu treffen, da jedoch kein Gebührentatbestand nach dem GKG verwirklicht ist, keine Entscheidung über Gerichtskosten (LSG Rheinland-Pfalz, 26.11.2007 – L 5 B 403/07 KR –).
29.	Festsetzung eines Festbetrags für Arzneimittel (§ 35 Abs. 3 SGB V)	
29.1	Klage des Arzneimittelherstellers	Der zu erwartende Gewinn/Verlust für drei Jahre; bei Schätzung ein Fünftel des zu erwartenden Umsatzes im Dreijahreszeitraum (LSG Berlin-Brandenburg, 22.5.2008 – L 24 KR 1227/05 –); evtl. Höchststreitwert (BSG, 1.3.2011 – B 1 KR 13/10 R –).
29.2	Klage des Versicherten	Gerichtskostenfrei nach § 183 SGG (BSG, 1.3.2011 – B 1 KR 10/10 R –).
30.	Arzneimittelliefervertrag (§§ 129, 129a SGB V)	Bei Streit über die Lieferungs- und Abrechnungsbefugnis: streitiger Umsatz, evtl. Höchststreitwert (LSG Sachsen-Anhalt, 30.6.2010 – L 10 KR 38/10 B ER –); Höhe des streitigen Betrags (LSG Mannheim, 26.7.2016 – L 11 KR 3861/14 –).
31.	Hersteller- und Generikaabschlag (§ 130a SGB V)	Höhe des streitigen Betrags (BSG, 2.7.2013 – B 1 KR 18/12 R –; 29.11.2016 – B 3 KR 21/16 B –), bei Feststellung der Abschlagspflicht evtl. Höchststreitwert (BSG, 30.9.2015 – B 3 KR 1/15 R –).
32.	Vereinbarungen über Erstattungsbeträge für Arzneimittel (§ 130b SGB V)	
32.1	Eilantrag auf Untersagung einer Schiedsstellenentscheidung (§ 130b Abs. 4 SGB V)	Höchststreitwert (LSG Berlin-Brandenburg, 22.5.2014 – L 1 KR 108/14 KL ER –).
32.2	Anordnung der aufschiebenden Wirkung der Klage gegen Schiedsspruch (§ 130b Abs. 4 Satz 5 SGB V)	Hälfte des wirtschaftlichen Interesses, ggfs. des Höchststreitwerts (LSG Berlin-Brandenburg, 10.5.2016 – L 9 KR 513/15 KL ER –; 14.3.2017 – L 1 KR 372/16 KL ER –).
33.	Fakultativer Finanzausgleich zwischen Betriebskrankenkassen (§ 265a SGB V); Verbandsumlagebescheid	Höhe des Umlagebetrags (BSG, 19.12.2012 – B 12 KR 29/10 R –).
34.	Zuweisungen aus dem Gesundheitsfonds (§ 266 SGB V); Ausgleich nach der Risiko-	Höhe des Betrags bis zum Höchststreitwert (BSG, 2.9.2009 – B 12 KR 4/08 R –;

	struktur-Ausgleichsverordnung (§ 17 Abs. 3a, 19, 41)	20.5.2014 – B 1 KR 16/14 R –; 25.10.2016 – B 1 KR 11/16 R –).
35.	Vergabestreitigkeiten (§§ 116 Abs. 1, 118 Abs. 1 Satz 3 GWB)	
35.1	Sofortige Beschwerde (§ 116 Abs. 1 GWB)	Keine Festsetzung eines Streitwerts nach dem GKG, da Gerichtsgebühren nicht anfallen <vgl. § 63 Abs. 1 Satz 1 GKG>, jedoch auf Antrag eines Rechtsanwalts (§ 33 RVG) zum Zwecke der anwaltlichen Gebührenfestsetzung (BSG, 1.9.2009 – B 1 KR 1/09 D –; 1.9.2009 – B 1 KR 3/09 D –; 7.9.2010 – B 1 KR 1/10 D –); dann fünf Prozent der Bruttoauftragssumme (§ 50 Abs. 2 GKG); evtl. Schätzung des Auftragswerts <§ 3 ZPO> (LSG Greifswald, 11.8.2009 – L 6 B 17/09 –; 24.8.2009 – L 6 B 172/09 –).

VI. SGB V – Vertragsarztrecht

1.	Genehmigung zur Erbringung und Abrechnung von Leistungen außerhalb der Zulassung (§ 72 Abs. 2, § 82 Abs. 1 S. 1 SGB V i. V. m. den Verträgen; u. a. §§ 73 Abs. 1 S. 5, 121a, 135 Abs. 2 SGB V)	erzielbare Einkünfte für einen Dreijahreszeitraum (LSG Nordrhein-Westfalen, 4.1.2012 – L 11 KA 140/10 B –), hilfsweise Regelstreitwert (BSG, 26.2.1996 – 6 RKa 20/95 –). Wenn eine Voraussetzung für die Erteilung der Genehmigung <Bestehen eines Kolloquiums> Gegenstand ist: Regelstreitwert (Bayerisches LSG, 23.12.2010 – L 12 KA 110/10 B –).
2.	Anstellung eines Arztes in der Vertragsarztpraxis <Entlastungsassistent> (§ 95 Abs. 9, § 115, § 98 Abs. 2 Nr. 13 i. V. m. der Zulassungsverordnung)	Wie bei B. VI.15.7.; zusätzliche Einnahmen aus der Tätigkeit des Assistenten für drei Jahre, es sei denn, die Genehmigung bezieht sich auf einen kürzeren Zeitraum. Abzuziehen sind die durchschnittlichen Praxiskosten und das zu zahlende Gehalt des Assistenten (BSG, 27.11.2006 – B 6 KA 38/06 B –); evtl. Auffangstreitwert (LSG Niedersachsen-Bremen, 26.5.2010 – L 3 KA 69/09 –).
3.	Belegarzt (§§ 103 Abs. 7, 121 SGB V)	Wie bei B. VI.15.7. (SG Marburg, 22.3.2007 – S 12 KA 80/07 ER –; Hessisches LSG, 2.3.2007 – L 4 KA 5/07 ER –: im einstweiligen Rechtsschutz durchschnittliche Zeitdauer eines erstinstanzlichen Klageverfahrens im Vertragsarztrecht; Wenner/Bernard, NZS 2006, 1, 4).
3.1	Zulassung nach § 103 Abs. 7 S. 3 SGB V	Wie bei B. VI.15.8, 15.11. (BSG, 1.4.2015 – B 6 KA 48/13 R –; LSG Niedersachsen-Bremen, 18.2.2009 – L 3 KA 98/08 ER –; Hessisches LSG, 2.3.2007 – L 4 KA 5/07 ER –: im einstweiligen Rechtsschutz durchschnittliche Zeitdauer eines erstinstanzlichen Klageverfahrens im Vertragsarztrecht; Wenner/Bernard, NZS 2006, 1, 4).
3.2	Anerkennung nach §§ 39, 40 BMV-Ä	Wie bei B. VI.15.3, 15.8. (LSG Berlin-Brandenburg, 27.1.2010 – L 7 KA 139/09 B ER –; LSG Niedersachsen-Bremen, 25.11.2015 – L 3 KA 95/15 B ER –).
4.	Budgetierungsmaßnahmen, Regelleistungsvolumen (§ 87 Abs. 1 S. 1, § 87b Abs. 2 und 3 SGB V)	
4.1	Zuweisung eines Regelleistungsvolumens	Höherer Honoraranspruch, wenn bereits bekannt (BSG, 28.9.2016 – B 6 KA 28/16 B –), ansonsten 25 v. H. des Differenzbetrags zwischen dem zugewiesenen und dem begehrten Regelleistungsvolumen (Schleswig-Holsteinisches LSG, 17.1.2017 – L 4 KA 53/14 –).
4.2	Budgeterweiterung	Differenz der Fallpunktzahl im streitigen Zeitraum, hilfsweise für zwei Jahre; dabei ist der Punktwert des letzten vor Klageer-

		hebung abgerechneten Quartals zugrundezulegen (LSG Sachsen, 23.10.2002 – L 1 B 66/02 KA –; LSG Mannheim, 22.9.1998 – L 5 KA 2660/98 W-B –); bei Aufbau- bzw. Jungpraxen Auffangstreitwert <ein Quartal> (LSG Mannheim, 5.10.2016 – L 5 KA 773/13 –). Ein Abzug von Praxis- oder Sachkosten ist nicht vorzunehmen (LSG Nordrhein-Westfalen, 16.1.2017 – L 11 KA 28/16 B –).
4.3	Budgetüberschreitung	Höhe der Honorarkürzung.
4.4	Budgetfreistellung	Regelstreitwert.
4.5	Fallzahlzuwachsbegrenzung (§ 85 Abs. 4 SGB V, Honorarverteilungsmaßstab)	Höhe der Honorarkürzung. Im einstweiligen Rechtsschutzverfahren der prognostizierte Gewinn für ein Kalenderjahr (LSG Berlin-Brandenburg, 27.1.2012 – L 7 KA 87/11 B ER –); vgl. auch B. VI.15.3.
4.6	Begrenzung der Leistungsmenge (Gesamtpunktzahlvolumina) gem. § 44 BedarfsplRL	Höhe der Honorarrückforderung (BSG, 25.1.2017 – B 6 KA 44/16 B –).
5.	Disziplinarmaßnahmen (§ 81 Abs. 5 SGB V i. V. m. der Disziplinarordnung)	
5.1	Verwarnung, Verweis, Geldbuße	Regelstreitwert zuzüglich des Betrages der Geldbuße (BSG, 1.2.2005 – B 6 KA 70/04 B –; 5.6.2013 – B 6 KA 7/13 B –) und einer festgesetzten Verwaltungsgebühr (SG Marburg, 2.2.2011 – S 12 KA 902/09 –).
5.2	Anordnung des Ruhens der Zulassung	Mutmaßlicher Umsatz im Ruhenszeitraum abzüglich der Praxiskosten, Zuschlag von 25 Prozent wegen der Folgewirkungen (u. a. „Abwandern" von Patienten) (Bayerisches LSG, 23.6.1993 – L 12 B 163/92 Ka –).
5.3	Berichtigung eines Sitzungsprotokolls des Disziplinarausschusses	Auffangstreitwert (LSG Niedersachsen-Bremen, 9.11.2011 – L 3 KA 105/08 –).
6.	Ermächtigung (§ 98 Abs. 2 Nr. 11 SGB V i. V. m. der Zulassungsverordnung)	
6.1	persönliche Ermächtigung von Krankenhausärzten zur Teilnahme an der vertragsärztlichen Versorgung (§ 116 SGB V)	– erzielbare Einnahmen abzüglich der Praxiskosten und Abgaben an das Krankenhaus im streitigen Zeitraum (BSG, 6.9.1993 – B 6 RKa 25/91 –) – bei Streit über Inhalt bzw. Umfang der erteilten Ermächtigung: Regelstreitwert.
6.2	Ermächtigung ärztlich geleiteter Einrichtungen (§§ 117 bis 120 SGB V)	Bruttoeinnahmen im streitigen Zeitraum abzüglich der Einnahmen aus erteilten oder zu Unrecht nicht erteilten Ermächtigungen, bei fehlenden Anhaltspunkten über die Einnahmen: pauschaler Abzug von 50 v. H. (BSG, 21.12.1995 – 6 RKa 7/92 –); bei fehlenden Anhaltspunkten zu dem Umsatz: Regelstreitwert pro Quartal (für zwei Jahre <übliche Ermächtigungsfrist> LSG Niedersachsen-Bremen, 9.12.2009 – L 3 KA 29/08 bzw. drei Jahre, 27.11.2013 – L 3 KA 85/10 –) bzw. Schätzung <hier 10 000 € pro Monat bei vorläufiger Regelung> (LSG Nordrhein-Westfalen, 27.5.2009 – L 11 KA 2/09 ER –).
6.3	Konkurrentenklage gegen Ermächtigung	Im Einzelfall zu schätzender Anteil der Umsatzeinbuße der von der Ermächtigung betroffenen Leistungen abzüglich der Praxiskosten (BSG, 24.2.1997 – 6 BKa 54/95 –) für drei Jahre, wenn nicht kürzerer Zeitraum streitig; bei fehlenden Anhaltspunkten für die konkreten Auswirkungen der Ermächtigung für jedes Quartal des Dreijahreszeitraums der Regelwert (BSG, 7.12.2006 – B 6 KA 42/06 R –; SG Schwerin, 30.8.2016 – S 3 KA 18/16 ER –); vgl. auch B. VI.15.10.
6.4	Sofortvollzug einer Ermächtigung (§ 97 Abs. 4 SGB V); Konkurrentenklage	Regelstreitwert (Bayerisches LSG, 9.3.2017 – L 12 KA 91/16 B ER –).

6.5	Ermächtigung zur Teilnahme an der vertragspsychotherapeutischen Versorgung	Geschätzter Jahresgewinn für den streitigen – im Regelfall zweijährigen – Zeitraum (BSG, 19.7.2006 – B 6 KA 33/05 B –).
7.	Gemeinschaftspraxis (§ 98 Abs. 2 Nr. 13a SGB V i. V. m. der Zulassungsverordnung)	
7.1	Genehmigung	Schätzung anhand der Einkommensverhältnisse und der Schwierigkeit der Angelegenheit (BSG, 6.1.1984 – 6 RKa 7/81 –); evtl. dreifacher Auffangstreitwert (LSG Berlin-Brandenburg, 10.9.2010 – L 7 KA 121/09 –).
7.2	Anordnung der Auflösung	Regelstreitwert (Hessisches LSG, 6.1.2003 – L 7 KA 1116/02 ER –).
7.3	Vergütungsanspruch	Keine Berechnung von Einzelstreitwerten, da Gesellschaft bürgerlichen Rechts (BSG, 20.10.2004 – B 6 KA 15/04 R –).
7.4	Genehmigung der Verlegung des Vertragsarztsitzes durch den Praxispartner; Klage des verbleibenden Praxispartners	Dreifacher Regelstreitwert (entspr. B. VI.15.12.: vgl. BSG, 14.3.2002 – B 6 KA 60/00 B –).
8.	Gesamtvergütung, Klage der KÄV/KZÄV gegen die Krankenkasse (§ 85 Abs. 1, 2 SGB V)	Höhe des Zahlungsanspruchs.
9.	Verlangen der Herausgabe von Krankenunterlagen eines Arztes zur Prüfung eines Schadensregresses	Bei geringem in Betracht kommenden Schadensregress betrag: Hälfte des Regelstreitwertes (LSG Mannheim, 25.6.1997 – L 5 Ka 855/97 W-A –); vgl. aber A. I.2.8).
10.	Honorarstreitigkeiten (§ 85 Abs. 4 ff. SGB V)	
10.1	Honoraransprüche oder Honorarberichtigungen	– Höhe des geltend gemachten Honorars oder der vorgenommenen Honorarberichtigung (BSG, 6.11.1996 – 6 RKa 19/95 –; LSG Nordrhein-Westfalen, 18.4.2006 – L 10 B 1/06 KA –; 5.7.2006 – L 10 B 8/06 KA –) bei Zugrundelegung eines durchschnittlichen oder geschätzten Punktwertes (Wenner/Bernard, NZS, 2001, 57, 61). – bei fehlenden Umsatzzahlen: der angestrebte, d. h. innerhalb der nächsten Zeit nach objektiven Gesichtspunkten zu erzielende Umsatz abzgl. des Praxiskostenanteils, dabei kann auf die von der Kassenärztlichen Bundesvereinigung veröffentlichten Umsatzzahlen zurückgegriffen werden (LSG Nordrhein-Westfalen, 25.6.2008 – L 11 B 16/07 KA ER –).
10.2	Einheitlicher Bewertungsmaßstab (EBM) (§ 87 Abs. 1 S. 1 SGB V)	Bei Abwertung von Leistungspositionen: Höhe der Honorareinbuße (BSG, 15.11.1996 – 6 RKa 49/95 –; 6.2.1997 – 6 RKa 48/95 –); wenn nicht konkretisierbar: Regelstreitwert (BSG, 10.5.2004 – B 6 KA 129/03 B –).
10.3	Abrechenbarkeit einer Gebührennummer (§ 87 Abs. 1 S. 1 SGB i. V. m. EBM)	Wert der Leistung für ein Jahr (vgl. B. VI.10.4.2).
10.4	Honorarverteilungsmaßstäbe (HVM) (§ 85 Abs. 4 SGB V)	
10.4.1	Zuordnung zum Honorarfonds der Fachärzte	Höhe der Nachvergütung der streitigen Quartale (LSG Sachsen, 27.1.2005 – L 1 KA 6/04 –).
10.4.2	Zuordnung zu anderer Arztgruppe (EBM)	Nachvergütungsbetrag eines Quartals mal vier (ein Jahr; BSG, 20.10.2004 – B 6 KA 15/04 R –).
10.4.3	Festsetzung eines Basisvolumens	Honorarverlust für vier Quartale (LSG Rheinland-Pfalz, 22.6.2009 – L 5 KA 26/09 B –), evtl. der vierfache Auffangstreitwert (ein Jahr; LSG Rheinland-Pfalz, 10.12.2007 – L 5 B 342/07 KA –).
10.5	Praxiskosten	Kein Abzug vom Streitwert (Wenner/Bernard, NZS 2001, 57, 61).
10.6	Fallpunktzahlmenge (§ 85 Abs. 4 ff. SGB V)	Differenz der abgerechneten und der maximal zustehenden Punkte (BSG, 5.5.2000 – B 6 KA 71/97 –; 9.5.2000 – B 6 KA 72/97 R –).

10.7	Zusätzliches Honorar bei „fachfremder" Behandlung (Überweisungsverbot; zulassungsrelevante Entscheidung) (§ 73 SGB V)	Erzielbare Einnahmen für drei Jahre unter Abzug der Praxiskosten; bei einem Überweisungsverbot unter Abzug der erzielbaren Einnahmen aus dem „Verkauf" an andere Vertragsärzte (BSG, 3.3.1997 – 6 RKa 21/95 –).
10.8	(unzulässige) vorbeugende Unterlassungsklage gegen Honorarbescheid	Regelstreitwert (LSG Niedersachsen-Bremen, 7.10.2005 – L 3 KA 139/05 ER –).
10.9	Feststellung der Befugnis zur Erbringung und Abrechnung einer Leistung	Höhe des begehrten zusätzlichen Honorars ohne Minderung im Hinblick auf das Feststellungsbegehren (SG Dresden, 14.3.2012 – S 18 KR 237/11 ER –).
10.10	Vorlage einer Lebensbescheinigung als Voraussetzung zur Teilnahme an der erweiterten Honorarverteilung	Regelstreitwert (SG Marburg, 20.7.2011 – S 12 KA 446/10 –).
10.11	Einstweilige Anordnung	vgl. B. VI. 15.3; Umsatz für ein Jahr (LSG Nordrhein-Westfalen, 19.7.2010 – L 11 KA 20/10 B –).
11.	Schiedswesen, Schiedsamt (§ 89 SGB V); Schiedsverfahren (§ 73b Abs. 4 S. 2, Abs. 4a SGB V)	
11.1	Klage gegen Anberaumung eines Termins und Ladung zu einer Sitzung des Schiedsamts	Auffangstreitwert (LSG Hamburg, 20.11.2008 – L 2 KA 25/08 KL ER –).
11.2	Bestimmung einer Schiedsperson (§ 73 Abs. 4a SGB V)	Auffangstreitwert (Sächsisches LSG, 11.4.2012 – L 1 KA 53/11 KL –).
11.3	Beanstandungsverfügung eines Schiedsspruchs durch Aufsichtsbehörde	Bei Ersetzung eines Gesamtvertrages zur Gesamtvergütung (§§ 82, 85 SGB V): Wert der Gesamtvergütung, hier Höchststreitwert (Hess. LSG, 29.9.2010 – L 4 KA 54/09 KL –).
11.4	Verhinderung einer Honorarverteilung durch Schiedsspruch (Weitergeltung der früheren günstigeren Honorarverteilung)	50 000 € (LSG Niedersachsen-Bremen, 22.12.2004 – L 3 KA 368/04 ER –).
11.5	Begehren eines neuen Vertrags bzw. Schiedsspruchs	Ist das Klagebegehren auf einen neuen Vertrag bestimmten Inhalts gerichtet, Differenz zwischen dem Ergebnis der Schiedsamtsentscheidung und dem geltend gemachten Betrag. Zielt das Begehren auf einen neuen Schiedsspruch mit ungewissem Inhalt, wie bei einem Neubescheidungsantrag, die Hälfte des optimal erlangbaren Betrags. Nur wenn finanziell nicht messbare Grundsatzfragen streitig sind, Regelwert (BSG, 28.1.2009 – B 6 KA 38/08 B –; Höchststreitwert: LSG Niedersachsen-Bremen, 17.10.2012 – L 3 KA 1/09 KL –; LSG Sachsen-Anhalt, 13.11.2013 – L 9 KA 4/13 KL –; Bayerisches LSG, 5.10.2015 – L 12 KA 83/15 B ER –).
12.	Notdienst (§ 75 Abs. 1 S. 2 SGB V i. V. m. der Satzungsregelung der KÄV/KZÄV, § 81 SGB V)	
12.1	Abberufung als Vorsitzender der Notdienstkommission	Regelstreitwert (LSG Sachsen, 15.7.2002 – L 1 B 12/02 KA –).
12.2	Befreiung vom Bereitschaftsdienst (Notfalldienst)	Auffangstreitwert (LSG Schleswig-Holstein, 25.2.2005 – L 4 B 32/04 KA ER –; LSG Hessen, 25.2.2005 – L 6/7 B 99/04 KA –; LSG Niedersachsen-Bremen, 18.9.2013 – L 3 KA 119/11 –; Sächsisches LSG, 14.12.2011 – L 1 KA 25/10 –; LSG Nordrhein-Westfalen, 29.8.2011 – L 11 KA 57/11 B ER –; Bayerisches LSG, 24.7.2015 – L 12 KA 55/15 B ER –; LSG Mannheim, 1.2.2017 – L 5 KA 1476/14 –).
12.3	Eingliederung von Fachärzten in den allgemeinen Notdienst	Regelstreitwert (SG Dresden, 10.2.2005 – S 11 KA 260/04 –).
12.4	Klage auf Teilnahme am Notdienst	zusätzliche Honorarsumme im Quartal für zwei Jahre (LSG Niedersachsen-Bremen, 11.8.2005 – L 3 KA 78/05 ER –).

Nr.	Gegenstand	Streitwert
12.5	Fortsetzungsfeststellungsklage betr. die Nichteinteilung zum Notfalldienst	Auffangstreitwert (BSG, 4.5.2016 – B 6 KA 74/15 B –).
12.6	Vertretung für den Notfalldienst	Kosten der Vertretung (LSG Rheinland-Pfalz, 29.8.1977 – L 6 Ka 5/76 –).
13.	Wahl der Vertreterversammlung (§ 80, § 81 Abs. 1 Nr. 2 SGB V i. V. m. der Wahlordnung)	
13.1	Wahlanfechtung	Regelstreitwert; mehrfacher Regelstreitwert (§ 39 Abs. 1 GKG), wenn die Besetzung mehrerer Positionen angefochten wird, für die jeweils gesonderte Wahlhandlungen vorgesehen sind. Die Zahl der die Wahlanfechtungen betreibenden Kläger ist ohne Bedeutung (BSG, 14.9.2006 – B 6 KA 24/06 B –; 19.9.2006 – B 6 KA 30/06 B –); vgl. A. II.1.3.
13.2	Verzicht auf die Mitgliedschaft	Auffangstreitwert (LSG Berlin-Brandenburg, 10.5.2016 – L 7 KA 44/15 B ER –).
14.	Wirtschaftlichkeitsprüfung (§ 106 SGB V)	
14.1	Beratung (§ 106 Abs. 1a SGB V)	Regelstreitwert (SG Marburg, 16.12.2013 – S 12 KA 565/13 ER –) bzw. bei Besonderheiten des Einzelfalls ein Viertel des Regelstreitwertes (Bayerisches LSG, 7.9.1998 – L 12 B 350/97 KA –).
14.2	Bescheidungsantrag bei Honorarkürzung oder Regress	Höhe des Kürzungs- oder des Regressbetrages ohne Abschlag (BSG, 23.2.2005 – B 6 KA 72/03 R –; BSG, 16.7.2008 – B 6 KA 57/07 R –; 13.10.2010 – B 6 KA 2/10 B –; a. A.: die Hälfte, Hessisches LSG, 27.6.2007 – L 4 B 152/07 KA –); dies gilt auch bei einer Klage der Krankenkasse gegen die Ablehnung eines Regresses; keine Herabsetzung, wenn auch Versicherte anderer Kassen betroffen sind, mit Ausnahme einer Einzelfallprüfung (LSG Rheinland-Pfalz, 24.8.2006 – L 5 KA 201/06 KA –).
14.3	Honorarkürzung oder Regress	– Höhe des Kürzungs- oder des Regressbetrages (BSG, 15.6.1998 – 6 RKa 40/96 –; 17.6.2009 – B 6 KA 6/09 B –; 13.10.2010 – B 6 KA 2/10 B –; 17.2.2016 – B 6 KA 44/15 B –). – wenn nur eingeschränkte Anfechtung in nicht quantifizierbarem Umfang: Hälfte der Differenz zwischen dem zuerkannten und dem abgerechneten Honorar (LSG Niedersachsen-Bremen, 19.8.2003 – L 3 B 38/03 KA –).
14.4	Regress bei Richtgrößenprüfung; Klage einer Krankenkasse	Gesamtbetrag der Honorarkürzung, da die Überwachung der Wirtschaftlichkeit von übergreifendem Interesse für alle Krankenkassen und Verbände ist (LSG Rheinland-Pfalz, 24.8.2006 – L 5 B 201/06 KA –); a. A.: Höhe des auf die Krankenkasse entfallenden Regressanteils (LSG Berlin-Brandenburg, 3.4.2008 – L 7 B 18/08 KA –).
14.5	Antrag auf (allgemeine) Prüfung der sachlich-rechnerischen Richtigkeit der Abrechnung einer Gebührenordnungsposition durch Vertragsärzte	Auffangstreitwert (BSG, 17.2.2016 – B 6 KA 63/15 B –).
14.6	Auszahlung des Honorars; einstweilige Anordnung (Wiederherstellung der aufschiebenden Wirkung, §§ 85 Abs. 4 S. 6, 87b Abs. 2 S. 6 SGB V)	Das wirtschaftliche Interesse bemisst sich nach der Dauer des Hauptsacheverfahrens und dem Zinsinteresse (LSG Nordrhein-Westfalen, 7.11.2011 – L 11 KA 110/11 B –; 8.3.2017 – L 11 KA 63/16 B ER –; a. A.: ein Viertel des Streitwerts der Hauptsache (LSG Rheinland-Pfalz, 19.4.2012 – L 7 KA 70/11 B –)).
15.	Zulassungsverfahren von Ärzten, Zahnärzten und Psychotherapeuten (§ 95 SGB V i. V. m. den Zulassungsverordnungen nach § 98 SGB V)	

15.1	Eintragung in das Arztregister als Vorstufe der Zulassung (§§ 95a, 95c SGB V)	– bei faktischer Vorwegnahme der Zulassung: Höhe der Einnahmen wie bei B. VI.15.7. – im Übrigen: Höhe der Einnahmen in dem streitigen Zeitraum der Weiterbildung (BSG, 21.3.1997 – 6 RKa 29/95 –).
15.2	Aufnahme in die Bewerberliste für das Gutachterverfahren nach § 12 Abs. 5 Psychotherapie-Vereinbarung	Auffangstreitwert (LSG Berlin-Brandenburg, 13.3.2014 – L 7 KA 76/13 B ER –).
15.3	Einstweilige Anordnung	Höhe der Einnahmen (wie bei B. VI.15.7.) während der voraussichtlichen Verfahrensdauer von einem Jahr ohne Abschlag (Wenner/Bernard, NZS 2001, 57, 59; 2003, 568, 571; 2006, 1, 3 f.; LSG Hamburg, 8.3.2011 – L 1 KA 22/11 B ER –; LSG Berlin-Brandenburg, 11.1.2012 – L 7 KA 91/11 B –; abweichend: je Instanz <Hauptsache> ein Jahr, Bayerisches LSG, 25.4.2005 – L 12 B 203/04 KA –; LSG Nordrhein-Westfalen, 17.1.2011 – L 11 KA 87/10 B ER –).
15.4	Begehren auf Anordnung der sofortigen Vollziehung eines Zulassungsbeschlusses (§ 97 Abs. 4 SGB V)	Voraussichtliche Honorareinnahmen im Zeitraum zwischen dem Zulassungsbeschluss bis zur positiven gerichtlichen Entscheidung (SG Marburg, 10.11.2011 – S 12 KA 790/11 ER –); bei Ablehnung Jahresbetrag des erwarteten Honorars (LSG Berlin-Brandenburg, 19.5.2016 – L 7 KA 51/15 B ER –).
15.5	Entziehung der Zulassung	Wie bei B. VI.15.7., wobei auf die konkret erzielten Umsätze zurückgegriffen werden kann (BSG, 7.4.2000 – B 6 KA 61/99 B –; 25.9.2005 – B 6 KA 69/04 B –), evtl. Regelstreitwert für 12 Quartale (LSG Mannheim, 20.10.2010 – L 5 KA 2155/09 –); bei einem Laborarzt ist das gesamte Honorar bestehend aus dem Leistungsanteil und den Analysesachkosten zu berücksichtigen (LSG Nordrhein-Westfalen, 10.12.2007 – L 10 B 39/06 KA –).
15.6	Sofortvollzug einer Entziehung der Zulassung (§ 97 Abs. 4 SGB V)	In den letzten vier Quartalen erwirtschaftete Honorare abzüglich der Praxiskosten (LSG Niedersachsen-Bremen, 18.11.2015 – L 3 KA 105/15 B ER –).
15.7	Erstzulassung	– Höhe der bundesdurchschnittlichen Umsätze der Arztgruppe (in den neuen Bundesländern: Durchschnitt dieser Länder) abzüglich des durchschnittlichen Praxiskostenanteils in einem Zeitraum von drei Jahren (BSG, 1.9.2005 – B 6 KA 41/04 R –; 12.10.2005 – B 6 KA 47/04 B –); abzustellen ist auf die Werte des Jahres, in dem der jeweilige Rechtszug eingeleitet worden ist, hilfsweise auf die jeweils zeitnächsten verfügbaren Daten (BSG, 25.9.2005 – B 6 KA 69/04 B –) – bei fehlenden Daten bzgl Umsätzen und Praxiskostenanteilen: Rückgriff auf durchschnittliche Werte aller Arztgruppen (BSG, 12.10.2005 – B 6 KA 47/04 B –) – bei fehlenden Daten bzgl Praxiskostenanteilen: Rückgriff auf einen „pauschalgegriffenen Kostensatz" von 50 v. H. (BSG, 12.10.2005 – B 6 KA 47/04 B –) – Unterschreiten des „Berechnungszeitraums" von drei Jahren möglich, wenn kürzere Tätigkeit zu erwarten ist (BSG, 28.1.2000 – B 6 KA 22/99 R) – in einem atypischen Fall, in welchem die durchschnittlichen Umsätze der Arztgruppe dem wirtschaftlichen Interesse des

		Arztes nicht annähernd entsprechen, ist für jedes Quartal des Dreijahreszeitraums der Regelwert ohne Abzug von Praxiskosten anzusetzen (BSG, 12.9.2006 – B 6 KA 70/05 B –; LSG Rheinland-Pfalz, 22.6.2010 – L 5 KA 25/10 B ER –).
15.8	Erteilung einer weiteren Zulassung	Mehreinnahmen innerhalb eines Zeitraumes von drei Jahren (BSG, 11.11.2005 – B 6 KA 12/05 B –).
15.9	Erhalt von zwei vollen Versorgungsaufträgen durch Verlegung eines Teils der ärztlichen Tätigkeit an einen anderen Ort	Auffangstreitwert (BSG, 9.2.2011 – B 6 KA 44/10 B –).
15.10	Konkurrentenklage gegen Zulassung	Wie bei B. VI.15.7.; bei einem offenen Ausgang des Auswahlverfahrens jedoch nur 1/3 des vollen Zulassungsinteresses (LSG Schleswig-Holstein, 28.6.2007 – L 4 B 269/06 KA ER –; die Hälfte: LSG Hamburg, 20.3.2015 – L 5 KA 54/14 B –; wenn Interesse nicht zu beziffern: 60 000 € <Auffangstreitwert für 12 Quartale>, BSG, 29.6.2011 – B 6 KA 4/11 B –; LSG Nordrhein-Westfalen, 16.3.2011 – L 11 KA 96/10 B ER –; LSG Rheinland-Pfalz, 30.8.2012 – L 7 KA 41/12 – <Rücknahme des Ausschreibungsantrags>); a. A. bei Praxisübernahme: Durchschnittsumsatz in der Arztgruppe ohne Abzug von Praxiskosten (Wenner/Bernard, NZS 2001, 57, 60).
15.11	Nebenbestimmungen zu einer Zulassung (Bedingung)	Wie bei B. VI.15.7.
15.12	Verlegung des Arztsitzes (§ 24 Abs. 7 Ärzte-ZV)	Dreifacher Regelstreitwert (Wenner/Bernard, NZS 2001, 57, 60; LSG Berlin-Brandenburg, 25.10.2013 – L 7 KA 77/13 B ER –).
15.13	Weiterführung von Behandlungen nach Versagung der Zulassung zur vertragspsychotherapeutischen Versorgung	Zu erwartendes Honorar (BSG, 8.4.2005 – B 6 KA 52/04 B –).
15.14	Zweigpraxis (§ 24 Abs. 3 Ärzte-ZV)	Dreifacher Regelstreitwert (Wenner/Bernard, NZS 2003, 568, 572; Hessisches LSG, 13.11.2007 – L 4 KA 57/07 ER –; LSG Rheinland-Pfalz, 11.6.2010 – L 5 KA 61/09 B –; LSG Mannheim, 23.10.2013 – L 5 KA 4620/12 –); a. A.: 60 000 € <Auffangstreitwert für 12 Quartale>, jedoch auch Berücksichtigung des angebotenen Zeitkontingentes sowie von Art und Umfang der ärztlichen Leistungen (LSG Nordrhein-Westfalen, 17.12.2009 – L 11 B 7/09 KA –; 16.3.2011 – L 11 KA 96/10 B ER –; 13.9.2016 – L 11 KA 78/15 –).
15.15	Erteilung einer Nebentätigkeitsgenehmigung als Konsiliararzt	Voraussichtliche Honorareinnahmen für drei Jahre abzüglich der Betriebskosten (LSG Nordrhein-Westfalen, 24.2.2006 – L 10 B 21/05 KA –).
16.	Medizinisches Versorgungszentrum (§ 95 SGB V)	
16.1	Genehmigung zur Anstellung eines Arztes (§ 95 Abs. 2 Satz 7 SGB V)	In Anlehnung an B. VI.15.8: Regelstreitwert pro Quartal für drei Jahre <60 000 €>, ggfs. multipliziert mit der Anzahl der betroffenen Vollzeitstellen (LSG Rheinland-Pfalz, 12.7.2011 – L 5 KA 19/11 B ER –; Sächsisches LSG, 9.12.2015 – L 8 KA 2/13 –; 30.5.2016 – L 1 KA 3/15 B –).
16.2	Zulassung	Wie 16.1: SG Karlsruhe, 17.12.2010 – S 1 KA 575/10 –; SG Marburg, 20.1.2014 – S 12 KA 117/13 –).
16.3	Nachbesetzung einer Arztstelle (§ 103 Abs. 4a Satz 3 SGB V)	Höhe des mit dem Arzt vereinbarten Gehalts im streitigen Zeitraum (LSG Mannheim, 8.12.2010 – L 5 KA 3673/10 ER-B –).

16.4	Entziehung der Zulassung (§ 95 Abs. 6 SGB V)	In Anlehnung an B. VI.15.5.: Honorarumsätze eines Jahres abzüglich der Praxiskosten (SG Berlin, 20.11.2009 – S 83 KA 673/09 ER –; LSG Berlin-Brandenburg, 9.2.2010 – L 7 KA 169/09 B ER –).
16.5	Befreiung vom Bereitschaftsdienst (Notfalldienst)	In Anlehnung an B. VI.12.2: Auffangstreitwert (Sächsisches LSG, 14.12.2011 – L 1 KA 25/10 –).
16.6	Kosten für die Teilnahme an einer erweiterten Honorarverteilung	Durchschnittliche Kosten je beschäftigtem Arzt für drei Jahre (SG Marburg, 10.7.2009 – S 12 KA 646/08 –).
16.7	Herausgabe einer Bürgschaftserklärung (§ 95 Abs. 2 S. 6 SGB V)	Auffangstreitwert (SG Hannover, 2.9.2015 – S 78 KA 505/10 –).
17.	Praxisübernahme; Nachbesetzung (§ 103 Abs. 4 SGB V)	
17.1	Praxisveräußerung ohne Zulassungsbegehren	Kaufpreis (LSG Berlin, 23.9.1997 – L 7 Ka-SE 27/97 –; BSG, 9.4.2008 – B 6 KA 3/07 B –).
17.2	Antrag auf zusätzliche Zulassung bei angestrebtem Praxisverkauf	Siehe Erstzulassung (vgl. B. VI.15.7.), da ausschließlich Zulassungsstreit (LSG Mannheim, 27.8.1999 – L 5 KA 1576/99 W-B –).
17.3	Begehren auf Durchführung des Ausschreibungsverfahrens mit Zulassungsbegehren	Regelwert für zwölf Quartale, da Ähnlichkeit mit einer Zulassungsstreitigkeit (BSG, 28.11.2007 – B 6 KA 26/07 R –).
17.4	Anordnung der sofortigen Vollziehung eines Zulassungsbeschlusses im Nachbesetzungsverfahren	Honorarumsätze abzüglich der Praxiskosten für die (voraussichtliche) Dauer des Widerspruchsverfahrens (SG Marburg, 25.11.2011 – S 12 KA 797/11 ER –).
17.5	Anstellungsgenehmigung (§ 103 Abs. 4b SGB V)	In Anlehnung an B. VI.15.8.: Regelstreitwert pro Quartal für drei Jahre (SG Marburg, 10.9.2014 – S 12 KA 531/14 ER –).
18.	Substitutionsbehandlung	
18.1	Erteilung einer Abrechnungsgenehmigung	Auffangstreitwert (SG Marburg, 2.4.2014 – S 12 KA 301/13 –).
18.2	Anordnung der KÄV auf Beendigung der Substitutionsbehandlung eines Versicherten durch einen Vertragsarzt („Substitutionsrichtlinie“, §§ 92 Abs. 1 Satz 2 Nr. 5, 135 SGB V)	Auffangstreitwert; auf den Umfang einer erst beabsichtigten Honorarrückforderung kann nicht abgestellt werden (Hessisches LSG, 11.3.2009 – L 4 KA 59/07 –); Auffangstreitwert auch bei Begehren um Honorierung von Leistungen nach Anordnung der sofortigen Vollziehung bis zu deren Aufhebung (BSG, 5.6.2013 – B 6 KA 4/13 B –).
18.3	Ankündigung einer Qualitätsprüfung, Aufforderung zur Vorlage von Behandlungsdokumentationen (§ 136 Abs. 2 SGB V, Qualitätsprüfungs-Richtlinie Vertragsärztliche Versorgung)	Auffangstreitwert (LSG Berlin-Brandenburg, 28.6.2011 – L 7 KA 50/11 B ER –).
19.	Richtlinien des Gemeinsamen Bundesausschusses (§ 92 SGB V)	
19.1	Arzneimittel-RL	Bei Antrag auf Unterlassung einer bestimmten Interpretation durch den GBA: erwartete Gewinneinbuße für ein Jahr (LSG Berlin-Brandenburg, 27.8.2010 – L 7 KA 11/10 KL ER –).
20.	Abschluss eines Individualrabattvertrages mit einem zahntechnischem Labor (§§ 57 Abs. 2, 88 Abs. 2 SGB V)	Auffangstreitwert (BSG, 28.10.2015 – B 6 KA 2/15 R –; LSG Niedersachsen-Bremen, 25.11.2014 – L 4 KR 244/10 –).

VII. SGB VI – Rentenversicherung

1.	Betriebsprüfung, Feststellung der Versicherungspflicht (§ 28p SGB IV)	
1.1	Klage des Arbeitnehmers	Keine Streitwertfestsetzung, da gerichtskostenfrei nach § 183 SGG.
1.2	Klage des Arbeitgebers	Höhe der Beiträge, wenn zu Beginn des Verfahrens (§ 40 GKG) auch Beitragsbescheid vorlag (LSG Schleswig-Holstein, 19.1.2015 – L 5 KR 180/15 B –); wendet sich der Kläger nur gegen die Versicherungspflicht Auffangstreitwert (BSG, 8.12.2008 – B 12 R 37/07 B –).

1.3	Klagen sowohl des Arbeitnehmers als auch des Arbeitgebers	Es liegt auch bei Verbindung getrennter Klagen ein einheitlicher Streitgegenstand bei subjektiver Klagehäufung vor (BSG, 29.7.2015 – B 12 KR 23/13 R –: LSG Berlin-Brandenburg, 24.2.2014 – L 1 KR 271/13 –); a. A.: teilbarer Streitgegenstand und damit objektive Klagehäufung (LSG Rheinland-Pfalz, 11.12.2013 – L 6 R 152/12 B –; LSG Mannheim, 30.3.2012 – L 4 R 2043/10 –: § 183 SGG für Arbeitnehmer und § 197a SGG für Arbeitgeber).
1.4	Aufforderung des Arbeitgebers zur Vorlage von Unterlagen	Auffangstreitwert, evtl. zusätzlich das angedrohte Zwangsgeld (LSG Mannheim, 20.9.2012 – L 11 R 2785/12 ER – B –; 23.10.2013 – L 4 R 4066/13 ER-B –).
1.5	Aufforderung des Arbeitgebers zur Abgabe einer Meldung (§ 28a SGB IV)	Auffangstreitwert (LSG Mannheim, 8.7.2016 – L 4 R 3450/15 –).
1.6	Untersagung der Ausweitung der Betriebsprüfung auf Kunden des Arbeitgebers	Auffangstreitwert (LSG Schleswig-Holstein, 27.8.2014 – L 5 KR 149/14 B ER –).
2.	Anfrageverfahren (§ 7a SGB IV)	
2.1	Klage des Arbeitnehmers	Keine Streitwertfestsetzung, da gerichtskostenfrei nach § 183 SGG.
2.2	Klage des Arbeitgebers	Auffangstreitwert nach wohl h. M. (BSG, 11.3.2009 – B 12 R 11/07 R –; 4.6.2009 – B 12 R 6/08 R –; 30.10.2013 – B 12 KR 17/11 R –; 20.2.2017 – B 12 KR 95/16 B –; LSG Mannheim, 17.7.2014 – L 11 R 2546/14 B –; 21.2.2017 – L 11 R 2433/16 –; Bayerisches LSG, 27.11.2015 – L 7 R 759/15 B –; zum Streitstand vgl. Reyels, jurisPR-SozR 20/2015 Anm. 6), eine Rechtsgrundlage für eine Vervielfältigung des Auffangstreitwerts besteht nicht (BSG, 5.3.2010 – B 12 R 8/09 R –; Berchtold, NZS 2014, 888), jedoch kann dieser bei Verfahren, die mehrere Personen betreffen, mit der Anzahl der Personen multipliziert werden (LSG Mannheim, 10.9.2010 – L 4 R 1775/07 –).
2.3	Klagen sowohl des Arbeitnehmers als auch des Arbeitgebers	Es liegt auch bei Verbindung getrennter Klagen ein einheitlicher Streitgegenstand bei subjektiver Klagehäufung vor (BSG, 29.7.2015 – B 12 KR 23/13 R –: LSG Berlin-Brandenburg, 24.2.2014 – L 1 KR 271/13 –); a. A.: teilbarer Streitgegenstand und damit objektive Klagehäufung (LSG Rheinland-Pfalz, 11.12.2013 – L 6 R 152/12 B –; LSG Mannheim, 30.3.2012 – L 4 R 2043/10 –: § 183 SGG für Arbeitnehmer und § 197a SGG für Arbeitgeber).
2.4	Berechtigung eines Steuerberaters zum Auftreten als Bevollmächtigter	Bei allgemeinem zukunftsgerichtetem Begehren Auffangstreitwert und nicht nur kostenrechtlicher Gebührenanspruch (BSG, 5.3.2014 – B 12 R 7/12 R und 4/12 R –).
3.	Rückzahlung von Rentenleistungen (§ 118 Abs. 3 und 4 SGB VI)	
3.1	Rücküberweisungsanspruch gegenüber dem Geldinstitut (§ 118 Abs. 3 SGB VI)	Höhe des Betrags (vgl. zB BSG, 5.2.2009 – B 13 R 87/08 R –; 24.2.2016 – B 13 R 22/15 R –).
3.2	Rückforderungsanspruch gegenüber Empfängern, Verfügenden und Erben (§ 118 Abs. 4 SGB VI)	Keine Kostenprivilegierung nach § 183 SGG, Höhe des Betrags (BSG, 10.7.2012 – B 13 R 105/11 R –; 14.12.2016 – B 13 R 9/16 R –; 3.4.2014 – B 5 R 25/13 R – <Erbe ist kein Sonderrechtsnachfolger>; a. A.: Sächsisches LSG, 30.10.2012 – L 5 R 350/11 –).
4.	Befreiung von der Versicherungspflicht	Keine Streitwertfestsetzung, da gerichtskostenfrei nach § 183 SGG (LSG Rheinland-Pfalz, 21.12.2004 – L 5 LW 13/04 –; LSG Hamburg, 28.6.2005 – L 3 B 138/05 R –).

Nr.	Gegenstand	Streitwert
5.	Rücknahme eines Rentenbescheides und Erstattungsbegehren (§§ 45, 50 SGB X); Tod des Leistungsempfängers	Bzgl. der Rücknahme eines Rentenbewilligungsbescheides gegenüber dem Leistungsempfänger Kostenprivilegierung der Hinterbliebenen als Sonderrechtsnachfolger (§ 183 S. 1 SGG) möglich, aber nicht hinsichtlich der Erstattungsforderung, insoweit gilt § 197a SGG <kein fälliger Geldleistungsanspruch, außerdem gegen den Berechtigten> (BSG, 20.3.2013 – B 5 R 16/12 R –; unveröff. Beschluss vom 11.10.2012 – B 5 R 16/12 R –).
6.	Nachversicherung (§ 233 SGB VI)	Auffangstreitwert, wenn allein die Erhebung der Verjährungseinrede Streitgegenstand ist (BSG, 27.6.2012 – B 5 R 88/11 R –).

VIII. SGB VII – Unfallversicherung

Nr.	Gegenstand	Streitwert
		Vgl. allgemein: Becker/Spellbrink, NZS 2012, 283 ff.)
1.	Anfechtung der Wahl der Vertreterversammlung (§ 46, § 57 SGB IV)	Regelstreitwert (LSG Mannheim, 6.8.2004 – L 7 U 3170/04 W-A –); vgl. auch B. VI.13.1.
2.	Beitragsforderung (§ 150, § 168 SGB VII); Gefahrtarif, Gefahrklassen (§§ 157 ff. SGB VII)	
2.1	Veranlagungsbescheid bei noch bestehender Mitgliedschaft	– Bei Streit um die Veranlagung dem Grunde nach: Die im Zeitpunkt der Antragstellung (§ 40 GKG) bezifferbare Beitragslast (BSG, 8.9.2009 – B 2 U 113/09 B –); bei Nichtfeststellbarkeit der erstrebten Beitragsersparnis: einfacher Auffangstreitwert (BSG, 18.1.2011 – B 2 U 16/10 R –). – Bei Streit um die Höhe der Veranlagung: Grundsätzlich die Differenz zwischen dem geforderten und dem bei einem Erfolg der Klage zu erwartenden Beitrag (BSG, 11.4.2013 – B 2 U 8/12 R –; 13.12.2016 – B 2 U 135/16 B –; ggfs. Anhebung gem. § 52 Abs. 3 S. 2 GKG); bei Nichtfeststellbarkeit der erstrebten Beitragsersparnis: einfacher Auffangsstreitwert (Becker/Spellbrink, NZS 2012, 283 ff.; Bayerisches LSG, 20.7.2015 – L 2 U 318/13 –).
	Veranlagungsbescheid bei beendeter Mitgliedschaft	Ausschließlich die Höhe der Beitragsforderung (BSG, 17.5.2011 – B 2 U 18/10 R –; 23.7.2015 – B 2 U 78/15 B –).
	Beitragsbescheid	Höhe der Forderung (BSG, 22.9.2009 – B 2 U 32/08 R –; B 2 U 2/08 R –; 4.7.2013 – B 2 U 2/12 R –).
2.2	Beitragszuschlag (§ 162 SGB VII); Akteneinsicht	Auffangstreitwert (BSG, 11.4.2013 – B 2 U 21/11 R –).
2.3	Mitgliedschaft bei Berufsgenossenschaft (§§ 121 ff., § 136 SGB VII); Zuständigkeitsstreit; Überweisung zu einem anderen Träger	Bei Nichtfeststellbarkeit der erstrebten Beitragsersparnis: einfacher Auffangstreitwert (BSG, 7.3.2017 – B 2 U 140/16 B –; 18.1.2011 – B 2 U 16/10 R –; 31.1.2012 – B 2 U 3/11 R –; LSG Mannheim, 26.1.2017 – L 10 U 1029/15 –; Becker/Spellbrink, NZS 2012, 283 ff.); a. A.: Dreifacher Jahresbeitrag des Unfallversicherungsträgers, gegen dessen Zuständigkeit sich der Kläger wendet, mindestens vierfacher Auffangstreitwert (LSG Mannheim, 19.1.2016 – L 9 U 1028/15 –; 24.2.2017 – L 8 U 1754/16 – unter Bezug auf BSG, 28.2.2006 – B 2 U 31/05 R –).
2.4	Beitragszuschlag (§ 162 SGB VII); Akteneinsicht	Auffangstreitwert (BSG, 11. 4. 2013 – B 2 U 21/11 R –).
3.	Mitgliedschaft bei Berufsgenossenschaft (§§ 121 ff., § 136 SGB VII); Zuständigkeits-	Bei Nichtfeststellbarkeit der erstrebten Beitragsersparnis: einfacher Auffangstreitwert (BSG, 7. 3. 2017 – B 2 U 140/16 B –; 18. 1.

	streit; Überweisung zu einem anderen Träger	2011 – B 2 U 16/10 R –; 31. 1. 2012 – B 2 U 3/11 R –; LSG Baden-Württemberg, 26. 1. 2017 – L 10 U 1029/15 –; Becker/Spellbrink, NZS 2012, 283ff.); a.A.: Dreifacher Jahresbeitrag des Unfallversicherungsträgers, gegen dessen Zuständigkeit sich der Kläger wendet, mindestens vierfacher Auffangstreitwert (LSG Baden-Württemberg, 19. 1. 2016 – L 9 U 1028/15 –; 24. 2. 2017 – L 8 U 1754/16 – unter Bezug auf BSG, 28. 2. 2006 – B 2 U 31/05 R –).
4.	Versicherungspflicht als Unternehmer (§ 2 SGB VII)	
4.1	Feststellung der (Mit-)Unternehmereigenschaft eines Beigeladenen; Klage des Unternehmers	Auffangstreitwert (BSG, 5.2.2008 – B 2 U 3/07 R –).
4.2	Gleichzeitiger Streit um Versicherungspflicht und Beitragspflicht	Höhe der Beiträge, hilfsweise der einfache Auffangstreitwert; keine Kostenprivilegierung, da nicht nur der Status als Versicherter maßgebend ist, sondern sich der Kläger auch gegen die Erhebung von Beiträgen gegenüber ihm als Unternehmer wendet (BSG, 5.3.2008 – B 2 U 353/07 B –; 19.4.2012 – B 2 U 348/11 B –; Köhler SGB 2008, 76 ff. mwN; LSG Berlin-Brandenburg, 5.11.2008 L 3 B 1007/05 U –; LSG Niedersachsen-Bremen, 4.8.2010 – L 3 B 32/08 U –); a. A.: Wegen der Identität des beitragspflichtigen Unternehmers mit dem Versicherten gerichtskostenfrei nach § 183 SGG (LSG Sachsen, 2.5.2005 – L 2 B 236/04 U/LW/ER –; 22.11.2005 – L 2 B 206/05 U –; LSG Mannheim, 4.5.2005 – L 2 U 5059/04 ER-B –; Bayerisches LSG, 29.6.2005 – L 1/3 U 291/04 –; 30.11.2016 – L 2 U 106/14 –).
5.	Beschränkung der Haftung gegenüber Versicherten, ihren Angehörigen und Hinterbliebenen (§§ 104 ff. SGB VII)	
5.1	Klage des in der Haftung beschränkten Unternehmers bzw. Haftpflichtversicherers auf Feststellung eines Versicherungsfalles (§§ 109, 108, 104 SGB VII)	Auffangstreitwert (BSG, 26.6.2007 – B 2 U 35/06 R –; 29.11.2011 – B 2 U 27/10 R –; 8.12.2016 – B 2 U 123/16 B; LSG Mannheim, 22.5.2014 – L 6 U 5225/13 –).
5.2	Klage eines potentiell nach §§ 105, 106, 109 SGB VII haftungsprivilegierten Versicherten	Kostenprivilegierung als Versicherter (BSG, 30.8.2016 – B 2 U 40/16 B –).
5.3	Feststellung des Umfangs der von dem Unfallversicherungsträger dem Versicherten erbrachten Leistungen gegenüber dem Dritten	Höhe der Leistungen (BSG, 31.1.2012 – B 2 U 12/11 R –).
IX. SGB XI – Pflegeversicherung		
1.	Zulassung zur Pflege durch Versorgungsvertrag (§ 72 SGB XI)	Der voraussichtliche Jahresgewinn aus drei Jahren, wenn die Zulassung für mindestens drei Jahre streitig ist (BSG, 12.6.2008 – B 3 P 2/07 R –; Bayerisches LSG, 13.12.2010 – L 2 P 47/09 B –).
2.	Verantwortliche Pflegefachkraft (§ 71 Abs. 2 Nr. 1, Abs. 3 SGB XI)	
2.1	Feststellungsklage hinsichtlich der Anforderungen	Bei angestrebter Zusammenlegung von Heim- und Pflegedienstleitung: dreifacher Jahresbetrag für die Beschäftigung einer zusätzlichen verantwortlichen Pflegefachkraft (BSG, 22.4.2009 – B 3 P 14/07 R –).
2.2	Klage auf Anerkennung als verantwortliche Pflegefachkraft	Regelstreitwert (BSG, 18.5.2011 – B 3 P 5/10 R –).
3.	Kündigung des Versorgungsvertrages eines Pflegedienstes (§ 74 SGB XI)	Auf Grund der gravierenden finanziellen Folgen einer Zulassungsentziehung der dreifache Jahresumsatz (BSG, 12.6.2008 – B 3 P 2/07 R –; Bayerisches LSG,

		12.10.2011 – L 2 P 41/10 B ER –) bzw. erzielbare Einnahmen für drei Jahre (Hessisches LSG, 26.9.2005 – L 14 P 1300/00 –; LSG Berlin-Brandenburg, 31.8.2006 – L 24 B 31/06 P ER); a. A.: dreifacher Jahresgewinn in Anlehnung an § 42 Abs. 2 GKG (LSG Rheinland-Pfalz, 2.2.2011 – L 5 P 51/10 B –).
4.	Klage auf Zustimmung zur gesonderten Berechnung von Aufwendungen der Pflegeeinrichtung (§ 82 Abs. 3 SGB XI)	Der dreifache Jahresbetrag der wiederkehrenden Leistungen (§ 42 Abs. 2 GKG) je Pflegetag und Heimbewohner unter Berücksichtigung des Auslastungsgrades (LSG Sachsen-Anhalt, 16.3.2011 – L 4 P 12/07 –; nachfolgend BSG, 8.9.2011 – B 3 P 2/11 R –).
5.	Schiedsspruch zur Vergütung von Pflegeleistungen (§ 85 Abs. 5 SGB XI)	
5.1	Ambulante Pflegeleistungen (§§ 89 Abs. 3 S. 4, 85 Abs. 5 SGB XI)	Regelstreitwert (BSG, 29.1.2009 – B 3 P 8/07 R –; 17.12.2009 – B 3 P 3/08 R –).
5.2	Stationäre Pflegeleistungen (§§ 84 Abs. 4, 87 S. 3, 87b Abs. 1 S. 1, 85 Abs. 5 SGB XI)	Wirtschaftliche Bedeutung: Differenz zwischen der geforderten Vergütung/dem Angebot der Pflegekassen und dem Schiedsspruch sowie dessen Auswirkungen auf das wirtschaftliche Ergebnis im vom Schiedsspruch umfassten Zeitraum (BSG, 29.1.2009 – B 3 P 9/07 R –; 12.9.2012 – B 3 P 5/11 R –; 29.1.2009 – B 3 P 6/08 R und 16.5.2013 – B 3 P 2/12 R –: ohne Abschlag wegen des Begehrens auf Neubescheidung; LSG Nordrhein-Westfalen, 21.1.2009 – L 10 B 20/08 P –; 1.4.2009 – L 10 B 42/08 P –); evtl. Anhebung nach § 52 Abs. 3 S. 2 GKG (BSG, 25.1.2017 – B 3 P 3/15 R –).
6.	Pflegesatzvereinbarung; Auskunftsklage zur Vorbereitung einer Zahlungsklage (§§ 82 ff. SGB XI)	Grad der Abhängigkeit der Durchsetzbarkeit der Ansprüche von der Auskunft, idR ein Fünftel des Zahlungsanspruches (LSG Schleswig-Holstein, 14.10.2005 – L 3 P 4/05 –); vgl. auch A. II.7. und 8.
7.	Zahlung des Anerkennungsbetrages nach § 87a Abs. 4 SGB XI	Höhe des Betrags (BSG, 30.9.2015 – B 3 P 1/14 R –).
8.	Pflegestützpunkt (§ 92c SGB XI i. d. F. bis 31.12.2015, § 7c SGB XI i. d. F. ab 1.1.2016)	Bei Widerrufs- und Erstattungsbescheid Höhe des Erstattungsbetrags (LSG Mannheim, 9.12.2016 – L 4 P 2987/14 –).
9.	Ergebnisse von Qualitätsprüfungen (§ 115 SGB XI)	
9.1	Untersagung der Veröffentlichung eines Pflegetransparenzberichtes (§ 115 Abs. 1a SGB XI)	Voller Auffangstreitwert auch im Verfahren nach § 86b SGG (§§ 53 Abs. 2 Nr. 4, 52 Abs. 2 GKG; Sächsisches LSG, 24.2.2010 – L 1 P 1/10 B ER –; LSG Berlin-Brandenburg, 29.3.2010 – L 27 P 14/10 B ER und 2.8.2013 – L 27 P 86/12 B –; LSG Sachsen-Anhalt, 11.8.2011 – L 4 P 8/11 B ER –; LSG Niedersachsen-Bremen, 12.8.2011 – L 15 P 2/11 B ER –).
9.2	Beseitigung der Veröffentlichung eines Pflegetransparenzberichtes (§ 115 Abs. 1a SGB XI)	Voller Auffangstreitwert auch im Verfahren nach § 86b SGG (§§ 53 Abs. 2 Nr. 4, 52 Abs. 2 GKG; LSG Berlin-Brandenburg, 3.8.2012 – L 27 P 39/12 B ER –, doppelter Auffangstreitwert, wenn auch Untersagung künftiger Veröffentlichung Gegenstand)
9.3	Maßnahmenbescheid nach § 115 Abs. 2 SGB XI	Multiplikation des Auffangstreitwerts mit der Anzahl der Maßnahmen (LSG Berlin-Brandenburg, 4.6.2009 – L 27 B 105/08 P –; 7.7.2010 – L 27 P 12/10 B –; 31.7.2013 – L 27 P 66/11 B –; 18.9.2014 – L 27 P 46/14 B –) bzw. der Maßnahmekomplexe (LSG Nordrhein-Westfalen, 26.5.2010 – L 10 B 41/09 P –; 7.3.2012 – L 10 P 133/11 B –);

		a. A.: Auffangstreitwert, auch wenn mehrere Maßnahmen festgelegt wurden (SG Hildesheim, 29.7.2009 – S 51 P 41/09 ER –; van der Ploeg, NZS 2011, 212 unter Bezug auf LSG Niedersachsen-Bremen, 21.1.2010 – L 15 P 69/09 B –).
10.	Beitragserstattungsanspruch eines Trägers einer Werkstatt für behinderte Menschen (§ 59 Abs. 1 S. 1 SGB XI i. V. m. § 251 Abs. 2 S. 2 SGB V)	Keine Streitwertfestsetzung, da gerichtskostenfrei nach § 183 SGG <Leistungsempfänger> (BSG, 23.7.2014 – B 12 P 1/12 R –).
11.	Private Pflegeversicherung	Für Versicherte gilt die Kostenprivilegierung des § 183 SGG (BSG, 12.2.2004 – B 12 P 2/03 R –; 19.4.2007 – B 3 P 6/06 R –); § 183 Satz 1 SGG ist entsprechend anzuwenden bei dem Übergang von Ansprüchen im Wege der Gesamtrechtsnachfolge auf den Ehegatten (BSG, 28.9.2006 – B 3 P 3/05 R –).
X. SGB XII – Sozialhilfe		
1.	Abschluss von Vereinbarungen mit Einrichtungen (§§ 75 ff. SGB XII)	
1.1	Leistungs- und Prüfungsvereinbarung (§ 75 Abs. 3 S. 1 Nr. 1 und 3 SGB XII)	Auffangstreitwert, keine Berücksichtigung einer möglichen höheren Vergütung (LSG Niedersachsen-Bremen, 19.12.2006 – L 8 B 37/06 SO –; LSG Berlin-Brandenburg, 8.1.2016 – L 15 SO 145/13 B –).
1.2	Vergütungsvereinbarung (§ 75 Abs. 3 S. 1 Nr. 2 SGB XII)	Gewinn bzw. Mindereinnahmen innerhalb von drei Jahren, wenn kein kürzerer Zeitraum streitig ist. Maßgebend sind die Pflegeplätze, die mit Personen belegt sind, für die der Sozialhilfeträger eintrittspflichtig ist (LSG für das Saarland, 4.12.2008 – L 11 B 8/08 SO –).
2.	Entscheidungen der Schiedsstelle (§§ 77, 80 SGB XII)	
2.1	Begehren einer höheren Vergütung	Differenz der begehrten zu der festgelegten Vergütung im Vergütungszeitraum (BSG, 23.7.2014 – B 8 SO 3/13 R –; 7.10.2015 – B 8 SO 1/14 R – und – B 8 SO 19/14 R –; Hessisches LSG, 25.2.2011 – L 7 SO 237/10 KL –; kein Abschlag bei isolierter Anfechtungsklage: LSG Greifswald, 6.9.2012 – L 9 SO 11/10 –; LSG Berlin-Brandenburg, 18.8.2016 – L 23 SO 187/14 KL –).
2.2	Anordnung der sofortigen Vollziehung eines Beschlusses der Schiedsstelle	Dreifacher Jahreswert der Vergütungsdifferenz, da Fortgeltung der Vereinbarung nach § 77 Abs. 2 S. 4 SGB XII (LSG Nordrhein-Westfalen, 3.1.2017 – L 9 SO 419/16 ER KL –).
3.	Erteilung einer Auskunft über die Einkommens- und Vermögensverhältnisse (§ 117 SGB XII)	Auffangstreitwert ohne Abschlag, da § 52 Abs. 2 GKG dies nicht vorsieht (BSG, 14.5.2012 – B 8 SO 78/11 B –; 20.12.2012 – B 8 SO 75/12 B –; 8.2.2017 – B 8 SO 71/16 B –).
4.	Anspruchsübergang nach dem Tod des Leistungsberechtigten (§ 19 Abs. 6 SGB XII)	Es gilt die Kostenprivilegierung des § 183 SGG für den, der dieses Recht geltend macht (BSG, 1.9.2008 – B 8 SO 12/08 B –; 13.7.2010 – B 8 SO 13/09 R –; 2.2.2012 – B 8 SO 15/10 R –).
5.	Erstattungsanspruch des Nothelfers (§ 25 SGB XII)	Kostenprivilegierung (§ 183 SGG), da Fortwirkung des ursprünglichen Sozialhilfeanspruchs des Leistungsberechtigten (BSG, 11.6.2008 – B 8 SO 45/07 B –; 19.5.2009 – B 8 SO 4/08 R –; 23.8.2013 – B 8 SO 19/12 R –; 30.10.2013 – B 7 AY 2/12 R –; 12.12.2013 – B 8 SO 13/12 R –); evtl. dann keine Kostenprivilegierung, wenn offensichtlich kein Anspruch (LSG Niedersachsen-Bremen, 17.12.2015 – L 8 SO 194/11 –).

Nr.	Gegenstand	Streitwert / Hinweise
6.	Heranziehung zu einem Kostenbeitrag gem. § 92 Abs. 1 S. 2 SGB XII und § 92a SGB XII	
6.1	Gegenüber dem Leistungsberechtigten	Kostenprivilegierung (§ 183 SGG)
6.2	Gegenüber den anderen in § 19 Abs. 3 SGB XII (§ 92 Abs. 1 SGB XII) oder § 92a Abs. 1 SGB XII genannten Personen	Keine Kostenprivilegierung (BSG, 20.4.2016 – B 8 SO 25/14 R –; vgl. auch 8.); a. A.: entsprechende Anwendung des § 183 SGG (SG Braunschweig, 4.3.2011 – S 32 SO 208/08 –; Meyer-Ladewig, SGG, 11. Aufl., § 183 RdNr. 7a).
7.	Überleitung von Ansprüchen (§ 93 SGB XII); Überleitungsbescheid	
7.1	Klage des Schuldners gegen die Überleitung	Auffangstreitwert (BSG, 25.4.2013 – B 8 SO 104/12 B –; Sächsisches LSG, 11.6.2012 – L 7 SO 22/10 B ER –; Bayerisches LSG, 30.7.2015 – L 8 SO 146/15 B –, jedenfalls wenn keine Anhaltspunkte zur Höhe der übergeleiteten Forderung vorliegen.
7.2	Klage des Sozialhilfeempfängers	Keine Kostenfreiheit nach § 183 SGG und im Regelfall Auffangstreitwert; nur dann die Höhe des übergeleiteten Anspruchs, wenn dieser nicht streitig ist (LSG Nordrhein-Westfalen, 9.1.2007 – L 20 B 137/06 SO –).
8.	Kostenersatz durch Erben (§ 102 SGB XII)	Keine Kostenprivilegierung (BSG, 23.3.2010 – B 8 SO 2/09 R –).
9.	Erstattungsstreitigkeiten zwischen Sozialhilfeträgern	Keine Kostenprivilegierung, § 197a Abs. 3 SGG gilt (BSG, 13.7.2010 – B 8 SO 10/10 R –; 13.2.2014 – B 8 SO 11/12 R –; 28.1.2016 – B 13 SF 3/16 S –); bei Begehren auf Feststellung der <weiteren> Erstattungspflicht Auffangstreitwert (BSG, 23.8.2013 – B 8 SO 14/12 R –), vgl. auch 10.2.
10.	Beteiligung von Trägern der Sozialhilfe	
10.1	Allgemein	Die Träger der Sozialhilfe sind in allen Streitigkeiten, die nicht Erstattungsstreitigkeiten sind (§ 197a Abs. 3 SGG, vgl. 9.) und die in einem engen sachlichen Zusammenhang mit den gesetzlichen Aufgaben des Trägers der Sozialhilfe stehen, von den Gerichtskosten nach § 64 Abs. 3 Satz 2 SGB X befreit; dies ist ggfs. im Tenor auszusprechen (BSG, 23.7.2014 – B 8 SO 2/13 R –; 28.1.2016 – B 13 SF 3/16 S –). Die Kostenentscheidung ist nach § 197a SGG zu treffen (BSG, 7.10.2015 – B 8 SO 19/14 R –; 28.1.2016 – B 13 SF 3/16 S –; 20.4.2016 – B 8 SO 25/14 R –; LSG Nordrhein-Westfalen, 19.3.2009 – L 9 SO 9/07 –). Aus § 197a Abs. 3 SGG lässt sich eine weitergehendere Kostenbefreiung für einen Sozialhilfeempfänger oder einen Dritten nicht herleiten (LSG Nordrhein-Westfalen, 9.1.2007 – L 20 B 137/06 SO –; LSG Mannheim, 22.11.2007 – L 7 SO 5195/06 –; Meyer-Ladewig, SGG, 11. Aufl., § 197a Rdnrn. 2a und 2b; Groth, SGB 2007, 536, 537).
10.2	Beteiligung eines Landes als Träger der Sozialhilfe	Befreiung von Gerichtskosten auch dann, wenn es an Erstattungsstreitigkeiten mit anderen Leistungsträgern beteiligt ist (§ 2 Abs. 1 Satz 1 GKG; Groth, SGB 2007, 536, 537 f.).

X. Patent- und kennzeichnungsrechtliche Verfahren

1. Gesetz über die Kosten des Deutschen Patent- und Markenamts und des Bundespatentgerichts (Patentkostengesetz – PatKostG)

Vom 13.12.2001 (BGBl. I 3656)

FNA 424-4-9

Zuletzt geändert durch Art. 2 Gesetz vom 30.8.2021 (BGBl. I 4074)

Vorbemerkung zu § 1

Schrifttum: Benkard, Patentgesetz, Patentkostengesetz, 12. Aufl. 2023; Busse, Patentgesetz, Patentkostengesetz, 3. Aufl. 2003.

I. Allgemeines. Für bestimmte (verwaltungsrechtliche) Verfahren des sog. gewerblichen Rechtsschutzes ist auf der Grundlage der Ermächtigung in Art. 96 I GG ein Bundesgericht als (vom Gesetz stets nur als solches bezeichnetes) Patentgericht, das BPatG in München (§§ 65 ff. PatG), errichtet worden. Dieses ist zum einen zuständig für **Beschwerdeverfahren,** die bestimmte Entscheidungen des Deutschen Patent- und Markenamtes (DPMA), § 73 I PatG, § 66 I MarkenG, § 18 I GebrMG, § 23 IV DesignG, § 4 IV 3 HalblSchG, oder des Bundessortenamtes, § 34 I SortSchG, betreffen. Zum anderen ist es zuständig für **Nichtigkeitsverfahren** betreffend die Nichtigkeitserklärung eines Schutzrechtes und für **Zwangslizenzverfahren** wegen der Erteilung, Rücknahme oder Vergütung einer Zwangslizenz, § 81 PatG, § 20 GebrMG. Die Verfahren selbst sind im Einzelnen in den §§ 73 ff. PatG (auf die § 18 II GebrMG, § 23 IV DesignG, § 36 SortSchG verweisen), §§ 66 ff. MarkenG geregelt. 1

Gegen Entscheidungen des BPatG in Beschwerdeverfahren ist die Rechtsbeschwerde, §§ 100 ff. PatG, §§ 83 ff. MarkenG, § 18 IV GebrMG, § 23 V DesignG, § 4 IV 3 HalblSchG, § 35 SortSchG, gegen Entscheidungen des BPatG in Nichtigkeits- und Zwangslizenzverfahren die Berufung, §§ 110 ff. PatG, § 20 GebrMG, bzw., wenn es sich um eine Eilentscheidung handelt, die Beschwerde, § 122 PatG, gegeben. Zuständiges Rechtsmittelgericht für alle diese sog. **Rechtsmittelverfahren des gewerblichen Rechtsschutzes** ist der BGH (der damit als Berufungsgericht in Nichtigkeits- und Zwangslizenzverfahren – anders als idR in den übrigen ihm zugewiesenen Verfahren – Tatsacheninstanz ist). 2

Von diesen dem BPatG zugewiesenen Verfahren zu unterscheiden sind die gewerblichen **Streitsachen,** die (bürgerlichrechtliche) Ansprüche aus den Gesetzen des gewerblichen Rechtsschutzes (PatG, MarkenG, GebrMG, DesignG, HalblSchG, SortSchG, UWG) betreffen (insbes. Verletzungsverfahren). Sie fallen als bürgerliche Rechtsstreitigkeiten gem. § 13 GVG in die Zuständigkeit der ordentlichen Gerichtsbarkeit und sind – mit gewissen Besonderheiten, vgl. §§ 143 ff. PatG, §§ 125e, 140 ff. MarkenG, § 27 GebrMG, §§ 52 ff. DesignG, § 11 II HalblSchG, § 38 SortSchG – nach der ZPO zu behandeln. 3

II. Gerichtskosten. Für die Verfahren des gewerblichen Rechtsschutzes vor dem BPatG werden Gebühren (nur) nach dem **PatKostG** erhoben. Dieses regelt zugleich auch die Gebühren in den Verwaltungsverfahren vor dem DPMA. 4

In den **Rechtsmittelverfahren des gewerblichen Rechtsschutzes** vor dem BGH (→ Rn. 2) werden demgegenüber die Kosten nicht nach dem PatKostG, sondern gem. § 1 I Nr. 14 GKG nach dem GKG erhoben (gleiches gilt – selbstverständlich – für die gewerblichen Streitsachen, § 1 I Nr. 1 GKG, → Rn. 3). Die Gebührentatbestände für die Rechtsmittelverfahren des gewerblichen Rechtsschutzes finden sich in Teil 1 Hauptabschnitt 2 Abschnitt 5 des KV GKG; der Gegenstandswert ist gem. § 51 I GKG nach billigem Ermessen zu ermitteln (eine Streitwertbegünstigung 5 ist nach §§ 102 II, 121 I, IV PatG, § 85 II MarkenG, §§ 18 IV, 20 GebrMG, § 23 V DesignG, § 4 IV HalblSchG, § 36 SortenSchG möglich). Für das Berufungsverfahren fallen Gebühren nach Nr. 1250–1252 KV GKG an, für das Rechtsbeschwerdeverfahren nach KV 1255 f. GKG (Festgebühren) und für das Beschwerdeverfahren nach KV 1253 f. GKG; hinzukommen Auslagen nach den allgemeinen Vorschriften in Teil 9 des KV GKG (KV 9000–9019 GKG). Die gewerblichen Streitsachen werden kostenrechtlich wie andere Prozessverfahren behandelt (auch für sie gilt aber die Wertvorschrift des § 51 I GKG).

6 **III. Anwaltsvergütung.** Vor dem BPatG besteht kein Vertretungszwang, die Parteien können sich aber durch einen Rechtsanwalt oder Patentanwalt vertreten lassen, § 97 I, II PatG. In den Rechtsmittelverfahren des gewerblichen Rechtsschutzes vor dem BGH müssen sich die Parteien dagegen vertreten lassen, nämlich in dem revisionsrechtlich ausgestalteten Rechtsbeschwerdeverfahren durch einen bei dem BGH zugelassenen Rechtsanwalt, § 102 V PatG, und in den eine weitere Tatsacheninstanz darstellenden Berufungs- und Beschwerdeverfahren durch einen (nicht notwendigerweise bei dem BGH zugelassenen) Rechtsanwalt oder einen Patentanwalt, §§ 111 IV, 122 IV PatG. Die Prozessvertretung vor dem BPatG oder dem BGH durch einen Rechtsanwalt ist eine anwaltliche Tätigkeit, die nach dem **RVG** zu vergüten ist, § 1 I 1 RVG.

7 Die anwaltlichen Gebühren sind in Teil 3 Abschnitt 2 Unterabschnitt 2 des VV RVG **(VV 3206–3211 RVG)** geregelt, vgl. VV Vorb. 3.2.2. Nr. 2 RVG. Dort sind – wie für andere Prozessverfahren – Verfahrens- und Terminsgebühren vorgesehen. Zur Vergütung des nach Bewilligung von VKH beigeordneten Vertreters vgl. derzeit das Gesetz über die Erstattung von Gebühren des beigeordneten Vertreters in Patent-, Gebrauchsmuster-, Design-, Topographieschutz- und Sortenschutzsachen (VertrGebErstG) vom 18.7.1953 (BGBl. I 654), zuletzt geändert durch Art. 5 XVI Gesetz vom 10.10.2013 (BGBl. I 3799) und ab 1.8.2022 das an seine Stelle tretende neue Gesetz über die Erstattung von Gebühren der beigeordneten Vertretung in Patent-, Gebrauchsmuster-, Marken-, Design-, Topographieschutz- und Sortenschutzsachen (Vertretungsgebühren-Erstattungsgesetz – VertrGebErstG) vom 7.7.2021 (BGBl. I 2363 (2432)).

8 Die Gebühren nach VV 3206–3211 RVG sind Wertgebühren. Der für die Berechnung maßgebliche **Gegenstandswert** ist nach den Regeln des § 23 RVG zu bestimmen. Danach ist jedenfalls in den Berufungs- und Beschwerdeverfahren vor dem BGH der Gegenstandswert gem. § 23 I 1 RVG nach der für die Gerichtskosten (außer in Streitsachen auch) in Verfahren des gewerblichen Rechtsschutzes vor dem BGH maßgeblichen Vorschrift des § 51 I GKG zu bestimmen (vgl. nur BGH GRUR 2013, 1287). Für (einfache und „besondere") Beschwerdeverfahren, in denen keine Gerichtsgebühren oder Festgebühren erhoben werden (→ Rn. 5), wird § 23 I 1 RVG durch die Spezialvorschrift des § 23 II 1 RVG verdrängt, so dass jedenfalls für Beschwerdeverfahren vor dem BPatG (Festgebühren nach KV 401100–401300 PatKostG) und Rechtsbeschwerdeverfahren vor dem BGH (Festgebühren nach KV 1255 f. GKG) der für die Anwaltsgebühren maßgebliche Gegenstandswert gem. § 23 II 1, III 2 RVG zu bestimmen ist (vgl. etwa BPatG GRUR-Prax 2019, 187; BGH GRUR 2018, 654 Rn. 5 mwN). Unklar ist die Behandlung von Nichtigkeits- und Zwangslizenzverfahren vor dem BPatG, denn für diese nimmt das BPatG meist wegen des Fehlens jeglicher gesetzlicher Streitwertregelung eine Bestimmung nach § 23 III 2 RVG an (so etwa BPatG BeckRS 2018, 9387 Rn. 21; GRUR-Prax 2019, 187), hat aber gelegentlich über § 2 II 4 PatKostG eine analoge Anwendung des (unmittelbar nur für Verfahren vor dem BGH geltenden) § 51 I GKG (dann: Streitwertbestimmung nach § 23 I 1 RVG iVm § 51 I GKG) bejaht (vgl. etwa BPatG BeckRS 2013, 17891; BPatGE 55, 205 = GRUR-RS 2016, 01639 Rn. 24). In der Sache ist allerdings bedeutungslos, ob die Streitwertbestimmung über § 51 I GKG (iVm § 23 I 1 RVG) oder über § 23 III 2 RVG (gfs. iVm § 23 II 1 RVG) vorgenommen wird, weil beide Vorschriften eine Bestimmung nach billigem Ermessen vorschreiben.

9 Für die **Kostenerstattung** ist in den Verfahren vor dem BPatG wieder zwischen den Beschwerdeverfahren einerseits und den Nichtigkeits- und Zwangslizenzverfahren andererseits zu unterscheiden. In den Beschwerdeverfahren können die Kosten

gem. § 80 I PatG, § 71 I MarkenG (ähnlich wie nach § 81 I FamFG) einem Beteiligten ganz oder teilweise auferlegt werden, wenn dies der Billigkeit entspricht (ebenso in einem nachfolgenden Rechtsbeschwerdeverfahren vor dem BGH, vgl. § 109 I PatG, § 90 I MarkenG). In den Nichtigkeits- und Zwangslizenzverfahren ist demgegenüber gem. § 84 II PatG eine Kostenentscheidung entsprechend den ZPO-Vorschriften zu treffen (ebenso in einem nachfolgenden Berufungs- oder Beschwerdeverfahren vor dem BGH, vgl. §§ 121 II, 122 IV PatG).

Geltungsbereich, Verordnungermächtigungen

1 **I 1 Die Gebühren des Deutschen Patent- und Markenamts und des Bundespatentgerichts werden, soweit gesetzlich nichts anderes bestimmt ist, nach diesem Gesetz erhoben. 2 Für Auslagen in Verfahren vor dem Bundespatentgericht ist das Gerichtskostengesetz anzuwenden.**

II 1 Das Bundesministerium der Justiz und für Verbraucherschutz wird ermächtigt, durch Rechtsverordnung, die nicht der Zustimmung des Bundesrates bedarf, zu bestimmen,

1. dass in Verfahren vor dem Deutschen Patent- und Markenamt neben den nach diesem Gesetz erhobenen Gebühren auch Auslagen sowie Verwaltungskosten (Gebühren und Auslagen für Bescheinigungen, Beglaubigungen, Akteneinsicht und Auskünfte und sonstige Amtshandlungen) erhoben werden und
2. welche Zahlungswege für die an das Deutsche Patent- und Markenamt und das Bundespatentgericht zu zahlenden Kosten (Gebühren und Auslagen) gelten und Bestimmungen über den Zahlungstag zu treffen.

→ Vor § 1 Rn. 1 ff.

Höhe der Gebühren

2 **I Gebühren werden nach dem Gebührenverzeichnis der Anlage zu diesem Gesetz erhoben.**

II 1 Für Klagen und einstweilige Verfügungen vor dem Bundespatentgericht richten sich die Gebühren nach dem Streitwert. 2 Die Höhe der Gebühr bestimmt sich nach § 34 des Gerichtskostengesetzes. 3 Der Mindestbetrag einer Gebühr beträgt 121 Euro. 4 Für die Festsetzung des Streitwerts gelten die Vorschriften des Gerichtskostengesetzes entsprechend. 5 Die Regelungen über die Streitwertherabsetzung (§ 144 des Patentgesetzes und § 26 des Gebrauchsmustergesetzes) sind entsprechend anzuwenden.

→ Vor § 1 Rn. 1 ff.

Fälligkeit der Gebühren

3 **I 1 Die Gebühren werden mit der Einreichung einer Anmeldung, eines Antrags oder durch die Vornahme einer sonstigen Handlung oder mit der Abgabe der entsprechenden Erklärung zu Protokoll fällig, soweit gesetzlich nichts anderes bestimmt ist. 2 Eine sonstige Handlung im Sinn dieses Gesetzes ist insbesondere**

1. die Einlegung von Rechtsbehelfen und Rechtsmitteln;
2. der Antrag auf gerichtliche Entscheidung nach § 61 Abs. 2 des Patentgesetzes;
3. die Erklärung eines Beitritts zum Einspruchsverfahren;
4. die Einreichung einer Klage;
5. die Änderung einer Anmeldung oder eines Antrags, wenn sich dadurch eine höhere Gebühr für das Verfahren oder die Entscheidung ergibt.

3 Die Gebühr für die erfolglose Rüge wegen Verletzung des Anspruchs auf rechtliches Gehör wird mit der Bekanntgabe der Entscheidung fällig. 4 Ein

hilfsweise gestellter Antrag wird zur Bemessung der Gebührenhöhe dem Hauptantrag hinzugerechnet, soweit eine Entscheidung über ihn ergeht; soweit Haupt- und Hilfsantrag denselben Gegenstand betreffen, wird die Höhe der Gebühr nur nach dem Antrag bemessen, der zur höheren Gebühr führt. [5] Legt der Erinnerungsführer gemäß § 64 Abs. 6 Satz 2 des Markengesetzes Beschwerde ein, hat er eine Beschwerdegebühr nicht zu entrichten.

II [1] Die Jahresgebühren für Patente und Patentanmeldungen und die Aufrechterhaltungsgebühren für Gebrauchsmuster und eingetragene Designs sind jeweils für die folgende Schutzfrist am letzten Tag des Monats fällig, der durch seine Benennung dem Monat entspricht, in den der Anmeldetag fällt. [2] Wird ein Gebrauchsmuster oder ein Design erst nach Beendigung der ersten oder einer folgenden Schutzfrist eingetragen, so ist die Aufrechterhaltungsgebühr am letzten Tag des Monats fällig, in dem die Eintragung in das Register erfolgt ist. [3] Die Jahresgebühren für Schutzzertifikate werden am letzten Tag des Monats fällig, der durch seine Benennung dem Monat entspricht, in den der Laufzeitbeginn fällt. [4] Wird das Schutzzertifikat erst nach Ablauf des Grundpatents erteilt, wird die Jahresgebühr für die bis dahin abgelaufenen Schutzfristen am letzten Tag des Monats fällig, in den der Tag der Erteilung fällt; die Fälligkeit der Jahresgebühren für nachfolgende Schutzfristen richtet sich nach Satz 3.

III [1] Die Verlängerungsgebühren für Marken sind jeweils für die folgende Schutzfrist sechs Monate vor dem Ablauf der Schutzdauer gemäß § 47 Absatz 1 des Markengesetzes fällig. [2] Wird eine Marke erst nach Beendigung der ersten oder einer folgenden Schutzfrist eingetragen, so ist die Verlängerungsgebühr am letzten Tag des Monats fällig, in dem die Eintragung in das Register erfolgt ist.

→ Vor § 1 Rn. 1 ff.

Kostenschuldner

4 **I Zur Zahlung der Kosten ist verpflichtet,**

1. wer die Amtshandlung veranlasst oder zu wessen Gunsten sie vorgenommen wird;
2. wem durch Entscheidung des Deutschen Patent- und Markenamts oder des Bundespatentgerichts die Kosten auferlegt sind;
3. wer die Kosten durch eine gegenüber dem Deutschen Patent- und Markenamt oder dem Bundespatentgericht abgegebene oder dem Deutschen Patent- und Markenamt oder dem Bundespatentgericht mitgeteilte Erklärung übernommen hat;
4. wer für die Kostenschuld eines anderen kraft Gesetzes haftet.

II Mehrere Kostenschuldner haften als Gesamtschuldner.

III [1] Soweit ein Kostenschuldner auf Grund von Absatz 1 Nr. 2 und 3 haftet, soll die Haftung eines anderen Kostenschuldners nur geltend gemacht werden, wenn eine Zwangsvollstreckung in das bewegliche Vermögen des ersteren erfolglos geblieben ist oder aussichtslos erscheint. [2] Soweit einem Kostenschuldner, der auf Grund von Absatz 1 Nr. 2 haftet, Verfahrenskostenhilfe bewilligt ist, soll die Haftung eines anderen Kostenschuldners nicht geltend gemacht werden. [3] Bereits gezahlte Beträge sind zu erstatten.

→ Vor § 1 Rn. 1 ff.

Vorauszahlung, Vorschuss

5 **I [1] In Verfahren vor dem Deutschen Patent- und Markenamt soll die Bearbeitung erst nach Zahlung der Gebühr für das Verfahren erfolgen; das gilt auch, wenn Anträge geändert werden. [2] Satz 1 gilt nicht für die**

Anträge auf Weiterleitung einer Anmeldung an das Amt der Europäischen Union für geistiges Eigentum nach § 62 des Designgesetzes und die Anträge auf Weiterleitung internationaler Anmeldungen an das Internationale Büro der Weltorganisation für geistiges Eigentum nach § 68 des Designgesetzes. 3 In Verfahren vor dem Bundespatentgericht soll die Klage erst nach Zahlung der Gebühr für das Verfahren zugestellt werden; bei Vorliegen eines gültigen SEPA-Basislastschriftmandats mit Angaben zum Verwendungszweck soll die Klage sofort zugestellt werden. 4 Im Fall eines Beitritts zum Einspruch im Beschwerdeverfahren oder eines Beitritts zum Einspruch im Fall der gerichtlichen Entscheidung nach § 61 Absatz 2 des Patentgesetzes soll vor Zahlung der Gebühr keine gerichtliche Handlung vorgenommen werden.

II 1 Die Jahresgebühren für Patente und Patentanmeldungen, und die Aufrechterhaltungsgebühren für Gebrauchsmuster und eingetragene Designs dürfen frühestens ein Jahr vor Eintritt der Fälligkeit vorausgezahlt werden, soweit nichts anderes bestimmt ist. 2 Die Verlängerungsgebühren für Marken dürfen frühestens sechs Monate vor Eintritt der Fälligkeit vorausgezahlt werden. 3 Die Jahresgebühren für Schutzzertifikate dürfen schon früher als ein Jahr vor Eintritt der Fälligkeit vorausgezahlt werden.

Zahlungsfristen, Folgen der Nichtzahlung

6 I 1 Ist für die Stellung eines Antrags oder die Vornahme einer sonstigen Handlung durch Gesetz eine Frist bestimmt, so ist innerhalb dieser Frist auch die Gebühr zu zahlen. 2 Alle übrigen Gebühren sind innerhalb von drei Monaten ab Fälligkeit (§ 3 Abs. 1) zu zahlen, soweit gesetzlich nichts anderes bestimmt ist.

II Wird eine Gebühr nach Absatz 1 nicht, nicht vollständig oder nicht rechtzeitig gezahlt, so gilt die Anmeldung oder der Antrag als zurückgenommen, oder die Handlung als nicht vorgenommen, soweit gesetzlich nichts anderes bestimmt ist.

III Absatz 2 ist auf Weiterleitungsgebühren (Nummern 335 100, 344 100 und 345 100) nicht anwendbar.

IV Zahlt der Erinnerungsführer die Gebühr für das Erinnerungsverfahren nicht, nicht rechtzeitig oder nicht vollständig, so gilt auch die von ihm nach § 64 Abs. 6 Satz 2 des Markengesetzes eingelegte Beschwerde als zurückgenommen.

→ Vor § 1 Rn. 1 ff.

Zahlungsfristen für Jahres-, Aufrechterhaltungs- und Schutzrechtsverlängerungsgebühren, Verspätungszuschlag

7 I 1 Die Jahresgebühren für Patente, Schutzzertifikate und Patentanmeldungen und die Aufrechterhaltungsgebühren für Gebrauchsmuster und eingetragene Designs sind bis zum Ablauf des zweiten Monats nach Fälligkeit zu zahlen. 2 Wird die Gebühr innerhalb dieser Frist nicht gezahlt, so kann sie mit dem Verspätungszuschlag noch bis zum Ablauf des sechsten Monats nach Fälligkeit gezahlt werden.

II Für eingetragene Designs ist bei Aufschiebung der Bildbekanntmachung die Erstreckungsgebühr innerhalb der Aufschiebungsfrist (§ 21 Absatz 1 Satz 1 des Designgesetzes) zu zahlen.

III 1 Die Verlängerungsgebühren für Marken sind innerhalb eines Zeitraums von sechs Monaten nach Fälligkeit zu zahlen. 2 Wird die Gebühr nicht innerhalb dieser Frist gezahlt, so kann die Gebühr mit dem Verspätungszuschlag noch innerhalb einer Nachfrist von sechs Monaten nach Ablauf der Schutzdauer gemäß § 47 Absatz 1 des Markengesetzes gezahlt werden.

→ Vor § 1 Rn. 1 ff.

Kostenansatz

8 **I Die Kosten werden angesetzt:**

1. beim Deutschen Patent- und Markenamt
a) bei Einreichung einer Anmeldung,
b) bei Einreichung eines Antrags,
c) im Fall eines Beitritts zum Einspruchsverfahren,
d) bei Einreichung eines Antrags auf gerichtliche Entscheidung nach § 61 Abs. 2 des Patentgesetzes sowie
e) bei Einlegung eines Rechtsbehelfs oder Rechtsmittels,

2. beim Bundespatentgericht
a) bei Einreichung einer Klage,
b) bei Einreichung eines Antrags auf Erlass einer einstweiligen Verfügung,
c) im Fall eines Beitritts zum Einspruch im Beschwerdeverfahren oder im Verfahren nach § 61 Abs. 2 des Patentgesetzes sowie
d) bei einer erfolglosen Rüge wegen Verletzung des Anspruchs auf rechtliches Gehör,

auch wenn sie bei einem ersuchten Gericht oder einer ersuchten Behörde entstanden sind.

II Die Stelle, die die Kosten angesetzt hat, trifft auch die Entscheidungen nach den §§ 9 und 10.

→ Vor § 1 Rn. 1 ff.

Unrichtige Sachbehandlung

9 **Kosten, die bei richtiger Behandlung der Sache nicht entstanden wären, werden nicht erhoben.**

→ Vor § 1 Rn. 1 ff.

Rückzahlung von Kosten, Wegfall der Gebühr

10 **I 1 Vorausgezahlte Gebühren, die nicht mehr fällig werden können, und nicht verbrauchte Auslagenvorschüsse werden erstattet. 2 Die Rückerstattung von Teilbeträgen der Jahresgebühr Nummer 312 205 bis 312 207 des Gebührenverzeichnisses ist ausgeschlossen.**

II Gilt eine Anmeldung oder ein Antrag als zurückgenommen (§ 6 Abs. 2) oder auf Grund anderer gesetzlicher Bestimmungen als zurückgenommen oder erlischt ein Schutzrecht, weil die Gebühr nicht oder nicht vollständig gezahlt wurde, so entfällt die Gebühr, wenn die beantragte Amtshandlung nicht vorgenommen wurde.

→ Vor § 1 Rn. 1 ff.

Erinnerung, Beschwerde

11 **I 1 Über Erinnerungen des Kostenschuldners gegen den Kostenansatz oder gegen Maßnahmen nach § 5 Abs. 1 entscheidet die Stelle, die die Kosten angesetzt hat. 2 Sie kann ihre Entscheidung von Amts wegen ändern. 3 Die Erinnerung ist schriftlich oder zu Protokoll der Geschäftsstelle bei der Stelle einzulegen, die die Kosten angesetzt hat.**

II 1 Gegen die Entscheidung des Deutschen Patent- und Markenamts über die Erinnerung kann der Kostenschuldner Beschwerde einlegen. 2 Die Beschwerde ist nicht an eine Frist gebunden und ist schriftlich oder zu Protokoll der Geschäftsstelle beim Deutschen Patent- und Markenamt einzule-

gen. [3]Erachtet das Deutsche Patent- und Markenamt die Beschwerde für begründet, so hat es ihr abzuhelfen. [4]Wird der Beschwerde nicht abgeholfen, so ist sie dem Bundespatentgericht vorzulegen.

III Eine Beschwerde gegen die Entscheidungen des Bundespatentgerichts über den Kostenansatz findet nicht statt.

→ Vor § 1 Rn. 1 ff.

Verjährung, Verzinsung

12 **Für die Verjährung und Verzinsung der Kostenforderungen und der Ansprüche auf Erstattung von Kosten gilt § 5 des Gerichtskostengesetzes entsprechend.**

→ Vor § 1 Rn. 1 ff.

Anwendung der bisherigen Gebührensätze

13 **I Auch nach dem Inkrafttreten eines geänderten Gebührensatzes sind die vor diesem Zeitpunkt geltenden Gebührensätze weiter anzuwenden,**

1. wenn die Fälligkeit der Gebühr vor dem Inkrafttreten des geänderten Gebührensatzes liegt oder
2. wenn für die Zahlung einer Gebühr durch Gesetz eine Zahlungsfrist festgelegt ist und das für den Beginn der Frist maßgebliche Ereignis vor dem Inkrafttreten des geänderten Gebührensatzes liegt oder
3. wenn die Zahlung einer nach dem Inkrafttreten des geänderten Gebührensatzes fälligen Gebühr auf Grund bestehender Vorauszahlungsregelungen vor Inkrafttreten des geänderten Gebührensatzes erfolgt ist.

II Bei Prüfungsanträgen nach § 44 des Patentgesetzes und Rechercheanträgen nach § 43 des Patentgesetzes, § 11 des Erstreckungsgesetzes und § 7 des Gebrauchsmustergesetzes sind die bisherigen Gebührensätze nur weiter anzuwenden, wenn der Antrag und die Gebührenzahlung vor Inkrafttreten eines geänderten Gebührensatzes eingegangen sind.

III Bei Widersprüchen nach § 42 des Markengesetzes findet Absatz 1 Nummer 2 und 3 keine Anwendung.

IV [1]Wird eine innerhalb von drei Monaten nach dem Inkrafttreten eines geänderten Gebührensatzes fällig werdende Gebühr nach den bisherigen Gebührensätzen rechtzeitig gezahlt, so kann der Unterschiedsbetrag bis zum Ablauf einer vom Deutschen Patent- und Markenamt oder Bundespatentgericht zu setzenden Frist nachgezahlt werden. [2]Wird der Unterschiedsbetrag innerhalb der gesetzten Frist nachgezahlt, so gilt die Gebühr als rechtzeitig gezahlt. [3]Ein Verspätungszuschlag wird in diesen Fällen nicht erhoben.

V Verfahrenshandlungen, die eine Anmeldung oder einen Antrag ändern, wirken sich nicht auf die Höhe der Gebühr aus, wenn die Gebühr zur Zeit des verfahrenseinleitenden Antrages nicht nach dessen Umfang bemessen wurde.

→ Vor § 1 Rn. 1 ff.

Übergangsvorschrift aus Anlass des Inkrafttretens dieses Gesetzes

14 *(überholt, betrifft den Stichtag 1.1.2002)*

15 *(aufgehoben)*

Anlage (zu § 2 Abs. 1). Gebührenverzeichnis

A. Gebühren des Deutschen Patent- und Markenamts

(hier nicht abgedruckt)

Nr.	Gebührentatbestand	Gebührenbetrag/ Gebührensatz nach § 2 Abs. 2 i. V. m. § 2 Abs. 1
B. Gebühren des Bundespatentgerichts		
Vorbemerkung		
I Die Gebühren Nummer 400 000 bis 401 300 werden für jeden Antragsteller gesondert erhoben. Gemeinschaftliche Inhaber oder Anmelder eines betroffenen Schutzrechts gelten als ein Antragsteller, wenn sie in den in Satz 1 genannten Fällen gemeinsam Beschwerde einlegen.		
II Die Gebühr Nummer 400 000 ist zusätzlich zur Gebühr für das Einspruchsverfahren vor dem Deutschen Patent- und Markenamt (Nummer 313 600) zu zahlen.		
400 000	**Antrag auf gerichtliche Entscheidung nach § 61 Abs. 2 PatG**	**300 EUR**
I. Beschwerdeverfahren		
	Beschwerdeverfahren	
401 100	**1. gemäß § 73 Abs. 1 PatG gegen die Entscheidung der Patentabteilung über den Einspruch,** **2. gemäß § 18 Abs. 1 GebrMG gegen die Entscheidung der Gebrauchsmusterabteilung über den Löschungsantrag,** **3. gemäß § 66 MarkenG in Verfalls- und Nichtigkeitsverfahren,** **4. gemäß § 4 Abs. 4 Satz 3 HalblSchG i. V. m. § 18 Abs. 1 GebrMG gegen die Entscheidung der Topografieabteilung,** **5. gemäß § 34 Absatz 1 SortSchG gegen die Entscheidung des Widerspruchsausschusses in den Fällen des § 18 Abs. 2 Nummer 1, 2, 5 und 6 SortSchG** **6. gemäß § 23 Abs. 4 Satz 1 DesignG gegen die Entscheidung der Designabteilung über den Antrag auf Feststellung oder Erklärung der Nichtigkeit**	**500 EUR**
401 200	**gegen einen Kostenfestsetzungsbeschluss**	**50 EUR**
401 300	**in anderen Fällen**	**200 EUR**
	Beschwerden in Verfahrenskostenhilfesachen, Beschwerden nach § 11 Abs. 2 PatKostG und nach § 11 Abs. 2 DPMAVwKostV sind gebührenfrei.	

Zu 401 100:

1 Die Vorb. II gilt auch bei solchen Patentinhabern, die sich gemeinsam gegen einen Widerruf ihres Patents wehren (BPatG GRUR-RR 2014, 227).

Nr.	Gebührentatbestand	Gebührenbetrag/ Gebührensatz nach § 2 Abs. 2 i. V. m. § 2 Abs. 1
II. Klageverfahren		
1. Klageverfahren gemäß § 81 PatG, § 85a in Verbindung mit § 81 PatG und § 20 GebrMG in Verbindung mit § 81 PatG		
402 100	Verfahren im Allgemeinen	4,5
402 110	Beendigung des gesamten Verfahrens durch a) Zurücknahme der Klage – vor dem Schluss der mündlichen Verhandlung, – im Falle des § 83 Abs. 2 Satz 2 PatG i. V. m. § 81 PatG, in dem eine mündliche Verhandlung nicht stattfindet, vor Ablauf des Tages, an dem die Ladung zum Termin zur Verkündung des Urteils zugestellt oder das schriftliche Urteil der Geschäftsstelle übergeben wird, – im Falle des § 82 Abs. 2 PatG i. V. m. § 81 PatG vor Ablauf des Tages, an dem das Urteil der Geschäftsstelle übergeben wird, b) Anerkenntnis- und Verzichtsurteil, c) Abschluss eines Vergleichs vor Gericht, wenn nicht bereits ein Urteil vorausgegangen ist: Die Gebühr 402 100 ermäßigt sich auf .... [1] Erledigungserklärungen stehen der Zurücknahme nicht gleich. [2] Die Ermäßigung tritt auch ein, wenn mehrere Ermäßigungstatbestände erfüllt sind.	1,5
2. Sonstige Klageverfahren		
402 200	Verfahren im Allgemeinen	4,5
402 210	Beendigung des gesamten Verfahrens durch a) Zurücknahme der Klage vor dem Schluss der mündlichen Verhandlung, b) Anerkenntnis- und Verzichtsurteil, c) Abschluss eines Vergleichs vor Gericht, wenn nicht bereits ein Urteil vorausgegangen ist: Die Gebühr 402 200 ermäßigt sich auf .... [1] Erledigungserklärungen stehen der Zurücknahme nicht gleich. [2] Die Ermäßigung tritt auch ein, wenn mehrere Ermäßigungstatbestände erfüllt sind.	1,5
3. Erlass einer einstweiligen Verfügung wegen Erteilung einer Zwangslizenz (§ 85 PatG, § 85a in Verbindung mit § 85 PatG und § 20 GebrMG in Verbindung mit § 85 PatG)		
402 300	Verfahren über den Antrag	1,5
402 310	In dem Verfahren findet eine mündliche Verhandlung statt: Die Gebühr 402 300 erhöht sich auf	4,5

Nr.	Gebührentatbestand	Gebührenbetrag/ Gebührensatz nach § 2 Abs. 2 i. V. m. § 2 Abs. 1
402 320	Beendigung des gesamten Verfahrens durch a) Zurücknahme der Klage vor dem Schluss der mündlichen Verhandlung, b) Anerkenntnis- und Verzichtsurteil, c) Abschluss eines Vergleichs vor Gericht, wenn nicht bereits ein Urteil vorausgegangen ist: Die Gebühr 402 310 ermäßigt sich auf	1,5
	[1] Erledigungserklärungen stehen der Zurücknahme nicht gleich. [2] Die Ermäßigung tritt auch ein, wenn mehrere Ermäßigungstatbestände erfüllt sind.	
III. Rüge wegen Verletzung des Anspruchs auf rechtliches Gehör		
403 100	Verfahren über die Rüge wegen Verletzung des Anspruchs auf rechtliches Gehör nach § 321a ZPO i. V. m. § 99 Abs. 1 PatG, § 82 Abs. 1 MarkenG Die Rüge wird in vollem Umfang verworfen oder zurückgewiesen	50 EUR

2. Verordnung über die Zahlung der Kosten des Deutschen Patent- und Markenamts und des Bundespatentgerichts (Patentkostenzahlungsverordnung – PatKostZV)

Vom 15.10.2003 (BGBl. I 2083)
FNA 424-4-9-2
Zuletzt geändert durch Art. 3 VO vom 7.2.2022 (BGBl. I 171)

Zahlungswege

1 **I Kosten des Deutschen Patent- und Markenamts und des Bundespatentgerichts können gezahlt werden**

1. durch Bareinzahlung bei den Geldstellen des Deutschen Patent- und Markenamts;
2. durch Überweisung auf ein Konto der zuständigen Bundeskasse für das Deutsche Patent- und Markenamt;
3. durch Bareinzahlung bei einem inländischen oder ausländischen Geldinstitut auf ein Konto der zuständigen Bundeskasse für das Deutsche Patent- und Markenamt;
4. durch Erteilung eines gültigen SEPA-Basislastschriftmandats mit Angaben zum Verwendungszweck;
5. durch elektronisch übermittelte Zahlung auf ein Konto der zuständigen Bundeskasse für das Deutsche Patent- und Markenamt in Marken- und Designverfahren, wenn das Zahlungsmittel für die betreffende Verfahrenshandlung auf der Internetseite des Deutschen Patent- und Markenamts www.dpma.de bekannt gegeben ist.

II Bei Zahlungen an das Deutsche Patent- und Markenamt sollen für eine Erklärung nach Absatz 1 Nummer 4 die über die Internetseite www.dpma.de bereitgestellten Formulare verwendet werden.

III Das Deutsche Patent- und Markenamt macht im Blatt für Patent-, Muster- und Zeichenwesen bekannt, unter welchen Bedingungen Sammelzahlungen auf ein Konto bei der zuständigen Bundeskasse für das Deutsche Patent- und Markenamt zulässig und welche Angaben bei der Zahlung erforderlich sind.

Zahlungstag

2 **Als Zahlungstag gilt**

1. bei Bareinzahlung der Tag der Einzahlung;
2. bei Überweisungen der Tag, an dem der Betrag dem Konto der zuständigen Bundeskasse für das Deutsche Patent- und Markenamt gutgeschrieben wird;
3. bei Bareinzahlung auf das Konto der zuständigen Bundeskasse für das Deutsche Patent- und Markenamt der Tag der Einzahlung;
4. bei Erteilung eines SEPA-Basislastschriftmandats mit Angaben zum Verwendungszweck, der die Kosten umfasst, der Tag des Eingangs beim Deutschen Patent- und Markenamt oder beim Bundespatentgericht, bei zukünftig fällig werdenden Kosten der Tag der Fälligkeit, sofern die Einziehung zu Gunsten der zuständigen Bundeskasse für das Deutsche Patent- und Markenamt erfolgt. Wird das SEPA-Basislastschriftmandat durch Telefax übermittelt, ist dessen Original innerhalb einer Frist von einem Monat nach Eingang des Telefax nachzureichen. Andernfalls gilt als Zahlungstag der Tag des Eingangs des Originals;

5. **bei elektronisch übermittelter Zahlung der Tag, an dem der Betrag dem Konto der zuständigen Bundeskasse für das Deutsche Patent- und Markenamt gutgeschrieben wird; bei Kartenzahlverfahren und dem Einsatz elektronischer Zahlungssysteme der Tag der Akzeptanz.**

Übergangsregelung

3 **[1] Abbuchungsaufträge, die nach § 1 Nr. 4 der Patentkostenzahlungsverordnung vom 20. Dezember 2001 (BGBl. I S. 3853) für künftig fällig werdende Gebühren erteilt worden sind, werden am 1. Januar 2004 gegenstandslos. [2] Für Einziehungsaufträge, die nach § 1 Nr. 5 der in Satz 1 genannten Verordnung für künftig fällig werdende Gebühren erteilt worden sind, gilt § 2 Nr. 4 entsprechend.**

Inkrafttreten, Außerkrafttreten

4 **[1] Diese Verordnung tritt am 1. Januar 2004 in Kraft. [2] Gleichzeitig tritt die Patentkostenzahlungsverordnung vom 20. Dezember 2001 (BGBl. I S. 3853) außer Kraft.**

XI. Dienst- und berufsrechtliche Verfahren

1. Bundesrechtsanwaltsordnung (BRAO)

Vom 1.8.1959 (BGBl. I 565)
FNA 303-8
Zuletzt geändert durch Art. 8 Gesetz vom 15.7.2022 (BGBl. I 1146)
(Auszug)

Schrifttum: Ahrens, Berufsrecht der Rechtsanwälte, 2017; Gaier/Wolf/Göcken, Anwaltliches Berufsrecht, 3. Aufl. 2019; Henssler/Prütting, BRAO, 6. Aufl. 2023; Kilian, Anwaltliches Berufsrecht, 3. Aufl. 2023; Kleine-Cosack, BRAO, 9. Aufl. 2022; Lewinski, Berufsrecht der Rechtsanwälte, Patentanwälte und Steuerberater, 5. Aufl. 2021; Rick, Gerichtsgebühren für berufsgerichtliche Verfahren, AnwBl 2007, 213; Weyland, BRAO, 10. Aufl. 2020.

Zehnter Teil. Kosten in Anwaltssachen

Erster Abschnitt. Kosten in Verwaltungsverfahren der Rechtsanwaltskammern

Erhebung von Gebühren und Auslagen

192 **[1] Die Rechtsanwaltskammer kann für Amtshandlungen nach diesem Gesetz, zur Deckung des Verwaltungsaufwands Gebühren nach festen Sätzen und Auslagen erheben. [2] Satz 1 gilt auch für den Verwaltungsaufwand, der der Bundesrechtsanwaltskammer für die Einrichtung und den Betrieb des besonderen elektronischen Anwaltspostfachs entsteht und den sie der Rechtsanwaltskammer in Rechnung stellt. [3] Das Verwaltungskostengesetz in der bis zum 14. August 2013 geltenden Fassung findet mit der Maßgabe Anwendung, dass die allgemeinen Grundsätze für Kostenverordnungen (§§ 2 bis 7 des Verwaltungskostengesetzes in der bis zum 14. August 2013 geltenden Fassung) beim Erlass von Satzungen auf Grund des § 89 Absatz 2 Nummer 2 entsprechend gelten.**

Mit der gesetzlichen Übertragung aller im Zusammenhang mit der Zulassung zur Rechtsanwaltschaft, ihrer Rücknahme und ihrem Widerruf stehenden Aufgaben und Befugnisse einschließlich der Vereidigung neu zugelassener Rechtsanwälte auf die **Rechtsanwaltskammern** durch das Gesetz zur Stärkung der Selbstverwaltung der Rechtsanwaltschaft vom 26.3.2007 (BGBl. I 358) wurde den Rechtsanwaltskammern zur Deckung des Verwaltungsaufwands durch § 192 auch das Recht zur Erhebung von Gebühren sowie von Auslagen nach Maßgabe des früheren, durch das Gesetz zur Strukturreform des Gebührenrechts des Bundes vom 7.8.2013 (BGBl. I 3154) mit Wirkung zum 15.8.2013 aufgehobene (und durch das BGebG ersetzte) VwKostG eingeräumt. 1

Grundlage für die Kostenerhebung ist eine nach § 89 II Nr. 2 von der Kammerversammlung zu beschließende **Gebührensatzung.** Für sie gelten die allg. verfassungsrechtlichen Vorgaben (→ GKG Vor § 1 Rn. 22 ff.) für Gebühren (im abgabenrechtlichen Sinne; vgl. etwa BGH – Senat für Anwaltssachen, BRAK-Mitt 2012, 28 = BeckRS 2011, 27242; AGH Berlin BRAK-Mitt 2005, 277). 2

Zweiter Abschnitt. Kosten in gerichtlichen Verfahren in verwaltungsrechtlichen Anwaltssachen

Gerichtskosten

193 **[1]In verwaltungsrechtlichen Anwaltssachen werden Gebühren nach dem Gebührenverzeichnis der Anlage zu diesem Gesetz erhoben. [2]Im Übrigen sind die für Kosten in Verfahren vor den Gerichten der Verwaltungsgerichtsbarkeit geltenden Vorschriften des Gerichtskostengesetzes entsprechend anzuwenden, soweit in diesem Abschnitt nichts anderes bestimmt ist.**

→ § 194 Rn. 1 ff.

Streitwert

194 **I [1]Der Streitwert bestimmt sich nach § 52 des Gerichtskostengesetzes. [2]Er wird von Amts wegen festgesetzt.**

II [1]In Verfahren, die Klagen auf Zulassung zur Rechtsanwaltschaft oder deren Rücknahme oder Widerruf betreffen, ist ein Streitwert von 50 000 Euro anzunehmen. [2]Unter Berücksichtigung der Umstände des Einzelfalls, insbesondere des Umfangs und der Bedeutung der Sache sowie der Vermögens- und Einkommensverhältnisse des Klägers, kann das Gericht einen höheren oder einen niedrigeren Wert festsetzen.

III Die Festsetzung ist unanfechtbar; § 63 Abs. 3 des Gerichtskostengesetzes bleibt unberührt.

1 **I. Anwendungsbereich.** Die BRAO unterscheidet zwei Arten gerichtlicher Verfahren vor der Anwaltsgerichtsbarkeit (→ GKG § 1 Rn. 13), nämlich das gerichtliche Verfahren in verwaltungsrechtlichen Anwaltssachen (§§ 112a–112h) und das disziplinarrechtliche Verfahren vor den Anwaltsgerichten (→ §§ 195–199 Rn. 1). Die §§ 193, 194 betreffen nur die **verwaltungsrechtlichen Anwaltssachen.** Dabei handelt es sich um öffentlich-rechtliche Streitigkeiten nach der BRAO, einer auf Grund der BRAO erlassenen Rechtsverordnung oder einer Satzung einer Rechtsanwaltskammer, § 112a I, bei denen es um die Nachprüfung von Verwaltungsentscheidungen der Rechtsanwaltskammer bzw. der Justizverwaltung geht. Über diese (Verwaltungs-)Streitigkeiten entscheidet regelmäßig der AGH im ersten Rechtszug, § 112a I (in den Fällen des § 112a III besteht eine erst- und letztinstanzliche Zuständigkeit des BGH), gegen dessen Entscheidung die (Zulassungs-)Berufung zum BGH (Senat für Anwaltssachen) gegeben ist, § 112e iVm §§ 124 ff. VwGO. Das Verfahren richtet sich, soweit sich aus der BRAO nichts anderes ergibt, nach der VwGO (§ 112c).

2 **II. Kosten (§ 193).** Für die in den verwaltungsrechtlichen Anwaltssachen (zugunsten der Staatskasse) zu erhebenden **Gebühren** verweist § 193 S. 1 auf das als Anlage der BRAO beigefügte (nachstehend abgedruckte) **Gebührenverzeichnis,** genauer: auf dessen Teil 2 (GV 2110–2400). Die dort unter Bezugnahme auf § 34 GKG und die dort geregelte Gebührenhöhe vorgesehenen Verfahrensgebühren (mit Ermäßigungsmöglichkeit) entsprechen in Struktur und Höhe den im GKG KV Teil 5 für die Verfahren vor OVG (als erstinstanzliches Gericht) und BVerwG (als erstinstanzliches Gericht oder Revisionsgericht) vorgesehenen Gebühren.

3 Für die Erhebung von **Auslagen** (vgl. Begr. § 193 Reg-E, BT-Drs. 16/11385, 46) und für das **Kostenrechtsverhältnis** (iwS, → GKG Vor § 1 Rn. 20) verweist § 193 S. 2 („im Übrigen") auf die entspr. Anwendung der für Kosten in Verfahren vor den Gerichten der Verwaltungsgerichtsbarkeit geltenden Vorschriften des **GKG.** Anzuwenden sind daher insbes. die §§ 2–33 GKG; da nur die auch vor den Gerichten der Verwaltungsgerichtsbarkeit geltenden Vorschriften anzuwenden sind, kommt zB ein Abhängigmachen der gerichtlichen Tätigkeit von einer Kostenvorauszahlung nur nach § 12a S. 2 GKG, nicht aber nach § 12 GKG in Betracht. Für Rechtsbehelfe

gelten danach die §§ 66–69a GKG (vgl. etwa BGH – Senat für Anwaltssachen BeckRS 2017, 105287; BeckRS 2019, 22441).

III. Streitwert (§ 194). Die im GV vorgesehenen Gebühren sind (mit Ausnahme der für eine Anhörungsrüge, § 112c I 1 iVm § 152a VwGO, in GV 2400 vorgesehenen Festgebühr) streitwertabhängig. Für die Bemessung des Streitwertes verweist § 194 I 1 (neben § 193 S. 2 wohl überflüssigerweise) auf **§ 52 GKG,** auf dessen Kommentierung verwiesen werden kann. 4

Von § 52 GKG abweichende **Besonderheiten** bei verwaltungsrechtlichen Anwaltssachen sind: Für die praktisch besonders wichtigen Fälle der Zulassung zur Rechtsanwaltschaft und der Rücknahme bzw. den Widerruf der Zulassung bestimmt § 194 II einen eigenen Regelstreitwert, von dem im Einzelfall nach oben oder unten abgewichen werden kann. Ist Gegenstand des Verfahrens die Zulassung zur Anwaltschaft, beträgt der Streitwert nach stRspr des BGH 25.000 EUR (vgl. nur BGH – Senat für Anwaltssachen BeckRS 2022, 2022, 25849 Rn. 38 [insoweit in NJW 2022, 3649 ohne Abdr.]). Geht es um die Verleihung einer Fachanwaltsbezeichnung, beträgt der Streitwert nach stRspr des BGH 12.500 EUR (vgl. nur BGH – Senat für Anwaltssachen BeckRS 2018, 30984 Rn. 18 mwN [in NJOZ 2019, 1260 insoweit ohne Abdr.]). Den Streitwert einer Klage, mit der Vorstandswahlen einer Rechtsanwaltskammer angefochten werden, bemisst der BGH regelmäßig mit 15.000 EUR (BGH – Senat für Anwaltssachen BeckRS 2018, 753 Rn. 6 mwN; BeckRS 2018, 18648 Rn. 15 [in NJW-RR 2018, 1211 insoweit ohne Abdr.]; BeckRS 2022, 30063 Rn. 91 [in NJW 2022, 3717 insoweit ohne Abdr.]). 5

Der Streitwert ist vom Gericht nach § 194 I 2, § 193 S. 2 iVm § 63 II 1 GKG von Amts wegen festzusetzen. Diese Festsetzung ist (im Gleichklang mit § 68 I 5 GKG iVm § 66 III 3 GKG) nach § 194 III **unanfechtbar,** kann aber nach Maßgabe des § 63 III GKG innerhalb der dort genannten zeitlichen Grenzen (ggf. auf Gegenvorstellung) von Amts wegen geändert werden. 6

IV. Anwaltsvergütung. Da in verwaltungsrechtlichen Anwaltssachen AGH (§ 112c I 2) und BGH (§ 112e S. 2) einem OVG gleichstehen, besteht nach Maßgabe von § 67 IV VwGO **Vertretungszwang** (vgl. nur BGH NJW-RR 2018, 1211 Rn. 7; 2021, 338; AGH Nordrhein-Westfalen NJOZ 2018, 596 Rn. 8). Allerdings kann sich der Rechtsanwalt nach § 112c I iVm § 67 IV 8 VwGO – auch vor dem BGH – selbst vertreten (aber nur solange er noch zugelassen ist, BGH NJW-RR 2018, 1211 Rn. 8; AGH Berlin BRAK-Mitt 2016, 74 = BeckRS 2016, 6924; AGH Nordrhein-Westfalen NJOZ 2018, 596 Rn. 8; AGH Sachsen BRAK-Mitt 2011, 249 = BeckRS 2011, 23734). 7

Für die anwaltliche Vertretung in einer verwaltungsrechtlichen Anwaltssache fallen – mangels besonderer Vorschriften (VV 6200 ff. RVG betreffen nur die disziplinarrechtlichen Verfahren vor den Anwaltsgerichten, → §§ 195–199 Rn. 7) – Gebühren nach Teil 3 des RVG (VV 3100 ff. RVG) an. Welche Gebührenvorschriften konkret anzuwenden sind, ist allerdings fraglich. 8

In der berufsrechtlichen Literatur wird aus § 112c Abs. 1 S. 2 BRAO, nach dem der AGH einem OVG gleichsteht, gefolgert, dass im erstinstanzlichen Verfahren vor dem **AGH** wie im Verfahren vor dem OVG anfallen (vgl. etwa Weyland/Kilimann, BRAO, § 193 Rn. 1a). Dies entspricht zwar der gesetzlichen Wertung für die Gerichtsgebühren (→ Rn. 2), hilft aber nicht weiter, weil das RVG Verfahren vor dem OLG im Allgemeinen nicht als Gebührentatbestand kennt. In Betracht käme allenfalls die Anwendung von **VV 3300 Nr. 2 RVG** (iVm § 112c Abs. 1 S. 2), der die Tätigkeit in erstinstanzlichen Verfahren (ua) vor dem OVG erfasst (und eine Vergütung entsprechend der im Berufungsverfahren anfallenden Vergütung regelt, → RVG VV 3300, 3301 Rn. 1 ff.). Dass diese Vorschrift die Tätigkeit vor dem AGH erfasst, ist allerdings zweifelhaft, weil zum einen die in § 112c Abs. 1 S. 2 BRAO angeordnete Gleichstellung der AGH mit den OVG wohl nur die Anwendung der VwGO (und damit nicht des RVG) betrifft und zum anderen VV 3300 Nr. 2 RVG in Bezug auf die OVG ersichtlich nur die Verfahren nach §§ 47, 48 VwGO im Blick hat. Verneint man daher die Anwendbarkeit von VV 3300 Nr. 2 RVG, kann sich die Vergütung für das Verfahren vor dem AGH nur nach den allgemein für erstinstanzlichen Verfahren geltenden **VV 3100 ff. RVG** richten. 9

10 Für die Tätigkeit im Berufungsverfahren vor dem **BGH** bleibt mangels anderweitiger Sonderreglungen ersichtlich nur der Rückgriff auf die allgemein in Berufungsverfahren geltenden **VV 3100 ff. RVG.** Nach Vorbem. 3.2.2. Nr. 2 RVG sind die Vorschriften über die Vergütung der anwaltlichen Tätigkeit im Revisionsverfahren (VV 3206 ff. RVG) zwar auch für die dort genannten Berufungs-, Beschwerde- und Rechtsbeschwerdeverfahren anzuwenden. Dies bezieht sich indessen ausdrücklich nur auf solche nach dem PatG, so dass sich eine – analoge – Anwendung auf berufsrechtlichen Verfahren verbietet.

11 Inwieweit eine **Erstattungspflicht** besteht, richtet sich nach der nach § 112c I iVm §§ 154 ff. VwGO zu treffenden Kostenentscheidung und den sich aus § 112c I iVm § 162 VwGO ergebenden Erstattungsgrundsätzen.

Dritter Abschnitt. Kosten im anwaltsgerichtlichen Verfahren und im Verfahren bei Anträgen auf anwaltsgerichtliche Entscheidung

Gerichtskosten

195 **[1] Im anwaltsgerichtlichen Verfahren, im Verfahren über den Antrag auf Entscheidung des Anwaltsgerichts über die Rüge (§ 74a Abs. 1) und im Verfahren über den Antrag auf Entscheidung des Anwaltsgerichtshofs gegen die Androhung oder die Festsetzung eines Zwangsgelds (§ 57 Abs. 3) werden Gebühren nach dem Gebührenverzeichnis der Anlage zu diesem Gesetz erhoben. [2] Im Übrigen sind die für Kosten in Strafsachen geltenden Vorschriften des Gerichtskostengesetzes entsprechend anzuwenden.**

→ § 199 Rn. 1 ff.

Kosten bei Anträgen auf Einleitung des anwaltsgerichtlichen Verfahrens

196 **I Einem Mitglied der Rechtsanwaltskammer, das einen Antrag auf gerichtliche Entscheidung über die Entschließung der Staatsanwaltschaft (§ 123 Abs. 2) zurücknimmt, sind die durch dieses Verfahren entstandenen Kosten aufzuerlegen.**

II Wird ein Antrag des Vorstandes der Rechtsanwaltskammer auf gerichtliche Entscheidung in den Fällen des § 122 Absatz 2, des § 150a oder des § 161a Abs. 2 verworfen, so sind die durch das Verfahren über den Antrag veranlaßten Kosten der Rechtsanwaltskammer aufzuerlegen.

→ § 199 Rn. 1 ff.

Kostenpflicht des Verurteilten

197 **I [1] Dem Rechtsanwalt, der in dem anwaltsgerichtlichen Verfahren verurteilt wird, sind zugleich die in dem Verfahren entstandenen Kosten ganz oder teilweise aufzuerlegen. [2] Dasselbe gilt, wenn das anwaltsgerichtliche Verfahren wegen Erlöschens der Zulassung zur Rechtsanwaltschaft eingestellt wird und nach dem Ergebnis des bisherigen Verfahrens die Verhängung einer anwaltsgerichtlichen Maßnahme gerechtfertigt gewesen wäre; zu den Kosten des anwaltsgerichtlichen Verfahrens gehören in diesem Fall auch diejenigen, die in einem anschließenden Verfahren zum Zwecke der Beweissicherung (§§ 148, 149) entstehen. [3] Wird das Verfahren nach § 139 Abs. 3 Nr. 2 eingestellt, kann das Gericht dem Rechtsanwalt die in dem Verfahren entstandenen Kosten ganz oder teilweise auferlegen, wenn es dies für angemessen erachtet.**

II [1] Dem Mitglied der Rechtsanwaltskammer, das im anwaltsgerichtlichen Verfahren ein Rechtsmittel zurückgenommen oder ohne Erfolg eingelegt hat, sind zugleich die durch dieses Verfahren entstandenen Kosten aufzuer-

legen. [2]Hatte das Rechtsmittel teilweise Erfolg, so kann dem Mitglied ein angemessener Teil dieser Kosten auferlegt werden.

III Für die Kosten, die durch einen Antrag auf Wiederaufnahme des durch ein rechtskräftiges Urteil abgeschlossenen Verfahrens verursacht worden sind, ist Absatz 2 entsprechend anzuwenden.

→ § 199 Rn. 1 ff.

Kostenpflicht im Verfahren bei Anträgen auf anwaltsgerichtliche Entscheidung

197a **I [1]Wird der Antrag auf anwaltsgerichtliche Entscheidung gegen die Androhung oder die Festsetzung des Zwangsgelds oder über die Rüge als unbegründet zurückgewiesen, so ist § 197 Abs. 1 Satz 1 entsprechend anzuwenden. [2]Stellt das Anwaltsgericht fest, daß die Rüge wegen der Verhängung einer anwaltsgerichtlichen Maßnahme unwirksam ist (§ 74a Abs. 5 Satz 2) oder hebt es den Rügebescheid gemäß § 74a Abs. 3 Satz 2 auf, so kann es dem Mitglied der Rechtsanwaltskammer die in dem Verfahren entstandenen Kosten ganz oder teilweise auferlegen, wenn es dies für angemessen erachtet.**

II Nimmt das Mitglied der Rechtsanwaltskammer den Antrag auf anwaltsgerichtliche Entscheidung zurück oder wird der Antrag als unzulässig verworfen, so gilt § 197 Abs. 2 Satz 1 entsprechend.

III [1]Wird die Androhung oder die Festsetzung des Zwangsgelds aufgehoben, so sind die notwendigen Auslagen des Mitglieds der Rechtsanwaltskammer der Rechtsanwaltskammer aufzuerlegen. [2]Das gleiche gilt, wenn der Rügebescheid, den Fall des § 74a Abs. 3 Satz 2 ausgenommen, aufgehoben wird oder wenn die Unwirksamkeit der Rüge wegen eines Freispruchs des Mitglieds im anwaltsgerichtlichen Verfahren oder aus den Gründen des § 115a Abs. 2 Satz 2 festgestellt wird (§ 74a Abs. 5 Satz 2).

→ § 199 Rn. 1 ff.

Haftung der Rechtsanwaltskammer

198 **I Auslagen, die weder dem Mitglied der Rechtsanwaltskammer noch einem Dritten auferlegt noch von dem Mitglied eingezogen werden können, fallen der Rechtsanwaltskammer zur Last, welcher das Mitglied angehört.**

II [1]In dem Verfahren vor dem Anwaltsgericht haftet die Rechtsanwaltskammer den Zeugen und Sachverständigen für die ihnen zustehende Entschädigung oder Vergütung in dem gleichen Umfang, in dem die Haftung der Staatskasse nach der Strafprozeßordnung begründet ist. [2]Bei weiterer Entfernung des Aufenthaltsorts der geladenen Personen ist ihnen auf Antrag ein Vorschuß zu bewilligen.

→ § 199 Rn. 1 ff.

Festsetzung der Kosten des Verfahrens vor dem Anwaltsgericht

199 **I Die Kosten, die das Mitglied der Rechtsanwaltskammer in dem Verfahren vor dem Anwaltsgericht zu tragen hat, werden von dem Vorsitzenden der Kammer des Anwaltsgerichts durch Beschluß festgesetzt.**

II [1]Gegen den Festsetzungsbeschluß kann der das Mitglied binnen einer Notfrist von zwei Wochen, die mit der Zustellung des Beschlusses beginnt, Erinnerung einlegen. [2]Über die Erinnerung entscheidet das Anwaltsgericht, dessen Vorsitzender den Beschluß erlassen hat. [3]Gegen die Entscheidung des Anwaltsgerichts kann das Mitglied sofortige Beschwerde einlegen. [4]Die Verfahren sind gebührenfrei. [5]Kosten werden nicht erstattet.

1 **I. Anwendungsbereich.** Die §§ 195–199 betreffen **disziplinarrechtliche Verfahren** vor den Anwaltsgerichten (→ GKG § 1 Rn. 13) wegen der Verletzung von Berufspflichten durch Mitglieder einer Rechtsanwaltskammer. Für solche Pflichtverletzungen sieht die BRAO gerichtliche Sanktionen (Verhängung einer anwaltsgerichtlichen Maßnahme, §§ 113–115c) und Maßnahmen des Vorstands der Kammer (Zwangsgeld, § 57; Rüge, § 74) vor. Gerichtliche Sanktionen sind Gegenstand des sog. anwaltsgerichtlichen Verfahrens (§§ 116–161a), in dem nach Einreichung einer Anschuldigungsschrift der Staatsanwaltschaft, Eröffnung und Durchführung der Hauptverhandlung über die Freisprechung oder Verurteilung wegen der dem Rechtsanwalt zur Last gelegten Pflichtverletzungen entschieden wird. Bei Verhängung eines Zwangsgeldes oder Erteilung einer Rüge durch den Kammervorstand kann der Betroffene eine gerichtliche Entscheidung des Anwaltsgerichts über die Berechtigung der Maßnahme beantragen (§§ 57 III, 74a).

2 Im **anwaltsgerichtlichen Verfahren** entscheidet das Anwaltsgericht im ersten Rechtszug (§ 119 I) gegen dessen Entscheidungen Beschwerde bzw. Berufung zum AGH gegeben sind (§§ 142–144); gegen Berufungsurteile des AGH ist unter bestimmten Voraussetzungen die Revision zum BGH (Senat für Anwaltssachen) gegeben (§§ 145–147). Im Verfahren über die Verhängung eines **Zwangsgeldes** durch den Kammervorstand entscheidet der AGH (§ 57 III 4) im Verfahren über eine **Rüge** das Anwaltsgericht (§ 74a II 1); diese Entscheidungen sind jeweils unanfechtbar, §§ 74a III 4, 145. Die Verfahren richten sich, soweit die BRAO keine besonderen Regelungen enthält, nach der StPO, §§ 122 IV, 143 IV, 146 III; § 57 III 5; § 74 II 2.

3 **II. Kosten (§ 195).** Für die in den Anwendungsbereich der §§ 195–199 fallenden disziplinarrechtlichen Verfahren werden gem. § 195 S. 1 (nur im erstinstanzlichen Verfahren vor dem Anwaltsgericht der Rechtsanwaltskammer zufließenden, §§ 205 I, 204 III) Gerichtsgebühren (wie gem. § 193 S. 1 in den verwaltungsrechtlichen Anwaltssachen, → §§ 193, 194 Rn. 2) nach dem als Anlage der BRAO beigefügten (nachstehend wiedergegebenen) **Gebührenverzeichnis** – und zwar nach dessen Teil 1 (GV 1110–1400) – erhoben (die frühere Gebührenfreiheit anwaltsgerichtlicher Verfahren wurde mit dem 2. JuMoG, → GKG Vor § 1 Rn. 16, beseitigt, vgl. Begr. RegE, BT-Drs. 16/3038, 27 f.; Rick AnwBl 2007, 213). Dieses sieht Festgebühren (ggf. mit Multiplikatoren) vor, die in der Struktur den im GKG KV Teil 3 für strafrechtliche Offizialverfahren vorgesehenen Gebühren entsprechen.

4 „Im Übrigen" – dh für **Auslagen** und die Regelung des **Kostenrechtsverhältnisses** (iwS, → GKG Vor § 1 Rn. 20) – verweist § 195 S. 2 (ähnlich wie der für verwaltungsrechtliche Anwaltssachen geltende § 193 S. 2, → §§ 193–194 Rn. 3) auf die für Kosten in Strafsachen geltenden Vorschriften des **GKG.**

5 **III. Kostentragungspflicht (§§ 196–199).** Für die Kostentragungspflicht unterscheidet die BRAO drei Fälle: § 196 betriff das sog. „Selbstreinigungsverfahren" nach § 123 und das in der BRAO anstelle des ausgeschlossenen Klageerzwingungsverfahrens der StPO in § 122 II, III (ggf. iVm §§ 150a, 161a II) vorgesehene Verfahren, § 197 das auf eine gerichtliche Ahndung gerichtete anwaltsgerichtliche Verfahren und § 197a die disziplinarrechtliche Maßnahmen des Kammervorstands betreffende Verfahren vor dem Anwaltsgericht (→ Rn. 2). Für Auslagen im Verfahren bestimmt § 198 eine (Zweit-)Haftung der Rechtsanwaltskammer (dies betrifft auch notwendige Auslagen des freigesprochenen Rechtsanwalts iSd § 467 StPO, BGHSt 21, 211 = NJW 1967, 894). Die Festsetzung der vom Rechtsanwalt zu tragenden Kosten gegen diesen richtet sich nach § 199.

6 **IV. Anwaltsvergütung.** Der beschuldigte Rechtsanwalt kann sich nach § 116 I iVm §§ 137 ff. StPO in jeder Lage des anwaltsgerichtlichen Verfahrens des Beistandes eines **Verteidigers** bedienen; nach § 117a, § 140 Nr. 5, 8 StPO kann auch ein Fall notwendiger Verteidigung vorliegen. Wie im Strafverfahren ist aber eine Selbstvertretung des beschuldigten Rechtsanwalts ausgeschlossen; es scheidet daher insbes. eine Erstattung von Gebühren und Auslagen entspr. § 91 II 3 ZPO, die der beschuldigte Rechtsanwalt als Gebühren und Auslagen eines bevollmächtigten Rechtsanwalts erstattet verlangen könnte, aus (AGH Berlin BRAK-Mitt 1997, 176 = BeckRS 1997,

126874; AGH Niedersachsen BRAK-Mitt 2002, 147; AGH Nordrhein-Westfalen BRAK-Mitt 2017, 244 (Ls.) = NJOZ 2017, 1641 Rn. 30 ff.).

Die Vergütung für eine anwaltliche Tätigkeit in einem der von den §§ 195–199 erfassten disziplinarrechtlichen Verfahren vor dem Anwaltsgericht richtet sich nach den (auch für andere Disziplinarverfahren etwa nach PAO, WPO, StBerG oder BDG, nicht aber für verwaltungsrechtliche Berufssachen, → §§ 193, 194 Rn. 8, geltenden) Sondervorschriften in **VV 6200 ff. RVG.** **7**

Anlage (zu § 193 Satz 1 und § 195 Satz 1). Gebührenverzeichnis

Übersicht

Teil 1. Anwaltsgerichtliche Verfahren

Nr.	Gebührentatbestand	Gebührenbetrag oder Satz der jeweiligen Gebühr 1110 bis 1112
Vorbemerkung 1: **I Im anwaltsgerichtlichen Verfahren bemessen sich die Gerichtsgebühren vorbehaltlich des Absatzes 2 für alle Rechtszüge nach der rechtskräftig verhängten Maßnahme.** **II Wird ein Rechtsmittel oder ein Antrag auf anwaltsgerichtliche Entscheidung nur teilweise verworfen oder zurückgewiesen, so hat das Gericht die Gebühr zu ermäßigen, soweit es unbillig wäre, das Mitglied der Rechtsanwaltskammer damit zu belasten.** **III Im Verfahren nach Wiederaufnahme werden die gleichen Gebühren wie für das wiederaufgenommene Verfahren erhoben. Wird jedoch nach Anordnung der Wiederaufnahme des Verfahrens das frühere Urteil aufgehoben, gilt für die Gebührenerhebung jeder Rechtszug des neuen Verfahrens mit dem jeweiligen Rechtszug des früheren Verfahrens zusammen als ein Rechtszug. Gebühren werden auch für Rechtszüge erhoben, die nur im früheren Verfahren stattgefunden haben.**		

Nr.	Gebührentatbestand	Gebührenbetrag oder Satz der jeweiligen Gebühr 1110 bis 1112
	Abschnitt 1. Verfahren vor dem Anwaltsgericht	
	Unterabschnitt 1. Anwaltsgerichtliches Verfahren erster Instanz	
1110	Verfahren mit Urteil bei Verhängung einer oder mehrerer der folgenden Maßnahmen: 1. einer Warnung, 2. eines Verweises, 3. einer Geldbuße	240,00 EUR
1111	Verfahren mit Urteil bei Verhängung eines Vertretungs- und Beistandsverbots nach § 114 Abs. 1 Nr. 4 oder Abs. 2 Nr. 4 der BRAO	360,00 EUR
1112	Verfahren mit Urteil bei Ausschließung aus der Rechtsanwaltschaft oder Aberkennung der Rechtsdienstleistungsbefugnis	480,00 EUR
	Unterabschnitt 2. Antrag auf gerichtliche Entscheidung über die Rüge	
1120	Verfahren über den Antrag auf gerichtliche Entscheidung über die Rüge nach § 74a Abs. 1 der BRAO: Der Antrag wird verworfen oder zurückgewiesen	160,00 EUR
	Abschnitt 2. Verfahren vor dem Anwaltsgerichtshof	
	Unterabschnitt 1. Berufung	
1210	Berufungsverfahren mit Urteil	1,5
1211	Erledigung des Berufungsverfahrens ohne Urteil Die Gebühr entfällt bei Zurücknahme der Berufung vor Ablauf der Begründungsfrist.	0,5
	Unterabschnitt 2. Beschwerde	
1220	Verfahren über Beschwerden im anwaltsgerichtlichen Verfahren, die nicht nach anderen Vorschriften gebührenfrei sind: Die Beschwerde wird verworfen oder zurückgewiesen Von dem Mitglied der Rechtsanwaltskammer wird eine Gebühr nur erhoben, wenn gegen es rechtskräftig eine anwaltsgerichtliche Maßnahme verhängt worden ist.	50,00 EUR
	Unterabschnitt 3. Antrag auf gerichtliche Entscheidung über die Androhung oder die Festsetzung eines Zwangsgelds	
1230	Verfahren über den Antrag auf gerichtliche Entscheidung über die Androhung oder die Festsetzung eines Zwangsgelds nach § 57 Abs. 3 der BRAO: Der Antrag wird verworfen oder zurückgewiesen	200,00 EUR

Nr.	Gebührentatbestand	Gebührenbetrag oder Satz der jeweiligen Gebühr 1110 bis 1112
	Abschnitt 3. Verfahren vor dem Bundesgerichtshof	
	Unterabschnitt 1. Revision	
1310	Revisionsverfahren mit Urteil oder mit Beschluss nach § 116 Abs. 1 Satz 2 der BRAO i. V. m. § 349 Abs. 2 oder Abs. 4 StPO	2,0
1311	Erledigung des Revisionsverfahrens ohne Urteil und ohne Beschluss nach § 116 Abs. 1 Satz 2 der BRAO i. V. m. § 349 Abs. 2 oder Abs. 4 StPO .... Die Gebühr entfällt bei Zurücknahme der Revision vor Ablauf der Begründungsfrist.	1,0
	Unterabschnitt 2. Beschwerde	
1320	Verfahren über die Beschwerde gegen die Nichtzulassung der Revision: Die Beschwerde wird verworfen oder zurückgewiesen	1,0
1321	Verfahren über sonstige Beschwerden im anwaltsgerichtlichen Verfahren, die nicht nach anderen Vorschriften gebührenfrei sind: Die Beschwerde wird verworfen oder zurückgewiesen .... Von dem Mitglied der Rechtsanwaltskammer wird eine Gebühr nur erhoben, wenn gegen es rechtskräftig eine anwaltsgerichtliche Maßnahme verhängt worden ist.	50,00 EUR
	Unterabschnitt 3. Verfahren wegen bei dem Bundesgerichtshof zugelassenen Rechtsanwälten oder Berufsausübungsgesellschaften	
1330	Anwaltsgerichtliches Verfahren mit Urteil bei Verhängung einer Maßnahme	1,5
1331	Verfahren über den Antrag auf gerichtliche Entscheidung über die Androhung oder die Festsetzung eines Zwangsgelds nach § 57 Abs. 3 i. V. m. § 163 Satz 2 der BRAO: Der Antrag wird verworfen oder zurückgewiesen	240,00 EUR
1332	Verfahren über den Antrag auf gerichtliche Entscheidung über die Rüge nach § 74a Abs. 1 i. V. m. § 163 Satz 2 der BRAO: Der Antrag wird verworfen oder zurückgewiesen	240,00 EUR
	Abschnitt 4. Rüge wegen Verletzung des Anspruchs auf rechtliches Gehör	
1400	Verfahren über die Rüge wegen Verletzung des Anspruchs auf rechtliches Gehör: Die Rüge wird in vollem Umfang verworfen oder zurückgewiesen	50,00 EUR

Teil 2. Gerichtliche Verfahren in verwaltungsrechtlichen Anwaltssachen

Nr.	Gebührentatbestand	Gebührenbetrag oder Satz der Gebühr nach § 34 GKG
	Abschnitt 1. Erster Rechtszug	
	Unterabschnitt 1. Anwaltsgerichtshof	
2110	**Verfahren im Allgemeinen ....**	**4,0**
2111	**Beendigung des gesamten Verfahrens durch** **1. Zurücknahme der Klage** **a) vor dem Schluss der mündlichen Verhandlung,** **b) wenn eine solche nicht stattfindet, vor Ablauf des Tages, an dem das Urteil, der Gerichtsbescheid oder der Beschluss in der Hauptsache der Geschäftsstelle übermittelt wird,** **c) im Fall des § 112c Abs. 1 Satz 1 BRAO i. V. m. § 93a Abs. 2 VwGO vor Ablauf der Erklärungsfrist nach § 93a Abs. 2 Satz 1 VwGO,** **2. Anerkenntnis- oder Verzichtsurteil,** **3. gerichtlichen Vergleich oder** **4. Erledigungserklärungen nach § 112c Abs. 1 Satz 1 BRAO i. V. m. § 161 Abs. 2 VwGO, wenn keine Entscheidung über die Kosten ergeht oder die Entscheidung einer zuvor mitgeteilten Einigung der Beteiligten über die Kostentragung oder der Kostenübernahmeerklärung eines Beteiligten folgt,** **es sei denn, dass bereits ein anderes als eines der in Nummer 2 genannten Urteile, ein Gerichtsbescheid oder Beschluss in der Hauptsache vorausgegangen ist:** **Die Gebühr 2110 ermäßigt sich auf ....** **Die Gebühr ermäßigt sich auch, wenn mehrere Ermäßigungstatbestände erfüllt sind.**	**2,0**
	Unterabschnitt 2. Bundesgerichtshof	
2120	**Verfahren im Allgemeinen ....**	**5,0**
2121	**Beendigung des gesamten Verfahrens durch** **1. Zurücknahme der Klage** **a) vor dem Schluss der mündlichen Verhandlung,** **b) wenn eine solche nicht stattfindet, vor Ablauf des Tages, an dem das Urteil oder der Gerichtsbescheid der Geschäftsstelle übermittelt wird,** **c) im Fall des § 112c Abs. 1 Satz 1 BRAO i. V. m. § 93a Abs. 2 VwGO vor Ablauf der Erklärungsfrist nach § 93a Abs. 2 Satz 1 VwGO,** **2. Anerkenntnis- oder Verzichtsurteil,** **3. gerichtlichen Vergleich oder**	

Nr.	Gebührentatbestand	Gebührenbetrag oder Satz der Gebühr nach § 34 GKG
	4. Erledigungserklärungen nach § 112c Abs. 1 Satz 1 der Bundesrechtsanwaltsordnung i. V. m. § 161 Abs. 2 VwGO, wenn keine Entscheidung über die Kosten ergeht oder die Entscheidung einer zuvor mitgeteilten Einigung der Beteiligten über die Kostentragung oder der Kostenübernahmeerklärung eines Beteiligten folgt, es sei denn, dass bereits ein anderes als eines der in Nummer 2 genannten Urteile, ein Gerichtsbescheid oder Beschluss in der Hauptsache vorausgegangen ist: Die Gebühr 2120 ermäßigt sich auf	3,0
	Die Gebühr ermäßigt sich auch, wenn mehrere Ermäßigungstatbestände erfüllt sind.	
	Abschnitt 2. Zulassung und Durchführung der Berufung	
2200	Verfahren über die Zulassung der Berufung: Soweit der Antrag abgelehnt wird	1,0
2201	Verfahren über die Zulassung der Berufung: Soweit der Antrag zurückgenommen oder das Verfahren durch anderweitige Erledigung beendet wird	0,5
	Die Gebühr entsteht nicht, soweit die Berufung zugelassen wird.	
2202	Verfahren im Allgemeinen	5,0
2203	Beendigung des gesamten Verfahrens durch Zurücknahme der Berufung oder der Klage, bevor die Schrift zur Begründung der Berufung bei Gericht eingegangen ist: Die Gebühr 2202 ermäßigt sich auf	1,0
	Erledigungserklärungen nach § 112c Abs. 1 Satz 1 BRAO i. V. m. § 161 Abs. 2 VwGO stehen der Zurücknahme gleich, wenn keine Entscheidung über die Kosten ergeht oder die Entscheidung einer zuvor mitgeteilten Einigung der Beteiligten über die Kostentragung oder der Kostenübernahmeerklärung eines Beteiligten folgt.	
2204	Beendigung des gesamten Verfahrens, wenn nicht Nummer 2203 erfüllt ist, durch 1. Zurücknahme der Berufung oder der Klage a) vor dem Schluss der mündlichen Verhandlung, b) wenn eine solche nicht stattfindet, vor Ablauf des Tages, an dem das Urteil oder der Beschluss in der Hauptsache der Geschäftsstelle übermittelt wird, oder c) im Fall des § 112c Abs. 1 Satz 1 BRAO i. V. m. § 93a Abs. 2 VwGO vor Ablauf der Erklärungsfrist nach § 93a Abs. 2 Satz 1 VwGO,	

Nr.	Gebührentatbestand	Gebührenbetrag oder Satz der Gebühr nach § 34 GKG
	2. Anerkenntnis- oder Verzichtsurteil, 3. gerichtlichen Vergleich oder 4. Erledigungserklärungen nach § 112c Abs. 1 Satz 1 BRAO i. V. m. § 161 Abs. 2 VwGO, wenn keine Entscheidung über die Kosten ergeht oder die Entscheidung einer zuvor mitgeteilten Einigung der Beteiligten über die Kostentragung oder der Kostenübernahmeerklärung eines Beteiligten folgt, es sei denn, dass bereits ein anderes als eines der in Nummer 2 genannten Urteile oder ein Beschluss in der Hauptsache vorausgegangen ist: Die Gebühr 2202 ermäßigt sich auf	3,0
	Die Gebühr ermäßigt sich auch, wenn mehrere Ermäßigungstatbestände erfüllt sind.	

Abschnitt 3. Vorläufiger Rechtsschutz

Vorbemerkung 2.3:

I Die Vorschriften dieses Abschnitts gelten für einstweilige Anordnungen und für Verfahren nach § 112c Abs. 1 Satz 1 BRAO i. V. m. § 80 Abs. 5 und § 80a Abs. 3 VwGO.

II Im Verfahren über den Antrag auf Erlass und im Verfahren über den Antrag auf Aufhebung einer einstweiligen Anordnung werden die Gebühren jeweils gesondert erhoben. Mehrere Verfahren nach § 112c Abs. 1 Satz 1 BRAO i. V. m. § 80 Abs. 5 und 7 und § 80a Abs. 3 VwGO gelten innerhalb eines Rechtszugs als ein Verfahren.

Unterabschnitt 1. Anwaltsgerichtshof

Nr.	Gebührentatbestand	Gebührenbetrag oder Satz der Gebühr nach § 34 GKG
2310	Verfahren im Allgemeinen	2,0
2311	Beendigung des gesamten Verfahrens durch 1. Zurücknahme des Antrags a) vor dem Schluss der mündlichen Verhandlung oder, b) wenn eine solche nicht stattfindet, vor Ablauf des Tages, an dem der Beschluss der Geschäftsstelle übermittelt wird, 2. gerichtlichen Vergleich oder 3. Erledigungserklärungen nach § 112c Abs. 1 Satz 1 BRAO i. V. m. § 161 Abs. 2 VwGO, wenn keine Entscheidung über die Kosten ergeht oder die Entscheidung einer zuvor mitgeteilten Einigung der Beteiligten über die Kostentragung oder der Kostenübernahmeerklärung eines Beteiligten folgt, es sei denn, dass bereits ein Beschluss über den Antrag vorausgegangen ist: Die Gebühr 2310 ermäßigt sich auf	0,75
	Die Gebühr ermäßigt sich auch, wenn mehrere Ermäßigungstatbestände erfüllt sind.	

Nr.	Gebührentatbestand	Gebührenbetrag oder Satz der Gebühr nach § 34 GKG
Unterabschnitt 2. Bundesgerichtshof als Rechtsmittelgericht in der Hauptsache		
2320	Verfahren im Allgemeinen	1,5
2321	Beendigung des gesamten Verfahrens durch 1. Zurücknahme des Antrags a) vor dem Schluss der mündlichen Verhandlung oder, b) wenn eine solche nicht stattfindet, vor Ablauf des Tages, an dem der Beschluss der Geschäftsstelle übermittelt wird, 2. gerichtlichen Vergleich oder 3. Erledigungserklärungen nach § 112c Abs. 1 Satz 1 BRAO i. V. m. § 161 Abs. 2 VwGO, wenn keine Entscheidung über die Kosten ergeht oder die Entscheidung einer zuvor mitgeteilten Einigung der Beteiligten über die Kostentragung oder der Kostenübernahmeerklärung eines Beteiligten folgt, es sei denn, dass bereits ein Beschluss über den Antrag vorausgegangen ist: Die Gebühr 2320 ermäßigt sich auf .... Die Gebühr ermäßigt sich auch, wenn mehrere Ermäßigungstatbestände erfüllt sind.	0,5
Unterabschnitt 3. Bundesgerichtshof		
Vorbemerkung 2.3.3: Die Vorschriften dieses Unterabschnitts gelten, wenn der Bundesgerichtshof auch in der Hauptsache erstinstanzlich zuständig ist.		
2330	Verfahren im Allgemeinen	2,5
2331	Beendigung des gesamten Verfahrens durch 1. Zurücknahme des Antrags a) vor dem Schluss der mündlichen Verhandlung oder, b) wenn eine solche nicht stattfindet, vor Ablauf des Tages, an dem der Beschluss der Geschäftsstelle übermittelt wird, 2. gerichtlichen Vergleich oder 3. Erledigungserklärungen nach § 112c Abs. 1 Satz 1 BRAO i. V. m. § 161 Abs. 2 VwGO, wenn keine Entscheidung über die Kosten ergeht oder die Entscheidung einer zuvor mitgeteilten Einigung der Beteiligten über die Kostentragung oder der Kostenübernahmeerklärung eines Beteiligten folgt, es sei denn, dass bereits ein Beschluss über den Antrag vorausgegangen ist: Die Gebühr 2330 ermäßigt sich auf .... Die Gebühr ermäßigt sich auch, wenn mehrere Ermäßigungstatbestände erfüllt sind.	1,0

Nr.	Gebührentatbestand	Gebührenbetrag oder Satz der Gebühr nach § 34 GKG
Abschnitt 4. Rüge wegen Verletzung des Anspruchs auf rechtliches Gehör		
2400	**Verfahren über die Rüge wegen Verletzung des Anspruchs auf rechtliches Gehör: Die Rüge wird in vollem Umfang verworfen oder zurückgewiesen ....**	**50,00 EUR**

2. Patentanwaltsordnung (PAO)

Vom 7.9.1966 (BGBl. I 557)
FNA 424-5-1
Zuletzt geändert durch Art. 30 Gesetz vom 5.10.2021 (BGBl. I 4607)
(Auszug)

Schrifttum: Lewinski, Berufsrecht der Rechtsanwälte, Patentanwälte und Steuerberater, 5. Aufl. 2021; Reinhard, Berufsrecht der Patentanwälte, 7. Aufl. 2017.

Achter Teil. Kosten in Patentanwaltssachen

Erster Abschnitt. Kosten in Verwaltungsverfahren der Patentanwaltskammer

Erhebung von Verwaltungsgebühren und Auslagen

145 **[1] Die Patentanwaltskammer kann für Amtshandlungen nach diesem Gesetz zur Deckung des Verwaltungsaufwands Gebühren nach festen Sätzen und Auslagen erheben. [2] Das Verwaltungskostengesetz in der bis zum 14. August 2013 geltenden Fassung findet mit der Maßgabe Anwendung, dass die allgemeinen Grundsätze für Kostenverordnungen (§§ 2 bis 7 des Verwaltungskostengesetzes in der bis zum 14. August 2013 geltenden Fassung) beim Erlass von Satzungen auf Grund des § 82 Absatz 2 Nummer 4 entsprechend gelten.**

§ 145 betrifft (wie § 192 BRAO) die Erhebung von (Verwaltungs-)Kosten für (verwaltungsrechtliche) Amtshandlungen der Kammern. Die §§ 146–151 regeln die Erhebung von Gerichtskosten, wobei **§§ 146, 147** (wie §§ 193, 194 BRAO) verwaltungsrechtliche Sachen und die **§§ 148–151** (wie §§ 195–199 BRAO) disziplinarrechtliche Sachen betreffen. Wegen der weitgehenden Entsprechung iÜ → BRAO § 194 Rn. 1 ff.; → BRAO § 199 Rn. 1 ff. 1

Zweiter Abschnitt. Kosten in gerichtlichen Verfahren in verwaltungsrechtlichen Patentanwaltssachen

Gerichtskosten

146 **[1] In verwaltungsrechtlichen Patentanwaltssachen werden Gebühren nach dem Gebührenverzeichnis der Anlage zu diesem Gesetz erhoben. [2] Im Übrigen sind die für Kosten in Verfahren vor den Gerichten der Verwaltungsgerichtsbarkeit geltenden Vorschriften des Gerichtskostengesetzes entsprechend anzuwenden, soweit in diesem Abschnitt nichts anderes bestimmt ist.**

→ § 145 Rn. 1 ff.

Streitwert

147 **I [1] Der Streitwert bestimmt sich nach § 52 des Gerichtskostengesetzes. [2] Er wird von Amts wegen festgesetzt.**

II [1] In Verfahren, die Klagen auf Zulassung zur Patentanwaltschaft oder deren Rücknahme oder Widerruf betreffen, ist ein Streitwert von 50 000 Euro anzunehmen. [2] Unter Berücksichtigung der Umstände des Einzelfalls, insbesondere des Umfangs und der Bedeutung der Sache sowie der Vermögens- und Einkommensverhältnisse des Klägers, kann das Gericht einen höheren oder einen niedrigeren Wert festsetzen.

III Die Festsetzung ist unanfechtbar; § 63 Absatz 3 des Gerichtskostengesetzes bleibt unberührt.

→ § 145 Rn. 1 ff.

Dritter Abschnitt. Kosten im berufsgerichtlichen Verfahren und im Verfahren bei Anträgen auf Entscheidung des Landgerichts

Gerichtskosten

148 **1 Im berufsgerichtlichen Verfahren, im Verfahren über den Antrag auf Entscheidung des Landgerichts über die Rüge (§ 70a Abs. 1) und im Verfahren über den Antrag auf Entscheidung des Landgerichts gegen die Androhung oder die Festsetzung eines Zwangsgelds (§ 50 Abs. 3) werden Gebühren nach dem Gebührenverzeichnis der Anlage zu diesem Gesetz erhoben. 2 Im Übrigen sind die für Kosten in Strafsachen geltenden Vorschriften des Gerichtskostengesetzes entsprechend anzuwenden.**

→ § 145 Rn. 1 ff.

Kosten bei Anträgen auf Einleitung des berufsgerichtlichen Verfahrens

149 **I Einem Mitglied der Patentanwaltskammer, das einen Antrag auf gerichtliche Entscheidung über die Entschließung der Staatsanwaltschaft (§ 108 Abs. 2) zurücknimmt, sind die durch dieses Verfahren entstandenen Kosten aufzuerlegen.**

II Wird ein Antrag des Vorstands der Patentanwaltskammer auf gerichtliche Entscheidung in dem Fall des § 107 Abs. 2 verworfen, so sind die durch das Verfahren über den Antrag veranlaßten Kosten der Patentanwaltskammer aufzuerlegen.

→ § 145 Rn. 1 ff.

Kostenpflicht des Verurteilten

150 **I 1 Dem Mitglied der Patentanwaltskammer, das im berufsgerichtlichen Verfahren verurteilt wird, sind zugleich die in dem Verfahren entstandenen Kosten ganz oder teilweise aufzuerlegen. 2 Dasselbe gilt, wenn das berufsgerichtliche Verfahren wegen Erlöschens der Zulassung zur Patentanwaltschaft eingestellt wird und nach dem Ergebnis des bisherigen Verfahrens die Verhängung einer berufsgerichtlichen Maßnahme gerechtfertigt gewesen wäre; zu den Kosten des berufsgerichtlichen Verfahrens gehören in diesem Fall auch diejenigen, die in einem anschließenden Verfahren zum Zwecke der Beweissicherung (§§ 130, 131) entstehen. 3 Wird das Verfahren nach § 123 Abs. 3 Nr. 2 eingestellt, kann das Gericht dem Mitglied die in dem Verfahren entstandenen Kosten ganz oder teilweise auferlegen, wenn es dies für angemessen erachtet.**

II 1 Das Mitglied der Patentanwaltskammer, das im berufsgerichtlichen Verfahren ein Rechtsmittel zurückgenommen oder ohne Erfolg eingelegt hat, sind zugleich die durch dieses Verfahren entstandenen Kosten aufzuerlegen. 2 Hatte das Rechtsmittel teilweise Erfolg, so kann dem Mitglied ein angemessener Teil dieser Kosten auferlegt werden.

III Für die Kosten, die durch einen Antrag auf Wiederaufnahme des durch ein rechtskräftiges Urteil abgeschlossenen Verfahrens verursacht worden sind, ist Absatz 2 entsprechend anzuwenden.

→ § 145 Rn. 1 ff.

Kostenpflicht im Verfahren bei Anträgen auf Entscheidung des Landgerichts

150a **I 1 Wird der Antrag auf berufsgerichtliche Entscheidung gegen die Androhung oder die Festsetzung des Zwangsgelds oder über die Rüge als unbegründet zurückgewiesen, so ist § 150 Abs. 1 Satz 1 entsprechend anzuwenden. 2 Stellt das Landgericht fest, daß die Rüge wegen der Verhängung einer berufsgerichtlichen Maßnahme unwirksam ist (§ 70a Abs. 5 Satz 2) oder hebt es den Rügebescheid gemäß § 70a Abs. 3 Satz 2 auf, so kann es dem Mitglied der Patentanwaltskammer die in dem Verfahren entstandenen Kosten ganz oder teilweise auferlegen, wenn es dies für angemessen erachtet.**

II Nimmt das Mitglied der Patentanwaltskammer den Antrag auf Entscheidung des Landgerichts zurück oder wird der Antrag als unzulässig verworfen, so gilt § 150 Abs. 2 Satz 1 entsprechend.

III 1 Wird die Androhung oder die Festsetzung des Zwangsgelds aufgehoben, so sind die notwendigen Auslagen des Mitglieds der Patentanwaltskammer der Patentanwaltskammer aufzuerlegen. 2 Das gleiche gilt, wenn der Rügebescheid, den Fall des § 70a Abs. 3 Satz 2 ausgenommen, aufgehoben wird oder wenn die Unwirksamkeit der Rüge wegen eines Freispruchs des Mitglieds der Patentanwaltskammer im berufsgerichtlichen Verfahren oder aus den Gründen des § 97a Absatz 2 festgestellt wird (§ 70a Abs. 5 Satz 2).

→ § 145 Rn. 1 ff.

Haftung der Patentanwaltskammer

151 **Auslagen, die weder dem Mitglied der Patentanwaltskammer noch einem Dritten auferlegt oder von dem Mitglied nicht eingezogen werden können, fallen der Patentanwaltskammer zur Last.**

→ § 145 Rn. 1 ff.

Anlage (zu § 146 Satz 1 und § 148 Satz 1). Gebührenverzeichnis

Übersicht

Teil 1. Berufsgerichtliches Verfahren

Nr.	Gebührentatbestand	Gebührenbetrag oder Satz der jeweiligen Gebühr 1110 und 1111
Vorbemerkung 1: I Im berufsgerichtlichen Verfahren bemessen sich die Gerichtsgebühren vorbehaltlich des Absatzes 2 für alle Rechtszüge nach der rechtskräftig verhängten Maßnahme. II Wird ein Rechtsmittel oder ein Antrag auf berufsgerichtliche Entscheidung nur teilweise verworfen oder zurückgewiesen, so hat das Gericht die Gebühr zu ermäßigen, soweit es unbillig wäre, das Mitglied der Patentanwaltskammer damit zu belasten. III Im Verfahren nach Wiederaufnahme werden die gleichen Gebühren wie für das wiederaufgenommene Verfahren erhoben. Wird jedoch nach Anordnung der Wiederaufnahme des Verfahrens das frühere Urteil aufgehoben, gilt für die Gebührenerhebung jeder Rechtszug des neuen Verfahrens mit dem jeweiligen Rechtszug des früheren Verfahrens zusammen als ein Rechtszug. Gebühren werden auch für Rechtszüge erhoben, die nur im früheren Verfahren stattgefunden haben.		
	Abschnitt 1. Verfahren vor dem Landgericht	
	Unterabschnitt 1. Berufsgerichtliches Verfahren erster Instanz	
1110	Verfahren mit Urteil bei Verhängung einer oder mehrerer der folgenden Maßnahmen: 1. einer Warnung, 2. eines Verweises, 3. einer Geldbuße	240,00 EUR
1111	Verfahren mit Urteil bei Ausschließung aus der Patentanwaltschaft oder der Aberkennung der Befugnis zur Beratung und Vertretung nach § 3	480,00 EUR
	Unterabschnitt 2. Antrag auf gerichtliche Entscheidung über die Androhung oder die Festsetzung eines Zwangsgelds oder über die Rüge	
1120	Verfahren über den Antrag auf gerichtliche Entscheidung über die Androhung oder die Festsetzung eines Zwangsgelds nach § 50 Abs. 3 der Patentanwaltsordnung: Der Antrag wird verworfen oder zurückgewiesen	160,00 EUR
1121	Verfahren über den Antrag auf gerichtliche Entscheidung über die Rüge nach § 70a Abs. 1 der Patentanwaltsordnung: Der Antrag wird verworfen oder zurückgewiesen	160,00 EUR
	Abschnitt 2. Verfahren vor dem Oberlandesgericht	
	Unterabschnitt 1. Berufung	
1210	Berufungsverfahren mit Urteil	1,5
1211	Erledigung des Berufungsverfahrens ohne Urteil .... Die Gebühr entfällt bei Zurücknahme der Berufung vor Ablauf der Begründungsfrist.	0,5

Nr.	Gebührentatbestand	Gebührenbetrag oder Satz der jeweiligen Gebühr 1110 und 1111
	Unterabschnitt 2. Beschwerde	
1220	**Verfahren über Beschwerden im berufsgerichtlichen Verfahren, die nicht nach anderen Vorschriften gebührenfrei sind:** **Die Beschwerde wird verworfen oder zurückgewiesen**	**50,00 EUR**
	Von dem Mitglied der Patentanwaltskammer wird eine Gebühr nur erhoben, wenn gegen es rechtskräftig eine berufsgerichtliche Maßnahme verhängt worden ist.	
	Abschnitt 3. Verfahren vor dem Bundesgerichtshof	
	Unterabschnitt 1. Revision	
1310	**Revisionsverfahren mit Urteil oder mit Beschluss nach § 98 Abs. 1 Satz 2 PAO i. V. m. § 349 Abs. 2 oder Abs. 4 StPO**	**2,0**
1311	**Erledigung des Revisionsverfahrens ohne Urteil und ohne Beschluss nach § 98 Abs. 1 Satz 2 PAO i. V. m. § 349 Abs. 2 oder Abs. 4 StPO**	**1,0**
	Die Gebühr entfällt bei Zurücknahme der Revision vor Ablauf der Begründungsfrist.	
	Unterabschnitt 2. Beschwerde	
1320	**Verfahren über die Beschwerde gegen die Nichtzulassung der Revision:** **Die Beschwerde wird verworfen oder zurückgewiesen**	**1,0**
1321	**Verfahren über sonstige Beschwerden im berufsgerichtlichen Verfahren, die nicht nach anderen Vorschriften gebührenfrei sind:** **Die Beschwerde wird verworfen oder zurückgewiesen**	**50,00 EUR**
	Von dem Mitglied der Patentanwaltskammer wird eine Gebühr nur erhoben, wenn gegen es rechtskräftig eine berufsgerichtliche Maßnahme verhängt worden ist.	
	Abschnitt 4. Rüge wegen Verletzung des Anspruchs auf rechtliches Gehör	
1400	**Verfahren über die Rüge wegen Verletzung des Anspruchs auf rechtliches Gehör:** **Die Rüge wird in vollem Umfang verworfen oder zurückgewiesen**	**50,00 EUR**

Teil 2. Gerichtliche Verfahren in verwaltungsrechtlichen Patentanwaltssachen

Nr.	Gebührentatbestand	Gebührenbetrag oder Satz der Gebühr nach § 34 GKG
	Abschnitt 1. Erster Rechtszug	
	Unterabschnitt 1. Oberlandesgericht	
2110	**Verfahren im Allgemeinen**	**4,0**
2111	**Beendigung des gesamten Verfahrens durch** **1. Zurücknahme der Klage** **a) vor dem Schluss der mündlichen Verhandlung,** **b) wenn eine solche nicht stattfindet, vor Ablauf des Tages, an dem das Urteil, der Gerichtsbescheid oder der Beschluss in der Hauptsache der Geschäftsstelle übermittelt wird,** **c) im Fall des § 94b Abs. 1 Satz 1 PAO i. V. m. § 93a Abs. 2 VwGO vor Ablauf der Erklärungsfrist nach § 93a Abs. 2 Satz 1 VwGO,** **2. Anerkenntnis- oder Verzichtsurteil,** **3. gerichtlichen Vergleich oder** **4. Erledigungserklärungen nach § 94b Abs. 1 Satz 1 PAO i. V. m. § 161 Abs. 2 VwGO, wenn keine Entscheidung über die Kosten ergeht oder die Entscheidung einer zuvor mitgeteilten Einigung der Beteiligten über die Kostentragung oder der Kostenübernahmeerklärung eines Beteiligten folgt,** **es sei denn, dass bereits ein anderes als eines der in Nummer 2 genannten Urteile, ein Gerichtsbescheid oder Beschluss in der Hauptsache vorausgegangen ist:** **Die Gebühr 2110 ermäßigt sich auf** .... **Die Gebühr ermäßigt sich auch, wenn mehrere Ermäßigungstatbestände erfüllt sind.**	**2,0**
	Unterabschnitt 2. Bundesgerichtshof	
2120	**Verfahren im Allgemeinen**	**5,0**
2121	**Beendigung des gesamten Verfahrens durch** **1. Zurücknahme der Klage** **a) vor dem Schluss der mündlichen Verhandlung,** **b) wenn eine solche nicht stattfindet, vor Ablauf des Tages, an dem das Urteil oder der Gerichtsbescheid der Geschäftsstelle übermittelt wird,** **c) im Fall des § 94b Abs. 1 Satz 1 PAO i. V. m. § 93a Abs. 2 VwGO vor Ablauf der Erklärungsfrist nach § 93a Abs. 2 Satz 1 VwGO,**	

Nr.	Gebührentatbestand	Gebührenbetrag oder Satz der Gebühr nach § 34 GKG
	2. Anerkenntnis- oder Verzichtsurteil, 3. gerichtlichen Vergleich oder 4. Erledigungserklärungen nach § 94b Abs. 1 Satz 1 PAO i. V. m. § 161 Abs. 2 VwGO, wenn keine Entscheidung über die Kosten ergeht oder die Entscheidung einer zuvor mitgeteilten Einigung der Beteiligten über die Kostentragung oder der Kostenübernahmeerklärung eines Beteiligten folgt, es sei denn, dass bereits ein anderes als eines der in Nummer 2 genannten Urteile, ein Gerichtsbescheid oder Beschluss in der Hauptsache vorausgegangen ist: Die Gebühr 2120 ermäßigt sich auf	3,0
	Die Gebühr ermäßigt sich auch, wenn mehrere Ermäßigungstatbestände erfüllt sind.	
	Abschnitt 2. Zulassung und Durchführung der Berufung	
2200	Verfahren über die Zulassung der Berufung: Soweit der Antrag abgelehnt wird	1,0
2201	Verfahren über die Zulassung der Berufung: Soweit der Antrag zurückgenommen oder das Verfahren durch anderweitige Erledigung beendet wird	0,5
	Die Gebühr entsteht nicht, soweit die Berufung zugelassen wird.	
2202	Verfahren im Allgemeinen	5,0
2203	Beendigung des gesamten Verfahrens durch Zurücknahme der Berufung oder der Klage, bevor die Schrift zur Begründung der Berufung bei Gericht eingegangen ist: Die Gebühr 2202 ermäßigt sich auf	1,0
	Erledigungserklärungen nach § 94b Abs. 1 Satz 1 PAO i. V. m. § 161 Abs. 2 VwGO stehen der Zurücknahme gleich, wenn keine Entscheidung über die Kosten ergeht oder die Entscheidung einer zuvor mitgeteilten Einigung der Beteiligten über die Kostentragung oder der Kostenübernahmeerklärung eines Beteiligten folgt.	
2204	Beendigung des gesamten Verfahrens, wenn nicht Nummer 2203 erfüllt ist, durch 1. Zurücknahme der Berufung oder der Klage a) vor dem Schluss der mündlichen Verhandlung, b) wenn eine solche nicht stattfindet, vor Ablauf des Tages, an dem das Urteil oder der Beschluss in der Hauptsache der Geschäftsstelle übermittelt wird, oder	

Nr.	Gebührentatbestand	Gebührenbetrag oder Satz der Gebühr nach § 34 GKG
	c) im Fall des § 94b Abs. 1 Satz 1 PAO i. V. m. § 93a Abs. 2 VwGO vor Ablauf der Erklärungsfrist nach § 93a Abs. 2 Satz 1 VwGO, 2. Anerkenntnis- oder Verzichtsurteil, 3. gerichtlichen Vergleich oder 4. Erledigungserklärungen nach § 94b Abs. 1 Satz 1 PAO i. V. m. § 161 Abs. 2 VwGO, wenn keine Entscheidung über die Kosten ergeht oder die Entscheidung einer zuvor mitgeteilten Einigung der Beteiligten über die Kostentragung oder der Kostenübernahmeerklärung eines Beteiligten folgt, Die Gebühr 2202 ermäßigt sich auf	3,0
	Die Gebühr ermäßigt sich auch, wenn mehrere Ermäßigungstatbestände erfüllt sind.	

Abschnitt 3. Vorläufiger Rechtsschutz

Vorbemerkung 2.3:

I Die Vorschriften dieses Abschnitts gelten für einstweilige Anordnungen und für Verfahren nach § 94b Abs. 1 Satz 1 PAO i. V. m. § 80 Abs. 5 und § 80a Abs. 3 VwGO.

II Im Verfahren über den Antrag auf Erlass und im Verfahren über den Antrag auf Aufhebung einer einstweiligen Anordnung werden die Gebühren jeweils gesondert erhoben. Mehrere Verfahren nach § 94b Abs. 1 Satz 1 PAO i. V. m. § 80 Abs. 5 und 7 und § 80a Abs. 3 VwGO gelten innerhalb eines Rechtszugs als ein Verfahren.

Nr.	Gebührentatbestand	Gebührenbetrag oder Satz der Gebühr nach § 34 GKG
	Unterabschnitt 1. Oberlandesgericht	
2310	Verfahren im Allgemeinen	2,0
2311	Beendigung des gesamten Verfahrens durch 1. Zurücknahme des Antrags a) vor dem Schluss der mündlichen Verhandlung oder, b) wenn eine solche nicht stattfindet, vor Ablauf des Tages, an dem der Beschluss der Geschäftsstelle übermittelt wird, 2. gerichtlichen Vergleich oder 3. Erledigungserklärungen nach § 94b Abs. 1 Satz 1 PAO i. V. m. § 161 Abs. 2 VwGO, wenn keine Entscheidung über die Kosten ergeht oder die Entscheidung einer zuvor mitgeteilten Einigung der Beteiligten über die Kostentragung oder der Kostenübernahmeerklärung eines Beteiligten folgt, es sei denn, dass bereits ein Beschluss über den Antrag vorausgegangen ist: Die Gebühr 2310 ermäßigt sich auf	0,75
	Die Gebühr ermäßigt sich auch, wenn mehrere Ermäßigungstatbestände erfüllt sind.	

Nr.	Gebührentatbestand	Gebührenbetrag oder Satz der Gebühr nach § 34 GKG
	Unterabschnitt 2. Bundesgerichtshof als Rechtsmittelgericht in der Hauptsache	
2320	Verfahren im Allgemeinen	1,5
2321	Beendigung des gesamten Verfahrens durch 1. Zurücknahme des Antrags a) vor dem Schluss der mündlichen Verhandlung oder, b) wenn eine solche nicht stattfindet, vor Ablauf des Tages, an dem der Beschluss der Geschäftsstelle übermittelt wird, 2. gerichtlichen Vergleich oder 3. Erledigungserklärungen nach § 94b Abs. 1 Satz 1 PAO i. V. m. § 161 Abs. 2 VwGO, wenn keine Entscheidung über die Kosten ergeht oder die Entscheidung einer zuvor mitgeteilten Einigung der Beteiligten über die Kostentragung oder der Kostenübernahmeerklärung eines Beteiligten folgt, es sei denn, dass bereits ein Beschluss über den Antrag vorausgegangen ist: Die Gebühr 2320 ermäßigt sich auf	0,5
	Die Gebühr ermäßigt sich auch, wenn mehrere Ermäßigungstatbestände erfüllt sind.	
	Unterabschnitt 3. Bundesgerichtshof	
	Vorbemerkung 2.3.3: Die Vorschriften dieses Unterabschnitts gelten, wenn der Bundesgerichtshof auch in der Hauptsache erstinstanzlich zuständig ist.	
2330	Verfahren im Allgemeinen	2,5
2331	Beendigung des gesamten Verfahrens, durch 1. Zurücknahme des Antrags a) vor dem Schluss der mündlichen Verhandlung oder, b) wenn eine solche nicht stattfindet, vor Ablauf des Tages, an dem der Beschluss der Geschäftsstelle übermittelt wird, 2. gerichtlichen Vergleich oder 3. Erledigungserklärungen nach § 94b Abs. 1 Satz 1 PAO i. V. m. § 161 Abs. 2 VwGO, wenn keine Entscheidung über die Kosten ergeht oder die Entscheidung einer zuvor mitgeteilten Einigung der Beteiligten über die Kostentragung oder der Kostenübernahmeerklärung eines Beteiligten folgt, es sei denn, dass bereits ein Beschluss über den Antrag vorausgegangen ist: Die Gebühr 2330 ermäßigt sich auf	1,0

Nr.	Gebührentatbestand	Gebührenbetrag oder Satz der Gebühr nach § 34 GKG
	Die Gebühr ermäßigt sich auch, wenn mehrere Ermäßigungstatbestände erfüllt sind.	
Abschnitt 4. Rüge wegen Verletzung des Anspruchs auf rechtliches Gehör		
2400	Verfahren über die Rüge wegen Verletzung des Anspruchs auf rechtliches Gehör: Die Rüge wird in vollem Umfang verworfen oder zurückgewiesen	50,00 EUR

3. Bundesnotarordnung (BNotO)

In der Fassung der Bekanntmachung vom 24.2.1961 (BGBl. I 97)
FNA 303-1
Zuletzt geändert durch Art. 2 Gesetz vom 15.7.2022 (BGBl. I 1146)
(Auszug)

Schrifttum: Arndt/Lerch/Sandkühler, BNotO, 8. Aufl. 2016; Custodis, Neues Verfahrensrecht für die Notarsenate in verwaltungsrechtlichen Notarsachen – Zur Änderung des § 111 BNotO, DNotZ 2009, 895; Diehn, BNotO, 3. Aufl. 2022; Frenz/Miermeister, BNotO, 5. Aufl. 2020; Heinemann/Trautrims, Notarrecht, 2022; Schippel/Görk, BNotO, 10. Aufl. 2021.

Gebühren

111f **[1]In verwaltungsrechtlichen Notarsachen werden Gebühren nach dem Gebührenverzeichnis der Anlage 2 erhoben. [2]Im Übrigen sind die für Kosten in Verfahren vor den Gerichten der Verwaltungsgerichtsbarkeit geltenden Vorschriften des Gerichtskostengesetzes entsprechend anzuwenden, soweit in diesem Gesetz nichts anderes bestimmt ist.**

→ § 111g Rn. 1 f.

Streitwert

111g **I [1]Der Streitwert bestimmt sich nach § 52 des Gerichtskostengesetzes. [2]Er wird von Amts wegen festgesetzt.**

II [1]In Verfahren, die Klagen auf Bestellung zum Notar oder die Ernennung zum Notarassessor, die Amtsenthebung, die Entfernung aus dem Amt oder vom bisherigen Amtssitz oder die Entlassung aus dem Anwärterdienst betreffen, ist ein Streitwert von 50 000 Euro anzunehmen. [2]Unter Berücksichtigung der Umstände des Einzelfalls, insbesondere des Umfangs und der Bedeutung der Sache sowie der Vermögens- und Einkommensverhältnisse des Klägers, kann das Gericht einen höheren oder einen niedrigeren Wert festsetzen.

III Die Festsetzung ist unanfechtbar; § 63 Abs. 3 des Gerichtskostengesetzes bleibt unberührt.

Notare sind nach § 1 unabhängige Träger eines öffentlichen Amtes. Die Aufsicht über ihre Tätigkeit wird daher – anders als bei Rechtsanwälten, Patentanwälten, Wirtschaftsprüfern und Steuerberatern – nicht von der Notarkammer, sondern von den Präsidenten des LG und des OLG sowie der Landesjustizverwaltung ausgeübt, § 92. Für die Tätigkeit der Berufsgerichte nach der BNotO (§ 99: Senate für Notarsachen bei OLG und BGH, → GKG § 1 Rn. 13) in **Disziplinarsachen** gelten, soweit die BNotO nichts Abweichendes regelt, die Vorschriften des BDG, so dass die Erhebung von Gerichtskosten nach **§ 78 BDG** (→ BDG § 78 Rn. 1 ff.) erfolgt. Soweit gelegentlich in disziplinarrechtlichen Entscheidungen für die Kosten stattdessen auf die §§ 111b I, 111f, 111g Bezug genommen wird (vgl. etwa BGH – Senat für Notarsachen BeckRS 2013, 21443 Rn. 19 [insoweit in NJW-RR 2014, 633, ohne Abdr.]; BeckRS 2015, 14482 Rn. 13 [insoweit in NJW-RR 2016, 504, ohne Abdr.]; OLG Celle – Senat für Notarsachen BeckRS 2018, 25467 Rn. 41 ff. [insoweit in NJW-RR 2019, 120, ohne Abdr.]; OLG Stuttgart – Senat für Notarsachen BeckRS 2018, 39589 Rn. 99), dürfte dies die Rechtslage verkennen. 1

Für **verwaltungsrechtliche Notarsachen** (= öffentlich-rechtliche Streitigkeiten nach der BNotO, einer auf Grund der BNotO erlassenen Rechtsverordnung oder einer Satzung einer Notarkammer, § 111 I) sind nach § 111 die OLG im ersten 2

Rechtszug und der BGH als Berufungsgericht zuständig. (Nur) für diese Verfahren richtet sich die Kostenerhebung nach §§ 111f, 111g. § 111f verweist (entspr. § 193 BRAO) auf das als Anlage der BNotO beigefügte (nachstehend wiedergegebene) **Gebührenverzeichnis** und iÜ auf die für Kosten in Verfahren vor den Gerichten der Verwaltungsgerichtsbarkeit geltenden Vorschriften des **GKG.** § 111g regelt die Streitwertfestsetzung und entspricht inhaltlich § 194 BRAO. Im Hinblick auf die weitgehende Entsprechung iÜ → BRAO § 194 Rn. 1 ff.

Anlage 2 (zu § 111f Satz 1). Gebührenverzeichnis (verwaltungsrechtliche Notarsachen)

Übersicht

Nr.	Gebührentatbestand	Gebührenbetrag oder Satz der Gebühr nach § 34 GKG
	Abschnitt 1. Erster Rechtszug	
	Unterabschnitt 1. Oberlandesgericht	
110	**Verfahren im Allgemeinen ....**	**4,0**
111	**Beendigung des gesamten Verfahrens durch** **1. Zurücknahme der Klage** **a) vor dem Schluss der mündlichen Verhandlung,** **b) wenn eine solche nicht stattfindet, vor Ablauf des Tages, an dem das Urteil, der Gerichtsbescheid oder der Beschluss in der Hauptsache der Geschäftsstelle übermittelt wird,** **c) im Fall des § 111b Abs. 1 Satz 1 BNotO i. V. m. § 93a Abs. 2 VwGO vor Ablauf der Erklärungsfrist nach § 93a Abs. 2 Satz 1 VwGO,** **2. Anerkenntnis- oder Verzichtsurteil,** **3. gerichtlichen Vergleich oder** **4. Erledigungserklärungen nach § 111b Abs. 1 Satz 1 BNotO i. V. m. § 161 Abs. 2 VwGO, wenn keine Entscheidung über die Kosten ergeht oder die Entscheidung einer zuvor mitgeteilten Einigung der Beteiligten über die Kostentragung oder der Kostenübernahmeerklärung eines Beteiligten folgt,** **es sei denn, dass bereits ein anderes als eines der in Nummer 2 genannten Urteile, ein Gerichtsbescheid oder Beschluss in der Hauptsache vorausgegangen ist:**	

Nr.	Gebührentatbestand	Gebührenbetrag oder Satz der Gebühr nach § 34 GKG
	Die Gebühr 110 ermäßigt sich auf	2,0
	Die Gebühr ermäßigt sich auch, wenn mehrere Ermäßigungstatbestände erfüllt sind.	
	Unterabschnitt 2. Bundesgerichtshof	
120	Verfahren im Allgemeinen	5,0
121	Beendigung des gesamten Verfahrens durch 1. Zurücknahme der Klage a) vor dem Schluss der mündlichen Verhandlung, b) wenn eine solche nicht stattfindet, vor Ablauf des Tages, an dem das Urteil, der Gerichtsbescheid oder der Beschluss in der Hauptsache der Geschäftsstelle übermittelt wird, c) im Fall des § 111b Abs. 1 Satz 1 BNotO i. V. m. § 93a Abs. 2 VwGO vor Ablauf der Erklärungsfrist nach § 93a Abs. 2 Satz 1 VwGO, 2. Anerkenntnis- oder Verzichtsurteil, 3. gerichtlichen Vergleich oder 4. Erledigungserklärungen nach § 111b Abs. 1 Satz 1 BNotO i. V. m. § 161 Abs. 2 VwGO, wenn keine Entscheidung über die Kosten ergeht oder die Entscheidung einer zuvor mitgeteilten Einigung der Beteiligten über die Kostentragung oder der Kostenübernahmeerklärung eines Beteiligten folgt, es sei denn, dass bereits ein anderes als eines der in Nummer 2 genannten Urteile, ein Gerichtsbescheid oder Beschluss in der Hauptsache vorausgegangen ist: Die Gebühr 120 ermäßigt sich auf	3,0
	Die Gebühr ermäßigt sich auch, wenn mehrere Ermäßigungstatbestände erfüllt sind.	
	Abschnitt 2. Zulassung und Durchführung der Berufung	
200	Verfahren über die Zulassung der Berufung: Soweit der Antrag abgelehnt wird	1,0
201	Verfahren über die Zulassung der Berufung: Soweit der Antrag zurückgenommen oder das Verfahren durch anderweitige Erledigung beendet wird	0,5
	Die Gebühr entsteht nicht, soweit die Berufung zugelassen wird.	
202	Verfahren im Allgemeinen	5,0
203	Beendigung des gesamten Verfahrens durch Zurücknahme der Berufung oder der Klage, bevor die Schrift zur Begründung der Berufung bei Gericht eingegangen ist: Die Gebühr 202 ermäßigt sich auf	1,0

Nr.	Gebührentatbestand	Gebührenbetrag oder Satz der Gebühr nach § 34 GKG
	Erledigungserklärungen nach § 111b Abs. 1 Satz 1 BNotO i. V. m. § 161 Abs. 2 VwGO stehen der Zurücknahme gleich, wenn keine Entscheidung über die Kosten ergeht oder die Entscheidung einer zuvor mitgeteilten Einigung der Beteiligten über die Kostentragung oder der Kostenübernahmeerklärung eines Beteiligten folgt.	
204	Beendigung des gesamten Verfahrens, wenn nicht Nummer 203 erfüllt ist, durch 1. Zurücknahme der Berufung oder der Klage a) vor dem Schluss der mündlichen Verhandlung, b) wenn eine solche nicht stattfindet, vor Ablauf des Tages, an dem das Urteil oder der Beschluss in der Hauptsache der Geschäftsstelle übermittelt wird, oder c) im Fall des § 111b Abs. 1 Satz 1 BNotO i. V. m. § 93a Abs. 2 VwGO vor Ablauf der Erklärungsfrist nach § 93a Abs. 2 Satz 1 VwGO, 2. Anerkenntnis- oder Verzichtsurteil, 3. gerichtlichen Vergleich oder 4. Erledigungserklärungen nach § 111b Abs. 1 Satz 1 BNotO i. V. m. § 161 Abs. 2 VwGO, wenn keine Entscheidung über die Kosten ergeht oder die Entscheidung einer zuvor mitgeteilten Einigung der Beteiligten über die Kostentragung oder der Kostenübernahmeerklärung eines Beteiligten folgt, es sei denn, dass bereits ein anderes als eines der in Nummer 2 genannten Urteile oder ein Beschluss in der Hauptsache vorausgegangen ist: Die Gebühr 202 ermäßigt sich auf	3,0
	Die Gebühr ermäßigt sich auch, wenn mehrere Ermäßigungstatbestände erfüllt sind.	

Abschnitt 3. Vorläufiger Rechtsschutz

Vorbemerkung 3:

I Die Vorschriften dieses Abschnitts gelten für einstweilige Anordnungen und für Verfahren nach § 111b Abs. 1 Satz 1 BNotO i. V. m. § 80 Abs. 5 und § 80a Abs. 3 VwGO.

II Im Verfahren über den Antrag auf Erlass und im Verfahren über den Antrag auf Aufhebung einer einstweiligen Anordnung werden die Gebühren jeweils gesondert erhoben. Mehrere Verfahren nach § 111b Abs. 1 Satz 1 BNotO i. V. m. § 80 Abs. 5 und 7 und § 80a Abs. 3 VwGO gelten innerhalb eines Rechtszugs als ein Verfahren.

Unterabschnitt 1. Oberlandesgericht

Nr.	Gebührentatbestand	Gebührenbetrag oder Satz der Gebühr nach § 34 GKG
310	Verfahren im Allgemeinen	2,0
311	Beendigung des gesamten Verfahrens durch	

Nr.	Gebührentatbestand	Gebührenbetrag oder Satz der Gebühr nach § 34 GKG
	1. Zurücknahme des Antrags a) vor dem Schluss der mündlichen Verhandlung oder, b) wenn eine solche nicht stattfindet, vor Ablauf des Tages, an dem der Beschluss der Geschäftsstelle übermittelt wird, 2. gerichtlichen Vergleich oder 3. Erledigungserklärungen nach § 111b Abs. 1 Satz 1 BNotO i. V. m. § 161 Abs. 2 VwGO, wenn keine Entscheidung über die Kosten ergeht oder die Entscheidung einer zuvor mitgeteilten Einigung der Beteiligten über die Kostentragung oder der Kostenübernahmeerklärung eines Beteiligten folgt, es sei denn, dass bereits ein Beschluss über den Antrag vorausgegangen ist: Die Gebühr 310 ermäßigt sich auf	0,75
	Die Gebühr ermäßigt sich auch, wenn mehrere Ermäßigungstatbestände erfüllt sind.	
	Unterabschnitt 2. Bundesgerichtshof als Rechtsmittelgericht in der Hauptsache	
320	Verfahren im Allgemeinen	15
321	Beendigung des gesamten Verfahrens durch 1. Zurücknahme des Antrags a) vor dem Schluss der mündlichen Verhandlung oder, b) wenn eine solche nicht stattfindet, vor Ablauf des Tages, an dem der Beschluss der Geschäftsstelle übermittelt wird, 2. gerichtlichen Vergleich oder 3. Erledigungserklärungen nach § 111b Abs. 1 Satz 1 BNotO i. V. m. § 161 Abs. 2 VwGO, wenn keine Entscheidung über die Kosten ergeht oder die Entscheidung einer zuvor mitgeteilten Einigung der Beteiligten über die Kostentragung oder der Kostenübernahmeerklärung eines Beteiligten folgt, es sei denn, dass bereits ein Beschluss über den Antrag vorausgegangen ist: Die Gebühr 320 ermäßigt sich auf	0,5
	Die Gebühr ermäßigt sich auch, wenn mehrere Ermäßigungstatbestände erfüllt sind.	
	Unterabschnitt 3. Bundesgerichtshof	
	Vorbemerkung 3.3: Die Vorschriften dieses Unterabschnitts gelten, wenn der Bundesgerichtshof auch in der Hauptsache erstinstanzlich zuständig ist.	
330	Verfahren im Allgemeinen	2,5
331	Beendigung des gesamten Verfahrens durch	

Nr.	Gebührentatbestand	Gebührenbetrag oder Satz der Gebühr nach § 34 GKG
	1. Zurücknahme des Antrags a) vor dem Schluss der mündlichen Verhandlung oder, b) wenn eine solche nicht stattfindet, vor Ablauf des Tages, an dem der Beschluss der Geschäftsstelle übermittelt wird, 2. gerichtlichen Vergleich oder 3. Erledigungserklärungen nach § 111b Abs. 1 Satz 1 BNotO i. V. m. § 161 Abs. 2 VwGO, wenn keine Entscheidung über die Kosten ergeht oder die Entscheidung einer zuvor mitgeteilten Einigung der Beteiligten über die Kostentragung oder der Kostenübernahmeerklärung eines Beteiligten folgt, es sei denn, dass bereits ein Beschluss über den Antrag vorausgegangen ist: Die Gebühr 330 ermäßigt sich auf	1,0
	Die Gebühr ermäßigt sich auch, wenn mehrere Ermäßigungstatbestände erfüllt sind.	
Abschnitt 4. Rüge wegen Verletzung des Anspruchs auf rechtliches Gehör		
400	Verfahren über die Rüge wegen Verletzung des Anspruchs auf rechtliches Gehör: Die Rüge wird in vollem Umfang verworfen oder zurückgewiesen	50,00 EUR

4. Gesetz über eine Berufsordnung der Wirtschaftsprüfer (Wirtschaftsprüferordnung – WPO)

In der Fassung der Bekanntmachung vom 5.11.1975 (BGBl. I 2803)

FNA 702-1

Zuletzt geändert durch Art. 77 Gesetz vom 10.8.2021 (BGBl. I 3436)

(Auszug)

Schrifttum: Hense/Ulrich, WPO Kommentar, 4. Aufl. 2022; Schmitz/Lorey/Harder, Berufsrecht und Haftung der Wirtschaftsprüfer, 3. Aufl. 2022.

Gerichtskosten

122 [1]**In gerichtlichen Verfahren nach diesem Gesetz werden Gebühren nach dem Gebührenverzeichnis der Anlage zu diesem Gesetz erhoben.** [2]**Im Übrigen sind die für Kosten in Strafsachen geltenden Vorschriften des Gerichtskostengesetzes entsprechend anzuwenden.**

→ § 124 Rn. 1 f.

123 *(aufgehoben)*

Kostenpflicht

124 I [1]**Berufsangehörigen, die ihren Antrag auf berufsgerichtliche Entscheidung zurücknehmen, deren Antrag auf berufsgerichtliche Entscheidung zurückgewiesen wird oder die in dem berufsgerichtlichen Verfahren verurteilt werden, sind die in dem Verfahren entstandenen Kosten ganz oder teilweise aufzuerlegen.** [2]**Dasselbe gilt, wenn das berufsgerichtliche Verfahren wegen Erlöschens, Rücknahme oder Widerrufs der Bestellung eingestellt wird und nach dem Ergebnis des bisherigen Verfahrens die Verhängung einer berufsaufsichtlichen Maßnahme gerechtfertigt war; zu den Kosten des berufsgerichtlichen Verfahrens gehören in diesem Fall auch diejenigen, die in einem anschließenden Verfahren zum Zwecke der Beweissicherung (§§ 109 und 110) entstehen.** [3]**Wird das Verfahren nach § 103 Absatz 3 Nummer 2 eingestellt, kann das Gericht den Berufsangehörigen die in dem Verfahren entstandenen Kosten ganz oder teilweise auferlegen, wenn es dies für angemessen erachtet.**

II [1]**Den Berufsangehörigen, die in dem berufsgerichtlichen Verfahren ein Rechtsmittel zurückgenommen oder ohne Erfolg eingelegt haben, sind die durch dieses Verfahren entstandenen Kosten aufzuerlegen.** [2]**Hatte das Rechtsmittel teilweise Erfolg, so kann den Berufsangehörigen ein angemessener Teil dieser Kosten auferlegt werden.**

III **Für die Kosten, die durch einen Antrag auf Wiederaufnahme des durch ein rechtskräftiges Urteil abgeschlossenen Verfahrens verursacht worden sind, ist Absatz 2 entsprechend anzuwenden.**

IV [1]**Werden Berufsangehörige unter Aufhebung der angefochtenen Entscheidung freigesprochen, so sind die notwendigen Auslagen der Berufsangehörigen der Staatskasse aufzuerlegen.** [2]**Auslagen, die weder den Berufsangehörigen noch Dritten auferlegt oder die von den Berufsangehörigen nicht eingezogen werden können, fallen der Staatskasse zur Last.**

Anders als nach BRAO und PAO, aber ebenso wie nach dem StBerG sind die Berufsgerichte nach der WPO (§§ 72 ff.: Kammern bzw. Senate für Wirtschaftsprüfersachen bei LG, OLG und BGH, → GKG § 1 Rn. 13) nicht für verwaltungs- 1 rechtliche Wirtschaftsprüfersachen zuständig (diese fallen in die Zuständigkeit der Verwaltungsgerichtsbarkeit; für die gelten daher die Vorschriften des GKG, § 1 II Nr. 1 GKG; → VwGO § 166 Rn. 1 ff.), sondern nur für **Disziplinarsachen.**

2 Für diese verweist § 122 (wie § 195 BRAO) auf das als Anlage der WPO beigefügte (nachstehend abgedruckte) **Gebührenverzeichnis** und iÜ (für Auslagen und das Kostenrechtsverhältnis iwS) auf die für Kosten in Strafsachen geltenden Vorschriften des **GKG.** § 124 regelt (ähnlich wie §§ 197–197a BRAO) die Verpflichtung zur Kostentragung. Soweit Auslagen nicht anderen Verfahrensbeteiligten auferlegt bzw. beigetrieben werden können, ordnet § 124 IV 2 (anders als § 199 BRAO) keine (Zweit-)Haftung der Kammer an, sondern lässt diese der Staatskasse zur Last fallen. Im Hinblick auf die weitgehende Entsprechung iÜ → BRAO § 199 Rn. 1 ff.

Anlage (zu § 122 Satz 1). Gebührenverzeichnis

Übersicht

Nr.	Gebührentatbestand	Gebührenbetrag oder Satz der jeweiligen Gebühr 110 bis 114

Vorbemerkung:

I 1 In Verfahren über Anträge auf berufsgerichtliche Entscheidung werden, soweit nichts anderes bestimmt ist, Gebühren nur erhoben, soweit auf Zurückweisung des Antrags auf berufsgerichtliche Entscheidung oder auf Verurteilung zu einer oder mehrerer der in § 68 Abs. 1 und § 68a WPO genannten Maßnahmen entschieden wird. 2 Die Gebühren bemessen sich nach der rechtskräftig verhängten Maßnahme, die Gegenstand der Entscheidung im Sinne des Satzes 1 ist. 3 Maßgeblich ist die Maßnahme, für die die höchste Gebühr bestimmt ist.

II Im Rechtsmittelverfahren ist Absatz 1 entsprechend anzuwenden.

III Wird ein Antrag auf berufsgerichtliche Entscheidung, ein Antrag auf Entscheidung des Gerichts oder ein Rechtsmittel nur teilweise verworfen oder zurückgewiesen, so hat das Gericht die Gebühr zu ermäßigen, soweit es unbillig wäre, den Berufsangehörigen damit zu belasten.

IV 1 Im Verfahren nach Wiederaufnahme werden die gleichen Gebühren wie für das wiederaufgenommene Verfahren erhoben. 2 Wird jedoch nach Anordnung der Wiederaufnahme des Verfahrens das frühere Urteil aufgehoben, gilt für die Gebührenerhebung jeder Rechtszug des neuen Verfahrens mit dem jeweiligen Rechtszug des früheren Verfahrens zusammen als ein Rechtszug. 3 Gebühren werden auch für Rechtszüge erhoben, die nur im früheren Verfahren stattgefunden haben.

Nr.	Gebührentatbestand	Gebührenbetrag oder Satz der jeweiligen Gebühr 110 bis 114
	Abschnitt 1. Verfahren vor dem Landgericht	
	Unterabschnitt 1. Verfahren über Anträge auf berufsgerichtliche Entscheidung	
	Verfahren mit Urteil bei	
110	– Erteilung einer Rüge nach § 68 Abs. 1 Satz 2 Nr. 1 oder einer Feststellung nach § 68 Abs. 1 Satz 2 Nr. 7 WPO jeweils ...	160,00 €
111	– Verhängung einer Geldbuße nach § 68 Abs. 1 Satz 2 Nr. 2 WPO	240,00 €
112	– Verhängung eines Tätigkeitsverbots nach § 68 Abs. 1 Satz 2 oder Nr. 4 oder eines Berufsverbots nach § 68 Abs. 1 Satz 2 Nr. 5 WPO jeweils	360,00 €
113	– Ausschließung aus dem Beruf nach § 68 Abs. 1 Satz 2 Nr. 6 WPO	480,00 €
114	– Erlass einer Untersagungsverfügung nach § 68a WPO	60,00 €
115	Zurückweisung des Antrags auf berufsgerichtliche Entscheidung durch Beschluss nach § 86 Abs. 1 WPO	0,5
116	Zurücknahme des Antrags auf berufsgerichtliche Entscheidung vor Beginn der Hauptverhandlung .... Die Gebühr bemisst sich nach der Maßnahme, die Gegenstand des Verfahrens war. Maßgeblich ist die Maßnahme, für die die höchste Gebühr bestimmt ist.	0,25
117	Zurücknahme des Antrags auf berufsgerichtliche Entscheidung nach Beginn der Hauptverhandlung .... Die Gebühr bemisst sich nach der Maßnahme, die Gegenstand des Verfahrens war. Maßgeblich ist die Maßnahme, für die die höchste Gebühr bestimmt ist.	0,5
	Unterabschnitt 2. Verfahren über Anträge auf Entscheidung des Gerichts	
	Vorbemerkung 1.2: I Die Gebühren entstehen für jedes Verfahren gesondert. II Ist in den Fällen der Nummern 120 und 123 das Zwangs- oder Ordnungsgeld geringer als die Gebühr, so ermäßigt sich die Gebühr auf die Höhe des Zwangs- oder Ordnungsgeldes.	
120	Verfahren über einen Antrag auf Entscheidung des Gerichts über die Androhung oder die Festsetzung eines Zwangsgeldes nach § 62a Abs. 3 Satz 1 WPO: Der Antrag wird verworfen oder zurückgewiesen	160,00 €
121	Verfahren über einen Antrag auf Entscheidung des Gerichts über eine vorläufige Unter-	

Nr.	Gebührentatbestand	Gebührenbetrag oder Satz der jeweiligen Gebühr 110 bis 114
	sagungsverfügung nach § 68b Satz 4 i. V. m. § 62a Abs. 3 Satz 1 WPO: Der Antrag wird verworfen oder zurückgewiesen	100,00 €
122	Verfahren über einen Antrag auf Entscheidung des Gerichts über die Verhängung eines Ordnungsgeldes nach § 68c Abs. 2 i. V. m. § 62a Abs. 3 Satz 1 WPO: Der Antrag wird verworfen oder zurückgewiesen	360,00 €
123	Verfahren über einen Antrag auf Entscheidung des Gerichts über die Notwendigkeit der Zuziehung eines Bevollmächtigten nach § 68 Abs. 6 Satz 4 WPO: Der Antrag wird verworfen oder zurückgewiesen	100,00 €
	Abschnitt 2. Verfahren vor dem Oberlandesgericht	
	Unterabschnitt 1. Berufung	
210	Berufungsverfahren mit Urteil	1,5
211	Erledigung des Berufungsverfahrens ohne Urteil	0,5
	Die Gebühr bemisst sich nach der Maßnahme, die Gegenstand des Verfahrens war. Maßgeblich ist die Maßnahme, für die die höchste Gebühr bestimmt ist. Die Gebühr entfällt bei Zurücknahme der Berufung vor Ablauf der Begründungsfrist.	
	Unterabschnitt 2. Beschwerde	
220	Verfahren über eine Beschwerde gegen die Verwerfung eines Antrags auf berufsgerichtliche Entscheidung (§ 86 Abs. 1 WPO): Die Beschwerde wird verworfen oder zurückgewiesen	1,0
221	Verfahren über eine Beschwerde gegen den Beschluss, durch den ein vorläufiges Tätigkeits- oder Berufsverbot verhängt wurde, nach § 118 Abs. 1 WPO: Die Beschwerde wird verworfen oder zurückgewiesen	250,00 €
222	Verfahren über sonstige Beschwerden im berufsgerichtlichen Verfahren, die nicht nach anderen Vorschriften gebührenfrei sind: Die Beschwerde wird verworfen oder zurückgewiesen	50,00 €
	Von dem Berufsangehörigen wird eine Gebühr nur erhoben, wenn gegen ihn rechtskräftig eine der in § 68 Abs. 1 und § 68a WPO genannten Maßnahmen verhängt worden ist.	

Nr.	Gebührentatbestand	Gebührenbetrag oder Satz der jeweiligen Gebühr 110 bis 114
	Abschnitt 3. Verfahren vor dem Bundesgerichtshof	
	Unterabschnitt 1. Revision	
310	Revisionsverfahren mit Urteil oder mit Beschluss nach § 127 WPO i. V. m. § 349 Abs. 2 oder Abs. 4 StPO	2,0
311	Erledigung des Revisionsverfahrens ohne Urteil und ohne Beschluss nach § 127 WPO i. V. m. § 349 Abs. 2 oder Abs. 4 StPO Die Gebühr bemisst sich nach der Maßnahme, die Gegenstand des Verfahrens war. Maßgeblich ist die Maßnahme, für die die höchste Gebühr bestimmt ist. Die Gebühr entfällt, wenn die Revision vor Ablauf der Begründungsfrist zurückgenommen wird.	1,0
	Unterabschnitt 2. Beschwerde	
320	Verfahren über die Beschwerde gegen die Nichtzulassung der Revision nach § 107 Abs. 3 Satz 1 WPO: Die Beschwerde wird verworfen oder zurückgewiesen	1,0
321	Verfahren über eine Beschwerde gegen den Beschluss, durch den ein vorläufiges Tätigkeits- oder Berufsverbot verhängt wurde, nach § 118 Abs. 1 WPO: Die Beschwerde wird verworfen oder zurückgewiesen	300,00 €
322	Verfahren über sonstige Beschwerden im berufsgerichtlichen Verfahren, die nicht nach anderen Vorschriften gebührenfrei sind: Die Beschwerde wird verworfen oder zurückgewiesen Von dem Berufsangehörigen wird eine Gebühr nur erhoben, wenn gegen ihn rechtskräftig eine der in § 68 Abs. 1 und § 68a WPO genannten Maßnahmen verhängt worden ist.	50,00 €
	Abschnitt 4. Rüge wegen Verletzung des Anspruchs auf rechtliches Gehör	
400	Verfahren über die Rüge wegen Verletzung des Anspruchs auf rechtliches Gehör: Die Rüge wird in vollem Umfang verworfen oder zurückgewiesen	50,00 €

Nr.	Gebührentatbestand	Gebührenbetrag oder Satz der jeweiligen Gebühr 110 bis 114
Abschnitt 5. Verfahren über den Antrag auf Aufhebung eines vorläufigen Tätigkeits- oder Berufsverbots nach § 120 WPO		
500	**Verfahren über den Antrag auf Aufhebung eines vorläufigen Tätigkeits- oder Berufsverbots nach § 120 Abs. 3 Satz 1 WPO: Der Antrag wird in vollem Umfang verworfen oder zurückgewiesen**	**50,00 €**

5. Steuerberatungsgesetz (StBerG)

In der Fassung der Bekanntmachung vom 4.11.1975 (BGBl. I 2735)
FNA 610-10
Zuletzt geändert durch Art. 34 Gesetz vom 16.12.2022
(BGBl. I 2294)
(Auszug)

Schrifttum: Koslowski, Steuerberatungsgesetz, 8. Aufl. 2022; Kuhls, Kommentar zum Steuerberatungsgesetz, 4. Aufl. 2020; Lewinski, Berufsrecht der Rechtsanwälte, Patentanwälte und Steuerberater, 5. Aufl. 2021.

Gerichtskosten

146 **[1]Im berufsgerichtlichen Verfahren und im Verfahren über den Antrag auf Entscheidung des Landgerichts über die Rüge (§ 82 Abs. 1) werden Gebühren nach dem Gebührenverzeichnis der Anlage zu diesem Gesetz erhoben. [2]Im Übrigen sind die für Kosten in Strafsachen geltenden Vorschriften des Gerichtskostengesetzes entsprechend anzuwenden.**

Anders als nach BRAO und PAO, aber ebenso wie nach der WPO sind die 1
Berufsgerichte nach dem StBerG (§§ 95 ff.: Kammern bzw. Senate für Steuerberatersachen bei LG, OLG und BGH, → GKG § 1 Rn. 13) nicht für verwaltungsrechtliche Steuerberatersachen zuständig (diese fallen in die Zuständigkeit der Finanzgerichtsbarkeit, § 33 I Nr. 3 FGO; für sie gelten daher die Vorschriften des GKG, § 1 II Nr. 2 GKG; → FGO § 149 Rn. 1 ff.), sondern nur für **Disziplinarsachen.**

Für diese verweist § 146 (wie § 195 BRAO) auf das als Anlage der BRAO 2
beigefügte (nachstehend abgedruckte) **Gebührenverzeichnis** und iÜ (für Auslagen und das Kostenrechtsverhältnis iwS) auf die für Kosten in Strafsachen geltenden Vorschriften des GKG. Die §§ 147–150 entsprechen inhaltlich den §§ 196–199 BRAO, daher iÜ → BRAO § 199 Rn. 1 ff.

Kosten bei Anträgen auf Einleitung des berufsgerichtlichen Verfahrens

147 **I Einem Mitglied der Steuerberaterkammer, das einen Antrag auf gerichtliche Entscheidung über die Entschließung der Staatsanwaltschaft (§ 116 Abs. 2) zurücknimmt, sind die durch dieses Verfahren entstandenen Kosten aufzuerlegen.**

II Wird ein Antrag des Vorstandes der Steuerberaterkammer auf gerichtliche Entscheidung in dem Fall des § 115 Abs. 2 verworfen, so sind die durch das Verfahren über den Antrag veranlaßten Kosten der Steuerberaterkammer aufzuerlegen.

→ § 146 Rn. 1 f.

Kostenpflicht des Verurteilten

148 **I [1]Dem Mitglied der Steuerberatungskammer, das in dem berufsgerichtlichen Verfahren verurteilt wird, sind zugleich die in dem Verfahren entstandenen Kosten ganz oder teilweise aufzuerlegen. [2]Dasselbe gilt, wenn das berufsgerichtliche Verfahren wegen Erlöschens, Rücknahme oder Widerruf der Bestellung eingestellt wird und nach dem Ergebnis des bisherigen Verfahrens die Verhängung einer berufsgerichtlichen Maßnahme gerechtfertigt gewesen wäre; zu den Kosten des berufsgerichtlichen Verfahrens gehören in diesem Fall auch diejenigen, die in einem anschließenden Verfahren zum Zwecke der Beweissicherung (§§ 132 und 133) entstehen.**

II 1 Dem Mitglied der Steuerberaterkammer, das in dem berufsgerichtlichen Verfahren ein Rechtsmittel zurückgenommen oder ohne Erfolg eingelegt hat, sind zugleich die durch dieses Verfahren entstandenen Kosten aufzuerlegen. 2 Hatte das Rechtsmittel teilweise Erfolg, so kann dem Mitglied der Steuerberaterkammer ein angemessener Teil dieser Kosten auferlegt werden.

III Für die Kosten, die durch einen Antrag auf Wiederaufnahme des durch ein rechtskräftiges Urteil abgeschlossenen Verfahrens verursacht worden sind, ist Absatz 2 entsprechend anzuwenden.

→ § 146 Rn. 1 f.

Kostenpflicht in dem Verfahren bei Anträgen auf berufsgerichtliche Entscheidung über die Rüge

149 I 1 Wird der Antrag auf berufsgerichtliche Entscheidung über die Rüge als unbegründet zurückgewiesen, so ist § 148 Abs. 1 Satz 1 entsprechend anzuwenden. 2 Stellt das Landgericht fest, daß die Rüge wegen der Verhängung einer berufsgerichtlichen Maßnahme unwirksam ist (§ 82 Abs. 5 Satz 2), oder hebt es den Rügebescheid gemäß § 82 Abs. 3 Satz 2 auf, so kann es dem Mitglied der Steuerberaterkammer die in dem Verfahren entstandenen Kosten ganz oder teilweise auferlegen, wenn es dies für angemessen erachtet.

II Nimmt das Mitglied der Steuerberaterkammer den Antrag auf berufsgerichtliche Entscheidung zurück oder wird der Antrag als unzulässig verworfen, so gilt § 148 Abs. 2 Satz 1 entsprechend.

III Wird der Rügebescheid, den Fall des § 82 Abs. 3 Satz 2 ausgenommen, aufgehoben oder wird die Unwirksamkeit der Rüge wegen eines Freispruchs des Mitglieds der Steuerberaterkammer im berufsgerichtlichen Verfahren oder aus den Gründen des § 91 Abs. 2 Satz 2 festgestellt (§ 82 Abs. 5 Satz 2), so sind die notwendigen Auslagen des Mitglieds der Steuerberaterkammer der Steuerberaterkammer aufzuerlegen.

→ § 146 Rn. 1 f.

Haftung der Steuerberaterkammer

150 Auslagen, die weder dem Mitglied der Steuerberaterkammer noch einem Dritten auferlegt noch von dem Mitglied der Steuerberaterkammer eingezogen werden können, fallen der Steuerberaterkammer zur Last, welcher das Mitglied der Steuerberaterkammer angehört.

→ § 146 Rn. 1 f.

Anlage (zu § 146 Satz 1). Gebührenverzeichnis

Übersicht

Nr.	Gebührentatbestand	Gebührenbetrag oder Satz der jeweiligen Gebühr 110 bis 112

Vorbemerkung:

I Im berufsgerichtlichen Verfahren bemessen sich die Gerichtsgebühren vorbehaltlich des Absatzes 2 für alle Rechtszüge nach der rechtskräftig verhängten Maßnahme.

II Wird ein Rechtsmittel oder ein Antrag auf berufsgerichtliche Entscheidung nur teilweise verworfen oder zurückgewiesen, so hat das Gericht die Gebühr zu ermäßigen, soweit es unbillig wäre, das Mitglied der Steuerberaterkammer damit zu belasten.

III 1 Im Verfahren nach Wiederaufnahme werden die gleichen Gebühren wie für das wiederaufgenommene Verfahren erhoben. 2 Wird jedoch nach Anordnung der Wiederaufnahme des Verfahrens das frühere Urteil aufgehoben, gilt für die Gebührenerhebung jeder Rechtszug des neuen Verfahrens mit dem jeweiligen Rechtszug des früheren Verfahrens zusammen als ein Rechtszug. 3 Gebühren werden auch für Rechtszüge erhoben, die nur im früheren Verfahren stattgefunden haben.

Abschnitt 1. Verfahren vor dem Landgericht

Unterabschnitt 1. Berufsgerichtliches Verfahren erster Instanz

Nr.	Gebührentatbestand	Gebührenbetrag
110	**Verfahren mit Urteil bei Verhängung einer oder mehrerer der folgenden Maßnahmen:** **1. einer Warnung,** **2. eines Verweises,** **3. einer Geldbuße,** **4. eines befristeten Berufsverbots ....**	**240,00 EUR**
112	**Verfahren mit Urteil bei Ausschließung aus dem Beruf oder der Aberkennung der Befugnis zur geschäftsmäßigen Hilfeleistung in Steuersachen ....**	**480,00 EUR**

Unterabschnitt 2. Antrag auf gerichtliche Entscheidung über die Rüge

Nr.	Gebührentatbestand	Gebührenbetrag
120	**Verfahren über den Antrag auf gerichtliche Entscheidung über die Rüge nach § 82 Abs. 1 StBerG:** **Der Antrag wird verworfen oder zurückgewiesen ....**	**160,00 EUR**

Abschnitt 2. Verfahren vor dem Oberlandesgericht

Unterabschnitt 1. Berufung

Nr.	Gebührentatbestand	Satz
210	**Berufungsverfahren mit Urteil ....**	**1,5**
211	**Erledigung des Berufungsverfahrens ohne Urteil ....** **Die Gebühr entfällt bei Zurücknahme der Berufung vor Ablauf der Begründungsfrist.**	**0,5**

Unterabschnitt 2. Beschwerde

Nr.	Gebührentatbestand	Gebührenbetrag
220	**Verfahren über Beschwerden im berufsgerichtlichen Verfahren, die nicht nach anderen Vorschriften gebührenfrei sind:** **Die Beschwerde wird verworfen oder zurückgewiesen ....**	**50,00 EUR**

Nr.	Gebührentatbestand	Gebührenbetrag oder Satz der jeweiligen Gebühr 110 bis 112
	Von dem Mitglied der Steuerberaterkammer wird eine Gebühr nur erhoben, wenn gegen es rechtskräftig eine berufsgerichtliche Maßnahme verhängt worden ist.	
	Abschnitt 3. Verfahren vor dem Bundesgerichtshof	
	Unterabschnitt 1. Revision	
310	Revisionsverfahren mit Urteil oder mit Beschluss nach § 153 StBerG i. V. m. § 349 Abs. 2 oder Abs. 4 StPO	2,0
311	Erledigung des Revisionsverfahrens ohne Urteil und ohne Beschluss nach § 153 StBerG i. V. m. § 349 Abs. 2 oder Abs. 4 StPO	1,0
	Die Gebühr entfällt bei Zurücknahme der Revision vor Ablauf der Begründungsfrist.	
	Unterabschnitt 2. Beschwerde	
320	Verfahren über die Beschwerde gegen die Nichtzulassung der Revision: Die Beschwerde wird verworfen oder zurückgewiesen	1,0
321	Verfahren über sonstige Beschwerden im berufsgerichtlichen Verfahren, die nicht nach anderen Vorschriften gebührenfrei sind: Die Beschwerde wird verworfen oder zurückgewiesen	50,00 EUR
	Von dem Mitglied der Steuerberaterkammer wird eine Gebühr nur erhoben, wenn gegen es rechtskräftig eine berufsgerichtliche Maßnahme verhängt worden ist.	
	Abschnitt 4. Rüge wegen Verletzung des Anspruchs auf rechtliches Gehör	
400	Verfahren über die Rüge wegen Verletzung des Anspruchs auf rechtliches Gehör: Die Rüge wird in vollem Umfang verworfen oder zurückgewiesen	50,00 EUR

6. Bundesdisziplinargesetz (BDG)

Vom 9.7.2001 (BGBl. I 1510)
FNA 2031-4
Zuletzt geändert durch Art. 62 VO vom 19.6.2020 (BGBl. I 1328)
(Auszug)

Schrifttum: Bauschke/Weber, Bundesdisziplinargesetz, 2003; Fürst, Disziplinarrecht des Bundes und der Länder, Stand: Oktober 2022; Gansen, Disziplinarrecht in Bund und Ländern, Stand: August 2021; Köhler/Baunack, BDG, 7. Aufl. 2020; Schütz/Schmiemann, Disziplinarrecht des Bundes und der Länder, Stand: Oktober 2022; Urban/Wittkowski, BDG, 2. Aufl. 2017.

Gerichtskosten

78 **[1]In gerichtlichen Disziplinarverfahren werden Gebühren nach dem Gebührenverzeichnis der Anlage zu diesem Gesetz erhoben. [2]Im Übrigen sind die für Kosten in Verfahren vor den Gerichten der Verwaltungsgerichtsbarkeit geltenden Vorschriften des Gerichtskostengesetzes entsprechend anzuwenden.**

Das BDG regelt das Disziplinarverfahren für **Bundesbeamte,** vgl. § 1; für Landesbeamte gelten entsprechende landesrechtliche Vorschriften (→ Rn. 4). Nicht nach dem BDG richtet sich das Disziplinarverfahren für Richter (für die das DRiG bzw. die entspr. landesrechtlichen Vorschriften gelten, zu den Kosten → DRiG § 63 Rn. 1) und Soldaten (für die die WDO gilt, zu den Kosten → WDO § 137 Rn. 1). Entsprechend gelten die Vorschriften des BDG, soweit die BNotO nichts Abweichendes regelt, für **Notare** (→ BNotO § 111g Rn. 1). 1

Im gerichtlichen Disziplinarverfahren entscheiden die Gerichte der **Verwaltungsgerichtsbarkeit** (→ GKG § 1 Rn. 34) durch Kammern für Disziplinarsachen bei den VG in erster Instanz (§§ 45 ff., 52 ff.) und Senate für Disziplinarsachen bei den OVG als Berufungs- bzw. Beschwerdeinstanz (§§ 45, 51, 64 ff.); Revisionsgericht ist das BVerwG (§§ 69 f.). Im Disziplinarverfahren für Notare, auf das das BDG entspr. anzuwenden ist, entscheiden dagegen im ersten Rechtszug das OLG und in der Berufungsinstanz der BGH (§ 99 BNotO) mit dort jeweils gebildeten Senaten für Notarsachen (→ GKG § 1 Rn. 13). Auf die Verfahren sind, soweit sich aus dem BDG nichts anderes ergibt, die Vorschriften der VwGO anzuwenden (§ 3). 2

Für die **Gerichtskosten** des Disziplinarverfahrens für Beamte und Notare verweist § 78 auf das als Anlage dem BDG beigefügte (nachstehend abgedruckte) **Gebührenverzeichnis** und iÜ (für Auslagen und das Kostenrechtsverhältnis iwS) auf die für Kosten in Verfahren vor den Gerichten der Verwaltungsgerichtsbarkeit geltenden Vorschriften des **GKG.** Die Regelung entspricht den kostenrechtlichen Vorschriften anderer Disziplinarverfahren (vgl. § 195 BRAO, § 148 PAO, § 122 WPO, § 146 StBerG) mit dem einzigen Unterschied, dass der Verweis auf das GKG sich (wegen der verwaltungs- und nicht strafgerichtlichen Ausgestaltung) nicht auf die Vorschriften für Strafsachen bezieht; daher iÜ → BRAO § 199 Rn. 3. 3

Für **landesrechtliche Disziplinarverfahren** gilt Folgendes: 4

Baden-Württemberg: Das gerichtliche Disziplinarverfahren richtet sich nach der VwGO; die Erhebung von Gerichtskosten ist aber in § 22 BWAGVwGO vom 14.10.2008 (BWGBl. 343, 356), zuletzt geändert durch Art. 14 Gesetz vom 3.2.2021 (BWGBl. 53 (55)), besonders geregelt. Danach werden Gebühren nach dem als Anlage dem BWAGVwGO beigefügten Gebührenverzeichnis erhoben; iÜ wird (für Auslagen und das Kostenrechtsverhältnis iwS) auf die für Kosten in Strafsachen geltenden Vorschriften des GKG verwiesen.

Bayern: In gerichtlichen Disziplinarverfahren nach dem BayDG v. 24.12.2005 (BayGVBl. 665), zuletzt geändert durch § 4 Gesetz v. 23.12.2019 (BayGVBl. 724), werden nur Auslagen (nach dem GKG), aber keine Gerichtsgebühren erhoben, Art. 73 I BayDG.

Berlin: Für gerichtlichen Disziplinarverfahren nach dem BlnDiszG v. 29.6.2004 (BlnGVBl. 263), zuletzt geändert durch Art. 11 Gesetz v. 12.10.2020 (BlnGVBl. 807), gilt gem. § 41 BlnDiszG Teil 4 des BDG und damit auch § 78.

Brandenburg: In gerichtlichen Disziplinarverfahren nach dem LDGBbg v. 18.12.2001 (BbgGVBl. I Nr. 19 S. 254), zuletzt geändert durch Art. 11 Gesetz v. 15.10.2018 (BbgGVBl. I Nr. 22 S. 28), werden gem. § 79 I LDGBbg Gerichtsgebühren in entsprechender Anwendung des Gebührenverzeichnisses der Anlage zu § 78 und Auslagen nach den Bestimmungen des GKG erhoben.

Bremen: In gerichtlichen Disziplinarverfahren nach dem BremDG v. 19.11.2002 (Brem.GBl. 545), zuletzt geändert durch Art. 3 Gesetz v. 14.7.2020 (Brem.GBl. 671, (679)), werden nur Auslagen (nach dem GKG), aber keine Gerichtsgebühren erhoben, § 77 I BremDG.

Hamburg: In gerichtlichen Disziplinarverfahren nach dem HmbDG v. 18.2.2004 (HmbGVBl. 69), zuletzt geändert durch Art. 2 Gesetz v. 19.12.2019 (HmbGVBl. 527 (528)), werden gem. § 76 II HmbDG Gerichtsgebühren nach dem als Anlage dem HmbDG beigefügten Gebührenverzeichnis und Auslagen nach den Bestimmungen des GKG erhoben.

Hessen: In gerichtlichen Disziplinarverfahren nach dem HDG v. 21.7.2006 (HGVBl. I 394), zuletzt geändert durch Art. 2 Gesetz v. 15.11.2021 (HGVBl. 718), werden gem. § 82 I HDG Gerichtsgebühren nach dem als Anlage dem HDG beigefügten Gebührenverzeichnis und Auslagen nach den in Verfahren vor den Gerichten der Verwaltungsgerichtsbarkeit geltenden Vorschriften des GKG erhoben.

Mecklenburg-Vorpommern: In gerichtlichen Disziplinarverfahren nach dem LDG M-V in der Fassung der Bekanntmachung v. 11.11.2015 (GVOBl. M-V 437), zuletzt geändert durch Art. 7 Gesetz v. 11.5.2021 (GVOBl. M-V 600 (687)), werden gem. § 77 I LDG M-V Gerichtsgebühren nach dem als Anlage dem LDG M-V beigefügten Gebührenverzeichnis und Auslagen nach den in Verfahren vor den Gerichten der Verwaltungsgerichtsbarkeit geltenden Vorschriften des GKG erhoben.

Niedersachsen: In gerichtlichen Disziplinarverfahren nach dem NDiszG v. 13.10.2005 (Nds. GVBl. 296), zuletzt geändert durch Art. 23 Gesetz v. 16.5.2018 (Nds. GVBl. 66), gelten gem. § 71 NDiszG (soweit nichts Abweichendes geregelt ist) die für die Verfahren vor den Gerichten der Verwaltungsgerichtsbarkeit geltenden Vorschriften des GKG entspr.

Nordrhein-Westfalen: In gerichtlichen Disziplinarverfahren nach dem LDG NRW v. 16.11.2004 (GV. NRW. 624), zuletzt geändert durch Art. 3 Gesetz v. 20.11.2018 (GV. NRW. 592), werden gem. § 75 LDG NRW Gerichtsgebühren nach dem als Anlage dem LDG NRW beigefügten Gebührenverzeichnis und Auslagen nach den in Verfahren vor den Gerichten der Verwaltungsgerichtsbarkeit geltenden Vorschriften des GKG erhoben.

Rheinland-Pfalz: In gerichtlichen Disziplinarverfahren nach dem RhPfLDG v. 2.3.1998 (RhPfGVBl. 29), zuletzt geändert durch Art. 7 Gesetz v. 15.6.2015 (RhPfGVBl. 90), werden nur Auslagen (ua nach dem GKG), aber keine Gerichtsgebühren erhoben, § 109 RhPfLDG.

Saarland: In gerichtlichen Disziplinarverfahren nach dem SDG v. 13.12.2005 (SaarlAmtsbl. 2010), zuletzt geändert durch Art. 82 Gesetz v. 8.12.2021 (SaarlAmtsbl. I 2629), werden nur Auslagen (nach dem GKG), aber keine Gerichtsgebühren erhoben, § 78 I SDG.

Sachsen: In gerichtlichen Disziplinarverfahren nach dem SächsDG v. 10.4.2007 (SächsGVBl. 54), zuletzt geändert durch Art. 12 Gesetz v. 26.4.2018 (SächsGVBl. 198), werden gem. § 79 I SächsDG Gerichtsgebühren nach dem als Anlage dem SächsDG beigefügten Gebührenverzeichnis und Auslagen nach den in Verfahren vor den Gerichten der Verwaltungsgerichtsbarkeit geltenden Vorschriften des GKG erhoben.

Sachsen-Anhalt: In gerichtlichen Disziplinarverfahren nach dem DG LSA vom 21.3.2006 (GVBl. LSA 102), zuletzt geändert durch Art. 3 Gesetz v. 22.7.2019

(GVBl. LSA 176 (178)), werden nur Auslagen (nach dem GKG), aber keine Gerichtsgebühren erhoben, § 73 I DG LSA.

Schleswig-Holstein: Für gerichtliche Disziplinarverfahren nach dem LDG SH v. 18.3.2003 (GVOBl. SH 154), zuletzt geändert durch Art. 18 LVO v. 16.1.2019 (GVOBl. SH 30), gilt gem. § 41 I LDG SH Teil 4 des BDG und damit auch § 78.

Thüringen: In gerichtlichen Disziplinarverfahren nach dem ThürDG v. 21.6.2002 (ThürGVBl. 257), zuletzt geändert durch Art. 4 Gesetz v. 4.10.2021 (ThürGVBl. 508 (510)), werden nur Auslagen (ua nach dem GKG), aber keine Gerichtsgebühren erhoben, § 77 I, V ThürDG.

Vor dem VG können sich Beamte nach Maßgabe von § 67 I, II VwGO vertreten lassen, vor OVG und BVerwG besteht nach Maßgabe von § 67 IV VwGO Vertretungszwang (die Vertretung kann auch durch eine Gewerkschaft erfolgen, § 67 II 2 Nr. 5, IV 5 VwGO). Erfolgt die Vertretung in (bundes- oder landesrechtlichen) Disziplinarverfahren durch einen Rechtsanwalt, richtet sich dessen Vergütung nach den besonderen Vorschriften in **VV 6200 ff. RVG.** **5**

Anlage (zu § 78). Gebührenverzeichnis

Übersicht

Nr.	Gebührentatbestand	Gebührenbetrag oder Satz der jeweiligen Gebühr 10 bis 17
Vorbemerkung:		
Das Verfahren über den Antrag auf Wiederaufnahme gilt als neuer Rechtszug.		
	Abschnitt 1. Klageverfahren erster Instanz	
	Verfahren über eine Disziplinarklage mit dem Antrag auf	
10	**– Entfernung aus dem Beamtenverhältnis ..**	**360,00 €**
11	**– Aberkennung des Ruhegehalts ....**	**360,00 €**
12	**– Zurückstufung ....**	**240,00 €**
	Verfahren über die Klage gegen eine Disziplinarverfügung, in der als Disziplinarmaßnahme ausgesprochen worden ist	
13	**– Kürzung der Dienstbezüge ....**	**180,00 €**
14	**– Kürzung des Ruhegehalts ....**	**180,00 €**
15	**– Geldbuße ....**	**120,00 €**
16	**– Verweis ....**	**60,00 €**
17	**Verfahren über die Klage gegen eine Disziplinarverfügung, wenn nur eine Kostenentscheidung in der Disziplinarverfügung angegriffen wird, oder gegen eine Einstellungsverfügung (§ 32 BDG) ....**	**60,00 €**
18	**Beendigung des gesamten Verfahrens durch** **1. Zurücknahme der Klage** **a) vor dem Schluss der mündlichen Verhandlung oder**	

Nr.	Gebührentatbestand	Gebührenbetrag oder Satz der jeweiligen Gebühr 10 bis 17
	b) wenn eine solche nicht stattfindet, vor Ablauf des Tages, an dem die Entscheidung in der Hauptsache der Geschäftsstelle übermittelt wird, oder 2. Erledigungserklärungen, wenn keine Entscheidung über die Kosten ergeht oder die Entscheidung einer zuvor mitgeteilten Einigung der Beteiligten über die Kostentragung oder der Kostenübernahmeerklärung eines Beteiligten folgt: Die Gebühren 10 bis 17 ermäßigen sich auf .	0,5
	Die Gebühr ermäßigt sich auch, wenn mehrere Ermäßigungstatbestände erfüllt sind.	
	Abschnitt 2. Zulassung und Durchführung der Berufung	
20	Verfahren über die Zulassung der Berufung: Soweit der Antrag abgelehnt wird	1,0
21	Verfahren über die Zulassung der Berufung: Soweit der Antrag zurückgenommen oder das Verfahren durch anderweitige Erledigung beendet wird	0,5
	Die Gebühr entsteht nicht, soweit die Berufung zugelassen wird.	
22	Verfahren über die Berufung im Allgemeinen	1,5
23	Beendigung des gesamten Verfahrens durch Zurücknahme der Berufung oder der Klage, bevor die Schrift zur Begründung der Berufung bei Gericht eingegangen ist: Die Gebühr 22 ermäßigt sich auf	0,5
	Erledigungserklärungen stehen der Zurücknahme gleich, wenn keine Entscheidung über die Kosten ergeht oder die Entscheidung einer zuvor mitgeteilten Einigung der Beteiligten über die Kostentragung oder der Kostenübernahmeerklärung eines Beteiligten folgt.	
24	Beendigung des gesamten Verfahrens, wenn nicht Nummer 23 erfüllt ist, durch 1. Zurücknahme der Berufung oder der Klage a) vor dem Schluss der mündlichen Verhandlung oder b) wenn eine solche nicht stattfindet, vor Ablauf des Tages, an dem die Entscheidung in der Hauptsache der Geschäftsstelle übermittelt wird, oder 2. Erledigungserklärungen, wenn keine Entscheidung über die Kosten ergeht oder die Entscheidung einer zuvor mitgeteilten Einigung der Beteiligten über die Kostentra-	

Nr.	Gebührentatbestand	Gebührenbetrag oder Satz der jeweiligen Gebühr 10 bis 17
	gung oder der Kostenübernahmeerklärung eines Beteiligten folgt:	
	Die Gebühr 22 ermäßigt sich auf	1,0
	Die Gebühr ermäßigt sich auch, wenn mehrere Ermäßigungstatbestände erfüllt sind.	
	Abschnitt 3. Revision	
30	Verfahren über die Revision im Allgemeinen	2,0
31	Beendigung des gesamten Verfahrens durch Zurücknahme der Revision oder der Klage, bevor die Schrift zur Begründung der Revision bei Gericht eingegangen ist:	
	Die Gebühr 30 ermäßigt sich auf	1,0
	Erledigungserklärungen stehen der Zurücknahme gleich, wenn keine Entscheidung über die Kosten ergeht oder die Entscheidung einer zuvor mitgeteilten Einigung der Beteiligten über die Kostentragung oder der Kostenübernahmeerklärung eines Beteiligten folgt.	
32	Beendigung des gesamten Verfahrens, wenn nicht Nummer 31 erfüllt ist, durch 1. Zurücknahme der Revision oder der Klage a) vor dem Schluss der mündlichen Verhandlung oder b) wenn eine solche nicht stattfindet, vor Ablauf des Tages, an dem die Entscheidung in der Hauptsache der Geschäftsstelle übermittelt wird, oder 2. Erledigungserklärungen, wenn keine Entscheidung über die Kosten ergeht oder die Entscheidung einer zuvor mitgeteilten Einigung der Beteiligten über die Kostentragung oder der Kostenübernahmeerklärung eines Beteiligten folgt:	
	Die Gebühr 30 ermäßigt sich auf	1,5
	Die Gebühr ermäßigt sich auch, wenn mehrere Ermäßigungstatbestände erfüllt sind.	
	Abschnitt 4. Besondere Verfahren	
40	Verfahren über den Antrag auf Aussetzung der vorläufigen Dienstenthebung und der Einbehaltung von Bezügen	180,00 €
41	Verfahren über den Antrag auf gerichtliche Festsetzung einer Frist zum Abschluss des Disziplinarverfahrens einschließlich der Einstellung des Disziplinarverfahrens nach fruchtlosem Ablauf der Frist	60,00 €
42	Beendigung des gesamten Verfahrens durch 1. Zurücknahme des Antrags a) vor dem Schluss der mündlichen Verhandlung oder	

Nr.	Gebührentatbestand	Gebührenbetrag oder Satz der jeweiligen Gebühr 10 bis 17
	b) wenn eine solche nicht stattfindet, vor Ablauf des Tages, an dem die Entscheidung über den Antrag der Geschäftsstelle übermittelt wird, oder 2. Erledigungserklärungen, wenn keine Entscheidung über die Kosten ergeht oder die Entscheidung einer zuvor mitgeteilten Einigung der Beteiligten über die Kostentragung oder der Kostenübernahmeerklärung eines Beteiligten folgt: Die Gebühren 40 und 41 ermäßigen sich auf	0,5
	Die Gebühr ermäßigt sich auch, wenn mehrere Ermäßigungstatbestände erfüllt sind.	
	Abschnitt 5. Rüge wegen Verletzung des Anspruchs auf rechtliches Gehör	
50	Verfahren über die Rüge wegen Verletzung des Anspruchs auf rechtliches Gehör: Die Rüge wird in vollem Umfang verworfen oder zurückgewiesen	50,00 €
	Abschnitt 6. Beschwerde	
60	Verfahren über die Beschwerde gegen die Entscheidung über den Antrag auf Aussetzung der vorläufigen Dienstenthebung und der Einbehaltung von Bezügen	1,5
61	Verfahren über die Beschwerde gegen eine Entscheidung in der Hauptsache durch Beschluss nach § 59 BDG	1,5
62	Verfahren über die Beschwerde gegen die Nichtzulassung der Revision: Die Beschwerde wird verworfen oder zurückgewiesen	1,5
63	Beendigung des gesamten Verfahrens durch 1. Zurücknahme der Beschwerde, der Klage oder des Antrags a) vor dem Schluss der mündlichen Verhandlung oder b) wenn eine solche nicht stattfindet, vor Ablauf des Tages, an dem die Entscheidung über die Beschwerde der Geschäftsstelle übermittelt wird, oder 2. Erledigungserklärungen, wenn keine Entscheidung über die Kosten ergeht oder die Entscheidung einer zuvor mitgeteilten Einigung der Beteiligten über die Kostentragung oder der Kostenübernahmeerklärung eines Beteiligten folgt: Die Gebühren 60 bis 62 ermäßigen sich auf .	0,75
	Die Gebühr ermäßigt sich auch, wenn mehrere Ermäßigungstatbestände erfüllt sind.	

Nr.	Gebührentatbestand	Gebührenbetrag oder Satz der jeweiligen Gebühr 10 bis 17
64	**Verfahren über nicht besonders aufgeführte Beschwerden im disziplinargerichtlichen Verfahren, die nicht nach anderen Vorschriften gebührenfrei sind:** **Die Beschwerde wird verworfen oder zurückgewiesen ....**	**50,00 €**

7. Wehrdisziplinarordnung (WDO)

Vom 16.8.2001 (BGBl. I 2093)
FNA 52-5
Zuletzt geändert durch Art. 13 Gesetz vom 20.8.2021 (BGBl. I 3932)
(Auszug)

Schrifttum: Dau/Scheuren, Wehrbeschwerdeordnung, 7. Aufl. 2020; Dau/Schütz, Wehrdisziplinarordnung, 8. Aufl. 2021; Fritzen, Disziplinarrecht, Strafrecht, Beschwerderecht der Bundeswehr, 32. Aufl. 2020.

Umfang der Kostenpflicht

137 I *(...)*

II Als Auslagen werden erhoben

1. Auslagen, die nach den Vorschriften des Gerichtskostengesetzes erhoben werden,
2. Kosten, die durch die dienstliche Gestellung des Soldaten und von Soldaten als Zeugen oder Sachverständigen (§ 89) entstanden sind, mit Ausnahme der Postgebühren,
3. die während der Ermittlungen des Wehrdisziplinaranwalts entstandenen Reisekosten des Wehrdisziplinaranwalts, eines ersuchten Richters und ihrer Schriftführer,
4. die Kosten für die Unterbringung und Untersuchung des Soldaten in einem öffentlichen psychiatrischen Krankenhaus oder in einem Bundeswehrkrankenhaus,
5. die an einen Rechtsanwalt zu zahlenden Beträge sowie die baren Auslagen eines sonst bestellten Verteidigers,
6. die Auslagen des nach § 85 Abs. 2 bestellten Betreuers oder Pflegers.

1 Die WDO regelt das **Disziplinarverfahren** für (auch frühere) **Soldaten,** § 1. Für das gerichtliche Disziplinarverfahren (§§ 58 ff.) sind die sog. Wehrdienstgerichte, § 68, zuständig, und zwar in erster Instanz die als besondere Bundesgerichte nach Art. 96 IV GG eingerichteten Truppendienstgerichte, §§ 69 ff., und für in der Rechtsmittelinstanz (Berufung bzw. Beschwerde) bei dem BVerwG eingerichtete Wehrdienstsenate (→ GKG § 1 Rn. 33). Nach § 137 werden für das gerichtliche Verfahren nur Auslagen, aber keine Gerichtsgebühren erhoben. Die Vergütung für eine anwaltliche Tätigkeit in solchen Disziplinarverfahren ist (wie stets, → BRAO § 199 Rn. 7) in VV 6200 ff. RVG geregelt.

2 Die Regelung des § 137 (mit Ausnahme von § 137 II 4–6) gilt nach § 20 IV WBO auch für (Verwaltungsrechtliche) **Verfahren nach der WBO** über Beschwerden von Soldaten. Die Anwaltsvergütung für Tätigkeiten in diesen Verfahren richtet sich nach den Sondervorschriften in VV 6400–6404 RVG.

8. Deutsches Richtergesetz (DRiG)

In der Fassung der Bekanntmachung vom 19.4.1972 (BGBl. I S. 713)
FNA 301-1
Zuletzt geändert durch Art. 4 Gesetz vom 25.6.2021 (BGBl. I 2154)
(Auszug)

Schrifttum: Schmidt-Räntsch, Deutsches Richtergesetz, 6. Aufl. 2009 (7. Aufl. gepl. für 2024).

Disziplinarverfahren

63 **I Für das Verfahren in Disziplinarsachen gelten die Vorschriften des Bundesdisziplinargesetzes sinngemäß.**

II 1 Über die vorläufige Dienstenthebung und die Einbehaltung von Bezügen sowie über die Aufhebung dieser Maßnahmen entscheidet auf Antrag der obersten Dienstbehörde das Dienstgericht durch Beschluss. 2 Der Beschluß ist der obersten Dienstbehörde und dem Richter zuzustellen.

III 1 § 78 des Bundesdisziplinargesetzes ist mit der Maßgabe anzuwenden, dass in Disziplinarverfahren vor dem Dienstgericht des Bundes die für das Verfahren über die Berufung getroffenen gebührenrechtlichen Bestimmungen sinngemäß anzuwenden sind. 2 Dem Verfahren über die Auferlegung einer Geldbuße durch das Dienstgericht steht hinsichtlich der Kosten das Verfahren über die Klage gegen eine entsprechende Disziplinarverfügung des Dienstvorgesetzten gleich. 3 In Verfahren über den Antrag auf Anordnung der vorläufigen Dienstenthebung und der Einbehaltung von Bezügen gelten die für das Verfahren über den Antrag auf Aussetzung dieser Maßnahmen getroffenen gebührenrechtlichen Bestimmungen entsprechend.

Für das Disziplinarverfahren für **Richter im Bundesdienst** (auf deren Rechts- 1
verhältnisse nach § 46 auch iÜ die Vorschriften für Bundesbeamte entsprechend anzuwenden sind) gelten nach I die Vorschriften des BDG sinngemäß. Zuständig ist nach § 62 I Nr. 1 das **Dienstgericht des Bundes** (§ 61), das ein besonderer (Zivil-)Senat des BGH ist (§ 61 I, IV). Für die **Gerichtskosten** verweist III 1 auf § 78 BDG. Auch in den Disziplinarverfahren für Richter im Bundesdienst werden daher Gerichtsgebühren nach dem **Gebührenverzeichnis der Anlage zum BDG** erhoben (→ BDG § 78 Rn. 3; vor der Einfügung von III 1 durch das DNeuG v. 5.2.2009, BGBl. I 160, 462, hatte das Dienstgericht des Bundes angenommen, dass mangels anderweitiger gesetzlicher Regelung Kosten nicht erhoben werden können, BGH – Dienstgericht des Bundes NJW-RR 2006, 1003 Rn. 7). Maßgeblich sind insoweit die in BDG GV 10 ff. vorgesehenen Gebühren für das erstinstanzliche Verfahren.

Für das Disziplinarverfahren für **Richter im Landesdienst** ist das im jeweiligen 2
Land errichte **Dienstgericht des Landes** (§ 77) zuständig (§ 78 Nr. 1); die Landesgesetzgebung kann eine Revision zum Dienstgericht des Bundes vorsehen (§ 79 III, 81 I 1; zu den Gerichtskosten vgl. BDG GV 30 ff.). Ob und welche **Gerichtskosten** für die Verfahren vor den Landes-Dienstgerichte erhoben werden, überlässt § 83 S. 2 der Bestimmung durch die Landesgesetzgebung. Folgende Landes-Richtergesetze gibt es:

Baden-Württemberg: BWLRiStAG (Landesrichter- und -staatsanwaltsgesetz idF d. Bek. v. 22.5.2000, BWGBl. 503, zuletzt geändert durch Art. 1 Gesetz v. 18.10.2022, BWGBl. 518).

Bayern: BayRiStAG (Bayerisches Richter- und Staatsanwaltsgesetz v. 22.3.2018, BayGVBl. 118, zuletzt geändert durch § 3 Abs. 3 Gesetz v. 23.12.2021, GVBl. 654).

Berlin: RiGBln (Richtergesetz des Landes Berlin v. 9.6.2011, GVBl. 238, zuletzt geändert durch Art. 4 Gesetz v. 17.12.2020, BlnGVBl. 1482).

Brandenburg: BbgRiG (Richtergesetz des Landes Brandenburg v. 12.7.2011, BbgGVBl. I Nr. 18 S. 11, zuletzt geändert durch Art. 1 Gesetz v. 19.6.2019, BbgGVBl. I Nr. 34 S. 19).

Bremen: BremRiG (Bremisches Richtergesetz v. 15.12.1964, Brem.GBl. 187, zuletzt geändert durch Art. 5 Gesetz v. 14.7.2020, Brem.GBl. 671, 690).

Hamburg: HmbRiG (Hamburgisches Richtergesetz v. 2.5.1991, HmbGVBl. 169, zuletzt geändert durch Art. 1 Gesetz v. 26.6.2020, HmbGVBl. 380).

Hessen: HRiG (Hessisches Richtergesetz idF v. 11.3.1991, HGVBl. I 54, zuletzt geändert durch Art. 4 Gesetz v. 21.6.2018, HGVBl. 291)

Mecklenburg-Vorpommern: RiG M-V (Landesrichtergesetz des Landes Mecklenburg-Vorpommern v. 7.6.1991, GVOBl. M-V 159, zuletzt geändert durch Art. 8 Gesetz v. 11.5.2021, GVOBl. M-V 600, 687).

Niedersachsen: NRiG (Niedersächsisches Richtergesetz v. 21.1.2010, Nds. GVBl. 16, zuletzt geändert durch Art. 1 Gesetz v. 12.5.2020, Nds. GVBl. 116).

Nordrhein-Westfalen: LRiStaG NRW (Richter- und Staatsanwältegesetz für das Land Nordrhein-Westfalen v. 8.12.2015, GV. NRW. 812, zuletzt geändert durch Art. 3 Gesetz v. 13.4.2022, GV. NRW. 524).

Rheinland-Pfalz: RhPfLRiG (Landesrichtergesetz v. 22.12.2003, RhPfGVBl. 2004, 1, zuletzt geändert durch Gesetz v. 27.1.2022, RhPfGVBl. 19).

Saarland: SaarlRiG (Saarländisches Richtergesetz idF d. Bek. v. 18.4.1975, Saarl-Amtsbl. 566, zuletzt geändert durch Art. 2 Gesetz v. 30.11.2016, SaarlAmtsbl. I 2017, 81).

Sachsen: SächsRiG (Sächsisches Richtergesetz idF d. Bek. v. 2.8.2004, SächsGVBl. 365), zuletzt geändert durch Art. 8 Gesetz v. 5.3.2019, SächsGVBl. 158).

Sachsen-Anhalt: LRiG LSA (Richtergesetz des Landes Sachsen-Anhalt v. 28.1.2011, GVBl. LSA 30, zuletzt geändert durch Art. 3 Gesetz v. 27.9.2022, GVBl. LSA 338, 340).

Schleswig-Holstein: LRiG SH (Landesrichtergesetz idF v. 23.1.1992, GVOBl. SH 46, zuletzt geändert durch Art. 2 Gesetz v. 3.5.2022, GVOBl. SH 551).

Thüringen: ThürRiStAG (Thüringer Gesetz über die Rechtsverhältnisse der Richter und Staatsanwälte im Landesdienst v. 14.12.2018, ThürGVBl. 677, zuletzt geändert durch Gesetz v. 21.12.2021, ThürGVBl. 592).

Gemeinsam ist den landesrechtlichen Vorschriften, dass für das erstinstanzliche Disziplinarverfahren das jeweilige Dienstgericht des Landes zuständig ist, gegen das es eine Berufung zum jeweiligen Dienstgerichtshof des Landes gibt. Gegen dessen Entscheidungen ist außer in Bayern und Niedersachsen die Revision zum Dienstgericht des Bundes gegeben. Von der durch § 83 S. 2 bundesrechtlich eröffneten Möglichkeit, für Disziplinarsachen landesrechtliche Kostenregelungen zu schaffen, hat bislang – soweit ersichtlich – kein Bundesland Gebrauch gemacht (vgl. etwa für Baden-Württemberg LG Karlsruhe – Dienstgericht für Richter BeckRS 2013, 943 Rn. 47, für Rheinland-Pfalz LG Zweibrücken – Dienstgericht für Richter BeckRS 2014, 22213 Rn. 42, und für Sachsen LG Leipzig – Sächs. Dienstgericht für Richter NVwZ-RR 2007, 268).

3 Vor dem Dienstgericht des Bundes können sich Richter nach Maßgabe von § 63 I iVm § 3 BDG, § 67 I, II VwGO vertreten lassen, ein Vertretungszwang besteht nicht, weil § 67 IV VwGO wegen der Besonderheiten des dienstgerichtlichen Verfahrens nach stRspr des Dienstgerichts des Bundes nicht sinngemäß anzuwenden ist (vgl. nur BGH – Dienstgericht des Bundes NJW-RR 2014, 702 Rn. 17 mwN). Erfolgt die Vertretung in (bundes- oder landesrechtlichen) Disziplinarverfahren durch einen Rechtsanwalt, richtet sich dessen Vergütung nach den besonderen Vorschriften in **VV 6200 ff. RVG.**

XII. Zwangsvollstreckungs- und Insolvenzverfahren

1. Zivilprozessordnung (ZPO)

In der Fassung der Bekanntmachung vom 5.12.2005
(BGBl. I S. 3202; ber. 2006 I S. 431; 2007 I S. 1781)
FNA 310-4
Zuletzt geändert durch Gesetz vom 7.11.2022 (BGBl. I 1982)
(Auszug)

Kosten der Zwangsvollstreckung

788 I [1] **Die Kosten der Zwangsvollstreckung fallen, soweit sie notwendig waren (§ 91), dem Schuldner zur Last; sie sind zugleich mit dem zur Zwangsvollstreckung stehenden Anspruch beizutreiben.** [2] **Als Kosten der Zwangsvollstreckung gelten auch die Kosten der Ausfertigung und der Zustellung des Urteils.** [3] **Soweit mehrere Schuldner als Gesamtschuldner verurteilt worden sind, haften sie auch für die Kosten der Zwangsvollstreckung als Gesamtschuldner; § 100 Abs. 3 und 4 gilt entsprechend.**

II [1] **Auf Antrag setzt das Vollstreckungsgericht, bei dem zum Zeitpunkt der Antragstellung eine Vollstreckungshandlung anhängig ist, und nach Beendigung der Zwangsvollstreckung das Gericht, in dessen Bezirk die letzte Vollstreckungshandlung erfolgt ist, die Kosten gemäß § 103 Abs. 2, den §§ 104, 107 fest.** [2] **Im Falle einer Vollstreckung nach den Vorschriften der §§ 887, 888 und 890 entscheidet das Prozessgericht des ersten Rechtszuges.**

III **Die Kosten der Zwangsvollstreckung sind dem Schuldner zu erstatten, wenn das Urteil, aus dem die Zwangsvollstreckung erfolgt ist, aufgehoben wird.**

IV **Die Kosten eines Verfahrens nach den §§ 765a, 811a, 811b, 829, 850k, 851a, 851b, 900 und 904 bis 907 kann das Gericht ganz oder teilweise dem Gläubiger auferlegen, wenn dies aus besonderen, in dem Verhalten des Gläubigers liegenden Gründen der Billigkeit entspricht.**

Schrifttum: Goebel, Die Kosten der Zwangsvollstreckung nach dem Kostenrechtsmodernisierungsgesetz, RVG-Berater 2004, 76, 110; ders., Notwendige Kosten der Zwangsvollstreckung von A bis Z, FoVo 2013, 181; ders., Aktuelles zum Ersatz der Kosten der Zwangsvollstreckung, FoVo 2018, 21; N. Schneider, Kosten und Gebühren bei Vollstreckung von Auskunftsansprüchen, NZFam 2020, 285; Uhl, Die Neuerungen bei den Inkassokosten, DGVZ 2021, 205; Waldschmidt, Kosten der Zwangsvollstreckung, JurBüro 2020, 7.

I. Allgemeines. Die Norm regelt einen prozessualen Kostenerstattungsanpruch im 1
Verhältnis zwischen Gläubiger und Schuldner, wer gegenüber dem jeweiligen Kostengläubiger (Staatskasse, Rechtsanwalt, usw) haftet, regeln dagegen die einzelnen Kostengesetze. In Abs. 1 wurde das Veranlasserprinzip verankert: Der Schuldner ist derjenige, der durch die Nichterfüllung des titulierten Anspruchs die Zwangsvollstreckung und damit die dadurch entstehenden Kosten verursacht (BGH NJW 2005, 2460). Das Besondere an § 788 ist, dass die notwendigen Kosten der Zwangsvollstreckung nicht tituliert werden müssen (Abs. 1 S. 1 Hs. 2), sondern direkt mit dem titulierten Anspruch beigetrieben werden (BGH NJW 2005, 2460; LG Karlsruhe BeckRS 2022, 24406). Die Anwendbarkeit der Norm setzt die generelle Zulässigkeit der Zwangsvollstreckung voraus.

Über den Anwendungsbereich des § 788 hinaus steht dem Gläubiger gegen den 2
Schuldner ggf ein materiell-rechtlicher Kostenerstattungsanspruch zu (zB aus

§§ 280 ff. BGB, aus vertraglicher Kostenübernahme nach BGH NJW 1985, 1155; Beispiele dazu in MüKoZPO/K. Schmidt/Brinkmann Rn. 58).

3 **II. Anwendungsbereich.** Die Zwangsvollstreckung aus den in §§ 708, 794 ZPO bezeichneten Titeln findet nach den Vorschriften des Buchs 8 der ZPO (§§ 708–959 ZPO, gem. § 869 ZPO ergänzt durch das ZVG) statt (zur Zwangsvollstreckung nach dem FamFG vgl. §§ 86 ff. FamFG). Eine Kostenentscheidung nach § 891 S. 3 verdrängt § 788 bei einer entsprechenden Entscheidung in einem Verfahren nach §§ 887–890 (BGH NJW 2015, 1829) und wird durch § 885a Abs. 7 erweitert. Nicht von § 788 erfasst werden die Kosten eines Insolvenzverfahrens und einer Teilungsversteigerung (§§ 180 ff. ZVG).

4 Zuständige Vollstreckungsorgane sind das Amtsgericht als Vollstreckungsgericht (§§ 764, 802 ZPO), das Prozessgericht (§§ 887 ff. ZPO), der Gerichtsvollzieher (ua §§ 753, 802a ff., 807, 808, 814 ff. ZPO) und (iwS) das Grundbuchamt (§§ 830, 867, 895 ZPO). Dies gilt entspr. für die Zwangsvollstreckung aus Titeln der Arbeitsgerichte (§§ 62 II, 64 VII, 85, 92 II ArbGG) und der Sozialgerichte (§ 198 I SGG; auch insoweit ist also jeweils das AG Vollstreckungsgericht; für Titel der Verwaltungs- und Finanzgerichte ist hingegen das VG bzw. das FG das Vollstreckungsgericht, vgl. im Übrigen §§ 167 ff. VwGO, §§ 150 ff. FGO).

5 **III. Kosten der Zwangsvollstreckung. 1. Allgemeines.** Unter § 788 fallen alle Kosten, die unmittelbar durch Vorbereitung bzw. Einleitung und Durchführung der Zwangsvollstreckung bzw. einer Vollstreckungsmaßnahme entstehen (BGH DGVZ 2020, 252 = BeckRS 2020, 23528; NJW 2014, 2508). Nicht erfasst werden mittelbare Vollstreckungskosten (Kosten, die nicht im Rahmen der Durchsetzung des Vollstreckungstitels, zB Kosten für Grundbucheintragung im Rahmen der §§ 894 ff.; weitere Beispiele in MüKoZPO/K. Schmidt/Brinkmann Rn. 20), aus Anlass der Zwangsvollstreckung entstandene Aufwendungen des Gläubigers (also Aufwendungen, die den Ertrag aus der Vollstreckungsmaßnahme sichern oder erhöhen, aber nicht für die Durchführung der Zwangsvollstreckung erforderlich sind, BGH NJW 2005, 2460) und Prozesskosten aus Rechtsbehelfsverfahren mit einer Kostenentscheidung nach §§ 91 ff. Die Prozesskosten einer Vollstreckungserinnerung dagegen unterfallen § 788. Ebenfalls nicht unter § 788 fallen Kosten, die dem Schuldner für die Aufhebung von Vollstreckungsmaßnahmen entstanden sind (BAG NJW 2021, 257).

6 **2. Vorbereitungskosten.** Zu den **Vorbereitungskosten** gehören die Kosten für die Titelausfertigung und Titelzustellung nach Abs. 1 S. 2, die Kosten für die Erteilung einer weiteren Ausfertigung (OLG Karlsruhe FamRZ 2005, 49 = BeckRS 2004, 6944), die Kosten für die Beschaffung von Urkunden zur Erteilung der Klausel nach §§ 726 ff., die Kosten für die Ermittlung des Wohnortes, Aufenthaltsortes oder Arbeitsplatz des Schuldners, die Kosten für den Andienungsauftrag an den Gerichtsvollzieher bei einer Zug-um-Zug-Vollstreckung (BGH NJW 2014, 2508), die Kosten einer Zahlungsaufforderung mit Vollstreckungsandrohung durch einen Rechtsanwalt (BGH NJW-RR 2003, 1581) und die Kosten für die Beschaffung einer Sicherheitsleistung iSd § 709 bei eingeleiteter Zwangsvollstreckung (BGH NJW 2016, 2579). Nicht zu den Vorbereitungskosten zählen Kosten, die entstehen, um die Vollstreckungsfähigkeit des Titels herbeizuführen.

7 **3. Durchführungskosten.** Zu den **Durchführungskosten** gehören alle Kosten, die durch die jeweilige Vollstreckungsmaßnahme entstehen (→ Rn. 8f, → Rn. 9). Das gilt auch für Kosten für Erhaltung, Lagerung und Transport, wenn der Schuldner dazu im Urteil verpflichtet ist. Erfasst werden auch die Kosten eines Drittschuldnerprozesses bei der Forderungspfändung (BGH BeckRS 2018, 18077; NJW 2006, 1141).

8 **4. Gerichtskosten.** Für die gerichtliche Tätigkeit im Zwangsvollstreckungsverfahren werden gem. § 1 I 1 Nr. 1 Kosten nach dem GKG erhoben, → GKG § 1 Rn. 16. Die Gebührentatbestände finden sich in Teil 2 Hauptabschnitte 1 und 2 des KV **(KV 2110–2243 GKG);** zu Kosten des Grundbuchamtes vgl. KV 14110 ff. GNotKG (für auf Ersuchen des Vollstreckungsgerichts vorgenommene Eintragungen werden aber keine Kosten erhoben, KV Vorb. 1.4 II Nr. 2 GNotKG). Ist nach Maßgabe von §§ 86 ff. FamFG für Vollstreckungsmaßnahmen das Familiengericht

zuständig, werden Kosten nach dem FamGKG erhoben; Hauptabschnitt 6 des KV **(KV 1600–1603 FamGKG)** enthält die Gebührentatbestände. Die Klagen nach §§ 721, 805 ZPO (ggf. iVm § 95 I FamFG) sind „normale" Erkenntnisverfahren, für die Kosten eines Prozessverfahrens anfallen.

Die Kosten für die Tätigkeit des Gerichtsvollziehers werden nach den Bestimmungen des **GvKostG** erhoben. Dies gilt auch für die Kosten der Zustellung eines Pfändungs- und Überweisungsbeschlusses an den Drittschuldner, da diese Zustellung erforderlich ist, damit die Pfändung nach § 829 III ZPO bewirkt wird, sowie an den Schuldner, weil diese Zustellung gesetzlich vorgeschrieben ist, § 829 II 1 ZPO (BGH DGVZ 2021, 221). 9

5. Anwaltsvergütung. In der Zwangsvollstreckung besteht kein Vertretungszwang; Schuldner und Gläubiger können sich aber nach der allgemeinen, auch insoweit geltenden Bestimmung des § 79 ZPO (ua) durch einen Rechtsanwalt vertreten lassen. Die Vergütung eines im Zwangsvollstreckungsverfahren beauftragen Rechtsanwalts richtet sich als anwaltliche Tätigkeit nach dem **RVG,** § 1 I 1 RVG; besondere Gebührentatbestände enthalten die Unterabschnitte 3 und 4 des Abschnitts 3 in Teil 3 (**VV 3309–3312 RVG;** die Tätigkeit in Klageverfahren nach den §§ 721, 805 ZPO, → Rn. 2, wird hingegen nach Abschnitt 1 und 2 des Teils 3 vergütet). Die Vollstreckungserinnerung nach § 766 ZPO gehört gem. § 19 II Nr. 2 RVG als Nebentätigkeit zum Zwangsvollstreckungsverfahren, so dass der im Zwangsvollstreckungsverfahren tätige Rechtsanwalt für die Tätigkeit in diesen Erinnerungsverfahren keine besondere Vergütung erhält (BGH AGS 2010, 227 mAnm N. Schneider; JurBüro 2010, 325 Rn. 8). 10

Die Kosten eines **Vollstreckungsvergleichs** unterfallen aufgrund der Prozessökonomie § 788, wenn der Schuldner in dem Vergleich die Kosten übernommen hat (BGH NJW 2006, 1598; AG Osterode DGVZ 2021, 178). Fehlt eine Kostenregelung im Vergleich, gilt § 98 entsprechend (BGH NJW 2007, 1213; 2006, 1598), soweit sich nicht aus den Umständen ergibt, dass die Vergleichsparteien die Anwendung des § 98 ZPO nicht gewollt haben (Gerold/Schmidt/Müller-Rabe RVG VV 1000 Rn. 365 ff.). Die Gebühr nach VV 1000 RVG gehört dann zu den Vergleichskosten, wenn der Rechtsanwalt an dem Vergleich und dessen Abschluss mitgewirkt hat (LG Duisburg NJOZ 2013, 1889). Nicht ausreichend für die Einigungsgebühr ist es, wenn der Rechtsanwalt im Gerichtsvollzieherauftrag nicht der **gütlichen Erledigung** nach § 802b Abs. 2 ZPO widersprochen hat bzw. lediglich Vorgaben für die gütliche Erledigung gemacht hat. Kann der Gerichtsvollzieher die Angelegenheit gütlich mit dem Schuldner erledigen, fehlt es hier insoweit an der Mitwirkung des Rechtsanwalts an dem Zustandekommen einer Zahlungsvereinbarung iSd VV 1000 RVG, also an einem aktiven Tun des Rechtsanwalts. Zwar kommt mit der Zahlungsvereinbarung ein vollstreckungsbeschränkender Vertrag zustande (MüKoZPO/Forbriger ZPO § 802b Rn. 7), aber im gebührenrechtlichen Sinne fehlt es an einer Mitwirkung des Rechtsanwalts (LG Duisburg NJOZ 2013, 1889). 11

IV. Kostentragung und -erstattung. Maßgebend für die Frage, wer die Kosten zu tragen hat, ist, ob die entstandenen Kosten **notwendig** iSd § 91 ist. Der Schuldner hat alle notwendigen Kosten der Zwangsvollstreckung zu tragen, alle weiteren Kosten hat der Gläubiger selbst zu tragen. 12

1. Notwendige Kosten der Zwangsvollstreckung. Die Kosten sind dann **notwendig,** wenn der Gläubiger die jeweilige Vollstreckungsmaßnahme zur Durchsetzung seiner titulierten Ansprüche im Zeitpunkt der Vornahme der Maßnahme nach verständiger Würdigung objektiv für erforderlich halten durfte (BGH DGVZ 2019, 58 = BeckRS 2018, 30041) und die Maßnahme auch geeignet ist, um den Titel im Wege der Zwangsvollstreckung durchzusetzen. Notwendig sind Kosten also nur dann, wenn ohne diese Kosten ein zulässiger Antrag zur Zwangsvollstreckung nicht gestellt werden könnte und die Zwangsvollstreckung nicht betrieben werden könnte (AG Frankfurt a. M. DGVZ 2021, 225). Zudem hat der Gläubiger die Kosten der Zwangsvollstreckung möglichst gering zu halten (BGH DGVZ 2019, 58 = BeckRS 2018, 30041). Nicht erforderlich ist es, dass die Vollstreckungsmaßnahme auch durchgeführt wird (zB Auftragsrücknahme wegen freiwilliger Leistung des Schuldners, Beispiele dazu in MüKoZPO/K. Schmidt/Brinkmann Rn. 30). Nicht notwendig iSd 13

Abs. 1 sind Kosten aus einer erkennbar unzulässigen, aussichtslosen oder voreiliger Vollstreckungsmaßnahme (BGH NJW 2020, 2564; NZM 2019, 336; NJW-RR 2015, 59; NJW 2005, 2460).

14 **2. Beitreibung.** Alle Kosten, die der Schuldner nach Abs. 1 zu tragen hat, kann der Gläubiger **zusammen** mit dem zu vollstreckenden Anspruch ohne besondere Titulierung dieser Kosten vollstrecken, dh der Gerichtsvollzieher hat diese Kosten beizutreiben und der Rechtspfleger hat diese in den Pfändungs- und Überweisungsbeschluss aufzunehmen. Zuvor hat jedes Vollstreckungsorgan die Voraussetzungen der Norm selbständig und für jede einzelne Vollstreckungsmaßnahme zu **prüfen;** der Gläubiger hat die Kosten (Höhe und Notwendigkeit) glaubhaft zu machen (§ 294). Für die Glaubhaftmachung genügt die anwaltliche Versicherung.

15 Der Gläubiger steht zudem ein **Wahlrecht** zu: er kann die Kosten nach Abs. 1 vollstrecken oder alternativ nach Abs. 2 festsetzen lassen. Ein eigener Titel für die Kosten nach Abs. 2 ist dann notwendig, wenn der Hauptsachetitel bereits verbraucht ist (zB durch Zahlung des Schuldners), bevor die Zwangsvollstreckung überhaupt begonnen hat (AG Kehl DGVZ 2019, 155 = BeckRS 2019, 3957) oder wenn die vollstreckbare Ausfertigung dem Schuldner ausgehändigt wurde (Thomas/Putzo/Seiler Rn. 13a).

16 **3. Weitere Regelungen.** Abs. 1 S. 3 regelt die Kostentragung bei Gesamtschuldnern. Wird der vollstreckte Titel aufgehoben, regelt Abs. 3 die Rückerstattung der Kosten an den Schuldner als materiell-rechtlicher Anspruch, der ggf. gerichtlich durch Kostenfestsetzung nach §§ 103 ff. durchgesetzt werden muss. Die Grundlage der Kostenfestsetzung ist die titelaufhebende Entscheidung (BAG NJW 2021, 257; BGH NJW-RR 2006, 1001). Abs. 4 regelt eine Billigkeitshaftung in den genannten Fällen als Ausnahme zur Kostentragungsregelung des Abs. 1. Auch hier sind ggf. dem Schuldner durch den Gläubiger zu ersetzende Kosten durch Kostenfestsetzung auf Basis der gerichtlichen Entscheidung nach Abs. 4 nach §§ 103 ff. zu titulieren.

17 **V. Prozesskostenhilfe.** Auch für das Zwangsvollstreckungsverfahren kann nach Maßgabe der §§ 114 ff. Prozesskostenhilfe gewährt werden. Die Beiordnung eines Rechtsanwalts setzt nach § 121 II voraus, dass die Vertretung durch einen Rechtsanwalt „erforderlich" erscheint (vgl. hierzu etwa BGH FamRZ 2006, 856; NJW 2006, 1204; AGS 2010, 243; NJW-RR 2012, 1153). Entsprechendes gilt auch für die Verfahrenskostenhilfe nach §§ 76 ff. FamFG.

2. Mobiliarvollstreckung

a) Gesetz über Kosten der Gerichtsvollzieher (Gerichtsvollzieherkostengesetz – GvKostG)

Vom 19.4.2001 (BGBl. I S. 623)
FNA 362-2
Zuletzt geändert durch Art. 20 Gesetz vom 5.10.2021 (BGBl. I 4607)
Die Änderung der Gebühren zum 1.1.2021 durch das Kostenrechtsänderungsgesetz 2021 (BGBl. I 3229) erfasst Altfälle nicht; zur Abgrenzung in zeitlicher Hinsicht vgl. die Dauerübergangsregelung des § 18.

Inhaltsübersicht

Vorbemerkung zu § 1

Schrifttum: (teils zum alten Recht): Glenk, Unverzichtbares Allerlei – Amt und Haftung des Gerichtsvollziehers, NJW 2014, 2315 (Stellung des Gerichtsvollziehers); Goergen, Abrechnung nicht erhebbarer Gerichtsvollzieherkosten, DGVZ 2021, 83; Herrfurth, Umfang der Vertretungsbefugnis aus einer Inkassovollmacht bei Gericht, DGVZ 2019, 120; ders., Das Gerichtsvollzieherkostengesetz – Fehlerquellen und Lösungsansätze, DGVZ 2020, 65; Richter, Das Zweite Kostenrechtsmodernisierungsgesetz und seine Auswirkungen auf die Gerichtsvollzieher, DGVZ 2013, 169 (Üb. zum 2. KostRModG); Schröder-Kay, Das Kostenwesen der Gerichtsvollzieher, 14. Aufl. 2019, bearbeitet von Gerlach und Winter; Uhl, Die Neuerungen bei den Inkassokosten, DGVZ 2021, 205; Zuhn, „Winterstein" Gerichtsvollzieher Kostenrecht – Kommentar (Loseblattausgabe), 29. Aufl. 2021. Rechtspolitisch; Schönrock, Die amtsangemessene Besoldung im Gerichtsvollzieherdienst, DGVZ 2014, 249; dies., Amtsangemessene Besoldung der Gerichtsvollzieherinnen und Gerichtsvollzieher, DGVZ 2016, 243.

Schrifttum: Seip, Das neue Gerichtsvollzieherkostengesetz, DGVZ 2001, 17; ders., Die Erhebung, Entnahme und Buchung der Gerichtsvollzieherkosten, DGVZ 2001, 40; ders., Nochmals: Das neue Gerichtsvollzieherkostengesetz, DGVZ 2001, 70.

1 **I. Geschichtliches; Rechtspolitik.** Über die Entwicklung bis Dezember 2016 unterrichtet die 47. Aufl. sowie BeckOK KostR/Herrfurth § 1 Rn. 1. Seit Redaktionsschluss der Vorauflage ist das GvKostG bis Ende 2021 durch folgende, in dieser Auflage berücksichtigte Gesetze geändert worden: Art. 12 **WEMoG** (Gesetz zur Förderung der Elektromobilität und zur Modernisierung des Wohnungseigentumsgesetzes und zur Änderung von kosten- und grundbruchrechtlichen Vorschriften) v. 16.10.2020 (BGBl. I S. 2187) mit Änderungen in Einfügung KV 717 sowie Art. 3 **KostRÄG 2021** (Kostenrechtsänderungsgesetz 2021) vom 21.12.2020 (BGBl. I S. 3229) mit Änderungen bzw. Einfügung der §§ 3 II 1 Nr. 2, 7 I S. 2, KV 240, 241, 703 Anm, sowie Art. 4 **Gesetz zur Verbesserung des Schutzes von Gerichtsvollziehern vor Gewalt sowie zur Änderung weiterer zwangsvollstreckungsrechtlicher Vorschriften** und zur Änderung des Infektionsschutzgesetzes vom 7.15.2021 (BGBl. I 850).

2 **II. Normzweck.** Infolge der eigenartigen Kombination von einem festen Grundgehalt und je nach der Arbeitskraft hinzutretenden wechselnd hohen Gebühren, soweit sie dem Gerichtsvollzieher zufließen, lässt sich die Frage einer insgesamt angemessenen Vergütung nicht allein nach dem GvKostG beantworten. Immerhin zeigt dessen Gebührensystem die Bemühung um leistungs- und verantwortungsgerechte Sätze. Ihre Richtigkeit ist im Einzelnen vielfach diskutabel.

3 Der Gerichtsvollzieher ist sowohl Vollstreckungsorgan als auch Kostenbeamter, der seine Kosten nach dem GvKostG berechnet. Das GvKostG entspricht in seinem Aufbau den weiteren Kostengesetzen und unterteilt sich in einen Paragrafenteil und das Kostenverzeichnis. Die Gebühren sind mit Ausnahme der Verweisung in § 12 Festgebühren, mit denen der Aufwand des Gerichtsvollziehers samt Vorbereitung und Nebentätigkeiten pauschal abgegolten wird. Innerhalb der Gebührentatbestände wird zwischen der erledigten und der nicht erledigten Amtshandlung unterschieden.

4 **III. Grundsatzfragen. 1. Begriffe.** Auch das GvKostG spricht nach § 1 I von Kosten und versteht darunter Gebühren und Auslagen. **Grundlage** sind die Besoldungsgesetze. Die Verordnungen geben dem Gerichtsvollzieher einen entsprechenden Anspruch nur gegenüber dem Dienstherrn (BVerwG NJW 1983, 897), nicht gegenüber derjenigen Partei, auf deren Antrag er tätig wird (Bach DGVZ 1990, 166), und auch nicht gegenüber deren Prozessgegner. Zu Einzelfragen Kühn DGVZ 1998, 73.

5 **2. Bundesrechtliche und ergänzende landesrechtliche Regelungen.** Im Gegensatz zu § 1 I RVG, aber in Übereinstimmung mit § 1 I 1 GKG, § 1 S. 1 FamGKG und mit § 1 I GNotKG, § 1 I 2 JVEG, entsteht nach dem GvKostG ausdrücklich kein Vergütungsanspruch, soweit das Gesetz ihn nicht ausdrücklich vorsieht. Das gilt auch für Auslagen. Eine Tätigkeit des Gerichtsvollziehers ist also kostenfrei, soweit das GvKostG nicht etwas anderes vorschreibt (LG Gießen DGVZ 1989, 185). Es besteht mithin wie im gesamten Kostenrecht schon wegen des Wortes „nur" in § 1 I auch ein Analogieverbot zulasten eines etwaigen Kostenschuldners (BVerfGZ 34, 366; Lappe Rpfleger 1984, 339; Schröder-Kay Rn. 3; aA Lorenz DGVZ 1998, 184 (mit rechtshistorischer Argumentation)).

6 **3. Durchführungsbestimmungen der Länder (DB-GvKostG).** Die DB-GvKostG ist im Anschluss an das KV GvKostG abgedruckt. Dabei ist die für Bayern veröffentlichte Fassung zugrunde gelegt worden. Die DB-GvKostG ergänzen dabei das GvKostG, um dadurch die Auslegung des GvKostG zu erleichtern oder um ergänzende Regelungen zu treffen.

7 **4. Staatskasse als Gläubiger.** Die gesetzlichen öffentlich-rechtlichen Gebühren der Tätigkeit des Gerichtsvollziehers fließen in die **Staatskasse** (Büttner DGVZ 2018, 109). Sie ist ihr unmittelbarer Gläubiger (BGH DGVZ 2001, 75; BVerwG NVwZ-RR 2010, 445; LG Konstanz DGVZ 2002, 139). Die Fassung des Gesetzes

trägt diesem Rechtsverhältnis Rechnung. Das Gesetz bezeichnet sich demgemäß auch nicht mehr als eine Gebührenordnung „für" die Gerichtsvollzieher. Es regelt nur die Rechtsbeziehungen zwischen der Staatskasse und dem Kostenschuldner, nicht jedoch das Rechtsverhältnis zwischen der Staatskasse und dem Gerichtsvollzieher (BVerwG NJW 1983, 897; OLG Köln NJW 1988, 503; VG München DGVZ 2003, 27; Büttner DGVZ 2018, 109). Nicht der Gerichtsvollzieher „erhält" die Gebühr, sondern das jeweilige Land als Dienstherr (BGH DGVZ 2001, 75). Sie wird vielmehr „erhoben". Daher ist er auch weder aktiv noch passivlegitimiert. § 34 ZPO ist ihn betreffend gegenstandslos.

5. Vergütung. Da die jeweilige Landeskasse Gläubiger des Kostenanspruchs aus dem GvKostG ist, regelt das jeweilige Landesrecht, ob und in welcher Höhe der Gerichtsvollzieher zusätzlich zu seiner Besoldung eine weitere Vergütung für seine Tätigkeit zusteht. 8

Länderrecht gilt nur ergänzend. **Baden-Württemberg:** GVVergVO vom 3.12.2010, zuletzt geändert am 3.5.2019, GBl. S. 153; VwV Vergütung v. 20.12.2010, Die Justiz 2011 S. 23, zuletzt geändert am 28.11.2017, Die Justiz 2018, S. 100; **Bayern:** Art. 63 BayBesG iVm BayVollstrVV v. 20.10.2015, GVBl. S. 385, zuletzt geändert am 8.9.2020, GVBl. S. 554; **Berlin:** §§ 1, 2 VollstrVergV vom 21.6.2011, GVBl. 2011, S. 266, zuletzt geändert am 17.12.2020, GVBl. 2020, 1479; **Brandenburg:** BbgGVVergV vom 29.12.2016, GVBl. II/16; **Bremen:** BremVollstrVergV v. 29.1.2019, Brem.GBl. 2019, S. 7; **Hamburg:** § 64 HmbBesG iVm VollstrVergVO vom 25.11.2008, HmbGVBl. 2008, S. 400, zuletzt geändert am 26.1.2010, HmbGVBl. 2010, S. 23, 107; **Hessen:** § 52 HBesG iVm GVVergV vom 7.11.2013, GVBl. 2013, 645, zuletzt geändert am 8.12.2020, GVBl. 2021 S. 6; **Mecklenburg-Vorpommern:** § 49 BBesGfBest MV iVm VollstrVergV M-V vom 4.7.2011, GVOBl. M-V 2011, S. 376, zuletzt geändert am 19.12.2018, GVOBl. M-V 2018, 449, ber. GVOBl. M-V 2019, S. 32; **Niedersachsen:** § 50 NBesG iVm NVVergVO vom 14.12.2017, Nds. GVBl. 2017, S. 462; **Nordrhein-Westfalen:** GVVergVO vom 9.12.2014, GV. NRW. 2014 S. 880; **Rheinland-Pfalz:** § 55 LBesG iVm GVVergVO vom 8.12.2015, GVBl. 2015, S. 437, zuletzt geändert am 29.3.2017, GVBl. 2017, S. 83; **Saarland:** GVVergVO vom 22.11.2012, Amtsbl. 2012, S. 460; **Sachsen:** SächsVVergVO vom 16.9.2014, SächsGVBl. 2014, S. 530, 554, zuletzt geändert am 25.6.2019, Sächs. GVBl. 2019, S. 532; **Sachsen-Anhalt:** VollstrVergV LSA am 22.12.2011, GVBl. LSA 2011, S. 887, zuletzt geändert am 13.6.2018, GVBl. LSA 2018, S. 72; **Schleswig-Holstein:** GVVergVO vom 7.12.2016, GVOBl. 2016, S. 960; **Thüringen:** ThürVollstrVergVO vom 28.2.2019, GVBl. 2019, S. 30. 9

6. Bürokosten. Dazu BVerwG DGVZ 1982, 151; Götze/Füßer DGVZ 2005, 17 (Üb., krit.); Lienau DGVZ 2002, 129; Redaktion DGVZ 2003, 142 (auch rechtspolitisch). Der Bund und die Länder billigen den Gerichtsvollziehern dienst- und besoldungs-, nicht also kostenrechtlich Anteile an den von diesen vereinnahmten Gebühren zur Abgeltung ihrer Bürokosten zu: 10

Baden-Württemberg: GVVergVO vom 3.12.2010, zuletzt geändert am 3.5.2019, GBl. S. 153; **Bayern:** § 93 BayBesG iVm BKEntschV-GV vom 29.11.2007, GVBl. 827, zuletzt geändert am 5.2.2020, GVBl. S. 84; dazu BVerwG NVwZ 2004, 1337; **Berlin:** BKEntschV-GV v. 19.12.2008, GVBl. 2008, S. 486, zuletzt geändert am 19.12.2017, GVBl. 2017, 695; **Brandenburg:** BbgGVVergV vom 29.12.2016, GVBl. II/16; **Bremen:** BremVollstrVergV v. 29.1.2019, Brem.GBl. 2019, S. 7; **Hamburg:** GVollzBKostV HA vom 16.12.2015, HmbGVBl. 2015, S. 408; **Hessen:** § 52 HBesG iVm GVVergV vom 7.11.2013, GVBl. 2013, 645, zuletzt geändert am 8.12.2020, GVBl. 2021 S. 6; **Mecklenburg-Vorpommern:** GVBkVO M-V vom 18.3.2013, GVOBl. M-V 2013 S. 261, zuletzt geändert am 6.11.2018, GVOBl. M-V 2018 S. 392; **Niedersachsen:** § 50 NBesG iVm NVVergVO vom 14.12.2017, Nds. GVBl. 2017, S. 462; **Nordrhein-Westfalen:** GVVergVO vom 9.12.2014, GV. NRW. 2014 S. 880; **Rheinland-Pfalz:** § 55 LBesG iVm GVVergVO vom 8.12.2015, GVBl. 2015, S. 437, zuletzt geändert am 29.3.2017, GVBl. 2017, S. 83; **Saarland:** GVVergVO vom 22.11.2012, Amtsbl. 2012, S. 460; **Sachsen:** Sächs. GVEntschVO vom 16.10.2008, SächsGVBl. 2008, 11

S. 612, zuletzt geändert am 17.7.2019, Sächs. GVBl. 2019, S. 600. Vgl. OVG Sachsen DGVZ 2006, 8; **Sachsen-Anhalt:** GVBKEntschVO vom 24.10.2008, GVBl. LSA 2008, S. 376; **Schleswig-Holstein:** GVVergVO vom 7.12.2016, GVOBl. 2016, S. 960; **Thüringen:** ThürGVEntschVO v. 23.12.1998, GVBl. 1999, S. 41, zuletzt geändert am 22.12.2020, GVBl. 2021, S. 9.

12 **7. Amtshandlung.** Der Gerichtsvollzieher steht also entgegen dem Wortlaut von § 3 und entgegen dem Wortlaut von § 754 I ZPO („Vollstreckungsauftrag") in keinem bloßen Auftragsverhältnis zur Partei, sondern handelt nach → § 3 Rn. 8 ff. auf deren Veranlassung oder nach → § 3 Rn. 13, 14 von Amts wegen als ein Beamter durch eine Amtshandlung (BGHZ 142, 80; BVerwG NJW 1983, 897; VG Freiburg NVwZ-RR 2005, 598 (ausf.); BeckOK ZPO/Ulrici ZPO § 753 Rn. 10; MüKoZPO/Pabst GVG § 154 Rn. 18). Deshalb darf er auch keinen sachlich-rechtlichen Honorarvertrag mit der einen, der anderen oder mit beiden Parteien schließen. Zumindest braucht er eine Genehmigung des Dienstvorgesetzten oder des Gerichts (aA Schneider DGVZ 1982, 37).

13 Er kann aber zB als der Vertreter des Fiskus einen privatrechtlichen **Lagervertrag** mit einem Dritten abschließen (BGHZ 142, 80; MüKoZPO/Gruber ZPO § 885 Rn. 41). Zu seinem eigenartigen Verhältnis zwischen der Dienstaufsicht und dem Bezirksrevisor bei der Kostenberechnung (Polzius DGVZ 2002, 33 (Üb.)). Eine Dienstanweisung lässt sich verwaltungsgerichtlich überprüfen (VGH Bayern DGVZ 2003, 123; VG Freiburg NVwZ-RR 2005, 598 (ausf.)). Eine Haftung kommt nach Art. 34 GG, § 839 I, III BGB in Betracht (Kühn DGVZ 1993, 71). Der Gerichtsvollzieher kann bei einer Überlastung nach der Dringlichkeit vorgehen und planvoll die Arbeit anwachsen lassen, muss das aber anzeigen (BVerfG NVwZ-RR 2008, 505). Wegen einer Rückforderung des als Bürokostenentschädigung gewährten Gebührenanteils infolge einer rückwirkenden Schlechterstellung des Gerichtsvollziehers (VG Halle DGVZ 2007, 87).

14 **8. Beitreibung.** Die Beitreibung der Kosten des Gerichtsvollziehers erfolgt im Verwaltungszwangsverfahren durch die Gerichtskasse. Das gilt, soweit die Kosten nach § 1 I Nr. 7 JBeitrG, selbständig oder gleichzeitig mit einem nach dem JBeitrG vollstreckbaren Anspruch bei dem Auftraggeber oder bei dem Ersatzpflichtigen beigetrieben werden.

15 Wenn der Gerichtsvollzieher auf Grund eines Vollstreckungstitels zugunsten des Auftraggebers vollstreckt, treibt er gleichzeitig die **Kosten** der Vollstreckung nach § 788 I 1 ZPO, § 95 FamFG bei. Soweit er Kosten der Vollstreckung einzieht, unterliegt er grundsätzlich uneingeschränkt der Dienstaufsicht (BVerwG NJW 1983, 898). Die Dienstaufsicht kann sich evtl. sogar teilweise auf Richtlinien zur Rechtmäßigkeit einer Gebührenerhebung erstrecken (VGH Bayern DGVZ 2003, 21). Hier bestehen klare Grenzen durch das GvKostG als ein vorrangiges Bundesgesetz. Diese Grenzen muss auch der Dienstvorgesetzte selbstverständlich respektieren. Der Gerichtsvollzieher darf nicht seine Eigenverantwortlichkeit verlieren (BVerwG NJW 1983, 898). Eine rechtswidrige Anweisung kann einen Folgenbeseitigungsanspruch des Gerichtsvollziehers auslösen (VG München DGVZ 2003, 27).

16 **9. Vorschuss.** Eine Sicherung des Anspruchs auf die Bezahlung der Kosten des Gerichtsvollziehers liegt darin, dass er seine Amtshandlung im Rahmen des § 4 von der Zahlung eines Vorschusses in Höhe der voraussichtlichen Kosten abhängig machen darf.

17 **10. Nichterhebung.** Die Niederschlagung von Gebühren oder Auslagen ist nach § 7 möglich.

18 **11. Stundung.** Eine Stundung kann nach der VO vom 20.3.1935 iVm §§ 76 III, 94 JKassO durch den Behördenvorstand derjenigen Gerichtskasse erfolgen, der die Kosten zufließen. Der Gerichtsvollzieher kann eine Stundung nicht persönlich gewähren. Eine Prozess- oder Verfahrenskostenhilfe befreit im gerichtlich festgesetzten Umfang nach § 122 I Nr. 1a ZPO, §§ 76 ff. FamFG den Auftraggeber nach § 3 I 1 auch von den Kosten für eine Zustellung oder für eine Vollstreckungshandlung. Dem Gerichtsvollzieher werden aber seine vereinnahmten Barauslagen nach § 7 II GVO überlassen. Vgl. auch § 16 GvKostG.

Abschnitt 1. Allgemeine Vorschriften

Geltungsbereich

1 **I Für die Tätigkeit des Gerichtsvollziehers, für die er nach Bundes- oder Landesrecht sachlich zuständig ist, werden Kosten (Gebühren und Auslagen) nur nach diesem Gesetz erhoben.**

II Landesrechtliche Vorschriften über die Kosten der Vollstreckung im Verwaltungszwangsverfahren bleiben unberührt.

I. Normzweck. Zum bundesrechtlich abschließenden Charakter des Gesetzes → Vor § 1 Rn. 5. Der landesrechtliche Vorbehalt ändert an der bundesrechtlich abschließenden Regelung nach Art. 74 I Nr. 1 GG nichts. 1

Schon aus dem Wortlaut von § 1 folgt die Notwendigkeit einer einschränkenden Auslegung zulasten des Kostenschuldners und die Befugnis einer weiten Auslegung zu seinen Gunsten (AG Augsburg JurBüro 2002, 94). Das entspricht auch dem klaren Zweck der Kostendämpfung und dem Ziel der Rechtssicherheit. Das Gesetz dient nicht der Existenzsicherung des Gerichtsvollziehers, sondern ergänzt diese anderweitig geschaffene Sicherheit. 2

Unrichtige Sachbehandlung darf nicht auch noch auf direkte Kosten der Parteien stattfinden. Sie haben schon indirekt genug Ärger und Aufwand infolge einer sachlichen Unzuständigkeit des Vollstreckungsorgans mit seinen zunächst einmal trotz aller Fehlerhaftigkeit gültigen Staatsakten. Auch deshalb ist eine Auslegung notwendig, die beim auch nur gering begründeten Zweifel zugunsten des jeweiligen Kostenschuldners ausfällt. 3

II. Sachlicher Anwendungsbereich. 1. Tätigkeit gerade als Gerichtsvollzieher. Das GvKostG gilt nur, soweit der Gerichtsvollzieher als solcher kraft Gesetzes oder auf Grund einer Verwaltungsvorschrift tätig wird. Das gilt unabhängig davon, ob diese eine Gebühr vorsieht. Es gehört dann auch ein Nebengeschäft gerade der amtlichen Tätigkeit dazu. Mangels einer Gebühren- oder Auslagenvorschrift wird der Gerichtsvollzieher in dieser amtlichen Eigenschaft kostenlos tätig. Das GvKostG gilt, soweit der Gerichtsvollzieher Amtshandlungen vornimmt. Im Übrigen ist die funktionelle Zuständigkeit nicht bundeseinheitlich geregelt. Nach § 154 GVG ist der Gerichtsvollzieher zuständig für Zustellungen und Ladungen (§ 192 ZPO, § 132 BGB, §§ 36 f. StGB), sowie für Vollstreckungen (§§ 753, 802a ff., 808 ff. ZPO, § 95 FamFG, § 98 InsO). Die konkrete Ausgestaltung erfolgt über die GVO und GVGA der jeweiligen Landesjustizverwaltung (BeckOK KostR/Herrfurth Rn. 2 ff.). 4

Das GvKostG gilt also **nicht,** soweit er als ein Treuhänder oder Sequester zB nach § 938 ZPO amtiert, also bei einer selbständigen Verwaltung und Verwahrung (BGH DGVZ 2008, 77; Rpfleger 2001, 140; OLG Bremen JurBüro 1999, 327; LG Mönchengladbach DGVZ 1982, 122; Gleußner DGVZ 1996, 33). Das gilt selbst dann, wenn diese Bestellung durch das Gesetz erfolgt (OLG Bremen JurBüro 1999, 327). Dann gelten die Vergütungsordnung für Insolvenzverwalter und hilfsweise evtl. §§ 675, 612, 632 BGB entsprechend (Kindl/Meller-Hannich/Wolf/Haertlein ZPO § 938 Rn. 16). Der Antragsgegner oder die Landeskasse haften insoweit nicht (OLG Stuttgart DGVZ 1994, 87; LG Offenburg DGVZ 1990, 11). 5

Soweit der Gerichtsvollzieher allerdings bei einer Tätigkeit als Treuhänder bzw. Sequester wiederum **als Vollstreckungsorgan** tätig wird, gilt im Rahmen des § 788 ZPO und des § 95 FamFG wiederum das GvKostG, § 154 II GVGA (Schmidt KTS 1983, 637; aA OLG Düsseldorf ZIP 1993, 135; LG Trier DGVZ 1996, 29; Meyer Rn. 4 (aber er wird auch bei einer „freiwilligen" Mitübernahme doch amtlich tätig)). Er darf dann zB einen Vorschuss nur im Rahmen von § 4 fordern. 6

2. Landesrechtliche Zuständigkeit. Das GvKostG sieht auch Kostenvorschriften für solche Geschäfte vor, die der Gerichtsvollzieher nur in einzelnen Bundesländern vornehmen darf. Das gilt zB: Für die öffentliche Verpachtung an den Meistbietenden nach KV 301; für das tatsächliche Angebot einer Leistung nach KV 410; für eine Beurkundung des Leistungsangebots nach KV 411; für eine Siegelung oder eine Entsiegelung nach § 12 I; für die Aufnahme eines Vermögensverzeichnisses nach § 12 7

I; für die Mitwirkung als Urkundsperson bei einer solchen Aufnahme nach § 12 I; für die Empfangnahme einer Wechsel- oder Schecksumme nach § 12 II.

8 Wenn der Gerichtsvollzieher ein derartiges Geschäft in einem solchen Bundesland vornimmt, das eine solche Tätigkeit dem Gerichtsvollzieher **nicht übertragen** hat, überschreitet er seine Befugnis. Es liegt dann eine unrichtige Sachbehandlung vor. I schließt aber § 7 aus, indem I dann von vornherein keine Kosten entstehen lässt, also keinen Kostenanspruch der Staatskasse zulässt, auch keinen Auslagenanspruch der Staatskasse, sondern allenfalls einen solchen des Gerichtsvollziehers wegen der Portokosten der Rücksendung nach § 7 II GVO. Zugleich ergibt sich aus dieser Regelung, dass man aus dem GvKostG keine Zuständigkeitsregelung herleiten kann.

9 **III. Persönlicher Anwendungsbereich (I, II).** Das GvKostG ist nach → Vor § 1 Rn. 5 eine bundeseinheitliche Kodifikation des Kostenrechts für die Tätigkeit des Gerichtsvollziehers. Das Entgelt für seine Tätigkeit richtet sich also grundsätzlich nur nach I, II. Wie sich auch aus der allgemeinen Fassung und aus § 11 II JBeitrG ergibt, gilt II dann, wenn der Gerichtsvollzieher im Verwaltungszwangsverfahren tätig wird, also auch für andere Behörden als diejenigen der Justiz.

10 Soweit in den Bundesländern **Vollstreckungsbeamte** der Justizverwaltung im Verwaltungszwangsverfahren für andere als die Justizbehörden tätig werden, gilt II (VG München DGVZ 2003, 27 (Erhebung für die Landeskasse)), zB in Baden-Württemberg nach § 3 LJustKG. Vgl. im Übrigen auch die EBAO.

11 **IV. Kosten (I).** Auch das GvKostG unterscheidet in § 1 I wie § 1 I 1 GKG, § 1 S. 1 FamGKG, unter dem Oberbegriff Kosten die Unterbegriffe Gebühren nach KV 100 ff., und Auslagen nach KV 700 ff. Dem entspricht in § 1 I 1 RVG, der Oberbegriff Vergütung mit den Unterbegriffen Gebühren und Auslagen.

12 **1. Pauschalen.** Die Gebühren haben einen Pauschcharakter. Sie gelten also auch Vorbereitungsmaßnahmen und Nebentätigkeiten mangels einer besonderen Bestimmung, zB KV 430, bis auf den etwa gesetzlich zusätzlich anrechenbaren zeitlichen Mehraufwand mit ab. Das zeigt KV 500. Sie entstehen aber nach KV 600 ff. nicht für eine erfolglose Amtshandlung oder bei einer vorzeitigen Erledigung des Auftrags, sofern das Gesetz nichts Gegenteiliges bestimmt. Auslagen können ebenfalls einen Pauschcharakter haben.

13 **2. Analogieverbot.** Kosten entstehen nur, soweit eine gesetzliche Vorschrift nach dem Bundes- oder Landesrecht zugrunde liegt (AG Solingen DGVZ 2009, 67; OVG Berlin DGVZ 1983, 91). Das bedeutet, Amtshandlungen, die nicht zu dem Entstehen von Kosten nach dem GvKostG führen, können nicht beim Kostenschuldner abgerechnet werden (Ausschließlichkeit des GvKostG). Das Gesetz ist eng auszulegen, soweit es Gebühren oder Auslagen entstehen lässt, dagegen weit auszulegen, soweit es eine Kostenfreiheit, Ausnahmen von der Erstattungspflicht usw. nennt. Denn nur so lässt sich das Kostenrisiko übersehen, wie es wegen des Rechtsstaatsprinzips erforderlich ist (BVerfGZ 34, 366). Eine **Analogie** zulasten eines Kostenschuldners ist grundsätzlich unstatthaft (LG Ellwangen DGVZ 2016, 112; AG Solingen DGVZ 2009, 61; AG Augsburg DGVZ 2008, 127; Lappe Rpfleger 1984, 337). Im Übrigen ist Grundvoraussetzung für eine Analogie das Vorliegen einer ungewollten Regelungslücke im Gesetz (AG Von einer Gebühr darf man nicht nochmals eine Gebühr erheben. Der Gerichtsvollzieher muss bei einer Wahlmöglichkeit zwischen einer kostenpflichtigen und einer kostenfreien Vorgehensweise pflichtgemäß abwägen und meist die letztere Form wählen (Kostenminimierungsgebot).

14 **3. Einziehung, Beitreibung.** Für die Einziehung der Kosten des Gerichtsvollziehers (Kostenerhebung; → Vor § 1 Rn. 14) entsteht im Allgemeinen keine Gebühr. Allerdings ist die Hebegebühr nach KV 430 grundsätzlich ausgenommen. Auch soweit eine Geldstrafe, Geldbuße, ein Ordnungs- oder Zwangsgeld beigetrieben werden, gilt wegen der Kosten des Gerichtsvollziehers nach § 11 II JBeitrG das GvKostG. Soweit statt des Gerichtsvollziehers ein Vollziehungsbeamter der Justiz eine Beitreibung vornimmt, wird er nach § 6 III JBeitrG anstelle des Gerichtsvollziehers tätig. Dann gilt nach § 11 II JBeitrG das GvKostG entsprechend.

15 **V. DB-GvKostG.** Vgl. Nr. 1 DB-GvKostG.

Kostenfreiheit

2 **I 1 Von der Zahlung der Kosten sind befreit der Bund, die Länder und die nach dem Haushaltsplan des Bundes oder eines Landes für Rechnung des Bundes oder eines Landes verwalteten öffentlichen Körperschaften oder Anstalten, bei einer Zwangsvollstreckung nach § 885 der Zivilprozessordnung wegen der Auslagen jedoch nur, soweit diese einen Betrag von 5 000 Euro nicht übersteigen. 2 Bei der Vollstreckung wegen öffentlich-rechtlicher Geldforderungen ist maßgebend, wer ohne Berücksichtigung des § 252 der Abgabenordnung oder entsprechender Vorschriften Gläubiger der Forderung ist.**

II 1 Bei der Durchführung des Zwölften Buches Sozialgesetzbuch sind die Träger der Sozialhilfe, bei der Durchführung des Zweiten Buches Sozialgesetzbuch die nach diesem Buch zuständigen Träger der Leistungen, bei der Durchführung des Achten Buches Sozialgesetzbuch die Träger der öffentlichen Jugendhilfe und bei der Durchführung der [bis 31.12.2023:] ihnen obliegenden Aufgaben nach dem Bundesversorgungsgesetz die Träger der Kriegsopferfürsorge ***[Fassung ab 1.1.2024: Besonderen Leistungen im Einzelfall nach dem Vierzehnten Buch Sozialgesetzbuch die Träger der Sozialen Entschädigung]*** **von den Gebühren befreit.** ***[Satz 1 ab 1.1.2025: 1 Von der Zahlung der Kosten sind befreit der Bund, die Länder und die nach dem Haushaltsplan des Bundes oder eines Landes für Rechnung des Bundes oder eines Landes verwalteten öffentlichen Körperschaften oder Anstalten, bei einer Zwangsvollstreckung nach § 885 der Zivilprozessordnung wegen der Auslagen jedoch nur, soweit diese einen Betrag von 5 000 Euro nicht übersteigen.]*** **2 Sonstige Vorschriften, die eine sachliche oder persönliche Befreiung von Kosten gewähren, gelten für Gerichtsvollzieherkosten nur insoweit, als sie ausdrücklich auch diese Kosten umfassen.**

III Landesrechtliche Vorschriften, die in weiteren Fällen eine sachliche oder persönliche Befreiung von Gerichtsvollzieherkosten gewähren, bleiben unberührt.

IV Die Befreiung von der Zahlung der Kosten oder der Gebühren steht der Entnahme der Kosten aus dem Erlös (§ 15) nicht entgegen.

I. Normzweck. Die Kosten des Gerichtsvollziehers fließen nach → Vor § 1 Rn. 7 der Staatskasse wegen der Tätigkeit eines Gerichtsorgans zu. Daher sind Vorschriften über eine Kostenbefreiung erforderlich. § 2 enthält unterschiedliche Arten von Befreiung. Teilweise gilt eine völlige Freiheit von Kosten nach I, also von Gebühren und Auslagen, teilweise gilt lediglich eine Gebührenfreiheit nach II (Einzelheiten Krauthausen DGVZ 1984, 4). 1

Unanwendbar ist § 2 bei einer Prozess- oder Verfahrenskostenhilfe. Dann gelten zB §§ 122 ff. ZPO, §§ 76 ff. FamFG vorrangig. Auch eine Stundung nach §§ 4a ff. InsO zählt nicht hierher, ebenso wenig ein Kostenerlass. 2

Ungeachtet der Notwendigkeit einer Auslegung des GvKostG grundsätzlich zugunsten des jeweiligen Kostenschuldners nach → § 1 Rn. 2 dient § 2 doch auch der öffentlichen Hand auch zu einer Dämpfung **ihrer** Kosten. Das darf nun aber auch nicht dazu führen, trotz des in der Zwangsvollstreckung bestehenden Gewaltmonopols gerade seinen Träger auch noch im Zweifel von Kosten zu befreien. Daher ist bei der im Ergebnis tragbaren Regelung (Mügler BB 1992, 798), eine weder zu strenge noch zu großzügige Prüfung der etwaigen Kostenfreiheit und ihrer Unterformen ratsam. 3

II. Kostenbefreiung (I). I 1 stimmt inhaltlich weitgehend mit § 2 I GKG und mit § 2 FamGKG überein, dort insbesondere → GKG § 2 Rn. 43. 4

Der Bund, die Länder und jeweils die dazugehörigen Ministerien und Behörden, sowie die nach den Haushaltsplänen des Bundes und des Landes für Rechnung des Bundes oder des Landes verwalteten öffentlichen Körperschaften oder Anstalten (BGH DGVZ 1997, 87) sind von sämtlichen Gebühren und weitgehend auch von den Auslagen des Gerichtsvollziehers befreit, ohne dass das Gesetz das besonders hervorheben muss (BGHZ 89, 85; persönliche Kostenbefreiung). Nicht befreit sind nach I die Landkreise, Städte, Gemeinden und sonstige Gebietskörperschaften, soweit es keine landesrechtliche Befreiung nach III gibt. 5

6 Lediglich bei der Zwangsräumung nach § 885 ZPO endet die Auslagenfreiheit, soweit die in I 1 Hs. 2 genannte Freigrenze in Höhe von 5.000 Euro überschritten ist. Daher darf man nur die diese Freigrenze überschreitenden Auslagen erheben. Die grundsätzliche Kostenfreiheit gilt unabhängig davon, ob der Befreite den Gerichtsvollzieher des eigenen oder eines anderen Landes beauftragt.

7 Die Befreiung gilt für **öffentlich- wie privatrechtliche** Angelegenheiten (AG Moers Rpfleger 2003, 270). Sie gilt nur, soweit der Bund oder die Länder als Partei auftreten (LG Osnabrück DGVZ 2007, 40; AG Altenkirchen DGVZ 1990, 191; AG Bersenbrück DGVZ 1991, 15), maßgebend ist somit die Forderungsinhaberschaft – ein Forderungsübergang kraft Gesetzes reicht nicht aus (OLG Düsseldorf BeckRS 2011, 04032; LG Ulm DGVZ 2005, 28). Sie gilt ferner nur, soweit sämtliche und nicht nur einzelne Einnahmen und Ausgaben im Haushaltsplan des Bundes oder des Landes stehen (BGH DGVZ 1997, 87; LG Bonn DGVZ 2016, 108; LG Stralsund DGVZ 2011, 34). Soweit eine Körperschaft oder Anstalt einen eigenen Haushalt hat, der nicht im Haushaltsplan des Bundes oder eines Landes erscheint, ist sie nicht kostenbefreit (BGH DGVZ 2009, 116).

8 Nicht von den Gebühren befreit sind wirtschaftliche Unternehmen von Bund, Land usw. (BGH RPfleger 1982, 81; OLG Köln NVwZ-RR 1998, 469; OLG Hamm DGVZ 2009, 18). Das Bundeseisenbahnvermögen ist wie bei § 2 GKG und bei § 2 FamGKG befreit.

9 **I 2** klärt, dass bei der Vollstreckung wegen einer öffentlich-rechtlichen Geldforderung derjenige eine Kostenfreiheit hat, der ohne eine Berücksichtigung von § 252 AO usw. Gläubiger ist. Die Fiktion des § 252 AO, dass die vollstreckende Behörde Gläubiger ist, bewirkt keine Gebührenfreiheit.

10 Umstritten ist, ob bei der Frage der Gläubigerstellung auf das materielle Recht abzustellen ist (OLG Düsseldorf DGVZ 2019, 265; LG Köln BeckRS 2019, 44732; AG Cottbus DGVZ 2001, 79; AG Hildesheim DGVZ 2004, 191) oder auf die Person, die als Gläubiger des zu vollstreckenden Anspruchs im Vollstreckungstitel oder in der Rechtsnachfolgeklausel benannt ist (LG Leipzig DGVZ 2005, 27; LG Ulm DGVZ 2005, 28). Der Gesetzeswortlaut ist insofern nicht eindeutig und bedarf der Auslegung. Die Gesetzessystematik spricht für den Vollstreckungsgläubiger, auch wenn dem GvKostG selbst nichts entnehmen lässt, da das GvKostG insbesondere nicht den Gläubigerbegriff nutzt, sondern den Begriff des Auftragsgebers, der nach § 4 ggf. zur Vorschusszahlung verpflichtet ist und nach § 13 I 1 Nr. 1 für die Kosten haftet. Im Rahmen der ZPO ist für den Gerichtsvollzieher stets der **Vollstreckungsgläubiger** und nicht der materiell-rechtliche Gläubiger maßgebend, da der Gerichtsvollzieher als Vollstreckungsorgan die materielle Rechtslage im Rahmen des Zwangsvollstreckungsverfahrens nicht zu prüfen hat. Es ist mit der gesetzlichen Wertung in der ZPO nicht vereinbar, wenn der Gerichtsvollzieher zwar nicht bei seinen Amtshandlungen, aber dann bei der Kostenerhebung eine Prüfung der materiellen Rechtslage vornehmen sollte. Auch der Gesetzesbegründung (BT-Drs. 14/3432) ist keine andere Wertung zu entnehmen: mit der Regelung des I 2 wollte der Gesetzgeber klarstellend regeln, dass der Gläubigerbegriff in Abgrenzung zu gesetzlichen Fiktionen bzw. Vertretungsregelungen zu bestimmen ist, damit an sich nicht kostenbefreite Körperschaften über den Umweg der Amtshilfe durch eine kostenbefreite Körperschaft in den Genuss der Kostenbefreiung kommen. Ein darüberhinausgehender Erklärungswert ist der Formulierung in der Gesetzesbegründung hingegen nicht beizumessen (OLG Hamm BeckRS 2020, 23736).

11 **III. Gebührenbefreiung (II).** Sonstige bundesrechtliche Vorschriften, die eine sachliche oder persönliche Befreiung von Kosten gewähren, gelten nach II 2 für Gerichtsvollzieherkosten nur insoweit, als sie ausdrücklich auch diese Kosten umfassen (AG Wittenberg DGVZ 2009, 19 (wegen des Deutschen Roten Kreuzes)), zB nach § 9 AUG iVm § 122 I Nr. 1a ZPO (→ GKG Vor § 22 Rn. 8). Das ist nicht so bei § 64 SGB X (AG Freyung DGVZ 1986, 31). Denn die Kostenbefreiungsvorschriften des Bundes regeln im Allgemeinen die Gerichtsvollzieherkosten nicht mit.

12 Nach II 1 sind die Träger der Sozialhilfe nach SGB XII, der Leistung nach SGB II, der wirtschaftlichen Jugendhilfe nach SGB VIII und der Kriegsopferfürsorge [**ab 1.1.2024** die Träger der Sozialen Entschädigung nach SGB XIV sowie die Träger der

Soldatenentschädigung **ab 1.1.2024** durch die Übergangsregelung in § 20 und **ab 1.1.2025** durch II 1] von den Gebühren befreit und der Gerichtsvollzieher hat nur seine Auslagen zu erheben (LG Wuppertal DGVZ 2007, 173), soweit die in II genannten Träger im Rahmen der in SGB II, VIII, XII geregelten Angelegenheiten tätig werden.

Europarechtliche Vorschriften stehen bundesrechtlichen gleich. Das gilt zB bei Art. 13 VO (EG) Nr. 1393/2007 über die Zustellungskosten. 13

IV. Landesrechtliche Vorschriften (III). Landesrechtliche Vorschriften, die eine sachliche oder persönliche Befreiung von Gerichtsvollzieherkosten enthalten, bleiben nach III unberührt. Die Vorschrift stimmt mit § 2 III 2 GKG und mit § 2 II FamGKG inhaltlich überein. Eine landesrechtliche Kostenfreiheit wirkt nur in diesem Bundesland (LG Ulm DGVZ 2005, 28; AG Bonn DGVZ 2007, 95; AG Neu-Ulm DGVZ 2008, 67), also nicht in einem anderen oder im Bund (AG Leutkirch BeckRS 2022, 18479; AG Heidelberg BeckRS 2021, 4563) und auch nur in dem jeweils festgelegten Umfang (LG Baden-Baden BeckRS 2022, 8342). Vgl. die Länderübersicht bei → GKG § 2 Rn. 26. Auch die Kirche und ihre Körperschaften können landesrechtlich hierher zählen (AG Burgwedel DGVZ 2009, 103 (nennt irrig § 3 III statt § 2 III)). 14

V. Rechtsfolge. 1. Befreiung. Bei der sachlichen Gebührenbefreiung entstehen keine Gebühren. Bei einer persönlichen Kostenfreiheit entsteht zwar ein Kostenanspruch. Der Staat kann ihn aber dem Kostenbefreiten gegenüber nicht geltend machen (OLG Hamburg MDR 1993, 183; LG Köln DGVZ 1990, 159; LG Saarbrücken DGVZ 1980, 43). Die Befreiung wirkt nur zugunsten des Vollstreckungsgläubigers, aber nicht zugunsten des Vollstreckungsschuldners (OLG Düsseldorf DGVZ 2006, 200). Dies gilt auch, wenn gegen eine in I – III genannten Befreiten vollstreckt wird, da § 2 die Befreiung gerade nur für die Inanspruchnahme der Tätigkeit des Gerichtsvollziehers gewährt. 15

2. Ausnahme (IV). Weder die Gebühren- noch die Kostenbefreiung greifen ein, wenn IV vorliegt. D. h. der Gerichtsvollzieher darf unabhängig von I–III seine Kosten aus dem Erlös nach § 15 entnehmen (→ § 15 Rn. 1). Die Landeskasse (Bezirksrevisor) kann durch eine sie im Ergebnis mit Kosten belastende Maßnahme zB der Zwangsvollstreckung beschwert sein. Dann darf sie entsprechend ein Rechtsmittel einlegen (OLG Düsseldorf DGVZ 1999, 155). Wegen einer Rückzahlung § 8 IV. 16

VI. ABC. 1. ABC zur Kostenbefreiung (I)

Allgemeine Ortskrankenkasse: → „Sozialversicherungsträger". 17

Amt für Ausbildungsförderung: Es kommt für die Frage der Befreiung maßgebend auf den Begriff des Gläubigers an (→ Rn. 10; für Befreiung: OLG Düsseldorf BeckRS 2019, 21784; gegen Befreiung: OLG Hamm BeckRS 2020, 23736; LG Bochum BeckRS 2020, 23732; LG Bonn DGVZ 2016, 107 (108); Wienemann DGVZ 2018, 114; AG Achern BeckRS 2018, 393). → „Studentenwerk/Studierendenwerk".

Amtsnotar: I befreit zB einen solchen badischen Notar **nicht** (AG Mosbach DGVZ 2008, 66).

Berlin: I 1 befreit Berlin in sämtlichen Angelegenheiten (BGH Rpfleger 1955, 157).

Bremen: I 1 befreit Bremen nur in einer Landesangelegenheit, nicht in einer städtischen Sache (BGH Rpfleger 1955, 156).

Bundesagentur für Arbeit: I befreit sie **nicht** (AG Darmstadt BeckRS 2019, 12728).

Bundesanstalt für vereinigungsbedingte Sonderaufgaben: I befreit sie **nicht** (Müller DGVZ 1996, 58; aA AG Neuruppin DGVZ 1996, 78).

Bundesbank: I befreit sie und ihre Landesstellen **nicht.** Denn sie erscheinen nur bei einer Gewinnabführung im Haushalt.

Bundesknappschaft: I 1 befreit sie nicht, da sie einen eigenen Haushalt hat (AG Kelheim DGVZ 2020, 58).

Bundesversicherungsanstalt für Angestellte: I 1 befreit sie **nicht.** Denn sie hat einen eigenen Haushalt.

Deutsche Bahn AG: I 1 befreit sie **nicht.**

Deutsche Genossenschaftsbank: I befreit sie **nicht.** Denn sie hat einen eigenen Haushalt.

Deutsche Post AG: I 1 betreibt sie **nicht.**

Deutsche Postbank AG: I 1 befreit sie **nicht.**

Deutsche Rentenversicherung: I 1 befreit sie nicht, da sie einen eigenen Haushalt hat (AG Kelheim DGVZ 2020, 58).

Deutsches Rotes Kreuz: I befreit es **nicht** (AG Heidelberg DGVZ 1997, 46).

Deutsche Telekom AG: I 1 befreit sie **nicht.**

Fernsehanstalt: I befreit sie **nicht.**

Forstverwaltung: I 1 befreit die Zentralstelle in Rheinland-Pfalz **nicht** (AG Pirmasens DGVZ 2014, 47).

Gemeinde: I 1 befreit **nicht** eine Gemeinde, → Rn. 1 (enge Auslegung) (AG Braunschweig DGVZ 1998, 46). Hier ist das Landesrecht maßgeblich.

Hamburg: I 1 befreit Hamburg in sämtlichen Angelegenheiten (BGH Rpfleger 1955, 156).

Hauptzollamt: Der Sozialversicherungsträger kann wegen seiner Stellung als Gläubiger einer wirklich öffentlich-rechtlichen Forderung nach I 2 eine Befreiung auch dann erreichen, wenn er seine Forderung durch die Einschaltung zB des Hauptzollamts vollstreckt (so schon AG Cottbus DGVZ 2001, 79). Anders liegt es bei einer Vollstreckung durch das Hauptzollamt im Auftrag eines Landesarbeitsamtes (AG Mönchengladbach DGVZ 2003, 159).

Hochschule: I 1 befreit eine Hochschule unter den Voraussetzungen → Rn. 5 ff. Der Landeshaushalt muss also ihr Vermögen mitverwalten (OLG Hamm DGVZ 2009, 18; AG Dietz DGVZ 2001, 95).

Kapitalgesellschaft: I 1 befreit sie **nicht,** selbst wenn sie voll der öffentlichen Hand gehört; → Rn. 8.

Knappschaft-Bahn-See: I 1 befreit sie nicht, da sie einen eigenen Haushalt hat (AG Kelheim DGVZ 2020, 58).

Landesförderinstitut: Dasjenige in Mecklenburg-Vorpommern ist **nicht** kostenfrei (LG Stralsund DGVZ 2011, 34).

Landeshauptmannschaft (Österreich): I 1 befreit sie **nicht** (AG Calw DGVZ 2016, 260).

Landkreis/Landratsamt: I 1 befreit **nicht** ein solches Amt (AG Bautzen DGVZ 2009, 19; AG Freyung DGVZ 1986, 31). Maßgebend ist auch hier der Begriff des Gläubigers (→ Rn. 10).

Räumung: → Rn. 5 ff.

Rechtshilfe: Beim Tätigwerden aufgrund Rechtshilfeersuchen greift die Befreiung nicht ein (AG Calw DGVZ 2016, 260).

Rundfunkanstalt: I befreit sie **nicht.**

Sozialhilfeträger: I befreit ihn grds. **nicht** (LG Mönchengladbach JurBüro 2009, 657).

Sozialversicherungsträger: I befreit ihn **nicht,** jedoch II 1.

Stadtgemeinde: → „Gemeinde".

Studentenwerk/Studierendenwerk: es kommt für die Frage der Befreiung maßgebend auf den Begriff des Gläubigers an (→ Rn. 10; für Befreiung: OLG Düsseldorf BeckRS 2019, 21784; gegen Befreiung: LG Bonn DGVZ 2016, 107 (108); Wienemann DGVZ 2018, 114; AG Achern BeckRS 2018, 393). → „Amt für Ausbildungsförderung".

Zustellungskosten: Soweit ein siegender Kläger die Kosten für eine Zustellung **ausgelegt** hatte, muss der unterliegende Bund oder das unterliegende Land sie ihm erstatten.

2. ABC zur Gebührenbefreiung (II)

18 **Berufsgenossenschaft: Nicht** kostenfrei ist sie (aA AG Hanau DGVZ 1989, 122 (abl. Schriftleitung)).

Bundesagentur für Arbeit: Es kommt für die Frage der Befreiung nach II maßgebend auf den Begriff des Gläubigers an (→ Rn. 10; pro Befreiung: LG Darmstadt DGVZ 2019, 242 (beim Tätigwerden als Familienkasse); AG Darmstadt DGVZ 2019, 219; AG Staufen DGVZ 1976, 63).

Einschaltung eines Befreiten: Nicht kostenfrei wird nach → Rn. 5 ff. grds. ein Nichtbefreiter durch eine solche Maßnahme (AG Castrop-Rauxel DGVZ 1992, 142).

Krankenkasse: Nicht gebührenfrei ist eine gesetzliche Krankenkasse, soweit sie nur eine Ladung zu ihm beantragt (AG Osnabrück DGVZ 1989, 31 (abl. Krauthausen Rpfleger 1989, 344)).

Kreisverwaltung: Nicht kostenfrei ist sie wegen einer Vollstreckung im Landesauftrag (AG Spaichingen DGVZ 1989, 78).

Kriegsopferfürsorge: Nur gebührenfrei sind nach II 1 Hs. 4 ihre Träger. Das gilt aber auch nur, soweit sie ihre Aufgaben nach dem BVG erfüllen.

SGB II: Gebührenbefreit sind die Träger der Grundsicherung für Arbeitssuchende (zB Bundesagentur für Arbeit, ARGE Jobcenter).

SGB VIII: Nur gebührenfrei sind nach II 1 Hs. 3 die Träger der öffentlichen Jugendhilfe, also im Wesentlichen bei einem Unterhaltsanspruch nach § 39 SGB VIII, nicht etwa bei einem bürgerlich-rechtlichen Anspruch nach § 13 GVG usw.

SGB XII: Nur gebührenfrei, also nicht auslagenfrei, sind bei seiner Durchführung und daher nicht bei einem bürgerlich-rechtlichen Anspruch zB nach § 13 GVG die nach § 3 SGB XII zuständigen Leistungsträger nach II 1 Hs. 1 (Krauthausen DGVZ 1984, 4). Sozialhilfeträger sind die örtlichen und überörtlichen, von den Kommunen oder von den Ländern bestimmten Behörden.

Nicht gebührenfrei ist der Empfänger der Sozialhilfe, also auch nicht der Ersatzpflichtige zB nach dem SGB XII usw.

Zweckverband: Nicht gebührenfrei ist er (AG Worms DGVZ 1996, 127).

Auftrag

3 **I [1] Ein Auftrag umfasst alle Amtshandlungen, die zu seiner Durchführung erforderlich sind; einem Vollstreckungsauftrag können mehrere Vollstreckungstitel zugrunde liegen. [2] Werden bei der Durchführung eines Auftrags mehrere Amtshandlungen durch verschiedene Gerichtsvollzieher erledigt, die ihren Amtssitz in verschiedenen Amtsgerichtsbezirken haben, gilt die Tätigkeit jedes Gerichtsvollziehers als Durchführung eines besonderen Auftrags. [3] Jeweils verschiedene Aufträge sind die Zustellung auf Betreiben der Parteien, die Vollstreckung einschließlich der Verwertung und besondere Geschäfte nach Abschnitt 4 des Kostenverzeichnisses, soweit sie nicht Nebengeschäft sind. [4] Die Vollziehung eines Haftbefehls ist ein besonderer Auftrag.**

II [1] Es handelt sich jedoch um denselben Auftrag, wenn der Gerichtsvollzieher gleichzeitig beauftragt wird,

1. **einen oder mehrere Vollstreckungstitel zuzustellen und hieraus gegen den Zustellungsempfänger zu vollstrecken,**
2. **mehrere Zustellungen an denselben Zustellungsempfänger oder an Gesamtschuldner zu bewirken oder**
3. **mehrere Vollstreckungshandlungen gegen denselben Vollstreckungsschuldner oder Verpflichteten (Schuldner) oder Vollstreckungshandlungen gegen Gesamtschuldner auszuführen.**

[2] Der Gerichtsvollzieher gilt auch dann als gleichzeitig beauftragt, wenn

1. **der Auftrag zur Abnahme der Vermögensauskunft mit einem Vollstreckungsauftrag verbunden ist (§ 807 Absatz 1 der Zivilprozessordnung), es sei denn, der Gerichtsvollzieher nimmt die Vermögensauskunft nur deshalb nicht ab, weil der Schuldner nicht anwesend ist, oder**
2. **der Auftrag, eine gütliche Erledigung der Sache zu versuchen, in der Weise mit einem Auftrag auf Vornahme einer Amtshandlung nach § 802a Absatz 2 Satz 1 Nummer 2 oder Nummer 4 der Zivilprozessordnung verbunden ist, dass diese Amtshandlung nur im Fall des Scheiterns des Versuchs der gütlichen Erledigung vorgenommen werden soll.**

[3]Bei allen Amtshandlungen nach § 845 Abs. 1 der Zivilprozessordnung handelt es sich um denselben Auftrag. [4]Absatz 1 Satz 2 bleibt unberührt.

III [1]Ein Auftrag ist erteilt, wenn er dem Gerichtsvollzieher oder der Geschäftsstelle des Gerichts, deren Vermittlung oder Mitwirkung in Anspruch genommen wird, zugegangen ist. [2]Wird der Auftrag zur Abnahme der Vermögensauskunft mit einem Vollstreckungsauftrag verbunden (§ 807 Abs. 1 der Zivilprozessordnung), gilt der Auftrag zur Abnahme der Vermögensauskunft als erteilt, sobald die Voraussetzungen nach § 807 Abs. 1 der Zivilprozessordnung vorliegen.

IV [1]Ein Auftrag gilt als durchgeführt, wenn er zurückgenommen worden ist oder seiner Durchführung oder weiteren Durchführung Hinderungsgründe entgegenstehen. [2]Dies gilt nicht, wenn der Auftraggeber zur Fortführung des Auftrags eine richterliche Anordnung nach § 758a der Zivilprozessordnung beibringen muss und diese Anordnung dem Gerichtsvollzieher innerhalb eines Zeitraumes von drei Monaten zugeht, der mit dem ersten Tag des auf die Absendung einer entsprechenden Anforderung an den Auftraggeber folgenden Kalendermonats beginnt. [3]Satz 2 ist entsprechend anzuwenden, wenn der Schuldner zu dem Termin zur Abnahme der Vermögensauskunft nicht erscheint oder die Abgabe der Vermögensauskunft ohne Grund verweigert und der Gläubiger innerhalb des in Satz 2 genannten Zeitraums einen Auftrag zur Vollziehung eines Haftbefehls erteilt. [4]Der Zurücknahme steht es gleich, wenn der Gerichtsvollzieher dem Auftraggeber mitteilt, dass er den Auftrag als zurückgenommen betrachtet, weil damit zu rechnen ist, die Zwangsvollstreckung werde fruchtlos verlaufen, und wenn der Auftraggeber nicht bis zum Ablauf des auf die Absendung der Mitteilung folgenden Kalendermonats widerspricht. [5]Der Zurücknahme steht es auch gleich, wenn im Falle des § 4 Abs. 1 Satz 1 und 2 der geforderte Vorschuss nicht bis zum Ablauf des auf die Absendung der Vorschussanforderung folgenden Kalendermonats beim Gerichtsvollzieher eingegangen ist.

Schrifttum: Herrfurth, Das Gerichtsvollzieherkostengesetz – Fehlerquellen und Lösungsansätze, DGVZ 2020, 65; ders., Vergeblicher Reparaturversuch des GvKostG, DGVZ 2017, 25 (krit.); Seip, Erledigung eines *bedingten* Pfändungsauftrages, der in Verbindung mit dem Auftrag zur Vermögensauskunft erteilt wird, DGVZ 2017, 75.

Übersicht

I. Normzweck. Die Vorschrift enthält als eine Ergänzung zu den übrigen Normen des GvKostG Festlegungen und Umschreibungen der dort verwendeten Begriffe (wie zB Durchführung des Auftrags und Erledigung der Amtshandlung). Sie steht neben § 10 in einem gegenseitigen Verhältnis der inhaltlichen Bezugnahmen. Neben dem Zentralbegriff Auftrag bestimmt § 3 auch die weiteren ständig wiederkehrenden Begriffe. Beim Gebrauch dieser Begriffe herrscht im GvKostG allerdings keine völlige Einheitlichkeit. Das wirkt gelegentlich verwirrend (Lappe DGVZ 2012, 91). 1

Das **Rechtsverhältnis** klärt § 3 weder zwischen dem Gerichtsvollzieher und seinem Auftraggeber noch zwischen dem Gerichtsvollzieher und dem Staat abschließend. Zu diesen Fragen → Vor § 1 Rn. 7, 12 f. (sowie BGH NJW-RR 2009, 658, BeckOK ZPO/Ulrici ZPO § 754 Rn. 2 ff., 10 ff.). § 3 regelt vielmehr nur Einzelfragen des Verhältnisses zwischen dem Auftraggeber und dem Gerichtsvollzieher, auch bei der Hinzuziehung eines auswärtigen Kollegen. 2

Die Vorschrift bezweckt eine zentrale begriffliche Zusammenfassung und damit eine Vereinfachung und Vereinheitlichung. Sie dient also in erster Linie der Zweckmäßigkeit. Sie verdient insofern grundsätzlich eine großzügige Auslegung auch zugunsten des Gerichtsvollziehers. Die Gesetzesbegriffe fordern auch eine im Kern strikte strenge Handhabung. Die einzelnen Teile der Vorschrift begünstigen bald eher den Auftraggeber, bald eher den Gerichtsvollzieher oder den hinter ihm stehenden Staat. Das alles sollte man bei der Auslegung durch eine stets behutsame Abwägung mitbeachten. Im Zweifel ist wie stets schon wegen des Worts „nur" in § 1 I eine für den Kostenschuldner freundliche Anwendung notwendig (AG Augsburg JurBüro 2002, 94; sehr krit. Herrfurth DGVZ 2016, 120). 3

Innerhalb des § 3 iVm Nr. 2 DB-GvKostG wird der Umfang des Auftrags und die Anzahl der Aufträge in I und II, die Auftragserteilung in III und die Fiktion der Auftragsdurchführung in IV geregelt. 4

II. Auftrag (I 1). 1. Auftrag. Die Bestimmung führt zunächst den Zentralbegriff Auftrag ein, ohne ihn zu definieren. Sie setzt vielmehr nach → Rn. 1 eine Kenntnis des Umstands voraus, dass das Gesetz auch anderswo das Rechtsverhältnis zwischen dem Gläubiger und dem Gerichtsvollzieher als einen Auftrag bezeichnet, zB in §§ 753, 754 ZPO, obwohl dieser Begriff jedenfalls mit Blick auf §§ 662 ff. BGB nicht passt. Der **Auftrag** ist die Summe der beantragten und notwendigen Amtshand- 5 lungen und kann dem Gerichtsvollzieher grds. formlos erteilt werden (LG Frankfurt (Oder) DGVZ 2019, 103), jedoch sollte eine Unterschrift lesbar bzw. die Urheberschaft eindeutig sein (LG Stuttgart DGVZ 2014, 196; LG Heilbronn DGVZ 2016, 212). Seit dem 1.4.2016 ist das amtliche Formular (GVFV v. 28.9.2015, BGBl. I S. 1586) bei der Vollstreckung von Geldforderungen zu verwenden, im Übrigen unterliegt der Auftrag keiner besonderen Form. Ferner können demselben Auftrag mehrere Vollstreckungstitel desselben Gläubigers zugrunde liegen. Das stellt I 1 Hs. 2 klar. Ist der Auftragsgeber nur Vertreter des Gläubigers (zB Hauptzollamt), so liegen ggf. mehrere Aufträge vor, Nr. 2 VI DB-GvKostG (AG Haßfurt DGVZ 2006, 141; → § 13 Rn. 9; → § 2 Rn. 10). Wird eine Vollstreckungshandlung unterbrochen und im Anschluss fortgesetzt, so liegt kein Fall des § 10 II vor, sondern es handelt es sich um einen Auftrag (mit der Folge, dass die Gebühren nur einmal abgerechnet werden können, vgl. auch → § 10 Rn. 15).

5a Seit dem 1.1.2022 ist für Rechtsanwälte, Notare und Behörden über § 753 Abs. 5 ZPO auch § 130d ZPO zu beachten (LG Münster DGVZ 2022, DGVZ 2022, 114). Der Antrag ist durch diese Gläubiger elektronisch zu übermitteln, andernfalls verursacht der schriftliche Auftrag zwar Kosten, aber entfaltet im Übrigen keine rechtliche Wirkung (AG Lörrach BeckRS 2022, 23024). Von dieser Pflicht nicht erfasst wird die Übergabe der (papiergebundenen) vollstreckbaren Ausfertigung des Vollstreckungstitels.

6 Beauftragt ein Gläubiger den Gerichtsvollzieher mehrfach, jeweils aufgrund eines anderen Vollstreckungstitels, so darf der Gerichtsvollzieher von mehreren Aufträgen ausgehen, soweit nicht die mehrfache Beauftragung irrtümlich erfolgte (AG Wuppertal DGVZ 2007, 158) oder soweit nicht mit mehreren Aufträgen eines Gläubigers dieselbe Amtshandlung hinsichtlich verschiedener Titel beantragt wird und der spätere Auftrag beim Gerichtsvollzieher eingeht, so lange der Gerichtsvollzieher seine Amtstätigkeit noch nicht aufgenommen hat (LG Köln DGVZ 2003, 10).

7 **2. Schuldner.** In II 1 Nr. 3 wird neben dem Vollstreckungsschuldner auch der Verpflichtete genannt und damit der Begriff „Schuldner" im kostenrechtlichen Sinn legal definiert. Mit dem Vollstreckungsschuldner ist der Schuldner im Vollstreckungsverfahren nach der ZPO und mit dem Verpflichteten ist der Schuldner in Verfahren nach dem FamFG (§§ 92 I, 95 III, 96 I FamFG) gemeint (BT-Drs. 16/6308, 338).

8 **3. Veranlassung des Gläubigers.** Immerhin wird aus I 1 deutlich, dass der Gerichtsvollzieher nicht von Amts wegen tätig wird, sondern eben nur auf eine Veranlassung des Gläubigers, und dass auch kein bloßer Antrag erforderlich ist, sondern ein Auftrag, also bei einer elektronischen Übermittlung eine wirksam signierte weitergehende Willensentschließung des Gläubigers und ansonsten einen wirksamen unterzeichneten Schriftsatz; je mit dem unbedingt erklärten Ziel einer oder mehrerer bestimmter Vollstreckungshandlungen des Gerichtsvollziehers (OLG Düsseldorf JurBüro 2010, 326; Ort DGVZ 2001, 112). Denn der Gläubiger ist in den gesetzlichen Grenzen Herr einer Zwangsvollstreckung (Musielak/Voit/Lackmann ZPO Vor § 704 Rn. 11).

9 Bei **Gläubigergemeinschaften** (zB Gesamtgläubiger nach § 428 BGB), die aufgrund eines gemeinschaftlich erwirkten Titels vollstrecken oder eine Zustellung beantragen, liegt nur ein Auftrag vor, Nr. 2 VI 2 DB-GvKostG (AG Duderstadt DGVZ 2018, 124). Dies gilt auch für eine WEG als Gläubiger (AG Gießen DGVZ 2004, 79). Soweit jedoch Gesamtgläubiger nicht aus einem gemeinschaftlichen Titel, sondern aus verschiedenen Titeln oder auch wegen verschiedener Ansprüche den Gerichtsvollzieher (auch gemeinsam) beauftragen, handelt es sich nicht mehr um einen Auftrag, sondern um mehrere Aufträge. → Rn. 6, 40.

10 **4. Auftragsumfang.** Der **Auftragsumfang** ergibt sich aus §§ 753, 754 ZPO. Er unterliegt einer Auslegung (BeckOK ZPO/Fleck ZPO § 802a Rn. 6 f.). Eine Kostenverrechnung kann einen Beitreibungsauftrag bedeuten (LG Düsseldorf DGVZ 2008, 175). Ein Widerspruch gegen eine Auftragsablehnung ist kein neuer Auftrag (AG Biberach JurBüro 2015, 660). Ein Antrag auf Nachbesserung einer Vermögensauskunft ist kein neuer Auftrag an den Gerichtsvollzieher (LG Leipzig BeckRS 2017, 145656). Beauftragt der Gläubiger die Pfändung aus einem noch nicht zugestellten Titel, so ist der Gerichtsvollzieher auch konkludent mit der Zustellung beauftragt, da der Gerichtsvollzieher andernfalls den Auftrag mangels Vorliegen der Vollstreckungsvoraussetzungen beanstanden müsste.

Eine **Auftragserweiterung** kennt das GvKostG nicht, sondern eine Auftragserweiterung stellt idR einen weiteren Auftrag dar (zur Rücknahme und Ruhen: → Rn. 59 ff.). 11

„Nebengeschäft" ist ein im GvKostG nicht amtlich festgelegter Begriff. Er bringt eine neue Unsicherheit. Gemeint sind aber Tätigkeiten, die einem Hauptgeschäft/Haupthandlung zugeordnet werden können. Nach Nr. 2 VII DB-GvKostG sind Nebengeschäfte insbes. die Entgegennahme einer Zahlung, die Einholung von Auskünften nach § 755 ZPO und das Verfahren zur gütlichen Erledigung nach § 802b ZPO (BeckOK KostR/Herrfurth GvKostG § 3 Rn. 29 ff.; Richter/Zuhn DGVZ 2017, 29), soweit der Gerichtsvollzieher nicht isoliert mit der gütlichen Erledigung beauftragt wurde. Insbsd. die Ermittlung der schuldnerischen Anschrift kann nicht isoliert beauftragt werden, sondern ist ein Nebengeschäft iSd I 3 eines Auftrags zur Vornahme einer konkreten Vollstreckungsmaßnahme (BGH DGVZ 2014, 257), vgl. Nr. 2 VII b) DB-GvKostG. Nr. 2 VII DB-GvKostG ist jedoch iVm I 3 zu betrachten. Besonderen Geschäften nach Abschnitt 4 des KV liegt nach I 3 „grds" ein eigener Auftrag zugrunde, soweit dies nicht ein Nebengeschäft ist. Die Abfrage nach § 802l ZPO ist grds. kein Nebengeschäft (mehr) kann aber auch eng mit der Abnahme der Vermögensauskunft verknüpft sein (also gleichzeitig beantragt sein), dann handelt es sich bei der Drittauskunft um ein Nebengeschäft. Dagegen handelt es sich bei einem nachträglichen Auftrag nicht um ein Nebengeschäft, sondern um einen eigenen Auftrag, vgl. Nr. 2 VIIc DB-GVKostG. Die **Entgegennahme von Zahlungen** ist stets ein Nebengeschäft und somit dem Hauptgeschäft zugeordnet, selbst dann, wenn der Auftragsumfang keine Zahlungen vorsieht, der Schuldner aber im Rahmen der jeweiligen Vollstreckungshandlung zur Zahlung berechtigt ist, vgl. Nr. 2 VII a) DB-GvKostG. Jedoch entsteht für jede Zahlung die Gebühr nach KV 430, § 10 II 3 (→ KV 430 Rn. 13). 12

5. Abgrenzung zur Amtshandlung. Amtshandlung nennen I 1, 2 das notwendige Mittel der „Durchführung" des Auftrags. Anderswo spricht das Gesetz dann von einer „Vollstreckungshandlung", zB in § 2 I Nr. 3. Auch finden sich Begriffe wie „Vollstreckungsauftrag" in I 1 Hs. 2, III 2. Die Terminologie ist also mannigfaltig und nicht ganz einheitlich (vgl. Herrfurth DGVZ 2017, 25). Der Begriff „Amtshandlung" ist für den Gerichtsvollzieher nicht legal definiert. Damit sind neben der Vornahme von Vollstreckungshandlungen auch sonstige Amtshandlungen (zB die formale Zustellung von Schriftstücken) erfasst. 13

Oberbegriff ist aber stets der Auftrag, Unterbegriff ist die Amtshandlung im Weiteren und die Vollstreckungshandlung im engeren Sinn. Demgemäß bezieht sich „Durchführung" meist auf den Oberbegriff. Zur Durchführung des einzelnen Auftrags kann bereits eine Mehrzahl von Amtshandlungen notwendig sein. Auch das stellen I 1, 2 klar. 14

6. Bedingter Auftrag. In II 2 sind nur zwei Fälle des bedingten Auftrags geregelt, nämlich zum einen der Vollstreckungsauftrag mit dem sich anschließenden bedingten Auftrag auf Abnahme der Vermögensauskunft nach § 807 I ZPO und zum anderen der Auftrag zur gütlichen Erledigung mit dem sich anschließenden bedingten Auftrag auf Vornahme einer Amtshandlung nach § 802a II 1 Nr. 2, 4 ZPO. Daneben sind aber noch weitere Anwendungsfälle des bedingten Auftrags denkbar, zumal die Reihenfolge der Aufträge nach § 802a II 1 ZPO im Ermessen des Gläubigers steht (MüKoZPO/Forbriger ZPO § 802a Rn. 5). Insbesondere die Vermögensauskunft setzt seit der Reform der Sachaufklärung nicht mehr einen fruchtlosen Versucht der Sachpfändung nach §§ 808 ff. ZPO voraus (MüKoZPO/Forbriger ZPO § 802a Rn. 2). In den Fällen außerhalb des II 2 gilt der Auftrag nach Nr. 2 II 1 DB-GvKostG erst mit dem Bedingungseintritt als erteilt (OLG Karlsruhe DGVZ 2020, 266; OLG Düsseldorf DGVZ 2018, 121; OLG Hamm DGVZ 2018, 121): Soll der Gerichtsvollzieher von vornherein beim Bedingungseintritt weiter tätig werden, liegt nur **ein** Auftrag vor (AG Medebach DGVZ 2017, 212). Dazu auch → KV 205 Rn. 3, 25; KV 600–604 Rn. 22, beachte aber auch → Rn. 48. 15

16 Die Prüfung, ob die Bedingung eingetreten ist, löst noch keine Kosten aus, zumal auch nur innerprozessuale Bedingungen zulässig sind (BeckOK ZPO/Fleck ZPO § 802a Rn. 5). Sobald die Bedingung eingetreten ist, gilt der Auftrag als erteilt und es entsteht ggf. eine Nichterledigungsgebühr, wenn die Amtshandlung im Anschluss unterbleibt. Davon zu unterscheiden ist die Fallgestaltung nach II 1 Nr. 3 (→ Rn. 48).

17 **7. Zeitpunkt der Auftragserteilung (III).** Diese Vorschrift hat eine Bedeutung vor allem für das in §§ 18, 19 geregelte Übergangsrecht. Sie kann aber auch bei einer Nichterledigung nach KV 600–604 eine Bedeutung erhalten. Für die Entstehung einer Gebühr kommt es dagegen auf den auftragsgemäßen Beginn derjenigen Tätigkeit an, für die in § 14 S. 1 geregelte Gebührenfälligkeit auf die dortigen späteren Zeitpunkte, für die in § 14 S. 2 geregelte Auslagenfälligkeit auf deren Entstehung und damit durchweg jedenfalls noch nicht auf den Zeitpunkt der Auftragserteilung. Denn selbst erste auftragsgemäße Auslagen folgen zumindest eine logische Sekunde nach dem Auftragserhalt.

18 **a) Auftragszugang (III 1).** Ein Auftrag nach → Rn. 5 ff. ist erteilt, sobald er zugegangen ist, wie nach § 130 I 1, III BGB bei einer empfangsbedürftigen Willenserklärung. Daher dürfte auch § 130 I 2 BGB entsprechend anwendbar sein. Der Auftrag wird also dann nicht wirksam, wenn vorher oder gleichzeitig sein Widerruf zugeht. Auch § 130 II BGB dürfte entsprechend beachtlich sein, soweit den Auftrag nicht der anwesende Gläubiger erteilt.

19 **Zugang** bedeutet wie bei § 130 I 1 BGB das Gelangen in den Machtbereich des Empfängers, sodass dieser unter normalen Umständen vom Inhalt Kenntnis nehmen kann, BGHZ 83, 930. Es reichen also auch der Einwurf in den Briefkasten, das Einlegen ins Postfach, ein Eingang beim Telefax-Empfangsgerät, das Besprechen des Anrufbeantworters usw. Auch die Übergabe an Büroangestellte ist ausreichend, § 33 GVO.

20 **Richtiger Empfänger** sind nach III 1 wahlweise der Gerichtsvollzieher oder die Geschäftsstelle desjenigen Gerichts, deren Vermittlung oder Mitwirkung man in Anspruch nimmt. Das ist nicht nur die Gerichtsvollzieherverteilungsstelle desjenigen AG, in dessen Bezirk der Gerichtsvollzieher seinen (Haupt-)Amtssitz nach §§ 22, 24 I 1 GVO hat, sondern eben jede Geschäftsstelle eines jeden Gerichts, soweit der Auftraggeber nur ihre Vermittlung oder Mitwirkung erbittet.

21 **Das bedeutet** unter anderem in einer Abweichung von § 129a II 2 ZPO: Die Mitwirkung bei der Auftragserteilung tritt bereits dann ein, wenn das ordnungsgemäß unterschriebene oder signierte Auftragsschreiben usw bei demjenigen Gericht eingeht, das das Schreiben an den Gerichtsvollzieher oder seine Verteilungsstelle weiterleiten soll. Nach dem Wortlaut von III 1 wäre andererseits der Eingang auf der Posteingangsstelle noch nicht eindeutig ausreichend. Denn sie ist evtl. keine „Geschäftsstelle". In der Praxis dürfte aber stets der Posteingangsstempel ausreichen, sei es derjenige der Posteingangsstelle, sei es derjenige der Verteilungsstelle. Der ältere derartige Stempel hat den Vorrang.

22 **b) Vermögensauskunft (III 2).** In einer Abweichung von III 1 bestimmt III 2 als eine vorrangige und daher eng auslegbare Spezialvorschrift: Bei § 807 I ZPO mit seiner Verbindung des Auftrags zur Abnahme der Vermögensauskunft mit einem Vollstreckungsauftrag gilt als Auftragszeitpunkt die Versicherungsreife nach § 802c ZPO. Vgl. zu dieser Situation zunächst → Rn. 51 ff. und wegen der Versicherungsreife BeckOK ZPO/Fleck ZPO § 802c Rn. 1. Es müssen also vorliegen: Eine Zulässigkeit der Vollstreckung; die Erfolglosigkeit des Pfändungsversuchs (Schröder-Kay/Winter KV 270 Rn. 24), oder die Sinnlosigkeit einer Pfändung; eine Wohnungsabwesenheit je nach dem Einzelfall. Das bloße Nachbesserungsverfahren gehört zum Auskunftsverfahren nach § 802c ZPO (LG Verden JurBüro 2002, 159). **Kein** einheitlicher Auftrag liegt nach III 2 iVm II 1 Nr. 3 Hs. 2 dann vor, wenn der Schuldner abwesend ist (AG Leipzig DGVZ 2009, 119), im Übrigen → Rn. 48, 53.

23 **8. Rechtsfolge des Auftragsbegriffs.** Die Bestimmung des (kostenrechtlichen Auftrags) ist maßgebend für § 10 und die Frage, ob für mehrere Amtshandlungen auch mehrere (ggf. gleiche) Gebühren entstehen und Auslagen mehrfach abgerechnet werden können.

Soweit die Voraussetzung → Rn. 39 und außerdem eine der wahlweisen Voraussetzungen → Rn. 41 ff.; → Rn. 44 ff.; → Rn. 47 ff.; → Rn. 49 ff. oder → Rn. 29–32, 34 vorliegen, „handelt es sich um denselben Auftrag", also nicht um eine Auftragsmehrheit (AG Landsberg DGVZ 2003, 79). Wohl aber handelt es sich um eine Mehrheit von Amtshandlungen oder Vollstreckungshandlungen mit den zugehörigen Auswirkungen auf die Gebühren oder Auslagen (AG Göppingen DGVZ 2002, 63; AG Hannover DGVZ 2002, 62). Nur bei → Rn. 53 bleibt es bei einer Auftragsmehrheit. Auch soweit mehrere Gläubiger einen Gerichtsvollzieher gemeinsam beauftragen, handelt es sich um mehrere Aufträge (AG Bremen-Blumenthal BeckRS 2022, 2879). 24

Handelt es sich um einen Auftrag und werden mehrere Amtshandlungen vorgenommen und mehrere Wege zurückgelegt, so werden Gebühren derselben KV nach § 10 I 1 nur **einmal erhoben** und auch Auslagen können nur einmal abgerechnet werden (insbes. KV 711, 716). 25

III. Mehrheit von Gerichtsvollziehern (I 2). In einer Abweichung von dem in I 1 festgelegten Grundsatz, dass mehrere Amtshandlungen gleichwohl demselben Auftrag zugehören können (nicht müssen), ordnet I 2 an, dass mehrere Amtshandlungen ausnahmsweise dann als je ein gebührenmäßig gesonderter Auftrag gelten (Fiktion), wenn drei Voraussetzungen zusammentreffen. I 2 gilt auch nach II 3 in den Fällen II 1, 2. 26

1. An sich: Durchführung (nur) eines Auftrags. Es muss sich, systematisch betrachtet, an sich um die Durchführung nur eines einzigen Auftrags nach → Rn. 5 ff. handeln, also zB nicht um zeitlich deutlich in Abständen erteilte Anweisungen desselben oder gar verschiedener Gläubiger. Der Gerichtsvollzieher darf diesen Auftrag auch noch nicht vollständig durchgeführt und beendet haben, sondern es muss noch eine Situation „bei der Durchführung" vorliegen. 27

2. Erledigung mehrerer Amtshandlungen. Es muss wenigstens eine weitere Amtshandlung nach → Rn. 13 ff. erforderlich sein, sei es in der Zwangsvollstreckung (Vollstreckungshandlung), sei es außerhalb dieser (zB Pfändung bei Gesamtschuldner, Pfändung an Wohn- und Geschäftsanschrift des Schuldners). Es genügt bereits ein erfolgloser Versuch. 28

3. Verschiedene Gerichtsvollzieher verschiedener AG-Bezirke. Es müssen schließlich verschiedene Gerichtsvollzieher mit Amtssitzen in verschiedenen Amtsgerichtsbezirken tätig werden und auch tatsächlich tätig werden, aus welchen Gründen auch immer, etwa wegen eines Wegzugs des Schuldners (Drumann JurBüro 2003, 515). Es reicht also nicht aus, dass derselbe Gerichtsvollzieher eine seiner Amtshandlungen berechtigt oder unberechtigt außerhalb desjenigen AG-Bezirks vornimmt, in dem er seinen (Haupt-)Amtssitz hat, oder dass die verschiedenen Gerichtsvollzieher berechtigt oder unberechtigt in demselben AG-Bezirk tätig werden, in dem jeder seinen (Haupt-)Amtssitz hat. Maßgebend ist der Zeitpunkt der Erledigung der jeweiligen einzelnen Amts- oder Vollstreckungshandlung. Ebenfalls wird nicht auf den Gerichtsvollzieherbezirk nach § 10 GVO abgestellt, sondern auf den Bezirk der Gerichtsvollzieherdienstbehörde (idR Bezirk des Amtsgerichts). 29

Eine **Reise** des Gerichtsvollziehers zur Erledigung einer Amtshandlung an einen Ort außerhalb seines Bezirks, kann dann zur Anwendung von I 2 führen, wenn ein an diesem anderen Ort oder im dortigen AG-Bezirk amtierender Kollege ebenfalls tätig wird. Denn auch dann liegt im Ergebnis eine Erledigung mehrerer Amtshandlungen durch verschiedene Gerichtsvollzieher vor, die eben ihren Amtssitz in verschiedenen AG-Bezirken haben. 30

4. Mehrheit von Gerichtsvollziehern (bei II), II 4. Die Vorschrift stellt klar, dass unter den Voraussetzungen → Rn. 44 ff. die in → Rn. 52 genannten Rechtsfolgen auch bei II 1–3 eintreten. Es liegt also dann je Gerichtsvollzieher ein gesonderter Auftrag vor. 31

5. Rechtsfolge: Je Gerichtsvollzieher gesonderter Auftrag. Unter den Voraussetzungen → Rn. 44 ff. erhält nicht etwa einer der beteiligten Gerichtsvollzieher oder gar jeder von ihnen das Recht und die Pflicht, einfach doppelte Gebühren oder Auslagen anzusetzen. Vielmehr gilt nach I 2 jeder Gerichtsvollzieher als insoweit 32 gesondert mit dieser Amtshandlung beauftragt. Er darf und muss insoweit unabhängig vom anderen seine Gebühren sowie Auslagen berechnen, als wäre er allein beauftragt worden.

33 **6. Mehrheit von Gerichtsvollziehern eines AG-Bezirks.** Werden mehrere Gerichtsvollzieher eines Amtsgerichts tätig, so handelt es sich nicht um einen Fall des I 2, sondern es bleibt bei einem Auftrag, dessen Kosten durch den Gerichtsvollzieher abgerechnet werden, der den Auftrag übernimmt und durchgeführt hat, § 5. Der übergebende Gerichtsvollzieher hat nach Nr. 2 VIII 2 DB-GvKostG seine Gebühren und Auslagen dem übernehmenden Gerichtsvollzieher mitzuteilen (unter Berücksichtigung eines bereits erhobenen Vorschusses nach Nr. 2 VIII 4 DB-GvKostG). Diese Regelung führt für den übergebenden Gerichtsvollzieher zu einem unbilligen Ergebnis. Der Gesetzgeber ging davon aus, dass sich dies aber langfristig auszugleichen vermag.

34 **IV. Fiktion mehrerer Aufträge (I 3, 4).** Die Vorschriften geben für vier Fallgruppen verbindliche Anweisungen dahin, dass stets eine Mehrheit von Aufträgen vorliegt (AG Wiesbaden DGVZ 2011, 115). Das gilt unabhängig davon, ob der Normzweck des I 1, 2 eine solche Zuordnung zulassen würde. Als Spezialvorschriften sind I 3, 4 eng auszulegen.

35 **1. Parteizustellung (I 3 Alt. 1).** Jede Zustellung durch den Gerichtsvollzieher auf ein Betreiben der Partei nach §§ 191 ff. ZPO gilt neben jeder weiteren Amtstätigkeit grundsätzlich als ein besonderer Auftrag und nicht nur als eine gesonderte Amtshandlung innerhalb eines einheitlichen Auftrags. Das gilt unabhängig davon, welcher Art, Dauer, Schwierigkeit und Örtlichkeit solche weiteren Amtshandlungen wären oder sind. Ausnahmen finden sich in II 1, 2 und Nr. 2 VII DB-GvKostG. Des Weiteren handelt es für bei Zustellungen aufgrund verfahrensrechtlicher Normen, die zur Durchführung der beauftragten Amtshandlung notwendig sind, ebenfalls nicht um Zustellungen iSd I 3 Alt. 1, sondern stellen als Teil der Vollstreckungshandlung keinen besonderen Auftrag dar (zB Zustellung der Räumungsmitteilung oder der Ladung zur Vermögensauskunft).

36 **2. Vollstreckung einschließlich Verwertung (I 3 Alt. 2).** Jede Vollstreckung mit einer oder ohne eine zugehörige Verwertung beliebiger Art gilt neben der weiteren Tätigkeit grundsätzlich ebenfalls als ein besonderer Auftrag und nicht nur als eine gesonderte Amtshandlung innerhalb eines einheitlichen Auftrags. Das gilt unabhängig davon, welcher Art usw solche weiteren Amtshandlungen wären oder sind. Ausnahme: II 1, 2.

37 **3. Besondere Geschäfte außer Nebengeschäften (I 3 Alt. 3).** Jedes Geschäft nach KV 400–440, das kein bloßes Nebengeschäft (→ Rn. 12) ist, gilt neben jeder weiteren Tätigkeit ebenfalls als ein besonderer Auftrag und nicht nur als eine gesonderte Amtshandlung innerhalb eines einheitlichen Auftrags. Das gilt auch hier unabhängig davon, welcher Art usw solche weiteren Amtshandlungen wären oder sind.

38 **4. Haftbefehlsvollziehung (I 4).** Schließlich gilt auch jede Vollziehung eines Haftbefehls zB nach § 802g II ZPO als ein besonderer Auftrag und nicht nur als eine gesonderte Amtshandlung innerhalb eines einheitlichen Auftrags (AG Westerburg DGVZ 2004, 174). Auch das gilt unabhängig davon, welcher Art usw. solche weiteren Amtshandlungen wären oder sind. Nach I 4 gilt auch jede „Vollziehung" eines Haftbefehls als besonderer Auftrag. Die Wortwahl ist unglücklich, gemeint ist nicht der Vollzug, da sonst erst nach Erledigung feststeht, ob ein besonderer Auftrag (bei erfolgreicher Erledigung) oder nicht vorlag. Sondern es ist der Auftrag des Gläubigers zur Verhaftung des Schuldners gemeint, dieser Auftrag ist nach I 4 stets ein besonderer, kostenrechtlich eigenständiger Auftrag.

39 **V. Fiktion desselben Auftrags (II 1, 2).** Dazu Spandl/Carl DGVZ 2018, 7. Während das Gesetz in einer Abweichung von I in den von I 2–4 vorrangig erfassten Fällen nach → Rn. 44 ff., → Rn. 55 ff. gesonderte Aufträge fingiert, bestimmt II 1, 2 wiederum als Ausnahme zu I 2–4, dass (mehrere) Aufträge kostenrechtlich als ein Auftrag zu behandeln sind. Dann entstehen dieselbe Gebührenart und die Auslagen nur einmal. Das setzt zunächst stets voraus, dass der Gläubiger denselben Gerichtsvoll-

zieher mit mehreren Amtshandlungen innerhalb desselben Auftrags auch gleichzeitig betraut hat (LG Koblenz MDR 2002, 848). Die Gleichzeitigkeit beurteilt sich ebenso wie in § 10 III 1 (dort → § 10 Rn. 23 ff.; AG Wuppertal DGVZ 2007, 159). Fehlt die Gleichzeitigkeit, ist II 1, 2 schon deshalb unanwendbar (Kessel DGVZ 2003, 11; Meyer Rn. 3; aA LG Göttingen DGVZ 2003, 9; LG Köln DGVZ 2003, 10).

Bei Gleichzeitigkeit muss wahlweise eine der in II 1, 2 genannten folgenden Voraussetzungen vorliegen. Die Vorschrift zählt sie abschließend auf (AG Recklinghausen DGVZ 2001, 155; AG Witzenhausen DGVZ 2001, 173; Spring JurBüro 2002, 9 (Üb.)). Auch ein von Mehreren gemeinschaftlich erstrittener Titel reicht, etwa bei einer Wohnungseigentümergemeinschaft (AG Gießen DGVZ 2004, 79). Verschiedene Forderungen mehrerer Gläubiger können selbst bei nur **einem** Vollstreckungstitel mehrere Aufträge zur Folge haben (AG Haßfurt DGVZ 2006, 144). → Rn. 6, 9. 40

1. Zustellung eines oder mehrerer Titel nebst Vollstreckung (II 1 Nr. 1). Der gleichzeitig erteilte Auftrag lautet darauf, einen oder mehrere Vollstreckungstitel nach § 750 ZPO zuzustellen und gerade hieraus gegen denselben Zustellungsempfänger zu vollstrecken (LG Berlin JurBüro 2003, 545; LG Karlsruhe DGVZ 2004, 31). Zur Vollstreckung kann zB die Pfändung oder die Abnahme der Vermögensauskunft nach §§ 802c ff. zählen. Das gilt erst recht bei der Zustellung eines Urteils und des zugehörigen Kostenfestsetzungsbeschlusses nach § 104 ZPO, Nr. 2 III DB-GvKostG (LG Lüneburg Nds. Rpfl. 2002, 170; LG Wuppertal JurBüro 2002, 265; AG Hamburg-Blankenese MDR 2002, 56, je zum alten Recht). 41

Es reicht also **nicht** aus, dass zB der Gerichtsvollzieher aus mehreren Titeln eines oder gar mehrerer Gläubiger gegen verschiedene Schuldner vollstrecken soll (AG Hannoversch-Münden DGVZ 2003, 77). Es reicht ferner nicht aus, dass Zustellungen zwar gegenüber mehreren einfachen, nicht Gesamtschuldnern erfolgen können, dass aber ein Vollstreckungsauftrag derzeit noch gegenüber keinem von diesen einfachen Schuldnern erfolgt ist. Es reicht auch nicht aus, dass der Zustellungs- und ein Vollstreckungsauftrag nicht gleichzeitig erfolgen (AG Bonn DGVZ 2007, 79). Es reicht schließlich nicht aus, dass zum Zustellungsauftrag die Weisung zu einer anderen Amtshandlung als einer Vollstreckung erfolgt oder dass ein bloßer Vollstreckungsauftrag nebst einer Weisung zu einer anderen Amtshandlung als der Zustellung gerade des zugehörigen Vollstreckungstitels gerade an diesen Schuldner erfolgt oder dass der Gerichtsvollzieher beim einen Schuldner zustellen, beim anderen vollstrecken soll. 42

Unschädlich wäre dagegen, dass die Zustellung des Titels und der Beginn der eigentlichen Vollstreckung zeitlich auseinanderfallen sollen oder gar müssen, solange eben nur der Gläubiger den Auftrag zu beidem gleichzeitig erteilt hat. 43

2. Mehrere Zustellungen an denselben Empfänger oder Gesamtschuldner (II 1 Nr. 2). Der gleichzeitig erteilte Auftrag lautet darauf, mehrere Zustellungen an denselben Zustellungsempfänger oder an Gesamtschuldner zu bewirken (LG Berlin JurBüro 2003, 545; LG Karlsruhe DGVZ 2004, 31). Ob Gesamtschuldner vorliegen, muss man wie stets nach §§ 421 ff. BGB beurteilen. Es ist nicht erforderlich, dass der Auftrag auf Zustellungen an sämtliche Gesamtschuldner ergeht, wohl aber, dass Zustellungen mindestens an zwei Gesamtschuldner erfolgen soll. Ob sie dann auch tatsächlich mindestens in diesem Umfang stattfinden, kann man erst im Rahmen von KV 600 ff. klären. Das ist aber für II 1 Nr. 2 unerheblich. Ebenfalls nicht maßgebend ist, ob die Zustellung im Rahmen des § 750 ZPO erfolgt, um gerade aus diesem zuzustellenden Titel zu vollstrecken, sondern jede Zustellung im Parteibetrieb ist ausreichend. Auch die Wahl der Zustellart beeinflusst das Vorliegen eines gleichzeitigen Auftrag nicht. 44

Eine **nicht gleichzeitig** an **mindestens zwei** Zustellungsempfänger oder an zwei Schuldner erfolgende Weisung fällt nicht unter Nr. 2. Unerheblich ist, ob der Gläubiger und/oder der Gerichtsvollzieher die Gesamtschuldnerschaft erkannten, ob der Titel sie korrekt als solche bezeichnet usw. Es reicht, dass bei einer objektiven auch nachträglichen Wertung im Zeitpunkt der Auftragserteilung Gesamtschuldner vorlagen. Im Zweifel mag der Gläubiger nach § 319 ZPO vorgehen. 45

Keine Gesamtschuldner sind der Schuldner und sein Drittschuldner nach § 840 ZPO. Es liegt dann aber nach um gerade aus diesem Titel zu vollstrecken ff. eine 46

Mehrheit von Zustellungsempfängern vor (AG Bergheim usw. DGVZ 2002, 12; AG Recklinghausen DGVZ 2001, 155; AG Witzenhausen DGVZ 2001, 173; aA VG Freiburg DGVZ 2004, 169). Daher ist II 1 Nr. 2 auch dann anwendbar. Bei der Zustellung eines **Pfändungs- und Überweisungsbeschlusses** handelt es sich für die Zustellung des Beschlusses an Schuldner und Drittschuldner um einen Auftrag, dagegen bei mehreren Drittschuldnern um mehrere Aufträge, Nr. 2 V DB-GvKostG.

47 **3. Ausführung mehrerer Vollstreckungshandlungen (II 1 Nr. 3).** Der gleichzeitig erteilte Auftrag mag schließlich zu einer der von Nr. 3 erfassten Arten zählen, also aufgrund desselben Titels nach → Rn. 41 ff. mehrere Vollstreckungshandlungen nach KV 200 ff. gegen **denselben** Vollstreckungsschuldner oder Verpflichteten (Schuldner) oder gegen Gesamtschuldner nach §§ 421 ff. BGB „auszuführen". Das ist eine sprachliche Abweichung von dem Grundbegriff „durchführen" in I 1. Sie meint aber dasselbe. Es muss nicht derselbe Vollstreckungstitel vorliegen. Dies gilt auch bei einem Räumungsauftrag gegen mehrere Personen in einem Objekt (BGH Rpfleger 2006, 99).

48 Kein Fall eines bedingten Auftrags, sondern bei gleichzeitiger Beauftragung ein Fall des II 1 Nr. 3 liegt vor, wenn der Gläubiger die Abnahme der Vermögensauskunft und einen Pfändungsauftrag unter der aufschiebenden Bedingung, dass die Vermögensauskunft pfändbare Sachen ergebe, beauftragt. Hier handelt es sich nicht um eine zulässige innerprozessuale Bedingung (→ Rn. 15), sondern um eine Prüfung des Gerichtsvollziehers im Rahmen der Erledigung des Pfändungsauftrags (OLG Schleswig DGVZ 2015, 228; KG DGVZ 2022, 45; LG Göttingen BeckRS 2021, 3379; LG Bonn DGVZ 2015, 114; AG Berlin-Lichtenberg DGVZ 2020, 186; AG Linz DGVZ 2014, 177; aA LG Koblenz DGVZ 2014, 175; AG Frankfurt a. M. BeckRS 2022, 12933).

49 **4. Fiktion der Gleichzeitigkeit (II 2).** II 2 erfasst Fälle, bei denen der Gläubiger mehrere Vollstreckungshandlungen beauftragt, wobei eine Vollstreckungshandlung bedingt beauftragt wird und die Bedingung ist, dass die erste Vollstreckungshandlung nicht den vom Gläubiger gewünschten Erfolg bringt (= Verbundene Aufträge). Dem Gläubiger als Herrn des Vollstreckungsverfahrens obliegt die Entscheidung, ob er nur einzelne oder mehrere Vollstreckungshandlungen beauftragt und ob mehrere Vollstreckungshandlungen gleichzeitig oder in einer bestimmten Reihenfolge erfolgen soll.

50 Für die in II 2 Nr. 1und 2 genannten Fälle wird entgegen Nr. 2 II 1 DB-GvKostG (→ Rn. 15 f.; bedingter Auftrag). Die Gleichzeitigkeit der Aufträge iSv II 1 und somit das Vorliegen nur eines Auftrags fingiert. Beweggrund des Gesetzgebers zu dieser Regelung war die Vorstellung, dass in den genannten Fällen der Vollstreckungsaufwand geringer sei (BT-Drs. 14/3432, 25; krit. dazu BeckOK KostR/Herrfurth Rn. 52). Für II 2 bedarf es nicht der gleichzeitigen Auftragserteilung oder gar der gleichzeitigen Erledigung durch den Gerichtsvollzieher, sondern bei Vorliegen der Voraussetzung des II 2 wird die Gleichzeitigkeit fingiert und es handelt sich kostenrechtlich nur um einen Auftrag.

51 **a) Verbindung von Vermögensauskunft und Vollstreckungsauftrag (II 2 Nr. 1).** Der Gerichtsvollzieher wird beauftragt, sowohl eine Vollstreckung vorzunehmen als auch im Anschluss bei Erfolglosigkeit der Vollstreckungshandlung eine Vermögensauskunft des Schuldners einzuholen, wenn die dafür geforderten Voraussetzungen des § 807 ZPO vorliegen. Der „Vollstreckungsauftrag" kann sich seinerseits auf die Vornahme einer einzelnen, einer wiederholten, einer Mehrzahl von Vollstreckungshandlungen erstrecken. Hinsichtlich der Vermögensauskunft nach § 807 ZPO kann auch eine Ergänzung oder Nachbesserung nach § 802d ZPO ausreichen (LG Frankfurt (Oder) JurBüro 2004, 217; LG Verden JurBüro 2002, 158; AG Bremen JurBüro 2004, 159, je zum alten Recht).

52 Dabei kommt es erstmal **nicht** darauf an, ob der Gerichtsvollzieher tatsächlich nach § 807 I vorgeht oder ob er von sich aus oder auf Grund eines berechtigten oder unberechtigten Widerspruchs des Schuldners gegen die Sofortabnahme der Vermögensauskunft von solcher Verbindung auch nur zunächst absieht, Nr. 2 III 2 DB-GvKostG (AG Dieburg DGVZ 2001, 184; aA AG Bad Saulgau DGVZ 2001, 185, aber es kommt hier auf den Auftrag und nicht auf dessen Durchführung allein an)

oder ob der Schuldner den Gerichtsvollzieher den Zutritt zu seiner Wohnung verweigert. Vielmehr ist notwendig und ausreichend, dass der Gläubiger diese Verbindung von vornherein erbeten hat (Kessel DGVZ 2003, 86; AG Neuwied JurBüro 2004, 386).

Die Fiktion des II 2 Nr. 1 gilt jedoch nicht, wenn die Vermögensauskunft deshalb nicht abgenommen wird, weil der Schuldner nicht angetroffen wird. Nur in dieser Fallgestaltung verbleibt es bei kostenrechtlich mehreren Aufträgen, Nr. 2 III 3 DB-GvKostG (OLG Oldenburg DGVZ 2020, 104; LG Osnabrück DGVZ 2020, 78). Somit kann auch für jeden Auftrag eine Gebühr für den Versuch einer gütlichen Erledigung entstehen (OLG Oldenburg DGVZ 2020, 104; LG Osnabrück DGVZ 2020, 78; LG Verden DGVZ 2019, 164). Ein telefonischer Widerspruch des Schuldners reicht nicht aus, um die Fiktion des II 2 Nr. 1 zu verhindern (Kessel DGVZ 2003, 87), ebenso wenig theoretisch der Umstand, dass sich ergibt, dass der Schuldner die Vermögensauskunft schon gegeben hatte (AG Meißen JurBüro 2004, 669; AG Neuwied JurBüro 2004, 386; AG Saalgau DGVZ 2001, 185). Dann gilt KV 604 Anmerkung, dort → KV 600–604 Rn. 29. 53

II 2 Nr. 1 erfasst nicht den Fall, dass der Gläubiger den Gerichtsvollzieher erst mit der Abnahme der Vermögensauskunft und anschließend mit der Pfändung, soweit sich aus dem Vermögensverzeichnis pfändbare Sachen ergeben, beauftragt (vgl auch (→ Rn. 48). Auch eine analoge Anwendung scheidet aus. Somit liegen hier stets mehrere Aufträge vor. Ob dies ein gesetzgeberisches Versehen ist, kann dahingestellt bleiben (vgl. dazu BeckOK KostR/Herrfurth Rn. 52). 54

b) Gütliche Erledigung, hilfsweise Vermögensauskunft und Vollstreckungsauftrag (II 2 Nr. 2). Derselbe gleichzeitige Auftrag liegt auch dann vor, wenn der Gerichtsvollzieher zunächst nach § 802a II 1 Nr. 1 eine gütliche Erledigung versuchen und nur bei deren Scheitern nach § 802a II 1 Nr. 2 oder Nr. 4 ZPO vorgehen soll (vgl. dazu Spandl/Carl DGVZ 2018, 7). Die Fiktion greift nur, soweit die gütliche Erledigung nicht erfolgreich war und somit der weitere Auftrag durch den Gerichtvollzieher bearbeitet wurde. Soweit die gütliche Erledigung zur vollständigen Befriedigung des Gläubigers führt, verbleibt es bei Nr. 2 II 1 DB-GvKostG (→ Rn. 15 f.) und mangels Bedingungseintritt gilt der Auftrag als nicht erteilt. 55

5. Vorpfändung (II 3). Alle Amtshandlungen des Gerichtsvollziehers nach § 845 I ZPO gelten als Bestandteile desselben Auftrags: Nach II 3 handelt es sich bei allen Amtshandlungen im Rahmen einer Vorpfändung um einen Auftrag. Dies betrifft die Herstellung der Benachrichtigung, die Zustellung an den Drittschuldner und die Zustellung an den Schuldner. Hier ist die Anzahl der Drittschuldner irrelevant (anders beim Pfändungs- und Überweisungsbeschluss → Rn. 46). Wird der Auftrag zur Vorpfändung zugleich mit einem Auftrag für eine weitere Vollstreckungshandlung verbunden, liegt ein Fall des II 1 Nr. 3 vor. 56

VI. Fiktion der Auftragsdurchführung (IV). Grundsätzlich ist der Auftrag ordnungsgemäß durchgeführt und beendet, wenn alle Amtshandlungen erledigt wurden und damit sind nach § 14 S. 1 die Gebühren fällig, unabhängig davon, ob die Vollstreckungshandlungen zur Befriedigung des Auftraggebers geführt haben oder nicht, mag also ein weiterer Auftrag bevorstehen oder nicht (AG Berlin-Wedding BeckRS 2022, 28408). 57

Der Auftrag **gilt** unabhängig von der vorstehend genannten Entwicklung aber nach IV unter den dortigen Voraussetzungen als durchgeführt. Daher tritt die Gebührenfälligkeit ein. Als eine vorrangige Spezialvorschrift ist IV eng auslegbar. Die Vorschrift enthält eine abschließende Aufzählung, also in S. 1, 4 und 5. Dabei stellt die Vorschrift auf zwei Umstände ab, die ihrerseits voneinander unabhängig sind und von denen der erste seinerseits wieder entweder tatsächlich vorliegen oder als eingetreten gelten muss. 58

1. Auftragsrücknahme (IV 1 Hs. 1). Soweit der Gläubiger einen Auftrag zurückgenommen hat, gilt dieser Auftrag kostenrechtlich als durchgeführt. Für die Rücknahme gelten dieselben Grundsätze wie für die Auftragserteilung. KV 600–604 stehen dem Gerichtsvollzieher auf jeden Fall zu, auch wenn der Gerichtsvollzieher nicht tätig geworden ist (LG Osnabrück BeckRS 2019, 18430; AG Bad Iburg BeckRS 2019, 22102). 59

60 **a) Rücknahmebegriff (IV 1 Hs. 1).** Rücknahme ist ein im Gesetz nicht näher umschriebener Begriff. Eine Erklärung oder Handlung muss eindeutig den Willen gerade dieses Auftraggebers beinhalten, der Gerichtsvollzieher solle diesen Auftrag nicht mehr weiterbearbeiten, er solle ihn also endgültig und nicht nur vorübergehend liegen lassen. Der Rücknahmegrund ist unbeachtlich und nicht anzugeben. Eine teilweise Rücknahme ist zulässig, soweit sie sich auf einen abtrennbaren Teil dieses Auftrags bezieht. Die Abtrennbarkeit ist dabei nicht kostenrechtlich, sondern prozessrechtlich gemeint.

61 **b) Rücknahmeform (IV 1 Hs. 1).** Eine Form ist für die Wirksamkeit der Rücknahme nicht notwendig, auch keine Frist oder sonstige Bedingung. Die Rücknahme kann also ausdrücklich oder stillschweigend erfolgen. Das Gesamtverhalten ist wie bei jeder Parteiprozesshandlung nach Treu und Glauben unter einer Beachtung von Wortlaut wie Sinn und Zweck auslegbar. „Widerruf" dürfte durchweg eine Rücknahme bedeuten, auch „Fallenlassen" des Auftrags oder eine Bitte um eine unerledigte Rücksendung des Auftrags, auch eine „Abstandnahme" vom Auftrag. „Derzeitiges Ruhenlassen" kann einen ganz anderen Sinn als eine Rücknahme haben, vgl. zB § 802b ZPO, insoweit kann es sich auch um einen Antrag auf Unterbrechung handeln (= Ruhen des Verfahrens → § 14 Rn. 6; → Rn. 11), Nr. 3 V DB-GvKostG.

62 **2. Hinderungsgründe (IV 1 Hs. 2).** Der Auftrag gilt unabhängig von → Rn. 59 ff. auch dann als durchgeführt, wenn oder soweit seiner Durchführung von vornherein oder im Verlauf der Erledigung „Hinderungsgründe entgegenstehen". Das ist eine etwas andere Formulierung als diejenige in der Vorb. vor KV 600. Denn dort spricht das Gesetz von solchen „Umständen, die weder in der Person des Gerichtsvollziehers liegen noch von seiner Entschließung abhängig sind". Der Sache nach dürfte aber jeweils dasselbe vorliegen. Es darf also kein Verschulden des Gerichtsvollziehers vorliegen, sondern die Amtshandlung kann aus rechtlichen oder tatsächlichen Gründen nicht erledigt werden. Ob der Gerichtsvollzieher bei Einreichung eines mangelhaften Vollstreckungsauftrages zuerst eine Zwischenverfügung zur Nachbesserung des Auftrages erlässt oder sogleich den Auftrag zurückweist, ist weitestgehend ungeklärt. Soweit der Gläubiger bereits vergleichbare Aufträge an denselben Gerichtsvollzieher erteilt hatte, ist eine sofortige Zurückweisung beim Vorliegen desselben Hinderungsgrundes zulässig (AG Landau DGVZ 2019, 41). Nach Nr. 2 I 1 DB-GvKostG hat der Gerichtsvollzieher, wenn er den unvollständigen oder fehlerhaften Auftrag an den Gläubiger zurückgibt, diesen darauf hinzuweisen, dass der Auftrag als abgelehnt zu betrachten ist, wenn der Gläubiger den Auftrag nicht fristgerecht ergänzt bzw. berichtigt. Ist der Auftrag als abgelehnt zu betrachten, so sind die entstandenen Kosten abzurechnen (AG Recklinghausen DGVZ 2021, 149).

63 Es darf aber auch nicht nur ein **vorübergehendes** Problem bei der weiteren Durchführung auftreten, das sich mit einem zumutbaren Aufwand in einer vertretbaren Zeit einigermaßen lösen ließe (LG Lüneburg DGVZ 2004, 156). Denn andernfalls könnte der Gerichtsvollzieher seine Arbeit bereits dann als beendet ansehen, wenn zB ein Name oder ein Telefonanschluss oder ein Bankkonto oder eine Adresse auf den ersten Blick fehlen oder falsch zu sein scheinen. Das kann nicht der Sinn der Vorschrift sein. Bei Zweifel an der Identität des Schuldners können diese zB durch das Erwirken des Berichtigungsbeschlusses durch den Gläubiger in vertretbarer Zeit beseitigt werden. Bei Zweifeln an der Identität ist es gerade Sache des Gläubigers, eine Berichtigung des Titels zu erwirken (AG Bruchsal JurBüro 2022, 217; Musielack/Voit/Lackmann ZPO § 750 Rn. 14).

64 Eine vernünftige **Abwägung** ist notwendig, bevor man von Hinderungsgründen sprechen darf. Zwar braucht der Gerichtsvollzieher keine solchen Nachforschungen durchzuführen, die eine Sache des Auftraggebers wären (AG Leipzig DGVZ 2004, 46). Er braucht nicht etwa nach einem Wegzug des Schuldners alle technisch möglichen Erkundigungen nach der neuen Anschrift anzustellen (AG Augsburg DGVZ 2006, 30; AG Hamburg DGVZ 2002, 47). Der Gläubiger muss dann binnen der vom Gerichtsvollzieher gesetzten angemessenen Frist handeln (Kessel JurBüro 2004, 65). Aber auch der Gerichtsvollzieher darf und muss in zumutbaren Grenzen kooperativ handeln (LG Lüneburg DGVZ 2004, 156). Er muss dabei auch das Ansehen seines

Amts miteinsetzen, um dem Gläubiger zum Erfolg zu verhelfen. Soweit es dabei um einen zusätzlichen Zeitaufwand geht, mag KV 500 helfen.

Verschulden des Auftraggebers kann einen Hinderungsgrund darstellen. Das gilt zB bei einer Widersprüchlichkeit des Auftrags (AG Gütersloh DGVZ 2017, 151). Denn muss auch der Auftraggeber nach Kräften zum Erfolg des Gerichtsvollziehers beizutragen helfen. Er muss zB eine Vollmachtsanforderung erfüllen oder zumindest in einer angemessenen Frist den etwaigen Hinderungsgrund angeben (LG Lüneburg DGVZ 2004, 156). Er muss einen vom Gerichtsvollzieher nach § 4 korrekt angeforderten Vorschuss in der gesetzten Frist und vollständig zahlen (AG Neumünster JurBüro 2003, 549). Eine gewisse Nachlässigkeit des Auftraggebers bedeutet aber keineswegs automatisch auch schon einen Hinderungsgrund nach IV 1 Hs. 2. 65

3. Vorübergehender Hinderungsgrund. Gibt der Gerichtsvollzieher einen unvollständigen oder fehlerhaften Auftrag zurück, hat dies mit dem Hinweis zu erfolgen, dass nach Ablauf der Frist der Nr. 2 I 2 DB-GvKostG der Auftrag als abgelehnt zu betrachten ist. Bei Behebung der Beanstandungen unter Rücksendung des Auftrags innerhalb der Frist handelt es sich kostenrechtlich um insgesamt einen Auftrag, Nr. 2 I 2 DB-GvKostG. Der Auftrag ist zurückzugeben und gilt als durchgeführt, wenn die Anschrift des Schuldners nicht bekannt ist, dies ist kein Fall eines unvollständigen Auftrags (AG Wiesbaden DGVZ 2006, 127). 66

4. Hinderungsgrund der nicht rechtzeitigen Durchsuchungsanordnung usw (IV 2). Soweit es um eine solche Amtshandlung geht, die von einer richterlichen Anordnung nach § 758a ZPO abhängt, muss man die gegenüber IV 1 Hs. 2 vorrangige Sondervorschrift des IV 2 beachten. Sie ist als solche eng auslegbar. 67

a) Wohnungsdurchsuchung (IV 2). Sie ist der erste der beiden Anwendungsfälle. Die richterliche Anordnung ist nach § 758a I 1 ZPO unter den von Rspr. und Lehre entwickelten Voraussetzungen notwendig. Sie ist nach § 758a I 2 ZPO entbehrlich, soweit ihre Einholung den Durchsuchungserfolg gefährden würde. Sie kommt nach § 758a II ZPO nicht in Betracht, soweit es um eine Räumung oder Herausgabe von Räumen oder um die Vollstreckung eines Haftbefehls geht (vgl. im Einzelnen BeckOK ZPO/Ulrici ZPO § 758a Rn. 3 ff.). 68

b) Vollstreckung zur Nachtzeit usw. (IV 2). Sie ist der zweite der beiden Anwendungsfälle. Dabei spricht § 758a IV ZPO, auf den IV 2 verweist, neben der Nachtzeit von „Sonn- und Feiertagen", nicht auch ausdrücklich vom Sonnabend, den § 11 mit seiner Gebührenverdoppelung ausdrücklich ebenfalls benennt. Andererseits steht jedenfalls bei der Berechnung prozessualer Fristen der Sonnabend nach § 222 II ZPO dem Sonn- oder Feiertag gleich. Im Ergebnis sollte daher auch die Vollstreckung an einem Sonnabend derjenigen an einem Sonn- oder Feiertag gleichstehen und daher eine richterliche Erlaubnis brauchen (BeckOK ZPO/Ulrici ZPO § 758a Rn. 2). Die Nachtzeit ist in § 758a IV 2 ZPO amtlich festgelegt. 69

c) Wartezeitraum (IV 2). Eine rechtzeitige Beibringung der nach → Rn. 68 etwa erforderlichen jeweiligen richterlichen Anordnung ist eine weitere Voraussetzung von IV 2. Maßgeblich ist der Zugang beim Gerichtsvollzieher. An dieser Stelle findet sich eine von III 1 abweichende Bestimmung. Dort genügt auch der Zugang bei der in → Rn. 44 ff. geschilderten Geschäftsstelle. Hier scheint nach → Rn. 64, 65 nur der Zugang beim Gerichtsvollzieher selbst bzw. bei der Gerichtsvollzieherverteilerstelle zu genügen, zumal eine enge Auslegung notwendig ist. Das hat auch seinen Sinn. Denn nun läuft bereits anders als bis zur Auftragserteilung die Vollstreckung. 70

Drei Monate sind der von IV 2 bestimmte Wartezeitraum. Die Frist beginnt nicht mit dem Zugang der Anforderung einer richterlichen Anordnung, sondern bereits mit dem ersten Tag des auf die Absendung der Anforderung des Gerichtsvollziehers an den Auftraggeber auf die Beibringung einer richterlichen Anordnung folgenden Kalendermonats. Das dient der Beweiserleichterung. Erforderlich dazu ist, dass sich der Gerichtsvollzieher das Absendedatum aus Beweisgründen notiert. Den Poststempel wird der Gläubiger meist nicht mehr aufbewahrt haben. Auf ihn käme es außerdem nur indirekt an. Denn eine Absendung meint wohl bereits den Einwurf in den Briefkasten. Die Beweisprobleme verschieben sich also in Wahrheit nur von dem Eingangs- auf den Absendezeitpunkt. Die Frist berechnet sich über § 222 ZPO. 71

72 **5. Nichterscheinen, Verweigerung einer Vermögensauskunft (IV 3).** Der Auftrag gilt entsprechend IV 3 auch dann nicht als durchgeführt, wenn der Auskunftsschuldner zum Abgabetermin nach § 802f I ZPO nicht erscheint oder wenn er zwar erscheint, aber die Abgabe der Auskunft unberechtigt verweigert **und** wenn der Gläubiger nicht binnen des 3-Monatszeitraumes nach → Rn. 70 einen Auftrag zur Vollziehung des Haftbefehls nach § 802g II ZPO erteilt. Soweit der Auftrag zur Verhaftung rechtzeitig erfolgt, wirkt der ursprüngliche Auftrag zur Abnahme der Vermögensauskunft fort (AG Kempen DGVZ 2019, 217).

73 **6. Rückgabe der Auftragsunterlagen wegen Fruchtlosigkeit (IV 4).** Die Vorschrift stellt eine Ergänzung von IV 1 Hs. 1 dar. Sie ermöglicht es dem Gerichtsvollzieher, durch ein eigenes Handeln unter bestimmten Voraussetzungen eine Auftragsdurchführung herbeizuführen. Unter den Voraussetzungen des IV 4 gilt der Auftrag als zurückgenommen, wenn der Gläubiger dem nicht fristgerecht widerspricht.

74 **a) Wahrscheinlichkeit von Fruchtlosigkeit (IV 4).** Es muss mit einem fruchtlosen Verlauf der Zwangsvollstreckung „zu rechnen sein". Das ist keine Gewissheit, denn auch der Gerichtsvollzieher kann nicht mit letzter Sicherheit wissen, ob eine Vollstreckungshandlung einen über die Kosten hinausgehenden Erfolg haben kann. Es reicht jedoch auch keine floskelhafte vage Vermutung der Fruchtlosigkeit. Vielmehr muss für sie eine überwiegende Wahrscheinlichkeit sprechen, ähnlich wie bei § 803 II ZPO (MüKoZPO/Gruber ZPO § 803 Rn. 72 ff.). Bisherige Vollstreckungsversuche auf Grund anderer Aufträge desselben oder anderer Gläubiger können als eine Grundlage der Wahrscheinlichkeit ausreichen und einen begründeten Anhalt (also Erkenntnisse aus vorangegangenen Vollstreckungshandlungen der letzten drei Monate) geben.

75 **b) Mitteilung des Gerichtsvollziehers (IV 4).** In der Mitteilung des Gerichtsvollziehers, er betrachte den Auftrag wegen der Befürchtung der Fruchtlosigkeit nach → Rn. 74 als zurückgenommen, muss in einer für den Auftraggeber nachvollziehbaren Weise die Fruchtlosigkeit dargelegt werden, ohne jede Einzelheit darstellen zu müssen. Die Mitteilung muss dazu geeignet sein, dem Auftraggeber dessen Entschließung nach → Rn. 76 zu ermöglichen, ob er der Mitteilung widersprechen soll. Eine bestimmte Form ist nicht notwendig. Die bloße Mitteilung unter einer floskelhaften Beschränkung auf den Text von IV 4 reicht nicht.

76 **c) Kein rechtzeitiger Widerspruch des Auftraggebers (IV 4).** Dazu Mroß DGVZ 2013, 252. Der Auftraggeber muss seinen Widerspruch nicht so bezeichnen. Es genügt die erkennbare Ansicht, der Gerichtsvollzieher solle mit seinen Vollstreckungsbemühungen fortfahren. Die Frist von **einem Monat** beginnt mit dem Ersten des auf die Absendung der Mitteilung des Gerichtsvollziehers folgenden Kalendermonats. Insofern entspricht die Fristberechnung derjenigen des längeren Zeitraums von IV 2 nach → Rn. 70. Der Zugang des Widerspruchs beim Gerichtsvollzieher ist notwendig. Der Widerspruch kann bereits bei Auftragserteilung erklärt werden.

77 **7. Vergebliche Vorschussanforderung (IV 5).** Die Vorschrift stellt eine weitere Ergänzung von IV 1 Hs. 1 dar. Auch sie ermöglicht es dem Gerichtsvollzieher, durch ein eigenes Handeln unter bestimmten Voraussetzungen eine Auftragsdurchführung mit der Gebührenfälligkeit nach § 14 S. 1 herbeizuführen.

78 **a) Vorschussanforderung.** Grundvoraussetzung ist, dass der Gerichtsvollzieher einen im Rahmen des § 4 I 1 ordnungsgemäßen Vorschuss angefordert hat und die weitere Amtstätigkeit von der Vorschusszahlung nach § 4 I 2 abhängig gemacht hat (→ § 4 Rn. 6).

79 **b) Verspäteter Vorschusseingang.** Er ist die weitere Voraussetzung. Der Gerichtsvollzieher muss eine ordnungsgemäße Vorschussanforderung abgesandt haben. Auf die Absendung muss ein voller Kalendermonat erfolglos verstrichen sein. Für die Rechtzeitigkeit ist der „Eingang beim Gerichtsvollzieher" notwendig und ausreichend. Eine Überweisung ist am Tag der Gutschrift (Wertstellung) auf dem Konto eingegangen. Bei einer Zahlung durch einen Scheck usw gelten die im Scheckrecht üblichen Daten für den Eingang als maßgeblich.

80 **c) Unterzahlung.** Eine völlig unerhebliche Unterzahlung schadet nach Treu und Glauben nicht, eine nicht mehr ganz unerhebliche ist schädlich. Ein minimaler Frist-

verstoß mag nach Treu und Glauben unschädlich sein, obwohl man Fristen an sich streng beurteilen muss. Man kann hier evtl. den Tag der Aufgabe zur Überweisung usw. als ausreichend ansehen, wenn er noch in der Frist lag, ähnlich wie bei den insoweit vergleichbaren Situationen des § 167 ZPO.

8. Kostenerhebung. Der Gerichtsvollzieher kann die Kosten entweder endgültig mit der Fälligkeit (→ § 14 Rn. 3) erheben oder als Vorschuss nach § 4 (→ § 4 Rn. 3). 81

VII. DB-GvKostG. Vgl. Nr. 2 DB-GvKostG. 82

Rechtsbehelfsbelehrung

3a Jede Kostenrechnung und jede anfechtbare Entscheidung hat eine Belehrung über den statthaften Rechtsbehelf sowie über die Stelle, bei der dieser Rechtsbehelf einzulegen ist, über deren Sitz und über die einzuhaltende Form zu enthalten.

Die Vorschrift entspricht wörtlich § 5b GKG, § 8a FamGKG, § 4c JVEG, § 12c RVG. Im Kostenrecht gilt (nun) eine generelle Rechtsbehelfsbelehrungspflicht, um die Beteiligten über deren Rechtschutzmöglichkeiten aufzuklären. Der Inhalt der Belehrung hat § 3a zu entsprechen, eine Frist ist nicht anzugeben, da alle Rechtsbehelfe nicht fristgebunden sind. Fehlt die Belehrung auf der Kostenrechnung, so wird dadurch die Kostenrechnung nicht unwirksam. 1

Die Belehrung ist jeder Kostenrechnung (auch einer vorläufigen oder für einen Kostenvorschuss) und jeder anfechtbaren Entscheidung beizufügen. Zu den Entscheidungen zählen auch alle Entscheidungen über Rechtsbehelfe gegen den Kostenansatz, soweit diese anfechtbar sind, und die Entscheidung des Gerichtsvollziehers über den Antrag auf Nichterhebung nach § 7. 2

Vorschuss

4 I [1]Der Auftraggeber ist zur Zahlung eines Vorschusses verpflichtet, der die voraussichtlich entstehenden Kosten deckt. [2]Die Durchführung des Auftrags kann von der Zahlung des Vorschusses abhängig gemacht werden. [3]Die Sätze 1 und 2 gelten nicht, wenn der Auftrag vom Gericht erteilt wird oder dem Auftraggeber Prozess- oder Verfahrenskostenhilfe bewilligt ist. [4]Sie gelten ferner nicht für die Erhebung von Gebührenvorschüssen, wenn aus einer Entscheidung eines Gerichts für Arbeitssachen oder aus einem vor diesem Gericht abgeschlossenen Vergleich zu vollstrecken ist.

II [1]Reicht ein Vorschuss nicht aus, um die zur Aufrechterhaltung einer Vollstreckungsmaßnahme voraussichtlich erforderlichen Auslagen zu decken, gilt Absatz 1 entsprechend. [2]In diesem Fall ist der Auftraggeber zur Leistung eines weiteren Vorschusses innerhalb einer Frist von mindestens zwei Wochen aufzufordern. [3]Nach Ablauf der Frist kann der Gerichtsvollzieher die Vollstreckungsmaßnahme aufheben, wenn die Aufforderung verbunden mit einem Hinweis auf die Folgen der Nichtzahlung nach den Vorschriften der Zivilprozessordnung zugestellt worden ist und die geforderte Zahlung nicht bei dem Gerichtsvollzieher eingegangen ist.

III In den Fällen des § 3 Abs. 4 Satz 2 bis 5 bleibt die Verpflichtung zur Zahlung der vorzuschießenden Beträge bestehen.

Übersicht

1 **I. Normzweck.** § 4 gibt dem Gerichtsvollzieher in einer Abweichung von § 14 das Recht, vom Auftraggeber erstmalig und evtl. sogar wiederholt grundsätzlich einen Vorschuss für seine voraussichtlichen Gebühren und Auslagen zu verlangen und seine Tätigkeit von der Zahlung dieses Vorschusses abhängig zu machen (AG Coburg DGVZ 1995, 14). Der Auftraggeber muss also vorleisten, auch als Notar (LG Aschaffenburg DGVZ 1995, 76). Wegen der Ausnahmen → Rn. 7 ff.

2 Die Vorschrift dient der Sicherung des Kosteneingangs und der Wirtschaftlichkeit der Kostenüberwachung. Das muss man bei der Auslegung mitbeachten. Es gilt auch die Erkenntnis, dass § 4 immerhin wohl den Grundsatz einer Vorleistungspflicht des Gerichtsvollziehers aufstellt. Eine Ausnahmevorschrift ist aber im Allgemeinen zurückhaltend auslegbar.

3 **II. Anfänglicher Kostenvorschuss (I 1, 2). 1. Verpflichtung zum Kostenvorschuss.** Die Vorschrift stellt in I 1 klar, dass für den Auftraggeber eine Vorschusspflicht besteht, wenn der Gerichtsvollzieher einen Vorschuss anfordert, ohne dass weitere Voraussetzungen erfüllt sein müssen. Eine Verpflichtung zur Vorschusserhebung besteht nicht (aA AG Biberach BeckRS 2022, 8192).

4 Zwar vertritt die Rspr. teilweise, dass der Gerichtsvollzieher im Rahmen seiner Ermessenentscheidung grds. einen Vorschuss anfordern soll, soweit keine Ausnahme nach I 3, 4 und Nr. 3 I, IV DB-GvKostG eingreift. Nach Teilen der RSpr. ist die Einforderung eines Vorschusses eine Amtspflicht des Gerichtsvollziehers (LG Leipzig DGVZ 2009, 169; LG Frankenthal DGVZ 2004, 187; LG Kassel DGVZ 2003, 25; LG Konstanz DGVZ 2001, 45). Denn es handelt sich um eine Sicherung solcher Gelder, die dem Staat zustehen. Auch ein Gebührenbefreiter hat ggf. einen Vorschuss zu zahlen (LG Cottbus DGVZ 2015, 151). Der Gerichtsvollzieher darf und muss auch dann einen Vorschuss fordern, wenn sich der Gläubiger dazu erbietet, die Handlung auf eigene Kosten vorzunehmen, etwa eine Räumung zu veranlassen (LG Köln DGVZ 2002, 169; AG Stockach DGVZ 1993, 31; Brossette NJW 1989, 965).

5 Jedoch kann aus den in I 3, 4 geregelten Fällen keine im Übrigen geltende Pflicht zur Vorschusserhebung abgeleitet werden. Zum einen ist auch bei den nach § 2 Befreiten idR kein Vorschuss zu erheben und zum anderen hat der Gerichtsvollzieher auch seinen eigenen Aufwand bei einer Vorschusserhebung zu berücksichtigen. Im Rahmen seiner Ermessensentscheidung hat der Gerichtsvollzieher auch die Gefahr eines möglichen Kostenausfalls zu berücksichtigen. Er braucht also dann keinen Vorschuss zu fordern, wenn der Kostenschuldner mit ziemlicher Sicherheit zahlen wird (Schröder-Kay/Gerlach Rn. 3).

6 Nach I 2 kann der Gerichtsvollzieher den Beginn seiner Amtshandlung von der Vorschusszahlung abhängig machen. Auch diese Entscheidung steht im Ermessen des Gerichtsvollziehers unter Berücksichtigung der Nr. 3 I b, c DB-GvKostG. Im Fall des I 2 gilt der Auftrag als zurückgenommen, wenn der Vorschuss nicht oder nicht rechtzeitig gezahlt wird (→ § 3 Rn. 77 ff.), vgl. Nr. 3 II DB-GvKostG. Selbst im Rahmen des I 2 kann der Gerichtsvollzieher vor der Vorschusszahlung vorbereitende Maßnahmen durchführen.

2. Ausnahmen: Entfallen der anfänglichen Vorschusspflicht (I 3, 4). Der Gerichtsvollzieher erhebt nur dann keinen Vorschuss, wenn der Auftraggeber von den Kosten nach § 2 I oder von den Kosten nach § 2 II befreit ist (ein Vorschuss für die Auslagen ist aber zulässig; OLG Stuttgart DGVZ 1996, 172; LG Cottbus SGVZ 2015, 151) oder ein Fall der Nr. 3 IV DB-GvKostG oder wenn einer der folgenden Fälle eintritt. 7

a) Auftrag des Gerichts (I 3 Hs. 1). Eine Vorschusszahlung entfällt, soweit das Gericht den Gerichtsvollzieher nach § 13 III beauftragt. 8

b) Prozess- oder Verfahrenskostenhilfe (I 3 Hs. 2). Eine Vorschusspflicht entfällt ferner, soweit der Auftraggeber und nicht etwa nur dessen Gegner gerade für die Zwangsvollstreckung nach § 119 ZPO gegen oder ohne eine Ratenzahlung eine Prozesskostenhilfe oder nach §§ 76 ff. FamFG eine entsprechende Verfahrenskostenhilfe erhalten hat. Denn sie verpflichtet den Gerichtsvollzieher nach § 122 I Nr. 1a ZPO, § 76 FamFG, § 60 III GVO zur vorläufig unentgeltlichen Vornahme von Amtshandlungen. Das gilt unabhängig davon, ob er eine solche Amtshandlung im Namen der mittellosen Partei oder im Namen des ihr beigeordneten Anwalts vornehmen soll und wann er von der Prozess- oder Verfahrenskostenhilfe erfährt. 9

Infolgedessen darf der Gerichtsvollzieher nach § 50 RVG, auch dann keinen Vorschuss anfordern, wenn der beigeordnete Anwalt die über die von der Staatskasse erstatteten hinausgehenden Gebühren **(Differenzkosten)** auf Grund eines für die mittellose Partei erlassenen Kostenfestsetzungsbeschlusses beitreibt. Allerdings ist ein Vorschuss insoweit erforderlich, als der beigeordnete Anwalt die Gebühren im eigenen Namen für sich beitreibt. Das gilt nach → § 1 Rn. 5, 6 auch bei einer Sequestration. 10

Irrig erhobene Vorschüsse muss der Gerichtsvollzieher dem objektiv durch die Prozess- oder Verfahrenskostenhilfe Begünstigten zurückzahlen (AG Hannover DGVZ 1993, 60). 11

c) Arbeitssache (I 4). Ein Gebührenvorschuss entfällt für eine Vollstreckungshandlung auf Grund einer Entscheidung eines Gerichts der Arbeitsgerichtsbarkeit oder auf Grund eines vor einem solchen Gericht abgeschlossenen Prozessvergleichs. Ein Auslagenvorschuss bleibt zulässig. 12

3. Höhe des Kostenvorschusses (I). Der Gerichtsvollzieher muss wie bei § 121 I 1 BGB unverzüglich handeln, also ohne eine ihm vorwerfbare Verzögerung. 13

Der Auftraggeber hat den Vorschuss nach → Rn. 36 **bar** oder durch eine Überweisung zu leisten. Der Gerichtsvollzieher kann eine angemessene Zahlungsfrist setzen und evtl. eine Fristverlängerung bewilligen. Er muss das aber beim Erstvorschuss nicht tun. Mangels eines Vorschusses gilt § 3 IV 4, 5. 14

Die **Zahlungsfrist** beträgt nach § 3 IV 5 einen Monat. Sie beginnt mit dem auf die Absendung der Zahlungsanforderung folgenden Kalendermonat. Ihr ergebnisloser Ablauf hat nach § 3 IV 5 die Unterstellung der Auftragsrücknahme zur zwingenden Folge. 15

Beauftragt der Gläubiger den Gerichtsvollzieher mit mehreren Maßnahmen im Rahmen des § 802a II ZPO, so kann der Gerichtsvollzieher für alle in diesem Zusammenhang voraussichtlich entstehenden Kosten des gesamten Auftrags einen Vorschuss erheben. 16

a) Maßgeblichkeit der voraussichtlichen Kosten. Der Gerichtsvollzieher muss den anfänglichen Vorschuss nicht etwa nach der Höhe der beizutreibenden Summe oder nach dem Auftragswert berechnen, sondern so einzuschätzen, dass er die nach § 788 I ZPO voraussichtlich notwendigen Kosten des gesamten Auftrags mit sämtlichen Amtshandlungen voraussichtlich decken wird (LG Heidelberg DGVZ 2009, 168; AG Stuttgart-Bad Cannstatt BeckRS 2018, 27422; AG Strausberg DGVZ 2010, 239), also nur die gesetzlichen Gebühren und die Auslagen, KV 700 ff. (Alisch DGVZ 1979, 6), auch zB für einen Dolmetscher (AG Worms DGVZ 1995, 31). Der Gerichtsvollzieher muss die im Zeitpunkt des Auftragseingangs voraussichtlichen Auslagen nach KV 700 ff. nach seinem pflichtgemäßen Ermessen schätzen, → § 7 Rn. 18 „Arbeitshilfe" (LG Bremen JurBüro 2016, 552; AG Tettnang BeckRS 2017, 152431; Leipzig DGVZ 2009, 169). Bei einer Räumung können zB mindestens (jetzt ca.) 200 EUR nötig sein (AG Leipzig DGVZ 2009, 469), oder auch 400–500 EUR 17

(LG Frankfurt a. M. WuM 1989, 444; AG Berlin-Wedding NZM 2004, 720, beim Transport in eine Pfandkammer evtl. wesentlich mehr). 3.000 EUR sind sehr viel (LG Heidelberg DGVZ 2009, 169).

18 Stets muss er die **kostengünstigste** Möglichkeit erwägen, soweit auch sie zum Ziel führt (LG Stuttgart DGVZ 1990, 172; AG Pinneberg DGVZ 1977, 28). Innerhalb **desselben Auftrags** darf der Gerichtsvollzieher den Vorschuss von allen Auftraggebern insgesamt nur einmal fordern und muss sie entsprechend informieren. Soweit die Kosten bereits vor der Fälligkeit feststehen, kann der Vorschuss mit einer **vorläufigen Kostenberechnung** eingefordert werden. Andernfalls erfolgt im Rahmen der Vorschusseinforderung eine **pauschale Schätzung.**

19 **b) Vorschuss bei Räumung.** Bei einer Zwangsvollstreckung aus einem Räumungstitel ist die Ausschöpfung aller geringeren Mittel nach §§ 758, 758a ZPO nötig (AG Pinneberg DGVZ 1977, 28). Daher muss der Gerichtsvollzieher nach § 885 III ZPO auch denjenigen Betrag als Vorschuss anfordern, den er voraussichtlich benötigen wird, um das Räumungsgut zu marktüblichen Preisen zum Lagerraum **zu** überführen (LG Kassel DGVZ 2005, 11; LG Mannheim NZM 1999, 956; LG Siegen DGVZ 1994, 76). Lagerkosten braucht er sich wegen § 885 IV ZPO aber nur für etwa zwei Monate vorschießen zu lassen. Bei Geschäftsunterlagen kann die Aufbewahrung länger notwendig sein (LG Berlin DGVZ 2004, 140; LG Frankfurt a. M. DGVZ 2002, 76; Schröder-Kay/Gerlach Rn. 26; aA LG Koblenz DGVZ 2006, 27; AG Hamburg-Harburg DGVZ 2004, 173; AG Bad Schwalbach DGVZ 2002, 189).

20 Der Gläubiger braucht allerdings nach einer **Einstellung** der Zwangsvollstreckung keinen Vorschuss wegen der Kosten eines Rücktransports von Räumungsgut in die Schuldnerräume zu leisten (LG Flensburg DGVZ 1991, 118; AG Bochum DGVZ 1992, 31; aA Schilken DGVZ 1993, 2). Er kann einen Vorschuss für den Zeitraum bis zur Übergabe an einen Sequester fordern, nicht für die Zeit danach, nach → § 1 Rn. 6, 7 auch dann nicht, wenn er selbst der Sequester sein soll. Bei einer freiwilligen Teilräumung muss der Gerichtsvollzieher den Vorschuss anpassen (LG Kassel DGVZ 2005, 10).

21 Das gilt auch dann, wenn sich der **Gläubiger** erbietet, den Transport durchzuführen (AG Brakel DGVZ 1984, 158; AG Lörrach DGVZ 2005, 109; Brossette NJW 1989, 965), oder wenn man eine Wiedereinweisung des Schuldners durch die Obdachlosenbehörde erwarten muss (LG Waldshut-Tiengen DGVZ 1990, 93; LG Wuppertal DGVZ 1991, 26; AG Schönau DGVZ 1989, 45). Der Gerichtsvollzieher muss die einem Vermieterpfandrecht unterliegenden Sachen bei einer ihm bekannten Ausübung dieses Rechts zurücklassen. Sie verursachen daher keine Kosten und keinen Vorschuss (BGH DGVZ 2006, 23; AG Berlin-Wedding NZM 2004, 720; AG Philippsburg DGVZ 2005, 12, je: erst recht nicht bei einer entsprechenden Auftragsbeschränkung). Der Gläubiger kann keine Vorschussminderung wegen eines eindeutig gar nicht bestehenden Vermieterpfandrechts fordern (LG Baden-Baden DGVZ 2003, 24).

22 **c) Vorschuss im Auskunftsverfahren.** Der Gerichtsvollzieher braucht zum Transport des nach § 802g II ZPO Verhafteten nicht den eigenen Pkw zu benutzen, sondern kann eine Hilfsperson mit einem Kfz heranziehen und dafür einen Vorschuss fordern (LG Kassel DGVZ 2003, 25; AG Frankfurt a. M. DGVZ 1998, 15). Der Gerichtsvollzieher darf die Verhaftung einer solchen Schuldnerin, die ein **Kind versorgen** muss, nicht von einem Vorschuss für eine monatelange Haft abhängig machen (AG Friedberg DGVZ 1989, 175). Muss der Gerichtsvollzieher ein Tier des Verhafteten versorgen, muss der Gläubiger dafür einen Vorschuss leisten (LG Aachen DGVZ 1989, 23 zust. Gilleßen; LG Stuttgart DGVZ 1990, 122; AG Oldenburg DGVZ 1991, 174).

23 **III. Weiterer Auslagenvorschuss (II). 1. Zulässigkeit (II 1).** Wenn der zunächst vom Gerichtsvollzieher erforderte Vorschuss nicht ausreicht, weil er die Auslagen (nur sie!) zu niedrig geschätzt hat oder weil er weitere als die zunächst vorausgesehenen Amtshandlungen vornehmen muss, kann der Gerichtsvollzieher unverzüglich (vgl. § 121 I 1 BGB) einen weiteren Auslagenvorschuss nachfordern (LG Schwerin BeckRS 2017, 153582; LG Osnabrück DGVZ 1980, 12). Vor der Zahlung

darf der Gerichtsvollzieher dann nicht weiter tätig werden, soweit er die Fortführung nach I 2 vom weiteren Vorschuss abhängig gemacht hat (OLG Frankfurt a. M. DGVZ 1982, 57; LG Aachen DGVZ 1989, 23).

Allerdings kommt nach II 1 ein weiterer Vorschuss eben nur insoweit in Betracht, **24**
als der bisherige die **Auslagen** nicht deckt, also nicht schon dann, wenn nur der bisherige Gebührenvorschuss nicht mehr ausreicht. In diesem letzteren Fall gilt nur I. Der weitere Auslagenbedarf muss auch über einen ganz unerheblichen Betrag voraussichtlich hinausgehen. Er muss also mindestens etwa 50 EUR übersteigen. Unter diesen Voraussetzungen kann der Gerichtsvollzieher wegen der Verweisung in II 1 auf I ebenso wie beim anfänglichen Vorschuss vorgehen und muss das nach → Rn. 3 auch tun.

Unzulässig ist allerdings auch ein weiterer Vorschuss wegen der Verweisung in **25**
II 1 auf I und damit auch auf I 3, 4 in den Fällen → Rn. 7 ff. Der Gerichtsvollzieher muss dem Kostenschuldner dabei nach → Rn. 28 dieselben Hinweise wie bei der ersten Vorschussanforderung geben. Unzulässig ist ein weiterer Vorschuss erst recht, sobald sich ergibt, dass ein zuvor angeforderter Vorschuss gar nicht mehr oder nur noch teilweise nötig ist (AG Berlin-Wedding DGVZ 2004, 158; AG Hamburg-Harburg DGVZ 2004, 173).

2. Fristsetzung (II 2). (Nur) beim weiteren Vorschuss gilt die Monatsfrist des **26**
§ 3 IV 5 nicht. Der Gerichtsvollzieher muss aber für einen weiteren Auslagenvorschuss dem Auftraggeber eine Frist von mindestens zwei Wochen setzen. Die Frist errechnet sich wie bei § 222 ZPO, nach dem BGB.

> **§ 187 BGB Fristbeginn**
>
> I Ist für den Anfang einer Frist ein Ereignis oder ein in den Lauf eines Tages fallender Zeitpunkt maßgebend, so wird bei der Berechnung der Frist der Tag nicht mitgerechnet, in welchen das Ereignis oder der Zeitpunkt fällt.
>
> II …
>
> **§ 188 BGB Fristende**
>
> I …
>
> II Eine Frist, die nach Wochen … bestimmt ist, endigt im Falle des § 187 Abs. 1 mit dem Ablauf desjenigen Tages der letzten Woche …, welcher durch seine Benennung oder seine Zahl dem Tage entspricht, in den das Ereignis oder der Zeitpunkt fällt, …
>
> III …

Eine **Fristabkürzung** ist nur dann zulässig, wenn die Restfrist mindestens zwei **27**
Wochen beträgt. Eine Fristverlängerung ist zulässig und manchmal notwendig (OLG Frankfurt a. M. DGVZ 1982, 57; Alisch DGVZ 1980, 79). Sie darf aber nicht zum Nachteil des Auftraggebers ohne dessen Anhörung und bei einem langen Verlängerungszeitraum nicht ohne dessen Einwilligung erfolgen.

3. Zahlungsaufforderung (II 2, 3). Eine klare Aufforderung zur Zahlung des **28**
genau bezifferten oder wenigstens dem Mindestbetrag nach bestimmten Auslagenvorschusses ist eine Voraussetzung der Wirksamkeit. Der Gerichtsvollzieher muss auch wenigstens im Kern nachvollziehbar darlegen, weshalb die Voraussetzungen eines weiteren Vorschusses vorliegen. Denn auch die Rechtsbehelfsinstanz muss die Gesetzmäßigkeit nachprüfen können. Nicht erforderlich ist eine bis in jede Einzelheit gehende Begründung. Rechtsbehelfsbelehrung, Verstoß: §§ 8a, 59 II 2.

Eine Form der Aufforderung nebst einer Fristsetzung schreibt nicht schon II 2 vor. **29**
Der Gerichtsvollzieher kann beides mündlich, fernmündlich, durch Telefax, einfachen Brief oder entsprechend §§ 130a–d ZPO elektronisch bewirken. Er ist für die gesetzmäßige Vornahme sowohl der Aufforderung als auch der Mindestfristsetzung beweispflichtig.

Förmliche Zustellung der Zahlungsaufforderung samt Belehrung ist aber jeden- **30**
falls dann notwendig, wenn die in II 3 genannte Rechtsfolge einer Aufhebung der Vollstreckungsmaßnahme eintreten soll. Das ergibt sich eben aus II 3. Die Zustellung muss nach den Vorschriften der Zivilprozessordnung erfolgen, also nach §§ 166 ff. ZPO, hier handelt es sich um eine Zustellung im Parteibetrieb (vgl. dazu → KV 100 Rn. 11 f.), die der Gerichtsvollzieher nach §§ 191 ff. ZPO durchführt und nach KV 100, 101 abrechnen kann. Die Zustellungsurkunde hat die Beweiskraft des § 418

ZPO. Der volle Beweis ihrer Unrichtigkeit ist zulässig, aber auch notwendig (BeckOK ZPO/Krafka ZPO § 418 Rn. 2).

31 **4. Folgen der Nichtzahlung (II 2, 3).** Der Gerichtsvollzieher muss nicht schon nach II 2 auf die Folgen einer Nichtzahlung hinweisen. Er kann sich mit einer bloßen Aufforderung begnügen. Das gilt etwa dann, wenn er sicher sein kann, einen weiteren Auslagenvorschuss zu erhalten.

32 **Vollstreckungseinstellung** bzw. **Aufhebung** der Vollstreckungsmaßnahme kommt aber nach II 3 nur dann in Betracht, wenn der Gerichtsvollzieher auf diese mögliche Rechtsfolge einer nicht vollständigen und fristgemäßen weiteren Vorschusszahlung hingewiesen hat. Dabei muss er die evtl. einzustellende bzw. aufzuhebende Maßnahme nachvollziehbar genau bezeichnen, wenn auch nicht unbedingt in jeder Einzelheit. Es empfiehlt sich dringend, den Wortlaut des Hinweises in einer Kopie in der Handakte zu behalten.

33 **5. Aufhebung von Vollstreckungsmaßnahme (II 3).** Die einzige Rechtsfolge einer ordnungsgemäßen vergeblichen Aufforderung zum weiteren Vorlagenvorschuss ist die Befugnis, diejenige Vollstreckungsmaßnahme aufzuheben, zu deren Vornahme oder Fortführung der Gerichtsvollzieher einen weiteren Vorschuss benötigt. Der Gerichtsvollzieher „kann" so vorgehen. Das stellt nicht nur in seine Zuständigkeit, sondern in sein pflichtgemäßes Ermessen. Nur in diesem Rahmen haben der Gläubiger wie der Schuldner Einflussmöglichkeiten. Der Gerichtsvollzieher muss mitbedenken, dass er kein unvertretbares Kostenrisiko der Staatskasse herbeiführen darf. Dieses Risiko könnte bei erfahrungsgemäß oft sehr hohen Folgekosten entstehen, etwa bei der Einlagerung von Räumungsgut usw. Soweit der Auftraggeber die Fortsetzung der Vollstreckung betreibt, muss der Gerichtsvollzieher den bisher erhaltenen Vorschuss mitverwerten.

34 Der Gerichtsvollzieher mag die **übrige** Zwangsvollstreckung fortsetzen müssen, soweit sie eben keinen weiteren Vorschuss gerade auch auf **ihre** Auslagen erfordert. Auch eine zwar nicht ganz vollständige Zahlung eines weiteren Vorschusses mag dann eine Aufhebung verbieten, wenn der gezahlte Betrag den Auslagenrest voraussichtlich wenigstens einigermaßen deckt. Denn auch der Gerichtsvollzieher muss wie jeder Amtsträger den Verhältnismäßigkeitsgrundsatz beachten, der bei jeder Zwangsvollstreckung gilt (BGH NJW-RR 2009, 658, BeckOK ZPO/Ulrici ZPO § 754 Rn. 2 ff., 10 ff.).

35 **IV. Fortbestehen der Vorschusspflicht (III).** Wegen § 3 IV 2–4 vgl. die dortigen Anmerkungen. In den Fällen des § 3 IV 2–4 gilt die Vorschusspflicht bis zum Eintritt der Fälligkeit nach § 14 (→ § 14 Rn. 3, 10) fort, vgl. Nr. 3 V DB-GvKostG.

36 **V. Art des Vorschusses; Einforderung (I–III).** Der Kostenschuldner muss den Vorschuss in bar oder durch eine Überweisung leisten (LG Frankenthal DGVZ 2004, 188). Einen Scheck kann der Gerichtsvollzieher zurückweisen, ebenso eine „Zahlung" durch Kosten- oder Briefmarken usw. Eine Sicherheitsleistung ist nicht notwendig. Die Einforderung des Vorschusses erfolgt wie bei § 121 I 1 BGB unverzüglich entweder bei der Übergabe des Auftrags mündlich oder auf Grund einer vom Gerichtsvollzieher angefertigten Kostenrechnung. Die Einforderung erfolgt schon beim anfänglichen Vorschuss mit dem Hinweis, dass der Gerichtsvollzieher den Auftrag erst nach dem Eingang des Vorschusses erledigen darf und dass er den Auftrag insoweit als zurückgenommen ansehen muss, als der Kostenschuldner den Vorschuss nicht zahlt. Eine Erhebung durch eine Postnachnahme ist unzulässig, sofern nicht der Auftraggeber um sie gebeten hatte.

37 Bei einer **Mehrheit** von Auftraggebern muss der Gerichtsvollzieher den vollen Vorschuss von jedem fordern. Er muss zugleich verdeutlichen, dass der Eingang **eines** Gesamtbetrages genügt und dass die Auftraggeber sich insoweit untereinander verständigen können.

38 Soweit der Kostenschuldner den anfänglichen Vorschuss **nicht zahlt,** muss der Gerichtsvollzieher diejenigen Unterlagen an den Auftraggeber zurücksenden, deren Rückgabe er nicht von der vorherigen Zahlung der endgültigen Kosten abhängig machen darf. Dann gilt der Auftrag als erledigt, sofern nichts weiter geschieht. Es findet nicht etwa eine Einziehung des Vorschusses statt.

Soweit der Gerichtsvollzieher nach I 3, 4 (→ Rn. 7 ff.) keinen Vorschuss erhebt, kann die Dienstbehörde einen angemessenen Vorschuss auf die Auslagen gewähren, vgl. §§ 7 III, 8 GVO, damit der Gerichtsvollzieher die notwendigen Auslagen begleichen kann (BGH DGVZ 1999, 167). 39

VI. Rechtsbehelfe. Es ist stets Art. 19 IV GG zu beachten. Rechtsbehelfsbelehrung, Verstoß: §§ 8a, 59 II 2. 40

1. Erinnerung nach § 5 II, III. § 4 enthält keinen Hinweis auf den zulässigen Rechtsbehelf. Indessen gibt § 5 III jedem Kostenschuldner die in § 5 II genannten Rechtsbehelfe oder Rechtsmittel, soweit kostenrechtliche Einwendungen gegen den vorläufigen oder endgültigen Kostenansatz oder gegen die Abhängigmachung nach I 2 erhoben werden. 41

2. Erinnerung nach § 766 ZPO. Zulässig ist ferner vorrangig eine Erinnerung nach § 766 ZPO, soweit es sich um eine Zwangsvollstreckung und um verfahrensrechtliche Einwendungen (die gerade nicht unter → Rn. 41 fallen) handelt (KG DGVZ 1981, 153; AG Berlin-Tempelhof DGVZ 1984, 44; Gaul ZZP 1987, 275). Der Gerichtsvollzieher ist grundsätzlich nicht erinnerungsberechtigt (LG Rottweil DGVZ 1989, 73, → § 5 Rn. 22). 42

Die Erinnerung richtet sich gegen die **Art und Weise** der Vollstreckung, weil der Gerichtsvollzieher seine Amtshandlung von einem Vorschuss oder einem Vorschuss in dieser Höhe abhängig macht (AG Geilenkirchen DGVZ 1997, 30). Erinnerungsberechtigt ist jeder Betroffene, evtl. also auch die Staatskasse, vertreten durch den Bezirksrevisor. 43

Über die Erinnerung entscheidet dasjenige AG als Vollstreckungsgericht, in dessen Bezirk die Zwangsvollstreckung stattfinden soll oder stattgefunden hat, § 764 II ZPO. Das ergibt sich auch aus der Bestätigung dieser Zuständigkeit in § 5 II 1. Im Vollstreckungsgericht ist nach § 20 I Nr. 17 II RPflG der **Amtsrichter** zuständig. 44

Das Gericht muss den Erinnerungsgegner vor einer ihm nachteiligen Entscheidung nach Art. 103 I GG anhören. Der Amtsrichter übersendet die Erinnerung aber zunächst an den Gerichtsvollzieher oder den sonstigen Gegner dieses Verfahrens. Der Gerichtsvollzieher ist zu einer Stellungnahme verpflichtet. Denn es handelt sich zugleich um eine dienstliche Äußerung. Da auch die Staatskasse an Erinnerungsverfahren beteiligt ist, muss der Amtsrichter nach Art. 103 I GG, § 766 II ZPO auch ihre Stellungnahme einholen. Er kann im Übrigen eine mündliche Verhandlung anordnen. Er ist zu ihr aber nicht verpflichtet. 45

Soweit der Amtsrichter die Erinnerung dem LG vorlegt, statt über sie selbst zu entscheiden, muss das LG die Sache an das AG zurückverweisen. 46

3. Sofortige Beschwerde; Rechtsbeschwerde. Rechtsbehelfsbelehrung, Verstoß: §§ 8a, 59 II 2. Gegen die Entscheidung des Amtsrichters nach § 766 ZPO ist die sofortige Beschwerde nach §§ 567 ff., 793 ZPO zulässig (LG Kassel DGVZ 2003, 25). Ein Mindestbeschwerdewert braucht nicht vorzuliegen (LG Cottbus DGVZ 2015, 151). Denn es handelt sich um einen besonderen Rechtsbehelf des Vollstreckungsverfahrens, nicht um eine Kostenbeschwerde nach § 567 II ZPO. Beschwerdeberechtigt ist nach Art. 103 I GG auch die durch den Bezirksrevisor vertretene Staatskasse, die am Erinnerungsverfahren beteiligt ist. Der Gerichtsvollzieher ist nicht beschwerdeberechtigt (LG Rottweil DGVZ 1989, 74). Der Beschwerdeführer muss nach § 569 I ZPO eine Notfrist nach § 224 I 2 ZPO von grundsätzlich zwei Wochen beachten. Eine **Rechtsbeschwerde** ist nicht zulässig (BGH DGVZ 2018, 118 (ohne Vorlage nach § 132 GVG)). 47

4. Antrag auf gerichtliche Entscheidung. In anderen Fällen als denjenigen nach → Rn. 33–39 (also zB Vorschuss für Amtshandlung außerhalb der Zwangsvollstreckung) kommt auch bei einer Rückforderung eines noch nicht auf fällige Kosten des Gerichtsvollziehers verrechneten Vorschusses ein Antrag auf eine gerichtliche Entscheidung in Betracht. Denn es handelt sich bei der Anforderung des Vorschusses durch den Gerichtsvollzieher nach § 30a EGGVG, um einen Verwaltungsakt im Bereich der Justizverwaltung beim Vollzug des GvKostG. Man stellt den Antrag an sich bei demjenigen AG, in dessen Bezirk die für die Einziehung des Anspruchs zuständige Kasse ihren Sitz hat. Bei § 4 gibt es eigentlich eine solche 48

Kasse nicht. Daher ist praktisch dasjenige AG zuständig, bei dem der Gerichtsvollzieher tätig ist.

49 Gegen die Entscheidung des AG ist die **Beschwerde** an das LG zulässig, soweit der erforderliche Beschwerdewert von 200 EUR überschritten ist, § 30a EGGVG, iVm § 83 I 2 GNotKG. Beschwerdeberechtigt sein können der Auftraggeber des Gerichtsvollziehers und der Bezirksrevisor als Vertreter der Staatskasse.

50 **5. Dienstaufsichtsbeschwerde.** Der Kostenschuldner kann ohne die Einhaltung einer Frist eine Dienstaufsichtsbeschwerde an den Dienstvorgesetzten des Gerichtsvollziehers einlegen, also an den Präsidenten oder Direktor des AG. Denn der Gerichtsvollzieher ist ein Landesbeamter im Justizdienst. Gegen die Entscheidung ist eine weitere Dienstaufsichtsbeschwerde an die nächsthöhere Aufsichtsbehörde statthaft usw. Die Dienstaufsicht sollte nur mit einer Zurückhaltung von einer gerichtlichen Entscheidung abweichen.

VII. ABC zu I 3, 4

51 **Anstalt:** → „Zahlungsbereitschaft".

Auslagen: Ein Vorschuss entfällt dann, wenn es um Auslagen für eine Amtshandlung zugunsten eines solchen Auftraggebers geht, der nur eine Gebührenfreiheit nach § 2 GKG hat.

Wenn der Gerichtsvollzieher in einem der Fälle dieses ABC erwarten muss, dass er **höhere** Auslagen haben wird, kann ihm die **Dienstbehörde** den erforderlichen Vorschuss darauf zahlen. Sie entscheidet insofern nach ihrem pflichtgemäßen Ermessen. Ihre Entscheidung ist für den Schuldner unanfechtbar.

Nach Auftragsdurchführung: Ein Vorschuss entfällt bei einer Amtshandlung nach der Durchführung des Auftrags nach § 3.

Auftragsüberschreitung: Ein Vorschuss entfällt dann, wenn der Gerichtsvollzieher eine den Auftrag überschreitende Amtshandlung vornimmt (LG Landau JurBüro 2017, 204; AG Berlin-Köpenik JurBüro 2013, 442; AG Stralsund JurBüro 2017, 547).

Behörde: → „Zahlungsbereitschaft".

Eilfall: Ein Vorschuss entfällt bei einem solchen Eilfall, bei dem eine Verzögerung der Amtshandlung dem Auftraggeber einen unersetzlichen Nachteil bringen würde. Ob diese Lage vorliegt, muss der Gerichtsvollzieher von Amts wegen prüfen.

Gebührenfreiheit: Ein Vorschuss entfällt dann nach § 2.

Körperschaft: → „Zahlungsbereitschaft".

Kostenfreiheit: Ein Vorschuss entfällt bei einer solchen des Auftraggebers nach § 2 (BGHZ 89, 85), also zB **nicht** bei einer Stadtgemeinde usw nach → § 2 Rn. 5 ff. (AG Braunschweig DGVZ 1998, 460).

Protokollkopie: Ein Vorschuss entfällt bei einem Antrag auf deren Erteilung nach § 760 ZPO (AG Berlin-Wedding DGVZ 1986, 78; AG Eschwege DGVZ 1984, 191; AG Frankfurt a. M. DGVZ 1985, 93; aA AG Augsburg DGVZ 1987, 126, aber der Gerichtsvollzieher muss sie kostenfrei erteilen).

Räumungsbeschränkung: Ein Vorschuss entfällt wohl nicht bei einem Auftrag nach § 885a ZPO (LG Aachen DGVZ 2015, 110).

Scheck- oder Wechselprotest: Ein Vorschuss entfällt beim Auftrag auf dessen Erhebung.

Stiftung: → „Zahlungsbereitschaft".

Vermögensauskunft: Ein Vorschuss entfällt bei einem Auftrag auf einen Termin nach § 802f ZPO (LG Amberg DGVZ 2006, 181).

Zahlungsbereitschaft: Ein Vorschuss entfällt dann, wenn man mit Sicherheit erwarten kann, dass der Kostenschuldner nach § 13 die Kosten nach der Durchführung des Auftrags bezahlen wird. Das gilt etwa dann, wenn eine Behörde oder eine Körperschaft, Anstalt oder Stiftung des öffentlichen Rechts der Auftraggeber ist, auch wenn sie insofern keine Kostenfreiheit hat.

52 **VIII. DB-GvKostG.** Vgl. Nr. 3 DB-GvKostG.

Kostenansatz, Erinnerung, Beschwerde, Gehörsrüge

5 **I [1]Die Kosten werden von dem Gerichtsvollzieher angesetzt, der den Auftrag durchgeführt hat. [2]Der Kostenansatz kann im Verwaltungswege berichtigt werden, solange nicht eine gerichtliche Entscheidung getroffen ist.**

II [1]Über die Erinnerung des Kostenschuldners und der Staatskasse gegen den Kostenansatz entscheidet, soweit nicht nach § 766 Abs. 2 der Zivilprozessordnung das Vollstreckungsgericht zuständig ist, das Amtsgericht, in dessen Bezirk der Gerichtsvollzieher seinen Amtssitz hat. [2]Auf die Erinnerung und die Beschwerde ist § 66 Absatz 2 bis 8 des Gerichtskostengesetzes, auf die Rüge wegen Verletzung des Anspruchs auf rechtliches Gehör ist § 69a des Gerichtskostengesetzes entsprechend anzuwenden.

III Auf die Erinnerung des Kostenschuldners gegen die Anordnung des Gerichtsvollziehers, die Durchführung des Auftrags oder die Aufrechterhaltung einer Vollstreckungsmaßnahme von der Zahlung eines Vorschusses abhängig zu machen, und auf die Beschwerde ist Absatz 2 entsprechend anzuwenden.

IV Für Verfahren nach den Absätzen 1 bis 3 sind die Vorschriften der Zivilprozessordnung über die elektronische Akte und über das elektronische Dokument anzuwenden.

Übersicht

1 **I. Normzweck.** Die Vorschrift hat klarstellende Funktionen. Sie dient mit der Eröffnung von Rechtsbehelfsmöglichkeiten der Kostengerechtigkeit. Sie ist insofern weit auslegbar. Sie dient mit der Verfahrensregelung der Rechtssicherheit. Diese fordert aber eine strikte strenge Handhabung. Die Verweisungen auf andere Gesetze sind alles andere als sonderlich hilfreich. Man sollte die nach → § 1 Rn. 2 entwickelten Auslegungsregeln im Rahmen des Grundsatzes einer Auslegung zugunsten des Kostenschuldners mitübernehmen.

2 Die Rechnungsaufstellung über die Gebühren und die Auslagen des Gerichtsvollziehers ist ein **Kostenansatz.** Eine Vorschussberechnung des Gerichtsvollziehers kann ein Kostenansatz sein. Bei einer Entnahme nach § 15 kann ein Kostenansatz vorliegen, wenn es sich um eine vorläufige Kostenrechnung handelt (→ § 4 Rn. 8). I klärt die Zuständigkeit und eine etwaige Berichtigung im Verwaltungsverfahren.

3 Soweit ein Kostenansatz vorliegt, kommt eine **Erinnerung** in Betracht, unabhängig von § 766 ZPO (OLG Celle DGVZ 2016, 158). Sie kann sich nach II, III gegen die Berechtigung des Ansatzes überhaupt oder auch nur gegen eine Vorschussanordnung oder gegen die Höhe der Einzelposten richten. Soweit es nicht um den Kostenansatz geht, sondern um eine unrichtige Sachbehandlung, ist § 7 anwendbar. Eine „Erinnerung" kann als solche unzulässig, aber als eine Anregung nach § 7 auslegbar sein (BGH NJW-RR 1997, 832).

4 **II. Abgrenzung zur Vollstreckungserinnerung (II 1).** Die Erinnerung gegen den Kostenansatz ist von der Erinnerung nach § 766 ZPO abzugrenzen. Mit der Vollstreckungserinnerung werden formelle Fehler in der Zwangsvollstreckung gerügt, also auch das Entstehen von notwendigen Kosten der Zwangsvollstreckung nach § 788 ZPO. Die Vollstreckungserinnerung richtet sich an das Vollstreckungsgericht. Das gilt nicht bei einer bloßen Zustellung (AG Augsburg JurBüro 2006, 610). Gegen seine Entscheidung ist die **sofortige Beschwerde** nach § 793 ZPO statthaft. Als **Vollstreckungsgericht** ist dasjenige nach §§ 764, 828 II ZPO zuständig. Es entscheidet nach § 20 I Nr. 17a RPflG durch den Richter. In diesem Verfahren entstehen Kosten nach § 788 ZPO. Vgl. im Übrigen § 167 I 2 VwGO

5 Mit § 5 II wird dagegen gerügt, dass die kostenrechtlichen Normen nicht korrekt angewendet werden. Der Verweis auf § 766 II ZPO regelt allein die Zuständigkeit für die Entscheidung über die Erinnerung (→ Rn. 40 ff.). Der Rechtsmittelweg bestimmt sich allein nach II 2 iVm § 66 II – VIII GKG (BGH DGVZ 2008, 187).

6 **III. Kostenansatz (I).** Der Kostenansatz ist eine Aufstellung der Kostenrechnung mit Zahlungsaufforderung an den Kostenschuldner. Dazu gehört auch die Prüfung von Rechnungen Dritter über Leistungen, die der Gerichtsvollzieher in Anspruch genommen hat. Der Gerichtsvollzieher als Kostenbeamter ist weisungsgebunden. § 5 gilt sowohl für einen endgültigen als auch für einen vorläufigen Kostenansatz. **Kein** Kostenansatz ist ein bloßer Hinweis des Gerichtsvollziehers auf seine Kosten im

Rahmen der Zwangsvollstreckung (OLG Frankfurt aM DGVZ 2018, 258; AG Augsburg DGVZ 2013, 59). Rechtsbehelfsbelehrung, Verstoß: §§ 8a, 59 II 2. Der Gerichtsvollzieher hat in seinem Kostenansatz nicht die für Auslagen (zB Porto) entstandene **Umsatzsteuer** auszuweisen (AG Dessau-Roßlau BeckRS 2019, 8603; Büttner DGVZ 2019, 109).

1. Zuständigkeit des Gerichtsvollziehers (I 1). Der Kostenansatz ist die Ertei- 7
lung der Rechnung, wie bei § 19 GKG und bei § 18 FamGKG iVm §§ 4 ff. KostVfg. I 1 macht denjenigen Gerichtsvollzieher zuständig, der den Auftrag durchgeführt hat. Das ist nach § 3 III 1 nicht stets derjenige Gerichtsvollzieher, der einen Auftrag erhalten hat. Denn dieser erstere Gerichtsvollzieher kann örtlich unzuständig gewesen sein und den Auftrag deshalb abgegeben haben oder andere Kollegen eingeschaltet haben müssen. Dann ist der zuletzt tätige Gerichtsvollzieher zuständig, soweit es um denselben Bezirk geht. Die Durchführung oder Erledigung nach § 3 I 1, 2 ist die auftragsgemäße Beendigung. Unter den Voraussetzungen des § 3 IV gilt ein Auftrag als durchgeführt. Das löst ebenfalls die Zuständigkeit dieses Gerichtsvollziehers zum Kostenansatz aus.

2. Berichtigung im Verwaltungsweg (I 2). Der Kostenansatz lässt sich nach I 2 8
im Verwaltungsweg von Amts wegen berichtigten, solange nicht eine gerichtliche Entscheidung vorliegt und solange noch eine Nachforderung wegen eines irrigen Ansatzes nach § 6 zulässig ist. Diese Regelung entspricht dem § 19 V GKG. Die in § 19 GKG genannten Verfahrenseinzelheiten gelten hier entsprechend. Die Berichtigung hat von Amts wegen zu erfolgen, wenn der Kostenansatz unrichtig ist, vgl. Nr. 4 I DB-GvKostG, entweder weil der Gerichtsvollzieher die Unrichtigkeit – auch aufgrund einer Erinnerung des Kostenschuldners – auffällt oder weil der Gerichtsvollzieher durch den Kostenprüfungsbeamten entsprechend zu Berichtigung veranlasst wird. Zum weiteren Verfahren: Nr. 4 II DB-GvKostG. Die Berichtigung ist dem Kostenschuldner zumindest insoweit mitzuteilen, als die Berichtigung ihn benachteiligt (OLG Saarbrücken Rpfleger 2001, 461).

IV. Vollstreckungserinnerung (II 1, 2). Es kann um die Frage gehen, ob ent- 9
standene Vollstreckungskosten des Gerichtsvollziehers notwendig iSd § 788 ZPO sind (LG Gießen DGVZ 1989, 184; AG Leipzig DGVZ 2015, 136 (137)), vgl. zur Abgrenzung → Rn. 4 ff. Dann ist wie bei allen vollstreckungsrechtlichen Einwendungen nur die Erinnerung nach § 766 ZPO statthaft. Über sie entscheidet nach §§ 764 II ZPO, 62 II ArbGG, 31 LwVG das Vollstreckungsgericht, also dasjenige AG, in dessen Bezirk die Zwangsvollstreckung stattfinden soll oder stattgefunden hat. Gegen die Entscheidung des Vollstreckungsgerichts ist die sofortige Beschwerde nach § 793 ZPO an das LG statthaft.

**V. Erinnerung gegen Kostenansatz (II 1, 2). 1. Zulässigkeit/Statthaftig- 10
keit.** Der klare Wortlaut des II 1 ergibt in der Verweisung auf § 766 II ZPO nur eine Bestimmung hinsichtlich der Zuständigkeit (BGH DGVZ 2008, 187). Zur Abgrenzung zur Vollstreckungserinnerung → Rn. 4 ff. Die Erinnerung ist statthaft, wenn kostenrechtliche Einwendungen erhoben werden.

Die **Erinnerung** nach § 5 kommt also nur bei Einwendungen gegen den Ansatz 11
von Gerichtsvollzieherkosten in Betracht (BGH DGVZ 2008, 187; OVG Lüneburg DGVZ 1981, 111; LG Braunschweig DGVZ 1983, 118). Für diese Erinnerung gilt das zu § 66 II–VIII GKG Ausgeführte entsprechend. Daher entsprechen die folgenden Rn. dem → GKG § 66 Rn. 34 ff. weitgehend. Auch die angegebenen Fundstellen können sich auf § 66 GKG beziehen.

Der Rechtsbehelf ist ähnlich wie bei § 55 RVG lediglich die von der befristeten 12
Zweiterinnerung nach → Rn. 71 f. unterschiedliche **Erst-Erinnerung,** also eine gegen den Kostenansatz erhobene Eingabe (BFH Rpfleger 1992, 365). Sie führt zu einer Nachprüfung des Ansatzes durch das Gericht (BGH NJW 1984, 871). Da es sich um eine im Rahmen des Gerichtsaufbaus erhobene Abgabe handelt, liegt insofern mittelbar doch ein beschränkter „Rechtsweg" vor. § 5 hat den Vorrang vor der bloßen Auffangbestimmung des § 30a EGGVG (OLG Köln JurBüro 1999, 261).

2. (Erst-)Erinnerungsberechtigte (II 1). Zur Einlegung der (Erst-)Erinnerung 13
nach I sind die folgenden Beteiligten berechtigt.

14 **a) Kostenschuldner.** Der Kostenschuldner kann die (Erst-)Erinnerung einlegen (BGH NJW 1984, 871; BFH Rpfleger 1992, 365; LG Wuppertal JurBüro 1992, 480). Der Kostenschuldner ergibt sich aus § 13. Den Kostenschuldner muss nach §§ 4 I, 7, 8, 27 I–III KostVfg grundsätzlich als solchen die Kostenrechnung benennen (OLG Düsseldorf Rpfleger 1985, 255; OLG Schleswig JurBüro 1981, 403; aA OLG München MDR 1990, 62, aber seine Benennung sollte selbstverständlich sein). Der Kostenschuldner bleibt auch erinnerungsberechtigt, wenn der Gläubiger die Kosten bereits gezahlt hat (BeckOK KostR/Herrfurth Rn. 18).

15 Es ist nicht erforderlich, dass der Gerichtsvollzieher **gerade diesen Kostenschuldner** über seine Benennung hinaus auch bereits zur Zahlung aufgefordert, ihm also die Kostenrechnung auch bereits übersandt hat (BayObLG JurBüro 1975, 492; OLG München MDR 1990, 62; VG Wiesbaden DRiZ 1994, 346; aA OLG Düsseldorf Rpfleger 1985, 255; OLG Schleswig JurBüro 1981, 403, aber Kostenschuldner ist man nicht kraft einer Rechnung, sondern kraft Gesetzes oder Urteils oder kraft einer Übernahme).

16 Auch der **zu Unrecht** in Anspruch Genommene ist zur (Erst-)Erinnerung berechtigt (VGH Mannheim JurBüro 1999, 205). Die Kostenrechnung muss nach außen wirksam geworden und daher wenigstens einem Beteiligten zugegangen sein (OLG München JurBüro 1990, 357). (Erst-)Erinnerungsberechtigt ist unter Umständen auch derjenige Versicherer, der für den Kostenschuldner unmittelbar an die Staatskasse gezahlt hat (OLG Düsseldorf VersR 1983, 251, er hat aber keinen eigenen sachlich-rechtlichen Rückzahlungsanspruch nur wegen einer Streitwertherabsetzung),

17 Derjenige **bemittelte Streitgenosse** eines Beteiligten, dem das Gericht eine Prozesskostenhilfe bewilligt hat, ist nicht mit einer Kostenrechnung zur Zahlung der Kosten des dem Unterstützten beigeordneten Anwalts heranziehbar. Der bemittelte Streitgenosse kann höchstens sachlich-rechtlich haften. Der Kostenschuldner kann sich zulässigerweise vertreten lassen (BGH Rpfleger 1992, 365; OLG Stuttgart JurBüro 1975, 1102). Dann muss je nach der Verfahrensart evtl. eine schriftliche Vollmacht vorliegen, zB nach § 64 III 1 FGO (BFH Rpfleger 1992, 365).

18 Der **nicht** in der Kostenrechnung als Kostenschuldner Benannte darf grundsätzlich keine Erinnerung einlegen (BGH JurBüro 1978, 517; OLG München JurBüro 1979, 122; aA OLG Düsseldorf MDR 1983, 321, Versicherer zahlt für Kostenschuldner).

19 **b) Staatskasse.** Die Staatskasse ist zur Einlegung der (Erst-)Erinnerung berechtigt (LG Gießen DGVZ 1989, 184 (auch bei § 766 II ZPO); LG Koblenz MDR 1978, 584). Sie wird durch den Bezirksrevisor oder den Leiter des Rechnungsamts vertreten (LG Lüneburg DGVZ 1981, 125). Die Staatskasse kann auch eine Verjährung des Anspruchs des im Verfahren der Prozesskostenhilfe beigeordneten Anwalts geltend machen. Sie soll allerdings nur bei einer grundsätzlichen Streitfrage eine (Erst-)Erinnerung einlegen, soweit es etwa wegen einer grundsätzlichen Bedeutung der Frage als angemessen erscheint, eine gerichtliche Entscheidung herbeizuführen (KG Rpfleger 1977, 227 (zum GKG)). In anderen Fällen soll die Staatskasse den Weg der Anweisung zur Berichtigung im Verwaltungsverfahren nach § 45 KostVfg wählen. Das kann theoretisch auch noch bis zur Gerichtsentscheidung im Erinnerungsverfahren geschehen.

20 Die Staatskasse kann sowohl dann die (Erst-)Erinnerung einlegen, wenn ihr der Kostenansatz als zu **niedrig** erscheint (LG Gießen JurBüro 1990, 114), als auch dann, wenn er ihr als **zu hoch** erscheint (KG Rpfleger 1977, 227 (zum GKG); LG Gießen JurBüro 1990, 114) oder schlicht unrichtig erscheint (LG Bremen DGVZ 2020, 76). Im letzteren Fall ist die Erinnerung keineswegs eine solche zugunsten des Schuldners, sondern eine solche zugunsten der eigenen sonst mit einer Rückforderung bedrohten Kasse (LG Gießen DGVZ 1989, 184). Der Bezirksrevisor kann sowohl zugunsten der Staatskasse als auch zugunsten des Kostenschuldners Erinnerung einlegen (AG Bühl DGVZ 2018, 262).

21 Eine **Abänderung** im Aufsichtsweg hat ganz andere Voraussetzungen und Folgen als eine gerichtliche Entscheidung, vgl. Nr. 4 DB-GvKostG.

22 **c) Gerichtsvollzieher.** Der Gerichtsvollzieher hat nur ein (Erst-)Erinnerungsrecht, soweit seine eigenen Belange verletzt sind (OLG Hamm DGVZ 1994, 27; LG Konstanz DGVZ 2002, 139; LG Wetzlar DGVZ 1995, 127; Überblick dazu in

Geißler DGVZ 1990, 105). Die persönlichen Interessen des Gerichtsvollziehers sind nicht verletzt, wenn er nur als Vollstreckungsorgan betroffen wird (LG Düsseldorf NJW 1979, 1990) oder wenn sich durch die gerichtliche Entscheidung der Gebührenanteil des Gerichtsvollziehers vermindert (OLG Hamm BeckRS 2015, 05971; OLG Stuttgart DGVZ 2015, 85; OLG Frankfurt a. M. BeckRS 2017, 124003; aA OLG Hamburg BeckRS 1998, 37034; LG Konstanz DGVZ 2002, 139). Im Übrigen ist der Gerichtsvollzieher nicht erinnerungsberechtigt; vgl. auch § 36 KostVfg.

Das Gericht muss die Erinnerung dem Gerichtsvollzieher zur Prüfung vorlegen, ob er der Erinnerung **abhelfen** will. Hilft er nicht ab, muss er die Erinnerung dem Bezirksrevisor vorlegen (Polzius/Kessel DGVZ 2002, 35). Dieser muss prüfen, ob er den Kostenansatz im Verwaltungsweg ändern soll oder muss oder ob er für die Staatskasse ebenfalls eine Erinnerung einlegen muss. Soweit der Gerichtsvollzieher der Erinnerung nicht abgeholfen und der Bezirksrevisor den Kostenansatz auch nicht geändert hat, trifft nach II 1 dasjenige Vollstreckungsgericht die Entscheidung, in dessen Bezirk der Gerichtsvollzieher seinen Amtssitz hat. Das Vollstreckungsgericht wird durch den Amtsrichter tätig. 23

d) Beigeordneter Anwalt. Der im Verfahren der Prozesskostenhilfe beigeordnete Anwalt kann nach § 56 I 1 RVG ebenfalls die (Erst-)Erinnerung einlegen. Es handelt es sich in diesem Fall um Parteikosten. Sie stehen nur äußerlich im Kostenansatz. 24

3. Gegenstand der (Erst-)Erinnerung (II 1). Die (Erst-)Erinnerung richtet sich gegen den Kostenansatz. Dieser besteht in der Aufstellung der Kostenrechnung des Gerichtsvollziehers, die er auch zugunsten der Staatskasse aufgestellt hat. Die Kostenrechnung muss außer der Bezeichnung der Sache folgende Einzelheiten enthalten: Sie muss dem Auftrag entsprechen (OLG Köln BGVZ 2016, 13); sie muss den Kostenansatz im Einzelnen darstellen; sie muss einen etwa gezahlten Kostenvorschuss nennen (OLG Stuttgart Rpfleger 1981, 163); sie muss die angewendete Vorschrift bezeichnen; sie muss den Gesamtbetrag der Kosten nennen; sie muss nach § 27 I, II, III KostVfg den Namen und die Anschrift der Kostenschuldner angeben. 25

Der Kostenansatz ist eine **Einheit.** Deshalb begründet die Unrichtigkeit eines einzelnen Postens nicht die Erinnerung, soweit das Gesamtergebnis richtig ist. Das gilt nur in rechnerischer Hinsicht. Ein offensichtlicher bloßer Rechenfehler lässt sich entsprechend § 319 ZPO berichtigen. Die (Erst-)Erinnerung kann aber auch zum Ziel haben, statt einer Rückerstattung lediglich eine Berichtigung des Kostenansatzes vorzunehmen (KG Rpfleger 1983, 326; OLG Koblenz JurBüro 1993, 425), oder die Nichterhebung von Gerichtskosten nach § 7 zu erreichen. Ein Kostenansatz kann unabhängig davon vorliegen, ob auch schon eine Zahlungsaufforderung ergangen ist. 26

Auslagen umfassen auch die Vergütung der Zeugen und Sachverständigen, KV 703 (BGH NJW 1984, 871). 27

4. Form- und Fristfreiheit; Wert (II 1). Die (Erst-)Erinnerung **vor** dem Erlass der Kostenrechnung ist als Rechtsbehelf nach → Rn. 33 unzulässig verfrüht. Man kann sie aber als eine Anregung zu einer bestimmten Art der Kostenberechnung umdeuten. Die Erinnerung ist **nach** dem Erlass der Kostenrechnung nicht an eine Form oder an eine Frist gebunden. Sie wird nicht durch einen Zeitablauf unzulässig, auch nicht durch die Auftragserledigung. 28

Es ist wie stets eine **Verwirkung** beim Zusammentreffen des sog. Zeitmoments und des sog. Umstandsmoments möglich (OLG Frankfurt a. M. JurBüro 1978, 100). Diese kann vor oder nach einer Verjährung eintreten. Sie bewirkt im Gegensatz zum bloßen Leistungsverweigerungsrecht der Verjährung einen sachlich-rechtlichen Anspruchsuntergang. Das Gericht muss ihn deshalb auch von Amts wegen beachten. 29

Die (Erst-)Erinnerung wird durch eine **Bezahlung** der Kosten nicht unzulässig, solange keine Verjährung eingetreten ist. Man braucht bei der (Erst-)Erinnerung auch noch keine Wertgrenze und noch keinen Mindestwert wie bei der Beschwerde zu beachten. 30

Die (Erst-)Erinnerung **erledigt sich** für die erinnernde Partei, soweit der Gerichtsvollzieher der (Erst-)Erinnerung nach § 35 II KostVfg stattgibt. Eine Zahlungspflicht besteht trotz der (Erst-)Erinnerung weiter, solange nicht auf Grund des Antrags des Erinnerungsführers die Einziehung eingestellt worden ist. 31

32 **5. Beschwer bei (Erst-)Erinnerung im Einzelnen (II 1).** Die (Erst-)Erinnerung rügt eine den Erinnerungsführer beschwerende Verletzung des Kostenrechts irgendwelcher Art bei der Aufstellung der Kosten (BGH NJW-RR 1998, 503; OLG Düsseldorf JurBüro 1985, 1065). Eine den Erinnerungsführer im Ergebnis begünstigende Berechnung beschwert ihn nicht (OLG Karlsruhe JurBüro 2001, 315), ebenso wenig beschwert den Erstschuldner die Inanspruchnahme nur des Zweitschuldners. Die (Erst-)Erinnerung kann sich insbesondere auf die folgenden Situationen erstrecken.

33 **a) Gegen Kostenansatz.** Die (Erst-)Erinnerung kann sich gegen die Zuständigkeit des Kostenbeamten richten. Sie kann sich gegen den Kostenansatz richten (BGH NJW 1992, 1458; OLG Köln JurBüro 1999, 260; LG Lübeck JurBüro 2014, 552). Sie ist nicht schon vor der Aufstellung des Kostenansatzes zulässig (aA KG Rpfleger 1977, 227, aber es gibt keinen Rechtsbehelf gegen eine noch gar nicht vorhandene Entscheidung). Zum Kostenansatz gehören auch die Berücksichtigung der KostVfg (BGH NJW 1992, 1458; OLG Koblenz Rpfleger 1988, 384; OLG Köln JurBüro 1999, 260; aA LG Paderborn JurBüro 1979, 565), und der Wertansatz des Kostenbeamten sowie die Fälligkeit der Kosten. Soweit der Kostenansatz auf einer irrigen Annahme des Streitwerts beruht, kann sich die (Erst-)Erinnerung auch auf diesen Fehler stützen. Die (Erst-)Erinnerung der Landeskasse kann zu einer Nachforderung nach § 6 führen (OLG Düsseldorf Rpfleger 1995, 421).

34 **b) Gegen Auslagenhöhe.** Die (Erst-)Erinnerung kann sich auch gegen die Notwendigkeit und Höhe von Auslagen richten (BGH NJW 2000, 1128; OLG Dresden NJW-RR 2001, 862; aA OLG Düsseldorf (10. ZS) NJW-RR 1998, 1694; OLG Düsseldorf (1. StrS) AnwBl 1983, 462; VG Wiesbaden DRiZ 1994, 346 (aber II 1 gilt gegen „die Kosten")). Dann darf man aber grundsätzlich (Ausnahme: § 7) nicht diejenige Anordnung, die die Auslagen verursacht hat, mit der (Erst-)Erinnerung nach § 5 bemängeln (OLG Düsseldorf AnwBl 1983, 462; OLG Koblenz JurBüro 1993, 425). Denn die (Erst-)Erinnerung ist grundsätzlich nicht auch oder nur gegen die Kostengrundentscheidung statthaft (BGH NJW 1992, 1458).

35 Die (Erst-)Erinnerung ist auch zur Nachprüfung der Berechtigung einer Auslagenforderung einer am Ermittlungsverfahren beteiligten **anderen Behörde** statthaft. Denn der Kostenbeamte würde durch ein solches Verfahren evtl. Art. 19 IV GG verletzen (BVerfG NJW 1970, 853).

36 **c) Gegen Überzahlung.** Zulässig ist auch eine (Erst-)Erinnerung zur Prüfung der Frage, ob Zeugen- oder Sachverständigengelder überzahlt worden sind (OLG Koblenz VersR 1988, 297). Vgl. auch § 4 JVEG. Unzulässig ist eine Einwendung aus dem Mandatsverhältnis, die eine ausgeurteilte Kostentragungspflicht betrifft (BGH NJW-RR 1998, 503).

37 **d) Gegen Zahlungspflicht.** Die (Erst-)Erinnerung kann sich auch gegen eine Frage der Zahlungspflicht richten, also gegen die Notwendigkeit von Vollstreckungskosten oder auch gegen die Heranziehung einer solchen Person, die kein Kostenschuldner ist (OLG Koblenz JurBüro 1993, 425; Polzius/Kessel DGVZ 2002, 34), vor allem also einer Partei kraft Amts als eines persönlichen Kostenschuldners. Die (Erst-)Erinnerung kann sich ferner gegen die Reihenfolge der Inanspruchnahme mehrerer Kostenschuldner richten.

38 **VI. Verfahren bei (Erst-)Erinnerung, II 1, 2. 1. Verfahren des Gerichtsvollziehers.** Zunächst darf und muss der Gerichtsvollzieher prüfen, ob und wieweit er der (Erst-)Erinnerung abhelfen will; → Rn. 23. Er darf den Kostenansatz auch von Amts wegen ändern, auch zum Nachteil des Erinnerungsführers. Das letztere wäre keine Abhilfe.

39 **Mangels einer Abhilfe** muss der Gerichtsvollzieher die Akten unverzüglich (§ 121 I 1 BGB) mit einer begründeten Nichtabhilfeerklärung dem Gericht vorlegen. Fehlt eine solche nachprüfbare Erklärung, gibt das Gericht die Akten dem Gerichtsvollzieher zur Nachholung zurück. Liegt die ausreichende Nichtabhilfeerklärung dem Gericht vor, gelten für dessen Verfahren dann die folgenden Regeln.

40 **2. Zuständigkeit des Gerichts.** Die Zuständigkeit bestimmt sich nach II 1 und § 766 II ZPO. Soweit es um den Ansatz von Kosten der Zwangsvollstreckung (LG Gießen DGVZ 1989, 184; AG Leipzig DGVZ 2015, 137) geht, ist nach § 766 II

ZPO das Amtsgericht – Vollstreckungsgericht zuständig, in dessen Bezirk das Vollstreckungsverfahren stattgefunden hat, §§ 764 II, 802 ZPO, § 62 II ArbGG, § 31 LwVG **(Vollstreckungskostenerinnerung).** Diese Zuständigkeitszuweisung erfolgt aus Gründen des Sachzusammenhangs.

Für alle anderen Erinnerungsverfahren ist das Amtsgericht zuständig, in dessen Bezirk der Gerichtsvollzieher seinen Amtssitz hat. Dies gilt für Erinnerung gegen den Kostenansatz hinsichtlich der Gerichtsvollzieherkosten für Zustellungen und Versteigerungen außerhalb der Zwangsvollstreckung. **41**

Der **Rechtspfleger** entscheidet nach § 4 RPflG über die (Erst-)Erinnerung (zur befristeten Zweiterinnerung → Rn. 71 ff.), soweit er für das zugrunde liegende Geschäft zuständig ist (Niederée DRpflZ 1984, 45), vgl. aber auch § 81 VI 1 Hs. 2 GNotKG. **42**

Es gibt **keine** ohnehin abgeschaffte **Durchgriffserinnerung** (so schon OLG München Rpfleger 1978, 111). Wenn der Bezirksrevisor die (Erst-)Erinnerung einer Prozesspartei für begründet erklärt, prüft das Gericht nur noch, ob § 7 anwendbar ist (LG Berlin MDR 1980, 678). **43**

3. Einlegung, II 2 (§§ 5a, 66 V GKG). a) Form: Schriftlich, zu Protokoll, elektronisch usw. (II 2; §§ 5a, 66 V 1 GKG). Erinnerung sowie jeder weitere Antrag und jede weitere Erklärung beliebiger Art sind schriftlich, zu Protokoll der Geschäftsstelle oder elektronisch usw. einlegbar. Es ist also keine besondere Form notwendig. Eine korrekte Bezeichnung des Rechtsmittels ist ratsam, aber nicht notwendig. Daher ist eine unrichtige Bezeichnung als solche meist unschädlich. Es besteht kein Anwaltszwang. **44**

b) Zuständigkeit: Gericht (II 2; § 66 V 2 GKG). Zur Entgegennahme zuständig ist bei der (Erst-)Erinnerung derjenige Gerichtsvollzieher, dessen Kostenansatz man rügt, und sodann der Urkundsbeamte der Geschäftsstelle bei demjenigen Gericht, das für die Entscheidung über die (Erst-)Erinnerung nach der Nichtabhilfe des Gerichtsvollziehers nunmehr zuständig ist. Örtlich ist jedes AG zur Entgegennahme und zur unverzüglichen Weiterleitung an das richtige Gericht zuständig. Mit einer Zustimmung des Erklärenden kann man ihm die Übermittlung des Protokolls überlassen. **45**

c) Keine Frist (II 2; § 66 II–VIII GKG). (Erst-)Erinnerung ist nach II 2 iVm § 5 III 3 GKG nicht an eine Frist gebunden. **46**

4. Stellungnahme. Einen Erinnerungsgegner gibt es nicht. Weder der Schuldner noch der der Gerichtsvollzieher sind formell am Verfahren beteiligt. Jedoch ist der Schuldner (soweit er nicht selbst, die Erinnerung eingelegt hat) anzuhören, wenn in seine Rechte durch die Erinnerungsentscheidung eingegriffen werden kann (LG Düsseldorf JurBüro 1984, 1734). Zudem hat das Gericht dem Bezirksrevisor als Vertreter der Landeskasse auch dann eine Gelegenheit zur Stellungnahme geben, wenn er keinen eigenen Antrag gestellt hat. Das gilt jedenfalls nach Art. 103 I GG vor einer der Landeskasse nachteiligen Entscheidung. **47**

5. Verhandlung. Das Gericht kann auf Grund einer freigestellten mündlichen Verhandlung entscheiden. Sie kommt aber praktisch kaum vor. Das Gericht muss dem Betroffenen nach Art. 2 I, 20 III GG (Rechtspfleger; BVerfGZ 101, 404), Art. 103 I GG (Richter) vor einer ihm nachteiligen Entscheidung das rechtliche Gehör geben. **48**

6. Entscheidung. Sie ergeht durch einen Beschluss. Er braucht nach § 122 II VwGO grundsätzlich eine Begründung (BeckOk ZPO/Bach ZPO § 329 Rn. 31). Er ergeht nach II 2 (§ 66 VIII 1 Hs. 1 GKG), § 11 IV RPflG gebührenfrei. Er ist aber nicht auslagenfrei (OLG Frankfurt a. M. JurBüro 1978, 1848). Rechtsbehelfsbelehrung, Verstoß: §§ 8a, 59 II 2. **49**

Das Gericht **teilt** den Beschluss dem (Erst-)Erinnerungsführer **formlos mit.** Ein (Erst-)Erinnerungsgegner fehlt. Bei einer Änderung zulasten der Staatskasse macht das Gericht dem zur Vertretung der Staatskasse zuständigen Beamten nach §§ 43, 44 KostVfg eine formlose Mitteilung. Eine förmliche Zustellung ist nach § 329 II 1 ZPO, § 53 I FGO, § 56 I VwGO nicht erforderlich. Es findet nach II 2 (§ 66 VIII 2 GKG) **keine Kostenerstattung** statt. **50**

51 **7. Abänderung von Amts wegen.** Eine Abänderung des Beschlusses von Amts wegen ist unstatthaft. Allerdings ist eine bloße Berichtigung offenbarer Schreib- oder Rechenfehler usw. entsprechend § 319 ZPO zulässig.

52 **VII. Beschwerde (II 2). 1. Zulässigkeit der Beschwerde (II 2; § 66 II 1 GKG). a) Statthaftigkeit.** Gegen den Beschluss des Gerichts über die (Erst-)Erinnerung gibt es eine eigenständige vorrangige Regelung (BGH NJW 1984, 871). Es ist eine einfache nicht fristgebundene Beschwerde zulässig nach II 2 iVm § 67 II 1 GKG (OLG Düsseldorf JurBüro 1995, 45), soweit der in → Rn. 55 ff. erörterte Beschwerdewert vorliegt. Eine Anschlussbeschwerde ist denkbar (Kirchner NJW 1976, 592).

53 Die Beschwerde ist auch dann statthaft, wenn sonstige Beschwerden durch ein **Spezialgesetz** entfallen, zB bei den Verwaltungsgerichten in Wehrpflicht- und Lastenausgleichsachen (aA OLG München BayVBl. 1994, 411). Denn II 2 iVm §§ 67 II ff. GKG bezieht sich nur auf das Verfahren, nicht auf die Statthaftigkeit der Beschwerde, → Rn. 60.

54 **b) Beschwerdeberechtigung. Beschwerdeberechtigt** sind dieselben Beteiligten wie bei der (Erst-)Erinnerung nach → Rn. 13 ff., nicht jedoch der Gerichtsvollzieher selbst (OLG Frankfurt a.M DGVZ 2018, 120). Der Bezirksrevisor vertritt dabei die Staatskasse nach → Rn. 19 ff.

55 **c) Entweder: Beschwerdewert(II 2; § 66 II 1 GKG).** Die Beschwerde setzt nach II 2 iVm § 66 II 1 GKG entweder voraus, dass der Wert des Beschwerdegegenstands 200 EUR übersteigt. Es muss also der abschließende Beschluss im (Erst-) Erinnerungsverfahren, nicht etwa der ursprüngliche Ansatz, den Beschwerdeführer um mehr als 200 EUR beschweren (Schneider JurBüro 1975, 1424). Man kann auch nicht durch eine nachträgliche Antragserweiterung den Mindestbeschwerdewert herbeirechnen. Das alles gilt auch bei der Anordnung eines Vorschusses und ferner bei einem Rechtsmissbrauch (OLG Schleswig SchlHA 1988, 39).

56 Soweit der Beschwerdewert **fehlt,** ist gegen eine vom **Richter** erlassene Entscheidung mangels einer Zulassung nach → Rn. 57 kein Rechtsmittel statthaft. Gegen eine vom **Rechtspfleger** erlassene Entscheidung ist aber nach → Rn. 71 f. die befristete Zweiterinnerung statthaft.

57 **d) Oder: Beschwerdezulassung wegen grundsätzlicher Bedeutung (II 2; § 66 II 2 GKG).** Die Beschwerde ist auch dann statthaft, wenn das Gericht der angefochtenen Entscheidung die Beschwerde wegen einer grundsätzlichen Bedeutung der zur Entscheidung stehenden Frage über den vorliegenden Einzelfall hinaus nach seinem pflichtgemäßen nicht anfechtbaren Ermessen in den Grenzen des Willkürverbots nach II 2 iVm § 66 II 2 GKG bereits in seinem Beschluss zugelassen hat (LG Koblenz FamRZ 2005, 1583). Vgl. dazu auch bei § 66 GKG. Eine nachträgliche Zulassung ist wegen der klaren Worte „in dem Beschluss" in § 66 II 2 GKG nicht statthaft (Schröder-Kay/Gerlach Rn. 27). Das übersieht Meyer Rn. 41. Die erstinstanzliche Zulassung bindet das Beschwerdegericht nach II 2 iVm § 66 III 4 GKG. Es ist keine Nichtzulassungsbeschwerde statthaft.

58 **e) Keine Beschwerde am Obersten Gerichtshof des Bundes (II 2; § 66 II 3 GKG).** Eine Beschwerde an einem Obersten Gerichtshof des Bundes nach Art. 95 GG ist nach II 2 iVm § 66 III 3 GKG nicht statthaft (BGH DGVZ 2018, 118; BGH DGVZ 2018, 187; BGH NJW-RR 2009, 424; LG Karlsruhe DGVZ 2004, 31). Das gilt für die Erstentscheidung eines OLG, LAG (BAG DB 1997, 884), oder eines FG, LSG oder OVG oder VGH. Vgl. auch §§ 190, 192 VwGO. **Weitere Beschwerde** findet nur unter den Voraussetzungen II 2 iVm § 66 IV GKG statt.

59 **f) Keine neue Beschwerde (II 2; § 66 II 1, 2 GKG).** Eine neue Beschwerde ist wegen der zugesprochenen oder aberkannten Posten der Kostenrechnung nach dem Abschluss des Beschwerdeverfahrens nicht mehr statthaft (OLG München MDR 1983, 585).

60 **2. Einlegung der Beschwerde (II 2; §§ 5a, 66 V GKG). a) Form: Schriftlich, zu Protokoll, elektronisch usw. (II 2; §§ 5a, 66 V 1 GKG).** Beschwerde sowie jeder weitere Antrag und jede weitere Erklärung beliebiger Art sind schriftlich, zu Protokoll der Geschäftsstelle oder elektronisch usw. einlegbar. Es ist also keine besondere Form notwendig. Eine korrekte Bezeichnung des Rechtsmittels ist ratsam,

aber nicht notwendig. Daher ist eine unrichtige Bezeichnung als solche meist unschädlich. Es besteht kein Anwaltszwang.

b) Zuständigkeit: Gericht (II 2; § 66 V 2 GKG). Zur Entgegennahme zuständig ist der Urkundsbeamte der Geschäftsstelle bei demjenigen Gericht, das für die Entscheidung über die (Erst-)Erinnerung nach der Nichtabhilfe des Gerichtsvollziehers nunmehr zuständig ist. Die Beschwerde ist stets beim „judex a quo" einzulegen. §§ 129a, 130a ZPO gelten entsprechend nach II 2 iVm § 66 V 1 Hs. 2 GKG. Örtlich ist jedes AG zur Entgegennahme und zur unverzüglichen Weiterleitung an das richtige Gericht zuständig. Mit einer Zustimmung des Erklärenden kann man ihm die Übermittlung des Protokolls überlassen. 61

c) Keine Frist (II 2; (§ 66 II–VIII GKG). Beschwerde ist nach II 2 iVm § 5 III 3 GKG nicht an eine Frist gebunden. 62

3. Entscheidung über die Beschwerde (II 2; § 66 III, VI, VII GKG). a) Abhilfemöglichkeit durch Amtsgericht (II 2; § 66 III 1 GKG). Dasjenige Gericht, das nach → Rn. 40 ff. über die (Erst-)Erinnerung entschieden hat, „hat" evtl. der Beschwerde abzuhelfen. Es muss daher zunächst in seiner eigenen Zuständigkeit prüfen, ob es ganz oder teilweise der Beschwerde abhelfen muss. Dabei kann es notwendig werden, dem Beschwerdegegner vor einer Abhilfe ein rechtliches Gehör nach Art. 103 I GG zu geben, auch um eine Anhörungsrüge zu vermeiden. Das Gericht muss daher seine Nichtabhilfe begründen. Bloße Leerfloskeln wie „aus den zutreffenden Gründen der angefochtenen Entscheidung, an denen das Beschwerdevorbringen nichts ändert" usw. können zumindest dann unzureichend sein, wenn nicht eindeutig erkennbar ist, dass das AG selbst die Begründung der angefochtenen Entscheidung auch wirklich überprüft hat. 63

Deshalb ist wenigstens eine zusätzliche eigene **Kurzbegründung** oder zumindest eine Formulierung wie die folgende ratsam: „aus den zutreffenden Gründen der im Einzelnen auch hier überprüften angefochtenen Entscheidung". Das hat mit einer vermeidbaren Schreibarbeit nichts zu tun, wohl aber mit einer vermeidbaren Zurückverweisung durch das Beschwerdegericht. 64

b) Zuständigkeit des LG (II 2; § 66 III 2 GKG). Über die Beschwerde entscheidet mangels einer Abhilfe durch den Vorderrichter unabhängig vom Instanzenweg der Hauptsache grundsätzlich das LG nach II 2 iVm § 66 III 2 GKG. Im Beschwerdegericht entscheidet der Einzelrichter nach II 2 iVm § 66 VI 1 GKG, soweit er nicht nach § 66 VI 2 GKG das Beschwerdeverfahren dem Kollegium überträgt. Beides ist nach II 2 iVm § 66 VI 4 GKG unanfechtbar. 65

c) Grundsatz: Keine aufschiebende Wirkung (II 2; § 66 VII 1 GKG). (Erst-) Erinnerung und Beschwerde haben grundsätzlich keine aufschiebende Wirkung. Das ergibt sich aus II 2 iVm § 66 VII 1 GKG. Diese Regelung ist als Grundsatz weit auslegbar. Daher ist von ihr nicht schon wegen einer „normalen" wirtschaftlichen Benachteiligung des Beschwerdeführers eine Abweichung zulässig. 66

d) Ausnahme: Anordnung aufschiebender Wirkung (II 2; § 66 VII 2 GKG). Ausnahmsweise ist die Anordnung der aufschiebenden Wirkung der Beschwerde (also nicht der Ersterinnerung) zulässig, soweit die Beschwerde überhaupt statthaft ist (BGH NJW 1992, 1458). Sie kann auf einen Antrag oder von Amts wegen erfolgen. Sie kann nach II 2 iVm § 66 VII 2 GKG ganz oder teilweise geschehen. Diese letztere Möglichkeit bedeutet ein pflichtgemäßes Ermessen (OLG München MDR 1985, 333). Seine Ausübung gehört auch beim Fehlen eines Antrags zu den Amtspflichten. Deshalb sollte das Beschwerdegericht die Unterlassung einer Anordnung in den Akten wenigstens stichwortartig begründen, falls kein Antrag vorliegt. 67

Zuständig ist der Vorsitzende des Erstgerichts oder des Beschwerdegerichts, soweit nicht der Einzelrichter tätig ist. Das Kollegium ist also nicht zuständig. Ein Aufschub in vollem Umfang erfordert noch triftigere Gründe als ein nur teilweiser. Der Beschluss nach II 2 iVm § 66 VII 2 GKG ist unanfechtbar (OLG München MDR 1985, 333). Die Zuständigkeit endet mit der Aktenvorlage beim nächsthöheren Gericht. 68

e) Weiteres Verfahren (II 2; § 66 VI GKG). Das Beschwerdegericht entscheidet auf Grund einer freigestellten mündlicher Verhandlung. Es muss wegen Art. 103 I GG dem Beschwerdeführer eine angemessene Frist zur etwa von ihm angekündigten, 69 wenn auch nicht vorgeschriebenen Beschwerdebegründung setzen und darf nicht vor dem Fristablauf entscheiden (BVerfG Rpfleger 1958, 261). Es muss außerdem den Beschwerdegegner vor einer ihm nachteiligen Entscheidung anhören (BVerfGZ 34, 346). Eine bisher unstatthafte Beschwerde wird durch eine Gehörsverletzung nicht statthaft (BFH BStBl. II 1977, 628). Aaber → Rn. 20. Man kann die Beschwerde auf neue Tatsachen stützen. Das Beschwerdegericht entscheidet grundsätzlich durch den Einzelrichter und erst nach dessen etwaiger Übertragung in voller Besetzung. Im Übrigen gelten nach II 2 iVm § 66 VI GKG, die in der jeweiligen Verfahrensordnung einschlägigen Beschwerdevorschriften, also zB §§ 567 ff. ZPO.

70 **f) Entscheidung (II 2; § 66 VI GKG).** Das Gericht entscheidet stets ohne seine ehrenamtlichen Richter durch einen Beschluss. Der Beschluss verwirft die Beschwerde als unstatthaft oder unzulässig, weist sie als unbegründet zurück oder gibt ihr dadurch statt, dass er entweder das Verfahren zurückverweist oder den Gerichtsvollzieher unter einer Aufhebung der bisherigen Entscheidung(en) anweist, den Kostenansatz zu ändern oder zu berichtigen. Das Beschwerdegericht kann statt einer solchen Anweisung auch selbst den Kostenansatz entsprechend neu fassen. Die Entscheidung braucht nach § 122 VwGO grundsätzlich eine Begründung (BeckOK ZPO/Bach ZPO § 329 Rn. 31). Das Gericht teilt den Beschluss dem Beschwerdeführer nach § 329 I 2 ZPO formlos mit. Wegen der Kosten → Rn. 50.

71 **VIII. Gegen Rechtspfleger mangels Beschwerdewert: Befristete Zweiterinnerung (II 2; § 11 II 1 RPflG, § 66 II 1 GKG).** Rechtsbehelfsbelehrung, Verstoß: §§ 8a, 59 II 2. Soweit der Rechtspfleger über die (Erst-)Erinnerung nach → Rn. 40 ff. entschieden hat und soweit eine Beschwerdemöglichkeit nach II 2 iVm § 66 II 1 GKG, wegen des Nichterreichens des Beschwerdewerts nach → Rn. 55 f. entfällt, muss man wie in den vergleichbaren Fällen § 11 RPflG beachten, also wie bei § 4 JVEG, § 55 RVG.

72 Nach dieser Vorschrift findet dann aus den bei → RVG § 11 Rn. 105 f., erläuterten verfassungsrechtlichen Gründen eine befristete Erinnerung in dem dort → RVG § 11 Rn. 138 ff. erläuterten besonderen Verfahren statt. Über sie entscheidet mangels einer Abhilfe durch den Rechtspfleger sein Richter abschließend. Sie ist also in Wahrheit auch hier eine Zweiterinnerung.

73 **IX. Weitere Beschwerde (II 2; § 66 IV GKG).** Rechtsbehelfsbelehrung, Verstoß: §§ 8a, 59 II 2. Unter den Voraussetzungen II 2 iVm § 66 IV 1–4 GKG kommt eine weitere Beschwerde als Rechtsbeschwerde wegen einer Rechtsverletzung nach §§ 546, 547 ZPO nach ihrer Zulassung durch das LG als Beschwerdegericht wegen einer grundsätzlichen Bedeutung wie bei → Rn. 57 in Betracht (OLG Frankfurt a. M. DGVZ 2016, 83; OLG Schleswig DGVZ 2017, 212). Die Zulassung bindet. Sie kann nach II 2 iVm § 66 IV 1 nicht nachträglich erfolgen. Eine Nichtzulassung ist nach II 2 iVm § 66 III 4 Hs. 2, IV 3 GKG unanfechtbar. Grundvoraussetzung ist auch hier die Beschwer. Liegt diese nicht vor, ist auch eine weitere Beschwerde nicht zulässig (OLG Oldenburg DGVZ 2021, 202). Die Rechtsbeschwerde zum BGH ist unzulässig (BGH DGVZ 2018, 118; BGH DGVZ 2018, 187).

74 **X. Anhörungsrüge (II 2).** Die Vorschrift verweist auf § 69a GKG. Vgl. daher dort.

75 **XI. Keine Notwendigkeit eines Bevollmächtigten (II 2; § 66 V 1 Hs. 1 GKG).** Im Verfahren über die (Erst-)Erinnerung und über die Beschwerde ist keine Mitwirkung eines Bevollmächtigten notwendig. Das gilt unabhängig von einem etwaigen Anwaltszwang im Hauptverfahren (OVG Bautzen JurBüro 1998, 94). Es gilt sowohl im Nichtabhilfeverfahren als auch im Verfahren vor dem Beschwerdegericht, auch vor einem obersten Bundesgericht. Es besteht also weder ein Anwaltszwang noch ein Zwang zur Einschaltung eines sonstigen Bevollmächtigten, soweit nicht das letztere zB wegen Zweifeln an der Geschäftsfähigkeit notwendig ist. Das alles gilt nicht nur für die Einlegung der (Erst-)Erinnerung oder Beschwerde, sondern für das gesamte Verfahren, also auch für eine mündliche Verhandlung vor dem Beschwerdegericht und für eine Rücknahmeerklärung.

76 **XII. Kosten (II 2; § 66 VIII GKG).** Das Verfahren über die (Erst-)Erinnerung und über die Beschwerde ist nach II 2 iVm § 66 VIII 1 GKG grundsätzlich gerichts-

gebührenfrei (BGH NJW 1984, 871). Das Verfahren über eine befristete Zweiterinnerung ist nach § 11 IV RPflG ebenfalls gebührenfrei. Eine Auslagenfreiheit entsteht allerdings jeweils nicht. Wegen der **Anhörungsrüge** → Rn. 74.

Eine **Kostenerstattung** findet nach II 2 iVm §§ 66 VIII 2, 69a VI GKG **nicht** statt. Diese Vorschrift soll neuen Streit verhindern helfen (BGH NJW 1993, 2542; OLG Hamm DGVZ 1994, 27). Sie ist mit dem GG vereinbar (OLG München MDR 1977, 502). Etwa zu berechnende Auslagen trägt der Zahlungspflichtige. Dahin gehören vor allem die durch eine amtliche Ermittlung verursachten Kosten. Alle Ermittlungen geschehen hier von Amts wegen. 77

II 2 iVm § 5 VIII GKG **gilt ausnahmsweise nicht** bei einer schon wegen § 66 IV GKG eindeutig unzulässigen weiteren Beschwerde gegen eine Entscheidung des LG als Beschwerdegericht über Kosten. Vielmehr gilt dann KV 1811 GKG (BGH NJW 2003, 70; OLG Hamm JurBüro 1993, 292, zum alten Recht). 78

Es ergeht keine Entscheidung über eine **Kostenrückzahlung.** Eine solche Rückzahlung müssen der Kostenbeamte oder die Aufsichtsbehörde veranlassen (OLG Koblenz JurBüro 1977, 1430). Der Kassenleiter verfügt sie nach § 91 JKassO. Sie ist also eine reine Verwaltungstätigkeit. 79

XIII. Rechtsbehelfe gegen Vorschuss (III). Rechtsbehelfsbelehrung, Verstoß: §§ 8a, 59 II 2. Dieser Absatz der Vorschrift enthält für den Fall einer Erinnerung oder Beschwerde gegen die Anordnung des Gerichtsvollziehers auf die Zahlung eines Vorschusses nach § 4 eine Verweisung auf II. Es gilt somit § 66 II – VIII GKG entsprechend, damit ist eine Beschwerde an den BGH ausgeschlossen. Mit der Verweisung auf § 766 ZPO ist lediglich die Zuständigkeit gemeint (BGH BeckRS 2018, 31845). 80

XIV. Elektronischer Rechtsverkehr (IV). Für das kostenrechtliche Verfahren gelten im Hinblick auf die elektronischen Akten und Dokumente die gleichen Grundsätze der ZPO, zB §§ 130a–d, 292a, 298 ff., 371 ZPO. 81

XV. ABC zur Beschwer

Anspruch: Eine (Erst-)Erinnerung ist statthaft, soweit es um den Anspruch selbst geht. Auch → „Verjährung“. 82

Aufrechnung: Eine (Erst-)Erinnerung ist statthaft, soweit es um die Aufrechnung mit einer Gegenforderung geht, falls der Gegner die letztere anerkannt oder das Gericht sie nach § 8 I JBeitrG festgestellt hat.

Aufschiebende Einwendung: Nach § 8 II JBeitrG lässt sich eine solche nach §§ 781–784, 786 ZPO nur durch eine Klage geltend machen (OLG München JurBüro 1994, 112).

Auftragserteilung: Eine (Erst-)Erinnerung ist **unstatthaft,** soweit es nur darum geht, ob man überhaupt einen Auftrag erteilt hatte (OLG Koblenz VersR 1985, 672).

Auswärtiger Termin: Eine (Erst-)Erinnerung ist **unstatthaft,** soweit sie sich nur nach § 5 gegen die Notwendigkeit eines solchen Termins richtet (OLG Koblenz VersR 1985, 672).

Duldungspflicht: Eine (Erst-)Erinnerung ist statthaft, soweit es um eine Verpflichtung zur Duldung einer Vollstreckung geht.

Erfüllung: Eine (Erst-)Erinnerung ist statthaft, soweit es um die vom Erinnerungsführer zu beweisende Bezahlung der Kostenschuld geht.

Ermessen: Eine (Erst-)Erinnerung ist nur insoweit statthaft, als es um einen Ermessensmissbrauch geht (Meyer JurBüro 2003, 462).

Kostengrundentscheidung: Eine (Erst-)Erinnerung ist **unstatthaft,** soweit sie nur die dem Kostenansatz zugrundeliegende sog. Kostengrundentscheidung angreift. Sie ist auch nach § 5 die Grundlage des Verfahrens. Sie bindet den Kostenbeamten wie auch das Rechtsmittelgericht (OLG Frankfurt a. M. AnwBl 1988, 179). Allenfalls ist dann § 7 anwendbar.

Nachforderung: Eine (Erst-)Erinnerung ist statthaft, soweit es um eine unberechtigte Nachforderung nach § 6 geht.

Offensichtlicher Gesetzesverstoß: § 7.

Prozess-, Verfahrenskostenhilfe: Eine (Erst-)Erinnerung ist **unstatthaft,** soweit es um deren Bewilligung nach § 119 ZPO oder § 76 FamFG oder um deren Auf-

hebung nach § 124 ZPO, § 76 FamFG geht. Das gilt, obwohl diese Vorschriften Teil des Kostenrechts sind.
Unhaltbarkeit: Wegen einer völligen Unhaltbarkeit der Entscheidung § 7.
Verjährung: Eine (Erst-)Erinnerung ist statthaft, soweit es um die Verjährung nach § 8 geht.
Vorschussanordnung: Vgl. III.

83 **XVI. DB-GvKostG.** Vgl. Nr. 4 DB-GvKostG.

Nachforderung

6 Wegen unrichtigen Ansatzes dürfen Kosten nur nachgefordert werden, wenn der berichtigte Ansatz vor Ablauf des nächsten Kalenderjahres nach Durchführung des Auftrags dem Zahlungspflichtigen mitgeteilt worden ist.

1 **I. Normzweck.** § 6 stimmt mit § 20 GKG, § 19 I FamGKG inhaltlich und mit §§ 20, 52 GNotKG fast wörtlich überein. Vgl. daher auch die dortigen Anm. Eine Hinausschiebung sieht § 6 nicht vor. Die Jahresfrist des § 6 ist eine von Amts wegen zu beachtende Ausschlussfrist. Sie beginnt nach einer ordnungsgemäßen Mitteilung nach → Rn. 7 mit dem ersten Tag desjenigen Jahres, das auf die Durchführung dieses gesamten Auftrags folgt, und endet mit dem Ablauf seines 31.12. Nach § 6 kann man aber Kosten ohne die dort genannte zeitliche Beschränkung dann nachfordern, wenn ein Beteiligter über den Wert arglistig getäuscht hat. Eine Einwendung aus § 6 ist rechtssystematisch eine Erinnerung. Das Verbot einer Nachforderung ist anders als die Einrede der Verjährung nach → Rn. 2 von Amts wegen zu beachten.

2 Die Vorschrift soll verhindern, dass die Staatskasse einen Kostenschuldner noch eine erhebliche Zeit nach der Beendigung der Tätigkeit des Gerichtsvollziehers mit einer solchen Kostennachforderung behelligen kann, deren etwaige Verjährung nach § 8 III 1 Hs. 2 das Gericht nicht von Amts wegen berücksichtigt (Vertrauensschutz). Sie dient damit dem Rechtsfrieden selbst auf Kosten der Gerechtigkeit im engeren Sinn.

3 **II. Voraussetzungen. 1. Unrichtiger Ansatz.** Ein unrichtiger Ansatz liegt wegen des begrenzten Zwecks von § 6 und deshalb anders als bei § 7 im Rahmen von § 6 nur dann vor, wenn der Gerichtsvollzieher den fraglichen Betrag schon früher hätte fordern können und müssen, zB bei einem früher zu niedrigen Wert oder bei einem früher zu geringen Gebührensatz oder beim Übersehen einer Gebühr oder eines Zeitzuschlags oder von Auslagen. Also liegt ein unrichtiger Ansatz vor, wenn die kostenrechtlichen Normen nicht korrekt angewandt wurden.

4 **2. Durchführung des Auftrags.** Für die Zulässigkeit einer Nachforderung kommt es auf den Zeitpunkt des Endes der Durchführung des Auftrags des Gerichtsvollziehers an. Eine Auftragsdurchführung lässt sich nach §§ 3 IV 1, 14 S. 1 beurteilen. Es können mehrere Aufträge vorliegen. Dann muss man die Ausschlussfrist nach → Rn. 1 für jeden Auftrag gesondert berechnen. Ein und derselbe Auftrag kann aber auch mehrere Amtshandlungen notwendig machen. Entscheidend ist also die endgültige Durchführung des Gesamtauftrags einschließlich aller Nebengeschäfte, also zB der Hinterlegung oder Verteilung des Erlöses. Entscheidend ist nicht die Beendigung oder Erledigung einer einzelnen von mehreren Amtshandlungen, allenfalls diejenige der letzten zum Auftrag zählenden Amtshandlung.

5 **Nicht** zu diesen **Nebengeschäften** gehören aber der Kostenansatz nach § 5 und die Einforderung der Gerichtsvollzieherkosten. Ebenso wenig gehört die büromäßige Erledigung nach der GVO und der GVGA zur Durchführung der Nebengeschäfte nach § 6.

6 Im Übrigen muss man also prüfen, ob ein einheitlicher Gesamtauftrag oder nur eine Zusammenfassung **mehrerer selbständiger** Aufträge vorliegt; auch → § 3 Rn. 6. Wie im gesamten GvKostG ist jeder Auftrag gesondert zu betrachten. Dies gilt unabhängig davon, ob der Gerichtsvollzieher für jeden Auftrag eine Kostenrechnung oder für mehrere Aufträge eine Gesamtkostenrechnung erstellt.

3. Mitteilung des berichtigten Kostenansatzes. Maßgeblich für die Fristeinhaltung ist eine gesetzmäßige Mitteilung des berichtigten Kostenansatzes gerade an diesen Zahlungspflichtigen. Sie kann schriftlich entsprechend § 5a GKG, elektronisch, mündlich, telefonisch, auch durch Telefax erfolgen. Für eine rechtzeitige ordnungsgemäße Mitteilung ist die Staatskasse beweispflichtig. 7

Es gibt **keinen Anscheinsbeweis** für den Zugang eines einfachen Briefs (BGH NJW 1978, 886; OLG Hamm NJW-RR 1995, 363; LAG Düsseldorf JurBüro 2004, 389; aA BVerfG NJW 1992, 2217, Absendung und Fehlen einer postalischen Rücksendung „als unzustellbar" = Beweisanzeichen für Zugang, also praktisch als Anscheinsbeweis grundsätzlich problematisch); LG Hamburg VersR 1992, 85 (bei einer Reihe von Schreiben in engem zeitlichen Abstand); Schneider MDR 1984, 281 (aber Vorsicht gegenüber Statistiken der dort mitgeteilten Art: Sie weisen zB nicht aus, wie viele nicht als „Verlust" gemeldete Briefe tatsächlich doch nicht oder doch „falsch" zugingen, wie leider auch manche Gerichtserfahrung beweist. Mancher Bürger hält es mit Recht für meist sinnlos, sich zu beschweren. Er erscheint schon deshalb nicht in solchen Statistiken). Eine Mitteilung an den Erblasser wirkt auch gegenüber seinen Erben. 8

4. Zahlungspflichtiger. Mit dem Zahlungspflichtigen meint § 6 den Kostenschuldner nach § 113. Für jeden Kostenschuldner ist die Frist nach → Rn. 10 gesondert zu betrachten und es kommt darauf an, dass der betroffene Kostenschuldner eine Kostenrechnung zu erhalten hat. 9

5. Frist. Die Rechtzeitigkeit der Nachforderung hängt vom Ablauf desjenigen Kalenderjahres ab, das demjenigen Kalenderjahr folgt, in dem der Auftrag beendet war. 10

III. Rechtsfolge: Nachforderung. Eine Nachforderung liegt nur dann vor, wenn gerade dieser Kostenschuldner schon eine solche Kostenforderung erhalten hatte, die objektiv endgültig ist und die er auch subjektiv für endgültig halten durfte. Dazu zählt nicht eine bloße Vorschussforderung nach § 4 mit oder ohne eine Kostenberechnung oder -schätzung. Wer selbst nach → Rn. 1 zB eine Täuschung beging oder sonst unredlich war, erhält den Schutz des § 6 nicht. Sendet der Gerichtsvollzieher nach einer vorläufigen Kostenrechnung die Vollstreckungsunterlagen zurück, darf der Kostenschuldner davon ausgehen, dass die Kostenrechnung endgültig geworden ist und er kann sich auf den Schutz des § 6 berufen. 11

Keine Nachforderung liegt gegenüber demjenigen von mehreren Kostenschuldnern vor, der noch keine Kostenforderung erhalten hatte. Eine Nachforderung nach § 6 fehlt auch, soweit der neue Gesamtbetrag trotz einer Auswechslung von Einzelposten nicht über den früheren hinausgeht. Somit ist der Kostenschuldner nur vor einem höheren Gesamtbetrag geschützt. 12

IV. Verstoß. Ein Verstoß ist mit der Erinnerung nach § 5 II, III anfechtbar. 13

Nichterhebung von Kosten wegen unrichtiger Sachbehandlung

7 **I [1]Kosten, die bei richtiger Behandlung der Sache nicht entstanden wären, werden nicht erhoben. [2]Das Gleiche gilt für Auslagen, die durch eine von Amts wegen veranlasste Verlegung eines Termins oder einer Maßnahme entstanden sind.**

II [1]Die Entscheidung trifft der Gerichtsvollzieher. [2]§ 5 Abs. 2 ist entsprechend anzuwenden. [3]Solange nicht das Gericht entschieden hat, kann eine Anordnung nach Absatz 1 im Verwaltungsweg erlassen werden. [4]Eine im Verwaltungsweg getroffene Anordnung kann nur im Verwaltungsweg geändert werden.

I. Normzweck. Die Vorschrift schafft als notwendiges Gegenstück zu den Kostenentstehungsregeln eine Korrekturmöglichkeit bei einem fehlerhaften Amtsverhalten durch eine „Vernichtung" des zuvor formell stets entstandenen Kostenanspruchs. Die Norm ist zwingend und entspricht weitgehend § 21 I 1 GKG, § 20 FamGKG, § 21 GNotKG. Sie ist ihnen gegenüber vorrangig (aA AG Bad Neuenahr DGVZ 2006, 183). Der Gerichtsvollzieher muss § 7 von Amts wegen beachten. II 3, 4 entspricht 1 fast wörtlich § 21 II 2, 3 GKG, § 20 II 2 FamGKG, § 21 GNotKG (BVerwG NJW 1983, 898; OLG Köln DGVZ 1989, 138; LG Berlin DGVZ 1983, 41).

2 Ein **Erlass** von Gerichtsvollzieherkosten kommt unabhängig von § 7 nach den Landesgesetzen infrage. Der Gerichtsvollzieher leitet einen etwaigen derartigen Antrag unverzüglich entsprechend weiter.

3 Die Vorschrift erfasst „Kosten“, also nach § 1 I Gebühren wie Auslagen. Sie bezweckt ebenso wie die in → Rn. 1 genannten vergleichbaren Regelungen anderer Kostengesetze im Interesse der Kostengerechtigkeit die Befreiung des Kostenschuldners von Kosten infolge eines fehlerhaften Verhaltens des Gerichtsvollziehers. § 7 ist aber nicht zu weit auszulegen, ebenso wenig wie § 21 GKG, § 20 FamGKG, § 21 GNotKG. Einen über Kosten hinausgehenden Schaden ist im Weg einer Amtshaftung geltend zu machen (zB Anwaltskosten).

4 **II. Voraussetzung. 1. Unrichtige Sachbehandlung (I 1).** Es muss sich um den Fehler einer Amtsperson handeln, also des Gerichtsvollziehers oder/und des Gerichts (AG Erfurt DGVZ 2000, 158), auch der jeweiligen Mitarbeiter, auch der Justizverwaltung. Der Gerichtsvollzieher muss nicht zu diesem Gericht gehören. Der Fehler eines sonstigen Beteiligten (zB Post, Finanzamt) ist unerheblich (LG Berlin DGVZ 1975, 42; AG Wuppertal DGVZ 2007, 77; AG Erfurt DGVZ 2000, 158).

5 Der Gerichtsvollzieher muss gegen geltendes Recht **verstoßen** haben: Der Fehler kann sich auf das sachliche Recht (soweit dem Gerichtsvollzieher überhaupt ein Prüfungsrecht zusteht) oder auf das Verfahrensrecht beziehen, auch auf eine bloße Verwaltungsbestimmung, etwa der GVO oder der GVGA (LG Berlin JurBüro 2000, 376), oder der DB-GvKostG (LG Berlin JurBüro 2000, 549 zum alten Recht), zB kommt ein Verstoß in Betracht bei einer Terminierung an einem Feiertag oder bei nicht rechtzeitiger Terminsaufhebung nach Auftragsrücknahme.

6 Es muss ein **schwerer Fehler** vorliegen (OLG Köln DGVZ 2016, 14; AG Rastatt DGVZ 2000, 31). Er muss stets offensichtlich und eindeutig sein (BGH NJW 1962, 2107; OLG Celle DGVZ 2017, 111; OLG Frankfurt a. M. DGVZ 2016, 84; AG Wiesbaden DGVB 2017, 115). Ein offensichtliches Versehen reicht aus (LG Mainz NJW-RR 1998, 1294). Dagegen ist ein leichter Verfahrensverstoß nicht ausreichend (BGH BeckRS 2005, 06651). Ein Fehler ist offensichtlich, wenn die Fehlerhaftigkeit des Handelns durch den Gerichtsvollzieher auf den ersten Blick erkennbar ist (OLG Celle DGVZ 2017, 110). Ein Verschulden ist nicht erforderlich.

7 Steht eine Amtshandlung im **Ermessen** des Gerichtsvollziehers, so liegt eine unrichtige Sachbehandlung erst vor, wenn der Gerichtvollzieher sein Ermessen überschreitet oder fehlerhaft von seinem Ermessen keinen Gebrauch macht (OLG Frankfurt aM. JurBüro 2022, 432; AG Darmstadt DGVZ 2003, 159).

8 Nicht ausreichend ist eine bloß **unsachgemäße** Behandlung (OLG Düsseldorf DGVZ 2014, 264). Auch eine vertretbare Handlung ist nicht „unrichtig“ (LG Berlin DGVZ 1977, 120). Dies betrifft insbesondere Amtshandlungen, die in Rspr. und Literatur umstritten sind und (noch) nicht obergerichtlich geklärt sind (OLG Düsseldorf DGVZ 2014, 264), soweit sich der Gerichtsvollzieher einer vertretbaren Rechtsmeinung anschließt (KG DGVZ 2015, 27).

9 Der Fehler muss für die Kosten **ursächlich** gewesen sein (LG Berlin DGVZ 1991, 142). Nur der insoweit entstandene Mehrbetrag bleibt unerhoben (LG Berlin DGVZ 1991, 142; LG Düsseldorf JurBüro 2000, 666).

10 **2. Termins- oder Maßnahmenverlegung von Amts wegen (I 2).** Erfolgt die Verlegung eines Termins oder einer Maßnahme auf Wunsch eines Beteiligten, so hat der Kostenschuldner die dadurch entstehenden Mehrkosten zu tragen. Erfolgt die Verlegung jedoch aufgrund einer Entschließung des Gerichtsvollziehers von Amts wegen, so werden die dadurch verursachten Mehrkosten nicht (mehr) vom Kostenschuldner erhoben, → Rn. 19 „Pandemie“.

11 **III. Rechtsfolge: Nichterhebung.** Liegen die Voraussetzungen des I 1 vor, sind diese Kosten vom Kostenschuldner nicht zu erheben (bzw. zu erstatten). Dies betrifft nicht die Kosten, die (auch) bei richtiger Sachbehandlung entstanden wären (LG Düsseldorf JurBüro 2000, 666; AG Haßfurt DGVZ 2008, 80). Soweit der Gerichtsvollzieher bare Auslagen hatte, kann er sich diese im Rahmen des § 7 III GVO aus

der Landeskasse erstatten lassen, soweit der Gerichtsvollzieher die Auslagenentstehung nicht zu verschulden hat.

I 2 entspricht § 21 I 2 GKG und stellt (nun) sicher, dass auch diejenigen Auslagen nicht erhoben werden, die dadurch entstehen, dass ein Termin oder Maßnahme von Amts wegen verlegt wird. 12

IV. Entscheidung des Gerichtsvollziehers (II 1). Der Gerichtsvollzieher darf und muss nach II 1 selbst über die Frage ob eine unrichtige Sachbehandlung vorliegt, entscheiden. Deshalb muss man ihm einen späteren Antrag, eine spätere Anregung oder eine spätere Erwägung zunächst zu seiner Entscheidung vorlegen, schon damit der Gerichtsvollzieher von seiner Abhilfebefugnis Gebrauch machen kann (vgl. Nr. 5 DB-GvKostG zum Verfahren). Die Entscheidung ergeht durch eine Verfügung oder besser einen Beschluss. Diesen muss der Gerichtsvollzieher nachvollziehbar begründen. Denn seine Entscheidung ist nach II 2 iVm § 5 II angreifbar. Er muss seine Entscheidung dem Antragsteller mitteilen. Rechtsbehelfsbelehrung, Verstoß: §§ 8a, 59 II 2. 13

Infolge dieser Zuständigkeit ist der Gerichtsvollzieher befugt und nach §§ 319, 329 ZPO auch wegen des nach → Rn. 1 zwingenden § 7 verpflichtet, einen irrigen Kostenansatz von Amts wegen zu **berichtigen (Abhilfebefugnis).** Wenn er einen Irrtum selbst feststellt oder einen Hinweis auf ihn erhält, darf er die Kosten insoweit nicht mehr selbst erheben. 14

Mit der Anordnung der **Nichterhebung** verliert der Gerichtsvollzieher in ihrem Umfang seine Gebühren und bei einem Verschulden auch den Anspruch auf einen Auslagenersatz. Die Entscheidung wirkt gegen jedermann, auch gegen die Staatskasse. Der Gerichtsvollzieher muss evtl. eine entsprechend berichtigte neue Kostenrechnung anfertigen und zu viel erhobene Kosten zurückzahlen. 15

V. Rechtsbehelfe. Bei den Rechtsbehelfen im Rahmen des § 7 handelt es sich um ein eigenständiges Rechtsmittel (LG Düsseldorf JurBüro 2000, 666). 16

1. Erinnerung usw (II 2). Gegen die Entscheidung des Gerichtsvollziehers ist die (Kosten-)Erinnerung nach II 2, § 5 II entsprechend statthaft (BGH DGVZ 2008, 187). Zu ihr ist auch der Bezirksrevisor für die Staatskasse befugt. Der Gerichtsvollzieher braucht ihn aber nicht schon deshalb von seiner Entscheidung auch nur formlos zu benachrichtigen. Eine Beteiligung des Bezirksrevisors sieht auch Nr. 5 S. 3 DB-GvKostG vor. Von der Kostenerinnerung ist die Vollstreckungserinnerung nach § 766 ZPO abzugrenzen. Entscheidend ist, welcher Fehler gerügt wird. Mit der Kostenerinnerung werden nur kostenrechtliche Fragen geklärt; auch die Aufhebung einer Vollstreckungsmaßnahme führt nicht automatisch zur Nichterhebung der Kosten nach § 7, sondern nur dann, wenn auch die Voraussetzungen nach → Rn. 4 ff. vorliegen. 17

2. Verwaltungsweg (II 3, 4). Die Justizverwaltung „kann", das heißt: darf und muss evtl., nur solange und soweit selbst entscheiden, wie das Gericht nicht bereits nach I, II 1, 2 tätig oder befasst ist (AG Blieskastel DGVZ 2000, 94). Soweit die Justizverwaltung eine Nichterhebung ablehnt, bleibt der Weg nach I, II 1, 2 offen. Soweit die Justizverwaltung eine Nichterhebung anordnet, ist diese Maßnahme nach II 3, 4 nur im Verwaltungsweg abänderbar. 18

VI. ABC zur unrichtigen Sachbehandlung (I)

Abschrift: Unrichtig ist ihre Erteilung ohne Zulässigkeitsprüfung (OLG Celle DGVZ 2016, 158). Fertigt der Gerichtvollzieher die erforderlichen Abschriften selbst, weil diese der Gläubiger nicht eingereicht hat, so liegt hier keine unrichtige Sachbehandlung vor (AG Haßfurt DGVZ 2008, 80; AG Mainz DGVZ 2000, 156). 19

Abweichen von Auftrag: → „Vorpfändung".

Andere Verwertungsart: Unrichtig ist es, dem Gläubiger zu einem Übereignungsantrag nach § 825 ZPO zu raten und trotzdem sofort einen Versteigerungstermin anzuberaumen (LG Berlin DGVZ 1982, 41).

Arbeitshilfe: Die Frage des Ob und die Auswahl obliegen dem pflichtgemäßen Ermessen des Gerichtsvollziehers unter Berücksichtigung der Kriterien „Wirtschaftlichkeit" und „Zuverlässigkeit" der Arbeitshilfe (AG Dillenburg DGVZ 2020, 16). Die Preise von Spediteuren usw. sollten sich innerhalb der örtlichen Tarife bewegen (LG Hannover DGVZ 1985, 76; AG Rastatt DGVZ 2002, 46). Entstehen unnötige Kosten, weil der Gerichtsvollzieher seiner Überwachungspflicht nicht nachkommt, liegt eine unrichtige Sachbehandlung vor (LG Hamburg DGVZ 1999, 185).

Auftragsrücknahme: bei rechtzeitiger Auftragsrücknahme hat der Gerichtsvollzieher von ihm bestellte Arbeitshilfen (zB auch Schlosser) abzubestellen, sonst handelt es sich um unrichtige Sachbehandlung (LG Augsburg BeckRS 2009, 22930; AG Schöneberg DGVZ 2018, 239; AG Bochum DGVZ 2006, 125).

Auftragsüberschreitung: Unrichtig ist eine gebührenpflichtige Handlung dann, wenn der Auftraggeber sie nur „gebührenfrei" beantragt hatte (AG Herford JurBüro 2010, 667).

Beteiligtenklärung: Unrichtig sein kann ihre Unterlassung (AG Leipzig JurBüro 2015, 663).

Covid-19-Pandemie: → „Pandemie"

Desinfektion: Unrichtig sein kann die Erhebung überhöhter solcher Kosten (AG Augsburg DGVZ 2008, 141).

Ermessen: Unrichtig ist eine Sachbehandlung erst bei einer klaren Überschreitung der Ermessensgrenzen (OLG Frankfurt a. M. DGVZ 2016, 84; AG Darmstadt DGVZ 2003, 159; AG Wiesbaden DGVZ 2017, 115). Das gilt auch bei der Art einer Zustellung (AG Schöneberg DGVZ 2018, 218; AG Esslingen JurBüro 2013, 443). Sie darf durchaus persönlich erfolgen (OLG Celle DGVZ 2017, 111 (auch bei § 802f IV ZPO); AG Homburg DGVZ 2015, 29), da die Wahl der Zustellungsart im Ermessen des Gerichtsvollziehers liegt (OLG Celle DGVZ 2017, 110; LG Göttingen BeckRS 2020, 32263; LG Halle DGVZ 2019, 161; AG Duderstadt DGVZ 2020, 153). → „Kostenminimierungsgebot".

Gerichtsfehler: Unrichtig sein kann die Sachbehandlung des Gerichtsvollziehers auch nach einer ebenfalls unrichtigen Auskunft des Gerichts (AG Erfurt DGVZ 2000, 158).

Gütliche Erledigung: Unrichtig sein kann ihr Versuch ohne Anhalt für Erfolg (AG Düsseldorf DGVZ 2018, 21). Ein ausschließliches Angebot einer vom Gläubiger ausdrücklich ausgeschlossenen Zahlungsvereinbarung als gütliche Erledigung ist eine unrichtige Sachbehandlung (OLG Düsseldorf DGVZ 2019, 44; AG Langenfeld BeckRS 2019, 279).

Kostenminimierungsgebot: Direkte Rechtsfolgen leiten sich auch dem Kostenminimierungsgebot nicht ab (BT-Drs. 16/10069), jedoch hat der Gerichtsvollzieher jeden überflüssigen Aufwand zu vermeiden und die Ablehnung eines gewünschten, kostengünstigeren Mittels sachlich zu begründen (vgl. auch OLG Oldenburg DGVZ 2020, 104). Insbesondere die Wahl der Zustellungsart ist auch nicht unter diesem Gesichtspunkt zu beanstanden (AG Schöneberg DGVZ 2018, 218), ebenfalls nicht der erneute Versuch einer gütlichen Erledigung nach erfolglosem Erstversuch, soweit für den Gerichtsvollzieher nicht erkennbar ist, dass der Schuldner eine gütliche Erledigung ausschließt (OLG Oldenburg DGVZ 2020, 104).

Lagerkosten: → „Räumung". Ein stillschweigender Lagervertrag ist aber zulässig (LG Hannover DGVZ 1978, 186).

Nachbesserung: Unrichtig kann die Erhebung von Kosten eines Nachbesserungsverfahrens nach einer ebenfalls unrichtigen Behandlung eines Vermögensverzeichnisses nach § 802f V, VI ZPO sein, soweit der Gerichtsvollzieher die Nachbesserung verschuldet hat (LG Verden JurBüro 2015, 664; AG Perleberg DGVZ 2015, 262; AG Augsburg DGVZ 2008, 127; AG Berlin-Tiergarten DGVZ 2002, 77). Im Übrigen verhindert bereits § 10 I 1 die erneute Gebührenerhebung hinsichtlich der Nachbesserung (→ § 10 Rn. 5, 15), nicht jedoch die Entstehung von entstandenen Auslagen (LG Deggendorf JurBüro 2003, 159). Unrichtig ist eine Umdeutung in einen Neuauftrag (LG Bremen JurBüro 2017, 325; AG Hameln JurBüro 2017, 608).

Pandemie: Zu Zeiten einer Pandemie obliegt es dem Gerichtsvollzieher bereits anberaumte Termine abzusagen bzw. zu verlegen. Hier handelt der Gerichtsvollzieher innerhalb seines Ermessensspielraums, sodass bis zum 31.12.2020 dadurch entstehende Mehrkosten durch den Kostenschuldner für Aufträge zu tragen sind (soweit keine landesrechtlichen Erstattungsregelungen für diesen Fall erlassen sind). Für Aufträge ab dem 1.1.2021 gilt I 2, vgl. § 18.

Pfändung: Unrichtig ist die Einleitung eines Vermögensauskunftsverfahrens nach §§ 802c ff. ZPO vor einer Lohnpfändung (AG Rastatt DGVZ 2000, 31), oder die Unterlassung einer Klärung vor einer Pfändung dazu, ob schon eine zugehörige eidesstattliche Versicherung vorliegt (AG Homburg DGVZ 2000, 94).

Räumung: Wenn es um die Notwendigkeit von Kosten eines Umzugsunternehmens zwecks einer Räumung nach § 885 ZPO oder zwecks einer Einlagerung von Räumungsgut geht, können schon Unklarheiten zur Nichterhebung von diesbezüglichen Kosten führen (LG Hamburg DGVZ 1999, 185; AG Hannover DGVZ 2008, 46). Wusste das Büro des Gerichtsvollziehers von einem Antrag des Gläubigers auf eine Aufhebung der Räumung, musste der Gerichtsvollzieher den Spediteur abbestellen (AG Schöneberg DGVZ 2018, 239; AG Bochum DGVZ 2006, 125). Der Gerichtsvollzieher muss die Notwendigkeit der Lagerkosten nicht nur anhand des Versteigerungserlöses bedenken, sondern auch anhand des Werts der Sachen für den Schuldner (OLG Hamburg MDR 2000, 602; LG Frankfurt a. M. DGVZ 1989, 92; AG Berlin DGVZ 1977, 29). Bei § 759 ZPO können Zeugen auch neben einem Schlosser ratsam sein (AG Wiesbaden DGVZ 2017, 115).

Rechtsprechungsänderung: Unrichtig sein kann die Nichtbeachtung selbst einer erst kürzlichen Rechtsprechung (OLG Celle DGVZ 2016, 158).

Spediteurskosten: → „Räumung“; → „Auftragsrücknahme“.

Terminierung: → „Andere Verwertungsart“.

Unzulässigkeit: Sie darf der Gerichtsvollzieher nicht ungeprüft lassen (OLG Karlsruhe DGVZ 2016, 230).

Unzuständigkeit: Das Tätigwerden eines unzuständigen Gerichtsvollziehers stellt stets eine Falschbehandlung dar (AG Achim BeckRS 2019, 44138; AG Neubrandenburg BeckRS 2017, 145216).

Vermögensauskunft: Unrichtig ist die Umdeutung eines bloßen Ergänzungsantrags nach § 802c ZPO in einen Neuauftrag (AG Hameln JurBüro 2017, 608). → „Nachbesserung“.

Verwaltungsverstoß: Unrichtigkeit kann **fehlen,** soweit der Gerichtsvollzieher nur gegen eine Verwaltungsanordnung und nicht zugleich gegen ein Gesetz verstößt.

Vorpfändung: Unrichtig sein kann eine Überschreitung der von der Anordnung nach § 845 ZPO erfassten Forderungsarten (AG Koblenz DGVZ 2010, 239).

Weisungsbefugnis: Der Gerichtsvollzieher unterliegt der Dienstaufsicht und er hat den sachlichen Weisungen des unmittelbaren Dienstvorgesetzten zu folgen. Andernfalls kann dies eine unrichtige Sachbehandlung begründen. Dagegen ist der Gerichtsvollzieher nicht an die Weisung des Auftragsgebers gebunden, sondern deren Berücksichtigung erfolgt nur im Rahmen der Ermessensausübung, vgl. §§ 31 II, 58 GVGA. Lediglich wenn der Gerichtsvollzieher den Gläubiger jegliche Rechte aus § 58 GVGA abspricht, liegt ein Ermessensfehler vor und somit auch eine unrichtige Sachbehandlung (OLG Koblenz DGVZ 2015, 252).

Weisungswidrigkeit: Unrichtig ist eine Ablehnung entgegen einer nach § 766 ZPO erhaltenen Weisung (AG Bad Neuenahr DGVZ 2006, 183). → „Weisungsbefugnis“.

Widersprüchlichkeit: Unrichtig sein kann ein widersprüchliches Verhalten (LG Berlin JurBüro 2000, 549).

Zustellung: → „Ermessen“; → „Kostenminimierungsgebot“.

VII. DB-GvKostG. Vgl. Nr. 5 DB-GvKostG. 20

Verjährung, Verzinsung

8 **I Ansprüche auf Zahlung von Kosten verjähren in vier Jahren nach Ablauf des Kalenderjahres, in dem die Kosten fällig geworden sind.**

II 1 Ansprüche auf Rückerstattung von Kosten verjähren in vier Jahren nach Ablauf des Kalenderjahres, in dem die Zahlung erfolgt ist. 2 Die Verjährung beginnt jedoch nicht vor dem in Absatz 1 bezeichneten Zeitpunkt. 3 Durch

die Einlegung eines Rechtsbehelfs mit dem Ziel der Rückerstattung wird die Verjährung wie durch Klageerhebung gehemmt.

III [1] **Auf die Verjährung sind die Vorschriften des Bürgerlichen Gesetzbuchs anzuwenden; die Verjährung wird nicht von Amts wegen berücksichtigt.** [2] **Die Verjährung der Ansprüche auf Zahlung von Kosten beginnt auch durch die Aufforderung zur Zahlung oder durch eine dem Kostenschuldner mitgeteilte Stundung erneut.** [3] **Ist der Aufenthalt des Kostenschuldners unbekannt, so genügt die Zustellung durch Aufgabe zur Post unter seiner letzten bekannten Anschrift.** [4] **Bei Kostenbeträgen unter 25 Euro beginnt die Verjährung weder erneut noch wird sie oder ihr Ablauf gehemmt.**

IV **Ansprüche auf Zahlung und Rückerstattung von Kosten werden nicht verzinst.**

1 **I. Normzweck.** § 8 stimmt fast wörtlich mit § 5 GKG, § 7 FamGKG, § 6 GNotKG überein. Die Fälligkeit der Kosten nach § 14 ist in I für den Zeitpunkt entscheidend, von dem ab die Verjährungsfrist zu laufen beginnt. Von der Verjährung ist die Möglichkeit der Nachforderung nach § 6 und eine Verwirkung nach § 242 BGB zu unterscheiden. IV, der §§ 5 IV GKG, 7 IV FamGKG entspricht, klärt eine vorübergehend aufgetretene Streitfrage (aA LG Dresden ZIP 2012, 2521, aber der Gesetzestext ist eindeutig).

2 **II. Verjährung. 1. Kostenansprüche.** Der Anspruch auf Zahlung der Gerichtsvollzieherkosten verjähren gemäß I. Die Verjährungsfrist beträgt vier Jahre. Die Frist beginnt mit Ablauf des Kalenderjahres, in dem die Kosten nach § 14 fällig geworden sind. Da die Gebühren und Auslagen unterschiedlich fällig (→ § 14 Rn. 3, 11) werden, beginnt uU auch die Frist unterschiedlich. Für den Fristbeginn nach I ist nicht der Kostenansatz oder die Übersendung der Kostenrechnung maßgebend, zu beachten ist aber III 2.

3 **2. Rückerstattungsansprüche.** Der Anspruch des Kostenschuldners auf Erstattung von zu viel gezahlten Kosten (zB Vorschuss zu hoch, Kostenansatz unrichtig und berichtigt) verjähren gemäß II. Die Verjährungsfrist beträgt ebenfalls vier Jahre. Die Frist beginnt nach II 1 mit Ablauf des Jahres, in dem die Kosten bezahlt worden. Soweit der Gerichtsvollzieher einen Vorschuss erhoben hat oder eine vorläufige Kostenrechnung erstellt hat, beginnt die Verjährung nicht nach II 1, sondern nach II 2 nicht vor dem Zeitpunkt nach I. Legt der Kostenschuldner einen Rechtsbehelf gegen den Kostenansatz ein, wird die Verjährung nach II 3 gehemmt. Durch den Verweis auf die Klageerhebung in II 3 findet §§ 204 II, 209 BGB Anwendung.

4 **3. Anwendbare Vorschriften.** Nach III 1 Hs. 1 sind die BGB-Normen anzuwenden (§§ 194 ff. BGB). Dies gilt auch für Fristbeginn und Berechnung, sowie für Verjährungshemmung und Verjährungsneubeginn. III 1 Hs. 2 stellt klar, dass auch hinsichtlich der Ansprüche aus diesem Gesetz die Verjährung nicht von Amts wegen zu beachten ist, sondern nur als Einrede gemäß § 214 BGB zu erheben ist. In Erweiterung der BGB-Vorschriften bestimmt III 2, dass für den Verjährungsbeginn auch die Aufforderung zur Zahlung oder durch eine dem Kostenschuldner mitgeteilte Stundung ausreicht. Nach III 3 genügt die Zustellung zur Aufgabe zur Post unter der letzten bekannten Anschrift des Kostenschuldners, wenn dieser nun unbekannten Aufenthalts ist, § 184 ZPO. Ist der Kostenbetrag niedriger als 25 €, gibt es nach III 4 weder Verjährungsneubeginn noch Verjährungshemmung.

5 **III. Verzinsung, IV.** Sowohl Ansprüche auf Zahlung der Gerichtsvollzieherkosten als auch Ansprüche auf Kostenerstattung sind nicht zu verzinsen (zur Begründung: BT-Drs. 14/6855).

Höhe der Kosten

9 Kosten werden nach dem Kostenverzeichnis der Anlage zu diesem Gesetz erhoben, soweit nichts anderes bestimmt ist.

1 **I. Normzweck.** Der den § 3 II GKG, § 3 FamGKG nachgebildete § 9 verweist wie das GKG auf ein amtliches Kostenverzeichnis. Die **formelle Einschränkung** in Hs. 2 ist auf den ersten Blick bedeutungslos. Denn das KV regelt sowohl die Gebüh-

ren als auch die Auslagen umfassend. Gemeint sind aber etwaige noch verbliebene landesrechtliche Besonderheiten.

Die Verwendung eines KV soll einer Vereinheitlichung der Kostengesetze dienen. Ob sie als System sonderliche Vorteile gegenüber der früheren Lösung gebracht hat, lässt sich unterschiedlich beurteilen. Wichtiger ist die im KV als Grundsatz vorhandene Vereinfachung durch Festgebühren. Diese dienen der Prozesswirtschaftlichkeit wie der Rechtssicherheit, manchmal auf Kosten der Kostengerechtigkeit. Ein solches System lässt sich rasch und elegant den wirtschaftlichen Veränderungen anpassen. Auch fallen die Probleme um die richtige Bezifferung eines Werts insoweit weg. 2

II. Kostenverzeichnis (KV), Anlage zu § 9. Das KV ist nach § 20 abgedruckt und erläutert. Nur soweit ein im Kostenverzeichnis genannter Tatbestand erfüllt ist, entstehen entsprechende Gebühren und Auslagen. Der Gerichtsvollzieher ist nicht verpflichtet, in seiner Kostenrechnung die Umsatzsteuer auszuweisen (OLG Frankfurt aM DGVZ 2018, 258). 3

Abschnitt 2. Gebührenvorschriften

Abgeltungsbereich der Gebühren

10 **I [1] Bei Durchführung desselben Auftrags wird eine Gebühr nach derselben Nummer des Kostenverzeichnisses nur einmal erhoben. [2] Dies gilt nicht für die nach Abschnitt 6 des Kostenverzeichnisses zu erhebenden Gebühren, wenn für die Erledigung mehrerer Amtshandlungen Gebühren nach verschiedenen Nummern des Kostenverzeichnisses zu erheben wären. [3] Eine Gebühr nach dem genannten Abschnitt wird nicht neben der entsprechenden Gebühr für die Erledigung der Amtshandlung erhoben.**

II [1] Ist der Gerichtsvollzieher beauftragt, die gleiche Vollstreckungshandlung wiederholt vorzunehmen, sind die Gebühren für jede Vollstreckungshandlung gesondert zu erheben. [2] Dasselbe gilt, wenn der Gerichtsvollzieher auch ohne ausdrückliche Weisung des Auftraggebers die weitere Vollstreckung betreibt, weil nach dem Ergebnis der Verwertung der Pfandstücke die Vollstreckung nicht zur vollen Befriedigung des Auftraggebers führt oder Pfandstücke bei dem Schuldner abhanden gekommen oder beschädigt worden sind. [3] Gesondert zu erheben sind

1. **eine Gebühr nach Abschnitt 1 des Kostenverzeichnisses für jede Zustellung,**
2. **eine Gebühr nach Nummer 430 des Kostenverzeichnisses für jede Zahlung,**
3. **eine Gebühr nach Nummer 440 oder Nummer 441 des Kostenverzeichnisses für die Erhebung von Daten bei jeder der in den §§ 755 und 802l der Zivilprozessordnung genannten Stellen und**
4. **eine Gebühr nach Nummer 600 des Kostenverzeichnisses für jede nicht erledigte Zustellung.**

III [1] Ist der Gerichtsvollzieher gleichzeitig beauftragt, Vollstreckungshandlungen gegen Gesamtschuldner auszuführen, sind die Gebühren nach den Nummern 200, 205, 260, 261, 262 und 270 des Kostenverzeichnisses für jeden Gesamtschuldner gesondert zu erheben. [2] Das Gleiche gilt für die in Abschnitt 6 des Kostenverzeichnisses bestimmten Gebühren, wenn Amtshandlungen der in den Nummern 205, 260, 261, 262 und 270 des Kostenverzeichnisses genannten Art nicht erledigt worden sind.

Übersicht

1 **I. Normzweck.** Die Vorschrift stellt auf der Basis des § 3 und iVm dem KV einem Grundsatz und zahlreiche Ausnahmen auf, die in ihrem jeweiligen Anwendungsbereich und in ihrer Rangordnung untereinander nur mühsam durchschaubar sind. Die Ausnahmen sind so mannigfaltig, dass man sogar mit gutem Grund vom Nebeneinander gleichrangiger Regeln sprechen kann. Diese Umstände zwingen dazu, immer wieder die ganze Vorschrift durchzusehen, um zu erkennen, welcher ihrer Teile im konkreten Einzelfall anwendbar ist. Keine Meisterleistung des Gesetzgebers (Lappe DGVZ 2012, 91).

2 Die Vorschrift bezweckt insgesamt eine möglichst differenzierte Abgeltung je nach dem Aufwand und Schwierigkeitsgrad dann, wenn mehr als eine einzelne Amtshandlung oder eine Handlungsart mehrfach oder für oder gegen mehrere Beteiligte vorkommt. Es wird das Bestreben deutlich, die Beteiligten weder zu günstig noch zu nachteilig zu behandeln. Diese Bemühung um eine Kostengerechtigkeit ist bei der Auslegung mit zu beachten, auch wenn sie in der Handhabung der Vorschrift viel Mühe bedeutet. Man sollte nun aber auch keineswegs zur Vermeidung jeder etwa verbleibenden Härte noch mehr Komplikationen aus dem Gesetzestext herausarbeiten.

3 **II. Sachlicher Anwendungsbereich.** § 10 gilt nur für Gebühren, nicht auch für Auslagen des Gerichtsvollziehers. Das Wegegeld und die Auslagenpauschale des KV 713 können mitbetroffen sein. Jeder Absatz dieser Vorschrift enthält einen in sich geschlossenen Kreis von Tätigkeiten des Gerichtsvollziehers. Dabei enthalten I 2, 3 ebenso wie II, III jeweils speziellere Formen der Tätigkeit mit einem Vorrang vor I 1. Daher sind stets mehrere Prüfungsschritte notwendig.

4 **III. Durchführung desselben Auftrags (I 1).** Grundsätzlich erhält der Gerichtsvollzieher beim Zusammentreffen der folgenden Voraussetzungen insgesamt nur **eine** Gebühr.

5 **1. Durchführung desselben Auftrags.** Er muss zunächst zur Durchführung desselben Auftrags tätig werden (LG Wuppertal Rpfleger 2002, 88; AG Überlingen JurBüro 2003, 385, auch beim Übersehen einer schon erfolgten Durchführung). Wann derselbe Auftrag vorliegt, ergibt sich aus § 3 I, II, Nr. 2 VI DB-GvKostG (AG Duderstadt DGVZ 2018, 124). I 1 regelt nur die Kostenfolgen, (Otto JurBüro 2001, 67). Auch mehrere Vollstreckungstitel mögen nach → § 3 Rn. 5, 41 ff. zu doch nur einem einzigen Auftrag geführt haben (LG Koblenz MDR 2002, 848). Auch eine Ergänzung oder Nachbesserung der Vermögensauskunft zählt nach → § 3 Rn. 31, 32 noch zu demselben Auftrag. Wann er durchgeführt ist oder als durchgeführt gilt, ergibt sich aus § 3 IV. **Unanwendbar** ist I 1 bei mehreren Aufträgen. Dann zählt jeder Auftrag gesondert, auch dann, wenn der Gerichtsvollzieher für mehrere Aufträge insgesamt nur eine Amtshandlung vornimmt. Dies gilt auch im Falle des Versuchs einer gütlichen Erledigung für mehrere Aufträge, unabhängig von der zeitlichen Nähe zur gütlichen Erledigung (OLG Oldenburg DGVZ 2020, 104).

6 **2. Dieselbe Nummer des Kostenverzeichnisses.** Innerhalb desselben Auftrags muss zur Durchführung dieselbe Art von Amtshandlung mehrfach erforderlich geworden sein. Es muss daher an sich jeweils eine Gebühr nach derselben Nr. des KV entstanden sein (AG Überlingen JurBüro 2003, 385). Das gilt auch dann, wenn diese Nr. mehrere Möglichkeiten aufweist, etwa dann, wenn KV 221 sowohl die Weg-

nahme als auch die Entgegennahme erfasst. Für I 1 ist maßgeblich nur die äußere Einordnung unter derselben Nr. des KV.

Unanwendbar ist I 1 bei der Anwendung verschiedener Nr. des KV, zB beim Zusammentreffen einer Pfändung nach KV 205 mit einer Wegnahme nach KV 221. Dann gilt die Vorschrift vielmehr für jede dieser Nr. Die Anwendung mehrerer Nr. kann also zu mehreren Gebühren führen. 7

IV. Abweichung bei Nichterledigung (I 2). In einer Abweichung von → Rn. 4 ff. kommen auch bei der Durchführung desselben Auftrags mehrere Gebühren beim Zusammentreffen der folgenden Voraussetzungen in Betracht. 8

1. Nichterledigte Amtshandlung. Es muss sich um einen derjenigen Vorgänge handeln, die KV 600–604 erfassen, also um eine oder mehrere Nichterledigungen infolge solcher Umstände, die weder in der Person des Gerichtsvollziehers liegen noch von seiner Entschließung abhängig sind (KV Vorb. 6 vor KV 600 S. 1). 9

2. Verschiedene Nummern des Kostenverzeichnisses. Es muss außerdem eine solche Lage eingetreten sein, bei der im unterstellten Erledigungsfall für mehrere Amtshandlungen Gebühren nach verschiedenen Nr. des KV außerhalb von KV 600–604 anfallen würden. Der Begriff der Amtshandlung richtet sich nach § 3 I 1, 2. Somit können mehrere Nichterledigungsgebühren innerhalb eines Auftrags entstehen. In analoger Anwendung des I 2 entstehen auch dann mehrere Nichterledigungsgebühren, wenn die Erfolgsgebühr ebenfalls mehrfach anfallen würde (zB KV 230 für die Wegnahme mehrerer Personen (vgl. dazu BeckOK KostR/Herrfurth Rn. 6). 10

V. Kein Nebeneinander von KV 600–604 und anderen Nummern des Kostenverzeichnisses (I 3). Die Regelung → Rn. 10 und nur sie tritt dann nicht ein, wenn eine Gebühr nach KV 600–604 neben einer solchen Gebühr entstehen würde, die für die Erledigung der Amtshandlung anfallen würde. Gemeint ist damit: Der in → Rn. 5, 6 dargestellte Grundsatz, dass innerhalb desselben Auftrags dieselbe Gebühr nur einmal entsteht, tritt wieder in Kraft, soweit eben innerhalb desselben Auftrags eine Nichterledigung und eine Erledigung derselben einzelnen Amtshandlung zusammentreffen, etwa zunächst ein oder mehrere vergebliche Pfändungsversuche, dann aber eine erfolgreiche Pfändung (LG Oldenburg DGVZ 2020, 80). I 3 ist in den Fällen, in denen eine KV-Nr. innerhalb eines Auftrags mehrfach entstehen kann (zB KV 230), pro Gebührenanfall und nicht pro KV-Nr. entsprechend anzuwenden 11

Keine Gebührenüberhebung ist das Ziel dieser Regelung. Ob sie dem Aufwand an Zeit und Mühe entspricht, mag fraglich sein, jedoch führt einzig I 2 iVm KV 500 zu einer gesonderten Vergütung für einen (zeitlichen) Mehraufwand. Soweit die Gebühr für die Nichterledigung bereits erhoben wurde, ist diese Gebühr auf die Erledigungsgebühr zu verrechnen. I 3 gilt auch bei einer teilweisen Erledigung, wenn derselbe Auftrag aufgrund einer Teilrücknahme im Übrigen nicht erledigt wird (BT-Drs. 14/3432, 27). 12

Soweit bereits die Nichterledigungsgebühr abgerechnet wurde, so hat im Fall des I 3 eine **Anrechnung** zu erfolgen. Dies gilt nur im Hinblick auf dieselbe Amtshandlung und nicht, wenn mehrere Amtshandlungen betroffen sind. Die Anrechnung erfolgt also nur innerhalb desselben Gebührentatbestands (LG Oldenburg DGVZ 2020, 80). 13

VI. Wiederholung einer Vollstreckungshandlung (II 1). In einer Abweichung vom Grundsatz → Rn. 5, 6 entstehen innerhalb desselben Auftrags sogar innerhalb derselben Nr. des KV zwei oder mehr Gebühren, soweit der Auftrag des Gläubigers auf die wiederholte Vornahme der gleichen Vollstreckungshandlung lautete. Vollstreckungshandlung ist zunächst jede Amtshandlung nach KV 200–270 (Abschnitt „Vollstreckung"), aber vernünftigerweise auch nach KV 300–310 (Abschnitt „Verwertung", die mit zur Vollstreckung gehört, weil sie ebenfalls zur Befriedigung des Gläubigers führen soll). Die erste Amtshandlung darf nicht nach → § 7 Rn. 19 „Nachbesserung" unrichtig gewesen sein. 14

Schon ein **einziger** Auftrag nach § 3 I reicht, soweit er eben von vornherein auf eine notfalls wiederholte Vollstreckungshandlung erging. Hat der Gläubiger eine Wiederholung erst durch einen gesonderten weiteren Auftrag erbeten, ist eine weitere Gebühr schon nach § 3 I entstanden. Dies liegt nicht vor, wenn Gläubiger 15

Verfahren einstweilen eingestellt hat und nicht Wiederholung der gleichen Vollstreckungshandlung beauftragt, sondern nur die **Fortsetzung der eingestellten Vollstreckungshandlung** beantragt (AG Bühl DGVZ 2018, 262). Letzteres gilt auch, wenn eine Räumung aufgrund des Gläubigers befristet ausgesetzt wird und dann fortgesetzt wird. Dies ist gerade kein Fall des II 1, sondern die Fortsetzung einer unterbrochenen Vollstreckungshandlung (auch → § 3 Rn. 5).

16 **„Gleiche"** Vollstreckungshandlung ist weiter gefasst als „dieselbe", meint aber nur: dieselbe Zielrichtung, dieselbe Art des Vorgehens. Nach der Gesetzesbegründung liegt kein Fall des II 1 vor, wenn der Gerichtsvollzieher sowohl in der Wohnung als auch im Geschäftslokal des Schuldners einen Pfändungsversuch vornimmt (BT-Drs. 14/3432, 27).

17 **Je einzelne** Vollstreckungshandlung (Amtshandlung zwecks Vollstreckung) entsteht bei ihrer Wiederholung eine Gebühr, und zwar eben aus derselben Nr. des KV. Insoweit hat II 1 als Spezialvorschrift den Vorrang vor I.

18 **VII. Weitere Vollstreckung (II 2).** Auch dann, wenn der Gerichtsvollzieher ohne eine Wiederholung der gleichen Vollstreckungshandlung nach → Rn. 14 die Vollstreckung auf eine andere Weise fortsetzt, können in einer Abweichung vom Grundsatz → Rn. 5, 6 innerhalb desselben Auftrags sogar im Bereich derselben Nr. des KV mehrere Gebühren entstehen, soweit die folgenden Voraussetzungen zusammentreffen.

19 **1. Mit oder ohne ausdrückliche Weisung.** Es ist unerheblich, ob der Gerichtsvollzieher mit oder ohne eine ausdrückliche Weisung handelt. Das kommt schon im Wort „auch" in II 2 zum Ausdruck. Es reicht, dass derselbe Auftrag vorliegt und dass er die „weitere" Vollstreckung betreibt.

20 **2. Keine Befriedigung oder Abhandenkommen oder Beschädigung.** II 2 greift ein, wenn es entweder nicht zur vollen Befriedigung des Auftraggebers oder ein Pfandstück abhandengekommen oder beschädigt worden ist. Aufgrund des Verbots der Überpfändung gemäß § 803 ZPO hat der Gerichtsvollzieher bei einer Pfändung den erzielbaren Verwertungserlös zu schätzen. Bleibt der Erlös hinter der Schätzung zurück, so kann eine erneute Pfändung beim Schuldner notwendig sein. II 2 gilt auch, wenn aufgrund eines erfolglosen Verwertungstermins ein weiterer nötig ist. Soweit Pfandstücke nach einer Pfändung im Gewahrsam des Schuldners nach § 808 ZPO belassen werden und beschädigt werden oder abhandenkommen, kann ebenfalls eine weitere Pfändung notwendig werden.

21 **VIII. Zustellung, deren Nichterledigung, Entgegennahme einer Zahlung, Auskunft (II 3 Nr. 1–4).** Die Gebühren KV 100–102, 440, 441, 600 sowie die Hebegebühr KV 430 entstehen stets für jede Zustellung oder deren Nichterledigung, für die Einholung jeder Datenerhebung nach §§ 755, 802l ZPO und für jede Zahlung in Abweichung von I 1 gesondert. Das gilt unabhängig von der Höhe der einzelnen Zahlung und von ihrem Prozentsatz zur Gesamtforderung. Man kann eine binnen kürzester Zeit folgende Zahlung je nach den Umständen grundsätzlich als eine weitere, die Gebühr KV 430 erneut auslösende Zahlung oder ausnahmsweise als einen Bestandteil der vorangegangenen Zahlung bewerten. II 3 Nr. 3 gilt **nicht** für die Gebühr nach KV 442. Das Nichterwähnen der KV 300 scheint ein gesetzgeberisches Versehen zu sein (dazu → KV 300 GvKostG Rn. 13 f.).

22 Dabei kommt es zB darauf an, ob der Zahlende diese sogleich nachfolgende weitere Zahlung bei der vorangehenden **angekündigt** hat, ob er etwa nur das restliche Geld aus dem Pkw oder aus einen anderem Raum holen wollte, oder ob er sich bei der Bereitstellung um einen Teilbetrag geirrt hatte und diesen nun sofort ebenfalls herbeischaffen will und herbeischafft. Ein neuer Zahlungsentschluss dürfte jedenfalls durchweg auch eine weitere Zahlung nach II 3 auslösen.

23 **IX. Gesamtschuldner (III 1, 2).** Bestimmte Gebühren entstehen auch innerhalb desselben Auftrags in einer Abweichung von → Rn. 5, 6 mehrfach, soweit die folgenden Voraussetzungen zusammentreffen.

24 **1. Gleichzeitigkeit des Auftrags (III 1).** Der Gerichtsvollzieher muss wegen der Gesamtschuldner den Auftrag gleichzeitig erhalten haben, also nicht nacheinander. Ob eine Gleichzeitigkeit vorliegt, muss man nach den Umständen beurteilen. Dersel-

be Tag bedeutet durchweg eine Gleichzeitigkeit (AG Wuppertal DGVZ 2007, 159). Wenige Tage dürften meist noch gleichzeitig sein (LG Göttingen DGVZ 2003, 9 (zu § 3); Kessel DGVZ 2007, 68). 6 Wochen sind zu viel Zeitabstand (AG Bonn DGVZ 2007, 79). Hat der Auftraggeber den Namen eines weiteren oder mehrerer weiterer Gesamtschuldner offensichtlich zunächst mitzuteilen vergessen und holt er diese Information unverzüglich nach, dürfte oft ein gleichzeitiger Auftrag vorliegen.

Teilt er aber mit, er habe sich nun doch noch entschlossen, zusätzlich gegen einen 25
weiteren Gesamtschuldner vorzugehen, liegt **keine** Gleichzeitigkeit mehr vor. Beschränkt er den Auftrag endgültig von vornherein auf einen Teil der objektiv vorhandenen oder möglichen Gesamtschuldner, dürfte eine Gleichzeitigkeit vorliegen. Ob Gesamtschuldner vorliegen, muss man wie stets nach §§ 421 ff. BGB beurteilen. Die Verbindung einer Unbedingtheit und Bedingtheit etwa bei § 845 ZPO reicht nicht zur Gleichzeitigkeit (AG Frankfurt a. M. DGVZ 2002, 31).

2. Ausführung von Vollstreckungshandlungen (III 1). Der gleichzeitige Auf- 26
trag muss sich auf die Ausführung einer oder mehrerer Vollstreckungshandlungen gegen die in → Rn. 24 f. genannten Gesamtschuldner richten. Es muss nicht bei jedem der betroffenen Gesamtschuldner um dieselbe Art von Vollstreckungshandlung gehen. Denn III 1 spricht nur schlechthin von Vollstreckungshandlungen. Daher kann der Auftrag auch auf die Vornahme wiederholter Vollstreckungshandlungen nach II 1 oder auf weitere solche Handlungen nach II 2 lauten. In beiden Fällen hat bei Gesamtschuldnern III 1 als eine Spezialvorschrift den Vorrang vor II 1, 2.

3. Gesonderte Gebühren je Gesamtschuldner (III 1, 2). Unter den Voraus- 27
setzungen → Rn. 24, 26 entstehen die Gebühren KV 205, 260, 261, 262, 270 für jeden Gesamtschuldner in Abweichung von I 1 gesondert. Das gilt nach III 1 bei einer der Durchführung und nach III 2 bei einer Nichterledigung, sofern die dann zusätzlichen Bedingungen der KV Vorb. 6 vor KV 600 vorliegen.

Tätigkeit zur Nachtzeit, an Sonnabenden, Sonn- und Feiertagen

11 Wird der Gerichtsvollzieher auf Verlangen zur Nachtzeit (§ 758a Abs. 4 Satz 2 der Zivilprozessordnung) oder an einem Sonnabend, Sonntag oder Feiertag tätig, so werden die doppelten Gebühren erhoben.

I. Normzweck. Die Vorschrift berücksichtigt die oft beträchtliche Mehrarbeit 1
oder Erschwernis, die eine Amtshandlung zu den genannten Zeiten erfahrungsgemäß verursacht.

II. Voraussetzung. Die Norm gilt, wenn der Gerichtsvollzieher eine gebühren- 2
pflichtige Tätigkeit zur Nachtzeit (→ Rn. 4) oder nicht an einem Werktag (→ Rn. 5 ff.) auf Verlangen einen Beteiligten (→ Rn. 10 ff.) mit der ggf. notwendigen gerichtlichen Genehmigung (→ Rn. 13) vernimmt. Keine Voraussetzung für § 11 ist die Erledigung des Auftrags, somit unterfällt auch die Nichterledigung in den Anwendungsbereich (→ Rn. 14).

Die in § 11 geregelte Verdoppelung nur der Gebühren und daher nicht auch der 3
Auslagen tritt bei jeder solchen gebührenpflichtigen Hauptgeschäfts-Amtshandlung des Gerichtsvollziehers ein, die er persönlich und nicht etwa durch eine Hilfskraft in den genannten Zeiträumen vornimmt. Das gilt innerhalb wie außerhalb der Zwangsvollstreckung. Sie erfasst nicht die vom Gerichtsvollzieher ordnungsgemäß benötigte und veranlasste Tätigkeit seiner Hilfskräfte.

1. Nachtzeit. Der Gerichtsvollzieher muss zur Nachtzeit nach § 758a IV ZPO 4
eine Amtshandlung vorgenommen haben. Die Nachtzeit umfasst nach § 758a IV 2 ZPO, § 33 GVGA ganzjährig die Stunden von 21 bis 6 Uhr. Das gilt auch außerhalb der ZPO.

2. Sonnabend, Sonn- und Feiertag. Es reicht auch aus, dass der Gerichtsvoll- 5
zieher, auch nur teilweise, an einem Sonnabend, Sonn- oder Feiertag tätig geworden ist. Ein Sonnabend ist wegen der Arbeitszeitverkürzung für die meisten Menschen arbeitsfrei (BT-Drs. 14/3432, 27). Daher bringt er eine dem Sonntag oder Feiertag vergleichbare Mehrarbeit für den Gerichtsvollzieher mit sich. Die folgenden Hin-

weise gelten auch beim Notar nach KV 26000 ff. GNotKG. Maßgebend ist der Ort der Vollstreckungshandlung (BAG NJW 1989, 1181).

6 In **ganz Deutschland** gelten folgende Tage als Feiertage: Neujahr; Karfreitag; Ostermontag; 1.5.; Himmelfahrt; Pfingstmontag; Tag der Deutschen Einheit; 1. und 2. Weihnachtstag (nicht aber auch der 24.12. als solcher (OVG Hamburg NJW 1993, 1941)) → GNotKG KV 26000 Rn. 5.

7 Der **Sonnabend** vor Ostern ist kein Feiertag. Ebenso wenig ist derjenige durch eine etwaige Verwaltungsanordnung bestimmte Sonnabend ein Feiertag, an dem nur ein Sonntagsdienst stattfindet. Ebenfalls kein Feiertag sind Brauchtumstage (zB Silvester) oder rein religiöse (Feier)Tage (zB Heilig Abend).

8 Je nach dem **Landesrecht** gelten ferner folgende Tage als Feiertage. Dabei ist maßgeblich derjenige Ort, an dem die Prozesshandlung erfolgen soll (BAG NJW 1989, 1181) und sodann der Sitz der jeweils im Einzelfall zuständigen auswärtigen Abteilung usw (BAG NJW 1989, 1181): Heilige Drei Könige bzw. Erscheinungsfest bzw. Epiphanias (6.1.); Fronleichnam (19.6.); Mariä Himmelfahrt (15.8.) (VGH Bayern NJW 1997, 2130); Weltkindertag (20.9.); Reformationstag (31.10.); Allerheiligen (1.11.). Hinzu kommen einige lokale Besonderheiten (zB Friedensfest (8.8.) in Augsburg).

9 Die **Länder** haben die bei → GNotKG KV 26000 Rn. 7 aufgeführten und hier ebenso geltenden Feiertagsgesetze erlassen.

10 **3. Verlangen des Beteiligten.** In jedem der beiden Fälle → Rn. 4 oder → Rn. 5 ff. muss der Gerichtsvollzieher gerade auf Grund des entsprechenden vorherigen Verlangens eines Beteiligten (Gläubiger oder Schuldner) tätig geworden sein. Das Verlangen mag sich auf eine einzelne Amtshandlung oder auf alle zur endgültigen Erledigung des Auftrags notwendigen Maßnahmen beziehen. Es kann auch ein Verlangen mehrerer Beteiligter vorliegen (LG Aachen JurBüro 2003, 212 (213)). Dieses Verlangen muss nicht ausdrücklich, aber eindeutig sein. Es kann sich auch aus einem Verhalten des Beteiligten ergeben, etwa aus einer Zahlung an einem solchen Tag (LG Aachen JurBüro 2003, 212 (213)). Eine besondere Form ist also nicht erforderlich. Eine spätere Genehmigung durch einen der Beteiligten reicht nicht aus.

11 § 11 ist also unanwendbar, soweit der Gerichtsvollzieher eine Amtshandlung zu den dort genannten Zeiten **ohne ein vorheriges Verlangen** vornimmt. Wenn er nur ein Nebengeschäft zu diesen Zeiten vornimmt, löst das die Verdoppelung ebenfalls nicht aus. Es ist jeweils unerheblich, ob der Schuldner oder der sonstige Betroffene eine Einwendung erhebt.

12 **Unerheblich** ist, ob derjenige Einwendungen hat, bei dem der Gerichtsvollzieher die Amtshandlung vornimmt.

13 **4. Gerichtliche Genehmigung.** Es muss außerdem eine etwa nach dem Gesetz erforderliche gerichtliche Genehmigung zB nach § 758a ZPO unabhängig von einer etwaigen Anregung des Gerichtsvollziehers rechtzeitig wirksam vorliegen. Andernfalls wäre die Amtshandlung des Gerichtsvollziehers insofern unwirksam. Er dürfte nach § 7 I schon deshalb weder eine Gebühr noch gar eine doppelte Gebühr erheben. Das gilt grundsätzlich auch dann, wenn er eine persönliche Zustellung ohne die erforderliche Genehmigung vorgenommen hat. Diese Zustellung kann aber nach § 758a IV 2 ZPO dennoch dann gültig geworden sein, wenn der Empfänger die Annahme nicht verweigert. Dann darf der Gerichtsvollzieher eine Gebühr und daher auch ihre Verdoppelung nach § 11 fordern. Eine Zustellung durch die Übergabe an die Post usw. oder durch die Aufgabe zur Post, KV 101, ist von der Zeit unabhängig.

14 **5. Nichterledigung.** Eine Verdoppelung der Gebühr zB nach KV 270 kommt dann nicht in Betracht, wenn der Gerichtsvollzieher die Durchführung einer Maßnahme im Rahmen des § 11 versucht hat, wenn der Versuch aber misslungen ist. Dann gilt vielmehr die eigene Gebühr KV 604.

15 **III. Rechtsfolge. 1. Gebührenverdoppelung.** Es entsteht eine doppelte Gebühr und nicht etwa zweimal eine einfache Gebühr. Das gilt für die Grundgebühr immer, auch wenn nur ein Teil der Amtshandlung in die Nachtzeit oder auf einen Sonnabend, Sonn- oder Feiertag fällt. Die Verdoppelung gilt für den Zeitzuschlag nur

insoweit, als die nach KV 500 zusätzlich höher bewertbaren Stunden in die in § 11 genannten Zeiträume fallen (→ KV 500 Rn. 8).

Wenn der Gerichtsvollzieher die Amtshandlung sowohl während der Nachtzeit als 16 auch an einem Sonn- oder Feiertag vornimmt, darf er gleichwohl nur eine Verdoppelung der Gebühren fordern, nicht etwa ihre Vervierfachung (keine Mehrfachverdopplung).

2. Auslagenersatz. Der Anspruch auf den Ersatz der Auslagen nach KV 700 ff. 17 steht dem Gerichtsvollzieher unabhängig davon zu, ob die mit den Auslagen verbundene Handlung in die in § 11 genannten Zeiträume gefallen ist. Insoweit erhöht sich die Vergütung nur, falls eben Auslagen am Sonntag usw. höher sind. Die Pauschale nach KV 716 wird aus der verdoppelten Gebühr berechnet.

Siegelungen, Vermögensverzeichnisse, Proteste und ähnliche Geschäfte

12 Die Gebühren für Wechsel- und Scheckproteste, für Siegelungen und Entsiegelungen, für die Aufnahme von Vermögensverzeichnissen sowie für die Mitwirkung als Urkundsperson bei der Aufnahme von Vermögensverzeichnissen bestimmen sich nach den für Notare geltenden Regelungen des Gerichts- und Notarkostengesetzes.

I. Normzweck. Die Vorschrift dient der Vereinfachung. Sie gelingt formell mit- 1 hilfe der Verweisungstechnik. Die in Bezug genommenen Bestimmungen anderer Gesetze sind so auslegbar wie zB zum GNotKG, bei den einzelnen Vorschriften im GNotKG KV dargestellt. Der Sache nach muss man das Ziel beachten, die Vergütung der Tätigkeiten des Gerichtsvollziehers denjenigen des Gerichts oder des Notars in jenen anderen Fällen zwecks einer Kostengerechtigkeit anzugleichen.

II. Voraussetzung. Die Vorschrift gilt grundsätzlich nur für Gebühren. Für die 2 Auslagen gelten KV 700 ff. Voraussetzung für das Entstehen einer Gebühr nach § 12 ist nach § 1 I, dass der Gerichtsvollzieher nach der jeweiligen landesgesetzlichen Regelung sachlich und örtlich zuständig ist.

Baden-Württemberg: § 13 AGGVG v. 16.12.1975, zuletzt geändert am 3 6.10.2020 (GBl. S. 735, 784); **Bayern:** Art. 17, 18 AGGVG; **Berlin:** Art. 12 AGGVG; **Brandenburg:** § 10 BbgGerOrgG vom 19.12.2011, GVBl. I/11; **Bremen:** §§ 21, 22 AGGVG vom 21.8.1974, Brem.GBl. 1974, S. 297, zuletzt geändert am 25.11.2014, Brem.GBl. 2014, S. 639; **Hamburg:** §§ 47, 76, 78 BGBAG HA, § 2 GVollzG HA vom 21.3.1951, zuletzt geändert am 1.9.2005, HmbGVBl. 2005, S. 377, 382; **Hessen:** § 10 HAGFamFG vom 23.7.2015, GVBl. 2015, S. 315; **Mecklenburg-Vorpommern:** § 10 GerStrukGAG MV vom 10.6.1992, GVOBl. M-V 1992, S. 314, zuletzt geändert am 11.11.2013, GVOBl. M-V 2013, S. 609, 611; **Niedersachsen:** § 57 NJG vom 16.12.2014, Nds. GVBl. 2014, S. 436, zuletzt geändert am 11.11.2020, Nds. GVBl. 2020, S. 391; **Nordrhein-Westfalen:** § 30 JustG NRW vom 26.1.2010, GV.NRW 2010, S. 30, zuletzt geändert am 1.9.2020, GV.NRW 2020, S. 818; **Rheinland-Pfalz:** § 9 AGGVG vom 6.11.1989, GVBl. 1989, S. 225, zuletzt geändert am 3.9.2018, GVBl. 2018, S. 276; **Saarland:** § 12 SAG GVG vom 4.10.1972, Amtsbl. 1974, S. 601, zuletzt geändert am 30.11.2016, Amtsbl. 2017, S. 79; **Sachsen:** § 17 SächsJG vom 24.11.2000, SächsGVBl. 2000, S. 482, zuletzt geändert am 11.5.2019, SächsGVBl. 2019, S. 358; **Sachsen-Anhalt:** Nr. 10, Nr. 11.4 ErgGVGA vom 22.7.2014, JMBl. LSA 2014, S. 133, zuletzt geändert am 19.6.2017, JMBl. LSA 2017, S. 91; **Schleswig-Holstein:** § 33 LJG vom 17.4.2018, GVOBl. 2018, S. 231; **Thüringen:** §§ 13, 13a ThürAGGVG vom 12.10.1993, GVBl. 1993, S. 612, zuletzt geändert am 10.10.2019, GVBl. 2019, S. 382.

Der Gerichtsvollzieher ist somit für die Aufnahme eines Scheck- oder Wechsel- 4 protests, § 157 Abs 2 GVGA iVm Art. 79 WG und Art. 55 Abs. 3 ScheckG (Details: BeckOK KostR/Herrfurth Rn. 5 ff.). Zudem ist der Gerichtsvollzieher zuständig für die Siegelung und Entsiegelung, sowie für Vermögensverzeichnisse. Zu diesen zählen die Verzeichnisse nach → GNotKG KV 23500 Rn. 1, nicht aber das Vermögensverzeichnis nach § 802c ZPO oder die Verzeichniserstellung nur zur Vorbereitung des Pfandverkaufs nach § 187 GVGA. Hier verbleibt es jeweils bei den Gebühren nach diesen KV. Der Wert bei Anwendung des § 12 bestimmt sich nach §§ 46, 115 GNotKG (maßgebend ist der Wert der verzeichneten Sachen).

5 Abweichend von § 11 gilt im Rahmen des § 12 die Unzeitgebühr nach KV 26000 GNotKG (→ GNotKG KV 26000 Rn. 1 ff.).

6 **III. Entsprechende Anwendung des GNotKG.** Die im § 12 genannten Amtsgeschäfte können auch durch das Gericht oder den Urkundsbeamten der Geschäftsstelle oder durch den Notar erfolgen. § 12 gleicht die Gebühren für die Tätigkeit des Gerichtsvollziehers deshalb denjenigen Gebühren an, die für jene anderen Amtspersonen im GNotKG gelten. § 11 ist anwendbar. Darf und muss der Gerichtsvollzieher die Wertgebühren des GNotKG beanspruchen, so bestimmt sich der Wert nach den §§ 35 ff. GNotKG (vgl. die dortigen Erläuterungen) und im Übrigen bestimmt der Gerichtsvollzieher den Wert nach seinem pflichtgemäßen Ermessen ohne eine Bindung an die Wünsche des Auftraggebers, BayObLG JurBüro 1992, 343. Auch die Tabelle B zu § 34 GNotKG ist anwendbar. Die Vorbereitung einer freiwilligen Versteigerung wird nach KV 300 vergütet.

7 Soweit das GNotKG für die in § 12 genannten Amtshandlungen keine Gebühr vorsieht, kann auch keine entsprechende Gebühr nach diesem KV abgerechnet werden (zB keine Hebegebühr nach KV 430 beim Wechsel- oder Scheckprotest). Da § 12 nur hinsichtlich der Gebühren auf das GNotKG verweist und nicht auch hinsichtlich der Auslagen, werden letztere nach KV 700 ff. abgerechnet, soweit sie entstanden sind. Dies gilt insbesondere für das Wegegeld nach KV 711 und die Auslagenpauschale nach KV 716.

8 **IV. Rechtsmittel.** Es gilt § 5. Rechtsbehelfsbelehrung, Verstoß: §§ 8a, 59 II 2.

Abschnitt 3. Auslagenvorschriften

Erhöhtes Wegegeld

12a **I Die Landesregierungen werden ermächtigt, durch Rechtsverordnung eine höhere Stufe nach Nummer 711 des Kostenverzeichnisses für Wege festzusetzen, die von bestimmten Gerichtsvollziehern in bestimmte Regionen des Bezirks eines Amtsgerichts zurückzulegen sind, wenn die kürzeste öffentlich nutzbare Wegstrecke erheblich von der nach der Luftlinie bemessenen Entfernung abweicht, weil ein nicht nur vorübergehendes Hindernis besteht.**

II Eine erhebliche Abweichung nach Absatz 1 liegt vor, wenn die kürzeste öffentlich nutzbare Wegstrecke sowohl vom Amtsgericht als auch vom Geschäftszimmer des Gerichtsvollziehers mindestens doppelt so weit ist wie die nach der Luftlinie bemessene Entfernung.

III In der Rechtsverordnung ist die niedrigste Stufe festzusetzen, bei der eine erhebliche Abweichung nach Absatz 2 nicht mehr vorliegt.

IV Die Landesregierungen können die Ermächtigung durch Rechtsverordnung auf die Landesjustizverwaltung übertragen.

1 **I. Normzweck.** Da sich das Wegegeld nach der Entfernung zwischen Amtsgericht bzw. Geschäftszimmer des Gerichtsvollziehers und dem Ort der Amtshandlung. Maßgebend ist die Luftlinie und die kürzeste Entfernung. Um unsachgerechte Ergebnisse zu vermeiden, ermächtigt Abs. 1 die Landesregierungen zu entsprechenden Rechtsverordnungen, um unter den Voraussetzungen des § 12a ein höheres Wegegeld in Einzelfällen festzusetzen.

2 **II. Anwendungsbereich.** Vgl. zunächst bei KV 711. Die Ermächtigungen nach § 12a schaffen Vorrang. Das gilt zunächst auch dann, wenn sie die Ermächtigungsregeln nach I–IV nicht einhalten.

3 **III. Ermächtigungen.** Es sind bisher noch keine Verordnungen ergangen.

Abschnitt 4. Kostenzahlung

Kostenschuldner

13 I [1]**Kostenschuldner sind**

1. der Auftraggeber,

2. der Vollstreckungsschuldner für die notwendigen Kosten der Zwangsvollstreckung und

3. der Verpflichtete für die notwendigen Kosten der Vollstreckung.

[2]**Schuldner der Auslagen nach den Nummern 714 und 715 des Kostenverzeichnisses ist nur der Ersteher.**

II **Mehrere Kostenschuldner haften als Gesamtschuldner.**

III **Wird der Auftrag vom Gericht erteilt, so gelten die Kosten als Auslagen des gerichtlichen Verfahrens.**

Übersicht

I. Normzweck. § 13 bestimmt, wer dem Staat die Kosten schuldet. Denn die Kostenlast entsteht nach → Vor § 1 Rn. 12 zugunsten des Staats, nicht des Gerichtsvollziehers. Der Gerichtsvollzieher ist also kein Kostengläubiger, obwohl I Nr. 1 vom „Auftraggeber" spricht. Soweit III anwendbar ist, sind I, II unanwendbar. 1

Eine Haftung als **Übernahmeschuldner,** wie sie zB in § 29 Nr. 2 GKG, § 24 Nr. 2 FamGKG, ist nach dem GvKostG nicht direkt vorgesehen. Sie ist aber unter den Voraussetzungen eines echten Vertrages mit dem Kostengläubiger nach §§ 328 ff. BGB denkbar, auch bei einer Einzugsermächtigung des Gläubigers an den Gerichtsvollzieher (AG Eschwege DGVZ 2006, 141). Die Übernahmehaftung lässt eine gesetzliche Haftung des Kostenschuldners aber weiter bestehen. Daher entsteht dann nach → Rn. 18 eine Haftung mehrerer Kostenschuldner nach II als Gesamtschuldner. 2

Ein solches Gesetz, das man nach → § 1 Rn. 2 durchweg kostenschuldnerfreundlich behandeln soll, muss erst recht in seiner den Kreis der Kostenschuldner festlegenden Spezialvorschrift dieselbe Auslegung erhalten, und zwar in allen ihren Teilen. Das darf auch nicht dazu führen, dass man für entstandene Kosten überhaupt keinen Kostenschuldner finden kann. 3

II. „Auftraggeber": Veranlassungsschuldner (I 1 Nr. 1). Die Auftraggeberhaftung entspricht der Antragstellerhaftung nach § 22 GKG. Auftraggeber ist demnach derjenige, der die Amtshandlung des Gerichtsvollziehers veranlasst hat. I 1 Nr. 1 wird durch Nr. 6 DB-GvKostG ergänzt. 4

1. Grundsatz: Öffentlich-rechtliches Verhältnis. Da der Staat dem „Auftraggeber" den Gerichtsvollzieher zur Durchführung der Zwangsvollstreckung zur Verfügung stellt, besteht nach → Vor § 1 Rn. 12 ein öffentlich-rechtliches Verhältnis. Es besteht aber nicht ein privatrechtliches Auftragsverhältnis zwischen dem Gläubiger 5 und dem Gerichtsvollzieher, etwa nach §§ 662 ff. BGB. I Nr. 1 gleicht also seinem Inhalt nach dem § 22 I 1 GKG. Der „Auftrag" ist in Wahrheit ein Antrag (LG Hamburg DGVZ 1983, 124). Die Zusammenfassung mehrerer Aufforderungen oder einer Aufforderung zu mehreren Tätigkeiten in demselben Schreiben usw. macht diese Mehrheit von „Aufträgen" nicht zu einem einzelnen. Ein und derselbe „Auftrag" kann aber die Notwendigkeit mehrerer Amtshandlungen oder Maßnahmen umfassen.

6 **2. Antragsform.** Es besteht weitestgehend Formfreiheit. Auch ein telefonischer, elektronischer, per Telefax erteilter oder mündlicher, sogar stillschweigender Auftrag kann wirksam sein. Zu beachten ist jedoch der **Formularzwang** nach § 753 III ZPO iVm GVFV (BGBl. 2015 I 1586) bei der Vollstreckung wegen einer Geldforderung nach §§ 802a ff. ZPO. Die Art und der Umfang des Auftrags, etwa gesetzlich zulässige Bedingungen usw. lassen sich notfalls durch eine Auslegung nach § 242 BGB ermitteln, soweit nach dem Gesetz überhaupt zu beachten. Der Gerichtsvollzieher darf und muss klarstellen, ob und welcher Auftrag vorliegt.

7 Es hängt dabei von den **Umständen** ab, ob er eine handschriftliche Unterschrift oder elektronische Signatur fordern muss usw. (Riecke DGVZ 2002, 49), und ob zB eine Niederlegung von Vollstreckungsunterlagen auf der Verteilungsstelle für Gerichtsvollzieher ausreicht. Der Auftrag muss die Personalien des Vollstreckungsschuldners nach § 750 ZPO so ergeben, dass der Gerichtsvollzieher damit keine besondere Mühe hat. Man kann ihm die üblichen kleineren Bemühungen zumuten, zB eine Nachfrage bei einem Nachbarn oder Mitbewohner. Eine Wohnungsermittlung über das Einwohnermeldeamt geht aber zu weit.

8 **Unanwendbar** ist § 13 bei einer von Amts wegen erfolgenden Amtshandlung (OLG Köln JurBüro 2017, 659).

9 **3. Veranlassung.** Als ein Kostenschuldner kommt nur diejenige Partei selbst in Betracht, die die Veranlassung zur Tätigkeit des Gerichtsvollziehers gegeben hat und der man daher die Auftragserteilung zurechnen darf und muss (BGH DGVZ 2006, 49; KG DGVZ 2017, 78). Das kann auch eine Partei kraft Amts (AG Brühl DGVZ 2009, 171; BeckOK KostR/Herrfurth Rn. 5) oder die öffentliche Hand sein (AG Brühl BeckRS 2009, 28184; AG Cloppenburg DGVZ 1996, 47). Kein Auftraggeber ist ihr gesetzlicher Vertreter nach § 51 ZPO, auch nicht nach § 252 AO (AG Bersenbrück DGVZ 1991, 15), auch nicht ihr Prozessbevollmächtigter nach § 81 ZPO (AG Neu-Ulm DGVZ 2008, 67), sofern sich diese letzteren Personen nicht etwa persönlich zur Zahlung bereit erklärt haben, Nr. 6 I DB-GvKostG (Bohnenkamp JurBüro 2007, 571). Dazu auch → § 2 Rn. 10; → § 3 Rn. 5. Der Gläubiger haftet auch dann, wenn er nicht direkt die Tätigkeit des Gerichtsvollziehers veranlasst hat: Erteilt der Gerichtsvollzieher dem Schuldner eine Abschrift von dessen Vermögensauskunft auf dessen Antrag, so haftet neben dem Schuldner auch der Gläubiger, da die Kosten für die Abschrift letztlich durch den Antrag des Gläubigers auf Abgabe der eidesstattlichen Versicherung veranlasst wurden und ihren Grund in der Zwangsvollstreckung des Gläubigers haben (OLG Karlsruhe DGVZ 2017, 147; → KV 700 Rn. 16).

10 **4. Kostenbefreiung.** Ist der Auftraggeber nach § 2 I von den Kosten oder nach § 2 II von den Gebühren befreit, so wirkt dies nicht zugunsten des Vollstreckungsschuldners (OLG Düsseldorf DGVZ 2006, 200). Der Gerichtsvollzieher hat, soweit er seine Kosten nicht beim Schuldner beitreiben kann, seine Kosten der Gerichtkasse nach Nr. 6 III DB-GvKostG mitzuteilen.

11 **5. Prozess-/Verfahrenskostenhilfe.** Ist dem Gläubiger Prozess- bzw. Verfahrenskostenhilfe bewilligt, hat der Gerichtsvollzieher Nr. 6 II DB-GvKostG zu beachten. Die im Rahmen der PKH/VKH nachträglich eingezogenen Kosten verbleiben in voller Höhe bei der Landeskasse (§ 58 S. 3 GVO).

12 **III. Vollstreckungsschuldner, Verpflichteter (I 1 Nr. 2, 3).** Vgl. zunächst §§ 29 I 4 GKG, 27 GNotKG. Der Schuldner bzw. der Verpflichtete ist dem Gläubiger gegenüber verpflichtet, nur die nach § 788 ZPO, § 95 FamFG notwendigen Kosten der Vollstreckung zu tragen.

Kein Vollstreckungsschuldner ist der gesetzliche Vertreter, auch soweit er eine Vermögensauskunft für den Vertretenen abgeben muss. Das gilt auch bei einer juristischen Person und bei einer Einmanngesellschaft. Ein vorzuführender Zeuge oder sonstige Verfahrensbeteiligte (zB der Dritte iSd § 771 ZPO) sind ebenfalls keine Vollstreckungsschuldner. Insofern gilt III. Ebenfalls kein Vollstreckungsschuldner ist ein Zustellungsempfänger, soweit andere Schriftstücke als der Vollstreckungstitel zugestellt wurden, und es verbleibt bei der Auftraggeberhaftung nach I 1 Nr. 1. 13

1. Zweitschuldner. Der Auftraggeber kommt also praktisch nur als ein Zweitschuldner in Betracht. I Nr. 2 stellt außerdem eine unabhängig von I Nr. 1 geltende unmittelbare Verpflichtung des Vollstreckungsschuldners der Staatskasse gegenüber fest. Für die Fälligkeit gilt § 14 (OLG Frankfurt a. M. DGVZ 1982, 60, zum alten Recht). Über eine Einwendung gegen diese Notwendigkeit von Vollstreckungskosten muss der Schuldner das Gericht nach § 766 II ZPO entscheiden lassen. 14

2. Vollstreckungsbegriff. Aus dem beigetriebenen Betrag muss man nach § 16 in erster Linie die Kosten der Vollstreckung decken. Zum Beginn der Vollstreckung und zu ihrem Ende Musielak/Voit/Lackmann ZPO Vor § 704 Rn. 29. Auch die Eintragungsanordnung nach § 882c ZPO gehört hierher (KG NJOZ 2018, 68; aA OLG Brandenburg BeckRS 2018, 3739, aber systemwidrig). Die bloße Zustellung des Vollstreckungstitels macht den Empfänger noch nicht zum Vollstreckungsschuldner. Bei einer Prozess- oder Verfahrenskostenhilfe nach §§ 114 ff. ZPO, § 76 FamFG gilt § 15 III 2. Nach dem Ende der Vollstreckung muss der frühere Begünstigte als Veranlasser für einen weiteren Auftrag haften (AG Dortmund DGVZ 1989, 79 (Protokollabschrift)). 15

3. Haftungsaufhebung. Wenn ein Gericht den Vollstreckungstitel rückwirkend aufhebt, erlischt die Haftung des Vollstreckungsschuldners ebenfalls rückwirkend. Daher muss der Gläubiger dem Schuldner den beigetriebenen Betrag einschließlich der Kosten der Vollstreckung nach § 788 ZPO zurückerstatten. Das gilt allerdings nicht bei einem Verzicht des Gläubigers auf seine Rechte. Es gilt ferner nicht bei der Aufhebung einer einzelnen Vollstreckungsmaßnahme und nicht bei § 927 ZPO, sofern die einzelne Vollstreckungs- oder die Eilmaßnahme nicht von Anfang an unberechtigt war. Bei der Klage eines Dritten nach § 771 ZPO darf man die Herausgabe nicht wegen der Erstattung der Kosten des Gerichtsvollziehers verweigern (Alisch DGVZ 1979, 6). 16

IV. Auslagenschuldner (I 2). Die bloße Ersteherhaftung gilt nur bei KV 714, 715. Also für die Auslagen, die nach der öffentlichen Pfandversteigerung für Verpackung und Transportversicherung entstehen. Der Entsteher haftet hier allein und nicht neben Auftraggeber oder Schuldner, da nur der Ersteher Einfluss auf diese Auslagen hat (BT-Drs. 17/11471, 254). Für alle weiteren Auslagen gilt I 1. 17

V. Mehrheit von Kostenschuldnern (II). Vgl. zunächst §§ 31 I GKG, 26 I FamGKG, 32 GNotKG. Der Auftraggeber und der Vollstreckungsschuldner (vgl. auch § 788 I 3 ZPO) haften wegen derselben Kosten grundsätzlich gemeinsam (OLG Düsseldorf DGVZ 2006, 200), und zwar innerhalb des jeweiligen Personenkreises als Gesamtschuldner nach §§ 421, 426, 427 BGB usw. Vgl. aber auch → Rn. 12 ff. §§ 421 ff. BGB gelten nicht zwischen Auftraggeber und Vollstreckungsschuldner, da wegen § 788 ZPO eine vorrangige Kostentragungspflicht des Vollstreckungsschuldners besteht (OLG Karlsruhe DGVZ 2021, 147). Wenn der Gerichtsvollzieher mehrere Vollstreckungsaufträge durch dieselbe Amtshandlung durchführt, liegt durchweg nach § 3 II Nr. 3 rechtlich doch nur **ein** Auftrag vor und es kann eine gesamtschuldnerische Haftung entstehen. Dür Sonderwünsche haftet nur derjenige, der sie äußert. 18

VI. Auftrag durch das Gericht (III). Das Gericht kann dem Gerichtsvollzieher den Auftrag zur Vornahme einer ganzen Reihe von Amtshandlungen geben. Es kann zB den Auftrag erteilen, Grundstückszubehör zu versteigern, KV 300, an den Meistbietenden zu verpachten, KV 301, eine unbewegliche Sache an den Zwangsverwalter zu übergeben, KV 242, jemanden zu verhaften oder vorzuführen, KV 270, ein Schiff usw. zu bewachen oder zu verwahren, KV 400, den Mieter oder Pächter eines Grundstücks festzustellen, KV 401, oder eine Amtshandlung zum Zweck der Sicherung eines Nachlasses vorzunehmen, § 12 I. 19

20 III **ergänzt** die Auslagenbestimmungen des GKG, des FamGKG und des GNotKG. Die Vorschrift hat nach → Rn. 1 den Vorrang vor I, II. Die Staatskasse kann also die Gebühren und Auslagen des Gerichtsvollziehers dem Kostenschuldner des gerichtlichen Verfahrens nach § 19 KostVfg als Auslagen eben dieses Verfahrens in Rechnung stellen, obwohl die Staatskasse diese Kosten nicht verauslagt hat. Der Kostenbeamte zieht solche Kosten des Gerichtsvollziehers nach § 24 VII 1 KostVfg ein. Sie heißen nach § 24 VII 1 KostVfg durchlaufende Gelder. Der Gerichtsvollzieher erhält sie nach § 58 S. 1 GVO. Der Gerichtsvollzieher verfährt dann so, als ob er diese Beträge selbst eingezogen hätte. Zu beachten ist auch die Mitteilungspflicht nach Nr. 6 II 2 DB-GvKostG.

21 **VII. Umfang der Kostentragungspflicht.** Der **Auftraggeber** nach I 1 Nr. 1 haftet für alle Kosten, die im Rahmen der ordnungsgemäßen und zweckmäßigen Durchführung seines Auftrags erforderlich und entstanden sind (BGH DGVZ 2008, 139). Dazu zählen auch die Kosten für Verwertungs- und Vernichtungskosten als Folgekosten (LG Frankfurt a. M. DGVZ 2002, 73; Hippeli DGVZ 2018, 244).

22 Der Auftraggeber schuldet somit nur alle diejenigen Gebühren und Auslagen, die zu einer ordnungsgemäßen und zweckmäßigen Durchführung ihres Auftrags nach dem Gesetz und nicht etwa nur nach der Vorstellung des Auftraggebers **notwendigerweise** entstehen (BGH DGVZ 2008, 139; KG DGVZ 2017, 78; LG Berlin JurBüro 2000, 548; aA Meyer Rn. 7, sog. parteiobjektiver Maßstab, zu großzügig). Die Haftung entsteht unabhängig von einem Erfolg oder Misserfolg des Gerichtsvollziehers (LG Kassel DGVZ 2003, 140). **Notwendig** sind alle innerhalb eines ordnungsgemäß ausgeübten Ermessens entstandenen Kosten (LG Braunschweig DGVZ 1983, 118). Es sind dabei auch die Regeln zur Notwendigkeit nach §§ 91, 788 ZPO mit zu beachten (BGH FGPrax 2008, 448; OLG Hamm Rpfleger 1975, 75; OLG Köln Rpfleger 1986, 240). Der Auftragsgeber haftet auch für Auslagen, die durch **Anträge des Schuldners** entstehen (AG Duderstadt DGVZ 2020, 153; LG Mönchengladbach DGVZ 2014, 23; AG Neuwied DGVZ 1992, 174).

23 Der **Schuldner** bzw. der Verpflichtete nach I 1 Nr. 2, 3 haftet für alle Kosten der Zwangsvollstreckung, die notwendig sind/waren, § 788 ZPO, § 95 FamFG. Dazu gehören auch die Kosten für die Zustellung des Titels, § 788 I 2 ZPO. Der Gläubiger kann die notwendigen Kosten der Zwangsvollstreckung festsetzen lassen. Eine solche Festsetzung ist allerdings grundsätzlich nicht erforderlich. Denn nach § 788 I ZPO, § 95 FamFG sind die notwendigen Kosten der Vollstreckung zugleich mit dem zur Vollstreckung stehenden Anspruch beitreibbar, soweit die Vollstreckungskosten nach § 91 ZPO notwendige Kosten waren. Der Gerichtsvollzieher muss daher auch seine Kosten vom Schuldner beitreiben. Ein als Gesamtschuldner in der Hauptsache Verurteilter haftet auch wegen der notwendigen Vollstreckungskosten als Gesamtschuldner (LG Kassel DGVZ 2002, 172; LG Lübeck DGVZ 1986, 119; LG Stuttgart Rpfleger 1993, 38, je auch zu Ausnahmen).

24 **VIII. Rechtsmittel.** Man kann zB wegen der Frage der Notwendigkeit von Vollstreckungskosten die Erinnerung nach §§ 766, 793 ZPO einlegen.

IX. ABC zum Auftraggeber

25 **Abschrift, Kopie:** Anwendbar ist I Nr. 1 auch dann, wenn der Gerichtsvollzieher dem Schuldner kraft Gesetzes nach § 763 II ZPO eine Abschrift oder Kopie erteilt (AG Berlin-Tempelhof DGVZ 1984, 45; AG Münster DGVZ 2002, 95), oder soweit ein Beteiligter nach § 760 ZPO eine Abschrift oder Kopie gleich welcher Herstellungsart verlangt (AG Berlin-Wedding DGVZ 1986, 78; AG Neuwied DGVZ 1992, 174; AG Wiesbaden DGVZ 1994, 158). Der Gerichtsvollzieher darf dabei die mit der Abschrift oder Ablichtung verfolgten Zwecke nicht prüfen.

Unanwendbar ist Nr. 1 auf eine solche Dokumentenpauschale usw., die dadurch entsteht, dass der Gerichtsvollzieher anderen **Personen** als denjenigen eine Kopie erteilt, die eine solche kraft Gesetzes fordern können (AG Berlin-Wedding DGVZ 1986, 78; AG Frankfurt a. M. DGVZ 1985, 93; AG Neuwied DGVZ 1992, 174; aA AG Augsburg DGVZ 1987, 126).

Antragsrücknahme: Für I Nr. 1 kommt es darauf an, ob der Antrag bisher zulässig und einigermaßen erfolgversprechend war, etwa bis zur Leistung des Schuldners oder bis zur Verjährung (ihre Einrede hing vom Schuldner ab).

Aussichtslosigkeit: Unanwendbar ist I Nr. 1 bei den Kosten eines von vornherein aussichtslosen Vollstreckungsversuchs.

Dokumentenpauschale: → „Abschrift, Ablichtung".

Einlagerung: Zunächst → „Verwahrung".

Der Gläubiger haftet aber **nicht** für die Kosten der an einer Überführung anschließenden eigentlichen Einlagerung (BGH FGPrax 2008, 448; LG Mannheim DGVZ 1997, 186; AG Frankfurt a. M. DGVZ 1987, 159; aA OLG Hamm DGVZ 2001, 7; LG Duisburg NZM 1998, 303; AG Erkelenz DGVZ 2000, 159).

Kostenfreiheit: Bei einer Kostenfreiheit des Auftraggebers muss der Gerichtsvollzieher § 2 beachten, ferner Nr. 3.2 DB-PKHG. Daher muss die Staatskasse oder der Gerichtsvollzieher erhaltene Kosten evtl. zurückzahlen (BVerfG JurBüro 2001, 204; AG Dortmund DGVZ 1996, 79; AG Wiesbaden JurBüro 1991, 1233; aA AG Leverkusen DGVZ 1980, 83; AG Bad Neuenahr-Ahrweiler DGVZ 1990, 94; AG Trier DGVZ 1988, 142, vgl. aber § 122 I ZPO).

Protokoll: → „Abschrift, Ablichtung", → „Schuldner".

Prozesskostenhilfe: Eine Prozesskostenhilfe für den Auftraggeber ist nur dann zu beachten, wenn das Gericht sie nach § 119 ZPO für die Zwangsvollstreckung bewilligt hat. Diese muss der Begünstigte dem Gerichtsvollzieher auf dessen Verlangen nach § 84 Nr. 2 GVO nachweisen, es sei denn, der Prozessbevollmächtigte oder die Geschäftsstelle haben den Auftrag erteilt oder vermittelt. Bei ihr bleibt der Auftraggeber zwar ein Kostenschuldner. Der Gerichtsvollzieher muss aber § 15 III 2 und Nr. 6 II DB-GvKostG beachten. Das gilt auch ohne eine Vorlage des Bewilligungsbeschlusses (AG Pinneberg DGVZ 1977, 142). Die Landeskasse zieht die Beträge ein, soweit das Gericht die Bewilligung nach § 124 ZPO aufgehoben hat. Sie verbleiben ihr dann nach § 77b GVO voll.

Hat der Gläubiger den Hinweis auf eine Prozesskostenhilfe **unterlassen,** sie nachträglich aber nachgewiesen, muss der Gerichtsvollzieher seine vom Gläubiger erhobenen Kosten an diesen erstatten. Er kann die durch die Erhebung entstandenen Mehrkosten nach § 15 III 2 nicht abziehen.

Räumung: „Auftraggeber" ist auch der Räumungsgläubiger bei § 885 ZPO. Der Zwangsverwalter bleibt auch nach der Aufhebung des Zwangsverwaltungsverfahrens Kostenschuldner (AG Brühl DGVZ 2009, 171).

S. dazu bei den Stichwörtern zu den Räumungs-Einzelfragen.

Schuldner: „Auftraggeber" kann auch der Schuldner sein. Das gilt zB bei seinem Antrag auf ein Protokoll nach § 760 ZPO (AG Münster DGVZ 2002, 95).

Spediteur: → „Verwahrung".

Unzulässigkeit: Unanwendbar ist I Nr. 1 bei den Kosten eines von vornherein unzulässigen Vollstreckungsversuchs.

Verjährung: → § 8 Rn. 1.

Vernichtung: Es gilt dasselbe wie bei einer „Versteigerung".

Versteigerung: Der Gläubiger schuldet **nicht** nach I Nr. 1 die Gebühren oder Auslagen einer Versteigerung von Räumungsgut nach § 885 IV 2 ZPO (OLG Zweibrücken DGVZ 1998, 9; LG Frankfurt a. M. DGVZ 2002, 77; AG Leverkusen DGVZ 1996, 44; aA LG Koblenz DGVZ 2006, 78; LG München WuM 1998, 500; AG Bremen DGVZ 1999, 63, aber vor der Entfernung aller Sachen liegt keine vollständige Besitzaufgabe = Räumung vor).

Verwahrung: „Auftraggeber" ist der Gläubiger als Antragsteller auch für die Kosten einer geeigneten Verwahrung der bei einer Räumung nach § 885 ZPO herausgeholten Sachen (OLG Jena JurBüro 1999, 436; AG Geilenkirchen DGVZ 1997, 30 (Pkw-Unterstellkosten); LG Frankfurt a. M. DGVZ 2006, 115; LG Kassel DGVZ 2003, 140 (je: Spediteur)). Der Gläubiger haftet auch für die Kosten der Übergabe an den Schuldner nach der Verwahrung (LG Berlin JurBüro 2000, 548; LG Koblenz DGVZ 1994, 91; AG Sinzig DGVZ 1992, 58). Denn erst anschließend ist die Räumung vollendet (Brosette NJW 1989, 965). Aber → „Einlagerung".

Verwirkung: → § 8 Rn. 1.

Zwangsverwalter: → „Räumung".

X. DB-GvKostG. Vgl. Nr. 6 DB-GvKostG. 26

Fälligkeit

14 **[1]Gebühren werden fällig, wenn der Auftrag durchgeführt ist oder länger als zwölf Kalendermonate ruht. [2]Auslagen werden sofort nach ihrer Entstehung fällig.**

1 **I. Normzweck.** Zu unterscheiden ist die Fälligkeit und damit die Einziehbarkeit und nach § 8 I der Verjährungsbeginn von der Entstehung der Kosten. Über die Entstehung enthält das GvKostG keine ausdrückliche Vorschrift. Die Gebühren entstehen mit der Auftragserteilung und der Erfüllung des gebührenrechtlichen Tatbestands des Kostenverzeichnisses, sofern nicht I 1 das Entstehen ausschließt. Die Auslagen entstehen mit der Ausgabe des entsprechenden Betrags oder zB bei KV 710 mit der Erfüllung des auslagenrechtlichen Tatbestands des Kostenverzeichnisses. Als Angabe gilt noch nicht der Vorgang des Telefonats auch bei einer erst nachfolgenden Rechnung (aA Schröder-Kay/Gerlach Rn. 8, aber dann steht der Betrag meist erst mit dem Rechnungserhalt fest). Die Entstehung und die Fälligkeit können, müssen aber nicht zeitlich zusammenfallen. **Von der Fälligkeit unabhängig** sind das Entnahmerecht nach § 15 und eine Vorschussverrechnung.

2 Die Vorschrift dient in einer Abgrenzung von § 4 dem Gedanken einer Vorleistungspflicht des Gerichtsvollziehers und damit des Staats als dem Gegenstück zu seinem Gewaltmonopol. Auch bei § 14 ist nach → § 1 Rn. 2 eine Auslegung zugunsten des Kostenschuldners notwendig. **Nr. 7 ff. DB-GvKostG** regeln Einzelheiten zur Kostenrechnung, Mindesthöhe der Rechnung, die Form des Kosteneinzugs, der Mahnung usw.

3 **II. Fälligkeit für Gebühren (S. 1). 1. Auftragsdurchführung (S. 1 Hs. 1).** Die Vorschrift bindet die Fälligkeit im Interesse der Kostenklarheit an die tatsächliche oder nach § 3 IV unterstellte Durchführung des **gesamten** Auftrags und nicht an die Erledigung einzelner Amtshandlungen innerhalb desselben Auftrags. Wenn der Auftrag mehrere gebührenpflichtige Amtshandlungen umfasst, tritt die Fälligkeit der Gebühren also nicht bei jeder einzelnen Amtshandlung ein, sondern erst mit der Erledigung aller zugehörigen Amtshandlungen, so schon OLG Frankfurt a. M. DGVZ 1982, 60. Daneben ist noch die Fiktion des § 3 IV zu beachten. Da alle Gebühren eines Auftrags somit gleichzeitig fällig werden, verjähren diese auch gleichzeitig. Noch nicht über einen Vorschuss beglichene Beträge sind nach der Auftragsdurchführung in einer Schlusskostenrechnung abzurechnen.

4 Allerdings gilt nach **§ 3 I 2** unter den dortigen Voraussetzungen die Tätigkeit eines jeden von mehreren Gerichtsvollziehern als ein besonderer Auftrag. Demgegenüber ergibt sich bei **§ 3 II 1 Nr. 1–3** das Vorliegen nur eines einzigen Auftrags. **§ 3 IV** nennt Fälle, in denen ein Auftrag als durchgeführt gilt.

5 **2. Rücknahme, Hindernisse (S. 1 Hs. 1, 2).** Der Auftrag kann dennoch nach § 3 IV als durchgeführt gelten. Das kann auch beim Tod des Schuldners eintreten, ferner bei seinem unbekannten Aufenthalt.

6 **3. Ruhen des Auftrags (S. 1 Hs. 2).** Die Fälligkeit einer Gebühr tritt unabhängig von der Auftragsdurchführung auch ein, soweit der Auftrag länger als zwölf Kalendermonate ruht, § 27 GVO, § 64 III GVGA. Das kann zB dann so sein, wenn der Gläubiger mit dem Schuldner eine Ratenzahlungsvereinbarung getroffen und deshalb den Gerichtsvollzieher gebeten hat, die Vollstreckung vorläufig nicht fortzuführen. Dies betrifft aber nicht eine Fristgewährung durch den Gerichtsvollzieher im Rahmen der gütlichen Erledigung durch Ratenzahlung, § 802b ZPO.

7 Darüber hinaus reicht jedes tatsächliche Nichtbetreiben der Amtstätigkeit, gleich aus welchem Grund und ob schuldhaft oder nicht. Ausreichen können zB die Eröffnung eines Insolvenzverfahrens beim Schuldner oder eine Einstellung nach § 775 ZPO. Eine endgültige Unauffindbarkeit reicht, eine vorläufige nicht (Drumann JurBüro 2003, 510; Kessel JurBüro 2004, 65). Der Schuldner braucht nicht gehofft zu haben, der Gerichtsvollzieher werde nicht mehr tätig werden. Ein Vorschuss nach § 4 kommt bis zur Fälligkeit infrage.

8 **Kein Ruhen** liegt vor, soweit der Gerichtsvollzieher eine auftragsgemäße Tätigkeit überhaupt noch nicht begonnen hat oder soweit er einen objektiv durchgeführten

Auftrag aus irgendeinem Irrtum heraus nun erneut „durchzuführen" beginnt. Ebenfalls kein Ruhen tritt ein, wenn im Rahmen einer gütlichen Erledigung nach § 802b ZPO der Gerichtsvollzieher eine entsprechende Frist gewährt.

Kalendermonat ist der erste bis letzte Tag. Hat das Ruhen am ersten oder vor dem letzten Tag des Kalendermonats begonnen, tritt die Fälligkeit erst nach 12 vollen folgenden Kalendermonaten ein. 9

4. Nichterledigung. Gilt der Auftrag im Rahmen des § 3 IV 1 (→ § 3 Rn. 62 ff.) als beendet, weil seiner Durchführung Hinderungsgründe entgegenstehen, entsteht die Nichterledigungsgebühr mit der Feststellung der entsprechenden Tatsache (vgl. auch Herrfurth DGVZ 2020, 116). Soweit das LG Oldenburg (DGVZ 2020, 80) der Auffassung ist, die Fälligkeit tritt sofort bei Nichterledigung ein, so findet sich dafür kein Ansatzpunkt im Gesetz. Möglich ist eine Erhebung der Nichterledigungsgebühr im Wege der Vorschusserhebung nach § 4. 10

III. Fälligkeit für Auslagen: Entstehung (S. 2). Auslagen werden sofort nach ihrer Entstehung fällig. Zur Auslagenentstehung reicht die tatsächliche Zahlung an Dritte durch den Gerichtsvollzieher oder im Fall einer Auslagenpauschale (zB KV 700) mit der Erfüllung des KV-Tatbestandes, nicht aber eine Fälligkeit der bloßen Zahlungspflicht. Denn dann würde über S. 2 ein weitergehender Vorschuss fällig als nach § 4. Das ist nicht der Sinn von S. 2. 11

IV. Kostenerhebung vor Fälligkeit. Eine Kostenerhebung vor Fälligkeit kommt entweder über einen Vorschuss nach § 4 oder über das Entnahmerecht nach § 15 in Betracht. 12

V. DB-GvKostG. Vgl. Nr. 7–9 DB-GvKostG. 13

Entnahmerecht

15 **I 1 Kosten, die im Zusammenhang mit der Versteigerung oder dem Verkauf von beweglichen Sachen, von Früchten, die vom Boden noch nicht getrennt sind, sowie von Forderungen oder anderen Vermögensrechten, ferner bei der öffentlichen Verpachtung an den Meistbietenden und bei der Mitwirkung bei einer Versteigerung durch einen Dritten (§ 825 Abs. 2 der Zivilprozessordnung) entstehen, können dem Erlös vorweg entnommen werden. 2 Dies gilt auch für die Kosten der Entfernung von Pfandstücken aus dem Gewahrsam des Schuldners, des Gläubigers oder eines Dritten, ferner für die Kosten des Transports und der Lagerung.**

II Andere als die in Absatz 1 genannten Kosten oder ein hierauf zu zahlender Vorschuss können bei der Ablieferung von Geld an den Auftraggeber oder bei der Hinterlegung von Geld für den Auftraggeber entnommen werden.

III 1 Die Absätze 1 und 2 gelten nicht, soweit § 459b der Strafprozessordnung oder § 94 des Gesetzes über Ordnungswidrigkeiten entgegensteht. 2 Sie gelten ferner nicht, wenn dem Auftraggeber Prozess- oder Verfahrenskostenhilfe bewilligt ist. 3 Bei mehreren Auftraggebern stehen die Sätze 1 und 2 einer Vorwegentnahme aus dem Erlös (Absatz 1) nicht entgegen, wenn deren Voraussetzungen nicht für alle Auftraggeber vorliegen. 4 Die Sätze 1 und 2 stehen einer Entnahme aus dem Erlös auch nicht entgegen, wenn der Erlös höher ist als die Summe der Forderungen aller Auftraggeber.

Übersicht

1 **I. Normzweck.** Die Vorschrift dient der Erleichterung der Kostenerhebung und der Sicherung der Staatskasse wie der Stellung des Gerichtsvollziehers. Diese Vorrangfunktion ist nur insoweit überzeugend, als es sich immerhin um eine staatliche Hilfe zugunsten eines meist privaten Gläubigers handelt. Er ist aber auch auf das staatliche Gewaltmonopol angewiesen. Daher darf man bei der Auslegung auch unter einer Mitbeachtung der Erwägungen → § 1 Rn. 2 keineswegs nur zugunsten des Gerichtsvollziehers vorgehen.

2 Das Entnahmerecht bedeutet keine allgemeine Haftung des baren Erlöses selbst. Es ist auch nicht auf ihn beschränkt. Entscheidend bleibt immer die Haftung des Kostenschuldners. Bei mehreren Gläubigern kommt eine anteilsmäßige Kürzung des Erlöses in Betracht. Soweit der Gläubiger von den Kosten frei ist, bleibt nach § 2 IV der § 15 unberührt. Das gilt auch beim Einzug von eingezogenen oder dem Staat verfallenden Sachen (Otto JurBüro 2001, 63).

3 Das Entnahmerecht ist **nicht** von der **Fälligkeit** der Kosten nach § 14 abhängig. Es genügt vielmehr deren Entstehung. Vor der Entstehung ist das Einverständnis des Auftraggebers erforderlich. Die Befugnis des Gerichtsvollziehers nach § 15 zwingt ihn grundsätzlich auch zum Vorgehen nach § 15 (OLG Frankfurt a. M. Rpfleger 1975, 325). Eine schuldhafte Nichtausübung des Entnahmerechts und der Entnahmepflicht kann nach § 7 II GVO dazu führen, dass der Gerichtsvollzieher keine Auslagen aus der Staatskasse erhält, und dass er der Staatskasse auch für ihren Ausfall haftet. Einen vorrangigen Sonderfall für die Prozesskostenhilfe behandelt III 2.

4 § 15 gibt grundsätzlich **kein Zurückbehaltungsrecht** an Urkunden usw. Bei der Zwangsvollstreckung in Sachen unter einem Eigentumsvorbehalt des kostenfreien Gläubigers bleibt § 15 ohne eine Rücksicht auf die Eigentumsfrage anwendbar (aA BGH DGVZ 1984, 39, aber der Gerichtsvollzieher klärt grundsätzlich kein Eigentum).

5 **§ 15 ist auch anwendbar, soweit** das Gericht dem Gerichtsvollzieher einen Auftrag erteilt hat. Zwar gelten die durch einen solchen Auftrag verursachten Kosten als solche des gerichtlichen Verfahrens nach § 13 III und werden grds. nach → § 13 Rn. 19 f. dementsprechend eingezogen. Der Gerichtsvollzieher müsste danach den Erlös daher voll an das Gericht abführen. Dies vermag hinsichtlich einer Verfahrensvereinfachung nicht zu überzeugen, da eine Vorwegentnahme der Verwertungskosten aus dem Erlös sowohl für den Gerichtsvollzieher als auch für das Gericht eine Erleichterung darstellt (BeckOK KostR/Herrfurth Rn. 7).

6 **II. Anwendungsbereich (I, II).** Das Entnahmerecht beschränkt sich auf die in § 15 genannten Situationen. Grundvoraussetzung für § 15 ist, dass im Rahmen der Verwertung ein barer Erlös erzielt wird oder der Schuldner freiwillig an den Gerichtsvollzieher Zahlungen leistet oder der Gerichtsvollzieher bei dem Schuldner Geld gepfändet hat.

7 Die Entnahme darf auch nach § 2 IV auch zum **Nachteil** eines **kosten- bzw. gebührenbefreiten** Gläubigers erfolgen. Sie darf erst recht zu seinem Vorteil geschehen, nämlich dann, wenn sie zB nur zum Nachteil eines Vollstreckungsschuldners erfolgt (LG Saarbrücken DGVZ 1980, 43; AG Itzehoe DGVZ 1994, 126).

8 **1. Versteigerung usw. (I 1).** Der Gerichtsvollzieher darf nach I 1 ähnlich wie der Notar bei KV 23700 Anm. II GNotKG, nur die im KV 300–310 bestimmten Gebühren und zugehörigen Auslagen nach KV 700 ff. dem Erlös vorweg entnehmen. Das gilt für alle solchen Kosten, zB auch solche für erfolglose oder weitere Termine. Es muss sich also um eine Versteigerung, einen Verkauf, eine Verpachtung, eine Verwertung nach § 825 ZPO usw oder eine Mitwirkung der im KV 300–310 genannten Art gehandelt haben. Sie muss einen solchen Gelderlös erbracht haben, den der Gerichtsvollzieher selbst erhalten hat. Dabei erfolgt keine weitere Differenzierung, sodass die Norm auch für eine Notveräußerung einer beschlagnahmten Sache auf Antrag der Ermittlungsbehörden nach § 111p StPO (AG Neubrandenburg

DGVZ 2021, 98; aA Meyer JurBüro 2010, 234, aber III 1 nennt nicht auch § 459g II StPO).

2. Gewahrsamsentfernung, Transport- und Lagerkosten (I 2). Es muss sich um ein solches Nebengeschäft handeln, für das der Gerichtsvollzieher im Rahmen eines Hauptgeschäfts nach § 1 I zuständig ist. Die Entfernung des Pfandstücks muss aus dem Gewahrsam des Schuldners, des Gläubigers oder eines Dritten geschehen. Ferner zählen hierher die Kosten des Transports und der Lagerung der in I 2 genannten Pfandstücke, sowie die ggf. entstehenden Gebühren für die Hinzuziehung eines Sachverständigen und Auslagen für das Öffnen von Türen oder Behältnissen. 9

3. Geldablieferung, Hinterlegung (II). Der Gerichtsvollzieher darf seine übrigen Kosten, also sonstige Gebühren und Auslagen, auch auf Grund einer Amtshandlung nach KV 220 sowie einen hierauf nach § 4 erforderlichen Vorschuss auch nach II dann entnehmen, wenn er Geld erhalten hat und es nun eigentlich gerade an den Auftraggeber abliefern muss. Bei **mehreren Gläubigern** hat der Gerichtsvollzieher vorab nach § 117 GVGA eine Verteilung des Gesamtbetrags auf die einzelnen Gläubiger vorzunehmen, bevor er im Anschluss von dem Entnahmerecht Gebrauch macht. 10

Dem Auftraggeber steht sein **Bevollmächtigter** nach der GVGA oder ein solcher **Dritter** gleich, der für den Auftraggeber oder aus einem von dem Auftraggeber abgeleiteten Recht Geld empfangen darf, etwa nach einer Abtretung oder Pfändung und Überweisung. Ferner steht eine Hinterlegung aus einem solchen Grund gleich, der in der Person des Auftraggebers liegt (LG Saarbrücken DGVZ 1980, 43). Eine derartige Hinterlegung steht aber einer Geldablieferung dann nicht gleich, wenn sie erfolgt, weil die Empfangsberechtigung des Auftraggebers nicht sicher ist. 11

Der Gerichtsvollzieher hat **kein Entnahmerecht,** soweit er den ihm übergebenen Betrag an einen solchen Dritten abführen soll, der nicht nach den vorstehenden Regeln dem Auftraggeber gleichsteht, zB bei §§ 293, 294 BGB, § 220 II StPO. Denn dann könnte der Gerichtsvollzieher den Auftrag nicht ordnungsgemäß durchführen. Ein Entnahmerecht fehlt ferner, soweit bei der besonderen Verwertungsart kein Gelderlös entstanden ist, sondern soweit eine andersartige Befriedigung des Gläubigers erfolgte. Ein Entnahmerecht kann insoweit entstehen, als der Gerichtsvollzieher einen vom Dritten nicht angenommenen Betrag nun dem Auftraggeber aushändigen müsste. 12

III. Entnahmerecht (I, II). § 15 begründet für den Gerichtsvollzieher eine Amtspflicht, es besteht insoweit kein Ermessensspielraum. 13

Das Entnahmerecht umfasst im Fall des I dann alle Kosten, also nach § 1 I 1 alle Gebühren und Auslagen des Gerichtsvollziehers die im Zusammenhang mit der Verwertung entstehen, also auch Kosten für vorbereitende Maßnahmen. 14

Im Rahmen des II erfasst das Entnahmerecht neben den Kosten nach I auch die weiteren Gebühren und Auslagen des Gerichtsvollziehers. 15

IV. Ausnahmen vom Entnahmerecht (III). 1. Nebenfolge (III 1). § 459b StPO und § 94 OWiG schränken nach III 1 das Entnahmerecht bei einer Einziehung einer Geldstrafe, einer Geldbuße oder einer zur Geldzahlung verpflichtenden Nebenfolge ein. I, II gelten in diesen von den eben genannten Vorschriften anderer Gesetze bereits gesondert geregelten Fällen nicht, um eine Schlechterstellung des Betroffenen gegenüber einer freiwilligen Zahlung zu vermeiden. Dabei erfolgt keine weitere Differenzierung (aA Meyer JurBüro 2010, 234, aber III 1 nennt nicht auch § 459g II StPO). Bei der Verwertung im Auftrag der Staatsanwaltschaft nach §§ 979, 983 BGB, kann der Gerichtsvollzieher seine Kosten aus dem Erlös entnehmen, § 981 III BGB. 16

2. Prozess- oder Verfahrenskostenhilfe (III 2). Nur soweit das Gericht dem Gläubiger eine Prozess- oder Verfahrenskostenhilfe nach §§ 114 ff. ZPO, § 76 FamFG bewilligt hat, befreit ihn das nach § 122 I Nr. 1a ZPO auch von den durch die Tätigkeit des Gerichtsvollziehers verursachten Kosten (AG Dortmund DGVZ 1989, 79) und die Entnahme nach I, II ist grundsätzlich ausgeschlossen. Das gilt solange, bis das Gericht etwa die Prozess- oder Verfahrenskostenhilfe nach § 124 ZPO, § 95 FamFG aufhebt. Aber bei einer Vollstreckung gegenüber dem Gegner 17 ergibt sich die Möglichkeit, von diesem neben der Forderung auch die Kosten nach § 788 ZPO, § 95 FamFG beizutreiben.

18 Die **Beitreibung** der Kosten des Gerichtsvollziehers kann darüber hinaus nach → Vor § 1 Rn. 14 auch nach § 125 I ZPO iVm § 1 I Nr. 7 JBeitrG erfolgen. Eine Beitreibung der Hauptforderung des Gläubigers kann nur nach der ZPO erfolgen.

19 Wenn sich ergibt, dass der **Erlös nicht ausreicht,** um die Hauptforderung und die Kosten des Gerichtsvollziehers zu decken, würde man nach dem Entnahmerecht von I, II den Erlös stets um die Kosten des Gerichtsvollziehers voll kürzen müssen. Ein mittelloser Gläubiger würde also unter Umständen leer ausgehen. III 2 schränkt deshalb I, II grundsätzlich ein, soweit nicht im Ergebnis wegen III 3, 4 doch wieder ein Entnahmerecht nach I, II besteht.

20 Hat der Gläubiger **vor** der Bewilligung der Prozess- oder Verfahrenskostenhilfe einen Auftrag zur Zwangsvollstreckung erteilt und hat er die hierdurch entstandenen Kosten bezahlt, kann er auf Grund einer nachträglichen Prozess- oder Verfahrenskostenhilfe keine Kostenrückzahlung fordern (AG Trier DGVZ 1988, 142).

21 **3. Mehrheit von Auftraggebern (III 3).** Trotz des Vorliegens der Voraussetzungen → Rn. 16 oder 17 ff. darf und muss der Gerichtsvollzieher dann nach → Rn. 8, 9 vorgehen, wenn er von mehreren Auftraggebern nicht alle nach § 459b StPO oder nach § 94 OWiG behandeln darf oder wenn nicht alle eine Prozesskostenhilfe erhalten. Der Zweck der Regelung ist es, dem Gerichtsvollzieher umständliche Berechnungen zu ersparen. Das Gesetz nimmt eine gewisse Schlechterstellung der „eigentlich" Begünstigten hin.

22 **4. Rückausnahme: Erlösüberschuss (III 4).** Trotz eines Vorliegens der Voraussetzungen → Rn. 16 oder 17 ff. darf und muss der Gerichtsvollzieher auch dann nach → Rn. 8, 9 vorgehen, wenn der Erlös höher ist als die Summe der Forderungen aller Auftraggeber. Denn dann erleidet kein Auftraggeber einen Nachteil, soweit sich der Gerichtsvollzieher auf eine Entnahme im Bereich des Erlösüberschusses beschränkt.

23 **5. Erlösunterschuss.** Es gilt § 16.

24 **V. Rechtsbehelfe.** Es gelten dieselben Regeln wie beim Vorschuss nach § 4, dort → § 4 Rn. 40 ff.

Verteilung der Verwertungskosten

16 Reicht der Erlös einer Verwertung nicht aus, um die in § 15 Abs. 1 bezeichneten Kosten zu decken, oder wird ein Erlös nicht erzielt, sind diese Kosten im Verhältnis der Forderungen zu verteilen.

1 **I. Normzweck.** Die Vorschrift ergänzt § 15 I. Sie hat in ihrem Anwendungsbereich den Vorrang vor § 15 und vor § 13 II. Sie steht gleichberechtigt neben § 17.

2 Bei einer Mehrheit von Auftraggebern soll ein Gläubiger mit einer Kleinforderung nicht unangemessen hohe Kosten des Gerichtsvollziehers tragen müssen, wie es bei einer Gesamthaftung oder auch schon bei einer Haftung nach bloßen Kopfteilen vorkommen könnte. Zur Verhütung einer solchen Kostenungerechtigkeit nimmt das Gesetz eine gewisse Mehrarbeit des Gerichtsvollziehers als ihm zumutbar hin. So sollte man es auch auslegen.

3 **II. Anwendungsbereich: § 15 I.** § 16 erfasst nur die in § 15 I bezeichneten Gebühren und Auslagen nach § 1 I. Dazu → § 15 Rn. 8, 9. Die Vorschrift gilt für Gebühren nach KV 220, 300, 301, 302, 310, 604 und die Auslagen der Verwertung.

4 **Nicht hierher** gehört eine Geldablieferung anderer als der in § 15 I genannter Kosten nach § 15 II. Andere Kosten als diejenigen nach § 15 I fallen unter § 17.

5 **III. Erlösunterschuss, Ausbleiben von Erlös.** Während § 15 die Fälle eines die Kosten deckenden oder übersteigenden Erlöses regelt, ist in § 16 Voraussetzung, dass es mehrere Auftraggeber gibt und dass entweder kein die Kosten deckender oder überhaupt kein Erlös zustande kommt. Ein völlig unzureichender Erlös gilt als sein Ausbleiben.

6 **IV. Kostenverteilung.** Unter den Voraussetzungen → Rn. 3, 5 findet eine Kostenverteilung und keine Gesamthaftung der Kostenschuldner abweichend von § 13 II statt. Die Kostenverteilung erfolgt aber auch nicht etwa nach Kopfteilen, sondern aus

den in → Rn. 2 genannten Gründen im Verhältnis der Forderungen. Der Gläubiger der doppelt so hohen Forderung muss auch einen doppelt so hohen Kostenanteil zahlen usw. Ist ein Gläubiger von den Kosten oder Gebühren befreit, so haften die anderen Gläubiger nicht für diesen Anteil, sondern dieser Anteil, der auf den befreiten Gläubiger entfällt, wird nicht erhoben.

Verteilung der Auslagen bei der Durchführung mehrerer Aufträge

17 **[1] Auslagen, die in anderen als den in § 15 Abs. 1 genannten Fällen bei der gleichzeitigen Durchführung mehrerer Aufträge entstehen, sind nach der Zahl der Aufträge zu verteilen, soweit die Auslagen nicht ausschließlich bei der Durchführung eines Auftrags entstanden sind. [2] Das Wegegeld (Nummer 711 des Kostenverzeichnisses) und die Auslagenpauschale (Nummer 716 des Kostenverzeichnisses) sind für jeden Auftrag gesondert zu erheben.**

I. Normzweck. Als eine weitere Begrenzung zu §§ 15, 16 behandelt die Vorschrift als eine Auffangbestimmung die gerade nicht in § 15 I genannten Fälle. Unter diesen letzteren Fällen regelt § 17 auch nur die Auslagenverteilung, behandelt also nicht Gebührenfragen. Dabei stellt S. 2 klar, dass beim Wegegeld und bei einer Auslagenpauschale KV 711, 714 den Vorrang haben. § 17 hat den Vorrang vor § 13 II. 1

Ebenso wie bei § 16 soll eine ungerechte Verteilung von Mehrkosten bei einer Mehrheit von Aufträgen unabhängig von der Zahl der Auftraggeber unterbleiben. Der Gerichtsvollzieher soll Auslagen grundsätzlich nicht mehrfach verlangen dürfen. Deshalb findet keine Gesamthaftung der Auftraggeber statt. Vielmehr bestimmt S. 1 Hs. 1 eine Aufteilung nach der Zahl der Auftraggeber. Das ist meist die in § 16 gerade vermiedene Kopfteilhaftung, also ein evtl. wesentlich gröberer Maßstab. Um allzu grobe Ergebnisse zu verhindern, lässt S. 1 Hs. 2 denjenigen oder diejenigen Mit-Auftraggeber allein für die Auslagen haften, die nur bei der Durchführung seines oder ihrer Mitaufträge entstanden sind. S. 2 verstärkt den Gedanken der gesonderten Haftung je nach der Mitauftragsart und dem Haftungsumfang. 2

Das alles bleibt wiederum nicht ohne **Probleme.** Bei der Auslegung sollte man die oben genannten Ziele wesentlich beachten. Eine Vereinfachung (Zweckmäßigkeit) und eine Differenzierung (Kostengerechtigkeit) haben in § 17 beide ihr Gewicht. 3

II. Anwendungsbereich: Auslagen außerhalb § 15 I. Zu dieser Vorschrift → § 15 Rn. 6 ff. Es handelt sich also bei § 17 um eine Auffangbestimmung nach → Rn. 1. Infolgedessen ist der Anwendungsbereich weit auslegbar. 4

Gleichzeitigkeit der Ausführung mehrerer Aufträge nach § 3 ist eine weitere Voraussetzung. Nicht die Erteilung muss gleichzeitig erfolgen, sondern gerade die Ausführung. Die Gleichzeitigkeit besteht, soweit und solange mindestens zwei Aufträge schon und noch vorliegen, sei es teilweise, von völlig unbedeutenden Schlussmaßnahmen bei einer allzu engen Auslegung abgesehen. Auch eine längere schuldlose oder schuldhafte Unterbrechung mag nichts an dem Durchführungszustand ändern. Es kommt insoweit auf die Umstände an. 5

III. Auslagenverteilung nach Auftragszahl (S. 1 Hs. 1). Grundsätzlich muss der Gerichtsvollzieher die Auslagenhaftung unter den Voraussetzungen → Rn. 4, 5 nach der Auftragszahl aufteilen, bei § 16 nach der jeweiligen Förderungshöhe. Hat jeder Gläubiger hier **einen** Auftrag erteilt, führt das zur Kopfteilhaftung. Hat ein oder haben andere Gläubiger mehrere Aufträge erteilt, ist die jeweilige Auftragszahl maßgeblich. Es kommt keineswegs auf die Art und die Höhe der einzelnen Forderung an. 6

IV. Einzelhaftung (S. 1 Hs. 2). Vom Grundsatz → Rn. 6 gilt eine Ausnahme, soweit Auslagen ausschließlich bei nur einem von mehreren Aufträgen entstehen. Dabei kann dergleichen auch bei mehreren Aufträgen vorkommen, soweit es eben noch weitere Aufträge gleichzeitig durchzuführen gilt. Derjenige, der sich auf eine Ausschließlichkeit beruft, ist in Wahrheit dafür beweispflichtig. Das ergibt sich bei einer vernünftigen Auslegung des im Wortlaut unnötig unklar geratenen Textes von 7

S. 1 Hs. 2. Denn der Gerichtsvollzieher müsste hier eine Ausnahmevorschrift anwenden. Ausnahmen muss der dadurch Begünstigte beweisen.

8 **V. Wegegeld, Auslagenpauschale (S. 2).** Soweit es nur um das in KV 711 geregelte Wegegeld oder nur um die in KV 716 bestimmte Auslagenpauschale geht, findet bei einer Mehrheit von Aufträgen entgegen dem Grundsatz → Rn. 2 keine wie immer geartete Verteilung statt. Vielmehr muss der Gerichtsvollzieher diese Beträge für jeden Auftrag gesondert erheben. Das stellt S. 2 klar. Hat derselbe Auftraggeber mehrere Aufträge nach § 3 an den Gerichtsvollzieher erteilt, darf und muss dieser schon gegenüber diesem Auftraggeber das Wegegeld oder die Auslagenpauschale entsprechend mehrfach erheben.

Abschnitt 5. Übergangs- und Schlussvorschriften

Übergangsvorschrift

18 **I ¹Die Kosten sind nach bisherigem Recht zu erheben, wenn der Auftrag vor dem Inkrafttreten einer Gesetzesänderung erteilt worden ist, Kosten der in § 15 Abs. 1 genannten Art jedoch nur, wenn sie vor dem Inkrafttreten einer Gesetzesänderung entstanden sind. ²Wenn der Auftrag zur Abnahme der Vermögensauskunft mit einem Vollstreckungsauftrag verbunden ist, ist der Zeitpunkt maßgebend, zu dem der Vollstreckungsauftrag erteilt ist.**

II Absatz 1 gilt auch, wenn Vorschriften geändert werden, auf die dieses Gesetz verweist.

1 **I. Normzweck.** Die Vorschrift geht zwar § 19 in der äußeren Reihenfolge voraus. Sie ist ihm gegenüber systematisch aber als **allgemeine Übergangsnorm,** die auch für alle zukünftigen Änderungen gilt, nachrangig. Sie regelt ebenso wie die vergleichbaren Vorschriften in den anderen Kostengesetzen eine nur scheinbar rein rechtstechnische Frage. In Wahrheit ist sie ein Ausdruck schwieriger Anknüpfungsprobleme. Die jetzige Fassung mit ihrem Charakter als „Ewigkeitsnorm" ändert trotz solcher Eleganz nichts an der Tatsache, dass jeder denkbare Anknüpfungspunkt wie zB hier der Zeitpunkt der unbedingten Auftragserteilung und teilweise auch der Entstehungszeitpunkt oder der Zeitpunkt des „Vollstreckungs"-Auftrags einen Streit über die Brauchbarkeit hervorrufen kann.

2 Ausgehend von den Erwägungen in → Rn. 1 dient die Vorschrift der Vereinfachung und damit sowohl der Zweckmäßigkeit als auch der Rechtssicherheit. Jeder dieser Aspekte erfordert eine etwas andere Auslegung. Daher muss man sich bemühen, beide Aspekte zu verbinden und dabei auch stets den Grundsatz bedenken, dass das GvKostG nach → § 1 Rn. 2 für den Kostenschuldner günstig sein soll.

3 **II. Voraussetzungen. 1. Grundsatz: Maßgeblichkeit der Auftragserteilung (I 1 Hs. 1).** Die Vorschrift lehnt sich an § 60 I 1 RVG an und weicht von § 134 GNotKG ab, soweit er auf die Fälligkeit abstellt. Nach I 1 Hs. 1 ist stets die Auftragserteilung maßgebend. Ein Auftrag ist erteilt, wenn der Eingang des einzelnen, selbständigen und vollständigen, ordnungsgemäß gefassten, vollziehbaren, unbedingten Auftrags beim Gerichtsvollzieher oder bei derjenigen Geschäftsstelle, die den Auftrag vermittelt oder dabei nach → § 3 Rn. 21 mitwirkt, oder bei der Gerichtsvollzieherverteilungsstelle des AG nach § 3 III 1 (Krauthausen DGVZ 1995, 84; Müller DGVZ 1994, 111 (ausf.); großzügiger Winterstein DGVZ 1995, 24) eingeht. Die **Person** des Auftraggebers ist unerheblich. Es kommt wie nach → RVG § 60 Rn. 8 auf den unbedingten endgültigen Auftrag an. Unerheblich ist, ob der Gerichtsvollzieher mit einer Amtshandlung mehrere Aufträge erledigt, da eben gerade nicht hat der Beginn oder die Erledigung der Amtshandlung maßgebend ist.

4 Nach dem vorstehenden Recht muss der Gerichtsvollzieher **sämtliche** Amtshandlungen dieses Auftrags und nicht nur die unmittelbaren, sondern auch die mittelbaren berechnen (Schröder-Kay/Winter Rn. 5; aA Müller DGVZ 1994, 112, aber das ergäbe endlose Abgrenzungsprobleme).

5 Ein **bedingter Auftrag** (→ § 3 Rn. 15 f.) gilt stets, soweit nicht die Ausnahme nach I 2 (→ § 3 Rn. 22, 48, 53) eingreift, erst mit dem Eintritt der Bedingung als

erteilt, zB bei einer Vorpfändung gilt der Auftrag nach Nr. 2 II DB-GvKostG erst mit dem Bedingungseintritt als erteilt. Bei mehreren Aufträgen kommt es auf ihre Selbständigkeit an. Bei einer Erweiterung desselben Auftrags ist maßgeblich, wann der Erweiterungsauftrag erfolgte (Winterstein DGVZ 1995, 24). Der Gerichtsvollzieher muss grundsätzlich stets auftragsgemäß tätig werden. Daher ist der Eingangszeitpunkt des Auftrags maßgeblich. Da der Gläubiger seinen Auftrag auch beim Gericht einreichen kann, genügt auch der dortige Eingang (Winterstein DGVZ 1995, 24). Die Nachreichung einer notwendigen Vollmacht usw. mag nichts an der von Anfang an endgültigen Auftragserteilung ändern.

Bei **mehreren Aufträgen** entstehen insoweit keine Probleme. Denn jeder Auftrag 6 führt zu einer gesonderten Vergütung. Vgl. im Übrigen § 3.

2. Maßgeblichkeit der Kostentstehung, I 1 Hs. 2. In einer Abweichung vom 7 Grundsatz → Rn. 3 ff. kommt es nach I 1 Hs. 2 auf den Zeitpunkt der Entstehung von Gebühren oder Auslagen an, soweit es sich um Kosten der in **§ 15 I genannten Art** handelt, dort → § 15 Rn. 8, 9, also um Kosten der Versteigerung, Gewahrsamsentfernung, des Transports oder der Lagerung. **Entstehung** ist nicht mit der in § 14 geregelten Fälligkeit zu verwechseln. Zu den Begriffen → § 14 Rn. 1. Da die Verwertungskosten nach KV Vorb. 3 S. 1 auch dann nur einmal entstehen, wenn mehrere Aufträge zugrunde liegen, ist hier folgerichtig nicht die Auftragserteilung, sondern die Entstehung der Verwertungskosten maßgebend.

3. Maßgeblichkeit des Vollstreckungsauftrags, I 2. In einer teilweisen Abwei- 8 chung vom Grundsatz → Rn. 3 ff. kommt es nach I 2 auf den Zeitpunkt der Erteilung des Vollstreckungsauftrags an, soweit der Gläubiger ihn mit einem Auftrag zur Abnahme der Vermögensauskunft nach §§ 802b ff. ZPO dergestalt verbunden hat, dass der Antrag auf Abnahme der Vermögensauskunft unter der Bedingung steht, dass die Mobiliarvollstreckung nicht erfolgreich war, gestellt wird. Auch wenn es sich insoweit um einen unbedingten Antrag handelt, gilt nicht I 1 Hs. 1., sondern I 2 und es ist insgesamt der Vollstreckungsauftrag maßgebend. Der Fall, dass der Gläubiger die Abnahme der Vermögensauskunft beantragt und im Anschluss die Mobiliarvollstreckung beauftragt, ist nicht von I 2 erfasst und fällt in den Anwendungsbereich des I 1 Hs. 1.

Die Auftragserteilung ist wie bei → Rn. 3 zu beurteilen. Es kommt also anders als 9 bei § 3 III 2 hier vorrangig nicht auf denjenigen Zeitpunkt an, der bei einem isolierten Auftrag auf eine Abnahme der eidesstattlichen Versicherung als der Zeitpunkt einer solchen isolierten Auftragserteilung gelten würde. Der Zeitpunkt der Erteilung des Vollstreckungsauftrags mag vor oder nach demjenigen zur Vermögensauskunft gelegen haben. Maßgeblich ist bei einer Verbindung nur der zeitlich erste Auftrag. **Unanwendbar** ist I 2 nach einer Auftragstrennung usw.

4. Änderung anderer Vorschriften, II. Die vorstehenden Regeln → Rn. 3 10 gelten auch dann, wenn eine Gesetzesänderung auch oder nur eine solche Vorschrift betrifft, die in einem anderen Gesetz als dem GvKostG steht und das GvKostG insoweit darauf verweist, zB im GKG oder FamGKG oder in der ZPO, auf die zB § 5 II 1 GvKostG verweist oder im GNotKG, auf das § 12 verweist.

III. Rechtsfolge. Maßgeblich ist stets das Recht, das im Zeitpunkt der Erteilung 11 des Auftrags im Fall des I 1 Hs. 1 bzw. des Vollstreckungsauftrags im Fall des I 2 gilt. Eine Rückwirkung findet somit grds. nicht statt. Im Fall des I 1 Hs. 2 gilt das Recht im Zeitpunkt der Entstehung der Verwertungskosten, hier kommt es gerade nicht auf die Auftragserteilung an.

Übergangsvorschrift aus Anlass des Inkrafttretens dieses Gesetzes

19 **I [1] Die Kosten sind vorbehaltlich des Absatzes 2 nach dem Gesetz über Kosten der Gerichtsvollzieher in der im Bundesgesetzblatt Teil III, Gliederungsnummer 362-1, veröffentlichten bereinigten Fassung, zuletzt geändert durch Artikel 2 Abs. 5 des Gesetzes vom 17. Dezember 1997 (BGBl. I S. 3039), zu erheben, wenn der Auftrag vor dem Inkrafttreten dieses Gesetzes erteilt worden ist; § 3 Abs. 3 Satz 1 und § 18 Abs. 1 Satz 2 sind anzuwenden. [2] Werden solche Aufträge und Aufträge, die nach dem**

Inkrafttreten dieses Gesetzes erteilt worden sind, durch dieselbe Amtshandlung erledigt, sind die Gebühren insoweit gesondert zu erheben.

II Kosten der in § 15 Abs. 1 genannten Art sind nach neuem Recht zu erheben, soweit sie nach dem Inkrafttreten dieses Gesetzes entstanden sind.

1 **Normzweck.** § 19 enthält eine gegenüber § 18 vorrangige Sonderregelung aus Anlass des Inkrafttretens des GvKostG nF und des gleichzeitigen Außerkrafttretens der aF, das sich aus Art. 4 I 2 GvKostRNeuOG ergibt. Die Anwendung des § 19 hat sich mittlerweile durch Zeitablauf erledigt. § 19 ist letztmalig kommentiert in der 48. Aufl.

20 *(aufgehoben)*

[Fassung ab 1.1.2024:]

§ 20. Übergangsregelung aus Anlass des Gesetzes zur Regelung des Sozialen Entschädigungsrechts

Für Personen, die Leistungen nach dem Soldatenversorgungsgesetz in der Fassung der Bekanntmachung vom 16. September 2009 (BGBl. I S. 3054), das zuletzt durch Artikel 19 des Gesetzes vom 4. August 2019 (BGBl. I S. 1147) geändert worden ist, in Verbindung mit dem Bundesversorgungsgesetz in der Fassung der Bekanntmachung vom 22. Januar 1982 (BGBl. I S. 21), das zuletzt durch Artikel 1 der Verordnung vom 13. Juni 2019 (BGBl. I S. 793) geändert worden ist, erhalten, gelten die Vorschriften des § 2 Absatz 2 Satz 1 in der am 31. Dezember 2023 geltenden Fassung weiter.

[Fassung ab 1.1.2025:]

(aufgehoben)

1 § 20 enthält **ab 1.1.2024 bis 31.12.2024** eine gegenüber § 18 vorrangige Sonderregelung aus Anlass des Inkrafttretens des Gesetzes zur Regelung des Sozialen Entschädigungsrechts nF.

Anlage (zu § 9)

Kostenverzeichnis (KV)

Die Änderung der Gebühren zum 1.1.2021 durch das Kostenrechtsänderungsgesetz 2021 erfasst Altfälle nicht; zur Abgrenzung in zeitlicher Hinsicht vgl. die Dauerübergangsregelung des § 18.

Übersicht

Abschnitt 1. Zustellung auf Betreiben der Parteien (§ 191 ZPO)

Vorbemerkung 1:

I Die Zustellung an den Zustellungsbevollmächtigten mehrerer Beteiligter gilt als eine Zustellung.

II Die Gebühr nach Nr. 100 oder 101 wird auch erhoben, wenn der Gerichtsvollzieher die Ladung zum Termin zur Abnahme der Vermögensauskunft (§ 802 f ZPO) oder den Pfändungs- und Überweisungsbeschluss an den Schuldner (§ 829 Abs. 2 Satz 2, auch i. V. m. § 835 Abs. 3 Satz 1 ZPO) zustellt.

Nr.	Gebührentatbestand	Gebühr
100	**Persönliche Zustellung durch den Gerichtsvollzieher ....**	**11,00 €**

Schrifttum: Schultze/Tenner, Zustellungsrecht, 3. Aufl. 2018.

Übersicht

I. Normzweck. Die Vorschrift schafft eine möglichst einfache Regelung der Vergütung des wichtigen Aufgabenbereiches einer Zustellung. Sie erhält wegen der Gebühren durch KV 101 und wegen der Auslagen durch KV 711, 716 Ergänzungen. KV 700 gilt entsprechend für jede Zustellung durch Bedienstete der Verwaltungsbehörde im Verfahren nach dem OWiG anstelle der tatsächlichen Aufwendungen nach § 107 III Nr. 3 OWiG. Eine Zustellung und weitere Vollstreckungs-Amtshandlungen lösen mehrere Gebühren aus. 1

Das System von Festgebühren dient der Vereinfachung. Ihre Höhen bezwecken Kostendämpfungen. Man sollte aber im Rahmen der wenigen Auslegungsmöglichkeiten trotz des Grundsatzes einer dem Kostenschuldner freundlichen Behandlung nach → § 1 Rn. 2 auch sehen, dass so manche Zustellung nur mit einer ziemlichen Mühe und mit einem nicht geringen Zeitaufwand stattfindet. 2

II. Voraussetzung. 1. Parteizustellung. Nur noch **auf Betreiben der Parteien** ist eine Zustellung gebührenpflichtig (AG Schwäbisch Hall DGVZ 2016, 89). Diese Zustellung muss nach § 191 ZPO verfahrensrechtlich vorgeschrieben oder zulässig sein. Für eine Zustellung von Amts wegen (etwa nach § 168 II ZPO oder die Übergabe des Haftbefehls nach § 802g I ZPO, OLG Stuttgart BeckRS 2016, 15989) durch den Gerichtsvollzieher entstehen keine Gebühren, Nr. 10 DB-GvKostG und Umkehrschluss zur amtlichen Überschrift dieses Abschnitts, sondern allenfalls Auslagen nach Abschnitt 7 (AG Charlottenburg DGVZ 2016, 161; AG Duisburg DGVZ 2016, 160; AG Heidelberg JurBüro 2003, 213; Herrfurth DGVZ 2018, 245). Sie werden dann aber ein Teil der Gerichtskostenrechnung. 3

Die Zustellung im Parteibetrieb ist im Vollstreckungsrecht der Regelfall (→ Rn. 11), anders als im Erkenntnisverfahren. Um welche Zustellung es sich handelt, ist den jeweiligen Normen des Verfahrensrechts zu entnehmen. Der Gerichtsvollzieher ist entweder ausdrücklich mit der Zustellung zu beauftragen oder konkludent (→ Rn. 11). Der Gläubiger kann den Gerichtvollzieher auch nach § 192 III 4

ZPO unter Vermittlung der Geschäftsstelle des Prozessgerichts oder über die Gerichtsvollzieherverteilerstelle beauftragen.

5 **2. Persönliche Zustellung.** Die Vorschrift erfasst nur die Zustellung, die der Gerichtsvollzieher selbst auf ein Betreiben der Parteien nach **§§ 192 ff. ZPO** durchführt (OLG Düsseldorf DGVZ 2015, 81; AG Otterndorf DGVZ 2016, 88; AG Pinneberg DGVZ 2015, 27; Hornung DGVZ 2007, 60). Das gilt auch bei einem Auftrag zur Zustellung von Anwalt zu Anwalt nach § 195 ZPO. Alle anderen Zustellungsarten fallen allenfalls unter **KV 101.** Wegen der Zustellung in der Bundeswehr vgl. den Erlass vom 20.6.1983 (VMBl. 182).

6 **3. Wirksamkeit der Zustellung.** Für das Entstehen der Zustellungsgebühr als einer Erfolgsgebühr ist grundsätzlich die Wirksamkeit der Zustellung zumindest nach § 189 ZPO eine Voraussetzung. Dazu muss der Gerichtsvollzieher das zuzustellende Schriftstück wie nach § 166 I ZPO bekanntgegeben und dazu grundsätzlich auch tatsächlich nach § 192 ZPO übergeben (Coenen DGVZ 2004, 69). Unter diesen Gebührentatbestand fällt auch die elektronische Zustellung, da auch diese nach § 166 ZPO erfolgt (aA AG Lüneburg DGVZ 2022, 202). Er hat seine Zustellungsgebühr nur dann verdient, wenn er seine Amtshandlung richtig vorgenommen hat. Denn für diese Amtshandlung sieht das Gesetz die Gebühr vor. Mangels einer Zustellbarkeit und bei einem erfolglosen Zustellversuch kann KV 600 anwendbar sein.

7 Die Zustellungsgebühr entsteht andererseits für die **bloße Zustellung.** Daneben entsteht für jede gesonderte Amtshandlung sogar innerhalb desselben Auftrags nach §§ 3 II Nr. 1, 10 I 1 die jeweilige zugehörige Gebühr zB für jede Vollstreckungshandlung nach §§ 704 ff. ZPO. Der Gerichtsvollzieher darf ein Wegegeld für einen Auftrag nur einmal verlangen, KV 711. Er prüft nicht, ob eine zulässige Zustellung auch zweckmäßig oder gar notwendig ist (AG Ratingen DGVZ 2003, 175).

8 **4. Wahl der Zustellungsart.** Der Gerichtsvollzieher kann nach § 15 II 1 GVGA zwischen mehreren in Betracht kommenden Zustellungsarten grundsätzlich nach seinem pflichtgemäßen Ermessen **wählen,** da die Zustellungsarten gleichberechtigt nebeneinander stehen, wobei jedoch die persönliche Zustellung die gesetzliche Regel ist (OLG Stuttgart JG 2016, 364; LG Göttingen BeckRS 2020, 32263; LG Halle DGVZ 2019, 161; LG Wuppertal JurBüro 2017, 493; AG Schöneberg DGVZ 2018, 218; AG Esslingen JurBüro 2013, 443; BeckOK ZPO/Dörndorfer ZPO § 192 Rn. 1 f.). Nur **ausnahmsweise** muss der Gerichtsvollzieher persönlich zustellen (AG Meißen JurBüro 2004, 668): Das gilt etwa bei einem besonderen Eilbedürfnis zB bei §§ 929, 936 ZPO oder dann, wenn eine persönliche Zustellung billiger wird (AG Meißen JurBüro 2004, 668; Oestreich DGVZ 1985, 110, Seip DGVZ 1985, 139), sie nicht stört und wenn auch der Auftraggeber sie beantragt hat (OLG Köln BeckRS 2017, 125643). Die **(Ermessens-)Entscheidung** trifft der Gerichtsvollzieher unter Berücksichtigung der Umstände des Einzelfalls. Eine Anweisung des Gläubigers zur Zustellung mit der Post hat der Gerichtsvollzieher nicht zwingend Folge zu leisten, sondern hat dessen Anweisung im Rahmen seiner Ermessensentscheidung mit zu berücksichtigen (KG DGVZ 2016, 110; OLG Düsseldorf BeckRS 2016, 15315; OLG Stuttgart DGVZ 2015, 92; LG Duisburg BeckRS 2018, 22494; aA OLG Frankfurt DGVZ 2016, 82). Auch wenn der Gläubiger bei der Zustellung eines Pfändungs- und Überweisungsbeschlusses an den Drittschuldner keine Erklärung nach § 840 ZPO verlangt, liegt die Zustellungsart im Ermessen des Gerichtsvollziehers (AG Esslingen DGVZ 2020, 208).

9 In Betracht kommt auch eine Zustellung von Anwalt zu Anwalt nach § 195 ZPO. Der Gerichtsvollzieher handelt dann im Auftrag eines Anwalts. Hier entsteht die Gebühr für die Botentätigkeit, der Gerichtsvollzieher hat die Übergabe persönlich vorzunehmen. Da es sich auch bei dieser Zustellung um einen Zustellakt handelt, entsteht diese Gebühr. Die Beurkundung der Zustellung ist hierfür nicht maßgebend (BeckOK ZPO/Dörndorfer ZPO § 166 Rn. 2), vgl. auch § 27 II GVGA.

10 **5. Anwendungsfälle der Zustellung.** Zustellungen außerhalb des Vollstreckungsverfahrens liegen vor bei der Zustellung einer Willenserklärung nach § 132 BGB, eines Vollstreckungsbescheids nach § 699 VI ZPO und die Zustellung eines Vollstreckungstitels (zB notarielle Urkunde, Prozessvergleich, LAG Hamm BeckRS

2010, 72056), soweit insoweit nicht die Zustellung von Amts wegen zwingend vorgeschrieben ist.

Soweit im Rahmen der Zwangsvollstreckung **Mitteilungen und Aufforderungen** zugestellt werden müssen, erfolgt dies grds. aufgrund einer Parteizustellung, da das Zwangsvollstreckungsverfahren generell der Dispositionsmaxime und damit dem Willen des Gläubigers unterliegt und grds. ein Antragsverfahren ist (BGH DGVZ 2018, 144). Dies **gilt auch,** wenn der Gläubiger die erforderliche Zustellung nicht explizit beantragt hat (Mroß DGVZ 2016, 61). Lediglich die Zustellung der Eintragungsanordnung nach § 882c II 2 ZPO und die Übergabe des Haftbefehls nach § 802g II 2 ZPO sind jeweils eine **Zustellung von Amts wegen.** Durch die Änderung der §§ 802g, 882c ZPO hat der Gesetzgeber mit G v. 21.11.2016 (BGBl. I S. 2591) den jeweils vorhandenen Meinungsstreit beendet (BT-Drs. 18/7560 S. 37 und S. 39; kritisch zu § 802g ZPO: BeckOK KostR/Herrfurth KV Vorbemerkung 1 Rn. 21 ff.). 11

Zu den Anwendungsfällen im Vollstreckungsverfahren zählen die Zustellung eines Beschlusses im Rahmen eines Arrestes oder einer einstweiligen Verfügung nach §§ 922 II, 936 ZPO; die Benachrichtigung des Schuldners über die beabsichtigte anderweitige Verwertung nach § 825 I 3 ZPO; die Benachrichtigung über den Räumungstermin nach §§ 765a, 885 ZPO (AG Köln DGVZ 2004, 175, Heinze DGVZ 2004, 164); die Pfandverzichtserklärung des Gläubigers an den Schuldner nach § 843 ZPO; eines vorläufigen Zahlungsverbots nach § 845 ZPO, die Zustellung nach § 28 III GVO bei einem ruhenden Verfahren und eine Zustellung eines Vorschusses bzw. einer Vorschussnacherhebung nach § 4 II 3 (→ § 4 Rn. 30). Ebenfalls eine Parteizustellung ist die Zustellung eines Pfändungs- und Überweisungsbeschlusses an Drittschuldner und Schuldner nach §§ 829 II 2, III, 835 III 1 ZPO (AG Heidelberg JurBüro 2003, 213). Soweit ein Pfändungs- und Überweisungsbeschluss an mehrere Drittschuldner zugestellt wird, vgl. Nr. 2 V 1 DB-GvKostG (→ § 3 Rn. 46 aE). Insofern stellt dies auch die Vorb. 1 II Alt. 2 lediglich klar. Die Zustellung nach § 802f I, IV ZPO erfolgt ebenfalls im Parteibetrieb, dies stellt auch die Vorb. 1 II Alt. 1 klar (BGH BeckRS 2017, 144679; OLG Frankfurt a. M. DGVZ 2016, 84; OLG Stuttgart DGVZ 2015, 92; AG Leipzig DGVZ 2015, 137). Das gilt nach § 802f IV 1 Hs. 2 ZPO auch dann, wenn der Schuldner einen Prozessbevollmächtigten nach § 81 ZPO bestellt hat. Der Gerichtsvollzieher braucht nicht zu klären, ob ein Auftrag nach § 802a II 1 ZPO infolge eines Auftrags nach § 829 ZPO erledigt ist (AG Ratingen DGVZ 2003, 175). 12

Von Amts wegen erfolgt die Zustellung einer einstweiligen Anordnung nach § 214 II FamFG. Auch eine Zustellung nach § 882c II 2 ZPO erfolgt von Amts wegen (OLG Celle JurBüro 2016, 429; OLG Stuttgart DGVZ 2016, 181; LG Lüneburg DGVZ 2015, 173), sowie die Übergabe des Haftbefehls nach § 802g II 2 ZPO. 13

III. Gebührenhöhe. Mit der Gebühr selbst ist jede Zustelltätigkeit samt der Zustellungsurkunde nach § 193 ZPO abgegolten. Mit jeder Zustellung entsteht die Gebühr, § 10 II 3 GvKostG (→ § 10 Rn. 21). Als Auslagen kommen neben Wegegeld nach KV 711 und der Auslagenpauschale nach KV 716 eine Gebühr nach KV 102 oder eine Dokumentenpauschale nach KV 700 in Betracht. Es sind mehrere Fallgruppen zu unterscheiden. § 11 ist jeweils anwendbar. 14

1. Einzelzustellung. Hier entsteht die in KV 100 genannte Festgebühr je Zustellungsauftrag unabhängig von der Bedeutung des zugestellten Dokuments für die gesamte Zustellungstätigkeit und unabhängig vom Gewicht oder von den Maßen des Dokuments oder seinem Wert usw. einschließlich der Nebengeschäfte nur einmal. Auslagen können gesondert entstehen. Wegen des Wegegelds KV 711. Eine einzige Zustellung liegt auch im Fall → Rn. 19 vor. 15

2. Zustellung an mehrere Personen. Für jede Zustellung entsteht eine Gebühr, § 10 II 3 GvKostG (→ § 10 Rn. 21). Bei Zustellungen an mehrere Personen entstehen also selbst dann mehrere Gebühren, wenn die Zustellungen auf Grund eines einheitlichen Auftrags desselben Auftraggebers erfolgen. Es ist unerheblich, ob der Gerichtsvollzieher für die mehreren Adressaten nur eine einheitliche gemeinsame Zustellungsurkunde verwendet. Wenn der Gerichtsvollzieher einem Beteiligten meh- 16 rere Schriftstücke in verschiedenen Rechtsangelegenheiten zustellt oder wenn er in derselben Rechtsangelegenheit an denselben Adressaten mehrere äußerlich getrennte und nicht verbundene Schriftstücke zu derselben Zeit zustellt, entstehen ebenfalls mehrere Gebühren (→ Rn. 19). Wenn jemand nach § 11 III 3 GVGA einerseits persönlich und andererseits als der Vertreter eines anderen beteiligt ist, muss der Gerichtsvollzieher ihm in seiner Eigenschaft als Vertreter besonders zustellen. Infolgedessen entstehen auch dann zwei Gebühren.

17 **3. Zustellung an einen Vertreter mehrerer Personen.** Wenn der Gerichtsvollzieher dem Vertreter mehrerer Beteiligter für jeden Vertretenen eine Ausfertigung oder eine beglaubigte Abschrift oder Ablichtung übergibt oder übergeben lässt, zB dem gesetzlichen Vertreter oder dem Prozessbevollmächtigten, liegen zwar mehrere Zustellungen vor, aber nach Vor 1 I gelten diese Zustellungen als eine Zustellung und es entsteht die Gebühr auch nur einmal.

18 Wenn der Gerichtsvollzieher einem Zustellungsbevollmächtigten mehrerer Beteiligten zustellt, bestimmt die KV Vorb. I vor KV 100, dass die Gebühr **nur für eine Zustellung** entsteht. Die Dokumentenpauschale kann aber nach KV 700 Anm. II Nr. 3 für jede der Zustellungen entstehen.

19 **4. Zustellung mehrerer Dokumente an eine Person.** Nur **eine** Zustellgebühr entsteht, wenn der Gerichtsvollzieher demselben Beteiligten mehrere Dokumente nach §§ 750 II, 751 II ZPO zustellt oder zustellen lässt, die dieselbe Rechtsangelegenheit betreffen. Das gilt nur, falls die Schriftstücke durch eine äußere Verbindung als zusammengehörig gekennzeichnet sind oder falls der Auftraggeber nach § 12 II GVGA eine gemeinsame Zustellung beantragt hat (KG DGVZ 2011, 174, abl. Winterstein). Andernfalls entsteht die Gebühr für jede Urkunde, da jede einzelne Urkunde einen eigenen Zustellungsakt erfordert.

20 **5. Zustellung am Sonnabend, Sonntag, Feiertag, § 11.** Im Übrigen entsteht kein Zeitzuschlag. Denn KV 100 verweist nicht auf KV 500.

21 **IV. Nichterledigung.** V 600.

22 **V. Fälligkeit.** § 14 S. 1.

23 **VI. Kostenschuldner.** § 13.

24 **VII. Kostenerstattung.** Der Gegner muss die notwendigen Kosten erstatten, § 91 ZPO.

25 **VIII. DB-GvKostG.** Vgl. Nr. 10 DB-GvKostG.

Nr.	Gebührentatbestand	Gebühr
101	**Sonstige Zustellung**	**3,30 €**

1 **I. Normzweck.** Die Vorschrift erfasst alle Zustellungen, die nicht unter KV 100 fallen, die der Gerichtsvollzieher also nach → KV 100 Rn. 4 **nicht persönlich** vornimmt oder nicht persönlich vornehmen darf. Auch KV 101 vergütet nur eine Zustellung gerade auf Betreiben der Partei nach §§ 191 ff. ZPO. Das ergibt sich aus der amtlichen Überschrift vor KV 100–101, → KV 100 Rn. 10 ff.

2 **Unanwendbar** sind daher beide Vorschriften auf eine solche Zustellung, die der Gerichtsvollzieher von Amts wegen vornimmt oder vornehmen lässt (OLG Koblenz MDR 2016, 423; AG Lübeck JurBüro 2016, 664; aA AGe Geldern, Gernsbach, Kleve, Koblenz, Stuttgart-Bad Cannstatt, Villach-Schwenningen DGVZ 2015, 27). Zur Abgrenzung dieser Begriffe → KV 100 Rn. 1, 10 ff.; Nr. 10 DB-GvKostG.

3 **II. Anwendungsbereich: Sonstige Zustellung.** KV 101 erfasst in den Grenzen → Rn. 1 den verbleibenden Gesamtbereich einer solchen Zustellung, die der Gerichtsvollzieher nicht persönlich bewirkt. Infrage kommen vor allem die folgenden Zustellungsarten:

– **Beauftragung der Post.** In Betracht kommt eine Zustellung durch Beauftragung der Post nach § 194 ZPO, insbesondere auf Weisung des Auftraggebers; LG Stralsund JurBüro 2016, 213. Nicht zulässig ist eine Aufgabe zur Post nach § 184 II ZPO;

– **öffentliche Zustellung, § 185 ZPO.** Im Rahmen des § 802f VI ZPO (BGH BeckRS 201);
– **Zustellung im Ausland, § 183 ZPO** (die Anordnung dazu trifft das Gericht; der Gerichtsvollzieher hat diesen Auftrag seiner vorgesetzten Dienststelle vorzulegen, § 10 II GVGA).

Im Übrigen gelten dieselben Erwägungen wie bei KV 100. Man darf KV 101 als eine bloße Auffangvorschrift nicht zu eng auslegen.

Bei einer Zustellung durch eine **Beauftragung der Post** nach → Rn. 3 ist die Gebühr entstanden, sobald der Gerichtsvollzieher die Sendung der Post ordnungsgemäß übergeben hat. Die Gebühr entsteht also auch dann, wenn die Sendung als unzustellbar zurückkommt. 4

III. Gebührenhöhe. Es entsteht die Festgebühr. Wegen mehrerer Zustellungen usw gelten dieselben Erwägungen wie bei → KV 100 Rn. 16 ff. Am Sonnabend, Sonntag, Feiertag gilt auf ein Verlangen des Auftraggebers § 11. KV 500 ist unanwendbar. Daneben kann eine Gebühr nach KV 102 entstehen. Mit der Gebühr ist neben der Beauftragung der Post auch die Überprüfung der Wirksamkeit der Zustellung, die Überwachung des Eingangs der Zustellungsurkunde und deren Übersendung an den Auftraggeber. 5

Auslagen richten sich nach KV 700 ff., es kommen insb. KV 716, 700 in Betracht, nicht aber KV 711, da der Weg zur Post zum allgemeinen Geschäftsbetrieb gehört und demzufolge kein Wegegeld entsteht (KV 711 Anm. III Nr. 1).

IV. Nichterledigung. KV 600. 6

V. Fälligkeit. § 14 S. 1. 7

VI. Kostenschuldner. § 13. 8

VII. Kostenerstattung. → KV 100 Rn. 24. 9

VIII. DB-GvKostG. Vgl. Nr. 10 DB-GvKostG. 10

Nr.	Gebührentatbestand	Gebühr
102	**Beglaubigung eines Schriftstückes, das dem Gerichtsvollzieher zum Zwecke der Zustellung übermittelt wurde (§ 193 Abs. 1 ZPO)** **je Seite**	 **Gebühr in Höhe der Dokumentenpauschale**
	Eine angefangene Seite wird voll berechnet.	

I. Normzweck. Die Vorschrift gilt bei jeder Zustellungsart nach KV 100, 101. Sie bezweckt eine angemessene Vergütung der Beglaubigungsarbeit des Gerichtsvollziehers wegen seiner Verantwortung für die Richtigkeit der gerade von ihm erfolgten Beglaubigung, also nicht bei einer vom Einreicher vorgenommenen, etwa von einem Anwalt (AG Osnabrück DGVZ 2014, 46). Dabei geht es um eine echte Gebühr (Meyer JurBüro 2003, 295). 1

II. Voraussetzungen. Soweit der Auftraggeber die notwendige Anzahl von Abschriften nach § 192 II ZPO dem Gerichtsvollzieher übergibt, hat dieser die Schriftstücke zu beglaubigen. Wegen Nr. 10a DB-GvKostG entsteht keine Beglaubigungsgebühr, wenn der Gerichtsvollzieher nicht nur übergebene Dokumente beglaubigt, sondern vorher die erforderlichen Kopien selbst fertigt und die Abrechnung über KV 700 erfolgt (Meyer JurBüro 2003, 295; Hundertmark JurBüro 2003, 461). 2

Innerhalb eines Auftrags kann die KV 102 durchaus auch neben KV 100, 101 entstehen und zwar dann, wenn durch den Auftraggeber nicht genügend zu beglaubigende Kopien eingereicht wurden und der Gerichtsvollzieher die vorhandenen Abschriften beglaubigt und weitere Abschriften vor der Beglaubigung selbst anfertigt. 3

Soweit ein Rechtsanwalt seine übergebenen Schriftstücke selbst beglaubigt hat, diese Beglaubigung aber fehlerhaft ist, so nimmt der Gerichtsvollzieher die Beglaubigung selbst vor (AG Osnabrück DGVZ 2014, 46). 4

5 **III. Gebührenhöhe.** Die in Bezug genommene Vorschrift für die Dokumentenpauschale nach KV 700 gilt für die Höhe der Gebühr KV 102. Vgl. daher die Darstellung bei KV 700. Jede angefangene Seite rechnet voll (Anm. zu KV 102).

6 **IV. Nichterledigung.** Es gibt dazu keine besondere Regelung. Denn KV 600–604 erwähnen KV 102 nicht mit. Die unverschuldete Nichterledigung der Zustellung lässt eine korrekt entstandene Beglaubigungsgebühr bestehen.

7 **V. Fälligkeit.** § 14 S. 1, nicht S. 2. Denn es handelt sich um eine echte Gebühr, → Rn. 1.

8 **VI. Kostenschuldner.** § 13.

VII. DB-GvKostG. Vgl. Nr. 10a DB-GvKostG.

Abschnitt 2. Vollstreckung

Nr.	Gebührentatbestand	Gebühr
200	**Amtshandlung nach § 845 Abs. 1 Satz 2 ZPO (Vorpfändung)**	**17,60 €**

Schrifttum: Hintzen, Vollstreckung durch den Gerichtsvollzieher, 3. Aufl. 2008.

1 **I. Normzweck, Regelungszweck.** Das Gesetz vergütet zwecks einer Kostengerechtigkeit die gerade vom Gerichtsvollzieher vorgenommene Benachrichtigung und Aufforderung nach § 845 I 2 ZPO besonders, während KV 100, 101 die Zustellung nach § 845 I 1 ZPO abgelten. Eine ohne die auftragsgemäße Mitwirkung des Gerichtsvollziehers erfolgte Benachrichtigung ist unwirksam (LG Hechingen DGVZ 1986, 188). Sie lässt daher auch keine Gebühr nach KV 200 entstehen. Erforderlich ist ein Auftrag gerade zur Vorpfändung (AG Frankfurt a. M. DGVZ 2002, 31). Er muss nach § 845 I 2 ZPO ausdrücklich erfolgen. Der allgemeine Vollstreckungsantrag reicht nur unter besonderen Umständen (Auslegungsfrage). Der Gerichtsvollzieher darf und muss evtl. dazu beim Auftraggeber nachfragen.

2 Ein **stillschweigender** Auftrag reicht also **nicht** aus, ebenso wenig ein bloß angenommenes Einverständnis des Gläubigers. Gerade die Existenz des KV 200 gegenüber 205 zeigt aber, dass sehr wohl ein unbedingter selbständiger Auftrag vorliegen kann (Ort DGVZ 2001, 112; aA AG Frankfurt a. M. DGVZ 2002, 31; Meyer Rn. 1, Seip DGVZ 2001, 113). Bei einem anderen Vermögensrecht nach § 857 I ZPO ist § 845 I 2 ZPO wegen § 857 VII ZPO nach § 9 unanwendbar. Folglich ist dann auch KV 200 unanwendbar. § 11 ist anwendbar.

3 **II. Gebührenhöhe.** Es entsteht für die Durchführung des Auftrags und damit für die Anfertigung der Vorpfändungsbenachrichtigung die in KV 200 bestimmte Festgebühr. Der Gerichtsvollzieher darf sie je Auftrag unabhängig von der Zahl der Benachrichtigungen und der Aufforderungen nur einmal erheben, es sei denn, dass aus sachlichen Gründen getrennte Vorpfändungen stattfinden. Bei verschiedenen Forderungen von Gesamtschuldnern können mehrere Festgebühren entstehen (Hornung Rpfleger 1979, 284). Daneben entsteht ein Anspruch auf den Ersatz von Zustellungsgebühren nach KV 100, 101. Es entsteht aber kein Anspruch nach KV 700 für die Fertigung von Abschriften oder Ablichtungen von der Benachrichtigung, dies ist bereits von der Gebühr nach KV 200 abgedeckt, BT-Drs. 14/3432, 33.

4 Ein **auf die Zustellung** der vom Gläubiger angefertigten Benachrichtigung **beschränkter Auftrag lässt** keine Gebühr KV 200 entstehen, sondern nur diejenige KV 100, 101. **Auslagen** richten sich im Übrigen nach KV 700 ff.

5 **III. Nichterledigung.** KV 604 zählt KV 200 nicht mehr mit auf. Daher entsteht insoweit keine Gebühr mehr.

6 **IV. Fälligkeit.** § 14 S. 1.

7 **V. Kostenschuldner.** § 13.

Nr.	Gebührentatbestand	Gebühr
205	**Bewirkung einer Pfändung (§ 808 Abs. 1, 2 Satz 2, §§ 809, 826 oder § 831 ZPO) ....** **Neben dieser Gebühr wird gegebenenfalls ein Zeitzuschlag nach Nummer 500 erhoben.**	**28,60 €**

Übersicht

I. Normzweck. Die Vorschrift bezweckt eine solche Vergütung, die einer der wichtigsten und schwierigsten Tätigkeiten des Gerichtsvollziehers einigermaßen gerecht wird. Angesichts der Verantwortung schon beim Beginn einer Pfändung und erst recht bei der Prüfung des überhaupt Pfändbaren lässt sich die Angemessenheit der Festgebühr durchaus bezweifeln. Andererseits muss man auch hier den das ganze GvKostG durchziehenden Grundsatz einer Auslegung zugunsten des Kostenschuldners nach → § 1 Rn. 2 beachten. Das alles erfordert eine maßvolle Abwägung, soweit für sie überhaupt Raum bleibt. 1

II. Voraussetzung: Pfändung. 1. Allgemeines. Pfändungsgebühr entsteht durch den wirksam erfolgten Pfändungsvorgang. Das ist bei der Pfändung einer beweglichen Sache durchweg die Anlegung des Pfandsiegels. Es ist für die Entstehung der Pfändungsgebühr unerheblich, ob der Schuldner nach der Pfändung zahlt. Wenn der Gerichtsvollzieher im Zusammenhang mit der Pfändung das Pfandstück sofort wegschafft, deckt dies die Pfändungsgebühr mit ab. Die Gebühr KV 220 entsteht dann nicht, denn die Wegschaffung gehört dann noch zur Pfändung, § 808 I ZPO. Die KV 220 entsteht aber dann, wenn die gepfändete Sache im Gewahrsam des Schuldners belassen wurde und erst zur Verwertung aus dem Gewahrsam des Schuldners entfernt wird. 2

Bei einer **Unpfändbarkeit** der Sache ist meist KV 604 iVm KV Vorb. 6 vor KV 600 anwendbar, nicht § 7 I. Dies gilt aber nicht, wenn der Gläubiger die Durchführung der Pfändung im Vollstreckungsauftrag unter eine aufschiebende Bedingung gestellt hatte, die nicht eintrat und deshalb keine Pfändung erfolgt ist (zB bedingter Auftrag zur Pfändung, dass sich aus einer noch abzunehmenden Vermögensauskunft pfändbare Gegenstände ergeben; OLG Hamm DGVZ 2018, 121). Dazu → Rn. 25; → § 3 Rn. 15. 3

Die Vorschrift setzt die Erfolgsgebühr für die wirksam vorgenommene Pfändung fest. Das ergibt sich schon aus dem Wort „Bewirkung" im Gesetzestext. Die Gebühr entsteht auch für eine **Doppel- oder Anschlusspfändung** nach § 826 I ZPO, § 116 II GVGA, Nr. 11 I 1 DB-GvKostG. Mit der Gebühr wird dann auch die Zustellung an denjenigen Gerichtsvollzieher, der zuerst gepfändet hat, nach § 826 II ZPO abgegolten. Diese Zustellung ist dann ein Nebengeschäft. Die Pfändungsgebühr gilt alle zur Pfändung gehörigen Nebengeschäfte ab. Eine sog. Nach- oder Ausfall- 4 pfändung ist kostenrechtlich eine weitere selbständige Pfändung. **Unanwendbar** ist KV 205 nach → Rn. 9 auf eine bloße Hilfspfändung zur Sicherstellung von Dokumenten, die eine Forderung beweisen.

5 **2. Pfändung beweglicher Sachen.** Diese Pfändung erfolgt nach §§ 808, 809, 810 ZPO, evtl. an verschiedenen Stellen im Bezirk des Gerichtsvollziehers nach § 10 II 1. Auch eine Austauschpfändung nach §§ 811a, b ZPO, §§ 74, 75 GVGA zählt hierher (gebührenfreies Nebengeschäft).

6 Ein **Grundschuldbrief,** der gemäß § 1195 BGB auf den Inhaber lautet, ist ein Wertpapier, §§ 808, 821 ZPO. Der Gerichtsvollzieher pfändet ihn also wie eine bewegliche Sache.

7 **3. Anschlusspfändung.** Diese Pfändung erfolgt nach § 826 I ZPO, § 116 GVGA. Mit der Gebühr ist nach Nr. 11 I 2 DB-GvKostG auch die Zustellung nach § 826 II ZPO abgegolten.

8 **4. Pfändung einer Wechselforderung usw.** Hierher gehört auch die Pfändung einer Forderung nach § 831 ZPO aus einem anderen Papier, das man durch ein Indossament übertragen kann.

9 **5. Hilfspfändung (§ 106 GVGA).** Bei der Hilfspfändung nimmt der Gerichtsvollzieher ein Papier vorläufig in seinen Besitz, das zwar den Bestand einer Forderung beweist, das aber nicht selbst der Träger des Rechts ist. Das gilt zB: bei einem Sparkassenbuch; bei einem Pfandschein; bei einem Versicherungsschein; bei einem Depotschein; bei einem Hypothekenbrief; bei einem Grund- oder Rentenschuldbrief, der nicht auf den Inhaber lautet. Dann kommt KV 221 in Betracht.

10 Für die **Wegnahme eines solchen Papiers** entsteht eine Gebühr nicht nach KV 205, sondern nach KV 221, soweit der Gläubiger den Pfändungsbeschluss über die dem Papier zugrunde liegende Forderung vorlegt, bevor der Gerichtsvollzieher das Papier an den Schuldner zurückgegeben hat. Das muss er im Übrigen spätestens nach einem Monat tun. Der Kostenschuldner muss dann aber die entstandenen Auslagen bezahlen, vgl. auch Nr. 11 II DB-GvKostG.

11 **6. Durchführung mehrerer Aufträge.** Wenn der Gerichtsvollzieher in demselben Amtsgerichtsbezirk durch dieselbe Pfändung mehrere Vollstreckungsaufträge verschiedener Gläubiger gegen denselben Schuldner nach § 827 III ZPO, §§ 116, 117 GVGA durchführt, entsteht die Pfändungsgebühr mehrfach. Denn § 3 II Nr. 3 Hs. 1 ist unanwendbar, weil nicht nur „derselbe Titel" vorliegt, und § 10 I 1 ist unanwendbar, weil nicht nur „derselbe Auftrag" vorliegt. Das setzt allerdings „gleichzeitige" Aufträge voraus.

12 **Nur einmal** entsteht dagegen die Pfändungsgebühr nach § 3 I 1 Hs. 2 dann, wenn derselbe Gläubiger den Gerichtsvollzieher auf Grund mehrerer Vollstreckungstitel beauftragt hat (LG Koblenz MDR 2002, 848; krit. Schröder-Kay/Winter Rn. 14). Eine Gebühr entsteht auch dann, wenn der Gerichtsvollzieher im Rahmen eines Auftrags mehrere Pfändungen vornimmt. Etwas anderes gilt nur dann, wenn der Gläubiger beantragt, die Pfändung wiederholt vorzunehmen (§ 10 II 1) oder wenn der Erlös der ersten Pfändung nicht ausreicht und deshalb erneut gepfändet werden muss (→ § 10 Rn. 14 ff.).

13 **7. Pfändung bei Gesamtschuldnern. a) Volle Sicherung des Gläubigers.** Der Auftrag des Gläubigers kann gleichzeitig dahin gehen, dass der Gerichtsvollzieher ihn bei jedem Schuldner durch die Pfändung voll sichern soll. Das ist nach § 421 BGB zulässig, ohne dass eine Überpfändung vorliegt. Dann liegen ebenso viele Pfändungen wie Gesamtschuldner vor (LG Ellwangen DGVZ 1981, 78). Für jede dieser Amtshandlungen entsteht nach § 10 III 1 Hs. 2 eine Pfändungsgebühr. Das Wegegeld entsteht bei jedem Vollstreckungsakt.

14 **b) Verteilung der Forderung.** Der Gläubiger kann den Auftrag an den Gerichtsvollzieher gleichzeitig auch so erteilen, dass der Gläubiger die Gesamtforderung auf die einzelnen Gesamtschuldner betragsmäßig aufteilt und den Gerichtsvollzieher veranlasst, bei jedem der Gesamtschuldner nur wegen der so verteilten einzelnen Teilforderung zu pfänden. Dann entsteht die Pfändungsgebühr ebenfalls gegenüber jedem Gesamtschuldner. Denn § 10 III 1 Hs. 2 behandelt diesen Fall ebenso wie denjenigen (→ § 10 Rn. 27).

c) Ergänzungspfändung. Der Gläubiger kann schließlich den Vollstreckungsauftrag so erteilen, dass der Gerichtsvollzieher bei diesem Gesamtschuldner nur wegen desjenigen Teils der Ursprungsforderung pfänden soll, für den der Gläubiger durch vorangegangene Pfändungen bei den anderen Gesamtschuldnern noch keine Deckung erhalten hat. Dann entsteht durch die Pfändung bei dem ersten der insgesamt in Anspruch genommenen Gesamtschuldner eine Gebühr nach KV 205. Durch die Pfändung bei jedem folgenden Gesamtschuldner entsteht die Pfändungsgebühr ebenfalls. Denn dann liegt nach § 10 I 1 jeweils ein neuer zeitlich nachfolgender Auftrag vor, kein einheitlicher. § 10 III 1 Hs. 2, der dasselbe Ergebnis hätte, ist hier unanwendbar, soweit die Ergänzungsaufträge nicht „gleichzeitig" erfolgen. 15

8. Pfändung bei anderer Personenmehrheit. Wenn es sich nicht um die Pfändung bei Gesamtschuldnern handelt, liegen zwar meist innerhalb desselben Auftrags nach § 3 II Nr. 3 Hs. 1 verschiedene Amtshandlungen vor. Aber wegen § 10 I entsteht die Pfändungsgebühr nur einmal. § 10 II 1 ist unanwendbar. Denn es erfolgt keine „wiederholte" Pfändung. Das gilt zB nach § 1362 BGB, § 739 ZPO bei der Pfändung gegen solche Ehegatten, die im gesetzlichen Güterstand und nicht getrennt leben (LG Osnabrück DGVZ 1981, 78). Das gilt auch bei der nichtehelichen Lebensgemeinschaft oder bei einer sonstigen Form von Hausgemeinschaft. 16

9. Arrestvollziehung. Es gelten für die Pfändung keine Besonderheiten, auch nicht bei Pfändung eines im Schiffsregister eingetragenen Schiffs oder eines im Schiffsbauregister eingetragenen Schiffsbauwerks nach § 931 I ZPO, und bei der Pfändung eines solchen ausländischen Schiffs, das man registrieren müsste, wenn es ein deutsches Schiff wäre. Das gilt ferner bei der Pfändung eines nicht registrierten Schiffs. Auch bei einem ausländischen Luftfahrzeug kommt nach § 106 III LuftfzRG, § 115 GVGA eine Arrestpfändung in Betracht. Die Zwangsversteigerung eines Grundstücks usw richtet sich nach §§ 162, 171 ZVG. Bei einer bloßen **Teilvollstreckung** des Arrests entsteht ebenfalls die Festgebühr. 17

III. Gebührenhöhe. 1. Festgebühr. Es entsteht eine Festgebühr. Sie ist eine Erfolgsgebühr. Sie setzt also nach → Rn. 2 ff. eine wirksam vorgenommene Pfändung voraus (LG Koblenz NJW-RR 2002, 1365; AG Dortmund DGVZ 2001, 171; Seip DGVZ 2002, 11). Sie ist unabhängig vom Betrag der beizutreibenden Forderung und vom Wert der Pfandsache. 18

Bei einer **Anschlusspfändung** nach § 826 I ZPO, § 116 GVGA entsteht nach Nr. 11 I 1 DB-GvKostG dieselbe Gebühr wie bei einer Erstpfändung. Der Gerichtsvollzieher mag eine Nachpfändung vornehmen, weil die bisherige Pfändung die Forderung des Gläubigers nicht deckt. Dann handelt es sich nach § 10 II 2 um eine neue Amtshandlung (LG Augsburg DGVZ 1995, 154; LG Regensburg JurBüro 1975, 249). Sie löst demgemäß eine neue Festgebühr aus. 19

Wenn der Gerichtsvollzieher erklärtermaßen und eindeutig nur wegen einer **Teilforderung** des Gläubigers pfänden soll, muss das eindeutig zum Ausdruck kommen. Dann bleibt es bei der Festgebühr (LG Augsburg DGVZ 1995, 154). 20

Die Höhe der Gebühr ändert sich auch dann nicht, wenn die **Pfändung zum Teil erfolglos** bleibt. Denn KV 604 ist nach → Rn. 25 nur bei einer völlig erfolglosen Pfändung anwendbar. Wenn der Gerichtsvollzieher nur einen einzelnen bestimmten Gegenstand pfänden soll, soll er auch grundsätzlich nur wegen desjenigen Teils der Forderung des Gläubigers pfänden, der dem gewöhnlichen Verkaufswert dieses Gegenstands entspricht. Das gilt nur, sofern sich nicht aus dem Auftrag des Gläubigers etwas anderes ergibt. 21

Bei einer Pfändung am **Sonnabend, Sonn- oder Feiertag** oder nachts nach § 758a ZPO, § 33 III GVGA, ist § 11 anwendbar. Es entsteht also eine doppelte Festgebühr. 22

Mit der Gebühr sind alle Nebentätigkeit, wie zB eine Austauschpfändung nach §§ 811a, b ZPO oder eine Entfernung des Pfandstücks nach → Rn. 2 abgegolten. Für die Abschrift oder Ablichtung des Protokolls entsteht aber die Dokumentenpauschale nach KV 700. Das gilt auch bei einer Anschlusspfändung durch einen anderen Gerichtsvollzieher, nicht bei einer solchen durch denselben Gerichtsvollzieher. 23

2. Zeitzuschlag. Unter den Voraussetzungen von KV 500, auf den KV 205 in der Anmerkung verweist, kann zur Festgebühr ein Zeitzuschlag hinzutreten. 24

25 **IV. Nichterledigung.** KV 205 gilt nach → Rn. 2 ff., sobald der Gerichtsvollzieher wirksam gepfändet hat. Bei einer gänzlichen Erfolglosigkeit gilt KV 604 iVm § 10 II 2 Hs. 1, III 2 (AG Hamburg DGVZ 2002, 47; AG Münster DGVZ 2002, 95). Diese Vorschriften können zu einer mehrfachen Vergütung nach KV 604 führen (→ KV 600–604 Rn. 22). Dazu auch → Rn. 3; → § 3 Rn. 15.

26 **V. Fälligkeit.** § 14 S. 1.

27 **VI. Kostenschuldner.** § 13.

28 **VII. DB-GvKostG.** Vgl. Nr. 11 DB-GvKostG.

Nr.	Gebührentatbestand	Gebühr
206	**Übernahme beweglicher Sachen zum Zwecke der Verwertung in den Fällen der §§ 847 und 854 ZPO**	**17,60 €**

1 **I. Normzweck.** Die Vorschrift hat als eine vorrangige Spezialregelung auch eine klarstellende Funktion. Sie dient der Rechtssicherheit. Bei der Auslegung muss man nach dem Grundsatz einer für den Kostenschuldner günstigen Lösung nach → § 1 Rn. 2 verfahren.

2 **II. Voraussetzung.** Die Übernahme ist wegen § 1 I nur in den beiden in KV 206 genannten Fällen gebührenpflichtig, also auch nicht bei der Übergabe an andere Person nach § 825 ZPO (dies unterfällt KV 310; AG Bremen DGVZ 1977, 127), oder bei einer Abgabe des Auftrags aus Zweckmäßigkeitserwägungen oder bei der Wegnahmevollstreckung nach § 883 ZPO. Denn ein Wechsel in der Person des Beamten kann grundsätzlich keine Gebühr veranlassen (KV Vorb. 6 S. 2 vor KV 600). Denn nur der Staat erhält die Gebühr. Eine Ausnahme gilt bei KV 210.

3 Die für die Übernahme verwendete **Zeit** beeinflusst die Höhe der Gebühr nicht, ebenso wenig die Zahl der übernommenen Sachen. Denn ein Zeitzuschlag nach KV 500 setzt seine Erwähnung bei der fraglichen Gebühr vor, und KV 206 erwähnt KV 500 nicht.

4 In Betracht kommt nur die Übernahme einer beweglichen Sache samt Entfernung der Sache durch den Gerichtsvollzieher von dem zur Herausgabe bereiten Drittschuldner nach §§ 847, 854 ZPO, also nicht bei dessen Verweigerung der Herausgabe. Dann ist der Anspruch auf Herausgabe nach §§ 847, 854 ZPO, § 124 GVGA zu pfänden, und zwar zum Zweck der Verwertung. Hier ist KV 206 nicht anwendbar, sondern KV 221 → KV 221 Rn. 4 ff. § 11 ist anwendbar. Die **Verwertung** selbst unterfällt **nicht** dem KV 206, sondern KV 300.

5 **III. Gebührenhöhe.** Mit der Festgebühr wird die Übernahme der beweglichen Sache und deren Verbringung in die Pfandkammer.

6 **IV. Nichterledigung.** KV 604.

7 **V. Fälligkeit.** § 14 S. 1.

8 **VI. Kostenschuldner.** § 13.

Nr.	Gebührentatbestand	Gebühr
207	**Versuch einer gütlichen Erledigung der Sache (§ 802b ZPO)**	**17,60 €**
	Die Gebühr entsteht auch im Fall der gütlichen Erledigung.	
208	**Der Gerichtsvollzieher ist gleichzeitig mit einer auf eine Maßnahme nach § 802a Abs. 2 Satz 1 Nr. 2 oder Nr. 4 ZPO gerichteten Amtshandlung beauftragt:** **Die Gebühr 207 ermäßigt sich auf**	**8,80 €**

Schrifttum: Herrfurth, Die Gütliche Erledigung aus dem Blickwinkel der klassischen Auslegungsmethoden, DGVZ 2020, 241; Richter/Zuhn, Gerichtsvollzieherkosten im Rahmen der Vollziehung eines Haftbefehls, DGVZ 2020, 194; dies., Gebühren für die gütliche Erledigung (KV 207, 208 GvKostG), DGVZ 2017, 29; Waldschmidt, Eine unendliche Geschichte: Die gütliche Erledigung und die Frage, wann kann KV 207 bzw. KV 208 berechnet werden?, JurBüro 2017, 510.

Übersicht

I. Normzweck. Der Gerichtsvollzieher hat in jeder Lage des Vollstreckungsverfahrens auf eine gütliche Erledigung der Angelegenheit hinzuwirken, § 802b I ZPO. Zudem stellt die gütliche Erledigung mittlerweile eine eigenständige Vollstreckungshandlung dar, § 802a II Nr. 1 ZPO. § 802b ZPO steht nicht zur Disposition des Gläubigers, der die gütliche Erledigung zwar einschränken, aber nicht vollständig ausschließen kann (MüKoZPO/Forbriger ZPO § 802b Rn. 5). Soweit der Gerichtsvollzieher dem Schuldner Vorschläge zur gütlichen Erledigung unterbreitet, die der Gläubiger ausgeschlossen hat, liegt hier ein Fall des § 7 vor (AG Düsseldorf DGVZ 2018, 19). 1

Die KV vergüten den Aufwand des Gerichtsvollziehers für den Versuch einer gütlichen Erledigung, um die Befriedigung des Gläubigers ohne Zwangsvollstreckungsmaßnahmen zu erreichen, um so eine Geldforderung zügig und kostensparend beizutreiben. 2

II. Voraussetzung. 1. Auftrag. a) Isolierter Auftrag (KV 207). Nur soweit der Gerichtsvollzieher isoliert (BT-Drs. 19/10069, 48; BT-Drs. 18/7560 S. 50; BT-Drs. 18/9698 S. 25) mit dem Versuch der gütlichen Erledigung beauftragt wird (AG Heilbronn DGVZ 2017, 154), also auch keine Folgeaufträge durch den Gläubiger gestellt werden, kommt KV 207 zur Anwendung. Der Versuch einer gütlichen Erledigung im Zusammenhang mit der Einholung von Drittauskünften erfüllt weder den Tatbestand der KV 208, noch der KV 207 (AG Kiel BeckRS 2021, 14348; AG Kamenz BeckRS 2021, 39460; aA BeckOK KostR/Herrfurth GvKostG KV 207 Rn. 4). 3

Wird der Gerichtsvollzieher mit dem Versuch der gütlichen Erledigung und der Verhaftung beauftragt, handelt es sich nicht um KV 207, sondern um KV 208, da die Verhaftung zum Verfahren auf Abgabe der Vermögensauskunft gehört. § 3 I 4 (→ § 3 Rn. 38) regelt nur die kostenrechtliche Seite und nicht die zivilprozessrechtliche Seite. 4

Eine Gläubigeranweisung zur Reihenfolge kann als isolierter Auftrag gelten (AG Wolfsbüttel DGVZ 2016, 136). 5

b) Kombiauftrag (KV 208). Nicht KV 207, sondern KV 208 ist anwendbar, wenn der Gerichtsvollzieher durch den Gläubiger beauftragt wird (OLG Düsseldorf JurBüro 2016, 604; aA AG Wuppertal JurBüro 2016, 605), neben dem Versuch der gütlichen Erledigung entweder nach § 802a II 1 Nr. 2 ZPO eine Vermögensauskunft des Schuldners gemäß § 802c ZPO einzuholen (OLG Köln DGVZ 2014, 199), oder nach § 802a II 1 Nr. 4 ZPO eine Pfändung und Verwertung körperlicher Sachen des Schuldners gemäß §§ 808 ff. ZPO zu betreiben oder nach § 882c I ZPO (AG Esslingen DGVZ 2017, 155) bzw. im Rahmen eines Verhaftungsauftrags (OLG Köln DGVZ 2022, 90; OLG Celle DGVZ 2020, 208; LG Kassel DGVZ 2019 44; AG Bad Iburg BeckRS 2020, 32265; Herrfurth DGVZ 2020, 116; Mroß DGVZ 2020, 118) vorzugehen (als Teil des Verfahrens auf Abgabe der Vermögensauskunft). Soweit 6 mehrere Aufträge vorliegen, kann die Gebühr für jeden Auftrag neu entstehen (OLG Oldenburg DGVZ 2010, 104; LG Osnabrück DGVZ 2020, 78), zB für den Versuch einer gütlichen Erledigung beim Versuch der Abnahme der Vermögensauskunft und später bei Vollziehung des Haftbefehls, vgl. § 3 I 4 (→ § 3 Rn. 38; OLG Köln DGVZ 2022, 90; LG Krefeld DGVZ 2021, 93, bestätigt durch OLG Düsseldorf BeckRS 2020, 38140; aA OLG Celle DGVZ 2022, 69 mablAnm Mroß; LG Osnabrück DGVZ 2021, 94 mablAnm Mroß). Andere „Kombiaufträge" unterfallen nicht KV 208, sondern KV 207 (AG Kamenz BeckRS 2021, 39460).

7 Ein **bedingter Auftrag** ist nur dann nach KV 208 „gleichzeitig" gestellt, wenn die Bedingung schon eingetreten ist (OLG Düsseldorf JurBüro 2016, 326; AG Langen JurBüro 2016, 386; AG Calw DGVZ 2014, 46; AG München DGVZ 2013, 247; AG Pforzheim DGVZ 2013, 219 (krit. Mroß); aA Herrfurth DGVZ 2017, 80) oder soweit § 3 II 2 Nr. 2 anwendbar ist (→ § 3 Rn. 15). Zum Problem Mroß DGVZ 2015, 55; Rauch DGVZ 2014, 7 (je: ausf.).

8 Die Gebühr kann **auch** entstehen, wenn der Gläubiger explizit den Abschluss einer Zahlungsvereinbarung in seinem Auftrag ausgeschlossen hat (LG Kiel DGVZ 2018, 259; AG Bad Iburg DGVZ 2020, 82; AG Düsseldorf DGVZ 2018, 19; AG Lahr DGVZ 2018, 123; AG Heilbronn BeckRS 2017, 123981; aA LG Hannover DGVZ 2017, 148), weil der Gerichtsvollzieher in jeder Lage des Verfahrens auf eine gütliche Erledigung hinwirken soll (AG Halle/Saale 20.7.2018 – 53 M 1132/18; AG Heidelberg DGVZ 2017, 178). **Voraussetzung** ist aber, dass der Gerichtsvollzieher dem Schuldner nicht nur den Abschluss einer Zahlungsvereinbarung vorschlägt (OLG Dresden DGVZ 2019, 20; OLG Schleswig DGVZ 2019, 21; OLG Stuttgart DGVZ 2019, 66 mAnm Mroß; OLG Hamm DGVZ 2018, 170; AG Langenfeld BeckRS 2019, 279), wenn das Handeln des Gerichtsvollziehers einen über die (ausgeschlossene) Zahlungsvereinbarung hinaus gehenden Mehrwert für den Gläubiger hat; insbsd. kann der Gläubiger eine freiwillige Zahlung des Schuldners nicht ausschließen (AG Prenzlau DGVZ 2021, 96). Der Gläubiger hat den Abschluss einer Zahlungsvereinbarung gerade nicht ausgeschlossen und somit den Versuch der gütlichen Erledigung nicht eingeschränkt, wenn das entsprechende Modul im Auftrag nicht enthalten ist bzw. weggelassen wurde (OLG Oldenburg DGVZ 2019, 86; LG Osnabrück DGVZ 2019, 23; AG Lahr DGVZ 2018, 123; aA LG Hamm DGVZ 2017, 178; AG Heidelberg DGVZ 2017, 181). Andererseits spricht eine kürzlich erfolgte Vermögensauskunft gegen den Auftrag einer gütlichen Erledigung (AG Wuppertal JurBüro 2017, 553; aA AG Lahr DGVZ 2018, 123).

9 **Umstritten** ist, ob ein klarer Auftrag zum Versuch einer gütlichen Erledigung auch im Rahmen der KV 208 vorliegen muss oder ob die Verpflichtung des Gerichtsvollziehers, in jeder Lage des Vollstreckungsverfahrens nach § 802a II 1 Nr. 2, 4 ZPO eine gütliche Erledigung nach § 802a II 2 ZPO zu versuchen, ausreicht (**pro** ausdrücklichen Auftrag: AG Heilbronn DGVZ 2017, 154; AG Wuppertal JurBüro 2016, 605; AG Saarbrücken DGVZ 2015, 152; AG Solingen DGVZ 2015, 134; ausdrücklicher Auftrag **nicht** erforderlich: OLG Osnabrück DGVZ 2019, 22; LG Mönchengladbach DGVZ 2015, 60; LG Stendal DGVZ 2015, 86; AG Heidelberg DGVZ 2017, 18; AG Dresden DGVZ 2015, 233).

10 **2. Versuch der gütlichen Erledigung.** Die Gebühr entsteht für den Versuch einer gütlichen Erledigung, somit für jeden Versuch des Gerichtsvollziehers, eine gütliche Erledigung herbeizuführen (OLG Schleswig DGVZ 2017, 211). Der **Versuch** muss nicht individuell ausgestaltet sein oder eine besondere Anforderung an den Aufwand erfüllen, sondern es genügt ein formelhafter Versuch (OLG Düsseldorf DGVZ 2019, 44; OLG Braunschweig DGVZ 2019, 43; OLG Düsseldorf BeckRS 2016, 13100; LG Flensburg BeckRS 2019, 31177; LG Duisburg DGVZ 2018, 122; der aA des OLG Hamm BeckRS 2018, 33503 kann nicht gefolgt werden, da dies nicht mit den Voraussetzungen einer gütlichen Erledigung iSd ZPO in Einklang steht), unerheblich ob dieser schriftlich oder mündlich erfolgt (LG Bochum BeckRS 2017, 147840).

11 Soweit sich das OLG Düsseldorf (DGVZ 2019, 216) dem Begriff „Versuch" über den strafrechtlichen Versuchsbegriff zu nähern versucht, ist dem zu widersprechen, da dafür im Rahmen des Zivilprozessrechts kein Raum ist (OLG Celle DGVZ 2019,

264; LG Bremen DGVZ 2020, 76; Herrfurth DGVZ 2019, 216). Eine Differenzierung von objektiv ungeeigneten (Zustellung nicht möglich) und subjektiv ungeeigneten Versuchen (vollkommene Vermögenslosigkeit, Ablehnung jeglicher Vergleichsbereitschaft) ist für die Entstehung der Gebühr nicht zielführend, weil beide Umstände jeweils nicht in der Einflusssphäre des Gerichtsvollziehers liegen. Die Gebühr entsteht somit bereits dann, wenn der Gerichtsvollzieher das seinerseits Erforderliche getan hat, um eine gütliche Erledigung möglich zu machen (OLG Oldenburg DGVZ 2020, 236).

Im Rahmen der **KV 208** entsteht die Gebühr bereits im Verfahren über die Abgabe der Vermögensauskunft, wenn der Gerichtsvollzieher dem Schuldner in dem Ladungsschreiben neben der Zahlungsfrist auch eine „nachhaltige Anregung" zur gütlichen Erledigung enthält (OLG Braunschweig DGVZ 2019, 43; OLG Koblenz DGVZ 2015, 252). Die Gebühr kann auch nach Abgabe der Vermögensauskunft noch entstehen, wenn der Gerichtsvollzieher dem Schuldner die Eintragungsanordnung nach § 882c ZPO zustellt und der Gerichtsvollzieher eine gütliche Erledigung versucht, da auch die Eintragungsanordnung Teil des Vollstreckungsverfahrens nach § 882c I 2 ZPO ist, zumal laut BT-Drs. 18/9698, 24 die Bereitschaft des Schuldners zur gütlichen Erledigung erst nach der Zustellung der Eintragungsanordnung vorhanden ist. Ebenfalls ausreichend für den Versuch ist bereits eine entsprechende Tätigkeit des Gerichtsvollziehers im Rahmen der Ladung zur Abnahme der Vermögensauskunft (OLG Braunschweig DGVZ 2019, 43; LG Duisburg DGVZ 2018, 122). 12

Umstritten ist, ob eine bloße Zahlungsaufforderung (zur Vollzahlung) ausreicht (dafür: OLG Köln DGVZ 2020, 103; dagegen: OLG Düsseldorf DGVZ 2019, 44, BeckRS 2017, 117615; OLG Dresden DGVZ 2019, 20; AG Solingen DGVZ 2017, 248). Der Gerichtsvollzieher ist verpflichtet, den Schuldner zur freiwilligen Zahlung vor Beginn einer Vollstreckungsmaßnahme aufzufordern. Dies ist bereits als Versuch einer gütlichen Erledigung einzuordnen. 13

Ebenfalls **streitig** ist die Frage, ob ein Versuch bereits dann vorliegt, wenn der Schuldner unter der vom Gläubiger angegebenen Adresse nicht ermittelt werden kann, bzw. der Schuldner unbekannt verzogen ist. Nach dem LG Stuttgart (DGVZ 2018, 50) ist es für einen Versuch ausreichend, wenn die Handlung aus Sicht des Gerichtsvollziehers bei Vornahme der Handlung erforderlich war (zB der Gerichtsvollzieher hat auf die Richtigkeit der Gläubigerangaben vertraut), auch dann, wenn der Schuldner nicht erreicht wird (OLG Brandenburg MDR 2022, 1307; OLG Bamberg BeckRS 2021, 24560; OLG Köln BeckRS 2021, 23904; OLG Oldenburg DGVZ 2020, 236; OLG Celle DGVZ 2019, 264; OLG Braunschweig DGVZ 2019, 43; OLG Koblenz BeckRS 2019, 25573; LG Bremen DGVZ 2020, 76; LG Flensburg BeckRS 2019, 31177; LG Münster BeckRS 2018, 35932; LG Stuttgart DGVZ 2018, 50; AG Calw DGVZ 2018, 238; AG Karlsruhe-Durlach DGVZ 2017, 182). Dies rechtfertigt sich daraus, dass der Begriff des „Versuchs" weit ausgelegt werden soll und die Gebühr nur dann nicht entsteht, wenn der Versuch in vorwerfbarer Weise ungeeignet oder unzureichend ist (Anm. Herrfurth zu OLG Düsseldorf DGVZ 2019, 216). Die aA lässt dies mangels Kontaktes zum Schuldner für einen Versuch nicht ausreichen, soweit der Schuldner nicht erreicht wird (OLG Hamm DGVZ 2019, 133) oder soweit der Schuldner nicht unter der angegebenen Anschrift zu ermitteln ist (OLG Düsseldorf DGVZ 2019, 216; OLG Hamm DGVZ 2019, 133; OLG Koblenz BeckRS 2019, 25573; LG Wuppertal DGVZ 2018, 260). Aber insoweit liegt auch keine Nichterledigung iSd KV 600 ff. vor, da der Gerichtsvollzieher bereits Tätigkeiten zur Auftragserledigung vorgenommen hat. Eine Entscheidung des BGH zu diesem Punkt liegt noch nicht vor, wäre aber bei den uneinheitlichen, obergerichtlichen Entscheidungen hilfreich. 14

Eine **gütliche Erledigung** liegt zB vor, wenn der Schuldner die offene Forderung vollständig begleicht (OLG Köln DGVZ 2020, 103) oder der Gerichtsvollzieher den Schuldner eine, wenn auch nur kurze, Zahlungsfrist gewährt. Sofern der Gläubiger nicht nachgibt oder keine Zahlungsfrist zubilligt, so entsteht auch keine Gebühr für die gütliche Erledigung nach KV 207 (OLG Brandenburg DGVZ 2022, 177). 15

16 **III. Gebührenhöhe.** Die Festgebühr gilt als Pauschale die Gesamtarbeit des Gerichtsvollziehers für den Versuch der gütlichen Erledigung ab (LG Düsseldorf JurBüro 2016, 591), also auch: den Erledigungsversuch bei Nichtzustellung einer Ladung zur Vermögensauskunft nach § 802b I ZPO (AG Karlsruhe DGVZ 2017, 182); die Aufstellung eines Tilgungsplans samt Überwachung (AG Dresden DGVZ 2015, 234); die Einräumung einer Tilgung durch Teilleistungen (Ratenzahlung) nach § 802b II 1 ZPO auch bei Nichtbenutzung der GVFV (AG Mannheim DGVZ 2017, 180); einen Vollstreckungsaufschub nach § 802b II 2 ZPO; eine Gläubigerunterrichtung nach § 802b III 1 ZPO; die Tätigkeit auf Grund eines Widerspruchs des Gläubigers nach § 802b III 2, 3 ZPO.

17 Die KV vergüten nicht nur den bloßen „Versuch" einer gütlichen Erledigung (LG Duisburg DGVZ 2018, 122; LG Stuttgart DGVZ 2018, 50; LG Mönchengladbach DGVZ 2013, 61; AG Düsseldorf DGVZ 2018, 19, sondern auch den erfolgreichen Abschluss des Versuchs. Dies stellt auch die Anm. zu KV 207 klar. Bei den KV handelt es sich insoweit um erfolgsunabhängige Gebühren, die Gebühr entsteht also nicht ein zweites Mal, wenn der Versuch der gütlichen Erledigung erfolgt endet.

18 Die Gebühr entsteht nicht mehr für eine gütliche Erledigung nach dem Ende des Auftrags (LG Mönchengladbach JurBüro 2017, 261). Dies gilt sowohl für KV 207, als auch für KV 208 (AG Schwelm BeckRS 2017, 126912).

19 Beim isolierten Auftrag nach → Rn. 3 entsteht die Gebühr nach KV 207 und für alle Kombiaufträge, die nicht unter → Rn. 6 ff fallen (AG Kamenz BeckRS 2021, 39460). Soweit es sich um den Versuch einer gütlichen Erledigung im Rahmen eines Kombiauftrags nach → Rn. 6 ff., so entsteht nach KV 208 nur die ermäßigte Gebühr.

20 Die Gebühr kann mehrfach anfallen, wenn es sich beim Auftrag des Gläubigers kostenrechtlich um mehrere Aufträge handelt (LG Verden DGVZ 2019, 164; AG Nordhausen BeckRS 2018, 27256).

21 **IV. Nichterledigung.** KV 604, jedoch nur soweit es sich um die Nichterledigung im Rahmen der KV 207 handelt.

22 **V. Fälligkeit.** § 14 S. 1.

23 **VI. Kostenschuldner.** § 13.

Nr.	Gebührentatbestand	Gebühr
210	**Übernahme des Vollstreckungsauftrags von einem anderen Gerichtsvollzieher, wenn der Schuldner unter Mitnahme der Pfandstücke in einen anderen Amtsgerichtsbezirk verzogen ist**	**17,60 €**

1 **I. Normzweck.** Es gelten dieselben Erwägungen wie bei → KV 206 Rn. 1.

2 **II. Voraussetzung.** Zunächst KV 206. Auch KV 210 macht wegen § 1 I nur den in KV 210 ausdrücklich genannten Fall gebührenpflichtig. Es gibt aus demselben Gründen wie → KV 206 Rn. 2 keinen Zeitzuschlag. § 11 ist anwendbar.

3 **1. Umzug des Schuldners.** Der Schuldner muss unter einer Mitnahme der in seinem Gewahrsam belassenen Pfandstücke in den Zuständigkeitsbereich eines anderen Gerichtsvollziehers gerade im Bezirk eines anderen AG verzogen sein. Es kommt auch ein derartiger Weiterauszug oder ein Rückumzug in Betracht.

4 **Unanwendbar** ist KV 210 also bei einem Umzug oder Rückumzug des Schuldners innerhalb desselben AG-Bezirks oder bei einem Wechsel des Gerichtsvollziehers aus einem anderen Grund innerhalb desselben AG-Bezirks.

5 **2. Übernahme des Vollstreckungsauftrags.** Der für den Bezirk des anderen AG zuständige Gerichtsvollzieher muss den Vollstreckungsauftrag übernehmen. Das erfolgt im Allgemeinen mit der Annahme des Übernahmeersuchens. Es ist für die Übernahme kein Erscheinen des neuen Gerichtsvollziehers usw erforderlich.

6 Es genügt **nicht,** dass sich der Auftrag zB dadurch erledigt, dass der Schuldner vor dem Tätigwerden des neuen Gerichtsvollziehers zahlt, sei es auch in Raten, oder dass der neue Gerichtsvollzieher die Übernahme aus irgendeinem Grund ablehnt.

3. Erforderlichkeit der Vollstreckung. Die weitere Vollstreckung muss noch erforderlich sein. 7

4. Unanwendbarkeit. KV 210 ist auf andere Fälle nicht anwendbar. Die Vorschrift gilt also in folgenden Situationen nicht: Es findet innerhalb des Bezirks desselben AG ein Wechsel des Gerichtsvollziehers statt; es liegt nach → KV 206 Rn. 1 ein Fall des § 825 II ZPO vor; der Gerichtsvollzieher überführt das Pfandstück in den Bezirk eines anderen Gerichtsvollziehers (aA AG Bremen DGVZ 1977, 127, zum alten Recht) im gleichen Amtsgerichtsbezirk. 8

III. Gebührenhöhe. Die Festgebühr **entsteht** mit der Übernahme durch den neuen Gerichtsvollzieher. Eine Inbesitznahme oder Vollstreckungshandlung durch diesen ist nicht erforderlich. Die Gebühr entsteht nur für den übernehmenden Gerichtsvollzieher. Wenn er die Übernahme ablehnt, kann er keine Gebühr nach KV 210 verlangen, aber ggf. nach KV 604. 9

IV. Nichterledigung. KV 604. 10

V. Fälligkeit. § 14 S. 1. 11

VI. Kostenschuldner. § 13. 12

Nr.	Gebührentatbestand	Gebühr
220	**Entfernung von Pfandstücken, die im Gewahrsam des Schuldners, des Gläubigers oder eines Dritten belassen waren** . . . . **[1]Die Gebühr wird auch dann nur einmal erhoben, wenn die Pfandstücke aufgrund mehrerer Aufträge entfernt werden. [2]Neben dieser Gebühr wird gegebenenfalls ein Zeitzuschlag nach Nummer 500 erhoben.**	17,60 €

I. Normzweck. Auch und gerade eine nachträgliche Entfernung zu dem in KV 220 genannten Zweck kann dem Gerichtsvollzieher eine über den Zeitaufwand usw. erheblich hinausgehende Mühe verursachen. Denn sie zerstört Hoffnungen des Schuldners. Sie kann bei einer unvorhergesehenen Vornahme eine auch für die psychische Situation verheerende Wirkung auslösen. Das sollte man bei der Auslegung ebenso wie den Grundsatz nach → § 1 Rn. 2 beachten, dass gerade dann eine den Kostenschuldner möglichst schonende Behandlung notwendig bleibt. 1

II. Voraussetzung. Die Vorschrift gilt für die nachträgliche Entfernung des Pfandstücks. Für einen erfolglosen Versuch gelten § 3 IV 1, KV 604. Das gilt auch etwa dann, wenn jemand das Pfandstück vernichtet oder weggebracht hatte. Leistet der Schuldner vor der Entfernung, kann KV 420 anwendbar sein. 2

Die Entfernungsgebühr entsteht **neben** der Pfändungsgebühr KV 205, neben der Übernahmegebühr KV 206 und neben der Verwertungsgebühr zB KV 300. Denn jene Bestimmung vergütet die Übernahme vom Drittschuldner und die sich anschließende Entfernung nach → KV 206 Rn. 4. KV 220 behandelt aber die Entfernung aus dem Gewahrsam. Das ist eine andere Art des Vorgehens. Deshalb kommt es nicht darauf an, dass KV 220 auch den Gewahrsam des Drittschuldners wie jedes Dritten erfasst. Allerdings ist eine Entfernung nach der Übernahme des Vollstreckungsauftrags durch den anderen Gerichtsvollzieher nach KV 210 denkbar. Die Gebühr KV 220 kann neben derjenigen für die Mitwirkung bei einer Verwertung nach § 825 ZPO nach KV 310 entstehen. 3

Soweit Sachen zum Zwecke der Verwertung außerhalb der Zwangsvollstreckung entfernt werden, entsteht die Gebühr nach KV 420 und nicht nach dieser KV. 4

1. Gewahrsam des Schuldners, des Gläubigers oder eines Dritten. Der Gerichtsvollzieher muss das Pfandstück bei der Pfändung zunächst für eine gewisse Zeit und nicht nur aus technischen Gründen ganz vorübergehend im Gewahrsam des Schuldners, des Gläubigers oder eines herausgabebereiten Dritten belassen haben, etwa in demjenigen des Drittschuldners nach §§ 808 II, 809 ZPO. 5

6 **2. Nachträgliche Entfernung.** Der Gerichtsvollzieher muss das Pfandstück später und nicht schon unmittelbar nach der Pfändung aus irgendeinem Grund aus dem Gewahrsam des Schuldners, des Gläubigers oder eines Dritten entfernt haben, zB wegen einer Gefährdung der Rechte des Gläubigers nach § 808 II ZPO oder eines herausgabebereiten Dritten nach § 809 ZPO, § 70 GVGA, oder wegen einer vorläufigen oder endgültigen Austauschpfändung nach §§ 811a, b ZPO, §§ 74, 75 GVGA, oder wegen der Anordnung einer besonderen Verwertung nach § 825 ZPO.

7 **Nicht hierher** gehört die Herbeischaffung des Pfandstücks aus der eigenen Pfandkammer oder derjenigen eines anderen Gerichtsvollziehers.

8 **3. Anwesenheit des Gerichtsvollziehers.** Der Gerichtsvollzieher muss persönlich an Ort und Stelle sein. Das ergibt sich schon aus dem Wort „Entfernung". Er kann die Entfernung entweder persönlich vornehmen oder sie einer Hilfskraft überlassen. Er muss dann aber nach Nr. 12 III DB-GvKostG an Ort und Stelle seine Anweisungen geben.

9 **Nicht hierher** gehört ein Transport durch den Schuldner ohne eine Mitwirkung des Gerichtsvollziehers zur Pfandkammer.

10 **III. Gebührenhöhe.** Es entsteht mit der Entfernung aus dem Gewahrsam des Schuldners die in KV 220 genannte Festgebühr. Mit der Gebühr ist auch das Verbringen zur Pfandkammer abgegolten.

11 Es kommt nach der Anm. S. 1 nicht darauf an, wie viele Aufträge desselben oder mehrerer Auftraggeber der Gerichtsvollzieher bei der Entfernung durchführt, wie viele Stücke der Gerichtsvollzieher entfernt und wieviel Zeit er dazu benötigt, Nr. 12 I DB-GvKostG. Evtl. verteilt der Gerichtsvollzieher die Festgebühr auf die etwa mehreren Auftraggeber nach §§ 15, 16. Bei einer Entfernung während der Nachtzeit oder während eines Sonnabends, Sonn- oder Feiertags ist § 11 anwendbar.

12 Neben der Festgebühr kommt nach der Anm. S. 2 evtl. ein Zeitzuschlag nach KV 500 in Betracht. In die **Dauer der Amtshandlung** einrechnen muss man auch die Zeit für die Verbringung der Sache vom Schuldnergewahrsam zum neuen Standort. Wenn der Gerichtsvollzieher nach → Rn. 8 eine Hilfskraft hinzuzieht, darf man nur diejenige Zeit ansetzen, während der sich der Gerichtsvollzieher persönlich an Ort und Stelle aufgehalten hat.

13 Auslagen können zB für einen Transportwagen und/oder für einen Gehilfen entstehen. Sie können als notwendige Kosten der Zwangsvollstreckung nach § 788 ZPO erstattungsfähig sein.

14 **IV. Nichterledigung.** KV 604.

15 **V. Fälligkeit.** § 14 S. 1.

16 **VI. Kostenschuldner.** § 13, aber Entnahme nach § 15 aus Erlös möglich.

17 **VII. DB-GvKostG.** Vgl. Nr. 12 DB-GvKostG.

Nr.	Gebührentatbestand	Gebühr
221	**Wegnahme oder Entgegennahme beweglicher Sachen durch den zur Vollstreckung erschienenen Gerichtsvollzieher**	**28,60 €**
	Neben dieser Gebühr wird gegebenenfalls ein Zeitzuschlag nach Nummer 500 erhoben.	

1 **I. Normzweck.** Die Vorschrift bezweckt eine Berücksichtigung der besonderen Verantwortung des Gerichtsvollziehers bei einer der dort geregelten gleichwertigen Handlungen, zu denen meist eine zumindest vorübergehende Verwahrung, Bewachung usw. gehört.

2 **II. Voraussetzung: Wegnahme, Entgegennahme.** Die Vorschrift gilt bei einer Wegnahme oder Sequestration oder der Entgegennahme einer beweglichen Sache jeder Art durch den Gerichtsvollzieher oder ihres Versuchs. Sie gilt also nicht nur bei der Wegnahme nach der ZPO, sondern auch bei der Wegnahme auf Grund einer Einziehung, die ein Strafgericht ausgesprochen hat, oder auf Grund einer sonstigen

bundes- oder landesgerichtlichen Vorschrift. Sie gilt aber nicht bei einer Entfernung eines Gegenstands außerhalb einer Zwangsvollstreckung. In diesem Fall gilt KV 420. KV 221 kommt nicht neben KV 205 zur Anwendung, wenn der Gerichtsvollzieher die gepfändete Sache gleich im Rahmen der Pfändung mitnimmt, → KV 205 Rn. 3, 4.

Bei einer **Person** gilt KV 230, bei einem **Schiff** KV 241. Bei einer **unbeweglichen Sache** gilt KV 242. 3

1. Wegnahme. Die Gebühr entsteht bei der zwangsweisen Wegnahme oder Sequestration einer beweglichen Sache zwecks ihrer Herausgabe an den Gläubiger nach → Rn. 9. Das ist eine körperliche Sache, auch eine Menge bestimmter beweglicher Sachen oder eine Menge vertretbarer Sachen oder von Wertpapieren nach §§ 836 III 5, 883, 884, 897 ZPO, § 104 GVGA. Bei der Hilfspfändung nach § 106 GVGA (BeckOK ZPO/Uhl ZPO § 808 Rn. 2) entsteht die Gebühr nur dann, wenn der Gläubiger den Vollstreckungstitel vorlegt, zB den Pfändungsbeschluss über die dem Papier zugrunde liegende Forderung, bevor der Gerichtsvollzieher das Papier an den Schuldner zurückgeschickt hat, Nr. 13 S. 1 DB-GvKostG, andernfalls sind nur die Auslagen zu erheben, Nr. 13 S. 2 DB-GvKostG. 4

Die Wegnahme kann auch beim **Drittschuldner** dann erfolgen, wenn ein Vollstreckungstitel gegen ihn vorliegt. **Ist das nicht so,** kann die Gebühr nach KV 206 entstehen. Denn der Anwendungsbereich von KV 206 ist nach §§ 847, 854 ZPO spezieller für die Übernahme einer beweglichen Sache von dem zur Herausgabe bereiten Drittschuldner. Nicht aber entsteht dann eine Gebühr aus KV 221. 5

2. Entgegennahme. Die Gebühr entsteht auch dann, wenn der **Schuldner** an den zur Vornahme der Vollstreckungshandlung erschienenen Gerichtsvollzieher freiwillig leistet. Diesen Vorgang bezeichnet KV 221 als „Entgegennahme" im Gegensatz zur zwangsweisen „Wegnahme". Der Gerichtsvollzieher muss aber gerade „zur Vollstreckung" erschienen sein, also um die Sache wegzunehmen und dann zu versteigern, nach § 825 ZPO zu verkaufen oder dem Gläubiger zu übergeben. Er muss also auf demjenigen Grundstück und in demjenigen Raum eingetroffen sein, auf und in dem er die Amtshandlung vornehmen soll. 6

Solange er sich noch im Geschäftszimmer oder **auf dem Weg** zu diesem Grundstück oder Raum befindet, entsteht die Gebühr KV 221 nicht. Wenn der Schuldner bei einer anderen Gelegenheit an ihn leistet oder wenn der Schuldner leistet, bevor der Gerichtsvollzieher zur Wegnahme an Ort und Stelle erschienen ist, ist nach → KV 600–604 Rn. 27 anwendbar. 7

KV 220 und nicht KV 221 ist dann anwendbar, wenn der Gerichtsvollzieher ein Pfandstück aus in dem Gewahrsam des Schuldners, des Gläubigers oder eines Dritten zum **Zweck der Versteigerung** oder aus einem anderen Grunde **wegschafft.** Wenn er das Pfandstück außerhalb der Versteigerung wegschafft, gilt KV 420. 8

3. Weitere Voraussetzungen. Die Wegnahme muss gerade auf Grund eines Herausgabe- oder Einziehungstitels zum Zweck der Übergabe an den Gläubiger erfolgen. Sofern es sich um ein Einziehungsurteil handelt, geschieht sie zum Zweck der Übergabe an den Staat nach §§ 883, 884, 897 ZPO. Die Gebühr gilt das gesamte Wegnahmeverfahren ab. Daher ist auch die Übergabe abgegolten. Das gilt selbst dann, wenn die Übergabe nicht direkt im Anschluss an die Wegnahme erfolgt oder wenn sie an einen anderen Gläubiger erfolgt. Soweit nicht getrenntlebende Eheleute als Gesamtschuldner herausgeben müssen, liegt nach § 3 II Nr. 3 Hs. 1 nur ein einziger Auftrag vor. Die Pfändung und die Wegnahme sind verschiedene Amtshandlungen. Dasselbe gilt beim Zusammentreffen einer Verhaftung, einer Räumung usw und einer Wegnahme. Bei § 883 II ZPO erfordert die Abnahme der eidesstattlichen Versicherung einen besonderen Auftrag. Er liegt nicht stets auch im Wegnahmeauftrag. 9

III. Gebührenhöhe. Es entsteht eine Festgebühr. Sie entsteht unabhängig von der Zahl der weg- oder entgegengenommenen Sachen. Denn in KV 221 fehlt ein Zusatz wie im vergleichbaren KV 230 bei der dort Anm. S. 2. Die Gebühr entsteht auch unabhängig von dem Wert oder dem Umfang der weggenommenen Sache. Ein Zeitzuschlag nach KV 500 ist möglich (Anm.). 10

11 **IV. Nichterledigung.** Der Gerichtsvollzieher hat den Versuch unternommen, sobald er nach § 758 ZPO die Räumlichkeit nach der Sache durchsucht hat, ohne sie aufgefunden zu haben. Er muss diesen Vorgang im Protokoll vermerken. Wenn er nur irgendetwas findet, mag es auch nur wenig sein, entsteht nur die Gebühr nach KV 221 und nicht auch daneben nach KV 604. Daneben entsteht nicht die Gebühr nach KV 604. Bei einer völligen Nichterledigung aus anderen Gründen als den in → KV 600–604 Rn. 3 ff. genannten gilt KV 604 nicht, im Übrigen gilt KV 604.

12 **V. Fälligkeit.** § 14 S. 1.

13 **VI. Kostenschuldner.** § 13.

14 **VII. DB-GvKostG.** Vgl. Nr. 13 DB-GvKostG.

VIII. ABC zur Gebührenhöhe

15 **Beendigung:** Sie tritt dann ein, wenn der Gerichtsvollzieher das Protokoll abgeschlossen und die Sache evtl. dem Gläubiger oder einem Dritten übergeben hat.

Feiertag: → „Nachtzeit usw".

Gesamtschuldner: Bei Wegnahme bei Gesamtschuldnern entsteht, soweit nicht getrenntlebende Eheleute als Gesamtschuldner herausgeben müssen, nur eine Gebühr mangels Nennung in § 10 III, zumal nach § 3 II Nr. 3 Hs. 1 nur ein einziger Auftrag vorliegt.

Hilfskraft: Der Zeitaufwand ihrer Hinzuziehung rechnet mit, sobald und solange der Gerichtsvollzieher selbst an Ort und Stelle anwesend ist, soweit er der Hilfskraft die Durchführung nach seinen Weisungen überlässt. Im Übrigen rechnet der Zeitaufwand voll mit. → Aber auch „Polizei".

Hin- und Rückweg: Sie rechnen **nicht** mit. Das folgt aus der Anm. zu KV 500.

Mehrheit von Wegnahmeorten: Wenn der Gerichtsvollzieher die Wegnahme **an mehreren Stellen** innerhalb des Bezirks desselben AG durchführt, entsteht nur eine Gebühr. Die Wege zählen dann aber mit. Das gilt allerdings nicht, wenn der Gerichtsvollzieher die Wegnahme unterbricht und nicht unverzüglich fortsetzt. Dann darf er die Unterbrechungszeit nicht mitrechnen.

Nachtzeit usw: Bei einer Wegnahme zur Nachtzeit oder an einem Sonnabend, Sonn- oder Feiertag nach § 758a ZPO und nach § 33 III GVGA muss man nach § 11 die Wegnahmegebühr verdoppeln. Dabei ist unerheblich, wann das Gericht seine Erlaubnis erteilt hat.

Polizei: Der Aufwand für ihre Hinzuziehung rechnet grds. mit. Aber auch → „Hilfskraft".

Protokollaufnahme: Ihre Dauer rechnet mit.

Sonnabend, Sonntag: → „Nachtzeit usw.".

Tätigkeitsbeginn: Die Tätigkeit des Gerichtsvollziehers beginnt mit seinem Eintreffen an derjenigen Stelle, an der die Wegnahme nach → Rn. 4 erfolgen soll.

Übergabe: Der Zeitaufwand für die Übergabe des Weggenommenen an den Gläubiger oder einen Dritten rechnet mit.

Nr.	Gebührentatbestand	Gebühr
230	**Wegnahme oder Entgegennahme einer Person durch den zur Vollstreckung erschienenen Gerichtsvollzieher** .... **[1]Neben dieser Gebühr wird gegebenenfalls ein Zeitzuschlag nach Nummer 500 erhoben. [2]Sind mehrere Personen wegzunehmen, werden die Gebühren für jede Person gesondert erhoben.**	57,20 €

1 **I. Normzweck.** Die Vorschrift bezweckt die Berücksichtigung einer gegenüber der ohnehin schon verantwortungsbeladenen Wegnahme einer Sache nochmals erheblich gesteigerten Verantwortung und psychischen Belastung des Gerichtsvollziehers beim oft dramatischen Eingriff in die Freiheit eines Menschen, auch wenn das nur kurzzeitig geschieht.

Die bloße **Entgegennahme** nach → Rn. 6 kann allerdings geringere Belastungen des Gerichtsvollziehers mit sich bringen. Da sie sich aber evtl. erst nach einem langen quälenden „Wegnahme"-Hin und Her ermöglicht, steht sie aus Gründen der Zweckmäßigkeit der Wegnahme gleich. 2

II. Voraussetzung. Die Vorschrift ist nach §§ 1632, 1800 BGB bei der Wegnahme einer jeden Person, zB eines Kindes oder eines Mündels, anwendbar. Das gilt sowohl dann, wenn ein Herausgabetitel gegenüber einem Dritten vorliegt, als auch dann, wenn ein Herausgabetitel gegen den anderen Elternteil vorliegt, §§ 90, 151 Nr. 3, 49 FamFG. 3

1. Wegnahme. Die Wegnahme muss begonnen haben. Sie beginnt mit dem Eintreffen des Gerichtsvollziehers an derjenigen Stelle, an der die Wegnahme oder Entgegennahme erfolgen soll, wie bei → KV 221 Rn. 4 ff. Die Wegnahme muss ferner beendet sein. Sie endet mit der Fertigung des Protokolls und der Übergabe des Weggenommenen, des Betreuten, des Kindes oder Mündels an den Berechtigten oder einen von ihm zulässig bestimmten Dritten. Wenn die weggenommene Person entweicht, entsteht nicht die Gebühr nach KV 230, sondern evtl. diejenige nach KV 601 (vgl. dazu auch den vergleichbaren Fall der Verhaftung → KV 270 Rn. 15). 4

2. Entgegennahme. Erfasst wird wie bei KV 221 auch die Entgegennahme einer Person. Sie liegt vor, wenn der Mensch sich freiwillig dem Gerichtsvollzieher anvertraut, sei es aus seiner eigenen Entschließung, sei es aus derjenigen des Sorgeberechtigten usw. Wenn der Wegzunehmende der Entscheidung des Sorgeberechtigten usw erkennbar widerspricht, liegt wohl meist keine Entgegennahme vor, sondern eine Wegnahme. Die Entgegennahme muss gerade an dem zur Vollstreckung bestimmten Ort erfolgen. Sie darf nicht zB im Geschäftszimmer des Gerichtsvollziehers geschehen. Er muss auch gerade zur Vollstreckung erschienen sein. 5

III. Gebührenhöhe. Es entsteht eine Festgebühr. Sie entsteht trotz einer ungleich schwächeren Belastung auch bei der bloßen Entgegennahme in derselben Höhe. Bei einer völligen Nichterledigung gilt KV 601. Ein Zeitzuschlag nach KV 500 ist nach der Anm. S. 1 möglich. § 11 ist anwendbar. 6

Wenn der Gerichtsvollzieher **mehrere Personen** wegnimmt, entstehen nach der Anm. S. 2 mehrere Gebühren, da die Wegnahme einer jeden Person eine besondere Amtshandlung ist. Auch der Zeitzuschlag kann bei mehreren Amtshandlungen mehrfach entstehen. Denn KV 500 knüpft nicht an den Auftrag an, sondern an die Zahl der zu seiner Erledigung vorgenommenen Amtshandlungen. Das kommt aber dann nicht in Betracht, wenn sich die Wegnahme der nächsten Person unverzüglich an die frühere Wegnahme anschließt. Wenn der Gerichtsvollzieher die Wegnahmehandlung für die erste Person abgeschlossen und diese Person dem Berechtigten übergeben hat, kann für die nächste von neuem begonnene Wegnahme auch der Zeitzuschlag entstehen. 7

Zusätzlich kann die Gebühr nach KV 250 entstehen. Beim Zusammentreffen einer Wegnahme und einer andersartigen Amtshandlung gilt dasselbe wie bei → KV 221 Rn. 9. 8

Die **Entgegennahme** nach → Rn. 5 ist zwar in der Anm. S. 2 zu KV 230 nicht gesondert miterwähnt. Sie ist aber nach dem Sinn und Zweck wohl mitgemeint, obwohl bei der Entgegennahme keine Belastung wie bei der echten Wegnahme entsteht. 9

IV. Nichterledigung. KV 601. 10

V. Fälligkeit. § 14 S. 1. 11

VI. Kostenschuldner. § 13. 12

Nr.	Gebührentatbestand	Gebühr
240	**Entsetzung aus dem Besitz unbeweglicher Sachen oder eingetragener Schiffe oder Schiffsbauwerke und die Einweisung in den Besitz . .** **Neben dieser Gebühr wird gegebenenfalls ein Zeitzuschlag nach Nummer 500 erhoben.**	**150,00 €**

1 **I. Normzweck.** Die Regelung bezweckt eine Berücksichtigung der meist komplizierten mit erheblichen technischen Problemen verbundenen und viel Verantwortung fordernden Spezialhandlungen im Anwendungsbereich dieser Vorschrift. Dem dient auch die Zulassung eines Zeitzuschlags in der Anm. Durch die Neufassung seit 1.1.2021 spiegeln sich die Möglichkeiten der §§ 885, 885a ZPO besser im Kostenrecht wider.

2 **II. Voraussetzung.** Die Vorschrift erfasst gegenüber KV 221 einen Sonderfall der Wegnahme, nämlich die Herausgabevollstreckung bei unbeweglichen Sachen durch Räumung. Sie ist also eine vorrangige Spezialvorschrift. Gleichrangig neben ihr stehen KV 221, 241, 242, 250. § 11 bleibt anwendbar, ebenso KV 430.

3 Die Berliner Räumung (BeckOK ZPO/Stürner ZPO § 885 Rn. 33) ist nun in KV 241 kostenrechtlich erfasst.

4 **1. Besitzentsetzung.** Unter diese Vorschrift fällt eine Räumung, also die Entsetzung aus dem Besitz einer unbeweglichen Sache nach § 856 BGB, § 885 I ZPO, §§ 128, 130 GVGA, also aus einem Grundstück, grundstücksgleichen Recht, Wohnungs- und Teileigentum oder Grundstücksteil (Wohnung, Geschäftsraum oder sonstiger Raum) nach § 93 ZVG, ferner die Entsetzung aus dem Besitz eines eingetragenen bzw. eintragungspflichtigen (§ 3 SchRegO) Schiffs oder Schiffsbauwerks. Demgegenüber regelt KV 241 die Wegnahme eines solchen ausländischen Schiffs, das als ein deutsches Schiff eingetragen sein müsste. Eine analoge Anwendung kommt in Betracht bei der Räumung eines Wohnwagens oder Mobilheims.

5 Der Gerichtsvollzieher schafft eine solche bewegliche Sache, die nicht Gegenstand der Zwangsvollstreckung ist, sofern es sich nicht um Zubehör nach §§ 79, 98 BGB handelt, nach § 885 II ZPO weg, falls er die Vollstreckung nicht auch insofern durchführen soll und soweit nicht ein Dritter wegen eines Pfand- oder Zurückbehaltungsrechts widerspricht bzw. ein bestehendes Vermieterpfandrecht geltend gemacht wurde (BGH BeckRS 2009, 21766). Bei § 885a III ZPO dokumentiert der Gerichtsvollzieher im Interesse beider Parteien (Richter DGVZ 2013, 173).

6 **2. Einweisung in Besitz.** Die Gebühr **entsteht nicht** bereits mit der Entsetzung aus dem Besitz und der Inbesitznahme durch den Gerichtsvollzieher, sondern sie erfordert die Einweisung des Gläubigers in den Besitz (vgl. dazu BeckOK ZPO/Stürner ZPO § 885 Rn. 1 ff.). Sie entsteht auch dann voll, wenn der Schuldner den Besitz freiwillig aufgegeben hat. Denn die Gebühr deckt auch die Einweisung in den Besitz oder die Übergabe an den Gläubiger ab. Dabei zählt die Zeit zwischen der Inbesitznahme und Besitzeinweisung nicht mit (Unterbrechung). Die Amtshandlung beginnt mit der Ankunft vor Ort. Sie endet mit der Protokollunterschrift vor Ort. Die Gebühr entfällt nicht durch eine Wiedereinweisung des Schuldners nach der Besitzeinweisung des Gläubigers.

7 Die Vorschrift gilt auch bei einer gleichzeitigen Entsetzung im Auftrag **mehrerer** Gläubiger.

8 Soweit eine Räumung aufgrund der Initiative des Gläubigers befristet ausgesetzt wird und dann fortgesetzt wird, handelt es sich nicht um einen Fall des § 10 II 1, sondern um die Fortsetzung einer unterbrochenen Vollstreckungshandlung und die Gebühr entsteht nur einmal.

9 **III. Gebührenhöhe.** Die Festgebühr gilt unabhängig von der Größe oder Zahl oder dem Wert der Sachen. Zur Festgebühr tritt wegen der Verweisung in der Anm. unter den Voraussetzungen von KV 500 ein Zeitzuschlag hinzu. Dabei muss man auch den Zeitaufwand zur Wegschaffung einer solchen beweglichen Sache mitrechnen, die nicht Gegenstand der Zwangsvollstreckung ist. Für die Verwertung entsteht eine Gebühr KV 300.

10 Mit der Gebühr ist auch das Wegschaffen der schuldnerischen Habe, sowie die Vor- und Nachbereitung (zB Terminsbestätigung, Bestellung von Arbeitshilfen, usw.) mit abgegolten, jedoch für das Entstehen der Gebühr ist dies nicht notwendig.

11 **IV. Nichterledigung.** KV 602 Hs. 1.

12 **V. Fälligkeit.** § 14 S. 1.

13 **VI. Kostenschuldner.** § 13.

Nr.	Gebührentatbestand	Gebühr
241	**Der Gerichtsvollzieher ist nicht mit der Wegschaffung beweglicher Sachen beauftragt: Die Gebühr 240 ermäßigt sich auf ....** **Mit der Gebühr sind auch die Dokumentation der frei beweglichen Sachen im Protokoll und die Nutzung elektronischer Bildaufzeichnungsmittel abgegolten.**	100,00 €

I. Normzweck. Die Norm soll bei einer Räumung, bei der der Gerichtsvollzieher keine beweglichen Sachen wegzuschaffen hat, den Minderaufwand des Gerichtsvollziehers vergüten. 1

II. Voraussetzung. Der Gerichtsvollzieher ist im Rahmen einer Räumung nicht mit der Wegschaffung beweglicher Sachen beauftragt. KV 241 erfasst somit die Verfahren mit beschränktem Vollstreckungsauftrag nach § 885a I ZPO und die Verfahren nach § 885 ZPO, in denen der Gläubiger das Vermieterpfandrecht an den Gegenständen in den Räumlichkeiten ausübt (sog. „Berliner Räumung"). Damit wird dem Umstand Rechnung getragen, dass diese Verfahren weniger (zeit)aufwändig sind und auch dass der Vor- und Nachbereitungsaufwand geringer als bei einer Räumung nach KV 240 ist. 2

III. Gebührenhöhe. Die Gebühr des KV 240 ermäßigt sich entsprechend. Daneben können Auslagen nach KV 713 geltend gemacht werden. Da es sich um einen Ermäßigungstatbestand des KV 240 handelt, kann auch ggf. ein Zeitzuschlag nach KV 500 vergütet werden. Mit der Gebühr wird auch die Dokumentation der frei beweglichen Sachen im Protokoll und die Nutzung elektronischer Bildaufzeichnungsmittel (§ 885a Absatz 2 ZPO) mit abgegolten. 3

IV. Nichterledigung. KV 602 über KV 240. Hier erfolgt nach dem gesetzgeberischen Willen keine Differenzierung in der Gebührenhöhe, da sich der (zeitliche) Mehraufwand idR erst vor Ort ergibt. 4

V. Fälligkeit. § 14 S. 1. 5

VI. Kostenschuldner. § 13. 6

Nr.	Gebührentatbestand	Gebühr
242	**Wegnahme ausländischer Schiffe, die in das Schiffsregister eingetragen werden müssten, wenn sie deutsche Schiffe wären, und ihre Übergabe an den Gläubiger ....** **Neben dieser Gebühr wird gegebenenfalls ein Zeitzuschlag nach Nummer 500 erhoben.**	143,00 €

I. Normzweck. Die Vorschrift erfasst einen Sonderfall gegenüber KV 221 und ist daher ihm gegenüber vorrangig. Sie steht gleichrangig neben KV 240, 243, 250. 1

II. Voraussetzung: Wegnahme und Übergabe bei ausländischem Schiff. Es gelten dieselben Erwägungen wie bei → KV 240 Rn. 2. KV 242 erfasst nur die Wegnahme eines solchen ausländischen Schiffs, das in das Schiffsregister dann eingetragen werden müsste, wenn es ein deutsches Schiff wäre, und seine Übergabe an den Gläubiger. Andernfalls ist auf das ausländische Schiff KV 205 anwendbar. 2

III. Gebührenhöhe. Zur Festgebühr tritt wegen der Verweisung in der Anm. unter den Voraussetzungen von KV 500 ein Zeitzuschlag hinzu. § 11 ist anwendbar, auch neben KV 500. 3

IV. Nichterledigung. KV 602 Hs. 2. 4

V. Fälligkeit. § 14 S. 1. 5

VI. Kostenschuldner. § 13. 6

Nr.	Gebührentatbestand	Gebühr
243	**Übergabe unbeweglicher Sachen an den Verwalter im Falle der Zwangsversteigerung oder Zwangsverwaltung** .... **Neben dieser Gebühr wird gegebenenfalls ein Zeitzuschlag nach Nummer 500 erhoben.**	**107,80 €**

1 **I. Normzweck.** Die Vorschrift erfasst einen Sonderfall gegenüber KV 221. Sie ist daher ihm gegenüber vorrangig. Sie steht gleichrangig neben KV 240, 243, 250. KV 430 bleibt anwendbar.

2 **II. Voraussetzung: Übergabe an den Verwalter.** Es gelten dieselben Erwägungen wie bei → KV 240 Rn. 2. Die Vorschrift ist dann anwendbar, wenn der Gerichtsvollzieher eine unbewegliche Sache an den Verwalter übergibt. Das gilt aber nur dann, wenn das Vollstreckungsgericht bei einer Zwangsversteigerung oder Zwangsverwaltung eines Grundstücks nach §§ 94 II, 150 II ZVG den Gerichtsvollzieher auch dahin beauftragt hat. Die Gebühr entsteht mit dem Vollzug der Übergabe durch die Unterschrift unter dem anschließenden Protokoll. Erfolgt nach der Übergabe noch eine Räumungsvollstreckung, so handelt es sich um einen neuen Auftrag und hierfür entsteht die Gebühr nach KV 240.

3 **III. Gebührenhöhe.** Zur Festgebühr tritt wegen der Verweisung in der Anm. unter den Voraussetzungen von KV 500 ein Zeitzuschlag hinzu. § 11 ist anwendbar, auch neben KV 500.

4 **IV. Nichterledigung.** Es entsteht keine Gebühr. Denn KV 600–604 enthalten keine Bezugnahme auf KV 243 und KV 600–604 sind abschließende Regelungen.

5 **V. Fälligkeit.** § 14 S. 1.

6 **VI. Kostenschuldner.** § 13.

Nr.	Gebührentatbestand	Gebühr
250	**Zuziehung zur Beseitigung des Widerstandes (§ 892 ZPO) oder zur Beseitigung einer andauernden Zuwiderhandlung gegen eine Anordnung nach § 1 GewSchG (§ 96 Abs. 1 FamFG) sowie Anwendung von unmittelbarem Zwang auf Anordnung des Gerichts im Fall des § 90 FamFG** .... **Neben dieser Gebühr wird gegebenenfalls ein Zeitzuschlag nach Nummer 500 erhoben.**	**57,20 €**

1 **I. Normzweck.** Die Vorschrift erfasst drei Sonderfälle gegenüber KV 221. Sie ist daher ihm gegenüber vorrangig. Sie steht gleichrangig neben KV 240–242.

2 **II. Voraussetzung: Beseitigung des Widerstands und einer andauernden Zuwiderhandlung des Schuldners usw.** Es gelten dieselben Erwägungen wie bei → KV 240 Rn. 2.

3 Die Gebühr entsteht insoweit, als der Gerichtsvollzieher einen Widerstand des Schuldners gegen die Vornahme einer solchen Handlung beseitigen soll, die der Schuldner dulden muss, zB nach §§ 887, 890, 892 ZPO. Ferner erfasst KV 250 einen Verstoß gegen § 1 GewSchG und eine Zwangsanwendung nach §§ 90, 96 FamFG. Vgl. aber auch KV 230. Eine Gebühr KV 250 entsteht nur insoweit, als der Gerichtsvollzieher amtiert. Die Vorschrift gilt aber nicht, soweit der Gerichtsvollzieher aus Anlass der Durchsuchung einer Wohnung nach § 758 III ZPO einen Widerstand vorfindet und im Rahmen seines Ermessens Gewalt anwendet.

4 Es ist für die Entstehung der Gebühr ausreichend, dass der Gerichtsvollzieher zur Beseitigung des Widerstands **erscheint.** Es ist also unerheblich, ob er oder ein anderer den Widerstand des Schuldners auch tatsächlich brechen (BGH BeckRS

2020, 22688). Die Gebühr entsteht auch, wenn die Amtshandlung nicht erfolgreich durchgeführt wird.

Unanwendbar ist KV 250 bei § 758 I, II ZPO. Denn die im Text der ersteren Vorschrift allein genannten Vorschriften verweisen nicht auch auf § 758 I, II ZPO. Dann aber gilt das Wort „nur" in § 1 I 1 GvKostG. KV 250 ist aber wieder anwendbar, wenn die Durchsuchung durch einen Richter nach § 758a ZPO angeordnet worden ist. 5

III. Gebührenhöhe. Zur Festgebühr tritt wegen der Verweisung in der Anm. unter den Voraussetzungen von KV 500 ein Zeitzuschlag hinzu. § 11 ist anwendbar, auch zusätzlich zu KV 500. Bei Gesamtschuldnern entsteht die Gebühr nur einmal mangels Aufzählung in § 10 III. 6

IV. Nichterledigung. KV 604. 7

V. Fälligkeit. § 14 S. 1. 8

VI. Kostenschuldner. § 13. 9

Nr.	Gebührentatbestand	Gebühr
260	**Abnahme der Vermögensauskunft nach den §§ 802c, 802d Abs. 1 oder nach § 807 ZPO ..**	**36,30 €**

I. Normzweck. Infolge der Überleitung der früheren Zuständigkeit des Rechtspflegers zur Abnahme der prozessualen eidesstattlichen Versicherung zur Vermögensauskunft in die Zuständigkeit des Gerichtsvollziehers zur Bekräftigung einer Vermögensauskunft nach §§ 802c, d I ZPO oder nach § 807 ZPO regelt das GvKostG die Kostenfolge. KV 260, 261 bestimmen die Gebührenhöhe. 1

Die Abnahme der eidesstattlichen Versicherung ist eine evtl. außerordentlich anstrengende zeitraubende und viel Fingerspitzengefühl sowohl gegenüber dem Schuldner als auch gegenüber dem Gläubiger erfordernde Tätigkeit. Sie verlangt auch viel Kenntnis der Rspr. und Lehre. Der Gerichtsvollzieher muss dabei auch mit demjenigen Gericht zusammenarbeiten, dem er angehört. Das alles vergüten KV 260, 261 immer noch schmal. Soweit zu einer Auslegung der im Vereinfachungsinteresse so knapp gefassten Vorschrift Raum bleibt, darf alle solche Mühe trotz des Grundsatzes einer dem Kostenschuldner günstigen Anwendung nach → § 1 Rn. 2 nicht ganz außer Acht bleiben. 2

Zweck ist eine möglichst einfache der Prozesswirtschaftlichkeit wie der Rechtssicherheit dienende Fassung der Vergütung. Das ist bei der Auslegung zu beachten, ungeachtet der von Gilleßen/Kühn (zum alten Recht) DGVZ 2000, 3 beklagten praktischen Schwierigkeiten. 3

II. Voraussetzung. Die Vorschrift erfasst nur dasjenige Verfahren auf eine solche eidesstattliche Versicherung, für deren nach § 3 III 2, 3 auftragsgemäße Abnahme gerade der Gerichtsvollzieher zuständig ist, also das in §§ 802c, 802d I, 807 ZPO, § 234 AO und nach der InsO geregelte der Auskunftsversicherung (AG Neuruppin DGVZ 2002, 175, wegen § 802d ZPO). 4

Nicht hierher gehören alle nicht auftragsgemäßen Verfahren. Zu ihnen gehört nach → § 7 Rn. 18 „Auftragsüberschreitung" ein nur als gebührenfrei erteilter Auftrag. Nicht hierher gehören ferner alle Verfahren, soweit der Rechtspfleger oder der Richter oder ein Vollzugsbeamter zur Abnahme zuständig sind, zB die sachlichrechtliche eidesstattliche Versicherung, soweit das Verfahren nach § 889 ZPO stattfindet. Wegen § 1 I 1 GKG gilt eine Gebührenfreiheit zumindest, soweit nicht andere Bestimmungen eingreifen. Soweit ein solches Verfahren nach § 83 II FamFG stattfindet, gilt das GNotKG. Die insolvenzrechtliche eidesstattliche Versicherung fällt unter das KV des GKG. Das Ersuchen eines Versicherungsträgers auf die Abnahme einer eidesstattlichen Versicherung ist ein Ersuchen um die Vornahme einer gerichtlichen Rechtshilfehandlung. Es ist allenfalls zB nach § 2 GKG kostenpflichtig, → GKG § 2 Rn. 43 „Träger der Sozialversicherung". 5

1. Abnahme der Versicherung. Gebührenpflichtig ist nicht mehr das gesamte Verfahren vor dem Gerichtsvollzieher als Ganzes unabhängig von seinem Ausgang. 6

Vielmehr entsteht die Gebühr nur für die eigentliche „Abnahme" der Vermögensauskunft samt eidesstattlicher Versicherung und deren Erfassung nach §§ 802f VI, 882c ZPO. Sie ist also eine sog. Aktgebühr. Soweit ein solches Verfahren insgesamt beendet war, entsteht die Gebühr KV 260 nicht (AG Meißen JurBüro 2007, 444, sondern allenfalls KV 261, 270, 604) und nun derselbe Gläubiger oder ein anderer gegen denselben Schuldner einen neuen Auftrag zur Abnahme der eidesstattlichen Versicherung erteilt, entsteht die Gebühr evtl. neu. § 11 ist anwendbar, nicht aber KV 500.

7 **2. Ergänzung/Nachbesserung.** Das bloße Ergänzungsverfahren nach § 802d ZPO fällt nach § 10 I 1 mit unter die Gebühr, soweit es vor demselben Gerichtsvollzieher stattfindet (BGH DGVZ 2017, 128; DGVZ 2008, 124; LG Halle DGVZ 2017, 135; AG Bremen JurBüro 2007, 498; AG Rahden JurBüro 2006, 269). Es liegt nämlich dann keine „Wiederholung" der Vollstreckungshandlung vor (LG Dresden JurBüro 2005, 609; AG Bremen JurBüro 2005, 608; AG Stuttgart DGVZ 2015, 117). Das gilt zB beim Verdacht, dass der Schuldner bewusst unrichtige oder unvollständige Angaben gemacht hat (LG Münster DGVZ 2002, 186; AG Hadamar DGVZ 2000, 141; Winterstein DGVZ 2004, 119). Daher ist § 10 II 1 unanwendbar.

8 Der Gerichtsvollzieher darf auch einen bloßen Nachbesserungsantrag des Gläubigers nicht als einen echten Wiederholungsauftrag nach § 802d ZPO auslegen (LG Dresden JurBüro 2005, 609; LG Halle DGVZ 2017, 135; AG Solingen DGVZ 2009, 67; aA AG Heidelberg JurBüro 2007, 327; AG Münster DGVZ 2004, 63), sondern dies ist ebenfalls mit KV 260 bereits abgegolten (AG Oldenburg JurBüro 2020, 446), ggf. fallen weitere Auslagen an. Ein vom jeweils zuständigen Gerichtsvollzieher im Weg einer etwa zulässigen Amtshilfe hinzugezogener anderer Gerichtsvollzieher erhält nach § 3 I 2 evtl. eine gesonderte Vergütung.

9 **3. Erzwingung.** Zum Verfahren zur Abnahme der Vermögensauskunft gehört bei Verweigerung durch den Schuldner auch die Erzwingung durch Haft. Der Verhaftungsauftrag ist aber nach § 3 I 4 (→ § 3 Rn. 38) stets ein eigener Auftrag, selbst im Fall des § 3 IV 3, hier gilt der ursprüngliche Auftrag zur Abnahme der Vermögensauskunft als nicht erledigt und die Nichterledigungsgebühr ist auf diese Gebühr anzurechnen (→ § 3 Rn. 72).

10 **4. Verbindung mit Vollstreckungsauftrag.** Der Gläubiger mag den nach § 802a II Nr. 2 ZPO erteilten Auftrag zur Abnahme der Vermögensauskunft mit einem gleichzeitigen Vollstreckungsauftrag zu einer Sachpfändung nach §§ 754, 808 ZPO verbinden.

11 **Nicht ausreichend** ist ein nur **bedingter** Auftrag des Gläubigers, etwa nur für den Fall, dass die sonstige Zwangsvollstreckung erfolglos bleibe, falls die Bedingung nicht mehr eintritt (Kessel DGVZ 2003, 86; Winterstein DGVZ 1999, 40), anders, wenn der Gerichtsvollzieher den Auftrag nach § 802f ZPO ablehnt.

12 **III. Gebührenhöhe.** Es entsteht eine Festgebühr. Sie entsteht auch dann nur einmal, wenn derselbe Gläubiger wegen mehrerer Vollstreckungstitel die Abnahme der Vermögensauskunft fordert (LG Karlsruhe DGVZ 2004, 30; AG Ahaus JurBüro 2002, 42). Bei mehreren Gläubigern entstehen mehrere Festgebühren (Viertelhausen DGVZ 2002, 53).

13 Mit der Gebühr ist neben der Aufnahme des Vermögensverzeichnisses und der Abnahme der eidesstattlichen Versicherung auch die Hinterlegung des Vermögensverzeichnis beim zentralen Vollstreckungsgericht, die Eintragungsanordnung und deren Vollziehung abgegolten. Nur für die Ladung zum Termin, nicht aber für die Zustellung der Eintragungsanordnung, entsteht eine besondere Gebühr (KV 100, 101).

14 **IV. Nichterledigung.** KV 604. Die Nichterledigungsgebühr entsteht auch dann, wenn ein Auftrag des Gläubigers zurückzuweisen ist, weil dieser die wesentliche Änderung der schuldnerischen Vermögensverhältnisse nicht glaubhaft macht.

15 **V. Fälligkeit.** Die Gebühr **entsteht** bereits mit dem Auftragseingang (AG Stuttgart DGVZ 1999, 190, Winterstein DGVZ 1999, 38). Die Gebühr wird nach § 14 S. 1 fällig, sobald der Gerichtsvollzieher den Auftrag durchgeführt hat, wenn er also die eidesstattliche Versicherung abgenommen hat oder wenn der Auftrag länger als

zwölf Kalendermonate ruht. Zum Begriff der Durchführung § 3 IV 1, 3, 4. Alle weiteren Bestimmungen des GvKostG bleiben daneben voll anwendbar, zB KV 700 ff. KV 270 bleibt unberührt (Winterstein DGVZ 1999, 40).

VI. Kostenschuldner. § 13. 16

Nr.	Gebührentatbestand	Gebühr
261	**Übermittlung eines mit eidesstattlicher Versicherung abgegebenen Vermögensverzeichnisses an einen Drittgläubiger (§ 802d Abs. 1 Satz 2, Abs. 2 ZPO)**	**36,30 €**

I. Normzweck. Die eng auslegbare Vorschrift erfasst eine sehr spezielle Tätigkeit des Gerichtsvollziehers. 1

II. Voraussetzung: Übermittlung an Drittgläubiger. Aus der Bezugnahme auf § 802d I 2, II ZPO folgt: Der Gläubiger muss nach einer ersten Vermögensauskunft des Schuldners gemäß § 802c ZPO zwar solche Tatsachen angegeben haben, die auf eine wesentliche Veränderung (Verbesserung) der Vermögensverhältnisse des Schuldners hinauslaufen konnten. Es darf dergleichen aber nicht nach § 802d I 1 ZPO iVm § 294 ZPO zumindest glaubhaft und daher überwiegend wahrscheinlich geworden sein, oder es muss eine nähere Prüfung ergeben haben, dass die Tatsachen überhaupt nicht auf eine solche Veränderung schließen lassen. 2

Ein Vermögensverzeichnis des Schuldners ist einem Drittgläubiger mit der Kostenfolge der KV 261 zu übermitteln, wenn der Schuldner nicht zur (neuen bzw. erneuten) Abgabe der Vermögensauskunft verpflichtet ist, § 802d I ZPO. Soweit der Schuldner eine Vermögensauskunft erteilen muss, bestimmt sich die Gebühr nach KV 260. 3

Der Gerichtsvollzieher muss in der Lage → Rn. 2 das bisher alleinige Vermögensverzeichnis des Schuldners gerade einem „Drittgläubiger“ und nicht nur dem (Erst-) Gläubiger übermittelt haben, und zwar entweder als Ausdruck nach § 802d I 2 ZPO oder als elektronisches Dokument nach § 802d II ZPO unter den dortigen Bedingungen. Den Begriff Drittgläubiger bestimmt weder KV 261 noch die ZPO. Gemeint ist ein weiterer Gläubiger, der den Gerichtsvollzieher gegenüber dem Schuldner noch nicht ebenfalls mit einer Vollstreckung beauftragt hat, aber ein Rechtsschutzinteresse daran hat, die bisherige Vermögensauskunft mit zu erhalten. 4

III. Gebührenhöhe. Die Festgebühr ist eine Pauschale zur Abgeltung aller Tätigkeiten (Abruf des Vermögensverzeichnisses, Übermittlung an den Gläubiger, Eintragungsanordnung samt deren Vollziehung), aber nicht auch einer weiteren Tätigkeit. Die Festgebühr entsteht auch bei einem unstatthaft beschränkten Auftrag (AG Mühldorf DGVZ 2013, 194), und anders als beim Erstgläubiger nach → Rn. 2 auch dann beim Drittgläubiger (OLG Düsseldorf DGVZ 2014, 265). 5

Soweit der Gläubiger bereits das Verfahren nach §§ 802a ff. ZPO bis zum Verhaftungsauftrag betrieben hat und nun diesem Gläubiger ein in der Zwischenzeit für einen anderen Gläubiger erteiltes Vermögensverzeichnis übermittelt wird, erfolgt keine Anrechnung der Gebühr nach KV 261 auf die Nichterledigungsgebühr nach KV 604, da es sich nicht um identische Gebührentatbestände nach § 10 I 3 handelt (AG Duisburg DGVZ 2016, 191). 6

Soweit es sich um Gesamtschuldner handelt, entsteht die Gebühr für jeden Gesamtschuldner nach § 10 III 1 gesondert. 7

Wird einem Gläubiger, in dessen Verfahren zur Abgabe der Vermögensauskunft der Schuldner diese nicht abgegeben hat und der Gerichtsvollzieher insoweit eine Gebühr nach KV 604 abgerechnet hat, so erfolgt keine Anrechnung auf eine später für denselben Gläubiger erteilte Abschrift eines Vermögensverzeichnisses aus einer zwischenzeitlich in anderer Sache abgegebenen Vermögensauskunft (LG Oldenburg DGVZ 2020, 80). 8

IV. Nichterledigung. KV 604. 9

V. Fälligkeit. § 14 S. 1. 10

VI. Kostenschuldner. § 13. 11

Nr.	Gebührentatbestand	Gebühr
262	**Abnahme der eidesstattlichen Versicherung nach § 836 Abs. 3 oder § 883 Abs. 2 ZPO . . .**	**41,80 €**

1 **I. Normzweck.** Die Vorschrift ergänzt den § 260. Sie dient demselben Zweck, vgl. insofern dort.

2 **II. Voraussetzung. 1. Auskunft, Urkundenherausgabe (§ 836 III ZPO).** Der Schuldner muss dem Gläubiger die zur Geltendmachung der Forderung nötige Auskunft erteilen und ihm zugehörige Urkunden herausgeben (BeckOK ZPO/Riedel ZPO § 836 Rn. 7 ff.). Andernfalls muss der Schuldner nach § 836 III 2 auf Gläubigerantrag die Auskunft zu Protokoll geben und seine Angaben eidesstattlich versichern.

3 **2. Nichtherausgabe beweglicher Sache (§ 883 II ZPO).** Gibt der Schuldner eine bewegliche Sache pflichtwidrig nicht heraus, muss er auf Gläubigerantrag zu Protokoll eidesstattlich versichern, dass er die Sache nicht besitze und auch nicht wisse, wo sie sich befinde.

4 **3. Abnahmeverfahren.** Dieses regeln §§ 836 III 3–5, 883 II 2, 3 und die dort genannten weiteren ZPO-Vorschriften. Vgl. im Übrigen bei KV 260.

5 **III. Gebührenhöhe.** Es entsteht je Abnahmeverfahren eine Festgebühr. Soweit es sich um Gesamtschuldner handelt, entsteht die Gebühr für jeden Gesamtschuldner nach § 10 III 1 gesondert.

6 **IV. Nichterledigung.** KV 604.

7 **V. Fälligkeit.** § 14 S. 1.

8 **VI. Kostenschuldner.** § 13.

Nr.	Gebührentatbestand	Gebühr
270	**Verhaftung, Nachverhaftung, zwangsweise Vorführung . . . .**	**42,90 €**

1 **I. Normzweck.** Die Vorschrift lässt eine Festgebühr für die Verhaftung, eine Nachverhaftung und die Vorführung in allen denjenigen Fällen entstehen, in denen der Gerichtsvollzieher als Vollstreckungsorgan tätig wird, auch nach § 11 II JBeitrG. Es ist insofern unerheblich, aus welchem Rechtsgrund der Gerichtsvollzieher derart vorgehen soll. Es ist ferner unerheblich, ob er die Amtshandlung auf Grund eines Antrags der Partei oder im amtlichen Auftrag vornimmt. Der Gerichtsvollzieher darf aber ohne einen Auftrag keine Gebühr KV 270 erheben und auch nicht zB einen bloßen Ergänzungsantrag in einen weiteren Hauptauftrag umdeuten (AG Bremen JurBüro 2004, 388). KV 260 bleibt unberührt (Winterstein DGVZ 1999, 40 zum alten Recht).

2 Für eine **andere** Vollstreckungsmaßnahme, die der Gerichtsvollzieher neben einer Verhaftung, Nachverhaftung, Vorführung oder Ablieferung vornimmt, können besondere Gebühren entstehen. Treffen ein Pfändungs- und ein Verhaftungsauftrag zusammen, liegt der letztere meist nur hilfsweise vor. Daher wird KV 270 erst nach sinnlosen Pfändungsversuch anwendbar.

3 Die Regelung bezweckt eine angemessene Vergütung der gerade mit einem zumindest vorübergehenden Freiheitsentzug des Schuldners verbundenen hohen Verantwortung des Gerichtsvollziehers.

4 **II. Voraussetzung: Verhaftung, Nachverhaftung, Vorführung. 1. Sicherung.** Hierher gehört die Verhaftung des Schuldners nach § 98 II InsO, vgl. auch §§ 4, 21 III, 153 II InsO. Der Gerichtsvollzieher wird insofern im amtlichen Auftrag tätig.

5 **2. Erzwingung der Aussage oder eidesstattlichen Versicherung.** Hierher gehört weiter die Verhaftung eines Zeugen zur Erzwingung seiner grundlos verweigerten Aussage nach § 390 II ZPO, § 148 GVGA. Ferner gehört hierher eine Verhaftung zur Erzwingung der vom Schuldner verweigerten Abgabe der eidesstatt-

lichen Versicherung nach **§§ 802g, 836, 883, 889 ZPO,** §§ 35, 94 FamFG, § 144 GVGA (AG Wesel JurBüro 2014, 443). Im Fall § 802g ZPO muss der Gerichtsvollzieher einen Haftbefehl nach § 802g II 2 ZPO dem Schuldner übergeben und ihm anheimstellen, entweder die Versicherung abzugeben oder eingeliefert zu werden (Blaskowitz DGVZ 2004, 55; Seip DGVZ 2004, 183). Auch die **Nachverhaftung** in einer Zwangshaft nach § 146 GVGA gehört hierher (→ Rn. 20 „Nachverhaftung").

3. Unvertretbare Handlung. Hierher gehört ferner eine Verhaftung des Schuldners zur Erzwingung seiner unvertretbaren Handlung nach §§ 888, 890 ZPO, § 144 GVGA. 6

4. Persönlicher Arrest. Hierher gehört weiter eine Verhaftung des Schuldners zur Vollziehung seines persönlichen Arrests nach §§ 918, 933 ZPO, § 152 GVGA. 7

5. Ordnungsmaßnahme. Hierher gehört schließlich die Verhaftung einer Person zur Vollstreckung eines nach §§ 380, 890 ZPO, § 178 GVG gegen sie als eine Partei oder einen Zeugen verhängten Ordnungsmittels. Der Gerichtsvollzieher wird hier im amtlichen Auftrag tätig. 8

6. Vorführung. a) Ausgebliebener Zeuge. Hierher gehört die Vorführung eines ausgebliebenen Zeugen nach § 380 II ZP, ebenso nach § 98 InsO und § 178 FamFG. 9

b) Schuldner. Hierher gehört ferner die Vorführung eines Schuldners nach § 98 II InsO, sowie zur Feststellung der Abstammung nach § 178 FamFG und im Vollstreckungsverfahren der Finanzbehörde nach § 284 VIII 4 AO. 10

III. Gebührenhöhe. Mit der Gebühr wird auch die anschließende Ablieferung zur Haft abgegolten. Das ergibt sich schon daraus, dass das Gesetz für diese Ablieferung keine besondere Gebühr festsetzt. 11

1. Verhaftung, Nachverhaftung. Es entsteht je Verhafteten eine Festgebühr, die Verhaftung ist bereits mit der Übergabe des Haftbefehls entstanden (LG Ellwangen DGVZ 2015, 230). Die Gebühr entsteht zudem, wenn die Verhaftung zur Nachbesserung einer Vermögensauskunft erforderlich ist (AG Stuttgart DGVZ 2015, 23). 12

Mit dem Betrag ist die gesamte Tätigkeit des Gerichtsvollziehers unabhängig vom Umfang seiner Mühe abgegolten, einschließlich der Vorführung vor dem Gericht und der Einlieferung in die Haftanstalt. Es gibt keinen Zeitzuschlag. Denn KV 270 verweist nicht auf KV 500, wie es nach diesem erforderlich wäre. Es kommt also auf den Zeitaufwand nicht an. § 11 ist anwendbar. KV 270 umfasst auch das Aufsuchen des Schuldners. Vorgänge **nach** der Verhaftung lassen KV 270 unberührt. 13

2. Vorführung. Die Gebühr entsteht auch für die zwangsweise Vorführung nach → Rn. 9, 10. Das kann auch dadurch geschehen, dass er dem Schuldner vertraut und sich mit ihm erst am Gericht usw. trifft, um ihn dort „abzuliefern". 14

3. Flucht. Wenn der Verhaftete oder der zum Zweck der Vorführung Festgenommene **entweicht,** bevor der Gerichtsvollzieher ihn zur Ablieferung bringt oder vorführt, entsteht die Gebühr KV 604, falls den Gerichtsvollzieher keine Schuld trifft, falls der Grund also nicht in seiner Person liegt. Andernfalls ist § 7 anwendbar. Wenn sich der Gesamtauftrag zB durch eine Erfüllung seitens des Schuldners nach dessen Verhaftung erledigt, bleibt die Gebühr KV 270 bestehen. Andernfalls kann KV 604 anwendbar sein. 15

IV. Nichterledigung. 1. Voraussetzungen. Es ist KV 604 anwendbar, → KV 600–604 Rn. 31. Über die Höhe der Gebühr entscheidet also der Umstand, ob der Auftrag aus einem solchen Grund unterblieben ist, der in der Person des Gerichtsvollziehers liegt oder von seiner Entschließung abhängt. Dann entsteht keine Gebühr. Die Gebühr entsteht auch nur, falls sich der Auftrag endgültig und nicht nur vorerst erledigt. Erscheint der Schuldner freiwillig und ist bereit die Vermögensauskunft abzugeben, ist eine Verhaftung nicht erforderlich und der Auftrag somit nicht erledigt (AG Bremen JurBüro 2007, 158; AG Hildesheim DGVZ 2005, 30; aA AG Augsburg DGVZ 2003, 191 – aber für die aA findet sich kein Anhaltspunkt im Gesetz). 16

2. Gebührenhöhe. Es gilt die Festgebühr, bei Nichterledigung → KV 604 Rn. 31. § 11 ist auch hier anwendbar, nicht aber KV 500. 17

18 **V. Fälligkeit.** Es gilt § 14 S. 1.

19 **VI. Kostenschuldner.** Es gilt § 13.

VII. ABC zur Verhaftung oder Nachverhaftung

20 **Aufhebung des Haftbefehls:** Unberührt bleibt KV 270 von solcher Maßnahme nach § 802c III ZPO.

Auslagen: Sie entstehen gesondert nach KV 700 ff., zB für eine Beförderung nach KV 707 oder als eine Dokumentenpauschale nach KV 700 oder als Wegegeld nach KV 711.

Außerkraftsetzung des Haftbefehls: Es gilt dasselbe wie bei einer „Aufhebung des Haftbefehls".

Beförderungskosten: → „Auslagen".

Bereitschaft nach Verhaftung: Unberührt bleibt KV 270 bei einer Bereitschaft nach § 802i I ZPO zur Vermögensauskunft erst nach der Verhaftung (AG Hildesheim DGVZ 2005, 30; AG Strausberg DGVZ 2005, 31).

Dokumentenpauschale: → „Auslagen".

Ergänzungsauftrag: Er gehört nach → Rn. 1 **nicht** zu KV 270.

Flucht: Unberührt bleibt KV bei einer Flucht des Verhafteten vor seiner Einlieferung (Schröder-Kay/Winter Rn. 11).

Freilassung: Unberührt bleibt KV 270 bei einer Zahlung erst nach der Verhaftung und einer Freilassung auf Wunsch des Gläubigers (Winterstein DGVZ 1999, 40).

Freiwilligkeit: Allenfalls KV 604 gilt beim freiwilligen Erscheinen des Schuldners und dessen sofortiger Zahlung vor dem Terminsbeginn und vor der Bekanntgabe des Haftbefehls (AG Bremen JurBüro 2007, 158; AG Wesel JurBüro 2014, 443, Meyer Rn. 46; aA Seip DGVZ 2004, 184, aber es erfolgt kein direkter Zwang).

Mehrheit von Beteiligten: Wenn der Gerichtsvollzieher im Auftrag mehrerer Gläubiger eine einzelne Person verhaftet, liegen wegen § 3 I 4 mehrere Aufträge vor. Wenn der Gerichtsvollzieher durch dieselbe Handlung mehrere Personen verhaftet, gilt ebenfalls § 3 I 4. Es liegen also auch dann mehrere Aufträge vor. Daher ist § 10 unanwendbar. Die Gebühr entsteht also mehrfach. Soweit nur eine Person der gesetzliche Vertreter mehrerer Schuldner (Gesellschafter usw) ist, liegt nur eine Verhaftung vor (aA Schröder-Kay/Winter Rn. 20, aber das würde zu einer unmäßigen Verteuerung zB bei einer großen Gesellschaft führen). Die gleichzeitig für mehrere Gläubiger erfolgende Verhaftung löst die Gebühr nach § 3 II Nr. 3 nur einmal aus (Brück DGVZ 1978, 150; Hantke DGVZ 1978, 86; aA AG Westerburg DGVZ 2004, 174).

Nachverhaftung: Für eine Nachverhaftung entsteht je nach der verhafteten Person ebenfalls die Festgebühr nach → Rn. 12. Eine Nachverhaftung liegt vor, soweit der Gerichtsvollzieher einen bereits Inhaftierten auf Grund eines anderen Haftbefehls nochmals förmlich in der Haftanstalt für verhaftet erklärt. Der Gerichtsvollzieher muss dem Verhafteten dann nach § 146 GVGA den weiteren Haftbefehl bekanntgeben. Aber auch → „Nochmalige Verhaftung".

Nochmalige Verhaftung: Von einer Nachverhaftung muss man eine nochmalige Verhaftung desselben Schuldners auf Grund desselben oder eines anderen Haftbefehls im Anschluss an seine vorherige Freilassung unterscheiden. Das gilt selbst dann, wenn die erneute Verhaftung unmittelbar nach der Freilassung erfolgt. Diese nochmalige Verhaftung lässt eine neue Gebühr entstehen. Das gilt auch im Anschluss an eine nicht unter KV 270 fallende Untersuchungs- oder Strafhaft, an die sich nur eine erste Verhaftung nach → Rn. 4–8 anschließt. Dann entsteht nach § 146 GVGA eine erste Verhaftungsgebühr.

Verhaftungsort: Anwendbar ist KV 270 auch bei einer Verhaftung im Büro des Gerichtsvollziehers zwecks Vermögensauskunft (AG Aalen DGVZ 2015, 24).

Versuch: Ihn vergütet allenfalls KV 604.

Vorführung: → Rn. 9, 10. Unberührt bleibt KV 270 bei einer Vorführung nach § 149 GVGA (AG Hildesheim DGVZ 2005, 30).

Vorladung: Anwendbar bleibt KV 270 bei einer Verhaftung des zu diesem Zweck vorgeladenen und erschienenen Schuldners (AG Augsburg DGVZ 2003, 191).

Wegegeld: → „Auslagen".

Zahlung: → „Freilassung".

Abschnitt 3. Verwertung

Vorbemerkung 3:

[1] Die Gebühren werden bei jeder Verwertung nur einmal erhoben. [2] Dieselbe Verwertung liegt auch vor, wenn der Gesamterlös aus der Versteigerung oder dem Verkauf mehrerer Gegenstände einheitlich zu verteilen ist oder zu verteilen wäre und wenn im Falle der Versteigerung oder des Verkaufs die Verwertung in einem Termin, bei einer Versteigerung im Internet in einem Ausgebot, erfolgt.

Nr.	Gebührentatbestand	Gebühr
300	**Versteigerung, Verkauf oder Verwertung in anderer Weise nach § 825 Abs. 1 ZPO von – beweglichen Sachen, – Früchten, die noch nicht vom Boden getrennt sind, – Forderungen oder anderen Vermögensrechten ....** **[1] Neben dieser Gebühr wird gegebenenfalls ein Zeitzuschlag nach Nummer 500 erhoben. [2] Dies gilt nicht bei einer Versteigerung im Internet.**	**57,20 €**

Übersicht

I. Normzweck. Die Vorschrift dient der Vereinfachung und regelt die Gebühr für die Verwertung einer Pfandsache. Sie ersetzt die früheren landesrechtlichen Vorschriften, vgl. auch § 30a EGGVG. 1

II. Voraussetzung: Versteigerung, Verkauf oder sonstige Verwertung. Die Verwertungsgebühren entstehen nach §§ 814, 817a, 821, 824, 825 I ZPO bei einer Verwertung anlässlich einer Zwangsvollstreckung nach der ZPO oder nach dem ZVG, auch soweit ein freihändiger Verkauf stattfindet (Richter DGVZ 2013, 173), ferner nach § 108 ZVG oder nach §§ 885 IV, 930 III ZPO (wegen § 825 II ZPO KV 310). KV 300 ist auch anwendbar auf den Fall des § 825 I ZPO, soweit es sich um eine Versteigerung oder einen freihändigen Verkauf geht. Bei der Versteigerung nach § 814 ZPO wird sowohl die Präsenzversteigerung und die Verwertung über Versteigerungsplattform im Internet erfasst (Weber DGVZ 2018, 149). 2

Die Verwertungsgebühren kommen ferner nach § 1 I in Betracht, soweit das Bundes- oder Landesrecht den Gerichtsvollzieher zu einer Versteigerung außerhalb der Zwangsvollstreckung oder für den freihändigen Verkauf usw. zuständig macht (zB §§ 383, 753, 979, 1221, 1235, 2042 BGB, § 373 HGB, §§ 180 ff. GVGA). Es reicht auch die Verwertung einer im Strafverfahren eingezogenen Sache nach §§ 63, 64 StrVollstrO oder die Verwertung im Rahmen des § 111p StPO (AG Neubrandenburg DGVZ 2021, 98). **Das gilt zB:** Bei der Versteigerung einer hinterlegungsunfähigen Sache nach § 383 III BGB; beim Pfandverkauf nach § 1235 I BGB; bei einer Auseinandersetzung unter Miterben nach §§ 2042, 753 BGB; bei einer Versteigerung oder beim Verkauf von Waren wegen des Annahmeverzugs des Gläubigers nach § 373 HGB; bei einer Versteigerung oder des Verkaufs solcher Sachen, die verpfändet waren, oder von anderen Sachen nach § 1219 BGB, §§ 379, 388, 391, 3

437 HGB dann, wenn ihr Verderb droht oder wenn man eine wesentliche Wertminderung befürchten muss; bei der Versteigerung einer Fundsache nach §§ 966, 979 BGB, §§ 180 ff. GVGA. Die Gebühren KV 300–310 entstehen aber auch bei einer der Verwertung nach KV 300 ähnlichen öffentlichen Verpachtung an den Meistbietenden nach KV 301.

4 Eine **Versteigerung** ist nicht nur bei einer beweglichen Sache möglich, etwa einer Aktie oder einem anderen Wertpapier, bei Früchten auf dem Halm, sondern sie ist auch bei einer Forderung und anderen Vermögensrechten möglich, also zB: bei einer Grundschuld; bei einer Hypothek; bei dem Anteil einer Gesellschaft mit beschränkter Haftung; bei einem Recht aus einem Patent; bei einem Verlagsrecht; bei einem Urheberrecht; bei einer Lizenz beim Bergwerksanteil (Kux); bei einer Schiffspart.

5 Die Ablieferung des Geldes liegt zwar auch dann vor, wenn der Gerichtsvollzieher auf eine Anordnung des Vollstreckungsgerichts nach § 825 II ZPO die Versteigerung durch eine andere Person durchführen lässt, die dem Gerichtsvollzieher den Erlös übergibt. Hier entsteht aber keine Gebühr nach KV 300, sondern dies wird bereits mit KV 310 abgegolten.

6 **III. Gebührenhöhe. 1. Pauschale pro Verwertung.** Die Festgebühr gilt für jede Verwertung als Aktgebühr besonders. Sie umfasst die damit **zusammenhängenden Nebengeschäfte,** insbesondere die Vorbereitung, die öffentliche Bekanntmachung, Durchführung und Abwicklung einschließlich der Empfangnahme, der Ablieferung, der Hinterlegung, der Aufbewahrung und der Auskehr des Erlöses. Somit ist kein Raum zugleich für die Hebegebühr nach KV 430.

7 Die Gebühr entsteht dann, wenn der Gerichtsvollzieher die Verwertung abgeschlossen hat. Die Gebühr entsteht somit mit dem Eigentumsübergang auf den Ersteher oder Käufer (vgl. BeckOK ZPO/Uhl ZPO § 817 Rn. 6).

8 Die **Vorb. 3 S. 1** vor KV 300 stellt eine gegenüber § 10 I vorrangige Sonderregelung dar. Während § 10 I je Auftrag nur einmal je KV vergütet, wird für die KV 300 in der Vorb. 3 S. 1 auf „jede Verwertung" abgestellt und legt das in Vorb. 3 S. 2 näher dar (→ Rn. 14). Verwertungsgebühren sind von Auftragszahl unabhängig.

9 Die Verwertung mehrerer Pfandstücke im Rahmen eines Auftrags lässt die Gebühr nur einmal entstehen, § 10 I. Dies gilt auch, wenn mehrere Verwertungsarten nebeneinander genutzt werden (Herrfurth DGVZ 2020, 65 (70)).

10 **2. Mehrere Verwertungen.** Für jede Verwertung entsteht eine Gebühr nach der Vorb. 3 S. 1 vor KV 300. Jeder Termin zählt also besonders. Es ist unerheblich, warum der Gerichtsvollzieher die Verwertung nicht schon im ersten Termin vorgenommen hat. Wenn es sich aber in Wahrheit um dieselbe Verwertung handelt, liegt nur eine einzige Versteigerung vor. Das gilt zB dann, wenn der Gerichtsvollzieher Sachen in verschiedenen Räumen bei derselben Gelegenheit verwertet oder wenn er Gegenstände auf dem Hof und Früchte auf dem Felde verwertet oder wenn er die Versteigerung am ersten Tag nicht beenden konnte und sie daher am nächsten Tag fortsetzt oder wenn die Verwertung aufgrund einer gerichtlichen Entscheidung eingestellt wurde und später fortgeführt wurde.

11 Mehrere Verwertungen liegen auch dann vor, wenn der Gerichtsvollzieher die Verwertung deshalb unterbrochen hat, weil die Vollstreckung eingestellt wurde oder weil er dem Schuldner den Rest der Forderung gestundet hat. Das gilt ebenso dann, wenn er einen weiteren Termin für dasselbe Pfandstück neu anberaumt hat, weil er das Stück im ersten Termin nicht verwerten konnte. In diesen Fällen entstehen mehrere Gebühren, § 10 II 2 Alt 1 (→ § 10 Rn. 14 ff., 18 ff.), auch → KV 302 Rn. 3, 8.

12 Mehrere Verwertungen liegen ebenfalls vor, wenn der Gerichtsvollzieher die Versteigerung zwar an demselben Tag durchführt, das Aufgebot und den Erlös aber deshalb gesondert behandeln muss, weil er solche Gegenstände versteigert, die er in verschiedenen Aufträgen zu verschiedenen Zeiten gepfändet hat. Die gemeinsam vorgenommene Versteigerung ist dann nur eine zeitliche Zusammenfassung mehrerer rechtlich auseinanderzuhaltender Versteigerungen. Deshalb entsteht dann die Gebühr mehrfach, weil die Voraussetzungen nach → Rn. 14 nicht erfüllt sind. Dies gilt generell, wenn mehrere, voneinander unabhängige Aufträge in einem Verwertungstermin zusammengefasst werden und es entstehen mehrere Gebühren.

3. Nur eine Verwertung. Nur eine einzige Verwertung und demgemäß auch nur eine Festgebühr entsteht dann, wenn der Gerichtsvollzieher bei demselben Schuldner mehrere Sachen gemeinsam gepfändet hat, mag er das auch auf Grund mehrerer Schuldtitel für einen oder mehrere Gläubiger getan haben, und wenn er sie nun gleichzeitig versteigert. Das gilt auch im Fall einer Anschlusspfändung nach § 826 ZPO oder bei der gleichzeitigen Pfändung für mehrere Gläubiger. 13

Im Übrigen handelt es sich nach der Vorb. 3 S. 2 um eine Verwertung, wenn bei der gleichzeitigen Verwertung mehrerer Pfandstücke aufgrund verschiedener Aufträge der Gesamterlös einheitlich verteilt wird und wenn die Verwertung (Versteigerung, Verkauf oder dasselbe Internet-Aufgebot) in einem Termin erfolgt. 14

Die Ablieferung des Geldes liegt zwar auch dann vor, wenn der Gerichtsvollzieher auf eine Anordnung des Vollstreckungsgerichts nach § 825 II ZPO die Versteigerung durch eine andere Person durchführen lässt, die dem Gerichtsvollzieher den Erlös übergibt. Hier entsteht aber keine Gebühr nach KV 300, sondern dies wird bereits mit KV 310 abgegolten. 15

Ein Zeitzuschlag nach KV 500 kann wegen der Verweisung in der Anm. zu KV 500 S. 1 eintreten, nicht aber nach deren S. 2 bei einer Versteigerung im Internet. Bei einer Verwertung zur Nachtzeit oder an einem Sonnabend, Sonn- oder Feiertag auf einen Antrag eines Beteiligten gilt § 11. 16

Für die **Entfernung aus dem Gewahrsam** des Schuldners entsteht nach KV 420 eine besondere Gebühr. 17

Auslagen richten sich nach KV 700 ff. und können neben der Gebühr entstehen. Die Kosten der Beschaffung des Versteigerungsraums usw. können unter KV 713 fallen. 18

IV. Nichterledigung. KV 604 entsteht für jeden Verwertungsversuch vor der Übereignung an den Ersteher oder Käufer, also für eine nichterledigte Verwertung. 19

V. Fälligkeit. § 14 S. 1. Maßgeblich ist noch nicht der Zuschlag, sondern erst die Übergabe an den Ersteher und somit der Eigentumsübergang auf diesen. 20

VI. Kostenschuldner. § 13, jedoch kann der Gerichtsvollzieher seine Gebühren und Auslagen nach § 15 aus dem Erlös entnehmen, ggf. erfolgt die Verteilung der Kosten nach § 16. 21

Nr.	Gebührentatbestand	Gebühr
301	**Öffentliche Verpachtung an den Meistbietenden ....** **Neben dieser Gebühr wird gegebenenfalls ein Zeitzuschlag nach Nummer 500 erhoben.**	**57,20 €**

I. Normzweck. Die Norm vergütet die Tätigkeit des Gerichtsvollziehers bei einer öffentlichen Verpachtung. 1

II. Voraussetzung: Öffentliche Verpachtung. Die Es gelten dieselben Erwägungen wie bei → KV 300 Rn. 2 ff. Die Vorschriften stehen gleichberechtigt nebeneinander. 2

Die Vorschrift ist nach § 1 I anwendbar, soweit der Gerichtsvollzieher nach dem Landesrecht (zB § 8 Landesjagdverordnung Rheinland-Pfalz) zu einer öffentlichen Verpachtung an einen Meistbietenden befugt ist und in diesem Rahmen handelt. Hierbei handelt es sich um eine Sonderform der öffentlichen Versteigerung. 3

Die Gebühr entsteht mit dem Zuschlag, eine Übereignung erfolgt gerade nicht. 4

III. Gebührenhöhe. Es gelten dieselben Erwägungen wie bei → KV 300 Rn. 11 ff. Auch ein Zeitzuschlag ist möglich, denn die Anm. zu KV 301 verweist auf KV 500. KV 302 bleibt anwendbar. 5

IV. Nichterledigung. KV 604. 6

V. Fälligkeit. § 14 S. 1. 7

VI. Kostenschuldner. § 13 unter Beachtung von §§ 15, 16. 8

Nr.	Gebührentatbestand	Gebühr
302	**Anberaumung eines neuen Versteigerungs- oder Verpachtungstermins oder das nochmalige Ausgebot bei einer Versteigerung im Internet**	**11,00 €**
	I Die Gebühr wird für die Anberaumung eines neuen Versteigerungs- oder Verpachtungstermins nur erhoben, wenn der vorherige Termin auf Antrag des Gläubigers oder des Antragstellers oder nach den Vorschriften der §§ 765a, 775, 802b ZPO nicht stattgefunden hat oder wenn der Termin infolge des Ausbleibens von Bietern oder wegen ungenügender Gebote erfolglos geblieben ist. **II Die Gebühr wird für das nochmalige Ausgebot bei einer Versteigerung im Internet nur erhoben, wenn das vorherige Ausgebot auf Antrag des Gläubigers oder des Antragstellers oder nach den Vorschriften der §§ 765a, 775, 802b ZPO abgebrochen worden ist oder wenn das Ausgebot infolge des Ausbleibens von Geboten oder wegen ungenügender Gebote erfolglos geblieben ist.**	

1 **I. Normzweck.** Es gelten dieselben Erwägungen wie bei → KV 300 Rn. 1. Die Anmerkung klärt, dass KV 302 nur in den dort abschließend bestimmten Fällen eines neuen Termins anwendbar ist (Richter DGVZ 2013, 174).

2 **II. Voraussetzungen. 1. Allgemeines.** Es gelten dieselben Erwägungen wie → KV 300 Rn. 2 ff. Der neue Termin oder das nochmalige Ausgebot bei einer Versteigerung im Internet nach § 814 II Nr. 2 ZPO soll dann ein zusätzliches Entgelt erbringen, wenn der ursprüngliche aus Gründen entfallen musste, die man dem Gerichtsvollzieher nicht zurechnen kann. Wegen der abschließenden Aufzählung in der Anm. muss man die gesamte Vorschrift eng auslegen, soweit eine Zahlungspflicht infrage kommt.

3 **2. Neuer Termin oder nochmaliges Ausgebot.** Die Gebühr ist ein Entgelt für die Anberaumung eines neuen Termins oder für die Herstellung eines nochmaligen Ausgebots bei einer Versteigerung im Internet. Nicht schon der Antrag, sondern erst die Anberaumung des Termins usw bringt die Gebühr zur Entstehung. Es muss eine der folgenden Voraussetzungen vorliegen.

4 **a) Terminswegfall oder Ausgebotsabbruch auf Antrag.** Der Gerichtsvollzieher muss den alten Versteigerungs- oder Verpachtungstermin und nicht etwa einen Termin zu einem freihändigen Verkauf auf Grund eines Antrags des Gläubigers oder des Antragstellers zwar angesetzt haben. Dieser frühere Termin darf aber dann doch zulässigerweise ebenfalls auf einen Antrag des Gläubigers oder des Antragstellers nicht stattgefunden haben. Eine andere Terminsart ist unbeachtlich. Soweit der Gerichtsvollzieher einen neuen Termin von Amts wegen anberaumt, ist KV 302 unanwendbar. Bei einer **Internetversteigerung** nach § 814 II Nr. 2 ZPO entspricht dem Terminswegfall ein antragsgemäßer Abbruch des Ausgebots.

5 **b) Einstellung.** Der vorgenannte Termin oder das vorgenannte Ausgebot muss wegen des Nachweises eines Einstellungsgrundes nach den §§ 765a, 775, 802b ZPO unterblieben sein.

6 **3. Kein Bieter, ungenügendes Gebot.** Oder: Der vorgenannte Termin oder das vorgenannte Ausgebot muss infolge des Ausbleibens von Bietern oder Geboten oder wegen ungenügender Gebote erfolglos geblieben sein.

7 **4. Gemeinsames.** Nur wenn einer der vorgenannten Gründe und nicht ein anderer zur bisherigen Nichtverwertung geführt hat, löst die Anberaumung eines neuen Termins oder ein nochmaliges Ausgebot die Gebühr aus. Es reichen also zB

nicht aus: Ein Termin zu einem freihändigen Verkauf; ein Termin wegen der Mitwirkung durch einen anderen nach § 825 II ZPO; ein erster Termin. Die Gebühr KV 302 kann neben den Gebühren KV 300, 301 entstehen. Sie setzt bei → Rn. 4 und → Rn. 5 nicht voraus, dass sich der Gerichtsvollzieher damals an Ort und Stelle begeben hatte.

III. Gebührenhöhe. Es entsteht eine Festgebühr. Die Gebühr entsteht nach der Vorb. 3 S. 1 unabhängig von der Zahl der Aufträge auch dann nur einmal, wenn es sich um die Versteigerung mehrerer gemeinsam gepfändeter Sachen handelt. Dann ist es unerheblich, ob mehrere Gläubiger den Antrag gestellt haben. Es gibt beim Termin mangels amtlicher Erwähnung in KV 302 und beim Ausgebot wegen der Anm. zu KV 300 S. 2 keinen Zeitzuschlag nach KV 500. § 11 ist praktisch unanwendbar. Erfolgt in dem weiteren Termin eine Verwertung, so wird eine weitere Gebühr nach KV 300 erhoben und KV 302 entfällt, da KV 300 auch den Aufwand der Terminsbestimmung bereits mit abgegilt. 8

IV. Nichterledigung. KV 600–604 sind unanwendbar, da sie nicht auch KV 302 erwähnen. 9

V. Fälligkeit. § 14 S. 1. 10

VI. Kostenschuldner. § 13 unter Beachtung von §§ 15, 16. 11

Nr.	Gebührentatbestand	Gebühr
310	**Mitwirkung bei der Versteigerung durch einen Dritten (§ 825 Abs. 2 ZPO) . . . .** **Neben dieser Gebühr wird gegebenenfalls ein Zeitzuschlag nach Nummer 500 erhoben.**	**17,60 €**

I. Normzweck. Es gelten dieselben Erwägungen wie bei → KV 300 Rn. 1. 1

II. Voraussetzung: § 825 II ZPO. Es gelten dieselben Erwägungen wie bei → KV 300 Rn. 2 ff. Die Verwertung einer gepfändeten Sache durch eine andere Person als den Gerichtsvollzieher kann das Vollstreckungsgericht auf einen Antrag des Gläubigers oder des Schuldners bestimmen, § 825 II ZPO. Dann entsteht für den Gerichtsvollzieher bei seiner eigenen Mitwirkung eine Mitwirkungsgebühr nach KV 310. 2

Unanwendbar ist KV 310 auf eine Verwertung nach § 825 I 1 ZPO. Für sie kommt KV 300 in Betracht (→ KV 300 Rn. 2). Die Ablieferung des Geldes durch die andere Person an den Gerichtsvollzieher löst keine Gebühr nach KV 300 aus, sondern dies wird bereits mit KV 310 abgegolten. 3

III. Gebührenhöhe. Es gelten dieselben Erwägungen wie bei → KV 300 Rn. 7, 11. Die Gebühr entsteht bereits mit der Übergabe der Pfandsache an den Dritten. Ein Zeitzuschlag ist möglich, denn die Anm. verweist auf KV 500. § 11 ist anwendbar. Auslagen entstehen daneben. 4

IV. Nichterledigung. KV 604. 5

V. Fälligkeit. § 14 S. 1. 6

VI. Kostenschuldner. § 13 unter Beachtung von §§ 15, 16. 7

Abschnitt 4. Besondere Geschäfte

Nr.	Gebührentatbestand	Gebühr
400	**Bewachung und Verwahrung eines Schiffes, eines Schiffsbauwerks oder eines Luftfahrzeugs (§§ 165, 170, 170a, 171, 171c, 171g, 171h ZVG, § 99 Abs. 2, § 106 Abs. 1 Nr. 1 des Gesetzes über Rechte an Luftfahrzeugen)** **Neben dieser Gebühr wird gegebenenfalls ein Zeitzuschlag nach Nummer 500 erhoben.**	**107,80 €**

1 **I. Normzweck.** Zwar kann der Gerichtsvollzieher ein jedes der genannten Objekte praktisch nur mithilfe der Polizei usw „bewachen und verwahren", um den Auftrag der Sicherung zu erfüllen. Dennoch verbleibt bei ihm ein gehöriges Maß von planerischer, organisatorischer und psychischer Verantwortung. Diese entlohnt KV 400 immer noch nicht gerade fürstlich. Das muss man ungeachtet des Grundsatzes einer Auslegung zugunsten des Kostenschuldners nach → § 1 Rn. 2 durchaus mitbeachten.

2 **II. Voraussetzung: Bewachung und Verwahrung.** Die Bewachung und Verwahrung eines eingetragenen Schiffs erfolgt nach Anordnung des Zwangsversteigerungsgerichts nach § 165 ZVG, eines Schiffsbauwerks nach § 170 ZVG und eines Luftfahrzeugs nach § 171a ZVG. Nur die (reine) Verwahrung kann nach der Erteilung des Zuschlags gemäß §§ 94, 170 ZVG angeordnet werden. Dies gilt je auch für ausländische Schiffe über § 171 ZVG. Zu den durch diese KV abgegoltenen Tätigkeiten zählt auch die bloße Beschlagnahme nebst der Übergabe zur Bewachung und Verwahrung an eine ihm bezeichnete Person. Das kann auch er selbst sein.

3 Wenn ein Schiff oder Luftfahrzeug gepfändet worden ist, gilt KV 205 seine Bewachung oder Verwahrung ab. Die Entsetzung aus dem Besitz eines eingetragenen Schiffs oder Schiffsbauwerks im Auftrag des Gläubigers fällt unter KV 240. Die Gebühr KV 400 entsteht also nicht etwa zusätzlich. Die Gebühren entstehen je bewachtes Schiff usw. **Unanwendbar** ist KV 400 auf eine Tätigkeit des Gerichtsvollziehers als ein Sequester nach → § 1 Rn. 6 oder bei KV 240.

4 Die Festgebühr erfasst die Bewachung und Verwahrung, sie entsteht bereits mit der Besitzergreifung. Man darf die Begriffe „Bewachung" und „Verwahrung" weder zu großzügig noch zu streng auslegen. Ihr Zusammentreffen lässt doch nur eine einzige Gebühr entstehen, soweit es sich um denselben Auftrag handelt.

5 **III. Gebührenhöhe.** Die Festgebühr entsteht unabhängig von der Größe oder dem Wert des Objekts je Auftrag nur einmal, → Rn. 3. Mehrere Objekte bedeuten mehrere Aufträge. Ein Zeitzuschlag nach KV 500 ist möglich, denn die Anmerkung verweist auf KV 500. § 11 ist anwendbar. Daneben können Auslagen, insb. nach KV 709, entstehen.

6 **IV. Nichterledigung.** KV 604.

7 **V. Fälligkeit.** § 14 S. 1.

8 **VI. Kostenschuldner.** § 13. Auftraggeber ist das Zwangsversteigerungsgericht.

Nr.	Gebührentatbestand	Gebühr
401	**Feststellung der Mieter oder Pächter von Grundstücken im Auftrag des Gerichts je festgestellte Person ....** **Die Gebühr wird auch erhoben, wenn die Ermittlungen nicht zur Feststellung eines Mieters oder Pächters führen.**	**7,70 €**

1 **I. Normzweck.** Die Aufgabe an den Gerichtsvollzieher zur Feststellung eines Mieters oder Pächters, stellt sich nur dann, wenn eine solche Ermittlung mit den sonst üblichen Methoden nicht möglich war. Wer an die berüchtigten Hamburger „Hafenstraßen"-Vorgänge denkt, kann ermessen, vor welchen Problemen und auch eventuell trotz aller Polizeihilfe verbleibenden persönlichen Gefahren sich der Gerichtsvollzieher in diesem Tätigkeitsbereich sehen kann. Muss er Dutzende von Hausbesetzern identifizieren, wachsen nicht nur die Festgebühren, sondern noch eher die Gefährdungen. Auch die Suche nach dem Verbleib eines einzelnen „harmlosen" Mieters kann viel Zeit und Kraft fordern. Man sollte solche Umstände bei der Auslegung mitbeachten.

2 **II. Voraussetzung: Mieterfeststellung (§ 57b I 4 ZVG).** Es geht darum, dass der Rechtspfleger im Zwangsversteigerungsverfahren den Gerichtsvollzieher nach § 57b I 4 Hs. 2 ZVG auf Grund des Antrags eines Gläubigers mit der Feststellung der Mieter und Pächter eines Grundstücks beauftragt. Es genügt aber auch ein gericht-

licher Auftrag dieser Art außerhalb der Zwangsversteigerung. Nicht hierunter fällt die Ermittlung von Hausbesetzern. Dem Grundstück gleichgestellt ist Wohnungs-/Teileigentum und grundstücksgleiche Rechte.

III. Gebührenhöhe. Für die Feststellung eines jeden Mieters und eines jeden Pächters entsteht die Festgebühr. Sie entsteht unabhängig von der Zahl der Miet- oder Pachtverträge für jede festgestellte Person in derselben Höhe, unabhängig von der Gesamtzahl der Personen. Besteht eine Partei aus mehreren Personen, etwa bei Eheleuten oder Lebenspartnern als gemeinsamen Mitmietern, entsteht für die Feststellung einer jeden Person eine Gebühr. Man darf aber solche Personen nicht hinzurechnen, die ihr Benutzungsrecht lediglich von einem Mieter oder Pächter ableiten, etwa seine Familienangehörigen oder Untermieter. § 11 ist anwendbar. 3

Nur **ein** Auftrag nach § 3 I 1 liegt dann vor, wenn es um die gleichzeitige Feststellung der Mieter auch mehrerer Grundstücke geht. Ein späterer gleichartiger Auftrag ist rechtlich neu. 4

IV. Nichterledigung. Wenn die Ermittlungen des Gerichtsvollziehers ohne einen Erfolg geblieben sind, weil Mieter oder Pächter nicht vorhanden sind oder weil er sie nicht feststellen konnte, entsteht nach der Anm. gleichwohl einmal die Festgebühr wie im Erfolgsfall. Diese Gebühr kann nicht nur dann entstehen, wenn der Auftrag überhaupt ohne ein Verschulden des Gerichtsvollziehers unerledigt bleibt, sondern auch dann, wenn der Gerichtsvollzieher einen oder mehrere Mieter festgestellt hat, wenn sein Auftrag aber dahin geht, noch weitere Mieter festzustellen. Somit greift bei Nichtfeststellung eines Mieters oder Pächters nicht KV 600 ff. ein. 5

Es ist allerdings stets erforderlich, dass der Gerichtsvollzieher überhaupt einen **Auftrag** zur Feststellung erhalten hat. Dann kommt es auch wegen des Vorrangs der Anm. zu KV 401 vor der KV Vorb. 6 vor KV 600–604 nach → Rn. 1 nicht darauf an, ob sich der Gerichtsvollzieher schon an Ort und Stelle begeben hat. Erforderlich und ausreichend ist der Beginn von „Ermittlungen“ zwecks einer Feststellung. Erledigt sich der Auftrag auf andere Weise, entsteht keine Gebühr. 6

V. Fälligkeit. § 14 S. 1. 7

VI. Kostenschuldner. § 13. Auftraggeber ist das Zwangsversteigerungsgericht. 8

Nr.	Gebührentatbestand	Gebühr
410	**Tatsächliches Angebot einer Leistung (§§ 293, 294 BGB) außerhalb der Zwangsvollstreckung**	**17,60 €**

I. Normzweck. Die Norm regelt die Gebühr, soweit der Schuldner sich für sein Leistungsangebot nach §§ 293, 294 BGB des Gerichtsvollziehers bedient, um den Gläubiger in Annahmeverzug zu versetzen. Die Gebühr entsteht nur, soweit der Gerichtsvollzieher nach der jeweiligen landesgesetzlichen Regelung sachlich und örtlich zuständig ist (§ 1 I). 1

II. Voraussetzung: Leistungsangebot. Es muss sich um das tatsächliche Angebot einer Leistung gegenüber dem Gläubiger außerhalb der Zwangsvollstreckung nach §§ 293, 294 BGB handeln. Der Schuldner muss den Gerichtsvollzieher mit diesem tatsächlichen Leistungsangebot beauftragt haben. Der Gerichtsvollzieher muss dafür nach dem Landesrecht (→ § 12 Rn. 3) zuständig sein (Nr. 14 II DB-GvKostG). 2

Keine Gebühr KV 410 entsteht daher dann, wenn der Gerichtsvollzieher im Rahmen eines Vollstreckungsauftrags Zug um Zug gegen die Leistung des Schuldners eine Leistung des Gläubigers nach § 756 ZPO anbietet. Denn es handelt sich dann nach Nr. 14 I 2 DB-GvKostG um ein gebührenfreies Nebengeschäft. 3

Die von der Vorschrift vergütete Tätigkeit des Gerichtsvollziehers scheint einfach. Sie gestaltet sich aber in der Praxis manchmal doch ziemlich kompliziert. Das gilt unabhängig davon, ob und inwieweit zB eine Kontrolle von Mangelfreiheit zumindest zu Nebenpflichten dieser Angebotsart zählt. Auch wenn ein Auslagenersatz wie sonst hinzutritt, kann etwa bei einer besonders verderblichen oder zerbrechlichen wertvollen Sache viel an Begleitschutz, Sorgfalt, Pflege erforderlich sein. Im Rah- 4 men einer Auslegung darf und muss man auch solche Umstände mitberücksichtigen.

5 **III. Gebührenhöhe.** Die Festgebühr ist unabhängig von der Art und dem Umfang der tatsächlich angebotenen Leistung und unabhängig von der Dauer der Amtshandlung. Denn KV 410 enthält nicht eine für den Zeitzuschlag erforderliche Verweisung auf KV 500. Daneben kann eine Hebegebühr nach KV 430 entstehen. Auch das gilt aber nur außerhalb der Zwangsvollstreckung. KV 410 gilt eine Entgegennahme zwecks tatsächlichen Angebots mit ab, sowie alle mit der angebotenen Leistung zusammenhängenden Tätigkeiten und die Protokollierung des Angebots. § 11 ist anwendbar. Auslagen sind stets nach KV 700 ff. ersetzbar.

6 **IV. Nichterledigung.** KV 604.

7 **V. Fälligkeit.** § 14 S. 1.

8 **VI. Kostenschuldner.** § 13.

Nr.	Gebührentatbestand	Gebühr
411	**Beurkundung eines Leistungsangebots ......** **Die Gebühr entfällt, wenn die Gebühr nach Nummer 410 zu erheben ist.**	**7,70 €**

1 **I. Normzweck.** Es gelten dieselben Erwägungen wie bei → KV 410 Rn. 1. Neben KV 410 entfällt KV 411 nach der Anm.

2 **II. Anwendungsbereich: Beurkundung des Leistungsangebots.** Auch hier gelten dieselben Erwägungen wie bei → KV 410 Rn. 2. Wenn sich der Auftrag auf die Beurkundung des Leistungsangebots nach § 294 BGB außerhalb der Zwangsvollstreckung beschränkt, entsteht die Festgebühr. Auch dann muss es sich aber um einen Auftrag außerhalb der Zwangsvollstreckung handeln und muss der Gerichtsvollzieher dafür nach dem Landesrecht zuständig sein.

3 **III. Gebührenhöhe.** Es gelten zunächst dieselben Erwägungen wie bei → KV 410 Rn. 5. Wenn der Gerichtsvollzieher die Leistung tatsächlich anbietet und dieses Angebot beurkundet, erhält er die Gebühr nach KV 410. Indessen entfällt nach der Anm. die Gebühr nach KV 411 neben derjenigen KV 410. § 11 ist anwendbar. Auslagen sind stets nach KV 700 ff. ersetzbar.

4 **IV. Nichterledigung.** KV 603.

5 **V. Fälligkeit.** § 14 S. 1.

6 **VI. Kostenschuldner.** § 13.

7 **VII. DB-GvKostG.** Vgl. Nr. 14 DB-GvKostG.

Nr.	Gebührentatbestand	Gebühr
420	**Entfernung von Gegenständen aus dem Gewahrsam des Inhabers zum Zwecke der Versteigerung oder Verwahrung außerhalb der Zwangsvollstreckung ....**	**17,60 €**

1 **I. Normzweck.** Die Vorschrift enthält eine Ergänzung zu KV 220. Die dortigen Erläuterungen lassen sich daher ergänzend auch hier beachten.

2 **II. Voraussetzung: Entfernung aus Gewahrsam.** Es muss sich um ein solches Nebengeschäft handeln, für das der Gerichtsvollzieher im Rahmen eines Hauptgeschäfts **außerhalb** der Zwangsvollstreckung nach dem Landesrecht zuständig ist, etwa für eine freiwillige Versteigerung nach KV 300. Die Entfernung des Pfandstücks muss aus dem Gewahrsam des Gläubigers, des Schuldners oder eines Dritten geschehen. Ferner zählen hierher die Kosten des Transports und der Lagerung des Pfandstücks. Ferner erklärt auch dann nur einmal, wenn mehrere Pfandstücke aus dem Gewahrsam eines Schuldners entfernt werden.

Wie bei KV 220 soll auch KV 420 die oft beträchtliche Mühe und Arbeit des Gerichtsvollziehers bei der Entfernung von Gegenständen wenigstens ansatzweise und pauschal vergüten, wenn es schon aus Zweckmäßigkeitsgründen auf die Art, den Zustand und die Zahl der Gegenstände ebenso wenig ankommt wie auf die erforderliche Wegstrecke. Sie hat bei den Auslagen eine Bedeutung. 3

III. Gebührenhöhe. Die Festgebühr kann nach § 10 I 1 (Ausnahme: § 10 I 2) je Auftrag grundsätzlich nur einmal entstehen, unabhängig von der Zahl der entfernten Gegenstände (→ § 10 Rn. 4 ff.). § 11 ist anwendbar. Es gibt keinen Zeitzuschlag. Die Gebühren für das Hauptgeschäft bleiben bestehen. § 10 II ist mangels „Vollstreckungshandlung" unanwendbar. 4

IV. Nichterledigung. KV 604. 5

V. Fälligkeit. § 14 S. 1. 6

VI. Kostenschuldner. § 13. 7

VII. DB-GvKostG. Vgl. Nr. 14 DB-GvKostG. 8

Nr.	Gebührentatbestand	Gebühr
430	**Entgegennahme einer Zahlung, wenn diese nicht ausschließlich auf Kosten nach diesem Gesetz entfällt, die bei der Durchführung des Auftrags entstanden sind**	**4,40 €**
	[1] **Die Gebühr wird auch erhoben, wenn der Gerichtsvollzieher einen entgegengenommenen Scheck selbst einzieht oder einen Scheck aufgrund eines entsprechenden Auftrags des Auftraggebers an diesen weiterleitet.** [2] **Die Gebühr wird nicht bei Wechsel- oder Scheckprotesten für die Entgegennahme der Wechsel- oder Schecksumme (Artikel 84 des Wechselgesetzes, Artikel 55 Abs. 3 des Scheckgesetzes) erhoben.**	

I. Normzweck. Die mit der Annahme, Verwahrung und Weiterleitung von Geld anderer Menschen verbundene Mühe und Verantwortung löst auch beim Notar nach KV 25300, 25301 GNotKG eine besondere Vergütung aus. Dasselbe gilt nach VV 1009 beim Anwalt. In Anlehnung an diesen Grundgedanken gibt KV 430 dem Gerichtsvollzieher eine Hebegebühr. Man kann die genannten vergleichbaren Vorschriften zur Auslegung mit heranziehen. Die Festgebühr soll die Möglichkeit verstärken, eine Forderung nach §§ 802b ff. ZPO in Raten zu bezahlen. 1

II. Voraussetzungen. Die Vorschrift gibt eine Gebühr für die Annahme, die Aufbewahrung und die Ablieferung von Geld außer Kosten nach dem GvKostG, also sowohl im Rahmen einer Zwangsvollstreckung als auch nach ihrem Abschluss oder überhaupt außerhalb einer solchen. Das gilt nur dann, wenn der Gerichtsvollzieher für diese Maßnahmen nach dem Bundes- oder Landesrecht sachlich zuständig ist (Bratfisch Rpfleger 1985, 44). Denn das bloße Gebührenrecht kann seine sachliche Zuständigkeit nicht erweitern. KV 205 bleibt anwendbar. Wegen des Verhältnisses zu anderen Gebühren → Rn. 9 ff. 2

Die Hebegebühr kann im Gesamtgebiet der Zwangsvollstreckung entstehen. Grundvoraussetzung ist ein Auftrag des Gerichtsvollziehers, nach Nr. 2 VII a DB-GVKostG ist die Tätigkeit im Rahmen der KV 430 eine Nebentätigkeit und kann nur im Rahmen eines Hauptgeschäfts erfolgen. Es müssen folgende Voraussetzungen vorliegen. 3

1. Entgegennahme einer Zahlung (Hs. 1). Die Hebegebühr entsteht nur, soweit der Schuldner oder gerade für ihn ein Dritter freiwillig gerade an den Gerichtsvollzieher oder den von ihm Bevollmächtigten vor oder nach dessen Eintreffen an Ort und Stelle zahlt (BGH Rpfleger 2011, 334), wenn auch zwecks Abwendung der Vollstreckung nach §§ 712 I, 720, 923 ZPO. Denn nur dann liegt eine „Entgegennahme" im Gegensatz zu einer Beitreibung, einer Entnahme, Wegnahme, Abnahme 4 vor. Das gilt bei einer Zahlung auf die Hauptforderung, auf Zinsen oder auf Kosten des Gläubigers. Wegen der Kosten nach dem GvKostG → Rn. 9 ff. Die Gebühr entsteht außerdem bei Zahlungen durch den Drittschuldner nach Zustellung des Pfändungs- und Überweisungsbeschlusses.

5 **Keine** Hebegebühr entsteht, soweit der Schuldner oder gerade für ihn ein Dritter direkt an den Gläubiger zahlt. Die Gebühr entsteht außerdem nicht bei Zahlungen durch den Ersteher oder Käufer im Rahmen der Verwertung, da hier die Empfangnahme der Zahlung mit der Gebühr nach KV 300 abgegolten ist. Es entsteht auch dann keine Hebegebühr, soweit der Gerichtsvollzieher eine Beitreibung vornimmt oder Geld pfändet. Das gilt auch dann, wenn er den Erlös der Vollstreckung bei der Verwertung durch einen anderen nach § 825 II ZPO von diesem erhält. Eine Hebegebühr entsteht auch nicht, soweit der Gerichtsvollzieher einen anlässlich der Zwangsvollstreckung hinterlegten Betrag rückerhebt und auszahlt.

6 **2. Unerheblichkeit der Zahlungsart.** Für die Entstehung der Hebegebühr ist es unerheblich, ob die Zahlung in bar oder bargeldlos (zB durch Nutzung einer Kreditkarte, über Lastschrift oder Überweisung). Bei der bargeldlosen Zahlung tritt die Erfüllungswirkung mit Gutschrift auf dem Dienstkonto des Gerichtsvollziehers ein. Nach der Anm. S. 1 kann die Zahlung auch durch einen Scheck erfolgen: Die Gebühr entsteht auch dann, wenn der Gerichtsvollzieher den Scheck der Bank persönlich mit Erfolg vorlegt, ihn also nach der Anm. S. 1 Hs. 1 „selbst einzieht". Ferner reicht es nach der Anm. S. 1 Hs. 2 aus, dass er einen Scheck an den Auftraggeber weiterleitet, soweit gerade auch zu einer solchen Maßnahme ein Auftrag gerade des Auftraggebers vorliegt (im Zweifel: ja).

7 Das **gilt nicht** schon dann, wenn der Gerichtsvollzieher die bloße Weiterleitung lediglich auf Bitten oder auf eine Anregung des Schuldners oder eines Dritten als des Scheckinhabers oder -ausstellers vornimmt. Zur Annahme einer anderen Ersatzerfüllung benötigt der Gerichtsvollzieher die Erlaubnis des Gläubigers (BT-Drs. 14/3432, 31; obwohl die Empfangnahme einer Zahlung als Nebengeschäft eingeordnet wird). Eine Leistung anderer Art, auch zB durch einen Wechsel, steht einer Zahlung nicht gleich. Auch eine Geldpfändung steht einer Zahlung nicht gleich.

8 **3. „Zahlungsversehen".** Die Gebühr entsteht nicht, wenn die Zahlung nur versehentlich auf das Dienstkonto des Gerichtsvollziehers eingeht.

9 **4. Keine Zahlung ausschließlich auf Kosten nach GvKostG (Hs. 2).** Der Gerichtsvollzieher darf eine Hebegebühr trotz des Vorliegens der Voraussetzungen → Rn. 4–8 dann nicht erheben, wenn die Zahlung oder Scheckhingabe ausschließlich auf solche Kosten einschließlich Vorschuss nach dem GvKostG erfolgt, die gerade bei der Durchführung dieses Auftrags entstanden sind.

10 **„Ausschließlich"** ist etwas anderes als „auch". Deshalb entsteht die Hebegebühr nach → Rn. 3 ff. dann, wenn eine Zahlung zu einem nicht völlig unerheblichen Teil auch auf die Hauptforderung oder auf eine Nebenforderung einschließlich der Kosten des Gläubigers erfolgt. Dabei muss der Gerichtsvollzieher eine etwaige Anweisung des Schuldners nach den Grundsätzen des § 367 BGB in dessen zumindest entsprechender Anwendung beachten.

§ 367 BGB. Anrechnung auf Zinsen und Kosten

I Hat der Schuldner außer der Hauptleistung Zinsen und Kosten zu entrichten, so wird eine zur Tilgung der ganzen Schuld nicht ausreichende Leistung zunächst auf die Kosten, dann auf die Zinsen und zuletzt auf die Hauptleistung angerechnet.

II Bestimmt der Schuldner eine andere Anrechnung, so kann der Gläubiger die Annahme der Leistung ablehnen.

11 Diese BGB-Vorschrift passt nur bedingt. Denn der Gerichtsvollzieher ist nicht ein bloßer Vertreter des Gläubigers. Er darf auch nach der ZPO eine bedingte Leistung des Schuldners nicht so frei behandeln wie der Gläubiger selbst. Außerdem wird eine Aufspaltung wie nach § 367 BGB gerade bei KV 430 kaum infrage kommen. Denn Hs. 2 führt eben gerade dann nicht zum Verbot der Hebegebühr, wenn die Zahlung nicht nur zu einem ganz geringen Teil auf die Haupt- oder Nebenforderung erfolgt.

Ob und was der Schuldner bestimmt hat, muss man indes wie bei § 365 HGB vermitteln.

5. Keine Hebegebühr bei Art. 84 WG, 55 III ScheckG. Schließlich entsteht keine Hebegebühr bei der Empfangnahme der Wechsel- oder Schecksumme nach Art. 84 WG, 55 III ScheckG. Das ergibt sich aus der Anm. S. 2 zu KV 430, zumal diese Empfangnahme bereits über § 12 mit abgegolten ist. 12

III. Gebührenhöhe. Es entsteht eine Festgebühr. Sie entsteht nach § 10 II 3 für jede einzelne Zahlung an den Gerichtsvollzieher, auch für jede gleichzeitige Teilzahlung unabhängig von der jeweiligen Höhe. Das gilt selbst dann, wenn die Zahlung geringer als die Festgebühr ist. Sie deckt die gesamte Tätigkeit einschließlich einer Hinterlegung usw ab (BGH Rpfleger 2011, 334). Daher entsteht insofern kein Wegegeld nach KV 711. § 11 ist anwendbar. Es gibt keinen Zeitzuschlag. 13

Keine Hebegebühr entsteht bei einer Aufforderung des Drittschuldners zur Erklärung oder bei der Ladung eines Zeugen oder Sachverständigen nach § 220 StPO. 14

IV. Nichterledigung. KV 600–604 sind unanwendbar. Denn sie erwähnen KV 430 nicht mit. 15

V. Fälligkeit. § 14 S. 1 16

VI. Kostenschuldner. § 13. 17

Nr.	Gebührentatbestand	Gebühr
440	**Erhebung von Daten bei einer der in § 755 Abs. 2, § 802l Abs. 1 ZPO genannten Stellen** **Die Gebühr entsteht nicht, wenn die Auskunft nach § 882c Abs. 3 Satz 2 ZPO eingeholt wird.**	**14,30 €**
441	**Erhebung von Daten bei einer der in § 755 Abs. 1 ZPO genannten Stellen ....** **Die Gebühr entsteht nicht, wenn die Auskunft nach § 882c Abs. 3 Satz 2 ZPO eingeholt wird.**	**5,50 €**
442	**Übermittlung von Daten nach § 802l Abs. 4 ZPO ....**	**5,50 €**

I. Normzweck. Diese KV entstehen im Rahmen der §§ 755, 802l ZPO, wenn der Gerichtsvollzieher den schuldnerischen Aufenthalt ermittelt oder Drittauskünfte einholt. 1

II. Voraussetzungen. Die speziellen und deshalb eng auslegbaren Vorschriften erfassen jede Datenerhebung oder -übermittlung nach §§ 755, 802l ZPO bei jeder dort genannten Stelle (Richter DGVZ 2013, 174), mit Ausnahme einer Auskunft nach § 882c III 2 ZPO. 2

Der Gläubiger kann den Gerichtsvollzieher nur im Rahmen eines Vollstreckungsauftrags mit der Erhebung der Daten nach § 755 I, II ZPO beauftragen; nach Nr. 2 VIIb DB-GvKostG handelt es sich insoweit um Nebentätigkeiten nach § 3 GvKostG (→ § 3 Rn. 12). Es handelt sich um Personalien des Schuldners. Auskunftspflichtig sind dazu die Meldebehörden und das Ausländerzentralregister. 3

Für § 802l ZPO reicht zur Entstehung der Gebühr die Einholung sowohl bei einer gesetzlichen Rentenversicherung nach § 802l I 1 Nr. 1 ZPO als auch bei dem Bundeszentralamt für Steuern oder bei einem Kreditinstitut nach § 802l I 1 Nr. 2 ZPO als auch beim Kraftfahrt-Bundesamt nach § 802l I 1 Nr. 3 ZPO. Auch das Insolvenzgericht kann den Gerichtsvollzieher mit der Auskunftseinholung nach § 802l ZPO beauftragen (AG Rosenheim DGVZ 2016, 2059). Der Gläubiger kann seinen Auftrag nicht einschränken (auch nicht im Modul O des Formulars, AG Stuttgart-Bad Cannstatt DGVZ 2021, 121). 4

Soweit der Gerichtsvollzieher bereits Daten nach § 802l I ZPO erhoben hat, kann er diese binnen drei Monaten auch einem weiteren Gläubiger übermitteln, § 802l IV 1 ZPO (BT-Drs. 18/7560, 38). 5

6 **Keine** Gebühr KV 440 oder 441 entsteht dagegen nach der Anm. im Fall des § 882c III 2 ZPO, also dann, wenn der Gerichtsvollzieher einzelne Daten nach § 882b II Nr. 1–3 ZPO noch nicht kennt und deshalb von Amts wegen Auskünfte bei einer Stelle nach § 755 I, II 1 Nr. 1 ZPO einholt.

7 Mit der Gebühr nach KV 440, 441 ist der gesamte Aufwand der Datenerhebung abgegolten, also die Einholung selbst, die Überwachung des Auskunftseingangs beim Gerichtsvollzieher und die Zuordnung zum betreffenden Auftrag (BT-Drs. 18/7560, 51). Im Rahmen des § 802l ZPO gehört auch eine ggf. erforderliche Löschung nach § 802l II ZPO dazu.

8 **III. Gebührenhöhe.** Die Festgebühr KV 440, 441 entsteht für jede Maßnahme nach → Rn. 1 gesondert, § 10 II 3 Nr. 3 GvKostG (→ § 10 Rn. 21). Sie gilt die für gerade diese Einzelauskunft erforderliche Tätigkeit einschließlich etwaiger gerade diesbezüglicher Rückfragen usw. ab. Die Festgebühr nach KV 442 entsteht für die Übermittlung je Auftrag.

9 Die geringe Gebühr des KV 441 im Vergleich zu KV 440 ist deshalb angemessen, da die Datenerhebung nach § 755 I ZPO bei den Meldebehörden, Handelsregister und ähnlichen Registern online erfolgt (BT-Drs. 18/7560, 51).

10 **IV. Nichterledigung.** KV 600–604 sind unanwendbar.

11 **V. Fälligkeit.** § 13 S. 1.

12 **VI. Kostenschuldner.** § 14.

13 **VII. DB-GvKostG.** Vgl. Nr. 2 VII b DB-GvKostG.

Abschnitt 5. Zeitzuschlag

Nr.	Gebührentatbestand	Gebühr
500	**Zeitzuschlag, sofern dieser bei der Gebühr vorgesehen ist, wenn die Erledigung der Amtshandlung nach dem Inhalt des Protokolls mehr als 3 Stunden in Anspruch nimmt, für jede weitere angefangene Stunde** **Maßgebend ist die Dauer der Amtshandlung vor Ort.**	22,00 €

1 **I. Normzweck.** Die Vereinfachung der Kostenregelung darf nicht dazu führen, dass die Dauer einer Amtshandlung völlig unerheblich ist. Deshalb muss zur Kostengerechtigkeit wenigstens in solchen Fällen ein Zeitzuschlag erfolgen, in denen gerade die Dauer der Amtshandlung für die Mühe des Gerichtsvollziehers erfahrungsgemäß einen erheblichen Maßstab gibt. Dabei soll der Gerichtsvollzieher allerdings nur in einer übersehbaren Reihe von Situationen und auch dann nur bei einem recht erheblichen Zeitaufwand zum Mittel der Gebührenerhöhung greifen dürfen. Das alles muss man bei der Auslegung mitbedenken.

2 **II. Voraussetzungen.** KV 500 regelt die Dauer einer Amtshandlung gebührenrechtlich zentral. Diese Vorschrift tritt einerseits stets nur zu einer anderen Gebührenvorschrift hinzu. Sie ist andererseits eben auch nur dann anwendbar, wenn eine solche andere Gebührenvorschrift auf KV 500 verweist. Mangels einer solchen Verweisung ist also die Dauer der Amtshandlung unerheblich. Dieses System ist in sich abgeschlossen.

3 **1. Zeitzuschlag bei Gebühr vorgesehen.** Zunächst muss eine Vorschrift des KV ausdrücklich einen Zeitzuschlag als zulässig erklären. Das ergibt sich abschließend bei KV 205, 220, 221, 230, 240, 242, 243, 250, 300, 301, 310, 400, dort aus den jeweiligen Anmerkungen.

4 **2. Mehr als drei Stunden.** Die jeweilige einzelne Amtshandlung muss mehr als drei Stunden bis zur Erledigung beanspruchen. Ein Auftrag kann nach § 3 I 1, 2 mehrere Amtshandlungen umfassen, auch nach § 3 II Nr. 3 mehrere Vollstreckungshandlungen. Maßgebend ist auch dann die Dauer der jeweiligen einzelnen Amtshandlung. Es zählt nach der Anm. nur die Zeit vor Ort.

3. Maßgeblichkeit des Protokolls. Es ist zwar erforderlich, genügt aber noch nicht, dass der Gerichtsvollzieher durch seine Amtshandlung die im Gesetz angegebene Zeitdauer tatsächlich überschritten hat. Vielmehr muss er die Überschreitung auch im Protokoll angegeben haben, und zwar zumindest wegen der Gebührenhöhe korrekt, auch bei etwaigen Unterbrechungen. Denn die Anm. meint die ständige Anwesenheit. Das übersieht LG Berlin DGVZ 1999, 119 (zum alten Recht). Eine bloße Angabe in der Kostenberechnung genügt nicht. Eine Angabe nach Stunden genügt. Jede angefangene Stunde zählt voll. Wegen der Berechnung des Zeitaufwandes Nr. 15 DB-GvKostG und wegen des Protokolls § 63 GVGA. 5

Soweit im Protokoll eine **Zeitangabe fehlt,** muss man die Sache so behandeln, als ob eine Überschreitung der im Gesetz angegebenen Zeit nicht stattgefunden hätte. Eine Protokollberichtigung ist aber zulässig. 6

Der Gerichtsvollzieher hat die Anfangs- und Endzeit seiner Amtshandlung zu protokollieren: 7

- KV 205: Eintreffen vor Ort, ggf. mit Wartezeit beim Hinzuziehen von weiteren Personen, bis zum Verlassen des Ortes oder bis zur Ablieferung der Pfandstücke in der Pfandkammer, wenn der Gerichtsvollzieher den Transport selbst durchführt;
- KV 220: wie bei KV 205;
- KV 221, 230: Eintreffen vor Ort bis zur Übergabe an den Empfänger, ggf. unter Berücksichtigung der Transportzeiten;
- KV 240, 243: Eintreffen vor Ort bis zur Besitzeinweisung des Gläubigers / Verwalters;
- KV 242: Eintreffen vor Ort bis zur Entsetzung des Schuldners aus dem Besitz und Abschluss der Sicherungsvorkehrungen,
- KV 250: Eintreffen vor Ort bis zur Beseitigung des Widerstands oder bis zum Verlassen des Orts (BGH BeckRS 2020, 22688);
- KV 300: Eintreffen zur Bereitstellung der Pfandstücke vor Ort bis zu dessen Verlassen nach der Verwertung, ggf. unter Berücksichtigung des Transports;
- KV 301: Eintreffen am Ort der Durchführung bis zu dessen Verlassen;
- KV 310: maßgebend ist hier der Grad der Mitwirkung durch den Gerichtsvollzieher, idR Übergabe der Pfandstücke und später noch die Entgegennahme des Erlöses;
- KV 400: Eintreffen vor Ort über die Vornahme der Besitzergreifung und Sicherung (§ 132 GVGA) und bis zum Verlassen des Ortes, soweit die Bewachung nicht der Gerichtsvollzieher selbst vornimmt.

III. Gebührenhöhe. Es entsteht im Zeitraum von mehr als drei Stunden Dauer die in KV 500 genannte Festgebühr je angefangene Protokoll-Stunde nach → Rn. 5. Eine zusätzliche Verdoppelung am Sonnabend, Sonn- oder Feiertag kommt für diejenigen Amtshandlungen in Betracht, deren Dauer mit dem nach KV 500 berechenbaren Teil auf einen Sonnabend usw. fällt. Man errechnet dann zunächst die ohne § 11 anfallenden Gebühren unter einer Beachtung von KV 500 und verdoppelt sodann nach § 11 diesen Betrag. Denn diese Vorschrift meint „die" anderweitig, wie sonst errechneten „Gebühren". 8

Der Zeitzuschlag entsteht bei einer Amtshandlung gegen Gesamtschuldner nur einmal, da KV 500 nicht in § 10 III genannt ist. Im Übrigen entsteht der Zeitzuschlag pro Auftrag, auch dann, wenn mit einer Amtshandlung mehrere Aufträge erledigt werden. 9

IV. Nichterledigung. KV 600 ff. 10

V. Fälligkeit. § 14 S. 1. 11

VI. Kostenschuldner. § 13. 12

VII. DB-GvKostG. Vgl. Nr. 15 DB-GvKostG. 13

Abschnitt 6. Nicht erledigte Amtshandlung

Vorbemerkung 6:

[1] Gebühren nach diesem Abschnitt werden erhoben, wenn eine Amtshandlung, mit deren Erledigung der Gerichtsvollzieher beauftragt worden ist, aus Rechtsgründen oder infolge von Umständen, die weder in der Person des Gerichtsvollziehers liegen noch von seiner Entschließung abhängig sind, nicht erledigt wird. [2] Dies gilt insbesondere auch, wenn nach dem Inhalt des Protokolls pfändbare Gegenstände nicht vorhanden sind oder die Pfändung nach § 803 Abs. 2, § 811 Absatz 4 und § 851b Absatz 4 Satz 3 ZPO zu unterbleiben hat. [3] Eine Gebühr wird nicht erhoben, wenn der Auftrag an einen anderen Gerichtsvollzieher abgegeben wird oder hätte abgegeben werden können.

Nr.	Gebührentatbestand	Gebühr
	Nicht erledigte	
600	**– Zustellung (Nummern 100 und 101) ....**	**3,30 €**
601	**– Wegnahme einer Person (Nummer 230)**	**28,60 €**
602	**– Entsetzung aus dem Besitz (Nummer 240), Wegnahme ausländischer Schiffe (Nummer 242) oder Übergabe an den Verwalter (Nummer 243) ....**	**35,20 €**
603	**– Beurkundung eines Leistungsangebots (Nummer 411) ....**	**6,60 €**
604	**– Amtshandlung der in den Nummern 205 bis 207, 210 bis 221, 250 bis 301, 310, 400, 410 und 420 genannten Art ....**	**16,50 €**
	[1] Die Gebühr für die nicht abgenommene Vermögensauskunft wird nicht erhoben, wenn diese deshalb nicht abgenommen wird, weil der Schuldner sie innerhalb der letzten zwei Jahre bereits abgegeben hat (§ 802d Abs. 1 Satz 1 ZPO). [2] Für einen nicht erledigten Versuch einer gütlichen Erledigung der Sache wird in dem in Nummer 208 genannten Fall eine Gebühr nicht erhoben.	

Übersicht

I. Normzweck. Die Vorschrift erfasst alle Fälle einer endgültigen Nichterledigung. Damit knüpft sie an den Erledigungsbegriff des § 3 I 1 an. Die dortigen Voraussetzungen einer Erledigung gelten also auch hier. Allerdings löst nicht jede bloße Nichterledigung eine Gebühr nach KV 600–604 aus. Vielmehr muss eine der folgenden Voraussetzungen → Rn. 3 ff. vorliegen. Es darf auch kein Fall nach S. 3 vorliegen. 1

Der Zweck ist zunächst eine Zusammenfassung der Fälle einer Gebührenpflicht trotz einer Nichterledigung. Sodann bezweckt die Vorschrift nach § 4 GKG, auch eine konsequente Beachtung des Grundsatzes, dass bei einer Verweisung keine doppelten Gebühren anfallen (AG Wetzlar JurBüro 2004, 150, Drumann JurBüro 2003, 515). Schließlich ist die Zahl der gebührenpflichtigen Fälle der Nichterledigung gering. Das dient der Kostendämpfung und führt den Grundsatz des § 1 I aus, wonach „nur" in den gesetzlich genannten Fällen eine Gebühr entstehen darf (AG Bremen JurBüro 2005, 608). Daher muss man KV 600–604 eher streng als zu großzügig auslegen, soweit es um eine Gebührenpflicht geht. 2

II. Voraussetzung: Nichterledigung. Der Grundbegriff der Nichterledigung ist zu beachten und dann ist zusätzlich zu prüfen, ob eine der folgenden weiteren Voraussetzungen vorliegt. 3

1. Nichterledigung (Vorb. 6 S. 1). Es muss der Gerichtsvollzieher den Auftrag zur Erledigung einer Amtshandlung erhalten haben. Er darf sie aber eben gerade nicht erledigt haben. Das muss man bei jeder einzelnen derartigen Amtshandlung unter einer Beachtung ihrer Gesamtumstände prüfen. 4

Amtshandlung ist derselbe Begriff wie bei § 3 I 1. Auftrag ist wiederum derselbe Begriff wie bei § 3 I 1. 5

Nichterledigung ist alles zwischen dem auftragsgemäßen Beginn der Amtshandlung und der vollständigen Beendigung sämtlicher auftragsgemäß notwendig notwendigen Maßnahmen innerhalb dieser einzelnen Amtshandlung. Allerdings muss man auch § 3 IV mit seinem dort kommentierten komplizierten Geflecht derjenigen Voraussetzungen beachten (→ § 3 Rn. 57 ff.), unter denen ein Auftrag und daher auch eine einzelne Amtshandlung zwar nicht „durchgeführt", also erledigt **ist,** wohl aber als durchgeführt **gilt,** etwa wegen einer Nichtzahlung des angeforderten Vorschusses → § 3 Rn. 77 ff. Was als erledigt gilt, stellt keine bloße Nichterledigung mehr dar. 6

Wann im Einzelnen eine Erledigung eingetreten ist oder als eingetreten gilt, lässt sich nur von Auftrag zu Auftrag und dort von Amtshandlung zu Amtshandlung nach den jeweiligen Umständen klären. Bei einer Beachtung des Grundsatzes nach § 1 I („nur"), dass man im Zweifel zugunsten des Kostenschuldners entscheiden muss, und unter einer Berücksichtigung des Umstands, dass bei einer bloßen Nichterledigung durchweg geringere oder gar keine Gebühren als bei einer Erledigung anfallen, darf man eine Nichterledigung eher annehmen als eine Erledigung. 7

2. Nichterledigung aus Rechtsgründen (Vorb. 6 S. 1 Hs. 1). Die Nichterledigung nach → Rn. 4 ff. muss entweder aus Rechtsgründen erfolgt sein (AG Hamburg DGVZ 2007, 191), oder sie muss aus den Gründen → Rn. 10 eingetreten sein. Rechtsgrund oder rechtlicher Grund ist der Gegensatz zu tatsächlichen Umständen. Sie können auch rechtliche Wirkungen haben. Das gilt etwa bei einer Naturkatastro- 8 phe mit der Folge des vorübergehenden Wegfalls des Funktionierens staatlicher Organe oder der Post usw.

9 Als Rechtsgrund kommen etwa in Betracht: Eine Unzulässigkeit oder Unbegründetheit des Gläubigerauftrags (AG Verden DGVZ 2003, 77); die Unpfändbarkeit aller Sachen des Schuldners zB nach § 811 ZPO; die Zwecklosigkeit einer Pfändung nach §§ 803 II, 812 ZPO; ein Fall des § 851b IV 3 ZPO; eine Maßnahme des Vollstreckungsgerichts nach § 765a ZPO; die Einleitung eines Insolvenzverfahrens beim Schuldner nach §§ 21 II, 88 InsO; eine Amtsenthebung; die Auflösung eines Bezirks; eine Änderung der Gesetzgebung; eine Verfassungswidrigkeit, insbesondere ihre Feststellung durch das BVerfG. Auf ein Verschulden oder Vertretenmüssen kommt es hier nicht an. Die Rechtsgründe können objektiv von Anfang an bestanden haben oder später entstanden sein.

10 **3. Nichterledigung aus tatsächlichen Gründen unabhängig vom Gerichtsvollzieher (Vorb. 6 S. 1 Hs. 2).** Die Nichterledigung nach → Rn. 4 ff. mag zwar nicht aus Rechtsgründen nach → Rn. 8 eingetreten sein, aber infolge von solchen tatsächlichen Umständen, die weder in der Person des Gerichtsvollziehers lagen noch von seiner Entschließung abhängig waren, etwa wegen Unbekanntheit des Aufenthaltsorts des Schuldners (AG Wittenberg DGVZ 2014, 70) als klassischem Anwendungsfall für die Nichterledigung. Anders ausgedrückt: Die Nichterledigung muss schon wegen des nach → Rn. 1 fortgeltenden § 7 unabhängig von dem Gerichtsvollzieher erfolgt sein.

11 **4. Nichterledigung wegen Fehlens pfändbarer Gegenstände usw (Vorb. 6 S. 2 Hs. 1).** Die Vorschrift ordnet die Anwendung von KV 600 ff. auch für den Fall an, dass der Gerichtsvollzieher keine pfändbaren Gegenstände vorfindet (OLG Schleswig DGVZ 2015, 229; AG Bremen JurBüro 2002, 263; AG Weiden DGVZ 2001, 172), oder dass er eine Pfändung nach § 803 II ZPO deshalb unterlassen muss, weil kein Überschuss über die Vollstreckungskosten erkennbar ist, oder wenn man nach § 812 ZPO erst demnächst eine Pfändbarkeit erwarten kann, oder weil es nach § 851b IV 3 ZPO um eine offenkundige Unpfändbarkeit von Miet- oder Pachtzinsen geht (Meyer Rn. 8; aA AG Nienburg usw. DGVZ 2001, 168).

12 **5. Nichterledigung wegen Pfändungsverbots (Vorb. 6 S. 2 Hs. 2).** Die Vorschrift ordnet die Anwendung von KV 600 ff. auch für den Fall an, dass eine Pfändung auf Grund einer Gerichtsentscheidung nach einer der Vorschriften §§ 803 II, 811 IV, 851b IV 3 ZPO unterbleiben muss (AG Lippstadt DGVZ 2001, 159).

13 **6. Keine Abgabe(-möglichkeit) an anderen Gerichtsvollzieher (Vorb. 6 S. 3).** Auch wenn die Voraussetzungen → Rn. 10, 41 Vorb. 6 und entweder → Rn. 11 oder → Rn. 12 oder → Rn. 13 ff. vorliegen, scheitert eine Nichterledigungsgebühr doch nach Vorb. 6 3 dann, wenn der erste Gerichtsvollzieher seinen Auftrag an einen anderen Gerichtsvollzieher abgibt oder hätte abgegeben können oder gar müssen. Diese Frage muss man also stets geklärt werden.

14 **Abgabe** ist die endgültige Weiterleitung zwecks einer weiteren oder vollständigen Durchführung durch einen anderen Kollegen. Die Gründe der Abgabe sind unerheblich. Insbesondere kommt es auf kein Verschulden oder Vertretenmüssen an. Daher ist auch eine Nachlässigkeit des Auftraggebers unerheblich. Das gilt etwa bei der Auftragserteilung an einen örtlich nicht zuständigen Gerichtsvollzieher. Auch ein etwaiges Verschulden der Gerichtsvollzieher-Verteilungsstelle ist unbeachtlich. Maßgeblich ist allein, **dass** eine Abgabe erfolgt, nicht **warum.**

15 **Abgabemöglichkeit, -pflicht** steht der tatsächlich erfolgten Abgabe nach S. 3 gleich. Daher muss man mangels einer bisherigen Abgabe stets auch prüfen, ob eine Abgabe wirksam in Betracht kommt oder sogar notwendig wäre, vor allem wegen einer Unzuständigkeit oder wegen einer Unzumutbarkeit, also wegen einer sog. Inkompatabilität des Beamten, einer richterlichen Befangenheit vergleichbar, etwa dann, wenn der Gerichtsvollzieher gegen einen nahen Verwandten vorgehen müsste.

16 **Unanwendbar** ist Vorb. 6 S. 3 dann, wenn die Abgabe nur teilweise erfolgt oder wenn der Auftrag teilbar ist.

17 **III. Gebührenhöhe (KV 600–604).** Nur in den folgenden abschließend genannten Fällen kommt eine Nichterledigungsgebühr in Betracht. Mehrere der folgenden

Gebühren können mehrmals entstehen (AG Diepholz DGVZ 2001, 138; AG Wittenberg DGVZ 2014, 70, abl. Seip), zB unter den Voraussetzungen des § 10 I 2, 3, III 2 (AG Witzenhausen DGVZ 2001, 137). Ein Zeitzuschlag nach KV 500 ist dort möglich, wo auch die Durchführungsgebühr ihn erlaubt. § 11 ist anwendbar.

1. Zustellung (KV 600). Es muss entweder nach KV 100 um den vergeblichen Versuch einer Zustellung durch den Gerichtsvollzieher gehen (AG Leipzig DGVZ 2004, 46), oder um eine sonstige Zustellung nach KV 101. Im letzteren Fall ist die Nichterledigungsgebühr ebenso hoch wie diejenige für Erledigung. Beantragt der Gläubiger die Abnahme der Vermögensauskunft und kann dieser Auftrag aus Rechtsgründen nicht weiter ausgeführt werden, so entsteht eine Nichterledigungsgebühr für die Zustellung der Ladung zur Vermögensauskunft (AG Osnabrück DGVZ 2020, 83). Eine Zurücknahme des Auftrags fehlt rechtlich nach § 3 III 1 bei ihrem Eingang nach der Absendung des zuzustellenden Dokuments. AG Wuppertal DGVZ 2007, 174 sieht keinen Grund für eine Unterscheidung des Gebührenanspruchs bei erfolgreichen und erfolglos versuchten Zustellungen. 18

2. Wegnahme einer Person (KV 601). Es mag auch nach KV 230 um den vergeblichen Versuch der Wegnahme einer Person gehen. Hier halbiert sich die Erledigungsgebühr. 19

3. Entsetzung aus dem Besitz, Wegnahme eines ausländischen Schiffs, Übergabe an den Verwalter (KV 602). Es mag weiterhin nach KV 240 um den vergeblichen Versuch gehen, eine Person aus dem Besitz zu entsetzen, oder nach KV 242 um die Wegnahme eines ausländischen Schiffs, oder nach KV 243 um die Übergabe an den Verwalter. Auch hier halbiert sich jeweils die Erledigungsgebühr. KV 241 ist eine Erhöhungstatbestand für KV 240, sodass auch in dessen Anwendungsbereich eine Nichterledigungsgebühr entstehen kann. 20

4. Beurkundung eines Leistungsangebots (KV 603). Es kann ferner nach KV 411 um die unerledigte Beurkundung eines Leistungsangebots gehen. Das übersehen Schröder-Kay/Winter KV 411 Rn. 11. Hier bleibt die Nichterledigungsgebühr in derselben Höhe wie diejenige bei Erledigung. 21

5. Pfändung (KV 604). Es kann nach KV 205 um einen gescheiterten Pfändungsversuch nach §§ 829 ff. ZPO gehen. § 7 I ist nach → KV 205 Rn. 1 unanwendbar. Die Nichterledigungsgebühr beträgt rd. zwei Drittel der Erledigungsgebühr. Die Gebühr entsteht nicht, wenn der Pfändungsauftrag aufschiebend bedingt gestellt wurde und die Bedingung nicht eingetreten ist und deshalb die Pfändung auch nicht versucht wurde (KG BeckRS 2021, 38754; OLG Naumburg BeckRS 2020, 29320; OLG Köln DGVZ 2019, 160; OLG Naumburg DGVZ 2019, 189; OLG Karlsruhe BeckRS 2018, 23942; OLG Hamm DGVZ 2018, 121; LG Aachen DGVZ 2018, 236). Dazu auch → KV 205 Rn. 3, 25; → § 3 Rn. 15. 22

6. Übernahme beweglicher Sachen (KV 604). Es kann nach KV 206 um den vergeblichen Versuch der Übernahme einer beweglichen Sache zwecks ihrer Verwertung nach §§ 847, 854 ZPO gehen. Die Nichterledigungsgebühr bleibt der Höhe nach dieselbe wie bei einer Erledigung. **Unanwendbar** ist die Vorschrift bei der Nichterledigung einer bloßen Benachrichtigung über eine bevorstehende Pfändung (Schröder-Kay/Winter Rn. 37). 23

7. Gütliche Erledigung (KV 604). Nur für die Nichterledigung des Versuchs einer (isolierten) gütlichen Erledigung nach KV 207 entsteht auch eine Nichterledigungsgebühr, dagegen nicht für die Nichterledigung im Rahmen der KV 208 (BT-Drs. 18/9698 S. 25). Die Gebühr entsteht, wenn der Auftrag endet, bevor der Gerichtsvollzieher tätig geworden ist (OLG Köln BeckRS 2021, 23904; OLG Hamm BeckRS 2018, 33503; LG Münster BeckRS 2018, 35932), zB durch Auftragsrücknahme. Vgl. zum Meinungsstreit, ob eine Versuchstätigkeit iSd KV 207, 208 vorliegt, wenn der Schuldner unbekannt verzogen ist → KV 207, 208 Rn. 14. 24

8. Übernahme des Vollstreckungsauftrags wegen Wegzugs des Schuldners (KV 604). Es kann sich nach KV 210 darum handeln, dass ein Versuch scheiterte, den Vollstreckungsauftrag von einem anderen Gerichtsvollzieher dann zu übernehmen, wenn der Schuldner unter einer Mitnahme der Pfandstücke in einen anderen Amtsgerichtsbezirk verzogen ist. Dieser Fall fällt nicht unter die in der KV Vorb. 6 25

S. 3 vor KV 600 genannte Abgabe. Denn die Übernahme wegen eines Schuldnerumzugs ist etwas anderes als eine Abgabe und nicht nur die Kehrseite einer Abgabe, obwohl ihr sehr ähnlich. Andernfalls würden sich die Vorb. S. 3 und KV 604 iVm KV 210 widersprechen.

26 **9. Entfernung von Pfandstücken (KV 604).** Es kann sich nach KV 220 um den vergeblichen Versuch handeln, ein Pfandstück zu entfernen, das der Gerichtsvollzieher im Gewahrsam des Schuldners, des Gläubigers oder eines Dritten belassen hatte. Die Nichterledigungsgebühr bleibt der Höhe nach gegenüber einer Erledigung unverändert.

27 **10. Weg-, Entgegennahme beweglicher Sachen (KV 604).** Es kann sich nach KV 221 um den vergeblichen Versuch der Wegnahme oder Entgegennahme einer beweglichen Sache durch den zur Vollstreckung beauftragten, wenn auch eben evtl. gerade noch nicht an Ort und Stelle erschienenen Gerichtsvollzieher handeln. Die Nichterledigung kostet 50 % der Erledigung.

28 **11. Widerstandsbeseitigung (KV 604).** Es kann sich nach § 892 ZPO, KV 250 um den vergeblichen Versuch handeln, den Widerstand des Schuldners gegen die Vornahme einer Handlung durch eine Zuziehung des Gerichtsvollziehers zu beseitigen. Die Nichterledigungsgebühr beträgt rd. 25 % der Erledigungsgebühr und fällt nur an, wenn mit der eigentlichen Handlung nicht begonnen wurde (→ KV 250 Rn. 4).

29 **12. Vermögensauskunft (KV 604).** Es kann sich um den vergeblichen Versuch handeln, im Verfahren nach §§ 802b ff. ZPO usw. dem Schuldner nach KV 260 eine Vermögensauskunft abzunehmen. Die Nichterledigungsgebühr beträgt rd. 40 % der Erledigungsgebühr. Hierher zählt nicht das bloße Nachbesserungsverfahren (Ergänzungspflicht) (AG Bremen JurBüro 2017, 158; AG Bremen-Blumenthal JurBüro 2015, 51; AG Hamburg-Bergdorf JurBüro 2015, 497). Die Nichterledigung einer gütlichen Erledigung bleibt nach der Anm. S. 2 im Fall KV 208 gebührenlos. KV 205 kann hinzutreten (AG Limburg DGVZ 2014, 71). Auch ein Pfändungsauftrag nach Abnahme der Vermögensauskunft kann hierher zählen (LG Bonn DGVZ 2015, 114). Zu beachten ist, dass die Nichterledigungsgebühr nach KV 604, 260 nicht auf die Gebühr nach KV 261 angerechnet wird (LG Oldenburg DGVZ 2020, 80).

30 Auch die Nichterledigungsgebühr **entfällt** nach § 802d I 1 ZPO dann ganz, wenn es nur deshalb nicht zur erneuten Abgabe der Vermögensauskunft kommt, weil der Schuldner die Vermögensauskunft innerhalb der letzten zwei Jahre bereits abgegeben hatte (AG Alfeld JurBüro 2004, 39; AG Osnabrück DGVZ 2005, 46 (ausreichend ist ein anderes Verfahren); AG Tettnang DGVZ 2001, 159; aA AG Duisburg DGVZ 2016, 191). Das ergibt sich aus KV 604 Anm. Es entsteht auch dann keine Gebühr für die Nichterledigung, wenn die persönliche Zustellung der Ladung nicht erfolgt, weil der Schuldner nicht an der bekannten Anschrift zu ermitteln ist (LG Wuppertal DGVZ 2018, 260), dies gilt jedoch nicht bei der Zustellung auf dem Postweg (nach LG Duisburg DGVZ 2018, 122), soweit die Schriftstücke den Schuldner zumindest erreichen können (OLG Hamm DGVZ 2019, 133) – vgl. zu diesem Meinungsstreit bei der gütlichen Erledigung: → KV 207, 208 Rn. 14).

31 **13. Verhaftung, Nachverhaftung usw. (KV 604).** Es kann sich nach KV 270 um den vergeblichen Versuch einer Verhaftung, Nachverhaftung oder zwangsweisen Vorführung handeln. Die Nichterledigungsgebühr beträgt rd. ein Drittel der Erledigungsgebühr (→ Rn. 41).

32 **14. Versteigerung, Verkauf von Sachen (KV 604).** Es kann sich nach KV 300 um den vergeblichen Versuch einer Versteigerung oder eines Verkaufs von beweglichen Sachen oder solcher Früchte handeln, die noch nicht vom Boden getrennt sind, oder von Forderungen oder anderen Vermögensrechten. Die Nichterledigungsgebühr beträgt rd. 25 % der Erledigungsgebühr.

33 **15. Öffentliche Verpachtung (KV 604).** Es kann sich nach KV 301 um den vergeblichen Versuch einer öffentlichen Verpachtung an den Meistbietenden handeln. Die Nichterledigungsgebühr beträgt rd. 25 % der Erledigungsgebühr.

34 **16. Mitwirkung bei Versteigerung durch Dritten (KV 604).** Es kann sich nach KV 310 um den vergeblichen Versuch einer Mitwirkung bei der Versteigerung

durch einen Dritten bis zu ihrem Erfolg handeln. Die Nichterledigungsgebühr ist ebenso hoch wie die Erledigungsgebühr.

17. Bewachung und Verwahrung eines Schiffs, usw (KV 604). Es kann sich nach KV 400 um den vergeblichen Versuch der Bewachung und Verwahrung eines Schiffs, eines Schiffsbauwerks oder eines Luftfahrzeugs nach §§ 165, 170, 170a, 171, 171c, 171g, 171h ZVG, §§ 99, 106 I Nr. 1 LuftfG handeln. Die Nichterledigungsgebühr beträgt rd. ein Achtel der Erledigungsgebühr. 35

18. Tatsächliches Leistungsangebot (KV 604). Es kann sich nach KV 410 um den vergeblichen Versuch eines tatsächlichen Angebots einer Leistung nach §§ 293, 294 BGB außerhalb der Zwangsvollstreckung handeln. Die Nichterledigungsgebühr ist ebenso hoch wie die Erledigungsgebühr. 36

19. Entfernung von Gegenständen aus Gewahrsam usw. (KV 604). Es kann sich schließlich nach KV 420 um den vergeblichen Versuch handeln, Gegenstände aus dem Gewahrsam des Inhabers zum Zweck der Versteigerung oder Verwahrung außerhalb der Zwangsvollstreckung zu entfernen. Die Nichterledigungsgebühr ist ebenso hoch wie die Erledigungsgebühr. 37

IV. Fälligkeit (KV 600–604). Nach § 14 S. 1 wird eine Gebühr dann fällig, wenn der Gerichtsvollzieher seinen Auftrag durchgeführt hat oder wenn der Auftrag länger als zwölf Kalendermonate ruht. Der Durchführung steht nach § 3 IV 1, 3 gleich, dass der Gerichtsvollzieher dem Auftraggeber mitteilt, dass er den Auftrag als zurückgenommen betrachte, weil er damit rechne, dass die Zwangsvollstreckung fruchtlos verlaufen werde usw. Im Übrigen muss man im Anwendungsbereich von KV 600–604 den Abbruch des vergeblichen Versuchs als den Fälligkeitszeitpunkt der Nichterledigungsgebühr annehmen. 38

Eine **nur vorläufige** Unterbrechung der Bemühung um eine auftragsgemäße Erledigung reicht nicht. Ein bloßer Zeitablauf reicht ohne die vorgenannten Voraussetzungen des § 3 IV ebenfalls nicht, solange man ihn nicht vernünftigerweise als ein endgültiges Scheitern der Bemühungen bewerten muss. 39

V. Kostenschuldner (KV 600–604). § 13. 40

VI. ABC. 1. ABC zur Nichterledigung nach S. 1 Hs. 2

Auftragsrücknahme: → § 3 Rn. 59 ff. (vgl. AG Bad Iburg BeckRS 2019, 22102; LG Osnabrück BeckRS 2019, 18430). 41

Aussetzung: Unanwendbar sind KV 600 ff. dann, wenn der Gerichtsvollzieher das Verfahren ohne zwingenden Grund auch nur kurzfristig aussetzt oder einstellt, ohne den Auftrag zurückzugeben (AG Fürstenwalde JurBüro 2002, 432).

Aussichtslosigkeit: Anwendbar sind KV 600 ff. dann, wenn der Gerichtsvollzieher eine Weiterführung der Vollstreckung für aussichtslos hält und auch halten darf und sie deshalb beendet (AG Hamburg-Altona DGVZ 2001, 154).

Dritter: Anwendbar sind KV 600 ff. dann, wenn ein Dritter eine Sache nicht herausgeben will und wenn der Gerichtsvollzieher ihn dazu auch nicht zwingen kann, aber auch dann, wenn ein Dritter für den Schuldner geleistet hat. Dann kann auch KV 430 anwendbar sein.

Einstellung der Zwangsvollstreckung: Anwendbar sind KV 600 ff. bei einer solchen Maßnahme nach § 775 ZPO. Aber auch → „Aussetzung".

Fristablauf: Anwendbar sein können KV 600 ff. dann, wenn der Auftrag nach einem Fristablauf als erledigt gilt.

§ 3 IV GvKostG: Unanwendbar sind KV 600 ff. in allen in jener Vorschrift aufgeführten Lagen (→ § 3 Rn. 57 ff.). Denn dann gilt der Auftrag gerade als bereits durchgeführt.

Nachbesserungsauftrag: Ein unberechtigter Nachbesserungsauftrag zählt **nicht** hierher (AG Berlin-Pankow-Weißensee JurBüro 2016, 611).

Ratenzahlung: → „Ruhen des Verfahrens".

Ruhen des Verfahrens: Unanwendbar sind KV 600 ff. dann, wenn und solange der Pfändungsauftrag wegen bisher noch nicht vollständiger Ratenzahlungen nach § 806b ZPO nur ruht.

Schuldneradresse: Anwendbar sind KV 600 ff. dann, wenn die vom Gläubiger angegebene Schuldneranschrift nicht (mehr) zutrifft und wenn der Gerichtsvollzieher keine neue Anschrift kennt und auch nicht ermitteln muss (AG Herzberg BeckRS 2019, 1899; AG Hamburg DGVZ 2002, 47; AG Leipzig DGVZ 2004, 46; BeckOK KostR/Herrfurth KV Vorbemerkung 6 Rn. 15).

Stundung: Unanwendbar sind KV 600 ff. dann, wenn der Gerichtsvollzieher dem Schuldner ohne eine gesetzlich notwendige Erlaubnis des Gläubigers eine Stundung gewährt, sei es auch erst auf Grund einer Unterredung mit dem Schuldner an Ort und Stelle.

Tod: Anwendbar sind KV 600 ff. dann, wenn der Schuldner verstorben ist.

Unbegründetheit: Anwendbar sind KV 600 ff. dann, wenn der Auftrag sich nach seiner Prüfung als unbegründet erweist (AG Alfeld JurBüro 2004, 39; AG Verden DGVZ 2003, 77; Seip JurBüro 2004, 466; aA LG Verden JurBüro 2003, 543, zust. Drumann). Auch → „Weigerung".

Vermögensauskunft: Unanwendbar sind KV 600 ff. dann, wenn sich herausstellt, dass der Schuldner die Vermögensauskunft, die ihm der Gerichtsvollzieher abnehmen sollte, schon in den letzten zwei Jahren anderswo abgegeben hat oder dass der Antrag auf eine Vermögensauskunft sonst wie unberechtigt war, (je zum alten Recht: AG Gütersloh DGVZ 2004, 94; AG Strausberg DGVZ 2005, 131; AG Magdeburg DGVZ 2002, 79), oder nach → KV 270 Rn. 16 dann, wenn er sie vor der Verhaftung doch noch abgibt, oder wenn der Gerichtsvollzieher seine Unzuständigkeit hätte erkennen können (AG Wetzlar JurBüro 2004, 151), oder wenn es um eine Nachbesserung der Vermögensauskunft geht (LG Bremen JurBüro 2016, 489; AG Saulgau JurBüro 2015, 552; AG Warendorf JurBüro 2015, 331), oder wenn der Auftrag dahin ging, erst nach der Vermögensauskunft und dem Vorliegen pfändbarer Sachen zu pfänden (OLG Stuttgart DGVZ 2017, 42; LG Koblenz DGVZ 2014, 176; aA AG Linz DGVZ 2014, 127), oder nach der Anm. zu KV 604 S. 2 dann, wenn der Gerichtsvollzieher bei § 802 II 1 Nr. 2 oder Nr. 4 keine gütliche Erledigung erzielte. Auch → „Ruhen des Verfahrens".

Vorschuss: Anwendbar sind KV 600 ff. dann, wenn der Gläubiger den vom Gerichtsvollzieher nach § 4 ordnungsgemäß erforderten Vorschuss nicht zahlt.

Weigerung: Anwendbar sind KV 600 ff. dann, wenn sich der Gerichtsvollzieher mit Recht weigert, den Auftrag auszuführen; AG Worms DGVZ 1998, 46. Auch → „Unbegründetheit".

Unanwendbar sind KV 600 ff. dann, wenn der Gerichtsvollzieher den Auftrag ohne einen zwingenden Grund ablehnt (LG Frankfurt (Oder) JurBüro 2004, 217; AG Bottrop DGVZ 2004, 94; aA AG Bremen JurBüro 2004, 159).

2. ABC zur Verhaftung, Nachverhaftung

42 **Andere Amtshandlung: Keine** Nichterledigungsgebühr KV 604 entsteht dann, wenn der Gerichtsvollzieher zunächst eine andere Amtshandlung vorrangig vornimmt.

Auftragsabgabe: Wenn der Gerichtsvollzieher einen Auftrag an einen anderen Gerichtsvollzieher im Bezirk desselben AG oder außerhalb des Bezirks abgibt, entstehen die Gebühren nur bei dem übernehmenden Gerichtsvollzieher.

Auftragsrücknahme: Die Nichterledigungsgebühr KV 604 entsteht dann, wenn der Gerichtsvollzieher erst an Ort und Stelle vor der Verhaftung usw. erfährt, dass der Gläubiger den Auftrag zurückgenommen hat.

Einstellung der Vollstreckung: Die Nichterledigungsgebühr KV 604 entsteht dann, wenn das Gericht die Zwangsvollstreckung nach § 775 ZPO einstellt.

Erkrankung: Keine Nichterledigungsgebühr KV 604 entsteht dann, wenn der Gerichtsvollzieher erkrankt.

Haftentlassung: Die Nichterledigungsgebühr KV 604 entsteht dann, wenn man auf einen Gläubigerantrag den Schuldner vor der Abgabe seiner eidesstattlichen Versicherung nach §§ 802c ff. ZPO aus der Haft entlässt (AG Berlin-Wedding DGVZ 1992, 142).

Hafthindernis: Die Nichterledigungsgebühr KV 604 entsteht dann, wenn sich die Unzulässigkeit der Haft nach § 802h ZPO ergibt.

Tod: Die Nichterledigungsgebühr KV 604 entsteht dann, wenn der Schuldner vor der Verhaftung usw. stirbt.

Unauffindbarkeit: Die Nichterledigungsgebühr KV 604 entsteht nach → KV 270 Rn. 16 dann, wenn der Schuldner für den Gerichtsvollzieher trotz zumutbarer Bemühung unauffindbar ist.

Daher kann die Gebühr **nicht** schon dann entstehen, wenn der Gerichtsvollzieher der Person nicht gleich habhaft wird, sondern nur dann, wenn diese in der Wohnung überhaupt nicht wohnt oder sie so meidet, dass der Gerichtsvollzieher sie nicht ergreifen kann, oder wenn sie an der Arbeitsstelle nicht mehr arbeitet.

Vermögensauskunft: Die Nichterledigungsgebühr KV 604 entsteht nach → KV 270 Rn. 16 dann, wenn der Schuldner seine eidesstattliche Versicherung nach §§ 802c ff. ZPO vor seiner Verhaftung usw. doch noch ableistet (AG Hildesheim DGVZ 2005, 30; Wiedemann DGVZ 2004, 129).

Vorschuss-Nichtzahlung: Die Nichterledigungsgebühr KV 604 entsteht dann, wenn der Gläubiger den Vorschuss nach § 4 I 2 nicht gezahlt und der Gerichtsvollzieher daher den Auftrag zurückgibt.

Wegzug: Die Nichterledigungsgebühr KV 604 entsteht für den bisherigen Gerichtsvollzieher dann, wenn der Schuldner vor der Verhaftung usw. aus dem Bezirk dieses Gerichtsvollziehers wegzieht.

Zahlung: Die Nichterledigungsgebühr KV 604 entsteht dann, wenn der Schuldner oder für ihn ein Dritter noch vor der Verhaftung des Schuldners usw. zahlt. Dann kann die Hebegebühr KV 430 entstehen.

Abschnitt 7. Auslagen

Nr.	Auslagenbestand	Höhe
700	**Pauschale für die Herstellung und Überlassung von Dokumenten:**	
	1. Kopien und Ausdrucke,	
	a) die auf Antrag angefertigt oder per Telefax übermittelt werden,	
	b) die angefertigt werden, weil der Auftraggeber es unterlassen hat, die erforderliche Zahl von Mehrfertigungen beizufügen:	
	für die ersten 50 Seiten je Seite	**0,50 €**
	für jede weitere Seite	**0,15 €**
	für die ersten 50 Seiten in Farbe je Seite .	**1,00 €**
	für jede weitere Seite in Farbe	**0,30 €**
	2. Überlassung von elektronisch gespeicherten Dateien oder deren Bereitstellung zum Abruf anstelle der in Nummer 1 genannten Kopien und Ausdrucke:	
	je Datei	**1,50 €**
	für die in einem Arbeitsgang überlassenen, bereitgestellten oder in einem Arbeitsgang auf denselben Datenträger übertragenen Dokumente insgesamt höchstens	**5,00 €**
	I Die Höhe der Dokumentenpauschale nach Nummer 1 ist bei Durchführung eines jeden Auftrags und für jeden Kostenschuldner nach § 13 Abs. 1 Nr. 1 GvKostG gesondert zu berechnen; Gesamtschuldner gelten als ein Schuldner.	
	II Werden zum Zweck der Überlassung von elektronisch gespeicherten Dateien Dokumente zuvor auf Antrag von der Papierform in die elektronische Form übertragen, beträgt die Dokumentenpauschale nach Nummer 2 nicht weniger	

Nr.	Auslagenbestand	Höhe
	als die Dokumentenpauschale im Fall der Nummer 1 betragen würde. **III § 191a Abs. 1 Satz 5 GVG bleibt unberührt.** **IV 1 Eine Dokumentenpauschale für die erste Kopie oder den Ausdruck des Vermögensverzeichnisses und der Niederschrift über die Abgabe der Vermögensauskunft wird von demjenigen Kostenschuldner nicht erhoben, von dem die Gebührt 260 oder 261 zu erheben ist. 2 Entsprechendes gilt, wenn anstelle der in Satz 1 genannten Kopien oder Ausdrucke elektronisch gespeicherte Dateien überlassen werden (§ 802d Abs. 2 ZPO).**	

Übersicht

1 **I. Normzweck.** Die Regelung bezweckt eine aus praktischen Gründen pauschalierte, um der Kostengerechtigkeit willen aber auch differenzierte Regelung. Mit der Arbeit des Gerichtsvollziehers entsteht eine Fülle von Schreibwerk. Es soll als Auslagen deutlich werden, um dem Kostenschuldner gegenüber auch der Bezeichnung nach als ein bloßer Aufwendungsersatz dazustehen, auch wenn es sich um zu versteuernde weitere Einnahmen des Gerichtsvollziehers handelt. Die Urschrift der Akte ist stets auslagenfrei (Schröder-Kay/Winter Rn. 12). Vermeidbare Auslagen können eine unrichtige Sachbehandlung nach → § 7 Rn. 3 sein.

2 **II. Voraussetzung: Kopie, Ausdruck, Datei. 1. Allgemeines.** Die Vorschrift zählt im Einzelnen diejenigen Fälle auf, in denen der Gerichtsvollzieher Auslagen vom Schuldner der Gerichtsvollzieherkosten erheben darf. „Auslage" ist eine tatsächliche Aufwendung und nicht eine Mühewaltung, auch nicht eine Vergütung wegen ersparter Aufwendungen. Die Vergütung des Gerichtsvollziehers für die übrige Schreibarbeit richtet sich nicht nach KV 700, sondern nach den Verwaltungsanordnungen der Länder. Sowohl die Herstellung als auch die Überlassung lassen nach dem eindeutigen Text Auslagen entstehen. Die Aufzählung des GvKostG ist erschöpfend (BVerwG NJW 1983, 898). Sie lässt für ein Ermessen keinen Raum (BVerwG NJW 1983, 896 (898)).

3 In **allen anderen Fällen** kann der Gerichtsvollzieher also für sein Schreibwerk vom Betroffenen keine Vergütung verlangen. Es ist insoweit auch nicht etwa die Auffangvorschrift KV 713 anwendbar. Denn sie umfasst nicht die Grundkosten des Gerichtsvollziehers nach dort → KV 713 Rn. 1. Auch KV 701 gilt insoweit nicht. Er kann also insbesondere keine Vergütung für das Ausfüllen einer Aufschrift auf einer Zustellungsurkunde oder für die Anschrift auf einem Briefumschlag oder für die Mitteilung fordern, dass der Schuldner die eidesstattliche Versicherung zu verweigern berechtigt ist (Meyer JurBüro 1999, 408), oder für die Reinschrift einer Versteige-

rungsbekanntmachung oder für die gesamte durch die Amtstätigkeit veranlasste Schreibarbeit, also für alle Urschriften und den Schriftwechsel.

Daher kann der Gerichtsvollzieher auch keine Auslagen für die zu den Protestsammelakten zu nehmende beglaubigte Kopie oder Abschrift des Wechsel- und Scheckprotests fordern. Ebenso wenig kann er eine Auslage für eine Abschrift des Zustellungsersuchens an die Post oder für eine Kopie der Bescheinigung über die Übergabe an die Post fordern. 4

Es sind sechs Fallgruppen von Auslagen zu unterscheiden. Trotzdem ist wegen des Worts „nur" in § 1 I nach → § 1 Rn. 2 eine enge Auslegung notwendig, vgl. auch § 104 I 3 GVGA. 5

2. Auf Antrag angefertigte Kopie usw. (Nr. 1a). Eine Pauschale entsteht, soweit es sich um eine solche Kopie oder einen solchen Ausdruck der elektronischen Fassung handelt, die der Gerichtsvollzieher persönlich oder durch einen Mitarbeiter oder durch die Geschäftsstelle nicht schon von Amts wegen angefertigt hat, sondern erst auf Grund eines jeden eindeutigen, wenn auch nicht notwendig ausdrücklichen Antrags (LG Mönchengladbach DGVZ 2014, 24; AG Balingen BeckRS 2022, 2893; AG Haßfurt DGVG 2008, 80; AG Weiden DGVZ 2008, 82; aA Schröder-Kay/Winter Rn. 15). Er kann die Auslage nur für denjenigen Umfang ersetzt fordern, den der Auftrag nannte. Hierher gehört auch die auf einen unterstellbaren Schuldnerantrag erfolgende Abschrift oder Kopie eines Annahmeantrags bei der Hinterlegungsstelle (Schröder-Kay/Winter Rn. 24). Mehrere beantragte Kopie usw lassen die Pauschale mehrfach entstehen. 6

Eine **Abschrift oder Kopie** lässt sich ebenso wie bei → GKG KV 9000 Rn. 1 beurteilen. Nicht erfasst wird dagegen die Anfertigung eines Scans, da es sich hierbei nicht um die Reproduktion auf Papier o. Ä. handelt. 7

3. Nicht: Anfertigung von Amts wegen (Nr. 1a). Nicht hierher zählt zB die nur kraft Gesetzes von Amts wegen notwendige Kopie oder Abschrift (Seip DGVZ 2001, 17), oder eine freiwillige unaufgeforderte Kopie usw. des Protokolls über eine Aufforderung oder eine Mitteilung aus Anlass einer Vollstreckungshandlung an den Schuldner nach § 763 II ZPO oder § 806a ZPO, falls er jene nicht mündlich ausführen kann (BVerwG DGVT 1982, 151; AG Neuwied DGVZ 1993, 175). Das Gesetz schreibt keine Zuleitung an den Gläubiger vor. Daher kann der Gläubiger nur dann zahlungspflichtig werden, wenn er die Übersendung eindeutig vorher beantragt hatte. 8

Eine bloße **widerspruchslose Annahme** ohne einen vorangegangenen Übersendungsauftrag reicht nicht aus, um die Zahlungspflicht des Gläubigers zu begründen (BVerwG NJW 1983, 898). 9

Ferner gehören **nicht** hierher: die von Amts wegen notwendige Übersendung der Protokollablichtung usw. bei einer Anschlusspfändung durch einen anderen Gerichtsvollzieher nach § 826 II ZPO; die von Amts wegen dem Schuldner zu übergebende beglaubigte Kopie usw. des Haftbefehls; eine von Amts wegen erfolgende Zustellungsurkunde; eine Tätigkeit im Auftrag der Vollstreckungsbehörde nach der JBeitrG, die bloße Mitteilung über Drittauskünfte nach § 802l I, III 2 ZPO ohne Protokollabschrift (BGH DGVZ 2004, 61; AG Nordhorn DGVZ 2019, 191); die Kopie einer Zustellungsurkunde nach § 829 II 2 ZPO; die Abschrift von der Benachrichtigung einer Vorpfändung nach § 845 I 2 ZPO; sowie die Kopie über die Drittschuldnererklärung nach § 840 ZPO. 10

4. Per Telefax übermittelte Kopie usw (Nr. 1a). Auslagen sind auch insoweit erstattungspflichtig, als es sich um eine nach dem pflichtgemäßen Ermessen des Gerichtsvollziehers per Telefax übermittelte Kopie usw handelt. Dann reicht aber nach → KV 716 Rn. 17 „von Amts wegen" nicht eine von Amts wegen übermittelte Kopie usw aus. Es ist unerheblich, wer der Adressat war. Es kommt auch nicht darauf an, ob gerade der Telefax-Weg erforderlich war. Ausreichend ist, dass der Gerichtsvollzieher eben diesen Weg gegangen ist. 11

Nicht hierher zählt die nicht als solche direkt beantragte Telefax-Übermittlung einer **Urschrift** der Urkunde. Das gilt auch dann, wenn die Kopiervorlage anschließend per Post nachfolgt. Wegen § 9 zählt auch eine E-Mail nicht hierher. Nicht 12 hierher zählt ferner der bloße Beglaubigungsvermerk (Hundertmark JurBüro 2003, 461).

13 **5. Fehlende Kopie usw. (Nr. 1b).** Die Vorschrift erfasst schon eine erste und auch jede weitere Kopie oder einen ersten Ausdruck, die der Gläubiger dem Gerichtsvollzieher entgegen einer gesetzlichen Pflicht vollständig zu übergeben versäumt hat, zB § 192 II 2 Hs. 2 ZPO. Diese darf der Gerichtsvollzieher anfertigen und beglaubigen, zB um zB die Zustellung durchführen zu können (BGH DGVZ 2012, 46; AG Duderstadt BeckRS 2021, 22268; AG Trier BeckRS 2021, 24139; AG Schwäbisch Hall DGVZ 2021, 203; AG Bad Segeberg NJW-RR 2014, 510; AG Ansbach DGVZ 2007, 76; AG Deggendorf DGVZ 2007, 76Kessel). In diesem Rahmen ist eine Kopie usw. auslagenpflichtig (AG Sinzig DGVZ 2000, 142). Ein „normaler Geschäftsgang" beim Auftraggeber liefert keinen Anscheinsbeweis dafür, dass er im Einzelfall ausreichende Kopie usw. fertigte (LG Bonn DGVZ 2004, 45). **Unanwendbar** ist Nr. 1b auf die Herstellung des Originals. In diesem Fall entsteht auch keine Beglaubigungsgebühr nach KV 102.

14 **6. Elektronisch gespeicherte Dateien (Nr. 2).** Wenn der Gerichtsvollzieher anstelle einer der in Nr. 1a, b genannten Kopien oder Ausdrucke der elektronischen Fassungen eine elektronisch gespeicherte Datei überlässt oder zum Abruf bereitstellt, tritt vorrangig die Regelung der Nr. 2 nebst der Anm. III 2 ein. Bei einem zusätzlich überlassenen Ausdruck gilt Nr. 1 neben Nr. 2. Anwendbar ist Nr. 2 auch auf die Überlassung eines Datenträgers.

15 **7. Keine Auslagen beim Blinden, Sehbehinderten oder Behinderten (Anm. II, III).** Auslagen entstehen nicht, soweit es um diejenigen Kosten geht, die dadurch entstehen, dass man nach § 191a I 1, 25 GVG einem Blinden, Sehbehinderten oder Behinderten ein für ihn bestimmtes gerichtliches Schriftstück auch in einer für ihn wahrnehmbaren Form deshalb zugänglich macht, weil das zur Wahrnehmung seiner Rechte im Verfahren erforderlich ist.

16 **8. Eventuell keine Auslagen bei Vermögensverzeichnis nebst Protokoll (Anm. IV).** Nicht auslagenpflichtig ist die Erteilung der ersten Ablichtung eines Vermögensverzeichnisses nach §§ 802f V, 802d I 2, II ZPO und der Niederschrift über die Abgabe der Vermögensauskunft entsprechend §§ 159 ff. ZPO. Das gilt nur gegenüber demjenigen Kostenschuldner nach § 13, von dem der Gerichtsvollzieher bereits die Gebühr KV 260 oder 261 erheben muss. Weitere Ablichtungen und jede Art von Ablichtung für andere Beteiligte fallen nicht unter IV, sondern die erste Kopie ist nur von demjenigen nicht zu erheben, der die Kosten zahlt (LG Mönchengladbach DGVZ 2014, 23; AG Duderstadt DGVZ 2020, 153 (154); nach aA (AG Mönchengladbach-Rheydt BeckRS 2013, 15370, aufgehoben durch LG Mönchengladbach DGVZ 2014, 23) ist für jeden Auftraggeber die erste Kopie auslagenfrei). Da nach der gesetzgeberischen Vorstellung nur die Kosten für die erste Kopie nicht zu erheben sind, weil diese bereits in der Gebühr für die tatsächlich vorgenommene Handlung enthalten sei (BT-Drs. 14/3432, 32). KV 700 für die erste Kopie kann also nicht von demjenigen erhoben werden, von dem die KV 260 oder 261 erhoben wird, denn in der Pauschale der KV 260, 261 sind die Auslagen für diese erste Kopie bereits enthalten. Die Pauschale nach KV 260, 261 deckt aber nicht die Kosten für weitere Kopien, auch dann nicht, wenn diese Kopie für einen Beteiligten dessen erste Kopie darstellt, so dass dafür die Pauschale gemäß KV 700 zu erheben sei (OLG Karlsruhe DGVZ 2021, 147).

17 **III. Auslagenhöhe.** Die Regelung entspricht weitgehend derjenigen des KV 9000 GKG, des KV 2000 FamGKG und des KV 31000 GNotKG. Beides ergibt sich aus dem Haupttext von KV 700 Nr. 1, 2. Dabei entfallen also auf die ersten 50 Seiten und für jede weitere angefangene Seite unabhängig von ihrer Herstellungsart und von ihrem Inhalt sowie vom Zeitaufwand die in I Nr. 1, 2 und in der Anm. III jeweils genannte Pauschalen. Jede Pauschale fällt je Auftrag an. Eine Seite mit bloß internen Vermerken usw. oder nur mit der Kostenrechnung zählt nicht mit. Maßgebend ist stets die Anzahl der tatsächlich kopierten Seiten, auch wenn zwei Seiten auf eine Seite kopiert werden.

Die Auslagenhöhe unterscheidet zwischen Schwarz-Weiß-Kopien und Farbkopien, es ist jeweils eine eigene Zählung erforderlich. Letztere sind erforderlich, wenn Lichtbilder oder farbige Anlagen vervielfältigt werden müssen. **18**

Bei Nr. entsteht die Gebühr pro Datei-Übermittlung. Soweit mehrere Dateien an einen Auftraggeber aufgrund eines Auftrags übermittelt werden, so ist die Gebühr auf 5 EUT begrenzt. Sind vor der Übermittlung vorab die Daten von der Papierform in die elektronische Form übertragen werden, so gilt die Anm. II und die Gebühr nach Nr. 2 darf nicht niedriger sein als die Dokumentenpauschale nach Nr. 1. **18a**

IV. Fälligkeit (Nr. 1, 2). § 14 S. 2. Einen Vorschuss kann der Gerichtsvollzieher nur vom Gläubiger als dem Auftraggeber nach § 4 fordern, nicht zB vom Schuldner, der eine Ablichtung verlangt. **19**

V. Kostenschuldner (Nr. 1, 2). Zunächst → Rn. 16 und sodann § 13. **20**

Mehrheit von Kostenschuldnern nach § 13 I Nr. 1 bedeutet eine gesonderte Auslagenerhebung gegenüber jedem (Anm. I 1). Gesamtschuldner nach §§ 421 ff. BGB gelten aber nach der Anm. I Hs. 2 als nur ein Kostenschuldner. **21**

Nr.	Auslagentatbestand	Höhe
701	**Entgelte für Zustellungen mit Zustellungsurkunde**	**in voller Höhe**

I. Normzweck. Während KV 100, 101 die Zustellungsgebühren regeln, behandelt KV 701 die Auslagen, und zwar nur in seinem Anwendungsbereich nach → Rn. 3. Sonstige Zustellungsauslagen entstehen unter den Voraussetzungen von KV 713. Diese Auffangvorschrift gilt nur nachrangig. Sie erfasst keine sonstigen Post- oder Telekommunikationsentgelte. **1**

II. Voraussetzung: Zustellung mit Zustellungsurkunde. Bei der förmlichen Zustellung mit einer Zustellungsurkunde nach § 182 ZPO entstehen nicht unerhebliche Portokosten, sowohl bei der Deutschen Post AG als auch bei den etwa in diesem Bereich tätigen zulässigen anderen Zustelldiensten. Diese Kosten können sich bei mehreren Zustellungen an denselben oder an verschiedene Adressaten erheblich erhöhen. Daher entstehen sie nicht als eine schwer schätzbare Pauschale, sondern in ihrer tatsächlichen Höhe. **2**

Es muss sich um eine solche förmliche Zustellung handeln, bei der eine Urkunde nach §§ 176 I, 182, 191, 194 ZPO entsteht und zum Zustellungsnachweis dient, und zwar eine Urkunde der Deutschen Post AG oder eines ihr gleichstehend betriebenen Unternehmens mit der Beweiskraft der §§ 168 I 2, 182 I 2, 418 ZPO. Auch die Ladung zur Abgabe der Vermögensauskunft fällt unter KV 701 (AG Bernau DGVZ 2001, 136), ebenso evtl. die Zustellung einer Eintragungsanordnung nach § 882c II ZPO (zum Problem AG Berlin-Charlottenburg DGVZ 2016, 161; AG Duisburg DGVZ 2016, 160; AG Singen DGVZ 2016, 184; vgl. aber auch OLG Stuttgart DGVZ 2016, 182). **3**

Andere Zustellungsarten zB durch ein Einschreiben mit oder ohne einen Rückschein unterfallen allenfalls KV 713. Lediglich bei einer Auslandszustellung ist diese KV entsprechend anwendbar. **4**

III. Auslagenhöhe. Es entstehen die vollen tatsächlichen und auch erforderlichen Entgelte für die Postzustellung, Rabatte sind an den Kostenschuldner weiterzureichen. Nicht zu den Auslagen nach KV 701 zählen: Das Papier, sei es der Urkunde, sei es des Umschlags oder gar des Inhalts; die Kosten des Transports zum Beförderungs-Annahmepunkt (Briefkasten, Postamt). Auch Abholkosten sollte man nicht berücksichtigen. Auch Auslagen kommen infolge einer unrichtigen Sachbehandlung nach § 7 nicht infrage. **5**

IV. Fälligkeit. § 14 S. 2. **6**

V. Kostenschuldner. § 13. **7**

Nr.	Auslagenbestand	Höhe
702	**Auslagen für öffentliche Bekanntmachungen und Einstellung eines Ausgebots auf einer Versteigerungsplattform zur Versteigerung im Internet** .... **Auslagen werden nicht erhoben für die Bekanntmachung oder Einstellung in einem elektronischen Informations- und Kommunikationssystem, wenn das Entgelt nicht für den Einzelfall oder nicht für ein einzelnes Verfahren berechnet wird.**	**in voller Höhe**

1 **I. Normzweck.** Die Vorschrift soll die Auslagen dämpfen. Wie bei KV 701, 703 ff. dient die Regelung zwar einer vollen Entschädigung. Sie gibt sich dort aber im Gegensatz zu den Festbeträgen von KV 700 nicht mit einer Pauschalierung zufrieden, obwohl das technisch einfacher wäre.

2 In der Reihe KV 700 ff. stellt die Vorschrift eine insbesondere gegenüber KV 701 selbständige Regelung dar. Sie kann zu den anderen Auslagenvorschriften hinzutreten. Soweit die Vollstreckungsbehörde nach dem **JBeitrG** den Gerichtsvollzieher mit einer Versteigerung beauftragt, gelten §§ 91 ff. GVGA.

3 **II. Voraussetzung: Bekanntmachungskosten.** Die Vorschrift erfasst alle dort abschließend genannten Vorgänge einer Internetversteigerung, auch alle sonstigen durch eine öffentliche Bekanntmachung innerhalb oder außerhalb einer Zwangsvollstreckung dem Gerichtsvollzieher **tatsächlich** entstandenen und kraft Gesetzes oder nach dem pflichtgemäßen Ermessen des Gerichtsvollziehers auch erforderlichen Auslagen. Das gilt auch für diejenigen Auslagen, die dadurch entstehen, dass die Bekanntmachung über einen Anschlag oder einen Aufruf usw. an einem Bekanntmachungsbrett usw. erfolgt oder dass die Bekanntmachung einer Terminsverlegung oder -aufhebung in dem unvermeidbaren Umfang erfolgt. Nach der Anm. werden keine Auslagen erhoben, wenn die Kosten nicht einzelfallbezogen ausgewiesen werden können, zB weil nur ein pauschales Nutzungsentgelt erhoben wird.

4 **III. Auslagenhöhe.** Der Kostenschuldner muss nur eine Pauschale zahlen. Die Anm. nennt eine Ausnahme. § 7 bleibt zu beachten. Wegen eines Vorschusses § 4.

5 **IV. Fälligkeit.** § 14 S. 2.

6 **V. Kostenschuldner.** § 13.

Nr.	Auslagentatbestand	Höhe
703	**Nach dem JVEG an Zeugen, Sachverständige, Dolmetscher und Übersetzer zu zahlende Beträge** .... **I Die Beträge werden auch erhoben, wenn aus Gründen der Gegenseitigkeit, der Verwaltungsvereinfachung oder aus vergleichbaren Gründen keine Zahlungen zu leisten sind.** **II Auslagen für Kommunikationshilfen zur Verständigung mit einer hör- oder sprachbehinderten Person (§ 186 GVG) und für Übersetzer, die zur Erfüllung der Rechte blinder oder sehbehinderter Personen herangezogen werden (§ 191a Abs. 1 GVG), werden nicht erhoben.**	**in voller Höhe**

1 **I. Normzweck.** Es gelten dieselben Erwägungen wie bei → KV 702 Rn. 1. Auch → KV 704 Rn. 1, 3.

2 **II. Voraussetzung: 1. Zahlung an einen Zeugen, Sachverständigen, Dolmetscher oder Übersetzer.** Es ist selbstverständlich, dass der Gerichtsvollzieher den

vollen Ersatz der von ihm verauslagten Kosten nach der ZPO oder nach dem JVEG erhalten muss, aber auch nicht mehr. Soweit die in KV 703 genannten Personen aus der Staatskasse oder zunächst von anderen Verfahrensbeteiligten eine Vergütung oder Entschädigung erhielten, bekommt der Gerichtsvollzieher keinen Auslagenersatz. § 13 JVEG mit seiner besonderen Vergütung ist anwendbar. Soweit gar kein Gericht im Sinn dieser Vorschrift vorhanden oder zuständig ist, tritt der Gerichtsvollzieher an dessen Stelle.

Die Vorschrift erfasst die Zuziehung (nur) eines notwendigen Zeugen nach § 759 ZPO, § 62 II GVGA (AG Dieburg JurBüro 2016, 320), auch zweier solcher Zeugen neben dem Schlosser (AG Wiesbaden DGVZ 1988, 14). Das JVEG gibt einen Anhalt für die Notwendigkeit, möglichst einen in der Nähe wohnenden Zeugen auszuwählen. Der Gerichtsvollzieher darf dem Zeugen eine Entschädigung nur auf dessen Verlangen zahlen. Derjenige Polizist, den der Gerichtsvollzieher nach § 758 III ZPO zur Brechung des Widerstands herangezogen hat, ist kein Zeuge, sondern leistet Amtshilfe. 3

Entsprechendes gilt für die Zuziehung eines **Sachverständigen** nach § 813 ZPO, grundsätzlich auch eines Dolmetschers oder eines Übersetzers nach § 14 JVEG und für dessen jeweilige Vergütung (AG Leverkusen DGVZ 2002, 189, auch zur Vorschusspflicht des Gläubigers). Die Auslagen entstehen auch in den Fällen der Anm. I. 4

2. Ausnahme. Ausnahmsweise werden nach der Anm. II keine Auslagen erhoben, wenn Kommunikationshilfen (zB Schrift- und Oraldolmetscher) für hör- und/oder sprachbehinderte Personen, sowie Übersetzer für sehbehinderte Personen nach §§ 186, 191a I GVG hinzugezogen werden. Diese Auslagen werden durch die jeweilige Landeskasse erstattet. 5

III. Auslagenhöhe. Der Kostenschuldner muss die nach dem JVEG zahlbare und auch tatsächlich gezahlte Vergütung oder Entschädigung erstatten (Kessel DGVZ 2004, 117). Der Gerichtsvollzieher muss sie nach Grund und Höhe aktenkundig machen. Eine Vereinbarung kommt im Rahmen von § 13 JVEG infrage. 6

Gegen die Höhe der gewährten Vergütung oder Entschädigung ist die **Erinnerung** nach § 5 durch den Kostenschuldner zulässig. Die Beweisperson kann die Festsetzung nach § 4 JVEG beantragen. 7

IV. Fälligkeit. § 14 S. 2. 8

V. Kostenschuldner. § 13. 9

Nr.	Auslagentatbestand	Höhe
704	**An die zum Öffnen von Türen und Behältnissen sowie an die zur Durchsuchung von Schuldnern zugezogenen Personen zu zahlende Beträge**	**in voller Höhe**

I. Normzweck. Es gelten dieselben Erwägungen wie bei → KV 702 Rn. 1. Die Vorschrift steht selbständig neben KV 703. Sie hat im eigenen Anwendungsbereich nach → Rn. 3 den Vorrang vor KV 703. 1

II. Voraussetzung: Zuziehung einer Person. Es gelten dieselben Erwägungen wie bei → KV 702 Rn. 2. 2

Die Vorschrift erfasst den Fall, dass der Gerichtsvollzieher im Rahmen von §§ 758, 758a ZPO zur Öffnung einer Tür oder eines Behältnisses oder zur Durchsuchung eines Schuldners oder einer Schuldnerin eine Person passenden Geschlechts hinzuzieht und sie nach den ortsüblichen Handwerkersätzen vergütet. Die Anordnung muss wirksam und rechtmäßig sein. Das ist zB bei § 758 ZPO so. Wegen der Entschädigung der bei einer körperlichen Durchsuchung hinzugezogenen Person gilt KV 703 entsprechend. 3

III. Auslagenhöhe. Der Kostenschuldner muss die vollen tatsächlichen und nach §§ 631, 632 BGB auch berechtigten Auslagen ersetzen (LG Kassel DGVZ 2003, 42, § 649 BGB ist anwendbar). Die Öffnung muss so schonend wie möglich gewesen 4 sein. Der Gerichtsvollzieher muss von einer etwa möglichen Verjährungseinrede auch zugunsten des Kostenschuldners Gebrauch machen. § 7 bleibt zu beachten.

5 **IV. Fälligkeit.** § 14 S. 2.

6 **V. Kostenschuldner.** § 13.

Nr.	Auslagentatbestand	Höhe
705	**Kosten für die Umschreibung eines auf den Namen lautenden Wertpapiers oder für die Wiederinkurssetzung eines Inhaberpapiers . .**	**in voller Höhe**

1 **I. Normzweck.** Es gelten dieselben Erwägungen wie bei KV 702.

2 **II. Voraussetzung: Wertpapierumschreibung.** Es gelten dieselben Erwägungen wie bei → KV 702 Rn. 2. Gemeint ist eine Umschreibung oder Wiederinkurssetzung nach den §§ 821 ff. ZPO, § 105 GVGA. Eine Gebühr entsteht dann nicht, da es sich um ein Nebengeschäft des Veräußerungsgeschäfts des KV 300.

3 **III. Auslagenhöhe.** Der Kostenschuldner muss die vollen tatsächlichen Auslagen (zB Bankgebühr, sonstige Entgelte) ersetzen. § 7 bleibt anwendbar.

4 **IV. Fälligkeit.** § 14 S. 2.

5 **V. Kostenschuldner.** § 13.

Nr.	Auslagentatbestand	Höhe
706	**Kosten, die von einem Kreditinstitut erhoben werden, weil ein Scheck des Schuldners nicht eingelöst wird ....**	**in voller Höhe**

1 **I. Normzweck.** Es gelten dieselben Erwägungen wie bei KV 702. Die Vorschrift bezweckt ebenso wie KV 701 ff. eine Freistellung des Gerichtsvollziehers von solchen Kosten der genannten Art, die man einem oder mehreren Anträgen zurechnen könnte und die man nicht zu den Gemeinkosten rechnen sollte (BT-Drs. 14/3432, 32). Als eine vorrangige Spezialvorschrift ist KV 706 eher eng auslegbar. Aber auch → Rn. 3 f.

2 **II. Voraussetzung: Nichteinlösung eines Schecks.** Es geht um solche Kosten eines Kreditinstituts, die es gerade deshalb nach seinen Geschäftsbedingungen erheben darf und erhebt, weil ein Scheck des Schuldners nicht eingelöst werden kann. Der Scheck eines solchen Dritten, den der Schuldner zur Einlösung übergeben hat, ist dem von ihm selbst ausgestellten trotz der Notwendigkeit einer an sich strengen Auslegung nach → Rn. 2 doch im Ergebnis wohl gleichzustellen.

3 **Unanwendbar** ist KV 706 auf einen anderen Scheckvorgang als den der Nichteinlösung; also entsteht die Gebühr nicht bei einem Wechselvorgang oder bei der Rückbuchung einer Lastschrift wegen fehlender Kontodeckung (aA BeckOK KostR/Herrfurth Rn. 4). Denn der Gesetzgeber hat nicht eindeutig bloß vergessen, auch ihn mit zu erwähnen. Im Zweifel ist das Gesetz ohnehin unanwendbar. Das zeigt das Wort „nur" in § 1 I.

4 Soweit der Scheck eingelöst werden kann, kann der Gerichtsvollzieher die Hebegebühr nach KV 430 erheben.

5 **III. Auslagenhöhe.** Der Kostenschuldner muss die vollen tatsächlichen Auslagen dieses bestimmten Einzelvorgangs (Bankgebühren der bezogenen Bank und der Bank, bei der der Scheck eingelöst werden sollte) ersetzen, nicht aber darüber hinausgehende anteilige allgemeine Kontokosten usw. § 7 bleibt unberührt.

6 **IV. Fälligkeit.** § 14 S. 2.

7 **V. Kostenschuldner.** § 13.

Nr.	Auslagentatbestand	Höhe
707	**An Dritte zu zahlende Beträge für die Beförderung von Personen, Tieren und Sachen, das Verwahren von Tieren und Sachen, das Füttern von Tieren, die Beaufsichtigung von Sachen sowie das Abernten von Früchten .....** **Diese Vorschrift ist nicht anzuwenden bei dem Transport von Sachen oder Tieren an den Ersteher oder an einen von diesem benannten Dritten im Rahmen der Verwertung.**	**in voller Höhe**

I. Normzweck. Es gelten dieselben Erwägungen wie bei → KV 702 Rn. 1. KV 710, 713, 714 haben Vorrang. 1

II. Voraussetzung. Es gelten dieselben Erwägungen wie bei → KV 702 Rn. 2. Die Auslagen müssen auch hier einem konkreten Auftrag zugeordnet werden können, andernfalls sind es nicht erstattungsfähige Gemeinkosten. Der Gerichtsvollzieher entscheidet über die Inanspruchnahme Dritter nach pflichtgemäßen Ermessen und berücksichtigt dabei neben dem Kostenminimierungsgebot auch die Zuverlässigkeit des Dritten und dessen marktübliche Preise (LG Mannheim DGVZ 1997, 153). 2

1. Beförderung. Wegen der Personenbeförderung im eigenen Beförderungsmittel des Gerichtsvollziehers KV 710. Bei der Beförderung einer Sache kommt hauptsächlich diejenige zur Pfandkammer und von ihr weg in Betracht. Die Spediteurkosten einer solchen Beförderung stellen den Höchstsatz der möglichen Auslagen dar. Vgl. die vorrangigen KV 713, 714. 3

Der Gerichtsvollzieher braucht **nicht den „billigsten"** Spediteur zu beauftragen, sondern darf nach seinem pflichtgemäßen Ermessen einen ihm als zuverlässig bekannten wählen (LG Koblenz DGVZ 1997, 30; LG Saarbrücken DGVZ 1985, 92; strenger LG Mannheim DGVZ 1997, 154, Beamtenpflichten bei Auftragsvergabe. Aber das ist meist schon zeitlich undurchführbar). Er darf auch nicht vermeidbar hohe Kosten entstehen lassen (OLG Hamburg MDR 2000, 602; OLG München MDR 2000, 602; AG Frankfurt a. M. NZM 2004, 359). In Betracht kommen auch die Kosten eines bloßen Beförderungsversuchs (BVerwG DGVZ 1982, 156; AG Ettlingen DGVZ 1998, 15; AG Flensburg DGVZ 2005, 131, selbst wenn nur der Auftraggeber wusste, dass der Schuldner schon geräumt hatte. Dann muss der Gläubiger die Kosten nach § 788 ZPO selbst zahlen). In Betracht kommen also auch evtl. Ausfall-Bereitstellungskosten einschließlich der Umsatzsteuer (LG Düsseldorf DGVZ 2006, 58; LG Frankfurt a. M. 2006, 115; LG Kassel DGVZ 2003, 140). Zu den Transportkosten gehören auch das Be- und Entladen und bloße Vorbereitungskosten (zB für das Verpacken; aA LG Koblenz DGVZ 1987, 58). 4

Das gilt **nicht** für solche Bereitstellungskosten, die erst nach einer Auftragsrücknahme entstanden (LG Augsburg DGVZ 2009, 117). Nicht hierher gehören ferner Entsorgungskosten nach § 885 III ZPO, diese unterfallen KV 709. 5

2. Verwahrung, Beaufsichtigung. Eine Verwahrung und Beaufsichtigung wird durch die Versteigerungskosten abgegolten, soweit der Gerichtsvollzieher die Sache zum Zweck der Versteigerung verbringt. Wenn der Gerichtsvollzieher eine eigene Pfandkammer hat, kann er angemessene Kosten berechnen, auch angemessene Versicherungskosten (aA BeckOK KostR/Herrfurth KV 707 Rn. 11, nicht erstattungsfähige Gemeinkosten). Hamburg erhebt 1 ‰ des Sachwerts für jeden Tag der Lagerung; ein angefangener Tag rechnet als volle Mindestgebühr [jetzt wohl ca.] 0,50 EUR (früher 1 DM). Eine Unterstellung eines Kraftfahrzeugs (nicht auch eines Kraftrads) in der Garage des Versteigerungshauses (§ 3 VO) lässt sich ebenso berechnen. Eine Unterstellung in der nicht zur Pfandkammer gehörenden Garage des Gerichtsvollziehers darf man nicht nach KV 707 berechnen (LG Gießen DGVZ 1989, 185). Sonstige Abtransport- oder Lagerkosten fallen unter § 788 ZPO, nicht unter KV 707 (OLG Düsseldorf JurBüro 1996, 89; OLG Hamm JurBüro 1997, 160; KG NJW-RR 1987, 574). 6

7 Der Gläubiger hat aber gerade bei Tieren nicht für eine lebenslange Verwahrung die Kosten zu tragen (AG Eschwege DGVZ 2008, 40), sondern diese Kosten obliegen der Allgemeinheit (BGH DGVZ 2012, 179).

8 **3. Ernte.** Soweit nach der Pfändung von Früchten auf dem Halm eine Ernte erforderlich ist, so sind die Kosten Dritter, die die Ernte vornehmen, über KV 707 erstattungsfähig.

9 **III. Auslagenhöhe.** Der Kostenschuldner muss im Rahmen des nach → Rn. 3 ff., 6 Notwendigen die vollen tatsächlichen Auslagen ersetzen. § 7 bleibt unberührt. Die Auslagen für den Dritten sind auch dann erstattungsfähig, wenn im Verlauf der Amtshandlung die Notwendigkeit für die Hinzuziehung des Dritten entfällt (AG Osnabrück DGVZ 2012, 34).

10 **IV. Fälligkeit.** § 14 S. 2.

11 **V. Kostenschuldner.** § 13.

Nr.	Auslagentatbestand	Höhe
708	**An deutsche Behörden für die Erfüllung von deren eigenen Aufgaben zu zahlende Gebühren sowie diejenigen Auslagen, die diesen Behörden, öffentlichen Einrichtungen oder deren Bediensteten als Ersatz für Auslagen der in den Nummern 700 und 701 bezeichneten Art zustehen**	**in voller Höhe**

1 **I. Normzweck.** Es gelten dieselben Erwägungen wie bei → KV 702 Rn. 1.

2 **II. Voraussetzung: Behördenauslagen.** Es gelten dieselben Erwägungen wie bei → KV 702 Rn. 2. Die Vorschrift vergütet alle Auslagen einer deutschen Behörde bei Erfüllung eigener Aufgaben und bei KV 700, 701. Die Vorschrift besagt nicht, dass der Gerichtsvollzieher verpflichtet wäre, eine Anfrage nach §§ 755, 802l I 1 ZPO zu halten. Nicht erfasst sind Gebühren für die Ermittlung der für die Eintragungsanordnung erforderlichen Daten, § 882c III ZPO, wohl aber entstandene Auslagen (BeckOK KostR/Herrfurth Rn. 1).

3 **III. Auslagenhöhe.** Der Kostenschuldner muss die vollen erforderlichen und auch tatsächlich entstandenen Auslagen, die dem Gerichtsvollzieher durch die Inanspruchnahme der Behörden entstehen, ersetzen. Dazu zählen Gebühren (auch Verwaltungsgebühren), Dokumentenpauschale und Zustellauslagen, wohl auch entstandene Portokosten. Weitere Auslagen sind nicht erstattungsfähig. § 7 bleibt unberührt.

4 **IV. Fälligkeit.** § 14 S. 2.

5 **V. Kostenschuldner.** § 13.

Nr.	Auslagentatbestand	Höhe
709	**Kosten für Arbeitshilfen**	**in voller Höhe**

1 **I. Normzweck.** Es gelten dieselben Erwägungen wie bei KV 702.

2 **II. Voraussetzung: Arbeitshilfe.** Die Zuziehung einer Arbeitshilfe (also Hilfskräfte, mit Ausnahme von Bürokräften des Gerichtsvollziehers) muss im Rahmen des Amtsgeschäfts nach dem pflichtgemäßen Ermessen des Gerichtsvollziehers nicht nur ratsam oder hilfreich, sondern auch notwendig sein. Sie muss sich also auch in angemessenen Grenzen halten. Hierher können Vergütungen für einen Schlüsseldienst/Schlosser oder für eine Hilfskraft bei einer Räumung zählen (AG Dresden JurBüro 2007, 440; AG Osnabrück DGVZ 2012, 34, Spediteur), oder diejenigen bei der Wegnahme einer Sache, beim Transport einer Person oder einer Sache, bei der Versteigerung, bei der Bewachung oder Verwahrung eines Schiffs oder bei der Verwahrung eines gepfändeten Pkw gehören (AG Bergheim DGVZ 2013, 39).

Die Hinzuziehung einer Arbeitshilfe ist **notwendig,** soweit der Gerichtsvollzieher die Arbeit wegen ihres Umfangs oder mangels einer eigenen Fachkunde usw. nicht ohne eine Beeinträchtigung seiner Aufgabe allein leisten kann. 3

Zu den Kosten für die Arbeitshilfe gehören auch die Kosten für die vorbereitende und abwickelnde Tätigkeiten, auch die Entsorgung von nicht abgeholtem Räumungsgut nach § 885 IV ZPO. 4

Nicht hierher gehört die Hinzuziehung aus einem solchen Grund, der nur in der Person des Gerichtsvollziehers liegt, etwa seiner Krankheit (AG Erfurt DGVZ 1997, 47, Notarzt) oder zwecks einer Erleichterung oder eines Zeitgewinns. Das muss man von Fall klären. Der Arzt kann auch der Klärung der Vollstreckbarkeit dienen. 5

III. Auslagenhöhe. Der Kostenschuldner muss die vollen tatsächlichen notwendigen Auslagen ersetzen. § 7 bleibt unberührt. 6

IV. Fälligkeit. § 14 S. 2. 7

V. Kostenschuldner. § 13. 8

Nr.	Auslagentatbestand	Höhe
710	**Pauschale für die Benutzung von eigenen Beförderungsmitteln des Gerichtsvollziehers zur Beförderung von Personen und Sachen je Fahrt**	**6,00 €**

I. Normzweck. Es gelten dieselben Erwägungen wie bei → KV 702 Rn. 1. KV 711 hat den Vorrang, → KV 711 Rn. 5. KV 710 kann nicht neben KV 711, 712 entstehen und dient der Vermeidung von höheren Kosten durch die Inanspruchnahme Dritter, der Gerichtsvollzieher ist aber nicht verpflichtet, den Transport selbst durchzuführen. 1

Es besteht eine bundeseinheitliche Regelung zwecks einer Vermeidung von regionalen Zersplitterungen. Aus Vereinfachungsgründen ist aber nicht die tatsächliche Höhe der Auslagen maßgeblich. 2

II. Voraussetzung: Beförderungsmittel des Gerichtsvollziehers. Der Gerichtsvollzieher darf nach seinem pflichtgemäßen Ermessen in den Grenzen von § 7 ein eigenes Beförderungsmittel zur Personen- oder Sachbeförderung (Schuldner, Handwerker und andere Personen als Hilfskräfte; nicht Gläubiger oder Auszubildende) benutzen. Das gilt auch bei einer Mitnahme einer anderen Sicherungsperson (AG Pirma DGVZ 2014, 26). Die Art des Beförderungsmittels ist unerheblich. Er ist dazu aber nicht verpflichtet. Soweit er zB seinen Pkw benutzt, ist KV 710 anwendbar. Das gilt auch bei der Mitnahme einer jeden „Person", auch einer Hilfskraft oder des Schuldners auf der Fahrt zur Haftanstalt. Voraussetzung ist aber nach Nr. 17 I DB-GvKostG, dass die Beförderung wirklich der Durchführung eines Auftrags oder einer Amtshandlung dient und dass sonst ein fremdes Beförderungsmittel notwendig würde. Eine solche Notwendigkeit mag sich aus der Größe oder dem Umfang oder dem Wert oder der Zahl usw. ergeben. Es kommt auf die Zumutbarkeit an. Dazu zählt der Rückweg nach → Rn. 8, 9 nicht immer. Die Länge der Strecke ist für die Pauschale je Fahrt unerheblich geworden. „Sache" meint jeden beförderungsbedürftigen Gegenstand zB nach einer Sachpfändung und auch ein Tier, nicht aber Kleingegenstände wie Schmuck, Geld usw. (Ausnahme: Werttransport). Bei der Beförderung mehrerer Sachen muss man evtl. den Pauschsatz verteilen. Neben dem Pauschsatz entsteht das Wegegeld nach KV 711. 3

Für die Beförderung einer Sache im **eigenen Beförderungsmittel** des Gerichtsvollziehers besteht dieselbe Regelung. 4

Für eine nur **versuchte** Beförderung einer Person oder einer Sache im eigenen Beförderungsmittel entstehen keine Auslagen. 5

Nicht hierher gehören diejenigen unter KV 711 fallenden Kosten, die keine Fahrzeugkosten sind. 6

III. Auslagenhöhe. Es entsteht je tatsächlich erfolgte und auch notwendige Fahrt und nicht etwa nur je Auftrag eine Festgebühr als Pauschale. Sie gilt unabhängig von der Zahl der dabei durchgeführten Aufträge, vom Fahrzeugtyp, von der Fahrtdauer 7 und Fahrtstrecke und Fahrtlänge, von der Zahl der beförderten Personen und Sachen. Eine bloße Fahrtunterbrechung bleibt unbeachtlich, auch wenn sie länger andauert, unabhängig von ihrem Grund. Maßgeblich ist nur, ob der Gerichtsvollzieher das ursprüngliche Fahrtziel noch anstrebt. Evtl. muss der Gerichtsvollzieher die Pauschale auf mehrere Aufträge verteilen.

8 KV 710 erwähnt die zugehörige **Rückfahrt** nicht ausdrücklich als solche mit. Man kann trefflich darüber streiten, ob sie zur „Fahrt" zählt oder nicht. Das gilt zumindest dann, wenn der Gerichtsvollzieher auch auf der Rückfahrt dieselben Personen oder Sachen so befördert, aus welchem Grund auch immer. Das dürfte aber auch dann gelten, wenn er allein oder nur mit seinen Hilfskräften zurückfährt. Auch die Rückfahrt muss eine Amtshandlung und daher notwendig sein.

9 In einer solchen nach dem Wortlaut zweifelhaften Lage kommt es wie stets auf den **Sinn** der Vorschrift an. Auch er ist nicht klar. Immerhin gehört eine Rückfahrt fast stets „dazu". Deshalb spricht manches dafür, die Pauschale für die Hin- und Rückfahrt innerhalb derselben Amtshandlung nur einmal zu geben (Schröder-Kay/Winter Rn. 3).

10 **IV. Fälligkeit.** § 14 S. 2.

11 **V. Kostenschuldner.** § 13.

12 **VI. DB-GvKostG.** Vgl. Nr. 17 DB-GvKostG.

Nr.	Auslagentatbestand	Höhe
711	**Wegegeld je Auftrag für zurückgelegte Wegstrecken, wenn sich aus einer Rechtsverordnung nach § 12a GvKostG nichts anderes ergibt,**	
	– Stufe 1: bis zu 10 Kilometer	**3,25 €**
	– Stufe 2: von mehr als 10 Kilometern bis 20 Kilometer	**6,50 €**
	– Stufe 3: von mehr als 20 Kilometern bis 30 Kilometer	**9,75 €**
	– Stufe 4: von mehr als 30 Kilometern bis 40 Kilometer	**13,00 €**
	– Stufe 5: von mehr als 40 Kilometern	**16,25 €**
	I Das Wegegeld wird erhoben, wenn der Gerichtsvollzieher zur Durchführung des Auftrags Wegstrecken innerhalb des Bezirks des Amtsgerichts, dem der Gerichtsvollzieher zugewiesen ist, oder innerhalb des dem Gerichtsvollzieher zugewiesenen Bezirks eines anderen Amtsgerichts zurückgelegt hat.	
	II 1 Maßgebend ist die Entfernung von dem Amtsgericht, dem der Gerichtsvollzieher zugewiesen ist, zum Ort der Amtshandlung, wenn nicht die Entfernung vom Geschäftszimmer des Gerichtsvollziehers geringer ist. 2 Werden mehrere Wege zurückgelegt, ist der Weg mit der weitesten Entfernung maßgebend. 3 Die Entfernung ist nach der Luftlinie zu messen.	
	III Wegegeld wird nicht erhoben für **1. die sonstige Zustellung (Nummer 101),** **2. die Versteigerung von Pfandstücken, die sich in der Pfandkammer befinden, und** **3. im Rahmen des allgemeinen Geschäftsbetriebes zurückzulegende Wege, insbesondere zur Post und zum Amtsgericht.**	
	IV 1 In den Fällen des § 10 Abs. 2 Satz 1 und 2 GvKostG wird das Wegegeld für jede Vollstre-	

Nr.	Auslagentatbestand	Höhe
	ckungshandlung, im Falle der Vorpfändung für jede Zustellung an einen Drittschuldner gesondert erhoben. [2] Zieht der Gerichtsvollzieher Teilbeträge ein (§ 802b ZPO), wird das Wegegeld für den Einzug des zweiten und sodann jedes weiteren Teilbetrages je einmal gesondert erhoben. [3] Das Wegegeld für den Einzug einer Rate entsteht bereits mit dem ersten Versuch, die Rate einzuziehen.	

Übersicht

I. Normzweck. Die Vorschrift regelt nachrangig hinter § 12a bundesrechtlich das sog. Wegegeld. Eine Pauschale hat Vor- und Nachteile. Bei im Allgemeinen begrenzten Kosten wie im Anwendungsbereich von KV 711 ist eine Pauschalierung eher vertretbar. Somit erhält der Gerichtsvollzieher auch dann das Wegegeld, wenn er zu Fuß oder mit dem Rad unterwegs ist. 1

Die Vorschrift enthält zudem in ihrer amtlichen Anm. eine nähere Ausgestaltung. Sie fordert bei allem Bemühen um eine Vereinfachung doch im Interesse der Kostengerechtigkeit schon wieder zahlreiche zusätzliche Prüfungen. Auch sie dienen unter anderem der Verhinderung der nach früherem Recht vielfach beobachteten Wegegeld-Zusatzeinkünfte zu hoher Art. Dies sollte alles bei der Auslegung im Weg einer bedachtsamen Abwägung mitbeachtet werden. Es ist im Zweifel eine eher für den Auslagenschuldner günstige Lösung zu suchen, wie § 1 I sie mit dem Wort „nur" auferlegt. 2

II. Voraussetzungen. 1. Abgrenzung zu KV 712. Es ist keine Gebühr und kein Einkommen, sondern ein Auslagenersatz (Schröder-Kay/Winter Rn. 1). Davon spricht man beim pauschalen Ersatz von Auslagen für Wege **innerhalb** des Bezirks, den KV 711 näher umschreibt. Bei einem Weg außerhalb dieses Bezirks spricht man demgegenüber von **Reisekosten,** besser vom **Reisewegegeld.** Dieses regelt KV 712. Dabei geht KV 712 vor, sobald ein Ziel außerhalb des in KV 711 geregelten Bezirks liegt. 3

Nicht etwa sind dann KV 711, 712 nebeneinander anwendbar. Das wäre schon rechnerisch kaum ohne einen zu großen Aufwand möglich. Denn der Gerichtsvollzieher müsste sonst die Kosten der Fahrkarte usw. von der Grenze des in KV 711 geregelten Bezirks an mühsam auf der Landkarte ermitteln und anteilige Kosten errechnen. Das ist nach → Rn. 24 gerade nicht der Sinn. Nur KV 712 mit seinem Abstellen auf die vollen tatsächlichen Kosten ist also anwendbar, sobald der Weg über die Bezirksgrenze des KV 711 hinausführt. 4

5 KV 711 hat nachrangig nach § 12a den **Vorrang** vor KV 710. Denn auch bei der Benutzung des eigenen Kraftwagens findet eine „zurückgelegte Wegstrecke" ihre bei KV 711 eben nur anstelle der tatsächlichen Reisekosten entstehende pauschale Vergütung (aA OVG Lüneburg JurBüro 2006, 497; Meyer Rn. 30). Das Wegegeld des KV 711 ist im Gegensatz zu KV 712 eine Auslagenpauschale. Sie gilt nach → Rn. 7 ff. dann, wenn der Gerichtsvollzieher zur Vornahme einer Amtshandlung nach dem Bundes- oder Landesrecht einen im Anwendungsbereich liegenden Weg auf beliebige Art und Weise tatsächlich zurücklegt, auch als Zustellungsorgan (Ausnahme: → Rn. 14 ff.) oder als Vollziehungsbeamter nach § 6 III JBeitrG.

6 Die Vorschrift gilt also **nicht,** soweit der Gerichtsvollzieher aus einem anderen Grund unterwegs ist, etwa als ein Zeuge, Sachverständiger, Sequester oder in einer Staatsdienstsache, zB zum Dienstantritt oder bei einer Versetzung.

7 **2. Notwendigkeit.** Das Wegegeld kann nur insoweit entstehen, als der Gerichtsvollzieher den Weg zur Vornahme gerade dieser bestimmten einzelnen auftragsgemäßen Amtshandlung **tatsächlich** zurückgelegt **hat** (AG Aalen DGVZ 2001, 138; AG Lippstadt DGVZ 2001, 159; AG Tettnang DGVZ 2001, 159). Das stellt der Gesetzestext klar, auch in der Anm. I, III 3 (Kessel DGVZ 2013, 236). Wegegeld kann auch bei einer von Amts wegen notwendigen Amtshandlung entstehen (KG DGVZ 2017, 79; OLG Köln JurBüro 2017, 659).

8 Es **reicht also nicht** aus, dass der Auftraggeber wünscht, der Gerichtsvollzieher möge diesen Weg nehmen. Bei einer persönlichen Zustellung muss dieser Weg notwendig gewesen sein (AG Aalen DGVZ 2001, 138; AG Altenburg DGVZ 2001, 138; AG Neuwied DGVZ 1994, 190; aA AG Solingen DGVZ 2014, 178, ein Wahlrecht reiche). Der Gerichtsvollzieher kann zB eine Freigabe oder eine Terminsaufhebung auch schriftlich oder telefonisch usw. erklären.

9 Der Gerichtsvollzieher muss sich aus dem Dienstzimmer entfernt haben. Dienstzimmer kann auch zB derjenige Raum im AG sein, den dessen Vorstand diesem und etwa auch weiteren Gerichtsvollziehern zur Abnahme von Vermögensauskunftsversicherungen zur Verfügung gestellt hat (Schröder-Kay/Winter Rn. 22). Er muss den Weg gerade zu dem Zweck unternommen haben, **diese Amtshandlung vorzunehmen** (Kessel DGVZ 2013, 236). Die bloße Absicht genügt. Eine nur allgemeine Wegstrecke reicht selbst dann nicht aus, wenn sie auch einer gewissen Vorbereitung auf die bestimmte einzelne auftragsgemäße Amtshandlung dienen sollte. Es verschwimmen die Grenzen. Der Weg zur Einsicht in das Schuldnerverzeichnis oder zur Post kann durchaus für diesen Einzelfall bestimmt und notwendig sein (aA Schröder-Kay/Winter Rn. 20). Auf den Erfolg kommt es nicht an. Der Einzug von Raten ist nach der Anm. IV 2 zu beurteilen.

9a Wenn sich das Geschäft **unterwegs erledigt,** darf der Gerichtsvollzieher das Wegegeld nur für denjenigen Teil des Gesamtwegs erheben, den er bis zum Erledigungszeitpunkt und für den anschließend notwendigen Rückweg antreten musste.

10 **3. Grundsatz: Je Auftrag nur einmal Wegegeld.** Der Haupttext von KV 711 stellt den Grundsatz auf, dass die Pauschale nur einmal „je Auftrag" entsteht (OVG Lüneburg JurBüro 2006, 497; Winterstein JurBüro 2004, 64). Erst die Anm. IV 1, 2 stellt auf „jede Vollstreckungshandlung" oder auf jeden „Einzug" ab. Sie gilt nur in den dortigen Ausnahmefällen.

11 **„Auftrag"** ist der in § 3 geregelte Begriff. Er kann nach § 3 I 1 also mehrere Amtshandlungen umfassen. Trotzdem ergibt sich aus KV 711 innerhalb desselben Auftrags nur eine einmalige Pauschale. Das gilt nach § 3 II mit Ausnahme von § 3 II Nr. 3 lt. Hs. insbesondere bei einer gesetzlichen Fiktion nur eines Auftrags (Kessel DGVZ 2003, 87). Eine Mehrheit von Amtshandlungen innerhalb eines Auftrags findet nur indirekt eine Berücksichtigung, nämlich dadurch, dass dann für die gestaffelte Höhe der einmaligen Pauschale das am weitesten entfernte Ziel maßgeblich ist (→ Rn. 23).

12 **Auftragsmehrheit** hat auch mehrmals eine Pauschale zur Folge, da die Pauschale jeweils pro Auftrag abgerechnet werden darf, auch dann, wenn der Gerichtsvollzieher mit einem Weg mehrere Aufträge bearbeitet. Dies führt hinsichtlich der Kosten-

deckung zu einer Mischkalkulation (mehr dazu BeckOK KostR/Herrfurth KV 711 Rn. 2, 19).

Schuldnermehrheit ist nach § 3 je nach Umständen einen Auftragsmehrheit oder nicht. Dasselbe gilt von Gläubigermehrheit. 13

4. Ausnahme: Kein Wegegeld (Anm. III). Ein Wegegeld darf in einer Abweichung vom Grundsatz → Rn. 10–13 schließlich nach der Anm. III überhaupt nicht abgerechnet werden, soweit es nur um einen der drei folgenden Wege geht: 14

- **Sonstige Zustellung, Nr. 1,** KV 101, also diejenige Zustellung gleich welcher Art, die der Gerichtsvollzieher nicht persönlich vornimmt (AG Syke BeckRS 2017, 147229; AG Berlin-Tempelhof-Kreuzberg BeckRS 2017, 147228; AG Mettmann BeckRS 2017, 147913). Hier gilt KV 100;
- **Versteigerung von Pfandstücken, die sich in der Pfandkammer befinden, Nr. 2,** also nicht nur die Versteigerung von Sachen, die anderswo lagern;
- **allgemeiner Geschäftsbetrieb, Nr. 3,** also insbesondere Wege zur Post oder zum Gericht. Das gilt auch im Eilfall. Denn auch er gehört zum Geschäftsalltag des Gerichtsvollziehers.

Enge Auslegung dieser weiteren Ausnahmen ist wie stets notwendig. Soweit der Weg auch einem anderen Zweck innerhalb desselben Auftrags dient, ist der übrige Teil von KV 711 wie sonst anwendbar.

5. Ausnahme: mehrfaches Wegegeld je Auftrag (Anm. IV 1). In einer Abweichung vom Grundsatz → Rn. 10–13 entsteht nach der Anm. IV 1 bei § 10 II 1, 2 das Wegegeld ausnahmsweise für jede gleichartige Vollstreckungshandlung unabhängig von ihrem Erfolg (AG Aschaffenburg usw. DGVZ 2001, 156), und bei einer Vorpfändung nach § 845 ZPO für jede Zustellung an einen Drittschuldner. Damit übernimmt KV 711 für diesen Teil der Auslagen dieselbe Regelung, wie sie für die Gebühren gilt, soweit der Gerichtsvollzieher auftragsgemäß die gleiche Vollstreckungshandlung etwa der Kassenpfändung einmal oder mehrmals wiederholt oder soweit er auch ohne eine ausdrückliche Weisung die weitere Vollstreckung deshalb betreibt, weil er bisher keine volle Befriedigung erzielt hatte oder weil zB ein Pfandstück abhandengekommen oder beschädigt worden war. Alle diese Voraussetzungen sind, wie jede Ausnahme, streng prüfen. 15

6. Ausnahme: mehrfaches Wegegeld je Auftrag bei Ratenzahlung (Anm. IV 2, 3). In einer Abweichung vom Grundsatz → Rn. 10–13 entsteht nach der Anm. IV 2 als eine weitere Ausnahme das Wegegeld beim Vorgehen nach § 802b II ZPO ab dem Einzug eines zweiten Teilbetrags für ihn und jeden weiteren Einzug gesondert. Der Einzug des ersten Teilbetrags fällt unter die Anm. IV 3, sodass damit verhindert wird, dass das Wegegeld für die erste Rate nicht doppelt abgerechnet wird (BT-Drs. 17/11471, 258). Es genügt für die Anm. IV 2 der Einzugsversuch (sbeginn), auf einen erfolgreichen Rateneinzug kommt es nicht an. 16

7. Vertretung (Nr. 18 III DB-GvKostG). Wird ein Gerichtsvollzieher von einem Gerichtsvollzieher vertreten, der zum gleichen Amtsgericht gehört, so gibt es keine Unterschiede bei dem Wegegeld, Nr. 18 IIIa DB-GvKostG. Gehört der Vertreter zu einem anderen Amtsgericht, so wird in Nr. 18 IIIb S. 1 DB-GvKostG klargestellt, dass weiterhin KV 711 und nicht KV 712 anwendbar ist. Maßgebend für die Pauschale ist das Amtsgericht des vertretenen Gerichtsvollziehers bzw., soweit vorhanden, das Geschäftszimmer der Vertretungskraft im Amtsgerichtsbezirk des vertretenen Gerichtsvollziehers, Nr. 18 IIIb S. 2, 3 DB-GvKostG. 17

III. Auslagenhöhe. Es sind mehrere Prüfschritte erforderlich. Dabei gibt es keinen Unterschied zwischen einem Orts- und einem Auswärtswegegeld nach KV 711, sondern nur denjenigen zwischen KV 711 und 712. Die gesamte Regelung gilt nachrangig hinter § 12a, also nur mangels einer dortigen vorrangigen Verordnung eines Bundeslandes. 18

1. Luftlinie (Anm. I 3). Die Höhe der Pauschale hängt nach der Anm. II 3 grundsätzlich von der Länge der einfachen Luftlinie ab. Dabei ist eine gewisse Schätzung praktisch unentbehrlich. Sie darf aber nicht allzu grob ausfallen. Immerhin kann man mit einem Lineal auf jeder überall erhältlichen Karte die Luftlinie ziemlich genau ermitteln. Das Gesetz hält das für zumutbar. 19

20 **Unerheblich** sind also: Die Straßenführung; Umleitungen; Baustellen; Einbahnstraßen; Sperrungen; die Verkehrsdichte; die Erfahrung über Staus. Ob man in krassen Einzelfällen großzügiger vorgehen darf, etwa bei Lawinen, Überschwemmungen, Ausfall von Brücken, Eisenbahnunglücken usw, ist eine andere Frage. Dabei spielt der Verhältnismäßigkeitsgrundsatz ebenso eine Rolle wie etwa der ganz ungewöhnliche Zeitaufwand, die Notwendigkeit kurzfristiger Verschiebungen anderer umfangreicher Termine und dergleichen.

21 **2. Grundsatz: Entfernung Amtsgericht – Ziel (Anm. II 1 Hs. 1).** Nach der Anm. II 1 Hs. 1 ist zunächst die Entfernung vom AG zum weitesten Ziel des Amtshandlungsorts und nicht etwa zu einer Ortsmitte zu ermitteln. Befindet sich das AG in verschiedenen Gebäuden, sollte dasjenige maßgeblich sein, in dem der Präsident oder Direktor sein Dienstzimmer hat. Denn er leitet auch die Tätigkeit des Gerichtsvollziehers und lässt sich am einfachsten lokalisieren. Es ist weniger sinnvoll, etwa von der Gerichtsvollzieher-Verteilungsstelle auszugehen, zumal es bei großen Amtsgerichten davon mehrere in verschiedenen Gebäuden geben kann. Immerhin wäre auch dieser Ausgangspunkt vertretbar.

22 **3. Ausnahme: Geringere Entfernung Gerichtsvollzieher – Ziel (Anm. II 1 Hs. 2).** Sollte sich im Vergleich ergeben, dass die Luftlinie vom Geschäftszimmer des Gerichtsvollziehers zum weitesten Ziel geringer ist als diejenige nach → Rn. 21, dann ist nur die Entfernung vom Geschäftszimmer maßgeblich, Nr. 18 I 5 DB-GvKostG. Hat der Gerichtsvollzieher mehrere Geschäftszimmer, entscheidet seine Zentrale. Sie mag in der Wohnung oder außerhalb von ihr liegen.

23 **4. Mehrheit von Wegen: Weiteste Entfernung (Anm. II 2).** Wenn überhaupt ein Wegegeld anfällt, kommt es nach der Anm. II 2 auch bei einer Mehrheit von Wegen innerhalb desselben Auftrags nach → Rn. 10–13 oder ausnahmsweise derselben Vollstreckungshandlung nach → Rn. 15 auf den Weg mit der weitesten Entfernung an, Nr. 18 I DB-GvKostG. Der Gerichtsvollzieher muss die Entfernung nach → Rn. 19–22 erwähnen.

24 **5. Abgeltungsumfang.** Das Wegegeld gilt den gesamten Wegeaufwand ab (OVG Lüneburg JurBüro 2006, 497; Winterstein JurBüro 2004, 63; aA Krauthausen DGVZ 1993, 24, Vorbereitungshandlung gesondert), also nicht nur das Fahrgeld (so AG Neuwied DGVZ 1999, 190, zum alten Recht), sondern alle Auslagen nach Nr. 18 II DB-GvKostG, somit auch das Übernachtungsgeld sowie andere, durch die auswärtige Tätigkeit bedingte Auslagen, zB: ein Bergbahn-, Fähr- oder Brückengeld (OVG Lüneburg JurBüro 2006, 497); Aufwendungen für ein öffentliches Verkehrsmittel, für ein Taxi oder für einen Mietkraftwagen; Aufwendungen für einen eigenen Kraftwagen (KV 710 tritt zurück); sachlich sinnvolle Vorbereitungen, etwa eine Besichtigung vor einer Räumung (Krauthausen DGVZ 1993, 23; Irlbeck DGVZ 1993, 72 (str.)); **nicht** dagegen zB eine Kaskoversicherung des Gerichtsvollziehers (VG Aachen DGVZ 1993, 79).

25 **6. Persönlicher Erhalt nach Festsetzung.** Der Gerichtsvollzieher erhält seine Entschädigung persönlich durch die Überlassung der Beträge nach der Festsetzung durch die Dienstbehörde, es sei denn, die Beträge waren nicht einziehbar oder die Auslagen sind in einer solchen Sache entstanden, für die das Gericht eine Prozesskostenhilfe bewilligt hatte. Der Gerichtsvollzieher kann nach § 9 GVO auch einen Reisekostenzuschuss dann erhalten, wenn die Beträge die tatsächlichen Auslagen nicht decken.

26 **7. Auslagenstaffelung.** Erst wenn man nach → Rn. 19–23 die maßgebliche Entfernung ermittelt hat, kann man die richtige der vier im Haupttext von KV 711 gestaffelten Pauschalen ablesen. Es handelt sich jeweils um einen Festbetrag.

27 **IV. Fälligkeit.** § 14 S. 2.

28 **V. Kostenschuldner.** § 13.

29 **VI. DB-GvKostG.** Vgl. Nr. 18 DB-GvKostG.

Nr.	Auslagentatbestand	Höhe
712	**Bei Geschäften außerhalb des Bezirks des Amtsgerichts, dem der Gerichtsvollzieher zugewiesen ist, oder außerhalb des dem Gerichtsvollzieher zugewiesenen Bezirks eines anderen Amtsgerichts, Reisekosten nach den für den Gerichtsvollzieher geltenden beamtenrechtlichen Vorschriften ....**	**in voller Höhe**

I. Normzweck. Es handelt sich um das sog. Reisewegegeld. Dieses steht im Gegensatz zum sog. Auswärtswegegeld des KV 711. Andere Auslagenvorschriften nach §§ 700 ff. bleiben unberührt. KV 712 hat den Vorrang vor KV 711, → KV 711Rn. 1. 1

Da die übrigen Auslagevorschriften die Unkosten des Gerichtsvollziehers in den seltenen Fällen des KV 712 nicht angemessen abdecken, muss man diese Vorschrift zwecks einer Kostengerechtigkeit zwar im Anwendungsbereich als Sonderregel eng deuten. Man darf sie aber bei der Bemessung der Reisekosten eher etwas großzügiger auslegen. Der Gerichtsvollzieher darf nicht auf Kosten anderer überteuert reisen. Es empfiehlt sich eine weder laxe noch zu kleinliche Abwägung, soweit für sie ein Ermessen nach dem Reisekostenrecht bleibt. 2

II. Voraussetzung. „Geschäft" ist eine auftragsgemäße Amtshandlung nach § 3. Infrage kommt vor allem eine Vorführung einer Partei oder eines Zeugen von auswärts zB nach § 380 II ZPO. Es können infolge mehrerer Amtshandlungen auch mehrere „Geschäfte" vorliegen. Der Ersatz der Kosten mehrerer Reisen oder einer Reiseerweiterung hängt wie stets von der Notwendigkeit ab. **„Außerhalb"** meint das Gegenteil von „innerhalb" nach KV 711. 3

III. Reisekostenhöhe. Maßgeblich sind auch im Außenverhältnis Staat – Kostenschuldner die für den Gerichtsvollzieher in seinem Innenverhältnis zum Dienstherrn geltenden beamtenrechtlichen Vorschriften des BRKG oder eines etwaigen LRKG. Dazu zB bundesrechtlich das BRKG vom 26.5.2005 (BGBl. 1418) zuletzt geändert durch G v. 28.6.2021 (BGBl. I 2250) (ferner zB Meyer-Fricke, Reisekosten im öffentlichen Dienst (Loseblattausgabe). Bei der Amtshandlung einer Vertretungskraft des Gerichtsvollziehers gilt Nr. 18 IV a, b DB-GvKostG zumindest entsprechend. 4

Die Reisekosten werden **in voller Höhe** ersetzt. Dabei kann es im Rahmen einer nach dem Reisekostenrecht etwa anzustellenden Ermessens zu einer Abwägung nach → Rn. 2 kommen. 5

IV. Fälligkeit. § 14 S. 2. 6

V. Kostenschuldner. § 13. 7

VI. DB-GvKostG. Vgl. Nr. 18 DB-GvKostG. 8

Nr.	Auslagentatbestand	Höhe
713	**Pauschale für die Dokumentation mittels geeigneter elektronischer Bildaufzeichnungsmittel (§ 885a Abs. 2 Satz 2 ZPO) ....**	**5,00 €**
	Mit der Pauschale sind insbesondere die Aufwendungen für die elektronische Datenaufbewahrung abgegolten.	

Der Gerichtsvollzieher hat nach § 885a II 2 ZPO die frei ersichtlichen beweglichen Sachen, die er bei einer Vollstreckung vorfindet, analog oder elektronisch zu dokumentieren. Für die Erstellung elektronischer Bildaufnahmen entsteht die Pauschale nach KV 713 neben der Gebühr nach KV 241. Die Pauschale gilt den Aufwand für die Verwendung der digitalen Technik, sowie nach Anm. auch die elektronische 1

Datenaufbewahrung ab. Fälligkeit und Kostenschuldner bestimmen sich nach § 14 S. 2 und § 13.

Nr.	Auslagentatbestand	Höhe
714	**An Dritte zu zahlende Beträge für den Versand oder den Transport von Sachen oder Tieren im Rahmen der Verwertung an den Ersteher oder an einen von diesem benannten Dritten und für eine von dem Ersteher beantragte Versicherung für den Versand oder den Transport**	**in voller Höhe**
715	**Kosten für die Verpackung im Fall der Nummer 714**	**in voller Höhe – mindestens 3,00 €**

1 **I. Normzweck.** Die neuen Vorschriften regeln im Anschluss an KV 707 und ihm gegenüber als Spezialbestimmungen vorrangig die Auslagen für Verpackung und Versand oder Transport einschließlich einer etwa beantragten Versicherung im Fall einer Verwertung zugunsten eines Erstehers. Das ist ein Käufer oder der Meistbietende bei einer Versteigerung.

II. Voraussetzung. Sämtliche, tatsächlich angefallene Kosten für den Versand oder Transport zum Ersteher sind erstattungsfähig. Diese Kosten werden regelmäßig bei der Versteigerung über eine Internetplattform anfallen. Den Aufwand für Verpackung und Versand bestimmt der Ersteher, der auch eine ggf. gewünschte Transportversicherung zu erstatten hat.

2 **Unanwendbar** sind KV 714, 715 bei solchen Auslagen, die nur beim Versand oder Transport zum Gläubiger entstehen, soweit dieser nicht eben auch durch Kauf etwa nach § 825 ZPO oder durch einen Zuschlag nach dem ZVG erwirbt.

3 **III. Auslagenhöhe.** Zu zahlen sind bei KV 714 sämtliche Auslagen, bei KV 715 mindestens 3,00 EUR.

4 **IV. Fälligkeit.** § 14 S. 2.

5 **V. Kostenschuldner.** § 13 I 2 (Ersteher).

Nr.	Auslagentatbestand	Höhe
716	**Pauschale für sonstige bare Auslagen je Auftrag**	**20 % der zu erhebenden Gebühren – mindestens 3,00 €, höchstens 10,00 €**

1 **I. Normzweck.** Es handelt sich um eine nur hilfsweise mangels einer Anwendbarkeit von KV 700–712 beachtbare Auffangvorschrift. Sie ist aber nicht unbegrenzt anwendbar. Auch bei ihr müssen „bare Auslagen" vorliegen. Das ist nach → Rn. 5 etwas anderes als solche Unkosten, die zum Allgemeinbetrieb des Gerichtsvollziehers gehören und bereits durch seine Gebühren mitabgegolten werden.

2 Die Vorschrift soll vereinfachen und damit der Prozesswirtschaftlichkeit auch in der Endphase eines Verfahrens dienen. Sie bezweckt außerdem auch im Bereich wirklicher Barunkosten des Einzelfalls eine Kostengerechtigkeit. Der Gerichtsvollzieher darf sie aber nicht als einen bequemen Weg zur Erzielung aller möglichen Nebeneinkünfte missbrauchen (AG Meißen JurBüro 2006, 330). Er darf Allgemeinkosten nicht als Barauslagen umdeuten. Nur in diesen Grenzen ist KV 716 als eine Auffangregel weit auslegbar.

3 **II. Voraussetzung: Sonstige Auslagen.** Die Vorschrift hat nach → Rn. 1 mit ihrer Pauschale nur als eine Auffangbestimmung Bedeutung. Im Rahmen der zu-

nächst beachtlichen KV 700–712 gelten teilweise kompliziertere Regeln. Die Prüfung erfolgt anhand von vier Prüfungsschritten:

1. Auslagen. Den Begriff bestimmt zwar das GvKostG nirgends, auch nicht in § 1 I. Er ist aber der Sache nach eindeutig. Es muss sich um wirkliche Unkosten des Einzelfalls handeln. Sie müssen noch nicht entstanden sein, um begrifflich als Auslagen zu gelten. Denn § 4 I 1 gibt ein Vorschussrecht auch auf Auslagen, nämlich auf alle „voraussichtlich entstehenden Kosten". Es muss sich aber eben um solche Beträge handeln, die gerade der Durchführung dieses bestimmten Auftrags dienen. 4

2. Keine Allgemeinkosten. Es darf sich nicht um solche Unkosten handeln, die schon unabhängig vom Einzelauftrag zur Aufrechterhaltung des Betriebs des Gerichtsvollziehers mehr oder weniger regelmäßig entstehen werden oder entstanden sind. Es werden solche Aufwendungen auch nicht dadurch zu Auslagen nach KV 716, dass sie dann auch im Einzelfall nützlich oder notwendig sind, etwa die Hausklingel oder die Telefon-Grundgebühr. 5

Die **Abgrenzung** solcher allgemeiner Geschäftsunkosten von Barauslagen kann ähnliche Probleme mit sich bringen wie zB beim RVG, dort VV Vorb. 7 I → RVG VV Vorb. 7 Rn. 5 ff., oder § 91 ZPO (BeckOK ZPO/Jaspersen ZPO § 91 Rn. 104a). Die dortigen Erfahrungen sind auch hier mitverwertbar. Leitgedanke muss der Regelungszweck sein. 6

3. Barauslagen. Die Vorschrift ersetzt nur „bare" Auslagen. Auch die Zahlung mit einer Kreditkarte ist eine Barauslage. Alle unbaren fallen jedenfalls nicht unter KV 716. Eine Überweisung, ein Scheck, ein Wechsel, eine Gegenleistung in Naturalien sind keine Barauslagen. Hier ist eine klare, strenge Auslegung möglich und notwendig. Die Währung ist unerheblich. 7

4. Sonstige Auslagen. Es muss sich schließlich um solche baren Auslagen des Einzelfalls handeln, die nicht bereits unter KV 700–712 fallen. Denn das Wort „sonstige" klärt nach → Rn. 1, 2 die bloße Hilfsfunktion der Auffangvorschrift. 8

III. Auslagenhöhe. 1. Berechnung je Auftrag. Die Vorschrift stellt „je Auftrag" eine Auslagenpflicht klar. Für den Begriff „Auftrag" ist § 3 maßgeblich (AG Bergheim DGVZ 2002, 31; AG Goßlar DGVZ 2010, 19; AG Leipzig DGVZ 2009, 119). Ein Auftrag kann also zB mehrere Amtshandlungen nach § 10 umfassen. Er braucht aber überhaupt keine gebührenpflichtige Amtshandlung zu erfordern. Dann gilt die Mindestsumme von 3,00 EUR. Soweit jede Amtshandlung eine oder mehrere Gebühren auslöst, scheint es daher doch nur einmal einen Auslagenersatz zu geben (LG Berlin JurBüro 2003, 545; AG Leipzig BeckRS 2017, 145656). 9

Das ist aber in Wahrheit ein **Irrtum.** Denn KV 716 gibt einen Bruchteil „der zu erhebenden Gebühren". Schon durch diese Mehrzahl kommt zum Ausdruck, dass eventuell mehrere Bruchteile eben aus mehreren Gebühren entstehen können, obwohl nur ein einziger Auftrag vorliegt. In Wahrheit erfolgt also innerhalb des Auftrags eine Berechnung je anwendbare Gebühr. Das ist eine alles andere als einfache Rechnungsweise. Das Gesetz zwingt aber dazu. 10

2. Prozentsatz von Gebühren. Wie in → Rn. 9, 10 dargestellt, muss man zunächst diejenigen etwaigen Gebühren ermitteln, die innerhalb des Auftrags entstehen. Sodann muss man von jeder Einzelgebühr 20 % errechnen. Diese einzelnen Bruchteilsbeträge sind anschließend zu addieren, um die vorläufige Höhe der Auslagenpauschale zu finden. Bei der Gebührenfreiheit nur eines von mehreren Kostenschuldnern bleibt es bei der Berechnung gegenüber auch diesem Schuldner (OLG Düsseldorf DGVZ 2006, 200). 11

3. Mindest- und Höchstbetrag. Nach der Erledigung des Rechenwerks nach → Rn. 11 muss man abschließend beachten, dass KV 716 für das vorläufige Ergebnis einen absoluten Mindest- wie Höchstbetrag vorschreibt (AG Hamburg-Harburg DGVZ 2003, 126). Dabei ist der Gesetzestext nicht eindeutig. Man könnte ihn so lesen, dass man den Mindest- wie Höchstbetrag bei einer etwaigen Mehrzahl von Gebühren für jede Einzelgebühr berücksichtigen müsste. Dem in → Rn. 2 dargestellten Vereinfachungszweck würde eine solche weitere Komplikation aber direkt widersprechen. Das Rechenwerk des KV 716 ist schon kompliziert genug geraten. 12

13 **Ergebnis:** Erst nach einer Addition der 20%-Bruchteile ergibt sich die Notwendigkeit und Befugnis, den absoluten Mindest- und Höchstbetrag zu beachten. Das allein wird auch den Grundgedanken einer für den Kostenschuldner freundlichen Auslegung gerecht.

14 Die **Ablehnung** eines Auftrags führt zur Mindestgebühr (AG Frankfurt a. M. DGVZ 2003, 13). Ein einzelner Auslagenersatz erfolgt im Rahmen des KV 716 nicht (AG Überlingen InVo 2002, 40).

15 **IV. Fälligkeit.** § 14 S. 2.

16 **V. Kostenschuldner.** § 13. Ist der Gläubiger ohnehin kein Kostenschuldner, hilft seine Kostenfreiheit dem Schuldner nicht (LG Wuppertal DGVZ 2007, 173).

VI. ABC zur Anwendbarkeit

17 **Ablichtung, Kopie:** Es gilt KV 700. Unanwendbar ist KV 716 zB auf eine von Amts wegen gefertigte Kopie, auf eine Abschrift oder Ablichtung der Zustellungsurkunde nach § 829 II 2 ZPO oder nach § 845 I 2 ZPO.

Allgemeinkosten: → Rn. 5 f.

von Amts wegen: Unanwendbar ist die Vorschrift, soweit es um die Auslagen für eine von Amts wegen angefertigte oder übermittelte Abschrift oder Ablichtung geht. Denn KV 700 zeigt in seiner Anm. II Nr. 1 durch die Beschränkung auf eine antragsgemäße Anfertigung oder Übermittlung, dass die auf Grund einer gesetzlichen Vorschrift vorgenommene Anfertigung oder Übermittlung gerade nicht auslagenpflichtig sein soll. Sonst hätte das Gesetz dort nicht die Worte „auf Antrag" benutzt, die sich sowohl auf eine Anfertigung als auch auf eine Übermittlung beziehen.

Anzeige: Unanwendbar ist die Vorschrift auf eine Anzeige nach §§ 827, 854 ZPO.

Bankdienst: Anwendbar ist die Vorschrift auf solche Entgelte, die durch Bankdienstleistungen anfallen. Dazu gehören etwa: Überweisungskosten; Kosten der Einrichtung oder Auflösung eines Anderkontos; Abbuchungskosten; Kontoauszugskosten. Alle solche Spesen müssen aber tatsächlich entstanden sein.

Unanwendbar ist die Vorschrift, soweit es sich um generelle Kontoführungskosten oder etwa um das allgemeine Schreibwerk mit der Bank handelt, oder soweit es um die in KV 706 vorrangig geregelten Kosten einer Nichteinlösung eines Schecks geht.

Benachrichtigung: Unanwendbar ist die Vorschrift auf die zu den Allgemeinkosten zählenden Benachrichtigungen zB des Drittschuldners und des Schuldners nach § 845 I 2 ZPO oder auf die vor der Verhaftung erforderliche Anzeige an die vorgesetzte Behörde des zu Verhaftenden nach der ZPO oder auf die bei einer Hinterlegung zu erstattende Anzeige an das Vollstreckungsgericht nach §§ 827, 854 ZPO.

Dienstvorgesetzter: → „Benachrichtigung".

Drittschuldner: Unanwendbar ist die Vorschrift auf die Aufnahme der von dem Drittschuldner bei der Zustellung eines Pfändungsbeschlusses oder nachträglich abgegebenen Erklärungen nach § 840 ZPO. Auch → „Benachrichtigung".

Formular: Anwendbar ist die Vorschrift auf Auslagen für Formulare aller Art und Herstellung. Durch die bundeseinheitliche Erfassung in KV 716 ist die Zulässigkeit früherer landesgesetzlicher Regelungen entfallen.

Gemeinkosten: → „Allgemeinkosten".

Haftbefehl: → „Benachrichtigung", → „Verhaftung".

Hinterlegungsanzeige: → „Benachrichtigung".

Neuer Auftrag: Er macht KV 716 erneut anwendbar; AG Strausberg DGVZ 2005, 131 (unberechtigter Auftrag auf eine bloße Nachbesserung bei § 807 ZPO).

Nichterledigung: Anwendbar ist die Vorschrift unabhängig davon, ob auch Gebühren entstehen.

Pfändungsbeschluss: → „Drittschuldner", → „Zustellung".

Post: → „Telekommunikation".

Schuldner: → „Benachrichtigung"

Telefax: → „von Amts wegen".

Telekommunikation: Anwendbar ist die Vorschrift auf alle über die Grundgebühren hinausgehenden Einzelentgelte für Telekommunikationsleistungen, ausgenommen Zustellungen mit Zustellungsurkunde. Denn sie fallen unter KV 701. Aber auch → Rn. 5 f.

Verhaftung: Unanwendbar ist die Vorschrift auf dem Schuldner zu übergebende Abschrift oder Ablichtung des Haftbefehls. Denn sie zählt zu den in KV 700 nicht mitgenannten Begleit- und zu den Allgemeinkosten. Auch → „Benachrichtigung".

Vorpfändung: → „Benachrichtigung".

Zustellung: → „Telekommunikation".

Nr.	Auslagentatbestand	Höhe
717	**Umsatzsteuer auf die Kosten** .... **Dies gilt nicht, wenn die Umsatzsteuer nach § 19 Abs. 1 UStG unerhoben bleibt.**	**in voller Höhe**

I. Normzweck. Die Norm regelt die Erstattungsfähigkeit einer etwa anfallenden Umsatzsteuer. Mit dieser KV ist keine Aussage darüber getroffen, ob und unter welchen Voraussetzungen Kosten, die nach den vorgenannten Gesetzen erhoben werden, der Umsatzsteuer unterfallen. Dies richtet sich nach dem UStG. 1

II. Anwendungsbereich. Der Gerichtsvollzieher ist Beamter und kein Freiberufler und als solcher nicht umsatzsteuerpflichtig. Eine etwa anfallende Umsatzsteuer entfällt nach der Anm., sofern der Gerichtsvollzieher zu den nicht optierenden und deshalb auch von der Möglichkeit eines Vorsteuerabzugs ausgeschlossenen Kleinunternehmern nach § 19 I UStG gehört. 2

III. Auslagenhöhe. Die Umsatzsteuer ist in voller Höhe ersetzen, soweit sie entsteht. Die Steuer beträgt seit 1.1.2007 19 % (bzw. 16 % in der Zeit vom 1.7.2020 bis 31.12.2020, vgl. § 28 I UStG). Sie kann mit der Ausnahme von → Rn. 4 für alle typischen wie atypischen Leistungen entstehen, die ein Gerichtsvollzieher erbringt und nach GvKostG abrechnen kann. Die Umsatzsteuer kann auch auf Auslagen entstehen, nicht aber auf sog. durchlaufenden Posten im Namen und für die Rechnung eines Dritten. 3

Die Steuer beträgt auch seit 1.1.2007 unverändert nur 7 % (bzw. 5 % in der Zeit vom 1.7.2020 bis 31.12.2020, vgl. § 28 II UStG) soweit der Gerichtsvollzieher eine solche Leistung erbringt, die zumindest auch und nicht nur völlig der freiberuflichen Tätigkeit untergeordnet ein nach dem UrhG geschütztes Werk darstellt, § 12 II Nr. 7c UStG. 4

IV. Kostenrechnung. Der Gerichtsvollzieher muss die Umsatzsteuer in seine Kostenberechnung nach Nr. 7 I 2 DB-GvKostG mitaufnehmen, schon damit der Auftraggeber sie evtl. als Vorsteuer absetzen kann (FG Nürnberg EFG 1991, 50). 5

V. Fälligkeit. § 14 S 2. 6

VI. Kostenschuldner. § 13. 7

b) Durchführungsbestimmungen zum Gerichtsvollzieherkostengesetz (DB-GvKostG)

Bekanntmachung des Bayerischen Staatsministeriums der Justiz vom 19.12.2022,
Az. B2 – 5652 E – VI – 8451/2022
(BayMBl. 2023 Nr. 15)

Vorbemerkung

A. Grundsätze von allgemeiner Bedeutung. 1

B. Grundsätze, die nur für einzelne Kostenvorschriften von Bedeutung sind. Die Landesjustizverwaltungen haben die folgende bundeseinheitliche Neufassung der Durchführungsbestimmungen zum Gerichtsvollzieherkostengesetz (DB-GvKostG) beschlossen: Die DB-GvKostG, die Gerichtsvollzieherordnung (GVO) und die Geschäftsanweisung für Gerichtsvollzieher (GVGA) wurden jeweils bundeseinheitlich geregelt (zur DB-GvKostG → Rn. 2) und sind landesrechtliche Verwaltungsbestimmungen zur Ergänzung des Gesetzes. Sie binden den Gerichtsvollzieher, die Dienstaufsicht und den Bezirksrevisor als Vertreter der Staatskasse bis zu einer abweichenden Weisung des Gläubigers als des Herrn der Zwangsvollstreckung (Musielak/Voit/Lackmann ZPO Vor § 704 Rn. 11) oder bis zur Rechtskraft oder vorläufigen Vollstreckbarkeit einer abweichenden Entscheidung des Gerichts (VGH Bayern DGVZ 2004, 25), und die mit dem Gesetz befassten Verwaltungsstellen (Köhler DGVZ 1981, 178 (179), zum alten Recht). Sie binden aber nicht das Gericht, obwohl sie ihm wertvolle Dienste leisten (OLG Köln BeckRS 2014, 13071; LG Frankenthal DGVZ 2004, 187; LG Koblenz DGVZ 1982, 76 (77), zum alten Recht). Die DB-GvKostG sind bundeseinheitlich eingefügt worden (Vorgänger: Gerichtsvollzieherkostengrundsätze – GvKostGr). Sie wurden mehrfach geändert (→ Rn. 2). Sie sind in den Bundesländern wie folgt veröffentlicht worden. Mehrere Anpassungen an das 2. KostRModG sind rückwirkend zum 1.1.2013 und sodann zum 1.1.2014 erfolgt.

2 **Ländervorschriften: Baden-Württemberg:** VwV zuletzt vom 30.11.2015, zuletzt geändert am 28.11.2017, Die Justiz 2017, S. 125; **Bayern:** Bek. zuletzt vom 5.6.2017, zuletzt geändert am 17.11.2020, BayMBl. Nr. 715; **Berlin:** AV zuletzt vom 1.12.2017, JustVA II B 6, zuletzt geändert am 20.11.2020; **Brandenburg:** AV vom 27.7.2001, JMBl./01, S. 175, zuletzt geändert am 6.12.2017, JMBl./17 S. 106; **Bremen:** AV v. 31.5.2001, 5653; **Hamburg:** AV zuletzt geändert am 12.11.2020, JVBl. 2020, 106; **Hessen:** RdErl. zuletzt geändert am 12.11.2020, JMBl. 2020, S. 468; **Mecklenburg-Vorpommern:** AV vom 21.6.2001, AmtsBl. M-V 2001, S. 835, ber. S. 875, zuletzt geändert am 21.12.2017, AmtsBl. M-V 2018 S. 4; **Niedersachsen:** AV vom 23.5.2001, Nds. Rpfl. 2001, S. 175, zuletzt geändert am 13.11.2017, Nds. Rpfl. 2017, S. 375; **Nordrhein-Westfalen:** AV vom 25.5.2001, JMBl. NRW 2001, S. 149, zuletzt geändert am 16.11.2020, JMBl. NRW 2020 S. 307; **Rheinland-Pfalz:** VV vom 28.6.2001, JBl. 2001, S. 235, zuletzt geändert am 6.12.2017, JBl. 2018, S. 3; **Saarland:** AV vom 23.5.2001, GMBl. Saar 2001, S. 545, zuletzt geändert am 13.12.2017, Nr. 21/2017; **Sachsen:** VV vom 25.9.2013, SächsJMBl. 2013, S. 119, zuletzt geändert am 29.11.2017, SächsJMBl. 2017, S. 197; **Sachsen-Anhalt:** AV vom 11.6.2001, JMBl. LSA 2001, S. 223, zuletzt geändert am 17.11.2017, JMBl. LSA 2017, S. 151; **Schleswig-Holstein:** AV vom 23.5.2001, SchlHA 2001, S. 161, zuletzt geändert am 27.11.2017, SchlHA 2017, S. 458; **Thüringen:** VO vom 5.8.2013, JMBl. 2013, S. 61, zuletzt geändert am 8.1.2018, JMBl. 2018, S. 49.

3 Für die DB-GvKostG ist die für Bayern veröffentlichte Fassung zugrunde gelegt worden.

Abschnitt A. Grundsätze von allgemeiner Bedeutung

Zu § 1

1 Die Gerichtsvollzieherkosten (GV-Kosten) werden für die Landeskasse erhoben.

1 Die Vorschrift ergänzt § 1 GvKostG → GvKostG § 1 Rn. 1 ff. Die Erhebung der Kosten erfolgt für die Landeskasse, dabei ist der Gerichtsvollzieher kein „Kostenbeamter" (BGH DGVZ 2001, 75; OLG Hamm DGVZ 1994, 27). Dies gilt nicht nur für die Gebühren, sondern auch für die Auslagen des Gerichtsvollziehers (→ GvKostG Vor § 1 Rn. 7; OLG Köln NJW 1988, 503).

2 Der Gerichtsvollzieher erhält je nach Bundesland zusätzlich zu seiner Besoldung eine weitere Vergütung für seine Tätigkeit, sowie eine Entschädigung für seine Bürokosten, → GvKostG Vor § 1 Rn. 8–10.

Zu § 3

2 [1] [1] Gibt die Gerichtsvollzieherin oder der Gerichtsvollzieher einen unvollständigen oder fehlerhaften Auftrag zurück, so ist die Auftraggeberin

oder der Auftraggeber darauf hinzuweisen, dass der Auftrag als abgelehnt zu betrachten ist, wenn er nicht bis zum Ablauf des auf die Rücksendung folgenden Monats ergänzt oder berichtigt zurückgereicht wird. [2]Wird der Mangel innerhalb der Frist behoben, so liegt kostenrechtlich kein neuer Auftrag vor. [3]Die Sätze 1 und 2 gelten nicht, wenn der Auftrag zurückgegeben wird, weil die Anschrift der Schuldnerin oder des Schuldners unzutreffend und die zutreffende Anschrift der Gerichtsvollzieherin oder dem Gerichtsvollzieher nicht bekannt ist und auch nicht ermittelt werden konnte.

II [1]Bei bedingt erteilten Aufträgen gilt der Auftrag mit Eintritt der Bedingung als erteilt. [2]§ 3 Abs. 2 Satz 2 GvKostG bleibt unberührt.

III [1]Es handelt sich um denselben Auftrag, wenn die Gerichtsvollzieherin oder der Gerichtsvollzieher gleichzeitig beauftragt wird, einen oder mehrere Vollstreckungstitel zuzustellen, aufgrund der Titel Vollstreckungshandlungen gegen die Schuldnerin oder den Schuldner auszuführen und beim Vorliegen der Voraussetzungen nach § 807 Abs. 1 ZPO die Vermögensauskunft abzunehmen. [2]Verbindet die Gläubigerin oder der Gläubiger den Vollstreckungsauftrag mit dem Auftrag zur Abnahme der Vermögensauskunft (§ 807 Abs. 1 ZPO), so liegt kostenrechtlich derselbe Auftrag auch dann vor, wenn die Schuldnerin oder der Schuldner der sofortigen Abnahme der Vermögensauskunft widerspricht. [3]Scheitert die sofortige Abnahme nur deshalb, weil die Schuldnerin oder der Schuldner abwesend ist, handelt es sich um zwei Aufträge.

IV Wird die Gerichtsvollzieherin oder der Gerichtsvollzieher gleichzeitig beauftragt, mehrere Auskünfte über das Vermögen der Schuldnerin oder des Schuldners nach § 802l Abs. 1 Satz 1 ZPO einzuholen oder mehrere der nach § 802l Abs. 1 Satz 1 ZPO erhobenen Daten gemäß § 802l Abs. 4 ZPO an Dritte zu übermitteln, handelt es sich um einen Auftrag.

V [1]Bei der Zustellung eines Pfändungs- und Überweisungsbeschlusses an mehrere Drittschuldnerinnen oder Drittschuldner handelt es sich um mehrere Aufträge. [2]Die Zustellungen an Schuldnerin oder Schuldner und Drittschuldnerin oder Drittschuldner sind ein Auftrag. [3]Satz 1 gilt für die Zustellung eines Europäischen Beschlusses zur vorläufigen Kontenpfändung entsprechend.

VI [1]Mehrere Aufträge liegen vor, wenn die Auftraggeberin oder der Auftraggeber lediglich als Vertreterin oder Vertreter (z. B. als Inkassounternehmen, Hauptzollamt, Rechtsanwältin oder Rechtsanwalt) für mehrere Gläubigerinnen oder Gläubiger tätig wird; maßgebend ist die Zahl der Gläubigerinnen oder Gläubiger. [2]Es handelt sich jedoch um denselben Auftrag, wenn mehrere Gläubigerinnen oder Gläubiger, denen die Forderung gemeinschaftlich zusteht (z. B. Gesamtgläubigerinnen oder Gesamtgläubiger – § 428 BGB –, Mitgläubigerinnen oder Mitgläubiger – § 432 BGB –, Gesamthandsgemeinschaften) auf Grund eines gemeinschaftlich erwirkten Titels die Vollstreckung oder die Zustellung des Titels beantragen.

VII Nebengeschäfte im Sinne des § 3 Abs. 1 Satz 3 GvKostG sind insbesondere

a) die Entgegennahme einer Zahlung im Zusammenhang mit einem Vollstreckungsauftrag oder einem sonstigen selbständigen Auftrag; dies gilt auch dann, wenn im Zeitpunkt der Entgegennahme der Zahlung das Hauptgeschäft bereits abschließend erledigt ist,
b) die Einholung von Auskünften bei einer der in § 755 ZPO genannten Stellen,
c) das Verfahren zur gütlichen Erledigung der Sache (§ 802b ZPO), es sei denn, die Gerichtsvollzieherin oder der Gerichtsvollzieher wurde isoliert mit dem Versuch der gütlichen Erledigung der Sache beauftragt (§ 802a Abs. 2 Satz 2 ZPO).

VIII [1]Stellt die Gerichtsvollzieherin oder der Gerichtsvollzieher fest, dass die Schuldnerin oder der Schuldner in einen anderen Amtsgerichtsbezirk verzogen ist, sind die bis zum Zeitpunkt der Auftragsabgabe fällig gewordenen Gebühren und Auslagen anzusetzen. [2]Ist die Schuldnerin oder der Schuldner innerhalb des Amtsgerichtsbezirks verzogen, sind die entstande-

nen Gebühren und Auslagen der übernehmenden Gerichtsvollzieherin oder dem übernehmenden Gerichtsvollzieher zum Zweck des späteren Kostenansatzes (§ 5 Abs. 1 Satz 1 GvKostG) mitzuteilen. [3]Satz 3 der Vorbemerkung zum 6. Abschnitt des Kostenverzeichnisses (Anlage zu § 9 GvKostG) bleibt unberührt. [4]Hat die abgebende Gerichtsvollzieherin oder der abgebende Gerichtsvollzieher einen Vorschuss gemäß § 4 GvKostG erhoben, sind die durch Abrechnung des Vorschusses bereits eingezogenen Gebühren und Auslagen der übernehmenden Gerichtsvollzieherin oder dem übernehmenden Gerichtsvollzieher mitzuteilen.

1 Die Vorschrift enthält Ergänzungen bzw. Kommentierungen zu § 3 GvKostG. Nr. 3 ist bereits bei § 3 GvKostG erläutert, s. dort.

2 Bei **Gläubigergemeinschaften** (zB Gesamtgläubiger nach § 428 BGB), die aufgrund eines gemeinschaftlich erwirkten Titels vollstrecken oder eine Zustellung beantragen, liegt nur ein Auftrag vor, Nr. 2 Abs. 6 DB-GvKostG (AG Duderstadt DGVZ 2018, 124). Dies gilt auch für eine WEG als Gläubiger (AG Gießen DGVZ 2004, 79).

3 **„Nebengeschäft"** ist ein im GvKostG nicht amtlich festgelegter Begriff. Er bringt eine neue Unsicherheit. Nach Nr. 2 VII DB-GvKostG sind Nebengeschäfte insbsd. die Entgegennahme einer Zahlung, die Einholung von Auskünften und uU das Verfahren zur gütlichen Einigung nach § 802b ZPO (BeckOK KostR/Herrfurth GvKostG § 3 Rn. 29 ff.; Richter/Zuhn DGVZ 2017, 29).

Zu § 4

3 **I Ein Vorschuss soll regelmäßig nicht erhoben werden bei**

a) Aufträgen von Behörden oder von Körperschaften, Anstalten oder Stiftungen des öffentlichen Rechts, auch soweit ihnen keine Kostenfreiheit zusteht,

b) Aufträgen, deren Verzögerung dem Auftraggeber einen unersetzlichen Nachteil bringen würde,

c) Aufträgen zur Erhebung von Wechsel- oder Scheckprotesten.

II Bei der Einforderung des Vorschusses ist die Auftraggeberin oder der Auftraggeber darauf hinzuweisen, dass der Auftrag erst durchgeführt wird, wenn der Vorschuss gezahlt ist und dass der Auftrag als zurückgenommen gilt, wenn der Vorschuss nicht bis zum Ablauf des auf die Absendung der Vorschussanforderung folgenden Kalendermonats bei der Gerichtsvollzieherin oder dem Gerichtsvollzieher eingegangen ist.

III Für die Einhaltung der Fristen nach § 3 Abs. 4 Satz 5 und § 4 Abs. 2 Satz 2 GvKostG ist bei einer Überweisung der Tag der Gutschrift auf dem Dienstkonto und bei der Übersendung eines Schecks der Tag des Eingangs des Schecks unter der Voraussetzung der Einlösung maßgebend.

IV Die Rückgabe der von der Auftraggeberin oder dem Auftraggeber eingereichten Schriftstücke darf nicht von der vorherigen Zahlung der Kosten abhängig gemacht werden.

V Bei länger dauernden Verfahren (z.B. Ratenzahlung, Ruhen des Verfahrens) können die Gebühren bereits vor ihrer Fälligkeit (§ 14 GvKostG) vorschussweise erhoben oder von den von der Schuldnerin oder den vom Schuldner gezahlten Beträgen (§ 15 Abs. 2 GvKostG) entnommen werden.

1 **I. Normzweck.** Die Vorschrift enthält Ergänzungen bzw. Kommentierungen zu § 4 GvKostG.

2 **II. Kein Vorschuss, I, IV.** I stellt kein Verbot der Vorschusserhebung dar, sondern im Rahmen seiner Ermessensentscheidung hat der Gerichtsvollzieher für die in I genannten Aufträge idR keinen Vorschuss zu erheben; in Einzelfällen jedoch schon. Bei Aufträgen von Behörden oder von Körperschaften, Anstalten oder Stiftungen des öffentlichen Rechts ist ein Kostenausfall nicht zu befürchten. Der Gerichtsvollzieher kann aber einen Vorschuss erheben, soweit er im Hinblick auf hohe Auslagen andernfalls in Vorleistung treten müsste (AG Braunschweig DGVZ 1998, 46). Auch bei Aufträgen, die eilbedürftig sind (zB Voll-

streckung einer einstweiligen Verfügung) oder deren Verzögerung durch Vorschussanforderung den Auftraggeber einen unersetzlichen Nachteil erbringen würden.

Nach IV darf die Rückgabe der Unterlagen an den Auftraggeber nicht von einem Vorschuss und auch nicht von der Zahlung der Kosten abhängig gemacht werden. 3

III. Vorschuss, V. V stellt klar, dass der Gerichtsvollzieher auch seine Gebühren vor deren Fälligkeit nach § 14 GvKostG als Vorschuss erhoben oder aus den vom Schuldner gezahlten Beträgen entnommen werden können, wenn es sich um einen Auftrag handelt, dessen Erledigung zB wegen Ratenzahlung länger dauert. 4

IV. Ergänzung zum GvKostG, II, III. Soweit der Gerichtsvollzieher die Durchführung des Auftrags nach § 4 I 2 GvKostG von der Vorschusserhebung abhängig macht, regelt II die Hinweispflicht des Gerichtsvollziehers. Dieser hat zusätzlich den Auftraggeber darauf hinzuweisen, dass der Auftrag bei nicht fristgerechter Zahlung als zurückgenommen gilt. Die Frist ist nach III eingehalten, wenn der Vorschuss innerhalb der Frist nach § 4 I 1 iVm § 3 IV 5 GvKostG oder nach § 4 II GvKostG auf dem Konto des Gerichtsvollziehers gutgeschrieben wurde oder ein Scheck beim Gerichtsvollzieher einging, der auch einlösbar ist. 5

Zu § 5

4 **I [1] Solange eine gerichtliche Entscheidung oder eine Anordnung im Dienstaufsichtswege nicht ergangen ist, hat die Gerichtsvollzieherin oder der Gerichtsvollzieher auf Erinnerung oder auch von Amts wegen unrichtige Kostenansätze richtigzustellen (vgl. Nr. 7 Abs. 4). [2] Soweit einer Erinnerung abgeholfen wird, wird sie gegenstandslos.**

II [1] Hilft die Gerichtsvollzieherin oder der Gerichtsvollzieher einer Erinnerung der Kostenschuldnerin des Kostenschuldners nicht oder nicht in vollem Umfang ab, so ist sie mit den Vorgängen der Bezirksrevisorin oder dem Bezirksrevisor vorzulegen. [2] Dort wird geprüft, ob der Kostenansatz im Verwaltungsweg zu ändern ist oder ob Anlass besteht, für die Landeskasse ebenfalls Erinnerung einzulegen. [3] Soweit der Erinnerung nicht abgeholfen wird, veranlasst die Bezirksrevisorin oder der Bezirksrevisor, dass die Erinnerung mit den Vorgängen unverzüglich dem Gericht vorgelegt wird.

III Alle gerichtlichen Entscheidungen über Kostenfragen hat die Gerichtsvollzieherin oder der Gerichtsvollzieher der zuständigen Bezirksrevisorin oder dem zuständigen Bezirksrevisor mitzuteilen, sofern diese nicht nach Absatz 2 an dem Verfahren beteiligt waren.

I. Normzweck. Die Vorschrift enthält Ergänzungen bzw. Kommentierungen zu § 5 GvKostG. 1

II. Abhilfebefugnis, I. Dem Gerichtsvollzieher steht bei jeden Kostenansatz das Recht zu, diesen selbständig oder aufgrund einer Erinnerung richtig zu stellen und insoweit auch dieser Erinnerung abzuhelfen. Macht der Gerichtsvollzieher von seiner Abhilfebefugnis Gebrauch, wird die entsprechende Erinnerung gegenstandslos. Zur Abhilfebefugnis bei unrichtiger Sachbehandlung → Nr. 5 Rn. 2. 2

III. Verfahren bei Kostenerinnerung, II. Soweit der Gerichtsvollzieher einer Erinnerung nicht abhilft, hat er diese Erinnerung zusammen mit seiner Nichtabhilfeentscheidung dem Bezirksrevisor als Vertreter der Landeskasse vorzulegen. Der Bezirksrevisor prüft nun seinerseits, ob der Kostenansatz im Verwaltungsweg zu ändern ist oder ob er für die Landeskasse auch Erinnerung gegen den Kostenansatz einlegt. 3

Weist der Bezirksrevisor den Gerichtsvollzieher nicht zur Änderung des Kostenansatzes im Verwaltungsweg an, so veranlasst der Bezirksrevisor, dass die Erinnerung mit Nichtabhilfeentscheidung des Gerichtsvollziehers und seiner Stellungnahme unverzüglich (§ 121 I 1 BGB) dem zuständigen Gericht vorgelegt wird, das über die Erinnerung nach § 5 GvKostG entscheidet. 4

Soweit das Gericht den Bezirksrevisor nicht am Erinnerungsverfahren beteiligt, hat der Gerichtsvollzieher alle gerichtlichen Entscheidungen dem Bezirksrevisor mitzuteilen, III. 5

Zu § 7

5 **[1] Hilft die Gerichtsvollzieherin oder der Gerichtsvollzieher einem Antrag der Kostenschuldnerin oder des Kostenschuldners auf Nichterhebung von GV-Kosten wegen unrichtiger Sachbehandlung nicht oder nicht in vollem Umfang ab, so ist die Entscheidung der Kostenschuldnerin oder dem Kostenschuldner mitzuteilen. [2] Erhebt diese oder dieser gegen die Entscheidung Einwendungen, so legt die Gerichtsvollzieherin oder der Gerichtsvollzieher die Vorgänge unverzüglich mit einer dienstlichen Äußerung der unmittelbaren Dienstvorgesetzten oder dem unmittelbaren Dienstvorgesetzten (§ 1 Satz 3 GVO) vor. [3] Von dort wird die Bezirksrevisorin oder der Bezirksrevisor beteiligt; die Nichterhebung der Kosten nach § 7 Abs. 2 Satz 3 GvKostG im Verwaltungsweg wird angeordnet, wenn die Voraussetzungen hierfür erfüllt sind. [4] Anderenfalls wird zunächst geprüft, ob die Kostenschuldnerin oder der Kostenschuldner eine Entscheidung im Verwaltungswege oder eine gerichtliche Entscheidung begehrt. [5] Nach dem Ergebnis der Prüfung entscheidet die Dienstvorgesetzte oder der Dienstvorgesetzte entweder selbst oder legt die Vorgänge mit der Äußerung der Gerichtsvollzieherin oder des Gerichtsvollziehers dem Amtsgericht (§ 7 Abs. 2 i. V. m. § 5 Abs. 2 GvKostG) zur Entscheidung vor.**

1 **I. Normzweck.** Die Vorschrift enthält Ergänzungen bzw. Kommentierungen zu § 7 GvKostG.

2 **II. Abhilfebefugnis.** Aus S. 1 ergibt sich ein Recht des Gerichtsvollziehers, seinen Kostenansatz zu berichtigen und einen Antrag des Kostenschuldners auf Nichterhebung seiner Kosten nach § 7 GvKostG ganz oder teilweise abzuhelfen. Zur Abhilfebefugnis bei sonstiger Unrichtigkeit oder aufgrund Erinnerung → Nr. 4 Rn. 2.

3 **III. Verfahren.** Hilft der Gerichtsvollzieher nicht ab, hat er seine Nichtabhilfeentscheidung dem Kostenschuldner mitzuteilen, S. 2 (samt Rechtsbehelfsbelehrung nach § 3a GvKostG). Erhebt dieser dagegen Einwendungen, so hat der Gerichtsvollzieher diese Einwendungen seinem Dienstvorgesetzten (§ 1 S. 3 GVO) vorzulegen. Dieser prüft die Einwendungen des Kostenschuldner und beteiligt den Bezirksrevisor (S. 3 Hs. 1).

4 Ist der Einwand der unrichtigen Sachbehandlung begründet, wird die Nichterhebung der Kosten im Verwaltungsweg nach S. 3 Hs. 2 angeordnet.

5 Ist der Einwand der unrichtigen Sachbehandlung nach Ansicht des Bezirksrevisors und des Dienstvorgesetzten nicht begründet, so steht dem Kostenschuldner ein Wahlrecht darüber zu, ob er eine Entscheidung im Verwaltungsweg oder eine gerichtliche Entscheidung begehrt. Entscheidet sich der Kostenschuldner für den Verwaltungsweg, so obliegt die Entscheidung nun dem Dienstvorgesetzten. Andernfalls legt der Dienstvorgesetzte den Vorgang mit der Nichtabhilfeentscheidung des Gerichtsvollziehers dem nach § 5 II GvKostG zuständigen Gericht zur Entscheidung vor (zum weiteren Verfahren: → § 5 Rn. 38 ff.).

Zu § 13

6 **I Von Prozess- oder Verfahrensbevollmächtigten oder sonstigen Vertreterinnen oder Vertretern der Auftraggeberin oder des Auftraggebers sollen Kosten nur eingefordert werden, wenn sie sich zur Zahlung bereit erklärt haben.**

II [1] Können die GV-Kosten wegen Bewilligung von Prozess- oder Verfahrenskostenhilfe auch von der Auftraggeberin oder vom Auftraggeber nicht erhoben werden, so teilt die Gerichtsvollzieherin oder der Gerichtsvollzieher die nicht bezahlten Kosten ohne Rücksicht auf die aus der Landeskasse ersetzten Beträge dem Gericht mit, das die Sache bearbeitet hat (vgl. § 57 GVO). [2] Das gleiche gilt bei gerichtlichen Aufträgen. [3] Soweit ein umsatzsteuerpflichtiges Geschäft betroffen ist, meldet die Gerichtsvollzieherin oder der Gerichtsvollzieher dem Gericht im Rahmen der Kostenmitteilung auch das maßgebliche umsatzsteuerpflichtige Entgelt und die Höhe des Entgelts, welches sie oder er zum Vorsteuerabzug angemeldet hat.

III [1] Genießt die Auftraggeberin oder der Auftraggeber Kostenfreiheit, so sind die nicht bezahlten Kosten nach Absatz 2 der nach Landesrecht für die

Vollstreckung zuständigen Stelle mitzuteilen; diese hat die Einziehung der Kosten zu veranlassen. [2]Die in einem Verfahren nach der Einforderungs- und Beitreibungsanordnung entstandenen Kosten sind jedoch zu den Sachakten mitzuteilen. [3]Bei Gebührenfreiheit der Auftraggeberin oder des Auftraggebers sind etwaige Auslagen von dieser oder diesem einzufordern.

VI Mitteilungen nach den Absätzen 2 oder 3 können unterbleiben, wenn die Kosten voraussichtlich auch später nicht eingezogen werden können.

V In den Sonderakten oder – bei Zustellungs- und Protestaufträgen – in Spalte 8 des Dienstregisters I ist zu vermerken, dass die Kostenmitteilung abgesandt oder ihre Absendung gemäß Absatz 4 unterblieben ist.

I. Normzweck. Die Vorschrift enthält Ergänzungen bzw. Kommentierungen zu § 13 GvKostG im Hinblick darauf, dass in der Praxis idR nicht der Gläubiger selbst den Auftrag erteilt, sondern dies durch den Prozessbevollmächtigten oder sonstigen Vertreter des Gläubigers erfolgt. 1

II. Keine Kostenhaftung, I. Nach Nr. 6 haftet der Prozessbevollmächtigte usw. nicht, es sei denn, dieser hat sich explizit zur Zahlung bereit erklärt. Der Vertreter ist auch bei einer Erklärung über die Zahlungsbereitschaft nicht der Kostenschuldner, sondern dies bleibt die Partei selbst (BGH DGVZ 2009, 116). Erforderlich für I ist eine entsprechende Kostenübernahmeerklärung entsprechend § 29 II GKG (zB durch sog. „Starksagung" für die Kosten). Der Auftraggeber haftet daneben stets weiter für die Kosten. 2

III. Mitteilungspflichten, II–IV. Soweit der Gerichtsvollzieher die Kosten aufgrund der Bewilligung von PKH bzw. VKH (→ § 15 Rn. 17 ff.) auch vom Auftraggeber nicht erheben kann oder es sich um einen gerichtlichen Auftrag handelt, hat der Gerichtsvollzieher seine Kosten dem Gericht, das die Sache bearbeitet hat, nach II mitzuteilen. Ist der Auftraggeber nach § 2 von den Kosten oder von den Gebühren befreit, hat auch hier der Gerichtsvollzieher seine Kosten bzw. Gebühren dem Gericht, das die Sache bearbeitet hat, oder der zuständigen Vollstreckungsbehörde mitzuteilen, III. 3

Die Mitteilung nach II oder III kann im Rahmen des IV unterbleiben. Die Mitteilung oder ihr Unterlassen sind nach V zu vermerken. 4

Zu § 14

7 I [1]Die Gerichtsvollzieherin oder der Gerichtsvollzieher stellt über jeden kostenpflichtigen Auftrag unverzüglich nach Fälligkeit der Gebühren und Auslagen in den Akten eine Kostenrechnung auf.

[2]Darin sind anzugeben:

a) Bezeichnung der Sache
b) eine eindeutig identifizierbare, fortlaufende und einmalig vergebene Rechnungsnummer nach landesspezifischer Vorgabe
c) die einzelnen Kostenansätze unter Hinweis auf die angewendeten Kostenvorschriften
d) ggf. der auf die Einzelbeträge nach c.) anzuwendende Steuersatz und Steuerbetrag, sowie
e) empfangene Vorschüsse, gegebenenfalls aufgegliedert in den Nettovorschuss für umsatzsteuerpflichtige Leistungen und darauf entfallende Umsatzsteuer.

[3]Sofern die Höhe der Kosten davon abhängt, sind auch der Wert des Gegenstandes (§ 12 GvKostG) und die Zeitdauer des Dienstgeschäfts, beim Wegegeld und bei Reisekosten gemäß Nr. 712 KV auch die nach Nr. 18 Abs. 1 maßgebenden Entfernungen anzugeben. [4]Die Urschrift der Kostenrechnung ist unter Angabe von Ort, Tag und Amtsbezeichnung eigenhändig zu unterschreiben.

II [1]Die der Kostenschuldnerin oder dem Kostenschuldner umgehend, gegebenenfalls mit zahlungsaufforderung zuzuleitende Reinschrift der Kostenrechnung hat neben den Angaben in Absatz 1 zu enthalten:

a) Name, Büroanschrift und Kontoverbindung der Gerichtsvollzieherin oder des Gerichtsvollziehers,

b) das Rechnungsdatum,
c) eine kurze Bezeichnung der Sache sowie
d) Angaben zur Zahlungsfrist.

[2] Werden mit der Kostenrechnung auch Kosten für Leistungen der Gerichtsvollzieherin oder des Gerichtsvollziehers geltend gemacht, die der Umsatzsteuer unterliegen, sind über die in Absatz 1 genannten Angaben hinaus in der Kostenrechnung auch anzugeben:

a) der vollständige Name und die vollständige Anschrift der nach dem Umsatzsteuergesetz (UStG) zuständigen Organisationseinheit nebst der ihr erteilten Steuernummer bzw. Umsatzsteuer-Identifikationsnummer (USt-IdNr.),
b) für den Fall einer unternehmerischen Auftraggeberin oder eines unternehmerischen Auftraggebers mit Sitz im Ausland deren oder dessen USt-IdNr. und die Angabe „Steuerschuldnerschaft des Leistungsempfängers“,
c) der vollständige Name und die vollständige Anschrift der Rechnungsempfängerin oder des Rechnungsempfängers,
d) das Datum der letzten von der Kostenrechnung erfassten maßgeblichen Vollstreckungshandlung sowie
e) der Zeitpunkt der Vereinnahmung eines etwa empfangenen Vorschusses.

[3] Die Reinschrift der Kostenrechnung ist mit der Unterschrift oder dem Dienststempel zu versehen, die auch maschinell erzeugt sein können, und der Kostenschuldnerin oder dem Kostenschuldner unter Beifügung der gemäß § 3a GvKostG vorgeschriebenen Rechtsbehelfsbelehrung sowie eines Hinweises auf die nach Artikel 13 und 14 der Datenschutz-Grundverordnung vorgeschriebenen Informationen zum Datenschutz zu übermitteln.

III Ist über die Amtshandlung eine Urkunde aufzunehmen, so ist die Kostenrechnung auf die Urkunde zu setzen, mit dieser zu verbinden und auf alle Abschriften zu übertragen.

IV [1] Bei der Zustellung eines Pfändungs- und Überweisungsbeschlusses als Schriftstück an eine Drittschuldnerin oder einen Drittschuldner ist die Abschrift der Kostenrechnung entweder auf die beglaubigte Abschrift des Pfändungs- und Überweisungsbeschlusses oder auf die mit dieser zu verbindenden Abschrift der Zustellungsurkunde zu setzen. [2] Erfolgt die Zustellung als elektronisches Dokument, so ist die Kostenrechnung mit dem zuzustellenden Pfändungs- und Überweisungsbeschluss und der automatisierten Eingangsbestätigung zu verbinden.

V Erhält die Kostenschuldnerin oder der Kostenschuldner, eine Reinschrift der Kostenrechnung nicht bereits nach Absätzen 3 bis 4, so ist ihr oder ihm eine solche, gegebenenfalls mit Zahlungsaufforderung, umgehend mitzuteilen.

VI [1] Bei unrichtigem Kostenansatz stellt die Gerichtsvollzieherin oder der Gerichtsvollzieher eine berichtigte Kostenrechnung auf und zahlt den etwa überzahlten Betrag zurück. [2] Dieser Betrag wird in den laufenden Geschäftsbüchern unter besonderer Nummer als Minusbuchung von den Kosten abgesetzt.

VII Bei der Nachforderung von Kosten ist § 6 GvKostG, bei der Zurückzahlung von Kleinbeträgen § 59 GVO zu beachten.

1 **I. Normzweck.** Die Vorschrift enthält Ergänzungen bzw. Kommentierungen zu § 14 GvKostG.

2 **II. Kostenansatz, Kostenrechnung.** Nach I 1 ist der Gerichtsvollzieher verpflichtet, über jeden kostenpflichtigen Auftrag eine Kostenrechnung nach Fälligkeit aufzustellen. Der Inhalt bestimmt sich nach I 2, 3, sowie nach III, wenn dessen Voraussetzungen gegeben sind. Die Urschrift ist eigenhändig zu unterschreiben, I 4. Dem Kostenschuldner wird eine Reinschrift der Kostenrechnung übermittelt, bei der die Unterschrift/Dienststempel auch maschinell erzeugt sein kann und die mit einer Rechtsbehelfsbelehrung nach § 3a GvKostG versehen ist (I 5, 6).

3 Soweit der Gerichtsvollzieher über die Amtshandlung eine Urkunde aufnimmt, setzt er die Kostenrechnung auf diese Urkunde, II 1. Bei der Zustellung eines Pfändungs- und Überweisungsbeschlusses an den Drittschuldner ist die Abschrift der

Kostenrechnung auf die beglaubigte Abschrift des Pfändungs- und Überweisungsbeschlusses oder auf die Zustellungsurkunde zu setzen (II 2).

4 Wird der Kostenschuldner nicht die Urschrift oder Abschrift einer Urkunde ausgehändigt, so ist ihm die Abschrift der Kostenrechnung mit Zahlungsaufforderung umgehend mitzuteilen (I 5, 6, III).

5 Berichtigt der Gerichtsvollzieher den Kostenansatz ist eine berichtigte Kostenrechnung anzufertigen und dem Kostenschuldner der zu viel gezahlte Betrag unter Beachtung des § 59 GVO (Kleinbetrag) zurückzuerstatten, IV 1, V. Dieser Betrag ist in den Geschäftsbüchern nach IV 2 zu buchen. Soweit aufgrund der Berichtigung ein Betrag nachgefordert werden muss, ist § 6 GvKostG zu beachten.

8 **I [1]Kosten im Betrag von weniger als 2,50 Euro sollen nicht für sich allein eingefordert, sondern vielmehr gelegentlich kostenfrei oder zusammen mit anderen Forderungen eingezogen werden. [2]Kleinbeträge, die hiernach nicht eingezogen werden können, sind durch einen Vermerk bei der Kostenrechnung in den Sonderakten zu löschen. [3]Die der Gerichtsvollzieherin oder dem Gerichtsvollzieher nach den geltenden Bestimmungen (§ 7 Abs. 3 GVO) aus der Landeskasse zu ersetzenden Beträge sind in die Spalten 12 und 13 des Kassenbuchs II einzutragen. [4]Der Buchungsvorgang ist dort in Spalte 14 durch den Buchstaben K zu kennzeichnen. [5]Bei im Dienstregister I verzeichneten Aufträgen sind dort in Spalte 5 die Kosten durch Minusbuchung zu löschen, die aus der Landeskasse zu ersetzenden Auslagen in Spalte 7 einzutragen und der Buchungsvorgang durch den Buchstaben K in Spalte 8 zu kennzeichnen. [6]Auch wenn Beträge gelöscht sind, können sie später nach Satz 1 eingezogen werden.**

II Die GV-Kosten können insbesondere erhoben werden

a) durch Einlösung eines übersandten oder übergebenen Schecks;
b) durch Einziehung im Lastschriftverfahren;
c) durch Aufforderung an der Kostenschuldnerin oder den Kostenschuldner, die Kosten innerhalb einer Frist, die regelmäßig zwei Wochen beträgt, unter Angabe der Geschäftsnummer an die Gerichtsvollzieherin oder den Gerichtsvollzieher zu zahlen;
d) ausnahmsweise durch Nachnahme, wenn dies zur Sicherung des Eingangs der Kosten angebracht erscheint.

1 **I. Normzweck.** Die Vorschrift enthält Ergänzungen bzw. Kommentierungen zu § 14 GvKostG.

2 **II. Mindesthöhe, I.** Kosten bis zu 2,50 EUR sollen nicht für sich allein eingefordert werden, I 1. Ggf. sind diese Kleinbeträge, die nicht eingezogen werden können, durch Vermerk bei der Kostenrechnung in den Sonderakten zu löschen, I 2. Die Löschung und ggf. ein aus der Landeskasse zu erstattender Betrag nach § 7 III GVO sind nach I 3–5 zu buchen. I 6 stellt noch klar, dass auch bereits gelöschte Beträge später noch eingezogen werden können.

3 **III. Kosteneinzug.** Die Kosten können durch Scheck beglichen werden, ebenso durch Einziehung im Lastschriftverfahren und durch Zahlung an den Gerichtsvollzieher (bar oder durch Überweisung) und ausnahmsweise auch durch Nachnahme, wenn dies für die Kosteneinbringung angemessen erscheint (II). Die Aufzählung in II ist nicht abschließend.

9 **I [1]Zahlt eine Kostenschuldnerin oder ein Kostenschuldner die angeforderten GV-Kosten nicht fristgemäß, so soll er gemahnt werden. [2]Die Mahnung kann unterbleiben, wenn damit zu rechnen ist, dass der Kostenschuldner sie unbeachtet lässt. [3]War die Einziehung der Kosten durch Nachnahme versucht, so ist nach Nr. 8 Abs. 2 Buchstabe c zu verfahren; einer Mahnung bedarf es in diesem Falle nicht.**

II [1]Die Gerichtsvollzieherin oder der Gerichtsvollzieher beantragt bei der für den Wohnsitz oder Sitz der Kostenschuldnerin oder des Kostenschuld-

ners nach Landesrecht für die Vollstreckung zuständigen Stelle die zwangsweise Einziehung der rückständigen Kosten, falls eine Mahnung nicht erforderlich ist oder die Schuldnerin oder der Schuldner trotz Mahnung nicht gezahlt hat (vgl. § 57 GVO). [2] Bei einem Rückstand von weniger als 25 Euro soll ein Antrag nach Satz 1 in der Regel nur gestellt werden, wenn Anhaltspunkte für die Annahme vorliegen, dass bei der nach Landesrecht für die Vollstreckung zuständigen Stelle noch weitere Forderungen gegen die Kostenschuldnerin oder den Kostenschuldner bestehen; Nr. 8 Abs. 1 Satz 2 bis 6 gilt entsprechend. [3] Der Kosteneinziehungsantrag ist mit dem Abdruck des Dienststempels zu versehen, der auch maschinell erzeugt sein kann. [4] In den Sonderakten oder – bei Zustellungs- und Protestaufträgen – in Spalte 8 des Dienstregisters I ist der Tag der Absendung des Antrags zu vermerken und anzugeben, warum kein Kostenvorschuss erhoben ist. [5] Zahlt die Kostenschuldnerin oder der Kostenschuldner nachträglich oder erledigt sich der Kosteneinziehungsantrag aus anderen Gründen ganz oder teilweise, so ist dies der nach Landesrecht für die Vollstreckung zuständigen Stelle unverzüglich mitzuteilen.

III [1] Die eingegangenen Beträge sind in folgender Reihenfolge auf die offenstehenden Kosten anzurechnen, sofern sie zu ihrer Tilgung nicht ausreichen:

a) Wegegelder und Reisekosten gemäß Nr. 712 KV,
b) Dokumentenpauschalen,
c) Pauschale für sonstige bare Auslagen gemäß Nr. 176 KV,
d) sonstige Auslagen,
e) Gebühren.

[2] Sind Kosten für Leistungen der Gerichtsvollzieherin oder des Gerichtsvollziehers geltend gemacht, die der Umsatzsteuer unterliegen, sind zunächst die auf nicht steuerbare Kosten, steuerbare Kosten und Umsatzsteuer entfallenden Anteile des nach der Kostenrechnung insgesamt zu zahlenden Betrages in das Verhältnis zur Teilzahlung zu setzen. [3] Die danach errechneten anteiligen Beträge für steuerbare und nicht steuerbaren Kosten sind nach Abzug des auf die Umsatzsteuer entfallenden Betrages im Übrigen gemäß Satz 1 zu verrechnen.

IV [1] Die Gerichtsvollzieherin oder der Gerichtsvollzieher löscht die rückständigen Kosten, wenn

a) die Kostenforderung nicht oder nicht in voller Höhe einziehbar ist, insbesondere die nach Landesrecht für die Vollstreckung zuständige Stelle mitgeteilt hat, dass der Versuch der zwangsweisen Einziehung ganz oder zum Teil erfolglos verlaufen sei, und
b) nach der Mitteilung der nach Landesrecht für die Vollstreckung zuständigen Stelle oder der eigenen Kenntnis keine Anhaltspunkte dafür vorhanden sind, dass die Kosten in Zukunft einziehbar sein werden.

[2] Die Gerichtsvollzieherin oder der Gerichtsvollzieher löscht die Beträge durch Vermerk bei der Kostenrechnung in den Sonderakten und stellt gleichzeitig die zu erstattenden Auslagen in die Spalten 12 und 13 des Kassenbuchs II ein. [3] Bei Zustellungs- und Protestaufträgen sind die Beträge durch Minusbuchung in Spalte 5 des Dienstregisters I zu löschen und die zu erstattenden Auslagen dort in Spalte 7 einzustellen.

1 **I. Normzweck.** Die Vorschrift enthält Ergänzungen bzw. Kommentierungen zu § 14 GvKostG.

2 **II. Mahnung.** Werden die Kosten nicht fristgerecht beglichen, erfolgt die Mahnung nach I 1. Eine Mahnung kann unterbleiben, wenn damit zu rechnen ist, dass auch die Mahnung nicht zur Zahlung führen wird (I 2).

3 **III. Zwangsweise Einziehung.** Soweit auch nach einer Mahnung keine Zahlung erfolgt, erfolgt die zwangsweise Einziehung durch die für den Wohnsitz bzw. Sitz des Kostenschuldners zuständigen Gerichtskasse bzw. Vollstreckungsbehörde, vgl. § 57 GVO, auf Antrag des Gerichtsvollziehers. Die Form des Antrags regelt II 3. Die Buchung erfolgt nach II 4. Erfolgt nach dem Antrag eine (Teil-)Zahlung oder tritt aus

anderen Gründen eine Erledigung ein, hat dies der Gerichtsvollzieher der Gerichtskasse bzw. Vollstreckungsbehörde unverzüglich (§ 121 I 1 BGB) mitzuteilen (II 5).

IV. Sonstiges. II enthält für Teilzahlungen eine Anrechnungsbestimmung und IV für rückständige, nicht einbringliche Kosten das Vorgehen zur Löschung dieser Kosten. 4

B. Grundsätze, die nur für einzelne Kostenvorschriften von Bedeutung sind

Zu Nrn. 100, 101 KV

10 Für Zustellungen von Amts wegen wird keine Zustellungsgebühr erhoben.

Die Vorschrift enthält Ergänzungen zu KV 100, 101 GvKostG und stellt nochmal klar, dass die Zustellung von Amts (etwa nach § 168 II ZPO oder die Übergabe des Haftbefehls nach § 802g I ZPO, OLG Stuttgart BeckRS 2016, 15989) wegen keine Gebühr entsteht, sondern allenfalls Auslagen (AG Charlottenburg DGVZ 2016, 161; AG Heidelberg JurBüro 2003, 213; Herrfurth DGVZ 2018, 245). Sie werden dann aber ein Teil der Gerichtskostenrechnung. 1

Zu Nr. 102 KV

10a Für die Beglaubigung der von der Gerichtsvollzieherin oder dem Gerichtsvollzieher selbst gefertigten Abschriften wird keine Beglaubigungsgebühr erhoben.

Die Vorschrift enthält Ergänzungen zu KV 102 GvKostG. Die Gebühr nach KV 102 entsteht nicht, wenn der Gerichtsvollzieher Abschriften beglaubigt, die er selbst gefertigt hat. In diesem Fall kann der Gerichtsvollzieher nur die Dokumentenpauschale beanspruchen (→ GvKostG KV 102 Rn. 2). 1

Zu Nr. 205 KV

11 I 1 Für eine Anschlusspfändung wird dieselbe Gebühr erhoben wie für eine Erstpfändung. 2 Durch die Gebühr wird auch die Zustellung des Pfändungsprotokolls durch die nachpfändende Gerichtsvollzieherin oder den nachpfändenden Gerichtsvollzieher an die erstpfändende Gerichtsvollzieherin oder den erstpfändenden Gerichtsvollzieher (§ 826 Abs. 2 ZPO, § 116 Abs. 2 GVGA) abgegolten.

II Für die Hilfspfändung (§ 106 GVGA) wird die Gebühr nicht erhoben.

Die Vorschrift enthält Ergänzungen bzw. Klarstellungen zu KV 205 GvKostG. Nach I 1 wird für eine Anschlusspfändung ebenfalls die Gebühr nach KV 205 GvKostG erhoben und nicht für die Hilfspfändung (§ 106 GVGA) nach II (vgl. aber Nr. 13). Mit der Gebühr ist bei der Anschlusspfändung auch die Zustellung des Protokolls über die Anschlusspfändung an den Gerichtsvollzieher der Erstpfändung mitabgegolten. 1

Zu Nr. 220 KV

12 I Die Gebühr wird ohne Rücksicht auf die Zahl der entfernten Sachen und die Zahl der Aufträge erhoben.

II Bei der Berechnung der Zeitdauer (vgl. Nr. 15) ist auch die Zeit zu berücksichtigen, die erforderlich ist, um die Sachen von dem bisherigen an den neuen Standort zu schaffen.

III 1 Werden Arbeitshilfen hinzugezogen, so genügt es, wenn die Gerichtsvollzieherin oder der Gerichtsvollzieher ihnen an Ort und Stelle die nötigen Weisungen gibt und ihnen die weitere Durchführung überlässt. 2 Dabei rechnet nur die Zeit, während welcher die Gerichtsvollzieherin oder der Gerichtsvollzieher zugegen ist.

1 Die Vorschrift enthält Ergänzungen bzw. Kommentierungen zu KV 220 GvKostG. Die Gebühr nach KV 220 entsteht nur einmal ohne Rücksicht auf die Anzahl der Aufträge und der entfernten Sachen, I. Für die Berechnung der Zeitdauer (für den Zeitzuschlag nach KV 500) zählt nicht nur die Zeit der Entfernung der Sache, sondern auch die Transportzeit dazu, II. Bei der Hinzuziehung von Arbeitshilfen genügt die persönliche Anwesenheit des Gerichtsvollziehers vor Ort und die Erteilung von Weisungen an die Arbeitshilfen, sowie deren Überwachung.

Zu Nr. 221 KV

13 **[1] Im Fall der Hilfspfändung (§ 106 GVGA) wird die Gebühr nur erhoben, wenn die Gläubigerin oder der Gläubiger den Pfändungsbeschluss über die dem Papier zugrunde liegende Forderung vorlegt, bevor die Gerichtsvollzieherin oder der Gerichtsvollzieher das Papier an die Schuldnerin oder den Schuldner zurückgegeben hat. [2] Sonst werden nur die Auslagen erhoben.**

1 Die Vorschrift enthält Ergänzungen bzw. Kommentierungen zu KV 221 GvKostG (→ GvKostG KV 221 Rn. 4).

Zu Nrn. 410, 411 KV

14 **I [1] Die in den Nrn. 410, 411 KV bestimmten Gebühren werden nur erhoben, wenn die Gerichtsvollzieherin oder der Gerichtsvollzieher mit dem Angebot der Leistung oder der Beurkundung des Leistungsangebots außerhalb eines Auftrags zur Zwangsvollstreckung besonders beauftragt war. [2] Ein Leistungsangebot im Rahmen eines Vollstreckungsauftrags nach § 756 ZPO oder die Beurkundung eines solchen Angebots ist Nebengeschäft der Vollstreckungstätigkeit (vgl. § 45 Abs. 4 GVGA).**

II Gebühren werden nicht erhoben, wenn die Gerichtsvollzieherin oder der Gerichtsvollzieher nach Landesrecht für die Amtshandlung sachlich nicht zuständig ist.

1 Die Vorschrift enthält Klarstellungen zu KV 410, 411 GvKostG. I 1 und I 2 stellen klar, dass die Gebühr nach KV 410, 411 nur entstehen, wenn ein entsprechender Auftrag außerhalb der Zwangsvollstreckung erteilt wurde und dieser Auftrag auf ein Angebot der Leistung bzw. auf Beurkundung eines Angebots gerichtet ist. Die Gebühr entsteht zudem nur, wenn das Landesrecht insoweit eine Zuständigkeit des Gerichtsvollziehers (→ GvKostG KV 410 Rn. 2) vorsieht.

Zu Nr. 500 KV

15 **I [1] Bei der Berechnung des Zeitaufwandes für eine Amtshandlung ist auch die Zeit für die Aufnahme des Protokolls, für die Zuziehung von weiteren Personen oder für die Herbeiholung polizeilicher Unterstützung mit einzurechnen. [2] Dagegen darf weder die Zeit für Hin- und Rückweg noch die Zeit, die vor der Amtshandlung zur Herbeischaffung von Transportmitteln verwendet worden ist, in die Dauer der Amtshandlung eingerechnet werden (vgl. auch Nr. 12 Abs. 2 und 3).**

II [1] Bei der Wegnahme von Personen oder beweglichen Sachen rechnet die für die Übergabe erforderliche Zeit mit. [2] Nr. 12 Abs. 2 und 3 gilt entsprechend.

1 Die Vorschrift enthält Ergänzungen zu KV 500 GvKostG. Maßgebend ist für die Entstehung des Zeitzuschlags der entsprechende Zeitaufwand. Nach I 1 gilt die Zeit vor Ort ab Beginn bis zur Beendigung der Amtshandlung, die Zeit für Protokollierung, die Hinzuziehung weiterer Personen und für die Herbeiholung der Polizei zählt mit. Jedoch wird die Wegezeit nach I 2 nicht eingerechnet. Etwas anderes gilt nach Nr. 12 II iVm I 2, wenn der Gerichtsvollzieher selbst den Transport von Gegenständen vornimmt. Erfolgt der Transport durch Arbeitshilfen so ist diese Zeit nach Nr. 12 III iVm I 2 nicht zu berücksichtigen. Bei den berücksichtigungsfähigen

Zeiten zählt nach II bei der Wegnahme von Personen oder beweglichen Sachen auch die Übergabezeit unter Beachtung von Nr. 12 II, III.

16 **(weggefallen)**

Zu Nr. 710 KV

17 **I Die Pauschale nach Nr. 710 KV wird nur erhoben, wenn die Beförderung der Erledigung einer Amtshandlung dient und durch die Benutzung des eigenen Beförderungsmittels die ansonsten erforderliche Benutzung eines fremden Beförderungsmittels vermieden wird.**

II Der Name einer mitgenommenen Person und der Grund für die Beförderung durch die Gerichtsvollzieherin oder den Gerichtsvollzieher sind in den Akten zu vermerken.

Die Vorschrift enthält Ergänzungen bzw. Kommentierungen zu KV 710 GvKostG. 1
I stellt klar, dass die Gebühr nur erhoben wird, wenn die Beförderung der Erledigung einer Amtshandlung dient und damit die Kosten für ein fremdes Beförderungsmittel vermieden wird. Der Gerichtsvollzieher hat nach II Name und Grund der Beförderung in den Akten zu vermerken.

Zu Nrn. 711, 712 KV

18 **I [1] Die Höhe des Wegegeldes nach Nr. 711 KV hängt davon ab, in welcher Entfernungszone der Ort der am weitesten entfernt stattfindenden Amtshandlung liegt, sofern sich aus einer Rechtsverordnung nach § 12a GvKostG nicht anderes ergibt. [2] Für jede Amtshandlung kommen zwei Entfernungszonen in Betracht. [3] Mittelpunkt der ersten Entfernungszone ist das Hauptgebäude des Amtsgerichts und zwar auch dann, wenn sich die Verteilungsstelle (§ 22 GVO) in einer Nebenstelle oder Zweigstelle des Amtsgerichts befindet. [4] Mittelpunkt der zweiten Entfernungszone ist das Geschäftszimmer der Gerichtsvollzieherin oder des Gerichtsvollziehers. [5] Maßgebend ist in beiden Fällen die (einfache) nach der Luftlinie zu messende Entfernung vom Mittelpunkt zum Ort der Amtshandlung. [6] Die kürzere Entfernung ist entscheidend.**

II Neben dem Wegegeld werden andere durch die auswärtige Tätigkeit bedingte Auslagen, insbesondere Fähr- und Brückengelder sowie Aufwendungen für eine Übernachtung oder einen Mietkraftwagen nicht angesetzt.

III Wird eine Amtshandlung von der Vertretungskraft der Gerichtsvollzieherin oder des Gerichtsvollziehers vorgenommen, so gilt Folgendes:

a) Sind die Gerichtsvollzieherin oder der Gerichtsvollzieher und die Vertretungskraft demselben Amtsgericht zugewiesen, so ist für die Berechnung des Wegegeldes in den Fällen der Nr. 711 KV das Geschäftszimmer der Vertretungskraft maßgebend.

b) [1] Sind die Gerichtsvollzieherin oder der Gerichtsvollzieher und die Vertretungskraft nicht demselben Amtsgericht zugewiesen, so liegt bei Amtshandlungen der Vertretungskraft im Bezirk der Gerichtsvollzieherin oder des Gerichtsvollziehers ein Fall der Nr. 712 KV nicht vor. [2] Für die Berechnung des Wegegeldes ist in diesem Fall das Amtsgericht maßgebend, dem die vertretene Gerichtsvollzieherin oder der vertretene Gerichtsvollzieher zugewiesen ist. [3] Unterhält die Vertretungskraft im Bezirk dieses Amtsgerichts ein Geschäftszimmer, so ist für die Vergleichsberechnung nach Absatz 1 von diesem auszugehen.

Die Vorschrift enthält Ergänzungen bzw. Kommentierungen zu KV 711, 712 1
GvKostG und ist bei KV 711 GvKostG erläutert.

3. Zwangsverwalterverordnung (ZwVwV)

Vom 19.12.2003 (BGBl. I 2804)
FNA 310-14-2
(Auszug)

Schrifttum: Dassler/Schiffhauer/Hintzen/Engels/Rellermeyer, Gesetz über die Zwangsversteigerung und Zwangsverwaltung: ZVG – einschließlich EGZVG und ZwVwV, 16. Aufl. 2020; Drasdo, Die Vergütung des Rechtsanwalts im Zwangsverwaltungsverfahren, NZI 2020, 937; Haarmeyer/Hintzen, Zwangsverwaltung, 7. Aufl. 2021; Haarmeyer/Hintzen, Handbuch zur Zwangsverwaltung, 3. Aufl. 2012.

Vergütung und Auslagenersatz

17 **I 1 Der Verwalter hat Anspruch auf eine angemessene Vergütung für seine Geschäftsführung sowie auf Erstattung seiner Auslagen nach Maßgabe des § 21. 2 Die Höhe der Vergütung ist an der Art und dem Umfang der Aufgabe sowie an der Leistung des Zwangsverwalters auszurichten.**

II Zusätzlich zur Vergütung und zur Erstattung der Auslagen wird ein Betrag in Höhe der vom Verwalter zu zahlenden Umsatzsteuer festgesetzt.

III 1 Ist der Verwalter als Rechtsanwalt zugelassen, so kann er für Tätigkeiten, die ein nicht als Rechtsanwalt zugelassener Verwalter einem Rechtsanwalt übertragen hätte, die gesetzliche Vergütung eines Rechtsanwalts abrechnen. 2 Ist der Verwalter Steuerberater oder besitzt er eine andere besondere Qualifikation, gilt Satz 1 sinngemäß.

1 **Zur Verweisung auf RVG, III,** vgl. BGH NJW 2004, 3429. Eine Prozesskostenhilfe für den Gläubiger steht der Festsetzung nicht entgegen (LG Saarbrücken Rpfleger 2012, 94 (95)). Soweit der Anwalt vom RVG Gebrauch macht, kann er keine Vergütung nach anderen Vorschriften fordern (BGH NZM 2005, 194).

Regelvergütung

18 **I 1 Bei der Zwangsverwaltung von Grundstücken, die durch Vermieten oder Verpachten genutzt werden, erhält der Verwalter als Vergütung in der Regel 10 Prozent des für den Zeitraum der Verwaltung an Mieten oder Pachten eingezogenen Bruttobetrags. 2 Für vertraglich geschuldete, nicht eingezogene Mieten oder Pachten erhält er 20 Prozent der Vergütung, die er erhalten hätte, wenn diese Mieten eingezogen worden wären. 3 Soweit Mietrückstände eingezogen werden, für die der Verwalter bereits eine Vergütung nach Satz 2 erhalten hat, ist diese anzurechnen.**

II Ergibt sich im Einzelfall ein Missverhältnis zwischen der Tätigkeit des Verwalters und der Vergütung nach Absatz 1, so kann der in Absatz 1 Satz 1 genannte Prozentsatz bis auf 5 vermindert oder bis auf 15 angehoben werden.

III 1 Für die Fertigstellung von Bauvorhaben erhält der Verwalter 6 Prozent der von ihm verwalteten Bausumme. 2 Planungs-, Ausführungs- und Abnahmekosten sind Bestandteil der Bausumme und finden keine Anrechnung auf die Vergütung des Verwalters.

1 **I. Systematik, I–III.** §§ 18, 19 schließen einander aus (BGH NJW-RR 2009, 1168).

2 **II. Missverhältnis, II.** Der Zwangsverwalter muss bei I 1 tatsächlich Mieten usw erhalten haben (BGH NJW-RR 2012, 979). Ein Missverhältnis liegt bei einer Unangemessenheit vor (BGH NJW-RR 2008, 464). Es zwingt zur Anpassung (BGH NJW-RR 2008, 464). Regelfall ist eine nicht gewerbliche Nutzung (LG Gera NZM

2009, 760). Beim Gewerberaum kommt eine Erhöhung der Regelvergütung nach I gemäß II infrage (LG Erfurt Rpfleger 2007, 277 (278)), ebenso bei ständigen Abmahnungen, aufwendigen Abrechnungen usw (LG Erfurt Rpfleger 2007, 277 (278); LG Saarbrücken Rpfleger 2017, 573), vielen Mietern (LG Frankfurt a. M. Rpfleger 2011, 548: 3 %) oder vielen Reparaturen usw, (LG Koblenz Rpfleger 2013, 285: 1 %). Der Zwangsverwalter muss bei II den notwendigen Zeitaufwand nachvollziehbar darlegen (BGH NJW-RR 2008, 892). Eine Verfahrensaufhebung führt nicht zum Verlust des Vergütungsanspruchs (LG Heilbronn Rpfleger 2009, 693).

Abweichende Berechnung der Vergütung

19 **I [1] Wenn dem Verwalter eine Vergütung nach § 18 nicht zusteht, bemisst sich die Vergütung nach Zeitaufwand. [2] In diesem Fall erhält er für jede Stunde der für die Verwaltung erforderlichen Zeit, die er oder einer seiner Mitarbeiter aufgewendet hat, eine Vergütung von mindestens 35 Euro und höchstens 95 Euro. [3] Der Stundensatz ist für den jeweiligen Abrechnungszeitraum einheitlich zu bemessen.**

II Der Verwalter kann für den Abrechnungszeitraum einheitlich nach Absatz 1 abrechnen, wenn die Vergütung nach § 18 Abs. 1 und 2 offensichtlich unangemessen ist.

I. Systematik, I, II. §§ 18, 19 schließen einander aus (BGH NJW-RR 2009, 1168). 1

II. Zeitvergütung, I, II. I betrifft Tätigkeiten, die **nicht von der Regelvergütung (§ 18) erfasst** sind (vgl. auch § 21). Bei der Bemessung muss der Tatrichter alle Umstände mitberücksichtigen und handelt nach pflichtgemäßen, auf Rechtsbeschwerde nur eingeschränkt nachprüfbarem Ermessen (BGH NJW-RR 2018, 761). Der Mittelsatz lässt sich mit 65 EUR bemessen (LG Mühlhausen Rpfleger 2017, 728, reichlich breit). Es kommt darauf an, ob der Zeitaufwand die Regelvergütung um mindestens 25 % übersteigt (BGH NJW-RR 2008, 99), oder um 30 % (LG Heilbronn Rpfleger 2006, 616). Es kommt bei mehreren nicht vermieteten Eigentumswohnungen nicht schon deshalb eine Vergütung unterhalb des Mittelsatzes nach I infrage, weil sie in demselben Gebäude liegen (BGH NZM 2007, 261). 2

II betrifft hingegen den Fall, dass die Tätigkeit zwar **von der Regelvergütung (§ 18) erfasst** ist, die sich hiernach ergebende Vergütung aber im konkreten Einzelfall **offensichtlich unangemessen** ist, und begründet ein Recht des Zwangsverwalters, dann nach Zeitaufwand abzurechnen. Der Zwangsverwalter muss bei II eine nachvollziehbare Darstellung des Zeitaufwands vorlegen (BGH NJW-RR 2008, 892). Da II andererseits keine Pflicht des Zwangsverwalters begründet, nach Zeitaufwand abzurechnen, stellt die Vorschrift keine Grundlage für eine über § 18 II hinausgehende Kürzung der Vergütung dar (BGH NZM 2021, 688). 3

Nicht anwendbar sind I, II bei einem vom Zwangsverwalter verschuldeten Zeitaufwand (BGH NJW-RR 2008, 324). 4

Mindestvergütung

20 **I Ist das Zwangsverwaltungsobjekt von dem Verwalter in Besitz genommen, so beträgt die Vergütung des Verwalters mindestens 600 Euro.**

II Ist das Verfahren der Zwangsverwaltung aufgehoben worden, bevor der Verwalter das Grundstück in Besitz genommen hat, so erhält er eine Vergütung von 200 Euro, sofern er bereits tätig geworden ist.

Mehrheit von Grundstücken, I, II. Die Mindestvergütung fällt für die gesamte Tätigkeit des Verwalters während des Zwangsverwaltungsverfahrens an (BGH NJW-RR 2006, 1348). Sie fällt mehrfach an, soweit die mehreren Grundstücke keine wirtschaftliche Einheit bilden (BGH NZM 2006, 234). Das gilt auch bei Mieteinnahmen (BGH NZM 2007, 300 (301); LG Wuppertal Rpfleger 2008, 273). Eine Eigentumswohnung mit 1 bis 2 Garagenplätzen ist nur ein einziges Objekt (BGH 1

NJW-RR 2014, 1040). Sie entsteht auch bei Mieteinnahmen unter 600 EUR (LG Saarbrücken Rpfleger 2012, 645).

Auslagen

21 **I 1 Mit der Vergütung sind die allgemeinen Geschäftskosten abgegolten. 2 Zu den allgemeinen Geschäftskosten gehört der Büroaufwand des Verwalters einschließlich der Gehälter seiner Angestellten.**

II 1 Besondere Kosten, die dem Verwalter im Einzelfall, zum Beispiel durch Reisen oder die Einstellung von Hilfskräften für bestimmte Aufgaben im Rahmen der Zwangsverwaltung, tatsächlich entstehen, sind als Auslagen zu erstatten, soweit sie angemessen sind. 2 Anstelle der tatsächlich entstandenen Auslagen kann der Verwalter nach seiner Wahl für den jeweiligen Abrechnungszeitraum eine Pauschale von 10 Prozent seiner Vergütung, höchstens jedoch 40 Euro für jeden angefangenen Monat seiner Tätigkeit, fordern.

III 1 Mit der Vergütung sind auch die Kosten einer Haftpflichtversicherung abgegolten. 2 Ist die Verwaltung jedoch mit einem besonderen Haftungsrisiko verbunden, so sind die durch eine Höherversicherung nach § 1 Abs. 4 begründeten zusätzlichen Kosten als Auslagen zu erstatten.

1 Der Zwangsverwalter kann **Pauschale, II 2,** ohne Nachweis der Entstehung tatsächlicher Auslagen fordern (LG Kassel JurBüro 2004, 608). Hierher zählen zB Kosten eines Hausmeisters oder einer Buchhalterin, aber nicht eines Institutsverwalters nach § 150a II ZVG (LG Berlin Rpfleger 2014, 152 mkritAnm Strauß). Anwaltskosten können Auslagen sein (BGH NJW 2009, 3104). Eine Grenze bildet freilich Arglist. Zur Bearbeitung eines Antrags des Schuldners an den Zwangsverwalter auf Auskunft nach Art. 15 I DS-GVO vgl. BGH NJW-RR 2021, 1418.

Festsetzung

22 **1 Die Vergütung und die dem Verwalter zu erstattenden Auslagen werden im Anschluss an die Rechnungslegung nach § 14 Abs. 2 oder die Schlussrechnung nach § 14 Abs. 3 für den entsprechenden Zeitraum auf seinen Antrag vom Gericht festgesetzt. 2 Vor der Festsetzung kann der Verwalter mit Einwilligung des Gerichts aus den Einnahmen einen Vorschuss auf die Vergütung und die Auslagen entnehmen.**

1 Zu **Entnahmerecht, S. 2,** Drasdo NJW 2011, 1782.

4. Insolvenzverfahren

a) Insolvenzordnung (InsO)

Vom 5.10.1994 (BGBl. I 2866)

FNA 311-13

Zuletzt geändert durch Gesetz vom 20.7.2022 (BGBl. I 1166)

(Auszug)

Stundung der Kosten des Insolvenzverfahrens

4a **I 1 Ist der Schuldner eine natürliche Person und hat er einen Antrag auf Restschuldbefreiung gestellt, so werden ihm auf Antrag die Kosten des Insolvenzverfahrens bis zur Erteilung der Restschuldbefreiung gestundet, soweit sein Vermögen voraussichtlich nicht ausreichen wird, um diese Kosten zu decken. 2 Die Stundung nach Satz 1 umfasst auch die Kosten des Verfahrens über den Schuldenbereinigungsplan und des Verfahrens zur Restschuldbefreiung. 3 Der Schuldner hat dem Antrag eine Erklärung beizufügen, ob ein Versagungsgrund des § 290 Absatz 1 Nummer 1 vorliegt. 4 Liegt ein solcher Grund vor, ist eine Stundung ausgeschlossen.**

II 1 Werden dem Schuldner die Verfahrenskosten gestundet, so wird ihm auf Antrag ein zur Vertretung bereiter Rechtsanwalt seiner Wahl beigeordnet, wenn die Vertretung durch einen Rechtsanwalt trotz der dem Gericht obliegenden Fürsorge erforderlich erscheint. 2 § 121 Abs. 3 bis 5 der Zivilprozessordnung gilt entsprechend.

III 1 Die Stundung bewirkt, dass

1. die Bundes- oder Landeskasse
   a) die rückständigen und die entstehenden Gerichtskosten,
   b) die auf sie übergegangenen Ansprüche des beigeordneten Rechtsanwalts

   nur nach den Bestimmungen, die das Gericht trifft, gegen den Schuldner geltend machen kann;

2. der beigeordnete Rechtsanwalt Ansprüche auf Vergütung gegen den Schuldner nicht geltend machen kann.

2 Die Stundung erfolgt für jeden Verfahrensabschnitt besonders. 3 Bis zur Entscheidung über die Stundung treten die in Satz 1 genannten Wirkungen einstweilig ein. 4 § 4b Abs. 2 gilt entsprechend.

I. Normzweck, zeitlicher Anwendungsbereich. Die InsO sah zunächst keine 1
Prozesskostenhilfe vor. Dies führte zu unüberschaubaren divergierenden Entscheidungen der Insolvenzgerichte. Daher wurde durch das Gesetz zur Änderung der Insolvenzordnung und anderer Gesetze vom 26.10.2001 (BGBl. I 2001 2710) ein Stundungsmodell eingeführt (§§ 4a–4d). Hierbei handelt es sich um eine eigenständige, von den Vorschriften über die Prozesskostenhilfe abweichende Verfahrenskostenhilfe, um auch völlig mittellosen Personen den Zugang zum Insolvenzverfahren zu eröffnen und über eine Restschuldbefreiung einen wirtschaftlichen Neuanfang zu ermöglichen (BT-Drs. 14/5680, 1). Die aktuelle Fassung gilt für die nach dem 1.7.2014 beantragten Verfahren (Art. 103h EGInsO).

II. Norminhalt. 1. Voraussetzungen der Stundung. a) Begünstigter Personenkreis. Von der Stundung der Verfahrenskosten können nur **natürliche** Personen profitieren, die nach den §§ 286 ff. eine Restschuldbefreiung erlangen können. Daher ist eine Kostenstundung in Nachlass- oder Gesamtgutsinsolvenzverfahren ausgeschlossen. 2

b) Zulässiger Antrag auf Restschuldbefreiung. Die Stundung der Verfahrenskosten setzt einen **zulässigen** Antrag auf Restschuldbefreiung gemäß § 287 voraus. 3

4 **c) Antrag.** Die Stundung wird nur auf Antrag des Schuldners bewilligt. In der Praxis wird der Stundungsantrag zusammen mit dem Insolvenzantrag und dem Antrag auf Restschuldbefreiung gestellt. Der Schuldner hat neben der Erklärung gemäß I 3, ob ein Grund zur Versagung der Restschuldbefreiung nach § 290 I Nr. 1 besteht, alle zur Entscheidung benötigten Auskünfte abzugeben.

5 Erfolgt die Eröffnung des Insolvenzverfahrens aufgrund eines Gläubigerantrags (Fremdantrag), kann der Schuldner auch **rückwirkend** die Stundung beantragen, wenn er nicht rechtzeitig über die Notwendigkeit eines Eigenantrags verbunden mit einem Antrag auf Restschuldbefreiung belehrt wurde, § 20 Abs. 2 (BGH NZI 2015, 899).

6 **d) Vermögenslosigkeit.** Nach der Begründung des Gesetzesentwurfs sind die öffentlichen Mittel lediglich als Ultima Ratio in den Fällen einzusetzen, in denen ansonsten eine Abweisung mangels Masse nach § 26 I erfolgen müsste (BT-Drs. 14/5680, 20). Die Stundung ist nur dann zu bewilligen, wenn das Vermögen des Schuldners zur Deckung der Verfahrenskosten voraussichtlich nicht ausreichen wird.

7 **aa) Vermögen.** Unter Vermögen ist zunächst die Insolvenzmasse, somit das gesamte Vermögen zu verstehen, das dem Schuldner zur Zeit der Eröffnung des Verfahrens gehört und das er während des Verfahrens erlangt, § 35. Darunter fällt der sog. Neuerwerb während des Insolvenzverfahrens (zB pfändbares Einkommen). Reicht das pfändbare Einkommen nicht aus, um die Verfahrenskosten durch **Einmalzahlung** zu decken, ist die Stundung zu bewilligen (BGH NJW 2003, 3780). Gleiches gilt, wenn der Schuldner die Kosten nur durch Ratenzahlungen aufbringen kann (BGH NJW 2003, 3780). Der Schuldner ist grundsätzlich nicht verpflichtet, **Rücklagen** für die zu erwartenden Verfahrenskosten zu bilden (BGH NZI 2006, 712). Zu berücksichtigen sind auch kurzfristig verwertbare Vermögenswerte. Hierzu gehören fällige, durchsetzbare Ansprüche (BGH NZI 2010, 614; NZI 2008, 46). Bei der Prüfung des Schuldnervermögens sind auch noch nicht fällige Steuererstattungsansprüche einzubeziehen, wenn der Schuldner davon abgesehen hat, deren Fälligkeit herbeizuführen (BGH NZI 2010, 614).

8 **bb) Kostenvorschussanspruch.** Zur Deckung der Verfahrenskosten sind neben der Insolvenzmasse auch der Kostenvorschussanspruch des Schuldners gegenüber seinem Ehegatten bzw. Lebenspartner gemäß § 1360a IV BGB, § 5 S. 2 LPartG heranzuziehen. Die Durchführung eines Insolvenzverfahrens ist eine persönliche Angelegenheit des Schuldners, weshalb sein Ehegatte die Verfahrenskosten vorzuschießen hat, soweit dies der Billigkeit entspricht. Nach der Rechtsprechung des IX. Zivilsenats entspricht der Kostenvorschuss nicht der Billigkeit, wenn die Insolvenz im Wesentlichen auf voreheliche Schulden oder solche Verbindlichkeiten beruht, die weder zum Aufbau oder zur Erhaltung einer wirtschaftlichen Existenz der Eheleute eingegangen wurden noch aus sonstigen Gründen mit der gemeinsamen Lebensführung im Zusammenhang stehen (BGH NJW 2003, 2910). Diese Auffassung ist nach der Rechtsprechung des XII. Senats nicht mit dem Wortlaut des § 1360a Abs. 4 BGB vereinbar (BGH NJW 2010, 372). Das Gesetz setzt lediglich eine persönliche Angelegenheit voraus. Da der Kostenvorschussanspruch unterhaltsrechtlicher Natur ist, ist der leistungsfähige Ehegatte grundsätzlich verpflichtet, dem wirtschaftlich schwachen Ehegatten bei der Durchsetzung seiner persönlichen Angelegenheit zu unterstützen (BGH NJW 2010, 372). Der Kostenvorschussanspruch besteht daher auch dann, wenn die Zahlungsunfähigkeit auf voreheliche Verbindlichkeiten zurückzuführen ist (Uhlenbruck/Mock Rn. 17).

9 Die gerichtliche Durchsetzung der Vorschusspflicht kann zu einer erheblichen Verzögerung führen. Im Interesse der **Verfahrensbeschleunigung** ist der Stundungsantrag nur dann abzuweisen, wenn keine Umstände gegen die zeitnahe Durchsetzbarkeit des Anspruchs bekannt sind. Dies ist regelmäßig nur bei einer intakten Ehe und der Leistungsfähigkeit des Ehegatten der Fall (Uhlenbruck/Mock InsO § 4a, Rn. 17).

10 Verweigert der Ehegatte die Zahlung, obwohl die Voraussetzungen des § 1360a Abs. 4 BGB vorliegen, ist der Schuldner verpflichtet, seinen Anspruch durch einen Antrag auf Erlass einer einstweiligen Anordnung durchzusetzen (BGH NZI 2007, 298).

2. Ausschluss der Stundung. a) Gründe zur Versagung der Restschuldbefreiung. Liegt ein Grund zur Versagung der Restschuldbefreiung nach § 290 I Nr. 1 vor (rechtskräftige Verurteilung nach §§ 283 bis § 283c StGB zu einer Geldstrafe von mehr als 90 Tagessätzen oder einer Freiheitsstrafe von mehr als drei Monaten in den letzten fünf Jahren), ist eine Stundung ausgeschlossen, I 4. Der in I 3 genannte Ausschlussgrund ist **nicht abschließend** (sog. Vorwirkungsrechtsprechung, BGH NZI 2005, 232; BGH BeckRS 2015, 13763; Uhlenbruck/Mock InsO § 4a Rn. 34–38; MüKoInsO/Ganter/Bruns Rn. 16; Kübler/Prütting/Bork/Wenzel InsO § 4a Rn. 50–54; aA Hamburger Kommentar § 4a Rn. 18). Die Finanzierung des Insolvenzverfahrens mit öffentlichen Geldern würde wenig Sinn machen und dem Grundsatz der Sparsamkeit der Verwendung öffentlicher Mittel widersprechen, wenn die Restschuldbefreiung auf Antrag eines Gläubigers versagt werden müsste (BT-Drs. 14/5680, 20). Die Stundung ist daher auch abzulehnen, wenn bereits bei Antragstellung die Gründe zur Versagung der Restschuldbefreiung gemäß § 290 I Nr. 2 bis 7 eindeutig vorliegen. Hierbei ist unerheblich, ob ein Gläubiger signalisiert, er wolle einen Antrag auf Versagung der Restschuldbefreiung stellen (BT-Drs. 14/5680, 20; BGH NZI 2010, 948). 11

b) Sonstige Ausschlussgründe. aa) Von der Restschuldbefreiung ausgeschlossene Forderungen, § 302 Nr. 1, Nr. 2. Sind wesentliche Forderungen des Schuldners gemäß § 302 Nr. 1, Nr. 2 von der Restschuldbefreiung ausgenommen, kommt eine Stundung der Verfahrenskosten nicht in Betracht, da der mit der Stundung beabsichtigte wirtschaftliche Neuanfang nicht erreicht werden kann (BGH NZI 2020, 476). Sind jedoch die von der Restschuldbefreiung ausgeschlossenen Forderungen nicht durchsetzbar, etwa weil sie bereits verjährt sind, ist die Stundung zu bewilligen (BGH NZI 2014, 231). 12

bb) Zweitinsolvenzverfahren. Wurde über das Vermögen des Schuldners bereits ein Insolvenzverfahren eröffnet und seine selbständige Tätigkeit durch den Insolvenzverwalter freigegeben, § 35 II 1, ist die Eröffnung eines Zweitinsolvenzverfahrens über das Vermögen der freigegebenen selbständigen Tätigkeit grundsätzlich möglich. Ein erneuter Antrag auf Restschuldbefreiung im Zweitinsolvenzverfahren ist jedoch unzulässig, wenn über den im zuvor eröffneten Insolvenzverfahren gestellten Restschuldbefreiungsantrag noch nicht entschieden wurde (BGH NZI 2021, 1064). In diesem Fall ist auch der Stundungsantrag im Zweitinsolvenzverfahren unzulässig (BGH NZI 2021, 1064). 13

cc) Unzulässiger Antrag auf Restschuldbefreiung gemäß § 287a II. Nach der sog. Sperrfristrechtsprechung des BGH war eine Sperrfrist von drei Jahren für einen erneuten Insolvenz-, Stundungs- und Restschuldbefreiungsantrag einzuhalten, wenn dem Schuldner in einem früheren Verfahren die Restschuldbefreiung wegen vorsätzlicher oder grob fahrlässiger Verletzung seiner Auskunfts- oder Mitwirkungspflicht versagt worden war (BGH NZI 2009, 691). Durch das Gesetz zur Verkürzung des Restschuldbefreiungsverfahrens und zur Stärkung der Gläubigerrechte wurde diese Rechtsprechung in § 287a II Nr. 2 teilweise kodifiziert, da andernfalls der Zweck der Versagungsgründe, nur einem redlichen Schuldner die Restschuldbefreiung zu ermöglichen, verfehlt würde (BT-Drs. 17/11268, 25). Liegen die Gründe für eine Unzulässigkeit der Restschuldbefreiung gemäß § 287a II vor, ist eine Stundung ausgeschlossen. 14

dd) Erneuter Stundungsantrag. Nach der Sperrfristrechtsprechung des BGH war eine Sperrfrist von drei Jahren auch dann einzuhalten, wenn dem Schuldner in einem früheren Verfahren wegen eines festgestellten Versagungsgrunds nach § 290 I Nr. 6 die **Stundung abgelehnt** oder nach § 4c Nr. 1 – 4 **aufgehoben** worden war (BGH NZI 2009, 615; NZI 2010, 263). Der Gesetzgeber hat für diese Fälle ausdrücklich **keine** Sperrfrist vorgesehen (BT-Drs. 17/11268, 25). Daher hält der BGH in diesen Fällen nicht mehr an seiner bisherigen Rechtsprechung fest (BGH NZI 2017, 627). Die vorherige Ablehnung oder Aufhebung der Verfahrenskostenstundung stellt keinen Ausschlussgrund mehr dar (BT-Drs. 17/11268, 25; BGH NZI 2017, 627). 15

3. Umfang der Stundung. Die Stundung erfolgt für jeden Verfahrensabschnitt besonders, III 2. Die Kosten des Insolvenzverfahrens ergeben sich aus § 54. Hierzu 16 gehören neben den Gerichtskosten für das Insolvenzverfahren die Vergütungen und die Auslagen des vorläufigen und endgültigen Insolvenzverwalters sowie der Mitglieder des Gläubigerausschusses. Im Restschuldbefreiungsverfahren umfasst die Stundung auch die Vergütung des Treuhänders, § 14 InsVV. Im Verbraucherinsolvenzverfahren können neben den Gerichtskosten gemäß § 54 auch die Kosten des Schuldenbereinigungsverfahrens, §§ 306 ff., gestundet werden.

17 **4. Beiordnung eines Rechtsanwalts (II).** Dem Insolvenzgericht obliegt eine **Fürsorgepflicht** gegenüber den rechtsunkundigen Schuldnern. Dennoch kann es im Einzelfall aus Gründen der **Waffengleichheit** geboten sein, dem Schuldner einen Rechtsanwalt beizuordnen, wenn dies nach Schwierigkeit der Sach- und Rechtslage erforderlich erscheint (BT-Drs. 14/5680, 21). In der Regel kommt die Beiordnung in Betracht, wenn der Schuldner in einem quasi kontradiktorischen Verfahren nach § 290 oder § 296 für seine Restschuldbefreiung kämpft (BT-Drs. 14/5680, 21). Für das Stundungsverfahren selbst kommt die Beiordnung eines Rechtsanwalts nicht in Betracht (BGH NZI 2014, 1064).

18 **5. Wirkung der Stundung, Änderung der Stundungsentscheidung (III).** Zeitlich erstreckt sich die Stundung bis zur Erteilung der Restschuldbefreiung. Bis dahin sieht die Staatskasse davon ab, die Verfahrenskosten gegenüber dem Schuldner geltend zu machen. Die Stundung bewirkt, dass der vorläufige, endgültige Insolvenzverwalter und der Treuhänder hinsichtlich ihrer Vergütungen und Auslagen einen Sekundäranspruch gegen die Staatskasse erhalten, soweit eine Befriedigung aus der Masse bzw. dem schuldnerischen Vermögen nicht möglich ist, § 63 II, § 293 II. Dem beigeordneten Rechtsanwalt ist es verwehrt, seine Vergütungsansprüche gegenüber dem Schuldner geltend zu machen, III Nr. 2. Dessen Vergütungsanspruch geht mit der Befriedigung durch die Staatskasse auf diese über, § 59 RVG. Im Interesse der Verfahrensbeschleunigung treten die Wirkungen der Stundung bereits ab Antragstellung ein, III 3. Ändern sich die persönlichen oder wirtschaftlichen Verhältnisse des Schuldners, kann das Gericht seine Entscheidung über die Stundung jederzeit ändern (III 4).

Rückzahlung und Anpassung der gestundeten Beträge

4b **I [1]Ist der Schuldner nach Erteilung der Restschuldbefreiung nicht in der Lage, den gestundeten Betrag aus seinem Einkommen und seinem Vermögen zu zahlen, so kann das Gericht die Stundung verlängern und die zu zahlenden Monatsraten festsetzen. [2]§ 115 Absatz 1 bis 3 sowie § 120 Absatz 2 der Zivilprozessordnung gelten entsprechend.**

II [1]Das Gericht kann die Entscheidung über die Stundung und die Monatsraten jederzeit ändern, soweit sich die für sie maßgebenden persönlichen oder wirtschaftlichen Verhältnisse wesentlich geändert haben. [2]Der Schuldner ist verpflichtet, dem Gericht eine wesentliche Änderung dieser Verhältnisse unverzüglich anzuzeigen. [3]§ 120a Absatz 1 Satz 2 und 3 der Zivilprozessordnung gilt entsprechend. [4]Eine Änderung zum Nachteil des Schuldners ist ausgeschlossen, wenn seit der Beendigung des Verfahrens vier Jahre vergangen sind.

1 **I. Normzweck.** Ziel des Stundungsmodells ist, mittellosen Schuldnern einen wirtschaftlichen Neuanfang zu ermöglichen (BT-Drs. 14/5680, 21). Dies würde verfehlt, wenn der Schuldner nach Erteilung der Restschuldbefreiung erneut zahlungsunfähig werden würde, da er nicht in der Lage ist, die fälligen Verfahrenskosten zu bezahlen. Daher sieht § 4b eine Verlängerung der Stundung und Festsetzung der monatlich zu zahlenden Raten vor.

2 **II. Norminhalt. 1. Voraussetzungen der Verlängerung der Stundung (I). a) Erteilung Restschuldbefreiung.** Dem Schuldner muss nach Bewilligung der Stundung gemäß § 4a die Restschuldbefreiung erteilt worden sein. Eine Verlängerung der Stundung kommt nicht in Betracht, wenn das Insolvenzverfahren nach Bestätigung eines Insolvenzplans aufgehoben wurde, ohne dass dem Schuldner die Restschuldbefreiung erteilt wurde (BGH NZI 2011, 683).

b) Antrag. Für die Verlängerung der Stundung der Verfahrenskosten ist ein Antrag des Schuldners erforderlich (BGH NZI 2011, 683). Dies ergibt sich zwar nicht aus dem Gesetzeswortlaut. Die Wirkungen einer weiteren Stundung sollen dem Schuldner jedoch nicht ohne seinen Willen aufgedrängt werden (BGH NZI 2011, 683). 3

c) Vermögenslosigkeit. Zur Begleichung der Verfahrenskosten hat der Schuldner nicht nur seine laufenden Einnahmen, sondern sein gesamtes Vermögen heranzuziehen. Insoweit verweist § 4b I 2 auf § 115 III ZPO, welcher wiederum auf § 90 SGB XII verweist. Somit ist der Schuldner verpflichtet, sein gesamtes verwertbares Vermögen einzusetzen. Eine entsprechende Anwendung des § 295 I Nr. 2, wonach der Schuldner lediglich die Hälfte des Vermögens, das er von Todes wegen oder mit Rücksicht auf ein künftiges Erbrecht erwirbt, herauszugeben hat, kommt nicht in Betracht (BT-Drs. 14/5680, 22). Ausgenommen sind lediglich das sog. Schonvermögen gemäß § 90 Abs. 2 SGB XII sowie die in § 115 I Nr. 1 bis 5 ZPO genannten Beträge, I 2. 4

d) Festsetzung von monatlichen Raten. Ist der Schuldner nicht in der Lage, die nach Erteilung der Restschuldbefreiung noch ausstehenden Beträge durch eine Einmalzahlung zu begleichen, so wird die Stundung verlängert und monatliche Ratenzahlungen bewilligt (BT-Drs. 14/5680, 21). Die monatliche Rate ist nach § 115 I–III ZPO zu ermitteln, I 2. Festgesetzt werden können höchstens 48 Monatsraten, I 2, § 115 II 4 ZPO. 5

2. Änderung der Stundungsentscheidung (II). Im Interesse einer sparsamen Verwendung öffentlicher Mittel sieht II die Möglichkeit zur Änderung der Entscheidung über die Stundung und der Monatsraten vor. 6

a) Wesentliche Änderungen der persönlichen und wirtschaftlichen Verhältnisse. Voraussetzung ist eine wesentliche Änderung der persönlichen oder wirtschaftlichen Verhältnisse des Schuldners. Nur geringfügige oder vorübergehende Änderungen bleiben unberücksichtigt (BT-Drs. 14/5680, 22). Als Anhaltspunkte über die Veränderung der wesentlichen Verhältnisse kann auch die Tabelle gemäß § 115 I 5 ZPO herangezogen werden (BT-Drs. 14/5680, 22). 7

b) Unterrichtungs- und Auskunftspflicht des Schuldners (III 2, 3). Um eine möglichst zügige Anpassung zu ermöglichen, sieht II 2 eine Unterrichtungspflicht des Schuldners gegenüber dem Gericht vor. Bei Aufforderung des Gerichts besteht eine Auskunftspflicht des Schuldners, II 3, 120a I 3 ZPO. 8

c) Ausschluss nachträglicher Änderungen (II 4). Wenn seit der Erteilung der Restschuldbefreiung vier Jahre vergangen sind, ist eine Änderung der Stundung und der Monatsraten zum Nachteil des Schuldners ausgeschlossen. Dies gilt nicht, wenn der Schuldner die von ihm geforderten Auskünfte verzögert hat und die Änderung der Entscheidung über die Stundung und die Monatsraten in Folge der verzögerten Auskunftserteilung erst nach Ablauf von vier Jahren erfolgt (LG Göttingen NZI 2020, 640). 9

Aufhebung der Stundung

4c Das Gericht kann die Stundung aufheben, wenn

1. der Schuldner vorsätzlich oder grob fahrlässig unrichtige Angaben über Umstände gemacht hat, die für die Eröffnung des Insolvenzverfahrens oder die Stundung maßgebend sind, oder eine vom Gericht verlangte Erklärung über seine Verhältnisse nicht abgegeben hat;

2. die persönlichen oder wirtschaftlichen Voraussetzungen für die Stundung nicht vorgelegen haben; in diesem Fall ist die Aufhebung ausgeschlossen, wenn seit der Beendigung des Verfahrens vier Jahre vergangen sind;

3. der Schuldner länger als drei Monate mit der Zahlung einer Monatsrate oder mit der Zahlung eines sonstigen Betrages schuldhaft in Rückstand ist;

4. der Schuldner keine angemessene Erwerbstätigkeit ausübt und, wenn er ohne Beschäftigung ist, sich nicht um eine solche bemüht oder eine zumutbare Tätigkeit ablehnt und dadurch die Befriedigung der Insolvenz-

gläubiger beeinträchtigt; dies gilt nicht, wenn den Schuldner kein Verschulden trifft; § 296 Absatz 2 Satz 2 und 3 gilt entsprechend;
5. die Restschuldbefreiung versagt oder widerrufen wird.

1 **I. Normzweck.** Eine Stundungsbewilligung, die von Anfang an unrichtig war, soll durch diese Vorschrift beseitigt werden. Auch soll der Schuldner durch die nachteilige Rechtsfolge zur ordnungsgemäßen Mitwirkung und Förderung des Verfahrens angehalten werden (BT-Drs. 14/5680, 22).

2 **II. Norminhalt. 1. Aufhebungsgründe (Nr. 1–5). a) Unrichtige oder unterlassene Angaben (Nr. 1). aa) Unrichtige oder unvollständige Angaben (Alt. 1).** Unrichtige oder unvollständige Angaben im Insolvenz- oder Stundungsantrag, die kausal für die Verfahrenseröffnung oder die Stundungsbewilligung waren, können zur Aufhebung der Stundung führen. Hierzu gehören insbesondere falsche Angaben über die Gläubiger und die Vermögensgegenstände. Unvollständige Angaben, die ein falsches Gesamtbild vermitteln, stellen ebenfalls ein Grund zur Aufhebung der Stundung dar (BGH NZI 2009, 188).

3 **bb) Unterlassene Erklärung über persönliche oder wirtschaftliche Verhältnisse (Alt. 2).** Der Schuldner ist gemäß § 4b II 2, § 120a I 3 ZPO verpflichtet, das Insolvenzgericht über eine wesentliche Änderung seiner persönlichen oder wirtschaftlichen Verhältnisse zu unterrichten. Die Verletzung dieser Pflicht stellt noch keinen Grund zur Aufhebung der Stundung dar (BT-Drs. 14/5680, 23). Vielmehr muss der Schuldner der Aufforderung des Insolvenzgerichts zur Abgabe einer Erklärung über seine persönlichen oder wirtschaftlichen Verhältnisse nicht nachgekommen sein.

4 **cc) Verschulden.** Die Abgabe von unrichtigen oder unvollständigen Angaben im Insolvenz- und Stundungsantrag sowie die unterlassene Erklärung über die Vermögensverhältnisse muss auf Vorsatz oder grobe Fahrlässigkeit des Schuldners beruhen. Grobe Fahrlässigkeit ist auch anzunehmen, wenn der Schuldner ein von seinem Verfahrensbevollmächtigen unrichtig oder unvollständig ausgefülltes Formular ungelesen unterschreibt (BGH NZI 2010, 655).

5 **b) Nichtvorliegen der Stundungsvoraussetzungen (Nr. 2).** Lagen von Anfang an die Voraussetzungen der Stundung nicht vor, ohne, dass dies vom Schuldner zu verantworten war oder ihm insofern allenfalls leichte Fahrlässigkeit zur Last fällt, sieht Nr. 2 eine zeitlich begrenzte Möglichkeit zur Aufhebung der Stundung vor (BT-Drs. 14/5680, 23). Hierbei ist auf den Zeitpunkt der Entscheidung über die Gewährung der Stundung abzustellen (BGH NZI 2008, 46). Eine nachträgliche Änderung der persönlichen und wirtschaftlichen Verhältnisse des Schuldners führt lediglich zur Änderung der Stundungsentscheidung gemäß § 4b II. Die Aufhebung der Stundung ist ausgeschlossen, wenn seit der Beendigung des Verfahrensabschnitts, über dessen Kosten eine Stundungsentscheidung ergangen war, vier Jahre vergangen sind.

6 **c) Zahlungsrückstand (Nr. 3).** Um den Schuldner zu einer pünktlichen Zahlung seiner Ratenverpflichtung anzuhalten, sieht Nr. 3 die Aufhebung der Stundung vor, wenn der Schuldner mit der Zahlung der Monatsrate gemäß § 4b I länger als drei Monate im Rückstand ist. Gleiches gilt für die Zahlung eines sonstigen Betrags, der dem Schuldner bei der Stundung oder deren Verlängerung auferlegt wurde (MüKoInsO/Ganter/Bruns Rn. 9). Unter sonstigem Betrag sind auch die pfändbaren Gehaltsanteile zu verstehen, die der Schuldner nicht zur Insolvenzmasse abgeführt (LG Berlin BeckRS 2007, 13387). Erforderlich ist ein schuldhaftes Handeln des Schuldners (BT-Drs. 14/5680, 23). Ist der Zahlungsrückstand auf eine nachteilige Veränderung der wirtschaftlichen Verhältnisse des Schuldners zurückzuführen, hat das Gericht zu prüfen, ob nicht eine Anpassung der Ratenzahlung gemäß § 4b II geboten ist (BT-Drs. 14/5680, 23).

7 **d) Verletzung Erwerbsobliegenheit (Nr. 4). aa) Erwerbsobliegenheit (Alt.1).** Ist der Schuldner erwerbslos, hat er sich um eine angemessene Vollzeitbeschäftigung zu bemühen, § 287b. Zur Erfüllung der Erwerbsobliegenheit muss der Schuldner sich bei der Agentur für Arbeit arbeitssuchend melden und laufend Kontakt zu dem dort für ihn zuständigen Mitarbeiter halten sowie aktiv und ernsthaft um eine Arbeitsstelle bemühen (BGH NZI 2018, 359). Als ungefähre Richtgröße gelten zwei bis drei Bewerbungen in der Woche, sofern entsprechende Stellen angeboten werden (BGH NZI 2018, 359). Dies gilt auch für teilzeitbeschäftigte oder erfolglos

selbständig tätige Schuldner, § 35 II 2, § 295a (BGH NZI 2018, 359). Eine Verletzung der Erwerbsobliegenheit liegt nicht vor, wenn der Schuldner aufgrund seiner Ausbildung, seiner Fähigkeiten, seines Alters oder seines Gesundheitszustandes nicht in der Lage ist, einer Erwerbstätigkeit nachzugehen, die zu einem pfändbaren Einkommen führt (BGH BeckRS 2011, 549). Neben dem Verschulden des Schuldners ist auch die Beeinträchtigung der Befriedigung der Insolvenzgläubiger durch die Erwerbsobliegenheitsverletzung erforderlich. Hierbei genügt eine abstrakte Gefährdung der Befriedigungsinteressen der Gläubiger nicht. Es muss eine messbare tatsächliche Beeinträchtigung vorliegen (BGH NZI 2009, 899).

bb) Mitwirkungsobliegenheit (Alt. 2). Durch den Verweis auf § 296 II 2 und 3 8
wird in Nr. 4 Hs. 2 ein selbständiger Aufhebungsgrund statuiert, der unabhängig von dem Aufhebungsgrund des § 4c Nr. 1 besteht (BGH NZI 2008, 507). Nach 296 II 2 hat der Schuldner über die Erfüllung seiner Obliegenheiten Auskunft zu erteilen und auf Antrag eines Gläubigers die Richtigkeit dieser Auskunft an Eides statt zu versichern. Gibt der Schuldner die Auskunft innerhalb der ihm gesetzten Frist nicht ab, ist die Stundung aufzuheben.

e) Versagung oder Widerruf der Restschuldbefreiung (Nr. 5). aa) Auf- 9
hebung nach Versagung oder Widerruf der Restschuldbefreiung. Die Versagung der Restschuldbefreiung nach § 290, §§ 296–298 oder deren Widerruf nach § 303 stellen einen Grund zur Aufhebung der Stundung gemäß Nr. 5 dar. In diesen Fällen kann der Zweck der Stundung, mittellosen Schuldners durch die Restschuldbefreiung einen wirtschaftlichen Neuanfang zu ermöglichen, nicht mehr erreicht werden.

bb) Aufhebung ohne vorherige Versagung der Restschuldbefreiung. Nach 10
der Gesetzesbegründung sind die in § 4c genannten Aufhebungsgründe abschließend (BT-Drs. 14/5680, 22). Der Gesetzgeber sah bewusst davon ab, die weiteren Versagungsgründe des § 290 Abs. 1 als selbständige Aufhebungsgründe auszugestalten, da er davon ausging, dass die unmittelbar von der Restschuldbefreiung betroffenen Gläubiger bei schwerwiegenden Verstößen des Schuldners die Versagung der Restschuldbefreiung beantragen (BT-Drs. 14/5680, 23). Nach der Rechtsprechung des BGH kommt die Aufhebung der Stundung nach Nr. 5 auch ohne die vorherige Versagung der Restschuldbefreiung in Betracht, wenn ein Versagungsgrund zweifelsfrei besteht (BGH NZI 2009, 615; BGH NZI 2008, 624). Dies gilt insbesondere bei Verletzung von Mitwirkungspflichten gemäß § 97 (BGH NZI 2009, 615; BGH NZI 2008, 624). Die Annahme des Gesetzgebers, die betroffenen Gläubiger würden bei gravierenden Verstößen des Schuldners einen Antrag auf Versagung der Restschuldbefreiung stellen, entspricht nicht der Praxis. Hierzu müssten die Gläubiger regelmäßig Einsicht in die Gerichtsakte nehmen, was nicht der Fall ist. Im Hinblick auf den Normzweck, den Schuldner durch die nachteilige Rechtsfolge der Stundungsaufhebung zur ordnungsgemäßen Mitwirkung anzuhalten, ist die Aufhebung der Stundung bei offensichtlichem Verstoß gegen die Mitwirkungspflicht auch ohne die vorherige Versagung der Restschuldbefreiung zu befürworten (vgl. MüKoInsO/Ganter/Bruns Rn. 15; LG Dortmund BeckRS 2022, 17021).

2. Wirkungen der Aufhebung. Mit der Aufhebung der Stundung entfallen die 11
Wirkungen des § 4a III. Erfolgt die Aufhebung der Stundung im Eröffnungsverfahren, führt dies regelmäßig zur Abweisung des Insolvenzantrags mangels Masse gemäß § 26. Im eröffneten Verfahren ist das Verfahren nach Aufhebung der Stundung nach § 207 InsO mangels Masse einzustellen. Im Restschuldbefreiungsverfahren führt die Aufhebung der Stundung dazu, dass der Schuldner für die Vergütung des Treuhänders selbst aufkommen muss, deren Nichteinzahlung zur Versagung der Restschuldbefreiung gemäß § 298 führen kann.

Rechtsmittel

4d **I Gegen die Ablehnung der Stundung oder deren Aufhebung sowie gegen die Ablehnung der Beiordnung eines Rechtsanwalts steht dem Schuldner die sofortige Beschwerde zu.**

II [1] Wird die Stundung bewilligt, so steht der Staatskasse die sofortige Beschwerde zu. [2] Diese kann nur darauf gestützt werden, dass nach den persönlichen oder wirtschaftlichen Verhältnissen des Schuldners die Stundung hätte abgelehnt werden müssen.

1 **I. Normzweck.** Nach § 6 können Entscheidungen des Insolvenzgerichts nur in den Fällen, in denen dies ausdrücklich vorgesehen ist, angefochten werden. Da die Stundung der Verfahrenskosten häufig ausschlaggebend ist, ob dem Schuldner ein wirtschaftlicher Neuanfang gelingen wird, soll bei Ablehnung oder Aufhebung der Stundung das Rechtsmittel der sofortigen Beschwerde eröffnet werden. Gleiches gilt für die Ablehnung der Beiordnung eines Rechtsanwalts, die für einen rechtsunkundigen Schuldner von existentieller Bedeutung sein kann.

2 In Anlehnung an § 127 III ZPO wird der Staatskasse eine Beschwerdebefugnis eingeräumt, sofern das Insolvenzgericht bei der Gewährung der Stundung von unzutreffenden persönlichen oder wirtschaftlichen Verhältnissen des Schuldners ausgegangen ist.

3 **II. Norminhalt. 1. Beschwerdebefugnis, -frist.** Beschwerdeberechtigt sind lediglich der Schuldner und die Staatskasse. Weitere Verfahrensbeteiligte sind nicht beschwerdeberechtigt. Gleiches gilt auch für den Rechtsanwalt, dessen Beiordnung das Insolvenzgericht abgelehnt hat (MüKoInsO/Ganter/Bruns Rn. 8). Für die sofortige Beschwerde nach § 6, §§ 567 ff ZPO gilt eine zweiwöchige Beschwerdefrist.

4 **2. Sofortige Beschwerde des Schuldners (I).** Die sofortige Beschwerde des Schuldners kann sich gegen die Ablehnung oder Aufhebung der Stundung sowie die Ablehnung der Beiordnung eines Rechtsanwalts richten. Gegenstand der sofortigen Beschwerde nach § 4d kann auch die Ablehnung der Verlängerung der Stundung gemäß § 4b I sein (MüKoInsO/Ganter/Bruns Rn. 3). Nach anderer Ansicht kommt gegen solche Entscheidung nur die sofortige Erinnerung nach § 11 II RPflG in Betracht (Uhlenbruck/Mock Rn. 3; K. Schmidt InsO/Stephan Rn. 4).

5 **3. Sofortige Beschwerde der Staatskasse (II).** Gegenstand der sofortigen Beschwerde der Staatskasse ist lediglich die Bewilligung der Stundung. Gegen die Beiordnung eines Rechtsanwalts steht der Staatskasse kein Beschwerderecht zu (MüKoInsO/Ganter/Bruns Rn. 5). Die Beschwerde der Staatskasse kann nur darauf gestützt werden, dass die Voraussetzungen der Stundung nach den persönlichen oder wirtschaftlichen Verhältnissen des Schuldners nicht vorlagen. Im Wege der sofortigen Beschwerde kann die Staatskasse auch eine unvollständige Sachaufklärung rügen (Uhlenbruck/Mock Rn. 5).

6 **4. Wirkung der sofortigen Beschwerde.** Die sofortige Beschwerde hat keine aufschiebende Wirkung. Es besteht die Möglichkeit, die Vollziehung der angefochtenen Entscheidung auszusetzen bzw. eine einstweilige Anordnung zu erlassen, dass die Stundungswirkung vorläufig eintritt, § 4 iVm § 570 II, III ZPO (MüKoInsO/Ganter/Bruns Rn. 10).

Vergütung des vorläufigen Insolvenzverwalters

26a **I Wird das Insolvenzverfahren nicht eröffnet, setzt das Insolvenzgericht die Vergütung und die zu erstattenden Auslagen des vorläufigen Insolvenzverwalters durch Beschluss fest.**

II [1] Die Festsetzung erfolgt gegen den Schuldner, es sei denn, der Eröffnungsantrag ist unzulässig oder unbegründet und den antragstellenden Gläubiger trifft ein grobes Verschulden. [2] In diesem Fall sind die Vergütung und die zu erstattenden Auslagen des vorläufigen Insolvenzverwalters ganz oder teilweise dem Gläubiger aufzuerlegen und gegen ihn festzusetzen. [3] Ein grobes Verschulden ist insbesondere dann anzunehmen, wenn der Antrag von vornherein keine Aussicht auf Erfolg hatte und der Gläubiger dies erkennen musste. [4] Der Beschluss ist dem vorläufigen Verwalter und demjenigen, der die Kosten des vorläufigen Insolvenzverwalters zu tragen hat, zuzustellen. [5] Die Vorschriften der Zivilprozessordnung über die Zwangsvollstreckung aus Kostenfestsetzungsbeschlüssen gelten entsprechend.

III [1] Gegen den Beschluss steht dem vorläufigen Verwalter und demjenigen, der die Kosten des vorläufigen Insolvenzverwalters zu tragen hat, die sofortige Beschwerde zu. [2] § 567 Absatz 2 der Zivilprozessordnung gilt entsprechend.

→ InsVV Vor § 1 Rn. 1.

Vergütung des Insolvenzverwalters

63 I [1] Der Insolvenzverwalter hat Anspruch auf Vergütung für seine Geschäftsführung und auf Erstattung angemessener Auslagen. [2] Der Regelsatz der Vergütung wird nach dem Wert der Insolvenzmasse zur Zeit der Beendigung des Insolvenzverfahrens berechnet. [3] Dem Umfang und der Schwierigkeit der Geschäftsführung des Verwalters wird durch Abweichungen vom Regelsatz Rechnung getragen.

II Sind die Kosten des Verfahrens nach § 4a gestundet, steht dem Insolvenzverwalter für seine Vergütung und seine Auslagen ein Anspruch gegen die Staatskasse zu, soweit die Insolvenzmasse dafür nicht ausreicht.

III [1] Die Tätigkeit des vorläufigen Insolvenzverwalters wird gesondert vergütet. [2] Er erhält in der Regel 25 Prozent der Vergütung des Insolvenzverwalters bezogen auf das Vermögen, auf das sich seine Tätigkeit während des Eröffnungsverfahrens erstreckt. [3] Maßgebend für die Wertermittlung ist der Zeitpunkt der Beendigung der vorläufigen Verwaltung oder der Zeitpunkt, ab dem der Gegenstand nicht mehr der vorläufigen Verwaltung unterliegt. [4] Beträgt die Differenz des tatsächlichen Werts der Berechnungsgrundlage der Vergütung zu dem der Vergütung zugrunde gelegten Wert mehr als 20 Prozent, so kann das Gericht den Beschluss über die Vergütung des vorläufigen Insolvenzverwalters bis zur Rechtskraft der Entscheidung über die Vergütung des Insolvenzverwalters ändern.

→ InsVV Vor § 1 Rn. 1.

Festsetzung durch das Gericht

64 I Das Insolvenzgericht setzt die Vergütung und die zu erstattenden Auslagen des Insolvenzverwalters durch Beschluß fest.

II [1] Der Beschluß ist öffentlich bekanntzumachen und dem Verwalter, dem Schuldner und, wenn ein Gläubigerausschuß bestellt ist, den Mitgliedern des Ausschusses besonders zuzustellen. [2] Die festgesetzten Beträge sind nicht zu veröffentlichen; in der öffentlichen Bekanntmachung ist darauf hinzuweisen, daß der vollständige Beschluß in der Geschäftsstelle eingesehen werden kann.

III [1] Gegen den Beschluß steht dem Verwalter, dem Schuldner und jedem Insolvenzgläubiger die sofortige Beschwerde zu. [2] § 567 Abs. 2 der Zivilprozeßordnung gilt entsprechend.

→ InsVV Vor § 1 Rn. 1.

Verordnungsermächtigung

65 Das Bundesministerium der Justiz und für Verbraucherschutz wird ermächtigt, die Vergütung und die Erstattung der Auslagen des vorläufigen Insolvenzverwalters und des Insolvenzverwalters sowie das hierfür maßgebliche Verfahren durch Rechtsverordnung zu regeln.

→ InsVV § 1 Rn. 1.

Streitwert

182 Der Wert des Streitgegenstands einer Klage auf Feststellung einer Forderung, deren Bestand vom Insolvenzverwalter oder von einem Insolvenzgläubiger bestritten worden ist, bestimmt sich nach dem Betrag, der bei der Verteilung der Insolvenzmasse für die Forderung zu erwarten ist.

1 **I. Normzweck und Normgeschichte.** § 182 regelt, wie ein Wert (→ Rn. 2) zu ermitteln ist, wenn über eine Tabellenanmeldung gestritten wird. Er ist durch die Insolvenzverordnung v. 5.10.1994 (BGBl. 2866) an die Stelle von § 148 KO getreten. Dessen unbestimmte Formulierung, die dem Gericht bei der Festsetzung ein weites Ermessen einzuräumen schien („Wert des Streitgegenstands eines Prozesses über die Richtigkeit oder das Vorrecht einer Forderung ist mit Rücksicht auf das Verhältnis der Teilungs- zur Schuldenmasse von dem Prozeßgericht nach freiem Ermessen festzusetzen"), sollte **präzisiert** werden (BT-Drs. 12/2443, 185).

2 **II. Anwendungsbereich. 1. Gebühren-, Zuständigkeits- und Rechtsmittelstreitwert.** Bestreitet der Insolvenzverwalter oder ein anderer Insolvenzgläubiger eine Forderung, kann der Gläubiger die Feststellung gegen den Bestreitenden nach §§ 179, 180 betreiben. Für **diese** Klage ist § 182 anwendbar. § 182 gilt über § 48 I GKG für den Gebühren-, aber **auch** für den Zuständigkeits- und Rechtsmittelstreitwert (BGH NZI 2023, 23 Rn. 2; NZI 2020, 830 Rn. 2; NZI 2015, 757 Rn. 1; NZI 2007, 175 Rn. 3; NZI 2002, 549).

3 **2. Entsprechende Anwendung.** § 182 soll auf **Masseverbindlichkeiten** entsprechend anwendbar sein, wenn der Verwalter sich auf Masseunzulänglichkeit beruft und der Massegläubiger dementsprechend die Klage auf einen Feststellungsantrag umstellt. In diesen Fällen soll der Streitwert bei einem eine Masseforderung betreffenden Antrag entsprechend § 182 nach dem Verhältnis der Teilungs- zur Schuldenmasse festzusetzen sein (BGH NJW-RR 1988, 689; LAG Berlin-Brandenburg ZinsO 2019, 2387 = BeckRS 2019, 20587 Rn. 24). § 182 ist ferner bei der Aufnahme eines unterbrochenen Rechtsstreits nach § 180 II anzuwenden, wobei es jedoch in einem erstinstanzlichen Verfahren vor dem LG bei dessen Zuständigkeit bleibt, auch wenn der mit der Aufnahme des Verfahrens relevante Streitwert nach § 182 unterhalb der Schwelle der §§ 23 Nr. 1, § 71 I GVG liegt (Kaubisch EWiR 2023, 52 (54)).

4 Auch dann, wenn nur die **Höhe oder der Rang** der Forderung bestritten ist, ist § 182 entsprechend anwendbar (BT-Drs. 12/2443, 185). Teilweise wird zudem vertreten, § 182 InsO finde auch auf **Leistungsanträge** entsprechende Anwendung. Es komme nicht darauf an, mit welcher Klageart die Partei nach Anzeige der Masseunzulänglichkeit vorgehe, ob mit einer Leistungs- oder mit einer Feststellungsklage (LAG Bremen BeckRS 1988, 30456799).

5 § 182 ist hingegen nicht auf die Klage nach § 184 InsO anzuwenden.

6 **III. Rechtsfolge. 1. Überblick.** Im Anwendungsbereich des § 182 (→ Rn. 2 ff.) bestimmt sich der Wert **nicht** nach der Forderungshöhe, sondern nach dem **Betrag,** der bei der Verteilung der Insolvenzmasse für die Forderung zu **erwarten** ist. Teilungsmasse ist, was nach einer Befriedigung der Absonderungsberechtigten und der Massegläubiger übrigbleibt. Schuldenmasse ist dasjenige, was die Gläubiger an Forderungen mit oder ohne den Anspruch auf ein Vorrecht zum Insolvenzverfahren angemeldet haben.

7 **2. Einzelheiten.** Eine bestrittene Forderung ist grds. mit einer der Wahrscheinlichkeit entsprechenden Quote ansetzen. Wenn aber nur ein Vorrecht oder die Höhe und nicht die zugrundeliegende Forderung streitig ist (→ Rn. 4), ist der Unterschiedsbetrag maßgeblich (BT-Drs. 12/2443, 185). In Fällen, in denen mit einer quotenmäßigen Befriedigung nicht zu rechnen ist, setzt die hM den Wert auf den Wert der niedrigsten Gebührenstufe fest (BGH NJOZ 2014, 936 Rn. 9; NJW-RR 1993, 317).

8 **3. Erkenntnismöglichkeiten.** Das Gericht muss bei seiner **Schätzung** nach billigem Ermessen (→ ZPO § 3 Rn. 9 ff.) **sämtliche** Erkenntnismöglichkeiten ausschöpfen (BGH NZI 2007, 175 Rn. 6; NJW-RR 2000, 354). IdR wird eine Auskunft des Insolvenzverwalters die Grundlage für die Wertbestimmung sein (BGH NZI 2007, 175 Rn. 6; NJW-RR 2000, 354). Hieran ist das Gericht aber nicht gebunden. Das Gericht muss vielmehr auch andere Erkenntnismöglichkeiten einbeziehen und eine Auskunft einer sorgfältigen Prüfung unterziehen (BGH NZI 2007, 175 Rn. 6).

9 Wenn es notwendig erscheint, können Akten des Insolvenzverfahrens beigezogen und verwertet werden (BGH NZI 2007, 175 Rn. 6).

10 **4. Maßgeblicher Zeitpunkt.** Maßgeblich ist der Zeitpunkt der **Klagerhebung** nach §§ 253, 261 ZPO (OLG Frankfurt a. M. KTS 1980, 66, oder derjenige der

Aufnahme des Verfahrens gegenüber dem Insolvenzverwalter nach § 240 S. 1 (BGH ZIP 1980, 429; OLG Dresden JurBüro 2007, 531).

Vergütung des Verfahrenskoordinators

269g **I [1] Der Verfahrenskoordinator hat Anspruch auf Vergütung für seine Tätigkeit und auf Erstattung angemessener Auslagen. [2] Der Regelsatz der Vergütung wird nach dem Wert der zusammengefassten Insolvenzmassen der in das Koordinationsverfahren einbezogenen Verfahren über gruppenangehörige Schuldner berechnet. [3] Dem Umfang und der Schwierigkeit der Koordinationsaufgabe wird durch Abweichungen vom Regelsatz Rechnung getragen. [4] Die §§ 64 und 65 gelten entsprechend.**

II Die Vergütung des Verfahrenskoordinators ist anteilig aus den Insolvenzmassen der gruppenangehörigen Schuldner zu berichtigen, wobei im Zweifel das Verhältnis des Werts der einzelnen Massen zueinander maßgebend ist.

I. Systematik. Es handelt sich um eine Ergänzung zu der Einrichtung des Verfahrenskoordinators nach § 269e im Koordinationsverfahren nach §§ 269d ff. I, II regeln nur die Vergütung jeder solchen Person, die das Koordinationsgericht zu dieser Funktion bestellt hat. Die Aufgaben des Koordinators regelt § 269f InsO. Zum Anwalt als Koordinator → Rn. 6. 1

II. Regelungszweck. Ein Verfahrenskoordinator braucht nicht umsonst tätig zu werden. Eine an sich naheliegende Übernahme der Regelungen für die anderen Amtsträger nach der InsO ist nicht erfolgt. Ob das zweckmäßig war, lässt sich unterschiedlich bewerten. 2

III. Sachlicher Anwendungsbereich. Die Vorschrift erfasst nur das Koordinationsverfahren nach §§ 269d ff. InsO, freilich von der Bestellung des Koordinators nach § 269e I InsO an bis zur Beendigung des Festsetzungsverfahrens nach I 4 und darüber hinaus bis zur tatsächlichen Befriedigung des Koordinators. Das gilt im Verfahren mit wie ohne Vorlage eines Koordinationsplans nach § 269f I 2. 3

IV. Persönlicher Anwendungsbereich. Zwei Gruppen sind zu unterscheiden. 4

1. Unabhängige Person (I). Das Koordinationsgericht darf jede nach § 269e I 1, 2 statthafte unabhängige Person bestellen. Nur ein nach § 269e I 3 gruppenangehöriger Schuldner ist als Koordinator unstatthaft und erhält daher keine Vergütung nach § 269g. 5

2. Anwalt (I). Auch er kann nach § 269e I 1, 2 statthaft sein. Auch dann ist § 269g anwendbar. Denn § 1 II 2 RVG macht das RVG auf ihn als Verfahrenskoordinatoren unanwendbar. Es handelt sich nämlich um eine nach dieser Vorschrift „ähnliche Tätigkeit". Zwar hat der Koordinator nicht dieselben Aufgaben wie die übrigen dort aufgezählten Amtsträger im Insolvenzverfahren. Das Koordinationsgericht darf aber dieses Amt auch einem Nichtanwalt übertragen, und es gibt eben andere Vergütungsbestimmungen für den Koordinator, eben § 269g, auch iVm den nach I 4 entsprechend anwendbaren §§ 64, 65. Daher besteht kaum ein Bedürfnis nach einer auch nur entsprechenden Anwendung des RVG. Folglich kann eine etwaige derartige Problematik unerörtert bleiben. 6

V. Vergütungsumfang (I 1–3). Die Vorschrift spricht nicht von Gebühren, sondern von Vergütung. Sie meint damit aber nicht die dort ausdrücklich neben der Vergütung genannten Auslagen, sondern setzt sie in I 1 neben die Vergütung. 7

Regelsatz ist nach I 2 der Ausgangsbegriff bei der Bemessung der Vergütungshöhe. Ihn bemisst man nach I 2 nach dem Wert der zusammengefassten Insolvenzmassen aller in das Koordinationsverfahren einbezogenen Verfahren über gruppenangehörige Schuldner. Die Gruppenangehörigkeit ergibt sich aus § 3e. 8

Abweichung vom Regelsatz ist nach I 3 evtl. statthaft und notwendig, soweit der Umfang und/oder die Schwierigkeit der nach § 269f erforderlichen und auch tatsächlich stattgefundenen Tätigkeit des Koordinators solche Abweichung nach oben oder unten nicht nur ratsam oder empfehlenswert machen, sondern direkt erfordern. Denn nach I 3 „wird Rechnung getragen". Das ist eine zwingende Folge, kein bloßes 9

Ermessen. Freilich wird pflichtgemäße Abwägung und damit derartiges Ermessen praktisch unvermeidbare Voraussetzung einer dann zwingenden Abweichung vom Regelsatz.

10 **VI. Verfahren (I 4).** Die entsprechend anwendbaren §§ 64, 65 ergeben das Festsetzungsverfahren einschließlich der Beachtlichkeit einer VO des BMJV und der Rechtsmittel.

11 **VII. Berichtigung (II).** Die Vorschrift schafft einen schon nach ihrem Wortlaut klaren Zwang zur etwaigen Vornahme. Sie muss natürlich wie bei § 121 I 1 BGB unverzüglich und daher ohne vorwerfbares Zögern erfolgen.

b) Insolvenzrechtliche Vergütungsverordnung (InsVV)

Vom 19.8.1998 (BGBl. I S. 2205)

FNA 311-13-1

Zuletzt geändert durch Art. 4 Gesetz vom 22.12.2020 (BGBl. I 3328)

Vorbemerkung zu § 1

1 Die Vergütung des (auch vorläufigen) Insolvenzverwalters und die Erstattung seiner Auslagen sowie deren Festsetzung sind in §§ 63, 64 InsO geregelt. Nach § 65 InsO ist das Bundesministerium der Justiz ermächtigt, die Vergütung und die Erstattung der Auslagen des Insolvenzverwalters näher zu regeln. In weiteren Vorschriften der InsO wird diese Ermächtigung durch entsprechende Verweisungen auf die Vergütung und die Erstattung der Auslagen des (auch vorläufigen) Sachwalters (§§ 270b I, 274 I InsO), des Treuhänders (§ 293 Abs. 2 InsO) und der Mitglieder des Gläubigerausschusses (§ 73 Abs. 2 InsO) erstreckt. Einzelheiten und das Verfahren sind in der auf der Grundlage der Verordnungsermächtigung in § 65 InsO erlassenen InsVV geregelt. Der Verordnungsgeber sah die wichtigste Aufgabe der InsVV darin, Maßstäbe für die Bemessung der Höhe der Vergütung nach den Prinzipien der **Angemessenheit** und **Vertretbarkeit** festzulegen.

Erster Abschnitt. Vergütung des Insolvenzverwalters

Berechnungsgrundlage

1 **I [1]Die Vergütung des Insolvenzverwalters wird nach dem Wert der Insolvenzmasse berechnet, auf die sich die Schlußrechnung bezieht. [2]Wird das Verfahren nach Bestätigung eines Insolvenzplans aufgehoben oder durch Einstellung vorzeitig beendet, so ist die Vergütung nach dem Schätzwert der Masse zur Zeit der Beendigung des Verfahrens zu berechnen.**

II Die maßgebliche Masse ist im einzelnen wie folgt zu bestimmen:

1. **Massegegenstände, die mit Absonderungsrechten belastet sind, werden berücksichtigt, wenn sie durch den Verwalter verwertet werden. Der Mehrbetrag der Vergütung, der auf diese Gegenstände entfällt, darf jedoch 50 vom Hundert des Betrages nicht übersteigen, der für die Kosten ihrer Feststellung in die Masse geflossen ist. Im übrigen werden die mit Absonderungsrechten belasteten Gegenstände nur insoweit berücksichtigt, als aus ihnen der Masse ein Überschuss zusteht.**
2. **Werden Aus- und Absonderungsrechte abgefunden, so wird die aus der Masse hierfür gewährte Leistung vom Sachwert der Gegenstände abgezogen, auf die sich diese Rechte erstreckten.**
3. **Steht einer Forderung eine Gegenforderung gegenüber, so wird lediglich der Überschuss berücksichtigt, der sich bei einer Verrechnung ergibt.**
4. **Die Kosten des Insolvenzverfahrens und die sonstigen Masseverbindlichkeiten werden nicht abgesetzt. Es gelten jedoch folgende Ausnahmen:**
   a) **Beträge, die der Verwalter nach § 5 als Vergütung für den Einsatz besonderer Sachkunde erhält, werden abgezogen.**

b) Wird das Unternehmen des Schuldners fortgeführt, so ist nur der Überschuss zu berücksichtigen, der sich nach Abzug der Ausgaben von den Einnahmen ergibt.

5. Ein Vorschuß, der von einer anderen Person als dem Schuldner zur Durchführung des Verfahrens geleistet worden ist, und ein Zuschuß, den ein Dritter zur Erfüllung eines Insolvenzplans oder zum Zweck der Erteilung der Restschuldbefreiung vor Ablauf der Abtretungsfrist geleistet hat, bleiben außer Betracht.

Übersicht

A. Normzweck, zeitlicher Anwendungsbereich. Gemäß § 63 I InsO hat der Insolvenzverwalter einen Anspruch auf Vergütung für seine Geschäftsführung und auf Erstattung angemessener Auslagen. Der Regelsatz der Vergütung wird nach dem Wert der Insolvenzmasse zur Zeit der Beendigung des Insolvenzverfahrens berechnet (§ 63 I 2 InsO). § 1 regelt die Berechnungsgrundlage der Vergütung des Insolvenzverwalters. 1

Durch das Gesetz zur weiteren Verkürzung des Restschuldbefreiungsverfahrens und zur Anpassung pandemiebedingter Vorschriften im Gesellschafts-, Genossenschafts-, Vereins- und Stiftungsrecht sowie im Miet- und Pachtrecht vom 22.12.2020 (BGBl. I 3328) wurde § 1 II Nr. 5 geändert. Diese Neuregelung ist auf die ab dem 1.10.2020 beantragten Verfahren anzuwenden (§ 19 V). 2

B. Norminhalt. I. Berechnungsgrundlage (I 1). 1. Insolvenzmasse. Der Begriff der Insolvenzmasse ergibt sich aus § 35 Abs. 1 InsO. Sie erfasst das gesamte Vermögen, das dem Insolvenzschuldner zur Zeit der Eröffnung des Insolvenzverfahrens gehört und das er während des Verfahrens erlangt. Nicht massezugehörig sind unpfändbare Gegenstände (§ 36 InsO). 3

2. Schlussrechnung. Maßgeblich für die Berechnung der Insolvenzverwaltervergütung ist der Wert der Insolvenzmasse, auf die sich die Schlussrechnung bezieht, die der Insolvenzverwalter bei Beendigung des Insolvenzverfahrens erstellt, § 66 I InsO. In der Schlussrechnung sind sämtliche Einnahmen und Ausgaben der Insolvenzmasse einzustellen und anhand der Kontoauszüge und Belege nachzuweisen. 4

II. Ermittlung Berechnungsgrundlage. Bei der Berechnung der Vergütung des Insolvenzverwalters sind grundsätzlich **alle Massezuflüsse** zu berücksichtigen (BGH NZI 2019, 355). Dies gilt auch für solche, die bei Einreichung der Schlussrechnung 5 noch nicht eingegangen sind, jedoch bereits mit Sicherheit feststehen (BGH NZI 2008, 97). Besonderheiten ergeben sich bei sog. **durchlaufenden Posten.**

6 **1. Erstattungen von Kosten.** Erstattungen von Kosten, die im Rahmen eines Rechtsstreits aus der Insolvenzmasse bezahlt und seitens des Prozessgegners oder der Gerichtskasse erstattet werden, sind bei der Ermittlung der Berechnungsgrundlage nicht zu berücksichtigen. Sie erhöhen **nicht** die Berechnungsgrundlage der Insolvenzverwaltervergütung (BGH NZI 2021, 245)

7 **2. Umsatzsteuererstattung.** Umsatzsteuern aus Rechnungen, die aus der Insolvenzmasse bezahlt werden und nach Abgabe der Umsatzsteuererklärung zur Insolvenzmasse erstattet werden, sind in voller Höhe zu berücksichtigen. Hierbei handelt es sich um **keine** durchlaufenden Posten (BGH NZI 2008, 97). Dies gilt auch für die in der Vergütung des Insolvenzverwalters enthaltene Umsatzsteuer, die zwar zum Zeitpunkt der Schlussrechnung noch gar nicht festgesetzt ist, jedoch ein Massezufluss bereits mit Sicherheit feststeht (BGH NZI 2008, 97; NZI 2015, 388). Ausnahme hiervon bilden die während der **Betriebsfortführung** vereinnahmten Umsatzsteuern. Sie dürfen nicht gesondert in die Berechnungsgrundlage gem. § 1 I 1 eingestellt werden. Diese Umsatzsteuern sind als Rechnungsposten bei der Ermittlung des Ergebnisses der Betriebsfortführung zu berücksichtigen, § 1 II Nr. 4b (BGH NZI 2022, 233), → Rn. 19–23.

8 **3. Ungerechtfertigte Bereicherung der Insolvenzmasse.** Eine irrtümliche Zahlung, die nicht für die Insolvenzmasse bestimmt war, ist ebenfalls vollständig zu berücksichtigen (BGH NJW-RR 2015, 677).

9 **III. Bestimmung Berechnungsgrundlage bei vorzeitiger Beendigung des Verfahrens (I 2).** Die vorzeitige Beendigung des Insolvenzverfahrens kommt in den gesetzlich geregelten Fällen der Bestätigung eines Insolvenzplans, § 258 InsO, der Massenarmut, §§ 207, 211 InsO, des Wegfalls des Eröffnungsgrunds § 212 InsO, der Einstellung des Verfahrens mit Zustimmung der Gläubiger, § 213 InsO, oder bei Aufhebung des Eröffnungsbeschlusses aufgrund einer sofortigen Beschwerde in Betracht.

10 In diesen Fällen setzt sich die Berechnungsgrundlage aus den bereits erfolgten Massezuflüssen und dem Schätzwert der Gegenstände, die aufgrund der vorzeitigen Beendigung noch nicht verwertet werden konnten, zusammen. Diese Gegenstände sind mit einem Schätzwert in Höhe des Verkehrswerts im Zeitpunkt der Beendigung des Verfahrens zu berücksichtigen (vgl. BGH NZI 2005, 557). Dies gilt auch dann, wenn sich der Insolvenzverwalter mit den jeweiligen Vermögenspositionen gar nicht befasst hat (BGH NZI 2007, 461).

11 **IV. Bestimmung maßgeblicher Massegegenstände im Einzelnen (II). 1. Absonderungsrechte (II Nr. 1). a) Überschussprinzip (II Nr. 1 S. 3).** Die Absonderungsrechte werden in §§ 49–51 InsO geregelt. Verwertet der Insolvenzverwalter die mit Absonderungsrechten belasteten Gegenstände, sind grundsätzlich nur die Überschüsse, die sich nach Befriedigung der absonderungsberechtigten Gläubiger ergeben, in die Berechnungsgrundlage der Vergütung einzubeziehen.

12 **b) Mehrvergütung (II Nr. 1 S. 2).** Sind die Gegenstände über deren Wert hinaus mit Absonderungsrechten belastet, verbleiben der Insolvenzmasse lediglich die Kosten der Feststellung (4 %) und Verwertung (5 %) gemäß §§ 170, 171 InsO oder die Beiträge aus den mit absonderungsberechtigten Gläubigern geschlossenen Verwertungsvereinbarungen, welche als Massezuflüsse in der Berechnungsgrundlage berücksichtigt werden. Nach II Nr. 1, S. 2 erhält der Insolvenzverwalter eine **zusätzliche** Mehrvergütung („Mehrbetrag der Vergütung"), die auf 50 % der **Feststellungskosten** gemäß § 171 I InsO begrenzt ist.

13 **aa) Vergleichsrechnung.** Zur Ermittlung dieser Mehrvergütung ist eine Vergleichsrechnung zu erstellen.

Beispiel: Die Erlöse aus der Verwertung der **un**belasteten Vermögenswerte betragen EUR 3.000. Die Erlöse aus der Verwertung der mit Absonderungsrechten belasteten Gegenstände betragen EUR 10.000. Hiervon verbleiben der Insolvenzmasse Beiträge gemäß § 171 InsO in Höhe von insgesamt EUR 900 (Kosten der Feststellung: 4 %, § 171 I InsO: EUR 400, Kosten der Verwertung: 5 %, § 171 II InsO: EUR 500).

(1) Berechnungsgrundlage **ohne** mit Absonderungsrecht belasteten Gegenstände:

– Erlös Verwertung unbelasteter Vermögenswerte:	EUR 3.000
– Feststellungskostenbeitrag (§ 171 Abs. 1 InsO):	EUR 400
– Verwertungskostenbeitrag (§ 171 Abs. 2 InsO):	EUR 500
Berechnungsgrundlage:	EUR 3.900
Vergütung des Insolvenzverwalters gem. § 2 Abs. 1 InsVV: 40 % aus EUR 3.900:	**EUR 1.560.**

(2) Die Berechnungsgrundlage **mit** Absonderungsrecht belasteten Gegenstände:

– Erlös Verwertung unbelasteter Gegenstände:	EUR 3.000
– Erlös Verwertung belasteter Gegenstände:	EUR 10.000
Berechnungsgrundlage:	EUR 13.000
Vergütung Insolvenzverwalter gem. § 2 Abs. 1 InsVV: 40 % aus EUR 13.000,00:	**EUR 5.200.**

(3) Die Vergütung des Insolvenzverwalters würde sich durch Berücksichtigung der mit Absonderungsrechten belasteten Massegegenstände um EUR 3.640 erhöhen. Diese Erhöhung wird auf **50 %** des Feststellungkostenbeitrags gemäß § 171 I InsO, der EUR 400 beträgt, begrenzt. Die Mehrvergütung nach II Nr. 1 S. 2 beträgt somit EUR 200.

Die Regelvergütung des Insolvenzverwalters im Beispielsfall beträgt EUR 1.560 zuzüglich der Mehrvergütung nach II Nr. 1 S. 2 in Höhe von EUR 200, somit insgesamt EUR 1.760.

bb) Mehrvergütung bei Beiträgen aus Verwertungsvereinbarungen. Die Regelungen für die Massebeiträge gemäß §§ 170, 171 InsO kommen nur bei der Verwertung **beweglicher** Sachen und Forderungen zur Anwendung. In der Praxis werden bei Verwertung von mit Absonderungsrechten belasteten **Immobilien** Verwertungsvereinbarungen mit den absonderungsberechtigten Gläubigern geschlossen. Sieht die Verwertungsvereinbarung einen **Feststellungskosten**beitrag im Sinne des § 171 I InsO vor, erhält der Insolvenzverwalter in entsprechender Anwendung des II Nr. 1 S. 2 eine Mehrvergütung (BGH NZI 2021, 1036). Sieht die Verwertungsvereinbarung lediglich einen nicht näher definierten **allgemeinen** Massebeitrag vor, ist davon auszugehen, dass dieser sowohl für die Feststellungs- als auch Verwertungskosten geleistet wird (BGH NZI 2021, 1036). Der Anteil der Feststellungskosten ist in diesem Fall nach § 171 I, II InsO (Feststellungskosten: 4 %, Verwertungskosten: 5 %) zu ermitteln. Der Anteil der Feststellungskosten an einem allgemeinem Massebeitrag beläuft sich somit auf 4/9 (BGH NZI 2021, 1036). 14

2. Abfindung von Aus- und Absonderungsrechten (II Nr. 2). Werden an die aus- und absonderungsberechtigten Gläubiger angemessene Zahlungen zur Abfindung von Aus- und Absonderungsrechten vorgenommen, werden sie bei der Ermittlung der Berechnungsgrundlage vom Sachwert der belasteten Gegenstände zum Abzug gebracht. Unter **Sachwert** ist der objektive Verkehrswert zu verstehen (Haarmeyer/Mock Rn. 79; Zimmer Rn. 99; Kübler/Prütting/Bork/Prasser/Stoffler Rn. 74). 15

3. Aufrechnungsüberschuss (II Nr. 3). Kann der Insolvenzverwalter die Forderungen nicht in voller Höhe einziehen, da diesen gegenüber Gegenforderungen bestehen, die nach den §§ 94–96 InsO aufrechenbar sind, ist bei der Ermittlung der Berechnungsgrundlage lediglich der Aufrechnungsüberschuss zu berücksichtigen und **nicht** der **Nennwert** der Forderungen (BGH NZI 2010, 400). 16

4. Kosten des Insolvenzverfahrens, sonstige Verbindlichkeiten (II Nr. 4). 17
Aus der Insolvenzmasse sind die Kosten des Insolvenzverfahrens (§ 54 InsO) und die sonstigen Masseverbindlichkeiten (§ 55 InsO) vorweg zu befriedigen (§ 53 InsO). Bei der Ermittlung der Berechnungsgrundlage werden die Kosten des Insolvenzverfahrens und die sonstigen Masseverbindlichkeiten grundsätzlich **nicht** zum Abzug gebracht. Von diesem Grundsatz sind folgende Fälle ausgenommen:

18 **a) Vergütung für Einsatz besonderer Sachkunde (II Nr. 4a).** Die gesonderte Vergütung, die der Insolvenzverwalter nach § 5 für den Einsatz besonderer Sachkunde erhält, ist zum Abzug zu bringen. Dieser Ausnahmetatbestand ist eng auszulegen. Er gilt nur, wenn der Verwalter **persönlich** die gesonderte Vergütung erhalten hat. Hat hingegen seine Sozietät die Vergütung erhalten, greift der Ausnahmetatbestand nicht, da nach der InsVV die Tätigkeit des Verwalters und nicht die seiner Sozietät vergütet wird (BGH NZI 2007, 583).

19 **b) Ausgaben der Betriebsfortführung (II Nr. 4b).** Eine weitere Ausnahme bilden die sonstigen Masseverbindlichkeiten, die der Verwalter anlässlich der Unternehmensfortführung eingegangen ist. Unter Unternehmensfortführung ist auch die Auslaufproduktion zu verstehen (BGH BeckRS 2010, 29491). Bei der Ermittlung der Berechnungsgrundlage ist somit nur der durch die Betriebsfortführung erzielte **Überschuss** zu berücksichtigen.

20 **aa) Sämtliche Ausgaben der Betriebsfortführung.** Zum Abzug zu bringen sind sämtliche Ausgaben im Zusammenhang mit der Fortführung des schuldnerischen Betriebes. Hierzu gehören auch **Umsatzsteuern** und **Einkommensteuern,** die durch die Unternehmensfortführung als Masseverbindlichkeiten entstanden sind (BGH NZI 2015, 187; NZI 2022, 233). Arbeitet der Schuldner selbst in dem vom Verwalter fortgeführten Betrieb und erhält er hierfür finanzielle Zuwendungen aus der Insolvenzmasse, ist zu vermuten, dass damit seine Mitarbeit abgegolten wird. Da die Zuwendungen an den Schuldner eine Lohnersatzfunktion haben, sind sie ebenfalls als Betriebsausgaben zum Abzug zu bringen (BGH NZI 2015, 187).

21 **bb) Betriebsfortführung im Eröffnungsverfahren.** Wurde das Unternehmen im Eröffnungsverfahren (in der vorläufigen Insolvenzverwaltung) fortgeführt, ist bei der Ermittlung der Berechnungsgrundlage des endgültigen Insolvenzverwalters ebenfalls nur der Fortführungsüberschuss zu berücksichtigen (BGH NZI 2017, 544).

22 **cc) Oktroyierte Masseverbindlichkeiten.** Zum Abzug zu bringen sind auch die oktroyierten Masseverbindlichkeiten, sofern die Gegenleistung für die Unternehmensfortführung verwendet wurde (BGH NZI 2009, 49). Darunter fallen Gehaltszahlungen bis zum Ablauf der Kündigungsfrist, sofern die Arbeitsleistung für die Unternehmensfortführung in Anspruch genommen wurde (BGH NZI 2009, 49). Hierzu gehören auch die Masseverbindlichkeiten aus Dauerschuldverhältnissen, die bis zur deren Beendigung anfallen, wenn die Gegenleistung für die Unternehmensfortführung in Anspruch genommen wurde. Wird das Unternehmen nicht fortgeführt, sind die oktroyierten Masseverbindlichkeiten, die aus der Zeit vor der Einstellung des Unternehmens resultieren, nicht zum Abzug zu bringen (BGH NZI 2009, 49).

23 **dd) Einnahmen- und Ausgabenrechnung.** Bei der Ermittlung des Überschusses aus der Unternehmensfortführung ist zwingend eine gesonderte Einnahmen- und Ausgabenrechnung zu erstellen (BGH NZI 2007, 341; NZI 2020, 246). Dies gilt auch, wenn bei der Unternehmensfortführung nur ein Verlust erzielt wurde (BGH NZI 2020, 246). Die während der Betriebsfortführung vereinnahmten Umsatzsteuern sind in der Einnahmen- und Ausgabenrechnung als Betriebseinnahmen zu berücksichtigen (BGH NZI 2022, 233), → Rn. 7.

24 **c) Ausgaben der Häuserverwaltung.** Weitere Ausnahme bilden die Verbindlichkeiten, die der Insolvenzverwalter bei der Häuserverwaltung begründet hat. Wurden durch die Immobilienverwaltung Masseerlöse erzielt, sind bei der Ermittlung der Berechnungsgrundlage nur die Überschüsse zu berücksichtigen (BGH NZI 2016, 824).

25 **d) Kosten der Prozessfinanzierung.** Die Kosten der Prozessfinanzierung sind vollständig zum Abzug zu bringen. Hat der Insolvenzverwalter mithilfe eines Prozessfinanzierers Forderungen realisiert, ist nur der Überschuss, der der Insolvenzmasse nach Abzug der dem Prozessfinanzierer zustehenden Beträge verbleibt, zu berücksichtigen (BGH NZI 2022, 279).

26 **5. Vorschüsse Dritter (II Nr. 5). a) Durchführung Insolvenzverfahren, Erfüllung Insolvenzplan.** Zahlungen, die von Dritten zur Durchführung des Insolvenzverfahrens und zur Erfüllung des Insolvenzplans geleistet werden, sind bei der Ermittlung der Berechnungsgrundlage der Verwaltervergütung nicht zu berücksichti-

gen. Dies gilt auch für Zahlungen, die der **Schuldner** aus seinem insolvenzfreien Vermögen zur Deckung der Verfahrenskosten erbringt (BGH NZI 2022, 92).

b) Vorzeitige Erteilung der Restschuldbefreiung. Durch das Gesetz zur weiteren Verkürzung des Restschuldbefreiungsverfahrens und zur Anpassung pandemiebedingter Vorschriften im Gesellschafts-, Genossenschafts-, Vereins- und Stiftungsrecht sowie im Miet- und Pachtrecht vom 22.12.2020 (BGBl. I 3328) wurde II Nr. 5 dahingehend ergänzt, dass auch Zahlungen Dritter zum Zwecke der Erreichung der vorzeitigen Erteilung der Restschuldbefreiung unberücksichtigt bleiben. 27

Regelsätze

2

I Der Insolvenzverwalter erhält in der Regel

1. von den ersten 35 000 Euro der Insolvenzmasse 40 Prozent,
2. von dem Mehrbetrag bis zu 70 000 Euro 26 Prozent,
3. von dem Mehrbetrag bis zu 350 000 Euro 7,5 Prozent,
4. von dem Mehrbetrag bis zu 700 000 Euro 3,3 Prozent,
5. von dem Mehrbetrag bis zu 35 000 000 Euro 2,2 Prozent,
6. von dem Mehrbetrag bis zu 70 000 000 Euro 1,1 Prozent,
7. von dem Mehrbetrag bis zu 350 000 000 Euro 0,5 Prozent,
8. von dem Mehrbetrag bis zu 700 000 000 Euro 0,4 Prozent,
9. von dem darüber hinausgehenden Betrag 0,2 Prozent.

II [1] Haben in dem Verfahren nicht mehr als 10 Gläubiger ihre Forderungen angemeldet, so soll die Vergütung in der Regel mindestens 1 400 Euro betragen. [2] Von 11 bis zu 30 Gläubigern erhöht sich die Vergütung für je angefangene 5 Gläubiger um 210 Euro. [3] Ab 31 Gläubiger erhöht sich die Vergütung je angefangene 5 Gläubiger um 140 Euro.

I. Normzweck, zeitlicher Anwendungsbereich. Gemäß § 63 I S 2 InsO wird der **Regel**satz der Vergütung nach dem Wert der Insolvenzmasse zur Zeit der Beendigung des Verfahrens berechnet. § 2 setzt die Höhe dieses Regelsatzes fest. 1

§ 2 übernahm das System der wertabhängig gestaffelten und degressiv gestalteten Regelsätze für die Vergütung des Konkursverwalters (Amtliche Begründung zur InsVV, ZIP 1998, 1460). 2

Mit dem Regelsatz wird die Tätigkeit des Verwalters in einem **Normal**verfahren vergütet. Die Besonderheiten eines Einzelfalls werden nach § 3 berücksichtigt. 3

Durch das Gesetz zur Fortentwicklung des Sanierungs- und Insolvenzrechts (SanInsFoG) vom 22.12.2020 wurden die Regelsätze und die Mindestvergütung in II angehoben. Die Neuregelungen sind auf die ab dem 1.1.2021 beantragten Verfahren anzuwenden, § 19 Abs. 5. Sie gilt **nicht** für die Verfahren, die zwischen dem 1.1.2021 und 31.12.2021 beantragt worden sind, wenn die Insolvenzgründe auf die COVID-19-Pandemie zurückzuführen sind, **§ 5 VII COVInsAG.** Auf diese Verfahren ist § 2 aF anzuwenden. 4

II. Norminhalt. 1. Staffelsätze (I). Die Regelvergütung des Verwalters wird anhand der nach § 1 ermittelten Berechnungsgrundlage festgestellt. Sie berechnet sich nach den Staffelsätzen des I. Zunächst werden die jeweiligen Staffelsätze berechnet. Deren Ergebnisse werden anschließend addiert. 5

Beispiel: Berechnungsgrundlage gemäß § 1: EUR 100.000
1. Stufe: 40 % von den ersten EUR 35.000 = EUR 14.000
2. Stufe: 26 % von den weiteren EUR 35.000 = EUR 9.100
3. Stufe: 7,5 % von dem Restbetrag, EUR 30.000 = EUR 2.250
Gesamtvergütung = EUR 25.350.

2. Berücksichtigung Mehrvergütung (§ 1 II Nr. 1 S. 2). Zu der nach den Staffelsätzen berechneten Regelvergütung ist die Mehrvergütung gemäß § 1 II Nr. 1 S. 2 hinzuzurechnen. Die Mehrvergütung ist Bestandteil der Regelvergütung (BGH BeckRS 2013, 8565). 6

7 **3. Mindestvergütung (II).** Die Mindestvergütung beträgt EUR 1.400,00. Sie wird je nach Anzahl der Gläubiger, die ihre Forderungen angemeldet haben, erhöht, II 2, S. 3. Maßgeblich ist nicht die Anzahl der Forderungsanmeldungen, sondern die der Gläubiger (BGH BeckRS 2011, 1058). **Mehrfach**anmeldungen eines Gläubigers ist nur **einmal** zu berücksichtigen. Dies gilt auch für Forderungsanmeldungen von **Gebietskörperschaften.** Gehen beispielsweise für ein Bundesland mehrere Forderungsanmeldungen ein, da es von unterschiedlichen Behörden (Finanzämter, Justizkasse etc.) vertreten wird, wird dieses Bundesland als **ein** Gläubiger berücksichtigt (BGH NZI 2011, 542). II 2 und S. 3 sind auf die Vergütung des Insolvenzverwalters über das Vermögen einer juristischen Person nicht anwendbar (BGH NZI 2021, 984). Durch die Erste Verordnung zur Änderung der InsVV vom 4.10.2014 (BGBl. I 2569) wurde die Mindestvergütung in II nicht nur angehoben. Sie wurde durch die Regelungen in II 2 und S. 3 je nach Anzahl der Gläubiger zusätzlich erhöht. Diese Änderungen erfolgten als Reaktion auf die Entscheidung des BGH vom 15.1.2004 (NJW 2004, 941), wonach die damalige Mindestvergütung für verfassungswidrig erachtet wurde. Nach der Gesetzesbegründung hatte der Verordnungsgeber bei den Bestimmungen in II 2 und S. 3 in erster Linie massearme Verfahren über das Vermögen einer natürlichen Person im Blick, weshalb nach Ansicht des BGH im Hinblick auf die Vergütung des Insolvenzverwalters über das Vermögen von juristischen Personen eine teleologische Reduktion geboten ist (BGH NZI 2021, 984).

Zu- und Abschläge

3 **I Eine den Regelsatz übersteigende Vergütung ist insbesondere festzusetzen, wenn**

a) die Bearbeitung von Aus- und Absonderungsrechten einen erheblichen Teil der Tätigkeit des Insolvenzverwalters ausgemacht hat, ohne daß ein entsprechender Mehrbetrag nach § 1 Abs. 2 Nr. 1 angefallen ist,

b) der Verwalter das Unternehmen fortgeführt oder Häuser verwaltet hat und die Masse nicht entsprechend größer geworden ist,

c) die Masse groß war und die Regelvergütung wegen der Degression der Regelsätze keine angemessene Gegenleistung dafür darstellt, daß der Verwalter mit erheblichem Arbeitsaufwand die Masse vermehrt oder zusätzliche Masse festgestellt hat,

d) arbeitsrechtliche Fragen zum Beispiel in bezug auf das Insolvenzgeld, den Kündigungsschutz oder einen Sozialplan den Verwalter erheblich in Anspruch genommen haben oder

e) der Verwalter einen Insolvenzplan ausgearbeitet hat.

II Ein Zurückbleiben hinter dem Regelsatz ist insbesondere gerechtfertigt, wenn

a) ein vorläufiger Insolvenzverwalter im Verfahren tätig war,

b) die Masse bereits zu einem wesentlichen Teil verwertet war, als der Verwalter das Amt übernahm,

c) das Insolvenzverfahren vorzeitig beendet wird oder das Amt des Verwalters vorzeitig endet,

d) die Masse groß war und die Geschäftsführung geringe Anforderungen an den Verwalter stellte,

e) die Vermögensverhältnisse des Schuldners überschaubar sind und die Zahl der Gläubiger oder die Höhe der Verbindlichkeiten gering ist oder

f) der Schuldner in ein Koordinationsverfahren einbezogen ist, in dem ein Verfahrenskoordinator nach § 269e der Insolvenzordnung bestellt worden ist.

Übersicht

I. Normzweck. Nach § 63 I 3 InsO ist dem Umfang und der Schwierigkeit der Geschäftsführung des Verwalters durch Abweichungen vom Regelsatz Rechnung zu tragen. § 3 konkretisiert diese Vorgaben. § 3 ist „als Korrektur zu den starren, ausschließlich auf den Wert der Masse bezogenen Regelsätzen in § 2" zu verstehen (Amtliche Begründung zur InsVV, ZIP 1998, 1460). 1

II. Norminhalt. 1. Grundsätze. Die Bemessung von Zu- und Abschlägen ist grundsätzlich Aufgabe des Tatrichters bzw. des Rechtspflegers. Maßgebend ist, ob die Bearbeitung den Insolvenzverwalter stärker oder schwächer als in entsprechenden Insolvenzverfahren allgemein üblich in Anspruch genommen hat, also der **real gestiegene** oder **gefallene** Arbeitsaufwand. Daher verbietet es sich, für die Bemessung der Zu- oder Abschläge verbindliche Faustregeltabellen aufzustellen, in denen bestimmte Tätigkeiten mit konkreten Zu- und Abschlagssätzen aufgelistet sind (BGH BeckRS 2007, 6174). Dies ergibt sich bereits aus der Gesetzesbegründung, wonach keine pauschalen Multiplikatoren zu verwenden sind. Allerdings können Entscheidungen anderer Gerichte in vergleichbaren Fällen oder die in der Literatur aufgestellten Faustregeltabellen als **Orientierungshilfe** herangezogen werden (BGH BeckRS 2007, 6174) 2

Die in § 3 aufgelisteten Zu- und Abschlagstatbeständen sind **nicht abschließend.** 3

2. Berechnung. Zu- und Abschläge sind jeweils aus der Regelvergütung nach § 2 zu berechnen (BGH NZI 2006, 464 Rn. 46). 4

Eine **Ausnahme** hiervon bildet die **Mehrvergütung** gemäß § 1 II Nr. 1 S. 2. Sie ist zwar Bestandteil der Regelvergütung, auf die sich die Zu- und Abschläge gemäß § 3 beziehen können (BGH NZI 2006, 464). Allerdings darf der Teil der Regelvergütung, der sich aus dieser Mehrvergütung ergibt, nicht durch Zuschläge über 50% der Feststellungskosten hinaus erhöht werden (BGH NZI 2021, 1036). Diese Kappungsgrenze stellt eine absolute Grenze dar, die nicht durch Zuschläge überschritten werden darf (BGH NZI 2021, 1036). Bei der Berechnung der Zuschläge darf die Mehrvergütung gemäß § 1 II Nr. 1 S. 2 nicht mehr berücksichtigt werden. 5

3. Zuschläge. Begehrt der Verwalter einen Zuschlag, hat er dessen Voraussetzung substantiiert vorzutragen (BGH BeckRS 2010, 12759). Hierbei hat er darzulegen, welche konkrete Tätigkeit einen real gestiegenen Arbeitsaufwand verursacht hat, der den Zuschlag erfordert. 6

Die Höhe des Zuschlags ist von Umständen des Einzelfalls abhängig. Hierbei ist das Leistungsbild der entfalteten Tätigkeit des Verwalters im Einzelfall zu würdigen und zu dem Grundsatz der leistungsangemessenen Vergütung in Beziehung zu setzen (BGH NZI 2008, 392; NZI 2003, 549). 7

a) Bearbeitung von Aus- und Absonderungsrechten (I lit. a). Ein Zuschlag ist festzusetzen, wenn die Bearbeitung von Aus- und Absonderungsrechten einen 8 erheblichen Teil der Tätigkeit des Verwalters ausgemacht hat, ohne dass ein entsprechender Mehrbetrag nach § 1 II Nr. 1 angefallen ist.

9 Die Bearbeitung von Aus- und Absonderungsrechten für sich allein rechtfertigt keinen Zuschlag. Ausschlaggebend ist auch hier der real gestiegene Arbeitsaufwand. Die Prüfung der Frage, ob ein Erhöhungstatbestand vorliegt, kann daher nicht nach formalen Kriterien wie Anzahl der Sicherungsgläubiger oder Anteil der Fremdrechte an der Schuldenmasse erfolgen (BGH NZI 2003, 603).

10 **aa) Erheblicher Teil der Tätigkeit.** Eine nur **nennenswerte** Befassung wie die Prüfung von Fremdrechten und übliche Tätigkeiten im Rahmen der Verwertung (Beauftragung eines Maklers, Wahrnehmung eines Notartermins) rechtfertigt keinen Zuschlag (BGH BeckRS 2008, 4128).

11 Eine erhebliche Befassung mit Aus- und Absonderungsrechten liegt vor, wenn die darauf anfallende Tätigkeit den Verwalter über das gewöhnliche Maß hinaus in Anspruch genommen hat (BGH NZI 2021, 838; BeckRS 2008, 4128).

12 **bb) Vergleichsrechnung.** Liegt eine erhebliche Befassung des Verwalters mit Absonderungsrechten vor und ist durch die Verwertung der mit Absonderungsrechten belasteten Gegenstände ein Überschuss erzielt worden, der die Berechnungsgrundlage nach § 1 II Nr. 1 S. 3 erhöht, ist der Zuschlag zur Vermeidung einer doppelten Vergütung um den im Wege einer Vergleichsrechnung ermittelten Betrag zu kürzen (vgl. BGH NZI 2021, 838; Haarmeyer/Mock Rn. 18; Zimmer 3 Rn. 76).

Beispiel: Die Erlöse aus der Verwertung der **un**belasteten Vermögenswerte betragen EUR 70.000. Der Überschuss aus der Verwertung mit Absonderungsrechten belasteten Gegenstände gemäß § 1 II Nr. 1 S. 3 beträgt EUR 10.000. Die Bearbeitung von Absonderungsrechten rechtfertigt einen Zuschlag von 30 %.

(1) Berechnung **ohne** Überschüsse aus Verwertung der mit Absonderungsrechten belasteten Gegenstände:

Erlöse Verwertung unbelasteter Gegenstände:	EUR 70.000,00
Berechnungsgrundlage:	**EUR 70.0000,00**
40 % aus EUR 35.000,00:	EUR 14.000,00
26 % aus EUR 35.000,00:	EUR 9.100,00
	EUR 23.100,00

Vergütung des Insolvenzverwalters gem. § 2 Abs. 1 InsVV: **EUR 23.100,00**

(2) Berechnung **mit** Überschüssen aus der Verwertung mit Absonderungsrecht belasteten Gegenständen:

– Erlöse Verwertung unbelasteter Gegenstände:	EUR 70.000
– Überschuss aus Verwertung belasteter Gegenstände:	EUR 10.000
Berechnungsgrundlage:	**EUR 80.000**
40 % aus EUR 35.000:	EUR 14.000
26 % aus EUR 35.000:	EUR 9.100
7,5 % aus EUR 10.000:	EUR 750
	EUR 23.850

Vergütung Insolvenzverwalter gem. § 2 Abs. 1 InsVV: **EUR 23.850**

Die Vergütung des Insolvenzverwalters hat sich durch die Überschüsse aus der Verwertung der mit Absonderungsrechten belasteten Gegenständen um EUR 750 erhöht.

(3) Der Zuschlag auf die Vergütung aufgrund der Berechnungsgrundlage **ohne** Verwertungsüberschüsse beträgt EUR 6.930 (30 % v. EUR 23.100).

Im Beispielsfall würde der Verwalter aufgrund der Erhöhung der Berechnungsgrundlage EUR 750 und aufgrund des Zuschlags EUR 6.930 erhalten. Der Zuschlag ist daher um die Erhöhung der Vergütung aufgrund der Überschüsse aus der Verwertung zu kürzen.

Der Zuschlag aufgrund der erheblichen Befassung mit Absonderungsrechten beträgt im Beispielsfall EUR 6.180.

b) Unternehmensfortführung (I lit. b Alt. 1). Die Betriebsfortführung im eröffneten Verfahren gehört grundsätzlich zu den Regelaufgaben des Insolvenzverwalters. Sie führt in der Regel zu einem erhöhten Arbeitsaufwand, der einen Zuschlag rechtfertigt. Maßgeblich ist ein real gestiegener Arbeitsaufwand, den der Verwalter substantiiert darlegen muss. 13

aa) Entsprechend größere Masse. Ein Zuschlag ist festzusetzen, wenn die Masse durch die Betriebsfortführung nicht entsprechend größer geworden ist. Eine entsprechend größere Masse liegt vor, wenn die Erhöhung der Vergütung, die sich aus der Massemehrung ergibt, ungefähr den Betrag erreicht, der dem Verwalter bei unveränderter Masse über einen Zuschlag zustünde (BGH NZI 2009, 49). 14

bb) Vergleichsrechnung. Zur Vermeidung einer Doppelhonorierung der Betriebsfortführung ist daher bei der Bemessung des Zuschlags für die Betriebsfortführung eine Vergleichsrechnung durchzuführen. Hierbei ist lediglich der **Überschuss** aus der Betriebsfortführung zu berücksichtigen (§ 1 Abs. 2 Nr. 4 lit. b). Der Wert, um den sich die Masse durch die Unternehmensfortführung vergrößert hat und die dadurch bedingte Erhöhung der Regelvergütung ist mit der Höhe der Vergütung zu vergleichen, die ohne die Massevergrößerung über den zu gewährenden Zuschlag erreicht würde (BGH NZI 2009, 49). 15

Beispiel: Die Erlöse aus Verwertung von Massegegenständen betragen EUR 50.000. Die Überschüsse aus der Unternehmensfortführung betragen EUR 20.000. Die Unternehmensfortführung rechtfertigt einen angemessenen Zuschlag von 75 %.

(1) Berechnung **ohne** Überschüsse aus der Unternehmensfortführung:
Regelvergütung gem. § 2 Abs. 1 aus EUR 50.000: EUR 17.900

(2) Berechnung mit Überschüssen aus der Unternehmensfortführung:

Erlöse aus Verwertung von Massegegenständen:	EUR 50.000
Überschuss aus der Unternehmensfortführung:	EUR 20.000
Berechnungsgrundlage:	EUR 70.000

Regelvergütung gem. § 2 Abs. 1 aus EUR 70.000,00: EUR 23.100

(3) Der Zuschlag auf die Vergütung aufgrund der Berechnungsgrundlage ohne Überschüsse beträgt EUR 13.425. (75 % v. EUR 17.900,00).

Im Beispielsfall würde der Verwalter aufgrund der Überschüsse aus der Betriebsfortführung EUR 5.200 (EUR 23.100–EUR 17.900) und aufgrund des Zuschlags EUR 13.425 erhalten. Zur Vermeidung einer Doppelvergütung ist im Beispielsfall der Zuschlag von EUR 13.425 um den Anteil der Vergütung aufgrund der Erhöhung der Berechnungsgrundlage, somit um EUR 5.200, zu kürzen, so dass der Zuschlag für die Betriebsfortführung EUR 8.225 beträgt.

cc) Berechnung des Zuschlags bei weiteren Erhöhungstatbeständen. Liegen neben der Unternehmensfortführung weitere Erhöhungstatbestände vor, berechnen sich diese stets aufgrund der um den Überschuss aus der Betriebsfortführung erhöhten Berechnungsgrundlage (BGH NZI 2011, 630). Die bei der Ermittlung des Zuschlags wegen Unternehmensfortführung vorzunehmende Vergleichsberechnung bezieht sich lediglich auf diesen Zuschlag. Andere Erhöhungstatbestände werden nicht in die Vergleichsrechnung einbezogen (BGH NZI 2011, 630). 16

c) Häuserverwaltung (I lit. b Alt. 2). Häuserverwaltungen werden nicht von der Regelvergütung abgedeckt (BGH NZI 2008, 239). 17

aa) Häuserverwaltung. Eine Häuserverwaltung im Sinne dieser Vorschrift liegt vor, wenn der Verwalter einen Aufwand betreiben musste, der sich als Immobilienbewirtschaftung beschreiben lässt (BGH NZI 2008, 239). Darunter fallen insbesondere Vermietung, Sicherung und Erhaltung von Immobilien sowie Energie- und Wasserversorgung, Erfüllung von Verkehrssicherungspflichten (BGH NZI 2008, 239). Entgegen dem Wortlaut (Häuser) kann auch die Verwaltung einer **einzigen** Immobilie einen Zuschlag rechtfertigen (BGH NZI 2008, 239). 18

bb) Vergleichsrechnung. Da der Zuschlag nur festzusetzen ist, wenn die Masse nicht entsprechend größer geworden ist, ist bei seiner Bemessung auch eine Ver- 19 gleichsrechnung durchzuführen. Bei der Ermittlung der Berechnungsgrundlage gemäß § 1 werden grundsätzlich nur die Überschüsse aus der Hausverwaltung masseerhöhend berücksichtigt (BGH NZI 2016, 824; → § 1 Rn. 24). Bei der Vergleichsrechnung ist daher ebenfalls nur der Überschuss aus der Häuserverwaltung zugrunde zu legen.

20 **d) Degressionsausgleich (I lit. c).** Der Verordnungsgeber hat die Degression der Regelsätze in § 2 im Verhältnis zur Vergütungsordnung des alten Konkursrechts verstärkt, „um exorbitant hohe Vergütungen, die vom Aufwand, von der Leistung und von der Verantwortung des Insolvenzverwalters her nicht mehr zu rechtfertigen sind, auszuschließen". Zur Korrektur der stärkeren Degression erlaubt I c einen besonderen Zuschlag. Nach Ansicht des BGH handelt es sich hierbei um keine gesondert festzusetzende Vergütung, sondern um einen Zuschlag, der in die **Gesamtabwägung** bei der Bemessung eines angemessenen Gesamtzuschlags einzubeziehen ist (BGH NZI 2012, 981). Eine Erhöhung ist daher nur dann zu gewähren, wenn die Vergütung zuzüglich sonstiger Zuschlagstatbestände nach der Gesamtbetrachtung als unangemessen erscheint (BGH NZI 2012, 981).

21 **aa) Große Masse.** Voraussetzung ist eine große Masse, die ab einem Gesamtwert von EUR 250.000 (BGH NZI 2012, 981) vorliegt.

22 **bb) Erheblicher Arbeitsaufwand.** Weiter muss der Arbeitsaufwand zur zusätzlichen Massemehrung erheblich gewesen sein. Dies ist zu bejahen, wenn der konkret getätigte Arbeitsaufwand den eines Normalverfahren erheblich übersteigt (BGH NZI 2012, 981).

23 **e) Arbeitsrechtliche Fragen (I lit. d).** Arbeitsrechtliche Fragen, die den Verwalter erheblich in Anspruch genommen haben, rechtfertigen einen Zuschlag. Neben den genannten Beispielsfällen können nach der Gesetzbegründung auch „besondere Probleme im Zusammenhang mit der Insolvenzsicherung der Betriebsrenten oder schwierige Verhandlungen über eine Herabsetzung des Arbeitslohns oder über eine Änderung oder vorzeitige Beendigung von Betriebsvereinbarungen" zu Erhöhungen führen.

24 **aa) Erheblicher Arbeitsaufwand.** Erforderlich ist, dass der mit der Klärung arbeitsrechtlicher Fragen verbundene Aufwand erheblich war. Die Bearbeitung arbeitsrechtlicher Fragen muss mit einem Arbeitsaufwand verbunden gewesen sein, der über das Übliche hinaus ging (BGH NZI 2019, 913). Dies hängt nicht von formalen Kriterien, wie Anzahl der Arbeitnehmer ab. Vielmehr muss im konkreten Einzelfall ein Mehraufwand vorliegen, der einen Zuschlag rechtfertigt. Hat der Verwalter bei der Bearbeitung arbeitsrechtlicher Fragen einen externen Dienstleister beauftragt, welcher aus der Insolvenzmasse bezahlt wurde, scheidet regelmäßig ein Zuschlag aus. Auch bei einer geringen Anzahl von Arbeitnehmern kann ein Arbeitsaufwand vorliegen, der weit über den Normalfall hinausgeht, wenn der Verwalter komplexe arbeitsrechtliche Fragen zu klären oder langwierige Kündigungsschutzverfahren zu begleiten hat.

25 **bb) Abgrenzung zur Betriebsfortführung.** Arbeitsrechtliche Fragen sind regelmäßig im Rahmen von Betriebsfortführungen zu klären, weshalb diese Tätigkeit bereits über einen Zuschlag gemäß Abs. 1 lit. b berücksichtigt werden kann. Erforderlich für einen Zuschlag nach I lit. d sind daher Tätigkeiten, die über die bloße Personalverwaltung, die der Insolvenzverwalter im Rahmen der Betriebsfortführung zu erfüllen hat, hinausgehen (BGH NZI 2019, 913).

26 **f) Insolvenzplan (I lit. e).** Die Erstellung eines Insolvenzplans gemäß § 218 InsO ist grundsätzlich mit einem Mehraufwand verbunden, der regelmäßig einen Zuschlag rechtfertigt. Die Höhe des Zuschlags hängt von dem tatsächlichen Umfang des Mehraufwands ab. So erfordert ein Insolvenzplan, der lediglich die Verteilung eines seitens Dritter zur Verfügung gestellten Zuschusses vorsieht, keinen großen zeitlichen Aufwand, während die Ausarbeitung eines Sanierungsplans regelmäßig zeitintensiv ist. Auch eine bloße Überarbeitung eines von dem Schuldner vorgelegten Insolvenzplans kann einen Mehraufwand verursachen, der die Gewährung eines Zuschlags rechtfertigt (BGH NZI 2007, 341).

27 **g) Sonstige Erhöhungstatbestände.** Die in I genannten Zuschlagsgründe sind nicht abschließend.

aa) Anfechtung. Prüfung von Anfechtungsansprüchen gehört zu den Regelaufgaben des Insolvenzverwalters. Im Verhältnis zur Größe des Verfahrens wenige, relativ einfach zu beurteilende Anfechtungsfälle sind bei außergerichtlicher Erledigung mit der Regelvergütung abgegolten (BGH NZI 2012, 372). Im Einzelfall kann die Ermittlung und Durchsetzung von Anfechtungsansprüchen mit einem Aufwand verbunden sein, der den Umfang eines Normalfalls überschreitet. Durch die Anfechtungsansprüche erhöht sich die Berechnungsgrundlage und damit auch die Regelvergütung nach § 2 I. Daher ist bei der Bemessung des Zuschlags eine **Vergleichsrechnung** erforderlich (BGH NZI 2012, 372; BeckRS 2013, 17290). 28

bb) Auslandsberührung. Die Prüfung ausländischen Rechts rechtfertigt einen Zuschlag, wenn sie zu einem erheblichen Arbeitsaufwand geführt hat. 29

cc) Dauer des Verfahrens. Eine lange Dauer des Verfahrens rechtfertigt für sich allein keinen Zuschlag (BGH NZI 2010, 982). Ein Zuschlag kann nur wegen der in dieser Zeit von dem Verwalter erbrachten Tätigkeiten gewährt werden (BGH NZI 2010, 982). 30

dd) Komplexe gesellschaftsrechtliche Verhältnisse, konzernrechtliche Verpflichtungen, börsennotierte Unternehmen. Die Prüfung von Beteiligungsverhältnissen oder Ermittlung von konzernrechtlichen Verflechtungen können eine erhebliche Mehrbelastung verursachen, die einen Zuschlag rechtfertigen. Die Bearbeitung von Insolvenzverfahren börsennotierter Gesellschaften ist mit zusätzlichen Aufgaben und besonderen Pflichten des Insolvenzverwalters verbunden, die im Rahmen eines Normalverfahrens nicht anfallen und daher regelmäßig einen Zuschlag rechtfertigen. 31

ee) Gläubigeranzahl. Eine außergewöhnlich hohe Anzahl von Gläubigern rechtfertigt einen Zuschlag (BGH NZI 2006, 464). In der Literatur wird eine Anzahl von Gläubigern ab 100 als außergewöhnlich hoch erachtet (Haarmeyer/Mock Rn. 89). 32

ff) Inflationsausgleich. Teilweise wurde die Ansicht vertreten, dass die Geldentwertung seit dem Inkrafttreten der InsVV im Jahr 1999 den Anspruch des Verwalters auf eine angemessene Vergütung verletzt. Nach Ansicht des BGH erreichte die allgemeine Geldentwertung seit dem Jahr 1999 nicht das Ausmaß, um einen Zuschlag zum Inflationsausgleich zu rechtfertigen (BGH NZI 2020, 1010). Durch die zum 1.1.2021 erfolgte Anpassung der Staffelsätze in § 2 I hat sich die Diskussion über einen Inflationsausgleich vorerst erübrigt. 33

gg) Sanierung, Sanierungsbemühungen. Sanierung des schuldnerischen Unternehmens ist regelmäßig mit erheblichem zusätzlichem Aufwand verbunden, die eine Erhöhung rechtfertigt (BGH NZI 2019, 913). 34

hh) Schuldnerverhalten. In einem Normalfall ist davon auszugehen, dass der Schuldner seinen Auskunfts- und Mitwirkungspflichten gemäß § 97 InsO nachkommt. Verletzt ein Schuldner diese Pflichten und ist dies mit einem erheblichen Mehraufwand für den Verwalter verbunden, ist regelmäßig ein Zuschlag gerechtfertigt (BGH NZI 2008, 239). 35

ii) Steuererklärungen. Einfach zu erstellende Steuererklärungen sind grundsätzlich mit der Regelvergütung abgegolten (BGH NZI 2014, 21). Sind hierfür jedoch besondere Kenntnisse erforderlich, ist der Verwalter berechtigt, einen Steuerberater zu beauftragen und diese Kosten aus der Insolvenzmasse zu bezahlen (BGH NZI 2004, 577). Bei masselosem Verfahren steht dem Insolvenzverwalter ein Kostenerstattungsanspruch gegen die Staatskasse zu (BGH NZI 2004, 577). 36

4. Abschläge (II). Bleibt der Aufwand des Insolvenzverwalters erheblich unter dem eines Normalverfahrens zurück, kommt ein Abschlag der Regelvergütung in Betracht. Die in II genannten Fälle sind nicht abschließend. Nach der Gesetzbegründung kommt eine Kürzung auch in Betracht, wenn der Insolvenzverwalter durch Hilfskräfte, die er aus der Insolvenzmasse bezahlt hat, entlastet wurde. 37

a) Vorläufige Insolvenzverwaltung (II lit. a). Wurde der Insolvenzverwalter durch die Tätigkeit eines vorläufigen Insolvenzverwalters entlastet, ist ein Abschlag regelmäßig gerechtfertigt. Hierbei ist es unerheblich, ob der vorläufige Insolvenzverwalter für seine Tätigkeit einen Zuschlag erhalten hat (BGH NZI 2006, 464). Maßgeblich ist, in welchem Umfang Tätigkeiten des vorläufigen Insolvenzverwalters die des endgültigen Verwalters vereinfacht haben (BGH NZI 2013, 1014). Ein 38 solcher Abschlag geht nicht über 5% bis 20% hinaus (BGH NZI 2013, 1014). Hat der vorläufige Insolvenzverwalter für eine Tätigkeit Zuschläge erhalten, die regelmäßig dem endgültigen Verwalter obliegt, ist die Vergütung des endgültigen Verwalters durch angemessene Abschläge zu kürzen (BGH NZI 2006, 464).

39 **b) Bereits verwertete Masse (II lit. b).** War die Insolvenzmasse bereits im Wesentlichen verwertet und wurde der Verwalter hierdurch erheblich entlastet, ist regelmäßig ein Abschlag gerechtfertigt.

40 **c) Vorzeitige Beendigung (II lit. c).** In den Fällen der vorzeitigen Aufhebung des Insolvenzverfahrens (§§ 207, 211–213 InsO) kann ein Abschlag gerechtfertigt sein, wenn der Verwalter hierdurch erheblich entlastet wurde. Gleiches gilt, wenn das Amt des Verwalters vorzeitig durch dessen Tod, die Wahl eines anderen Insolvenzverwalters oder dessen Entlassung, §§ 57, 59 InsO beendet wurde. Die Höhe des Abschlags hängt von den Umständen des Einzelfalls ab. Hat der Verwalter vor der vorzeitigen Beendigung Tätigkeiten entfaltet, deren Umfang dem Arbeitsaufwand eines Normalverfahrens entspricht, kommt ein Abschlag nicht in Betracht.

41 **d) Große Masse und geringe Anforderungen (§ 2 II lit. d).** War die Insolvenzmasse groß und stellte die Geschäftsführung geringe Anforderungen an den Insolvenzverwalter, kann die Vergütung nach den Regelsätzen gemäß § 2 unverhältnismäßig hoch sein. Geringe Anforderungen an den Verwalter liegen vor, wenn dessen Arbeitsaufwand den eines Normalverfahrens erheblich unterschreitet.

42 Ein Abschlag ist regelmäßig gerechtfertigt, wenn das Vermögen des Schuldners seine Verbindlichkeiten erheblich übersteigt und die Höhe dieses Vermögens in keinem Verhältnis zu dem entfalteten Aufwand des Verwalters steht (BGH NZI 2021, 838). Dies ist der Fall, wenn sich die Insolvenzmasse ohne jegliches Zutun des Verwalters ergeben hat (BGH NZI 2021, 838). Bei der Festsetzung des Abschlags lehnt der BGH einen Grenzwert für die Größe der Masse ab, da sich der Minderungstatbestand auf ein **Missverhältnis** zwischen der Größe der Masse und den Anforderungen an die Geschäftsführung des Verwalters bezieht (BGH NZI 2012, 144).

43 **e) Überschaubare Vermögensverhältnisse, geringe Anzahl der Gläubiger (II lit. e).** Mit Inkrafttreten des Gesetzes zur Verkürzung des Restschuldbefreiungsverfahrens und zur Stärkung der Gläubigerrechte zum 1.7.2014 wurde in II ein neuer Abschlagstatbestand eingefügt. Nach der Gesetzesbegründung bestehen für die Kleinverfahren nach Maßgabe des § 5 Abs. 2 InsO Verfahrenserleichterungen, die zu geringen Anforderungen für den Verwalter führen, weshalb ein Abschlag gerechtfertigt sei. In der Regel wird die Tätigkeit des Verwalters in Kleinverfahren mit Mindestvergütungen gemäß § 2 II 1, § 13 vergütet. Diese beträgt seit dem 1.1.2021 EUR 1.400 bzw. EUR 1.120. Die Mindestvergütung deckt in der Regel den tatsächlichen Aufwand des Verwalters nicht angemessen ab. Daher kommt eine Kürzung der Mindestvergütung nur **ausnahmsweise** in Betracht, wenn wegen der Überschaubarkeit der Vermögensverhältnisse und der geringen Anzahl der Gläubiger oder der geringen Höhe der Verbindlichkeiten der durchschnittliche Aufwand eines massearmen Verfahrens beträchtlich unterschritten wird (BGH NZI 2020, 521).

44 **f) Verfahrenskoordinator in einem Koordinationsverfahren (II lit. f).** Mit Inkrafttreten des Gesetzes zur Erleichterung der Bewältigung von Konzerninsolvenzen zum 21.4.2018 wurde in § 2 II ein neuer Abschlagstatbestand eingeführt, wonach eine Minderung gerechtfertigt ist, wenn der Schuldner in ein Koordinationsverfahren gemäß § 269d ff. InsO einbezogen ist, in dem ein Verfahrenskoordinator nach § 269e InsO bestellt worden ist.

45 Nach der Gesetzesbegründung dient die Tätigkeit eines Verfahrenskoordinators der Entlastung der einzelnen Insolvenzverwalter, weshalb grundsätzlich ein Abschlag in der Höhe der Vergütung des Verfahrenskoordinators gerechtfertigt sei. Dies sei dann nicht der Fall, „wenn sich im Einzelfall erweist, dass die Verfahrenskoordinierung auch für den Verwalter mit Zusatzaufwand verbunden war, der weder durch die entlastenden Wirkungen der Koordinierungsleistungen des Koordinators kompensiert, noch durch die vergütungsrechtlichen Effekte der auf die Masse entfallenden Anteile am Koordinationsmehrwert abgegolten wird".

46 Die Aufgaben des Verfahrenskoordinators, die sich aus § 269f InsO ergeben, stellen für die Verwalter gruppenangehöriger Schuldner **keine Regelaufgaben** dar. Die Verwalter werden durch den Koordinator nicht in ihren Regelaufgaben entlastet.

Hinzu kommt, dass die Bestellung eines Verfahrenskoordinators für die Verwalter gruppenangehöriger Schuldner mit einem **Mehraufwand** verbunden ist, da sie gegenüber diesem mitwirkungs- und auskunftspflichtig sind, § 269f II InsO. Daher wird die bloße Bestellung eines Verfahrenskoordinators regelmäßig keine Kürzung der Vergütung rechtfertigen.

g) Sonstige Abschlagstatbestände. Die genannten Abschlagsgründe sind nicht abschließend. 47

aa) Beauftragung Dritter mit Regelaufgaben. Abschläge kommen regelmäßig in Betracht, wenn der Verwalter auf externe Dienstleister Regelaufgaben übertragen und deren Kosten aus der Insolvenzmasse beglichen hat. 48

bb) Geringe Anforderungen ohne große Masse. Hat die Geschäftsführung an den Verwalter geringe Anforderungen gestellt, kann dies einen Abschlag rechtfertigen, auch wenn die Masse nicht groß war (BGH NZI 2006, 347). Dies ist der Fall, wenn der Arbeitsaufwand des Verwalters ganz erheblich hinter dem eines Normalverfahrens zurückbleibt und die Vergütung ohne Abschlag außer Verhältnis zu der Tätigkeit des Verwalters steht (BGH NZI 2017, 459). 49

cc) Vorbefassung des Verwalters als Gutachter. War der Verwalter im Eröffnungsverfahren nur als Gutachter und nicht auch als vorläufiger Insolvenzverwalter tätig, rechtfertigt dies in der Regel **keinen** Abschlag (BGH NZI 2009, 601). Im Antragsverfahren eines Regelinsolvenzverfahrens wird regelmäßig ein Sachverständigengutachten zu den Insolvenzeröffnungsgründen und der Verfahrenskostendeckung eingeholt. Die vorherige Tätigkeit als Gutachter kann zwar die Tätigkeit des Verwalters erleichtern. Ein Abschlag ist nicht gerechtfertigt, da ein Sachverständiger keine Aufgaben des Insolvenzverwalters erledigt (BGH NZI 2009, 601). 50

dd) Unterbliebene Betriebsfortführung. Häufig ist der Geschäftsbetrieb des Schuldners bereits vor der Eröffnung des Insolvenzverfahrens eingestellt. Die InsVV behandelt die Unternehmensfortführung nicht als einen durch die Regelvergütung abgegoltenen Normalfall. Sie rechtfertigt in der Regel einen Zuschlag gemäß I lit. b. Daher kann die unterbliebene Unternehmensfortführung **keinen** Abschlag begründen (BGH NZI 2006, 464). 51

5. Gesamtbetrachtung. Liegen mehrere Zu- und Abschlagstatbestände vor, können sie grundsätzlich gesondert festgesetzt werden. Anschließend ist stets eine wertende Gesamtbetrachtung vorzunehmen (BGH NZI 2021, 838). Zur Vermeidung einer doppelten Berücksichtigung sind die sich aus den einzelnen Zuschlagstatbeständen ergebenden Überschneidungen zu ermitteln. Die Höhe der Gesamtvergütung ist auf deren Angemessenheit und Vertretbarkeit zu überprüfen. 52

Geschäftskosten. Haftpflichtversicherung

4 **I 1 Mit der Vergütung sind die allgemeinen Geschäftskosten abgegolten. 2 Zu den allgemeinen Geschäftskosten gehört der Büroaufwand des Insolvenzverwalters einschließlich der Gehälter seiner Angestellten, auch soweit diese anläßlich des Insolvenzverfahrens eingestellt worden sind. 3 Unberührt bleibt das Recht des Verwalters, zur Erledigung besonderer Aufgaben im Rahmen der Verwaltung für die Masse Dienst- oder Werkverträge abzuschließen und die angemessene Vergütung aus der Masse zu zahlen.**

II 1 Besondere Kosten, die dem Verwalter im Einzelfall, zum Beispiel durch Reisen, tatsächlich entstehen, sind als Auslagen zu erstatten. 2 Für die Übertragung der Zustellungen im Sinne des § 8 Absatz 3 der Insolvenzordnung gilt Nummer 9002 des Kostenverzeichnisses zum Gerichtskostengesetz entsprechend.

III 1 Mit der Vergütung sind auch die Kosten einer Haftpflichtversicherung mit einer Versicherungssumme bis zu 2 000 000 Euro pro Versicherungsfall und mit einer Jahreshöchstleistung bis zu 4 000 000 Euro abgegolten. 2 Ist die Verwaltung mit einem darüber hinausgehenden Haftungsrisiko verbunden, so sind die Kosten einer entsprechend höheren Versicherung als Auslagen zu erstatten.

Übersicht

1 **I. Normzweck, zeitlicher Anwendungsbereich.** In § 4 werden die allgemeinen Geschäftskosten des Insolvenzverwalters, die von der Vergütung abgegolten sind, von den besonderen Ausgaben, die als Auslagen zu erstatten sind, abgegrenzt.

2 Durch das Gesetz zur Fortentwicklung des Sanierungs- und Insolvenzrechts (SanInsFoG) vom 22.12.2020 wurden II und III geändert. Die Neuregelungen gelten für die ab dem 1.1.2021 beantragten Verfahren.

3 **II. Norminhalt. 1. Allgemeine Geschäftskosten, besondere Aufgaben (I).** Für die Abgrenzung der allgemeinen Geschäftsaufgabe von der besonderen Aufgabe ist entscheidend, ob sie der Verwalter selbst nicht, nur unzureichend oder mit wesentlich ungünstigeren Erfolgsaussichten als ein hierauf spezialisierter Fachmann wahrnehmen könnte (BGH NZI 2016, 802).

4 **a) Allgemeine Geschäftskosten.** Hierzu gehört der Büroaufwand des Insolvenzverwalters einschließlich der Gehälter seiner Angestellten, auch wenn sie anlässlich des Insolvenzverfahrens eingestellt werden. Die Erstattung der Gehälter als Auslagen, wie sie noch nach der alten Vergütungsordnung möglich war, ist ausgeschlossen. Dies gilt auch dann, wenn die Angestellten des Verwalters besondere Aufgaben für die Masse wahrnehmen (BGH NZI 2006, 586). Dies rechtfertigt allenfalls einen Zuschlag auf die Vergütung nach § 3.

5 **aa) Kosten Gläubigerinformationssysteme.** Seit dem 1.1.2021 hat der Insolvenzverwalter ein elektronisches Gläubigerinformationssystem vorzuhalten, wenn der Insolvenzschuldner mindestens zwei der in § 22a I InsO genannten Merkmale erfüllt, § 5 V InsO. Die Kosten der Gläubigerinformationssysteme (GIS) gehören zu den allgemeinen Geschäftskosten des Verwalters (BGH NZI 2016, 802).

6 **bb) Kosten Regelaufgaben.** Darüber hinaus sind sämtliche Kosten, die bei der Erfüllung der Regelaufgaben des Verwalters entstehen, als allgemeine Geschäftskosten anzusehen. Hierzu gehören insbesondere Prüfung von Anfechtungsansprüchen, Einzug von Forderungen, einfache steuerliche Tätigkeiten.

7 **b) Erledigung besonderer Aufgaben.** Zur Erledigung besonderer Aufgaben kann der Insolvenzverwalter zu Lasten der Insolvenzmasse Dienst- oder Werkverträge abschließen und die sich hieraus ergebenden Kosten aus der Insolvenzmasse bezahlen (I 3).

8 **aa) Archivierungskosten.** Die Archivierung von Geschäftsunterlagen gehört nicht zu den Regelaufgaben des Verwalters (Haarmeyer/Mock Rn. 50). Die hierbei anfallenden Kosten werden aus der Masse bezahlt.

9 **bb) Beauftragung Rechtsanwälte.** Auch wenn der Verwalter als Rechtsanwalt zugelassen ist, können zur Wahrnehmung besonderer Aufgaben Rechtsanwälte zu Lasten der Insolvenzmasse beauftragt werden. Dies ist zulässig, wenn dies die tatsächlichen oder rechtlichen Schwierigkeiten des Einzelfalls erfordern (BGH NZI 2015, 141). Besondere Aufgaben liegen immer dann vor, wenn ein Verwalter, der selbst Rechtsanwalt ist, nach § 5 I für die eigene Ausführung der Tätigkeit Anwaltsgebühren aus der Masse entnehmen dürfte. Die Beantragung von **Mahn- und Vollstreckungsbescheiden** stellt keine besondere Aufgabe dar (BGH NZI 2015, 141).

10 **cc) Datensicherung.** Sicherung und Auswertung der elektronischen Daten der Insolvenzschuldner gehören zu den besonderen Aufgaben.

dd) Sachverständigengutachten. Die Kosten der notwendigerweise einzuholenden Sachverständigengutachten werden nicht von den allgemeinen Geschäftskosten des Verwalters abgedeckt. 11

ee) Steuerliche Tätigkeiten. Die Insolvenzbuchhaltung einschließlich Bearbeitung der Umsatzsteuervoranmeldung gehört zu den Regelaufgaben des Verwalters (BGH NZI 2014, 399). 12

Erfordern steuerliche Tätigkeiten besondere Kenntnisse, stellen sie besondere Aufgaben dar. Hierzu gehören insbesondere Lohn- und Finanzbuchhaltung sowie Erstellung steuerlicher Jahresabschlüsse (BGH BeckRS 2005, 3408; NZI 2004, 577). 13

c) Beauftragung an dem Verwalter nahestehende Personen oder Unternehmen. Die Beauftragung der eigenen Kanzlei oder von Unternehmen, an welchen der Verwalter beteiligt ist, wird grundsätzlich als zulässig erachtet, sofern sie vorab gegenüber dem Insolvenzgericht anzeigt wird (BGH NJW-RR 2012, 953). 14

2. Besondere Kosten als Auslagen, Zustellung (II). a) Besondere Kosten (II 1). Hierbei handelt es sich um Kosten, die für das einzelne Insolvenzverfahren über den Rahmen der allgemeinen Geschäftskosten hinaus entstehen. Sie werden als Auslagen erstattet. 15

Hierzu gehören insbesondere **Reise-** und **Portokosten** sowie Kosten der Einholung von behördlichen **Auskünften** (Melderegister, Handelsregister, Grundbuchamt etc.). 16

b) Dienst- oder Werkverträge zur Erledigung besonderer Aufgaben. Zu den besonderen Kosten gehören auch Ausgaben, die durch den Abschluss von Dienst- oder Werkverträgen gemäß I 3 entstanden wären (→ Rn. 7). Derartige Verträge müssen nicht zwingend zu Lasten der Masse geschlossen werden (BGH NZI 2016, 802). Dem Verwalter steht es frei, ob er diese Verträge im eigenen Namen abschließt und die Kosten als Auslagen gemäß II geltend macht oder Masseverbindlichkeiten begründet, die er aus der Insolvenzmasse bezahlt (BGH NZI 2016, 802). 17

c) Kosten der Zustellung. aa) Bisheriges Recht. Die Zustellungen im Insolvenzverfahren erfolgen von Amts wegen, § 8 InsO. Das Insolvenzgericht kann den Insolvenzverwalter mit der Durchführung der Zustellungen beauftragen, § 8 III InsO. Für die **vor dem 1.1.2021** beantragten Verfahren sah die InsVV keine Regelung für die Erstattung von Zustellungskosten vor. Nach Ansicht des BGH waren diese Kosten **zusätzlich** zu der allgemeinen **Auslagenpauschale** gemäß § 8 III zu erstatten (BGH NZI 2015, 782; NZI 2013, 487; NZI 2007, 244), da sie zusätzliche Kosten für die Erledigung einer gesondert übertragenen Aufgabe außerhalb der Regeltätigkeit des Insolvenzverwalters darstellten. In der Praxis wurden unterschiedliche Beträge, EUR 1,00 bis EUR 4,50 **je** Zustellung, bewilligt. 18

bb) Neuregelung. Für die **ab dem 1.1.2021** beantragten Verfahren gilt nun KV 9002 GKG entsprechend. Entgegen der bisherigen Praxis werden die Kosten erst **ab der 11.** Zustellung in Höhe von derzeit Euro 3,50 erstattet. Für die ersten 10 Zustellungen erhält der Verwalter keinen Ersatz mehr. Dies ist zwar nicht nachvollziehbar, da der Verwalter eine Sondertätigkeit im Auftrag des Gerichts ausführt (BGH NZI 2013, 487). Dennoch besteht in dieser Hinsicht keine unbewusste Regelungslücke (Stephan/Riedel/Riedel § 4 Rn. 6; Hamburger Kommentar/Forster § 4 Rn. 38; Zimmer § 4 Rn. 165; Schmidt ZVI 2022, 60; LG Göttingen BeckRS 2022, 13826; AG Hamburg ZVI 2022, 86; AG Ludwigshafen BeckRS 2022, 2128; AG Leipzig NZI 2022, 235; aA Graeber/Graeber Rn. 31; AG München NZI 2022, 542; Marquardt NZI 2022, 54; BeckOK InsR/Budnik § 4 Rn. 13). Dies ergibt sich aus der Begründung des Gesetzesentwurfs, wonach „eine weitere Folge der entsprechenden Anwendung von KV 9002 GKG darin besteht, dass ein Anspruch auf Auslagenersatz erst ab der 11. Zustellung im Verfahren besteht" (BT-Drs. 19/24181, 212). Eine weitere Folge der Neuregelung ist, dass die Kosten der Zustellung nunmehr besondere Kosten darstellen, die als Auslagen zu erstatten sind. Die Auslagen kann der Verwalter entweder gemäß II einzeln abrechnen oder an deren Stelle eine Pauschale geltend machen, § 8 III. Entgegen der bisherigen Praxis hat der Verwalter keine Möglichkeit mehr, die Kosten der Zustellung zusätzlich zu der Auslagenpauschale gemäß § 8 III geltend zu machen. Da die Begründung zu dem Gesetzesentwurf hierzu keine Ausführungen enthält, wird die Ansicht vertreten, dass diese Folge dem 19

Verordnungsgeber nicht bewusst gewesen war, weshalb der Verwalter nach der bisherigen Rechtsprechung des BGH weiterhin die Kosten der Zustellung **neben** der Auslagenpauschale gemäß § 8 III geltend machen kann (Stephan/Riedel/Riedel § 8 Rn. 46; Hamburger Kommentar/Forster § 8 Rn. 14; LG Göttingen BeckRS 2022, 13826; AG Leipzig NZI 2022, 235; aA AG Potsdam NZI 2022, 239).

20 **3. Kosten der Haftpflichtversicherung (III).** III regelt lediglich die Berufshaftpflichtversicherung des Insolvenzverwalters. Die Kosten sonstiger Haftpflichtversicherungen (Gebäudehaftpflichtversicherung, Inhaltsversicherung, Betriebshaftpflichtversicherung etc.), die im Rahmen eines Insolvenzverfahrens abzuschließen sind, stellen Masseverbindlichkeiten dar, die der Verwalter aus der Masse bezahlt.

21 **a) Bisherige Regelung.** Nach der alten Fassung des III waren die Kosten einer Haftpflichtversicherung von der Regelvergütung abgegolten. Nur wenn die Verwaltung mit einem besonderen Haftungsrisiko verbunden war, konnten die Kosten einer angemessenen zusätzlichen Versicherung als Auslagen geltend gemacht werden. Hierbei war es strittig, ob die Kosten der zusätzlichen Haftpflichtversicherung neben der Auslagenpauschale gemäß § 8 III zusätzlich zu erstatten waren

22 **b) Neuregelung.** Die Neuregelung ersetzt die unbestimmten Rechtsbegriffe des besonderen Haftungsrisikos und der angemessenen zusätzlichen Versicherung durch konkrete betragliche Vorgaben.

23 Nach der Begründung zur Neufassung des III kann der Verwalter den Auslagenersatz für die Mehrversicherungsbeiträge **nicht neben** der Pauschale gemäß § 8 III geltend machen (BT-Drs. 19/24181, 212). Die Kosten einer zusätzlichen Haftpflichtversicherung können somit nur im Rahmen einer Einzelabrechnung der Auslagen erstattet werden.

Einsatz besonderer Sachkunde

5 **I Ist der Insolvenzverwalter als Rechtsanwalt zugelassen, so kann er für Tätigkeiten, die ein nicht als Rechtsanwalt zugelassener Verwalter angemessenerweise einem Rechtsanwalt übertragen hätte, nach Maßgabe des Rechtsanwaltsvergütungsgesetzes Gebühren und Auslagen gesondert aus der Insolvenzmasse entnehmen.**

II Ist der Verwalter Wirtschaftsprüfer oder Steuerberater oder besitzt er eine andere besondere Qualifikation, so gilt Absatz 1 entsprechend.

1 **I. Normzweck.** Diese Vorschrift nimmt eine weitere Abgrenzung von Regelaufgaben, die mit der Vergütung abgegolten sind, zu den Sonderaufgaben vor. Werden die Sonderaufgaben durch den Insolvenzverwalter aufgrund seiner beruflichen Qualifikation von ihm persönlich wahrgenommen, sind sie gesondert zu vergüten.

2 **II. Norminhalt. 1. Besondere anwaltliche Tätigkeiten (I).** Ist der Insolvenzverwalter als Rechtsanwalt zugelassen, ist für die Abgrenzung von Regelaufgaben zu den Sonderaufgaben aus der Sicht eines Insolvenzverwalters, der nicht als Rechtsanwalt zugelassen ist, vorzunehmen. Maßgeblich ist, ob es für einen nicht als Rechtsanwalt zugelassenen Verwalter sachgerecht gewesen wäre, zur Erledigung einer Aufgabe einen Rechtsanwalt zu beauftragen. Trifft dies zu, liegt eine besondere Aufgabe iSd § 4 I 3 vor (BGH NZI 2016, 802). Der als Rechtsanwalt zugelassene Verwalter hat somit ein Wahlrecht, ob er die besonderen Aufgaben, wofür die Übertragung an einen Rechtsanwalt erforderlich ist, selbst erledigt, oder einen anderen Rechtsanwalt beauftragt und dessen Kosten aus der Masse begleicht (§ 4 I 3).

3 **a) Keine Sonderaufgaben.** Tätigkeiten, die keine besonderen Kenntnisse erfordern werden nicht gesondert vergütet. Hierzu gehören insbesondere Forderungseinzug und Beantragung von Mahn- und Vollstreckungsbescheiden.

4 **b) Sonderaufgaben.** Hierzu gehört die Prozessführung, bei der ein Anwaltszwang besteht.

5 Außergerichtliche Tätigkeiten, die ein Verwalter ohne volljuristische Ausbildung nicht lösen kann, stellen ebenfalls besondere Aufgaben dar (BGH NZI 2005, 103). Hierzu gehören u. a. Führung rechtlich anspruchsvoller Verhandlungen, Abschluss

von Interessensausgleich und Sozialplan, Bearbeitung komplexer Grundstücksverträge, Veräußerung von Patentrechten (Haarmeyer/Mock Rn. 27).

2. Verwalter als Wirtschaftsprüfer oder Steuerberater (II). I ist für Verwalter, 6
die als Wirtschaftsprüfer oder Steuerberater zugelassen sind, entsprechend anzuwenden. Auch hier können nur solche Tätigkeiten gesondert vergütet werden, die besondere Kenntnisse eines Wirtschaftsprüfers oder Steuerberaters erfordern. Einfache steuerliche Tätigkeiten ohne besondere Sachkunde sind nicht gesondert erstattungsfähig.

3. Entnahmerecht, Minderung Berechnungsgrundlage. Für die bei der Erfül- 7
lung von besonderen Aufgaben anfallenden Gebühren besteht ein Entnahmerecht des Insolvenzverwalters aus der Masse. Sie sind von der Berechnungsgrundlage seiner Vergütung zum Abzug zu bringen (§ 1 II Nr. 4 lit. a).

Nachtragsverteilung. Überwachung der Erfüllung eines Insolvenzplans

6 **I 1 Für eine Nachtragsverteilung erhält der Insolvenzverwalter eine gesonderte Vergütung, die unter Berücksichtigung des Werts der nachträglich verteilten Insolvenzmasse nach billigem Ermessen festzusetzen ist. 2 Satz 1 gilt nicht, wenn die Nachtragsverteilung voraussehbar war und schon bei der Festsetzung der Vergütung für das Insolvenzverfahren berücksichtigt worden ist.**

II 1 Die Überwachung der Erfüllung eines Insolvenzplans nach den §§ 260 bis 269 der Insolvenzordnung wird gesondert vergütet. 2 Die Vergütung ist unter Berücksichtigung des Umfangs der Tätigkeit nach billigem Ermessen festzusetzen.

I. Normzweck. Diese Vorschrift regelt die Sondervergütungen des Insolvenzver- 1
walters für die Nachtragsverteilung und die Überwachung der Erfüllung des Insolvenzplans.

II. Norminhalt. 1. Nachtragsverteilung (I). Das Nachtragsverteilungsverfahren 2
ist gebührenrechtlich ein selbständiges, gesondert zu vergütendes Verfahren (BGH NZI 2011, 906). Nachtragsverteilungen werden in den Fällen der §§ 203 und 211 Abs. 3 InsO angeordnet.

a) Gerichtliche Anordnung. Voraussetzung für die Sondervergütung ist die ge- 3
richtliche Anordnung einer Nachtragsverteilung. Die Sondervergütung entfällt, wenn die Nachtragsverteilung voraussehbar war **und** bereits bei der Festsetzung der Vergütung für das Insolvenzverfahren berücksichtigt wurde.

b) Berechnungsgrundlage. Grundlage für die Sondervergütung ist nur der Wert 4
der für die Nachtragsverteilung zur Verfügung stehende Insolvenzmasse. Hierbei darf die bereits zuvor festgestellte Verteilungsmasse **nicht** mitberücksichtigt werden (BGH NZI 2011, 906).

c) Höhe der Vergütung. Die gesonderte Vergütung ist unter Berücksichtigung 5
des **Wertes** der Nachtragsverteilungsmasse nach **billigem Ermessen** festzusetzen. Hierbei sind die allgemeinen Grundsätze der Angemessenheit und Vertretbarkeit der Vergütung zu beachten. Der Verordnungsgeber hat bewusst keine Berechnungsweise vorgegeben. Da als Bemessungskriterium der Wert der nachträglich zu verteilenden Insolvenzmasse vorgegeben ist, wird in der Literatur als **Orientierungshilfe** die Staffelsätze in § 2 herangezogen und anschließend einen **angemessenen Bruchteil** der Regelvergütung ermittelt (Stephan/Riedel/Stephan Rn. 11; Haarmeyer/Mock Rn. 7; Zimmer Rn. 18). Hierbei sind die jeweiligen Umstände des Einzelfalls (u. a. Umfang, Dauer, Schwierigkeit und Haftungsrisiko des Arbeitsaufwands) zu berücksichtigen (vgl. BGH NZI 2017, 822).

d) Auslagen, Umsatzsteuer. Auslagen, die im Nachtragsverteilungsverfahren 6
anfallen, sind nach den §§ 4, 5, 8 zu erstatten (Haarmeyer/Mock Rn. 12; Zimmer Rn. 26). Die auf die Vergütung und die Auslagen anfallende Umsatzsteuer ist gemäß § 7 zusätzlich festzusetzen.

2. Überwachung Insolvenzplan (II). a) Überwachung der Planerfüllung im 7
Insolvenzplan. Ein Insolvenzplan kann die Überwachung der Planerfüllung vorsehen (§ 260 I InsO). Sie erfolgt durch den Insolvenzverwalter (§ 261 I InsO).

8 **b) Höhe der Vergütung.** Die Sondervergütung ist unter Berücksichtigung des **Umfangs der Tätigkeit** nach **billigem Ermessen** festzusetzen. In der Literatur wird die Festsetzung einer Pauschale auf der Grundlage der Vermögensübersicht nach § 229 InsO oder nach Stundensätzen vorgeschlagen (Stephan/Riedel/Stephan Rn. 20; Haarmeyer/Mock Rn. 17; Zimmer Rn. 35; Graeber/Graeber InsVV Rn. 28). Als Pauschalsatz werden Beträge zwischen 20% und 40% der Regelvergütung befürwortet (Stephan/Riedel/Stephan Rn. 20; Haarmeyer/Mock Rn. 16). Als Stundensatz werden Beträge zwischen EUR 125 und EUR 600 vorgeschlagen (Haarmeyer/Mock Rn. 17; Graeber/Graeber Rn. 33).

9 Nach dem Wortlaut ist lediglich der Umfang der Tätigkeit zu berücksichtigen. Zudem ist die Überwachungstätigkeit des Insolvenzverwalters nicht vergleichbar mit seiner Tätigkeit in einem laufenden Insolvenzverfahren. Daher erscheint es sachgerecht, die Höhe der Vergütung nach **Stundensätzen** zu bemessen. Der Stundensatz ist nach dem Grundsatz der Angemessenheit und Vertretbarkeit der Vergütung unter Berücksichtigung der Umstände des Einzelfalls (u. a. Schwierigkeit, Haftungsrisiko der tatsächlich erbrachten Überwachungstätigkeit) zu ermitteln.

10 **c) Regelung der Verwaltervergütung im Insolvenzplan.** Die Festlegung der Höhe der Vergütung des Insolvenzverwalters im Insolvenzplan ist nicht möglich. Regelungen über die Vergütung des Insolvenzverwalters ist kein zulässiger Inhalt eines Insolvenzplans (BGH NZI 2017, 260). Hierfür fehlt es nicht nur an einer gesetzlichen Grundlage. Die Vorschriften über die Höhe und Festsetzung der Vergütung zielen darauf ab, die Unabhängigkeit des Insolvenzverwalters gegenüber den Verfahrensbeteiligten zu sichern (BGH NZI 2017, 260). Allerdings kann es für die Planungssicherheit sinnvoll sein, im Voraus zumindest die Höhe des Stundensatzes für die Überwachungstätigkeit des Insolvenzverwalters festzulegen. Insoweit steht es dem Insolvenzverwalter frei, gegenüber allen am Insolvenzplan Beteiligten eine Erklärung iSd § 230 III InsO abzugeben, wonach er sich verpflichtet, keine einen bestimmten Betrag übersteigende Vergütung zu beantragen (BGH NZI 2017, 260).

11 **d) Auslagen, Umsatzsteuer.** Auslagen, die im Zusammenhang mit der Überwachungstätigkeit anfallen, sind nach den §§ 4, 5, 8 zu erstatten (Stephan/Riedel/Stephan Rn. 30). Die auf die Vergütung und die Auslagen anfallende Umsatzsteuer ist gemäß § 7 zusätzlich festzusetzen.

Umsatzsteuer

7 Zusätzlich zur Vergütung und zur Erstattung der Auslagen wird ein Betrag in Höhe der vom Insolvenzverwalter zu zahlenden Umsatzsteuer festgesetzt.

1 **I. Normzweck.** Die frühere Vergütungsverordnung sah lediglich eine Erstattung von 50% des jeweils anzuwendenden Steuersatzes vor. § 7 dient der Klarstellung, dass die auf die Vergütung und Auslagen anfallende Umsatzsteuer grundsätzlich **zusätzlich** festzusetzen ist.

2 **II. Unternehmerische Tätigkeit des Insolvenzverwalters.** Der Verwalter erbringt im Verhältnis zum Insolvenzschuldner eine unternehmerische Tätigkeit im Sinne des § 2 Abs. 1 UstG (Sonnleitner, Insolvenzsteuerrecht, Kap. 5. Rn. 10).

3 **III. Maßgebliche Zeitpunkt für die Höhe des Umsatzsteuersatzes.** Maßgeblich für die Höhe des Umsatzsteuersatzes ist der Zeitpunkt der Beendigung der Tätigkeit des Insolvenzverwalters, somit der Zeitpunkt der Aufhebung des Insolvenzverfahrens (Zimmer NZI 2020, 710).

Festsetzung von Vergütung und Auslagen

8 [1] **[1]Die Vergütung und die Auslagen werden auf Antrag des Insolvenzverwalters vom Insolvenzgericht festgesetzt. [2]Die Festsetzung erfolgt für Vergütung und Auslagen gesondert. [3]Der Antrag soll gestellt werden, wenn die Schlußrechnung an das Gericht gesandt wird.**

II In dem Antrag ist näher darzulegen, wie die nach § 1 Abs. 2 maßgebliche Insolvenzmasse berechnet worden ist und welche Dienst- oder Werkverträge für besondere Aufgaben im Rahmen der Insolvenzverwaltung abgeschlossen worden sind (§ 4 Abs. 1 Satz 3).

III 1 Der Verwalter kann nach seiner Wahl anstelle der tatsächlich entstandenen Auslagen einen Pauschsatz fordern, der im ersten Jahr 15 vom Hundert, danach 10 vom Hundert der Regelvergütung, höchstens jedoch 350 Euro je angefangenen Monat der Dauer der Tätigkeit des Verwalters beträgt. 2 Der Pauschsatz darf 30 vom Hundert der Regelvergütung nicht übersteigen.

Übersicht

I. Normzweck, zeitlicher Anwendungsbereich. Das Insolvenzgericht setzt die Vergütung und die Auslagen des Insolvenzverwalters durch Beschluss fest, § 64 InsO. § 8 konkretisiert diese Vorgaben. Durch das Gesetz zur Fortentwicklung des Sanierungs- und Insolvenzrechts (SanInsFoG) vom 22.12.2020 wurde der höchste Monatspauschsatz in III für die ab dem 1.1.2021 beantragten Verfahren von EUR 250 auf EUR 350 erhöht. 1

II. Vergütungsantrag. Die Festsetzung erfolgt aufgrund eines schriftlichen Antrags des Insolvenzverwalters. 2

1. Zeitpunkt. Der Antrag sollte möglichst zusammen mit der Schlussrechnung gestellt werden, da die Vergütung nach dem Wert der Insolvenzmasse, auf die sich die Schlussrechnung bezieht, berechnet wird (§ 1 I). Eine Festsetzung der Vergütung setzt voraus, dass der Anspruch des Verwalters fällig ist (BGH NZI 2022, 137). Dies ist erst mit Beendigung des Insolvenzverfahrens der Fall, weshalb die InsVV keine Festsetzung der Vergütung für einzelne **Zeit**abschnitte eines Insolvenzverfahrens vorsieht (BGH NZI 2022, 137). Ist die Vergütung noch nicht fällig, hat der Verwalter die Möglichkeit, die Festsetzung eines Vorschusses zu beantragen (§ 9). 3

2. Inhalt. a) Berechnungsgrundlage, Leistungsbild. In seinem Antrag hat der Verwalter die Grundlagen der Berechnung der Vergütung und die von ihm entfalteten Tätigkeiten detailliert und nachvollziehbar darzulegen. Erfolgt die Antragstellung zeitgleich mit dem Schlussbericht und der Schlussrechnung, kann in dem Vergütungsantrag hierauf Bezug genommen werden. 4

b) Zuschläge, Abschläge. Die tatsächlichen Voraussetzungen für die Zu- und Abschläge sind so darzulegen, dass dem Gericht und den sonstigen Verfahrensbeteiligten eine Prüfung der Berechnung ermöglicht (BGH NZI 2007, 241). 5

6 **c) Dienst- und Werkverträge iSd § 4 I 3.** Zwingend anzugeben sind die Dienst- oder Werkverträge, die der Insolvenzverwalter zur Erfüllung besonderer Aufgaben abgeschlossen und deren Kosten aus der Insolvenzmasse bezahlt hat. Hierbei hat er die Gründe für den Abschluss dieser Verträge darzulegen.

7 **d) Auslagenpauschale (III).** Anstelle der tatsächlich entstandenen Auslagen kann der Verwalter einen Pauschsatz fordern. Die Auslagenpauschale darf 30 % der Regelvergütung nicht übersteigen. Die Auslagenpauschale ist aus der Regelvergütung zu berechnen. Zu- und Abschläge werden hierbei nicht berücksichtigt. Die Kosten der Zustellung gem. § 4 II 2 können neben der Auslagenpauschale zusätzlich geltend gemacht werden (→ § 4 Rn. 19).

8 **III. Festsetzungsverfahren. 1. Anhörung der Verfahrensbeteiligten.** Die Beteiligten des Verfahrens sind zu dem Vergütungsantrag anzuhören. Dies ergibt sich unmittelbar aus Art. 103 I GG (Stephan/Riedel/Riedel Rn. 13; Haarmeyer/Mock InsVV § 8 Rn. 25; Graeber/Graeber InsVV Rn. 17).

9 **2. Festsetzungsentscheidung.** Die Entscheidung über die Festsetzung der Vergütung ergeht durch einen Beschluss (§ 64 I InsO).

10 Die Höhe der Vergütung und der Auslagen sind im Beschluss nachvollziehbar zu begründen. Zulässig ist ein umfassender Verweis auf den Festsetzungsantrag des Verwalters, wenn dieser alle notwendigen Angaben enthält und die Festsetzung gemäß Antrag erfolgt (Graeber/Graeber Rn. 45).

11 **3. Öffentliche Bekanntmachung, Zustellung. a) Öffentliche Bekanntmachung.** Der Festsetzungsbeschluss ist öffentlich bekanntzumachen § 64 II 1 InsO. Die öffentliche Bekanntmachung wird in § 9 InsO geregelt. Sie erfolgt durch eine zentrale länderübergreifende Veröffentlichung im Internet unter www.insolvenzbekanntmachungen.de. Der Beschluss über die Vergütung und die Auslagen ist von **anderen Beschlüssen getrennt** öffentlich bekanntzumachen (BGH NZI 2018, 235). Die festgesetzten Beträge sind nicht zu veröffentlichen, § 64 II 2 InsO. In der Bekanntmachung ist darauf hinzuweisen, dass der vollständige Beschluss in der Geschäftsstelle eingesehen werden kann (§ 64 II 2 InsO).

12 **b) Zustellung.** Der Beschluss ist dem Insolvenzverwalter, dem Schuldner und dem Gläubigerausschuss besonders zuzustellen (§ 64 II 1 InsO). Zum Nachweis der Zustellung genügt die öffentliche Bekanntmachung (§ 9 III InsO).

13 **4. Rechtsmittel.** Gegen den Festsetzungsbeschluss steht dem Verwalter, dem Schuldner und den Insolvenzgläubigern die sofortige Beschwerde zu, für welche § 567 II ZPO entsprechend gilt (§ 64 III InsO).

14 Ein Insolvenzgläubiger ist bereits dann beschwerdeberechtigt, wenn er eine Forderung zur Insolvenztabelle angemeldet hat. Dies gilt auch dann, wenn die angemeldete Forderung nicht besteht (BGH NZI 2007, 241). Nur wenn rechtskräftig festgestellt wurde, dass dem Gläubiger die angemeldete Forderung nicht zusteht, entfällt seine Beschwerdeberechtigung (BGH NZI 2007, 241).

15 **IV. Verjährung. 1. Insolvenzverwalter.** Der Anspruch auf die Vergütung und Auslagen unterliegt der regelmäßigen Verjährung gemäß § 195 BGB (BGH NZI 2007, 397). Sie beginnt mit dem Schluss des Jahres der Verfahrensbeendigung. Da das Insolvenzverfahren erst dann aufgehoben wird, wenn die Vergütung und Auslagen des Verwalters festgesetzt worden sind, kommt es in der Regel nicht zu einer Verjährung des Vergütungsanspruchs des endgültigen Insolvenzverwalters.

16 **2. Vorläufiger Insolvenzverwalter.** Die vorläufige Insolvenzverwaltung endet mit Aufhebung ihrer Anordnung oder mit der Eröffnung des Insolvenzverfahrens. Daher kommt die Verjährung grundsätzlich in Betracht. Allerdings ist sie bis zum Abschluss des Insolvenzverfahrens **gehemmt** (BGH NZI 2010, 977).

17 **V. Verzinsung von Vergütung und Auslagen.** Der Insolvenzverwalter hat für die Zeit zwischen Antragstellung und Festsetzung seiner Vergütung **keinen** Anspruch auf Verzinsung seiner Vergütung (BGH BeckRS 2004, 2224).

18 **VI. Kostenschuldner. 1. Insolvenzmasse.** Die Vergütung und die Auslagen des vorläufigen und endgültigen Insolvenzverwalters gehören zu den Kosten des Insolvenzverfahrens (§ 54 Nr. 2 InsO), welche vorweg aus der Insolvenzmasse zu befriedigen sind, § 53 InsO.

2. Insolvenzschuldner. a) Schwacher vorläufiger Insolvenzverwalter. Kommt es nicht zu einer Eröffnung des Insolvenzverfahrens, da der Insolvenzantrag zurückgenommen, für erledigt erklärt, oder mangels Masse abgewiesen wurde, erfolgt die Festsetzung der Vergütung des schwachen vorläufigen Insolvenzverwalters, auf welchen die Verfügungsbefugnis nicht übergegangen war, gegen den Schuldner (§ 26a II InsO). War der Eröffnungsantrag unzulässig oder unbegründet und traf den antragstellenden Gläubiger ein grobes Verschulden, richtet sich der Vergütungsanspruch ganz oder teilweise gegen diesen Gläubiger (§ 26a II 2 InsO). 19

b) Starker vorläufiger Insolvenzverwalter. War die Verfügungsbefugnis über das Vermögen des Schuldners auf den vorläufigen Insolvenzverwalter übergegangen, richtet sich dessen Vergütungsanspruch zwar auch gegen den Schuldner bzw. den antragstellenden Gläubiger. Der starke vorläufige Insolvenzverwalter hat jedoch vor der Aufhebung seiner Bestellung aus dem von ihm verwalteten Vermögen die Verfahrenskosten, somit auch seine Vergütung zu berichtigen (§ 25 II 1 InsO). 20

3. Massearmut, Kostenstundung. Reicht die Insolvenzmasse nicht aus, um die Kosten des Verfahrens zu decken, sind die Kosten nach dem Verhältnis ihrer Beträge zu berichtigen (BGH NZI 2013, 350). 21

Wurden die Kosten des Verfahrens nach § 4a InsO gestundet, hat der Insolvenzverwalter einen Anspruch auf Vergütung und Auslagenersatz gegen die Staatskasse, soweit die Insolvenzmasse dafür nicht ausreicht (§ 63 II InsO). Liegen die Voraussetzungen des § 4c InsO vor, ist die Stundung der Verfahrenskosten aufzuheben. In diesen Fällen hat der Verwalter in entsprechender Anwendung des § 63 II InsO einen Anspruch gegenüber der Staatskasse (BGH BeckRS 2008, 1143). 22

VII. Ergänzende Festsetzung. Bei Massezuflüssen im Zeitraum zwischen der Einreichung der Schlussrechnung und der Aufhebung des Verfahrens hat der Insolvenzverwalter grundsätzlich einen Anspruch auf eine ergänzende Vergütung (BGH NZI 2017, 822). Dies gilt auch für solche Zuflüsse, die bereits bei Einreichung der Schlussrechnung vorhersehbar waren (BGH NZI 2017, 822). 23

Vorschuß

9 **[1]Der Insolvenzverwalter kann aus der Insolvenzmasse einen Vorschuß auf die Vergütung und die Auslagen entnehmen, wenn das Insolvenzgericht zustimmt. [2]Die Zustimmung soll erteilt werden, wenn das Insolvenzverfahren länger als sechs Monate dauert oder wenn besonders hohe Auslagen erforderlich werden. [3]Sind die Kosten des Verfahrens nach § 4a der Insolvenzordnung gestundet, so bewilligt das Gericht einen Vorschuss, sofern die Voraussetzungen nach Satz 2 gegeben sind.**

I. Normzweck. Die Festsetzung der Vergütung des Insolvenzverwalters erfolgt erst bei Beendigung des Verfahrens. Der Insolvenzverwalter finanziert seine allgemeinen Geschäftskosten vor. Bei langwierigen Verfahren kann dies zu einer unzumutbaren finanziellen Belastung führen. Daher ermöglicht § 9 einen Vorschuss auf die Vergütung und Auslagen des Insolvenzverwalters. 1

II. Norminhalt. 1. Vorschussantrag. Zur Einholung der Zustimmung zur Entnahme des Vorschusses ist ein schriftlicher Antrag erforderlich. Darzulegen sind die Berechnungsgrundlage und die Gründe für den Vorschuss. Die Höhe des Vorschusses ist konkret zu beziffern. 2

a) Berechnungsgrundlage, Höhe des Vorschusses. Der Vorschuss ist nach den §§ 1–3 zu bestimmen und darf die voraussichtliche Gesamtvergütung nicht übersteigen (BGH NZI 2003, 31). Eine vorläufige Rechnungslegung ist nicht erforderlich. Unter Darlegung der bislang erzielten Verwertungserlöse und der sich hieraus ergebenden voraussichtlichen Vergütung kann der Verwalter einen angemessenen Bruchteil hiervon als Vorschuss geltend machen. 3

b) Gründe für einen Vorschuss. Neben der Dauer des Verfahrens von mehr als sechs Monaten können auch besonders hohe Auslagen einen Vorschuss rechtfertigen. 4

2. Zustimmung des Insolvenzgerichts, Rechtsbehelf. Liegen die Gründe für die Entnahme eines Vorschusses vor, ist die Ermessensausübung durch das Insolvenz- 5 gericht dahingehend gebunden, dass die Zustimmung nur unter besonderen Voraussetzungen abgelehnt werden darf (BGH NZI 2003, 31). Die Entscheidung über die Zustimmung zur Entnahme des Vorschusses kann nicht im Wege der sofortigen Beschwerde angegriffen werden (BGH NZI 2016, 898; NZI 2003, 31). Eine sofortige Beschwerde ist lediglich in den Fällen zulässig, in denen die Insolvenzordnung dies ausdrücklich zulässt (§ 6 InsO).

6 **3. Vorschuss nach Kostenstundung.** Auch in den Verfahren, in denen die Kosten nach § 4a InsO gestundet werden, kann ein Vorschuss bewilligt werden. In diesen Verfahren kann der Insolvenzverwalter den Vorschuss in der Regel nicht aus der Masse entnehmen. Der Anspruch auf Auszahlung des Vorschusses richtet sich in diesen Fällen gegen die Staatskasse (§ 63 II InsO).

Zweiter Abschnitt. Vergütung des vorläufigen Insolvenzverwalters, des Sachwalters und des Insolvenzverwalters im Verbraucherinsolvenzverfahren

Grundsatz

10 Für die Vergütung des vorläufigen Insolvenzverwalters, des Sachwalters, des vorläufigen Sachwalters und des Insolvenzverwalters im Verbraucherinsolvenzverfahren gelten die Vorschriften des Ersten Abschnitts entsprechend, soweit in den §§ 11 bis 13 nichts anderes bestimmt ist.

1 Diese Vorschrift dient der **Klarstellung,** dass auf die Vergütung des vorläufigen Insolvenzverwalters, des Sachwalters, des vorläufigen Sachwalters und des Insolvenzverwalters im Verbraucherinsolvenzverfahren die Vorschriften der §§ 1–9 entsprechend anzuwenden sind, soweit in den §§ 11–13 nichts anderes bestimmt ist.

2 Durch das Gesetz zur Verkürzung des Restschuldbefreiungsverfahrens und zur Stärkung der Gläubigerrechte vom 15.7.2013 wurden die Vorschriften für die vereinfachten Insolvenzverfahren (§§ 312–314 InsO) ersatzlos gestrichen. Dadurch wurde die Figur des Treuhänders im vereinfachten Insolvenzverfahren, dessen Vergütung in § 13 aF geregelt wurde, abgeschafft. § 13 regelt nur noch die Mindestvergütung des Insolvenzverwalters im Verbraucherinsolvenzverfahren.

3 Durch das Gesetz zur Fortentwicklung des Sanierungs- und Insolvenzrechts (SanInsFoG) vom 22.12.2020 wurde der vorläufigen Sachwalter in § 10 neu aufgenommen, da zur Regelung seiner Vergütung für die **ab dem 1.1.2021** beantragten Verfahren eine neue Vorschrift (§ 12a) eingeführt wurde.

Vergütung des vorläufigen Insolvenzverwalters

11 I 1 Für die Berechnung der Vergütung des vorläufigen Insolvenzverwalters ist das Vermögen zugrunde zu legen, auf das sich seine Tätigkeit während des Eröffnungsverfahrens erstreckt. 2 Vermögensgegenstände, an denen bei Verfahrenseröffnung Aus- oder Absonderungsrechte bestehen, werden dem Vermögen nach Satz 1 hinzugerechnet, sofern sich der vorläufige Insolvenzverwalter in erheblichem Umfang mit ihnen befasst. 3 Sie bleiben unberücksichtigt, sofern der Schuldner die Gegenstände lediglich auf Grund eines Besitzüberlassungsvertrages in Besitz hat.

II Wird die Festsetzung der Vergütung beantragt, bevor die von Absatz 1 Satz 1 erfassten Gegenstände veräußert wurden, ist das Insolvenzgericht spätestens mit Vorlage der Schlussrechnung auf eine Abweichung des tatsächlichen Werts von dem der Vergütung zugrunde liegenden Wert hinzuweisen, sofern die Wertdifferenz 20 vom Hundert bezogen auf die Gesamtheit dieser Gegenstände übersteigt.

III Art, Dauer und der Umfang der Tätigkeit des vorläufigen Insolvenzverwalters sind bei der Festsetzung der Vergütung zu berücksichtigen.

IV Hat das Insolvenzgericht den vorläufigen Insolvenzverwalter als Sachverständigen beauftragt zu prüfen, ob ein Eröffnungsgrund vorliegt und

welche Aussichten für eine Fortführung des Unternehmens des Schuldners bestehen, so erhält er gesondert eine Vergütung nach dem Justizvergütungs- und -entschädigungsgesetz.

Übersicht

A. Entstehungsgeschichte. Nach der ursprünglichen Fassung des § 11 erhielt der vorläufige Insolvenzverwalter einen angemessenen Bruchteil der Regelvergütung des Insolvenzverwalters. Durch die Erste Verordnung zur Änderung der InsVV vom 4.10.2004 wurde die Höhe der Regelvergütung des vorläufigen Insolvenzverwalters konkret beziffert (25 % der Vergütung des Insolvenzverwalters) und eine Klarstellung hinsichtlich der Berechnungsgrundlage herbeigeführt. 1

2 Durch die Zweite Verordnung zur Änderung der InsVV vom 21.12.2006 wurde § 11 neu gefasst. U. a. wurde die Berücksichtigung von Gegenständen, die mit Aus- und Absonderungsrechten belastet sind, näher geregelt.

3 Durch das Gesetz zur Verkürzung des Restschuldbefreiungsverfahrens und Stärkung der Gläubigerrechte vom 15.7.2013 wurde die Vergütung des vorläufigen Insolvenzverwalters erstmals in der Insolvenzordnung (§ 63 III) geregelt. Die bisherigen Regelungen in § 11 I 1–3 wurden in § 63 Abs. 3 InsO übernommen. Die seitdem unveränderte Fassung des § 11 ist auf die ab dem 19.7.2013 beantragten Insolvenzverfahren anzuwenden (BGH NZI 2016, 886).

4 **B. Normzweck, Norminhalt.** § 11 regelt die Besonderheiten und Abweichungen bei der Vergütung des vorläufigen Insolvenzverwalters, die gemäß § 63 III InsO gesondert zu vergüten ist. Sofern § 11 nichts anderes bestimmt, gelten die §§ 1 bis 9 auch für die Vergütung des vorläufigen Insolvenzverwalters (§ 10).

5 Die Rechtsstellung des vorläufigen Insolvenzverwalters unterscheidet sich von der des Insolvenzverwalters. Auf den vorläufigen Insolvenzverwalter geht die Verwaltungs- und Verfügungsbefugnis nur über, wenn dem Schuldner ein allgemeines Verfügungsverbot auferlegt wird (§ 22 I 1 InsO). Er hat das Vermögen des Schuldners zu sichern und zu erhalten (§ 21 I 2 Nr. 1 InsO). Aufgrund des eingeschränkten Aufgabenkreises und der in der Regel kurzen Dauer des Insolvenzantragsverfahrens erhält der vorläufige Insolvenzverwalter nur 25 % der Regelvergütung des Insolvenzverwalters.

6 **I. Regelvergütung, Berechnungsgrundlage.** Die Regelvergütung des vorläufigen Insolvenzverwalters beträgt 25 % der Vergütung des endgültigen Insolvenzverwalters (§ 63 III 2 InsO).

7 Berechnungsgrundlage der Vergütung des vorläufigen Insolvenzverwalters ist das Vermögen, auf das sich seine Tätigkeit während des Eröffnungsverfahrens erstreckt. Nach der Begründung zur Zweiten Verordnung zur Änderung der InsVV vom 21.12.2006 ist die Berechnungsgrundlage des vorläufigen Insolvenzverwalters „abweichend von § 1 I 1 unter Berücksichtigung der Eigenheiten der vorläufigen Insolvenzverwaltung zu ermitteln". Die Berechnungsgrundlage für die Vergütung des vorläufigen Insolvenzverwalters ist daher eigenständig zu bestimmen (BGH NZI 2013, 29).

8 **1. Wertermittlung, maßgeblicher Zeitpunkt.** Maßgebend für die Wertermittlung ist der Zeitpunkt der Beendigung der vorläufigen Insolvenzverwaltung oder der Zeitpunkt, ab dem der Gegenstand nicht mehr der vorläufigen Verwaltung unterliegt (§ 63 III 3 InsO). Entscheidend ist der objektive Wert zu dem maßgeblichen Zeitpunkt. Umstände, die sich erst nach diesem Zeitpunkt ergeben, ändern die Berechnungsgrundlage nicht (BGH BeckRS 2011, 14444; NZI 2017, 988). Von der Frage des Wertermittlungsstichtags zu unterscheiden sind die Erkenntnisquellen, die die stichtagsbezogene Bewertung tragen (BGH BeckRS 2011, 14444; NZI 2017 988). Zu diesen Erkenntnisquellen gehören insbesondere die Ergebnisse der Verwertung im eröffneten Insolvenzverfahren, auf deren Grundlage der Wert zum maßgeblichen Zeitpunkt geschätzt werden kann (BGH BeckRS 2011, 14444; NZI 2017 988).

9 **2. Einzelne Vermögensgegenstände. a) Anfechtungsansprüche.** Die Anfechtungsansprüche gemäß §§ 129 ff. InsO werden zumindest teilweise bereits durch den vorläufigen Insolvenzverwalter in seiner Eigenschaft als Sachverständiger ermittelt. Da sie erst mit der Eröffnung des Insolvenzverfahrens entstehen, sind sie nicht zu berücksichtigen. Für die Bemessung der Vergütung des vorläufigen Insolvenzverwalters kommt es nicht auf Umstände an, die sich vielleicht nach Beendigung des Eröffnungsverfahrens ergeben (BGH NZI 2004, 444).

10 **b) Anwartschaftsrecht.** Ein geldwertes Anwartschaftsrechts des Insolvenzschuldners ist ein Vermögenswert, der zu berücksichtigen ist. (vgl. BGH NZI 2013, 29).

11 **c) Erlöse aus Unternehmensfortführung.** Wurden während der vorläufigen Insolvenzverwaltung Erlöse aus der Betriebsfortführung erzielt, ist bei der Berechnung der Vergütung des vorläufigen Insolvenzverwalter nur der Überschuss zu berücksichtigen (BGH NZI 2013, 29). In seinem Vergütungsantrag hat der vorläufige Insolvenzverwalter zur Darlegung des Überschusses eine Einnahmen- und Ausgabenrechnung zu erstellen (→ § 1 Rn. 23).

d) Forderungen. Forderungen sind grundsätzlich mit ihrem Verkehrswert und nicht mit ihrem Nominalwert anzusetzen (BGH NZI 2013, 29). Steht bereits bei Beendigung der vorläufigen Insolvenzverwaltung fest, dass eine Forderung mangels Bonität des Drittschuldners nicht realisierbar ist, ist ihr kein Wert beizumessen. 12

e) Leasingverträge. Gegenstände aus einem Leasingvertrag, in dem zugunsten des Insolvenzschuldners keine Kaufoption vorgesehen ist, bleiben gemäß § 11 I 3 unberücksichtigt. Bei Verträgen mit einer Kaufoption können die Leasinggegenstände in Höhe des Verkehrswertes berücksichtigt werden (BGH NZI 2013, 29). 13

f) Organhaftung. Die Ansprüche gegenüber den Organen wegen nach Eintritt der Insolvenzreife geleisteter Zahlungen gemäß § 64 Abs. 2 GmbHG aF, § 92 Abs. 2 AktG aF, §§ 130a Abs. 2, 177 Abs. 1 HGB aF, § 99 GenG a F waren grundsätzlich zu berücksichtigen, da sie unabhängig von der Eröffnung des Insolvenzverfahrens bereits mit Vornahme der verbotenen Zahlung entstehen (BGH NZI 2011, 73). 14

Durch das Gesetz zur Fortentwicklung des Sanierungs- und Insolvenzrechts (SanInsFoG) vom 22.12.2020 wurden diese Haftungsvorschriften in § 15b InsO rechtsformübergreifend zusammengefasst. Auch nach dem Wortlaut des § 15b InsO ist die Entstehung der Ansprüche gegen die Organe nicht von der Eröffnung des Insolvenzverfahrens abhängig. Diese Ansprüche sind auch in den ab dem 1.1.2021 beantragten Verfahren weiterhin zu berücksichtigen. 15

g) Unbekannt gebliebene Vermögenswerte. Die Grundlage für die Berechnung der Vergütung des vorläufigen Insolvenzverwalters ist der Wert der „Istmasse" während der vorläufigen Insolvenzverwaltung. Daher sind auch die während der vorläufigen Insolvenzverwaltung unbekannt gebliebene Vermögenswerte zu berücksichtigen (vgl. BGH NZI 2005, 557). 16

h) Unternehmenswert. Der Unternehmenswert ist Bestandteil der Berechnungsgrundlage für die Vergütung des vorläufigen Insolvenzverwalters (BGH NZI 2004, 626). 17

3. Aus- oder Absonderungsrechte (I 2). Gegenstände, die mit Aus- oder Absonderungsrechten belastet sind, werden berücksichtigt, wenn sich der vorläufige Insolvenzverwalter in **erheblichem** Umfang mit ihnen befasst hat. 18

a) Befassung in erheblichem Umfang. Die Befassung kann den Vermögenswert selbst, aber auch das Aus- oder Absonderungsrecht betreffen (BGH NZI 2006, 284). Die erhebliche Befassung muss sich auf den Vermögensgegenstand richten, der in der Berechnungsgrundlage berücksichtigt wurde (BGH NZI 2021, 838). Ein erheblicher Umfang der Befassung ist anzunehmen, wenn der vorläufige Insolvenzverwalter zeitlich und sachlich einen erheblichen Teil seiner Arbeitskraft auf die Bearbeitung der Vermögensgegenstände bzw. der Aus- und Absonderungsrechte verwendet und dabei das gewöhnliche Maß an Tätigkeit eines vorläufigen Insolvenzverwalters derart überschreitet, dass eine erhebliche Mehrbelastung des vorläufigen Insolvenzverwalters feststeht (BGH NZI 2021, 838). Der vorläufige Insolvenzverwalter hat diese Tätigkeiten in seinem Vergütungsantrag detailliert vorzutragen. 19

b) Teilweise Belastung. Sind die Gegenstände nur teilweise mit Aus- oder Absonderungsrechten belastet, sind sie ebenfalls vollständig zu berücksichtigen, sofern der vorläufige Insolvenzverwalter sich mit ihnen erheblichem Umfang befasst hat. Fehlt es an einer solchen Befassung, kann nur der Wert des unbelasteten Teils berücksichtigt werden (BGH NZI 2019, 867). 20

4. Besitzüberlassungsverträge (I 3). Gegenstände aus Besitzüberlassungsverträgen sind nicht zu berücksichtigen, auch wenn der vorläufige Insolvenzverwalter sich mit diesen Gegenständen in erheblichem Umfang befasst hat. Hierzu gehören insbesondere Gegenstände aus Miet-, Pacht- und Leasingverträgen ohne Kaufoption zugunsten der Schuldner. Eine erhebliche Befassung mit diesen Gegenständen kann jedoch einen **Zuschlag** rechtfertigen. 21

II. Zu-, Abschläge. Die Regelungen über die Zu- und Abschläge in § 3 sind entsprechend auf die Vergütung des vorläufigen Insolvenzverwalters anzuwenden, § 10. Die Grundsätze des § 3 gelten auch für den vorläufigen Insolvenzverwalter (→ § 3 Rn. 2). Maßgeblich ist auch hier der real gestiegene oder gefallene Arbeitsaufwand (BGH NZI 2021, 838). Die Zu- und Abschläge sind konkret tätigkeitsbezogen zu bemessen. Die in der Literatur entwickelten Faustregeltabellen und Ent- 22 scheidungen anderer Gerichte dienen lediglich als Orientierungshilfen (BGH BeckRS 2007, 6174).

23 **1. Berechnung.** Zu- und Abschläge sind in der Weise zu berechnen, dass sie den für den vorläufigen Insolvenzverwalter maßgeblichen Bruchteil unmittelbar erhöhen oder verringern (BGH BeckRS 2012, 21651). Wird zu dem Regelsatz ein Zuschlag von 15 % gewährt, beträgt die Vergütung des vorläufigen Insolvenzverwalters 40 % (25 % + 15 %) der Regelvergütung des endgültigen Insolvenzverwalters.

24 **2. Zuschläge. a) Bearbeitung von Aus- und Absonderungsrechten (§ 3 I lit. a).** Für die Bearbeitung von Aus- und Absonderungsrechten erhält der endgültige Insolvenzverwalter einen Zuschlag, wenn sie einen erheblichen Teil seiner Tätigkeit ausgemacht hat. Die erhebliche Befassung mit Aus- und Absonderungsrechten durch den vorläufigen Insolvenzverwalter wird bereits dadurch vergütet, dass die Berechnungsgrundlage seiner Vergütung um den durch Aus- und Absonderungsrechte belasteten Wert erhöht wird (§ 11 I 2). Die Tätigkeiten in diesem Zusammenhang können keinen Zuschlag rechtfertigen, da vergütungsrelevante Umstände nicht doppelberücksichtigt werden dürfen (BGH NZI 2021, 838).

25 **b) Unternehmensfortführung, Häuserverwaltung (§ 3 I lit. b). aa) Unternehmensfortführung.** Die Fortführung des Geschäftsbetriebes während der vorläufigen Insolvenzverwaltung rechtfertigt in der Regel einen Zuschlag, sofern sie zu einem real gestiegenen Arbeitsaufwand des vorläufigen Insolvenzverwalters geführt hat. Durch die Unternehmensfortführung erhöht sich die Berechnungsgrundlage. Zur Vermeidung einer Doppelhonorierung ist bei der Bemessung des Zuschlags eine Vergleichsrechnung durchzuführen (→ § 3 Rn. 15).

26 **bb) Häuserverwaltung.** Die Verwaltung von Häusern durch den vorläufigen Insolvenzverwalter rechtfertigt in der Regel einen Zuschlag. Auch hier gelten die gleichen Grundsätze wie für den endgültigen Insolvenzverwalter (→ § 3 Rn. 18). Wurden Überschüsse durch die Häuserverwaltung erzielt, ist bei der Bemessung des Zuschlags eine Vergleichsrechnung durchzuführen (→ § 3 Rn. 19).

27 **c) Degressionsausgleich (§ 3 I lit. c).** Ein zum Degressionsausgleich gebotener Zuschlag ist keine gesondert festzusetzende Vergütung. Er ist bei der Bemessung eines angemessenen Gesamtzuschlags in die Gesamtabwägung einzubeziehen (BGH NZI 2012, 981). Ein besonders großes, bereits vorhandenes Vermögen, auf das sich die Tätigkeit des vorläufigen Insolvenzverwalters bezieht, erhöht die Berechnungsgrundlage. Ein Zuschlag zum Degressionsausgleich wird in der Regel nicht zu rechtfertigen sein.

28 **d) Arbeitsrechtliche Fragen (§ 3 I lit. d).** Klärung arbeitsrechtlicher Fragen, die bereits den vorläufigen Insolvenzverwalter erheblich in Anspruch genommen haben, rechtfertigen einen Zuschlag. Zu den Sonderaufgaben, die einen Zuschlag rechtfertigen können, gehören unter anderem Insolvenzgeldvorfinanzierungen und Sozialplanverhandlungen. Ein Indiz für die erhebliche Belastung des vorläufigen Insolvenzverwalters kann eine große Anzahl von Arbeitnehmern darstellen (BGH NZI 2019, 913). Hat der vorläufige Insolvenzverwalter zur Erledigung dieser Sonderaufgaben externe Dienstleister beauftragt, scheidet ein Zuschlag regelmäßig aus.

29 **e) Insolvenzplan (§ 3 I lit. e).** Der vorläufige Insolvenzverwalter ist nicht zur Vorlage eines Insolvenzplans berechtigt, § 218 I InsO. Gleichwohl kann er vorbereitende Maßnahmen zur Sanierung des schuldnerischen Unternehmens und zur Vorlage eines Insolvenzplans treffen, die nicht zu seinen Regelaufgaben gehören und einen Zuschlag rechtfertigen (BGH NZI 2006, 235).

30 **3. Sonstige Erhöhungstatbestände. a) Anfechtungsansprüche.** Hat der vorläufige Insolvenzverwalter in seiner Eigenschaft als Sachverständiger Anfechtungsansprüche gemäß §§ 129 ff. InsO ermittelt, wird dies nach dem JVEG gesondert vergütet, IV. Waren hierbei Ermittlungen erforderlich, die er nur in seiner Eigenschaft als vorläufiger Insolvenzverwalter anstellen konnte, kommt ein Zuschlag in Betracht (BGH NZI 2006, 167). Gleiches gilt für Maßnahmen des vorläufigen Insolvenzverwalters, die zur Vorbereitung der Durchsetzung von Anfechtungsansprüchen erforderlich sind (BGH NZI 2006, 167).

31 **b) Auslandsberührung.** Hat der vorläufige Insolvenzverwalter bei der Sicherung von Vermögenswerten ausländisches Recht zu prüfen, rechtfertigt dies einen Zu-

schlag, wenn es zu einem erheblichen Arbeitsaufwand des vorläufigen Insolvenzverwalters geführt hat.

c) Dauer des Verfahrens. Eine außergewöhnlich lange Dauer des vorläufigen Insolvenzverfahrens rechtfertigt für sich allein keinen Zuschlag (BGH NZI 2018, 822). 32

d) Komplexe gesellschaftsrechtliche Verhältnisse, konzernrechtliche Verpflichtungen, börsennotierte Unternehmen. Die Prüfung von Beteiligungsverhältnissen oder Ermittlung von konzernrechtlichen Verflechtungen und Erfüllung zusätzlicher Aufgaben, die im Rahmen der vorläufigen Insolvenzverwaltung börsennotierter Unternehmen anfallen, gehören nicht zu den Regelaufgaben des vorläufigen Insolvenzverwalters. Waren diese Tätigkeiten bereits in der vorläufigen Insolvenzverwaltung erforderlich, rechtfertigen sie einen Zuschlag. 33

e) Gläubigeranzahl. Eine hohe Anzahl von Gläubigern rechtfertigt für sich allein keinen Zuschlag. Eine Kontaktaufnahme mit allen Gläubigern ist während der vorläufigen Insolvenzverwaltung in der Regel nicht erforderlich. Im Einzelfall kann eine hohe Anzahl von Gläubigern bereits während der vorläufigen Insolvenzverwaltung zu einer außergewöhnlichen Belastung führen, wenn beispielsweise zahlreiche Gläubigeranfragen zu bearbeiten waren. 34

f) Inflationsausgleich. Durch die zum 1.1.2021 erfolgte Anpassung der Staffelsätze in § 2 Abs. 1 hat sich die Diskussion über einen Zuschlag zum Inflationsausgleich vorerst erübrigt (→ § 3 Rn. 33). 35

g) Sanierungsbemühungen. In der Regel werden bereits während der vorläufigen Insolvenzverwaltung vorbereitende Maßnahmen zur Sanierung der schuldnerischen Unternehmen getroffen. Diese Tätigkeiten gehören nicht zu den Regelaufgaben des vorläufigen Insolvenzverwalters und rechtfertigen einen Zuschlag (BGH NZI 2019, 913). 36

h) Schuldnerverhalten. Der Schuldner ist bereits im Insolvenzantragsverfahren zur Auskunftserteilung und Mitwirkung verpflichtet, §§ 20 I 2, 97 InsO. Verletzt der Schuldner diese Pflichten, kann dies mit einem erheblichen Mehraufwand für den vorläufigen Insolvenzverwalter verbunden sein, der einen Zuschlag rechtfertigt (BGH NZI 2008, 239). 37

i) Zustimmungsvorbehalt. Die Anordnung des Insolvenzgerichts, dass Verfügungen des Schuldners nur mit Zustimmung des vorläufigen Insolvenzverwalters wirksam sind, rechtfertigt für sich allein keinen Zuschlag (BGH NZI 2006, 167). 38

4. Abschläge gem. § 3 II. Bleibt der Aufwand des vorläufigen Insolvenzverwalters erheblich unter dem eines Normalverfahrens zurück, kommt ein Abschlag in Betracht. Die Abschlagstatbestände in § 3 II lit. a, b, e sind auf den vorläufigen Insolvenzverwalter **nicht** anwendbar. 39

a) Vorzeitige Beendigung, kurze Verfahrensdauer (§ 3 II lit. c). Eine vorzeitige Beendigung der vorläufigen Insolvenzverwaltung kann zu einem Abschlag der Vergütung führen. Aufgrund der kürzeren Verfahrensdauer kann die Tätigkeit des vorläufigen Insolvenzverwalters den üblichen Umfang unterschreiten (BGH NZI 2007, 168). 40

b) Große Masse und geringe Anforderungen (§ 3 II lit. d). Wenn ein besonders großes Vermögen vorhanden war und dessen Verwaltung und Sicherung geringe Anforderungen an den vorläufigen Insolvenzverwalter stellte, ist ein Abschlag vorzunehmen. 41

c) Verfahrenskoordinator in einem Koordinationsverfahren (§ 3 II lit. f). Die Bestellung eines Verfahrenskoordinators ist für den vorläufigen Insolvenzverwalter mit einem Mehraufwand verbunden, da er diesem gegenüber zur Mitwirkung und Auskunftserteilung verpflichtet ist, § 269f II InsO. Die Aufgaben des Verfahrenskoordinators gehören auch nicht zu den Regelaufgaben des vorläufigen Insolvenzverwalters, so dass die bloße Bestellung des Verfahrenskoordinators keinen Abschlag rechtfertigen kann (→ § 3 Rn. 44). 42

5. Sonstige Abschlagstatbestände. a) Beauftragung Dritter. Werden Regelaufgaben des vorläufigen Insolvenzverwalters auf externe Dienstleister übertragen, die aus der Masse bezahlt werden, kommt ein Abschlag in Betracht. 43

44 **b) Unterbliebene Betriebsfortführung.** Überwachung und Begleitung von Betriebsfortführungen gehören nicht zu den Regelaufgaben des vorläufigen Insolvenzverwalters, weshalb sie regelmäßig einen Zuschlag rechtfertigen. Eine unterbliebene Betriebsfortführung kann somit keinen Abschlag begründen (BGH NZI 2006, 464).

45 **III. Gesamtbetrachtung.** Liegen mehrere Zu- und Abschlagstatbestände vor, können sie grundsätzlich gesondert festgesetzt werden. Anschließend ist jedoch stets eine wertende Gesamtbetrachtung vorzunehmen (BGH NZI 2021, 838; → § 3 Rn. 52).

46 **IV. Mindestvergütung. 1. Höhe.** § 2 II ist auch auf den vorläufigen Insolvenzverwalter anzuwenden, § 10. Er erhält die ungekürzte Mindestvergütung und nicht bloß einen Bruchteil von 25 % (BGH NZI 2006, 515; NZI 2009, 54).

47 **2. Erhöhungen gem. § 2 II 2, S. 3.** § 2 II 2, S. 3 sind auch auf die Vergütung des vorläufigen Insolvenzverwalters anzuwenden (BGH NZI 2010, 256). Hierbei kommt es auf die Anzahl der Gläubiger an, denen nach den Unterlagen des Schuldners offene Forderungen zustehen, soweit mit einer Forderungsanmeldung im Insolvenzverfahren zu rechnen ist (BGH NZI 2010, 256).

48 **V. Auslagen, Umsatzsteuer.** Die Auslagen sind gemäß §§ 10, 4, 8 zu erstatten. Statt der tatsächlich entstandenen Auslagen kann der vorläufige Insolvenzverwalter einen Pauschsatz gemäß § 8 III geltend machen. Die Grundlage für die Berechnung der Auslagenpauschale ist die Regelvergütung des vorläufigen Insolvenzverwalters (BGH NZI 2007, 46). Zusätzlich festzusetzen ist die Umsatzsteuer (§§ 10, 7).

49 **VI. Vergütungsantrag, Festsetzungsverfahren.** Die Vergütung des vorläufigen Insolvenzverwalters wird gemäß §§ 21 II Nr. 1, 64 I InsO durch das Insolvenzgericht festgesetzt. Die Ausführungen in § 8 gelten auch für den vorläufigen Insolvenzverwalter.

50 **VII. Nachträgliche Änderung der Festsetzung (II).** Wird die Vergütung des vorläufigen Insolvenzverwalters vor der Verwertung der Vermögensgegenstände festgesetzt, beruht sie teilweise auf Schätzwerten. Daher ermöglicht § 63 III 4 InsO eine Änderung der Vergütung des vorläufigen Insolvenzverwalters bis zur Rechtskraft der Entscheidung über die Vergütung des endgültigen Insolvenzverwalters. Es besteht eine Hinweispflicht des endgültigen Insolvenzverwalters, wenn der tatsächlich erzielte Wert um mehr als 20 % von dem der Vergütung des vorläufigen Insolvenzverwalters zugrunde liegenden Wert abweicht. Maßgeblich ist nur der Wert der Gegenstände, die bei der Bemessung der Vergütung des vorläufigen Insolvenzverwalters berücksichtigt wurden.

51 **VIII. Vergütung des Sachverständigen (IV).** Der vorläufige Insolvenzverwalter ist in der Regel auch als Sachverständiger tätig. In dieser Eigenschaft prüft er die Voraussetzungen der Eröffnung eines Insolvenzverfahrens sowie die Fortführungsaussichten für das schuldnerische Unternehmen. Hierfür erhält er ein Stundenhonorar von EUR 95 (§ 9 IV 2 JVEG).

52 **IX. Vorschuss.** Auch der vorläufige Insolvenzverwalter kann mit Zustimmung des Insolvenzgerichts einen Vorschuss auf seine Vergütung und die Auslagen entnehmen (§§ 10, 9).

53 **X. Verjährung.** Es wird auf die Ausführungen in § 8 IV 2 (→ § 8 Rn. 16) verwiesen.

54 **XI. Kostenschuldner.** Es wird auf die Ausführungen in § 8 VI verwiesen (→ § 8 Rn. 18–20).

Vergütung des Sachwalters

12 **I Der Sachwalter erhält in der Regel 60 vom Hundert der für den Insolvenzverwalter bestimmten Vergütung.**

II Eine den Regelsatz übersteigende Vergütung ist insbesondere festzusetzen, wenn das Insolvenzgericht gemäß § 277 Abs. 1 der Insolvenzordnung angeordnet hat, daß bestimmte Rechtsgeschäfte des Schuldners nur mit Zustimmung des Sachwalters wirksam sind.

III § 8 Abs. 3 gilt mit der Maßgabe, daß an die Stelle des Betrags von 350 Euro der Betrag von 175 Euro tritt.

Übersicht

A. Entstehungsgeschichte, zeitlicher Anwendungsbereich. Die Rechtstellung des Sachwalters wurde nach dem Modell des Vergleichsverwalters ausgestaltet. Die Vergütung des Sachwalters wurde daher in Anlehnung an die Vorschriften für die Vergütung des Vergleichsverwalters geregelt (Amtliche Begründung zur InsVV, ZIP 1998, 1460). 1

III wurde durch das Gesetz zur Fortentwicklung des Sanierungs- und Insolvenzrechts (SanInsFoG) v. 22.12.2020 angepasst. Die aktuelle Fassung ist auf die ab dem 1.1.2021 beantragten Verfahren anwendbar. Sie gilt **nicht** für die Verfahren, die zwischen dem 1.1.2021 und 31.12.2021 beantragt worden sind, wenn die Insolvenzgründe auf die COVID-19-Pandemie zurückzuführen sind (§ 5 VII COVInsAG). Auf diese Verfahren ist § 12 aF anzuwenden. 2

B. Normzweck. Ein Sachwalter wird in der Eigenverwaltung des Schuldners, §§ 270–285 InsO, bestellt. 3

§ 274 I InsO verweist auf die §§ 63–65 InsO. Anspruchsgrundlage für die Vergütung des Sachwalters ist §§ 274 I, 63 InsO. § 12 konkretisiert diese Vorgaben. 4

Die Rechtsstellung des Sachwalters unterscheidet sich von der des Insolvenzverwalters ganz wesentlich. Auf den Sachwalter geht die Verwaltungs- und Verfügungsbefugnis nicht über. Er überwacht lediglich die Geschäftsführung des Schuldners und überprüft seine wirtschaftliche Lage, § 274 II InsO. Aufgrund des eingeschränkten Aufgabenkreises erhält er nur 60 % der Regelvergütung des Insolvenzverwalters. 5

C. Norminhalt. I. Regelvergütung, Berechnungsgrundlage. Die Regelvergütung Sachwalters beträgt 60 % der Vergütung des Insolvenzverwalters. 6

Die Berechnungsgrundlage ist der Wert der Insolvenzmasse, auf die sich die Schlussrechnung bezieht (§§ 10, 1). Teilweise wird die Ansicht vertreten, dass § 1 II keine Anwendung findet, da der Sachwalter nicht mit der Verwertung befasst ist (Haarmeyer/Mock Rn. 5). Die Verwertung der Insolvenzmasse und die Fortführung des Geschäftsbetriebes wird durch den Sachwalter überwacht. Die Vergütung des Sachwalters beträgt gerade aufgrund seines eingeschränkten Aufgabenkreises lediglich 60 % der Vergütung des Insolvenzverwalters. Daher sind die Verwertungserlöse und die Überschüsse aus der Betriebsfortführung auch bei der Berechnung der Vergütung des Sachwalters zu berücksichtigen (BGH NZI 2016, 796 Rn. 51; Zimmer Rn. 44). Besonderheiten ergeben sich bei der Berücksichtigung von Gegenständen, die mit **Absonderungsrechten** belastet sind. Bei der Verwertung dieser Gegenstände fallen keine Feststellungskosten gemäß § 171 Abs. 1 InsO an. Daher steht dem Sachwalter keine Mehrvergütung gemäß § 1 II Nr. 1 InsO zu. Die Verwertung von mit Absonderungsrechten belasteten Gegenständen in der Eigenverwaltung wird durch den 7

Sachwalter nicht nur überwacht. Sie erfolgt mit seinem Einvernehmen (§ 282 II InsO). Daher sind zumindest die **Kosten der Verwertung** gemäß § 282 I 3 InsO sowie die **Überschüsse,** die nach Berücksichtigung der Absonderungsrechte der Insolvenzmasse verbleiben, in die Berechnungsgrundlage einzubeziehen (BGH NZI 2016, 796 Rn. 51; Zimmer Rn. 45; Kübler/Prütting/Bork/Prasser Rn. 4).

8 **II. Zu-, Abschläge.** Gemäß § 10 sind die Regelungen über die Zu- und Abschläge in § 3 entsprechend auf die Vergütung des Sachwalters anzuwenden. Die Grundsätze des § 3 gelten auch für den Sachwalter (→ § 3 Rn. 2). Maßgelblich ist auch hier der real gestiegene oder gefallene Arbeitsaufwand (BGH NZI 2016, 796 Rn. 56).

9 **1. Berechnung.** Zu- und Abschläge sind in der Weise zu berechnen, dass sie den für den Sachwalter maßgeblichen Bruchteil unmittelbar erhöhen oder verringern (BGH NZI 2016, 796 Rn. 58). Betragen die zu gewähren Zuschläge insgesamt 20 %, erhält der Sachwalter 80 % der Regelvergütung des Insolvenzverwalters.

10 **2. Zuschläge. a) Anordnung der Zustimmungsbedürftigkeit (II).** II sieht einen Zuschlag vor, wenn das Insolvenzgericht die Zustimmungsbedürftigkeit von bestimmten Rechtsgeschäften angeordnet hat (§ 277 I InsO), da hierdurch der Arbeitsaufwand des Sachwalters erhöht wird.

11 **b) Sonstige Zuschlagstatbestände. aa) Anfechtungsansprüche, Haftungsansprüche.** Die Geltendmachung von Anfechtungsansprüchen sowie von Haftungsansprüchen gemäß §§ 129 ff., §§ 92, 93 InsO gehören zu den Regelaufgaben des Sachwalters (§ 280 InsO). Sie rechtfertigt daher nur dann einen Zuschlag, wenn die Ermittlung und Durchsetzung dieser Ansprüche mit einem Aufwand verbunden waren, der den Umfang eines Normalfalls überschreitet.

12 **bb) Arbeitnehmer, Insolvenzgeldvorfinanzierung.** Personalführung und Klärung arbeitsrechtlicher Fragen obliegen in der Eigenverwaltung grundsätzlich dem Schuldner. Gleichwohl kann die Kontroll- und Überwachungstätigkeit des Sachwalters in diesem Zusammenhang einen Zuschlag rechtfertigen, wenn sie mit einem ungewöhnlich hohen Arbeitsaufwand verbunden war (BGH NZI 2016, 796 Rn. 77). Dies kann beispielsweise bei einer besonders großen Anzahl von Mitarbeitern der Fall sein (BGH NZI 2016, 796 Rn. 77). Nach der aktuellen Fassung des § 274 II 3 InsO kann die Unterstützung des Sachwalters im Rahmen der Insolvenzgeldvorfinanzierung angeordnet werden. Dies rechtfertigt regelmäßig auch einen Zuschlag (BGH NZI 2016, 796 Rn. 80).

13 **cc) Gläubigerausschuss.** Hat die Zusammenarbeit mit dem Gläubigerausschuss zu einem erhöhten Arbeitsaufwand geführt, ist regelmäßig ein Zuschlag gerechtfertigt (BGH NZI 2016, 796 Rn. 76).

14 **dd) Insolvenzplan, Ausarbeitung, Beratung, Überwachung.** Wird der Sachwalter mit der Ausarbeitung eines Insolvenzplans beauftragt (§ 284 InsO), ist hierfür ein Zuschlag zu gewähren (§ 10, § 3 I lit. e). Wird der Schuldner mit der Erstellung eines Insolvenzplans beauftragt, hat der Sachwalter beratend mitzuwirken (§ 284 InsO). Diese Tätigkeit gehört nicht zu seinen Regelaufgaben und führt in der Regel zu einer Erhöhung seiner Vergütung.

15 **ee) Kassenführung, Übernahme Zahlungsverkehr.** Hat der Sachwalter die Kassenführung und den Zahlungsverkehr an sich gezogen (§ 275 II InsO), führt dies regelmäßig zu einem erhöhten Arbeitsaufwand, der einen Zuschlag rechtfertigt (BGH NZI 2016, 796 Rn. 79).

16 **ff) Unternehmensfortführung.** Hat die Überwachung der Betriebsfortführung die Arbeitskraft des Sachwalters in überdurchschnittlichem Maß in Anspruch genommen, rechtfertigt dies einen Zuschlag (BGH NZI 2016, 796 Rn. 67).

17 **gg) Unterstützung bei Buchführung, Verhandlungen mit Kunden und Lieferanten.** Nach § 274 II 3 InsO nF kann die Unterstützung des Sachwalters im Rahmen der Buchführung und der Verhandlungen mit Kunden und Lieferanten angeordnet werden. Diese Tätigkeiten gehören nicht zu den Regelaufgaben des Sachwalters und rechtfertigen regelmäßig einen Zuschlag.

18 **hh) Sanierungsbemühungen.** Maßnahmen zur Sanierung obliegen in der Eigenverwaltung ausschließlich dem Schuldner. Die Überwachung der Sanierungsbemühungen kann jedoch zu einem erheblichen Arbeitsaufwand des Sachwalters führen, der eine Erhöhung seiner Vergütung rechtfertigt (BGH NZI 2016, 796 Rn. 75).

3. Abschläge. Bleibt der Aufwand des Sachwalters erheblich unter dem eines Normalverfahrens zurück, kommt ein Abschlag in Betracht. 19

a) Aufhebung Eigenverwaltung (§ 272 InsO). Wird die Eigenverwaltung vor Beendigung des Verfahrens nach § 272 InsO aufgehoben, kann dies zu einer Minderung der Vergütung des Sachwalters führen. 20

b) Geringe Anforderung. Hat die Überwachung des Schuldners geringe Anforderungen an den Sachwalter gestellt, kann dies einen Abschlag rechtfertigen. 21

c) Berater mit insolvenzrechtlicher Expertise. War während der Eigenverwaltung ein Berater mit insolvenzrechtlicher Expertise für den Schuldner tätig, rechtfertigt dies keinen Abschlag (BGH NZI 2016, 796 Rn. 81). Hierdurch wird der Sachwalter regelmäßig nicht in seiner Überwachungs- und Kontrolltätigkeit erleichtert. 22

4. Gesamtbetrachtung. Liegen mehrerer Zu- und Abschlagstatbestände vor, können sie grundsätzlich gesondert festgesetzt werden. Anschließend ist eine wertende Gesamtbetrachtung vorzunehmen und die Angemessenheit und die Vertretbarkeit der Vergütung zu prüfen (BGH NZI 2016, 796 Rn. 57). 23

III. Mindestvergütung. Die Regelungen über die Mindestvergütung des Insolvenzverwalters, § 2 II, sind über § 10 auch auf den Sachwalter anzuwenden. Sie beträgt 60 % der Mindestvergütung des Insolvenzverwalters (Graeber/Graeber InsVV Rn. 4; AG Charlottenburg BeckRS 2019, 3705; Zimmer Rn. 157; aA Stephan/Riedel/Stephan Rn. 6). 24

IV. Auslagen, Umsatzsteuer. Dem Sachwalter sind gemäß §§ 10, 4, 5, 8 die Auslagen zu erstatten. Zusätzlich festzusetzen ist die Umsatzsteuer (§§ 10, 7). 25

Statt der tatsächlich entstandenen Auslagen kann der Sachwalter einen Pauschsatz gem. § 8 III geltend machen. Nach III gilt § 8 III nur mit der Maßgabe, dass die monatliche Kappungsgrenze von EUR 350 auf EUR 175 herabgesetzt wird. 26

V. Festsetzungsantrag, Festsetzungsverfahren. Die Vergütung des Sachwalters wird gemäß §§ 274 I, 64 InsO durch das Insolvenzgericht festgesetzt. Hierzu wird auf die Ausführungen in § 8 verwiesen, die auch für den Sachwalter gelten. 27

VI. Vorschuss. Der Sachwalter kann gemäß §§ 10, 9 einen Vorschuss auf seine Vergütung und die Auslagen geltend machen. 28

VII. Verjährung. Die Ausführungen zur Verjährung der Vergütung des Insolvenzverwalters (→ § 8 Rn. 15) gelten auch für den Sachwalter. 29

VIII. Kostenschuldner. Die Vergütung und die Auslagen des Sachwalters gehören zu den Kosten des Insolvenzverfahren (§§ 274 I, 54 Nr. 2 InsO), welche vorweg aus der Insolvenzmasse zu befriedigen sind (§ 53 InsO). 30

Vergütung des vorläufigen Sachwalters

12a **I [1] Die Tätigkeit des vorläufigen Sachwalters wird gesondert vergütet. [2] Er erhält in der Regel 25 Prozent der Vergütung des Sachwalters bezogen auf das Vermögen, auf das sich seine Tätigkeit während des Eröffnungsverfahrens erstreckt. [3] Maßgebend für die Wertermittlung ist der Zeitpunkt der Beendigung der vorläufigen Eigenverwaltung oder der Zeitpunkt, ab dem der Gegenstand nicht mehr der Verfügungsbefugnis des eigenverwaltenden Schuldners unterliegt. [4] Vermögensgegenstände, an denen bei Verfahrenseröffnung Aus- oder Absonderungsrechte bestehen, werden dem Vermögen nach Satz 2 hinzugerechnet, sofern sich der vorläufige Sachwalter in erheblichem Umfang mit ihnen befasst. [5] Sie bleiben unberücksichtigt, sofern der Schuldner die Gegenstände lediglich aufgrund eines Besitzüberlassungsvertrages in Besitz hat.**

II Wird die Festsetzung der Vergütung beantragt, bevor die von Absatz 1 Satz 2 erfassten Gegenstände veräußert wurden, ist das Insolvenzgericht spätestens mit Vorlage der Schlussrechnung auf eine Abweichung des tatsächlichen Werts von dem der Vergütung zugrunde liegenden Wert hinzuweisen, sofern die Wertdifferenz 20 Prozent bezogen auf die Gesamtheit dieser Gegenstände übersteigt.

III **Art, Dauer und Umfang der Tätigkeit des vorläufigen Sachwalters sind bei der Festsetzung der Vergütung zu berücksichtigen.**

IV **Hat das Insolvenzgericht den vorläufigen Sachwalter als Sachverständigen gesondert beauftragt zu prüfen, ob ein Eröffnungsgrund vorliegt und welche Aussichten für eine Fortführung des Unternehmens des Schuldners bestehen, so erhält er gesondert eine Vergütung nach dem Justizvergütungs- und -entschädigungsgesetz.**

V **§ 12 Absatz 3 gilt entsprechend.**

1 **I. Zeitlicher Anwendungsbereich, bisheriges Recht. 1. Zeitlicher Anwendungsbereich.** Der vorläufige Sachwalter wurde mit dem Gesetz zur weiteren Erleichterung der Sanierung von Unternehmen vom 7.12.2011 (ESUG) neu eingeführt. Die InsVV enthielt keine Regelung der Vergütung des vorläufigen Sachwalters. Erst durch das Gesetz zur Fortentwicklung des Sanierungs- und Insolvenzrechts vom 22.12.2020 (SanInsFoG) wurde § 12a eingefügt. Sie gilt lediglich für die Verfahren, die ab dem 1.1.2021 beantragt worden sind (§ 19 V). Auf diejenigen Verfahren, die zwischen dem 1.1.2021 und dem 31.12.2021 beantragt worden sind, ist diese Vorschrift **nicht** anwendbar, wenn die Insolvenzreife auf die COVID-19-Pandemie zurückzuführen war (**§ 5 VII COVInsAG**).

2 **2. Bisheriges Recht.** Aufgrund der Regelungslücke wurde die Vergütung des vorläufigen Sachwalters anhand unterschiedlicher Kriterien festgesetzt. Der BGH hat sich in seiner Entscheidung vom 21.7.2016 (BGH NZI 2016, 796) erstmals grundlegend mit der Vergütung des vorläufigen Sachwalters befasst und sie in zwei weiteren Entscheidungen vom 22.9.2016 und 22.6.2017 fortgeführt (BGH NZI 2016, 963; BeckRS 2017, 118540). Er ging davon aus, dass für den vorläufigen Sachwalter kein eigenständiger Vergütungsanspruch bestand. Daher war die Vergütung des vorläufigen und des endgültigen Sachwalters **einheitlich** festzusetzen. Die Tätigkeit des vorläufigen Sachwalters wurde lediglich als **Zuschlag** von **25 %** auf die Vergütung des Sachwalters vergütet. War der Sachwalter zuvor als vorläufiger Sachwalter tätig, betrug seine Vergütung insgesamt 85 % der Vergütung nach § 2 I. Ein Vorschuss war unter den Voraussetzungen des § 9 zu bewilligen (BGH NZI 2016, 796). Wurde der Sachwalter ausgetauscht oder der vorläufige Sachwalter ausnahmsweise nicht zum endgültigen Sachwalter bestellt, war seine Vergütung bei **Abschluss** des Verfahrens **anteilig** festzusetzen (BGH NZI 2016, 796). Die für die Zu- und Abschläge auf die Vergütung des Sachwalters geltenden Grundsätze waren entsprechend auf den vorläufigen Sachwalter anzuwenden (BGH NZI 2016, 796). Das bisherige Recht gilt für die vor dem 1.1.2021 beantragten Verfahren sowie für solche gemäß § 5 COVInsAG.

3 **II. Normzweck, Norminhalt.** Durch das Gesetz zur Fortentwicklung des Sanierungs- und Insolvenzrechts vom 22.12.2020 (SanInsFoG) wurde nunmehr klargestellt, dass der vorläufige Sachwalter einen eigenständigen Vergütungsanspruch hat. Dieser ergibt sich aus §§ 270b I, 274 I, 63 III 1 InsO. § 12a konkretisiert diese Vorschriften. Die Vergütung des vorläufigen Sachwalters wurde in Anlehnung der Vorschriften über die Vergütung des vorläufigen Insolvenzverwalters (§§ 63 III InsO, § 11 InsVV) geregelt. Sofern in § 12a nichts anderes bestimmt ist, gelten die §§ 1–9 auch für die Vergütung des vorläufigen Sachwalters (§ 10).

4 **1. Regelvergütung (I 2).** Der vorläufige Sachwalter erhält 25 % der Vergütung des Sachwalters, somit 15 % der Vergütung nach § 2 I.

5 **2. Berechnungsgrundlage.** Die Berechnungsgrundlage ist das Vermögen, auf das sich die Tätigkeit des vorläufigen Sachwalters während des Eröffnungsverfahrens erstreckt. Die Regelung zur Bestimmung der Berechnungsgrundlage der Vergütung des vorläufigen Sachwalters entspricht der des vorläufigen Insolvenzverwalters, § 63 III 2. Die Berechnungsgrundlage des vorläufigen Sachwalters ist eigenständig zu ermitteln (vgl. BGH NZI 2013, 29).

6 **a) Wertermittlung, maßgeblicher Zeitpunkt (I 3).** Maßgebend für die Wertermittlung ist der Zeitpunkt der Beendigung der vorläufigen Eigenverwaltung oder der Zeitpunkt, ab dem der Gegenstand nicht mehr der Verfügungsbefugnis des Schuldners unterliegt, Abs. 1 Satz 3. Entscheidend ist der objektive Wert zu dem maßgeblichen Zeitpunkt. Die Ergebnisse der Verwertung im Rahmen der endgülti-

gen Eigenverwaltung oder im eröffneten Insolvenzverfahren können als Grundlage der Schätzung dienen (vgl. BGH BeckRS 2011, 14444; → § 11 Rn. 8).

b) Einzelne Vermögensgegenstände. aa) Befassung im Rahmen gesetzlichen Aufgabenkreises. Grundsätzlich werden sämtliche Vermögenswerte berücksichtigt, mit welchen sich der vorläufige Sachwalter im Rahmen seines gesetzlichen Aufgabenkreises befasst hat (BGH NZI 2016, 796). Dem vorläufigen Sachwalter, auf den die Vorschriften §§ 274, 275 InsO anzuwenden sind (§ 270b I InsO) obliegt u. a. die Überwachung des Schuldners. Darüber hinaus kann das Insolvenzgericht ihn mit zusätzlichen Aufgaben beauftragen (§ 270c Abs. 1 InsO). 7

bb) Aus- und Absonderungsrechte (II 4). Vermögensgegenstände, an denen Aus- oder Absonderungsrechte bestehen, werden berücksichtigt, sofern sich der vorläufige Sachwalter in erheblichem Umfang mit ihnen befasst hat. Innerhalb seines gesetzlichen Aufgabenkreises kann sich der vorläufige Sachwalter nur im Rahmen seiner Überwachungs- und Kontrolltätigkeit mit den belasteten Gegenständen in erheblichem Umfang befassen. Wurde die Unterstützung des Schuldners bei Verhandlungen mit Kunden und Lieferanten angeordnet (§ 274 II 3 InsO), kann sich der vorläufige Sachwalter auch im Rahmen dieser Tätigkeit mit den belasteten Gegenständen in erheblichem Umfang befassen. Entsprechend den für den vorläufigen Insolvenzverwalter geltenden Grundsätzen hat die Befassung einen erheblichen Umfang, wenn der vorläufige Sachwalter zeitlich und sachlich einen erheblichen Teil seiner Arbeitskraft im Zusammenhang mit den belasteten Vermögensgegenständen verwendet und dabei das übliche Maß an Tätigkeit eines vorläufigen Sachwalters derart überschreitet, dass seine erhebliche Mehrbelastung feststeht (BGH NZI 2021, 838). 8

cc) Besitzüberlassungsverträge (I 5). Gegenstände aus diesen Verträgen sind grundsätzlich nicht zu berücksichtigen, auch wenn der vorläufige Sachwalter sich im Rahmen seiner Tätigkeit mit diesen Gegenständen in erheblichem Umfang befasst hat (→ § 11 Rn. 21). 9

3. Zu-, Abschläge, wertende Gesamtbetrachtung. Gemäß § 10 sind die Regelungen über die Zu- und Abschläge in § 3 entsprechend auf die Vergütung des vorläufigen Sachwalters anzuwenden. Die Grundsätze des § 3 gelten auch für den vorläufigen Sachwalter (→ § 3 Rn. 2). Maßgeblich ist auch hier der real gestiegene oder gefallene Arbeitsaufwand (BGH NZI 2016, 796). Die einzelnen Zu- und Abschläge können gesondert festgesetzt werden. Anschließend ist eine wertende Gesamtbetrachtung vorzunehmen und die Angemessenheit und die Vertretbarkeit der Vergütung zu prüfen (BGH NZI 2016, 796 Rn. 57). 10

4. Mindestvergütung. Mangels einer gesonderten Regelung ist § 2 II über § 10 auch auf den vorläufigen Sachwalter anzuwenden. Sie beträgt 25 % der Mindestvergütung des endgültigen Sachwalters, somit 15 % der Mindestvergütung des Insolvenzverwalters. 11

5. Auslagen, Umsatzsteuer. Auch dem vorläufigen Sachwalter sind gemäß §§ 10, 4, 5, 8 die Auslagen zu erstatten. Statt der tatsächlich entstandenen Auslagen kann der vorläufige Sachwalter einen Pauschsatz gemäß § 8 III geltend machen. Gemäß V ist § 12 III entsprechend anzuwenden, so dass sich die monatliche Kappungsgrenze auf EUR 175 reduziert wird. Zusätzlich festzusetzen ist die Umsatzsteuer (§§ 10, 7). 12

6. Vergütungsantrag, Festsetzungsverfahren. Die Vergütung des vorläufigen Sachwalters wird gemäß §§ 207b I, 274 I, 64 InsO durch das Insolvenzgericht festgesetzt. Hierzu wird auf die Ausführungen zu § 8 verwiesen, die auch für den vorläufigen Sachwalter gelten. 13

7. Nachträgliche Änderung der Festsetzung (II). II sieht eine Hinweispflicht spätestens bei Vorlage der Schlussrechnung vor, wenn der tatsächliche Wert von dem der Vergütung des vorläufigen Sachwalters zugrunde liegenden Wert um mehr als 20 % abweicht. In diesem Fall hat das Insolvenzgericht die Möglichkeit, die Vergütung des vorläufigen Sachwalters abzuändern. Insoweit ist § 63 III 4 InsO aufgrund der Verweise in den §§ 270b I, 274 I InsO entsprechend auf den vorläufigen Sach- 14 walter anzuwenden (Stephan/Riedel/Stephan Rn. 34; Zimmer Rn. 42; aA Graeber/Graeber InsVV Rn. 25).

15 **8. Vergütung des Sachverständigen (IV).** Die Tätigkeit des vorläufigen Sachwalters als Sachverständiger wird gesondert vergütet. Er erhält hierfür ein Stundenhonorar von EUR 95 (§ 9 IV 2 JVEG).

16 **9. Vorschuss.** Der vorläufige Sachwalter kann gemäß §§ 10, 9 einen Vorschuss auf seine Vergütung und die Auslagen geltend machen.

17 **10. Verjährung.** Der Vergütungsanspruch des vorläufigen Sachwalters unterliegt der regelmäßigen Verjährung gemäß § 195 BGB. Sie beginnt mit dem Schluss des Jahres der Beendigung der vorläufigen Eigenverwaltung.

18 Die vorläufige Eigenverwaltung endet mit deren Aufhebung oder mit der Anordnung der Eigenverwaltung oder Eröffnung des Insolvenzverfahrens. Daher kommt die Verjährung des Vergütungsanspruchs des vorläufigen Sachwalters grundsätzlich in Betracht. Es erscheint als sachgerecht, die Rechtsprechung des BGH zur Verjährung des Vergütungsanspruchs des vorläufigen Insolvenzverwalters auf den vorläufigen Sachwalter anzuwenden, sodass die Verjährung bis zur Aufhebung der Eigenverwaltung bzw. zum Abschluss des Insolvenzverfahrens als gehemmt anzusehen ist (BGH NZI 2010, 977).

19 **11. Kostenschuldner.** Die Vergütung und die Auslagen des vorläufigen Sachwalters gehören zu den Kosten des Insolvenzverfahrens (§§ 270b I, 274 I, 54 Nr. 2 InsO), welche vorweg aus der Insolvenzmasse zu befriedigen sind (§ 53 InsO).

Vergütung des Insolvenzverwalters im Verbraucherinsolvenzverfahren

13 Werden in einem Verfahren nach dem Neunten Teil der Insolvenzordnung die Unterlagen nach § 305 Absatz 1 Nummer 3 der Insolvenzordnung von einer geeigneten Person oder Stelle erstellt, ermäßigt sich die Vergütung nach § 2 Absatz 2 Satz 1 auf 1 120 Euro.

1 **I. Entstehungsgeschichte, zeitlicher Anwendungsbereich.** Die ursprüngliche Fassung dieser Vorschrift regelte die Vergütung des Treuhänders im sog. vereinfachten Insolvenzverfahren. Der Treuhänder im vereinfachten Verfahren hatte einen eingeschränkten Aufgabenkreis. Er war nicht berechtigt, Anfechtungsansprüche gemäß §§ 129 ff. InsO geltend zu machen und mit Absonderungsrechten belastete Gegenstände zu verwerten (§ 313 II, III InsO aF). Durch das Gesetz zur Verkürzung des Restschuldbefreiungsverfahrens und Stärkung der Gläubigerrechte vom 15.7.2013 wurden die Vorschriften über das vereinfachte Insolvenzverfahren (§§ 312–314 InsO) ersatzlos gestrichen.

2 Durch das Gesetz zur Fortentwicklung des Sanierungs- und Insolvenzrechts vom 22.12.2020 (SanInsFoG) wurde die Mindestvergütung von EUR 800,00 auf EUR 1.120,00 erhöht. Die aktuelle Fassung ist auf die Verfahren, die nach dem 31.12.2020 beantragt worden sind, anzuwenden.

3 **II. Normzweck, Norminhalt.** Das Gesetz zur Verkürzung des Restschuldbefreiungsverfahrens und Stärkung der Gläubigerrechte vom 15.7.2013 trat am 1.7.2014 in Kraft. Seit diesem Zeitpunkt regelt diese Vorschrift lediglich die Kürzung der Mindestvergütung des Insolvenzverwalters im Verbraucherinsolvenzverfahren (§§ 304–311 InsO), auf den die §§ 1–9 uneingeschränkt anzuwenden sind.

4 Die Mindestvergütung des Insolvenzverwalters gemäß 2 II ist von EUR 1400 auf EUR 1120 zu kürzen, wenn die Unterlagen gemäß § 305 I Nr. 3 InsO (Vermögensverzeichnis, Gläubigerverzeichnis, Vermögensübersicht) von einer **geeigneten Person** oder **Stelle** erstellt wurden. Geeignete Personen sind grundsätzlich Rechtsanwälte, Notare, Steuerberater, Wirtschaftsprüfer. Sonstige Schuldnerberater kommen nur dann als geeignete Stelle in Betracht, wenn sie nach den auf der Grundlage des § 305 I Nr. 1 InsO erlassenen Ausführungsgesetzen der Länder als solche anerkannt wurden.

Dritter Abschnitt. Vergütung des Treuhänders nach § 293 der Insolvenzordnung

Grundsatz

14 **I Die Vergütung des Treuhänders nach § 293 der Insolvenzordnung wird nach der Summe der Beträge berechnet, die auf Grund der Abtretungserklärung des Schuldners (§ 287 Abs. 2 der Insolvenzordnung) oder auf andere Weise zur Befriedigung der Gläubiger des Schuldners beim Treuhänder eingehen.**

II Der Treuhänder erhält

1. von den ersten 35 000 Euro 5 vom Hundert,
2. von dem Mehrbetrag bis 70 000 Euro 3 vom Hundert und
3. von dem darüber hinausgehenden Betrag 1 vom Hundert.

III [1] Die Vergütung beträgt mindestens 140 Euro für jedes Jahr der Tätigkeit des Treuhänders. [2] Hat er die durch Abtretung eingehenden Beträge an mehr als 5 Gläubiger verteilt, so erhöht sich diese Vergütung je 5 Gläubiger um 70 Euro.

I. Normzweck, zeitlicher Anwendungsbereich. Natürliche Personen als Schuldner können nach den Vorschriften der §§ 287–303a InsO die Restschuldbefreiung erlangen, § 286 InsO. Dem Restschuldbefreiungsantrag ist eine Erklärung über die Abtretung der pfändbaren Forderungen aus Arbeitsverhältnissen oder aus sonstigen laufenden Bezügen für die Zeit von drei Jahren nach der Eröffnung des Insolvenzverfahrens **(Abtretungsfrist)** an einen vom Gericht zu bestimmendem Treuhänder beizufügen (§ 278 II InsO). In der sog. Wohlverhaltensperiode, dem Zeitraum zwischen der Beendigung des Insolvenzverfahrens und dem Ende der Abtretungsfrist, hat der Treuhänder die Arbeitgeber des Schuldners über die Abtretung zu unterrichten und die durch die Abtretung erlangten Beträge einmal jährlich an die Insolvenzgläubiger zu verteilen (§ 292 Abs. 1 InsO). 1

Der Treuhänder hat einen Anspruch auf Vergütung und Erstattung angemessener Auslagen (§ 293 I). § 14 konkretisiert diese Vorgaben. 2

II und III wurden durch das Gesetz zur Fortentwicklung des Sanierungs- und Insolvenzrechts vom 22.12.2020 (SanInsFoG) geändert. Sie sind auf die ab dem 1.1.2021 beantragten Verfahren anzuwenden. 3

II. Norminhalt. 1. Berechnungsgrundlage (I). Die Vergütung des Treuhänders wird nach der Summe der Beträge berechnet, die aufgrund der Abtretungserklärung oder andere Weise zur Befriedigung der Gläubiger des Schuldners beim Treuhänder eingehen. 4

Zu berücksichtigen sind: 5

- die der Abtretung unterliegenden pfändbaren Gehaltsanteile gemäß § 287 II InsO,
- Vermögen gemäß § 295 I Nr. 2 InsO,
- Zahlungen eines selbständig tätigen Schuldners gemäß § 295a InsO.

Nicht zu berücksichtigen sind: 6

- Ansprüche auf Erstattung von Lohn- und Einkommensteuerzahlungen, die während der Wohlverhaltensperiode entstehen (BGH NZI 2005, 565). Sie werden nicht von der Abtretung erfasst.
- Der Nachtragsverteilung unterliegenden Vermögenswerte, die der Treuhänder während der Wohlverhaltensperiode verwertet. Hierfür erhält der Treuhänder eine gesonderte Vergütung, § 6.

2. Höhe der Vergütung (II). Ausgehend von der Berechnungsgrundlage gemäß I 7
erhält der Treuhänder eine Staffelvergütung.

3. Mindestvergütung (III). Die Mindestvergütung des Treuhänders beträgt für 8
jedes angefangene Jahr Euro 100,00. Hat der Treuhänder die von ihm eingenommenen Beträge an mehr als fünf Gläubiger verteilt, so erhöht sich die Mindestvergütung je fünf Gläubiger um Euro 50. Dieser Zuschlag wird bereits für die **ersten** fünf

Gläubiger gewährt, wenn insgesamt an mehr als fünf Gläubiger verteilt wurde (BGH NZI 2011, 147).

9 **4. Zu-, Abschläge.** Eine entsprechende Anwendung des § 3 sieht diese Vorschrift nicht vor. Auch § 293 I InsO sieht weder eine Erhöhung, noch eine Minderung der Treuhändervergütung vor.

10 **5. Auslagen, Umsatzsteuer.** Die Auslagen des Treuhänders sowie die von ihm zu zahlende Umsatzsteuer sind gemäß § 16 I 3, 4 zu erstatten (→ § 16 Rn. 3).

11 **6. Festsetzung, Vorschuss.** Die Festsetzung der Vergütung erfolgt gemäß § 16 I bei Beendigung des Restschuldbefreiungsverfahrens. Gemäß § 16 II kann der Treuhänder aus den eingehenden Beträgen Vorschüsse auf seine Vergütung entnehmen (→ § 16 Rn. 4).

12 **7. Kostenschuldner.** Sofern die Beträge, die beim Treuhänder eingehen, zur Deckung der Vergütung nicht ausreichen, richtet sich der Vergütungsanspruch in Höhe der Mindestvergütung, III, gegen den Schuldner.

13 Wurden die Kosten der Wohlverhaltensperiode dem Schuldner gestundet (§ 4a InsO), hat der Treuhänder einen Anspruch auf seine Vergütung gegenüber der Staatskasse (§§ 293 II, 63 II InsO).

Überwachung der Obliegenheiten des Schuldners

15 **I [1]Hat der Treuhänder die Aufgabe, die Erfüllung der Obliegenheiten des Schuldners zu überwachen (§ 292 Abs. 2 der Insolvenzordnung), so erhält er eine zusätzliche Vergütung. [2]Diese beträgt regelmäßig 50 Euro je Stunde.**

II [1]Der Gesamtbetrag der zusätzlichen Vergütung darf den Gesamtbetrag der Vergütung nach § 14 nicht überschreiten. [2]Die Gläubigerversammlung kann eine abweichende Regelung treffen.

1 **I. Normzweck, zeitlicher Anwendungsbereich.** In der sog. Wohlverhaltensperiode, dem Zeitraum zwischen der Beendigung des Insolvenzverfahrens und dem Ende der Abtretungsfrist gemäß § 287 II InsO, hat der Schuldner seine Obliegenheiten gemäß §§ 295, 295a InsO zu erfüllen. Die Überwachung der Erfüllung der Obliegenheiten gehört nicht zu den Regelaufgaben des Treuhänders. Die Gläubigerversammlung kann dem Treuhänder diese Aufgabe übertragen, § 292 II InsO. In diesem Fall steht dem Treuhänder eine **zusätzliche** Vergütung zu, § 292 II 3 InsO, die von § 15 näher geregelt wird. Die Vergütung bemisst sich nach dem Zeitaufwand. Die Höhe des Stundensatzes wurde zuletzt durch das Gesetz zur Fortentwicklung des Sanierungs- und Insolvenzrechts (SanInsFoG) vom 22.12.2020 angepasst. Die aktuelle Fassung gilt für die ab dem 1.1.2021 beantragten Verfahren.

2 **II. Norminhalt. 1. Beauftragung durch die Gläubigerversammlung.** Voraussetzung für die Zusatzvergütung ist die Beauftragung des Treuhänders durch die Gläubigerversammlung, die Erfüllung der Obliegenheiten zu überwachen.

3 **2. Höhe der Vergütung, Kappungsgrenze.** Die Regelvergütung für die zusätzliche Tätigkeit beträgt Euro 50 je Stunde. Dieser Regelsatz kann nach den Umständen des Einzelfalls angepasst werden (Amtliche Begründung zur InsVV, ZIP 1998, 1460). Der Gesamtbetrag darf jedoch die Höhe der Treuhändervergütung nach § 14 nicht überschreiten, sofern die Gläubigerversammlung keine anderweitige Regelung getroffen hat (II).

4 **3. Vorschuss.** Die Entnahme von Vorschüssen aus den beim Treuhänder eingehenden Beträgen ist in § 16 II geregelt. Insoweit wird auf die dortigen Ausführungen verwiesen (→ § 16 Rn. 4, 5). Der Treuhänder ist nur zur Überwachung verpflichtet, soweit die ihm zustehende Vergütung gedeckt ist oder vorgeschossen wird, § 292 II 3 InsO. Sofern seine zusätzliche Vergütung nicht gedeckt ist, kann er die Gläubiger zur Zahlung eines Vorschusses aufzufordern. Hierbei hat er den voraussichtlichen Zeitaufwand zu schätzen. Die Gläubiger haften für den Vorschuss als Gesamtschuldner (Stephan/Riedel/Stephan Rn. 15).

4. Festsetzung. Die Festsetzung der zusätzlichen Vergütung des Treuhänders ist in § 16 geregelt. Insoweit wird auf die dortigen Ausführungen verwiesen (→ § 16 Rn. 2). 5

Festsetzung der Vergütung. Vorschüsse

16 **I [1] Die Höhe des Stundensatzes der Vergütung des Treuhänders, der die Erfüllung der Obliegenheiten des Schuldners überwacht, wird vom Insolvenzgericht bei der Ankündigung der Restschuldbefreiung festgesetzt. [2] Im übrigen werden die Vergütung und die zu erstattenden Auslagen auf Antrag des Treuhänders bei der Beendigung seines Amtes festgesetzt. [3] Auslagen sind einzeln anzuführen und zu belegen. [4] Soweit Umsatzsteuer anfällt, gilt § 7 entsprechend.**

II [1] Der Treuhänder kann aus den eingehenden Beträgen Vorschüsse auf seine Vergütung entnehmen. [2] Diese dürfen den von ihm bereits verdienten Teil der Vergütung und die Mindestvergütung seiner Tätigkeit nicht überschreiten. [3] Sind die Kosten des Verfahrens nach § 4a der Insolvenzordnung gestundet, so kann das Gericht Vorschüsse bewilligen, auf die Satz 2 entsprechend Anwendung findet.

I. Normzweck. Die Festsetzung der Vergütung des Treuhänders erfolgt gemäß §§ 293 II, 64 durch das Insolvenzgericht. § 16 konkretisiert diese Vorgaben. Sie regelt zudem die Entnahme von Vorschüssen. 1

II. Norminhalt. 1. Festsetzung des Stundensatzes für die Überwachung von Obliegenheiten (I 1). Nach dem Wortlaut des I 1 wird die Höhe des Stundensatzes bei Ankündigung der Restschuldbefreiung festgesetzt. Dies beruht auf der alten Rechtslage. Nach § 291 InsO aF erfolgte die Ankündigung der Restschuldbefreiung zusammen mit der Bestellung des Treuhänders. Durch das Gesetz zur Verkürzung des Restschuldbefreiungsverfahrens und zur Stärkung der Gläubigerrechte vom 15.7.2013 wurde § 291 InsO aF ersatzlos gestrichen. Nunmehr erfolgt die Ankündigung der Restschuldbefreiung bereits mit der Eröffnung des Insolvenzverfahrens, § 287a InsO. Da zu diesem Zeitpunkt nicht einmal feststeht, ob dem Treuhänder die Überwachung der Erfüllung der Obliegenheiten übertragen wird, sollte die Höhe des Stundensatzes vor Beginn der Überwachungstätigkeit festgesetzt werden (Stephan/Riedel/Stephan Rn. 13). 2

2. Auslagen, Umsatzsteuer (I 3, 4). Der Treuhänder hat keine Möglichkeit, einen Pauschsatz geltend zu machen. § 8 III ist nicht anwendbar. In entsprechender Anwendung des § 7 ist die Umsatzsteuer auf die Vergütung und die Auslagen zusätzlich festzusetzen. 3

3. Vorschuss (II). a) Entnahmerecht. Der Treuhänder kann Vorschüsse auf seine Vergütung entnehmen. Im Gegensatz zu dem Insolvenzverwalter kann der Treuhänder die Vorschüsse **ohne** Zustimmung des Insolvenzgerichts entnehmen. Der Vorschuss darf die Höhe der Vergütung nach § 14 nicht überschreiten. 4

b) Vorschussanspruch gegen die Staatskasse (II 3). Wurden die Kosten gemäß § 4a InsO gestundet, richtet sich der Vorschussanspruch gegen die Staatskasse. 5

4. Festsetzung. Die Festsetzung der Vergütung und der Auslagen erfolgt auf Antrag des Treuhänders bei der Beendigung seines Amtes. 6

a) Antrag. Der Treuhänder hat bei der Beendigung seines Amtes dem Insolvenzgericht Rechnung zu legen über die eingenommenen Beträge und die vorgenommenen Ausschüttungen (§ 292 III InsO). In seinem Vergütungsantrag kann er hierauf Bezug nehmen. 7

Für die zusätzliche Vergütung der Überwachung der Obliegenheiten (§ 15) hat der Treuhänder nicht nur die angefallenen Stunden zu beziffern, sondern auch seine Tätigkeiten aufzulisten. 8

b) Festsetzungsverfahren. Es ergeben sich keine Unterschiede zu der Festsetzung der Vergütung des Insolvenzverwalters. Daher gelten die Ausführungen zu § 8 InsVV entsprechend (→ § 8 Rn. 8–14). 9

Vierter Abschnitt. Vergütung der Mitglieder des Gläubigerausschusses

Berechnung der Vergütung

17 **I [1]Die Vergütung der Mitglieder des Gläubigerausschusses beträgt regelmäßig zwischen 50 und 300 Euro je Stunde. [2]Bei der Festsetzung des Stundensatzes sind insbesondere der Umfang der Tätigkeit und die berufliche Qualifikation des Ausschussmitglieds zu berücksichtigen.**

II [1]Die Vergütung der Mitglieder des vorläufigen Gläubigerausschusses für die Erfüllung der ihm nach § 56a und § 270b Absatz 3 der Insolvenzordnung zugewiesenen Aufgaben beträgt einmalig 500 Euro. [2]Nach der Bestellung eines vorläufigen Insolvenzverwalters oder eines vorläufigen Sachwalters richtet sich die weitere Vergütung nach Absatz 1.

1 **I. Normzweck, zeitlicher Anwendungsbereich.** Der Gläubigerausschuss als Organ der Gläubiger hat die Aufgabe, den Insolvenzverwalter bei seiner Geschäftsführung zu unterstützen und zu überwachen, § 69 InsO. Der Vergütungsanspruch der Gläubigerausschussmitglieder ergibt sich aus § 73 InsO. § 17 konkretisiert diese Vorschrift.

2 Durch das Gesetz zur Fortentwicklung des Sanierungs- und Insolvenzrechts (SanInsFoG) vom 22.12.2020 wurde der Stundensatz, der bislang zwischen EUR 35 und EUR 95 lag, deutlich angehoben. Zudem wurde die berufliche Qualifikation des Ausschussmitglieds als ausdrücklich zu berücksichtigendes Bemessungskriterium normiert. Die aktuelle Fassung dieser Vorschrift ist auf die ab dem 1.1.2021 beantragten Verfahren anwendbar.

3 **II. Norminhalt. 1. Höhe der Vergütung. a) Regelstundensatz (I 1), vergütungsfähiger Zeitaufwand.** Die Höhe des Stundensatzes beträgt regelmäßig zwischen EUR 50 und EUR 300. Die Vergütung richtet sich nach dem tatsächlichen Zeitaufwand der jeweiligen Gläubigerausschussmitglieder (BGH NZI 2021, 461). Vergütungsfähig sind nur diejenigen Stunden, die innerhalb des Aufgabengebiets des Gläubigerausschusses geleistet wurden (BGH NZI 2021, 461).

4 **b) Bemessungskriterien (I 2).** Bei der Festsetzung des Stundensatzes ist insbesondere der Umfang der Tätigkeit und die berufliche Qualifikation des Ausschussmitglieds zu berücksichtigen.

5 **aa) Grundsätze.** Für die Höhe des Stundensatzes ist zu berücksichtigen, dass es sich bei der Vergütung eines Gläubigerausschussmitglieds um eine **Aufwandsentschädigung** handelt (BGH NZI 2021, 461).

6 Der Stundensatz wird für jedes Ausschussmitglied **individuell** festgesetzt (BGH NZI 2021, 461). Daher kann der Stundensatz für die einzelnen Mitglieder eines Gläubigerausschusses **unterschiedlich** bestimmt werden.

7 **bb) Umfang der Tätigkeit.** Unter Umfang der Tätigkeit sind alle Gesichtspunkte zu verstehen, welche die Höhe des Stundensatzes beeinflussen (BGH NZI 2021, 461).

8 Zu berücksichtigen sind insbesondere
- die Schwierigkeiten des jeweiligen Verfahrens,
- die Intensität der Mitwirkung und
- die berufliche Qualifikation und die Sachkunde des jeweiligen Gläubigerausschussmitglieds.

9 **cc) Überschreitung des Vergütungsrahmens.** I 1 gibt lediglich den Rahmen für den Regelstundensatz vor. Der für den Stundensatz vorgegebene Rahmen kann jedoch nur dann überschritten werden, wenn der Umfang der Tätigkeit von dem eines Normalverfahrens derart abweicht, dass der obere Stundensatz auch unter Berücksichtigung des Charakters als Entschädigung für einen Zeitwand offensichtlich keine angemessene Vergütung mehr gewährleistet (BGH NZI 2021, 461).

10 **c) Nichtgläubiger als Mitglied.** Zur Aufwertung der Sachkompetenz des Gläubigerausschusses können gemäß § 67 III InsO auch Nichtgläubiger zum Mitglied des Gläubigerausschusses bestellt werden. Als Nichtgläubiger handelt das Mitglied naturgemäß nicht im Eigeninteresse der Gläubigergemeinschaft. Ist dieser aufgrund seiner

besonderen Qualifikation und Kenntnisse als Mitglied bestellt worden, kann seine Vergütung nach dem marktüblichen Stundensatz festgesetzt werden (BGH NZI 2021, 461).

2. Vergütung des Mitglieds eines vorläufigen Gläubigerausschusses (II). Für die Erfüllung der Aufgaben nach §§ 56a, 270b III InsO erhalten die Mitglieder **jeweils** eine Pauschalvergütung in Höhe von EUR 500. Die darüber hinausgehenden Tätigkeiten der vorläufigen Gläubigerausschussmitglieder werden nach den Stundensätzen gemäß II vergütet. 11

3. Auslagen, Umsatzsteuer. Die Auslagen und die zusätzlich festzusetzende Umsatzsteuer werden in § 18 geregelt. Daher wird zu den dortigen Ausführungen verwiesen (→ § 18 Rn. 6, 8). 12

4. Festsetzung. a) Schriftlicher Antrag. Zur Festsetzung der Vergütung ist ein schriftlicher Antrag eines **jeden** Mitglieds des Gläubigerausschusses erforderlich, der die Höhe des Stundensatzes und die Anzahl der zu vergütenden Stunden enthält. Die Höhe des beantragten Stundensatzes ist anhand der Bemessungskriterien (→ Rn. 4–10) zu begründen. 13

b) Festsetzungsverfahren. Die Festsetzung der Vergütung erfolgt durch das Insolvenzgericht (§§ 73 II, 64 InsO). § 17 enthält zwar keine Verweisung auf § 8. Es ergeben sich keine Besonderheiten. Die Ausführungen in § 8 (→ § 8 Rn. 8–14) gelten hier entsprechend. 14

5. Vorschuss. Ein Vorschuss auf die Vergütung des Gläubigerausschussmitglieds ist gesetzlich nicht vorgesehen. Dem Gläubigerausschussmitglied ist jedoch nicht zuzumuten, über eine längere Zeit mit seiner Vergütung und seinen Auslagen in Vorleistung zu treten. Daher wird als zulässig erachtet, in entsprechender Anwendung des § 9 einen Vorschuss auf die Vergütung des Gläubigerausschussmitglieds zu bewilligen (BGH BeckRS 2021, 23176). 15

6. Verjährung. Der Vergütungsanspruch des Gläubigerausschussmitglieds unterliegt der regelmäßigen Verjährung gemäß § 195 BGB. Der Vergütungsanspruch wird mit der Beendigung der Tätigkeit als Ausschussmitglied fällig (Stephan/Riedel/Stephan Rn. 17; Graeber/Graeber InsVV Rn. 47). 16

7. Kostenschuldner. Die Vergütung und die Auslagen des Gläubigerausschussmitglieds gehören zu den Kosten des Insolvenzverfahrens (§ 54 Nr. 2 InsO), welche vorweg aus der Insolvenzmasse zu befriedigen sind (§ 53 InsO). 17

In den äußerst seltenen Fällen der Verfahrenskostenstundung steht dem Gläubigerausschussmitglied ein Anspruch gegen die Staatskasse zu, sofern die Masse für seine Vergütung und Auslagen nicht ausreicht (§§ 73 II, 63 II InsO). 18

Auslagen. Umsatzsteuer

18 **I Auslagen sind einzeln anzuführen und zu belegen.**

II Soweit Umsatzsteuer anfällt, gilt § 7 entsprechend.

I. Normzweck. Gläubigerausschussmitglieder haben einen Anspruch auf Erstattung angemessener Auslagen (§ 73 I InsO). § 18 konkretisiert diese Vorgaben. Weiter regelt sie die Erstattungsfähigkeit der Umsatzsteuer für die Vergütung und Auslagen der Gläubigerausschussmitglieder. 1

II. Norminhalt. 1. Auslagen (I). Auslagen sind Aufwendungen, die dem Mitglied des Gläubigerausschusses im Zusammenhang mit der Wahrnehmung seines Amtes entstanden sind. Mangels einer Verweisung auf § 8 III ist die Geltendmachung eines Pauschsatzes nicht möglich. Die Ausgaben sind einzeln anzuführen und zu belegen. 2

a) Angemessenheit. Sie sind angemessen, wenn bei verständiger Würdigung und unter Berücksichtigung der Erkenntnismöglichkeiten des Ausschussmitglieds angenommen werden kann, dass sie notwendig sind, um das Amt sachgerecht ausüben zu können (Stephan/Riedel/Stephan Rn. 6; Zimmer Rn. 47). 3

4 **b) Allgemeine Auslagen.** Erstattungsfähig sind insbesondere
- Reisekosten,
- Kosten der Telekommunikation,
- Kosten der Recherche (Gebühren für Einholung von behördlichen Auskünften etc.),

5 sofern sie anlässlich der Ausübung des Amtes in einem bestimmten Insolvenzverfahren entstanden sind.

6 **c) Besondere Auslagen. aa) Kosten externer Prüfer.** Zu den Aufgaben eines Gläubigerausschusses gehört unter anderem die Kassenprüfung (§ 69 InsO). Zur Erfüllung dieser Aufgaben kann der Gläubigerausschuss externe Sachverständige oder Rechnungsprüfer beauftragen (BGH NZI 2015, 166 Rn. 19). Deren Kosten sind als Auslagen zu erstatten.

7 **bb) Haftpflichtversicherung.** Die Prämien für Vermögensschadenshaftpflichtversicherungen gehören zu den erstattungsfähigen Auslagen der Gläubigerausschussmitglieder (BGH BeckRS 2012, 9054).

8 **2. Umsatzsteuer (II).** Sofern die Tätigkeit des Gläubigerausschussmitglieds der Umsatzsteuer unterliegt, ist die Umsatzsteuer zusätzlich zu der Vergütung und den Auslagen festzusetzen.

9 **III. Vorschuss.** Die Vergütungsordnung sieht keine Regelung für Vorschüsse auf Auslagen vor. Gleichwohl ist den Gläubigerausschussmitgliedern nicht zuzumuten, die Auslagen vorzufinanzieren. Daher ist in der Rechtsprechung und der Literatur allgemein anerkannt, dass Vorschüsse auf die Auslagen festgesetzt werden können (BGH BeckRS 2012, 9054; Stephan/Riedel/Stephan Rn. 16; Zimmer Rn. 64; Haarmeyer/Mock Rn. 8).

10 **IV. Festsetzung.** Die Ausführungen zur Festsetzung der Vergütung des Gläubigerausschussmitglieds gelten entsprechend (→ § 17 Rn. 14).

Fünfter Abschnitt. Übergangs- und Schlußvorschriften

Übergangsregelung

19 **I Auf Insolvenzverfahren, die vor dem 1. Januar 2004 eröffnet wurden, sind die Vorschriften dieser Verordnung in ihrer bis zum Inkrafttreten der Verordnung vom 4. Oktober 2004 (BGBl. I S. 2569) am 7. Oktober 2004 geltenden Fassung weiter anzuwenden.**

II Auf Vergütungen aus vorläufigen Insolvenzverwaltungen, die zum 29. Dezember 2006 bereits rechtskräftig abgerechnet sind, sind die bis zum Inkrafttreten der Zweiten Verordnung zur Änderung der Insolvenzrechtlichen Vergütungsverordnung vom 21. Dezember 2006 (BGBl. I S. 3389) geltenden Vorschriften anzuwenden.

III Auf Insolvenzverfahren, die vor dem 1. März 2012 beantragt worden sind, sind die Vorschriften dieser Verordnung in ihrer bis zum Inkrafttreten des Gesetzes vom 7. Dezember 2011 (BGBl. I S. 2582) am 1. März 2012 geltenden Fassung weiter anzuwenden.

IV Auf Insolvenzverfahren, die vor dem 1. Juli 2014 beantragt worden sind, sind die Vorschriften dieser Verordnung in ihrer bis zum Inkrafttreten des Gesetzes vom 15. Juli 2013 (BGBl. I S. 2379) am 1. Juli 2014 geltenden Fassung weiter anzuwenden.

V Auf Insolvenzverfahren, die vor dem 1. Oktober 2020 beantragt worden sind, sind die Vorschriften dieser Verordnung in ihrer bis dahin geltenden Fassung weiter anzuwenden.

V[1] Auf Insolvenzverfahren, die vor dem 1. Januar 2021 beantragt worden sind, sind die bis zum 31. Dezember 2020 geltenden Vorschriften anzuwenden.

[1] Nummerierung amtlich.

I. Normzweck. Diese Vorschrift regelt den zeitlichen Anwendungsbereich dieser Verordnung. Aufgrund eines redaktionellen Versehens enthält sie zwei Absätze V. Dies ist darauf zurückzuführen, dass am 22.12.2020 zwei Gesetze, das Gesetz zur weiteren Verkürzung des Restschuldbefreiungsverfahrens und zur Anpassung pandemiebedingter Vorschriften im Gesellschafts-, Genossenschafts-, Vereins- und Stiftungsrecht sowie im Miet- und Pachtrecht (BGBl. I 3328) und das Gesetz zur Fortentwicklung des Sanierungs- und Insolvenzrecht (SanInsFoG, BGBl. I. 3256), erlassen wurden. 1

II. Norminhalt. 1. Erste Verordnung zur Änderung der InsVV (I). Mit der Änderungsverordnung vom 4.10.2004 (BGBl. I 2569) wurden unter anderem die Mindestvergütung des Insolvenzverwalters und des Treuhänders angepasst und die Regelvergütung des vorläufigen Insolvenzverwalters festgelegt. Die neuen Regelungen sind auf Verfahren, die ab dem 1.1.2004 eröffnet sind, anwendbar. 2

2. Zweiten Verordnung zur Änderung der InsVV (II). Durch die Zweite Verordnung zur Änderung der InsVV vom 21.12.2006 (BGBl. I 3389) wurde § 11 (Vergütung des vorläufigen Insolvenzverwalters) neu gefasst. II sieht vor, dass das bisherige Recht nur auf Vergütungen, die bis zum Inkrafttreten der Zweiten Änderungsverordnung am 29.12.2006 bereits rechtskräftig festgesetzt worden sind, anzuwenden ist. Nach Ansicht des BGH ist diese Übergangsregelung dahingehend auszulegen, dass § 11 nF nur auf Vergütungen aus vorläufigen Insolvenzverwaltungen, die ab dem 29.12.2006 angeordnet wurden, (BGH NZI 2009, 54) anwendbar ist. 3

3. Gesetz zur weiteren Erleichterung der Sanierung von Unternehmen (III). Durch das Gesetz zur weiteren Erleichterung der Sanierung von Unternehmen (ESUG) vom 7.12.2011 (BGBl. I 2582) wurde der vorläufige Gläubigerausschuss eingeführt und die Figur des vorläufigen Sachwalters geschaffen. Die neue Regelung zur Vergütung der Mitlieder des vorläufigen Gläubigerausschusses ist auf die ab dem 1.3.2012 beantragten Verfahren anwendbar. 4

4. Gesetz zur Verkürzung des Restschuldbefreiungsverfahren (IV). Durch das Gesetz zur Verkürzung des Restschuldbefreiungsverfahrens und zur Stärkung der Gläubigerrechte vom 15.7.2013 (BGBl. I 2379) wurde unter anderem das vereinfachte Insolvenzverfahren (§§ 311–314 InsO aF) aufgehoben. Die bisherigen Regelungen über die Vergütung des vorläufigen Insolvenzverwalters in § 11 I 1–3 wurden in § 63 III InsO übernommen. IV bestimmt, dass die neuen Vorschriften für die ab dem 1.7.2014 beantragten Verfahren anzuwenden sind. Hierbei wurde übersehen, dass die Neuregelungen über die Vergütung des vorläufigen Insolvenzverwalters (§ 11 I, § 63 III InsO) bereits am 19.7.2013 in Kraft traten. Daher ist die aktuelle Fassung des § 11 für die ab dem 19.7.2013 beantragten Verfahren anzuwenden. 5

5. Übergangsvorschrift zu den Änderungen aufgrund der Gesetze vom 22.12.2020 (V). a) Gesetz zur weiteren Verkürzung des Restschuldbefreiungsverfahrens usw. Durch dieses Gesetz wurde § 1 II Nr. 5 geändert. Diese Neuregelung ist auf die ab dem 1.10.2020 beantragten Verfahren anzuwenden. 6

b) Gesetz zur Fortentwicklung des Sanierungs- und Insolvenzrechts. Durch dieses Gesetz wurden §§ 2, 4, 8, 12, 12a, 13, 14, 17 sowie § 293 InsO neu geregelt. Die Neuregelungen sind auf die ab dem 1.1.2021 beantragten Verfahren anzuwenden. 7

§ 5 VII des COVInsAG sieht eine **Ausnahme** von dieser Übergangsregelung vor. Danach sind die Vorschriften der InsVV für die zwischen dem 1.1.2021 und dem 31.12.2021 beantragten Eigenverwaltungsverfahren in der bis zum 31.12.2021 geltenden Fassung anzuwenden, wenn die Insolvenzreife auf die COVID-19-Pandemie zurückzuführen ist. 8

Inkrafttreten

20 **Diese Verordnung tritt am 1. Januar 1999 in Kraft.**

3. Kapitel. Sonstige kostenrechtliche Vorschriften

I. Sonstiges Verfahrenskostenrecht

1. Einführungsgesetz zum Gerichtsverfassungsgesetz (EGGVG)

Vom 27.1.1877 (RGBl. S. 77)
FNA 300-1
Zuletzt geändert durch Art. 3 Gesetz vom 25.6.2021 (BGBl. I 2099)
(Auszug)

[Kosten]

30 **[1]Das Oberlandesgericht kann nach billigem Ermessen bestimmen, daß die außergerichtlichen Kosten des Antragstellers, die zur zweckentsprechenden Rechtsverfolgung notwendig waren, ganz oder teilweise aus der Staatskasse zu erstatten sind. [2]Die Vorschriften des § 91 Abs. 1 Satz 2 und der §§ 103 bis 107 der Zivilprozeßordnung gelten entsprechend. [3]Die Entscheidung des Oberlandesgerichts kann nicht angefochten werden.**

1 **I. Systematik (S. 1–3). § 23 I enthält eine Generalklausel** für die Nachprüfbarkeit der Rechtmäßigkeit einer Anordnung, Verfügung oder sonstigen Maßnahme einer Justizbehörde zur Regelung einer einzelnen Angelegenheit auf dem Gebiet des bürgerlichen Rechts einschließlich des Handelsrechts, des Zivilprozesses, der freiwilligen Gerichtsbarkeit und der Strafrechtspflege sowie zur Nachprüfbarkeit einer Anordnung, Verfügung oder sonstigen Maßnahme der Vollzugsbehörde beim Vollzug der Untersuchungshaft sowie derjenigen Freiheitsstrafe oder Maßregel der Besserung und Sicherung, deren Vollzug außerhalb des Justizvollzugs erfolgt.

2 Die Einzelheiten des Verfahrens sind in den §§ 23 ff. geregelt, **zuständig ist gemäß § 25 das OLG. Unanwendbar** sind §§ 23 ff. nach § 23 III bei der Möglichkeit, ein anderes ordentliches Gericht anzurufen. Soweit es um **Justizverwaltungsakt in einer Kostensache** geht, gilt die Spezialvorschrift des § 30a EGGVG (→ § 30a Rn. 1 ff.).

3 Auf das Verfahren nach §§ 23 ff. bezieht sich § 30, der bestimmt, dass **das OLG die außergerichtlichen Kosten des Antragstellers** der Staatskasse auferlegen kann.

4 **II. Regelungszweck (S. 1–3).** Die Anbindung des Verfahrens gemäß §§ 23 ff. an das OLG statt an die Verwaltungsgerichtsbarkeit dient der Vereinfachung und Beschleunigung mittels Sachkundigkeit. S. 1–3 enthalten eine stark soziale Zielsetzung. Die Regelung erscheint im Hinblick auf das verwaltungsgerichtliche Verfahren konsequent; auch in diesem Verfahren kann es zu einer vollumfänglichen Kostentragungspflicht des Staates kommen, vgl. § 154 VwGO.

5 **III. Kosten (S. 1–3).** Es gibt mehrere Aspekte.

6 **1. Stattgeben (S. 1, 2).** Soweit das OLG dem Antrag nach § 23 stattgibt, muss es im Rahmen eines pflichtgemäßen Ermessens prüfen, ob es der Staatskasse die zu einer zweckentsprechenden Rechtsverfolgung notwendig gewesenen außergerichtlichen Kosten des Antragstellers teilweise oder ganz auferlegt. Dazu gehören auch die in § 91 I 2 ZPO genannten Aufwendungen. Zu Gunsten eines zum Verfahren hinzugezogenen Dritten kann eine Kostenerstattung demgegenüber nicht angeordnet werden, weil es dafür an einer gesetzlichen Grundlage fehlt (OLG Frankfurt OLGZ 1978, 287). Auch im Beschwerdeverfahren entsteht zwischen insoweit kein Erstattungsanspruch.

2. Kostenfestsetzung (S. 2). Die Kostenfestsetzung erfolgt durch den Rpfleger im Verfahren der § 85 FamFG, §§ 103 ff. ZPO. Gegen seine Entscheidung ist die Erinnerung statthaft. 7

3. Unanfechtbarkeit (S. 3). Sie gilt grds. für die Entscheidung des OLG. 8

[Verwaltungsakt im Bereich von Kostenvorschriften]

30a I 1 **Verwaltungsakte, die im Bereich der Justizverwaltung beim Vollzug des Gerichtskostengesetzes, des Gesetzes über Kosten in Familiensachen, des Gerichts- und Notarkostengesetzes, des Gerichtsvollzieherkostengesetzes, des Justizvergütungs- und -entschädigungsgesetzes oder sonstiger für gerichtliche Verfahren oder Verfahren der Justizverwaltung geltender Kostenvorschriften, insbesondere hinsichtlich der Einforderung oder Zurückzahlung ergehen, können durch einen Antrag auf gerichtliche Entscheidung auch dann angefochten werden, wenn es nicht ausdrücklich bestimmt ist. 2 Der Antrag kann nur darauf gestützt werden, dass der Verwaltungsakt den Antragsteller in seinen Rechten beeinträchtige, weil er rechtswidrig sei. 3 Soweit die Verwaltungsbehörde ermächtigt ist, nach ihrem Ermessen zu befinden, kann der Antrag nur darauf gestützt werden, dass die gesetzlichen Grenzen des Ermessens überschritten seien, oder dass von dem Ermessen in einer dem Zweck der Ermächtigung nicht entsprechenden Weise Gebrauch gemacht worden sei.**

II 1 **Über den Antrag entscheidet das Amtsgericht, in dessen Bezirk die für die Einziehung oder Befriedigung des Anspruchs zuständige Kasse ihren Sitz hat. 2 In dem Verfahren ist die Staatskasse zu hören. 3 Die §§ 7a, 81 Absatz 2 bis 8 und § 84 des Gerichts- und Notarkostengesetzes gelten entsprechend.**

III 1 **Durch die Gesetzgebung eines Landes, in dem mehrere Oberlandesgerichte errichtet sind, kann die Entscheidung über das Rechtsmittel der weiteren Beschwerde nach Absatz 1 und 2 sowie nach § 81 des Gerichts- und Notarkostengesetzes, über den Antrag nach § 127 des Gerichts- und Notarkostengesetzes, über das Rechtsmittel der Beschwerde nach § 66 des Gerichtskostengesetzes, nach § 57 des Gesetzes über Kosten in Familiensachen, nach § 81 des Gerichts- und Notarkostengesetzes und nach § 4 des Justizvergütungs- und -entschädigungsgesetzes einem der mehreren Oberlandesgerichte oder anstelle eines solchen Oberlandesgerichts einem obersten Landesgericht zugewiesen werden. 2 Dies gilt auch für die Entscheidung über das Rechtsmittel der weiteren Beschwerde nach § 33 des Rechtsanwaltsvergütungsgesetzes, soweit nach dieser Vorschrift das Oberlandesgericht zuständig ist.**

IV *(Überholtes Übergangsrecht)*

I. Systematik, I–IV. Da die Festsetzung und Einziehung der Gerichtskosten eine Verwaltungstätigkeit ist, erfolgt sie häufig durch einen Verwaltungsakt, zB beim Kostenansatz nach § 66 GKG, § 57 FamGKG, § 18 GNotKG, bei der Festsetzung einer Entschädigung nach § 4 JVEG in den Fällen des JVKostG der Vergütung eines im Weg der Prozesskostenhilfe beigeordneten Anwalts nach § 55 RVG (vgl. AG Lübeck Rpfleger 1984, 75 mzustAnm Lappe), bei einer Nichterhebung von Kosten nach § 21 GKG, § 20 FamGKG und § 21 GNotKG usw. Nach Art. 19 IV GG muss man einen solchen Verwaltungsakt gerichtlich überprüfen lassen können. Dabei hat § 30a freilich eine bloße Auffangfunktion. Das gilt zB gegenüber den vorrangigen § 66 GKG, § 57 FamGKG (vgl. OLG Köln JurBüro 1999, 260 (261)), oder gegenüber dem ebenfalls vorrangigen § 18 GNotKG (OLG Hamm NJW-RR 2001, 1656), oder gegenüber dem ebenfalls vorrangigen § 56 I, II RVG (vgl. OLG Köln NJW-RR 2003, 575). § 30a hat aber den Vorrang vor §§ 23 ff. Deshalb sehen die Kostengesetze oft durch besondere Bestimmungen die Möglichkeit der **Anrufung des Instanzgerichts** vor. Diese Möglichkeit heißt meist Erinnerung. 1

II. Regelungszweck, I–IV. Die Vorschrift soll etwaige Lücken schließen (vgl. BVerwG Rpfleger 1982, 37 (38); OLG Köln NJW-RR 2003, 575; OVG Berlin 2

NVwZ 1983, 681). Die Vorschrift enthält also eine Generalklausel für die Anfechtbarkeit von Verwaltungsakten auf dem Gebiet des Kostenrechts (LG Frankenthal Rpfleger 1981, 373). Die Vorschrift eröffnet einheitlich kraft besonderer Zuweisung den Rechtsweg zum Zivilgericht. Ohne sie wären auf Grund der verwaltungsgerichtlichen Generalklausel allgemein die Verwaltungsgerichte zuständig. Die Überschneidungen der Zuständigkeit mit ihren Nachteilen schließt § 30a aus (BVerwG Rpfleger 1982, 37 (38); OVG Berlin NVwZ 1983, 681). Die dadurch begründete Zuständigkeit des AG wird nach § 40 I 1 VwGO durch die VwGO nicht berührt. Sie ist auch nach § 23 III nicht auf das OLG übergegangen.

3 **III. Anwendungsbereich (I).** Es lassen sich zahlreiche Anwendungsfälle erkennen.

4 **1. Verwaltungsakt der Justiz.** „Justizverwaltung" nach § 1 ist nur die Verwaltung des ordentlichen Gerichts (OVG Berlin NVwZ 1983, 681). Anfechtbar ist nach dieser Vorschrift ein solcher Verwaltungsakt, der im Bereich der Justizverwaltung beim Vollzug eines Kostengesetzes ergangen ist. Verwaltungsakt ist nach § 35 VwVfG jede solche Verfügung, Entscheidung oder andere hoheitliche Maßnahme, die eine Behörde zur Regelung eines Einzelfalls auf dem Gebiet des öffentlichen Rechts trifft und die auf eine unmittelbare Rechtswirkung nach außen gerichtet ist.

2. Beispiele zur Frage einer Anwendbarkeit (I)

5 **Angebot:** I ist anwendbar, soweit es um den Auftrag zur Beurkundung eines Angebots geht.

Aufrechnung der Staatskasse: I ist bei ihr **unanwendbar.** Denn dann gilt zB § 18 GNotKG (BFHE 147, 495; BVerwG NJW 1983, 776).

Auskunft: → „Notar".

Dienstaufsicht: → „Kostenansatz".

Einforderung, Rückzahlung: I ist anwendbar, soweit es um einen Bescheid über die Einforderung und Rückzahlung geht (LG Frankenthal Rpfleger 1981, 373).

Erlass von Kosten: I ist **unanwendbar,** soweit es um den Erlass von Kosten eines VG geht (OVG Berlin NVwZ 1983, 681; aA BVerwG Rpfleger 1982, 37; OLG Oldenburg Nds. Rpfl. 1997, 52).

Gerichtsvollzieher: → „Vorschuss".

Hinterlegung: I ist anwendbar, soweit es um den Auftrag zur Mitwirkung bei einer Hinterlegung geht.

Kostenansatz: I ist **unanwendbar,** soweit es um die ablehnende Verwaltungsentscheidung über einen Kostenansatz nach § 19 III, V GKG, § 18 FamGKG, § 18 GNotKG geht. Denn dann ist ohnehin die Erinnerung zulässig. I ist ferner unanwendbar, soweit es um die Anordnung der Dienstaufsichtsbehörde geht, den Kostenansatz zu ermäßigen oder erhaltene Gebühren oder Auslagen zurückzuzahlen. Denn diese Anordnung ergeht nicht „beim Vollzug", sondern sie betrifft nur das Verhältnis zwischen dem Gerichtsvollzieher und dem Dienstherrn (BVerwG NJW 1983, 897; OLG München Rpfleger 1976, 336; VG Köln DGVZ 1982, 10).

Kostenvorschuss: → „Vorschuss".

Notar: I ist anwendbar, soweit es um die Weigerung eines Notars geht, seine Auskunftspflicht zu erfüllen.

Prozesskostenhilfe: I ist anwendbar, soweit es um die Stundung von Raten auf Grund einer solchen Prozesskostenhilfe geht, die der Antragsteller erst nach dem Abschluss der Instanz beantragt hat (OLG Hamburg MDR 1983, 234).

Reisekosten: I ist anwendbar, soweit es um die Festsetzung einer Reisekostenentschädigung geht, soweit diese nicht nach § 25 Anh. JVEG, durch einen Akt der Rechtsprechung erfolgt.

Sachzusammenhang: I ist bei ihm **unanwendbar.** Denn dann gilt zB § 18 GNotKG (BGH NJW 1980, 1106).

Scheckprotest: I ist anwendbar, soweit es um den Auftrag zur Vornahme eines Scheckprotests geht.

Siegelung, Entsiegelung: I ist anwendbar, soweit es um den Auftrag zu einer Siegelung oder Entsiegelung geht.

Stundung: Es gilt dasselbe wie bei → „Erlass von Kosten".

Unterliegensgebühr: I ist anwendbar, soweit es sich um eine Maßnahme der Justizbeitreibungsstelle des BGH im Rahmen einer Unterliegensgebühr nach § 34 II BVerfGG handelt (aA AG Karlsruhe NJW-RR 1992, 829, aber das Gericht muss auch zB die Verzögerungsgebühr nach § 38 GKG besonders auferlegen).
Verfassungsgerichtsverfahren: → „Unterliegensgebühr".
Verjährung: I ist anwendbar, soweit es um die Anfechtung der Verjährungseinrede der Staatskasse geht.
Verkaufsauftrag: I ist anwendbar, soweit es sich um einen Verkaufsauftrag außerhalb der Zwangsvollstreckung handelt.
Verpachtung: I ist anwendbar, soweit es sich um den Auftrag zu einer öffentlichen Verpachtung gegen ein Höchstgebot handelt.
Versteigerungsauftrag: I ist anwendbar, soweit es sich um einen Versteigerungsauftrag außerhalb der Zwangsvollstreckung handelt.
Vorschuss: I ist anwendbar, soweit es um die Anforderung eines Vorschusses nach § 4 GvKostG geht.
Wechselprotest: I ist anwendbar, soweit es um den Auftrag zur Vornahme eines Wechselprotests geht.
Willenserklärung: I ist anwendbar, soweit es sich um den Auftrag zur Bekanntgabe einer empfangsbedürftigen Willenserklärung handelt oder soweit es um den Auftrag zur Mitwirkung bei der Formulierung einer Willenserklärung geht.
Zustellungsauftrag: I ist anwendbar, soweit es sich um einen Zustellungsauftrag außerhalb einer Zwangsvollstreckung handelt.

3. Weitere Einzelfragen. Soweit eine Kostenvorschrift unmittelbar oder wegen einer Verweisung auch außerhalb der eigentlichen Justizverwaltung anwendbar ist, gilt die Generalklausel zugunsten des AG nicht. Dann entscheidet kraft Zusammenhangs das Erstgericht über die Anfechtung, soweit eine Sondervorschrift fehlt. Es kommt nicht darauf an, ob das Gericht der Aufsicht des Justizministers untersteht (OVG Berlin NVwZ 1983, 681). „Justizverwaltung" nach § 1 ist nur die Verwaltung des ordentlichen Gerichts (OVG Berlin NVwZ 1983, 681). 6

IV. Verfahren auf gerichtliche Entscheidung (I, II). Es empfiehlt sich diese Prüfreihenfolge. 7

1. Antrag (II 1). Eine Anfechtung nach → Rn. 3 erfordert einen Antrag auf eine gerichtliche Entscheidung. Der Antrag ist der verwaltungsgerichtlichen Anfechtungsklage nachgebildet. Der Antragsteller kann jeden Antrag und jede Beschwerde schriftlich oder zum Protokoll des Urkundsbeamten der Geschäftsstelle anbringen. Es besteht daher auch beim LG und beim OLG nach II 3 iVm § 81 V GNotKG iVm § 78 III Hs. 2 ZPO entsprechend kein Anwaltszwang. Auch die Staatskasse kann beschwerdeberechtigt sein. 8

2. Zuständigkeit (II 1). Über den Antrag entscheidet nach dieser gegenüber der allgemeinen VwGO vorrangigen Vorschrift wegen ihres klaren Wortlauts stets auch zB nach einer Strafsache das Zivilgericht (OLG Nürnberg AnwBl 1990, 49; aA OLG Bamberg JurBüro 1980, 89; OLG München Rpfleger 1978, 338). Örtlich zuständig ist nach II 1 dasjenige AG, in dessen Bezirk die für die Einziehung oder Befriedigung des Anspruchs zuständige Kasse ihren Sitz hat (OLG Nürnberg AnwBl 1990, 49), also nicht das VG (BVerwG Rpfleger 1982, 37). Notfalls erfolgt eine Zuständigkeitsbestimmung durch das gemeinschaftliche obere Gericht (OLG Nürnberg AnwBl 1990, 49). Das Gericht muss nach II 2 den Bezirksrevisor als den Vertreter der Staatskasse anhören. Im Übrigen regelt das Gesetz das Verfahren des AG nicht näher. Da der Gesetzgeber die Anwendung der verwaltungsgerichtlichen Verfahrensvorschriften nicht angeordnet hat, muss das Gericht sein Verfahren entsprechend dem FamFG gestalten, wie es jetzt § 29 II EGGVG vorsieht. 9

Entsprechend § 81 II 1 GNotKG ist bei einem **Beschwerdegegenstand** von mehr als 200 EUR die unbefristete Beschwerde an das LG zulässig, eventuell nach II 3 iVm § 81 IV 1 GNotKG die weitere Beschwerde an das OLG. Ein Landesgesetz kann die Zulässigkeit zur Entscheidung über eine weitere Beschwerde einem einzigen OLG zuweisen, III. Eine Beschwerde an den BGH ist nach II 3 iVm § 81 III 3 GNotKG nicht statthaft. 10

11 **3. Weiteres Verfahren (II 2, 3).** Das Gericht muss daher den angefochtenen Verwaltungsakt nach I 2, 3 auf etwaige Rechtsfehler einschließlich etwaiger Ermessensfehler (Missbrauch oder Nichtausübung) überprüfen. Als ein Rechtsfehler gilt auch die Annahme eines unrichtigen Sachverhalts. Obwohl das Gesetz schweigt, darf das AG nicht nur den angefochtenen Verwaltungsakt aufheben. Soweit es sich nicht um eine Ermessensentscheidung der Verwaltung handelt, darf das Gericht also im Fall der Spruchreife die beantragte Rechtsfolge nach § 28 II selbst aussprechen.

12 **4. Beschluss (II 2, 3).** Die Entscheidung erfolgt durch einen Beschluss. Das Gericht muss ihn begründen. Es muss ihn verkünden oder den Parteien zustellen. Eine Anhörungsrüge ist nach II 3 entsprechend § 131 GNotKG möglich. Wegen der Rechtsbehelfsbelehrung II 3 iVm § 7a GNotKG sowie § 28 IV. Verstoß: § 28 II 2.

13 **5. Kosten (II 2, 3).** Es entstehen keine Gerichtsgebühren. Für die Anwaltsgebühren gelten VV 3100 ff. Wegen des Geschäftswerts gilt § 36 GNotKG Falls der Geschäftswert zB bei einem Kostenbetrag nicht feststeht, muss das Gericht ihn nach seinem pflichtgemäßen Ermessen bestimmen, notfalls nach den Grundsätzen des § 36 III GNotKG. Es findet nach II 3 iVm § 81 VIII 2 GNotKG keine Kostenerstattung statt.

14 **V. Weitere Beschwerde usw (III).** Die Vorschrift ermöglicht es den Ländern, in den genannten Kostenangelegenheiten die Zuständigkeit für die Entscheidung über einen Antrag nach § 127 GNotKG oder über eine Beschwerde oder über eine weitere Beschwerde einem von mehreren Oberlandesgerichten oder einem Obersten Landesgericht zu übertragen.

2. Gesetz über die Wahrnehmung von Urheberrechten und verwandten Schutzrechten durch Verwertungsgesellschaften (Verwertungsgesellschaftengesetz – VGG)

Vom 24.5.2016 (BGBl. I 1190)
FNA 440-18
Zuletzt geändert durch Art. 2 Gesetz vom 31.5.2021 (BGBl. I 1204)
(Auszug)

Kosten des Verfahrens

117 **I Für das Verfahren vor der Schiedsstelle erhebt die Aufsichtsbehörde Gebühren und Auslagen (Kosten).**

II 1 Die Gebühren richten sich nach dem Streitwert. 2 Ihre Höhe bestimmt sich nach § 34 des Gerichtskostengesetzes. 3 Der Streitwert wird von der Schiedsstelle festgesetzt. 4 Er bemisst sich nach den Vorschriften, die für das Verfahren nach der Zivilprozessordnung vor den ordentlichen Gerichten gelten.

III 1 Für Verfahren nach § 92 Absatz 1 Nummer 2, 3 und Absatz 2 sowie nach § 94 wird eine Gebühr mit einem Gebührensatz von 3,0 erhoben. 2 Wird das Verfahren anders als durch einen Einigungsvorschlag der Schiedsstelle beendet, ermäßigt sich die Gebühr auf einen Gebührensatz von 1,0. 3 Dasselbe gilt, wenn die Beteiligten den Einigungsvorschlag der Schiedsstelle annehmen.

IV Für Verfahren nach § 92 Absatz 1 Nummer 1 und § 93 wird eine Gebühr mit einem Gebührensatz von 1,0 erhoben.

V Auslagen werden in entsprechender Anwendung der Nummern 9000 bis 9009 und 9013 des Kostenverzeichnisses zum Gerichtskostengesetz erhoben.

Fälligkeit und Vorschuss

118 **I Die Gebühr wird mit der Beendigung des Verfahrens, Auslagen werden sofort nach ihrer Entstehung fällig.**

II Die Zustellung des verfahrenseinleitenden Antrags soll von der Zahlung eines Vorschusses durch den Antragsteller in Höhe eines Drittels der Gebühr abhängig gemacht werden.

Entsprechende Anwendung des Gerichtskostengesetzes

119 **§ 2 Absatz 1, 3 und 5 des Gerichtskostengesetzes, soweit diese Vorschriften für Verfahren vor den ordentlichen Gerichten anzuwenden sind, die §§ 5, 17 Absatz 1 bis 3, die §§ 20, 21, 22 Absatz 1, § 28 Absatz 1 und 2, die §§ 29, 31 Absatz 1 und 2 und § 32 des Gerichtskostengesetzes über die Kostenfreiheit, die Verjährung und die Verzinsung der Kosten, die Abhängigmachung der Tätigkeit der Schiedsstelle von der Zahlung eines Auslagenvorschusses, die Nachforderung und die Nichterhebung der Kosten sowie den Kostenschuldner sind entsprechend anzuwenden.**

Entscheidung über Einwendungen

120 **1 Über Einwendungen gegen Verwaltungsakte beim Vollzug der Kostenvorschriften entscheidet das Amtsgericht, in dessen Bezirk die Aufsichtsbehörde ihren Sitz hat. 2 Die Einwendungen sind bei der Schiedsstelle oder der Aufsichtsbehörde zu erheben. 3 § 19 Absatz 5 und § 66**

Absatz 5 Satz 1, 5 und Absatz 8 des Gerichtskostengesetzes sind entsprechend anzuwenden; über die Beschwerde entscheidet das im Rechtszug nächsthöhere Gericht. [4]Die Erhebung von Einwendungen und die Beschwerde haben keine aufschiebende Wirkung.

Entscheidung über die Kostenpflicht

121 **I [1]Die Schiedsstelle entscheidet über die Verteilung der Kosten des Verfahrens nach billigem Ermessen, soweit nichts anderes bestimmt ist. [2]Die Schiedsstelle kann anordnen, dass die einem Beteiligten erwachsenen notwendigen Auslagen ganz oder teilweise von einem gegnerischen Beteiligten zu erstatten sind, wenn dies der Billigkeit entspricht.**

II [1]Die Entscheidung über die Kosten kann durch Antrag auf gerichtliche Entscheidung angefochten werden, auch wenn der Einigungsvorschlag der Schiedsstelle angenommen wird. [2]Über den Antrag entscheidet das Amtsgericht, in dessen Bezirk die Schiedsstelle ihren Sitz hat.

Festsetzung der Kosten

122 **I [1]Die Kosten des Verfahrens (§ 117) und die einem Beteiligten zu erstattenden notwendigen Auslagen (§ 121 Absatz 1 Satz 2) werden von der Aufsichtsbehörde festgesetzt. [2]Die Festsetzung ist dem Kostenschuldner und, wenn nach § 121 Absatz 1 Satz 2 zu erstattende notwendige Auslagen festgesetzt worden sind, auch dem Erstattungsberechtigten zuzustellen.**

II [1]Jeder Beteiligte kann innerhalb einer Frist von zwei Wochen nach der Zustellung die gerichtliche Festsetzung der Kosten und der zu erstattenden notwendigen Auslagen beantragen. [2]Zuständig ist das Amtsgericht, in dessen Bezirk die Aufsichtsbehörde ihren Sitz hat. [3]Der Antrag ist bei der Aufsichtsbehörde einzureichen. [4]Die Aufsichtsbehörde kann dem Antrag abhelfen.

III Aus dem Kostenfestsetzungsbeschluss findet die Zwangsvollstreckung in entsprechender Anwendung der Zivilprozessordnung statt.

Entschädigung von Zeugen und Vergütung der Sachverständigen

123 **I Zeugen erhalten eine Entschädigung und Sachverständige eine Vergütung nach Maßgabe der §§ 3, 5 bis 10, 12 und 19 bis 22 des Justizvergütungs- und -entschädigungsgesetzes; die §§ 2 und 13 Absatz 1 und 2 Satz 1 bis 3 des Justizvergütungs- und -entschädigungsgesetzes sind entsprechend anzuwenden.**

II Die Aufsichtsbehörde setzt die Entschädigung fest.

III [1]Zeugen und Sachverständige können die gerichtliche Festsetzung beantragen. [2]Über den Antrag entscheidet das Amtsgericht, in dessen Bezirk die Schiedsstelle ihren Sitz hat. [3]Der Antrag ist bei der Aufsichtsbehörde einzureichen oder zu Protokoll der Geschäftsstelle des Amtsgerichts zu erklären. [4]Die Aufsichtsbehörde kann dem Antrag abhelfen. [5]Kosten werden nicht erstattet.

II. Sonstiges Vergütungsrecht

1. Rechtsdienstleistungsgesetz (RDG)

Vom 12.12.2007 (BGBl. I 2840)
FNA 303-20
Zuletzt geändert durch Art. 32 Gesetz vom 10.8.2021 (BGBl. I 3436)
(Auszug)

Vergütungsvereinbarungen für Inkassodienstleistungen und Rechtsdienstleistungen in einem ausländischen Recht

13c **I 1 Eine Vereinbarung über die Vergütung für eine Inkassodienstleistung bedarf, soweit sich die Tätigkeit nicht auf einen mündlichen oder schriftlichen Rat oder eine Auskunft beschränkt, der Textform. 2 Die Vereinbarung muss**

1. als Vergütungsvereinbarung oder in vergleichbarer Weise bezeichnet sein,
2. von anderen Vereinbarungen mit Ausnahme der Auftragserteilung deutlich abgesetzt sein,
3. von der Vollmacht getrennt sein und
4. einen Hinweis auf die Rechtsfolge des § 13e Absatz 1 enthalten.

II Ist eine vereinbarte Vergütung unter Berücksichtigung aller Umstände unangemessen hoch, so kann sie im Rechtsstreit auf den angemessenen Betrag herabgesetzt werden.

III Eine Vereinbarung über ein Erfolgshonorar muss Folgendes enthalten:

1. die Angabe, welche Vergütung bei Eintritt welcher Bedingungen verdient sein soll,
2. die Angabe, ob und gegebenenfalls welchen Einfluss die Vereinbarung auf die gegebenenfalls von dem Verbraucher zu zahlenden Gerichtskosten, Verwaltungskosten und die von diesem zu erstattenden Kosten anderer Beteiligter haben soll,
3. die wesentlichen Gründe, die für die Bemessung des Erfolgshonorars bestimmend sind, insbesondere im Hinblick auf die Erfolgsaussichten der Rechtsdurchsetzung, den Aufwand des Inkassodienstleisters und die Möglichkeit, die Kosten für die Inkassotätigkeit vom Schuldner ersetzt zu erhalten, sowie
4. die Angabe, ob bei einer vorzeitigen Vertragsbeendigung eine Vergütung fällig wird.

IV Die Vereinbarung eines Erfolgshonorars ist unzulässig, soweit sich die Inkassodienstleistung auf eine Forderung bezieht, die der Pfändung nicht unterworfen ist.

V Für Rechtsdienstleistungen in einem ausländischen Recht gelten Absatz 1 Satz 1 und 2 Nummer 1 bis 3 und die Absätze 2 bis 4 entsprechend.

Außer Rechtsanwälten ist die Erbringung von Rechtsdienstleistungen nach § 10 – allerdings jeweils auf bestimmte Bereiche beschränkt – den im Gesetz sog. **„registrierten Personen"** gestattet, dh Personen, die unter den in § 12 genannten Voraussetzungen nach § 13 durch die zuständige Behörde (vgl. § 19) registriert worden sind. Nach § 10 I ist eine solche Registrierung von nicht nach den §§ 4 ff. BRAO als Rechtsanwälten zugelassenen Personen für die Erbringung von Inkassodienstleistungen (§ 10 I Nr. 1), von Rentenberatung (§ 10 I Nr. 2) und von Rechtsdienstleistungen in einem ausländischen Recht (§ 10 I Nr. 3) – ggf. beschränkt auf Teilbereiche (§ 10 I 2) – möglich. Darüber hinaus dürfen als **„Altfälle"** Personen, die 1 nach früherem Recht eine Erlaubnis zur geschäftsmäßigen Besorgung von Rechtsangelegenheiten haben, nämlich die sog. Kammerrechtsbeistände (§ 1 II RDGEG, § 209 BRAO) und die sog. registrierten Erlaubnisinhaber (§ 1 I RDGEG) auch weiterhin Rechtsdienstleistungen erbringen. Da alle vorgenannten Personen **keine Rechtsanwälte** iSd § 1 I 1 RVG sind, findet auf ihre Tätigkeit das **RVG keine Anwendung.** Regelungen zu ihrer Vergütung finden sich vielmehr **im RDG und im RDGEG.** Für die Vergütung von Inkassodienstleistungen gelten danach die Regelungen in §§ 13c I–IV, 13e, 13f, für die von Rentenberatung in § 13d, für die von Rechtsdienstleistungen in einem ausländischen Recht in § 13c V und für die (auslaufenden) „Altfälle" in § 4 RDGEG.

2 **I–IV** betreffen **Inkassodienstleistungen,** dh nach der Klammerdefinition in § 2 II 1 die Einziehung fremder oder zum Zweck der Einziehung auf fremde Rechnung abgetretener Forderungen, wenn die Forderungseinziehung als eigenständiges Geschäft betrieben wird, einschließlich der auf die Einziehung bezogenen rechtlichen Prüfung und Beratung. Für deren Erbringung durch hierfür registrierte Personen gibt es **keine gesetzliche Vergütungsregelung.** Es bedarf daher einer **Vergütungsvereinbarung.** Für diese regelt der durch das Gesetz zur Förderung verbrauchergerechte Angebote im Rechtsdienstleistungsmarkt vom 10.8.2021 (BGBl. I 3415) mit Wirkung vom 1.10.2021 (auf Vorschlag des Ausschusses für Recht und Verbraucherschutz, vgl. BT-Drs. 19/30495, 16) eingefügte § 13a besondere, an die §§ 3a, 4a RVG angelehnte formale und inhaltliche Anforderungen. I stellt dabei dem § 3a I RVG vergleichbare allg. formale Anforderungen für eine Vergütungsvereinbarung auf, II betrifft wie § 3a II RVG die Möglichkeit der Herabsetzung einer im Einzelfall unangemessenen Vergütung und III regelt schließlich in einer dem § 4a RVG vergleichbaren Weise die Vereinbarung eines Erfolgshonorars. Zur **Kostenerstattung** durch den Schuldner vgl. §§ 13e, 13 f.

3 **V** betrifft **Rechtsdienstleistungen in einem ausländischen Recht,** dh jede Tätigkeit in konkreten fremden Angelegenheiten, sobald sie unter Anwendung ausländischen Rechts eine rechtliche Prüfung des Einzelfalls erfordert (vgl. § 2 I). Auch für deren Erbringung existiert keine gesetzliche Regelung. Für die hiernach erforderliche Vergütungsvereinbarung verweist V auf die entspr. Anwendung der Vorschriften für Inkassodienstleistungen unter Ausnahme der nur diese betreffenden Regelung in II 1 Nr. 4.

Vergütung der Rentenberater

13d **I 1 Für die Vergütung der Rentenberater gilt das Rechtsanwaltsvergütungsgesetz entsprechend. 2 Richtet sich die Vergütung nach dem Gegenstandswert, so hat der Rentenberater den Auftraggeber vor der Übernahme des Auftrags hierauf hinzuweisen.**

II 1 Rentenberatern ist es untersagt, geringere Gebühren und Auslagen zu vereinbaren oder zu fordern, als das Rechtsanwaltsvergütungsgesetz vorsieht, soweit dieses nichts anderes bestimmt. 2 Die Vereinbarung eines Erfolgshonorars (§ 49b Absatz 2 Satz 1 der Bundesrechtsanwaltsordnung) ist unzulässig, soweit das Rechtsanwaltsvergütungsgesetz nichts anderes bestimmt; Verpflichtungen, die Gerichtskosten, Verwaltungskosten oder Kosten anderer Beteiligter zu tragen, sind unzulässig. 3 Im Einzelfall darf besonderen Umständen in der Person des Auftraggebers, insbesondere dessen Bedürftigkeit, durch Ermäßigung oder Erlass von Gebühren oder Auslagen nach Erledigung des Auftrags Rechnung getragen werden.

III Für die Erstattung der Vergütung der Rentenberater in einem gerichtlichen Verfahren gelten die Vorschriften der Verfahrensordnungen über die Erstattung der Vergütung eines Rechtsanwalts entsprechend.

1 Die (insoweit die zuvor in § 4 RDGEG aF enthaltenen Regelungen übernehmende, vgl. Begr. § 13d RDG-E, BT-Drs. 19/20348) Vorschrift betrifft die Erbringung von **Rentenberatung** durch hierfür registrierte Personen. Nach I 1 erfolgt deren Vergütung in entspr. Anwendung des **RVG,** so dass für diese Rechtsdienstleistung,

anders als in den von § 13c erfassten Fällen, eine gesetzliche Vergütung gilt. Die den Rentenberater nach I 2 treffende Hinweispflicht entspricht der inhaltlich identischen Pflicht des Rechtsanwalts nach § 49b V BRAO.

Aufgrund der entspr. Anwendung des RVG gelten auch für **Vergütungsvereinbarungen** des Rentenberaters die §§ 3a ff. RVG, indessen unterliegt er insoweit nicht den berufsrechtlichen Beschränkungen des § 49b I, II BRAO. **II** begründet aber inhaltlich identische gesetzliche Beschränkungen, wobei II 1, 3 den Regelungen des § 49b I BRAO für die Gebührenunterschreitung und II 2 denen des § 49b II BRAO für die Vereinbarung eines Erfolgshonorars entsprechen. 2

III betrifft die Kostenerstattung im gerichtlichen Verfahren. Vor dem SG oder dem LSG dürfen nach § 73 II Nr. 3 SGG auch Rentenberater Beteiligte eines Rechtsstreits als Bevollmächtigte vertreten. Soweit in solchen Verfahren nach § 193 SGG einem Beteiligten die Kosten auferlegt werden, ist nach § 193 III SGG indessen nur die gesetzliche Vergütung eines Rechtsanwalts oder Rechtsbeistands stets erstattungsfähig. III erweitert dies daher auf die (ebenfalls nach dem RVG zu ermittelnde) Vergütung des Rentenberaters. 3

Erstattungsfähigkeit der Kosten von Inkassodienstleistern

13e **I Ein Gläubiger kann die Kosten, die ihm ein Inkassodienstleister für seine Tätigkeit berechnet hat, von seinem Schuldner nur bis zur Höhe der Vergütung als Schaden ersetzt verlangen, die einem Rechtsanwalt für diese Tätigkeit nach den Vorschriften des Rechtsanwaltsvergütungsgesetzes zustehen würde.**

II Die Erstattung der Vergütung von Inkassodienstleistern für die Vertretung im Zwangsvollstreckungsverfahren richtet sich nach § 788 der Zivilprozessordnung.

Die Vorschrift (die insoweit die zuvor in § 4 IV, V RDGEG aF übernommen hat, vgl. Begr. § 13b RDG-E, BT-Drs. 19/20348, 51) betrifft, zusammen mit § 13f, die Kostenerstattungspflicht des Schuldners hinsichtlich der Vergütung des Inkassodienstleisters. 1

I betrifft die **außergerichtliche und gerichtliche (vgl. § 79 II 2 Nr. 4 ZPO) Tätigkeit** des Inkassodienstleisters, soweit es nicht um die vorrangig in II geregelte Vertretung im Zwangsvollstreckungsverfahren geht. Mangels Anwendbarkeit des RVG (→ § 13c Rn. 2) kann der Inkassodienstleister ohne weiteres mit dem Gläubiger eine die sich nach dem RVG ergebenden Beträge übersteigende Vergütung vereinbaren. Indessen „deckelt" I den vom Schuldner – sei es unter dem Gesichtspunkt des Verzugsschadens, sei es notwendige Kosten der Rechtsverfolgung iSd § 91 I 1 ZPO – zu erstattenden Betrag zu dessen Schutz auf die sich bei Beauftragung eines Rechtsanwalts ergebenden Beträge (was letztlich eine gesetzliche Ausprägung der Schadensminderungspflicht bzw. des Kostenschonungsgebots ist). 2

II enthält eine vorrangige Sonderregelung für die Vertretung des Gläubigers durch den Inkassodienstleister im **Zwangsvollstreckungsverfahren.** Für diese verweist das Gesetz (lediglich klarstellend) auf § 788 ZPO (hierzu → ZPO § 788 Rn. 1 ff.). Nach den allg. Grundsätzen (Schadensminderungspflicht, Kostenschonungsgebot) gilt indessen auch hier, dass höchstens ein Betrag geltend gemacht werden kann, wie er bei Vertretung durch einen Rechtsanwalt anfallen würde (vgl. Begr. § 13b RDG-E, BT-Drs. 19/20348, 51). 3

Beauftragung von Rechtsanwälten und Inkassodienstleistern

13f **[1]Beauftragt der Gläubiger einer Forderung mit deren Einziehung sowohl einen Inkassodienstleister als auch einen Rechtsanwalt, so kann er die ihm dadurch entstehenden Kosten nur bis zu der Höhe als Schaden ersetzt verlangen, wie sie entstanden wären, wenn er nur einen Rechtsanwalt beauftragt hätte. [2]Dies gilt für alle außergerichtlichen und gerichtlichen Aufträge. [3]Die Sätze 1 und 2 gelten nicht, wenn der Schuldner die Forderung erst nach der Beauftragung eines Inkassodienstleisters bestrit-**

ten hat und das Bestreiten Anlass für die Beauftragung eines Rechtsanwalts gegeben hat.

1 § 13f betrifft, wie § 13e, die Kostenerstattungspflicht des Schuldners bei Einschaltung eines Inkassodienstleisters. Die (durch das Gesetz zur Verbesserung des Verbraucherschutzes vom 22.12.2020, BGBl. I 3320, mWv 1.10.2021 geschaffene) Vorschrift soll eine schuldnerschädigende Kosten-Doppelung durch Inkassodienstleister und kooperierenden Vertragsanwalt (hierzu Zimmermann ZVI 2016, 421, „zweite Ernte") verhindern (vgl. Begr. § 13c RDG-E, BT-Drs. 19/20348, 52). Danach kann der Gläubiger grds. nicht mehr Kosten (als Verzugsschaden oder aufgrund eines gerichtlichen Kostenerstattungstitels) erstattet verlangen, als ihm bei Beauftragung lediglich des Rechtsanwalts entstanden wären. Anderes gilt lediglich nach S. 3, wenn die zusätzliche Beauftragung des Rechtsanwalts erst nachträglich erforderlich geworden ist (wofür der Gläubiger die Darlegungs- und Glaubhaftmachungslast trägt, OLG Dresden BeckRS 2022, 27966).

2. Einführungsgesetz zum Rechtsdienstleistungsgesetz (RDGEG)

Vom 12.12.2007 (BGBl. I 2840, 2846)
FNA 303-21
Zuletzt geändert durch Art. 5 Gesetz vom 10.8.2021 (BGBl. I 3415)
(Auszug)

Vergütung

4 **I Für die Vergütung der registrierten Erlaubnisinhaber mit Ausnahme der Frachtprüferinnen und Frachtprüfer gilt § 13d des Rechtsdienstleistungsgesetzes entsprechend.**

II Für die Erstattungsfähigkeit der Vergütung von Kammerrechtsbeiständen gilt § 13d Absatz 3 des Rechtsdienstleistungsgesetzes entsprechend.

1 Die Vorschrift betrifft (nach ihrer durch das Gesetz zur Verbesserung des Verbraucherschutzes vom 22.12.2020, BGBl. I 3320, mWv 1.10.2021 erfolgten Änderung nur noch) die Vergütung von zur Erbringung von Rechtsdienstleistungen Berechtigter, deren (Alt-)Berechtigung ausläuft **(„Altfälle").** Geregelt sind zwei Fälle:

2 **I** betrifft den **registrierten Erlaubnisinhaber.** Bei diesen handelt es sich um Personen, denen vor Inkrafttreten des RDG am 1.8.2008 nach dem früheren RBerG eine (sechs Monate nach Inkrafttreten des RDG erloschene, § 1 1 RDGEG) Erlaubnis zur Besorgung fremder Rechtsangelegenheiten erteilt worden war und die sich nach Inkrafttreten des RDG nach Maßgabe von § 1 RDGEG haben (vereinfacht) registrieren lassen. Gemeint sind nur Erlaubnisinhaber iSd § 1 I RDGEG, also solche, die nicht Mitglied einer Rechtsanwaltskammer sind („nicht verkammerte Erlaubnisinhaber"), wie sich jedenfalls aus II ergibt. Da diese nicht Rechtsanwälte iSd § 1 I 1 RVG sind, ist das RVG nicht unmittelbar auf sie anwendbar. Indessen ordnet I (wie zuvor § 4 I 1 aF) die entsprechende Anwendung des § 13d und damit die entsprechende Anwendung des **RVG** sowie in Bezug auf die Vergütung den berufsrechtlichen Pflichten eines Rechtsanwalts entsprechende gesetzliche Pflichten an (→ RDG § 13d Rn. 1 ff.). Ausdrücklich ausgenommen sind **Frachtprüfer** (dh Personen, denen nach Art. 1 § 1 1 Nr. 3 RBerG aF eine Erlaubnis für die Prüfung von Frachtrechnungen und die Verfolgung der sich hierbei ergebenden Frachterstattungsansprüche erteilt worden ist), für die keine gesetzlichen Vergütungsvorschriften bestehen und die Vergütung grds. frei vereinbaren können (vgl. Begr. Rechtsausschuss 5. BRAGO-ÄndG, BT-Drs. 8/4277, 21).

3 Für **Kammerrechtsbeistände,** dh Personen, denen (was bis 1980 möglich war) eine uneingeschränkte Erlaubnis zur geschäftsmäßigen Rechtsbesorgung erteilt worden war und die nach Maßgabe von § 209 BRAO Mitglied einer Rechtsanwaltskammer sind („verkammerter Erlaubnisinhaber"), bedarf es einer dem I entsprechenden Regelung nicht, da für sie das RVG bereits nach § 1 I 3 RVG unmittelbar gilt (→ RVG § 1 Rn. 11). Die im prozessualen **Kostenerstattungsrecht** für Rechtsanwälte enthaltenen Sonderregelungen für Rechtsanwälte (vgl. § 91 II ZPO, § 162 II VwGO, § 193 III SGG) beziehen sich indessen ausdrücklich nur auf diese, so dass **II** (lediglich) durch den Verweis auf § 13d III (→ RDG § 13d Rn. 3) regeln muss, dass diese Vorschriften auch für Kammerrechtsbeistände entspr. gelten (so auch bereits zuvor § 4 III aF).

3. Gesetz über die Vergütung von Vormündern und Betreuern (Vormünder- und Betreuervergütungsgesetz)

Vom 4.5.2021 (BGBl. I 882, 925)
FNA 400-34
Zuletzt geändert durch Art. 8 Gesetz vom 24.6.2022 (BGBl. I S. 959)

Vorbemerkung zu § 1

1 Vor Inkrafttreten des Gesetzes zur Reform des Rechts der Vormundschaft und Pflegschaft für Volljährige (Betreuungsgesetz) vom 12.9.1990 (BGBl. I S. 2002) am 1.1.1992, bestand nach § 1836 BGB aF ein Vergütungsanspruch nur in den Fällen, in denen das Mündelvermögen sowie der Umfang und die Bedeutung der Geschäfte dies rechtfertigten (BT-Drs. 13/715, 11).

2 Mit dem Urteil des BVerfG vom 1.7.1980 (BVerfGE 54, 251 = NJW 1980, 2179) wurde eine verfassungskonforme Auslegung der Norm gefordert, soweit ein Vormund in solchem Umfang mit der Führung von Vormundschaften und Pflegschaften betraut werde, dass er diese nur im Rahmen seiner anwaltlichen Berufsausübung wahrnehmen könne. Das Betreuungsgesetz trug diesen Vorgaben mit § 1836 II BGB aF Rechnung, indem ein tätigkeitsbezogener Vergütungsanspruch für Berufsvormünder geschaffen und unabhängig von den wirtschaftlichen Verhältnissen des Mündels gewährt wurde. Die Vergütungshöhe wurde jedoch an die Zeugenentschädigung geknüpft.

3 Das am 1.1.1999 in Kraft getretene Betreuungsrechtsänderungsgesetzes (BtÄndG) enthielt auch das Gesetz über die Vergütung von Berufsvormündern – Berufsvormündervergütungsgesetz (BVormG). Mit dem BVormG wurde die Ausrichtung der Vergütung an der beruflichen Qualifikation mit festen Regelstundensätzen eingeführt. Damit sollten insbesondere folgende Zwecke verfolgt werden: Einerseits sollte das Gericht infolge der eingeführten nutzbaren Fachkenntnisse nur einen „geeigneten" Vormund bestellen, da die Fachkenntnisse vergütungssteigernd wirken und das Gericht somit Schwierigkeiten des konkreten Falles berücksichtigen muss. Andererseits entfiel beim Vormund die Notwendigkeit, die für die beanspruchte Vergütung vorliegenden Schwierigkeiten konkret nachzuweisen (BT-Drs. 13/7158, 15).

4 Das frühere Gesetz über die Vergütung von Vormündern und Betreuern (Vormünder- und Betreuervergütungsgesetz – VBVG) trat am 1.7.2005 in Kraft (BGBl. I S. 1073, 1076) und löste beim Betreuer mit der Einführung der Pauschalvergütung der Pauschalvergütung das tätigkeitsbezogene Vergütungssystem ab. Die mit diesem Gesetz eingeführten pauschalen Vergütungssätze haben seit der Einführung keine Anpassung erfahren. Erst mit dem Gesetz zur Anpassung der Betreuer- und Vormündervergütung vom 22.6.2019, welches am 27.7.2019 in Kraft getreten ist, wurde die Vergütung um insgesamt 17 % angehoben. Zudem wurde das Vergütungssystem des Betreuers von Stundenpauschalen auf Fallpauschalen umgestellt. Dies soll nach den Vorstellungen des Gesetzgebers eine existenzsichernde Finanzierung der Berufsbetreuer und Betreuungsvereine sicherstellen. Die bisherigen Differenzierungskriterien der beruflichen Qualifikation des Betreuers, der Betreuungsdauer sowie der Vermögenssituation und des gewöhnlichen Aufenthalts des Betroffenen wurden beibehalten. Ferner wurden gesonderte monatliche Pauschalen bei Vermögensbetreuung und einmalige Übernahmepauschalen bei einem Betreuungswechsel eingeführt und neben der herkömmlichen stationären Heimunterbringung auch moderne Wohnformen berücksichtigt. Diese Änderungen berühren nicht nur die berufsmäßig tätigen Betreuer und Betreuungsvereine, sondern auch die Vergütung von Umgangspflegern, Vormündern und Verfahrenspflegern.

5 Nach Art. 3 Gesetz zur Anpassung der Betreuer- und Vormündervergütung sollen die durch dieses Gesetz geschaffenen Vorschriften insbesondere im Hinblick auf die Angemessenheit der Fallpauschalen über einen Zeitraum von vier Jahren evaluiert werden. Das Bundesministerium der Justiz und für Verbraucherschutz hat einen Bericht über die Ergebnisse der Evaluierung bis zum 31.12.2024 zu veröffentlichen.

Zum 1.1.2023 traten im Rahmen des **Gesetzes zur Reform des Vormundschafts- und Betreuungsrechts** erneute Änderungen in Kraft. Im Zuge der Gesetzesnovelle wird die bisherige Regelungstechnik, wonach die in Abschnitt 1 des VBVG enthaltenen allgemeinen Vorschriften über die Verweisungskette der §§ 1908i Abs. 1 S. 1, 1836 Abs. 1 S. 2 und 3 BGB aF für den berufsmäßig tätigen Betreuer Anwendung fanden, aufgegeben. Die Regelungen der Vergütungs- und Aufwendungsersatzansprüche von Vormündern Pflegern und Betreuern werden nun infolge der inhaltlichen Unterschiede im VBVG voneinander getrennt geregelt. Währenddessen sind die Ansprüche auf Aufwendungsersatz und Aufwandspauschale ehrenamtlicher Fürsorgepersonen sowie die Möglichkeit, diesen eine Ermessensvergütung zu gewähren einheitlich im BGB geregelt. Insoweit sind für ehrenamtliche Fürsorgepersonen Erleichterungen bei der Geltendmachung des pauschalen Aufwendungsersatzes eingeführt worden. 6

Abschnitt 1. Vergütung und Aufwendungsersatz des Vormunds

Berufsmäßigkeit; Vergütung und Aufwendungsersatz

1 I [1] **Das Familiengericht stellt die Berufsmäßigkeit im Sinne von § 1808 Absatz 3 des Bürgerlichen Gesetzbuchs fest, wenn dem Vormund in einem solchen Umfang Vormundschaften übertragen sind, dass er sie nur im Rahmen seiner Berufsausübung führen kann, oder wenn zu erwarten ist, dass ihm in absehbarer Zeit in einem solchen Umfang Vormundschaften übertragen sein werden. [2] Berufsmäßigkeit liegt im Regelfall vor, wenn der Vormund mehr als zehn Vormundschaften führt oder für die Führung der Vormundschaft voraussichtlich mindestens 20 Wochenstunden erforderlich sind.**

II **Unabhängig von den Voraussetzungen nach Absatz 1 liegt Berufsmäßigkeit vor, wenn ein Vereinsvormund oder das Jugendamt als Vormund oder ein Vormundschaftsverein oder das Jugendamt als vorläufiger Vormund bestellt wird.**

III [1] **Stellt das Familiengericht die Berufsmäßigkeit nach Absatz 1 Satz 1 fest oder liegt Berufsmäßigkeit gemäß Absatz 2 vor, kann der Vormund vom Mündel Vergütung und Aufwendungsersatz nach Maßgabe der nachstehenden Bestimmungen verlangen. [2] Das Gericht hat die Zahlung zu bewilligen.**

Schrifttum: Bestelmeyer, Vergütungsrechtliche Konsequenzen der fehlenden Feststellung der Berufsmäßigkeit des Betreuer-, Vormunds- oder (Nachlass-)Pflegeramtes, FGPrax 2014, 93; Deinert/Lütgens; Felix, Die Vergütung von berufsmäßigen Verfahrenspflegern und Verfahrensbeiständen, Rpfleger 2016, 189; Keuter, Zur Vergütung des Umgangspflegers: Anwesenheit auch bei der Durchführung des Umgangs; Berücksichtigung des Vertrauensgrundsatzes bei der Rückforderung überzahlter Vergütung, FamRZ 2019, 202; Keuter, Ausschlussfrist der Verfahrensbeistandsvergütung, ZKJ 2017, 69; ders., Gebührenrechtliche Stolpersteine für den Verfahrensbeistand, FamRZ 2018, 14; Schwamb, Keine Rückforderung überzahlter Vergütung vom Umgangspfleger bei Vertrauensschutz, NZFam 2019, 89; Zimmermann, Probleme der Nachlassverwaltervergütung, ZEV 2007, 519.

Übersicht

1 **I. Normzweck.** Im Zuge des **Gesetzes zur Reform des Vormundschafts- und Betreuungsrechts 2023** ist die bisherige Regelungstechnik, wonach die in Abschnitt 1 enthaltenen allgemeinen Vorschriften über die Verweisungskette der §§ 1908i I 1, 1836 I 2 und 3 für den berufsmäßig tätigen Betreuer Anwendung fanden, aufgegeben worden. Die Regelungen der Vergütungs- und Aufwendungsersatzansprüche von Vormündern und Betreuern sind infolge der inhaltlichen Unterschiede nun voneinander getrennt geregelt. Abschnitt I des VBVG regelt in den §§ 1–6 die Vergütung und den Aufwendungsersatz des Vormunds, des Vormundschaftsvereins und des Jugendamts.

2 Die Regelung des § 1 I greift das in § 1808 I BGB enthaltene gesetzgeberische Leitbild der ehrenamtlichen und damit **unentgeltlichen Amtsführung des Vormunds** auf. Zugleich regelt § 1808 III BGB die Ausnahme der entgeltlichen Amtsführung, wenn die Vormundschaft berufsmäßig geführt wird, indem sich die Voraussetzungen für das Vorliegen der Berufsmäßigkeit nach § 1808 III BGB iVm § 1 I VBVG bestimmen. Liegen die Voraussetzungen für das Vorliegen einer berufsmäßigen Ausübung vor und diese durch das Gericht festgestellt worden, enthält III 1 für den Vormund und Pfleger die **Anspruchsgrundlage** für die Zahlung einer Vergütung und des Aufwendungsersatzes.

3 **II. Anwendungsbereich des Abschnitts 1.** Mit Inkrafttreten des Gesetzes zur Reform des Vormundschafts- und Betreuungsrechts 2023 sind die Pflegschaften für Minderjährige nach §§ 1776, 1809, 1810, 1811 BGB systematisch zwischen Vormundschaft und Betreuung angesiedelt und die **sonstigen Pflegschaften** nebst der Nachlasspflegschaft werden in den Betreuungsvorschriften geregelt. Die Nachlasspflegschaft wird weiterhin im Erbrecht geregelt, ist aber eine sonstige Pflegschaft.

4 Aus vergütungsrechtlicher Sicht ist deshalb etwas Licht in das entstandene Verweisungsdickicht zu bringen. Der sachliche und persönliche Anwendungsbereich des Abschnitts 1 und damit auch des § 1 erstreckt sich gem. § 1808 III 2 BGB auf die Vormundschaft und wird infolge von Verweisungen auf folgende Pflegschaften erweitert:

- Abwesenheitspflegschaft, §§ 1884, 1888 II BGB
- Ergänzungspflegschaft, §§ 1809, 1813, 1808 III BGB
- Nachlasspflegschaft, §§ 1960, 1961, 1885, 1888 II BGB
- Pflegschaften für unbekannte Beteiligte, §§ 1882, 1888 II BGB
- Pflegschaften für gesammeltes Vermögen, §§ 1883, 1888 II BGB
- Pflegschaft für ein ungeborenes Kind, §§ 1810, 1813, 1808 III BGB
- Umgangspflegschaft, §§ 1684 III 6, 1808 III BGB iVm § 277 II FamFG
- Zusätzlicher Pfleger nach §§ 1776, 1813, 1808 III BGB
- Zuwendungspflegschaft, §§ 1811, 1813, 1808 III BGB
- Verfahrensbeistand, §§ 158c, 277 FamFG
- Verfahrenspflegschaft, § 277 II FamFG

5 Die **Beistandschaft des Jugendamts** (§§ 1712 f. BGB) ist ebenfalls Pflegschaft, so dass über §§ 1716 2, 1813 BGB auch § 1808 III BGB Anwendung findet. Gemäß § 6 I steht dem Jugendamt allerdings kein Vergütungsanspruch zu.

6 **1. Zusätzlicher Pfleger (§ 1776 BGB).** Nach § 1776 I BGB kann das Familiengericht bei Bestellung eines ehrenamtlichen Vormunds mit dessen Einverständnis einzelne oder eine bestimmte Art von Sorgeangelegenheiten auf einen Pfleger übertragen, wenn die Übertragung dieser Angelegenheiten dem Wohl des Mündels dient. Die Übertragung ist auch nachträglich möglich, wenn der Vormund zustimmt.

§ 1776 ermöglicht es somit, bei einer Vormundschaft, welche ehrenamtlich geführt wird, komplexe oder konfliktträchtige Sorgerechtsbereiche auf einen zusätzlichen Pfleger zu übertragen (BT-Drs. 19/24445, 188). Der zusätzliche Pfleger besorgt die ihm übertragenen Angelegenheiten des Mündels und vertritt den Mündel, §§ 1776 III 1, 1813 I, 1789 I und II BGB. Die **Bestellung des zusätzlichen Pflegers** erfolgt gem. § 1776 III BGB nach den Vorschriften über die Pflegschaft für Minderjährige (§§ 1809 ff. BGB).

Für den zusätzlichen Pfleger gelten gem. § 1776 III 1 BGB die Vorschriften über die Pflegschaft für Minderjährige entsprechend. Demnach gelangt über § 1813 I BGB auch § 1808 BGB zur Anwendung, demgemäß dem zusätzlichen Pfleger bei berufsmäßiger Führung der Pflegschaft ein **Anspruch auf Vergütung und Aufwendungsersatz** nach dem VBVG zusteht. 7

2. Pflegeperson als Pfleger (§ 1777 BGB). § 1777 BGB soll die Möglichkeit einräumen, Sorgeangelegenheiten auf die Pflegeperson des Mündels als Pfleger zu übertragen. Hierdurch soll die Stellung der Pflegeperson gestärkt werden. Die Möglichkeit, die Pflegeperson oder Pflegeeltern des Mündels selbst zum Vormund zu bestellen, wird durch die vorgeschlagene Regelung ebenfalls nicht ausgeschlossen (vgl. vorgehend BT-Drs. 19/24445, 192). 8

Nach § 1777 IV 2 BGB gelten für die zum Pfleger bestellte Pflegeperson grundsätzlich die Vorschriften über die Pflegschaft für Minderjährige entsprechend. Demzufolge steht der zum Pfleger bestellten **ehrenamtlichen Pflegeperson** ein Anspruch auf Aufwendungsersatz oder die Aufwandspauschale nach den §§ 1808 II, 1877, 1878 BGB zu. Einen Anspruch auf Vergütung nach dem VBVG dürfte jedoch ausscheiden, da bei der zum Pfleger bestellten Pflegeperson die Voraussetzungen für eine berufsmäßige Übernahme der Pflegschaft regelmäßig nicht vorliegen dürften (BT-Drs. 19/24445, 194). 9

3. Nachlasspflegschaft und Zuwendungspflegschaft. Für die Nachlasspflegschaften findet nun, wie für die sonstigen Pflegschaften nach §§ 1882 ff. BGB, das Betreuungsrecht Anwendung, sofern sich aus dem Gesetz nichts anderes ergibt (BT-Drs. 19/24445, 315). Nach § 1888 II 1 BGB richten sich die Ansprüche des berufsmäßig tätigen Nachlasspflegers nach den §§ 1 bis 6, wenn der Nachlass **mittellos** ist. Ist der Nachlass vermögend, finden die Stundensätze des VBVG keine Anwendung und die Höhe des Stundensatzes bemisst sich nach den für die Führung der Pflegschaftsgeschäfte nutzbaren Fachkenntnissen des Pflegers sowie nach Umfang und Schwierigkeit der Pflegschaftsgeschäfte. 10

Beim Vergütungsanspruch in der **Zuwendungspflegschaft** ist § 1811 IV BGB zu beachten, wonach bei einem vermögenden Pflegling die Höhe des Stundensatzes nach den für die Führung der Pflegschaftsgeschäfte nutzbaren Fachkenntnissen des Pflegers sowie nach dem Umfang und der Schwierigkeit der Pflegschaftsgeschäfte bemessen wird. Diese Ausnahme ist **ausschließlich** für die Zuwendungspflegschaft vorgesehen, nicht hingegen für die Pflegschaften nach §§ 1809, 1810 BGB, weil die Tätigkeit des Zuwendungspflegers mehr derjenigen eines Nachlasspflegers entspricht und unter Umständen sehr aufwendig sein kann (BT-Drs. 19/24445, 226). Die Stundensätze des VBVG für den Vormund gelangen dann zur Anwendung, wenn der Pflegling **mittellos** ist. 11

4. Nachlassverwaltung. Die Nachlassverwaltung stellt gem. § 1975 BGB eine besondere Form der Pflegschaft dar. **Grundlage des Vergütungsanspruchs** des Nachlassverwalters ist § 1987 BGB, der den Vergütungsanspruch des Nachlassverwalters dem Grund und der Höhe nach eigenständig und abschließend regelt (BGH NJW 2018, 2960). 12

Literatur und Rechtsprechung streiten allerdings über die zur **Bestimmung der Vergütungshöhe** anzuwendenden Norm. Die **überwiegende Ansicht** entscheidet sich für die analoge Anwendung des § 1915 I 2 BGB aF und somit für die Abrechnung nach Zeitaufwand und Stundensätzen (OLG Celle FGPrax 2021, 175; OLG Schleswig ZErb 2016, 298; OLG Zweibrücken ZEV 2007, 528; OLG München OLG-Report München 2006, 474 (475) = NJOZ 2006, 1848; jurisPK-BGB/Klinck BGB § 1987 Rn. 5 mwN; Zimmermann ZEV 2007, 519; **aA** Staudinger/Dobler BGB § 1987 Rn. 2 f.). Hierfür werden die in § 3 aufgeführten Stundensätze als Mindestsätze angesetzt und die Vergütung aufgrund Umfang, Schwierigkeit und 13 nutzbarem Fachwissen erhöht. Ist der Nachlass mittellos, verbleibt es bei den Stundensätzen des § 3 (OLG-Report München 2006, 474 = NJOZ 2006, 1848).

14 Problematisch an der (analogen oder unmittelbaren) Anwendung des § 1915 BGB aF ist zunächst die Tatsache, dass § 1987 BGB als lex specialis vorgeht, auch wenn die Ausgestaltung des Vergütungsanspruchs nicht näher geregelt wird. Der in § 1987 BGB verwendete Begriff einer „angemessenen Vergütung" ist erfüllt, wenn die Vergütung unter Berücksichtigung aller Umstände des Einzelfalls der Billigkeit entspricht. Indem § 1987 BGB keine Kriterien zur Angemessenheit enthält, stellt es weder eine Ermessensüberschreitung noch eine ermessensfehlerhafte Ausübung dar, wenn zur Bemessung der Vergütung des Nachlassverwalters auf die in § 1915 I 2 BGB aF für die Vergütung des Pflegers genannten Kriterien der für die Führung der Pflegschaft nutzbaren Fachkenntnisse sowie auf Umfang und Schwierigkeit der Pflegschaft als **Orientierung oder Leitlinie** zurückgegriffen wird (BGH NJW 2018, 2960; zutreffend auch Staudinger/Dobler BGB § 1987 Rn. 2 f.). Eine solche Orientierung an bereits gesetzlich aufgestellten Kriterien zur Bemessung eines nicht näher bestimmten aber vergleichbaren Vergütungsanspruchs stellt allerdings keine analoge oder unmittelbare Anwendung des § 1915 BGB aF dar.

15 Nach dem Inkrafttreten des Gesetzes zur Reform des Vormundschafts- und Betreuungsrechts ist es nun fraglich, welche Norm als Leitlinie bzw. Orientierung nach dem Wegfall des § 1915 BGB aF heranzuziehen ist. Die Verweisungsnorm des §§ 1813 kommt nicht in Betracht, da diese nur die Pflegschaften nach §§ 1809 ff. BGB umfasst. Andererseits fehlt es an einer der § 1915 I 2 BGB aF entsprechenden Regelung, die den Vergütungsanspruch bei vorhandenem Vermögen regelt.

16 Als **neue Orientierungsvorschrift** könnte nun **§ 1888 BGB** herangezogen werden, der die Vorschriften des Betreuungsrechts auf sonstige Pflegschaften für entsprechend anwendbar erklärt, soweit sich aus dem Gesetz nicht ein anderes ergibt. Ausweislich des § 1975 ist die Nachlassverwaltung eine Nachlasspflegschaft, die zum Zwecke der Befriedigung der Nachlassgläubiger angeordnet wird. Für Nachlasspflegschaften findet das Betreuungsrecht Anwendung (→ Rn. 10). Nach § 1888 II 2 BGB bemisst sich die Höhe des Stundensatzes nach den für die Führung der Pflegschaftsgeschäfte nutzbaren Fachkenntnissen des Pflegers sowie nach dem Umfang und der Schwierigkeit der Pflegschaftsgeschäfte, was insoweit der Regelung des § 1915 I 2 BGB aF entspricht.

17 **5. Verfahrensbeistand.** Wird die Verfahrensbeistandschaft berufsmäßig geführt, erhält der Verfahrensbeistand je nach übertragenem Aufgabenkreis entweder eine **Pauschalvergütung** in Höhe von 350 EUR oder 550 EUR. Dieser Vergütungsanspruch ist in § 158c FamFG eigenständig geregelt, so dass es keiner Verweisung ins VBVG bedarf. Zum Vergütungsanspruch des Verfahrensbeistands wird auf die Kommentierung zu → FamFG § 158c Rn. 1 ff. verwiesen. Zur Beurteilung des Vorliegens der Berufsmäßigkeit wird auf die Ausführungen zu → Rn. 28 ff. verwiesen.

18 **6. Betreuungsgerichtliche Zuweisungssachen (§ 340 FamFG).** Die Regelungen der §§ 1–6 finden neben den sonstigen Pflegschaften nach §§ 1882 ff. BGB auch auf die Verfahren nach § 340 Nr. 2 FamFG zur Bestellung eines sonstigen Vertreters für einen Volljährigen Anwendung. Hierzu zählen die Bestellungen nach § 17 SachenRBerG, § 207 BauGB, § 15 SGB X, 16 VwVfG, § 81 AO und § 119 FlurbG. Für diese Verfahren gelangen aufgrund der jeweiligen Verweisung auf § 1888 BGB auch die §§ 1 bis 6 zur Anwendung, wenn der Vertreter sein Amt berufsmäßig ausübt.

19 Für die Verfahren nach § 15 SGB X hat der Vertreter gem. § 15 Abs. 2 SGB X allerdings einen eigenen Anspruch gegen die Behörde, der neben einer angemessenen Vergütung ferner den Anspruch auf Erstattung seiner in bar berechenbaren Auslagen umfasst, wozu u. a. Kosten für Schreibarbeiten, Porto-, Telefon, Reisekosten sowie auch möglicher Verdienstausfall zählen. Gleiches gilt für den Vertreter nach § 16 VwVfG (§ 16 Abs. 3 VwVfG), § 81 AO (§ 81 Abs. 3 AO) und nach § 119 FlurbG (§ 119 Abs. 3 FlurbG).

20 **III. Berufsmäßigkeit der Amtsausübung (I und II).** Die „Berufsmäßigkeit" der Amtsausübung durch den Vormund wird weder in § 1808 BGB noch in § 1 definiert. Vielmehr beinhaltet die Vorgabe in § 1 I 2 eine unwiderlegbare auf die

Menge der Geschäfte abstellende Annahme der Berufsmäßigkeit, wenn die (bisherige) Tätigkeit die zeitliche Arbeitsbelastung einer ehrenamtlichen Ausübung **übersteigt.** Berufsmäßigkeit ist nach § 1 I 1 ebenso anzunehmen, wenn zu erwarten ist, dass der zu bestellenden Person in absehbarer Zeit Verfahren in diesem Umfang übertragen werden.

Handelt es sich bei der zu bestellenden Person um einen **Vereinsvormund** oder **21** wird das **Jugendamt als Vormund** (beachte aber § 6) oder ein **Vormundschaftsverein** als vorläufiger Vormund bestellt, liegt gem. § 1 II unabhängig von der in § 1 I geregelten Menge und/oder des Umfangs der geführten Vormundschaften Berufsmäßigkeit vor und es besteht ein Anspruch auf Vergütung und Ersatz der Aufwendungen. Damit folgt die neu eingeführte Regelung des § 1 II der neuen Systematik, wonach sich die Ansprüche aller als Vormund berufsmäßig tätigen natürlichen oder juristischen Personen nach dem VBVG und nicht mehr nach dem BGB richten (BT-Drs. 19/24445, 388).

Die Feststellung der Berufsmäßigkeit ist ebenso zu treffen, wenn der dem Vormund **22** übertragene Aufgabenkreis ohnehin **zu seiner Berufstätigkeit gehört,** ihm also die Vormundschaft in dieser Eigenschaft übertragen wird (zB Rechtsanwalt oder Steuerberater mit dem Aufgabenkreis Vermögenssorge, vgl. BT-Drs. 13/10331, 27; OLG Hamm NJW 2006, 3436; OLG Zweibrücken FGPrax 2000, 62).

1. Umgangspfleger (§ 1684 BGB). Die Regelung des § 1684 BGB enthält für **23** den Umgangspfleger keine eigene Definition der Berufsmäßigkeit. § 1684 III 6 verweist für den Vergütungs- und Aufwendungsersatzanspruch auf § 277 FamFG. Bis zum Inkrafttreten des Gesetzes zur Reform des Vormundschafts- und Betreuungsrechts enthielt § 277 II 2 FamFG aF einen Verweis auf § 1 der die Ausführungen zur Berufsmäßigkeit enthielt und weiterhin enthält. In seiner neuen Fassung verweist § 277 FamFG nur noch auf die §§ 2 II 1 und 3 bis 5 VBVG.

Mit der Einführung der Umgangspflegschaft durch das FGG-Reformgesetz sollte **24** die Pflegschaft mit dem Aufgabenkreis der Durchführung des Umgangs („Umgangspflegschaft") ausdrücklich gesetzlich geregelt werden. Demgemäß sind auf die Umgangspflegschaft die Vorschriften über die Pflegschaft entsprechend anwendbar (BT-Drs. 16/6308, 345, 346). Die Berufsmäßigkeit sowie die vergütungsrechtlichen Ansprüche des Umgangspflegers bestimmen sich somit gem. § 1808 III 2 BGB nach dem VBVG. Eine andere Möglichkeit besteht über den Umweg des § 3 I, der auf § 277 II 2 FamFG verweist. § 3 I nimmt insoweit Bezug auf die zu bewilligende Vergütung nach § 1 III, wenn die Berufsmäßigkeit nach § 1 I 1 oder II vorliegt.

2. Verfahrenspfleger (§§ 276 ff. FamFG). Wird die Verfahrenspflegschaft be- **25** rufsmäßig geführt, ist dies gem. § 277 II 1 FamFG in der Bestellungsentscheidung festzustellen. Die Vergütungs- und Aufwendungsersatzansprüche richten sich gem. § 277 II 2 FamFG nach § 2 II 1 und 3 bis 5 VBVG. Während § 277 II FamFG aF einen Verweis auf 1 VBVG enthielt, der die Annahme des Vorliegens der Berufsmäßigkeit regelte, ist nach dem Inkrafttreten des Gesetzes zur Reform des Vormundschafts- und Betreuungsrechts ein Verweis auf § 1 nicht mehr enthalten. Fraglich ist daher, welche Regelung zur Beurteilung des Vorliegens der Berufsmäßigkeit heranzuziehen ist.

§ 277 II 2 FamFG verweist zwar nicht auf § 1 I aber auf § 3 I, der wiederum auf **26** die zu bewilligende Vergütung nach § 1 III Bezug nimmt, wonach ein Anspruch auf Vergütung und Aufwendungsersatz nach den §§ 2 ff. besteht, wenn Berufsmäßigkeit nach § 1 I 1 oder II vorliegt. Demgemäß gelangt § 1 I ebenso für die Beurteilung des Vorliegens der Berufsmäßigkeit für den Verfahrenspfleger zur Anwendung, so dass eine berufsmäßige Ausübung angenommen werden kann, wenn der Verfahrenspfleger mehr als zehn Verfahrenspflegschaften führt bzw. geführt hat oder für die Führung der Verfahrenspflegschaft voraussichtlich mindestens 20 Wochenstunden erforderlich sind.

Eine berufsmäßige Ausübung kann unabhängig vom Umfang der Tätigkeit dann **27** gegeben sein, wenn die Bestellung aufgrund der **beruflichen Tätigkeit** (zB Rechtsanwalt oder Steuerberater) erfolgt. Wird etwa ein Rechtsanwalt zum Verfahrenspfleger bestellt, der nicht die Mindestanforderungen des § 1 I 2 erfüllt, ist dennoch von einer berufsmäßigen Führung des Amtes auszugehen, wenn dem Anwalt die

Verfahrenspflegschaft im Hinblick auf seine berufliche Qualifikation übertragen wurde (Felix Rpfleger 2016, 189 (190) mwN).

28 **3. Verfahrensbeistand (§§ 158 ff. FamFG).** Vor der Gesetzesnovelle wurde zur Beurteilung der Berufsmäßigkeit die Regelung des § 277 II FamFG analog angewendet (hierzu → 51. Aufl. 2001, § 1), da § 277 II FamFG aF ua auf § 1 VBVG aF verwies. Nach dem Inkrafttreten des Gesetzes zur Reform des Vormundschafts- und Betreuungsrechts stellt sich ebenso für den Verfahrensbeistand die Frage, nach welchen Kriterien das Vorliegen der Berufsmäßigkeit beurteilt werden soll.

29 § 158c FamFG enthält auch nach neuem Recht weder eine eigene Definition der Berufsmäßigkeit noch wird auf entsprechende Vorschriften verwiesen. In der ursprünglichen Fassung des § 158 VII FamFG-E sollte für Aufwendungsersatz und Vergütung § 277 entsprechend gelten (BT-Drs. 16/6308, 40, 238). Erst mit dem Bericht des Rechtsausschusses vom 23.6.2008 und damit kurz vor Verabschiedung des FamFG wurde § 158 VII FamFG aF in seiner damaligen Auffassung aufgenommen (siehe BT-Drs. 16/9733, 75).

30 Da die Regelungslücke auch nicht durch das Gesetz zur Bekämpfung sexualisierter Gewalt gegen Kinder geschlossen wurde, ist zur Beurteilung des Vorliegens der Berufsmäßigkeit weiterhin § 277 FamFG analog anzuwenden. § 277 II 2 FamFG verweist zwar nicht auf § 1 I aber auf § 3 I, der wiederum die zu bewilligende Vergütung nach § 1 III in Bezug nimmt, wonach ein Anspruch auf Vergütung und Aufwendungsersatz nach den §§ 2 ff. besteht, wenn Berufsmäßigkeit nach § 1 I 1 oder II vorliegt.

31 **IV. Bewilligung der Vergütung (III).** Der Anspruch des Vormunds, Pflegers oder Verfahrensbeistands auf Vergütung und Aufwendungsersatz und dessen Bewilligung durch das Gericht setzt zunächst die **Feststellung der berufsmäßigen Ausübung** voraus. Zudem stellt die Regelung des III 2 klar, dass der Anspruch auf Vergütung und Aufwendungsersatz auch in den Fällen nicht unmittelbar gegen den Mündel oder den Pflegling geltend gemacht werden kann, wenn dieser vermögend ist, sondern ausschließlich das Gericht die Zahlungen zu bewilligen hat. Die Höhe der zu bewilligenden Vergütung bestimmt sich nach § 3 ff. und das Festsetzungsverfahren nach §§ 168d, 168 f, 292 I und III bis VI FamFG.

32 **1. Entfall der Verpflichtung als konstitutives Bestellungselement.** Mit dem Inkrafttreten des Gesetzes zur Reform des Vormundschafts- und Betreuungsrechts ist die bei den berufsmäßig tätigen Vormündern und Pflegern bisher durchzuführende Verpflichtung als konstitutives und damit anspruchsbegründendes Bestellungselement entfallen. Dies führt dazu, dass der Vergütungsanspruch des Vormunds oder Pflegers mit der wirksamen Bekanntgabe des Bestellungsbeschlusses entsteht (§ 168a Abs. 2 FamFG). Eine **vor Wirksamkeit der Bekanntgabe** des Bestellungsbeschlusses ausgeführte Tätigkeit ist nicht vergütungsfähig. Dies gilt auch in den Fällen, in denen Tätigkeiten auf Veranlassung des Gerichts erfolgten (OLG Brandenburg FamRZ 2009, 1169 = BeckRS 2009, 4201; OLG Schleswig NJW-RR 1999, 660). Um das Bestehen der Rechte und Pflichten und somit auch des Vergütungsanspruchs des Vormunds oder Pflegers beurteilen zu können, ist zwischen formell-rechtlicher Wirksamkeit und materiell-rechtlicher Verpflichtung zu unterscheiden:

33 **a) Formell-rechtliche Wirksamkeit.** Formell-rechtlich bestehen die Rechte und Pflichten des Vormunds oder Pflegers ab dem Zeitpunkt der wirksamen Bekanntgabe des Einheitsbeschlusses, der sowohl die Anordnungs- als auch die Bestellungsentscheidung enthält. Für die **Vormundschaft und die Pflegschaften für Minderjährige** (§§ 1776, 1809, 1810 und 1811 BGB) ergibt sich dies aus §§ 168f, 168a II FamFG, wonach die Beschlüsse über Inhalt oder Bestand der Bestellung eines Vormunds oder Pflegers mit Bekanntgabe an diesen wirksam werden; die Regelung des § 287 II FamFG (sofortige Wirksamkeit) gilt entsprechend.

34 Für die **sonstigen Pflegschaften** nach §§ 1882, 1883, 1884 BGB bestimmt sich die Wirksamkeit nach §§ 340, 287 II FamFG. Die **Nachlasspflegschaft** ist zwar keine betreuungsgerichtliche Zuweisungssache iSd § 340 FamFG (hierzu OLG Köln FamRZ 2018, 534 = FGPrax 2018, 83), doch gelten für das Verfahren der Nachlasspflegschaft die Vorschriften des Allgemeinen Teils sowie über § 340 FamFG die Vorschriften des Buches 3. Die sachliche Zuständigkeit des Nachlassgerichts ergibt

sich aus § 23a I Nr. 2, II Nr. 2 GVG iVm § 1962 BGB (BT-Drs. 16/6308, 283; siehe auch Felix Rpfleger 2016, 189).

b) Verpflichtung. Von der formell-rechtlichen Wirksamkeit ist die im materiellen Recht geregelte Verpflichtung zu unterscheiden. Die für Vormünder und Pfleger in § 1789 BGB aF bisher geregelte Verpflichtung ist als konstitutives Bestellungselement und damit auch als Voraussetzung für den Vergütungsanspruch entfallen. Für die **Vormundschaft** und für die **Pflegschaften bei Minderjährigen** nach §§ 1776, 1809, 1810, 1811 BGB ergibt sich dies aus §§ 1813, 1802 I 2, 1861 II BGB und §§ 168a II 1, 168f FamFG, wonach zwar eine Verpflichtung der ehrenamtlichen Vormünder und Pfleger vorgenommen werden muss, diese aber für den Vergütungsanspruch der berufsmäßig tätigen Fürsorgepersonen nicht von konstitutiver Natur ist und der Anordnungs- und Bestellungsbeschluss mit Bekanntgabe wirksam wird. Dergleichen gilt gem. §§ 1888 I, 1861 II BGB für die **sonstigen Pflegschaften** nach §§ 1882, 1883, 1884 BGB sowie die **Nachlasspflegschaften** nach §§ 1885, 1960, 1961 BGB. 35

c) Verfahrenspfleger und Umgangspfleger. Für den **berufsmäßigen Verfahrenspfleger** genügt die gerichtliche Feststellung der berufsmäßigen Amtsausübung im Bestellungsbeschluss nach § 277 II 1 FamFG. Eine Verpflichtung des Verfahrenspflegers ist gesetzlich nicht vorgesehen. 36

Auch beim **Umgangspfleger** führt, wie bei den übrigen Pflegschaften, die formell-rechtliche Wirksamkeit der Beschlussbekanntgabe dazu, dass es einer Verpflichtung des (berufsmäßigen) Umgangspflegers nicht mehr bedarf. Die obergerichtliche Rechtsprechung zu dieser Problematik ist daher überholt (siehe zB BGH NJW-RR 2017, 1350). Unabhängig davon ist aber zu beachten, dass ein **Tätigwerden vor der wirksamen Beschlussbekanntgabe** keine Ansprüche auf Vergütung oder Aufwendungsersatz auslöst. Dies gilt auch in den Fällen, in denen der Umgangspfleger auf Veranlassung des Gerichts tätig geworden ist (zur alten Rechtslage siehe BGH FamRZ 2020, 601 = BeckRS 2020, 1967 Rn. 9). 37

2. Feststellung der Berufsmäßigkeit. Die Feststellung der Berufsmäßigkeit trifft das bestellende Gericht im Rahmen des Anordnungs- und Bestellungsbeschusses nach §§ 168a I Nr. 1, 168f, 277 II 1 FamFG. Für die **betreuungsgerichtlichen Zuweisungssachen** fehlt dem Gesetz – mit Ausnahme der Regelung der örtlichen Zuständigkeit (§ 341 FamFG) – jedwede Bestimmung zum anwendbaren Verfahrensrecht. Im Hinblick auf die Feststellung der Berufsmäßigkeit im Anordnungs- und Bestellungsbeschluss kann hier auf § 286 I Nr. 4 FamFG zurückgegriffen werden (siehe zur Problematik im allgemeinen BGH NVwZ-RR 2012, 360). Zumindest könnte nun aufgrund des § 1888 I BGB die Annahme naheliegen, dass infolge der Anwendung des materiellen Betreuungsrechts auch die Anwendung des formellen Betreuungsrechts in Betracht gezogen werden kann (anders noch BGH NJW-RR 2018, 1479). 38

Die Feststellung der berufsmäßigen Ausübung ist für den Vergütungsanspruch der vom Abschnitt I erfassten Vormünder, Pfleger und des Verfahrensbeistandes von **konstitutiver Bedeutung.** Die gerichtliche Feststellung steht somit einer **rückwirkenden Aberkennung** der berufsmäßigen Amtsausübung entgegen (BayObLGZ 1999, 294 = NJW-RR 2001, 580). 39

Die gerichtliche Feststellung begründet nur in dem **konkreten Verfahren** einen entsprechenden Vergütungsanspruch. Eine pauschale Feststellung, mit Wirkung für alle in Zukunft folgende Bestellungen oder Verfahren, ist damit nicht verbunden (Felix Rpfleger 2016, 189 (190)). Ebenso begründet eine durch Dritte oder durch die Amtsperson selbst verliehene Bezeichnung als Berufspfleger oder Berufsbetreuer ohne gerichtliche Feststellung keinen Vergütungsanspruch. 40

Der nach Feststellung bestehende Vergütungsanspruch richtet sich grundsätzlich gegen die von der Maßnahme betroffene Person. Diese schuldet die Vergütung jedoch nicht, wenn sie mittellos ist. Für die Bestimmung der Mittellosigkeit ist zwischen Nachlasspflegschaften einerseits und Vormundschaften sowie Pflegschaften andererseits zu unterscheiden; zur Bestimmung des Vermögensstatus wird auf die Ausführungen zu → § 2 Rn. 7 ff. verwiesen. 41

42 **3. Rückwirkende Feststellung der Berufsmäßigkeit.** Die Feststellung der berufsmäßigen Amtsausübung ist grundsätzlich nur mit Wirkung für die Zukunft möglich (BGH NJW 2014, 863 Rn. 17). Eine rückwirkende Feststellung kann selbst dann nicht erfolgen, wenn das Gericht die Feststellung versehentlich unterlassen hat. Eine mit Rückwirkung versehene Beschlusskorrektur kann ausschließlich unter den Voraussetzungen der **Beschlussberichtigung** nach § 42 FamFG erfolgen (BGH NJW 2014, 863 Rn. 10).

43 Gleichwohl kann die Feststellung der Berufsmäßigkeit auch nach der Bestellung erfolgen (zB Wechsel vom Ehrenamt in die berufliche Ausübung). Diese **nachträgliche Feststellung** wirkt nicht auf den ursprüngliche Bestellungszeitpunkt zurück, sondern auf den Eingangszeitpunkt des Antrages auf Feststellung der Berufsmäßigkeit.

44 Lehnt das Gericht eine Entscheidung über die berufsmäßige Amtsausübung ab, kann die Amtsperson hiergegen die **befristete Beschwerde** nach §§ 58 ff. FamFG erheben. Dies ermöglicht eine Überprüfung im zeitlichen Zusammenhang zur Bestellung und führt zu einer Rückwirkung auf den Zeitpunkt der angefochtenen Entscheidung bzw. auf den Bestellungszeitpunkt (BGH NJW 2014, 863 Rn. 25).

Zahlung aus der Staatskasse und Rückgriff, Erlöschen und Geltendmachung der Ansprüche

2 I **Ist der Mündel mittellos im Sinne von § 1880 des Bürgerlichen Gesetzbuchs, so kann der Vormund Vergütung sowie Vorschuss oder Ersatz der Aufwendungen aus der Staatskasse verlangen.**

II 1 **Die Ansprüche auf Vergütung und Aufwendungsersatz erlöschen, wenn sie nicht binnen 15 Monaten nach ihrer Entstehung gerichtlich geltend gemacht werden.** 2 **§ 1877 Absatz 4 Satz 2 und 3 sowie Absatz 5 des Bürgerlichen Gesetzbuchs gilt entsprechend.**

Schrifttum: Adamus, Berücksichtigung der Ausschlussfrist des § 1835 Abs. 1 Satz 3 BGB bei berufsmäßiger Verfahrensbeistandschaft, jurisPR-FamR 6/2017 Anm. 4; BeckOK FamFG/Burschel, 34. Ed. 1.4.2020; Felix, Die Vergütung von berufsmäßigen Verfahrenspflegern und Verfahrensbeiständen, Rpfleger 2016, 189; Keuter, Ausschlussfrist der Verfahrensbeistandsvergütung, ZKJ 2017, 69; ders. Gebührenrechtliche Stolpersteine für den Verfahrensbeistand, FamRZ 2018, 14; Menne, Vergütungsanspruch des berufsmäßigen Verfahrensbeistands, FGPrax 2017, 20; Münchener Kommentar zum FamFG, 3. Aufl. 2019; Prütting/Helms, FamFG, 5. Aufl. 2020; Schneider, Verjährungsfrist für Vergütung des berufsmäßigen Verfahrensbeistands FamRB 2015, 253; Staudinger, BGB, 2020; Zorn, Geltung der Ausschlussfrist von 15 Monaten für die Abrechnung der Vergütung des Verfahrensbeistands, FamRZ 2017, 234.

Übersicht

I. Normzweck. Im Rahmen der Neustrukturierung des VBVG und der Unterscheidung der Vergütungsansprüche zwischen Vormündern/Pflegern und Betreuern, führt § 2 die Voraussetzungen für die Zahlung der Vergütung und des Aufwendungsersatzes aus der Staatskasse und die Geltendmachung des Anspruches auf Zahlung in einer Norm zusammen. Die Regelung des § 2 I entspricht der des § 1 II 2 aF, wonach Betreuer oder Vormund bei Mittellosigkeit die Zahlung der Vergütung und/oder Aufwendungsersatzes aus der Staatskasse verlangen konnten. Die Bestimmungen in § 2 II entsprechen denen des § 2 aF so dass auf die hierzu erschienene Literatur und die ergangene Rechtsprechung zurückgegriffen werden kann. 1

Der Anspruch auf Vergütung und Aufwendungsersatz richtet sich grundsätzlich gegen die von der Maßnahme betroffenen Person. Aus diesem Grund regelt § 2 I die Anspruchshaftung im Fall der Mittellosigkeit und bestimmt die Staatskasse zum Vergütungsschuldner. 2

§ 2 II spiegelt die Regelung des § 1877 BGB wider und setzt die Ausschlussfrist von 15 Monaten ebenfalls für die Vergütungsansprüche des Vormunds oder Pflegers fest. Die Ausschlussfrist soll eine zügige Geltendmachung der Vergütungsansprüche bei Gericht durch den Vormund oder Pfleger bezwecken. Eine zeitnahe Geltendmachung ist ebenso im Sinne der von der Maßnahme betroffenen Person, indem deren wirtschaftliche Leistungsfähigkeit bei Geltendmachung der Vergütung über einen langen Zeitraum hinweg nicht übermäßig belastet wird. Hierdurch wird zugleich die Wahrscheinlichkeit der Inanspruchnahme der Staatskasse minimiert (BT-Drs. 13/7158, 22; zur Verfassungsmäßigkeit siehe BVerfG FamRZ 2015, 2040 = BeckRS 2016, 41339). 3

II. Anwendungsbereich. Der sachliche und persönliche Anwendungsbereich des § 2 erstreckt sich gem. § 1808 III 2 BGB auf die Vormundschaft und wird infolge von Verweisungen auf folgende Pflegschaften und Ansprüche erweitert: 4
- Abwesenheitspflegschaft, §§ 1884, 1888 II BGB,
- Anspruch des Rechtsanwalts auf Aufwendungsersatz gemäß § 1877 III BGB, Vergütung nach dem RVG (OLG Schleswig NJW 2003, 1538),
- Ergänzungspflegschaft, §§ 1809, 1813, 1808 III BGB,
- Nachlasspflegschaft, §§ 1960, 1961, 1885, 1888 II BGB,
- Pflegschaften für unbekannte Beteiligte, §§ 1882, 1888 II BGB,
- Pflegschaften für gesammeltes Vermögen, §§ 1883, 1888 II BGB,
- Pflegschaft für ein ungeborenes Kind, §§ 1810, 1813, 1808 III BGB,
- Umgangspflegschaft, §§ 1684 III 6, 1808 III BGB iVm § 277 II FamFG,
- Zusätzlicher Pfleger nach §§ 1776, 1813, 1808 III BGB,
- Zuwendungspflegschaft, §§ 1811, 1813, 1808 III BGB,
- Verfahrensbeistandschaft, §§ 158c, 277 FamFG,
- Verfahrenspflegschaft, § 277 II FamFG.

Nicht anwendbar ist § 2 I auf die Verfahrensbeistandschaft und die Verfahrenspflegschaft, da deren Ansprüche gem. §§ 158c, 277 IV FamFG stets aus der Staatskasse zu zahlen sind; hierzu wird auf → Rn. 52 verwiesen. Die in II enthaltene Regelung der Ausschlussfrist findet auf die von der Staatskasse geltend gemachte Rückforderung von Vergütungsansprüchen gegenüber Vormündern oder Pflegern keine Anwendung (zur Betreuervergütung BGH NJW 2014, 1007 Rn. 13). Zudem findet § 2 keine Anwendung auf ehrenamtliche Aufwendungsersatzansprüche. 5

6 **III. Bestimmung des Vergütungsschuldners.** Ist bei dem Vormund/Pfleger die berufsmäßige Ausübung nach § 1 festgestellt worden, besteht ein Anspruch auf Vergütung und Ersatz der getätigten Aufwendungen. Der Anspruch richtet sich grundsätzlich gegen die von der Maßnahme betroffene Person. Diese schuldet die Vergütung jedoch nicht, wenn sie mittellos ist.

7 **1. Mittellosigkeit iSd §§ 1808 II, 1880 BGB (I).** Die Mittellosigkeit iSv § 2 bestimmt sich für Vormundschaften und Pflegschaften für Minderjährige nach §§ 1808 II, 1880 BGB. Hiernach gilt der Mündel/Pflegling als mittellos, wenn er die Vergütung und/oder den Aufwendungsersatz aus seinem einzusetzenden Vermögen nicht, nur zum Teil oder nur in Raten aufbringen kann. Das Vermögen ist nach Maßgabe des § 90 SGB XII einzusetzen.

8 § 1880 BGB ersetzt §§ 1836d, 1836c BGB aF und fügt diese zu einer Vorschrift zusammen. Die mit dem Inkrafttreten des Gesetzes zur Reform des Vormundschafts- und Betreuungsrechts entscheidende Änderung stellt die Abkehr vom Einsatz des Einkommens dar, was vor allem zu einer Entlastung der Gerichte führen soll.

9 § 1880 I BGB definiert den Begriff der Mittellosigkeit. Er unterscheidet zwischen **fiktiver und tatsächlicher Mittellosigkeit** und legt zu Lasten der Staatskasse und zu Gunsten des Vormunds/Pflegers und des Mündels/Pfleglings – unabhängig von der Verwertbarkeit etwaiger Vermögensgegenstände – fest, dass der Mündel/Pflegling mittellos ist.

10 Der Mündel oder Pflegling ist daher als „mittellos" anzusehen und auf die Übernahme der Ansprüche des Vormunds aus der Staatskasse angewiesen, wenn sein Vermögen zur Begleichung der Ansprüche des Betreuers nicht ausreicht. Hieraus ergibt sich auch die Funktion des § 1880 I BGB, der trotz des Wortlauts „gilt als" **keine gesetzliche Fiktion** im rechtlichen Sinne darstellt, indem die Mittellosigkeit unwiderlegbar festgelegt wird. § 1880 I BGB nimmt vielmehr die Funktion einer Definitionsnorm ein. Deshalb ist der Vormund bei einer teilweisen Leistungsfähigkeit des Mündel nicht gezwungen, seine Ansprüche anteilig beim Vormund und der Staatskasse geltend zu machen, sondern kann die Staatskasse in voller Höhe in Anspruch nehmen (BT-Drs. 13/7158, 17). Nimmt der Vormund/Pfleger trotz teilweiser Mittellosigkeit des Mündels die Staatskasse vollständig in Anspruch, ist sein Wahlrecht verbraucht und er kann nachträglich nicht die Differenz vom Mündel/Pflegling nachfordern (siehe hierzu umfangreich Bienwald/Felix BGB §§ 1879, 1880 Rn. 2 ff.).

11 Für die Beurteilung der Mittellosigkeit ist es unerheblich, aus welchem **Grund die Mittellosigkeit** beim Mündel oder Pflegling eingetreten ist. So liegt etwa Mittellosigkeit vor, wenn zuvor ein **Pflichtteilsverzicht** ausgesprochen wurde, um die Entstehung des Pflichtteilsanspruchs auszuschließen. Ein solches nach den Grundsätzen der Privatautonomie (Art. 2 Abs. 1 GG) geschlossenes Rechtsgeschäft ist wirksam, solange es nicht gegen entgegenstehende Gesetze (§ 134 BGB) verstößt (zum Pflichtteilsverzicht beim Sozialleistungsträger vgl. BGH FamRZ 2011, 472).

12 Keine Anwendung findet § 1880 BGB auf **Verfahrenspflegschaften** und **Verfahrensbeistandschaften,** da die jeweilige Vergütung gem. § 158 VII 5 FamFG und § 277 IV 1 FamFG immer aus der Staatskasse zu zahlen ist. Die Vergütung wird im Anschluss nach Maßgabe des § 1880 BGB als Auslage vom Kostenschuldner nach KV 31015 GNotKG oder KV 2013 FamGKG eingezogen.

13 **2. Ermittlung des einzusetzenden Vermögens.** Die Voraussetzungen des § 1880 I BGB müssen vom Betreuungsgericht nach § 292 Abs. 1 FamFG **von Amts wegen** berücksichtigt werden. Die Prüfung, ob das vorhandene Vermögen einzusetzen ist, erfolgt nach § 1880 II und § 90 SGB XII iVm der Verordnung zur Durchführung des § 90 Abs. 2 Nr. 9 SGB XII. Hierfür bietet sich folgende Prüfungsreihenfolge an (siehe hierzu die umfangreichen Ausführungen bei Bienwald/Felix BGB § 1879, 1880 Rn. 12 ff.):

14 **a) Bestimmung des Schonbetrags (Vermögensfreibetrag).** Nach § 1 I Nr. 1 Verordnung zur Durchführung des § 90 Abs. 2 Nr. 9 des Zwölften Buches Sozialgesetzbuch (vom 11.2.1988, BGBl. 150, zuletzt geändert durch Art. 9 Gesetz vom 16.12.2022, BGBl. I 2328) beträgt der Vermögensfreibetrag derzeit **10.000 EUR.** Für jede Person, die von der betroffenen Person überwiegend unterhalten wird, ist der Schonbetrag um 500 EUR zu erhöhen. **Andere sozialrechtliche Schonbeträge,**

etwa § 60a SGB XII in Höhe von 25.000 EUR, finden infolge des eindeutigen Wortlauts des § 1880 II BGB **keine Anwendung** (BGH NJW-RR 2019, 707 Rn. 17).

Der Schonbetrag in Höhe von 10.000 EUR stellt einen **Freibetrag** und keine Freigrenze dar. Während bei einer Freigrenze bei einem Überschreiten des festgelegten Betrags der gesamte Betrag zu berücksichtigen ist, wird bei einem Freibetrag nur der Betrag berücksichtigt, der den festgelegten Freibetrag übersteigt. Aus diesem Grund unterscheidet § 1880 I BGB auch zwischen tatsächlicher und fiktiver Mittellosigkeit. **15**

b) Feststellung des Vermögens. Nach § 1880 II BGB iVm § 90 I SGB XII ist das gesamte Vermögen des Mündels einzusetzen. Mit dem Inkrafttreten des Gesetzes zur Reform des Vormundschafts- und Betreuungsrechts ist der **Einsatz des Einkommens entfallen.** Bei der Ermittlung der Vermögenswerte des Mündels ist strikt zu differenzieren: Was ist überhaupt Vermögen? Welchen Wert haben die einzelnen Vermögenswerte? Gehören die Vermögenswerte zum Schonvermögen oder sind sie verwertbar? **16**

Der Vermögensbegriff ist weder im Betreuungsrecht noch im Sozialrecht definiert, sondern wird vom Gesetzgeber vorausgesetzt. Das „Vermögen" umfasst die **Gesamtheit der dem Mündel zustehenden Güter und Rechte von wirtschaftlichem Wert.** Hierzu gehören alle Rechte, die normalerweise gegen Geld veräußert oder erworben werden oder einen – in einem Geldwert ausdrückbaren – wirtschaftlichen Nutzen gewähren. Ebenso fallen Sachen sowie bedingte oder künftige Rechte, schwebende Rechtsbeziehungen, Besitz und Eigentum, erbrechtliche Rechtsbeziehungen des Erblassers, Immaterialgüterrechte (zB Urheberrechte, Patente) oder Optionsrechte hierunter. Das nach § 1880 Abs. 2 BGB einzusetzende Vermögen stellt somit die Summe aller aktiven und tatsächlichen Vermögenswerte und schließt zugleich die Berücksichtigung fiktiven Vermögens aus. **17**

aa) Berücksichtigung von Verbindlichkeiten. Bestehende Verbindlichkeiten gehören als Passiva zwar zum Vermögensbegriff, doch sind diese bei der Bestimmung des Vermögens nicht zu berücksichtigen. Für die Ermittlung des Vermögenswertes darf somit **keine Saldierung** der aktiven und passiven Vermögenswerte erfolgen. Für die Bestimmung des einzusetzenden Vermögens muss somit auf die Summe der einzelnen Vermögensgegenstände abgestellt werden und nicht auf den Überschuss der Aktiva über die Passiva. Bestehende Verbindlichkeiten werden erst bei der Frage der Verwertbarkeit oder deren Zumutbarkeit berücksichtigt. **18**

Verbindlichkeiten sind nur dann vermögensmindernd zu berücksichtigen, wenn diese konkretisiert und damit **tatsächlich entstanden** sind bzw. bestehen. Hierzu gehören u. a. durch Rückforderungsbescheide oder Überleitungsanzeigen konkretisierte Ansprüche des Sozialamts (BGH NJW-RR 2014, 961). Demgemäß können **fiktive Verbindlichkeiten,** etwa in Form noch nicht festgesetzter Vergütung, bei der Ermittlung des Vermögens nicht berücksichtigt werden (BGH FamRZ 2021, 1743). Dies ist aus zweierlei Gesichtspunkten zutreffend: Zunächst ist bei der Bestimmung des einzusetzenden Vermögens keine Saldierung von Aktiva und Passiva vorzunehmen, da stets der Aktivbestand maßgeblich ist. Des Weiteren würde bei der Bestimmung des einzusetzenden Vermögens eine Berücksichtigung des festzusetzenden Aufwendungsersatzes als fiktive Verbindlichkeit im Rahmen des § 1880 II BGB zu einem Zirkelschluss mit § 1880 I BGB führen, indem die Vergütung jeweils einmal bei der Bestimmung des Vermögensstatus und des Vermögenseinsatzes berücksichtigt werden würde. **19**

Aus der Entscheidung des BGH v. 7.7.2021 (BGH FamRZ 2021, 1743 = BeckRS 2021/23489) darf allerdings nicht der Schluss gezogen werden, dass bei der Ermittlung des Vergütungsschuldners (betreute Person oder Staatskasse) nach § 1879 BGB der nach § 1880 II BGB zu beachtende Vermögensfreibetrag von 10.000 EUR unterschritten werden darf. Dies bedeutet, dass die betreute Person weiterhin mittellos ist, wenn sie zwar über Vermögenswerte verfügt, die nach § 1880 II BGB unter Beachtung des Vermögensfreibetrags einzusetzen sind, aber diese Werte in Summe nicht ausreichen, um den Betreuer vollständig zu befriedigen. Insoweit ist zu beachten, dass die rechtliche Bedeutung eines Freibetrages im Gegensatz zur Freigrenze darin besteht, dass bei einem Überschreiten des Freibetrages nur die den Freibetrag übersteigenden Werte einzusetzen sind und nicht der vollständige Betrag. **20**

21 **bb) Wertermittlung.** Der Wert einer Sache wird grundsätzlich durch den Preis bestimmt, der im gewöhnlichen Geschäftsverkehr nach der Beschaffenheit der Sache unter Berücksichtigung aller den Preis beeinflussenden Umstände bei einer Veräußerung zu erzielen wäre **(Verkehrswert).** Für die Wertermittlung anderer Sachen oder Rechte ist in Vormundschaften oder Pflegschaften für Minderjährige auf die **Bestimmung des § 46 FamGKG** abzustellen, demgemäß die Regelungen der §§ 36 ff. GNotKG Anwendung finden. So werden etwa land- und forstwirtschaftlichen Vermögenswerte nach § 48 GNotKG, Geschäftsanteile nach § 54 GNotKG oder Grundstücke nach §§ 46, 47 GNotKG bestimmt. Der Wert von Kapitalforderungen bestimmt sich nach deren Nennwert und der Wert von Lebens- und Rentenversicherungen nach deren Rückkaufswert.

22 Nicht wertberichtigend oder wertmindernd zu berücksichtigen sind **auf der Sache/Immobilie des Mündels/Pfleglings ruhende Belastungen,** die von diesem nicht einseitig abgelöst werden können. Eine wertbeeinflussende Berücksichtigung von eingetragenen Belastungen findet nur statt, wenn die wirtschaftliche Benutzung des Grundstücks durch das eingetragene Recht (zB Wegerecht oder Baubeschränkung), beeinträchtigt und damit der Wert des Grundstücks selbst beeinflusst wird, infolgedessen solche Rechte auch im Verkehr als eine dauernde wertmindernde Eigenschaft des Grundstücks empfunden werden. Bestehende Verbindlichkeiten oder auf der Sache lastende Rechte schließen somit zwar die Vermögenseigenschaft nicht aus, können aber die Verwertbarkeit bzw. den zu erzielenden Erlös beeinflussen oder den Wert der Sache mindern (Bienwald/Felix BGB §§ 1879, 1880 Rn. 16).

23 **c) Einzelne Vermögenswerte des Schonvermögens.** Im Folgenden sollen die in der gerichtlichen Praxis häufig vorkommenden Vermögenswerte in Form von Immobilien und geschütztem Kapital erläutert werden. Zu den sich aus § 90 II SGB XII im Übrigen ergebenden Vermögenswerten siehe Bienwald/Felix BGB §§ 1879, 1880 Rn. 19 ff.

24 **aa) Immobilie als Schonvermögen.** Zum nicht einzusetzenden Schonvermögen gehört ein **angemessenes Haus oder eine Eigentumswohnung,** § 90 II Nr. 8 SGB XII. Gegenstand des Schonvermögens ist insoweit der Schutz der Wohnung zur Erfüllung des Grundbedürfnisses „Wohnung". Demzufolge deckt sich der sozialrechtliche Begriff des Hausgrundstücks nicht mit dem Begriff im Sinne des BGB, so dass ein vom Hausgrundstück abzutrennender Hausgarten oder andere Grundstücksteile nicht zum Schonvermögen gehören. Ob ein unangemessen großes Hausgrundstück geteilt werden kann, ist bei der Frage der Verwertbarkeit zu ermitteln. Ebenso kann einer möglichen Verwertbarkeit die nicht erzwingbare **Zustimmung weiterer Miteigentümer** entgegenstehen.

25 Nicht zum Schonvermögen gehört indes eine Wohnung als **„Zweitwohnsitz"** oder zum gelegentlichen Aufenthalt (zB **Ferienhaus**), solange eine andere Wohnung den räumlichen Lebensmittelpunkt bildet. Ebenso stellt ein unbebautes Grundstück kein Schonvermögen dar (BSG BeckRS 2015, 65792 Rn. 5).

26 Die **Angemessenheit** bestimmt sich nach den konkreten Wohnbedürfnissen der nach § 90 II Nr. 8 S. 1 SGB XII zu berücksichtigenden Personen. Eine Angemessenheitsprüfung der Grundstücksfläche findet nicht statt. Nach der obergerichtlichen Rechtsprechung gelten für einen 4-Personen-Haushalt Häuser mit einer Wohnfläche von bis zu 130 qm und Eigentumswohnungen mit bis zu 120 qm nicht als unangemessen groß. Für jede weitere Person sind weitere 20 qm zu addieren und für jede fehlende abzuziehen, wobei diese Reduzierung auf eine Belegung mit bis zu zwei Personen zu begrenzen ist. Für einen 1-Personen-Haushalt entspricht das einer Größe von 90 qm (Eigentumswohnungen) bzw. 80 qm (Haus), wobei Abweichungen innerhalb einer Toleranz von 10 % möglich sind (BSG MittBayNot 2014, 479; BSG NZS 2007, 428).

27 **Eigenheiten des Einzelfalles** sind bei der Bestimmung der angemessenen Wohnfläche zu berücksichtigen. So geht etwa eine **rollstuhlgerecht gestaltete Immobilie** mit einer vergrößerten Wohnfläche einher. Ebenso kann die Ausübung eines Gewerbes oder Berufs in einer selbstgenutzten Immobilie eine Erhöhung der angemessenen Wohnfläche rechtfertigen (BeckOK SozR/Siebel-Huffmann SGB XII § 90 Rn. 29; Bienwald/Felix BGB §§ 1879, 1880 Rn. 24).

Zu den berücksichtigungsfähigen Personen bzw. Mitbewohnern iSd § 90 II Nr. 8 SGB XII gehören solche, die 28

- Hilfe zum Lebensunterhalt erhalten,
- die Altersgrenze nach § 41 II SGB XII (je nach Renteneintrittsalter ab 65) erreicht haben und Grundsicherung erhalten oder
- das 18. Lebensjahr vollendet haben und dauerhaft voll erwerbsgemindert sind und Grundsicherung oder Hilfen zur Gesundheit, Eingliederungshilfe für behinderte Menschen, Hilfe zur Pflege, Hilfe zur Überwindung besonderer sozialer Schwierigkeiten und Hilfen in anderen Lebenslagen erhalten.

bb) Geschütztes Kapital. Nach § 90 II Nr. 2 SGB XII wird Kapital einschließlich seiner Erträge nicht zur Verwertung herangezogen, wenn es der zusätzlichen Altersvorsorge im Sinne des § 10a oder des Abschnitts XI EStG dient und dessen Ansammlung staatlich gefördert wurde. Hierunter fallen Zahlungen, die der Zulageberechtigte (§ 79 EStG) zu Gunsten eines auf seinen Namen lautenden Vertrags leistet, der nach § 5 AltZertG zertifiziert worden ist. 29

Das AltZertG bestimmt, wie die privaten Altersvorsorgeverträge ausgestaltet sein müssen, damit die Beiträge begünstigt sind (Blümich/Lindberg EStG § 82 Rn. 1). Hierzu veröffentlicht das BZSt auf seiner Homepage Bekanntmachungen über die Zertifizierung von Altersvorsorgeverträgen oder den Verzicht auf Zertifizierungen. Für die Suche in der Datenbank benötigt man entweder die Zertifizierungsnummer des zu überprüfenden Vertrages oder die genaue Bezeichnung des Versicherungsprodukts. In der Veröffentlichung des BZSt ist zu unterscheiden zwischen „Typ A" Verträgen **(Riester Rente)** und „Typ B" Verträgen **(zB Rürup-Rente).** Zu beachten ist, dass die „Typ B" Verträge nicht nach § 5 AltZertG zertifiziert sind und somit nicht unter den Schutzbereich des § 90 SGB XII fallen. 30

3. Verwertbarkeit des einzusetzenden Vermögens. Zur Begleichung der Vergütungsansprüche des Vormunds/Mündels ist nur das Vermögen zu verwerten, welches durch tatsächlich mögliche und zumutbare Verwertungshandlungen zur Deckung der Ansprüche in Geld umgewandelt werden kann. Ist eine Verwertung in angemessener Zeit nicht möglich, ist der Mündel/Pflegling nach § 1880 I BGB mittellos und die Ansprüche des Vormunds/Pflegers richten sich gegen die Staatskasse. 31

Das nach § 1880 Abs. 2 BGB nicht zum Schonvermögen gehörende und damit für die Begleichung der Vergütungsansprüche einzusetzende Vermögen ist verwertbar, wenn es verbraucht, übertragen oder belastet werden kann (BayObLGZ 2001, 186; LG Braunschweig NdsRpfl 2009, 216 = BeckRS 2009, 21298). Die Verwertung ist somit nicht ausschließlich auf den Verkauf des Vermögensgegenstands beschränkt, so dass Vermietung, Verpachtung, Beleihung oder die Bestellung dinglicher Rechte ebenso in Betracht gezogen werden können. Ist der Mündel/Pflegling in der Verfügung über den zu verwertenden Gegenstand beschränkt und kann er die Aufhebung der Beschränkung nicht erreichen, ist von der Unverwertbarkeit des Vermögens auszugehen. Die Verwertbarkeit des einzusetzenden Vermögens muss in **tatsächlicher und rechtlicher Hinsicht** geprüft werden (BSGE 100, 131 = ZEV 2008, 539): 32

a) Tatsächlicher Ausschluss der Verwertung. Die Verwertung ist aus tatsächlichen Gründen ausgeschlossen, wenn mit dieser der Notlage oder dem Bedarf des Mündels/Pfleglings in absehbarer Zeit nicht abgeholfen werden kann und gleichzeitig auch keine andere Verwertung möglich ist. Die Verwertung muss demnach einen Ertrag bringen, durch den die Ansprüche beglichen werden können (BSG MittBayNot 2008, 239 (240)). Ein tatsächlicher Ausschluss kann daher angenommen werden, wenn Gegenstände oder Rechte beispielsweise nicht marktgängig oder über den Marktwert hinaus belastet sind und gleichzeitig auch keine andere Verwertung möglich ist. Indes sind Rechte, die unmittelbar an die Person ihres Inhabers gebunden sind, wie zB das Altenteil, persönliche Wohnrechte und andere persönliche Dienstbarkeiten iSd § 1090 BGB nicht verwertbar (Felix Rpfleger 2015, 683 (685) mwN). 33

b) Rechtlicher Ausschluss der Verwertung. Ein rechtlicher Ausschluss der Verwertbarkeit liegt vor, wenn hinsichtlich des Vermögensgegenstands Verfügungs- 34 beschränkungen bestehen, deren Aufhebung der Hilfesuchende nicht erreichen kann. Beispiele für derartige Verfügungsbeschränkungen sind u. a.:

- Zwangsvollstreckung durch Pfändung (§§ 804, 829 ZPO), Arrest (§ 930 ZPO),
- Beschlagnahme und Zwangsverwaltung von Grundstücken (§§ 20, 21, 146 ZVG) oder aufgrund einstweiliger Verfügungen (§§ 935, 938 II ZPO),
- Insolvenzverfahren nach den §§ 80, 81 I 1 InsO oder bei Beschlagnahme im Strafverfahren (§ 94 StPO),
- eine als Direktversicherung ausgestaltete Lebens- oder Rentenversicherung, die der Arbeitgeber als Versicherungsnehmer zugunsten seiner Beschäftigten abschließt, § 1b II BetrAVG (OLG Koblenz FamRZ 2006, 628 = BeckRS 2006, 861),
- die nicht erzwingbare Zustimmung weiterer Miteigentümer.

35 Zu berücksichtigende Verfügungsbeschränkungen können auch aufgrund testamentarischer Verfügung bestehen. Hierunter fällt ua das sog. **„Behindertentestament"**, bei welchem die Nachlassverteilung durch eine kombinierte Anordnung von Vor- und Nacherbschaft sowie einer Dauertestamentsvollstreckung gestaltet wird. Diese Beschränkung führt nicht zur Mittellosigkeit, wenn sich durch Auslegung der an den Testamentsvollstrecker gerichteten Verwaltungsanordnungen ermitteln lässt, ob der Erblasser auch Vergütungsansprüche des Betreuers ausschließen wollte (BGH NJW 2013, 1879; **krit.** Bienwald/Felix BGB §§ 1879, 1880 Rn. 55 ff.).

36 **c) Verwertungsausschluss aufgrund besonderer Härte.** Eine Verwertung des Vermögens ist ebenfalls ausgeschlossen, wenn mit dieser eine Härte iSd § 90 III SGB XII einhergeht. Der Begriff der „besonderen Härte" unterliegt als **unbestimmter Rechtsbegriff** der vollen Kontrolle des Gerichts und ist im Zusammenhang mit den Vorschriften des § 90 II SGB XII auszulegen. Dem Mündel/Pflegling kann dann ein finanzieller Spielraum gewährt werden, um atypische Konstellationen, die durch die Regelungen der §§ 1880 II BGB iVm § 90 I, II SGB XII nicht erfasst werden, angemessen lösen zu können.

37 Eine „besondere Härte" liegt vor, wenn Einzelfallumstände (zB Alter, Krankheit des Vermögensinhabers oder seiner Angehörigen) eine typische Vermögenslage deshalb zu einer besonderen Situation werden lassen, weil die soziale Stellung des Betroffenen insbesondere wegen Behinderung, Krankheit oder Pflegebedürftigkeit **nachhaltig beeinträchtigt** ist (BSG SozR 4–3500 § 90 Nr. 1 = BeckRS 2008, 51227).

38 Für die Beurteilung der besonderen Härte ist die **Herkunft des einzusetzenden Vermögens** grundsätzlich nicht von Bedeutung. In folgenden Fällen wurde eine Verwertung aufgrund besonderer Härte jedoch abgelehnt:

- Angesammeltes Vermögen aus Schmerzensgeldzahlungen (BVerwG NJW 1955, 3001).
- Angesammeltes Vermögen aus Blindengeld (BSG SozR 4–3500 § 90 Nr. 1 = BeckRS 2008, 51227) oder vergleichbaren Zahlungen des Bundeslandes (hier Bayerisches Landespflegegeld, BGH BeckRS 2021, 31932).
- Angesparte Zahlungen der Opferentschädigungsrente gem. § 1 OEG (BVerwGE 137, 85 = NVwZ-RR 2010, 771; LG Mühlhausen FamRZ 2014, 1059 = BeckRS 2014, 2060; aA BayObLG FGPrax 2005, 119).
- Ausgleichsleistungen nach §§ 16 f. StrRehaG sowie das daraus angesparte Vermögen inkl. der Zinsen (BGH NJW 2015, 938).
- (Zweckgebundene) verbindlich festgelegte Vermögenswerte zur Absicherung der Kosten einer angemessenen Bestattung und Grabpflege, wie etwa kapitalbildende Lebensversicherung auf den Todesfall, hier 2.366 EUR (BGH NJW 2014, 2115) oder Bestattungsvorsorgevertrag, hier 2.956 EUR (OLG München FGPrax 2007, 128).

39 Hingegen stellt die Verwertung eines aus **Pflegegeld** nach § 37 SGB XI angesparten Vermögens für die Vergütung **keine Härte** iSv § 90 III 1 SGB XII dar (BGH NJW-RR 2020, 514 Rn. 11).

40 Bei den **Bestattungskosten** ist zu beachten, dass die von der Vormundschaft oder Pflegschaft betroffene Person wegen der Beteiligung an den Vergütungsansprüchen nicht auf ein sog. „Armenbegräbnis" verwiesen werden kann. Besteht eine Bestattungsvorsorge, ist von diesem zweckgebundenen Vermögen ein **angemessener Be-**

trag geschützt. Insoweit ist der Begriff der Angemessenheit nicht an einem schlichten Sozialbegräbnis zu messen, sondern an den Vorstellungen der von der Maßnahme betroffenen Person. Hierfür müssen ggf. Ermittlungen bei Bestattungsunternehmen angestellt werden, um die Kosten einer würdigen und dennoch angemessenen Bestattung zu ermitteln. Für eine **angemessene Bestattung** dürfte derzeit von Kosten in Höhe von **ca. 5.000 bis 6.000 EUR** ausgegangen werden können, wobei sich die Kosten regional erheblich voneinander unterscheiden können.

d) Verwertungsausschluss aufgrund Unwirtschaftlichkeit. Einen Unterfall der besonderen Härte bildet die offensichtliche Unwirtschaftlichkeit der Verwertung eines Vermögensgegenstandes. Eine solche ist anzunehmen, wenn der mit der Verwertung zu erzielende Gegenwert in einem deutlichen Missverhältnis zum wirklichen Wert des Vermögensgegenstandes steht. Eine offensichtliche Unwirtschaftlichkeit wurde in der Rechtsprechung des BSG angenommen bei Verlustquoten von 48,2 %, 44,26 % und 42,7 % bzw. 26,9 % (jurisPK-SGB XII/Mecke SGB XII § 90 Rn. 127 mwN). 41

Für die Beurteilung ist zunächst der Verkehrswert des Vermögensgegenstandes (zB Rückkaufswert der Versicherung) zu ermitteln. Dieser ist dann dem Substanzwert gegenüberstellen, der sich auch dem Anschaffungswert, etwa den eingezahlten Beträgen, ergibt. Im Falle einer möglichen Beleihung einer Versicherung sind die vor der Beleihung gezahlten Beiträge in dem Verhältnis gemindert anzusetzen, in dem die während des streitigen Zeitraums aufgenommene Beleihungssumme zu dem bei der Antragstellung festgestellten Rückkaufswert steht (BSG NZS 2009, 332). 42

4. Mittellosigkeit bei Nachlasspflegschaften. Für die Nachlasspflegschaften findet nach §§ 1882 ff. BGB das Betreuungsrecht Anwendung, sofern sich aus dem Gesetz nichts anderes ergibt (BT-Drs. 19/24445, 315). Gleichwohl erhält der Nachlasspfleger weiterhin eine **tätigkeitsbezogene Vergütung.** Nach § 1888 II 1 BGB richten sich die Ansprüche des berufsmäßig tätigen Nachlasspflegers nur dann nach den §§ 1 bis 6, wenn der Nachlass mittellos ist. 43

Für die Bestimmung der Mittellosigkeit ist ausschließlich auf den **vorhandenen Aktivnachlass** abzustellen, Nachlassverbindlichkeiten bleiben unberücksichtigt (BayObLGZ 2000, 26 (33) = NJW-RR 2000, 1392 (1395)). Etwas anders kann gelten, wenn die auf einer Immobilie lastenden Grundpfandrechte deren Wert übersteigen (OLG Hamm Rpfleger 2014, 365). Zu beachten ist weiterhin, dass beim Nachlass kein Schonvermögen iSd § 1880 II existiert (BayObLGZ 2000, 26 (33 f.) = NJW-RR 2000, 1392 (1395)). 44

Liegt eine sog. **Teilmittellosigkeit des Nachlasses** vor, richtet sich der Vergütungsanspruch gegen den Nachlass und die Staatskasse, wobei sich die Vergütungshöhe nach den jeweils geltenden Voraussetzungen für einen vermögenden und mittellosen Nachlass bestimmt (BGH NJW 2021, 2657; OLG Düsseldorf FamRZ 2020, 873 = BeckRS 2019, 35412; OLG Frankfurt a. M. FamRZ 2019, 393 = BeckRS 2018, 22730; OLG Stuttgart FamRZ 2018, 537 = BeckRS 2017, 123622, jew. mwN; **aA** OLG Oldenburg FGPrax 2021, 132; OLG Celle FGPrax 2020, 133; OLG Braunschweig JurBüro 2020, 653). 45

5. Zeitpunkt der Feststellung des Vergütungsschuldners. In **Vormundschafts- und Pflegschaftsverfahren** erfolgt die Bestimmung des Vergütungsschuldners anhand der finanziellen Situation zum **Zeitpunkt der gerichtlichen Festsetzungsentscheidung.** Da die für die aufgewandte Zeit zu vergütenden Stundensätze nicht an den Vermögensstatus des Mündels gekoppelt sind, ist es unerheblich, ob der Vermögensstatus des Mündels/Pfleglings während des Abrechnungszeitraums ein anderer war als zum Zeitpunkt der Festsetzungsentscheidung. 46

Bei **Nachlasspflegschaften** ist neben der finanziellen Situation zum Entscheidungszeitpunkt ebenso zu berücksichtigen, dass der Verbrauch des zunächst vorhandenen Nachlasses durch Befriedigung der Nachlassverbindlichkeiten während der Nachlasspflegschaft nicht zur Mittellosigkeit führt (OLG Düsseldorf FGPrax 2013, 69; MüKoBGB/Leipold BGB § 1960 Rn. 86). 47

6. Regress der Staatskasse (§ 1881 BGB). a) Vormundschaften und Pflegschaften für Minderjährige. Nach § 1808 II 1 BGB gelten für die Vormundschaft nur die Regelungen der §§ 1879, 1880 BGB entsprechend, demgemäß die Rege- 48 lung des § 1881 BGB über den Regress der Staatskasse keine Anwendung findet. Der Gesetzgeber hat bei der **Vormundschaft** den Rückgriffsanspruch bewusst ausgenommen, da ein Rückgriff der Staatskasse beim Mündel, soweit Ansprüche des Vormunds befriedigt werden, nicht mehr stattfinden soll. Sinn und Zweck liegen darin begründet, den Mündel nachträglich nicht mit Rückforderungsansprüchen der Staatskasse zu belasten, wenn er die Vergütung des Vormunds im Zeitpunkt der Inanspruchnahme nicht aus eigenen Mitteln tragen konnte (BT-Drs. 19/24445, 222).

49 Der Rückgriff der Staatskasse ist nicht nur für die Vergütungsansprüche des Vormunds ausgeschlossen. Über die Verweisung in § 1813 BGB gilt § 1808 II 1 BGB auch für die Ergänzungspflegschaft (§ 1809 BGB), Pflegschaft für ein ungeborenes Kind (§ 1810 BGB), Umgangspflegschaft (§ 1684 III 6 BGB) den zusätzlichen Pfleger (§ 1776 BGB) und die Pflegeperson als Pfleger (§ 1777 BGB).

50 **b) Zuwendungspflegschaft und sonstige Pflegschaften.** Hingegen findet die Regelung des § 1881 BGB neben dem Betreuungsverfahren auf folgende Pflegschaften Anwendung:
- Abwesenheitspflegschaft (§ 1884 BGB),
- Pflegschaft für unbekannte Beteiligte (§ 1882 BGB),
- Pflegschaft für gesammeltes Vermögen (§ 1883 BGB),
- Zuwendungspflegschaft (§ 1811 IV BGB).

51 Zumindest theoretisch gilt die Möglichkeit des Regresses auch für die **Nachlasspflegschaft** (§§ 1960, 1961, 1885 BGB). In den vorgenannten Verfahren gelangen die Vorschriften des Betreuungsrechts und damit auch die Regelung des § 1881 BGB aufgrund der Verweisungsvorschrift des § 1888 I BGB zur Anwendung. Für die Nachlasspflegschaft ergibt sich dies aus § 1885 BGB.

52 **c) Verfahrensbeistand und Verfahrenspfleger.** Auf die Vergütungsansprüche des Verfahrensbeistands und des Verfahrenspflegers findet § 1881 BGB keine Anwendung. Die Vergütungsansprüche werden nach Maßgabe KV 31015 GNotKG für den Verfahrenspfleger und KV 2013 FamGKG für den Verfahrensbeistand vom Kostenschuldner eingezogen. Für die Vergütung des Verfahrenspflegers erfolgt die Einziehung nach Maßgabe des § 1880 II BGB. Für den Verfahrensbeistand bestimmt sich die Einziehung nach §§ 1808 II 1, 1880 II BGB.

53 **IV. Festsetzung der Vergütung.** Im Festsetzungsverfahren bleiben **formell-rechtliche oder materiell-rechtliche Mängel** bei der Bestellung ebenso außer Betracht, wie die nachträgliche Aufhebung der Bestellung (zur Betreuervergütung BGH NJW-RR 2014, 1345). Dem Vormund oder Pfleger obliegt die **Darlegungs- und Beweislast** für die vergütungsbegründenden Umstände. In dem verfahrenseinleitenden Antrag sind daher alle Umstände darzulegen, die den Vergütungsanspruch beeinflussen (MüKoBGB/Fröschle, 8. Aufl. 2020, § 5 Rn. 27).

54 **1. Ausschlussfrist (II S. 1).** Sinn und Zweck der Ausschlussfrist liegen insbesondere darin begründet, eine zügige Geltendmachung der Vergütungsansprüche bei Gericht durch den Vormund oder Pfleger zu bezwecken. Eine zeitnahe Geltendmachung der Vergütung ist ebenso im Sinne des Mündels oder Pfleglings, indem deren wirtschaftliche Leistungsfähigkeit bei Geltendmachung der Vergütung über einen langen Zeitraum hinweg nicht über die Maße belastet wird. Zudem wird durch eine zügige Geltendmachung die Wahrscheinlichkeit der Inanspruchnahme der Staatskasse minimiert (BT-Drs. 13/7158, 22); zur Verfassungsmäßigkeit der Ausschlussfrist siehe BVerfG FamRZ 2015, 2040 = BeckRS 2016, 41339.

55 **a) Anwendungsbereich.** Für den persönlichen und sachlichen Anwendungsbereich der Ausschlussfrist wird zunächst auf → Rn. 34 f. verwiesen. Die Ausschlussfrist gilt und findet unabhängig davon Anwendung, gegen wen (betroffene Person, Staatskasse) sich der Vergütungsanspruch richtet. § 2 geht als **lex specialis** den allgemeinen Verjährungsregeln des BGB vor. Insoweit besteht zu den Wirkungen der Verjährungsregelungen auch ein signifikanter Unterschied.

56 **aa) Verfahrensbeistand.** Nach § 158c III 1 FamFG sind Aufwendungsersatz und Fallpauschale des Verfahrensbeistands stets aus der Staatskasse zu zahlen. Für die Vergütungsfestsetzung verweist § 158c III 2 FamFG auf § 292 Abs. 1 und 5 FamFG.

Es war allerdings lange Zeit fraglich, ob die Vergütung der Ausschlussfrist von 15 Monaten unterliegt.

In der ersten Fassung des § 158 VII FamFG-E aF sollte für Aufwendungsersatz und Vergütung des Verfahrensbeistands die Regelung des § 277 FamFG aF entsprechend gelten. Erst mit dem Bericht des Rechtsausschusses und somit kurz vor der damaligen Gesetzesverabschiedung des FamFG, wurde die tätigkeitsbezogene Vergütung auf Fallpauschalen umgestellt und § 158 VII FamFG aF in seiner damaligen Fassung aufgenommen. **57**

Somit ist das Fehlen einer Verweisung auf die Ausschlussfrist nicht auf eine bewusste gesetzgeberische Entscheidung zurückzuführen, sondern vielmehr auf eine **planwidrige Regelungslücke** (BGH NJW 2017, 574 Rn. 19; so schon bereits Felix Rpfleger 2016, 189 (198)). Diese Regelungslücke wurde auch nicht durch die mit dem Gesetz zur Bekämpfung sexualisierter Gewalt gegen Kinder eingeführten Änderungen der §§ 158 ff. FamFG geschlossen. Demzufolge ist § 277 II FamFG, der auf § 2 II 1 VBVG verweist, weiterhin auf den Verfahrensbeistand analog anzuwenden. **58**

bb) Pauschalvergütung des Verfahrenspflegers. Die Anwendung des § 2 II auf die Pauschalvergütung des Verfahrenspflegers ist nicht unumstritten. Die **vorherrschende Auffassung** vertritt die Ansicht, dass die Pauschalvergütung nicht der Ausschlussfrist unterliegt und der Anspruch nach Festsetzung nur noch der regulären Verjährung zugänglich ist (MüKoFamFG/Schmidt-Recla FamFG § 277 Rn. 18; Prütting/Helms/Fröschle, 5. Aufl., FamFG § 277 Rn. 56 mwN; BeckOK FamFG/Günter, 40. Ed. 1.10.2021, FamFG § 277 Rn. 11). Die Verjährungsfrist beginne mit dem Ende des Jahres, in welchem das Amt des Verfahrenspflegers endet. Dieser Auffassung stehen nach hiesiger Ansicht folgende Gründe entgegen: **59**

Zunächst ist der Wortlaut des § 277 III FamFG zu beachten. Hiernach kann das Gericht „**anstelle** des Aufwendungsersatzes und der Vergütung nach den Absatz 2 […] eine Pauschale zubilligen" Durch die Präposition „anstelle" ersetzt die Pauschale nach § 277 III FamFG den Vergütungsanspruch und Aufwendungsersatz nach § 277 II FamFG und regelt somit weder eine eigene Anspruchsgrundlage für den Verfahrenspfleger noch ein eigenständiges Festsetzungsverfahren. Vielmehr stellt § 277 III FamFG die Entscheidung über die Art und Weise der Vergütung – tätigkeitsbezogen oder pauschalisiert – in das **Ermessen** des Gerichts. Ferner gelten infolge des Wortlauts – entgegen der vorherrschenden Auffassung – auch für die Pauschalvergütung die Regelungen des Festsetzungsverfahrens aus §§ 277 IV, 292 I und V FamFG und dessen Verweisungen. **60**

Die Anwendung des § 2 II 1 auf die Pauschalvergütung des Verfahrenspflegers berücksichtigt die gesetzgeberische Intention einer **Vereinfachung der Abrechnung** bei sich nur geringfügig unterscheidenden Verfahrensabläufen. Zudem ist der vorherrschenden Auffassung entgegenzuhalten, dass es einer Ausschlussfrist insbesondere im Hinblick auf die Beitreibung der Auslagen des Verfahrenspflegers nach KV 31015 GNotKG bedarf. Ohne Ausschlussfrist schlägt das gesetzgeberische Ziel fehl, eine zeitnahe Geltendmachung der Vergütung zu erreichen, um damit die langfristige Belastung mit den Vergütungsauslagen zu vermeiden und die Inanspruchnahme der Staatskasse zu minimieren. **61**

cc) Nachlassverwalter. Die Nachlassverwaltung ist eine Unterart der Nachlasspflegschaft, demzufolge die Ausschlussfrist des § 2 Anwendung finden würde. Zu beachten ist allerdings, dass nach §§ 1885, 1888 I BGB die Regelungen des Betreuungsrechts nur insoweit Anwendung finden, als sich aus dem Gesetz nichts anderes ergibt. Eine solche abweichende Regelung ergibt sich aus § 1987 BGB, wonach der Nachlassverwalter im Gegensatz zu den grundsätzlich unentgeltlich tätigen Pflegern und Vormündern stets zu vergüten ist. Folglich findet die Ausschlussfrist des § 2 auf die Nachlassverwaltervergütung **keine Anwendung** (BGH NJW 2018, 2960). **62**

b) Wirkung der Ausschlussfrist. Die Ausschlussfrist greift der Verjährung vor, indem sie den Leistungsanspruch nach Fristablauf ohne weitere Handlungen der Beteiligten **erlöschen** lässt. Die Geltendmachung der Vergütung begrenzt sich somit nur auf die Zeit von der Anspruchsentstehung und dem Ablauf der Frist. Wird die Frist durch den Betreuer versäumt, ist eine **Wiedereinsetzung nicht möglich** (OLG Düsseldorf NJW-RR 2014, 1103). Hierüber besteht seitens des Familiengerichts keine Belehrungspflicht. **63**

64 Der Fristablauf und das Erlöschen der Forderung sind **von Amts wegen zu berücksichtigen.** Der Ausschlussfrist steht nicht der Grundsatz von Treu und Glauben nach § 242 BGB entgegen, wenn aufgrund der in der Vergangenheit geübten Gerichtspraxis die Vergütungsfestsetzung ohne Berücksichtigung der Ausschlussfrist vorgenommen wurde (BGH NJW-RR 2013, 519 Rn. 11).

65 **c) Fristbeginn.** Innerhalb des Anwendungsbereichs des § 2 muss für die Bestimmung des Fristbeginns zwischen **tätigkeitsbezogener** (Vormünder und Pfleger) und **pauschalisierter** (zB Betreuer, Verfahrensbeistand, Verfahrenspfleger) Vergütung unterschieden werden. Die Ausschlussfrist berechnet sich nach **§§ 186 ff. BGB.** Der Beginn der Ausschlussfrist bestimmt sich daher nach § 187 I BGB und deren Ende nach § 188 II Alt. 1 BGB.

66 **aa) Vormünder, Pfleger.** Der tätigkeitsbezogene Vergütungsanspruch des berufsmäßig tätigen Vormunds, Pflegers, Nachlasspflegers oder Verfahrenspflegers entsteht in dem Zeitpunkt, in welchem die einzelne vergütungspflichtige Tätigkeit erbracht ist. Die Ausschlussfrist beginnt daher bei tätigkeitsbezogenen Vergütungsansprüchen regelmäßig am Ende des Tages, an dem die konkrete vergütungspflichtige Tätigkeit ausgeübt wird – aufgrund § 187 I BGB tageweise.

67 Bei der tätigkeitsbezogenen Vergütung zählt somit der Tag, an dem die Tätigkeit erbracht wurde, gem. § 187 I BGB nicht mit; erst der darauffolgende Tag ist der erste Tag der Ausschlussfrist. Das Fristende der 15 Monate fällt gem. § 188 II Alt. 1 BGB auf den letzten Tag des Monats, dessen Zahl dem Tag entspricht, an dem die Tätigkeit ausgeübt wurde. Dementsprechend muss der Antrag auf Bewilligung bzw. Festsetzung der Vergütung für eine am 14.3. erbrachte Tätigkeit spätestens am 14.6. des Folgejahres bei Gericht eingegangen sein.

68 **bb) Pauschalvergütung Verfahrenspfleger und Verfahrensbeistand.** Bei pauschalisierten Vergütungen beginnt die Ausschlussfrist im Vergütungsrecht idR am Ende eines bestimmten Zeitraums (Betreuer, §§ 15 I, 16 III; Psychosozialer Prozessbegleiter § 9 PsychPbG; Pauschalvergütung des Verfahrenspflegers §§ 276 VI, 277 II FamFG). Bei den Vergütungspauschalen des Verfahrenspflegers und Verfahrensbeistands ist es umstritten, welcher Zeitpunkt für den Beginn der Ausschlussfrist anzusetzen ist. Die **vorherrschende Ansicht,** welcher sich der BGH angeschlossen hat (BGH BeckRS 2019, 6774), lässt den Fristbeginn auf den Zeitpunkt der (ersten) Tätigkeitsaufnahme fallen (MüKoBGB/Fröschle, 8. Aufl. 2020, Rn. 6; Prütting/Helms/Hammer FamFG § 158 Rn. 63; Bork/Jakoby/Schwab/Zorn FamFG § 158 Rn. 45; Zorn FamRZ 2017, 234; Adamus jurisPR-FamR 6/2017 Anm. 4; Keuter ZKJ 2017, 69 und FamRZ 2018, 14). Begründet wird dies damit, dass der Vergütungsanspruch nicht wie beim Betreuer losgelöst von der tatsächlichen Tätigkeitsentfaltung, sondern bereits in dem Moment entstehe, in dem der Verfahrensbeistand mit der Aufgabenwahrnehmung begonnen habe und nur dieser Zeitpunkt den Fristbeginn bilden könne.

69 Die **entgegenstehende Auffassung** stellt für den Fristbeginn auf das Ende der Tätigkeit ab (OLG Hamm BeckRS 2016, 9848; OLG Zweibrücken MDR 2015, 772 (773); Felix Rpfleger 2016, 189 (198); Schneider FamRB 2015, 253). Der letztgenannten Auffassung ist trotz der Entscheidung des BGH aus folgenden Gründen der Vorrang einzuräumen:

70 In der ursprünglichen Fassung des § 158 FamFG-E sollte für die Vergütung und den Aufwendungsersatz § 277 FamFG aF entsprechend gelten, so dass der Verfahrensbeistand tätigkeitsbezogen vergütet worden und die Ausschlussfrist mit jeder ausgeübten Tätigkeit tageweise entstanden wäre. Die eingeführte Pauschalvergütung ist allerdings **ein vom tatsächlichen Zeitaufwand unabhängiges Vergütungssystem,** welches die Ausübung einer konkreten Tätigkeit unterstellt, während der tätigkeitsbezogene Vergütungsanspruch eine konkrete Tätigkeit verlangt.

71 Durch die Pauschalvergütung werden Verfahrenspfleger, Verfahrensbeistand und Gericht gleichermaßen entlastet, indem umfangreiche Tätigkeitsdarstellungen und Nachweisungen auf beiden Seiten zeitaufwändige Abrechnungen und Prüfungen entfallen lassen. Stellt man für den Fristbeginn allerdings auf den Zeitpunkt der Tätigkeitsaufnahme ab, bedarf es – entgegen des gesetzgeberischen Ziels der Vereinfachung – einer Form der Nachweisung oder prüfbaren Aufzeichnung, obwohl infolge der Pauschalvergütung die Anspruchsentstehung bestimmten einzelnen Tagen nicht mehr zugeordnet werden kann. Insoweit reicht der einfach zu führende Nachweis des Empfangs bzw. der Entgegennahme des Bestellungsbeschlusses nicht aus, da damit der Vergütungsanspruch noch nicht entsteht (Felix Rpfleger 2016, 189 (196) mwN). Hingegen ist die Beendigung des Amtes gem. §§ 158 IV, 276 VI FamFG leicht festzustellen, da es mit **Rechtskraft** der das Verfahren abschließenden Entscheidung eintritt. Diese Tatsachen und Gründe sprechen nach hiesiger Ansicht dafür, dass der Fristlauf der Ausschlussfrist am Ende der Tätigkeit des Verfahrensbeistands bzw. Verfahrenspflegers beginnt.

d) Fristwahrung (II S. 2). Zur Fristwahrung ist die Einreichung eines Antrages vor Ablauf der Ausschlussfrist erforderlich, aus welchem das Gericht die Kriterien zur Bemessung der Vergütung entnehmen kann. Hierzu gehören ua der Vergütungszeitraum, der Stundensatz mit evtl. Qualifikationsnachweis, evtl. zu vergütende Aufwendungen, sowie die wirtschaftlichen Verhältnisse und der Aufenthalt der von der Maßnahme betroffenen Person. 72

Unzureichend und nicht fristwahrend ist ein Vergütungsantrag der „vorsorglich zur Fristwahrung" gestellt wird. Gleiches gilt für die Einreichung eines nicht prüfbaren bzw. unbezifferten oder pauschalen Antrags ohne hinreichende Angaben zur Vergütungsberechnung. In diesen Fällen müssen die für die Vergütung notwendigen Angaben innerhalb der Ausschlussfrist beim Gericht eingereicht werden. 73

Nach II 2 findet § 1877 IV 2 und 3 BGB entsprechende Anwendung. Nach § 1877 IV 2 und 3 BGB gilt die Geltendmachung beim Familiengericht als Geltendmachung gegen den Mündel oder Pflegling und die Geltendmachung gegen den Mündel auch als Geltendmachung gegen die Staatskasse. Sinn und Zweck dieser Regelung liegen darin begründet, dass der Vormund oder Pfleger bei unklarer Vermögenslage des Mündels/Pfleglings nicht gezwungen sein, den Anspruch sowohl gegen den Mündel oder Pflegling als auch gegen die Staatskasse geltend zu machen (Bienwald/Felix, BGB § 1877 Rn. 100). 74

Daher ist der **fristwahrenden Geltendmachung** ebenso genüge getan, wenn sich der fristgerecht eingereichte Vergütungsantrag gegen die Staatskasse richtet, aber nach Ablauf der Ausschlussfrist festgestellt wird, dass die von der Maßnahme betroffene Person in Anspruch genommen werden und der Antrag zurückgewiesen und neu gestellt werden muss. Dies gilt auch für den umgekehrten Fall. 75

e) Hemmung der Ausschlussfrist. Der gegen die Staatskasse gerichtete Anspruch des Vormunds oder Pflegers unterfällt nicht dem Hemmungstatbestand des § 207 Abs. 1 Nr. 4 BGB (Bienwald/Felix BGB § 1877 Rn. 102 mwN). Darüber hinaus könnte die Ausschlussfrist aber nach § 206 BGB gehemmt werden, wenn der Vormund oder Pfleger durch höhere Gewalt an der Rechtsverfolgung gehindert ist. 76

Auf Ausschlussfristen gelangt § 206 BGB **nur kraft ausdrücklicher Verweisung** zur Anwendung, wie etwa in den §§ 124, 204 Abs. 3, 1944, 1954 BGB. Zwar steht eine in der Literatur vertretene Auffassung einer analogen Anwendung unter Heranziehung obergerichtlicher Rechtsprechung entgegen; der BGH hält jedoch eine analoge Anwendung unter Beachtung von Sinn und Zweck der Norm für möglich. 77

Wie bereits unter → Rn. 54 ausgeführt, bestehen Sinn und Zweck der Ausschlussfrist unter anderem im Erreichen einer zügigeren Geltendmachung der Ansprüche bei Gericht. Ungeachtet dessen, hat der Gesetzgeber mit § 2 II 2 die Möglichkeit eingeräumt, die Ausschlussfrist auf Antrag des Vormunds oder Pflegers zu verlängern. Es würde somit dem Sinn und Zweck einer verlängerbaren Ausschlussfrist widersprechen, deren Fristlauf durch Anwendung des § 206 BGB noch weiter auszudehnen. Zudem scheint es nicht geboten, den durch die Möglichkeit der Fristverlängerung bestehenden Schutz des berufsmäßig tätigen Vormunds oder Pflegers weiter auszubauen, so dass in der Gesamtschau die Regelung des § 206 BGB auf die Ausschlussfrist nach hiesigem Dafürhalten nicht anzuwenden ist (siehe auch Bienwald/Felix BGB § 1877 Rn. 103). 78

2. Verlängerung der Ausschlussfrist (II S. 2). § 2 II 2 verweist ebenso auf die Regelung des § 1877 V BGB. Hiernach kann das Familiengericht eine von II 1 abweichende kürzere oder längere Frist für das Erlöschen des Anspruchs bestimmen sowie diese gesetzte Frist auf Antrag verlängern. Mit der Fristbestimmung ist über das 79

Erlöschen des Ersatzanspruchs bei Versäumung der Frist zu belehren. Der Anspruch ist innerhalb der Frist zu beziffern.

80 In der gerichtlichen Fristbestimmung muss der Vormund oder Pfleger über die Folgen einer Fristversäumung belehrt werden. Wird der Anspruch nicht innerhalb der vom Gericht gewährten Fristverlängerung geltend gemacht, **erlöschen die Ansprüche** ohne weiteres nach Fristablauf; eine Wiedereinsetzung in den vorigen Stand ist ausgeschlossen (Staudinger/Bienwald, 2020, BGB § 1835 Rn. 95). Die gerichtliche Fristbestimmung setzt voraus, dass dem Anspruchsberechtigten ein fester Zeitpunkt für die Geltendmachung mitgeteilt wird. Eine bloße gerichtliche Erinnerung an das Nachreichen von Nachweisen, stellt keine Fristverlängerung dar.

81 Die gerichtliche Fristbestimmung setzt voraus, dass dem Anspruchsberechtigten ein **fester Zeitpunkt** für die Geltendmachung mitgeteilt wird. Eine bloße gerichtliche Erinnerung an das Nachreichen von Nachweisen, stellt keine Fristverlängerung iSd Gesetzes dar (OLG Schleswig FGPrax 2006, 119).

82 **3. Festsetzungsverfahren.** Die Festsetzung erfolgt durch das erstinstanzliche Gericht. Das Festsetzungsverfahren ist Teil des Ursprungsverfahrens, so dass die örtliche Zuständigkeit dem Hauptverfahren folgt. Bei Verfahrensabgabe aufgrund Zuständigkeitswechsels, obliegt die Festsetzung dem übernehmenden Gericht (BayObLG Rpfleger 1997, 215). Ist die Vergütung zum Abgabezeitpunkt noch nicht oder fehlerhaft festgesetzt, kann Abgabereife verneint werden (OLG Stuttgart FGPrax 2011, 299).

83 Für die **Vormundschaften** und **Pflegschaften für Minderjährige** ergeben sich die formell-rechtlichen Voraussetzungen für das Festsetzungsverfahren aus §§ 168d, 168f, 292 I und III bis VI FamFG.

84 Für die **betreuungsgerichtlichen Zuweisungssachen** iSd § 340 FamFG, zu denen ua die **sonstigen Pflegschaften** nach §§ 1882 ff. BGB und die Vertreterbestellungen nach § 340 Nr. 2 FamFG gehören, finden die §§ 292, 292a FamFG direkte Anwendung.

85 **a) Festsetzung im Verwaltungsweg (§ 292 V FamFG).** Wird durch den Vormund oder Pfleger eine Festsetzung **nicht beantragt,** gelten für die Zahlung der Vergütungs- und Aufwendungsersatzansprüche **aus der Staatskasse** gem. § 292 V FamFG die Vorschriften über das Verfahren bei der Entschädigung von Zeugen hinsichtlich ihrer baren Auslagen sinngemäß. Beim vereinfachten Festsetzungsverfahren ist zu beachten, dass § 292 V FamFG nicht auf § 2 I JVEG verweist. Die sinngemäße Anwendung bedeutet vielmehr eine Anweisung des Aufwendungsersatzes im Verwaltungsverfahren, in welchem der Vergütungs- und Aufwendungsersatzanspruch geprüft und die Anweisung zur Auszahlung durch den Urkundsbeamten der Geschäftsstelle ohne förmliches Festsetzungsverfahren verfügt wird. Eine Eröffnung des Verfahrens nach § 4 JVEG geht damit nicht einher.

86 Die Staatskasse ist im vereinfachten Festsetzungsverfahren **nicht** zu beteiligen. Anspruchsinhaber oder Staatskasse können gem. § 292 I FamFG – nicht nach § 4 JVEG – einen Antrag auf gerichtliche Festsetzung stellen, wenn sie mit dem im vereinfachten Verfahren festgesetzten Vergütungs- und Aufwendungsersatzanspruch nicht einverstanden sind. Schließt sich das gerichtliche Festsetzungsverfahren an eine Festsetzung und Auszahlung im vereinfachten Justizverwaltungsverfahren an, ist das Gericht nicht an die vorherige Festsetzung gebunden; diese kann über- oder unterschritten werden. Mit der gerichtlichen Entscheidung wird die Anweisung des Kostenbeamten des Gerichts wirkungslos.

87 Die Festsetzung im Verwaltungsverfahren begründet **kein schutzwürdiges Vertrauen** in die Beständigkeit des ausgezahlten Aufwendungsersatzes. Auch wenn der Rechtspfleger den Erstattungsantrag zuvor im Verwaltungsverfahren überprüft und für richtig befunden hat, kann die Vergütung im gerichtlichen Festsetzungsverfahren abweichend von der vorherigen Anweisung festzusetzen.

88 Zur **Sicherstellung einer endgültigen Rechtssicherheit** auf Seiten des Vormunds oder Pflegers muss dieser die förmliche gerichtliche Festsetzung beantragen. Wurde der Aufwendungsersatz aufgrund einer formlosen Verwaltungsanordnung aus der Staatskasse angewiesen und stellt sich im Nachhinein heraus, dass ein Teil der Aufwendungen nicht erstattungsfähig ist, steht der Staatskasse ein öffentlich-recht-

licher Erstattungsanspruch zu, welcher gegen den Betreuer geltend gemacht und gem. § 1 I Nr. 8, II JBeitrG beigetrieben werden kann.

b) Förmliches Festsetzungsverfahren (§ 292 I FamFG). Für die Vormundschaften und die Pflegschaften für Minderjährige finden für das förmliche Festsetzungsverfahren gem. §§ 168d, 168f ausschließlich § 292 I und III bis VI FamFG Anwendung. Infolge des Umstandes, dass bei Vormundschaften und Pflegschaften für Minderjährige kein Rückgriffsanspruch nach § 1881 BGB stattfindet (→ Rn. 48 ff.), entfällt die Notwendigkeit der Festsetzung der Zahlungen nach § 292a FamFG, so dass §§ 168d, 168f FamFG auch nicht auf diese Vorschrift verweisen müssen. Der Verweis auf § 292 II FamFG entfällt, weil Vormund und Pfleger tätigkeitsbezogen und nicht pauschal vergütet werden, demgemäß eine Festsetzung für zukünftige Zeiträume denknotwendig ausscheidet. 89

aa) Verfahrenseinleitender Antrag. Weder das FamFG noch die einschlägigen Vorschriften des BGB oder des VBVG beinhalten explizite Anforderungen an den zu stellenden Vergütungsantrag. Die **inhaltlichen Anforderungen** an den Antrag ergeben sich vielmehr aus einer Zusammenschau des VBVG und den dort enthaltenen Voraussetzungen für die Gewährung der Vergütung bzw. des Aufwendungsersatzes sowie den formell-rechtlichen Vorgaben des FamFG. 90

Der Antrag muss im Ergebnis das Gericht in die Lage versetzen können, die Vergütungsparameter prüfen und feststellen zu können (BGH NJW-RR 2013, 519). In dem verfahrenseinleitenden Antrag muss der Vormund oder Pfleger daher **alle vergütungsbeeinflussenden Umstände darlegen** (Zeitaufwand, Aufwendungen, bewilligte Pauschalvergütung etc.). Aufgrund des Wegfalls der für den Vergütungsanspruch konstitutiven Verpflichtung, sollte der Vormund oder Pfleger zur Bestimmung des Beginns des Vergütungsanspruchs dem Gericht den Zeitpunkt des Eingangs des Beschlusses bei ihm mitteilen. Dies entfällt in den Fällen, in denen das Gericht die sofortige Wirksamkeit angeordnet hat; → § 1 Rn. 32 ff. 91

Das Gericht kann und muss **eigene Nachforschungen** anstellen, wenn sich Anhaltspunkte dafür ergeben, dass die Bemessungskriterien der Vergütung oder die Voraussetzungen für den Aufwendungsersatz nicht mehr zutreffend sein können oder diese zum Zeitpunkt der Festsetzungsentscheidung nicht bekannt sind. 92

Für die Art und Weise der Ermittlungen verweist § 292 III 2 FamFG zunächst auf § 118 II 1 und 2 ZPO. Hiernach kann das Gericht vom Antragsteller verlangen, dass die im Antrag getätigten Angaben **glaubhaft gemacht werden.** Das Gericht kann zudem auch die Abgabe einer Versicherung an Eides statt fordern. Es kann aber auch selbst Erhebungen anstellen und etwa die Vorlegung von Urkunden anordnen oder Auskünfte einholen. 93

Nach § 292 III 3 FamFG kann von der Ermittlung der persönlichen und wirtschaftlichen Verhältnisse abgesehen werden, wenn der Ermittlungsaufwand außer Verhältnis zur Höhe des aus der Staatskasse zu begleichenden Anspruchs oder zur Höhe der voraussichtlich vom Mündel zu leistenden Zahlungen steht. In diesen Fällen kann das Gericht den Anspruch ohne weitere Prüfung festsetzen oder von einer Festsetzung der vom Mündel zu leistenden Zahlungen absehen. 94

bb) Anhörung. Im förmlichen Festsetzungsverfahren wird der Anspruch auf Vergütung und Aufwendungsersatz gem. § 292 I FamFG im Beschlusswege festgesetzt. Vor der förmlichen Festsetzung und der damit einhergehenden Schaffung eines vollstreckbaren Titels, **ist** der Vergütungsschuldner (Mündel, Pflegling, Staatskasse) gem. § 292 IV FamFG **anzuhören.** Eine Anhörung des Mündels oder Pfleglings entfällt, wenn sich die Festsetzung des Anspruchs gegen die Staatskasse richtet, weil die Entscheidung nur **inter pares** wirkt (zur Wirkung inter pares siehe BGH NJW 2015, 3301; BayObLGZ 2000, 201) und die Festsetzung gegen die Staatskasse somit keine Bindungswirkung gegen den Mündel oder Pflegling entfaltet. 95

In Vormundschaftsverfahren scheidet die Bestellung eines Verfahrensbeistands nach § 158 FamFG aus, da hier keine vermögensrechtliche Angelegenheit vorliegt (Keidel/Engelhardt, 20. Aufl. 2019, FamFG, § 168 Rn. 13). Sind Anspruchssteller und gesetzlicher Vertreter identisch, scheidet das rechtliche Gehör über den gesetzlichen Vertreter aus und dem Mündel oder Pflegling ist für das gerichtliche Festsetzungsverfahren ein **Ergänzungspfleger** zu bestellen (MüKoFamFG/Heilmann, 3. Aufl. 2018, FamFG § 168 Rn. 19). Hat der Mündel/Pflegling oder die Staatskasse die 96

Festsetzung beantragt, ist dem Vormund bzw. dem Pfleger vor der Entscheidung rechtliches Gehör zu gewähren.

97 **cc) Rechtsmittel gegen die gerichtliche Festsetzung.** Gegen den Festsetzungsbeschluss ist der Rechtsbehelf der befristeten Erinnerung nach § 11 Abs. 2 S. 1 RPflG statthaft, wenn der Beschwerdewert von 600 EUR nicht überschritten wird. Hilft der Rechtspfleger der Erinnerung nicht ab, entscheidet der Richter abschließend, wenn er nicht seinerseits die Beschwerde wegen grundsätzlicher Bedeutung zulässt. Die Nichtzulassung der Beschwerde ist unanfechtbar. Wird der Beschwerdewert nicht erreicht, hat der Rechtspfleger die Beschwerde als Erinnerung auszulegen und diese bei Nichtabhilfe ebenfalls dem Richter zur abschließenden Entscheidung vorzulegen.

98 **dd) Überprüfung der Entscheidung nach Rechtkraft.** Eine erneute Überprüfung der Entscheidung unter denselben Beteiligten und über denselben Verfahrensgegenstand ist nach Rechtskraft des Festsetzungsbeschlusses unzulässig. Diese Sperrwirkung tritt nicht ein, wenn die Festsetzung gegen die Staatskasse mangels Mittellosigkeit des Vergütungsschuldners abgewiesen worden ist und sich nach Festsetzung herausstellt, dass dieser nicht mehr über ausreichendes Vermögen verfügt. In diesen Fällen ist trotz Rechtskraft ein Zweitantrag gegen die Staatskasse zulässig, wenn der Vormund oder Pfleger das ihm Mögliche und Zumutbare getan hat, um den Vergütungsanspruch gegen den Vergütungsschuldner durchzusetzen (BayObLGZ 2003, 261 = BeckRS 2003, 30329544).

99 **c) Verzinsung des Vergütungsanspruchs.** Eine Verzinsung des Vergütungsanspruchs **ab Antragstellung beim Gericht** findet nicht statt, da weder aus § 1808 BGB noch aus dem VBVG Verpflichtungen ersichtlich sind, dergleichen zu gewähren (OLG Rostock FGPrax 2007, 229; OLG Celle FamRZ 2002, 1431 = BeckRS 2011, 6645). Der Vergütungsanspruch des Vormunds oder Pflegers konkretisiert sich infolge der tätigkeitsbezogenen Vergütung erst mit der gerichtlichen Festsetzung, so dass die Fälligkeit erst mit **Rechtskraft des Vergütungsfestsetzungsbeschlusses** eintritt und erst ab diesem Zeitpunkt eine Verzinsung in Betracht kommt (BayObLG FamRZ 2002, 767).

Stundensatz des Vormunds

3 **I** [1]**Die dem Vormund nach § 1 Absatz 3 zu bewilligende Vergütung beträgt für jede Stunde der für die Führung der Vormundschaft aufgewandten und erforderlichen Zeit 23 Euro.** [2]**Verfügt der Vormund über besondere Kenntnisse, die für die Führung der Vormundschaft nutzbar sind, so erhöht sich der Stundensatz**

1. **auf 29,50 Euro, wenn diese Kenntnisse durch eine abgeschlossene Lehre oder eine vergleichbare abgeschlossene Ausbildung erworben sind;**
2. **auf 39 Euro, wenn diese Kenntnisse durch eine abgeschlossene Ausbildung an einer Hochschule oder durch eine vergleichbare abgeschlossene Ausbildung erworben sind.**

[3]**Eine auf die Vergütung anfallende Umsatzsteuer wird, soweit sie nicht nach § 19 Absatz 1 des Umsatzsteuergesetzes unerhoben bleibt, zusätzlich ersetzt.**

II [1]**Bestellt das Familiengericht einen Vormund, der über besondere Kenntnisse verfügt, die für die Führung der Vormundschaft allgemein nutzbar und durch eine Ausbildung im Sinne des Absatzes 1 Satz 2 erworben sind, so wird vermutet, dass diese Kenntnisse auch für die Führung der dem Vormund übertragenen Vormundschaft nutzbar sind.** [2]**Dies gilt nicht, wenn das Familiengericht aus besonderen Gründen bei der Bestellung des Vormunds etwas anderes bestimmt.**

III [1]**Soweit die besondere Schwierigkeit der vormundschaftlichen Angelegenheiten dies ausnahmsweise rechtfertigt, kann das Familiengericht einen höheren als den in Absatz 1 vorgesehenen Stundensatz der Vergütung bewilligen.** [2]**Dies gilt nicht, wenn der Mündel mittellos ist.**

IV **Der Vormund kann Abschlagszahlungen verlangen.**

Schrifttum: BeckOGK/Bohnert, Ed. 1.6.2020, VBVG; Bühlow, Bestimmtheit der Anordnung begleiteter Umgangskontakte, NZFam 2016, 952; Deinert/Lütgens, Die Vergütung des Betreuers, 7. Aufl. 2019; Erman, BGB, 15. Aufl. 2017; Felix, Die Vergütung des Berufsbetreuers Teil I und II, Rpfleger 2015, 615 und 683; Götsche, Vergütung des Umgangspflegers bei angeordneter Umgangsbegleitung, jurisPR-FamR 7/2019 Anm. 6; Keuter, Zur Vergütung des Umgangspflegers: Anwesenheit auch bei der Durchführung des Umgangs; Berücksichtigung des Vertrauensgrundsatzes bei der Rückforderung überzahlter Vergütung, FamRZ 2019, 202; Keuter, Ausschlussfrist Verfahrensbeistand, ZKJ 2017, 69; ders., Gebührenrechtliche Stolpersteine für den Verfahrensbeistand, FamRZ 2018, 14; Meysen, Familiengericht und Jugendamt: produktives Ringen oder Machtkampf?, NZFam 2016, 580; Prütting/Helms, FamFG, 5. Aufl. 2020; Schwamb, Keine Rückforderung überzahlter Vergütung vom Umgangspfleger bei Vertrauensschutz, NZFam 2019, 89); Staudinger, BGB, 2020; Volpert, Anwaltsvergütung für die Tätigkeit als Pfleger, NJW 2013, 1659.

Übersicht

I. Normzweck. Die Regelung des § 3 wurde durch das Gesetz zur Reform des Vormundschafts- und Betreuungsrechts unverändert übernommen. § 3 entspricht somit weitestgehend dem § 1 des Gesetzes über die Vergütung von Berufsvormündern (BVormG) vom 25.6.1998. Die mit dem BVormG eingeführte und mit dem VBVG beibehaltene Anknüpfung der Vergütung an der beruflichen Qualifikation mit festen Regelstundensätzen, verfolgt insbesondere folgende Zwecke: Einerseits soll das Gericht infolge der eingeführten nutzbaren Fachkenntnisse nur einen „geeigneten" Vormund bestellen, da die Fachkenntnisse vergütungssteigernd wirken und das Gericht somit Schwierigkeiten des konkreten Falles berücksichtigen muss. Andererseits entfällt beim Vormund die Notwendigkeit, die für die beanspruchte Vergütung vorliegenden Schwierigkeiten konkret nachzuweisen (BT-Drs. 13/7158, 15). 1

II. Anwendungsbereich. Die Vergütung nach der für die Führung der Amtsgeschäfte aufgewandten und erforderlichen Zeit erfolgt nicht nur bei der Vormundschaft. Der sachliche und persönliche Anwendungsbereich des § 3 erstreckt sich darüber hinaus ebenso auf die: 2

– Abwesenheitspflegschaft, §§ 1884, 1888 II BGB,
– Ergänzungspflegschaft, §§ 1809, 1813, 1808 III BGB,
– Nachlasspflegschaft, §§ 1960, 1961, 1885, 1888 II BGB,

– Pflegschaften für unbekannte Beteiligte, §§ 1882, 1888 II BGB,
– Pflegschaften für gesammeltes Vermögen, §§ 1883, 1888 II BGB,
– Pflegschaft für ein ungeborenes Kind, §§ 1810, 1813, 1808 III BGB,
– Umgangspflegschaft, §§ 1684 III 6, 1808 III BGB iVm § 277 II FamFG,
– Tätigkeiten des zusätzlichen Pflegers nach §§ 1776, 1813, 1808 III BGB,
– Verfahrenspflegschaft, wenn keine Pauschalvergütung bewilligt, § 277 II FamFG,
– Zuwendungspflegschaft, §§ 1811, 1813, 1808 III BGB.

3 Für den **Nachlasspfleger** finden die Stundensätze des § 3 nur in den Fällen Anwendung, in denen der Nachlass mittellos ist. Ist der Nachlass vermögend, bemisst sich die Höhe des Stundensatzes des Nachlasspflegers nach den für die Führung der Pflegschaftsgeschäfte nutzbaren Fachkenntnissen des Pflegers sowie dem Umfang und der Schwierigkeit der Pflegschaftsgeschäfte. Dergleichen gilt gem. § 1811 IV BGB auch für die **Zuwendungspflegschaft.** Auf die **Verfahrensbeistandschaft** nach § 158 FamFG findet § 3 keine Anwendung, da der Verfahrensbeistand nach § 158c FamFG für seine Tätigkeit eine von den angeordneten Aufgabenkreisen abhängige Pauschalvergütung erhält.

4 **III. Bestimmung der Vergütung (I und II).** Der berufsmäßig tätige Vormund oder Pfleger für Minderjährige hat gem. § 1808 III BGB iVm §§ 1, 3 einen Anspruch auf Vergütung. Zu dem Anspruch auf Vergütung kommt gem. § 4 iVm § 1877 I BGB ein Anspruch auf Ersatz der erforderlichen Aufwendungen. Übt der berufsmäßige Vormund oder Pfleger Dienste aus, die zu seinem Beruf oder Gewerbe gehören, kann er gem. § 4 II anstelle der Vergütung nach §§ 1 III, 3 als Aufwendung Ersatz in entsprechender Anwendung des § 1877 III BGB verlangen.

5 Nach dem Inkrafttreten des Gesetzes zur Reform des Vormundschafts- und Betreuungsrechts trennt das Recht der Vormundschaft oder Pflegschaft nicht mehr zwischen Anordnung und förmliche Bestellung in Form der Verpflichtung. Der Vergütungsanspruch setzt nunmehr neben der **Feststellung der Berufsmäßigkeit** nur noch die **wirksame Bekanntgabe** des Anordnungs- und Bestellungsbeschlusses voraus. Die persönliche Verpflichtung des Vormunds oder Pflegers ist für den Vergütungsanspruch nicht mehr von konstitutiver Bedeutung; siehe Ausführungen zu → § 1 Rn. 32 ff.

6 Die Bestimmung des Vergütungsanspruchs kann anhand des folgenden Prüfungsschemas erfolgen:

1. Wirksame Bekanntgabe des Bestellungsbeschlusses des Vormunds, §§ 168f, 168a II FamFG
2. Feststellung der berufsmäßigen Ausübung, § 1 I
3. Höhe der Vergütung
   a) Berufliche Qualifikation des Vormunds/Pflegers
   b) Fachkenntnisse
   c) Tatsächlich aufgewandte Zeit
4. Ersatzfähige Aufwendungen, § 4 iVm § 1877 I BGB

7 Im Folgenden soll vor allem auf die Fachkenntnisse und die für die Führung der Geschäfte tatsächlich aufgewandte Zeit eingegangen werden. Für die **Feststellung der Berufsmäßigkeit** wird auf die Kommentierung zu → § 1 Rn. 20 ff. verwiesen.

8 **1. Bestehen und Entstehen des Vergütungsanspruchs.** Der **Vergütungsanspruch** sowie der Anspruch auf Aufwendungsersatz **bestehen** ab der wirksamen Bekanntgabe des Anordnungs- und Bestellungsbeschlusses. Die Wirksamkeit der Anordnung tritt gem. § 287 I FamFG mit der Bekanntgabe an den Vormund oder Pfleger ein. Wurde gem. § 287 II 1 FamFG die sofortige Wirksamkeit angeordnet, tritt die Wirksamkeit ua ein, wenn der Beschluss der Geschäftsstelle zum Zwecke der Bekanntgabe übergeben wird. Für die Vormundschaft und die Pflegschaften für Minderjährige (§§ 1776, 1809, 1810 und 1811 BGB) ergibt sich dies aus §§ 168f, 168a II FamFG. Für die sonstigen Pflegschaften nach §§ 1882, 1883, 1884 BGB bestimmt sich die Wirksamkeit der Bekanntgabe nach §§ 340, 287 II FamFG.

9 Die **Nachlasspflegschaft** ist zwar keine betreuungsgerichtliche Zuweisungssache iSd § 340 FamFG (hierzu OLG Köln FamRZ 2018, 534 = FGPrax 2018, 83), doch

gelten für das Verfahren der Nachlasspflegschaft die Vorschriften des Allgemeinen Teils sowie über § 340 FamFG die Vorschriften des Buches 3.

Erfolgt die Bekanntgabe des Anordnungs- und Bestellungsbeschluss gem. § 41 II FamFG durch **Verlesen der Beschlussformel,** tritt die Wirksamkeit zu diesem Zeitpunkt ein. Wird der Beschluss ohne sofortige Wirksamkeit und ohne Verlesen der Beschlussformel erlassen und den Beteiligten gem. 15 II FamFG durch **Aufgabe zur Post** (AzP) übersandt, gilt das Schriftstück drei Tage nach Aufgabe zur Post als bekannt gegeben. **10**

Der **Vergütungsanspruch** des Vormunds oder Pflegers **entsteht** unmittelbar in dem Zeitpunkt, in welchem die einzelne vergütungspflichtige Tätigkeit erbracht ist (BGH FamRZ 2008, 1611). Allerdings ist eine **vor der wirksamen Bekanntgabe** ausgeführte Tätigkeit nicht vergütungsfähig, auch wenn sie auf Veranlassung des Gerichts erfolgte (OLG Brandenburg FamRZ 2009, 1169 = BeckRS 2009, 4201; OLG Schleswig NJW-RR 1999, 660). **11**

Mit dem Inkrafttreten des Gesetzes zur Reform des Vormundschafts- und Betreuungsrechts ist eine **förmliche Bestellung** in Form der Verpflichtung durch das Familiengericht für den Vergütungsanspruch nicht mehr von konstitutiver Bedeutung; siehe Kommentierung zu → § 1 Rn. 32 ff. **12**

2. Berufliche Qualifikation und besondere Kenntnisse (I). Die Ermittlung des Stundensatzes nach § 3 erfolgt in **zwei Schritten.** Zunächst ist die **berufliche Qualifikation** des Berufsvormunds in Form des Berufs- und/oder Hochschulabschlusses festzustellen. Danach ist zu ermitteln, ob die in der Ausbildung oder im Studium erworbenen Fachkenntnisse für die Führung der Vormundschaft/Pflegschaft **nutzbar** sind. Für die Höhe der Stundensätze ist es **unerheblich,** ob sich der Vergütungsanspruch gegen den Mündel/Pflegling oder die Landeskasse richtet. Im Folgenden sollen die Voraussetzungen der beruflichen Qualifikation und der nutzbaren Fachkenntnisse näher beleuchtet werden. Unter den → Rn. 46 ff. findet sich eine umfangreiche Darstellung der zum Thema der beruflichen Qualifikation und deren Einordnung in die Stundensätze ergangenen Rechtsprechung. **13**

a) Berufliche Qualifikation. Verfügt der berufsmäßig tätige Vormund/Pfleger nicht über eine in § 3 I 2 genannte Ausbildung oder beinhaltet seine vorhandene berufliche Qualifikation keine für die Vormundschaft nutzbaren Fachkenntnisse oder kann lediglich Lebens- oder Berufserfahrung vorgewiesen werden, beschränkt sich der Vergütungsanspruch gem. § 3 I 1 auf **23 EUR** pro Stunde. **14**

aa) Abgeschlossene Berufsausbildung (I S. 2 Nr. 1). Eine abgeschlossene Lehre oder eine vergleichbare Ausbildung berechtigt zur Abrechnung eines Stundensatzes von **29,50 EUR.** Die Lehre ist abgeschlossen, wenn der Vormund seine nutzbaren Fachkenntnisse durch einen Ausbildungsgang vorweisen kann, der nach dem **BBiG** oder der **Handwerksordnung** geregelt ist. Darüber hinaus kommen auch solche Ausbildungen in Betracht, die in hierfür speziellen Gesetzen geregelt sind (zB Krankenpflegegesetz, Altenpflegegesetz). **15**

Eine **vergleichbare Ausbildung** ist anzunehmen, wenn der Ausbildungsgang staatlich reglementiert oder anerkannt ist. Der vermittelte Wissensstand muss nach Art und Umfang einer Lehre entsprechen und durch eine vor einer staatlichen oder staatlich anerkannten Stelle absolvierten Prüfung belegt sein. Als Bewertungskriterien sind insbesondere der Zeitaufwand, der Umfang und Inhalt des Lehrstoffes sowie die Ausgestaltung der Abschlussprüfung heranzuziehen (BGH NJW-RR 2012, 452 Rn. 11). **16**

Die erforderliche Reglementierung fehlt ua bei Lehrgängen an **Volkshochschulen, Berufsbildungswerken** und **sonstigen Privatinstituten** (Felix Rpfleger 2015, 615 (617)). Ebenso stellt im Vergleich zu den Ausbildungsordnungen eine einjährige Ausbildung **keine gleichwertige** Ausbildung dar. Gleiches gilt für Fort- oder Weiterbildungslehrgänge unter Ausnahme derer, welche die Voraussetzungen des § 17 erfüllen. **17**

bb) Hochschulausbildung (I S. 2 Nr. 2). Kann der Vormund ein abgeschlossenes Studium an einer Universität oder Fachhochschule vorweisen, rechtfertigt dies grundsätzlich eine Vergütung in Höhe von **39 EUR pro Stunde.** Abgeschlossen ist die Hochschul- oder Fachhochschulausbildung mit der für den jeweiligen Studien- **18**

gang vorgeschriebenen erfolgreichen Ablegung der Abschlussprüfung (zB Staatsexamen, Diplom, Bachelor- oder Magisterabschluss).

19 Bei einer **mehrstufigen Ausbildung** müssen grundsätzlich beide Teile absolviert werden. Bei Juristen ist der Abschluss des ersten Staatsexamens ausreichend (OLG Düsseldorf NJW-RR 2001, 583). Ebenso ist für den Studiengang der Sozialen Arbeit dessen Abschluss notwendig, nicht aber die staatliche Anerkennung nach den Anerkennungsgesetzen der Länder (MüKoBGB/Fröschle, 8. Aufl. 2020, § 4 Rn. 19). Beinhaltet das Studium einen Bachelor- und Masterstudium, genügt der Abschluss des Bachelorstudiengangs (Deinert/Lütgens, Die Vergütung des Betreuers, Rn. 570).

20 Eine **vergleichbare Ausbildung** liegt vor, wenn die Ausbildung in ihrer Wertigkeit einer Hochschul-, bzw. Fachhochschulausbildung entspricht und einen formalen Abschluss aufweist. Die Ausbildung muss staatlich reglementiert oder staatlich anerkannt sein und der vermittelte Wissensstand muss nach Art und Umfang einem Hochschulstudium entsprechen (BGH NJW-RR 2014, 386 Rn. 12).

21 **Maßgebliche Kriterien** zur Beurteilung der Vergleichbarkeit sind Ausbildungsdauer, Zeitaufwand, Intensität der Stoffvermittlung, Qualifikation des Lehrkörpers und die Ausgestaltung der Abschlussprüfung (BGH NJW-RR 2014, 1154 Rn. 12). **Unzureichend** ist daher eine Ausbildung an einer Fachakademie oder Fachschule (BayObLG NJWE-FER 2000, 58; zur Differenzierung bei der Fachschule siehe OLG Hamm FamRZ 2001, 1398 = BeckRS 2007, 1469).

22 Die gleichen Voraussetzungen gelten für **ausländische Abschlüsse** oder Abschlüsse aus der **ehemaligen DDR.** Ist für letztgenannte Abschlüsse die Gleichwertigkeit in Anwendung von Art. 37 I 2 EV (Einigungsvertrag) festgestellt worden, ist diese Feststellung für das Betreuungsgericht bindend (BGH NJW-RR 2012, 1475 Rn. 12). Ausländische Abschlüsse können unter den Bedingungen anerkannt werden, unter denen sie gegenüber inländischen Abschlüssen als gleichwertig anzusehen sind (MüKoBGB/Fröschle § 4 Rn. 21) zur Handhabung von **ECTS-Punkten, Credit Points oder dem DQR** siehe Kommentierung zu → § 8 Rn. 18 ff.

23 **b) Besondere und nutzbare Kenntnisse.** Der Begriff der „besonderen Kenntnisse" ist weder im VBVG noch im BGB besonderes geregelt oder legaldefiniert. Als **besondere Kenntnisse** sind vom Vormund oder Pfleger erworbene (Fach)Kenntnisse anzusehen, die nicht zum allgemeinen Bildungsstand gehören und innerhalb eines Faches über die gegebenenfalls höhere Schulbildung hinausgehen (OLG Saarbrücken BtPrax 2003, 227). Infolge der Anknüpfung an den standardisierten Ausbildungsgang, finden bei der Bestimmung des Stundensatzes **Lebens- und Berufserfahrung** sowie Fortbildungen des Vormunds keine vergütungserhöhende Berücksichtigung (BGH NJW-RR 2012, 452 Rn. 13).

24 Das Vorliegen von für die Vormundschaft oder Pflegschaft **nutzbaren Kenntnissen** ist anzunehmen, wenn der Vormund oder Pfleger aufgrund der durch Ausbildung erworbenen Fachkenntnisse sein Geschäft effektiver und zum Wohl des Mündels führen kann und der **Kernbereich der Ausbildung** auf die Vermittlung dieser Kenntnisse ausgerichtet war (vgl. zur Betreuung BGH BeckRS 2015, 8009 Rn. 4). Zur Beurteilung, ob die Vermittlung der Fachkenntnisse den Kernbereich der Ausbildung darstellten, ist der Umfang der nutzbaren Inhalte bzw. deren Anteil an der Gesamtausbildungszeit zu ermitteln, ohne einen exakten Prozentanteil festzulegen. Es genügt, wenn aufgrund des **zeitlichen Umfangs** oder der Eigenschaft als **selbständiger und maßgeblicher Teil der Abschlussprüfung** feststeht, dass ein erheblicher Teil der Ausbildungszeit auf die Vermittlung solchen Wissens entfällt (zur Betreuervergütung siehe BGH FamRZ 2015, 1794 = BeckRS 2015, 14295). Im Übrigen genügt die **potenzielle Nützlichkeit** der Fachkenntnisse; eine konkrete Nutzung des vom Vormund vorgehaltenen Wissens wird nicht verlangt (BGH NJW-RR 2003, 1585).

25 Das Vorhandensein nutzbarer Fachkenntnisse ist regelmäßig anzunehmen, wenn der Vormund in den Bereichen der Medizin, Psychologie, Sozialarbeit oder Sozialpädagogik, Soziologie oder in den Bereichen Recht und Wirtschaft Kenntnisse erworben hat (Felix Rpfleger 2015, 615 (617)). Ausreichend ist es, wenn die Fachkenntnisse zur Bewältigung bestimmter Bereiche der Vormundschaft verwendbar sind (BT-Drs. 13/7158, 15; BGH NJW-RR 2003, 1585).

Sprachkenntnisse stellen keine nutzbaren Fachkenntnisse dar, weil sie keine Kenntnisse vermitteln, die den Vormund in die Lage versetzen, seine Aufgaben zum

Wohl des Mündels besser und effektiver erfüllen zu können (BGH NJW-RR 2018, 708 Rn. 12).

c) Vermutung der Nutzbarkeit (II). Die Regelung des II 1 stellt die Vermutung auf, dass die aufgrund der Ausbildung erworbenen besonderen Kenntnisse des Vormunds oder Pfleggers auch für das konkrete Verfahren nutzbar sind, für welches er bestellt wurde. Sinn und Zweck dieser Regelung soll es nach hiesiger Auffassung sein, das Gericht vor Bestellung nochmals zur (vergütungsrechtlichen) Prüfung zu bewegen, ob die Kenntnisse der Amtsperson für das konkrete Verfahren auch von tatsächlichem Nutzen sind. 26

II 2 bietet dem bestellenden Gericht damit auch die Möglichkeit, bei einfachen Verfahren aus Gründen der Kostenersparnis des dafür „überqualifizierten" Vormunds oder Pflegers einen niedrigeren Stundensatz festzuschreiben. In der gerichtlichen Praxis dürfte dies aber sehr selten genutzt werden. 27

3. Bemessung des Zeitaufwandes. Die Bemessung der geschuldeten Vergütung erfolgt aufgrund der vom Vormund oder Pfleger für die Amtsführung **tatsächlich aufgewandten** und zur Geschäftsbesorgung **objektiv erforderlichen Zeit.** Dies bedeutet, dass kein Anspruch darauf besteht, alle tatsächlich erbrachten Leistungen auch vergütet zu bekommen. Steht dem Vormund oder Pfleger im Rahmen der Aufgabenstellung ein Ermessensspielraum zu, hat er von mehreren gleichwertigen Alternativen zur ordnungsgemäßen Wahrnehmung seiner gesetzlichen Aufgaben allerdings diejenige zu wählen, welche die Parteien bzw. die Allgemeinheit in finanzieller Hinsicht am **wenigsten belastet** (OLG Brandenburg FGPrax 2008, 239). 28

a) Plausibilitätsprüfung. Die **Prüfung der Erforderlichkeit** des in Ansatz gebrachten Zeitaufwandes bestimmt sich nach der Aufgabenstellung und nach dem, was der Vormund oder Pfleger im Rahmen des ihr übertragenen Amtes oder der ihr übertragenen Aufgabenkreise für erforderlich halten durfte (BVerfG FPR 2004, 622). Diese Plausibilitätsprüfung orientiert sich an den Maßstäben einer sorgfältig arbeitenden und gewissenhaften Fürsorgeperson und beschränkt sich auf Verstöße gegen Denkgesetze oder missbräuchliche, offensichtlich überzogene oder sachlich völlig ungerechtfertigte Forderungen (OLG Brandenburg FGPrax 2008, 239; OLG Zweibrücken FGPrax 2000, 198 mwN). So ist etwa der Zeitaufwand für die Erstellung der **Vergütungsrechnung** oder der Durchsetzung des Vergütungsanspruchs für die Aufgabenstellung des Vormunds oder Pflegers nicht erforderlich und kann daher nicht abgerechnet werden (BayObLG BtPRax 2001, 76; OLG Schleswig FamRZ 1999, 462). Ebenso ist eine **Aufrundung** für jede angebrochene Stunde nicht statthaft (MüKoBGB/Fröschle, 8. Aufl. 2020, § 3 Rn. 4). Von Dritten geleistete **Hilfstätigkeiten** können nur als Aufwendungen geltend gemacht werden, wenn diese individualisierbar und nicht bereits durch die Vergütung abgegolten sind. 29

Bei der Feststellung des zu vergütenden Zeitaufwandes ist das Gericht nicht an Zugeständnisse des Vergütungsschuldners, etwa in Form der Billigung des Stundensatzes oder Zeitaufwandes, gebunden (BayObLG FamRZ 2001, 130 (131)). Der Zeitaufwand kann durch das Gericht in entsprechender Anwendung des § 287 ZPO geschätzt werden (BayObLG FamRZ 1996, 1169 (1170)). Eine **Kürzung** des einzeln aufgeschlüsselten Zeitaufwandes kann nur bei fehlender Plausibilität, bei Geltendmachung eines Zeitaufwandes außerhalb des Aufgabenkreises liegender oder erkennbar nutzlose Tätigkeiten oder bei offensichtlicher Unangemessenheit und damit missbräuchlicher Geltendmachung in der entsprechenden Höhe erfolgen (OLG Köln ZKJ 2008, 123). Ebenso sind Tätigkeiten vor förmlicher Bestellung nicht vergütungsfähig. 30

b) Keine Prüfung der Zweckmäßigkeit. Die vom Vormund oder Pfleger abgerechneten Tätigkeiten sind bei der Prüfung des Zeitaufwands allerdings **nicht auf ihre Zweckmäßigkeit** zu prüfen. Das Handeln des Vormunds oder Pflegers kann nur auf Rechtmäßigkeit überprüft werden. Demgemäß sind Einwände gegen die in Ansatz gebrachte Zeit nur in den Fällen erheblich, in denen ein sachlicher Bezug einzelner Maßnahmen zur konkreten Vormundschaft oder Pflegschaft bzw. zum angeordneten Aufgabenkreis nicht erkennbar oder der Zeitaufwand dermaßen überhöht angesetzt wurde, dass er mit einer sinnvollen Führung der Vormundschaft oder Pflegschaft nicht vereinbart ist (OLG Düsseldorf BeckRS 2021, 34187). Das Gericht darf deshalb eine Vergütung nicht mit der Begründung kürzen, dass es die Tätigkeiten 31 des Vormunds oder Pflegers für unangebracht hält und ein bestimmtes Handeln vorschreibt oder untersagt (BT-Drs. 15/2494, 19; siehe auch OLG Hamm NJW-RR 2011, 1091).

32 Hingegen steht der zeitliche Aufwand für **persönliche Kontakte** des Vormunds oder Pflegers in dessen Ermessen und richtet sich zuvorderst nach den Bedürfnissen des Pfleglings oder Mündels (OLG Braunschweig FamRZ 2019, 1713). Fällt ein Termin aus, kommt eine Vergütung der hierfür aufgewandten Zeit nur dann in Betracht, wenn eine Umdisponierung nicht mehr möglich war (OLG Koblenz ZKJ 2019, 152).

33 **c) Begleiteter Umgang beim Umgangspfleger.** Gegenstand der Umgangspflegschaft ist die „Durchführung des Umgangs". Der Umgangspfleger soll auf den Umgang hinwirken. Er kann somit bei der Vorbereitung des Umgangs, bei der Übergabe und Rückgabe des Kindes vor Ort sein und über die konkrete Ausgestaltung des Umgangs bestimmen (§ 1684 III 3 und 4 BGB). Bei berufsmäßiger Amtsausübung besteht gem. § 1684 III 6 BGB iVm § 277 II FamFG neben dem Anspruch auf Aufwendungsersatz ein Anspruch auf Vergütung in entsprechender Anwendung der §§ 3 und 4.

34 Der Anspruch des Umgangspflegers auf Vergütung und Aufwendungsersatz kann nur für die durch das Gesetz zugewiesenen Aufgaben geltend gemacht werden. Eine Teilnahme- und Überwachungsaufgabe ist dem Umgangspfleger bei der Durchführung des Umgangs aber gesetzlich nicht zugewiesen und somit grundsätzlich **nicht vergütungsfähig** (OLG Frankfurt FamRZ 2016, 1787 = BeckRS 2016, 14864; OLG Karlsruhe BeckRS 2014, 8278; KG FamRZ 2013, 478 = BeckRS 2012, 18806). Obgleich steht es dem Gericht gem. § 1684 IV BGB frei, einen von ihm bestimmten Umgangspfleger – wie jeden anderen mitwirkungsbereiten Dritten – die **Umgangsbegleitung** zu übertragen. Hierfür kann aber weder der Umgangspfleger noch der sonstige Dritte eine aus der Landeskasse zu entrichtende Vergütung verlangen, da diese Kosten nicht zu den Verfahrenskosten gehören (OLG Frankfurt FamRZ 2016, 1787 = BeckRS 2016, 14864).

35 An den vorstehenden Grundsätzen ändert auch die Entscheidung des **BGH vom 31.10.2018** (NJW 2019, 435) nichts. Die Entscheidung statuiert lediglich eine Ausnahme vom Grundsatz der nicht vergütungsfähigen Umgangsbegleitung: Ist die Anwesenheit des Umgangspflegers bei der Durchführung des Umgangs notwendig, um die ihm gesetzlich übertragenen Aufgaben sachgerecht wahrnehmen zu können, wird die Teilnahme am Umgang **ausnahmsweise** Bestandteil der Umgangspflegschaft, mit der Folge einer Vergütung nach § 1684 III 6 BGB. Hierfür ist es allerdings Voraussetzung, dass das Gericht neben der Umgangspflegschaft auch die Anwesenheit des Umgangspflegers bei den Umgangskontakten **ausdrücklich angeordnet** hat.

36 Diese vergütungsfreundliche Entscheidung des BGH muss aus folgenden Gründen aber auch **kritisch** gesehen werden: Nach gegenwärtigem Recht kann eine Finanzierung der Umgangsbegleitung ausschließlich im Rahmen einer jugendhilferechtlichen Bewilligung durch das Jugendamt nach § 18 III 3 SGB VIII erfolgen (Meysen NZFam 2016, 580; Erman/Döll BGB § 1684 Rn. 24). Das Familiengericht ist indes **nicht befugt,** gegenüber dem Jugendamt oder einer anderen Begleitperson Anordnungen zwecks Realisierung bzw. Durchführung und Umsetzung eines begleiteten Umgangs zu erlassen (BVerfG NJW 2015, 3563). Liegen die Voraussetzungen nach § 18 III 4 SGB VIII vor, sind die Kosten für die Begleitung von gerichtlich angeordneten Umgangskontakten vom Jugendamt zu tragen (Bühlow NZFam 2016, 952).

37 Mit einer vor dem Hintergrund der vorgenannten Entscheidung des BGH großzügigen Handhabung des Vergütungsanspruchs wird nicht nur die Mitwirkungspflicht des Jugendamtes umgangen, sondern der begleitende Umgangspfleger vergütungsrechtlich privilegiert (Keuter FamRZ 2019, 202; Götsche jurisPR-FamR 7/2019 Anm. 6). Zudem besteht die Gefahr der **Kostenverlagerung** der Umgangsbegleitung von den Trägern der Jugendhilfe auf die Justizkasse (Schwamb NZFam 2019, 89). Im Ergebnis wäre im Hinblick auf den begleiteten Umgang und des hierfür anfallenden Vergütungsanspruchs eine gesetzliche Klarstellung geboten, die die vergütungsrechtlichen Auswirkungen der Kluft zwischen § 18 III 3 SGB VIII und § 1684 III 6 BGB regelt. Diese Chance wurde leider auch mit dem Gesetz zur Reform des Vormundschafts- und Betreuungsrechts ungenutzt vertan.

4. Umsatzsteuer (I S. 3). Die Umsatzsteuer wird gem. § 3 I 3 zusätzlich zum Stundensatz erstattet. Nach § 4 Nr. 25 S. 3 Buchst. c UStG sind Leistungen von Einrichtungen, die zum **Vormund** oder **Ergänzungspfleger** bestellt worden sind, von der Umsatzsteuer befreit, sofern es sich nicht um Leistungen handelt, die nach § 1877 III BGB vergütet werden. Zu den von der Umsatzsteuer befreiten Leistungen gehören auch die des **Umgangspflegers** (Abschn. 4.25.2. Abs. 7a des Umsatzsteuer-Anwendungserlasses (UStAE)). Dergleichen gilt ebenso für die **Zuwendungspflegschaft** nach § 1811 BGB, die bisher in den §§ 1909 I 2, 1917 BGB geregelt war und einen besonderen Fall der Ergänzungspflegschaft darstellt (siehe Abschn. 4.25.2. Abs. 7 UStAE). 38

Die **sonstigen Pflegschaften** (§§ 1882, 1883, 1884 BGB), die **Nachlasspflegschaften** (§§ 1960, 1961 BGB) und die **Pflegschaft für das ungeborene Kind** (§ 1810 BGB) nehmen nicht an der Befreiung von der Umsatzsteuer teil (Abschn. 4.25.2. Abs. 8 und 9 UStAE). Der im UStG verwendete Begriff der „Einrichtungen" umfasst dabei auch natürliche Personen (Abschn. 4.25.1. Abs. 2 Nr. 2 S. 2 UStAE). 39

5. Abschlagszahlungen (IV). Entgegen den festen Abrechnungsquartalen des Betreuers, bestehen für Pfleger, Vormünder und Verfahrenspfleger keine festen Abrechnungsintervalle. In diesen Verfahren wird der maximale Zeitraum der Geltendmachung lediglich durch die Ausschlussfrist des § 2 begrenzt. Aufgrund der **Vorleistungspflicht des Vormunds oder Pflegers,** besteht insbesondere bei Vormundschaften und Dauerpflegschaften ein berechtigtes Interesse auf Geltendmachung bereits entstandener Ansprüche. Die Regelung des IV räumt den Vormündern und Pflegern deshalb einen Anspruch auf Abschlagszahlungen, nicht aber Vorschusszahlungen ein. 40

Im Gegensatz zu einer Vorschusszahlung, müssen für eine Abschlagszahlung die geltend gemachten Leistungen **bereits erbracht** worden sein. Die vom Gericht gewährten Abschlagszahlungen mindern den dem Amtsträger zustehenden Vergütungsanspruch. **Überzahlungen** sind durch den Vormund oder Pfleger zu erstatten (BayObLGZ 2003, 101 = FGPrax 2003, 173). Der Vergütungsanspruch erlischt in Höhe der Abschlagszahlungen auch nicht in den Fällen, in denen der Vormund oder Pfleger für die endgültige Geltendmachung seines Vergütungsanspruchs die Ausschlussfrist des § 2 überschreitet (BayObLGZ 2003, 101 = FGPrax 2003, 173). 41

IV. Ermessensvergütung (III). Dem Vormund oder Pfleger kann nach III eine über den **jeweiligen** in I geregelten Stundensätzen hinausgehende Vergütung bewilligt werden (anders BeckOGK/Bohnert, 1.10.2021, Rn. 23, wonach die Vergütung generell über dem höchsten Satz liegen soll). Voraussetzung hierfür ist, dass die besondere Schwierigkeit der vormundschaftlichen Geschäfte dies rechtfertigt. 42

Mit dem Inkrafttreten des Gesetzes zur Reform des Vormundschafts- und Betreuungsrechts findet die Regelung des III weiterhin keine Anwendung auf den **Verfahrenspfleger.** Bis zum 31.12.2022 erhielt der Verfahrenspfleger nur eine Vergütung gem. § 277 III FamFG aF in entsprechender Anwendung der §§ 1, 2 und 3 I, II VBVG aF, so dass die Möglichkeit der Erhöhung der Stundensätze ausdrücklich von der Verweisung ausgenommen war. Somit dürfte es sich um ein Redaktionsversehen und nicht um eine bewusste Entscheidung des Gesetzgebers handeln (siehe Kommentierung zu → FamFG § 277 Rn. 14 ff.) 43

Infolge der Vergütungsbemessung anhand der beruflichen Qualifikation sowie des tatsächlichen Zeitaufwands, ist eine **restriktive Anwendung** der Norm erforderlich. Die grundsätzlich zu gewährende Vergütung nach dem VBVG muss zu der vom Vormund oder Pfleger erbrachten Leistung in einem deutlichen Missverständnis stehen (MüKoBGB/Fröschle, 8. Aufl. 2020, Rn. 9). 44

1. Ermessensentscheidung. Bei der Entscheidung über die Gewährung einer Vergütung nach III handelt es sich um eine Ermessensentscheidung des Gerichts („kann"), so dass dem Gericht ein Beurteilungs- und Entschließungsfreiraum eingeräumt wird. Hierbei muss sich das Gericht vom Sinn und Zweck der Regelung leiten lassen, demgemäß das auszuübende Ermessen seine Grenzen in der Freiheit der Willkür findet. Eine fehlerhafte Ermessensausübung liegt bei einer Ermessensüberschreitung, einem Ermessensfehlgebrauch sowie bei unsachgemäßen Erwägungen vor. Im Rechtsmittelzug ist die betreuungsgerichtliche Entscheidung nur auf Vorliegen von Ermessensfehler überprüfbar. 45

46 Die Ermessensausübung betrifft nicht nur die Vergütung dem Grunde, sondern auch der Höhe nach. Maßgebendes Entscheidungskriterium sollte daher sein, ob es dem berufsmäßigen Vormund oder Pfleger in dem zu entscheidenden Einzelfall zugemutet werden kann, die Vormundschaft oder Pflegschaft zu den in I geregelten Stundensätzen zu führen. Die Ermessensentscheidung ist unter Abwägung aller relevanten Umstände des Einzelfalles zu treffen, wobei insbesondere die in III genannten Umstände der Schwierigkeit und der Mittellosigkeit eine maßgebende Rolle spielen.

47 **2. Besondere Schwierigkeit.** Der Begriff der besonderen Schwierigkeit umfasst nicht ausschließlich rein rechtliche Schwierigkeiten, sondern ist vielmehr als Erschwernis zu verstehen (zur ähnlichen Vorschrift des § 1876 BGB siehe Bienwald/Felix, BGB § 1876 Rn. 8 ff.). Als Grund für eine erhöhte Vergütung können daher **tatsächliche** und/oder **rechtliche Erschwernisse** bei der Ausübung der Tätigkeit im konkreten Verfahren in Betracht kommen.

48 **Keine Berücksichtigung** findet – im Gegensatz zu § 1876 BGB – der Umfang der Tätigkeit. Dies ist insoweit auch sachgerecht, da Vormund und Pfleger bereits tätigkeitsbezogen vergütet werden und sich vorhandene Erschwernisse bereits im gesteigerten Zeitaufwand niederschlagen. Eine zusätzliche Berücksichtigung des Umfangs würde somit zu einer Doppelberücksichtigung führen. Als wertendes Kriterium könnte nach hiesiger Auffassung der **zeitliche Umfang** nur dann Berücksichtigung finden, wenn die Arbeitskraft des Vormunds oder Pflegers über einen längeren Zeitraum ausschließlich oder fast ausschließlich durch das konkrete Verfahren in Anspruch genommen wird und aus diesem Grund keine weiteren Verfahren angenommen werden können oder bestehende Verfahren abgegeben werden müssen.

49 **a) Tatsächliche Schwierigkeiten.** Tatsächliche Schwierigkeiten können beispielsweise in einem schwierigen persönlichen Umgang mit dem Mündel oder Pflegling oder einer seltenen Erkrankung begründet sein, die zu erheblichen Kommunikationsproblemen oder auch zur Beantwortung oder Einschätzung schwieriger Behandlungsfragen führen können. Auch wenn die zeitliche Intensität nicht vergütungserhöhend berücksichtigt werden kann, stellt der Umfang der Tätigkeit ein Indiz für vorhandene tatsächliche Schwierigkeiten dar.

50 In die Erwägungen sind ebenso die **persönlichen Verhältnisse des Vormunds oder Pfleglings** einzubeziehen. Bestehen etwa Erkrankungen, die ständige und umfangreiche ärztliche Untersuchungen oder zu genehmigende Eingriffe notwendig machen, kann dies für einen erhöhten Zeitaufwand sprechen, da der Vormund oder Pfleger dies nicht nur mit dem Mündel oder Pflegling, sondern auch mit den behandelnden Ärzten oder dem Pflegepersonal besprechen muss.

51 **b) Rechtliche Schwierigkeiten.** Rechtliche Schwierigkeiten erwachsen etwa aus dem Vorhandensein umfangreicher und streitintensiver Erbauseinandersetzungen, gesellschaftsrechtlichen Abwicklungen oder einer schwierigen Vermögensverwaltung. Ebenso kann das Vorgehen gehen behördliche Entscheidungen zur rechtlichen Schwierigkeit beitragen. Hierbei muss beachtet werden, dass bei einer Einschaltung von Rechtsanwälten für die einzelnen Angelegenheiten noch ein erheblicher Aufwand beim Vormund oder Pfleger verbleiben muss.

52 Zu beachten ist, dass das bloße Vorhandensein von (umfangreichen) Vermögenswerten für sich alleine genommen noch kein Argument für das Vorhandensein von Schwierigkeiten oder einen erheblichen Umfang darstellt. Der **Umfang des Vermögens** ist bei den gerichtlichen Entscheidungserwägungen erst dann zu berücksichtigen, wenn mit den vom Vormund oder Pfleger zu treffenden Entscheidungen eine hohe Verantwortung bzw. ein hohes Haftungsrisiko einhergeht. Dies kann u. a. gegeben sein, wenn umfangreiche und mit langfristigen Auswirkungen verbundene Fragen der Geldanlagen geregelt werden müssen, um mit den daraus zu erzielenden Erträgen die Lebenshaltung des Vormunds oder Pflegers sicherzustellen. Demzufolge können überdurchschnittliche, auf die Tätigkeit bzw. Anlagestrategie des Vormunds oder Pflegers zurückzuführende, Erträge eine höhere Vergütung rechtfertigen (Bienwald/Felix BGB § 1876 Rn. 13 f.).

53 **3. Keine Mittellosigkeit.** Die Ermessensvergütung kann nur dann bewilligt werden, wenn der Mündel oder Pflegling nicht mittellos ist. Der Begriff der Mittellosigkeit beurteilt sich nach § 1880 I GB. Das für die Beurteilung zugrunde zulegende

Vermögen wird nach § 1880 II BGB ermittelt. Siehe im Übrigen die Kommentierung zu → § 2 Rn. 7 ff.

4. Höhe der Vergütung. Maßstab für die Höhe der Ermessensvergütung sind weder die Höhe des Vermögensbestandes noch die Höhe der Fallpauschalen des Betreuers oder die Stundensätze des Vormunds oder Pflegers, sondern der Zeitaufwand (BT-Drs. 15/4874, 32; OLG Köln FGPrax 2008, 246). Da die Fallpauschalen des Betreuers auf einer Mischkalkulation beruhen, bieten lediglich die Stundensätze des Vormunds einen gewissen Anhaltspunkt (OLG Schleswig FGPrax 2010, 139; BayObLGZ 1998, 65 = NJW-RR 1999, 5). Die berufliche Qualifikation dürfte, anders als bei ehrenamtlichen Vormündern, ebenso eine Rolle spielen (BT-Drs. 13/7158, 13). Mindest- oder Höchstbeträge sind infolge des Wortlauts nicht vorgesehen, so dass die Ermessensvergütung die Regelstundensätze (erheblich) übersteigen kann. **Entscheidungserheblich** für die Vergütungshöhe ist – wie bei der Frage der Bewilligung – einzig die Schwierigkeit und den Umfang der Angelegenheit. 54

Die Vergütung kann entweder in Form einer Pauschale für die gesamte Tätigkeit oder anhand eines im Rahmen des Ermessens festgelegten Stundensatzes bewilligt werden. Ebenso kann die Vergütung einmalig am Ende des Betreuungsjahres oder laufend bewilligt werden (Bienwald/Felix BGB § 1876 Rn. 19). 55

5. Anspruchsentstehung, Ausschlussfrist und Verjährung. Die Ermessensvergütung stellt einen Vergütungsanspruch dar, dessen Entstehung nicht von vornherein gesetzlich bestimmt ist. Die Entstehung des Vergütungsanspruchs wird in das Ermessen des Gerichts gestellt (Bienwald/Felix, BGB § 1876 Rn. 25). Der Vergütungsanspruch realisiert sich somit erst mit der gerichtlichen Entscheidung (OLG Zweibrücken NJW-RR 2008, 620). Demgemäß fallen Entstehung und Fälligkeit des Anspruchs auf den Zeitpunkt der gerichtlichen Entscheidung. 56

Einer Ausschlussfrist bedarf es für die Ermessensvergütung nicht, weil der Anspruch erst mit der gerichtlichen Entscheidung entsteht und fällig wird. Die Ermessensvergütung unterliegt der allgemeinen Verjährungsfrist des § 195 BGB. Der Fristlauf kann nach § 207 Abs. 1 S. 2 BGB für die Dauer des Betreuungsverfahrens gehemmt sein. Die Hemmung endet mit Entlassung des Vormunds/Pflegers oder dem Ende des Verfahrens. 57

V. Rechtsprechungsübersicht zur beruflichen Qualifikation. Die ausufernde Rechtsprechung zu den nutzbaren Fachkenntnissen betrifft zwar insbesondere die Betreuer, doch bestehen in den zu beantwortenden Rechtsfragen zur Vormundschaft kaum signifikante Unterschiede. Unterschiede können sich lediglich aufgrund § 1800 BGB und dem dort geregelten Erziehungsauftrag des Vormunds gegenüber dem Mündel ergeben. 58

1. Abgeschlossene Berufsausbildung. Für die Vormundschaft nutzbare Fachkenntnisse wurden ua folgenden abgeschlossenen Ausbildungsberufen zuerkannt: 59

- **Angestelltenlehrgang eines Landes** (LG Stendal BeckRS 2009, 28072, → Rn. 15)
- **Apothekenfacharbeiter** (LG Zwickau BeckRS 2010, 21397; → Rn. 15)
- **Bankkaufmann** (LG Koblenz JurBüro 2000, 430; → Rn. 15)
- **Einzelhandelskaufmann** (OLG Düsseldorf FGPrax 2016, 28; → Rn. 15)
- **Erzieher** (OLG Braunschweig NJWE-FER 2000, 288; → Rn. 15)
- **Fachökonom** (LG Leipzig FamRZ 2000, 1306; → Rn. 15)
- **Finanzkaufmann** (OLG Dresden FamRZ 2000, 555; → Rn. 15)
- **Heilerziehungspfleger** (BGH FamRZ 2021, 305; OLG Oldenburg JurBüro 2019, 92 = BeckRS 2018, 40727 Rn. 9; → Rn. 15)
- **Handwerksmeister** (OLG Köln NJW-RR 2000, 1315; Meisterausbildung vermittelt allgemein nutzbare Kenntnisse in den Bereichen Recht, Sozialwesen, Rechnungswesen und Wirtschaftslehre, siehe hierzu Deinert/ Lütgens, Die Vergütung des Betreuers, Rn. 581; → Rn. 15)
- **Hubschrauberpilot und Fluglehrer** (LG Oldenburg FamRZ 2019, 1010; → Rn. 15)
- **Hygieneinspektor** (LG Neubrandenburg FamRZ 2000, 1305 = BeckRS 2000, 31142555; → Rn. 15)

- **Industriekaufmann** (LG Koblenz FamRZ 2000, 181; → Rn. 15)
- **Rechtsanwalts- und Notarfachgehilfe** (OLG Hamm NJOZ 2002, 1273; → Rn. 15)
- **Reiseverkehrskauffrau** (LG Bielefeld FamRZ 2016, 329 = BeckRS 2016, 3538; → Rn. 15)
- **Sparkassenbetriebswirt,** Sparkassenakademie (BGH NJW-RR 2012, 774 Rn. 17; → Rn. 15)
- **Sozialwirtin,** Fachschule für Betriebswirtschaft – Fachrichtung Sozialwesen – (BGH NJW-RR 2012, 452, Rn. 16; → Rn. 15)
- **Sozialversicherungsfachangestellte** (BGH NJW-RR 2017, 646 Rn. 4; → Rn. 15)
- **Staatl. Anerkannter Betriebswirt** – Fachschule (OLG Schleswig FamRZ 2000, 1309 = BeckRS 2000, 30101873; → Rn. 15)

60 **a) Ausbildungen ohne relevante Fachkenntnisse**

- **Augenoptiker** (BayObLG NJW-RR 2000, 1314; → Rn. 15)
- **Bauzeichnerin** (LG Hamburg FamRZ 2002, 1064; → Rn. 15)
- **Fremdsprachensekretärin** (OLGR Saarbrücken 2002, 324 = BeckRS 2002, 30245716; → Rn. 15)
- **Industriekauffrau** mit der Spezialisierung „Statistik“ (BGH BtPrax 2015, 155 = BeckRS 2015, 8009 Rn. 4; → Rn. 15)
- **Industriemechaniker** (BayObLG NJOZ 2001, 1844; → Rn. 15)
- **„Ökonom“** in der Fachrichtung „Rechnungsführung und Statistik“ Fachschule für Ökonomie – ehem. DDR (BGH BtPrax 2015, 155 = BeckRS 2015, 8009 Rn. 4; → Rn. 15)
- **Polsterer** (OLG Schleswig NJWE-FER 2001, 74; → Rn. 15)
- **Prediger- und Missionsseminar** in der Schweiz (OLG Frankfurt Rpfleger 2003, 365 → Rn. 15)
- Schneider (OLG Dresden FamRZ 2001, 656; → Rn. 15)
- **Sport- und Fitnesskauffrau** (LG Görlitz FamRZ 2014, 503; → Rn. 15)

61 **b) Nicht vergleichbare Ausbildungen**

- **Abgebrochenes Jurastudium** (BGH NJW-RR 2013, 578 Rn. 13; → Rn. 16)
- **Ausbildung zur Krankenpflegehelferin** (BGH NJW-RR 2012, 257 Rn. 14; → Rn. 16)
- **Bauspar- und Finanzierungsfachfrau/-mann** – Berufsbildungswerk der Bausparkassen (OLG München FGPrax 2008, 25; → Rn. 16)
- **Heilpraktiker** (BGH FamRZ 2020, 453 = BeckRS 2019, 35251 Rn. 11; → Rn. 16)
- **Kontaktstudium** (BGH NJOZ 2018, 87 Rn. 14; → Rn. 16)
- **Zertifikationskurs für Berufsbetreuer** (BGH BtPrax 2012, 129 = BeckRS 2012, 5318; → Rn. 16)

62 **2. Abgeschlossene Hochschulausbildung.** Für die Vormundschaft nutzbare Fachkenntnisse wurden ua folgenden Hochschulausbildungen zuerkannt:

- **Ausbildungsgänge an einer Hochschule für Verwaltung und Rechtspflege** (BeckOGK/Bohnert § 4 Rn. 32; → Rn. 18)
- **Ausbildung für den gehobenen Forstdienst,** FH (OLG Saarbrücken BtPrax 2003, 227; → Rn. 18)
- **Diplomlehrer,** DDR (BGH NJW-RR 2014, 257; → Rn. 18)
- **Politikwissenschaft** (LG Hamburg BtPrax 2000, 221; → Rn. 18)
- **Heilpädagoge** (LG Koblenz BtPrax 2012, 175; → Rn. 18)
- **Theologiestudium** (OLG Hamm OLG-Report Hamm 2006, 767 = BeckRS 2006, 07000; → Rn. 18)
- **Veterinärmedizin** (OLG Frankfurt OLGR Frankfurt 2002, 189 = BeckRS 2002, 30251157; → Rn. 18)
- **Zahnmedizin** (Deinert/Lütgens, Die Vergütung des Betreuers, Rn. 620; → Rn. 18)

a) Hochschulausbildung ohne relevante Fachkenntnisse

– **Bauingenieur** (KG BeckRS 2012, 14819; → Rn. 18) 63
– **Diplom-Geograph** (BayObLGZ 1999, 339 = FGPrax 2000, 22; → Rn. 18)
– **Dipl.-Elektroingenieur** (LG Münster BeckRS 2011, 20387; → Rn. 18)
– **Dipl. Ingenieur Maschinenbau** (BayObLG BeckRS 2000, 30137387; → Rn. 18)
– **Dipl. Ingenieur Chemie** (OLG Frankfurt FamRZ 2005, 1199; → Rn. 18)
– **Dipl. Verwaltungswirt – Polizei** (LG Offenburg BeckRS 2016, 13789; → Rn. 18)
– **Landschafts- und Freiraumplanung** (OLG Frankfurt FamRZ 2005, 1279; → Rn. 18)

b) Nicht vergleichbare Hochschulausbildungen

– **Angestelltenlehrgang II,** Verwaltungsfachwirt (BGH NJW-RR 2020, 259 Rn. 4; → Rn. 20) 64
– **Ausbildung zum Heilpädagogen und Erzieher** (BGH FamRZ 2020, 448 = BeckRS 2019, 34251 Rn. 13; → Rn. 20)
– **Betriebswirt, VWA** (BGH NJW-RR 2014, 386 Rn. 14; → Rn. 20)
– **Fachkrankenpfleger und Krankenhausbetriebswirt** (LG Bonn BtPrax 2013, 35 = BeckRS 2012, 22047; → Rn. 20)
– **Fernlehrgang zur Fachwirtin im Sozial- und Gesundheitswesen** (OLG Koblenz BeckRS 2012, 21830; → Rn. 20)
– **„Fernstudium Rechtswirt/in (FSH)"** bei der Fachakademie Saar für Hochschulbildung mit 640 bis 860 Stunden (BGH FamRZ 2021, 306).
– **Hygieneinspektor** (LG Neubrandenburg FamRZ 2000, 1305 = BeckRS 2000, 31142555; → Rn. 20)
– **Ingenieurpädagoge** (OLG Frankfurt BtPrax 2002, 169 = BeckRS 2002, 30251165; → Rn. 20)
– **Rechtsfachwirt** (LG Krefeld BeckRS 2015, 16066; → Rn. 20)

Aufwendungsersatz des Vormunds

4 **I Für seine anlässlich der Führung der Vormundschaft erforderlichen Aufwendungen kann der Berufsvormund Vorschuss oder Ersatz in entsprechender Anwendung des § 1877 Absatz 1 des Bürgerlichen Gesetzbuchs verlangen.**

II Für solche Dienste, die zu seinem Gewerbe oder seinem Beruf gehören, kann der Berufsvormund anstelle der Vergütung nach § 1 Absatz 3 als Aufwendung Ersatz in entsprechender Anwendung des § 1877 Absatz 3 des Bürgerlichen Gesetzbuchs verlangen.

Schrifttum: Deinert/Lütgens, Die Vergütung des Betreuers, 7. Aufl. 2019; Felix, Die Vergütung des Berufsbetreuers Teil I und II, Rpfleger 2015, 615 und 683; Jürgens, Betreuungsrecht, 6. Aufl. 2018; Staudinger, BGB, 2020.

Übersicht

1 **I. Normzweck.** Die Regelung des § 4 beinhaltet mit dem Aufwendungsersatz den zweiten Baustein des Entschädigungsanspruchs berufsmäßig tätiger Vormünder und Pfleger. Für die Bestimmung des Anspruchs wird in I auf die Regelung des § 1877 Abs. 1 BGB verwiesen. Sinn und Zweck des § 4 I begründen sich darin, dass infolge der ausschließlich tätigkeitsbezogenen Vergütung die Vermögensneutralität zu gewährleisten, weil ein Einsatz des eigenen Vermögens zur Bestreitung der Aufwendungen nicht gefordert werden kann. Zugleich stellt § 4 I klar, dass der Ersatz der Aufwendungen keine Gegenleistung zur Ausübung des Amtes darstellt.

2 § 4 II bestimmt iVm § 1877 Abs. 3 BGB entgegen der Regelung des § 612 I BGB, dass die vom Vormund oder Pfleger erbrachten Dienste, die zu dessen Beruf oder Gewerbe gehören, zwar nicht vergütet, sondern infolge der eingebrachten Zeit und Arbeitskraft als Aufwendungsersatz begriffen werden. Sinn und Zweck des II folgend, ist dieser **einschränkend auszulegen,** so dass eine bloße Zugehörigkeit von Diensten zum eigentlichen Beruf des Vormunds oder Pflegers nicht schon zur Geltendmachung des Aufwendungsersatzes berechtigt – die Dienstleistung muss vielmehr im Kernbereich des Berufs liegen. Entscheidet sich der Vormund oder Pfleger zur Geltendmachung des Anspruchs nach § 4 II und damit auch der für die erbrachten Dienste aufgewendeten Zeit, kann er daneben eine Vergütung nach § 3 nicht geltend machen.

3 **II. Anwendungsbereich.** Da der Aufwendungsersatz einen Baustein des Entschädigungsanspruchs des Vormunds oder Pflegers bildet, deckt sich der sachliche und persönliche Anwendungsbereich mit dem des § 3. Demgemäß kann auf die Ausführungen zu → § 3 Rn. 2f. verwiesen werden. § 4 findet hingegen **keine Anwendung** auf den Entschädigungsanspruch des **Verfahrensbeistands** und dem des **pauschal vergüteten Verfahrenspflegers.** In diesen Fällen ist deckt die pauschalisierte Vergütung auch die entstandenen Aufwendungen ab.

4 **III. Ersatz der Aufwendungen (I).** Nach § 4 I iVm §§ 1877 I, 670, 690 BGB kann der berufsmäßige Vormund oder Pfleger Aufwendungen, die er zum Zwecke der Ausführung seines Amtes tätigt und die er den Umständen nach für erforderlich halten darf, ersetzt verlangen. Aufwendungen sind hiernach **freiwillige Vermögensopfer,** die der Vormund oder Pfleger zum Zwecke der Führung der **konkreten** Vormundschaft oder Pflegschaft auf sich nimmt oder die sich als notwendige Folge der Übernahme des Amtes ergeben (Staudinger/Bienwald, 2020, BGB § 1835 Rn. 29).

5 Freiwillig ist ein Vermögensopfer, wenn der Vormund oder Pfleger weiß oder es in Kauf nimmt, dass ihm infolge der Übernahme der Vormundschaft oder Pflegschaft finanzielle Nachteile in Form von Aufwendungen entstehen; hierzu zählen auch Aufwendungen, die der Vormund oder Pfleger auf Weisung des Mündels oder Pfleglings getätigt hat (Bienwald/Felix, BGB § 1877, Rn. 25 mwN).

6 **1. Abgrenzung zur Vergütung.** Der Aufwendungsersatz des Vormunds oder Pflegers ist keine Vergütung und stellt somit keine Gegenleistung für die Durchführung des übertragenen Amtes dar. Folglich gehört die vom Vormund oder Pfleger zur Führung der Geschäfte eingesetzte eigene Arbeitskraft nicht zu den Aufwendungen iSd § 4 I; eine Ausnahme bilden die Aufwendungen nach § 4 II.

7 Ebenso eine nicht ersatzfähige Vergütung stellen **verdeckte Entgelte** für vom Vormund oder Pfleger geleisteten Tätigkeiten dar. Hierbei kann es sich um gegenüber dem Vormund oder Mündel geltend gemachte Pauschalen oder regelmäßige Zahlungen handeln, die nicht entstandenen und/oder belegbaren Aufwand abdecken oder einen Kostenersatz für die Amtsführung darstellen sollen (zum Aufwendungsbegriff des § 670 BGB siehe BGH NJW-RR 1988, 745 (746)).

8 Erbringt der Vormund oder Pfleger über die gesetzliche Vertretung hinaus **Dienst- oder Pflegeleistungen,** die Mündel oder Pflegling in Auftrag gegeben haben, bedarf es hierfür des Abschlusses eines entsprechenden Dienstleistungs- oder Pflegevertrages. Der Abschluss eines solchen Vertrages bedarf zwar nach §§ 1799 II, 1849 BGB nicht der gerichtlichen Genehmigung, doch ist hierfür die Bestellung eines Ergänzungspflegers erforderlich (OLG München FamRZ 2008, 1560 bei umfangreicher Vermögensverwaltung durch den Betreuer).

2. Erforderlichkeit der Aufwendungen. Infolge der Verweisung auf § 670 BGB sind nur solche Aufwendungen erstattungsfähig, die der Vormund oder Pfleger „nach den Umständen für erforderlich halten durfte." Die zur Beurteilung der Erforderlichkeit durchzuführende **Plausibilitätsprüfung** (siehe hierzu LG Hamburg BtPrax 2003, 43) erfolgt nach einem subjektiv-objektiven Maßstab, der auf eine Beurteilung ex ante abstellt. **Subjektives Merkmal** ist die Situation des Vormunds oder Pflegers im Zeitpunkt der Erbringung der zum Ersatz begehrten Aufwendungen. Die Betrachtung vom Standpunkt eines nach verständigem Ermessen Handelnden, stellt insoweit das **objektive Merkmal** dar. 9

Im Ergebnis kommt es für die Beantwortung der Frage der Erforderlichkeit darauf an, dass solche Aufwendungen **erforderlich und damit erstattungsfähig** sind, die der Vormund oder Pfleger nach sorgfältiger Prüfung der ihm bekannten Umstände des Falles vernünftigerweise aufzuwenden hatte (Bienwald/Felix BGB § 1877 Rn. 28 mwN). 10

An der notwendigen Erforderlichkeit fehlt es hingegen, wenn der Betreuer oder Verfahrenspfleger überflüssige Aufwendungen tätigt oder anderweitige Hilfsmöglichkeiten nicht nutzt, weil er pflichtwidrig nicht die nötigen Informationen eingeholt hat oder das Tätigen der Aufwendung als solches bereits pflichtwidrig war. Die Fürsorgeperson trifft somit die Pflicht, die Aufwendungen gering zu halten und das Amt wirtschaftlich und sparsam auszuüben. Die Grenze der Wirtschaftlichkeit findet sich jedoch in den für den Betreuer oder Verfahrenspfleger zu beachtenden Amtspflichten. 11

3. Keine Pauschalisierung, allgemeine Verwaltungskosten. Aus den Einnahmen der Vergütung nach § 3 müssen Vormünder und Pfleger grundsätzlich alle Ausgaben bestreiten, die für die Ausübung der berufsmäßigen Tätigkeit notwendig sind. Diese infolge der Amtsausübung entstehenden Kosten unterliegen dem individuellen wirtschaftlichen Handeln des Vormunds oder Pflegers. §§ 1877, 670 BGB geben insoweit verbindlich vor, dass nur solche Aufwendungen erstattungsfähig sind, die zum Zwecke der Amtsführung erforderlich sind und Kosten von der Erstattung ausschließt, die unabhängig vom konkreten Verfahren entstehen. 12

Die in Ansatz gebrachten Aufwendungen müssen daher mit der Durchführung des Amtes im **konkreten Verfahren** im Zusammenhang stehen; maßgebend ist der Tätigkeitsbereich bzw. die beim Pfleger angeordneten Aufgabenbereiche. Hieraus folgt, dass nur solche Aufwendungen erstattungsfähig sind, die sich auf das vorliegende Vormundschafts- oder Pflegschaftsverfahren individualisieren lassen. Infolgedessen sind **allgemeine Verwaltungskosten** oder **Pauschbeträge** nicht erstattungsfähig (umfangreich hierzu Bienwald/Felix BGB § 1877 Rn. 31 ff.; aA BeckOGK/Bohnert, 1.10.2021, BGB § 1835 Rn. 17 ff.). Eine Umlegung dieser Kosten auf das konkrete Verfahren kann auch nicht durch einen Verteilungsschlüssel erreicht werden (BGH NJW 2000, 3712). Zu den nicht umlagefähigen allgemeinen Verwaltungskosten gehören ua: 13

- Büromiete,
- Fortbildungskosten und Kosten für Fachliteratur, auch wenn sie dem Mündel oder Pflegling zugutekommen (BGH NJW-RR 2007, 1373),
- Personalkosten,
- Steuerberaterkosten,
- Kommunikationskosten (Telefon, Telefax, Port etc),
- Kosten des Fuhrparks (Ausnahme Fahrtkosten),
- Kosten für Bürobedarf

4. Erstattungsfähige Aufwendungen. Nachfolgend sollen die in der gerichtlichen Praxis am häufigsten vorkommenden Aufwendungen jeweils kurz dargestellt werden. Für weitere Aufwendungen (zB Übernachtungskosten, Bahncards oder Hilfskräfte) sowie deren Erforderlichkeit und Erstattungsfähigkeit, wird auf die umfangreichen Darstellungen bei Bienwald/Felix, BGB § 1877 Rn. 36 ff. verwiesen. 14

a) Fahrtkosten. Für die Kontaktaufnahme mit dem Betreuten ist eine **Beschränkung der erstattungsfähigen Aufwendungen** auf eine vom Gericht festgelegte Vorgabe der abrechnungsfähigen Besuche strikt abzulehnen und darüber hinaus rechtlich unzulässig. Solche hauptsächlich durch fiskalische Erwägungen geleiteten 15

Entscheidungen gehen oftmals davon aus, dass eine willkürlich bestimmte Anzahl von Kontakten für die Amtsführung ausreichend sei. Nach § 1790 III BGB ist der Vormund oder Pfleger zum persönlichen Kontakt mit dem Mündel oder Pflegling verpflichtet und berechtigt und soll einmal im Monat persönlichen Kontakt aufnehmen. Im Einzelfall können kürzere oder längere Besuchsabstände geboten sein. Für den Aufwendungsersatz leitet sich aus § 1790 III BGB ab, dass Erforderlichkeit und Erstattungsfähigkeit der Aufwendungen ausschließlich an den **Gegebenheiten des konkreten Verfahrens** zu messen sind. Zudem führt der Vormund oder Pfleger sein Amt im Rahmen der ihm vom Gesetz auferlegten Amtspflichten eigenverantwortlich und hat bezüglich der Ausübung seiner Tätigkeiten einen Ermessensspielraum, bei dem in den anzustellenden Erwägungen die Interessen der Staatskasse hinter die Interessen, Wünsche und tatsächlichen Bedürfnisse des Mündels oder Pfleglings zurücktreten (siehe im Übrigen → Rn. 9 f.).

16 Für den Ersatz von Fahrtkosten verweist § 1877 I BGB auf § 5 JVEG. Hiernach ist dem Vormund oder Pfleger grundsätzlich eine **Kilometerpauschale** in Höhe von 0,42 EUR zuzüglich angefallener barer Auslagen (zB Parkentgelte) zu erstatten (§ 5 II JVEG). Die Fahrtkostenpauschale deckt sowohl die Abnutzungskosten als auch die Anschaffungskosten, Betriebskosten, Unterhaltungskosten und den Wertverlust ab. Eine weitere separate Erstattung dieser oder weiterer Kosten ist somit ausgeschlossen. Die Erstattung der Kilometerpauschale erfolgt unabhängig davon, ob die Kosten (Abnutzung Kraftstoff, etc.) tatsächlich entstanden sind oder im konkreten Einzelfall niedriger waren. Bei Nutzung von öffentlichen, regelmäßig verkehrenden Beförderungsmitteln sind die tatsächlich entstandenen Auslagen maßgeblich.

17 **Angefangene Kilometer** sind auf den vollen Kilometer aufzurunden, da unter dem Begriff „Kilometer" die Regelungen des JVEG auch jeden angefangenen Kilometer verstehen. Die gerichtliche Prüfung darf allerdings nicht nur die kürzeste Strecke zubilligen. Eine längere Wegstrecke ist, wenn diese schneller ist, ebenso erstattungsfähig. Wird die gerichtliche Überprüfung mittels Routenplaner durchgeführt, darf die festgestellte Entfernung keine verbindliche Obergrenze darstellen. Maßgebend ist allein die genaue Entfernung von der Wohnung bis zum Gebäude der Heranziehung bzw. der Ausübung der Amtstätigkeit (Schneider JVEG § 5 Rn. 30).

18 Ist das benutzte Fahrzeug dem Vormund oder Pfleger von einem Dritten **unentgeltlich zur Verfügung gestellt** worden (zB Firmenwagen/Dienstwagen), ist dies für die Frage der Erstattung der Pauschale nach dem Wortlaut des § 5 II 1 JVEG grundsätzlich unerheblich. Sinn und Zweck der §§ 1877, 670 BGB gebieten es jedoch, eine Erstattung von Aufwendungen nur dann vorzunehmen, wenn diese auch tatsächlich entstanden sind; zB Kraftstoffkosten, die nicht über eine unternehmenseigene zur privaten Nutzung freigegebene Tankkarte abrechnet werden können (Bienwald/Felix BGB § 1877 Rn. 47).

19 **b) Kopierkosten.** Die Höhe der zu ersetzenden Kopierkosten ist weder gesetzlich festgelegt noch auf bestimmte Beträge beschränkt. Maßgebend sind die **tatsächlich angefallenen** Kopierkosten. Können diese nicht exakt beziffert werden, sind sie durch das Gericht zu schätzen. Im Rahmen der Schätzung ist es nicht zu beanstanden, die Kosten für die Anfertigung einer Ablichtung mit den allgemeinen Preisen in einem Copyshop anzusetzen (Felix Rpfleger 2016 189 (192)).

20 Ist ein **Rechtsanwalt** zum Vormund oder Pfleger bestellt und hat er die erforderlichen Kopien auf seinem im Büro vorhandenen Kopiergerät hergestellt, kann als Schätzgrundlage auf die Dokumentenpauschale in VV 7000 RVG zurückgegriffen werden – die Anwendung des § 7 II JVEG scheidet aus (BGH FamRZ 2014, 465 = BeckRS 2014, 1208 Rn. 18). Eine neuere Rechtsprechung vertritt im Falle der beruflichen Ausübung (unabhängig vom Anwaltsberuf) die Auffassung, dass der Ansatz eines Pauschalbetrags von 0,50 EUR für die Fertigung der ersten 50 im Rahmen der Schätzung gerechtfertigt sei (OLG Düsseldorf Rpfleger 2020, 196).

21 **c) Kosten der Kommunikation.** Aufwendungen für allgemeine Kommunikationsdienste, wie etwa Telefon, Telefax oder Porto sind dann erstattungsfähig, wenn sie dem konkreten Verfahren **zuordenbar** sind und vom Vormund oder Pfleger aufgeschlüsselt werden. Dergleichen gilt für die Geltendmachung anteiliger Beträge an einer bestehenden **Telefon-Flatrate.** Hierbei handelt es sich idR um eine von der tatsächlichen Nutzung unabhängige pauschale Abrechnung des Anbieters gegenüber dem Nutzer, so dass eine Individualisierung nicht möglich ist. Die Erstattung einer **Telekommunikationspauschale** in Anlehnung an VV 7002 RVG findet im Gesetz keine Stütze und scheidet daher aus (so aber BeckOGK/Bohnert, 1.10.2021, BGB § 1835 Rn. 26).

Im Rahmen der Vormundschaft oder Pflegschaft angefallene **Portokosten** sind ebenso erstattungsfähig, wie für durch **Postnachsendeaufträge** entstandene Aufwendungen. Kosten für Nachsendeaufträge sind erstattungsfähig, wenn sich die Weiterleitung an den Vormund oder Pfleger richtet. Insoweit muss gewährleistet sein, dass die an den Mündel oder Pflegling gerichtete Post an den Vormund / Pfleger umgeleitet wird, um von der gesamten Post Kenntnis zu erhalten. 22

d) Bare Auslagen (durchlaufende Gelder). Zu den Aufwendungen iSd §§ 1877, 670 BGB gehören auch Geldleistungen, die der Vormund oder Pfleger für den Mündel oder Pflegling tätigt und an Dritte aus eigenen Mitteln vorstreckt (siehe hierzu Staudinger/Martinek/Omlor, 2017, BGB § 670 Rn. 8). Hierbei kann es sich um Verwaltungsgebühren, Steuern, Zölle, Gerichtskostenvorschüsse oder um Barkäufe von Gegenständen handeln. Bei diesen durchlaufenden Geldern ist zu beachten, dass diese Aufwendungen ihren Ursprung nicht in der Ausführung des Vormunds oder Pflegeramtes haben. Diese Aufwendungen sind auch unabhängig vom Vermögensstatus des Mündels oder Pfleglings. Solche beim Vormund oder Pfleger durchlaufenden Gelder müssen daher unabhängig davon, ob Mittellosigkeit vorliegt oder nicht, stets aus seinem Vermögen des Mündels oder Pfleglings gezahlt werden, weil eine Erstattung nach § 4 iVm § 1877 BGB ausscheidet. 23

5. Vorschuss auf erstattungsfähige Aufwendungen. Gemäß § 4 I iVm § 1877 I, 669 BGB kann der Vormund oder Pfleger für die im Rahmen der Amtsführung anfallenden erforderlichen Aufwendungen Vorschuss verlangen. Die Geltendmachung des Vorschusses richtet sich bei Mittellosigkeit gegen die Staatskasse, sonst gegen den Mündel oder Pflegling. Die in §§ 669 BGB verwendeten Begriffe „Aufwendungen" und „Erforderlichkeit" entsprechen denen in § 670 BGB. 24

Die Prüfung des Vorschussanspruches verlangt bei der Bestimmung der Erforderlichkeit eine **Prognose,** deren Abgabe aufgrund objektiver Umstände durch den Vormund oder Pfleger und nicht durch das Familien- oder Betreuungsgericht vorzunehmen ist. Die Erforderlichkeit bestimmt, ob, in welcher Höhe und wann der Vorschuss evtl. unter Ansatz eines Sicherheitszuschlags festzusetzen ist. 25

Die Beantragung der Festsetzung des Vorschusses erfolgt nach §§ 168d, 292 FamFG. Die Gewährung und Festsetzung des Vorschusses ist **kein Präjudiz** für die endgültige Festsetzung (Bienwald/Felix BGB § 1877 Rn. 72). Es bedarf daher seitens des Gerichts eigentlich keines Hinweises, dass die Zahlung vorbehaltlich der endgültigen Festsetzung erfolgt, doch ist ein entsprechender Hinweis unschädlich. Nach Festsetzung und Erhalt des Vorschusses obliegt es dem Vormund oder Pfleger, einen abschließenden Festsetzungsantrag zu stellen. Nach erfolgter endgültiger Festsetzung, muss der Vormund oder Pfleger eine Überzahlung als aus der Vormundschaft oder Pflegschaft erwachsende Nebenpflicht von sich aus mitteilen. 26

Ein von der Landeskasse ausgezahlter Vorschuss kann sich aufgrund der ihm immanenten Vorläufigkeit als gegenüber den tatsächlich anfallenden Gebühren oder Auslagen überhöht herausstellen. Wurde die Vorschussleistung zu hoch angesetzt, sind Überzahlungen zurückzuerstatten. Die Vorschusszahlung steht für alle Beteiligten erkennbar unter dem Vorbehalt der endgültigen Festsetzung durch das Betreuungsgericht, infolgedessen ein schutzwürdiges Vertrauen des Betreuers darauf, einen einmal entgegengenommenen Vorschuss nicht wieder zurückzahlen zu müssen, nicht in Betracht kommt. 27

IV. Aufwendungen für gewerbliche oder berufliche Dienste (II). Nach § 4 II iVm § 1877 III BGB gelten als Aufwendungen auch solche Dienste des Vormunds oder Pflegers, die zu seinem Gewerbe oder seinem Beruf gehören. Insoweit verhindert § 1 II 2 RVG, dass ein zum Vormund oder Pfleger bestellter Rechtsanwalt bereits seine allgemeine Amtsführung als Betreuer nach dem RVG abrechnen kann (BT-Drs. 13/7158, 37). Die Ausnahme regelt § 1 II 3 RVG durch den Verweis auf § 1877 III BGB und § 4 II. 28

29 Erbringt der anwaltliche Vormund oder Pfleger im Rahmen seiner Aufgabenkreise Tätigkeiten, wegen deren Bedeutung und/oder Schwierigkeit **professioneller Rechtsrat** eingeholt werden muss und ein berufsmäßiger Betreuer ohne Ausbildung zum Volljuristen deshalb einen Rechtsanwalt beiziehen würde, kann nach dem RVG abgerechnet werden (BVerfG FamRZ 2000, 1280 = BeckRS 2000, 30116381; BGH NJW 2011, 453).

30 Für die **Erforderlichkeit anwaltsspezifischer Tätigkeiten** müssen daher dem Kernbereich anwaltlicher Dienstleistung zuordenbare Tätigkeiten vorliegen, so dass die Aufgaben des Vormunds (zB Auswertung von Gutachten, Wahrnehmung von Anhörungsterminen, Abschluss komplexer Verträge) eine Vergütung nach § 3 nicht mehr rechtfertigen.

31 Bei Vormundschaften und Pflegschaften ist infolge der tätigkeitsbezogenen Vergütung zu beachten, dass Vormund oder Pfleger für solche Dienste, die zum Gewerbe oder Beruf gehören, der Aufwendungsersatz nach II nur **anstelle** der Vergütung nach § 3 geltend gemacht werden kann. Im Gegensatz zum Betreuer, der die Aufwendungen neben der Pauschalvergütung geltend machen kann, steht dem Vormund und Pfleger (lediglich) ein **Wahlrecht** zwischen der Geltendmachung der Vergütung nach § 3 oder des Aufwendungsersatzes nach § 4 II zu.

32 Im Übrigen wird auf die Kommentierung zu → § 11 Rn. 9 ff. verwiesen.

Vergütung und Aufwendungsersatz für Vormundschaftsvereine

5 **I [1]Ist ein Vereinsvormund bestellt oder führt der Verein eine Beistandschaft, so ist dem Verein eine Vergütung in entsprechender Anwendung von § 3 zu bewilligen. [2]Ist der Verein als vorläufiger Vormund bestellt, ist ihm eine Vergütung nach § 3 Absatz 1 Nummer 2 zu bewilligen. [3]Zusätzlich zu der Vergütung nach Satz 1 oder Satz 2 kann der Verein Vorschuss oder Ersatz der Aufwendungen in entsprechender Anwendung von § 1877 Absatz 1 des Bürgerlichen Gesetzbuchs verlangen; § 4 Absatz 2 ist nicht anwendbar. [4]Allgemeine Verwaltungskosten werden nicht ersetzt.**

II Der Vereinsvormund selbst kann keine Vergütung und keinen Aufwendungsersatz geltend machen.

Übersicht

1 **I. Normzweck.** Grundsätzlich hat der Staat sicherzustellen, dass „wenn der Staat für Aufgaben, deren ordentliche Wahrnehmung im öffentlichen Interesse liegt, Staatsbürger oder private Institutionen nicht nur beruflich in Anspruch nimmt, sondern ihnen ein berufliches Tätigkeitsfeld sogar zuweist", diese „eine angemessene Entschädigung erhalten" (BVerfG FamRZ 2000, 414). Demgemäß war dem Vormundschaftsverein bis zum 31.12.2022 Vergütung und Aufwendungsersatz in entsprechender Anwendung des § 7 aF zu bewilligen, wenn einer seiner Mitarbeiter zum Vormund bestellt wird und dieser dort ausschließlich oder teilweise als Vormund tätig ist (BGH NJW 2011, 2727). Diese Analogie war infolge des § 1836 III BGB aF notwendig, da der Anspruch auf Vergütung und Aufwendungsersatz nicht dem Vereinsvormund persönlich, sondern dem Verein zusteht und § 1836 III BGB aF einen Vergütungsanspruch für Vormundschaftsvereine ausschloss.

2 Mit dem Inkrafttreten des Gesetzes zur Reform des Vormundschafts- und Betreuungsrechts am 1.1.2023 kann anstelle des Vereins als Vormund gem. § 1774 I Nr. 3 BGB nun ein Mitarbeiter des Vereins persönlich bestellt werden, wenn der Mitarbeiter dort ausschließlich oder teilweise als Vormund tätig ist (Vereinsvormund).

Der Verein kann gem. § 1744 II Nr. 1 BGB nur noch zum **vorläufigen Vormund** bestellt werden, so dass in der Zwischenzeit ein geeigneter Vormund gefunden werden kann. Diese materiell-rechtliche Regelung wird in § 5 vergütungsrechtlich umgesetzt und regelt für den Verein den Anspruch auf Vergütung und Aufwendungsersatz, wenn dessen Mitarbeiter zum Vormund bestellt wird. Die Regelung des § 5 übernimmt dabei die Struktur des § 7 aF bzw. § 13, die die Ansprüche des Betreuungsvereins regeln, so dass auf grundsätzliche Fragen auf die hierzu ergangene Rechtsprechung oder Literatur zurückgegriffen werden kann.

II. Anwendungsbereich. Der Anwendungsbereich des § 5 umfasst neben dem als Vormund oder Beistand bestellten Verein oder dem Vereinsvormund ebenso folgende Pfleger, die für einen nach § 54 SGB VIII anerkannten Vormundschaftsverein tätig sind: 3

- Abwesenheitspfleger, §§ 1884, 1888 II BGB,
- Ergänzungspfleger, §§ 1809, 1813, 1808 III BGB,
- Pfleger für unbekannte Beteiligte, §§ 1882, 1888 II BGB,
- Pfleger für gesammeltes Vermögen, §§ 1883, 1888 II BGB,
- Pfleger für ein ungeborenes Kind, §§ 1810, 1813, 1808 III BGB,
- Umgangspfleger, §§ 1684 III 6, 1808 III BGB iVm § 277 II FamFG,
- Zusätzlicher Pfleger nach §§ 1776, 1813, 1808 III BGB,
- Zuwendungspfleger, §§ 1811, 1813, 1808 III BGB.

§ 5 findet auch auf den **Verfahrenspfleger** iSd § 276 FamFG Anwendung, der als Mitarbeiter ausschließlich oder teilweise für einen Betreuungsverein tätig ist. Auch in diesem Fall steht der Anspruch auf Vergütung und Aufwendungsersatz nicht dem Verfahrenspfleger, sondern dem Verein zu. Hingegen kann ein Verein oder die Betreuungsbehörde gem. § 276 IV I FamFG nicht zum Verfahrenspfleger bestellt werden. 4

III. Vergütung und Aufwendungsersatz (I). § 5 gilt nur bei Bestellung eines Vereinsvormunds- oder Vereinspflegers. Diese Eigenschaft ist bei Vormündern und Pflegschaften für Minderjährige gem. §§ 168f, 168a I Nr. 2 FamFG in den Anordnungs- und Bestellungsbeschluss mit aufzunehmen. Bei den sonstigen Pflegschaften (§§ 1882 ff. BGB – betreuungsgerichtliche Zuweisungssachen) folgt dies aus §§ 340, 286 I Nr. 2 FamFG (siehe hierzu → § 1 Rn. 38) und bei der Verfahrenspflegschaft aus § 277 II 1 FamFG. 5

Die für den Vergütungsanspruch sonst erforderliche beschlussmäßige **Feststellung der berufsmäßigen Ausübung** kann aufgrund § 1 II unterbleiben. Dies ergibt sich bereits aus der Tatsache, dass der beim Vormundschaftsverein angestellte Mitarbeiter die Tätigkeiten aufgrund des Anstellungsvertrags hauptberuflich ausübt. Erfolgt dennoch die Feststellung der berufsmäßigen Ausübung, ist diese rein deklaratorischer Natur und wirkt sich auf den Vergütungsanspruch des Vereins nicht aus. 6

Für den in I geregelten Vergütungsanspruch des Vereins ist wie folgt zu differenzieren: a) Anspruch des Vereins für die Tätigkeit des Vereinsvormunds, b) für die Führung einer Beistandschaft sowie c) für die Bestellung des Vereins zum vorläufigen Vormund. Für den Vergütungsanspruch gilt jeweils die **Ausschlussfrist** des § 2 II 1, deren Fristlauf mit Entstehung des Vergütungsanspruchs beginnt; hierzu wird auf die Kommentierung zu → § 2 Rn. 54 ff. verwiesen. 7

1. Anerkannter Vormundschaftsverein (§ 1774 I Nr. 3 BGB). Gemäß § 1774 I Nr. 3 BGB kann nur ein Mitarbeiter eines vom überörtlichen Träger der Jugendhilfe anerkannten Vormundschaftsvereins als Vereinsvormund bestellt werden. Die Übernahme von Pflegschaften oder Vormundschaften ist möglich, wenn dem **rechtsfähigen Verein** gem. § 54 I SGB VIII das Landesjugendamt dazu eine Erlaubnis erteilt hat. Auch wenn in § 1774 I Nr. 3 BGB der Begriff der „Anerkennung" verwendet wird, unterscheidet sich dieser nicht von dem in § 54 I SGB VIII verwendeten Begriff der „Erlaubnis", zumal ein bewusstes Abweichen des Gesetzesgebers vom Wortlaut nicht ersichtlich ist (jurisPK-SGB VIII/Fröschle SGB VIII § 54 Rn. 22). 8

Die **Rechtsfähigkeit** erlangt der (Ideal)Verein gem. § 21 BGB durch Eintragung in das Vereinsregister des zuständigen Amtsgerichts, so dass der Antrag auf Erteilung 9 der Erlaubnis erst nach Eintragung gestellt werden kann. Hingegen braucht der Verein kein anerkannter freier Träger der Jugendhilfe zu sein (jurisPK-SGB VIII/Fröschle SGB VIII § 54 Rn. 19).

10 Wurde durch das Familiengericht ein Vereinsvormund eines Vormundschaftsvereins bestellt, dem die Erlaubnis zur Übernahme von Vormundschaften nicht erteilt wurde, ist die Bestellung gleichwohl wirksam, weil es mit der für den Mündel erforderlichen Rechtssicherheit nicht vereinbar wäre, die Nichtigkeit der Bestellung anzunehmen (jurisPK-SGB VIII/Fröschle SGB VIII § 54 Rn. 22 mwN). Dergleichen gilt auch für den Vergütungsanspruch des Vereins, demgemäß ein solcher infolge der trotz irriger Annahme der Erlaubnis erfolgten Bestellung besteht (KG RPfleger 2006, 398 = BeckRS 2006, 2218).

11 **2. Vereinsvormund und Beistandschaft (I S. 1).** § 5 I 1 regelt den Vergütungsanspruch des Vereins für die Bestellung eines Vereinsvormunds (Alt. 1) und der Führung einer Beistandschaft (Alt. 2). Letzteres ist aufgrund § 54 I 2 SGB VIII möglich, wonach ein Verein auch eine Beistandschaft nach §§ 1712 ff. BGB übernehmen kann, wenn dies durch Landesrecht vorgesehen ist.

12 Für die Vormundschaft und die Beistandschaft steht dem Verein jeweils eine tätigkeitsbezogene Vergütung nach § 3 zu. Die nach § 3 I anzuwendende Vergütungsstufe bestimmt sich nach der beruflichen Qualifikation und den durch Ausbildung erworbenen nutzbaren Fachkenntnissen des bestellten Mitarbeiters. Die nach § 3 I 2 Nr. 2 höchste Vergütungsstufe gelangt daher nicht automatisch zur Anwendung. Sollte der Vereinsvormund beispielsweise als Syndikusanwalt für den Verein tätig sein, schließt § 5 I 3 Hs. 2 die Anwendung des § 4 II aus. Demnach kann der anwaltliche Vereinsvormund auch bei vorliegenden Voraussetzungen neben keine Vergütung nach dem RVG verlangen.

13 **3. Verein als vorläufiger Vormund (I S. 2).** Wird der Verein gem. § 1744 II Nr. 1 BGB als juristische Person zum vorläufigen Vormund bestellt, überträgt der Verein die Führung der Vormundschaft einem Mitglied oder einem Mitarbeiter des Vereins. Mit der Führung einer einzelnen Vormundschaft können aber auch grundsätzlich mehrere Mitglieder oder Mitarbeiter mit unterschiedlichen benötigten Qualifikationen betraut werden oder um für entsprechende Vertretung zu sorgen.

14 Der Verein kann daher gem. I 2 eine Vergütung nach § 3 I Nr. 2 beanspruchen. Dies bedeutet, dass beim Einsatz verschiedener Mitarbeiter nicht die Qualifikation des einzelnen Mitarbeiters für die Bestimmung der Vergütung heranzuziehen ist, der gerade den Mündel oder Pflegling betreut. Vielmehr wird bei der Bestellung des Vereins als juristische Person immer der nach § 3 I 2 Nr. 2 **höchste Stundensatz** von 39 Euro angesetzt.

15 **4. Aufwendungsersatz (I S. 3 und 4).** Wird ein Vereinsvormund bestellt, führt der Verein eine Beistandschaft oder wird der Verein zum vorläufigen Vormund bestellt, besteht neben dem Anspruch auf Vergütung gem. I 3 Hs. 1 ein Anspruch auf Ersatz der Aufwendungen. Der Aufwendungsersatz bestimmt sich in entsprechender Anwendung des § 1877 I BGB. Insoweit wird auf die Kommentierung zu → § 4 Rn. 4 ff. verwiesen. Zu beachten ist, dass sich in den Fällen des § 5 der Aufwendungsersatz nicht auch auf die beruflichen oder gewerblichen Dienste iSd § 4 II erstreckt, da dessen Anwendung nach I 3 Hs. 2 ausgeschlossen ist.

16 Für den Aufwendungsersatz gilt die von Amts wegen zu beachtende **Ausschlussfrist** des § 2 II von 15 Monaten. Der Lauf der Ausschlussfrist beginnt mit dem Ende des Tages, an dem die jeweiligen Aufwendungen entstanden sind (OLG Brandenburg BeckRS 2008, 9610). Im Übrigen wird auf die Kommentierung zu → § 2 Rn. 54 ff. verwiesen.

17 Auch wenn der Vormundschaftsverein im Rahmen der zu erbringenden Betreuungsleistung besonders qualifiziertes Fachpersonal anstellt und damit ständig zur Verfügung bereithält, ist eine Refinanzierung durch die Höhe der Vergütung berücksichtigt worden, so dass die durch die Vergütung nicht abzudeckenden Betriebs- und Verwaltungskosten zu keiner höheren Vergütung führen; dies ergibt sich insoweit aus I 4. Diese **allgemeinen Verwaltungskosten** gehören zu den sog. Gemeinkosten, die zumeist nur indirekt unter Zuhilfenahme eines Verteilungsschlüssels und nicht direkt einzelnen Kostenträgern und Kostenstellen zugerechnet werden können.

Sinn und Zweck des Ausschlusses der Erstattung der allgemeinen Verwaltungskosten begründetet sich einerseits darin, dass die vom Gesetzgeber gewährten tätigkeitsbezogene Vergütung die Gegenleistung für die Amtsausübung darstellt. Aus diesen Einnahmen sind die Ausgaben für die Amtsausübung zu bestreiten. Die infolge der Amtsausübung entstehenden (Gemein)Kosten unterliegen dem individuellen wirtschaftlichen Handeln, so dass eine Erstattung neben der Vergütung nicht erfolgen darf. Andererseits wird die Vergütung durch den Gesetzgeber vorgegeben und kann nicht selbst kalkuliert werden, demgemäß bereits das Tätigwerden im Rahmen der Amtsausübung unter wirtschaftlichen Gesichtspunkten betrachtet und ggf. mit einer Mischkalkulation gearbeitet werden muss (siehe auch die umfangreichen Darstellungen bei Bienwald/Felix BGB § 1877 Rn. 31 ff.). 18

IV. Inhaber des Vergütungsanspruchs (II). Dem im Verein tätigen Vormund oder Pfleger steht in eigener Person gem. § 5 II kein Anspruch auf Vergütung oder Aufwendungsersatz zu. Einzig dem anerkannten Vormundschaftsverein stehen die Ansprüche aus der geführten Vormundschaft oder Pflegschaft zu. Die Vergütung des für den Verein tätigen Mitarbeiters bestimmt sich nach dem zwischen Verein und Vormund bzw. Pfleger bestehenden Arbeitsvertrag. 19

Wird ein Vereinsvormund oder Vereinspfleger bestellt, steht dem Vormundschaftsverein die Vergütung nur für die Tätigkeit des konkret bestellten Vereinsvormunds oder -pflegers zu, so dass ein Anspruch ausscheidet, wenn der bestellte Vereinsvormund ohne Mitwirkung des Familiengerichts während seines Urlaubs eine andere Person mit der Ausführung der ihm übertragenen Aufgaben betraut (OLG Brandenburg FGPrax 2002, 19). 20

Ist ein Mitarbeiter **persönlich zum Vormund/Pfleger bestellt worden** und nicht als Mitglied des Vereins, kann der Verein für die Tätigkeiten des Mitarbeiters keine Vergütung beanspruchen (BayObLG FamRZ 2002, 1363 = BeckRS 2002, 30257802). 21

Endet das Arbeitsverhältnis zwischen Vereinsvormund und Vormundschaftsverein, ist der Vereinsbetreuer gem. § 1804 I Nr. 3 BGB zu entlassen und ein neuer Vereinsvormund zu bestellen. Bis zu seiner Entlassung stehen die Vergütungsansprüche für seine Tätigkeit dem Vormundschaftsverein zu. Wird der Vereinsvormund als solcher entlassen und zugleich als (neuer) Berufsvormund bestellt, stehen dem Vormund die Ansprüche ab dem Zeitpunkt der Wirksamkeit des Entlassungs- und Bestellungsbeschlusses zu. 22

Vergütung und Aufwendungsersatz für das Jugendamt

6

I Dem Jugendamt als Vormund steht keine Vergütung zu.

II 1 Für seine Aufwendungen kann das Jugendamt keinen Vorschuss verlangen. Es kann in entsprechender Anwendung von § 1877 Absatz 1 des Bürgerlichen Gesetzbuchs Ersatz nur insoweit verlangen, als der Mündel nicht mittellos im Sinne von § 1880 des Bürgerlichen Gesetzbuchs ist. 2 Allgemeine Verwaltungskosten werden nicht ersetzt.

Die Regelung des I entspricht der des § 1836 III BGB aF. § 6 fügt sich somit in die neue Regelungssystematik ein und überführt die zuvor im BGB geregelten Vergütungsvorschriften zentral ins VBVG. § 6 II überführt die Regelung des § 1835 V BGB aF ins VBVG und verweist hinsichtlich der Aufwendungen zurück auf § 1877 I BGB. 1

§ 6 ist inhaltlich klar strukturiert und berücksichtigt die vergütungsrechtlich notwendige Trennung zwischen Vergütung (§ 3) und Aufwendungen (§ 4). Der Anwendungsbereich des § 6 erstreckt sich auf die Bestellung des Jugendamts als juristische Person nach § 1774 I Nr. 4 BGB. Ist das Jugendamt zum Vormund bestellt worden, steht ihm nach § 6 I kein Anspruch auf Vergütung zu. Der **Anspruchsausschluss** erfasst die Vergütung nach § 3 und besteht unabhängig davon, ob der Mündel mittellos oder vermögend ist. 2

Von dem Anspruchsausschluss ist ebenso die **Ermessensvergütung** nach § 3 III erfasst, so dass dem Jugendamt auch dann keine Vergütung zusteht, wenn die 3 besondere Schwierigkeit der vormundschaftlichen Angelegenheiten eine Ermessensvergütung ausnahmsweise rechtfertigen würden.

4 Unabhängig von dem in I geregelten Ausschluss des Vergütungsanspruchs spricht § 6 II 2 dem Jugendamt einen **Anspruch auf Aufwendungsersatz** zu, wenn der Mündel nicht mittellos iSd § 1880 BGB ist. Im Rückschluss bedeutet dies, dass bei einem mittellosen Mündel der Aufwendungsersatz auch nicht aus der Staatskasse gefordert werden kann. Für die Bestimmung des Vermögensstatus des Mündels wird auf die Kommentierung zu → § 2 Rn. 7 ff. verwiesen.

5 Der Umfang des Anspruches auf Aufwendungsersatz ergibt sich aus § 1877 I BGB, so dass hierfür auf die Kommentierung zu → § 4 Rn. 4 ff. verwiesen werden kann. Zu den in II 2 geregelten **allgemeinen Verwaltungskosten** wird auf die Kommentierung zu → § 4 Rn. 12 f. verwiesen. Liegen die Voraussetzungen für die Gewährung des Aufwendungsersatzes vor, kann das Jugendamt gem. § II 1 keinen Vorschuss auf die vermutlich entstehenden erforderlichen Aufwendungen beanspruchen. Der Anspruch des Jugendamtes auf Aufwendungsersatz unterliegt der von Amts wegen zu beachtenden **Ausschlussfrist** nach § 2 II 1; hierzu wird auf die Kommentierung zu → § 2 Rn. 54 ff. verwiesen.

6 Infolge des Wortlauts des II 2 („nur") und des damit einhergehenden **ausschließlichen Verweises** auf § 1877 I BGB, scheidet für das Jugendamt sowohl die Geltendmachung des Ersatzes der Aufwendungen für Dienste iSd § 1877 III BGB als auch des pauschalen Aufwendungsersatzes nach § 1878 BGB aus (zum pauschalen Aufwendungsersatz siehe BT-Drs. 19/24445, 391).

Abschnitt 2. Vergütung und Aufwendungsersatz des Betreuers

Vergütung und Aufwendungsersatz des beruflichen Betreuers

7 **I Ein beruflicher Betreuer nach § 19 Absatz 2 des Betreuungsorganisationsgesetzes, der selbständig rechtliche Betreuungen führt, kann vom Betreuten Vergütung und Aufwendungsersatz nach Maßgabe der §§ 8 bis 12, 15 und 16 verlangen.**

II 1 Ist ein beruflicher Betreuer nach § 19 Absatz 2 des Betreuungsorganisationsgesetzes, der als Mitarbeiter eines anerkannten Betreuungsvereins rechtliche Betreuungen führt, als Vereinsbetreuer bestellt, kann der Betreuungsverein vom Betreuten Vergütung und Aufwendungsersatz nach Maßgabe der §§ 8 bis 12, 15 und 16 verlangen. 2 Der Vereinsbetreuer selbst kann keine Vergütung und keinen Aufwendungsersatz geltend machen.

III Die Bewilligung der Zahlung erfolgt durch das Betreuungsgericht nach § 292 des Gesetzes über das Verfahren in Familiensachen und in den Angelegenheiten der freiwilligen Gerichtsbarkeit.

Übersicht

I. Normzweck. Der neuen Regelungssystematik folgend, stellt § 7 für die Berufsbetreuer die zentrale Anspruchsgrundlage für die Zahlung der Vergütung und eines evtl. Aufwendungsersatzes dar und regelt den Anspruch somit dem Grunde nach. Hierfür differenziert § 7 zwischen dem Anspruch des freiberuflichen Betreuers (I) und des Vereinsbetreuers (II). Der Anspruch des Betreuungsvereins, wenn dieser als juristische Person zum Betreuer bestellt wurde, wird in § 13 eigenständig geregelt. 1

Mit dem Inkrafttreten des Gesetzes zur Reform des Vormundschafts- und Betreuungsrechts am 1.1.2023 entfällt beim Betreuer die **gerichtliche Feststellung der Berufsmäßigkeit,** so dass die Anknüpfung an das quantitative Kriterium der Anzahl der geführten Betreuungen entfällt. Das für den Vergütungsanspruch entscheidende Kriterium ist nun die Registrierung als Berufsbetreuer nach §§ 19 II, 23 ff. BtOG. Infolge der jeweils notwendigen Registrierung ist es sachgerecht, dass Vereinsbetreuer und freiberuflicher Betreuer nun als Berufsbetreuer bezeichnet werden. 2

Neben der für den Vergütungsanspruch notwendigen Voraussetzung der Registrierung nach dem BtOG, beinhaltet § 7 I die Klarstellung, dass sich der Anspruch des Betreuers auf Vergütung und Aufwendungsersatz grundsätzlich **gegen den Betreuten** richtet. Die Staatskasse leistet ausschließlich bei Vorliegen der Voraussetzungen des § 16. Gleichwohl kann der Anspruch nicht unmittelbar gegen den Betreuten geltend gemacht werden, sondern bedarf gem. III der Bewilligung durch das Gericht. Für das Festsetzungsverfahren wird auf § 292 FamFG verwiesen. 3

II. Anwendungsbereich des Abschn. 2. Mit Inkrafttreten des Gesetzes zur Reform des Vormundschafts- und Betreuungsrechts sind das Betreuungsverfahren (§§ 1814 ff. BGB) und die sonstigen Pflegschaften (§§ 1882, 1888 BGB) nebst der Nachlasspflegschaft (§§ 1885, 1888 BGB) in den Betreuungsvorschriften geregelt. Die Nachlasspflegschaft bleibt jedoch weiterhin im Erbrecht geregelt, ist aber eine Sonstige Pflegschaft. 4

Aus vergütungsrechtlicher Sicht muss in Betreuungssachen und betreuungsgerichtlichen Zuweisungssachen zwischen der in Abschnitt 2 geregelten **Pauschalvergütung** nach Fallpauschalen, der **tätigkeitsbezogenen Vergütung** (§§ 3, 4) in Abschnitt 1 sowie der **Ermessensvergütung** (§ 14 I 1) unterschieden werden. Für den **Übergangszeitraum** des § 19 I iVm § 32 II BtOG gelangt zusätzlich noch die Vergütung nach § 4 II bis IV aF zur Anwendung. Innerhalb der Pauschalvergütung ist noch zwischen den nicht erstattungsfähigen Aufwendungen und den Aufwendungen für berufliche Dienste zu unterscheiden, die neben der Pauschalvergütung geltend gemacht werden können. Die Fallpauschalen sind unabhängig von den angeordneten Aufgabenbereichen zu vergüten, so dass eine Erweiterung oder Einschränkung des Aufgabenkreises **keinen Einfluss** auf den Vergütungsanspruch hat (BT-Drs. 15/2494, 34, 35). 5

Dem Geltungsbereich der in Abschnitt 2 geregelten **Pauschalvergütung nach Fallpauschalen** (§§ 8–11) unterfallen folgende Betreuer: 6

- Betreuungsverein als juristische Person (§ 1818 I BGB),
- Ersatzbetreuer bzw. Verhinderungsbetreuer (§ 1817 IV BGB),
- Kontrollbetreuer (§§ 1815 III, 1820 III BGB, zum alten Recht siehe OLG Köln FGPrax 2008, 155),
- Registrierter freiberuflicher Betreuer (§§ 19 II Alt. 1, 24 BtOG),
- Vereinsbetreuer (§§ 19 II Alt. 2, 24 BtOG),
- Vorläufig registrierte Berufs- oder Vereinsbetreuer (§§ 19 II, 32 I 6 BtOG).

Dem Geltungsbereich des Abschnitts 1 in Form einer **tätigkeitsbezogenen Vergütung** nach § 3 sowie des **Aufwendungsersatzes** nach § 4 unterfallen folgende Betreuer und Pfleger: 7

- Abwesenheitspflegschaft (§§ 1884, 1888 II BGB)
- Ergänzungsbetreuer (§ 1817 V BGB § 12 I 1 VBVG)
- Pfleger für unbekannte Beteiligte (§§ 1882, 1888 II BGB)
- Pfleger für gesammeltes Vermögen (§§ 1883, 1888 II BGB)
- Sterilisationsbetreuer (§ 1817 II BGB § 12 I 1 VBVG)
- Verfahrenspflegschaft (§ 277 II FamFG)

8 Sind für den Betroffenen **mehrere Betreuer** bestellt, erhält jeder die Fallpauschalen und zwar unabhängig davon, ob die Betreuer gesamtvertretungs- oder einzelvertretungsberechtigt sind. **Keine Anwendung** findet Abschnitt 2 auf ehrenamtliche Betreuer auch dann keine Anwendung, wenn eine besondere Vergütung (Ermessensvergütung) nach § 1876 2 BGB zuerkannt wird.

9 **III. Vergütungsanspruch des Berufsbetreuers (I).** Für die **Entstehung des Vergütungsanspruchs** bedarf es neben der wirksamen Bekanntgabe des gerichtlichen Anordnungs- und Bestellungsbeschlusses (siehe Kommentierung zu → § 9 Rn. 7 ff.) auch der (vorläufigen) Registrierung als Berufsbetreuer (→ Rn. 13 ff.)

10 Zur Ermittlung der **Höhe des Vergütungsanspruchs** des Berufsbetreuers ist zwischen den anzuwendenden Vergütungstabellen der Anlage zu § 8 I und der Höhe der Fallpauschalen aus Kombination von Betreuungsdauer, Aufenthaltsort und Vermögensstatus des Betreuten nach den §§ 9 bis 11 zu differenzieren. Hieraus ergibt sich folgende **Prüfungsreihenfolge:**

1. (Vorläufige) Registrierung als Berufsbetreuer (§§ 19, 23 f., 32 BtOG)
2. Ausschlussfrist (§ 16 Abs. 2)
3. Feststellung der anzuwenden Vergütungstabelle (§ 8)
4. Dauer der Betreuung (§ 9 II)
5. Ermittlung der persönlichen und wirtschaftlichen Verhältnisse des Betroffenen
   a) Vermögensstatus (§§ 8 I, 9 I, 16)
   b) Gewöhnlicher Aufenthalt (§§ 8, 9 III)
6. Gesonderte Pauschalen (§ 10)

11 Auch nach dem Inkrafttreten des Gesetzes zur Reform des Vormundschafts- und Betreuungsrechts hält der Gesetzgeber an der dreistufigen Prüfung für das Entstehen des Vergütungsanspruchs fest: Die konstitutive Feststellung der berufsmäßigen Amtsausübung (§ 1836 I 2 BGB aF iVm § 1 I 1 aF) wird durch die **konstitutive Registrierung** nach §§ 19, 23 f. BtOG ersetzt, deren Vorliegen durch das Betreuungsgericht von Amts wegen geprüft werden muss. Die Prüfung, ob der Betreuer durch die absolvierte Ausbildung besondere für die Betreuung nutzbaren Fachkenntnisse erworben hat, wird durch die (niederschwellige) Sachkunde ersetzt, deren Vorliegen im Registrierungsverfahren durch die **Betreuungsbehörde** geprüft wird. Die (freiwillige) Feststellung der anzuwendenden Vergütungstabelle erfolgt gem. § 8 III auf Antrag des Betreuers im Rahmen eines Verwaltungsaktes (§§ 23 ff. EGGVG) durch den **Gerichtsvorstand,** dessen Feststellung bundesweit gilt, aber für den Vergütungsanspruch nicht von konstitutiver Bedeutung ist (→ § 8 Rn. 29 f.).

12 Insoweit sind zwei der Prüfungsschritte, für die zuvor das Betreuungsgericht zuständig war, unterschiedlichen Zuständigkeiten übergegeben worden, die unterschiedlichen Gerichtsbarkeiten angehören. Ob dies zu der vom Gesetzgeber angestrebten Vereinfachung führt, muss die Zukunft zeigen. Zumindest dürften die oftmals ausschließlich auf fiskalischen Erwägungen und weniger auf dem Gesetz beruhenden Interventionen der Vertreter der Staatskasse an diesem Schritt des Gesetzgebers erheblichen Anteil gehabt haben. Zu der vom Gesetzgeber geplanten Entlastung der Rechtspfleger an den Betreuungsgerichten wird dies nur marginal beitragen, da die Prüfung, ob für die Betreuung nutzbare Fachkenntnisse vorhanden waren, aufgrund der dort vorhandenen Fachkompetenz nicht zu einer signifikanten Mehrbelastung geführt haben.

13 **1. Berufsbetreuer (§ 19 BtOG).** Ein Anspruch auf Vergütung nach dem VBVG haben ausschließlich Berufsbetreuer. Die Regelung des § 19 BtOG unterscheidet zwischen ehrenamtlichen Betreuern (§ 19 I BtOG) und Berufsbetreuern (§ 19 II BtOG). Berufsbetreuer sind hiernach natürliche Personen, die selbständig oder als Mitarbeiter eines anerkannten Betreuungsvereins rechtliche Betreuungen führen **und** nach § 24 BtOG registriert sind **oder** nach §§ 32 I, 33 BtOG als vorläufig registriert gelten. Die Berufsmäßigkeit definiert sich somit ausschließlich über das BtOG und die Registrierung als Berufsbetreuer. Die für die Betreuung nutzbaren Fachkenntnisse haben mit Inkrafttreten der Gesetzesreform auf die Einstufung in die Vergütungstabelle keinen Einfluss mehr; zum **vergütungsrechtlichen Übergangsrecht** wird auf die Kommentierung zu → § 18 verwiesen.

Die (Nicht)Registrierung als Berufsbetreuer ist nicht an ein bestimmtes Berufsbild oder eine Ausbildung geknüpft, so dass auch **Rechtsanwälte,** wenn sie Betreuungen führen möchten, sich durch die Betreuungsbehörde als Berufsbetreuer registrieren lassen müssen (BT-Drs. 19/24445, 364). Von der Regelung des § 19 II BtOG ist die des § 286 I Nr. 4 FamFG zu unterscheiden, wonach bei Bestellung eines beruflichen Betreuers die Bezeichnung als beruflicher Betreuer in die Beschlussformel mit aufzunehmen ist. Diese Bestimmung ist für den Vergütungsanspruch allerdings nur deklaratorischer Natur. **14**

Hingegen schließt es die Registrierung als Berufsbetreuer nicht aus, dass der registrierte Betreuer im Einzelfall eine Betreuung auch **ehrenamtlich führt** oder fortführt, wenn dies im Sinne des § 19 I BtOG außerhalb der beruflichen Tätigkeit geschieht (Bienwald/Felix, BGB § 1876 Rn. 5). In diesen Fällen bestimmt sich die Vergütung und der Aufwendungsersatz nach §§ 1876 ff. BGB. **Keine Berufsbetreuer** iSd § 19 BtOG sind Mitarbeiter von Betreuungsbehörden (BT-Drs. 19/24445, 364). **15**

a) Registrierungsverfahren (§§ 23, 24 BtOG). Für die Registrierung selbst, ist nach § 23 I BtOG neben der persönlichen Eignung, Zuverlässigkeit, dem Vorliegen einer Berufshaftpflicht auch eine **ausreichende Sachkunde** für die Tätigkeit als Betreuer notwendig. Hierbei gilt es zu beachten, dass die für die Registrierung als Berufsbetreuer notwendig vorhandene Sachkunde nicht zugleich Auswirkungen auf die Einordnung in die Vergütungstabellen hat: **Die Höhe der Fallpauschale ermittelt sich unabhängig von den Voraussetzungen der Registrierung als Berufsbetreuer.** Insoweit gilt es zu bedenken, dass „Sachkunde" unterhalb von „besonderen (Fach-)Kenntnissen" angesiedelt ist und sich vorrangig aus Berufs- und Lebenserfahrung speist. Einen entsprechenden Katalog an Kenntnissen enthält § 23 III BtOG. Näheres regelt die Betreuerregistrierungsverordnung (BtRegVO). **16**

b) Vorläufige Registrierung (§ 32 BtOG). Eine Registrierung ist gem. § 19 iVm §§ 23, 24 BtOG grundsätzlich für alle Berufsbetreuer notwendig. Die vorläufige Registrierung nach § 32 BtOG gelangt für alle bereits berufsmäßig tätigen Betreuer und Vereinsbetreuer (sog. Bestandsbetreuer) zur Anwendung, um deren nach § 7 bestehenden Vergütungsanspruch zu sichern. Bei der vorläufigen Registrierung muss zwischen dem **Registrierungsverfahren** nach § 32 BtOG und den in § 19 I geregelten **vergütungsrechtlichen Folgen** differenziert werden, da insoweit kein Gleichlauf besteht. **17**

Nach § 32 I 1 BtOG werden freiberufliche Betreuer und Vereinsbetreuer, die bereits vor dem 1.1.2023 berufsmäßig Betreuungen geführt haben und weiterhin führen, auf ihren Antrag von der zuständigen Stammbehörde ohne Überprüfung der persönlichen Eignung, Zuverlässigkeit und ausreichenden Sachkunde registriert. Gem. § 32 I 6 BtOG gelten die in § 32 I 1 BtOG genannten Bestandsbetreuer ab dem 1.1.2023 bis zu Entscheidung über den Registrierungsantrag als vorläufig registiert. Dies gilt auch für die Betreuer, die nach dem 1.1.2023 bis zum 30.6.2023 keinen Antrag gestellt haben (BT-Drs. 20/1110, 47). Diese unwiderlegbare Vermutung löst sowohl für den freiberuflichen Betreuer als auch für den Verein des von der Regelung betroffenen Vereinsbetreuers den **Vergütungs- und Aufwendungsersatzanspruch nach § 7 I** aus. Wird kein Antrag nach § 32 I 5 gestellt, endet die vorläufige Registrierung und damit der Vergütungsanspruch mit Ablauf des 30.6.2023. **18**

Hingegen enthält § 32 II 1 BtOG für die Bestandsbetreuer eine Erleichterung im Registrierungsverfahren, die zum 1.1.2023 bereits seit mindestens drei Jahren berufsmäßig Betreuungen geführt haben. In diesen Fällen wird vermutet, dass sie über die für die Registrierung als Berufsbetreuer nach § 23 BtOG erforderliche Sachkunde verfügen; ein Sachkundenachweis ist nicht zu erbringen. Vergütungsrechtlich wirkt dies nicht fort, da diese Betreuer bereits von der Wirkung des § 32 I 6 BtOG erfasst werden, wenn der Antrag gestellt wurde. **19**

c) Registrierung im Ermessen der Stammbehörde (§ 33 BtOG). Mit dem Gesetz zur Durchführung der EU-Verordnungen über grenzüberschreitende Zustellungen und grenzüberschreitende Beweisaufnahmen in Zivil- oder Handelssachen, zur Änderung der Zivilrechtshilfe, des Vormundschafts- und Betreuungsrechts, zur Anpassung von Rechtsvorschriften zum Verbraucherschutz und zur Verbraucher- **20**

rechtsdurchsetzung sowie zur Änderung sonstiger Vorschriften vom 24.6.2022 (BGBl. I 959) wurde die Regelung des § 33 BtOG neu eingefügt. Hierbei handelt es sich um eine Registrierung, welche im Ermessen der Stammbehörde liegt, wenn der Betreuer die erforderliche Sachkunde teilweise nachweisen kann und den vollständigen Sachkundenachweis nach § 24 I 2 und 5 BtOG nur noch nicht erbringen kann, weil die hierfür notwendigen Studien-, Aus- oder Weiterbildungsangebote nicht verfügbar sind.

21 § 33 BtOG erfasst als Übergangsregelung ausschließlich Betreuer, die nach dem 1.1.2023 **erstmals** als Berufsbetreuer tätig werden und sich registrieren lassen wollen. Mit der Ermessensregistrierung wird der Antragsteller zum beruflicher Betreuer iSd § 19 II BtOG. Die vorläufige Registrierung und damit auch der Vergütungsanspruch enden spätestens mit Ablauf des 30.6.2025. Zu beachten ist hierbei, dass die von § 33 BtOG erfassten Betreuer unter den Anwendungsbereich des § 19 Abs. 1 fallen und sich die Einordnung in die Vergütungstabelle nach § 4 II bis IV aF bestimmt.

22 **2. Übergangsvergütung für Bestandsbetreuer (§ 32 II BtOG, § 19 I).** Während die vorläufige Registrierung für Bestandsbetreuer, die zum 1.1.2023 mindestens 3 Jahre beruflich tätig waren zum Vergütungsanspruch nach § 7 führt, gilt dies nicht für Berufsbetreuer iSd § 32 II 2 BtOG, die zwar bereits vor dem 1.1.2023 beruflich tätig waren, aber die Tätigkeit weniger als drei Jahre ausüben. Diese gelten zwar gem. § 32 I 6 BtOG ebenfalls als vorläufig registriert, doch wirkt sich die geringe Dauer der berufsmäßigen Ausübung in zweierlei Hinsicht aus: Einerseits müssen diese Betreuer nach § 32 II 2 BtOG den Sachkundennachweis **bis zum 1.1.2024** vorlegen, da sonst der Widerruf der Registrierung nach § 27 BtOG droht. Andererseits muss, bis die Sachkunde nach § 32 II 2 gegenüber der Stammbehörde nachgewiesen wurde, **die Höhe der Vergütung** gem. § 19 I **nach § 4 II bis IV aF** ermittelt werden, demgemäß das Vorliegen der Sachkunde in Form der für die Betreuung nutzbaren Fachkenntnisse durch das Betreuungsgericht geprüft werden muss. Hierzu wird auf die Kommentierung zu → § 19 Rn. 5 ff. verwiesen.

23 **IV. Vergütungsanspruch des Betreuungsvereins (II).** § 7 II bildet die **Anspruchsgrundlage** des anerkannten Betreuungsvereins auf Gewährung einer Vergütung und eines Aufwendungsersatzes, wenn ein Vereinsbetreuer zum Betreuer bestellt wird. Davon zu unterscheiden ist die Regelung des § 13, welcher die Anspruchsgrundlage für den Betreuungsverein enthält, wenn dieser als juristische Person nach § 1818 I BGB zum Betreuer bestellt wird.

24 Zudem bestimmt II 2, dass der Anspruch ausschließlich dem Verein zusteht und nicht dem als Berufsbetreuer bestellten Vereinsbetreuer, der beim Verein als Mitarbeiter oder Mitglied tätig ist. Dadurch wird dem vertraglich gesicherten Anspruch auf Arbeitsentgelt des Vereinsbetreuers gegenüber dem Betreuungsverein als Arbeitgeber Rechnung getragen. Diese Vorschriften gelten für den zum Ersatzbetreuer, Ergänzungsbetreuer und Sterilisationsbetreuer bestellten Vereinsbetreuer entsprechend.

25 Ist ein Mitarbeiter **persönlich** und nicht als Mitglied des Vereins zum Betreuer bestellt worden, kann der Verein keine Vergütung beanspruchen (BayObLG FamRZ 2002, 1363 = BeckRS 2002, 30257802). **Endet das Arbeitsverhältnis** zwischen Vereinsbetreuer und Betreuungsverein, ist der Vereinsbetreuer zu entlassen und ein neuer Betreuer zu bestellen. Bis zu seiner Entlassung stehen die Vergütungsansprüche für seine Betreuertätigkeit dem Verein zu. Wird der Vereinsbetreuer als solcher entlassen und zugleich als (neuer) freiberuflich tätiger Berufsbetreuer bestellt, stehen dem Betreuer die Ansprüche ab dem Zeitpunkt der Wirksamkeit des Entlassungs- und Bestellungsbeschlusses zu.

26 Voraussetzung für den Vergütungsanspruch des Betreuungsvereins ist zunächst, dass der Betreuungsverein nach §§ 14 ff. BtOG als Betreuungsverein staatlich anerkannt ist. Fehlt diese Anerkennung und erfolgte die Bestellung in irriger Annahme der Anerkennung, ist diese dennoch wirksam, was den Vergütungsanspruch einschließt (KG RPfleger 2006, 398 = BeckRS 2006, 2218). Zudem bedarf es für den Vergütungsanspruch der Registrierung des Vereinsbetreuers als Berufsbetreuer nach §§ 19, 23, 24, 32 BtOG. Wegen den vergütungsrechtlichen Auswirkungen der Registrierung wird insbesondere auf die Ausführungen zu → Rn. 13 ff. verwiesen.

V. Festsetzungsverfahren (III). Die formell-rechtlichen Voraussetzungen für das Festsetzungsverfahren ergeben sich aus §§ 292, 292a FamFG. Das Gericht setzt die Vergütung und Aufwendungsersatz des Berufsbetreuers entweder auf Antrag des Betreuers oder Betreuten förmlich fest oder weist diese nach 292 Abs. 5 FamFG im Verwaltungsweg an. 27

Im Festsetzungsverfahren bleiben **formell-rechtliche** oder **materiell-rechtliche Mängel** bei der Bestellung ebenso außer Betracht, wie die nachträgliche Aufhebung der Bestellung (BGH NJW-RR 2014, 1345). Eine **Verzinsung des Vergütungsanspruchs** ab Antragstellung beim Gericht findet nicht statt, da weder aus § 1875 BGB noch aus dem VBVG Verpflichtungen ersichtlich sind, dergleichen zu gewähren (OLG Celle FamRZ 2002, 1431 = BeckRS 2011, 6645; OLG Rostock FGPrax 2007, 229). Dem Betreuer obliegt die Darlegungs- und Beweislast für die vergütungsbegründenden Umstände. In dem verfahrenseinleitenden Antrag müssen daher alle Umstände dargelegt werden, die die Vergütung beeinflussen (MüKoBGB/Fröschle, 8. Aufl. 2020, § 5 Rn. 27). 28

1. Festsetzung im Verwaltungsweg (§ 292 V FamFG). Ist eine Festsetzung **nicht beantragt,** gelten gem. § 292 V FamFG für Zahlungen, die aus der Staatskasse an den Betreuer geleistet werden, die Vorschriften über das Verfahren bei der Entschädigung von Zeugen hinsichtlich ihrer baren Auslagen sinngemäß. Die sinngemäße Anwendung bedeutet eine Anweisung des Aufwendungsersatzes im Verwaltungsverfahren, in dem ohne förmliches Festsetzungsverfahren die **Anweisung zur Auszahlung durch den Urkundsbeamten der Geschäftsstelle** erfolgt. Eine Eröffnung des Verfahrens nach § 4 JVEG geht damit nicht einher. 29

Die Staatskasse ist am vereinfachten Festsetzungsverfahren nicht zu beteiligen. Sind Betreuer oder Staatskasse mit der vorgenommenen Anweisung nicht einverstanden, können diese nach § 292 I FamFG einen Antrag auf gerichtliche Festsetzung stellen, nicht aber einen Antrag nach § 4 JVEG. Wird das gerichtliche Festsetzungsverfahren im Anschluss an das vereinfachte Verfahren betrieben, ist das Gericht bei seiner Entscheidung nicht an die vorherige Festsetzung bzw. Anweisung nicht gebunden. Mit der gerichtlichen Entscheidung wird die Anweisung des Kostenbeamten des Gerichts wirkungslos. 30

Die Festsetzung im Verwaltungsverfahren begründet für den Betreuer **kein schutzwürdiges Vertrauen** in die Beständigkeit der vom Gericht ausgezahlten Vergütung. Mit der gerichtlichen Entscheidung wird die Anweisung des Kostenbeamten des Gerichts **wirkungslos** (BGH NJW 2014, 1007). Für eine endgültige Rechtssicherheit sollte der Betreuer die förmliche gerichtliche Festsetzung beantragen (OLG Köln FGPrax 2006, 116), demgemäß ihm eine Antragsberechtigung nicht abgesprochen werden oder diese als rechtsmissbräuchlich zurückgewiesen werden kann. 31

Erfolgte die Anweisung aufgrund einer **formlosen** Verwaltungsanordnung und stellt sich heraus, dass dem Anspruchsberechtigten ein geringerer Vergütungsanspruch zusteht, kann die Landeskasse gegen den Anspruchsberechtigten einen öffentlichrechtlichen **Erstattungsanspruch** geltend machen und diesen gem. § 1 I Nr. 8, II JBeitrG beitreiben (BGH NJW 2014, 1007 Rn. 24). 32

2. Förmliches Festsetzungsverfahren (§ 292 I Nr. 3 FamFG). Die Festsetzung erfolgt durch das erstinstanzliche Gericht des jeweiligen Verfahrens. Das Festsetzungsverfahren ist Teil des Ursprungsverfahrens, so dass die örtliche Zuständigkeit dem Hauptverfahren folgt. Bei Verfahrensabgabe aufgrund Zuständigkeitswechsels, obliegt die Festsetzung dem übernehmenden Gericht (BayObLG Rpfleger 1997, 215). Ist die Vergütung zum Abgabezeitpunkt noch nicht oder fehlerhaft festgesetzt, kann Abgabereife verneint werden (OLG Stuttgart FGPrax 2011, 299). 33

Gemäß § 292 IV FamFG **ist** der vermögende Betreute vor der Festsetzung der Vergütung **anzuhören.** Schriftliche Anhörung genügt, wenn der Vergütungsschuldner zur Beantwortung in der Lage ist. Kann sich der Vergütungsschuldner zum Vergütungsantrag nicht äußern, ist ihm zur Rechtewahrung ein Verfahrenspfleger zu bestellen (BayObLG Rpfleger 2004, 625). Ein Absehen von der Verfahrensbestellung ist möglich, wenn sie zur Interessenwahrnehmung nicht erforderlich ist und die Nichtbestellung in der Festsetzungsentscheidung begründet wird (OLG Karlsruhe FGPrax 2003, 30). Wird der Anspruch gegen die **Staatskasse als Vergütungs-** 34

schuldner festgesetzt, ist die gerichtliche Festsetzungsentscheidung dem Bezirksrevisor als Vertreter der Staatskasse zu übermitteln.

35 **3. Festsetzung zukünftiger Ansprüche (§ 292 II FamFG).** Das Gericht kann nach § 292 II FamFG die Vergütung des Berufsbetreuers auf dessen Antrag oder den des Vereins auch für zukünftige Zeiträume durch Beschluss festsetzen. Hierzu wird auf die ausführliche Kommentierung zu → § 15 Rn. 1 ff. verwiesen.

36 **4. Festsetzung beruflicher Dienste und Aufwendungen (§ 292 I Nr. 1 FamFG).** Nach § 292 I Nr. 1 FamFG setzt das Gericht auf Antrag des Betreuers, des Betreuten oder nach eigenem Ermessen einen dem Betreuer zu zahlenden Aufwendungsersatz oder Vorschuss fest, soweit der Betreuer die Zahlungen aus der Staatskasse verlangen kann oder ihm die Vermögenssorge nicht übertragen wurde. Bei dieser Regelung ist trennscharf zwischen den Rechtsbegriffen „Vergütung" und „Aufwendungen" zu unterscheiden. Die Regelung des § 292 I Nr. 1 FamFG erstreckt sich ausschließlich auf die Aufwendungen oder einen hierauf zu zahlenden Vorschuss.

37 Die Rechtsfolge des § 292 I Nr. 1 FamFG besteht darin, dass der Berufsbetreuer, dem ein Anspruch auf Aufwendungsersatz zusteht, für die Entnahme des Aufwendungsersatzes keines förmlichen Festsetzungsverfahrens bedarf, wenn ihm der Aufgabenbereich der Vermögenssorge zugewiesen worden ist. Zu den entnahmefähigen Aufwendungen zählen auch die nach § 1877 III BGB für **berufsspezifische Dienste** (OLG Köln FamRZ 1998, 1451). Im Übrigen wird auf die Kommentierung zu → § 292 FamFG verwiesen.

38 **5. Rechtsmittel gegen die gerichtliche Festsetzung.** Gegen den Festsetzungsbeschluss ist der Rechtsbehelf der **befristeten Erinnerung** nach § 11 II 1 RPflG statthaft, wenn der Beschwerdewert von 600 EUR nicht überschritten wird. Wird der Erinnerung nicht abgeholfen, entscheidet der Richter abschließend, wenn er nicht seinerseits die Beschwerde wegen grundsätzlicher Bedeutung zulässt. Die Nichtzulassung der Beschwerde ist unanfechtbar. Wird der Beschwerdewert nicht erreicht, hat der Rechtspfleger die Beschwerde als Erinnerung auszulegen und diese bei Nichtabhilfe ebenfalls dem Richter zur abschließenden Entscheidung vorzulegen.

39 **6. Änderungen nach Rechtskraft des Festsetzungsbeschlusses.** Die **erneute Überprüfung der Entscheidung** unter denselben Beteiligten und über denselben Verfahrensgegenstand ist nach Rechtskraft des Festsetzungsbeschlusses **unzulässig.** Diese Sperrwirkung tritt allerdings nicht ein, wenn die Festsetzung gegen die Staatskasse mangels Mittellosigkeit des Vergütungsschuldners abgewiesen worden ist und sich nach Festsetzung herausstellt, dass dieser nicht mehr über ausreichendes Vermögen verfügt. In diesen Fällen ist trotz Rechtskraft ein Zweitantrag gegen die Staatskasse **zulässig,** wenn der Betreuer das ihm Mögliche und Zumutbare getan hat, um seinen Vergütungsanspruch gegen den Vergütungsschuldner oder dessen Nachlass durchzusetzen (BayObLGZ 2003, 261 = BeckRS 2003, 30329544).

40 **VI. Rückforderung überzahlter Vergütung.** Die Festsetzung im Verwaltungsverfahren begründet für die Amtsperson **kein schutzwürdiges Vertrauen** in die Beständigkeit der vom Gericht ausgezahlten Vergütung. Eine durch das Gericht vorgenommene Bescheidung des Antrags durch Vergütungsauszahlung, begründet keine Bindung. Ein förmliche Festsetzungsverfahren kann die zuvor vorgenommene Auszahlung im Verwaltungswege über- oder unterschreiten. Mit der gerichtlichen Entscheidung wird die Anweisung des Kostenbeamten des Gerichts **wirkungslos** (BGH NJW 2014, 1007). Für eine endgültige Rechtssicherheit sollte der Betreuer die förmliche gerichtliche Festsetzung beantragen (OLG Köln FGPrax 2006, 116).

41 Erfolgte die Anweisung aufgrund einer **formlosen** Verwaltungsanordnung und stellt sich heraus, dass dem Anspruchsberechtigte ein geringerer Vergütungsanspruch zusteht, kann die Landeskasse gegen den Anspruchsberechtigten einen öffentlich-rechtlichen **Erstattungsanspruch** geltend machen und diesen gem. § 1 I Nr. 8, II JBeitrG beitreiben (BGH NJW 2014, 1007 Rn. 24).

42 Die Rückforderung überzahlter Vergütungsansprüche **scheidet aus,** wenn dem Vertrauen des Berufsbetreuers auf die Beständigkeit seiner eigenen Vermögenslage gegenüber dem öffentlichen Interesse an der Erstattung der überzahlten Vergütung der Vorrang einzuräumen ist (BGH NJW 2014, 1007 Rn. 25). Als in Betracht

kommenden Rückforderungszeitraum orientiert sich der BGH an der Regelung des **§ 20 I GNotKG.** Die 15-monatige Ausschlussfrist des § 16 III findet **keine Anwendung** (BGH NJW 2014, 1007 Rn. 19).

Höhe der Vergütung; Verordnungsermächtigung

8 **I Die dem beruflichen Betreuer nach § 7 zu bewilligende Vergütung bestimmt sich nach monatlichen Fallpauschalen, die in den Vergütungstabellen A bis C der Anlage festgelegt sind.**

II Die Vergütung des beruflichen Betreuers richtet sich nach

1. Vergütungstabelle A, sofern der Betreuer weder über eine abgeschlossene Lehre noch über eine abgeschlossene Ausbildung an einer Hochschule oder eine vergleichbare Ausbildung verfügt;

2. Vergütungstabelle B, wenn der Betreuer über eine abgeschlossene Lehre oder eine vergleichbare abgeschlossene Ausbildung verfügt;

3. Vergütungstabelle C, wenn der Betreuer über eine abgeschlossene Ausbildung an einer Hochschule oder eine vergleichbare abgeschlossene Ausbildung verfügt.

III 1 Der Vorstand des am Sitz oder hilfsweise am Wohnsitz des beruflichen Betreuers zuständigen Amtsgerichts stellt auf Antrag des Betreuers nach dessen Registrierung fest, nach welcher Vergütungstabelle sich die von diesem zu beanspruchenden Vergütungen richten. 2 Die Feststellung nach Satz 1 gilt für das gerichtliche Verfahren zur Festsetzung der Vergütung bundesweit. 3 Sie kann auf Antrag des beruflichen Betreuers geändert werden, wenn dieser eine Änderung der Voraussetzungen nach Absatz 2 nachweist. 4 Die Feststellung oder Änderung wirkt auf den Zeitpunkt der Antragstellung zurück.

IV 1 Die Landesregierungen werden ermächtigt, zur sachdienlichen Erledigung der Verfahren nach Absatz 3 durch Rechtsverordnung die Zuständigkeit anderer Gerichte abweichend von Absatz 3 Satz 1 festzulegen. 2 Die Landesregierungen können die Ermächtigung nach Satz 1 auf die Landesjustizverwaltungen übertragen.

Übersicht

I. Normzweck. Das Gesetz zur Anpassung der Betreuer- und Vormündervergütung vom 22.6.2019 (BGBl. I 866), welches am 27.7.2019 in Kraft getreten ist, hat für den berufsmäßig tätigen Betreuer die Fallpauschalen eingeführt. Die Vergütung nach monatlichen Fallpauschalen ist in den Vergütungstabellen A bis C festgelegt, 1 welche sich in der Anlage zu § 8 I befinden. Mit den Vergütungstabellen A, B und C sind die bis dato geltenden beruflichen und akademischen Qualifikationen **unverändert** übernommen worden. Hierdurch wird eine Neubewertung der beruflichen und akademischen Ausbildung vermieden und die von der Rechtsprechung bisher entwickelten Bestimmungskriterien finden weiterhin Anwendung (BT-Drs. 19/8694, 25).

2 Mit dem Inkrafttreten des Gesetzes zur Reform des Vormundschafts- und Betreuungsrechts tritt die Regelung des § 8 an die des § 4 aF Damit einhergehend wird die Einstufung der Ausbildung in die Vergütungstabellen nicht mehr durch das Vorliegen von für die Betreuung nutzbaren Fachkenntnissen bestimmt (siehe hierzu die Kommentierung zu § 4 in der 52. Aufl.), sondern ausschließlich nur noch durch die formale Ausbildung. Der Gesetzgeber stellt für das zukünftige Vergütungsrecht der Betreuer ein weiteres Aufrechterhalten der Differenzierung der Vergütung infolge des Sachkundenachweises nach dem BtOG in Frage (BT-Drs. 19/24445, 392).

3 **II. Anwendungsbereich.** Der sachliche und persönliche Anwendungsbereich der Vergütung nach Fallpauschalen gilt zunächst für registrierte Berufsbetreuer iSd § 19 II BtOG (freiberufliche Betreuer und Vereinsbetreuer). Sind für den Betroffenen **mehrere Betreuer** bestellt, erhält jeder die Fallpauschalen und zwar unabhängig davon, ob die Betreuer gesamtvertretungs- oder einzelvertretungsberechtigt sind. Zudem bestimmt sich die Höhe der Vergütung und des Aufwendungsersatzes folgender juristischer und natürlicher Personen nach §§ 8 ff.:
- Betreuungsverein als juristische Person (§ 1818 I BGB),
- Ersatzbetreuer bzw. Verhinderungsbetreuer (§ 1817 IV BGB),
- Kontrollbetreuer (§§ 1815 III, 1820 III BGB, zum alten Recht siehe OLG Köln FGPrax 2008, 155),
- Vorläufig registrierte Berufs- oder Vereinsbetreuer (§§ 19 II, 32 I 6 BtOG).

4 **Keine Anwendung** findet § 8 auf ehrenamtliche Betreuer, denen nach §§ 1877, 1878 BGB ein Anspruch auf Ersatz der Aufwendungen oder auf die jährliche Aufwandspauschale zusteht. Zudem finden §§ 8 ff. auch in den Fällen keine Anwendung, in denen dem ehrenamtlichen Betreuer eine besondere Vergütung nach § 1876 BGB zuerkannt wird. Ebenso werden der **Ergänzungsbetreuer** (§ 1817 V BGB, § 12 I 1 VBVG) und der **Sterilisationsbetreuer** (§ 1817 II BGB, § 12 I 1 VBVG) nicht nach den Fallpauschalen der §§ 8 ff. vergütet, sondern tätigkeitsbezogen nach den Stundensätzen des § 3 zuzüglich erforderlicher Aufwendungen.

5 **III. Bestimmung der Vergütung (I und II).** Der Vergütungsanspruch eines nach §§ 19 ff. bei der Stammbehörde registrierten Berufsbetreuers ermittelt sich einerseits aus der aufgrund der vorhandenen Ausbildung anzuwendenden Vergütungstabelle und der Kombination von Betreuungsdauer sowie des Aufenthaltsortes und des Vermögensstatus des Betreuten nach den §§ 9 bis 11. Auf das in der Kommentierung zu → § 7 Rn. 10 ff. enthaltene Prüfungsschema wird verwiesen.

6 Mit dem Inkrafttreten des Gesetzes zur Reform des Vormundschafts- und Betreuungsrechts entfällt für den Berufsbetreuer die in § 1836 I 2 BGB aF und § 1 I 1 aF enthaltene konstitutive Feststellung der berufsmäßigen Amtsausübung und wird durch die ebenfalls konstitutive und damit **anspruchsbegründende Registrierung** nach §§ 19, 23 f. BtOG ersetzt, deren Vorliegen durch das Betreuungsgericht von Amts wegen geprüft werden muss. Die Prüfung des Vorliegens von für die Betreuung nutzbaren Fachkenntnissen durch das Betreuungsgericht wird durch die Prüfung des Vorliegens der Sachkunde durch die Betreuungsbehörde ersetzt.

7 Für neu registrierte Berufsbetreuer sind daher für die Betreuung nutzbare Fachkenntnisse für die Höhe des Vergütungsanspruchs infolge der Einordnung in die Vergütungstabelle nicht mehr von Bedeutung. Die Einordnung in die Vergütungstabelle erfolgt ausschließlich nur anhand des formal erworbenen Abschlusses. Es ist daher wichtig zu beachten, dass bei den registrierten Berufsbetreuern trennscharf zwischen dem erworbenen Ausbildungsabschluss iSd § 8 und der für die Registrierung notwendige Sachkunde unterschieden werden muss. **Die Sachkunde hat Einfluss auf die Registrierung und damit auf die Eigenschaft als Berufsbetreuer, nicht aber auf die Einordnung in die Vergütungstabellen A, B oder C.** Dies bedeutet auch, dass die zum Thema der für die Betreuung nutzbaren Kenntnisse

ergangene Literatur und Rechtsprechung obsolet ist und zur Einordnung in die Vergütungstabelle nicht mehr herangezogen werden kann. Zum **vergütungsrechtlichen Übergangsrecht** wird auf die Kommentierung zu → § 18 Rn. 1 ff. verwiesen.

Die Frage, unter welchen Umständen ein Berufsbetreuer die Voraussetzungen erfüllt, um in die nächsthöhere Vergütungstabelle eingeordnet zu werden, obliegt einer wertenden Betrachtung des Tatrichters. Diese Würdigung kann nur eingeschränkt darauf überprüft werden, ob er die maßgebenden Tatsachen vollständig und fehlerfrei festgestellt und gewürdigt, Rechtsbegriffe verkannt oder Erfahrungssätze verletzt und die allgemein anerkannten Maßstäbe berücksichtigt und richtig angewandt hat (BGH FamRZ 2021, 1663). 8

1. Vergütung nach Tabelle A (II Nr. 1). Verfügt der Betreuer über **keine in § 8 II genannte Ausbildung,** gelangt gem. § 8 II Nr. 1 die Vergütungstabelle A zur Anwendung. Infolge der Anknüpfung an den standardisierten Ausbildungsgang, finden auch nach dem neuen Recht **Lebens- und Berufserfahrung** sowie Fortbildungen bei der Bestimmung der Fallpauschale bzw. der Einordnung in die Tabelle keine vergütungserhöhende Berücksichtigung (zum alten Recht vgl. BGH NJW-RR 2012, 452 Rn. 13). Etwas anderes, und von der Zuordnung zu einer Vergütungstabelle unabhängig, gilt für die eventuelle Berücksichtigung der Lebens- oder Berufserfahrung im Rahmen der Sachkunde nach dem BtOG. 9

Der Vergütungsanspruch des bei der Stammbehörde registrierten Berufsbetreuer bemisst sich auch in den Fällen nach Tabelle A, in denen der Berufsbetreuer nicht über eine in Nr. 2 und Nr. 3 genannte **vergleichbare Ausbildung** verfügt. Eine eventuell damit einhergehende Sachkunde ist für die Höhe der Vergütung unerheblich. 10

2. Vergütung nach Tabelle B (II Nr. 2). Eine abgeschlossene Lehre oder vergleichbare abgeschlossenen Ausbildung berechtigt zur Anwendung der Vergütungstabelle B, wenn der Betreuer einen Ausbildungsgang absolviert hat, der nach dem BBiG, der Handwerksordnung oder in einem hierfür speziellen Gesetz (zB Krankenpflegegesetz, Altenpflegegesetz) geregelt ist. 11

Eine **vergleichbare Ausbildung** ist anzunehmen, wenn der Ausbildungsgang staatlich reglementiert oder anerkannt ist. Der vermittelte Wissensstand muss nach Art und Umfang einer Lehre entsprechen und durch eine vor einer staatlichen oder staatlich anerkannten Stelle absolvierten Prüfung belegt sein. Als Bewertungskriterien sind insbesondere der Zeitaufwand, der Umfang und Inhalt des Lehrstoffes sowie die Ausgestaltung der Abschlussprüfung heranzuziehen (BGH NJW-RR 2012, 452 Rn. 11). 12

Die **erforderliche Reglementierung fehlt** ua bei Lehrgängen an Volkshochschulen, Berufsbildungswerken und sonstigen Privatinstituten (Felix Rpfleger 2015, 615 (617)). Ebenso stellt im Vergleich zu den Ausbildungsordnungen eine einjährige Ausbildung keine gleichwertige Ausbildung dar. Gleiches gilt für Fort- oder Weiterbildungslehrgänge unter Ausnahme derer, welche die Voraussetzungen des § 17 erfüllen. Zu den mit einer Berufsausbildung nicht vergleichbaren Ausbildungen wird auf die Kommentierung zu → § 3 Rn. 59 verwiesen. Hier ist ebenso zu beachten, dass die für die Registrierung notwendige Sachkunde nicht automatisch Einfluss auf die Einordnung in die Vergütungstabelle B nimmt. 13

3. Vergütung nach Tabelle C (II Nr. 3). Hat der Berufsbetreuer ein Studium an einer Universität, Fachhochschule oder eine vergleichbare Ausbildung abgeschlossen, rechtfertigt dies die Anwendung der Vergütungstabelle C. Auch hier gilt, dass die für die Registrierung notwendige Sachkunde nicht unbedingt Einfluss auf die Einordnung in die Vergütungstabelle nimmt. 14

Bei einer **mehrstufigen Ausbildung** müssen grundsätzlich beide Teile absolviert werden. Bei Juristen ist der Abschluss des ersten Staatsexamens ausreichend (OLG Düsseldorf NJW-RR 2001, 583). Ebenso ist für den Studiengang der Sozialen Arbeit dessen Abschluss notwendig, nicht aber die **staatliche Anerkennung** nach den Anerkennungsgesetzen der Länder (MüKoBGB/Fröschle, 8. Aufl. 2020, § 4 Rn. 19). Beinhaltet das Studium einen Bachelor- und Masterstudium, genügt der Abschluss des Bachelorstudiengangs (Deinert/Lütgens, Die Vergütung des Betreuers, Rn. 570). 15

16 **a) Vergleichbarer Abschluss.** Eine **vergleichbare Ausbildung** liegt vor, wenn die Ausbildung in ihrer Wertigkeit einer Hochschul-, bzw. Fachhochschulausbildung entspricht und einen **formalen Abschluss** aufweist. Die Ausbildung muss staatlich reglementiert oder staatlich anerkannt sein und der vermittelte Wissensstand muss nach Art und Umfang einem Hochschulstudium entsprechen (BGH NJW-RR 2014, 386 Rn. 12). Maßgebliche Kriterien sind Ausbildungsdauer, Zeitaufwand, Intensität der Stoffvermittlung, Qualifikation des Lehrkörpers und die Ausgestaltung der Abschlussprüfung (BGH NJW-RR 2014, 1154 Rn. 12). Unzureichend ist eine Ausbildung an einer Fachakademie (BayObLG NJWE-FER 2000, 58, oder Fachschule; zur Differenzierung bei der Fachschule siehe OLG Hamm FamRZ 2001, 1398 = BeckRS 2007, 1469).

17 Mit einer Hochschulausbildung vergleichbar, ist u. a. die an der Technischen Hochschule Deggendorf absolvierte Fortbildung zum **„Zertifizierten Betreuer – Curator de jure"** (BGH NJW-RR 2017, 900 Rn. 12). Dies gilt allerdings nicht für den Fernlehrgang **„Hochschulzertifikatskurs Rechtliche Betreuung"** der Hochschule Neubrandenburg und BeckAkademie Fernkurse mit einem Stundenumfang von 1.080 Stunden bzw. 36 ECTS-Punkten (BGH NJOZ 2017, 1302 Rn. 6 = FamRZ 2017, 1716). Allerdings sei der neu konzipierte Fernlehrgang mit einem zeitlichen Umfang von 2.880 Stunden bzw. 96 ECTS-Punkten mit einem Studium vergleichbar. Da in diesem Fernlehrgang ausschließlich betreuungsrechtlich relevante Kenntnisse vermittelt werden, gleiche dies den geringeren Umfang eines regulären Bachelor-Studiengangs mit einem Umfang von ca. 180–240 ECTS Punkte aus (BGH MDR 2022, 463). Im Hinblick auf weitere nicht mit einer Hochschulausbildung vergleichbare Abschlüsse bzw. Ausbildungen, wird auf die Kommentierung zu → § 3 Rn. 62 verwiesen.

18 **b) ECTS-Punkte, Credit Points.** Zur Vergleichbarkeit von Studienabschlüssen ist vor allem auf das Europäische System zur Übertragung und Akkumulierung von Studienleistungen (ECTS) zurückzugreifen. Das ECTS-System kann ungeachtet der Art der Lehrveranstaltung (Unterricht, Praktikum, Fernstudium) und des Status der Studierenden (Vollzeit, Teilzeit) für alle Arten von Studiengängen genutzt werden (ECTS-Leitfaden 2015, S. 6). ECTS-Punkte drücken den Umfang des Lernens auf Basis definierter Lernergebnisse und den damit verbundenen Arbeitsaufwand aus. Insoweit entsprechen 60 ECTS-Punkte den Lernergebnissen und dem Arbeitsaufwand eines akademischen Jahres im Vollzeitstudium. Ein Bachelorstudiengang hat einen Umfang von ca. 180–240 ECTS, ein Masterstudiengang 60–120 ECTS und ein sog. „Kurzstudiengang" üblicherweise 90–120 ECTS.

19 **c) DQR „Deutscher Qualifikationsrahmen für lebenslanges Lernen".** Der DQR (BAnz AT 20.11.2013 B2) ordnet Qualifikationen der formalen Bildung (Allgemeinbildung, Hochschulbildung, Berufsausbildung) in das deutsche Bildungssystem ein. Damit soll der DQR einerseits zur Erleichterung der Orientierung im deutschen Bildungssystem und andererseits zur Vergleichbarkeit deutscher Qualifikationen in Europa beitragen. Hierfür definiert der DQR acht Kompetenzniveaus, die den acht Niveaus des Europäischen Qualifikationsrahmens (EQR) entsprechen und beschreibt für jedes die Kompetenzen, die im deutschen Bildungssystem mit dem einzuordnenden Abschluss erworben werden.

20 Hat der Betreuer einen Abschluss (zB „Geprüfter Wirtschaftsfachwirt") erworben, der dem Niveau 6 (Bachelor-Abschluss) des DQR zugeordnet worden ist, stellt sich die Frage, ob dieser Abschluss infolge der bloßen Zuordnung zum Niveau 6 mit einer Hochschulausbildung vergleichbar ist: Im Hinblick auf die Einstufung in die Tabelle C (und in die übrigen Tabellen) ist zu beachten, dass der Gesetzgeber die Anwendung der Vergütungstabelle bei Vorliegen anderer Qualifikationen von deren **Vergleichbarkeit** mit dem entsprechenden Abschluss abhängig gemacht hat. Das Herbeiführen eines vergleichbaren Abschlusses kann und soll der DQR aber nicht bezwecken. Gem. Art. 1 II des Gemeinsamen Beschlusses zum Deutschen Qualifikationsrahmen für lebenslanges Lernen, verleiht eine Zuordnung von Qualifikationen zu den Niveaus des DQR keine Berechtigung und ersetzt das in Deutschland bestehende Berechtigungssystem nicht. Zugleich bleiben die in Deutschland geltenden Ausbildungs- und Prüfungsordnungen durch die Zuordnung von Qualifikationen zu den Niveaus des DQR und des EQR unberührt. Daher kann der DQR weder eine

bildungsrechtlich vorgegebene Zugangsberechtigung ersetzen noch eine gesetzlich geforderte Zugangsvoraussetzung präjudizieren (BGH FamRZ 2016, 119). Der DQR hat orientierenden Charakter jedoch keine regulierende Funktion.

Zu beachten ist aber auch, dass die Zuordnung zu einem Kompetenzniveau des DQR wiederum nicht zu dem ausschließlichen Ergebnis führt, dass die der Zuordnung zugrundeliegende Ausbildung mit der von der Vergütungstabelle geforderten Ausbildung nicht vergleichbar ist. Die absolvierte Ausbildung bzw. der erworbene Abschluss muss nach Art und Umfang beispielsweise einem Hochschulstudium entsprechen. Insoweit dürfen zeitliche Umfänge vorausgegangener absolvierter Ausbildungen nicht aufsummiert werden. 21

d) Abschlüsse der ehem. DDR und ausländische Abschlüsse. Die gleichen Voraussetzungen gelten für **ausländische Abschlüsse** oder Abschlüsse aus der **ehemaligen DDR.** Ist für letztgenannte Abschlüsse die Gleichwertigkeit in Anwendung von Art. 37 I 2 EV (Einigungsvertrag) festgestellt worden, ist diese Feststellung für das Betreuungsgericht bindend (BGH FamRZ 2021, 307; NJW-RR 2012, 1475 Rn. 12). 22

Ausländische Abschlüsse können unter den Bedingungen anerkannt werden, unter denen sie gegenüber inländischen Abschlüssen als gleichwertig anzusehen sind (MüKoBGB/Fröschle, 8. Aufl. 2020, § 4 Rn. 21). Information zur Anerkennung von ausländischen Abschlüssen können unter www.anabin.de eingeholt werden. Diese Seite wird von der Kultusministerkonferenz – Zentralstelle für ausländisches Bildungswesen – bereitgestellt und liefert Informationen zur Bewertung ausländischer Bildungsnachweise. In diesen Fällen ist unter dem Geltungsbereich des Gesetzes zur Reform des Vormundschafts- und Betreuungsrechts darauf zu achten, dass bei Anerkennung der Gleichwertigkeit des Abschlusses, die Frage der **Nutzbarkeit der Fachkenntnisse** für die Einordnung in die Vergütungstabelle nicht mehr maßgeblich ist. 23

4. Vergütungsvereinbarungen. Die Fallpauschalen sollen in der Vielzahl der Fälle die gerechte Entschädigung für die Tätigkeiten des Betreuers sicherstellen. In Einzelfällen können aber die der Fallpauschalen zugrunde gelegten Zeitansätze um ein Vielfaches überschritten werden, wenn es sich um eine außerordentlich umfangreiche und aufwändige Betreuung handelt. Für solche Einzelfälle sieht das VBVG für den Berufsbetreuer keine Ausnahmeregelungen vor (OLG Braunschweig FamRZ 2007, 303 = BeckRS 2006, 14364; nachgehend BVerfG NJOZ 2007, 2028). 24

In besonderen und äußerst restriktiv handzuhabenden Einzelfällen kann es daher in Betracht gezogen werden, mit dem **vermögenden Betroffenen** einen **gesonderten Geschäftsbesorgungsvertrag** mit entsprechender Vergütungsvereinbarung abzuschließen. Ein solcher Vertragsschluss ist nur in den Fällen möglich, in denen die Tätigkeiten des Betreuers nicht unter § 11 2 iVm 1877 III BGB fallen; die zu vergütenden Leistungen des Betreuers „außerhalb der eigentlichen Betreuung" liegen und die gesetzlich vorgesehene Pauschalisierung durch vertragliche Vereinbarung nicht umgangen wird (BGH NJW-RR 2010, 292 Rn. 24). Für den Abschluss dieses Vertrages ist dem Betroffenen ein **Ergänzungsbetreuer** zu bestellen. 25

Fraglich ist allerdings, was sich hinter der Voraussetzung der **„außerhalb der eigentlichen Betreuung"** liegenden Leistungen verbirgt. Hierunter ist nach hiesigem Dafürhalten der für eine Betreuung im Einzelfall vorliegende **unübliche Mehraufwand** zu verstehen. Der Mehraufwand muss sich insbesondere aus dem Vorliegen von tatsächlichen und rechtlichen Erschwernissen im Hinblick auf **Umfang** und **Schwierigkeit** der konkreten Betreuung bzw. der Vermögensverwaltung ergeben. 26

Eine Vergütungsvereinbarung könnte somit in Hinsicht auf den **Umfang** gerechtfertigt sein, wenn die Arbeitskraft des Betreuers über einen längeren Zeitraum ausschließlich oder fast ausschließlich durch das konkrete Verfahren in Anspruch genommen wird. **Schwierigkeiten** können tatsächlicher oder rechtlicher Art sein. **Tatsächliche Schwierigkeiten** können sich ua aus einer exorbitant umfangreichen Vermögensverwaltung mit vielen Anlageformen und Unternehmensbeteiligungen und/oder aus einem hohen Haftungsrisiko ergeben. **Rechtliche Schwierigkeiten** können sich etwa aus dem Vorhandensein umfangreicher und streitintensiver Erbauseinandersetzungen oder aus Auseinandersetzungen im Rahmen von Ehescheidungen 27 sowie gesellschaftsrechtlichen Abwicklungen ergeben. Hierbei muss allerdings beachtet werden, dass auch bei einer Einschaltung von Rechtsanwälten für die einzelnen Angelegenheiten noch ein erheblicher Aufwand beim Betreuer verbleiben muss.

28 **IV. Feststellung der anzuwendenden Vergütungstabelle (III).** Nach III kann der Betreuer entweder an dem für den Sitz seines Büros oder seinem Wohnsitz zuständigen Amtsgericht beantragen, dass die für einschlägig anzuwendende Vergütungstabelle festgestellt wird. Die Feststellung ist Justizverwaltungsakt, erfolgt durch den Vorstand des Gerichts und entfaltet für die Vergütungsfestsetzung eine auf den Zeitpunkt der Antragstellung rückwirkende **bundesweit** bindende Wirkung.

29 **1. Keine Pflicht zur Feststellung.** Eine „Pflicht" zur justizbehördlichen Feststellung der Vergütungstabelle ist nach hiesiger Auffassung mit § 8 III nicht verbunden. Ebenso ist die Feststellung für den Vergütungsanspruch nicht konstitutiv (zu den Voraussetzungen siehe → § 7 Rn. 11 ff.). Es liegt zwar nahe, dass dieser „zentrale Bestandteil der Neuregelung des Rechts der beruflichen Betreuer" (BT-Drs. 19/24445, 392) nicht zu der vom Gesetzgeber erhofften Entlastung der Justiz führt, wenn sich nicht die Vielzahl der Betreuer daran beteiligt, doch folgt hieraus weder eine dem Betreuer obliegende Pflicht zur Feststellung der Vergütungstabelle noch ein den Vergütungsanspruch begründende bzw. auslösende Funktion. Ein solches ergibt sich weder aus den Gesetzgebungsunterlagen noch aus dem Wortlaut. Der Wortlaut „stellt auf Antrag des Betreuers nach dessen Registrierung fest" stellt es vielmehr in das Belieben und das persönliche Interesse des registrierten Betreuers, die Vergütungstabelle für die Zukunft und amtsgerichtsübergreifend rechtssicher einmalig feststellen zu lassen, um eine Vergütungsbeständigkeit zu erzielen und Rückzahlungsansprüche zu vermeiden. Macht der Betreuer von der Feststellung nach III kein Gebrauch, muss er – wie unter der bisherigen Rechtslage auch – den erworbenen Abschluss durch Vorlage entsprechender Nachweise glaubhaft machen.

30 **2. Feststellungsverfahren.** Das Verfahren auf Feststellung der anzuwendenden Vergütungstabelle ist ein Justizverwaltungsakt iSd § 23 I 1 EGGVG (BT-Drs. 19/24445, 393). Insoweit handelt das Amtsgericht als Justizbehörde durch ihren Vorstand bzw. Leiter (Amtsgerichtspräsident oder Amtsgerichtsdirektor). Hierbei ist zwischen dem in III und IV geregelten **Feststellungsverfahren** und der **Anfechtung der Maßnahme** nach §§ 23 ff. EGGVG zu unterscheiden.

31 Ist die Feststellung der anzuwendenden Vergütungstabelle einmal getroffen, hindert dies eine spätere Abänderung nicht. Nach III 3 kann der Berufsbetreuer einen Antrag auf Abänderung der vorgenommenen Feststellung stellen, wenn sich die für den Berufsbetreuer anzuwendende Vergütungstabelle infolge des Abschlusses einer höheren Ausbildung geändert hat. Die durch das Amtsgericht getroffene Feststellung wirkt nicht erst ab dem Zeitpunkt der Entscheidung, sondern gem. III 4 auf den Zeitpunkt der Antragstellung zurück. Die Feststellung stellt zugleich die **Änderung eines vergütungsrelevanten Umstands** dar. Insoweit zählt der Tag der Feststellung noch zur Anwendung der vorherigen Vergütungstabelle und der darauffolgende Tag zählt zum Zeitraum der neuen Vergütungstabelle.

32 **a) Antragsberechtigung und Antragsbefugnis.** Antragsberechtigt ist nach III 1 ausschließlich der nach §§ 19, 23 ff. BtOG **registrierte Berufsbetreuer.** Ebenso besteht für **nach §§ 32 I BtOG vorläufig registrierte Betreuer** die Möglichkeit der Feststellung. Dies ergibt sich insoweit indirekt aus §§ 19 II, 32 I 6 BtOG, da für diese Betreuer ein Vergütungsanspruch nach § 7 ff. besteht. Für von der Ermessensregistrierung nach **§ 33 BtOG** erfasste Betreuer dürften idR unter den Anwendungsbereich des § 19 I fallen.

33 Die Möglichkeit der Feststellung der anzuwendenden Vergütungstabelle gilt nach hiesiger Auffassung auch für die von § 19 I erfassten Betreuer, die bis einschließlich 1.1.2023 seit weniger als drei Jahren berufliche Betreuungen führen. Auch wenn sich die Höhe des Vergütungsanspruchs gem. § 19 I 1 nach § 4 II bis IV aF bestimmt, bezieht sich dies lediglich auf die Voraussetzung für die Einordnung in die Vergütungstabelle und nicht auf den Status der Registrierung. Insoweit ist der Wortlaut des III 1 „nach dessen Registrierung" weit gefasst. Insbesondere aufgrund der zur Problematik der für die Betreuung nutzbaren Kenntnisse oftmals divergierenden Rechtsauffassungen, besteht auch für diese Betreuer ein Bedürfnis, die Vergütungs-

tabelle – sei es auch nur bis zur endgültigen Registrierung – verbindlich feststellen zu lassen; eine nachträgliche Abordnung ist möglich → Rn. 31.

Im Hinblick auf § 7 II bzw. § 13 könnte es fraglich sein, ob auch der **Betreuungsverein** zur Antragstellung berechtigt ist, da diesem der Vergütungsanspruch zusteht. Der Wortlaut des § 8 III 1 („beruflichen Betreuers") stellt nicht auf den Anspruchsinhaber ab, sondern knüpft die Antragsberechtigung an den Status als Berufsbetreuer. Nach der in § 19 II BtOG enthaltenen Definition sind berufliche Betreuer natürliche Personen, die selbständig oder als Mitarbeiter eines anerkannten Betreuungsvereins Betreuungen führen. Infolge der Verwendung der gleichen Termini ist davon auszugehen, dass der Gesetzgeber die Antragsberechtigung bewusst beim (Vereins)Betreuer belassen wollte, so dass dem Verein für seine Mitarbeiter **keine Antragsberechtigung** zusteht. Insoweit entstehen dem Verein trotz fehlender Antragsbefugnis auch keine Nachteile, weil ihm infolge der Feststellung der Vergütungstabelle ebenso das vom Gesetzgeber gewünschte Vertrauen in die Vergütungsbeständigkeit zu Gute kommt und mit dieser seine Kostenstruktur zukunftssicher planen kann. Zudem dürfte er die bei ihm beschäftigten Mitarbeiter infolge des bestehenden Arbeitsvertrages und des damit verbundenen Weisungsrechts auch dazu anhalten können, die entsprechenden Anträge zu stellen. Für **neu eingestellte Mitarbeiter** ohne Registrierung besteht gem. § 13 I 3 ein Vergütungsanspruch, wenn eine nachträgliche Registrierung erfolgt; hierzu wird auf die Kommentierung zu → § 13 Rn. 11 ff. verwiesen. 34

Für die **Antragsbefugnis** ist es ausreichend, dass der Betreuer die anzuwendende Vergütungstabelle rechtssicher festgestellt haben möchte. Eine bereits bestehende Rechtsverletzung oder -beeinträchtigung ist nicht erforderlich. Ebenso ist es unerheblich, ob sich die Vergütungsansprüche gegen den Betreuten oder die Staatskasse richten. Der Antrag kann sowohl Ersteintrag als auch Abänderungsantrag sein, wenn sich die Vergütungstabelle durch Abschluss einer höheren Ausbildung geändert hat. Zu beachten ist, dass sich die Antragsbefugnis, etwa auch für einen Abänderungsantrag, ausschließlich aus der Ausbildung des Berufsbetreuers, nicht aber aus der Sachkunde ergibt. 35

b) Amtsgericht am Sitz des Betreuers. Über den Antrag auf Feststellung der anzuwendenden Vergütungstabelle entscheidet nach III 1 entweder das Amtsgericht als Justizbehörde am **Sitz des Betreuers** oder hilfsweise am Wohnsitz des Betreuers. Der Sitz des **freiberuflichen Betreuers** ist in der Regel der Ort der Verwaltungsführung, mithin der tatsächliche Tätigkeitsort der Geschäftsführung, der beim Freiberufler auch durchaus mit dem Wohnsitz zusammenfallen kann, aber nicht zwingend muss. Ist der Betreuer als **BGB-Gesellschaft** organisiert, entscheidet über den Sitz der Betriebsmittelpunkt. Sollte der Betreuer in einer juristischen Person des Privatrechts organisiert sein, wie etwa in einer Partnerschaft nach dem PartGG, bestimmt sich der Sitz nach der satzungsmäßigen Festlegung (zB § 7 II PartGG). Beim **Vereinsbetreuer** ist der Sitz des anerkannten Betreuungsvereins iSd §§ 24, 57 BGB maßgebend. 36

Infolge der Einordnung der Feststellung als Justizverwaltungsakt, obliegt die Entscheidung über die Feststellung zunächst dem **Vorstand des Amtsgerichts.** Der Gerichtsvorstand kann wiederum im Rahmen der Geschäftsverteilung die Entscheidungsbefugnis an einen Richter oder Rechtspfleger übertragen. Der mit der Wahrnehmung der Aufgabe betraute Mitarbeiter verlässt insoweit seine verfassungs- oder einfachgesetzlich geregelte Unabhängigkeit und unterliegt einem Weisungsverhältnis. Die getroffene Entscheidung über die Feststellung der Vergütungstabelle gilt dann bundesweit und ist für jedes weitere Gericht bindend. 37

Bezüglich der Zuständigkeit enthält IV eine **Öffnungsklausel,** wonach die Landesregierungen durch Rechtsverordnung die Zuständigkeit anderer Gerichte festzulegen können, um beispielsweise über mehrere Gerichtsbezirke hinweg die Entscheidungszuständigkeit bei einem Amtsgericht, Landgericht oder Oberlandesgericht zu bündeln. Die Landesregierungen können die Ermächtigung nach Satz 1 auf die Landesjustizverwaltungen übertragen. 38

c) Rechtsmittelbelehrung. Für den nach § 8 III zu erlassenen Justizverwaltungsakt ist eine Rechtsmittelbelehrung weder erforderlich noch für die Auslösung des Fristlaufs der Rechtsmittelfrist notwendig (BGH NJW 1974, 1335). Erfolgt demnach 39 die Feststellung der anzuwendenden Vergütungstabelle ohne Hinzusetzen einer Rechtsmittelbelehrung hindert deren Fehlen nicht den Beginn des Fristablaufs (BGH NJW 1974, 1335). Gleichwohl entspricht es dem Grundsatz des fairen Verfahrens, dem Betreuer eine Belehrung darüber zu geben, wie er gegenüber der die Entscheidung erlassende Justizbehörde seine Rechte wahren kann. Eine **fehlende oder fehlerhafte** Rechtsmittelbelehrung löst nach § 26 II 2 EGGVG die gesetzliche Vermutung aus, dass der Antragsteller ohne Verschulden verhindert war, die Rechtsmittelfrist einzuhalten, so dass ihm auf Antrag Wiedereinsetzung in den vorigen Stand zu gewähren ist.

40 **3. Anfechtung der Maßnahme.** Vom in III geregelten Feststellungsverfahren ist die **Anfechtung der gerichtlichen Feststellung** zu unterscheiden, die sich nach den §§ 23 ff. EGGVG bestimmt. Der Berufsbetreuer kann über die Rechtmäßigkeit der in Form einer Maßnahme getroffenen Feststellung der anzuwendenden Vergütungstabelle nach § 23 I 1 EGGVG die Entscheidung eines ordentlichen Gerichts herbeiführen. Gegen die durch das zuständige Oberlandesgericht erlassene Entscheidung ist gem. § 29 I EGGVG die Rechtsbeschwerde zum BGH statthaft, wenn sie durch das Oberlandesgericht zugelassen wurde.

41 **a) Antrag auf gerichtliche Entscheidung.** Der Antrag auf gerichtliche Entscheidung ist gem. § 24 I EGGVG nur zulässig, wenn der Betreuer geltend machen kann, durch die Maßnahme oder ihre Ablehnung bzw. Unterlassung in seinen Rechten verletzt worden zu sein. Unzureichend ist die bloße Geltendmachung, dass der Betreuer durch die Feststellung in seinen Rechten verletzt ist. Der Betreuer muss in seinem Antrag durch entsprechenden Tatsachenvortrag substantiiert darlegen, weshalb die amtsgerichtliche Feststellungsentscheidung seine Rechte verletzt. Der Darstellung muss so erfolgen, dass sich die Verletzung der eigenen Rechte durch die vom Oberlandesgericht vorzunehmende Schlüssigkeitsprüfung feststellen lässt (BeckOK GVG/Köhnlein EGGVG § 24 Rn. 3).

42 Für die Stellung des Antrags auf gerichtliche Entscheidung nach § 24 I EGGVG ist es im Falle der Feststellung der Vergütungstabelle nicht erforderlich, dass der Berufsbetreuer sein Anliegen zuvor bei der Justizverwaltung erfolglos geltend gemacht haben muss (MüKoZPO/Pabst EGGVG § 24 Rn. 3). Die Feststellung nach § 8 III ist im Gegensatz zu den üblichen Justizverwaltungsakten nicht nur mit einer Drittwirkung gegenüber dem Betreuten oder der Staatskasse verbunden, sondern ist für alle übrigen deutschen Gerichte bindend.

43 **b) Form und Frist des Antrags.** Die förmliche Zustellung der Feststellungsentscheidung erfolgt nach den Vorschriften des jeweiligen Landes- oder des Bundes-Verwaltungszustellungsgesetzes (Kissel/Mayer EGGVG § 26 Rn. 3). Die Anfechtung der anzugreifenden Maßnahme muss durch den Betreuer gem. § 26 I EGGVG innerhalb **eines Monats nach Zustellung oder schriftlicher Bekanntgabe** der Feststellung der anzuwendenden Vergütungstabelle erfolgen. Eine mündliche Bekanntgabe löst keinen Fristablauf aus (BGH NJW 1963, 1789). Die Fristberechnung erfolgt nach § 16 II FamFG iVm § 222 ZPO und §§ 187 bis 189 und 192 BGB.

44 Der Antrag auf gerichtliche Entscheidung ist **schriftlich** an das nach § 25 EGGVG zuständige Oberlandesgericht zu stellen. Soll der Antrag **mündlich** gestellt werden, kann der Betreuer diesen entweder zur Geschäftsstelle bei dem zuständigen Oberlandesgericht oder bei jedem Amtsgericht gestellt werden. Für das Verfahren nach §§ 23 ff. EGGVG besteht kein Anwaltszwang; eine Vertretung §§ 10, 11 FamFG möglich (BeckOK GVG/Köhnlein EGGVG § 26 Rn. 2).

45 Wurde der Fristablauf aufgrund fehlender oder fehlerhafter Bekanntgabe bzw. Zustellung nicht in Gang gesetzt, besteht für den Betreuer kein endloses Antragsrecht. Ein zu langes Zuwarten des Betreuers kann zu einer **Verwirkung des Antragsrechts** führen, wenn aus diesem Verhalten geschlossen werden kann, dass der Betreuer sich mit der getroffenen Feststellung abgefunden hat (MüKoZPO/Pabst EGGVG § 26 Rn. 5; zur Möglichkeit der Verwirkung siehe BVerfG NJW 1972, 675 (676)). Von einer solchen prozessualen Verwirkung kann ausgegangen werden, wenn die Antragstellung erst ein Jahr nach Bekanntgabe erfolgt (OLG Karlsruhe NStZ-RR 2005, 191).

War der Antragsteller ohne Verschulden verhindert, die Frist einzuhalten, so ist ihm gem. § 26 II EGGVG auf Antrag **Wiedereinsetzung in den vorigen Stand** zu gewähren. Fehlt die Rechtsmittelbelehrung oder ist dieses fehlerhaft, löst § 26 II 2 EGGVG die gesetzliche Vermutung aus, dass der Antragsteller ohne Verschulden verhindert war, die Rechtsmittelfrist einzuhalten, so dass ihm auf Antrag Wiedereinsetzung in den vorigen Stand zu gewähren ist. 46

Gem. § 26 III EGGVG ist der Antrag auf Wiedereinsetzung binnen **zwei Wochen** nach Wegfall des Hindernisses zu stellen und die Tatsachen zur Begründung des Antrags glaubhaft zu machen. Zu beachten ist, dass zusammen mit dem Antrag auf Wiedereinsetzung gem. § 26 III 3 EGGVG innerhalb der Antragsfrist der Antrag auf gerichtliche Entscheidung nach § 23 I EGGVG gestellt werden muss. Den Wiedereinsetzungsantrag bescheidet das nach § 25 EGGVG zuständige Oberlandesgericht. 47

c) Zuständigkeit. Den Antrag auf gerichtliche Entscheidung gegen die amtsgerichtliche Feststellung der anzuwendenden Vergütungstabelle bescheidet nach § 25 I 1 EGGVG das Oberlandesgericht, in dessen Bezirk das Amtsgericht bzw. die Justizbehörde ihren Sitz hat. Innerhalb des Oberlandesgerichts ist der Zivilsenat zuständig, da es sich bei der Feststellung der nach dem VBVG anzuwendenden Vergütungstabelle um eine Angelegenheit der freiwilligen Gerichtsbarkeit iSd § 13 GVG handelt. 48

4. Kritik an der Wahl des Verfahrens. Die Feststellung der Vergütungstabelle als einen Justizverwaltungsakt iSd §§ 23 ff. EGGVG zu behandeln, ist infolge der bisherigen Rechtslage zunächst nicht nachvollziehbar, zumal die der Einordnung als Justizverwaltungsakt zugrundeliegenden Erwägungen der Gesetzesbegründung nicht zu entnehmen sind. Justizverwaltungsakte unterscheiden sich von Akten der Rechtsprechung insbesondere darin, dass Rechtsprechungsakte durch den sachlich und persönlich unabhängigen, neutralen Richter ergehen (BVerfGE 48, 300 (316); MüKoZPO/Pabst EGGVG § 23 Rn. 5). 49

Die bisher im Vergütungsfestsetzungsverfahren enthaltene Prüfung der Einordnung in die Vergütungstabelle oblag dem Rechtspfleger. Der Rechtspfleger übt aber als Rechtspflegeorgan eigener Art gegenüber den Bürgern keine rechtsprechende Gewalt im Sinne des Art. 20 II 2, Art. 92 GG aus, doch gehören seine Entscheidungen zur öffentlichen Gewalt iSd Art 19 IV GG, die in tatsächlicher und rechtlicher Hinsicht einer Überprüfung durch einen Richter zugänglich sein müssen (BVerfGE 101, 397 (407)). Die Entscheidungen des Rechtspflegers im Festsetzungsverfahren stellen somit keine Akte der Rechtsprechung iSd des GG dar. Solche liegen im materiellen Sinn nur dann vor, wenn bestimmte hoheitliche Befugnisse bereits durch die Verfassung den Richtern zugewiesen sind oder dem traditionellen Kernbereich der Rechtsprechung zugehören (BVerfG NJW 2004, 2725). Diese „Hintertür" ermöglicht es, das Feststellungsverfahren der Justizverwaltung zuzuweisen. 50

Auch wenn diese Zuweisung an die Justizverwaltung einen „zentralen Bestandteil" des neuen Rechts der Berufsbetreuer darstellen soll (BT-Drs. 19/24445, 392), werden dadurch notwendige Fragestellungen in andere Verfahrens- und Zuständigkeitsbereiche verlagert, so dass die Änderung aus praktischer Sicht nur minimal zu der damit verfolgten „erheblichen Entlastung" beitragen dürfte. Unter Berücksichtigung der gesetzgeberischen Intention, dem Betreuten als Kostenschuldner der Vergütung ein Beschwerderecht zuzugestehen, wenn er der Ansicht ist, dass ein Betreuer einer (niedrigeren) Vergütungstabelle ausreichend sei (BT-Drs. 19/24445, 393), werden zukünftig **Betreuungsbehörde** und **Betreuungsrichter** vergütungsrechtlich prüfen und ggf. im Beschluss begründen müssen, ob die Kenntnisse es Betreuers für das konkrete Verfahren auch von tatsächlichen Nutzen sind. Bei einfachen Verfahren kann dies aus Gründen der Kostenersparnis dazu führen, dass ein „überqualifizierter" und damit kostenintensiver Betreuer nicht bestellt werden dürfte, da dies dem Betreuten die Möglichkeit der Beschwerde eröffnet. Dies dürfte dann auch der im Anordnungsverfahren bestellte Verfahrenspfleger zu prüfen haben. Da Sachkunde für die Registrierung genügt, könnten aus Kostengesichtspunkten die Betreuer benachteiligt werden, die zwar über eine einschlägige Hochschulausbildung verfügen, aber bezüglich der ausbildungsunabhängigen Sachkunde mit Berufsbetreuern gleichgestellt werden, die über einen (fachfremden) niedrigeren Abschluss verfügen. 51

Fallpauschalen

9 **I Die Höhe der Fallpauschalen nach § 8 Absatz 1 richtet sich nach**

1. der Dauer der Betreuung,
2. dem gewöhnlichen Aufenthaltsort des Betreuten und
3. dem Vermögensstatus des Betreuten.

II [1]Hinsichtlich der Dauer der Betreuung wird bei der Berechnung der Fallpauschalen zwischen den Zeiträumen in den ersten drei Monaten der Betreuung, im vierten bis sechsten Monat, im siebten bis zwölften Monat, im 13. bis 24. Monat und ab dem 25. Monat unterschieden. [2]Für die Berechnung der Monate gelten § 187 Absatz 1 und § 188 Absatz 2 des Bürgerlichen Gesetzbuchs entsprechend.

III [1]Hinsichtlich des gewöhnlichen Aufenthaltsortes des Betreuten ist zwischen stationären Einrichtungen und diesen nach Satz 3 gleichgestellten ambulant betreuten Wohnformen einerseits und anderen Wohnformen andererseits zu unterscheiden. [2]Im Sinne dieses Gesetzes sind

1. stationäre Einrichtungen:
Einrichtungen, die dem Zweck dienen, Volljährige aufzunehmen, ihnen Wohnraum zu überlassen, sowie tatsächliche Betreuung oder Pflege zur Verfügung zu stellen oder vorzuhalten, und die in ihrem Bestand von Wechsel und Zahl der Bewohner unabhängig sind und entgeltlich betrieben werden;
2. ambulant betreute Wohnformen:
entgeltliche Angebote, die dem Zweck dienen, Volljährigen das Leben in einem gemeinsamen Haushalt oder einer Wohnung bei gleichzeitiger Inanspruchnahme extern angebotener entgeltlicher Leistungen tatsächlicher Betreuung oder Pflege zu ermöglichen.

[3]Ambulant betreute Wohnformen sind stationären Einrichtungen gleichgestellt, wenn die in der ambulant betreuten Wohnform extern angebotenen Leistungen tatsächlicher Betreuung oder Pflege als Rund-um-die-Uhr-Versorgung durch professionelle Betreuungs- oder Pflegekräfte zur Verfügung gestellt oder vorgehalten werden und der Anbieter der extern angebotenen Betreuungs- und Pflegeleistungen nicht frei wählbar ist.

IV [1]Hinsichtlich der Bestimmung des Vermögensstatus des Betreuten ist entscheidend, ob am Ende des Abrechnungsmonats Mittellosigkeit nach § 1880 des Bürgerlichen Gesetzbuchs vorliegt. [2]Hinsichtlich der Bestimmung des gewöhnlichen Aufenthaltes nach Absatz 3 ist entscheidend, wo der gewöhnliche Aufenthalt am Ende des Abrechnungsmonats liegt. [3]Bei sonstigen Änderungen von Umständen, die sich auf die Vergütung auswirken und die vor Ablauf eines vollen Monats eintreten, ist die Vergütung zeitanteilig nach Tagen zu berechnen; § 187 Absatz 1, § 188 Absatz 1 und § 191 des Bürgerlichen Gesetzbuchs gelten entsprechend.

Schrifttum: BeckOGK/Bohnert, Ed. 1.6.2020, VBVG; Bienwald/Sonnenfeld/Harm, Betreuungsrecht, 6. Aufl. 2016; Deinert/Lütgens, Die Vergütung des Betreuers, 7. Aufl. 2019; Erman, BGB, 15. Aufl. 2017; Felix, Die Vergütung des Berufsbetreuers Teil I und II, Rpfleger 2015, 615 und 683; Fröschle, Der gewöhnliche Aufenthalt im Vergütungsrecht, BtPrax 2006, 219; Jürgens, Betreuungsrecht, 6. Aufl. 2018; Klüsener, Vergütung des anwaltlichen Verfahrenspflegers in Betreuungssachen, JurBüro 2016, 169; Lipp/Orth, Betreutes Wohnen als Heim?, BtPrax 2005, 209; Volpert, Anwaltsvergütung für die Tätigkeit als Betreuers, NJW 2013, 1287.

Übersicht

I. Normzweck. Während § 8 die Bestimmungen für die berufliche Qualifikation enthält, regelt § 9 die weiteren Faktoren für Höhe der dem Betreuer zustehenden Fallpauschale: Dauer der Betreuung, gewöhnlicher Aufenthaltsort des Betroffenen, Vermögensstatus des Betroffenen. 1

Der Differenzierung innerhalb der Fallpauschalen liegt die Überlegung zugrunde, dass ein in einer stationären Einrichtung lebender Betroffener einen geringeren Arbeitsaufwand des Betreuers erfordere, als ein Betroffener der sich in einem selbstbestimmten Wohnverhältnis befindet. Zugleich wird bei einem vermögenden Betreuten regelmäßig von einem höheren Arbeitsaufwand gegenüber einem mittellosen Betreuten ausgegangen. Die neu eingeführte Berücksichtigung des zweiten Betreuungsjahres soll dem Umstand Rechnung tragen, dass auch im zweiten Jahr der Betreuung ein überdurchschnittlicher Zeitaufwand gegenüber den Folgejahren zu verzeichnen ist. Hierdurch kann der Unterstützungsbedarf des Betroffenen umfassend berücksichtigt werden (BT-Drs. 19/8694, 25). 2

Mit dem Inkrafttreten des Gesetzes zur Reform des Vormundschafts- und Betreuungsrechts sind in § 9 als Nachfolgeregelung des § 5 aF einige Änderungen eingeführt worden. Die in § 5 V aF enthaltenen Regelungen für den Aufwendungsersatz und die Aufwendungen für beruflichen Dienste sind der neuen Systematik folgend in eine eigene Vorschrift (§ 11) überführt worden. Zugleich wird nun in IV bei Änderungen von vergütungsrelevanten Umständen im Hinblick des Vermögensstatus und des Aufenthalts einheitlich auf die Umstände zum Ende des Abrechnungsmonats abgestellt. 3

II. Entstehung des Vergütungsanspruchs. Der Anspruch auf die Fallpauschale entsteht unmittelbar mit **Wirksamwerden der Bekanntgabe** des gerichtlichen Anordnungs- und Bestellungsbeschlusses (aA BeckOGK/Bohnert Rn. 50, wo ua auf die (nicht konstitutive) Verpflichtung nach § 289 FamFG abstellt wird). Eine vor der wirksamen Bekanntgabe der Bestellung ausgeführte Tätigkeit ist auch dann nicht vergütungsfähig, wenn sie auf Veranlassung des Gerichts erfolgte (OLG Brandenburg FamRZ 2009, 1169 = BeckRS 2009, 4201; OLG Schleswig NJW-RR 1999, 660). Der **Abrechnungszeitraum** des § 15 I beginnt gem. § 187 I BGB erst mit dem auf die wirksame Bekanntgabe des gerichtlichen Anordnungs- und Bestellungsbeschlusses folgenden Tag. 4

III. Betreuungsdauer (II). Die Regelung des II 1 unterscheidet zwischen den dort genannten Zeiträumen. Die Berechnung der Betreuungsdauer erfolgt gem. II 2 nach §§ 187 I, 188 II Alt. 1 BGB. Für die Bestimmung der Betreuungsdauer stellt somit die **wirksame Bekanntgabe der erstmaligen Betreuungsanordnung** das in den Tag fallende Ereignis iSd § 187 I BGB dar. 5

Die **Bestimmung der Betreuungsdauer erfolgt verfahrensbezogen** und nicht personenbezogen. Folglich ist für die Bestimmung der Betreuungsdauer nach II 1 immer auf den Zeitpunkt der erstmaligen Anordnung abzustellen. Dies bedeutet, dass ein im späteren Verfahrensverlauf neu bestellter (→ Rn. 23) oder zusätzlich zu einem 6 ehrenamtlichen Betreuer bestellter Berufsbetreuer die Verfahrensdauer gegen sich gelten lassen muss, weil sich sein Vergütungsanspruch an der erstmaligen Anordnung der Betreuung zu orientieren hat.

7 **1. Wirksamwerden von Bestellungsbeschlüssen.** Die Wirksamkeit der Betreuungsanordnung tritt gem. § 287 I FamFG mit der schriftlichen oder mündlichen Bekanntgabe an den Betreuer ein. Wurde gem. § 287 II 1 FamFG die **sofortige Wirksamkeit** angeordnet, tritt die Wirksamkeit mit der Bekanntgabe an den Betroffenen bzw. den Verfahrenspfleger ein oder wenn der Beschluss der Geschäftsstelle zum Zwecke der Bekanntgabe übergeben wird. Die Bekanntgabe kann auch mündlich erfolgen, indem die Beschlussformel gem. § 41 II FamFG **verlesen** wird. Erfolgt die Bekanntgabe an den Betreuer vorab per Telefon, ist dieser Zeitpunkt für das Wirksamwerden maßgebend (MüKoFamFG/Schmidt-Recla FamFG § 287 Rn. 4). Wird der Beschluss ohne sofortige Wirksamkeit und ohne Verlesen der Beschlussformel erlassen und den Beteiligten gem. 15 II 2 FamFG durch Aufgabe zur Post (AzP) übersandt, gilt das Schriftstück drei Tage nach Aufgabe zur Post als bekanntgegeben. Gleichwohl schließt es § 15 Abs. 2 S. 2 nicht aus, dass der Beschluss früher zugeht als nach der dort vermuteten Dreitagesfrist (BGH NJW-RR 2012, 1475).

8 Der Tag der wirksamen Bekanntgabe der Bestellung zählt gem. § 187 I BGB nicht mit; erst der **darauffolgende** Tag ist der erste Tag der Betreuungsdauer und/oder des Vergütungszeitraums. Betreuungsjahr und Betreuungsmonate sind daher anhand der (erstmaligen) Anordnung bzw. der Anordnung des Betreuerwechsels zu bestimmen und nicht nach dem Kalenderjahr.

9 **Beispiel:** Am 26.3. wird für den Betroffenen eine vorläufige Betreuung angeordnet und ein Berufsbetreuer bestellt. Die Bestellung wird am selben Tag durch Verkündung wirksam. Am 12.5. wird die endgültige Betreuung angeordnet und der vorläufige Betreuer wird endgültig bestellt. Der Beschluss wird am 15.5. wirksam. Die Betreuungsdauer stellt sich wie folgt dar:

1. Monat 27.3.–26.4.
2. Monat 27.4.–26.5.
3. Monat 27.5.–26.6.

usw.

10 **2. Sonderfälle bei der Bestimmung der Betreuungsdauer. a) Vorläufige Betreuung.** Für die zeitliche Einordnung in die jeweilige Vergütungstabelle ist auf die **erstmalige Betreuungsanordnung** abzustellen. Geht die vorläufige Betreuung (§§ 300, 301 FamFG) in eine endgültige Betreuung über, ist trotz der endgültigen Anordnung weiterhin auf die erstmalige Bestellung im Rahmen der einstweiligen Anordnung abzustellen, da Verfahrenseinheit besteht (siehe Beispiel → Rn. 9).

11 **b) Vorsorgliche Bestellung (§ 1814 V BGB).** Nach § 1814 V 2 BGB wird die vorsorgliche Betreuerbestellung mit Eintritt der Volljährigkeit (§ 2 BGB) wirksam. Für die Bestimmung der Volljährigkeit wird nach § 187 II 2 und § 188 II Alt. 2 BGB der Tag der Geburt mitgezählt. Der Vergütungszeitraum bestimmt sich nach § 9 II 2 iVm § 187 I BGB, wonach der Tag der Wirksamkeit – Eintritt der Volljährigkeit – nicht mitzurechnen wäre. Allerdings stellt die Volljährigkeit nicht ein in einen Tag fallendes Ereignis dar, sondern tritt mit dem Beginn des Tages ein.

12 Bei der vorsorglichen Bestellung nach § 1814 V BGB ist daher der **Tag der Wirksamkeit** auch vollständig bei der Vergütung zu berücksichtigen (LG Erfurt BeckRS 2011, 10348; MüKoBGB/Fröschle, 8. Aufl. 2020, Rn. 3, 5). Der gerichtliche Anordnungsbeschluss bedarf zwar nicht zwingend der Angabe des Wirksamkeitszeitpunktes, doch ist es in den Fällen des § 1814 V BGB und im Hinblick auf den Vergütungsanspruch anzuraten, diesen zu benennen (MüKoBGB/Schwab, 8. Aufl. 2020, BGB § 1908a Rn. 8).

13 **c) Betreuerlose Zwischenzeiten.** Wird nach §§ 300 ff. FamFG die Betreuung einstweilen angeordnet und ein vorläufiger Betreuer bestellt, tritt die Anordnung gem. § 302 S. 1 FamFG nach **sechs Monaten** außer Kraft, wenn das Gericht keinen früheren Zeitpunkt bestimmt. Diese Höchstfrist sorgt mit Ablauf für das Erlöschen der Betreuung mit sämtlichen daran gebundenen Rechtsfolgen (BGH BtPrax 2012, 62 = BeckRS 2012, 614).

aa) Fristberechnung nach § 302 FamFG. Die Frist des § 302 1 FamFG beginnt mit der (sofortigen) Wirksamkeit der Entscheidung und berechnet sich nach § 16 II FamFG iVm § 222 I ZPO und §§ 187 I, 188 II BGB (statt vieler: Keidel/Giers FamFG § 302 Rn. 2). Insoweit stellt die Bekanntgabe das in den Tag fallende Ereignis iSd § 187 I BGB dar, so dass dieser Tag nicht mitgerechnet wird. Nach § 188 II BGB endet eine Frist, die nach Monaten bestimmt ist, im Falle des § 187 I BGB mit dem Ablauf desjenigen Tages der letzten Woche oder des letzten Monats, welcher durch seine Benennung oder seine Zahl dem Tage entspricht, in den das Ereignis oder der Zeitpunkt fällt. 14

bb) Rechtsprechung des BGH. Zu den betreuerlosen Zwischenzeiten hat der BGH entschieden, dass bei einer vorläufigen Betreuung für die Bemessung der Fallpauschale grundsätzlich der **Zeitpunkt der Betreuerbestellung in der Hauptsache** maßgeblich ist (FamRZ 2020, 1309 = BeckRS 2020, 12806). Demzufolge führe eine zeitliche Vakanz zwischen einer durch Zeitablauf beendeten vorläufigen Betreuung und der späteren Bestellung eines Betreuers im Hauptsacheverfahren grundsätzlich dazu, dass mit dessen Bestellung die Berechnung der Betreuungsdauer iSv § 9 II erneut beginnt. Das gelte auch dann, wenn der vorläufige Betreuer und der Betreuer in der Hauptsache personengleich sind. 15

cc) Auffassung des Autors. Mit dieser sehr vergütungsfreundlichen Entscheidung stellt sich der BGH gegen die bisher hierzu ergangene obergerichtliche Rechtsprechung und die Ansichten in der Literatur. Der BGH begründet seine abweichende Auffassung zunächst mit Verweis auf § 5 aF (jetzt § 9) und der für die Vergütung maßgeblich zu bestimmenden Betreuungsdauer. Des Weiteren wird auf das pauschalisierte Vergütungssystem abgestellt, wonach es mit dem Pauschalisierungsgedanken nicht zu vereinbaren sei, bei der Prüfung der Betreuungsdauer auf den verstrichenen Zeitraum oder darauf abzustellen, ob der im späteren Betreuungsverfahren bestellte Betreuer aus der Tätigkeit des früheren Betreuers Vorteile ziehen kann. 16

Zudem führt die vom BGH vertretene Auffassung aus Sicht des vermögenden Betroffenen zum **Verlust der Vergütungsbeständigkeit.** Wird seitens des Gerichts die Verlängerung oder endgültige Bestellung nicht rechtzeitig vor Ablauf der Frist des § 302 FamFG beschlossen, schuldet er **ohne sein Zutun** infolge einer kurzen Unterbrechung die bedeutend höhere Erstvergütung. Insoweit widerspricht diese Vorgehensweise auch der gesetzgeberischen Intention der Staffelung des Vergütungsanspruches nach der Betreuungsdauer, da seitens des Betreuers infolge einer nur kurzen Unterbrechung idR **kein erheblicher Mehraufwand** bei Wiederaufnahme des Amtes vorliegt. 17

Der Entscheidung des BGH (FamRZ 2020, 1309 = BeckRS 2020, 12806) ist insoweit beizutreten, als für den Vergütungsanspruch die Betreuungsdauer des § 9 maßgeblich ist. Der Gesetzgeber traf allerdings **bewusst** keine Regelung zu den betreuungslosen Zwischenzeiten und hat es einer Einzelfallprüfung überlassen, ob es sich wieder um eine Erstbetreuung mit der Folge der erhöhten Anfangsvergütung handelt (BT-Drs. 15/2494, 35). Dementsprechend ist eine solche Prüfung auch weiterhin in den betroffenen Verfahren durchzuführen. Für folgende Zeiträume zwischen Ablauf der vorläufigen und später (erneut) angeordneten Bestellung, wurde in der obergerichtlichen Rechtsprechung eine Erstbetreuung mit erhöhter Vergütung in folgenden Fällen angenommen: 18

- **einige Wochen** (LG Berlin Rpfleger 2020, 153 = BeckRS 2019, 33839),
- **zwei Wochen** (LG Kassel BtPrax 2018, 121 = BeckRS 2018, 4095),
- **sieben Wochen** (OLG Frankfurt FGPrax 2009, 213),
- **zweieinhalb Monate** (OLG Karlsruhe NJW-RR 2007, 1086),
- **neun Monate** (OLG Zweibrücken NJW-RR 2006, 725).

Die Vorgabe eines konkreten Zeitraumes ist nach hiesigem Dafürhalten allerdings nicht möglich und verfehlt die Intention des Gesetzgebers. Vielmehr hat das Gericht in der zu treffenden **Ermessensentscheidung** den tatsächlichen zeitlichen Umfang und die Schwierigkeit der Tätigkeit im konkreten Verfahren und dem der neuen Bestellung vorausgegangenen Zeitraum zu berücksichtigen (Felix Rpfleger 2015, 615 (621)). 19

Der Betreuer hat somit die Gründe darzulegen, die für eine erhöhte Erstvergütung sprechen. Befindet sich der Betroffene zB in stationärer Pflege und ist mittellos, kann 20 in vielen Fällen bereits die heimmäßige Versorgung einen geringeren Arbeitsaufwand beim Betreuer verursachen. Dieser Umstand kann auch bei einem **längeren Unterbrechungszeitraum** zwischen Ablauf und neuer Bestellung für die fortgesetzte Vergütung einer laufenden Betreuung sprechen. Ist der Betroffene indes vermögend und lebt in eigener Wohnung, kann zB eine umfangreiche und schwierige Vermögensverwaltung einen Anhaltspunkt dafür bieten, dass bereits ein **kurzer Unterbrechungszeitraum** ohne rechtliche Vertretung für eine erhebliche Wiedereinarbeitung sorgen und somit für die erhöhte Vergütung einer Erstvergütung sprechen kann.

21 **IV. Änderung vergütungsrelevanter Umstände (IV S. 2, 3).** Eine Änderung vergütungsrelevanter Umstände führt zur Aufteilung der Zeiträume und Berechnung einer anteiligen Fallpauschale. Folgende vergütungsrelevante Umstände sind zu unterscheiden:

– **Berufliche Qualifikation** des Betreuers (§ 8),
– **Bestand der Betreuung** (Tod des Betroffenen, Aufhebung der Betreuung, Entlassung des Betreuers).
– **Persönliche und wirtschaftliche Verhältnisse** des Betreuten (Vermögensstatus und Aufenthalts)
– **Ende der Übergangsvergütung** nach § 19 I 1 (hierzu → § 19 Rn. 23)
– **Abänderung der Feststellungsentscheidung** nach § 8 III VBVG, siehe Kommentierung zu § 8 Rn. 31.

22 Die Berechnung der Zeiträume erfolgt gem. IV S. 3 nach §§ 187 I, 188 I, 191 BGB. Infolge des Verweises auf § 191 BGB bedarf es für die Berechnung nicht der Ermittlung der konkreten Tagesanzahl, da der Monat **stets mit 30 Tagen** angesetzt wird. Zu beachten ist hierbei, dass es sich nicht um den Kalendermonat, sondern um den **Betreuungsmonat** handelt, der mit 30 Tagen angesetzt wird, aber der 28., 30. oder 31. Tag mitgezählt werden muss (BGH MDR 2021, 1158; LG Kassel BtPrax 2020, 111 = BeckRS 2020, 8897; siehe auch BT-Drs. 19/8694, 28; so auch schon in den Vorauflagen). Folglich kann die Summe der beiden Zeiträume auch 31/30 betragen.

23 **1. Aufenthaltswechsel des Betreuten (IV S. 2).** Für einen vergütungsrelevanten Aufenthaltswechsel kommen verschiedene Zeitpunkte in Betracht, wie zB der Umzugstermin, die Ummeldung beim Einwohnermeldeamt oder der Abschluss des Heimvertrages. Aufgrund des mit dem Gesetz zur Reform des Vormundschafts- und Betreuungsrechts mit Wirkung zum 1.1.2023 eingeführten § 9 IV 2 entfällt die Notwendigkeit der Feststellung des genauen Zeitpunkts, indem zur Bestimmung des Aufenthaltsstatus auf den gewöhnlichen Aufenthalt am Ende des Abrechnungsmonats abzustellen ist. Zu beachten ist insoweit, dass der Abrechnungsmonat den **Betreuungsmonat** meint und nicht den Kalendermonat.

24 **Beispiel:** Die Bestellung zum Betreuer wurde am 27.3. wirksam, so dass sich der Betreuungsmonat auf die Zeit vom 28. bis zum 27. des Folgemonats erstreckt. Der mittellose Betroffene wohnt zunächst in der eigenen Wohnung. Am 23.5. zieht der Betroffene in ein Heim. Die Fallpauschale richtet sich nach Tabelle B.

1. Monat	28.3.–27.4.	Tabelle B 1.2.1	258 EUR
2. Monat	28.4.–27.5.	Tabelle B 1.1.1	241 EUR
3. Monat	28.5.–27.6.	Tabelle B 1.1.1	241 EUR

25 Das vorstehende Beispiel zeigt deutlich, dass die neue Regelung zwar eine Vereinfachung darstellt, aber im Hinblick auf die Vergütungshöhe durchaus zu Vergütungseinbußen führen kann. Wird dem obigen Beispiel die Berechnung der alten Rechtslage zugrunde gelegt, würde der Betreuer für den Monat vom 28.4–23.5. eine Vergütung nach Tabelle 1.2.1 in Höhe von 223,60 EUR (26/30 v. 258 EUR) und vom 24.5. bis 27.5. eine Vergütung nach Tabelle 1.1.1 in Höhe von 32,13 EUR, mithin 255,73 EUR (→ 51. Aufl. 2021, § 5 Rn. 19). Dies führt zwar im vorliegenden Einzelfall lediglich zu einer Differenz von 14,73 EUR, was sich aber über die Vielzahl der Betreuungen deutlich aufsummieren kann. Zudem werden damit die oftmals nicht unerheblichen Aufwendungen für die Organisation des Umzugs und der Wohnungsauflösung finanziell nicht mehr ausreichend berücksichtigt.

26 **2. Aufhebung der Betreuung.** Der Vergütungszeitraum des Betreuers endet mit der **wirksamen Bekanntgabe des Aufhebungs- oder Entlassungsbeschlusses**

(BGH NJW-RR 2013, 578 Rn. 8). Wie bei der Bestimmung des Vergütungsbeginns, muss auf die Wirksamkeit der Bekanntgaben nach §§ 287 I, II 1, 41 II, 15 II FamFG abgestellt werden; hierzu → Rn. 7 ff.

Die Aufhebung lässt nicht die volle Monatspauschale entstehen, es darf lediglich bis zum Tag der Bekanntgabe des Aufhebungsbeschlusses abgerechnet werden (BT-Drs. 15/2494, 34). Die Berechnung erfolgt gem. § 9 IV 3 Hs. 2 unter Anwendung des § 191 BGB. Der Tag an dem das ändernde Ereignis in Form der Bekanntgabe eintritt, wird noch vollständig zum ablaufenden Teilmonat gezählt. **27**

Beispiel: Die Bestellung zum Betreuer wurde am 27.3. wirksam, so dass sich der Betreuungsmonat auf die Zeit vom 28. bis zum 27. des Folgemonats erstreckt. Der mittellose Betroffene wohnt in der eigenen Wohnung. Durch Beschluss vom 15.6., der dem Betreuer am 17.6. bekanntgegeben wurde, ist die Betreuung aufgehoben worden. **28**

1. Monat	28.3.–27.4.	Tabelle B 1.2.1	258 EUR
2. Monat	28.4.–27.5.	Tabelle B 1.2.1	258 EUR
3. Monat	28.5.–17.6.	Tabelle B 1.2.1	180,60 EUR (= 21/30 von 258 EUR)

3. Nachträgliche Aufhebung und Vergütungsanspruch. Das Tätigwerden des Betreuers bildet zugleich die Grundlage des Vergütungsanspruchs. Der Vergütungsanspruch wird daher weder durch formell-rechtliche oder materiell-rechtliche Mängel bei der Bestellung, noch durch eine nachträgliche Aufhebung der Anordnung beseitigt (BGH NJW-RR 2014, 1345 Rn. 11). Demzufolge fallen die aus dem Vermögen des Betroffenen gezahlte Betreuervergütung und die für die aufgehobene Betreuung angefallenen Gerichtsgebühren nicht unter die zu erstattenden Auslagen iSd § 307 FamFG (OLG München BtPrax 2009, 239 = BeckRS 2009, 18598). **29**

4. Tod des Betreuten. Verstirbt der Betroffene, erfolgt die zeitanteilige Abrechnung der Fallpauschalen bis zum **Todestag des Betreuten** (OLG München NJW-RR 2006, 1517). Etwas anderes gilt auch nicht im Hinblick auf die dem Betreuer nach § 1872 BGB obliegenden Pflicht zur abschließenden Rechnungslegung und Vermögensherausgabe. Diese Tätigkeiten sind mit der pauschalen Vergütung des vorangegangenen Zeitraums abgegolten. **30**

Der Betreuer ist gem. 1874 I 1 BGB berechtigt, in **Unkenntnis des Todes** des Betroffenen die mit der Personensorge und Vermögenssorge verbundenen Geschäfte fortzuführen, bis er von der Beendigung Kenntnis erlangt oder sie kennen muss. Da die Fallpauschalen zeitanteilig nur bis zum Todestag vergütet werden, soll für die Zeit danach, der Vergütungsanspruch in analoger Anwendung des § 12 I 1 (§ 6 a.F.) ermittelt werden (BGH NJW-RR 2016, 643 Rn. 6). Im Übrigen wird zu dieser Problematik auf die Kommentierung zu → § 12 Rn. 20 ff. verwiesen. **31**

5. Betreuerwechsel. Die für die Fallpauschale maßgebliche Betreuungsdauer bestimmt sich auch beim Betreuerwechsel nach dem Zeitpunkt der **Wirksamkeit der erstmaligen Anordnung.** Gleiches gilt beim Wechsel vom ehrenamtlichen Betreuer zum Berufsbetreuer und schließt den Fall einer vorangegangenen Untätigkeit des ehrenamtlichen Betreuers und die daraus folgende Mehrbelastung des neuen Berufsbetreuers mit ein (BGH NJW-RR 2012, 965 Rn. 16). **32**

Die zu vergütenden Monate des vorherigen Betreuers berechnen sich nach den Betreuungs- und nicht nach Kalendermonaten (BGH NJW-RR 2013, 578 Rn. 9). Nach dem Betreuerwechsel beginnt der Vergütungszeitraum des neuen Betreuers mit der **Wirksamkeit seiner Bestellung** (BGH NJW-RR 2011, 1153). Der Vergütungszeitraum des vorherigen Betreuers endet mit der wirksamen Bekanntgabe des Wechsel- bzw. Entlassungsbeschlusses (BGH FamRZ 2022, 983; NJW-RR 2013, 578 Rn. 8). Für den Vergütungszeitraum ist somit der Zeitpunkt der wirksamen Bekanntgabe maßgeblich (§§ 287 I, II 1, 41 II, 15 II FamFG). Die Berechnung erfolgt gem. § 9 IV 3 Hs. 2 unter Anwendung des § 191 BGB. Der Tag an dem das ändernde Ereignis in Form der Bekanntgabe eintritt, wird noch vollständig zum ablaufenden Teilmonat gezählt. **33**

Beispiel: Mit Beschluss vom 28.2. wird die Entlassung des Berufsbetreuers A und die Bestellung des neuen Berufsbetreuers B angeordnet. Die Bekanntgabe bei Betreuer A erfolgt am 3.3. und bei Betreuer B am 7.3. Die erstmalige Anordnung erging durch **34**

Beschluss vom 3.1. des Vorjahres, welche am 6.1. wirksam wurde. Der mittellose Betroffene wohnt im Pflegeheim. Beide Betreuer rechnen nach Tabelle C ab.

Abrechnung ehemaliger Betreuer:

7.1.–6.2.	Tab. C 4.1.1	141 EUR
7.2.–3.3.	Tab. C 4.1.1	117,50 EUR (= 25/30 von 141 EUR)

Abrechnung neuer Betreuer:

8.3.–7.6.	Tab. C 4.1.1	141 EUR

35 **6. Fälle der Notgeschäftsführung (§ 1874 II BGB).** Die Tätigkeiten der Notgeschäftsführung durch den Betreuer bestimmen sich nach § 1874 II BGB. Hiernach ist der Betreuer nach dem Tod des Betroffenen zur Fortführung **dringender und unaufschiebbarer Geschäfte** verpflichtet. Die Pflichten und Befugnisse erlöschen, wenn die Erben die Möglichkeit zur eigenen Interessenwahrung erlangen, wobei es auf die tatsächliche Wahrnehmung nicht ankommt, da diese im Risikobereich der Erben liegt (Staudinger/Coester BGB § 1698b Rn. 7).

36 Im Hinblick auf den Vergütungsanspruch für Aufgaben der Notgeschäftsführung besteht in Literatur und Rechtsprechung Uneinigkeit. Die **herrschende Meinung** wendete § 6 S. 1 aF (jetzt § 12 I) analog an (OLG München NJW-RR 2006, 1517; MüKoBGB/Fröschle Rn. 7; BeckOGK/Bohnert Rn. 59). Die andere Ansicht vertritt die Auffassung, dass dem Betreuer ein Vergütungsanspruch nach § 3 zusteht (jurisPK-BGB/Jaschinski § 6 Rn. 30 und § 5 Rn. 68, Felix Rpfleger 2015, 615 (620)). Zur Kritik an der analogen Anwendung siehe die Kommentierung zu → § 12 Rn. 21 ff.

37 **V. Gewöhnlicher Aufenthalt des Betreuten (III).** Vergütungsrechtlich ist zwischen dem gewöhnlichen Aufenthalt in stationären und diesen gleichgestellten Einrichtungen einerseits und ambulant betreuten sowie anderen Wohnformen andererseits unterschieden.

38 Der „gewöhnliche Aufenthalt" ist nicht mit dem zivilrechtlichen Wohnsitzbegriff des § 7 BGB gleichzusetzen, da dieser lediglich den Domizilwillen des Betroffenen abbildet. Der gewöhnliche Aufenthalt entspricht vielmehr dem **dauerhaften Lebensmittelpunkt** nach § 30 III 2 SGB I (Jürgens/von Crailsheim, 6. Aufl., § 5 Rn. 13).

39 Die Feststellung des gewöhnlichen Aufenthalts erfordert somit eine **Gesamtbeurteilung aller Einzelfallumstände,** wobei der „gewöhnliche" vom „schlichten" oder „vorübergehenden" Aufenthalt zu unterscheiden ist. Entscheidend ist somit der Ort, an dem der Betroffene sozial integriert ist und seinen zukunftsoffenen **tatsächlichen Lebensmittelpunkt** hat (BGH NJW-RR 2014, 705 Rn. 9; siehe auch BVerwG NVwZ 2006, 97).

40 Befindet sich der Betroffene **freiwillig in einer Einrichtung,** sind für die Aufenthaltsbestimmung die Absichten des Betroffenen maßgebend (OLG Köln BtPrax 2008, 178 = BeckRS 2008, 12370). Auf die Absicht des Betreuers kommt es in den Fällen an, in denen dem Betreuer die Aufenthaltsbestimmung übertragen ist (OLG München FGPrax 2006, 213; siehe auch Fröschle BtPrax 2006, 219 (221)).

41 **1. Stationäre Einrichtungen (Nr. 1).** Der Begriff der „stationären Einrichtung" entspricht der in den Landesheimgesetzen oder im Leistungserbringungsrecht verwendeten Terminologie. Für die stationären Einrichtungen wird zwar auf die Definition des Heimbegriffes aus § 1 I 2 Heimgesetz (HeimG) zurückgegriffen, doch stellt das VBVG **nicht** auf das Vorhalten von „Verpflegung" ab. Ein weiteres Festhalten an der Verpflegung als Bestimmungsmerkmal für die Fallpauschalen, würde die Angebote unberücksichtigt lassen, bei denen die Bewohner im Rahmen umfassender Hilfestellung und Beaufsichtigung im Sinne einer selbstbestimmten Lebensführung an die Selbstversorgung herangeführt werden sollen (BT-Drs. 19/8694, 28).

42 Auf die Unterstellung der Einrichtung unter die **Heimaufsicht** kommt es nicht an (OLG München NJW-RR 2006, 1016). Da es auf den **konkreten Aufenthalt** des Betroffenen und nicht auf die Einrichtung im Allgemeinen ankommt, kann dieses Merkmal allenfalls als Indiz im Rahmen der vorzunehmenden Gesamtschau herangezogen werden. Für die Einordnung einer Einrichtung als Heim bietet sich folgende Prüfungsreihenfolge an:

a) Aufnahme und Überlassung von Wohnraum. Die „Aufnahme" des Betroffenen ist im Sinne einer **Eingliederung in den Einrichtungsbetrieb** zu verstehen. Infolge der heimvertraglichen Leistungsgewährung wird mit der Aufnahme des Betroffenen ein besonderes Verantwortungsverhältnis des Heims gegenüber den aufgenommenen Bewohnern begründet. Der Betroffene muss somit darauf vertrauen können, dass er auch dann Hilfe in allen Bereichen der Daseinsvorsorge erhält, wenn sich seine Bedürfnisse stark ändern sollten (BT-Drs. 14/5399, 18). Anhaltspunkte für eine Eingliederung können ua Angebote der sozialen Betreuung, die Tagesstrukturierung oder sonstige Angebote sein, die ein Zusammenleben der Bewohner ermöglichen (BT-Drs. 14/5399, 19). 43

Der gewöhnliche Aufenthalt in einer stationären Einrichtung geht neben der „Aufnahme" auch mit der **Überlassung von Wohnraum** an den Betroffenen einher. Wohnraum ist dabei jeder zur dauernden privaten Nutzung bestimmter Raum innerhalb eines Gebäudes (Grünberg/Weidenkaff BGB Einführung vor § 535 Rn. 89). Maßgebend ist somit nicht der Bezug eines eigenen Zimmers oder Appartements zur eigenen Nutzung durch den Betroffenen; ein Platz im Mehrbettzimmer der Einrichtung genügt. 44

b) Vorhalten tatsächlicher Betreuung oder Pflege. Den wesentlichen Bestandteil der Bestimmung des gewöhnlichen Aufenthalts in einer stationären Einrichtung bildet das Merkmal der tatsächlichen Betreuung oder Pflege. Dieses Merkmal unterscheidet die stationäre Einrichtung maßgeblich von Wohnformen, in denen der Betroffene in einer Wohngemeinschaft oder Außenwohngruppe wohnt und dort Möglichkeiten zur eigenen Haushaltsführung bestehen. 45

aa) Betreuung oder Pflege. Der Begriff der „Betreuung" schließt als Oberbegriff die „Pflege" ein. Über die Pflege hinausgehend, umfasst die Betreuung unterstützende Maßnahmen bei der Alltagsbewältigung, wie zB Körperpflege, alltägliche Verrichtungen, Bewegung, Nahrungsaufnahme, soziale Betreuung (Lipp/Orth BtPrax 2005, 209 (211)). 46

Die Betreuung muss den **Grad einer heimmäßigen Betreuung** erreichen und eine Rundumvorsorge mit Versorgungsgarantie sicherstellen. Ist der Betroffene aufgrund seiner Pflegebedürftigkeit zur Selbstversorgung nicht mehr in der Lage (zB PG III) und wird die Pflegebedürftigkeit durch die Einrichtung abgedeckt, liegt ein Indiz für eine heimmäßige Versorgung vor (Lipp/Orth BtPrax 2005, 209 (211); anders BGH BtPrax 2019, 73 = BeckRS 2018, 35136 Rn. 12, der im Kontext auf den Mietvertrag und die im entschiedenen Einzelfall angefallenen erheblichen Betreuungsaufgaben abgestellt). 47

Der Betreuungsbegriff ist indes nicht erfüllt, wenn die Einrichtung nur sog. **allgemeine Betreuungsleistungen (Grundservice)** anbietet: Hausnotrufdienst, Hausmeisterdienst, Hilfen bei Antragstellungen oder Vermittlungs- und Beratungsdienste (BT-Drs. 14/5399, 18). 48

bb) Bereitstellung oder Vorhalten von Pflege oder Betreuung. Die Bereitstellung bzw. das Vorhalten von Pflege oder tatsächlicher Betreuung muss seitens der Einrichtung erfolgen, die den Wohnraum überlässt. Eine eigenständige Leistungsverpflichtung der Einrichtung ist nicht notwendig; ein Verweis auf einen Drittanbieter genügt. Die **Inanspruchnahme der (vertraglichen) Leistungen** durch den Betroffenen ist nicht notwendig. Es ist ausreichend, wenn sich der Betroffene bei Bedarf auf den Erhalt der Leistungen verlassen kann (MüKoBGB/Fröschle, 8. Aufl. 2020, § 5 Rn. 35). 49

Der Bereitstellung **gleichgestellt** ist der Fall, in dem der Betroffene aufgrund des Vertrages zwar frei wählen kann, aber aus rechtlichen oder tatsächlichen Gründen (Gesundheit, wirtschaftliche Verhältnisse) in seiner Entscheidungsfreiheit eingeschränkt ist und aus diesen Gründen das Angebot der Einrichtung annehmen muss (Lipp/Orth BtPrax 2005, 209 (211)). Eine etwaige Trennung von Miet- und Pflegevertrag ist hierfür unerheblich (VG Hannover BeckRS 2012, 47289). 50

Keine Bereitstellung stellt die durch die Einrichtung angebotene Vermittlung tatsächlicher Betreuung oder Pflege an eine Drittfirma dar. Dies gilt allerdings nur, wenn der Betroffene zur Angebotsannahme vertraglich nicht verpflichtet ist (MüKoBGB/Fröschle, 8. Aufl. 2020, § 5 Rn. 35). 51

52 **c) Personenneutralität und Entgeltlichkeit.** Nach III 2 Nr. 1 dürfen sich Bewohnerwechsel und Bewohneranzahl nicht auf den Bestand der Einrichtung auswirken, es muss **personenneutraler Betrieb** vorliegen. Anders als bei der Unterbringung in einer Pflegefamilie, einer Wohngemeinschaft für alte oder behinderte Menschen oder aufgrund eines persönlichen Bezugsverhältnisses zu einer Betreuungsperson, darf bei der stationären Einrichtung deren Bestand und Funktion nicht an bestimmte Personen gebunden sein (BT-Drs. 11/5120, 9). Gleiches gilt für eine bestimmte Mindestanzahl von Bewohnern, die für den Status als stationäre Einrichtung unerheblich ist.

53 Überdies muss **entgeltlicher Betrieb** vorliegen. Die Bezahlung der zu gewährenden Leistung ist Voraussetzung für das Vorliegen eines Heims im Sinne des § 9. Ausreichend ist ebenso, dass der Betroffene kraft Gesetzes ein Entgelt schuldet, zB § 50 StVollzG (Deinert/Lütgens, Die Vergütung des Betreuers, Rn. 1114).

54 **d) Fazit.** Die **teleologische Reduktion** (BGH NJW-RR 2008, 739 Rn. 16) des III 2 Nr. 1 führt zu dem Ergebnis, dass das Vorliegen einer stationären Einrichtung angenommen werden kann, wenn sich die anfallenden Betreuungsaufgaben aufgrund einer geschulten Heimleitung und ausgebildetem Pflegepersonal verringern und die eigenen organisatorischen Vorkehrungen des Betreuers **entbehrlich** werden bzw. sich im Unterschied zum eigenständigen Wohnen erheblich unterscheiden. Dies gilt ebenso für die Überwachung der täglichen Pflege, die der Betreuer unbeschadet gelegentlicher Kontrollen dem zuständigen Leitungspersonal des Heims überlassen kann (BGH NJW-RR 2008, 739 Rn. 17).

55 Maßgebend ist die **konkrete Aufenthaltssituation** des Betroffenen und nicht die Einrichtung im Allgemeinen. Folgende Indizien **können** für eine stationäre Einrichtung sprechen:

- Betroffener ist bei Pflege und Betreuung auf die Einrichtung angewiesen,
- Bestehende Abnahmeverpflichtung bezüglich Pflege- und Betreuungsleistungen,
- Keine freie Anbieterwahl bei Pflege- und Betreuungsleistungen,
- Vertragliche oder tatsächliche Gewährung einer Daseinsfürsorge in allen Bereichen,
- Eigenständige Haushaltsführung durch Betroffenen ist nicht möglich.

56 **2. Ambulant betreute Wohnformen (Nr. 2).** Das ambulant betreute Wohnen gehört zu den Assistenzleistungen nach § 78 SGB IX. Ziel dieser Wohnformen ist es, den Betroffenen an eine **selbstbestimmte und eigenständige** Bewältigung des Alltages einschließlich der Tagesstrukturierung heranzuführen. Bereits aus dieser gesetzgeberischen Zielsetzung ergibt sich für den Betreuer im Vergleich zur stationären Einrichtung ein erheblicher zeitlicher Mehraufwand. Das assistierte Wohnen kann ambulant in Wohngemeinschaften, als Paar- oder Einzelwohnen oder auch bei stationärer Heimunterbringung mit therapeutischer Zwecksetzung durchgeführt werden.

57 Mit dem theoretischen Konzept des selbstbestimmten Wohnens geht idR eine (juristische) **Trennung** der Verträge von Unterbringung und Pflege einher. Die Bestimmung des Aufenthaltsstatus ist daran auszurichten, ob die Leistungen durch einen professionellen Apparat getragen werden und eine Verantwortungsgarantie gleich einer stationären Einrichtung begründen.

In Zweifelsfällen ist daher zu prüfen, ob sich durch den **konkreten Aufenthalt** des Betroffenen die anfallenden Betreuungsaufgaben deutlich verringern, weil aufgrund einer geschulten Heimleitung und ausgebildetem Pflegepersonal die organisatorischen Vorkehrungen des Betreuers entbehrlich werden und sich im Unterschied zum Aufenthalt in der eigenen Wohnung erheblich unterscheiden.

58 Eine **Gleichstellung** ambulant betreuter Wohnformen mit **stationären Einrichtungen** erfolgt, wenn der Anbieter der Pflege- oder Betreuungsleistungen nicht frei wählbar und eine Rund-um-die-Uhr-Versorgung durch professionelle Pflegekräfte oder Betreuungskräfte vorhanden ist. Auf die tatsächliche Inanspruchnahme durch den Betroffenen kommt es nicht an (BT-Drs. 19/8694, 29).

59 **3. Kein fester Wohnsitz oder unbekannter Aufenthalt.** Hat der Betroffene **keinen festen Wohnsitz,** wird die Vergütung nach Sinn und Zweck der Norm und unter Beachtung des beim Betreuer anfallenden Mehraufwandes nach dem Status „andere Wohnform" bestimmt.

Ist der Betroffene **unbekannten Aufenthalts,** kann dies nach längerer Zeit zur Aufhebung der Betreuung führen, weil der Betreuer seine Aufgaben nicht wirksam wahrnehmen und zum Wohl des Betroffenen nichts bewirken kann (BGH NJW 2014, 935 Rn. 7). Auch in diesen Fällen ist die Vergütung nach dem Status „andere Wohnform" zu bestimmen ist (MüKoBGB/Fröschle, 8. Aufl. 2020, § 5 Rn. 42). **60**

VI. Vermögensstatus des Betroffenen (IV S. 1). Das Gericht hat nach § 16 I von Amts wegen zu prüfen, ob der Betreute im Sinne des § 1880 I BGB mittellos und sein Vermögen nach den Vorgaben des § 1880 II BGB für die Vergütung einzusetzen ist. Gem. § 1880 I Alt. 1 BGB liegt **tatsächliche Mittellosigkeit** vor, wenn die Vergütung nicht aus dem einzusetzenden Vermögen aufgebracht werden kann. Nach § 1880 I Alt. 2 BGB ist der Betreute **fiktiv mittellos,** wenn die Vergütung lediglich teilweise oder nur in Raten aus seinem einzusetzenden Vermögen aufgebracht werden kann. **61**

Bei der Ermittlung des Vermögensstatus ist strikt zwischen Bestimmung der Fallpauschale und Bestimmung des Vergütungsschuldners zu trennen. Die Bestimmung des Vermögensstatus für die **Fallpauschale** erfolgt gem. IV anhand der finanziellen Verhältnisse am Ende des jeweiligen Betreuungsmonats. Hingegen erfolgt die Bestimmung des **Vergütungsschuldners** zum Zeitpunkt der Festsetzungsentscheidung. Zur Mittellosigkeit wird im Übrigen wird auf die Kommentierung zu → § 16 verwiesen. **62**

VII. Rechtsprechungsübersicht zum Aufenthalt in stationären Einrichtungen. Zur Bestimmung, ob eine Einrichtung iSd § 9 III 2 Nr. 1 vorliegt, kann auf die bisher zu § 5 aF von Rechtsprechung und Literatur entwickelten Grundsätze zurückgegriffen werden. **Folgende Einrichtungen wurden dem Aufenthalt in einer stationären Einrichtung zugeordnet:** **63**

- **Außenwohngruppe** eines Heimes, in der Betreuungs- und Verpflegungsleistungen vorgehalten werden (BeckOGK/Bohnert, 1.10.2021, § 5 Rn. 27; → Rn. 41 ff.)
- **Hospiz** (OLG Köln FGPrax 2007, 84; → Rn. 41 ff.)
- **Pflegefamilie,** wenn von einem Heimträger in seine Gesamtorganisation einbezogen (BGH NJW-RR 2008, 739 Rn. 18 → Rn. 41 ff.)
- **Psychiatrisches Krankenhaus** (OLG München FGPrax 2006, 213; OLG Köln NJOZ 2006, 4741; aA BeckOGK/Bohnert, 1.10.2021, § 5 Rn. 13.1; → Rn. 41 ff.)
- **Justizvollzugsanstalt** (BGH NJW-RR 2012, 451 Rn. 10; aA BeckOGK/Bohnert, 1.10.2021, § 5 Rn. 15; → Rn. 41 ff.)
- **Kurzzeitpflege,** wenn damit die Zeit bis zum Freiwerden eines regulären Heimplatzes überbrückt werden soll (MüKoBGB/Fröschle, 8. Aufl. 2020, § 5 Rn. 38; → Rn. 41 ff.)

Das vergütungsrechtliche Merkmal des Aufenthalts in einer stationären Einrichtung wurde ua in folgenden Fällen verneint: **64**

- **Ambulant betreute Einrichtung der Eingliederungshilfe** (SGB IX), in welcher der Betroffene verpflichtet ist, behandlungspflegerische Leistungen, die über einfache ärztlich verordnete behandlungspflegerische Maßnahmen hinausgehen, auf eigene Kosten durch externe Dienstleister zu decken (BGH MDR 2021, 1157 → Rn. 56 ff.)
- **Außenwohngruppe der Eingliederungshilfe** nach §§ 90 ff., 113 ff. SGB IX, in der Unterstützungsleistungen angeboten werden, zu deren Inanspruchnahme der Betroffene jedoch nicht verpflichtet ist (BGH FamRZ 2021, 1314 → Rn. 56 ff.)
- **Betreutes Wohnen** in einer Wohngruppe, wenn keine Versorgungsleistungen (Verpflegung, Gesundheitssorge, Pflegeleistungen) angeboten werden (LG Koblenz BeckRS 2008, 10164; → Rn. 56 ff.)
- **Einrichtungen der Eingliederungshilfe** (BeckOGK/Bohnert, 1.10.2021, § 5 Rn. 15; → Rn. 56 ff; hier ist allerdings die Einschränkung zu evtl. den stationären Einrichtungen gleichgestellten Wohnformen beachten; → Rn. 54 ff.)
- **Einstweilige Unterbringung** nach §§ 331, 427 FamFG; → Rn. 56 ff.

– **Entziehungseinrichtungen** (BeckOGK/Bohnert, 1.10.2021, § 5 Rn. 15; → Rn. 56 ff.)
– **Frauenhäuser** (BeckOGK/Bohnert, 1.10.2021, § 5 Rn. 15; → Rn. 56 ff.)
– **Krankenhaus** (BeckOGK/Bohnert, 1.10.2021, § 5 Rn. 15; → Rn. 56 ff.)
– **Männerhäuser bzw. Männerwohnheime** (BeckOGK/Bohnert, 1.10.2021, § 5 Rn. 15; → Rn. 56 ff.)
– **Pflegefamilie** es sei denn, dass die Pflegefamilie von einem Heimträger in seine Gesamtorganisation einbezogen ist. Dies gilt nicht, wenn sie lediglich von einem ambulanten Dienst angeleitet wird (BGH NJW-RR 2008, 739 Rn. 18; → Rn. 56 ff.)
– **Reha-Einrichtungen** (BeckOGK/Bohnert, 1.10.2021, § 5 Rn. 15; → Rn. 56 ff.)
– **Sozialtherapeutische Wohnstätte** (LG Dresden FamRZ 2016, 1963; → Rn. 56 ff.)
– **Therapieeinrichtungen** (Grünerberg/Götz Rn. 7; → Rn. 56 ff.)
– **Untersuchungshaft** (BGH NJW-RR 2014, 705; → Rn. 56 ff.)
– **Vorläufige Unterbringung** nach § 126a StPO (OLG Köln FGPrax 2007, 83; → Rn. 56 ff.)
– **Wohnform für Mütter/Väter und Kinder** nach § 19 SGB VIII, in der im Wesentlichen nur pädagogische Unterstützungsleistungen angeboten werden (BGH MDR 2021, 1093; → Rn. 56 ff.)
– **Wohngemeinschaft** mit Bezug ambulanter Pflegeleistungen von einem gesonderten Anbieter (BGH BtPrax 2019, 73 = BeckRS 2018, 35136; → Rn. 56 ff.)

Gesonderte Pauschalen

10 **I 1 Ist der Betreute nicht mittellos, wird der Betreuer mit einer zusätzlichen monatlichen Pauschale in Höhe von 30 Euro vergütet, wenn dieser die Verwaltung**

1. von Geldvermögen in Höhe von mindestens 150 000 Euro,
2. von Wohnraum, der nicht vom Betreuten oder seinem Ehegatten genutzt wird, oder
3. eines Erwerbsgeschäfts des Betreuten zu besorgen hat.

2 Die Pauschale kann geltend gemacht werden, wenn einer der Fälle des Satzes 1 an mindestens einem Tag im Abrechnungsmonat vorliegt.

II Findet ein Wechsel von einem ehrenamtlichen zu einem beruflichen Betreuer statt, ist der berufliche Betreuer mit einer einmaligen Pauschale in Höhe von 200 Euro zu vergüten.

III 1 Findet ein Wechsel von einem beruflichen zu einem ehrenamtlichen Betreuer statt, ist der berufliche Betreuer mit einer einmaligen Pauschale in Höhe des 1,5-fachen der zum Zeitpunkt des Betreuerwechsels zu vergütenden Fallpauschale zu vergüten. 2 Dies gilt auch dann, wenn zunächst neben dem beruflichen Betreuer ein ehrenamtlicher Betreuer bestellt war und dieser die Betreuung allein fortführt.

IV Die Pauschalen nach den Absätzen 1 bis 3 können nur gemeinsam mit einem Vergütungsantrag nach den §§ 8 und 9 geltend gemacht werden.

Schrifttum: BeckOGK/Bohnert, 1.3.2020, VBVG; Deinert/Lütgens, Die Vergütung des Betreuers, 7. Aufl. 2019; Deinert, Zur Neuregelung der Berufsbetreuer- und -vormündervergütung, RpflStud 2019, 133; ders., Neues Vergütungsrecht bei der Führung von Betreuungen, Vormundschaften und Pflegschaften, JurBüro 2019, 508; Felix, Das Gesetz zur Anpassung der Vormünder- und Betreuervergütung, Rpfleger 2019, 624; Reske, Gesetz zur Anpassung der Betreuer- und Vormündervergütung, FamRB 2019, 415.

Übersicht

I. Normzweck. Die Regelung des § 10 ersetzt wortgleich den § 5a aF, der durch das Gesetz zur Anpassung der Vormünder- und Betreuervergütung vom 22.6.2019 (BGBl. I S. 866) eingefügt und am 27.7.2019 in Kraft trat. Mit der Einführung der Vermögens- und Erwerbsgeschäftspauschale soll entgegen den Feststellungen des Forschungsvorhabens die Begrenzung der Vergütungserhöhung auf maximal 30 bis 35 Prozent kompensiert werden (BT-Drs. 19/8694, 29). Die Wohnraumpauschale soll den zusätzlichen Verwaltungsaufwand infolge der Notwendigkeit der Bewirtschaftung und Instandhaltung einer leerstehenden Wohnung abgelten (BT-Drs. 19/8694, 29). 1

II. Anwendungsbereich. Der Anwendungsbereich des § 10 ergibt sich indirekt aus IV, wonach die gesonderten Pauschalen nur mit einem Vergütungsantrag nach den §§ 15, 16 eingereicht werden können. Es kommen daher nur die Betreuer in Betracht, welche eine Vergütung nach Fallpauschalen beanspruchen können; siehe hierzu → § 7 Rn. 6. 2

Mit dem Inkrafttreten des Gesetzes zur Reform des Vormundschafts- und Betreuungsrechts ist die Diskussion über die Anwendung der gesonderten Pauschalen beim **Gegenbetreuer** obsolet geworden. Nach Art. 229 § 54 II wird mit Inkrafttreten dieses Gesetzes am 1.1.2023 die Bestellung eines Gegenbetreuers wirkungslos (zur bisherigen Rechtslage → 52. Aufl. 2022, § 5a Rn. 2 ff.). 3

III. Gesonderte Pauschalen (I). Nach § 10 I erhält der Betreuer bei einem vermögenden Betroffenen zusätzlich zur monatlichen Fallpauschale eine Pauschale in Höhe von 30 EUR. Hierzu muss der Betreuer **alternativ** die Verwaltung von Geldvermögen in Höhe von mindestens 150.000 EUR, Wohnraum, der nicht vom Betreuten oder seinem Ehegatten genutzt wird oder ein Erwerbsgeschäft des Betreuten besorgen. 4

1. Erforderliche Aufgabenkreise. Die **abschließende Aufzählung** des § 10 I Nr. 1–3 löst die zusätzliche Pauschale aus, wenn der Aufgabenkreis des Betreuers mindestens einen der genannten Fälle umfasst. Eine ausdrückliche Bezeichnung der Vermögensgegenstände im Aufgabenkreis ist für das Entstehen der Pauschale nicht erforderlich (BT-Drs. 19/8694, 30). Es kommen daher Betreuungen in Betracht, deren Aufgabenbereiche die **Vermögenssorge oder einzelne Rechtshandlungen** bzgl. dieser Vermögensgegenstände enthalten. 5

2. Anspruchsentstehung. Der Anspruch auf die dem Berufsbetreuer zusätzlich zur Fallpauschale zustehende gesonderte Pauschale entsteht gem. § 10 I 2, wenn die Voraussetzungen aus I Nr. 1–3 an mindestens **einem Tag** im Betreuungsmonat vorliegen. Eine Quotelung des Anspruchs findet somit nicht statt. Die gesonderte Pauschale kann für jeden Abrechnungsmonat nur **einmal** in Ansatz gebracht werden. Der einmalige Ansatz gilt auch in den Fällen, in denen mehrere der genannten Voraussetzungen erfüllt sind (BT-Drs. 19/8694, 30). 6

Die Gewährung der gesonderten Pauschalen setzt des Weiteren voraus, dass der Betreute zum Zeitpunkt der Entstehung des Anspruchs auf eine der gesonderten Pauschalen nicht mittellos sein darf. Liegen demnach die Voraussetzungen für eine der Pauschalen vor, ist der Betreute zu diesem Zeitpunkt aber mittellos, kann die Pauschale nicht aus der Staatskasse gezahlt werden. Etwas anderes gilt, wenn der Betreute während des Vergütungszeitraums vermögend war und die Voraussetzungen für die Pauschale zu deren Entstehungszeitpunkt vorlagen, der Betreute aber zum Zeitpunkt der Festsetzungsentscheidung mittellos geworden ist. In diesen Fällen kann die Pauschale zusammen mit der Vergütung nach dem Status „vermögend" aus der Staatskasse gezahlt werden. 7

8 **3. Vermögenspauschale (Nr. 1).** Der Berufsbetreuer erhält die gesonderte Pauschale für die Verwaltung von Geldvermögen ab 150.000 EUR. Hierbei handelt es sich um eine Freigrenze, so dass bei der Überschreitung des Betrages von 150.000 EUR das vollständige Vermögen zu berücksichtigen ist. Der neue Begriff des „Geldvermögens" führt innerhalb des Vergütungsrechts zu einer **abweichenden Vermögensbestimmung,** da sich die Vermögensbegriffe der §§ 8, 16 I und 10 inhaltlich nicht decken (kritisch auch Fröschle FamRZ 2019, 678 (680), der den Begriff nach hiesiger Auffassung zu eng auslegt und damit die Vermögensbestimmung unnötig verkompliziert).

9 Der Begriff des Geldvermögens wird im Gesetz nicht bestimmt, sondern setzt diesen voraus. Dem Vergütungsrecht wird der Begriff des Geldvermögens auch nicht durch andere Wissenschaftsgebiete vorgegeben (zB Wirtschaftsrecht, Rechnungswesen, Bankenrecht), deren Begriffsbestimmungen ohnehin inhaltlich voneinander abweichen. Da der Gesetzgeber den Mehraufwand für die Verwaltung hoher Vermögensbestände kompensieren wollte, ist von einer **bewussten Wortwahl** auszugehen, so dass die **Zersplitterung des Vermögensbegriffs** (Gerichtskosten, Fallpauschalen, Zusatzpauschalen) und der damit auf beiden Seiten einhergehende Mehraufwand der gesondert vorzunehmenden Vermögensbestimmung hinzunehmen sein dürfte.

10 **a) Begriff des Geldvermögens.** Einen Hinweis zur Zusammensetzung des Geldvermögens findet sich in der Gesetzesbegründung, wonach nur Bargeld, Geldanlagen bei Banken, Versicherungen und Bausparkassen sowie Anlagen am Geld- und Kapitalmarkt (Wertpapierdepots, Kapitallebensversicherungen) zu berücksichtigen sind (BT-Drs. 19/8694, 30). **Sachvermögen** (Münzen, Gold, Schmuck, Immobilien) fließt in die Wertbestimmung nicht mit ein. Bestehende **Verbindlichkeiten** werden bei der Vermögensbestimmung nicht wertmindernd berücksichtigt (BT-Drs. 19/8694, 30).

11 Für die Bestimmung des Geldvermögens bietet sich folgende **Begriffsdefinition** an: Das Geldvermögen des Betroffenen stellt die Summe aller liquiden Mittel (Zahlungsmittelbestand) zuzüglich dem Bestand an kurz- und langfristigen Forderungen dar, welche nicht um bestehende Verbindlichkeiten zu bereinigen ist.

12 **b) Berücksichtigung von Schonvermögen.** Bei der Bestimmung der zusätzlichen Vermögenspauschale ist es fraglich, ob die Regelung des § 1880 II iVm § 90 SGB XII und der Verordnung zur Durchführung des § 90 II Nr. 9 SGB XII zur Anwendung gelangen. Der Gesetzesbegründung lassen sich keine Anhaltspunkte entnehmen, dass innerhalb der Regelungen der §§ 8, 16 I, 10 von der grundlegenden Verfahrensweise der Bestimmung der Vermögenswerte des Betroffenen für die Zusatzpauschalen abgewichen werden sollte. Einzig die Tatsache, dass für die Vermögenspauschale der Vermögensbegriff enger gefasst wurde, spricht noch nicht für die Annahme, dass § 1880 BGB keine Anwendung finden und das **Sozialstaatsprinzip** durchbrochen werden soll. Zugleich spricht auch der Wortlaut der Norm gegen eine solche Annahme, da der Gesetzgeber den Begriff **„mittellos"** bewusst verwendet und sich somit nicht von der Wortwahl innerhalb des VBVG und des § 1880 BGB distanziert.

13 Nach hiesiger Auffassung sollten somit zur Vermeidung einer Benachteiligung des Betreuten innerhalb der Vorschriften der §§ 9 und 10 auch bei der Feststellung des Geldvermögens die Regelung des § 1880 II BGB Beachtung finden (**aA** BeckOGK/Bohnert, 1.10.2021, § 5a Rn. 5 mit Verweis auf Deinert/Lütgens, Die Vergütung des Betreuers, Rn. 1026, jedoch beide ohne weitere Begründung).

14 **c) Berücksichtigung von Verfügungsbeschränkungen.** Vinkulierte Vermögenswerte, welche kraft Gesetzes weder der Verwaltung des Betreuers noch der Aufsicht des Betreuungsgerichts unterliegen, bleiben bei der Vermögensbestimmung unberücksichtigt. Zu den Verfügungsbeschränkungen gehören insbesondere der Insolvenzbeschlag nach §§ 80, 81 InsO, die Beschlagnahme im Rahmen der Zwangsversteigerung nach §§ 20, 21, 23 ZVG, die Zwangsvollstreckung durch Pfändung nach §§ 804, 829 ZPO sowie die Testamentsvollstreckung nach § 2211 ff. BGB. Diesen Maßnahmen ist immanent, dass dem Betroffenen jeweils die **Verfügungsbefugnis entzogen** wird und weder der Betroffene noch der Betreuer hierüber verfügen kann (siehe auch MüKoBGB/Fröschle, 8. Aufl. 2020, § 5a Rn. 7). Folglich

kann der Betreuer die Funktion der Vermögensverwaltung nicht wahrnehmen, so dass die Voraussetzung des I nicht vorliegen.

Werden aus den vinkulierten Vermögensmassen Gegenstände **freigegeben** (zB nach § 2217 I 2 BGB), erlischt die Verfügungsbefugnis des Verwalters und geht auf den Betroffenen über, so dass der Vermögenswert bei der Wertermittlung zu berücksichtigen ist. 15

4. Wohnraumpauschale (Nr. 2). Gleichsam entsteht die zusätzliche Pauschale iHv 30 EUR, wenn der Betreute über Wohnraum verfügt, welcher nicht von ihm oder seinem Ehegatten/Lebenspartner genutzt wird. Hierzu zählen insbesondere vermieteter Wohnraum des Betreuten, Ferienwohnungen oder unbebaute Grundstücke. Befindet sich der der Betreute bereits in einer **stationären Einrichtung** und steht die Mietwohnung leer, liegen bis zur Wohnungsübergabe an den Vermieter die Voraussetzungen für die Gewährung der Pauschale vor, wenn der Betreute vermögend ist. 16

Der in der Rechtsprechung geäußerten Auffassung, dass die Pauschale beim Aufgabenbereich der Wohnungsangelegenheiten nicht anfalle, wenn die leerstehende Wohnung abgewickelt und der Hausstand aufgelöst werde, ist **nicht beizutreten** (LG Freiburg FamRZ 2020, 1773; keinen eindeutigen Standpunkt in der Sache vertretend BeckOGK/Bohnert, 1.10.2021, § 5a Rn. 7). Unter Bezugnahme auf die Gesetzesbegründung wird dort ausgeführt, dass die gesonderte Pauschale den Mehraufwand abgelten soll, der sich aus der Verwaltung eines höheren Vermögens ergibt und dies bei einer notwendigen Bewirtschaftung und Instandhaltung von Mietwohnungen, Eigentumswohnungen oder Wohnhäusern, die zum Vermögensstock eines nicht mittellosen Betroffenen gehören, der Fall sei. Hierzu gehöre jedoch nicht die Abwicklung und Auflösung von zuletzt zur Miete genutzten Wohnraums, weil dies einerseits nicht zum Bereich einer (aufwändigeren) Vermögensverwaltung gehöre und andererseits vom Aufgabenbereich der Wohnungsangelegenheiten und somit auch von der Vergütung abgegolten sei. 17

Die diese vorstehende Auffassung tragenden Erwägungen sind in mehrfacher Hinsicht unzutreffend. Die Entscheidung vermischt einerseits die Voraussetzungen der enumerativ in Nr. 1 und Nr. 2 voneinander unabhängig geregelten Pauschalen in unzulässiger Weise und missdeutet andererseits die Abhängigmachung der Pauschalen von den angeordneten Aufgabenbereichen. Die Pauschalen sollen nicht, wie vom Landgericht argumentiert, den Mehraufwand abgelten, der nicht von den Aufgabenkreisen abgedeckt ist. Vielmehr ist die Wohnraumpauschale gerade für die Abgeltung des Mehraufwandes eingeführt worden, der dem Betreuer infolge des zusätzlichen Verwaltungsaufwands innerhalb des vom Aufgabenbereich erfassten Wohnraums entsteht (BT-Drs. 19/8694, 29). Unerheblich ist es hierbei, ob der Wohnraum als Eigentum zum Vermögen des Betreuten gehört oder von diesem gemietet ist. 18

Auch bei der Wohnraumpauschale stellt sich die Frage, ob die Regelungen des 1880 II BGB iVm § 90 II Nr. 8 SGB XII zur Anwendung gelangen und **über den Ehegatten/Lebenspartner hinaus,** der in § 19 I bis III SGB XII genannte Personenkreis zu berücksichtigen ist (**aA** BeckOGK/Bohnert, 1.10.2021, § 5a Rn. 7 mit Verweis auf Deinert/Lütgens, Die Vergütung des Betreuers, Rn. 1033, jedoch ohne weitere Begründung). Wie bei der Vermögenspauschale (→ Rn. 12 f.), sollte zur Vermeidung von Benachteiligungen die Berücksichtigung der weiteren Personen über den Ehegatten hinaus erfolgen. Denn auch in diesen Fällen dürfte dem Betreuer bei Auszug des Betroffenen und Weiternutzung durch den Ehegatten oder die weiteren berechtigten Personen kein wesentlicher Verwaltungsaufwand entstehen. 19

5. Erwerbgeschäftspauschale (Nr. 3). Die gesonderte Pauschale fällt ebenso an, wenn der Berufsbetreuer ein Erwerbsgeschäft des Betreuten zu verwalten hat. Der Begriff des „Erwerbsgeschäfts“ findet sich in § 1852 BGB. Der Begriff des Erwerbsgeschäfts umfasst jede regelmäßige auf selbständigen Erwerb gerichtete Tätigkeit, die im Handel, der Betreibung einer Fabrik oder eines Handwerks, der Ausübung eines freien oder wissenschaftlichen Berufes oder der Landwirtschaft bestehen kann (Bienwald/Felix BGB § 1852 Rn. 7 ff. mwN.) 20

IV. Übernahmepauschale (II). Übernimmt der Berufsbetreuer die Betreuung von einem ehrenamtlichen Betreuer, erhält der Berufsbetreuer eine **einmalige** Über- 21 nahmepauschale iHv 200 EUR. Liegen zum Zeitpunkt des Wechsels die Voraussetzungen für die Vermögens- oder Wohnraumpauschale nach § 10 I vor, ist diese dem Betreuer **neben** der Wechselpauschale zusätzlich zu vergüten.

22 Der Vergütungszeitraum des ehrenamtlichen Betreuers endet mit Bekanntgabe des Entlassungsbeschlusses. Der Tag der Veränderung (Betreuerwechsel) zählt im ersten Teilzeitraum mit (§ 188 I BGB). Nach dem Betreuerwechsel beginnt der Abrechnungszeitraum des neuen Betreuers mit Wirksamkeit seiner Bestellung. Die für die Fallpauschale des neu bestellten Berufsbetreuers maßgebende Betreuungsdauer richtet sich nach dem Beginn der erstmals angeordneten Betreuung. Zu weiteren Berechnung siehe Kommentierung zu → § 9 Rn. 32 ff.

23 **Beispiel:** Die Betreuung wurde erstmalig am 4.3. angeordnet und ein ehrenamtlicher Betreuer bestellt. Die Anordnung wurde am 5.3. sofort wirksam. Das Betreuungsjahr läuft demnach vom 6.3.–5.3. des Folgejahres. Der Betroffene ist vermögend und besitzt ua Geldvermögen in Höhe von 180.000 EUR. Der Betroffene lebt im Heim. Der Betreuerwechsel wird am 15.6. wirksam. Die Vergütung des Berufsbetreuers richtet sich nach Tabelle C.

16.6.–15.8.	4.–6. Mon.	Tabelle C 2.1.2	514 EUR
		Pauschale § 10 II	200 EUR
16.8.–5.9.		Tabelle C 2.1.2	179,90 EUR (= 257 EUR × 21/30)
6.9.–15.9.	7.–12. Mon.	Tabelle C 3.1.2	76,33 EUR (= 229 EUR × 10/30)
		Pauschale § 10 I Nr. 1	90 EUR (= 3 × 30 EUR)

24 **V. Abgabepauschale (III).** Der Wechsel von einem beruflichen zum ehrenamtlichen Betreuer löst die einmalige Abgabepauschale in Höhe des 1,5-fachen der zum Zeitpunkt des Wechsels zu vergütenden Fallpauschale aus. Der eindeutige Wortlaut der Norm legt als Berechnungsgrundlage nur die Fallpauschalen der Anlage zu § 8 I zugrunde, nicht aber auch die Pauschale nach I.

25 Die Wechselpauschale entsteht auch in den Fällen, in denen zunächst **neben** dem beruflichen Betreuer ein ehrenamtlicher Betreuer bestellt war und dieser die Betreuung allein fortführt. Ebenso entsteht die Wechselpauschale bei einem Wechsel in **Personalunion:** Entlassung des Berufsbetreuers und gleichzeitige Bestellung seiner Person zum ehrenamtlichen Betreuer. Liegen zum Zeitpunkt des Wechsels die Voraussetzungen für die Vermögenspauschale nach I vor, wird diese dem Berufsbetreuer ebenfalls neben der Wechselpauschale erstattet.

26 Findet lediglich ein **Wechsel zwischen Berufsbetreuern** statt, lässt dies die Pauschale nicht entstehen (Fröschle FamRZ 2019, 678 (680)). Ebenso führen **betreuungslose Zwischenzeiten** mit einem neu bestellten Betreuer nicht zum Entstehen einer Wechselpauschale

27 Die Höhe der Wechselpauschale wird aus der zum **Abgabezeitpunkt** geltenden vollen Fallpauschale errechnet. Auch wenn für die Fallpauschale infolge des Wechsels eine zeitanteilige Berechnung durchgeführt werden muss (hierzu → § 9 Rn. 32 ff.) entfällt dies für die Berechnung der Wechselpauschale. Der Faktor von 1,5 wird mit der vollen Wechselpauschale multipliziert. Fällt in den Monat des Betreuerwechsels ebenfalls eine **Veränderung vergütungsrelevanter Umstände,** bestimmt sich die Wechselpauschale nach der Fallpauschale, die zum Zeitpunkt der **Wirksamkeit** des Betreuerwechsels zu erstatten ist.

28 **Beispiel:** Die Betreuung wurde erstmalig am 4.3. angeordnet und ein Berufsbetreuer bestellt. Die Anordnung wurde am 5.3. sofort wirksam. Der Betroffene ist vermögend und besitzt ua Geldvermögen in Höhe von 180.000 EUR. Der Betroffene lebt im Heim. Der Betreuerwechsel zum ehrenamtlichen Betreuer wird am 15.6. wirksam. Die Vergütung des Berufsbetreuers richtet sich nach Tabelle C.

6.3.–5.6.	1.–3. Monat	Tabelle C 1.1.2.	981 EUR (= 3 × 327 EUR)
		§ 10 I 1 Nr. 1	90 EUR (= 3 x 30 EUR)
6.6.–15.6.	4.–6. Monat	Tabelle C 2.1.2.	85,67 EUR (= 257,00 EUR × 10/30)
		§ 10 I 1 Nr. 1	30 EUR
		§ 10 III	385,50 EUR (= 257 EUR × 1,5)

29 **VI. Geltendmachung der Pauschalen (IV).** Die Geltendmachung der zusätzlichen Pauschalen erfolgt ausschließlich im Rahmen des Vergütungsantrags nach § 15.

Dies schließt eine separate Geltendmachung der Pauschalen aus. Nach § 15 I können Fallpauschalen und gesonderte Pauschalen erst nach Ablauf des Abrechnungsquartals geltend gemacht werden. Findet ein Betreuerwechsel statt oder wird die Betreuung aufgehoben, können Vergütung und Pauschalen vor dem Erreichen des nächsten Abrechnungszeitraums geltend machen werden.

In dem Vergütungsantrag müssen dem Gericht die Kriterien zur Bemessung der Vergütung und der Zusatzpauschalen mitgeteilt werden (Vergütungszeitraum, Fallpauschale, gewöhnlicher Aufenthalt, Vermögensstatus). Auf Anforderung des Betreuungsgerichts hat der Betreuer das Vorliegen der einzelnen Kriterien nachzuweisen. 30

Aufwendungsersatz

11 **[1]Die Fallpauschalen nach § 9 gelten auch Ansprüche auf Ersatz anlässlich der Betreuung entstandener Aufwendungen ab. [2]Die gesonderte Geltendmachung von Aufwendungen im Sinne des § 1877 Absatz 3 des Bürgerlichen Gesetzbuchs durch Betreuer nach § 7 Absatz 1 bleibt unberührt.**

Übersicht

I. Normzweck. Als zweiten Baustein des Entschädigungsanspruchs des Berufsbetreuers beinhaltet § 11 den Anspruch auf Aufwendungsersatz. Die Regelung des § 11 entspricht dem bisherigem § 5 V aF und überführt diesen ins neue Vergütungsrecht. Aufgrund der systematischen Neuordnung – siehe bereits § 4 –, ist der Anspruch auf Aufwendungsersatz des Berufsbetreuers in einer eigenen Vorschrift geregelt. Beim Aufwendungsersatz ist zwischen den Aufwendungen, die als freiwillige Vermögensopfer zum Zwecke der Führung der konkreten Betreuung getätigt werden (S. 1) und zwischen den Diensten des Berufsbetreuers, die zu seinem Gewerbe oder Beruf gehören (S. 2) zu unterscheiden. 1

II. Abgeltung der Aufwendungen (S. 1). 1. Aufwendungen innerhalb der Betreuung. Aufwendungsersatz ist keine Vergütung und stellt somit keine Gegenleistung für die im Rahmen des übertragenen Amtes erbrachten Tätigkeiten dar. Aufwendungen iSd S. 1 sind freiwillige Vermögensopfer, die der Betreuer zum Zwecke der Führung der konkreten Vormundschaft oder Pflegschaft auf sich nimmt oder die sich als notwendige Folge der Übernahme des Amtes ergeben (Staudinger/Bienwald, 2020, BGB § 1835, Rn. 29) und der Betreuer weiß oder es in Kauf nimmt, dass ihm infolge der Übernahme der Betreuung finanzielle Nachteile in Form von Aufwendungen entstehen (Bienwald/Felix BGB § 1877 Rn. 25 mwN). 2

Nach § 1821 I BGB nimmt der Betreuer alle Tätigkeiten vor, die erforderlich sind, um die Angelegenheiten des Betreuten rechtlich zu besorgen. Zudem unterstützt der Betreuer den Betreuten dabei, seine Angelegenheiten rechtlich selbst zu besorgen. Zu diesen durch die Bestellung übernommenen Pflichten des Betreuers zählt als eine mit dem übertragenen Aufgabenkreis unabdingbar verknüpfte Nebenpflicht auch die persönliche Kontaktaufnahme zu dem Betreuten (§ 1821 V BGB). Die Kosten, die dem Betreuer ua hierdurch entstehen, sind anlässlich der Führung der Betreuung entstanden und daher durch die Einbeziehung des Aufwendungsersatzes in die Pauschalvergütung nach §§ 7 ff. abgegolten (vgl. BT-Drs. 15/4874, 31). 3

4 Sind beim Betreuer für die notwendige Kommunikation mit dem Betreuten Aufwendungen für **Dolmetscher** oder **Fahrtkosten** notwendig geworden und auch angefallen, sind diese Aufwendungen durch die Fallpauschalen abgegolten (BGH NJW 2014, 1811). Dies gilt auch dann, wenn die Pauschale durch die entstandenen Aufwendungen (vollständig) aufgezehrt wird. Eine Berechnung der allgemeinen Geschäfts- und Betriebskosten (zB Bezug von Fachliteratur, Betreiben von Telekommunikationseinrichtungen etc) ist **ausgeschlossen,** weil diese Kosten aus den Fallpauschalen bestritten werden müssen. Dies gilt auch dann, wenn die Kosten durch einen individualisierten Umlageschlüssel dem Betroffenen zugeordnet werden können.

5 Eine Regelung hinsichtlich der Einbeziehung der **Umsatzsteuer** ist obsolet, weil auf die Betreuervergütung gem. § 4 Nr. 16 Buchst. k UStG seit 1.7.2013 keine Umsatzsteuer mehr erhoben wird.

6 **2. Dienstleistungen und verdeckte Entgelte.** Erbringt der Betreuer über die gesetzliche Vertretung hinaus **Dienst- oder Pflegeleistungen,** die der Betreute in Auftrag gegeben hat, bedarf es hierfür des Abschlusses eines entsprechenden Dienstleistungs- oder Pflegevertrages. Der Abschluss eines solchen Vertrages bedarf zwar nach § 1849 BGB nicht der gerichtlichen Genehmigung, doch ist hierfür die Bestellung eines Ergänzungsbetreuers erforderlich (OLG München FamRZ 2008, 1560 bei umfangreicher Vermögensverwaltung durch den Betreuer).

7 Ebenso eine nicht ersatzfähige Vergütung stellen **verdeckte Entgelte** für vom Vormund oder Pfleger geleisteten Tätigkeiten dar. Hierbei kann es sich um gegenüber dem Vormund oder Mündel geltend gemachte Pauschalen oder regelmäßige Zahlungen handeln, die nicht entstandenen und/oder belegbaren Aufwand abdecken oder einen Kostenersatz für die Amtsführung darstellen sollen (zum Aufwendungsbegriff des § 670 siehe BGH NJW-RR 1988, 745 (746)).

8 **3. Bare Auslagen für den Betreuten (durchlaufende Gelder).** Zu den Aufwendungen gehören grundsätzlich auch Geldleistungen, die der Betreuer für den Betreuten tätigt und an Dritte aus eigenen Mitteln vorstreckt (siehe hierzu Staudinger/Martinek/Omlor, 2017, BGB § 670 Rn. 8). Hierbei kann es sich um Verwaltungsgebühren, Steuern, Zölle, Gerichtskostenvorschüsse oder um Barkäufe von Gegenständen handeln. Bei durchlaufenden Geldern ist zu beachten, dass diese Aufwendungen ihren Ursprung nicht in der Ausführung des Betreueramtes haben und unabhängig vom Vermögensstatus des Betreuten getätigt werden. Solche beim Betreuer durchlaufenden Gelder müssen daher unabhängig davon, ob Mittellosigkeit vorliegt oder nicht, stets aus seinem Vermögen des Betreuten gezahlt werden, weil eine Erstattung nach § 11 ausscheidet.

9 **III. RVG-Vergütung als anwaltlicher Betreuer (S. 2).** § 11 2 bestimmt iVm § 1877 III BGB und entgegen der Regelung des § 612 I BGB, dass die vom Betreuer erbrachten Dienste, die zu dessen Beruf oder Gewerbe gehören, zwar nicht vergütet, aber infolge der eingebrachten Zeit und Arbeitskraft als Aufwendungsersatz begriffen werden. Insoweit verhindert § 1 II 2 RVG, dass ein zum Berufsbetreuer bestellter Rechtsanwalt bereits die allgemeine Amtsführung als Betreuer nach dem RVG abrechnen kann (BT-Drs. 13/7158, 37). Die Ausnahme regelt § 1 II 3 RVG durch den Verweis auf § 1877 III BGB und hebt zugleich hervor, dass die bloße Führung einer Betreuung nicht als Erbringung anwaltlicher Dienste angesehen werden kann (BT-Drs. 13/7158, 41). Dies wurde durch das Bundesverfassungsgericht bestätigt (BVerfG NJWE-FER 2000, 282 = BeckRS 9998, 2150).

10 Die Regelung des Satz 2 ist allerdings einschränkend auszulegen, demgemäß eine bloße Zugehörigkeit von Diensten zum eigentlichen Beruf des Betreuers nicht schon zur Geltendmachung des Aufwendungsersatzes berechtigt; die Dienstleistung muss vielmehr im Kernbereich des Berufs liegen. Zwar ist in der gerichtlichen Praxis die Geltendmachung der Vergütung nach dem **Rechtsanwaltsvergütungsgesetz** (RVG) am häufigsten verbreitet, doch schließt dies andere Vergütungsansprüche, wie etwa nach der **Steuerberatervergütungsverordnung** (StBVV), nicht aus.

11 **1. Erforderlichkeit anwaltlicher Tätigkeit.** Zunächst ist jeder – unabhängig von einer juristischen Ausbildung – versucht, in eigenen Verhandlungen die avisierten Ziele zu erreichen oder zumindest einen Kompromiss auszuhandeln. Erbringt der

anwaltliche Berufsbetreuer im Rahmen der angeordneten Aufgabenbereiche Tätigkeiten, wegen deren Bedeutung und/oder Schwierigkeit professioneller Rechtsrat eingeholt werden muss, und ein berufsmäßiger Betreuer ohne Ausbildung zum Volljuristen deshalb einen Rechtsanwalt beiziehen würde, kann er diese Tätigkeiten nach dem RVG abrechnen (BVerfG FamRZ 2000, 1280 = BeckRS 2000, 30116381; BGH NJW 2011, 453).

Für das Vorliegen der Erforderlichkeit anwaltsspezifischer Tätigkeiten müssen daher dem **Kernbereich anwaltlicher Dienstleistung zuordenbare Tätigkeiten** vorliegen und die dem Betreuer zugewiesenen Aufgaben (zB Auswertung von Gutachten, Wahrnehmung von Anhörungsterminen, Abschluss komplexer Verträge) eine Vergütung nach Tabelle C nicht mehr rechtfertigen können (Keidel/Giers, 20. Aufl. 2019, FamFG § 277 Rn. 13; Volpert NJW 2013, 1287 (1289)). 12

2. Gerichtliche Feststellung der Erforderlichkeit. Die Rechtsklarheit gebietet es, bereits bei der Bestellung eines anwaltlichen Betreuers einen Hinweis darauf zu geben, ob im konkreten Fall davon auszugehen ist, dass rechtsanwaltsspezifische Tätigkeiten anfallen werden (BVerfG FamRZ 2000, 1280 = BeckRS 2000, 30116381). Wurde die Feststellung der Erforderlichkeit getroffen, ist diese für das sich anschließende Vergütungsfestsetzungsverfahren **bindend** (BGH NJW-RR 2015, 66 Rn. 9). Eine Prüfung, ob die Voraussetzungen für eine anwaltsspezifische Tätigkeit tatsächlich vorgelegen haben, finden in diesen Fällen nicht mehr statt. Bei **unterbliebener Feststellung,** kann im anschließenden Vergütungsfestsetzungsverfahren auf Antrag des Betreuers nachträglich geprüft werden, ob solche Tätigkeiten zu erbringen waren, für die ein juristischer Laie in gleicher Lage vernünftigerweise einen Rechtsanwalt zuziehen würde (BGH NJW-RR 2015, 66). 13

Die Beurteilung der Umstände, unter denen ein Betreuer die Voraussetzungen der Liquidation nach dem RVG erfüllt, obliegen einer **wertenden Betrachtung** des Tatrichters. Dessen Würdigung kann im Rechtsbeschwerdeverfahren nur daraufhin überprüft werden, ob der Tatrichter die maßgebenden Tatsachen vollständig und fehlerfrei festgestellt und gewürdigt hat, von ihm Rechtsbegriffe verkannt oder Erfahrungssätze verletzt wurden und er die allgemein anerkannten Maßstäbe berücksichtigt und richtig angewandt hat. 14

3. Geltendmachung von Fallpauschalen und RVG-Vergütung. Die Abgeltungswirkung der Fallpauschalen nach Satz 1 gilt aufgrund des eindeutigen Wortlauts des Satz 2 („gesonderte Geltendmachung") nicht für Aufwendungen nach § 1877 III BGB. Hieraus folgt, dass sich Fallpauschalen und RVG-Vergütung einander **nicht ausschließen** und kein Wahlrecht zwischen Fallpauschalen und Aufwendungsersatz nach § 1877 III BGB besteht. Vielmehr kann der **anwaltliche Betreuer** bei Vorliegen der Voraussetzungen die Fallpauschalen und die anwaltliche Vergütung geltend machen (BGH NJW-RR 2014, 1224). 15

4. Bestimmung des Gegenstandswerts. Der Gegenstandswert im gerichtlichen Verfahren bestimmt sich grundsätzlich nach § 23 I RVG. Ist § 23 I RVG nicht einschlägig und lässt sich aus den weiteren Vorschriften der §§ 23a–31b RVG kein Gegenstandswert herleiten, sind die „anderen Angelegenheiten" nach **§ 23 III RVG** entsprechend den Bewertungsvorschriften des GNotKG (§§ 37, 38, 42–45 sowie 99–102 GNotKG) zu bemessen. In **Unterbringungssachen** greift die Sonderregelung der **VV 6300 RVG** (BGH NJW-RR 2013, 67). 16

Die Regelung des § 23 III RVG dürfte für eine Vielzahl von Tätigkeiten innerhalb eines Betreuungsverfahrens, wie etwa Erbauseinandersetzungen, Immobilienverträge oder Genehmigungen nach § 1833 BGB, einschlägig sein. Einerseits findet aufgrund der nach KV 11101 ff. GNotKG zu erhebenden Jahresgebühren die Vorschrift des § 23 I 1 RVG keine Anwendung, weil für Genehmigungsverfahren keine einzelnen Gerichtsgebühren erhoben werden. Andererseits dürfte auch § 23 I 2 RVG in vielen Fällen ausscheiden. Erstreckt sich nämlich die Tätigkeit des Betreuers auf die Überprüfung von Verträgen, kann diese Tätigkeit nicht Gegenstand eines gesonderten Gerichtsverfahrens (zB Geltendmachung von Ansprüchen) sein. 17

Wurde ein anwaltlicher Betreuer bestellt und umfasst der Aufgabenkreis die Überprüfung eines **Miet- oder Pachtvertrags,** entsteht hierfür eine Gebühr nach VV 2300 RVG mit einem Gebührenrahmen von 0,5 bis 2,5. Der maßgebliche Gegen- 18 standswert bestimmt sich dann nach § 23 III RVG iVm § 99 GNotKG (BGH NJW-RR 2015, 643).

19 Überprüft der anwaltliche Betreuer einen **notariellen Kaufvertrag** und erstreckt sich die Überprüfung darüber hinaus auf eine im Kaufvertrag enthaltene Belastungsvollmacht, bestimmt sich der Gegenstandswert nach § 23 III RVG iVm §§ 46, 47 GNotKG, wobei die Belastungsvollmacht den Gegenstandswert nicht erhöht (LG Duisburg JurBüro 2007, 428 = BeckRS 2007, 16698).

20 Die Gegenstandswerte bei **gesellschaftsrechtlichen Angelegenheiten** bestimmen sich ua nach § 54 GNotKG (zur Wertbestimmung im Gesellschaftsrecht umfangreich Felix RNotZ 2018, 306 ff. und 378 ff.).

21 **5. Beratungshilfe und PKH/VKH.** Die Regelung des § 11 2 darf allerdings nicht dazu führen, dass ein mittelloser Betreuter Sozialleistungen erhält, auf die er ohne Einrichtung einer Betreuung keinen Anspruch hätte (BGH NJW 2007, 844). Insoweit trifft den anwaltlichen Berufsbetreuer ebenso die Pflicht zur **kostensparenden Amtsführung.** Folglich darf der anwaltliche Berufsbetreuer keine kostenauslösenden Maßnahmen ergreifen, deren Finanzierung nicht durch Prozess-, Verfahrenskostenkosten- oder Beratungshilfe gewährleistet werden kann (Volpert NJW 2013, 1287 (1290)).

22 Ist der Betreute mittellos iSd § 1880 BGB, muss bei Vorliegen eines Anspruchs nach § 11 2 Prozess- oder Verfahrenskostenhilfe beantragt werden (BGH NJW 2014, 865). Wird diese versagt, können gegen die Staatskasse nur die Gebühren in Höhe der **Gegenstandswerte nach § 49 RVG** geltend gemacht werden, wenn mit einer für den Betreuten ungünstigen Entscheidung im Prozesskostenhilfeprüfungsverfahren nicht gerechnet werden konnte (BGH NJW 2007, 844). Andernfalls kann kein nach dem RVG zu berechnender Aufwendungsersatz gegen die Staatskasse geltend gemacht werden. Dergleichen gilt für die Verpflichtung des anwaltlichen Betreuers für außergerichtliche Beratung und Vertretung des Betroffenen **Beratungshilfe** in Anspruch zu nehmen (BGH NJW 2007, 844). In diesen Fällen ist der Aufwendungsersatz nach § 11 2 auf die Beratungshilfesätze beschränkt.

23 **6. Rechtsprechungsübersicht zur RVG-Vergütung beim Betreuer. In folgenden Fällen hat die Rechtsprechung die Liquidation nach dem RVG bejaht:**

– Änderungskündigung mit erheblicher Gehaltskürzung (OLG Frankfurt FamRZ 2010, 64 = BeckRS 2009, 26380; → Rn. 9)
– Gerichtliche oder außergerichtliche anwaltliche Vertretung des Gegners des Betroffenen; → Rn. 9
– Gestaltung oder Abschluss komplizierten Vertragswerks (BayObLGZ 2001, 368 = NJW 2002, 1660; → Rn. 9)
– Rückabwicklung eines vorher über dasselbe Grundstück geschlossenen Kaufvertrags (LG Rostock BtPrax 2013, 34; → Rn. 9)
– Übernahme von Verbindlichkeiten, die mit einer unentgeltlich übertragenen Kommanditbeteiligung verbunden sind (OLG Hamm FamRZ 2011, 241 = BeckRS 2010, 11118; → Rn. 9)
– Verlängerung der Aufenthaltserlaubnis (VG Göttingen BeckRS 2019, 7555; → Rn. 9)
– Vertretung vor Behörden für Geltendmachung von Ansprüchen oder Klärung nicht alltäglicher Rechtsfragen (BayObLGZ 2001, 368 = NJW 2002, 1660; → Rn. 9)
– Vertretung in einem staatsanwaltlichen Ermittlungsverfahren (OLG Hamm NJW 2006, 1144; → Rn. 9)
– Vertretung im Strafverfahren, wenn die Voraussetzungen der Pflichtverteidigerbestellung vorliegen (OLG München 8.11.2017 – 33 WF 893/17; → Rn. 9)
– Vertretung in Verfahren mit Anwaltszwang (OLG Jena FamRZ 2002, 988 = BeckRS 2001, 30220180; → Rn. 9)
– Vertretung im Flughafenverfahren nach § 18a Asylverfahrensgesetz (OLG Frankfurt a. M. BeckRS 2011, 5379; siehe aber auch OLG Frankfurt FamRZ 2013, 1160 → Rn. 9)
– Vorbereitung eines Regelinsolvenzverfahrens (KG FGPrax 2011, 296; → Rn. 9)

Des Weiteren kommt das Erfordernis anwaltlicher Tätigkeiten ebenso im Hinblick auf umfangreiche und rechtlich schwierige **Erbauseinandersetzungsverfahren** oder **streitige Erbscheinsverfahren** in Betracht. 24

Für folgende Sachverhalte wurde die Erforderlichkeit anwaltsspezifischer Tätigkeiten verneint: 25

- Abfassung eines einfachen und kurzen Erbauseinandersetzungsvertrages (BGH NJW-RR 2014, 1224; → Rn. 9)
- Abschluss eines üblichen notariellen Grundstückskaufvertrags (OLG München, NJW-RR 2009, 1516; → Rn. 9)
- Antrag auf Eröffnung des Nachlassinsolvenzverfahrens, wenn es sich um einen einfachen Fall deutlicher Überschuldung handelt, §§ 1980 f. BGB, §§ 317 InsO (OLG Schleswig, NJW 2013, 3189; → Rn. 9)
- Einfache Eingaben an Behörden (Gerold/Schmidt/Müller-Rabe RVG § 1 Rn. 392; → Rn. 9)
- Einziehung von Forderungen (Gerold/Schmidt/Müller-Rabe RVG § 1 Rn. 392; → Rn. 9)
- Mahnschreiben (Gerold/Schmidt/Müller-Rabe RVG § 1 Rn. 392; → Rn. 9)
- Verwaltung des Mündelvermögens (Gerold/Schmidt/Müller-Rabe RVG § 1 Rn. 392; → Rn. 9)
- Verwaltungsrechtliches Widerspruchsverfahren bzgl. Berechtigungsschein für eine Kindertagesbetreuung (OVG Berlin-Brandenburg NJW 2018, 2345; → Rn. 9).

Sonderfälle der Betreuung

12 **I [1] Dem Sterilisationsbetreuer nach § 1817 Absatz 2 des Bürgerlichen Gesetzbuchs und dem Ergänzungsbetreuer nach § 1817 Absatz 5 des Bürgerlichen Gesetzbuchs ist eine Vergütung nach § 3 zu bewilligen. [2] Vorschuss oder Ersatz der Aufwendungen kann er in entsprechender Anwendung von § 1877 Absatz 1 des Bürgerlichen Gesetzbuchs verlangen; § 4 Absatz 2 gilt entsprechend. [3] Allgemeine Verwaltungskosten werden nicht ersetzt.**

II Dem Verhinderungsbetreuer nach § 1817 Absatz 4 des Bürgerlichen Gesetzbuchs sind die Vergütung nach § 8 in Verbindung mit § 9 sowie die Pauschale nach § 10 Absatz 1 zu bewilligen und im Fall des § 9 nach Tagen zu teilen; § 187 Absatz 1 und § 188 Absatz 1 des Bürgerlichen Gesetzbuchs gelten entsprechend.

Schrifttum: BeckOGK/Bohnert, 1.3.2020, VBVG; Deinert/Lütgens, Die Vergütung des Betreuers, 7. Aufl. 2019; Felix, Die Vergütung des Berufsbetreuers Teil I und II, Rpfleger 2015, 615 und 683; ders., Das Gesetz zur Anpassung der Vormünder- und Betreuervergütung, Rpfleger 2019, 624; Luther, Die juristische Analogie, Jura 2013, 449; Münchener Kommentar zum BGB, 8. Aufl. 2020.

Übersicht

I. Normzweck. § 12 übernimmt inhaltsgleich die Regelung des § 6 aF und passt den Wortlaut an die notwendig gewordenen neuen Verweisungen an. Folglich kann die zu § 6 aF erschiene Literatur und ergangene Rechtsprechung weiterhin Anwen- 1 dung finden. § 12 regelt die Vergütungsansprüche für drei Sonderformen der beruflichen Betreuung: Sterilisationsbetreuung, Ergänzungsbetreuung und Ersatzbetreuung. Die Regelung in I betrifft den Sterilisations- und den Ergänzungsbetreuer, die eine **tätigkeitsbezogene Vergütung** wie der Vormund erhalten. Der Sterilisations- und Ergänzungsbetreuer ist innerhalb seines Aufgabenkreises jeweils einer punktuellen bzw. konkreten Aufgabenstellung unterworfen. Dies passt jedoch nicht zum Grundgedanken der pauschalisierten Vergütung, so dass es bei dieser als abschließend gedachten Regelung verbleiben soll, weil jeder Ausnahmetatbestand zu Anwendungsstreitigkeiten und eine analoge Anwendung führen würde (BT-Drs. 15/2494, 35; hierzu → Rn. 16 ff.). § 12 II regelt die **Pauschalvergütung** des beruflichen Ersatzbetreuers, der im Falle der tatsächlichen Verhinderung des Betreuers tätig wird und dessen Tätigkeit wahrnimmt. Für diese Fälle sollen sich Betreuer und Ergänzungsbetreuer die Fallpauschalen zeitlich aufteilen.

2 **II. Persönlicher Anwendungsbereich.** Einen Anspruch auf Vergütung nach Maßgabe des § 12 haben nur nach dem BtOG registrierte **Berufsbetreuer.** Nach § 19 II BtOG sind Berufsbetreuer natürliche Personen, die selbständig oder als Mitarbeiter eines anerkannten Betreuungsvereins rechtliche Betreuungen führen und nach § 24 BtOG registriert sind oder nach § 32 I BtOG vorläufig registriert gelten. Keine Berufsbetreuer iSd § 19 BtOG sind Mitarbeiter von Betreuungsbehörden (BT-Drs. 19/24445, 364).

3 Außer in den Fällen der Sterilisationsbetreuung kann gem. § 1818 I BGB auch der **Betreuungsverein** als juristische Person bestellt werden. Insoweit bildet § 13 die Anspruchsgrundlage des anerkannten Betreuungsvereins auf Gewährung einer Vergütung und eines Aufwendungsersatzes. Davon ist die Regelung des § 7 II zu unterscheiden, der den Vergütungs- und Aufwendungsersatzanspruch des Vereinsbetreuers regelt. Für den Anspruch auf Vergütung und/oder Aufwendungsersatz des Betreuungsvereins bei der **Ersatz- und Ergänzungsbetreuung** wird auf die Kommentierung zu → § 13 verwiesen.

4 Die **vorläufige Registrierung** als Berufsbetreuer nach § 32 BtOG gelangt für alle bereits am 1.1.2023 berufsmäßig tätigen Betreuer und Vereinsbetreuer zur Anwendung, um deren nach § 7 bestehenden Vergütungsanspruch zu sichern (sog. Bestandsbetreuer). Des Weiteren kommt für die zum 1.1.2023 erstmals tätigen Berufsbetreuer die im Ermessen der Stammbehörde liegende Registrierung in Betracht. Bei der vorläufigen Registrierung muss zwischen dem Registrierungsverfahren nach §§ 32, 33 BtOG und den in § 19 I geregelten vergütungsrechtlichen Folgen differenziert werden, da insoweit kein Gleichlauf besteht. Bis zur Entscheidung über den nach § 32 I 1 BtOG zu stellenden Antrag, gelten die Betreuer gem. § 32 I 6, 7 auch ohne Antrag bis zur Entscheidung über den Antrag oder bis zum 30.6.2023 als vorläufig registriert. Diese unwiderlegbare Vermutung löst sowohl für den freiberuflichen Betreuer als auch für den Verein des von der Regelung betroffenen Vereinsbetreuers den Vergütungs- und Aufwendungsersatzanspruch nach § 7 I aus. Im Übrigen wird auf die Kommentierung zu → § 7 Rn. 13 ff. verwiesen.

5 Die Regelungen des § 12 II iVm §§ 7, 8 findet **keine Anwendung** auf beruflich tätige Ersatzbetreuer, die vom Anwendungsbereich des § 32 II BtOG und § 19 I erfasst werden. Die Höhe des Vergütungsanspruchs bestimmt sich in der Übergangszeit nach § 19 I iVm § 4 II bis IV aF, indem die sich die Einstufung in die Vergütungstabellen nach der absolvierten Ausbildung und den mit dieser erworbenen und für die Betreuung nutzbaren Fachkenntnissen bestimmt. Hierzu wird auf die Kommentierung zu → § 19 Rn. 5 ff. verwiesen.

6 **III. Sterilisations- und Ergänzungsbetreuer (I).** Die Bestellung eines Sterilisationsbetreuers erfolgt nach § 1817 II BGB. Dieser hat bei seiner Entscheidung über die Durchführung der Antragsstellung die besonders strengen Voraussetzungen des § 1830 BGB zu beachten. Die nach § 1817 V BGB vorzunehmende Bestellung eines Ergänzungsbetreuers hat zu erfolgen, wenn der originäre Betreuer aufgrund § 181 BGB oder § 1824 BGB kraft Gesetzes an der Vertretung des Betroffenen rechtlich gehindert ist. Der Aufgabenbereich des Ergänzungsbetreuers erstreckt sich auf die Angelegenheiten, an deren Besorgung der originäre Betreuer rechtlich verhindert ist.

1. Tätigkeitsbezogene Vergütung. Der Vergütungsanspruch nach I setzt die Registrierung als Berufsbetreuer voraus; siehe hierzu → § 7 Rn. 13 ff. Da die Vergütung des Sterilisations- und Ergänzungsbetreuers **tätigkeitsbezogen** erfolgt, bestimmt sich die Höhe des Vergütungsanspruchs nach den Voraussetzungen der § 3 und somit nach der beruflichen Qualifikation und dem in Ausübung der Tätigkeit entstandenen tatsächlichen und **erforderlichen Zeitaufwand,** → § 3 Rn. 24 ff. Die Vergütung nach Zeitaufwand gilt auch für den Ergänzungsbetreuer, dessen Aufgabenbereich sich ausnahmsweise nicht nur auf konkrete oder punktuelle Handlungen erstreckt, sondern auf einen **längeren Zeitraum** angelegt ist (BGH FamRZ 2014, 1626 = BeckRS 2014, 14031). 7

2. Aufwendungsersatz und berufliche Dienste. Neben dem Anspruch auf Vergütung, besteht für den zum Sterilisations- oder Ergänzungsbetreuer bestellten Berufsbetreuer ebenso ein Anspruch auf **Aufwendungsersatz** nach § 1877 I BGB, nicht aber die Aufwendungen nach § 1877 II BGB. Im Übrigen wird auf die Kommentierung zu → § 4 Rn. 4 ff. verwiesen. Nach I 2 werden **allgemeine Verwaltungskosten** nicht ersetzt; siehe die Kommentierung zu → § 4 Rn. 12 ff. 8

Übt der Berufsbetreuer Dienste aus, die zu seinem Gewerbe oder seinem Beruf gehören, gilt hierfür gem. § 12 I 1 Hs. 1 die Regelung des § 4 II entsprechend. Der Sterilisations- oder Ergänzungsbetreuer kann demnach **anstelle** der Vergütung nach § 3 als Aufwendung Ersatz in entsprechender Anwendung des § 1877 III BGB verlangen. Im Gegensatz zum „regulären" Berufsbetreuer können Sterilisations- und Ergänzungsbetreuer die Aufwendungen für berufliche Dienste nicht neben bzw. zusätzlich zur Vergütung geltend machen. Dies folgt aus dem Umstand der tätigkeitsbezogenen Vergütung, die die tatsächliche aufgewendete und erforderliche Arbeitskraft des Betreuers entlohnt. Daraus ergibt sich, dass die Ausübung beruflicher Dienste, welche ebenfalls durch Einbringung der Arbeitskraft des Betreuers erfolgt, nicht einmal als Vergütung und ein zweites Mal als Aufwendung „doppelt" vergütet werden soll. Demnach steht dem beruflich tätigen Sterilisations- oder Ergänzungsbetreuer ausschließlich ein **Wahlrecht** zwischen der Geltendmachung der Vergütung nach § 12 I iVm § 3 oder des Aufwendungsersatzes nach § 12 I 1 iVm § 4 II und § 1877 III BGB zu. 9

Für den Aufwendungsersatz sowie die Aufwendungen in Form der beruflichen Dienste gilt die **von Amts wegen zu beachtende Ausschlussfrist** des § 16 III 1 von 15 Monaten. Der Lauf der Ausschlussfrist beginnt nicht erst mit Beendigung des Amtes, sondern mit dem Ende des Tages, an dem die ersatzfähige Aufwendung entstanden sind (OLG Brandenburg BeckRS 2008, 9610). Im Übrigen und zur möglichen Verlängerung der Ausschlussfrist wird auf die Kommentierung zu → § 16 Rn. 40 ff. verwiesen. 10

IV. Vergütung des Ersatzbetreuers (II). Der nach § 1817 IV BGB zu bestellende Ersatzbetreuer (Verhinderungsbetreuer) kommt zum Einsatz, wenn der Hauptbetreuer aus **tatsächlichen Gründen** an der Amtsausübung verhindert ist (Krankheit, Kur, Urlaub oder Verhinderung aus persönlichen oder privaten Gründen). 11

Der Vergütungsanspruch des Ersatzbetreuers bemisst sich nach den in §§ 7 ff. genannten **Parametern der Hauptbetreuung** (Betreuungsdauer, Aufenthalt, Vermögensverhältnisse). Die Fallpauschale bestimmt sich nach der beruflichen Qualifikation des Ersatzbetreuers. Sind die Voraussetzungen für die gesonderten Pauschalen nach § 10 bei beiden Betreuern erfüllt, erhalten beide Betreuer die volle Pauschale, da eine Quotelung der Pauschale nicht stattfindet (MüKoBGB/Fröschle, 8. Aufl. 2020, § 6 Rn. 15). 12

Für den **Beginn des Abrechnungszeitraums** muss wie folgt unterschieden werden: Wird der Ersatzbetreuer nach Eintritt des Verhinderungsfalles bestellt, erhält er seine Vergütung ab dem Zeitpunkt der Wirksamkeit seiner Bestellung bis zum Ende der Verhinderung des Hauptbetreuers. Erfolgte die Bestellung des Ersatzbetreuers **zusammen** mit dem Hauptbetreuer, erstreckt sich der Vergütungsanspruch auf die Zeit vom Eintritt bis zum Ende der Verhinderung des Hauptbetreuers (MüKoBGB/Fröschle, 8. Aufl. 2020, § 6 Rn. 8). 13

Für die Berechnung der Zeiträume findet § 188 I BGB Anwendung: Der Tag an dem die Verhinderung eintritt, wird noch vollständig zum Zeitraum des Hauptbetreuers gezählt. Der sich anschließende Zeitraum des Ersatzbetreuers beginnt gem. 14

§ 187 I BGB mit dem Folgetag. Infolge der fehlenden Verweisung auf § 191 BGB muss der Zeitraum der Tätigkeit des Ersatzbetreuers **taggenau ermittelt** werden, so dass der Monat nicht pauschal mit 30 Tagen angesetzt werden darf.

15 **Beispiel:** Die Betreuung wurde am 9.3. angeordnet. Es wurde ein Berufsbetreuer und zugleich ein Ersatzbetreuer bestellt. Der Beschluss ist am 11.3. wirksam geworden. Der Betroffene ist mittellos und lebt in einer Mietwohnung. Der Hauptbetreuer wird nach Tabelle C vergütet, der Ersatzbetreuer nach Tabelle B. Urlaubsbedingt ist der Hauptbetreuer vom 2.9.–3.12. tatsächlich verhindert. Für diesen Zeitraum wird der bestellte Ersatzbetreuer tätig.

Vergütung Hauptbetreuer			
12.6.–11.8.	4.–6. Monat	Tabelle C 2.1.1	416 EUR (= 208 EUR × 2)
12.8.–2.9.	4.–6. Monat	Tabelle C 2.1.1	147,61 EUR (= 208 EUR × 22/31)
Vergütung Ersatzbetreuer			
3.9.–11.9.	4.–6. Monat	Tabelle B 2.1.1	45,87 EUR (= 158 EUR × 9/31)
12.9.–11.11.	7.–12. Monat	Tabelle B 3.1.1	308,00 EUR (= 154 EUR × 2)
12.11.–3.12.	7.–12. Monat	Tabelle B 3.1.1	112,93 EUR (= 154 EUR × 22/30)
Vergütung Hauptbetreuer			
4.12.–11.12.	7.–12. Monat	Tabelle C 3.1.1	53,87 EUR (= 202 EUR × 8/30)
12.12.–11.3.	7.–12. Monat	Tabelle C 3.1.1	606 EUR (= 202 EUR × 3)

16 **V. Fälle der analogen Anwendung des § 12.** Die Tätigkeiten der von § 12 umfassten Betreuer sind entweder konkreten Aufgabenstellungen unterworfen oder beziehen sich auf einen überschaubaren bzw. abgegrenzten Zeitraum. Der Gesetzgeber wollte es bei dieser als abschließend gedachten Regelung belassen, weil jeder Ausnahmetatbestand zu Anwendungsstreitigkeiten und eine analoge Anwendung führen würde (BT-Drs. 15/2494, 35).

17 Eine der Grundvoraussetzungen der juristischen Analogie liegt in der Analogiefähigkeit der jeweiligen Norm, welche vorliegt, wenn die Tatbestandsmerkmale hinreichende, aber nicht notwendige Voraussetzungen der angeordneten Rechtsfolge sind (Luther Jura 2013, 449 (450)). Auf die Betreuung nach §§ 1817 II, 1830 BGB trifft dies **nicht** zu, da das Merkmal des Sterilisationsbetreuers ein abschließendes ist.

18 Etwas Anderes dürfte für die Betreuung nach § 1817 V BGB gelten, die die Fälle von rechtlicher Verhinderung an der Vertretung des Betreuten behandelt **(Ergänzungsbetreuung).** Für diesen, nach hiesiger Auffassung nicht abschließend geregelten Anwendungsbereich, wäre eine analoge Anwendung eröffnet (so auch MüKoBGB/Fröschle, 8. Aufl. 2020, § 6 Fn. 7, der jedoch keine Unterscheidung zwischen § 1817 II und V BGB vornimmt).

19 **1. Rechtlich verhinderter Bevollmächtigter.** Erfolgt die Bestellung eines Betreuers, weil der Bevollmächtigte an der Ausübung seiner Tätigkeiten aus rechtlichen Gründen verhindert ist, hat der Betreuer einen Anspruch auf Vergütung in entsprechender Anwendung des 12 I (zu § 6 S. 1 aF siehe BGH NJW 2015, 2886; OLG München BeckRS 2010, 33304).

20 **2. Unkenntnis der Beendigung und Notgeschäftsführung.** Die vergütungsrechtliche Behandlung der Besorgung von Angelegenheiten des Betreuten nach Beendigung der Betreuung ist im VBVG nicht geregelt. Materiell-rechtlich ist zwischen der Unkenntnis von der Beendigung der Betreuung iSd § 1874 I BGB und der sog. Notgeschäftsführung iSd § 1874 II BGB zu differenzieren.

21 **a) Unkenntnis der Beendigung (§ 1874 I BGB).** Die Beendigung der Betreuung iSd § 1874 I 1 BGB umfasst die Aufhebung der Betreuung, den Betreuerwechsel und den Tod des Betreuten. Bei der Aufhebung endet der Vergütungszeitraum des Betreuers mit der wirksamen Bekanntgabe des Aufhebungs- oder Entlassungsbeschlusses (BGH NJW-RR 2013, 578 Rn. 8; siehe die Kommentierung zu → § 9 Rn. 26 ff.). Beim Betreuerwechsel beginnt der Vergütungszeitraum des neuen Betreuers mit der Wirksamkeit seiner Bestellung (BGH NJW-RR 2011, 1153) und der Vergütungszeitraum des vorherigen Betreuers endet mit der wirksamen Bekanntgabe des Wechsel- bzw. Entlassungsbeschlusses (BGH NJW-RR 2013, 578 Rn. 8; siehe Kommentierung zu → § 9 Rn. 26 ff.).

Stirbt der Betreute, endet die Betreuung kraft Gesetzes und es erfolgt eine zeitanteilige Abrechnung der Fallpauschalen bis zum Todestag des Betreuten unabhängig von der nachfolgenden Pflicht zur abschließenden Rechnungslegung und Vermögensherausgabe (OLG München NJW-RR 2006, 1517). Entfaltet der Berufsbetreuer über die ihm kraft Gesetzes auferlegten Pflichten hinaus Tätigkeiten, die unter § 1874 I BGB fallen, steht ihm der Vergütungsanspruch eines Ergänzungsbetreuers in analoger Anwendung des § 12 I 1 Hs. 1 Alt. 2 zu (BGH NJW-RR 2016, 643). 22

b) Notgeschäftsführung (§ 1874 II BGB). Endet die Betreuung durch den Tod des Betreuten, hat der Betreuer im Rahmen des ihm übertragenen Aufgabenkreises die Angelegenheiten, die keinen Aufschub dulden, zu besorgen, bis der Erbe diese besorgen kann. 23

Im Hinblick auf den Vergütungsanspruch für Aufgaben der Notgeschäftsführung (auch → § 9 Rn. 35) besteht in Literatur und Rechtsprechung Uneinigkeit. Die mittlerweile **herrschende Meinung** wendet die Vorschrift des § 12 I 1 für den Ergänzungsbetreuer (vorher 6 S. 1 aF) analog auf die Fälle der Notgeschäftsführung an (OLG München NJW-RR 2006, 1517; MüKoBGB/Fröschle, 8. Aufl. 2020, § 5 Rn. 7; BeckOGK/Bohnert, 1.10.2021, § 5 Rn. 59). Die abweichende Ansicht vertritt die Auffassung, dass dem Betreuer ein Vergütungsanspruch nach § 1874 II BGB iVm § 3 zusteht (jurisPK-BGB/Jaschinski, 9. Aufl., § 5 Rn. 67; Felix Rpfleger 2015, 615 (620)). 24

c) Auffassung des Autors. Die analoge Anwendung des § 12 I 1 für die Fälle der Notgeschäftsführung nach § 1874 II BGB wird in der Literatur unter Heranziehung der Entscheidung des BGH vom 6.4.2016 begründet (BGH NJW-RR 2016, 643). Diese Entscheidung behandelt allerdings die Problematik des Vergütungsanspruchs im Falle der **Unkenntnis der Beendigung der Betreuung bzw. des Todes** des Betroffenen nach 1874 BGB und kommt zu dem Ergebnis, dass dem Betreuer ein Vergütungsanspruch in analoger Anwendung des § 12 I 1 zustünde. Der Entscheidungsinhalt ist jedoch in mehrfacher Hinsicht widersprüchlich: Zunächst wird nicht zwischen den Regelungen und Wirkungen des § 1874 I und II BGB unterschieden. Des Weiteren steht die Entscheidung ohne weitere Begründung der analogen Anwendung im Widerspruch zur Entscheidung des Senats vom 20.3.2013 (BGH NJW-RR 2013, 771), wonach eine Anwendung des § 12 (vormals § 6 aF) auf andere als die dort genannten Fälle ausscheiden solle. 25

Die Vergütung für Tätigkeiten nach dem Tod des Betroffenen bestimmt sich nach hiesiger Auffassung in analoger Anwendung des § 3, weil die Voraussetzungen für eine analoge Anwendung des § 12 nicht vorliegen. Zwar ist das Merkmal der rechtlichen Verhinderung nicht abschließend geregelt, doch trifft dies für die Fälle der Notgeschäftsführung oder der Unkenntnis des Todes der Betroffenen nicht zu. 26

§ 1874 I BGB begründet eine **Berechtigung** und § 1874 II BGB eine **Verpflichtung** des Betreuers zur einstweiligen Fürsorgepflicht für den Nachlass. Dies stellt allerdings keinen Fall eines rechtlichen Vertretungsausschlusses dar, weil die gesetzliche Vertretung mit dem Tod endet und somit keine für die Analogie erforderliche vergleichbare Interessenlage vorliegt. Hinzu kommt der Umstand, dass sich die Tätigkeiten der Fürsorge auf einen zeitlich abgegrenzten Raum beziehen, was eher für eine tätigkeitsbezogene Vergütung spricht und somit die Regelung des § 3 bereits aus systematischen Gründen für eine analoge Anwendung prädestinierter ist, als die des § 12 I. Zudem findet die Regelung des § 3 ebenso auf die Nachlasspflegschaft Anwendung (bei mittellosem Nachlass), was am ehesten mit den Tätigkeiten des Betreuers nach § 1874 I und II BGB vergleichbar ist. Im Ergebnis muss aber zugestanden werden, dass der Streit rein theoretischer Natur ist, da beide Ansichten die Vergütung nach dem tatsächlichen Zeitaufwand zum Ergebnis haben. 27

Vergütung und Aufwendungsersatz für Betreuungsvereine

13 **I 1 Ist der Betreuungsverein nach § 1818 Absatz 1 des Bürgerlichen Gesetzbuchs als Betreuer bestellt, ist ihm eine Vergütung nach den §§ 8 bis 10 zu bewilligen, wenn der Mitarbeiter, dem die Führung der Betreuung gemäß § 1818 Absatz 2 Satz 1 des Bürgerlichen Gesetzbuchs**

übertragen worden ist, als beruflicher Betreuer registriert ist. [2] Die Höhe der Vergütung richtet sich nach der aufgrund der Feststellung nach § 8 Absatz 3 für den Mitarbeiter anzuwendenden Vergütungstabelle. [3] Eine Vergütung ist auch dann zu bewilligen, wenn der Mitarbeiter spätestens sechs Monate nach Beginn seiner Tätigkeit für den Betreuungsverein registriert ist.

II [1] In den Fällen des § 1817 Absatz 4 und 5 des Bürgerlichen Gesetzbuchs sind dem Betreuungsverein nach Maßgabe des Absatzes 1 Vergütung und Aufwendungsersatz nach § 12 zu bewilligen. [2] Aufwendungen im Sinne von § 1877 Absatz 3 des Bürgerlichen Gesetzbuchs kann der Verein nicht geltend machen. [3] Allgemeine Verwaltungskosten werden nicht ersetzt.

Übersicht

1 **I. Normzweck.** Mit dem Inkrafttreten des Gesetzes zur Reform des Vormundschafts- und Betreuungsrechts ist das in §§ 1908i I 1, 1836 III BGB aF für den Verein enthaltene Vergütungsverbot entfallen (siehe hierzu umfangreich BT-Drs. 19/24445, 395). § 13 ersetzt die Regelung des § 7 aF und begrenzt den Regelungsinhalt auf den Umstand der Bestellung des Betreuungsvereins als juristische Person nach § 1818 BGB. Hierfür differenziert § 13 für den Vergütungsanspruch zwischen regulärer Betreuung nach § 1818 I (§ 13 I) und den Sonderfällen der Betreuung (§ 13 II). Zugleich bildet § 13 I die Anspruchsgrundlage für den dem Verein infolge der Bestellung zustehenden Anspruch auf Vergütung und/oder Aufwendungsersatz. Ist ein Vereinsbetreuer als natürliche Person bestellt, bestimmt sich dessen Vergütungsanspruch nach §§ 7 ff. Die anzuwendende Vergütungstabelle bestimmt sich nach der beruflichen Qualifikation des intern mit der Führung der Betreuung bestellten Mitarbeiters, demgemäß die höchste Vergütungsstufe nicht automatisch zur Anwendung gelangt.

2 **II. Voraussetzungen des Vergütungsanspruchs (I).** Nach § 1818 I 1 BGB bestellt das Betreuungsgericht einen **anerkannten Betreuungsverein** zum Betreuer, wenn der Volljährige dies wünscht, oder wenn er durch eine oder mehrere natürliche Personen nicht hinreichend betreut werden kann.

3 Der Anspruch auf Vergütung und/oder Aufwendungsersatz entsteht mit der wirksamen Bekanntgabe des gerichtlichen Bestellungs- und Anordnungsbeschlusses. Bei der Bestellung des Betreuungsvereins zum Betreuer ist für die Bekanntgabe zunächst § 26 I 2 BGB zu beachten, wonach der Verein durch den **Vorstand als gesetzlichen Vertreter** gerichtlich und außergerichtlich vertreten wird. Ist aufgrund der Satzung die Geschäftsführung einem anderen Vereinsorgan (zB Geschäftsführer) übertragen, bestimmt dessen Kenntnisnahme den für die Betreuungsdauer und den Abrechnungszeitraum maßgeblichen Zeitpunkt der Bekanntgabe; siehe im Übrigen die Kommentierung zu → § 9 Rn. 7 ff.

4 **1. Anerkannter Betreuungsverein.** Der Wortlaut des § 13 spricht nur vom Betreuungsverein, so dass es fraglich sein könnte, ob für den Vergütungsanspruch das Vorliegen der staatlichen Anerkennung notwendig ist. Zunächst bestimmt die materiell-rechtliche Regelung des § 1818 I 1 BGB als Voraussetzung für die Bestellung des Vereins als juristische Person das Vorliegen der staatlichen Anerkennung nach

§§ 14 ff. BtOG. Vergütungsrechtlich bedarf es bei der Bestellung eines Vereinsbetreuers nach § 1816 V BGB gem. § 7 II 1 für den dem Verein zustehenden Vergütungsanspruch des Vorliegens der staatlichen Anerkennung. Folglich kann für den Vergütungsanspruch nach § 13 nichts anderes gelten, so dass von einem **Redaktionsversehen** auszugehen sein dürfte und somit auch für den Vergütungsanspruch nach § 13 die staatliche Anerkennung des Betreuungsvereins notwendig.

Fehlt die staatliche Anerkennung und erfolgte die Bestellung des Vereins in irriger Annahme des Vorliegens der Anerkennung, ist diese dennoch wirksam, was den Vergütungsanspruch einschließt (zum alten Rechtslage KG RPfleger 2006, 398 = BeckRS 2006, 2218). 5

2. Registrierung des Mitarbeiters als Berufsbetreuer. Nach § 1818 II BGB überträgt der Betreuungsverein die Wahrnehmung der Betreuung einzelnen hauptamtlichen oder ehrenamtlichen Mitarbeitern des Vereins und hat dem Betreuungsgericht spätestens zwei Wochen nach seiner Bestellung mitzuteilen, wem er die Wahrnehmung der Betreuung übertragen hat. Dergleichen gilt gem. § 1818 II 3 BGB bei einem Wechsel des Vereinsmitarbeiters. 6

Für den dem Verein zustehenden Vergütungsanspruch bedarf es gem. § 13 I 1 neben der staatlichen Anerkennung (→ Rn. 2) der **Registrierung des Vereinsmitarbeiters** als Berufsbetreuer nach den §§ 19, 23 ff. BtOG. Demzufolge steht dem Betreuungsverein kein Vergütungsanspruch zu, wenn er einem ehrenamtlichen Mitarbeiter die Betreuung überträgt (BT-Drs. 19/24445, 395). Zur Registrierung als Berufsbetreuer wird auf die Kommentierung zu → § 7 Rn. 13 ff. verwiesen. 7

Infolge der neuen Vorschriften für die den Entschädigungsanspruch begründende Eigenschaft als Berufsbetreuer ist im Falle der Bestellung des Betreuungsvereins vergütungsrechtlich zwischen der vorläufigen Registrierung nach §§ 32, 33 BtOG, der Übergangsregelung für Bestandsbetreuer nach §§ 32 II 2, 33 BtOG iVm § 19 I und der nachträglichen Registrierung nach § 13 I 3 zu differenzieren. Aus diesem Grund muss der Betreuungsverein bei der an das Betreuungsgericht zu richtenden Mitteilung nach § 1818 II 2 BGB auch den entsprechenden **Registrierungsstatus** des mit der Betreuung betrauten Mitarbeiters mitteilen: 8

a) Vorläufige Registrierung (§ 32 BtOG). Nach § 32 BtOG gelangt die vorläufige Registrierung als Berufsbetreuer für alle bereits am 1.1.2023 berufsmäßig tätigen Betreuer und Vereinsbetreuer zur Anwendung, um den Vergütungsanspruch des Betreuungsvereins zu sichern. Dies gilt insoweit auch für den Entschädigungsanspruch des Betreuungsvereins, da der Mitarbeiter, dem die Führung der Betreuung übertragen worden ist, nach I 1 als beruflicher Betreuer registriert sein muss. Bis zur Entscheidung über den nach § 32 I 1 BtOG zu stellenden Antrag, gelten die Betreuer gem. § 32 I 6 und 7 auch ohne Antrag (bis 30.6.2023) als vorläufig registriert. Diese unwiderlegbare Vermutung löst für den Verein des von der Regelung betroffenen Mitarbeiters den Vergütungs- und Aufwendungsersatzanspruch nach § 13 aus. Im Übrigen wird auf die Kommentierung zu → § 7 Rn. 13 ff. verwiesen. 9

b) Übergangsregelung für Bestandsbetreuer (§ 32 II 2 BtOG, § 19 I). Während die vorläufige Registrierung für Bestandsbetreuer, die zum 1.1.2023 mindestens 3 Jahre beruflich tätig waren, zum Vergütungsanspruch nach §§ 7 ff. führt, gilt dies gem. §§ 32 II 2 BtOG nicht für Berufsbetreuer, die zwar bereits vor dem 1.1.2023 beruflich tätig waren, aber die Tätigkeit weniger als drei Jahre ausüben. Diese gelten zwar gem. § 32 I 6, 7 BtOG **ebenfalls als vorläufig registriert,** doch wirkt sich die geringe Dauer der berufsmäßigen Ausübung vergütungsrechtlich insoweit aus, dass bis zum Nachweis der Sachkunde nach § 32 II 2 die Höhe des Vergütungsanspruchs gem. § 19 I nach § 4 II bis IV aF ermittelt werden muss; hierzu wird auf die Kommentierung zu → § 19 Rn. 5 verwiesen. Dergleichen gilt für die Betreuer, die nach § 33 BtOG vorläufig registriert worden sind. 10

c) Nachträgliche Registrierung neuer Mitarbeiter (I S. 3). Nach § 13 I 3 ist dem anerkannten Betreuungsverein auch dann eine Vergütung zu bewilligen, wenn der mit der Betreuung betraute Mitarbeiter spätestens sechs Monate nach Beginn seiner Tätigkeit für den Betreuungsverein registriert ist. Diese Regelung verfolgt folgende Zwecke: 11

12 Für die Entstehung des Vergütungsanspruchs bedarf es neben der wirksamen Bekanntgabe des gerichtlichen Anordnungs- und Bestellungsbeschlusses (siehe Kommentierung zu → § 9 Rn. 7 ff.) auch der (vorläufigen) Registrierung als Berufsbetreuer. Von der für den Vergütungsanspruch konstitutiven Registrierung als Berufsbetreuer macht § 13 I 3 für den Betreuungsverein eine Ausnahme für die **neuen Vereinsmitarbeiter,** die noch nicht als Berufsbetreuer iSd § 19 BtOG registriert sind, aber die Registrierung anstreben oder bereits beantragt haben und nicht unter die Regelungen den § 32 BtOG fallen. Dies soll den Betreuungsvereinen als Erleichterung dienen, neue geeignete Mitarbeiter zu finden, diese trotz fehlender Registrierung bereits mit Betreuungen zu betrauen und für deren Einsatz Vergütung und/oder Ersatz der Aufwendungen zu beanspruchen, wenn diese spätestens nach sechs Monaten nach Einstellung als Berufsbetreuer registriert worden sind.

13 Andererseits bewirken Sinn und Zweck des § 13 I 3 als Ausnahmeregelung, dass dem Verein ein Anspruch auf Vergütung und/oder Aufwendungsersatz bereits ab seiner Bestellung zum Betreuer vorliegt, und zwar unabhängig davon, ob der mit der Betreuung betraute Mitarbeiter zu diesem Zeitpunkt bereits registriert war oder die Registrierung erst sechs Monate später erfolgt.

14 Somit besteht für den Betreuungsverein der **Vergütungsanspruch ab dem Zeitpunkt der wirksamen Bekanntgabe** der Bestellung an den Verein und nicht erst ab dem Zeitpunkt der Registrierung des neuen Mitarbeiters als Berufsbetreuer. Voraussetzung für die spätere Stellung des Vergütungsantrags ist allerdings die fristgerechte Registrierung des mit der Betreuung betrauten Mitarbeiters (siehe BT-Drs. 19/24445, 395). Der als Berufsbetreuer registrierte neue Mitarbeiter kann nach § 8 III einen Antrag auf gerichtliche Feststellung der Vergütungstabelle stellen; zur **Antragsbefugnis** siehe Kommentierung zu → § 8 Rn. 28 ff.

15 **III. Vergütung und Aufwendungsersatz.** Für den Vergütungsanspruch des zum Betreuer bestellten anerkannten Betreuungsvereins wird zwischen den in § 13 I geregelten (regulären) Betreuungen nach § 1818 I BGB und in § 13 II 1 enthaltenen Sonderfällen der Betreuung unterschieden. Für die Ermittlung der Vergütungshöhe ist jedoch in allen Fällen auf die berufliche Qualifikation des mit der Betreuung betrauten Mitarbeiters abzustellen.

16 **1. Betreuungen nach § 1818 I BGB (I S. 2). a) Feststellung nach § 8 III als anspruchsbegründende Voraussetzung?** Die Höhe des Vergütungsanspruchs richtet sich gem. § 13 I 2 nach der aufgrund der Feststellung nach § 8 III für den Mitarbeiter anzuwendenden Vergütungstabelle. Infolge des Wortlauts „aufgrund der Feststellung" mag die Annahme naheliegen, dass für die Feststellung der Höhe des Vergütungsanspruchs die justizbehördliche Feststellung nach § 8 III notwendig sei. Nach hiesigem Dafürhalten stellt die verwendete Formulierung keine anspruchsbegründende Voraussetzung dar; für den Betreuungsverein ist Voraussetzung für die Vergütung weiterhin dessen Anerkennung, die wirksame Bekanntgabe des Anordnungs- und Bestellungsbeschlusses sowie die (vorläufige oder nachträgliche) Registrierung des Mitarbeiters als Berufsbetreuer.

17 Die Feststellung der Vergütungstabelle bei den Mitarbeitern des Betreuungsvereins dient lediglich der Erleichterung des Vergütungsfestsetzungsverfahren, weil die Höhe des Anspruchs maßgeblich von der absolvierten Ausbildung des mit der Betreuung intern betrauten Mitarbeiters abhängt. Die Vorlage der Feststellungsentscheidung führt in diesen Fällen gleichermaßen zur Entlastung des Gerichts und des Vereins. Gegenteiliges ergibt sich auch nicht aus der Gesetzesbegründung (BT-Drs. 19–24445, 395). Zur Antragsberechtigung des Vereins nach § 8 III siehe die Kommentierung zu → § 8 Rn. 28 ff.

18 **b) Vergütung.** Die anzuwendende Vergütungstabelle ist nach der beruflichen Qualifikation des mit der Betreuung betrauten Mitarbeiters zu bestimmen. Die Vergütungstabelle C gelangt bei Mitarbeitern des Vereins daher **nicht** automatisch zur Anwendung. Auch wenn der Betreuungsverein im Rahmen der zu erbringenden Betreuungsleistung besonders qualifiziertes Fachpersonal anstellt und damit ständig zur Verfügung der Gerichte bereithält, ist eine **Refinanzierung** durch die Höhe der Fallpauschalen berücksichtigt worden (BT-Drs. 19/8694, 16 f.). Dementsprechend führen nicht durch Fallpauschalen abzudeckende Betriebs- und Verwaltungskosten zu

keiner höheren Vergütung (OLG Hamm BtPrax 2003, 84 = BeckRS 2002, 30294294).

c) Aufwendungsersatz. Auch für den Betreuungsverein gilt, dass mit den Fallpauschalen nach § 9 die Ansprüche auf Ersatz anlässlich der Betreuung entstandener Aufwendungen abgegolten sind. Zwar verweist I 2 nur auf die §§ 8 bis 10 und nicht ausdrücklich auf § 11, doch bedarf es eines solchen Verweises nicht, da der Wortlaut des I 2 insoweit eindeutig ist, indem dem Betreuungsverein ausschließlich eine „Vergütung" und nicht auch Aufwendungsersatz zuzubilligen ist. Da der Gesetzgeber strikt zwischen den Ansprüchen auf Vergütung und Aufwendungsersatz differenziert und diese im neuen Recht auch jeweils eigenständig regelt, besteht auf Grund des fehlenden Verweises auf § 11 keine Veranlassung, bei regulären Betreuungen neben den Fallpauschalen auch Aufwendungsersatz zuzubilligen. Bezüglich der allgemeinen Verwaltungskosten trifft II 3 eine klarstellende Regelung, dass diese ebenfalls nicht ersetzt werden; hierzu wird auf die Kommentierung zu → § 4 Rn. 12 verwiesen. 19

Sollte der mit der Betreuung betraute Mitarbeiter etwa als Syndikusanwalt für den Betreuungsverein tätig sein, schließt § 13 II 2 die Anwendung des § 1877 III BGB aus. Demnach kann der Verein für den **anwaltlichen Mitarbeiter** auch bei vorliegenden Voraussetzungen neben der Fallpauschale **keine Vergütung nach dem RVG** beanspruchen. 20

2. Sonderfälle der Betreuung (II 1). Wird der Betreuungsverein als juristische Person zum Ersatzbetreuer (§ 1817 IV BGB) oder zum Ergänzungsbetreuer (§ 1817 V BGB) bestellt, sind dem Betreuungsverein Vergütung und Aufwendungsersatz nach § 12 zu bewilligen. Für die Ermittlung der jeweiligen Vergütungshohe ist wie bei der regulären Betreuung Ersatz- oder Ergänzungsbetreuung betrauten Mitarbeiters abzustellen. 21

a) Ergänzungsbetreuung (§ 1817 V BGB). Der zum **Ergänzungsbetreuer** bestellte anerkannte Betreuungsverein erhält gem. §§ 13 II 1, 12 I 1 iVm § 3 eine **tätigkeitsbezogene Vergütung,** welche den entstandenen tatsächlichen und objektiv erforderlichen Zeitaufwand erfasst. Hierfür wird auf die Kommentierung zu → § 3 Rn. 28 ff. verwiesen. Die Vergütung nach Zeitaufwand gilt auch für den Ergänzungsbetreuer, dessen Aufgabenbereich auch auf einen längeren Zeitraum angelegt ist (BGH FamRZ 2014, 1626 = BeckRS 2014, 14031). 22

Neben dem Anspruch auf Vergütung steht dem Betreuungsverein für die Ergänzungsbetreuung gem. § 13 II 1, 12 I 1 iVm § 1877 I BGB ebenso ein Anspruch auf **Aufwendungsersatz** zu, nicht aber die Aufwendungen nach § 1877 II BGB. Im Übrigen wird auf die Kommentierung zu → § 4 Rn. 4 ff. verwiesen. Nach II 3 werden allgemeine Verwaltungskosten nicht ersetzt; siehe Kommentierung zu → § 4 Rn. 12 ff. Für den Anspruch auf Vergütung und Aufwendungsersatz gilt die **von Amts wegen** zu beachtende 15-monatige **Ausschlussfrist** des § 15 III. 23

b) Ersatzbetreuung (§ 1817 IV BGB). Ist der Betreuungsverein zum Ersatzbetreuer (Verhinderungsbetreuer) bestellt worden, steht ihm gem. § 13 II 1, 12 II iVm §§ 7 ff. eine Vergütung nach Fallpauschalen zu. Der Vergütungsanspruch bestimmt sich nach den **Parametern der Hauptbetreuung.** Dies bedeutet, dass der Vergütungsanspruch des zum Ersatzbetreuer bestellten Betreuungsvereins nach der bereits laufenden Betreuungsdauer sowie dem Aufenthalt und den Vermögensverhältnissen des Betreuten bestimmt. Zur Bestimmung der vorstehenden Parameter bzw. vergütungsrelevanten Umstände wird auf die Kommentierung zu → § 9 Rn. 5 ff. verwiesen. Aufgrund der für die Führung der Ersatzbetreuung gewährten Pauschalvergütung nach Fallpauschalen, steht dem Betreuungsverein **kein Anspruch auf Ersatz der Aufwendungen** zu (§ 11). Dies gilt ebenso für die Aufwendungen nach § 1877 III BGB und die allgemeinen Verwaltungskosten des Betreuungsvereins. 24

Liegen die Voraussetzungen für die Geltendmachung **der gesonderten Pauschalen nach § 10** für den Zeitraum der Ersatzbetreuung vor, kann der Betreuungsverein die entsprechenden Pauschalen vollumfänglich geltend machen – eine Quotelung der Pauschalen bzw. anteilige Berechnung auf den Zeitraum der Ersatzbetreuung findet nicht statt. Im Übrigen wird auf die Kommentierung zu → § 12 Rn. 11 verwiesen. 25

Vergütung und Aufwendungsersatz für Behördenbetreuer und Betreuungsbehörde

14 **I [1] Ist ein Behördenbetreuer bestellt, so kann der zuständigen Behörde nur unter den in § 1876 Satz 2 des Bürgerlichen Gesetzbuchs bestimmten Voraussetzungen eine Vergütung bewilligt werden. [2] Für ihre Aufwendungen kann die Betreuungsbehörde keinen Vorschuss und in entsprechender Anwendung von § 1877 Absatz 1 des Bürgerlichen Gesetzbuchs Ersatz nur insoweit verlangen, als der Betreute nicht mittellos im Sinne des § 1880 des Bürgerlichen Gesetzbuchs ist. [3] Allgemeine Verwaltungskosten werden nicht ersetzt.**

II Der Behördenbetreuer selbst kann keine Vergütung, keinen Vorschuss und keinen Aufwendungsersatz geltend machen.

III Ist die Betreuungsbehörde nach § 1818 Absatz 4 des Bürgerlichen Gesetzbuchs als Betreuer bestellt, steht ihr keine Vergütung zu. [2] Für die Aufwendungen der Betreuungsbehörde gilt Absatz 1 Satz 2 und 3 entsprechend.

VI § 1877 Absatz 4 des Bürgerlichen Gesetzbuchs ist auf Ansprüche der Betreuungsbehörde nicht anzuwenden.

Übersicht

1 **I. Normzweck.** Die Vorschrift des § 14 entspricht inhaltlich dem § 8 aF, passt allerdings die Verweisungen an die neue Regelungssystematik des Vergütungsrechts an und gliedert innerhalb der Norm die Fallvarianten dezidierter auf. Ursprünglich liegt dieser Vorschrift der § 1908h aF zugrunde. Nach I steht der Betreuungsbehörde in den Fällen ein Vergütungsanspruch zu, in denen ein Behördenbetreuer bestellt wurde und der Betroffene über ein nach § 1880 BGB einzusetzendes Vermögen verfügt. Der Vergütungsanspruch bestimmt sich nicht nach den Fallpauschalen, sondern nach dem Umfang und/oder Schwierigkeit des konkreten Verfahrens. Unabhängig von den Voraussetzungen des Vergütungsanspruchs steht der Betreuungsbehörde ein Anspruch auf Ersatz der tatsächlichen Aufwendungen des Behördenbetreuers zu, wenn der Betroffene über einzusetzendes Vermögen verfügt.

2 **II. Vergütung und Aufwendungsersatz.** Für den Anspruch auf Vergütung und/oder Aufwendungsersatz ist – wie beim Betreuungsverein – zwischen der Bestellung eines **Behördenbetreuers** und der Bestellung der **Betreuungsbehörde** nach § 1818 IV BGB zu differenzieren. Wird die Betreuungsbehörde als juristische Person zum Betreuer bestellt, überträgt die Betreuungsbehörde die Wahrnehmung der Betreuung einzelnen Personen, die bei ihr angestellt sind oder in einem Dienstverhältnis stehen (§ 1818 IV 2, II 1 BGB). Die Betreuungsbehörde kann nach § 1818 V allerdings nicht zum Sterilisationsbetreuer bestellt werden.

3 § 14 I gelangt ausschließlich bei Bestellung eines Behördenbetreuers zur Anwendung, so dass diese Eigenschaft in den Bestellungsbeschluss mit aufzunehmen ist. Die Notwendigkeit der Aufnahme der Eigenschaft des Behördenbetreuers ergibt sich aus § 286 I Nr. 3 FamFG. Ist ein Mitarbeiter einer Betreuungsbehörde persönlich zum

Betreuer bestellt worden, kann die Behörde keine Vergütung beanspruchen (vgl. zum Vereinsbetreuer BayObLG FamRZ 2002, 1363 = BeckRS 2002, 30257802).

Entgegen den freiberuflichen Betreuern und den Vereinsbetreuern fallen die Behördenbetreuer nicht unter das Registrierungserfordernis der §§ 19 ff. BtOG und werden somit auch nicht von der Definition des Berufsbetreuers in § 19 II BtOG erfasst. Die Behördenbetreuer sind vielmehr ein **Betreuertyp sui gerneris,** für den die Einbeziehung ins Registrierungsverfahren aufgrund § 3 BtOG nicht einschlägig ist (BT-Drs. 19/24445, 364). 4

1. Anspruchsinhaber (II, III). Zu Bestimmung des Anspruchsinhabers differenziert § 14 zwischen der Bestellung des Behördenbetreuers als natürliche Person und der Betreuungsbehörde als juristische Person nach § 1818 IV BGB. 5

a) Betreuungsbehörde als Betreuer (III). Der Betreuungsbehörde steht gem. § 14 III 1 **kein Anspruch auf Vergütung** zu, wenn diese gem. § 1818 IV BGB zum Betreuer bestellt worden ist. Ein Anspruch auf **Ersatz der Aufwendungen,** nicht aber der allgemeinen Verwaltungskosten, steht der Betreuungsbehörde als Betreuer nur in den Fällen zu, in denen der Betreute nicht als mittellos im Sinne des § 1880 BGB anzusehen ist. Zur Bestimmung der Mittellosigkeit wird auf die Ausführungen zu → § 2 Rn. 6 verwiesen. 6

b) Behördenbetreuer als Betreuer (II). Dem **Behördenbetreuer** steht in eigener Person gem. § 14 II weder ein Vergütungsanspruch noch ein Anspruch auf Aufwendungsersatz zu. Die Vergütung des Behördenbetreuers bestimmt sich nach dem zwischen Betreuer und Behörde geschlossenen Anstellungsvertrag oder dem bestehenden Dienstverhältnis. 7

Die Vergütung steht der Betreuungsbehörde nur für die Tätigkeit des konkret bestellten Betreuers zu. Kein Vergütungsanspruch besteht, wenn der bestellte Behördenbetreuer ohne Mitwirkung des Betreuungsgerichts während seines Urlaubs eine andere Person mit der Ausführung der ihm übertragenen Aufgabenkreise betraut (vgl. für den Vereinsbetreuer OLG Brandenburg FGPrax 2002, 19). 8

Endet das Arbeits- oder Dienstverhältnis des Behördenbetreuers, ist er gem. § 1868 VI BGB zu entlassen und es ist ein neuer Betreuer zu bestellen. Bis zu seiner Entlassung stehen evtl. Vergütungs- oder Aufwendungsersatzansprüche ausschließlich der Behörde zu. Wird der Behördenbetreuer als solcher entlassen und zugleich als Privatperson oder Berufsbetreuer bestellt, stehen ihm die Ansprüche ab dem Zeitpunkt der Wirksamkeit des Entlassungs- und Bestellungsbeschlusses selbst zu. 9

2. Ermessensvergütung (I S. 1). Ist ein Mitarbeiter der Betreuungsbehörde als Behördenbetreuer bestellt worden, steht der Behörde nach I 1 eine Vergütung nach § 1876 2 BGB zu. Hiernach kann das Betreuungsgericht der Betreuungsbehörde eine angemessene Vergütung bewilligen, wenn der Umfang oder die Schwierigkeit der Wahrnehmung der Angelegenheiten des Betreuten dies rechtfertigen und der Betreute nicht mittellos ist. Infolge der gesetzgeberischen Intention, dass der Betreuungsbehörde grundsätzlich kein Vergütungsanspruch zusteht, erfordert die Anwendung des I 1 eine **restriktive Handhabung.** 10

a) Ermessensentscheidung. Die Gewährung einer Vergütung liegt im Ermessen des Gerichts, demgemäß diesem vom Gesetzgeber ein Beurteilungs- und Entschließungsfreiraum eingeräumt wird. Hierbei muss sich das Gericht vom Sinn und Zweck der Regelung leiten lassen. Eine fehlerhafte Ermessensausübung liegt bei einer Ermessensüberschreitung, einem Ermessensfehlgebrauch sowie bei unsachgemäßen Erwägungen vor. Die Ausübung des Ermessens betrifft nicht nur die Vergütung dem Grunde nach, sondern auch deren Höhe. Maßgebendes Entscheidungskriterium sollte daher sein, ob es Betreuungsbehörde im konkreten Einzelfall zugemutet werden kann, die Betreuung ohne Vergütung zu führen. 11

b) Umfang und Schwierigkeit. Die Ermessensentscheidung ist unter Abwägung aller relevanten Umstände des Einzelfalles zu treffen, wobei insbesondere die in § 1876 2 BGB genannten Umstände des Umfangs oder der Schwierigkeit eine maßgebende Rolle spielen. Der Begriff der Schwierigkeit umfasst hierbei nicht ausschließlich rein rechtliche Schwierigkeiten, sondern ist vielmehr als Erschwernis zu verstehen (siehe Bienwald/Felix BGB § 1876 Rn. 8 ff.). Als Grund für eine erhöhte Vergütung können daher **tatsächliche** und/oder **rechtliche Erschwernisse** bei der 12

Ausübung der Tätigkeit im konkreten Verfahren in Betracht kommen. Zum Begriff der Schwierigkeit wird auf die Kommentierung zu → § 4 Rn. 42 ff. verwiesen. Zur Ermessensvergütung im Allgemeinen siehe Bienwald/Felix BGB § 1876 Rn. 1 ff.

13 **c) Mittellosigkeit.** Die Ermessensvergütung kann nur dann bewilligt werden, wenn der Betreute nicht mittellos ist. Der Begriff der Mittellosigkeit beurteilt sich nach § 1880 I BGB. Das für die Beurteilung zugrunde zulegende Vermögen wird nach § 1880 II BGB ermittelt. Hierzu wird auf die Kommentierung zu → § 2 Rn. 6 ff. verwiesen.

14 **d) Bestimmung der Vergütungshöhe.** Die Höhe der Ermessensvergütung ist gesetzlich nicht festgelegt, so dass es keinen Mindest- oder Höchstbetrag gibt und die Vergütung die Regelsätze (erheblich) übersteigen können. Infolge der vom Gesetzgeber vorgegebenen Kriterien des Umfangs und der Schwierigkeit, können als Maßstab weder die Höhe des Vermögensbestandes noch die Höhe der Fallpauschalen des Berufsbetreuers angelegt werden (BT-Drs. 15/4874, 32; OLG Köln FGPrax 2008, 246). Da die Fallpauschalen des Berufsbetreuers auf einer Mischkalkulation beruhen, bieten lediglich die Stundensätze des Vormunds einen gewissen Anhaltspunkt (OLG Schleswig FGPrax 2010, 139; BayObLGZ 1998, 65 = NJW-RR 1999, 5).

15 Die Vergütung kann entweder in Form einer Pauschale für die gesamte Tätigkeit oder anhand eines im Rahmen des Ermessens festgelegten Stundensatzes bewilligt werden. Ebenso kann die Vergütung einmalig am Ende des Betreuungsjahres oder laufend bewilligt werden (Bienwald/Felix BGB § 1876 Rn. 19).

16 **e) Anspruchsentstehung und Ausschlussfrist.** Die **Entstehung des Vergütungsanspruchs** wird seitens des Gesetzgebers in das Ermessen des Betreuungsgerichts gestellt (Bienwald/Felix, BGB § 1876 Rn. 25). Der Vergütungsanspruch realisiert sich somit erst mit der gerichtlichen Entscheidung (OLG Zweibrücken NJW-RR 2008, 620). Demgemäß fallen Entstehung und Fälligkeit des Anspruchs auf den Zeitpunkt der gerichtlichen Entscheidung.

17 Einer **Ausschlussfrist** bedarf es für die Ermessensvergütung nicht, weil der Anspruch erst mit der gerichtlichen Entscheidung entsteht und fällig wird und unterliegt der allgemeinen Verjährungsfrist des § 195 BGB.

18 **3. Aufwendungsersatz und Vorschuss (I S. 2 und III).** Wie beim Anspruch auf Vergütung, ist auch für die Beurteilung des Vorliegens eines Anspruchs auf Aufwendungsersatz und Vorschuss zwischen der Bestellung eines **Behördenbetreuers** als natürliche Person und der der **Betreuungsbehörde** als juristische Person zu differenzieren.

19 Ist ein **Behördenbetreuer** zum Betreuer bestellt, kann die Betreuungsbehörde als Anspruchsinhaber den nach § 14 I 2 iVm § 1877 I BGB bestehenden Anspruch auf Aufwendungsersatz – nicht aber der allgemeinen Verwaltungskosten – nur in den Fällen geltend machen, in denen der Betreute nicht mittellos iSd § 1880 BGB ist. Im Rückschluss bedeutet dies, wie bei der Vergütung, dass bei einem mittellosen Betroffenen der Aufwendungsersatz auch nicht aus der Staatskasse gefordert werden kann. Zur Bestimmung des einzusetzenden Vermögens wird auf die Kommentierung zu → § 2 Rn. 6 ff. verwiesen. Der in § 1877 I 1 enthaltene Anspruch auf Geltendmachung eines Vorschusses auf die vermutlich entstehenden Aufwendungen steht der Betreuungsbehörde nach I 2 nicht zu.

20 Obschon der **Betreuungsbehörde,** wenn sie nach § 1818 IV BGB als juristische Person zum Betreuer bestellt wird, nach III 1 kein Vergütungsanspruch zusteht, kann sie nach III 2 einen Anspruch auf Ersatz der Aufwendungen geltend machen. Der Anspruch umfasst den Aufwendungsersatz in entsprechender Anwendung des § 1877 I BGB, der sich allerdings nicht auf die allgemeinen Verwaltungskosten erstreckt, und kann nur in den Fällen geltend gemacht werden, in denen der Betreute nicht mittellos ist. Das Recht auf Geltendmachung eines Vorschusses auf die Aufwendungen steht der Betreuungsbehörde nicht zu.

21 Infolge der in § 1877 I BGB enthaltenen Verweisung auf § 670 BGB, sind nur solche Aufwendungen erstattungsfähig, die der Behördenbetreuer oder die Betreuungsbehörde „nach den Umständen für erforderlich halten durfte." Die Aufwendungen müssen der konkreten Betreuung zugeordnet werden können. Dementsprechend können allgemeine Büro- und Verwaltungskosten auch durch einen individuellen

Umlageschlüssel in Ansatz gebracht werden. Im Übrigen wird auf die Kommentierung zu → § 4 Rn. 4 ff. verwiesen.

4. Zeitpunkt der Beurteilung der Mittellosigkeit. Bei der Regelung des § 14 ist es infolge einer fehlenden Bestimmung fraglich, auf welche Zeitpunkte abzustellen ist, zu denen der Vermögensstatus des Betreuten und der Vergütungsschuldner zu bestimmen ist. 22

Bei der Vergütung des Berufsbetreuers bestimmt sich der Zeitpunkt zur Beurteilung des Vermögensstatus zur Bestimmung der Fallpauschale gem. § 9 IV 1 anhand der finanziellen Verhältnisse am Ende des jeweiligen Betreuungsmonats. Hingegen erfolgt die Bestimmung des Vergütungsschuldners zum Zeitpunkt der Festsetzungsentscheidung. Behördenbetreuer und Betreuungsbehörde unterliegen bei der Ermessensvergütung und dem Aufwendungsersatz nicht den festen Abrechnungszeiträumen des § 15. 23

Sinn und Zweck der Ermessensvergütung ist es, die mit der Betreuung einhergehenden rechtlichen und tatsächlichen Erschwernisse beim Behördenbetreuer, die von der gesetzlichen Vergütung nicht abgebildet werden können und die insoweit dafür sorgen, dass der eingesetzte Mitarbeiter für andere Betreuungen der Behörde nur eingeschränkt zur Verfügung steht, entsprechend zu vergüten, obwohl diese aus öffentlichen Geldern finanziert wird. Hieran soll sich der vermögende Betreute beteiligen und die Vergütung aus seinem Vermögen begleichen. Dergleichen gilt auch für die Aufwendungen, die der Betreuungsbehörde durch ihr eigene oder die Bestellung des Behördenbetreuers entstehen. 24

Den vorstehend genannten Erwägungen folgend, ist daher zur Bestimmung des Vermögensstatus und des Vergütungsschuldners ausschließlich auf den Zeitpunkt der Antragstellung auf Gewährung der Ermessensvergütung oder des Aufwendungsersatzes abzustellen. Eine analoge Anwendung des § 9 IV 1 und die daraus resultierende zeitlich abweichende Bestimmung des Vergütungsschuldners scheiden aus. Hätte der Gesetzgeber eine mit § 9 IV 1 und dessen Folgen vergleichbare Regelung für den Anspruch der Behörde zur Anwendung gelangen wollen, wäre eine solche Bestimmung getroffen worden. Dies hat zur Folge, dass in den Fällen, in denen der Betreute während des Abrechnungszeitraums vermögend aber zum Zeitpunkt der Festsetzung mittellos ist, weder eine Ermessensvergütung noch der Aufwendungsersatz aus der Landeskasse gezahlt wird und zwar unabhängig davon, ob die Voraussetzungen für die Gewährung während des Abrechnungszeitraums vorlagen. 25

Zeichnet es sich während des Abrechnungszeitraums ab, dass der in Betreute in absehbarer Zeit mittellos wird und liegen die Voraussetzungen für die Gewährung der Ermessensvergütung oder des Aufwendungsersatzes vor, obliegt es der Betreuungsbehörde rechtzeitig einen entsprechenden Festsetzungsantrag beim Betreuungsgericht zu stellen. Die Betreuungsbehörde muss demnach das ihr Mögliche und Zumutbare tun, um den Vergütungsanspruch gegen den Betreuten durchzusetzen. 26

III. Ausschlussfrist (IV). Die nach I 1 zu gewährende **Ermessensvergütung** unterliegt keiner Ausschlussfrist, da die Entstehung des Anspruchs in das Ermessen des Gerichts gestellt wird (→ Rn. 11). Nach IV ist § 1877 IV auf Ansprüche der Betreuungsbehörde nicht anzuwenden. Hiernach erlöschen Ansprüche auf Aufwendungsersatz 15 Monate nach ihrer Entstehung. 27

Die Ansprüche auf **Aufwendungsersatz** unterliegen gem. IV nicht der Ausschlussfrist des § 1877 IV. Folglich verjährt der Anspruch auf Aufwendungsersatz gem. §§ 195, 199 I BGB am Ende des dritten Jahres nach dem Jahr, in dem der Aufwand angefallen ist (MüKoBGB/Fröschle, 8. Aufl. 2020, § 8 Rn. 14). Der Anwendungsausschluss der Ausschlussfrist für den Aufwendungsersatz ist auch sachgerecht, da der Aufwendungsersatz erst dann von der Betreuungsbehörde geltend gemacht werden kann, wenn der Betreute vermögend ist oder geworden ist, der Anspruch aber bereits mit der getätigten Aufwendung entsteht und fällig wird. Somit würde der Betreuungsbehörde nur ein unangemessen kurzer Zeitraum zur Geltendmachung zur Verfügung stehen. 28

Abrechnungszeitraum für die Betreuungsvergütung

15 **I 1Die Vergütung kann nach Ablauf von jeweils drei Monaten für diesen Zeitraum geltend gemacht werden. 2Dies gilt nicht für die Geltendmachung von Vergütung und Aufwendungsersatz in den Fällen der §§ 12 und 13 Absatz 2.**

II 1Der Betreuer kann, wenn eine Veränderung der für die Höhe der Vergütung maßgeblichen Kriterien des § 9 Absatz 1 Nummer 2 und 3 nicht zu erwarten ist, die Festsetzung der Vergütung auch für zukünftige Zeiträume nach § 292 Absatz 2 Satz 1 des Gesetzes über das Verfahren in Familiensachen und in den Angelegenheiten der freiwilligen Gerichtsbarkeit beantragen. 2Für die Dauer der Festsetzung nach § 292 Absatz 2 des Gesetzes über das Verfahren in Familiensachen und in den Angelegenheiten der freiwilligen Gerichtsbarkeit gelten die Vergütungsansprüche als geltend gemacht nach § 16 Absatz 3. 3Eine Änderung der Kriterien des § 9 Absatz 1 hat der Betreuer unverzüglich mitzuteilen.

Übersicht

1 **I. Normzweck.** Die Regelung des § 15 entspricht in I der Regelung des § 9 I aF § 15 erfasst die pauschalierten Vergütungsansprüche der berufsmäßigen Betreuer und legt einen periodischen Abrechnungszeitraum von drei Monaten fest. Die festen Abrechnungszeiträume sollen den beim Gericht aufgrund der Auszahlungsvorgänge bzw. Festsetzungsverfahren anfallenden Verwaltungsaufwand verringern. Eine Vereinfachung der Abrechnungen für die Betreuer wurde mit dieser Regelung nicht angestrebt (BGH NJW-RR 2016, 1154 Rn. 13).

2 Die Regelung in II korrespondiert mit § 292 II FamFG und wurde mit dem Gesetz zur Reform des Vormundschafts- und Betreuungsrechts eingeführt. Damit soll sowohl für Berufsbetreuer als auch für die Betreuungsgerichte die Möglichkeit einer Dauervergütungsfestsetzung geschaffen werden, ohne dieses Verfahren zwingend nutzen zu müssen (BT-Drs. 19–24446/396). Diese Dauerfestsetzung soll auf beiden Seiten vor allem zu einer Zeitersparnis führen.

3 **II. Anwendungsbereich.** § 15 findet auf alle **Berufsbetreuer** (Vereinsbetreuer, Berufsbetreuer, Ersatzbetreuer) sowie auf den **Betreuungsverein** als juristische Person Anwendung, die nach **Fallpauschalen** abrechnen. Keine Anwendung erfolgt demnach auf Berufsbetreuer, die tätigkeitsbezogen vergütet werden, wozu insbesondere der Sterilisationsbetreuer und der Ergänzungsbetreuer zählen; insoweit erfolgt durch I 2 eine entsprechende Klarstellung. Ebenso findet § 15 keine Anwendung auf die Ermessensvergütung der **Betreuungsbehörde** bei der Bestellung eines Behördenbetreuers sowie die Vergütungsansprüche des **Verfahrenspflegers.** Verfahrenspfleger unterfallen der Regelung des § 2 II.

4 **III. Dreimonatszeitraum (I).** Von der **Betreuungsdauer** des § 9 II 1 ist der **Abrechnungszeitraum** des § 15 I zu unterscheiden, auch wenn diese beiden Zeiträume idR zusammenfallen. Der Abrechnungszeitraum des § 15 I orientiert sich grundsätzlich nicht an der konkreten Betreuungsdauer des § 9 II 1, sondern an dem Zeitpunkt der **Wirksamkeit der (jeweiligen) Betreuerbestellung.** Aufgrund

§ 187 I BGB beginnt der Abrechnungszeitraum mit dem auf die wirksame Bekanntgabe des gerichtlichen Anordnungs- und Bestellungsbeschlusses folgenden Tag (siehe Kommentierung zu→ § 9 Rn. 7 ff.).

Der Anspruch auf die Fallpauschalen kann infolge des I erstmals drei Monate nach wirksamer Betreuerbestellung geltend gemacht werden und anschließend erneut nach drei Monaten, usw. Eine frühere Geltendmachung bzw. eine kürzere Abrechnungsdauer sind **unzulässig** (BGH NJW-RR 2016, 1154). Wortlaut und Zweck der Norm gebieten eine strikte Einhaltung des Abrechnungszeitraums (BGH NJW-RR 2011, 1153). Dies schließt allerdings nicht aus, dass der Betreuer die Vergütung für mehrere Abrechnungsquartale zusammen beantragen kann, wobei die Grenze durch die Ausschlussfrist des § 16 III gezogen wird. 5

Endet die Betreuung (Aufhebung oder Tod) oder findet ein **Betreuerwechsel** statt, kann der vorherige Betreuer seinen Vergütungsanspruch bereits vor dem Erreichen des nächsten Abrechnungszeitraums geltend machen (BGH NJW-RR 2011, 1153). Zum Betreuerwechsel siehe die Kommentierung zu→ § 9 Rn. 32 ff. Wird ein für den tatsächlichen Verhinderungsfall bestellter **Ersatzbetreuer** tätig, ist dieser ebenso nicht an den Abrechnungszeitraum des § 15 I gebunden. Der Ersatzbetreuer kann sofort nach Beendigung seines Einsatzes als Vertreter die Vergütung für seinen Tätigkeitszeitraum beantragen und muss nicht den Ablauf des Dreimonatszeitraums abwarten. 6

Der Tag nach Ablauf des Dreimonatszeitraums stellt den Zeitpunkt für den **Beginn der Ausschlussfrist** des § 16 III dar. Hierzu wird auf die Kommentierung zu→ § 16 Rn. 36 ff. verwiesen. 7

IV. Dauerfestsetzung (II). Die neu hinzugefügte und mit § 292 II FamFG korrespondierende Bestimmung des II gibt Berufsbetreuern und Betreuungsvereinen die Möglichkeit, eine Festsetzung der Fallpauschalen für zukünftige Zeiträume zu beantragen, wenn eine Änderung der vergütungsrelevanten Umstände und Kriterien nicht zu erwarten ist. Abweichend von I ist zukünftig nicht nur die Festsetzung vergangener, sondern auch zukünftiger Abrechnungsquartale zulässig. Die Dauerfestsetzung umfasst ausschließlich das formelle Vergütungsfestsetzungsverfahren und findet **keine Anwendung auf die Festsetzung im vereinfachten Verfahren** nach § 292 V FamFG. 8

Die Festsetzung unterliegt jedoch einem **Änderungsvorbehalt,** so dass die Zahlungen aus der Staatskasse oder die Entnahmen aus dem Vermögen des Betreuten unter dem Vorbehalt der Verwirklichung bzw. der Beständigkeit der vergütungsrelevanten Umstände stehen. Da die Entnahmen oder Zahlungen aus der Landeskasse erst nach Ablauf der Abrechnungsquartale (also rückwirkend) erfolgen dürfen, handelt es sich nicht um einen Vorschuss, so dass eine endgültige Festsetzung der Ansprüche entbehrlich ist. 9

1. Verfahren nach § 292 II FamFG. Formell-rechtlich ist die Dauerfestsetzung zukünftiger Ansprüche in § 292 II FamFG geregelt. Der Anwendungsbereich des § 292 II FamFG erstreckt sich auf die nach § 292 I Nr. 3 FamFG festzusetzende Vergütung der Berufs- und Vereinsbetreuer. Die Möglichkeit der Festsetzung der zukünftigen Ansprüche umfasst somit ausschließlich die Vergütungsansprüche in Form der **Fallpauschalen** nach §§ 8, 9 sowie der **gesonderten Pauschalen** nach § 10. 10

Eine Festsetzung von **Ansprüchen auf Aufwendungsersatz** für die Betreuer, die tätigkeitsbezogen vergütet werden, ist bereits aufgrund der fehlenden Prognosemöglichkeit hinsichtlich der möglicherweise entstehenden Aufwendungen nicht möglich; insoweit verweist § 292 II 1 FamFG auch nur auf § 292 I Nr. 3 FamFG. 11

Die Festsetzung zukünftiger Ansprüche kann bei Vorliegen der Voraussetzungen der §§ 15 II, 9 I Nr. 2 und 3 erfolgen. Hiernach können zukünftige Ansprüche festgesetzt werden, wenn zu erwarten ist, dass sich die für die Vergütung maßgeblichen Parameter nicht ändern werden. Die Formulierung „… Veränderung der für die Höhe der Vergütung maßgeblichen Kriterien des § 9 Absatz 1 Nummer 2 und 3 nicht zu erwarten ist" führt allerdings nicht dazu, dass die Vergütung im ersten Jahr der Betreuung nicht nach § 15 II iVm § 292 II FamFG festgesetzt werden kann. Zu den **maßgeblichen Kriterien** gehören der Ort des gewöhnlichen Aufenthalts des 12

Betreuten sowie dessen Vermögensstatus sowie die berufliche Qualifikation des Berufsbetreuers. Demnach kann trotz der Änderungen der Vergütung in den ersten drei Monaten, im vierten bis sechsten Monat sowie im siebten bis zwölften Monat, die Vergütung bei zu erwartender Beständigkeit auf Dauer für den zukünftigen Zeitraum festgesetzt werden.

13 In dem Verfahren auf Festsetzung der zukünftigen Ansprüche tritt zum Zeitpunkt der Festsetzung an die Stelle der nachträglichen Prüfung der vergütungsrelevanten Umstände eine **Prognoseentscheidung** hinsichtlich deren Entwicklung bzw. der Wahrscheinlichkeit des Eintritts von Änderungen. Die zu treffende Prognose hat sich an sowohl an den wirtschaftlichen und persönlichen Verhältnissen des Betreuten als auch am Verfahren selbst zu orientieren. Ist die Betreuung etwa **einstweilen angeordnet** worden, sollte bereits unter Berücksichtigung des § 302 S. 1 FamFG eine Festsetzung über sechs Monate hinaus nicht vorgenommen werden; ein längerer Zeitraum sollte erst nach Verlängerung bzw. endgültiger Bestellung festgesetzt werden. Zudem sollte zur Vermeidung von Rückforderungen die Beantragung der zukünftigen Ansprüche nicht erfolgen, wenn sich ein Betreuerwechsel oder die Aufhebung der Betreuung abzeichnet bzw. unmittelbar bevorsteht

14 **a) Keine Vorverlagerung der Fälligkeit.** Zu beachten ist, dass die Festsetzung zukünftiger Ansprüche nicht zu einer Vorverlagerung der Fälligkeit der Vergütung führt. Demzufolge darf die Auszahlung der Vergütung aus der Staatskasse oder die Entnahme der Vergütung aus dem Vermögen des Betreuten **erst am Ende des Abrechnungsquartals** iSd § 15 I vorgenommen werden. Für den Zeitraum der festgesetzten zukünftigen Vergütung, gilt diese nach § 15 II als iSd § 16 III rechtzeitig geltend gemacht, so dass die festgesetzte Vergütung nicht der Ausschlussfrist unterliegt.

15 **b) Überprüfung der Vergütungsparameter (§ 292 II 3 FamFG).** Sind die zukünftigen Ansprüche des Berufsbetreuers oder Betreuungsverein festgesetzt worden, soll diese Festsetzung gem. § 292 II 3 FamFG in regelmäßigen Abständen, die einem **Zeitraum von zwei Jahren** nicht übersteigen dürfen, überprüft werden. Die Überprüfung der für die Festsetzung der Vergütung maßgeblichen Umstände erfolgt **von Amts wegen.**

16 **aa) Bestimmung des Überprüfungszeitraums.** Den **Überprüfungszeitraum** bestimmt das Gericht nach **eignen Ermessen** und legt diesen im Festsetzungsbeschluss fest. Die Bestimmung des Überprüfungszeitraums unterliegt nur einer eingeschränkten Überprüfung dahingehend, ob das Gericht das ihm eingeräumte Ermessen fehlerhaft ausgeübt hat, also Ermessensüberschreitung, Ermessensfehlgebrauch oder der Entscheidung unsachgemäße Erwägungen zugrunde liegen. Die Bestimmung des Überprüfungszeitraums hat sich, wie bei der Prognoseentscheidung (→ Rn. 13), an dem Verfahren selbst (zB einstweilige Anordnung) und der wahrscheinlichen Entwicklung der persönlichen und wirtschaftlichen Verhältnisse des Betreuten zu orientieren.

17 Eine Überprüfung im Quartalsrhythmus wäre nur dann in Betracht zu ziehen, wenn dies der Einzelfall rechtfertigt, weil sonst das mit § 15 II verfolgte Ziel konterkariert würde. Ebenso ist die Vorgabe eines **allgemeingültigen Überprüfungszeitraums** nicht möglich, da dies die Besonderheiten des konkreten Verfahrens unberücksichtigt lässt und dem Ziel der Verfahrensökonomie entgegensteht. Befindet sich der Betroffene beispielsweise in einer stationären Pflegeeinrichtung und ist mittellos, kann dies durchaus dafür sprechen, unter Berücksichtigung des Lebensalters und der Lebenserwartung des Betreuten die Höchstgrenze von zwei Jahren festzusetzen. Liegt das Vermögen des Betreuten nur knapp über dem Vermögensschonbetrag oder vermindert sich aufgrund stationärer Pflege regelmäßig, spricht dies eher für einen **kürzeren Überprüfungszeitraum.** Dergleichen gilt, wenn der Betreute in der eigenen Wohnung nur noch bedingt gepflegt werden kann und/oder mittelfristig ein Aufenthaltswechsel angedacht ist. Im Ergebnis sollte unabhängig vom Vermögenstatus des Betreuten vermieden werden, Rück- oder Nachforderungsverfahren wegen Überzahlungen betreiben zu müssen, so dass in Einzelfällen auch vom Gebrauch der Festsetzung nach § 292 II FamFG abgesehen werden sollte.

18 **bb) Durchführung der Überprüfung.** Die Durchführung und der Inhalt der Überprüfung der vergütungsrelevanten Umstände erfolgt in entsprechender Anwendung des § 292 III 1 FamFG. Das Gericht kann in der von Amts wegen vorzuneh-

menden Überprüfung sowohl den Betreuer als auch den Betreuten befragen. Infolge der Verweisung auf § 118 II 1 und 2 ZPO kann das Gericht verlangen, die im Antrag getätigten Angaben glaubhaft zu machen (§ 31 FamFG). Des Weiteren kann das Gericht Erhebungen anstellen, indem es die Vorlegung von Urkunden anordnet und Auskünfte einholt.

c) Unverzügliche Mitteilung durch Betreuer (II S. 3). Bei einer Festsetzung von Ansprüchen für die Zukunft und das damit einhergehende Abstellen auf eine Prognose muss sichergestellt sein, dass eine Änderung der vergütungsrelevanten Umstände möglichst zügig weitergebenen und durch das Gericht mit einer Neufestsetzung umgesetzt werden kann. § 15 II 3 erlegt dem Berufsbetreuer die Pflicht auf, eine Änderung der vergütungsrelevanten Umstände dem Gericht unverzüglich mitzuteilen. 19

Das Erfordernis der unverzüglichen Mitteilung ist in Anlehnung des § 121 I 1 BGB auszulegen. Hiernach bedeutet „unverzüglich", dass der Berufsbetreuer die Mitteilung **ohne schuldhaftes Zögern** vornimmt. Dem Betreuer obliegt demnach die mit der Übertragung der Betreuung einhergehende Nebenpflicht, bei Festsetzungen nach § 15 II iVm § 292 II FamFG Änderungen vergütungsrelevanter Umstände, die die Höhe des dauerhaft festgesetzten Anspruchs beeinflussen, so rechtzeitig bekanntzugeben, wie ihm dies unter den gegebenen Umständen und unter Berücksichtigung der Interessen des Betreuten oder der Staatskasse zumutbar ist (zur Definition siehe BGH NJW-RR 1994, 1108, (1109)). Diese Mitteilungspflicht des Berufsbetreuers wird einerseits durch die Überprüfungspflicht des Gerichts und andererseits durch die in § 292 IV FamFG normierte Anhörungspflicht des Betreuten ergänzt. 20

2. Rechtskraft der Dauerfestsetzung. Die im Rahmen der Dauerfestsetzung festgesetzten Vergütungsansprüche des Berufsbetreuers unterliegen einem gesetzlichen **Änderungsvorbehalt.** Es ist daher fraglich, ob die Entscheidungen nach § 292 II FamFG der formellen und materiellen Rechtskraft zugänglich sind: 21

Nach § 45 1 FamFG tritt **formelle Rechtskraft** nicht ein, bevor die Frist für die Einlegung des zulässigen Rechtsmittels oder des zulässigen Einspruchs, des Widerspruchs oder der Erinnerung abgelaufen ist. Die Entscheidung kann demnach durch ein ordentliches Rechtsmittel oder einen Rechtsbehelf nicht mehr angefochten werden (vgl. § 19 I EGZPO). **Materielle Rechtskraft** liegt vor, wenn der in einer formell rechtskräftigen Entscheidung entschiedene Sachverhalt von den an die Rechtskraft gebundenen Personen nicht einer neuerlichen richterlichen Nachprüfung unterbreitet werden kann – „ne bis in idem-Gebot" (Keidel/Engelhardt FamFG § 45 Rn. 22). Entscheidungen über die Bewilligung oder die Ablehnung von Vergütungs- und/oder Aufwendungsersatzansprüchen sind der materiellen Rechtskraft fähig, weil sie in ihrem Wesen echten Streitverfahren gleichen und grundsätzlich nur auf Antrag ergehen (BayObLG FamRZ 1998, 105). 22

Bei der Dauerfestsetzung können die zukünftigen Vergütungsansprüche **nicht endgültig festgesetzt** werden, da sie aufgrund der bestehenden Möglichkeit zukünftiger Änderungen vergütungsrelevanter Umstände einer erneuten gerichtlichen Überprüfung unterliegen müssen. Demzufolge können die nach § 292 II FamFG betriebenen Verfahren, trotzdem es sich um, der materiellen Rechtskraft fähige, Festsetzungsverfahren handelt, **ausschließlich in formeller Rechtskraft** erwachsen. 23

Gleichwohl ist das Festsetzungsverfahren mit Eintritt der formellen Rechtskraft grundsätzlich beendet und der Betreuer kann aus der Entscheidung **vollstrecken,** da gem.§ 86 II FamFG die Wirksamkeit des Beschlusses genügt (MüKoFamFG/Ulrici FamFG § 45 Rn. 12; Keidel/Engelhardt FamFG § 45 Rn. 3). Somit begründet auch das Festsetzungsverfahren nach § 292 II FamFG für den Betreuer ein schutzwürdiges Vertrauen in die Beständigkeit der festgesetzten Vergütung und führt zu der für ihn wichtigen Rechtssicherheit. 24

3. Abänderung der ursprünglichen Entscheidung. Haben sich die für die Vergütung des Berufsbetreuers maßgeblichen Umstände nach deren Festsetzung geändert, bedarf es einer Abänderung der ursprünglichen Festsetzungsentscheidung, da die für die Zukunft festgesetzten Ansprüche nicht mehr einschlägig sind. Zu den maßgeblichen Kriterien gehören der Ort des gewöhnlichen Aufenthalts des Betreuten 25 sowie dessen Vermögensstatus sowie die berufliche Qualifikation des Berufsbetreuers. Eine Änderung des Aufgabenkreises löst eine Überprüfung nicht aus, da die Aufgabenkreise oder Aufgabenbereiche keinen Einfluss auf die Vergütung ausüben. Eine Änderung kann allerdings auch verfahrensbedingt eintreten, indem ein **Betreuerwechsel** stattfindet oder die Betreuung infolge **Aufhebung** oder **Tod** endet.

26 Für die Abänderung der Festsetzungsentscheidung findet nach hiesiger Auffassung die Regelung des **§ 48 I 1 FamFG entsprechende Anwendung:** Die Festsetzung zukünftiger Ansprüche stellt ein Dauerrechtsverhältnis dar, dessen rechtliche Folgen sich in Form der zu zahlenden Vergütung in Abhängigkeit von den Vergütungsparametern und der Betreuungsdauer ständig erneuert und vom Fortbestand der Beschlusswirkungen abhängig ist (zur Voraussetzung der Dauerwirkung siehe MüKo-FamFG/Ulrici, 3. Aufl. 2018, FamFG § 48 Rn. 10 mwN).

27 **a) Abänderung durch Beschluss.** Eine Abänderung der Dauerfestsetzung nach § 292 II FamFG **vor Eintritt der formellen Rechtskraft** ist nicht möglich, weil insoweit die Beschwerde oder Erinnerung vorrangig ist. Die Abänderung der Dauerentscheidung erfolgt von Amts wegen, wobei ein als Anregung zu wertender Antrag an das Gericht – beispielsweise infolge einer Mitteilung des Betreuers – den entsprechenden Anstoß geben kann. Gleichwohl kann aber auch das Gericht aufgrund der selbst durchgeführten Überprüfung die Abänderung vornehmen – ein Ermessen zur Durchführung der Abänderung besteht nicht.

28 Die Abänderung der Dauerfestsetzung ist eine eigenständige Entscheidung, die durch zu **begründenden Beschluss** ergehen hat, der – wie die Ausgangsentscheidung – denselben Rechtsmitteln unterliegt. Im Rahmen des Abänderungsverfahrens kann der Betreuer erneut wählen, ob er eine Dauerfestsetzung zukünftiger Ansprüche beantragt oder eine Festsetzung nach § 15 I. Wird in der Abänderungsentscheidung wieder eine Festsetzung zukünftiger Ansprüche vorgenommen, hat das Gericht **erneut** eine Prognoseentscheidung anhand der zum Entscheidungszeitpunkt vorliegenden wirtschaftlichen und persönlichen Verhältnisse des Betreuten zu treffen.

29 Die ursprüngliche Dauerfestsetzungsentscheidung oder eine evtl. bereits ergangene Änderungsentscheidung kann im Rahmen der Abänderung **aufgehoben oder abgeändert** werden. Zu beachten ist allerdings, dass die ursprüngliche Entscheidung nur insoweit abgeändert werden kann, wie dies auf Grund der nachträglichen Änderung der Sach- und Rechtslage erforderlich ist. Die Entscheidung ist daher unter Beibehaltung der unveränderten Beschlussgrundlagen und unter Berücksichtigung der neuen Sach- und Rechtslage erneut zu treffen; eine Neubewertung unveränderter Entscheidungsgrundlagen darf nicht erfolgen (MüKoFamFG/Ulrici FamFG § 48 Rn. 15). Bei einer **vollständigen Aufhebung** ist zu beachten, dass hiervon auch die unverändert gebliebenen und bereits realisierten Vergütungsansprüche erfasst werden und diesen dadurch die Rechtsgrundlage entzogen wird.

30 **b) Zeitpunkt der Rückwirkung der Abänderung.** Weder für das Abänderungsverfahren nach § 48 I FamFG noch für das Verfahren nach § 292 II FamFG ist es gesetzlich geregelt, ob die abändernde Entscheidung rückwirkende Kraft hat oder ob das Gericht bestimmen kann, dass die Abänderung eine rückwirkende Kraft haben soll oder nicht. Dem Sinn und Zweck des Dauerfestsetzungsverfahrens folgend, kann die Anpassung frühestens zum Zeitpunkt der Umstandsänderung eine Rückwirkung entfalten. Demgemäß entfaltet die Abänderungsentscheidung nach § 292 II FamFG nicht erst ab dem Zeitpunkt der Bekanntgabe ihre Wirksamkeit, sondern **wirkt auf den Zeitpunkt zurück,** zu dem sich die vergütungsrelevanten Umstände geändert haben, die zur Abänderung der ursprünglichen Festsetzungsentscheidung führten.

31 **c) Nach- und Rückforderung der Vergütung.** Hat die Überprüfung und Neufestsetzung der sich geänderten Vergütung zur Feststellung geführt, dass Rückforderungs- oder Nachforderungsansprüche bestehen, sind solche Nach- oder Rückzahlungsverpflichtungen in den Abänderungsbeschluss mit aufzunehmen und deren Umsetzung durch das Gericht zu überwachen.

32 **aa) Nachforderung beim vermögenden Betreuten.** Ist der Betroffene vermögend, kann sich der Betreuer aufgrund des Festsetzungsbeschlusses die Vergütung aus dem Vermögen entnehmen; § 40 II FamFG gelangt nicht zur Anwendung. Unproblematisch ist es daher, wenn in der Abänderungsentscheidung festgestellt wird, dass dem Betreuer für einen zurückliegenden Zeitraum ein höherer Vergütungs-

anspruch zusteht. In diesen Fällen ist im Abänderungsbeschluss der konkrete Betrag aufzuführen, den der Betreuer dem Vermögen des Betreuten zusammen mit der weiteren ihm zustehenden fälligen Vergütung entnehmen kann.

bb) Überzahlung beim vermögenden Betreuten. Hingegen stellt es sich problematischer dar, wenn Überzahlungen stattgefunden haben und der Betreute gegen den Betreuer einen Rückzahlungsanspruch geltend machen muss. Auch wenn der Gesetzgeber hierzu ausführt, dass dieser Anspruch unproblematisch mit nachfolgenden Vergütungsforderungen der beruflichen Betreuer verrechnet werden könne (BT-Drs. 19/24445, 397), steht dieser Vorgehensweise zunächst materielles Recht entgegen: 33

Der Gesetzgeber hat hierbei übersehen, dass die **Aufrechnung** grundsätzlich dem **Genehmigungsvorbehalt** des § 1849 BGB unterliegt und der Betreuer infolge §§ 1824 II, 181 BGB von der Vertretung ausgeschlossen sowie gem. § 1817 V BGB ein Ergänzungsbetreuer zu bestellen ist, wenn die Aufrechnung für den Betreuten als Gläubiger erklärt werden soll. Unterfällt der aufzurechnende Anspruch allerdings der Ausnahmeregelung des § 1849 Abs. 2 Nr. 1 BGB, weil er unter dem Betrag von 3.000 EUR liegt, bedarf es keiner Genehmigung – ein eventueller Vertretungsausschluss bleibt hiervon unberührt. **Einer Genehmigung bedarf es nicht,** wenn der Schuldner des Betreuten – in diesem Fall der Betreuer – aufrechnet (zum Genehmigungserfordernis siehe Bienwald/Felix BGB § 1849 Rn. 40). Weigert sich hingegen der Betreuer, die überzahlten Beträge an den Betreuer zurückzuzahlen, muss in diesen Fällen ein Ergänzungsbetreuer bestellt werden, der die Ansprüche des Betreuten gegen den Betreuer durchsetzt; dessen ungeachtet, dürfte eine solche Pflichtverletzung auch zur Entlassung führen. 34

cc) Überzahlung und Nachforderung bei Mittelosigkeit. Unproblematischer ist die Handhabung von Überzahlungen oder Nachforderungen, wenn sich der Anspruch des Berufsbetreuers gegen die Staatskasse richtet. Wird im Überprüfungsverfahren festgestellt, dass sich die vergütungsrelevanten Umstände insoweit geändert haben, dass sich der **Vergütungsanspruch rückwirkend erhöht** hat, wird der dem Berufsbetreuer zustehende Nachforderungsanspruch in der Abänderungsentscheidung konkret aufgeführt und dem Betreuer im Nachgang überwiesen. Da die Staatskasse aufgrund der formellen Festsetzung zu beteiligen ist, muss die Abänderungsentscheidung dem **Bezirksrevisor als Vertreter der Staatskasse** übermittelt werden. 35

Stellt sich im Überprüfungsverfahren heraus, dass der dem Berufsbetreuer zustehende Vergütungsanspruch überzahlt wurde, er also zu viel Vergütung erhalten hat, muss in der zu treffenden Abänderungsentscheidung neben den zukünftigen Ansprüchen auch der an die Staatskasse zurückzuführende Betrag konkret benannt werden. 36

Im Gegensatz zum formlosen Festsetzungsverfahren begründet die Dauerfestsetzung nach § 292 II FamFG aufgrund der formellen Rechtskraft für den Berufsbetreuer ein schutzwürdiges Vertrauen in die Beständigkeit der Vergütung. Hierbei ist allerdings zu beachten, dass der Dauerfestsetzung ein Änderungsvorbehalt anhaftet, wenn sich vergütungsrelevante Umstände geändert haben. Demgemäß steht der Staatskasse bei einer Überzahlung ein **öffentlich-rechtlicher Rückforderungsanspruch** zu, der gem. § 1 I Nr. 8, II JBeitrG beigetrieben werden kann (BGH NJW 2014, 1007 Rn. 24). Dies bedeutet einerseits, dass bei einem im Rahmen der Dauerfestsetzung festgestellten Rückforderungsanspruch (auch bei einer regulären Überprüfung nach zwei Jahren) **kein schutzwürdiges Vertrauen** des Betreuers darauf besteht, die bis dahin erhaltene Vergütung nicht wieder zurückzahlen zu müssen. Insoweit dürfte sich dies bereits aus der dem Betreuer auferlegten Mitteilungspflicht des § 15 II 3 ergeben. Nach hiesigem Dafürhalten dürfte es ebenso ausscheiden, dass sich der Betreuer in diesen Fällen auf § 818 III BGB berufen kann. 37

V. Anforderungen an den Vergütungsantrag. Weder § 15 noch § 16 beinhalten Anforderungen an den zu stellenden Vergütungsantrag. Es werden lediglich der Zeitpunkt der Geltendmachung sowie die Frist, in der die Geltendmachung zu erfolgen hat, geregelt. Die inhaltlichen Anforderungen an den Antrag ergeben sich einerseits aus den Voraussetzungen der Pauschalvergütung nach den §§ 7 ff. und andererseits aus § 292 III FamFG. Nach § 292 III 1 FamFG soll der Vergütungsantrag Erkenntnisse über die persönlichen und wirtschaftlichen Verhältnisse des 38

Betreuten enthalten. Die Formulierung „soll" verpflichtet den Betreuer zu diesen Angaben, lässt aber für den Einzelfall Ausnahmen zu, was wiederum durch den Betreuer dargelegt werden muss.

39 Der Antrag muss das Gericht in die Lage versetzen können, die Prüfung und Feststellung der Vergütungsparameter, wie etwa Aufenthalt, Vermögensstatus oder deren zukünftige Entwicklung, zu ermöglichen (zum alten Rechtslage siehe BGH NJW-RR 2013, 519). Insoweit obliegt dem Betreuer die **Darlegungs- und Beweislast** für die vergütungsbegründenden Umstände (MüKoBGB/Fröschle, 8. Aufl. 2020, § 5 Rn. 27). Seitens des Gerichts besteht im Festsetzungsverfahren ebenso die Möglichkeit, Nachforschungen anzustellen, wenn sich Anhaltspunkte dafür ergeben haben, dass die Bemessungskriterien nicht mehr zutreffend sein könnten. Stellt der Betreuer einen Antrag auf Dauerfestsetzung nach § 15 II iVm § 292 II FamFG, hat er ebenfalls Erkenntnisse vorzutragen, die das Gericht für seine zu treffende Prognoseentscheidung benötigt.

40 Im Hinblick auf die für den Vergütungsanspruch konstitutive Voraussetzung der (vorläufigen) Registrierung als Berufsbetreuer hat der Betreuer in seinem Antrag zu versichern, dass die Registrierung weiterhin besteht und von der Stammbehörde nicht widerrufen worden oder die vorläufige Registrierung noch nicht abgelaufen ist.

Zahlung aus der Staatskasse, Erlöschen und Geltendmachung der Ansprüche

16 **I Ist der Betreute mittellos im Sinne des § 1880 des Bürgerlichen Gesetzbuchs, so kann der Betreuer die Vergütung sowie Vorschuss oder Ersatz der Aufwendungen aus der Staatskasse verlangen.**

II Soweit die Staatskasse den Betreuer befriedigt, gehen die Ansprüche des Betreuers nach Maßgabe des § 1881 des Bürgerlichen Gesetzbuchs auf die Staatskasse über.

III 1 Die Ansprüche auf Vergütung und Aufwendungsersatz erlöschen, wenn sie nicht binnen 15 Monaten nach ihrer Entstehung gerichtlich geltend gemacht werden. 2 § 1877 Absatz 4 Satz 2 und 3 sowie Absatz 5 des Bürgerlichen Gesetzbuchs gilt entsprechend.

Übersicht

1 **I. Normzweck.** Die Regelung des § 16 ist mit dem Gesetz zur Reform des Vormundschafts- und Betreuungsrechts eingefügt worden. Die fasst verschiedene Vorschriften des bisher geltenden Rechts zusammen und überführt diese aufgrund der neuen Systematik in das Vergütungsrecht der Betreuer. Dementsprechend regelt § 16 für den Berufsbetreuer den Vergütungsanspruch gegenüber der Landeskasse,

wenn der Betreute mittellos ist, und entspricht mit I somit der ehem. Regelung des § 1 II 2 aF Die im Vergütungsrecht neue Vorschrift des II regelt den Rückgriffsanspruch der Staatskasse für aus der dieser gezahlte Vergütung des Berufsbetreuers, indem hierfür auf § 1880 BGB verwiesen wird. Zudem regelt III die Ausschlussfrist für die Geltendmachung der Vergütungsansprüche und/oder Aufwendungsersatzes des Berufsbetreuers und entspricht damit dem § 2 aF.

II. Anwendungsbereich. § 16 findet auf alle Vergütungsansprüche von **Berufsbetreuern** (Vereinsbetreuer, Berufsbetreuer, Ersatzbetreuer) sowie auf den **Betreuungsverein** als juristische Person Anwendung, die nach **Fallpauschalen** abrechnen. Dem Anwendungsbereich unterfallen auch die Betreuer, die tätigkeitsbezogen vergütet werden (Sterilisationsbetreuer, Ergänzungsbetreuer). **Keine Anwendung** findet § 16 auf Vergütungsansprüche aus der Ermessensvergütung bzw. auf Vergütungs- und Aufwendungsersatzansprüche der Behördenbetreuer und Betreuungsbehörde, weil deren Gewährung ua an den Vermögensstatus des Betreuten gekoppelt ist und eine Zahlung aus der Staatskasse bei Mittellosigkeit ausscheidet. 2

III. Bestimmung des Vergütungsschuldners (I). Nach I erhält der Berufsbetreuer die Vergütung und/oder Aufwendungsersatz aus der Staatskasse, wenn der Betreute mittellos ist. In Betreuungsverfahren muss zwischen der **Bestimmung der Fallpauschale** und der **Bestimmung des Vergütungsschuldners** differenziert werden, weil für die jeweilige Feststellung der Vermögenssituation die §§ 9 und 16 unterschiedliche Zeitpunkte vorgeben. 3

Die nach Anlage zu § 8 I anhand der Tabelle **anzuwendende Fallpauschale** beurteilt sich gem. § 9 IV 1 anhand der finanziellen Situation des Betreuten am Ende des Abrechnungsmonats. Hierbei ist zu beachten, dass sich der Abrechnungsmonat nach § 9 bestimmt und damit nicht der Kalendermonat heranzuziehen ist; hierzu im Übrigen → § 9 Rn. 5 ff. Für die **Bestimmung des Vergütungsschuldners** ist die finanzielle Situation zum **Zeitpunkt der gerichtlichen Festsetzungsentscheidung** maßgebend. Bei Mittellosigkeit ist gem. § 16 I die Staatskasse Vergütungsschuldner. Dergleichen gilt in den Fällen, in denen der Betreute während des Abrechnungszeitraums vermögend war, aber zum Zeitpunkt der Festsetzungsentscheidung mittellos ist. In diesen Fällen kann der Betreuer die Fallpauschalen für einen nicht mittellosen Betreuten aus der Staatskasse verlangen (Felix Rpfleger 2015, 683). 4

Etwas anders stellt es sich dar, wenn der Betreute **fiktiv mittellos** ist. Kann der monatliche Vergütungsanspruch nur teilweise aus dem Vermögen beglichen werden (sog. fiktive Mittellosigkeit; siehe hierzu Bienwald/Felix BGB § 1881 Rn. 9 ff.), greift zum Schutz des Betreuers die Regelung des § 1880 BGB, indem der Betreuer wählen kann, ob der Betreute auf Teilleistungen in Anspruch genommen oder sich insgesamt an die Staatskasse gehalten wird (BGH NJW-RR 2013, 644 Rn. 18). Möchte der Betreuer in diesen Fällen nach dem Status „vermögend" abrechnen, kann er die Vergütung nur in Teilbeträgen vom Betreuten einfordern. Richtet der Betreuer seinen Anspruch gegen die Staatskasse, muss die Vergütung vollständig nach dem Status „mittellos" beantragt werden. 5

IV. Bestimmung des Vermögensstatus des Betreuten (I). Der in § 16 I verwendete Begriff „mittellos" bestimmt sich aufgrund der Verweisung nach § 1880 BGB. Hiernach gilt der Betreute als mittellos, wenn er die Vergütung und/oder den Aufwendungsersatz aus seinem einzusetzenden Vermögen nicht, nur zum Teil oder nur in Raten aufbringen kann. Hierfür ist das Vermögen nach Maßgabe des § 90 SGB XII einzusetzen. Mit dem Inkrafttreten des Gesetzes zur Reform des Vormundschafts- und Betreuungsrechts wird nur noch auf das vom Betreuten einzusetzende Vermögen abgestellt, ein Einsatz des monatlichen Einkommens ist nicht mehr vorgesehen. Da sich bei der Bestimmung des Vermögensstatus des Betreuten gegenüber der Vormundschaft oder Pflegschaft keine Besonderheiten ergeben, kann auf die umfangreiche Kommentierung zu → § 2 Rn. 6 ff. verwiesen werden. 6

V. Regress der Staatskasse (II). Nach II gehen die **Ansprüche des Berufsbetreuers,** soweit die Staatskasse den Betreuer befriedigt, auf diese über. Hierfür findet die Regelung des § 1881 BGB Anwendung, der neben den Rückgriffsanspruch gegen den Betreuten auch den Rückgriff gegen die Erben vorsieht. Bei der Regelung des § 16 II iVm § 1881 BGB handelt es sich um einen **gesetzlichen Forderungs-** 7

übergang (Legalzession), so dass über § 412 BGB die Vorschriften der §§ 399 und 406 ff. BGB zur Anwendung gelangen. Gegenstand des Forderungsübergangs ist der Anspruch des Betreuers gegen den Betreuten, welcher bei der Vergütung des Berufsbetreuers neben dem Anspruch auf die Staatskassenvergütung steht. § 1881 BGB findet hier keine direkte Anwendung, weil dessen Anwendungsbereich sich lediglich auf (ehrenamtliche) Betreuer erstreckt.

8 **1. Voraussetzung für den Forderungsübergang.** Der Forderungsübergang setzt einerseits voraus, dass dem Berufsbetreuer gegenüber dem Betreuten ein Anspruch auf Vergütung und/oder Aufwendungsersatz tatsächlich zusteht, wobei sich der Anspruch einzig nach dem materiellem Recht (VBVG, BGB) bestimmt. Als weitere Voraussetzung muss die Staatskasse den Anspruch des Berufsbetreuers vollständig oder teilweise befriedigt haben. Hierbei ist für die Tatsache des Übergangs unerheblich, ob der Betreute zum Zeitpunkt der Auszahlung tatsächlich mittellos war – die Staatskasse etwa irrig davon ausging, dass der Betreute den Anspruch nicht werde tilgen können.

9 **a) Zeitpunkt und Umfang des Forderungsübergangs.** Der Forderungsübergang vollzieht sich erst zum **Zeitpunkt der tatsächlichen Zahlung der Betreuervergütung** und/oder des Aufwendungsersatzes aus der Staatskasse und daher weder zum Zeitpunkt der förmlichen oder vereinfachten Festsetzung nach § 292 I, V FamFG. Vom Forderungsübergang wird ausschließlich die aus der Staatskasse ausgezahlte Vergütung und/oder der Aufwendungsersatz erfasst und nicht auch die Differenz zur höheren Vergütung nach dem Status „vermögend", weil die Staatskasse den Betreuer nur nach dem Status „mittellos" (= insoweit) befriedigt hat. Sind bei der Festsetzung des Anspruchs zugunsten des Betreuers Teilzahlungen aus dem Vermögen des Betreuten angeordnet worden, ist Gläubiger des Anspruchs der Betreuer und nicht die Staatskasse. Der Forderungsübergang erfasst den Anspruch in dem **Umfang und Zustand,** in dem sich dieser zum Zeitpunkt der Zahlung der Vergütung aus der Staatskasse befunden hat. Folglich ist zu beachten, dass der Anspruch zu diesem Zeitpunkt nicht zugleich gegen den Betreuten festgesetzt werden kann, da dieser gegen die Staatskasse die Beschränkung seiner Haftung aus § 1881 Abs. 2 BGB geltend machen kann.

10 **b) Wirkung des Übergangs.** Der gesetzliche Forderungsübergang hat auf Inhalt und Rechtsnatur des Anspruchs keine Auswirkung. Demgemäß ist der Betreuer als bisheriger Gläubiger nach § 402 BGB dem Gericht bzw. der Staatskasse als neuem Gläubiger gegenüber verpflichtet, die zur Geltendmachung der Forderung nötige Auskunft zu erteilen. Der Betreute kann gem. § 404 BGB der Staatskasse gegenüber die gleichen Einwendungen geltend machen, die zum Zeitpunkt des Forderungsübergangs auch gegenüber dem Betreuer begründet waren. Hierunter fällt die Ausschlussfristen des § 16 III ebenso wie die Geltendmachung der Haftungsbeschränkung nach § 1880 BGB. Zudem findet § 407 I BGB Anwendung, wonach die Staatskasse eine Leistung des Betreuten, die nach Forderungsübergang an den Betreuer bewirkt wurde, gegen sich gelten lassen, es sei denn, dass der Betreute bei Bewirkung des Forderungsübergangs die Abtretung kennt.

11 **2. Regress gegen den Betreuten.** Bei der Inanspruchnahme des Betreuten ist zunächst zu ermitteln, ob die aus der Staatskasse geleisteten Zahlungen aufgrund **tatsächlicher oder fiktiver Mittellosigkeit** getätigt wurden. Erfolgten die Zahlungen aufgrund tatsächlicher Mittellosigkeit, kann der Betreute erst dann in Anspruch genommen werden, wenn er wieder leistungsfähig ist. Die Inanspruchnahme ist ebenso möglich, wenn die Staatskasse irrig davon ausging, dass der Betroffene die Forderung aus seinem einzusetzenden Einkommen und Vermögen nicht werde tilgen können.

12 Liegt beim Betroffenen **fiktive Mittellosigkeit** vor, wird dieser Umstand bei der Prüfung der Durchführung des Regresses nicht berücksichtigt. Ein Rückgriff auf den Betreuten wäre sonst auch dann ausgeschlossen, wenn dieser die übergegangene Forderung ratenweise begleichen könnte. In den Fällen der fiktiven Mittellosigkeit kann der Betreute die gegen ihn geltend gemachten Rückforderungsansprüche auch durch Teilzahlungen aus dem Vermögen begleichen.

Der Vermögensstatus des Betreuten ist nicht – wie in § 9 IV 1 geregelt – zum Ende des Bereuungsmonats zu bestimmen. Für die Prüfung der Inanspruchnahme des Betreuten ist dessen **Vermögensstatus zum Zeitpunkt der Rückforderungsentscheidung** maßgebend. Alleiniger Prüfungsmaßstab für die wirtschaftliche Leistungsfähigkeit des Betreuten für die Inanspruchnahme nach § 1881 BGB, ist das nach § 1880 BGB einzusetzende Vermögen sowie das evtl. Vorliegen einer besonderen Härte iSd § 90 III SGB XII. **Rückforderungsansprüche eines Sozialhilfeträgers** sind bei der Feststellung der wirtschaftlichen Leistungsfähigkeit nach § 1880 BGB nur dann vermögensmindernd zu berücksichtigen, wenn eine Konkretisierung der erbrachten Sozialleistungen durch Leistungsbescheid oder Überleitungsanzeige bereits erfolgt ist (BGH FamRZ 2013, 620). Dergleichen gilt nach hiesiger Auffassung auch für andere bereits begründete Verbindlichkeiten – die Forderung der Staatskasse genießt insoweit keinen Vorrang gegenüber anderen Verbindlichkeiten. Etwas anderes gilt in den Fällen, in denen der Betreute die Verbindlichkeiten in Ansehung des Regresses begründet hat, um diesen dadurch zu vermeiden. **13**

Für den Inhalt der **Prüfung der Mittellosigkeit,** die dafür zugrunde zu legenden gesetzlichen Regelungen sowie das Vorliegen einer besonderen Härte wird auf die umfangreichen Darstellungen in der Kommentierung zu → § 2 Rn. 6 ff. verwiesen (siehe auch Bienwald/Felix BGB §§ 1879, 1880 BGB Rn. 2 ff.). **14**

3. Regress gegen die Erben (§ 1881 S. 2 BGB). Nach II gehen die Ansprüche des Berufsbetreuers nach Maßgabe des § 1881 BGB auf die Staatskasse über. Nach § 1881 2 Hs. 1 BGB haften für die **Rückgriffsansprüche der Staatskasse** die Erben des Betreuten mit dem Wert des im Zeitpunkt des Erbfalls vorhandenen Nachlasses; die Regelungen § 102 III, IV SGB XII geltend entsprechend. § 90 SGB XII findet im Falle der Erbenhaftung keine Anwendung, so dass den Erben weder der Vermögensschonbetrag noch der durch § 90 II SGB XII für bestimmte Vermögensgegenstände gewährte Verwertungsschutz nicht zu Gute kommt. **15**

a) Erben. Wer Erbe iSd § 1881 BGB ist, ergibt sich aus den §§ 1924 ff., 1937 BGB und § 10 LPartG, demgemäß nicht nur die gesetzlichen, sondern auch die gewillkürten Erben umfasst sind. Sind mehrere Erben vorhanden, haften diese nach § 2058 BGB als Gesamtschuldner und jeder Miterbe kann auf den vollen Ersatzanspruch in Anspruch genommen werden. Von der Haftung ausgenommen sind **Vermächtnisnehmer,** weil diese kein Erben des Erblassers sind. Eine analoge Anwendung des § 1881 BGB ist aufgrund des eindeutigen Wortlauts und der nicht vergleichbaren Interessenlage ausgeschlossen. **16**

Voraussetzung für die Erbenhaftung ist der tatsächliche Anfall der Erbschaft, der sich gem. § 1923 Abs. 1 BGB mit dem Tod des Erblassers vollzieht. Es haftet daher auch der **vorläufige Erbe** (bis zur Ausschlagung oder Anfechtung der Annahme) für Nachlassverbindlichkeiten iSd § 1967 BGB wobei ihm die §§ 1958, 1995 Abs. 2 BGB Schutz gewähren. Die Haftung des Erben entfällt mit Verlust seiner Erbenstellung (zB Erbausschlagung). **17**

Der **Vorerbe** haftet bis zum Eintritt des Nacherbfalls wie ein Vollerbe – mehrere Vorerben haften als Gesamtschuldner. Die Haftungsbeschränkung gilt auch für den Vorerben. Die Haftung des **Nacherben** wird erst mit Eintritt des Nacherbfalls ausgelöst. Auf das vor dem Nacherbfall bestehende **Anwartschaftsrecht** des Nacherben können lediglich die Gläubiger des Nacherben zugreifen. Dem Nacherben stehen Haftungsbeschränkung auf dasjenige zu, was er aus der Erbschaft erlangt hat und ihm überdies gegen den Vorerben als solchen an Ansprüchen zusteht. **18**

b) Erbenhaftung. Bestehen zum Zeitpunkt des Todes noch Ansprüche des Betreuers oder Rückforderungsansprüche der Staatskasse, stellen diese Ansprüche **Nachlassverbindlichkeiten** iSd § 1967 BGB dar. Nach Annahme der Erbschaft durch die Erben verschmelzen die Vermögensmassen des Nachlasses und die des (jeweiligen) Erben zu einer einheitlichen Masse; der Erbe haftet dann für die Verbindlichkeiten des Erblassers und die sonstigen Nachlassverbindlichkeiten sowohl mit dem Nachlass als auch mit seinem Eigenvermögen. Hiervon macht § 1881 2 Hs. 1 BGB eine Ausnahme, indem die Erben nur mit dem Wert des Nachlasses haften. Dies führt zu einer **Haftungsbeschränkung** infolge derer der Erbe für den Rückforderungsanspruch nur mit dem Nachlass nicht aber mit seinem Eigenvermögen haftet. **19**

Die Haftung mit dem Nachlass ist daher nur so lange möglich, soweit aktives Vermögen aus der Erbschaft vorhanden ist.

20 **c) Ermittlung des Nachlasswertes.** Es sind nur die Nachlassgegenstände zu berücksichtigen, die auch verwertbar bzw. finanziell nutzbar zu machen sind. Der verwendete Nachlassbegriff entspricht dem in § 1922 Abs. 1 BGB. Auch wenn im BGB die Begriffe „Erbschaft" und „Nachlass" verwendet werden, sind diese vollkommen identisch. Beide Begriffe beinhalten die **Gesamtheit der vererbbaren Rechtsverhältnisse** des Erblassers, welche als nachgelassenes Vermögen im Wege der Universalsukzession auf den oder die Erben übergehen.

21 Weil auch nichtvermögenswerte Rechtsverhältnisse auf die Erben übergehen, ist für den Rückforderungsanspruch nur auf die Summe der **geldwerten und verwertbaren Güter** des Erblassers abzustellen. Hierzu gehören unter anderem Sachen und Rechte, schwebende Rechtsbeziehungen, bedingte und künftige Rechte, Besitz und Eigentum, erbrechtliche Rechtsbeziehungen des Erblassers, Immaterialgüterrechte (Urheberrechte, Patente), Optionsrechte. Die Wertermittlung der einzelnen Nachlassgegenstände richtet sich in Betreuungssachen nach den §§ 36 ff. GNotKG, wie etwa land- und forstwirtschaftliches Vermögen (§ 48 GNotKG), Geschäftsanteile (§ 54 GNotKG), Kapitalforderungen (Nennwert), Lebens- und Rentenversicherungen (Rückkaufswert). Bezeichnet der Erblasser bei Ansprüchen aus Versicherungen einen Dritten als **Bezugsberechtigten,** gehören die Ansprüche nicht zum Vermögen des Erblassers (§§ 159, 160 VVG) und sind daher nicht in die Wertermittlung mit einzubeziehen. Dergleichen gilt bei einem Vertrag zugunsten Dritter auf den Todesfall (§§ 328, 331 BGB).

22 Der ermittelte Nachlasswert ist um die vom Erblasser herrührenden Verbindlichkeiten iSd § 1967 Abs. 2 Alt. 1 BGB zu bereinigen. Hingegen mindern gleich- oder nachrangige Nachlassverbindlichkeiten den zu ermittelnden Nachlasswert nicht (BGH FamRZ 2014, 1775). Für die Ermittlung der Nachlassverbindlichkeiten ist somit zwischen den „vorrangigen" **Erblasserschulden** (vom Erblasser herrührende Verbindlichkeiten), sowie den „gleich- oder nachrangigen" **Erbfallschulden** (den Erben als solchen treffenden Verbindlichkeiten) oder die **Eigenschulden** des Erben zu unterscheiden (siehe hierzu Bienwald/Felix BGB § 1881 Rn. 20 ff.).

23 **d) Freibeträge der Erben.** Nach § 1881 S. 2 Hs. 1 BGB gilt die Regelung des § 102 III, IV SGB XII. § 1880 II BGB findet keine Anwendung, so dass das nach § 90 SGB XII eigentlich verschonende Vermögen bei der Ermittlung des Nachlasswertes vollständig berücksichtigt werden muss. Gegen die Erben des Betreuten kann daher keine Geltendmachung des Rückforderungsanspruchs erfolgen, wenn

– der Wert des Nachlasses unter dem Dreifachen des Grundbetrages nach § 85 I SGB XII liegt oder
– der Wert des Nachlasses unter dem Betrag von 15.340 Euro liegt, wenn der Erbe der Ehegatte oder Lebenspartner der leistungsberechtigten Person oder mit dieser verwandt ist und nicht nur vorübergehend bis zum Tod der leistungsberechtigten Person mit dieser in häuslicher Gemeinschaft gelebt und sie gepflegt hat oder
– die Inanspruchnahme des Erben nach der Besonderheit des Einzelfalles eine besondere Härte bedeuten würde.

24 **aa) Freibetrag nach § 102 III Nr. 2 SGB XII.** Der Freibetrag nach § 102 III Nr. 1 SGB XII in Höhe des Nachlasswertes des Dreifachen des Grundbetrags ermittelt sich aus dem Betrag des § 85 I Nr. 1 SGB XII, der einem zweifachen Betrag der Regelbedarfsstufe 1 nach der Anlage zu § 28 SGB XII entspricht. Seit dem 1.1.2023 beträgt der einfache Eckregelsatz 502 EUR, so dass der Freibetrag nach § 102 III Nr. 1 SGB XII derzeit 3.012 EUR beträgt (= (449 x 2) x 3). Zu beachten ist hierbei, dass es sich um einen Freibetrag handelt und nicht um eine Freigrenze, so dass nur das den Freibetrag übersteigende Vermögen einzusetzen ist. Der Freibetrag nach § 102 Abs. 3 Nr. 1 SGB XII ist nachlassbezogen und nicht personenbezogen, infolgedessen der Freibetrag auch bei mehreren Miterben nur einmal angesetzt werden darf (Bienwald/Felix BGB § 188130 Rn. 28).

25 **bb) Freibetrag nach § 102 III Nr. 2 SGB XII.** Nach § 1881 BGB iVm § 102 III Nr. 2 SGB XII darf der Rückforderungsanspruch gegen die Erben nicht geltend gemacht werden, wenn der Nachlasswert unter dem Betrag von 15.340 €

liegt und der Erbe mit dem Betreuten verheiratet, verpartnert oder verwandt (§ 1589 BGB) ist **und** nicht nur vorübergehend bis zum Tod des Betreuten mit diesem in häuslicher Gemeinschaft gelebt und die betreute Person gepflegt hat. Die Voraussetzungen der Ehe oder Verwandtschaft und der häuslichen Gemeinschaft sind kumulativ, demgemäß beide Voraussetzungen zur Anwendung des Freibetrags vorliegen müssen. Eine häusliche Gemeinschaft kommt bereits in den Fällen in Betracht, in denen der Betreute und die Pflegeperson unter einem Dach gelebt aber nicht gemeinsam gehaushaltet haben. Keine häusliche Gemeinschaft besteht, wenn der Betreute sich die meiste Zeit des Tages in einer Pflegeeinrichtung aufgehalten hat (siehe im Übrigen Bienwald/Felix BGB § 1881 Rn. 30).

cc) Besondere Härte nach § 102 III Nr. 3 SGB XII. Für das Vorliegen einer besonderen Härte müssen beachtliche Gründe wirtschaftlicher oder persönlicher Art vorliegen, um den Ausschluss zu begründen und es unter Berücksichtigung aller Einzelfallumstände unbillig erscheinen lassen, den Erben in Anspruch zu nehmen. Folglich führt weder ein enges Verwandtschaftsverhältnis zum Betreuten noch der Umstand, dass der Nachlass vor dem Erbfall teilweise oder vollständig dem Schonvermögen zuzurechnen war, zum Vorliegen einer besonderen Härte. Eine besondere Härte kann unter Umständen vorliegen, wenn der Erbe – ohne Verwandter des Betreuten zu sein – erhebliche Pflegeleistungen erbracht hat oder aufgrund fehlender häuslicher Gemeinschaft erhebliche Anfahrtswege in Kauf genommen hat (VGH Baden-Württemberg FEVS 41, 205; VGH Hessen FamRZ 1999, 1023). Dergleichen gilt, wenn im Nachlass befindliches Schonvermögen bei dem Erben ebenfalls als Schonvermögen iSv § 90 SGB XII zu berücksichtigen wäre (BSG NJW 2019, 3173). 26

4. Festsetzung des Regressanspruchs. a) Verjährung des Regressanspruchs. 27
Fur die Geltendmachung der auf die Staatskasse übergegangen Ansprüche gegen den Betreuten gilt die **regelmäßige Verjährungsfrist** von drei Jahren nach § 195 BGB. Die Verjährungsfrist beginnt gem. § 199 I Nr. 1 und 2 BGB mit dem Schluss des Jahres, in dem der Rückforderungsanspruch entstanden ist und die Staatskasse von den, den Anspruch begründenden, Umständen und der Person des Anspruchsschuldners Kenntnis erlangt oder ohne grobe Fahrlässigkeit erlangen müsste.

Die regelmäßige Verjährungsfrist beginnt nicht, bevor der Rückforderungsanspruch entstanden ist. Der **Rückforderungsanspruch entsteht** gem. § 1881 BGB in dem Moment, in dem die Staatskasse den Betreuer befriedigt und der Anspruch auf die Staatskasse übergeht. Aufgrund § 199 I BGB iVm § 187 I BGB beginnt die Verjährungsfrist am 01.01. des Jahres, welches dem Jahr des Anspruchsübergangs folgt und endet gem. § 188 II BGB nach drei Jahren am 31.12. 28

Beispiel: Im Jahr 2020 befriedigte die Staatskasse Ansprüche des Betreuers in Höhe von insgesamt 1.500 EUR. Die Verjährung des entsprechenden Rückforderungsanspruchs beginnt daher am 1.1.2021 und endet mit Ablauf des 31.12.2023. Wird der Regressanspruch erst im Laufe des Jahres 2024 erlassen und an den Betreuer und Betreuen bekanntgegeben, ist der Rückforderungsanspruch verjährt. 29

Eine **Hemmung der Verjährungsfrist** durch Einleitung des Regressverfahrens tritt nicht ein, sondern erst infolge der wirksamen Bekanntgabe des den Regressanspruch festsetzenden Beschlusses an den Betreuer und den Betreuten. § 207 I Nr. 4 BGB findet keine Anwendung, weil sich dessen Wirkung einerseits nur auf das Verhältnis zwischen Betreuer und Betreuten, nicht aber auf das zwischen Staatskasse und Betreuten erstreckt und andererseits mit der Befriedigung des Betreuers durch die Staatskasse und dem damit einhergehenden Forderungsübergang die Hemmung entfällt 30

aa) Berücksichtigung von Amts wegen? Nach § 214 I BGB ist der Schuldner nach Eintritt der Verjährung berechtigt, die Leistung zu verweigern. Bereits aus dem Wortlaut der Norm („ist berechtigt“) folgt nach hiesiger Ansicht die Konsequenz, dass es der freien Entscheidung des Betreuten überlassen ist, ob er nach Eintritt der Verjährung den Rückforderungsanspruch noch erfüllen oder die Leistung verweigern will. Daraus folgt, dass der Betreute als Schuldner des Regressanspruchs oder der Betreuer als gesetzlicher Vertreter die Einrede aktiv erheben muss, der Eintritt der Verjährung also **nicht von Amts wegen zu berücksichtigen** ist. Dem Verfahrens- 31 pfleger ist ebenso die Erhebung der Verjährungseinrede für den Betreuten verwehrt, da er kein gesetzlicher Vertreter ist.

32 Dem Betreuungsgericht kann nicht ohne Weiteres beim Betreuten oder Betreuer auf die Geltendmachung der Verjährungseinrede hinwirken. Gleichwohl ist dem Betreuungsgericht bei Prüfung des Regressanspruchs zweifelsfrei bekannt, dass Rückforderungsansprüche verjährt sind und der Betreute nicht unerheblichen Forderungen aus einem langjährigen Betreuungsverfahren ausgesetzt wird. Zugleich ist bei dem gegen den Erben gerichteten Regress infolge der Verweisung auf § 102 IV SGB XII, die dort geregelte Ausschlussfrist von Amts wegen zu beachten. Weshalb im selben Festsetzungsverfahren Betreuter und Erben unterschiedlich behandeln werden sollten, erschließt sich bei näherer Betrachtung nicht.

33 Dieser vom Gesetzgeber auch im Rahmen der Gesetzesnovelle nicht behobene offensichtliche Widerspruch könnte allerdings aufgelöst werden, indem aus § 242 BGB die **Verwirkung als Einwendung der unzulässigen Rechtsausübung** infolge Zeitablaufs in Betracht gezogen werden könnte. Insoweit muss die Verwirkung als Ausfluss des Grundsatzes von Treu und Glauben nicht als Einrede geltend gemacht und zugleich **von Amts wegen** berücksichtigt werden (im Übrigen siehe hierzu Bienwald/Felix BGB § 1881 Rn. 38 ff.).

34 **bb) Verjährung des Regressanspruchs gegen die Erben.** Nach 1881 2 Hs. 2 BGB findet § 102 IV SGB XII entsprechende Anwendung, demgemäß der Anspruch gegen den Erben in drei Jahren nach dem Tod des Betreuten erlischt. § 103 III 2 und 3 gilt entsprechend, so dass für die Hemmung, Ablaufhemmung und den Neubeginn die Vorschriften über die Verjährung (§§ 203–214 BGB) sinngemäß gelten. Bei der Frist des § 102 IV SGB handelt es sich um eine **von Amts wegen zu beachtende Ausschlussfrist.** Die Geltendmachung des Anspruchs begrenzt sich somit nur auf die Zeit von der Anspruchsentstehung (= Tod des Betreuten) und dem Ablauf der Frist.

35 **b) Festsetzung des Regresses (§ 292a FamFG).** Die vom Betreuten oder dessen Erben aufgrund des übergegangenen Anspruchs zu erbringenden Leistungen werden vom Betreuungsgericht durch zu **begründenden Beschluss** festgesetzt. Funktionell zuständig ist der Rechtspfleger. Das Festsetzungsverfahren bestimmt sich nach 292a FamFG. Das vereinfachte Festsetzungsverfahren nach § 292 V FamFG findet für die Festsetzung des Rückforderungsanspruchs keine Anwendung, infolge dessen eine Geltendmachung der Forderung durch formlose Zahlungsaufforderung oder gar Gerichtskostenrechnung nicht möglich ist und auch keine verjährungshemmende Wirkung entfaltet. Im Übrigen wird auf die Kommentierung zu → FamFG § 292a Rn. 1 ff. verwiesen.

36 **VI. Ausschlussfrist (III).** Die Ausschlussfrist soll eine zügige Geltendmachung der Vergütungsansprüche bei Gericht durch den Amtsträger bezwecken. Eine zeitnahe Geltendmachung ist ebenso im Sinne des Betreuten, indem dessen wirtschaftliche Leistungsfähigkeit bei rückwirkender Geltendmachung der Vergütung über einen langen Zeitraum hinweg, nicht über die Maße übermäßig belastet wird. Hierdurch wird zugleich die Wahrscheinlichkeit der Inanspruchnahme der Staatskasse minimiert (BT-Drs. 13/7158, 22); zur Verfassungsmäßigkeit der Ausschlussfrist vgl. BVerfG FamRZ 2015, 2040 = BeckRS 2016, 41339.

37 **1. Anwendungsbereich.** Die Ausschlussfrist gilt unabhängig davon, gegen wen (Betreuter, Staatskasse) sich der Anspruch auf Vergütungs- und/oder Aufwendungsersatz des Betreuers richtet. § 16 III geht als lex specialis den allgemeinen Verjährungsregeln des BGB vor. Insoweit besteht zu den Wirkungen der Verjährungsregelungen auch ein signifikanter Unterschied.

38 Die Ausschlussfrist findet Anwendung auf die Vergütungs- und Aufwendungsersatzansprüche der Berufsbetreuer, Vereinsbetreuer, Ergänzungs- und Sterilisationsbetreuer sowie des Betreuungsvereins. Dem Anwendungsbereich des § 16 III unterliegt ebenso der Anspruch des anwaltlichen Berufsbetreuers auf Aufwendungsersatz gemäß § 11 S. 2 iVm § 1877 III BGB (OLG Schleswig NJW 2003, 1538).

39 **Nicht dem Anwendungsbereich** des § 16 III unterfällt die von der Staatskasse geltend gemachte Rückforderung von Vergütungsansprüchen gegenüber dem Betreuer (BGH NJW 2014, 1007 Rn. 13) sowie die Regressansprüche der Staatskasse gegen den Betreuten nach § 1881 BGB. Des Weiteren findet § 16 III keine Anwen-

dung auf ehrenamtliche Aufwendungsersatzansprüche und auf die Ermessensvergütung sowie den Anspruch auf Aufwendungsersatz der Betreuungsbehörde, wenn ein Behördenbetreuer bestellt worden ist (siehe die Kommentierung zu → § 14 Rn. 16)

2. Wirkung der Ausschlussfrist. Die Ausschlussfrist greift der Verjährung vor, indem sie den Leistungsanspruch nach Fristablauf ohne weitere Handlungen der Beteiligten erlöschen lässt. Die Geltendmachung der Vergütung begrenzt sich somit nur auf die Zeit von der Anspruchsentstehung und dem Ablauf der Frist. Wird die Frist durch den Betreuer versäumt, ist eine Wiedereinsetzung nicht möglich (OLG Düsseldorf NJW-RR 2014, 1103). Hierüber besteht seitens des Betreuungsgerichts keine Belehrungspflicht. 40

Der Fristablauf und das Erlöschen der Forderung sind **von Amts wegen zu berücksichtigen.** Der Ausschlussfrist steht nicht der Grundsatz von Treu und Glauben nach § 242 BGB entgegen, wenn aufgrund der in der Vergangenheit geübten Gerichtspraxis die Vergütungsfestsetzung ohne Berücksichtigung der Ausschlussfrist vorgenommen wurde (BGH NJW-RR 2013, 519 Rn. 11). 41

3. Fristbeginn. Im Hinblick auf den Anwendungsbereich des § 16 III muss für die Bestimmung des Fristbeginns zwischen pauschalisierter und tätigkeitsbezogener Vergütung der Berufsbetreuer unterschieden werden. Die Ausschlussfrist beginnt bei tätigkeitsbezogenen Vergütungsansprüchen (Ergänzungs- und Sterilisationsbetreuer) regelmäßig am Ende des Tages, an dem die konkrete vergütungspflichtige Tätigkeit ausgeübt wird. Bei der Vergütung nach Fallpauschalen beginnt die Ausschlussfrist am Ende des Abrechnungszeitraums des § 15 I. 42

Der durch § 15 I vorgegebene Abrechnungszeitraum bedingt, dass vor Ablauf des Vergütungsquartals keine Fälligkeit der Vergütung eintritt. Die Fälligkeit der Vergütungsforderung tritt erst mit Ende eines Abrechnungszeitraumes ein. Mit diesem Fälligkeitszeitpunkt beginnt zugleich die Ausschlussfrist des § 16 III (BGH NJW-RR 2013, 769 Rn. 17). Bei einem **Betreuerwechsel** muss der vorherige Betreuer seinen Vergütungsanspruch vor dem Erreichen des nächsten Abrechnungszeitraums geltend machen, weil mit dem Ende seines Amtes endet ebenfalls der Vergütungsanspruch, was zugleich die Fälligkeit des Anspruchs bewirkt. Bei der Dauerfestsetzung nach § 15 II 1 gelten die Ansprüche auf Vergütung gem. § 15 II 2 während der Dauer der Festsetzung als geltend gemacht iSd § 16 III. Zur **Hemmung der Ausschlussfrist** siehe → § 2 Rn. 76 ff. 43

a) Fristwahrung (III S. 2). Die Ausschlussfrist berechnet sich nach §§ 186 f. BGB. Dementsprechend muss der Antrag auf Bewilligung bzw. Festsetzung der Vergütung für eine am 14.3. erbrachte Tätigkeit oder einen beendeten Abrechnungszeitraum spätestens am 14.6. des Folgejahres bei Gericht eingegangen sein. 44

Zur Fristwahrung ist die Einreichung eines Antrages erforderlich, aus welchem das Gericht die Kriterien zur Bemessung der Vergütung entnehmen kann. Hierzu gehören ua der Vergütungszeitraum, der Stundensatz mit evtl. Qualifikationsnachweis, evtl. zu vergütende Aufwendungen, sowie die wirtschaftlichen Verhältnisse und der Aufenthalt der von der Maßnahme betroffenen Person. 45

Der fristwahrenden Geltendmachung ist nach III 2 iVm § 1877 IV 2 und 3 ebenso genüge getan, wenn sich der fristgerecht eingereichte Vergütungsantrag gegen die Staatskasse richtet, aber nach Ablauf der Ausschlussfrist festgestellt wird, dass die von der Maßnahme betroffene Person in Anspruch genommen werden und der Antrag zurückgewiesen und neu gestellt werden muss. Dies gilt auch für den umgekehrten Fall. Damit soll der Betreuer oder Pfleger bei unklarer Vermögenslage des Betreuten nicht gezwungen sein, den Anspruch sowohl gegen den Betreuten als auch gegen die Staatskasse geltend zu machen (BT-Drs. 19/24445, 311). 46

Unzureichend und nicht fristwahrend, ist ein Vergütungsantrag der „vorsorglich zur Fristwahrung" gestellt wird. Gleiches gilt für die Einreichung eines nicht prüfbaren bzw. unbezifferten oder pauschalen Antrags ohne hinreichende Angaben zur Vergütungsberechnung. In diesen Fällen müssen die für die Vergütung notwendigen Angaben innerhalb der Ausschlussfrist beim Gericht eingereicht werden. 47

b) Fristverlängerung (III S. 2). Nach § 16 III 2 gilt § 1877 V BGB entsprechend. Hiernach kann das Betreuungsgericht eine von III 1 abweichende kürzere 48 oder längere Frist für das Erlöschen des Anspruchs bestimmen sowie diese gesetzte Frist auf Antrag verlängern. Mit der Fristbestimmung ist über das Erlöschen des Ersatzanspruchs bei Versäumung der Frist zu belehren. Der Anspruch ist innerhalb der Frist zu beziffern. Wird der Anspruch nicht innerhalb der vom Gericht gewährten Fristverlängerung geltend gemacht, **erlöschen die Ansprüche** nach Fristablauf. Nach Fristablauf ist eine **Wiedereinsetzung in den vorigen Stand ausgeschlossen** (Staudinger/Bienwald, 2020, BGB § 1835 Rn. 95).

49 Die gerichtliche Fristbestimmung setzt voraus, dass dem Anspruchsberechtigten ein fester Zeitpunkt für die Geltendmachung mitgeteilt wird. Eine bloße gerichtliche Erinnerung an das Nachreichen von Nachweisen, stellt keine Fristverlängerung iSd Gesetzes dar (OLG Schleswig FGPrax 2006, 119). Im Übrigen siehe Kommentierung zu → § 2 Rn. 79 ff.

Abschnitt 3. Schlussvorschriften

Umschulung und Fortbildung von Berufsvormündern und beruflichen Betreuern

17 I 1 **Durch Landesrecht kann bestimmt werden, dass es einer abgeschlossenen Lehre im Sinne des § 3 Absatz 1 Satz 2 Nummer 1 und § 4 Absatz 3 Nummer 1 des Vormünder- und Betreuervergütungsgesetzes vom 21. April 2005 (BGBl. I S. 1073, 1076), das zuletzt durch Artikel 1 des Gesetzes vom 22. Juni 2019 (BGBl. I S. 866) geändert worden ist, in der bis einschließlich 31. Dezember 2022 geltenden Fassung gleichsteht, wenn der Vormund oder Betreuer besondere Kenntnisse im Sinne dieser Vorschrift durch eine dem Abschluss einer Lehre vergleichbare Prüfung vor einer staatlichen oder staatlich anerkannten Stelle nachgewiesen hat.** 2 **Zu einer solchen Prüfung darf nur zugelassen werden, wer**

1. **mindestens drei Jahre lang Vormundschaften oder Betreuungen berufsmäßig geführt und**
2. **an einer Umschulung oder Fortbildung teilgenommen hat, die besondere Kenntnisse im Sinne des § 3 Absatz 1 Satz 2 und § 4 Absatz 3 des Vormünder- und Betreuervergütungsgesetzes vom 21. April 2005 (BGBl. I S. 1073, 1076), das zuletzt durch Artikel 1 des Gesetzes vom 22. Juni 2019 (BGBl. I S. 866) geändert worden ist, in der bis zum 31. Dezember 2022 geltenden Fassung vermittelt, welche nach Art und Umfang den durch eine abgeschlossene Lehre vermittelten vergleichbar sind.**

II 1 **Durch Landesrecht kann bestimmt werden, dass es einer abgeschlossenen Ausbildung an einer Hochschule im Sinne des § 3 Absatz 1 Satz 2 Nummer 2 und § 4 Absatz 3 Nummer 2 des Vormünder- und Betreuervergütungsgesetzes vom 21. April 2005 (BGBl. I S. 1073, 1076), das zuletzt durch Artikel 1 des Gesetzes vom 22. Juni 2019 (BGBl. I S. 866) geändert worden ist, in der bis einschließlich 31. Dezember 2022 geltenden Fassung gleichsteht, wenn der Vormund oder Betreuer Kenntnisse im Sinne dieser Vorschrift durch eine Prüfung vor einer staatlichen oder staatlich anerkannten Stelle nachgewiesen hat.** 2 **Zu einer solchen Prüfung darf nur zugelassen werden, wer**

1. **mindestens fünf Jahre lang Vormundschaften oder Betreuungen berufsmäßig geführt und**
2. **an einer Umschulung oder Fortbildung teilgenommen hat, die besondere Kenntnisse im Sinne des § 3 Absatz 1 Satz 2 und § 4 Absatz 3 des Vormünder- und Betreuervergütungsgesetzes vom 21. April 2005 (BGBl. I S. 1073, 1076), das zuletzt durch Artikel 1 des Gesetzes vom 22. Juni 2019 (BGBl. I S. 866) geändert worden ist, in der bis einschließlich 31. Dezember 2022 geltenden Fassung vermittelt, welche nach Art und Umfang den durch eine abgeschlossene Ausbildung an einer Hochschule vermittelten vergleichbar sind.**

III [1]Das Landesrecht kann weitergehende Zulassungsvoraussetzungen aufstellen. [2]Es regelt das Nähere über die an eine Umschulung oder Fortbildung im Sinne des Absatzes 1 Satz 2 Nummer 2 und des Absatzes 2 Satz 2 Nummer 2 zu stellenden Anforderungen, über Art und Umfang der zu erbringenden Prüfungsleistungen, über das Prüfungsverfahren und über die Zuständigkeiten. [3]Das Landesrecht kann auch bestimmen, dass eine in einem anderen Land abgelegte Prüfung im Sinne dieser Vorschrift anerkannt wird.

I. Normzweck. § 17 entspricht der Regelung des § 11 aF und übernimmt diese 1
ergänzt um den Berufsbetreuer inhaltlich unverändert. Vor der Einführung des Gesetzes über die Vergütung von Berufsvormündern (Berufsvormündervergütungsgesetz – BVormVG) vom 25.6.1998 (BGBl. I S. 1580), das am 1.7.1998 in Kraft trat, wurde die Höhe der Vergütung nicht an die berufliche Qualifikation geknüpft. § 1 BVormG aF trat erst am 1.1.1999 in Kraft. Durch die mit dieser Regelung eingeführten Anknüpfung der Vergütung an die berufliche Qualifikation wurden die bisher tätigen Berufsbetreuer, die zwar über nutzbare Fachkenntnisse nicht aber über einen formalen Bildungsabschluss iSd § 1 I 2 BVormVG aF verfügten, auf die niedrigste Vergütungsstufe verwiesen. Hierin liegt zugleich der Sinn und Zweck der in § 11 normierten Öffnungsklausel, die dem Wortlaut des § 2 BVormVG aF entspricht: Neben der Einführung einer vergütungssteigernden Nachqualifikation wurde den Berufsbetreuern mit der Übergangsregelung die Möglichkeit verschafft, die Voraussetzungen auch für die höchste Vergütungsstufe zu erwerben (BGH NJOZ 2018, 87). Eine Verpflichtung der Länder zur Schaffung einer solchen Möglichkeit bestand allerdings nicht (BGH BeckRS 2012, 5316).

II. Erhöhung der Stundensätze. Die Abs. 1 und 2 orientieren die Möglichkeiten 2
der Nachqualifikation an den Stundensätzen oder Fallpauschalen für Berufs- oder Hochschulausbildungen. Demzufolge kann der nachqualifizierte Vormund entweder einen Stundensatz von 29,50 EUR nach I oder 39 EUR nach II erreichen und der Betreuer entweder eine Pauschale nach Tabelle B oder C. Es muss daher zwischen den Voraussetzungen der § 8 und der Nachqualifikation des § 17 iVm der jeweiligen Landesgesetzgebung unterschieden werden.

Außer Bremen und das Saarland haben alle weiteren Bundesländer Anerkennungs- 3
oder Nachqualifizierungsregelungen erlassen (siehe Übersicht bei Deinert/Jürgens, Die Vergütung des Berufsbetreuers, Rn. 722 f.) Die oftmals befristetet verabschiedeten landesrechtlichen Regelungen zur Nachqualifizierung sind derzeit nicht mehr aktiv.

Ist ein Berufsbetreuer in einem Bundesland tätig, das weder eine eigene Nach- 4
qualifikation noch eine Anerkennung anderer Nachqualifikationen vorsieht, er aber die erforderlichen Prüfungsnachweise aus einem anderen Bundesland vorlegen kann, gebietet es das aus dem Rechtsstaatsprinzip abgeleitete Vertrauensschutzprinzip, diese Ausbildung als „vergleichbare abgeschlossene Ausbildung" zu bewerten (BVerfG NJWE-FER 2000, 284 Rn. 53). Daraus folgt jedoch nicht, dass bei einer durch den Landesgesetzgeber nicht eingeführten Möglichkeit der Nachqualifikation der Berufsbetreuer einen Anspruch auf einen höheren Stundensatz hat, obwohl er die Kriterien des § 8 nicht erfüllt (BGH NJOZ 2018, 87).

Abschnitt 4. Übergangsregelungen

Übergangsregelung

18 Auf Vergütungsansprüche von Betreuern, Vormündern, Pflegern und Verfahrenspflegern für Leistungen, die vor dem 1. Januar 2023 erbracht wurden, ist das Vormünder- und Betreuervergütungsgesetz vom 21. April 2005 (BGBl. I S. 1073, 1076), das zuletzt durch Artikel 1 des Gesetzes vom 22. Juni 2019 (BGBl. I S. 866) geändert worden ist, bis zum Ende des angefangenen Abrechnungsmonats in seiner bis dahin geltenden Fassung anzuwenden.

1 **I. Normzweck.** Die Regelung des § 18 entspricht inhaltlich der des § 12 aF. Die Übergangsregelung hat insbesondere die pauschalisierte Vergütung der Betreuer im Blick. Durch das Abstellen auf den Zeitpunkt der Leistungserbringung nimmt die Regel keinen Einfluss auf die bisherigen Abrechnungszeiträume, verhindert die Quotelung des Vergütungsanspruchs und führt somit zu einer leichteren Handhabung sowohl bei den Betreuern als auch bei den Gerichten (BT-Drs. 19/8694, 31).

2 Die Vergütungsansprüche für Leistungen, die vor Inkrafttreten des Gesetzes erbracht wurden, richten sich grundsätzlich nach dem VBVG in der bis dahin geltenden Fassung. Damit wird klargestellt, dass es für die Anwendbarkeit der Regelungen nicht auf den Zeitpunkt des Entstehens des Vergütungsanspruchs, sondern auf den Zeitpunkt der Leistungserbringung ankommt. Dies verhindert insbesondere beim Vergütungsanspruch der Berufsbetreuer den Beginn eines neuen Abrechnungsquartals und verhindert eine tageweise Berechnung des Vergütungsanspruchs.

3 **II. Bestimmung der Übergangsvergütung.** Im Hinblick auf den nach § 18 zur Anwendung des Übergangsrechts zu bestimmenden Vergütungsanspruch, muss zwischen der **tätigkeitsbezogenen Vergütung** der Vormünder, Pfleger, Verfahrenspfleger sowie Ergänzungs- und Sterilisationsbetreuer und der **pauschalisierten Vergütung** für die Betreuer und Ersatzbetreuer unterscheiden werden.

4 Bei der **tätigkeitsbezogenen Vergütung** entsteht der Vergütungsanspruch mit jeder erbrachten Leistung erneut, so dass für Leistungen, die ab dem 1.1.2023 erbracht wurden, dass ab diesem Zeitpunkt geltende Recht anzuwenden ist. Bei der **pauschalisierten Vergütung** wird zunächst auf den Betreuungsmonat – nicht Kalendermonat – abgestellt, der zugleich die Betreuungsdauer wiedergibt und sich nach der **Wirksamkeit** der (erstmaligen) Betreuungsanordnung bestimmt. Insoweit ist die in der Literatur am Wortlaut „Betreuungsmonat" geübte Kritik nicht ganz nachvollziehbar (siehe MüKoBGB/Fröschle, 8. Aufl. 2020, § 12 Rn. 2). Obgleich es einen Unterschied zwischen Abrechnungsmonat und Betreuungsmonat gibt und beide insbesondere nach einem Betreuerwechsel oftmals nicht mehr übereinstimmen, ist die Wortwahl in § 12 nach hiesiger Auffassung zutreffend. Stellt man nämlich auf den Betreuungsmonat ab, erfasst dies auch den Fall des Betreuerwechsels oder der Ersatzbetreuung. Zutreffend ist die Kritik allerdings dahingehend, dass der Unterschied zwischen den im VBVG geregelten Vergütungsformen semantisch unvollständig behandelt wurde.

5 Im Hinblick auf die **gesonderten Pauschalen** ist § 10 I 2 zu beachten: Der Anspruch auf die Pauschale entsteht, wenn im Anschluss an den laufenden Betreuungsmonat der noch nach altem Recht vergütet wird, eine der Voraussetzungen § 10 I 1 an mindestens einem Tag im verbleibenden Zeitraum vorliegen.

6 **Beispiel:** Die Betreuung wurde erstmalig am 6.6.2022 angeordnet und am 7.6.2022 gem. § 287 II FamFG sofort wirksam. Der Betreute lebt in seiner eigenen Wohnung, ist vermögend und besitzt ua Geldvermögen in Höhe von 180.000 EUR. Die Vergütung des Berufsbetreuers richtet sich bis zum 31.12.2022 gem. § 4 aF nach Tabelle B und ab dem 1.1.2023 gem. § 8 nach Tabelle C. Das Gesetz zur Reform des Vormundschafts- und Betreuungsrechts tritt am 1.1.2023 in Kraft.

8.6.–7.9.	1.–3. Monat	Tabelle B 1.2.2	1.110 EUR
		Pauschale § 5a I	30 EUR
8.9.–7.12.	4.–6. Monat	Tabelle B 2.2.2	774 EUR
		Pauschale § 5a I	30 EUR
8.12.–7.1.	7.–12. Monat	Tabelle B 3.2.2	238 EUR
		Pauschale § 5a I	30 EUR
8.1.–7.3.	7–12.Monat	Tabelle C 3.2.2	624 EUR
		Pauschale § 10 I	60 EUR

7 In dem vorstehenden Beispiel ist der Vergütungsanspruch des Betreuers für die Leistungen in dem vom 8.12.2022 bis 7.1.2023 laufenden Betreuungsmonat entstanden. Zwar wären die Leistungen ab dem 1.1.2023 nach dem VBVG in der neuen Fassung zu vergüten, doch hat der vom 8.12.2022 bis 7.1.2023 laufende Betreuungsmonat bereits begonnen, so dass bis zum Ende des angefangenen Betreuungsmonats das VBVG in der alten Fassung Anwendung findet.

III. Ausbildung und nutzbare Fachkenntnisse. Für Berufsbetreuer, die über eine einschlägige Ausbildung mit für die Betreuung nutzbaren Fachkenntnissen verfügen, behält das neue Recht im Hinblick auf die Vergütungshöhe keine Änderungen bereit. Etwas anderes ergibt sich allerdings für Berufsbetreuer, deren Ausbildung keine für die Betreuung nutzbaren Fachkenntnisse beinhaltet und die aus diesem Grund einer niedrigeren Vergütungstabelle zugeordnet waren. Mit dem Inkrafttreten des Gesetzes zur Reform des Vormundschafts- und Betreuungsrechts wirken sich für die Betreuung nutzbare Fachkenntnisse auf die Höhe des Vergütungsanspruchs nicht mehr aus. Die Einordnung in die Vergütungstabelle erfolgt ausschließlich anhand des formal erworbenen Ausbildungsabschlusses (siehe im Übrigen die Kommentierung zu → § 8 Rn. 5 ff.). 8

Infolge des Entfalls der für die Betreuung nutzbare Fachkenntnisse auf der vergütungsrechtlichen Ebene, kann ein Berufsbetreuer mit einem abgeschlossenen Studium, mit welchem keine nutzbaren Fachkenntnisse erworben wurden, mit dem Inkrafttreten des Gesetzes zur Reform des Vormundschafts- und Betreuungsrechts ab dem 1.1.2023 statt nach Tabelle A oder B nun nach Tabelle C abrechnen, wenn er als Berufsbetreuer nach §§ 19 ff. BtOG (vorläufig) registriert ist (siehe hierzu das Beispiel in → Rn. 6 und die Kommentierung zu → § 7 Rn. 9 ff.). 9

Ansprüche von Betreuern, die vor Inkrafttreten des Betreuungsorganisationsgesetzes bereits berufsmäßig Betreuungen geführt haben

19 **I 1 Für berufliche Betreuer, die bis einschließlich 1. Januar 2023 seit weniger als drei Jahren berufliche Betreuungen führen, gilt § 4 Absatz 2 bis 4 des Vormünder- und Betreuervergütungsgesetzes vom 21. April 2005 (BGBl. I S. 1073, 1076), das zuletzt durch Artikel 1 des Gesetzes vom 22. Juni 2019 (BGBl. I S. 866) geändert worden ist, in der bis einschließlich 31. Dezember 2022 geltenden Fassung, bis sie ihre Sachkunde nach § 32 Absatz 2 Satz 2 des Betreuungsorganisationsgesetzes gegenüber der Stammbehörde nachgewiesen haben.**

II Soweit durch Landesrecht auf der Grundlage von § 11 des Vormünder- und Betreuervergütungsgesetzes vom 21. April 2005 (BGBl. I S. 1073, 1076), das zuletzt durch Artikel 1 des Gesetzes vom 22. Juni 2019 (BGBl. I S. 866) geändert worden ist, in der bis einschließlich 1. Januar 2023 geltenden Fassung oder von § 2 des Berufsvormündervergütungsgesetzes vom 25. Juni 1998 (BGBl. I S. 1580, 1586), das zuletzt durch Artikel 29 des Gesetzes vom 13. Dezember 2001 (BGBl. I S. 3574) geändert worden ist, in der bis einschließlich 30. Juni 2005 geltenden Fassung Prüfungsleistungen mit Abschlüssen gleichgestellt sind, sind die Prüfungsleistungen bei der Feststellung, nach welcher Vergütungstabelle sich die Vergütung richtet, im Verfahren nach § 8 Absatz 2 und 3 entsprechend zu Grunde zu legen.

Übersicht

I. Normzweck. § 19 ist mit dem Gesetz zur Reform des Vormundschafts- und Betreuungsrechts neu eingeführt worden und regelt das vergütungsrechtliche Übergangsrecht von Berufsbetreuern, die bis einschließlich 1.1.2023 seit weniger als drei Jahren berufliche Betreuungen führen. In diesen Fällen ist bis zu einer vollständigen Registrierung einschließlich der Erbringung eines Sachkundenachweises das bisherige 1

Vergütungsrecht anzuwenden; eine Feststellung der anzuwendenden Vergütungstabelle nach § 8 III findet nicht statt.

2 Die Regelung in II umfasst diejenigen Berufsbetreuer, die eine nach Landesrecht über § 11 VBVG aF oder nach § 2 BVormVG mögliche Prüfung abgelegt haben. In diesen Fällen sind die vorhandenen gleichgestellten Abschlüsse bei der Feststellung der anzuwendenden Vergütungstabelle nach § 8 II und III zu berücksichtigen.

3 **II. Anwendungsbereich.** Für die Bestimmung der Reichweite des Anwendungsbereiches des § 19 I muss zwischen den nach §§ 32 II 1, 32 II 2 und 33 BtOG registrierten Berufsbetreuern differenziert werden. § 19 I erfasst insoweit ausschließlich diejenigen Berufsbetreuer, die unter den Anwendungsbereich des §§ 32 II 2 und 33 BtOG fallen. Diese Berufsbetreuer gelten zwar gem. §§ 32 I 6 und 7, 33 2 BtOG ebenfalls als vorläufig registriert, doch wirkt sich die geringe Dauer der berufsmäßigen Ausübung vergütungsrechtlich dahingehend aus, dass sich für die von Regelung betroffenen Berufsbetreuer der Vergütungsanspruch nicht nach § 7 bestimmt, sondern nach § 4 II bis IV aF bestimmt. **Keine Anwendung** findet § 19 I, wenn die Registrierung wegen Nichteinreichen des Sachkundenachweises nach § 27 BtOG widerrufen wurde, weil ab diesem Zeitpunkt der anspruchsbegründende Status des Berufsbetreuers entfällt.

4 Der Anwendungsbereich des II erfasst ausschließlich die Betreuer, deren Abschlüsse nach § 11 aF im Rahmen der Nachqualifikation den Abschlüssen nach Tabelle B und/oder C gleichgestellt worden sind.

5 **III. Bestimmung der Vergütung nach § 4 II bis IV aF (I).** Die Vergütungshöhe des vorläufig registrierten Berufsbetreuers bestimmt sich nach § 4 II bis IV aF, wenn dieser bis einschließlich 1.1.2023 seit weniger als drei Jahren berufliche Betreuungen führt. Die Regelung des **§ 4 II–IV aF** lautet wie folgt:

6 *II Die Vergütung des Betreuers richtet sich nach Vergütungstabelle A, sofern der Betreuer über keine besonderen Kenntnisse verfügt, die für die Führung der Betreuung nutzbar sind.*

III Verfügt der Betreuer über besondere Kenntnisse, die für die Führung der Betreuung nutzbar sind, so richtet sich die Vergütung

1. nach Vergütungstabelle B, wenn diese Kenntnisse durch eine abgeschlossene Lehre oder eine vergleichbare abgeschlossene Ausbildung erworben sind;

2. nach Vergütungstabelle C, wenn diese Kenntnisse durch eine abgeschlossene Ausbildung an einer Hochschule oder durch eine vergleichbare abgeschlossene Ausbildung erworben sind.

IV § 3 Absatz 2 gilt entsprechend. § 1 Absatz 1 Satz 2 Nummer 2 findet keine Anwendung.

7 Auch wenn sich die Vergütungshöhe nach dem bisherigen Recht bestimmt, entfällt aufgrund der vorläufigen Registrierung die **Feststellung der berufsmäßigen Ausübung** (siehe hierzu die Kommentierung zu → § 7 Rn. 2 und zu → § 8 Rn. 6). Aufgrund des fehlenden Verweises auf § 4 I aF findet die Vergütungstabelle im Anhang zu § 8 I Anwendung.

8 **1. Berufliche Qualifikation.** Für die Feststellung der Höhe des Vergütungsanspruchs nach § 4 II aF ist zwischen den anzuwendenden Vergütungstabellen der Anlage zu § 8 I und der Höhe der Fallpauschalen aus Kombination von Betreuungsdauer, Aufenthaltsort und Vermögensstatus des Betroffenen nach den §§ 8 I, 9, 10 zu differenzieren.

9 Die für den von I erfassten Berufsbetreuer anzuwendende Vergütungstabelle bestimmt sich in **zwei Schritten:** Zunächst ist die berufliche Qualifikation des Berufsbetreuers festzustellen. Im Anschluss daran ist zu ermitteln, ob die in der Ausbildung erworbenen besonderen Kenntnisse für die Führung der Betreuung nutzbar sind.

10 Verfügt der Betreuer über keine in § 4 III aF genannte Ausbildung oder beinhaltet seine vorhandene berufliche Qualifikation keine besonderen und für die Betreuung besonderen nutzbaren Fachkenntnisse, gelangt gem. § 4 II aF die aktuelle Vergütungstabelle A zur Anwendung. Infolge der Anknüpfung an den standardisierten

Ausbildungsgang, finden **Lebens- und Berufserfahrung** sowie **Fortbildungen** bei der Bestimmung der Fallpauschale keine vergütungserhöhende Berücksichtigung (BGH NJW-RR 2012, 452 Rn. 13).

a) Berufsausbildung, Tabelle B. Eine abgeschlossene Lehre oder vergleichbare abgeschlossenen Ausbildung berechtigt zur Anwendung der Vergütungstabelle B, wenn der Betreuer einen Ausbildungsgang absolviert hat, der nach dem BBiG, der Handwerksordnung oder in einem hierfür speziellen Gesetz (zB Krankenpflegegesetz, Altenpflegegesetz) geregelt ist und für die Betreuung nutzbare Fachkenntnisse vermittelt hat. Für die relevanten Ausbildungsberufe wird auf → § 3 Rn. 13 ff. verwiesen. Zu den dort genannten Berufsausbildungen kommen infolge der Besonderheiten bei der Betreuung ua folgende Berufe hinzu: 11

- **Altenpfleger,** soweit Gesundheitssorge angeordnet (OLG Dresden FamRZ 2000, 1306 = BeckRS 2000, 11387),
- **Arzthelfer,** soweit Gesundheitssorge angeordnet (OLG Schleswig NJWE-FER 2000, 206),
- **Ausbilder** iSd § 30 BBiG (BayObLGZ 1999, 291 = NJWE-FER 2000, 35),
- **Kauffrau für Büromanagement bei Absolvierung der Ausbildung in einem Betreuungsbüro** (BGH NJW-RR 2020, 513 Rn. 14),
- **Krankenschwester, Krankenpfleger,** soweit Gesundheitssorge angeordnet (OLG Dresden NJW-RR 2001, 580).

b) Hochschulausbildung, Tabelle C. Hat der Betreuer ein Studium an einer Universität, Fachhochschule oder eine vergleichbare Ausbildung abgeschlossen, rechtfertigt dies die Anwendung der Vergütungstabelle C, wenn für Betreuung nutzbare besondere Kenntnisse erworben wurden. Im Hinblick auf die zur Vergütung nach Tabelle C berechtigenden Studiengänge wird auf → § 3 Rn. 18 ff. verwiesen. 12

Eine vergleichbare Ausbildung liegt vor, wenn die Ausbildung in ihrer Wertigkeit einer Hochschul-, bzw. Fachhochschulausbildung entspricht und einen formalen Abschluss aufweist. Die Ausbildung muss staatlich reglementiert oder staatlich anerkannt sein und der vermittelte Wissensstand muss nach Art und Umfang einem Hochschulstudium entsprechen (BGH NJW-RR 2014, 386 Rn. 12) Maßgebliche Kriterien sind Ausbildungsdauer, Zeitaufwand, Intensität der Stoffvermittlung, Qualifikation des Lehrkörpers und die Ausgestaltung der Abschlussprüfung (BGH NJW-RR 2014, 1154 Rn. 12). Im Übrigen wird auf die Kommentierung zu → § 8 Rn. 16 ff. und → § 3 Rn. 18 ff. und 62 ff. verwiesen. 13

2. Besondere nutzbare Kenntnisse. Der Begriff der „besonderen Kenntnisse“ ist weder im VBVG noch im BGB besonderes geregelt oder legaldefiniert. Als besondere Kenntnisse sind Betreuer erworbene **(Fach)-Kenntnisse** anzusehen, die nicht zum allgemeinen Bildungsstand gehören und innerhalb eines Faches über die gegebenenfalls höhere Schulbildung hinausgehen (OLG Saarbrücken BtPrax 2003, 227). Infolge der Anknüpfung an den standardisierten Ausbildungsgang, finden bei der Bestimmung des Stundensatzes Lebens- und Berufserfahrung sowie Fortbildungen des Betreuers keine vergütungserhöhende Berücksichtigung (BGH NJW-RR 2012, 452 Rn. 13). 14

Das Vorliegen von für die Betreuung nutzbaren Kenntnissen ist anzunehmen, wenn dem Betreuer aufgrund der durch Ausbildung erworbenen Fachkenntnisse sein Geschäft effektiver und zum Wohl des Betreuten führen kann und der Kernbereich der Ausbildung auf die Vermittlung dieser Kenntnisse ausgerichtet war (vgl. zur Betreuung BGH BeckRS 2015, 8009 Rn. 4). Zur Beurteilung, ob die Vermittlung der Fachkenntnisse den **Kernbereich der Ausbildung** darstellten, ist der Umfang der nutzbaren Inhalte bzw. deren Anteil an der Gesamtausbildungszeit zu ermitteln, ohne einen exakten Prozentanteil festzulegen. Es genügt, wenn aufgrund des zeitlichen Umfangs oder der Eigenschaft als selbständiger und maßgeblicher Teil der Abschlussprüfung feststeht, dass ein erheblicher Teil der Ausbildungszeit auf die Vermittlung solchen Wissens entfällt (BGH FamRZ 2015, 1794 = BeckRS 2015, 14295). Im Übrigen genügt die potenzielle Nützlichkeit der Fachkenntnisse; eine konkrete Nutzung des vom Betreuers vorgehaltenen Wissens wird nicht verlangt (BGH NJW-RR 2003, 1585). 15

16 Das Vorhandensein nutzbarer Fachkenntnisse ist regelmäßig anzunehmen, wenn der Betreuer in den Bereichen der **Medizin, Psychologie, Sozialarbeit oder Sozialpädagogik, Soziologie** oder in den Bereichen **Recht** und **Wirtschaft** Kenntnisse erworben hat (Felix Rpfleger 2015, 615 (617)). Ausreichend ist es, wenn die Fachkenntnisse zur Bewältigung bestimmter Bereiche der Betreuung verwendbar sind (BT-Drs. 13/7158, 15; BGH NJW-RR 2003, 1585). **Sprachkenntnisse** stellen keine nutzbaren Fachkenntnisse dar, weil sie keine Kenntnisse vermitteln, die den Vormund in die Lage versetzen, seine Aufgaben zum Wohl des Mündels besser und effektiver erfüllen zu können (BGH NJW-RR 2018, 708 Rn. 12).

17 **3. Nutzbare Kenntnisse und einzelne Aufgabenbereiche.** Die Bestimmung des Vergütungsanspruchs gestaltet sich schwierig, wenn der Betreuer über besondere Fachkenntnisse verfügt, aber die angeordneten Aufgabenbereiche eventuell nur ein Bruchteil dieser Kenntnisse bzw. der Ausbildung des Betreuers berühren. Sind als Aufgabenbereiche beispielsweise nur die „Gesundheitssorge" sowie „Rechts-, Antrags- und Behördenangelegenheiten" angeordnet worden und verfügt der Betreuer beispielsweise über einen Abschluss als Dipl. Ökonom, kann sich die Frage stellen, ob ein Vergütungsanspruch nach Tabelle A oder C besteht.

18 Grundsätzlich ist es ausreichend, wenn die durch Ausbildung erworbenen Fachkenntnisse zur Bewältigung bestimmter betreuungstypischer Aufgabenbereiche verwendbar sind, bzw. der Führung eines einzelnen von mehreren Aufgabenbereichen dienen und die konkrete Betreuung diesen Aufgabenbereich umfasst (BT-Drs. 13/7158, 15). Die potenzielle Nützlichkeit reicht aus; eine konkrete Nutzung des vom Betreuer vorgehaltenen Wissens wird nicht verlangt (BGH NJW-RR 2003, 1585). Hinzu kommt die Vermutung des § 4 IV 1 aF, wonach die besonderen Kenntnisse des Betreuers auch für das konkrete Verfahren nutzbar sind, für welches er bestellt wurde und das Gericht ausdrücklich eine abweichende Bestimmung treffen muss.

19 Anhand der Studienhalte ist zunächst festzustellen, welche besonderen für die Betreuung nutzbaren Kenntnisse vermittelt wurden und ob diese den Kernbereich der Ausbildung bildeten. Es genügt, wenn aufgrund des zeitlichen Umfangs oder der Eigenschaft als selbständiger und maßgeblicher Teil der Abschlussprüfung feststeht, dass ein erheblicher Teil der Ausbildungszeit auf die Vermittlung solchen Wissens entfällt (BGH FamRZ 2015, 1794 = BeckRS 2015, 14295). Unstreitig dürfte sein, dass der Hochschulgrad des Dipl. Ökonom in der Ausbildung keine nutzbaren Fachkenntnisse für den Aufgabenkreis der „Gesundheitssorge" vermittelt, so dass bei Fehlen einer ergänzenden Berufsausbildung (zB Krankenpfleger) lediglich die Vergütung nach Tabelle A zur Anwendung gelangen würde. Abhängig vom Studieninhalt kann dies in Anbetracht weiterer Aufgabenkreise anders zu beurteilen sein:

20 Innerhalb des Aufgabenkreises „Rechts-, Antrags- und Behördenangelegenheiten" kann der Betroffene nicht nur in Verfahren vor dem Zivilgericht oder in Verfahren der freiwilligen Gerichtsbarkeit vertreten werden. Auch gegenüber anderen Behörden kann der Betreuer in rechtlichen Angelegenheiten oder Antragsgeschäften wirksam vertreten und die Interessen ggf. verfahrensrechtlich wahrnehmen bzw. durchsetzen. Dieser Aufgabenkreis setzt daher rechtliche Kenntnisse voraus, voraus und es ist zu prüfen, so dass zu prüfen ist, ob die absolvierte Ausbildung solche nutzbaren Kenntnisse vermittelt hat. Den Studieninhalten ist zu entnehmen, dass das Fach Rechtswissenschaften mit den zu erbringenden Teilleistungen als Prüfungsfach aufgeführt ist. Da ein exakter Prozentanteil nicht festzulegen ist, orientiert sich die vorzunehmende Würdigung an der Tatsache, dass der Studiengang mit dem dazugehörigen Fach Rechtswissenschaften als Prüfungsfach nutzbare Kenntnisse vermittelt hat. Diese Kenntnisse sind zudem als selbständiger und maßgeblicher Teil der Abschlussprüfung vermittelt worden und haben einen erheblichen Teil der Ausbildungszeit eingenommen. Dies rechtfertigt nach hiesiger Ansicht die Vergütung nach Tabelle C.

21 **4. Vermutung der Nutzbarkeit (§ 4 IV iVm § 3 II aF).** Nach § 4 IV 1 aF gilt § 3 II aF entsprechend. Während § 4 II die Höhe des Vergütungsanspruchs an die berufliche Qualifikation und die nutzbaren Fachkenntnisse knüpft, stellt § 4 VI 1 aF iVm § 3 II aF die Vermutung auf, dass die besonderen Kenntnisse des Vormunds auch für das konkrete Verfahren nutzbar sind, für welches er bestellt wurde; andernfalls muss das Gericht ausdrücklich eine abweichende Bestimmung treffen. Dies bietet

dem bestellenden Gericht die Möglichkeit, bei einfachen Verfahren aus Gründen der Kostenersparnis dem dafür „überqualifizierten" Betreuer eine niedrigere Fallpauschale vorzugeben. In der gerichtlichen Praxis dürfte dies aber sehr selten genutzt werden.

Sinn und Zweck dieser Regelung soll es nach hiesiger Auffassung sein, das Gericht vor Bestellung nochmals zur (vergütungsrechtlichen) Prüfung zu bewegen, ob die Kenntnisse der Amtsperson für das konkrete Verfahren auch von tatsächlichem Nutzen sind. II 2 bietet dann dem bestellenden Gericht beispielsweise die Möglichkeit, bei einfachen Verfahren aus Gründen der Kostenersparnis der dafür „überqualifizierten" Amtsperson einen niedrigeren Stundensatz festzuschreiben. In der gerichtlichen Praxis dürfte dies aber sehr selten genutzt werden. 22

5. Ende der Anwendung des alten Rechts. Die Anwendung des alten Rechts endet gem. § 19 I 1 aE, wenn der von der Regelung betroffene Betreuer seine Sachkunde nach § 32 II 2 BtOG gegenüber der Stammbehörde nachgewiesen hat und endgültig registriert wurde. Die Führung dieses Registrierungsnachweises ist Veränderung vergütungsrelevanter Umstände iSd § 9 IV 3, demgemäß die Berechnung der Zeiträume nach §§ 187 I, 188 I, 191 BGB erfolgt. Infolge des Verweises auf § 191 BGB bedarf es für die Berechnung nicht der Ermittlung der konkreten Tagesanzahl, da der Monat stets mit 30 Tagen angesetzt wird (siehe hierzu → § 9 Rn. 21 ff.). Der Tag an dem die endgültige Registrierung als ändernde Ereignis erfolgt, wird vollständig zum ablaufenden Teilmonat gezählt. Der sich anschließende Teilmonat beginnt mit dem Folgetag. Dergleichen gilt für Registrierungen nach § 33 BtOG. 23

Beispiel: Der Betreute ist mittellos und wohnt in der eigenen Wohnung. Der Betreuer ist zum 1.1.2023 weniger als drei Jahre berufsmäßig tätig. Der Bestellungsbeschluss ist am 27.3. wirksam geworden. Der Betreuer erhält aufgrund § 19 I iVm § 4 aF eine Vergütung nach Tabelle A. Am 23.5. wird der Betreuer endgültig registriert und hat nun Anspruch auf die Vergütung nach Tabelle B nach § 8. 24

1. Monat	28.3.–27.4.	Tabelle A 1.2.1	208 EUR
2. Monat	28.4.–23.5.	Tabelle A 1.2.1	180,27 EUR (= 208 EUR × 26/30)
	24.5.–27.5.	Tabelle B 1.2.1	34,40 EUR (= 258 EUR × 4/30)
3. Monat	28.5.–27.6.	Tabelle B 1.2.1	258 EUR

IV. Nach Landesrecht gleichgestellte Abschlüsse (II). Die Regelung des II hat die Berufsbetreuer im Blick, deren Prüfungsleistungen im Rahmen der Nachqualifikation (siehe hierzu → § 17) nach Landesrecht mit den Abschlüssen nach den Vergütungstabellen B und C gleichgestellt sind. In diesen Fällen sind die Prüfungsleistungen bei der Feststellung, nach welcher Vergütungstabelle sich die Vergütung richtet, im Verfahren nach § 8 II und III entsprechend zu Grunde zu legen. So erlangen Berufsbetreuer, die eine nach dem jeweiligen Landesrecht möglich Prüfung abgelegt haben, einen Bestandsschutz, der zur Anwendung des neuen Vergütungsrechts führt sowie die Feststellung der anzuwendenden Vergütungstabelle nach § 8 III ermöglicht. 25

Anlage (zu § 8 Absatz 1). Vergütungstabellen

Vergütungstabelle A

Nr.	Dauer der Betreuung	Nr.	Gewöhnlicher Aufenthaltsort	Nr.	Vermögensstatus	monatlich Pauschale
A1	In den ersten drei Monaten	A1.1	stationäre Einrichtung oder gleichgestellte ambulant betreute Wohnform	A1.1.1	mittellos	194,00 €
				A1.1.2	nicht mittellos	200,00 €
		A1.2	andere Wohnform	A1.2.1	mittellos	208,00 €
				A1.2.2	nicht mittellos	298,00 €
A2	Im vierten bis sechsten Monat	A2.1	stationäre Einrichtung oder gleichgestellte ambulant betreute Wohnform	A2.1.1	mittellos	129,00 €
				A2.1.2	nicht mittellos	158,00 €
		A2.2	andere Wohnform	A2.2.1	mittellos	170,00 €
				A2.2.2	nicht mittellos	208,00 €
A3	Im siebten bis zwölften Monat	A3.1	stationäre Einrichtung oder gleichgestellte ambulant betreute Wohnform	A3.1.1	mittellos	124,00 €
				A3.1.2	nicht mittellos	140,00 €
		A3.2	andere Wohnform	A3.2.1	mittellos	151,00 €
				A3.2.2	nicht mittellos	192,00 €
A4	Im 13. bis 24. Monat	A4.1	stationäre Einrichtung oder gleichgestellte ambulant betreute Wohnform	A4.1.1	mittellos	87,00 €
				A4.1.2	nicht mittellos	91,00 €
		A4.2	andere Wohnform	A4.2.1	mittellos	122,00 €
				A4.2.2	nicht mittellos	158,00 €
A5	Ab dem 25. Monat	A5.1	stationäre Einrichtung oder gleichgestellte ambulant betreute Wohnform	A5.1.1	mittellos	62,00 €
				A5.1.2	nicht mittellos	78,00 €
		A5.2	andere Wohnform	A5.2.1	mittellos	105,00 €
				A5.2.2	nicht mittellos	130,00 €

Vergütungstabelle B

Nr.	Dauer der Betreuung	Nr.	Gewöhnlicher Aufenthaltsort	Nr.	Vermögensstatus	monatlich Pauschale
B1	In den ersten drei Monaten	B1.1	stationäre Einrichtung oder gleichgestellte ambulant betreute Wohnform	B1.1.1	mittellos	241,00 €
				B1.1.2	nicht mittellos	249, 00 €
		B1.2	andere Wohnform	B1.2.1	mittellos	258,00 €
				B1.2.2	nicht mittellos	370,00 €
B2	Im vierten bis sechsten Monat	B2.1	stationäre Einrichtung oder gleichgestellte ambulant betreute Wohnform	B2.1.1	mittellos	158,00 €
				B2.1.2	nicht mittellos	196,00 €
		B2.2	andere Wohnform	B2.2.1	mittellos	211,00 €
				B2.2.2	nicht mittellos	258,00 €
B3	Im siebten bis zwölften Monat	B3.1	stationäre Einrichtung oder gleichgestellte ambulant betreute Wohnform	B3.1.1	mittellos	154,00 €
				B3.1.2	nicht mittellos	174,00 €
		B3.2	andere Wohnform	B3.2.1	mittellos	188,00 €
				B3.2.2	nicht mittellos	238,00 €
B4	Im 13. bis 24. Monat	B4.1	stationäre Einrichtung oder gleichgestellte ambulant betreute Wohnform	B4.1.1	mittellos	107,00 €
				B4.1.2	nicht mittellos	113,00 €
		B4.2	andere Wohnform	B4.2.1	mittellos	151,00 €
				B4.2.2	nicht mittellos	196,00 €
B5	Ab dem 25. Monat	B5.1	stationäre Einrichtung oder gleichgestellte ambulant betreute Wohnform	B5.1.1	mittellos	78,00 €
				B5.1.2	nicht mittellos	96,00 €
		B5.2	andere Wohnform	B5.2.1	mittellos	130,00 €
				B5.2.2	nicht mittellos	161,00 €

Vergütungstabelle C

Nr.	Dauer der Betreuung	Nr.	Gewöhnlicher Aufenthaltsort	Nr.	Vermögensstatus	monatlich Pauschale
C1	In den ersten drei Monaten	C1.1	stationäre Einrichtung oder gleichgestellte ambulant betreute Wohnform	C1.1.1	mittellos	317,00 €
				C1.1.2	nicht mittellos	327,00 €
		C1.2	andere Wohnform	C1.2.1	mittellos	339,00 €
				C1.2.2	nicht mittellos	486,00 €
C2	Im vierten bis sechsten Monat	C2.1	stationäre Einrichtung oder gleichgestellte ambulant betreute Wohnform	C2.1.1	mittellos	208,00 €
				C2.1.2	nicht mittellos	257,00 €
		C2.2	andere Wohnform	C2.2.1	mittellos	277,00 €
				C2.2.2	nicht mittellos	339,00 €
C3	Im siebten bis zwölften Monat	C3.1	stationäre Einrichtung oder gleichgestellte ambulant betreute Wohnform	C3.1.1	mittellos	202,00 €
				C3.1.2	nicht mittellos	229,00 €
		C3.2	andere Wohnform	C3.2.1	mittellos	246,00 €
				C3.2.2	nicht mittellos	312,00 €
C4	Im 13. bis 24. Monat	C4.1	stationäre Einrichtung oder gleichgestellte ambulant betreute Wohnform	C4.1.1	mittellos	141,00 €
				C4.1.2	nicht mittellos	149,00 €
		C4.2	andere Wohnform	C4.2.1	mittellos	198,00 €
				C4.2.2	nicht mittellos	257,00 €
C5	Ab dem 25. Monat	C5.1	stationäre Einrichtung oder gleichgestellte ambulant betreute Wohnform	C5.1.1	mittellos	102,00 €
				C5.1.2	nicht mittellos	127,00 €
		C5.2	andere Wohnform	C5.2.1	mittellos	171,00 €
				C5.2.2	nicht mittellos	211,00 €

4. Gesetz über das Verfahren in Familiensachen und in den Angelegenheiten der freiwilligen Gerichtsbarkeit (FamFG)

Vom 17. 12 2008 (BGBl. I 2586, 2587)
FNA 315-24
Zuletzt geändert durch 12 Gesetz vom 16.12.2022 (BGBl. I 2328)
(Auszug)

Aufgaben und Rechtsstellung des Verfahrensbeistands

158b **I [1]Der Verfahrensbeistand hat das Interesse des Kindes festzustellen und im gerichtlichen Verfahren zur Geltung zu bringen. [2]Er soll zu diesem Zweck auch eine schriftliche Stellungnahme erstatten. [3]Der Verfahrensbeistand hat das Kind über Gegenstand, Ablauf und möglichen Ausgang des Verfahrens in geeigneter Weise zu informieren. [4]Endet das Verfahren durch Endentscheidung, soll der Verfahrensbeistand den gerichtlichen Beschluss mit dem Kind erörtern.**

II [1]Soweit erforderlich kann das Gericht dem Verfahrensbeistand die Aufgabe übertragen, Gespräche mit den Eltern und weiteren Bezugspersonen des Kindes zu führen sowie am Zustandekommen einer einvernehmlichen Regelung über den Verfahrensgegenstand mitzuwirken. [2]Das Gericht hat Art und Umfang der Beauftragung konkret festzulegen und die Beauftragung zu begründen.

III [1]Der Verfahrensbeistand wird durch seine Bestellung als Beteiligter zum Verfahren hinzugezogen. [2]Er kann im Interesse des Kindes Rechtsmittel einlegen. [3]Der Verfahrensbeistand ist nicht gesetzlicher Vertreter des Kindes.

Vergütung; Kosten

158c **I [1]Führt der Verfahrensbeistand die Verfahrensbeistandschaft berufsmäßig, erhält er für die Wahrnehmung seiner Aufgaben in jedem Rechtszug jeweils eine einmalige Vergütung von 350 Euro. [2]Im Fall der Übertragung von Aufgaben nach § 158b Absatz 2 erhöht sich die Vergütung auf 550 Euro. [3]Die Vergütung deckt auch Ansprüche auf Ersatz anlässlich der Verfahrensbeistandschaft entstandener Aufwendungen ab.**

II Für den Ersatz von Aufwendungen des nicht berufsmäßigen Verfahrensbeistands ist § 277 Absatz 1 entsprechend anzuwenden.

III [1]Der Aufwendungsersatz und die Vergütung sind stets aus der Staatskasse zu zahlen. [2]§ 292 Absatz 1 und 5 ist entsprechend anzuwenden.

IV Dem Verfahrensbeistand sind keine Kosten aufzuerlegen.

Übersicht

1 **I. Normzweck.** Nach bisherigen Recht war der Anspruch auf Vergütung und Aufwendungsersatz des Verfahrensbeistands in § 158 VII und VIII FamFG aF geregelt. Mit dem Gesetz zur Bekämpfung sexualisierter Gewalt gegen Kinder vom 16.6.2021 (BGBl. I 1810) sind diese Regelungen in der Vorschrift des § 158c FamFG zusammengefasst und geringfügig umformuliert worden. Systematisch unterscheidet § 158c FamFG zwischen dem Vergütungsanspruch des berufsmäßig tätigen Verfahrensbeistands (I) und dem Aufwendungsersatzanspruch des ehrenamtlichen Verfahrensbeistands (II). Im Vergleich zur Vorgängernorm des § 158 VII, VIII FamFG aF enthält § 158c FamFG keine Regelung mehr zur Umsatzsteuer, da die Leistungen des Verfahrensbeistands seit der Entscheidung des Bundesfinanzhofs vom 17.7.2019 (V R 27/17, DStRE 2019, 1462) steuerfrei sind.

2 **II. Person und Bestellung des Verfahrensbeistands.** Nach § 158 I hat das Gericht dem minderjährigen Kind in **Kindschaftssachen** (§ 151), **die seine Person** betreffen, einen geeigneten Verfahrensbeistand zu bestellen, soweit dies zur Wahrnehmung seiner Interessen erforderlich ist. Der Verfahrensbeistand ist nicht gesetzlicher Vertreter des Kindes, sondern hat dessen Interessen in einer Weise in das Verfahren einzubringen, die ihrer grundrechtlichen Position hinreichend Rechnung trägt (Felix Rpfleger 2016, 189 (194 f.)). Die dem Verfahrensbeistand übertragenen Aufgaben nimmt dieser selbstständig und eigenverantwortlich wahr. Der Verfahrensbeistand ist weder an Weisungen des Gerichts gebunden noch unterliegt er dessen Aufsicht (KG NJOZ 2012, 1482).

3 **1. Persönlicher Anwendungsbereich.** § 158c gilt gem. §§ 174 2, 191 2 auch für die Bestellung des Verfahrensbeistandes in einer **Abstammungs- oder Adoptionssache.** Nach § 167 I 2 tritt in **Unterbringungssachen,** die ein minderjähriges Kind betreffen (§ 151 Nr. 6, 7) an die Stelle des Verfahrenspflegers der Verfahrensbeistand, so dass auch in diesen Verfahren § 158c Anwendung findet.

4 Im Gegensatz zum anwaltlichen Verfahrenspfleger, finden beim **anwaltlichen Verfahrensbeistand** die vergütungsrechtlichen Regelungen des RVG nach § 1877 III BGB keine Anwendung (zur alten Rechtslage Bumiller/Harders/Bumiller, 12. Aufl. 2019, FamFG § 158 Rn. 21). Dies gilt auch unter der Geltung der neuen Rechtslage fort, da nach I 3 die dem berufsmäßig tätigen Verfahrensbeistand zu gewährende Vergütung auch Ansprüche auf Aufwendungsersatz abgilt, wozu auch die Aufwendungen nach § 1877 III BGB gehören.

5 Wird ein Mitarbeiter eines Betreuungsvereins zum berufsmäßigen Verfahrensbeistand bestellt, steht der Vergütungsanspruch dem Betreuungsverein zu und nicht dem Mitarbeiter (zur alten Rechtslage BGH NZFam 2014, 166).

6 **2. Bestellung des Verfahrensbeistands.** Die Bestellung des Verfahrensbeistands bestimmt sich nach §§ 158, 158a. Als Zwischenentscheidung bedarf es für die Bestellung keiner besonderen Form. Gleichwohl erfolgt die Bestellungsentscheidung idR durch Beschluss und soll, neben der Benennung des Verfahrensbeistandes, auch Art und Umfang der Beauftragung beinhalten. Im Hinblick auf den Vergütungsanspruch muss bei der Bestellung festgestellt werden, ob die Verfahrensbeistandschaft **berufsmäßig** geführt wird. Die Bestellungsentscheidung ist nach § 158 V nicht selbständig anfechtbar.

7 Nach § 158 V aF sollte die Bestellung eines Verfahrensbeistandes unterbleiben oder aufgehoben werden, wenn die Interessen des Kindes von einem Rechtsanwalt oder einem anderen geeigneten Verfahrensbevollmächtigten **angemessen** vertreten werden. Diese Regelung ist in Konsequenz des § 158a FamFG entfallen, mit dessen Einführung die Voraussetzungen für die Bestellung als Verfahrensbeistand sich nicht auf eine juristische Grundqualifikation beschränken (BT-Drs. 19/23707, 53). Auch Rechtsanwälte können künftig nur noch dann als Verfahrensbeistände

bestellt werden, wenn sie über die in § 158a FamFG aufgeführte Zusatzqualifikation verfügen.

Ist für das Kind bereits ein Verfahrensbeistand bestellt, der aufgrund der angeordneten Aufgabenkreise in der Lage ist, die Rechte und Interessen des Kindes in das Verfahren einzubringen, bedarf es keiner zusätzlichen Beauftragung eines Rechtsanwalts für das Kind (BGH NJW 2018, 2962). 8

Eine **rückwirkende Bestellung** nach Verfahrensbeendigung ist auch dann rechtswidrig, wenn damit ein ursprünglich vergessener Bestellungsbeschluss nachgeholt werden soll – **konkludente Bestellung** ist allerdings möglich (siehe hierzu OLG Frankfurt FGPrax 2020, 224; OLG München NJW-RR 2016, 134). 9

Die **Bestellung erstreckt sich nicht** auf ein später anschließendes Verfahren vor dem BVerfG, ein Vollstreckungsverfahren nach §§ 88 ff., ein späteres Abänderungsverfahren nach § 1696 Abs. 1 BGB, auf ein Vermittlungsverfahren nach § 165 oder ein Vergütungsfestsetzungsverfahren (MüKoFamFG/Schumann, 3. Aufl. 2018, FamFG § 158 Rn. 44 mwN). 10

3. Nichterhebung der Kosten bei unrichtiger Sachbehandlung. Die Bestellung eines Verfahrensbeistandes erfolgt, soweit dies zur Wahrnehmung der Kindesinteressen erforderlich ist. Folglich muss das Gericht nicht nur im Hinblick auf die anzuordnenden Aufgabenkreise, sondern bereits die Bestellung als solche auf ihre **Erforderlichkeit** überprüfen. Daher ist vor der Bestellung eines Verfahrensbeistands grundsätzlich erforderlich, dass durch das Gericht Anfangsermittlungen anzustellen sind, die offensichtlich **unnötige Bestellungen** vermeiden sollen (BT-Drs. 16/6308, 239). Ebenso ist den Eltern vor Bestellung des Verfahrensbeistands rechtliches Gehör zu gewähren, da die Bestellung nicht isoliert anfechtbar ist (OLG Karlsruhe FamRZ 2019, 630 mwN). Erfüllt die Bestellung des Verfahrensbeistands diese Anforderungen nicht oder erfolgte sie aufgrund rein schematischer Handlungsweisen, stellt dies eine **unrichtige Sachbehandlung** iSd § 20 FamGKG dar, demgemäß der Verfahrensbeistand seine Vergütung aus der Staatskasse erhält, diese aber nicht aus Auslagen vom Kostenschuldner eingezogen werden können. Die vorstehenden Grundsätze gelten auch unter Beachtung des Vorrangs- und Beschleunigungsverbots in § 155 I oder des Gebots der frühzeitigen Bestellung (OLG Braunschweig NZFam 2021, 1027). 11

III. Feststellung der berufsmäßigen Amtsausübung. Die Feststellung der berufsmäßigen Ausübung ist für den Vergütungsanspruch **konstitutiv,** demgemäß bei deren Fehlen nur ein Anspruch auf Aufwendungsersatz besteht (§§ 158c I, II, 277 I). Die Bestellung des Verfahrensbeistands als verfahrensleitende Zwischenentscheidung ist nach § 158 V nicht selbstständig anfechtbar, so dass weder eine Beschwerde der Staatskasse noch des Verfahrensbeistands gegen die Feststellung oder Versagung der berufsmäßigen Ausübung möglich ist; etwas gelte allerdings für die Bestellung des Verfahrensbeistands durch den Rechtspfleger (BGH NJW-RR 2017, 578, siehe aber Menne Pfleger 2016, 630 f.). Im Übrigen wird auf die Kommentierung zu → VBVG § 1 Rn. 17 ff. verwiesen. 12

Die Regelung des § 158c enthält **keine eigene Definition der Berufsmäßigkeit** auch verweist sie nicht auf die entsprechenden Vorschriften. In der ursprünglichen Fassung des § 158 VII FamFG-E sollte sowohl für den Aufwendungsersatz als auch für die Vergütung des Verfahrensbeistands die Regelung des § 277 entsprechend gelten (BT-Drs. 16/6308, 40, 238). Erst mit dem Bericht des Rechtsausschusses vom 23.6.2008, und somit kurz vor Verabschiedung des FamFG, wurde die tätigkeitsbezogene Vergütung auf die Fallpauschale umgestellt und § 158 VII aF aufgenommen (BT-Drs. 16/9733, 75). Aber auch die durch das Gesetz zur Bekämpfung sexualisierter Gewalt gegen Kinder eingeführten Änderungen der §§ 158 ff. haben die Anwendungslücke zur Prüfung des Vorliegens der Voraussetzungen der berufsmäßigen Ausübung nicht geschlossen. 13

Infolge dieser **planwidrigen Regelungslücke** ist zur Beurteilung des Vorliegens der Berufsmäßigkeit auf § 277 II und dessen Verweisungen in **analoger Anwendung** zurückzugreifen. Hiernach wird eine berufsmäßige Ausübung insbesondere dann vorliegen, wenn mehr als zehn Verfahrensbeistandschaften geführt werden oder 14 die für die Führung der Verfahrensbeistandschaft erforderliche Zeit voraussichtlich 20 Wochenstunden nicht unterschreitet.

15 **IV. Anspruchsentstehung und Fälligkeit.** Der Vergütungsanspruch des berufsmäßigen Verfahrensbeistands entsteht, wenn dieser mit der Wahrnehmung seiner Aufgaben nach § 158b begonnen hat und in irgendeiner Weise im Kindesinteresse tätig geworden ist. Unzureichend ist es allerdings, wenn lediglich die Entgegennahme des Bestellungsbeschlusses stattgefunden (BGH NZFam 2014, 166) oder der Verfahrensbeistand nur Rechtsmittel eingelegt hat (BT-Drs. 16/12717, 61). Infolge der pauschalen Vergütung ist jedoch der Umfang des Tätigwerdens des Verfahrensbeistands für das Entstehen des Vergütungsanspruchs unerheblich.

16 Die **Bestellung endet** nach § 158 IV, sofern sie nicht vorher aufgehoben wird, mit der Rechtskraft der das Verfahren abschließenden Entscheidung oder mit dem sonstigen Abschluss des Verfahrens. Ein Ruhen der Verfahrensbeistandschaft ist auch dann nicht vorgesehen, wenn das Verfahren längere Zeit nicht betrieben wird (OLG Dresden FamRZ 2002, 1211 = BeckRS 2009, 4698).

17 **V. Höhe des Vergütungsanspruchs.** Wird die Verfahrensbeistandschaft berufsmäßig geführt, erhält der Verfahrensbeistand gem. § 158c I eine Pauschalvergütung, die sich abhängig vom angeordneten Aufgabenkreis entweder auf 350 EUR oder 550 EUR beläuft. Zwar hat der Umfang der vom Verfahrensbeistand zu erbringenden Tätigkeiten infolge der Pauschalvergütung keinen Einfluss auf die Entstehung des Vergütungsanspruchs, doch bedarf es im Hinblick der Aufgabenkreise einer Differenzierung:

18 **1. Aufgabenkreise.** Mit der Einführung der Fallpauschalen sollte sich die Handhabung des Vergütungsanspruchs weniger aufwändig und unbürokratisch gestalten und den aufgrund einer tätigkeitsbezogenen Vergütung auf beiden Seiten entstehenden Abrechnungs- und Kontrollaufwand ersparen (BT-Drs. 16/9733, 294). Hierdurch hat sich die sonst im Vergütungsverfahren notwendige Erforderlichkeitsprüfung (siehe Kommentierung zu → VBVG § 4 Rn. 9 ff.) in das Bestellungsverfahren verlagert. Für die erweiterte Beauftragung nach § 158b II führt dies dazu, dass nicht nur ein **von Amts wegen zu prüfendes Erfordernis** bestehen muss, sondern Art und Umfang der erweiterten Aufgaben auch konkret festgelegt und inhaltlich nachvollziehbar begründet werden müssen (Felix Rpfleger 2016, 189 (196)). Diese Pflicht ist in § 158b II 2 konkret festgelegt. Zur Nichterhebung der Auslagen in Form der Vergütung bei **unrichtiger Sachbehandlung** wird auf die Kommentierung zu → Rn. 11 f. verwiesen.

19 Der Verfahrensbeistand ist weder Gehilfe des Gerichts noch des Jugendamtes und nimmt gegenüber diesen Institutionen auch nicht die Funktion einer Kontrollinstanz war (OLG Dresden FamRZ 2003, 1479 = BeckRS 2003, 3827). Demzufolge gehören etwa die **allgemeine Sachverhaltsaufklärung,** die **Begutachtung des Kindes** oder die **Unterstützung des Jugendamtes** nicht zu den (vergütungsfähigen) Aufgaben des Verfahrensbeistandes (BVerfG FamRZ 2004, 1267 = FPR 2004, 622).

20 **a) Feststellung des Kindesinteresses (§ 158b I).** Nach § 158b I 1 ist es originäre Aufgabe des Verfahrensbeistandes, das Interesse des Kindes festzustellen und im gerichtlichen Verfahren zur Geltung zu bringen. Dies verpflichtet den Verfahrensbeistand nicht nur dazu, das Kind durch das gerichtliche Verfahren zu begleiten, sondern auch dessen Wünsche und Vorstellungen so authentisch wie möglich zu darzustellen, um sowohl den Kindeswillen als auch das Kindeswohl feststellen zu können.

21 Zur Erfüllung dieser Aufgaben gehören insbesondere das sorgfältige **Studium der Gerichtsakten,** das Anlegen einer eigenen Akte, die **Dokumentation** aller relevanten Gespräche und Beobachtungen, Kenntnisnahme aller Äußerungen der anderen Verfahrensbeteiligten und den gerichtlichen Maßnahmen sowie **Anregungen von Maßnahmen zur Beweisaufnahme** (vgl. hierzu die umfassende Darstellung in MüKoFamFG/Schumann, 3. Aufl. 2018, § 158 Rn. 26).

Die Kindesinteressen werden durch den Verfahrensbeistand durch eine **schriftliche oder mündliche Stellungnahme** des Verfahrensbeistands in das Verfahren eingebracht (§ 158b I 2). Ebenso reicht als vergütungsauslösende Tätigkeit der **(er-**

folglose) Versuch einer Kontaktaufnahme zu dem Kind oder ein Telefonat zur Klärung des Sachverhalts (BGH FamRZ 2012, 1630 (1631); 2011, 558; 2010, 1896 f.).

b) Erweiterter Aufgabenkreis (§ 158b II). Zu der erweiterten Aufgabenübertragung kommt es in den Fällen, in denen die Gespräche mit Eltern und Bezugspersonen nicht zur Ermittlung der Kindesinteressen erforderlich sind, sondern dem Zustandekommen einer einvernehmlichen Regelung dienen sollen. Die zu führenden Gespräche gehören zum **originären Aufgabenkreis des § 158b I 1,** wenn abhängig vom Kindesalter und den Umständen des konkreten Einzelfalles auch eine Befassung mit dem Kindesumfeld erforderlich ist. Dies ist immer dann der Fall, wenn das Kind zB altersbedingt noch außer Stande ist, seine Interessen formulieren zu können und deshalb ein Gespräch mit den Eltern oder Bezugspersonen notwendig ist. Die Anordnung des erweiterten Aufgabenkreises ist ebenso nicht erforderlich, wenn die Tätigkeit originär anderen Personen oder Institutionen (zB Umgangspfleger, Jugendamt) zugewiesen ist. 22

Bei dem erweiterten Aufgabenkreis nach § 158b II ist es für ein **Entstehen des Vergütungsanspruchs** Voraussetzung, dass der Verfahrensbeistand tatsächlich anstelle des Gerichts oder Jugendamtes Tätigkeiten aufgenommen hat, um eine gütliche Einigung herbeizuführen (BGH FamFR 2011, 131). Unzureichend ist es, wenn der Verfahrensbeistand während des gerichtlichen Anhörungstermins anwesend war oder an diesem mitwirkte, ohne vorher mit den Eltern oder dem Jugendamt gesprochen zu haben (OLG Brandenburg BeckRS 2011, 24725; **aA** BGH FGPrax 2014, 62, der es auch beim erweiterten Aufgabenkreis ausreichen lässt, dass der Verfahrensbeistand in irgendeiner Weise im Kindesinteresse tätig geworden ist). 23

Die erhöhte Fallpauschale von 550 EUR fällt ebenfalls nicht an, wenn der Verfahrensbeistand einem nach § 156 II **gerichtlich zu billigenden Vergleich** zustimmt, ohne dass dieser unter Beteiligung des Verfahrensbeistands, sondern nur seitens der Eltern oder mit Hilfe Dritter, des Gerichts oder des Jugendamtes ausgearbeitet worden war (Felix Rpfleger 2016, 189 (196) mwN)). 24

2. Mehrheit von Kindern und Verfahren. Erfolgt die Bestellung des Verfahrensbeistandes in einer Kindschaftssache für **mehrere Geschwisterkinder,** besteht der Anspruch auf die (erhöhte) Fallpauschale für jedes der vom Verfahrensbeistand betreuten Kinder (BGH NJW 2010, 3446). 25

Ist der Verfahrensbeistand nicht nur im Hauptsacheverfahren, sondern auch im Verfahren der einstweiligen Anordnung bestellt worden, handelt es sich bei letzterem nach § 51 III 1 um ein selbstständiges Verfahren. Dies führt wiederum dazu, dass der Verfahrensbeistand für **beide Verfahren jeweils die Fallpauschale** verlangen kann, auch wenn diese weitgehend parallel geführt werden und ihm dadurch keine Mehrarbeit entsteht (BGH FamRZ 2011, 199 = FPR 2011, 338). In diesen Fällen sollte das Gericht insbesondere im Hinblick auf die später zu erstattenden Kosten sorgfältig prüfen, ob auch im Eilverfahren die Bestellung eines Verfahrensbeistandes erforderlich ist. 26

Bei einem **Abänderungsverfahren nach § 166** wirkt die ursprüngliche Bestellung nicht fort, da es sich um ein selbstständiges Verfahren handelt. Etwas anderes gilt jedoch im **Abänderungsverfahren nach § 54.** Ist im Verfahren der einstweiligen Anordnung eine Bestellung erfolgt, bezieht sich diese Bestellung auch auf das Abänderungsverfahren. 27

Der Verfahrensbeistand hat ebenfalls einen **Anspruch auf mehrere Fallpauschalen,** wenn mehrere Verfahrensgegenstände in einem einzigen Verfahren behandelt werden (zB Sorge und Umgang) und der Verfahrensbeistand sowohl im Umgangs- als auch im Sorgerechtsverfahren bestellt worden ist (BGH NJW 2012, 3100). 28

Erfolgte die Bestellung in **mehreren Verfahren,** die aber **denselben Verfahrensgegenstand** betreffen (zB wechselseitige Anträge bzgl. Aufenthaltsbestimmung), kann der Verfahrensbeistand die Vergütung nur einmal beanspruchen, da sich die Bestellung sowohl auf das Kind als auch auf den jeweiligen Verfahrensgegenstand 29 bezieht (OLG Naumburg FamRZ 2015, 1218 = BeckRS 2014, 23401; OLG Frankfurt a. M. FamRB 2014, 329 = BeckRS 2014, 9481).

30 **3. Rechtsmittelinstanz.** Die Bestellung des Verfahrensbeistandes endet gem. § 158 IV 1 mit der **Rechtskraft** der das Verfahren abschließenden Entscheidung. Die erstinstanzliche Bestellung des Verfahrensbeistands wirkt somit im vollen Umfang in der Beschwerdeinstanz fort, wenn die Bestellung nicht vom Beschwerdegericht aufgehoben oder der Aufgabenkreis eingeschränkt wird (OLG München NJW 2012, 691).

31 Wird der Verfahrensbeistand auch in der Rechtsmittelinstanz zur Unterstützung des Kindes tätig, **entsteht die (erhöhte) Pauschale erneut.** Die Aufgabenwahrnehmung beginnt in dem Moment, in dem sich der Verfahrensbeistand mit der Beschwerdebegründung auseinandersetzt und Kontakt mit den Eltern oder dem Kind aufnimmt (OLG München NJW 2012, 691). Indes gehört die Prüfung, ob ein Rechtsmittel einzulegen ist, noch zu den **erstinstanzlichen Aufgaben,** welche durch die Pauschale auch abgegolten sind. Demzufolge entsteht die Pauschale nicht, wenn die Beendigung des Rechtsmittelverfahrens durch Rücknahme des Rechtsmittels eintritt (Volpert JurBüro 2010, 566).

32 **4. Abgeltungsbereich der Fallpauschale.** Durch die Fallpauschale werden sowohl die beim Verfahrensbeistand entstandenen **Aufwendungen** als auch die auf die Vergütung entfallende **Umsatzsteuer** abgegolten, die somit nicht zusätzlich vergütet werden. Folglich ist strikt zwischen Aufwendungsersatz und Vergütungsanspruch zu unterscheiden.

33 Zu den Aufwendungen gehören neben den Kosten für Büromaterial, Telefon und Internet auch die Fahrtkosten (BGH NJW 2010, 3446). Bei der Einbeziehung der Fahrtkosten in die Fallpauschale verbleibt es auch dann, wenn die Fahrtkosten dazu führen, dass die Abrechnung nach Fallpauschalen keine angemessene Vergütung für den tatsächlich geleisteten Aufwand darstellt (BGH NJW 2014, 157).

34 Des Weiteren lassen die gesetzlichen Fallpauschalen **keine Abrechnung nach Stundenaufwand** zu. Etwas anderes gilt auch nicht in Einzelfällen, in denen die Fallpauschalen keine angemessene Vergütung für den durch den Verfahrensbeistand tatsächlich geleisteten Aufwand darstellen (BGH NJW 2013, 3724).

35 **5. Abgeltung von Dolmetscherkosten.** In Literatur und Rechtsprechung wird die Frage, ob die Auslagen für die Hinzuziehung eines Dolmetschers von der Pauschalvergütung abgedeckt oder zusätzlich zu erstatten sind, uneinheitlich beantwortet (**keine Erstattung:** OLG München NJW-RR 2016, 522; OLG Hamm, FamRZ 2014, 2024 = BeckRS 2014, 09915; Felix Rpfleger 2016, 189 (197); **für eine Erstattung:** Keuter FamRZ 2014, 1971; Menne FamRB 2014, 294). Indes vertritt das OLG Frankfurt die Auffassung, dass die Auslagen für den Dolmetscher zu erstatten seien, wenn das Gericht dem Verfahrensbeistand in einem ergänzenden Beschluss gestattet, zu den Gesprächen mit der Kindesmutter einen Dolmetscher hinzuzuziehen, da die in einem Amtsermittlungsverfahren einer Beauftragung durch das Gericht gleichkomme (OLG Frankfurt a. M. FamRZ 2014, 1135 = BeckRS 2013, 18897). Die gegen diesen Beschluss seitens der Staatskasse eingelegte Rechtsbeschwerde, wurde durch den BGH aufgrund der (fehlerhaft) zugelassenen Rechtsbeschwerde ohne weitere Aussagen bzgl. der Problematik verworfen (BGH NZFam 2015, 837).

36 Für die Betreuervergütung ist bereits entschieden worden, dass die Kosten für die Hinzuziehung eines Gebärdendolmetschers für die Kommunikation mit einem gehörlosen Betreuten mit der Pauschalvergütung abgegolten sind (zu § 4 II 1 VBVG aF BGH NJW 2014, 1811). Gleiches ist in I 3 auch für den berufsmäßigen Verfahrensbeistand geregelt. Insoweit erscheint die Entscheidung des OLG Hamm entgegen der in der Literatur geäußerten Kritik sach- und systemgerecht. So wird der Auffassung etwa entgegnet, dass auch ein beigeordneter Rechtsanwalt Anspruch auf Erstattung notwendiger Dolmetscherkosten habe (Keuter FamRZ 2014, 1971 (1973)). Diese Betrachtungsweise verkennt jedoch die strikte Unterscheidung zwischen den Ansprüchen auf **Vergütung** und **Aufwendungsersatz.**

37 Ist die Hinzuziehung eines Dolmetschers im Verhältnis zwischen Anwalt und Mandanten zur sachgemäßen Durchführung des gerichtlichen Verfahrens erforder-

lich, sind dem Rechtsanwalt die Dolmetscherkosten als Aufwendungen nach § 46 I, II RVG zu erstatten (OLG Hamm FamRZ 2008, 1463 = BeckRS 2008, 1834). Für den Rechtsanwalt ist der Anspruch auf Aufwendungsersatz gesetzlich fixiert, während für den berufsmäßig tätigen Betreuer und Verfahrensbeistand die Aufwendungen im Rahmen der Amtsausübung kraft Gesetzes von der gewährten Pauschalvergütung abgegolten werden, was wiederum den Vergütungsanspruch des Verfahrensbeistands limitiert. Entsprechend darf diese Begrenzung nicht dadurch unterlaufen werden, indem mit der vom Gesetzgeber eingeführten Pauschalvergütung die Unkosten als Aufwendungen geltend gemacht werden, was wiederum durch § 158c I 3 ausgeschlossen ist.

VI. Ausschlussfrist. Im Rahmen der Vergütungsfestsetzung war es fraglich, ob die Fallpauschale ähnlich der Verfahrenspflegervergütung der materiellen Ausschlussfrist von 15 Monaten unterliegt. Dies wurde durch den BGH dahingehend entschieden, dass die Ausschlussfrist von 15 Monaten entsprechende Anwendung findet (BGH NJW 2017, 574; so bereits schon Felix Rpfleger 2016, 189 (198); **aA** OLG Köln JurBüro 2015, 494). 38

Streitig ist allerdings weiterhin der Zeitpunkt des **Beginns der Ausschlussfrist.** Hierzu wird auf die ausführliche Darstellung in der Kommentierung zu → VBVG § 2 Rn. 63 ff. verwiesen. 39

VII. Festsetzung und Einziehung der Vergütung. Der Aufwendungsersatz oder die Fallpauschalen werden gem. § 158c III 1 stets aus der Staatskasse gezahlt. Für die Durchführung des Festsetzungsverfahrens verweist § 158c III 2 auf § 292 I und V, so dass auf die Kommentierung zu → § 292 Rn. 3 ff. verwiesen wird. 40

Die Vergütung des Verfahrensbeistands stellt eine gerichtliche Auslage dar, für die infolge der Zahlungspflicht aus der Landeskasse **keine Vorschusspflicht** besteht (Felix Rpfleger 2016, 189 (198)). Als gerichtliche Auslage wird die Vergütung neben den Gerichtsgebühren vom Kostenschuldner gemäß KV 2013 FamGKG wieder eingezogen. Die Einziehung ist nur in Höhe der sich aus § 158c I ergebenden gesetzlichen Vergütung bzw. in Höhe des Auslagenersatzes zulässig. Hierfür muss die gezahlte Vergütung für solche Tätigkeiten erfolgt sein, die zum gesetzlichen Aufgabenkreis des Verfahrensbeistands gehören. 41

Für die **Bestimmung des Kostenschuldners** gelten die §§ 21 f. FamGKG. Nach § 21 I 2 Nr. 3 FamGKG scheidet die Antragstellerhaftung des Minderjährigen in Verfahren, die seine Person betreffen, aus. Parallel ergibt sich aus § 81 III, dass einem minderjährigen Beteiligten Kosten in Kindschaftssachen, die seine Person betreffen, nicht auferlegt werden können. Diese Regelung umfasst zB Verfahren nach §§ 1632 IV, 1640 III, 1666, 1667, 1684–1686 BGB. 42

Die **Verfahren in Abstammungssachen** (§§ 169 f.) werden seit dem 1.1.2013 nicht mehr von § 81 III erfasst, so dass es bei erfolglosen Vaterschaftsfeststellungsanträgen möglich sein soll, dem antragstellenden Kind die Kosten aufzuerlegen (BT-Drs. 17/10490, 19). 43

Bezüglich der **Antragstellerhaftung** ist beim Verfahrensbeistand die Sonderregelung des § 21 I 2 Nr. 4 FamGKG zu beachten, wonach dieser für die von ihm selbst gestellten Anträge oder eingelegten Rechtsmittel nicht als Antragssteller haftet. Im Hinblick auf die **Entscheidungsschuldnerhaftung** gilt für den Verfahrensbeistand die Sonderregelung des § 158c IV, die allerdings in Verfahren über seine Vergütung keine Anwendung findet (OLG Celle NJOZ 2013, 505). 44

Haftet der Minderjährige für die entstandenen Kosten, kann er für die Vergütung des Verfahrensbeistands nach der Anmerkung zu KV 2013 FamGKG nur dann in Anspruch genommen werden, wenn die Voraussetzungen der §§ 1808 II 1, 1880 II BGB erfüllt sind. Indes kann sich ein volljähriger Kostenschuldner oder ein anderer Beteiligter nicht auf die begrenzte Inanspruchnahme der §§ 1808 II 1, 1880 II BGB berufen (Felix Rpfleger 2016, 189 (198)). 45

Verfahren zur Festsetzung von Zahlungen

168d Für das Verfahren zur Festsetzung von Zahlungen an den Vormund ist § 292 Absatz 1 und Absatz 3 bis 6 entsprechend anzuwenden.

Vergütung und Aufwendungsersatz des Verfahrenspflegers

277 I 1 Die Verfahrenspflegschaft wird unentgeltlich geführt. 2 Der Verfahrenspfleger erhält Ersatz seiner Aufwendungen nach § 1877 Absatz 1 bis 2 und 4 Satz 1 des Bürgerlichen Gesetzbuchs. Vorschuss kann nicht verlangt werden.

II 1 Wird die Verfahrenspflegschaft ausnahmsweise berufsmäßig geführt, ist dies in der Bestellung festzustellen. 2 Die Ansprüche des berufsmäßig tätigen Verfahrenspflegers auf Vergütung und Aufwendungsersatz richten sich nach § 2 Absatz 2 Satz 1 und den §§ 3 bis 5 des Vormünder- und Betreuervergütungsgesetzes.

III 1 Anstelle des Aufwendungsersatzes und der Vergütung nach Absatz 2 kann das Gericht dem Verfahrenspfleger eine Pauschale zubilligen, wenn die für die Führung der Pflegschaftsgeschäfte erforderliche Zeit vorhersehbar und ihre Ausschöpfung durch den Verfahrenspfleger gewährleistet ist. 2 Bei der Bemessung des Geldbetrags ist die voraussichtlich erforderliche Zeit mit den in § 3 Absatz 1 des Vormünder- und Betreuervergütungsgesetzes bestimmten Stundensätzen zuzüglich einer Aufwandspauschale von 4 Euro je veranschlagter Stunde zu vergüten. 3 In diesem Fall braucht der Verfahrenspfleger die von ihm aufgewandte Zeit und eingesetzten Mittel nicht nachzuweisen; weitergehende Aufwendungsersatz- und Vergütungsansprüche stehen ihm nicht zu.

IV Der Aufwendungsersatz und die Vergütung des Verfahrenspflegers sind stets aus der Staatskasse zu zahlen. § 292 Absatz 1 und 5 ist entsprechend anzuwenden.

Übersicht

1 **I. Normzweck.** § 277 wurde durch das Gesetz zur Reform des Vormundschafts- und Betreuungsrechts umfassend geändert und an die Neustrukturierung des materiellen Rechts angepasst. § 277 I 1 setzt insoweit den Vorrang des Ehrenamts um, indem die Verfahrenspflegschaft grundsätzlich unentgeltlich, also ohne Vergütungsanspruch, geführt wird. Im Übrigen unterscheidet § 277 trennscharf zwischen ehrenamtlicher Ausübung (I) und berufsmäßiger Ausübung (II, III). Hierfür wird auf eine vergütungsrechtlich eigenständige Regelung für den Verfahrenspfleger verzichtet und auf die Regelungen des § 2 II 1 und den §§ 3 bis 5 VBVG verwiesen. Alternativ wird die Möglichkeit der Bewilligung einer Pauschalvergütung eingeräumt (III). Die Vergütung ist stets aus der Staatskasse zu zahlen (IV) und wird bei Vorliegen der Voraus-

setzungen als gerichtliche Auslage im Rahmen des Kostenansatzes vom Kostenschuldner eingezogen.

II. Persönlicher Anwendungsbereich. Die Regelung des § 277 findet zunächst auf ehrenamtliche Verfahrenspfleger und deren Anspruch auf Aufwendungsersatz sowie auf berufsmäßig tätige Verfahrenspfleger Anwendung, die im **Betreuungsverfahren** bestellt worden sind. Für das Verfahren bei einer **Nachlasspflegschaft** gelten die Vorschriften des Allgemeinen Teils sowie über § 340 die Vorschriften des 3. Buches, so dass bei Bestellung eines Verfahrenspflegers im Nachlassverfahren dessen Vergütungs- und/oder Aufwendungsersatzanspruchs nach § 277 bestimmt wird. 2

Aufgrund Verweisung findet § 277 auch für andere Pfleger oder Beistände Anwendung. Nach § 1684 III 6 BGB gelangt für den Ersatz von Aufwendungen und die Vergütung des **Umgangspflegers** § 277 zur entsprechenden Anwendung. Für den Ersatz von Aufwendungen des **ehrenamtlichen Verfahrensbeistands** findet gem. § 158c II die Regelung des § 277 I entsprechende Anwendung. 3

III. Person und Bestellung des Verfahrenspflegers. In Betreuungssachen (§§ 276, 277 FamFG), Unterbringungssachen (§§ 317, 318 FamFG), Freiheitsentziehungssachen (§ 419 FamFG) und in Nachlasssachen im Rahmen der Nachlasspflegschaft (§ 342 Abs. 1 Nr. 2 FamFG) wird ein Verfahrenspfleger bestellt, wenn dies zur Wahrnehmung der Interessen des Betroffenen erforderlich ist. 4

Der Verfahrenspfleger ist kein gesetzlicher Vertreter, sondern hat als eigenständiger Verfahrensbeteiligter die Aufgabe, die objektiven Interessen des Betroffenen im Verfahren zur Geltung zu bringen. Er kann daher **keine Verfahrenshandlungen im Namen des Betroffenen** vornehmen und nicht in dessen Namen Rechtsmittel einlegen (Felix Rpfleger 2016, 189). Gleichwohl kann er seine Funktion nur sinnvoll ausüben, wenn er den Kontakt mit dem Betroffenen sucht, um dessen Interessenlage, die stets auch subjektiv geprägt ist, zu erforschen (BT-Drs. 16/6308, 265). 5

Da es sich um eine verfahrensleitende Maßnahme und nicht um eine instanzabschließende Entscheidung iSd § 38 Abs. 1 handelt, ist eine besondere Form für die Bestellung nicht vorgesehen. Unter Beachtung des Vergütungsanspruchs und der Tatsache, dass die Bekanntmachung der Bestellungsentscheidung zugleich den Beginn der vergütungspflichtigen Tätigkeit festlegt, ist die Bestellung durch gesonderten Beschluss anzuraten (Keidel/Giers, 20. Aufl. 2019, FamFG § 276 Rn. 17). 6

IV. Vergütung und Aufwendungsersatz. Bei der Bestimmung des Vergütungsanspruchs ist zwischen dem Anspruch auf Aufwendungsersatz des **ehrenamtlichen Verfahrenspflegers** und dem Anspruch auf Vergütung und Aufwendungsersatz des **berufsmäßigen Verfahrenspflegers** zu differenzieren. Der Anspruch des ehrenamtlichen Verfahrenspflegers auf Aufwendungsersatz bestimmt sich gem. § 277 I 2 nach § 1877 I bis II und IV 1 BGB und der des berufsmäßig tätigen Verfahrenspflegers nach § 277 II 2 iVm § 2 II 1 VBVG und den §§ 3 bis 5 VBVG. 7

Bei berufsmäßiger Ausübung besteht somit **neben** dem Anspruch auf Aufwendungsersatz ein gesonderter Anspruch auf Vergütung. Zudem besteht für den berufsmäßig tätigen Verfahrenspfleger die Möglichkeit der Bewilligung einer Pauschalvergütung nach § 277 III oder der Vergütung nach dem RVG nach § 4 II VBVG iVm § 1877 III BGB. 8

1. Feststellung der berufsmäßigen Ausübung (II S. 1). Voraussetzung für den Vergütungsanspruch des berufsmäßig tätigen Verfahrenspflegers ist die **Feststellung der berufsmäßigen Ausführung.** Die Feststellung erfolgt gem. § 277 II 1 in der Bestellungsentscheidung und ist für den Vergütungsanspruch von konstitutiver Wirkung. Die einmal getroffene Feststellung der berufsmäßigen Ausübung steht einer rückwirkenden Aberkennung der Berufsmäßigkeit entgegen (BayObLG Rpfleger 2000, 65). Im Übrigen wird auf die Kommentierung zu → VBVG § 1 Rn. 20 ff. verwiesen. 9

2. Anspruchsentstehung und Fälligkeit. Ist die berufsmäßige Ausübung festgestellt, entsteht der Vergütungsanspruch kraft Gesetzes unmittelbar **mit jeder einzelnen vergütungspflichtigen Tätigkeit** und nicht erst mit Beendigung des Amtes (BGH NJOZ 2008, 3209). Ein vor Bekanntmachung der Bestellung als Verfahrenspfleger geleisteter Zeitaufwand ist nicht erstattungsfähig. Dies gilt auch dann, wenn 10 der Verfahrenspfleger vor der Bekanntmachung auf Veranlassung des Gerichts tätig wurde (OLG Brandenburg FamRZ 2009, 1169 = BeckRS 2009, 4201). Die **Fälligkeit des Vergütungsanspruchs** tritt ein, wenn das Gericht die Vergütung festsetzt oder der Urkundsbeamte im vereinfachten Festsetzungsverfahren im Verwaltungsweg anweist.

11 **3. Umfang des Anspruchs (II S. 2).** Die Vergütungshöhe bestimmt sich gem. § 277 II 2 FamFG nach § 2 II 1 VBVG und den §§ 3 bis 5 VBVG. Der Verfahrenspfleger unterliegt somit dem Vergütungssystem der Berufsvormünder, so dass sich die Vergütungshöhe nach dem Stundensatz und dem tatsächlichen erforderlichen Zeitaufwand des Verfahrenspflegers bestimmt.

12 **a) Ermittlung des Stundensatzes.** Die Ermittlung des Stundensatzes erfolgt unter Beachtung der beruflichen Qualifikation des Verfahrenspflegers und der in der Ausbildung erworbenen Fachkenntnisse, wenn diese für die Führung der Pflegschaft nutzbar sind.

13 Verfügt der Verfahrenspfleger nicht über eine in § 3 I 2 Nr. 2 und 3 VBVG genannte Ausbildung oder beinhaltet seine vorhandene berufliche Qualifikation keine für die Pflegschaft besonderen und nutzbaren Kenntnisse, beschränkt sich der Vergütungsanspruch gem. § 277 II 2 iVm § 3 I 1 VBVG auf 23 EUR je anzusetzende Stunde. Zu beachten ist, dass Lebens- und Berufserfahrung sowie Fortbildungen bei der Bestimmung des Stundensatzes keine Berücksichtigung finden (BGH NJW-RR 2012, 452). Für die Anforderungen an die berufliche Qualifikation des Verfahrenspflegers wird auf die Kommentierung zu → VBVG § 3 Rn. 13 ff. verwiesen.

14 **b) Ermessensvergütung nach § 3 III VBVG?** Nach der bisherigen Rechtslage war für den berufsmäßig tätigen Verfahrenspfleger die Geltendmachung eines höheren Stundensatzes als 39 EUR pro Stunde ist ausgeschlossen. Die Regelung des § 277 II 2 FamFG aF verwies ausschließlich auf § 3 I, II aF, womit der Gesetzgeber dem Gericht bewusst die Möglichkeit genommen hat, dem Verfahrenspfleger beim Vorliegen besonderer Schwierigkeiten einen höheren als den Stundensatz von 39 EUR zu bewilligen (BT-Drs. 15/4874, 29). Begründet wurde dies damit, dass die Vergütung stets aus der Staatskasse zu zahlen ist.

15 Mit dem Inkrafttreten des Gesetzes zur Reform des Vormundschafts- und Betreuungsrechts zum 1.1.2023 ist § 277 FamFG an die neue Systematik des Betreuungsrechts einschließlich des Vergütungsrechts angepasst worden. Im Zuge dieser Reform verweist § 277 nun auf den gesamten § 3 VBVG, so dass von dem Verweis auch § 3 III VBVG erfasst wird, wonach ein höherer als in § 3 I vorgesehener Stundensatz bewilligt werden kann, wenn die Fürsorgeperson nicht mittellos ist und die besondere Schwierigkeit der Angelegenheit es rechtfertigt. Fraglich ist daher, ob es sich hierbei um eine bewusste Entscheidung des Gesetzgebers handelt oder um ein Redaktionsversehen.

16 Aus den vorliegenden Gesetzesunterlagen ergeben sich zunächst keine Hinweise die darauf schließen lassen, dass es sich um eine bewusste Entscheidung des Gesetzgebers handelt, dem Verfahrenspfleger in Abkehr zur bisherigen gesetzgeberischen Intention eine Ermessensvergütung zu gewähren. Zudem ist die Regelung beibehalten worden, dass die Vergütung stets aus der Staatskasse zu zahlen sei.

17 Die bisherige Nichtgewährung einer erhöhten Ermessensvergütung wurde damit begründet, dass die Vergütung des Verfahrenspflegers stets aus der Staatskasse zu zahlen ist (BT-Drs. 15/4874, 29). Dies ist insoweit auch sachgerecht, da bei der gesetzlich normierten Zahlungspflicht der Staatskasse dieser nicht das Risiko aufgebürdet werden soll, einen Vergütungsanspruch zu übernehmen der dem Grunde und der Höhe nach in das Ermessen des Gerichts gestellt wird (siehe hierzu umfassend die Kommentierung zu → VBVG § 3 Rn. 42 ff.). Auch wenn die Vergütung als gerichtliche Auslage nach KV 31015 GNotKG vom Betreuten wieder eingezogen werden kann, wenn dieser nicht mittellos iSd § 1880 BGB ist, werden die Auslagen zusammen mit den Gebühren in der gerichtlichen Praxis nach § 16 II KostVfg erst zum späteren Zeitpunkt der Rechnungslegung in Ansatz gebracht, so dass für die Staatskasse ein Restrisiko verbleiben würde.

18 Zugleich muss erwähnt werden, dass das Argument der Vorleistungspflicht der Staatskasse unter Beachtung des nach Fälligkeit der Auslage (Auszahlung der Ver-

gütung aus der Staatskasse) sofort möglichen Einzugs durch Kostenansatz, kein über die Maßen plausibles Argument darstellt. Während bei einem vermögenden Mündel oder Pflegling der Vormund bzw. Pfleger durchaus einen höheren Stundensatz bewilligt bekommen und sogar der Betreuer in Ausnahmefällen eine Vergütungsvereinbarung abschließen kann, ist dies dem Verfahrenspfleger verwehrt. Zugleich wird nach hiesiger Auffassung das Argument der Vorleistungspflicht der Staatskasse bereits dadurch erheblich entkräftet, dass die erhöhte Ermessensvergütung aufgrund § 3 III 2 VBVG nur bei einem vermögenden Betreuten gewährt werden kann.

Im Ergebnis dürfte es sich infolge des Umstandes, dass die Staatskasse weiterhin Schuldner der Vergütung ist, und diese lediglich über den Kostenansatz die Vergütung als Auslage wieder einziehen kann, bei der Inbezugnahme des § 3 III VBVG um ein Redaktionsversehen handeln. Den Gesetzgebungsunterlagen sind insoweit keine Anhaltspunkte zu entnehmen, dass der Gesetzgeber dem Verfahrenspfleger nun auch die Möglichkeit einer erhöhten Ermessensvergütung einräumen wollte. Es bleibt daher bei der bisherigen Rechtslage, dass der Stundensatz auf 39 EUR pro Stunde gedeckelt ist. Gleichwohl bleibt es abzuwarten, wie sich Literatur und Rechtsprechung dazu verhalten werden. 19

c) Feststellung des Zeitaufwandes. Die Vergütung bemisst sich anhand der vom Verfahrenspfleger **tatsächlich aufgewandten und** zur Geschäftsbesorgung **objektiv erforderlichen** Zeit. Eine Aufrundung für jede angebrochene Stunde ist nicht statthaft (Felix Rpfleger 2016, 189 (191) mwN). Es kann nur die vom Verfahrenspfleger selbst geleistete Arbeitszeit abgerechnet werden. Kosten für von Dritten geleistete Hilfstätigkeiten können nur als Aufwendungen geltend gemacht werden, wenn diese Aufwendungen individualisierbar und nicht bereits durch die Vergütung abgegolten sind. 20

Steht dem Verfahrenspfleger im Rahmen der Aufgabenstellung ein **Ermessensspielraum** zu, hat er von mehreren gleichwertigen Alternativen zur ordnungsgemäßen Wahrnehmung seiner gesetzlichen Aufgaben allerdings diejenige zu wählen, welche die Parteien bzw. die Allgemeinheit in finanzieller Hinsicht am wenigsten belastet (OLG Brandenburg FGPrax 2008, 239). 21

Der Zeitaufwand wird im Hinblick auf den tatsächlichen Anfall und dessen Erforderlichkeit überprüft. Die **Erforderlichkeit** bestimmt sich zunächst nach dem übertragenen Aufgabenkreis. Des Weiteren sind im Rahmen einer Plausibilitätsprüfung die individuellen und nutzbaren Fachkenntnisse des Verfahrenspflegers ebenso zu berücksichtigen, wie dessen eigenverantwortliche Amtsführung. 22

Zur Bestimmung und Prüfung des Zeitaufwandes wird im Übrigen auf die Kommentierung zu → VBVG § 3 Rn. 28 ff. verwiesen. 23

d) Aufwendungsersatz (I und II). Im Hinblick auf den Aufwendungsersatz ist innerhalb des § 277 zwischen dem ehrenamtlichen und dem berufsmäßigen Verfahrenspfleger zu unterscheiden. Der Anspruch des ehrenamtlichen Verfahrenspflegers bestimmt sich nach § 277 I iVm § 1877 I, II und IV 1 BGB. 24

aa) Anspruch des berufsmäßigen Verfahrenspflegers. Die Ansprüche des berufsmäßig tätigen Verfahrenspflegers auf Aufwendungsersatz richten sich nach § 277 II 2 iVm § 4 VBVG, demgemäß für den Aufwendungsersatz die Regelung des § 1877 I BGB entsprechende Anwendung findet. Aufwendungen sind hiernach freiwillige Vermögensopfer, die der Verfahrenspfleger zum Zwecke der Führung der Verfahrenspflegschaft auf sich nimmt oder die sich als notwendige Folge der Übernahme der Verfahrenspflegschaft ergeben. Infolge der Verweisung in § 1877 I 1 BGB gelten die Auftragsbestimmungen nach Grund und Höhe entsprechend, so dass nur solche Aufwendungen erstattungsfähig sind, die der Verfahrenspfleger „nach den Umständen für erforderlich halten durfte" (§ 670 BGB). Folglich findet neben einer Prüfung des tatsächlichen Anfalls der Aufwendungen auch eine **Plausibilitätsprüfung** im Hinblick auf deren Erforderlichkeit statt. 25

bb) Umsatzsteuer. Verfahrenspflegschaften sind **von der Umsatzsteuer befreit.** Zwar nehmen die Umsätze des Verfahrenspflegers nach Abschn. 4.25.2 VIII und IX UStAE nicht an der Umsatzsteuerbefreiung teil, so dass auf die steuerbaren Umsätze (Vergütung und Aufwendungen) zusätzlich die Umsatzsteuer zu entrichten wäre (siehe Abschn. 4.25.2 VIII und IX UStAE vom 16.6.2022). Der BFH hat dieser Auffassung nun in seiner Entscheidung vom 25.11.2021 (BFH DStR 2022, 653 = 26

BeckRS 2021, 48674) widersprochen. Hiernach kann sich der nach §§ 276, 317 FamFG gerichtlich bestellte Verfahrenspfleger für Betreuungs- und Unterbringungssachen auf die unionsrechtliche Steuerbefreiung nach Art. 132 Ig MwStSystRL berufen, so dass die steuerbaren Umsätze nicht der Umsatzsteuer unterliegen.

27 Im Übrigen wird, da zum Vormund keine weiteren Besonderheiten bestehen, zum Umfang und der Prüfung des Aufwendungsersatzes auf die Kommentierung zu → VBVG § 4 Rn. 4 ff. verwiesen.

28 **cc) Anspruch des ehrenamtlichen Verfahrenspflegers.** Für den Anspruch des ehrenamtlichen Verfahrenspflegers verweist § 277 I auf § 1877 I, II, IV 1 BGB. Folglich kann für den Umfang des Anspruchs auf Aufwendungsersatz auf → VBVG § 4 Rn. 4 ff. verwiesen werden (siehe hierzu Bienwald/Felix BGB § 1877 Rn. 1 ff.).

29 Für den ehrenamtlichen Verfahrenspfleger erweitert § 277 I den Umfang des Aufwendungsersatzes auf die Kosten einer angemessenen Versicherung gegen Schäden, die dem Betreuten zugefügt werden können oder die dem Verfahrenspfleger dadurch entstehen, dass durch Führung der Verfahrenspflegschaft einem Dritten ein Schaden entsteht (§ 1877 II BGB). Kosten für die Haftpflichtversicherung des Halters eines Kraftfahrzeugs gehören nicht zu diesen Aufwendungen. Auch wenn der ehrenamtliche Verfahrenspfleger hauptberuflich als Rechtsanwalt tätig ist, kann er die Dienste, die zu seinem Beruf gehören, nicht als Aufwendungen gelten machen, da die Regelung des § 1877 III BGB aufgrund des fehlenden Verweises nicht zur Anwendung gelangt.

30 Für den ehrenamtlichen Verfahrenspfleger findet die Ausschlussfrist des § 2 II 1 VBVG keine Anwendung, so dass auf die Ausschlussfrist des § 1877 IV 1 BGB verwiesen wird. Hiernach erlischt der Anspruch auf Aufwendungsersatz, wenn er nicht binnen 15 Monaten nach seiner Entstehung gerichtlich geltend gemacht wird.

31 **e) Vergütung nach dem RVG.** Der Anspruch des berufsmäßigen Verfahrenspflegers beschränkt sich nicht einzig auf den Ersatz der Aufwendungen. Infolge des Verweises auf die §§ 3 bis 5 VBVG, gelangt ebenso § 4 II VBVG zur Anwendung. In Verbindung mit § 1877 III BGB gelten als Aufwendungen auch solche Dienste des Vormunds oder Pflegers, die zu seinem Gewerbe oder seinem Beruf gehören. Insoweit verhindert § 1 II 2 RVG, dass ein zum Verfahrenspfleger bestellter Rechtsanwalt bereits seine allgemeine Amtsführung als Verfahrenspfleger nach dem RVG abrechnen kann (BT-Drs. 13/7158, 37). Die Ausnahme regelt § 1 II 3 RVG durch den Verweis auf § 1877 III BGB und § 4 II.

32 Erbringt der anwaltliche Verfahrenspfleger im Rahmen seiner Aufgabenkreise Tätigkeiten, wegen deren Bedeutung und/oder Schwierigkeit **professioneller Rechtsrat** eingeholt werden muss und ein berufsmäßiger Verfahrenspfleger ohne Ausbildung zum Volljuristen deshalb einen Rechtsanwalt beiziehen würde, kann nach dem RVG abgerechnet werden (BVerfG FamRZ 2000, 1280 = BeckRS 2000, 30116381; BGH NJW 2011, 453).

33 Zur Vergütung des Verfahrenspflegers nach den Gebühren des RVG wird im Übrigen auf die Kommentierung zu → VBVG § 4 Rn. 28 ff. und → VBVG § 11 Rn. 9 ff. verwiesen.

34 **4. Pauschalvergütung (III).** Nach § 277 III kann das Gericht dem berufsmäßig tätigen Verfahrenspfleger bei dessen Bestellung anstelle des Aufwendungsersatzes und der Vergütung einen festen Geldbetrag zubilligen, wenn die für die Führung der Pflegschaftsgeschäfte erforderliche Zeit vorhersehbar und ihre Ausschöpfung durch den Verfahrenspfleger gewährleistet ist.

35 Die Pauschalvergütung bestimmt sich aufgrund einer Prognose des zu erwartenden Zeitaufwands, so dass die Umstände des jeweiligen Einzelfalls zu berücksichtigen sind. Die voraussichtlich erforderliche Zeit ist mit den in § 3 I VBVG bestimmten Stundensätzen zuzüglich einer Aufwandspauschale von 4 EUR je veranschlagte Stunde zu vergüten. Eine eventuell anfallende Umsatzsteuer ist hinzuzurechnen (Schneider/Volpert/Fölsch/Klos Teil 9 Rn. 224).

36 Die Pauschalvergütung nach III ist eine vom tatsächlichen Zeitaufwand und den konkreten Aufwendungen unabhängige Vergütung, welche die Ausübung einer konkreten Tätigkeit sowie den Anfall von Aufwendungen unterstellt aber nicht verlangt. Demzufolge braucht der Verfahrenspfleger die von ihm aufgewandte Zeit und einge-

setzten Mittel nicht nachzuweisen und weitergehende Aufwendungsersatz- und Vergütungsansprüche stehen ihm nicht zu (§ 277 III 2). Infolge des im Voraus festgesetzten Pauschalbetrages trägt der Verfahrenspfleger aber das Risiko eines eintretenden Mehraufwandes. Gleichwohl entbindet dies das Gericht nicht von der nach § 277 III 1 vorzunehmenden Prognoseentscheidung die für die Führung der Pflegschaftsgeschäfte erforderliche Zeit realistisch einzuschätzen. Diese Einschätzung ist für jedes Verfahren individuell vorzunehmen, so dass sich die formelhafte Festsetzung eines identischen Betrages für alle Verfahren verbietet.

V. Ausschlussfrist (II S. 2). Für die Ansprüche des berufsmäßigen Verfahrenspflegers verzichtet § 277 auf die eigenständige Regelung einer Ausschlussfrist und verweist hierfür auf § 2 II 1 VBVG. Hiernach erlöschen die Ansprüche auf Vergütung und Aufwendungsersatz, wenn diese nicht binnen 15 Monaten nach ihrer Entstehung gerichtlich geltend gemacht werden. Mit Fristablauf erlischt das Recht von selbst, da es von vornherein nur in der durch sie bestimmten zeitlichen Begrenzung begründet ist. Die Ausschlussfrist ist bei der Anspruchsprüfung **von Amts wegen** zu beachten. 37

Für die Bestimmung des Fristbeginns muss grundsätzlich zwischen **tätigkeitsbezogener** und **pauschalisierter** Vergütung unterschieden. Wird der Verfahrenspfleger tätigkeitsbezogen – also nach dem Zeitaufwand – vergütet, beginnt die Ausschlussfrist regelmäßig am Ende des Tages, an dem die **konkrete** vergütungspflichtige Tätigkeit ausgeübt wird (siehe hierzu Kommentierung zu → VBVG § 2 Rn. 54 ff.). 38

Bei der **pauschalen Vergütung** nach III ist es umstritten, ob der Pauschalvergütungsanspruch überhaupt der Ausschlussfrist unterliegt und welcher Zeitpunkt für den Beginn der Ausschlussfrist anzusetzen ist. Hierzu wird auf die ausführliche Darstellung in der Kommentierung zu → VBVG § 2 Rn. 65 ff. verwiesen. 39

Die Ausschlussfrist bleibt in den Fällen gewahrt, in denen der Anspruch durch Einreichen eines schlüssig bezifferten Erstattungsantrags geltend gemacht wird – evtl. angeforderte Belege können auch nach Ablauf der Ausschlussfrist eingereicht werden. Es ist daher empfehlenswert, den Zeitaufwand genau zu erfassen, die einzelnen Zeiteinheiten mit Stichworten zur geleisteten Arbeit zu versehen und ebenso bei jeder Zeiteinheit die Aufwendungen wie Telefon-, oder Fahrtkosten festzuhalten. 40

Nach § 277 II 2 iVm § 2 II 2 VBVG kann durch das Gericht eine **abweichende Frist** bestimmt werden – der Vergütungsanspruch darf noch nicht erloschen sein. Die Verlängerung der Ausschlussfrist setzt allerdings voraus, dass dem Verfahrenspfleger durch das Gericht einen Schlusszeitpunkt für die Einreichung seines Antrags mitgeteilt wird. Die bloße Erinnerung an die Nachreichung von Tätigkeitsnachweisen kann deshalb nicht als Fristverlängerung verstanden werden (Felix Rpfleger 2016, 189 (192)). Im Übrigen wird auf die Kommentierung zu → VBVG § 2 Rn. 79 ff. verwiesen. 41

VI. Festsetzungsverfahren (IV). Vergütung und Aufwandspauschale werden gem. § 277 IV 1 stets **aus der Staatskasse gezahlt.** Im Hinblick auf Art und Weise des Festsetzungsverfahrens hat der Verfahrenspfleger nach § 277 IV 2 FamFG die Wahl, ob er seine Ansprüche gem. § 292 I mit einem Antrag auf gerichtliche Festsetzung oder gem. § 292 V mit einem Antrag auf Zahlbarmachung im Verwaltungsverfahren geltend machen will. Für das Festsetzungsverfahren wird auf die Kommentierung zu → FamFG § 292 Rn. 1 ff. verwiesen. 42

VII. Einziehung als gerichtliche Auslagen. Die Verfahrenspflegervergütung gehört zu den gerichtlichen Auslagen und wird nach Maßgabe der KV 31015 GNotKG vom Betreuten eingezogen, wenn dieser über nach § 1880 BGB **einzusetzendes Vermögen** verfügt (zur Prüfung des 1880 BGB siehe die Kommentierung zu → VBVG § 2 Rn. 16 ff.). Das Überprüfungsverfahren im Rahmen des Kostenansatzes erfolgt in analoger Anwendung des § 292 (zur Vorgängerregelung des § 168 aF siehe Felix JurBüro 2016, 227 (229)). Sind dem Gericht infolge der angeordneten Aufgabenkreise die Vermögensverhältnisse des Betroffenen nicht bekannt, sind diese in entsprechender Anwendung des § 292 beim Betroffenen zu erfragen. Ein **Verzicht auf Beitreibung** ist nach § 292 III 2 fiskalisch nur in den Fällen gerechtfertigt, in denen auch feststeht, dass eine anzustellende detaillierte Prüfung mehr kosten als sie einbringen würde (zur Vorgängerregelung des § 168 aF siehe BT-Drs. 13/7158, 36). 43

Zahlungen an den Betreuer; Verordnungsermächtigung

292 **I 1 Das Gericht setzt auf Antrag des Betreuers oder des Betroffenen oder nach eigenem Ermessen durch Beschluss fest:**

1. einen dem Betreuer zu zahlenden Vorschuss, den ihm zu leistenden Ersatz von Aufwendungen oder die Aufwandspauschale, soweit der Betreuer die Zahlungen aus der Staatskasse verlangen kann (§ 1879 des Bürgerlichen Gesetzbuchs) oder ihm die Vermögenssorge nicht übertragen wurde,

2. eine dem ehrenamtlichen Betreuer zu bewilligende Vergütung oder Abschlagszahlung (§ 1876 des Bürgerlichen Gesetzbuchs) oder

3. eine dem beruflichen Betreuer oder dem Betreuungsverein zu bewilligende Vergütung nach dem Vormünder- und Betreuervergütungsgesetz.

II 1 Das Gericht kann eine nach Absatz 1 Nummer 3 zu bewilligende Vergütung auf Antrag des Betreuers oder des Betreuungsvereins auch für zukünftige Zeiträume durch Beschluss festsetzen, wenn die Voraussetzungen des § 15 Absatz 2 Satz 1 des Vormünder- und Betreuervergütungsgesetzes vorliegen. 2 Die Auszahlung der Vergütung erfolgt für die jeweils nach § 15 Absatz 1 Satz 1 des Vormünder- und Betreuervergütungsgesetzes maßgeblichen Zeiträume. 3 Die Festsetzung ist in regelmäßigen, im Voraus festzulegenden Abständen, die zwei Jahre nicht überschreiten dürfen, zu überprüfen.

III 1 Im Antrag sollen die persönlichen und wirtschaftlichen Verhältnisse des Betroffenen dargestellt werden. 2 § 118 Absatz 2 Satz 1 und 2 der Zivilprozessordnung sind entsprechend anzuwenden. 3 Steht nach der freien Überzeugung des Gerichts der Aufwand für die Ermittlung der persönlichen und wirtschaftlichen Verhältnisse des Betroffenen außer Verhältnis zur Höhe des aus der Staatskasse zu begleichenden Anspruchs oder zur Höhe der vom Betroffenen voraussichtlich zu leistenden Zahlungen, so kann das Gericht ohne weitere Prüfung den zu leistenden Betrag festsetzen oder von einer Festsetzung der vom Betroffenen zu leistenden Zahlungen absehen.

IV Der Betroffene ist vor der Festsetzung einer von ihm zu leistenden Zahlung anzuhören.

V Ist eine Festsetzung nicht beantragt, so gelten für die Zahlungen, die aus der Staatskasse verlangt werden können, die Vorschriften über das Verfahren bei der Entschädigung von Zeugen hinsichtlich ihrer baren Auslagen sinngemäß.

VI 1 Die Landesregierungen werden ermächtigt, durch Rechtsverordnung für Anträge nach den Absätzen 1 und 2 Formulare einzuführen. 2 Soweit Formulare eingeführt sind, muss der berufliche Betreuer oder der Betreuungsverein diese verwenden und sie, sofern sie hierzu bestimmt sind, als elektronisches Dokument einreichen. 3 Andernfalls liegt keine ordnungsgemäße Geltendmachung im Sinne des § 1875 Absatz 2 des Bürgerlichen Gesetzbuchs in Verbindung mit dem Vormünder-und Betreuervergütungsgesetz vor. 4 Die Landesregierungen können die Ermächtigung nach Satz 1 durch Rechtsverordnung auf die Landesjustizverwaltungen übertragen.

Übersicht

I. Normzweck. Mit dem Inkrafttreten des Gesetzes zur Reform des Vormundschafts- und Betreuungsrechts ersetzen die §§ 292, 292a die Regelung des § 168 aF und differenziert zugleich zwischen dem Festsetzungsverfahren von Vergütungs- und Aufwendungsersatzansprüchen (§ 292) und der Festsetzung von Regressforderungen der Staatskasse gegen den Betroffenen oder dessen Erben (§ 292a). § 292 enthält somit die verfahrensrechtlichen Grundlagen für die Prüfung, Festsetzung sowie die Titulierung oder Auszahlung des materiell-rechtlichen Anspruchs. 1

II. Anwendungsbereich. Der sachliche Anwendungsbereich des § 292 erstreckt sich auf die Festsetzung von Vorschuss-, Aufwendungsersatz- und Aufwandsentschädigung, die Aufwandspauschale sowie von Vergütungsansprüchen gegen den Betreuten, dessen Erben oder die Staatskasse. Der persönliche Anwendungsbereich umfasst folgende Fürsorgeverfahren: 2

- Abwesenheitspflegschaft, §§ 1884, 1888 II BGB iVm §§ 340, 292 FamFG,
- Betreuungen (beruflich und ehrenamtlich),
- Ergänzungspflegschaft, §§ 1809, 1813, 1808 III BGB iVm §§ 168f, 168d, 292 I und III bis VI FamFG,
- Nachlasspflegschaft, §§ 1960, 1961, 1885, 1888 II BGB,
- Pflegschaften für unbekannte Beteiligte, §§ 1882, 1888 II BGB iVm §§ 340, 292 FamFG,
- Pflegschaften für gesammeltes Vermögen, §§ 1883, 1888 II BGB iVm §§ 340, 292 FamFG,
- Pflegschaft für ein ungeborenes Kind, §§ 1810, 1813, 1808 III BGB iVm §§ 168f, 168d, 292 I und III bis VI FamFG,
- Umgangspflegschaft, §§ 1684 III 6, 1808 III BGB iVm §§ 168f, 168d, 292 I und III bis VI FamFG,
- Zusätzlicher Pfleger nach §§ 1776, 1813, 1808 III BGB iVm §§ 168f, 168d, 292 I und III bis VI FamFG,
- Zuwendungspflegschaft, §§ 1811, 1813, 1808 III BGB iVm §§ 168f, 168d, 292 I und III bis VI FamFG,
- Verfahrensbeistand, §§ 158c, 168d FamFG,
- Verfahrenspflegschaft, § 277 IV FamFG,
- Vormundschaften.

III. Förmliches Festsetzungsverfahren (I). Für die Festsetzung der Vergütung ist das **erstinstanzliche Gericht** des jeweiligen Verfahrens zuständig. Das Festsetzungsverfahren als Teil des Hauptsacheverfahrens folgt der in der Hauptsache gegebenen örtlichen Zuständigkeit. Wird das Hauptsacheverfahren an ein anderes Gericht abgegeben, ist für die Festsetzung das Gericht zuständig, welches das Verfahren übernommen hat (BayObLG NJW-RR 1997, 966). Ist zum Abgabezeitpunkt die Vergütung noch nicht bzw. fehlerhaft festgesetzt, kann **Abgabereife** verneint werden (OLG Stuttgart FGPrax 2011, 299). 3

Im Festsetzungsverfahren bleiben formell-rechtliche oder materiell-rechtliche Mängel bei der Bestellung ebenso unberücksichtigt, wie eine nachträgliche Aufhebung der Bestellung (BGH NJW-RR 2014, 1345). Eine **Verzinsung des Vergütungsanspruchs** ab Antragstellung beim Gericht findet nicht statt (OLG Celle FamRZ 2002, 1431 = BeckRS 2011, 6645, OLG Rostock FGPrax 2007, 229). Im Übrigen wird auf die Kommentierung zu → VBVG § 2 Rn. 82 verwiesen. 4

1. Verfahrenseinleitender Antrag (III). Das gerichtliche Festsetzungsverfahren kann auf Antrag der Fürsorgeperson oder der von der Fürsorgemaßnahme betroffenen Person eingeleitet werden. Mündel oder Pflegling können einen Antrag nur dann stellen, wenn sie verfahrensfähig sind. Zudem kann das Gericht das gerichtliche Festsetzungsverfahren nach pflichtgemäßem Ermessen von Amts wegen einleiten, wenn der Bezirksrevisor als Vertreter der Staatskasse dies anregt oder im Nachgang zur 5

Festsetzung im Verwaltungsweg Anhaltspunkte für deren Unrichtigkeit vorliegen oder Zweifel am Vermögensstatus der betroffenen Person bestehen. Dergleichen gilt, wenn im Festsetzungsverfahren widersprüchliche Entscheidungen zwischen Amtsperson und Staatskasse einerseits bzw. Staatskasse und betroffene Person andererseits vermieden werden sollen (BayObLG FamRZ 2001, 377 (378)). Das Festsetzungsverfahren kann bei zweifelhaften Vermögensstatus somit auf beide möglichen Vergütungsschuldner erstreckt werden (BGH NJW 2015, 3301).

6 Weder das FamFG noch die einschlägigen Vorschriften des BGB oder des VBVG beinhalten explizite Anforderungen an den zu stellenden Vergütungsfestsetzungsantrag. Die inhaltlichen Anforderungen an den Antrag ergeben sich vielmehr aus einer Zusammenschau des jeweils anzuwendenden Vergütungsrechts und den dort enthaltenen Voraussetzungen für die Gewährung der Vergütung bzw. des Aufwendungsersatzes sowie den formell-rechtlichen Vorgaben des FamFG.

7 Dem Vormund, Pfleger oder Betreuer obliegt die **Darlegungs- und Beweislast** für die vergütungsbegründenden Umstände. In dem verfahrenseinleitenden Antrag muss die Amtsperson daher alle Umstände darlegen, die seine Vergütung beeinflussen. Der Antrag muss im Ergebnis das Gericht in die Lage versetzen können, die Vergütungsparameter prüfen und feststellen zu können (BGH NJW-RR 2013, 519). In dem verfahrenseinleitenden Antrag muss der Vormund, Pfleger oder Betreuer **alle vergütungsbeeinflussenden Umstände** darlegen (Zeitaufwand, Aufwendungen, bewilligte Pauschalvergütung etc).

8 Beim Betreuer ist im Hinblick der **vorläufigen Registrierung** sowie der Möglichkeit des **Widerrufs der Registrierung** darauf zu achten, dass der Antrag Angaben über den Status der Registrierung enthält. Insoweit bietet es sich an, dass der Betreuer versichert, dass er als Berufsbetreuer bei der Stammbehörde registriert ist. Unter Beachtung des § 32 I 6, 7 BtOG und der darin enthaltenen auch ohne Registrierungsantrag greifenden Registrierungsfunktion, sollte der Betreuer ab dem 1.7.2023 dem Betreuungsgericht entweder seine Antragstellung oder die Registrierung nachzuweisen. Der nach § 33 BtOG registierte Betreuer sollte für die Beanspruchung der Vergütung nach dem ab 1.1.2023 geltenden § 8 VBVG ebenfalls seine Registrierung nachweisen.

9 **2. Ermittlungen des Gerichts.** Unabhängig davon, dass das Festsetzungsverfahren auf Antrag eingeleitet wird, hat das Gericht die zur Festsetzung erforderlichen Tatsachen von Amts wegen zu ermitteln – Mängel des Antrags gehen allerdings zu Lasten des Antragstellers. Das Gericht hat im Rahmen der Festsetzung ua auf eine wirksame Bestellung achten oder Feststellung der berufsmäßigen Ausübung getroffen wurde.

10 **a) Persönliche und wirtschaftliche Verhältnisse (§ 118 II 1, 2 ZPO).** Für die Festsetzung der Ansprüche auf Vergütung und Aufwendungsersatz hat seitens des Gericht eine Prüfung der wirtschaftlichen Leistungsfähigkeit der von der Fürsorgemaßnahme betroffenen Person voraus. Die Ermittlung erfolgt nach den Vorgaben des § 1880 BGB (siehe hierzu die Kommentierung zu → VBVG § 2 Rn. 7 ff.). Nach § 292 III 1 sollen daher in dem Antrag die persönlichen und wirtschaftlichen Verhältnisse der von der Fürsorgemaßnahme betroffenen Person dargestellt werden; § 118 II 1 und 2 ZPO geltend gem. § 292 III 2 entsprechend. Hiernach kann das Gericht verlangen, dass der Antragsteller seine tatsächlichen Angaben glaubhaft macht oder die Angaben an Eides statt versichert. Zudem kann das Gericht Erhebungen anstellen, indem die Vorlegung von Urkunden angeordnet wird und/oder Auskünfte eingeholt werden.

11 Liegen Anhaltspunkte vor, dass die dem Vergütungsanspruch zugrundeliegenden Bemessungskriterien nicht mehr zutreffend sein können oder zum Zeitpunkt der Festsetzung nicht bekannt sind, kann und muss das Gericht **eigene Nachforschungen** anstellen. Nach III 3 kann von der Ermittlung abgesehen werden, wenn der Ermittlungsaufwand außer Verhältnis zur Höhe des aus der Staatskasse zu begleichenden Anspruchs oder zur Höhe der voraussichtlich vom Vergütungsschuldner zu leistenden Zahlungen steht. In diesen Fällen kann das Gericht den Anspruch ohne weitere Prüfung festsetzen oder von einer Festsetzung der vom Mündel zu leistenden Zahlungen absehen. Dies ist fiskalisch jedoch nur in den Fällen gerechtfertigt, in denen auch feststeht, dass eine anzustellende detaillierte Prüfung mehr

kosten als sie einbringen würde (zur Vorgängerregelung des § 168 aF siehe BT-Drs. 13/7158, 36).

b) Anhörung des Vergütungsschuldners (IV). Im förmlichen Festsetzungsverfahren wird der Anspruch auf Vergütung und Aufwendungsersatz gem. § 292 I FamFG im Beschlusswege festgesetzt. Vor der förmlichen Festsetzung und der damit einhergehenden Schaffung eines vollstreckbaren Titels, ist der Vergütungsschuldner (Mündel, Pflegling, Betreuter, Staatskasse) gem. § 292 IV FamFG anzuhören. Eine Anhörung des Vergütungsschuldners entfällt, wenn sich der **Festsetzungsantrag gegen die Staatskasse** richtet, weil die Entscheidung nur inter pares wirkt (BGH NJW 2015, 3301; BayObLGZ 2000, 201) und keine Bindungswirkung gegen den Vergütungsschuldner entfaltet. 12

Ist der Vergütungsschuldner in der Lage, auf schriftliche Anfragen in angemessener Weise zu antworten, erfüllt eine schriftliche Anhörung die gesetzlichen Anforderungen. Kann sich der **Betreute** zum Vergütungsantrag nicht äußern, ist ihm zur Wahrung seiner Rechte grundsätzlich ein Verfahrenspfleger zu bestellen (BayObLG Rpfleger 2004, 625). Ein **Absehen von der Verfahrenspflegerbestellung** ist möglich, wenn sie zur Wahrnehmung der Interessen des Betroffenen nicht erforderlich ist und die Nichtbestellung in der Entscheidung begründet wird (Felix Rpfleger 2015, 615 (622). Hingegen ist eine Bestellung notwendig, wenn der Betroffene im Hinblick auf die wirtschaftliche Bedeutung und der Sachverhaltserfassung bei komplexen Abrechnungen oder Einschätzungsfragen die Reichweite des Antrages nicht erfassen und sich dazu nicht äußern kann. 13

In **Vormundschaftsverfahren** scheidet die Bestellung eines Verfahrensbeistands nach § 158 aus, da hier keine vermögensrechtliche Angelegenheit vorliegt (Keidel/Engelhardt, 20. Aufl. 2019, § 168 Rn. 13). Sind Anspruchssteller und gesetzlicher Vertreter identisch, scheidet das rechtliche Gehör über den gesetzlichen Vertreter aus und dem Mündel oder Pflegling ist für das gerichtliche Festsetzungsverfahren ein Ergänzungspfleger zu bestellen (MüKoFamFG/Heilmann, 3. Aufl. 2018, § 168 Rn. 19). Hat die von der Fürsorgemaßnahme betroffene Person oder die Staatskasse die Festsetzung beantragt, ist dem gesetzlichen Vertreter vor der Entscheidung rechtliches Gehör zu gewähren. 14

c) Einwendungen und Einreden. Der Rechtspfleger ist nur zur Entscheidung solcher Einwendungen berufen, die ihren Grund im Vergütungsrecht habe (BGH NJW 2019, 435). Um eine solche im Festsetzungsverfahren zu berücksichtigende Einwendung handelt es sich bei der **Verjährungseinrede** (BGH BtPrax 2012, 118 = BeckRS 2012, 05097; BayObLG NJW-RR 2000, 201). Im Vergütungsfestsetzungsverfahren spielt die Verjährungseinrede allerdings eine untergeordnete Rolle, da hier seitens des Rechtspflegers die **Ausschlussfristen** der §§ 2 II 1, 16 III VBVG als lex specialis von Amts wegen zu beachten sind und der Verjährung in ihrer Wirkung vorgreifen. Zur Frage der Verjährung der Regressforderungen der Staatskasse und deren Berücksichtigung wird auf die Kommentierung zu → § 292a Rn. 19 ff. verwiesen. 15

Sind dem Gericht Anhaltspunkte oder tatsächliche Umstände bekannt, aus denen sich gegen die Festsetzung der aus § 242 BGB ergebende **Einwand der unzulässigen Rechtsausübung** ergeben könnte, muss der Rechtspfleger ein solches treuwidriges Verhalten durch Anwendung des § 242 BGB im Festsetzungsverfahren berücksichtigen (BGH FamRZ 2016, 706). Einen solchen Verstoß gegen die Treuepflicht, der zur Verwirkung des Anspruchs führt, stellt ua die **Untreue** zum Nachteil der von der Fürsorgemaßnahme betroffenen Person dar (OLG Hamm NJW-RR 2007, 1081). Zudem greift der Einwand des Rechtsmissbrauchs in den Fällen durch, in denen der gesetzliche Vertreter seine Pflichten in grober Weise verletzt oder sich bewusst über die Interessen der betroffenen Person hinweggesetzt und dieser dadurch einen schweren, ihre Existenz bedrohenden Schaden zugefügt hat, so dass sich die in der Vergangenheit entfaltete Tätigkeit des Berechtigten nachträglich als wertlos oder zumindest erheblich entwertet herausstellt (OLG Hamm NJW-RR 2007, 1081 mwN). 16

Im Festsetzungsverfahren finden hingegen solche Einwendungen keine Berücksichtigung, die sich auf eine **Schlechterfüllung der Amtsführung** durch den gesetzlichen Vertreter stützen (BGH NJW-RR 2012, 835 mwN). Diese Einwendungen können nur mit der Vollstreckungsgegenklage nach § 95 I Nr. 1 FamFG iVm 17

§ 767 ZPO – § 767 II ZPO steht dem nicht entgegen (BGH NJW-RR 2012, 835) – vor dem Prozessgericht geltend gemacht werden. Dergleichen gilt für die Einwendung von Schadensersatzansprüchen (KG NJW-RR 2007, 1598), Erfüllung, Erlass, Verzicht, Aufrechnung oder der Geltendmachung eines Zurückbehaltungsrechts (MüKoFamFG/Heilmann, 3. Aufl. 2018, § 168 Rn. 28; Keidel/Engelhardt, 20. Aufl. 2019, § 168 Rn. 21 mwN).

18 **3. Entscheidung durch Beschluss.** Das für die Festsetzung der Ansprüche zuständige Gericht entscheidet über den Vergütungsantrag durch Beschluss iSv §§ 38 ff. Ist der geltend gemachte Anspruch nur zum Teil entscheidungsreif, kann ein Teilbeschluss über die entscheidungsreifen Ansprüche erlassen werden. Ebenso ist im Festsetzungsverfahren entsprechend §§ 303, 304 ZPO eine anfechtbare **Vorabentscheidung über den Anspruchsgrund** möglich (BayObLGZ 1995, 319 (321)).

19 **a) Zahlungsbestimmungen (§§ 120 II, III ZPO).** Mit der Festsetzung der Vergütung und/oder des Aufwendungsersatzes gegen die Staatskasse, legt das Gericht gem. § 292a I 1 zugleich Höhe und Zeitpunkt der Zahlungen fest, die die von der Fürsorgemaßnahme betroffene Person nach §§ 1880 II BGB an die Staatskasse im Rahmen des Regresses nach 1881 1 BGB zu leisten hat – gesonderte Festsetzung ist nach § 292a I 2 möglich.

20 Für die zu treffende Zahlungsbestimmungen ist gem. des § 292a I 3 die Regelung des § 120 II und III ZPO zu beachten. Hiernach sind angeordnete Zahlungen stets an die Staatskasse zu leisten und nicht an den Betreuer. Werden etwa Teilzahlungen aus dem Vermögen des Betreuten angeordnet, sind diese vorläufig einzustellen, wenn die bisher geleisteten Zahlungen die aus der Staatskasse gezahlten Beträge ausgeglichen haben (Bienwald/Felix BGB § 1877 Rn. 111). Im Übrigen wird auf die Kommentierung zu → § 292a verwiesen.

21 **b) Vormundschaften und Pflegschaften für Minderjährige.** Da der Gesetzgeber mit dem Inkrafttreten des Gesetzes zur Reform des Vormundschafts- Betreuungsrechts den Rückgriff der Staatskasse beim Mündel bewusst ausgenommen hat, verweisen §§ 168d, 168f ausschließlich auf § 292 I und III bis VI, da die entsprechende Anwendung der §§ 120 II, III ZPO die an die Staatskasse zu bestimmenden Zahlungen, die im Rahmen des Regresses angeordnet werden (zur Vorgängernorm des § 56g FGG aF siehe BT-Drs. 13/7158, 35), behandelt und dies beim Mündel nicht mehr erforderlich ist. Dergleichen gilt für die entsprechende Anwendung des § 120a I 1 und 3 ZPO, wonach die Einstellung oder Änderung der Zahlungen geändert werden kann, wenn sich die maßgebenden persönlichen und wirtschaftlichen Verhältnisse des Mündels wesentlich geändert haben, und vom Mündel verlangen kann, sich die Änderung seiner Verhältnisse zu erklären.

22 **c) Rechtsbehelf, Rechtsmittel.** Gegen den Festsetzungsbeschluss des Rechtspflegers ist der Rechtsbehelf der befristeten Erinnerung nach § 11 II 1 RPflG statthaft, wenn der Beschwerdewert von 600 EUR nicht überschritten wird. Hilft der Rechtspfleger der Erinnerung nicht ab, entscheidet der Richter abschließend, wenn er nicht seinerseits die Beschwerde wegen grundsätzlicher Bedeutung zulässt. Die Nichtzulassung der Beschwerde ist unanfechtbar. Wird der Beschwerdewert nicht erreicht, hat der Rechtspfleger die Beschwerde als Erinnerung auszulegen und diese bei Nichtabhilfe ebenfalls dem Richter zur abschließenden Entscheidung vorzulegen.

23 **d) Abänderung der Entscheidung nach Rechtskraft.** Entscheidungen im Vergütungsfestsetzungsverfahren sind – mit Ausnahme der Entscheidung nach II (hierzu Kommentierung zu → VBVG § 15 Rn. 21 ff.) – der materiellen Rechtskraft fähig (BayObLG FamRZ 1998, 1055). Eine erneute Überprüfung der Entscheidung unter denselben Beteiligten und über denselben Verfahrensgegenstand ist nach Rechtskraft des Festsetzungsbeschlusses somit unzulässig. Diese Sperrwirkung tritt nicht ein, wenn die Festsetzung gegen die Staatskasse mangels Mittellosigkeit des Vergütungsschuldners abgewiesen worden ist und sich nach Festsetzung herausstellt, dass dieser nicht mehr über ausreichendes Vermögen verfügt. In diesen Fällen ist trotz Rechtskraft ein Zweitantrag gegen die Staatskasse zulässig, wenn der Betreuer das ihm Mögliche und Zumutbare getan hat, um einen Ersatzanspruch gegen den Vergütungsschuldner oder dessen Nachlass durchzusetzen.

24 **4. Keine förmliche Festsetzung (I Nr. 1).** Ist der Aufgabenbereich der Vermögenssorge übertragen, bedarf es für die Entnahme des Aufwendungsersatzes keines förmlichen Festsetzungsverfahrens. Dies ergibt sich aus § 292 I Nr. 1, der ausschließlich nur den **Vorschuss,** den **Aufwendungsersatz** oder die **Aufwandspauschale** erfasst. Hierzu zählen auch die Aufwendungen nach § 1877 III BGB für berufsspezifische Dienste. Hierbei ist auf die trennscharfe Unterscheidung zwischen Aufwendungsersatz und Vergütung zu unterscheiden, so dass **Vergütungsansprüche** (siehe Nr. 2 und 3) nicht vom Anwendungsbereich der Nr. 1 erfasst werden. Der persönliche Anwendungsbereich erstreckt sich allerdings auf die ehrenamtlichen oder berufsmäßig tätigen gesetzlichen Vertreter, die einen Anspruch auf (pauschalen) Aufwendungsersatz geltend machen können.

25 Da der gesetzliche Vertreter mit dem Aufgabenbereich der Vermögenssorge den Aufwendungsersatz selbst aus dem Vermögen entnehmen kann, besteht für ein förmliches Festsetzungsverfahren nebst den durchzuführenden Anhörungen kein Bedürfnis. Der Entnahme des Anspruchs aus dem Vermögen der betroffenen Person steht auch nicht das Verbot des Selbstkontrahierens aus §§ 1824, 181 BGB entgegen, da es sich um Erfüllung einer Verbindlichkeit handelt. (Bienwald/Felix BGB § 1877 Rn. 114 mwN).

26 Die Entnahme des Aufwendungsersatzes wird ihm Rahmen der Rechnungslegung überwacht. Wird der entnommene Aufwendungsersatz im Rahmen der Rechnungslegung durch das Gericht geprüft und ergibt sich, dass Beträge zu Unrecht entnommen worden sind, betrifft dies das Verhältnis zwischen gesetzlichen Vertreter und den Vertretenen. Mangels Festsetzungsverfahren, sind diese Ansprüche gem. §§ 1802 II 3, 1866 II BGB durch das Prozessgericht und nicht das Familien- oder Betreuungsgericht zu klären (Bienwald/Felix BGB § 1877 Rn. 115).

27 **IV. Dauerfestsetzung (II).** § 292 II korrespondiert mit § 15 II VBVG und gibt Berufsbetreuern und Betreuungsvereinen die Möglichkeit, eine Festsetzung der Fallpauschalen für zukünftige Zeiträume zu beantragen, wenn eine Änderung der vergütungsrelevanten Umstände und Kriterien nicht zu erwarten ist. Abweichend von § 15 I VBVG ist zukünftig nicht nur die Festsetzung vergangener, sondern auch zukünftiger Abrechnungsquartale zulässig. Die Dauerfestsetzung umfasst ausschließlich das formelle Vergütungsfestsetzungsverfahren und findet keine Anwendung auf die Festsetzung im vereinfachten Verfahren nach § 292 V. Im Übrigen wird auf die umfangreiche Kommentierung zu → VBVG § 15 Rn. 8 ff. verwiesen.

28 Für die Vormundschaften und die Pflegschaften für Minderjährige finden für das förmliche Festsetzungsverfahren gem. §§ 168d, 168f ausschließlich § 292 I und III bis VI Anwendung. Infolge des Umstandes, dass bei Vormundschaften und Pflegschaften für Minderjährige kein Rückgriffsanspruch nach § 1881 BGB stattfindet entfällt die Notwendigkeit der Festsetzung der Zahlungen nach § 292a, so dass §§ 168d, 168f auch nicht auf diese Vorschrift verweisen müssen. Der Verweis auf § 292 II entfällt, weil Vormund und Pfleger tätigkeitsbezogen und nicht pauschal vergütet werden, demgemäß eine Festsetzung für zukünftige Zeiträume denknotwendig ausscheidet.

29 **V. Festsetzung im Verwaltungsweg (V).** Ist eine **Festsetzung nicht beantragt,** gelten für Zahlungen, die aus der Staatskasse an den gesetzlichen Vertreter geleistet werden, gem. § 292 V die Vorschriften über das Verfahren bei der Entschädigung von Zeugen hinsichtlich ihrer baren Auslagen sinngemäß. Mit der sprachlichen Klarstellung soll der in der gerichtlichen Praxis geübten Handhabung entgegengewirkt werden, dass Festsetzungsanträge zum Nachteil der gesetzlichen Vertreter im vereinfachten Verwaltungsverfahren und nicht durch Beschluss entschieden werden. Die Festsetzung im Verwaltungsweg kommt somit nur in den Fällen in Betracht, in denen der gesetzliche Vertreter **keine förmliche Festsetzung** im Beschlusswege beantragt. Eine beantragte förmliche Festsetzung kann auch nicht mit der Begründung zurückgewiesen werden, dass diese durch die Möglichkeit des vereinfachten Verfahrens nach § 292 V rechtsmissbräuchlich sei, weil eine Festsetzung im Verwaltungsverfahren nicht geeignet ist, schutzwürdiges Vertrauen in die Beständigkeit des ausgezahlten Aufwendungsersatzes zu begründen siehe → Rn. 32 f.

30 § 292 V verweist nicht auf § 2 I JVEG. Die sinngemäße Anwendung bedeutet vielmehr eine Anweisung des Aufwendungsersatzes im Verwaltungsverfahren, in welchem der **Urkundsbeamte der Geschäftsstelle** den geltend gemachten Anspruch auf Vergütung und/oder Aufwendungsersatz prüft und ohne Festsetzungsverfahren die Anweisung zur Auszahlung verfügt. Eine Eröffnung des Verfahrens nach § 4 JVEG geht damit nicht einher.

31 Eine Beteiligung der Staatskasse erfolgt im vereinfachten Festsetzungsverfahren nicht. Anspruchsinhaber oder Staatskasse können gem. § 292 I – nicht nach § 4 JVEG – einen Antrag auf gerichtliche Festsetzung stellen, wenn sie mit dem im vereinfachten Verfahren zugesprochenen Aufwendungsersatz nicht einverstanden sind (OLG Dresden FamRZ 2011, 320 = BeckRS 2010, 26515). Schließt sich das gerichtliche Festsetzungsverfahren an eine Festsetzung und Auszahlung im vereinfachten Justizverwaltungsverfahren an, ist das Gericht nicht an die vorherige Festsetzung gebunden; diese kann über- oder unterschritten werden. Mit der gerichtlichen Entscheidung wird die Anweisung des Kostenbeamten des Gerichts wirkungslos (BGH NJW 2014, 1007).

32 Die Festsetzung im Verwaltungsverfahren ist nicht geeignet, um schutzwürdiges Vertrauen in die Beständigkeit des ausgezahlten Aufwendungsersatzes begründen zu können. Auch wenn der Rechtspfleger den Erstattungsantrag zuvor im Verwaltungsverfahren überprüft und für richtig befunden hat, ist er grundsätzlich nicht daran gehindert, die Vergütung im gerichtlichen Festsetzungsverfahren abweichend von der vorherigen Anweisung festzusetzen. Zur Sicherstellung einer **endgültigen Rechtssicherheit** auf Seiten des Betreuers muss dieser die förmliche gerichtliche Festsetzung beantragen (OLG Köln FGPrax 2006, 116).

33 Wurde der Aufwendungsersatz aufgrund einer formlosen Verwaltungsanordnung aus der Staatskasse angewiesen und stellt sich im Nachhinein heraus, dass ein Teil der Aufwendungen nicht erstattungsfähig ist, steht der Staatskasse ein **öffentlich-rechtlicher Erstattungsanspruch** zu, welcher gegen den Betreuer geltend gemacht und gem. § 1 I 1 Nr. 8, II JBeitrG beigetrieben werden kann (BGH NJW 2014, 1007 Rn. 24). Die Rückforderung überzahlter Vergütungsansprüche **scheidet aus,** wenn dem Vertrauen des Berufsbetreuers auf die Beständigkeit seiner eigenen Vermögenslage gegenüber dem öffentlichen Interesse an der Erstattung der überzahlten Vergütung der Vorrang einzuräumen ist (BGH NJW 2014, 1007 Rn. 25). Als in Betracht kommenden Rückforderungszeitraum orientiert sich der BGH an der Regelung des **§ 20 I GNotKG.** Die 15-monatige Ausschlussfrist des § 2 findet **keine Anwendung** (BGH NJW 2014, 1007 Rn. 19).

Zahlungen an die Staatskasse

292a **I 1 Mit der Festsetzung nach § 292 Absatz 1 legt das Gericht zugleich Höhe und Zeitpunkt der Zahlungen fest, die der Betroffene nach § 1880 Absatz 2 und § 1881 Satz 1 des Bürgerlichen Gesetzbuchs an die Staatskasse zu leisten hat. 2 Das Gericht kann Höhe und Zeitpunkt der zu leistenden Zahlungen gesondert festsetzen, wenn dies zweckmäßig ist. 3 § 120 Absatz 2 und 3 und § 120a Absatz 1 Satz 1 bis 3 der Zivilprozessordnung sind entsprechend anzuwenden.**

II 1 Ist der Betroffene verstorben, so legt das Gericht Höhe und Zeitpunkt der Zahlungen fest, die der Erbe nach § 1881 Satz 2 des Bürgerlichen Gesetzbuchs an die Staatskasse zu leisten hat. 2 Der Erbe ist verpflichtet, dem Gericht die hierfür notwendigen Auskünfte zu erteilen, insbesondere dem Gericht auf dessen Verlangen ein Verzeichnis der zur Erbschaft gehörenden Gegenstände vorzulegen und an Eides statt zu versichern, dass er den Bestand nach bestem Wissen und Gewissen so vollständig angegeben habe, wie er dazu imstande ist.

III Vor einer Entscheidung ist der Betroffene oder der Erbe anzuhören.

Übersicht

I. Normzweck. § 292a wurde mit dem Gesetz zur Reform des Vormundschafts- und Betreuungsrechts eingeführt und regelt das Verfahren für Zahlungen an die Staatskasse, die im Rahmen des Regresses der Staatskasse nach § 1881 BGB gegen den Betreuten (I) oder dessen Erben (II) angeordnet werden. 1

II. Anwendungsbereich. Die Regelung des § 292a findet Anwendung auf die Ansprüche von **ehrenamtlichen oder berufsmäßigen Betreuern oder Betreuungsvereinen,** die aus der Staatskasse beglichen worden sind. Hierzu zählen neben Ansprüche auf Vergütung auch solche auf Ersatz der tatsächlichen Aufwendungen sowie pauschalen Aufwendungsersatz. Ebenso vom Anwendungsbereich des § 292a FamFG erfasst sind die aus der Staatskasse geleisteten Zahlungen in Verfahren der 2

Abwesenheitspflegschaft, § 1884 BGB;
– Pflegschaft für unbekannte Beteiligte, § 1882 BGB;
– Pflegschaft für gesammeltes Vermögen, § 1883 BGB;
– Zuwendungspflegschaft, §§ 1811 IV, 1881 BGB.

Nach § 1808 II 1 BGB gelten für die Vormundschaft nur die Regelungen der §§ 1879, 1880 BGB entsprechend, demgemäß die Regelung des § 1881 BGB über den Regress der Staatskasse keine Anwendung findet. Der Gesetzgeber hat bei der **Vormundschaft und den Pflegschaften für Minderjährige** den Rückgriffsanspruch bewusst ausgenommen, da ein Rückgriff der Staatskasse beim Mündel, soweit Ansprüche des Vormunds befriedigt werden, nicht mehr stattfinden soll. Sinn und Zweck liegen darin begründet, den Mündel nachträglich nicht mit Rückforderungsansprüchen der Staatskasse zu belasten, wenn er die Vergütung des Vormunds im Zeitpunkt der Inanspruchnahme nicht aus eigenen Mitteln tragen konnte (BT-Drs. 19/24445, 222). Demgemäß findet § 292a auf diese Verfahren keine Anwendung. Dergleichen gilt für die Ergänzungspflegschaft (§ 1809 BGB), Pflegschaft für ein ungeborenes Kind (§ 1810 BGB), Umgangspflegschaft (§ 1684 III 6 BGB) und den Zusätzlichen Pfleger (§ 1776 BGB). 3

Auf die Vergütungsansprüche des Verfahrensbeistands und des Verfahrenspflegers findet § 1881 BGB und somit auch § 292a keine Anwendung. Die Vergütungsansprüche werden nach Maßgabe KV 31015 GNotKG für den Verfahrenspfleger und KV 2013 FamGKG für den Verfahrensbeistand vom Kostenschuldner eingezogen. Für die Vergütung des Verfahrenspflegers erfolgt die Einziehung nach Maßgabe des § 1880 II BGB. Für den Verfahrensbeistand bestimmt sich die Einziehung nach §§ 1808 II 1, 1880 II BGB. 4

III. Regress gegen den Bereuten (I). Nach § 1881 1 BGB gehen Ansprüche des Betreuers gegen den Betreuten auf die Staatskasse über, soweit diese den Betreuer befriedigt. Hierbei handelt es sich um gesetzlichen Forderungsübergang, demgemäß über § 412 BGB die §§ 399 und 406 ff. BGB Anwendung finden. Gegenstand des Übergangs ist somit grundsätzlich der Anspruch des Betreuers gegen den Betreuten, welcher bei der Vergütung des Berufsbetreuers neben dem Anspruch auf die Staatskassenvergütung steht. Können die Ansprüche des Betreuers nur teilweise aus dem einzusetzenden Vermögen beglichen werden, steht dem Betreuer ein Wahlrecht zu: Er kann sich entscheiden, ob er den Betreuten ggf. mit ratenweiser Zahlung aus dem Vermögen in Anspruch nimmt oder ob er den geminderten Vergütungsanspruch aus 5 der Staatskasse gegen diese geltend macht. Nimmt der Betreuer den Betreuten mit Teilbeträgen in Anspruch, kann der Betreute seine Mittellosigkeit nicht nach § 1881 BGB einwenden, sondern lediglich die Beschränkung seiner Haftung aus § 1880 Abs. 2 BGB (siehe hierzu Bienwald/Felix BGB § 1881 Rn. 3 ff.).

6 Für die Inanspruchnahme des Betroffenen ist zunächst zu ermitteln, ob die Zahlungen der Staatskasse aufgrund tatsächlicher oder fiktiver Mittellosigkeit getätigt wurden. Erfolgten die Zahlungen aufgrund tatsächlicher Mittellosigkeit, kann die betroffene Person in Anspruch genommen werden, wenn sie nach dem Maßstab des § 1880 BGB wieder leistungsfähig ist. Die Inanspruchnahme ist ebenso möglich, wenn die Staatskasse irrig davon ausging, dass die betroffene Person die Forderung aus seinem einzusetzenden Einkommen und Vermögen nicht werde tilgen können. Hingegen ist bei fiktiver Mittellosigkeit eine Inanspruchnahme stets möglich. Zur Prüfung der Mittellosigkeit wird auf die Kommentierung zu → VBVG § 2 Rn. 7 ff. verwiesen.

7 **1. Zahlungsbestimmung im Festsetzungsbeschluss (I S. 1).** Wurde die aus der Staatskasse gezahlte Betreuervergütung gem. § 292 I förmlich durch Beschluss festgesetzt, erfolgte die Feststellung der Mittellosigkeit aufgrund der Angaben des im Vergütungsantrag von Amts wegen. Mit der Festsetzung des Vergütungs- und/oder Aufwendungsersatzanspruchs sind gem. § 292a I 1 zugleich die übergangenen und evtl. beizutreibenden Ansprüche festzustellen und im Beschluss zu beziffern, die von der Fürsorgemaßnahme betroffenen Person an die Staatskasse im Rahmen des Regresses nach 1881 1 BGB zu leisten sind. Die Überprüfung und Abänderung der festgestellten Zahlungen erfolgt gem. § 292 III 2 iVm §§ 120a I 1 und 3 ZPO:

8 **a) Abänderung der Zahlungen (I S. 3).** Gemäß § 292a I 3 finden § 120a I 1 bis 3 ZPO entsprechende Anwendung. Nach § 120a I 1 ZPO soll die Entscheidung über die zu leistenden Zahlungen geändert werden, wenn sich die Voraussetzungen für die aus der Staatskasse zu gewährende Vergütung maßgebenden persönlichen oder wirtschaftlichen Verhältnisse der betroffenen Person wesentlich verändert haben. Auf Verlangen des Gerichts muss die betroffene Person jederzeit erklären, ob eine Veränderung der Verhältnisse eingetreten ist (§ 120a I 3 ZPO).

9 Eine Abänderung der angeordneten Zahlungen erfolgt bei einer wesentlichen Veränderung der persönlichen oder wirtschaftlichen Verhältnisse der betreuten Person nach §§ 1879, 1880 BGB. Eine Veränderung kann insoweit eintreten, dass sich die Verhältnisse entweder wesentlich gebessert oder verschlechtert haben. Unter Beachtung der §§ 1879, 1880 BGB kommt dies insbesondere in den Fällen in Betracht, in denen der derzeitige Vermögensschonbetrag von 5.000 EUR überschritten wird.

10 **b) Überprüfungszeitraum.** Einen Zeitraum nach dessen Ablauf eine Abänderung ausgeschlossen ist, hat der Gesetzgeber nicht vorgesehen. Der in § 120a I 4 ZPO normierte Zeitraum von vier Jahren findet mangels Verweisung keine Anwendung. In diesem Zusammenhang kann sich als Leitlinie anstatt an § 120a I 4 ZPO an der Verjährungsfrist orientiert werden. Für die auf die Staatskasse gem. § 1881 BGB übergegangen Ansprüche gilt gem. § 195 BGB die Verjährungsfrist von drei Jahren. Der Beginn der Verjährungsfrist bestimmt sich nach § 199 I Nr. 1 BGB, so dass maßgeblicher Zeitpunkt für den Fristbeginn der Schluss des Jahres ist, in welchem der Aufwendungsersatz aus der Staatskasse gezahlt wurde.

11 **Beispiel:** Im Jahr 2020 wurden bis zum Jahresende insgesamt 4.400 EUR aus der Staatskasse an den gesetzlichen Vertreter gezahlt. Die Verjährung des Betrages beginnt daher am 1.1.2021 und endet mit Ablauf des 31.12.2023. Wird die Entscheidung über den Regress erst im Laufe des Jahres 2024 erlassen, ist der Rückforderungsanspruch verjährt.

12 Zur Problematik der Berücksichtigung der Verjährung im Regressverfahren wird auf die Ausführungen zu → Rn. 19 ff. verwiesen.

13 **c) Einstellung der angeordneten Zahlungen (I S. 3).** Das Gericht kann seine im Festsetzungsbeschluss getroffene Entscheidung über die an die Staatskasse zu entrichtenden Zahlungen auf Grund der in § 292a I 3 enthaltenen Verweisung auf § 120 III ZPO vorläufig einstellen. Dies hat insbesondere in den Fällen zu erfolgen, in denen abzusehen ist, dass die von der betroffenen Person erbrachten Zahlungen den Aufwand der Staatskasse decken.

2. Gesonderte Festsetzung des Regresses. Erfolgte die Auszahlung der Betreuervergütung durch Zahlbarstellung durch den Urkundsbeamten im **vereinfachten Verwaltungsverfahren** nach § 292 V, muss die gerichtliche Festsetzung der Regressleistung gem. § 292a I 2 gesondert durch Beschluss erfolgen. Das vereinfachte Festsetzungsverfahren nach § 292 V FamFG findet für die Festsetzung des Rückforderungsanspruchs keine Anwendung, infolge dessen eine Geltendmachung der Forderung durch formlose Zahlungsaufforderung oder gar Gerichtskostenrechnung nicht wirksam ist und keine verjährungshemmende Wirkung entfaltet (Bienwald/Felix BGB § 1881 Rn. 44). 14

Das Festsetzungsverfahren ist Teil des Hauptsacheverfahrens und folgt der in der Hauptsache gegebenen örtlichen Zuständigkeit. Wird das Hauptsacheverfahren an ein anderes Gericht abgegeben, ist für die Festsetzung das Gericht zuständig, welches das Verfahren übernommen hat. Ist zum Abgabezeitpunkt das Regressverfahren eingeleitet, aber der Anspruch noch nicht bzw. fehlerhaft festgesetzt, kann Abgabereife verneint werden. 15

a) Zeitpunkt der Feststellung des Vermögensstatus. Der Vermögensstatus der betroffenen Person ist nicht – wie in § 9 IV 1 VBVG geregelt – zum Monatsende zu bestimmen. Für die Prüfung der Inanspruchnahme des Betreuten ist dessen Vermögensstatus zum **Zeitpunkt der Rückforderungsentscheidung** maßgebend (Bienwald/Felix BGB § 1881 Rn. 12). Alleiniger Prüfungsmaßstab für die wirtschaftliche Leistungsfähigkeit der betroffenen Person für die Inanspruchnahme nach § 1881 BGB, ist das nach § 1880 BGB einzusetzende Vermögen (siehe hierzu die Kommentierung zu → VBVG § 2 Rn. 7 ff.) 16

b) Anhörung des Betroffenen (III). Vor der Festsetzung des Rückforderungsanspruchs gegen den Betreuten ist der Betreute gem. § 292a III anzuhören. Zugleich ist der Betreuer als weiterer Beteiligter des Verfahrens anzuhören. Ist der Vergütungsschuldner in der Lage, auf schriftliche Anfragen in angemessener Weise zu antworten, erfüllt eine schriftliche Anhörung die gesetzlichen Anforderungen, eine persönliche Anhörung ist nicht erforderlich. Kann sich der Betreute zu dem Rückforderungsanspruch nicht äußern, ist ihm zur Wahrung seiner Rechte grundsätzlich ein Verfahrenspfleger zu bestellen (BayObLG Rpfleger 2004, 625). Ein Absehen von der Verfahrensbestellung ist möglich, wenn sie zur Interessenwahrnehmung nicht erforderlich ist und die Nichtbestellung in der Festsetzungsentscheidung begründet wird (OLG Karlsruhe FGPrax 2003, 30). 17

c) Beteiligung des Sozialhilfeträgers? Werden durch einen Sozialhilfeträger im Festsetzungsverfahren eigene Rückforderungsansprüche aufgrund erbrachter Sozialleistungen gegen den Betroffenen geltend gemacht, ist der Sozialhilfeträger weder am Verfahren zu beteiligen noch steht ihm eine Beschwerdebefugnis zu. Dies gilt auch dann, wenn die gerichtliche Festsetzungsentscheidung dazu führt, dass der Sozialhilfeträger nur einen geringeren Betrag zurückfordern kann (BGH Rpfleger 2014, 498). 18

d) Berücksichtigung der Verjährung? Mit dem Eintritt der Verjährung erlischt die Forderung nicht. Nach § 214 I BGB ist der Schuldner nach Eintritt der Verjährung berechtigt, die Leistung zu verweigern. Es obliegt daher dem Betreuten, ob er nach Eintritt der Verjährung den Rückforderungsanspruch noch erfüllen oder die Leistung verweigern will. Daraus folgt, dass der Betreute als Schuldner des Regressanspruchs oder der Betreuer als gesetzlicher Vertreter die Einrede aktiv erheben muss, der Eintritt der Verjährung also **nicht von Amts wegen berücksichtigt** wird. Dem Verfahrenspfleger ist ebenso die Erhebung der Verjährungseinrede für den Betreuten verwehrt, da er kein gesetzlicher Vertreter ist (BGH FamRZ 2012, 1798). Zugleich darf das Gericht nicht ohne Weiteres beim Betreuten auf die Geltendmachung der Verjährungseinrede hinwirken (BGH FamRZ 2012, 1789 mit Verweis auf BGH FamRZ 2004, 176). 19

Betrachtet man § 292a II FamFG iVm § 1881 2 BGB iVm § 102 IV SGB XII stellt man fest, dass bei dem für den Erben geregelten Regress die dort geregelte Ausschlussfrist von Amts wegen zu beachten ist. Weshalb im selben Festsetzungsverfahren Betreuter und Erben unterschiedlich behandeln werden sollten, erschließt sich jedoch bei näherer Betrachtung nicht. 20

21 Dieser vom Gesetzgeber auch im Rahmen der Gesetzesnovelle nicht behobene **offensichtliche Widerspruch** könnte aufgelöst werden, indem aus § 242 BGB die Verwirkung als Einwendung der unzulässigen Rechtsausübung infolge Zeitablaufs in Betracht gezogen werden könnte. Insoweit muss die Verwirkung als Ausfluss des Grundsatzes von Treu und Glauben nicht als Einrede geltend gemacht werden, sondern ist von Amts wegen zu berücksichtigen (hM seit RGZ 152, 403 (404); zur Berücksichtigung von Amts wegen BGH NJW 66, 343 (345)). Folglich gebietet es nach hiesigem Dafürhalten der dem Gericht aus § 1821 BGB auferlegte Handlungsmaßstab einerseits und die aus § 242 BGB folgende Fairness im Rechtsverkehr andererseits, die Wahrung und Verwirklichung der Selbstbestimmung der Betreuten zu schützen und die Interessen der Staatskasse insoweit zurückzutreten zu lassen (hierzu umfangreich Bienwald/Felix BGB § 1881 Rn. 38 ff.).

22 **e) Rechtsmittel.** Die Festsetzung Regressansprüche unterliegt der Beschwerde (§ 58 I FamFG). Wird der Beschwerdewert nicht erreicht und die Beschwerde vom Rechtspfleger nicht zugelassen (§ 61 I, II FamFG), findet die Erinnerung nach § 11 I RPflG statt. Zur Beschwerde berechtigt sind der Betroffene und die Staatskasse (§ 59 I FamFG). Die formelle Rechtskraft des Beschlusses über die Festsetzung von Ratenzahlungen bewirkt, dass rückwirkende Änderungen des Beschlusses nicht möglich sind. Der Festsetzungsbeschluss ist Vollstreckungstitel und die Vollstreckung erfolgt nach § 1 Abs. 1 Nr. 4b JBeitrG.

23 **IV. Regress gegen die Erben (II).** Bei der zum Todeszeitpunkt des Vergütungsschuldners bestehenden Vergütungsforderung handelt es sich um eine Nachlassverbindlichkeit iSd § 1967 BGB. Hierfür haften dessen Erben nach § 1881 2 BGB mit dem Wert des zum Zeitpunkt des Erbfalls vorhandenen Nachlasses. Die Regelung des § 102 III, IV SGB XII gilt entsprechend. Hiernach ist der Rückforderungsanspruch nicht geltend zu machen (im Übrigen siehe Bienwald/Felix BGB § 1881 Rn. 14 ff.):
- soweit der Wert des Nachlasses unter dem Dreifachen des Grundbetrages nach § 85 I SGB XII liegt,
- soweit der Wert des Nachlasses unter dem Betrag von 15.340 Euro liegt, wenn der Erbe der Ehegatte oder Lebenspartner der leistungsberechtigten Person oder mit dieser verwandt ist und nicht nur vorübergehend bis zum Tod der leistungsberechtigten Person mit dieser in häuslicher Gemeinschaft gelebt und sie gepflegt hat,
- soweit die Inanspruchnahme des Erben nach der Besonderheit des Einzelfalles eine besondere Härte bedeuten würde.

24 Für die Überprüfung der Leistungspflicht der Erben konstituiert § § 292a II 2 eine **Mitwirkungspflicht** der Erben insoweit, dass diese auf Verlangen des Gerichts ein Nachlasswertverzeichnis vorzulegen und an Eides statt zu versichern haben, dass die Angaben zum Nachlassbestand nach bestem Wissen und Gewissen getätigt wurden. Kommt der Erbe dieser Mitwirkungspflicht nicht nach, kann das Gericht im Rahmen des § 35 die Mitwirkung durch Zwangsmittel erzwingen, die Nachlassakten beiziehen (§ 26) und/oder nach erfolgloser Anhörung die Rückzahlung festsetzen.

25 Nach 1881 2 Hs. 2 BGB findet § 102 IV SGB XII entsprechende Anwendung. Hiernach erlischt der Anspruch auf Kostenersatz in drei Jahren nach dem Tod des Vergütungsschuldners. § 103 III 2 und 3 SGB XII gilt entsprechend, wonach für die Hemmung, Ablaufhemmung und den Neubeginn die Vorschriften über die Verjährung (§§ 203–214 BGB) sinngemäß gelten. Die Geltendmachung des Rückforderungsanspruchs begrenzt sich somit nur auf die Zeit von der Anspruchsentstehung (= Tod des Vergütungsschuldners) und dem Ablauf der Frist. Der in Anspruch genommene Erbe muss das Erlöschen nicht einredeweise geltend machen – die Ausschlussfrist ist **von Amts wegen zu beachten.**

26 Vor der Festsetzung des Rückforderungsanspruchs ist der Erbe nach § 292a III anzuhören. Im Hinblick des Rechtsmittels bestehen keine Besonderheiten zur Festsetzung gegen den Betreuten, so dass auf die Ausführungen zu → Rn. 22 verwiesen werden kann. Mit der Festsetzung des Rückzahlungsbetrages erlangt die Staatskasse einen Titel gegen den Schuldner (§ 1 I Nr. 4b JBeitrG).

5. Gesetz über die psychosoziale Prozessbegleitung im Strafverfahren (PsychPbG)

Vom 21.12.2015 (BGBl. I S. 2525, 2529)
FNA 312-15

Regelungsgegenstand

1 Dieses Gesetz regelt für die psychosoziale Prozessbegleitung nach § 406g der Strafprozessordnung
1. die Grundsätze der psychosozialen Prozessbegleitung (§ 2),
2. die Anforderungen an die Qualifikation des psychosozialen Prozessbegleiters (§§ 3 und 4) sowie
3. die Vergütung des psychosozialen Prozessbegleiters (§§ 5 bis 10).

Schrifttum: Burhoff, Handbuch für das strafrechtliche Ermittlungsverfahren, 8. Aufl. 2019; ders., Fragen aus der Praxis zu Gebührenproblemen in Straf- und Bußgeldverfahren, RVGreport 2011, 446; ders., Die Abrechnung der anwaltlichen Tätigkeit in mehreren Strafverfahren – Teil 3: Verweisung und Zurückverweisung, RVGreport 2009, 8; Felix, Beiordnung und Vergütung des psychosozialen Prozessbegleiters – Teil 1 und 2, JurBüro 2018, 283 und 340; ders., Die Vergütung von berufsmäßigen Verfahrenspflegern und Verfahrensbeiständen, Rpfleger 2016, 189; Löwe/Rosenberg/Lüderssen/Jahn, StPO, 26. Aufl. 2014; Schneider, Die Vergütung nach dem PsychPbG, AG Spezial 2016, 553; Volpert, Anwaltsvergütung und Gerichtskosten bei der psychosozialen Prozessbegleitung, RVGreport 2017, 202.

Übersicht

I. Normzweck. Mit dem 3. Opferrechtsreformgesetz vom 21.12.2015, welches am 1.1.2017 in Kraft getreten ist, wurde die Richtlinie 2012/29/EU des Europäischen Parlaments und des Rates vom 25.10.2012 über Mindeststandards für die Rechte, die Unterstützung und den Schutz von Opfern von Strafverfahren sowie zur Ersetzung des Rahmenbeschlusses 2001/220/JI2 (ABl. L 315, 57) in deutsches Recht umgesetzt. Die psychosoziale Prozessbegleitung war bis zum 31.12.2016 in § 406h I Nr. 5 StPO aF nur insoweit geregelt, dass der Verletzte auf die Möglichkeit einer psychosozialen Prozessbegleitung hinzuweisen war. 1

Das Gesetz über die psychosoziale Prozessbegleitung im Strafverfahren ist erst mit der Beschlussempfehlung und dem Bericht des Ausschusses für Recht und Verbraucherschutz aufgenommen worden. Der erste Gesetzesentwurf sah für die Vergütung und den Auslagenersatz des Prozessbegleiters keine Regelungen vor. Es sollte entweder eine Anspruchsnorm nach dem Vorbild des § 158 VII FamFG oder die Schaffung 2 eines gesonderten Regelwerks nach dem Vorbild des VBVG eingeführt werden (BT-Drs. 18/4621, 45)

3 Die Vergütungsvorschriften für den Prozessbegleiter orientieren sich im Hinblick auf den Ersatz entstandener Aufwendungen, der Abgeltung der Umsatzsteuer (§ 6 S. 2), der gesonderten Vergütung für jeden Rechtszug (§ 6 S. 1) und des bei Beiordnung ausschließlich gegen die Landeskasse zu richtenden Anspruchs, an denen des Verfahrensbeistandes in Kindschaftssachen nach § 158 VII FamFG (BT-Drs. 18/6906, 24 f.). Folglich können die hierzu entwickelten Grundsätze auch auf § 6 angewandt werden (Schneider AG Spezial 2016, 553 (555, Fn. 1); Felix JurBüro 2018, 283; zur Vergütung des Verfahrensbeistands siehe Felix Rpfleger 2016, 189 (194 f.).

4 Die formell-rechtlichen Aspekte der Prozessbegleitung, wie zB die Beiordnung des Prozessbegleiters, werden in § 406g StPO geregelt. Die Regelungen zu den Grundsätzen der psychosozialen Prozessbegleitung, den Anforderungen an die Qualifikation sowie die Bemessung der Vergütung des beigeordneten Prozessbegleiters finden sich im PsychPbG.

5 **II. Beiordnung des Prozessbegleiters.** Der Vergütungsanspruch richtet sich gegen die Staatskasse, wenn der Prozessbegleiter dem Verletzten **beigeordnet** wurde. Die Frage der Beiordnung bestimmt sich hierbei nicht nach den wirtschaftlichen Verhältnissen des Verletzten, sondern ausschließlich nach § 406g III 3 StPO (Schneider AG Spezial 2016, 553 (554)).

6 Für das Beiordnungsverfahren nehmen § 406g III 4 und 5 StPO auf §§ 142, 162 StPO Bezug, wodurch ein Gleichlauf zur Regelung der Beiordnung des nebenklageberechtigten Verletzten (§ 406h IV 2 StPO) hergestellt werden soll (BT-Drs. 18/4621, 32). In der Drucksache wird von *„… der Beiordnung des Nebenklagevertreters (künftig: § 406h Absatz 4 Satz 2 StPO-E)…“* gesprochen. Aufgrund der genannten Regelung dürfte die Beiordnung des nebenklageberechtigten Verletztenbeistands gemeint sein). Die Bestellung erfolgt durch **Verfügung des Vorsitzenden** oder des Ermittlungsrichters des jeweils zuständigen Gerichts, für die die StPO – anders als das zivilprozessuale Recht – keine bestimmte Form vorsieht.

7 **1. Antrag auf Beiordnung durch Verletzten (§ 406g StPO).** Jeder Verletzte hat gem. § 406g I 1 StPO das Recht, sich im Verfahren **auf Antrag** eines psychosozialen Prozessbegleiters zu bedienen. Bei minderjährigen Verletzten kann darüber hinaus die Bestellung eines Ergänzungspflegers erforderlich werden (OLG Düsseldorf NJW 2016, 2774). Der Antrag ist bei dem für die Entscheidung zuständigen Gericht schriftlich oder zu Protokoll der Geschäftsstelle zu stellen oder, wenn der Prozessbegleiter bereits im Ermittlungsverfahren beigeordnet werden soll, bei der Staatsanwaltschaft zu stellen.

8 Gemäß § 406g III 1 StPO **ist** dem Verletzten auf seinen Antrag ein Prozessbegleiter beizuordnen, wenn die Voraussetzungen des § 397a I Nr. 4 und 5 StPO vorliegen. In den Fällen des § 397a I Nr. 1–3 StPO **kann** eine entsprechende Beiordnung erfolgen, wenn die besondere Schutzbedürftigkeit des Verletzten dies erfordert, § 406g III 2 StPO. Die Regelungen zur psychosozialen Prozessbegleitung sind gem. § 2 II JGG ebenfalls in Strafverfahren anzuwenden, die sich gegen Jugendliche richten (hierzu umfassend BT-Drs. 18/4621, 31).

9 Bei Zurückweisung des Beiordnungsantrags steht dem Prozessbegleiter **kein eigenes Beschwerderecht** zu. Desgleichen kann er die Beschwerde auch nicht im Namen des Verletzten erheben, weil zu den gesetzlichen Aufgaben des Prozessbegleiters nur die **nicht-rechtliche** Vertretung gehört (OLG Rostock BeckRS 2018, 4562). Insoweit können die Kosten eines vom Prozessbegleiter im eigenen Namen eingelegten und deshalb unzulässigen Rechtsmittels auch diesem auferlegt werden (OLG Rostock BeckRS 2018, 4562).

10 **2. Umfang der Beiordnung (§ 8).** Den Umfang der Beiordnung und damit des Vergütungsanspruchs regelt § 8. Der Verweis auf § 48 I RVG stellt klar, dass sich der Umfang des Vergütungsanspruchs nach den Beschlüssen bestimmt, durch die Prozessbegleiter beigeordnet worden ist. Unter welchen Voraussetzungen die Beiordnung zu erfolgen hat, ist Frage jeweiligen Verfahrensordnungen, nicht aber des RVG (Felix JurBüro 2018 283 (284)).

Der Vergütungsanspruch entsteht gem. § 7 S. 1 für jeden Verfahrensabschnitt nach § 6 S. 1 gesondert. Somit ist der zeitliche Rahmen der Beiordnung von besonderer Bedeutung, da die Vergütung nur für diejenigen Tätigkeiten gewährt wird, die **nach** erfolgter Beiordnung und **vor** dem Ende deren Wirkungsdauer verwirklicht wurden. 11

In der Praxis können sich Zweifelsfragen im Hinblick auf den Beiordnungsumfang in sachlicher und zeitlicher Hinsicht ergeben. Im Allgemeinen werden diese Fragen durch die in § 48 II–VI RVG enthaltenen Regelungen ergänzend beantwortet. Diese dehnen den Vergütungsanspruch kraft Gesetzes auf andere Tätigkeiten aus oder stellen im Fall des § 48 VI 3 RVG eine Erweiterung in das Ermessen des Gerichts. 12

Folglich bedürfen Fälle, die von § 48 II–VI RVG nicht erfasst sind, einer **ausdrücklichen Beiordnung oder Bestellung.** Für den Prozessbegleiter gelangt ausschließlich § 48 I RVG zur Anwendung (Volpert RVGreport 2017, 202, (203)). Dementsprechend bedarf es sowohl in sachlicher als auch in zeitlicher Hinsicht einer **ausdrücklichen Beiordnungsentscheidung** des zuständigen Richters. 12a

Muss die Beiordnungsentscheidung im Hinblick des Umfangs **ausgelegt** werden, kann auf die zur Beiordnung des nebenklageberechtigten Verletzten entwickelten Grundsätze zurückgegriffen werden (Felix JurBüro 2018, 283 (284)). Die Bestellung eines Rechtsanwalts als Beistand nach § 406h StPO gilt für das gesamte weitere Verfahren und für die Revisionsinstanz (BGH NJW 2009, 308). Entsprechendes gilt im Übrigen auch, wenn man die Grundsätze zur Bestellung des Verfahrensbeistands heranzieht, welche gem. § 158 VI Nr. 1 FamFG mit der Rechtskraft der das Verfahren abschließenden Entscheidung endet. 13

a) Uneingeschränkte Beiordnung. Wurde eine uneingeschränkte Beiordnung des Prozessbegleiters ausgesprochen, gilt die Beiordnung – in Anlehnung an den nebenklageberechtigten Verletztenvertreter und dem Umfang der Verfahrensbeistandsbestellung nach § 158 VI FamFG – für das **ab Antragstellung** gesamte weitere Verfahren bis zu dessen rechtskräftigen Abschluss (so auch Volpert RVGreport 2017, 202 (203)). 14

b) Eingeschränkte Beiordnung. Erfolgt die Beiordnung lediglich für einen bestimmten Verfahrensabschnitt, gilt diese gem. § 48 I RVG auch nur für dieses Verfahren. Soll die Beiordnung auch in weiteren Verfahrensabschnitten erfolgen, bedarf es gem. § 406g III StPO eines entsprechenden Antrages des Verletzten. 15

c) Nachträgliche Beiordnung. Eine nach Verfahrensabschluss vorgenommene Beiordnung bzw. Bestellung zum Pflichtverteidiger ist unzulässig (BGH BeckRS 1989, 31092386). Dies gilt ebenso für die nachträgliche Beiordnung eines Nebenklägervertreters (OLG Karlsruhe NStZ-RR 2015, 381; zu den engen Voraussetzungen einer nachträglichen Beiordnung/Bestellung nach § 397a II StPO siehe OLG Celle NStZ-RR 2012, 291 mwN). Entsprechendes gilt somit auch für den Prozessbegleiter, so dass dessen Beiordnung nach Verfahrensabschluss **unzulässig** ist und keinen Vergütungsanspruch auslöst. 16

In der Rechtsprechung ist allerdings umstritten, ob eine nachträgliche Beiordnung zum Pflichtverteidiger in den Fällen möglich ist, in denen diese vor Verfahrensabschluss beantragt worden war, jedoch darüber trotz des Vorliegens der Voraussetzungen der §§ 140, 141 StPO nicht oder fehlerhaft entschieden wurde (Löwe/Rosenberg/Lüderssen/Jahn StPO § 141 Rn. 11; siehe auch KG StV 2007, 372 = BeckRS 2006, 3283 mwN). 17

Nach hiesiger Ansicht dürfte eine nachträgliche Beiordnung des Prozessbegleiters **möglich** sein. Während die nachträgliche Bestellung bzw. Beiordnung zum Pflichtverteidiger vor allem damit begründet wird, das eine dem Zweck der Pflichtverteidigung entsprechende Tätigkeit und Vertretung nach Abschluss des Verfahrens nicht mehr erfüllt werden könne (OLG Hamm BeckRS 2000, 30123524), handelt es sich bei der psychosozialen Prozessbegleitung nicht um eine rechtliche Vertretung. Prägend für die Prozessbegleitung ist vor allem Neutralität und die Trennung von Beratung und Begleitung. Wird die Beiordnungsentscheidung nun trotz rechtzeitiger Antragstellung erst später getroffen, darf nach dem Sinn und Zweck der psychosozialen Prozessbegleitung dieses Versäumnis nicht zum Nachteil des Verletzten und des Prozessbegleiters gereichen. 17a

Bei der Entscheidung über eine nachträgliche Beiordnung ist idR auf den Zeitpunkt abzustellen, zu welchem der Antrag erstmals hätte beschieden werden können. 18

Somit steht zugleich der frühestmögliche Zeitpunkt fest, weil eine Beiordnung vor Antragstellung nicht möglich ist. In diesen Fällen wirkt der Beiordnungsbeschluss auf den Zeitpunkt des **Antragseingangs** zurück (zur nachträglichen Bestellung eines Verteidigers siehe Burhoff, Handbuch für das strafrechtliche Ermittlungsverfahren, Rn. 3331 mwN; zur Zurückwirkung auf den Zeitpunkt des Antragseingangs siehe Mayer/Kroiß/Ebert RVG § 48 Rn. 49). Zu beachten ist indes, dass eine nachträgliche Beiordnung insbesondere **nicht** im Kosteninteresse des Verletzten erfolgen darf oder deshalb, dem Prozessbegleiter einen Vergütungsanspruch gegen die Staatskasse zu verschaffen.

19 **d) Erstreckung der Beiordnung.** Die Erstreckung der Beiordnung nach § 48 VI RVG regelt eine ausnahmsweise zeitliche Vorverlegung der Beiordnungswirkung, indem die Beiordnungsentscheidung auch vorangegangene Tätigkeiten des Verteidigers umfasst. Die Regelung des § 8 verweist allerdings ausschließlich auf § 48 I RVG, so dass § 48 VI RVG **keine Anwendung findet.** Dies führt dazu, dass der Prozessbegleiter, der bereits im Ermittlungsverfahren tätig war, hierfür keinen Vergütungsanspruch geltend machen kann, wenn der Antrag auf Beiordnung erst im gerichtlichen Verfahren gestellt wird.

20 **III. Der Vergütungsanspruch des Prozessbegleiters (§§ 6, 7).** Der Vergütungsanspruch besteht für jeden Verfahrensabschnitt nach § 6 S. 1 in welchem der Prozessbegleiter tätig und beigeordnet war. In Abweichung zur Anm. zu VV 4104 RVG bestimmt § 7, dass das gerichtliche Verfahren beginnt, wenn das für die Hauptverhandlung zuständige Gericht die Eröffnung des Hauptverfahrens nach § 203 StPO beschließt. Demzufolge werden Tätigkeiten im **Zwischenverfahren** noch durch die Pauschale des Ermittlungsverfahrens erfasst (Felix JurBüro 2018, 340).

21 Für die **Entstehung** des Vergütungsanspruchs genügt infolge der Pauschalvergütung, dass der Prozessbegleiter mit der Wahrnehmung seiner Aufgaben begonnen hat und in irgendeiner Weise für den Verletzten tätig geworden ist. Unzureichend ist die bloße Entgegennahme der Beiordnungsentscheidung (zum Vergütungsanspruch des Verfahrensbeistands vgl. Felix Rpfleger 2016, 189 (195)).

22 **1. Ausschluss und Verlust des Vergütungsanspruchs (§§ 5, 8 und § 54 RVG).** Liegen die Voraussetzungen des § 5 III vor, besteht seitens des Prozessbegleiters gegenüber der Landeskasse kein Vergütungsanspruch,

- wenn er als Angehöriger oder Mitarbeiter einer Behörde oder einer sonstigen **öffentlichen Stelle,** die psychosoziale Prozessbegleitung in Erfüllung ihrer Dienstaufgabe wahrnimmt (§ 5 III Nr. 1) oder
- als Angehöriger oder Mitarbeiter einer **nicht öffentlichen** Stelle die psychosoziale Prozessbegleitung in Erfüllung seiner Aufgabe wahrnimmt **und** die Stelle für die Durchführung der psychosozialen Prozessbegleitung stellenbezogene Förderungen erhält (§ 5 III Nr. 2).

Der in § 5 III Nr. 1 geregelte Vergütungsausschluss bezieht sich auf Prozessbegleiter, die die Tätigkeit im Rahmen ihrer Dienstaufgaben ausüben und hierfür vom Land vergütet werden (BT-Drs. 18/6906, 25). Der in § 5 III Nr. 2 geregelte Vergütungsausschluss betrifft Prozessbegleiter privater Opferhilfeeinrichtungen bzw. freier Träger, die finanzielle Zuwendungen vom jeweiligen Bundesland erhalten (BT-Drs. 18/6906, 25). Der Vergütungsausschluss gilt allerdings nicht, wenn in dem betreffenden Bundesland keine stellenbezogene Finanzierung erfolgt oder eine nach § 10 eine anderweitige Vergütungsregelung besteht.

23 Ist infolge **schuldhaften Verhaltens** des Prozessbegleiters die Beiordnung eines anderen Prozessbegleiters notwendig geworden, kann er die Vergütung, die auch für den anderen Prozessbegleiter entsteht, gem. § 8 iVm § 54 RVG nicht fordern. Die neue Beiordnung führt somit direkt zum Verlust des Vergütungsanspruchs des bisherigen Prozessbegleiters. Ein Verschulden des Prozessbegleiters liegt vor, wenn er oder sein Erfüllungsgehilfe gegen dasjenige Sorgfaltsmaß verstößt, das unter Berücksichtigung aller Umstände des Einzelfalls einschließlich seiner Berufserfahrung von ihm erwarten werden durfte. Überdies führt jedes, auch leicht fahrlässiges, pflichtwidrige Verhalten des Prozessbegleiters zur Vergütungskürzung (Mayer/Kroiß/Klees RVG § 54 Rn. 10). Indes führt eine Aufhebung der Beiordnung aus **anderen Gründen** nicht zu einer Beschränkung des Vergütungsanspruchs.

2. Höhe des Vergütungsanspruchs (§ 6). Wurde der Prozessbegleiter wirksam beigeordnet, steht ihm gem. § 6 S. 1 für die Wahrnehmung seiner Aufgaben ein Vergütungsanspruch gegen die Staatskasse zu. § 6 ist somit nicht nur Anspruchsgrundlage, sondern bestimmt zugleich den Kostenschuldner des Vergütungsanspruchs. Die Höhe der Vergütung beläuft sich gem. § 6 S. 1 im Vorverfahren auf 520 EUR, im gerichtlichen Verfahren im ersten Rechtszug auf 370 EUR, nach Abschluss des erstinstanzlichen Verfahrens auf 210 EUR. Ist der Prozessbegleiter in allen drei Verfahrensabschnitten beigeordnet und tätig geworden, entstehen die drei Verfahrensgebühren **nebeneinander.** Der Anspruch würde sich in diesem Fall auf insgesamt 1.100 EUR belaufen; eine Anrechnung der Gebühren untereinander findet nicht statt. **24**

Dem Prozessbegleiter steht für Tätigkeiten, welche nach dem rechtskräftigen Abschluss des Verfahrens ausgeübt werden, kein Vergütungsanspruch zu. Insoweit bezieht sich die Formulierung in 6 1 Nr. 3 „… **nach** Abschluss des erstinstanzlichen Verfahrens …" ausschließlich auf eine Betreuung in einem sich anschließenden Rechtsmittelverfahren (LG Stuttgart JurBüro 2019, 649 = BeckRS 2019, 33108). **25**

3. Vergütung im Verfahren nach Zurückverweisung (§ 354 II StPO). Ungewiss erscheint hingegen, in welcher Höhe der Prozessbegleiter die Vergütung geltend machen kann, wenn das Revisionsgericht das Urteil aufhebt und die Sache nach § 354 II StPO an eine andere Abteilung oder Kammer des Gerichts zurückverweist. Aus der Gesetzesbegründung geht hervor, dass § 6 S. 1 Nr. 3 auch für das vom Revisionsgericht zurückverwiesene Verfahren gilt und der Vergütungsanspruch des psychosozialen Prozessbegleiters erneut anfalle (BT-Drs. 18/6906, 25). **26**

Die Gesetzesbegründung schweigt allerdings zur Höhe des dann zustehenden Vergütungsanspruchs. Die Pauschale nach § 6 S. 1 Nr. 3 wird zwar erwähnt, so dass hieraus geschlussfolgert werden könnte, dass für das Verfahren nach Zurückverweisung erneut ein Vergütungsanspruch in Höhe von 210 EUR entstünde (Schneider/Volpert/Fölsch/Schneider, Vergütung des Psychosozialen Prozessbegleiters, Rn. 27). Gleichwohl könne man auch zu dem Ergebnis gelangen, dass das nach Zurückverweisung neue gerichtliche Verfahren die Pauschale nach § 6 S. 1 Nr. 2 in Höhe von 370 EUR erneut auslöse (Volpert RVGreport 2017, 202 (205)). **26a**

Für den **Rechtsanwalt** ist die Gebührenentstehung bei einer Vertikalverweisung in § 21 RVG geregelt. Hiernach gilt das Verfahren nach Zurückverweisung als neue Angelegenheit und der Rechtsanwalt kann die Gebühren im nachfolgenden Verfahren gesondert verdienen (Burhoff RVGreport 2009, 8). Diese Regelung ist für den Prozessbegleiter in § 8 jedoch nicht für anwendbar erklärt worden. **27**

Beim **Verfahrensbeistand** (§ 158 FamFG) war es umstritten, ob diesem nach Zurückverweisung eine erneute Pauschalvergütung zustehe. Der BGH hat sich gegen einen Vergütungsanspruch im Zurückweisungsverfahren ausgesprochen, da die Pauschalvergütung die Möglichkeit einer Mischkalkulation aus einfachen und komplex gelagerten Fällen eröffne. Nach der Zurückverweisung werde an das bisherige Verfahren angeknüpft, so dass im Wesentlichen Tätigkeiten ausgeübt werden, die bei ursprünglich vollständiger Durchführung des Verfahrens durch das Ausgangsgericht ohnehin angefallen wären (BGH NJW 2017, 3663). **27a**

Eines Rückgriffs auf die für den Verfahrensbeistand entwickelten Grundsätze bedarf es für den Prozessbegleiter nach hiesiger Auffassung nicht, da bereits der Wortlaut der § 6 S. 1 Nr. 3 und § 7 S. 1 den **wiederholten Vergütungsanspruch ausschließt** (Felix JurBüro 2018, 340; kritisch Volpert RVGreport 2017, 202 (205); **aA** Schneider AG Spezial 2016, 553 (555); Schneider/Volpert/Fölsch/Schneider, Vergütung des psychosozialen Prozessbegleiters, Rn. 27). **28**

Mit der Zurückverweisungsentscheidung endet das Rechtsmittelverfahren und das erstinstanzliche Verfahren wird fortgesetzt. Dies führt dazu, dass für das nach der revisionsgerichtlichen Entscheidung fortgesetzte erstinstanzliche Verfahren kein neuer Vergütungsanspruch entstehen kann (vgl. Wortlaut § 6 S. 1 Nr. 3 „… ***nach Abschluss*** *des erstinstanzlichen Verfahrens* …"). Entsprechendes ergibt sich ebenso aus § 7 S. 1, wonach der Vergütungsanspruch für jeden Verfahrensabschnitt nach § 6 S. 1 gesondert entsteht und somit ein mehrfacher Anfall innerhalb desselben Verfahrensabschnittes ausgeschlossen wird. **28a**

28b Etwas anderes ergibt sich auch nicht unter Beachtung der neu eingeführten Gebührentatbestände der KV 3150, 3151 und 3152 GKG, die bei Bejahung des erneuten Vergütungsanspruchs mehrfach in Ansatz gebracht werden müssten. Verhindert wird dies durch § 37 GKG, wonach die Zurückverweisung das frühere Verfahren fortsetzt und mit diesem einen Rechtszug iSd § 35 GKG bildet. Dadurch soll eine Verdopplung der Verfahrensgebühr nach Zurückverweisung vermieden werden (BeckOK KostR/Dörndorfer GKG § 37 Rn. 1).

29 Ist der Prozessbegleiter in dem der Zurückweisungsentscheidung zugrundeliegenden Revisionsverfahren **beigeordnet,** steht ihm für dieses Verfahren die Vergütungspauschale in Höhe von 210 EUR zu, obwohl eine Erhöhung der Gerichtsgebühren nur für das Berufungsverfahren vorgesehen ist. Für das fortgesetzte erstinstanzliche Verfahren verbleibt es bei der bereits entstandenen Gebühr nach § 6 S. 1 Nr. 2.

30 **4. Abgeltung der Aufwendungen.** Mit den Pauschalvergütungen sind gem. § 6 S. 2 sowohl die entstandenen Aufwendungen als auch die auf die Vergütung entfallende Umsatzsteuer abgegolten, die somit nicht zusätzlich vergütet werden. Zu den Aufwendungen gehören neben den Kosten für Büromaterial, Telefon und Internet auch die Fahrtkosten des Prozessbegleiters während des Verfahrens (zum Verfahrensbeistand vgl. BGH NJW 2010, 3446).

30a Eine zusätzliche Vergütung der Fahrtkosten findet auch in den Fällen statt, in denen der Umfang der Fahrtkosten nicht mehr im Verhältnis zu den Vergütungspauschalen steht (zum Verfahrensbeistand vgl. BGH NJW 2014, 157). Des Weiteren schließt die Pauschalvergütung eine Abrechnung nach tatsächlichen Stundenaufwand auch dann aus, wenn die Vergütungspauschalen keine angemessene Vergütung für den tatsächlich geleisteten Aufwand darstellen (zum Verfahrensbeistand vgl. Felix Rpfleger 2016, 189 (197) mwN).

31 **5. Vorschusszahlung auf die Vergütung (§ 8, § 47 I 1 RVG).** Ist durch den Prozessbegleiter eine den Vergütungsanspruch auslösende Tätigkeit erbracht worden, kann er gem. § 8 iVm § 47 I 1 RVG einen Vorschuss auf die **bereits entstandenen** Vergütungsansprüche fordern. Ein Vorschuss für noch nicht verwirklichte Vergütungstatbestände scheidet aus (Gerold/Schmidt/Müller-Rabe RVG § 47 Rn. 1). Aufgrund der mit der Vergütung abgegoltenen Auslagen, kann der Prozessbegleiter für diese entgegen § 47 I 1 RVG keinen Vorschuss fordern.

32 Die Geltendmachung des Vorschusses erfolgt gem. § 55 I 1 RVG gegenüber dem Urkundsbeamten des **erstinstanzlichen** Gerichts. Ist das Verfahren nicht gerichtlich anhängig geworden, erfolgt die Festsetzung durch den Urkundsbeamten der Geschäftsstelle des Gerichts, das den Prozessbegleiter bestellt hat, § 8 iVm § 55 I 2 RVG. Insoweit ist zu beachten, dass die Vorschussfestsetzung kein Präjudiz für die endgültige Vergütungsfestsetzung darstellt und eine Vorschusszahlung unter dem Vorbehalt der endgültigen Abrechnung entbehrlich macht. Aufgrund der dem Vorschuss immanenten **Vorläufigkeit,** muss der Prozessbegleiter infolge der sich aus der Beiordnung ergebenden Verpflichtung, einen abschließenden Festsetzungsantrag stellen (Burhoff RVGreport 2011, 327 (330)). Darüber hinaus obliegt es dem Prozessbegleiter als Nebenpflicht aus dem Rechtsverhältnis der Beiordnung, den Urkundsbeamten von sich aus auf stattgefundene Überzahlungen hinzuweisen.

33 Aufgrund der Vorläufigkeit der Vorschusszahlung besteht beim Prozessbegleiters **kein** schutzwürdiges Vertrauen darauf, einen entgegengenommenen Vorschuss nicht wieder zurückzahlen zu müssen (Felix JurBüro 2018, 340 (341)). Gegen den Rückzahlungsanspruch kann sich der Prozessbegleiter nicht auf **§ 818 III BGB** berufen, da diese Regelung nach allgemeiner Meinung auf den öffentlich-rechtlichen Erstattungsanspruch nicht entsprechend anwendbar ist (Burhoff RVGreport 2011, 327 (330)).

34 **6. Fälligkeit der Vergütung (§ 8 und § 8 I RVG).** Für die Fälligkeit des Vergütungsanspruchs verweist § 8 auf § 8 I RVG. Hiernach tritt die Fälligkeit ein, wenn die Beiordnung erledigt, die Angelegenheit beendet, eine Kostenentscheidung ergangen, der Rechtszug beendet ist oder wenn das Verfahren länger als drei Monate ruht. Die Fälligkeitstatbestände stehen gleichberechtigt nebeneinander, so dass es für den Fälligkeitseintritt genügt, dass einer der Tatbestände erfüllt ist (Mayer/Kroiß/Gierl RVG § 8 Rn. 3).

Mit dem Fälligkeitszeitpunkt beginnt zugleich der Lauf der Ausschlussfrist des § 9 und es besteht die Möglichkeit zur Stellung des Vergütungsfestsetzungsantrags. Die Fälligkeit der Vergütung führt unterdessen zum Ende des Vorschussrechts (BGH NJW 2006, 2701 (2703)). 35

IV. Geltendmachung des Vergütungsanspruchs (§ 9). Gemäß § 9 erlischt der Vergütungsanspruch des Prozessbegleiters, wenn er nicht innerhalb der **von Amts wegen** zu beachtenden Ausschlussfrist von 15 Monaten nach Einstellung oder rechtskräftigem Abschluss des Verfahrens bei dem für die Festsetzung der Vergütung zuständigen Gericht geltend gemacht wird. 36

Der **Beginn** der Ausschlussfrist ist beim Verfahrensbeistand umstritten und fällt nach der überwiegenden Meinung auf den Zeitpunkt der (ersten) Tätigkeitsaufnahme (BGH BeckRS 2019, 6774). Nach hiesiger Ansicht ist für den Fristbeginn – ua infolge der leichter festzustellenden Beendigung des Amtes durch Rechtskraft der Entscheidung – auf das Ende der Tätigkeit des Prozessbegleiters abzustellen. Zu dieser Problematik vgl. die Kommentierung zu (→ VBVG § 2 Rn. 15 ff.). 37

Wird die Frist durch den Prozessbegleiter versäumt, erfolgt keine Wiedereinsetzung. Mit Fristablauf **erlischt** das Recht von selbst, weil es von vornherein nur in der bestimmten zeitlichen Begrenzung begründet ist (zur inhaltsgleichen Regelung des § 2 VBVG vgl. Felix Rpfleger 2016, 189 (192). Seitens des Gerichts besteht hierüber jedoch keine Belehrungspflicht. Die **fristwahrende Geltendmachung** des Anspruchs erfolgt durch Einreichen eines schlüssig bezifferten Erstattungsantrags, wobei eventuelle Nachweise auch nach Ablauf der Ausschlussfrist eingereicht werden können. 38

Der Vergütungsanspruch steht dem beigeordneten Prozessbegleiter selbst zu. Ist der Prozessbegleiter als Angehöriger oder Mitarbeiter einer nicht öffentlichen Stelle tätig, steht die Vergütung gem. § 5 II der Stelle zu. 39

V. Festsetzung der Vergütung (§ 8 und § 55 I RVG). Das Festsetzungsverfahren bestimmt sich gem. § 8 nach § 55 I RVG. Hiernach wird die Vergütung des Prozessbegleiters auf **Antrag** vom Urkundsbeamten der Geschäftsstelle des erstinstanzlichen Gerichts festgesetzt. Der Festsetzungsantrag ist zulässig, wenn die Vergütung gem. § 8 iVm § 8 I RVG fällig ist. 40

Der Festsetzungsantrag bedarf **keiner bestimmten Form** und kann sowohl zu Protokoll der Geschäftsstelle als auch schriftlich gestellt werden. Der schriftliche Festsetzungsantrag ist vom Prozessbegleiter zu unterschreiben und muss eindeutig erkennen lassen, für welche Verfahrensabschnitte der Prozessbegleiter die Vergütung begehrt. 41

Die Antragsprüfung hat neben der sachlichen und örtlichen Zuständigkeit des angerufenen Gerichts auch die Prüfung der **wirksamen Beiordnung** des Prozessbegleiters zu enthalten (Mayer/Kroiß/*Kießling* RVG § 55 Rn. 42). Die Prüfung erstreckt sich ebenso auf den Umstand, ob die vom Prozessbegleiter geltend gemachten Vergütungspauschalen vom sachlichen und zeitlichen **Umfang der Beiordnung** erfasst werden. Dies bedeutet allerdings nicht, dass die Beiordnung auf ihre Rechtmäßigkeit hin überprüft werden soll und vom Gericht geprüfte Sachverhalte im Festsetzungsverfahren abweichend beurteilen werden dürfen – der Beiordnungsbeschluss ist für das nachfolgende Festsetzungsverfahren **bindend.** 42

Wird dem Festsetzungsantrag in vollem Umfang entsprochen, erfolgt die Veranlassung der Auszahlung an den Prozessbegleiter. Insoweit genügt der Hinweis an den Prozessbegleiter, dass dem Antrag durch Überweisung und Gutschrift der begehrten Vergütung entsprochen wurde. Kann den Antrag nicht entsprochen werden, ist dem Prozessbegleiter der zu begründende Festsetzungsbeschluss zuzustellen. Hiergegen steht dem Prozessbegleiter gem. § 8 iVm § 56 I 1 RVG der Rechtsbehelf der unbefristeten Erinnerung zur Verfügung. Eine trotz der fehlenden Befristung eingelegte Erinnerung kann verwirkt sein, wenn die Kostenberechnung längst abgewickelt ist und sich alle Beteiligten darauf eingestellt haben, dass sich die Kostenfrage erledigt hat (Gerold/Schmidt/Müller-Rabe RVG § 55 Rn. 43). 43

Das **Erinnerungsrecht der Staatskasse** ist indes auf die Frist des § 20 I GKG begrenzt, so dass Herabsetzungen und/oder Rückforderungen regelmäßig nach Ab- 43a lauf des nächsten Kalenderjahres nach Festsetzung ausgeschlossen (Mayer/Kroiß/Kießling RVG § 55 Rn. 7).

44 Gegen die Erinnerungsentscheidung ist die (befristete) Beschwerde gegeben, wenn der Wert des Beschwerdegegenstandes 200 EUR übersteigt oder das Gericht wegen der grundsätzlichen Bedeutung die Beschwerde zugelassen hatte (§ 56 II 1 RVG). Die Beschwerde ist innerhalb einer Frist von zwei Wochen nach Zustellung der Erinnerungsentscheidung bei dem Gericht einzulegen, das die Entscheidung über die Erinnerung getroffen hat.

45 **VI. Abgeltung der Vergütung durch Erhöhung der Gerichtsgebühren.** Eine Einziehung der Vergütung des Prozessbegleiters als gerichtliche Auslagen iSv KV 9007 GKG ist ebenso wenig vorgesehen, wie die Einforderung vom Verurteilten nach § 59 RVG (Volpert RVGreport 2017, 202 (207)). Zugleich ist der Rückgriff auf den Verletzten nach § 406g III 3 StPO ausgeschlossen.

46 Die im Verfahren in Form der Vergütung des Prozessbegleiters entstandenen Kosten werden durch eine Erhöhung der Gerichtsgebühren pauschal abgegolten. Mit dieser pauschalen Abgeltung soll es den Ländern ermöglicht werden, die Finanzierung der Prozessbegleitung flexibel gestalten zu können (BT-Drs. 18/4621, 37). Die Gerichtsgebühren für die verschiedenen Verfahrensabschnitte erhöhen sich wie folgt:
– 520 EUR im Vorverfahren nach KV 3150 GKG,
– 370 EUR für das Verfahren im ersten Rechtszug nach KV 3151 GKG,
– 210 EUR im Berufungsverfahren nach KV 3152 GKG.

47 Nach der Anmerkung zu KV 3151 GKG tritt eine Erhöhung der Gebühr KV 3116 GKG nur ein, wenn ausschließlich diese Gebühr zu erheben ist. Die Erhöhungen nach KV 3150 und 3151 GKG können **nebeneinander** eintreten. Wurde im erstinstanzlichen Verfahren auf die Anordnung einer oder mehrerer Maßregeln der Besserung und Sicherung erkannt, fällt hierfür die Gebühr nach KV 3116 GKG an. Entstehen neben der Gebühr KV 3116 GKG ebenfalls die Gebühren nach KV 3110–3115 GKG, wird gem. I der Anm. zu KV 3151 GKG die Erhöhungsgebühr nur bei den KV 3110–3115 GKG erhoben, nicht aber zusätzlich noch bei der Gebühr KV 3116 GKG (Schneider AG Spezial 2016, 553; Schneider/Volpert/Fölsch/Jannsen GKG KV 3150–3152 Rn. 7).

48 Gemäß KV Vorbemerkung 3.1.5 GKG tritt **keine Erhöhung** der Gerichtsgebühren für das Strafverfahren ein, soweit das Gericht eine Entscheidung nach § 465 II 4 StPO getroffen hat. Hiernach kann das Gericht anordnen, dass die Erhöhung der Gerichtsgebühren ganz oder teilweise unterbleibt.. Dies soll nach den Vorstellungen des Gesetzgebers immer dann der Fall sein, wenn sich während des Verfahrens die rechtliche Bewertung der Tat geändert hat und es infolge dieser abweichenden Bewertung unbillig wäre, dem Angeklagten die Kosten des beigeordneten Prozessbegleiters aufzuerlegen (BT-Drs. 18/4621, 36).

Grundsätze

2 **I** **1** **Psychosoziale Prozessbegleitung ist eine besondere Form der nicht rechtlichen Begleitung im Strafverfahren für besonders schutzbedürftige Verletzte vor, während und nach der Hauptverhandlung. 2 Sie umfasst die Informationsvermittlung sowie die qualifizierte Betreuung und Unterstützung im gesamten Strafverfahren mit dem Ziel, die individuelle Belastung der Verletzten zu reduzieren und ihre Sekundärviktimisierung zu vermeiden.**

II 1 Psychosoziale Prozessbegleitung ist geprägt von Neutralität gegenüber dem Strafverfahren und der Trennung von Beratung und Begleitung. 2 Sie umfasst weder die rechtliche Beratung noch die Aufklärung des Sachverhalts und darf nicht zu einer Beeinflussung des Zeugen oder einer Beeinträchtigung der Zeugenaussage führen. 3 Der Verletzte ist darüber sowie über das fehlende Zeugnisverweigerungsrecht des psychosozialen Prozessbegleiters von diesem zu Beginn der Prozessbegleitung zu informieren.

→ § 1 Rn. 1 ff.

Anforderungen an die Qualifikation

3 **I Psychosoziale Prozessbegleiter müssen fachlich, persönlich und interdisziplinär qualifiziert sein.**

II 1 Für die fachliche Qualifikation ist erforderlich:

1. ein Hochschulabschluss im Bereich Sozialpädagogik, Soziale Arbeit, Pädagogik, Psychologie oder eine abgeschlossene Berufsausbildung in einem dieser Bereiche sowie

2. der Abschluss einer von einem Land anerkannten Aus- oder Weiterbildung zum psychosozialen Prozessbegleiter.

2 Der psychosoziale Prozessbegleiter muss praktische Berufserfahrung in einem der unter Satz 1 Nummer 1 genannten Bereiche haben.

III 1 Der psychosoziale Prozessbegleiter stellt in eigener Verantwortung sicher, dass er über die notwendige persönliche Qualifikation verfügt. 2 Dazu gehören insbesondere Beratungskompetenz, Kommunikations- und Kooperationsfähigkeit, Konfliktfähigkeit, Belastbarkeit sowie organisatorische Kompetenz.

IV 1 Für die interdisziplinäre Qualifikation ist insbesondere ein zielgruppenbezogenes Grundwissen in Medizin, Psychologie, Viktimologie, Kriminologie und Recht erforderlich. 2 Der psychosoziale Prozessbegleiter stellt in eigener Verantwortung sicher, dass er Kenntnis vom Hilfeangebot vor Ort für Verletzte hat.

V Der psychosoziale Prozessbegleiter stellt in eigener Verantwortung seine regelmäßige Fortbildung sicher.

→ § 1 Rn. 1 ff.

Anerkennung und weitere Anforderungen

4 **Die Länder bestimmen, welche Personen und Stellen für die psychosoziale Prozessbegleitung anerkannt werden, welche weiteren Anforderungen hierfür an Berufsausbildung, praktische Berufserfahrung, spezialisierte Weiterbildung und regelmäßige Fortbildungen zu stellen sind.**

→ § 1 Rn. 1 ff.

Vergütung

5 **I Die Vergütung des nach § 406g Absatz 3 der Strafprozessordnung beigeordneten psychosozialen Prozessbegleiters richtet sich nach den §§ 6 bis 10.**

II Ist der psychosoziale Prozessbegleiter als Angehöriger oder Mitarbeiter einer nicht öffentlichen Stelle tätig, steht die Vergütung (§ 6) der Stelle zu.

III Dieses Gesetz gilt nicht für die Vergütung

1. der Angehörigen oder Mitarbeiter einer Behörde oder einer sonstigen öffentlichen Stelle, wenn sie die psychosoziale Prozessbegleitung in Erfüllung ihrer Dienstaufgabe wahrnehmen,

2. der Angehörigen oder Mitarbeiter einer nicht öffentlichen Stelle, wenn sie die psychosoziale Prozessbegleitung in Erfüllung ihrer Aufgabe wahrnehmen und die Stelle für die Durchführung der psychosozialen Prozessbegleitung stellenbezogene Förderungen erhält.

→ § 1 Rn. 1 ff.

Höhe der Vergütung

6 **[1]Der beigeordnete psychosoziale Prozessbegleiter erhält für die Wahrnehmung seiner Aufgaben aus der Staatskasse für eine psychosoziale Prozessbegleitung eine Vergütung**

1. im Vorverfahren in Höhe von 520 Euro,
2. im gerichtlichen Verfahren im ersten Rechtszug in Höhe von 370 Euro,
3. nach Abschluss des erstinstanzlichen Verfahrens in Höhe von 210 Euro.

[2]Mit der Vergütung nach Satz 1 sind auch Ansprüche auf Ersatz anlässlich der Ausübung der psychosozialen Prozessbegleitung entstandener Aufwendungen und Auslagen sowie Ansprüche auf Ersatz der auf die Vergütung entfallenden Umsatzsteuer abgegolten.

→ § 1 Rn. 1 ff.

Entstehung des Anspruchs

7 **[1]Der Anspruch auf Vergütung entsteht für jeden Verfahrensabschnitt nach § 6 Satz 1 gesondert. [2]Das gerichtliche Verfahren beginnt, wenn das für die Hauptverhandlung zuständige Gericht die Eröffnung des Hauptverfahrens nach § 203 der Strafprozessordnung beschließt.**

→ § 1 Rn. 1 ff.

Anwendung des Rechtsanwaltsvergütungsgesetzes

8 **Auf den Umfang und die Fälligkeit des Vergütungsanspruchs sowie auf die Festsetzung der Vergütungen und Vorschüsse einschließlich der Rechtsbehelfe sind § 8 Absatz 1, § 47 Absatz 1 Satz 1, § 48 Absatz 1, die §§ 54, 55 Absatz 1, § 56 Absatz 1 Satz 1 und Absatz 2 des Rechtsanwaltsvergütungsgesetzes entsprechend anzuwenden.**

→ § 1 Rn. 1 ff.

Erlöschen des Anspruchs

9 **Der Vergütungsanspruch erlischt, wenn er nicht binnen 15 Monaten nach Einstellung oder rechtskräftigem Abschluss des Verfahrens bei dem für die Festsetzung der Vergütung zuständigen Gericht geltend gemacht wird.**

→ § 1 Rn. 1 ff.

Öffnungsklausel; Verordnungsermächtigung

10 **I Die Landesregierungen können für ihren Bereich durch Rechtsverordnung bestimmen, dass die in diesem Gesetz genannten Bestimmungen über den Vergütungsanspruch des psychosozialen Prozessbegleiters keine Anwendung finden, wenn die Landesregierungen die Vergütung des psychosozialen Prozessbegleiters anderweitig geregelt haben.**

II Die Landesregierungen können die Ermächtigung nach Absatz 1 durch Rechtsverordnung auf die Landesjustizverwaltungen übertragen.

→ § 1 Rn. 1 ff.

Übergangsregelung

11 **Die Länder können abweichend von den Voraussetzungen des § 3 Absatz 2 Satz 1 Nummer 2 bis zum 31. Juli 2017 bestimmen, dass Personen, die bereits eine von einem Land anerkannte Aus- oder Weiterbildung im Sinne dieses Gesetzes begonnen, aber noch nicht beendet haben, psychosoziale Prozessbegleitung vornehmen können.**

→ § 1 Rn. 1 f.

6. Strafprozeßordnung (StPO)

In der Fassung der Bekanntmachung vom 7.4.1987 (BGBl. I 1074, ber. 1319)
FNA 312-2
Zuletzt geändert durch 2 Gesetz vom 25.3.2022 (BGBl. I 571)
(Auszug)

Psychosoziale Prozessbegleitung

406g **I [1]Verletzte können sich des Beistands eines psychosozialen Prozessbegleiters bedienen. [2]Dem psychosozialen Prozessbegleiter ist es gestattet, bei Vernehmungen des Verletzten und während der Hauptverhandlung gemeinsam mit dem Verletzten anwesend zu sein.**

II Die Grundsätze der psychosozialen Prozessbegleitung sowie die Anforderungen an die Qualifikation und die Vergütung des psychosozialen Prozessbegleiters richten sich nach dem Gesetz über die psychosoziale Prozessbegleitung im Strafverfahren vom 21. Dezember 2015 (BGBl. I S. 2525, 2529) in der jeweils geltenden Fassung.

III [1]Unter den in § 397a Absatz 1 Nummer 4 und 5 bezeichneten Voraussetzungen ist dem Verletzten auf seinen Antrag ein psychosozialer Prozessbegleiter beizuordnen. [2]Unter den in § 397a Absatz 1 Nummer 1 bis 3 bezeichneten Voraussetzungen kann dem Verletzten auf seinen Antrag ein psychosozialer Prozessbegleiter beigeordnet werden, wenn die besondere Schutzbedürftigkeit des Verletzten dies erfordert. [3]Die Beiordnung ist für den Verletzten kostenfrei. [4]Für die Beiordnung gilt § 142 Absatz 5 Satz 1 und 3 entsprechend. [5]Im Vorverfahren entscheidet das nach § 162 zuständige Gericht.

IV [1]Einem nicht beigeordneten psychosozialen Prozessbegleiter kann die Anwesenheit bei einer Vernehmung des Verletzten untersagt werden, wenn dies den Untersuchungszweck gefährden könnte. [2]Die Entscheidung trifft die die Vernehmung leitende Person; die Entscheidung ist nicht anfechtbar. [3]Die Gründe einer Ablehnung sind aktenkundig zu machen.

7. Gesetz zur Therapierung und Unterbringung psychisch gestörter Gewalttäter (Therapieunterbringungsgesetz – ThUG)

Vom 22.12.2010 (BGBl. I 2300)

FNA 450-31

Geändert durch 8 Gesetz vom 5.12.2012 (BGBl. I 2425)

(Auszug)

Vergütung des Rechtsanwalts

20 **I In Verfahren nach diesem Gesetz über die Anordnung, Verlängerung oder Aufhebung der Therapieunterbringung erhält der Rechtsanwalt Gebühren in entsprechender Anwendung von Teil 6 Abschnitt 3 des Vergütungsverzeichnisses zum Rechtsanwaltsvergütungsgesetz.**

II [1] § 52 Absatz 1 bis 3 und 5 des Rechtsanwaltsvergütungsgesetzes ist auf den beigeordneten Rechtsanwalt (§ 7) entsprechend anzuwenden. [2] Gegen den Beschluss nach § 52 Absatz 2 des Rechtsanwaltsvergütungsgesetzes ist die Beschwerde statthaft; § 16 Absatz 2 ist anzuwenden.

III [1] Der beigeordnete Rechtsanwalt erhält für seine Tätigkeit nach rechtskräftigem Abschluss eines Verfahrens nach Absatz 1 bis zur ersten Tätigkeit in einem weiteren Verfahren eine Verfahrensgebühr nach Nummer 6302 des Vergütungsverzeichnisses zum Rechtsanwaltsvergütungsgesetz. [2] Die Tätigkeit nach Satz 1 ist eine besondere Angelegenheit im Sinne des Rechtsanwaltsvergütungsgesetzes.

Schrifttum: Kotz, Anwaltsvergütung im Verfahren der Unterbringung psychisch gestörter Gewalttäter (ThUG), JurBüro 2011, 348; H. Schneider, Kosten in Verfahren nach dem Therapieunterbringungsgesetz, AGS 2011, 209; Volpert, Die Anwaltsvergütung bei Tätigkeiten im Rahmen des Therapieunterbringungsgesetzes (ThUG), RVGreport 2011, 402.

I. Normzweck. Die Vergütung einer anwaltlichen Tätigkeit ist im Grundsatz im RVG abschließend geregelt (§ 1 I 1 RVG). Für die anwaltliche Tätigkeit in Verfahren nach dem (als Art. 5 Gesetz zur Neuordnung des Rechts der Sicherungsverwahrung und zu begleitenden Regelungen vom 22.12.2010, BGBl. I 2300 (2305 ff., verkündete) ThUG über die Anordnung, Verlängerung oder Aufhebung der Therapieunterbringung enthält indessen § 20 **besondere, die genannten Regelungen des RVG erweiternde Vergütungsregelungen,** was in § 62 RVG (→ RVG § 62 Rn. 1) ausdrücklich vorbehalten ist. 1

II. Anwendungsbereich (I). Die Vorschrift erfasst die Tätigkeit des Rechtsanwalts in **allen gerichtlichen Verfahren nach dem ThUG.** Dabei sind zwei Fälle zu unterscheiden: 2

Im Vordergrund steht der Fall des (gerichtlich) **beigeordneten Rechtsanwalts.** Gem. § 7 I hat das Gericht dem von der Therapieunterbringung Betroffenen im Verfahren und darüber hinaus für die (gesamte) Dauer der Therapieunterbringung einen Rechtsanwalt (entspr. § 78c I, III ZPO) beizuordnen, der nach § 7 II 1 die Stellung eines Beistands hat und nach § 6 II als Beteiligter zum Verfahren hinzuzuziehen ist. Für seine Tätigkeit gelten alle Vorschriften des § 20. 3

(Nur) I ist aber auch auf die Tätigkeit eines (im Einzelfall vom Betroffenen beauftragten) **Wahlanwalt** anzuwenden. 4

III. Anwaltsvergütung. 1. Gebührentatbestände (I, III). Gebührentatbestände für die Tätigkeit des (beigeordneten oder Wahl-)Rechtsanwalts in einem Anordnungs-, Verlängerungs- oder Aufhebungsverfahren nach dem ThUG enthält das RVG nicht. I verweist daher insoweit auf die entspr. Anwendung der Gebührentatbestände des RVG für die Tätigkeit in den – vergleichbaren – gerichtlichen Verfahren bei Freiheitsentziehung, Unterbringung und sonstigen Zwangsmaßnahmen (VV 5

6300–6303 RVG) und erweitert damit deren Anwendungsbereich. Im **Anordnungsverfahren** erhält der Rechtsanwalt danach eine Verfahrensgebühr entspr. RVG VV 6300 sowie ggf. eine Terminsgebühr entspr. RVG VV 6301, im **Verlängerungs- oder Aufhebungsverfahren** die (geringeren) Verfahrens- und Terminsgebühren entspr. VV 6302, 6303 RVG. Aus der entspr. Anwendung der RVG VV 6300 ff. wird zu schließen sein, dass der beigeordnete Rechtsanwalt ggf. die Bewilligung einer (höheren) Pauschgebühr nach § 51 RVG beantragen kann, da § 51 RVG seit der Änderung durch das 2. KostRMoG (→ GKG Vor § 1 Rn. 16) u. a. auch für Freiheitsentziehungs- und Unterbringungssachen gilt (anders aber jedenfalls nach der davor geltenden Rechtslage, OLG Nürnberg RVGreport 2013, 144; OLG München BayVBl 2015, 178 = BeckRS 2014, 17053).

6 (Nur) für den **beigeordneten Rechtsanwalt** enthält III außerdem noch einen **besonderen Gebührentatbestand.** Dieser erhält für die – nach III 2 eine besondere Angelegenheit iSd § 18 RVG darstellende – Tätigkeit aufgrund seiner **Beiordnung für die Dauer der Therapieunterbringung** nach § 20 III 1 eine **(weitere) Verfahrensgebühr** entspr. VV 6302 RVG.

7 Hinzukommen jeweils in unmittelbarer Anwendung des RVG **Auslagen.**

8 **2. Vergütungsschuldner.** Die Vergütung des **Wahlanwalts** schuldet allein der **Betroffene,** der den Rechtsanwalt mit seiner Vertretung beauftragt hat.

9 Der Vergütungsanspruch des **beigeordneten Rechtsanwalts** richtet sich nach Maßgabe von § 45 III RVG gegen die **Staatskasse** (die insoweit gezahlten Beträge sind als Auslagen nach KV 9007 GKG Teil der Gerichtskosten). Sein wahlweise daneben bestehender (gesetzlicher) Anspruch gegen den **Betroffenen** entspricht, wie sich aus der in II 1 angeordneten entspr. Anwendung von Regelungen des § 52 RVG ergibt, den Ansprüchen des Pflichtverteidigers gegen den Beschuldigten. Die Differenz zwischen der Wahlanwaltsvergütung und der von der Staatskasse gezahlten Betrag kann er vom Betroffenen entspr. § 52 II RVG nur einfordern, wenn gerichtlich festgestellt ist, dass der Betroffene zur (ggf. Raten-)Zahlung in der Lage ist. Gegen diesen Beschluss ist (abweichend von § 52 IV RVG) innerhalb von zwei Wochen (§ 16 II) die Beschwerde nach II 2 gegeben.

10 Soweit der Vergütungsanspruch gegen den Betroffenen geltend gemacht wird, kommt, da die Vergütung des Rechtsanwalts durch Fest- bzw. Rahmengebühren und nicht durch Wertgebühren erfolgt, ein Festsetzungsantrag nach § 33 I RVG nicht Betracht (OLG Nürnberg NJW-RR 2012, 1407).

III. Entschädigung von Verfahrensbeteiligten

1. Gesetz über die Vergütung von Sachverständigen, Dolmetscherinnen, Dolmetschern, Übersetzerinnen und Übersetzern sowie die Entschädigung von ehrenamtlichen Richterinnen, ehrenamtlichen Richtern, Zeuginnen, Zeugen und Dritten (Justizvergütungs- und -entschädigungsgesetz – JVEG)

Vom 5.5.2004 (BGBl. I S. 718, 776)
FNA 367-3
Zuletzt geändert durch Art. 17 Gesetz vom 25.6.2021 (BGBl. I 2154)

Inhaltsübersicht

Schrifttum: Bayerlein, Praxishandbuch Sachverständigenrecht, 6. Aufl. 2021; Binz/Dörndorfer/Zimmermann, GKG, FamGKG, JVEG, 5. Aufl. 2021; Bleutge, JVEG, 4. Aufl. 2008; Jahnke/Pfüger, JVEG, 28. Aufl. 2021; Schneider, JVEG, 4. Aufl. 2021.

Vorbemerkung zu § 1

1 **I. Systematik.** Das JVEG enthält in § 1 I 2 ebenso wie § 1 I 1 GKG, § 1 S. 1 FamGKG, § 1 I GNotKG, das klärende Wort „nur". Das Gesetz enthält damit eine im Wesentlichen abschließende Regelung der Vergütung oder Entschädigung seiner Berechtigten. Ihr Kreis ergibt sich aus § 1. Insofern hat es zumindest auch den Charakter vorrangiger Sondervorschriften.

2 **II. Regelungszweck.** Aus dem eigenartigen Verhältnis zwischen dem Gericht und einem Berechtigten ergeben sich auch kostenmäßig zahlreiche Erfordernisse einer einigermaßen befriedigenden Regelung. Das Gericht ist insbesondere auf der Suche nach der Wahrheit auf Wahrnehmungen von Zeugen und Sachverständigen, Dolmetschern, Übersetzern und auch Dritten und auf sachkundige Schlussfolgerungen der letzteren angewiesen. Nach allen Verfahrensgesetzen entscheidet aber formell der Richter und keiner dieser weiteren Beteiligten. Das gilt, obwohl die wahre Entscheidung nur zu oft bei den Berechtigten liegen mag. Diese gegenseitige Abhängigkeit prägt auch den Zweck des JVEG. Sie zwingt zu einer den Kostenschuldner nicht allzu belastenden, aber auch die Würde des Berechtigten achtenden Auslegung. Es ergeben sich dabei zwei Hauptlinien.

3 **1. Grundsatz: Ehrenpflicht.** Aus der Justizhoheit des Staats, seinem Recht und seiner Pflicht zur Rechtsverschaffung ergibt sich die öffentlich-rechtliche Verpflichtung eines jeden Bürgers, der sich in Deutschland aufhält, im Rahmen des ihm Zumutbaren als Zeuge vor deutschen Gerichten auf Grund einer Heranziehung nach § 1 I 1 zu erscheinen (OLG Celle FamRZ 1998, 1534; OVG Berlin JurBüro 2001, 485). Denn der Staat ist auf die Mitwirkung des Bürgers bei der Feststellung der Wahrheit in vielerlei Hinsicht angewiesen.

4 Neben dieser allgemeinen Zeugenpflicht besteht in einem geringeren Ausmaß als eine weitere Bürgerpflicht diejenige, im Rahmen des Zumutbaren deutschen Gerichten Gutachten als **Sachverständiger** zu erstatten. Auch insofern ist nämlich der Staat auf die Mitwirkung des Bürgers bei der Wahrheitsfindung angewiesen. Diese Verpflichtung ergibt sich zB aus § 407 ZPO, § 75 StPO.

5 Beide Pflichten sind **staatsbürgerliche Ehrenpflichten** (OLG Bremen JurBüro 1994, 182, OVG Berlin JurBüro 2001, 485). Sie gelten grundsätzlich für jeden Deutschen. Sie gelten darüber hinaus aber auch für jeden Ausländer, der sich im Bereich der deutschen Justizhoheit befindet. Diese Ehrenpflichten gehen sonstigen bürgerlichen Pflichten und Rechten grundsätzlich vor. Die Pflicht zum Erscheinen als Zeuge oder zur Tätigkeit als Sachverständiger hat also den grundsätzlichen Vorrang vor jeder Berufspflicht. Diese Pflicht geht erst recht irgendwelchen privaten Plänen oder Vorhaben grundsätzlich vor.

6 Auch als **Dolmetscher** oder **Übersetzer** und manchmal als **Dritter** ist man in einem gesetzlichen Umfang zur Tätigkeit oder Mithilfe oder wenigstens zur Duldung verpflichtet. Die Heranziehung gebietet eine Vergütung bzw. eine Entschädigung.

7 **2. Zumutbarkeit.** Eine Zumutbarkeit ist aber auch bei den vorgenannten Pflichten stets maßgeblich. Die Erfüllung der Pflicht kann dem Betroffenen unzumutbar sein. Insoweit ist er dann entschuldigt.

8 Soweit nicht die Verfahrensgesetze hierzu nähere Regelungen enthalten, muss das Gericht bei der Prüfung eines etwaigen Entschuldigungsgrunds die **Umstände abwägen.** Es muss auch bedenken, dass der Staat nach dem heutigen Rechtsempfinden wohl der deutlichen Mehrzahl seiner Bürger in allen seinen Funktionen in erster Linie für den Bürger da ist und nicht umgekehrt. Wenn der Staat schon an den Zeugen, den Sachverständigen usw mit einem Vorrangsanspruch herantritt, muss er zB auch das in Art. 12 GG genannte Grundrecht der ungestörten Berufsausübung soweit wie möglich wenigstens mitbeachten (OLG Schleswig SchlHA 1988, 115, Vorlagebeschluss).

9 **III. Vergütungs- oder Entschädigungsanspruch.** Es gelten die folgenden Regeln.

10 **1. Grundsatz.** Die für Zeugen geltende staatsbürgerliche Ehrenpflicht besteht hingegen nicht bei Sachverständigen, Dolmetschern und Übersetzern – die bisher in den

Vorauflagen vertretene Auffassung wird nicht weiter aufrecht gehalten. Die Justiz ist auf qualifizierte Sachverständige und Sprachmittler angewiesen. Daher erhalten diese Berechtigten schon seit der Einführung des JVEG eine Vergütung, die sich an den Vorgaben der freien Wirtschaft orientiert, jüngst angepasst durch das KostRÄG 2021. Die Heranziehung der Dienstleister gleicht daher einem Auftragsverhältnis und stellt keine Durchsetzung einer übergeordneten Ehrenpflicht dar. Dennoch bleibt es bei dem Grundsatz des § 1, dass eine Vergütung nur nach dem JVEG gewährt wird. Die Ansprüche sind damit abschließend dem Grunde und der Höhe nach geregelt. Weitergehender Ersatz, etwa auf Verzinsung oder aufgrund anderer Vorschriften stehen den Herangezogenen nicht zu (SG Marburg BeckRS 2020, 35674).

Auf dieses spezielle und deshalb vorrangige Gesetz **verweisen** die Verfahrensgesetze teils unmittelbar. Teilweise liegen auch mittelbare Verweisungen vor, indem die Gesetze ihrerseits auf die Bestimmungen der vorgenannten Gesetze lediglich klarstellend verweisen. Das JVEG ergänzt also die Verfahrensgesetze. 11

2. Absprachemöglichkeit. Über das JVEG hinaus besteht demnach grundsätzlich keinerlei Vergütungs- oder Entschädigungsanspruch, (je zum alten Recht OLG Celle JurBüro 1993, 118; OLG München Rpfleger 1979, 358), weder gegen den Staat (OLG Celle JurBüro 1993, 118), noch gegen eine Partei. Die Partei kann einem Zeugen oder Sachverständigen usw aber grundsätzlich von sich aus unabhängig von seinem etwaigen Vergütungs- oder Entschädigungsanspruch gegenüber dem Staat eine private Zusatzvergütung versprechen. Dieser Weg kann zB dann berechtigt und zweckmäßig sein, wenn ein im Ausland wohnender Zeuge sonst nicht erscheinen würde oder wenn ein nach dem Gesetz zur Begutachtung nicht verpflichteter Sachverständiger ein Gutachten nicht ohne eine private Zusatzvergütung erstatten will. 12

Freilich kann eine solche Zusage den Sachverständigen zB nach § 406 ZPO **befangen** machen. 13

3. Rechtsnatur, Rechtsweg. Der Vergütungs- oder Entschädigungsanspruch ist öffentlich-rechtlich (BayObLGE 97, 354; OLG München NJW 1979, 609). Man kann diesen Anspruch nur nach den Regeln des JVEG geltend machen. Der ordentliche Rechtsweg ist unstatthaft (OLG München NJW 1979, 609). Die an einen Zeugen oder Sachverständigen usw gezahlte Vergütung oder Entschädigung zählt zu den Auslagen des Gerichts und damit zu den Gerichtskosten (KV 9005 GKG, KV 2005 FamGKG, KV 34005 GNotKG). Einen überzahlten Betrag treibt die Staatskasse nach § 1 Nr. 8 JBeitrG beim Empfänger im Verwaltungszwangsverfahren bei. 14

Abschnitt 1. Allgemeine Vorschriften

Geltungsbereich und Anspruchsberechtigte

1 (1) [1] **Dieses Gesetz regelt**

1. **die Vergütung der Sachverständigen, Dolmetscherinnen, Dolmetscher, Übersetzerinnen und Übersetzer, die von dem Gericht, der Staatsanwaltschaft, der Finanzbehörde in den Fällen, in denen diese das Ermittlungsverfahren selbstständig durchführt, der Verwaltungsbehörde im Verfahren nach dem Gesetz über Ordnungswidrigkeiten oder dem Gerichtsvollzieher herangezogen werden;**
2. **die Entschädigung der ehrenamtlichen Richterinnen und Richter bei den ordentlichen Gerichten und den Gerichten für Arbeitssachen sowie bei den Gerichten der Verwaltungs-, der Finanz- und der Sozialgerichtsbarkeit mit Ausnahme der ehrenamtlichen Richterinnen und Richter in Handelssachen, in berufsgerichtlichen Verfahren oder bei Dienstgerichten sowie**
3. **die Entschädigung der Zeuginnen, Zeugen und Dritten (§ 23), die von den in Nummer 1 genannten Stellen herangezogen werden.**

[2] **Eine Vergütung oder Entschädigung wird nur nach diesem Gesetz gewährt.** [3] **Der Anspruch auf Vergütung nach Satz 1 Nr. 1 steht demjenigen zu, der**

beauftragt worden ist; dies gilt auch, wenn der Mitarbeiter einer Unternehmung die Leistung erbringt, der Auftrag jedoch der Unternehmung erteilt worden ist.

II 1 Dieses Gesetz gilt auch, wenn Behörden oder sonstige öffentliche Stellen von den in Absatz 1 Satz 1 Nr. 1 genannten Stellen zu Sachverständigenleistungen herangezogen werden. 2 Für Angehörige einer Behörde oder einer sonstigen öffentlichen Stelle, die weder Ehrenbeamte noch ehrenamtlich tätig sind, gilt dieses Gesetz nicht, wenn sie ein Gutachten in Erfüllung ihrer Dienstaufgaben erstatten, vertreten oder erläutern.

III 1 Einer Heranziehung durch die Staatsanwaltschaft oder durch die Finanzbehörde in den Fällen des Absatzes 1 Satz 1 Nr. 1 steht eine Heranziehung durch die Polizei oder eine andere Strafverfolgungsbehörde im Auftrag oder mit vorheriger Billigung der Staatsanwaltschaft oder der Finanzbehörde gleich. 2 Satz 1 gilt im Verfahren der Verwaltungsbehörde nach dem Gesetz über Ordnungswidrigkeiten entsprechend.

IV Die Vertrauenspersonen in den Ausschüssen zur Wahl der Schöffen und die Vertrauensleute in den Ausschüssen zur Wahl der ehrenamtlichen Richter bei den Gerichten der Verwaltungs- und der Finanzgerichtsbarkeit werden wie ehrenamtliche Richter entschädigt.

V Die Vorschriften dieses Gesetzes über die gerichtliche Festsetzung und die Beschwerde gehen den Regelungen der für das zugrunde liegende Verfahren geltenden Verfahrensvorschriften vor.

Übersicht

1 **I. Systematik, I–V.** § 1 umschreibt denjenigen Personenkreis, den das Gesetz vergütet oder entschädigt, und die sachlichen Voraussetzungen eines solchen Anspruchs. §§ 2–7 enthalten Durchführungsregeln für alle Berechtigten. §§ 8–14 regeln die Vergütung für Sachverständige, Dolmetscher und Übersetzer, §§ 15–18 die Ent-

schädigung für ehrenamtliche Richter, §§ 19–23 diejenige für Zeugen und Dritte im Einzelnen. §§ 24, 25 enthalten Übergangsvorschriften. Ergänzend gelten verschiedene Vorschriften des GKG und des FamGKG, soweit das JVEG auf sie verweist. Insgesamt gilt auch im JVEG der aus den anderen Kostengesetzen bekannte Grundsatz einer abschließenden Aufzählung der Ansprüche. Ihn ergibt das Wort „nur" in § 1 I 2.

II. Regelungszweck (I–V). Die Vorschrift bezweckt eine Klarstellung der Gegenleistungspflicht des Staats, soweit er den Bürger zur Erfüllung von dessen Ehrenpflicht heranzieht oder mit einer Leistung beauftragt. Wegen der abschließenden Regelung nach § 1 I 2 müssen der sachliche und der persönliche Anwendungsbereich möglichst klar sein. Man muss das Ziel einer umfassenden Regelung bei der Auslegung stets mitbeachten. 2

III. Sachlicher Anwendungsbereich (I–V). Man muss vier Fallgruppen unterscheiden. 3

1. Gericht. Das JVEG regelt die Vergütung oder Entschädigung für einen Berechtigten einheitlich für alle gerichtlichen Verfahren. Das gilt freilich nur vor einem deutschen staatlichen Gericht (OLG Düsseldorf MDR 1993, 392). 4

2. Beispiele zur Frage einer Anwendbarkeit vor Gericht (I–V)

Arbeitsgericht: Anwendbar ist § 1 vor jedem solchen Gericht. 5

Ausländisches Gericht: Unanwendbar ist § 1 vor ihm. Das gilt selbst dann, wenn dieses auf Grund eines deutschen Rechtshilfeersuchens tätig wird (OLG Düsseldorf MDR 1993, 392). Im Übrigen gilt vor dem ausländischen Gericht das Vergütungs- oder Entschädigungsrecht seines Staats.

Berufsgericht: Anwendbar ist § 1 vor jedem solchen Gericht.

Betreuer: Unanwendbar ist § 1, soweit das vorrangige VBVG gilt, § 1 Anh. Freilich verweisen §§ 1835 I 1 Hs. 2, 1835a I 1, 1836 II 4 Hs. 2, 1908i I 1 BGB auf das JVEG, → „Betreuer" (LAG Rheinland-Pfalz Rpfleger 1994, 111).

Betreuungsgericht: Anwendbar ist § 1 auf denjenigen Zeugen oder Sachverständigen, den ein Betreuungsgericht heranzieht.

Disziplinargericht: Anwendbar ist § 1 vor jedem solchen Gericht.

Finanzgericht: Anwendbar ist § 1 vor jedem solchen Gericht.

Heranziehung: Anwendbar ist § 1 nur, soweit eine Heranziehung nach → Rn. 19 ff. erfolgt, LG Paderborn JurBüro 1993, 392. Dazu kann die Anfrage nach der Zuständigkeit des Sachverständigen und nach seinen Kosten gehören, soweit er zur Beantwortung nicht nur ganz wenig Zeit braucht (KG MDR 1988, 330).

Justizverwaltungsverfahren: Unanwendbar ist § 1 in einem solchen Verfahren, soweit nicht die Beteiligten wirksam die Geltung des JVEG vereinbaren. Das gilt auch beim Vollzug einer Untersuchungshaft.

Landwirtschaftsgericht: Anwendbar ist § 1 vor jedem solchen Gericht.

Notar: Es gilt dasselbe wie beim „Prozess- oder Verfahrensbevollmächtigten". Im notariellen Vermittlungsverfahren nach §§ 87 ff. SachenRBerG nimmt der Notar zwar richtergleich Aufgaben in einem öffentlichen Amt wahr. Trotzdem ist er kein staatliches Gericht. Zum Problem Zimmermann Rn. 13, 14.

Ordentliches Gericht: Anwendbar ist § 1 vor jedem solchen Gericht.

Partei: Es gilt dasselbe wie beim „Prozess- oder Verfahrensbevollmächtigten".

Prozess- oder Verfahrensbevollmächtigter: Anwendbar ist § 1 bei einer „Heranziehung" durch ihn allenfalls kraft einer Vereinbarung.

Schiedsgericht: Unanwendbar ist § 1 vor einem Schiedsgericht nach §§ 1025 ff. ZPO. Denn es kann mangels hoheitlicher Gewaltbefugnis nicht iSd § 1 heranziehen.

Sequester: Anwendbar ist neben § 1 auch zB § 63 InsO (LG Mainz Rpfleger 1987, 517).

Sozialgericht: Anwendbar ist § 1 vor jedem solchen Gericht.

Verfassungsgericht: Anwendbar ist § 1 vor jedem solchen Gericht.

Verwaltungsgericht: Anwendbar ist § 1 vor jedem solchen Gericht.

Verwertungsgesellschaftengesetz: VGG.

Vormund: Es gilt grds. dasselbe wie beim „Betreuer".

6 **3. Staatsanwaltschaft.** Das JVEG gilt außerdem, soweit die deutsche Staatsanwaltschaft einen Zeugen oder Sachverständigen usw zu irgendeinem sachlich gebotenen Zweck und nicht nur zu Beweiszwecken heranzieht, (zum alten Recht) OLG Schleswig SchlHA 1988, 115, OLG Stuttgart Rpfleger 1987, 390. Das stellen §§ 71, 84 StPO zusätzlich klar. Alles das kann schon dann so sein, wenn die Staatsanwaltschaft zunächst feststellen will, ob sie ein Ermittlungsverfahren einleiten muss. Eine solche Prüfung steht ihr sowohl beim Verdacht einer Straftat als auch beim Verdacht einer Ordnungswidrigkeit zu. Der Amtsanwalt gehört nach § 142 I Nr. 3 GVG zur Staatsanwaltschaft.

7 **Unanwendbar** ist § 1 bei der Heranziehung durch eine ausländische Strafverfolgungsbehörde.

8 **4. Polizei, Finanzbehörde, Verwaltungsbehörde usw.** Das JVEG gilt auch im Verfahren vor der Kartellbehörde nach § 80 I 3 GWB. Auch Gesetze für spezielle Verwaltungsverfahren erklären das JVEG oft für direkt oder für entsprechend anwendbar.

9 Das JVEG ist vor allem nach III auch und freilich auch nur insoweit anwendbar, als die **Polizei** oder eine andere deutsche Strafverfolgungsbehörde im vorangegangenen Auftrag oder mit einer vorherigen eindeutigen ausdrücklichen oder eindeutig stillschweigenden Billigung der deutschen Staatsanwaltschaft im Ermittlungsverfahren die Heranziehung vornimmt (BVerfG NJW 2007, 2393; OLG Koblenz JurBüro 1995, 594, OLG Zweibrücken MDR 1997, 980).

10 **Strafverfolgungsbehörde** ist jede solche Behörde, die gesetzlich ein strafrechtlich einstufbares Geschehen ermitteln darf oder gar muss. Das gilt auch zB bei einer deutschen Finanzbehörde im Rahmen ihres Ermittlungsverfahrens wegen einer Steuerstraftat, §§ 386 II, 399 I AO. Das stellen §§ 87, 107, 405 AO mit ihren Bezugnahmen (jetzt) auf das JVEG zusätzlich klar. Es gilt aber auch bei anderen Verwaltungsverfahren nach der AO, etwa bei einer Steuerfestsetzung. Insofern sind §§ 87, 107, 405 anspruchsbegründend (Zimmermann Rn. 19).

11 **Billigung** ist ein nicht allzu weit auslegbarer Vorgang (BVerfG NJW 2007, 2393, ziemlich vage und wenig praxisnah: Abstellen auf vorherige Kenntnis der Staatsanwaltschaft).

12 Das JVEG gilt **ferner** nach III 2, soweit eine **Verwaltungsbehörde** die Heranziehung im Verfahren **nach § 35 OWiG** vornimmt. Das stellt § 59 OWiG zusätzlich klar. Es gilt aber auch bei anderen Verwaltungsverfahren. Insofern sind zB §§ 23, 26 VwVfG anspruchsbegründend (Zimmermann Rn. 21).

13 **5. Gerichtsvollzieher.** Das JVEG gilt ferner im Verfahren vor dem Gerichtsvollzieher zB nach § 753 ZPO, soweit er einen Berechtigten nach I 1 Nr. 1 aE heranzieht. Die GVGA ist dazu nicht mehr notwendig.

14 **6. Weitere Sachgebiete.** Das JVEG ist in zahlreichen weiteren Fällen infolge einer Verweisung anwendbar.

15 **§ 464a II Nr. 1 StPO** gibt zB wegen seiner Verweisung auf das JVEG dem Freigesprochenen grundsätzlich einen Entschädigungsanspruch wegen seines notwendigen Zeitaufwands in den Grenzen von (jetzt) § 19 (OLG Hamm Rpfleger 1996, 420; aA OLG Frankfurt a. M. JurBüro 1983, 866). Das JVEG gilt ferner zB bei der Vergütung für eine Übersetzung im Rahmen des Haager Übk. v. 13.1.2000 über den internationalen Schutz von Erwachsenen, § 5 AusfG v. 17.3.2000 (BGBl. I 314).

16 **Unanwendbar** ist das JVEG zB auf Parteikosten (OLG Bamberg JurBüro 1978, 1247).

17 **7. Auslandsberührung.** Das JVEG regelt die Vergütung oder Entschädigung für jeden vom deutschen Gericht oder von der deutschen Staatsanwaltschaft usw herangezogenen Berechtigten. Es ist unerheblich, ob er etwa nach dem Recht seines Aufenthaltsorts mehr oder weniger erhalten würde. Das JVEG ist daher zB auch auf einen ausländischen Zeugen nach § 19 IV anwendbar.

17a Es gilt also die **lex fori** (OLG Düsseldorf MDR 1993, 392), wie auch sonst im Prozessrecht. Jedoch geben §§ 8 IV, 19 IV die Möglichkeit, einem solchen Zeugen oder Sachverständigen aus dem Ausland, der vor einem Gericht in Deutschland erscheint, nach einem billigen Ermessen eine höhere Vergütung oder Entschädigung als nach den übrigen Vorschriften des JVEG zu geben. Soweit eine ausländische

Behörde oder ein ausländisches Gericht den Zeugen heranzieht, richtet sich die Entschädigung nach dem dortigen Recht (OLG Düsseldorf MDR 1993, 392).

IV. Persönlicher Anwendungsbereich (I–V). Man kann ihn oft nicht einfach feststellen. 18

1. Heranziehung (I 1). Die volle Vergütung oder Entschädigung erhält ein solcher Beteiligter beliebiger Art, den gerade das Gericht oder die Staatsanwaltschaft usw bereits vor dem Beginn seiner Tätigkeit in ihrer jeweils eigenen Zuständigkeit herangezogen hat (OVG Rheinland-Pfalz NVwZ-RR 2011, 789). Das ist die staatliche hoheitliche Beanspruchung auf Grund einer Verfahrensvorschrift. Es kommt darauf an, welche sachliche Verwendung der Berechtigte erhalten sollte oder erhalten hat (OLG Düsseldorf JurBüro 2011, 490), nicht darauf, in welcher Form das Gericht oder die Staatsanwaltschaft usw direkt oder durch die Polizei die Heranziehung verfügt hat (OLG Düsseldorf JurBüro 2011, 490; OLG Koblenz JurBüro 1992, 417), ob durch eine mündliche Ladung oder schriftlich oder aus Anlass der Anwesenheit der Person aus einem anderen Grund (aA OLG Celle JurBüro 2005, 148 (abl. Bund)). Es ist auch unerheblich, ob die heranziehende Stelle die Heranziehung prozessual begründet hat oder nicht. Soweit die Vernehmung usw ohne jedes Verschulden der Beweisperson unterbleibt, kann man sie dennoch herangezogen haben. Ausreichend ist die einseitige Inanspruchnahme ohne die Notwendigkeit einer Mitwirkung des Betroffenen am Heranziehungsakt. Er muss erst anschließend reagieren. 19

Keine Heranziehung liegt vor, soweit der Betroffene vor dem amtlichen Akt tätig geworden ist. Daher ist auch nicht eine rückwirkende Heranziehung möglich (OLG München MDR 1981, 1037). Das bedeutet freilich nicht, dass dann keinerlei zugehörige Vergütung oder Entschädigung stattfinde. Nur ist deren Grundlage dann eben nicht gerade eine Heranziehung (OLG Düsseldorf Rpfleger 1999, 234). Das JVEG kann dann einen Anhaltspunkt geben (OVG Rheinland-Pfalz NVwZ-RR 2011, 789). 20

2. Beispiele zur Frage einer Heranziehung (I 1)

Amtshilfe: Sie steht im **Gegensatz** zu einer Heranziehung. Freilich kann zB ein Beweisbeschluss auf eine Behördenauskunft deren Heranziehung bedeuten und damit das JVEG anwendbar machen. Vgl. im Einzelnen → Rn. 41 ff. Das Wesen der Amtshilfe ist eine kostenlose Hilfe, soweit nicht ein Gesetz gerade die Amtshilfe kostenpflichtig macht. Ein „bloßes" Amtshilfeersuchen muss als solches eindeutig erkennbar sein. Auch → „Berufsrecht". 21

Anwaltskammer: → „Berufsrecht".

Arzt: Ein Arzt kann für ein therapeutisches Gespräch mit dem Betroffenen usw auf Grund einer gerichtlichen Anordnung eine Vergütung nach dem JVEG fordern (aA LG Osnabrück Nds. Rpfl. 1995, 134, LG Paderborn MDR 1991, 1099, aber die gerichtliche Weisung lässt sich gar nicht anders erfüllen).

Auskunft: Als Sachverständiger oder Zeuge herangezogen ist auch derjenige, den das Gericht oder die Staatsanwaltschaft aufgefordert hat, eine schriftliche Auskunft zu erteilen, zB wegen des Versorgungsausgleichs (aA OLG Köln FamRZ 1985, 719), oder zB wegen gewisser Kontobewegungen oder Geschäftsunterlagen, etwa in einer Wirtschaftsstrafsache (OLG Düsseldorf DB 1985, 911; OLG Frankfurt a. M. NJW 1981, 1682; OLG Stuttgart JurBüro 1996, 597; aA OLG Düsseldorf DB 1985, 1130, aber § 1 erfasst bei einer vernünftigen Auslegung auch diese Form der Zusammenarbeit). Wegen einer Behördenauskunft → Rn. 46–48.

Behörde: → Rn. 46–48.

Beistand: → „Verfahrensbeistand".

Berufsrecht: Nicht herangezogen ist diejenige Berufsvertretung, die eine gesetzlich vorgesehene Stellungnahme abgibt, etwa nach (jetzt) § 14 RVG (OLG München MDR 1989, 922; OLG Schleswig JurBüro 1989, 1679; LG Baden-Baden Rpfleger 2001, 324). Denn diese Stellungnahme ist zwar ein Gutachten nach II 1. Es ergeht aber nach II 2 in einer Erfüllung einer Dienstaufgabe nach § 14 II 1 RVG und ist überdies nach § 14 II 2 RVG kostenlos. Man kann eine Patentanwaltskammer in einem Patentverfahren anders beurteilen (so schon OLG Hamm GRUR 1989, 932 (L); LG Baden-Baden Rpfleger 2001, 324).

Berufsvormund: → „Vormund".

Beteiligter: → „Partei".

Betreuer: Ein Betreuer ist **nicht** gerade als Sachverständiger herangezogen. Er soll ja kein Gutachten erstatten. Im Übrigen gilt dasselbe wie → „Vormund", also das VBVG.

Bewährungshelfer: Es gelten keine Besonderheiten bei der Anwendung des JVEG.

Blutentnahme, Untersuchung: Als Zeuge herangezogen ist auch derjenige, den man zur Duldung einer Blutentnahme oder einer zB erbbiologischen Untersuchung nach § 372a ZPO oder nach § 81c StPO und dann auch zur Duldung einer sonstigen körperlichen Untersuchung geladen hat. § 23 ist unanwendbar. Denn das eigene Blut ist kein „Gegenstand" nach § 23 I, II 1 Nr. 1.

Dolmetscher: Er ist ein oft vom Gericht herangezogener Sprachmittler.

Dritter: § 23.

Drogenkontrolleur: Soweit eine Anordnung des Gerichts auch nur unter der Einschaltung eines Bewährungshelfers usw zugrunde liegt, hat das Gericht den Kontrolleur verständigerweise auch herangezogen. Denn anders lässt sich die Kontrollanordnung des Gerichts gar nicht durchführen.

Ehrenamtlicher Richter: §§ 15 ff.

Eidesstattliche Versicherung: Als Dritter herangezogen sein kann derjenige, der sie auf eine gerichtliche Anordnung nach § 23 I vorlegt oder nach § 23 II 1 Nr. 2 als Auskunft erteilt. **Nicht** als Zeuge herangezogen ist derjenige, dessen schriftliche eidesstattliche Versicherung dem Gericht ohne dessen Anordnung zuging, zB in einem Verfahren auf den Erlass eines Arrests oder einer einstweiligen Anordnung oder Verfügung nach §§ 916 ff., 935 ff. ZPO, §§ 49 ff. FamFG.

Einigungsstelle: Zur Vergütung nach § 76a BetrVG kann man §§ 8, 9 mitbeachten (ArbG Frankfurt a. M. BB 1975, 1635; Bengelsdorf NZA 1989, 489; Löwisch DB 1989, 223).

Entschuldigung: Sie ändert unabhängig von ihrer Begründetheit nichts an einer etwaigen Heranziehung.

Erfüllungsgehilfe: Ein solcher zB nach § 278 BGB kann nach I 2 Hs. 2 herangezogen sein. Man muss aber auch II 2 beachten. **Nicht** als Zeuge herangezogen ist derjenige, den der bedingt entlassene Zeuge als seinen Gehilfen oder den die vom Gericht usw herangezogene Stelle ihrerseits als ihren Erfüllungsgehilfen beauftragt haben (LG Frankenthal Rpfleger 1982, 242). Das gilt aber nur, sofern die Einschaltung dieses Erfüllungsgehilfen nicht entweder mit einer vorherigen Zustimmung oder nachträglichen Genehmigung des Gerichts erfolgte (das übersieht LG Paderborn MDR 1991, 1099) oder sofern sie nach der Art des Auftrags bevorstand. Vgl. freilich selbst dann zunächst § 12 I 2.

Ersuchen: → „Vernehmung als Zeuge".

Gestellung: Herangezogen ist derjenige, dessen Vergütung oder Entschädigung das Gericht nach Gestellung nach § 220 III StPO angeordnet hat. Das gilt freilich nicht rückwirkend (OLG München MDR 1981, 1037).

Nicht als Sachverständiger oder Zeuge herangezogen ist derjenige, dessen Gestellung (Sistierung) das Gericht lediglich anheimgegeben hat, solange das Gericht nicht dessen Aussage oder Gutachten oder dessen Verwertung beschließt (KG NJW 1975, 1423). Andernfalls mag der Zeuge gegen seinen Gesteller nach §§ 670 ff. BGB oder nach § 220 II StPO usw vorgehen. Der Privatgutachter fällt nur bei einer Vereinbarung unter das allenfalls dann entsprechend anwendbare JVEG (BGH VersR 2006, 1133).

Aber auch → „Prozessleitende Ladung".

Insolvenzverwalter: Der nach § 22 I Nr. 3 InsO beauftragte vorläufige Insolvenzverwalter ist als Sachverständiger herangezogen (OLG Düsseldorf Rpfleger 2009, 345).

Irrtum: Eine irrtümliche Heranziehung bleibt eine Heranziehung, soweit der „Herangezogene" den Irrtum oder die Namensverwechslung usw nicht eindeutig erkennen kann. Die irrige Annahme einer Heranziehung kann bei einer Verwertbarkeit der Leistung eine Vergütung entsprechend dem JVEG ermöglichen (LSG NRW SGb 1988, 21).

Mediator: Seine Kosten zählen grds. **nicht** zum JVEG (OLG Dresden NJW-RR 2007, 81). Eine **Ausnahme** gilt bei § 135 I 1 FamFG.

Kreditinstitut: → § 23.

Ordnungsmittel: Als Sachverständiger oder Zeuge herangezogen ist auch derjenige, der erst auf Grund der Androhung oder Festsetzung oder Durchführung eines Ordnungsmittels gehorcht.

Partei: Nicht als Zeuge oder Sachverständiger herangezogen ist eine Partei oder ein Beteiligter (OLG Brandenburg FamRZ 2008, 2300 (jetzt: FamFG)) selbst dann, wenn sie nach §§ 445 ff. ZPO zur Beweisperson wird. Denn das JVEG nennt sie weder in seiner amtlichen Überschrift noch in § 1. Das gilt auch bei einer Prozess- oder Verfahrenskostenhilfe. Wegen einer Reisekostenentschädigung siehe → Reiseentschädigungen (abgedruckt in diesem Werk).

Patentanwaltskammer: → „Berufsrecht".

Privatgutachter: Das JVEG findet nicht direkt Anwendung, kann aber als Orientierungshilfe dienen (BGH DS 2016, 323).

Prozessbevollmächtigter: Auch ihn zB nach § 81 ZPO kann das Gericht als einen Zeugen oder Sachverständigen heranziehen dürfen oder gar müssen. Dann erhält er für die Dauer dieser Tätigkeit eine Entschädigung oder Vergütung (aA LG München MDR 1990, 64). Freilich dürfte oft ein stillschweigender Verzicht auf eine solche Zahlung nach → § 2 Rn. 13 vorliegen.

Prozessleitende Ladung: Als Sachverständiger oder Zeuge usw herangezogen ist auch derjenige, den das Gericht nur vorsorglich oder prozessleitend geladen hat, zB nach § 273 ZPO. Das gilt selbst dann, wenn es anschließend nicht zur Vernehmung oder Äußerung oder Übersetzung usw kommt. Es kommt dann nicht darauf an, ob überhaupt noch ein förmlicher Beweisbeschluss nach §§ 358, 358a ZPO ergangen ist. Aber auch → „Gestellung".

Rechtsanwaltskammer: → „Berufsrecht".

Sachverständiger statt Zeuge: Es kommt nicht auf die Ladung an, sondern auf die Vernehmung. Als Sachverständiger herangezogen ist auch derjenige Zeuge, den man irrig eben als einen Sachverständigen zB nach §§ 402 ff. ZPO geladen hat (KG JurBüro 1992, 633).

Das gilt nur dann **nicht,** wenn der Geladene den Irrtum der Behörde nach den äußeren Umständen und auf Grund seiner persönlichen Kenntnis des Sachverhalts erkennen konnte und musste. Evtl. ist ihm eine Rückfrage zumutbar.

Als Sachverständiger ist auch derjenige herangezogen, den man zuvor als einen sachverständigen Zeugen zB nach § 414 ZPO geladen, dann aber als einen Sachverständigen zB nach §§ 402 ff. ZPO **vernommen** hat (OLG Köln MDR 1993, 391; OLG Rostock JurBüro 2009, 205), wenn auch erst im Verlauf der Vernehmung.

Schadensschätzung: Nicht herangezogen ist derjenige, den ein Geschädigter bei der von der Staatsanwaltschaft erbetenen Schadensschätzung von sich aus hinzugezogen hat (OLG Koblenz JurBüro 1992, 417).

Schriftliche Auskunft: → „Auskunft".

Schriftliches Gutachten: Als Sachverständiger herangezogen ist auch derjenige, der sein Gutachten nach § 411 ZPO, § 82 StPO auf Grund der Anordnung des Gerichts nur schriftlich erstattet. Das gilt natürlich erst recht dann, wenn es anschließend doch noch zu einer auch mündlichen Erläuterung oder Ergänzung des Gutachtens kommt, sei es auch nur auf den Antrag einer Partei.

Schriftliche Zeugenerklärung: Als Zeuge oder Dritter nach § 23 herangezogen ist auch derjenige, dem das Gericht gestattet hat, sich nur schriftlich zu äußern, zB § 23 II 1 Nr. 2 oder auch nach § 377 III ZPO. Das gilt natürlich erst recht dann, wenn es anschließend zu einer mündlichen Aussage kommt, sei es auch nur auf den Antrag einer Partei.

Nicht als Zeuge oder Dritter nach § 23 herangezogen ist demgegenüber derjenige, dessen schriftliche Erklärung schon existierte, als es zum Beweisbeschluss zB nach § 358 ZPO kam, und den die erhebende Stelle auch nicht aufgefordert hat, diese Erklärung vorzulegen.

Auch → „Eidesstattliche Versicherung".

Sistierung: → „Gestellung".

Sozialgerichtsverfahren: Bei einer Anordnung des persönlichen Erscheinens kann nach § 191 SGG ein Anspruch wie bei einem Zeugen entstehen.

Sprachenbüro: Es kann eine Unternehmung nach I 3 Hs. 2 sein (OLG Düsseldorf JurBüro 2011, 433).
Standesrecht: → „Berufsrecht".
Stellungnahme: → „Berufsrecht".
Technischer Überwachungsverein: → Rn. 43.
Unaufgeforderte Einreichung: Nicht als Sachverständiger oder Zeuge herangezogen ist derjenige, der unaufgefordert und ohne eine vorsorgliche Rückfrage bei einer Behörde oder beim Gericht eine Eingabe einreicht, der etwa eine Zusammenstellung von Unterlagen von sich aus vorlegt, oder der dergleichen nur auf Wunsch einer Partei tut. Denn auch § 23 trifft deshalb auf ihn nicht zu.
Untersuchung: → „Blutentnahme, Untersuchung".
Untersuchungsausschuss: Man kann beim Ermittlungsbeauftragten den Höchstsatz des § 9 I 2 anwenden, § 35 UntersAusschussG.
Verfahrensbeistand: → FamFG § 158 Rn. 1 ff.
Verfahrensbevollmächtigter: → „Prozessbevollmächtigter".
Verfahrenspfleger: → FamFG § 277 Rn. 1 ff.
Vernehmung als Zeuge: Als Zeuge herangezogen ist auch derjenige, den die Polizei auf Grund eines direkten Ersuchens der Staatsanwaltschaft oder des Gerichts oder der Finanzbehörde nach III 1 vernimmt.

Nicht herangezogen ist derjenige, den die Polizei ohne ein direktes Ersuchen oder wenigstens ohne eine vorherige Billigung der Staatsanwaltschaft oder des Gerichts usw vernimmt (so schon OLG Düsseldorf Rpfleger 1983, 45).

Verweigerung: → Rn. 37.
Vorführung: Als Zeuge herangezogen ist auch der zwangsweise Vorgeführte. Freilich mag das Gericht ihn in die durch sein Ausbleiben entstandenen Kosten etwa nach § 380 I 1 ZPO verurteilt haben. Dann mag die Staatskasse mit diesem Anspruch aufrechnen dürfen (Jahnke/Pflüger § 19 Rn. 7).
Vormund: Er ist an sich **nicht** gerade als Sachverständiger herangezogen. Er soll ja kein Gutachten erstatten. Indessen verweisen §§ 1835 I 1 Hs. 2, 1835a I 1 Hs. 1, 1836 II 4 Hs. 2 BGB auf das JVEG. Im Übrigen gilt das VBVG, → VBVG § 1 Rn. 1 ff. Wegen § 168 FamFG → FamFG § 168 Rn. 1 ff.
Wirtschaftsreferent: Er **kann** als Sachverständiger herangezogen sein (OLG Koblenz Rpfleger 1998, 214).
Zeuge statt Partei: Als Zeuge herangezogen ist auch diejenige Partei, die man irrig eben als einen Zeugen zB nach §§ 373 ff. ZPO geladen hat.

Das gilt nur dann **nicht,** wenn der Geladene den Irrtum der Behörde nach den äußeren Umständen und auf Grund seiner persönlichen Kenntnis des Sachverhalts erkennen konnte und musste. Evtl. ist eine Rückfrage zumutbar.

Zuhörer: → „Dolmetscher".
Zwang: → „Vorführung".
Zwangsverwalter: Er ist als solcher Partei kraft Amts **nicht** Sachverständiger (LG Stade Rpfleger 2002, 220). Seine Vergütung richtet sich nach §§ 18, 19 ZwVwV.

22 **3. Ladung oder Gestellung durch die Partei usw im Bußgeldverfahren, Strafprozess.** Einen Vergütungs- oder Entschädigungsanspruch hat grundsätzlich derjenige Zeuge oder Sachverständige, den der Betroffene im Bußgeldverfahren oder der Angeklagte im Strafprozess unmittelbar geladen hat, §§ 220, 386 II StPO, oder den er zur Hauptverhandlung oder zur mündlichen Verhandlung gestellt hat.

23 Es müssen aber die folgenden **weiteren** Voraussetzungen zusammentreffen.

24 Die Vernehmung des Zeugen oder Sachverständigen muss zur Aufklärung **sachdienlich** gewesen sein. Hierüber entscheidet das Gericht nach seinem pflichtgemäßen Ermessen.

25 Der Zeuge oder Sachverständige oder der Betroffene oder Angeklagte müssen eine Vergütung oder Entschädigung der Beweisperson **beantragt** haben. Der Antrag muss vor dem Erlass des Urteils vorliegen.

26 Das Gericht muss die Zahlung einer Vergütung oder Entschädigung **angeordnet** haben. Das kann vor dem Erlass des Urteils durch eine vorläufige Anordnung durch einen Beschluss geschehen. Das Gericht muss aber auch dann endgültig im Urteil über die Kosten befinden.

Demgegenüber ist es nicht erforderlich, dass der Betroffene oder der Angeklagte einen **Vorschuss** bei der Ladung gezahlt oder hinterlegt hat. Allerdings darf das Gericht nur denjenigen Betrag aus der Staatskasse leisten lassen, den der Betroffene oder Angeklagte nicht gezahlt oder hinterlegt hat. Wenn ein Privatkläger oder Nebenkläger einen Zeugen nach § 386 II StPO geladen hat, darf das Gericht eine Entschädigung nur dann anordnen, wenn es dadurch nicht die Vorschusspflicht nach § 17 IV GKG, umgeht. 27

4. Ladung oder Gestellung usw im Zivilprozess oder FamFG-Verfahren. Einen Entschädigungs- oder Vergütungsanspruch gegenüber dem Staat kann ein solcher Zeuge nach §§ 373 ff. ZPO oder Sachverständiger nach §§ 402 ff. ZPO usw haben, den eine Partei im Zivilprozess oder ein Beteiligter nach § 7 FamFG gestellt hat, der sich also auf ihre Bitten eingefunden hat oder dessen Erscheinen das Gericht nur anheimgegeben hat, ohne ihn von Amts wegen zu laden (KG NJW 1975, 1423). 28

Allerdings setzt der Anspruch weiter voraus, dass das Gericht die Aussage oder das Privatgutachten **wirklich beschlossen** hat. Denn nur dann ist er „herangezogen" worden. Eine staatliche Vergütung oder Entschädigung kommt auch nur für den Zeitraum seit der Bekanntgabe oder Erkennbarkeit der Vernehmungsabsicht des Gerichts in Betracht, meist also nicht wegen der Kosten des Hinwegs (LG München MDR 1990, 64). 29

5. Ladung oder Gestellung usw: Höhe der Vergütung oder Entschädigung. Bei → Rn. 22–29 richtet sich die vom Staat zu zahlende Vergütung oder Entschädigung nach dem JVEG. Das Gericht darf also grundsätzlich keine höhere Zahlung zubilligen (OLG Hamburg MDR 1975, 500; KG NJW 1975, 1423; OLG Schleswig SchlHA 1988, 115). Freilich darf und muss es auch insoweit die Verfassungsmäßigkeit prüfen (OLG Schleswig SchlHA 1988, 115). 30

Unberührt bleibt freilich eine etwa höhere Zusatzvereinbarung zwischen der Partei und dem Gestellten. Freilich entsteht insoweit kein Erstattungsanspruch nach §§ 91 ff. ZPO, soweit nicht § 13 JVEG eine höhere gesetzliche Vergütung schafft. 31

6. Zufälliges Erscheinen. Ein solcher Zeuge oder Sachverständiger usw, der sich aus einem anderen Anlass oder zufällig eingefunden hat, der etwa in einer anderen Sache als Partei anwesend war, erhält für die Dauer der in der jetzt vorliegenden Sache angeordneten Heranziehung eine volle Vergütung oder Entschädigung. Das Gericht darf ihm eine Vergütung oder Entschädigung auch insoweit geben, als ihm durch die Verlängerung seiner Anwesenheit Mehrkosten entstehen (OLG München MDR 1989, 830), zB infolge eines Zeitverlusts oder einer teureren Rückreise etwa erst am nächsten Tag. 32

Reisekosten muss das Gericht nur in demjenigen Umfang entschädigen, in dem sie dem Sachverständigen oder Zeugen in der zunächst angefallenen anderen Sache entstanden. Fast zu großzügig wäre es, dem mangels eines Vorschusses nicht Geladenen, aber Erschienenen auch beim Unterbleiben einer Vernehmung usw stets eine Vergütung oder Entschädigung zu geben. 33

Das alles gilt auch beim **ProzBev** nach § 81 ZPO oder bei einem sonstigen Anwalt, → Rn. 21 „Prozessbevollmächtigter". Denn für die Dauer seiner Zeugenaussage kann er das Mandat gerade **nicht** förmlich wahrnehmen, sondern untersteht dem Gericht anders. Zumindest braucht er als Zeuge zusätzlich Zeit (aA OLG München MDR 1989, 830; LG München MDR 1990, 64, aber jetzt wird er eben vorübergehend zum Zeugen. Der Vorsitzende veranlasst deshalb üblicherweise zur Klarstellung der derzeitigen Funktionsänderung dieses Prozessbeteiligten auch, dass der Anwalt seine Amtstracht vorübergehend ablegt und im Zeugenstand Platz nimmt (Anders/Gehle/Nober ZPO § 395 Rn. 4). 34

7. Verspätung. Ein solcher Zeuge oder Sachverständiger usw, der verspätet erscheint, verliert seinen Anspruch auf eine Vergütung oder Entschädigung grundsätzlich nur, soweit das Gericht oder die Staatsanwaltschaft usw ihn infolge seiner Verspätung nicht mehr vernimmt oder soweit infolge einer vorsätzlich oder grob fahrlässig verschuldeten Verspätung der noch ausstehende Teil der Leistung wertlos geworden ist, zB die mündliche Erläuterung eines Gutachtens (OLG München MDR 1984, 948, nicht stets beim Ortsfremden, der sich im Sitzungssaal irrt). Soweit eine Partei wirksam auf die Vernehmung verzichtet hat, muss das Gericht klären, ob 35 sie den Verzicht auch dann erklärt hätte, wenn der Zeuge oder Sachverständige usw pünktlich erschienen wäre.

36 Den verspätet Erschienenen muss das Gericht jedenfalls erst vom Augenblick des zu diesem Erscheinenszeitpunkt **notwendigen Aufbruchs** an vergüten oder entschädigen.

37 **8. Verweigerung.** Ein solcher Zeuge oder Sachverständiger usw, der die Aussage oder ein Gutachten oder eine Übersetzung usw verweigert, erhält eine Vergütung oder Entschädigung, soweit die Weigerung begründet ist. Das Gericht braucht ihn darauf nicht zu verweisen, dass er zB nach § 386 ZPO hätte verfahren und fernbleiben können. Wenn der Herangezogene aber seine Weigerung schriftlich erklärt, statt zu erscheinen, erhält er keine Vergütung oder Entschädigung. Wenn wegen eines angeblichen Zeugnisverweigerungsrechts ein Zwischenstreit zB nach §§ 387 ff. ZPO entsteht, erhält der verweigernde Zeuge oder Sachverständige in diesem Streit keine Vergütung oder Entschädigung. Denn er ist im Zwischenstreit eine Partei.

38 **9. Abbestellung.** Ein solcher Herangezogener, der erschienen ist, weil ihn die Abbestellung nicht mehr erreicht hat, kann eine Vergütung oder Entschädigung verlangen, sofern er keine Schuld hat. Sie liegt nicht schon darin, dass er einen Wechsel des Aufenthaltsorts nicht mitgeteilt hat, soweit er nicht mit einer Abbestellung rechnen musste. Das Gericht muss die Umstände abwägen.

39 **10. Ablehnung der Begutachtung.** Ein solcher Sachverständiger, der der Ernennung nach § 407 ZPO, § 75 StPO nicht folgen will, hat dann keinen Anspruch auf eine Vergütung, wenn er trotzdem lediglich zu einer entsprechenden Mitteilung im Termin erscheint. Denn er hätte seine Weigerung vorher schriftlich mitteilen können und müssen. Entsprechendes gilt beim Dolmetscher oder Übersetzer.

40 **V. Behörde usw als Sachverständiger (II 1).** Die Vorschrift gibt derjenigen Behörde oder sonstigen öffentlichen Stelle des Bundes, eines Landes, eines Gemeindeverbands oder einer Gemeinde oder einer juristischen Person oder einer Personenvereinigung einen Vergütungsanspruch, die ein Gericht oder eine Staatsanwaltschaft oder eine Finanz- oder Verwaltungsbehörde nach I 1 Nr. 1 zu einer Sachverständigenleistung herangezogen hat.

41 **1. Heranziehung: Amtshilfe.** II 1 erfasst eine fachkundige Beurteilung (BGH NJW 1984, 2365), insbesondere durch ein Gutachten einer Behörde oder öffentlichen Stelle. Trotz der nach Art. 35 I GG grundsätzlichen Pflicht zur gegenseitigen Amtshilfe kann also jedenfalls ein gesetzlicher Vergütungsanspruch entstehen (OLG Düsseldorf MDR 1989, 1023), soweit ihn das Gesetz nicht ausdrücklich ausschließt, etwa wegen bloßer Auslagen nach § 8 I 2 VwVfG beim Betrag bis 35 EUR. Ein bisheriger „Verzicht" bindet nicht stets auch für die Zukunft (OLG Düsseldorf MDR 1989, 1023).

42 Er hat seinen **Grund** unter anderem in dem Bestreben des Gesetzes, eine allzu häufige Anforderung einer derartigen Amtshilfetätigkeit einzudämmen und eine solche Sachverständigentätigkeit derjenigen eines privaten Sachverständigen gleichzustellen. Die für die angegangene Behörde usw etwa sonst geltende Gebührenordnung bleibt außer Betracht. Dieser Umstand erleichtert auch die gerichtliche Festsetzung der Vergütung nach § 4. Die Vergütung steht nach I 1 der Behörde nach § 1 IV VwVfG selbst zu, also jeder Stelle, die mit einer ausreichenden Selbständigkeit unabhängig vom Personalwechsel eine Aufgabe der öffentlichen Verwaltung wahrnimmt und hoheitlich handeln darf (OVG Nordrhein-Westfalen DVBl 1987, 100), vor allem durch einen Verwaltungsakt nach § 35 S. 1 VwVfG. Die Vergütung steht also nicht etwa demjenigen Beamten oder sonstigen Behördenangehörigen zu, der für die allein beauftragte Behörde usw tätig geworden ist. Das ergibt sich auch aus I 3 Hs. 2. Wegen des Dienstgutachtens → Rn. 45 ff.

43 **2. Anwendungsbereich.** Zu den in II 1 genannten Behörden und Stellen zählen zB: Die Bayerische Landesgewerbeanstalt (OLG München Rpfleger 1976, 265); ein Prüfungsausschluss, etwa der Industrie- und Handels- oder Handwerkskammer (BVerwG NVwZ 1985, 577); ein Gutachterausschuss nach [jetzt] §§ 192 ff. BauGB (BGHZ 62, 95; OLG München Rpfleger 1976, 264; LG Freiburg Justiz 1997, 59; aA OVG Sachsen-Anhalt DS 2015, 288, Einzelvergütung; kaum noch bezahlbar). Vgl.

aber auch in den Ländern die jeweiligen LJKostG. Ferner zählen zu den Stellen nach II 1: Der Technische Überwachungsverein (OLG Schleswig JurBüro 1996, 323; LSG Sachsen JurBüro 2001, 486; OVG Niedersachsen Nds. Rpfl. 1983, 259); ein Kreditinstitut (LG Coburg MDR 1979, 1047; AG Diepholz MDR 1979, 1047); eine staatlich anerkannte Privatschule, Fachhochschule, Hochschule.

Unanwendbar ist II 1, soweit eine bloße Zeugentätigkeit stattfindet. Dann können zB §§ 21, 22 anwendbar sein. Unanwendbar ist II 1 ferner zB bei einem privatrechtlich organisierten Unternehmen, soweit man es nicht wirksam mit einer hoheitlichen Befugnis beliehen hat. Das gilt selbst dann, wenn es eine auch öffentlichrechtliche Aufgabe erfüllt, etwa einen Personennahverkehr oder eine Versorgung. 44

VI. Dienstgutachten (II 2). Der nachfolgende Grundsatz hat eine ganze Reihe von Auswirkungen. 45

1. Grundsatz. Für einen solchen Angehörigen einer Behörde oder sonstigen öffentlichen Stelle, der weder ein Ehrenbeamter ist noch ehrenamtlich tätig wird, gilt das JVEG nicht, soweit er ein Gutachten nur in einer Erfüllung seiner Dienstaufgaben erstattet, vertritt oder erläutert (so schon OLG Koblenz Rpfleger 1980, 357; LG Bayreuth Rpfleger 1982, 82). Das gilt, damit er keine Doppelvergütung erhält (BayObLGE 95, 7). Das gilt auch dann, wenn die Erstattung usw nur einen Teil seiner Dienstaufgaben ausmacht, wenn es sich zB um eine bezahlte Nebentätigkeit handelt oder wenn sie umfangreicher ist oder wenn er im Urlaub ohne eine Rechtspflicht tätig geworden ist. Eine vorherige Zusage einer Vergütung durch das Gericht bindet nicht. 46

Die **Behörde selbst** behält natürlich einen Vergütungsanspruch, soweit man gerade sie als solche herangezogen hat, auch wenn sie einen Angehörigen damit als seine Dienstaufgabe betraut hat. 47

Ein Vergütungsanspruch für einen solchen Behördenangehörigen entsteht auch nicht schon dadurch, dass das Gericht ihn **als** einen **Sachverständigen behandelt** hat (LG Flensburg JurBüro 1976, 941). 48

2. Betroffener Personenkreis. II 2 gilt zB: Für den Vertreter der Jugendbehörde; für eine zur Auskunft verpflichtete juristische Person des Privatrechts usw (OLG Köln FamRZ 1985, 719, aA OLG Dresden FamRZ 2000, 299, aber (jetzt) das JVEG ist nach → Rn. 1 nicht ausdehnend anwendbar); für den Angehörigen eines Kriminalamts. Etwas anderes gilt für einen nur hinzugezogenen wissenschaftlichen Mitarbeiter. 49

II 2 gilt ferner zB: Für einen Gerichtsarzt und einen anderen beamteten Arzt, soweit das Gericht oder die Staatsanwaltschaft usw ihn in dieser dienstlichen Eigenschaft herangezogen hat (BayObLGE 95, 7 (FGG); OLG Düsseldorf Rpfleger 1983, 129), etwa für den Arzt eines Landesuntersuchungsamts wegen seines Blutalkoholgutachtens. Indessen erhält der Arzt für seine Gutachtertätigkeit in der Hauptverhandlung eine Vergütung. 50

II 2 gilt ferner zB: Für einen Anstaltsarzt, wenn er sich dazu äußert, ob der Zweck der Unterbringung erfüllt ist (LG Bayreuth Rpfleger 1982, 82); für ein Mitglied des Gesundheitsamts, etwa bei einer Leichenöffnung (LG Mainz Rpfleger 1976, 264); für den Angehörigen eines Gewerbeaufsichtsamts in Bayern; für den Angestellten eines chemischen Untersuchungsamts in Rheinland-Pfalz. 51

3. Zusammenhang mit Dienstpflicht. Sofern die Verpflichtung zur Gutachtertätigkeit nicht unmittelbar aus dem Dienstrecht hervorgeht, kommt es darauf an, wie eng der Zusammenhang mit der dienstlichen Tätigkeit ist, ob es sich also nur um eine unselbständige Fortsetzung oder um eine wirkliche Ergänzung der allgemeinen Tätigkeit handelt (OLG Koblenz Rpfleger 1980, 357; OLG München Rpfleger 1983, 182, in der Hauptverhandlung erfolgte die Erläuterung eines im Ermittlungsverfahren erstellten Gutachtens eines von der Staatsanwaltschaft zugezogenen beamteten Wirtschaftsfachmanns). Im ersteren Fall entsteht selbst dann kein Anspruch nach dem JVEG, wenn die Tätigkeit außerhalb der Dienstzeit erfolgt. Das gilt auch bei einer mündlichen Erläuterung (LG Flensburg JurBüro 1976, 941). Der Behördenangehörige muss daher bei der Geltendmachung eines eigenen Vergütungsanspruchs darlegen und beweisen, dass seine Leistung gerade keine Dienstaufgabe war. 52

53 Beim **Blutalkoholgutachten** zB nach § 372a ZPO und nach der StPO sind die Feststellungen eine Dienstaufgabe, die Beurteilung der Fahrtauglichkeit meist ein vergütungspflichtiges Zusatzgutachten. Es gibt klarstellende, aber das Gericht nicht bindende Verwaltungsanordnungen der Länder für die Frage, was zu den Dienstaufgaben gehört und was nicht (Jahnke/Pflüger Rn. 54). Eine genehmigte oder sogar notwendige sog. Nebentätigkeit ist gerade keine Dienstaufgabe (Zimmermann Rn. 49).

54 Der **Chefarzt** eines städtischen Krankenhauses und sein Gehilfe können trotz ihrer Pflicht zur Tätigkeit zB nach § 407 ZPO evtl. zu I, II 1 statt zu II 2 gehören.

55 Für die Frage, ob II 2 anwendbar ist, kommt es auch beim Universitätsarzt auf den Grad des Zusammenhangs mit seiner **Dienstpflicht** an. Dasselbe gilt bei einem Arzt, der zwar ein Mitglied des Gesundheitsamts ist, den das Gericht oder die Staatsanwaltschaft aber als einen freien Arzt herangezogen hat.

56 **4. Unerheblichkeit der Anstellungsart.** Sofern es überhaupt um einen Angehörigen einer Behörde oder sonstigen öffentlichen Stelle geht, der nicht Ehrenbeamter oder ehrenamtlich tätig ist, kommt es nicht darauf an, ob er Beamter oder Angestellter ist. Er erhält auch nicht seine Auslagen ersetzt. Denn auch § 5 ist ebensowenig wie die übrigen Vorschriften des JVEG anwendbar. Seine Behörde trägt seine Auslagen (LG Flensburg JurBüro 1976, 941).

57 **5. Einzelfragen.** Soweit II 2 auf einen Sachverständigen zutrifft und er daher keine Vergütung nach dem JVEG erhält, muss der Kostenschuldner in einem Verfahren nach dem GNotKG diesem Sachverständigen denjenigen Betrag erstatten, den der Kostenschuldner sonst für die Tätigkeit eines Sachverständigen nach dem JVEG zahlen müsste, KV 34005 GNotKG. KV 9005 GKG und KV 2005 FamGKG jeweils amtliche Anm. I 2 ist anwendbar.

58 **6. Ehrenbeamter usw.** Ein Ehrenbeamter und derjenige, der ehrenamtlich tätig ist, erhält eine Vergütung oder Entschädigung nach dem JVEG. Denn II 2 gilt für ihn ausdrücklich nicht.

59 **VII. Vertrauensperson (IV).** Die Vertrauenspersonen und Vertrauensleute sind keine ehrenamtlichen Richter, da sie an Gerichtssitzungen nicht teilnehmen, sondern Verwaltungsfunktionen ausüben. IV behandelt sie aber wegen der Entschädigung wie die ehrenamtlichen Richter. Für die Festsetzung ist nach § 4 I 2 Nr. 1 Hs. 3 dasjenige Gericht zuständig, bei dem der Ausschluss gebildet ist.

60 **VIII. Vorrang bei Festsetzung und Beschwerde (V).** Die Vorschrift bestimmt mit § 1 V GKG, dass dieses Gesetz insoweit den weiteren Verfahrensvorschriften vorgeht.

Geltendmachung und Erlöschen des Anspruchs, Verjährung

2 **I [1]Der Anspruch auf Vergütung oder Entschädigung erlischt, wenn er nicht binnen drei Monaten bei der Stelle, die den Berechtigten herangezogen oder beauftragt hat, geltend gemacht wird; hierüber und über den Beginn der Frist ist der Berechtigte zu belehren. [2]Die Frist beginnt**

1. **im Fall der schriftlichen Begutachtung oder der Anfertigung einer Übersetzung mit Eingang des Gutachtens oder der Übersetzung bei der Stelle, die den Berechtigten beauftragt hat,**
2. **im Fall der Vernehmung als Sachverständiger oder Zeuge oder der Zuziehung als Dolmetscher mit Beendigung der Vernehmung oder Zuziehung,**
3. **bei vorzeitiger Beendigung der Heranziehung oder des Auftrags in den Fällen der Nummern 1 und 2 mit der Bekanntgabe der Erledigung an den Berechtigten,**
4. **in den Fällen des § 23 mit Beendigung der Maßnahme und**
5. **im Fall der Dienstleistung als ehrenamtlicher Richter oder Mitglied eines Ausschusses im Sinne des § 1 Abs. 4 mit Beendigung der Amtsperiode, jedoch nicht vor dem Ende der Amtstätigkeit.**

[3] Wird der Berechtigte in den Fällen des Satzes 2 Nummer 1 und 2 in demselben Verfahren, im gerichtlichen Verfahren in demselben Rechtszug, mehrfach herangezogen, ist für den Beginn aller Fristen die letzte Heranziehung maßgebend. [4] Die Frist kann auf begründeten Antrag von der in Satz 1 genannten Stelle verlängert werden; lehnt sie eine Verlängerung ab, hat sie den Antrag unverzüglich dem nach § 4 Abs. 1 für die Festsetzung der Vergütung oder Entschädigung zuständigen Gericht vorzulegen, das durch unanfechtbaren Beschluss entscheidet. [5] Weist das Gericht den Antrag zurück, erlischt der Anspruch, wenn die Frist nach Satz 1 abgelaufen und der Anspruch nicht binnen zwei Wochen ab Bekanntgabe der Entscheidung bei der in Satz 1 genannten Stelle geltend gemacht worden ist. [6] Wurde dem Berechtigten ein Vorschuss nach § 3 bewilligt, so erlischt der Anspruch auf Vergütung oder Entschädigung nur insoweit, als er über den bewilligten Vorschuss hinausgeht.

II [1] War der Berechtigte ohne sein Verschulden an der Einhaltung einer Frist nach Absatz 1 gehindert, gewährt ihm das Gericht auf Antrag Wiedereinsetzung in den vorigen Stand, wenn er innerhalb von zwei Wochen nach Beseitigung des Hindernisses den Anspruch beziffert und die Tatsachen glaubhaft macht, welche die Wiedereinsetzung begründen. [2] Ein Fehlen des Verschuldens wird vermutet, wenn eine Belehrung nach Absatz 1 Satz 1 unterblieben oder fehlerhaft ist. [3] Nach Ablauf eines Jahres, von dem Ende der versäumten Frist an gerechnet, kann die Wiedereinsetzung nicht mehr beantragt werden. [4] Gegen die Ablehnung der Wiedereinsetzung findet die Beschwerde statt. [5] Sie ist nur zulässig, wenn sie innerhalb von zwei Wochen eingelegt wird. [6] Die Frist beginnt mit der Zustellung der Entscheidung. [7] § 4 Abs. 4 Satz 1 bis 3 und Abs. 6 bis 8 ist entsprechend anzuwenden.

III [1] Der Anspruch auf Vergütung oder Entschädigung verjährt in drei Jahren nach Ablauf des Kalenderjahrs, in dem der nach Absatz 1 Satz 2 maßgebliche Zeitpunkt eingetreten ist. [2] Auf die Verjährung sind die Vorschriften des Bürgerlichen Gesetzbuchs anzuwenden. [3] Durch den Antrag auf gerichtliche Festsetzung (§ 4) wird die Verjährung wie durch Klageerhebung gehemmt. [4] Die Verjährung wird nicht von Amts wegen berücksichtigt.

IV [1] Der Anspruch auf Erstattung zu viel gezahlter Vergütung oder Entschädigung verjährt in drei Jahren nach Ablauf des Kalenderjahrs, in dem die Zahlung erfolgt ist. [2] § 5 Abs. 3 des Gerichtskostengesetzes gilt entsprechend.

Schrifttum: Seggewiße/Weber, Die Vergütung gerichtlicher Sachverständiger: Verfahrensrechtliche Besonderheiten, DS 2015, 264 (Üb.).

Übersicht

1 **I. Normzweck (I–IV).** Die Vorschrift regelt einheitlich die Geltendmachung jedes Anspruchs eines Berechtigten. Es ergeben sich 3 Kernaussagen: 1. Es ist stets ein Antrag erforderlich, was sich aus den Worten „geltend gemacht wird" ergibt. 2. Die Frist beträgt für alle Herangezogenen 3 Monate. 3. Wird die Frist, ggfs. auch unter Ausschöpfung der prozessualen Möglichkeiten einer Fristverlängerung oder Wiedereinsetzung in den vorigen Stand, nicht gewahrt, führt das Versäumnis zum Erlöschen des Anspruchs.

2 Die einheitliche Frist von 3 Monaten soll sicherstellen, dass die Abrechnungen zeitnah erfolgen. Dies hat eine größere Gewähr für deren Richtigkeit zur Folge und soll die Möglichkeiten zur schnellen Durchsetzung einer etwaigen Nachzahlungspflicht des Kostenschuldners erheblich verbessern, vgl. BT-Drs. 15/1971, 178 f.

3 Die Vorschrift dient aber auch dem Schutz des Kostenschuldners (OLG Braunschweig BeckRS 2013, 19351), dem Auslagen nach dem JVEG in Rechnung gestellt werden können.

4 **II. Normaufbau (I–IV).** Neben der Kernaussage in Abs. 1, dass das Versäumnis der 3-Monatsfrist zum Erlöschen jeden Anspruchs führt, werden individuell die Voraussetzungen des jeweiligen Fristbeginns aufgeführt. Außerdem regelt I 4, 5 das Verfahren zur Fristverlängerung und Satz 6 die Auswirkungen des Erlöschens bei vorhergehender Vorschussgewährung. Das Verfahren der Wiedereinsetzung in den vorigen Stand ist in Abs. 2 erfasst. Die Verjährung ist für Ansprüche der Berechtigten in III geregelt, während IV auf die Verjährung von Erstattung zu viel aus der Staatskasse ausgezahlter Gelder abstellt.

5 **III. Persönlicher Anwendungsbereich (I–IV).** Die Vorschrift gilt für alle nach § 1 Berechtigten. Sie gilt **nicht** für eine Partei, die im Kostenfestsetzungsverfahren nach § 103 ff. ZPO eigene Auslagen geltend macht (OVG Rheinland-Pfalz Rpfleger 2006, 48). Sie gilt nicht für einen berufsmäßigen Verfahrensbeistand (OLG München FamRZ 2015, 1230; BGH FamRZ 2017, 574).

6 **IV. Geltendmachung (I 1).** Der Berechtigte erhält seine Vergütung oder Entschädigung grundsätzlich nicht von Amts wegen, sondern nur auf Grund einer „Geltendmachung", also eines Verlangens oder einer Forderung (OLG Celle BeckRS 2020, 14761). Die Geltendmachung setzt somit einen Antrag voraus. Dabei sind Vergütungsanträge dem Grund und Höhe nach vollständig zu beziffern (OLG Schleswig FamRZ 2014, 155). Bei Zeugen reicht es im Zweifel aus, wenn das Verlangen auf Entschädigung eindeutig zum Ausdruck gebracht wird. Hier haben die Anweisungsstellen ggfs. die Höhe der Entschädigung zu erfragen, vgl. Jahnke/Pflüger Rn. 2. Jeder Antragsteller muss die Fristen des § 2 beachten. Das gilt auch für seinen Erben und auch für eine Behörde. Von der Antragstellung unabhängig ist, dass eine gerichtliche Festsetzung nach § 4 I 1 Hs. 2 auch von Amts wegen erfolgen kann.

7 **1. Antragserfordernis.** Grundsätzlich ist ein formeller Antrag nicht vorgeschrieben, es gibt keinen Vordruckzwang im engeren Sinne. Es genügt an sich das eindeutige Verlangen einer Vergütung oder Entschädigung. Jeder Antragsberechtigte muss allerdings zur Fristwahrung seinen Anspruch geltend machen. Der Antragsteller ist zudem verpflichtet, im Zweifel an den Ausgleich der Rechnung zu erinnern, bevor die 3 Monatsfrist abgelaufen ist. Denn der Nachweis des fristgerechten Eingang der Rechnung geht nach den Grundsätzen der objektiven Beweislast zu Lasten des Berechtigten (LSG Bayern BeckRS 2013, 74229; LSG Thüringen BeckRS 2009, 59148).

8 **2. Kein Formzwang, kein Anwaltszwang.** Auch wenn für den Antrag kein Formzwang gilt, ist jedoch zu beachten, dass in vielen Behörden die Zeugenentschä-

digung nicht mehr direkt ausgezahlt, sondern, ebenso wie die Vergütungen, nur noch auf schriftlichen Antrag hin überwiesen wird. Dafür werden bei den Gerichten entweder eigene Formulare ausgehändigt oder es sind Vordrucke im Internet bereit gestellt. Da bei ausschließlich schriftlichen Anträgen detaillierte Angaben und insbesondere die Bankverbindung erforderlich sind, ist es ratsam, die vorgesehenen Anträge zu nutzen. Eine Entschädigung kann aber nicht verwehrt werden, wenn diese zB mittels einfachem Anschreiben beantragt wird. Für die fristgerechte Geltendmachung reicht jede Form.

Es besteht auch vor dem Land- oder Oberlandesgericht insoweit kein Anwaltszwang. Es können aber für den Berechtigten der Prozess- oder Verfahrensbevollmächtigter oder ein gesetzlicher Vertreter, Pfleger, Betreuer den Antrag stellen. Mehrere Erben müssen den Antrag gemeinsam stellen. Richtiger Adressat ist die heranziehende Stelle. 9

3. Umfang der Antragstellung. Sachverständige, Dolmetscher und Übersetzer müssen ihren Gesamtanspruch nachvollziehbar aufschlüsseln. Dabei muss der Anspruch insbesondere innerhalb der Frist von drei Monaten vollständig und konkret beziffert werden (OLG Köln JurBüro 2020, 539). Nach dem Ablauf der 3-Monats-Frist erlischt der Anspruch ohne weiteres (OLG Schleswig Rpfleger 2013, 524). Die Frist gilt auch für Ansprüche, die dem Berechtigten im Zeitraum der gesetzlichen Frist unbekannt waren, wie zB die **eigene Umsatzsteuerpflicht** oder Rechnungen von Dritten. Ein etwa übersehener Anspruch kann später allenfalls unter den Voraussetzungen einer Wiedereinsetzung in den vorigen Stand geltend machen werden. 10

Insbesondere die auf die Vergütung entfallende Umsatzsteuer ist als Bestandteil der Vergütung nach §§ 8 I Nr. 4, 12 I 2 Nr. 4 innerhalb der Frist geltend zu machen (OLG Köln JurBüro 2020, 524). Nach dem Fristablauf kann auch eine Umsatzsteuer nur über eine erfolgreiche Wiedereinsetzung in den vorigen Stand erstattet werden (OLG München RVGreport 2013, 163). Auch eine Nachforderung zu einer bereits eingereichten Rechnung ist nur innerhalb der Frist zulässig (OLG Oldenburg, MEDSACH 2018, 180). Eine nachträgliche **Rechnungskorrektur, die nur der Vermeidung der Kürzung wegen § 8a IV dient,** ist nach Ablauf der 3-Monatsfrist unbeachtlich (OLG Düsseldorf JurBüro 2019, 36). Denn eine Änderung zum Zwecke der Reduzierung einer überhöhten Rechnung, zB auf nicht mehr als 20 % des Vorschussbetrages, ist ebenfalls nur innerhalb der Frist zulässig (OLG Oldenburg BeckRS 2017, 119214). 11

Über die vom Berechtigten geltend gemachte Antragshöhe hinaus kann eine Vergütung jedoch nicht gewährt werden. Bei **Zeugen** hingegen kann, wenn Unkenntnis über die Höhe der Ansprüche besteht und ein Antrag daher nicht vollständig korrekt beziffert wurde, eine Entschädigung im Umfang der gesetzlich zustehenden Beträge ausgezahlt werden. Dieses gilt insbesondere für die Entschädigung für Zeitversäumnis, die zwar nicht ausdrücklich geltend gemacht worden ist, aus dem Antrag und den Auskünften des Berechtigten aber hervorgeht, dass die Voraussetzungen für eine Entschädigung nach § 20 gegeben sind (OLG Celle BeckRS 2020, 14761). 12

4. Verzicht. Soweit der Berechtigte auf eine Vergütung oder Entschädigung wirksam verzichtet hat, ist er durch eine etwa trotzdem erhaltene Leistung ungerechtfertigt bereichert. Das Gericht muss diese Bereicherung von Amts wegen zurückfordern. Die insoweit geleisteten Beträge sind keine Auslagen, die die Staatskasse vom Kostenschuldner fordern darf. Soweit eine **Partei** den vom Gericht herangezogenen Berechtigten nach seinem Verzicht auf eine Vergütung oder Entschädigung aus der Staatskasse ihrerseits selbst bezahlt, kann sie von ihm keine Erstattung fordern (aA OLG Frankfurt a. M. BB 1978, 1340, aber man kann sie nicht besser als die Staatskasse stellen). 13

5. Widerruf der Verzichtserklärung. Ein Zeuge ist aber nicht unwiderruflich an die Verzichtserklärung gebunden. Ein Widerruf der Verzichtserklärung kommt bei einem Wegfall der Geschäftsgrundlage in Betracht, wie etwa bei abweichender Anreise von einer rechtzeitig mitgeteilten Auslands-Arbeitsstelle (OLG Düsseldorf AGS 1998, 127). Das gilt auch wegen einer Täuschung, einer Drohung oder eines Erklärungsirrtums (OLG München NJW 1975, 2108). Die Verzichtserklärung lässt 14 sich an eine auch stillschweigende Voraussetzung oder Bedingung knüpfen, zB am eigenen Wohnort statt vor dem auswärtigen Prozessgericht aussagen zu können (OLG Düsseldorf MDR 1991, 66). Der Widerruf des bereits dem Gericht vorgelegten Verzichtes ist jedoch nur wirksam, wenn er unverzüglich nach Eintritt der maßgeblichen Umstände und jedenfalls vor der Vernehmung dem Gericht gegenüber erklärt wird (OLG München JurBüro 1995, 373).

15 **V. Belehrung über die Frist.** Jeder Berechtigte ist über die Frist, deren Beginn und das Erlöschen des Anspruchs bei Nichteinhaltung zu belehren. Die Belehrung nach I 1 Hs. 2 ist Gerichtsaufgabe und -pflicht (OLG Bremen JurBüro 2013, 486). Sie muss eindeutig, unverzüglich und zutreffend wie vollständig erfolgen. Daher wird sie oft automationsgestützt bereits mit der Ladung übermittelt oder ist auch auf Vordrucken zur Antragstellung enthalten. Erfolgt die Heranziehung nur mündlich, sollte die Belehrung spätestens mit der Aushändigung des Zeugenformulars vorgenommen werden. **Fehlt die Belehrung** führt dies nicht automatisch zur Beseitigung der Frist und der gesetzlichen Folge des Erlöschens. Vielmehr rechtfertigt dieses die Wiedereinsetzung in den vorigen Stand (→ Rn. 30).

16 Denn ist die Belehrung unterblieben oder fehlerhaft, greift die gesetzliche Vermutung, dass der Berechtigte ohne sein Verschulden an der Einhaltung der Frist gehindert war.

17 **1. Antragsfrist (I, II).** Die 3-Monats-Frist nach I 1 gilt einheitlich für alle Anspruchsberechtigten. Sie ist eine **Ausschlussfrist** und hat das Erlöschen der Ansprüche zur Folge (OLG Jena JurBüro 2012, 153; LG Hannover JurBüro 2005, 550). Der Berechtigte muss seine Angaben über den Vergütungs- oder Entschädigungsanspruch innerhalb der 3 Monate **vollständig** nach Grund und Höhe machen (OLG Braunschweig FamRZ 2018, 380). Ein Antrag ist schon vor der Beendigung einer Heranziehung zulässig (OLG Bremen JurBüro 1976, 1536). Der Berechtigte braucht ihn dann nicht nach der Beendigung seiner Tätigkeit zu wiederholen (OLG Oldenburg JurBüro 1996, 322).

18 **VI. Fristbeginn.** Der Fristbeginn ist in I 2 für die jeweilige Art der Heranziehung gesondert geregelt. Die Frist beginnt mit jeder selbständigen Leistung (OLG Bremen JurBüro 2013, 486). Nur bei mehrfacher Heranziehung ist unter den Voraussetzungen des **I 3** für den Beginn aller Fristen die letzte Heranziehung maßgeblich. Die Antragtragstellung bei einer unzuständigen Stelle wahrt die Frist nicht. Der Berechtigte trägt die **Beweislast für die Einhaltung** der Frist (LG Osnabrück JurBüro 2018, 157).

19 **1. Schriftliches Gutachten, Übersetzung (I 2 Nr. 1).** Hier beginnt die Frist mit dem Eingang des Gutachtens oder der Übersetzung bei derjenigen Stelle, die den Berechtigten beauftragt hat. Kommt es im gerichtlichen Verfahren im selben Rechtszug zu einer weiteren Heranziehung, etwa einem Ergänzungsgutachten oder zur mündlichen Erläuterung des schriftlichen Gutachtens, beginnen nach I 3 alle Fristen mit der letzten Heranziehung. Das Risiko, dass eine weitere Beauftragung in dem Verfahren ausbleibt, trägt der Berechtigte (OLG Koblenz MDR 2008, 173). Die Beachtung der jeweiligen Frist ist daher zur Sicherung der Ansprüche ratsam.

20 **2. Vernehmung oder Dolmetscherzuziehung (I 2 Nr. 2).** Bei einer Vernehmung als Sachverständiger oder sachverständiger Zeuge oder Zeuge oder einer Zuziehung als Dolmetscher beginnt die Frist mit der Beendigung der Vernehmung oder Zuziehung. Dabei beginnt die Ausschlussfrist mit der Entlassung im Termin (OLG Celle DS 2005, 351). In den Fällen des § 191 SGG beginnt die Frist mit dem Ende des letzten Untersuchungstermins (LSG Baden-Württemberg JurBüro 2012, 603). Wird ein Berechtigter mehrfach in demselben Rechtszug vernommen oder zugezogen, gilt auch hier, dass die Frist erst mit der letzten Heranziehung beginnt, I 3.

21 **3. Beendigung der Heranziehung usw (I 2 Nr. 3).** Bei einer vorzeitigen Beendigung der Heranziehung oder des Auftrags beginnt die Frist erst mit der Bekanntgabe der Erledigung an diesen Berechtigten. Erfasst werden alle in Nr. 1 und 2 genannten Heranziehungen, die aus Gründen, die dem Berechtigten nicht bekannt sind, enden. Denkbar sind Klagerücknahmen, Vergleichsabschluss im Termin oder Beschlusswege, Ruhen des Verfahrens oder Einstellung im Strafverfahren. In ver-

gleichbaren Fällen führt erst die **Mitteilung an den Berechtigten,** dass es einer weiteren Tätigkeit nicht bedarf, zum Fristbeginn. Erforderlich ist, dem Berechtigten zweifelsfrei deutlich zu machen, dass der Auftrag beendet ist (OLG Düsseldorf JurBüro 2019, 588).

4. Urkundenvorlage, Augenschein usw, (I 2 Nr. 4). Hierher gehören die Fälle des § 23, also: Die Vorlage einer Urkunde zB nach § 420 ZPO oder sonstigen Unterlage oder eines sonstigen Gegenstands gerade auf Grund einer gerichtlichen Anordnung etwa nach § 142 ZPO; die Duldung von deren Inaugenscheinnahme durch das Gericht zB nach § 371 ZPO. Dann beginnt die Frist mit der Beendigung der Maßnahme. Das kann der Vorlage- oder sogar schon der Abholzeitpunkt sein, aber evtl. auch erst das Ende zB des Erörtertungstermins oder erst der Zeitpunkt des Rückerhalts einer Urkunde. Im Zweifel zugunsten des Antragstellers. Maßgeblich ist in derselben Angelegenheit die letzte solche Maßnahme. 22

5. Ehrenamtlicher Richter, Ausschussmitglied (I 2 Nr. 5). Nach dem Einsatz als ehrenamtlicher Richter oder als Mitglied eines Ausschusses nach § 1 IV beginnt die Frist nach Hs. 1 mit der Beendigung der Amtsperiode gerade dieses Berechtigten. Sie beginnt aber nicht schon mit der Beendigung der Tätigkeit in dem jeweiligen letzten Einzelverfahren, Hs. 2. 23

VII. Mehrfache Heranziehung (I 2). Für herangezogene Sachverständige, Dolmetscher und Übersetzer sowie für Zeugen sieht I 3 im Falle der mehrfachen Heranziehung einen abweichenden Fristbeginn vor. Sodann beginnt die Frist nicht in den nach Nr. 1 oder 2 bestimmten Zeitpunkten, sondern erst mit der **letzten Heranziehung.** Das gilt auch, wenn der Berechtigte mehrfach, aber in unterschiedlichen Funktionen (als Dolmetscher, Übersetzer und Sprachsachverständiger) herangezogen wird (OLG Celle AGS 2022, 47). Die Ausweitung des Fristbeginns greift nicht für Dritte nach § 23 und nicht für ehrenamtliche Richter, da die Vorschrift ausdrücklich auf diese Berechtigten der Nr. 4 und 5 nicht verweist. Die Regelung gilt hingegen ihrem Sinn nach auch für Sprachsachverständigen im Sinne des § 11 IV und Kommunikationshilfen im Sinne des § 186 Abs. 2 GVG. 24

Für die Bestimmung des Fristbeginns ist auf dasselbe Verfahren abzustellen, etwa auf ein Ermittlungsverfahren. Erfolgt die Heranziehung innerhalb eines gerichtlichen Verfahrens, ist der jeweilige Rechtszug maßgeblich. Erstattet also ein Sachverständiger in der ersten Instanz sein Gutachten, gilt ein Ergänzungsgutachten im Berufungsverfahren nicht als mehrfache Heranziehung. Vielmehr ist der Fristbeginn in jeder Instanz gesondert zu bestimmen. 25

VIII. Fristverlängerung (I 4 Hs. 1). Die in I 1 genannte Stelle darf die Dreimonatsfrist nach I 4 auf einen Antrag hin verlängern. Der Antrag ist zwingend zu begründen. Ausreichen mag etwa das Ausstehen der rechtzeitig erbetenen Rechnung einer Hilfsperson gegenüber dem Sachverständigen. Darüber entscheidet die in I 1 genannte Stelle nach ihrem pflichtgemäßen Ermessen unter einer Abwägung aller vorgetragenen und erkennbaren Umstände. Ein Verlängerungsantrag muss vor dem Fristablauf eingehen (LG Hannover JurBüro 2005, 550, keine Wiedereinsetzung). Die Fristverlängerung darf nur ausnahmsweise erfolgen. Eine Mehrarbeit des Berechtigten wegen der etwaigen Notwendigkeit mehrerer zeitlich aufeinander folgender Anträge reicht dafür nicht, wohl aber evtl. die Abhängigkeit des Berechtigten bei der Antragstellung von einem zulässig unterbeauftragten Dritten. 26

1. Ablehnung einer Verlängerung (I 4 Hs. 2, I 5). Soweit die in I 1 genannte Stelle eine Fristverlängerung ablehnen will, darf und muss sie unverzüglich und daher ohne ein schuldhaftes Zögern den Antrag dem für die Festsetzung der Vergütung oder Entschädigung nach § 4 I zuständigen Gericht vorlegen. Es muss einen irrig zunächst direkt bei ihm eingereichten Antrag zunächst der in I 1 genannten Stelle zuleiten und deren Rückvorlegung abwarten. Das Gericht entscheidet schließlich durch einen unanfechtbaren Beschluss. Soweit auch das Gericht nach I 4 ablehnt, beginnt die Frist nach I 1 nicht etwa neu, sondern es beginnt eine **weitere Ausschlussfrist** von diesmal nur noch 2 Wochen seit der Bekanntgabe der Gerichtsentscheidung. In dieser letzten 2-Wochen Frist muss der Berechtigte den Anspruch bei der in I 1 genanten Stelle geltend machten, um ihn nicht zu verlieren. 27

28 **2. Kein Formzwang, kein Anwaltszwang (I).** Der Antrag auf Fristverlängerung ist formlos zulässig, er kann auch mündlich oder elektronisch gestellt werden, § 4b. Er ist gegenüber dem Urkundsbeamten der Geschäftsstelle des heranziehenden Gerichts usw und daher entsprechend § 78 III Hs. 2 ZPO ohne einen Anwaltszwang zulässig (so schon OLG Bremen JurBüro 1976, 1537). Für Zeugen ist jede Erklärung, aus der sich ein Anspruch auf die Zahlung einer Entschädigung objektiv ableiten lässt ausreichend (OLG Düsseldorf JurBüro 1996, 490 (Bitte um Vordruck)).

29 **IX. Erlöschen bei gezahltem Vorschuss.** Wurde bereits ein Vorschuss nach § 3 bewilligt, erlischt der Anspruch nur noch insoweit, als der Vorschussbetrag überschritten wird. Im Umfang der Bewilligung des Vorschusses verbleibt dem Berechtigten der insoweit zugesprochene Betrag, auch wenn die Endabrechnung nicht fristwahrend eingereicht wurde und somit grds. das Erlöschen eingetreten ist. Die Regelung soll nach dem Willen des Gesetzgebers ausdrücklich das vollständige Erlöschen abmildern (BT-Drs. 19/23484, 64). Dabei soll es nur auf die Bewilligung ankommen, weder auf eine gerichtliche Festsetzung über eine Fristverlängerung noch auf die Auszahlung des Betrages im Zeitpunkt des Fristablaufs. Das Risiko, dass nach der Vorschussbewilligung keine abschließende Antragstellung mehr erfolgt und damit die Höhe des tatsächlichen Anspruchs nicht sicher feststeht, wurde bei der Einführung der Vorschrift in Kauf genommen. Besteht die Vermutung, dass der Vorschussbetrag höher ist als der eigentliche Anspruch, bleibt nur das Festsetzungsverfahren nach § 4.

30 **X. Wiedereinsetzung in den vorigen Stand (II).** Wenn der Berechtigte den Anspruch nicht innerhalb der ursprünglichen Frist oder nach einem rechtzeitigen Verlängerungsantrag nicht innerhalb der etwa verlängerten Frist geltend gemacht hat, erlischt der Anspruch nach I 1 grundsätzlich.

31 Soweit der Berechtigte die Frist aber ohne sein Verschulden nicht einhalten konnte, kann er nach **II 1 Hs. 1** eine **Wiedereinsetzung** in den vorigen Stand beantragen (LSG NRW BeckRS 2018, 36553). Besteht Streit über den fristgerechten Eingang der Rechnung, geht der Nachweis des rechtzeitigen Eingangs nach den Grundsätzen der objektiven Beweislast zu Lasten des Berechtigten (LSG Bayern BeckRS 2013, 74229; LSG Thüringen Beck RS 2009, 59148).

32 Die Wiedereinsetzung kann nur auf **Antrag** gewährt werden, von Amts wegen wird sie nicht berücksichtigt. Die in II 1 normierten Antragserfordernisse (rechtzeitig innerhalb der 2-Wochenfrist; glaubhaft gemacht und beziffert) stehen einer Auslegung bei nur verspäteter Geltendmachung entgegen. Der Antrag muss innerhalb von 2 Wochen nach Beseitigung des Hindernisses, das der rechtzeitigen Geltendmachung entgegen stand, gestellt werden. Dabei sind der Wiedereinsetzungsgrund bzw. die Tatsachen, auf die die Wiedereinsetzung gestützt wird, glaubhaft zu machen. Die **Glaubhaftmachung** erfolgt wie bei § 294 ZPO. Dabei reicht, wenn ein plausibler, nach der Lebenserfahrung naheliegender Sachverhalt dargestellt wird und keine durchgreifenden Zweifel an der Richtigkeit der Angaben bestehen. Weitere Voraussetzung für die positive Bescheidung der Wiedereinsetzung ist, dass der Vergütungsanspruch beziffert wird.

33 Nach dem Ablauf eines Jahres seit dem Ende der versäumten Frist ist eine Wiedereinsetzung nach II 2 wie bei § 234 III ZPO unstatthaft (OLG Jena BeckRS 2011, 28901).

34 Ein Fehlen des Verschuldens wird nach **II 2** beim Fehlen oder bei der Mangelhaftigkeit der in I 1 Hs. 2 vorgeschriebenen Belehrung vermutet, § 292 ZPO (zum alten Recht OLG Hamm BauR 2010, 1274; OLG Koblenz MDR 2008, 173). Eine starke Arbeitsbelastung reicht kaum (LSG Bayern JurBüro 2009, 150). Einem Antragsteller ist das Verschulden seines Bevollmächtigten nicht zuzurechnen (SG Fulda BeckRS 2017, 120 369). Krankheit kann die Wiedereinsetzung begründen. Dabei kann von selbstständigen Einzel-Dolmetschern eine Vertreterbestellung für die Honorarabrechnung nicht verlangt werden (LG Stuttgart FamRZ 2018, 1358).

35 Versäumung eines Verlängerungsantrags nach → Rn. 26 kann trotz dessen vom Gesetz bloß als eine Kannvorschrift bezeichneter Ausgestaltung doch ein Verschulden bedeuten.

36 Über den Wiedereinsetzungsantrag entscheidet das Gericht iSd § 4, also der Richter (OLG Dresden MDR 2019, 893). Eine gewährte Wiedereinsetzung hat die

Wiederherstellung des Zustandes vor Versäumung der Ausschlussfrist zur Folge (Bund DS 2005, 325). Gegen die positive Entscheidung ist kein Rechtsmittel gegeben. Die Berechnung des Anspruchs, Anweisung und Auszahlung bleibt in der Zuständigkeit der Anweisungsstelle. Im richterlichen Beschluss über die Wiedereinsetzung kann eine solche Feststellung der Entschädigungshöhe nur unter den zusätzlichen Voraussetzungen des § 4 erfolgen, wie Gewährung rechtlichen Gehörs usw.

Gegen die ablehnende Entscheidung des Richters ist die **Beschwerde** unter den 37 Voraussetzungen des II 4–7 zulässig. Diese steht nur dem Berechtigten zu. Die Beschwerde ist binnen einer Zweiwochenfrist seit der Zustellung der ablehnenden Entscheidung einzulegen. Der Bezirksrevisor ist nicht beschwerdeberechtigt, weder bei Ablehnung, noch bei gewährter Wiedereinsetzung; auch nicht über § 4 (LG Stuttgart FamRZ 2018, 1358).

XI. Verjährung des Vergütungs- oder Entschädigungsanspruchs (III). So- 38 weit der Vergütungs- oder Entschädigungsanspruch nach I, II nicht erloschen ist, kann er verjähren.

1. Verjährungsfrist. Eine Verjährung erfolgt nach **III 1** drei Jahre nach dem 39 Ablauf desjenigen Kalenderjahrs, in dem der nach I 2 Nr. 1–4 maßgebliche Zeitpunkt eingetreten ist. Die Verjährung richtet sich im Übrigen gemäß **III 2** nach §§ 199 ff. BGB (aA OLG Dresden Rpfleger 1999, 538, Unanwendbarkeit der §§ 194 ff. BGB. Sie gelten aber ausdrücklich, und zwar nicht nur entsprechend, sondern direkt, wie schon nach altem Recht). Es kommt dabei für den Beginn auf den Ablauf desjenigen Kalenderjahrs an, in dem der Berechtigte seinen Anspruch erstmalig geltend machen **kann,** also nicht auf die tatsächliche Geltendmachung, sondern auf die bloße Möglichkeit dazu. Nach **III 3** hemmt scheinbar noch nicht die erstmalige Geltendmachung, sondern erst der Eingang eines Festsetzungsantrags nach § 4 I Hs. 1 die Verjährung ebenso wie eine Klagerhebung (§§ 253, 261 ZPO, § 204 I Nr. 1 BGB).

Man muss indessen in Wahrheit beachten, dass bereits der **Antrag** auf die Zahlung 40 einer Vergütung oder Entschädigung die Frist neu beginnen lässt. Denn dieser Antrag ist die in § 2 vorgesehene Art der gerichtlichen Geltendmachung. Ein Neubeginn der Verjährung liegt aber auch in einer etwaigen Aufforderung des Gerichts an den Berechtigten zur Geltendmachung seines Vergütungs- oder Entschädigungsanspruchs. Denn aus dieser im Gesetz nicht ausdrücklich vorgesehenen zulässigen Aufforderung ergibt sich, dass das Gericht von dem Bestehen eines Vergütungs- bzw. Entschädigungsanspruchs ausgeht. Erst recht hemmt natürlich ein Anerkenntnis zB im Weg einer Ratenzahlung die Verjährung.

2. Notwendigkeit einer Einrede. Die Verjährung ist nach **III 4** nicht von Amts 41 wegen beachtbar, sondern gibt der Staatskasse wie jedem Schuldner nur nach § 214 I BGB ein Leistungsverweigerungsrecht. Man darf sie daher nur auf ihre Einrede beachten. Zur Klärung, ob sie von dieser Einrede Gebrauch machen will, muss sie von der Situation Kenntnis haben. Daher darf die Anweisungsstelle ihr die Akten zur Entscheidung vorlegen. Eine Verjährungseinrede muss eindeutig erfolgen. Sie muss dann aber nicht unbedingt ausdrücklich als solche bezeichnet werden.

3. Verwirkung. Eine Verwirkung vor dem Eintritt der Verjährung ist denkbar, 42 etwa aus dem Gesichtspunkt des Vertrauensschutzes nach § 242 BGB (OLG Zweibrücken Rpfleger 1991, 84; LG Berlin FamRZ 1999, 1514). Denn dieser Gedanke gilt allgemein.

XII. Verjährung des Rückerstattungsanspruchs (IV). Die Vorschrift erfasst 43 nicht den Vergütungs- oder Entschädigungsanspruch des Berechtigten nach I–III, sondern die Verjährung des etwaigen Anspruchs der Staatskasse auf die Erstattung zuviel gezahlter Vergütung oder Entschädigung nach §§ 812 ff. BGB (OLG Hamm BauR 2012, 547; OLG Koblenz JurBüro 1987, 493). Es gilt eine dreijährige Verjährungsfrist seit dem Ende desjenigen Kalenderjahrs, in dem die überhöhte Zahlung erfolgt ist, IV 1 (OLG Hamm BauR 2012, 547; OLG München NJW-RR 2000, 143; LG Detmold NJW-RR 2012, 390). Sie errechnet sich im Übrigen entsprechend § 5 III GKG. Die Verjährung wird nicht durch das Festsetzungsverfahren nach § 4 I gehemmt (OLG Hamm BauR 2012, 547).

Vorschuss

3 Auf Antrag ist ein angemessener Vorschuss zu bewilligen, wenn dem Berechtigten erhebliche Fahrtkosten oder sonstige Aufwendungen entstanden sind oder voraussichtlich entstehen werden oder wenn die zu erwartende Vergütung für bereits erbrachte Teilleistungen einen Betrag von 1000 Euro übersteigt.

1 **I. Systematik.** § 3 behandelt den Rechtsanspruch des nach § 1 Berechtigten auf die Zahlung eines Vorschusses. Voraussetzung für die Gewährung eines angemessenen Vorschusses ist stets ein Antrag. Der Anspruch erstreckt sich für alle Berechtigten auf die Vorauszahlung von erheblichen Fahrtkosten oder erheblichen sonstigen Aufwendungen. Sachverständige, Dolmetscher und Übersetzer können zudem einen Vorschuss auf ihre Vergütung beantragen. § 3 setzt dafür voraus, dass die bereits erbrachte Teilleistung einen Betrag von 1.000 EUR übersteigt.

2 **II. Regelungszweck.** Die Vorschrift bezweckt eine Freistellung der Herangezogenen von einer unzumutbaren Vorwegleistungspflicht. Insbesondere diejenigen, die in Erfüllung einer Staatsbürgerpflicht hohe Ausgaben für die Fahrt oder sonstige Aufwendungen aufbringen müssen, sollen mit der Möglichkeit der Vorschussgewährung vor einer finanziellen Belastung geschützt werden. Insoweit stellt das Gesetz auf die nicht definierte Erheblichkeit dieser Kosten ab. Diejenigen, die als Dienstleister herangezogen werden, können einen Vorschuss erst ab einer erbrachten Teilleistung in Höhe des gesetzlich vorgegebenen Teilbetrages von 1.000 EUR beanspruchen.

3 **III. Keine Abhängigkeit von Eigenmitteln.** Ein Zeuge oder Sachverständiger usw hat unabhängig von seinen wirtschaftlichen und persönlichen Verhältnissen einen Anspruch auf einen Vorschuss unter den folgenden Voraussetzungen. Das Gericht muss sie nach seinem pflichtgemäßen Ermessen abschätzen.

4 **1. Antrag.** Der Vorschuss wird nur auf Antrag gewährt. Das Gericht zahlt den Vorschuss also nicht von Amts wegen. Der Antrag ist ohne einen Anwaltszwang zB nach § 78 ZPO und formfrei möglich. Bei Zeugen ist das Begehren im Zweifel auszulegen.

5 **2. Entweder: Erheblichkeit der Fahrtkosten.** Es müssen erhebliche Fahrtkosten nach § 5 entstanden sein oder voraussichtlich entstehen. Erheblich ist ein Betrag schon dann, wenn er bei durchschnittlichen Verhältnissen nicht mehr unerheblich, nicht mehr geringfügig ist. Fahrtkosten und sonstigen Aufwendungen müssen hierbei einen Betrag von 250,– EUR übersteigen, um „erheblich" iSd Vorschrift zu sein (LG Düsseldorf, IBR 2019, 169). Unterhalb dieser, auch in der Literatur vertretenen Grenze ist eine Erheblichkeit regelmäßig nicht anzunehmen (Binz/Dörndorfer/Zimmermann/Binz Rn. 2; BeckOK KostR/Bleutge Rn. 1; NK-GK/Simon/Pannen Rn. 2). So lehnt das LSG Bayern BeckRS 2009, 60386, das Kriterium „erheblich" für Beträge um ca. 160 EUR zutreffend wegen der grundsätzlich bestehenden Erstattungspflicht durch die Staatskasse und des geringen Vorfinanzierungsrisikos ab.

6 Selbst wenn der Geladene über **genügend Mittel** zur Reise verfügt, hat er einen Anspruch auf einen Vorschuss. Es kommt nicht darauf an, ob ihm zugemutet werden kann, die Reisekosten aus den eigenen Mitteln vorzustrecken, wenn erhebliche Kosten entstanden sind oder entstehen werden.

7 Zu unterscheiden ist, dass **mittellose Personen** nach landesrechtlichen Vorschriften einen Anspruch auf Gewährung von Reisekosten haben können, siehe dazu → Reiseentschädigungen (abgedruckt in diesem Werk). Diese Kostenübernahme erfolgt sodann unabhängig von der Höhe der Aufwendungen und allein unter Berücksichtigung der wirtschaftlichen Verhältnisse des Geladenen. Anspruchsberechtigt sind in diesen Fällen mittellose Parteien, Beschuldigte und andere Beteiligte. Mittellosigkeit ist nach den Vorschriften zur Bewilligung der Prozess- bzw. Verfahrenskostenhilfe zu beurteilen. Jedoch soll eine Gewährung nur in Betracht kommen, wenn im Rahmen einer Gesamtabwägung aller Umstände festgestellt werden kann, dass die Teilnahme an der Verhandlung auch bei einer nicht mittellosen Person zur verständigen Wahrnehmung ihrer Rechte als notwendig zu erachten wäre (OLG Düsseldorf NStZ-RR 2018, 63).

3. Oder: Erheblichkeit sonstiger Aufwendungen. In Betracht kommt ein Vorschuss neben oder statt der Fahrtkosten des § 5 auch auf alle sonstigen entstandenen oder voraussichtlich entstehenden Aufwendungen. Dieses sind wegen der Formulierung „sonstige Aufwendungen" zunächst solche nach § 7. Nach dem Sinn der Vorschrift müssen jedoch auch Übernachtungskosten, § 6, einer Vorschussgewährung zugänglich sein. Dagegen besteht kein Anspruch auf eine Vorauszahlung von Verdienstausfall. 8

4. Oder: Über 1.000 EUR zu erwarten. Alle Berechtigten mit einem Vergütungsanspruch im Sinne des § 8 können für bereits erbrachte Teilleistungen von mehr als 1.000 EUR auf Antrag einen Vorschuss auf die zu erwartende Gesamtvergütung erhalten. Es reicht nicht aus, dass erst durch künftige weitere Leistungen dieser Betrag überstiegen werden wird. Als erbrachte Teilleistungen kommen die in § 8 genannten Ansprüche in Betracht, also neben dem Honorar auch Aufwendungen und Steuern nach §§ 5–7, 12. Auslagen für Hilfskräfte müssen aber konkret, zeitlich und sachlich im Einzelnen abgrenzbar benannt werden (LG Düsseldorf IBR 2019, 169). 9

IV. Art des Vorschusses. Das Gericht muss nach seinem pflichtgemäßen Ermessen prüfen, in welcher Form die Staatskasse den Vorschuss leisten soll. Dabei können Reservierungen für den Berechtigten vorgenommen werden, es kommt aber insbesondere bei dem Vorschuss auf die Vergütung die Auszahlung in Betracht. Anders als bei mittellosen Personen ist der Vorschuss nach § 3 nicht auf öffentliche Verkehrsmittel bis zur 2. Wagenklasse begrenzt. Vielmehr gelten hinsichtlich der Erstattungsfähigkeit die allgemeinen Grundsätze. 10

V. Verfahren. Zuständig für die Entscheidung über den Vorschussantrag ist der **Anweisungsbeamte** des Gerichts, welches die Heranziehung veranlasst hat. Der Anweisungsbeamte hat dabei sowohl die Ermessensentscheidung dahingehend treffen, ob erhebliche Kosten (Alt. 1 und 2) gegeben sind als auch zu prüfen, ob ein ausreichend erbrachter Teilbetrag (Alt. 3) vorliegt und sodann die Höhe des auszuzahlenden Vorschusses zu bestimmen. Handelt es sich dagegen um einen Antrag auf Gewährung der Kosten für **mittellose Personen,** ist zunächst die Bewilligung des Gerichts (Richter/Rechtspfleger) erforderlich. In diesen Fällen sind vorrangig Fahrkarten zur Verfügung zu stellen und eine Barzahlung nur ausnahmsweise vorzunehmen. Bei kurzfristigen Anträgen kann in Eilfällen auch das Gericht am Wohnort der mittellosen Person zuständig sein. 11

Gegen die formlose Entscheidung des Anweisungsbeamten ist die gerichtliche Festsetzung nach § 4 zulässig. Auch bei der Gewährung von Reiseentschädigungen für mittellose Personen finden die verfahrensrechtlichen Vorschriften des JVEG entsprechende Anwendung (OLG Düsseldorf BeckRS 2017, 132800). 12

Man muss den gewährten Vorschuss bei der endgültigen Festsetzung der Entschädigung **anrechnen.** Der Berechtigte muss einen etwa zuviel gezahlten Betrag zurückzahlen. Seine Beitreibung erfolgt nach § 1 JBeitrG. 13

Gerichtliche Festsetzung und Beschwerde

4 **(1) [1] Die Festsetzung der Vergütung, der Entschädigung oder des Vorschusses erfolgt durch gerichtlichen Beschluss, wenn der Berechtigte oder die Staatskasse die gerichtliche Festsetzung beantragt oder das Gericht sie für angemessen hält. [2] Eine Festsetzung der Vergütung ist in der Regel insbesondere dann als angemessen anzusehen, wenn ein Wegfall oder eine Beschränkung des Vergütungsanspruchs nach § 8a Absatz 1 oder 2 Satz 1 in Betracht kommt. [3] Zuständig ist**

1. **das Gericht, von dem der Berechtigte herangezogen worden ist, bei dem er als ehrenamtlicher Richter mitgewirkt hat oder bei dem der Ausschuss im Sinne des § 1 Abs. 4 gebildet ist;**
2. **das Gericht, bei dem die Staatsanwaltschaft besteht, wenn die Heranziehung durch die Staatsanwaltschaft oder in deren Auftrag oder mit deren vorheriger Billigung durch die Polizei oder eine andere Strafverfolgungsbehörde erfolgt ist, nach Erhebung der öffentlichen Klage jedoch das für die Durchführung des Verfahrens zuständige Gericht;**

3. das Landgericht, bei dem die Staatsanwaltschaft besteht, die für das Ermittlungsverfahren zuständig wäre, wenn die Heranziehung in den Fällen des § 1 Abs. 1 Satz 1 Nr. 1 durch die Finanzbehörde oder in deren Auftrag oder mit deren vorheriger Billigung durch die Polizei oder eine andere Strafverfolgungsbehörde erfolgt ist, nach Erhebung der öffentlichen Klage jedoch das für die Durchführung des Verfahrens zuständige Gericht;

4. das Amtsgericht, in dessen Bezirk der Gerichtsvollzieher seinen Amtssitz hat, wenn die Heranziehung durch den Gerichtsvollzieher erfolgt ist, abweichend davon im Verfahren der Zwangsvollstreckung das Vollstreckungsgericht.

II 1 Ist die Heranziehung durch die Verwaltungsbehörde im Bußgeldverfahren erfolgt, werden die zu gewährende Vergütung oder Entschädigung und der Vorschuss durch gerichtlichen Beschluss festgesetzt, wenn der Berechtigte gerichtliche Entscheidung gegen die Festsetzung durch die Verwaltungsbehörde beantragt. 2 Für das Verfahren gilt § 62 des Gesetzes über Ordnungswidrigkeiten.

III Gegen den Beschluss nach Absatz 1 können der Berechtige und die Staatskasse Beschwerde einlegen, wenn der Wert des Beschwerdegegenstands 200 Euro übersteigt oder wenn sie das Gericht, das die angefochtene Entscheidung erlassen hat, wegen der grundsätzlichen Bedeutung der zur Entscheidung stehenden Frage in dem Beschluss zulässt.

IV 1 Soweit das Gericht die Beschwerde für zulässig und begründet hält, hat es ihr abzuhelfen; im Übrigen ist die Beschwerde unverzüglich dem Beschwerdegericht vorzulegen. 2 Beschwerdegericht ist das nächsthöhere Gericht. 3 Eine Beschwerde an einen obersten Gerichtshof des Bundes findet nicht statt. 4 Das Beschwerdegericht ist an die Zulassung der Beschwerde gebunden; die Nichtzulassung ist unanfechtbar.

V 1 Die weitere Beschwerde ist nur zulässig, wenn das Landgericht als Beschwerdegericht entschieden und sie wegen der grundsätzlichen Bedeutung der zur Entscheidung stehenden Frage in dem Beschluss zugelassen hat. 2 Sie kann nur darauf gestützt werden, dass die Entscheidung auf einer Verletzung des Rechts beruht; die §§ 546 und 547 der Zivilprozessordnung gelten entsprechend. 3 Über die weitere Beschwerde entscheidet das Oberlandesgericht. 4 Absatz 4 Satz 1 und 4 gilt entsprechend.

VI 1 Anträge und Erklärungen können ohne Mitwirkung eines Bevollmächtigten schriftlich eingereicht oder zu Protokoll der Geschäftsstelle abgegeben werden; § 129a der Zivilprozessordnung gilt entsprechend. 2 Für die Bevollmächtigung gelten die Regelungen der für das zugrunde liegende Verfahren geltenden Verfahrensordnung entsprechend. 3 Die Beschwerde ist bei dem Gericht einzulegen, dessen Entscheidung angefochten wird.

VII 1 Das Gericht entscheidet über den Antrag durch eines seiner Mitglieder als Einzelrichter; dies gilt auch für die Beschwerde, wenn die angefochtene Entscheidung von einem Einzelrichter oder einem Rechtspfleger erlassen wurde. 2 Der Einzelrichter überträgt das Verfahren der Kammer oder dem Senat, wenn die Sache besondere Schwierigkeiten tatsächlicher oder rechtlicher Art aufweist oder die Rechtssache grundsätzliche Bedeutung hat. 3 Das Gericht entscheidet jedoch immer ohne Mitwirkung ehrenamtlicher Richter. 4 Auf eine erfolgte oder unterlassene Übertragung kann ein Rechtsmittel nicht gestützt werden.

VIII 1 Die Verfahren sind gebührenfrei. 2 Kosten werden nicht erstattet.

IX Die Beschlüsse nach den Absätzen 1, 2, 4 und 5 wirken nicht zu Lasten des Kostenschuldners.

Übersicht

I. Systematik (I–IX). Im Festsetzungsverfahren nach § 4 wird der Anspruch eines Berechtigten durch das Gericht förmlich festgesetzt. Das Gericht entscheidet dabei durch Beschluss über den gesamten Anspruch, nicht nur über streitige Positionen. Das Verfahren stellt keine Überprüfung einer ggf. zuvor erfolgten formlosen Anweisung durch den Anweisungsbeamten dar, sondern es wird erstmalig die Höhe der Entschädigung bzw. der Vergütung festgestellt. An dem Verfahren sind nur der Berechtigte und die Staatskasse beteiligt. Unabhängig davon, in welchem Verfahren der Berechtigte herangezogen wird, richtet sich die Festsetzung und die sich daran anschließenden Rechtsmittel nur nach § 4. Das Verfahren ist nicht an eine Frist gebunden und gebührenfrei. 1

II. Regelungszweck (I–IX). Die Festsetzung nach § 4 dient der gesicherten Feststellung eines Anspruchs nach dem JVEG. Daran können sowohl die Berechtigten selbst als auch die Landeskasse ein Interesse haben, die Verfahrensbeteiligten hingegen haben kein Antragsrecht. Denn die Parteien eines Verfahrens sind an dem Festsetzungsverfahren nicht beteiligt. Diese können sich nur im Rahmen der Erinnerung gegen eine Kostenrechnung (zB § 66 GKG, § 57 FamGKG, § 81 GNotKG) gegen die Höhe von JVEG Auslagen wenden, wenn diese einen Auslagentatbestand der gerichtlichen Kostenrechnungen erfüllen, vgl. KV 9005 GKG; KV 2005 FamGKG, KV 31005 GNotKG. Die gerichtliche Festsetzung kann aber von Amts wegen in Betracht kommen, wenn das Gericht sie für angemessen hält. Insoweit kann der Richter etwaige Einwendungen der Parteien gegen Sachverständigenkosten oder Zeugenauslagen im Laufe eines Rechtsstreits zum Anlass nehmen, die Festsetzung nach § 4 vorzunehmen. Damit kann das Gericht zB in Fällen der Schlechterfüllung einer Sachverständigenleistung ohne Antragserfordernis über die Vergütung entscheiden. 2

III. Anwendungsbereich (I–IX). § 4 gilt für alle persönlich Anspruchsberechtigten nach § 1 und für den Bezirksrevisor als den Vertreter der Staatskasse sowie bei 3 einem Streit über eine Vorschusszahlung nach I 1. Die Vorschrift gilt ferner für den Abtretungsnehmer als den neuen Gläubiger einer derartigen Forderung. Unabhängig davon, ob bereits eine Festsetzung nach § 4 erfolgt ist, können die Parteien eines Verfahrens neben dem Erinnerungsverfahren gegen die Gerichtskostenrechnung auch im Kostenfestsetzungsverfahren einwenden, die Staatskasse habe den Sachverständigen zu hoch oder zu Unrecht vergütet (OLG Naumburg MDR 2019, 832). Denn gemäß § 4 Abs. 9 JVEG wirkt diese gerichtlich Festsetzung nicht zulasten des Kostenschuldners (LG Berlin BeckRS 2011, 24561).

4 **IV. Verfahren des Urkundsbeamten.** Die Entscheidung über die Vergütung oder Entschädigung oder über einen Vorschuss erfolgt grundsätzlich von Amts wegen zunächst durch den für die Anweisung zuständigen Urkundsbeamten der Geschäftsstelle. Es handelt sich dabei um eine formlose Auszahlung im Verwaltungswege. Von diesem Grundsatz gilt nur dann eine **Ausnahme,** wenn entweder das Gericht die förmliche Festsetzung nach § 4 I 1 für angemessen hält oder wenn der Berechtigte oder die Staatskasse einen Festsetzungsantrag und nicht bloß einen Vergütungs-, Vorschuss- oder Entschädigungsantrag stellt. Verbleiben bei einem Antrag streitige Positionen, weswegen der Anweisungsbeamte die Akten dem Richter mit der Bitte um Festsetzung vorlegt, ist der unstreitigen Teilbetrag vorab auszuzahlen (VG Schleswig JurBüro 2004, 98). Die gerichtliche Festsetzung ist dabei keine Überprüfung des Anweisungsbeamten und stellt auch kein Rechtsmittel dar. Daher gilt das Verschlechterungsverbot nicht, der Berechtigte hat auch keinen Vertrauensschutz im Umfang bereits erhaltener Zahlungen.

5 Im **Verwaltungsverfahren** ist das Gericht berechtigt und auf Verlangen des Urkundsbeamten verpflichtet, sich dienstlich dazu zu äußern, ob und inwiefern gegen eine Leistung dem Grunde nach Bedenken bestehen (OLG München NJW-RR 1997, 768). Notfalls kann die Dienstaufsichtsbehörde das Gericht zur Abgabe dieser Äußerung verpflichten. Das Gericht ist aber nicht verpflichtet, dem Urkundsbeamten die Arbeit praktisch abzunehmen.

6 **V. Gerichtliche Festsetzung (I, VII).** Eine förmliche Festsetzung der Vergütung oder Entschädigung oder eines Vorschusses erfolgt durch das Gericht, welches den Berechtigten herangezogen hat. Hat der Rechtspfleger die Heranziehung veranlasst, ist er für die Festsetzung funktionell zuständig.

7 **1. Entweder: Antrag (I 1 Hs. 1).** Es muss entweder ein Festsetzungsantrag vorliegen, nicht bloß ein Vergütungs- oder Entschädigungsantrag nach § 2 schlechthin (OLG Hamm FamRZ 1995, 486). Zur Antragstellung sind berechtigt: Jeder nach § 1 Berechtigte; der Bezirksrevisor als Vertreter der Staatskasse (OVG Hamburg NVwZ-RR 2010, 1000). Gegen diesen weisungsgebunden Beamten gibt es kein Ablehnungsrecht (OLG Koblenz MDR 1985, 257); ein Abtretungsnehmer. Der letztere kann die Festsetzung auf sich persönlich beantragen.

8 **Nicht** antragsberechtigt ist die Partei (OLG Koblenz JurBüro 2010, 96).

9 Der Antrag ist **formlos** zulässig. Er liegt auch in einer Bemängelung der gewährten Gebühr oder einer sonstigen Einwendung der Beweisperson gegen ein Verwaltungsverhalten oder evtl. auch in der Stellungnahme des Bezirksrevisors zu einem Antrag (OLG Koblenz JurBüro 2010, 96). Eine solche Beanstandung einer vorgesetzten Stelle, der die anweisende nicht gefolgt ist, kann einen Antrag darstellen. Ein Festsetzungsantrag ist auch schon vor der Verwaltungsbearbeitung einer Vergütung oder Entschädigung statthaft. Ein Antrag der Staatskasse ist auch noch nach einer Erstattung statthaft. Es gibt keine Antragsfrist nach I 1 Hs. 1.

10 Ein bloßer **Vergütungs-,** Vorschuss- **oder Entschädigungsantrag** enthält keineswegs auch nur grundsätzlich auch einen Festsetzungsantrag. Die Leistung ist grundsätzlich bei einer Entscheidung nur wegen eines Antrags und nicht durch den vom Berechtigten geforderten Gesamtbetrag begrenzt (OLG Düsseldorf JurBüro 1992, 264). Deshalb muss der Antragsteller seine Forderung auch nach deren Grund und Höhe nachvollziehbar darstellen. Andernfalls muss das Gericht ihm dazu eine angemessene Frist setzen und den Antrag nach einem erfolglosen Fristablauf als unzulässig zurückweisen. Ein Verzicht ist nach Treu und Glauben auslegbar (OLG Düsseldorf MDR 1991, 66).

2. Oder: Angemessenheit (I 1 Hs. 2, I 2). Die Festsetzung durch das Gericht findet ferner grundsätzlich auch insoweit statt, als es eine eigene Festsetzung von Amts wegen oder auf Grund einer solchen bloßen Anregung, die nicht zu einem Antrag geworden war, für angemessen hält (AG Darmstadt ZIP 2013, 2372). Wenn Anhaltspunkte für die Anwendung von § 8a I 1 oder II 1 vorliegen und somit die Feststellungen über einen **Wegfall oder die Beschränkung des Vergütungsanspruchs** erforderlich werden, ist die gerichtliche Festsetzung regelmäßig angemessen, (LG Düsseldorf IBR 2021, 329). Die Festsetzung ist in diesen Fällen schon deshalb erforderlich, da die Anweisungsstelle oftmals weder das Vorliegen dieser Voraussetzungen des § 8a abschließend beurteilen noch die sodann zu erstattende Höhe der Vergütung ermitteln kann. Die Ergänzung der Vorschrift durch das KostRÄG 2021 durch die nicht abschließende Aufzählung von Fällen der Angemessenheit gerichtlicher Festsetzungen ist daher sachgerecht und verhindert Kostenstreitigkeiten, die anderenfalls erst später durch die Parteien im Erinnerungsverfahren etwa nach § 66 GKG oder § 57 FamGKG eingewandt werden können (OLG Rostock MDR 2021, 775). Im Allgemeinen ist die Festsetzung von Amts wegen immer dann angemessen, wenn sich aus dem Verfahren bereits im Zusammenhang mit der Begutachtung oder sonstigen Leistung über den Inhalt hinausgehender Streit oder Einwendungen der Parteien abzeichnen. 11

Durch den Verweis auf nur einige Fälle des § 8a wird deutlich, dass viele Anwendungsfälle zunächst von der Anweisungsstelle bearbeitet werden sollen. Dieses gilt auch in der häufig vorkommenden Konstellation der Kürzung wegen Überschreitung des eingezahlten Vorschusses (§ 8a IV). 12

Soweit die Staatskasse **zuviel** gezahlt hat, muss sie den überzahlten Betrag nach § 1 I Nr. 8 JBeitrG wieder einziehen, LSG Baden-Württemberg BeckRS 2021, 10573. Der Bereicherte darf sich nicht auf den Fortfall der Bereicherung berufen. § 818 III BGB gilt nicht (OVG Hamburg NVwZ-RR 2010, 1000). Er kann sich aber evtl. auf den Grundsatz des **öffentlichen Vertrauensschutzes** berufen,OLG Köln JurBüro 1999, 320, LSG Baden-Württemberg BeckRS 2021, 10573. 13

3. Gerichtsfreiheit (I 1). Es ist unerheblich, aus welchem Grund ein Beteiligter eine erfolgte Zahlung bemängelt hat, ob wegen einer falschen rechtlichen Beurteilung oder wegen einer unrichtigen Tatsachenwürdigung (OLG Düsseldorf Rpfleger 1983, 129). Eine vorherige Festsetzung durch den Urkundsbeamten der Geschäftsstelle ist nicht notwendig. Daher ist ein Antrag beim Gericht nach I auch kein Rechtsbehelf. Das Gericht darf infolgedessen den vom Urkundsbeamten der Geschäftsstelle etwa festgesetzten Betrag unterschreiten (OLG Düsseldorf NJW-RR 1996, 189; OLG Koblenz DB 1986, 33; LSG Nds-Brem NZS 2002, 224). 14, 15

4. Antragsform (I 1, VI 1). Der etwaige Antrag gleich welcher Instanz kann gemäß § 129a ZPO zu Protokoll des Urkundsbeamten der Geschäftsstelle gestellt werden oder ist schriftlich bei dem Gericht einzureichen.Unter den Voraussetzungen des § 130a ZPO ist auch die Antragstellung in elektronischer Form zulässig (§ 4b). Ein Anwaltszwang wie bei § 78 ZPO besteht ausdrücklich nicht, da die Anträge ohne Mitwirkung eines Bevollmächtigten gestellt werden können. Für den Vertreter der Staatskasse ist § 4b zu beachten (LG Lübeck NJW-RR 2022, 1728). 16

VI. Zuständigkeit (I 2, II). Man muss vier verschiedene Zuständigkeitsarten unterscheiden. 17

1. Heranziehung, Mitwirkung, Ausschussbildung durch Gericht (I 2 Nr. 1). Zur Festsetzung ist nach I 2 Nr. 1 dasjenige Gericht zuständig, das den Berechtigten nach § 1 herangezogen hat (Schlöpke Rpfleger 1993, 436). Das kann auch das ersuchte Gericht sein (OLG Saarbrücken JurBüro 1990, 107) ferner auch derjenige Einzelrichter zB nach §§ 348, 348a ZPO, der den Zeugen herangezogen hat, nicht etwa dasjenige Kollegialgericht, das den Beweis etwa nach §§ 358, 358a ZPO angeordnet hatte. Nach dieser Vorschrift ist auch dasjenige Gericht zuständig, bei dem der ehrenamtliche Richter mitwirkt oder bei dem ein Ausschuss nach § 1 IV besteht. Es ist nach § 129a ZPO, § 25 III 1 FamFG auch jedes AG zur Entgegennahme zuständig. Es leitet den Antrag dann wie § 121 I 1 BGB unverzüglich an das zur weiteren Bearbeitung zuständige Gericht weiter. 18

19 **Sobald** und soweit das **Gericht** mit einem Festsetzungsverfahren auf Grund eines Antrags oder von Amts wegen **befasst ist,** wird die etwa vorangegangene oder noch laufende Festsetzung durch den Urkundsbeamten der Geschäftsstelle wirkungslos (BFH EFG 1975, 39). Den Richter bindet auch an eine nach §§ 2, 3 gegebene oder erzwungene eigene Stellungnahme nicht mehr (OLG München NJW-RR 1997, 768).

20 Soweit der **Rechtspfleger** einen Berechtigten hinzugezogen hat, ist er nach § 4 I für die Festsetzung zuständig (AG Fulda, JurBüro 2018, 268; Baronin von König Rpfleger 2006, 172).

21 **2. Heranziehung durch Staatsanwaltschaft usw (I 2 Nr. 2).** Soweit die Staatsanwaltschaft oder in deren Auftrag oder mit deren vorheriger Billigung die Polizei oder eine andere Strafverfolgungsbehörde einen Berechtigten herangezogen hat, ist nach I 2 Nr. 2 Hs. 1 zur etwa beantragten oder von Amts wegen für notwendig gehaltenen Festsetzung der Vergütung, des Vorschusses oder der Entschädigung zunächst dasjenige Gericht zuständig, bei dem die Staatsanwaltschaft besteht (OLG Hamm MDR 1995, 104), also das LG, das OLG oder der BGH. Nach einer Anklageerhebung ist aber nach I 2 Nr. 2 Hs. 2 dasjenige Gericht zuständig, vor dem das weitere Verfahren abläuft.

22 Das gilt **unabhängig davon, ob** die Staatsanwaltschaft in der Sache eine **Anklage** erhoben oder einen Strafbefehl beantragt oder einen solchen Antrag zurückgenommen hat. Denn Nr. 2 erfasst eindeutig alle diese Fälle, und das LG der Staatsanwaltschaft ist in keinem dieser Fälle überfordert. Es kommt evtl. auch dasjenige LG in Betracht, bei dem eine ersuchte Staatsanwaltschaft besteht.

23 Wenn sich allerdings zB ein **Gericht** mit dem Gutachten eines von der Staatsanwaltschaft herangezogenen Sachverständigen befasst hat, kann darin eine **Heranziehung** auch durch dieses Gericht liegen. Dann ist dieses Gericht zur Festsetzung zuständig (OLG Düsseldorf Rpfleger 1993, 130). Das gilt selbst dann, wenn das Gericht ein Hauptverfahren nicht eröffnet hat (OLG München MDR 1976, 340).

24 **Nicht hierher** gehört eine polizeiliche Heranziehung ohne eine vorherige staatsanwaltschaftliche „Billigung". Billigung ist mehr als bloße Kenntnis oder gar bloßes Kennenkönnen oder Kennenmüssen. Freilich kann eine Billigung auch stillschweigend erfolgt sein. Generell wird man sie keineswegs stets unterstellen dürfen. Dann wäre das Wort Billigung gar nicht notwendig, schon gar nicht eine vorherige Billigung.

25 Es kommt daher auf die **Umstände** an. Schludrige Großzügigkeit aus Gleichgültigkeit widerspräche dem Wort „nur" in § 1 I 2.

26 **3. Heranziehung durch Finanzbehörde usw (I 2 Nr. 3).** Es mag nach § 1 I 1 Nr. 1 eine Finanzbehörde im selbständig durchgeführten Ermittlungsverfahren oder in ihrem Auftrag oder mit ihrer vorherigen Billigung die Polizei oder eine andere Strafverfolgungsbehörde den Berechtigten herangezogen haben. Dann ist nach I 2 Nr. 3 Hs. 1 zunächst dasjenige LG zuständig, bei dem diejenige Staatsanwaltschaft besteht, die für ein eigenes derartiges Ermittlungsverfahren nach der StPO zuständig wäre. Nach einer Anklageerhebung ist aber nach Hs. 2 dasjenige Gericht zuständig, vor dem das weitere Verfahren abläuft.

27 **4. Heranziehung durch Gerichtsvollzieher (I 2 Nr. 4).** Soweit er zB nach §§ 753 ff. ZPO den Berechtigten herangezogen hat, muss man wiederum unterscheiden. Soweit nämlich die Heranziehung außerhalb einer Zwangsvollstreckung nach §§ 704 ff. ZPO erfolgt ist, ist nach **I 2 Nr. 4 Hs. 1** dasjenige AG zuständig, in dessen Bezirk der Gerichtsvollzieher seinen Amtssitz hat. Soweit sie aber im Verfahren einer Zwangsvollstreckung erfolgte, ist nach **I 2 Nr. 4 Hs. 2** das Vollstreckungsgericht des § 764 II ZPO, § 95 I FamFG zuständig.

28 Die Zwangsvollstreckung **beginnt** wegen des Gerichtsvollziehers mit seiner ersten Vollstreckungshandlung (LG Berlin DGVZ 1991, 9; Ewers DGVZ 1997, 70, Begriff). Dazu kann die Zustellung nach § 750 ZPO gehören. „Während" ist nicht stets „im Verfahren" der Zwangsvollstreckung. Eine Zahlungsaufforderung ist kein Beginn der Vollstreckung, sondern ein Versuch, gerade ohne sie auszukommen.

29 Das **Ende** der Zwangsvollstreckung tritt mit der vollen Durchführung der einzelnen Vollstreckungsmaßnahme einschließlich der Kosten ein (OLG Frankfurt a. M.

Rpfleger 1980, 200; LG Hamburg WuM 1993, 417; VG Berlin DGVZ 1989, 123; aA OLG München MDR 1985, 1034). Das gilt selbst bei ihrer Ergebnislosigkeit nach KV 604 GvKostG. Daher leitet jede spätere Vollstreckungshandlung ein neues Vollstreckungsverfahren ein (BGH DGVZ 1995, 72).

Vollstreckungsgericht ist nach § 764 II ZPO, § 95 I FamFG grundsätzlich dasjenige AG, in dessen Bezirk das Vollstreckungsverfahren stattfinden soll oder stattgefunden hat. Es ist nach § 802 ZPO, § 95 I FamFG ausschließlich zuständig. 30

5. Heranziehung durch Verwaltungsbehörde (II). Soweit eine Verwaltungsbehörde den Berechtigten in einem Bußgeldverfahren herangezogen hat, ist nach §§ 62, 68 OWiG grundsätzlich dasjenige AG zuständig, in dessen Bezirk die Verwaltungsbehörde ihren Sitz hat. Evtl. ist das nach § 68 III OWiG von der Landesregierung bestimmte AG zuständig. Beides ergibt sich aus **II 1, 2.** Eine solche gerichtliche Entscheidung setzt freilich stets einen Antrag des Berechtigten auf eine gerichtliche Festsetzung gegenüber der bereits nach § 3 erfolgten Festsetzung durch die Verwaltungsbehörde voraus. Das klärt **II 1 Hs. 2.** Insofern besteht eine Abweichung von der in **I Hs. 2** genannten Möglichkeit einer Festsetzung auch von Amts wegen. Freilich kommt auch ein Antrag der Staatskasse oder des zahlungspflichtigen sonstigen Fiskus infrage (Zimmermann Rn. 12, 13). Ihn vertritt nicht der Bezirksrevisor, sondern der Haushaltsbeauftragte. Der Antragsteller muss den angefochtenen Verwaltungsbescheid bezeichnen. Er muss angeben, welchen höheren Betrag er aus welchem Grund fordert. 31

VII. Umfang der Festsetzung (I, II). Soweit das Gericht überhaupt eine Festsetzung von Amts wegen oder auf Grund eines Antrags vornimmt, muss es den Gesamtbetrag in EUR errechnen (OLG Celle JurBüro 2005, 550; OLG Düsseldorf DS 2016, 240). Es darf sich also zB nicht mit der Festsetzung des bloßen Stundensatzes begnügen (KG Rpfleger 1981, 126; OLG München JurBüro 1996, 321). Erst recht nicht darf es lediglich anordnen, es sei „nach dem JVEG zu zahlen" (OLG Celle JurBüro 2005, 550). Nicht hierher gehört ferner eine bloße Ordnungswidrigkeiten-Verfolgungsbehörde, wohl aber diejenige, die auch als Strafverfolgungsbehörde im Einzelfall ermittelt. 32

VIII. Weitere Verfahrensfragen (I, II, VI–IX). Ein Grundsatz ist vor manchen Einzelverfahren beachtbar. 33

1. Zulässigkeit. Wie in jedem Gerichtsverfahren ist ein Rechtschutzbedürfnis eine Zulässigkeitsvoraussetzung. Das Gericht außerhalb einer Lage nach § 13 die Voraussetzungen der Zahlung selbst feststellen, ohne an entsprechende Vorgänge im Prozess gebunden zu sein (OLG Koblenz JurBüro 1976, 988). Das Gericht muss den geltendgemachten Anspruch umfassend prüfen. 34

2. Beispiele zur Frage eines weiteren Verfahrens

Ablehnung: Eine solche ist wie sonst statthaft. Vgl. zB § 8a (OLG Hamburg JurBüro 1992, 194; OLG Koblenz Rpfleger 1985, 172, nicht gegenüber dem Bezirksrevisor). 35

Anhörung: Das Gericht muss alle am Festsetzungsverfahren Beteiligten vor einer ihnen nachteiligen Entscheidung anhören. Das folgt beim Rpfleger aus Art. 2 I, 20 III GG (BVerfGE 101, 404), beim Richter aus Art. 103 I GG, beim Sachverständigen aus derselben Vorschrift, etwa im Verfahren einer Ablehnung nach § 406 ZPO (Müller JR 1981, 56), und auch bei der Staatskasse (OLG Düsseldorf Rpfleger 1988, 116). **Keine** Anhörung ist gegenüber einem Kostenschuldner nötig (OLG Koblenz Rpfleger 1981, 37).

Anwaltszwang: Ein solcher wie bei § 78 ZPO besteht nach VI 1 Hs. 1 **nicht.**

Bereicherung: → „Vergütung".

Ehrenamtlicher Richter: Das Gericht entscheidet nach VII 3 stets ohne diesen Beisitzer.

Einzelrichter: Seine Zuständigkeit richtet sich nach VII. Vgl. bei § 66 VI GKG, § 57 V, VI FamGKG.

Vergütung: Das Gericht darf und muss die Vergütung des Sachverständigen überprüfen, und zwar unabhängig von vorausgegangenen Verfahren nach § 66 GKG oder § 57 FamGKG (aA OLG Naumburg JurBüro 2001, 374, aber jetzt § 4 dient gerade einer solchen Überprüfung), zB auf eine ungerechtfertigte Bereicherung nach §§ 812 ff. BGB (KG JurBüro 2011, 604).

Verhandlung: Statthaft, aber nicht notwendig ist eine mündliche Verhandlung. Vgl. zB § 128 IV ZPO.

Verschulden: Das Gericht muss prüfen, ob der Sachverständige eine Unverwertbarkeit des Gutachtens verschuldet hat (BGH VersR 1984, 79). Diese Prüfung muss unabhängig von einem etwaigen Ablehnungsverfahren zB nach §§ 42 ff., 406 ZPO stattfinden (Müller JR 1981, 56).

Vollmacht: Wegen einer solchen gilt die jeweilige Verfahrensordnung nach VI 2, zB §§ 79, 80 ZPO. Dieses Vorschriften sind zumindest entsprechend anwendbar.

36 **IX. Beschluss (II 1, III 1).** Die Festsetzung erfolgt nach II 1, III 1 durch einen Beschluss (OLG Düsseldorf MDR 1995, 1267). Sie kann jedenfalls bei einer auch stattfindenden Festsetzung von Amts wegen über den beantragten Betrag hinausgehen. Sie darf sich nicht auf allgemeine Richtlinien beschränken, sondern muss den Gesamtbetrag nennen. Das Gericht muss ihn begründen (OLG Düsseldorf MDR 1993, 1248). Rechtsbehelfsbelehrung: § 4c.

37 Es muss den Beschluss als einen Vollstreckungstitel entsprechend § 329 III Hs. 1 ZPO dem Antragsteller **förmlich zustellen,** ebenso dem Bezirksrevisor (LG Göttingen Rpfleger 2001, 31). Der Beschluss kann ein „Urteil in einer Rechtssache" nach § 839 II 1 BGB sein (BGH VersR 1984, 78). Das Verfahren ist gebührenfrei, VIII 1, aber nicht auslagenfrei. Eine Kostenerstattung findet nach VIII 2 nicht statt (LG Würzburg JurBüro 1977, 997). Der Vergütungsanspruch ist nicht verzinslich (OLG Zweibrücken Rpfleger 2002, 477).

38 Ein Beschluss nach I, IV, V wirkt nach IX **nicht zulasten eines Kostenschuldners** (BGH MDR 2011, 1377). Die auf Grund einer nach § 4 im Verhältnis zum Berechtigten erfolgte Festsetzung bindet eine Partei also im nachfolgenden Kostenfestsetzungsverfahren etwa nach §§ 103 ff. ZPO nicht (BGH MDR 2011, 1377; OLG Koblenz JurBüro 2006, 213). Das gilt selbst nach der Rechtskraft der Festsetzung gemäß § 4. Der Kostenschuldner kann den entsprechenden Kostenansatz vielmehr in **seinem** Festsetzungsverfahren wie sonst bekämpfen.

39 **X. Keine Berichtigung (II 1, III 1).** Eine Berichtigung der gerichtlichen Festsetzung etwa nach §§ 319, 329 ZPO ist unzulässig. Das gilt unabhängig davon, ob das Hauptverfahren noch vor dem Gericht der Festsetzung oder bereits in der Rechtsmittelinstanz schwebt. Die ganz früher abweichende gesetzliche Regelung ist entfallen, (aA zum alten Recht OLG Düsseldorf MDR 1995, 1267, aber [jetzt] § 4 hat den Vorrang).

40 **XI. Beschwerde (III, IV, VI–IX).** Rechtsbehelfsbelehrung: § 4c. Die Regelung gilt für alle Gerichtsbarkeiten. Neben einer Beschwerde kommt grundsätzlich weder eine Klage noch ein sonstiger Rechtsbehelf infrage (OLG München JurBüro 1986, 1226).

41 **1. Zulässigkeit.** Man kann mit der Beschwerde nur die richterliche Festsetzung anfechten. Entgegen dem Wortlaut meint III nicht nur einen Beschluss „nach Absatz 1", sondern sinnvollerweise auch einen solchen nach II (Zimmermann Rn. 19). Die Beschwerde ist also nicht zulässig, soweit nur eine vorläufige Festsetzung im Verwaltungsverfahren durch den Urkundsbeamten der Geschäftsstelle vorliegt (AG Hamburg ZIP 2017, 937), oder soweit zB das Gericht dem Sachverständigen den Auftrag entzogen hat. III gilt für sämtliche Verfahrensarten. Soweit der Rpfleger entschieden hat, ist eine im Zweifel auch die sofortige Erinnerung nach § 11 I, II RPflG statthaft. Eine Anschlussbeschwerde ist statthaft. § 9 III 1 schränkt das Beschwerderecht ein (KG JurBüro 2011, 604).

42 **Unstatthaft** ist eine erste oder weitere Beschwerde nach VII 4 nur wegen einer erfolgten oder unterlassenen Übertragung auf den Einzelrichter nach VII 1, 2.

43 **Beschwerdeberechtigt** sind nach III: Der Berechtigte, also nach § 1 II auch eine Behörde usw, wegen einer zu niedrigen Festsetzung; der Vertreter der Staatskasse wegen einer zu hohen Festsetzung (OLG Nürnberg MDR 1999, 1023), auch wenn die Parteien die Kosten tragen müssen (OLG München NJW-RR 2000, 664; OLG Nürnberg MDR 1999, 1023); der Sachverständige (OLG Düsseldorf DS 2016, 234; OLG Koblenz MDR 2015, 118); ein Nebenbeteiligter eines Strafverfahrens wegen

Art. 103 I GG (OLG Bremen NJW 1976, 685). Der Leiter der auf Anordnung der Staatsanwaltschaft tätig gewordenen Polizei ist nicht beschwerdeberechtigt (OLG Zweibrücken MDR 1997, 980). Das Finanzamt hat kein Beschwerderecht in einer Steuerstrafsache (OLG München Rpfleger 1982, 317). Vgl. aber auch § 23 EGGVG.

2. Evtl. erst nach Erinnerung. Die Partei oder der in einem Hauptverfahren Beteiligte kann sich nach § 66 GKG, § 57 FamGKG, § 81 GNotKG gegen den Ansatz der Vergütung oder Entschädigung nur durch die Einlegung der Erinnerung gegen die Gerichtskostenrechnung wenden (BGH NJW 1984, 871; OLG Naumburg BauR 2012, 842; OLG Schleswig FamRZ 2009, 1706). 44

Diese Erinnerung ist allerdings unabhängig davon zulässig, ob das Gericht eine Vergütung, einen Vorschuss oder eine Entschädigung nach I **festgesetzt** hat oder ob das Beschwerdegericht nach III ff. entschieden hat. Eine solche Entscheidung bindet nicht, (jetzt) IX (BGH NJW 1984, 841). Aber auf diesem Weg ist keine Anfechtung der gerichtlichen Zustimmung nach § 13 II statthaft, sie bleibt unanfechtbar. 45

3. Einlegung der Beschwerde. Man legt die Beschwerde bei demjenigen Gericht ein, das die angefochtene Entscheidung erlassen hat, VI 3. Ein unzuständiges Gericht leitet die Beschwerde wie bei § 121 I 1 BGB unverzüglich an das zuständige weiter. Es besteht nach VI 1 Hs. 1 kein Anwaltszwang wie bei § 78 ZPO, ebenso wie in erster Instanz. Die Vorschrift ist zumindest entsprechend anwendbar. Die Einlegung ist nach VI 1, § 4b schriftlich oder zum Protokoll des Urkundsbeamten der Geschäftsstelle oder durch elektronisches Dokument zulässig. Es besteht auch vor dem OVG kein Anwaltszwang (OVG Hamburg NVwZ-RR 2010, 1000). Es gibt keine Beschwerdefrist und daher keine Wiedereinsetzung (OLG Düsseldorf DS 2016, 234). 46

4. Wertbeschwerde. Der Beschwerdewert muss 200 EUR nach III Hs. 1 grundsätzlich im Zeitpunkt der Entscheidung über eine Abhilfe durch das bisherige Gericht und bei einer auch nur teilweisen Nichtabhilfe nun im Zeitpunkt der Entscheidung des Beschwerdegerichts in jedem Fall der Heranziehung überschreiten (OLG Hamm JurBüro 1999, 319; OLG Karlsruhe JurBüro 1994, 180; OVG Nordrhein-Westfalen VBl. NRW 1993, 313). Eine Erhöhung nur zwecks Erzielung eines ausreichenden Beschwerdewerts kann unzulässig sein (OLG Karlsruhe Justiz 1986, 100). Auch ein Verstoß gegen das rechtliche Gehör ändert nichts an den vorstehenden Regeln (OLG Düsseldorf Rpfleger 1988, 116). Die Umsatzsteuer erhöht den Beschwerdewert (OLG Koblenz MDR 1992, 196). Wegen einer etwaigen befristeten Erinnerung mangels eines Beschwerdewerts nach einer Entscheidung des Rpfleger → Rn. 41. 47

Der Beschwerdewert errechnet sich nach der **Beschwer** nach dem angefochtenen Teil (OLG Hamm JurBüro 1999, 319), bei einem gemeinsamen Gutachten für mehrere Verfahren nach dem gesamten an- oder abgesetzten Betrag. Soweit der Rpfleger entschieden hat, ist gegen seine Entscheidung die Erinnerung nach § 11 I, II RPflG zulässig, wenn der Beschwerdewert nicht erreicht wird. Die Beschwerde ist aber nicht fristabhängig (so schon OLG Düsseldorf MDR 1997, 104). Es kann allerdings eine Verwirkung wie bei § 242 BGB eingetreten sein (OLG Düsseldorf MDR 1997, 104 (nach 18 Monaten); OLG Koblenz JurBüro 2000, 210 (nicht schon nach 18 Monaten); OLG Köln JurBüro 1999, 320 (dann auch kein Antrag auf Neufestsetzung)). Das gilt auch bei einer Beschwerde mit der Staatskasse als Gegnerin (LG Kiel Rpfleger 1996, 346 (zust. Döring)). Eine Verwirkung lässt den Anspruch untergehen. Daher ist die Beschwerde dann unbegründet. 48

5. Zulassungsbeschwerde. Es reicht nach III Hs. 2 auch, dass das Vordergericht die Beschwerde wegen einer grundsätzlichen Bedeutung der zur Entscheidung stehenden Frage wie bei § 543 II 1 Nr. 1 ZPO bereits in seinem Beschluss und nicht etwa erst später zugelassen hat (OLG München JurBüro 2007, 602), ähnlich wie bei § 66 II 2 GKG, § 57 II 2 FamGKG. Diese Zulassung kann auch nur wegen bestimmter Teile der Entscheidung erfolgt sein. Sie kann sich im Tenor oder in den Gründen der Entscheidung befinden. Sie muss aber eindeutig erfolgt sein (BGH NJW 1990, 327). Daher liegt im Zweifel oder beim Schweigen keine Zulassung vor. 49

6. Abhilfe oder Vorlage. Das angerufene Gericht darf und muss der Beschwerde nach IV 1 Hs. 1 ganz oder teilweise abhelfen, soweit es sie für zulässig und begründet hält. Andernfalls gibt es die Akten nach IV 1 Hs. 2 unverzüglich wie bei § 121 I 1 50

BGB (allgemeiner Rechtsgedanke) an das dem Hauptsachegericht vorgeordnete Gericht ab (Wedel JurBüro 2015, 178). In einer Kindschafts- oder Familiensache ist nach IV 2, § 119 I Nr. 1a GVG das OLG vorgeordnet (OLG Nürnberg FGPrax 2016, 286; aA OLG Celle NJW-RR 2013, 961 (überliest die hier nachfolgende Begründung); KG FamRZ 2008, 1101). Denn daran ändert nach dem aus sich heraus klaren Wortlaut von IV 2 iVm § 119 I Nr. 1a GVG auch weder § 66 III GKG noch § 33 IV 2 RVG etwas (OLG Koblenz MDR 2014, 476; aA OLG Celle MDR 2013, 981, OLG München JurBüro 2010, 546, liest den Wortlaut genau andersherum). Beide Vorschriften stehen in ganz anderen Gesetzen. Ob eine fälschliche Weiterverweisung eines zunächst richtig angegangenen OLG an ein LG in den Grenzen einer Willkür das letztere bindet, ist eine erst anschließend evtl. klärungsbedürftige Folgefrage.

51 Die Abgabe erfolgt auch dann, wenn der zB nach § 362 ZPO **ersuchte Richter** die Festsetzung vorgenommen hatte und das ihm vorgeordnete Gericht der Beschwerde nicht abhilft. Eine Beschwerde berechtigt und verpflichtet das Gericht zur Prüfung des Gesamtansatzes (OLG Schleswig MDR 1985, 80). Die Beschwer besteht nach einer teilweisen Abhilfe im Rest (OLG Karlsruhe JurBüro 1994, 180).

52 **7. Nicht an Obersten Gerichtshof.** Soweit eine Festsetzung durch ein OLG, ein OVG, ein LAG, ein LSG oder ein FG erfolgte, ist eine Beschwerde unzulässig. Denn eine Beschwerde an einen Obersten Gerichtshof des Bundes ist nach IV 3 unzulässig. Natürlich entfällt eine Beschwerde auch, soweit ein Oberster Gerichtshof schon erstinstanzlich entschieden hat. Eine Verfassungsbeschwerde bleibt als ein außerordentlicher andersartiger Rechtsbehelf denkbar (BVerfG NJW 1999, 1621; BGHZ 133, 337). Die Zulassung der Beschwerde bindet das Beschwerdegericht nach IV 4 Hs. 1. Eine Nichtzulassungsbeschwerde ist nach IV 4 Hs. 2 unzulässig. Der Instanzenzug endet stets beim Oberlandesgericht (OLG Brandenburg NJW-Spezial 2022, 622).

53 **8. Einzelrichter.** Das Beschwerdegericht entscheidet nach einer erstinstanzlichen Entscheidung des dortigen Einzelrichters zB nach § 568 ZPO oder eines Rpfleger ebenfalls grundsätzlich nach **VII 1 Hs. 2** durch den Einzelrichter (OLG Dresden JurBüro 2010, 96; KG JurBüro 2015, 39; OVG Niedersachsen NJW 2012, 1307).

53a Er **überträgt** ausnahmsweise das Verfahren nach **VII 2** dann dem Kollegium, wenn die Sache entweder besondere Schwierigkeiten tatsächlicher oder rechtlicher Art aufweist oder wenn die Rechtssache eine grundsätzliche Bedeutung hat, ähnlich wie bei § 66 VI 2 GKG, § 57 V 2 FamGKG. Ein ehrenamtlicher Richter wirkt nach **VII 3** auch dann nicht mit, ähnlich wie bei § 66 VI 3 GKG. Die Übertragung wie deren Unterlassung sind nach **VII 4** unanfechtbar, ähnlich wie bei § 66 VI 4 GKG.

54 **9. Anhörung.** Eine mündliche Verhandlung ist nicht erforderlich, aber zulässig. Das Beschwerdegericht muss die angefochtene Festsetzung einschließlich des dabei etwa ausgeübten Ermessens voll überprüfen (OLG Oldenburg JurBüro 1981, 86; Kamphausen JurBüro 1983, 415, Mümmler JurBüro 1983, 416; aA OLG Frankfurt a. M. JurBüro 1983, 413). Eine Anhörung des Berechtigten und des Vertreters der Staatskasse ist zweckmäßig. Sie ist nach Art. 103 I GG notwendig, soweit das Gericht die Entscheidung zu Lasten des Betroffenen abändern will (BVerfGE 34, 346). LSG Bayern BeckRS 2014, 66884 hält eine Anhörung bei I nicht für notwendig.

55 **10. Entscheidung.** Die Entscheidung erfolgt durch einen Beschluss. Das Beschwerdegericht muss ihn begründen. Es gibt kein Verschlechterungsverbot (OLG Karlsruhe OLGR 1999, 403; OLG Schleswig MDR 1985, 79; LAG Hamm JurBüro 1976, 491, aA Zimmermann Rn. 25, ohne Begründung). Das Beschwerdegericht verkündet seinen Beschluss oder teilt ihn den Beteiligten formlos mit. Das Beschwerdeverfahren ist nach **VIII 1** gebührenfrei. Es ist aber nicht auslagenfrei (LG Koblenz FamRZ 1998, 1456). Es findet nach **VIII 2** keine Kostenerstattung statt (LAG Hamm JurBüro 1976, 493).

56 **11. Weitere Rechtsmittel.** Eine **weitere Beschwerde** ist wie nach **V 1, 2,** wie bei § 66 IV GKG nur nach einer vollen oder wenigstens teilweisen eindeutigen Zulassung durch das LG als Beschwerdegericht im Tenor oder in den Gründen seiner Entscheidung statthaft (BGH NJW 1990, 327; KG JurBüro 2009, 375). Sie ist außerdem nur wegen einer Rechtsverletzung nach §§ 546, 547, 574 ZPO statthaft. Die Frage der Zulassung einer weiteren Beschwerde stellt sich bei Entscheidungen eines Oberlandesgerichts nicht. Denn dieses Rechtsmittel kommt allein in Betracht, wenn in der zweiten Instanz ein Landgericht entschieden hat, § 4 V 1. Die Anrufung der obersten Gerichtshöfe des Bundes als Beschwerdegericht ist gemäß § 4 IV 3 explizit ausgeschlossen (OLG Brandenburg NJW-Spezial 2022, 622).Daher ist eine weitere Beschwerde nach einer erstinstanzlichen Entscheidung eines ArbG, FG, SG oder VG unstatthaft. Im Zweifel liegt keine Zulassung vor. Ein Schweigen → begründet zumindest einen solchen Zweifel. Die erforderliche Rechtsverletzung muss für die angefochtene Entscheidung zumindest mitursächlich gewesen sein. Das muss der Beschwerdeführer darlegen (Stackmann NJW 2003, 169). Zuständig ist nach **V 3** das OLG. Zum Verfahren verweist **V 4** auf IV 1, 4. Die Zulassung der weiteren Beschwerde bindet nach V 4 iVm IV 4 Hs. 1 grundsätzlich das Beschwerdegericht. Indessen kann eine fehlerhafte Zulassung durch den Einzelrichter zur Zurückverweisung führen (OLG Celle MDR 2014, 1150). Die Nichtzulassung ist nach V 4 iVm IV 4 Hs. 2 grundsätzlich unanfechtbar. Ausnahmsweise kann eine weitere Beschwerde auch wegen einer Willkür des Erstgerichts zulässig sein (OLG Düsseldorf JurBüro 1994, 182).Zur Rechtsbehelfsbelehrung: → § 4c.

Eine **außerordentliche** Beschwerde kommt seit der Einführung einer Rechtsbeschwerde, hier durch V 1, 2, praktisch **nicht** mehr in Betracht (KG JurBüro 2009, 375). 57

Falls im Kostenfestsetzungsverfahren nach **§§ 103 ff. ZPO** und im Verfahren nach § 4 widersprechende rechtskräftige Entscheidungen vorliegen, bleibt allenfalls eine Erinnerung nach § 66 I GKG (evtl. auf Kosten der Landeskasse) möglich (OLG Koblenz VersR 1988, 297). 58

XII. Gegen Rechtspfleger mangels Beschwerdewerts oder Zulassung: Befristete Erinnerung (III, § 11 II 1 RPflG). Soweit der Rpfleger über den Festsetzungsantrag entschieden hat und soweit eine Beschwerdemöglichkeit wegen des Nichterreichens des Beschwerdewerts oder aus anderen Gründen entfällt, muss man § 11 II 1 RPflG beachten, ähnlich wie bei § 66 GKG, und bei § 55 RVG. Nach § 11 II 1 RPflG findet dann aus verfassungsrechtlichen Gründen eine befristete Erinnerung in einem besonderen Verfahren statt. Über sie entscheidet mangels einer Abhilfe durch den Rpfleger ein Richter abschließend. Rechtsbehelfsbelehrung: § 4c. 59

XIII. Gegenvorstellung, III ff. Sie kann als eine Ausprägung von Art. 17 GG statthaft sein (OLG Karlsruhe MDR 1993, 289; OLG München JurBüro 1986, 1226). 60

Abhilfe bei Verletzung des Anspruchs auf rechtliches Gehör

4a **I Auf die Rüge eines durch die Entscheidung nach diesem Gesetz beschwerten Beteiligten ist das Verfahren fortzuführen, wenn**

1. **ein Rechtsmittel oder ein anderer Rechtsbehelf gegen die Entscheidung nicht gegeben ist und**
2. **das Gericht den Anspruch dieses Beteiligten auf rechtliches Gehör in entscheidungserheblicher Weise verletzt hat.**

II 1 Die Rüge ist innerhalb von zwei Wochen nach Kenntnis von der Verletzung des rechtlichen Gehörs zu erheben; der Zeitpunkt der Kenntniserlangung ist glaubhaft zu machen. 2 Nach Ablauf eines Jahres seit Bekanntmachung der angegriffenen Entscheidung kann die Rüge nicht mehr erhoben werden. 3 Formlos mitgeteilte Entscheidungen gelten mit dem dritten Tage nach Aufgabe zur Post als bekannt gemacht. 4 Die Rüge ist bei dem Gericht zu erheben, dessen Entscheidung angegriffen wird; § 4 Abs. 6 Satz 1 und 2 gilt entsprechend. 5 Die Rüge muss die angegriffene Entscheidung bezeichnen und das Vorliegen der in Absatz 1 Nr. 2 genannten Voraussetzungen darlegen.

III Den übrigen Beteiligten ist, soweit erforderlich, Gelegenheit zur Stellungnahme zu geben.

IV [1]Das Gericht hat von Amts wegen zu prüfen, ob die Rüge an sich statthaft und ob sie in der gesetzlichen Form und Frist erhoben ist. [2]Mangelt es an einem dieser Erfordernisse, so ist die Rüge als unzulässig zu verwerfen. [3]Ist die Rüge unbegründet, weist das Gericht sie zurück. [4]Die Entscheidung ergeht durch unanfechtbaren Beschluss. [5]Der Beschluss soll kurz begründet werden.

V Ist die Rüge begründet, so hilft ihr das Gericht ab, indem es das Verfahren fortführt, soweit dies aufgrund der Rüge geboten ist.

VI Kosten werden nicht erstattet.

1 Die Vorschrift ermöglicht den Angriff einer mit ordentlichen Rechtsbehelfen nicht mehr anfechtbaren Entscheidung nach dem JVEG (dh insbes. nach § 4; vgl. etwa LSG Bayern BeckRS 2009, 56058; 2012, 73341; 2012, 73342; 2013, 74817; 2014, 69156; 2014, 74254; 2015, 71977; 2016, 69379; LSG Thüringen BeckRS 2016, 65419) mit der Rüge, das Gericht habe das grundrechtsgleiche Recht auf Gewährung rechtlichen Gehörs (Art. 103 I GG) des Beteiligten verletzt. Sie ist – mit Ausnahme der Verweisung in II 4 Hs. 2 – **wortgleich mit § 69a GKG,** so dass für Einzelheiten auf die Kommentierung dieser Vorschrift verwiesen werden kann. Soweit abweichend von § 69a II 4 Hs. 2 GKG die entsprechende Anwendung von § 4 VI 1, 2 (anstelle von § 66 V 1, 2 GKG) angeordnet wird, ergibt sich kein inhaltlicher Unterschied, weil auch diese Vorschriften wortgleich sind.

Elektronische Akte, elektronisches Dokument

4b In Verfahren nach diesem Gesetz sind die verfahrensrechtlichen Vorschriften über die elektronische Akte und über das elektronische Dokument anzuwenden, die für das Verfahren gelten, in dem der Anspruchsberechtigte herangezogen worden ist.

1 **I. Systematik.** Die in alle Verfahrensordnungen eingeführte Form elektronischer Bearbeitung erhält in § 4b für die in § 1 genannten Verfahren einen Teil der notwendigen kostenrechtlichen Anpassungsregeln. Weitere finden sich in §§ 4, 7. Dem § 4b entsprechen im Kern § 5a GKG, § 8 FamGKG, § 7 GNotKG, § 12b RVG. Es handelt sich um vorrangige Sondervorschriften.

2 **II. Regelungszweck.** Das Kostenrecht soll den Anforderungen der elektronischen Übermittlungs- und Speicherungstechnik genügen. Das scheint wegen des ständigen technischen Fortschritts eine weite Auslegung zu rechtfertigen. Andererseits unterliegen Spezialregeln grundsätzlich einer engen Auslegung. Man muss beide Gedanken möglichst spannungsfrei verbinden, um zu einer brauchbaren Handhabung zu kommen.

3 **III. Anwendbarkeit der Verfahrensregeln.** Es sind vor allem anwendbar: §§ 1 ff. SchrAG, §§ 39a, 42 BeurkG, § 12 GmbHG usw und die Vorschriften der ZPO und § 14b FamFG entsprechend, soweit jene Verfahrensordnung überhaupt zur Anwendbarkeit des JVEG führt. Für den Bezirksrevisor als Vertreter der Staatskasse ist die **Papierform** nicht mehr zulässig. Für Anträge nach § 4 oder Rechtsmittel ist das elektronische Dokument zwingend seit dem 1.1.22 (LG Lübeck NJW-RR 2022, 1728).

4 **IV. Verstoß.** Ein Fristverstoß kann zB zur Unzulässigkeit der Eingabe wegen ihrer Verspätung führen. Eine Einreichung beim unzuständigen Gericht heilt erst entsprechend § 129a ZPO mit der dortigen Weiterleitung und dem Eingang beim zuständigen Gericht. Ein Mangel nach I heilt erst mit der Nachreichung des Fehlenden oder einer neuen Eingabe, bei deren elektronischer Übermittlung also erst mit deren Aufzeichnungsende.

Rechtsbehelfsbelehrung

4c Jede anfechtbare Entscheidung hat eine Belehrung über den statthaften Rechtsbehelf sowie über die Stelle, bei der dieser Rechtsbehelf einzulegen ist, über deren Sitz und über die einzuhaltende Form zu enthalten.

Die Vorschrift entspricht fast wörtlich § 5b GKG. Vgl. daher dort. Das Fehlen einer Rechtsbehelfsbelehrung macht den Festsetzungsbeschluss nicht unwirksam (OLG Düsseldorf DS 2016, 234). 1

Abschnitt 2. Gemeinsame Vorschriften

Fahrtkostenersatz

5 I Bei Benutzung von öffentlichen, regelmäßig verkehrenden Beförderungsmitteln werden die tatsächlich entstandenen Auslagen bis zur Höhe der entsprechenden Kosten für die Benutzung der ersten Wagenklasse der Bahn einschließlich der Auslagen für Platzreservierung und Beförderung des notwendigen Gepäcks ersetzt.

II [1] Bei Benutzung eines eigenen oder unentgeltlich zur Nutzung überlassenen Kraftfahrzeugs werden
1. dem Zeugen oder dem Dritten (§ 23) zur Abgeltung der Betriebskosten sowie zur Abgeltung der Abnutzung des Kraftfahrzeugs 0,35 Euro,
2. den in § 1 Abs. 1 Satz 1 Nr. 1 und 2 genannten Anspruchsberechtigten zur Abgeltung der Anschaffungs-, Unterhaltungs- und Betriebskosten sowie zur Abgeltung der Abnutzung des Kraftfahrzeugs 0,42 Euro

für jeden gefahrenen Kilometer ersetzt zuzüglich der durch die Benutzung des Kraftfahrzeugs aus Anlass der Reise regelmäßig anfallenden baren Auslagen, insbesondere der Parkentgelte. [2] Bei der Benutzung durch mehrere Personen kann die Pauschale nur einmal geltend gemacht werden. [3] Bei der Benutzung eines Kraftfahrzeugs, das nicht zu den Fahrzeugen nach Absatz 1 oder Satz 1 zählt, werden die tatsächlich entstandenen Auslagen bis zur Höhe der in Satz 1 genannten Fahrtkosten ersetzt; zusätzlich werden die durch die Benutzung des Kraftfahrzeugs aus Anlass der Reise angefallenen regelmäßigen baren Auslagen, insbesondere die Parkentgelte, ersetzt, soweit sie der Berechtigte zu tragen hat.

III Höhere als die in Absatz 1 oder Absatz 2 bezeichneten Fahrtkosten werden ersetzt, soweit dadurch Mehrbeträge an Vergütung oder Entschädigung erspart werden oder höhere Fahrtkosten wegen besonderer Umstände notwendig sind.

IV Für Reisen während der Terminsdauer werden die Fahrtkosten nur insoweit ersetzt, als dadurch Mehrbeträge an Vergütung oder Entschädigung erspart werden, die beim Verbleiben an der Terminsstelle gewährt werden müssten.

V Wird die Reise zum Ort des Termins von einem anderen als dem in der Ladung oder Terminsmitteilung bezeichneten oder der zuständigen Stelle unverzüglich angezeigten Ort angetreten oder wird zu einem anderen als zu diesem Ort zurückgefahren, werden Mehrkosten nach billigem Ermessen nur dann ersetzt, wenn der Berechtigte zu diesen Fahrten durch besondere Umstände genötigt war.

Übersicht

1 **I. Normzweck (I–V).** Die Vorschrift regelt die Ansprüche auf Ersatz von Fahrtkosten aller Berechtigten nach dem JVEG Die Norm gilt einheitlich für Sachverständige, Dolmetscher, Übersetzer, Zeugen, ehrenamtliche Richter und Dritte (§§ 8. 15, 19, 23). Nur für die Höhe der zu ersetzenden Beträge bei Inanspruchnahme eines Pkw wird zwischen den Anspruchsberechtigten differenziert, da Zeugen und Dritte nur 0,35 EUR statt 0,42 EUR je Kilometer erhalten. Die Staatskasse ersetzt bei grundsätzlich freier Wahl des Verkehrsmittels und des Reisewegs nur die **notwendigen Fahrtkosten.** Es werden die Aufwendungen für öffentliche Verkehrsmittel oder wahlweise für die Fahrt mit dem Auto erstattet, ohne das eine Vergleichsberechnung, wie etwa noch nach § 9 I ZSEG nach dem „preisgünstigsten öffentlichen Beförderungsmittels" vorzunehmen ist. Zwingende Voraussetzung ist jedoch, dass Fahrtkosten tatsächlich angefallen sind. Einen Ersatz fiktiver Kosten kennt das JVEG hier nicht. Außerdem besteht für den Fußweg oder bei Nutzung des Fahrrades kein Erstattungsanspruch. In III-V wird neben den Vorgaben für Mehrkosten und Fahrten während eines Termins insbesondere geregelt, wie die Kosten zu bemessen sind, wenn Start oder Ziel von dem Ort in der Ladung abweichen.

2 Die Vorschrift bezweckt zwar den Ersatz aller notwendigen Fahrtkosten, ist jedoch bei **Autofahrten auf pauschalierte Beträge begrenzt.** Durch das **KostRÄG 2021** wurden die Beträge für diesen Fahrtkostenersatz aber im Hinblick auf die gestiegenen Anschaffungs- und Betriebskosten für Kraftfahrzeuge angehoben. Die unterschiedlich hohen Kilometerbeträge je nach Anspruchsberechtigten sind wohl wegen der Verweise in anderen Gesetzen auf diese Entschädigungsregelung erhalten geblieben.

3 **II. Anwendungsbereich (I–V).** Die Vorschrift erfasst die Fahrtkosten des Sachverständigen, Dolmetschers und Übersetzers nach § 8 I Nr. 2, des ehrenamtlichen Richters nach § 15 I Nr. 1 sowie des Zeugen nach § 19 I Nr. 1 und von Dritten nach § 23 II 1.Über § 107 II GVG erhalten auch die ehrenamtlichen Richter in Kammern für Handelssachen den Fahrtkostenersatz nach § 5.

4 In Verfahren der ordentlichen Gerichtsbarkeit hat eine **Partei** mangels Heranziehung keinen direkten Erstattungsanspruch gegen die Staatskasse nach § 5. Auch die Anordnung des persönlichen Erscheinens zu einem Termin führt nicht zu einem Anspruch nach dem JVEG. Zur Berücksichtigung von Parteikosten s. Rn. 6. Nur für **mittellose Personen** kommt nach den Verwaltungsvorschriften über die Gewährung von Reisekosten, siehe Nr. 3, nach der gesonderten richterlichen Bewilligung die Übernahme der Reisekosten in Betracht.

Im **Jugendstrafverfahren** finden über § 50 II JGG die Entschädigungsvorschriften für Zeugen Anwendung für geladene Erziehungsberechtigte oder gesetzliche Vertreter des jugendlichen Angeklagten, so dass z. B. den Eltern die Fahrtkosten zum Termin ersetzt werden.

In der **Sozialgerichtsbarkeit haben Beteiligte,** deren persönliches Erscheinen angeordnet wurde, gemäß § 191 SGG u. a. Anspruch auf die Fahrtkosten wie Zeugen.

Über den Verweis in § 1877 I BGB richtet sich der Anspruch auf Fahrtkostenersatz für Vormünder, Betreuer (iVm § 1808) und Ergänzungs,-Verfahrens- sowie Nachlasspfleger (iVm § 1813, 1960 BGB) wie für Sachverständige nach § 5. Für Fahrten mit dem Pkw können 0,42 € je Kilometer gewährt werden. 5

Bei der Bemessung von **Parteikosten im Sinne des § 91 I 2 ZPO** sind für notwendige Reisen die für die Entschädigung von Zeugen geltenden Vorschriften entsprechend anzuwenden. Damit kann eine Partei ihre notwendigen Auslagen für die Terminswahrnehmung im Kostenfestsetzungsverfahren nach §§ 103 ff. ZPO gegen den erstattungspflichtigen Gegner geltend machen. Die Höhe des Fahrtkosten richtet sich uneingeschränkt nach § 5, so dass entweder die Kosten der Nutzung öffentlicher Verkehrsmittel bis zu den Kosten der 1. Wagenklasse oder die Kilometerentschädigung mit 0,35 EUR je Kilometer im Kostenfestsetzungsantrag Berücksichtigung finden können. 6

Auch im Strafverfahren können Fahrtkosten als notwendigen **Parteiauslagen über § 464a II Nr. 1 StPO** im Kostenfestsetzungsverfahren geltend gemacht werden. Dieses gilt sowohl bei einer Festsetzung etwa von Kosten eines Nebenklägers gegen einen erstattungspflichtigen Verurteilten wie auch im Fall des Freispruchs gegen die Staatskasse (§ 464b StPO). 7

III. Öffentliches Verkehrsmittel (I, III). Nimmt der Zeuge oder Sachverständige usw ein öffentliches regelmäßig verkehrendes Beförderungsmittel in Anspruch, erhält er die tatsächlich entstandenen Auslagen ersetzt. Nach dem eindeutigen Wortlaut gelten für diesen Auslagenersatz keine besonderen Voraussetzungen oder Bedingungen (LSG Bayern BeckRS 2015, 65304). Die Kosten einer Platzreservierung und Beförderung des notwendigen Gepäcks sind ebenfalls zu erstatten. 8

1. Begriff. Beförderungsmittel im Sinne des I sind alle Angebote des öffentlichen Personenverkehrs. Die Verkehrsmittel müssen für jeden Bürger zugänglich sein, sie unterliegen der Beförderungspflicht auf Grund einer behördlichen Erlaubnis und es bestehen Fahrplan- und Tarifpflicht. Diese Voraussetzungen können auch bei privaten Verkehrsunternehmen erfüllt sein. Zu den Beförderungsmitteln zählen zB Busse, S- und U-Bahnen, Züge, Schiffe, Fähren, Schwebebahnen und Flugzeuge. 9

Nicht öffentlich ist wegen des Fehlens eines Fahrplans ein Taxi oder Mietwagen. Auch **E-Scooter** zählen nicht zu den öffentlichen Verkehrsmitteln, da sie keinem Fahrplan unterliegen. 9a

2. Wahl des Verkehrsmittels. Der Berechtigte kann das Verkehrsmittel für die Reise zu dem Termin grundsätzlich frei wählen (OLG Brandenburg, BeckRS 2021, 24787). Es besteht **keine Verpflichtung, bei mehreren Möglichkeiten die günstigste Alternative in Anspruch zu nehmen.** Die in der Vorgängervorschrift des § 9 I ZSEG enthaltene Vorgabe zur Benutzung des preisgünstigsten Beförderungsmittel ist im JVEG nicht mehr enthalten (LG Cottbus BeckRS 2009, 10340). Daher kommt es für die Frage der Erstattungsfähigkeit auch nicht mehr auf die persönlichen Verhältnisse oder den Beruf des Berechtigten an. Kommen zB wahlweise der Bus oder die S-Bahn für die Fahrt zum Gericht in Betracht, ist der Fahrtkostenanspruch nicht auf eine der Alternativen beschränkt. Gleiches gilt für die Wahl zwischen mehreren Zügen, etwa Regionalbahn oder ICE. Insbesondere ist die Entschädigung nicht auf den Betrag zu begrenzen, der bei Anschaffung der günstigsten Fahrkarte angefallen wäre (LSG Bayern BeckRS 2015, 65304); zum Kostenfestsetzungsverfahren (BVerwG NVwZ-RR 2019, 975; LAG Nürnberg NZA-RR 2021, 446). 10

Zwar gilt im Kostenrecht allgemein die **Kostenminimierungspflicht,** diese findet jedoch ihre Grenze an den Vorgaben des I (LSG Bayern BeckRS 2014, 69555). Denn der Wortlaut der Vorschrift begrenzt die tatsächlichen Kosten nur auf die entsprechenden Kosten der 1. Wagenklasse. Darüber hinaus findet keine Verschärfung der vom Gesetzgeber vorgegebenen Maßgaben für die Entschädigung statt (VG München BeckRS 2018, 45674). Grundsätzlich können daher auch Kosten eines Fluges, welches ein öffentliches Verkehrsmittel ist, in Betracht kommen (LSG Bayern BeckRS 2015, 67055). Bei Zweifeln an der Erstattungsfähigkeit von Flugkosten oder 11 anderen gewählten Verkehrsmitteln sind neben höchstpersönlichen Gründen, wie etwa dem Alter oder der Gesundheitszustand einer Person, vor allem die Höhe der Gesamtentschädigung bzw. Vergütung zu beachten. Daher kann zB die Benutzung eines Flugzeugs den Zeitaufwand erheblich verringern oder auch ein sonst notwendiges Übernachtungsgeld einsparen, was in der Gesamtschau für die Erstattung von Flugkosten sprechen kann (zum alten Recht OLG München MDR 1981, 943).

12 **3. Erstattungsvoraussetzungen.** Die durchgeführte Fahrt muss für die Terminswahrnehmung **objektiv notwendig** gewesen sein (LSG Bayern BeckRS 2014, 69555). Dieses gilt auch für Aufwendungen im Zusammenhang mit der Beschaffung der Fahrkarte. Daher können nur solche Aufwendungen geltend gemacht werden, die **unmittelbar der Heranziehung dienen.** Soweit die Berechtigten eine Vergütung nach Stunden verlangen können, kann erwartet werden, dass Fahrten online gebucht werden (OLG Koblenz MDR 2017, 730). Sodann sind tatsächlich entstandene Fahrtkosten immer zu erstatten, wenn sie sich im Rahmen der Fahrtkosten bewegen, die bei einer Fahrt in der ersten Wagenklasse der Bahn entstanden wären (LSG Bayern BeckRS 2015, 67055). Eine Verpflichtung dahingehend, Sparangebote oder Sondertarife in Anspruch zu nehmen, besteht nicht (VG München BeckRS 2018, 45674). Vielmehr kann auch der idR teure „Flexpreis"-Tarif der Bahn in Anspruch genommen werden, zum Kostenfestsetzungsverfahren (BVerwG NVwZ-RR 2019, 975; LAG Nürnberg, NZA-RR 2021, 446). Die Kosten der **1. Wagenklasse** sind **gleichzeitig Obergrenze als auch Vergleichsmaßstab.** Sind zB höhere Flugkosten angefallen, kommt es bei der Prüfung des Erstattungsumfangs nicht auf die fiktiven Kosten der Flugreise eines günstigeren Tarifs der Economy-Class an, sondern nur auf die fiktiven Aufwendungen bei Nutzung der 1. Bahnklasse (OLG Brandenburg MDR 2014, 1199).

13 Da es sich um einen Auslagenersatz handelt und ausdrücklich nur tatsächlich entstandene Kosten verlangt werden können, ist die Höhe stets durch einen **Nachweis** zu belegen. Dazu dient insbesondere bei höheren Beträgen die Vorlage der Fahrkarte oder des Tickets. Teilweise wird vertreten, dass auch die Versicherung der Richtigkeit der Angaben für die Nachweisführung ausreichen kann, wenn nicht Gesichtspunkte offensichtlich sind, die an der Richtigkeit der gemachten Angaben Zweifel wecken (LSG Bayern BeckRS 2014, 67861). Da aber jedem Berechtigten, der mit Reisekosten in Vorleistung tritt, klar sein muss, dass die Erstattung an einen Nachweis gebunden ist, sollten **an die Versicherung** strenge Maßstäbe gestellt werden. Auch der Ausdruck von Preis- oder Ticketinformationen stellt keinen geeigneten Nachweis dar. Ist das Ticket nicht mehr vorhanden, kann ein Zahlungsbeleg wie die Abbuchung etwa bei Bahn oder einem vergleichbaren Anbieter in Betracht kommen. Die Erstattung ohne Nachweis kann nur im Einzelfall unter Berücksichtigung der Glaubwürdigkeit und Plausibilität gewährt werden.

14 **4. Tatsächlich entstandene Kosten.** Der Zeuge oder Sachverständige usw erhält stets nur die tatsächlich entstandenen Kosten ersetzt, unabhängig davon, ob auch höhere Aufwendungen erstattungsfähig gewesen wären. So werden bei Benutzung der 2. Wagenklasse nur die Kosten erstattet, selbst wenn die 1. Wagenklasse hätte benutzen werden dürfen. Sind wegen anderweitiger Fahrkarten oder Freifahrtmöglichkeiten **gar keine Auslagen angefallen, besteht kein Anspruch** nach dem JVEG. Dieses gilt auch, wenn tatsächlich eine unentgeltliche Mitnahme genutzt wurde (LSG Thüringen BeckRS 2021, 2526). Ein Ausgleich im Umfang fiktiver Kosten ist nicht vorgesehen. Ein Ersatz kann aber in Betracht kommen, wenn Gutschriften, Bonuspunkte oder Bonusmeilen für die Fahrtkosten eingesetzt wurden. Ist ein Berechtigter nachvollziehbar daran gehindert, im Rahmen der Heranziehung von einer sonst bestehenden, kostenfreien Nutzung von Verkehrsmitteln Gebrauch zu machen, können die erforderlichen Auslagen ersetzt werden.

14a Für den **Fußweg** oder bei Nutzung des **Fahrrades** besteht kein Erstattungsanspruch. Auch insoweit können die Vergleichskosten etwa eines Bustickets nicht gezahlt werden, wenn tatsächlich durch den Fußweg keine Auslagen entstanden sind.

15 Die Auslagen für die **Platzresevierung** sind nach dem Wortlaut der Vorschrift stets erstattungsfähig. Sie sind daher selbst bei kurzen Fahrten zu ersetzen. Prüfungskriterien für die Erstattungsfähigkeit bestehen für diese Aufwendungen, sofern sie

tatsächlich entstanden sind, nicht. Auch Aufwendungen für die Benutzung eines Schlafwagens können notwendig sein. Die Kosten der Beförderung des **notwendigen Gepäcks,** ggfs. einschließlich einer üblichen Reisegepäckversicherung werden ersetzt, soweit für die konkrete Reise bzw. zur Erfüllung der Aufgaben des Herangezogenen die Mitnahme von Gepäck erforderlich war. Unter diesem Kriterium der Notwendigkeit können auch weitere Aufwendungen im Zusammenhang mit der Gepäckbeförderung am Bahnhof erstattungsfähig sein.

5. Dauerkarten, Bahncard. Wegen des konkreten Bezugs der aufgewandten Kosten zur Heranziehung können nur die insoweit angefallenen Aufwendungen ersetzt werden. Daher kommt grundsätzlich die anteilige, auf Hin- und Rückfahrt entfallenden Preise berechnete Erstattung von anderweitig erworbenen Wochen- oder Dauerkarten nicht in Betracht (LSG Bayern BeckRS 2012, 72131). Dieser Grundsatz gilt jedenfalls in den Fällen, in denen eine Dauerberechtigung zB bei Zeugen die beruflich aufgewandten Fahrten abgelten und kein Zusammenhang mit der Heranziehung besteht. Die Kostenerstattung ist auch abzulehnen, wenn eine zweifelsfreie Zuordnung anteiliger Kosten für die Anreise zum Gerichtstermin nicht möglich ist, LSG Bayern BeckRS 2016, 67090. 16

Wird hingegen etwa ein Mehrfach-Ticket oder Tagesticket erworben, da sich dadurch der **Gesamtpreis gegenüber Einzelfahrten reduziert,** bestehen gegen die Übernahme solcher Auslagen keine Bedenken. 16a

Unter dem Gesichtspunkt des Klimaschutzes sollte an die Erstattungsfähigkeit anteiliger Kosten von Zeit- oder Dauerkarten des ÖPNV u. Ä. jedenfalls dann kein zu kleinlicher Maßstab gelegt werden, wenn solche Kosten tatsächlich im Zusammenhang mit der Heranziehung angefallen sind (AG Marburg BeckRS 2020, 19860 zu fiktiven Kosten, aA OLG Frankfurt a. M. BeckRS 2021, 10185). 16b

Umstritten ist die Erstattungsfähigkeit von Aufwendungen einer Bahncard. Ein Ersatz dieser Kosten kann in Betracht kommen, wenn die Bahncard in direktem Zusammenhang mit der Heranziehung steht und einen **erkennbaren Preisvorteil für die Justiz** mit sich bringt (OLG Hamm BeckRS 1996, 1708; OLG Düsseldorf BeckRS 2009, 10789). Dieses ist etwa der Fall bei einer Bahncard auf Probe, die für die Wahrnehmung der gerichtlichen Termine angeschafft wurde (LSG Nordrhein-Westfalen BeckRS 2021, 27201). Fehlt es hingegen am Bezug zur Heranziehung und ist davon auszugehen, dass die Anschaffung aus Motiven erfolgt, die nichts mit dem gerichtlichen Verfahren zu tun haben, ist auch eine anteilige Erstattung abzulehnen (LSG Bayern AGS 2015, 75). 17

Die anteilige Erstattung der Kosten einer Bahncard ist nur möglich, wenn die Anteile während der gesamten Geltungsdauer der Karte errechenbar sind (OLG Koblenz Rpfleger 1994, 85; VG Schleswig AnwBl 1978, 144). 17a

IV. Eigenes oder unentgeltlich genutztes Kraftfahrzeug (II 1, 2). Jeder Herangezogene hat die freie Wahl zwischen den in Abs. 1 und 2 genannten Beförderungsmitteln. Beide Möglichkeiten stehen unabhängig von der Entfernung gleichwertig zur Auswahl. Die Wahlfreiheit ist nur eingeschränkt, soweit sie zum Rechtsmissbrauch führt (OLG Brandenburg BeckRS 2021, 24787). Ein Ersatz der Kfz-Kosten kann auch dann gefordert werden, wenn günstigere, öffentliche Verkehrsmittel zur Verfügung gestanden hätten. Die Nutzung eines Pkw muss nur nachgewiesen werden, wenn höhere als in Abs. 1 oder Abs. 2 geregelte Fahrtkosten geltend gemacht werden (OLG Brandenburg, BeckRS 2021, 24787). 18

1. Kilometerpauschale (II 1 Nr. 1). Für jeden tatsächlich gefahrenen km des Hin- und Rückwegs erhält ein Zeuge oder ein Dritter im Sinn von § 23 nach Nr. 1 den Betrag von 0,35 EUR (OLG Naumburg VersR 2015, 508), jeder andere Anspruchsberechtigte nach § 1 II 1 Nr. 2 einen Betrag von 0,42 EUR jeweils als eine Pauschale (OLG Rostock MDR 2011, 983. Vgl. auch KV 31005 GNotKG und VV 7003 RVG). Behördliche „Routenplaner" sind nicht verbindlich (LG Dresden MDR 2005, 1260). Die Pauschale umfasst zB beim Zeugen oder Dritten die Betriebs- und Abnutzungskosten, bei den übrigen Anspruchsberechtigten neben der Abnutzung und dem Wertverlust auch die Anschaffungs-, Unterhaltungs- und Betriebskosten (OLG Celle FamRZ 2013, 1988, OLG Karlsruhe NJWE-FER 1999, 269), und daher auch etwa Winterreifen usw (LG Koblenz FamRZ 1998, 117). Das gilt selbst 19 dann, wenn man einen höheren Verbrauch nachweisen kann. Die Entschädigungspflicht ist nicht von einem Mindestweg abhängig. Eine Entschädigung ist unabhängig von den tatsächlichen Aufwendungen (OVG Rheinland-Pfalz JurBüro 1991, 260 (Dienstwagen); OVG Nordrhein-Westfalen Rpfleger 1982, 399). Die Kosten eines Fahrers sind nicht gesondert ersetzbar.

20 **2. Zusätzliche Barauslagen (II 1 Nr. 2).** Zur Pauschale nach → Rn. 19 tritt der Anspruch auf einen Ersatz der durch die Benutzung des Kraftfahrzeugs aus Anlass gerade dieser Reise regelmäßig anfallenden baren Auslagen hinzu, insbesondere der Parkentgelte, aber zB auch einer Mautgebühr oder einer Fährgebühr usw.

21 **3. Benutzung durch mehrere Personen (II 2).** Hier kann man die Pauschale nach II 1 Nr. 1, 2 nur einmal fordern. Das stellt II 2 klar. Der unentgeltlich Mitgenommene hat also keinen eigenen Anspruch auf eine Kilometerpauschale mehr. Er kann aber als eine der vom JVEG erfassten Personen die tatsächlich gerade ihm entstandenen Barauslagen nach II 1 Nr. 2 ersetzt fordern. Denn II 2 begrenzt nur bei der „Pauschale". Das gilt zB bei einem Betriebskostenanteil. Die ganz unentgeltliche Mitnahme bleibt demgegenüber ohne eine Entschädigung (LG Traunstein JurBüro 1996, 491).

22 **V. Anderes privates Kraftfahrzeug (II 3).** Wer ein anderes Kraftfahrzeug als ein solches nach I oder II 1 benutzt, erhält einen Fahrtkostenersatz nach II 3, aA VG Gießen NVwZ-RR 2010, 416 (nur Pauschale nach II 1 Nr. 1). Hierher gehört ein solches Kfz, das nicht zu den öffentlichen Verkehrsmitteln zählt und auch nicht dem Berechtigten gehört oder unentgeltlich zur Verfügung steht. Damit meint II 3 zB ein Taxi, einen Mietwagen, ein Mietboot oder -flugzeug oder eine Mitnahme in einem derartigen fremden Fahrzeug. Auch ein geleastes Kraftfahrzeug zählt hierher. Auch hier muss man unterscheiden.

23 **1. Tatsächliche Kilometerauslagen (II 3 Hs. 1).** Man erhält nur die tatsächlich entstandenen Auslagen nach II 1 ersetzt. Auch diese werden beim Zeugen oder Dritten nur bis höchstens 0,35 EUR und bei den übrigen Anspruchsberechtigten nur bis höchstens 0,42 EUR je gefahrenem Kilometer des Hin- und Rückwegs ersetzt. In einer Abweichung von der Regelung beim eigenen oder unentgeltlich zur Nutzung erhaltenen Kraftfahrzeug gibt es also keine feste Kilometerpauschale, sondern nur eine feste Kilometerhöchstsumme. Das gilt vor allem beim sog. Leihwagen, der entgegen der Wortwahl gerade nicht unentgeltlich verfügbar ist, sondern in Wahrheit ein Mietwagen ist.

24 **2. Zusätzliche Barauslagen (II 3 Hs. 2).** Ebenso wie beim eigenen Kraftfahrzeug erhält man auch hier die gerade aus Anlass dieser Reise angefallenen regelmäßigen Barauslagen ersetzt. Anders als dort gilt das nach II 3 Hs. 2 aE aber nur, „soweit sie der Berechtigte zu tragen hat". Nicht hierher gehört also zB dasjenige Fährgeld, das der Vermieter vertraglich dem Mieter erstatten muss und auch erstattet hat.

25 **VI. Mehrheit von Terminen (I, II).** Wenn der Zeuge oder Sachverständige usw mehrere Termine wahrnimmt, erhält er für die Benutzung dieser Verkehrsmittel anlässlich eines jeden Termins nur eine anteilsmäßige Entschädigung. Wenn die Termine an verschiedenen Orten stattfinden, muss man die verschiedenen Entfernungen bei dieser anteilsmäßigen Entschädigung berücksichtigen. Man muss dabei beachten, dass jedes Gericht eine eigene Ladung erteilt hat (OLG Hamm OLGR 1996, 251). Andererseits soll die Beweisperson dadurch kein Geschäft machen.

26 **VII. Höherer Ersatz (III).** Die Vorschrift gilt in sämtlichen Fällen I, II (aA OLG Celle DS 2016, 58, nicht bei II). Für einen Erstattungsanspruch höherer Kosten muss eine der nachfolgenden Voraussetzungen vorliegen. Mehrkosten zu den in I oder II geregelten Erstattungsbeträgen muss der Berechtigte darlegen und notfalls beweisen. So ist ein tatsächlicher Nachweis der Nutzung eines PKW nicht zu erbringen, wenn nur die Kilometerpauschale nach II geltend gemacht wird. Hingegen sind bei der Anmietung eines Mietwagens sowohl die Kosten nachzuweisen als auch die Gründe für eine Erstattungsfähigkeit darzulegen (OLG Brandenburg, BeckRS 2021, 24787).

1. Entweder: Bei Ersparung von Mehrvergütung oder -entschädigung (III Hs. 1). Soweit man einen Mehrbetrag an Vergütung oder Entschädigung erspart, kann man die tatsächlichen entstandenen Fahrtkosten über I, II hinaus ersetzt fordern. 27

Beispiel: Ein Flug kostet 300 EUR mehr als die 1. Bahnklasse, erspart aber 200 EUR Verdienstausfall und kann einen erheblichen geringeren Zeitaufwand bedeuten. Nach III Hs. 1 werden zusätzlich 200 EUR ersetzt.

2. Oder: Notwendigkeit wegen besonderer Umstände (III Hs. 2). Es kann auch ein Mehrbetrag wegen der Notwendigkeit höherer Fahrtkosten auf Grund besonderer Umstände ersetzbar sein, zB: In einem Eilfall; bei einer Gebrechlichkeit; bei hohem Alter; bei extrem schlechter Wetterlage; zwecks Einsparung einer Übernachtung oder zwecks bloßen Zeitgewinns; bei ganz besonderen geschäftlichen Interessen des Zeugen oder Sachverständigen usw. Gerade im letzteren Fall sollte man aber das Gericht wenn irgend möglich von der Absicht der Benutzung anderer Verkehrsmittel vorher verständigen. Hier können zB höhere Taxikosten oder Parkhausgebühren erstattungsfähig sein. Natürlich muss der Zeuge oder Sachverständige usw solche Mehrauslagen nachweisen. 28

Unanwendbar ist III Hs. 2 bei einem bloßen Repräsentationsbedürfnis. Bei einer starken beruflichen Belastung kommt es auf die Umstände an. 29

VIII. Reisen während der Terminsdauer (IV). Die Kosten einer solchen Reise sind nur insoweit erstattungsfähig, als dadurch im Ergebnis Kosten erspart, etwa dadurch, dass der Heimweg verhältnismäßig kurz wird und dass daher trotz der Reise geringere Gesamtkosten entstehen. Das gilt insbesondere dann, wenn man Übernachtungskosten erspart. Dann kann sogar eine Verpflichtung bestehen, nur die geringeren Kosten entstehen zu lassen. 30

IX. Reiseantritt von anderem Ort, als in der Ladung bezeichnet (V). Soweit man die Reise zum Terminsort von einem anderen als dem in der Ladung bezeichneten oder der zuständigen Stelle unverzüglich angezeigten Ort antritt und soweit man zu einem anderen als zu diesem Ort zurückfährt, muss man das ladende Gericht unverzüglich darauf hinweisen (OLG Brandenburg JurBüro 2010, 314). Das Gericht soll dadurch die Möglichkeit der Prüfung erhalten, ob es den Zeugen oder Sachverständigen usw zunächst abbestellen soll (OLG Celle JurBüro 2013, 94). 31

1. Rechtzeitige Anzeige an Gericht. Soweit man eine solche **Anzeige** unverzüglich und gerade auch dem ladenden Gericht und nicht etwa nur einem ProzBev erstattet **hat,** braucht man die Antwort des ladenden Gerichts nicht abzuwarten. Man erhält jedenfalls mangels einer rechtzeitig eingegangenen Abbestellung die Reisekosten von demjenigen Ort, den man angegeben hat, und zu ihm zurückerstattet (OLG Düsseldorf JurBüro 1984, 1069; LG Koblenz MDR 1998, 1184; aA OLG München JurBüro 1989, 864). 32

2. Keine oder verspätete Anzeige. Soweit man eine solche Anzeige nicht oder nicht unverzüglich und für eine Abladung zu spät gemacht hat, erhält man grundsätzlich nach I–IV nur diejenigen Kosten ersetzt, die eine Reise von dem dem Gericht bekannten Ort und zu diesem zurück erforderte (OLG Brandenburg JurBüro 2010, 314; LG Baden-Baden Rpfleger 1989, 255; großzügiger OVG Berlin-Brandenburg NVwZ-RR 2015, 120, Fallfrage). Diese letzteren „Normalauslagen" sind aber natürlich ersatzfähig, sofern das Gericht nicht den Berechtigten bei einer Kenntnis aller Umstände gänzlich entbunden oder abgeladen hätte (OLG Celle JurBüro 2013, 94). In der Praxis kommt es immer wieder vor, dass zB der Zeuge zwar behauptet, die Geschäftsstelle usw aber bestreitet und auch nicht aktenkundig gemacht hat, dass er unverzüglich angerufen und mitgeteilt habe. Es empfiehlt sich daher, sich den Namen des Beamten und das Mitteilungsdatum zu merken und einen Zeugen beizuziehen. Die Erstattung muss trotz einer vorwerfbar späten Anzeige auch dann erfolgen, wenn das Gericht die Ladung auf jeden Fall aufrechterhalten hätte (OLG Dresden JurBüro 1998, 269). 33

Einen solchen von einer Partei **gestellten** Zeugen oder Sachverständigen, den das Gericht dann auch vernimmt, darf das Gericht grundsätzlich nur wie einen Ortsansässigen entschädigen. Seine Partei mag ihn höher entschädigen und das als einen Teil ihrer außergerichtlichen Prozesskosten erstattet fordern können und müssen. 34

Eine gerichtliche Entschädigung kommt aber in Betracht, soweit das Gericht die Gestellung anheimgegeben hat (KG Rpfleger 1986, 283).

35 **3. Anzeige nicht an Gericht.** Eine Anzeige der längeren Reisestrecke lediglich an diejenige Partei oder denjenigen Beteiligten, der die Ladung angeregt oder beantragt hatte, oder an dessen ProzBev reichen in keinem Fall aus. Man darf sich auch nicht darauf verlassen, dass die Partei oder deren ProzBev zugesichert haben, sie würden das Gericht verständigen. Der Geladene hat eine unmittelbare Rechtspflicht gegenüber dem Gericht und muss daher auch unmittelbar das ladende Gericht verständigen.

36 **4. Besondere Umstände.** Soweit durch sie eine längere Fahrt nötig wurde, darf und muss das Gericht die Mehrkosten im Rahmen einer Prüfung nach seinem pflichtgemäßen Ermessen erstatten (OLG Brandenburg JurBüro 2010, 314; OLG Dresden JurBüro 1998, 269). Die besonderen Umstände müssen unverschuldet sein (LG Baden-Baden Rpfleger 1989, 255). Sie können sowohl in der Person des Zeugen oder Sachverständigen usw als auch in anderen Gründen liegen. Das gilt auch mangels einer unverzüglichen Nachricht an das Gericht.

37 **5. Unklarheit der Ladung.** Eine Unklarheit bei der Abfassung des Textes einer Ladung ist stets zugunsten des Geladenen auslegbar (LG Aschaffenburg JurBüro 1977, 1751, betreffend den „Aufenthaltsort").

Entschädigung für Aufwand

6 **I Wer innerhalb der Gemeinde, in der der Termin stattfindet, weder wohnt noch berufstätig ist, erhält für die Zeit, während der er aus Anlass der Wahrnehmung des Termins von seiner Wohnung und seinem Tätigkeitsmittelpunkt abwesend sein muss, ein Tagegeld, dessen Höhe sich nach der Verpflegungspauschale zur Abgeltung tatsächlich entstandener, beruflich veranlasster Mehraufwendungen im Inland nach dem Einkommensteuergesetz bemisst.**

II Ist eine auswärtige Übernachtung notwendig, wird ein Übernachtungsgeld nach den Bestimmungen des Bundesreisekostengesetzes gewährt.

1 **I. Systematik (I, II).** Die Entschädigung für Fahrtkosten erfolgt nach § 5. Die Entschädigung für den sonstigen Aufwand erfolgt nach festen Sätzen. Der Begünstigte erhält ein Tage- und ein Übernachtungsgeld. Als eine Auffangvorschrift dient § 7.

2 **II. Regelungszweck (I, II).** Das Tagegeld soll den Aufwand außer dem durch die Übernachtung entstehenden und außerdem den sonstigen Aufwand abgelten, insbesondere Essenskosten. Kosten notwendiger Vertretungen und notwendiger Begleiter und die Fahrtkosten unterfallen §§ 5, 7. Wegen der Entschädigung des Handelsrichters: § 107 GVG.

3 **III. Anwendungsbereich (I, II).** § 6 gilt auch für die Entschädigung der Steuerausschussmitglieder, § 30 des Gesetzes über die Finanzverwaltung, ferner für die Entschädigung der Beisitzer bei den Seeämtern und beim Bundesoberseeamt, jedoch mit der Maßgabe, dass die Entschädigung stets die in § 8 V des Gesetzes über die Untersuchung von Seeunfällen genannte Summe beträgt (früher 5 DM, also bei amtlicher Umrechnung 2,56 EUR). Bis zu diesem Satz ist also kein Nachweis erforderlich. Ferner ist eine Erhöhung des Satzes für den Einheimischen zulässig.

4 Eine Erhöhung kann man auch dem Beisitzer bei der Kammer für **Wertpapierbereinigung** gewähren, für den man die Entschädigung bei einer Sitzungsdauer von mehr als 5 Stunden nach § 6 I Änderungs- und Ergänzungsgesetz des WertpapierberG um [10 DM] 5,11 EUR erhöhen kann. Ein im öffentlichen Dienst stehender Beisitzer des Bundessortenamts erhält keine Aufwandsentschädigung. Wohl aber erhält ein anderer Beisitzer eine solche.

5 **IV. Tagegeld für einen Auswärtigen (I).** Als ein Auswärtiger gilt nur derjenige, der in der politischen Gemeinde des Gerichtstermins am Terminstag weder wohnt noch berufstätig ist und sich auch nicht aus einem anderen Grund am Terminstag am Terminsort aufhält. Er erhält als Entschädigung für seine terminsbedingte Abwesenheit von seinem Wohnort und seinem Tätigkeitsmittelpunkt ein pauschaliertes Tage-

geld ohne die Notwendigkeit eines Nachweises oder auch nur einer Darlegung oder Glaubhaftmachung irgendwelcher Aufwendungen für Essen usw. Es genügt vielmehr nur die Darlegung und notfalls der Beweis des Ob und Wielange einer Abwesenheit infolge gerade dieser Heranziehung. Wegen seiner **Höhe** verweist I auf das Tagegeld nach dem Einkommensteuergesetz, mithin auf §§ 4 V 1 Nr. 5 S. 2, 9 IVa EStG.

§ 4 EStG. Gewinnbegriff im Allgemeinen

V Nr. 5 S. 2 Wird der Steuerpflichtige vorübergehend von seiner Wohnung und dem Mittelpunkt seiner dauerhaft angelegten betrieblichen Tätigkeit entfernt betrieblich tätig, sind die Mehraufwendungen für Verpflegung nach Maßgabe des § 9 Absatz 4a abziehbar; ...

§ 9 EStG. Werbungskosten

IVa [1] Mehraufwendungen des Arbeitnehmers für die Verpflegung sind nur nach Maßgabe der folgenden Sätze als Werbungskosten abziehbar. [2] Wird der Arbeitnehmer außerhalb seiner Wohnung und ersten Tätigkeitsstätte beruflich tätig (auswärtige berufliche Tätigkeit), ist zur Abgeltung der ihm tatsächlich entstandenen, beruflich veranlassten Mehraufwendungen eine Verpflegungspauschale anzusetzen. [3] Diese beträgt

1. 28 Euro für jeden Kalendertag, an dem der Arbeitnehmer 24 Stunden von seiner Wohnung und ersten Tätigkeitsstätte abwesend ist,
2. jeweils 14 Euro für den An- und Abreisetag, wenn der Arbeitnehmer an diesem, einem anschließenden oder vorhergehenden Tag außerhalb seiner Wohnung übernachtet,
3. 14 Euro für den Kalendertag, an dem der Arbeitnehmer ohne Übernachtung außerhalb seiner Wohnung mehr als 8 Stunden von seiner Wohnung und der ersten Tätigkeitsstätte abwesend ist; beginnt die auswärtige berufliche Tätigkeit an einem Kalendertag und endet am nachfolgenden Kalendertag ohne Übernachtung, werden 14 Euro für den Kalendertag gewährt, an dem der Arbeitnehmer den überwiegenden Teil der insgesamt mehr als 8 Stunden von seiner Wohnung und der ersten Tätigkeitsstätte abwesend ist.

[4] Hat der Arbeitnehmer keine erste Tätigkeitsstätte, gelten die Sätze 2 und 3 entsprechend; Wohnung im Sinne der Sätze 2 und 3 ist der Hausstand, der den Mittelpunkt der Lebensinteressen des Arbeitnehmers bildet sowie eine Unterkunft am Ort der ersten Tätigkeitsstätte im Rahmen der doppelten Haushaltsführung. [5] Bei einer Tätigkeit im Ausland treten an die Stelle der Pauschbeträge nach Satz 3 länderweise unterschiedliche Pauschbeträge, die für die Fälle der Nummer 1 mit 120 sowie der Nummern 2 und 3 mit 80 Prozent der Auslandstagegelder nach dem Bundesreisekostengesetz vom Bundesministerium der Finanzen im Einvernehmen mit den obersten Finanzbehörden der Länder aufgerundet auf volle Euro festgesetzt werden; dabei bestimmt sich der Pauschbetrag nach dem Ort, den der Arbeitnehmer vor 24 Uhr Ortszeit zuletzt erreicht, oder, wenn dieser Ort im Inland liegt, nach dem letzten Tätigkeitsort im Ausland. [6] Der Abzug der Verpflegungspauschalen ist auf die ersten drei Monate einer längerfristigen beruflichen Tätigkeit an derselben Tätigkeitsstätte beschränkt. [7] Eine Unterbrechung der beruflichen Tätigkeit an derselben Tätigkeitsstätte führt zu einem Neubeginn, wenn sie mindestens vier Wochen dauert. [8] Wird dem Arbeitnehmer anlässlich oder während einer Tätigkeit außerhalb seiner ersten Tätigkeitsstätte vom Arbeitgeber oder auf dessen Veranlassung von einem Dritten eine Mahlzeit zur Verfügung gestellt, sind die nach den Sätzen 3 und 5 ermittelten Verpflegungspauschalen zu kürzen:

1. für Frühstück um 20 Prozent,
2. für Mittag- und Abendessen um jeweils 40 Prozent,

der nach Satz 3 Nummer 1 gegebenenfalls in Verbindung mit Satz 5 maßgebenden Verpflegungspauschale für einen vollen Kalendertag; die Kürzung darf die ermittelte Verpflegungspauschale nicht übersteigen. [9] Satz 8 gilt auch, wenn Reisekostenvergütungen wegen der zur Verfügung gestellten Mahlzeiten einbehalten oder gekürzt werden oder die Mahlzeiten nach § 40 Absatz 2 Satz 1 Nummer 1a pauschal besteuert werden. [10] Hat der Arbeitnehmer für die Mahlzeit ein Entgelt gezahlt, mindert dieser Betrag den Kürzungsbetrag nach Satz 8. [11] Erhält der Arbeitnehmer steuerfreie Erstattungen für Verpflegung, ist ein Werbungskostenabzug insoweit ausgeschlossen. [12] Die Verpflegungspauschalen nach den Sätzen 3 und 5, die Dreimonatsfrist nach den Sätzen 6 und 7 sowie die Kürzungsregelungen nach den Sätzen 8 bis 10 gelten entsprechend auch für den Abzug von Mehraufwendungen für Verpflegung, die bei einer beruflich veranlassten doppelten Haushaltsführung entstehen, soweit der Arbeitnehmer vom eigenen Hausstand im Sinne des § 9 Absatz 1 Satz 3 Nummer 5 abwesend ist; dabei ist für jeden Kalendertag innerhalb der Dreimonatsfrist, an dem gleichzeitig eine Tätigkeit im Sinne des Satzes 2 oder des Satzes 4 ausgeübt wird, nur der jeweils höchste in Betracht kommende Pauschbetrag abziehbar. [13] Die Dauer einer Tätigkeit im Sinne des Satzes 2 an dem Tätigkeitsort, an dem die doppelte Haushaltsführung begründet wurde, ist auf die Dreimonatsfrist anzurechnen, wenn sie ihr unmittelbar vorausgegangen ist.

Damit kommen für die Gewährung des Abwesenheitsgeldes nur 2 Beträge zur 6
Anwendung: 14 EUR und 28 EUR. Die frühere Regelung, die auch ein Tagegeld von 6 EUR vorsah, ist gegenstandslos. Bei einer Abwesenheit von weniger als

8 Stunden besteht kein Anspruch auf ein Tagegeld. Erst bei einer Abwesenheit von mehr als 8 Stunden entsteht ein Anspruch auf 14 EUR Tagegeld. 28 EUR werden bei einer Abwesenheit von 24 Stunden gewährt.

7 **Entscheidend** ist stets die Zeit von der Abfahrt bis zur Rückkehr an den Wohnort, die für die Heranziehung erforderlich war. Übernachtet der Berechtigte aufgrund der Heranziehung außerhalb seiner Wohnung, sind für den An- und Abreisetag jeweils 14 EUR zu entschädigen. Für diese Tage kommt es dann nicht auf die Dauer der Abwesenheit an.

8 **V. Übernachtungsgeld (II).** Man erhält es nur dann, wenn eine auswärtige Übernachtung wegen der Heranziehung notwendig war. Notwendigkeit besteht, wenn der Begünstigte nicht mehr in seinen Wohnort zurückkehren konnte oder wenn er deshalb übernachten musste, weil der frühere Sitzungsanfang eine Anreise zu einem entsprechend früheren Zeitpunkt oder das spätere Sitzungsende die Rückreise zu einem späteren Zeitpunkt an demselben Tag unzumutbar machte, LSG Thüringen JurBüro 2000, 489. Als zumutbar gilt nach den BRKGVwV ein Reiseantritt um 6h und die Rückkehr bis 24h. Bei einem nahen Aufenthalts- oder Arbeitsort entfällt II ebenso wie I in aller Regel. Es kommt bei einer mehrtägigen Heranziehung darauf an, ob man ein tägliches Pendeln zumuten kann.

9 Der **Höhe** nach enthält II eine Verweisung auf das **BRKG.** Die frühere Regelung in Reisekostenstufen ist entfallen. Übernachtungsgeldregelungen enthalten §§ 6 II, 7, 8 S. 2, §§ 9, 11 I 2 Hs. 2, V, 13 I Hs. 2, 14 III BRKG (dazu Klein NVwZ 2017, 126 (Üb.)). Zentralvorschriften sind

§ 7 BRKG. Übernachtungsgeld

I 1 Für eine notwendige Übernachtung erhalten Dienstreisende pauschal 20 Euro. 2 Höhere Übernachtungskosten werden erstattet, soweit sie notwendig sind.

II Übernachtungsgeld wird nicht gewährt

1. für die Dauer der Benutzung von Beförderungsmitteln,
2. bei Dienstreisen am oder zum Wohnort für die Dauer des Aufenthalts an diesem Ort,
3. bei unentgeltlicher Bereitstellung einer Unterkunft des Amtes wegen, auch wenn diese Unterkunft ohne triftigen Grund nicht genutzt wird, und
4. in den Fällen, in denen das Entgelt für die Unterkunft in den erstattungsfähigen Fahrt- oder sonstigen Kosten enthalten ist, es sei denn, dass eine Übernachtung aufgrund einer zu frühen Ankunft am Geschäftsort oder einer zu späten Abfahrt von diesem zusätzlich erforderlich wird.

§ 8 BRKG. Auslagenerstattung bei längerem Aufenthalt am Geschäftsort

1 Dauert der dienstlich veranlasste Aufenthalt an demselben auswärtigen Geschäftsort länger als 14 Tage, wird vom 15. Tag an ein um 50 Prozent ermäßigtes Tagegeld gewährt; in besonderen Fällen kann die oberste Dienstbehörde oder die von ihr ermächtigte Behörde auf eine Ermäßigung des Tagegeldes verzichten. 2 Notwendige Übernachtungskosten werden erstattet; ein pauschales Übernachtungsgeld nach § 7 Abs. 1 wird nicht gewährt. 3 ...

§ 9 BRKG. Aufwands- und Pauschvergütung

I 1 Dienstreisende, denen erfahrungsgemäß geringerer Aufwand für Verpflegung oder Unterkunft als allgemein üblich entsteht, erhalten nach näherer Bestimmung der obersten Dienstbehörde oder der von ihr ermächtigten Behörde anstelle von Tagegeld, Übernachtungsgeld und Auslagenerstattung nach § 8 Satz 1 und 2 eine entsprechende Aufwandsvergütung. 2 Diese kann auch nach Stundensätzen bemessen werden.

II Die oberste Dienstbehörde oder die von ihr ermächtigte Behörde kann für regelmäßige oder gleichartige Dienstreisen anstelle der Reisekostenvergütung oder einzelner ihrer Bestandteile eine Pauschvergütung gewähren, die nach dem Durchschnitt der in einem bestimmten Zeitraum sonst anfallenden Reisekostenvergütungen zu bemessen ist.

§ 13 BRKG. Verbindung von Dienstreisen mit privaten Reisen

I 1 Werden Dienstreisen mit privaten Reisen verbunden, wird die Reisekostenvergütung so bemessen, als ob nur die Dienstreise durchgeführt worden wäre. 2 Die Reisekostenvergütung nach Satz 1 darf die sich nach dem tatsächlichen Reiseverlauf ergebende nicht übersteigen. 3 Werden Dienstreisen mit einem Urlaub von mehr als fünf Arbeitstagen verbunden, werden nur die zusätzlich für die Erledigung des Dienstgeschäfts entstehenden Kosten als Fahrtauslagen entsprechend den §§ 4 und 5 erstattet; Tage- und Übernachtungsgeld wird für die Dauer des Dienstgeschäfts sowie für die zusätzliche Reisezeit gewährt.

II–IV *(nicht abgedruckt)*

10 Neben der zwingenden Voraussetzung der Notwendigkeit der Übernachtung müssen dem Berechtigten Aufwendungen im Zusammenhang mit der Übernachtung

entstanden sein. Ist dies der Fall und sind die Aufwendungen nachgewiesen oder zumindest plausibel dargelegt, können pauschal 20 EUR als Übernachtungsgeld gewährt werden. Erfolgt die Übernachtung zB bei Verwandten oder Freunden und sind daher keine Ausgaben angefallen, besteht kein Anspruch auf ein Übernachtungsgeld. Die in der Regel höheren Auslagen für die (Hotel-)Übernachtung müssen **notwendig** gewesen sein, was nach den Bestimmungen der BRKGVwV einem Betrag bis zu 70 EUR der Fall ist. Kosten von über 70 EUR je Nacht müssen begründet werden (LG Hannover JurBüro 2006, 491, zust. Bund). Sind jedoch besondere Umstände, wie etwa Messezeiten, gerichtsbekannt, können auch höhere Hotelkosten ersetzt werden. Nach 7.1.6 BRKGVwV können auch für umweltzertifizierte Hotels höhere Kosten als 70 EUR erstattet werden.

Erstattungsfähig sind nur die tatsächlichen Übernachtungskosten, nicht aber die **Aufwendungen für ein Frühstück,** da insoweit das Tagegeld gezahlt wird. Ist ein Frühstückspreis in der Rechnung gesondert ausgewiesen, ist der Gesamtbetrag um die brutto Verpflegungskosten zu reduzieren. Ist das Frühstück pauschal im Gesamtpreis enthalten, ist das nach 6 I gewährte Tagegeld um 20 % zu kürzen, § 6 II 2 BRKG. Fiktive Übernachtungskosten sind nicht erstattungsfähig. 11

Ersatz für sonstige Aufwendungen

7 **I [1]Auch die in den §§ 5, 6 und 12 nicht besonders genannten baren Auslagen werden ersetzt, soweit sie notwendig sind. [2]Dies gilt insbesondere für die Kosten notwendiger Vertretungen und notwendiger Begleitpersonen.**

II [1]Für die Anfertigung von Kopien und Ausdrucken werden ersetzt

1. bis zu einer Größe von DIN A3 0,50 Euro je Seite für die ersten 50 Seiten und 0,15 Euro für jede weitere Seite,
2. in einer Größe von mehr als DIN A3 3 Euro je Seite und
3. für Farbkopien und -ausdrucke bis zu einer Größe von DIN A3 1 Euro je Seite für die ersten 50 Seiten und 0,30 Euro für jede weitere Seite, in einer Größe von mehr als DIN A3 6 Euro je Seite.

[2]Der erhöhte Aufwendungsersatz wird jeweils für die ersten 50 Seiten nach Satz 1 Nummer 1 und 3 gewährt. [3]Die Höhe der Pauschalen ist in derselben Angelegenheit einheitlich zu berechnen. [4]Die Pauschale wird nur für Kopien und Ausdrucke aus Behörden- und Gerichtsakten gewährt, soweit deren Herstellung zur sachgemäßen Vorbereitung oder Bearbeitung der Angelegenheit geboten war, sowie für Kopien und zusätzliche Ausdrucke, die nach Aufforderung durch die heranziehende Stelle angefertigt worden sind. [5]Werden Kopien oder Ausdrucke in einer Größe von mehr als DIN A3 gegen Entgelt von einem Dritten angefertigt, kann der Berechtigte anstelle der Pauschale die baren Auslagen ersetzt verlangen.

III [1]Für die Überlassung von elektronisch gespeicherten Dateien anstelle der in Absatz 2 genannten Kopien und Ausdrucke werden 1,50 Euro je Datei ersetzt. [2]Für die in einem Arbeitsgang überlassenen oder in einem Arbeitsgang auf denselben Datenträger übertragenen Dokumente werden höchstens 5 Euro ersetzt.

Übersicht

1 **I. Normzweck (I–III).** Die Vorschrift ist zunächst eine Auffangklausel für –wie die Überschrift bereits zeigt- sonstige Aufwendungen, die nicht bereits in den Bestimmungen des §§ 5, 6 oder 12 genannt sind. Sie gilt also nur hilfsweise neben den vorrangigen §§ 5, 6 und 12. Diese gelten in ihren Anwendungsbereichen abschließend und lassen sich daher insoweit auch nicht über § 7 ausweiten (OLG Hamburg MDR 2007, 867). Neben baren Auslagen fallen insbesondere Kosten für Vertretungen oder Begleitpersonen unter diese Vorschrift. Weitere praktische Relevanz hat die Regelung der Erstattung für Kopien und Ausdrucke.

2 **II. Normaufbau (I–III).** Die Auffangklausel des I bezweckt eine möglichst lückenlose Erfassung aller eigenen Aufwendungen des Zeugen oder Sachverständigen usw. Maßgebliches Erstattungskriterium ist der Rahmen des Notwendigen. Über II werden die Aufwendungen für Kopien oder Ausdrucke pauschal in Abhängigkeit der anzufertigenden Größe und Beschaffenheit erfasst. Abschließend werden die Aufwendungen für elektronisch gespeicherte Dateien und Datenträger in III geregelt.

3 **III. Anwendungsbereich (I–III).** Die Vorschrift gilt über § 8 I Nr. 4 für jeden gerichtlich bestellten Sachverständigen, Dolmetscher oder Übersetzer, nach § 15 I Nr. 3 für ehrenamtlich Richter sowie über § 19 I Nr. 3 für Zeugen und Dritte nach § 23. Sie alle haben einen Anspruch auf die Erstattung solcher notwendigen baren Auslagen, die nicht anderweitig speziell erfasst sind. Auch können die Berechtigten, soweit es in ihren Aufgaben- und Anwendungsbereich fällt, die Aufwendungen für Kopien, Ausdrucke oder Dateien verlangen.

4 **IV. Notwendige bare Auslagen (I).** Alle sonstigen Aufwendungen, die nicht bereits in den genannten anderen Vorschriften der §§ 5, 6 und 12 erfasst sind, können unter diese Regelung fallen. Entscheidend ist, dass es sich um **eigene Auslagen der Berechtigten** handelt und dass diese **notwendig im Zusammenhang mit der Heranziehung** sind. Das Kriterium „bar“ darf dabei nicht wörtlich verstanden werden. Gemeint sind solche Auslangen, bei dem Berechtigten selbst entstanden sind, auch wenn diese nicht direkt mit Bargeld im Zusammenhang stehen. Denn es handelt sich eindeutig um einen Auslagenersatz, so auch Schneider Rn. 3.

5 **1. Erstattungsfähigkeit.** Jede Erstattung setzt zwingend einen Antrag des Berechtigten voraus. Ohne Antragstellung fehlt es bereits an der erforderlichen Kenntnis dieser Positionen, eine Berücksichtigung von Amts wegen kommt hier unter keinen Umständen in Betracht. Das Gericht muss zwei Voraussetzungen prüfen: Es muss sich um sonstige, eigene Auslagen handeln und müssen **notwendig** gewesen sein. Der Anspruch erstreckt sich innerhalb der dem Grunde nach notwendigen Kosten nur auf diejenigen Auslagen, die der Berechtigte gerade **auf Grund dieser Heranziehung** auch wirklich aufgewendet hat und auf die nicht verzichtet werden kann. Aufwendungen für einen Corona-Test sind daher nur dann erstattungsfähig, wenn das Gericht dessen Vorlage verlangt. Dabei setzt die Feststellung der Notwendigkeit stets eine Einzelfallprüfung voraus, das Gericht hat insoweit nach Ermessen zu entscheiden. Bei außergewöhnlich hohen Aufwendungen kann erforderlich sein, vor ihrer Entstehung dem Gericht oder der sonstigen heranziehenden Stelle unverzüglich deren Entstehen anzukündigen, um ihm zu ermöglichen, die Heranziehung deshalb aufzuheben, aufzuschieben, zu verringern usw (OVG Hamburg DÖV 2006, 880; OLG Karlsruhe MDR 1993, 90).

2. Nachweis. Grundsätzlich muss der Berechtigte den Nachweis seiner Aufwendungen durch eine Vorlage von verkehrsüblichen Quittungen erbringen oder zumindest glaubhaft machen. Denn ohne entsprechenden Beweis fehlt es an dem Nachweis des Zahlungsflusses (Bayerisches Landessozialgericht NZS 2015, 960). Dennoch können Ausnahmen von der generellen Nachweispflicht zulässig sein. Ist zB gerichtsbekannt, dass in zumutbarer Gerichtsnähe keine kostenfreien Parkplätze zur Verfügung stehen, kann im Einzelfall auf die Vorlage eines Parktickets verzichtet werden. Allerdings ist insoweit von dem Berechtigten darzulegen, dass die Auslagen tatsächlich angefallen sind. Auch bei Kenntnis von kostenpflichtigen Parkplätzen darf die Anweisungsstelle nicht etwa von Amts wegen fiktive Parkkosten erstatten, wenn diese nicht ausdrücklich beantragt werden. Hinsichtlich der Höhe ist- wenn der Nachweis ausnahmsweise nicht erbracht werden kann- eine Schätzung unter Berücksichtigung der ortüblichen Aufwendungen vorzunehmen. Dabei ist im Zweifel auf Durchschnittskosten abzustellen, der mangelnde Nachweis evtl. Mehrkosten geht zulasten des Antragstellers, der den Beweis nicht erbringen kann. 6

3. Beispiele sonstiger Auslagen (I 1). Entstehen mit der Vorbereitung der Zeugenaussage Kosten, können diese erstattet werden (OLG Düsseldorf Rpfleger 1979, 467; LSG Thüringen JurBüro 2003, 96). Dasselbe gilt für die Vorbereitungskosten aller weiteren Begünstigten. Durch die Heranziehung bedingte Reiserücktritts-(Storno-)Kosten fallen unter diese Vorschrift (OLG Celle Rpfleger 1990, 273). Ebenso eine Kursgebühr, die bereits vor Zugang der Ladung gezahlt wurde (LSG Thüringen JurBüro 2003, 96). 7

4. Arztattest (I 1). Die Kosten eines ärztlichen Zeugnisses zur Entschuldigung des Zeugen oder des Sachverständigen usw. sind ersetzbar, sofern ein solches Attest bei einer objektiven Betrachtung zweckmäßig war. Das gilt unabhängig davon, ob das Gericht ein solches Zeugnis auch schon verlangt hatte. Das Gericht kann ein solches Zeugnis fordern, soweit es die Aufgabe des Zeugen oder Sachverständigen usw ist, sich genügend zu entschuldigen. In diesem Zusammenhang gehören auch Portoauslagen (OLG Hamm Rpfleger 1976, 202; LG Mannheim Rpfleger 1991, 36). 8

V. Notwendige Vertretungskosten (I 2). Solche Kosten sind zunächst ohne eine absolute Obergrenze erstattungsfähig, soweit sie bei einer objektiven Beurteilung notwendig waren. Die Höhe geltend gemachter Kosten ist aber anhand der für den Bereich üblichen Stundensätze abzugleichen. Jede Beweisperson und auch ein ehrenamtlicher Richter muss das Gericht auf bevorstehende ungewöhnlich hohe Kosten einer Vertretung unverzüglich hinweisen (OVG Hamburg NVwZ-RR 2006, 447). 9

1. Aufwendungen für Betreuungen. Eine notwendige Vertretung kann im Zusammenhang mit der beruflichen Tätigkeiten stehen, aber auch für die **Betreuung von Kranken, Pflegebedürftigen oder Kindern** erforderlich sein. Bei diesen ist eine Abgrenzung zur Erstattungsfähigkeit von Vertretungskosten darin zu sehen, wo Familienangehörige, Nachbarn oder Freunde regelmäßig unentgeltlich zur Verfügung stehen. Werden also Kinder auch zu anderen Zeiten in vergleichbarem Umfang zB von den Großeltern betreut, können Auslagen nicht verlangt werden. Stehen jedoch Verwandte oder Freunde nicht zur Verfügung und sind daher Kosten für die Betreuung aufzuwenden, ist ein Nachweis darüber zu vorzulegen. Die Höhe der nachgewiesenen, notwendigen Kosten ist nur anzuzweifeln, wenn diese extrem aus dem ortsüblichen Rahmen fallen. Hinsichtlich des Stundensatzes bewertete das LSG Bayern bereits im Jahr 2016 einen Betrag von 15 EUR je Stunde nicht fernliegend (LSG Bayern BeckRS 2016, 67091). Der Nachweis ist in diesen Fällen jedoch zwingend. Für das Hüten von **Haustieren** können keine Vertretungskosten verlangt werden, da zB das Halten von Hunden dem privaten Hobby zuzuordnen ist, was finanzielle Aufwendungen mit sich bringt (OLG Köln AGS 2011, 331). 10

2. Berufliche Vertretungen. Beim Freiberufler kommen Vertretungskosten in Betracht (noch zur alten Rechtslage OLG Bamberg JurBüro 1987, 79 (Anwalt); OLG Düsseldorf MDR 1993, 485 (Psychologe); OLG Karlsruhe MDR 1993, 89 (Arzt)). Das Kriterium der Notwendigkeit setzt insbesondere bei hohen Vertretungskosten voraus, dass zuvor alle zumutbaren Vorkehrungen getroffen wurden, um die Aufwendungen so gering wie möglich zu halten und möglichst schon die Bestellung eines 11

Vertreters überhaupt abzuwenden. Dazu kann zählen, eigene berufliche Termine zu verlegen oder aufzuheben. Ebenso kann zumutbar sein, das Gericht auf die Überschneidung von eigenen Terminen und der Heranziehung hinzuweisen, so dass dem Gericht die Möglichkeit gegeben ist, die zB die Terminsstunde zu verschieben (OVG Hamburg NVwZ-RR 2006, 447).

12 Grundsätzlich sind Vertretungskosten auch bei kleinen Unternehmen anzuerkennen. Da die Zeitdauer der Abwesenheit des Herangezogenen oft nicht vorhersehbar ist, ist nicht zu beanstanden, wenn die Vertretung für einen halben oder unter Umständen auch ganzen Tag bestellt wird. Allerdings kommt bei gering ausgeprägten selbständigen Tätigkeiten eine Entschädigung für Kosten eines Vertreters nicht in Betracht (LSG Bayern BeckRS 2016, 67091). Auch kann ein Berechtigter, Dolmetscher, für solche Tätigkeiten, die der allgemeinen Büroorganisation zuzuordnen sind, keine Vertreterkosten erstattet verlangt werden, (OLG Düsseldorf BeckRS 2007, 09992).

13 Erbringt der Vertreter während der Heranziehung die Leistungen auf eigene Rechnung und enthält daher von dem Herangezogenen auch keinen Ersatz, handelt es sich nicht um Vertretungskosten (KG Berlin, KGR Berlin 2004, 342). Ein Vertreter hat seinerseits keinen unmittelbaren Anspruch gegen den Staat, nur der Herangezogene kann dessen Kosten, die verauslagt wurden, erstattet verlangen.

14 **3. Anwaltskosten (I 1).** Hierher können unter engen Voraussetzungen auch Anwaltskosten fallen. Sodann richtet sich der Anspruch nach dem RVG, Stundensatzvereinbarungen sind für die Justiz nicht verbindlich. Allerdings muss die Anwaltsbeauftragung notwendig im Zusammenhang mit der Heranziehung sein. Dazu zählen nicht solche Aufwendungen, die nur dem eigenen Interesse des Zeugen dienen. Die Hinzuziehung eines Rechtsbeistands zur Vermeidung von Nachteilen bei der Zeugenaussage, wenn eine Tatbeteiligung im Raume steht, rechtfertigt keine Erstattungsfähigkeit (OLG Düsseldorf MDR 1997, 893). Anwaltskosten zur Durchsetzung einer ausreichenden Entschuldigung bei Nichtbeachtung der Ladung und unentschuldigtem Fernbleiben vom Termin sind ebenfalls nicht als notwendig im Sinne dieser Vorschrift anzusehen (LG Gießen MDR 1981, 959).

14a Beauftragt ein Herangezogener einen Anwalt zur Durchsetzung seiner Vergütungsforderung, sind diese Kosten nur erstattungsfähig, wenn die Tätigkeit über ein übliches Nachfragen zur Rechnung und Zahlungserinnerungen hinausgeht (OLG Koblenz BeckRS 2013, 13114).

15 **VI. Notwendige Begleitpersonen (I 2).** Die Kosten einer Begleitperson werden ersetzt, wenn diese objektiv notwendig waren und dem Herangezogenen dadurch Aufwendungen entstanden sind (OLG Koblenz LSK 1991, 360154). Die Notwendigkeit der Begleitung und der dabei entstandenen Kosten sind nach objektiven Kriterien zu ermitteln (LSG Bayern BeckRS 2016, 71327). Erforderlich ist eine Begleitung von gebrechlichen oder behinderte Berechtigten (AG Hamburg ZIP 2017, 936), aber auch bei jugendlichen Zeugen oder bei einem Betreuten. Grundsätzlich können das Alter oder die Gesundheit der herangezogenen Person die Notwendigkeit begründen, den Termin nicht alleine wahrzunehmen. Dieses gilt sowohl hinsichtlich des Termins an sich als auch, wenn die erforderliche Anreise alleine nicht möglich oder zumutbar ist (LSG Bayern BeckRS 2014, 70574).

16 **1. Höhe der Kosten und deren Geltendmachung.** Anspruchsberechtigt ist nur der Herangezogene, da ihm über § 7 eben diese tatsächlichen Aufwendungen erstattet werden können. Folglich hat eine Begleitperson keinen eigenen Entschädigungsanspruch nach dem JVEG (LSG Bayern BeckRS 2012, 72129). Neben den Auslagen für die Begleitperson können dem Herangezogenen selbst aber auch Ansprüche erstattet werden. Die Höhe der Kosten für die Begleitperson richtet sich nicht unmittelbar nach den Vorschriften des JVEG. Insbesondere ist für den Begleiter und dessen Verdienstausfall nicht § 22 maßgeblich (LSG Bayern LSK 2016, 20344; aA LSG Thüringen BeckRS 2012, 67754). Die direkte Anwendung der Vorgaben aus dem JVEG auf die Höhe der Aufwendungen für eine Begleitperson geht aus § 7 nicht hervor. Folglich steht einer Begleitperson auch keine Entschädigung für Zeitversäumnis im Sinn des § 20 oder Entschädigung für die Haushaltsführung zu (LSG Bayern LSK 2016, 20344; LSG Bayern BeckRS 2010, 69392).

Zu erstatten ist, was durch Begleitung als **wirtschaftlicher Nachteil** entstanden ist. Dabei können die Beträge aus dem JVEG aber für die Bemessung des Anspruchs einen sicheren Anhaltspunkt bieten. 16a

Außergewöhnlich hohe Begleitpersonkosten sollten **vorher angezeigt werden.** 16b

2. Verdienstausfall Ehegatte usw. Von dem Grundsatz, dass dem Herangezogenen die verauslagten Kosten entstanden sein müssen, besteht folgende Ausnahme: Ist der Verdienstausfall einem Ehegatten, Lebenspartner oder Verwandten in gerader Linie, mit dem der zu Begleitende in einem gemeinsamen Haushalt lebt und gemeinsam wirtschaftet, entstanden und liegt darüber ein Nachweis des Arbeitgebers des Ehegatten usw. vor, reicht dieses aus. Zwar ist dann nicht belegt, dass es sich um Aufwendungen des Herangezogenen handelt. Zutreffend wäre es aber bloßer Formalismus, wenn der Herangezogene dem Begleiter diese Aufwendungen zunächst erstatten müsste, um sie dann bei Gericht als seine Auslagen geltend zu machen (LSG Sachsen BeckRS 2014, 72724; LSG Bayern BeckRS 2015, 72858). Erforderlich bleibt jedoch, dass es sich um einen echten Einkommensverlust handelt, für anderweitige Entschädigungen nach dem JVEG ist kein Raum. 17

VII. Kopie, Ausdruck (II). Für die Anfertigung von Kopien oder Ausdrucken werden pauschale Beträge ersetzt. Nur wenn die Kopie oder der Ausdruck größer ist als ein DIN A3 Format, kann statt des pauschalen Betrages der Ersatz von baren Aufwendungen, die für die Anfertigung entstanden sind, erfolgen, II 5. Grundsätzlich unterscheidet sich die Höhe des pauschalen Erstattungsbetrages nach der Größe und danach, ob diese in schwarz-weiß oder farbig erstellt wurden. Sind verschiedene Arten nebeneinander herzustellen, berechnen sich die jeweils erhöhten Beträge sowohl für die einfachen, als auch nochmals für die farbigen Anfertigungen, II 2. Dieses ist nunmehr ausdrücklich mit II 2 klargestellt, zuvor bereits zutreffend auch OLG Hamburg BeckRS 2016, 14804. 18

1. Schwarz-weiß (II 1 Nr. 1, Nr. 2). Die Pauschale beträgt nach II 1 Nr. 1 für Kopien und Ausdrucke in einem Format bis DIN A3 in schwarz-weiß 0,50 EUR für die ersten 50 Anfertigungen und ab der 51. Fertigung 0,15 EUR für jede weitere Kopie oder Ausdruck. Unabhängig von der Anzahl der gefertigten Kopien oder Ausdrucke werden 3 EUR pauschal ersetzt, wenn diese größer sind als DIN A3. 19

2. Farbig (II 4). Die Pauschale beträgt bei einer Größe von bis zu DIN A3 für farbige Kopien und Ausdrucke nach II 1 Nr. 3 für die ersten 50 Anfertigungen 1 EUR und ab der 51. Fertigung 0,30 EUR für jede weitere Buntkopie oder Buntausdruck. Größere Anfertigungen als DIN A 3 Format sind in farbiger Herstellung ab der ersten Seite ohne Anzahlbegrenzung mit 6 EUR je Seite zu entschädigen. Der Ausdruck oder die Farbkopie von **Seiten, die Fotos enthalten,** sind Aufwendungen, die nur mit den Pauschalen nach II erstattet werden. Eine gesonderte Erstattung von Fotos für die Fertigung dieser Seiten kommt nicht in Betracht, da es sich um Kopien handelt und § 12 ausdrücklich insoweit für Fotos im Gutachten auf diese Vorschrift verweist. 20

3. Über DIN A 3: Barauslagen (II 5). Bei diesem Großformat können statt der o. g. Pauschalen wahlweise auch die Barauslagen ersetzt werden. Diese können dabei höher sein als die Pauschalbeträge. Ebenso kann der Berechtigte nicht darauf verwiesen werden, dass er die Kopien oder Ausdrucke auch selbst hätte anfertigen können. Wenn er sich bei dieser Größe für die Herstellung durch Dritte entscheidet, sind die insoweit entstandenen Aufwendungen erstattungsfähig. 21

4. Je Angelegenheit (II 3). Der Begriff der Angelegenheit, innerhalb derer die Pauschalen nach II 3 einheitlich zu berechnen sind, ist im JVEG nicht definiert. Auf jeden Fall gilt jeder Rechtszug als eine Angelegenheit, so dass die Pauschalen je Instanz gesondert berechnet werden können. Ansonsten ist auf jede vergütungsrechtliche Angelegenheit im Sinne der Heranziehung abzustellen. Dabei ist auf den Gesamtauftrag, nicht auf Teil- oder Ergänzungsaufträge abzustellen. Ein Ausgangs- und ein Ergänzungsgutachten gilt daher als dieselbe Angelegenheit (OLG Koblenz BeckRS 2017, 107119). 22

VIII. Erstattungsfähigkeit von Kopien oder Ausdrucken (II 3). Es besteht ein Anspruch auf Ersatz solcher Kopien und Ausdrucke, die in der Vorschrift ausdrück- 23

lich genannt sind, soweit diese erforderlich waren. Damit geht eine Begrenzung einher, so dass nicht alle gefertigten Kopien ersetzt werden, selbst wenn diese der Vorbereitung oder Erstattung eines Gutachtens grundsätzlich dienten oder wenn diese – aber unaufgefordert – dem Gericht übersandt werden. Diese Aufwendungen fallen unter die allgemeinen Kosten, die mit der Vergütung abgegoltenen sind.

24 **1. Behörden- und Gerichtsakten.** Neben Ablichtungen aus den vom Gericht übersandten Akten können auch Kopien aus anderen Akten und Behördenunterlagen, die der Berechtigte selbst anfordert oder einsieht, erstattungsfähig sein. Nicht erfasst sind jedoch zB Ausdrucke von Tarifbestimmungen, Regelwerke, Fachliteratur oder Aufsätze. Für solche Aufwendungen kann, da es sich weder um Gerichts- noch Behördenakten handelt, kein gesonderter Ersatz verlangt werden. Gleiches gilt demnach auch für Krankenunterlagen oder Arztberichte, es sei denn, diese sind Bestandteil einer Gerichts- oder Behördenakte. Die Ablichtung eines ärztlichen Gutachtens aus einer Betreuungs- oder Strafakte ist daher erstattungsfähig, während die Ablichtungen direkt aus der Arztakte selbst ohne Anspruch bleiben. Nur soweit Kliniken der Landschaftsverbände oder Universitätskliniken Behörden im Sinne von § 1 VwVfG sind, sind Kopien aus deren Unterlagen erstattungsfähig.

25 **2. Mehrfertigungen.** Weiter besteht ein Anspruch auf Kopien und zusätzliche Ausdrucke, die vom Gericht angefordert worden sind. Dieses sind stets die angeforderten Mehrfertigungen eines Gutachtens, jedoch nur im Umfang der Anforderung. Werden mehr Exemplare bei Gericht eingereicht, als mit der Heranziehung gefordert waren, ist der Anspruch zu begrenzen. Ebenso zählen hierzu später oder gesondert von der heranziehenden Stelle geforderte Fertigungen. Für solche isolierten oder nachträglichen Herstellungen besteht neben den Kopiekosten weder ein eigener Honoraranspruch oder ein Aufwendungsersatz für Hilfskräfte nach § 12 I JVEG (OLG Celle DS 2005, 234).

26 Nicht erstattungsfähig ist hingegen ein Ausdruck des Gutachtens für die **Handakte** des Sachverständigen (OLG Jena BeckRS 2014, 127395 mwN; SG Fulda BeckRS 2015, 73321). Auch erhält der Sachverständige für den erstmaligen Ausdruck seines Gutachtens keine gesonderten Auslagen. Denn die Erstausfertigung des Gutachtens und deren erstmalige Ausdruck gehören zu den „üblichen Gemeinkosten“ und sind mit der Vergütung abgegolten (OLG Koblenz BeckRS 2017, 107119).

27 **IX. Elektronische Datei (III).** Ihre Überlassung anstelle von Kopien usw löst nach **III 1** grundsätzlich 1,50 EUR je Datei unabhängig von deren Umfang und unabhängig von der Zeitdauer der Überlassung im Rahmen des Notwendigen aus.

28 **III 2** ermöglicht unter den dortigen Voraussetzungen eine höhere Entschädigung bis 5 EUR je Datei.

Abschnitt 3. Vergütung von Sachverständigen, Dolmetschern und Übersetzern

Grundsatz der Vergütung

8 **I Sachverständige, Dolmetscher und Übersetzer erhalten als Vergütung**

1. ein Honorar für ihre Leistungen (§§ 9 bis 11),
2. Fahrtkostenersatz (§ 5),
3. Entschädigung für Aufwand (§ 6) sowie
4. Ersatz für sonstige und für besondere Aufwendungen (§§ 7 und 12).

II 1 Soweit das Honorar nach Stundensätzen zu bemessen ist, wird es für jede Stunde der erforderlichen Zeit einschließlich notwendiger Reise- und Wartezeiten gewährt. 2 Die letzte bereits begonnene Stunde wird voll gerechnet, wenn sie zu mehr als 30 Minuten für die Erbringung der Leistung erforderlich war; anderenfalls beträgt das Honorar die Hälfte des sich für eine volle Stunde ergebenden Betrags.

III Soweit vergütungspflichtige Leistungen oder Aufwendungen auf die gleichzeitige Erledigung mehrerer Angelegenheiten entfallen, ist die Vergütung nach der Anzahl der Angelegenheiten aufzuteilen.

IV Den Sachverständigen, Dolmetschern und Übersetzern, die ihren gewöhnlichen Aufenthalt im Ausland haben, kann unter Berücksichtigung ihrer persönlichen Verhältnisse, insbesondere ihres regelmäßigen Erwerbseinkommens, nach billigem Ermessen eine höhere als die in Absatz 1 bestimmte Vergütung gewährt werden.

Schrifttum (teilweise zum alten Recht): Bayerlein, Praxishandbuch Sachverständigenrecht, 6. Aufl. 2021; Ulrich, Der gerichtliche Sachverständige, 12. Aufl. 2007; Müller, Der Sachverständige im gerichtlichen Verfahren, 3. Aufl. 1988; Weglage/Pawliczek, Die Vergütung des Sachverständigen usw, 2014; Wellmann/Schneider/Weidhaas, Der Sachverständige in der Praxis, 7. Aufl. 2004.

Übersicht

I. Normzweck (I–IV). § 8 regelt den Vergütungsanspruch eines Sachverständigen, Dolmetschers oder Übersetzers abschließend, soweit eine Leistung nach § 1 in Betracht kommt (BVerwG DS 2018, 127). Wie der Überschrift zu entnehmen ist, beinhaltet die Vorschrift die Grundsätze der Vergütung. Sachverständige, Dolmetscher und Übersetzer haben einen umfassenden Vergütungsanspruch, da diesen Berechtigten mehr als nur eine Entschädigung zu gewähren ist. **1**

Dabei definiert I durch die Aufzählung in Nr. 1–4 und die jeweils in Bezug genommenen Einzelregelungen den Umfang des Vergütungsanspruchs. Es handelt sich um den Katalog der Positionen, aus denen sich eine Gesamtvergütung zusammensetzen kann. **2**

Für das Honorar, das Sachverständige und Dolmetscher in der Regel stundenweise erhalten, gilt nach II, dass jede Stunde der erforderlichen Zeit einschließlich notwendiger Reise- und Wartezeiten entschädigt wird. Damit wird zum einen der zu honorierende Gesamtumfang aufgezeigt und zum anderen klargestellt, dass die Erforderlichkeit das einzige Erstattungskriterium ist. **3**

Die insgesamt aufgewandte Zeit ist nur am Ende auf die letzte angefangene halbe Stunde aufzurunden. Entsprechend kann, wenn weniger als 30 Minuten auf die letzte Stunde entfallen, mit der Rundung der halbe Stundensatz verlangt werden. Bei mehr als 30 Minuten ist auf den vollen Stundensatz aufzurunden. **4**

Durch III soll sichergestellt werden, dass solche Tätigkeiten oder Aufwendungen, die der gleichzeitigen Erledigung mehrerer Angelegenheiten dienen, aufzuteilen sind und nicht in jeder Sache vollumfänglich abgerechnet werden. Damit ist gewährleistet, dass nicht ein und derselbe Aufwand zu Lasten der Parteien mehrfach in Rechnung gestellt wird. Für die Aufteilung solcher Ansprüche, die für mehrere Verfahren gleichzeitig angefallen sind, ist nach dem Wortlaut auf die Anzahl der Angelegenheiten abzustellen. **5**

6 Berechtigten, die ihren gewöhnlichen Aufenthalt im Ausland haben, kann über IV eine höhere Vergütung gewährt werden. Diese Erhöhung setzt voraus, dass der Antragsteller, egal welcher Nationalität, dauerhaft und überwiegend im Ausland lebt. Dieses führt jedoch noch nicht automatisch zu weitergehenden Ansprüchen. Es ist auf die persönlichen Umstände, vorrangig auf die wirtschaftlichen Verhältnisse des Berechtigten im Zusammenhang mit dem Auftrag abzustellen und im Wege des Ermessens die Höhe der Vergütung zu bestimmen. Es können alle in I genannten Ansprüche, also das Honorar und die Aufwendungen erhöht werden, soweit dafür die jeweiligen Voraussetzungen gegeben sind.

7 Damit besteht die Möglichkeit, die ausländischen Verhältnisse angemessen berücksichtigen zu können und diesen Berechtigten so einen finanziellen Anreiz zu bieten, sich einem deutschen Gericht zur Verfügung zu stellen.

8 **II. Anwendungsbereich (I–IV).** Die Vorschrift gilt für alle Gebiete sachverständiger oder dolmetschender oder übersetzender Tätigkeit in sämtlichen Verfahrensarten. Voraussetzung aller Ansprüche ist die Heranziehung nach § 1.

9 Ausnahmen von dem Vergütungsgrundsatz gelten jedoch, soweit die Spezialvorschriften der §§ 10, 13 oder 14 Anwendung finden. Auch für Mitarbeiter einer Behörde oder sonstigen öffentlichen Stelle besteht kein Anspruch nach § 8, wenn sie ein Gutachten in Erfüllung ihrer Dienstaufgaben erstatten, vertreten oder erläutern (§ 1 II Satz 2).

10 **III. Vergütungsbegriff (I).** Sowohl Sachverständigen, Dolmetschern als auch Übersetzern stehen neben dem Honorar auch die weiteren, in I genannten Aufwendungen als Vergütung zu. Somit können diese Dienstleister grundsätzlich Ersatz für die Vergütungsbestandteile aus dieser Aufzählung verlangen. Der Anspruch erstreckt sich folglich auf

- Honorar für ihre Leistungen (§§ 9–11),
- Fahrtkostenersatz (§ 5),
- Entschädigung für Aufwand (§ 6) sowie
- Ersatz für sonstige und für besondere Aufwendungen (§§ 7 und 12).

11 Die Höhe des Honorars als **Leistungsvergütung,** Nr. 1, bemisst sich beim Sachverständigen und beim Dolmetscher für eine schriftliche wie für eine mündliche Tätigkeit nach § 9. Besondere Leistungen für Sachverständige und nach dortiger Anlage 2 bestimmte Entschädigungen für sachverständige Zeugen werden nur unter den Voraussetzungen des § 10 gewährt. Für die Übersetzer bemisst sich das Honorar nach § 11.

12 Alle Berechtigten haben außerdem einen Anspruch auf Fahrtkostenersatz, Entschädigung des Aufwands nach § 6 sowie auf sonstige und besondere Aufwendungen nach §§ 7,12.

13 Im Umkehrschluss stehen damit diesen Berechtigten solche Ansprüche, die Zeugen oder ehrenamtliche Richter erhalten können, wie etwa Entschädigungen für Zeitversäumnis, Nachteile bei der Haushaltsführung oder Verdienstausfall nicht zu.

14 Durch die **Definition des Vergütungsbegriffs** wird aber auch für andere Vorschriften dieses Gesetzes klargestellt, welchen Umfang die Vergütung hat. Die Vorschussgewährung in § 3 stellt auf die Vergütung ab, so dass für dortige Voraussetzung der gesamte Umfang aus § 8 I zugrunde zu legen ist.

15 Der Wegfall oder die Beschränkung aus **§ 8a erstreckt sich stets auf die Vergütung** und nicht nur auf das Honorar oder einzelne Bestandteile, wie etwa die Kosten einer Hilfskraft.

16 Auch § 12 I 2 Nr. 4 nennt für den Anspruch auf Umsatzsteuer die Vergütung. Insoweit dient die Bestimmung des Vergütungsbegriffs der Klarstellung, dass auf alle Komponenten aus I Umsatzsteuer entfallen kann und diese, soweit ein Anspruch darauf besteht, auch zu gewähren ist.

17 **IV. Bemessung des Stundensatzes (II 1, 2).** Für die gesamte erforderliche Zeit einschließlich der Reise- und Wartezeiten wird ein einheitlicher Stundensatz gewährt. Dieses ergibt sich zwar nicht direkt aus dieser Vorschrift, jedoch eindeutig aus § 9 I 4.

Der so gefundene Stundensatz gilt dann grundsätzlich **für die gesamte Tätigkeit** des Sachverständigen einheitlich. Eine Ausnahme stellen nur die von der heranziehenden Stelle bestätigten, zwingend erforderlichen Leistungen zur Nachtzeit oder an Sonn- und Feiertagen dar, § 9 VI. 18

1. Hinzurechnung notwendiger Reise- und Wartezeiten (II 1 Hs. 2). Neben den Stunden, die für die Erbringung der eigentlich geforderten Leistung, also die Begutachtung oder Dolmetschung, anfallen, können die Berechtigten auch Ersatz für die notwendigen Reise- und Wartezeiten verlangen. Dabei können für die Reise zunächst die tatsächlichen Fahr- oder Flugzeiten berücksichtigt werden, aber auch die Dauer eines Staus oder erforderliche Zeitpuffer für die Suche des Parkplatzes. Ist eine Flugreise grundsätzlich erstattungsfähig, kann die Zeit des Check-In und damit verbundene Wartezeiten mit abgerechnet werden (VG Berlin BeckRS 2010, 45604). Ebenso wird dem Berechtigten ein gewisses Zeitfenster zuzubilligen sein für die Eingangskontrolle bei Gericht oder Verzögerungen zB wegen der Abgabe von Selbstauskünften in Zeiten der Corona-Pandemie. 19

Beginnen Gerichts- oder Ortsterminen verspätet, sind den Berechtigten auch diese Wartezeiten zu entschädigen. Gleiches gilt bei Begutachtungen, zu denen der zu Untersuchende nicht pünktlich erscheint. Dabei ist jedoch, insbesondere wenn der Termin dann gänzlich ausfällt, grundsätzlich nicht mehr als eine (angefangene) Stunde Wartezeit anzusetzen. Denn es ist nicht angemessen, mehr als eine Stunde zu warten (LSG Bayern BeckRS 2009, 61142). 20

Keine vergütbare Wartezeit ist eine übliche Mittagspause von ca. einer Stunde (OLG Stuttgart JurBüro 2018, 155; OLG Celle BeckRS 2018, 12986; KG BeckRS 2011, 15257). Mit dem KostRÄG 2021 wurde zur Berechnung von Längenzuschlägen für die Anwaltsvergütung in Strafsachen durch VV Vorb. 4.1. Abs. 3 RVG geregelt, dass Unterbrechungen, die der Rechtsanwalt zu vertreten hat, sowie Unterbrechungen von jeweils mindestens einer Stunde, soweit diese unter Angabe einer konkreten Dauer der Unterbrechung oder eines Zeitpunkts der Fortsetzung der Hauptverhandlung angeordnet wurden, nicht für die Vergütung zu berücksichtigen sind. Vergleichbare Modifikationen sind für die Bemessung der zu vergütenden Zeiten der Berechtigten nicht ins JVEG aufgenommen worden. In Anlehnung an die Regelung aus dem RVG und der bisherigen Rechtsprechung bleibt es dabei, dass für Sachverständige und Dolmetscher jede **längere, kalkulierbare Pause,** in der sich der Berechtigte nicht zur Verfügung des Gerichts halten muss, **nicht als Wartezeit** zu vergüten ist. Allerdings kann bei langandauernden Unterbrechungen gerechtfertigt sein, die unbezahlte Pause auf 1 Stunde zu beschränken, wenn der Berechtigte – anders als etwa ein Rechtsanwalt – diese Zeit nur schwerlich dazu nutzen kann, sich anderen beruflichen Tätigkeiten zu widmen (VG Stuttgart BeckRS 2021, 25755). 21

2. Keine Höchststundenbegrenzung. Die Vorschrift enthält abweichend von der Regelung für ehrenamtliche Richter in § 15 II 1 Hs. 2 und derjenigen für Zeugen in § 19 II 1 Hs. 2 keinen Höchstbetrag je angebrochenen Kalendertag (0–24 Uhr). Die Vergütung kann daher auch für mehr als 10 Stunden an einem Tag gewährt werden. Die Zeit während einer Übernachtung stellt jedoch keine notwendige Reise- und Wartezeit dar. Es handelt sich bei der Nachtruhe um eine notwendige Phase der Regeneration, die für die Vergütung außer Ansatz bleibt. Ihre Dauer beträgt acht Stunden (KG JurBüro 2015, 543). 22

V. Erforderliche Zeit (II 1). Der Stundensatz erfasst nicht stets die tatsächliche vom Sachverständigen aufgewendete Zeit, sondern nur die gesamte für den Sachverständigen objektiv erforderliche Zeit (BVerfG JurBüro 2008, 44, zum alten Recht BGH GRUR 2004, 446, zum neuen Recht KG Rpfleger 2015, 728). Erforderlich ist grundsätzlich derjenige Zeitaufwand, den ein Sachverständiger mit einer durchschnittlichen Fähigkeit und mit durchschnittlichen Kenntnissen braucht, um gerade diese Beweisfrage vollständig und sachgemäß zu beantworten (BGH GRUR 2004, 446; OLG Braunschweig FamRZ 2018, 381; KG Rpfleger 2015, 728). Das Gericht darf und muss also nach seinem pflichtgemäßen Ermessen nachprüfen, ob der vom Sachverständigen genannte Zeitaufwand auch wirklich erforderlich war (BGH GRUR-RR 2010, 272). Dabei darf man aber meist von der Richtigkeit der Angaben des Sachverständigen ausgehen (BGH GRUR-RR 2010, 272; OLG Jena DS 2016, 23

207; OLG Koblenz BauR 2012, 1151). Man muss einen möglichst objektiven Maßstab anlegen.

24 **1. Grundsatz.** Berücksichtigen darf und muss man in diesem Zusammenhang auch den Umfang des dem Sachverständigen unterbreiteten Streitstoffs, den Schwierigkeitsgrad (BGH GRUR-RR 2010, 272; OLG Hamm JurBüro 2000, 663; LG Bielefeld BauR 2010, 824), seine Sachkunde, den Umfang des Gutachtens, die Bedeutung der Streitsache (BGH NJW-RR 1987, 1471; OLG Hamm JurBüro 2000, 663), die Hinzuziehung von Hilfskräften (OLG Hamm JurBüro 2000, 663; OLG München JurBüro 1998, 484). Das Gericht braucht den Angaben des Sachverständigen keineswegs schlechthin zu folgen. Ein ungewöhnlich hoher Zeitaufwand berechtigt und **verpflichtet das Gericht zur Nachprüfung** (OLG Koblenz BauR 2012, 1151). Dasselbe gilt bei Unstimmigkeiten oder Widersprüchen der Abrechnung (OLG Köln OLGR 1999, 115). Es ist eine **Plausibilitätsprüfung der Kostenrechnung** anhand allgemeiner Erfahrungswerte vorzunehmen (OLG Braunschweig JurBüro 2016, 310 sowie FamRZ 2018, 381). Je nach Art des Gutachtens kann dabei die Seitenanzahl (sowohl für das Aktenstudium als auch für das erstellte Gutachten) einen objektiven Richtwert darstellen (OLG Braunschweig BeckRS 2016, 19044 mit ausführlicher Darstellung der Rechtsprechung). Solche objektiven Kriterien eignen sich jedoch nicht für jede Bewertung. So sind zB bei kinderpsychologischen Gutachten in Familiensachen das Konfliktpotential, der große Zeitaufwand für Gespräche und Interaktionsbeachtungen sowie deren wertende Wiedergabe zu berücksichtigen (OLG Stuttgart MDR 2018, 892).

25 Wenn ein Sachverständiger nach den objektiven Maßstab besonders langsam gearbeitet hat, darf und muss man den von ihm angegebenen Zeitaufwand kürzen (OLG Düsseldorf JurBüro 1996, 43; LSG Bremen NJW 2003, 1206). Ein Sachverständiger darf zum Studium des Parteivortrags oft mehr Zeit aufwenden als ein Richter (OLG Koblenz BauR 2013, 512).

26 Das hohe Alter eines Sachverständigen rechtfertigt noch nicht für sich allein den Umstand, dass er die sonst im Allgemeinen objektiv erforderliche Zeit überschritten hat. Wenn der Sachverständige andererseits besonders schnell gearbeitet hat, erhält er trotzdem nur die Vergütung für die wirklich aufgewendete Zeit.

27 **2. Rechnungsinhalt und Überprüfbarkeit.** Aus dem Gesetz ergeben sich keine Vorgaben für die Darlegung der abzurechnenden Zeiten. Vielmehr wird für die Honorare, die nach Stunden gewährt werden, nur auf die erforderliche Zeit abgestellt. Bei diesem Begriff „erforderliche Zeit" handelt es sich um einen unbestimmten Rechtsbegriff, der stets einen nicht unerheblichen Beurteilungsspielraum des Sachverständigen beinhaltet. Nach den allgemeinen, aus obergerichtlicher Rechtsprechung entwickelten Maßstäben soll sich der erforderliche Zeitaufwand an einem Sachverständigen mit durchschnittlicher Befähigung und Erfahrung bei sachgemäßer Auftragserledigung mit durchschnittlicher Arbeitsintensität orientieren (vgl. BVerfG BeckRS 2007, 25570). Als weiteren Grundsatz hat sich manifestiert, dass die **Angaben des Sachverständigen über die tatsächlich benötigte Zeit als richtig** anzunehmen sind. Dennoch kann daraus nicht der Rückschluss erfolgen, dass die Rechnungen bei den erstattungspflichtigen Gerichten ohne jede Kontrolle bleiben. Es besteht aber die Schwierigkeit für die Anweisungsstellen, die Angaben über die benötigten Zeiten auf ihre Richtigkeit zu überprüfen. Es ist nicht zulässig, eine Schätzung des tatsächlichen Zeitaufwands vorzunehmen (BVerfG BeckRS 2007, 25570). Für den Zeitumfang muss daher darauf abgestellt werden, ob der angesetzte Aufwand im Verhältnis zur erbrachten Leistung nachvollziehbar erscheint. Es hat somit eine **Plausibilitätsprüfung der Rechnung** zu erfolgen (OLG Düsseldorf DS 2009, 198; OLG Hamm JurBüro 2000, 62; OLG Brandenburg NJOZ 2011, 457; OLG Nürnberg BeckRS 2016, 5292; OLG Braunschweig BeckRS 2017, 121169). Grundsätzlich muss die Rechnung daher inhaltlich mehr ausweisen als nur die Endsumme der Gesamtvergütung (LSG Nordrhein-Westfalen BeckRS 2022, 15673). Allein aus dem Erfordernis der Nachprüfbarkeit ist eine **angemessene Aufschlüsselung der einzelnen Arbeitsabschnitte** vornehmen und die jeweils darauf entfallenden Stunden und Minuten angeben, auch wenn das JVEG insoweit keine Vorgaben enthält (OLG Hamm BeckRS 2022, 20544; Bleutge DS 2020, 204). Zum zwingen-

den Erfordernis der minutengenauen Angabe der aufgewandten Zeit → Rn. 36. Notfalls muss das Gericht, wenn die Angaben nicht ausreichend plausibel sind, nähere nachvollziehbare Darlegungen fordern. Der Sachverständige muss dann seinen Zeitaufwand im Einzelnen aufzeigen und überprüfbar erläutern. Ist die vorgelegte Zeiterfassung des Sachverständigen widersprüchlich oder unzureichend, kann das Gericht den Zeitaufwand schätzen und ggf. angemessen kürzen (OLG Hamm BeckRS 2022, 20544).

Die Rechtsprechung stellt zum Zwecke dieser Kontrolle unterschiedliche Voraussetzungen an die Rechnungsstellung. Insbesondere in der Sozialgerichtsbarkeit werden für die Abrechnung strenge Kriterien an eine schematische Aufschlüsselung der einzelnen Zeitabschnitte gestellt (LSG Bayern BeckRS 2009, 63504; LSG Schleswig-Holstein BeckRS 2012, 75632; LSG Thüringen BeckRS 2018, 3496; LSG Sachsen-Anhalt BeckRS 2019, 24420). Für die Abrechnung von ärztlichen Gutachten sind folgende **Leistungsabschnitte** anzugeben: Aktenstudium, Anamnese/Untersuchung, Abfassung des Gutachtens, Diktat und Durchsicht, evtl. Literaturstudium. Unter Berücksichtigung von Erfahrungswerten über die Bearbeitungsdauer einzelner Tätigkeitsbereiche ist es den Gerichten so möglich, die Zeitangaben auf ihre Schlüssigkeit und Erstattungsfähigkeit zu überprüfen. Bei miteinander vergleichbaren Gutachten und einer einheitlichen Anwendung der Orientierungssätze, wie es in der Sozialgerichtsbarkeit der Fall ist, gewährleisten diese Parameter der Abrechnung eine transparente Rechnungspraxis. Dabei besteht bei **geringen Abweichungen ein Toleranzbereich.** Erst bei Abweichungen von in der Regel 15 % in den Angaben zu den, für den Leistungsabschnitt geltenden Erfahrungswerten, kommt eine Kürzung in Betracht (LSG Thüringen BeckRS 2018, 3497). 28

Auch in der ordentlichen Gerichtsbarkeit wird für die Überprüfbarkeit der Zeitangaben verlangt, dass sie differenziert nach einzelnen Arbeitsschritten aufgeschlüsselt werden, da nur auf diese Weise erkennbar ist, ob der Ansatz einem durchschnittlich erforderlichen Arbeitsaufwand entspricht (OLG Brandenburg BeckRS 2018, 9693; OLG Braunschweig BeckRS 2017, 121169). Allerdings sind die darauf angewandten Erfahrungssätze aus den gleichartigen Begutachtungskonstellationen in sozialgerichtlichen Verfahren und die darauf zurückzuführende Rechtsprechung auf die ordentliche Gerichtsbarkeit nicht ohne Weiteres übertragbar. Das OLG Stuttgart (BeckRS 2018, 42679) lehnt diese **schematische Herangehensweise** wegen der großen Vielfalt der möglichen Konstellationen, thematische Breite, inhaltliche Tiefe, Komplexität des Streits und Umfang der Akten, Art und Weise der Abarbeitung des Auftrags u. s. w. strikt ab. Nachvollziehbar ist es daher, auf die **Umstände des Einzelfalles** abzustellen und nicht ausschließlich auf einen bestimmten abstrakten Zeitansatz je Gutachtenseite (OLG Hamburg BeckRS 2018, 43200). 29

3. Literatur- und Aktenstudium, Vorprüfung. Der Sachverständige erhält die Zeit für ein allgemeines Literaturstudium zwecks seiner Fortbildung nicht vergütet. Wohl aber muss das Gericht denjenigen Zeitaufwand bezahlen, den der Sachverständige bei einer durchschnittlichen Befähigung und Erfahrung benötigt, um diejenige Fachliteratur zu studieren, die er zur Beantwortung der Beweisfrage benötigt. 30

Vorprüfungsarbeit zur Klärung, ob man das Gutachten überhaupt erstatten kann, lässt sich nur nach den Umständen und nicht von vornherein stets als ein Teil der erforderlichen Stundenzeit beurteilen (BGH Rpfleger 1979, 259; OLG Düsseldorf OLGR 1994, 252; OLG Hamburg JurBüro 1993, 119). Immerhin kann der Sachverständige erst nach einer Durcharbeitung der Akten und nach anderen technischen Überlegungen oder Rücksprachen usw erkennen, dass ihm die Begutachtung doch nicht möglich ist. Dann muss man ihm diese Klärungszeit vergüten (OLG Düsseldorf OLGR 1994, 252). Nicht stets vergütbar ist eine erste Kostenschätzung (KG MDR 1988, 330). Es kommt auf den zugehörigen Arbeitsaufwand an (OLG Frankfurt a. M. JurBüro 1981, 1865; OLG Stuttgart Rpfleger 1985, 213). 31

Für den Maßstab der erforderlichen Zeit des **Aktenstudiums** kommt es darauf an, ob der Akteninhalt überwiegend oder nur in Teilen für die Beweiserhebung relevant ist. Neben den Gerichtsakten ist auch die Auswertung weiterer Akten, zB Krankenunterlagen, zu berücksichtigen. Die erforderliche Zeit orientiert sich an Umfang und Inhalt, zB medizinisch relevanter Anteil. Dabei wird tw. ein Richtwert von „Seiten je 32

Stunde" zugrunde gelegt. Dieser variiert bei Akten mit wenig relevantem Inhalt von 100 Seiten je Stunde (LSG Thüringen BeckRS 2018, 3496), bis zu 200 Seiten je Stunde (OLG Nürnberg FamRZ 2016, 1200). Bei annähernd vollständiger Relevanz des Inhalts für das Gutachten werden 50 Seiten je Stunde angenommen (OLG Braunschweig FamRZ 2018, 381).

33 **4. Nicht zu vergüten. Nicht zu vergüten** sind solche Zeiten, die zwar im Zusammenhang mit der Heranziehung erfolgen, aber außerhalb des gerichtlichen Auftrags entstanden sind. Zu diesen nicht nach dem JVEG zu erstattenden Zeiten zählen Stellungnahmen im Verfahren nach § 4 und der Aufwand für die eigene Rechnungserstellung. Vergleichbare Tätigkeiten dienen vornehmlich den wirtschaftlichen Interessen des Sachverständigen und sind somit nicht zu vergüten (OVG Magdeburg BeckRS 2017, 131931). Muss sich ein Sachverständiger zu einem, gegen ihn bzw. seine gutachterliche Leistung gerichteten Befangenheitsantrag äußern, ist dieser Zeitaufwand grundsätzlich nicht vergütungsfähig (LSG Bayern BeckRS 2016, 67847; OLG Celle LSK 2014, 010058). Etwas anderes gilt nur, wenn der Sachverständige im Zusammenhang mit dem Ablehnungsgesuch auch zB eine medizinische Stellungnahme zu Beweisfragen vorlegt, die eigentlich außerhalb des Ablehnungsverfahrens hätte eingeholt werden müssen (LSG Berlin-Brandenburg BeckRS 2015, 70884). Nimmt der Sachverständige gleichzeitig Stellung zu gutachtensbezogenen Einwendungen sowie zu einem Befangenheitsantrag, ist die gutachtensbezogene Stellungnahme anteilig zu vergüten (LSG Bayern BeckRS 2016, 70775).

34 **5. Auftragsüberschreitung.** Man muss eine Vergütung versagen, soweit der Sachverständige seine Aufgabe nicht nur leicht fahrlässig, sondern grob unachtsam überschritten hat (BGH VersR 1984, 79; OLG München FamRZ 1995, 1598; AG Hannover FamRZ 2000, 175). Das kann zB dann so sein, wenn sich der Sachverständige über solche Fragen geäußert hat, die das Gericht ihm für ihn erkennbar gar nicht gestellt hatte (AG Hannover FamRZ 2000, 176), oder wenn er bloß den Akteninhalt wiederholt hat (OLG München FamRZ 1995, 1598), oder wenn nur allgemeine Hinweise etwa über allgemein angewandte Testmethoden gegeben hat (OLG München FamRZ 1995, 1598), oder soweit er von einer Beweisfrage ohne eine Notwendigkeit abgewichen ist und auch nicht das Gericht vorher gefragt hat, ob er abweichen dürfe, oder wenn er zeitraubende Vergleichsbemühungen vorgenommen hat (OLG Hamburg MDR 1985, 946), oder soweit er gegen § 407a III 2 ZPO verstoßen hat (OLG Dresden JurBüro 2010, 96; OLG Naumburg MDR 2013, 172; OLG Nürnberg NJW-RR 2003, 791). Eine solche Kürzung kommt aber nur in Betracht, soweit der Beweisbeschluss den Umfang des Auftrags und dessen Grenzen eindeutig erkennen ließ und soweit das Gericht den auftragsüberschreitenden Gutachtenteil nicht auch nur mitverwertet hat (LG Bochum Rpfleger 1976, 32). Von der Vergütung sind nur die Zusatzkosten der Auftragsüberschreitung zu kürzen (OLG Düsseldorf JurBüro 1992, 56).

35 **VI. Leistung zur Nachtzeit, am Sonn- oder Feiertag.** Zum erforderlichen Zeitaufwand gehört grundsätzlich auch derjenige an einem Sonn- oder Feiertag oder zu ungünstigen Zeiten, wie abends, nachts oder in den Morgenstunden. Müssen Sachverständige oder Dolmetscherinnen und Dolmetscher jedoch ihre Leistung **zwingend** zur Nachtzeit, also zwischen 23.00 Uhr und 6.00 Uhr, oder an Sonn- oder Feiertagen erbringen, können sie unter den Voraussetzungen von § 9 VI bzw. § 10 I 2 einen Zuschlag von 20 Prozent auf den Honorarstundensatz nach § 9 erhalten. Damit der Zuschlag gewährt werden kann, muss die heranziehende Stelle ausdrücklich feststellen, dass die Leistungserbringung in der Nacht bzw. am Sonn- oder Feiertag notwendig ist oder war. Damit sind diejenigen Stunden, die von dieser – ggfs. auch nachträglichen – Feststellung umfasst sind, außerhalb des sonst einheitlichen Stundensatzes zu erhöhen. Die Erhöhung erstreckt sich dann auf die Stunden der erforderlichen Zeit, die nach § 9 abgerechnet werden können. Obwohl die Erhöhungsvorschriften wörtlich die Leistungserbringung nennen, muss der Zuschlag **auch für notwendige Reise- und Wartezeiten** gelten. Liegen die engen, gesetzlichen Vorgaben für den Erhöhungszuschlag nicht vor, etwa bei einer Tätigkeit (nur) bis 23h oder fehlt die erforderliche Feststellung, verbleibt es bei dem Stundensatz nach § 9 Abs. 1.

VII. Rundung letzte Stunde (II 2). Nach der für Sachverständige, Dolmetscher und Übersetzer gemäß Hs. 1 anders als für ehrenamtliche Richter gemäß § 15 II 2 und für Zeugen gemäß § 19 II 2 geltenden Regelung gibt es den vollen Stundenbetrag für die letzte Stunde nur, wenn der Berechtigte sie zu mehr als 30 Minuten für seine Leistung benötigte. Entfällt auf diese letzte bereits begonnene Stunde weniger als 30 Minuten, wird nur der halbe Stundenbetrag des Honorars vergütet. Die Rundungsregel gilt nach dem Wortlaut der Vorschrift nur für die **letzte Stunde der gesamten Tätigkeit.** Folglich darf der Berechtigte vorher in seiner Zeiterfassung keine Aufrundung vornehmen. Die Rechnung muss die zu vergütende Zeit daher exakt ausweisen. Um diesem Erfordernis zu genügen, ist eine **minutengenaue Erfassung** zwingend. Diese Pflicht ergibt sich aus § 8 II 2 JVEG (OLG Stuttgart BeckRS 2018, 42679; LG Neuruppin BeckRS 2014, 8925). Nur bei dem minutenweisem Ansatz der aufgewandten Zeit kann das Gericht erkennen, ob die Rundung für die letzte Stunde oder schon für einzelne Tätigkeiten vorgenommen wurde. Auch in gesonderten Abschnitten wie Ortsbesichtigungen oder bei Zwischenschritten in einer Begutachtung wie Aktenstudium und Diktat des Gutachtens dürfen keine Aufrundungen erfolgen. Diese ist nur bei der allerletzten Stunde innerhalb des gesamten Auftrags zulässig. Gleiches gilt für Reise- und Wartezeiten, so dass die minutengenaue Erfassung der benötigten Zeit **auch für die Dolmetschervergütung** verpflichtend ist (LG Wuppertal BeckRS 2015, 19975). 36

Erschöpfen sich die Angaben der einzelnen Zeiten stets auf halbe oder volle Stunden, ist dieses lebensfremd und genügt den Anforderungen zur minutengenauen Abrechnung nicht. Denn vergleichsweise Taktungen lassen unweigerlich den Rückschluss zu, dass bereits Rundungen vorgenommen wurden. Dabei ist unerheblich, ob die Angabe in 30-Minuten-Schritten oder als Dezimalangabe, 0,5 Stunden, erfolgt Nicht zu beanstanden ist eine Zeiterfassung nach Dezimalwerten unter Verwendung von bis zu zwei Dezimalstellen (OLG Düsseldorf BeckRS 2017, 141598). Es bleibt dem Sachverständigen unbenommen, Zeiten für Einzeltätigkeiten abzurunden (AG Ebersberg BeckRS 2019, 2155). 37

VIII. Verteilung auf mehrere Angelegenheiten (III). Mit der Regelung wird gewährleistet, dass eine Leistung, die für mehrere Aufträge gleichzeitig erbracht wird, nicht mehrfach abgerechnet wird. Vielmehr muss die Vergütung, die der Erfüllung mehrerer Angelegenheiten dient, anteilig nach der Anzahl der Angelegenheiten aufgeteilt werden. Nach dem Wortlaut des III sind sowohl vergütungspflichtige Leistungen als auch Aufwendungen, die auf die gleichzeitige Erledigung entfallen, aufzuteilen. 38

Häufigster Anwendungsfall wird eine Reise sein, die zur Wahrnehmung mehrerer Termine in verschiedenen Angelegenheiten dient. Etwa bei anthropologischen Sachverständigen, die bei einem Gericht in verschiedenen Verfahren ihr mündliches Gutachten erstatten. Auch eine Fahrt zu einer JVA, einem Krankenhaus oder Altenheim kann am gleichen Tag mehreren Begutachtungen oder Dolmetscherleistungen dienen. Das Honorar für die Fahrt- und ggfs. Wartezeit als auch die Reisekosten nach § 5, also alles, was auf die Reise entfällt, ist nach der Zahl der Angelegenheit aufzuteilen. 39

Beispiel: Ein Sachverständiger nimmt an einem Tag 2 Termine in verschiedenen Verfahren wahr. Auf die An- und Abreise entfallen insgesamt 3 Stunden. In jedem Verfahren ist die Hälfte der gesamten Reisekosten abgerechnet werden: Honorar für 1,5 Stunden; ½ Fahrtkosten; ½ Parkauslagen. Das Honorar für den jeweiligen Termin ist dazu gesondert anzusetzen. 40

Durch die Aufteilung kommt es **nicht zu einer gesonderten Aufrundung.** Denn nach II 2 ist für die Rundungsregel nur die letzte, bereits begonnene Stunde maßgeblich. Würde die Aufteilung zu einer weiteren Aufrundung führen, würde dies dem Sinn der Vorschrift zuwiderlaufen. 41

Die Pflicht zur Aufteilung erstreckt sich nicht auf den gesamten Rechnungsbetrag des Tages, sondern nur auf die Teile, die für mehrere Aufträge gleichzeitig angefallen sind. Das Kriterium der **Gleichzeitigkeit** ist dabei großzügig auszulegen, insbesondere, wenn mit einer Fahrt mehrere, unterschiedlich weit entfernte Ziele angefahren werden. Eine Aufteilung muss auch erfolgen, wenn der Aufwand nicht gleichmäßig 42 auf die Aufträge entfällt. Nach dem Wortlaut der Vorschrift ist, soweit eine Gleichzeitigkeit gegeben ist, die **Aufteilung nach der Anzahl der Angelegenheiten** vorzunehmen. Insoweit unterscheidet sich die Vorschrift von der ähnlichen Regelung in § 19 III. Bei Zeugen muss die Aufteilung nach dem Verhältnis der Entschädigungen erfolgen, die bei gesonderter Heranziehung begründet wären. Die Aufteilung der Vergütung nach der tatsächlichen Anzahl führt bei den Sachverständigen usw. jedoch auch dann zu einem gerechten Ergebnis, wenn der Anteil für eine Angelegenheit verhältnismäßig kleiner ist als die übrigen Angelegenheiten. Denn die geteilte Vergütung ist idR niedriger als deren Einzelansatz.

43 **IX. Gewöhnlicher Auslandsaufenthalt (IV). 1. Voraussetzungen.** Für Berechtigte, die ihren gewöhnlichen Aufenthalt im Ausland haben und in Deutschland herangezogen werden, besteht über IV die Möglichkeit, eine höhere Vergütung zu erhalten. Diese Erhöhung der nach I zu bemessenden Vergütung kann Sachverständigen, Dolmetschern und Übersetzern zugesprochen werden. Dabei kommt es nicht auf die Nationalität des Herangezogenen an. Entscheidend ist allein, dass sich derjenige im Zeitpunkt der Heranziehung für gewöhnlich, also dauerhaft und damit nicht nur vorübergehend **im Ausland aufhält.** Der Berechtigte muss also für eine wirklich längere Zeit und im Ergebnis überwiegend im Ausland wohnen. Ein ausgedehnter Auslandsurlaub, Winterort, Krankenhausaufenthalt im Ausland reichen nicht aus. Erforderlich ist zudem, dass der verlangte Mehraufwand unmittelbar mit dem Auftrag des Gerichts entstanden ist. Hält sich ein Berechtigter sowieso zur Zeit der vom Gericht geforderten Tätigkeit in Deutschland auf, etwa bei einer Terminswahrnehmung während einer mehrwöchiger Forschungstätigkeit in Deutschland, sind die Voraussetzungen für eine höhere Vergütung nicht gegeben.

44 Wird ein Berechtigter **im Ausland im Weg der internationalen Rechtshilfe** tätig, gilt für die Vergütung die jeweilige Gebührenordnung des dortigen Landes.

45 **2. Höhere Vergütung nach Ermessen.** Ein Berechtigter mit gewöhnlichem Aufenthalt im Ausland hat grundsätzlich zunächst denselben Vergütungsanspruch wie ein solcher, der in Deutschland lebt. Nur soweit dieser Anspruch nicht ausreicht, kann das Gericht nach billigem Ermessen eine höhere Vergütung als diejenige nach I–III gewähren. Für die Ermessensentscheidung sind die persönlichen Verhältnisse, insbesondere das regelmäßige Erwerbseinkommen des Berechtigten zu berücksichtigen. Dabei soll dem Umstand Rechnung getragen werden, dass im Ausland höhere Kosten für die Erledigung des Auftrags anfallen können, die mit den Sätzen des JVEG nicht ausreichend abgegolten werden. Es sind daher bei der Ermessensentscheidung alle Nachteile, wie etwa höhere Lebenshaltungs- oder Personalkosten im Zusammenhang mit der Erstellung eines Gutachtens als auch zB eine erschwerte Anreise und höhere Fahrtkosten zu berücksichtigen. Es soll außerdem gewährleisten, bei Bedarf auch Sachverständige aus dem Ausland für eine Begutachtung gewinnen können. Denn diese sind ggfs. nicht nach den deutschen Vorgaben (§ 407 ZPO, § 75 StPO) zur Erstattung von Gutachten verpflichtet. In Ermangelung der Verpflichtung zur Gutachtenerstattung können diese Sachverständige jedenfalls dann nicht auf die begrenzten Beträge des JVEG verwiesen werden, wenn eine höhere Vergütung berechtigterweise gefordert wird.

46 Zuständig für die Entscheidung, in welchem Umfang dem gewöhnlich im Ausland lebenden Berechtigten ein Anspruch zusteht, ist stets zuerst die Anweisungsstelle. Allerdings bietet es sich an, diese Vergütungsanträge zur Festsetzung dem Richter nach § 4 vorzulegen.

47 Die Höhe der Vergütung ist in den Anwendungsfällen von IV nicht begrenzt. Alle **in I genannten Vergütungsbestandteile,** also Honorar und Auslagen, sind grundsätzlich einer Erhöhung zugänglich. Für die Feststellung, ob ein in Rechnung gestellter Betrag erstattungsfähig ist, kommt es auf den Verdienst im Ausland an. Wenn für den Auftrag die Reise zum Gericht erforderlich ist und wegen der langen Reisezeit Einkommenseinbußen entstehen, wird dieses bei der Höhe des zu gewährenden Stundensatzes ebenfalls zu berücksichtigen sein. Einen Nachweis wird man in der Regel von selbständigen Sachverständigen usw. nicht verlangen können. Zu der Marktlage für vergleichbare Arbeiten im Ausland und zB den tariflichen Stundensätze für Angestellte oder Bürokosten sollte aber zumindest ein plausibler Vortrag erfolgen.

Auslagen hingegen wie Hotel, Flug, Maut, usw. sind durch Vorlage der Rechnungen nachzuweisen.

Für die Dauer des Aufenthalts in Deutschland sind die Beträge nach § 6 zu gewähren, da diese die hier veranlassten Mehraufwendungen abgelten. Eine Erhöhung der **Tagegelder** kommt daher nur für Reisezeiten im Ausland in Betracht. 48

Wegfall oder Beschränkung des Vergütungsanspruchs

8a **I Der Anspruch auf Vergütung entfällt, wenn der Berechtigte es unterlässt, der heranziehenden Stelle unverzüglich solche Umstände anzuzeigen, die zu seiner Ablehnung durch einen Beteiligten berechtigen, es sei denn, er hat die Unterlassung nicht zu vertreten.**

II 1 Der Berechtigte erhält eine Vergütung nur insoweit, als seine Leistung bestimmungsgemäß verwertbar ist, wenn er

1. gegen die Verpflichtung aus § 407a Absatz 1 bis 4 Satz 1 der Zivilprozessordnung verstoßen hat, es sei denn, er hat den Verstoß nicht zu vertreten;
2. eine mangelhafte Leistung erbracht hat und er die Mängel nicht in einer von der heranziehenden Stelle gesetzten angemessenen Frist beseitigt; die Einräumung einer Frist zur Mängelbeseitigung ist entbehrlich, wenn die Leistung grundlegende Mängel aufweist oder wenn offensichtlich ist, dass eine Mängelbeseitigung nicht erfolgen kann;
3. im Rahmen der Leistungserbringung grob fahrlässig oder vorsätzlich Gründe geschaffen hat, die einen Beteiligten zur Ablehnung wegen der Besorgnis der Befangenheit berechtigen; oder
4. trotz Festsetzung eines weiteren Ordnungsgeldes seine Leistung nicht vollständig erbracht hat.

2 Soweit das Gericht die Leistung berücksichtigt, gilt sie als verwertbar. 3 Für die Mängelbeseitigung nach Satz 1 Nummer 2 wird eine Vergütung nicht gewährt.

III Steht die geltend gemachte Vergütung erheblich außer Verhältnis zum Wert des Streitgegenstands und hat der Berechtigte nicht rechtzeitig nach § 407a Absatz 4 Satz 2 der Zivilprozessordnung auf diesen Umstand hingewiesen, bestimmt das Gericht nach Anhörung der Beteiligten nach billigem Ermessen eine Vergütung, die in einem angemessenen Verhältnis zum Wert des Streitgegenstands steht.

IV Übersteigt die Vergütung den angeforderten Auslagenvorschuss erheblich und hat der Berechtigte nicht rechtzeitig nach § 407a Absatz 4 Satz 2 der Zivilprozessordnung auf diesen Umstand hingewiesen, erhält er die Vergütung nur in Höhe des Auslagenvorschusses.

V Die Absätze 3 und 4 sind nicht anzuwenden, wenn der Berechtigte die Verletzung der ihm obliegenden Hinweispflicht nicht zu vertreten hat.

Übersicht

1 **I. Normzweck (I–V).** Die Vorschrift setzt Rechtsprechung und Lehre zu den Vergütungsfolgen einer fehlerhaften Tätigkeit des Sachverständigen, Dolmetschers oder Übersetzers um (OLG Frankfurt a. M. JurBüro 2018, 1173). Eine solche Regelung ist erst mit dem 2. KostRMoG in das JVEG aufgenommen worden, so dass nunmehr auch vergütungsrechtlich vorgeschrieben ist, unter welchen Voraussetzungen insbesondere Sachverständige wegen eigenen Verschuldens den Anspruch auf die Vergütung ganz oder teilweise verlieren. Eine entsprechende Vorschrift enthielt das JVEG bis dahin nicht. Mit der Einführung von § 8a wurden die aus der Rechtsprechung entwickelten Kriterien umgesetzt. Dabei sind die vergütungsrelevanten Folgen je nach Konstellation und Grund der nicht ordnungsgemäßen Leistungserbringung unterschiedlich geregelt.

2 **II. Normaufbau (I–V).** Während die Fälle in I, mithin die unterlassene Anzeige etwaiger Befangenheitsgründe, zum vollständigen Wegfall des Anspruchs führen, ist in II eine Minderung – bis zum vollständigen Wegfall – der Vergütung vorgesehen. Für den Katalog der in II genannten Pflichten gilt einheitlich, dass der Berechtigte seine Vergütung in Abhängigkeit von der Verwertbarkeit der erbrachten Leistung erhält. Die Vergütung ist also insoweit zu versagen, wie Gründe aus II Nr. 1–4 zur Unverwertbarkeit führen. Dabei kommt es für die über die II Satz 2 geregelten Fiktion, dass eine vom Gericht berücksichtigte Leistung als verwertbar gilt, zum Ausschluss einer Vergütungskürzung nach Abs. 2. Hierdurch soll verhindert werden, dass Streitigkeiten über die Verwertbarkeit eines Gutachtens in den Kosteninstanzen wiederholt werden; der Sachentscheidung für eine Verwertbarkeit im Hauptsacheverfahren soll nach dem Willen des Gesetzgebers eine präjudizielle Wirkung zukommen (OLG Celle DS 2016, 129; OVG Magdeburg LSK 2015, 410645).

3 Eine Vergütung ist zudem für Leistungen ausgeschlossen, wenn diese für die Beseitigung von festgestellten Mängeln der bisherigen Leistung erfolgt ist.

4 Die Absätze 3 und 4 regeln die vergütungsrechtlichen Konsequenzen, wenn der Sachverständige gegen Pflichten aus der ZPO verstößt, die einen unmittelbaren

kostenrechtlichen Bezug haben (BT-Drs. 17/11471, 259). Die nicht rechtzeitig beachteten Hinweispflichten aus § 407a IV 2 ZPO haben unterschiedliche Folgen. Bei fehlendem Hinweis auf die Unverhältnismäßigkeit zum Streitwert soll das Gericht die Vergütung nach Anhörung der Beteiligten nach billigem Ermessen bestimmen. Die in der Praxis sehr viel häufigere Variante in IV ist der unterlassene Hinweis auf die Vorschussüberschreitung. Hier ist die Kappung auf den Betrag des Auslagenvorschusses vorgeschrieben, wenn die Überschreitung als erheblich bewertet wird.

III. Anwendungsbereich (I–V). Nach der amtlichen Überschrift gilt § 8a bei jedem Anspruchsberechtigten, denn die Überschrift des Abschnitts 3 nennt Sachverständige, Dolmetscher und Übersetzer, so auch BT-Drs. 17/11471, 259. Eine Ausdehnung des Anwendungsbereichs auf Zeugen oder ehrenamtliche Richter ist systematisch ausgeschlossen. Soweit in der Vorschrift auf die Vorgaben und Pflichten nach der ZPO verwiesen wird, gelten diese Regelungen nur für Sachverständige, so bei II Nr. 1, III und IV. Etwas anderes kann nur gelten, wenn ausnahmsweise die heranziehende Stelle auch einem Dolmetscher oder Übersetzer konkret zB eine zu berücksichtigende Vorschusshöhe mitgeteilt hat und der Berechtige in ihm vorwerfbarer Weise gegen eine ihm auferlegte Mitteilungspflicht verstößt. 5

Dagegen obliegt es allen Berechtigten, Umstände oder Gründe mitzuteilen, die zu einer Ablehnung oder zur Besorgnis der Befangenheit führen können, I bzw. II Nr. 3. Auch die Pflicht zur mangelfreien und vollständigen Leistung gilt grundsätzlich für alle Berechtigten mit den in § 8a normierten Folgen im Falle der Nichterfüllung, II Nr. 2 und 4. Auf diese Weise ist gewährleistet, dass auch Dolmetschern oder Übersetzern der Vergütungsanspruch versagt oder gekürzt werden kann, wenn der gerichtliche oder behördliche Auftrag nicht ordnungsgemäß erfüllt wurde. 5a

IV. Verschulden (I–V). Es finden sich Verschuldensanforderungen im Text von I–V in den Begriffen „grob fahrlässig" und „vorsätzlich" oder „(nicht) vertretbar". Der Gesetzgeber stellt also auf unterschiedliche Formen und nur in ausgewählten Fällen auf ein Verschulden ab. Bei Ablehnungsgründen des Sachverständigen während seiner Leistungserbringung, II Nr. 3, muss eine mindestens grob fahrlässige Herbeiführung des Ablehnungsgrundes vorliegen (vgl. BT-Drs. 17/11471, 259; LG Köln BauR 2013, 1906). Die Vergütung ist erst recht zu versagen, wenn der Sachverständige solche Gründe vorsätzlich herbeigeführt hat. Die Feststellung dieses Verschuldens trifft das Gericht. 6

1. Vertretbarkeit. Dagegen enthalten die Konstellationen in I und II Nr. 1 eine ausdrücklich formulierte Ausnahme: „es sei denn, er hat … nicht zu vertreten." Über V kommt die Nicht-Vertretbarkeit in beiden Fällen der unterlassenen Hinweispflichten nach § 407a IV 2 ZPO zur Anwendung, mithin in III und IV. Diese ausdrücklichen Ausnahmen der Nicht-Vertretbarkeit beinhalten ein generelles Verschuldenserfordernis für alle diese Konstellationen (OLG Frankfurt a. M. IBR 2017, 469). 7

Systematisch ist also für die Fälle der ausdrücklichen Nennung oder Bezugnahme in V davon auszugehen, dass ein Verschulden gegeben ist, welches aber abgewendet werden kann. Nur wenn der Sachverständige darlegen kann, dass er die Verletzung der ihm obliegenden Pflichten nicht zu verantworten hat, können die gesetzlich zulässigen Kürzungen abgewendet werden (OLG Hamm BeckRS 2015, 9348). 8

Im Umkehrschluss dazu gilt diese Verschuldensvermutung dort nicht, wo sie nicht genannt wird. Dieses Kriterium muss daher bei II Nr. 2 und 4 unberücksichtigt bleiben (OLG Brandenburg BeckRS 2022, 22065; OLG Düsseldorf IBR 2018, 540). Jedoch wird davon auszugehen sein, dass ein unverschuldetes, aber wiederholt festgesetztes Ordnungsgeld wie bei Nr. 4 bereits als solches angefochten wird und daher in diesem Zusammenhang eine Verschuldensprüfung erfolgen kann. 9

2. Verwertbarkeit (II). Auf die Frage der Verwertbarkeit einer Leistung kommt es für alle Varianten des II an. Unabhängig von der hier teilweise zu prüfenden Schuldhaftigkeit des Handelns des Berechtigten ist zwingend die Verwertbarkeit der Leistung zu berücksichtigen. Denn wurde die Leistung verwertet, besteht selbst bei positiver Feststellung des Verstoßes ein Vergütungsanspruch. Dieses ergibt sich sowohl aus Satz 1 „erhält er die Vergütung nur insoweit, als seine Leistung bestimmungsgemäß verwertbar ist", als auch über die Fiktion aus II 2. 10

11 **V. Wegfall einer Vergütung (I).** Der Anspruch auf eine Vergütung entfällt, wenn der Berechtigte zu Beginn seiner Beauftragung nicht auf solche Umstände hinweist, die zu seiner Ablehnung führen können. Jeder Berechtigte soll schon vor Annahme eines Auftrags selbstkritisch seine Unbefangenheit prüfen. Es sind alle Zusammenhänge oder Beziehungen darzulegen, die bei einem Beteiligten eine Ablehnung des Sachverständigen, Dolmetschers oder Übersetzers begründen könnten. Wird die frühzeitige Anzeige von Ablehnungsgründen, die anfangs bereits bestehen und bekannt sind, versäumt, besteht kein Vergütungsanspruch mehr. Diese Sanktion erstreckt sich auf einen **Anfangsfehler des Berechtigten** (OLG Frankfurt a. M. BauR 2017, 2036). Der Wegfall als umfassende und härteste Konsequenz erstreckt sich damit sowohl auf das Honorar, als auch auf Auslagen oder Aufwendungen, § 8 I.

11a Der Anspruch geht aber nur vollständig und endgültig unter, wenn entweder in dem zugrunde liegenden Verfahren oder im Beschluss nach § 4 oder gar im sich anschließenden Erinnerungsverfahren gegen den Gerichtskostenansatz (§ 66 GKG, § 57 FamGKG, § 81 GNotKG) eine **Ablehnung des Berechtigten** festgestellt wird. Denn auch das festsetzende Gericht hat – wenn nicht bereits die Ablehnung festgestellt wurde – selbständig zu prüfen, ob Ablehnungsgründe gegeben waren (OLG Rostock MDR 2021, 775; OLG Naumburg BeckRS 2016, 8312). Dabei kann sich die Prüfung im Erinnerungsverfahren auch noch auf ergänzende Ablehnungsgründe zu vorhergehenden Befangenheitsentscheidungen erstrecken (OLG Frankfurt a. M. BeckRS 2017, 139926).

12 **1. Nichtanzeige anfänglicher Ablehnbarkeit.** Nur die Nichtanzeige möglicher **Ablehnungsgründe, die bereits im Zeitpunkt der Heranziehung** bestehen, führen zum Wegfall der Vergütung. Durch diese zeitliche Komponente unterscheidet sich Abs. 1 von den Ablehnungsgründen des II Nr. 3. Denn ergeben sich Gründe, die einen Beteiligten zur Ablehnung wegen der Besorgnis der Befangenheit berechtigen, erst im Laufe der Auftragstätigkeit, kommt es nicht zwingend zum Wegfall des Anspruchs wie nach I. Es ist sodann vielmehr unter den Vorgaben des II die bestimmungsgemäße Vergütung zu ermitteln.

13 Soweit II Nr. 2 mit den Regelungen des § 407a I–IV 1 ZPO auch auf die Obliegenheiten des dortigen II verweist, mithin gleichermaßen auf die Pflicht, unverzüglich zu prüfen und ggfs. mitzuteilen, ob ein Grund vorliegt, der geeignet ist, Misstrauen gegen seine Unparteilichkeit zu rechtfertigen, liegt eine Überscheidung mit § 8a I vor. Ob in dieser Überschneidung ein redaktionelles Versehen zu sehen ist, so OLG Rostock, MDR 2021, 775, kann im Ergebnis dahinstehen. Denn nach dem Sinn der Vorschrift ist es nicht denkbar, dass dem Berechtigten eine Vergütung auch dann versagt wird, wenn keine Ablehnung festgestellt wird und die erbrachte Leistung verwertbar ist. Jedoch geht der Vergütungsanspruch des Sachverständigen geht nicht allein dadurch unter, dass er mit Erfolg von einer Partei abgelehnt worden ist mit der Folge der Unverwertbarkeit des von ihm erstatteten Gutachtens. Sein Vergütungsanspruch entfällt nur dann, wenn er seine Ablehnung wegen Besorgnis der Befangenheit grob fahrlässig oder durch bewusste Pflichtwidrigkeit herbeigeführt hat (OLG Düsseldorf BeckRS 2021, 54884).

14 **2. Unverzügliche Anzeige.** Ein etwaiger Ablehnungsgrund ist „unverzüglich", also ohne schuldhaftes Zögern anzuzeigen. Dabei ist die „Anzeige" nicht näher bestimmt, es sind weder Form noch Frist vorgegeben. Erforderlich ist eine Mitteilung, die die Klärung ermöglicht, ob es bei der Heranziehung dieses Berechtigten verbleiben kann und eine auftragsgemäße Durchführung möglich ist. Adressat ist nur die heranziehende Stelle. Da diese aber im Zweifel auch die Beteiligten in Kenntnis setzt, ist die schriftliche Anzeige sachdienlich. Der Berechtigte muss dabei nur die „Umstände" nennen, nicht zwingend eine Selbstbewertung vornehmen.

15 **3. Ablehnungsgründe.** Der Begriff der Ablehnung ist nicht näher definiert und entsprechend weitläufig zu werten. Aus § 406 ZPO, auf den andere Verfahrensordnungen verweisen (§ 30 FamFG, § 113 SGG, § 98 VwGO), ergeben sich Anhaltspunkte für die anfängliche Ablehnung. Danach kann ein Sachverständiger aus denselben Gründen abgelehnt werden wie ein Richter. § 42 ZPO nennt neben den Fällen, in denen ein Richter von der Ausübung des Richteramts kraft Gesetzes ausgeschlossen ist, auch die Besorgnis der Befangenheit. Gründe, die nach § 41 ZPO oder § 54

VwGO den Richter von der Ausübung seines Amtes ausschließen, stellen gleichermaßen Ablehnungsgründe für den Sachverständigen dar. Dazu zählen offensichtliche Ausschlusskriterien, wie: der Sachverständige ist selbst Partei oder steht zu einer Partei im Verhältnis eines Mitberechtigten, Mitverpflichteten oder Regresspflichtigen; es handelt sich um Sachen des Ehe- oder Lebenspartners, Angelegenheiten von Verwandten bzw. verschwägerten Personen, oder es besteht die Berechtigung zur gesetzlichen Vertretung einer Partei. Ein Ausschluss besteht aber auch, wenn in einem früheren Rechtszug oder im schiedsrichterlichen Verfahren bei dem Erlass der angefochtenen Entscheidung, einem Mediationsverfahren oder einem anderen Verfahren der außergerichtlichen Konfliktbeilegung bzw. vorausgegangenen Verwaltungsverfahren mitgewirkt wurde.

4. Besorgnis der Befangenheit. Von der anfänglichen Prüfungs- und Mitteilungspflicht des Berechtigten sind alle Umstände erfasst, die eine Ablehnung auf die Besorgnis der Befangenheit rechtfertigen können. Dieses sind Gründe, die geeignet sind, Misstrauen gegen die Unparteilichkeit zu rechtfertigen (§ 42 II ZPO). Dabei kommen für eine erfolgreiche Ablehnung nur objektive Gründe in Betracht, die aus der Sicht einer verständigen Prozesspartei berechtigte Zweifel an der Unparteilichkeit oder der Unabhängigkeit der abgelehnten Richter aufkommen lassen (BGH MDR 2012, 49). Für den Sachverständigen kommt es im JVEG aber allein darauf an, alle Umstände anzuzeigen. Eine Bewertung oder Abschätzung, ob ein Befangenheitsgesuch erfolgreich wäre, ist jedoch nicht Aufgabe des Sachverständigen. Vielmehr ist das Gericht bereits bei Bedenken des Sachverständigen rein vorsorglich zu informieren (OLG Rostock MDR 2021, 775). Daher sind auch Freundschaften zu einem Verfahrensbeteiligten oder dessen Prozessbevollmächtigten mitzuteilen, selbst wenn diese nach der Rechtsprechung nicht ausreichen, bei vernünftiger Würdigung aller Umstände an der Unvoreingenommenheit zu zweifeln (LSG Hessen BeckRS 2006, 40169). Ist ein Sachverständiger etwa wegen unangemessener schriftlicher Äußerungen und Nichtbeachtung maßgeblicher Einwendungen einer Partei als befangen abgelehnt worden entfällt der Vergütungsanspruch, weil seine Ablehnung grob fahrlässig oder durch bewusste Pflichtwidrigkeit herbeigeführt wurde (OLG Düsseldorf BeckRS 2021, 54884). 16

Die Besorgnis der Befangenheit ist nach § 54 III VwGO, § 60 III SGG stets begründet, wenn entsprechend der Sachverständige, Dolmetscher oder Übersetzer der Vertretung bzw. dem Vorstand einer Körperschaft oder Anstalt des öffentlichen Rechts angehört, deren Interessen durch das Verfahren unmittelbar berührt werden. 17

VI. Begrenzung auf Verwertbarkeit (II). Evtl. unabhängig von I erhält der Sachverständige usw. eine Vergütung grundsätzlich nur im Umfang einer Verwertbarkeit der Leistung, soweit auch nur eine der in II 1 Nr. 1–4 abschließend aufgezählten Bedingungen vorliegt (OLG Brandenburg MDR 2018, 179). 18

1. Verwertbarkeitsbegriff (II 1, 2). Die Vorschriften verlangen eine gerade „bestimmungsgemäße" Verwertbarkeit (OLG Koblenz MDR 2015, 118). Maßgebend ist die Beurteilung des Gerichts (LG Halle NJW 2014, 2893). Man muss daher beachten: Nur der Auftrag enthält diejenige Aufgabe, deren Erfüllung bestimmungsgemäß sein kann. Was an Tätigkeit oder Bemühung qualitativ und/oder quantitativ außerhalb des Auftrags liegt, ist selbst dann nicht bestimmungsgemäß, wenn es zB nach der Ansicht des Sachverständigen in Wahrheit überhaupt erst zu einem brauchbaren Ergebnis führen kann. Dann hätte er eben zB im Zivilprozess nach §§ 407 ff. ZPO rückfragen, abwarten, klären müssen. 19

Der **Auftrag** ist natürlich wie jede Prozesshandlung des Gerichts auch vernünftig auslegbar und auslegungsbedürftig. Hat sich das Gericht aus welchem Grund auch immer im Auftrag weitergefasst oder unklar ausgedrückt, kommt es auf die Umstände an, ob der Sachverständige dies merken und darauf reagieren musste, bevor er dann derart vorging, wie man es später rückblickend als zu weitgehend erachten konnte (OLG Celle DS 2016, 130). Im Zweifel ist zwar wegen des Worts „nur" in § 1 I 2 nicht stets zugunsten der Hilfsperson zu entscheiden, aber auch nicht stets zu ihren Lasten, nämlich nicht bei Unvertretbarkeit seines Fehlers. 20

2. Verwertbarkeit bei Berücksichtigung (II 2). Soweit jedenfalls das Gericht 21
eine Leistung im Ergebnis auch nur nicht völlig untergeordnet mitberücksichtigt, gilt

sie als verwertbar, und braucht man daher die Bedingungen II 1 Nr. 1–4 nicht mehr zu prüfen (OLG Naumburg BauR 2013, 1738; LG Halle NJW 2014, 2893; OVG Sachsen-Anhalt BauR 2015, 2047). Die Mitberücksichtigung reicht auch dann, wenn sie das Endergebnis des Verfahrens nicht mitbeeinflusst, etwa dann, wenn ein inzwischen eingetretener anderer tatsächlicher oder rechtlicher Umstand die ganze Tätigkeit der Hilfsperson überflüssig machte (OLG Celle DS 2016, 130).

22 **3. Mehrheit von Begrenzungsgründen (II 1).** Die Vorschrift zählt vier Fallgruppen abschließend auf, aus denen eine Begrenzung der Vergütung entstehen kann. Jede dieser Fallgruppen reicht bereits zur Begrenzung aus. Sie können beim Verstoß jedes nach § 8a Anspruchsberechtigten eintreten. Im Folgenden ist die Darstellung im wesentlichen nur auf den Sachverständigen im Zivilprozess abgestellt. Es gibt folgende Pflichten.

23 **VII. Prüfung der Fachkundigkeit (II 1 Nr. 1).** Die Vorschrift besagt etwas an sich Selbstverständliches. Indessen hat die Praxis insoweit vielfache Probleme gebracht. Diese soll II 1 Nr. 1 eingrenzen. Hauptproblem ist die Pflicht des Sachverständigen, das Gutachten persönlich zu erarbeiten oder doch zu erstellen (BVerwG NJW 1984, 2645; OLG Frankfurt a. M. MDR 1983, 849), und jedenfalls persönlich in jeder Beziehung allem zu verantworten, wie es sich aus II 1 Nr. 1 ergibt (BGH VersR 1978, 1106). Aber auch die Fachkunde kann so geartet und begrenzt sein, dass der Sachverständige nur unter einer Hinzuziehung solcher anderen Fachleute auftragsgemäß arbeiten könnte, die er nicht ohnehin nach II wegen untergeordneter Hilfsdienste einsetzen darf.

24 Im Zweifel muss der Sachverständige wie bei I eine wie bei § 121 I 1 BGB **unverzügliche** Prüfung und Verständigung des Gerichts auch bei II 1 Nr. 1 vornehmen (vgl. OLG Nürnberg JurBüro 2006, 654). Er muss daher auch eine Überlastung und die voraussichtliche Wartezeit unverzüglich mitteilen und abwarten, ob er trotzdem tätig werden soll. Er darf das Gericht über solche Punkte keineswegs erst nach seiner Einarbeitung in die Akten verständigen, falls er die Grenzen seiner Möglichkeiten schon alsbald nach dem Beginn des Aktenstudiums erkennt, VerfGH München BayVBl. 2004, 80. Noch weniger darf er seine Bedenken usw erst nach der Erstattung des Gutachtens mitteilen. Denn er muss mit dazu beitragen, dass aus dem Vertrauen des Beweisführers oder des Gerichts auf seine Fachkunde nicht eine böse Verteuerung und Verzögerung der Beweisaufnahme wegen der Notwendigkeit entsteht, doch noch einen anderen Sachverständigen hinzuziehen. Eine Vergütung für die Vorprüfung der Fachkunde entfällt bei klarer Beantwortbarkeit (LG Chemnitz BauR 2016, 311).

25 **VIII. Keine Übertragungsbefugnis; Angabe der Hilfspersonen.** Die Vorschrift zieht dem Sachverständigen harte Grenzen. Sie lassen sich in der Praxis oft schwer nachziehen. Die moderne Wissenschaft ist so arbeitsteilig, dass gerade die besten Fachleute oft überhaupt nicht ohne einen ganzen Stab von Mitarbeitern auskommen. Diese sind ihrerseits hochkarätige Fachleute. Sie haben evtl. schon urheberrechtlich Ansprüche, die sie zu mehr als zu bloßen „Hilfsdiensten von untergeordneter Bedeutung" machen.

26 **1. Begriffe.** II 1 Nr. 1 unterscheidet daher allzu fern zwischen einer nach § 407a II 1 ZPO schlechthin unbefugten „Übertragung" und dem nach § 407a II 2 Hs. 1 ZPO erlaubten „Sich-der-Mitarbeit-Bedienen" sowie dem nach § 407a II 2 Hs. 2 ZPO erst recht erlaubten Einsatz der „Hilfsdienste untergeordneter Bedeutung". Die Abgrenzung ist schwierig (OLG Karlsruhe VersR 2004, 1121; OLG München OLGR 2007, 208; Schikora MDR 2002, 1034). Sie erfordert eine behutsame Abwägung.

27 **2. Klinikleiter usw.** Dazu Ehlers, Medizinisches Gutachten im Prozess, 4. Aufl. 2016. Derjenige Universitätsprofessor, der die erforderlichen Röntgenaufnahmen von einer hochqualifizierten Schwester, deren Vor-Begutachtung vom jungen Stationsarzt und den Text des Gutachtens von seinem habilitierten langjährigen Oberarzt anfertigen lässt, um das Gutachten dann nach einer kurzen abschließenden Erörterung im Kollegenkreis zu unterzeichnen und vom Oberarzt gegenzeichnen zu lassen, würde wegen § 407a III 1 ZPO am Rande des Erlaubten handeln (OLG Köln MDR 2014,

745). Er überschreitet auf solche Weise ja scheinbar dann seine Befugnisse, wenn schon die Entscheidung über die zu durchleuchtende Ebene, die zugehörige Vor- oder Nachuntersuchung, gar die Durchsicht der Literatur doch sehr auch davon mitabhingen, wieviel Zeit er selbst für diese Arbeiten zur Verfügung stellen sollte.

3. Hilfspersonen. Entsprechend liegt es überall dort, wo Teams am Werk sind, 28
von Meinungsumfrageinstituten über den Technischen Überwachungsverein bis hin zur Arbeitsgemeinschaft eines Industrie- oder Bürgerverbandes. Man kann § 407a II ZPO nur im Zusammenhang mit § 407a III ZPO und mit § 404a ZPO richtig auslegen. Das Gericht muss seinerseits zwar hilfreich bereitstehen. Es darf aber nicht allzu ängstlich oder kleinlich sein. Nur eine vertrauensvolle Überlassung der Aufgabe und eine vertrauensvolle Bereitschaft zu Rückfragen beiderseits können dasjenige Klima und diejenige Offenheit schaffen, die gerade beim Sachverständigenbeweis für alle Prozessbeteiligten unentbehrlich sind.

Schreibt das Gericht einen **Klinikleiter** an, wünscht es im Allgemeinen dessen 29
persönliche Stellungnahme und Verantwortung (OLG Köln MDR 2014, 745). Es muss ihm aber im Zweifel wohl überlassen bleiben, inwieweit er Hilfspersonen zuzieht. Denn das ist oft praktisch unvermeidbar (BVerwG NVwZ 1993, 771; OLG Frankfurt a. M. VersR 1994, 610; KG VersR 2005, 1412). Eine solche Hinzuziehung ist daher bei einer vernünftigen Auslegung trotz § 407a II 1 ZPO grundsätzlich zulässig, soweit die Hilfspersonen geeignet und zuverlässig sind und soweit der Sachverständige die volle zivil- und strafrechtliche Verantwortung behält (BGH NJW 1985, 1399; BSG VersR 1990, 992 (unzureichend wäre der bloße Vermerk „einverstanden"); BVerwG NVerwZ 1993, 771; BayObLG NJW 2003, 219; OLG Koblenz NVersZ 2002, 315 („einverstanden aufgrund eigener Untersuchung und Beurteilung" reicht aus), OLG Frankfurt a. M. VersR 2004, 1122; KG VersR 2005, 1412 (unzureichend wäre die bloße Unterzeichnung)).

4. Hauptverantwortung. Allerdings muss das Gericht im Beweisbeschluss we- 30
nigstens klarstellen, wem es den (Haupt-)Auftrag in erster Linie erteilt (LSG NRW NJW 1983, 360). Im Übrigen kann die Zuziehung solcher Hilfspersonen im Einzelfall bedenklich sein, etwa bei einem psychiatrischen Gutachten wegen der persönlichen Begegnung und Exploration (BSG NZS 2004, 560). Ein Verstoß kann dann zur Ablehnbarkeit zwar nicht des Mitarbeiters, wohl aber des Sachverständigen persönlich nach § 406 ZPO sowie zur Gefahr eines Verstoßes gegen § 410 ZPO und im Übrigen zur Unverwertbarkeit des Gutachtens nach § 286 ZPO führen (BGH BB 1990, 2435; OLG Köln MDR 2014, 475; OLG Zweibrücken MDR 1986, 417). Jedenfalls reicht die etwa nach § 411 III ZPO erfolgende Erläuterung nur durch einen Mitarbeiter als Gutachter im Zweifel nicht aus. Der Gutachter muss sich nach dem Erhalt der Ladung dazu kundig machen. Freilich ist ein Mangel evtl. nach § 295 I ZPO heilbar (BGH NJW 1997, 3097; OLG Zweibrücken NJW-RR 1999, 1368). Auch mag das Gericht die Hilfsperson nun nach § 404 ZPO zum Sachverständigen bestellen können (BGH NJW 1985, 1399; BayObLG NJW 2003, 218; OLG Zweibrücken VersR 2000, 607).

5. Auswahl und Anleitung der Hilfskräfte. Der Sachverständige muss zumin- 31
dest seine Hilfskräfte sorgfältig auswählen, anleiten, überwachen und fortbilden (Bleutge NJW 1985, 1191). Er muss auch den Umfang der Tätigkeit der Hilfspersonen im Gutachten darlegen und ihrer Ansicht ausdrücklich zustimmen (OLG Zweibrücken VersR 2000, 606; OLG Frankfurt a. M. Rpfleger 1977, 382; strenger BSG NJW 1985, 1422). Der Sachverständige muss außerdem mindestens auf ein Befragen eines Prozessbeteiligten dem Gericht die Ausbildung seine Hilfskräfte angeben (OLG Frankfurt a. M. FamRZ 1981, 485). Das Gericht kann eine Teamarbeit anordnen oder vorschlagen. Es muss aber völlig klarstellen, wer neben oder vor dem anderen verantwortlich sein soll. Der Sachverständige darf keineswegs von sich aus die Erstellung oder Unterzeichnung ganz einem Mitarbeiter usw überlassen (BGH NJW 1985, 1400; OLG Bremen OLGR 2008, 542; OLG Frankfurt a. M. OLGR 2007, 586).

6. Parteianhörung. Eine Anhörung der Partei vor der Ernennung des Sachver- 32
ständigen nach § 404 ZPO ist nicht zwingend. Sie ist aber wegen des etwaigen Ablehnungsrechts nach § 406 ZPO ratsam. Das höhere Gericht kann die Sachver-

ständigen der 1. Instanz oder andere wählen. Die Auswahl ist ein Teil des Beweisbeschlusses nach §§ 358, 358a ZPO. Sie steht im pflichtgemäßen Ermessen des Gerichts (BayObLG FamRZ 1987, 967). Es kann und muss evtl. seine Auswahl ändern, zB wegen einer Ungeeignetheit oder Überlastung des bisherigen Sachverständigen. Es liegt dann ein Ermessensmissbrauch vor, wenn das Gericht trotz eines weitergehenden Beweisanerbietens nur einen Sachverständigen mit Kenntnissen für sein Teilgebiet bestellt oder wenn sein Gebiet keine nachprüfbaren Ergebnisse aufweist (Wimmer NJW 1976, 1131, Parapsychologie). Ein Verstoß gegen § 286 ZPO, Anders/Gehle/Nober ZPO § 286 Rn. 27 ff., ist auf eine Revision nachprüfbar. Beim Wechsel eines Sachverständigen nach I 3 ist eine mündliche Verhandlung nach § 360 S. 2 ZPO entbehrlich, zumindest eine Anhörung der Parteien (BGH NJW 1985, 1400). Die Partei hat einen Anspruch auf die Anhörung eines Gegen- oder Obergutachters bei widersprechenden Gutachten nur ausnahmsweise, zB bei groben Mängeln, bei besonders schwierigen oder umstrittenen Fragen, Anders/Gehle/Nober ZPO § 286 Rn. 54.

33 **IX. Zweifel des Sachverständigen (II 1 Nr. 1).** Die Vorschrift enthält Selbstverständlichkeiten. Die Praxis beachtet sie aber nicht immer. Das gilt vor allem für den Umfang der Ermittlungstätigkeit des Sachverständigen. Dabei muss man zunächst § 404a ZPO und dort insbesondere II–IV beachten.

34 **1. Ermittlungen des Sachverständigen.** Dazu Druschke, Das Anwesenheitsrecht der Verfahrensbeteiligten bei den tatsächlichen Ermittlungen des Sachverständigen im gerichtlichen Verfahren, Diss. Münster 1988; Tropf DRiZ 1985, 87. Der Sachverständige darf die Parteien und Zeugen über wesentliche Streitpunkte grundsätzlich nicht selbständig vernehmen. Soweit das Gericht dennoch eine derartige Vernehmung auswertet, verstößt es gegen den Grundsatz der Unmittelbarkeit, §§ 355, 357 I ZPO. Natürlich darf aber zB ein Arzt Fragen wegen derjenigen Erscheinungen stellen, die ein Geschädigter dem fraglichen Ereignis zuschreibt. Eine Ermittlung im Ausland kann statthaft sein (Musielak FS Geimer, 2002, 771; aA Ahrens FS Schütze, 1999, 5, aber § 286 ZPO kann ohnehin etwaige Nachteile ausgleichen). Vgl. ferner § 1073 II ZPO.

35 **2. Persönliche Pflicht.** Dabei muss der Sachverständige grundsätzlich die Anamnese persönlich aufnehmen. Der Sachverständige kann auch dann eigene Ermittlungen verwenden, wenn die ermittelten Tatsachen unstreitig sind (OLG Düsseldorf NJW-RR 1994, 283), oder wenn die Beweiserhebung sie bestätigt hat oder wenn die Parteien zustimmen oder wenn der Sachverständige eine Behördenauskunft einholt und mitverwertet. Der Sachverständige darf und muss auch seine Sachkunde auf den ihm zumutbaren neuesten Stand bringen. Er muss die diesbezüglichen Grenzen dem Gericht wie bei § 121 I 1 BGB unverzüglich mitteilen, damit es prüfen kann, ob es zusätzlich oder jetzt nur einen anderen Sachverständigen zuziehen muss. Der Gutachterausschuss hat nach § 197 BauGB weitergehende Befugnisse. Ein Arzt darf evtl. die ihm bei der Besichtigung usw übergebenen Unterlagen oder Schriftsätze oder zB fremde Röntgenaufnahmen auswerten (OLG Hamm VersR 1997, 1533; KG DS 2004, 267). Der Sachverständige darf eine Untersuchung von der Bestätigung über eine Risikoaufklärung abhängig machen (OLG Hamm MDR 2003, 1374). Er darf und muss das Gericht sogleich bitten, ihm eine Unklarheit etwa zur Formulierung der Beweisfrage zu erläutern.

36 **3. Gerichtsaufgaben.** Keineswegs darf sich aber das Gericht die Aufklärung eines wichtigen Sachverhalts auch dann aus der Hand nehmen lassen, wenn es hierbei auf das Fachwissen des Sachverständigen nicht ankommen kann (OLG Celle DS 2016, 129). Denn es ist allein eine Aufgabe des Gerichts, denjenigen Sachverhalt festzustellen, den es rechtlich beurteilen soll. Demgemäß darf sich das Gericht dann auch nicht mit den Feststellungen des Sachverständigen über die Vorgeschichte einer Krankheit begnügen, wenn eine Partei die Richtigkeit dieser Feststellungen angreift. Es muss meist den Arzt als Zeugen hören, möglichst bei einer Anwesenheit des Patienten. Ein Verstoß ist nach § 295 ZPO heilbar.

37 **4. Weisungsbitte.** Der Sachverständige muss das Gericht evtl. unverzüglich und daher wie bei § 121 I 1 BGB ohne sein schuldhaftes Zögern um eine Weisung bitten,

von welchem Sachverhalt er ausgehen soll. Seine Schweigepflicht kann zur Unverwertbarkeit des Gutachtens führen. In diesen Grenzen muss er insbesondere die tatsächlichen Grundlagen seines Gutachtens darlegen (BVerfGE 91, 180; BGH BB 1994, 1173; BayObLG FamRZ 1986, 727, höchst eigenartig als Fallfrage eingeschränkt von BVerfG NJW 1997, 311). Der Sachverständige muss also alle in Betracht kommenden Varianten nennen, damit das Gericht das Gutachten nachprüfen kann (BGH BB 1994, 1173), notfalls mithilfe eines weiteren Sachverständigen.

Das Gericht darf sich **keineswegs** darauf beschränken, im Urteil **floskelhaft** mitzuteilen, es halte den Sachverständigen für so zuverlässig, dass es auf seine Aufzählung der von ihm zugrunde gelegten Tatsachen verzichte. Damit verzichtet das Gericht nämlich in Wahrheit auf jede Einzelfallkontrolle seines Gehilfen. Das ist ein schwerer Verfahrensfehler. Daran ändert auch die praktische Notwendigkeit nichts, auf einen als zuverlässig erkannten Sachverständigen weitgehend zu vertrauen. Notfalls muss das Gericht über eine streitige Anknüpfungstatsache vorweg anderswie Beweis erheben (BGH NJW 1997, 3097). 38

Die vom Sachverständigen **in Abwesenheit des Gerichts** ermittelten Tatsachen enthalten streng genommen ein sachverständiges Zeugnis nach § 414 ZPO. Der Sachverständigeneid deckt sie aber im Allgemeinen (Leppin GRUR 1984, 558; aA BVerfGE 75, 327, bei der Ermittlung sei er Augenscheinsgehilfe. Aber das Gesetz meint unter Augenschein durchweg nur die unmittelbare Sinneswahrnehmung des erkennenden Gerichts). 39

5. Hinzuziehung der Parteien. Dazu Höffmann, Die Grenzen der Parteiöffentlichkeit, insbesondere beim Schverständigenbeweis, Diss. Bonn 1988. Der Sachverständige muss die Parteien grundsätzlich bei seiner Arbeit vielfach hinzuziehen, und zwar wegen der Grundsätze der Waffengleichheit und eines fairen Verfahrens (Anders/Gehle/Becker Einl. III Rn. 21, 23) und wegen der daraus folgenden §§ 357, 402 ZPO. Das gilt zB: Bei einer Besichtigung, insbesondere aus dem Eigentum oder Besitz einer Partei (BGH NJW 1975, 1363; BVerwG NJW 2006, 2058; OLG Koblenz DS 2004, 188), oder beim Körper eines Menschen (OLG Köln NJW 1992, 1568; Ausnahmen: ärztliche Untersuchungen, soweit Art. 1 GG anwendbar ist; OLG München NJW-RR 1991, 896); bei der Beschaffung des Untersuchungsguts; OLG Koblenz MDR 1978, 148); bei einer Befragung (OLG München Rpfleger 1983, 319, Ausnahmen: Meinungsforscher, OLG Nürnberg MDR 1977, 849). 40

Diese Hinzuziehung erfolgt zumindest insoweit, als die Parteien sie auch nur erkennbar (wie meist) **wünschen** (OLG Düsseldorf FamRZ 1989, 889; OLG München (24. ZS) NJW 1984, 807; aA OLG Dresden NJW-RR 1997, 1356; OLG München (25. ZS) Rpfleger 1983, 320 (es handle sich um eine Fallfrage), Schnapp FS Menger, 1985, 571), nicht bei Unmöglichkeit, Unzumutbarkeit, Untunlichkeit und Überflüssigkeit. Aber die Parteien haben grundsätzlich ein Anwesenheitsrecht nach § 357 ZPO. Man sollte es nur in wirklich engen Grenzen verwehren). Daher muss der Beweisführer binnen einer angemessenen Frist die Genehmigung desjenigen Wohnungsinhabers herbeiführen, dessen Wohnung der Sachverständige mitbegutachten soll, zB bei § 558 BGB. Ein Verstoß kann zur Unverwertbarkeit des Gutachtens führen (BVerwG NJW 2006, 2058). 41

6. Zutritt Dritter. Der Sachverständige muss nach § 357 ZPO auch den sachkundigen Vertretern die Anwesenheit gestatten (OLG München NJW 1984, 807), oder technischen Beratern der Parteien, solange sie ihn nicht stören. Sonst setzt er sich der Gefahr der Ablehnung nach § 406 ZPO aus (BGH NJW 1975, 1363; OLG Düsseldorf MDR 1979, 409). 42

7. Keine Verhandlung usw. Freilich darf der Sachverständige nicht anlässlich seiner Ermittlungen mit einer Partei oder mit beiden Parteien verhandeln. Ein vor ihm geschlossener Vergleich ist kein Prozessvergleich. Er ist allenfalls ein sog. Anwaltsvergleich nach § 796b ZPO. Hat der Sachverständige gegen diese Grundsätze verstoßen, muss das Gericht sein Verhalten nach § 286 ZPO frei würdigen. Das gilt insbesondere dann, wenn kein Antrag nach § 411 III ZPO vorliegt. 43

8. Offenlegung der Tatsachen. Der Sachverständige muss grundsätzlich diejenigen Tatsachen offenlegen, die er zur Begutachtung herangezogen hat (BVerfG NJW 1997, 1909; BGH NJW 1994, 2899; zB bei § 558 BGB die Räumlichkeit der 44

Vergleichswohnungen, BVerfGE 91, 180; LG Göttingen WuM 1990, 520, höchst eigenartig als Fallfrage eingeschränkt von BVerfG NJW 1997, 311; aA ferner LG Bonn WuM 1993, 133; LG Halle ZMR 2002, 427, aber nur bei einer Möglichkeit der Kenntnis aller tatsächlicher Grundlagen des Gutachtens kann das Gericht überhaupt seine Prüfungspflicht erfüllen). Der Datenschutz usw hat weder stets den Vorrang noch stets einen Nachrang. Man muss eine behutsame Abwägung vornehmen, und dabei wesentlich auf § 286 ZPO abstellen (BGHZ 116, 47). Es kann eine Ergänzung nach § 411 ZPO notwendig werden. Notfalls ist das Gutachten insofern unverwertbar, weil ungeeignet. Ein Verstoß wäre auch ein solcher gegen Art. 103 I GG (BGH NJW-RR 2008, 236).

45 **9. Weitere Folgen.** Verhindert eine Partei die Tätigkeit des Sachverständigen, nimmt sie damit rechtlich ihr Beweisanerbieten zurück (OLG München NJW 1984, 808). Bei einer Beweisaufnahme von Amts wegen zB nach § 144 ZPO muss das Gericht ihr Verhalten frei würdigen. Wenn eine Partei den Beweis arglistig vereitelt, gilt der Beweis als erbracht (OLG München NJW 1984, 808). Ob eine Partei dem Sachverständigen den Zutritt zu ihren Räumen und eine Untersuchung ihres Körpers gestatten muss, das hängt wie bei § 372a ZPO davon ab, ob man ihr diesen Eingriff nach Treu und Glauben zumuten kann (OLG München NJW 1984, 808). Zum Problem Schmidt-Futterer MDR 1975, 4 (betr. Mieterhöhung). Bei §§ 558 ff. BGB bleibt der Beweisführer mangels der Zutrittserlaubnis eines Dritten beweisfällig.

46 **X. Mangelhafte Leistung (II 1 Nr. 2).** Eine Begrenzung der Vergütung kommt auch dann infrage, wenn die Leistung des Sachverständigen usw. mangelhaft ist und der festgestellte Mangel nicht behoben werden konnte. Maßstab für die Vergütung sind dabei weder die sachliche Richtigkeit noch die inhaltliche Beurteilung des Gutachtens durch die Parteien oder das Gericht (OLG Düsseldorf BeckRS 2018, 15368). Eine Entschädigung für den erbrachten Auftrag kann nur aufgrund einer Mangelhaftigkeit und dadurch bedingten Unverwertbarkeit versagt bzw. beschränkt werden.

47 Mangelhaft ist eine gutachterliche Leistung, wenn sie fachliche oder objektiv feststellbare, inhaltliche Defizite aufweist, die gestellte Beweisfrage nicht, weitgehend nicht eindeutig oder nicht nachvollziehbar beantwortet oder sich auf die Mitteilung eines Ergebnisses beschränkt (OLG Naumburg LSK 2019, 44260; OLG Düsseldorf 2018, 540; OLG Oldenburg BeckRS 2017, 142299; LSG Rheinland-Pfalz BeckRS 2016, 66889; LG Wuppertal BeckRS 2016, 116584; OLG Zweibrücken DS 2015, 63; VGH Mannheim DS 2013, 38). Ist ein Gutachten erläuterungsbedürftig, ist es dadurch nicht unbrauchbar (OLG Hamm BeckRS 2015, 2072). Eine, wegen Krankheit nur teilweise erbrachte Leistung kann nicht mit einer mangelhaften Leistung gleichgesetzt werden (OLG Bamberg BeckRS 2022, 14815).

48 **1. Verwertbarkeit.** Soweit das Gericht ein Gutachten trotz eines Mangels vollständig oder anteilig berücksichtigt hat, gilt es als verwertbar (II 2). Die Verwertbarkeit schließt eine Reduzierung oder Versagung des Vergütungsanspruchs aus. Bleibt das Ergebnis der erbrachten Leistung hingegen für das Gericht nicht oder nur teilweise verwertbar, ist die Vergütung entsprechend der Verwertbarkeit zu reduzieren. Es kommt dabei auf die objektive Unbrauchbarkeit an. Fehlt es lediglich an der Überzeugungskraft des Gutachtens ist deswegen nicht zwingend von einer Unverwertbarkeit auszugehen (LSG Nordrhein-Westfalen BeckRS 2018, 24526). Die Annahme einer Unverwertbarkeit des Gutachtens setzt voraus, dass auch Nachbesserungen und Ergänzungen des Gutachtens den Mangel der Verwertbarkeit nicht beheben können (OLG Naumburg BeckRS 2019, 44260; OLG Düsseldorf BeckRS 2017, 141613; VGH Mannheim NJW 2012, 3593).

49 **2. Mängelbeseitigung.** Nach der durch das KostRÄG 2021 eingefügten Ergänzung von Nr. 2 muss das Gericht dem Berechtigten eine angemessene Frist zur Behebung des Mangels gewähren. Damit wird dem Umstand Rechnung getragen, dass einem Berechtigten zunächst grundsätzlich Gelegenheit zur Nachbesserung einzuräumen ist (BayVGH BeckRS 2018, 6981). Nur wenn bereits erkennbar ist, dass eine Mängelbeseitigung wegen der Schwere des Mangels oder aus sonstigen offensichtlichen Gründen, etwa der Wegfall des Beweisgegenstandes, nicht mehr in Betracht kommt, entfällt diese Gelegenheit, die Fehlleistung beheben zu können. In diesen Fällen entfällt auch die Fristsetzung durch das Gericht. Gelingt eine **erfolg-**

reiche Mängelbeseitigung innerhalb der vom Gericht gewährten Frist, ist die Vergütung ungekürzt zu gewähren.

3. Feststellung des Mangels. Mit der Ergänzung der Vorschrift hinsichtlich der Mängelbeseitigung geht die Voraussetzung einher, die zu behebenden Mängel konkret zu bezeichnen. Anderenfalls würde die Möglichkeit zur Abwendung der vergütungsrechtlichen Sanktion ins Leere laufen. Nach der Begründung (BT-Drs. 19/23484, 66) soll die heranziehende Stelle die objektiv feststellbaren Mängel benennen und dem Berechtigten unter Fristsetzung ermöglichen, diese Mängel zu beheben. Danach bestehen mit dieser Feststellung durch das Gericht nebst Fristsetzung für die Anwendung von Nr. 2 hohe Kriterien, die in der Praxis häufig nicht dem Verfahrensgang entsprechen werden. Denn in Verfahren mit der Dispositionsbefugnis der Parteien erheben regelmäßig diese Einwendungen gegen die Inhalte des bisher erbrachten Gutachtens. Nicht selten gewährt das Gericht dem Sachverständigen Gelegenheit, zu dem Vortrag der Partei ergänzend Stellung zu nehmen, ohne selbst die Mängel festzustellen. Ob dieses dann, selbst wenn eine Frist bestimmt worden ist, bereits den Anforderungen aus Nr. 2 genügt, ist zweifelhaft. Auch eine, sich der schriftlichen Begutachtung anschließenden, mündlichen Erörterung kann für den Sachverständigen eine Gelegenheit sein, bisherige Unvollständigkeiten oder Missverständnisse zu beheben, ohne dass es insoweit zu einer Fristsetzung kam. Gelingt die erforderliche Aufklärung nicht, müssten trotz Ausschöpfung der zur Verfügung stehenden Mittel nochmals die Mängel benannt und die fristgebundene Beseitigung verlangt werden. Wegen des Sinn und Zwecks der Vorschrift, mithin die Vergütung nicht ohne eine, für den Sachverständigen erkennbaren Nachbesserungsmöglichkeit zu versagen, sollten an die Mängelbeseitigung keine zu hohen und starren Vorgaben gestellt werden. Dafür spricht bereits, dass sowohl die Fristbestimmung am Einzelfall orientiert werden soll als auch die dehnbaren Ausschlussgründe, überhaupt eine Nachbesserungsfrist zu gewähren. Es muss daher für die Fälle, in denen eine Mangelbeseitigung nicht von vorne herein ausgeschlossen ist, darauf ankommen, dass der Sachverständige eine realistische, zeitlich angemessene Chance hat, sein Gutachten nachzubessern. 50

4. Keine Verschuldensfeststellung. Mangels ausdrücklicher oder verwiesener Kriterien des Verschuldens kommt es nicht darauf an, dass die mangelhafte Leistung auf einem pflichtwidrigen oder grob fahrlässigen Verhalten des Sachverständigen beruht (→ Rn. 9). Ein etwaiges Verschulden muss daher nicht vorliegen, sondern es genügt, dass die Leistung wegen Mangelhaftigkeit durch die heranziehende Stelle unverwertbar ist (OLG Düsseldorf IBR 2018, 540; OLG Brandenburg BeckRS 2022, 22065). 51

5. Vergütungslose Mängelbeseitigung (II 3). Mit der Einfügung von Satz 3 wird dem Berechtigten für die Nachbesserung, zu der er nach Nr. 2 aufgefordert wurde, der Vergütungsanspruch versagt. Für den gesonderten Aufwand, der nur deshalb angefallen ist, um die festgestellten Mängel zu beheben und damit eine grundsätzlich verwertbare Leistung zu liefern, sollen dem Sachverständigen weder ein Honorar, noch Aufwendungen zustehen. Diese starke und weitreichende Konsequenz des Vergütungsverlustes kann nur in den Fällen greifen, in denen das Gericht den Sachverständigen eindeutig und konkret zur Mangelbeseitigung aufgefordert hat. Der Vergütungsanspruch ist nicht bereits deshalb zu versagen, weil die Parteien oder das Gericht Nachfragen stellen oder Ergänzungen anfordern. Eine Belehrung oder Hinweispflicht wegen des Vergütungsverlustes ist nicht vorgesehen. Daher muss für den Berechtigten unmissverständlich klar sein, dass diese folgenreiche Nachbesserung verlangt wird. 52

XI. Nachträgliche Ablehnungsmöglichkeit (II 1 Nr. 3). Dazu Linz DS 2017, 149. Während I eine anfängliche Ablehnungsmöglichkeit behandelt, regelt II 1 Nr. 3 die Folgen einer erst „im Rahmen der Leistungserbringung" eintretenden solchen Lage, also einer erst nach Auftragsannahme und sogar erst nach Arbeitsbeginn eingetretenen Ablehnbarkeit. Die Rechtsfolgen sind ebenfalls unterschiedlich: Bei einer anfänglichen evtl. völliger Wegfall einer Vergütung, bei einer erst nachträglichen evtl. sogar gar keine Begrenzung der Vergütung oder doch nur eine teilweise. 53

54 **1. Im Rahmen der Leistungserbringung.** Der Sachverständige usw muss mit einer Auftragsbearbeitung schon begonnen und darf sie noch nicht beendet haben. Das ist die erste Voraussetzung einer Begrenzung.

55 **2. Ablehnbarkeit.** Sie muss nach praktisch denselben Regeln eingetreten sein wie bei einer anfänglichen. Daher → Rn. 13 f.

56 **3. Etwaige Befristung.** Nach II 1 Nr. 3 muss wie bei I eine Berechtigung eines Beteiligten zur Ablehnung entstanden sein und noch im Zeitraum der Leistungserbringung bestanden haben. Nun hängt dieses Recht zB im Zivilprozess beim Sachverständigen von zeitlichen Bedingungen nach § 406 II 1, 2 ZPO ab. Daher muss man je nach der Verfahrensart solche Bedingungen in der einschlägigen Verfahrensordnung prüfen. Das gilt auch und erst recht dann, wenn zB der Sachverständige sein Gutachten schon erstattet hatte. Nach Fristablauf evtl. keine Ablehnbarkeit mehr und daher schon deshalb keine Begrenzung nach II 1 Nr. 3.

57 **4. Grobe Fahrlässigkeit oder Vorsatz.** Erst im Fall einer nachträglichen Ablehnbarkeit stellt § 8a auf ein höheres Verschulden des Sachverständigen usw ab. Den Ablehnungsgrund muss der Sachverständige usw. hochgradig vorwerfbar „geschaffen" haben. Auf eine leichte Fahrlässigkeit kommt es nicht an. Schädlich ist ein Vorsatz oder eine grobe Fahrlässigkeit. Grobe Fahrlässigkeit kann als bewusste oder als unbewusste Form einer Fehlerhaftigkeit auftreten (OLG Naumburg BauR 2013, 1738). Grob ist je jeweils dann, wenn der Sachverständige usw jede Sorgfalt in einem ungewöhnlich hohen Maß verletzt hat, also besonders schwer vorwerfbar handelte (BVerfGE 69, 137; BGHZ 198, 273; OLG Frankfurt a. M. JurBüro 2018, 1173). Dieses ist der Fall, wenn schon einfachste, ganz naheliegende Überlegungen nicht angestellt wurden und das nicht beachtet wird, was im gegebenen Fall jedem einleuchten musste.

58 Vorsätzliches Handeln liegt vor, wenn der Sachverständige usw danach mindestens die Fehlerhaftigkeit seines Verhaltens als möglich erkannt muss, aber aus vorwerfbarer Gleichgültigkeit bewusst in Kauf genommen haben, ohne einen solchen „Erfolg" direkt zu wollen.

59 **XII. Nichtleistung trotz weiteren Ordnungsgelds (II 1 Nr. 4).** Eine Begrenzung der Vergütung kann auch dann eintreten, wenn der Sachverständige zB gegen § 411 II 3 ZPO verstoßen hat, und zwar auch hier vorwerfbar. Man muss dabei drei Voraussetzungen zusammentreffen sehen.

60 **1. Vergeblichkeit erster Nachfrist.** Das Gericht muss dem Sachverständigen zunächst zur Übermittlung seines Gutachtens zB nach § 411 I ZPO eine Frist gesetzt haben. Der Sachverständige muss sie versäumt haben. Das Gericht muss ihm schon vorher oder jetzt eine (erste) Nachfrist gesetzt haben und zugleich ein (erstes) Ordnungsgeld zB nach § 411 II 2 ZPO angedroht haben. Auch diese erste Nachfrist muss der Sachverständige versäumt haben. Das Gericht muss deshalb ein (erstes) Ordnungsgeld verhängt haben, zB § 411 II 1 ZPO. Trotzdem muss der Sachverständige säumig geblieben sein.

61 **2. Weitere Nachfrist.** Das Gericht muss statt wesentlich härterer anderer Sanktionsmöglichkeiten dem Sachverständigen nun (oder schon vorsorglich zuvor) eine weitere Nachfrist (zweite Nachfrist) angedroht haben, ebenfalls erfolglos, zB § 411 II 1, 2 ZPO. Auch ein weiteres Ordnungsgeld muss angedroht und dann verhängt worden sein, zB § 411 II 3 ZPO.

62 **3. Nichtleistung auch weiterhin.** Trotz ordnungsgemäßem Vorgehen des Gerichts muss der Sachverständige seine Leistung immer noch „nicht erbracht" haben. Dies letztere ist auslegungsbedürftig. Nichterbringung bedeutet nach dem Wortlaut: völlige Nichtleistung. Man muss aber eine im Wesentlichen unvollständige oder unbrauchbare Leistung nach dem Sinn der Vorschrift einer Nichterbringung gleichsetzen. Denn das Verfahren leidet auch dann wie beim gänzlichen Nichtleisten. Dabei kommt es nicht darauf an, ob und wie der Sachverständige gearbeitet hat, sondern darauf, ob er das bei ihm in Auftrag gegebene Gutachten korrekt und verwertbar erstattet hat.

63 **XIII. Unverhältnismäßigkeit der Kosten (III).** Nach § 407a IV 2 Alt. 1 ZPO hat der Sachverständige rechtzeitig darauf hinzuweisen, wenn voraussichtlich Kosten,

die erkennbar **außer Verhältnis zum Wert des Streitgegenstandes** stehen. Diese Hinweispflicht soll dem Gericht und insbesondere den Parteien die Möglichkeit eröffnen, von der Einholung eines Gutachtens abzusehen, wenn die dafür entstehenden Kosten, die regelmäßig erst der Sachverständige absehen kann, in einem Missverhältnis zum Streitwert stehen und daher ein Gutachten angesichts der dadurch entstehenden Kosten mit Blick auf das Prozessziel möglicherweise als unwirtschaftlich erscheint (LSG Bayern NZS 2015, 679). Fehlt der rechtzeitige Hinweis auf diesen Umstand der Unverhältnismäßigkeit, bestimmt das Gericht die Vergütung nach billigem Ermessen. Für diese Entscheidung ist ausdrücklich die Anhörung der Beteiligten vorgeschrieben, um sodann eine Vergütung festzusetzen, die in einem angemessenen Verhältnis zum Wert des Streitgegenstands steht. Nach V kommt eine mindernde Vergütungsfestsetzung durch das Gericht nicht in Betracht, wenn der Berechtigte die Verletzung der ihm obliegenden Hinweispflicht nicht zu vertreten hat. Einer vorhergehenden Belehrung über die Hinweispflicht aus § 407a ZPO durch das Gericht bedarf es nicht, weil der Sachverständige die Vorschriften insoweit kennen muss (OLG Frankfurt a. M. NJOZ 2022, 61).

Der Sachverständige muss die voraussichtlichen Kosten **rechtzeitig** dem Gericht ankündigen, wenn sie erkennbar außer Verhältnis zum Streitwert stehen. Diese Verpflichtung sowie das Risiko der möglichen, damit einhergehenden Vergütungsbeschränkung bei Nichtbeachtung sind für die Sachverständigen als bekannt vorauszusetzen (LG Heidelberg DS 2015, 96). Daher muss die Akte zu Beginn des Auftrags zumindest überschlägig auf den Streit- bzw. Verfahrenswert durchgesehen werden. Für die Höhe der Kosten reicht eine grobe Schätzung. Das Kriterium der **Rechtzeitigkeit** ist erfüllt, wenn das Gericht die Beteiligten informieren kann und ausreichend Zeit bleibt, sich auf die Kosten einzustellen, bevor diese tatsächlich angefallen sind (VG Berlin BeckRS 2019, 5650). Eine Hinweispflicht besteht regelmäßig, wenn die voraussichtlich anfallenden Gutachtenkosten den **Wert des Streitgegenstandes erreichen oder ihn übersteigen** (VG Berlin BeckRS 2019, 5739; LG Braunschweig BeckRS 2017, 145899). Teilweise wird vertreten, dass bereits Kosten, die 50 % des Werts übersteigen, mitgeteilt werden müsse (OLG Brandenburg BeckRS 2019, 20963; OLG Zweibrücken BauR 2016, 312). Diese Grenze erscheint allerdings angesichts allgemein gestiegener Kosten im JVEG sowie dem Umstand, dass der Wert für den Sachverständigen nicht immer abschließend in voller Höhe bekannt ist, im Einzelfall zu niedrig. Bei der Bemessung der festzusetzenden Vergütung kommt es nicht auf eine hypothetische Kausalität der Anzeigepflichtverletzung und damit eine Fortsetzungsprognose an. Es ist nicht zu prüfen, ob der Gutachtenauftrag auch bei rechtzeitiger Mitteilung über die voraussichtlich anfallenden Sachverständigenkosten durch das Gericht nicht entzogen oder eingeschränkt worden wäre (OLG Frankfurt a. M. BeckRS 2021, 20979). 64

Die Hinweispflicht auf unverhältnismäßig hohe Kosten besteht grundsätzlich auch in Verfahren nach dem **FamFG** (OLG Brandenburg BeckRS 2019, 20963). Demnach soll die Mitteilung auch in **Kindschaftssachen, zB bei familienpsychologischen Gutachten** erforderlich werden, wenn die voraussichtlichen Kosten außergewöhnlich hoch sind (OLG Frankfurt a. M. BeckRS 2021, 20979; NJW-RR 2022, 1447; OLG Nürnberg NJOZ 2019, 1195). Teilweise wird danach differenziert, ob es sich um eine **von Amts wegen geführte Kindschaftssache** handelt (OLG Frankfurt BeckRS 2021, 21737; OLG Celle NJW-RR 2022, 870). Denn diese Verfahren sind der Disposition der Beteiligten entzogen und das Gericht kann nicht aus wirtschaftlichen Erwägungen von grundsätzlich erforderlichen Beweiserhebungen absehen. In Kindschaftssachen muss das Gericht für seine Entscheidungsfindung eine möglichst sichere Entscheidungsgrundlage finden (BVerfG FamRZ 2014, 907). Allerdings kann auch in den Amtsverfahren zur Vermeidung von ausufernden Kosten vom Gericht eine explizite Kostenobergrenze vorgeben werden, die bei Überschreiten zur Hinweispflicht des Sachverständigen führt (OLG Frankfurt NJW-RR 2022, 1447). Als maßgeblichen Verfahrenswert, auf den für die Verhältnismäßigkeit abzustellen ist, wird in Kindschaftssachen regelmäßig der **3-fache Wert nach § 45 FamGKG** angesehen, somit 9.000 EUR bzw. in Verfahren **seit dem 1.1.2021 12.000 EUR.** In anderen Konstellationen soll der 2-fache Regelwert nebst 19 % Steuerlast, mithin 9.520 € maßgeblich sein (OLG Frankfurt a. M. NJW-RR 2022, 1447). 65

66 **XIV. Begrenzung auf Auslagenvorschuss (IV).** Der Sachverständige erhält eine **Vergütung nur in Höhe eines „angeforderten" Auslagenvorschusses,** falls er gegen § 407a III 2 ZPO vorwerfbar verstoßen hat (OLG Düsseldorf DS 2016, 240; OLG Hamm MDR 2015, 300). Er muss es also versäumt haben, das Gericht rechtzeitig darauf hinzuweisen, dass die Kosten seiner Tätigkeit voraussichtlich einen solchen Vorschuss „erheblich" übersteigen würden (OLG Düsseldorf JurBüro 2017, 426; OLG Stuttgart MDR 2017, 1392). Entscheidend ist dabei Brutto-Endbetrag der Kosten. Ändern sich maßgebliche Inhalte der Schätzung, muss der Sachverständige ggfs. ein weiteres Mal auf die zu erwartende Höhe der Kosten hinweisen. Setzt sich die vom Sachverständigen mitgeteilte Berechnung auch aus Fremdkosten zusammen und entfallen diese, weil die Parteien eine Bauteilöffnung selbst veranlassen, ist Maßstab der um die kalkulierten Fremdkosten reduzierte Vergütungsbetrag (OLG Oldenburg BeckRS 2022, 15192). Der angeforderte Vorschuss ergibt sich einerseits aus §§ 379, 402 ZPO, andererseits aus dem, was das Gericht für den Sachverständigen vom Kostenschuldner verlangt hat. Auf eine diesbezügliche Anregung des Sachverständigen kommt es ebensowenig an wie auf die Höhe des vom Kostenschuldner tatsächlich mit oder ohne Anforderung des Gerichts Gezahlten. „Erheblich" dürfte eine Differenz von mindestens etwa 20 % sein (OLG Oldenburg BeckRS 2022, 15192; OLG Düsseldorf JurBüro 2017, 426 und 654). Unerheblich ist, ob die Partei bei Kenntnis der vollen Kosten keinen Beweis beantragt hätte (OLG Hamm BauR 2015, 1371; großzügiger OLG Karlsruhe JurBüro 2017, 369).

67 **XV. Verfahren, Entscheidung (I–V).** Eine erhebliche Überschreitung des Kostenvorschusses nach IV kann von dem Anweisungsbeamten festgestellt und die damit einhergehende Kürzung der Rechnung von ihm veranlasst werden. In allen anderen Anwendungsfällen des § 8a sowie bei entsprechendem Antrag des Berechtigten oder der Landeskasse ist eine gerichtliche Festsetzung nach § 4 JVEG erforderlich. Insbesondere wenn ein Wegfall oder die Beschränkung des Vergütungsanspruchs nach I oder II 1 in Betracht kommen, ist in der Regel die richterliche Festsetzung als angemessen anzusehen (§ 4 I 2, → § 4 Rn. 11).

XVI. ABC Beispiele für Ablehnungsgründe, Befangenheit

68 **Alternative Methode:** Eine Ablehnung kann dann **unbegründet** sein, wenn der Sachverständige eine von der Weisung des Gerichts abweichende Methode und hilfsweise die gerichtliche wählt und seine Abweichung begründet (OLG Naumburg BauR 2014, 1192).

Anfrage: Eine Ablehnung ist **unbegründet,** soweit man sie nur darauf stützen kann, der Sachverständige habe eine bloß technische Anfrage bei nur einer der Parteien ohne eine Erörterung der Sache oder des Gutachtens gehalten (OLG Frankfurt a. M. FamRZ 1989, 410. Auch → „Vorbereitung").

Angestellter: Eine Ablehnung kann nach → „Beamter" dann begründet sein, wenn der Sachverständige ein Angestellter einer Partei ist oder war. Auch → „DEKRA".

Angriff: Eine Ablehnung ist **unbegründet,** soweit man sie nur daraufstützen kann, man habe das Gutachten nebst der Gebührenrechnung angegriffen (OLG München Rpfleger 1980, 303), und der Sachverständige habe sich sachlich verteidigt, wenn auch vielleicht nach einem unberechtigten Ablehnungsantrag in einer scharfen Weise (LG Düsseldorf BauR 2011, 1535), sogar durch einen Strafantrag. Auch → „Beleidigung", → „Provokation".

Anwaltsauftrag: → „Prozessbevollmächtigter".

Arzt: Es gibt viele Fragen.

(Befund): Eine Ablehnung kann evtl. sogar dann **unbegründet** sein, wenn der Arzt zur Befunderhebung nicht beide Parteien zugezogen hat (OLG Stuttgart MDR 2006, 889).

(Beleidigung): → „Beleidigung".

(Haftpflichtversicherung): → „Haftpflichtversicherung".

(Hausarzt): Eine Ablehnung kann dann begründet sein, wenn der Sachverständige einen Beteiligten als dessen Hausarzt behandelt (hat) (OLG Köln NJW 1992, 762).

(Klinik): Eine Ablehnung kann **unbegründet** sein, soweit man sie nur darauf stützen kann, der Sachverständige habe als Klinikdirektor vom beklagten Arzt Patienten überwiesen erhalten oder nach der Begutachtung dessen Ehefrau in seine Klinik aufgenommen (OLG Karlsruhe OLGZ 1984, 105, großzügig), oder der Sohn des ärztlichen Sachverständigen arbeite in der beklagten Klinik als Arzt in einer Fort- oder Weiterbildung, solange nicht das Gutachten selbst einen Grund zur Beanstandung gibt (aA OLG Köln VersR 1989, 210, zu ängstlich), oder nach einer einmaligen früheren Behandlung (OLG Köln VersR 1992, 517).

(Langzeitbehandlung): Eine Ablehnung kann dann begründet sein, wenn der Arzt einen Beteiligten schon lange behandelt hat (OLG Rostock VersR 1996, 124).

(Sachverständiger Zeuge): Eine Ablehnung kann **unbegründet** sein, soweit das Gericht den Arzt nur als einen sachverständigen Zeugen nach § 414 ZPO beigezogen hat (KG MDR 2009, 946).

(Schlichter): Eine Ablehnung kann dann begründet sein, wenn der Sachverständige im Schlichtungsverfahren der Ärztekammer tätig war (OLG Frankfurt a. M. MDR 2011, 126).

(Sozius): Eine Ablehnung kann dann begründet sein, wenn der Sachverständige einen Sozius des „gegnerischen“ Arztes ohne Einwilligung des Patienten einschaltet (OLG Frankfurt a. M. MDR 2010, 652).

(Sprachführung): Eine Ablehnung kann **unbegründet** sein, soweit der Sachverständige im Arzthaftungsprozess eine auch für den Laien verständliche und nur deshalb deutliche Kritiksprache gewählt hat (OLG Saarbrücken MDR 2005, 648).

(Überschreitung der Beweisfrage): Eine Ablehnung kann dann begründet sein, wenn sich der Sachverständige zu einer anderen als der Beweisfrage nach § 403 äußert (OLG Oldenburg MDR 2008, 101).

(Unterlagen): Eine Ablehnung kann **unbegründet** sein, soweit der Arzt Behandlungsunterlagen nicht erhalten und nur deshalb nicht mitbegutachtet hat (OLG Köln VersR 1997, 596), oder wenn er Arztunterlagen direkt beim Arzt angefordert und dann im Gutachten genau aufgeführt hat (OLG Brandenburg JurBüro 2008, 655).

(Vorbereitung): → „Vorbereitung“.

(Zusammenarbeit): Auch → „Beleidigung“, → „Haftpflichtversicherung“, → „Tierarzt“, → „Vorbereitung“, → „Zusammenarbeit“.

Auftragsanweisung: Eine Ablehnung kann dann begründet sein, wenn der Gutachter von einer Anweisung des Gerichts abgewichen ist (OLG Nürnberg MDR 2007, 295).

Auftragsgrenzen. Dazu Grossam DS 2015, 46 (Üb.) Ihre Überschreitung kann eine Ablehnung begründen (Fallfrage, BGH MDR 2013, 739; KG BauR 2012, 536; OLG Stuttgart BauR 2013, 272).

Ausbildung: Eine Ablehnung kann nur ganz ausnahmsweise dann begründet sein, wenn der Sachverständige seine Ausbildung bei einer Partei erhielt (aA OLG Jena MDR 2010, 170).

Ausdrucksweise: Eine Ablehnung ist begründet, soweit der Gutachter eine Kritik am Gutachten stark abwertet (OLG Hamm MDR 2010, 653), zB sie als „rüpelhaft“ oder „flegelhaft“ bezeichnet (OLG Köln MDR 2002, 53), oder soweit er ein abweichendes Gutachten als „ergebnisorientiert“ bezeichnet (OLG Saarbrücken MDR 2007, 1393), oder ein Beweisthema als „verfehlt“ (OLG Saarbrücken MDR 2007, 1393), oder eine Parteivertreterkritik als „unverschämt, völlig absurd, inkompetent“ (KG MDR 2008, 528) oder als „frech“ (OLG Köln VersR 2009, 1287) oder als „Blödsinn“ kennzeichnet (OLG Rostock JurBüro 2013, 652) oder wenn der Sachverständige von „überheblich und ignorant“ spricht (OLG Celle MDR 2012, 1309), oder soweit er sonstwie polemisch wird (OLG Düsseldorf BauR 2011, 2009; OLG Hamm FPR 2011, 52), oder beleidigend, → „Beleidigung“, oder soweit er über dieselbe Partei in einem anderen Prozess unsachlich redet (LG München WuM 2012, 154, streng).

Eine Ablehnung kann **unbegründet** sein, soweit der Sachverständige eine Partei als „aggressiv“ bezeichnet hat (OLG Hamm FamRZ 2010, 1266), oder soweit der Sachverständige nur auf scharfe Angriffe ebenso scharf erwidert (OLG Karlsruhe VersR 2013, 77). Der Sachverständige darf deutlich sein (OLG Stuttgart DS 2016, 205).

Ausschusswahl: Eine Ablehnung ist **unbegründet,** soweit man sie nur darauf stützen kann, der Sachverständige sei nach der Begutachtung in diesen Ausschuss gewählt worden (OLG Düsseldorf BB 1975, 627). Auch → „Gutachterausschuss“.

Beamter: Eine Ablehnung kann dann begründet sein, wenn der Sachverständige bei einer Partei als Beamter tätig ist, soweit der Dienstzweig in Betracht kommt (BVerwG NJW 1999, 965; OLG Stuttgart OLGR 2008, 618, je: Zugehörigkeit zum Dienstherrn). Eine bloße Nämlichkeit des Rechtsträgers reicht nicht (OLG Celle NJW-RR 1996, 1086; OLG München MDR 2002, 292; OLG Nürnberg MDR 2006, 469). Auch → „Behörde".

Bekanntschaft: Eine Ablehnung dürfte erst bei → „Feindschaft, Freundschaft" begründbar sein.

Behörde: Eine Ablehnung der Behörde als solcher ist **unbegründet** (OLG Frankfurt a. M. OLGR 1998, 381; OLG Hamm NJW-RR 1990, 1471; OLG Stuttgart NJW-RR 1987, 190). Auch → „Beamter", → „Hochschullehrer".

Beleidigung: Eine Ablehnung kann dann begründet sein, wenn der Sachverständige einen Beteiligten grob beleidigt (BGH NJW 1981, 2010, (Arzt gegenüber Patient), OLG Brandenburg MDR 2009, 288 (gegenüber Gericht und Gegner); OLG Dresden BauR 2011, 306; OLG Koblenz NJW-RR 2009, 1653 (Bezichtigung des Untersuchten als vorsätzlichen Täuscher); OLG Köln MDR 2002, 53; OLG Stuttgart DS 2016, 205, OLG Zweibrücken NJW 1998, 912 (je: gegenüber Privatgutachter); OLG Rostock JurBüro 2013, 652 („Blödsinn" usw)). **Unbegründet** ist eine Ablehnung nur wegen der Äußerung des Sachverständigen, er fühle sich beleidigt (OLG Frankfurt a. M. BauR 2008, 1490). Auch → „Angriff", → „Deutlichkeit".

Berater: Eine Ablehnung kann dann begründet sein, wenn der Sachverständige die Besichtigung wegen der Anwesenheit des technischen Beraters einer Partei ablehnt, solange dieser ihn nicht stört (OLG Düsseldorf MDR 1979, 409). Auch → „Vorbereitung".

Bereitschaft: Eine Ablehnung kann mangels notwendiger Bereitschaft begründet sein (LG Koblenz MDR 2017, 236, keine neue Befassung mit der Sache).

Berufsbeziehung: Es gilt dasselbe wie bei einer „Berufsbekanntschaft" (OLG Stuttgart VersR 2010, 499).

Berufskontakte: Selbst enge begründen eine Ablehnung evtl. (OLG Celle MDR 2007, 105; OLG Hamm BauR 2013, 278). Das gilt aber **nicht stets** (OLG Celle MedR 2007, 229; OLG Saarbrücken MDR 2008, 227).

Besichtigung: → „Vorbereitung".

Beweisfrage: → „Arzt".

Beweisvereitelung: Eine Ablehnung kann begründet sein, soweit sich der Sachverständige auch gegenüber einer Beweisvereitelung einer Partei gleichgültig verhält (AG Kassel WuM 1993, 415).

Beweiswürdigung: Eine Ablehnung kann begründet sein, soweit der Sachverständige eine streitige Behauptung einfach als bewiesen würdigt, statt sie bloß als mit seiner Tatsachenklärung übereinstimmend festzustellen und die rechtliche Beweiswürdigung nach § 286 ZPO dem Gericht zu überlassen (OLG München NJW 1992, 1569; OLG Saarbrücken NJW-RR 2008, 1088).

Chefarzt: → „Arzt", → „Haftpflichtversicherung".

DEKRA: Eine Ablehnung ist **unbegründet,** soweit man sie nur auf die Mitarbeit des Sachverständigen beim DEKRA stützen kann (OLG Schleswig VersR 1991, 1196).

Deutlichkeit: Unbegründet ist eine Ablehnung nur wegen der Deutlichkeit einer Äußerung des Sachverständigen (OLG Saarbrücken MDR 2005, 648; LG Erfurt BauR 1999, 1331). Freilich auch → „Beleidigung".

Dritter: Eine Ablehnung kann dann begründet sein, wenn der Sachverständige eine gleichartige Tätigkeit für einen Dritten ausgeübt hat, der dasselbe Interesse wie der Prozessgegner hatte (OLG Frankfurt a. M. NJW 1983, 581), oder wenn er Äußerungen eines Dritten in sein Gutachten aufnimmt (aA OLG Nürnberg MDR 2007, 237), oder zu ihm in sonstigem Kontakt steht (OLG Düsseldorf NJW-RR 1997, 1428; OLG Köln MDR 2011, 507).

Eine Ablehnung kann dann **unbegründet** sein, wenn nur ein Verstoß gegen § 407a II ZPO vorliegt (OLG Jena MDR 2006, 1011).

Einigung: Eine Einigung nach § 404 IV ZPO macht eine Ablehnung **unbegründet,** soweit man sie nur auf die bisher möglichen oder bekannten Gründe stützen könnte.

Einseitigkeit: Eine Ablehnung kann dann begründet sein, wenn der Sachverständige offensichtlich einseitig vorgeht oder Stellung nimmt (OLG Dresden VersR 2007, 86; OLG Koblenz MDR 2008, 527; OLG Köln VersR 1992, 255). Das gilt auch nach der Erstattung des Gutachtens (OLG Hamm FamRZ 1994, 974). Indessen Vorsicht: Jeder neigt dazu, eine ungünstige Beurteilung als einseitig zu werten. Auch → „Früheres Gutachten", → „Gutachterausschuss".

Einwendung: Eine Ablehnung kann begründet sein, soweit der Sachverständige eine Einwendung gegen sein Gutachten pauschal abwertet (OLG Zweibrücken VersR 1998, 1438).

Erfüllungsgehilfe: Seine Ablehnung ist **unbegründet,** solange er nicht selbst Sachverständiger wird (aA OLG Düsseldorf MDR 2008, 105).

Ergänzungsgutachten: Eine Ablehnung kann dann begründet sein, wenn der Sachverständige es trotz Aufforderung des Gerichts zB nach § 411 III ZPO nicht erstattet (LG Kleve MDR 2010, 1420).

Erörterung: Eine Ablehnung ist dann begründet, wenn der Sachverständige außerhalb des Verfahrens mit nur einer Partei inhaltliche Fragen erörtert (OLG Dresden VersR 2007, 86).

Fachkunde: Eine Ablehnung kann beim völligen Fehlen der Fachkunde zur Beweisfrage begründet sein (OLG Düsseldorf MDR 2008, 105; OLG München Rpfleger 1980, 303). Denn darauf muss der Sachverständige von sich aus schon nach § 407a I 1 ZPO hinweisen. Bei einem bloßen Zweifel gelten §§ 404, 411, 412 ZPO (OLG Celle MDR 2013, 721).

Falsche Angaben: Eine Ablehnung kann dann begründet sein, wenn der Sachverständige falsche Angaben über die tatsächlichen Grundlagen seines Gutachtens macht (OLG Frankfurt a. M. FamRZ 1980, 932).

Fehler: Eine Ablehnung ist **unbegründet,** soweit man sie nur auf eine Unzulänglichkeit oder Fehlerhaftigkeit des Gutachtens stützen kann (BGH NJW 2005, 1870; OLG Celle BauR 2008, 1187; OLG Saarbrücken OLGR 2008, 314). Das gilt selbst dann, wenn sie natürlich das Gutachten entwerten (OLG Celle NJW-RR 2003, 135; OLG München Rpfleger 1980, 303; aA OLG Karlsruhe MDR 2010, 230). Auch → „Sachkunde".

Feindschaft, Freundschaft: Eine Ablehnung kann dann begründet sein, wenn der Sachverständige mit einer Partei befreundet oder verfeindet war (BVerfG NJW 2004, 3550 (Fortsetzung)), oder ist (OLG Köln NJW 1992, 762; OLG Naumburg MedR 1999, 183; aA LSG NRW BB 1998, 376, aber solche Gefühle sind gerade auch beim Sachverständigen ein Ablehnungsgrund). So können auch zB heftige Angriffe einer Partei gegenüber dem Sachverständigen diesem die Unbefangenheit nehmen.

Eine bewusste Reizung zu einem solchen Zweck ist aber selbst bei einer verständlich scharfen Reaktion des Sachverständigen **kein** Ablehnungsmittel (OLG Düsseldorf BB 1975, 628), sondern als ein Rechtsmissbrauch unbeachtlich.

Früheres Gutachten: Eine Ablehnung ist **unbegründet,** soweit man sie nur darauf stützen kann, dass schon ein Gegengutachten vorliege oder dass der Sachverständige die Lage in einem anderen gleichliegenden Prozess oder in der Vorinstanz ungünstig beurteilt habe (OLG Köln MDR 1990, 1122; OLG München VersR 1994, 704 (betr. ein früheres Strafverfahren); OLG Nürnberg NJW 1978, 954 (betr. eine frühere einstweilige Verfügung)). Freilich auch → „Einseitigkeit".

Frühere Tätigkeit: Eine Ablehnung kann dann begründet sein, wenn der Gutachter an der Festlegung eines entscheidungserheblichen Vorgangs (Tarifs) beteiligt war (LG Karlsruhe VersR 2007, 226).

Geldannahme: Eine Ablehnung ist begründet, soweit der Sachverständige vor oder nach dem Gutachten von einer Partei Geld usw annimmt (OLG Hamm FamRZ 1994, 974).

Gelegenheitstätigkeit: Eine Ablehnung ist **unbegründet,** soweit man sie nur auf eine bloß gelegentliche oder nur in einem weiten Zeitabstand vorgenommene Tätigkeit des Sachverständigen für den Prozessgegner stützen kann (BayObLG DB 1987, 2402).

Gesamteindruck: Er ist auch bei einer Unbeachtlichkeit einzelner Merkmale wesentlich (OLG München VersR 2006, 1709).

Geschäftsbeziehung: Sie kann eine Ablehnung begründen (BGH GRUR-RR 2008, 365; OLG Karlsruhe VersR 2013, 77; OLG München MDR 1998, 858). Das muss aber **keineswegs stets** so sein (BGH GRUR 2008, 191; OLG Karlsruhe VersR 2013, 77; OLG München NJW-RR 2007, 576).

Gläubiger: Eine Ablehnung kann gegenüber dem Gläubiger einer Partei begründet sein (Fallfrage) (OLG Köln OLGR 2000, 16).

Gutachterausschuss: Eine Ablehnung ist **unbegründet,** soweit man sie nur darauf stützen kann, der Sachverständige habe den bei einer Partei (Gemeinde) gebildeten Gutachterausschuss ohne eine Zuziehung der anderen Partei bei der Vorbereitung befragt. Aber auch → „Ausschusswahl", → „Einseitigkeit", → „Vorbereitung".

Haftpflichtversicherung: Eine Ablehnung kann dann begründet sein, wenn der Sachverständige für die Haftpflichtversicherung einer Partei tätig war oder ist, oder wenn der Sachverständige auf seiner Homepage usw versicherungsfeindlich handelt und wenn eine Partei eine Versicherung ist (LG Bochum NJWRR 2010, 498). **Ausnahmen** sind denkbar, zB bei einem Einverständnis mit einer solchen Tätigkeit. Es ist als ein Verzicht auf das Ablehnungsrecht bewertbar; bei einer ständigen Tätigkeit für Versicherungen (OLG Celle VersR 2003, 1593; OLG Nürnberg JurBüro 1981, 776); bei einem vom Versicherer unabhängigen Chefarzt (OLG Frankfurt a. M. NJW-RR 1992, 1470; OLG Köln VersR 1992, 850).

Hausarzt: → „Arzt".

Hersteller: Eine Ablehnung kann bei einem Gerätemangel gegen den Hersteller und seine Leute begründet sein (OLG Stuttgart NJW-RR 2010, 414).

Hilfsperson: Begründet sein kann die Ablehnung des Sachverständigen wegen einer Hilfsperson (OLG Karlsruhe Justiz 1980, 79; OLG Köln OLGZ 1983, 121). **Unbegründet** ist eine Ablehnung einer Hilfsperson des Sachverständigen (OLG Koblenz NJW-RR 2009, 1653; OLG Zweibrücken MDR 1986, 417; aA OLG Düsseldorf MDR 2008, 104, Verwertungsverbot).

Hochschullehrer: Eine Ablehnbarkeit kann bei ihm im Verhältnis zum Dienstherrn bestehen (OLG Hamburg MDR 1983, 412; OLG München MDR 2002, 291; OLG Nürnberg MDR 2006, 469; aA BVerwG NVwZ 1998, 635; OLG Stuttgart MedR 2008, 608; OVG Niedersachsen Nds. Rpfl. 1985, 285).

Honorar: Eine Ablehnung kann begründet sein, soweit der Sachverständige eine sehr überhöhte Honoraranforderung stellt. Freilich mag das auf einer bloßen Unkenntnis des nach dem JVEG Gesetzmäßigen oder Üblichen beruhen (OLG München Rpfleger 1980, 303). Eine Ablehnung kann ferner dann begründet sein, wenn der Sachverständige einen Zusatzauftrag nur der einen Partei gegen ein Zusatzhonorar annimmt (OLG Düsseldorf MDR 2005, 474).

Kanzleigemeinschaft mit Prozessbevollmächtigtem: Sie kann die Ablehnung begründen (OLG Düsseldorf MDR 2001, 1262).

Kollegialität: Eine Ablehnung ist **nicht stets** schon deshalb begründet, weil eine Partei und der Sachverständige an derselben großen Universität lehren (OLG Oldenburg MDR 2008, 335). Eine erst nach Jahren eingetretene Beförderung kann unschädlich sein (OLG Hamm MDR 2012, 119).

Konkurrent: → „Mitbewerber".

Kontaktaufnahme: Eine Ablehnung kann begründet sein, soweit der Sachverständige mit nur einer der Parteien einen nicht offengelegten Kontakt aufgenommen hat (OLG Saarbrücken MDR 2005, 233, OLG Stuttgart MDR 2011, 190). Ein längeres solches Gespräch nach einem Ortstermin reicht aber nicht stets (OLG Koblenz JurBüro 2006, 213).

Länge: Die Länge eines Gutachtens kann für sich **keine** Ablehnung begründen (AG Itzehoe FamRZ 2009, 444).

Lehrer, Schüler: Eine Ablehnung kann nach einem Promotionsverhältnis begründet sein (OLG Köln VersR 1993, 73; OLG Oldenburg MedR 2007, 716; aA OLG Karlsruhe NJW 1984, 1413). Sie ist **unbegründet,** soweit man sie nur darauf stützen kann, ein früherer Schüler des Sachverständigen habe schon ein Gutachten erstattet (OLG Schleswig SchlHA 1979, 23), oder soweit eine Partei vor 30 Jahren ein Lehrer des Sachverständigen war (OLG Celle MDR 2007, 106).

Lücke: Eine Lücke im Gutachten begründet **keine** Ablehnung (BGH MDR 2011, 1373).

Mehrheit von Gründen: Man muss sie insgesamt würdigen (OLG Koblenz MDR 2008, 1298; OLG Köln OLGR 2004, 290; OLG Saarbrücken OLGR 2008, 527).

Mitarbeiter: Eine Ablehnung kann wegen des Mitarbeiters des Sachverständigen dann begründet sein, wenn sie auf die Unbefangenheit des Chefs durchschlägt, sonst aber **nicht** (OLG Zweibrücken MDR 1986, 417).

Mitbewerber: Eine Ablehnung kann dann begründet sein, wenn der Sachverständige ein Mitbewerber einer Partei ist (BGH GRUR 2002, 369; OLG Koblenz OLGR 2001, 141; OLG Köln Rpfleger 1990, 88). Es kommt auf die Umstände an (OLG Düsseldorf JurBüro 1980, 284; OLG München MDR 1989, 828).

Nachlässigkeit: Sie kann reichen (OLG Koblenz MDR 2015, 118).

Obermeister: → „Schiedsgutachter, Schiedsrichter".

Offenlegung: Eine Ablehnbarkeit mag sich aus einer nur zögernden Offenlegung ergeben (OLG Karlsruhe BauR 1987, 590; OLG Saarbrücken MDR 2008, 226).

Ortstermin: → „Vorbereitung".

Patentrecht: Eine Ablehnung ist **nicht stets** schon deshalb begründet, weil der Sachverständige im Nichtigkeitsverfahren für Schutzrechte eines Konkurrenten des Patentinhabers auf dem einschlägigen Gebiet als Erfinder bekannt ist (BGH GRUR 2002, 369), oder weil er früher mit Miterfindern tätig war (BGH GRUR 2008, 191). Zur Problematik Prietzel-Funk GRUR 2009, 322.

Privatgutachten: Eine Ablehnung ist grds. dann begründet, wenn der Sachverständige in derselben oder einer vergleichbaren Sache bereits ein Privatgutachten angeboten oder erstattet hatte (OLG Düsseldorf NJW-RR 1997, 1428; OLG Hamm MDR 2000, 49; OLG Köln VersR 1992, 517; aA OLG Koblenz MDR 1984, 675; OLG München MDR 1989, 828, aber dergleichen kann auch einen Vertrauensvollen schrecken), oder wenn der Sachverständige nur einen Privatgutachter befragt hat (LG Wuppertal VersR 2007, 1675). Freilich kann man auf ein Ablehnungsrecht verzichtet haben (OLG Köln VersR 1993, 1502). Die Bezeichnung eines solchen nachträglich angekündigten Privatgutachtens, das der gerichtliche Gutachter nicht gesehen hat, als ein Gefälligkeitsgutachten kann zur Ablehnung führen (OLG Zweibrücken NJW 1998, 913 (Vorsicht!)). Eine Ablehnung kommt auch bei einer für den Gutachter wirtschaftlich erheblichen Vortätigkeit für verschiedene Auftraggeber des gegnerischen Anwalts infrage (OLG München MDR 2006, 1309, nicht bei bloß gelegentlichen solchen Gutachten). Die Grenze liegt bei einer persönlichen Herabsetzung (OLG Naumburg BauR 2013, 137).

Eine Ablehnung ist **unbegründet,** soweit man sie nur darauf stützen kann, es liege eine frühere gewerbliche oder wissenschaftliche Zusammenarbeit mit dem Privatgutachter des Prozessgegners des Beweisführers vor (OLG Celle NJW-RR 2003, 135; OLG Düsseldorf MedR 2005, 43; OLG München NJW-RR 2007, 575; aA OLG Jena MDR 2010, 170; OLG Köln VersR 1993, 72, aber ein Vorgang vor 17 Jahren ist längst Vergangenheit).

Provokation: Der Sachverständige darf zwar zurückhaltend, oder doch angemessen scharf reagieren (OLG München BauR 2012, 547).

Prozessbevollmächtigter: Eine Ablehnung kann dann begründet sein, wenn es sich um die Beauftragung des ProzBev des Prozessgegners des Beweisführers nach § 81 ZPO mit einer in die Prozessmaterie fallenden Angelegenheit handelt (BGH DB 1987, 1089).

Prozessgegner: Eine Ablehnung ist dann begründet, wenn der Sachverständige regelmäßig für den Prozessgegner des Ablehnenden tätig war oder ist (BayObLG DB 1987, 2402), oder wenn eine Äußerung des Sachverständigen den Schluss nahelegt, er glaube den Angaben des Gegners von vornherein mehr (OLG Nürnberg VersR 2001, 392).

Reaktion: → „Provokation".

Rechtliche Würdigung: Eine Ablehnung kann dann begründet sein, wenn der Sachverständige statt der Beantwortung der Beweisfrage eine Prüfung der Schlüssigkeit oder Erheblichkeit des Parteivortrags vornimmt (OLG Köln NJW-RR 1987, 1199). Freilich reichen bloße Rechtsausführungen meist **nicht** aus (OLG Karlsruhe MDR 1994, 725; OLG Naumburg BauR 2013, 278; OLG Nürnberg MDR 2002, 291).

Sachkunde: Eine Ablehnung ist **unbegründet,** soweit man sie nur auf einen Mangel an Sachkunde des Sachverständigen stützen kann (OLG Frankfurt a. M. FamRZ 1980, 932; OLG München Rpfleger 1980, 303). Auch → „Fehler".

Sachverhalt: Eine Ablehnung kann bei einer Eindeutigkeit seiner bewusst einseitigen Behandlung begründet sein. Eine Ablehnung ist **unbegründet,** soweit nur ein Fehler vorliegt, → „Fehler" (OLG Celle NJW-RR 2003, 135).

Sachverständiger Zeuge: Bei ihm nach § 414 ZPO ist eine Ablehnung ist **unstatthaft.** Auch → „Zeuge".

Schiedsgutachten: Ein solches kann eine Ablehnung begründen (aA OLG Düsseldorf NJW-RR 2000, 1335).

Schiedsrichter: Eine Ablehnung kann dann nach §§ 1036, 1049 III ZPO begründet sein, wenn der Sachverständige eine Tätigkeit als Schiedsrichter in einer anderen Sache gegenüber einem Dritten ausgeübt hat (aA OLG Braunschweig MDR 1990, 730; OLG Frankfurt a. M. MDR 2011, 126, je: Schlichtungsstelle. Aber auch sie kann oft entscheiden), oder wenn ein Obermeister ein Innungsmitglied begutachten soll (LG Mönchengladbach NJW 1976, 1642).

Schlichtung: Eine Ablehnbarkeit kann aus einem Schlichtungsversuch des Sachverständigen entstehen (AG Osnabrück FamRZ 2009, 130).

Schüler: → „Lehrer, Schüler".

Sprachführung: → „Beleidigung".

Stellungnahme: Eine Ablehnung kann auf Grund der Stellungnahme des Sachverständigen zum Ablehnungsgesuch begründet sein (OLG Brandenburg MDR 2009, 288; KG FamRZ 2006, 1214).

Strafantrag: → „Angriff".

Tatsachen: Eine Ablehnung ist dann begründet, wenn der Sachverständige nicht die vorgegebenen Tatsachen zugrundelegt (OLG Saarbrücken NJW-RR 2008, 1088).

Technischer Berater: → „Berater".

Terminsverlegung: Eine Ablehnung ist **unbegründet,** soweit der Sachverständige es ablehnt, einen Termin erstmals zu verlegen (LG Dessau DS 2004, 25), oder ihn nochmals zu verlegen, sei es auch wegen des Urlaubs einer Partei (LG Tübingen MDR 1995, 960).

Tierarzt: Eine Ablehnung kann dann begründet sein, wenn der Sachverständige ein Tier, um das es geht, bereits als Tierarzt behandelt (hat), soweit die Zweckmäßigkeit seiner Maßnahme infrage steht, also nicht schon auf Grund irgendeiner Behandlung (OLG Köln VersR 1992, 518). Auch → „Arzt".

Ungeschicklichkeit: Sie kann reichen (OLG Koblenz MDR 2015, 118).

Unsachlichkeit: Eine Ablehnung kann durch Unsachlichkeit begründet sein (OLG Nürnberg MDR 2012, 365).

Untersuchung: → „Vorbereitung".

Unvollständigkeit: Eine Ablehnung ist dann **unbegründet,** wenn der Sachverständige die Fragen bloß nur unvollständig beantwortet hat (BGH MDR 2011, 1373; AG Duisburg WuM 2010, 639).

Verband, Verein: Die Mitgliedschaft in ihm macht selbst dann **nicht stets** befangen, wenn gewisse Annäherungen der Sachaufgaben des Gerichts und des Vereins vorhanden sind (OLG München WettbR 2000, 268; AG Schwalbach FamRZ 2002, 470).

Verdacht: Unbegründet ist eine Ablehnung auf Grund eines bloßen Verdachts.

Veröffentlichung: Eine Ablehnung kann dann begründet sein, wenn der Sachverständige eine einseitige einschlägige Veröffentlichung vorgenommen hat (LG Hamburg WuM 1989, 439). Freilich ist dann Vorsicht ratsam. Der Sachverständige kann ja seine Meinung geändert haben oder ändern wollen. Es kommt darauf an, wie starr er an seiner Ansicht festhält. **Unbegründet** ist eine Ablehnung wegen einer allgemeinen Veröffentlichung wissenschaftlicher Ergebnisse (OLG München NJW-RR 2007, 576; AG Bad Schwalbach FamRZ 2002, 470).

Versicherung: → „Haftpflichtversicherung"

Verwandtschaft: Eine Ablehnung kann begründet sein (OLG Frankfurt a. M. OLGR 2008, 784, Sohn). Sie ist **unbegründet,** soweit man sie nur auf eine Verwandtschaft zwischen dem Sachverständigen und seinem Gehilfen stützen kann, solange dieser letztere keinen Einfluss auf den Inhalt des Gutachtens nimmt (OLG Köln VersR 1981, 756).

Verwechslung: Eine Ablehnung kann dann begründet sein, wenn der Sachverständige eine folgenschwere Verwechslung beging (VGH Bayern NJW 2004, 90).

Verzögerung: Sie begründet erst im Stadium der faktischen Verweigerung eine Ablehnbarkeit (OLG Brandenburg FamRZ 2001, 1011). Die Grenzen fließen aber.

Vorbereitung: Eine Ablehnung kann dann begründet sein, wenn der Sachverständige zu seiner Vorbereitung wie zB zu einer Besichtigung entweder nur die eine der Parteien oder gar keine von ihnen ordnungsgemäß nach § 407a ZPO zugezogen hat (BGH NJW 1975, 1363; OLG Oldenburg DS 2004, 263; OLG Saarbrücken MDR 2007, 1279; aA OLG Köln NJW 1992, 1568, Intimsphäre). Aber gerade dann muss man eine verständliche Empfindlichkeit des Ablehnenden zu seinen Gunsten mitberücksichtigen (OLG Nürnberg MDR 2007, 237; OLG Stuttgart BauR 2013, 272, nicht bei Gleichbehandlung beider Parteien. Aber er benachteiligt gerade beide).

– **(Anweisung): Unbegründet** ist eine Ablehnung dann, wenn der Sachverständige auf eine Anweisung des Gerichts nach § 404a I ZPO handelt. Auch → „– (Untersuchung)“.

– **(Augenschein): Unbegründet** sein kann eine Ablehnung dann, wenn man schon eine ausreichende Kenntnis vom Augenscheinsobjekt nach § 371 ZPO hatte (LG Bremen MDR 1997, 502). Auch → „– (Besichtigungstermin)“.

– **(Aushändigung): Unbegründet** sein kann eine Ablehnung dann, wenn sich der Sachverständige den zu begutachtenden Gegenstand von einer Partei in einer Abwesenheit der anderen hat aushändigen lassen (OLG Hamburg MDR 1986, 153; OLG Saarbrücken MDR 2005, 233; OLG Zweibrücken NJW-RR 2001, 1149; aA OLG Frankfurt a. M. OLGR 1997, 306, aber man kann eine praktische Hilfsanforderung auch allzu rasch beargwöhnen).

– **(Auskunft): Unbegründet** sein kann eine Ablehnung bei einer Auskunft an einen Buchprüfer (OLG Düsseldorf DB 1986, 1118).

– **(Berater):** → „Berater“.

– **(Besichtigungstermin):** Begründet ist eine Ablehnung dann, wenn der Sachverständige nur **eine** der Parteien vom Termin verständigt hat (BGH NJW 1975, 1363; OLG Karlsruhe MDR 2010, 1148; OLG Koblenz MDR 2010, 463; aA OLG Saarbrücken MDR 2011, 1316, nur bei Benachteiligungsabsicht; viel zu großzügig) oder wenn er keine der Parteien verständigt hat, oder wenn eine Partei den Sachverständigen zum Besichtigungstermin in ihrem Pkw mitnimmt (OLG Karlsruhe Justiz 1980, 79) oder bei einer Weigerung des Sachverständigen, eine Besichtigung in Gegenwart eines Parteiberaters durchzuführen (OLG Düsseldorf MDR 1979, 409), oder nach einer teilweisen Zutrittsverweigerung dann, wenn das Gericht nur eine Partei zu ihr zulässt, ohne die andere gehört zu haben (OLG Hamm BauR 2011, 151). Das gilt auch dann, wenn der allem Benachrichtigte nicht erscheint (aA KG BauR 2011, 1217, aber auch der nicht Benachrichtigte hat ein Teilnahmerecht). **Unbegründet** sein kann eine Ablehnung dann, wenn die vom Sachverständigen nicht vom Termin rechtzeitig ordnungsgemäß verständigte Partei schon auf andere Weise vom Termin Kenntnis erhalten hatte (OLG Oldenburg MDR 1978, 1028; LG Aurich MDR 1985, 853), oder wenn der Sachverständige keine der Parteien hinzuzieht (OLG München OLGZ 1983, 355; OLG Saarbrücken JurBüro 1998, 499).

– **(Eilbedürftigkeit): Unbegründet** sein kann eine Ablehnung dann, wenn eine Beweisaufnahme nach § 294 II ZPO sofort erfolgen muss (OLG Nürnberg MDR 1977, 849).

– **(Einverständnis): Unbegründet** ist eine Ablehnung dann, wenn der Sachverständige im auch nur vermutbaren Einverständnis des Gerichts handelte (OLG Stuttgart MDR 2003, 172).

– **(Falschangabe):** → „Falschangabe“.

– **(Frage): Unbegründet** sein kann eine Ablehnung dann, wenn der Sachverständige nur das Gericht zB nach § 407a ZPO gefragt hat, etwa ob er zu einer Lärmmessung eine Partei nicht hinzuzuziehen brauche (OLG Saarbrücken MDR

1998, 492), oder wenn es dann nur darum geht, ob der Sachverständige rasch tätig werden kann.

- **(Gerätschaften): Unbegründet** sein kann eine Ablehnung dann, wenn der Sachverständige solche der Partei für alle Beteiligten offen verwendet (OLG München BauR 2012, 547).
- **(Gutachterausschuss):** → „Gutachterausschuss".
- **(Intimbereich): Unbegründet** sein kann eine Ablehnung dann, wenn es um eine Untersuchung im Intimbereich in Anwesenheit eines Dritten geht (OLG Hamm MedR 2004, 60; OLG Köln NJW 1992, 1568; OLG München VersR 2006, 1709).
- **(Untersuchung): Unbegründet** ist eine Ablehnung dann, wenn der Sachverständige eine Beweisperson in Abwesenheit des gegnerischen Arztes, aber auf Weisung des Gerichts nach §§ 372a, 404a I ZPO untersucht (OLG Köln NJW 1992, 1568; OLG Stuttgart VersR 1991, 1305). Auch → „– (Anweisung)".
- **(Zutritt):** → „– (Besichtigungstermin)".

Werbeschreiben: Eine Ablehnung ist **unbegründet,** soweit sie sich nur auf ein allgemeines Werbeschreiben des Sachverständigen stützt (LG Mönchengladbach WuM 1993, 415).

Wirtschaftliche Beziehungen: Eine Ablehnung ist **unbegründet,** soweit man sie nur auf allgemeine wirtschaftliche Beziehungen des Sachverständigen zu einer Partei stützen kann (OLG München MDR 1998, 858; strenger BGH NJW-RR 2012, 1463).

Wirtschaftliches Eigeninteresse: Es kann zur Ablehnbarkeit führen (OLG Köln NJW 1992, 762; OLG Naumburg MedR 1999, 183).

Wissenschaftliche Äußerung: Eine Ablehnung ist meist **unbegründet** (OLG München ZIP 2011, 1983).

Wissenschaftliche Zusammenarbeit: → „Privatgutachten".

Zeugenaussage: Eine Ablehnung ist **unbegründet,** soweit man sie nur darauf stützen kann, der Sachverständige habe früher in derselben Sache noch dazu als ein evtl. sachverständiger Zeuge nach § 414 ZPO ausgesagt (aA Kahlke ZZP 1994, 60, aber eine Tatsachenbekundung ist etwas anderes als eine spätere Tatsachenbewertung).

Zusammenarbeit: Sie kann eine Ablehnung rechtfertigen (OLG Oldenburg MDR 2008, 44, Bekl. hat ständig Patienten an den Sachverständigen überwiesen). Vgl. auch → „Privatgutachten".

Zusatzvergütung: Eine Ablehnung kann dann begründet sein, wenn der Sachverständige eine private Zusatzvergütung annimmt. Zu ihr grds. → Vor § 1 Rn. 7.

Zweifel: Unbegründet ist eine Ablehnung bloß wegen eines Zweifels des Sachverständigen (OLG München OLGR 2001, 352).

Honorare für Sachverständige und für Dolmetscher

9 **I [1] Das Honorar des Sachverständigen bemisst sich nach der Anlage 1. [2] Die Zuordnung der Leistung zu einem Sachgebiet bestimmt sich nach der Entscheidung über die Heranziehung des Sachverständigen.**

II [1] Ist die Leistung auf einem Sachgebiet zu erbringen, das nicht in der Anlage 1 aufgeführt ist, so ist sie unter Berücksichtigung der allgemein für Leistungen dieser Art außergerichtlich und außerbehördlich vereinbarten Stundensätze nach billigem Ermessen mit einem Stundensatz zu vergüten, der den höchsten Stundensatz nach der Anlage 1 jedoch nicht übersteigen darf. [2] Ist die Leistung auf mehreren Sachgebieten zu erbringen oder betrifft ein medizinisches oder psychologisches Gutachten mehrere Gegenstände und sind diesen Sachgebieten oder Gegenständen verschiedene Stundensätze zugeordnet, so bemisst sich das Honorar für die gesamte erforderliche Zeit einheitlich nach dem höchsten dieser Stundensätze. [3] Würde die Bemessung des Honorars nach Satz 2 mit Rücksicht auf den Schwerpunkt der Leistung zu einem unbilligen Ergebnis führen, so ist der Stundensatz nach billigem Ermessen zu bestimmen.

III [1] Für die Festsetzung des Stundensatzes nach Absatz 2 gilt § 4 entsprechend mit der Maßgabe, dass die Beschwerde gegen die Festsetzung auch dann zulässig ist, wenn der Wert des Beschwerdegegenstands 200 Euro nicht übersteigt. [2] Die Beschwerde ist nur zulässig, solange der Anspruch auf Vergütung noch nicht geltend gemacht worden ist.

IV [1] Das Honorar des Sachverständigen für die Prüfung, ob ein Grund für die Eröffnung eines Insolvenzverfahrens vorliegt und welche Aussichten für eine Fortführung des Unternehmens des Schuldners bestehen, beträgt 120 Euro je Stunde. [2] Ist der Sachverständige zugleich der vorläufige Insolvenzverwalter oder der vorläufige Sachwalter, so beträgt sein Honorar 95 Euro je Stunde.

V [1] Das Honorar des Dolmetschers beträgt für jede Stunde 85 Euro. [2] Der Dolmetscher erhält im Fall der Aufhebung eines Termins, zu dem er geladen war, eine Ausfallentschädigung, wenn
1. die Aufhebung nicht durch einen in seiner Person liegenden Grund veranlasst war,
2. ihm die Aufhebung erst am Terminstag oder an einem der beiden vorhergehenden Tage mitgeteilt worden ist und
3. er versichert, in welcher Höhe er durch die Terminsaufhebung einen Einkommensverlust erlitten hat.

[3] Die Ausfallentschädigung wird bis zu einem Betrag gewährt, der dem Honorar für zwei Stunden entspricht.

VI [1] Erbringt der Sachverständige oder der Dolmetscher seine Leistung zwischen 23 und 6 Uhr oder an Sonn- oder Feiertagen, so erhöht sich das Honorar um 20 Prozent, wenn die heranziehende Stelle feststellt, dass es notwendig ist, die Leistung zu dieser Zeit zu erbringen. [2] § 8 Absatz 2 Satz 2 gilt sinngemäß.

Anlage 1
(zu § 9 Absatz 1 Satz 1)

Teil 1

Nr.	**Sachgebietsbezeichnung**	**Stundensatz (Euro)**
1	Abfallstoffe einschließlich Altfahrzeuge und -geräte	115
2	Akustik, Lärmschutz	95
3	Altlasten und Bodenschutz	85
4	*Bauwesen – soweit nicht Sachgebiet 14 – einschließlich technische Gebäudeausrüstung*	
4.1	Planung	105
4.2	handwerklich-technische Ausführung	95
4.3	Schadensfeststellung und -ursachenermittlung	105
4.4	Bauprodukte	105
4.5	Bauvertragswesen, Baubetrieb und Abrechnung von Bauleistungen	105
4.6	Geotechnik, Erd- und Grundbau	100

Nr.	Sachgebietsbezeichnung	Stundensatz (Euro)
5	Berufskunde, Tätigkeitsanalyse und Expositionsermittlung	105
6	*Betriebswirtschaft*	
6.1	Unternehmensbewertung, Betriebsunterbrechungs- und -verlagerungsschäden	135
6.2	Besteuerung	110
6.3	Rechnungswesen	105
6.4	Honorarabrechnungen von Steuerberatern	105
7	Bewertung von Immobilien und Rechten an Immobilien	115
8	Brandursachenermittlung	110
9	Briefmarken, Medaillen und Münzen	95
10	Einbauküchen	90
11	*Elektronik, Elektro- und Informationstechnologie*	
11.1	Elektronik (insbesondere Mess-, Steuerungs- und Regelungselektronik)	120
11.2	Elektrotechnische Anlagen und Geräte	115
11.3	Kommunikations- und Informationstechnik	115
11.4	Informatik	125
11.5	Datenermittlung und -aufbereitung	125
12	Emissionen und Immissionen	95
13	Fahrzeugbau	100
14	Garten- und Landschaftsbau einschließlich Sportanlagenbau	90
15	Gesundheitshandwerke	85
16	Grafisches Gewerbe	115
17	Handschriften- und Dokumentenuntersuchung	105
18	Hausrat	110
19	Honorarabrechnungen von Architekten, Ingenieuren und Stadtplanern	145
20	Kältetechnik	120
21	*Kraftfahrzeuge*	
21.1	Kraftfahrzeugschäden und -bewertung	120
21.2	Kfz-Elektronik	95
22	Kunst und Antiquitäten	85

Nr.	Sachgebietsbezeichnung	Stundensatz (Euro)
23	Lebensmittelchemie und -technologie	135
24	*Maschinen und Anlagen*	
24.1	Photovoltaikanlagen	110
24.2	Windkraftanlagen	120
24.3	Solarthermieanlagen	110
24.4	Maschinen und Anlagen im Übrigen	130
25	Medizintechnik und Medizinprodukte	105
26	Mieten und Pachten	115
27	Möbel und Inneneinrichtung	90
28	Musikinstrumente	80
29	Schiffe und Wassersportfahrzeuge	95
30	Schmuck, Juwelen, Perlen, Gold- und Silberwaren	85
31	Schweiß- und Fügetechnik	95
32	Spedition, Transport, Lagerwirtschaft und Ladungssicherung	90
33	Sprengtechnik	90
34	Textilien, Leder und Pelze	70
35	Tiere – Bewertung, Haltung, Tierschutz und Zucht	85
36	*Ursachenermittlung und Rekonstruktion von Unfällen*	
36.1	bei Luftfahrzeugen	100
36.2	bei sonstigen Fahrzeugen	155
36.3	bei Arbeitsunfällen	125
36.4	im Freizeit- und Sportbereich	95
37	Verkehrsregelungs- und Verkehrsüberwachungstechnik	135
38	*Vermessungs- und Katasterwesen*	
38.1	Vermessungstechnik	80
38.2	Vermessungs- und Katasterwesen im Übrigen	100
39	Waffen und Munition	85

Teil 2

Honorargruppe	Gegenstand medizinischer oder psychologischer Gutachten	Stundensatz (Euro)
M 1	Einfache gutachtliche Beurteilungen ohne Kausalitätsfeststellungen, insbesondere 1. in Gebührenrechtsfragen 2. zur Verlängerung einer Betreuung oder zur Überprüfung eines angeordneten Einwilligungsvorbehalts nach § 1825 des Bürgerlichen Gesetzbuchs, 3. zur Minderung der Erwerbsfähigkeit nach einer Monoverletzung.	80
M 2	Beschreibende (Ist-Zustands-)Begutachtung nach standardisiertem Schema ohne Erörterung spezieller Kausalzusammenhänge mit einfacher medizinischer Verlaufsprognose und mit durchschnittlichem Schwierigkeitsgrad, insbesondere Gutachten 1. in Verfahren nach dem Neunten Buch Sozialgesetzbuch, 2. zur Erwerbsminderung oder Berufsunfähigkeit in Verfahren nach dem Sechsten Buch Sozialgesetzbuch, 3. zu rechtsmedizinischen und toxikologischen Fragestellungen im Zusammenhang mit der Feststellung einer Beeinträchtigung der Fahrtüchtigkeit durch Alkohol, Drogen, Medikamente oder Krankheiten, 4. zu spurenkundlichen oder rechtsmedizinischen Fragestellungen mit Befunderhebungen (z. B. bei Verletzungen und anderen Unfallfolgen), 5. zu einfachen Fragestellungen zur Schuldfähigkeit ohne besondere Schwierigkeiten der Persönlichkeitsdiagnostik, 6. zur Einrichtung oder Aufhebung einer Betreuung oder zur Anordnung oder Aufhebung eines Einwilligungsvorbehalts nach § 1825 des Bürgerlichen Gesetzbuchs, 7. zu Unterhaltsstreitigkeiten aufgrund einer Erwerbsminderung oder Berufsunfähigkeit, 8. zu neurologisch-psychologischen Fragestellungen in Verfahren nach der Fahrerlaubnis-Verordnung, 9. zur Haft-, Verhandlungs- oder Vernehmungsfähigkeit.	90
M 3	Gutachten mit hohem Schwierigkeitsgrad (Begutachtungen spezieller Kausalzusammenhänge und/oder differenzialdiagnostischer Probleme und/oder Beurteilung der Prognose und/oder Beurteilung strittiger Kausalitätsfragen), insbesondere Gutachten 1. zum Kausalzusammenhang bei problematischen Verletzungsfolgen, 2. zu ärztlichen Behandlungsfehlern, 3. in Verfahren nach dem sozialen Entschädigungsrecht,	120

Honorargruppe	Gegenstand medizinischer oder psychologischer Gutachten	Stundensatz (Euro)
	4. zur Schuldfähigkeit bei Schwierigkeiten der Persönlichkeitsdiagnostik, 5. in Verfahren zur Anordnung einer Maßregel der Besserung und Sicherung (in Verfahren zur Entziehung der Fahrerlaubnis zu neurologisch/psychologischen Fragestellungen), 6. zur Kriminalprognose, 7. zur Glaubhaftigkeit oder Aussagetüchtigkeit, 8. zur Widerstandsfähigkeit, 9. in Verfahren nach den §§ 3, 10, 17 und 105 des Jugendgerichtsgesetzes, 10. in Unterbringungsverfahren, 11. zur Fortdauer der Unterbringung im Maßregelvollzug über zehn Jahre hinaus, 12. zur Anordnung der Sicherungsverwahrung oder zur Prognose von Untergebrachten in der Sicherungsverwahrung, 13. in Verfahren nach den §§ 1829 und 1830 des Bürgerlichen Gesetzbuchs, 14. in Verfahren nach dem Transplantationsgesetz, 15. in Verfahren zur Regelung von Sorge- oder Umgangsrechten, 16. zu Fragestellungen der Hilfe zur Erziehung, 17. zur Geschäfts-, Testier- oder Prozessfähigkeit, 18. in Aufenthalts- oder Asylangelegenheiten, 19. zur persönlichen Eignung nach § 6 des Waffengesetzes, 20. zur Anerkennung von Berufskrankheiten, Arbeitsunfällen, zu den daraus folgenden Gesundheitsschäden und zur Minderung der Erwerbsfähigkeit nach dem Siebten Buch Sozialgesetzbuch, 21. zu rechtsmedizinischen, toxikologischen oder spurenkundlichen Fragestellungen im Zusammenhang mit einer abschließenden Todesursachenklärung, mit ärztlichen Behandlungsfehlern oder mit einer Beurteilung der Schuldfähigkeit, 22. in Verfahren nach dem Transsexuellengesetz.	

Übersicht

1 **I. Normzweck (I–VI).** Die Vorschrift regelt die Honorare für Sachverständige und Dolmetscher sowie die Besonderheiten für Sachverständigenleistungen im Insolvenzverfahren, insbesondere, wenn diese zugleich vorläufige Insolvenzverwalter oder vorläufiger Sachwalter sind. § 9 ergänzt die allgemeine Vergütungsregelung des § 8 I Nr. 1 der Höhe nach und definiert durch den Stundensatz die Grundlage des Honorars. Regelungen für die weiteren Vergütungsberechtigten finden sich in §§ 10, 11. Die Stundensätze der Sachverständigen ergeben sich aus der Anlage 1. Dort sind die Beträge tabellarisch jeweils Sachgebieten zugeordnet. Eine wesentliche inhaltliche Unterteilung erfolgt durch die gesonderte Erfassung von medizinischen und psychologischen Gutachten in Teil 2 der Anlage. Da trotz schwerpunktmäßiger Aufzählung großer Themenbereiche nicht alle Sachgebiete, in denen Sachverständigenleistungen gefordert werden, aufgeführt sein können, wird auch die Zuordnung in ungenannten oder unbestimmten Fällen erfasst. Weiter ist das bei Zweifeln hinsichtlich des Stundensatzes erforderliche Festsetzungsverfahren geregelt. Damit ist eine sichere Einordnung und Feststellung des für die Vergütung maßgeblichen Stundensatzes gewährleistet. Ergänzend ist für Sachverständige und Dolmetscher eine Erhöhung vorgesehen, wenn sie ihre Tätigkeit zu bestimmten ungünstigen Zeiten erbringen müssen.

2 **II. Normaufbau.** Die Stundensätze der Sachverständigenhonorare ergeben sich unmittelbar aus der Anlage 1, auf die in I verwiesen wird. Die frühere zusätzliche Zuordnung über Honorargruppen ist nicht mehr vorgesehen. Maßgebliches Kriterium bleibt die Heranziehung.

3 Aus II ergibt sich die korrekte Bestimmung der Stundensatzhöhe, wenn sich diese nicht eindeutig aus Anlage 1 ergibt. Ist die geforderte Leistung keinem dort aufgeführten Sachgebiet zuzuordnen, ist die Höhe nach Ermessen unter Berücksichtigung dessen zu bestimmen, was außergerichtlich allgemein gezahlt wird, II 1, → Rn. 15. Der Grundsatz des einheitlichen Stundensatzes gilt auch beim Zusammentreffen mehrerer Sachgebiete oder medizinischer Gegenstände. Die Vergütung ist ausdrücklich einheitlich für die gesamte erforderliche Zeit zu bemessen, → Rn. 16.

4 Der Stundensatz kann durch richterliche Festsetzung vorab verbindlich bestimmt werden, **Abs. 3.** Auch für dieses Verfahren gilt § 4, jedoch mit Besonderheiten, → Rn. 17.

5 Für die in **IV** gesondert genannten Sachverständigenleistungen im Insolvenzverfahren kommt es für die Höhe des Honorars darauf an, ob der Gutachter gleichzeitig vorläufiger Insolvenzverwalter ist, → Rn. 18.

6 Die Dolmetschervergütung ist in **V** einheitlich nur noch mit einem Stundensatz geregelt. Einzig für diese Berechtigtengruppe ist eine Ausfallentschädigung vorgesehen, die unter besonderen Voraussetzungen gewährt werden kann, → Rn. 28.

7 Ist die Sachverständigen- bzw. Dolmetscherleistung zwingend zur Nachtzeit oder an Sonn- oder Feiertagen zu erbringen und ist dieses festgestellt worden, erhöht sich nach **Abs. 6** der jeweilige Stundensatz pauschal um 20 %, → Rn. 29.

8 **III. Normgeschichte.** Bis zum Inkrafttreten des 1. Kostenrechtsmodernisierungsgesetzes (KostRMoG) im Juli 2004 war die Sachverständigenvergütung im ZSEG (oder auch ZUSEG), dem **Gesetz über die Entschädigung von Zeugen und Sachverständigen** geregelt. Im Grundsatz richtete sich auch der Entschädigungsanspruch nach dem ZSEG nach der erbrachten Leistung für die gesamte erforderliche Zeit, § 3 ZSEG. Allerdings war die Bemessung des zugrunde liegenden Honorars mit einem Stundensatz und darüber hinaus mit der Möglichkeit von Zuschlägen gänzlich anders strukturiert als im JVEG. Denn die Höhe des Stundenhonorars sollte sich an den erforderlichen Fachkenntnissen und der Schwierigkeit der Leistung orientieren. Zudem war ein nicht anderweitig abzugeltender Aufwand für die notwendige Benutzung technischer Vorrichtungen und besondere Umstände maßgebend, unter denen das Gutachten zu erarbeiten war. Erkennbar erforderten diese Kriterien stets eine

Einzelfallprüfung und Ermessensentscheidung. Für den Zuschlag auf den zunächst ermittelten Stundensatz von immerhin bis zu 50% kam es entweder auf eine eingehende Auseinandersetzung mit der wissenschaftlichen Lehre an oder auf den Verdienst des Sachverständigen, insbesondere, wenn dieser als sog. Berufssachverständige tätig war. Dolmetscher wurden über § 17 ZSEG wie Sachverständige entschädigt.

Dieses veraltete Entschädigungsprinzip wurde mit **Einführung des JVEG** durch ein neues leistungsgerechtes Vergütungsmodell ersetzt, welches sich an dem Bild der selbstständig und hauptberuflich Tätigen orientiert. Die bisher erforderliche, komplexe und daher konfliktanfällige Ermittlung des Stundensatzes innerhalb eines Entschädigungsrahmens sowie der Zuschlagsvoraussetzungen sind weggefallen. Kernstück der Reform ist neben der Gewährung einer Vergütung statt bisheriger Entschädigung nun die Zuordnung von festen Stundensätzen der Sachverständigenleistung über Honorargruppen oder feste Stundensätze für Dolmetscher. Auch wurden damit einheitliche Vergütungsvorschriften für alle Selbstständigen zusammengefasst statt der bisherigen Verweisungen. Die Höhe der nun vorgeschriebenen Beträge beruhten ebenso wie die Zuordnung der Sachgebiete auf dem Ergebnis umfangreicher Datenerhebungen bei Gerichten, Staatsanwaltschaften und im außergerichtlichen Bereich zur Höhe der jeweils gewährten Entschädigungen und Vergütungen. Die Stundensätze schließen die laufenden Gemeinkosten, insbesondere für Alterssicherung und Krankheitsvorsorge ein, so BT-Drs. 15/1971, 182. 9

Mit dem im August 2013 in Kraft getretenen **2. Kostenrechtsmodernisierungsgesetz** (2. KostRMoG) erfolgten u. a. eine Neuordnung der Sachgebiete sowie eine Anpassung der Honorare der Sachverständigen, Dolmetscher und Übersetzer. Die seit dem 1. Juli 2004 geltenden Beträge hatten sich inzwischen von den auf dem freien Markt zu erzielenden Honoraren deutlich entfernt. Dieses war das Ergebnis einer Marktanalyse, die die Hommerich Forschung im Jahr 2009 im Auftrag des Bundesministeriums der Justiz durchgeführt hatte. Allerdings wurde von den ermittelten Markpreisen mit Rücksicht auf die öffentlichen Haushalte ein Abschlag vorgenommen, der damit begründet wurde, dass die Justiz ein solventer Großauftraggeber ist. Dieser sog. **Justizrabatt** war und ist bis in das Gesetzgebungsverfahren zum KostRÄG 2021 umstritten. Zur Kritik an dem bestehenden Vergütungssystem siehe BeckOK KostR/Bleutge, 35. Ed. 1.10.2021, § 1 Rn. 44, 68, § 9 Rn. 6 ff., 72. 10

Mit dem KostRÄG2021 wird zum 1.1.2021 insbesondere der wirtschaftlichen Entwicklung seit der letzten Reform im Jahr 2013 Rechnung getragen. Eine erneute Anpassung ist erforderlich, damit auch weiterhin qualifizierte Sachverständige und Sprachmittler für die Gerichte und Behörden zur Verfügung stehen. Allerdings wurden die zunächst vorgeschlagenen Stundensätze in weiterer Anwendung des Justizrabattes um rund 5% verringert. Die Beibehaltung eines Abschlags wurde damit begründet, dass sich infolge der COVID-19-Pandemie das Marktumfeld für Sachverständigenleistungen geändert hat und die Eigenschaft der Justiz als solventer Schuldner in den künftigen Vergütungssätzen angemessen zu berücksichtigen ist (BT-Drs. 19/24740, 92). Mit dem KostRÄG wird die Vergütungsvorschrift des § 9 zudem anwenderfreundlicher, da die Struktur übersichtlicher ist und die frühere Zuordnung über Honorargruppen entfällt. Die Stundensätze können direkt aus der Anlage abgelesen werden. Bei der Dolmetschervergütung wird der Stundensatz unabhängig von der Art der Übertragung gewährt. Neu eingeführt werden die Erhöhungen für Unzeiten, VI, und hinsichtlich der Ausfallentschädigung für Dolmetscher die Versicherung über einen Einkommensverlust. 11

IV. Anwendungsbereich. Die Regelungen gelten für Sachverständige, Sachverständigenleistungen der vorläufigen Insolvenzverwalter bzw. Sachwalter und Dolmetscher, die im Sinne des § 1 herangezogen wurden. Besondere Leistungen sowie Entschädigungen von sachverständigen Zeugen sind ergänzend in § 10, insbesondere in der dort verwiesenen Anlage 2 aufgeführt. 12

V. Stundensatz (I). Das Leistungshonorar nach § 8 I Nr. 1 wird durch die in § 9 I 1 geregelten Vergütungssätze bestimmt. Die Höhe des jeweiligen Stundensatzes ergibt sich aus der Anlage 1, die den Sachgebieten der sachverständigen Tätigkeitsfelder feste Beträge zuordnet. Dabei unterscheidet die Anlage 2 Teile, mithin allgemein Sachgebiete in Teil 1 und die Honorargruppen M1–M3 für medizinische 13 oder psychologische Gutachten in Teil 2. Maßgeblich kommt es für die Zuordnung nur auf den Umfang des Auftrags, also den Beweisbeschluss an. Dieses ergibt sich aus der Formulierung in Abs. 1 Satz 2, der auf die Entscheidung über die Heranziehung des Sachverständigen abstellt.

14 Daher ist für die Bestimmung des zu vergütenden Stundensatzes folgende **Prüfung** vorzunehmen:

- **Feststellung des Themengebiets,** zu dem der Berechtigte nach dem Auftrag der heranziehenden Stelle seine Leistung erbringen soll: Unerheblich ist dafür, in welchem Fachbereich der Sachverständige spezialisiert ist oder welche Honorare derjenige auf dem freien Markt erzielt. Zu bewerten ist nur die mit der Heranziehung angeforderte Leistung.
- Abgleich dieses Aufgabenbereichs mit den in der Anlage 1 Teil 1 ausgewiesenen **Sachgebietsbezeichnungen:** Ist die geforderte Leistung einer Gruppe zuzuordnen, ist der dazu gehörende Stundensatz einheitlich für die gesamte Zeit bindend. Kommt die konkrete Zuordnung zu einem in der Anlage 1 geregelten Sachgebiet in Betracht, ist diese Eingruppierung bindend. Es kommt dann nicht mehr auf die Schwierigkeit des konkreten Auftrags an (OLG Schleswig DS 2009, 112).
- **Zuordnung Honorargruppen M1–M3:** Für medizinische oder psychologische Gutachten gelten die gleichen Grundsätze über die Zuordnung nach Anlage 1, Teil 1. Dabei unterscheidet sich jedoch die Struktur des Teils 2. Denn die jeweilige Honorargruppe wird für bestimmte Anforderungen der Begutachtung, deren Umfang und Schwierigkeit geknüpft. Die Zuordnung erfolgt hier anhand der Beschreibung in den jeweiligen Gruppen. Die beispielhaften Aufzählungen von Gutachten in konkreten Verfahren oder zu bestimmten Themen erleichtern die Zuordnung. Allerdings sind die **Beispiele nicht abschließend** und anders als im Teil 1 der Anlage ist nicht nur das genannte Thema bindend für den Stundensatz. Vielmehr ist unter Berücksichtigung des Schwierigkeitsgrades der individuellen Begutachtung eine Einzelfallentscheidung erforderlich (OLG Nürnberg LSK 2011, 210504).

15 **VI. Fehlen eines Sachgebiets (II).** Ist der Gegenstand der angeforderten Begutachtung keinem Sachgebiet der Anlage 1 und somit keinem der vorgegebenen Stundensätze zuzuordnen, ist die Höhe **nach Ermessen** zu bestimmen. Dafür kommt es auf die **außergerichtlich und außerbehördlich vereinbarten Stundensätze** an, die im Allgemeinen für diese Branche bzw. diese Aufgabe erzielt werden, II Satz 1. Der Vergleichs-Stundensatz, der in der freien Wirtschaft erzielt werden kann, ist aber für die JVEG Vergütung begrenzt auf den höchsten Stundensatz aus der Anlage 1, mithin auf 155 EUR. Die Höhe ist dabei nicht an die Beträge aus der Anlage 1 gebunden (BT-Drs. 19/23484, 66). Der Stundensatz kann daher – wenn es in Anlage 1 kein passendes Sachgebiet gibt – in dem Rahmen bis 155 EUR in Anlehnung an die Tarife des freien Marktes frei bestimmt werden. Fehlt eine solche Bewertungsmöglichkeit, weil es für die Leistung außerhalb der Gerichte oder Behörden keinen freien Markt gibt, ist für die Frage des Ermessens ein Vergleich zu den übrigen Sachgebieten vorzunehmen (OLG Hamm BeckRS 2015, 116239).

16 **VII. Höchster von mehreren Stundensätzen (II 2).** Ist die zu erbringende Leistung nicht nur einem, sondern mehreren Sachgebieten zuzuordnen, ist dennoch nur eine Stundensatzhöhe zu gewähren. Der Grundsatz des einheitlichen Stundensatzes für die gesamte erforderliche Zeit aus § 8 erstreckt sich auch auf diese Vorschrift. Wenn der Auftrag zur Begutachtung unter zwei oder mehr Bereichen aus Anlage 1 fällt, ist der höchste von diesen Stundensätzen zugrunde zu legen. **Ausnahme:** Dieses Prinzip des höchsten Stundensatzes gilt nicht in den Fällen, in denen der Schwerpunkt der Leistung auf einem anderen als dem höchsten Gebiet liegt. Sind also mehrere Sachgebiete betroffen, von denen aber ein Schwerpunkt des Auftrags festzustellen ist, sind dieses Sachgebiet und der insoweit bestimmte Stundensatz maßgeblich. Kommt eine Zuordnung entweder eindeutig oder bei mehreren Gebieten in Betracht, sind nur die Beträge aus der Anlage 1 maßgeblich. Diese Systematik erstreckt sich sowohl auf die Sachgebiete als auch auf die Zuordnung der Honorargruppen für medizinische oder psychologische Begutachtungen. Auch hier ist, wenn mehrere Bereiche zutreffend ist, nur dann der höchste Stundensatz zu gewähren,

wenn dieses wegen des Schwerpunkts der zu erbringenden Leistung, also des Auftrags, der Billigkeit entspricht.

VIII. Verfahren zur Festsetzung des Stundensatzes (III). Die Höhe des Stundensatzes kann isoliert gerichtlich festgesetzt werden, wenn Unklarheit über dessen Höhe besteht. Die Fälle der Zuordnung im Wege des Ermessens nach II sind dieser separaten Festsetzung zugänglich. Nach dem Wortlaut der Vorschrift kommt ein solcher Beschluss daher nicht in Betracht, wenn die geforderte Leistung eindeutig der Anlage 1 zuzuordnen ist. Für das Verfahren ist § 4 anwendbar. Jedoch ist diese richterliche Entscheidung stets unabhängig von der Höhe der Beschwer anfechtbar (OLG Düsseldorf BeckRS 2019, 21796). Denn nur über die Bestimmung der Stundensatzhöhe ließe sich ein Beschwerdewert in Ermangelung der Stundenanzahl nicht ermitteln. Aus dem Umstand, dass die Beschwerde nur zulässig ist, solange die Vergütung noch nicht beantragt ist, ist zu folgern, dass auch die separate Festsetzung des Stundensatzes nur bis zu dieser Geltendmachung möglich ist. Dieses entspricht auch dem Sinn und Zweck der Vorschrift, mithin der frühzeitigen Sicherheit über die Höhe des Stundensatz (OLG Saarbrücken LSK 2014, 460241; LSG Thüringen BeckRS 2012, 68365). Diese Verbindlichkeit ist insbesondere für die Aufträge, bei denen der Sachverständigen wegen einer evtl. Vorschussüberschreitung während des gesamten Verfahrens die Kosten beachten muss, vorteilhaft. Die Festsetzung des Stundensatzes kommt daher insbesondere auch in Betracht, wenn die besondere Vergütung nach § 13 abgelehnt wurde (OLG Saarbrücken DS 2014, 320). 17

IX. Gutachten im Insolvenzverfahren (IV). Die Vorschrift hat als eine Spezialregelung den Vorrang vor Abs. 1. Für die in IV konkret genannten Begutachtungen erhält der sogenannte **„isolierte" insolvenzrechtliche Sachverständige** 120 EUR je Stunde. Damit ist der Stundensatz für den insolvenzrechtlichen Sachverständigen, der nicht zugleich vorläufiger Insolvenzverwalter ist, gesetzlich festgelegt und der frühere Streit über dessen Honorar beigelegt (vgl. zum Streitstand nach altem Recht OLG Karlsruhe BeckRS 2016, 3529; OLG Zweibrücken BeckRS 2016, 20283). Der mit dem KostRÄG 2021 eingeführte Stundensatz orientiert sich an den Stundensätzen für die betriebswirtschaftlichen Sachgebiete der Anlage 1 und berücksichtigt zudem, dass der isolierte Sachverständige anders als derjenige, der zugleich vorläufiger Insolvenzverwalter ist, neben der Sachverständigenvergütung nicht noch einen weiteren Vergütungsanspruch hat. 18

Allerdings erschöpft sich die Bestimmung der festen Stundensätze auf die konkret genannten Aufträge, mithin die Prüfungen, ob ein Eröffnungsgrund vorliegt oder welche Aussichten für eine Unternehmensfortführung bestehen. Diese Gutachten sind zweifelsohne der häufigste Anwendungsfall. Enthält der Beweisbeschluss zudem weitere Aufgaben, etwa auch Feststellungen über die Anordnung von Sicherungsmaßnahmen oder zur Höhe eines kostendeckenden Vorschusses, muss die Tätigkeit nach dem **Grundsatz des einheitlichen Stundensatzes** nach II Satz 2 insgesamt mit 120 EUR entschädigt werden. Etwas anderes gilt jedoch, wenn sich der Sachverständigenauftrag auf gänzlich andere oder erheblich überwiegend andere Leistungen erstreckt. Denn im Laufe eines Insolvenzverfahrens sind durchaus auch andere Sachverständigenbeauftragungen denkbar. Für solche weiteren Begutachtungen muss der Stundensatz weiter nach I zugeordnet oder über II nach Ermessen bestimmt werden (OLG Düsseldorf LSK 2006, 470435). Die Höhe richtet sich dann nach der mit dem Beweisbeschluss geforderten Leistung. Der Stundensatz von 120 EUR kann dazu einen Anhaltspunkt bieten, je nach Aufgabengebiet ist der Betrag für andere Beweiserhebungen aber nicht bindend. 19

1. Zugleich vorläufiger Insolvenzverwalter. Beauftragt das Insolvenzgericht den vorläufigen Insolvenzverwalter als Sachverständiger tätig zu werden, beträgt der Stundensatz für die Begutachtung 95 EUR je Stunde. Die Spezialregelung des gesonderten Stundensatzes für diese Tätigkeit ist verfassungsrechtlich unbedenklich (BVerfG ZIP 2006, 86). Nach § 22 II Nr. 3 InsO kann der vorläufige Insolvenzverwalter als Sachverständigen bestellt werden, um das Vorliegen eines Eröffnungsgrunds und der Erfolgsaussichten der Unternehmensfortführung zu prüfen. Die Vorschrift erfasst dabei sowohl den starken" wie den „schwachen" vorläufigen Insolvenzverwalter (§ 22 II InsO). Dieses ergibt sich aus der früheren Formulierung des 20

Gesetzes. Nach dem aktuellen Wortlaut ist der Stundensatz bei allen Sachverständigenleistungen des vorläufigen Insolvenzverwalters einheitlich mit 95 EUR anzusetzen.

21 **2. Zugleich vorläufiger Sachwalter.** Mit dem KostRÄG 2021 wird die Vorschrift auch auf den als Sachverständigen bestellten vorläufigen Sachwalter im Eigenverwaltungsverfahren nach den §§ 270 ff. der Insolvenzordnung erstreckt. Nach der Gesetzesbegründung ist die Erweiterung sachgerecht, weil sich die Leistungen von vorläufigem Insolvenzverwalter und vorläufigem Sachwalter im Abgeltungsbereich des JVEG, namentlich die Prüfung, ob ein Grund für die Eröffnung des Insolvenzverfahrens vorliegt und welche Aussichten für eine Unternehmensfortführung bestehen, grundsätzlich nicht unterscheiden. Es dient zudem der Sicherstellung einer einheitlichen und vereinfachten Abrechnungspraxis. Die praktische Relevanz für Sachverständigentätigkeit des vorläufigen Sachwalters ist jedoch eher gering.

22 **X. Dolmetschervergütung (V).** Das Honorar des Dolmetschers beträgt einheitlich 85 EUR die Stunde. Die frühere Unterscheidung zwischen simultaner und konsekutiver Übertragung wurde abgeschafft (BT-Drs. 19/23484, 67). Als Bestandteil des Leistungshonorars nach § 8 I steht die Vergütung dem Dolmetscher für jede Stunde der erforderlichen Zeit einschließlich notwendiger Reise- und Wartezeiten zu. Die Rundungsregelung des § 8 II 2 findet Anwendung, so dass die letzte bereits begonnene Stunde der Gesamtzeit aufgerundet wird, wenn auf diese mehr als 30 Minuten entfallen. Der Stundensatz wird unabhängig von der Art des Dolmetschens gewährt, anspruchsberechtigt ist jeder herangezogene Dolmetscher. Der Stundensatz gilt pauschal, ohne Berücksichtigung etwaiger Schwierigkeiten, der Seltenheit der zu übertragenen Sprache oder Besonderheiten des Gerichtsverfahrens und juristischer Fachbegriffe (SG Karlsruhe BeckRS 2013, 74472). Nur unter den Bedingungen des VI kann zum Ausgleich der ungünstigen Zeiten eine Erhöhung von 20 Prozent gewährt werden (→ Rn. 29).

23 **1. Anspruchsberechtigte Dolmetscher.** Ein Dolmetscher im Sinne des Prozessrechts nach § 185 GVG ist ein Sprachkundiger, der zur mündlichen Verhandlung unter Beteiligung von Personen, die der deutschen Sprache nicht mächtig sind, zugezogen wird. Seine Aufgabe besteht darin, den Prozessverkehr des Gerichts mit den der Gerichtssprache unkundigen anderen Prozessbeteiligten durch Übertragung der zum Prozess abgegebenen Erklärungen zu ermöglichen (OLG Stuttgart BeckRS 2020, 7399). Ein Dolmetscher ist ein Sprachmittler, der den gesprochenen Text mündlich oder mittels Gebärdensprache von einer **Ausgangssprache in eine Zielsprache überträgt** (OLG Stuttgart BeckRS 2019, 14366). Wesentliches Unterscheidungskriterium zwischen Übersetzen und Dolmetschen stellt die wiederholte Korrigierbarkeit des Translats dar. Der Dolmetscher überträgt das gesprochene Wort und kann damit anders als ein Übersetzer nicht auf einen fixierten Text zurückgreifen. Neben der Flüchtigkeit des Gesagten kommt es auch auf die Körpersprache, Redefluss und Verständlichkeit des Sprechers an. Besteht die Leistung der Herangezogene auftragsgemäß in der Übertragung des nicht wiederholbaren Textes, steht ihm die Vergütung eines Dolmetschers zu. Dabei hat auf den Vergütungsanspruch keinen Einfluss, ob der Dolmetscher beeidigt ist oder welche Qualifikation er besitzt.

24 **2. Anspruchsberechtigte Kommunikationshilfen.** Auch Gebärdendolmetscher oder Kommunikationshilfen im Sinne des § 186 GVG sind nach V zu vergüten. Eine hör- oder sprachbehinderte Person kann für die Verständigung mit dem Gericht wählen, ob diese mündlich, schriftlich oder mit Hilfe einer die Verständigung ermöglichenden Person, die vom Gericht hinzuzuziehen ist, erfolgen soll. Auch das Gericht kann unter den Voraussetzungen des § 186 II GVG für die Verständigung mit einer hör- oder sprachbehinderten Person einen Dolmetscher hinzuziehen. Damit steht nicht nur Gebärdendolmetschern, sondern zB auch Oral- oder Schriftdolmetschern ein Anspruch auf 85 EUR je Stunde zu. Von der Einführung einer eigenen Regelung für diese Dolmetscher wurde Abstand genommen, da es auf dem freien Markt im Hinblick darauf, dass die Kosten für Gebärdendolmetscher und Kommunikationshilfen vornehmlich von sozialen Trägern übernommen werden, nur eine eingeschränkte Preisbildung gibt (BT-Drs. 19/23484, 67).

3. Dolmetscherbüros. Regelmäßig werden Dolmetscher nicht direkt, sondern über Büros geladen. Nach § 1 I 3 steht der Vergütungsanspruch stets demjenigen zu, der beauftragt worden ist. Ausdrücklich gilt dies auch, wenn zwar der Mitarbeiter oder auch der über das Büro vermittelte Dolmetscher die Leistung erbringt, der Auftrag jedoch der Unternehmung erteilt worden ist. Die Abrechnung erfolgt daher durch das beauftragte Dolmetscherbüro. Für die geltend gemachten Ansprüche kommt es somit auch allein auf das Büro an, so kann diesem zB Umsatzsteuer gewährt werden, auch wenn der tatsächlich tätig gewordene Dolmetscher selbst darauf keinen Anspruch hat (OLG Celle DS 2005, 390). Für die Bemessung der **Reise- und Wartezeiten** ist aber ebenfalls nur auf den Ort des beauftragten Büros abzustellen. Damit können sowohl die Zeiten als auch die weiteren Kosten für die An- und Abreise nur in dem Umfang erstattet werden, wie sie vom Ort des Dolmetscherbüros aus angefallen wären (OVG Bremen BeckRS 2020, 18849). Allein die Mitteilung an das Gericht, dass ein Dolmetscher aus einem Drittort den Termin wahrnehmen wird, rechtfertigt keinen Anspruch auf die damit verbundenen Mehrkosten. 25

4. Dolmetscher bei Verteidigergesprächen. Nach Art. 6 III der MRK hat eine angeklagte Person das Recht, unentgeltliche Unterstützung durch einen Dolmetscher zu erhalten, wenn sie die Verhandlungssprache des Gerichts nicht versteht oder spricht. Daraus folgt, dass ein der Gerichtssprache nicht kundiger Angeklagten unabhängig von seiner finanziellen Lage für das gesamte Strafverfahren und damit auch für vorbereitende Gespräche mit einem Verteidiger einen Anspruch auf unentgeltliche Zuziehung eines Dolmetschers hat. Der Anspruch besteht sowohl im Falle der Pflichtverteidigung als auch beim Wahlverteidiger (BGH NJW 2001, 309). Die Kosten des Dolmetschers, der die notwendigen Gespräche des Verteidigers mit dem Angeklagten überträgt, trägt die Staatskasse. Der Dolmetscher kann seine Vergütung aber mangels Heranziehung nach § 1 nicht unmittelbar mit dem Gericht abrechnen. Vielmehr hat sich der Dolmetscher grundsätzlich an seinen Auftraggeber, mithin den Verteidiger zu halten (OLG Düsseldorf BeckRS 2011, 3265). Daher hat der Verteidiger die Dolmetscherkosten entweder als eigene Auslagen nach § 46 RVG bei Gericht abzurechnen oder der Verteidiger erklärt mit seinem Antrag das Einverständnis, die Vergütung direkt dem Dolmetscher auszuzahlen. Auch der Angeklagte kann die Dolmetscherkosten als seine Auslagen bei Gericht geltend machen (OLG Brandenburg BeckRS 2005, 30360540). Ein eigenes, direktes Antragsrecht des Dolmetschers gegen die Staatskasse besteht nicht. Die Höhe des Vergütungsanspruchs richtet sich nach den Sätzen des JVEG. Die Vorschriften finden jedoch nicht unmittelbar Anwendung. Insbesondere gilt für diese Anträge nicht die 3-Monatsfrist zur Geltendmachung nach § 2. Der Erstattungsanspruch besteht jedoch nicht uneingeschränkt. Er ist – je nach den Umständen des Einzelfalls- auf diejenigen Kosten zu beschränken, die bei Beauftragung eines Dolmetschers, der am nächsten zu der Haftanstalt seinen Wohn- bzw. Geschäftssitz hat, entstanden wären (OLG Frankfurt a. M. BeckRS 2006, 136471). Zum ist zum Nachweis über die Zeit stets der Abrechnung die Anwesenheitsbescheinigung über den Aufenthalt in der JVA beizufügen. 26

5. Rechtslage bis zum 31.12.2020. Die frühere Differenzierung der Stundensätze von 70 EUR für konsekutives oder 75 EUR simultanes Dolmetschen entfällt seit dem KostRÄG 2021. Die unterschiedlichen Beträge beruhten auf den Ergebnissen der damaligen Marktanalyse zum 2. KostRModG, jedoch führte die Differenzierung häufig zu Abgrenzungsschwierigkeiten bei der Abrechnung. Denn maßgebend für das höhere Honorar war ausschließlich die im Voraus mitgeteilte Art des Dolmetschens, mithin die Heranziehung für eine simultane Übertragung. Es kam weder auf die tatsächlich erbrachte Leistung, noch ausschließlich auf die Ladung des Dolmetschers an (OLG Koblenz BeckRS 2014, 14505). Denn nach der Rechtsprechung war auch ein Wechsel der geforderten Übertragungsart zulässig, indem der konsekutiv geladene Dolmetscher entlassen und sogleich als Simultandolmetscher herangezogen wurde. Das Gericht musste dem Dolmetscher vor Beginn der Tätigkeit – und damit im Voraus – zu erkennen geben, dass simultan übertragen werden soll (LAG Hessen BeckRS 2016, 116477). Die Anforderungen an die Heranziehung wurden jedoch unterschiedlich bewertet von stillschweigend, konkludent (LAG Hessen BeckRS 27

2016, 116477) bis zum Erfordernis ausdrücklichen und dokumentierten Auftragserteilung (OLG Brandenburg BeckRS 2016, 117866).

28 **6. Ausfallentschädigung (V 2).** Nur Dolmetscher können im Falle einer kurzfristigen Terminsaufhebung eine Ausfallentschädigung erhalten. Keinem anderen Berechtigten des JVEG steht ein vergleichbarer Anspruch zu. Dabei kommt es auf die Ladung als Dolmetscher an. Grundsätzlich unerheblich ist es, ob der Berechtigte weitere berufliche Einkünfte erzielt. Auch wenn der Dolmetscher zusätzlich als Übersetzer tätig ist oder zB eine Sprachschule betreibt, kann er bei Vorliegen der Voraussetzungen die Entschädigung erhalten. Damit soll der Einkommensverlust ausgeglichen werden der durch die Aufhebung oder Verschiebung von Terminen entsteht, die der Dolmetscher nicht zu vertreten hat (LG Düsseldorf BeckRS 2016, 132260; OLG München JurBüro 2014, 383). Die Ausfallentschädigung kann für bis zu maximal 2 Stunden, jedoch nicht höher, gewährt werden. Es müssen dazu **folgende 3 Voraussetzungen** erfüllt sein:

- Der Dolmetscher darf die **Terminsaufhebung nicht durch einen in seiner Person liegenden Grund veranlasst** haben. Er darf also zB nicht erkrankt sein oder den Termin falsch im Kalender notiert haben. Bei Verspätungen kommt es darauf an, ob er daran ein Mitverschulden trägt. Führt etwa eine erhebliche Zugverspätung dazu, dass der Termin nicht mehr wahrgenommen werden kann, war die gewählte Zugverbindung aber grds. geeignet, rechtzeitig bei Gericht einzutreffen, liegt kein Verschulden des Dolmetschers vor (LAG Baden-Württemberg BeckRS 2009, 63623).
- Die Aufhebung darf erst am Terminstag selbst oder an einem der beiden vorhergehenden Kalendertage mitgeteilt worden sein. Dabei kommt es nicht auf Werktage an, Wochenende und Feiertage zählen mit (OLG München JurBüro 2014, 383). Folglich reicht der **Eingang einer Abladung,** die auch telefonisch oder per Fax erfolgen kann, beim Dolmetscher am Samstag vor dem Montagstermin oder am 31.12. vor dem Termin von 2.1.
- Durch den Ausfall des Termins muss ein Einkommensverlust eingetreten sein. Zum Nachweis, dass ein solcher Verlust tatsächlich entstanden ist, muss der Dolmetscher **versichern,** in welcher Höhe er **Einbußen durch die Terminsaufhebung** erlitten hat. Diese können sich mangels anderer Anhaltspunkte nur am ursprünglich geplanten zeitlichen Umfang der Heranziehung orientieren. Die Versicherung ist mit dem KostRÄG 2021 eingeführt worden, da es den Berechtigten zuvor nahezu nicht möglich war, den Einkommensverlust nachzuweisen. Entscheidender Inhalt der Versicherung muss dabei sein, ob und ggfs. in welcher Höhe in der Zeit des ausgefallenen Termins andere Einkünfte erzielt werden konnten. Die Ausfallentschädigung kann also auch gewährt werden, wenn am ursprünglichen Terminstag zwar ein anderer Auftrag bearbeitet werden konnte, mit diesem jedoch deutlich weniger verdient wurde. Der Einkommensverlust reduziert sich sodann um die ggfs. im Rahmen einer Ersatztätigkeit erzielten Einkünfte. Der Dolmetscher kann nicht darauf verwiesen werden, die freigewordene Zeit für allgemeine Bürotätigkeit nutzen zu können. Nur eine tatsächlich einkommensrelevante Betätigung kann zu einer Anrechnung auf die Ausfallentschädigung führen.

29 **XI. Erhöhung um 20 % (VI).** Mit dem KostRÄG 2021 wird ein Erhöhungstatbestand für die Leistung, die zwingend in der Nachtzeit oder an Sonn- oder Feiertagen erbracht werden muss, eingeführt. Das Dolmetscher oder Sachverständigenhonorar, das auf diese Zeiten entfällt, erhöht sich um 20 %.

30 **1. Umfang der Erhöhung.** Der Zuschlag erstreckt sich nur auf die konkrete Tätigkeit, die innerhalb des genannten Zeitrahmens fällt. Dabei ist der Leistungsbegriff im Sinne des § 8 I Nr. 1 zu verstehen, so dass auch in dieser Zeit notwendige Reise- oder Wartezeiten der Erhöhung zugänglich sind.

31 Der Grundsatz des einheitlichen Stundensatzes gilt insoweit nicht. Beginnt zB die Begutachtung einer Unfallstelle werktags um 20 Uhr und endet um Mitternacht, ist nur das Honorar für eine Stunde zu erhöhen. Allerdings erstreckt sich der Zuschlag nur auf das Stundenhonorar, nicht etwa auf weitere Vergütungsbestandteile wie die Auslagen. Die Erhöhung beträgt insgesamt 20 % und wird für den Fall, dass am

Sonntag zur Nachtzeit gearbeitet wird, nicht addiert. Die Erhöhung hängt von 2 **Voraussetzungen** ab.

32 **2. Nachtzeit, Sonn- oder Feiertag.** Die zu vergütende Tätigkeit muss am Stück oder teilweise innerhalb des Zeitrahmens von 23-6 Uhr oder an einem Sonntag oder gesetzlichen Feiertag erbracht worden sein. Die Arbeit an einem Samstag führt außerhalb der Nachtzeit nicht zu einer Erhöhung. Bei nicht bundesweit einheitlichen Feiertagen, wie Fronleichnam oder Allerheiligen, kommt es auf das Bundesland an, in dem der Berechtigte seinen Geschäftssitz unterhält. Auf den Wohnort des Herangezogenen kommt es hingegen nicht an. Lebt der Berechtigte zB in Bayern und unterhält dort sein Büro und wird er am 6.1. (gesetzlicher Feiertag in Bayern) in Hessen (kein Feiertag) herangezogen, ist die an diesem Tag erbrachte Leistung zu erhöhen.

33 **3. Feststellung.** Die heranziehende Stelle muss ausdrücklich bescheinigen, dass die Tätigkeit zu den besonderen Zeiten notwendig war. Diese Feststellung soll sowohl vor, als auch nach der Leistungserbringung erfolgen können (BT-Drs. 19/23484, 68).

34 Nach dem Wortlaut der Vorschrift wird mehr verlangt, als die Heranziehung im Sinne des § 1. Daher wird grundsätzlich eine **gesonderte Feststellung über die Notwendigkeit** erfolgen müssen. Eine Ausnahme kann allenfalls gelten, wenn die Heranziehung für die Bewertung absolut ausreichend verbindlich und unmissverständlich ist. Dieses könnte zB bei einer Dolmetscherladung an einem Feiertag der Fall sein. Die Bescheinigung muss die Notwendigkeit der Arbeit in der Erhöhungszeit ausweisen. Die heranziehende Stelle muss hingegen nicht feststellen, welcher konkrete zeitliche Umfang innerhalb der Unzeit erforderlich war. Diese Aussage ist zwar insbesondere bei nachträglichen Bescheinigungen hilfreich, sie kann jedoch nicht verlangt werden.

35 **4. Rundungsregel (VI 2).** Die Rundungsregel aus § 8 II 2 findet Anwendung, so dass auch die letzte bereits begonnene Stunde der Erhöhungszeit gerundet werden kann. Damit kommt eine Rundung sowohl der zuschlagfähigen Zeit als auch der Gesamtzeit in Betracht. Der Grundsatz, dass Einzelzeiten nicht gesondert gerundet werden dürfen, erfährt hier eine Ausnahme. Aus den Gründen zum Gesetzesentwurf (BT-Drs. 19/23484, 68) ergibt sich dazu folgendes Beispiel:

Beispiel: Leistungserbringung insgesamt: 3 Stunden und 45 Minuten. Zuschlagsfähige Zeit (am Stück oder in einzelnen Abschnitten): 2 Stunden und 15 Minuten. Anspruch auf eine Gesamtvergütung: 4 Stunden. Erhöhung entfällt auf: 2 Stunden und 30 Minuten.

36 Wird die zuschlagsfähige Zeit nicht an einem Stück sondern in mehreren Abschnitten erbracht, kommt die Rundung jedoch nur einmal am Ende aller erhöhungsfähigen Zeiten in Betracht.

Honorar für besondere Leistungen

10 **I 1 Soweit ein Sachverständiger oder ein sachverständiger Zeuge Leistungen erbringt, die in der Anlage 2 bezeichnet sind, bemisst sich das Honorar oder die Entschädigung nach dieser Anlage. 2 § 9 Absatz 6 gilt mit der Maßgabe, dass sich das Honorar des Sachverständigen oder die Entschädigung des sachverständigen Zeugen um 20 Prozent erhöht, wenn die Leistung zu mindestens 80 Prozent zwischen 23 und 6 Uhr oder an Sonn- oder Feiertagen erbracht wird.**

II 1 Für Leistungen der in Abschnitt O des Gebührenverzeichnisses für ärztliche Leistungen (Anlage zur Gebührenordnung für Ärzte) bezeichneten Art bemisst sich das Honorar in entsprechender Anwendung dieses Gebührenverzeichnisses nach dem 1,3fachen Gebührensatz. 2 § 4 Absatz 2 Satz 1, Absatz 2a Satz 1, Absatz 3 und 4 Satz 1 und § 10 der Gebührenordnung für Ärzte gelten entsprechend; im Übrigen bleiben die §§ 7 und 12 unberührt.

III Soweit für die Erbringung einer Leistung nach Absatz 1 oder Absatz 2 zusätzliche Zeit erforderlich ist, beträgt das Honorar für jede Stunde der zusätzlichen Zeit 80 Euro.

Anlage 2
(zu § 10 Abs. 1 Satz 1)

Nr.	Bezeichnung der Leistung	Honorar
	Abschnitt 1. Leichenschau und Obduktion	

Vorbemerkung 1:

I 1 Das Honorar in den Fällen der Nummern 100 und 102 bis 107 umfasst den zur Niederschrift gegebenen Bericht. In den Fällen der Nummern 102 bis 107 umfasst das Honorar auch das vorläufige Gutachten. 2 Das Honorar nach den Nummern 102 bis 107 erhält jeder Obduzent gesondert.

II Aufwendungen für die Nutzung fremder Kühlzellen, Sektionssäle und sonstiger Einrichtungen werden bis zu einem Betrag von 300 € gesondert erstattet, wenn die Nutzung wegen der großen Entfernung zwischen dem Fundort der Leiche und dem rechtsmedizinischen Institut geboten ist.

III Eine bildgebende Diagnostik, die über das klassische Röntgen hinausgeht, wird in den Fällen der Nummern 100 und 102 bis 107 gesondert vergütet, wenn sie von der heranziehenden Stelle besonders angeordnet wurde und Säuglinge, Arbeits- oder Verkehrsunfallopfer, Fälle von Behandlungsfehlervorwürfen oder Verstorbene nach äußerer Gewalteinwirkung betrifft.

Nr.	Bezeichnung der Leistung	Honorar
100	**Besichtigung einer Leiche, von Teilen einer Leiche, eines Embryos oder eines Fetus oder Mitwirkung bei einer richterlichen Leichenschau**	**70,00 €**
	für mehrere Leistungen bei derselben Gelegenheit jedoch höchstens	**170,00 €**
101	**Fertigung eines Berichts, der schriftlich zu erstatten oder nachträglich zur Niederschrift zu geben ist**	**35,00 €**
	für mehrere Leistungen bei derselben Gelegenheit jedoch höchstens	**120,00 €**
102	**Obduktion**	**460,00 €**
103	**Obduktion unter besonders ungünstigen äußeren Bedingungen:**	
	Das Honorar 102 beträgt	**600,00 €**
104	**Obduktion unter anderen besonders ungünstigen Bedingungen (Zustand der Leiche etc.):**	
	Das Honorar 102 beträgt	**800,00 €**
105	**Obduktion mit zusätzlicher Präparation (Eröffnung der Rücken-, Gesäß- und Extremitätenweichteile):**	
	Das Honorar 102 erhöht sich um	**140,00 €**
106	**Sektion von Teilen einer Leiche oder Öffnung eines Embryos oder nicht lebensfähigen Fetus**	**120,00 €**
107	**Sektion oder Öffnung unter besonders ungünstigen Bedingungen:**	
	Das Honorar 106 beträgt	**170,00 €**
	Abschnitt 2. Befund	
200	**Ausstellung eines Befundscheins oder Erteilung einer schriftlichen Auskunft ohne nähere gutachtliche Äußerung**	**25,00 €**
201	**Die Leistung der in Nummer 200 genannten Art ist außergewöhnlich umfangreich:**	
	Das Honorar 200 beträgt	**bis zu 55,00 €**
202	**Ausstellung eines Zeugnisses über einen ärztlichen Befund mit von der heranziehenden Stelle geforderter kurzer gutachtlicher Äuße-**	

Nr.	Bezeichnung der Leistung	Honorar
	rung oder eines Formbogengutachtens, wenn sich die Fragen auf Vorgeschichte, Angaben und Befund beschränken und nur ein kurzes Gutachten erfordern	45,00 €
203	Die Leistung der in Nummer 202 genannten Art ist außergewöhnlich umfangreich: Das Honorar 202 beträgt	bis zu 90,00 €
	Abschnitt 3. Untersuchungen, Blutentnahme, Entnahme von Proben für die genetische Analyse	
300	Untersuchung eines Lebensmittels, Bedarfsgegenstands, Arzneimittels, von Luft, Gasen, Böden, Klärschlämmen, Wässern oder Abwässern oder dergleichen und eine kurze schriftliche gutachtliche Äußerung: Das Honorar beträgt für jede Einzelbestimmung je Probe	5,00 bis 70,00 €
301	Die Leistung der in Nummer 300 genannten Art ist außergewöhnlich umfangreich oder schwierig: Das Honorar 300 beträgt	bis zu 1000,00 €
302	Mikroskopische, physikalische, chemische, toxikologische, bakteriologische oder serologische Untersuchung, wenn das Untersuchungsmaterial von Menschen oder Tieren stammt, soweit nicht in den Nummern 309 bis 317 oder 403 bis 411 geregelt: Das Honorar beträgt je Organ oder Körperflüssigkeit .... Das Honorar umfasst das verbrauchte Material, soweit es sich um geringwertige Stoffe handelt, und eine kurze gutachtliche Äußerung.	5,00 bis 70,00 €
303	Die Leistung der in Nummer 302 genannten Art ist außergewöhnlich umfangreich oder schwierig: Das Honorar 302 beträgt	bis zu 1000,00 €
304	Elektrophysiologische Untersuchung eines Menschen .... Das Honorar umfasst eine kurze gutachtliche Äußerung und den mit der Untersuchung verbundenen Antworten	20,00 bis 160,00 €
305	Raster-elektronische Untersuchung eines Menschen oder einer Leiche, auch mit Analysenzusatz .... Das Honorar umfasst eine kurze gutachtliche Äußerung und den mit der Untersuchung verbundenen Aufwand.	20,00 bis 430,00 €
306	Blutentnahme oder Entnahme einer Probe für die genetische Analyse .... Das Honorar umfasst eine Niederschrift über die Feststellung der Identität.	10,00 €
307	Herstellung einer Probe für die genetische Analyse und ihre Überprüfung auf Geeignetheit (z. B. DNA-Menge, humane Herkunft, Ausmaß der Degradation)	bis zu 250,00 €

Nr.	Bezeichnung der Leistung	Honorar
	Das Honorar umfasst das verbrauchte Material, soweit es sich um geringwertige Stoffe handelt, und eine kurze gutachtliche Äußerung.	
308	Entnahme einer Probe für die genetische Analyse von einem Asservat einschließlich Dokumentation: je Probe	30,00
309	Untersuchung von autosomalen STR-Systemen, bis 16 Systeme: je Probe	140,00 €
310	Untersuchung von autosomalen STR-Systemen, mehr als 16 Systeme: je Probe	200,00 €
311	Untersuchung von autosomalen STR-Systemen, mehr als 30 Systeme: je Probe	260,00 €
312	Untersuchung von X-STRs, bis 12 Systeme: je Probe	140,00 €
313	Untersuchung von X-STRs, mehr als 12 Systeme: je Probe	200,00 €
314	Untersuchung von Y-STRs, bis 17 Systeme: je Probe	140,00 €
315	Untersuchung von Y-STRs, mehr als 17 Systeme: je Probe	200,00 €
316	Untersuchung von Y-STRs, mehr als 27 Systeme: je Probe	260,00 €
317	Untersuchung weiterer DNA-Marker, z. B. mtDNA, SNPs, Indels, DNA-Methylierung, sonstige komplexe genetische Merkmalsysteme: je Probe	bis zu 300,00 €
318	Biostatistische Berechnungen: je Spur	30,00 €

Abschnitt 4. Abstammungsgutachten

Vorbemerkung 4:

I 1 Das Honorar umfasst die gesamte Tätigkeit des Sachverständigen einschließlich aller Aufwendungen mit Ausnahme der Umsatzsteuer und mit Ausnahme der Auslagen für Probenentnahmen durch vom Sachverständigen beauftragte Personen, soweit nichts anderes bestimmt ist. 2 Das Honorar umfasst ferner den Aufwand für die Anfertigung des schriftlichen Gutachtens und von drei Überstücken.

II 1 Das Honorar für Leistungen der in Abschnitt M III 13 des Gebührenverzeichnisses für ärztliche Leistungen (Anlage zur GOÄ) bezeichneten Art bemisst sich in entsprechender Anwendung dieses Gebührenverzeichnisses nach dem 1,15fachen Gebührensatz. 2 § 4 Abs. 2 Satz 1, Abs. 2a Satz 1, Abs. 3 und 4 Satz 1 und § 10 GOÄ gelten entsprechend.

Nr.	Bezeichnung der Leistung	Honorar
400	Erstellung eines Gutachtens	170,00 €
	Das Honorar umfasst 1. die administrative Abwicklung, insbesondere die Organisation der Probenentnahmen, und	

Nr.	Bezeichnung der Leistung	Honorar
	2. das schriftliche Gutachten, erforderlichenfalls mit biostatistischer Auswertung.	
401	**Biostatistische Berechnungen, wenn der mögliche Vater für die Untersuchung nicht zur Verfügung steht und andere mit ihm verwandte Personen an seiner Stelle in die Begutachtung einbezogen werden (Defizienzfall) oder bei Fragestellungen zur Voll- und Halbgeschwisterschaft: je Person ....**	**30,00 €**
	Beauftragt der Sachverständige eine andere Person mit der biostatistischen Berechnung, werden ihm abweichend von Vorbemerkung 4 Abs. 1 Satz 1 die hierfür anfallenden Auslagen ersetzt.	
402	**Entnahme einer Probe für die genetische Analyse einschließlich der Niederschrift sowie der qualifizierten Aufklärung nach dem Gendiagnostikgesetz: ....**	**30,00 €**
403	**Untersuchung von autosomalen STR-Systemen, bis 16 Systeme je Probe ....**	**140,00 €**
404	**Untersuchung von autosomalen STR-Systemen, mehr als 16 Systeme je Probe ....**	**200,00 €**
405	**Untersuchung von autosomalen STR-Systemen, mehr als 30 Systeme je Probe ....**	**260,00 €**
406	**Untersuchung von X-STRs, bis 12 Systeme je Probe ....**	**140,00 €**
407	**Untersuchung von X-STRs, mehr als 12 Systeme: je Probe ....**	**200,00 €**
408	**Untersuchung von Y-STRs, bis 17 Systeme: je Probe ....**	**140,00 €**
409	**Untersuchung von Y-STRs, mehr als 17 Systeme: je Probe ....**	**200,00 €**
410	**Untersuchung von Y-STRs, mehr als 27 Systeme: je Probe ....**	**260,00 €**
411	**Untersuchung weiterer DNA-Marker, z. B. mtDNA, SNPs, Indels, DNA-Methylierung, sonstige komplexe genetische Merkmalsysteme: je Probe ....**	**bis zu 300,00 €**
412	**Herstellung einer Probe für die genetische Analyse aus anderem Untersuchungsmaterial als Blut oder Mundschleimhautabstrichen einschließlich Durchführung des Tests auf Eignung und Dokumentation: je Person ....**	**bis zu 140,00 €**

Übersicht

1 **I. Systematik (I–III).** Abweichend von dem Prinzip des § 9 besteht der als Spezialvorschrift vorrangige § 10 (OLG Naumburg DS 2015, 288). Er enthält für die in seiner Anlage und für die in II durch eine Verweisung auf die GOÄ genannten Leistungen meist Festgebühren sowohl für den Sachverständigen als auch für den sachverständigen Zeugen nach § 414 ZPO (BSG ZSW 1986, 15; aA BSG NJW 2001, 2823; LSG Brem NZS 2003, 168). Für eine Tätigkeit nach § 10 erfolgt eine Honorierung oder Vergütung also nicht nach dem normalen Zeitaufwand und auch nicht auf Grund der sonstigen Merkmale des § 9 (OLG Karlsruhe Rpfleger 1989, 173).

2 **II. Regelungszweck (I–III).** Die Gebühren des § 10 sollen die Abrechnung dieser meist komplizierten Tätigkeiten vereinfachen und dazu beitragen, dass solche Tätigkeiten stets überall einigermaßen gleichmäßige Vergütungen erhalten. Der sachverständige Zeuge steht im Umfang des § 10 einem Sachverständigen gleich.

2a Auch diese Entschädigungsart unterliegt der **Verfassung,** insbesondere Art. 12 GG, also zumindest der Notwendigkeit eines Überschusses über die Unkosten (OLG Schleswig SchlHA 1988, 115). Zur Verfassungsmäßigkeit nach dem alten Recht auch BVerfGE 85, 334 (krit. Kamphausen MDR 1993, 22).

3 **III. Sachlicher Anwendungsbereich (I–III).** Die Gebühren nach der Anlage 2 zum JVEG und nach der GOÄ iVm II betreffen nur die dort genannten Leistungen. Das ergibt sich für I schon aus dem Wort „soweit" im Gesetzestext und im Übrigen aus dem Charakter eng auslegbarer Sonderregeln (OLG Koblenz FamRZ 1993, 1347). Vgl. aber wegen DNA Anlage 2 Nr. 304. Wenn das Gericht vom Sachverständigen eine solche Tätigkeit verlangt, die über die Leistungen nach der Anlage 2 und nach der GOÄ in Verbindung mit II hinausgeht, ist insoweit (jetzt) § 10 und hilfsweise § 9 anwendbar (OLG Koblenz FamRZ 1993, 1347). Soweit ein sachverständiger Zeuge über die Leistungen der Anlage 2 und der GOÄ iVm II hinaus tätig wird, kommt für ihn § 19 in Betracht. Denn er ist nur wegen der in § 10 genannten Leistungen dem Sachverständigen gleichgestellt.

4 Eine Vergütung nach **§ 9** kommt **zB insoweit** in Betracht, als der Sachverständige ein solches Gutachten erstatten soll, das über eine in I, II erwähnte vorläufige oder kurze vorläufige gutachtliche Äußerung hinausgeht. Wenn für ein solches weitergehendes Gutachten eine nochmalige Untersuchung erforderlich ist, kann die Pauschalvergütung nach § 10 die dafür erforderliche Tätigkeit schon abgegolten haben. Man kann sie aber dort berücksichtigen, wo § 10 Rahmensätze nennt, zB bei Nr. 300, 302.

5 Der Sachverständige oder der sachverständige Zeuge nach § 414 ZPO erhält nur noch nach II den Ersatz für **Aufwendungen,** §§ 7, 12, soweit sie nicht in Abschnitt O der GOÄ aufgeführt sind. Denn I nennt bei seiner vorrangigen und deshalb eng auslegbaren Sonderregel §§ 7, 12 nicht mit.

Die Hinweise in der Anl. 2 Nr. 302, 304, 305, 306, 307 jeweils Anm. auf die Mitabgeltung der dort genannten Aufwände lassen **nicht** den **Umkehrschluss** zu, dass in allen anderen Fällen §§ 7, 12 trotz des abschließenden Vorrangs des § 10 anwendbar bleiben. Gerade wegen dieses Vorrangs von § 10 war die ausdrückliche Verweisung in II 2 Hs. 2 nötig, die schon nach ihrer dortigen Stellung eindeutig nur für II gilt. Der Gesetzgeber hat ein etwaiges redaktionelles Versehen in I weder im KostRMoG 2004 noch im 2. KostRModG 2013 erkannt. Mag er es als solches endlich einmal klarstellen (so schon OLG Karlsruhe Rpfleger 1989, 173; OLG Stuttgart Justiz 1988, 67 (je zum alten Recht), aA Jahnke/Pflüger Rn. 9 (aber auch die übrigen Ziffern der Anlage 2 usw hätten eben einen Schlusshinweis auf §§ 7, 12 erhalten können und müssen)). 6

Der Sachverständige oder sachverständige Zeuge hat außerdem einen Anspruch auf die Erstattung seiner **Fahrtkosten,** Wegegelder und Reiseaufwendungen, §§ 5, 8, 19. Für den durch die Reise für die Leistung zusätzlich erforderlichen Zeitraum erhält er eine zusätzliche Vergütung nach III. 7

IV. Persönlicher Anwendungsbereich (I–III). Die Vorschrift gilt für den Sachverständigen und für den sachverständigen Zeugen nach § 414 ZPO. Das stellt I klar. Ein **Krankenhausarzt** darf im Rahmen der Sätze der Anlage 2 den Unterschiedsbetrag zwischen den Vollkosten und den Sachkosten im Sinne des Tarifs der Deutschen Krankenhausgesellschaft (DKG-MT) nicht fordern (LSG Niedersachsen NJW 1978, 606). 8

Zur Vergütung nach § 10 ist eine **höchstpersönliche** Leistung nicht unbedingt erforderlich. Eine höchstpersönliche Leistung kann allerdings dann erforderlich sein, wenn das Gericht sie ausdrücklich angeordnet hat oder wenn sich auch ohne eine solche Anordnung aus der Sache ergibt, dass sie unabdingbar ist. Der Sachverständige muss seine Hilfskraft beaufsichtigen. 9

Eine Hilfsperson, der Sektionsgehilfe, ist kein Obduzent, → Rn. 14. Im Übrigen ist auf die Hilfskraft § 12 I 2 Nr. 1, II anwendbar. Die Gebühr nach Anlage 2 Nr. 400 ff. gilt die Heranziehung einer Hilfsperson bei einem erbbiologischen Gutachten ab, Vorb. I vor Nr. 400. 10

V. Leistungen nach der Anlage 2 im Einzelnen. Die Festgebühren oder Rahmengebühren richten sich nach den Voraussetzungen der jeweiligen Gebührenbezeichnungen. Weitere Vergütungsvorausetzungen ergeben sich aus den Vorbemerkungen. 11

1. Honorar für bildgebende Diagnostik (Vorb. III). Mit dem KostRÄG 2021 ist Vorb. 1 um einen neuen Abs. 3 erweitert worden. Für Leistungen aus den Nr. 100, 102–107 kann darüber ein gesondertes Honorar für bestimmte Diagnostikverfahren, die zur Gewinnung gesicherter Erkenntnisse erforderlich sind, gewährt werden. Das Honorar richtet sich nach § 10 II oder III, so dass die Festbeträge aus Anlage 2 oder wenn die Leistungen dort nicht erfasst sind für jede Stunde der zusätzlichen Zeit 80 EUR vergütet werden können. An die gesonderte Vergütung sind jedoch enge Voraussetzungen geknüpft: 12

- Vergütungsfähig ist nur der Aufwand einer bildgebenden Diagnostik, wenn dieser über das klassische Röntgen hinausgeht. Hierunter fallen unter anderem die Sonographie, Szintigraphie und die Magnetresonanztomographie (BT-Drs. 19/23484, 75).
- Die heranziehende Stelle, zumeist das Gericht oder aber auch die Staatsanwaltschaft, muss eine solches Diagnostikverfahren besonders angeordnet haben. Damit ist erforderlich, dass ausdrücklich eine solche besondere Diagnostik beauftragt wurde. Diese Heranziehung ist aktenkundig zu machen, da die Anordnung als Vergütungsvoraussetzung anderenfalls nicht überprüft werden kann.
- Die gesonderte Vergütung kann nur für Leichenbesichtigungen oder Obduktionen in bestimmten Fällen zugesprochen werden. Das zusätzlich vergütungsfähige Diagnostikverfahren ist beschränkt auf Besichtigungen oder Untersuchungen bei Säuglingen, Arbeits- und Verkehrsunfallopfer, in Fällen von Behandlungsfehlervorwürfen sowie auf Verstorbene nach äußerer Gewalteinwirkung.

13 **2. Leichenbesichtigung, Leichenschau (Anl. Nr. 100, 101).** Anlässlich der Besichtigung der Leiche, von Teilen einer solchen oder einer Leibesfrucht muss der Sachverständige sofort einen schriftlichen Bericht abfassen. Die Gebühr gilt diesen Bericht mit ab, Vorbemerkung I. Der Sachverständige erhält die Zusatzgebühr Nr. 101 nur insofern, als er eine besondere Berichterstattung sofort oder nachträglich vornehmen sollte.

14 **3. Obduktion (Anl. Nr. 102–107).** Eine nach § 87 II StPO von zwei Ärzten vorzunehmende Leichenöffnung macht beide zu Obduzenten. Sie erhalten jeweils das Honorar nach Nr. 102 ff. Eine durchschnittliche Obduktion, die keine Besonderheiten aufweist, wird mit dem in Nr. 102 ausgewiesenem Honorar vergütet. Sind jedoch besonders ungünstige Bedingungen gegeben, erhöht sich der Betrag. Der Anwendungsbereich von Nr. 103 erfasst dabei **äußere Umstände,** die zu einer Erschwernis führen, während Nr. 104 auf den besonders ungünstigen **Zustand der Leiche** abstellt. Die Gebühr für die Obduktion gilt auch die Teilnahme an der Exhumierung ab. In diesen Fällen ist der erhöhte Satz von Nr. 104 zuzubilligen, weil „andere besonders ungünstige Bedingungen" iS von Nr. 104 vorliegen (OLG Dresden JurBüro 2017, 201). Auch die Obduktion von stark verwesten Leichen bzw. Wasser- oder Brandleichen rechtfertigen den Ansatz von Nr. 104. Eine besonders zeitraubende, schwierige Obduktion, die über das gewöhnliche Maß deutlich hinaus geht und bei der besonders ungünstige **äußere** Bedingungen vorliegen, kann mit Nr. 103 abgegolten werden (OLG Dresden JurBüro 2017, 201). Mit der Änderung von Nr. 105 durch das KostRÄG 2021 wird nun zusätzlich dem Mehraufwand bei **erhöhtem Präparationsaufwand** Rechnung getragen. Zuvor rechtfertigten zusätzliche Präparationen keine besondere Vergütung (zum alten Recht OLG Dresden JurBüro 2017, 88). Die Erhöhung bezieht sich auf das Honorar nach 102, was bedeutet, dass sich der jeweilige Betrag, der beiden Obduzenten gewährt wird, entsprechend um 140 EUR erhöht. Denn der Erhöhungsbetrag nach der neuen Nummer 105 soll auch für die Nummern 103 und 104 anfallen (BT-Drs. 19/23484, 68). Ein **Sektionsgehilfe** als Hilfsperson des Obduzenten ist nicht selbst Obduzent. Die Aufwendungen für den Sektionsgehilfen sind daher über § 12 I 2 Nr. 1 abzurechnen (OLG Düsseldorf BeckRS 2019, 15863; LG Münster BeckRS 2018, 42087).

15 Für die Beschaffung von **Chemikalien,** Watte usw erfolgt eine Entschädigung nach § 12 II 1 Nr. 1. Für etwaige weitergehende Untersuchungen erfolgt eine Entschädigung nach Nr. 302.

16 Für die Nutzung von klinikeigenen **Kühlzellen** kann kein Entgeld verlangt werden (LG Düsseldorf BeckRS 2018, 14823). Vorb. 1 II stellt ausdrücklich nur auf fremde Kühlzellen ab.

17 **4. Befundschein, Zeugnis usw (Anl. Nr. 200–203).** Diese Vorschriften unterscheiden sich, soweit es sich um einen Befundschein handelt, dadurch, dass der Sachverständige bei Nr. 202 ein gerade von der heranziehenden Stelle gefordertes kurzes Gutachten beifügen muss. Soweit das Gericht mehr erfordert (es kommt also auf die Beweisfrage an), ist § 9 anwendbar. Die Gebühr gilt diejenige Untersuchung ab, die zu der Feststellung des Befunds oder der schriftlichen Auskunft führt. Für eine außergewöhnlich umfangreiche Tätigkeit ohne eine nähere gutachtliche Äußerung erhält der Sachverständige höchstens die Gebühr 203. § 10 III regelt die Vergütung für eine Tätigkeit zu einer außergewöhnlichen Zeit usw.

18 **Kostenschuldner** ist bei Nr. 200 die Staatskasse (OLG Brandenburg FamRZ 2011, 400).

19 **5. Untersuchung eines Lebensmittels usw (Anl. Nr. 300, 301).** Maßgebend ist jede Einzelbestimmung. Jede derartige Probe führt zu einer gesonderten Vergütung. Für eine außergewöhnlich umfangreiche Untersuchung darf das Gericht bis zu 1000 EUR zubilligen (so schon BVerfGE 1985, 335; aA OLG Schleswig Rpfleger 1993, 261. Zu einer Wasserprobe OLG Celle JurBüro 1994, 51).

20 **6. Mikroskopische Untersuchung usw (Anl. Nr. 302, 303).** In Betracht kommt zB eine Blutuntersuchung auf Alkohol (OLG Karlsruhe MDR 1994, 314). Wegen des Gutachtens und verbrauchtem Material sind die Anmerkungen zu beachten. Die Gebühr gilt die dann übliche kurze gutachterliche Äußerung ab (OLG Düsseldorf Rpfleger 1980, 406). Der Höchstsatz je Körperflüssigkeit gilt eine Bestim-

mung desselben Gifts, zB des Alkoholgehalts auch dann ab, wenn sie mehrere Untersuchungsgänge erfordert (OLG Karlsruhe MDR 1994, 314). Wenn der Sachverständige ein Leichenteil in verschiedenen Einzeluntersuchungen auf verschiedene Gifte prüft, stellt jede Untersuchung eine Probe dar (→ Rn. 15).

Man kann einen **außergewöhnlichen Umfang** dann annehmen, wenn die Gebühr bei einer Einzelberechnung nach den einfachen Sätzen der GÖA den Höchstrahmen um mehr als 50 % überschreitet (LSG Nds-Brem NJW 1978, 607, strenger jedenfalls bei einer häufig vorkommenden Verrichtung wie der Blutalkoholbestimmung OLG Karlsruhe MDR 1994, 314; OLG Schleswig SchlHA 1986, 47). Nur das verbrauchte Material von geringem Wert ist abgegolten. Im Übrigen gilt insofern § 12 I 2 Nr. 1. 21

7. Untersuchung eines Menschen (Anl. Nr. 304, 305). Die Bestimmung regelt die von § 10 II nicht erfassten Fälle der speziell genannten Untersuchungen. Mit dem Honorar sind die kurze gutachtliche Äußerung und der Aufwand im Zusammenhang mit der Untersuchung abgegolten. 22

8. Blutentnahme (Anl. Nr. 306). Die Blutentnahme erfordert bei einer Untersuchung nach den Nr. 302–304, 400 also eine besondere Vergütung. Für die dazu benötigte Venüle hat der Sachverständige einen Ersatzanspruch nach § 12 I 2 Nr. 1. Die notwendige Identitätsprüfung ist abgegolten. Eine höchstpersönliche Entnahme ist grundsätzlich nicht erforderlich. 23

9. Abstammungsgutachten (Anl. Nr. 400–412). Die Gebühr entsteht für jede untersuchte Person besonders. Das gilt auch dann, wenn die Vergleichspersonen identisch sind. Die Merkmale Nr. 400 ff. können nebeneinander anwendbar sein, zum Teil mehrmals. 24

Wenn der Sachverständige eine asservierte Blutprobe sowie eine neue Blutprobe darauf untersucht, ob die asservierte von **derselben** Person abstammt, sind Nr. 400 ff. auf jede dieser Untersuchungen anwendbar (OLG Karlsruhe Rpfleger 1980, 165). 25

VI. Leistungen nach der Anlage der Gebührenordnung für Ärzte im Einzelnen (II). Man muss zwei Gruppen von Vorschriften unterscheiden. 26

1. Gebührenverzeichnis der GOÄ (II 1). Die Vorschrift erfasst als vorrangige Sonderregel die Leistungen der in Abschnitt O der GOÄ bezeichneten Art. Dieser Abschnitt der GOÄ ist **entsprechend anwendbar.** Die nachfolgende Tabelle weist die auf EUR umgerechneten Beträge mit dem 1,0-fachen Satz aus. Dieses sind die Ausgangswerte, die in Höhe des 1,3-fachen Gebührensatzes erstattet werden können. 27

Der Sachverständige erhält nach § 10 II 1 das 1,3fache. Man muss also die nachfolgenden EUR-Zahlen der GOÄ um 30 % erhöhen, um die Entschädigung des Sachverständigen zu errechnen. 28

Die Vorschriften lauten: 29

„O. Strahlendiagnostik, Nuklearmedizin, Magnetresonanztomographie und Strahlentherapie

I. Strahlendiagnostik

Allgemeine Bestimmungen

2. Die Leistungen für Strahlendiagnostik mit Ausnahme der Durchleuchtung(en) (Nummer 5295) sind nur bei Bilddokumentation auf einem Röntgenfilm oder einem anderen Langzeitdatenträger berechnungsfähig.
3. Die Befundmitteilung oder der einfache Befundbericht mit Angaben zu Befund(en) und zur Diagnose ist Bestandteil der Leistungen und nicht gesondert berechnungsfähig.
4. Die Beurteilung von Röntgenaufnahmen (auch Fremdaufnahmen) als selbständige Leistung ist nicht berechnungsfähig.
5. Die nach der Strahlenschutzverordnung bzw. Röntgenverordnung notwendige ärztliche Überprüfung der Indikation und des Untersuchungsumfangs ist auch im Überweisungsfall Bestandteil der Leistungen des Abschnitts O und mit den Gebühren abgegolten.
6. Die Leistungen nach den Nummern 5011, 5021, 5031, 5101, 5106, 5121, 5201, 5267, 5295, 5302, 5305, 5308, 5311, 5318, 5331, 5339, 5376 und 5731 dürfen unabhängig von der Anzahl der Ebenen, Projektionen, Durchleuchtungen bzw. Serien insgesamt jeweils nur einmal berechnet werden.
7. Die Kosten für Kontrastmittel auf Bariumbasis und etwaige Zusatzmittel für die Doppelkontrastuntersuchung sind in den abrechnungsfähigen Leistungen enthalten.

1. Skelett

Allgemeine Bestimmungen

Neben den Leistungen nach den Nummern 5050, 5060 und 5070 sind die Leistungen nach den Nummern 300 bis 302, 372, 373, 490, 491 und 5295 nicht berechnungsfähig.

Nummer	Leistung	Punktzahl	Gebühr in Euro
Zähne			
5000	Zähne, je Projektion	50	2,91
	Werden mehrere Zähne mittels einer Röntgenaufnahme erfasst, so darf die Leistung nach Nummer 5000 nur einmal und nicht je aufgenommenem Zahn berechnet werden.		
5002	Panoramaaufnahme(n) eines Kiefers	250	14,57
5004	Panoramaschichtaufnahme der Kiefer	400	23,31
Finger und Zehen			
5010	jeweils in zwei Ebenen	180	10,49
5011	ergänzende Ebene(n)	60	3,50
	Werden mehrere Finger oder Zehen mittels einer Röntgenaufnahme erfasst, so dürfen die Leistungen nach den Nummern 5010 und 5011 nur einmal und nicht je aufgenommenem Finger oder Zehen berechnet werden		
Handgelenk, Mittelhand, alle Finger einer Hand, Sprunggelenk, Fußwurzel und/oder Mittelfuß, Kniescheibe			
5020	jeweils in zwei Ebenen	220	12,82
5021	ergänzende Ebene(n)	80	4,66
	Werden mehrere der in der Leistungsbeschreibung genannten Skeletteile mittels einer Röntgenaufnahme erfasst, so dürfen die Leistungen nach den Nummern 5020 und 5021 nur einmal und nicht je aufgenommenem Skeletteil berechnet werden.		
Oberarm, Unterarm, Ellenbogengelenk, Oberschenkel, Unterschenkel, Kniegelenk, ganze Hand oder ganzer Fuß, Gelenke der Schulter, Schlüsselbein, Beckenteilaufnahme, Kreuzbein oder Hüftgelenk			
5030	Jeweils in zwei Ebenen	360	20,98
50031	ergänzende Ebene(n)	100	5,83
	Werden mehrere der in der Leistungsbeschreibung genannten Skeletteile mittels einer Röntgenaufnahme erfasst, so dürfen die Leistungen nach den Nummern 5030 und 5031 nur einmal und nicht je aufgenommenem Skeletteil berechnet werden.		
5035	Teile des Skeletts in einer Ebene, je Teil	160	9,33
	Die Leistung nach Nummer 5035 ist je Skeletteil und Sitzung nur einmal berechnungsfähig. Das untersuchte Skeletteil ist in der Rechnung anzugeben. Die Leistung nach Nummer 5035 ist neben den Leistungen nach den Nummern 5000 bis 5031 und 5037 bis 5121 nicht berechnungsfähig.		
5037	Bestimmung des Skelettalters – gegebenenfalls einschließlich Berechnung der prospektiven Endgröße, einschließlich der zugehörigen Röntgendiagnostik und gutachterlichen Beurteilung –	300	17,49
5040	Beckenübersicht	300	17,49
5041	Beckenübersicht bei einem Kind bis zum vollendeten 14. Lebensjahr	200	11,66
5050	Kontrastuntersuchung eines Hüftgelenks, Kniegelenks oder Schultergelenks, einschließlich Punktion, Stichkanalanästhesie und Kontrastmitteleinbringung – gegebenenfalls einschließlich Durchleuchtung(en)	950	55,37
5060	Kontrastuntersuchung eines Kiefergelenks, einschließlich Punktion, Stichkanalanästhesie und Kontrastmitteleinbringung – gegebenenfalls einschließlich Durchleuchtung(en) –	500	29,14
5070	Kontrastuntersuchung der übrigen Gelenke, einschließlich Punktion, Stichkanalanästhesie und Kontrastmitteleinbringung – gegebenenfalls einschließlich Durchleuchtung(en) –, je Gelenk	400	23,31
5090	Schädel-Übersicht, in zwei Ebenen	400	23,31
5095	Schädelteile in Spezialprojektionen, je Teil	200	11,66

Nummer	Leistung	Punktzahl	Gebühr in Euro
5098	Nasennebenhöhlen – gegebenenfalls auch in mehreren Ebenen –	260	15,15
5100	Halswirbelsäule, in zwei Ebenen	300	17,49
5101	ergänzende Ebene(n)	160	9,33
5105	Brust- oder Lendenwirbelsäule, in zwei Ebenen, je Teil	400	23,31
5106	ergänzende Ebene(n)	180	10,49
5110	Ganzaufnahme der Wirbelsäule oder einer Extremität	500	29,14
5111	ergänzende Ebene(n)	200	11,66
	Die Leistung nach Nummer 5111 ist je Sitzung nicht mehr als zweimal berechnungsfähig.		
	Die Leistungen nach den Nummern 5110 und 5111 sind neben den Leistungen nach den Nummern 5010, 5011, 5020, 5021, 5030 und 5031 nicht berechnungsfähig.		
	Die Nebeneinanderberechnung der Leistungen nach den Nummern 5100, 5105 und 5110 bedarf einer besonderen Begründung.		
5115	Untersuchung von Teilen der Hand oder des Fußes mittels Feinstfokustechnik (Fokusgröße maximal 0,2mm) oder Xeroradiographietechnik zur gleichzeitigen Beurteilung von Knochen und Weichteilen, je Teil	400	23,31
5120	Rippen einer Thoraxhälfte, Schulterblatt oder Brustbein, in einer Ebene	260	15,15
5121	ergänzende Ebene(n)	140	8,16
	2. Hals- und Brustorgane		
5130	Halsorgane oder Mundboden – gegebenenfalls in mehreren Ebenen	280	16,32
5135	Brustorgane-Übersicht, in einer Ebene	280	16,32
	Die Leistung nach Nummer 5135 ist je Sitzung nur einmal berechnungsfähig.		
5137	Brustorgane-Übersicht – gegebenenfalls einschließlich Breischluck und Durchleuchtung(en) –, in mehreren Ebenen	450	26,23
5139	Teil der Brustorgane	180	10,49
	Die Berechnung der Leistung nach Nummer 5139 neben den Leistungen nach den Nummern 5135, 5137 und/oder 5140 ist in der Rechnung zu begründen.		
5140	Brustorgane, Übersicht im Mittelformat	100	5,83
	3. Bauch- und Verdauungsorgane		
5150	Speiseröhre, gegebenenfalls einschließlich ösophago-gastraler Übergang, Kontrastuntersuchung (auch Doppelkontrast) – einschließlich Durchleuchtung(en) –, als selbständige Leistung	550	32,06
5157	Oberer Verdauungstrakt (Speiseröhre, Magen, Zwölffingerdarm und oberer Abschnitt des Dünndarms), Monokontrastuntersuchung – einschließlich Durchleuchtung(en) –	700	40,80
5158	Oberer Verdauungstrakt (Speiseröhre, Magen, Zwölffingerdarm und oberer Abschnitt des Dünndarms), Kontrastuntersuchung – einschließlich Doppelkontrastdarstellung und Durchleuchtung(en), gegebenenfalls einschließlich der Leistung nach Nummer 5150 –	1200	69,94
5159	Zuschlag zu den Leistungen nach den Nummern 5157 und 5158 bei Erweiterung der Untersuchung bis zum Ileozökalgebiet	300	17,49
5163	Dünndarmkontrastuntersuchung mit im Bereich der Flexura duodenojejunalis endender Sonde – einschließlich Durchleuchtung(en)	1300	75,77
5165	Monokontrastuntersuchung von Teilen des Dickdarms – einschließlich Durchleuchtung(en) –	700	40,80
5166	Dickdarmdoppelkontrastuntersuchung – einschließlich Durchleuchtung(en) –	1400	81,60
5167	Defäkographie nach Markierung der benachbarten Hohlorgane – einschließlich Durchleuchtung(en) –	1000	58,29
5168	Pharyngographie unter Verwendung kinematographischer Techniken – einschließlich Durchleuchtung(en) –, als selbständige Leistung	800	46,63

Nummer	Leistung	Punktzahl	Gebühr in Euro
5169	Pharyngographie unter Verwendung kinematographischer Techniken – einschließlich Durchleuchtung(en) und einschließlich der Darstellung der gesamten Speiseröhre –	1100	64,12
5170	Kontrastuntersuchung von Gallenblase und/oder Gallenwegen und/oder Pankreasgängen	400	23,31
	Die Leistung nach Nummer 5190 ist je Sitzung nur einmal berechnungsfähig.		
5191	Bauchübersicht, in zwei oder mehr Ebenen oder Projektionen	500	29,14
5192	Bauchteilaufnahme – gegebenenfalls in mehreren Ebenen oder Spezialprojektionen –	200	11,66
5200	Harntraktkontrastuntersuchung – einschließlich intravenöser Verabreichung des Kontrastmittels –	600	34,97
5201	Ergänzende Ebene(n) oder Projektion(en) im Anschluss an die Leistung nach Nummer 5200 – gegebenenfalls einschließlich Durchleuchtung(en) –	200	11,66
5220	Harntraktkontrastuntersuchung – einschließlich retrograder Verabreichung des Kontrastmittels, gegebenenfalls einschließlich Durchleuchtung(en) –, je Seite	300	17,49
5230	Harnröhren- und/oder Harnblasenkontrastuntersuchung (Urethrozystographie) – einschließlich retrograder Verabreichung des Kontrastmittels, gegebenenfalls einschließlich Durchleuchtung(en) –, als selbständige Leistung	300	17,49
5235	Refluxzystographie – einschließlich retrograder Verabreichung des Kontrastmittels, einschließlich Miktionsaufnahmen und gegebenenfalls einschließlich Durchleuchtung(en) –, als selbständige Leistung	500	29,14
5250	Gebärmutter- und/oder Eileiterkontrastuntersuchung – einschließlich Durchleuchtung(en) –	400	23,31
	4. Spezialuntersuchungen		
5260	Röntgenuntersuchung natürlicher, künstlicher oder krankhaft entstandener Gänge, Gangsysteme, Hohlräume oder Fisteln (zB Sialographie, Galaktographie, Kavernographie, Vesikulographie) – gegebenenfalls einschließlich Durchleuchtung(en) –	400	23,31
	Die Leistung nach Nummer 5260 ist nicht berechnungsfähig für Untersuchungen des Harntrakts, der Gebärmutter und Eileiter sowie der Gallenblase.		
5265	Mammographie einer Seite, in einer Ebene	300	17,49
	Die Leistung nach Nummer 5265 ist je Seite und Sitzung nur einmal berechnungsfähig.		
5266	Mammographie einer Seite, in zwei Ebenen	450	26,23
5267	Ergänzende Ebene(n) oder Spezialprojektion(en) im Anschluss an die Leistung nach Nummer 5266	150	8,74
5280	Myelographie	750	43,72
5285	Bronchographie – einschließlich Durchleuchtung(en) –	450	26,23
5290	Schichtaufnahme(n) (Tomographie), bis zu fünf Strahlenrichtungen oder Projektionen, je Strahlenrichtung oder Projektion	650	37,89
5295	Durchleuchtung(en), als selbständige Leistung	240	13,99
5298	Zuschlag zu den Leistungen nach den Nummern 5010 bis 5290 bei Anwendung digitaler Radiographie (Bildverstärker-Radiographie)		
	Der Zuschlag nach Nummer 5298 beträgt 25 v. H. des einfachen Gebührensatzes der betreffenden Leistung.		

5. Angiographie

Allgemeine Bestimmungen

Die Zahl der Serien im Sinne der Leistungsbeschreibungen der Leistungen nach den Nummern 5300 bis 5327 wird durch die Anzahl der Kontrastmittelgaben bestimmt.

Die Leistungen nach den Nummern 5300, 5302, 5303, 5305 bis 5313, 5315, 5316, 5318, 5324, 5325, 5327, 5329 bis 5331, 5338 und 5339 sind je Sitzung jeweils nur einmal berechnungsfähig.

Nummer	Leistung	Punktzahl	Gebühr in Euro
5300	Serienangiographie im Bereich von Schädel, Brust- und/ oder Bauchraum, eine Serie	2000	116,57
5301	Zweite bis dritte Serie im Anschluss an die Leistung nach Nummer 5300, je Serie	400	23,31

Nummer	Leistung	Punktzahl	Gebühr in Euro
	Bei der angiographischen Darstellung von hirnversorgenden Arterien ist auch die vierte bis sechste Serie jeweils nach Nummer 5301 berechnungsfähig.		
5302	Weitere Serien im Anschluss an die Leistungen nach den Nummern 5300 und 5301, insgesamt	600	34,97
5303	Serienangiographie im Bereich von Schädel, Brust- und Bauchraum im zeitlichen Zusammenhang mit einer oder mehreren Leistungen nach den Nummern 5315 bis 5327, eine Serie	1000	58,29
5304	Zweite bis dritte Serie im Anschluss an die Leistung nach Nummer 5303, je Serie	200	11,66
	Bei der angiographischen Darstellung von hirnversorgenden Arterien ist auch die vierte bis sechste Serie jeweils nach Nummer 5304 berechnungsfähig.		
5305	Weitere Serien im Anschluss an die Leistungen nach den Nummern 5303 und 5304, insgesamt	300	17,49
5306	Serienangiographie im Bereich des Beckens und beider Beine, eine Serie	2000	116,57
5307	Zweite Serie im Anschluss an die Leistung nach Nummer 5306	600	34,97
5308	Weitere Serien im Anschluss an die Leistungen nach den Nummern 5306 und 5307, insgesamt	800	46,63
	Neben den Leistungen nach den Nummern 5306 bis 5308 sind die Leistungen nach den Nummern 5309 bis 5312 für die Untersuchung der Beine nicht berechnungsfähig.		
	Werden die Leistungen nach den Nummern 5306 bis 5308 im zeitlichen Zusammenhang mit einer oder mehreren Leistung(en) nach den Nummern 5300 bis 5305 erbracht, sind die Leistungen nach den Nummern 5306 bis 5308 nur mit dem einfachen Gebührensatz berechnungsfähig.		
5309	Serienangiographie einer Extremität, eine Serie	1800	104,92
5310	Weitere Serien im Anschluss an die Leistung nach Nummer 5309, insgesamt	600	34,97
5311	Serienangiographie einer weiteren Extremität im zeitlichen Zusammenhang mit der Leistung nach Nummer 5309, eine Serie	1000	58,29
5312	Weitere Serien im Anschluss an die Leistung nach Nummer 5311, insgesamt	600	34,97
5313	Angiographie der Becken- und Beingefäße in Großkassetten-Technik, je Sitzung	800	46,63
	Die Leistung nach Nummer 5313 ist neben den Leistungen nach den Nummern 5300 bis 5312 sowie 5315 bis 5339 nicht berechnungsfähig.		
5315	Angiokardiographie einer Herzhälfte, eine Serie	2200	128,23
	Die Leistung nach Nummer 5315 ist je Sitzung nur einmal berechnungsfähig.		
5316	Angiokardiographie beider Herzhälften, eine Serie	3000	174,86
	Die Leistung nach Nummer 5316 ist je Sitzung nur einmal berechnungsfähig. Neben der Leistung nach Nummer 5316 ist die Leistung nach Nummer 5315 nicht berechnungsfähig.		
5317	Zweite bis dritte Serie im Anschluss an die Leistungen nach Nummer 5315 oder 5316, je Serie	400	23,31
5318	Weitere Serien im Anschluss an die Leistung nach Nummer 5317, insgesamt	600	34,97
	Die Leistungen nach den Nummern 5315 bis 5318 sind neben den Leistungen nach den Nummern 5300 bis 5302 sowie 5324 bis 5327 nicht berechnungsfähig.		
5324	Selektive Koronarangiographie eines Herzkranzgefäßes oder Bypasses mittels Cinetechnik, eine Serie	2400	139,89
	Die Leistungen nach den Nummern 5324 und 5325 sind nicht nebeneinander berechnungsfähig.		
5325	Selektive Koronarangiographie aller Herzkranzgefäße oder Bypasse mittels Cinetechnik, eine Serie	3000	174,86
5326	Selektive Koronarangiographie eines oder aller Herzkranzgefäße im Anschluss an die Leistungen nach Nummer 5324 oder 5325, zweite bis fünfte Serie, je Serie	400	23,31

Nummer	Leistung	Punktzahl	Gebühr in Euro
5327	Zusätzliche Linksventrikulographie bei selektiver Koronarangiographie	1000	58,29
	Die Leistungen nach den Nummern 5324 bis 5327 sind neben den Leistungen nach den Nummern 5300 bis 5302 und 5315 bis 5318 nicht berechnungsfähig.		
5328	Zuschlag zu den Leistungen nach den Nummern 5300 bis 5327 bei Anwendung der simultanen Zwei-Ebenen-Technik	1200	69,94
	Der Zuschlag nach Nummer 5328 ist je Sitzung nur einmal und nur mit dem einfachen Gebührensatz berechnungsfähig.		
5329	Venographie im Bereich des Brust- und Bauchraums . . .	1600	93,26
5330	Venographie einer Extremität	750	43,72
5331	Ergänzende Projektion(en) (insbesondere des zentralen Abflussgebiets) im Anschluss an die Leistung nach Nummer 5330, insgesamt	200	11,66
5335	Zuschlag zu den Leistungen nach den Nummern 5300 bis 5331 bei computergestützter Analyse und Abbildung . . .	800	46,63
	Der Zuschlag nach Nummer 5335 kann je Untersuchungstag unabhängig von der Anzahl der Einzeluntersuchungen nur einmal und nur mit dem einfachen Gebührensatz berechnet werden.		
5338	Lymphographie, je Extremität	1000	58,29
5339	Ergänzende Projektion(en) im Anschluss an die Leistung nach Nummer 5338 – einschließlich Durchleuchtung(en) –, insgesamt	250	14,57

6. Interventionelle Maßnahmen

Allgemeine Bestimmung
Die Leistungen nach den Nummern 5345 bis 5356 können je Sitzung nur einmal berechnet werden.

Nummer	Leistung	Punktzahl	Gebühr in Euro
5345	Perkutane transluminale Dilatation und Rekanalisation von Arterien mit Ausnahme der Koronararterien – einschließlich Kontrastmitteleinbringungen und Durchleuchtung(en) im zeitlichen Zusammenhang mit dem gesamten Eingriff – .	2800	163,20
	Neben der Leistung nach Nummer 5345 sind die Leistungen nach den Nummern 350 bis 361 sowie 5295 nicht berechnungsfähig.		
	Wurde innerhalb eines Zeitraums von vierzehn Tagen vor Erbringung der Leistung nach Nummer 5345 bereits eine Leistung nach den Nummern 5300 bis 5313 berechnet, darf neben der Leistung nach Nummer 5345 für dieselbe Sitzung eine Leistung nach den Nummern 5300 bis 5313 nicht erneut berechnet werden. Im Falle der Nebeneinanderberechnung der Leistung nach Nummer 5345 neben einer Leistung nach den Nummern 5300 bis 5313 ist in der Rechnung zu bestätigen, dass in den vorhergehenden vierzehn Tagen eine Leistung nach den Nummern 5300 bis 5313 nicht berechnet wurde.		
5346	Zuschlag zu der Leistung nach Nummer 5345 bei Dilatation und Rekanalisation von mehr als zwei Arterien, insgesamt	600	34,97
	Neben der Leistung nach Nummer 5346 sind die Leistungen nach den Nummern 350 bis 361 sowie 5295 nicht berechnungsfähig.		
5348	Perkutane transluminale Dilatation und Rekanalisation von Koronararterien – einschließlich Kontrastmitteleinbringungen und Durchleuchtung(en) im zeitlichen Zusammenhang mit dem gesamten Eingriff –	3800	221,49
	Neben der Leistung nach Nummer 5348 sind die Leistungen nach den Nummern 350 bis 361 sowie 5295 nicht berechnungsfähig.		
	Wurde innerhalb eines Zeitraums von vierzehn Tagen vor Erbringung der Leistung nach Nummer 5348 bereits eine Leistung nach den Nummern 5315 bis 5327 berechnet, darf neben der Leistung nach Nummer 5348 für dieselbe Sitzung eine Leistung nach den Nummern 5315 bis 5327 nicht erneut berechnet werden. Im Falle der Nebeneinander-		

Nummer	Leistung	Punktzahl	Gebühr in Euro
	berechnung der Leistung nach Nummer 5348 neben einer Leistung nach den Nummern 5315 bis 5327 ist in der Rechnung zu bestätigen, dass in den vorhergehenden vierzehn Tagen eine Leistung nach den Nummern 5315 bis 5327 nicht berechnet wurde.		
5349	Zuschlag zu der Leistung nach Nummer 5348 bei Dilatation und Rekanalisation von mehr als einer Koronararterie, insgesamt	1000	58,29
	Neben der Leistung nach Nummer 5349 sind die Leistungen nach den Nummern 350 bis 361 sowie 5295 nicht berechnungsfähig.		
5351	Lysebehandlung als Einzelbehandlung oder ergänzend zu den Leistungen nach Nummer 2826, 5345 oder 5348 – bei einer Lysedauer von mehr als einer Stunde –	500	29,14
5352	Zuschlag zu der Leistung nach Nummer 5351 bei Lysebehandlung der hirnversorgenden Arterien	1000	58,29
5353	Perkutane transluminale Dilatation und Rekanalisation von Venen – einschließlich Kontrastmitteleinbringungen und Durchleuchtung(en) im zeitlichen Zusammenhang mit dem gesamten Eingriff –	2000	116,57
	Neben der Leistung nach Nummer 5353 sind die Leistungen nach den Nummern 344 bis 347, 5295 sowie 5329 bis 5331 nicht berechnungsfähig.		
5354	Zuschlag zu der Leistung nach Nummer 5353 bei Dilatation und Rekanalisation von mehr als zwei Venen, insgesamt .	200	11,66
	Neben der Leistung nach Nummer 5354 sind die Leistungen nach den Nummern 344 bis 347, 5295 sowie 5329 bis 5331 nicht berechnungsfähig.		
5355	Einbringung von Gefäßstützen oder Anwendung alternativer Angioplastiemethoden (Atherektomie, Laser), zusätzlich zur perkutanen transluminalen Dilatation – einschließlich Kontrastmittelerbringungen und Durchleuchtung(en) im zeitlichen Zusammenhang mit dem gesamten Eingriff –	2000	116,57
	Neben der Leistung nach Nummer 5355 sind die Leistungen nach den Nummern 344 bis 361, 5295 sowie 5300 bis 5327 nicht berechnungsfähig.		
5356	Einbringung von Gefäßstützen oder Anwendung alternativer Angioplastiemethoden (Atherektomie, Laser), zusätzlich zur perkutanen transluminalen Dilatation einer Koronararterie – einschließlich Kontrastmitteleinbringungen und Durchleuchtung(en) im zeitlichen Zusammenhang mit dem gesamten Eingriff –	2500	145,72
	Neben der Leistung nach Nummer 5356 sind die Leistungen nach den Nummern 350 bis 361, 5295, 5315 bis 5327, 5345, 5353 sowie 5355 nicht berechnungsfähig.		
	Neben der Leistung nach Nummer 5356 ist die Leistung nach Nummer 5355 für Eingriffe an Koronararterien nicht berechnungsfähig.		
5357	Embolisation einer oder mehrerer Arterie(n) mit Ausnahme der Arterien im Kopf-Hals-Bereich oder Spinalkanal – einschließlich Kontrastmitteleinbringung(en) und angiographischer Kontrollen im zeitlichen Zusammenhang mit dem gesamten Eingriff –, je Gefäßgebiet	3500	204,01
	Neben der Leistung nach Nummer 5357 sind die Leistungen nach den Nummern 350 bis 361, 5295 sowie 5300 bis 5312 nicht berechnungsfähig.		
5358	Embolisation einer oder mehreren Arterie(n) im Kopf-Hals-Bereich oder Spinalkanal – einschließlich Kontrastmitteleinbringung(en) und angiographischer Kontrollen im zeitlichen Zusammenhang mit dem gesamten Eingriff –, je Gefäßgebiet	4500	262,29
	Neben der Leistung nach Nummer 5358 sind die Leistungen nach den Nummern 350, 351, 5295 sowie 5300 bis 5305 nicht berechnungsfähig.		
5359	Embolisation der Vena spermatica – einschließlich Kontrastmitteleinbringung(en) und angiographischer Kontrollen im zeitlichen Zusammenhang mit dem gesamten Eingriff –	2500	145,72

Nummer	Leistung	Punktzahl	Gebühr in Euro
	Neben der Leistung nach Nummer 5359 sind die Leistungen nach den Nummern 344 bis 347, 5295 sowie 5329 bis 5331 nicht berechnungsfähig.		
5360	Embolisation von Venen – einschließlich Kontrastmitteleinbringung(en) und angiographischer Kontrollen im zeitlichen Zusammenhang mit dem gesamten Eingriff –	2000	116,57
	Neben der Leistung nach Nummer 5360 sind die Leistungen nach den Nummern 344 bis 347, 5295 sowie 5329 bis 5331 nicht berechnungsfähig.		
5361	Transhepatische Drainage und/oder Dilatation von Gallengängen – einschließlich Kontrastmitteleinbringung(en) und cholangiographischer Kontrollen im zeitlichen Zusammenhang mit dem gesamten Eingriff –	2600	151,55
	Neben der Leistung nach Nummer 5361 sind die Leistungen nach den Nummern 370, 5170 sowie 5295 nicht berechnungsfähig.		

7. Computertomographie

Die Leistungen nach den Nummern 5369 bis 5375 sind je Sitzung jeweils nur einmal berechnungsfähig.

Die Nebeneinanderberechnung von Leistungen nach den Nummern 5370 bis 5374 ist in der Rechnung gesondert zu begründen. Bei Nebeneinanderberechnung von Leistungen nach den Nummern 5370 bis 5374 ist der Höchstwert nach Nummer 5369 zu beachten.

Nummer	Leistung	Punktzahl	Gebühr in Euro
5369	Höchstwert für Leistungen nach den Nummern 5370 bis 5374	3000	174,86
	Die im einzelnen erbrachten Leistungen sind in der Rechnung anzugeben.		
5370	Computergesteuerte Tomographie im Kopfbereich – gegebenenfalls einschließlich des kranio-zervikalen Übergangs –	2000	116,57
5371	Computergesteuerte Tomographie im Hals- und/oder Toraxbereich	2300	134,06
5372	Computergesteuerte Tomographie im Abdominalbereich	2600	151,55
5373	Computergesteuerte Tomographie des Skeletts (Wirbelsäule, Extremitäten oder Gelenke bzw. Gelenkpaare) . . .	1900	110,75
5374	Computergesteuerte Tomographie der Zwischenwirbelräume im Bereich der Hals-, Brust- und/oder Lendenwirbelsäule – gegebenenfalls einschließlich der Übergangsregionen –	1900	110,75
5375	Computergesteuerte Tomographie der Aorta in ihrer gesamten Länge	2000	116,57
	Die Leistung nach Nummer 5375 ist neben den Leistungen nach den Nummern 5371 und 5372 nicht berechnungsfähig.		
5376	Ergänzende computergesteuerte Tomographie(n) mit mindestens einer zusätzlichen Serie (zB bei Einsatz von Xenon, bei Einsatz der High-Resolution-Technik, bei zusätzlichen Kontrastmittelgaben) – zusätzlich zu den Leistungen nach den Nummern 5370 bis 5375 –	500	29,14
5377	Zuschlag für computergesteuerte Analyse – einschließlich speziell nachfolgender 3D-Rekonstruktion –	800	46,63
	Der Zuschlag nach Nummer 5377 ist nur mit dem einfachen Gebührensatz berechnungsfähig.		
5378	Computergesteuerte Tomographie zur Bestrahlungsplanung oder zu interventionellen Maßnahmen	1000	58,29
	Neben oder anstelle der computergesteuerten Tomographie zur Bestrahlungsplanung oder zu interventionellen Maßnahmen sind die Leistungen nach den Nummern 5370 bis 5376 nicht berechnungsfähig.		
5380	Bestimmung des Mineralgehalts (Osteodensitometrie) von repräsentativen (auch mehreren) Skelettteilen mit quantitativer Computertomographie oder quantitativer digitaler Röntgentechnik	300	17,49

II. Nuklearmedizin

Allgemeine Bestimmungen

1. Szintigraphische Basisleistung ist grundsätzlich die planare Szintigraphie mit der Gammakamera, gegebenenfalls in mehreren Sichten/Projektionen. Bei der Auswahl des anzuwendenden Radiopharmazeutikums sind wissenschaftliche Erkenntnisse und strahlenhygienische Gesichtspunkte zu berücksichtigen. Wiederholungsuntersuchungen, die nicht ausdrücklich aufgeführt sind, sind nur mit besonderer Begründung und wie die jeweilige Basisleistung berechnungsfähig.
2. Ergänzungsleistungen nach den Nummern 5480 bis 5485 sind je Basisleistung oder zulässiger Wiederholungsuntersuchung nur einmal berechnungsfähig. Neben Basisleistungen, die quantitative Bestimmungen enthalten, dürfen Ergänzungsleistungen für Quantifizierungen nicht zusätzlich berechnet werden. Die Leistungen nach den Nummern 5473 und 5481 dürfen nicht nebeneinander berechnet werden. Die Leistungen nach den Nummern 5473, 5480, 5481 und 5483 sind nur mit Angabe der Indikation berechnungsfähig.
3. Die Befunddokumentation, die Aufbewahrung der Datenträger sowie die Befundmitteilung oder der einfache Befundbericht mit Angaben zu Befund(en) und zur Diagnose sind Bestandteil der Leistungen und nicht gesondert berechnungsfähig.
4. Die Materialkosten für das Radiopharmazeutikum (Nuklid, Markierungs- oder Testbestecke) sind gesondert berechnungsfähig. Kosten für Beschaffung, Aufbereitung, Lagerung und Entsorgung der zur Untersuchung notwendigen Substanzen, die mit ihrer Anwendung verbraucht sind, sind nicht gesondert berechnungsfähig.
5. Die Einbringung von zur Diagnostik erforderlichen Stoffen in den Körper – mit Ausnahme der Einbringung durch Herzkatheter, Arterienkatheter, Subokzipitalpunktion oder Lumbalpunktion – sowie die gegebenenfalls erforderlichen Entnahmen von Blut oder Urin sind mit den Gebühren abgegolten, soweit zu den einzelnen Leistungen dieses Abschnitts nichts anderes bestimmt ist.
6. Die Einbringung von zur Therapie erforderlichen radioaktiven Stoffen in den Körper – mit Ausnahme der intraartikulären, intralymphatischen, endoskopischen oder operativen Einbringungen des Strahlungsträgers oder von Radionukliden – ist mit den Gebühren abgegolten, soweit zu den einzelnen Leistungen dieses Abschnitts nichts anderes bestimmt ist.
7. Rechnungsbestimmungen
   a) Der Arzt darf nur die für den Patienten verbrauchte Menge an radioaktiven Stoffen berechnen.
   b) Bei der Berechnung von Leistungen nach Abschnitt O II sind die Untersuchungs- und Behandlungsdaten der jeweils eingebrachten Stoffe sowie die Art der ausgeführten Maßnahmen in der Rechnung anzugeben, sofern nicht durch die Leistungsbeschreibung eine eindeutige Definition gegeben ist.

Nummer	Leistung	Punktzahl	Gebühr in Euro
	1. Diagnostische Leistungen (In-vivo-Untersuchungen)		
	a. Schilddrüse		
5400	Szintigraphische Untersuchung (Schilddrüse) – gegebenenfalls einschließlich Darstellung dystoper Anteile – . . .	350	20,40
5401	Szintigraphische Untersuchung (Schilddrüse) – einschließlich quantitativer Untersuchung –, mit Bestimmung der globalen, gegebenenfalls auch der regionalen Radionuklidaufnahme in der Schilddrüse mit Gammakamera und Meßwertverarbeitungssystem als Jodidclearance-Äquivalent – einschließlich individueller Kalibrierung und Qualitätskontrollen (zB Bestimmung der injizierten Aktivität) –	1300	75,77
5402	Radiojodkurztest bis zu 24 Stunden (Schilddrüse) – gegebenenfalls einschließlich Blutaktivitätsbestimmungen und/oder szintigraphischer Untersuchung(en) – . . . . *Die Leistungen nach den Nummern 5400 bis 5402 sind nicht nebeneinander berechnungsfähig.*	1000	58,29
5403	Radiojodtest (Schilddrüse) vor Radiojodtherapie mit ^{131}J mit mindestens drei zeitlichen Messpunkten, davon zwei später als 24 Stunden nach Verabreichung – gegebenenfalls einschließlich Blutaktivitätsbestimmungen – . . . . . . *Die Leistungen nach den Nummern 5402 und 5403 sind nicht nebeneinander berechnungsfähig*	1200	69,64
	b. Gehirn		
5410	Szintigraphische Untersuchung des Gehirns –	1200	69,64
5411	Szintigraphische Untersuchung des Liquorraums – . . . . Für die Leistung nach Nummer 5411 sind zwei Wiederholungsuntersuchungen zugelassen, davon eine später als 24 Stunden nach Einbringung(en) des radioaktiven Stoffes.	900	52,46

Nummer	Leistung	Punktzahl	Gebühr in Euro
	c. Lunge		
5415	Szintigraphische Untersuchung der Lungenperfusion – mindestens vier Sichten/Projektionen –, insgesamt–	1300	75,77
5416	Szintigraphische Untersuchung der Lungenbelüftung mit Inhalation radioaktiver Gase, Aerosole oder Stäube– . . .	1300	75,77
	d. Herz		
5420	Radionuklidventrikulographie mit quantitativer Bestimmung von mindestens Auswurffraktion und regionaler Wandbewegung in Ruhe – gegebenenfalls einschließlich EKG im zeitlichen Zusammenhang mit der Untersuchung –	1200	69,94
5421	Radionuklidventrikulographie als kombinierte quantitative Mehrfachbestimmung von mindestens Auswurffraktion und regionaler Wandbewegung in Ruhe und unter körperlicher oder pharmakologischer Stimulation – gegebenenfalls einschließlich EKG im zeitlichen Zusammenhang mit der Untersuchung –	3800	221,49
	Neben der Leistung nach Nummer 5421 ist bei zusätzlicher Erste-Passage-Untersuchung die Leistung nach Nummer 5473 berechnungsfähig.		
5422	Szintigraphische Untersuchung des Myokards mit myokardaffinen Tracern in Ruhe – gegebenenfalls einschließlich EKG im zeitlichen Zusammenhang mit der Untersuchung –	1000	58,29
	Die Leistungen nach den Nummern 5422 und 5423 sind nicht nebeneinander berechnungsfähig.		
5423	Szintigraphische Untersuchung des Myokards mit myokardaffinen Tracern unter körperlicher oder pharmakologischer Stimulation – gegebenenfalls einschließlich EKG im zeitlichen Zusammenhang mit der Untersuchung –	2000	116,57
5424	Szintigraphische Untersuchung des Myokards mit myokardaffinen Tracern in Ruhe und unter körperlicher oder pharmakologischer Stimulation – gegebenenfalls einschließlich EKG im zeitlichen Zusammenhang mit der Untersuchung –	2800	163,20
	Neben der Leistung nach Nummer 5424 sind die Leistungen nach den Nummern 5422 und/oder 5423 nicht berechnungsfähig.		
	e. Knochen- und Knochenmarkszintigraphie		
5425	Ganzkörperskelettszintigraphie, Schädel und Körperstamm in zwei Sichten/Projektionen – einschließlich der proximalen Extremitäten, gegebenenfalls einschließlich der distalen Extremitäten –	2250	131,15
5426	Teilkörperskelettszintigraphie – gegebenenfalls einschließlich der kontralateralen Seite –	1260	73,44
5427	Zusätzliche szintigraphische Abbildung des regionalen Blutpools (Zwei-Phasenszintigraphie) – mindestens zwei Aufnahmen –	400	23,31
5428	Ganzkörperknochenmarkszintigraphie, Schädel und Körperstamm in zwei Sichten/Projektionen – einschließlich der proximalen Extremitäten, gegebenenfalls einschließlich der distalen Extremitäten –	2250	131,15
	f. Tumorszintigraphie		
	Tumorszintigraphie mit radioaktiv markierten unspezifischen Tumormarkern (zB Radiogallium oder -thallium), metabolischen Substanzen (auch 131J), Rezeptorsubstanzen oder monoklonalen Antikörpern		
5430	eine Region	1200	69,94
5431	Ganzkörper (Stamm und/oder Extremitäten)	2250	131,15
	Für die Untersuchung mehrerer Regionen ist die Leistung nach Nummer 5430 nicht mehrfach berechnungsfähig. *Für die Leistung nach Nummer 5430 sind zwei Wiederholungsuntersuchungen zugelassen, davon eine später als 24 Stunden nach Einbringung der Testsubstanz(en).* *Die Leistungen nach den Nummern 5430 und 5431 sind nicht nebeneinander berechnungsfähig.*		
	g. Nieren		
5440	Nierenfunktionsszintigraphie mit Bestimmung der quantitativen Ganzkörper-Clearance und der Einzelnieren-Clearance – gegebenenfalls einschließlich Blutaktivitätsbestimmungen und Vergleich mit Standards –	2800	163,20

Nummer	Leistung	Punktzahl	Gebühr in Euro
5441	Perfusionsszintigraphie der Nieren – einschließlich semiquantitativer oder quantitativer Auswertung –	1600	93,26
5442	Statische Nierenszintigraphie	600	34,97
	Die Leistungen nach den Nummern 5440 bis 5442 sind je Sitzung nur einmal und nicht nebeneinander berechnungsfähig.		
5443	Zusatzuntersuchung zu den Leistungen nach Nummer 5440 und 5441 – mit Angabe der Indikation (zB zusätzliches Radionephrogramm als Einzel- oder Wiederholungsuntersuchung, Tiefenkorrektur durch Verwendung des geometrischen Mittels, Refluxprüfung, forcierte Diurese) – . .	700	40,80
5444	Quantitative Clearanceuntersuchungen der Nieren an Sondenmeßplätzen – gegebenenfalls einschließlich Registrierung mehrerer Kurven und Blutaktivitätsbestimmungen –	1000	58,29
	Neben der Leistung nach Nummer 5444 ist die Leistung nach Nummer 5440 nicht berechnungsfähig.		
	h. Endokrine Organe		
5450	Szintigraphische Untersuchung von endokrin aktivem Gewebe – mit Ausnahme der Schilddrüse –	1000	58,29
	Das untersuchte Gewebe ist in der Rechnung anzugeben.		
	Für die Leistung nach Nummer 5450 sind zwei Wiederholungsuntersuchungen zugelassen, davon eine später als 24 Stunden nach Einbringung der radioaktiven Substanz (en).		
	Die Leistung nach Nummer 5450 ist neben den Leistungen nach den Nummern 5430 und 5431 nicht berechnungsfähig.		
	i. Gastrointestinaltrakt		
5455	Szintigraphische Untersuchung im Bereich des Gastrointestinaltrakts (zB Speicheldrüsen, Ösophagus-Passage – gegebenenfalls einschließlich gastralem Reflux und Magenentleerung –, Gallenwege – gegebenenfalls einschließlich Gallenreflux –, Blutungsquellensuche, Nachweis eines Meckel'schen Divertikels)	1300	75,77
5456	Szintigraphische Untersuchung von Leber und/oder Milz (zB mit Kolloiden, gallengängigen Substanzen, Erythrozyten), in mehreren Ebenen	1300	75,77
	j) Hämatologie, Angiologie		
5460	Szintigraphische Untersuchung von großen Gefäßen und/oder deren Stromgebieten – gegebenenfalls einschließlich der kontralateralen Seite –	900	52,46
	Die Leistung nach Nummer 5460 ist neben der Leistung nach Nummer 5473 nicht berechnungsfähig.		
5461	Szintigraphische Untersuchung von Lymphabflußgebieten an Stamm und/oder Kopf und/oder Extremitäten – gegebenenfalls einschließlich der kontralateralen Seite –	2200	128,23
5462	Bestimmung von Lebenszeit und Kinetik zellulärer Blutbestandteile – einschließlich Blutaktivitätsbestimmungen –	2200	128,23
5463	Zuschlag zu der Leistung nach Nummer 5462, bei Bestimmung des Abbauorts	500	29,14
	Szintigraphische Suche nach Entzündungsherden oder Thromben mit Radiogallium, markierten Eiweisen, Zellen oder monoklonalen Antikörpern		
5465	eine Region	1260	73,44
5466	Ganzkörper (Stamm und Extremitäten)	2250	131,15
	Für die Untersuchung mehrerer Regionen ist die Leistung nach Nummer 5465 nicht mehrfach berechnungsfähig.		
	Für die Leistungen nach den Nummern 5462 bis 5466 sind zwei Wiederholungsuntersuchungen zugelassen, davon eine später als 24 Stunden nach Einbringung der Testsubstanz(en).		
	k. Resortpions- und Exkretionsteste		
5470	Nachweis und/oder quantitative Bestimmung von Resorption, Exkretion oder Verlust von körpereigenen Stoffen (durch Bilanzierung nach radioaktiver Markierung) und/oder von radioaktiv markierten Analoga, in Blut, Urin, Faeces oder Liquor – einschließlich notwendiger Radioaktivitätsmessungen über dem Verteilungsraum –	950	55,37

Nummer	Leistung	Punktzahl	Gebühr in Euro
	l. Sonstige		
5472	Szintigraphische Untersuchungen (zB von Hoden, Tränenkanälen, Augen, Tuben) oder Funktionsmessungen (zB Ejektionsfraktion mit Messsonde) ohne Gruppenzuordnung – auch nach Einbringung eines Radiopharmazeutikums in eine Körperhöhle –	950	55,37
5473	Funktionsszintigraphie – einschließlich Sequenzszintigraphie und Erstellung von Zeit-Radioaktivitätskurven aus ROI und quantifizierender Berechnung (zB von Transitzeiten, Impulsratenquotienten, Perfusionsindex, Auswurffraktion aus Erster-Radionuklid-Passage) –	900	52,46
	Die Leistung nach Nummer 5473 ist neben den Leistungen nach den Nummern 5460 und 5481 nicht berechnungsfähig.		
5474	Nachweis inkorporierter unbekannter Radionuklide	1350	17,69
	m. Mineralgehalt		
5475	Quantitative Bestimmung des Mineralgehalts im Skelett (Osteodensitometrie) in einzelnen oder mehreren repräsentativen Extremitäten- oder Stammskelettabschnitten mittels Dual-Photonen-Absorptionstechnik	300	17,49
	n. Ergänzungsleistungen		
Allgemeine Bestimmung			
Die Ergänzungsleistungen nach den Nummern 5480 bis 5485 sind nur mit dem einfachen Gebührensatz berechnungsfähig.			
5480	Quantitative Bestimmung von Impulsen/Impulsratendichte (Fläche, Pixel, Voxel) mittels Gammakamera mit Messwertverarbeitung – mindestens zwei ROI –	750	43,72
5481	Sequenzszintigraphie – mindestens sechs Bilder in schneller Folge –	680	39,64
5483	Subtraktionsszintigraphie oder zusätzliche Organ- oder Blutpoolszintigraphie als anatomische Ortsmarkierung	680	39,64
5484	In-vitro-Markierung von Blutzellen (zB Erythrozyten, Leukozyten, Thrombozyten), – einschließlich erforderlicher In-vitro Qualitätskontrollen –	1300	75,77
5485	Messung mit dem Ganzkörperzähler – gegebenenfalls einschließlich quantitativer Analysen von Gammaspektren –	980	57,12
	o. Emissions-Computer-Tomographie		
5486	Single-Photonen-Emissions-Computertomographie (SPECT) mit Darstellung in drei Ebenen	1200	69,94
5487	Single-Photonen-Emissions-Computer-Tomographie (SPECT) mit Darstellung in drei Ebenen und regionaler Quantifizierung	2000	116,57
5488	Positronen-Emissions-Tomographie (PET) – gegebenenfalls einschließlich Darstellung in mehreren Ebenen –	6000	349,72
5489	Positronen-Emissions-Tomographie (PET) mit quantifizierender Auswertung – gegebenenfalls einschließlich Darstellung in mehreren Ebenen –	7500	437,15
	2. Therapeutische Leistungen (Anwendung offener Radionuklide)		
5600	Radiojodtherapie von Schilddrüsenerkrankungen	2480	144,55
5602	Radiophosphortherapie bei Erkrankungen der blutbildenden Organe	1350	78,69
5603	Behandlung von Knochenmetastasen mit knochenaffinen Radiopharmazeutika	1080	62,95
5604	Instillation von Radiopharmazeutika in Körperhöhlen, Gelenke oder Hohlorgane	2700	157,38
5605	Tumorbehandlung mit radioaktiv markierten, metabolisch aktiven oder rezeptorgerichteten Substanzen oder Antikörpern	2250	131,15
5606	Quantitative Bestimmung der Therapieradioaktivität zur Anwendung eines individuellen Dosiskonzepts – einschließlich Berechnungen auf Grund von Vormessungen –	900	52,46
	Die Leistung nach Nummer 5606 ist nur bei Zugrundeliegen einer Leistung nach den Nummern 5600, 5603 und/oder 5605 berechnungsfähig.		

Nummer	Leistung	Punktzahl	Gebühr in Euro
5607	Posttherapeutische Bestimmung von Herddosen – einschließlich Berechnungen auf Grund von Messungen der Kinetik der Therapieradioaktivität – . . . . Die Leistung nach Nummer 5607 ist nur bei Zugrundeliegen einer Leistung nach den Nummern 5600, 5603 und/oder 5605 berechnungsfähig.	1620	94,43

III. Magnetresonanztomographie

Allgemeine Bestimmungen
Die Leistungen nach den Nummern 5700 bis 5735 sind je Sitzung jeweils nur einmal berechnungsfähig.
Die Nebeneinanderberechnung von Leistungen nach den Nummern 5700 bis 5730 ist in der Rechnung gesondert zu begründen. Bei Nebeneinanderberechnung von Leistungen nach den Nummern 5700 bis 5730 ist der Höchstwert nach Nummer 5735 zu beachten.

Nummer	Leistung	Punktzahl	Gebühr in Euro
5700	Magnetresonanztomographie im Bereich des Kopfes – gegebenenfalls einschließlich des Halses –, in zwei Projektionen, davon mindestens eine Projektion unter Einschluss T2-gewichteter Aufnahmen	4400	254,46
5705	Magnetresonanztomographie im Bereich der Wirbelsäule, in zwei Projektionen	4200	244,81
5715	Magnetresonanztomographie im Bereich des Thorax – gegebenenfalls einschließlich des Halses –, der Thoraxorgane und/oder der Aorta in ihrer gesamten Länge	4300	250,64
5720	Magnetresonanztomographie im Bereich des Abdomens und/oder des Beckens	4400	256,46
5721	Magnetresonanztomographie der Mamma(e)	4000	233,15
5729	Magnetresonanztomographie eines oder mehrerer Gelenke oder Abschnitte von Extremitäten	2400	139,89
5730	Magnetresonanztomographie einer oder mehrerer Extremität(en) mit Darstellung von mindestens zwei großen Gelenken einer Extremität . . . . *Neben der Leistung nach Nummer 5730 ist die Leistung nach Nummer 5729 nicht berechnungsfähig.*	4000	233,15
5731	Ergänzende Serie(n) zu den Leistungen nach den Nummern 5700 bis 5730 (zB nach Kontrastmitteleinbringung, Darstellung von Arterien als MR-Angiographie)	1000	58,29
5732	Zuschlag zu den Leistungen nach den Nummern 5700 bis 5730 für Positionswechsel und/oder Spulenwechsel . . . . *Der Zuschlag nach Nummer 5732 ist nur mit dem einfachen Gebührensatz berechnungsfähig.*	1000	58,29
5733	Zuschlag für computergesteuerte Analyse (zB Kinetik, 3D-Rekonstruktion) . . . . *Der Zuschlag nach Nummer 5733 ist nur mit dem einfachen Gebührensatz berechnungsfähig.*	800	46,63
5735	Höchstwert für Leistungen nach den Nummern 5700 bis 5730 . . . . Die im einzelnen erbrachten Leistungen sind in der Rechnung anzugeben.	6000	349,72

IV. Strahlentherapie

Allgemeine Bestimmungen

1. Eine Bestrahlungsserie umfasst grundsätzlich sämtliche Bestrahlungsfraktionen bei der Behandlung desselben Krankheitsfalls, auch wenn mehrere Zielvolumina bestrahlt werden.
2. Eine Bestrahlungsfraktion umfasst alle für die Bestrahlung eines Zielvolumens erforderlichen Einstellungen, Bestrahlungsfelder und Strahleneintrittsfelder. Die Festlegung der Ausdehnung bzw. der Anzahl der Zielvolumina und Einstellungen muss indikationsgerecht erfolgen.
3. Eine mehrfache Berechnung der Leistungen nach den Nummern 5800, 5810, 5831 bis 5833, 5840 und 5841 bei der Behandlung desselben Krankheitsfalls ist nur zulässig, wenn wesentliche Änderungen der Behandlung durch Umstellung der Technik (zB Umstellung von Stehfeld auf Pendeltechnik, Änderung der Energie und Strahlenart) oder wegen fortschreitender Metastasierung, wegen eines Tumorrezidivs oder wegen zusätzlicher Komplikationen notwendig werden. Die Änderungen sind in der Rechnung zu begründen.

4. Bei Berechnung einer Leistung für Bestrahlungsplanung sind in der Rechnung anzugeben: die Diagnose, das/die Zielvolumen/ina, die vorgesehene Bestrahlungsart und -dosis sowie die geplante Anzahl von Bestrahlungsfraktionen.

Nummer	Leistung	Punktzahl	Gebühr in Euro
	1. Strahlenbehandlung dermatologischer Erkrankungen		
5800	Erstellung eines Bestrahlungsplans für die Strahlenbehandlung nach den Nummern 5802 bis 5806, je Bestrahlungsserie	250	14,57
	Der Bestrahlungsplan nach Nummer 5800 umfasst Angaben zur Indikation und die Beschreibung des zu bestrahlenden Volumens, der vorgesehenen Dosis, der Fraktionierung und der Strahlenschutzmaßnahmen und gegebenenfalls die Fotodokumentation.		
Orthovoltstrahlenbehandlung (10 bis 100 k V Röntgenstrahlen)			
5802	Bestrahlung von bis zu zwei Bestrahlungsfeldern bzw. Zielvolumina, je Fraktion	200	11,66
5803	Zuschlag zu der Leistung nach Nummer 5802 bei Bestrahlung von mehr als zwei Bestrahlungsfeldern bzw. Zielvolumina, je Fraktion	100	5,83
	Der Zuschlag nach Nummer 5803 ist nur mit dem einfachen Gebührensatz berechnungsfähig.		
	Die Leistungen nach den Nummern 5802 und 5803 sind für die Bestrahlung flächenhafter Dermatosen jeweils nur einmal berechnungsfähig.		
5805	Strahlenbehandlung mit schnellen Elektronen, je Fraktion	1000	58,29
5806	Strahlenbehandlung der gesamten Haut mit schnellen Elektronen, je Fraktion	2000	116,57
	2. Orthovolt- oder Hochvoltstrahlenbehandlung		
5810	Erstellung eines Bestrahlungsplans für die Strahlenbehandlung nach den Nummern 5812 und 5813, je Bestrahlungsserie	200	11,66
	Der Bestrahlungsplan nach Nummer 5810 umfasst Angaben zur Indikation und die Beschreibung des zu bestrahlenden Volumens, der vorgesehenen Dosis, der Fraktionierung und der Strahlenschutzmaßnahmen und gegebenenfalls die Fotodokumentation.		
5812	Orthovolt- (100 bis 400 k V Röntgenstrahlen) oder Hochvoltstrahlenbehandlung bei gutartiger Erkrankung, je Fraktion	190	11,07
	Bei Bestrahlung mit einem Telecaesiumgerät wegen einer bösartigen Erkrankung ist die Leistung nach Nummer 5812 je Fraktion zweimal berechnungsfähig.		
5813	Hochvoltstrahlenbehandlung von gutartigen Hypophysentumoren oder der endokrinen Orbitopathie, je Fraktion	900	52,46

3. Hochvoltstrahlenbehandlung bösartiger Erkrankungen (mindestens 1 MeV)

Allgemeine Bestimmungen

Die Leistungen nach den Nummern 5834 bis 5837 sind grundsätzlich nur bei einer Mindestdosis von 1,5 Gy im Zielvolumen berechnungsfähig. Muss diese im Einzelfall unterschritten werden, ist für die Berechnung dieser Leistungen eine besondere Begründung erforderlich.
Bei Bestrahlungen von Systemerkrankungen oder metastasierten Tumoren gilt als ein Zielvolumen derjenige Bereich, der in einem Großfeld (zB Mantelfeld, umgekehrtes Y-Feld) bestrahlt werden kann.
Die Kosten für die Anwendung individuell geformter Ausblendungen (mit Ausnahme der Kosten für wiederverwendbares Material) und/oder Kompensatoren oder für die Anwendung individuell gefertigter Lagerungs- und/oder Fixationshilfen sind gesondert berechnungsfähig.

Nummer	Leistung	Punktzahl	Gebühr in Euro
5831	Erstellung eines Bestrahlungsplans für die Strahlenbehandlung nach den Nummern 5834 bis 5837, je Bestrahlungsserie	1500	87,43
	Der Bestrahlungsplan nach Nummer 5831 umfasst Angaben zur Indikation und die Beschreibung des Zielvolumens, der Dosisplanung, der Berechnung der Dosis im Zielvolu-		

Nummer	Leistung	Punktzahl	Gebühr in Euro
	men, der Ersteinstellung einschließlich Dokumentation (Feldkontrollaufnahme).		
5832	Zuschlag zu der Leistung nach Nummer 5831 bei Anwendung eines Simulators und Anfertigung einer Körperquerschnittszeichnung oder Benutzung eines Körperquerschnitts anhand vorliegender Untersuchungen (zB Computertomogramm), je Bestrahlungsserie	500	29,14
	Der Zuschlag nach Nummer 5832 ist nur mit dem einfachen Gebührensatz berechnungsfähig.		
5833	Zuschlag zu der Leistung nach Nummer 5831 bei individueller Berechnung der Dosisverteilung mit Hilfe eines Prozessrechners, je Bestrahlungsserie	2000	116,57
	Der Zuschlag nach Nummer 5833 ist nur mit dem einfachen Gebührensatz berechnungsfähig.		
5834	Bestrahlung mittels Telekobaltgerät mit bis zu zwei Strahleneintrittsfeldern – gegebenenfalls unter Anwendung von vorgefertigten, wiederverwendbaren Ausblendungen –, je Fraktion	720	41,97
5835	Zuschlag zu der Leistung nach Nummer 5834 bei Bestrahlung mit Großfeld oder von mehr als zwei Strahleneintrittsfeldern, je Fraktion	120	6,99
5836	Bestrahlung mittels Beschleuniger mit bis zu zwei Strahleneintrittsfeldern – gegebenenfalls unter Anwendung von vorgefertigten, wiederverwendbaren Ausblendungen –, je Fraktion	1000	58,29
5837	Zuschlag zu der Leistung nach Nummer 5836 bei Bestrahlung mit Großfeld oder von mehr als zwei Strahleneintrittsfeldern, je Fraktion	120	6,99

4. Brachytherapie mit umschlossenen Radionukliden

Allgemeine Bestimmungen

Der Arzt darf nur die für den Patienten verbrauchte Menge an radioaktiven Stoffen berechnen. Bei der Berechnung von Leistungen nach Abschnitt O IV 4 sind die Behandlungsdaten der jeweils eingebrachten Stoffe sowie die Art der ausgeführten Maßnahmen in der Rechnung anzugeben, sofern nicht durch die Leistungsbeschreibung eine eindeutige Definition gegeben ist.

Nummer	Leistung	Punktzahl	Gebühr in Euro
5840	Erstellung eines Bestrahlungsplans für die Brachytherapie nach den Nummern 5844 und/oder 5846, je Bestrahlungsserie	1500	87,43
	Der Bestrahlungsplan nach Nummer 5840 umfasst Angaben zur Indikation, die Berechnung der Dosis im Zielvolumen, die Lokalisation und Einstellung der Applikatoren und die Dokumentation (Feldkontrollaufnahmen).		
5841	Zuschlag zu der Leistung nach Nummer 5840 bei individueller Berechnung der Dosisverteilung mit Hilfe eines Prozessrechners, je Bestrahlungsserie	2000	116,57
	Der Zuschlag nach Nummer 5841 ist nur mit dem einfachen Gebührensatz berechnungsfähig.		
5842	Brachytherapie an der Körperoberfläche – einschließlich Bestrahlungsplanung, gegebenenfalls einschließlich Fotodokumentation –, je Fraktion	300	17,49
5844	Intrakavitäre Brachytherapie, je Fraktion	1000	58,29
5846	Interstitielle Brachytherapie, je Fraktion	2100	122,40

5. Besonders aufwendige Bestrahlungstechniken

Nummer	Leistung	Punktzahl	Gebühr in Euro
5851	Ganzkörperstrahlenbehandlung vor Knochenmarktransplantation – einschließlich Bestrahlungsplanung –	6900	402,18
	Die Leistung nach Nummer 5851 ist unabhängig von der Anzahl der Fraktionen insgesamt nur einmal berechnungsfähig.		
5862	Oberflächen-Hyperthermie, je Fraktion	1000	58,29
5853	Halbtiefen-Hyperthermie, je Fraktion	2000	116,57
5854	Tiefen-Hyperthermie, je Fraktion	2490	145,14
	Die Leistungen nach den Nummern 5852 bis 5854 sind nur in Verbindung mit einer Strahlenbehandlung oder einer regionären intravenösen oder intraarteriellen Chemotherapie und nur mit dem einfachen Gebührensatz berechnungsfähig.		
5855	Intraoperative Strahlenbehandlung mit Elektronen	6900	402,18

30 **2. Sonstige Vorschriften der GOÄ (II 2).** Die Verweisung erfasst die folgenden Vorschriften der GOÄ:

§ 4 GOÄ. Gebühren.

I …

II 1 Der Arzt kann Gebühren nur für selbständige ärztliche Leistungen berechnen, die er selbst erbracht hat oder die unter seiner Aufsicht nach fachlicher Weisung erbracht wurden (eigene Leistungen). 2 Als eigene Leistungen gelten auch von ihm berechnete Laborleistungen des Abschnitts M II des Gebührenverzeichnisses (Basislabor), die nach fachlicher Weisung unter der Aufsicht eines anderen Arztes in Laborgemeinschaften oder in von Ärzten ohne eigene Liquidationsberechtigung geleiteten Krankenhauslabors erbracht werden. 3 Als eigene Leistungen im Rahmen einer wahlärztlichen stationären, teilstationären oder vor- und nachstationären Krankenhausbehandlung gelten nicht

1. Leistungen nach den Nummern 1 bis 62 des Gebührenverzeichnisses innerhalb von 24 Stunden nach der Aufnahme und innerhalb von 24 Stunden vor der Entlassung,
2. Visiten nach den Nummern 45 und 46 des Gebührenverzeichnisses während der gesamten Dauer der stationären Behandlung sowie
3. Leistungen nach den Nummern 56, 200, 250, 250a, 252, 271 und 272 des Gebührenverzeichnisses während der gesamten Dauer der stationären Behandlung,

wenn diese nicht durch den Wahlarzt oder dessen vor Abschluß des Wahlarztvertrages dem Patienten benannten ständigen ärztlichen Vertreter persönlich erbracht werden; der ständige ärztliche Vertreter muß Facharzt desselben Gebiets sein. 4 Nicht persönlich durch den Wahlarzt oder dessen ständigen ärztlichen Vertreter erbrachte Leistungen nach Abschnitt E des Gebührenverzeichnisses gelten nur dann als eigene wahlärztliche Leistungen, wenn der Wahlarzt oder dessen ständiger ärztlicher Vertreter durch die Zusatzbezeichnung „Physikalische Therapie“ oder durch die Gebietsbezeichnung „Facharzt für Physikalische und Rehabilitative Medizin“ qualifiziert ist und die Leistungen nach fachlicher Weisung unter deren Aufsicht erbracht werden.

IIa 1 Für eine Leistung, die Bestandteil oder eine besondere Ausführung einer anderen Leistung nach dem Gebührenverzeichnis ist, kann der Arzt eine Gebühr nicht berechnen, wenn er für die andere Leistung eine Gebühr berechnet. 2 Dies gilt auch für die zur Erbringung der im Gebührenverzeichnis aufgeführten operativen Leistungen methodisch notwendigen operativen Einzelschritte. 3 Die Rufbereitschaft sowie das Bereitstehen eines Arztes oder Arztteams sind nicht berechnungsfähig.

III 1 Mit den Gebühren sind die Praxiskosten einschließlich der Kosten für den Sprechstundenbedarf sowie die Kosten für die Anwendung von Instrumenten und Apparaten abgegolten, soweit nicht in dieser Verordnung etwas anderes bestimmt ist. 2 Hat der Arzt ärztliche Leistungen unter Inanspruchnahme Dritter, die nach dieser Verordnung selbst nicht liquidationsberechtigt sind, erbracht, so sind die hierdurch entstandenen Kosten ebenfalls mit der Gebühr abgegolten.

IV 1 Kosten, die nach Absatz 3 mit den Gebühren abgegolten sind, dürfen nicht gesondert berechnet werden. 2 …

§ 10 GOÄ. Ersatz von Auslagen.

I 1 Neben den für die einzelnen ärztlichen Leistungen vorgesehenen Gebühren können als Auslagen nur berechnet werden

1. die Kosten für diejenigen Arzneimittel, Verbandmittel und sonstigen Materialien, die der Patient zur weiteren Verwendung behält oder die mit einer einmaligen Anwendung verbraucht sind, soweit in Absatz 2 nichts anderes bestimmt ist,
2. Versand- und Portokosten, soweit deren Berechnung nach Absatz 3 nicht ausgeschlossen ist,
3. die im Zusammenhang mit Leistungen nach Abschnitt O bei der Anwendung radioaktiver Stoffe durch deren Verbrauch entstandenen Kosten sowie
4. die nach den Vorschriften des Gebührenverzeichnisses als gesondert berechnungsfähig ausgewiesenen Kosten.

2 Die Berechnung von Pauschalen ist nicht zulässig.

II Nicht berechnet werden können die Kosten für

1. Kleinmaterialien wie Zellstoff, Mulltupfer, Schnellverbandmaterial, Verbandspray, Gewebeklebstoff auf Histoacrylbasis, Mullkompressen, Holzspatel, Holzstäbchen, Wattestäbchen, Gummifingerlinge,
2. Reagenzien und Narkosemittel zur Oberflächenanästhesie,
3. Desinfektions- und Reinigungsmittel,
4. Augen-, Ohren-, Nasentropfen, Puder, Salben und geringwertige Arzneimittel zur sofortigen Anwendung sowie für
5. folgende Einmalartikel: Einmalspritzen, Einmalkanülen, Einmalhandschuhe, Einmalharnblasenkatheter, Einmalskalpelle, Einmalproktoskope, Einmaldarmrohre, Einmalspekula.

III 1 Versand- und Portokosten können nur von dem Arzt berechnet werden, dem die gesamten Kosten für Versandmaterial, Versandgefäße sowie für den Versand oder Transport entstanden sind. 2 Kosten für Versandmaterial, für den Versand des Untersuchungsmaterials und die Übermittlung des Untersuchungsergebnisses innerhalb einer Laborgemeinschaft oder innerhalb eines Krankenhausgeländes sind nicht berechnungsfähig; dies gilt auch, wenn Material oder ein Teil davon unter Nutzung der Transportmittel oder des Versandweges oder der Versandgefäße einer

Laborgemeinschaft zur Untersuchung einem zur Erbringung von Leistungen beauftragten Arzt zugeleitet wird. [3]Werden aus demselben Körpermaterial sowohl in einer Laborgemeinschaft als auch von einem Laborarzt Leistungen aus Abschnitt M oder N ausgeführt, so kann der Laborarzt bei Benutzung desselben Transportweges Versandkosten nicht berechnen; dies gilt auch dann, wenn ein Arzt eines anderen Gebiets Auftragsleistungen aus Abschnitt M oder N erbringt. [4]Für die Versendung der Arztrechnung dürfen Versand- und Portokosten nicht berechnet werden.

VII. Zusätzlich erforderliche Zeit usw (III). I, II gelten den normalen Zeitaufwand ab. Nur für eine im Einzelfall zusätzliche aufgewendete und auch als solche objektiv erforderlich gewesene Zeit gibt III ein besonderes, neben I, II anfallendes Honorar. Die Regelung gilt bei Tätigkeiten nach I wie II. Sie erfasst zB die Zeit der Reise vor oder nach der Leistung. 31

Die **Honorarhöhe** beträgt einheitlich je Stunde 80 EUR, § 10 III. Jedoch kann unter den Voraussetzungen des § 10 I 2 eine Erhöhung um 20 % gewährt werden, wenn die Leistung zur Nachtzeit oder an einem Sonn- oder Feiertag erfolgen musste, vgl. § 9 VI. 32

Honorar für Übersetzer

11 **I [1]Das Honorar für eine Übersetzung beträgt 1,80 Euro für jeweils angefangene 55 Anschläge des schriftlichen Textes, wenn der Text dem Übersetzer in editierbarer elektronischer Form zur Verfügung gestellt wird (Grundhonorar). [2]Andernfalls beträgt das Honorar 1,95 Euro für jeweils angefangene 55 Anschläge (erhöhtes Honorar). [3]Ist die Übersetzung wegen der besonderen Umstände des Einzelfalls besonders erschwert, insbesondere wegen der häufigen Verwendung von Fachausdrücken, der schweren Lesbarkeit des Textes, einer besonderen Eilbedürftigkeit oder weil es sich um eine in der Bundesrepublik Deutschland selten vorkommende Fremdsprache handelt, so beträgt das Grundhonorar 1,95 Euro und das erhöhte Honorar 2,10 Euro.**

II [1]Maßgebend für die Anzahl der Anschläge ist der Text in der Zielsprache. [2]Werden jedoch nur in der Ausgangssprache lateinische Schriftzeichen verwendet, ist die Anzahl der Anschläge des Textes in der Ausgangssprache maßgebend. [3]Wäre eine Zählung der Anschläge mit unverhältnismäßigem Aufwand verbunden, so wird deren Anzahl unter Berücksichtigung der durchschnittlichen Anzahl der Anschläge je Zeile nach der Anzahl der Zeilen bestimmt.

III [1]Sind mehrere Texte zu übersetzen, ist die Höhe des Honorars für jeden Text gesondert zu bestimmen. [2]Für eine oder für mehrere Übersetzungen aufgrund desselben Auftrags beträgt das Honorar mindestens 20 Euro.

IV Der Übersetzer erhält ein Honorar wie ein Dolmetscher, wenn
1. die Leistung des Übersetzers in der Überprüfung von Schriftstücken oder von Telekommunikationsaufzeichnungen auf bestimmte Inhalte besteht, ohne dass er insoweit eine schriftliche Übersetzung anfertigen muss, oder
2. die Leistung des Übersetzers darin besteht, aus einer Telekommunikationsaufzeichnung ein Wortprotokoll anzufertigen.

Übersicht

1 **I. Normzweck (I–IV).** Die Vorschrift regelt das Leistungshonorar für Übersetzer und Leistungen im Bereich der Telekommunikationsüberwachung. Es handelt sich um eine Spezialvorschrift, die das Honorar nach § 8 I Nr. 1 für diese Berechtigten bestimmt. Dabei richtet sich die Vergütung der Übersetzer nicht wie für Sachverständige und Übersetzer nach Stunden, sondern bemisst sich über die Anzahl der Anschläge gemessen an Form und Anforderung der zu übersetzenden Texte. Damit ist eine in Anlehnung an die geforderte Leistung sachgerechte Regelung geschaffen, die an die Abrechnung in der freien Wirtschaft angelehnt ist. Für besondere Leistungen im Zusammenhang mit Telekommunikationsaufzeichnungen wird hingegen auf die Vergütung wie für Dolmetscher verwiesen, um auch insoweit die leistungsgerechte Bezahlung zu gewährleisten.

2 **II. Normaufbau (I–IV).** Die Übersetzungsleistungen unterscheiden sich ausweislich I in Grundhonorare und erhöhte Honorare. Grundlage bildet dabei stets die Anzahl der Anschläge. Beide Honorare können sich unter den Voraussetzungen des I 2 erhöhen. II bestimmt den für den relevanten Faktor der Anschläge jeweils maßgeblichen Text. Ob es auf das übersetzte oder das zu übersetzende Schriftstück ankommt, richtet sich nach den Schriftzeichen. Für mehrere Texte stellt III klar, dass die Vergütung gesondert zu bestimmen ist und weist für diese Fälle ein Mindesthonorar aus. Mit IV eröffnet für bestimmte Überprüfungs- bzw. Übertragungsaufgaben von Telekommunikationsaufzeichnungen die Anwendung der Dolmetschervergütung.

3 **III. Normgeschichte (I–IV).** Bis zur Einführung des JVEG mit dem KostRModG im Juli 2004 war die Entschädigung für Übersetzer in § 17 ZSEG geregelt. Dolmetscher und Übersetzer waren dabei in einer gemeinsamen Norm erfasst. Nach dieser Vorschrift wurde die Übersetzung nach Zeilen bewertet. Der allgemein geltende Zeilenpreis konnte bei erschwerter Übersetzung und nochmals bei außergewöhnlich schwierigen Texten erhöht werden. Der Entschädigungsfaktor nach Zeilen erforderte eine Klarstellung, wie angefangene Zeilen zu bewerten waren. Ausschlaggebend für die Zählung war bereits der Text mit lateinischen Schriftzeichen.

4 Mit dem KostRModG wurde das Honorar für Übersetzer in einem separaten Paragrafen geregelt und eine leistungsgerechte Vergütung statt einer Entschädigung eingeführt. Damit erfolgte auch die Umstellung auf die Anzahl der Anschläge, was zu einer exakteren und einfacheren Berechnung führte. Neben den Beträgen wurden auch die Kriterien, nach denen sich die Honorarhöhe richtet, unter Auswertung der damaligen Marktanalyse angepasst. Zudem wird für reine Überprüfungsarbeiten eingeführt, dass diese als Dolmetschertätigkeit vergütet werden. Mit dem KostRÄG 2021 ist die Vorschrift übersichtlicher gestaltet und die Beträge an die wirtschaftliche Entwicklung angepasst. Neu eingeführt wird die Vergütung für die Anfertigung von Wortprotokollen von Telekommunikationsaufzeichnungen (IV Nr. 2).

5 **IV. Honorar für Übersetzungen (I).** Die Vorschrift regelt das Leistungshonorar nach § 8 I Nr. 1 für die Übersetzertätigkeit. Anders als für Sachverständige und Dolmetscher richtet sich das Honorar für angefertigte Übersetzungen nicht nach Stunden, sondern bemisst sich an der Zahl der Anschläge. Besteht jedoch die Aufgabe in der Überprüfung von Texten oder Sprachaufnahmen oder ist statt eines Textes eine Audiodatei mit Telekommunikationsüberwachung zu übersetzen, richtet sich die Vergütung über IV nach der Vorschrift für Dolmetscher (§ 9).

6 **1. Begriff.** Übersetzer ist ein **Sprachkundiger, der schriftlich von einer in eine andere Sprache überträgt** (OLG Düsseldorf BeckRS 2012, 5112). Der Wortlaut des I 1 sowie die vergütungsrelevanten Kriterien sprechen eindeutig für die Schriftform. Der maßgebliche Unterschied zwischen Übersetzen und Dolmetschen

liegt in der wiederholten Korrigierbarkeit des Translats. Wiederholte Korrigierbarkeit erfordert in aller Regel einen Zieltext, der in Schriftform oder auf einem Klangträger fixiert ist und somit wiederholt korrigiert werden kann, sowie einen in ähnlicher Weise fixierten Ausgangstext, der wiederholt konsultiert werden kann. Liegt diese **wiederholte Korrigierbarkeit** vor, spricht man von einer Übersetzung (OLG Stuttgart BeckRS 2020, 7399).

Nicht hierher gehört ein Sprachsachverständiger, also ein Sprachkundiger, der neben der Übertragung auftragsgemäß weitere Aufgaben, insbesondere die Interpretation des Textes erfüllt. Für ihn gilt § 9 (OLG Stuttgart LSK 2019, 14366; OLG Düsseldorf JurBüro 2000, 211). 7

2. Vergütungsgrundsätze. Relevanter Faktor für die Bestimmung der Vergütung ist immer die Anzahl der Anschläge. Das Honorar wird für jeweils angefangene 55 Anschläge des schriftlichen Textes gezahlt. Auf welchen Text es dafür ankommt, regelt II, 1, 2. Für die Bestimmung des jeweiligen Betrages ist zwischen dem sog. Grundhonorar, I 1, dem erhöhten Honorar, I 2, und den Beträgen dieser Honorare bei besonderen Umständen zu unterscheiden. 8

3. Grundhonorar (I 1). Für eine normale oder sogar einfache Übersetzung ohne Erschwernisse beträgt das Honorar für jeweils angefangene 55 Anschläge des schriftlichen Textes 1,80 EUR, wenn der Text dem Übersetzer in editierbarer elektronischer Form zur Verfügung gestellt wird. Art und Editierbarkeit des Ausgangsdokuments sind ausschlaggebend für die Definition als Grundhonorar. „Editieren" heißt Daten ändern; der Begriff „editierbar" bezeichnet daher die Veränderbarkeit des Textes durch den Übersetzer (OLG Frankfurt a. M. BeckRS 2015, 8030). Dieses kann nur bei elektronisch zur Verfügung gestellten Texten erfolgen (OLG Frankfurt BeckRS 2015, 06819). Es müssen daher beide Voraussetzungen, also editierbar und elektronisch erfüllt sein (OLG Celle BeckRS 2014, 452). 9

4. Erhöhtes Grundhonorar (I 2). Das erhöhte Grundhonorar mit 1,95 EUR je angefangene 55 Anschläge wird für leichte bzw. durchschnittliche Übersetzungen ohne Erschwernisse gewährt, wenn der zu übersetzende Text in Papierform oder als nicht veränderbares Dokument zur Verfügung gestellt wird (OLG Frankfurt a. M. BeckRS 2015, 8030; OLG Celle NStZ-RR 2014). 10

5. Besonders erschwerte Übersetzung (I 3). Ist die Übersetzung aufgrund besonderer Umstände besonders erschwert, beträgt das Grundhonorar je angefangene 55 Anschläge 1,95 EUR und das nach I 2 erhöhte Honorar nun 2,10 EUR. Dazu werden beispielhaft Kriterien genannt, die die Erhöhung der Honorare rechtfertigen. Die Aufzählung ist aber nicht abschließend, so dass sich die höheren Beträge auch aus anderen Umständen, als den genannten ergeben können. Die besondere Erschwernis kann beliebiger Art sein und kann sich aus dem Inhalt oder aus anderen Umständen ergeben (OLG Koblenz JurBüro 2007, 493). Neben den selbst erklärenden Beispielen der **Eilbedürftigkeit** und der **schweren Lesbarkeit** des Textes kann auch die **häufige Verwendung von Fachausdrücken** die Übersetzung erschweren. Enthält ein Text juristische Fachausdrücke, die sowohl in der deutschen Sprache als auch in der Zielsprache häufig vorkommen und einem durchschnittlich erfahrenen Übersetzer geläufig sind, liegt keine Erschwernis vor. Es kommt vielmehr darauf an, ob die rechtlichen Fachbegriffe eine direkte Entsprechung in der Zielsprache haben. In der Rechtsordnung der Zielsprache existierende Straftatbestände stimmen häufig nicht mit den deutschen Straftatbeständen überein, was zu einer besonderen Erschwernis der zu übersetzenden Fachausdrücke führt (OLG Stuttgart BeckRS 2015, 279). Zur Bewertung einer **in der Bundesrepublik Deutschland selten vorkommende Fremdsprache** kommt es dem Wortlaut der Vorschrift nach nur darauf an, dass die Sprache selten ist. Die Anzahl der zur Verfügung stehenden Sprachmittler ist für dieses Kriterium nicht maßgebend. Daher sind dahingehende Auswertungen, wie zB ein Verzeichnis für seltene Sprachen des Bundesverbands der Dolmetscher und Übersetzer e. V., BDÜ, welches Sprachen erfasst, die von weniger als 1 % deren Mitglieder angeboten werden, für die Bewertung nach I 3 nicht einschlägig. Die Seltenheit ist vielmehr über die Anzahl der Sprecher einer Sprache in Deutschland zu definieren. Anhaltspunkte dafür bieten statische Erhebungen, zB die – leider veraltete – Aus- 11 wertung von 0,1 % der Sprecher einer Sprache in Deutschland in der sog. Zänkers Handreichung (abgedruckt bei Jahnke/Pflüger Rn. 22).

12 Ob es sich bei I 3 um einen besonderen Schwierigkeitsgrad handelt, muss das Gericht nach seinem pflichtgemäßen Ermessen feststellen und in seiner Entscheidung nachprüfbar begründen (OLG Köln OLGR 1999, 132).

13 **V. Maßgebliche Sprache für die Zahl der Anschläge (II).** Für die maßgebliche Zahl der zu vergütenden Anschläge kommt es grundsätzlich auf die Anzahl des Textes in der Zielsprache an. Dieses sind die Anschläge in der angefertigten schriftlichen Übersetzung. Der Aufwand ist also in dem, vom Übersetzer erstellten Dokument zu ermitteln. Dieses wird mithilfe der verwendeten Programme stets problemlos möglich sein. Die Auswertung ist unabhängig davon, ob eine Übersetzung in die deutsche Sprache oder in eine fremde Sprache vorliegt. Bei einer Übersetzung vom Deutschen zB ins Englische ist also der englische Text die zu vergütende „Zielsprache" nach II 1.

14 **1. Ermittlung der Anschläge.** Bei der Ermittlung der Anschläge sind neben Leerzeichen auch Anführungszeichen, Gedankenstriche, Trennstriche, Satzzeichen anderer Art mitzuzählen. Jedoch zählen **überflüssige Leertasten nicht** mit (MHBO Rn. 11.2). Daher darf die Gestaltung des Textes nicht durch unnötiges Einrücken oder einer ganzen Reihe von „Anschlägen" zu einer missbräuchlichen Verwendung und Häufung führen. Auch zB zusätzlich vor oder nach jedem Klammerzeichen zwei oder drei berechnete Leertasten mit der Begründung, das lasse sich besser lesen, sind unnütz und bleiben ohne Vergütungsanspruch.

15 **2. Lateinische Schriftzeichen.** Ausnahmsweise ist bei der Anschlagszahl aber nicht der Text der angefertigten Übersetzung maßgeblich, sondern der Text in der Ausgangsprache, wenn nur dieser Ausgangstext lateinische Schriftzeichen enthält, II 2. Es handelt sich also um eine Übersetzung, in der keine lateinischen Schriftzeichen verwendet werden. Das gilt etwa bei einer Übersetzung vom Deutschen ins Chinesische oder ins Russische. Problematisch ist in diesen Fällen die Bestimmung der vergütungsfähigen Anschläge, da die maßgeblichen Ausgangstexte oft nur in Papierform vorliegen. Die Zählfunktionen der Computerprogramme können dafür nicht genutzt werden.

16 **3. Bestimmung der Anschlagszahl.** Grundsätzlich ist davon auszugehen, dass der Übersetzer die Anzahl der abzurechnenden Anschläge ermittelt. Soweit II 3 regelt, wie die Zahl zu bestimmen ist, wenn die Zählung mit unverhältnismäßig hohem Aufwand verbunden ist, sind nur Anwendungsfälle denkbar, in denen auf das zu übersetzende Schriftstück abzustellen ist. Denn in allen anderen Fällen, in denen es auf die Zielsprache ankommt, können die Programme die Anzahl der Anschläge auswerten. Zutreffend wäre eine Zählung der Anschläge in dem zu übersetzenden Text mit unverhältnismäßigem Aufwand verbunden, wenn dafür keinerlei automatisierte Zählung verwendet werden kann. Sodann muss man deren Anzahl nach der durchschnittlichen Menge je Zeile nach der Zeilenanzahl bestimmen. Man muss vom Durchschnitt der Anschlagszahl des vergütbaren Textes ausgehen. Nach dem Wortlaut von „Zählung" und „bestimmt" werden, muss tatsächlich eine solche Ermittlung erfolgen. Oftmals wird es sich aber bei der Bemessung um eine Schätzung handeln oder aber, der übersetzte Text wird ausgewertet und als Abrechnungsgrundlage zugrunde gelegt. Beide Varianten sind nicht gesetzeskonform, jedoch wird es häufig nur schwer sein, die korrekte Anzahl der Anschläge sicher zu ermitteln.

17 **VI. Mehrere Texte (III).** Mit dem KostRÄG 2021 erfolgt eine Klarstellung dahingehend, dass bei einer Übersetzung mehrerer Texte im Rahmen einer Heranziehung die Höhe des Honorars für jeden dieser Texte gesondert zu bestimmen ist (BT-Drs. 19/23484, 69). Denn grundsätzlich ist zwar innerhalb einer Übersetzung ein einheitlicher Zeilenpreis zu gewähren. Sind jedoch mehrere Schriftstücke zu übersetzen, ist die Bewertung der maßgeblichen Vergütungskriterien für jeden einzelnen Text vorzunehmen (LG Mönchengladbach BeckRS 2015, 12240).

18 **1. Mindesthonorar.** Für jeden Auftrag beträgt das Honorar mindestens 20 EUR. Der **Auftrag** ist ein im JVEG nicht näher bestimmter Begriff. Es ist daher im Rahmen einer einheitlichen Heranziehung unerheblich, ob es sich um eine oder

mehrere Angelegenheiten, Schreiben oder Übersetzungen handelt. Maßgeblich ist, dass es sich erkennbar um einen einheitlichen Auftrag handelt. Das Mindesthonorar von 20 EUR bezieht sich sodann auf denselben, einen Auftrag. Es kann dann nur einmal gewährt werden, auch wenn auf Grund desselben Auftrags mehrere Übersetzungen anfertigt wurden. Der Mindestbetrag wird nicht für jede Teil-Übersetzung eines einheitlichen Auftrags gewährt.

Beispiel: Der Auftrag geht dahin, die Schreiben A und B zu übersetzen. Es handelt sich um kurze Schriftstücke. Die Übersetzung des Schreibens zu A ist leicht, sie umfasst 4 Zeilen je ca. 55 Anschläge. Die Entschädigung beträgt beim Grundhonorar 4 × 1,80 = 7,20 EUR. Das Schreiben zu B aus demselben Auftrag ist besonders erschwert. Auch der Text umfasst 4 Zeilen je ca. 55 Anschläge. Die Entschädigung beträgt beim Grundhonorar nun 4 × 1,95 = 7,80 EUR. Bei einer Addition würden sich also 7,20 + 7,80 = 15 EUR ergeben. Der Übersetzer erhält aber hier für seine Arbeit insgesamt, da es sich um einen einheitlichen Auftrag handelt, den Mindestbetrag von 20 EUR. Nicht in Betracht kommt hingegen die Erstattung des zweifachen Mindesthonorars, auch wenn es sich um 2 Texte handelt. 19

VII. Telekommunikationsüberprüfungen (IV). Mit dem KostRÄG 2021 wird der frühere III dieser Vorschrift erweitert. Für bestimmte Aufgaben des Übersetzers im Zusammenhang mit Telekommunikationsaufzeichnungen sowie wie bisher bei der Überprüfung von Schriftstücken ohne Anfertigung einer schriftlichen Übersetzung ist der Aufwand nach Stunden zu vergüten. Der Übersetzer erhält für die in IV genannten Tätigkeiten im Rahmen seiner Heranziehung die Vergütung wie ein Dolmetscher. Es stehen ihm daher 85 EUR je Stunde der erforderlichen Zeit zu. 20

1. Inhaltsüberprüfung (Nr. 1). Diese Variante erfasst Aufträge, bei denen sich die Tätigkeit des Übersetzers auf eine Überprüfung entweder eines Schriftstücks oder einer Audiodatei auf bestimmte Inhalte beschränkt. Es soll eine Inhaltskontrolle erfolgen und ggfs. ein Abgleich mit Vorgaben aus dem Auftrag. Die Anfertigung einer schriftlichen Übertragung des gelesenen Textes oder der angehörten Aufzeichnungen wird dabei nicht verlangt. Eine schriftliche Auswertung des Geprüften kann hingegen bei entsprechender gerichtlicher Beauftragung in Betracht kommen. Da es sich hier nicht um eine klassische Übersetzung handelt, aber die Qualifikation des Sprachkundigen erforderlich ist, wird der Zeitaufwand vergütet. Das Honorar des Dolmetschers wird für die gesamte erforderliche Zeit gewährt, so dass Erschwernisse wie schlecht lesbare oder schwer zu verstehende Aufnahmen entsprechend ausgeglichen werden können. Der Stundensatz ist auch maßgeblich, wenn ein Dolmetscher in der Hauptverhandlung zum Inhalt von zuvor abgehörten Gesprächen vernommen wird (OLG Celle AGS 2022, 47). 21

2. Wortprotokoll (Nr. 2). Besteht die Aufgabe des Herangezogenen darin, eine Telekommunikationsaufzeichnung anzuhören und darüber ein Wortprotokoll in einer anderen Sprache anzufertigen, ist die Arbeit ebenfalls als Dolmetscherleistung zu vergüten. Rein tatsächlich erfolgt zwar die Übertragung einer Sprache in eine andere Sprache, bei der das Translat, nämlich die Aufzeichnung, wiederholbar ist. Allerdings sollte mit dem KostRÄG 2021 dem Umstand Rechnung getragen werden, dass diese Tätigkeiten, bei denen nicht Texte, sondern vielmehr Audiodateien als Quellmaterial dienen, einen weit über den Abgeltungsbereich des § 11 I hinausgehenden Aufwand erfordern. Es bedarf dabei neben der reinen Übersetzung auch einer inhaltlich-strukturellen, formalen und sprachlichen Untersuchung sowie vielfach auch einer Interpretation des Gesagten, um insbesondere verwendete Abkürzungen, Umgangssprache, Redewendungen oder nicht eindeutige Begriffe in einem richtigen Kontext darstellen zu können (BT-Drs. 19/23484, 69). Zuvor war in der Rechtsprechung uneinheitlich, wie die gesteigerten Anforderungen an die Sprachkundigen in diesen Aufgaben sachgerecht vergütet werden sollen (OLG Stuttgart LSK 2020, 7399; OLG Hamm BeckRS 2019, 6109; OLG Schleswig JurBüro 2015, 599; KG BeckRS 2015, 11734). Nur besondere Erschwernisse wie schlechte Tonqualität und undeutliche Sprache sowie das Erfordernis, verschiedene Aufnahmen zum Verständnis konspirativ geführter Gespräche immer wieder miteinander abzugleichen, können 45 Minuten je Gesprächsminute rechtfertigen (OLG Celle AGS 2022, 47). 22

23 **3. Sprachsachverständiger.** Mit der Gesetzesbegründung zu IV Nr. 2 wird der Begriff des „Sprachsachverständigen“ mit der Leistung eines Übersetzers, der Telekommunikationsaufzeichnungen, etwa im Rahmen von Telekommunikationsüberwachungen, als Wortprotokoll niederschreibt in Verbindung gebracht (BT-Drs. 19/23484, 69). Die Beschreibung greift recht kurz, da sich die Anforderungen an die Leistung des Sprachsachverständigen von denen des Übersetzers unterscheiden. Denn es zeichnet einen Sprachsachverständigen aus, dass er neben der Übertragung das Gehörte oder Gelesene textanalytisch/interpretierend in den Blick nimmt, um gutachtliche Einschätzungen zu deren konkreter Bedeutung und ggf. damit intendierten Wirkungsabsichten abzugeben (OLG Stuttgart BeckRS 2019, 14366). Nach der gesetzlichen Systematik ist für einen Sprachsachverständigen die Vergütung nach § 9 I zugänglich. Kommt es in der Hauptverhandlung auf die Einordnung einzelner Worte eines speziellen Dialekts und deren Bedeutung an, liegt der Schwerpunkt der Tätigkeit in der Interpretation des Gesprochenen. Eine solche Sachverständigenleistung ist zwar von § 11 IV nicht erfasst, der zu bestimmende Stundensatz beträgt dennoch selbst bei Besonderheiten seltener Dialektausprägungen 85 EUR in Anlehnung an § 9 V (LG Düsseldorf BeckRS 2021, 52271). Bei der Bestimmung des Stundenhonorars ist die Tätigkeit eines Sprachsachverständigen mit der eines Simultan- bzw. Konsekutivdolmetschers zu vergleichen (OLG Celle, AGS 2022, 47; KG BeckRS 2015, 11734).

Übersetzern, die eine Leistung nach IV Nr. 2 erbringen und weitere Aufgaben der Interpretation und gutachterliche Einschätzungen auftragsgemäß nicht ausführen, erhalten ebenfalls das Honorar eines Dolmetschers. Es sind durchaus Fälle denkbar, in denen sich der Auftrag auf die rein wörtliche Übertragung und eben nicht auf eigene Interpretationen oder Auswertungen erstreckt. Dieses kann insbesondere im Strafverfahren der Fall sein, wenn es eben auf das tatsächlich gesprochene Wort ohne Umdeutung durch den Sprachmittler ankommt.

Ersatz für besondere Aufwendungen

12 **I 1 Soweit in diesem Gesetz nichts anderes bestimmt ist, sind mit der Vergütung nach den §§ 9 bis 11 auch die üblichen Gemeinkosten sowie der mit der Erstattung des Gutachtens oder der Übersetzung üblicherweise verbundene Aufwand abgegolten. 2 Es werden jedoch gesondert ersetzt**

1. **die für die Vorbereitung und Erstattung des Gutachtens oder der Übersetzung aufgewendeten notwendigen besonderen Kosten, einschließlich der insoweit notwendigen Aufwendungen für Hilfskräfte, sowie die für eine Untersuchung verbrauchten Stoffe und Werkzeuge;**
2. **für jedes zur Vorbereitung und Erstattung des Gutachtens erforderliche Foto 2 Euro und, wenn die Fotos nicht Teil des schriftlichen Gutachtens sind (§ 7 Absatz 2), 0,50 Euro für den zweiten und jeden weiteren Abzug oder Ausdruck eines Fotos;**
3. **für die Erstellung des schriftlichen Gutachtens je angefangene 1000 Anschläge 0,90 Euro, in Angelegenheiten, in denen der Sachverständige ein Honorar nach der Anlage 1 Teil 2 oder der Anlage 2 erhält, 1,50 Euro; ist die Zahl der Anschläge nicht bekannt, ist diese zu schätzen;**
4. **die auf die Vergütung entfallende Umsatzsteuer, sofern diese nicht nach § 19 Abs. 1 des Umsatzsteuergesetzes unerhoben bleibt;**
5. **die Aufwendungen für Post- und Telekommunikationsdienstleistungen; Sachverständige und Übersetzer können anstelle der tatsächlichen Aufwendungen eine Pauschale in Höhe von 20 Prozent des Honorars fordern, höchstens jedoch 15 Euro.**

II Ein auf die Hilfskräfte (Absatz 1 Satz 2 Nr. 1) entfallender Teil der Gemeinkosten wird durch einen Zuschlag von 15 Prozent auf den Betrag abgegolten, der als notwendige Aufwendung für die Hilfskräfte zu ersetzen ist, es sei denn, die Hinzuziehung der Hilfskräfte hat keine oder nur unwesentlich erhöhte Gemeinkosten veranlasst.

Übersicht

I. Normzweck (I, II). Von der Vorschrift werden – wie die Überschrift bereits zeigt – besondere Aufwendungen erfasst, die den vergütungsberechtigten Sachverständigen, Dolmetschers und Übersetzern entstehen können. Damit soll eine möglichst vollständige Abgeltung tatsächlich angefallener Nebenkosten gewährleistet sein, aber eben auch die Grenze des gesetzlich bestimmten Umfangs aufgezeigt werden. Die Vorschrift enthält zwei wesentliche Regelungsbestandteile. Zum einen stellt § 12 den Grundsatz auf, dass mit den Vergütungen auch die allgemeinen, üblichen Unkosten abgegolten sind. Diese Kernaussage zeigt eine Abgrenzung zum allumfassenden Aufwendungsersatz auf mit der Folge, so dass erstattungsfähige Aufwendungen gesondert geregelt sein müssen. Die für die Erstattungsfähigkeit maßgeblichen Kriterien sowie eine Aufzählung der zusätzlich zu ersetzenden Kosten sind zweiter Kernbestandteil der Vorschrift. Erkennbar handelt es sich bei den in Nr. 1–5 genannten Positionen um solche, die den Honorarberechtigten nach §§ 9–11 im Zusammenhang mit ihrem Vergütungsanspruch entstehen können. Die Vorschrift ist nur für diese Herangezogenen und nur im Umfang des jeweiligen Regelungsgehalts anwendbar. 1

II. Normaufbau (I, II). Die Vorschrift stellt in I den Grundsatz auf, dass ein Aufwendungsersatz in diesem Gesetz genannt sein muss, dieses ergibt sich aus der Formulierung: „soweit in diesem Gesetz nichts anderes bestimmt ist", I 1. Derartige andere gesetzliche Bestimmungen sind zB §§ 5–7, sowie die § 12 I 2 Nr. 1–5 aufgeführten Auslagentatbestände. Dabei sind über § 12 insbesondere die Aufwendungen für Hilfskräfte (I 2 Nr. 1 und II); für Fotos und deren Ausdrucke (I 2 Nr. 2), Schreibkosten (I 2 Nr. 3), Umsatzsteuer (I 2 Nr. 4) und mit Einführung des KostRÄG 2021 auch die Pauschale für Post und Telekommunikationsentgelte geregelt (I 2 Nr. 5). 2

III. Anwendungsbereich (I, II). Die Vorschrift gilt über § 8 I Nr. 4 für jeden gerichtlich bestellten Sachverständigen, Dolmetscher oder Übersetzer. Mangels weiterer Verweise in §§ 15 und 19 haben weder ehrenamtlich Richter noch Zeugen oder Dritte nach § 23 einen Anspruch auf die hier aufgeführten Aufwendungen. Der angestellte oder beamtete Sachverständige kann den wegen seiner Inanspruchnahme von Einrichtungen, Material oder Personal des Dienstherrn an diesen gezahlten Gebührenanteil nicht nach I 2 Nr. 1 erstattet fordern (KG BeckRS 2009, 14265; OLG Karlsruhe Rpfleger 1989, 173; OLG Stuttgart MDR 1989, 921). 3

IV. Übliche Gemeinkosten (I 1). Mit I 1 wird die Reichweite der Leistungsvergütungen nach §§ 9–11 dargestellt. Denn sowohl übliche Gemeinkosten wie auch 4 mit der Erstattung der beauftragten Leistung üblicherweise verbundene Aufwand sind bereits mit den Honoraren abgegolten. Kosten und Aufwendungen werden nur ersetzt, wenn in diesem Gesetz dazu Bestimmungen getroffen sind. Alle sonstigen, verbleibenden Aufwendungen, die unter keine Vorschriften fallen, sind bereits durch den Honoraranspruch erfasst und daher keiner weiteren Erstattung zugänglich.

5 Zu den üblichen Gemeinkosten gehören in erster Linie die mit dem Bürobetrieb verbundenen Kosten sowie die Aufwendungen, die sich aus einer angemessenen Ausstattung mit technischen Geräten und fachbezogener Literatur ergeben (OLG Stuttgart RVGreport 2018, 400). Es kann im begründeten Einzelfall aber auch dazu kommen, einen Ersatz von eigentlich allgemeinen Kosten über I 2 Nr. 1 als notwendige besondere Aufwendungen zu gewähren, wenn diese in deutlicher Abgrenzung zu den „üblichen" Gemeinkosten stehen und objektiv erforderlich sind, so zum pandemiebedingt erhöhten Hygieneaufwand (LSG Rheinland-Pfalz BeckRS 2020, 32099, ab dem Jahr 2021 ablehnend SG Fulda BeckRS 2021, 23228).

6 **V. Kosten der Vorbereitung und Erstattung (I 2 Nr. 1).** Fallen mit der Vorbereitung und Erstattung des Gutachtens oder der Übersetzung Kosten an, können diese gesondert erstattet werden, wenn sie tatsächlich aufgewendet wurden und es sich um notwendige besondere Kosten handelt. Diese Vorgabe der Notwendigkeit von besonderen Kosten zeigt, dass nur zusätzlich erstattungsfähig ist, was trotz eines direkten Zusammenhangs mit der Erledigung des Auftrags über das übliche Maß hinausgeht (LSG Rheinland-Pfalz BeckRS 2020, 32099). Zu einer angemessenen technischen Ausstattung und damit zu den allgemeinen Bürokosten, die nicht gesondert ersetzt wird, gehört ein selbstentwickeltes Softwareprogramm (OVG Lüneburg BeckRS 2014, 56253). Ebenso stellt eine Kraftstoffverbrauchsmessanlage für einen Kraftfahrzeugsachverständigen nur üblicher Aufwand der Gemeinkosten dar (KG DS 2009, 354). Anteilige Kosten für die Anschaffung oder Nutzung einer Flugdrohne, etwa für Luftaufnahmen, können nicht gesondert ersetzt werden.

7 Dagegen können Gebühren für die Nutzung des Online-Auswerteprogramms notwendige besondere Kosten sein (OLG Stuttgart RVGreport 2018, 400). Kosten für Laborrechnungen sind, wenn sie konkret nachgewiesen sind, als notwendige besondere Kosten erstattungsfähig (LSG Thüringen BeckRS 2018, 3506).

8 **VI. Hilfskraft (I 2 Nr. 1).** Eine Hilfskraft ist eine Person, die durch den Sachverständigen beauftragt wird für Tätigkeiten, die der Sachverständige sonst selbst erbringen müsste. Dabei arbeitet die Hilfskraft unabhängig von ihrer eigenen Qualifikation nur nach der Weisung des Sachverständigen. Eine Hilfskraft kann, muss aber nicht bei dem Sachverständigen angestellt sein. Mit dem Begriff „Hilfskraft" geht keine Bewertung der Eignung und Befähigung der beauftragten Person einher, denn eine Hilfskraft kann auch höher qualifiziert sein als der Sachverständige selbst. Eine Hilfskraft kann auch eine Drittfirma sein, die der Sachverständige im Zusammenhang mit der Gutachtenerstellung beauftragt, etwa zwecks Bauteilöffnung zwecks Besichtigung beim Ortstermin (OLG Stuttgart BeckRS 2018, 10898; OLG Hamm BeckRS 2012, 956). Ob eine Hilfskraft herangezogen wird, liegt – sofern das Gericht hierzu keine Vorgaben gemacht hat – im eigenen Verantwortungsbereich des Sachverständigen (Ulrich DS 2017, 371).

9 **1. Aufgaben der Hilfskraft und Weisung.** Der Sachverständige zieht mit der Hilfskraft eine Person zu seiner Unterstützung heran, die seinen Weisungen unterliegt. Dabei kann es sich um rein mechanisch tatsächliche, technische oder auch geistige Leistungen handeln (OLG Brandenburg BeckRS 2011, 523; OLG Karlsruhe JurBüro 1991, 997). Ein Diskussionspartner des Sachverständigen ist keine vergütungsfähige Hilfskraft (KG BeckRS 2009, 14265). Die Aufgaben von Hilfskräften können Prüfungen, Messungen oder Auswertungen umfassen. Ebenso zählen Schreib- oder Bürokräfte zu den Hilfskräften (OLG Brandenburg BeckRS 2011, 523). Diese können auch die Organisation eines Termins und um die Beschaffung von Unterlagen vornehmen sowie vorbereitende Schreiben fertigen (OLG Koblenz WuM 1994, 242; OLG Hamm Rpfleger 1990, 228). Die Geschäftsstelle eines Gutachterausschusses fällt unter I 2 Nr. 1 (VG Halle JurBüro 2014, 546). Sektionsgehilfen sind Hilfskräfte des 1. Obduzenten (OLG Düsseldorf BeckRS 2019, 15863; LG Münster BeckRS 2018, 42087).

2. Kein eigener Vergütungsanspruch der Hilfskraft. Die Hilfskraft selbst hat keinen unmittelbaren Anspruch gegenüber dem Staat (OLG Celle Nds. Rpfl. 1985, 172). Vergütungsberechtigt ist allein der Sachverständige, denn dieser wurde vom Gericht herangezogen. Die Aufwendungen für die Hilfskraft sind Bestandteil der Vergütung des Sachverständigen (§ 8 I Nr. 4). Dieser Anspruch setzt die Heranziehung nach § 1 voraus und steht folglich nur dem vom Gericht Beauftragten zu. Die Hilfskraft wird hingegen nicht im Sinne des § 1 herangezogen, sondern vom Sachverständigen hinzugezogen. **10**

3. Geltendmachung der Hilfskraftkosten. Der Sachverständige ist dafür verantwortlich, die Kosten der Hilfskraft über seine Vergütung gegenüber der Landeskasse geltend zu machen. Da sie Bestandteil seiner Vergütung ist, hat er im Hinblick auf diese Aufwendungen die Vorgaben aus dem JVEG zu beachten. So hat der Sachverständige bei der Frage einer evtl. Vorschussüberschreitung nach § 8a IV stets die Höhe der Kosten der Hilfskraft im Blick zu halten (OLG Düsseldorf IBR 2018, 710). Hilfskraftaufwendungen sind unter den Voraussetzungen des § 3 einer Vorschussgewährung zugänglich, wenn sie hinreichend konkret und zeitlich wie sachlich abgrenzbar sind (LG Düsseldorf IBR 2019, 169). Hat eine Partei von sich aus Aufwendungen erbracht, um dem Sachverständigen die Arbeit zu ermöglichen oder zu erleichtern, löst dieses keinen Ersatzanspruch nach Nr. 1 aus. Mit dem Verweis auf die Möglichkeit der Eigenleistung durch die Partei kann der Anspruch auf Erstattung der Hilfskraftkosten nicht verhindert werden (OLG Hamm BeckRS 2012, 956). Der Erstattungsanspruch setzt voraus, dass der Sachverständige die Kosten bereits gezahlt hat (OLG Hamm BauR 2012, 548). Ist er lediglich einer entsprechenden Verbindlichkeit ausgesetzt, besteht weder ein Entschädigungsanspruch noch ein Freistellungsanspruch gegen die Staatskasse (OLG Koblenz WuM 2002, 222). Nur im Umfang der tatsächlich gezahlten Aufwendungen kann der Ersatz verlangt werden (OLG Düsseldorf BeckRS 2019, 15863). **11**

4. Umfang der Erstattung. Für die Kosten der Hilfskraft sind nicht die Beträge des JVEG maßgeblich, auch nicht die hier geltenden Höchstgrenzen. Die Höhe der Entschädigung richtet sich vielmehr nach der zwischen dem Sachverständigen und der Hilfskraft getroffenen Vereinbarung (OLG Düsseldorf DS 2009, 315). Diese können, müssen aber nicht auf Tarifbeträgen oder einer Gebührenordnung basieren (KG OLGR 1999, 35). Die Kosten der Hilfskraft werden nach dem Prinzip des **vollen Aufwendungsersatzes** erstattet (OLG Düsseldorf DS 2018, 215). Nur wenn im Einzelfall eindeutig zu hohe Kosten geltend gemacht werden und diese unbillig erscheinen, kann eine Reduzierung vorgenommen werden (OLG Jena DS 2012, 262). Sodann können für die Bewertung der Notwendigkeit die Beträge des JVEG herangezogen werden (OLG Düsseldorf DS 2009, 315). Eine Obliegenheit des Sachverständigen zur Kostenwarnung (so OLG Köln DS 2014, 159), kann sich ebenfalls nur auf ungewöhnlich oder unvorhersehbar hohe Kosten erstrecken und nicht generell für durch Hilfskräfte verursachte Aufwendungen gelten (OLG Jena DS 2012, 262). **12**

Die Aufwendungen müssen notwendig gewesen sein. Das Gericht kann prüfen, ob der Sachverständige mit der Beauftragung und den verursachten Kosten sein pflichtgemäßes Ermessen verletzt hat oder gar ein Missbrauch vorliegt (OLG Koblenz WuM 2002, 222; OLG München NJW-RR 1999, 73). Die Notwendigkeit des Einsatzes der Hilfskraft muss daher konkret dargelegt werden (LSG Baden-Württemberg BeckRS 2015, 68841). Kann die Erforderlichkeit der Hinzuziehung nicht begründet werden, etwa bei einer Untersuchung, sind die Kosten der Hilfskraft nicht erstattungsfähig (OLG Hamm BeckRS 2016, 16731). War die Beauftragung hingegen erforderlich und die Kosten angemessen, können sie erstattet werden (OLG Stuttgart BeckRS 2018, 10898). Erstattungsfähigkeit liegt vor, wenn durch die Hilfskräfte die Arbeit des Sachverständigen verkürzt und der Auftraggeber dadurch kostenmäßig günstiger dasteht (OLG Düsseldorf DS 2018, 215). Werden für die Erstellung des schriftlichen Gutachtens bereits Schreibkosten nach Nr. 3 geltend gemacht, kann für diese Tätigkeit kein zusätzlicher Ersatz für Hilfskräfte gefordert werden. Der Aufwand des mit der Einweisung und Überwachung ist der Hilfskräfte ist dem Sachverständigen zu vergüten (OLG Koblenz WuM 2002, 22). **13**

14 Handelt es sich bei den Hilfskräften um **Angestellte des Sachverständigen,** ist der dem Zeitaufwand entsprechende Anteil des Gehalts zu ersetzen. Die Höhe des tatsächlich gezahlten Gehalts ist nachzuweisen (LSG Baden-Württemberg BeckRS 2015, 68841). Neben dem Grundgehalt sind auch die Arbeitgeberanteile zur Sozialversicherung, die Beiträge zur Vermögensbildung sowie die anteilig zu zahlenden Urlaubs- und Weihnachtsgelder zu berücksichtigen, (OLG Düsseldorf DS 2018, 215). Es sind aber beide maßgeblichen Parameter darzulegen, die Höhe des Gehalts und die Zeitdauer, die auf den konkreten Auftrag entfällt (OLG Düsseldorf BeckRS 2019, 15863).

15 **5. Weiterer selbständiger Sachverständiger.** Bei jeder Hinzuziehung ist § 407 III ZPO zu beachten, mithin die Hilfskraft namhaft zu benennen und den Umfang der übertragenen Tätigkeit anzugeben (KG BauR 2010, 1982). Wird statt einer Hilfskraft ausnahmsweise ein zusätzlicher Sachverständiger beauftragt, ist entscheidend, dass die Hauptverantwortung des gerichtlich beauftragten Sachverständigen bestehen bleibt (BSG VersR 1990, 992; BVerwG NJW 1984, 57; OLG Celle DS 2016, 129). Dieses ist etwa der Fall bei einem beauftragten Klinikleiter, der einen Facharzt im Rahmen der Begutachtung hinzuzieht. Der Klinikleiter muss dann als der vom Gericht Beauftragte das Gutachten verantwortlich mitunterzeichnen (KG BauR 2010, 1982). Wurde hingegen das Klinikum als solches beauftragt, ist davon auszugehen, dass derjenige Sachverständiger ist, der vom Leiter dazu bestimmt wird (OLG Koblenz JurBüro 1995, 151).

16 Der Aufwendungsersatz für einen weiteren eigenständigen Sachverständigen kann nur in Ausnahmefällen ersetzt werden, wenn nachgewiesen ist, dass der Beauftragte selbst nicht sachkundig genug war (OLG Celle DS 2016, 129; OLG Karlsruhe JurBüro 1991, 997). Dabei kommt es aber für die Erstattungsfähigkeit darauf an, dass der Gerichtssachverständige aufgrund seiner eigenen Sachkunde für die Ergebnisse des weiteren Sachverständigen die uneingeschränkt persönliche Verantwortung übernehmen kann. Dieses ist nicht gewährleistet, wenn der Gerichtssachverständige einen weiteren Sachverständigen zu einem Thema beauftragt hat, das nicht unmittelbar zum Spezialgebiet des gerichtlich Herangezogenen gehört. Da das Gutachten so unverwertbar ist, besteht auch kein Erstattungsanspruch (OLG Düsseldorf BeckRS 2018, 31586).

17 **VII. Zuschlag für Gemeinkosten der Hilfskraft (II).** Von dem Grundsatz des I 1, dass die allgemeinen Kosten und der übliche Aufwand mit den Honoraren abgegolten sind, macht II eine Ausnahme. Soweit auf Hilfskräfte solche allgemeinen Kosten, also Gemeinkosten, entfallen, werden diese mit einem Festbetrag von 15 % abgegolten. Dabei ist einzige Voraussetzung, dass mit der Hinzuziehung der Hilfskräfte wesentliche Gemeinkosten verbunden sind. Dieses ergibt sich aus dem im Gesetz formulierten Ausschluss „es sei denn, die Hinzuziehung der Hilfskräfte hat keine oder nur unwesentlich erhöhte Gemeinkosten veranlasst". Daher wird der Zuschlag regelmäßig für angestellte Mitarbeiter des Sachverständigen in Betracht kommen (OLG Düsseldorf DS 2018, 215). Solche allgemeinen Kosten, zB Bürounkosten oder besonderer, nicht nur geringer Verwaltungsaufwand, müssen jedoch tatsächlich entstanden sein (OLG Hamm OLGR 1998, 275). Werden die Hilfskräfte über eine Fremdrechnung geltend gemacht, also durch freie Mitarbeiter, Selbstständige oder Drittfirmen, ist nicht ohne Weiteres erkennbar, welche Gemeinkosten für den Sachverständigen angefallen sein sollen (OLG Stuttgart BeckRS 2018, 10898). Allein die buchhalterische Verarbeitung der Fremdrechnung reicht nicht aus, um den Zuschlag zu gewähren.

Liegen die Voraussetzungen vor, sind zusätzliche 15 % auf den Betrag, der auf die Hilfskraft entfällt, zu ersetzen.

18 **Beispiel:** Nach I 2 Nr. 1 ist ein Hilfskraft-Anteil von 100 EUR erstattungsfähig. Sodann sind weitere 15 EUR als Zuschlag für die Gemeinkosten zu ersetzen.

19 **VIII. Verbrauchte Stoffe und Werkzeuge (I 2 Nr. 1).** Für eine Untersuchung im Rahmen des erteilten Auftrags verbrauchte Stoffe und Werkzeuge können gesondert ersetzt werden. Allerdings ist davon nicht die allgemeine Benutzung und Abnutzung der Ausstattung des Sachverständigen erfasst. Dieses kommt selbst dann nicht in

Betracht, wenn es sich um größere technische Aufwendungen durch besonders teure Technik handelt (KG BeckRS 2009, 14265).

Für Verbrauchsmaterialien kann ein Aufwendungsersatz nicht über andere Vorschriften, wie etwa DKG-NT, abgerechnet werden (LSG Baden-Württemberg BeckRS 2020, 15249).

IX. Fotos und Ausdrucke (I 2 Nr. 2). Fotos, die zur Vorbereitung oder Erstattung eines Gutachtens erforderlich waren, werden pauschal mit 2 EUR erstattet. Da Nr. 2 anders als Nr. 1 ausdrücklich nur das Gutachten, nicht aber eine Übersetzung nennt, gilt die Vorschrift nur für Sachverständige (OLG Stuttgart Rpfleger 2005, 218). Mit dem Pauschalbetrag von 2 EUR sind alle Aufwendungen im Zusammenhang mit der Fotoerstellung abgegolten, von der Anschaffung der Kamera, dem Fotografieren an sich bis hin zu der technischen Verarbeitung. Der Aufwendungsersatz wird für jedes erste Lichtbild gewährt, unabhängig von der technischen Art der Erstellung oder dem Format des Ausdrucks (OLG Hamburg BeckRS 2007, 18355; OLG Hamm LSK 2013, 110430). Es zudem nicht erforderlich, dass der Sachverständige die Fotos selbst gefertigt hat (OLG Frankfurt a. M. MDR 2016, 49). Der Begriff Foto grenzt den Erstattungsbereich klar ein, so dass nicht andere bildliche Darstellungen wie Grafiken, Diagramme oder Skizzen erfasst sind (KG JurBüro 2008, 264). Die Kosten für solche Anfertigungen sind mit der Vergütung nach § 9 abgegolten, BT-Drs. 17/11471, 261. 20

1. Erstattungsfähigkeit. Jedes gefertigte Originalfoto wird unabhängig davon, ob es tatsächlich ausgedruckt oder nur durch den Sachverständigen gespeichert wurde, mit 2 EUR erstattet, sofern das Foto für die Arbeit des Sachverständigen erforderlich war. Notwendig ist unter Berücksichtigung der Umstände des Einzelfalls, was der Sachverständige nach pflichtgemäßem Ermessen im Hinblick auf den Auftrag für erforderlich halten durfte (OLG Brandenburg BeckRS 2021, 32356).Nicht ausschlaggebend ist die tatsächliche Verwendung des Fotos im Gutachten (LG Hannover JurBüro 2005, 375). Denn die Vorschrift nennt auch die Aufwendungen, die mit der Vorbereitung entstanden sind, zB als Gedankenstütze, zur Auswertung oder Berechnung. Eine Erstattung kommt jedoch nicht in Betracht für überflüssige oder unbrauchbare Fotos (KG JurBüro 2008, 264). Der Sachverständige muss die Erforderlichkeit im Zweifel auf Verlangen darlegen. 21

2. Abgrenzung Foto- zu Kopiekosten. Nach dem Originalfoto kommt über § 12 nur noch eine Erstattung für die weiteren Abzüge solcher Fotos in Betracht, die **nicht Bestandteil eines schriftlichen Gutachtens** sind. Der Anwendungsbereich für die Entschädigung von 0,50 EUR ist daher äußerst gering. Denkbar sind der 2. und weitere Ausdrucke von Originalfotos im Bereich der **mündlichen** Gutachtenerstattung im Termin bei gleichzeitiger Vorlage von Bildaufnahmen zum Zwecke der Illustration (LG Detmold BeckRS 2017, 162115). Hingegen können alle Fotos, die in einem schriftlichen Gutachten eingearbeitet sind, sei es als Einzelbild im Text, reine Fotoseite oder eine Fotodokumentation im Anhang, nicht über diese Vorschrift erstattet werden. Der Betrag von 0,50 EUR ist für Fotos des schriftlichen Gutachtens seit der Klarstellung durch das 2. KostModG ausgeschlossen. (BT-Drs. 17/11471 [neu], 261). Nach dem Wortlaut der Vorschrift richtet sich die Entschädigung für Fotos bzw. der **Ausdruck von solchen Seiten des schriftlichen Gutachtens nach § 7 II.** Denn Mehrfachausfertigungen des Gutachtens mit Seiten, die Fotos enthalten, sind über § 7 II als Kopienkosten abzurechnen (OLG Hamburg BeckRS 2015, 4; LG Detmold BeckRS 2017, 162115). Daher ist es auch unerheblich, ob auf den Seiten ein oder mehrere Bilder enthalten sind. Die Kosten für Farbkopien betragen pauschal 1 EUR für die ersten 50 Seiten, auch wenn es sich um reine Fotoseiten handelt. 22

Damit ist die Abrechnung von Fotos in den deutlich überwiegenden Fällen der gerichtlichen Praxis einfach vorzunehmen. Jedes Originalfoto ist mit 2 EUR, alle Ausdrucke von Fotoseiten des schriftlichen Gutachtens als Kopiekosten zu entschädigen. Im Gesetzgebungsverfahren zum KostRÄG gab es Bestrebungen, den gesonderten Ersatz von Fotokosten abzuschaffen. Dieser Vorschlag hat sich jedoch wegen der Beibehaltung des Justizrabattes auf die Honorare nicht durchgesetzt, BT-Drs. 19/24740, 91. 23

24 **X. Schreibkosten (I 2 Nr. 3).** Die Vorschrift nennt in Nr. 3 nur das Gutachten und nicht die Übersetzung, so dass diese Regelung nicht für Übersetzer oder Dolmetscher gilt. Der Aufwand, der mit der **Erstellung des schriftlichen Gutachtens** entsteht, also die Reinschrift des Gutachtens, wird mit einem Pauschalbetrag je 1000 Anschläge abgegolten. Die Anschläge beinhalten auch Leerzeichen. Durch die Berechnung nach angefangenen 1000 Anschlägen ist früherer Streit über die Erstattungsfähigkeit solcher Seiten, die nur Fotos oder Skizzen enthalten, hinfällig. Der Vergütungsmaßstab lässt sich einfach und sicher ermitteln. Erfasst wird jedoch nur das erstellte Gutachten, **nicht etwa Ladungsschreiben, Kostenrechnungen oder sonstiger Schreibaufwand.** Vergleichbarer Aufwand ist entweder über die Aufwendungen für Hilfskräfte oder über das Honorar des Sachverständigen abzurechnen. Schreibt die Hilfskraft das Gutachten, sind neben den Aufwendungen nach Nr. 3 nicht noch zusätzlich deren Kosten nach Nr. 1 zu gewähren.

25 Für alle **Gutachten,** die **nach Anlage 1 Teil 1** abgerechnet werden, sind je angefangene 1000 Anschläge 0,90 EUR zu erstatten. Die Pauschale wird unabhängig davon gewährt, ob es sich um einen schwierigen oder einfachen Text handelt. Auch wenn in einem Gutachten, dass nach Anlage 1 Teil 1 abzurechnen ist, medizinische Fachbegriffe enthalten sind, rechtfertigt dieses nicht die Erstattung des höheren Betrages von 1,50 EUR. Eine höhere Vergütung ist auch dann ausgeschlossen, wenn der Sachverständige insoweit einen höheren Aufwand nachweist (SG Karlsruhe BeckRS 2016, 67890).

26 **1. Medizinische oder psychologische Gutachten.** Mit dem KostRÄG 2021 ist eine Staffelung des Betrages zugunsten medizinischer oder psychologischer Gutachten eingeführt worden. In allen Gutachten, deren Honorare sich **nach Anlage 1 Teil 2** oder **nach Anlage 2** richten, sind **Schreibkosten von 1,50 EUR** je angefangene 1000 Anschläge zu erstatten. Mit der Erhöhung für diese Art der Gutachten wird dem Umstand Rechnung getragen, dass in medizinischen Gutachten häufig spezifische Fachbegriffe verwendet werden und das Abfassen der Texte zudem ein Grundverständnis über die richtige Verwendung dieser Begriffe erfordert (BT-Drs. 19/23484, 70). In der freien Wirtschaft entfallen deutlich höhere Preise auf eine Normseite und die höhere Qualifikation der Schreibkräfte der medizinischen Gutachten rechtfertigt daher die Erstattung eines gegenüber den anderen Gutachten erhöhten Betrages. Da es sich um einen Pauschalbetrag handelt, sind 1,50 EUR unabhängig davon zu gewähren, ob oder in welchem Umfang der Text tatsächlich medizinisches Fachvokabular enthält.

27 Mit der Neufassung geht zudem auch kein erweiterter Anspruch auf Ersatz der Schreibkosten einher. Soweit also bei Gutachten nach der Anlage 2 mit dem Honorar bereits der Aufwand für die Anfertigung des schriftlichen Gutachtens abgegolten ist, etwa bei Abstammungsgutachten (Vorb. 4 I 2 der Anlage 2), kommt ein Anspruch nach § 12 weiterhin nicht in Betracht.

28 **2. Schätzung.** Die zu vergütende Anzahl der Anschläge soll geschätzt werden, wenn deren Anzahl nicht bekannt ist. Es handelt sich um eine Auffangvorschrift. Jedoch sind kaum Anwendungsfälle denkbar, in denen der Sachverständige sein Gutachten erstellt, jedoch die Zahl der Anschläge nicht über die Zählfunktion eines Schreibprogramms ermitteln kann. Allein der Umstand, dass die Rechnung die Angabe der Anschläge nicht enthält, führt nicht dazu, dass diese einer Schätzung zugänglich sind. Der Sachverständige wird darlegen müssen, wenn er im Einzelfall nach einer solchen Schätzung abrechnen will, warum er die Anzahl nicht feststellen kann. Gänzlich abzulehnen ist eine pauschale seitenweise Abgeltung. Eine Berechnung nach Seiten ist nach § 12 nicht vorgesehen. Allenfalls können die durchschnittlichen Anschläge einer Standardseite nach DIN im Einzelfall Anhaltspunkte für die maßgebliche Zahl der zu vergütenden Anschläge bieten.

29 **XI. Umsatzsteuer (I 2 Nr. 4).** Jeder Berechtigten, dem eine Vergütung im Sinne des § 8 zusteht, hat einen Anspruch auf Ersatz der Umsatzsteuer, § 8 I Nr. 4. Die Umsatzsteuer wird nur in den Fällen nicht gewährt, in denen sie nach § 19 I UStG unerhoben bleibt. Diese sog. Kleinunternehmerregelung greift, wenn die Umsätze des Berechtigten im vorangegangenen Kalenderjahr 22.000 EUR nicht überstiegen haben und im laufenden Kalenderjahr 50.000 EUR voraussichtlich nicht übersteigen

werden. Grundsätzlich ist ein Nachweis darüber oder eine Begründung des Ansatzes von Umsatzsteuer nur zu erbringen, wenn das Gericht im Einzelfall Zweifel an der Umsatzsteuerpflicht des Berechtigten hat. Die rechtssichere Beurteilung der eigenen Steuerpflicht sollte jeder Berechtigte in eigenem Interesse vornehmen, da die Geltendmachung auch den engen Fristen des § 2 unterliegt und eine fahrlässige Unkenntnis im Zweifel kein Wiedereinsetzungsgrund ist (SG Fulda BeckRS 2015, 69077). Zeugen, sachverständige Zeugen, ehrenamtliche Richter und Dritte haben mangels Vergütungsanspruches keinen Anspruch auf den Ersatz von Umsatzsteuer.

1. Umfang der Umsatzsteuerpflicht. Ist der Berechtigte umsatzsteuerpflichtig, sind **alle Vergütungsbestandteile,** also sowohl sein Honorar als auch die weiteren Aufwendungen, der Umsatzsteuer von 19 % zu unterwerfen. Dazu zählen Fremdleistungen, selbst wenn sie umsatzsteuerfrei sind (LSG Schleswig-Holstein BeckRS 2022, 2358). Die Umsatzsteuer ist daher auch auf Auslagen wie **Porto** zu erstatten, obwohl die Auslagen nicht der Umsatzsteuer unterliegen (SG Fulda BeckRS 2015, 69077). Da die Erstattung an den Vergütungsanspruch gebunden ist, wird Umsatzsteuer nicht ersetzt, wenn die Leistung des Berechtigten **nicht** vergütet, sondern für einen **sachverständigen Zeugen** entschädigt wird. Bei einem Befundbericht nach Nr. 200 der Anlage 2 ohne nähere gutachtliche Äußerung besteht kein Anspruch auf Umsatzsteuer (BSG BeckRS 2008, 58286). 30

2. Berechnung des Umsatzsteuersatz. Enthält die Rechnung des gerichtlich Herangezogenen steuerpflichtige Fremdleistungen, sind ist diese zunächst nur mit dem Nettobetrag in die Auflistung einzustellen und auf die Netto-Gesamtsumme ist sodann die Umsatzsteuer mit 19 % zu berechnen. Diese Vorgehensweise gewährleistet die korrekte Besteuerung, insbesondere bei unterschiedlich hohen Steuersätzen in der Fremdrechnung. Während Rechnungen über Leistungen von Drittfirmen 19 % Steuer enthalten, entfallen auf Bahn- oder ggf. Taxikosten nur 7 % Umsatzsteuer. Daher ist aus allen Positionen, die schon Umsatzsteuer enthalten, diese herauszurechnen, um sie sodann mit dem, für den Berechtigten maßgeblichen Steuersatz von 19 % zu erstatten. Der Betrag aus einem Bruttobeleg ist daher durch 1,19 oder durch 1,07 zu teilen, um den jeweiligen Nettobetrag zu ermitteln oder eine Angabe zu überprüfen. 31

3. Änderung des Umsatzsteuersatzes. Ändert sich der Umsatzsteuersatz, wie zuletzt durch das Zweite Corona-Steuerhilfegesetz, kommt es für die Höhe des abzurechnenden Steuersatzes auf den Zeitpunkt der Erbringung der Leistung an, § 3 UStG. Einige Gerichte stellen dafür bei schriftlichen Gutachten auf den Zeitpunkt des Eingangs des Gutachtens ab, was zwar in Anlehnung an § 2 naheliegt, aber nach dem UStG nicht zutreffend ist. Maßgeblich ist vielmehr der Zeitpunkt der Fertigstellung des Gutachtens. Die **Übergangsregelungen dieses Gesetzes** sind insoweit **nicht einschlägig.** Enthält ein Vorschuss zB den verminderten Steuersatz aus dem Zeitraum vom 1.7.2020-31.12.2020 mit 16 % und liegt der maßgebliche Fälligkeitszeitpunkt der Leistung danach mit der Regelbesteuerung von 19 %, ist der Gesamtbetrag mit 19 % zu versteuern. 32

XII. Pauschale für Post- und Telekommunikation (I 2 Nr. 5). Mit dem KostRÄG 2021 wird die lange überfällige pauschale Erstattung der Entgelte für Post- und Telekommunikationsdienstleistungen geregelt. Zuvor waren solche Pauschalen nur in anderen Kostengesetzen wie dem RVG oder GNotKG enthalten, während im JVEG streng genommen nur der Ersatz von tatsächlich entstandenen Einzelaufwendungen zulässig war. In der gerichtlichen Praxis hatte sich jedoch auch in diesem Gesetz längst die pauschale Abrechnung von Post- und Telekommunikationsaufwendungen durchgesetzt. Mangels gesetzlicher Grundlage war die Höhe der zugesprochenen Pauschale sehr uneinheitlich. Andere Berechtigte als die ausdrücklich genannten können von dieser Vereinfachung keinen Gebrauch machen, mithin weder Zeugen noch Schöffen. 33

1. Keine Pauschale für Dolmetscher. Nach dem Wortlaut der Vorschrift können nur Sachverständige und Übersetzer anstelle der tatsächlichen Aufwendungen die Pauschale verlangen. **Dolmetscher haben keinen Anspruch auf eine pauschale Abgeltung,** da sie regelmäßig keine oder nur sehr geringe derartige Aufwendungen haben. Sie sind daher weiterhin zur Darlegung der tatsächlichen Aufwendungen 34 verpflichtet. Diese Differenzierung ist hinnehmbar, da eine einheitliche Pauschale für alle Berechtigten wegen des stark voneinander abweichenden Aufwands zu keinem vertretbaren Ergebnis führen würde.

35 **2. Berechnung der Pauschale.** Die pauschale Abgeltung von Post- und Telekommunikationsdienstleistungen kann mit einem Betrag von Höhe von **20 Prozent des Honorars** gefordert werden. Der so errechnete Wert ist aber begrenzt auf **höchstens 15 EUR.** Ausgangsgröße für die Berechnung der Pauschale soll grundsätzlich das Honorar nach den §§ 9–11 sein. Wird nach § 13 oder § 14 ein abweichendes Honorar vereinbart, soll dieses maßgebend sein (BT-Drs. 19/23484, 70). Die 20 % können nur vom Netto-Honorar gefordert werden. Im Hinblick auf die Höhe der Honorare wird es überwiegend zum Ansatz des Höchstbetrags von 15 EUR kommen. Auf einen bestimmten Umfang von Auslagen kommt es bei der Pauschale nicht an. Mit dem Honoraranspruch besteht automatisch der Anspruch auf die Pauschale nach I 2 Nr. 5, sobald irgendwie geartete tatsächliche Aufwendungen angefallen sind. Davon ist jedoch schon bei der Auftragsannahme und dessen Abwicklung auszugehen.

36 Durch den Verweis auf das Honorar als Berechnungsmaßstab wird deutlich, dass auch **sachverständigen Zeugen die Pauschale verwehrt** bleibt. Auch insoweit ist die Eingrenzung auf Sachverständige und Übersetzer zutreffend, da mit den Entschädigungen, zB nach § 10, Anlage 2, ebenfalls regelmäßig keine hohen Aufwendungen verbunden sind. Diese können sodann weiterhin über den Einzelansatz abgerechnet werden.

Besondere Vergütung

13 **I 1 Haben sich die Parteien oder Beteiligten dem Gericht gegenüber mit einer bestimmten oder einer von der gesetzlichen Regelung abweichenden Vergütung einverstanden erklärt, wird der Sachverständige, Dolmetscher oder Übersetzer unter Gewährung dieser Vergütung erst herangezogen, wenn ein ausreichender Betrag für die gesamte Vergütung an die Staatskasse gezahlt ist. 2 Hat in einem Verfahren nach dem Gesetz über Ordnungswidrigkeiten die Verfolgungsbehörde eine entsprechende Erklärung abgegeben, bedarf es auch dann keiner Vorschusszahlung, wenn die Verfolgungsbehörde nicht von der Zahlung der Kosten befreit ist. 3 In einem Verfahren, in dem Gerichtskosten in keinem Fall erhoben werden, genügt es, wenn ein die Mehrkosten deckender Betrag gezahlt worden ist, für den die Parteien oder Beteiligten nach Absatz 6 haften.**

II 1 Die Erklärung nur einer Partei oder eines Beteiligten oder die Erklärung der Strafverfolgungsbehörde oder der Verfolgungsbehörde genügt, soweit sie sich auf den Stundensatz nach § 9 oder bei schriftlichen Übersetzungen auf ein Honorar für jeweils angefangene 55 Anschläge nach § 11 bezieht und das Gericht zustimmt. 2 Die Zustimmung soll nur erteilt werden, wenn das Doppelte des nach § 9 oder § 11 zulässigen Honorars nicht überschritten wird. 3 Vor der Zustimmung hat das Gericht die andere Partei oder die anderen Beteiligten zu hören. 4 Die Zustimmung und die Ablehnung der Zustimmung sind unanfechtbar.

III 1 Derjenige, dem Prozess- oder Verfahrenskostenhilfe bewilligt worden ist, kann eine Erklärung nach Absatz 1 nur abgeben, die sich auf den Stundensatz nach § 9 oder bei schriftlichen Übersetzungen auf ein Honorar für jeweils angefangene 55 Anschläge nach § 11 bezieht. 2 Wäre er ohne Rücksicht auf die Prozess- oder Verfahrenskostenhilfe zur vorschussweisen Zahlung der Vergütung verpflichtet, hat er einen ausreichenden Betrag für das gegenüber der gesetzlichen Regelung oder der vereinbarten Vergütung (§ 14) zu erwartende zusätzliche Honorar an die Staatskasse zu zahlen; § 122 Abs. 1 Nr. 1 Buchstabe a der Zivilprozessordnung ist insoweit nicht anzuwenden. 3 Der Betrag wird durch unanfechtbaren Beschluss festgesetzt. 4 Zugleich bestimmt das Gericht, welchem Stundensatz die Leistung des Sachverständigen ohne Berücksichtigung der Erklärungen der Parteien oder

Beteiligten zuzuordnen oder mit welchem Betrag für 55 Anschläge in diesem Fall eine Übersetzung zu honorieren wäre.

IV [1]Ist eine Vereinbarung nach den Absätzen 1 und 3 zur zweckentsprechenden Rechtsverfolgung notwendig und ist derjenige, dem Prozess- oder Verfahrenskostenhilfe bewilligt worden ist, zur Zahlung des nach Absatz 3 Satz 2 erforderlichen Betrags außerstande, bedarf es der Zahlung nicht, wenn das Gericht seiner Erklärung zustimmt. [2]Die Zustimmung soll nur erteilt werden, wenn das Doppelte des nach § 9 oder § 11 zulässigen Honorars nicht überschritten wird. [3]Die Zustimmung und die Ablehnung der Zustimmung sind unanfechtbar.

V [1]Im Musterverfahren nach dem Kapitalanleger-Musterverfahrensgesetz ist die Vergütung unabhängig davon zu gewähren, ob ein ausreichender Betrag an die Staatskasse gezahlt ist. [2]Im Fall des Absatzes 2 genügt die Erklärung eines Beteiligten des Musterverfahrens. [3]Die Absätze 3 und 4 sind nicht anzuwenden. [4]Die Anhörung der übrigen Beteiligten des Musterverfahrens kann dadurch ersetzt werden, dass die Vergütungshöhe, für die die Zustimmung des Gerichts erteilt werden soll, öffentlich bekannt gemacht wird. [5]Die öffentliche Bekanntmachung wird durch Eintragung in das Klageregister nach § 4 des Kapitalanleger-Musterverfahrensgesetzes bewirkt. [6]Zwischen der öffentlichen Bekanntmachung und der Entscheidung über die Zustimmung müssen mindestens vier Wochen liegen.

VI [1]Schuldet nach den kostenrechtlichen Vorschriften keine Partei oder kein Beteiligter die Vergütung, haften die Parteien oder Beteiligten, die eine Erklärung nach Absatz 1 oder Absatz 3 abgegeben haben, für die hierdurch entstandenen Mehrkosten als Gesamtschuldner, im Innenverhältnis nach Kopfteilen. [2]Für die Strafverfolgungs- oder Verfolgungsbehörde haftet diejenige Körperschaft, der die Behörde angehört, wenn die Körperschaft nicht von der Zahlung der Kosten befreit ist. [3]Der auf eine Partei oder einen Beteiligten entfallende Anteil bleibt unberücksichtigt, wenn das Gericht der Erklärung nach Absatz 4 zugestimmt hat. [4]Der Sachverständige, Dolmetscher oder Übersetzer hat eine Berechnung der gesetzlichen Vergütung einzureichen.

Schrifttum: Schneider, das besondere Verhältnis des gerichtlichen Sachverständigen nach § 13 JVEG, DS 2017, 52 (Üb.).

Übersicht

I. Systematik (I–VI). Auch bei § 13 handelt es sich um eine vorrangige Sonderbestimmung gegenüber der allgemeinen Regelung nach § 9. Das öffentlich-rechtliche Heranziehungsverhältnis nach § 1 bleibt bestehen. Dasselbe gilt von der Vergütungsfolge dieses Verhältnisses dem Grunde nach. Nur zur Höhe hat eben § 13 Vorrang. Man darf nach § 13 anders als nach § 14 die gesetzliche Höhe überschreiten. 1

2 **II. Regelungszweck (I–VI).** Die Vorschrift dient der Parteiherrschaft. Das gilt auch im Bereich eines Verfahrens außerhalb der ZPO. Sie stellt indes formell eine Ausnahmevorschrift dar. Als eine solche muss man sie eng auslegen (OLG Düsseldorf MDR 1989, 554; OLG München MDR 1984, 679).

3 § 13 ist nur dann anwendbar, wenn sich **Parteien oder Beteiligte** zB nach § 7 FamFG gegenüberstehen. Das gilt auch im FamFG-Verfahren. Es gilt ferner mit den Abwandlungen nach V grundsätzlich auch im Verfahren nach dem KapMuG. In anderen Fällen binden die gesetzlichen Sätze das Gericht (OLG Hamburg MDR 1983, 415). Das alles gilt auch im Straf- oder Bußgeldverfahren. Eine Gebührenvereinbarung ist allerdings auch nach § 10 denkbar. Das Gericht muss dann aber einer einseitigen Erklärung durchweg die Zustimmung versagen.

4 **III. Anwendungsbereich (I–VI).** Die Vorschrift gilt nur, soweit gerade ein Gericht den Berechtigten nach § 1 herangezogen hat (OLG Celle JurBüro 1993, 118). § 13 gilt die gesamte Vergütung für die Leistung des Sachverständigen oder Dolmetschers oder Übersetzer ab, auch seine Fahrtkosten, seine sonstigen Aufwendungen und Auslagen können umfasst sein (OLG Koblenz AnwBl 2002, 186; Meyer JurBüro 2002, 186, Hilfskraft). Die Vorschrift gilt in jeder Verfahrensart. Sie gilt auch bei einer Gerichtskostenfreiheit. Sie ist im FamFG-Verfahren und daher auch bei § 306 AktG anwendbar (BGH NJW 1994, 2022; LG Köln DB 1997, 369; ferner bei § 312 IV UmwG, OLG Stuttgart NJW-RR 2002, 462), im Verfahren nach dem KapMuG, und im Privatklageverfahren, nicht aber beim Nebenkläger.

5 Im **arbeitsgerichtlichen** Verfahren ist § 13 anwendbar. Denn der geschuldete Betrag ist kein Vorschuss nach § 11 GKG (LAG Düsseldorf BB 1992, 1496). Im Sozialgerichtsverfahren kann § 13 wegen I 3 zumindest teilweise anwendbar sein.

6 **Unanwendbar** ist § 13 beim Zeugen, beim ehrenamtlichen Richter oder bei einem Dritten sowie bei sachverständigen Zeugen.

7 **IV. Voraussetzungen (I–VI).** Das Gericht darf zwar ein Verfahren nach § 13 anheimstellen oder gar anregen. Es wird aber keineswegs drängend oder gar im Sinn irgendeiner Bedingung von Amts wegen tätig. Es wartet vielmehr eine oder mehrere Erklärungen einer Partei oder eines Beteiligten ab, ohne deshalb die ganze Beweisaufnahme irgendwie zu verzögern. Man muss drei Bedingungen unterscheiden. Alle Voraussetzungen müssen schon vor dem Beginn der auftragsgemäßen Tätigkeit des Berechtigten vorliegen (OLG Düsseldorf JurBüro 1994, 48; OLG Stuttgart Rpfleger 1976, 190; aA BGH MDR 2013, 942, aber nur dann lässt sich eine unerfreuliche Auseinandersetzung zu allen nachfolgenden Fragen vermeiden). Das gilt schon dazu, ob es überhaupt bei einer Heranziehung bleiben soll, selbst wenn der Staat die Mehrkosten schließlich nicht bezahlen muss (Zimmermann Rn. 12 ff.). Rein technisch muss er ja ohnehin unter diesen Voraussetzungen zunächst einmal zahlen.

8 **1. Kostenpflicht der Parteien oder Beteiligten (I).** Nach der jeweiligen Verfahrensordnung muss das Gericht grundsätzlich den Parteien oder Beteiligten die Kosten aufzuerlegen haben. Es darf also grundsätzlich weder von einer Kostenerhebung absehen noch die Kosten nur einem oder mehreren Dritten auferlegen können. Freilich kann es nach I 3 ausnahmsweise auch dann zur Anwendbarkeit kommen, wenn keine Kostenpflicht der Beteiligten entsteht.

9 **2. Allseitige Erklärungen (I).** Dieser Teil der Vorschrift ist anwendbar, soweit sich beide Parteien oder alle Beteiligten eines streitigen Verfahrens eindeutig mit einer ziffernmäßig bestimmten Vergütung oder mit einer von der gesetzlichen Regelung abweichenden bestimmbaren Vergütung einverstanden erklärt haben, zB mit einer solchen nach der Satzung eines Verbandes oder mit einem bestimmten Stundensatz. Solche abweichende Vergütung muss ebenso überprüfbar sein wie eine gesetzliche Vergütung.

10 Es müssen bei I alle einfachen oder gar notwendigen **Streitgenossen** nach § 62 ZPO oder sonstigen Verfahrensbeteiligten ihr Einverständnis erklärt haben, und zwar vor der Erstattung des Gutachtens (OLG Düsseldorf JurBüro 2011, 490; aA BGH GRUR 2013, 864). Ein Streitgehilfe nach §§ 66 ff. ZPO ist bei § 13 Partei, soweit er die Partei nach § 67 ZPO binden kann. Eine Vereinbarung des Sachverständigen nur mit dem Gericht ohne eine Zustimmung der Beteiligten ist wirkungslos und unzulässig (OLG Hamburg MDR 1983, 415; OLG Koblenz MDR 1995, 211; LG München

JurBüro 1975, 95; aA OLG Düsseldorf MDR 1999, 1528, aber das wäre ein glatter Verstoß gegen den klaren Wortlaut und Sinn des I). Auch die Zustimmung eines Beigeladenen reicht nicht.

3. Beispiele zur Frage allseitiger Erklärungen (I)

Abgeltungsumfang: Die Vergütung gilt, soweit die Beteiligten nichts anderes ersichtlich gemacht haben, den gesamten Anspruch des Sachverständigen nach § 9 ab. Das gilt natürlich nur für den jetzigen Gutachtenauftrag (OLG Jena DS 2013, 217; OLG Koblenz BauR 2005, 447). Er darf die vereinbarte Vergütung daher grundsätzlich auch nicht einfach als eine bloße Teilleistung annehmen und etwas nach § 13 nachfordern (OLG Hamburg JurBüro 1996, 153; OLG Köln JurBüro 1994, 567). Er mag beim Nichtausreichen der vereinbarten Vergütung nun die gesetzliche im dafür vorhandenen Verfahren geltend machen und begründen. Sie gilt aber nicht die in (jetzt) §§ 10 ff. behandelten Vergütungen ab (LAG Düsseldorf BB 1992, 1496). Sie gilt eine mündliche Erläuterung nur dann ab, wenn diese mit zum Gegenstand der Vereinbarung geworden war. Sonst kann der Sachverständige für sie die gesetzliche Vergütung fordern. 11

Anfrage des Gerichts: Sie kann als ein Anhaltspunkt ausreichen (LG Heilbronn MDR 1993, 1246).

Annahme der Erklärung: Der Sachverständige braucht eine Erklärung nicht anzunehmen.

Bestimmtheit: „Bestimmte Vergütung" ist eine bestimmt bezifferte Summe (OLG Düsseldorf MDR 1989, 554; OLG München MDR 1993, 485; aA LAG Düsseldorf MDR 1992, 1063). Es reicht auch eine von der Gesetzesregelung abweichende Vergütung. Daher genügt auch eine Bezugnahme auf eine Gebührenordnung, falls sich aus ihr eine bestimmte Summe ergibt (aA Zimmermann Rn. 23). Eine Pauschale je Seite oder km reicht jetzt aus. Eine Bezugnahme auf eine bloße Rahmengebühr reicht **nicht.**

Bezugnahme: → „Bestimmtheit".

Form: Die Erklärung ist formlos möglich (OLG Hamburg MDR 1983, 415), also auch zum Protokoll, telefonisch oder elektronisch nach § 4b. Eine schriftliche Erklärung muss nach § 129 ZPO eine volle Unterschrift tragen. Eine schlüssige Handlung kann als eine Erklärung ausreichen (OLG Hamburg MDR 1983, 415; LG Heilbronn MDR 1993, 1246). Das bloße Stillschweigen reicht aber nur dann, wenn bestimmte Anhaltspunkte das Einverständnis ergeben (OLG Hamm Rpfleger 1988, 550; LG Heilbronn MDR 1993, 1246; Meyer JurBüro 2002, 185; aA Zimmermann Rn. 18).

Höchstbetrag: → „Nachprüfbarkeit".

Nachprüfbarkeit: Soweit sich die Parteien oder Beteiligten wirksam mit einer bestimmten Vergütung einverstanden erklärt haben, bei einer Streitgenossenschaft nach §§ 59 ff. ZPO also alle vom Beweis Betroffenen, muss das Gericht die Vergütung grundsätzlich ohne jede Nachprüfung ihrer sachlichen Berechtigung geben. Es darf auch keine solche Vergütung nach §§ 9 ff. gewähren, die die Beteiligten nicht vereinbart haben (zum alten Recht) OLG Hamburg JurBüro 1996, 153). Soweit sie einen Stundensatz oder eine von § 11 abweichende Vergütung vereinbart haben, soll das Gericht die Zustimmung nach II 2 freilich nur dann erteilen, wenn die das Doppelte des nach §§ 9–11 zulässigen Honorars nicht überschritten wird. Ein Verstoß ist indessen unschädlich.

Nachtragsgutachten: „Zusatzgutachten".

Ordnungsbehörde: Vgl. I 3.

Prozesshandlung: Die Erklärung ist eine Partei- oder Beteiligtenprozess- oder -verfahrenshandlung (LG Heilbronn MDR 1993, 1246).

Prozessvertrag: Die Erklärungen enthalten einerseits einen Vertrag zwischen den Parteien oder Beteiligten über die Prozess- oder Verfahrenskosten, andererseits einen Vertrag zugunsten eines Dritten nach § 328 BGB.

Schweigen: Es bedeutet keine Zustimmung (großzügiger OLG Brandenburg MDR 2010, 1351). Das gilt selbst dann, wenn das Gericht die Akten dem Sachverständigen zurücksendet, ohne dessen Antrag ausdrücklich abzulehnen (OLG Koblenz MDR 2010, 346).

Umfang: Ratsam ist die Klärung, ob die Vereinbarung eine mündliche Erläuterung des Gutachtens zB nach § 411 III ZPO umfassen soll.

Vollmacht: Eine Prozessvollmacht nach § 80 ZPO ermächtigt zur Abgabe der Erklärung.

Vorschuss: Er bleibt wie sonst nötig (OLG Frankfurt a. M. BauR 2004, 1052; OLG Naumburg BauR 2005, 1973). Die bloße Zahlung eines Vorschusses reicht nicht als Erklärung (OLG Brandenburg MDR 2010, 1351; OLG Hamburg MDR 1983, 413; aA OLG Koblenz JurBüro 2010, 214).

Widerruf: Die Erklärung ist als eine Parteiprozesshandlung … grds. unwiderruflich, (OLG Koblenz DS 2004, 389). Das gilt, soweit alle Beteiligten sie übereinstimmend wirksam abgegeben haben (OLG Stuttgart Justiz 1984, 366).

Widerspruch: Natürlich reicht er nicht (OLG Hamm MDR 1983, 415).

Wirksamkeit: Die Erklärung wird mit dem Eingang beim zuständigen Gericht wirksam. § 129a ZPO ist zumindest entsprechend anwendbar. Das Gericht sollte die Erklärung wenn möglich zum Protokoll nehmen. **Nicht** für eine Haftung der Staatskasse ausreichend ist also die bloße Abgabe von Erklärungen der Parteien untereinander. Freilich mag der Sachverständige dann einen Anspruch direkt gegenüber dem Erklärenden haben. Das kann ihn freilich auch zB nach § 406 ZPO befangen machen.

Zulasten der Staatskasse: Eine solche Vereinbarung reicht **nicht.** Sie ist daher unwirksam.

Zusatzgutachten: Ein Zusatz- oder Nachtragsgutachten braucht ein neues Verfahren nach § 13 oder eine rechtzeitige Erweiterung der Erklärungen, Zustimmungen und Vorzahlungen im bisherigen Verfahren (OLG Jena DS 2016, 207). Das alles gilt natürlich nur, soweit der Sachverständige nicht wegen eigener Mängel nur nachbessern muss.

Zuständigkeit: Zur Berechnung der Vergütung ist wie sonst der Urkundsbeamte der Geschäftsstelle zuständig. Es empfiehlt sich bei § 13 aber durchweg eine Festsetzung nach § 4 durch den Richter oder Rpfl.

12 **4. Einseitige Erklärung und Zustimmung des Gerichts (II).** Keine Partei und kein Beteiligter muss einem Vorschlag nach § 13 zustimmen (OLG Düsseldorf OLGR 1998, 56). Eine einseitige Erklärung einer Partei oder eines Beteiligten (nicht des Sachverständigen) genügt nach **II 1,** soweit sie sich nur auf den Stundensatz nach § 9 oder bei einer schriftlichen Übersetzung auf die Vergütung für jeweils angefangene 55 Anschläge nach § 11 bezieht und soweit außerdem das Gericht ihr jeweils zustimmt (OLG Karlsruhe NZFam 2015, 425; OLG Koblenz JurBüro 2010, 214; OLG Stuttgart NJW-RR 2002, 462). Eine Zustimmung „soll" nach **II 2** nur in den dortigen Grenzen ergehen. Die frühere, weitere Voraussetzung, dass zu den gesetzlichen Honoraren keine geeignete Person zur Übernahme bereit war, ist seit dem KostRÄG 2021 entfallen. Das Gericht muss dann das wohlverstandene objektive Interesse der anderen Partei oder der anderen Beteiligten beachten (BGH MDR 2013, 942; LG Krefeld MDR 2014, 1291). Es muss sie deshalb nach **II 3** auch grundsätzlich vor der Zustimmung nach Art. 103 I GG anhören. Das Gericht darf nur in einem besonderen Ausnahmefall schon auf Grund der einseitigen Erklärung einer Partei oder eines Beteiligten seine Zustimmung nach II geben.

13 Es **„soll" nach II 2** nicht über das Doppelte der gesetzlichen Vergütung der §§ 9–11 hinausgehen. Das bedeutet insofern ein pflichtgemäßes Ermessen.

14 Ein solcher Fall kann nach dem Vorliegen des Gutachtens oder gar nach der **Beendigung** des Verfahrens allerdings an sich nur sehr selten eintreten. II ist nach → Rn. 7 dann unanwendbar, wenn die Partei oder ein Beteiligter die Erklärung erst nach dem Eingang des Gutachtens abgibt. Ein Vertrauensschutz kann auch dann zu einer erhöhten Vergütung führen, wenn das Gericht nicht darauf hingewiesen hat, dass man einen Vorschuss abwarten müsse (OLG Karlsruhe NZFam 2015, 424). Das Ersetzungsverfahren ist **nicht** statthaft, soweit die Kostenverteilung auf Grund eines gerichtlichen Kostenausspruchs oder einer im Prozessvergleich von den Parteien oder Beteiligten getroffenen Kostenvereinbarung feststeht (OLG Düsseldorf JurBüro 1989, 1172; OLG München MDR 1985, 333; OLG Stuttgart Rpfleger 1976, 190; aA OLG Düsseldorf MDR 1989, 172, für den Vergleichsfall).

5. Verhältnismäßigkeitsgrundsatz. Das Gericht muss insbesondere prüfen, ob die andere Partei usw diejenigen erhöhten Kosten überhaupt tragen kann, die sie im Endergebnis tragen soll und die beim Verlangen eines bestimmten Stundensatzes usw nicht feststehen. Das Gericht muss ferner klären, ob diese erhöhten Kosten im Verhältnis zum Streitgegenstand angemessen sind (BGH NJW-RR 1987, 1470; LG Krefeld MDR 2014, 1291; Meyer JurBüro 2002, 186). Das Gericht muss gerade gegenüber einer staatlichen Behörde auch dann eine Zurückhaltung üben, wenn die Behörde nicht zur Gutachtertätigkeit verpflichtet ist. Eine solche Behörde kann wegen des Gleichheitsgebots unabhängig von der eigenen Gebührensatzung tätig werden müssen. 15

6. Verfahren, Entscheidung. Das Gericht muss über die Zustimmung in voller Besetzung entscheiden (OLG Düsseldorf MDR 1988, 507). Denn es handelt sich um eine echte Entscheidung und nicht nur um eine prozessleitende Verfügung. Eine Zustimmung des Gerichts muss eindeutig sein (OLG Düsseldorf JurBüro 1989, 1172). Sie muss genau angeben, welcher Vergütung das Gericht zustimmt. Die bloße Erhöhung einer Vorschussanordnung reicht dazu nicht aus (OLG Düsseldorf JurBüro 1989, 1172). Auch eine bloße Bezugnahme auf einen Schriftsatz reicht meist nicht. Das Schweigen auf eine Berechnung nebst der Ankündigung eines Antrags nach § 13 kann eine Zustimmung bedeuten (LG Hamburg JurBüro 2007, 214). Die Entscheidung erfolgt durch einen Beschluss. Das Gericht muss ihn trotz seiner grundsätzlichen Unanfechtbarkeit wenigstens im Kern so weit begründen, dass man sachliche Erwägungen und eine Abwägung erkennen kann. 16

7. Unanfechtbarkeit. Der Beschluss ist nach II 4 grundsätzlich unanfechtbar (OLG Frankfurt a. M. ZIP 2009, 1496). Das gilt für die Zustimmung selbst dann, wenn die Erklärung einer durch Prozesskostenhilfe nach §§ 114 ff. ZPO begünstigten Partei ersetzt wurde (OLG Düsseldorf MDR 1989, 366). Die Unanfechtbarkeit gilt aber auch bei einer Ablehnung, vgl. auch bei § 4. 17

Die Entscheidung ist kaum noch wegen einer **greifbaren Gesetzeswidrigkeit** anfechtbar (ähnlich OLG Düsseldorf JurBüro 1994, 48). Eine greifbare Gesetzwidrigkeit ist aber zumindest seit § 574 ZPO nicht mehr als solche beachtbar. Sie liegt nicht schon deshalb vor, weil das Gericht die Zustimmung erst nach dem Eingang des Gutachtens erteilt hat (aA OLG Düsseldorf JurBüro 1994, 48; OLG Stuttgart Rpfleger 1976, 190). Im Übrigen kann auch eine gesetzwidrige Zustimmung durch einen bei ihr eingezahlten Vorschuss einen Vertrauensschutz gestatten (OLG Hamm Rpfleger 1988, 550; LG Düsseldorf Rpfleger 1991, 435; LG Frankfurt a. M. JurBüro 2003, 97). Ferner kommt ein Vertrauensschutz nach einer unrichtigen Gerichtsauskunft an den Berechtigten infrage, Zimmermann Rn. 43. Eine gesetzwidrige Entscheidung kann wegen der Nichtigkeit der zugrundeliegenden Absprache kaum einen Vertrauensschutz begründen (KG JurBüro 1989, 698; OLG Koblenz JurBüro 1995, 153; aA OLG Düsseldorf JurBüro 2009, 151; OLG Koblenz JurBüro 2010, 214; LG Frankfurt a. M. JurBüro 2003, 97). Bei einer Ablehnung erfolgt die Vergütung nach § 9 (BGH NJW-RR 1987, 1470). 18

8. Deckung der Staatskasse (I, II). Es gibt eine weitere Voraussetzung der Gewährung. Die Staatskasse muss unabhängig von einem schon zwecks gesetzlicher Vergütung zB nach §§ 379, 402 ZPO erforderlichen Vorschuss wegen des gesamten vereinbarten oder durch eine gerichtliche Zustimmung zustande gekommenen Betrags eine Deckung haben (BGH GRUR 2007, 175; OLG Brandenburg MDR 2010, 1351; OLG Düsseldorf JurBüro 2009, 151). Das gilt auch im arbeitsgerichtlichen Verfahren (LAG Düsseldorf MDR 1992, 1063). Es gilt ferner auch bei II 1 (OLG München FamRZ 2002, 412). Es gilt in den Grenzen der vorrangigen III, IV auch bei einer mittellosen Partei usw wegen des gesamten Betrags. Denn man kann den Unterschied zwischen den gesetzlichen und den vereinbarten Gebühren nicht errechnen. Zwar fällt die gesetzliche Vergütung des Sachverständigen unter § 122 Nr. 1a ZPO, nicht aber die vereinbarte (OLG Düsseldorf MDR 1989, 366). 19

Unterbleiben der unbedingten und endgültigen vorbehaltlosen Zahlung hat zur Folge, dass das Gericht evtl. nach einer vergeblichen Fristsetzung nur die gesetzliche Vergütung zahlt (OLG Koblenz MDR 1995, 211; OLG München FamRZ 2002, 412). Das gilt auch bei II (BGH GRUR 2007, 175). Es reicht nicht aus, dass der 20

Sachverständige den bisherigen Vorschuss als ungenügend bezeichnet hatte (aA OLG Koblenz MDR 2005, 1258, aber I ist eindeutig. Man muss einen ausreichenden Betrag „gezahlt" haben).

21 **9. Zahlung ohne Deckung.** Soweit das Gericht die Vergütung ohne eine genügende Deckung der Staatskasse zahlt, entsteht keine Kürzung der Vergütung des Sachverständigen (OLG Koblenz JurBüro 2014, 495), und hat der Sachverständige zwar einen Anspruch gegen die Staatskasse (aA OLG Düsseldorf MDR 1989, 366, aber zum einen ist eine „vertragliche" Regelung und daher das Einverständnis aller Parteien oder Beteiligten die Grundlage, zum anderen hat der Sachverständige dann einen Vertrauensschutz). Der Staat für den anweisenden Richter und evtl. sogar der letztere können aber ersatzpflichtig sein (aA LG Heilbronn MDR 1993, 1246, Anspruch nur bis zur Höhe der Einzahlung, so dass der Fehler des Gerichts zu seinen Lasten gehen würde).

22 **10. Unerheblichkeit einer Kostenfreiheit.** Eine Kostenfreiheit nach § 2 GKG oder § 2 FamGKG oder § 2 GNotKG ändert nichts an der Anwendbarkeit von I, II. Denn diese Vorschriften befreien zwar auch von den nach KV 9005 GKG oder KV 2005 FamGKG oder KV 31005 FamGKG anfallenden Auslagen. Diese letzteren Vorschriften meinen aber nur die ohnehin kraft Gesetzes geschuldeten Beträge. Dazu gehören die nach I, II vereinbarten höheren Beträge an sich gerade nicht. Sie werden erst nach der Zahlung entsprechender Summen an die Staatskasse und gerade nur wegen dieser Art einer vorangehenden Kostendeckung zu solchen Beträgen, die deswegen dann und erst jetzt nach KV 9005 GKG oder KV 2005 FamGKG oder KV 31005 GNotKG erstattbar sind (aA KG JurBüro 2007, 95; zust. Beuermann/Berding Rn. 59; OLG Koblenz MDR 2006, 896, erneut ohne eine Miterörterung **dieser** Problematik).

23 **V. Besonderheiten bei Prozess- oder Verfahrenskostenhilfe (III, IV).** Auch der Unbemittelte braucht evtl. einen solchen Sachverständigen oder Übersetzer oder Dolmetscher, der nur gegen eine höhere als die gesetzliche Vergütung tätig wird. Das könnte zu einer Belastung der Staatskasse führen, falls sie sich nicht anschließend oder sogar vorbeugend an den Unbemittelten halten kann, weil die Prozess- oder Verfahrenskostenhilfe nach §§ 114 ff. ZPO, § 76 FamFG ihn zunächst ihr gegenüber freistellt. Andererseits darf man seine Chancen nicht wegen seiner Mittellosigkeit verringern.

24 **Soziale Gründe** führen daher zu der vorrangigen Sonderregelung in III, IV. Sie sind bei der Auslegung der technischen Einzelheiten dieser ziemlich umständlich formulierten Bestimmungen beachtbar.

25 **VI. Besonderheiten im Musterverfahren (V).** Die hier genannten Abweichungen von I, II gelten im Musterverfahren nach §§ 1 ff. KapMuG. Sie resultieren aus der über die Rechtskraft des Musterentscheids nach § 16 KapMuG weit nach § 20 KapMuG hinausreichenden Wirkung eines solchen Verfahrens. Die Kosten – wie verfahrensrechtlichen Besonderheiten – führen zu den speziellen Regelungen des V.

26 **VII. Kostenhaftung (VI).** Die Vorschrift regelt sie wegen der Mehrkosten infolge einer Erklärung nach I oder III. Zur Errechnung gehört auch die in VI 4 genannte Einreichung einer Vergütungsberechnung. Vgl. auch I 3.

27 **VIII. Kostenerstattung (I–VI).** Wenn beide Parteien oder die Beteiligten den Aufwand gebilligt haben, haben sie ihn für notwendig nach § 91 ZPO erklärt. Dann sind die Kosten erstattungsfähig, und zwar nach KV 9005 GKG oder KV 2005 FamGKG oder nach KV 31005 GNotKG. Wegen der Notwendigkeit einer Zustimmung des Gerichts liegt eine Erstattungsfähigkeit aber auch bei II, V vor.

Vereinbarung der Vergütung

14 Mit Sachverständigen, Dolmetschern und Übersetzern, die häufiger herangezogen werden, kann die oberste Landesbehörde, für die Gerichte und Behörden des Bundes die oberste Bundesbehörde, oder eine von diesen bestimmte Stelle eine Vereinbarung über die zu gewährende Ver-

gütung treffen, deren Höhe die nach diesem Gesetz vorgesehene Vergütung nicht überschreiten darf.

I. Systematik. Die Vorschrift schafft in ihrem Anwendungsbereich eine vorrangige Regelung, soweit die Beteiligten sie anwenden. 1

II. Regelungszweck. Eine Vereinbarung nach § 14 dient der Verwaltungsvereinfachung. Denn der Sachverständige usw erhält durch eine solche Vereinbarung einen einfach nachprüfbaren und berechenbaren Anspruch. 2

III. Anwendungsbereich. Die Vorschrift gilt nur bei einem „häufig" herangezogenen Sachverständigen usw. Das ist derjenige, den man nicht nur wirklich selten heranzieht. Mehrere Heranziehungen durch dasselbe Gericht oder durch mehrere Gerichte nur binnen eines Jahres dürften meist schon „häufiger" sein. 3

Unzulässig ist eine Vereinbarung mit einem Berufs- oder Standesvorstand oder auch „nur" mit einem Klinik- oder Institutsleiter für mehrere oder gar alle Mitarbeiter. Denn § 14 erfasst nur den einzelnen Sachverständigen, Dolmetscher oder Übersetzer. 4

IV. Vereinbarung. Die öffentlich-rechtliche Vereinbarung muss zwischen der obersten Bundes- oder Landesbehörde oder derjenigen Stelle erfolgt sein, der sie die Zuständigkeit übertragen hat, und einem häufiger herangezogenen Sachverständigen usw. Man braucht ihn nicht allgemein beeidigt zu haben. Die oberste Bundes- oder Landesbehörde oder die von ihr ermächtigte Stelle kann eine solche Vereinbarung nur im Rahmen ihres Zuständigkeitsbereichs abschließen, zB der Innenminister evtl. nur für die Tätigkeit eines Sachverständigen usw vor den Verwaltungsgerichten, der Justizminister nur für eine solche Tätigkeit vor den Zivil- oder Strafgerichten usw. Es ist also evtl. je Gerichtsbarkeit eine gesonderte Vereinbarung notwendig. 5

Die Vereinbarung gilt auch nur für die Gerichte des **jeweiligen** Bundes**landes,** nicht für eine Tätigkeit des Sachverständigen usw in einem anderen Bundesland. Sie kann eine Kündigungsmöglichkeit oder auch eine bestimmte Mindest- oder Höchstlaufzeit oder eine Festdauer vorsehen. 6

V. Vergütungshöhe. Die Vereinbarung kann eine Vergütung nur im Rahmen der nach dem JVEG zulässigen Sätze vorsehen. Die Vergütung kann also grundsätzlich nicht höher sein als die nach §§ 8–12 zulässige Summe. Eine Ausnahme gilt nur bei § 13. Die vereinbarte Vergütung kann aber niedriger als die gesetzlich normalerweise entstehende Vergütung sein. Denn der Sachverständige usw kann durch eine Vereinbarung von vornherein erklären, nicht mehr verlangen zu wollen. Er muss ja einen Anspruch überhaupt erst einmal nach § 2 I „geltend machen". 7

Die Vereinbarung enthält in der Regel eine **Entschädigungsstaffel** für bestimmte Verrichtungen oder eine Pauschalentschädigung, die letztere also auch für andere Verrichtungen als zB in § 10. Insbesondere kann man einen Pauschalsatz auch für den Aufwendungsersatz nach §§ 6, 7 treffen. Es kommt auch eine Fallpauschale, eine Stundenzahl- oder Stundensatzabrede usw in Betracht. 8

Soweit das Gericht nach § 4 eine Festsetzung vornimmt, darf es im allgemeinen auf Grund einer solchen Vereinbarung nur noch nachprüfen, ob überhaupt eine Heranziehung nach § 1 vorliegt, ob die Vereinbarung **ordnungsgemäß zustandegekommen** ist und ob die Voraussetzungen für die vereinbarte Entschädigung zB der Tarifstelle vorliegen. 9

Aufwendungen und Auslagen können in eine Pauschalvergütung einfließen. Sie müssen das aber nicht tun. Es empfiehlt sich insofern eine völlige Klarheit der Vereinbarungsgrenzen. Im Zweifel ist derjenige, der sich auf § 14 beruft, für das Vorliegen von dessen sämtlichen Voraussetzungen beweispflichtig. Das gilt unabhängig davon, ob dabei mehr oder weniger herauskäme. 10

Abschnitt 4. Entschädigung von ehrenamtlichen Richtern

Grundsatz der Entschädigung

15 **I Ehrenamtliche Richter erhalten als Entschädigung**
1. Fahrtkostenersatz (§ 5),
2. Entschädigung für Aufwand (§ 6),
3. Ersatz für sonstige Aufwendungen (§ 7),
4. Entschädigung für Zeitversäumnis (§ 16),
5. Entschädigung für Nachteile bei der Haushaltsführung (§ 17) sowie
6. Entschädigung für Verdienstausfall (§ 18).

II 1 Sofern die Entschädigung nach Stunden bemessen ist, wird sie für die gesamte Dauer der Heranziehung gewährt. 2 Dazu zählen auch notwendige Reise- und Wartezeiten sowie die Zeit, während der der ehrenamtliche Richter infolge der Heranziehung seiner beruflichen Tätigkeit nicht nachgehen konnte. 3 Eine Entschädigung wird für nicht mehr als zehn Stunden je Tag gewährt. 4 Die letzte begonnene Stunde wird voll gerechnet.

III Die Entschädigung wird auch gewährt,
1. wenn ehrenamtliche Richter von der zuständigen staatlichen Stelle zu Einführungs- und Fortbildungstagungen herangezogen werden,
2. wenn ehrenamtliche Richter bei den Gerichten der Arbeits- und der Sozialgerichtsbarkeit in dieser Eigenschaft an der Wahl von gesetzlich für sie vorgesehenen Ausschüssen oder an den Sitzungen solcher Ausschüsse teilnehmen (§§ 29, 38 des Arbeitsgerichtsgesetzes, §§ 23, 35 Abs. 1, § 47 des Sozialgerichtsgesetzes).

1 **I. Systematik (I–III).** Die Vorschrift klärt, dass der Staat den ehrenamtlichen Richter an einem staatlichen Gericht ungeachtet seiner Tätigkeitspflicht oder -bereitschaft auch materiell angemessen entschädigen muss. §§ 16–18 präzisieren das letztere Element im Einzelnen.

2 **II. Regelungszweck (I–III).** Da der ehrenamtliche Richter jedenfalls nicht in dieser Funktion ein staatliches Gehalt usw bezieht, sondern eher einem Sachverständigen vergleichbar ist, bezweckt § 15 die Sicherstellung zunächst der sechs Hauptposten einer angemessenen Entschädigung dem Grunde nach. Der rein rechtstechnische Verweisungsstil ändert nichts an der Notwendigkeit, bei den nachfolgenden Vorschriften stets mitzubeachten, dass § 15 zwar nur eine „Entschädigung" garantiert, also keine volle Gegenleistung, dass die Vorschrift aber auch eine wirkliche Entschädigung und nicht nur eine Art Ehrensold gibt.

3 **III. Anwendungsbereich (I–III).** Das JVEG bezieht sich auf die in § 1 I Nr. 2 genannten ehrenamtlichen Richter bei den ordentlichen Gerichten, also auf Schöffen, in Landwirtschaftssachen, ärztliche Beisitzer. Die Regeln gelten nach III Nr. 2 ferner für die ehrenamtlichen Richter bei den Gerichten für Arbeitssachen, bei den Gerichten der Verwaltungsgerichtsbarkeit, der Finanzgerichtsbarkeit und der Sozialgerichtsbarkeit, ferner für die Vertrauensleute in den entsprechenden Wahlausschüssen. Die Entschädigungsregelung anderer Beisitzer ähnelt unter einer Beibehaltung einiger Besonderheiten derjenigen des JVEG. Stets muss eine Heranziehung erfolgt und vorausgegangen sein.

4 Soweit man einen solchen ehrenamtlicher Richter herangezogen hatte, dessen Tätigkeit unter § 1 I Nr. 2, § 15 fällt, ist das JVEG auch dann anwendbar, wenn die Berufung dieses ehrenamtlichen Richters **fehlerhaft** war.

5 **Nicht unter das JVEG fallen** Entschädigungen für: Ehrenamtliche Richter in ehren- und berufsgerichtlichen sowie dienstgerichtlichen Verfahren bei den staatlichen Gerichten nach § 1 I Nr. 2 Hs. 3; Handelsrichter nach § 1 I Nr. 2 Hs. 2, dazu § 107 II GVG; die sonstige ehrenamtliche Tätigkeit im öffentlichen Dienst, soweit nicht die insoweit getroffene Regelung auf das JVEG verweist; ehrenamtliche Richter bei einem privaten Gericht, etwa an einem Vereins- oder Schiedsgericht, soweit die

Beteiligten dann nicht das JVEG als entsprechend anwendbar vereinbart haben. Nicht unter I Nr. 6 fällt ein als selbständiger Betreuer tätiger Schöffe (OLG Dresden JurBüro 2017, 143).

IV. Entschädigungsumfang (I Nr. 1–6). Die Entschädigung besteht aus einer solchen für die dort genannten Kostenarten. Sie wird nach § 1 I 2 nur in diesem Umfang möglich. Das stellt I Nr. 1–6 lediglich klar. Vgl. dazu bei den in I Nr. 1–6 genannten Einzelvorschriften. 6

V. Stundenbemessung (II). Die Vorschrift gilt bei allen Entschädigungsarten von I Nr. 1–6. Man muss drei Aspekte beachten. 7

1. Maßgeblichkeit der gesamten Heranziehungsdauer (II 1 Hs. 1). Die Vorschrift entspricht wörtlich der Regelung für Sachverständige, Dolmetscher und Übersetzer in § 8 II 1 Hs. 1. Sie entspricht ebenso wörtlich der Regelung für Zeugen in § 19 II 1 Hs. 1. Die maßgebliche gesamte Dauer der Heranziehung mit einer absoluten Höchstgrenze umfasst also auch die notwendigen Reise- und Wartezeiten. Akteneinsicht vor einem Termin ist keine notwendige Tätigkeit, soweit sie unaufgefordert erfolgt (LAG Brem MDR 1988, 995). 8

2. Höchstens für 10 Stunden je Tag (II 1 Hs. 2). Diese Vorschrift entspricht wörtlich der Regelung für Sachverständige, Dolmetscher und Übersetzer in § 8 II 1 Hs. 2. Sie entspricht ebenso wörtlich der Regelung für Zeugen in § 19 II 1 Hs. 2. 9

3. Letzte Stunde voll (II 2). Diese Regelung weicht von der vergleichbaren für Sachverständige, Dolmetscher und Übersetzer trotz der sonstigen Übereinstimmung mit § 8 II 2 Hs. 1 ab. Denn dort kommt es in Hs. 2 zur Differenzierung wegen der letzten 30 Minuten. Diese Differenzierung entfällt beim ehrenamtlichen Richter ebenso wie beim Zeugen in § 19 II 2. Es rechnet also die letzte bereits begonnene Stunde der Heranziehung hier stets voll. 10

VI. Einführungs- oder Fortbildungstagung, Ausschusswahl (III). Die Vorschrift stellt klar, dass in den in III Nr. 1, 2 genannten Situationen ebenfalls eine Entschädigung entsteht. 11

1. Heranziehung zu Tagung (III Nr. 1). Die Vorschrift setzt die Heranziehung gerade durch die zuständige staatliche Stelle und daher scheinbar nicht nur deren oder eines Dritten freundliche unverbindliche Einladung voraus. Indessen würde III Nr. 1 dann wohl leerlaufen. Denn ein ehrenamtlicher Richter muss zwar zu einem Termin erscheinen. Er ist aber weder zur Einführung noch zur Fortbildung gesetzlich verpflichtet. Daher kann man III Nr. 1 dahin auslegen, dass die Teilnahme an einer zumindest auch für diesen ehrenamtlichen Richter gedachten staatlich organisierten derartigen Tagung dann eine Heranziehung ist, wenn die zuständige Behörde ihm die Teilnahme wenigstens ermöglicht oder gar nahegelegt hat. Zuständig ist die veranstaltende Behörde oder ihr Beauftragter. 12

Keine Heranziehung liegt bei einer nur auf einen eigenen Wunsch zustandekommenden Teilnahme vor (BAG BB 1984, 1362). 13

2. Teilnahme an Ausschusswahl (III Nr. 2). Es geht hier um einen solchen Ausschuss, der nach §§ 29, 38 ArbGG, §§ 23, 35 I, 47 SGG die Verteilung auf die Spruchkörper und den Sitzungsdienst regeln soll. Wegen eines Schöffen sowie eines Ausschusses in der Finanz- und Verwaltungsgerichtsbarkeit gilt § 1 IV. 14

Entschädigung für Zeitversäumnis

16 **Die Entschädigung für Zeitversäumnis beträgt 7 Euro je Stunde.**

I. Systematik. § 16 gilt neben §§ 17, 18 und steht dem Berechtigten zur allgemeinen Abgeltung von Nachteilen zu. 1

II. Regelungszweck. Die Entschädigung wird für die durch die Heranziehung aufgewandte Zeit ohne weitere Voraussetzungen gewährt. 2

III. Zeitversäumnis. § 16 bestimmt lediglich die Höhe der nach § 15 I Nr. 4 zu entschädigenden Zeitversäumnis. Dabei nennt § 16 nur den Betrag der vollen Stunde. Wie man sie berechnet, ergibt § 15 II. Die Entschädigung für Zeitversäumnis entsteht 3 unabhängig von einem Einkommensverlust nach § 18 oder einem sonstigen Nachteil nach § 17.

Entschädigung für Nachteile bei der Haushaltsführung

17 **[1] Ehrenamtliche Richter, die einen eigenen Haushalt für mehrere Personen führen, erhalten neben der Entschädigung nach § 16 eine zusätzliche Entschädigung für Nachteile bei der Haushaltsführung von 17 Euro je Stunde, wenn sie nicht erwerbstätig sind oder wenn sie teilzeitbeschäftigt sind und außerhalb ihrer vereinbarten regelmäßigen täglichen Arbeitszeit herangezogen werden. [2] Ehrenamtliche Richter, die ein Erwerbsersatzeinkommen beziehen, stehen erwerbstätigen ehrenamtlichen Richtern gleich. [3] Die Entschädigung von Teilzeitbeschäftigten wird für höchstens zehn Stunden je Tag gewährt abzüglich der Zahl an Stunden, die der vereinbarten regelmäßigen täglichen Arbeitszeit entspricht. [4] Die Entschädigung wird nicht gewährt, soweit Kosten einer notwendigen Vertretung erstattet werden.**

1 **I. Normzweck (S. 1–4).** Die Vorschrift regelt die Entschädigung von Schöffen, die durch die Heranziehung an der Führung ihres Haushalts, welcher mindestens für 2 Personen geführt wird, gehindert sind. Dieser Anspruch steht nur Schöffen zu, die nicht erwerbstätig sind und auch kein Erwerbsersatzeinkommen beziehen. Teilzeitbeschäftigte können die Entschädigung nur erhalten, wenn die Terminswahrnehmung außerhalb ihrer regelmäßigen täglichen Arbeitszeit erfolgt.

2 Die Einführung der Vorschrift, zum früheren Recht durch § 2 ZSEG, soll einer Unterbewertung der Arbeit in Haushalt und Familie entsprechend der Zielsetzung des Art. 3 Abs. 2 Grundgesetz (GG) entgegen wirken. Nach dem Sinn und Zweck erhält die Entschädigung, dessen berufliche Tätigkeit die Haushaltsführung ist. Über diese Vorschrift erhalten Schöffen, die weder Verdienstausfall noch Vertretungskosten beanspruchen und kein Erwerbsersatzeinkommen beziehen, aber einen Mehrpersonenhaushalt führen, eine Entschädigung. Insbesondere Teilzeitbeschäftigte erhalten so einen Ausgleich.

3 **II. Entschädigungsvoraussetzungen (S. 1–3).** Schöffen, die einen eigenen Haushalt für sich und mindestens eine weitere Person führen, haben Anspruch auf die Entschädigung nach § 17, wenn sie weder in Vollzeit erwerbstätig sind, noch ein Erwerbsersatzeinkommen beziehen und für die versäumte Zeit zur Haushaltsführung nicht bereits Vertretungskosten geltend gemacht haben. Sinn der Vorschrift ist es Nachteile bei der Haushaltsführung, die „Nur-Hausfrauen" oder „Nur-Hausmännern" entstehen, auszugleichen, um damit zugleich der Unterbewertung von Arbeit in Haushalt und Familie entgegenzuwirken und die Haushaltsführung als Unterhaltsleistung unter Verzicht auf eine Erwerbstätigkeit zu honorieren (OVG Münster NVwZ-RR 2014, 708; LSG Sachsen BeckRS 2014, 72692).

4 **Vollzeitige Erwerbstätigkeit verhindert den Entschädigungsanspruch,** unabhängig davon, ob an dem konkreten Terminstag ein Anspruch auf Verdienstausfall besteht oder nicht. Entscheidend ist, ob der Schöffe grundsätzlich sein Einkommen aus einer Vollzeitbeschäftigung erzielt. Diese Erwerbstätigen haben für die Heranziehung entweder einen Anspruch nach § 22 oder sie erhalten zB wegen Urlaubs oder Überstundenabbaus die Entschädigung der Zeitversäumnis nach § 20. Die Entschädigung nach § 17 kann hingegen nicht verlangt werden, auch wenn etwa ein Schöffe einen Termin außerhalb des Schichtdienstes wahrnimmt und vorträgt, diese Zeit üblicherweise für Hausarbeit aufzuwenden.

5 **1. Haushaltsführung.** Die Entschädigung setzt voraus, dass ein eigener Haushalt für sich selbst und mindestens eine weitere Person geführt wird. Erforderlich ist dabei ein **gemeinsamer Haushalt für mehrere Personen.** Nicht ausreichend ist es, wenn neben dem alleinigen Haushalt des Schöffen ein fremder Haushalt unterstützt wird, wie etwa Hilfeleistungen für pflegebedürftige oder kranke Angehörige (SG Dresden BeckRS 2003, 18720). Es reicht ebenso nicht aus, wenn ein Kind zwar noch bei dem Anspruchsberechtigten gemeldet ist, jedoch am Studienort lebt und nur noch besuchsweise anwesend ist. Lebt das studierende Kind hingegen im gemeinsamen

Haushalt, kann § 17 gewährt werden (OLG Stuttgart BeckRS 2013, 786). Wer einen Haushalt nur für sich selbst führt, hat keinen Anspruch auf Entschädigung für Nachteile bei der Haushaltsführung. Gleiches gilt, wenn der Schöffe zwar einen Mehrpersonenhaushalt führt, aber eines der Ausschlusskriterien wie ein Vollzeit-Arbeitseinkommen oder der Bezug von Erwerbsersatzeinkommen greift (OVG Münster NVwZ-RR 2014, 708).

Je Haushalt kann die Entschädigung nur eine Person erhalten, und zwar diejenige, die als Haushaltsführer tätig ist (SG Leipzig BeckRS 2009, 66788). Den Haushalt führt, wer eine **hauswirtschaftliche Tätigkeit von erheblichem Umfang** erbringt, welche die beständige Sorge für andere Personen in demselben Haushalt mit umfasst und daher über die von jedem alleinstehenden Menschen ohnehin zu erbringende Haushaltsführung für sich selbst deutlich hinausgeht. Die punktuelle Übernahme einzelner Aufgaben durch andere Haushaltsmitglieder beeinträchtigt die Funktion als Haushaltsführer nicht (KG LSK 2016, 115976). 6

Dieses, am Umfang orientierte Kriterium der überwiegenden Tätigkeiten ist vor allem von Bedeutung, wenn **in einem Haushalt mehrere Erwachsene** leben. Dabei ist aber zwingend auf die Umstände des Einzelfalls abzustellen und danach zu unterscheiden, ob und in welchem Umfang die Bewohner berufstätig sind und wie die Hausarbeit aufgeteilt ist. 7

Können zwei Personen, die **beide nicht berufstätig sind,** die hauswirtschaftlichen Tätigkeiten prinzipiell gleichmäßig untereinander aufteilen, besteht kein Anspruch auf Entschädigung für Nachteile bei der Haushaltsführung (KG LSK 2016, 115976). So hatte im Fall des KG ein Privatier vorgetragen, den ehelichen Haushalt zu führen, ohne detailliert darzulegen und glaubhaft zu machen, dass ihm die Tätigkeiten im Haushalt überwiegend obliegen. In diesen Konstellationen gehen gleichwertig geteilte oder anteilig erbrachte Haushaltstätigkeiten dem Umfang nach nicht über die Führung eines Ein-Personen-Haushalts für sich selbst hinaus, für die von vornherein kein Anspruch nach § 17 besteht (OLG Hamm BeckRS 2019, 5624). 8

Bei einem Haushalt mit einem **in Vollzeit erwerbstätigen und einem nicht erwerbstätigen** Ehegatten gilt die widerlegbare Vermutung, dass der nicht erwerbstätige den Haushalt führt (KG JurBüro 2015, 544). Entschädigt werden soll derjenige, bei dem bei typisierender Betrachtung davon auszugehen ist, dass er zur Erledigung der in einem Mehrpersonenhaushalt anfallenden Hausarbeit im Interesse der anderen Haushaltsangehörigen ganz oder teilweise auf Erwerbstätigkeit verzichtet (LG Frankfurt a. M. BeckRS 2018, 11666). 9

Teilzeitbeschäftigten kann daher grundsätzlich unabhängig des Stundenumfangs ein Anspruch zustehen, sofern sie in der arbeitsfreien Zeit den Haushalt führen und außerhalb der regelmäßig vereinbarten Arbeitszeit herangezogen wurden (OLG Frankfurt NStZ-RR 2018, 263; OLG München BeckRS 2014, 953). Ist jedoch ein Ehepartner nicht berufstätig und der Ehemann mit 28 Stunden teilzeitbeschäftigt, ist der Anspruch nach § 17 abzulehnen, wenn wie im Fall des OLG Köln (BeckRS 2016, 17398), der Teilzeitbeschäftigte neben seiner Ehefrau, die in Elternzeit zuhause ist, den Haushalt nicht überwiegend führt. 9a

2. Erwerbsersatzeinkommen (S. 2). Schöffen, die ein Erwerbsersatzeinkommen oder Lohnersatzleistungen, wie Rente, Pension, Sozialleistungen usw. erhalten, sind vom Anspruch auf die Haushaltsentschädigung ausgeschlossen. Die Entschädigung bleibt daher seit dem 2. KostRModG eindeutig sowohl Erwerbstätigen, als auch durch die Gleichstellung allen, die Einkünfte erhalten, die das klassische Erwerbseinkommen ersetzen, verwehrt. Den Begriff des Erwerbsersatzeinkommens ist dabei nicht näher definiert, jedoch in der Gesetzesbegründung (BT-Drs. 17/11471, 325) erläutert mit den Beispielen Rente oder Arbeitslosengeld, Leistungen nach dem Sozialgesetzbuch II (LSG Bayern BeckRS 2016, 69571; OVG Lüneburg BeckRS 2022, 21601). Der Begriff ist in § 18a Abs. 1 SGB IV legal definiert, so dass auch Kurzarbeitergeld, Insolvenzgeld, Krankentagegeld, Verletzten- und Unfallrenten sowie die Erwerbsminderungsrente zu den Erwerbsersatzeinkommen zählen. Jedoch ist die Aufzählung in § 18a Abs. 3 SGB IV nicht abschließend, da zB Elterngeld ebenso 10 ein Ersatzeinkommen ist, welches einem Erwerbseinkommen wertungsmäßig gleich steht (LG Bonn BeckRS 2015, 18637).

11 **3. Teilzeitarbeit (S. 1, 3).** Während volle Erwerbstätigkeit den Anspruch nach § 17 verhindert, kann Teilzeitbeschäftigten die Entschädigung grundsätzlich gewährt werden, wenn und soweit sie außerhalb der vereinbarten regelmäßigen Arbeitszeit herangezogen werden. Teilzeit ist jede Arbeitszeit, die weniger Arbeitsstunden als die Arbeitszeit von vergleichbaren Personen in Vollzeit umfasst. Eine Definition des Teilzeitbegriffs ergibt sich aus § 2 TzBfG. Neben Arbeitnehmern in Beschäftigungsverhältnissen, bei denen die regelmäßige Wochenarbeitszeit kürzer ist als die eines vergleichbaren vollzeitbeschäftigten Arbeitnehmers gelten auch geringfügig Beschäftigte, auch Minijob oder 520 Euro-Job genannt, als Teilzeitbeschäftigte.

12 Dabei kommt es nicht darauf an, in welchem **Umfang die Teilzeit ausgeübt wird,** insbesondere ist nicht erforderlich, dass die Teilzeitbeschäftigung täglich ausgeübt wird. Voraussetzung ist nur, dass die **Heranziehung außerhalb** der Zeit erfolgt, zu der die Schöffen regelmäßig einer entgeltlichen Arbeit nachgehen. Dabei ist unerheblich, ob jeden Arbeitstag stundenweise gearbeitet oder der Berufstätigkeit an einzelnen Tagen im Monat oder in der Woche nachgegangen wird (OLG München BeckRS 2014, 953). Ist aber eine tägliche Arbeitszeit vertraglich nicht festgelegt, ist ihre fiktive Dauer aus der vereinbarten Wochen- oder Monatsarbeitszeit zu errechnen (KG JurBüro 2015, 544).

Der Umfang der Teilzeit spielt auch deshalb keine Rolle, da diese Entschädigung und der Verdienstausfall nicht in einem Konkurrenzverhältnis stehen, sondern sich vom Wortlaut her ergänzen und zwar unter dem Vorrang Verdienstausfalls (OLG Frankfurt NStZ-RR 2018, 263).

13 **4. Berechnung (S. 3).** Für die Berechnung der zu vergütenden Stunden kommt es auf die Zeit der Heranziehung an. Es gilt die grundsätzliche Höchstgrenze von 10 Stunden. Bei Teilzeitbeschäftigten ist stets die Zeit, die der regelmäßig vereinbarten täglichen Arbeitszeit entspricht, **abzuziehen.** Nur durch diesen Abzug ist gewährleistet, dass Teilzeitbeschäftigte die Entschädigung auf die Zeit begrenzt erhalten, um die sie eine Vollzeitarbeit zwecks Haushaltsführung reduziert haben. Ist die zu entschädigende Gesamtzeit länger als der Anspruch auf Nachteile bei der Haushaltsführung gewährt werden kann, stehen dem Berechtigten für den verbleibenden Zeitraum neben der Entschädigung nach § 16 nur soweit die Voraussetzung erfüllt ist, Verdienstausfall zu.

14 **5. Vertretung (S. 4).** Die Entschädigung kommt nicht in Betracht, soweit die Kosten einer **notwendigen Vertretung** erstattet werden, S. 4. Ob eine Vertretung notwendig ist, lässt sich nur nach den **Umständen des Einzelfalls** beurteilen. Umfasst die Tätigkeit der vertretenen Leistung nicht die vollständige versäumte Haushaltsführung, können in begründeten Ausnahmefällen beide Ansprüche nebeneinander gewährt werden, etwa in Fällen der Beaufsichtigung eines Kleinkindes, ohne das hauswirtschaftliche Arbeiten von einem Babysitter übernommen wurden.

Entschädigung für Verdienstausfall

18 **[1] Für den Verdienstausfall wird neben der Entschädigung nach § 16 eine zusätzliche Entschädigung gewährt, die sich nach dem regelmäßigen Bruttoverdienst einschließlich der vom Arbeitgeber zu tragenden Sozialversicherungsbeiträge richtet, jedoch höchstens 29 Euro je Stunde beträgt. [2] Die Entschädigung beträgt bis zu 55 Euro je Stunde für ehrenamtliche Richter, die in demselben Verfahren an mehr als 20 Tagen herangezogen oder innerhalb eines Zeitraums von 30 Tagen an mindestens sechs Tagen ihrer regelmäßigen Erwerbstätigkeit entzogen werden. [3] Sie beträgt bis zu 73 Euro je Stunde für ehrenamtliche Richter, die in demselben Verfahren an mehr als 50 Tagen herangezogen werden.**

1 **I. Systematik (S. 1–3).** Mit der Regelung werden die in § 15 I Nr. 6 und II 2 normierten Ansprüche bestimmt. Die Vorschrift hat durch die Staffelung einen

deutlich weiteren Entschädigungsumfang als § 22 für die Zeugen. Vgl. dazu in **Rheinland-Pfalz** RdSchr. JM v. 3.8.2004, JBl. 215:

1. Nachweis von Verdienstausfall und Auslagen

1.1 Zur Festsetzung einer Entschädigung für Verdienstaufall (§ 18 JVEG) genügt in der Regel der einmalige schriftliche Nachweis über die Höhe des Einkommens der ehrenamtlichen Richterin oder des ehrenamtlichen Richters zu Beginn der Wahlperiode; ist die ehrenamtliche Richterin oder der ehrenamtliche Richter freiberuflich tätig und ist die Vorlage eines schriftlichen Nachweises nicht möglich oder nicht zumutbar, so genügt es, wenn die Höhe des Einkommens durch Angaben über Art und Umfang der beruflichen Tätigkeit glaubhaft gemacht wird.

1.2 Der Einkommensnachweis oder ein zu fertigender Vermerk über die Höhe des glaubhaft gemachten Einkommens ist als Grundlage für spätere Festsetzungen sowie für die Rechnungsprüfung von der für die Festsetzung der Entschädigung zuständigen Urkundsbeamtin oder dem zuständigen Urkundsbeamten der Geschäftstelle bis zum Ablauf von 2 Jahren nach Beendigung der Wahlperiode aufzubewahren.

1.3 Wird eine Entschädigung nach § 18 JVEG geltend gemacht, so hat die ehrenamtliche Richterin oder der ehrenamtliche Richter zu versichern, dass am Sitzungstag ein entsprechender Verdienstausfall entstanden ist.

1.4 Zur Festsetzung der Entschädigungen nach den §§ 5, 6 und 7 JVEG genügt ebenfalls die Versicherung der Antragstellerin oder des Antragstellers, wenn ein schriftlicher Nachweis nicht vorgelegt werden kann und die Vorlage nach den Umständen unter Berücksichtigung der Würde des Laienrichteramtes nicht zuzumuten ist.

2. Auszahlungsanordnung für die Entschädigung

In die Auszahlungsanordnung ist ein Vermerk darüber aufzunehmen, dass die ehrenamtliche Richterin oder der ehrenamtliche Richter die nach den Nummern 1.3 und 1.4 vorgesehenen Versicherungen abgegeben hat.

3. Dieses Rundschreiben tritt am 1. Januar 2005 in Kraft.

II. Regelungszweck (S. 1–3). Den Berechtigten ist in den Grenzen der genannten Beträge eine Entschädigung für einen, durch die Heranziehung bedingten Verdienstausfall zu gewähren. 2

III. Entschädigung wegen Verdienstausfalls (S. 1–3). Die Entschädigung nach § 18 tritt zu derjenigen nach § 16 hinzu. Das ergeben die Worte „neben …" in S. 1. Ein Grundsatz hat zweierlei Auswirkungen. 3

1. Grundsatz: Zeitaufwand. Maßgebend sind die versäumten Stunden. Man muss die gesamte versäumte Zeit zusammenrechnen. Dabei rechnet die letzte, bereits begonnene Stunde nach § 15 I Nr. 6, II 2 voll. Man errechnet nicht nur die Zeit der Abwesenheit von der Arbeitsstelle, sondern nach § 15 I Nr. 6, II 1 Hs. 2 auch diejenige, in der der Beisitzer seiner gewöhnlichen Beschäftigung nicht nachgehen konnte, also die Dauer der gewöhnlichen Reise- und Wartezeiten. Die Zeitversäumnis muss zwangsläufig aus der Heranziehung folgen. 4

Die Zeit für einen **unnötigen Umweg** rechnet nicht mit. Eine notwendige Essens- oder Erholungspause während eines langen Termins gehört auch nach § 18. 5

2. Entschädigungshöhe. Maßstab für die Entschädigung ist nach S. 1 der regelmäßige Bruttoverdienst einschließlich der vom Arbeitgeber zu tragenden Sozialversicherungsbeiträge. Man kann jedenfalls bei einem monatelangen Einsatz ein tarifliches 13. oder 14. Gehalt zum regelmäßigen Bruttoverdienst hinzurechnen. Eine nur vorübergehende oder einmalige Zusatzleistung des Arbeitgebers etwa beim vereinzelten auswärtigen Einsatz oder aus Anlass eines Jubiläums zählt nicht zum regelmäßigen Verdienst. 6

3. Ermittlung. Der ehrenamtliche Richter muss nach S. 1 den Bruttoverdienst nachweisen. Allerdings genügt auch eine Glaubhaftmachung nach § 294 ZPO. Beim Gehalts- oder Lohnempfänger ist ein Nachweis durch die Vorlage einer Gehaltsbescheinigung ausreichend. Bei einem selbständigen ehrenamtlichen Richter muss man die Art seines Unternehmens berücksichtigen. Sie lässt oft einen Rückschluss auf einen Verdienstausfall zu. Man kann dann kaum einen schriftlichen Nachweis des Verdienstausfalls verlangen. 7

Kein Verdienstausfall liegt vor, soweit eine Erwerbstätigkeit fehlt, etwa beim Hausmann (OLG Stuttgart Rpfleger 1982, 101), oder beim Pensionär, Rentner, Arbeitslosen, Sozialleistungsempfänger, beim Leben aus Vermögenszinsen. 8

9 Das Gericht muss in einer solchen Situation **pflichtgemäß schätzen.** Es darf dabei nicht zu kleinlich vorgehen. Notfalls muss der ehrenamtliche Richter einen geeigneten Nachweis erbringen. Die Geltendmachung von Vertreterkosten nach § 15 I Nr. 3 iVm § 7 I 2 spricht im Allgemeinen gegen einen persönlichen Verdienstausfall.

10 **4. Grundsätzlicher Höchstsatz.** Die Höhe der Entschädigung beträgt grundsätzlich höchstens 29 EUR je Stunde, für den Tag also höchstens insgesamt 290 EUR, § 15 I Nr. 6, II 1 Hs. 2. Bei einem Verdienstausfall von 300 EUR und einer Beisitzertätigkeit von 8 Stunden ergeben sich nur 232 EUR, auch bei einem Verdienstausfall von mehr als stündlich 29 EUR.

11 **5. Überschreitung des Höchstsatzes.** Eine Überschreitung des Höchstsatzes von 29 EUR je Stunde durch eine Entschädigung von insgesamt bis zu 55 EUR je Stunde ist nach S. 2 zulässig, soweit man den ehrenamtlichen Richter in demselben Verfahren an mehr als 20 Tagen herangezogen hatte oder soweit er ausgehend vom Sitzungstag innerhalb eines Zeitraums von mindestens 30 Tagen an mindestens 6 Tagen seine regelmäßige Erwerbstätigkeit unterlassen musste (LG Offenburg JurBüro 1996, 491). Nur bei dieser Alternative ist es unerheblich, ob die Heranziehung in demselben Verfahren oder in mehreren erfolgte (OLG Frankfurt a. M. NStZ-RR 2002, 232; LG Offenburg JurBüro 1996, 491). Die Erhöhung gilt vom ersten Tag an (OLG Celle JurBüro 2015, 653). Bei einer Heranziehung an mehr als 50 Tagen erfolgt eine Verdienstausfallentschädigung nach **S. 3** bis zu 73 EUR je Stunde. Die vorgenannten Erhöhungen des Stundensatzes werden kraft Gesetzes fällig, soweit ihre Voraussetzungen vorliegen. Die Erhöhungen erfolgen sodann bereits ab dem 1. Tag usw (OLG Celle BeckRS 2015, 16490). Die Festsetzung erfolgt im Verfahren nach **§ 4.**

12 **6. Verhältnis zwischen Verdienstausfall und Zeitversäumnis.** Eine Entschädigung wegen des Verdienstausfalls nach § 18 lässt einen Anspruch auf eine Entschädigung wegen einer Zeitversäumnis nach § 16 unberührt. Das ergibt sich aus den Worten „… neben der Entschädigung nach § 16 …" in **S. 1.**

Abschnitt 5. Entschädigung von Zeugen und Dritten

Grundsatz der Entschädigung

19 I 1 **Zeugen erhalten als Entschädigung**

1. Fahrtkostenersatz (§ 5),
2. Entschädigung für Aufwand (§ 6),
3. Ersatz für sonstige Aufwendungen (§ 7),
4. Entschädigung für Zeitversäumnis (§ 20),
5. Entschädigung für Nachteile bei der Haushaltsführung (§ 21) sowie
6. Entschädigung für Verdienstausfall (§ 22).

2 **Dies gilt auch bei schriftlicher Beantwortung der Beweisfrage.**

II 1 **Sofern die Entschädigung nach Stunden bemessen ist, wird sie für die gesamte Dauer der Heranziehung gewährt.** 2 **Dazu zählen auch notwendige Reise- und Wartezeiten sowie die Zeit, während der der Zeuge infolge der Heranziehung seiner beruflichen Tätigkeit nicht nachgehen konnte.** 3 **Die Entschädigung wird für nicht mehr als zehn Stunden je Tag gewährt.** 4 **Die letzte bereits begonnene Stunde wird voll gerechnet, wenn insgesamt mehr als 30 Minuten auf die Heranziehung entfallen; andernfalls beträgt die Entschädigung die Hälfte des sich für die volle Stunde ergebenden Betrages.**

III **Soweit die Entschädigung durch die gleichzeitige Heranziehung in verschiedenen Angelegenheiten veranlasst ist, ist sie auf diese Angelegenheiten nach dem Verhältnis der Entschädigungen zu verteilen, die bei gesonderter Heranziehung begründet wären.**

IV **Den Zeugen, die ihren gewöhnlichen Aufenthalt im Ausland haben, kann unter Berücksichtigung ihrer persönlichen Verhältnisse, insbesondere**

ihres regelmäßigen Erwerbseinkommens, nach billigem Ermessen eine höhere als die in Absatz 1 Satz 1 bestimmte Entschädigung gewährt werden.

I. Normzweck (I–IV). In dem 5. Abschnitt des JVEG regeln die §§ 19–22 die Entschädigung des Zeugen, § 23 regelt diejenige eines Dritten. Dabei stellt § 19 I die Grundsätze der Ansprüche für Zeugen auf durch die Aufzählung der einzelnen Entschädigungskriterien. Die Regelung macht deutlich, dass Zeugen andere Ansprüche zustehen als Sachverständigen oder ehrenamtlichen Richtern. Zeugen sollen eine angemessene finanzielle Anerkennung als Gegenleistung zur Erfüllung staatsbürgerlicher Ehrenpflichten erhalten. Allerdings haben sie keinen Anspruch auf einen vollumfassenden Ersatz ihrer Aufwendungen. 1

II. Normaufbau (I–IV). Der Entschädigungsumfang wird durch den Verweis auf die Einzelansprüche in I definiert. Weiter enthält die Vorschrift allgemeine Regelungen zum Umfang und zur Rundung, II. Die Pflicht zur Aufteilung bei gleichzeitiger Heranziehung in verschiedenen Angelegenheiten ist in III und die Bewertung der Entschädigung von Zeugen mit gewöhnlichem Aufenthalt im Ausland in IV geregelt. 2

III. Anwendungsbereich (I–IV). Man muss fünf Fallgruppen unterscheiden. 3

1. Zeuge. Ein Zeuge macht eine Aussage zu einem bestimmten Geschehen, dass er wahrgenommen hat. Die Aussage kann also nur auf seiner eigenen Wahrnehmung beruhen, die er daraus gewonnen hat, dass er bei einem bestimmten Vorgang anwesend war oder diesen gesehen hat. Entschädigungsvoraussetzung ist immer eine Heranziehung. Bei der Abgrenzung zwischen dem Zeugen und sachverständigen Zeugen kommt es grundsätzlich (Ausnahme → Rn. 5) nicht darauf an, in welcher Eigenschaft man ihn geladen hat, sondern maßgeblich darauf, ob man ihn als einen Zeugen vernommen oder schriftlich angehört hat. Nur soweit es nicht zur Tätigkeit oder Vernehmung kam, entscheidet allein die Heranziehung und damit der sachliche Gehalt der der Beweisperson gestellten Aufgabe. Den als Zeugen Geladenen muss das Gericht wie einen Sachverständigen entschädigen soweit es ihn als einen Sachverständigen zB nach §§ 402 ff. ZPO vernommen hat, und umgekehrt (OLG Düsseldorf BauR 2011, 152; OLG Koblenz MDR 2014, 1296; OVG Lüneburg NJW 2012, 1307). Auch die Veranlassung einer schriftlichen Aussage reicht. 4

Ein **sachverständiger Zeuge** nach § 414 ZPO, § 85 StPO, den das Gericht usw nur als einen Zeugen vernommen hat, ist eben nur ein Zeuge. Er erhält also nur eine Zeugenentschädigung wie ein „echter" Zeuge (OLG Rostock JurBüro 2009, 205). Auch bei ihm entscheiden im Übrigen der Beweiszweck, aber auch die Art der tatsächlichen Heranziehung (Vernehmung) (OLG Hamm MDR 1988, 418). Sie kann sich gegenüber der Ladung ändern (OVG Lüneburg NJW 2012, 1307; OLG Düsseldorf VersR 1983, 544). Daher ist zB ein nur zu seinen Feststellungen vernommener Privatgutachter ein sachverständiger Zeuge, da er insoweit nicht auswechselbar ist. Auch wenn ein solcher sachverständiger Zeuge gutachterliche Äußerungen vornimmt, wird er dadurch jedenfalls dann nicht zum Sachverständigen, wenn Tatsachenbekundungen im Vordergrund stehen (OLG Düsseldorf BeckRS 2019, 21801). Der gesetzliche Vertreter ist nicht schon als solcher ein Zeuge (OLG Stuttgart JurBüro 2001, 484). 5

2. Zeuge und Sachverständiger. Der Sachverständige ist auswechselbar, der Zeuge nicht (OLG Koblenz FamRZ 2015, 786; OLG Hamm JurBüro 1988, 792). Wenn jemand nicht nur diejenigen Tatsachen bekundet hat, die er infolge seiner Sachkunde wahrgenommen hat, sondern darüber hinaus auf Grund einer gerichtlichen oder behördlichen Aufforderung und nicht nur ungebeten aus seinen Wahrnehmungen auch einen fachmännischen Schluss gezogen hat, dann ist er ein (sachverständiger) Zeuge und zugleich auch ein Sachverständiger (OLG Köln MDR 1993, 391; OLG Stuttgart JurBüro 1983, 1356). Daher ist der Arzt ein sachverständiger Zeuge nach § 414 ZPO, soweit er über bestimmte Krankheitssymptome aussagt, zu deren Wahrnehmung keine besondere Sachkunde erforderlich war. Er bleibt aber ein bloßer Zeuge nach §§ 373 ff. ZPO, soweit er nur Behandlungsdaten übersendet (BSG NJW 2001, 2832). Er ist schließlich ein Zeuge und Sachverständiger, soweit er über die Ursache und Wirkung der wahrgenommenen Krankheit Rückschlüsse mitteilt und Bekundungen macht (OLG Bamberg JurBüro 1984, 260; OLG Düsseldorf 6

VersR 1983, 544; OLG Hamburg JurBüro 1985, 1218). Ist also der Geladene tatsächlich vom Gericht als Sachverständiger vernommen worden, ist auch für die gesamte Dauer der Heranziehung eine Vergütung zu gewähren. Etwas anderes gilt nur, wenn die Tatsachenbekundung im Vordergrund steht. Maßgeblich ist, wo das Schwergewicht der Vernehmung liegt (OLG Düsseldorf NStZ-RR 2014, 114).

7 Hat das Gericht usw jemanden als Sachverständigen geladen und hat er sich entsprechend vorbereitet, erhält er ausnahmsweise auch dann eine Sachverständigenvergütung, wenn er unvorhersehbar nur als ein Zeuge aussagt (KG JurBüro 1992, 633).

8 **3. Sachverständiger Zeuge.** Zunächst → Rn. 5. Das JVEG nennt den sachverständigen Zeugen nur in § 10 Abs. 1. Neben dieser konkreten Zuordnung ist für alle weiteren Fälle der Unterscheidungen auf die allgemeine Definition aus § 414 ZPO zurückzugreifen. Danach handelt es sich um sachkundige Personen, die zum Beweis vergangener Tatsachen oder Zustände zu vernehmen ist, zu deren Wahrnehmung eine besondere Sachkunde erforderlich war. Ein sachverständiger Zeuge ist rechtlich ein Zeuge, für ihn kommen die Vorschriften über den Zeugenbeweis zur Anwendung. Der sachverständige Zeuge bekundet also von ihm beobachtete Tatsachen oder Zustände auf Grund seiner früheren Wahrnehmungen, wobei er dies jedoch nur auf Grund seiner besonderen Fachkenntnisse vermag (OLG Düsseldorf DS 2011, 292). Diese eigenen Wahrnehmungen von vergangenen Tatsachen und Zuständen können auch auf besondere medizinisch-ärztliche Sachkunde beruhen (LSG Bayern BeckRS 2013, 69059). Erst, wenn das Gericht die vernommene Person trotz anderslautender Ladung als Sachverständiger zu Beweiszwecken heranzieht, kann eine Vergütung gewährt werden (OLG Koblenz BeckRS 2016, 110330).

9 **4. Gestellter Zeuge.** Auch ein von der Partei usw ohne eine gerichtliche Ladung oder nur auf Grund einer gerichtlichen bloßen Anheimgabe gestellter („sistierter“) Zeuge oder ein zufällig erschienener kann eine Entschädigung nach § 19 fordern (LG München MDR 1990, 64).

10 **5. Schriftliche Beantwortung(I 2).** Hat das Gericht die schriftliche Beantwortung einer Beweisfrage nach § 377 III ZPO angeordnet, kann der Zeuge eine Entschädigung seiner Aufwendungen beantragen. Der Anspruch erstreckt sich dabei auf etwaige Auslagen, zB Portokosten und die Dauer der Heranziehung. Da die Zeit zur Erledigung jedoch bei der schriftlichen Aussage frei gewählt werden kann, kommt ein Verdienstausfall nach § 22 nur im begründeten Ausnahmefall in Betracht. Die Erstattungsfähigkeit einer beantragten Zeitversäumnis, § 20, richtet sich nach dem Umfang der Antwort und den erkennbaren Verhältnissen des Zeugen.

10a Der Entschädigungsanspruch des **Halters eines Kraftfahrzeuges,** der Auskunft über die Person des Fahrers gibt, wird uneinheitlich bewertet (ablehnend: AG Heilbronn LSK 2011, 360116; AG Bad Liebenwerda, BeckRS 2008, 6283; AG Karlsruhe NZV 2005, 655: pauschal 10 €; bejahend: AG Herford, NZV 2010, 314) Zutreffend ist die letztgenannte Auffassung, die Fahrzeughaltern und Autovermietungen einen **Anspruch** zuspricht. Denn das JVEG sieht unabhängig davon, ob der Halter eine juristische Person oder Privatperson ist, keine Ausnahmen von der Entschädigungspflicht vor (AG Marienberg BeckRS 2018, 53739). Für einen Entschädigungsanspruch spricht zudem die Gesetzesbegründung zum 2. KostRMoG (BT-Drs. 17/11471, 263). Entscheidend ist, ob der Berechtigte als Zeuge oder (wohl überwiegend) als **Dritter im Sinne des § 23** herangezogen wurde. Insbesondere juristischen Personen und gewerblichen Mietwagenunternehmen steht für die Beantwortung der Fahrerfrage eine Entschädigung nach § 23 JVEG zu (AG Oranienburg BeckRS 2020, 22903).

11 **IV. Entschädigungsumfang (I 1, 2).** Die Entschädigung besteht aus den dort genannten Kostenarten. Sie wird nach § 1 I 2 nur in diesem Umfang möglich, auf die in I 1 Nr. 1–6 genannten Einzelvorschriften wird verwiesen. Der Zeuge kann wirksam auf eine Entschädigung verzichten.

12 **V. Stundenbemessung (II).** Alle Entschädigungsarten von I 1 Nr. 1–6 richten sich nach dem zeitlichen Aufwand, der mit der Heranziehung verbunden ist. Man muss drei Aspekte beachten.

1. Maßgeblichkeit der gesamten Heranziehungsdauer (II 1, 2). Nach dem Wortlaut ist die gesamte Dauer der Heranziehung einschließlich notwendiger Reise- und Wartezeiten zu entschädigen. Dazu wird regelmäßig im Falle von Verdienstausfall auch derjenige Ausfall entschädigt, der entsteht, weil der Zeuge vor und/oder nach dem Termin seiner beruflichen Tätigkeit nicht nachgehen kann (OLG Hamm BeckRS 2016, 115346). Dies wurde durch das KostRÄG 2021 mit der Ergänzung in II 2 Hs. 2 nun klargestellt. Die bis dahin einzig gegenteilige Auffassung des LSG Bayern (etwa BeckRS 2014, 67268), statt der versäumten Arbeitszeit nur die, nach objektiven Maßstäben zu ermittelnde gesamte Zeit der Heranziehung zu ersetzen, hat sich nicht durchgesetzt. 13

2. Höchstens für 10 Stunden je Tag (II 3). Unabhängig von der tatsächlichen Dauer einer Heranziehung an einem Tag ist die Entschädigung auf max. 10 Stunden täglich begrenzt. Diese gesetzliche Höchstgrenze darf nicht überschritten werden, auch wenn einem Zeugen dadurch ggfs. nicht für die gesamte Zeit, die er aufwenden muss, eine Entschädigung zugesprochen werden kann. 14

3. Letzte Stunde voll (II 4). Die Rundungsregel weicht von derjenigen nach § 8 ab. Die Zeugenentschädigung wird immer auf **volle Stunden** aufgerundet, sobald die zu entschädigende Zeit **mehr als 30 Minuten** beträgt. Es ist also nicht auf die letzte Stunde abzustellen, sondern nur auf die ersten 30 Minuten. Entsprechend sind nur die Fälle, in denen die gesamte Dauer weniger als 30 Minuten beträgt, auf den hälftigen Stundensatz begrenzt. 15

VI. Verteilung bei verschiedenen Angelegenheiten (III). Die Vorschrift entspricht fast wörtlich der Regelung für Sachverständige, Dolmetscher und Übersetzer in § 8 III. Jedoch ist hier die Aufteilung im Verhältnis der fiktiven, einzelnen Heranziehung vorzunehmen. 16

VII. Ausländischer Zeuge (IV). Die Vorschrift entspricht nunmehr der Regelung für Sachverständige usw. in § 8 IV. In der bis zum 31.12.2020 geltenden Fassung war für ausländische Zeugen eine Erhöhung auf die in §§ 20–22 genannten Entschädigungen begrenzt. Damit waren damals erhöhte Ansprüche für Aufwendungen nach §§ 5–7 für Zeugen ausgeschlossen. Da es für diese von § 8 abweichende Regelung keinen sachlichen Grund gab, erfolgte mit dem KostRÄG 2021 die inhaltliche Angleichung. Eine Erhöhung kann nun für den gesamten in I 1 genannten Anspruch in Betracht kommen. Voraussetzung ist, dass der Zeuge – unabhängig von dessen Nationalität – seinen gewöhnlichen Aufenthalt im Ausland hat. Eine Erhöhung ist aber nicht zwingend vorzunehmen, sondern kann nur nach billigem Ermessen gewährt werden → § 8 Rn. 43. 17

Entschädigung für Zeitversäumnis

20 Die Entschädigung für Zeitversäumnis beträgt 4 Euro je Stunde, soweit weder für einen Verdienstausfall noch für Nachteile bei der Haushaltsführung eine Entschädigung zu gewähren ist, es sei denn, dem Zeugen ist durch seine Heranziehung ersichtlich kein Nachteil entstanden.

I. Normzweck. Die Vorschrift begründet einen allgemeinen Erstattungsanspruch für die, durch die Heranziehung versäumte Zeit. Die 4 EUR werden gewährt, wem irgendein Nachteil entstanden ist und wer für die gleiche Zeit keinen Anspruch nach § 21 oder § 22 geltend machen kann. 1

§ 20 führt zu einem Mindest-Entschädigungsanspruch für jeden Zeugen, es sei denn, diesem ist keinerlei Nachteil entstanden. 2

II. Anwendungsbereich. Die Vorschrift gilt sowohl für Zeugen und auch für Beteiligte nach § 191 SGG (LSG Bayern BeckRS 2014, 69323). Beteiligte nach § 191 SGG haben jedoch eine andere Verfahrensstellung als ein Zeuge und insbesondere ein eigenes Interesse am Verfahrensausgang, so dass deren persönliches Erscheinen zur mündlichen Verhandlung oder Durchführung einer Begutachtung nicht grundsätzlich als entschädigungspflichtiger Nachteil bewertet wird (LSG Thüringen BeckRS 2021, 11385; SG Karlsruhe BeckRS 2017, 129769). 3

4 **Mittellosen** Parteien, Beschuldigten oder Beteiligten, denen Reisekosten zur Wahrnehmung eines Termins in Anwendung der Regelungen des Teils 3 gewährt werden, haben mangels entsprechender Verweisung keinen Anspruch auf nach § 20, vgl. 1.1.2 der Gewährung von Reiseentschädigungen an mittellose Personen – Teil 3.

5 **III. Zeitversäumnis.** Entschädigt wird, dass der Zeuge für die Heranziehung seine freie Zeit versäumt und ihm ein Nachteil entstanden ist. Da es ausreicht, dass irgendein Nachteil mit der Terminswahrnehmung verbunden ist, ist diese Voraussetzung in den meisten Fällen erfüllt. Insbesondere muss ein Zeuge nicht darlegen, was er in der Zeit des Termins anderweitig gemacht hätte. Denn mit dieser Entschädigung wird auch der **Verlust von Freizeit** entschädigt, wobei die Verwendung von Freizeit sehr vielgestaltig ist und im Belieben des Einzelnen steht. Eine Beurteilung der Wertigkeit der Freizeitgestaltung steht dem Gericht nicht zu (LSG Bayern BeckRS 2016, 74366).

6 Die 4 EUR werden für jede Art versäumter Zeit gewährt, wie Freizeit, Urlaub, Überstundenabbau, Gleitzeit usw (BGH NJW-RR 2012, 761; LSG Bayern BeckRS 2009, 54096). Zeugen (namentlich Polizeibeamte), die im **Schichtdienst** tätig sind, haben auch dann einen Anspruch auf Entschädigung für die hierdurch in ihrer Freizeit erlittene Zeitversäumnis, wenn Ihnen die verlorene Freizeit nachträglich als Arbeitszeit angerechnet wird (OLG Celle LSK 2021, 77).

7 Die Entschädigung ist einem Zeugen auch dann zu gewähren, wenn eine solche nicht ausdrücklich geltend gemacht worden ist, der Zeuge aber allgemein Zeugenentschädigung beantragt hat und aus den von ihm erteilten Auskünften hervorgeht, dass die Voraussetzungen für eine Entschädigung für Zeitversäumnis gegeben sind (OLG Celle BeckRS 2020, 14761). Ist eine Entschädigung für Verdienstausfall beantragt worden und scheitert diese am Nachweis des Verdienstausfalls, ist dafür die Entschädigung für Zeitversäumnis auszuzahlen (LSG Bayern BeckRS 2016, 67298).

8 **IV. Nachteil.** Die Vorschrift enthält nach dem Wortlaut des letzten Halbsatzes eine widerlegbare gesetzliche Vermutung dahingehend, dass ein Nachteil erstanden ist. Es ist zunächst **stets von einem Nachteil durch die Heranziehung auszugehen,** wobei unerheblich ist, ob es sich um objektiv messbare oder geldwerte Einbußen oder immaterielle Beeinträchtigungen handelt. Nur wenn ein erlittener Nachteil weder erkennbar noch naheliegend ist, muss dieser begründet werden. Denn lediglich, wenn dem Antragsteller „ersichtlich" kein Nachteil entstanden ist, ist eine Entschädigung für Zeitversäumnis nicht zu leisten. Davon ist auszugehen, wenn sich aus den eigenen Angaben des Antragstellers ergibt, dass die Zeit der Heranziehung nicht anderweitig sinnvoll verwendet hätte, oder wenn es offensichtlich ist, dass ein Nachteil nicht eingetreten ist (LSG Bayern BeckRS 2016, 74513). Versagungsgründe sind Umstände – etwa aufgrund des Akteninhalts, aufgrund von Angaben des Zeugen oder durch Aussagen anderer Personen –, aus denen sich ergibt, dass dem Zeugen keinerlei Nachteil durch seine Inanspruchnahme als Beweisperson entstanden ist (OLG Celle BeckRS 2020, 14761). Angesichts der gesetzlichen Vermutung kommt der **Anweisungsstelle nur eine sehr geringe Prüfungspflicht zu.** So ist auch Zeugen, die ihre Zeit frei einteilen können wie Rentnern, Schülern, Arbeitssuchenden oder Sozialhilfeempfängern regelmäßig die Zeit der Heranziehung zu entschädigen.

9 Wird dem Berechtigten während der Heranziehung das Gehalt uneingeschränkt weiter gezahlt, kommt es darauf an, ob die durch den Gerichtstermin versäumte Zeit bzw. unerledigte Arbeit nachgeholt werden muss. Bejahendenfalls steht den Sachbearbeitern oder Beamten ein Anspruch nach § 20 zu. Sowohl die Verschiebung von Arbeitszeiten als auch die Unterbrechung der zur Erholung dienenden Freizeit, wie bei Polizeibeamten, denen die Terminszeit nachträglich als Arbeitszeit gutgeschrieben wird, gelten als Nachteil im Sinne der Vorschrift (OLG Celle LSK 2021, 77). Einem Polizeibeamten, der den Termin während seines Streifendienstes wahrnimmt, ist hingegen keine Entschädigung zu gewähren. Gleiches gilt für den Mitarbeiter eines Jobcenters, der mit dem Gerichtstermin Tätigkeiten im Rahmen der ihm übertragenen Aufgaben im Unterhaltsverfahren wahrnimmt (BGH NJW-RR 2014, 1096). Auch Bedienstete von juristischen Personen des öffentlichen Rechts und Behörden haben keinen Anspruch auf Entschädigung für die Zeitversäumnis wegen der Wahr-

nehmung eines Gerichtstermins vor den Verwaltungsgerichten (BVerwG NVwZ 2005, 466).

Das Kriterium des Nachteils wird für **Beteiligte nach § 191 SGG** teilweise abweichend bewertet. Für Prozessbeteiligte und dem damit einhergehenden **eigenen Interesse am Verfahrensausgang** wird die Einschränkung in der Freizeitgestaltung infolge von Gerichts- oder Begutachtungsterminen nicht als Nachteil angesehen (LSG Thüringen BeckRS 2021, 11385). Den Beteiligten wird zugemutet, in eigener Sache mehr an Nachteilen hinzunehmen als einem Zeugen. Empfänger von SGB II-Leistungen, Rentner oder Schüler nach dem Unterricht können über ihre Zeit frei verfügen, so dass diese bei fehlenden entgegenstehenden Angaben die Terminswahrnehmung im eigenen Verfahren keine nachteilsbedingte Entschädigung erhalten (LSG Thüringen BeckRS 2020, 16184). 10

Die Entschädigung kann **neben §§ 21, 22** gezahlt werden, wenn die Heranziehung längere Zeit in Anspruch nimmt, als zB Verdienstausfall besteht. § 20 wird nach § 19 II berechnet, max. 10 Stunden je Tag. 11

Entschädigung für Nachteile bei der Haushaltsführung

21 **[1] Zeugen, die einen eigenen Haushalt für mehrere Personen führen, erhalten eine Entschädigung für Nachteile bei der Haushaltsführung von 17 Euro je Stunde, wenn sie nicht erwerbstätig sind oder wenn sie teilzeitbeschäftigt sind und außerhalb ihrer vereinbarten regelmäßigen täglichen Arbeitszeit herangezogen werden. [2] Zeugen, die ein Erwerbsersatzeinkommen beziehen, stehen erwerbstätigen Zeugen gleich. [3] Die Entschädigung von Teilzeitbeschäftigten wird für höchstens zehn Stunden je Tag gewährt abzüglich der Zahl an Stunden, die der vereinbarten regelmäßigen täglichen Arbeitszeit entspricht. [4] Die Entschädigung wird nicht gewährt, soweit Kosten einer notwendigen Vertretung erstattet werden.**

I. Normzweck (S. 1–4). Die Vorschrift regelt die Entschädigung von Zeugen, die durch die Heranziehung an der Führung ihres Haushalts, welcher mindestens für 2 Personen geführt wird, gehindert sind. Dieser Anspruch steht nur Zeugen zu, die nicht erwerbstätig sind und auch kein Erwerbsersatzeinkommen beziehen. Teilzeitbeschäftigte können die Entschädigung nur erhalten, wenn die Terminswahrnehmung außerhalb ihrer regelmäßigen täglichen Arbeitszeit erfolgt. 1

Die Einführung der Vorschrift, zum früheren Recht durch § 2 ZSEG, soll einer Unterbewertung der Arbeit in Haushalt und Familie entsprechend der Zielsetzung des Art. 3 Abs. 2 Grundgesetz (GG) entgegen wirken. Nach dem Sinn und Zweck erhält die Entschädigung, dessen berufliche Tätigkeit die Haushaltsführung ist. Über diese Vorschrift erhalten Zeugen, die weder Verdienstausfall noch Vertretungskosten beanspruchen und kein Erwerbsersatzeinkommen beziehen, aber einen Mehrpersonenhaushalt führen, eine Entschädigung. Insbesondere Teilzeitbeschäftigte erhalten so einen Ausgleich. 2

II. Entschädigungsvoraussetzungen (S. 1–3). Zeugen, die einen eigenen Haushalt für sich und mindestens eine weitere Person führen, haben Anspruch auf die Entschädigung nach § 21, wenn sie weder in Vollzeit erwerbstätig sind, noch ein Erwerbsersatzeinkommen beziehen und für die versäumte Zeit zur Haushaltsführung nicht bereits Vertretungskosten geltend gemacht haben. Sinn der Vorschrift ist es Nachteile bei der Haushaltsführung, die „Nur-Hausfrauen" oder „Nur-Hausmännern" entstehen, auszugleichen, um damit zugleich der Unterbewertung von Arbeit in Haushalt und Familie entgegenzuwirken und die Haushaltsführung als Unterhaltsleistung unter Verzicht auf eine Erwerbstätigkeit zu honorieren (OVG Münster NVwZ-RR 2014, 708; LSG Sachsen BeckRS 2014, 72692). 3

Vollzeitige Erwerbstätigkeit verhindert den Entschädigungsanspruch, unabhängig davon, ob an dem konkreten Terminstag ein Anspruch auf Verdienstausfall besteht oder nicht. Entscheidend ist, ob der Zeuge grundsätzlich sein Einkommen aus einer Vollzeitbeschäftigung erzielt. Diese Erwerbstätigen haben für die Heranziehung entweder einen Anspruch nach § 22 oder sie erhalten zB wegen Urlaubs oder Überstundenabbaus die Entschädigung der Zeitversäumnis nach § 20. Die Entschädigung 4 nach § 21 kann hingegen nicht verlangt werden, auch wenn etwa ein Zeuge einen Termin außerhalb des Schichtdienstes wahrnimmt und vorträgt, diese Zeit üblicherweise für Hausarbeit aufzuwenden.

5 **1. Haushaltsführung.** Die Entschädigung setzt voraus, dass ein eigener Haushalt für sich selbst und mindestens eine weitere Person geführt wird. Erforderlich ist dabei ein **gemeinsamer Haushalt für mehrere Personen.** Nicht ausreichend ist es, wenn neben dem alleinigen Haushalt des Zeugen ein fremder Haushalt unterstützt wird, wie etwa Hilfeleistungen für pflegebedürftige oder kranke Angehörige (SG Dresden BeckRS 2003, 18720). Es reicht ebenso nicht aus, wenn ein Kind zwar noch bei dem Anspruchsberechtigten gemeldet ist, jedoch am Studienort lebt und nur noch besuchsweise anwesend ist. Lebt das studierende Kind hingegen im gemeinsamen Haushalt, kann § 21 gewährt werden (OLG Stuttgart BeckRS 2013, 786). Wer einen Haushalt nur für sich selbst führt, hat keinen Anspruch auf Entschädigung für Nachteile bei der Haushaltsführung. Gleiches gilt, wenn der Zeuge zwar einen Mehrpersonenhaushalt führt, aber eines der Ausschlusskriterien wie ein Vollzeit-Arbeitseinkommen oder der Bezug von Erwerbsersatzeinkommen greift (OVG Münster NVwZ-RR 2014, 708).

6 Je Haushalt kann die Entschädigung nur eine Person erhalten, und zwar diejenige, die als Haushaltsführer tätig ist (SG Leipzig BeckRS 2009, 66788). Den Haushalt führt, wer eine **hauswirtschaftliche Tätigkeit von erheblichem Umfang** erbringt, welche die beständige Sorge für andere Personen in demselben Haushalt mit umfasst und daher über die von jedem alleinstehenden Menschen ohnehin zu erbringende Haushaltsführung für sich selbst deutlich hinausgeht. Die punktuelle Übernahme einzelner Aufgaben durch andere Haushaltsmitglieder beeinträchtigt die Funktion als Haushaltsführer nicht (KG LSK 2016, 115976).

7 Dieses, am Umfang orientierte Kriterium der überwiegenden Tätigkeiten ist vor allem von Bedeutung, wenn **in einem Haushalt mehrere Erwachsene** leben. Dabei ist aber zwingend auf die Umstände des Einzelfalls abzustellen und danach zu unterscheiden, ob und in welchem Umfang die Bewohner berufstätig sind und wie die Hausarbeit aufgeteilt ist.

8 Können zwei Personen, **die beide nicht berufstätig sind,** die hauswirtschaftlichen Tätigkeiten prinzipiell gleichmäßig untereinander aufteilen, besteht kein Anspruch auf Entschädigung für Nachteile bei der Haushaltsführung (KG LSK 2016, 115976). So hatte im Fall des KG ein Privatier vorgetragen, den ehelichen Haushalt zu führen, ohne detailliert darzulegen und glaubhaft zu machen, dass ihm die Tätigkeiten im Haushalt überwiegend obliegen. In diesen Konstellationen gehen gleichwertig geteilte oder anteilig erbrachte Haushaltstätigkeiten dem Umfang nach nicht über die Führung eines Ein-Personen-Haushalts für sich selbst hinaus, für die von vornherein kein Anspruch nach § 21 besteht (OLG Hamm, BeckRS 2019, 5624).

9 Bei einem Haushalt mit einem **in Vollzeit erwerbstätigen und einem nicht erwerbstätigen** Ehegatten gilt die widerlegbare Vermutung, dass der nicht erwerbstätige den Haushalt führt (KG JurBüro 2015, 544). Entschädigt werden soll derjenige, bei dem bei typisierender Betrachtung davon auszugehen ist, dass er zur Erledigung der in einem Mehrpersonenhaushalt anfallenden Hausarbeit im Interesse der anderen Haushaltsangehörigen ganz oder teilweise auf Erwerbstätigkeit verzichtet (LG Frankfurt a. M. BeckRS 2018, 11666).

10 Teilzeitbeschäftigten kann daher grundsätzlich unabhängig des Stundenumfangs ein Anspruch zustehen, sofern sie in der arbeitsfreien Zeit den Haushalt führen und außerhalb der regelmäßig vereinbarten Arbeitszeit herangezogen wurden (OLG Frankfurt NStZ-RR 2018, 263; OLG München BeckRS 2014, 953). Ist jedoch ein Ehepartner nicht berufstätig und der Ehemann mit 28 Stunden teilzeitbeschäftigt, ist der Anspruch nach § 21 abzulehnen, wenn wie im Fall des OLG Köln (BeckRS 2016, 17398), der Teilzeitbeschäftigte neben seiner Ehefrau, die in Elternzeit zuhause ist, den Haushalt nicht überwiegend führt.

11 **2. Erwerbsersatzeinkommen (S. 2).** Zeugen, die ein Erwerbsersatzeinkommen oder Lohnersatzleistungen, wie Rente, Pension, Sozialleistungen usw. erhalten, sind vom Anspruch auf die Haushaltsentschädigung ausgeschlossen. Die Entschädigung bleibt daher seit dem 2. KostRModG eindeutig sowohl Erwerbstätigen, als auch

durch die Gleichstellung allen, die Einkünfte erhalten, die das klassische Erwerbseinkommen ersetzen, verwehrt. Den Begriff des Erwerbsersatzeinkommens ist dabei nicht näher definiert, jedoch in der Gesetzesbegründung (Bt-Drs. 17/11471, 325) erläutert mit den Beispielen Rente oder Arbeitslosengeld, Leistungen nach dem Sozialgesetzbuch II (LSG Bayern BeckRS 2016, 69571; OVG Lüneburg BeckRS 2022, 21601). Der Begriff ist in § 18a Abs. 1 SGB IV legal definiert, so dass auch Kurzarbeitergeld, Insolvenzgeld, Krankentagegeld, Verletzten- und Unfallrenten sowie die Erwerbsminderungsrente zu den Erwerbsersatzeinkommen zählen. Jedoch ist die Aufzählung in § 18a Abs. 3 SGB IV nicht abschließend, da zB Elterngeld ebenso ein Ersatzeinkommen ist, welches einem Erwerbseinkommen wertungsmäßig gleich steht (LG Bonn BeckRS 2015, 18637).

3. Teilzeitarbeit (S. 1, 3). Während volle Erwerbstätigkeit den Anspruch nach 12
§ 21 verhindert, kann Teilzeitbeschäftigten die Entschädigung grundsätzlich gewährt werden, wenn und soweit sie außerhalb der vereinbarten regelmäßigen Arbeitszeit herangezogen werden. Teilzeit ist jede Arbeitszeit, die weniger Arbeitsstunden als die Arbeitszeit von vergleichbaren Personen in Vollzeit umfasst. Eine Definition des Teilzeitbegriffs ergibt sich aus § 2 TzBfG. Neben Arbeitnehmern in Beschäftigungsverhältnissen, bei denen die regelmäßige Wochenarbeitszeit kürzer ist als die eines vergleichbaren vollzeitbeschäftigten Arbeitnehmers gelten auch geringfügig Beschäftigte, auch Minijob oder 520 €-Job genannt, als Teilzeitbeschäftigte.

Dabei kommt es nicht darauf an, in welchem **Umfang die Teilzeit ausgeübt** 13
wird, insbesondere ist nicht erforderlich, dass die Teilzeitbeschäftigung täglich ausgeübt wird. Voraussetzung ist nur, dass die **Heranziehung außerhalb** der Zeit erfolgt, zu der die Zeugen regelmäßig einer entgeltlichen Arbeit nachgehen. Dabei ist unerheblich, ob jeden Arbeitstag stundenweise gearbeitet oder der Berufstätigkeit an einzelnen Tagen im Monat oder in der Woche nachgegangen wird (OLG München BeckRS 2014, 953). Ist aber eine tägliche Arbeitszeit vertraglich nicht festgelegt, ist ihre fiktive Dauer aus der vereinbarten Wochen- oder Monatsarbeitszeit zu errechnen (KG JurBüro 2015, 544).

Der Umfang der Teilzeit spielt auch deshalb keine Rolle, da diese Entschädigung und der Verdienstausfall nicht in einem Konkurrenzverhältnis stehen, sondern sich vom Wortlaut her ergänzen und zwar unter dem Vorrang Verdienstausfalls (OLG Frankfurt NStZ-RR 2018, 263).

4. Berechnung (S. 3). Für die Berechnung der zu vergütenden Stunden kommt 14
es auf die Zeit der Heranziehung an. Es gilt die grundsätzliche Höchstgrenze von 10 Stunden. Bei Teilzeitbeschäftigten ist stets die Zeit, die der regelmäßig vereinbarten täglichen Arbeitszeit entspricht, **abzuziehen.** Nur durch diesen Abzug ist gewährleistet, dass Teilzeitbeschäftigte die Entschädigung auf die Zeit begrenzt erhalten, um die sie eine Vollzeitarbeit zwecks Haushaltsführung reduziert haben. Ist die zu entschädigende Gesamtzeit länger als der Anspruch auf Nachteile bei der Haushaltsführung gewährt werden kann, stehen dem Berechtigten für den verbleibenden Zeitraum entweder die Entschädigung nach § 20 oder soweit die Voraussetzung erfüllt ist, Verdienstausfall zu.

5. Vertretung (S. 4). Die Entschädigung kommt nicht in Betracht, soweit die 15
Kosten einer **notwendigen Vertretung** erstattet werden, S. 4. Ob eine Vertretung notwendig ist, lässt sich nur nach den **Umständen des Einzelfalls** beurteilen. Umfasst die Tätigkeit der vertretenen Leistung nicht die vollständige versäumte Haushaltsführung, können in begründeten Ausnahmefällen beide Ansprüche nebeneinander gewährt werden, etwa in Fällen der Beaufsichtigung eines Kleinkindes, ohne das hauswirtschaftliche Arbeiten von einem Babysitter übernommen wurden.

Entschädigung für Verdienstausfall

22 **[1] Zeugen, denen ein Verdienstausfall entsteht, erhalten eine Entschädigung, die sich nach dem regelmäßigen Bruttoverdienst einschließlich der vom Arbeitgeber zu tragenden Sozialversicherungsbeiträge richtet und für jede Stunde höchstens 25 Euro beträgt. [2] Gefangene, die keinen Ver-**

dienstausfall aus einem privatrechtlichen Arbeitsverhältnis haben, erhalten Ersatz in Höhe der entgangenen Zuwendung der Vollzugsbehörde.

Übersicht

1 **I. Normzweck (S. 1, 2).** Die Vorschrift regelt den Verdienstausfall von Zeugen nach dem Entschädigungsprinzip. Daher kommt zwar für einen erlittenen Verdienstausfall eine Entschädigung in Betracht, diese ist aber der Höhe nach begrenzt und verhindert so einen umfassenden Verlustausgleich.

2 **II. Anwendungsbereich (S. 1, 2).** Die Vorschrift gilt sowohl für selbstständige als auch angestellte Zeugen. Weiter erfasst sie den Verdienstausfall Gefangener.

3 **III. Verdienstausfall (S. 1).** Zwingende Voraussetzung ist stets die Verdienstausfallbescheinigung des Arbeitgebers oder bei Selbständigen der begründete, im Zweifel mit Nachweis versehene Antrag.

4 **1. Notwendiger Zeitaufwand.** Der nach § 1 herangezogene Zeuge erhält eine Entschädigung trotz seiner Erfüllung einer Staatbürgerpflicht nach → Vor § 1 Rn. 2 für den objektiv notwendigen und auch in diesem Rahmen wirklich entstandenen Verdienstausfall (OLG Hamm MDR 1991, 264; OLG Koblenz JurBüro 1991, 85; strenger OLG Jena JurBüro 2015, 529, beim Bediensteten mit dem Aufgabenkreis Teilnahme an Terminen). Diesen Ausfall muss man an der Versäumung derjenigen Arbeitszeit messen, die der Zeuge durch die Ausübung der Zeugenpflicht auf sich nehmen musste. Man muss auch hier nach wirtschaftlichen, gesundheitlichen und sonstigen persönlichen Gesichtspunkten entscheiden, sogar nach den Witterungsverhältnissen am Reisetag usw.

5 **2. Auch Vorbereitungsaufwand.** Manchmal muss ein Zeuge solche Vorbereitungen für seine Aussage treffen, die ihn mit besonderen Kosten belasten. Er muss etwa eine Reise unternehmen, Arbeitskräfte zur Nachforschung nach einem verwickelten Sachverhalt hinzuziehen, Unterlagen kontrollieren usw. Von solchen Nachforschungen kann es abhängen, ob der Zeuge überhaupt etwas Sachdienliches bekunden kann. Man muss ihm die für solche Nachforschungen notwendigen tatsächlichen Aufwendungen nach § 7 ersetzen. Auch eine Wartezeit auf dem Bahnhof, Flugplatz oder im Gericht usw gehört hierher.

6 Man muss einem Zeugen auch denjenigen Zeitaufwand ersetzen, den er benötigt, um sich im Übrigen **sachkundig** zu machen, soweit er das als Zeuge überhaupt tun muss (OLG Stuttgart MDR 2007, 1457), etwa um ein Buch oder einen Briefwechsel einzusehen und dergleichen. Die Durchsicht einer Notiz über ein kurzes Telefonat reicht nicht (OLG Stuttgart MDR 2007, 1457). Eine solche Tätigkeit kann nach § 19 I 2 insbesondere dann notwendig werden, wenn der Zeuge eine Frage nach § 377 III ZPO schriftlich beantworten und die Richtigkeit seiner Antwort an Eides Statt versichern soll.

7 Wenn der Zeuge **am Tag vor dem Termin** abgereist war, obwohl er die Reise ohne unzumutbare Erschwerungen erst am Terminstag hätte antreten können, dann erhält er für den von ihm insofern willkürlich zu früh gewählten Reisetag keine Vergütung.

8 **3. Entschädigungshöhe.** Die Entschädigung beträgt höchstens 25 EUR je Stunde (zum alten Recht BGH FamRZ 2013, 781). Dieser Höchstbetrag gilt auch dann, wenn der nachweisbare Erwerbsverlust höher ist (OLG Bremen JurBüro 1994, 182). Denn die staatsbürgerliche Ehrenpflicht nach → Vor § 1 Rn. 2 verlangt keinen vollen

Ausgleich (OLG Stuttgart Justiz 1990, 409; AG Betzdorf FamRZ 2011, 1327). Die letzte angefangene Stunde rechnet nach § 19 II 2 voll, aber auch nur diese letzte (LG Koblenz FamRZ 1995, 692). Höchstens erhält ein Erwerbstätiger nach § 19 II 1 Hs. 2 10 Stunden je Tag bezahlt, also im Höchstfall 250 EUR. Die Höchstgrenzen je Tag und Stunde gelten jeweils für sich. Dabei kommt es auf den Stundenanfall, nicht auf den nach dieser Vorschrift möglichen Höchstbetrag an. Beträgt der tatsächliche Stundensatz des Zeugen 60 EUR und stehen ihm 2 Stunden Entschädigung zu, sind ihm 50 EUR zu erstatten. Ein Anspruch auf 120 EUR als echtem Verdienstausfall kommt nicht in Betracht.

Man muss für den Stundensatz von dem **Bruttodurchschnittseinkommen** für 9
die betreffende Erwerbstätigkeit einschließlich des gesetzlichen Arbeitgeberanteils der Sozialversicherung ausgehen und den zugehörigen Arbeitnehmeranteil ebenfalls hinzurechnen, soweit der Arbeitgeber auch ihn übernommen hat. Der benötigte Zeitraum ergibt sich von demjenigen Zeitpunkt an, in dem der Zeuge seine Arbeit niederlegen musste, bis zu demjenigen Zeitpunkt, in dem er seine gewöhnliche Beschäftigung wieder aufnehmen konnte.

IV. Bemessung der Entschädigung (S. 1). Man muss mehrere Gesichtspunkte 10
beachten.

1. Selbständige. Die Entschädigung richtet sich nach dem regelmäßigen Brutto- 11
verdienst (OLG Koblenz MDR 1994, 1152, keine zusätzliche Erstattung einer Umsatzsteuer). Das Gericht muss die Erwerbsverhältnisse nach seinem pflichtgemäßen Ermessen unter einer Berücksichtigung der Lebensverhältnisse und der regelmäßigen Erwerbstätigkeit des Zeugen beurteilen. Das Gericht muss einen möglichst objektiven Maßstab anlegen. Der selbständige Zeuge braucht im Allgemeinen nicht konkret nachzuweisen, welche Aufträge er zB nicht durchführen konnte (SG Berlin AnwBl 1984, 574).

Das Gericht braucht die Einkommensverhältnisse grundsätzlich **nicht im Einzel-** 12
nen nachzuprüfen. Es kann sich in nachvollziehbaren Fällen damit begnügen, dass ein behaupteter Verdienstausfall wahrscheinlich ist (KG MDR 2007, 921; LG Stendal JurBüro 2009, 198).

Das Gericht kann immer eine Glaubhaftmachung oder sogar einen Nachweis 13
verlangen, soweit die Angaben des Zeugen über seine Erwerbstätigkeit oder über die Höhe des Entgelts **unwahrscheinlich** sind.

Reisespesen und Tagegelder oder sog. Auslösungen sind ein Auslagenersatz. Das 14
gilt auch dann, wenn der Zeuge tatsächlich etwas von ihnen erübrigen würde, zB als ein Geschäftsreisender. Er erhält daher für sie keine Entschädigung. Etwas anderes gilt nur insoweit, als der Bezieher regelmäßig nur einen Teil verausgabt, so dass er aus dem Tagegeld eine feste Einnahme hat. Wer ein festes Einkommen hat oder von einem anderen eine Unterstützung erhält, muss darlegen, dass und inwiefern er dennoch einen Einnahmeausfall habe. Andernfalls ist § 20 anwendbar.

2. Arbeitgeber, Arbeitnehmer. Ein Arbeitgeber hat keinen Entschädigungs- 15
anspruch nur wegen des Verlusts der Arbeitskraft desjenigen Mitarbeiters, den das Gericht als Zeugen geladen hat (OLG Bremen NJW 1976, 685; LAG LSA JurBüro 2000, 535; OVG Rheinland-Pfalz NJW 1982, 1115). Soweit der Arbeitgeber dem Zeugen berechtigterweise einen Lohnabzug machen kann, muss man diesen Lohnausfall dem Zeugen nach § 22 ersetzen. Der Zeuge muss aber durch eine Bescheinigung des Arbeitgebers nachweisen, dass und in welcher Höhe dieser einen Lohnabzug vorgenommen hat (LAG Bad Kreuznach JurBüro 1992, 633 (Erschwerniszulage); LAG Düsseldorf JurBüro 1998, 152 (Ausnahme bei böswilligem Zusammenwirken)).

Ein **Behördenangehöriger** oder der Angehörige einer sonstigen öffentlichen 16
Stelle erhält, soweit nicht § 20 anwendbar ist, nur insofern eine Entschädigung, als er in seinem Diensteinkommen eine Einbuße erleidet (OLG Schleswig SchlHA 1995, 36, LG Bad Kreuznach JurBüro 1992, 633), oder als er eine Nebeneinnahme verliert, etwa dann, wenn der Gerichtsvollzieher die Durchführung eines Auftrags endgültig unterlassen muss. Ein öffentlicher Angestellter oder ein Arbeiter im öffentlichen Dienst steht wegen des Lohnabzugs einem privaten Arbeitnehmer gleich.

Eine bloße **Freizeitverkürzung** bedeutet **keinen** Anspruch nach § 22. 17

18 Soweit der **Arbeitgeber** den Verdienstausfall selbst trägt, erhält der Arbeitnehmer keinen Verdienstausfall, jedoch eine Entschädigung nach § 20 (BGHZ 73, 26). Der Arbeitgeber muss eine Anwesenheitsprämie evtl. selbst tragen. Es ist aber auch denkbar, dass ein Arbeitnehmer ohne einen Anspruch auf eine Lohnfortzahlung während seines Fehlens seinen Anspruch auf eine Zeugenentschädigung an den Arbeitgeber abtritt, der dann an ihn weiter Lohn zahlt.

3. Beispiele zur Frage eines Verdienstausfalls (S. 1)

19 **Anwalt:** Ein Verdienstausfall kann natürlich auch bei ihm als Zeugen eintreten. Ihn entschädigt S. 1 und nicht das RVG als Zeugen.

Arbeitslosigkeit: Kein Verdienstausfall liegt bei einer Arbeitslosigkeit vor.

Außerhalb Dienstzeit: Kein Verdienstausfall liegt dann vor, wenn ein Beamter außerhalb der Dienstzeit aussagen muss (AG Bückeburg Rpfleger 1984, 335). Auch → „Festbesoldung", aber auch → „Zulage".

Beamter: Kein Verdienstausfall besteht, soweit grundsätzlich die Dienstbezüge fortgezahlt werden. Es können aber Zulagen gewährt werden, soweit diese wegen der Heranziehung nicht verdient werden konnten.

Behörde: Zunächst → „Beamter". **Kein** Verdienstausfall liegt bei einem Jobcenter nach dem SGB II vor (BGH MDR 2014, 868).

Detektiv: Verdienstausfall kann auch bei einem nicht selbständigen vorliegen (OLG Düsseldorf JurBüro 2015, 375).

Festbesoldung: Kein Verdienstausfall liegt bei demjenigen Festbesoldeten vor, der nur eine liegengebliebene Arbeit nachholen muss (AG Bückeburg Rpfleger 1984, 335; LAG LSA JurBüro 2000, 535; OVG Rheinland-Pfalz NJW 1982, 1115). Auch → „Außerhalb Dienstzeit".

Freiberufler: Ein Verdienstausfall kann natürlich auch bei ihm eintreten. Er muss die Höhe plausibel darlegen.

Freizeitunterbrechung: Kein Verdienstausfall liegt dann vor, wenn man nur seine Freizeit oder seinen Urlaub unterbricht (OLG Düsseldorf MDR 1997, 1070; OLG Hamm Rpfleger 1996, 420; LAG Düsseldorf JurBüro 1992, 686; aA OLG Karlsruhe Justiz 1987, 156; LG Freiburg MDR 1993, 89; AG Lübeck Rpfleger 1995, 127, aber das würde zu einer Art Doppelbezahlung führen).

Haushaltsführung: Kein Verdienstausfall liegt dann vor, wenn man den Haushalt führt, es besteht aber Anspruch nach § 21.

Nachlernen: Kein Verdienstausfall liegt dann vor, wenn man nur einen versäumten Lernstoff nachholt.

Pensionär: Kein Verdienstausfall liegt beim Pensionär ohne derzeitige Erwerbstätigkeit vor.

Rentner: Kein Verdienstausfall liegt beim Rentner ohne derzeitige Erwerbstätigkeit vor.

Sozialhilfeempfänger: Kein Verdienstausfall liegt beim Sozialhilfeempfänger ohne derzeitige Erwerbstätigkeit vor.

Sozius: Verdienstausfall liegt auch dann vor, wenn ein Anwaltssozius aussagt (aA OLG Hamm MDR 1991, 264).

Überstunden: Kein Verdienstausfall liegt dann vor, wenn man sein Zeitguthaben aus Überstunden verwendet.

Urlaub: Ein Verdienstausfall kann darin liegen, dass der Zeuge einen unbezahlten Urlaub nimmt oder dass er eine Aufgabe nicht in der Arbeitszeit erledigen kann und durch die nötige Nacharbeit Verluste erleidet, etwa infolge des Wegfalls bezahlter Überstunden. Es kann aber nicht genügen, dass seine Heranziehung nur seine persönlichen Interessen beeinträchtigt hat.

Kein Verdienstausfall liegt dann vor, wenn man bezahlten Urlaub nimmt (BGH BeckRS 2012, 04465).

Urlaubsunterbrechung: → „Freizeitunterbrechung".

Vertretung: → „Beamter".

Vorübergehende Verhinderung: Kein Verdienstausfall liegt grds. dann vor, wenn man seine Arbeit nur vorübergehend nicht ausführt und daher seinen Lohn nach § 616 BGB behält. Dann hat auch der Arbeitgeber keinen Anspruch nach dem

JVEG (OLG Bremen NJW 1976, 685). Freilich können jene Vertragspartner diese Vorschrift abbedungen haben, sogar stillschweigend.

WEG-Verwalter: Meist **kein** Verdienstausfall (OLG Naumburg Rpfleger 2016, 375).

Zulage: Ein Verdienstausfall liegt beim Ausfall einer Zulage vor (LG Bad Kreuznach JurBüro 1992, 633).

V. Gefangener (S. 1, 2). Soweit er einen Verdienstausfall aus einem privatrechtlichen Arbeitsverhältnis hat, ist auf ihn S. 1 anwendbar. Andernfalls erhält er nach S. 2 die entgangene Zuwendung der Vollzugsbehörde. Ihr Rechtsgrund, Umfang sowie ihre Bezeichnung sind ebenso unerheblich wie die Frage, ob der Gefangene auf die Zuwendung einen Rechtsanspruch gehabt hätte (BGH NJW 1975, 1017). Es kommt nur darauf an, ob er eine solche Zuwendung tatsächlich erhalten hätte. Vgl. im Übrigen das StVollzG und Ländervorschriften: **Berlin:** AV zuletzt vom 10.11.2015, ABl. 2015, 2572; **Hessen:** RdErl. vom 7.5.1997, JMBl. 474; **Sachsen-Anhalt:** AV vom 27.5.1991, MBl. 338; **Thüringen:** VV vom 16.11.1991, JMBl. 205. 20

Nicht hierher gehört eine Begleitperson (OLG Koblenz JurBüro 1991, 593). 21

Entschädigung Dritter

23 **I Soweit von denjenigen, die Telekommunikationsdienste erbringen oder daran mitwirken (Telekommunikationsunternehmen), Anordnungen zur Überwachung der Telekommunikation umgesetzt oder Auskünfte erteilt werden, für die in der Anlage 3 zu diesem Gesetz besondere Entschädigungen bestimmt sind, bemisst sich die Entschädigung ausschließlich nach dieser Anlage.**

II 1 Dritte, die aufgrund einer gerichtlichen Anordnung nach § 142 Abs. 1 Satz 1 oder § 144 Abs. 1 der Zivilprozessordnung Urkunden, sonstige Unterlagen oder andere Gegenstände vorlegen oder deren Inaugenscheinnahme dulden, sowie Dritte, die aufgrund eines Beweiszwecken dienenden Ersuchens der Strafverfolgungs- oder Verfolgungsbehörde

1. Gegenstände herausgeben (§ 95 Abs. 1, § 98a der Strafprozessordnung) oder die Pflicht zur Herausgabe entsprechend einer Anheimgabe der Strafverfolgungs- oder Verfolgungsbehörde abwenden oder

2. in anderen als den in Absatz 1 genannten Fällen Auskunft erteilen,

werden wie Zeugen entschädigt. 2 Bedient sich der Dritte eines Arbeitnehmers oder einer anderen Person, werden ihm die Aufwendungen dafür (§ 7) im Rahmen des § 22 ersetzt; § 19 Abs. 2 und 3 gilt entsprechend. Die Sätze 1 und 2 gelten auch in den Fällen der Ermittlung von Amts wegen nach § 26 des Gesetzes über das Verfahren in Familiensachen und in den Angelegenheiten der freiwilligen Gerichtsbarkeit, sofern der Dritte nicht kraft einer gesetzlichen Regelung zur Herausgabe oder Auskunftserteilung verpflichtet ist.

III 1 Die notwendige Benutzung einer eigenen Datenverarbeitungsanlage für Zwecke der Rasterfahndung wird entschädigt, wenn die Investitionssumme für die im Einzelfall benutzte Hard- und Software zusammen mehr als 10 000 Euro beträgt. 2 Die Entschädigung beträgt

1. bei einer Investitionssumme von mehr als 10 000 bis 25 000 Euro für jede Stunde der Benutzung 5 Euro; die gesamte Benutzungsdauer ist auf volle Stunden aufzurunden;

2. bei sonstigen Datenverarbeitungsanlagen

a) neben der Entschädigung nach Absatz 2 für jede Stunde der Benutzung der Anlage bei der Entwicklung eines für den Einzelfall erforderlichen, besonderen Anwendungsprogramms 10 Euro und

b) für die übrige Dauer der Benutzung einschließlich des hierbei erforderlichen Personalaufwands ein Zehnmillionstel der Investitionssumme je Sekunde für die Zeit, in der die Zentraleinheit belegt ist (CPU-Sekunde), höchstens 0,30 Euro je CPU-Sekunde.

³Die Investitionssumme und die verbrauchte CPU-Zeit sind glaubhaft zu machen.

IV Der eigenen elektronischen Datenverarbeitungsanlage steht eine fremde gleich, wenn die durch die Auskunftserteilung entstandenen direkt zurechenbaren Kosten (§ 7) nicht sicher feststellbar sind.

Anlage 3
(zu § 23 Abs. 1)

Nr.	Tätigkeit	Höhe
	Allgemeine Vorbemerkung:	
	I Die Entschädigung nach dieser Anlage schließt alle mit der Erledigung des Ersuchens der Strafverfolgungsbehörde verbundenen Tätigkeiten des Telekommunikationsunternehmens sowie etwa anfallende sonstige Aufwendungen (§ 7 JVEG) ein.	
	II Für Leistungen, die die Strafverfolgungsbehörden über eine zentrale Kontaktstelle des Generalbundesanwalts, des Bundeskriminalamtes, der Bundespolizei oder des Zollkriminalamtes oder über entsprechende für ein Bundesland oder für mehrere Bundesländer zuständige Kontaktstellen anfordern und abrechnen, ermäßigen sich die Entschädigungsbeträge nach den Nummern 100, 101, 300 bis 321 und 400 bis 402 um 20 Prozent, wenn bei der Anforderung darauf hingewiesen worden ist, dass es sich bei der anfordernden Stelle um eine zentrale Kontaktstelle handelt.	
	Abschnitt 1. Überwachung der Telekommunikation	
	Vorbemerkung 1:	
	I Die Vorschriften dieses Abschnitts gelten für die Heranziehung im Zusammenhang mit Funktionsprüfungen der Aufzeichnungs- und Auswertungseinrichtungen der berechtigten Stellen entsprechend.	
	II Leitungskosten werden nur entschädigt, wenn die betreffende Leitung innerhalb des Überwachungszeitraums mindestens einmal zur Übermittlung überwachter Telekommunikation an die Strafverfolgungsbehörde genutzt worden ist.	
	III ¹Für die Überwachung eines Voice-over-IP-Anschlusses oder eines Zugangs zu einem elektronischen Postfach richtet sich die Entschädigung für die Leitungskosten nach den Nummern 102 bis 104. ²Dies gilt auch für die Überwachung eines Mobilfunkanschlusses, es sei denn, dass auch die Überwachung des über diesen Anschluss abgewickelten Datenverkehrs angeordnet worden ist und für die Übermittlung von Daten Leitungen mit Übertragungsgeschwindigkeiten von mehr als 144 kbit/s genutzt werden müssen und auch genutzt worden sind. ³In diesem Fall richtet sich die Entschädigung einheitlich nach den Nummern 111 bis 113.	
100	**Umsetzung einer Anordnung zur Überwachung der Telekommunikation, unabhängig von der Zahl der dem Anschluss zugeordneten Kennungen: je Anschluss**	**100,00 €**
101	**Verlängerung einer Maßnahme zur Überwachung der Telekommunikation oder Umschaltung einer solchen Maßnahme auf Veranlassung der Strafverfolgungsbehörde auf einen anderen Anschluss dieser Stelle**	**35,00 €**
	Leitungskosten für die Übermittlung der zu überwachenden Telekommunikation: für jeden überwachten Anschluss,	

Nr.	Tätigkeit	Höhe
102	– wenn die Überwachungsmaßnahme nicht länger als eine Woche dauert	24,00 €
103	– wenn die Überwachungsmaßnahme länger als eine Woche, jedoch nicht länger als zwei Wochen dauert	42,00 €
104	– wenn die Überwachungsmaßnahme länger als zwei Wochen dauert: je angefangenen Monat	75,00 €
	Der überwachte Anschluss ist ein ISDN-Basisanschluss:	
105	– Die Entschädigung nach Nummer 102 beträgt	40,00 €
106	– Die Entschädigung nach Nummer 103 beträgt	70,00 €
107	– Die Entschädigung nach Nummer 104 beträgt	125,00 €
	Der überwachte Anschluss ist ein ISDN-Primärmultiplexanschluss:	
108	– Die Entschädigung nach Nummer 102 beträgt	490,00 €
109	– Die Entschädigung nach Nummer 103 beträgt	855,00 €
110	– Die Entschädigung nach Nummer 104 beträgt	1525,00 €
	Der überwachte Anschluss ist ein digitaler Teilnehmeranschluss mit einer Übertragungsgeschwindigkeit von mehr als 144 kbit/s, aber kein ISDN-Primärmultiplexanschluss:	
111	– Die Entschädigung nach Nummer 102 beträgt	65,00 €
112	– Die Entschädigung nach Nummer 103 beträgt	110,00 €
113	– Die Entschädigung nach Nummer 104 beträgt	200,00 €
	Abschnitt 2. Auskünfte über Bestandsdaten	
200	Auskunft über Bestandsdaten nach § 3 Nr. 6 TKG, sofern 1. die Auskunft nicht über das automatisierte Auskunftsverfahren nach § 173 TKG erteilt werden kann und die Unmöglichkeit der Auskunftserteilung auf diesem Wege nicht vom Unternehmen zu vertreten ist und 2. für die Erteilung der Auskunft nicht auf Verkehrsdaten zurückgegriffen werden muss: je angefragten Kundendatensatz	18,00 €
201	Auskunft über Bestandsdaten, zu deren Erteilung auf Verkehrsdaten zurückgegriffen werden muss: für bis zu 10 in demselben Verfahren gleichzeitig angefragte Kennungen, die der Auskunftserteilung zugrunde liegen	35,00 €
202	Es muss auf Verkehrsdaten nach § 176 Abs. 2 bis 4 TKG zurückgegriffen werden: Die Pauschale 201 beträgt	40,00 €

Nr.	Tätigkeit	Höhe
	Abschnitt 3. Auskünfte über Verkehrsdaten	
300	Auskunft über gespeicherte Verkehrsdaten: für jede Kennung, die der Auskunftserteilung zugrunde liegt	30,00 €
301	Für die Auskunft muss auf Verkehrsdaten nach § 176 Abs. 2 bis 4 TKG zurückgegriffen werden: Die Pauschale 300 beträgt	35,00 €
302	Die Auskunft wird im Fall der Nummer 300 aufgrund eines einheitlichen Ersuchens auch oder ausschließlich für künftig anfallende Verkehrsdaten zu bestimmten Zeitpunkten erteilt: für die zweite und jede weitere in dem Ersuchen verlangte Teilauskunft	10,00 €
303	Auskunft über gespeicherte Verkehrsdaten zu Verbindungen, die zu einer bestimmten Zieladresse hergestellt wurden, durch Suche in allen Datensätzen der abgehenden Verbindungen eines Betreibers (Zielwahlsuche): je Zieladresse	90,00 €
304	Für die Auskunft muss auf Verkehrsdaten nach § 176 Abs. 2 bis 4 TKG zurückgegriffen werden: Die Pauschale 303 beträgt	110,00 €
305	Die Auskunft wird im Fall der Nummer 303 aufgrund eines einheitlichen Ersuchens auch oder ausschließlich für künftig anfallende Verkehrsdaten zu bestimmten Zeitpunkten erteilt: für die zweite und jede weitere in dem Ersuchen verlangte Teilauskunft	70,00 €
306	Auskunft über gespeicherte Verkehrsdaten für eine von der Strafverfolgungsbehörde benannte Funkzelle (Funkzellenabfrage)	30,00 €
307	Für die Auskunft muss auf Verkehrsdaten nach § 176 Abs. 2 bis 4 TKG zurückgegriffen werden: Die Pauschale 306 beträgt	35,00 €
308	Auskunft über gespeicherte Verkehrsdaten für mehr als eine von der Strafverfolgungsbehörde benannte Funkzelle: Die Pauschale 306 erhöht sich für jede weitere Funkzelle um	4,00 €
309	Auskunft über gespeicherte Verkehrsdaten für mehr als eine von der Strafverfolgungsbehörde benannte Funkzelle und für die Auskunft muss auf Verkehrsdaten nach § 176 Abs. 2 bis 4 TKG zurückgegriffen werden: Die Pauschale 306 erhöht sich für jede weitere Funkzelle um	5,00 €
310	Auskunft über gespeicherte Verkehrsdaten in Fällen, in denen lediglich Ort und Zeitraum bekannt sind: Die Abfrage erfolgt für einen bestimmten, durch eine Adresse bezeichneten Standort	60,00 €
311	Für die Auskunft muss auf Verkehrsdaten nach § 176 Abs. 2 bis 4 TKG zurückgegriffen werden: Die Pauschale 310 beträgt	70,00 €

Nr.	Tätigkeit	Höhe
	Die Auskunft erfolgt für eine Fläche:	
312	**– Die Entfernung der am weitesten voneinander entfernten Punkte beträgt nicht mehr als 10 Kilometer: Die Pauschale 310 beträgt**	**190,00 €**
313	**– Die Entfernung der am weitesten voneinander entfernten Punkte beträgt mehr als 10, aber nicht mehr als 25 Kilometer: Die Pauschale 310 beträgt**	**490,00 €**
314	**– Die Entfernung der am weitesten voneinander entfernten Punkte beträgt mehr als 25, aber nicht mehr als 45 Kilometer: Die Pauschale 310 beträgt**	**930,00 €**
	Die Auskunft erfolgt für eine Fläche und es muss auf Verkehrsdaten nach § 176 Abs. 2 bis 4 TKG zurückgegriffen werden:	
315	**– Die Entfernung der am weitesten voneinander entfernten Punkte beträgt nicht mehr als 10 Kilometer: Die Pauschale 310 beträgt**	**230,00 €**
316	**– Die Entfernung der am weitesten voneinander entfernten Punkte beträgt mehr als 10, aber nicht mehr als 25 Kilometer: Die Pauschale 310 beträgt**	**590,00 €**
317	**– Die Entfernung der am weitesten voneinander entfernten Punkte beträgt mehr als 25, aber nicht mehr als 45 Kilometer: Die Pauschale 310 beträgt**	**1120,00 €**
	Liegen die am weitesten voneinander entfernten Punkte mehr als 45 Kilometer auseinander, ist für den darüber hinausgehenden Abstand die Entschädigung nach den Nummern 315 bis 317 gesondert zu berechnen.	
318	**Die Auskunft erfolgt für eine bestimmte Wegstrecke: Die Pauschale 310 beträgt für jeweils angefangene 10 Kilometer Länge**	**110,00 €**
319	**Die Auskunft erfolgt für eine bestimmte Wegstrecke und es muss auf Verkehrsdaten nach § 176 Abs. 2 bis 4 TKG zurückgegriffen werden: Die Pauschale 310 beträgt für jeweils angefangene 10 Kilometer Länge**	**130,00 €**
320	**Umsetzung einer Anordnung zur Übermittlung künftig anfallender Verkehrsdaten in Echtzeit: je Anschluss**	**100,00 €**
321	**Verlängerung der Maßnahme im Fall der Nummer 320**	**35,00 €**
	Leitungskosten für die Übermittlung der Verkehrsdaten in den Fällen der Nummern 320 und 321:	
322	**– wenn die angeordnete Übermittlung nicht länger als eine Woche dauert**	**8,00 €**
323	**– wenn die angeordnete Übermittlung länger als eine Woche, aber nicht länger als zwei Wochen dauert**	**14,00 €**

Nr.	Tätigkeit	Höhe
324	– wenn die angeordnete Übermittlung länger als zwei Wochen dauert: je angefangenen Monat	25,00 €
325	Übermittlung der Verkehrsdaten auf einem Datenträger	10,00 €
	Abschnitt 4. Sonstige Auskünfte	
400	Auskunft über den letzten dem Netz bekannten Standort eines Mobiltelefons (Standortabfrage)	90,00 €
401	Im Fall der Nummer 400 muss auf Verkehrsdaten nach § 176 Abs. 2 bis 4 TKG zurückgegriffen werden: Die Pauschale 400 beträgt	110,00 €
402	Auskunft über die Struktur von Funkzellen: je Funkzelle	35,00 €

1 **I. Systematik (I–IV).** Die Vorschrift bezieht in II denjenigen in den Kreis der nach dem JVEG Entschädigungsberechtigten ein, der zwar weder Zeuge noch Sachverständiger ist, jedoch freiwillig oder zwangsweise gerade und nur nach §§ 142 I 1, 144 I ZPO, § 113 I 2 FamFG Urkunden, sonstige Unterlagen oder Gegenstände vorlegt oder deren Besichtigung duldet oder der solche Leistungen für ein Ermittlungs- oder gerichtliches Verfahren erbringt, die man mit denjenigen eines Zeugen usw auf Grund einer Heranziehung nach § 1 vergleichen kann. Obwohl im Einzelfall eine entsprechende Anwendung der Regelung für Zeugen auch beim sachverständigen Zeugen oder für Sachverständige in Betracht kommen könnte, je nach der Art der Leistung, gibt es nach II 1 aE doch nur ein Zeugengeld. Die Gesamtregelung hat einen zB gegenüber § 7 vorrangigen eng auslegbaren Ausnahmecharakter. Sie ermöglicht daher keine entsprechende Anwendung (VG Berlin NVwZ-RR 1999, 415). § 90 III Nr. 1 TKG hat den Vorrang (LG Augsburg JurBüro 2000, 488).

2 **II. Regelungszweck (I–IV).** Die Vorschrift bezweckt eine Vereinheitlichung und Vereinfachung der Entschädigung für Leistungen. Der Staatsbürger müsste sie zwar an sich als einen Teil seiner allgemeinen Ehrenpflicht erbringen. Dritte und Unternehmen werden unzumutbaren finanziellen Belastungen ausgesetzt, die zu ersetzen sind, soweit es diese Vorschrift vorsieht.

3 **III. Sachlicher Anwendungsbereich (I–IV).** Die Vorschrift gilt im Gesamtbereich des JVEG.

4 **IV. Persönlicher Anwendungsbereich: Dritter (II–IV).** Die Vorschrift gilt für „Dritte", also für eine solche natürliche oder juristische privat- oder öffentlich-rechtliche Person, die weder Gericht oder Gerichtsvollzieher ist (LG Nürnberg-Fürth DGVZ 1998, 60), noch Partei, noch Zeuge, noch Sachverständiger, noch sachverständiger Zeuge, noch Dolmetscher oder Übersetzer, die aber den in I genannten Maßnahmen unterliegt oder ihnen ausgesetzt ist (LG Koblenz Rpfleger 2003, 318). Hierher kann zB eine Bank oder ein Steuerberater zählen. Ob auch ein Geschädigter etwa im Ermittlungsverfahren hierher zählt, hängt von den Umständen und insbesondere davon ab, ob man ihn nach § 1 herangezogen hat (OLG Frankfurt a. M. NJW 1998, 551).

5 **Nicht** Dritter sein kann eine Behörde oder sonstige öffentliche Stelle. Denn für sie gilt JVEG nach § 1 II 1 nur bei einer Sachverständigenleistung und daher nicht bei einer ja andersartigen Leistung nach § 23 (LG Nürnberg-Fürth DGVZ 1998, 60, Gerichtsvollzieher).

6 **V. Entschädigungspflicht (II 1).** Jede der in II 1 genannten Leistungen zB nach §§ 142 I 1, 144 I 2, 3 II ZPO kann die Entschädigung erforderlich machen. Das gilt auch zB bei der Anfertigung einer Kopie oder bei dem Ausdruck aus einer elektronischen Datei oder bei der Herausgabe von Unterlagen (OLG Koblenz JurBüro 2005, 658). Dabei ist wegen des Ausnahmecharakters nach → Rn. 1 eine enge Auslegung erforderlich. Es muss also zB grundsätzlich ein ordnungsgemäßes Ersuchen etwa nach

§ 95 I oder § 98a StPO auf eine Vorlage und Auslieferung eines Gegenstands vorliegen, auf eine ordnungsgemäße Abhöranordnung nach § 100b III StPO oder auf ein ordnungsgemäßes Auskunftsersuchen usw.

„Strafverfolgungsbehörde" ist nach § 1 II 1 Nr. 1 die Staatsanwaltschaft, die Polizei mit einer vorherigen Billigung der Staatsanwaltschaft (zum alten Recht OLG Stuttgart JurBüro 1996, 597), ferner die Finanzbehörde wegen §§ 385 ff. AO und auch das Strafgericht (LG Koblenz Rpfleger 2003, 318), aber nicht eine Verwaltungsbehörde. **7**

„Ersuchen" ist jede Aufforderung zur Vornahme einer Handlung nach II 1. Auf eine zugehörige Rechtspflicht kommt es nicht an. Ein Ersuchen kann auch ohne eine gerichtliche Beschlagnahme vorliegen (OLG Schleswig SchlHA 1991, 170). **8**

Freilich mag der ihm folgende Dritte **gutgläubig** gewesen sein. Zumindest dann muss man ihn auch bei Formfehlern der Anordnung, des Ersuchens usw entschädigen. Eine auch nur leichte Fahrlässigkeit vor der Befolgung einer erkennbar fehler- oder zweifelhaften Anordnung würde aber schädlich sein. Denn dann war die Leistung noch nicht erforderlich. **9**

Das **Gesetz zu Art. 10 GG** sieht in seinem § 20 vor, dass die in § 1 I G berechtigten Stellen für die Leistungen nach § 2 I G eine solche Entschädigung gewähren müssen, deren Umfang sich nach § 23 JVEG bemisst. Es handelt sich um Leistungen der Deutschen Post AG, der Deutschen Telekom AG oder anderer Betreiber von Telekommunikationsanlagen im Zusammenhang mit Beschränkungen des Brief-, Post- und Telekommunikationsgeheimnissen. Eine unentgeltliche Auskunft kommt nach § 90 II TKG nur in Betracht, soweit eine Abfrage im automatischen Verfahren erfolgt (OLG Zweibrücken MDR 1997, 980; LG Berlin JurBüro 1999, 319; aA OLG Hamm JurBüro 1999, 318; LG München JurBüro 1999, 316; abl. Scharff mit Üb.). Eine Auskunft nur über Namen und Anschriften reicht nicht (LG Duisburg JurBüro 1998, 655). Im Übrigen vgl. § 23 I. **10**

VI. Nur Zeugenentschädigung (II 1). Die Vorschrift schränkt die scheinbar umfassend angeordnete Geltung des JVEG auf den Dritten ein. Ungeachtet seiner Leistung erhält er eine Entschädigung nur wie ein Zeuge, nicht wie ein Sachverständiger usw, soweit es bei Leistungen im Rahmen von § 23 bleibt (OLG Celle JurBüro 1993, 119). Das gilt auch dann, wenn eine Behörde Dritter ist und/oder wenn sie, ein Mitarbeiter oder Arbeitnehmer hochqualifizierte Leistungen oder Verrichtungen ausführen. Das ergibt sich zusätzlich aus II 2. Freilich kann eine Sachverständigenentschädigung notwendig sein, soweit die Tätigkeit über die in § 23 genannte hinausgeht. Das gilt zB bei einer Auswertung (OLG Celle JurBüro 1993, 119). **11**

VII. Entschädigungshöhe (I, II 2). Soweit der Dritte (Post, OLG Celle JurBüro 1993, 118 – TELEKOM (OLG Oldenburg NJW 1997, 2693; LG Osnabrück JurBüro 1997, 375, Sparkasse; OLG Koblenz JurBüro 1997, 540, Kapitalgesellschaft; OLG Düsseldorf AnwBl 1998, 284; OLG Köln JurBüro 2000, 84), rechtsfähiger Verein oder Einzelperson) einen Arbeitnehmer oder sonstigen Mitarbeiter zur Erfüllung der Pflichten nach II einsetzt, kommt im Rahmen der Zeugenentschädigung wiederum nur eine weiter eingeschränkte Entschädigung in Betracht (Hs. 1). Auszahlbar sind für Aufwendungen nach §§ 5, 7, § 261 HGB (Bereithaltung von Lesehilfen, OLG Schleswig SchlHA 1991, 170) nur die Beträge nach § 22 (OLG Koblenz JurBüro 2005, 658; LG Koblenz Rpfleger 2003, 319). Im Übrigen gilt die umfangreiche Anlage zu I (abgedruckt im Anschluss an § 23) mit ihrem Entschädigungsverzeichnis. **12**

Der Dritte muss seine Aufwendungen **im Einzelnen darlegen** (LG Osnabrück Nds. Rpfl. 1999, 22). Nur er und nicht sein Mitarbeiter können nach § 23 vorgehen. Demgegenüber sind alle übrigen Vorschriften des § 19 mit Ausnahme von § 19 II, 3 nach § 23 II 2 Hs. 2 und darüber hinaus des übrigen JVEG bei derartigen Aufwendungen unanwendbar. Bei mehrtägiger Inanspruchnahme darf man nur die letzte Stunde der Gesamtzeit aufrunden (OLG Oldenburg NJW 1997, 2693; LG Osnabrück Nds. Rpfl. 1997, 11). Der nach I Leistende darf keine eigene Umsatzsteuer in Rechnung stellen, sondern er darf nach § 12 nur die **ihm** in Rechnung gestellte fremde Umsatzsteuer ersetzt fordern. **13**

14 **VIII. Datenverarbeitung bei Rasterfahndung (III, IV).** Es handelt sich um die nach § 98a StPO unter den dort genannten Voraussetzungen zulässige sog. Rasterfahndung. Sie ist nur mithilfe einer elektronischen Datenverarbeitung durchführbar (LG Osnabrück JurBüro 2000, 209). Ein sog. Zielsuchlauf zählt nicht hierher (OLG Köln NJW-RR 2000, 31; LG Hildesheim JurBüro 1999, 428; LG Osnabrück JurBüro 2000, 209), ebensowenig ein Mietaufwand der Polizei bei einer Telefonüberwachung (OLG Celle Nds. Rpfl. 2001, 135).

15 III, IV setzen die **Notwendigkeit** dieses Einsatzes infolge der Aufforderung einer Strafverfolgungsbehörde voraus. Eine private Anlage zu anderen Zwecken zählt nicht hierher. Die Anknüpfung an die Investitionssumme ist problematisch. Trotz der erforderlichen Glaubhaftmachung nach III 3, § 294 ZPO dürfte zB oft kaum noch feststellbar sein, ob die im Einzelfall benutzte Software zusammen mit der Hardware die Summe von 10.000 EUR überschritten hat. Sie dürfte einschließlich der Mehrwertsteuer gelten, jedoch abzüglich etwa zugebilligter Skonti, Rabatte usw, also den tatsächlich gezahlten Gesamtpreis ausmachen. Dabei muss man eine Maus usw miteinbeziehen, auch den notwendigen Drucker usw.

16 **Im Zweifel** ist ein Betrag von mehr als 10.000 EUR nicht erreicht oder nicht glaubhaft. Es sollten strenge Anforderungen bestehen. Mag der Gesetzgeber einfachere Anknüpfungsmerkmale wählen. Evtl. muss man den Rechnungshof zur Klärung der Investitionssumme einschalten (Amtshilfe), soweit es um eine Investition der öffentlichen Hand geht. Natürlich lässt sich die Summe auch durch Sachverständige überprüfen. Dabei kommt es nicht auf das Erforderliche an, sondern auf das tatsächlich Gezahlte.

Abschnitt 6. Schlussvorschriften

Übergangsvorschrift

24 **[1]Die Vergütung und die Entschädigung sind nach bisherigem Recht zu berechnen, wenn der Auftrag an den Sachverständigen, Dolmetscher oder Übersetzer vor dem Inkrafttreten einer Gesetzesänderung erteilt oder der Berechtigte vor diesem Zeitpunkt herangezogen worden ist. [2]Dies gilt auch, wenn Vorschriften geändert werden, auf die dieses Gesetz verweist.**

1 **I. Systematik (S. 1, 2).** Die Vorschrift regelt ebenso wie die vergleichbaren in den anderen Kostengesetzen auf welche Verfahren bereits das geänderte und wann bisheriges Recht Anwendung findet. § 25 hatte als Spezialvorschrift den Vorrang vor § 24. Für die Änderungen durch das KostRÄG 2021 ist jedoch nun nur diese allgemeine Regelung maßgeblich.

2 **II. Regelungszweck (S. 1, 2).** Die Vorschrift dient der Vereinfachung und damit sowohl der Zweckmäßigkeit als auch der Rechtssicherheit.

3 **III. Anwendungsbereich (S. 1, 2).** Die Vorschrift gilt sowohl für Sachverständige, Dolmetscher und Übersetzer als auch für ehrenamtliche Richter, Vertrauenspersonen nach § 1 IV, Zeugen und Dritte nach § 23, also für alle nach dem JVEG Anspruchsberechtigten.

4 **IV. Auftragserteilung (S. 1 Hs. 1).** Es kommt für diejenige Gruppe, die eine Vergütung erhält, nach Hs. 1 auf den Zeitpunkt der Auftragserteilung an (BGH NJW-RR 1987, 1470, OLG Bamberg Rpfleger 1987, 340). Maßgeblich ist also der Zeitpunkt der Heranziehung im Sinn von § 1. Dabei entscheidet der Zeitpunkt der Wirksamkeit des auch etwa telefonischen Eingangs des Auftrags, § 130 BGB. Maßgeblich ist also nicht derjenige der Beschlussfassung (OLG Düsseldorf JurBüro 1987, 1856), oder derjenige der Absendung des Auftrags. Freilich mag sich zB der Dolmetscher erst auf Grund einer mündlichen Beweisaufnahme oder Verhandlung äußern sollen. Dann ist erst ihr Beginn maßgeblich (OLG Hamburg Rpfleger 1987, 478; OLG Karlsruhe JurBüro 1987, 1853). Eine Beschlussfassung (Verkündung) und ein Auftrag können etwa gegenüber einem schon anwesenden Berechtigten praktisch zusammenfallen.

Die **„Unterbrechung"** eines erteilten Auftrags kann evtl. als eine Beendigung mit einem etwa später nachfolgenden Neuauftrag oder als eine bloße Verzögerung des fortlaufenden bisherigen Auftrags vorliegen. Ähnliches gilt zB bei der Anordnung der Ergänzung oder einer mündlichen Erläuterung eines schriftlichen Gutachtens (OLG Düsseldorf OLGR 1997, 133; KG JurBüro 2007, 493; OLG Schleswig SchlHA 1988, 145; großzügiger OLG Celle JurBüro 2005, 551; OLG Frankfurt a. M. OLGR 1995, 226; OLG Hamm AnwBl 1990, 102; strenger OLG Bamberg JurBüro 1989, 702; OLG Düsseldorf JurBüro 1987, 1856; OLG Hamburg MDR 1990, 64). 5

V. Heranziehung (S. 1 Hs. 2). Für diejenige Gruppe, die keine Vergütung erhält, sondern eine Entschädigung, kommt es auf den Zeitpunkt der ersten Heranziehung nach § 1 an. Dieses ist zumeist die Terminswahrnehmung, so dass es für Zeugen nicht auf die Ladung, sondern auf den Tag der Terminswahrnehmung ankommt. Beim Dolmetscher zur mündlichen Verhandlung kommt es auf ihren Zeitpunkt und nicht auf den früheren Ladungszeitpunkt an (OLG Stuttgart Justiz 1995, 55). 6

VI. Verweisung (S. 2). Die Regelung erfasst zB eine Änderung der GOÄ, auf die § 10 II verweist. 7

Übergangsvorschrift aus Anlass des Inkrafttretens dieses Gesetzes

25 **[1] Das Gesetz über die Entschädigung der ehrenamtlichen Richter in der Fassung der Bekanntmachung vom 1. Oktober 1969 (BGBl. I S. 1753), zuletzt geändert durch Artikel 1 Abs. 4 des Gesetzes vom 22. Februar 2002 (BGBl. I S. 981), und das Gesetz über die Entschädigung von Zeugen und Sachverständigen in der Fassung der Bekanntmachung vom 1. Oktober 1969 (BGBl. I S. 1756), zuletzt geändert durch Artikel 1 Abs. 5 des Gesetzes vom 22. Februar 2002 (BGBl. I S. 981), sowie Verweisungen auf diese Gesetze sind weiter anzuwenden, wenn der Auftrag an den Sachverständigen, Dolmetscher oder Übersetzer vor dem 1. Juli 2004 erteilt oder der Berechtigte vor diesem Zeitpunkt herangezogen worden ist. [2] Satz 1 gilt für Heranziehungen vor dem 1. Juli 2004 auch dann, wenn der Berechtigte in derselben Rechtssache auch nach dem 1. Juli 2004 herangezogen worden ist.**

2. Entschädigung der Handelsrichter Gerichtsverfassungsgesetz (GVG)

In der Fassung der Bekanntmachung vom 9.5.1975 (BGBl. I 1077)
FNA 300-2
Zuletzt geändert durch Art. 5 Gesetz vom 19.12.2022 (BGBl. I 2606)
(Auszug)

[Entschädigung]

107 **I Die ehrenamtlichen Richter, die weder ihren Wohnsitz noch ihre gewerbliche Niederlassung am Sitz der Kammer für Handelssachen haben, erhalten Tage- und Übernachtungsgelder nach den für Richter am Landgericht geltenden Vorschriften.**

II Den ehrenamtlichen Richtern werden die Fahrtkosten in entsprechender Anwendung des § 5 des Justizvergütungs- und -entschädigungsgesetzes ersetzt.

Schrifttum Lindloh, Der Handelsrichter und sein Amt, 6. Aufl. 2012.

1 **I. Systematik (I, II).** Gemäß § 45a DRiG führen die ehrenamtlichen Richter bei der Kammer für Handelssachen nunmehr (wieder) die Bezeichnung „Handelsrichter". Das hat der Gesetzgeber bei der obigen Neufassung übersehen. Obwohl die Handelsrichter die Voraussetzungen des § 1 I Nr. 2 Hs. 1 JVEG erfüllen, gilt für sie diese Vorschrift nach ihrem Hs. 2 nicht. Vielmehr gilt die Sonderregelung des § 107 GVG. Diese stellt keinen Verstoß gegen Art. 3 GG dar (OLG Celle Rpfleger 1975, 39). Soweit andere Gesetze auf § 107 GVG Bezug nehmen, gilt auch für die Entschädigung dieser anderen Richter die Sonderregelung des § 107.

2 Die Entschädigung erfolgt **von Amts wegen.** Der Handelsrichter hat auf sie einen Rechtsanspruch. Es gibt keine Ausschlussfrist und keine kurze Verjährungsfrist.

3 Den **ordentlichen Rechtsweg** eröffnet § 107 nicht. Die Festsetzung erfolgt also durch die Justizverwaltung. Gegen diese Festsetzung ist nach § 23 EGGVG der Antrag auf eine gerichtliche Entscheidung mit der Begründung zulässig, dass die Festsetzung den Handelsrichter in seinen Rechten beeinträchtige, weil sie rechtswidrig sei.

4 Es **entscheidet** nach § 30a EGVG dasjenige AG, bei dem die zuständige Kasse eingerichtet ist. Das AG muss im Verfahren den Vertreter der Staatskasse anhören. § 83 GNotKG, gilt entsprechend. Die Gerichtskosten für das Verfahren auf die Festsetzung der Entschädigung und für das Beschwerdeverfahren richten sich nach den §§ 77 ff. GNotKG. Der Geschäftswert ergibt sich nach § 30a EGGVG aus § 36 GNotKG.

5 **II. Regelungszweck (I, II).** Es ist an sich keine eigenständige Regelung der Handelsrichter notwendig. Sie hat historische Hintergründe. Auch der Handelsrichter hat nicht andere Stimmrechte als sonstige ehrenamtliche Richter. Sein Ansehen ist allerdings hoch. Das mag ein Grund für die Sonderregelung sein. Im Übrigen steht der Handelsrichter mangels einer Entschädigung auch wegen seines Zeitaufwands schlechter da als der sonstige ehrenamtliche Richter. Das hängt mit dem Umstand zusammen, dass er ja aus einem einigermaßen abgrenzbaren Berufsstand kommt und auch grundsätzlich nur über Fälle entscheidet, die eben diesen Berufsstand betreffen. Auch hier spielen ständische historische Argumente auch heute noch ersichtlich eine Rolle. Das alles sollte zu einer zurückhaltenden Handhabung der Vorschrift führen.

6 **III. Tage- und Übernachtungsgeld des Auswärtigen (I).** Derjenige Handelsrichter, der am Sitz der Kammer für Handelssachen keinen Wohnsitz und keine gewerbliche Niederlassung hat, erhält eine Entschädigung nach I, II. Maßgeblich ist der Wohnsitz nach § 7 BGB. Bei einer gewerblichen Niederlassung kann es sich um irgendeine Niederlassung des Unternehmens handeln, also auch um eine Zweig-

niederlassung. Der Handelsrichter erhält ein Tagegeld und ein Übernachtungsgeld nach I sowie einen Fahrtkostenersatz gemäß § 5 JVEG. Er erhält jedoch keine Entschädigung für seine Zeitversäumnis. Die Ansprüche nach §§ 16 ff. JVEG sind nicht anwendbar. Das Tagegeld richtet sich nach der Abwesenheitsdauer. Die Höhe des Tagegeldes richtet sich nach landesrechtlichen Bestimmungen.

IV. Fahrtkostenersatz (II). Unabhängig von den Voraussetzungen des I besteht gemäß II ein Anspruch auf Fahrtkostenersatz nach § 5 JVEG. Somit steht den Handelsrichtern entweder der Ersatz tatsächlich aufgewandter Kosten bei Inanspruchnahme öffentlicher Verkehrsmittel oder die Pauschale bei Nutzung des Kfz mit 0,42 € je Kilometer. 7

3. Gewährung von Reiseentschädigungen an mittellose Personen und Vorschusszahlungen für Reiseentschädigungen an Zeuginnen, Zeugen, Sachverständige, Dolmetscherinnen, Dolmetscher, Übersetzerinnen und Übersetzer, ehrenamtliche Richterinnen, ehrenamtliche Richter und Dritte

Vorbemerkung

1 Die nachfolgenden Bestimmungen sind bundeseinheitlich beschlossen und zuletzt am 29.1.2014, BAnz 595, rückwirkend zum 1.8.2013 geändert worden. Sie ersetzen die früheren von den Ländern erlassenen Bestimmungen. Durch die bundeseinheitliche Neuregelung ist zugleich die Grundsatzentscheidung des BGH NJW 1975, 1125 überholt, aA LAG Düsseldorf JurBüro 2005, 484 (freilich gelten die Richtlinien für das Gericht nicht bindend).

1a Die neuen Bestimmungen sind in den Bundesländern wie folgt eingeführt worden: **Baden-Württemberg:** VwV vom 22.1.2014, Justiz 50; **Bayern:** Bek. vom 7.1.2014, JMBl. 1922; **Berlin:** AV vom 10.1.2014, ABl. 2014, 158; **Brandenburg:** AV vom 7.1.2014, JVBl 5; **Hamburg:** AV vom 6.1.2014, JVBl 49; **Hessen:** RdErl. zuletzt vom 8.4.2014, JMBl. 228; **Mecklenburg-Vorpommern:** AV vom 31.1.2014, ABl. 2014, 66; **Niedersachsen:** AV vom 28.1.2014, Nds. Rpfl. 88; **Nordrhein-Westfalen:** AV v. 30.12.2013, JMBl. 2014, 14; **Rheinland-Pfalz:** VV vom 23.1.2014, JBl. 8; **Saarland:** AV vom 14.1.2014; **Sachsen:** VwV vom 17.10.2014, JMBl. 1993; **Sachsen-Anhalt:** AV vom 17.1.2014, JMBl. 1927; **Schleswig-Holstein:** AV vom 3.2.2014, SchlHA 1992; **Thüringen:** VV vom 26.3.2014, JMBl. 1944.

2 Nachstehend ist die für **Nordrhein-Westfalen** geltende bundeseinheitliche Fassung abgedruckt. Vom Abdruck ergänzender Länderbestimmungen wird hier abgesehen.

1. [1]Mittellosen Parteien, Beschuldigten oder anderen Beteiligten können auf Antrag Mittel für die Reise zum Ort einer Verhandlung, Vernehmung oder Untersuchung und für die Rückreise gewährt werden. [2]Hierauf soll in der Ladung oder in anderer geeigneter Weise hingewiesen werden. [3]Die gewährten Mittel gehören zu den Kosten des Verfahrens (vgl Nrn. 9008 Nr. 2 und 9015 der Anlage 1 zu § 3 Abs. 2 GKG, Nr 2007 Nr. 2 der Anlage 1 zu § 3 Abs. 2 FamGKG, Nummer 31008 Nr. 2 des Kostenverzeichnisses zum GNotKG. [4]Als mittellos im Sinne dieser Vorschrift sind Personen anzusehen, die nicht in der Lage sind, die Kosten der Reise aus eigenen Mitteln zu bestreiten. [5]Die Vorschriften über die Bewilligung von Prozess- oder Verfahrenskostenhilfe bleiben unberührt.

1.1 [1]Über die Bewilligung entscheidet das Gericht, bei staatsanwaltschaftlichen Verhandlungen, Vernehmungen oder Untersuchungen der Staatsanwalt. [2]Nach Bewilligung verfährt die Geschäftsstelle, soweit in der Bewilligung nichts anderes bestimmt ist, wie folgt:

1.1.1 Die Reiseentschädigung wird durch den für den Erlass der Auszahlungsanordnung zuständige Anweisungsstelle zur Zahlung angewiesen.

1.1.2 [1]Die Reiseentschädigung ist so zu bemessen, dass sie die notwendigen Kosten der Hin- und Rückreise deckt. [2]Zu den Reisekosten gehören entsprechend den Vorschriften des JVEG neben den Fahrtkosten gegebenenfalls auch unvermeidbare Tagegelder (entsprechend § 6 Abs. 1 JVEG) und Übernachtungskosten (entsprechend § 6 Abs. 2 JVEG), ferner gegebenenfalls Reisekosten für eine notwendige Begleitperson sowie Kosten für eine notwendige Vertretung (entsprechend § 7 Abs. 1 Satz 2 JVEG). [3]Eine Erstattung von Verdienstausfall kommt nicht in Betracht.

1.1.3 [1]Regelmäßig sind Fahrkarten der zweiten Wagenklasse der Deutschen Bahn oder eines anderen Anbieters im öffentlichen Personenverkehr

zur Verfügung zu stellen. 2 Eine Auszahlung kommt nur im Ausnahmefall in Betracht.

1.1.4 1 Eine Durchschrift der Kassenanordnung oder ein Nachweis über die Gewährung von Reiseentschädigung ist zu den Sachakten zu nehmen. 2 Auf der Kassenanordnung ist dies zu bescheinigen.

1.1.5 1 Wird eine Reiseentschädigung bewilligt, bevor die Ladung abgesandt worden ist, so ist dies nach der Art und, soweit möglich, auch nach der Höhe in auffallender Form in der Ladung zu vermerken. 2 Wird schon vor dem Termin eine Kassenanordnung vorbereitet, so ist der Betrag, sofern er aktenkundig ist, auffällig zu vermerken.

1.1.6 1 Fällt der Grund für die Reise weg oder erscheint der Antragsteller nicht zu dem Termin, ist die zur Verfügung gestellte Fahrkarte oder die Reiseentschädigung zurückzufordern. 2 Gegebenenfalls ist dafür zu sorgen, dass der Fahrpreis für nicht benutzte Fahrkarten erstattet wird.

1.2 1 Ist in Eilfällen die Übermittlung einer Fahrkarte oder die Auszahlung des Betrages an die Antragstellerin oder den Antragsteller durch die zuständige Anweisungsstelle nicht mehr möglich, kann die Geschäftsstelle des Amtsgerichts, in dessen Bezirk sich der Antragsteller aufhält, ersucht werden, die Beschaffung der Fahrkarte oder die Auszahlung des Betrages für die Hin- und Rückreise zu veranlassen. 2 Die gewährte Reiseentschädigung ist auf der Ladung auffällig zu vermerken. 3 Die ladende Stelle ist unverzüglich von der Gewährung der Reiseentschädigung zu benachrichtigen.

1.3 Der Anspruch erlischt, wenn er nicht binnen drei Monaten nach der Verhandlung, Vernehmung oder Untersuchung geltend gemacht wird.

2. 1 Ist es in Eilfällen nicht möglich, die Entscheidung des zuständigen Gerichts oder der zuständigen Staatsanwalts einzuholen, kann die Präsidentin oder der Präsident bzw. die Direktorin oder der Direktor des Amtsgerichts, in dessen Bezirk sich der Antragsteller aufhält, im Verwaltungsweg eine Reiseentschädigung bewilligen. 2 Abschnitt I Nr. 1 Nrn. 1.1.1 bis 1.1.3 und 1.1.6 gilt entsprechend. 3 Die gewährte Reiseentschädigung ist auf der Ladung auffällig zu vermerken; die ladende Stelle ist unverzüglich von der Bewilligung und der Gewährung der Reiseentschädigung zu benachrichtigen.

3. 1 Zeuginnen, Zeugen, Sachverständigen, Dolmetscherinnen, Dolmetschern, Übersetzerinnen, Übersetzern, ehrenamtlichen Richterinnen, ehrenamtlichen Richtern und Dritten ist nach § 3 JVEG auf Antrag ein Vorschuss für Reiseentschädigungen zu bewilligen, wenn der oder dem Berechtigten voraussichtlich erhebliche Fahrtkosten oder sonstige Aufwendungen entstehen werden. 2 Hierauf soll in der Ladung oder in anderer geeigneter Weise hingewiesen werden.

3.1 Für die Bewilligung und Anweisung gelten folgende Bestimmungen:

3.1.1 Die Vorschüsse werden von der zum Erlass der Auszahlungsanordnung zuständigen Anweisungsstelle bewilligt und zur Zahlung angewiesen.

3.1.2 Nrn. 1.1.2 bis 1.1.6 gelten entsprechend mit der Maßgabe, dass Fahrtkosten bis zur Höhe der Kosten für die Benutzung der ersten Wagenklasse gewährt werden können.

3.1.3 1 Bei der Vorbereitung der Anweisung für die Entschädigung von Zeuginnen, Zeugen, ehrenamtlichen Richterinnen, ehrenamtlichen Richtern und Dritten sowie für die Vergütung von Sachverständigen, Dolmetscherinnen, Dolmetschern, Übersetzerinnen und Übersetzern vor dem Termin ist die Vorschusszahlung, sofern sie aktenkundig ist, in auffälliger Weise zu vermerken.

2 Wird die Berechnung der Entschädigung oder Vergütung nicht schriftlich eingereicht, sind die Antragstellerinnen und Antragsteller in jedem Falle zu befragen, ob und gegebenenfalls in welcher Höhe sie Vorschüsse erhalten haben, um deren Anrechnung sicherzustellen. 3 Die Befragung ist in der Auszahlungsanordnung zu vermerken.

3.2 1 Ist in Eilfällen die Übermittlung einer Fahrkarte oder die Auszahlung des Betrages nicht mehr möglich, kann auch die Geschäftsstelle des Amts-

gerichts, in dessen Bezirk sich der Antragsteller aufhält, einen Vorschuss nach § 3 JVEG bewilligen und zur Zahlung anweisen. [2]Ist ein Antrag auf gerichtliche Festsetzung des Vorschusses gestellt oder wird eine Festsetzung für angemessen erachtet, kann in dringenden Fällen auf Ersuchen des für die Entscheidung nach § 4 Abs. 1 JVEG zuständigen Gerichts eine Fahrkarte für ein bestimmtes Beförderungsmittel zur Verfügung gestellt und/oder ein festgesetzter Vorschuss ausgezahlt werden. [3]Die Auszahlung des Vorschusses ist in der Ladung auffällig zu vermerken. [4]Die ladende Stelle ist von der Gewährung des Vorschusses unverzüglich zu benachrichtigen.

IV. Justizverwaltungskosten

Vorbemerkung

1 Die **Justizverwaltungskosten fallen weder unter das GKG oder das FamGKG noch unter das GNotKG.** In Angelegenheiten der Justizverwaltung anfallende Kosten bzw. Gebühren werden allenfalls als Auslagen in den von diesen Kostengesetzen erfassten gerichtlichen Verfahren erhoben (vgl. zB KV 1320 und KV 9014 GKG bzw. KV 2012 FamGKG – Kosten des Rechtshilfeverkehrs mit dem Ausland). Sie sind durch das **Justizverwaltungskostengesetz (JVKostG)** einheitlich geregelt worden. Es ist heute teilweise als Bundesrecht, teilweise als Landesrecht anwendbar. Kosten in Hinterlegungssachen waren früher in der Hinterlegungsordnung geregelt, die zum 1.12.2010 durch Art. 17 II 2 Nr. 1 Gesetz vom 23.11.2007 (BGBl. I 2614) aufgehoben worden ist; die darin enthaltenen kostenrechtlichen Bestimmungen sind ersatzlos entfallen und nunmehr in den Hinterlegungsgesetzen der Länder enthalten. Einzelheiten vgl. → Hinterlegungssachen (abgedruckt in diesem Werk).

1. Gesetz über Kosten in Angelegenheiten der Justizverwaltung (Justizverwaltungskostengesetz – JVKostG)

Vom 23.7.2013 (BGBl. I 2586, 2655)

FNA 363-5

Zuletzt geändert durch Personengesellschaftsmodernisierungsgesetz (MoPeG) vom 10.8.2021 (BGBl. I 3436)

Die Anhebung der Gebühren zum 1.1.2021 durch das Kostenrechtsänderungsgesetz 2021 erfasst Altfälle nicht; zur Abgrenzung in zeitlicher Hinsicht vgl. die Dauerübergangsregelung des § 24.

Inhaltsübersicht

Anlage (zu § 4 Absatz 1): Kostenverzeichnis (KV) abgedruckt im Anschluss an das JVKostG.

Abschnitt 1. Allgemeine Vorschriften

Geltungsbereich

1 **I Dieses Gesetz gilt für die Erhebung von Kosten (Gebühren und Auslagen) durch die Justizbehörden des Bundes in Justizverwaltungsangelegenheiten, soweit nichts anderes bestimmt ist.**

II 1 Dieses Gesetz gilt für die Justizbehörden der Länder in folgenden Justizverwaltungsangelegenheiten:

1. Befreiung von der Beibringung des Ehefähigkeitszeugnisses (§ 1309 Absatz 2 des Bürgerlichen Gesetzbuchs),
2. Anerkennung ausländischer Entscheidungen in Ehesachen (§ 107 des Gesetzes über das Verfahren in Familiensachen und in den Angelegenheiten der freiwilligen Gerichtsbarkeit),
3. Registrierung nach dem Rechtsdienstleistungsgesetz,
4. Einstellung von Schutzschriften in das Schutzschriftenregister,
5. automatisiertes Abrufverfahren in Grundbuchangelegenheiten, in Angelegenheiten der Schiffsregister, des Schiffsbauregisters und des Registers für Pfandrechte an Luftfahrzeugen,
6. Rechtshilfeverkehr mit dem Ausland in zivilrechtlichen Angelegenheiten sowie
7. besondere Mahnung nach § 5 Absatz 2 des Justizbeitreibungsgesetzes.

2 Im Fall des Satzes 1 Nummer 7 steht eine andere Behörde, die nach § 2 Absatz 1 Satz 2 und 3 des Justizbeitreibungsgesetzes an die Stelle der Gerichtskasse tritt, einer Justizbehörde gleich.

III Dieses Gesetz gilt ferner für den Rechtshilfeverkehr in strafrechtlichen Angelegenheiten mit dem Ausland, mit einem internationalen Strafgerichtshof und mit anderen zwischen- und überstaatlichen Einrichtungen einschließlich der gerichtlichen Verfahren.

IV Die Vorschriften dieses Gesetzes über das gerichtliche Verfahren sind auch dann anzuwenden, wenn in Justizverwaltungsangelegenheiten der Länder die Kosten nach landesrechtlichen Vorschriften erhoben werden.

I. Justizbehörden des Bundes (I). Das JVKostG gilt für die Kostenerhebung von Justizbehörden des **Bundes** (zB Bundesamt für Justiz) in Justizverwaltungsangelegenheiten, soweit nichts anderes bestimmt ist. Das JVKostG gilt deshalb nicht, wenn für Justizbehörden des Bundes Kostenregelungen in anderen Gesetzen vorhanden sind. So werden zB die Gebühren des Deutschen Patent- und Markenamts und des Bundespatentgerichts nach dem Patentkostengesetz erhoben. Merkmal aller Justizverwaltungsangelegenheiten ist, dass eine Anordnung, Verfügung oder sonstige Maßnahme von einer Justizbehörde und nicht einem Gericht getroffen wird. 1

„Kosten" ist der Oberbegriff für **Gebühren und Auslagen** (vgl. I S. 1). Er entspricht den Regelungen in § 1 GKG, § 1 FamGKG und § 1 GNotKG. **Gebühren** sind öffentliche Abgaben, die aufgrund einer besonderen Inanspruchnahme des Staates in der festgesetzten Höhe zu zahlen sind (sog. Justizsteuer); dabei kommt es weder darauf an, ob und in welcher Höhe insoweit ein Verwaltungsaufwand entstanden ist, noch ob diese Gebühren den durch die Inanspruchnahme verursachten Verwaltungsaufwand abdecken. 2

Bei den **Auslagen** handelt es sich um den Ersatz von Aufwendungen der Justizverwaltung, die dieser im Zusammenhang mit der Befassung in der jeweiligen Angelegenheit entstehen. Dabei kann es sich um den Ersatz der konkret getätigten Auslage handeln oder um eine pauschale Abgeltung. 3

II. Justizbehörden der Länder (II). Für Justizverwaltungsangelegenheiten der Justizbehörden der **Bundesländer** gilt das JVKostG nur in den in II abschließend aufgeführten Fällen unmittelbar. Die Länder können für die Kostenerhebung von Justizbehörden der Länder in Justizverwaltungsangelenheiten aber eigene gesetzliche Regelungen erlassen (vgl. Abs. 4; vgl. die in → GKG § 2 Rn. 21 ff. aufgeführten 4

Ländergesetze, meist das jeweilige LJKostG oder Justizgesetz). Teilweise erklären die Landesgesetze das JVKostG über die im Katalog des II aufgeführten Justizverwaltungsangelegenheiten für anwendbar, teilweise werden dort aber auch weitere, im JVKostG nicht enthaltene Gebühren für weitere Justizverwaltungsangelegenheiten geregelt (zB für Kirchenaustritte, für die Beeidigung von Dolmetschern, Übersetzern, für die Anerkennung als Gütestelle gem. § 794 I Nr. 1 ZPO, für Geschäftsprüfungen der Notare gem. § 93 I BNotO, für Bestellungen von Notarvertretern). Die Höhe dieser Gebühren ergibt sich aus der jeweiligen **Landesregelung** bzw. einem in eine Anlage eingestellten Gebührenverzeichnis.

5 Insbesondere hinsichtlich der Gebühr KV 1501 für die **Negativauskunft in Nachlasssachen** (vgl. dort) ist es in der obergerichtlichen Rechtsprechung umstritten, ob die Länder in ihren landesgesetzlichen Regelungen nicht im Katalog des II enthaltene Justizverwaltungsangelegenheiten dem Regime des JVKostG unterwerfen können (bejahend OLG Brandenburg BeckRS 2018, 36963; OLG Bremen FamRZ 2018, 783; OLG Celle JurBüro 2018, 372; OLG Düsseldorf JurBüro 2018, 372 und JurBüro 2017, 600; OLG Hamm JurBüro 2017, 598; OLG Oldenburg JurBüro 2018, 153; aA OLG Köln NJW-RR 2018, 767 und JurBüro 2017, 425; OLG Koblenz JurBüro 2016, 540 und JurBüro 2017, 203; OLG München JurBüro 2018, 644; OLG Frankfurt BeckRS 2015, 125391). Die Frage ist zu bejahen:

– Der Bundesgesetzgeber hat mit der Auflistung in II **kein abschließendes Regelungswerk** für die Kostenerhebung von Justizbehörden der Länder in Justizverwaltungsangelegenheiten schaffen wollen. Der in II aufgenommene Katalog ist vielmehr lediglich dem Umstand geschuldet, dass es sich hier um Angelegenheiten handelt, in denen die Länder Justizverwaltungsvorschriften des Bundes umsetzen bzw. der Rechtshilfeverkehr mit dem Ausland in Zivilsachen betroffen ist (vgl. BT-Drs. 17/11471, 238).
– Aus IV ergibt sich, dass eine Kostenerhebung in Justizverwaltungsangelegenheiten nach landesrechtlichen Vorschriften möglich ist. Landesrechtliche Vorschriften können auch über die in II genannten Angelegenheiten hinaus weitere Justizverwaltungsangelegenheiten der Geltung des JVKostG unterwerfen. Es ist kein Grund dafür ersichtlich, warum im Landesrecht rechtstechnisch nicht die gesamten Regelungen des JVKostG für entsprechend anwendbar erklärt werden dürfen. Die Länder dürfen trotz des bundesgesetzlich geregelten Anwendungsbereichs in § 1 I in ihrer Gesetzgebungskompetenz Bundesrecht (= JVKostG) für anwendbar erklären und damit den **Geltungsbereich des Bundesrechts** erweitern. Die Verweisung des Landesgesetzgebers auf fremdes, nicht von ihm formuliertes und in Kraft gesetztes Recht des Bundesgesetzgebers unterliegt keinen, erst recht nicht verfassungsrechtlichen Bedenken (BVerfG NJW 1978, 1475; OLG Bremen FamRZ 2018, 783).
– Schließlich weist der Gesetzgeber in den Motiven zum JVKostG (BT-Drs. 17/11471, 309) ausdrücklich darauf hin, dass KV 1501 auch für Negativatteste in Nachlasssachen gelten soll. Diese werden aber nicht von Justizbehörden des Bundes, sondern der Länder erteilt (Nachlassgericht).

5a § 1 II wird durch Art. 11 Gesetz zur Umsetzung der Digitalisierungsrichtlinie (DiRUG) vom 5.7.2021 (BGBl. I 3338) zum 1.8.2022 geändert. Die Regelung in § 1 II Nr. 4 zur Geltung des JVKostG für das automatisierte Abrufverfahren in Handels-, Partnerschafts-, Genossenschafts- und Vereinsregisterangelegenheiten ist im Zuge des generellen Verzichts auf Abrufgebühren in Handels-, Partnerschafts-, Genossenschafts- und Vereinsregisterangelegenheiten, die bis zum 31.7.2021 in Teil 1 Hauptabschnitt 1 Abschnitt 4 Kostenverzeichnis zum JVKostG (KV JVKostG) geregelt sind, aufgehoben worden. Die Regelung in Nr. 5a für die Einstellung von Schutzschriften in das Schutzschriftenregister ist an die in der Folge freiwerdende Stelle der Nr. 4 verschoben worden.

6 **III. Rechtshilfeverkehr in strafrechtlichen Angelegenheiten (II).** Das JVKostG gilt auch für die internationalen Rechtshilfeangelegenheiten in Strafsachen auf einschließlich der zugehörigen gerichtlichen Verfahren.

7 **IV. Rechtsbehelfe (IV).** Auch in den Verfahren, in denen die Länder Kosten für Justizverwaltungsangelegenheiten nach landesrechtlichen Vorschriften erheben, gelten

die Regelungen des JVKostG für das gerichtliche Verfahren in diesen Kostensachen, um die Anwendbarkeit zu vereinfachen. Für **Einwendungen** gegen die Kostenerhebung durch Justizbehörden der Länder in Justizverwaltungsangelegenheiten gilt deshalb § 22.

Kostenfreiheit

2 **I Der Bund und die Länder sowie die nach den Haushaltsplänen des Bundes oder eines Landes verwalteten öffentlichen Anstalten und Kassen sind von der Zahlung der Gebühren befreit.**

II Von der Zahlung der Gebühren sind auch ausländische Behörden im Geltungsbereich der Richtlinie 2006/123/EG des Europäischen Parlaments und des Rates vom 12. Dezember 2006 über Dienstleistungen im Binnenmarkt (ABl. L 376 vom 27.12.2006, S. 36) befreit, wenn sie auf der Grundlage des Kapitels VI der Richtlinie Auskunft aus den in Teil 1 Hauptabschnitt 1 Abschnitt 4 oder Abschnitt 5 des Kostenverzeichnisses bezeichneten Registern oder Grundbüchern erhalten und wenn vergleichbaren deutschen Behörden für diese Auskunft Gebührenfreiheit zustünde.

III Von den in § 380 des Gesetzes über das Verfahren in Familiensachen und in den Angelegenheiten der freiwilligen Gerichtsbarkeit genannten Stellen werden Gebühren nach Teil 1 Hauptabschnitt 1 Abschnitt 4 des Kostenverzeichnisses nicht erhoben, wenn die Abrufe erforderlich sind, um ein vom Gericht gefordertes Gutachten zu erstatten.

IV Sonstige bundesrechtliche oder landesrechtliche Vorschriften, durch die eine sachliche oder persönliche Befreiung von Kosten gewährt ist, bleiben unberührt.

I. Bund und Länder (I). I regelt eine **persönliche Gebührenfreiheit des Bundes und der Länder** sowie der nach den Haushaltsplänen des Bundes oder eines Landes verwalteten öffentlichen Anstalten und Kassen → GKG § 2 Rn. 6. 1

II. Dienstleistungsrichtlinie und Amtshilfe (II). Nach Art. 28 I der in II genannten Dienstleistungsrichtlinie leisten die Mitgliedstaaten einander **Amtshilfe** und ergreifen Maßnahmen, die für eine wirksame Zusammenarbeit bei der Kontrolle der Dienstleistungserbringer und ihrer Dienstleistungen erforderlich sind. Aus Art. 28 VII dieser Richtlinie ergibt sich, dass die Mitgliedstaaten sicherstellen, dass die Register, in die die Dienstleistungserbringer eingetragen sind und die von den zuständigen Behörden in ihrem Hoheitsgebiet eingesehen werden können, unter denselben Bedingungen auch von den entsprechenden zuständigen Behörden der anderen Mitgliedstaaten eingesehen werden können. 2

Die Einsicht in die deutschen Register/Grundbücher im Wege der in Art. 28 ff. geregelten Amtshilfe ist auch für ausländische Behörden von den Gebühren KV 1150–1152 befreit, wenn vergleichbaren deutschen Behörden für diese Auskunft Gebührenfreiheit zustünde. Über diese sind Kostenbefreiungen nach Landesrecht auch im Falle der Vergleichbarkeit der ausländischen Behörden anwendbar (BT-Drs. 17/3356, 21). 3

III. Unterstützung durch berufsständische Organe (III). Gem. § 380 I FamFG werden die Registergerichte bei der Vermeidung unrichtiger Eintragungen, der Berichtigung und Vervollständigung des Handels- und Partnerschaftsregisters, der Löschung von Eintragungen in diesen Registern und beim Einschreiten gegen unzulässigen Firmengebrauch oder unzulässigen Gebrauch eines Partnerschaftsnamens von 4

- den Organen des Handelsstandes,
- den Organen des Handwerksstandes, soweit es sich um die Eintragung von Handwerkern handelt,
- den Organen des land- und forstwirtschaftlichen Berufsstandes, soweit es sich um die Eintragung von Land- oder Forstwirten handelt,
- den berufsständischen Organen der freien Berufe, soweit es sich um die Eintragung von Angehörigen dieser Berufe handelt,
- **(berufsständische Organe)** unterstützt.

Diese Organe waren durch III von der Zahlung der in **KV 1140, 1141** bis 31.7.2022 geregelten **Abrufgebühren** befreit, wenn die Abrufe erforderlich sind, um ein vom Gericht gefordertes Gutachten zu erstatten. Seit dem 1.8.2022 sind diese Gebühren allerdings weggefallen.

5 **IV. Sonstiges Bundes- und Landesrecht (IV).** Eine **sachliche** oder **persönliche Befreiung** von den **Auslagen** (KV Teil 2 iVm KV 9000 ff. GKG) kann sich auch für die in I genannten Stellen nur nach IV aus sonstigen bundes- oder landesrechtlichen Vorschriften ergeben. Eine bundesrechtliche **Kostenbefreiung** und damit neben einer Gebühren- auch eine Auslagenbefreiung ist zB in § 64 II SGB X geregelt. Landesrechtliche Befreiungsvorschriften finden sich im Regelfall in den Justizgesetzen oder Justizkostengesetzen der Länder. Für NRW ist § 122 JustG NRW einschlägig, der in Justizverwaltungsangelegenheiten allerdings nur Gebührenfreiheit gewährt.

Kostenfreie Amtshandlungen

3 Keine Kosten mit Ausnahme der Dokumentenpauschale werden erhoben

1. für Amtshandlungen, die durch Anzeigen, Anträge und Beschwerden in Angelegenheiten der Strafverfolgung, der Anordnung oder der Vollstreckung von Maßregeln der Besserung und Sicherung oder der Verfolgung einer Ordnungswidrigkeit oder der Vollstreckung einer gerichtlichen Bußgeldentscheidung veranlasst werden;
2. in Gnadensachen;
3. in Angelegenheiten des Bundeszentralregisters außer für die Erteilung von Führungszeugnissen nach den §§ 30, 30a und 30b des Bundeszentralregistergesetzes;
4. in Angelegenheiten des Gewerbezentralregisters außer für die Erteilung von Auskünften nach § 150 der Gewerbeordnung;
5. im Verfahren über Anträge nach dem Gesetz über die Entschädigung für Strafverfolgungsmaßnahmen sowie über Anträge auf Entschädigung für sonstige Nachteile, die jemandem ohne sein Verschulden aus einem Straf- oder Bußgeldverfahren erwachsen sind;
6. für die Tätigkeit der Staatsanwaltschaft im Aufgebotsverfahren.

1 § 3 regelt eine **sachliche Kostenfreiheit** für bestimmte Amtshandlungen und Geschäfte. Sie gilt für jeden Beteiligten und umfasst Gebühren und Auslagen (Kosten, § 1 I 1). Die Aufzählung der kostenfreien Amtshandlungen in § 3 ist abschließend. Eine analoge Anwendung auf andere nicht genannte Amtshandlungen ist unzulässig (keine Analogien im Kostenrecht, BGH NJW-RR 2007, 1148 = AGS 2007, 472).

2 Nach dem Entwurf des Gesetzes zur Stärkung der Integrität in der Wirtschaft sollte eine neue Nr. 5 eingefügt werden. Für Auskünfte aus dem Verbandssanktionenregister sollte nach dem geplanten § 58 VerSanG wie für eine Auskunft nach § 150 GewO aus dem Gewerbezentralregister (Nr. 4), eine Gebühr in Höhe von 13 Euro (KV 1132) entstehen. Im Übrigen sollten in Angelegenheiten des Verbandssanktionenregisters mit Ausnahme der Dokumentenpauschale keine Kosten entstehen. Das Gesetz wurde allerdings in der Wahlperiode nicht verabschiedet und ist deshalb der Diskontinuität anheim gefallen.

Höhe der Kosten

4 I Kosten werden nach der Anlage zu diesem Gesetz erhoben.

II 1 Bei Rahmengebühren setzt die Justizbehörde, die die gebührenpflichtige Amtshandlung vornimmt, die Höhe der Gebühr fest. 2 Sie hat dabei insbesondere die Bedeutung der Angelegenheit für die Beteiligten, Umfang und Schwierigkeit der Amtshandlung sowie die Einkommens- und Vermögensverhältnisse des Kostenschuldners zu berücksichtigen.

III [1]Bei der Ablehnung oder Zurücknahme eines Antrags kann die Justizbehörde dem Antragsteller eine Gebühr bis zur Hälfte der für die Vornahme der Amtshandlung bestimmten Gebühr auferlegen, bei Rahmengebühren jedoch nicht weniger als den Mindestbetrag. [2]Das Gleiche gilt für die Bestätigung der Ablehnung durch die übergeordnete Justizbehörde.

I. Kostenverzeichnis (I). Die konkret zu erhebenden Kosten (Gebühren und Auslagen) sind im Kostenverzeichnis geregelt, das sich in der Anlage zu I befindet. Es dürfen nur die dort geregelten Gebühren und Auslagen erhoben werden, das Kostenverzeichnis ist deshalb insoweit eine abschließende Regelung (keine Analogien im Kostenrecht, BGH NJW-RR 2007, 1148 = AGS 2007, 472). Eine Ausnahme gilt für die durch Landesrecht bestimmten Gebühren und Auslagen → § 1 Rn. 4. 1

II. Rahmengebühren (II). 1. Vorgehensweise Rahmengebühren. Rahmengebühren sind in KV 1320, 1322, 1330 bis 1334 und KV 1502 vorgesehen. Für diese Gebühren regelt II die Vorgehensweise bei der Festsetzung der Höhe der Gebühr. Die Gebühr wird durch die Justizbehörde festgesetzt. Funktionell zuständig für die Festsetzung der Gebühr ist gem. § 46 KostVfg der Beamte, der die Sachentscheidung zu treffen hat. 2

Bei der Gebührenbemessung sind insbesondere die Bedeutung der Angelegenheit für die Beteiligten, Umfang und Schwierigkeit der Amtshandlung sowie die Einkommens- und Vermögensverhältnisse des Kostenschuldners zu berücksichtigen. Die Verwendung des Worts „insbesondere" zeigt, dass es sich nicht um eine abschließende, sondern eine **beispielhafte Aufzählung** handelt. Die Reihenfolge der Aufzählung lässt deshalb auch keine Rückschlüsse auf die Bedeutung der einzelnen Kriterien zu. 3

Die **Bedeutung der Angelegenheit** ist aus der Sicht des Kostenschuldners zu beurteilen. Maßgebend sind dessen subjektive Interessen. 4

Zum **Umfang** der Amtshandlung gehört insbesondere der zeitliche Aufwand der Justizbehörde. Die Beurteilung der **Schwierigkeit** der Angelegenheit muss anhand eines objektiven Maßstabes erfolgen. 5

Zu seinen **Einkommens- und Vermögensverhältnissen** hat der Kostenschuldner der Justizbehörde auf Anforderung hin Auskunft zu erteilen. Sind diese überdurchschnittlich – die durchschnittlichen Einkommensverhältnisse können beim Statistischen Bundesamt ermittelt werden –, rechtfertigt das eine Erhöhung der Gebühr über die Rahmenmitte. 6

Ergeben die Kriterien des II in der Gesamtschau eine durchschnittliche Angelegenheit, ist der Gebühr die **Mittelgebühr** zugrunde zu legen. Die mittlere Gebühr (Mittelgebühr) wird bestimmt durch die Addition des Mindest- und des Höchstbetrags der Rahmengebühr geteilt durch 2. 7

2. Gebühr KV 1320. Die Gebühr für die Prüfung von Rechtshilfeersuchen durch die Justizverwaltung (Prüfungsstelle, § 9 ZRHO) in Zivilsachen (§ 13 GVG) und in Angelegenheiten der freiwilligen Gerichtsbarkeit (Vorb. 1.3.2 Satz 1) richtet sich nach KV 1320 (vgl. OLG München BeckRS 2016, 17436). Gem. § 75 I ZRHO wird für die Prüfungstätigkeit der Prüfungsstellen (§ 9 ZRHO) die Gebühr KV 1320 erhoben. Die Prüfungsstelle (§ 46 KostVfg: Beamter, der die Sachentscheidung zu treffen hat) bestimmt die Gebühr unter Berücksichtigung der in § 4 II aufgeführten Kriterien. 8

Für die Festsetzung der Gebühr KV 1320 durch den zuständigen Beamten der Prüfungsstelle (§ 9 ZRHO) ist § 75 II ZRHO zu beachten: Die Regelgebühr beträgt bei Zustellungsanträgen 30,00 EUR und bei sonstigen Ersuchen 40,00 EUR. Diese Regelgebührensätze sollen nur überschritten werden, wenn es sich um eine Sache von außergewöhnlichem Umfang, mit hohem Streitwert oder von besonderer Bedeutung handelt. 9

III. Ablehnung und Zurücknahme eines Antrags (III). 1. Gebühr (S. 1). 10
Lehnt die Justizbehörde einen Antrag ab oder wird ein Antrag zurückgenommen, kann die Justizbehörde dem Antragsteller eine Gebühr bis zur Hälfte der für die Vornahme der Amtshandlung bestimmten Gebühr auferlegen, bei Rahmengebühren jedoch nicht weniger als den Mindestbetrag. Das Gleiche gilt für die Bestätigung der Ablehnung durch die übergeordnete Justizbehörde.

Beispiel: Beantragt wird die Erteilung einer Bestätigung nach § 9 AdÜbAG. Die Justizbehörde lehnt den Antrag ab.
Die Gebühr KV 1333 beträgt 40,00 bis 100,00 EUR. Die Gebühr darf bei Ablehnung des Antrages höchstens 50,00 EUR (100,00 EUR/2) betragen und beläuft sich mindestens auf 40,00 EUR (Mindestgebühr).

11 **2. Übergeordnete Justizbehörde (S. 2).** Bestätigt die übergeordnete Justizbehörde die Ablehnung durch die Justizbehörde, kann die Gebühr nach S. 2 erneut festgesetzt werden.

12 **IV. Ermessen der Justizbehörde.** Die Auferlegung der Gebühr liegt im **pflichtgemäßen Ermessen** der Justizbehörde (AG Düsseldorf 29.10.2021 – 30 VAk 2/21). Sie kann deshalb auch von der Auferlegung der Gebühr absehen. Funktionell zuständig für die Entscheidung über die Auferlegung der Gebühr ist gem. § 46 KostVfg der Beamte, der die Sachentscheidung zu treffen hat (AG Düsseldorf 29.10.2021 – 30 VAk 2/21).

Verjährung, Verzinsung

5 **I 1 Ansprüche auf Zahlung von Kosten verjähren in vier Jahren nach Ablauf des Kalenderjahrs, in dem die Kosten fällig geworden sind.**

II 1 Ansprüche auf Rückerstattung von Kosten verjähren in vier Jahren nach Ablauf des Kalenderjahrs, in dem die Zahlung erfolgt ist. 2 Die Verjährung beginnt jedoch nicht vor dem in Absatz 1 bezeichneten Zeitpunkt. 3 Durch die Einlegung eines Rechtsbehelfs mit dem Ziel der Rückerstattung wird die Verjährung wie durch Klageerhebung gehemmt.

III 1 Auf die Verjährung sind die Vorschriften des Bürgerlichen Gesetzbuchs anzuwenden; die Verjährung wird nicht von Amts wegen berücksichtigt. 2 Die Verjährung der Ansprüche auf Zahlung von Kosten beginnt auch durch die Aufforderung zur Zahlung oder durch eine dem Schuldner mitgeteilte Stundung erneut. 3 Ist der Aufenthalt des Kostenschuldners unbekannt, so genügt die Zustellung durch Aufgabe zur Post unter seiner letzten bekannten Anschrift. 4 Bei Kostenbeträgen unter 25 Euro beginnt die Verjährung weder erneut noch wird sie oder ihr Ablauf gehemmt.

IV Ansprüche auf Zahlung und Rückerstattung von Kosten werden nicht verzinst.

1 **I. Allgemeines.** Die **Verjährung** stellt für den Kostenschuldner ein Leistungsverweigerungsrecht dar (LSG Thüringen BeckRS 2014, 68534), das im Privatrecht jedoch nicht zum Erlöschen des Anspruchs führt (§ 214 I BGB). Aufgrund der ausdrücklichen Verweisung auf die Vorschriften des BGB (III 1 Hs. 1) ist die im Übrigen gegebene Zuordnung des Anspruchs auf die Gerichtskosten zum öffentlichen Recht insoweit unbeachtlich (Korintenberg/Otto GNotKG § 6 Rn 2).

2 Die Vorschrift des § 5 regelt zum einen die Verjährung von Ansprüchen der Justizbehörde auf **Zahlung** von Kosten (Gebühren und Auslagen, Abs. 1). Zum anderen enthält II Regelungen zur Verjährung des Anspruchs des Kostenschuldners auf **Rückerstattung** von Kosten. Die **Verjährungsfrist** beträgt sowohl hinsichtlich des Anspruchs auf Zahlung von Kosten als auch hinsichtlich des Rückzahlungsanspruchs eines Beteiligten (II S. 1) **vier Jahre.**

3 **II. Verjährung des Kostenanspruchs (I). 1. Fristbeginn.** Beginn der Verjährungsfrist ist der Ablauf des Kalenderjahres, in dem die Kosten fällig geworden sind. Die Fälligkeit von Kosten ist in §§ 6, 7 geregelt.

4 **2. Verfahren gem. § 22.** Die Verjährung des Kostenanspruchs wird nach III 1 Hs. 2 von dem Kostenbeamten der Justizbehörde nicht von Amts wegen berücksichtigt. Die Aufstellung des Kostenansatzes muss auch hinsichtlich verjährter Kosten stets erfolgen. Die Geltendmachung der Verjährung durch den Kostenschuldner, die Erhebung der **Verjährungseinrede,** erfolgt im **Verfahren gem. § 22.** Einwände gegen die Rechtzeitigkeit des Kostenansatzes sind entsprechend auszulegen (OLG Brandenburg NJW-RR 2018, 1470; OLG Frankfurt BeckRS 2018, 11674; OVG

Sachsen-Anhalt NVwZ-RR 2019, 623; OLG Hamm NJW-RR 2001, 1656). § 30a EGGVG gilt wegen der vorrangigen Regelung des § 22 nicht.

III. Verjährung des Rückerstattungsanspruchs (II). 1. Verjährungsfrist. Der Anspruch des Kostenschuldners auf **Rückzahlung** von zu viel gezahlten Kosten entsteht bereits mit der **Zahlung** selbst, so dass dieser Zeitpunkt grundsätzlich maßgeblich für den Verjährungsbeginn ist (OLG Frankfurt 12.3.2018 – 20 W 282/15, BeckRS 2018, 11674). Allerdings beginnt die Verjährung nach II S. 2 nicht vor der Fälligkeit der Kosten (§§ 6, 7), so dass wie im Falle des I auch hier darauf abzustellen ist. 5

2. Hemmung des Rückzahlungsanspruchs aufgrund Rechtsbehelfs (II S. 3). Die bereits mit der Zahlung oder ggf. mit der Fälligkeit begonnene Verjährungsfrist wird durch **Einlegung eines Rechtsbehelfs** (§ 22) wie durch eine Klageerhebung (s. § 204 I Nr. 1 BGB) gehemmt. Zur Wirkung der Hemmung → Rn. 9 ff. Wenn der Lauf der Verjährungsfrist noch nicht begonnen hatte, wird deren Beginn durch den Rechtsbehelf hinausgeschoben. 6

3. Vorgehensweise der Justizbehörde. Sobald der Kostenbeamte der Justizbehörde die Verjährung des Rückzahlungsanspruchs des Kostenschuldners bejaht, hat er die Akten dem zur Vertretung der Staatskasse zuständigen Beamten vorzulegen (§ 31 S. 1 KostVfg). Soll nach dessen Auffassung die **Verjährungseinrede** erhoben werden, hat dieser hierzu die Einwilligung des unmittelbar vorgesetzten Präsidenten einzuholen (§ 31 S. 2 KostVfg; OLG Frankfurt BeckRS 2018, 11674; OLG Hamm BeckRS 2001, 30162120). Stimmt der unmittelbar vorgesetzte Präsident der Erhebung der Verjährungseinrede zu, wird diese von dem zuständigen Vertreter der Staatskasse erhoben (vgl. § 35 KostVfg und die Vertretungsordnungen der Bundesländer). 7

Sofern der Vertreter der Staatskasse mit Rücksicht auf die Umstände des Einzelfalls von der Erhebung der Verjährungseinrede absieht, bedarf er hierzu keiner Einwilligung des Präsidenten (vgl. § 31 S. 3 KostVfg). Er unterrichtet insoweit lediglich den Kostenbeamten, der dann die Rückzahlung veranlasst. Auf der zahlungsbegründenden Unterlage in den Sachakten ist zu vermerken, dass die Verjährungseinrede nicht erhoben werden soll (§ 31 S. 4 KostVfg). 8

IV. Anwendung der BGB-Vorschriften (III). 1. Hemmung und Neubeginn (S. 1, 2). Die **Hemmung** der Verjährung bewirkt, dass die evtl. bereits begonnene Frist berücksichtigt wird und nach Wegfall des Hemmungstatbestands weiterläuft (§ 209 BGB). Die Anfechtung des Kostenansatzes gem. § 22 bewirkt keine Hemmung der Verjährung. Beim Neubeginn der Verjährung (s. § 212 BGB) beginnt die Frist unabhängig vom vorherigen Zeitablauf erneut für vier Jahre zu laufen. Fristbeginn ist aber nicht erst der Ablauf des jeweiligen Jahres, sondern sofort die Erfüllung des maßgeblichen Tatbestands (OVG Sachsen-Anhalt NVwZ-RR 2019, 623). 9

2. Neubeginn. Neubeginn der Verjährung bedeutet, dass die bislang verstrichene Zeit der alten Verjährungsfrist unbeachtet bleibt und mit dem maßgeblichen Ereignis der Lauf einer neuen Frist beginnt, wobei die Länge der neuen Frist grundsätzlich mit der der alten identisch ist (OVG Sachsen-Anhalt NVwZ-RR 2019, 623). Für den Neubeginn der Verjährung ist entscheidend, dass dem Kostenschuldner vor Ablauf der vierjährigen Verjährungsfrist die Kostenrechnung zugegangen ist (LSG NRW BeckRS 2019, 2518; OLG Saarbrücken BeckRS 2011, 20787; OLG Koblenz Rpfleger 1988, 428). Im Übrigen kann insoweit auf die Kommentierung zu § 5 GKG verwiesen werden. 10

3. Unbekannter Aufenthaltsort des Kostenschuldners (S. 3). Der Zugang an den Kostenschuldner ist Voraussetzung für den Beginn der Verjährung. Die bloße Absendung der Kostenrechnung reicht nicht aus (OLG Saarbrücken BeckRS 2011, 20787). Bei unbekanntem Aufenthalt wird der Zugang durch Aufgabe zur Post fingiert (OLG Saarbrücken BeckRS 2011, 20787). Bestreitet der Schuldner den Zugang, muss die Staatskasse den Zugang der Kostenrechnung ggf. beweisen (OLG Saarbrücken BeckRS 2011, 20787). Es ist nicht erforderlich, dass der Schuldner sich nach unbekannt abgemeldet hat oder von Amts wegen mit unbekannt abgemeldet worden ist, sondern es genügen auch Mitteilungen der Post oder andere Erkenntnisse 11 vor Ort, dass der Schuldner an der Wohnadresse unbekannt ist (SächsFG BeckRS 2015, 94283).

12 **4. Kostenbeträge unter 25 EUR (S. 4).** Betragen die Kosten weniger als 25 EUR, beginnt die Verjährung weder erneut noch wird sie oder ihr Ablauf gehemmt. Der Betrag iHv 25 EUR gilt sowohl für den Gesamtbetrag der geforderten Kosten als auch für den nach **Teilzahlungen** verbleibenden Restbetrag von Kosten.

13 **V. Keine Verzinsung (IV).** Ansprüche auf Zahlung und Rückerstattung von Kosten werden nicht verzinst. Das gilt insbesondere für die Rückerstattung von Kosten unabhängig davon, wie lang der Zeitraum ist, in dem Kosten zu Unrecht eingezogen und einbehalten worden sind.

Elektronische Akte, elektronisches Dokument, Rechtsbehelfsbelehrung

5a Für die elektronische Akte, das elektronische Dokument sowie die Rechtsbehelfsbelehrung gelten die §§ 5a und 5b des Gerichtskostengesetzes entsprechend.

1 § 5a ist durch das KostRÄG 2021 vom 21.12.2020 (BGBl. I 3229) zum 1.1.2021 eingefügt worden. Zuvor waren nach § 22 I 2 die Regelungen der §§ 5a und 5b GKG für die elektronische Akte, das elektronische Dokument sowie die Rechtsbehelfsbelehrung **nur für das gerichtliche Verfahren** entsprechend anzuwenden. § 5a bestimmt, dass die vorgenannten Vorschriften des GKG nicht nur im gerichtlichen Verfahren, sondern darüber hinaus auch bereits im **Verfahren über den Kostenansatz** gelten. Deshalb muss insbesondere jede Kostenrechnung mit einer Rechtsbehelfsbelehrung versehen werden. Im Übrigen wird auf die Erläuterungen zu §§ 5a und 5b GKG verwiesen.

Abschnitt 2. Fälligkeit und Sicherstellung der Kosten

Fälligkeit der Kosten im Allgemeinen

6 **I 1 Kosten werden, soweit nichts anderes bestimmt ist, mit der Beendigung der gebührenpflichtigen Amtshandlung fällig. 2 Wenn eine Kostenentscheidung der Justizbehörde ergeht, werden entstandene Kosten mit Erlass der Kostenentscheidung, später entstehende Kosten sofort fällig.**

II Die Gebühren für den Abruf von Daten oder Dokumenten aus einem Register oder dem Grundbuch und für die Übermittlung von Unterlagen durch das Unternehmensregister in den Fällen der Nummer 1440 des Kostenverzeichnisses werden am 15. Tag des auf den Abruf oder die Übermittlung folgenden Monats fällig, sofern sie nicht über ein elektronisches Bezahlsystem sofort beglichen werden.

III Die Jahresgebühr für die Führung des Unternehmensregisters wird jeweils am 31. Dezember für das abgelaufene Kalenderjahr fällig.

1 **I. Allgemein.** § 6 regelt den Zeitpunkt, ab dem die Kosten (Gebühren und Auslagen, § 1 I S. 1) in der Justizverwaltungsangelegenheit von der Justizbehörde von dem Kostenschuldner eingefordert werden dürfen (Fälligkeit = **Einforderbarkeit**). § 15 KostVfg bestimmt, dass die Kosten vom Kostenbeamten der Justizbehörde bei Fälligkeit **alsbald** eingefordert werden müssen. Der Eintritt der Fälligkeit und damit die Einforderung der Kosten kann nicht durch Einwendungen gegen den Kostenansatz (§ 22) verhindert werden (KG NJW 2016, 411). § 7 bestimmt als weitere Regelung über die Fälligkeit diejenige bestimmter **Auslagen,** nämlich der Dokumenten- und der Aktenversendungspauschale.

2 **II. Beendigung der Amtshandlung und Kostenentscheidung (I).** Sofern keiner der in I S. 2, II, III und § 7 geregelten Ausnahmefälle vorliegt, tritt die Fälligkeit mit der Beendigung der gebührenpflichtigen Amtshandlung ein. Wann eine Amtshandlung beendet ist, ergibt sich aus den jeweiligen Gebührentatbeständen im Kostenverzeichnis. Deshalb wird zB die Gebühr KV 1320 fällig mit Abschluss der

Prüfung des Rechtshilfeersuchens in das Ausland. Die Gebühr KV 1403 entsteht und wird fällig mit Erstellung und Übersendung der Mahnung nach § 5 II JBeitrG an den Kostenschuldner.

Sofern das Kostenverzeichnis **Verfahrensgebühren** enthält (vgl. zB KV 1210, 1220), werden diese ebenfalls mit Erlass einer Kostenentscheidung fällig. Die Gebühr KV 1210 wird deshalb fällig mit der Kostenauferlegung gem. § 335 III 2 HGB. 3

III. Abrufgebühren (II). Die Gebühren für den **Abruf** von Daten oder Dokumenten aus einem Register oder dem Grundbuch und für die **Übermittlung von** Unterlagen durch das Unternehmensregister in den Fällen der KV 1440) werden am 15. Tag des auf den Abruf folgenden Monats fällig (KG NJW 2016, 411). Das gilt nur dann nicht, wenn sie über ein elektronisches Bezahlsystem sofort beglichen werden. 4

Die von § 6 II erfassten Gebühren befinden sich in KV 1150 – 1152 und KV 1440. 5

IV. Unternehmensregister (III). III regelt die Fälligkeit der Jahresgebühr nach KV 1410 – 1412 für die Führung des Unternehmensregisters, die jeweils am 31.12. für das abgelaufene Kalenderjahr eintritt. Die Fälligkeit der weiteren Gebühren des Unternehmensregisters ergibt sich aus § 6 I, für die Gebühr nach KV 1440 aus § 6 II. 6

Fälligkeit bestimmter Auslagen

7 Die Dokumentenpauschale sowie die Auslagen für die Versendung von Akten werden sofort nach ihrer Entstehung fällig.

I. Anwendungsbereich. § 7 regelt abweichend von § 6 die Fälligkeit für bestimmte Auslagen. § 7 erfasst die Dokumentenpauschale nach KV 2000, 2001 sowie die sich aus Vorb. 2, KV 9003 GKG ergebende Aktenversendungspauschale. Der Eintritt der Fälligkeit und damit die Einforderung der Kosten kann nicht durch Einwendungen gegen den Kostenansatz (§ 22) verhindert werden (KG NJW 2016, 411). 1

II. Datenträgerpauschale. Die in KV 2002 geregelte **Datenträgerpauschale** fällt jedenfalls dem Wortlaut nach nicht unter § 7. Sie ist auch keine Dokumentenpauschale, weil sie neben der Dokumentenpauschale bei der Übermittlung elektronisch gespeicherter Daten auf Datenträgern erhoben wird. Im Anwendungsbereich des GKG fällt für die Überlassung von elektronisch gespeicherten Dateien eine Dokumentenpauschale nach KV 9000 Nr. 3 GKG an, deren Kostenschuldner sich nach § 28 GKG bestimmt. Es erscheint vor diesem Hintergrund fraglich, § 7 auch auf die Datenträgerpauschale der KV 2002 anzuwenden, weil sie weder Dokumentenpauschale noch Aktenversendungspauschale ist (aA NK-GK/H. Schneider Rn. 1). Anwendbar ist § 6 Abs. 1. 2

Vorschuss

8 I Die Justizbehörde kann die Zahlung eines Kostenvorschusses verlangen. II Sie kann die Vornahme der Amtshandlung von der Zahlung oder Sicherstellung des Vorschusses abhängig machen.

I. Kostenvorschuss (I). 1. Begriff des Vorschusses. Vorschusserhebung liegt vor, wenn Kosten (Gebühren und Auslagen, § 1 I S. 1) bereits vor deren **Fälligkeit** (= Einziehbarkeit; Einforderbarkeit; Berechtigung zur Geltendmachung) gefordert werden. Die Fälligkeit wird hier im Ergebnis vorverlegt. Die Fälligkeit der Gebühren und Auslagen ist in §§ 6, 7 geregelt. 1

2. Ermessensentscheidung. Die Verwendung des Wortes „kann" zeigt, dass die Vorschusserhebung im **Ermessen** der Justizbehörde liegt. Es besteht damit keine Pflicht zur Vorschusserhebung. Funktionell zuständig für die Entscheidung darüber, ob ein Kostenvorschuss verlangt wird, ist gem. § 46 KostVfg der Beamte, der die Sachentscheidung zu treffen hat. Die **Höhe des Vorschusses** wird durch den Betrag der jeweiligen Gebühr und/oder Auslagen bestimmt. 2

3 **3. Anfechtung der Vorschussanordnung.** Für die **Anfechtung** des Vorschussverlangens gilt § 22. Hinsichtlich des Verfahrens über Einwendungen gegen die Maßnahme verweist I S. 2 insbesondere auf § 66 II–VIII und § 67 GKG (siehe zu Einzelheiten des Verfahrens dort).

4 **II. Vorauszahlungspflicht (II). Abhängigmachung** (oder auch Vorauszahlungspflicht) liegt vor, wenn die Vornahme der Amtshandlung von der vorherigen Zahlung oder Sicherstellung des Vorschusses abhängig gemacht wird. Erfolgt keine Zahlung oder Sicherstellung der geforderten Kosten, nimmt die Justizbehörde die Amtshandlung nicht vor.

Zurückbehaltungsrecht

9 Urkunden, Ausfertigungen, Ausdrucke und Kopien können nach billigem Ermessen zurückbehalten werden, bis die in der Angelegenheit erwachsenen Kosten bezahlt sind.

1 Für die Anfechtung der Ausübung des Zurückbehaltungsrechts gilt § 22. Hinsichtlich des Verfahrens über Einwendungen gegen die Maßnahme verweist I S. 2 insbesondere auf § 66 II–VIII GKG (siehe zu Einzelheiten des Verfahrens dort).

Abschnitt 3. Kostenerhebung

Ermäßigung der Gebühren und Absehen von der Kostenerhebung

10 Die Justizbehörde kann ausnahmsweise, wenn dies mit Rücksicht auf die wirtschaftlichen Verhältnisse des Kostenschuldners oder aus Billigkeitsgründen geboten erscheint, die Gebühren ermäßigen oder von der Erhebung der Kosten absehen.

1 Funktionell zuständig für die Entscheidung darüber, ob Gebühren zu ermäßigen sind oder von der Kostenerhebung abzusehen ist, ist gem. § 46 KostVfg der Beamte, der die Sachentscheidung zu treffen hat. Die Entscheidung kann **von Amts wegen** aber auch auf **Antrag** zu treffen sein.

2 Möglich ist eine Gebührenermäßigung, aber auch ein vollständiges Absehen von der Kostenerhebung, was Gebühren und Auslagen umfassen würde (§ 1 I 1). Gründe für die in § 10 zugelassenen Entscheidungen sind beengte **wirtschaftliche Verhältnisse** des Kostenschuldners (zB Hartz IV, Arbeitslosengeld II) und **Billigkeitsgründe.** Hierbei handelt es sich um Umstände, die den Kostenansatz objektiv als unbillig erscheinen lassen. Diese können in den tatsächlichen und rechtlichen Umständen, durchaus aber auch in der Person des Kostenschuldners begründet sein.

Absehen von der Kostenerhebung wegen des öffentlichen Interesses

11 I Die Justizbehörde kann von der Erhebung der Gebühr für die Beglaubigung von Kopien, Ausdrucken, Auszügen und Dateien absehen, wenn die Beglaubigung für Zwecke verlangt wird, deren Verfolgung überwiegend im öffentlichen Interesse liegt.

II Die Justizbehörde kann von der Erhebung der Dokumenten- und Datenträgerpauschale ganz oder teilweise absehen, wenn

1. Kopien oder Ausdrucke gerichtlicher Entscheidungen für Zwecke verlangt werden, deren Verfolgung überwiegend im öffentlichen Interesse liegt, oder

2. Kopien oder Ausdrucke amtlicher Bekanntmachungen anderen Tageszeitungen als den amtlichen Bekanntmachungsblättern auf Antrag zum unentgeltlichen Abdruck überlassen werden.

1 Die frühere Regelung aus § 11 II S. 2 ist durch das KostRÄG 2021 vom 21.12.2020 (BGBl. I 3229) zum 1.1.2021 in V der Anm. zu KV 2000 eingestellt worden.

Nichterhebung von Kosten in bestimmten Fällen

12 **[1]Kosten in den Fällen des § 1 Absatz 3 werden nicht erhoben, wenn auf die Erstattung**

1. nach § 75 des Gesetzes über die internationale Rechtshilfe in Strafsachen,
2. nach § 71 des IStGH-Gesetzes oder
3. nach europäischen Rechtsvorschriften oder völkerrechtlichen Vereinbarungen, die besondere Kostenregelungen vorsehen,

ganz oder teilweise verzichtet worden ist. [2]In den in Satz 1 bezeichneten Angelegenheiten wird eine Dokumenten- oder Datenträgerpauschale in keinem Fall erhoben. [3]Das Gleiche gilt für Auslagen nach Nummer 9001 des Kostenverzeichnisses zum Gerichtskostengesetz.

Nichterhebung von Kosten bei unrichtiger Sachbehandlung

13 **Kosten, die bei richtiger Behandlung der Sache nicht entstanden wären, werden nicht erhoben.**

Die Regelung entspricht § 21 GKG, § 20 FamGKG und § 20 GNotKG, sodass die insoweit in Rechtsprechung und Literatur entwickelten Grundsätze herangezogen werden dürfen. Auf die entsprechenden Kommentierungen dieser Normen wird verwiesen. 1

Abschnitt 4. Kostenhaftung

Amtshandlungen auf Antrag

14 **I Die Kosten für Amtshandlungen, die auf Antrag durchgeführt werden, schuldet, wer den Antrag gestellt hat, soweit nichts anderes bestimmt ist.**

II [1]Absatz 1 gilt nicht in den in § 12 Satz 1 bezeichneten Angelegenheiten für den Verfolgten oder Verurteilten sowie im Schlichtungsverfahren nach § 57a des Luftverkehrsgesetzes. [2]Die §§ 57a und 87n Absatz 6 des Gesetzes über die internationale Rechtshilfe in Strafsachen bleiben unberührt.

I. Amtshandlungen auf Antrag (I). Wird eine Amtshandlung auf Antrag durchgeführt, schuldet der Antragsteller die Kosten der Amtshandlung. Antragsteller ist derjenige, der ausdrücklich oder konkludent die Amtshandlung ausgelöst hat. Die Haftung hängt nicht davon ab, ob der Antrag zulässig oder wirksam gestellt war. 1

II. Ausnahmen (II). Die Antragstellerhaftung gilt nicht (es ist etwas anderes bestimmt) 2

- für die in Abs. II genannten Angelegenheiten (Auslagen, Gebühren nach KV 1220–1222),
- für den Datenabruf aus einem Register oder dem Grundbuch (§ 15, Gebühren KV 1151 f.),
- für die Einstellung einer Schutzschrift (§ 15a, Gebühr KV 1160),
- für die Jahresgebühr beim Unternehmensregister (§ 16, Gebühr **KV 1410–1412]**),
- die Gebühr KV 1220 für die behördliche Schlichtung nach § 57a LuftVG, § 16a,
- die Gebühr nach KV 1503 für die Mahnung nach § 5 II JBeitrG, § 17.

Datenabruf aus einem Register oder dem Grundbuch

15 **[1]Die Gebühren für den Abruf von Daten oder Dokumenten aus einem Register oder dem Grundbuch schuldet derjenige, der den Abruf tätigt. [2]Erfolgt der Abruf unter einer Kennung, die aufgrund der Anmeldung zum Abrufverfahren vergeben worden ist, ist Schuldner der Gebühren derjenige, der sich zum Abrufverfahren angemeldet hat.**

1 **I. Anwendungsbereich.** Die von § 15 erfassten Gebühren sind in KV 1151 f. geregelt. Kostenschuldner der Gebühren ist nach S. 1 derjenige, der den Abruf tätigt. Bei Abruf unter einer hierfür vergebenen Kennung ist Kostenschuldner derjenige, der sich zu diesem Abrufverfahren angemeldet hat. § 15 gilt nicht für die Gebühr KV 1150, die nach § 14 geschuldet wird.

2 **II. Besonderheiten für Notare.** Erfolgt der Abruf durch einen **Notar,** ist dieser Kostenschuldner. Die Abrufgebühren nach KV 1151, 1152 können nach KV 32011 GNotKG dem Kostenschuldner durch den Notar als Auslage in Rechnung gestellt werden. Weil der Notar nach § 15 Kostenschuldner ist, handelt es sich bei den Abrufgebühren nicht um einen umsatzsteuerfreien durchlaufenden Posten, sondern eine eigene Kostenschuld des Notars und damit um einen steuerbaren Umsatz (§ 10 I 5 UStG; vgl. BGH NJW 2011, 3041; BFH NJW 1968, 423; OLG Saarbrücken BeckRS 2019, 1552). Der Notar stellt seinem Kostenschuldner die Abrufgebühren also zzgl. Umsatzsteuer nach KV 32014 GNotKG in Rechnung (Bormann/Diehn/Sommerfeldt/Diehn GNotKG KV 32011 Rn. 4).

Schutzschriftenregister

15a Die Gebühr für die Einstellung einer Schutzschrift schuldet derjenige, der die Schutzschrift eingereicht hat.

1 § 15a bestimmt den Kostenschuldner der Gebühr KV 1160. Kostenschuldner ist danach derjenige, der gem. §§ 945a, 945b ZPO eine Schutzschrift zum Schutzschriftenregister nach der Schutzschriftenregisterverordnung eingereicht hat.

Unternehmensregister

16 I Die Jahresgebühr für die Führung des Unternehmensregisters schuldet

1. jedes Unternehmen, das seine Rechnungslegungsunterlagen oder Unternehmensberichte der das Unternehmensregister führenden Stelle zur Einstellung in das Unternehmensregister zu übermitteln hat, und

2. jedes Unternehmen, das in dem betreffenden Kalenderjahr nach § 8b Absatz 2 Nummer 9 und 10, Absatz 3 Satz 1 Nummer 2 des Handelsgesetzbuchs selbst oder durch einen von ihm beauftragten Dritten Daten an das Unternehmensregister übermittelt hat.

II Die Gebühr für das Verfahren zur Einstellung von Unterlagen in das Unternehmensregister schuldet derjenige, der die Unterlagen selbst oder durch einen von ihm beauftragten Dritten an das Unternehmensregister übermittelt hat.

III Die Gebühr für das Verfahren zur Registrierung nach § 3 Absatz 2 und 3 der Unternehmensregisterverordnung schuldet der zu registrierende Nutzer.

1 § 16 regelt den Kostenschuldner für die in KV 1410–1412 geregelten Jahresgebühren. Die Fälligkeit ergibt sich aus § 6 Abs. 3.

Behördliche Schlichtung nach § 57a des Luftverkehrsgesetzes

16a Die Gebühr 1220 des Kostenverzeichnisses schuldet nur das Luftfahrtunternehmen.

Mahnung bei der Forderungseinziehung nach dem Justizbeitreibungsgesetz

17 Die Gebühr für die Mahnung bei der Forderungseinziehung schuldet derjenige Kostenschuldner, der nach § 5 Absatz 2 des Justizbeitreibungsgesetzes besonders gemahnt worden ist.

Gem. § 5 II soll der sich aus § 4 ergebende Vollstreckungsschuldner in der Regel vor Beginn der Vollstreckung zur Leistung innerhalb von zwei Wochen schriftlich aufgefordert und nach vergeblichem Ablauf der Frist besonders gemahnt werden. Für diese besondere Mahnung fällt die Gebühr KV 1503 über 5,00 EUR an, die **nur** von dem besonders gemahnten Vollstreckungsschuldner gefordert werden kann (vgl. iÜ bei KV 1503). 1

Weitere Fälle der Kostenhaftung

18 Die Kosten schuldet ferner derjenige,

1. dem durch eine Entscheidung der Justizbehörde oder des Gerichts die Kosten auferlegt sind,

2. der sie durch eine vor der Justizbehörde abgegebene oder ihr mitgeteilte Erklärung übernommen hat und

3. der nach den Vorschriften des bürgerlichen Rechts für die Kostenschuld eines anderen kraft Gesetzes haftet.

Die in § 18 geregelten Kostenschuldner sind mit denen des § 29 Nr. 1–3 GKG vergleichbar, so dass auf die entsprechende Kommentierung verwiesen werden kann. 1

Mehrere Kostenschuldner

19 Mehrere Kostenschuldner haften als Gesamtschuldner.

Die in § 19 geregelte gesamtschuldnerische Haftung mehrerer Kostenschuldner ist auch in § 31 I GKG geregelt, so dass auf die entsprechende Kommentierung verwiesen werden kann. Bei einer Inanspruchnahme gesamtschuldnerisch haftender Kostenschuldner hat der Kostenbeamte der Justizbehörde § 8 Abs. 3, 4 KostVfg zu berücksichtigen. 1

Abschnitt 5. Öffentlich-rechtlicher Vertrag

Übermittlung gerichtlicher Entscheidungen

20 I Für die Übermittlung gerichtlicher Entscheidungen in Form elektronisch auf Datenträgern gespeicherter Daten kann durch öffentlich-rechtlichen Vertrag anstelle der zu erhebenden Auslagen eine andere Art der Gegenleistung vereinbart werden, deren Wert den ansonsten zu erhebenden Auslagen entspricht.

II Werden neben der Übermittlung gerichtlicher Entscheidungen zusätzliche Leistungen beantragt, insbesondere eine Auswahl der Entscheidungen nach besonderen Kriterien, und entsteht hierdurch ein nicht unerheblicher Aufwand, so ist durch öffentlich-rechtlichen Vertrag eine Gegenleistung zu vereinbaren, die zur Deckung der anfallenden Aufwendungen ausreicht.

III Werden Entscheidungen für Zwecke verlangt, deren Verfolgung überwiegend im öffentlichen Interesse liegt, so kann auch eine niedrigere Gegenleistung vereinbart oder auf eine Gegenleistung verzichtet werden.

Auskunft für wissenschaftliche Forschungsvorhaben

21 [1]Erfordert die Erteilung einer Auskunft für wissenschaftliche Forschungsvorhaben aus den vom Bundesamt für Justiz geführten Registern einen erheblichen Aufwand, ist eine Gegenleistung zu vereinbaren, welche die notwendigen Aufwendungen deckt. [2]§ 10 ist entsprechend anzuwenden.

Abschnitt 6. Rechtsbehelf und gerichtliches Verfahren

Einwendungen und gerichtliches Verfahren

22 **I 1 Über Einwendungen gegen den Ansatz der Kosten oder gegen Maßnahmen nach den §§ 8 und 9 entscheidet das Amtsgericht, in dessen Bezirk die Justizbehörde ihren Sitz hat. 2 Für das gerichtliche Verfahren sind § 66 Absatz 2 bis 8 sowie die §§ 67 und 69a des Gerichtskostengesetzes entsprechend anzuwenden.**

II Betreffen gerichtliche Verfahren nach Absatz 1 Justizverwaltungsangelegenheiten der Vorstände der Gerichte der Verwaltungs-, Finanz-, Sozial- und Arbeitsgerichtsbarkeit, in denen Kosten nach landesrechtlichen Vorschriften erhoben werden, entscheidet anstelle des Amtsgerichts das Eingangsgericht der jeweiligen Gerichtsbarkeit, in dessen Bezirk die Behörde ihren Sitz hat.

1 **I. Entscheidung durch das Amtsgericht (I). 1. Auswirkungen.** Der Eintritt der Fälligkeit (§§ 6, 7) und damit die Einforderung der Kosten kann nicht durch Einwendungen gegen den Kostenansatz verhindert werden (KG NJW 2016, 411).

2 **2. Zuständigkeit.** Zuständig zur Entscheidung über Einwendungen gegen den Kostenansatz ist stets das AG, in dessen Bezirk die Justizbehörde ihren Sitz hat. Das führt zB dazu, dass über Einwendungen gegen den Kostenansatz für die Erteilung der Apostille durch den Präsidenten des Landgerichts (KV 1310) nicht das LG, sondern das in I 1 genannte AG entscheidet.

3 **3. Verfahren.** Hinsichtlich des Verfahrens über die Einwendungen gegen den Kostenansatz verweist I 2 auf §§ 66 Abs. 2–8, 67 und 69a GKG (siehe zu Einzelheiten des Verfahrens dort). Die Anwendbarkeit der §§ 5a und 5b GKG im gerichtlichen Verfahren ergibt sich aus dem durch das KostRÄG 2021 vom 21.12.2020 (BGBl. I 3229) zum 1.1.2021 eingefügten § 5a. Die Entscheidung einer kostenrechtlichen Problematik durch den BGH ist wegen I 2, § 66 III 3 GKG ausgeschlossen.

4 **4. Justizverwaltungsangelegenheiten der Bundesländer.** Auch in den Verfahren, in denen Justizbehörden der Länder Kosten für Justizverwaltungsangelegenheiten nach landesrechtlichen Vorschriften erheben, gilt für Einwendungen gegen den Kostenansatz gem. § 1 IV § 22 und damit § 66 Abs. 2–8 GKG. Hierdurch wird sichergestellt, dass über Einwendungen gegen Kostenansätze in allen Justizverwaltungsangelegenheiten in dem gleichen Verfahren entschieden und die Anwendbarkeit vereinfacht wird.

5 **5. Gebühr KV 1503 (Mahnung).** Für die besondere Mahnung gem. § 5 II JBeitrG fällt die Gebühr KV 1503 über 5,00 EUR an, die nur von dem besonders gemahnten Vollstreckungsschuldner gefordert werden kann. Die Mahngebühr wird nicht durch den Kostenbeamten erhoben, der in dem betroffenen gerichtlichen Verfahren den Kostenansatz aufstellt (vgl. § 19 GKG, § 18 FamGKG, § 18 GNotKG), sondern erst später von der für die **Vollstreckung** der Kostenforderung zuständigen Stelle – ggf. automatisiert – nach der besonderen Mahnung gem. § 5 II JBeitrG.

6 Zur Entscheidung über die Erinnerung gegen den Kostenansatz in dem betroffenen Verfahren ist gem. § 66 I GKG, § 57 I FamGKG, § 81 I GNotKG das Gericht zuständig, bei dem die Kosten angesetzt sind. Über Einwendungen gegen den Ansatz der Mahngebühr KV 1503 ist nach I 1 dagegen das AG zuständig, in dessen Bezirk die Justizbehörde – das ist hier die Vollstreckungsbehörde, die die Kostenforderung einzieht und den Kostenschuldner besonders gemahnt hat – ihren Sitz hat.

7 Die Zuständigkeiten zur Entscheidung über Einwendungen gegen eine Kostenrechnung, die auch die Gebühr KV 1503 enthält, können dadurch auseinanderfallen. Praktische Bedeutung dürfte das aber nur dann erlangen, wenn der Ansatz der Gebühr KV 1503 gesondert beanstandet wird, weil die Voraussetzungen für deren Ansatz gem. § 5 II JBeitrG und/oder nach den Bestimmungen des JVKostG nicht vorliegen. Wird der zugrunde liegende Kostenansatz im Verfahren gem. § 66 GKG vollständig

aufgehoben, dürfte im Regelfall auch die Grundlage für die Erhebung der Gebühr KV 1503 wegfallen.

II. Justizverwaltungsangelegenheiten der Fachgerichtsbarkeiten (II). I ist auch anwendbar, wenn es sich um Justizverwaltungsangelegenheiten der in II genannten Fachgerichtsbarkeiten handelt. Anstelle des Amtsgerichts entscheidet aber das Eingangsgericht der jeweiligen Gerichtsbarkeit, in dessen Bezirk die Behörde ihren Sitz hat (Arbeitsgericht, Sozialgericht, Verwaltungsgericht, Finanzgericht). 8

Abschnitt 7. Schluss- und Übergangsvorschriften

Bekanntmachung von Neufassungen

23 **[1] Das Bundesministerium der Justiz und für Verbraucherschutz kann nach Änderungen den Wortlaut des Gesetzes feststellen und als Neufassung im Bundesgesetzblatt bekannt machen. [2] Die Bekanntmachung muss auf diese Vorschrift Bezug nehmen und angeben**

1. den Stichtag, zu dem der Wortlaut festgestellt wird,
2. die Änderungen seit der letzten Veröffentlichung des vollständigen Wortlauts im Bundesgesetzblatt sowie
3. das Inkrafttreten der Änderungen.

§ 23 erlaubt es dem Bundesministerium der Justiz und für Verbraucherschutz, das JVKostG bei Bedarf in der neuen Fassung bekannt zu machen, um die Übersichtlichkeit der aktuellen Rechtslage weiter zu gewährleisten. § 23 räumt dem Bundesministerium der Justiz und für Verbraucherschutz deshalb die allgemeine **Erlaubnis zur Bekanntmachung von Neufassungen** ein, da das JVKostG und die anderen Kostengesetze wegen ihrer Abhängigkeit von zahlreichen Verfahrensgesetzen einer häufigen Änderung unterliegen. Oft seien mehrere Änderungen gleichzeitig im Gesetzgebungsverfahren und es lasse sich nicht abschätzen, welches Gesetz als Letztes verabschiedet werde und somit den Anlass für eine Neubekanntmachungserlaubnis gebe (BT-Drs. 17/3356, 20). 1

Übergangsvorschrift

24 **[1] Das bisherige Recht ist anzuwenden auf Kosten**

1. für Amtshandlungen, die auf Antrag durchgeführt werden, wenn der Antrag vor dem Inkrafttreten einer Gesetzesänderung bei der Justizbehörde eingegangen ist,
2. für ein gerichtliches Verfahren, wenn das Verfahren vor dem Inkrafttreten einer Gesetzesänderung anhängig geworden ist,
3. für den Abruf von Daten und Dokumenten aus einem Register oder dem Grundbuch, wenn die Kosten vor dem ersten Tag des auf das Inkrafttreten einer Gesetzesänderung folgenden Monats fällig geworden sind,
4. in den übrigen Fällen, wenn die Kosten vor dem Inkrafttreten einer Gesetzesänderung fällig geworden sind.

[2] Dies gilt auch, wenn Vorschriften geändert werden, auf die das Justizverwaltungskostengesetz verweist.

Übergangsvorschrift aus Anlass des Inkrafttretens dieses Gesetzes

25 **I Die Justizverwaltungskostenordnung in der im Bundesgesetzblatt Teil III, Gliederungsnummer 363-1, veröffentlichten bereinigten Fassung, die zuletzt durch Artikel 2 des Gesetzes vom 11. Juni 2013 (BGBl. I S. 1545) geändert worden ist, und Verweisungen hierauf sind weiter anzuwenden auf Kosten**

1. für Amtshandlungen, die auf Antrag durchgeführt werden, wenn der Antrag vor dem Inkrafttreten des 2. Kostenrechtsmodernisierungsgesetzes vom 23. Juli 2013 (BGBl. I S. 2586) bei der Justizbehörde eingegangen ist,

2. für ein gerichtliches Verfahren, wenn das Verfahren vor dem Inkrafttreten des 2. Kostenrechtsmodernisierungsgesetzes vom 23. Juli 2013 (BGBl. I S. 2586) anhängig geworden ist,

3. für den Abruf von Daten und Dokumenten aus einem Register oder dem Grundbuch, wenn die Kosten vor dem ersten Tag des auf das Inkrafttreten des 2. Kostenrechtsmodernisierungsgesetzes vom 23. Juli 2013 (BGBl. I S. 2586) folgenden Kalendermonats fällig geworden sind,

4. in den übrigen Fällen, wenn die Kosten vor dem Inkrafttreten des 2. Kostenrechtsmodernisierungsgesetzes vom 23. Juli 2013 (BGBl. I S. 2586) fällig geworden sind.

II Soweit wegen der Erhebung von Haftkosten die Vorschriften des Gerichtskostengesetzes entsprechend anzuwenden sind, ist auch § 73 des Gerichtskostengesetzes entsprechend anzuwenden.

Anlage (zu § 4 Absatz 1)

Kostenverzeichnis

Die Anhebung der Gebühren zum 1.1.2021 durch das Kostenrechtsänderungsgesetz 2021 erfasst Altfälle nicht; zur Abgrenzung in zeitlicher Hinsicht vgl. die Dauerübergangsregelung des § 24.

Übersicht

Teil 1. Gebühren

Hauptabschnitt 1. Register- und Grundbuchangelegenheiten

Abschnitt 1. Rechtsdienstleistungsregister

Nr.	Gebührentatbestand	Gebührenbetrag
1110	**Registrierung nach dem RDG** .... **Bei Registrierung einer juristischen Person oder einer** ***[bis 31.12.2023:]*** **Gesellschaft ohne Rechtspersönlichkeit** ***[Fassung ab 1.1.2024: rechtsfähigen Personengesellschaft]*** **wird mit der Gebühr auch die Eintragung einer qualifizierten Person in das Rechtsdienstleistungsregister abgegolten.**	**150,00 €**
1111	**Eintragung einer qualifizierten Person in das Rechtsdienstleistungsregister, wenn die Eintragung nicht durch die Gebühr 1110 abgegolten ist:** **je Person**	**150,00 €**
1112	**Widerruf oder Rücknahme der Registrierung**	**75,00 €**

Abschnitt 2. *(aufgehoben)*

Abschnitt 3. Bundeszentral- und Gewerbezentralregister

Vorbemerkung 1.1.3:

Die Gebühr 1130 wird nicht erhoben, wenn ein Führungszeugnis zur Ausübung einer ehrenamtlichen Betreuung (§ 19 Abs. 1, § 21 BtOG) oder einer ehrenamtlichen Tätigkeit benötigt wird, die für eine gemeinnützige Einrichtung, für eine Behörde oder im Rahmen eines der in § 32 Abs. 4 Nr. 2 Buchstabe d EStG genannten Dienste ausgeübt wird.

1 Die Vorb. 1.1.3 ist **zum 1.1.2023** durch das Gesetz zur Reform des Vormundschafts- und Betreuungsrechts vom 4.5.2021 (BGBl. I. 882) geändert worden. Die Einholung eines Führungszeugnisses ist nach KV 1130 gebührenpflichtig. Die Vorb. 1.1.3 KV hat für die Ausübung der ehrenamtlichen Tätigkeit eines Betreuers bisher keinen Ausnahmetatbestand vorgesehen. Die Einholung des Führungszeugnisses für einen ehrenamtlichen Betreuer ist insoweit durch die Änderung der Vorb. 1.1.3 KV **seit 1.1.2023** gebührenfrei.

Nr.	Gebührentatbestand	Gebührenbetrag
1130	**Führungszeugnis nach § 30a oder § 30b BZRG**	13,00 €
1131	*(aufgehoben)*	
1132	**Auskunft nach § 150 Abs. 1 S. 1 der Gewerbeordnung**	13,00 €

1 Es war geplant, eine neue KV 1133 durch das Gesetz zur Stärkung der Integrität in der Wirtschaft einzufügen: Für Auskünfte aus dem Verbandssanktionenregister nach § 58 VerSanG sollte – wie für eine Auskunft nach § 150 GewO aus dem Gewerbezentralregister (KV 1132) – eine Gebühr in Höhe von 13 Euro entstehen. IÜ sollten in Angelegenheiten des Verbandssanktionenregisters mit Ausnahme der Dokumentenpauschale keine Kosten entstehen (§ 3 Nr. 5). Das Gesetz wurde allerdings in der Wahlperiode nicht verabschiedet und ist deshalb der Diskontinuität anheim gefallen.

Abschnitt 4. *(aufgehoben)*

Abschnitt 5. Einrichtung und Nutzung des automatisierten Abrufverfahrens in Grundbuchangelegenheiten, in Angelegenheiten der Schiffsregister, des Schiffsbauregisters und des Registers für Pfandrechte an Luftfahrzeugen

Vorbemerkung 1.1.5:

I [1] Dieser Abschnitt gilt für den Abruf von Daten und Dokumenten aus dem vom Grundbuchamt oder dem Registergericht geführten Datenbestand. [2] Für den Aufruf von Daten und Dokumenten in der Geschäftsstelle des Grundbuchamts oder des Registergerichts werden keine Gebühren erhoben. [3] Der Abruf von Daten aus den Verzeichnissen (§ 12a Abs. 1 der Grundbuchordnung, § 31 Abs. 1, § 55 Satz 2 SchRegDV, §§ 10 und 11 Abs. 3 Satz 2 LuftRegV) und der Abruf des Zeitpunkts der letzten Änderung des Grundbuchs oder Registers sind gebührenfrei.

II Neben den Gebühren werden keine Auslagen erhoben.

Nr.	Gebührentatbestand	Gebührenbetrag
1150	**Genehmigung der Landesjustizverwaltung zur Teilnahme am eingeschränkten Abrufverfahren (§ 133 Abs. 4 Satz 3 der Grundbuchordnung, auch i. V. m. § 69 Abs. 1 Satz 2 SchRegDV, und § 15 LuftRegV) .....** **[1] Mit der Gebühr ist die Einrichtung des Abrufverfahrens für den Empfänger mit abgegolten. [2] Mit der Gebühr für die Genehmigung in einem Land sind auch weitere Genehmigungen in anderen Ländern abgegolten.**	**50,00 €**
1151	**Abruf von Daten aus dem Grundbuch oder Register:** **für jeden Abruf aus einem Grundbuch- oder Registerblatt ....**	**8,00 €**
1152	**Abruf von Dokumenten, die zu den Grund- oder Registerakten genommen wurden:** **für jedes abgerufene Dokument ....**	**1,50 €**

I. Anwendungsbereich. KV 1151 und 1152 regeln die Gebühren beim Abruf von Daten aus dem Grundbuch, dem Schiffsregister, dem Schiffsbauregister und dem Register für Pfandrechte an Luftfahrzeugen und beim Abruf von Dokumenten, die zu den Grund- oder Registerakten genommen wurden. Abrufe in Handels-, Partnerschafts-, Genossenschafts- und Vereinsregisterangelegenheiten sind **bis 31.7.2022 nach** KV 1140 f. abgerechnet worden. Die Gebühren in KV 1140, 1141 für den Abruf von Daten in Handels-, Partnerschafts-, Genossenschafts- und Vereinsregisterangelegenheiten sind zum 1.8.2022 durch Art. 11 Gesetz zur Umsetzung der Digitalisierungsrichtlinie (DiRUG) vom 5.7.2021 (BGBl. I. 3338) aufgehoben worden. Grund hierfür ist der generelle Verzicht auf die Erhebung von Abrufgebühren (siehe dazu BT-Drs. 19/28177, 63). KV 1152 stellt im Unterschied zu der bis 31.7.2022 geltenden KV 1141 nicht auf die abgerufene Datei, sondern das abgerufene Dokument ab. Allerdings wird auch hier davon auszugehen sein, dass sich das Dokument nur auf die separat gespeicherte Datei und nicht auf den gesamten Vorgang bezieht und die Gebühr für jeden Abruf einer gesondert gespeicherten Datei besonders anfällt. 1

KV 1151 gilt nicht für den Abruf von Daten aus dem Grundbuch oder dem Register selbst, sondern für den Abruf von Dokumenten, die zu den Grund- und Registerakten genommen worden sind. Dazu gehören zB Eintragungsanträge und -bewilligungen, Grundpfandrechtsbriefe und Vertretungsbescheinigungen. 2

II. Aufruf in der Geschäftsstelle des Grundbuchamts oder Registergerichts. Für den Aufruf von Daten und Dokumenten an einem Computersystem in der Geschäftsstelle des Grundbuchamts oder des Registergerichts werden keine Gebühren erhoben (Vorb. 1.1.5 I 2. Der Aufruf ist damit **sachlich gebührenbefreit.** Der Aufruf in der Geschäftsstelle des Registergerichts umfasst eine Einsicht und eine Auskunft sowohl in das Register als auch in die Registerakten, Böhringer Rpfleger 2014, 404. 3

Bei Fertigung einer Kopie oder Erteilung eines Ausdrucks durch das Grundbuchamt oder das Registergericht richtet sich die **Dokumentenpauschale** nach KV 17000–17003 GNotKG (BT-Drs. 16/960, 70; Böhringer Rpfleger 2014, 404). Deren Erhebung schließt Vorb. 1.1.5 II KV nicht aus, weil Auslagen nur im Falle des Anfalls einer Gebühr nicht erhoben werden. Der Aufruf ist aber sachlich gebührenfrei. 4

III. Fälligkeit. Die Fälligkeit der Abrufgebühren der Gebühren KV 1151, 1151 richtet sich nach § 6 Abs. 2, die der Genehmigungsgebühr KV 1150 nach § 6 Abs. 1. 5

IV. Kostenschuldner. Der Kostenschuldner der Abrufgebühren KV 1151, 1152 bestimmt sich nach § 15, der der Genehmigungsgebühr KV 1150 nach § 14 Abs. 1. 6

Kostenschuldner der Gebühr KV 1150 ist deshalb derjenige, der die Genehmigung beantragt.

7 Erfolgt der Abruf durch einen **Notar,** ist dieser demnach Kostenschuldner der Abrufgebühren KV 1151, 1152. Die Abrufgebühren werden nach KV 32011 GNotKG dem Kostenschuldner des Notars durch diesen als Auslage in Rechnung gestellt. Weil der Notar nach § 15 Kostenschuldner ist, handelt es sich bei den Abrufgebühren nicht um einen umsatzsteuerfreien durchlaufenden Posten, sondern eine eigene Kostenschuld des Notars und damit um einen steuerbaren Umsatz (§ 10 I 5 UStG; vgl. BGH NJW 2011, 3041; BFH NJW 1968, 423; OLG Saarbrücken BeckRS 2019, 1552). Der Notar stellt seinem Kostenschuldner die Abrufgebühren also zzgl. Umsatzsteuer nach KV 32014 in Rechnung (Bormann/Diehn/Sommerfeldt/Diehn GNotKG KV 32011 Rn. 4).

7a **V. KV 1152.** Während in KV 1141 (aufgehoben **zum 1.8.2022** durch Art. 11 Gesetz zur Umsetzung der Digitalisierungsrichtlinie (DiRUG) vom 5.7.2021 (BGBl. I. 3338)) für die Entstehung der Gebühr auf den Abruf von zum Register eingereichten Dokumenten auf jede abgerufene Datei abgestellt wurde, kommt es in KV 1152 nicht auf die abgerufene Datei, sondern auf das abgerufene Dokument an. Unklar ist, ob der Gesetzgeber in der früheren KV 1141 einerseits und KV 1152 andererseits bewusst zwischen dem Abruf einer Datei und eines Dokuments unterschieden hat. Im Ergebnis wird bei KV 1152 darauf abzustellen sein, dass sich auch der Begriff des Dokuments auf die gespeicherte Datei bezieht, um bei der kostenrechtlichen Beurteilung nicht auf den Dokumenteninhalt abstellen zu müssen. Das Kostenrecht muss sich nach klaren, objektiv leicht feststellbaren Kriterien richten. Damit fällt die Gebühr für jeden Abruf einer gesondert gespeicherten Datei an, ohne dass es darauf ankommt, welche Dokumente in der Datei im Einzelnen enthalten sind. Eine Datei ist ein strukturierter bzw. nach zweckmäßigen Kriterien geordneter, zur Aufbewahrung geeigneter Bestand inhaltlich zusammen gehöriger Daten, der auf einem beliebigen Datenträger oder Speichermedium abgelegt bzw. gespeichert werden kann (OLG Düsseldorf NJW 2008, 2058).

Abschnitt 6. Schutzschriftenregister

Nr.	Gebührentatbestand	Gebührenbetrag
1160	**Einstellung einer Schutzschrift**	**83,00 €**

1 **I. Normzweck und Anwendungsbereich.** KV 1160 regelt die Gebührenpflicht für die Einstellung einer Schutzschrift in das **Schutzschriftenregister** nach § 945a ZPO. Die Einstellung in das Schutzschriftenregister ist damit eine Justizverwaltungsangelegenheit. Das Schutzschriftenregister wird durch die Landesjustizverwaltung Hessen für die Länder geführt. Die Einreichung einer Schutzschrift bei dem Gericht selbst ist dagegen **gerichtsgebührenfrei.**

2 **II. Einstellung einer Schutzschrift.** Die Schutzschrift, ihre Anlagen und der strukturierte Datensatz sind gem. § 2 II der Schutzschriftenregisterverordnung (SRV) vom 24.11.2015 (BGBl. I 2135) nach Maßgabe von § 2 IV ff. SRV als **elektronisches Dokument** gem. § 2 IV, V SRV auf einem sicheren Übermittlungsweg (zB beA) bei dem Register einzureichen. Die gebührenauslösende **Einstellung** einer Schutzschrift (Gebühr KV 1160 iHv 83 EUR) in das Register ist gem. § 3 II SRV erfolgt, wenn sie auf der für den Abruf bestimmten Einrichtung des Registers **elektronisch gespeichert** und für die Gerichte der Länder **abrufbar** ist. Der **Abruf** der Schutzschrift nach § 4 SRV ist gebührenfrei.

2a Der Gebührentatbestand setzt nicht voraus, dass es sich bei dem eingestellten Dokument um einen Schriftsatz handelt, der **inhaltlich** den Anforderungen einer Schutzschrift im Sinne des § 945a I 2 ZPO genügt (OLG Frankfurt NJW 2022, 881). Gebührenauslösend ist das, was der Einreicher in einem sich abgeschlossenen technischen Datenverarbeitungsvorgang zur Einstellung in das Register übermittelt, ohne dass eine Inhalts- oder eine Zulässigkeitsprüfung stattfindet (vgl. § 3 III 1 SRV; OLG Frankfurt, aaO).

De Gebühr fällt **mehrfach** an, wenn der Kostenschuldner eine an sich einheitliche Schutzschrift in mehrere Einzeldokumente aufgeteilt und diese jeweils gesondert in einem abgeschlossenen technischen Datenverarbeitungsvorgang nach § 2 SRV zur Einstellung in das ZSSR übermittelt hat (OLG Frankfurt NJW 2022, 881). 2b

III. Kostenschuldner, Fälligkeit, Vorschuss und Vorauszahlung. § 15a bestimmt den **Kostenschuldner** der Gebühr KV 1160. Kostenschuldner ist danach derjenige, der gem. §§ 945a, b ZPO eine Schutzschrift zum Schutzschriftenregister nach der Schutzschriftenregisterverordnung eingereicht hat. Die **Fälligkeit** der Gebühr ergibt sich aus § 6 I. **Vorschuss** und **Vorauszahlungspflicht** sind nach § 8 möglich. 3

IV. Kostenrechnung. Wenn die Schutzschrift über ein eigenes EGVP, BeA oder Postfach eines OSCI Drittanbieters eingereicht worden ist, wird die Kostenrechnung von der Landesjustizverwaltung Hessen dorthin übersandt, andernfalls wird sie auf dem Postweg versandt. 4

Hauptabschnitt 2. Verfahren des Bundesamts für Justiz

Abschnitt 1. Ordnungsgeldverfahren

Vorbemerkung 1.2.1:

Wird ein Ordnungsgeldverfahren gegen mehrere Personen durchgeführt, entstehen die Gebühren für jede Person gesondert.

Nr.	Gebührentatbestand	Gebührenbetrag
1210	**Durchführung eines Ordnungsgeldverfahrens nach § 335 HGB**	**100,00 €**
1211	**Festsetzung eines zweiten und jedes weiteren Ordnungsgelds jeweils**	**100,00 €**

Abschnitt 2. Schlichtung nach § 57a LuftVG

Nr.	Gebührentatbestand	Gebührenbetrag
1220	**Verfahrensgebühr** .... **Die Gebühr entsteht nicht, wenn dem Fluggast die Gebühr 1224 auferlegt oder das Schlichtungsbegehren dem Luftfahrtunternehmen nicht zugeleitet wird.**	**330,00 €**
1221	**Beendigung des gesamten Verfahrens infolge Anerkennung der Forderung des Fluggastes durch das Luftfahrtunternehmen innerhalb von vier Wochen ab Zuleitung des Schlichtungsbegehrens:** **Die Gebühr 1220 ermäßigt sich auf**	**75,00 €**
1222	**Beendigung des gesamten Verfahrens vor Absendung des Schlichtungsvorschlags an die Beteiligten in anderen als den in Nummer 1221 genannten Fällen:** **Die Gebühr 1220 ermäßigt sich auf**	**150,00 €**
1223	**Anspruchsteller sind in einem Verfahren mehrere Fluggäste:** **Die Verfahrensgebühr erhöht sich für jeden weiteren Fluggast um**	**30,00 €**
1224	**Auferlegung einer Gebühr nach § 57a Absatz 3 LuftVG**	**30,00 €**

1 **I. Ordnungsgeldverfahren (KV 1210, 1211).** Die Durchführung eines Ordnungsgeldverfahrens durch das Bundesamt für Justiz (§ 335 I 1 HGB) löst die **Festgebühr** KV 1210 iHv 100 EUR aus, die bei der Durchführung gegen mehrere Personen für jede Person gesondert entsteht. Für die Festsetzung eines zweiten und jedes weiteren Ordnungsgelds entsteht die Gebühr jeweils erneut mit 100 EUR. Wenn daher ein Ordnungsgeldverfahren gem. § 335 HGB gegen die 7 Vorstände einer Aktiengesellschaft durchgeführt wird und es zu zwei weiteren Festsetzungen von Ordnungsgeldern gegen alles 7 Vorstandsmitglieder kommt, beläuft sich die vom Bundesamt für Justiz zu erhebende Gebühr auf 2.100 EUR.

2 Gem. § 335 III 2 HGB hat das Bundesamt mit der Androhung des Ordnungsgeldes den Beteiligten zugleich die Kosten des Verfahrens aufzuerlegen. Die Gebühr KV 1210 wird deshalb gem. § 6 I 2 **fällig** mit der Kostenauferlegung gem. § 335 III 2 HGB.

3 **Kostenschuldner** ist gem. § 18 Nr. 1 derjenige, dem das Bundesamt gem. § 335 III 2 HGB die Kosten auferlegt hat.

4 Gem. § 335a I HGB findet gegen die Entscheidung, durch die das Ordnungsgeld festgesetzt oder der Einspruch oder der Antrag auf Wiedereinsetzung in den vorigen Stand verworfen wird, sowie gegen die Entscheidung nach § 335 III 5 HGB die **Beschwerde** nach §§ 58 ff. FamFG statt. Über die Beschwerde entscheidet das für den Sitz des Bundesamtes zuständige Landgericht Bonn. Das Beschwerdeverfahren löst eine **Gerichtsgebühr** nach KV 19115 GNotKG über 150 EUR aus, wenn die Beschwerde verworfen oder zurückgewiesen wird.

5 **II. Anwendungsbereich (KV 1220–1222).** KV 1220–1222 sind zum 17.7.2020 durch das Dritte Gesetz zur Harmonisierung des Haftungsrechts im Luftverkehr vom 10.7.2020 (BGBl. I 1655) durch KV 1220–1224 ersetzt worden. Zur außergerichtlichen Beilegung von Streitigkeiten über Ansprüche von Fluggästen nach § 57b I LuftVG gegen Luftfahrtunternehmen, die nicht an einem Schlichtungsverfahren einer anerkannten privatrechtlich organisierten Schlichtungsstelle nach § 57 LuftBG teilnehmen, können Fluggäste gem. § 57a LuftVG die Schlichtungsstelle anrufen, die bei dem Bundesamt für Justiz einzurichten ist. Die Gebühren werden daher durch das **Bundesamt für Justiz** (Schlichtungsstelle Luftverkehr) erhoben.

6 **III. Schlichtungsverfahren gem. § 57a LuftVG (KV 1220).** Die Verfahrensgebühr KV 1220 **entsteht** mit der Anrufung des Bundesamts durch Fluggäste. Sie entsteht nicht, wenn das Bundesamt dem Fluggast die Gebühr KV 1224 auferlegt oder das Schlichtungsbegehren dem Luftfahrtunternehmen nicht zugeleitet wird. Die Verfahrensgebühr wird gem. § 6 I S. 1 mit der Beendigung des Schlichtungsverfahrens bzw. gem. § 6 I S. 2 mit einer Kostenentscheidung des Bundesamts **fällig.**

7 Im Schlichtungsverfahren nach § 57a LuftVG ist der Antragsteller gem. § 14 II S. 1 kein Kostenschuldner. Gem. § 16a schuldet die Gebühr des Schlichtungsverfahrens nach § 57a LuftVG iHv 330 EUR nur das Luftfahrtunternehmen.

8 **IV. Gebührenermäßigung (KV 1221).** Wenn das Luftfahrtunternehmen die Forderung des Fluggastes innerhalb von vier Wochen ab Zuleitung des Schlichtungsbegehrens anerkennt und die Durchführung des Schlichtungsverfahrens dadurch entbehrlich wird, ermäßigt sich die Gebühr von 330 EUR (KV 1220) auf 75 EUR (KV 1221). Nach Ablauf der Frist kommt ggf. die Ermäßigung nach KV 1222 in Frage.

9 **V. Gebührenermäßigung (KV 1222).** KV 1222 ist als weiterer Ermäßigungstatbestand neben KV 1221 zum 17.7.2020 durch das Dritte Gesetz zur Harmonisierung des Haftungsrechts im Luftverkehr vom 10.7.2020 (BGBl. I 1655) eingefügt worden. KV 1222 knüpft anders als die Gebühr KV 1221 nicht an die Vier-Wochen-Frist des § 13 I S. 2 LuftSchlichtV an, sondern erfasst vielmehr alle weiteren vorzeitigen Verfahrenserledigungen (zB sonstige Erledigungserklärungen und Antragsrücknahmen) bis zur Absendung des Schlichtungsvorschlags an die Parteien erfassen. Die Gebührenermäßigung kann daher auch noch nach Ablauf der Vier-Wochen-Frist eintreten. Der Ermäßigungstatbestand soll die Bereitschaft der Parteien, am Schlichtungsverfahren mitzuwirken, fördern und das Schlichtungsverfahren als ein Instrument des Verbraucherschutzes weiter stärken. Die Gebühr ist doppelt so hoch wie die Gebühr KV 1221, weil die Verfahren, in denen die Forderung nicht binnen der Vier-Wochen-Frist anerkannt wird, generell einen höheren Aufwand bei der Schlichtungs-

stelle verursachen, etwa durch einen Einstieg in die inhaltliche Prüfung des Schlichtungsbegehrens oder durch die Einholung weiterer Stellungnahmen der Beteiligten (vgl. BT-Drs. 19/18790, 11, 14).

VI. Erhöhungsgebühr bei mehreren Fluggästen (KV 1223). KV 1223 ist zum 17.7.2020 durch das Dritte Gesetz zur Harmonisierung des Haftungsrechts im Luftverkehr vom 10.7.2020 (BGBl. I 1655) eingefügt worden. Danach erhöht sich die Verfahrensgebühr in Verfahren, in denen mehrere Fluggäste aus demselben tatsächlichen Grund, dh weil sie mit demselben Flug befördert wurden, bei dem der Haftungsgrund, etwa eine Annullierung, eingetreten ist, als Anspruchsteller auftreten, ab dem zweiten und für jeden weiteren Fluggast um 30 Euro. Die Regelung soll zum einen klarstellen, dass auch in Verfahren mit mehreren Anspruchstellern die Verfahrensgebühr nur einmal entsteht. Zum anderen soll damit aber auch der Mehraufwand kompensiert werden, der dadurch entsteht, dass mehrere Fluggäste an dem Verfahren beteiligt sind. Dieser Mehraufwand besteht beispielsweise darin, dass die Daten jedes Fluggastes gesondert zu erfassen sind, dass für jeden Fluggast gesondert zu prüfen ist, ob ein formgerechter Antrag vorliegt, sowie darin, dass für jeden Fluggast das Bestehen eines Anspruchs gegen das Luftfahrtunternehmen gesondert zu prüfen ist. Der Zuschlag fällt nur dann an, wenn mehrere Personen auf Anspruchstellerseite auftreten, jedoch nicht in den Fällen, in denen ein Fluggast in einem Verfahren gleichzeitig mehrere Ansprüche geltend macht (vgl. BT-Drs. 19/18790, 11, 14). 10

VII. Kostenauferlegung durch das Bundesamt (KV 1224). KV 1224 entspricht der früheren KV 1222 (geändert mWv 17.7.2020 durch das Dritte Gesetz zur Harmonisierung des Haftungsrechts im Luftverkehr vom 10.7.2020 (BGBl. I 655). Gem. § 57a III LuftVG kann das Bundesamt der Justiz dem Fluggast die Gebühr KV 1224 (bis 16.7.2020 KV 1222) iHv 30 EUR auferlegen, wenn die Geltendmachung des Anspruchs in dem in § 57a LuftVG geregelten Schlichtungsverfahren missbräuchlich ist. Der Fluggast ist dann gem. § 18 Nr. 1 **Kostenschuldner.** 11

Anhang zu KV 1222
Gebühr nach VSBG

Von dem Schlichtungsverfahren vor dem Bundesamt für Justiz nach §§ 57 ff. LuftVG (KV 1220–1222) ist die Schlichtung nach dem Gesetz über die alternative Streitbeilegung in Verbrauchersachen (**Verbraucherstreitbeilegungsgesetz** – VSBG) zu unterscheiden. Die von der Universalschlichtungsstelle des Landes gem. § 29 III 1 Nr. 1 und 2 VSBG für die Durchführung des Streitbeilegungsverfahrens vom Unternehmer zu erhebende Gebühr ist in § 31 VSBG geregelt, → VSBG § 31 Rn. 1 ff.

Hauptabschnitt 3. Justizverwaltungsangelegenheiten mit Auslandsbezug

Abschnitt 1. Beglaubigungen und Bescheinigungen

Nr.	Gebührentatbestand	Gebührenbetrag
1310	**Beglaubigung von amtlichen Unterschriften für den Auslandsverkehr**	**25,00 €**
	Die Gebühr wird nur einmal erhoben, auch wenn eine weitere Beglaubigung durch die übergeordnete Justizbehörde erforderlich ist.	
1311	**Bescheinigungen über die Beurkundungsbefugnis eines Justizbeamten, die zum Gebrauch einer Urkunde im Ausland verlangt werden**	**15,00 €**
	Die Gebühr wird nicht erhoben, wenn eine Beglaubigungsgebühr nach Nummer 1310 zum Ansatz kommt.	

1 **I. Beglaubigungen (KV 1310). 1. Entstehung.** Die Gebühr erfasst insbesondere die **Apostille** (Haager Übereinkommen vom 5.10.1961 zur Befreiung ausländischer öffentlicher Urkunden von der Legalisation). Mit der Apostille wird die Echtheit der Unterschrift und ggf. des Siegels des Unterzeichners sowie dessen Befugnis zur Ausstellung der Urkunde bestätigt. Die Gebühr ist zum 16.2.2019 von 20 EUR auf 25 EUR erhöht worden durch das Gesetz zur Förderung der Freizügigkeit von EU-Bürgerinnen und -Bürgern sowie zur Neuregelung verschiedener Aspekte des Internationalen Adoptionsrechts (FFAdoptRNRG) vom 31.1.2019 (BGBl. I 54). Damit ist die Gebühr der Höhe nach angeglichen an die Gebühren nach § 2 Satz 1 der Verordnung über die Ausstellung der Apostille nach Art. 3 Haager Übereinkommen vom 5.10.1961 zur Befreiung ausländischer öffentlicher Urkunden von der Legalisation vom 9.12.1997 (BGBl. I 2872) idF durch das Gesetz zur Förderung der Freizügigkeit von EU-Bürgerinnen und -Bürgern sowie zur Neuregelung verschiedener Aspekte des Internationalen Adoptionsrechts (FFAdoptRNRG) vom 31.1.2019 (BGBl. I 54). Übergangsrecht: § 24.

2 Die Gebühr ist für jede vorgenommene Beglaubigung oder jede erteilte Apostille **gesondert** zu erheben (NK-GK/H. Schneider JVKostG KV 1310–1311 Rn. 1). Es wird nicht wie früher bei KV 100 und KV 101 des Gebührenverzeichnisses zur JVKostO danach unterschieden, ob die Urkunde einen rechtsgeschäftlichen Inhalt besitzt oder nicht.

3 **2. Kostenschuldner, Fälligkeit, Vorschuss.** Die Gebühr **schuldet** nach § 14 I derjenige, der die Beglaubigung oder Apostille beantragt hat.

4 Die Gebühr wird gem. § 6 I 1 mit Beendigung des Amtsgeschäfts, also mit Beendigung der Beglaubigung bzw der Erteilung der Apostille **fällig.**

5 Vor der Beglaubigung bzw. Erteilung der Apostille kann gem. § 8 I ein **Vorschuss** verlangt werden. Die Beglaubigung bzw. Erteilung der Apostille kann von der Vorschusszahlung abhängig gemacht werden (§ 8 Abs. 2).

6 **II. Bescheinigungen (KV 1311).** Die Gebühr KV 1311 wird nur erhoben, wenn nur eine Bescheinigung über die Beurkundungsbefugnis eines Justizbeamten verlangt wird (Überbeglaubigung/Legalisation). Wird für dieselbe Urkunde bereits eine Gebühr nach KV 1310 wegen der Beglaubigung oder der Erteilung der Apostille erhoben, entsteht die Gebühr der KV 1311 nicht gesondert neben der Gebühr nach KV 1310 (Anm. zu KV 1311).

Abschnitt 2. Rechtshilfeverkehr in zivilrechtlichen Angelegenheiten

Vorbemerkung 1.3.2:

[1] Gebühren nach diesem Abschnitt werden nur in Zivilsachen und in Angelegenheiten der freiwilligen Gerichtsbarkeit erhoben. [2] Die Gebühren nach den Nummern 1321 und 1322 werden auch dann erhoben, wenn die Zustellung oder Rechtshilfehandlung wegen unbekannten Aufenthalts des Empfängers oder sonst Beteiligten oder aus ähnlichen Gründen nicht ausgeführt werden kann. [3] In den Fällen der Nummern 1321 und 1322 werden Gebühren und Auslagen nicht erhoben, wenn die Gegenseitigkeit verbürgt ist. [4] Die Bestimmungen der Staatsverträge bleiben unberührt.

Nr.	Gebührentatbestand	Gebührenbetrag
1320	**Prüfung von Rechtshilfeersuchen in das Ausland ....**	**15,00 bis 55,00 €**

1 Die Gebühr für die Prüfung von Rechtshilfeersuchen durch die Justizverwaltung (Prüfungsstelle, § 9 ZRHO) in Zivilsachen (§ 13 GVG) und in Angelegenheiten der freiwilligen Gerichtsbarkeit (Vorb. 1.3.2 Satz 1) richtet sich nach KV 1320 (vgl. OLG München BeckRS 2016, 17436). Gem. § 75 I ZRHO wird für die Prüfungstätigkeit der Prüfungsstellen (§ 9 ZRHO) die Gebühr KV 1320 erhoben. Die Prüfungsstelle

(§ 46 KostVfg: Beamter, der die Sachentscheidung zu treffen hat) bestimmt die Gebühr unter Berücksichtigung der in § 4 II aufgeführten Kriterien, vgl. auch § 75 II ZRHO: Die Bestimmung bzw. Festsetzung der Gebühr innerhalb des Gebührenrahmens obliegt der Prüfungsstelle. Bei der Bestimmung der Gebühr innerhalb des Rahmens ist § 75 II ZRHO zu beachten: Die Regelgebühr beträgt danach bei Zustellungsanträgen 30 EUR und bei sonstigen Ersuchen 40 EUR. Diese Regelgebührensätze sollen nur überschritten werden, wenn es sich um eine Sache von außergewöhnlichem Umfang, mit hohem Streitwert oder von besonderer Bedeutung handelt.

Die Prüfungsstelle zieht die Gebühr nicht selbst ein (arg. e. § 75 III ZRHO), 2 sondern teilt die Gebühr gem. § 75 II ZRHO dem ersuchenden Gericht mit, das die Gebühr in den Gerichtskostenansatz für das betroffene gerichtliche Verfahren (§ 19 GKG, § 18 FamGKG, § 18 GNotKG) als Auslage übernimmt (KV 9014 GKG, KV 2012 FamGKG, KV 31014 GNotKG; vgl. OLG Brandenburg BeckRS 2012, 17043; NK-GK/Volpert GKG KV 9014 Rn. 5).

Das ersuchende Gericht ist gem. § 2 I kostenbefreit und kommt deshalb als Schuld- 3 ner der Gebühr KV 1320 nicht in Frage. Kostenschuldner der Gebühr KV 1320 ist daher nur der sich aus dem GKG, FamGKG oder GNotKG ergebende Kostenschuldner des betroffenen gerichtlichen Verfahrens. Unerheblich für die Erhebung als Auslage von dem Kostenschuldner des gerichtlichen Verfahrens ist (vgl. Anm. zu KV 9014 GKG, KV 2012 FamGKG, KV 31014 GNotKG), dass die Gebühr aufgrund der im JVKostG angeordneten Kostenfreiheit von dem ersuchenden Gericht tatsächlich nicht gezahlt bzw. verauslagt worden ist.

Nr.	Gebührentatbestand	Gebührenbetrag
1321	**Erledigung von Zustellungsanträgen in ausländischen Rechtsangelegenheiten ....**	**15,00 €**
1322	**Erledigung von Rechtshilfeersuchen in ausländischen Rechtsangelegenheiten ....**	**15,00 bis 255,00 €**

Abschnitt 3. Sonstige Angelegenheiten mit Auslandsbezug

Nr.	Gebührentatbestand	Gebührenbetrag
1330	**Befreiung von der Beibringung des Ehefähigkeitszeugnisses (§ 1309 Abs. 2 BGB) ....**	**15,00 bis 305,00 €**
1331	**Feststellung der Landesjustizverwaltung, dass die Voraussetzungen für die Anerkennung einer ausländischen Entscheidung vorliegen oder nicht vorliegen (§ 107 FamFG) ....**	**15,00 bis 305,00 €**
	[1]Die Gebühr wird auch erhoben, wenn die Entscheidung der Landesjustizverwaltung von dem Oberlandesgericht oder in der Rechtsbeschwerdeinstanz aufgehoben wird und das Gericht in der Sache selbst entscheidet. [2]Die Landesjustizverwaltung entscheidet in diesem Fall über die Höhe der Gebühr erneut. [3]Sie ist in diesem Fall so zu bemessen, als hätte die Landesjustizverwaltung die Feststellung selbst getroffen.	
1332	**Mitwirkung der Bundeszentralstelle für Auslandsadoption (§ 1 Abs. 1 AdÜbAG) bei Übermittlungen an die zentrale Behörde des Heimatstaates (§ 4 Abs. 6 AdÜbAG) ....**	**15,00 bis 155,00 €**
	Die Gebühr wird in einem Adoptionsvermittlungsverfahren nur einmal erhoben.	
1333	**Bestätigungen nach § 9 AdÜbAG ....**	**40,00 bis 100,00 €**

Nr.	Gebührentatbestand	Gebührenbetrag
1334	**Bescheinigungen nach § 7d AdVermiG .....**	**40,00 bis 100,00 €**
1335	**Ausstellung eines mehrsprachigen Formulars gemäß Artikel 7 der Verordnung (EU) 2016/1191 (§ 1119 ZPO) ....** **Sind die Kosten für die zugrunde liegende öffentliche Urkunde nachweislich geringer als der Gebührenbetrag, ist die Gebühr auf den Betrag der Kosten zu ermäßigen.**	**25,00 €**

1 **I. KV 1330.** Die Rahmengebühr (§ 4 II) wird nur für die Befreiung von der Beibringung des Ehefähigkeitszeugnisses (§ 1309 Abs. 2 BGB) erhoben. Sie wird für jede Befreiung gesondert erhoben. Es handelt sich um eine Aktgebühr, die nur anfällt, wenn die Befreiung ausgesprochen wird. Sie kann gem. § 4 III bei Ablehnung oder Rücknahme ermäßigt werden.

2 **II. KV 1331.** Für die Feststellung der Landesjustizverwaltung, dass die Voraussetzungen für die Anerkennung einer ausländischen Entscheidung vorliegen oder nicht vorliegen (§ 107 FamFG), wird edie Rahmengebühr (§ 4 II) erhoben. Nach der Anm. wird die Gebühr auch erhoben, wenn die Entscheidung der Landesjustizverwaltung von dem Oberlandesgericht oder in der Rechtsbeschwerdeinstanz aufgehoben wird und das Gericht in der Sache selbst entscheidet (OLG Frankfurt MDR 2022, 106). Die Landesjustizverwaltung entscheidet in diesem Fall über die Höhe der Gebühr erneut. Sie ist in diesem Fall so zu bemessen, als hätte die Landesjustizverwaltung die Feststellung selbst getroffen. Die Gebühr entsteht auch, wenn durch die Justizbehörde festgestellt wird, dass die Voraussetzungen für die Anerkennung nicht vorliegen. Die Gebühr kann gem. § 4 III bei Ablehnung oder Rücknahme ermäßigt werden.

3 **III. KV 1332 und KV 1335.** Die in KV 1332–1335 aufgeführten Gebühren gelten für folgende Tätigkeiten des **Bundesamts für Justiz** (§ 1 Abs. 1 AdÜbAG):

- KV 1332: Mitwirkung nach § 4 Abs. 6 AdÜbAG bei der Übersendung der Bewerbungsunterlagen an die zentrale Behörde des Heimatlands,
- KV 1333: Prüfung der Echtheit einer ausländischen Bescheinigung und Erteilung einer Bestätigung nach § 9 AdÜbAG,
- KV 1334: Ausstellung einer Bescheinigung nach § 7 Abs. 4 AdVermiG über die rechtliche Befähigung zur Annahme eines Kindes,
- KV 1135: Ausstellung eines mehrsprachigen Formulars gem. Art. 7 Verordnung (EU) 2016/1191 gem. § 1119 ZPO.

4 KV 1335 ist mit Wirkung vom 6.2.2019 durch das Gesetz zur Förderung der Freizügigkeit von EU-Bürgerinnen und -Bürgern sowie zur Neuregelung verschiedener Aspekte des Internationalen Adoptionsrechts (FFAdoptRNRG) vom 31.1.2019 (BGBl. I 54) eingefügt worden. Nach Art. 11 der Verordnung (EU) 2016/1191 soll die Gebühr für die Erlangung eines mehrsprachigen Formulars, das der Erleichterung des freien Verkehrs öffentlicher Urkunden innerhalb der Union dient, die Herstellungskosten des mehrsprachigen Formulars und die Kosten der zugrunde liegenden öffentlichen Urkunde nicht übersteigen. Sollten die Kosten für die zugrunde liegende öffentliche Urkunde im Einzelfall die in KV 1335 vorgesehene Gebühren von 25 EUR unterschreiten, ermöglicht die Anm. zum Gebührentatbestand eine entsprechende Anpassung der Gebühr, wenn der Antragsteller die geringeren Kosten der Urkunde nachweist (BT-Drs. 19/4851, 17).

5 Von KV 1334 sind seit dem 1.4.2021 statt der Bescheinigungen nach § 7 IV AdVermiG Bescheinigungen nach § 7d AdVermiG erfasst. Es handelt sich um eine redaktionelle Änderung aufgrund des Gesetzes zur Verbesserung der Hilfen für Familien bei Adoption (Adoptionshilfe-Gesetz) vom 12.2.2021 (BGBl. I 226).

Übergangsrecht: § 24

Hauptabschnitt 4. Unternehmensregister

Abschnitt 1. Jahresgebühren

Vorbemerkung 1.4.1:

Mit der Jahresgebühr nach diesem Abschnitt wird der gesamte Aufwand zur Führung des Unternehmensregisters entgolten, mit Ausnahme der Einstellung von Rechnungslegungsunterlagen und Unternehmensberichten nach den Abschnitten 2 und 3 sowie der Übermittlung von Rechnungslegungsunterlagen im Fall der Nummer 1440. Sie umfasst jedoch nicht den Aufwand für die Erteilung von Ausdrucken oder Kopien, die Überlassung von elektronisch gespeicherten Dokumenten und die Beglaubigung von Kopien, Ausdrucken, Auszügen und Dateien.

Nr.	Auslagentatbestand	Höhe
1410	Jahresgebühr für die Führung des Unternehmensregisters für jedes Kalenderjahr, wenn das Unternehmen bei der Offenlegung der Rechnungslegungsunterlagen oder Unternehmensberichte die Erleichterungen nach § 326 HGB in Anspruch nehmen kann	3,00 €
	I 1 Die Gebühr entsteht für jedes Kalenderjahr, für das ein Unternehmen die Rechnungslegungsunterlagen oder Unternehmensberichte der das Unternehmensregister führenden Stelle zur Einstellung in das Unternehmensregister zu übermitteln hat. 2 Dies gilt auch, wenn die zu übermittelnden Unterlagen nur einen Teil des Kalenderjahres umfassen. II Die Gebühr wird nicht erhoben, wenn für das Kalenderjahr die Gebühr 1412 entstanden ist.	
1411	Das Unternehmen kann die Erleichterungen nach § 326 HGB nicht in Anspruch nehmen: Die Gebühr 1410 beträgt	6,00 €
1412	Jahresgebühr für die Führung des Unternehmensregisters für jedes Kalenderjahr, in dem das Unternehmen Daten nach § 8b Abs. 2 Nr. 9 und 10 HGB oder nach § 114 Abs. 1 Satz 4, § 115 Abs. 1 Satz 4, § 116 Abs. 2 Satz 3 oder den §§ 117 oder 118 Abs. 4 Satz 4 WpHG selbst oder durch einen von ihm beauftragten Dritten an das Unternehmensregister übermittelt hat	30,00 €

Abschnitt 2. Einstellung von Rechnungslegungsunterlagen

Vorbemerkung 1.4.2:

I Mit den Gebühren nach diesem Abschnitt wird der Aufwand für die Einstellung von Rechnungslegungsunterlagen sowie für eine Prüfung nach § 329 HGB entgolten.

II 1 Werden gleichzeitig mehrere Unterlagen übermittelt, die das Unternehmen für dasselbe Geschäftsjahr zu übermitteln hat und erfüllt die Einstellung dieser Unterlagen den Tatbestand derselben Gebühr mehrfach, so handelt es sich nur um ein Verfahren. 2 Das Gleiche gilt, wenn vor der Einstellung in das Unternehmensregister Unterlagen ergänzt oder geändert übermittelt werden; in diesen Fällen erhöhen sich die Gebühren dieses Abschnitts um 50 Prozent.

III [1]Wird vor der Einstellung der Unterlagen in das Unternehmensregister verlangt, die Unterlagen nicht in das Unternehmensregister einzustellen, ermäßigen sich die Gebühren nach diesem Abschnitt um 50 Prozent. [2]Die Gebühren entstehen nicht, wenn im Fall des Satzes 1 die Nichteinstellung an demselben Kalendertag verlangt wird, an dem die Übermittlung der Unterlagen erfolgt ist.

Nr.	Auslagentatbestand	Höhe
	Verfahren zur Einstellung von Unterlagen	
1420	**der Einzelrechnungslegung von Kleinstkapitalgesellschaften (§ 267a HGB) und ihnen gleichgestellten Personenhandelsgesellschaften (§ 264a Abs. 1 i. V. m. § 267a HGB) nach § 325 Abs. 1 Satz 2 HGB sowie von Kleinstgenossenschaften (§ 336 Abs. 2 Satz 3 i. V. m. § 267a HGB) nach § 339 Abs. 1 HGB ....**	**18,50 €**
1421	**der Einzelrechnungslegung von kleinen Kapitalgesellschaften (§ 267 Abs. 1 HGB) und ihnen gleichgestellten kleinen Personenhandelsgesellschaften (§ 264a Abs. 1 i. V. m. § 267 Abs. 1 HGB) nach § 325 Abs. 1 Satz 2 HGB sowie von kleinen Genossenschaften (§ 336 Abs. 2 Satz 1 Nr. 2 i. V. m. § 267 Abs. 1 HGB) nach § 339 Abs. 1 HGB ....**	**25,00 €**
1422	**der Einzelrechnungslegung von mittelgroßen Kapitalgesellschaften (§ 267 Abs. 2 HGB) und ihnen gleichgestellten mittelgroßen Personenhandelsgesellschaften (§ 264a Abs. 1 i. V. m. § 267 Abs. 2 HGB) nach § 325 Abs. 1 Satz 2 HGB sowie von mittelgroßen Genossenschaften (§ 336 Abs. 2 Satz 1 Nr. 2 i. V. m. § 267 Abs. 2 HGB) nach § 339 Abs. 1 HGB ....**	**55,00 €**
1423	**der Einzelrechnungslegung** **– von großen Kapitalgesellschaften (§ 267 Abs. 3 HGB) und ihnen gleichgestellten großen Personenhandelsgesellschaften (§ 264a Abs. 1 i. V. m. § 267 Abs. 3 HGB) nach § 325 Abs. 1 Satz 2 HGB sowie von großen Genossenschaften (§ 336 Abs. 2 Satz 1 Nr. 2 i. V. m. § 267 Abs. 3 HGB) nach § 339 Abs. 1 HGB,** **– von kapitalmarktorientierten Kapitalgesellschaften (§ 264d HGB) und ihnen gleichgestellten kapitalmarktorientierten Personenhandelsgesellschaften (§ 264a Abs. 1 i. V. m. § 264d HGB) nach § 325 Abs. 1 Satz 2 HGB sowie von kapitalmarktorientierten Genossenschaften nach § 339 Abs. 1 HGB,** **– von Kreditinstituten und Zweigniederlassungen im Sinne des § 340 Abs. 1 Satz 1 HGB, Finanzdienstleistungsinstituten im Sinne des § 340 Abs. 4 Satz 1 HGB, Wertpapierinstituten im Sinne des § 340 Abs. 4a Satz 1 HGB und Instituten im Sinne des § 340 Abs. 5 Satz 1 HGB, jeweils nach § 340l Abs. 1 Satz 1 HGB,**	

Nr.	Auslagentatbestand	Höhe
	– von Versicherungsunternehmen im Sinne des § 341 Abs. 1 und 2 HGB, Pensionsfonds im Sinne des § 341 Abs. 4 Satz 1 HGB und Versicherungsvereinen auf Gegenseitigkeit (§ 172 Satz 2 VAG), jeweils nach § 341l Abs. 1 Satz 1 HGB, – von externen Kapitalverwaltungsgesellschaften (§ 17 Abs. 2 Satz 1 Nr. 1 KAGB) nach § 38 Abs. 1 Satz 1 KAGB i. V. m. § 340l Abs. 1 Satz 1 HGB, von Investmentaktiengesellschaften nach § 123 Abs. 1 Satz 1 Nr. 1, auch i. V. m. § 148 Abs. 1 KAGB, sowie von geschlossenen inländischen Publikums-AIF, die nach § 353 Abs. 5 Satz 1 KAGB zur Rechnungslegung verpflichtet sind, nach § 325 Abs. 1 Satz 2 HGB, – von Emittenten von Vermögensanlagen, die nach § 24 VermAnlG zur Rechnungslegung verpflichtet sind, nach § 325 Abs. 1 Satz 2 oder § 339 Abs. 1 HGB sowie – von Unternehmen, die nach den §§ 1 und 3 PublG zur Rechnungslegung verpflichtet sind, nach § 9 Abs. 1 PublG:	
	a) für Unterlagen, die im Format Extensible Markup Language (XML) übermittelt werden	110,00 €
	b) für Unterlagen, die in dem Offenlegungsformat nach § 328 Abs. 1 Satz 4 HGB übermittelt werden	330,00 €
	[1] Neben dieser Gebühr werden die Gebühren 1420 bis 1422 nicht erhoben. [2] Werden Unterlagen in unterschiedlichen Dateiformaten übermittelt, wird die höhere Gebühr erhoben.	
1424	der Einzelrechnungslegung – von Unternehmen im Sinne des § 6b Abs. 1 Satz 1 EnWG nach § 6b Abs. 4 EnWG, – von Betreibern von Wasserstoffnetzen nach § 28k Abs. 2 Satz 4 i. V. m. § 6b Abs. 4 EnWG sowie – von Unternehmen im Sinne des § 7 Abs. 1 und 3 TKG nach § 7 Abs. 2 Satz 6 TKG ...	55,00 €
	Für die Einstellung dieser Unterlagen werden die Gebühren 1420 bis 1423 nicht erhoben.	
1425	der Einzelrechnungslegung von Eisenbahnen nach § 7 Abs. 1 Satz 1 ERegG	45,00 €
	Für die Einstellung dieser Unterlagen werden die Gebühren 1420 bis 1423 nicht erhoben.	
1426	der Konzernrechnungslegung nach § 325 Abs. 3, § 340l Abs. 1 Satz 1 oder § 341l Abs. 1 Satz 1 HGB oder nach § 15 Abs. 1 Satz 1 PublG:	
	a) für Unterlagen, die im Format Extensible Markup Language (XML) übermittelt werden	330,00 €

Nr.	Auslagentatbestand	Höhe
	b) für Unterlagen, die in dem Offenlegungsformat nach § 328 Abs. 1 Satz 4 HGB übermittelt werden	550,00 €
	Werden Unterlagen in unterschiedlichen Dateiformaten übermittelt, wird die höhere Gebühr erhoben.	
1427	der Rechnungslegung von Kapitalgesellschaften mit Sitz in einem anderen Mitgliedstaat der Europäischen Union oder Vertragsstaat des Abkommens über den Europäischen Wirtschaftsraum durch eine inländische Zweigniederlassung nach § 325a HGB sowie von Unternehmen mit Sitz in einem anderen Staat durch eine inländische Zweigniederlassung nach § 340l Abs. 2 HGB	55,00 €
1428	nach § 264 Abs. 3 Satz 1 Nr. 5, § 264b Nr. 4, § 291 Abs. 1 Satz 1 oder § 292 Abs. 1 Nr. 4 HGB	30,00 €
1429	nach § 2 Abs. 2, § 12 Abs. 2 oder § 2 Abs. 3 Satz 6, auch i. V. m. § 12 Abs. 3 Satz 2 PublG ..	30,00 €

Abschnitt 3. Einstellung von Unternehmensberichten

Vorbemerkung 1.4.3:

I Mit den Gebühren nach diesem Abschnitt wird der Aufwand für die Einstellung von Unternehmensberichten sowie für eine Prüfung nach § 329 HGB entgolten.

II Wird ein Unternehmensbericht vor der Einstellung in das Unternehmensregister ergänzt oder geändert übermittelt, handelt es sich nur um ein Verfahren; in diesen Fällen erhöhen sich die Gebühren dieses Abschnitts um 50 Prozent.

III 1 Wird vor der Einstellung des Unternehmensberichts in das Unternehmensregister verlangt, diesen nicht in das Unternehmensregister einzustellen, ermäßigen sich die Gebühren nach diesem Abschnitt um 50 Prozent. 2 Die Gebühren entstehen nicht, wenn im Fall des Satzes 1 die Nichteinstellung an demselben Kalendertag verlangt wird, an dem die Übermittlung des Unternehmensberichts erfolgt ist.

Nr.	Auslagentatbestand	Höhe
	Verfahren zur Einstellung	
1430	eines Jahresfinanzberichts nach § 114 Abs. 1 Satz 4 WpHG	440,00 €
1431	eines Halbjahresfinanzberichts nach § 115 Abs. 1 Satz 4 WpHG	110,00 €
1432	eines Jahresberichts nach § 160 Abs. 1 oder § 353 Abs. 5 Satz 2 KAGB oder nach § 23 Abs. 1 VermAnlG	110,00 €
1433	eines Halbjahresberichts nach § 123 Abs. 2 Satz 1 KAGB	85,00 €
1434	eines Jahresfinanzberichts nach § 6 Abs. 1 TKG	110,00 €
1435	eines Zahlungs- oder Konzernzahlungsberichts nach § 341w HGB	65,00 €

Nr.	Auslagentatbestand	Höhe
1436	eines Zahlungs- oder Konzernzahlungsberichts nach § 116 Abs. 2 Satz 3 WpHG	55,00 €
1437	eines Berichts zur Gleichstellung und Entgeltgleichheit nach § 22 Abs. 4 EntgTranspG ...	55,0 €
1438	eines gesonderten nichtfinanziellen Berichts nach § 289b Abs. 3 Satz 1 Nr. 2 Buchstabe a HGB oder eines gesonderten nichtfinanziellen Konzernberichts nach § 315b Abs. 3 Satz 1 Nr. 2 Buchstabe a HGB	55,00 €

Abschnitt 4. Sonstige Gebühren

Nr.	Auslagentatbestand	Höhe
1440	Übermittlung zur Einsichtnahme von Unterlagen, die nach § 326 Abs. 2 Satz 1 oder § 325 Abs. 2b Nr. 3 HGB zur dauerhaften Hinterlegung eingestellt wurden: für jede übermittelte Unterlage	1,00 €
1441	Verfahren zur Registrierung nach § 3 Abs. 2 und 3 URV; die Identitätsprüfung erfolgt anhand	
	a) eines elektronischen Identitätsnachweises oder elektronischen Identifizierungsmittels nach § 3 Abs. 3 Satz 3 Nr. 1 oder Nr. 2 URV	12,00 €
	b) einer von der registerführenden Stelle zur Verfügung gestellten Identifizierungsmethode nach § 3 Abs. 3 Satz 3 Nr. 3 URV	22,00 €

Hauptabschnitt 5. Sonstige Gebühren

Nr.	Gebührentatbestand	Gebührenbetrag
1500	Beglaubigung von Kopien, Ausdrucken, Auszügen und Dateien	0,50 € für jede angefangene Seite – mindestens: 5,00 €
	[1] Die Gebühr wird nur erhoben, wenn die Beglaubigung beantragt ist; dies gilt nicht für Ausdrucke aus dem Unternehmensregister und für an deren Stelle tretende Dateien. [2] Wird die Kopie oder der Ausdruck von der Justizbehörde selbst hergestellt, so kommt die Dokumentenpauschale (Nummer 2000) hinzu.	
1501	Bescheinigungen und schriftliche Auskünfte aus Akten und Büchern	15,00 €
	Die Gebühr wird auch für eine Bescheinigung erhoben, aus der sich ergibt, dass entsprechende Akten nicht geführt werden oder ein entsprechendes Verfahren nicht anhängig ist.	
1502	Zeugnisse über das im Bund oder in den Ländern geltende Recht	15,00 bis 255,00 €

Nr.	Gebührentatbestand	Gebührenbetrag
1503	Mahnung nach § 5 Abs. 2 des JBeitrG	5,00 €

1 **I. Beglaubigung (KV 1500).** → Vorb. 9 Rn. 3.

2 **II. Bescheinigungen und Auskünfte (KV 1501).** Vgl. zunächst zur Frage, ob KV 1501 angesichts des für die Justizbehörden der Länder geltenden Katalogs des § 1 II auch für die dort nicht aufgeführten Negativauskünfte in Nachlasssachen Anwendung findet, die Erl. zu § 1 II.

3 Von der Anm. erfasst ist neben der **Negativauskunft in Insolvenzsachen** (aA OLG Frankfurt BeckRS 2015, 125391), wenn kein Insolvenzverfahren gerichtlich anhängig ist, insbesondere auch die **Negativauskunft in Nachlasssachen.** Eine Negativauskunft in einer Nachlassangelegenheit betrifft eine Justizverwaltungsangelegenheit und keine gerichtliche Tätigkeit nach §§ 13, 357 FamFG. Ein Verfahren der freiwilligen Gerichtsbarkeit ist insoweit beim Nachlassgericht nicht anhängig, so dass auch keine gerichtliche Tätigkeit im Sinne der §§ 13, 357 FamFG gegeben ist. Bei einer Negativauskunft existiert keine beim Nachlassgericht geführte Nachlassakte, so dass die Gebühr für die Negativauskunft jedenfalls in den Bundesländern anfällt, deren Landesjustizkostengesetze das JVKostG für anwendbar erklären (vgl. OLG Brandenburg BeckRS 2018, 36963; OLG Bremen FamRZ 2018, 783; OLG Celle JurBüro 2018, 372; OLG Düsseldorf JurBüro 2018, 372 und JurBüro 2017, 600; OLG Hamm JurBüro 2017, 598; OLG Oldenburg JurBüro 2018, 153; aA OLG Köln NJW-RR 2018, 767 und JurBüro 2017, 425; OLG Koblenz JurBüro 2016, 540 und JurBüro 2017, 203; OLG München JurBüro 2018, 644; OLG Frankfurt BeckRS 2015, 125391).

4 Eine Klärung der in der obergerichtlichen Rechtsprechung umstrittenen Problematik durch den BGH ist wegen § 22 I 2, § 66 III 3 GKG nicht möglich.

5 **III. Zeugnisse (KV 1502).** Nach KV 1502 wird für Zeugnisse über das im Bund oder in den Ländern geltende Recht eine Rahmengebühr von 15–255 EUR erhoben. Das Europäische Übereinkommen betreffend Auskünfte über ausländisches Recht vom 7. Juni 1968 (BGBl. 1974 II 938) wird in der Bundesrepublik durch das Gesetz zur Ausführung des Europäischen Übereinkommens betreffend Auskünfte über ausländisches Recht und seines Zusatzprotokolls (Auslands-Rechtsauskunftgesetz – AuRAG) vom 5.7.1974 (BGBl. I 1433, das zuletzt durch Art. 15 Verordnung vom 31.8.2015 (BGBl. I 1474) geändert worden ist, konkretisiert.

6 Nach **§ 5 Auslands-Rechtsauskunftsgesetz (AuRAG)** gilt für Auskünfte nach dem Übereinkommen vom 7.6.1968 Folgendes:

§ 5 AuRAG [Weiterleitung von Auskunftsersuchen]

[1] Bezieht sich ein Auskunftsersuchen auf Landesrecht, leitet es die Empfangsstelle an die von der Regierung des Landes bestimmte Stelle zur Beantwortung weiter. [2] Bezieht sich ein Auskunftsersuchen auf Bundesrecht und auf Landesrecht, soll es die Empfangsstelle an die von der Regierung des Landes bestimmte Stelle zur einheitlichen Beantwortung weiterleiten. [3] Gilt Landesrecht in mehreren Ländern gleichlautend, so kann die Beantwortung der Stelle eines der Länder übertragen werden.

Nach der Verordnung über die zuständigen Stellen nach dem Auslands-Rechtsauskunftsgesetz vom 16.7.1974 (GVBl NRW S. 760) nimmt die Aufgaben der Stelle, an die die Empfangsstelle ein Auskunftsersuchen weiterleitet, das sich auf Landesrecht oder auf Bundesrecht und Landesrecht bezieht, das jeweilige Justizministerium wahr. Die Gebühr KV 1502 kann daher nur bei einem **Justizministerium** anfallen.

7 **Auskünfte nach §§ 293, 244 ZPO** dürften nicht unter KV 1502 fallen: Danach bedürfen das in einem anderen Staat geltende Recht, die Gewohnheitsrechte und Statuten des Beweises nur insofern, als sie dem Gericht unbekannt sind. Bei Ermittlung dieser Rechtsnormen ist das Gericht auf die von den Parteien beigebrachten Nachweise nicht beschränkt; es ist befugt, auch andere Erkenntnisquellen zu benutzen und zum Zwecke einer solchen Benutzung das Erforderliche anzuordnen.

8 Das Verfahren bei der Einholung der Auskunft über das Recht eines fremden Staates durch ein deutsches Gericht richtet sich nach § 73 ZRHO. Das Europäische

Justizielle Netz in Zivil- und Handelssachen erteilt Auskünfte zu allgemeinen Fragen des Rechts der Mitgliedstaaten der Europäischen Union sowie über den Stand im Ausland anhängiger Rechtssachen. Hierzu sind Kontaktstellen eingerichtet. Die gerichtliche Praxis kann entsprechende Anfragen den deutschen Kontaktstellen übermitteln. Beispielsweise ist in Nordrhein-Westfalen Kontaktstelle der Präsident des Oberlandesgerichts Düsseldorf.

IV. Mahnungen gem. § 5 II JBeitrG (KV 1503). Gem. § 5 II JBeitrG soll der sich aus § 4 JBeitrG ergebende Vollstreckungsschuldner in der Regel vor Beginn der Vollstreckung zur Leistung innerhalb von zwei Wochen schriftlich aufgefordert und nach vergeblichem Ablauf der Frist besonders gemahnt werden. Für diese besondere Mahnung fällt die pauschale Gebühr KV 1503 an, die nur von dem besonders gemahnten Vollstreckungsschuldner gefordert werden kann. Die Gebühr soll den mit der besonderen Mahnung verbundenen nicht unerheblichen Aufwand der Justiz pauschalisiert nach den Grundsätzen des Verzugsschadensersatzes abgelten. Durch die Gebühr soll einerseits die Zahlungsbereitschaft der Schuldner verbessert werden und andererseits sollen die Justizhaushalte zumindest teilweise um den Mahnaufwand entlastet werden. Die Höhe der Gebühr von 5 EUR orientiert sich an dem Aufwand der Kassen und stellt der Höhe nach keine übergebührliche Belastung der säumigen Schuldner dar (BT-Drs. 17/11471, 242). 9

Die Mahngebühr wird nicht durch den Kostenbeamten erhoben, der in dem betroffenen gerichtlichen Verfahren den Kostenansatz aufstellt (vgl. § 19 GKG, § 18 FamGKG, § 18 GNotKG), sondern erst später von der für die Vollstreckung der Kostenforderung zuständigen Stelle – ggf. automatisiert – nach der besonderen Mahnung gem. § 5 II JBeitrG. 10

Teil 2. Auslagen

Vorbemerkung 2:

Für die Erhebung der Auslagen ist Teil 9 des Kostenverzeichnisses zum GKG entsprechend anzuwenden, soweit nachfolgend nichts anderes bestimmt ist.

Nr.	Auslagentatbestand	Höhe
2000	**Pauschale für die Herstellung und Überlassung von Dokumenten:** **Ausfertigungen, Kopien und Ausdrucke, die auf Antrag angefertigt oder auf Antrag per Telefax übermittelt worden sind:** **1. für die ersten 50 Seiten je Seite ....** **für jede weitere Seite ....** **2. Überlassung von elektronisch gespeicherten Dateien oder deren Bereitstellung zum Abruf anstelle der in Nummer 1 genannten Ausfertigungen, Kopien und Ausdrucke:** **je Datei ....** **für die in einem Arbeitsgang überlassenen, bereitgestellten oder in einem Arbeitsgang auf denselben Datenträger übertragenen Dokumente insgesamt höchstens ....** **I Die Höhe der Dokumentenpauschale nach Nummer 1 ist für jeden Antrag und im gerichtlichen Verfahren in jedem Rechtszug und für jeden Kostenschuldner nach § 14 JVKostG gesondert zu berechnen; Gesamtschuldner gelten als ein Schuldner.** **II Werden zum Zweck der Überlassung von elektronisch gespeicherten Dateien Dokumente**	 **0,50 €** **0,15 €** **1,50 €** **5,00 €**

Nr.	Auslagentatbestand	Höhe
	zuvor auf Antrag von der Papierform in die elektronische Form übertragen, beträgt die Dokumentenpauschale nach Nummer 2 nicht weniger, als die Dokumentenpauschale im Fall der Nummer 1 betragen würde. **III 1 Frei von der Dokumentenpauschale sind für jede Partei, jeden Beteiligten, jeden Beschuldigten und deren bevollmächtigte Vertreter jeweils** **1. eine vollständige Ausfertigung oder Kopie oder ein vollständiger Ausdruck jeder gerichtlichen oder behördlichen Entscheidung und jedes vor Gericht abgeschlossenen Vergleichs,** **2. eine Ausfertigung ohne Tatbestand und Entscheidungsgründe und** **3. eine Kopie oder ein Ausdruck jedes Protokolls über eine Sitzung.** **2 § 191a Abs. 1 Satz 5 GVG bleibt unberührt.** **IV Bei der Gewährung der Einsicht in Akten wird eine Dokumentenpauschale nur erhoben, wenn auf besonderen Antrag ein Ausdruck einer elektronischen Akte oder ein Datenträger mit dem Inhalt einer elektronischen Akte übermittelt wird.** **V Keine Dokumentenpauschale wird erhoben, wenn Daten im Internet zur allgemeinen Nutzung bereitgestellt werden.**	
2001	**Dokumentenpauschale für einfache Kopien und Ausdrucke gerichtlicher Entscheidungen, die zur Veröffentlichung in Entscheidungssammlungen oder Fachzeitschriften beantragt werden:** **Die Dokumentenpauschale nach Nummer 2000 beträgt für jede Entscheidung höchstens**	**5,00 €**
2002	**Datenträgerpauschale** .... **Die Datenträgerpauschale wird neben der Dokumentenpauschale bei der Übermittlung elektronisch gespeicherter Daten auf Datenträgern erhoben.**	**3,00 €**

1 **I. Zu Vorb. 2. 1. Aktenversendungspauschale (KV 9003 GKG).** Für in KV 2000–2002 nicht genannte Auslagen geltend die Auslagenregelungen des GKG in KV 9000 ff. GKG entsprechend. Die **Aktenversendung** außerhalb eines gerichtlichen Verfahrens ist eine Justizverwaltungsangelegenheit und löst unter den in KV 9003 GKG genannten Voraussetzungen die Aktenversendungspauschale KV 9003 GKG iHv 12 EUR aus. Erforderlich ist danach insbesondere die Versendung (vgl. OLG Koblenz NStZ-RR 2013, 125; OVKG Koblenz JurBüro 2013, 595) einer Akte (vgl. OVG Nordrhein-Westfalen NJW 2013, 2378) auf Antrag. Die Versendung von Amts wegen reicht nicht aus (OLG Dresden BeckRS 2021, 8322 = JurBüro 2021, 304; OLG Düsseldorf NStZ-RR 2016, 64; OLG Jena BeckRS 2009, 6156). Die Versendung im Rahmen der Amtshilfe auf ein entsprechendes Ersuchen reicht nicht aus (OLG Düsseldorf JurBüro 2012, 597; OLG Naumburg BeckRS 2009, 18435; OLG Hamm NJW 2006, 1076; OLG Brandenburg, BeckRS 2007, 10362; OLG Jena

BeckRS 2009, 6156). Ein Amtshilfeersuchen kann sich bereits durch den Hinweis auf eine die Amtshilfe betreffende Vorschrift ergeben (zB §§ 3 ff. SGB X).

2. Umsatzsteuer (KV 9020 GKG). Wegen Vorb. 9 gilt für die Auslagenerhebung auch KV 9020 GKG. Danach wird auf die Kosten Umsatzsteuer in voller Höhe erhoben, wenn sie nicht nach § 19 Abs. 1 UstG unerhoben bleibt. Durch Art. 12 Nr. 3 Steueränderungsgesetz 2015 (BGBl. I 1834) wurde mit Wirkung vom 1.1.2017 zur Umsetzung Europäischer Vorgaben (Artikel 13 der Richtlinie 2006/112/EG des Rates vom 28.11.2006 über das gemeinsame Mehrwertsteuersystem [Mehrwertsteuer-Systemrichtlinie – MwStSystRL –] ABl. L 347 vom 11.12.2006, S. 1) der auch für die Justizverwaltung geltende § 2b in das Umsatzsteuergesetz (UStG) eingefügt. Das Steueränderungsgesetz 2015, das Corona-Steuerhilfegesetz sowie das Jahressteuergesetz 2022 (BGBl. I 2022, 2294) haben es der öffentlichen Hand in § 27 XXII 3, XXIIa UStG ermöglicht, dem Finanzamt gegenüber zu erklären, dass trotz der Regelung in § 2b UStG auch nach dem 1.1.2017 bis zum 31.12.2024 zunächst keine Umsatzsteuer auf Kosten erhoben werden soll. Das Land NRW hat daraufhin auch mit Wirkung für die Justiz erklärt, dass die Umsatzbesteuerung beispielsweise von Leistungen der Justiz **erst ab 1.1.2025** erfolgen soll. 1

§ 2b UStG regelt auch für die Justizverwaltung, unter welchen Voraussetzungen diese als Unternehmer iSv § 2 UStG anzusehen ist und für welche Leistungen der Justizverwaltung deshalb Umsatzsteuer erhoben und an das Finanzamt abgeführt werden muss. Keine Umsatzsteuerpflicht besteht, soweit die Justiz eine Leistung erbringt, die ihr ausschließlich im Rahmen der **öffentlichen Gewalt** obliegt. Erbringt die Justiz aber eine Leistung, die auch als **privatrechtliche Leistung** eines Unternehmers möglich und deshalb von diesem mit Umsatzsteuer abzurechnen ist, muss auch die Justiz zur Vermeidung von größeren **Wettbewerbsverzerrungen** ihre Leistung mit Umsatzsteueransatz (19 %) erbringen. 2

Im JVKostG ist deshalb nur die Gebühr nach **KV 1500** für die Beglaubigung von Kopien, Ausdrucken, Auszügen und Dateien umsatzsteuerpflichtig, wenn die Justizbehörde **fremde** Kopien, Ausdrucke, Auszüge und Dateien beglaubigt. Hier tritt sie nämlich in Konkurrenz zu privaten Unternehmern. Die Justizbehörde erhebt in diesen Fällen die Gebühr KV 1500 mit Umsatzsteueransatz i. H. v. 19 %. Die Beglaubigung von Kopien, Ausdrucke, Auszüge und Dateien aus **eigenen** Akten der Justizbehörde löst dagegen die Gebühr KV 1500 ohne Umsatzsteuer aus. 3

II. Zu KV 2000 – Dokumentenpauschale. Anm. V zu KV 2000 enthält seit dem 1.1.2021 (KostRÄG 2021 vom 21.12.2020 (BGBl. I 3229)) die zuvor in § 11 II S. enthaltene Regelung in modifizierter Form. Keine Dokumentenpauschale wird erhoben, wenn Daten im Internet zur **nicht gewerblichen Nutzung** bereitgestellt werden, sondern wenn Daten im Internet zur **allgemeinen Nutzung** bereitgestellt werden. Soweit die Justizverwaltungen als Teil ihres Informationsangebots Daten, insbesondere Gerichtsentscheidungen, im Internet zum Abruf bereitstellen, wird kostenrechtlich damit nicht mehr nach dem Zweck der weiteren Nutzung der Daten unterschieden (gewerblich oder nicht gewerblich). Vielmehr wird allen interessierten Personen und Stellen ein kostenfreier Zugang zu den von Amts wegen veröffentlichten Daten eröffnet. Nicht unter die Befreiung fallen hingegen diejenigen Fälle, in denen einer konkreten Person auf Antrag Daten zum Abruf bereitgestellt werden, etwa unter Übermittlung eines entsprechenden Links (BT-Drs. 19/23484, 63). 4

III. Zu KV 2002 – Datenträgerpauschale. Die Datenträgerpauschale wird neben der Dokumentenpauschale bei der Übermittlung elektronisch gespeicherter Daten auf Datenträgern erhoben. Datenträger sind transportable Medien zur Speicherung von Daten oder Informationen. Als Datenträger sind alle Medien anzusehen, auf denen Daten zum Zwecke der Verarbeitung in einer durch maschinelle Hilfsmittel lesbaren und ausdeutbaren Form niedergelegt werden können Die Fälligkeit der in KV 2002 geregelten Datenträgerpauschale richtet sich nicht nach § 7, sondern nach § 6 Abs. 1 (→ § 7 Rn. 2). 5

2. Sonstige Registergebühren

a) Verordnung über Gebühren in Handels-, Partnerschafts- und Genossenschaftsregistersachen (Handelsregistergebührenverordnung – HRegGebV)[1]

Vom 30.9.2004 (BGBl. I S. 2562)

FNA 361-4

Zuletzt geändert durch Art. 46 Gesetz vom 10.8.2021 (BGBl. I 3436)

Gebührenverzeichnis

1 **[1] Für Eintragungen in das Handels-, Partnerschafts- oder Genossenschaftsregister *[Fassung ab 1.1.2024:, Handels-, Genossenschafts-, Gesellschafts- oder Partnerschaftsregister,]*, die Entgegennahme, Prüfung und Aufbewahrung der zum Handels- oder Genossenschaftsregister einzureichenden Unterlagen, die Bereitstellung von Registerdaten und von Dokumenten, die zum Register eingereicht wurden, zum Abruf sowie die Übertragung von Schriftstücken in ein elektronisches Dokument nach § 9 Abs. 2 des Handelsgesetzbuchs werden Gebühren nach dem Gebührenverzeichnis der Anlage zu dieser Verordnung erhoben. [2] Satz 1 gilt nicht für die aus Anlass eines Insolvenzverfahrens von Amts wegen vorzunehmenden Eintragungen und für Löschungen nach § 395 des Gesetzes über das Verfahren in Familiensachen und in den Angelegenheiten der freiwilligen Gerichtsbarkeit.**

Allgemeine Vorschriften

2 **I Neben der Gebühr für die Ersteintragung werden nur Gebühren für die gleichzeitig angemeldete Eintragung der Errichtung einer Zweigniederlassung und für die Eintragung einer Prokura gesondert erhoben.**

II Gebühren für die Bereitstellung von Registerdaten oder Dokumenten zum Abruf werden neben den Gebühren für Eintragungen im Register oder für Entgegennahmen zum Register gesondert erhoben.

III [1] Betrifft dieselbe spätere Anmeldung mehrere Tatsachen, ist für jede Tatsache die Gebühr gesondert zu erheben. [2] Das Eintreten oder das Ausscheiden einzutragender Personen ist hinsichtlich einer jeden Person eine besondere Tatsache.

IV Als jeweils dieselbe Tatsache betreffend sind zu behandeln:

1. die Anmeldung einer zur Vertretung berechtigten Person und die gleichzeitige Anmeldung ihrer Vertretungsmacht oder deren Ausschlusses;
2. die Anmeldung der Verlegung
   a) der Hauptniederlassung,
   b) des Sitzes oder
   c) der Zweigniederlassung und die gleichzeitige Anmeldung der Änderung der inländischen Geschäftsanschrift;
3. mehrere Änderungen eines Gesellschaftsvertrags oder einer Satzung, die gleichzeitig angemeldet werden und nicht die Änderung eingetragener Angaben betreffen;
4. die Änderung eingetragener Angaben und die dem zugrunde liegende Änderung des Gesellschaftsvertrags oder der Satzung.

V Anmeldungen, die am selben Tag beim Registergericht eingegangen sind und dasselbe Unternehmen betreffen, werden als eine Anmeldung behandelt.

[1] Fassung ab 1.1.2024: Verordnung über Gebühren in Handels-, Genossenschafts-, Gesellschafts- und Partnerschaftsregistersachen gem. Gesetz vom 10.8.2021 (BGBl. I 3436).

Schrifttum: Schmidt-Kessel/Leitner/Müther, Handelsregisterrecht, 2010.

1 II 2 verstößt nicht gegen die Richtlinie 69/335/EWG, soweit das Gericht auch die sachlichen Eintragungsvoraussetzungen prüft (OLG München JurBüro 2006, 491). Jeder weitere Eintritt ist eine besondere Tatsache nach II 2 (AG Freiburg Rpfleger 2011, 384; aA Lappe Rpfleger 2010, 258 und 575).

Recht der Europäischen Union

2a Umwandlungen und Verschmelzungen nach dem Recht der Europäischen Union stehen hinsichtlich der Gebühren den Umwandlungen nach dem Umwandlungsgesetz gleich.

Zurücknahme

3 **I [1] Wird eine Anmeldung zurückgenommen, bevor die Eintragung erfolgt oder die Anmeldung zurückgewiesen worden ist, sind 120 Prozent der für die Eintragung bestimmten Gebühren zu erheben. [2] Bei der Zurücknahme einer angemeldeten Ersteintragung bleiben die Gebühren für die gleichzeitig angemeldete Eintragung der Errichtung einer Zweigniederlassung und für die Eintragung einer Prokura unberücksichtigt.**

II [1] Erfolgt die Zurücknahme spätestens am Tag bevor eine Entscheidung des Gerichts mit der Bestimmung einer angemessenen Frist zur Beseitigung eines Hindernisses (§ 382 Absatz 4 des Gesetzes über das Verfahren in Familiensachen und in den Angelegenheiten der freiwilligen Gerichtsbarkeit) unterzeichnet wird, beträgt die Gebühr 75 Prozent der für die Eintragung bestimmten Gebühr, höchstens jedoch 250 Euro. [2] Der unterzeichneten Entscheidung steht ein gerichtliches elektronisches Dokument gleich (§ 14 Absatz 3 des Gesetzes über das Verfahren in Familiensachen und in den Angelegenheiten der freiwilligen Gerichtsbarkeit in Verbindung mit § 130b der Zivilprozessordnung). [3] Betrifft eine Anmeldung mehrere Tatsachen, betragen in den Fällen der Sätze 1 und 2 die auf die zurückgenommenen Teile der Anmeldung entfallenden Gebühren insgesamt höchstens 250 Euro.

Zurückweisung

4 **[1] Wird eine Anmeldung zurückgewiesen, sind 170 Prozent der für die Eintragung bestimmten Gebühren zu erheben. [2] Bei der Zurückweisung einer angemeldeten Ersteintragung bleiben die Gebühren für die gleichzeitig angemeldete Eintragung der Errichtung einer Zweigniederlassung und für die Eintragung einer Prokura unberücksichtigt.**

Zurücknahme oder Zurückweisung in besonderen Fällen

5 **[1] Wird die Anmeldung einer sonstigen späteren Eintragung, die mehrere Tatsachen zum Gegenstand hat, teilweise zurückgenommen oder zurückgewiesen, ist für jeden zurückgenommenen oder zurückgewiesenen Teil von den Gebühren 1503, 2501 und 3501 des Gebührenverzeichnisses auszugehen. [2] § 3 Absatz 2 bleibt unberührt.**

Übergangsvorschrift

5a Für Kosten, die vor dem Inkrafttreten einer Änderung der Rechtsverordnung fällig geworden sind, gilt das bisherige Recht.

Die Rechtsvorschrift regelt die Kosten bei Änderungen der Rechtsvorschrift. Maßgeblich ist insofern der Fälligkeitszeitpunkt; soweit zu diesem Zeitpunkt noch das alte Recht galt, ist dieses für die Kosten maßgebend. 1

6 *(aufgehoben)*

Anlage (zu § 1)
Gebührenverzeichnis

Teil 1. Eintragungen in das Handelsregister Abteilung A *[Fassung ab 1.1.2024:, das Gesellschaftsregister]* und das Partnerschaftsregister

Nr.	Gebührentatbestand	Gebührenbetrag

Vorbemerkung 1:

I [1]Für Eintragungen, die juristische Personen (§ 33 HGB) und Europäische wirtschaftliche Interessenvereinigungen betreffen, bestimmen sich die Gebühren nach den für Eintragungen bei Gesellschaften mit bis zu 3 eingetragenen Gesellschaftern geltenden Vorschriften. [2]Hinsichtlich der Gebühren für Eintragungen, die Zweigniederlassungen eines Unternehmens mit Hauptniederlassung oder Sitz im Ausland betreffen, bleibt der Umstand, dass es sich um eine Zweigniederlassung handelt, unberücksichtigt; die allgemein für inländische Unternehmen geltenden Vorschriften sind anzuwenden.

II Wird die Hauptniederlassung oder der Sitz in den Bezirk eines anderen Gerichts verlegt, wird für die Eintragung im Register der bisherigen Hauptniederlassung oder des bisherigen Sitzes keine Gebühr erhoben.

III Für Eintragungen, die Prokuren betreffen, sind ausschließlich Gebühren nach Teil 4 zu erheben.

IV Für die Eintragung des Erlöschens der Firma oder des Namens sowie des Schlusses der Abwicklung einer Europäischen wirtschaftlichen Interessenvereinigung werden keine Gebühren erhoben; die Gebühren in Abschnitt 4 bleiben unberührt.

Abschnitt 1. Ersteintragung

Nr.	Gebührentatbestand	Gebührenbetrag
	Eintragung – außer aufgrund einer Umwandlung nach dem UmwG –	
1100	**– eines Einzelkaufmanns**	**70,00 €**
1101	**– einer Gesellschaft mit bis zu 3 einzutragenden Gesellschaftern oder einer Partnerschaft mit bis zu 3 einzutragenden Partnern**	**100,00 €**
1102	**– einer Gesellschaft mit mehr als 3 einzutragenden Gesellschaftern oder einer Partnerschaft mit mehr als 3 einzutragenden Partnern:** **Die Gebühr 1101 erhöht sich für jeden weiteren einzutragenden Gesellschafter oder jeden weiteren einzutragenden Partner um**	**40,00 €**
	Eintragung aufgrund einer Umwandlung nach dem UmwG	
1103	**– eines Einzelkaufmanns**	**150,00 €**
1104	**– einer Gesellschaft mit bis zu 3 einzutragenden Gesellschaftern oder einer Partnerschaft mit bis zu 3 einzutragenden Partnern**	**180,00 €**
1105	**– einer Gesellschaft mit mehr als 3 einzutragenden Gesellschaftern oder einer Partnerschaft mit mehr als 3 einzutragenden Partnern:** **Die Gebühr 1104 erhöht sich für jeden weiteren einzutragenden Gesellschafter oder für jeden weiteren einzutragenden Partner um**	**70,00 €**

Nr.	Gebührentatbestand	Gebührenbetrag
	Abschnitt 2. Errichtung einer Zweigniederlassung	
1200	Eintragung einer Zweigniederlassung	40,00 €
	Abschnitt 3. Verlegung der Hauptniederlassung oder des Sitzes	
	Vorbemerkung 1.3: Gebühren nach diesem Abschnitt sind nicht zu erheben, wenn das bisherige Gericht zuständig bleibt; Abschnitt 5 bleibt unberührt.	
	Eintragung bei dem Gericht, in dessen Bezirk die Hauptniederlassung oder der Sitz verlegt worden ist, bei	
1300	– einem Einzelkaufmann	60,00 €
1301	– einer Gesellschaft mit bis zu 3 eingetragenen Gesellschaftern oder einer Partnerschaft mit bis zu 3 eingetragenen Partnern	80,00 €
	– einer Gesellschaft mit mehr als 3 eingetragenen Gesellschaftern oder einer Partnerschaft mit mehr als 3 eingetragenen Partnern:	
1302	– – Die Gebühr 1301 erhöht sich für jeden weiteren eingetragenen Gesellschafter oder für jeden weiteren eingetragenen Partner bis einschließlich zur 100. eingetragenen Person um	40,00 €
1303	– – Die Gebühr 1301 erhöht sich für jeden weiteren eingetragenen Gesellschafter oder für jeden weiteren eingetragenen Partner ab der 101. eingetragenen Person um	10,00 €
	Abschnitt 4. Umwandlung nach dem Umwandlungsgesetz	
	Eintragung einer Umwandlung nach dem UmwG	
1400	– in das Register des übertragenden oder formwechselnden Rechtsträgers	180,00 €
1401	– in das Register des übernehmenden Rechtsträgers	180,00 €
	Für Eintragungen über den Eintritt der Wirksamkeit werden keine besonderen Gebühren erhoben.	
	Abschnitt 5. Sonstige spätere Eintragung	
	Vorbemerkung 1.5: Gebühren nach diesem Abschnitt werden nur für Eintragungen erhoben, für die Gebühren nach den Abschnitten 1 bis 4 nicht zu erheben sind.	
	Eintragung einer Tatsache bei	
1500	– einem Einzelkaufmann	40,00 €
1501	– einer Gesellschaft mit bis zu 50 eingetragenen Gesellschaftern oder einer Partnerschaft mit bis zu 50 eingetragenen Partnern	60,00 €

Nr.	Gebührentatbestand	Gebührenbetrag
1502	– einer Gesellschaft mit mehr als 50 eingetragenen Gesellschaftern oder einer Partnerschaft mit mehr als 50 eingetragenen Partnern	0,00 €
1503	Eintragung der zweiten und jeder weiteren Tatsache aufgrund derselben Anmeldung: Die Gebühren 1500 bis 1502 betragen jeweils Tatsachen ohne wirtschaftliche Bedeutung sind nicht als erste Tatsache zu behandeln.	30,00 €
1504	Die Eintragung betrifft eine Tatsache ohne wirtschaftliche Bedeutung: Die Gebühren 1500 bis 1502 betragen	30,00 €

1 **Zu 1504:** Anwendbar bei der Eintragung einer Änderung der Anschrift im Inland ohne Sitzverlegung (OLG München NZG 2016, 1273 mit Darstellung des Streitstandes).

Nr.	Gebührentatbestand	Gebührenbetrag

Teil 2. Eintragungen in das Handelsregister Abteilung B

Vorbemerkung 2:

I Hinsichtlich der Gebühren für Eintragungen, die Zweigniederlassungen eines Unternehmens mit Sitz im Ausland betreffen, bleibt der Umstand, dass es sich um eine Zweigniederlassung handelt, unberücksichtigt; die allgemein für inländische Unternehmen geltenden Vorschriften sind anzuwenden.

II Wird der Sitz in den Bezirk eines anderen Gerichts verlegt, wird für die Eintragung im Register des bisherigen Sitzes keine Gebühr erhoben.

III Für Eintragungen, die Prokuren betreffen, sind ausschließlich Gebühren nach Teil 4 zu erheben.

IV Für die Eintragung der Löschung der Gesellschaft und des Schlusses der Abwicklung oder der Liquidation werden keine Gebühren erhoben; die Gebühren 2402 und 2403 bleiben unberührt.

Abschnitt 1. Ersteintragung

Nr.	Gebührentatbestand	Gebührenbetrag
2100	Eintragung einer Gesellschaft mit beschränkter Haftung einschließlich einer Unternehmergesellschaft – außer aufgrund einer Umwandlung nach dem UmwG –	150,00 €
2101	Es wird mindestens eine Sacheinlage geleistet: Die Gebühr 2100 beträgt	240,00 €
2102	Eintragung einer Aktiengesellschaft, einer Kommanditgesellschaft auf Aktien oder eines Versicherungsvereins auf Gegenseitigkeit – außer aufgrund einer Umwandlung nach dem UmwG –	300,00 €
2103	Es wird mindestens eine Sacheinlage geleistet: Die Gebühr 2102 beträgt	360,00 €
	Eintragung aufgrund einer Umwandlung nach dem UmwG	
2104	– einer Gesellschaft mit beschränkter Haftung	260,00 €
2105	– einer Aktiengesellschaft oder einer Kommanditgesellschaft auf Aktien	660,00 €
2106	– eines Versicherungsvereins auf Gegenseitigkeit	460,00 €

Nr.	Gebührentatbestand	Gebührenbetrag
	Abschnitt 2. Errichtung einer Zweigniederlassung	
2200	Eintragung einer Zweigniederlassung	120,00 €
	Abschnitt 3. Verlegung des Sitzes	
2300	Eintragung bei dem Gericht, in dessen Bezirk der Sitz verlegt worden ist	140,00 €
	Die Gebühr wird nicht erhoben, wenn das bisherige Gericht zuständig bleibt; Abschnitt 5 bleibt unberührt.	
	Abschnitt 4. Besondere spätere Eintragung	
	Eintragung	
2400	– der Nachgründung einer Aktiengesellschaft oder des Beschlusses der Hauptversammlung einer Aktiengesellschaft oder einer Kommanditgesellschaft auf Aktien über Maßnahmen der Kapitalbeschaffung oder der Kapitalherabsetzung oder der Durchführung der Kapitalerhöhung	270,00 €
2401	– der Erhöhung des Stammkapitals durch Sacheinlage oder der Erhöhung des Stammkapitals zum Zwecke der Umwandlung nach dem UmwG	210,00 €
	Eintragung einer Umwandlung nach dem UmwG	
2402	– in das Register des übertragenden oder formwechselnden Rechtsträgers	240,00 €
2403	– in das Register des übernehmenden Rechtsträgers	240,00 €
	Für Eintragungen über den Eintritt der Wirksamkeit werden keine besonderen Gebühren erhoben.	
2404	Eintragung der Eingliederung oder des Endes der Eingliederung einer Aktiengesellschaft ..	210,00 €
2405	Eintragungen des Übertragungsbeschlusses im Fall des Ausschlusses von Minderheitsaktionären (§ 327e AktG)	210,00 €

Abschnitt 5. Sonstige spätere Eintragung

Vorbemerkung 2.5:
Gebühren nach diesem Abschnitt werden nur für Eintragungen erhoben, für die Gebühren nach den Abschnitten 1 bis 4 nicht zu erheben sind.

Nr.	Gebührentatbestand	Gebührenbetrag
2500	Eintragung einer Tatsache	70,00 €
2501	Eintragung der zweiten und jeder weiteren Tatsache aufgrund derselben Anmeldung: Die Gebühr 2500 beträgt jeweils	0,00 €
	Tatsachen ohne wirtschaftliche Bedeutung sind nicht als erste Tatsache zu behandeln.	

Nr.	Gebührentatbestand	Gebührenbetrag
2502	**Die Eintragung betrifft eine Tatsache ohne wirtschaftliche Bedeutung:** **Die Gebühren 2500 und 2501 betragen ......**	**0,00 €**

Zu 2502:

1 Es erfasst auch eine Änderung der inländischen Anschrift ohne Sitzverlegung (OLG Köln FGPrax 2015, 281; OLG München MDR 2016, 1156).

Nr.	Gebührentatbestand	Gebührenbetrag

Teil 3. Eintragungen in das Genossenschaftsregister

Vorbemerkung 3:

I Hinsichtlich der Gebühren für Eintragungen, die Zweigniederlassungen einer Europäischen Genossenschaft mit Sitz im Ausland betreffen, bleibt der Umstand, dass es sich um eine Zweigniederlassung handelt, unberücksichtigt; die allgemein für inländische Genossenschaften geltenden Vorschriften sind anzuwenden.

II Wird der Sitz in den Bezirk eines anderen Gerichts verlegt, wird für die Eintragung im Register des bisherigen Sitzes keine Gebühr erhoben.

III Für Eintragungen, die Prokuren betreffen, sind ausschließlich Gebühren nach Teil 4 zu erheben.

IV Für die Eintragung des Erlöschens der Genossenschaft werden keine Gebühren erhoben; die Gebühren in Abschnitt 4 bleiben unberührt.

Abschnitt 1. Ersteintragung

Nr.	Gebührentatbestand	Gebührenbetrag
	Eintragung	
3100	**– außer aufgrund einer Umwandlung nach dem UmwG ....**	**210,00 €**
3101	**– aufgrund einer Umwandlung nach dem UmwGAbschnitt 1. Ersteintragung .....**	**360,00 €**

Abschnitt 2. Errichtung einer Zweigniederlassung

Nr.	Gebührentatbestand	Gebührenbetrag
3200	**Eintragung einer Zweigniederlassung ....**	**60,00 €**

Abschnitt 3. Verlegung des Sitzes

Nr.	Gebührentatbestand	Gebührenbetrag
3300	**Eintragung bei dem Gericht, in dessen Bezirk der Sitz verlegt worden ist ....**	**210,00 €**
	Die Gebühr wird nicht erhoben, wenn das bisherige Gericht zuständig bleibt; Abschnitt 5 bleibt unberührt.	

Abschnitt 4. Umwandlung nach dem Umwandlungsgesetz

Nr.	Gebührentatbestand	Gebührenbetrag
	Eintragung einer Umwandlung nach dem UmwG	
3400	**– in das Register des übertragenden oder formwechselnden Rechtsträgers ....**	**300,00 €**
3401	**– in das Register des übernehmenden Rechtsträgers ....**	**300,00 €**
	Für Eintragungen über den Eintritt der Wirksamkeit werden keine besonderen Gebühren erhoben.	

Nr.	Gebührentatbestand	Gebührenbetrag
	Abschnitt 5. Sonstige spätere Eintragung	
	Vorbemerkung 3.5: Gebühren nach diesem Abschnitt werden nur für Eintragungen erhoben, für die Gebühren nach den Abschnitten 1 bis 4 nicht zu erheben sind.	
3500	Eintragung einer Tatsache	110,00 €
3501	Eintragung der zweiten und jeder weiteren Tatsache aufgrund derselben Anmeldung: Die Gebühr 3500 beträgt jeweils	60,00 €
	Tatsachen ohne wirtschaftliche Bedeutung sind nicht als erste Tatsache zu behandeln.	
3502	Die Eintragung betrifft eine Tatsache ohne wirtschaftliche Bedeutung: Die Gebühren 3500 und 3501 betragen	30,00 €
	Teil 4. Prokuren	
4000	Eintragung einer Prokura, Eintragung von Änderungen oder der Löschung einer Prokura	40,00 €
4001	Die Eintragungen aufgrund derselben Anmeldung betreffen mehrere Prokuren: Die Gebühr 4000 beträgt für die zweite und jede weitere Prokura jeweils	30,00 €
	Eine Prokura, wegen der die Gebühr 4002 erhoben wird, ist nicht als erste Prokura zu behandeln.	
4002	Die Eintragung betrifft ausschließlich eine Tatsache ohne wirtschaftliche Bedeutung: Die Gebühr 4000 beträgt	30,00 €
	Teil 5. Weitere Geschäfte	
	Vorbemerkung 5: Mit den Gebühren 5000 bis 5006 wird auch der Aufwand für die Prüfung und Aufbewahrung der genannten Unterlagen abgegolten.	
	Entgegennahme	
5000	– *(aufgehoben)*	
5001	– *(aufgehoben)*	
5002	– der Liste der Gesellschafter (§ 40 GmbHG)	30,00 €
5003	– der Liste der Mitglieder des Aufsichtsrats einschließlich der Bekanntmachung über die Einreichung (§ 52 Abs. 3 Satz 2 GmbHG, § 106 AktG)	40,00 €
5004	– der Mitteilung über den alleinigen Aktionär (§ 42 AktG)	40,00 €
5005	– des Protokolls der Hauptversammlung (§ 130 Abs. 5 AktG)	50,00 €
5006	– von Verträgen, eines Verschmelzungsplans oder von entsprechenden Entwürfen nach dem UmwG	50,00 €

Nr.	Gebührentatbestand	Gebührenbetrag
5007	**Übertragung von Schriftstücken in ein elektronisches Dokument (§ 9 Abs. 2 HGB):** **für jede angefangene Seite** .... **[1] Die Gebühr wird für die Dokumente jedes Registerblatts gesondert erhoben. [2] Mit der Gebühr wird auch die einmalige elektronische Übermittlung der Dokumente an den Antragsteller abgegolten.**	**2,00 €** **– mindestens 25,00 €**

1 Bereits dieser Vorgang lässt die Gebühr anfallen (OLG Köln FGPrax 2005, 233 (zu 5004; abl. Odenthal Rpfleger 2006, 131)). Bei 5002 kommt es nicht auf die Person des Einreichers an (OLG München Rpfleger 2010, 629). OLG Frankfurt a. M. FGPrax 2013, 80, hält 5007 zugunsten des Notars für unanwendbar.

Nr.	Gebührentatbestand	Gebührenbetrag
	Teil 6. Bereitstellung zum Abruf	
6000	**Bereitstellung von Registerdaten oder Dokumenten zum Abruf** .... **[1] Die Gebühr entsteht neben jeder Gebühr für eine Eintragung nach den Teilen 1 bis 4 und neben jeder Gebühr für eine Entgegennahme nach Teil 5 gesondert. [2] § 34 Abs. 5 GNotKG ist nicht anzuwenden.**	**1/3 der für die Eintragung oder Entgegennahme bestimmten Gebühr**

b) Besondere Gebührenverordnung des Bundesministeriums der Finanzen zum Transparenzregister (Transparenzregistergebührenverordnung – TrGebV)

Vom 8.1.2020 (BGBl. I 93)

FNA 7613-3-6

Zuletzt geändert durch Art. 1 VO vom 12.11.2021 (BGBl. I 4919)

Gebührenerhebung

§ 1 Die registerführende Stelle erhebt für individuell zurechenbare öffentliche Leistungen nach Abschnitt 4 des Geldwäschegesetzes Gebühren nach der Anlage (Gebührenverzeichnis).

I. Normzweck, Grundlage. Die Verordnung regelt die Gebühren, die für die Führung des Transparenzregisters, die Einsichtnahme in das Register bzw. einen Ausdruck aus dem Register und die Auskünfte nach § 23 VI GwG aufgrund § 24 III GwG entstehen. 1

II. Gebühr. Für die in der Anlage aufgeführten Leistungen erhebt der Bundesanzeiger als registerführende Stelle die Gebühren: für die **Führung des Transparenzregisters** eine Jahresgebühr nach KV 1 (Kostenschuldner ist die jeweilige Vereinigung nach § 20 GwG bzw. der Verwalter des Trusts bzw. Treuhänder nach § 2 für eine Rechtsgestaltung nach § 21 GwG), für jede **Einsicht** in das Transparenzregister zum Abruf der Angabe zu wirtschaftlich Berechtigten nach KV 2 (Kostenschuldner ist der jeweilige Antragsteller) sowie für die Übersendung der Angaben zum wirtschaftlich Berechtigten und Übersendung per Post nach KV 3 (bei Übersendung eines beglaubigten Ausdrucks entsteht statt KV 3 eine Beglaubigungsgebühr nach § 12 I AGebV) und nach KV 4 für die **Registrierung und Identifizierung** eines wirtschaftlich Berechtigten, der einen Antrag auf Auskunft über die erfolgten Einsichtnahmen nach § 23 VI GwG gestellt hat (Kostenschuldner ist der Antragsteller). 2

Soweit es für **eingetragene Vereine** einen Dachverband gibt und dieser mit der registerführenden Stelle eine Vereinbarung nach § 3 getroffen hat, trägt der Dachverband die Jahresgebühren unter gleichzeitiger Vorlage einer aktuellen Liste der Mitgliedsvereine. Für gemeinnützige Vereinigungen (vgl. §§ 52–54 AO, zB gemeinnützige Vereine) können nach § 4 einen Antrag (Schriftform, Mail, über Internetseite des Transparenzregisters) unter Vorlage der Bescheinigung des Finanzamts über die Gemeinnützigkeit auf **Gebührenbefreiung** nach § 24 I 2 GwG von der Jahresgebühr nach KV 1 stellen. 3

Gebührenerhebung bei Rechtsgestaltungen

§ 2 Nimmt eine Rechtsgestaltung nach § 21 des Geldwäschegesetzes eine individuell zurechenbare öffentliche Leistung in Anspruch, so ist der Gebührenschuldner der Verwalter des Trusts nach § 21 Absatz 1 des Geldwäschegesetzes oder der Treuhänder nach § 21 Absatz 2 des Geldwäschegesetzes.

Tragung der Gebühren durch Dachverbände

§ 3 [1]Die registerführende Stelle kann mit Dachverbänden von eingetragenen Vereinen Vereinbarungen treffen, wonach die Dachverbände die Jahresgebühren im Namen der bei ihnen eingetragenen Mitgliedsvereine und für diese mit befreiender Wirkung tragen können. [2]Die befreiende Wirkung tritt mit Zahlung ein. Die Dachverbände legen der registerführenden Stelle jeweils im Zeitpunkt der Zahlung eine aktuelle Liste der Mitgliedsvereine

vor, für die die Jahresgebühren getragen werden. [3]Die registerführende Stelle gleicht diese Mitgliedsliste mit ihren Gebührenschuldnern ab.

Verfahren für eine Gebührenbefreiung bei steuerbegünstigten Zwecken

4 **I [1]Ein Antrag auf Gebührenbefreiung nach § 24 Absatz 1 Satz 2 des Geldwäschegesetzes kann nur in einer von der registerführenden Stelle vorgegebenen elektronischen oder schriftlichen Form gestellt werden. [2]Die registerführende Stelle stellt hierzu eine Möglichkeit der Antragstellung per schriftlichen Antrag, E-Mail oder über die Internetseite des Transparenzregisters zur Verfügung.**

II [1]Bei der Antragstellung muss der Antragsteller die Vereinigung nach § 20 des Geldwäschegesetzes, für die eine Gebührenbefreiung begehrt wird, eindeutig bezeichnen. [2]Auf Anforderung der registerführenden Stelle muss der Antragsteller seine Identität sowie seine Berechtigung, für die Vereinigung handeln zu dürfen, anhand geeigneter Nachweise belegen. [3]Für den Nachweis der Identität gilt § 3 der Transparenzregistereinsichtnahmeverordnung. [4]Die Verfolgung steuerbegünstigter Zwecke im Sinne der §§ 52 bis 54 der Abgabenordnung durch die Vereinigung ist von dem Antragsteller mittels einer Bescheinigung des zuständigen Finanzamtes nachzuweisen. [5]Dieser Nachweis ist nicht erforderlich, wenn im Antrag die Verfolgung der nach den §§ 52 bis 54 der Abgabenordnung steuerbegünstigten Zwecke versichert und das Einverständnis darüber erklärt werden, dass die registerführende Stelle beim zuständigen Finanzamt eine Bestätigung der Verfolgung dieser steuerbegünstigten Zwecke einholen darf. [6]Die Antragstellerin hat im Antrag das zuständige Finanzamt und die Steuernummer anzugeben.

III [1]Die Vereinigung wird für die Gebührenjahre von der Jahresgebühr befreit, für die ein steuerbegünstigter Zweck im Sinne der §§ 52 bis 54 der Abgabenordnung nachgewiesen und der Antrag rechtzeitig gestellt wurde. [2]Wird der Antrag im Laufe eines begonnenen Gebührenjahres gestellt, gilt die Befreiung für das gesamte Gebührenjahr. [3]Eine rückwirkende Befreiung für vor dem Jahr der Antragstellung liegende Gebührenjahre ist nicht möglich.

IV [1]Die registerführende Stelle stellt spätestens am 31. März 2022 ein gesondertes Antragsformular zur Verfügung, mit dem schriftlich oder elektronisch eine Befreiung von den Gebühren für die Zeit vom 1. Januar 2021 bis zur Errichtung des Zuwendungsempfängerregisters nach § 60b der Abgabenordnung beantragt werden kann. [2]Abweichend von Absatz 2 Satz 3 kann die Identifizierung anhand des Antragsformulars erfolgen. [3]Abweichend von Absatz 3 Satz 3 kann die Befreiung für das Gebührenjahr 2021 bis zum 30. Juni 2022 beantragt werden.

Inkrafttreten, Außerkrafttreten

5 **I Diese Verordnung tritt vorbehaltlich des Absatzes 2 am Tag nach der Verkündung in Kraft.**

II In der Anlage (Gebührenverzeichnis) tritt Nummer 4 am 1. Juli 2020 in Kraft.

III Gleichzeitig mit dem Inkrafttreten nach Absatz 1 tritt die Transparenzregistergebührenverordnung vom 19. Dezember 2017 (BGBl. I S. 3982) außer Kraft.

Anlage (zu § 1)
Gebührenverzeichnis

Laufende Nr.	Gebührentatbestand	Gebührenhöhe in Euro
1	**Führung des Transparenzregisters nach § 24 Absatz 1 des Geldwäschegesetzes** **– Für das Jahr 2017 fällt eine halbe Gebühr in Höhe von 1,25 Euro an.** **– Sofern für das Jahr bereits eine Gebühr von 4,80 Euro erhoben wurde, wird die Differenz von 6,67 Euro nacherhoben.**	**Bis Gebührenjahr 2019: 2,50 jährlich** **Für das Gebührenjahr 2020: 4,80 jährlich** **Für das Gebührenjahr 2021: 11,47 jährlich** **Ab dem Gebührenjahr 2022: 20,80 jährlich**
2	**Einsichtnahme nach § 24 Absatz 2 des Geldwäschegesetzes durch Abruf der Angaben zum wirtschaftlich Berechtigten einer Vereinigung nach § 20 Absatz 1 des Geldwäschegesetzes oder einer Rechtsgestaltung nach § 21 des Geldwäschegesetzes** **– Vermittelt das Transparenzregister den Zugang zum Handelsregister, Genossenschaftsregister, Partnerschaftsregister, Unternehmensregister oder Vereinsregister, so fällt keine Einsichtnahmegebühr zusätzlich zu etwaigen Gebühren für die Einsichtnahme in diese anderen Register an.** **– Falls im Register keine aktuelle Eintragung nach § 20 Absatz 1 oder § 21 des Geldwäschegesetzes vorliegt, erlangt der Einsichtnehmende eine elektronische Bestätigung dessen im Sinne von § 18 Absatz 4 Satz 1 des Geldwäschegesetzes im Rahmen der gewährten Einsichtnahme.**	**1,65 pro abgerufenem Dokument**
3	**Ausdruck von Angaben zu wirtschaftlich Berechtigten einer Vereinigung nach § 20 Absatz 1 des Geldwäschegesetzes oder einer Rechtsgestaltung nach § 21 des Geldwäschegesetzes, die im Transparenzregister gespeichert sind, nach § 18 Absatz 4 Satz 1 des Geldwäschegesetzes** **– Diese Gebühr fällt zusätzlich zu der Einsichtnahmegebühr (Gebührentatbestand Nummer 2) an: Jeder Einsichtnehmende erhält die über das online-basierte Transparenzregister zugänglichen Daten in ausdruckbarer Form. Der Gebührentatbestand Nummer 3 findet nur Anwendung, wenn ein Einsichtnehmender darauf besteht, dass die registerführende Stelle den physischen Ausdruck erstellt und ihm diesen postalisch zukommen lässt.**	**7,50 pro Ausdruck**

Laufende Nr.	Gebührentatbestand	Gebührenhöhe in Euro
	– Wird ein Ausdruck beglaubigt, so fällt zusätzlich zur Einsichtnahmegebühr (Gebührentatbestand Nummer 2) nur die Beglaubigungsgebühr nach § 12 Absatz 1 der Allgemeinen Gebührenverordnung an.	
4	Registrierungen und Identifizierungen wirtschaftlich Berechtigter nach § 24 Absatz 2a des Geldwäschegesetzes für die Erteilung von Auskünften gemäß § 23 Absatz 8 des Geldwäschegesetzes	50,00 pro Registrierung eines wirtschaftlich Berechtigten für eine Rechtseinheit

c) Gebührensatzungen der BRAK

aa) Bundesnotarordnung (BNotO)

In der Fassung der Bekanntmachung vom 24.2.1961 (BGBl. I 97)

FNA 303-1

Zuletzt geändert durch Art. 2 Gesetz vom 15.7.2022 (BGBl. I 1146)

(Auszug)

Zentrales Vorsorgeregister; Verordnungsermächtigung

78a **I 1 Die Bundesnotarkammer führt als Registerbehörde ein automatisiertes elektronisches Register über Vorsorgevollmachten, Betreuungsverfügungen, Patientenverfügungen und Widersprüche gegen eine Vertretung durch den Ehegatten nach § 1358 des Bürgerlichen Gesetzbuchs. 2 Das Bundesministerium der Justiz und für Verbraucherschutz führt die Rechtsaufsicht über die Registerbehörde.**

II In das Zentrale Vorsorgeregister dürfen Angaben aufgenommen werden über

1. Vollmachtgeber,
2. Bevollmächtigte,
3. die Vollmacht und deren Inhalt,
4. Vorschläge zur Auswahl des Betreuers,
5. Wünsche zur Wahrnehmung der Betreuung,
6. den Vorschlagenden,
7. den einer Vertretung durch den Ehegatten nach § 1358 des Bürgerlichen Gesetzbuchs Widersprechenden und
8. den Ersteller einer Patientenverfügung.

III Das Bundesministerium der Justiz und für Verbraucherschutz hat durch Rechtsverordnung mit Zustimmung des Bundesrates die näheren Bestimmungen zu treffen über

1. die Einrichtung und Führung des Registers,
2. die Auskunft aus dem Register,
3. die Anmeldung, Änderung und Löschung von Registereintragungen,
4. die Einzelheiten der Datenübermittlung und -speicherung und
5. die Einzelheiten der Datensicherheit.

Auskunft und Gebühren

78b **I 1 Die Registerbehörde erteilt Gerichten und Ärzten auf Ersuchen Auskunft aus dem Zentralen Vorsorgeregister. 2 Ärzte dürfen nur um Auskunft ersuchen, soweit diese für die Entscheidung über eine dringende medizinische Behandlung erforderlich ist. 3 Die Befugnis der Gerichte, Notare und Notarkammern zur Einsicht in Registrierungen, die von ihnen verwahrte oder registrierte Urkunden betreffen, bleibt unberührt.**

II 1 Das Zentrale Vorsorgeregister wird durch Gebühren finanziert. 2 Die Registerbehörde kann Gebühren für die Aufnahme von Erklärungen in das Register erheben. 3 Zur Zahlung der Gebühren sind der Antragsteller und derjenige verpflichtet, der für die Gebührenschuld eines anderen kraft Gesetzes haftet. 4 Mehrere Gebührenschuldner haften als Gesamtschuldner. 5 Gerichte und Notare können die Gebühren für die Registerbehörde entgegennehmen.

III 1 Die Gebühren sind so zu bemessen, dass der mit der Einrichtung, der Inbetriebnahme, der dauerhaften Führung und der Nutzung des Zentralen Vorsorgeregisters durchschnittlich verbundene Verwaltungsaufwand einschließlich der Personal- und Sachkosten gedeckt wird. 2 Dabei ist auch der

für die Aufnahme von Erklärungen in das Register gewählte Kommunikationsweg zu berücksichtigen.

IV [1]Die Registerbehörde bestimmt die Gebühren nach Absatz 2 Satz 2 und die Art ihrer Erhebung durch eine Gebührensatzung. [2]Die Satzung bedarf der Genehmigung durch das Bundesministerium der Justiz und für Verbraucherschutz. [3]Die Höhe der Gebühren ist regelmäßig zu überprüfen.

1 Die auf der Grundlage von § 78b IV erlassene Vorsorgeregister-Gebührensatzung (VRegGebS) ist abgedruckt unter bb), → VRegGebS § 1 Rn. 1 ff.

Zentrales Testamentsregister; Verordnungsermächtigung

78c **I [1]Die Bundesnotarkammer führt als Registerbehörde ein automatisiertes elektronisches Register über die Verwahrung erbfolgerelevanter Urkunden und sonstige Daten nach § 78d. [2]Die Erhebung und Verwendung der Daten ist auf das für die Erfüllung der gesetzlichen Aufgaben der Registerbehörde, der Nachlassgerichte und der Verwahrstellen Erforderliche zu beschränken. [3]Das Bundesministerium der Justiz und für Verbraucherschutz führt die Rechtsaufsicht über die Registerbehörde.**

II Das Bundesministerium der Justiz und für Verbraucherschutz hat durch Rechtsverordnung mit Zustimmung des Bundesrates die näheren Bestimmungen zu treffen über

1. die Einrichtung und Führung des Registers,
2. die Auskunft aus dem Register,
3. die Anmeldung, Änderung und Löschung von Registereintragungen,
4. die Einzelheiten der Datenübermittlung und -speicherung und
5. die Einzelheiten der Datensicherheit.

III [1]In der Rechtsverordnung können darüber hinaus Bestimmungen zum Inhalt der Sterbefallmitteilungen nach § 78e Satz 1 getroffen werden. [2]Ferner können in der Rechtsverordnung Ausnahmen zugelassen werden von

1. § 78e Satz 3, soweit dies die Sterbefallmitteilung an das Nachlassgericht betrifft;
2. der elektronischen Benachrichtigung nach § 78e Satz 4;
3. der Verpflichtung zur elektronischen Übermittlung nach § 34a Absatz 1 und 2 des Beurkundungsgesetzes und § 347 des Gesetzes über das Verfahren in Familiensachen und in den Angelegenheiten der freiwilligen Gerichtsbarkeit.

Inhalt des Zentralen Testamentsregisters

78d **I [1]In das Zentrale Testamentsregister werden Verwahrangaben zu erbfolgerelevanten Urkunden aufgenommen, die**

1. von Notaren nach § 34a Absatz 1 oder 2 des Beurkundungsgesetzes zu übermitteln sind oder
2. von Gerichten nach Absatz 4 Satz 1 sowie nach § 347 des Gesetzes über das Verfahren in Familiensachen und in den Angelegenheiten der freiwilligen Gerichtsbarkeit zu übermitteln sind.

[2]Weiterer Inhalt des Zentralen Testamentsregisters sind

1. Verwahrangaben, die nach § 1 des Testamentsverzeichnis-Überführungsgesetzes überführt worden sind, und
2. Mitteilungen, die nach § 9 des Testamentsverzeichnis-Überführungsgesetzes überführt worden sind.

[3]Die gespeicherten Daten sind mit Ablauf des 30. auf die Sterbefallmitteilung folgenden Kalenderjahres zu löschen.

II [1]Erbfolgerelevante Urkunden sind Testamente, Erbverträge und alle Urkunden mit Erklärungen, welche die Erbfolge beeinflussen können, ins-

besondere Aufhebungsverträge, Rücktritts- und Anfechtungserklärungen, Erb- und Zuwendungsverzichtsverträge, Ehe- und Lebenspartnerschaftsverträge und Rechtswahlen. [2] Verwahrangaben sind Angaben, die zum Auffinden erbfolgerelevanter Urkunden erforderlich sind.

III Registerfähig sind nur erbfolgerelevante Urkunden, die

1. öffentlich beurkundet worden sind oder
2. in amtliche Verwahrung genommen worden sind.

IV [1] Handelt es sich bei einem gerichtlichen Vergleich um eine erbfolgerelevante Urkunde im Sinne von Absatz 2 Satz 1, übermittelt das Gericht unverzüglich die Verwahrangaben an die das Zentrale Testamentsregister führende Registerbehörde nach Maßgabe der nach § 78c Absatz 2 und 3 erlassenen Rechtsverordnung. [2] Der Erblasser teilt dem Gericht die zur Registrierung erforderlichen Daten mit.

Sterbefallmitteilung

78e **[1] Das zuständige Standesamt hat der Registerbehörde den Tod, die Todeserklärung oder die gerichtliche Feststellung der Todeszeit einer Person mitzuteilen (Sterbefallmitteilung). [2] Die Registerbehörde prüft daraufhin, ob im Zentralen Testamentsregister Angaben nach § 78d Absatz 1 Satz 1 und 2 vorliegen. [3] Sie benachrichtigt, soweit es zur Erfüllung der Aufgaben des Nachlassgerichts und der verwahrenden Stellen erforderlich ist, unverzüglich**

1. das zuständige Nachlassgericht über den Sterbefall und etwaige Angaben nach § 78d Absatz 1 Satz 1 und 2 und
2. die verwahrenden Stellen über den Sterbefall und etwaige Verwahrangaben nach § 78d Absatz 1 Satz 1 und 2 Nummer 1.

[4] Die Benachrichtigung erfolgt elektronisch.

Auskunft aus dem Zentralen Testamentsregister

78f **I [1] Die Registerbehörde erteilt auf Ersuchen**

1. Gerichten Auskunft aus dem Zentralen Testamentsregister sowie
2. Notaren Auskunft über Verwahrangaben aus dem Zentralen Testamentsregister.

[2] Die Auskunft wird nur erteilt, soweit sie im Rahmen der Aufgabenerfüllung der Gerichte und Notare erforderlich ist. [3] Auskünfte können zu Lebzeiten des Erblassers nur mit dessen Einwilligung eingeholt werden.

Ia [1] Auf Ersuchen erteilt die Registerbehörde in Angelegenheiten, die die Rechtsnachfolge von Todes wegen betreffen, innerhalb des Anwendungsbereichs der Verordnung (EU) Nr. 650/2012 des Europäischen Parlaments und des Rates vom 4. Juli 2012 über die Zuständigkeit, das anzuwendende Recht, die Anerkennung und Vollstreckung von Entscheidungen und die Annahme und Vollstreckung öffentlicher Urkunden in Erbsachen sowie zur Einführung eines Europäischen Nachlasszeugnisses (ABl. L 201 vom 27.7.2012, S. 107; L 344 vom 14.12.2012, S. 3; L 41 vom 12.2.2013, S. 16; L 60 vom 2.3.2013, S. 140; L 363 vom 18.12.2014, S. 186) auch

1. ausländischen Gerichten im Sinne des Artikels 3 Absatz 2 der Verordnung (EU) Nr. 650/2012 und ausländischen Behörden, die für die Ausstellung des Europäischen Nachlasszeugnisses zuständig sind, Auskunft aus dem Zentralen Testamentsregister sowie
2. Notaren, die in einem anderen Mitgliedstaat der Europäischen Union mit Ausnahme Dänemarks und Irlands niedergelassen sind, Auskunft über Verwahrangaben aus dem Zentralen Testamentsregister.

[2] Absatz 1 Satz 2 und 3 gilt entsprechend.

II Die Befugnis der Gerichte, Notare und Notarkammern zur Einsicht in Registrierungen, die von ihnen verwahrte oder registrierte Urkunden betreffen, bleibt unberührt.

III 1 Die Registerbehörde kann Gerichte bei der Ermittlung besonders amtlich verwahrter Urkunden unterstützen, für die mangels Verwahrungsnachricht keine Eintragung im Zentralen Testamentsregister vorliegt. 2 Die Verwahrangaben der nach Satz 1 ermittelten Verfügungen von Todes wegen sind nach § 347 des Gesetzes über das Verfahren in Familiensachen und in den Angelegenheiten der freiwilligen Gerichtsbarkeit an das Zentrale Testamentsregister zu melden.

Gebührenerhebung für das Zentrale Testamentsregister

78g I 1 Das Zentrale Testamentsregister wird durch Gebühren finanziert. 2 Die Registerbehörde kann Gebühren erheben für
1. die Aufnahme von Erklärungen in das Testamentsregister und
2. die Erteilung von Auskünften aus dem Testamentsregister nach § 78f Absatz 1 Satz 1 Nummer 2 und Absatz 1a Satz 1.

II 1 Zur Zahlung der Gebühren sind verpflichtet:
1. im Fall des Absatzes 1 Satz 2 Nummer 1 der Erblasser,
2. im Fall des Absatzes 1 Satz 2 Nummer 2 der Veranlasser des Auskunftsverfahrens.
2 Mehrere Gebührenschuldner haften als Gesamtschuldner. 3 Gerichte und Notare können die Gebühren für die Registerbehörde entgegennehmen.

III 1 Die Gebühren sind so zu bemessen, dass der mit der Einrichtung sowie der dauerhaften Führung und Nutzung des Zentralen Testamentsregisters durchschnittlich verbundene Verwaltungsaufwand einschließlich Personal- und Sachkosten gedeckt wird. 2 Die durch die Aufnahme von Mitteilungen nach § 78d Absatz 1 Satz 2 Nummer 2 entstehenden Kosten bleiben außer Betracht.

IV 1 Die Registerbehörde bestimmt die Gebühren nach Absatz 1 Satz 2 und die Art ihrer Erhebung durch eine Gebührensatzung. 2 Die Satzung bedarf der Genehmigung durch das Bundesministerium der Justiz und für Verbraucherschutz. 3 Die Höhe der Gebühren ist regelmäßig zu überprüfen.

1 Die auf der Grundlage von IV erlassene Testamentsregister-Gebührensatzung (ZTR-GebS) ist abgedruckt unter cc) (→ ZTRGebS Rn. 1 ff.).

Elektronisches Urkundenarchiv; Verordnungsermächtigung

78h I 1 Die Bundesnotarkammer betreibt als Urkundenarchivbehörde ein zentrales elektronisches Archiv, das den Notaren die Führung der elektronischen Urkundensammlung, des Urkundenverzeichnisses und des Verwahrungsverzeichnisses ermöglicht (Elektronisches Urkundenarchiv). 2 Das Bundesministerium der Justiz und für Verbraucherschutz führt die Rechtsaufsicht über die Urkundenarchivbehörde.

II 1 Die Verfügbarkeit, die Integrität, die Authentizität, die Vertraulichkeit und die Transparenz der Daten des Urkundenverzeichnisses, des Verwahrungsverzeichnisses und der im Elektronischen Urkundenarchiv verwahrten elektronischen Dokumente müssen für die gesamte Dauer der Aufbewahrungsfrist gewährleistet sein. 2 Die Urkundenarchivbehörde trifft die erforderlichen technischen und organisatorischen Maßnahmen, um die Erhaltung des Beweiswerts der verwahrten elektronischen Dokumente dauerhaft zu gewährleisten, ohne dass es einer erneuten Signatur durch die verwahrende Stelle bedarf.

III 1 Elektronische Dokumente, die im Elektronischen Urkundenarchiv zusammen verwahrt werden, müssen derart miteinander verknüpft sein, dass sie nur zusammen abgerufen werden können. 2 § 42 Absatz 3 und § 49 Absatz 5 des Beurkundungsgesetzes bleiben unberührt.

IV Das Bundesministerium der Justiz und für Verbraucherschutz hat durch Rechtsverordnung ohne Zustimmung des Bundesrates die näheren Bestimmungen zu treffen über
1. die Einrichtung des Elektronischen Urkundenarchivs,
2. die Führung und den technischen Betrieb,
3. die Einzelheiten der Datenübermittlung und -speicherung,
4. die Einzelheiten der Datensicherheit und
5. die Erteilung und Entziehung der technischen Verwaltungs- und Zugangsberechtigungen.

Zugangsberechtigung zum Elektronischen Urkundenarchiv

78i **1 Der Zugang zum Urkundenverzeichnis, zum Verwahrungsverzeichnis und zu den im Elektronischen Urkundenarchiv verwahrten elektronischen Dokumenten steht ausschließlich der für die Verwahrung zuständigen Stelle zu. 2 Hierzu trifft die Urkundenarchivbehörde geeignete technische und organisatorische Maßnahmen.**

Gebührenerhebung für das Elektronische Urkundenarchiv

78j **I 1 Das Elektronische Urkundenarchiv wird durch Gebühren finanziert. 2 Die Urkundenarchivbehörde kann Gebühren erheben für**
1. die Aufnahme von elektronischen Dokumenten in die elektronische Urkundensammlung und
2. die Führung des Verwahrungsverzeichnisses.

II 1 Zur Zahlung der Gebühren sind verpflichtet:
1. im Fall des Absatzes 1 Satz 2 Nummer 1 derjenige, der zur Zahlung der Kosten für die jeweilige notarielle Amtshandlung verpflichtet ist, abweichend hiervon
a) im Fall des § 119 Absatz 1 die Staatskasse,
b) im Fall des § 119 Absatz 3 der Notar,
c) im Fall des § 119 Absatz 4 die Notarkammer,
2. im Fall des Absatzes 1 Satz 2 Nummer 2 der Notar.

2 Mehrere Gebührenschuldner haften als Gesamtschuldner. 3 Notare können die Gebühren für die Urkundenarchivbehörde entgegennehmen.

III 1 Die Gebühren sind so zu bemessen, dass der mit der Einrichtung, der Inbetriebnahme sowie der dauerhaften Führung und Nutzung des Elektronischen Urkundenarchivs durchschnittlich verbundene Verwaltungsaufwand einschließlich der Personal- und Sachkosten gedeckt wird. 2 Bei der Bemessung der Gebühren für die Aufnahme von elektronischen Dokumenten in die elektronische Urkundensammlung kann der Umfang des elektronischen Dokuments berücksichtigt werden. 3 Die Gebühr kann im Fall von Unterschriftsbeglaubigungen, die nicht mit der Fertigung eines Entwurfs in Zusammenhang stehen, niedriger bemessen werden.

IV 1 Die Urkundenarchivbehörde bestimmt die Gebühren nach Absatz 1 Satz 2 und die Art ihrer Erhebung durch eine Gebührensatzung. 2 Die Satzung bedarf der Genehmigung durch das Bundesministerium der Justiz und für Verbraucherschutz. 3 Die Höhe der Gebühren ist regelmäßig zu überprüfen.

I. Allgemeines. Die Norm regelt die Finanzierung des elektronischen Urkundenarchivs durch die Erhebung von Gebühren für die in § 78j genannten Tätigkeiten, da der Betrieb des elektronischen Urkundenarchivs keine originäre Aufgabe der Bundesnotarkammer ist. Die Finanzierung erfolgt nicht durch das allgemeine Beitragsaufkommen der Bundesnotarkammer noch durch Steuermittel. 1

II. Elektronisches Urkundenverzeichnis. Das elektronische Urkundenverzeichnis wird seit 1.1.2022 bei der Bundesnotarkammer wie auch das Zentrale Testaments- 2 register und das Zentrale Vorsorgeregister geführt. Die Führung des Urkundenverzeichnisses erfolgt gebührenfrei (BT-Drs. 18/10607, 70).

3 **III. Elektronische Urkundensammlung.** Dagegen wird für die Einstellung einer Urkunde in die elektronische Urkundensammlung (elektronisches Urkundenarchiv) und für die Führung des Verwahrungsverzeichnis eine Gebühr erhoben. Für die Einstellung einer digitalisierten, beglaubigten Abschrift einer Unterschriftsbeglaubigung ohne Entwurf wird eine Gebühr von 2,50 EUR; und für alle anderen Urkunden eine Gebühr von 4,50 EUR; erhoben. Kostenschuldner ist derjenige, zur Zahlung der Kosten für die jeweilige notarielle Amtshandlung verpflichtet ist, II 1 Nr. 1. Es gelten also grundsätzlich die §§ 29–31 GNotKG. Nur ausnahmsweise greift das Veranlasserprinzip im Rahmen des § 119 I, III, IV. Mehrere Schuldner haften nach II 2 als Gesamtschuldner. Die Gebühr kann durch den Notar im Rahmen seiner Kostenbeitreibung (als durchlaufender Posten nach KV 32015 GNotKG) entgegengenommen werden, II 3. Soweit Urkunden, die bis zum 30.6.2022 beurkundet wurden, zusätzlich zur Verwahrung im Urkundenarchiv des Notars digitalisiert und in der Elektronischen Urkundensammlung verwahrt werden, so trägt hierfür der Notar die Kosten und nicht die Urkundsbeteiligten (BT-Drs. 18/10607, 70).

4 **IV. Führung des Verwahrungsverzeichnisses.** Kostenschuldner ist der Notar, der das Verwahrungsverzeichnis führt (II 1 Nr. 2).

5 **V. Gebührensatzung.** Durch Abs. 4 wird die Bundesnotarkammer zum Erlass einer Gebührensatzung ermächtigt, die durch das BMJV zu genehmigen ist. In dieser Satzung sind die Höhe der einzelnen Gebühren und deren Erhebung festgelegt. Die erlassene Gebührensatzung ist abgedruckt unter dd).

Elektronischer Notariatsaktenspeicher; Verordnungsermächtigung

78k **I Die Bundesnotarkammer betreibt einen zentralen elektronischen Aktenspeicher, der den Notaren die elektronische Führung ihrer nicht im Elektronischen Urkundenarchiv zu führenden Akten und Verzeichnisse sowie die Speicherung sonstiger Daten ermöglicht (Elektronischer Notariatsaktenspeicher).**

II 1 Der Elektronische Notariatsaktenspeicher wird durch Gebühren finanziert. 2 Die Bundesnotarkammer kann Gebühren erheben für die elektronische Führung von Akten und Verzeichnissen sowie die Speicherung sonstiger Daten im Elektronischen Notariatsaktenspeicher. 3 Zur Zahlung der Gebühren ist der Notar verpflichtet.

III Die Gebühren sind so zu bemessen, dass der mit der Einrichtung, der Inbetriebnahme sowie der dauerhaften Führung und Nutzung des Elektronischen Notariatsaktenspeichers durchschnittlich verbundene Verwaltungsaufwand einschließlich der Personal- und Sachkosten gedeckt wird.

IV 1 Die Bundesnotarkammer bestimmt die Gebühren nach Absatz 2 Satz 2 und die Art ihrer Erhebung durch eine Gebührensatzung. 2 Die Satzung bedarf der Genehmigung durch das Bundesministerium der Justiz und für Verbraucherschutz. 3 Die Höhe der Gebühren ist regelmäßig zu überprüfen.

V Das Bundesministerium der Justiz und für Verbraucherschutz hat durch Rechtsverordnung ohne Zustimmung des Bundesrates die näheren Bestimmungen zu treffen über
1. die Einrichtung des Elektronischen Notariatsaktenspeichers,
2. die Führung und den technischen Betrieb,
3. die Einzelheiten der Datenübermittlung und -speicherung,
4. die Einzelheiten der Datensicherheit und
5. die Erteilung und Entziehung der technischen Verwaltungs- und Zugangsberechtigungen.

1 Derzeit unkommentiert, da der Elektronische Notariatsspeicher noch nicht eingeführt worden ist.

Notarverzeichnis

78l I [1]Die Bundesnotarkammer führt ein elektronisches Verzeichnis der Notare und Notariatsverwalter (Notarverzeichnis). [2]Jede Notarkammer gibt die Daten zu den in ihr zusammengeschlossenen Notaren und zu den in ihrem Bezirk bestellten Notariatsverwaltern in das Notarverzeichnis ein.

II [1]Das Notarverzeichnis dient der Information der Behörden und Gerichte, der Rechtsuchenden und der anderen am Rechtsverkehr Beteiligten über die bestellten Notare und Notariatsverwalter sowie über die Zuständigkeit für die Verwahrung notarieller Akten und Verzeichnisse. [2]Darüber hinaus dient es der Erfüllung der Aufgaben der Notarkammern und der Bundesnotarkammer. [3]Die Einsicht in das Verzeichnis steht jedem unentgeltlich zu. [4]Die Suche in dem Verzeichnis wird durch ein elektronisches Suchsystem ermöglicht.

III [1]In das Notarverzeichnis sind einzutragen:

1. die von der Landesjustizverwaltung nach § 67 Absatz 6 Nummer 1 bis 5 mitgeteilten Tatsachen unter Angabe des jeweils maßgeblichen Datums,
2. der Familienname und der oder die Vornamen sowie frühere Familiennamen, die der Notar oder Notariatsverwalter seit seiner Bestellung geführt hat,
3. Zuständigkeiten für die Aktenverwahrung mit Ausnahme solcher nach § 45 Absatz 1,
4. der Amtssitz, die Anschrift von Geschäftsstellen sowie die Orte und Termine auswärtiger Sprechtage,
5. die Kammerzugehörigkeit,
6. die Bezeichnung des besonderen elektronischen Notarpostfachs,
7. die Telekommunikationsdaten, die der Notar oder Notariatsverwalter mitgeteilt hat,
8. Sprachkenntnisse, soweit der Notar oder Notariatsverwalter solche mitteilt.

[2]Die Eintragungen zu Satz 1 Nummer 1 bis 5 sind von der jeweiligen Notarkammer, die Eintragungen zu Satz 1 Nummer 6 bis 8 von der Bundesnotarkammer vorzunehmen. [3]Eintragungen zu Notarvertretungen können auch unmittelbar durch die Aufsichtsbehörde erfolgen. [4]Die Notarkammern, die Bundesnotarkammer und die Aufsichtsbehörde tragen die datenschutzrechtliche Verantwortung für die jeweils von ihnen in das Verzeichnis eingegebenen Daten.

IV [1]Die zu einem Anwaltsnotar zu erhebenden Daten können auch automatisiert aus dem Gesamtverzeichnis der Bundesrechtsanwaltskammer (§ 31 der Bundesrechtsanwaltsordnung) abgerufen werden. [2]Das Gleiche gilt bei der Bestellung eines Rechtsanwalts zum Notariatsverwalter oder zur Notarvertretung.

V [1]Das Notarverzeichnis kann auch Eintragungen zu früheren Notaren, Notariatsverwaltern und vergleichbaren anderen Amtspersonen enthalten. [2]Zuständig für Eintragungen zu früheren Amtspersonen sind die Notarkammern, die zur Zeit der Amtstätigkeit der früheren Amtspersonen für Eintragungen nach Absatz 1 Satz 2 zuständig waren. [3]Zu früheren Amtspersonen sind nur die Angaben einzutragen, die zum Auffinden derjenigen Urkunden erforderlich sind, die von ihnen beurkundet wurden.

VI Die Eintragungen im Notarverzeichnis sind zu löschen, wenn sie zur Erfüllung der in Absatz 2 Satz 1 und 2 genannten Zwecke nicht mehr erforderlich sind.

Verordnungsermächtigung zum Notarverzeichnis

78m I 1 Das Bundesministerium der Justiz und für Verbraucherschutz regelt durch Rechtsverordnung mit Zustimmung des Bundesrates die Einzelheiten der Datenerhebung für das Notarverzeichnis, der Führung des Notarverzeichnisses und der Einsichtnahme in das Notarverzeichnis. 2 Soweit in der Rechtsverordnung nicht anders geregelt, bleibt die Zulässigkeit der Einrichtung gemeinsamer Verfahren nach § 11 des E-Government-Gesetzes unberührt.

II 1 Die Rechtsverordnung kann vorsehen oder gestatten, dass weitere den in § 78l Absatz 2 Satz 1 und 2 genannten Zwecken sowie der Bestellung einer Notarvertretung und seiner Tätigkeit dienende Angaben gespeichert werden. 2 Sie hat in diesem Fall deren Verwendungszweck näher zu bestimmen. 3 Dabei kann insbesondere das Einsichtsrecht beschränkt oder ausgeschlossen werden.

Besonderes elektronisches Notarpostfach; Verordnungsermächtigung

78n I Die Bundesnotarkammer richtet für jeden in das Notarverzeichnis eingetragenen Notar ein persönliches elektronisches Postfach ein (besonderes elektronisches Notarpostfach).

II 1 Die Bundesnotarkammer hat sicherzustellen, dass der Zugang zum besonderen elektronischen Notarpostfach nur durch ein sicheres Verfahren mit zwei voneinander unabhängigen Sicherungsmitteln möglich ist. 2 Die Bundesnotarkammer kann unterschiedlich ausgestaltete Zugangsberechtigungen für Notare und andere Personen vorsehen. 3 Sie ist berechtigt, die in dem besonderen elektronischen Notarpostfach gespeicherten Nachrichten nach angemessener Zeit zu löschen. 4 Das besondere elektronische Notarpostfach soll barrierefrei ausgestaltet sein.

III 1 Wird das Erlöschen des Amtes des Notars oder die vorläufige Amtsenthebung in das Notarverzeichnis eingetragen, hebt die Bundesnotarkammer die Zugangsberechtigung zum besonderen elektronischen Notarpostfach auf. 2 Sie löscht das besondere elektronische Notarpostfach, sobald es nicht mehr benötigt wird.

IV Die Absätze 1 bis 3 gelten für Notariatsverwalter entsprechend.

V 1 Die Bundesnotarkammer kann auch für Notarvertretungen, für Notarassessoren, für sich selbst, für die Notarkammern und für andere notarielle Einrichtungen besondere elektronische Notarpostfächer einrichten. 2 Absatz 2 Satz 1, 3 und 4 ist anzuwenden.

VI Der Inhaber des besonderen elektronischen Notarpostfachs ist verpflichtet, die für dessen Nutzung erforderlichen technischen Einrichtungen vorzuhalten sowie Zustellungen und den Zugang von Mitteilungen über das besondere elektronische Notarpostfach zur Kenntnis zu nehmen.

VII Das Bundesministerium der Justiz und für Verbraucherschutz regelt durch Rechtsverordnung mit Zustimmung des Bundesrates die Einzelheiten der besonderen elektronischen Notarpostfächer, insbesondere Einzelheiten

1. ihrer Einrichtung und der hierzu erforderlichen Datenübermittlung,
2. ihrer technischen Ausgestaltung einschließlich ihrer Barrierefreiheit,
3. ihrer Führung,
4. der Zugangsberechtigung und der Nutzung,
5. des Löschens von Nachrichten und
6. ihrer Löschung.

Beschwerde

78o I Gegen Entscheidungen der Registerbehörde nach den §§ 78a bis 78g und der Urkundenarchivbehörde nach § 78j, auch soweit diese auf Grund einer Rechtsverordnung oder Satzung nach den genannten Vorschriften erfolgen, findet ohne Rücksicht auf den Wert des Beschwerdegegenstandes die Beschwerde nach den Vorschriften des Gesetzes über das Verfahren in Familiensachen und in den Angelegenheiten der freiwilligen Gerichtsbarkeit statt, soweit sich nicht aus den folgenden Absätzen etwas anderes ergibt.

II 1 Die Beschwerde ist bei der Behörde einzulegen, die die Entscheidung getroffen hat. 2 Diese kann der Beschwerde abhelfen. 3 Beschwerden, denen sie nicht abhilft, legt sie dem Landgericht am Sitz der Bundesnotarkammer vor.

III Die Rechtsbeschwerde ist nicht zulässig.

Videokommunikationssystem für Urkundstätigkeiten; Verordnungsermächtigung

78p I Die Bundesnotarkammer betreibt ein Videokommunikationssystem, das den Notaren die Vornahme von Urkundstätigkeiten mittels Videokommunikation nach den §§ 16a bis 16e und 40a des Beurkundungsgesetzes ermöglicht.

II 1 Der Betrieb des Videokommunikationssystems umfasst insbesondere auch

1. die technische Abwicklung der Videokommunikation zwischen den Notaren und den Beteiligten,
2. die technische Durchführung eines elektronischen Identitätsnachweises nach § 16c Satz 1 des Beurkundungsgesetzes,
3. das Auslesen eines elektronischen Speicher- und Verarbeitungsmediums nach § 16c Satz 2 des Beurkundungsgesetzes und
4. das Erstellen einer qualifizierten elektronischen Signatur und das Versehen der elektronischen Urkunde mit dieser.

2 Das Videokommunikationssystem kann weitere Funktionen umfassen, die der Anbahnung, der Vorbereitung, der Durchführung oder dem Vollzug der Urkundstätigkeit dienen.

III Das Bundesministerium der Justiz hat im Einvernehmen mit dem Bundesministerium des Innern und für Heimat durch Rechtsverordnung, die nicht der Zustimmung des Bundesrates bedarf, die näheren Bestimmungen zu treffen über

1. die Einrichtung des Videokommunikationssystems,
2. den technischen Betrieb des Videokommunikationssystems,
3. die für die Funktionen des Videokommunikationssystems erforderlichen Datenverarbeitungen,
4. die Datensicherheit und
5. die Erteilung und Entziehung der technischen Zugangsberechtigungen.

Gebührenerhebung für das Videokommunikationssystem

78q I 1 Das Videokommunikationssystem wird durch Gebühren finanziert, zu deren Zahlung die Notare verpflichtet sind. 2 Die Gebühren sind so zu bemessen, dass der mit der Einrichtung und dem Betrieb des Videokommunikationssystems verbundene Verwaltungsaufwand einschließlich der Personal- und Sachkosten gedeckt wird.

II 1 Die Bundesnotarkammer bestimmt die Gebühren nach Absatz 1 und die Art ihrer Erhebung durch eine Gebührensatzung. 2 Die Gebührensatzung

bedarf der Genehmigung des Bundesministeriums der Justiz und für Verbraucherschutz. [3] Die Höhe der Gebühren ist regelmäßig zu überprüfen.

1 Die auf der Grundlage von § 78q II erlassene Gebührensatzung für das notarielle Videokommunikationssystem (NotViKo-GebS) ist abgedruckt unter ff) (→ NotViKo-GebS Rn. 1 ff.).

bb) Vorsorgeregister-Gebührensatzung (ZVR-GebS)

Vom 2.2.2005 (DNotZ 2005, 81)
Zuletzt geändert durch die Dritte Satzung zur Änderung der Vorsorgeregister-Gebührensatzung vom 18.10.2022 (DNotZ 2022, 881)

Gebührenverzeichnis

1 **[1] Die Bundesnotarkammer erhebt als Registerbehörde Gebühren für die Aufnahme von Erklärungen in das Zentrale Vorsorgeregister nach dem Gebührenverzeichnis der Anlage zu dieser Satzung. [2] Auslagen werden daneben nicht erhoben.**

I. Normzweck. Die Satzung regelt die Gebühr, die für die Registrierung einer Vorsorgevollmacht (Vollmachtserteilung, Vollmachtswiderruf) im Zentralen Vorsorgeregister der Bundesnotarkammer zu erheben ist. Eine Gebührenermäßigung ergibt sich bereits durch die Übermittlung einer nach § 4 registrierten Person oder Einrichtung. 1

II. Gebührenhöhe. Für die Höhe der Gebühr ist nicht nur maßgebend, ob der Registrierungsantrag von einer registrierten Person/Einrichtung iSd § 4 übermittelt wird oder ob die Übermittlung deklaratorisch erfolgt, sondern auch ob Erhöhungs- und/oder Ermäßigungstatbestände greifen. Teilt eine registrierte Person/Einrichtung später zB eine geänderte Anschrift eines Bevollmächtigten mit, so ist diese Änderung kostenfrei. 2

Beispiel. Vollmachtgeber bevollmächtigt in notarieller Urkunde zwei Personen. Der Notar ist institutioneller Nutzer, übermittelt den Antrag elektronisch und nimmt am Lastschriftverfahren teil. Die Grundgebühr nach GV 20 iHv 23,50 EUR reduziert sich nach GV 21 um 5 EUR für die elektronische Übermittlung und nach GV 35 um 2,50 EUR für das Lastschriftverfahren. Zugleich erhöht sich die Gebühr nach GV 32 um 3,50 EUR für den zweiten Bevollmächtigten. Somit ist eine Gebühr iHv 19,50 EUR entstanden. Diese wird in der notariellen Rechnung als durchlaufender Posten ausgewiesen. 3

Gebührenschuldner

2 **I Zur Zahlung der Gebühren ist verpflichtet:**

1. der Antragsteller;
2. derjenige, der für die Gebührenschuld eines anderen kraft Gesetzes haftet.

II Mehrere Gebührenschuldner haften als Gesamtschuldner.

Fälligkeit

3 **Die Gebühren werden mit der Beendigung der beantragten Amtshandlung fällig.**

Institutionelle Nutzer

4 **I Wird der Antrag auf Aufnahme einer Erklärung in das Zentrale Vorsorgeregister von einem Notar oder einer bei der Registerbehörde registrierten Person oder Einrichtung (institutioneller Nutzer) für den Vollmachtgeber übermittelt oder in dessen Namen gestellt, werden nach Maßgabe des Gebührenverzeichnisses (Anlage zu § 1 Satz 1) ermäßigte Gebühren erhoben.**

II [1] Registrieren lassen können sich Personen oder Einrichtungen, zu deren beruflicher, satzungsgemäßer oder gesetzlicher Tätigkeit es gehört, entsprechende Anträge für den Vollmachtgeber zu übermitteln oder in dessen Namen zu stellen. [2] Insbesondere können sich Rechtsanwälte, Betreuungsvereine und Betreuungsbehörden registrieren lassen.

III [1]Die Registrierung erfolgt auf Antrag der Person oder Einrichtung durch die Registerbehörde. [2]In dem Antrag hat die Person oder Einrichtung ihre Identität und die Erfüllung der Voraussetzungen des Absatzes 2 hinreichend nachzuweisen. [3]Darüber hinaus hat die Person oder Einrichtung zu erklären, dass sie die Abwicklung des Verfahrens für die Vollmachtgeber, für die sie Anträge übermittelt oder in deren Namen sie Anträge stellt, übernimmt, insbesondere dass sie die Gebührenzahlung auf deren Rechnung besorgt.

IV Die Registerbehörde kann die Registrierung aufheben, wenn

1. die Voraussetzungen des Absatzes 2 nicht mehr vorliegen,
2. die registrierte Person oder Einrichtung die Abwicklung des Verfahrens für die Vollmachtgeber nicht mehr übernimmt; dies gilt nicht, wenn lediglich die Gebührenzahlung für die Vollmachtgeber nicht besorgt wird; oder
3. die registrierte Person oder Einrichtung länger als sechs Monate keinen Antrag für einen Vollmachtgeber übermittelt oder in dessen Namen gestellt hat.

Unrichtige Sachbehandlung

5 Gebühren, die bei richtiger Behandlung nicht entstanden wären, werden nicht erhoben.

Ermäßigung, Absehen von Gebührenerhebung

6 Die Registerbehörde kann Gebühren ermäßigen oder von der Erhebung von Gebühren absehen, wenn dies durch die besonderen Umstände des Einzelfalls geboten erscheint, insbesondere wenn die volle Gebührenerhebung für den Gebührenschuldner eine unzumutbare Härte darstellen würde oder wenn der mit der Erhebung der Gebühr verbundene Verwaltungsaufwand außer Verhältnis zu der Höhe der zu erhebenden Gebühr stünde.

Betreuungsverfügungen, Patientenverfügungen, Widersprüche gegen eine Vertretung durch den Ehegatten nach § 1358 des Bürgerlichen Gesetzbuchs

7 Die Vorschriften dieser Satzung gelten für Betreuungsverfügungen, Patientenverfügungen sowie Widersprüche gegen eine Vertretung durch den Ehegatten nach § 1358 des Bürgerlichen Gesetzbuchs entsprechend.

Übergangsregelung

8 [1]Gebühren gemäß dieser Satzung in der vor dem 1. Januar 2023 geltenden Fassung werden erhoben, wenn der die Gebühr auslösende Tatbestand vor Ablauf des 31. Dezember 2022 verwirklicht wurde. [2]Ist für eine Änderung oder Ergänzung eine Gebühr zu erheben, ist der Zeitpunkt der Beantragung der Änderung oder Ergänzung maßgeblich.

Inkrafttreten

9 Diese Satzung tritt am 1. März 2005 in Kraft.

Anlage (zu § 1 Satz 1)
Gebührenverzeichnis

Vorbemerkungen:

I Die Erhöhungs- und Ermäßigungstatbestände sind nebeneinander anwendbar, soweit nicht ein anderes bestimmt ist.

II Beantragt ein Bevollmächtigter oder ein vorgeschlagener Betreuer (Vertrauensperson) die Änderung oder Löschung des ihn betreffenden Eintrags, so werden für die Änderung oder Löschung des Eintrags von der Vertrauensperson keine Gebühren erhoben.

III Für die Berichtigung personenbezogener Daten werden keine Gebühren erhoben.

Nr.	Gebührentatbestand	Gebührenbetrag
	1. Übermittlung des Antrags durch den Vollmachtgeber	
10	**Eintragung einer Vorsorgevollmacht in das Zentrale Vorsorgeregister oder Änderung eines Eintrags aufgrund Übermittlung durch den Vollmachtgeber: ....**	**26,00 €**
11	**Der Antrag wird elektronisch über eine der hierfür vorgehaltenen technischen Schnittstellen übertragen: Die Gebühr 10 ermäßigt sich um ....**	**3,00 €**
	2. Übermittlung oder Stellung des Antrags durch einen institutionellen Nutzer (§ 4)	
20	**Eintragung einer Vorsorgevollmacht in das Zentrale Vorsorgeregister oder Änderung eines Eintrags aufgrund Übermittlung oder Antragstellung durch einen institutionellen Nutzer: ....**	**23,50 €**
	Erklärt der institutionelle Nutzer, der den Antrag auf Eintragung oder Änderung übermittelt oder stellt, dass die Gebühren unmittelbar bei dem Vollmachtgeber erhoben werden sollen, so fällt an Stelle der Gebühr 20 die Gebühr 10 an; der Gebührentatbestand der Nummer 21 einschließlich der Anmerkung zu Nummer 21 finden entsprechende Anwendung.	
21	**Der Antrag wird elektronisch über eine der hierfür vorgehaltenen technischen Schnittstellen übertragen: Die Gebühr 20 ermäßigt sich um ....**	**5,00 €**
	Die Gebühr 20 entfällt, wenn der Antrag elektronisch über eine der hierfür vorgehaltenen technischen Schnittstellen übertragen wird und nur die Änderung eines bestehenden Eintrags einer Vorsorgevollmacht betrifft.	

Nr.	Gebührentatbestand	Gebührenbetrag
	3. Gemeinsame Erhöhungs- und Ermäßigungstatbestände	
	Die Eintragung oder Änderung betrifft mehr als eine Vertrauensperson oder die Ergänzung einer Vertrauensperson:	
31	**Die Gebühr 10 und die Gebühr 20 erhöhen sich für jede weitere Vertrauensperson um . .**	**4,00 €**
32	**Wird der Antrag elektronisch über eine der hierfür vorgehaltenen technischen Schnittstellen automatisiert übertragen, erhöhen sich die Gebühr 10 und die Gebühr 20 in Abweichung von Gebühr 31 für jede weitere Vertrauensperson um . . . .**	**3,50 €**
33	**Die Eintragung umfasst keine Vertrauensperson:**	
	Die Gebühr 10 und die Gebühr 20 ermäßigen sich um	**3,50 €**
35	**Die Gebühr wird durch Lastschrifteinzug gezahlt:**	
	Die Gebühr 10 und die Gebühr 20 ermäßigen sich um	**2,50 €**

Gebührenkonstellationen

Melder	**Übermittlung des Antrags**	**Zahlweise**	**Adressat der Gebührenerhebung**	**Gebührenhöhe**
institutioneller Nutzer	elektronische Übermittlung	Lastschrift	institutioneller Nutzer	16,00 €
institutioneller Nutzer	elektronische Übermittlung	Überweisung	institutioneller Nutzer	18,50 €
institutioneller Nutzer	elektronische Übermittlung	Lastschrift	Vorsorgeverfügender	18,50 €
institutioneller Nutzer	elektronische Übermittlung	Überweisung	Vorsorgeverfügender	21,00 €
institutioneller Nutzer	manuelle Übermittlung	Lastschrift	institutioneller Nutzer	21,00 €
institutioneller Nutzer	manuelle Übermittlung	Überweisung	institutioneller Nutzer	23,50 €
institutioneller Nutzer	manuelle Übermittlung	Lastschrift	Vorsorgeverfügender	23,50 €
institutioneller Nutzer	manuelle Übermittlung	Überweisung	Vorsorgeverfügender	26,00 €
Privatmelder	elektronische Übermittlung	Lastschrift	nicht relevant	20,50 €
Privatmelder	elektronische Übermittlung	Überweisung	nicht relevant	23,50 €

Melder	Übermittlung des Antrags	Zahlweise	Adressat der Gebührenerhebung	Gebührenhöhe
Privatmelder	manuelle Übermittlung	Lastschrift	nicht relevant	23,50 €
Privatmelder	manuelle Übermittlung	Überweisung	nicht relevant	26,00 €
zusätzliche Vertrauensperson	elektronische Übermittlung	nicht relevant	nicht relevant	3,50 €
zusätzliche Vertrauensperson	manuelle Übermittlung	nicht relevant	nicht relevant	4,00 €
ohne Vertrauensperson	nicht relevant	nicht relevant	nicht relevant	– 3,50 €

cc) Testamentsregister-Gebührensatzung (ZTR-GebS)

Beschlossen am 24.11.2011 (DNotZ 2011, 882)
Geändert am 1.10.2021 (DNotZ 2021, 920)

Schrifttum: Panz, Das zentrale Testamentsregister und die Dokumentenpauschale, Rpfleger 2012, 664.

Gebühren

1 **I Die Bundesnotarkammer erhebt als Registerbehörde Gebühren für die Aufnahme von Verwahrangaben in das Zentrale Testamentsregister nach § 34a Absatz 1 Satz 1 und Satz 2 BeurkG, § 347 Absatz 1 Satz 1 FamFG und § 78b Absatz 4 Satz 1 BNotO.**

II 1 Je Registrierung (§ 3 Absatz 1 Satz 3 ZTRV) beträgt die Gebühr 12,50 €. 2 Wird die Gebühr unmittelbar durch die Registerbehörde vom Kostenschuldner erhoben, beträgt sie 15,50 € je Registrierung. 3 Keine Gebühr wird erhoben, wenn ein Verwahrdatensatz innerhalb von sieben Tagen nach der Registrierung gemäß § 5 Satz 1 Nr. 1 ZTRV gelöscht wird.

III Zahlt der Kostenschuldner die Gebühr nach Absatz 2 Satz 2 nicht innerhalb von zwei Monaten nach der Registrierung, erhöht die Registerbehörde die Gebühr um 5 €, wenn sie trotz Androhung der Erhöhung nicht innerhalb von zehn Tagen vollständig bezahlt wird.

1 **I. Normzweck, Grundlage.** Die Satzung regelt die Gebühr, die für die Registrierung aufgrund der Testamentsregister-Verordnung (ZTRV) vom 11.7.2011 (BGBl. I 1386), zuletzt geändert zuletzt durch Gesetz vom 1.6.2017 (BGBl. I 1396), in Kraft seit 9.6.2017, Art. 11 Nr. 4 Gesetz, entsteht.

2 **II. Gebühr.** Für die Höhe der Gebühr ist einzig maßgebend, ob die Zahlung über die Sammelabrechnung bei Meldung durch Notar erfolgt oder ob die Gebühr von der Registerbehörde direkt vom Kostenschuldner erhoben wird. Der **Notar** als Melder kann für die Registrierung keine eigene Gebühr beanspruchen, jedoch anfallende Auslagen (zB KV 32002 GNotKG). Die Ausweisung der Gebühr in der notariellen Rechnung erfolgt als durchlaufender Posten. Bei dem **AG** als Melder ist die Registrierung nicht von der Gebühr nach KV 12100 GNotKG erfasst, sondern die Registrierungsgebühr fällt zusätzlich an.

Kostenschuldner, Fälligkeit und Vorschuss

2 **I 1 Kostenschuldner ist der jeweilige Erblasser (§ 78b Absatz 2 Satz 1 Nr. 1 BNotO). 2 Der Melder übermittelt mit jeder Registrierung eine ladungsfähige Anschrift des Kostenschuldners an die Registerbehörde, soweit diese nicht darauf verzichtet.**

II Die Gebühr ist mit der Registrierung der Verwahrangaben für den jeweiligen Erblasser nach § 3 Absatz 1 Satz 3 ZTRV sofort fällig.

III Wird die Gebühr durch den Melder entgegengenommen (§ 78e Absatz 5 BNotO), kann er vom Kostenschuldner die Zahlung eines die Eintragungsgebühr deckenden Vorschusses verlangen.

Art der Gebührenerhebung durch Notare

3 **I 1 Gebühren für die Registrierung von Verwahrangaben, die durch notarielle Melder übermittelt werden, nimmt der jeweilige Notar für die Registerbehörde entgegen (§ 78e Absatz 5 BNotO). 2 Die Registerbehörde zieht die nach Satz 1 entgegenzunehmenden Gebühren vom notariellen Melder auf der Grundlage einer Sammelabrechnung frühestens am zehnten Tag des Folgemonats ein. 3 Der Notar erteilt der Registerbehörde eine entsprechende Einzugsermächtigung für ein inländisches Bankkonto. 4 Die Re-**

gisterbehörde kann einen Melder von dem Entgegennahme- und Abrechnungsverfahren nach diesem Absatz ganz oder teilweise freistellen und die Gebühren unmittelbar vom Kostenschuldner erheben.

II 1 Kann der Notar eine von der Registerbehörde abgerechnete und eingezogene Gebühr nicht erlangen, obwohl er deren Zahlung vom Kostenschuldner verlangt und mindestens einmal angemahnt hat, wird ihm diese auf Antrag zurückerstattet. 2 Die Gebühr wird sodann nach § 1 Absatz 2 Satz 2 neu festgesetzt und unmittelbar durch die Registerbehörde vom Kostenschuldner erhoben.

Art der Gebührenerhebung bei Gerichten und Konsulaten

4 I Einzelheiten des Entgegennahme- und Abrechnungsverfahrens bei gerichtlichen und konsularischen Meldern werden in Verwaltungsvereinbarungen mit der Registerbehörde getroffen.

II 1 Nimmt ein Konsulat oder ein Gericht für die Registerbehörde Gebühren entgegen, ohne dass eine entsprechende Vereinbarung nach Absatz 1 besteht, gilt § 3 entsprechend. 2 Die Entgegennahme ist der Registerbehörde zuvor anzuzeigen.

Unrichtige Sachbehandlung, Ermäßigung und Absehen von der Gebührenerhebung

5 I Eine Gebühr, die bei richtiger Behandlung der Sache nicht entstanden wäre, wird nicht erhoben.

II Die Registerbehörde kann Gebühren ermäßigen oder von der Erhebung von Gebühren absehen, wenn ihr dies durch besondere Umstände des Einzelfalls geboten erscheint, insbesondere wenn und soweit die Gebührenerhebung eine unzumutbare Härte für den Kostenschuldner darstellen würde oder wenn der mit der Erhebung der Gebühr verbundene Verwaltungsaufwand außer Verhältnis zur Höhe der zu erhebenden Gebühr stünde.

Inkrafttreten

6 Auf Grund des § 78j Absatz 1 Satz 2, Absatz 4 Satz 1 der Bundesnotarordnung hat die 125. Generalversammlung der Bundesnotarkammer am 8. April 2022 die Gebührensatzung für das Elektronische Urkundenarchiv wie folgt beschlossen:

dd) Gebührensatzung für das Elektronische Urkundenarchiv (UA-GebS)

Vom 8.4.2022 (DNotZ 2022, 401)

Zuletzt geändert durch die Erste Satzung zur Änderung der Gebührensatzung für das Elektronische Urkundenarchiv (UA-GebS) vom 18.10.2022 (DNotZ 2022, 882)

Gebührentatbestand

1 **I Die Bundesnotarkammer als Urkundenarchivbehörde erhebt Gebühren für die Aufnahme von elektronischen Dokumenten in die elektronische Urkundensammlung.**

II Die Bundesnotarkammer erhebt Gebühren für die Führung des Verwahrungsverzeichnisses.

Gebührenhöhe

2 **I Für die Aufnahme eines elektronischen Dokuments in die elektronische Urkundensammlung wird eine Gebühr von 4,50 Euro erhoben. Werden zu einem Amtsgeschäft weitere Dokumente in die elektronische Urkundensammlung eingestellt, entsteht die Gebühr nur einmal.**

II Bei Beglaubigungen von Unterschriften, die nicht mit der Fertigung eines Entwurfs in Zusammenhang stehen, beträgt die Gebühr 2,50 Euro. Bei Beglaubigungen von Unterschriften unter Entwürfen, für die nach Vorbemerkung 2.2 Abs. 2 des Kostenverzeichnisses zum Gesetz über Kosten der freiwilligen Gerichtsbarkeit für Gerichte und Notare keine Gebühr für die Fertigung eines Entwurfs anfällt, beträgt die Gebühr 4,50 Euro.

III Für die Führung des Verwahrungsverzeichnisses wird eine Gebühr von 32 Euro pro eingetragener Verwahrungsmasse erhoben.

Gebührenschuldner

3 **Wer die Gebühren schuldet, richtet sich nach § 78j Absatz 2 der Bundesnotarordnung.**

Fälligkeit

4 **I Die Gebühr nach § 1 Absatz 1 wird fällig, wenn zu einem Amtsgeschäft ein Dokument in die elektronische Urkundensammlung eingestellt ist.**

II Die Gebühr nach § 1 Absatz 2 wird mit der ersten Eintragung einer Verwahrungsmasse fällig.

Art der Gebührenerhebung

5 **I Ist Gebührenschulder, wer zur Zahlung der Kosten für die jeweilige notarielle Amtshandlung verpflichtet ist, nimmt der Notar die Gebühren, die für die Aufnahme eines elektronischen Dokuments im Elektronischen Urkundenarchiv entstehen, für die Urkundenarchivbehörde vom Gebührenschuldner entgegen. Die Urkundenarchivbehörde zieht die nach Satz 1 entgegenzunehmenden Gebühren auf der Grundlage einer Sammelrechnung von dem Notar ein. Der Notar erteilt der Urkundenarchivbehörde ein Lastschriftmandat für ein inländisches Bankkonto.**

II Kann der Notar eine von der Urkundenarchivbehörde abgerechnete und eingezogene Gebühr nicht erlangen, obwohl die Zahlung vom Gebührenschuldner verlangt und mindestens einmal angemahnt wurde, wird diese auf Antrag zurückerstattet. Die Gebühr wird in diesem Fall unmittelbar durch die Urkundenarchivbehörde vom Gebührenschuldner erhoben. Dazu teilt

der Notar der Urkundenarchivbehörde den Vor- und Nachnamen sowie die Anschrift des Gebührenschuldners mit.

III Im Fall des Absatz 2 erhöht sich die Gebühr um den Betrag von 3 Euro für jeden Gebührenschuldner, gegenüber dem die Urkundenarchivbehörde die Gebühr geltend macht. Die Urkundenarchivbehörde soll gleichzeitig nur einen Gebührenschuldner in Anspruch nehmen. Zahlt der Gebührenschuldner die Gebühr im Fall des Absatz 2 nicht innerhalb von zwei Monaten nach Fälligkeit, erhöht sich die Gebühr um 5 Euro, wenn sie trotz Androhung der Erhöhung nicht innerhalb von zehn Tagen vollständig bezahlt wird.

Art der Gebührenerhebung bei Notaren, Staatskasse und Notarkammern

6 I Ist der Notar selbst Gebührenschulder, erhebt die Urkundenarchivbehörde die Gebühren bei ihm. Der Notar erteilt der Urkundenarchivbehörde ein Lastschriftmandat für ein inländisches Bankkonto.

II Ist die Staatskasse oder die Notarkammer Gebührenschuldner, erhebt die Urkundenarchivbehörde die Gebühren bei diesen. Die Einzelheiten können durch Verwaltungsvereinbarungen geregelt werden.

Absehen von der Gebührenerhebung

7 Die Urkundenarchivbehörde kann von der Erhebung von Gebühren absehen, wenn dies durch besondere Umstände des Einzelfalls geboten erscheint, insbesondere wenn und soweit die Gebührenerhebung eine unzumutbare Härte für den Gebührenschuldner darstellen würde oder wenn der mit der Erhebung der Gebühr verbundene Verwaltungsaufwand außer Verhältnis zur Höhe der zu erhebenden Gebühr stünde.

Inkrafttreten, Außerkrafttreten

8 Diese Satzung tritt am 1. Juli 2022 in Kraft. Gleichzeitig tritt die Gebührensatzung für das Elektronische Urkundenarchiv in der Fassung vom 1. Oktober 2021 (DNotZ 2021, 916) außer Kraft.

ee) Gebührensatzung für den Elektronischen Notariatsaktenspeicher

1 Noch nicht erlassen, → BNotO § 78k Rn. 1.

ff) Gebührensatzung für das notarielle Videokommunikationssystem (NotViKo-GebS)

Vom 8.4.2022 (DNotZ 2022, 403)

Auf Grund des § 78q Absatz 1, Absatz 2 Satz 1 der Bundesnotarordnung hat die 125. Generalversammlung der Bundesnotarkammer am 8. April 2022 die Gebührensatzung für das notarielle Videokommunikationssystem wie folgt beschlossen:

Gebührentatbestand und Gebührenschuldner

1 **I Die Bundesnotarkammer erhebt zur Finanzierung des Videokommunikationssystems nach § 78p Absatz 1 der Bundesnotarordnung Grundgebühren und fallbezogene Gebühren, zu deren Zahlung die Notare verpflichtet sind.**

II [1] Die Grundgebühr entsteht für einen Kalendermonat, wenn der Notar am fünfzehnten Tag dieses Monats aufgrund der Eintragung in das Notarverzeichnis an das Videokommunikationssystem angeschlossen ist. [2] Notariatsverwalter sind von der Grundgebühr ausgenommen.

III [1] Die fallbezogene Gebühr entsteht mit jeder Inanspruchnahme des Videokommunikationssystems durch den Notar für ein Beurkundungsverfahren oder für eine Beglaubigung einer qualifizierten elektronischen Signatur. [2] Eine Inanspruchnahme nach Satz 1 gilt als erfolgt, wenn der Notar eine qualifizierte elektronische Signatur mittels des Videokommunikationssystems erstellt. [3] Erfolgt eine Beglaubigung mehrerer qualifizierter elektronischer Signaturen in einem einzigen Vermerk, entsteht die fallbezogene Gebühr nur einmal.

Gebührenhöhe

2 **I Die Grundgebühr beträgt 38 Euro für jeden Anwaltsnotar und 118 Euro für jeden hauptberuflichen Notar pro Monat.**

II [1] Die fallbezogene Gebühr für die Inanspruchnahme des Videokommunikationssystems beträgt 25 Euro im Falle einer Beurkundung und 8 Euro im Falle einer Beglaubigung, die der Notar mittels des Videokommunikationssystems vornimmt. [2] Der Notar ist verpflichtet, beim Erstellen seiner qualifizierten elektronischen Signatur in dem Videokommunikationssystem anzugeben, ob es sich um eine Beurkundung oder eine Beglaubigung handelt.

Fälligkeit

3 **Die Gebühren werden mit ihrer Entstehung fällig.**

Verfahren der Gebührenerhebung

4 **I Die Bundesnotarkammer zieht die Gebühren auf der Grundlage einer Sammelrechnung von dem Notar monatlich ein.**

II Der Notar erteilt der Bundesnotarkammer ein Lastschriftmandat für ein inländisches Bankkonto.

Absehen von der Gebührenerhebung

5 Die Bundesnotarkammer kann von der Erhebung von Gebühren absehen, wenn dies durch besondere Umstände des Einzelfalls geboten erscheint, insbesondere wenn und soweit die Gebührenerhebung eine unzumutbare Härte für den Gebührenschuldner darstellen würde oder wenn der mit der Erhebung der Gebühr verbundene Verwaltungsaufwand außer Verhältnis zur Höhe der zu erhebenden Gebühr stünde.

Inkrafttreten

6 Diese Satzung tritt am 1. August 2022 in Kraft.

3. Verfahren vor sonstigen Schlichtungsstellen des Bundes

a) Gesetz über die alternative Streitbeilegung in Verbrauchersachen (Verbraucherstreitbeilegungsgesetz – VSBG)

Vom 19.2.2016 (BGBl. I 254)
FNA 302-8
Zuletzt geändert durch Art. 2 Gesetz vom 25.6.2020 (BGBl. I 1474)
(Auszug)

Gebühren

31 **I [1]Die Universalschlichtungsstelle des Bundes nach § 29 Absatz 2 Satz 1 Nummer 1 und 2 erhebt für die Durchführung des Streitbeilegungsverfahrens vom Unternehmer, der zur Teilnahme am Streitbeilegungsverfahren bereit oder verpflichtet ist, eine Gebühr. [2]Die Höhe der Gebühr richtet sich nach der Höhe des Streitwerts oder dem tatsächlichen Aufwand des Schlichtungsverfahrens.**

II Erkennt der Unternehmer den geltend gemachten Anspruch sofort vollständig an, kann die Gebühr ermäßigt werden; die Gebühr entfällt im Fall der Ablehnung der weiteren Durchführung des Streitbeilegungsverfahrens nach § 14 Absatz 5 Satz 2.

III Vom Verbraucher, der die Durchführung eines Streitbeilegungsverfahrens beantragt hat, kann eine Gebühr nur erhoben werden, wenn der Antrag unter Berücksichtigung der gesamten Umstände als missbräuchlich anzusehen ist.

Schrifttum: Althammer/Meller-Hannich, VSBG Verbraucherstreitbeilegungsgesetz, 2. Aufl. 2021; Borowski/Röthemeyer/Steike, VSBG, 2. Aufl. 2020; Roder/Röthemeyer/Braun, Verbraucherstreitbeilegungsgesetz, 2017.

1 Auf der Grundlage von § 29 ist eine **Universalschlichtungsstelle des Bundes** eingerichtet worden. Diese ist – als ergänzende Verbraucherschlichtungsstelle – für Verfahren zur außergerichtlichen Beilegung von Streitigkeiten aus einem Verbrauchervertrag nach § 310 BGB oder über das Bestehen eines solchen Vertragsverhältnisses und von Streitigkeiten, zu welchen in einem rechtskräftigen Urteil über eine Musterfeststellungsklage nach § 613 I 1 ZPO oder einem Vergleich nach § 611 ZPO bindende Feststellungen getroffen wurden und zu denen die streitgegenständlichen Ansprüche oder Rechtsverhältnisse des Verbrauchers nach § 608 I ZPO zum Klageregister wirksam angemeldet waren, zuständig, soweit keine andere (nach dem VSBG anerkannte private) Verbraucherschlichtungsstelle zuständig ist.

2 Die Universalschlichtungsstelle ist **nicht als behördliche Schlichtungsstelle** eingerichtet worden, sondern das Zentrum für Schlichtung e. V. (Straßburger Straße 8, 77694 Kehl am Rhein) ist mit der Aufgabe beauftragt worden. Für das nach der UnivSchlichtV v. 16.12.2019 (BGBl. I 2817) geführte Schlichtungsverfahren fallen daher keine Kosten nach dem JvKostG (und insbes. nach KV 1220 ff. JvKostG) an, sondern werden nach Maßgabe von § 29 Gebühren erhoben, deren Höhe in § 6 UnivSchlichtV (→ § 31 Anh.) geregelt ist.

Anhang zu § 31 VSBG
Verordnung zur Regelung der Organisation, des Verfahrens und der Beendigung der Beleihung oder der Beauftragung der Universalschlichtungsstelle des Bundes (Universalschlichtungsstellenverordnung – UnivSchlichtV)

Vom 16.12.2019 (BGBl. I 2817)

FNA 302-8-2

(Auszug)

§ 6 Gebühren

[I] [1] Die Universalschlichtungsstelle des Bundes erhebt für die Durchführung des Streitbeilegungsverfahrens vom Unternehmer, der zur Teilnahme an dem Streitbeilegungsverfahren bereit oder verpflichtet ist, eine Gebühr, deren Höhe sich an dem jeweiligen Streitwert orientiert. [2] Die Gebühr beträgt

1. bei Streitwerten bis einschließlich 100 Euro: 40 Euro,
2. bei Streitwerten von 100,01 Euro bis einschließlich 200 Euro: 80 Euro,
3. bei Streitwerten von 200,01 Euro bis einschließlich 500 Euro: 150 Euro,
4. bei Streitwerten von 500,01 Euro bis einschließlich 2 000 Euro: 300 Euro,
5. bei Streitwerten von 2 000,01 Euro bis einschließlich 5 000 Euro: 400 Euro,
6. bei Streitwerten von 5 000,01 Euro bis 10 000 Euro: 500 Euro,
7. bei Streitwerten von 10 000,01 Euro bis 30 000 Euro: 650 Euro und
8. bei Streitwerten ab 30 000,01 Euro: 800 Euro.

[II] [1] Erkennt der Unternehmer den geltend gemachten Anspruch sofort vollständig an, ermäßigt sich die Gebühr

1. bei Streitwerten bis einschließlich 100 Euro: auf 35 Euro,
2. bei Streitwerten von 100,01 Euro bis einschließlich 200 Euro: auf 50 Euro,
3. bei Streitwerten von 200,01 Euro bis einschließlich 2 000 Euro: auf 75 Euro,
4. bei Streitwerten von 2 000,01 Euro bis einschließlich 5 000 Euro: auf 150 Euro und
5. bei Streitwerten ab 5 000,01 Euro: auf 250 Euro.

[2] 2Die Gebühr entfällt, wenn der Unternehmer den streitigen Anspruch innerhalb von zwei Monaten ab dessen Geltendmachung vollständig anerkennt und der Streitmittler daraufhin nach § 14 Absatz 5 Satz 2 des Verbraucherstreitbeilegungsgesetzes die weitere Durchführung des Streitbeilegungsverfahrens ablehnt.

[III] In Streitbeilegungsverfahren mit einem Streitwert ab 100,01 Euro kann die Universalschlichtungsstelle des Bundes die Gebühr nach Absatz 1 auf den hälftigen Betrag ermäßigen,

1. wenn sich der Verbraucher ohne Angabe von Gründen nicht mehr an dem Streitbeilegungsverfahren beteiligt und die Universalschlichtungsstelle des Bundes daraufhin das Streitbeilegungsverfahren gegenüber den Beteiligten für beendet erklärt oder
2. wenn eine Ermäßigung der Gebühr nach dem Inhalt des Schlichtungsvorschlages, den die Universalschlichtungsstelle des Bundes den Beteiligten unterbreitet, sachgerecht erscheint, insbesondere wenn der Streitmittler in seinem Schlichtungsvorschlag davon ausgeht, dass der vom Verbraucher geltend gemachte Anspruch offensichtlich unbegründet ist.

[IV] In Schlichtungsverfahren mit einem Streitwert ab 100,01 Euro kann die Universalschlichtungsstelle des Bundes die Gebühr nach Absatz 1 um ein Viertel ermäßigen, wenn sich die Beteiligten im Streitbeilegungsverfahren über die Beilegung der Streitigkeit einigen, bevor der Streitmittler den Beteiligten einen Schlichtungsvorschlag unterbreitet hat.

[V] [1] Von dem Verbraucher, der die Durchführung eines Streitbeilegungsverfahrens beantragt hat, kann eine Gebühr nur erhoben werden, wenn der Antrag unter Berücksichtigung der gesamten Umstände als missbräuchlich anzusehen ist. [2] In diesem Fall beträgt die Gebühr 30 Euro.

[VI] Die von der Universalschlichtungsstelle des Bundes erhobenen Gebühren sind am 1. Juni und am 1. Dezember eines jeden Jahres an die Bundeskasse abzuführen.

b) Gesetz zur Verbesserung der Rechtsdurchsetzung in sozialen Netzwerken (Netzwerkdurchsetzungsgesetz – NetzDG)

Vom 1.9.2017 (BGBl. I 3352)
FNA 772-8
Zuletzt geändert durch Art. 3 Gesetz v. 21.7.2022 (BGBl. I 1182)
(Auszug)

Behördliche Schlichtung für Streitigkeiten mit Videosharingplattform-Diensten

3f **I** [1]**Bei der in § 4 genannten Verwaltungsbehörde wird eine behördliche Schlichtungsstelle eingerichtet.** [2]**Die behördliche Schlichtungsstelle besteht zur außergerichtlichen Beilegung von Streitigkeiten mit Anbietern von Videosharingplattform-Diensten über Entscheidungen nach § 3 Absatz 2 Satz 1 Nummer 1 bis 3 im Hinblick auf das Vorliegen von nutzergenerierten Videos und Sendungen, welche Inhalte haben, die einen in § 3e Absatz 2 Satz 2 genannten Tatbestand erfüllen und nicht gerechtfertigt sind.** [3]**Die behördliche Schlichtungsstelle ist nur zuständig für Streitigkeiten mit Anbietern von Videosharingplattform-Diensten, bei denen die Bundesrepublik Deutschland nach § 3d Absatz 2 Sitzland ist oder als Sitzland gilt, und nur, wenn der Anbieter nicht an einem Schlichtungsverfahren einer anerkannten Schlichtungsstelle nach § 3c Absatz 1 teilnimmt oder wenn keine privatrechtlich organisierte Einrichtung als Schlichtungsstelle nach § 3c Absatz 1 anerkannt ist.**

II Die Anforderungen von § 3c Absatz 2 Satz 1 Nummer 2 bis 5 sowie § 3 Absatz 9 und § 3c Absatz 3 und 4 gelten für die behördliche Schlichtungsstelle entsprechend.

III Die behördliche Schlichtungsstelle kann für die Durchführung des Schlichtungsverfahrens Gebühren erheben, die in ihrer Schlichtungsordnung anzugeben sind.

1 Für die außergerichtlichen Beilegung von Streitigkeiten zwischen Beschwerdeführern oder Nutzern Anbietern von Videosharingplattform-Diensten, die keiner anerkannten privatrechtlich organisierten Schlichtungsstelle angeschlossen sind, ist die behördliche Schlichtungsstelle für Streitigkeiten mit Videosharingplattform-Diensten nach dem NetzDG beim Bundesamt für Justiz zuständig. Diese kann nach III Gebühren erheben, die sich nach § 10 Schlichtungsordnung (VSP-SchlO, → § 3f NetzDG Anh.) richten (allerdings auch im Hauptabschnitt 2 des KV des JvKostG hätten geregelt werden können).

Anhang zu § 3f NetzDG
Schlichtungsordnung nach § 3f des Netzwerkdurchsetzungsgesetzes zur behördlichen Schlichtung für Streitigkeiten mit Videosharingplattform-Diensten (VSPSchlO)

(Abrufbar beim Bundesamt für Justiz unter Schlichtungsordnung nach § 3f des Netzwerkdurchsetzungsgesetzes)

§ 1. Verfahrensgrundsätze

(1) Beteiligte des Schlichtungsverfahrens sind der Anbieter des Videosharingplattform-Dienstes, der/die Beschwerdeführer/in und der/die Nutzer/in, für den/die der beanstandete Inhalt gespeichert wurde.

(2) Die Verfahrenssprache ist deutsch. Das gilt nicht, wenn sich die Beteiligten und die Schlichtungsstelle im Einzelfall auf eine andere Verfahrenssprache verständigen.

(3) Erklärungen im Schlichtungsverfahren, insbesondere Schlichtungsbegehren und sonstige Mitteilungen der Beteiligten und der Schlichtungsstelle, bedürfen der Textform.

(4) Erklärungen und Dokumente der Beteiligten können elektronisch bei der Schlichtungsstelle eingereicht werden. Nichtelektronische Erklärungen und Dokumente sind auf Verlangen der Schlichtungsstelle in dreifacher Anzahl zu übermitteln. Die Schlichtungsstelle kann Erklärungen

und Dokumente an Beteiligte elektronisch übermitteln, wenn diese hierfür einen Zugang eröffnet haben.

(5) Die Beteiligten können sich im Verfahren vertreten lassen. Im Vertretungsfall ist der Schlichtungsstelle eine schriftliche Vollmacht einzureichen. Die Beteiligten dürfen nicht verpflichtet werden, sich vertreten zu lassen.

§ 2. Zuständigkeit

Die Schlichtungsstelle ist nach § 3f Absatz 1 Satz 3 des Netzwerkdurchsetzungsgesetzes nur für Streitigkeiten mit Anbietern von Videosharingplattform-Diensten zuständig,

1. bei denen die Bundesrepublik Deutschland nach § 3d Absatz 2 des Netzwerkdurchsetzungsgesetzes Sitzland ist oder als Sitzland gilt, und
2. wenn der Anbieter nicht an einem Schlichtungsverfahren einer anerkannten Schlichtungsstelle nach § 3c Absatz 1 des Netzwerkdurchsetzungsgesetzes teil-

nimmt oder wenn keine privatrechtlich organisierte Einrichtung als Schlichtungsstelle nach § 3c Absatz 1 des Netzwerkdurchsetzungsgesetzes anerkannt ist.

§ 3. Besetzung und Geschäftsverteilung der Schlichtungsstelle

(1) Die Schlichtungsstelle ist mit mindestens zwei mit der Wahrnehmung der Schlichtung betrauten Personen zu besetzen, die sich gegenseitig vertreten.

(2) Vor jedem Geschäftsjahr ist die Geschäftsverteilung der Schlichtungsstelle festzulegen. Eine Änderung der Geschäftsverteilung während des Geschäftsjahres kann nur aus wichtigem Grund vorgenommen werden.

§ 4. Mit der Schlichtung betraute Personen

(1) Die Schlichtung erfolgt durch eine mit der Schlichtung betraute Person. Die mit der Schlichtung betraute Person wird von der Präsidentin oder dem Präsidenten des Bunde amtes für Justiz für eine angemessene Dauer bestellt. Die Amtsdauer soll drei Jahre nicht unterschreiten. Wiederbestellung ist zulässig.

(2) Die mit der Schlichtung betraute Person muss die Befähigung zum Richteramt haben und über das Fachwissen, die Fähigkeit und die Erfahrung verfügen, dio für dio Sohliohtung crforderlich sind. Sie muss unabhängig sein, darf an Weisungen nicht gebunden sein und muss die Gewähr für eine unparteiische Schlichtung bieten. Ihre Unabhängigkeit und Unparteilichkeit ist insbesondere dann nicht gewährleistet, wenn sie in den letzten drei Jahren vor ihrer Bestellung beschäftigt war bei

1. einem an der Schlichtung teilnehmenden Anbieter des Videosharingplattform-Dienstes oder einem mit ihm verbundenen Unternehmen oder
2. einem Verband, der Verbraucherinteressen im Zusammenhang mit Videosharingplattform-Diensten wahrnimmt.

(3) Während der Dauer der Bestellung darf die mit der Schlichtung betraute Person eine Beschäftigung nach Absatz 2 Satz 3 Nummer 1 und 2 nicht aufnehmen. Auch darf sie während der Dauer der Bestellung keine sonstige Tätigkeit aufnehmen, die geeignet ist, ihre Unabhängigkeit und Unparteilichkeit zu beeinträchtigen.

(4) Die mit der Wahrnehmung der Schlichtung betraute Person kann nur abberufen werden, wenn

1. Tatsachen vorliegen, die eine unabhängige und unparteiische Ausübung der Schlichtertätigkeit nicht mehr erwarten lassen,
2. sie nicht nur vorübergehend an der Wahrnehmung ihrer Schlichtungstätigkeit gehindert ist,
3. sie aus dem Bundesamt für Justiz ausscheidet,
4. sie die für die Schlichtung zuständige Organisationseinheit verlässt,
5. ein nicht in den Nummern 1 bis 4 genannter wichtiger Grund vorliegt oder
6. die Zuständigkeit des Bundesamts für Justiz für die Schlichtung entfällt.

(5) Die mit der Schlichtung betraute Person ist verpflichtet, Umstände, die ihre Unabhängigkeit oder Unparteilichkeit beeinträchtigen können, unverzüglich gegenüber der beziehungsweise dem Dienstvorgesetzten offenzulegen.

(6) Die mit der Schlichtung betraute Person und die weiteren in die Durchführung des Schlichtungsverfahrens eingebundenen Personen haben über alles, was ihnen im Rahmen oder bei Gelegenheit der Schlichtung bekannt wird, Verschwiegenheit zu bewahren. Dies gilt auch nach Beendigung ihrer Schlichtungstätigkeit.

§ 5. Anrufung der Schlichtungsstelle

(1) Die Anrufung der Schlichtungsstelle durch die antragstellende Person erfolgt unter Angabe des dem Schlichtungsbegehren zugrundeliegenden Sachverhalts sowie unter Beifügung aller erforderlichen Unterlagen. Erforderliche Unterlagen im Sinne des Satzes 1 sind insbesondere der beanstandete Inhalt sowie mit dem Inhalt in erkennbarem Zusammenhang stehende Inhalte des streitgegenständlichen nutzergenerierten Videos oder der streitgegenständlichen nutzergenerierten Sendung (zum Beispiel Screenshots, Links zu dem streitgegenständlichen nutzergenerierten Video oder der streitgegenständlichen nutzergenerierten Sendung, Webadresse, URL des Eintrags).

(2) Die antragstellende Person hat weiterhin darzulegen, dass
1. eine Streitigkeit mit einem Anbieter eines Videosharingplattform-Dienstes über Entscheidungen nach § 3 Absatz 2 Satz 1 Nummer 1 bis 3 des Netzwerkdurchsetzungsgesetzes im Hinblick auf das Vorliegen von nutzergenerierten Videos und Sendungen, welche Inhalte haben, die einen in § 3e Absatz 2 Satz 2 des Netzwerkdurchsetzungsgesetzes genannten Tatbestand erfüllen und nicht gerechtfertigt sind, vorliegt (§ 3f Absatz 1 Satz 2 des Netzwerkdurchsetzungsgesetzes),
2. die Zuständigkeit der Schlichtungsstelle gegeben ist (§ 3f Absatz 1 Satz 3 des Netzwerkdurchsetzungsgesetzes), weil
   a) die Bundesrepublik Deutschland Sitzland des Anbieters ist oder als Sitzland gilt und
   b) der Anbieter an keinem Schlichtungsverfahren einer anerkannten Schlichtungsstelle teilnimmt oder für diese Streitigkeit keine privatrechtlich organisierte Einrichtung als Schlichtungsstelle anerkannt ist,
3. ein Gegenvorstellungsverfahren beim Anbieter nach § 3b des Netzwerkdurchsetzungsgesetzes durchgeführt wurde beziehungsweise eine Überprüfung der Entscheidung durch die anerkannte Einrichtung der Regulierten Selbstregulierung im Sinne des § 3 Absatz 6 Nummer 3 des Netzwerkdurchsetzungsgesetzes stattgefunden hat.

(3) Die Schlichtungsstelle bestätigt der antragstellenden Person den Eingang des Schlichtungsbegehrens.

(4) Fehlen nach den Absätzen 1 und 2 erforderliche Angaben oder Unterlagen oder ist die Anrufung der Schlichtungsstelle aus anderen Gründen nicht formgerecht erfolgt, teilt die Schlichtungsstelle dies der antragstellenden Person mit und fordert sie ihn unter Hinweis auf die Folgen der Fristversäumnis auf, innerhalb von drei Wochen die Mängel der Anrufung zu beheben. Diese Frist kann in Ausnahmefällen verlängert werden. Werden die Mängel nicht fristgerecht behoben, so gilt das Schlichtungsbegehren als zurückgenommen. Die Schlichtungsstelle teilt der antragstellenden Person im Fall des Satzes 3 mit, dass ein Schlichtungsverfahren nicht durchgeführt wird.

§ 6. Ablehnung der Schlichtung

(1) Die Schlichtungsstelle lehnt die Durchführung des Schlichtungsverfahrens als unzulässig ab, wenn
1. die Schlichtungsstelle wegen einer Streitigkeit angerufen wird, die nicht von § 3f Absatz 1 Satz 2 des Netzwerkdurchsetzungsgesetzes erfasst wird,
2. die Schlichtungsstelle wegen einer Streitigkeit angerufen wird, die nach § 3f Absatz 1 Satz 3 des Netzwerkdurchsetzungsgesetzes nicht ihrer Zuständigkeit unterliegt,
3. wenn der Anbieter des Videosharingplattform-Dienstes vorab erklärt, generell nicht an einem Schlichtungsverfahren nach § 3f des Netzwerkdurchsetzungsgesetzes teilzunehmen,
4. noch kein Gegenvorstellungsverfahren nach § 3b des Netzwerkdurchsetzungsgesetzes durchgeführt wurde oder eine Überprüfung der Entscheidung im Sinne des § 3 Absatz 6 Nummer 3 des Netzwerkdurchsetzungsgesetzes noch nicht stattgefunden hat,
5. die Streitigkeit bereits bei einem Gericht rechtshängig war oder ist,
6. der Anspruch bereits bei dieser Schlichtungsstelle geltend gemacht worden ist und deren Anrufung nicht nach Nummer 3 ausgeschlossen war oder
7. das Schlichtungsbegehren offensichtlich ohne Aussicht auf Erfolg ist oder mutwillig erscheint, insbesondere weil
   a) die Streitigkeit durch außergerichtlichen Vergleich bereits beigelegt ist,
   b) zu der Streitigkeit ein Antrag auf Prozesskostenhilfe bereits mit der Begründung zurückgewiesen worden ist, dass die beabsichtigte Rechtsverfolgung keine hinreichende Aussicht auf Erfolg bietet oder mutwillig erscheint.

(2) Die Schlichtungsstelle kann die Schlichtung ablehnen, wenn die Behandlung der Streitigkeit den effektiven Betrieb der Schlichtungsstelle ernsthaft beeinträchtigen würde, insbesondere weil
a) die Schlichtungsstelle den Sachverhalt oder rechtliche Fragen nur mit einem unangemessenen Aufwand klären kann,
b) eine grundsätzliche Rechtsfrage, die für die Bewertung der Streitigkeit erheblich ist, nicht geklärt ist.

(3) Die Ablehnung nach den Absätzen 1 und 2 ist zu begründen. Die Schlichtungsstelle teilt der antragstellenden Person und, sofern der Antrag bereits an die übrigen Beteiligten übermittelt worden ist, auch diesen die Ablehnung innerhalb von drei Wochen, nachdem sie von dem Ablehnungsgrund Kenntnis erlangt hat, mit.

(4) Die Schlichtungsstelle lehnt die weitere Durchführung des Schlichtungsverfahrens als unzulässig ab, wenn während des Schlichtungsverfahrens die Streitigkeit bei einem Gericht rechtshängig gemacht wird.

(5) Ist die Ablehnung nach Absatz 1 Nummer 2 aufgrund der Zuständigkeit einer anderen Schlichtungsstelle erfolgt, so kann die antragstellende Person innerhalb einer Frist von zwei Wochen erklären, ob die Abgabe an die zuständige Schlichtungsstelle erfolgen soll.

§ 7. Schlichtungsverfahren

(1) Wird eine Schlichtung nicht nach § 6 abgelehnt, leitet die Schlichtungsstelle das Schlichtungsbegehren den übrigen Beteiligten weiter. Die Schlichtungsstelle fordert sie auf, zum

Schlichtungsverfahren binnen vier Wochen Stellung zu nehmen. Die antragstellende Person ist über die Aufforderung zur Stellungnahme in Kenntnis zu setzen.

(2) Die Schlichtungsstelle kann die Beteiligten auffordern, ihre Angaben und Unterlagen innerhalb von weiteren zwei Wochen zu ergänzen.

(3) Eine Stellungnahme der Beteiligten wird der antragstellenden Person über die Schlichtungsstelle zugeleitet. Ergibt sich aus der Stellungnahme, dass das Schlichtungsbegehren nicht ausreichend begründet ist, erforderliche Belege nicht vorgelegt sind oder die Voraussetzungen für die Ablehnung der Schlichtung nach § 6 Absatz 1 oder 2 vorliegen, weist die Schlichtungsstelle die antragstellende Person mit der Zuleitung darauf hin. Die antragstellende Person kann binnen zwei Wochen zur Stellungnahme der Beteiligten Stellung nehmen. Zur Ergänzung ihrer beziehungsweise seiner Darlegungen kann die Frist nach Satz 3 verlängert werden.

(4) Sobald keine weiteren Angaben und Unterlagen mehr benötigt werden, benachrichtigt die Schlichtungsstelle die Beteiligten über die Vollständigkeit der Beschwerdeakte.

(5) Wenn der Anbieter des Videosharingplattform-Dienstes in seiner Stellungnahme erklärt, dass er dem Begehren nachkommen wird, teilt die Schlichtungsstelle den übrigen Beteiligten mit, dass sich das Schlichtungsverfahren damit erledigt hat.

(6) Geben die Beteiligten innerhalb der Fristen nach Absatz 1 Satz 2 und Absatz 3 keine Stellungnahmen ab, unterbreitet die mit der Schlichtung betraute Person nach Lage der Akten einen Schlichtungsvorschlag nach § 8.

§ 8. Schlichtungsvorschlag

(1) Die mit der Schlichtung betraute Person unterbreitet auf der Grundlage der Darlegungen der Beteiligten einen Vorschlag zur Beilegung der Streitigkeit. Dieser Schlichtungsvorschlag folgt dem geltenden Recht und muss geeignet sein, den Streit der Beteiligten angemessen beizulegen.

(2) Der Schlichtungsvorschlag ist kurz und allgemeinverständlich zu begründen.

(3) Der Schlichtungsvorschlag ist den Beteiligten binnen 90 Tagen nach Eingang der vollständigen Beschwerdeakte zu übermitteln. Die Schlichtungsstelle kann diese Frist bei besonders schwierigen Streitigkeiten oder mit Zustimmung der Beteiligten verlängern. Die Beteiligten sind über die Verlängerung der Frist zu unterrichten.

(4) Mit der Übermittlung des Schlichtungsvorschlages unterrichtet die Schlichtungsstelle die Beteiligten

1. über die rechtlichen Folgen der Annahme des Schlichtungsvorschlages,
2. über die Frist nach Absatz 5,
3. darüber, dass der Schlichtungsvorschlag von dem Ergebnis eines gerichtlichen Verfahrens abweichen kann und
4. über die Möglichkeit, den Schlichtungsvorschlag nicht anzunehmen und die Gerichte anzurufen.

(5) Der Schlichtungsvorschlag kann innerhalb von vier Wochen ab Zugang bei den Beteiligten angenommen werden.

§ 9. Beendigung der Schlichtung

(1) Das Schlichtungsverfahren endet, wenn die antragstellende Person ihren Antrag zurücknimmt oder der weiteren Durchführung des Verfahrens widerspricht.

(2) Erklärt eine beziehungsweise einer der Beteiligten, an dem Schlichtungsverfahren nicht teilnehmen oder es nicht fortsetzen zu wollen, so beendet die mit der Schlichtung betraute Person das Verfahren, es sei denn, Rechtsvorschriften, Satzungen oder vertragliche Abreden bestimmen etwas Anderes.

(3) Nach Ablauf der Frist nach § 8 Absatz 5 teilt die Schlichtungsstelle den Beteiligten die Annahme oder die Ablehnung des Schlichtungsvorschlags mit. Mit dieser Mitteilung ist das Verfahren beendet.

§ 10. Gebühren

(1) Die Schlichtungsstelle erhebt für die Durchführung des Schlichtungsverfahrens von dem Anbieter des Videosharingplattform-Dienstes eine Verfahrensgebühr in Höhe von 150 Euro. Die Gebühr entsteht nicht, wenn der antragstellenden Person nach Absatz 3 eine Gebühr auferlegt wird oder das Schlichtungsbegehren den Beteiligten nicht zugeleitet wird.

(2) Wird das Verfahren infolge der vollständigen Anerkennung des geltend gemachten Begehrens durch den Anbieter des Videosharingplattform-Dienstes innerhalb von vier Wochen ab Zuleitung des Schlichtungsbegehrens beendet, ermäßigt sich die Gebühr des Absatzes 1 Satz 1 auf 50 Euro.

(3) Bei einer missbräuchlichen Anrufung der Schlichtungsstelle nach § 6 Absatz 1 Satz 1 Nummer 7 kann der antragstellenden Person eine Gebühr in Höhe von 30 Euro auferlegt werden.

§ 11. Inkrafttreten

Diese Schlichtungsordnung tritt am 9. Mai 2022 in Kraft.

4. Hinterlegungssachen

1 **I. Bundesrecht.** Die Gebühren in Hinterlegungssachen waren im sechsten Abschnitt der HinterlO vom 10.3.1937 (RGBl. I 285), letzte Änderung durch Art. 4 § 23 Gesetz v. 20.8.1975 (BGBl. I 2189), geregelt. Nachdem Bemühungen, die Gebühren aktuellen Verhältnissen anzupassen, an unterschiedlichen Auffassungen zwischen Bund und Ländern zur jeweiligen Gesetzgebungskompetenz gescheitert waren, sind zunächst 1990 zur Ebnung des Wegs für kompetenzrechtlich eindeutige landesrechtliche Regelungen die kostenrechtlichen Regelungen der HinterlO (§§ 24–26 HinterlO; durch Art. 2 Nr. 1 Gesetz vom 20.8.1990, BGBl. I 1765; vgl. Begr. RechtsA, BT-Drs. 11/7417, 6) und schließlich mWv. 1.12.2010 – weil es sich nach Ansicht der Länderkommission zur Rechtsbereinigung zum überwiegenden Teil nicht um Bundesrecht handele – die HinterlO insgesamt (durch Art. 17 II Nr. 1 G, v. 23.11.2007, BGBl. I 2614 (2616), vgl. Begr. RegE, BT-Drs. 16/5051, 33 f.) als Bundesrecht aufgehoben worden.

2 **II. Landesrecht.** Nach der Aufhebung des bisherigen Bundesrechts, → Rn. 1, sind landesgesetzlich vgl. Art. 72 I GG, folgende Regelungen entstanden.

Baden-Württemberg: BWHintG v. 11.5.2010 (BWGBl. 398), zuletzt geändert durch Art. 1 G v. 12.11.2013 (BWGBl. 303); Kosten: § 6 BWLJKG idF v. 15.1.1993 (BWGBl. 109, ber. 244), zuletzt geändert durch Art. 1 G v. 6.12.2022 (BWGBl. S. 617);

Bayern: BayHintG v. 23.11.2010 (BayGVBl. 738=, zuletzt geändert durch § 1 Nr. 321 der VO v. 22.7.2014 (BayGVBl. 286); Kosten: Art. 5 BayLJKostG idF der Bek. v. 19.5.2005 (BayGVBl. 159), zuletzt geändert durch § 1 G v. 23.5.2022 (BayGVBl. 221);

Berlin: BerlHintG v. 11.4.2010 (BlnGVBl. 106; Kosten: §§ 4 ff. JVKostG Bln idF v. 16.8.1993 (BlnGVBl. 372), zuletzt geändert durch Art. 1 G v. 5.6.2019 (BlnGVBl. 284);

Brandenburg: BbgHintG v. 3.11.2010 (BbgGVBl. Nr. 37), zuletzt geändert durch Art. 2 G v. 10.7.2014 (BbgGVBl. Nr. 35); Kosten: §§ 31 ff. BbgHintG iVm JKGBbg v. 3.6.1994 (BbgGVBl. I 172), zuletzt geändert durch Art. 2 G v. 29.6.2018 (BbgGVBl. I 27);

Bremen: BremHintG v. 31.8.2010 (Brem.GBl. 458), neugefasst durch G v. 24.6.2014 (Brem.GBl. 315); zuletzt geändert durch Art. 2 G v. 13.12.2022 (Brem.GBl. 896 (899)); Kosten: §§ 4 ff. BremJKostG idF der Bek. v. 4.8.1992 (Brem.GBl. 257), zuletzt geändert durch G v. 13.12.2022 (Brem.GBl. 958 (962));

Hamburg: HmbHintG v. 25.11.2010 (HmbGVBl. 614), zuletzt geändert durch G v. 13.2.2015 (HmbGVBl. 37); Kosten: § 10 HmbJKostG v. 18.10.1957 (HmbBL I 34–a), zuletzt geändert durch G v. 13.2.2015 (HmbGVBl. 37);

Hessen: HHintG v. 8.10.2010 HGVBl. I 306), zuletzt geändert durch Art. 2 G v. 25.3.2015 (HGVBl. 126); Kosten: §§ 10 ff. HJKostG v. 15.5.1958 (HGVBl. 60), zuletzt geändert durch G v. 24.9.2022 (HGVBl. 458);

Mecklenburg-Vorpommern: HintG M-V v. 9.11.2010 (GVOBl. M-V 642), zuletzt geändert durch G v. 12.11.2020 (GVOBl. M-V 1086); Kosten: §§ 4 ff. LJKG M-V v. 7.10.1993 (GVOBl. M-V 843), zuletzt geändert durch G v. 12.11.2020 (GVOBl. M-V 1086);

Niedersachsen: NHintG v. 9.11.2012 (Nds. GVBl. 431), zuletzt geändert durch Art. 5 G v. 12.5.2020 (Nds. GVBl. 116); Kosten: § 112 NJG v. 16.12.2014, Nds. GVBl. S. 436, zuletzt geändert durch Art. 1 § 5 G v. 11.11.2020 (Nds. GVBl. 391);

Nordrhein-Westfalen: HintG NRW v. 16.3.2010 (GV. NRW. 192), zuletzt geändert durch Art. 1 G v. 19.12.2019 (GV. NRW. 100); Kosten: § 28 HintG NRW iVm §§ 129a ff. JustG NRW v. 26.1.2010 (GV. NRW. 30), zuletzt geändert durch Art. 2 G v. 6.12.2022 (GV. NRW. 1072);

Rheinland-Pfalz: RhPfHintG v. 3.4.2014 (RhPfGVBl. 34); Kosten: §§ 3 ff. RhPfLJVwKostG v. 7.4.1992 RhPfGVBl. 99), zuletzt geändert durch § 26 G v. 3.4.2014 (RhPfGVBl. 34);

Saarland: SHintG v. 18.11.2010 (SaarlAmtsbl. 1409), zuletzt geändert durch G v. 11.11.2020 (SaarlAmtsbl. I 1262) Kosten: §§ 2 ff. SJKostG v. 30.6.1971 (SaarlABl. 473), zuletzt geändert durch G v. 11.11.2020 (SaarlABl. I 1262);
Sachsen: SächsHintG v. 11.6.2010 (SächsGVBl. 154); Kosten: § 32 SächsHintG iVm §§ 64 ff. SächsJG v. 24.11.2000 (SächsGVBl. 482; 2001, 704), zuletzt geändert durch Art. 8 G v. 15.12.2022 (SächsGVBl. 626);
Sachsen-Anhalt: HintG LSA v. 22.3.2010 (GVBl. LSA 150) Kosten: §§ 4 ff. JKostG LSA v. 23.8.1993, GVBl. LSA S. 449, zuletzt geändert durch Art. 11 G v. 8.3.2021 (GVBl. LSA 88 (91));
Schleswig-Holstein: HintG SH v. 3.11.2010 (GVOBl. SH 685), zuletzt geändert durch Art. 20 G v. 17.3.2022 GVOBl. SH 301); Kosten: § 89 LJG SH, → Rn. 3;
Thüringen: ThürHintG v. 9.9.2010 (ThürGVBl. 294), zuletzt geändert durch Art. 5 G v. 18.12.2018 (ThürGVBl. 731 (740)); Kosten: §§ 3 ff. ThürJKostG v. 28.10.2013 (ThürGVBl. 295), zuletzt geändert durch Art. 5 G v. 18.12.2018 (ThürGVBl. 731 (740)).

Die **Kosten in Hinterlegungssachen** sind in den jeweiligen Landesjustizkosten- 3
vorschriften (→ Rn. 2) geregelt. Nachstehend sind exemplarisch die betreffenden Vorschriften des **schleswig-holsteinischen Landesjustizgesetzes** (LJG SH) v. 17.4.2018 (GVOBl. SH 231, ber. S. 441), zuletzt geändert durch Art. 1 G v. 17.3.2022 (GVOBl. SH 301), abgedruckt:

LJG SH Kosten in Hinterlegungssachen

89 **I In Hinterlegungssachen setzt bei den Rahmengebühren nach Nummer 3.1 des Gebührenverzeichnisses (Anlage 2) Hinterlegungsstelle, bei den Rahmengebühren nach den Nummern 3.3 und 3.4 des Gebührenverzeichnisses die Stelle, die über die Beschwerde zu entscheiden hat, die Höhe der Gebühr fest.**

II In Hinterlegungssachen werden als Auslagen erhoben

1. **die Auslagen nach Teil 2 des Kostenverzeichnisses zum JVKostG mit Ausnahme von Nummer 2001,**
2. **die Beträge, die bei der Umwechslung von Zahlungsmitteln nach § 11 Absatz 2 Satz 2 des Hinterlegungsgesetzes vom 3. November 2010 (GVOBl. Schl.-H. S. 685), zuletzt geändert durch Artikel 20 des Gesetzes vom 17. März 2022 (GVOBl. Schl.-H. S. 301), oder bei der Besorgung von Geschäften nach § 14 des Hinterlegungsgesetzes an Banken oder an andere Stellen zu zahlen sind,**
3. **die Dokumentenpauschale für Abschriften, die anzufertigen sind, weil ein Antrag auf Annahme nicht in der erforderlichen Anzahl von Stücken vorgelegt worden ist.**

III Die Kosten in Hinterlegungssachen werden bei der Hinterlegungsstelle angesetzt.

IV [1]Zuständig für Entscheidungen nach § 22 Absatz 1 JVKostG ist das Amtsgericht, bei dem die Hinterlegungsstelle eingerichtet ist. [2]Das gleiche gilt für Einwendungen gegen Maßnahmen nach Absatz 5 Nummer 2 und 3.

V Im Übrigen gilt für die Kosten in Hinterlegungssachen abweichend vom JVKostG Folgendes:

1. **Zur Zahlung der Kosten sind auch die empfangsberechtigte Person, an die oder für deren Rechnung die Herausgabe verfügt wurde, sowie diejenige oder derjenige verpflichtet, in deren oder dessen Interesse eine Behörde um die Hinterlegung ersucht hat.**
2. **Die Kosten können der Masse entnommen werden, soweit es sich um Geld handelt, das in das Eigentum des Landes übergegangen ist.**
3. **Die Herausgabe hinterlegter Sachen kann von der Zahlung der Kosten abhängig gemacht werden.**

4. **Die Nummern 1 bis 3 sind auf Kosten, die für das Verfahren über Beschwerden erhoben werden, nur anzuwenden, soweit diejenige Person, der die Kosten dieses Verfahrens auferlegt worden sind, empfangsberechtigt ist.**
5. **Kosten sind nicht zu erheben oder sind, falls sie erhoben wurden, zu erstatten, wenn die Hinterlegung aufgrund § 116 Absatz 1 Satz 2 Nummer 4 und § 116a StPO erfolgte, um eine beschuldigte Person von der Untersuchungshaft zu verschonen, und die beschuldigte Person rechtskräftig außer Verfolgung gesetzt oder freigesprochen oder das Verfahren gegen sie eingestellt wird; ist der Verfall der Sicherheit rechtskräftig ausgesprochen worden, so werden bereits erhobene Kosten nicht erstattet.**
6. **Ist bei Vormundschaften, Betreuungen, Pflegschaften für Minderjährige und in den Fällen des § 1667 BGB aufgrund gesetzlicher Verpflichtung oder Anordnung des Familiengerichts hinterlegt worden, gelten Absatz 1 der Vorbemerkung 1.1 und Absatz 2 Satz 1 der Vorbemerkung 3.1 des Kostenverzeichnisses zum GNotKG entsprechend.**
7. **Die Verjährung des Anspruchs auf Zahlung der Kosten hindert das Land nicht, nach den Nummern 2 und 3 zu verfahren.**
8. **§ 4 Absatz 3 JVKostG findet keine Anwendung.**

Anlage (zu § 86 II LJG)

Gebührenverzeichnis

Nr.	Gegenstand	Gebühren
1	**Feststellungserklärung nach § 1059a Absatz 1 Nummer 2, auch in Verbindung mit Absatz 2, § 1059e, § 1092 Absatz 2, § 1098 Absatz 3 des Bürgerlichen Gesetzbuches ....**	**50 bis 700 Euro**
2	**Schuldnerverzeichnis**	
2.1	**Entscheidung über den Antrag auf Bewilligung des laufenden Bezugs von Abdrucken (§ 882g der Zivilprozessordnung) ....**	**525 Euro**
2.2	**Entscheidung über den Antrag auf Bewilligung des laufenden Bezugs von Abdrucken (§ 915d der Zivilprozessordnung in der bis zum 31. Dezember 2012 geltenden Fassung in Verbindung mit § 39 Nr. 5 des Einführungsgesetzes zur Zivilprozessordnung .....**	**525 Euro**
	Anmerkung: **Die Gebühr entsteht nur einmal, wenn die Bewilligung in einem Verfahren für mehrere Schuldnerverzeichnisse erteilt oder versagt wird.**	
2.3	**Erteilung von Abdrucken (§§ 882b, 882g der Zivilprozessordnung oder §§ 915, 915d der Zivilprozessordnung in der bis zum 31. Dezember 2012 geltenden Fassung in Verbindung mit § 39 Nummer 5 des Einführungsgesetzes zur Zivilprozessordnung ......**	**0,50 Euro je Eintragung, mindestens 17 Euro**
	Anmerkung: **Neben den Gebühren für die Erteilung von Abdrucken werden die Dokumentenpauschale und die Datenträgerpauschale nicht erhoben.**	
2.4	**Einsicht in das Schuldnerverzeichnis (§ 882f der Zivilprozessordnung)** **je übermitteltem Datensatz ....**	**4,50 Euro**

Nr.	Gegenstand	Gebühren
	Anmerkung: [1]Die Gebühr entsteht auch, wenn die Information übermittelt wird, dass für den Schuldner kein Eintrag verzeichnet ist (Negativauskunft). [2]Die Gebühr entsteht nicht im Fall einer Selbstauskunft.	
3	Hinterlegungssachen	
3.1	Bei Hinterlegung von Wertpapieren, sonstigen Urkunden, Kostbarkeiten und von unverändert aufzubewahrenden Zahlungsmitteln (§ 11 Absatz 2 Satz 1 des Hinterlegungsgesetzes) in jeder Angelegenheit, in der eine besondere Annahmeverfügung ergeht	20 bis 500 Euro
3.2	Anzeige gemäß § 15 Absatz 1 Satz 2 des Hinterlegungsgesetzes	20 Euro
	Anmerkung: Neben der Gebühr für die Anzeige werden nur die Auslagen nach den Nummern 31002 und 31003 des Kostenverzeichnisses zum Gerichts- und Notarkostengesetz erhoben.	
3.3	Zurückweisung der Beschwerde	20 bis 500 Euro
3.4	Zurücknahme der Beschwerde	20 bis 125 Euro
4	Beeidigung, Ermächtigung	
4.1	Allgemeine Beeidigung von Gerichtsdolmetscherinnen und Gerichtsdolmetschern nach § 5 des Gerichtsdolmetschergesetzes und von Gebärdensprachdolmetscherinnen und Gebärdensprachdolmetschern nach § 76 Absatz 1	150 Euro
4.2	Ermächtigung von Übersetzerinnen und Übersetzern zur Bescheinigung der Richtigkeit und Vollständigkeit von Übersetzungen nach § 74 Absatz 1	150 Euro
	Anmerkungen: a) Werden die unter Nummer 4.1 und 4.2 genannten Amtshandlungen gleichzeitig beantragt, beträgt die Gebühr	150 Euro
	b) Werden die unter Nummer 4.1 und 4.2 genannten Amtshandlungen für mehrere Sprachen gleichzeitig beantragt, erhöht sich die Gebühr einmalig um	50 Euro
	c) Die Beeidigung von Justizbediensteten als Gerichtsdolmetscherinnen, Gerichtsdolmetscher, Gebärdensprachdolmetscherinnen und Gebärdensprachdolmetscher ist gebührenfrei.	
4.3	Ablehnung eines Antrags auf Vornahme einer Amtshandlung, für die eine Gebühr nach den Nummern 4.1 und 4.2 vorgesehen ist	75 Euro
4.4	Verlängerung der allgemeinen Beeidigung von Gerichtsdolmetscherinnen und Gerichtsdolmetschern nach § 7 des Gerichtsdolmetschergesetzes und von Gebärdensprachdolmetscherinnen und Gebärdensprachdolmetschern nach § 7 des Gerichtsdolmetschergesetzes in Verbindung mit § 76 Absatz 2	50 Euro
4.5	Verlängerung der Ermächtigung von Übersetzerinnen und Übersetzern zur Bescheinigung der Richtigkeit und Vollständigkeit von Übersetzungen nach § 7 des Gerichtsdolmetschergesetzes in Verbindung mit § 74 Absatz 3	50 Euro

Nr.	Gegenstand	Gebühren
	Anmerkungen: a) Werden die unter Nummer 4.4 und 4.5 genannten Amtshandlungen gleichzeitig beantragt, beträgt die Gebühr 60 Euro. b) Werden die unter Nummer 4.4 und 4.5 genannten Amtshandlungen für mehrere Sprachen gleichzeitig beantragt, erhöht sich die Gebühr einmalig um 10 Euro. c) Die Verlängerung der Beeidigung von Justizbediensteten als Gerichtsdolmetscherinnen, Gerichtsdolmetscher, Gebärdensprachdolmetscherinnen und Gebärdensprachdolmetscher ist gebührenfrei.	
4.6	Ablehnung eines Antrags auf Vornahme einer Amtshandlung, für die eine Gebühr nach den Nummern 4.4 und 4.5 vorgesehen ist	2 Euro
5	Überlassung einer gerichtlichen Entscheidung auf Antrag nicht am Verfahren beteiligter Dritter	12,50 Euro je Entscheidung
	Anmerkung: 1. Neben der Gebühr werden Auslagen nicht erhoben. 2. Die Behörde kann von der Erhebung der Gebühr ganz oder teilweise absehen, wenn gerichtliche Entscheidungen für Zwecke verlangt werden, deren Verfolgung überwiegend im öffentlichen Interesse liegt. 3. § 20 des Justizverwaltungskostengesetzes ist entsprechend anzuwenden	
6	Beglaubigung von Unterschriften und Handzeichen nach § 92 des Landesverwaltungsgesetzes	2 Euro
	Anmerkung: [1] Die Gebühr wird nur erhoben, wenn die Beglaubigung beantragt ist. [2] Die Behörde kann vom Ansatz absehen, wenn die Beglaubigung für Zwecke verlangt wird, deren Verfolgung überwiegend im öffentlichen Interesse liegt.	
7	Notarangelegenheiten	
7.1	Entscheidung über die Bestellung einer Notarvertreterin oder eines Notarvertreters (§ 39 Absatz 1 Satz 1 der Bundesnotarordnung in der im Bundesgesetzblatt Teil III, Gliederungsnummer 303-1, veröffentlichten bereinigten Fassung, zuletzt geändert durch Artikel 3 des Gesetzes vom 30. Oktober 2017 (BGBl. I S. 3618))	
7.1.1	für eine ständige Notarvertretung	25 Euro
7.1.2	in den übrigen Fällen	25 Euro
7.2	Entscheidung über einen Antrag einer Notarin oder eines Notars auf	
7.2.1	Erteilung einer Genehmigung nach § 8 Absatz 3 der Bundesnotarordnung	30 Euro
7.2.2	Genehmigung der Verlegung des Amtssitzes (§ 10 Absatz 1 Satz 3 der Bundesnotarordnung)	25 bis 150 Euro
7.2.3	Genehmigung der Einrichtung einer weiteren Geschäftsstelle oder der Abhaltung auswärtiger Sprechtage (§ 10 Absatz 4 Satz 1 und 2 der Bundesnotarordnung)	25 bis 150 Euro

Nr.	Gegenstand	Gebühren
7.2.4	**Genehmigung einer Urkundstätigkeit außerhalb des Amtsbezirks (§ 11 Absatz 2 der Bundesnotarordnung)**	**25 bis 150 Euro**
7.3	**Regelmäßige Prüfung der Amtsführung nach § 93 der Bundesnotarordnung**	
7.3.1	**bei bis zu 400 in der Urkundenrolle zu notierenden Geschäften im Prüfungszeitraum**	**500 Euro**
7.3.2	**bei 401 bis 2000 in der Urkundenrolle zu notierenden Geschäften im Prüfungszeitraum**	**800 Euro**
7.3.3	**bei mehr als 2000 in der Urkundenrolle zu notierenden Geschäften im Prüfungszeitraum**	**1000 Euro**
7.4	**Antrag auf Bestellung zur Notarin oder zum Notar (§ 6 Absatz 1 bis 3, § 12 der Bundesnotarordnung):**	
7.4.1	**Entscheidung über den Antrag**	**270 Euro**
7.4.2	**Rücknahme des Antrags**	**135 Euro**

5. Vereinbarung über die Kosten in Einlieferungssachen

Bek. vom 9.7.1993 (BAnz. 6658)

1 Die Bundesrepublik Deutschland und die Länder haben eine Vereinbarung über die Kosten in Einlieferungssachen getroffen. Nachfolgend ist die vom Bund bekanntgemachte Fassung abgedruckt.

Die Bundesrepublik Deutschland und die Länder Baden-Württemberg, Bayern, Berlin, Brandenburg, Bremen, Hamburg, Hessen, Mecklenburg-Vorpommern, Niedersachsen, Nordrhein-Westfalen, Rheinland-Pfalz, Saarland, Sachsen, Sachsen-Anhalt, Schleswig-Holstein und Thüringen vereinbaren:

1. Kosten, die den deutschen Behörden bei der Einlieferung eines Verfolgten aus dem Ausland in die Bundesrepublik durch die Einlieferung bis zu der deutschen Grenze oder dem ersten deutschen See- oder Flughafen erwachsen, werden, wenn bei der Einlieferung mehrere Justizverwaltungen beteiligt sind, von diesen zu gleichen Teilen übernommen. Die Justizverwaltung, die zuerst ein Einlieferungsersuchen angeregt oder im Ausland unmittelbar gestellt hat, zahlt zunächst den gesamten Betrag dieser Kosten und fordert dann die auf die anderen Justizverwaltungen entfallenden Anteile zur Erstattung an.

2. Diese Regelung gilt auch, wenn vor der Einlieferung des Verfolgten

a) von einer bisher nicht beteiligten Justizverwaltung ein weiteres Einlieferungsersuchen bei der Bundesregierung angeregt oder im Ausland unmittelbar gestellt wird oder

b) im Hinblick auf die Einlieferung mehrere Strafverfahren aus dem Bereich verschiedener Landesjustizverwaltungen bei einer Strafverfolgungsbehörde verbunden worden sind.

3. Bei der Einziehung der Verfahrenskosten wird dem Verfolgten im Bereich jeder Justizverwaltung der auf diese entfallende Anteil der Einlieferungskosten in Rechnung gestellt, der auf eine andere Justizverwaltung entfallende Kostenanteil zusätzlich dann, wenn deren Verfahren übernommen worden ist.

4. Ist der Gesamtbetrag der nach Nummer 1 zu zahlenden Kosten nicht höher als 200 DM, so werden die Einlieferungskosten allein von der Landesjustizverwaltung getragen, die zuerst das Einlieferungsersuchen angeregt oder gestellt hat.

5. Diese Vereinbarung tritt an die Stelle der Vereinbarung über die Kosten in Einlieferungssachen vom 4. Oktober 1958 (BAnz. Nr. 3 vom 7. Januar 1959).

6. Die Vereinbarung tritt am 1. August 1993 in Kraft.

V. Beitreibung von Kosten

1. Justizbeitreibungsgesetz (JBeitrG)

In der Fassung der Bekanntmachung vom 27.6.2017 (BGBl. I S 1926)
FNA 365-1
Zuletzt geändert durch Art. 15 Gesetz vom 4.5.2021 (BGBl. I 882)

Schrifttum: App MDR 1996, 769 (ausf.).

[Nach diesem Gesetz beizutreibende Ansprüche]

1 **I Nach diesem Gesetz werden folgende Ansprüche beigetrieben, soweit sie von Justizbehörden des Bundes einzuziehen sind:**

1. Geldstrafen und andere Ansprüche, deren Beitreibung sich nach den Vorschriften über die Vollstreckung von Geldstrafen richtet;
2. gerichtlich erkannte Geldbußen und Nebenfolgen einer Ordnungswidrigkeit, die zu einer Geldzahlung verpflichten;
2a. Ansprüche aus gerichtlichen Anordnungen über die Einziehung oder die Unbrauchbarmachung einer Sache;
2b. Ansprüche aus gerichtlichen Anordnungen über die Herausgabe von Akten und sonstigen Unterlagen nach § 407a Absatz 5 Satz 2 der Zivilprozessordnung;
3. Ordnungs- und Zwangsgelder;
4. Gerichtskosten;
4a. Ansprüche auf Zahlung der vom Gericht im Verfahren der Prozesskostenhilfe oder nach § 4b der Insolvenzordnung bestimmten Beträge;
4b. nach den §§ §§ 168d, 292 und 292a des Gesetzes über das Verfahren in Familiensachen und in den Angelegenheiten der freiwilligen Gerichtsbarkeit festgesetzte Ansprüche;
5. Zulassungs- und Prüfungsgebühren;
6. alle sonstigen Justizverwaltungsabgaben;
7. Kosten der Gerichtsvollzieher und Vollziehungsbeamten, soweit sie selbständig oder gleichzeitig mit einem Anspruch, der nach diesem Gesetz vollstreckt wird, bei dem Auftraggeber oder Ersatzpflichtigen beigetrieben werden;
8. Ansprüche gegen Beamte, nichtbeamtete Beisitzer und Vertrauenspersonen, gegen Rechtsanwälte, Vormünder, Betreuer, Pfleger und Verfahrenspfleger, gegen Zeugen und Sachverständige sowie gegen mittellose Personen auf Erstattung von Beträgen, die ihnen in einem gerichtlichen Verfahren zuviel gezahlt sind;
9. Ansprüche gegen Beschuldigte und Nebenbeteiligte auf Erstattung von Beträgen, die ihnen in den Fällen der §§ 465, 467, 467a, 470, 472b, 473 der Strafprozessordnung zuviel gezahlt sind;
10. alle sonstigen Ansprüche, die nach Bundes- oder Landesrecht im Verwaltungszwangsverfahren beigetrieben werden können, soweit nicht ein Bundesgesetz vorschreibt, dass sich die Vollstreckung nach dem Verwaltungsvollstreckungsgesetz oder der Abgabenordnung richtet.

II Dieses Gesetz findet auch auf die Einziehung von Ansprüchen im Sinne des Absatzes 1 durch Justizbehörden der Länder Anwendung, soweit die Ansprüche auf bundesrechtlicher Regelung beruhen.

III Die Vorschriften dieses Gesetzes über das gerichtliche Verfahren finden auch dann Anwendung, wenn sonstige Ansprüche durch die Justizbehörden der Länder im Verwaltungszwangsverfahren eingezogen werden.

IV Werden zusammen mit einem Anspruch nach Absatz 1 Nummer 1 bis 3 die Kosten des Verfahrens beigetrieben, so gelten auch für die Kosten die Vorschriften über die Vollstreckung dieses Anspruchs.

V 1 Nach diesem Gesetz werden auch die Gebühren und Auslagen des Deutschen Patentamts und die sonstigen dem Absatz 1 entsprechenden Ansprüche, die beim Deutschen Patentamt entstehen, beigetrieben. 2 Dies gilt auch für Ansprüche gegen Patentanwälte und Erlaubnisscheininhaber.

VI 1 Die Landesregierungen werden ermächtigt, durch Rechtsverordnung abweichend von diesem Gesetz zu bestimmen, dass Gerichtskosten in den Fällen des § 109 Absatz 2 des Gesetzes über Ordnungswidrigkeiten und des § 27 des Gerichtskostengesetzes nach Vorschriften des Landesrechts beigetrieben werden. 2 Die Landesregierungen können die Ermächtigung durch Rechtsverordnung auf die Landesjustizverwaltung übertragen.

Übersicht

1 **I. Normgeschichte und Normzweck.** Die frühere Justizbeitreibungs**ordnung** (JBeitrO) ist durch Art. 14 Nr. 1 Gesetz zur Durchführung der Verordnung (EU) Nr. 655/2014 sowie zur Änderung sonstiger zivilprozessualer, grundbuchrechtlicher und vermögensrechtlicher Vorschriften und zur Änderung der Justizbeitreibungsordnung (EuKoPfVODG) vom 21.11.2016 (BGBl. I 2591) zum 1.7.2017 zum Justizbeitreibungs**gesetz** geworden, weil hiermit der Rang der Norm im Normengefüge sachlich zutreffender beschrieben wird. Die ursprüngliche Version der Norm ist zwar in vorkonstitutioneller Zeit als Rechtsverordnung erlassen worden, in der Sache handelt es sich jedoch um ein formelles Gesetz, das der Bundesgesetzgeber nach Inkrafttreten des Grundgesetzes mit 23 Änderungsgesetzen in nahezu allen Aspekten tiefgreifend umgestaltet und in der jeweils geänderten Fassung in seinen Willen aufgenommen hat, wobei die Justizbeitreibungsordnung hierbei durchgehend im Rang eines förmlichen Parlamentsgesetzes behandelt wurde (BT-Drucks. 18/9698, 26; VGH Kassel NVwZ-RR 2015, 87).

2 § 1 bestimmt, welche öffentlich-rechtlichen Ansprüche der Justiz sowohl des Bundes als auch der Länder (II, III) sowie des Deutschen Patentamtes (V) nach den Regelungen des JBeitrG **im Inland** von Amts wegen beigetrieben werden. Das JBeitrG gilt aber nur, wenn und soweit die Einziehung durch Justizbehörden zu erfolgen hat. Besteht eine andere Zuständigkeit (beispielsweise die der Finanzverwaltung), gilt das JBeitrG nicht. § 1 Abs. 3 VwVG bestimmt, dass die Vorschriften des JBeitrG unberührt bleiben. Das zeigt, dass im JBeitrG ein **spezielles Verwaltungsvollstreckungsrecht** der Justiz geregelt ist (vgl. VGH Kassel NVwZ-RR 2015, 87), dieses aber auch Teil des Verwaltungsverfahrensrechts ist.

Das JBeitrG setzt voraus, dass der einzuziehende Anspruch zuvor festgesetzt oder kraft Gesetzes entstanden ist. Für die Beitreibung ist es nicht erforderlich, dass der Anspruch zuvor in einem gerichtlichen Erkenntnisverfahren tituliert worden ist. Es muss sich dabei auch nicht notwendigerweise um einen justizeigenen Anspruch handeln. Denn für das JBeitrG kommt es nicht darauf an, ob der Anspruch der Justizbehörde **zusteht,** sondern ob er von der Justizbehörde **einzuziehen** ist (BeckOK KostR/Berendt/Rieder, 39. Ed. 1.10.2022, § 1 Rn. 10). Das JBeitrG schafft kein eigenes, in sich abgeschlossenes Vollstreckungsrecht, sondern verweist im Wesentlichen auf die zivilrechtliche Zwangsvollstreckung (§ 6) und modifiziert sie (BeckOK KostR/Berendt/Rieder, 39. Ed. 1.10.2022, § 1 Rn. 1). 3

II. Anwendungsbereich (I–III). 1. Bundes- und Landesrecht. Das JBeitrG gilt gem. § 1 sowohl als Bundesrecht wie auch als Landesrecht. Durch § 1 II, III ist bundesrechtlich sichergestellt worden, dass das JBeitrG auch bei der Einziehung eines Anspruchs, der auf Bundesrecht beruht, durch die Justizbehörden der Länder gilt, ferner, dass es auch dann anzuwenden ist, wenn es um einen sonstigen Anspruch durch diese Behörden im **Verwaltungszwangsverfahren** geht. Die Bundesländer haben die Anwendbarkeit des JBeitrG für die Einziehung der in § 1 I JBeitrG genannten Ansprüche auch insoweit erweitert, als diese Ansprüche nicht auf bundesrechtlicher Regelung beruhen. Zwar handelt es sich bei dem JBeitrG um eine bundesrechtliche Regelung, doch haben alle Bundesländer – soweit ihnen hinsichtlich der Justizkosten die Gesetzgebungszuständigkeit obliegt – das JBeitrG in der jeweils für die Justizbehörden des Bundes geltenden Fassung ua auch hinsichtlich der nach Landesrecht einzuziehenden und beizutreibenden Gerichtskosten für anwendbar erklärt (FG Bremen EFG 1994, 584). Das ergibt sich für NRW aus § 125 JustG NRW, für Baden-Württemberg aus § 2 BWLJKG, für Bayern aus Art. 2 BayLJKostG, für Berlin aus § 2 BlnJVKostG, für Brandenburg aus § 2 JKGBbg, für Bremen aus § 2 BremJKostG, für Hamburg aus § 2 HmbLJKG, für Hessen aus § 2 HessJKostG, für Mecklenburg-Vorpommern aus § 2 MVLJKG, für Niedersachsen aus § 111 Abs. 4 NJG, für Rheinland-Pfalz aus § 2 RhPfLJVwKostG, für das Saarland aus § 5 SaarlLJKG, für Sachsen aus § 62 SächsJG, für Sachsen-Anhalt aus § 2 JKostG LSA, für Schleswig-Holstein aus § 87 SHLJG und für Thüringen aus § 2 Abs. 2 ThürJKostG. 4

Das JBeitrG gilt in allen Fällen für den Bund und für die Bundesländer in derselben Fassung. Durch das Verwaltungsvollstreckungsgesetz – VwVG –, das die Vollstreckung einer öffentlich-rechtlichen Geldforderung des Bundes und der bundesmittelbaren Personen des öffentlichen Rechts selbständig regelt, wird das JBeitrG und damit sein Anwendungsbereich nach § 1 III VwVG, nicht berührt. Das trifft auch für die landesrechtliche Anwendung des JBeitrG zu. II gilt auch im Verwaltungszwangsverfahren (VGH Kassel NVwZ-RR 2015, 87). 5

Das JBeitrG regelt die Beitreibung von Gerichtskosten durch die Gerichtskassen nur für den Fall, dass diese durch Justizbehörden – sei es des Bundes oder der Länder – einzuziehen sind. Fällt eine Gerichtsbarkeit nach Landesrecht nicht in die Zuständigkeit der Landesjustizverwaltung, ist das JBeitrG für die Vollstreckung der Gerichtskosten ggf. nicht einschlägig (vgl. BFH/NV 2007, 1463: Verwaltungsgerichtsbarkeit gehört in Bayern zum Staatsministerium des Innern, für Sport und Integration, § 3 der Verordnung über die Geschäftsverteilung der Bayerischen Staatsregierung (StRGVV) vom 28. Jan1.uar 2014). 6

Der in § 1 verwendete Begriff der **Justizbehörde** entspricht dem in § 23 EGGVG. Justizbehörden des Bundes und der Länder sind das Ministerium für Justiz, die Gerichte (soweit sie mit Aufgaben der Justizverwaltung betraut sind bzw. wenn sie Aufgaben auf dem Gebiet der Rechtspflege außerhalb der Rechtsprechung wahrnehmen LG Münster BeckRS 2022, 3570) und die Staatsanwaltschaft (Bader/Funke-Kaiser/Stuhlfauth/von Albedyll/v.Albedyll, Verwaltungsgerichtsordnung, 8. Aufl. 2021, VwGO § 40 Rn. 101). Justizbehörden im organisatorischen Sinne sind deshalb auch die den Bereichen der Bundesjustizverwaltung und der Justizverwaltungen der Länder angehörigen Behörden, damit auch Gerichtskassen und vergleichbare Vollstreckungsbehörden der Justiz (VG Sigmaringen BeckRS 2015, 52082). Es kommt nicht darauf an, ob die Behörde organisationsrechtlich zur Justizverwaltung gehört; 7

entscheidend ist vielmehr, ob die von der Behörde getroffene Entscheidung **funktionell** eine der Justizverwaltung ist. Der **Ansatz** der Gerichtskosten ist **Justizverwaltungsakt** und Aufgabe der Justizverwaltung (vgl. BVerfGE 22, 299; BVerfG NJW 1970, 853; BFH RVGreport 2016, 35; OLG Celle NStZ-RR 2014, 264; OLG Koblenz NStZ-RR 2010, 359).

8 **2. Auslandsbezug.** Das JBeitrG beschränkt die Vollstreckung nach dem Territorialitätsprinzip auf Vollstreckungsmaßnahmen im **Inland.** Es gilt nur für die Vollstreckung innerhalb des durch das JBeitrG für Inlandssachverhalte eröffneten Rahmens (BGH NJW 2010, 1883). Die Amtshilfe bei der Beitreibung bestimmter Steuern, Abgaben, Fördermittel und dazu in Bezug stehender Geldsanktionen zwischen Deutschland und anderen Mitgliedsstaaten der Europäischen Union ist Regelungsgegenstand des EU-Beitreibungsgesetzes **(EUBeitrG)** vom 7.12.2011 (BGBl. I 2592). Dabei kann es sich auch um Forderungen nach dem JBeitrG handeln (BeckOK KostR/Berendt/Rieder, 39. Ed. 1.10.2022, JBeitrG § 1 Rn. 16). Zur Vollstreckung bei der grenzüberschreitenden Vollstreckung von Europäischen Geldstrafen und Geldbußen (§§ 87 ff. IRG) sowie Geldstrafen des IStGH (§ 43 IStGHG) → Rn. .

9 **3. Stundung und Kostenerlass.** Die **Stundung** und der **Erlass** von Kosten und Ansprüchen nach I Nr. 4–9 sind teilweise **landesrechtlich** geregelt, siehe 3. Kap. VI. Sonstige Verwaltungsverfügungen. 5. Stundung. Niederschlagung usw. (vgl. zB für NRW § 123 JustG NRW).

10 **4. Die einzelnen Fälle (I Nr. 1–10). a) Nr. 1 und Nr. 2 – Geldstrafen und Geldbußen.** Unter Nr. 1 und Nr. 2 fallen Geldstrafen (§ 40 StGB) und Geldbußen (§ 17 OWiG), vgl. § 459 StPO und § 91 OWiG. Die Vorschriften des JBeitrG gelten gem. § 459 StPO und § 91 OWiG nur **subsidiär,** wenn die Vorschriften der StPO für die Vollstreckung von Geldstrafen oder des OwIG für die Vollstreckung von Geldbußen nicht etwas anderes bestimmen. Das JBeitrG gilt gem. § 43 Abs. 2 IStGHG auch für die Vollstreckung einer vom **IStGH** verhängten Geldstraße, soweit im IStGHG nichts anderes bestimmt ist, sowie gem. § 87n Abs. 2 S. 3 IRG subsidiär bei der Vollstreckung von **Europäischen Geldstrafen und Geldbußen** (§§ 87 ff. IRG).

11 Gerichtlich erkannte **Nebenfolgen** einer Ordnungswidrigkeit mit Verpflichtung zur Geldzahlung iSv Nr. 2 sind die Einziehung des Wertersatzes (§ 25 OWiG), die Einziehung des Wertes von Taterträgen (§ 29a OWiG) und die Abführung des Mehrerlöses (§ 8 WiStG).

12 **b) Nr. 2a – Einziehung in Strafsachen.** Gem. § 459g Abs. 1 StPO erfolgt die Vollstreckung der Anordnung der **Einziehung** (§§ 73 ff. StGB), auch der Einziehung von **Wertersatz** (§ 73c StGB), oder der **Unbrauchbarmachung** einer Sache (§ 74f StGB) dadurch, dass die Sache demjenigen, gegen den sich die Anordnung richtet, weggenommen wird. Für die Vollstreckung gelten die Vorschriften des Justizbeitreibungsgesetzes. Für die Vollstreckung der Nebenfolgen, die zu einer Geldzahlung verpflichten, gelten gem. § 459g Abs. 2 StPO die §§ 459, 459a sowie 459c Abs. 1, 2 StPO entsprechend. § 459 StPO verweist damit wiederum auf das JBeitrG (vgl. OLG Hamm 2.3.2021 – III-3 Ws 16-17/21, BeckRS 2022, 29486). Das gilt auch für die **Abführung des Mehrerlöses** gem. § 8 WiStG, weil insoweit auf die Einziehung gem. §§ 73 ff. StGB verwiesen wird.

13 Gem. § 111e StPO kann zur Sicherung der Vollstreckung der Einziehung von Wertersatz (§ 73c StGB) der **Vermögensarrest** in das bewegliche und unbewegliche Vermögens des Betroffenen angeordnet werden. Gem. § 111k Abs. 1 S. 2 StPO kann der Arrest durch Pfändung beweglicher Sachen auch durch die in § 2 JBeitrG bezeichnete Behörde vollzogen werden (→ § 2 Rn. 3).

14 **c) Nr. 2b – Herausgabe von Akten und Unterlagen.** Die zwangsweise Wegnahme der in § 407a Abs. 5 ZPO aufgeführten Unterlagen durch Anordnung der Herausgabe wird nach dem JBeitrG vorgenommen.

15 **d) Nr. 3 – Ordnungs- und Zwangsgelder.** Zwangsgelder als Zwangsmittel haben anders als Ordnungsgelder keinen Sanktionscharakter, sondern dienen allein der Einwirkung auf den Willen des Verpflichteten (BGH NJW 2017, 3592). Ordnungsgelder können deshalb auch dann festgesetzt und vollstreckt werden, wenn die

zu vollstreckende Handlung, Duldung oder Unterlassung wegen Zeitablaufs nicht mehr vorgenommen werden kann (BGH NJW-RR 2017, 518).

Erfasst sind **Ordnungsgelder** nach §§ 178, 179 GVG, §§ 141 Abs. 3, 380, 409 (BVerfG, Beschl. v. 5.7.1993 – 2 BvR 1852/92, BeckRS 1993, 8448), 411, 890 ZPO (BGH NJW 2010, 1883), §§ 33, 89 FamFG, §§ 51, 70, 77, 81c Abs. 6, 95 Abs. 2, 98b Abs. 2, 161a Abs. 2 StPO; Zwangsgelder nach dem HGB §§ 37, 335 Abs. 4, 335b, 341o, 341p und 341v HGB, vgl. LG Münster BeckRS 2022, 3570). Die Ausführung der Beitreibung erfolgt unter Beachtung der EBAO. Das JBeitrG gilt aber nicht für die Vollstreckung eines Ordnungsgeldes nach § 890 ZPO **im Ausland;** diese kann nur auf anderer Grundlage erfolgen (BGH NJW 2010, 1883). Zu den vom **Einheitlichen Patentgericht** verhängten Ordnungsgeldern → Rn. →. Ordnungsgelder der **Arbeitsgerichte** (§ 85 ArbGG) werden nach der ZPO vollstreckt, so dass sie nicht vom JBeitrG erfasst werden. Für Ordnungsgelder der **Finanzgerichte** gilt das JBeitrG, die Vollstreckung richtet sich nicht nach § 150 FGO (vgl. FG Bremen EFG 1994, 584; BeckOK KostR/Berendt/Rieder, 39. Ed. 1.10.2022, Rn. 34). **16**

Erfasst sind auch **Zwangsgelder** nach § 35 FamFG (BGH NJW 2017, 3592), § 388 FamFG, § 78 BGB, § 160 GenG, § 24 GrdstVG, § 19 SchRegO, § 4 StPO, § 9 SVertO, § 153 ZVG, §§ 1802 Abs. 2 Satz 3, 1862 Abs. 3 S. 2, 1813 BGB. Für Zwangsgelder gem. **§ 888 ZPO** gilt das JBeitrG hingegen nicht, weil dieses auf Antrag des Gläubigers für die Staatskasse vollstreckt wird (BGH NJW 1983, 1859; BGH NJW-RR 2017, 518; BeckOK KostR/Berendt/Rieder, 39. Ed. 1.10.2022, Rn. 35; NK-GK/H. Schneider/Giers Rn. 7). **17**

e) Nr. 4 – Gerichtskosten. Gerichtskosten iSd JBeitRG sind alle nach dem GKG, GNotKG oder FamGKG zu erhebenden Kosten (Gebühren und Auslagen, vgl. § 1 Abs. 1 S. 1 GKG, § 1 abs. 1 GNotKG, § 1 Abs. 1 S 1 FamGKG), die von Gerichten und Justizbehörden des Bundes (BFH BFH/NV 1998, 76) oder der Länder im Verwaltungszwangsverfahren (VGH Kassel NVwZ-RR 2015, 87) einzuziehen sind (LSG Erfurt NZS 2015, 320; LSG Chemnitz, BeckRS 2014, 71465; BeckOK KostR/Berendt/Rieder, 39. Ed. 1.10.2022, Rn. 38). Die Vollstreckung von **Gerichtskosten** richtet sich damit nach dem JBeitrG (BFH NZI 2016, 655 = ZIP 2016, 1392), auch in **Familiensachen** (BGH NJW 2015, 2268). Gerichtskosten sind die in den Kostenverzeichnissen des GKG, FamGkG und GNotKG geregelten Gerichtsgebühren sowie die Auslagen (im GKG: Teil 9 KV GKG). **18**

Für die Geltendmachung des gem. **§ 59 RVG** auf die Staatskasse übergegangenen Anspruch des im Wege der PKH beigeordneten Rechtsanwalts gelten gem. § 59 Abs. 2 S. 1 RVG die Vorschriften über die Kosten des gerichtlichen Verfahrens entsprechend. Ziffer 7.1 der unter den Landesjustizverwaltungen abgestimmten Durchführungsbestimmungen zur Prozess- und Verfahrenskostenhilfe sowie zur Stundung der Kosten des Insolvenzverfahrens (DB-PKH, zB in NRW AV d. JM vom 30.10.2001 [5603 – Z. 92], idF vom 30.4.2021 [JMBL. NRW S. 202]) bestimmt deshalb, dass in die Gerichtskostenrechnung (vgl. § 19 GKG, § 24 KostVfg.) neben den Gerichtskosten auch die nach § 59 RVG auf die Staatskasse übergegangenen Ansprüche aufzunehmen sind. Dabei ist der Übergangsanspruch in der Kostenrechnung gesondert aufzuführen (OLG Düsseldorf RPfleger 2011, 446). **Übergangsansprüche** gem. § 59 RVG werden wegen § 59 Abs. 2 S. 1 RVG wie Gerichtskosten nach dem JBeitrG eingezogen (LSG Essen BeckRS 2017, 101864; → § 59 RVG Rn. 23). **19**

Zu den Gerichtskosten gehören auch die von der Staatsanwaltschaft erhobenen Kosten eines **Strafverfahrens** (§ 19 Abs. 2 S. 1 GKG), die Kosten eines gerichtlichen Verfahrens nach dem **StVollzG** sowie in Verfahren nach dem **IRG** (KV Teil 3 GKG), die Kosten eines **finanzgerichtlichen** Verfahrens (FG Bremen EFG 1994, 584) und **Verschuldenskosten** nach § 192 SGG (LSG Erfurt NZS 2015, 320; LSG Chemnitz BeckRS 2014, 71465). Nr. 4 erfasst auch die Kosten, die im **anwaltsgerichtlichen** Verfahren vor dem **Anwaltsgerichtshof** oder dem Bundesgerichtshof entstanden sind, weil diese gem. § 205 Abs. 2 BRAO nach den Vorschriften eingezogen werden, die für die Beitreibung der Gerichtskosten gelten. Die Kosten, die in dem Verfahren vor dem **Anwaltsgericht** entstanden sind, werden gem. § 205 Abs. 1 BRAO im Gegensatz dazu auf Grund des Festsetzungsbeschlusses (§ 199 BRAO) entsprechend § 204 Abs. 3 BRAO beigetrieben. **20**

21 Die **Missbrauchsgebühr** nach § 34 Abs. 2 BVerfGG gehört zu den Gerichtskosten im Sinne von Nr. 4. Sie entsteht als gerichtliche Gebühr mit ihrer Auferlegung durch die Entscheidung des Senats oder der Kammer. Ihrer Einordnung als gerichtliche Gebühr steht nicht entgegen, dass sie Sanktionscharakter hat (BVerfG BeckRS 2017, 118930).

22 Die vom Urkundsbeamten nach **§ 189 SGG** festgesetzten und in einem Verzeichnis zusammen gestellten **Pauschgebühren** werden nach dem JBeitrG beigetrieben (BeckOK KostR/Boiczenko, 39. Ed. 1.10.2022, SGG § 189 Rn. 3; MKLS/B. Schmidt, 13. Aufl. 2020, SGG § 189 Rn. 2b; aA BeckOK KostR/Berendt/Rieder, 39. Ed. 1.10.2022, 1 Rn. 48, Anwendung des VwVG wegen § 200 SGG). § 200 SGG – Vollstreckung nach dem VwVG – gilt nicht, weil dort eine Festsetzung gem. § 199 SGG Voraussetzung ist. Das JBeitrG hat gem. § 1 Abs. 3 VwVG Vorrang vor den allg. Vorschr. des Verwaltungsvollstreckungsrechts. Für Ansprüche, die **beim Bundessozialgericht** entstehen, verweist § 197b SGG auf das **JBeitrG.**

23 **f) Nr. 4a – PKH und § 4b InsO.** Nr. 4a erfasst die Ansprüche auf Zahlung der vom Gericht im Verfahren der **Prozess- und Verfahrenskostenhilfe** bestimmten Beträge. Gemeint sind hiermit aber nicht die gem. § 120 ZPO vom Gericht im Rahmen bewilligter PKH festgesetzten monatlichen Ratenzahlungen oder die aus dem Vermögen zu zahlenden Beträge. Nach Ziffer 4.1 der unter den Landesjustizverwaltungen abgestimmten Durchführungsbestimmungen zur Prozess- und Verfahrenskostenhilfe sowie zur Stundung der Kosten des Insolvenzverfahrens (DB-PKH, zB in NRW AV d. JM vom 30.10.2001 [5603 – Z. 92], idF vom 30.4.2021 [JMBL. NRW S. 202]) werden diese Beträge nämlich ohne Sollstellung unmittelbar vom Gericht vom Zahlungspflichtigen angefordert. Das bedeutet, dass für diese Beträge zunächst keine zwangsweise Beitreibung nach dem JBeitrG erfolgt. Werden die monatlichen Ratenzahlungen oder die aus dem Vermögen zu zahlenden Beträge nicht geleistet, kann Aufhebung der PKH gem. § 124 Abs. 1 Nr. 5 ZPO erfolgen. Dann fällt die Einforderung der Gerichtskosten (und der Übergangsansprüche gem. § 59 RVG → Rn. 19, 34) unter Nr. 4 (LAG Köln 19.3.1984 – 9 Ta 17/84; vgl. auch Nr. 9.1 der Durchführungsbestimmungen zur Prozess- und Verfahrenskostenhilfe sowie zur Stundung der Kosten des Insolvenzverfahrens (DB-PKH, zB in NRW AV d. JM vom 30.10.2001 [5603 – Z. 92], idF vom 30.4.2021 [JMBL. NRW S. 202]). Wenn der Rechtspfleger in diesem Fall davon absieht, die PKH aufzuheben, erfolgt die Sollstellung der Beträge durch den Kostenbeamten, vgl. Ziffer 4.8 der Durchführungsbestimmungen zur Prozess- und Verfahrenskostenhilfe sowie zur Stundung der Kosten des Insolvenzverfahrens (DB-PKH, zB in NRW AV d. JM vom 30.10.2001 [5603 – Z. 92], idF vom 30.4.2021 [JMBL. NRW S. 202]). Diese Sollstellung wird von Nr. 4a erfasst. Ferner gilt das JBeitG nach Nr. 4a für die Zahlung der nach § 4b InsO bestimmten Beträge, wenn der Schuldner nach Erteilung der Restschuldbefreiung zur Zahlung des gestundeten Betrages nicht in der Lage ist.

24 **g) Nr. 4b – 168d, 292 und 292a FamFG.** Nach den §§ 168d, 292 und 292a FamFG (bis 31.12.2022: 168 und 292 Abs. 1 FamFG) festgesetzte Ansprüche werden nach dem JBeitrG beigetrieben. Hierbei handelt es sich nur um die Zahlungen, die bei Vormundschaften und Betreuungen von dem Betroffenen nach § 292a FamFG **an die Staatskasse** zu leisten sind. Gem. § 292a Abs. 1 S. 1 FamFG legt das Gericht mit der Festsetzung der Vergütung eines Betreuers oder Vormunds nach § 292 Abs. 1 FamFG, § 168d FamFG zugleich Höhe und Zeitpunkt der Zahlungen fest, die der Betroffene aufgrund des in § 1881 S. 1 BGB angeordneten gesetzlichen Forderungsübergangs aus seinem Vermögen (§ 1880 Abs. 2 BGB, § 90 SGB XII) auf die aus der Staatskasse gezahlte Vergütung des Betreuers oder Vormunds an die Staatskasse zu leisten hat (Rückgriffsansprüche).

25 Die Geltendmachung der an Verfahrenspfleger zu zahlenden Beträge (KV 31015 GNotKG), an Verfahrensbeistände zu zahlenden Beträge (KV 2013 FamGKG) und der an Umgangspfleger sowie an Verfahrenspfleger nach § 9 Abs. 5 FamFG, § 57 ZPO zu zahlende Beträge (KV 2014 FamGKG) erfolgt in der Gerichtskostenrechnung und unterfällt deshalb Nr. 4.

26 **h) Nr. 5 – Zulassungs- und Prüfungsgebühren.** Das JBeitrG gilt nach Nr. 5 für Zulassungs- und Prüfungsgebühren, die von Justizbehörden des Bundes- oder eines Landes einzuziehen sind. Bundesrechtliche Regelungen für die erste und zweite

juristische Staatsprüfung befinden sich in §§ 5 ff. DRiG. § 5d Abs. 6 erlaubt es, das Nähere durch landesrechtliche Vorschriften zu regeln. So enthält beispielsweise die aufgrund des § 65 Abs. 3 Juristenausbildungsgesetz Nordrhein-Westfalen vom 11.3.2003 in der Fassung des Ersten Gesetzes zur Änderung des Gesetzes über die juristischen Prüfungen und den juristischen Vorbereitungsdienst vom 17.10.2006 (GV. NRW. S. 461) erlassene Gebührenordnung für die staatliche Pflichtfachprüfung und die zweite juristische Staatsprüfung (Juristenausbildungsgebührenordnung – JAGebO) vom 12.11.2006 (GV. NRW. 2006 S. 536) Gebühren für Amtshandlungen im Rahmen der staatlichen Pflichtfachprüfung und der zweiten juristischen Staatsprüfung. So wird zB für die Wiederholung der zweiten juristischen Staatsprüfung zum Zweck der Notenverbesserung von der Präsidentin oder dem Präsident des Landesjustizprüfungsamtes vom Prüfling eine Gebühr in Höhe von 750 EUR erhoben. Die Einziehung der dort geregelten Prüfungsgebühren unterfällt dem JBeitrG.

i) Nr. 6 – Sonstige Justizverwaltungsabgaben. Das JBeitrG gilt nach Nr. 6 für **27** die Beitreibung der von Justizbehörden des Bundes und der Länder einzuziehenden Justizverwaltungsabgaben. Mit Justizverwaltungsabgaben sind dabei Justizverwaltungs**kosten** gemeint. Erfasst sind die im **JVKostG** geregelten Kosten der Justizverwaltung, der **Haftkostenbeitrag** (nach Bundesrecht § 50 Abs. 1, Abs. 5 S. 2 StVollzG; nach Landesrecht, zB in NRW § 39 StVollzG NRW), die Kosten der **Unterbringung** in einem psychiatrischen Krankenhaus oder in einer Entziehungsanstalt (§ 138 StVollzG). Kosten in **Hinterlegungssachen** werden nur nach den Bestimmungen der Länder erhoben (zB in NRW §§ 129a ff. JustG NRW). Justizverwaltungsabgaben iSv Nr. 6 sind auch die in den landesrechtlichen Bestimmungen (→ Rn. 4 ff.) enthaltenen Kosten der Justizverwaltung (zB in NRW Anlage 2 zu § 124 JustG NRW: zB Gebühren für das Schuldnerverzeichnis, für Vereidigungen, Beeidigungen und Ermächtigungen, für die Überlassung einer gerichtlichen Entscheidung auf Antrag nicht am Verfahren beteiligter Dritter, für Kirchenaustritte, für Gütestellen und in Notarangelegenheiten, zB Gebühr für Geschäftsprüfung gem. § 93 Abs. 1 BNotO 600 EUR).

j) Nr. 7 – Kosten der Gerichtsvollzieher und Vollziehungsbeamten. Für die **28** Tätigkeit des Gerichtsvollziehers werden gem. § 1 GvKostG Kosten (Gebühren und Auslagen) nur nach dem GvKostG erhoben. Gem. § 5 Abs. 1 GvKostG werden die Kosten von dem Gerichtsvollzieher angesetzt, der den Auftrag durchgeführt hat. Aus Nr. 1 der von den Landesjustizverwaltungen beschlossenen Durchführungsbestimmungen zum Gerichtsvollzieherkostengesetz (DB-GvKostG) ergibt sich, dass die Gerichtsvollzieherkosten für die Landeskasse erhoben werden. Zahlt der Schuldner die Kosten an den Gerichtsvollzieher trotz **Mahnung** nicht, beantragt der Gerichtsvollzieher nach Nr. 9 Abs. 2 der DB-GvKostG bei der für den Wohnsitz oder Sitz des Kostenschuldners zuständigen **Gerichtskasse** oder bei der an Stelle der Gerichtskasse zuständigen Vollstreckungsbehörde die zwangsweise Einziehung der rückständigen Kosten. Diese zwangsweise Einziehung richtet sich nach dem JBeitrG. Nach § 19 der Kostenverfügung, Nr. 6 Abs. 2, 3 der DB-GvKostG in die Gerichtskostenrechnung aufgenommene Gerichtsvollzieherkosten unterfallen ebenfalls Nr. 7 und werden nach dem JBeitrG eingezogen.

k) Nr. 8 – Beamte, Rechtsanwälte, Betreuer, Zeugen, Sachverständige pp. **29**
Werden in einem **gerichtlichen Verfahren** an Beamte, nichtbeamtete Beisitzer und Vertrauenspersonen, Rechtsanwälte, Vormünder, Betreuer, Pfleger und Verfahrenspfleger, Zeugen und Sachverständige sowie mittellosen Personen Beträge zu viel gezahlt, sind die von diesen Personen dem Justizfiskus zu erstattenden Beträge nach den Bestimmungen des JBeitrG einzuziehen. Voraussetzung ist daher immer, dass an den Personenkreis Beträge aus der Staatskasse gezahlt worden sind. Der Begriff *„in einem gerichtlichen Verfahren"* ist dabei weit auszulegen. Es reicht aus, wenn der Betrag in einem Verfahren gezahlt worden ist, das sich nicht als rein verwaltungsmäßiges Verfahren darstellt (BeckOK KostR/Berendt/Rieder, 39. Ed. 1.10.2022, Rn. 77). Das JBeitrG regelt aber nur, wie der Erstattungsanspruch einzuziehen ist. Die Rechtsgrundlage für die Feststellung eines zuviel gezahlten Betrages ergibt sich aus den für die in Nr. 8 abschließend genannten Personen jeweils anwendbaren Bestimmungen.

Die Zuvielzahlung an einen Zeugen oder Sachverständigen kann in der gericht- **30** lichen Festsetzung der Vergütung oder Entschädigung gem. § 4 JVEG festgestellt werden. Es reicht aber aus, wenn die Anweisungsstelle feststellt, dass sie im Verwaltungsweg einen zu hohen Betrag ausgezahlt hat und sie den zu viel gezahlten Betrag aus eigener Entschließung ohne gerichtliche Entscheidung gem. § 4 JVEG im Verwaltungsweg zurückfordert. Zahlt der Zeuge oder Sachverständige auf diese Rückforderung nicht, wird der Betrag nach dem JBeitrG beigetrieben. Obwohl Nr. 8 nur die zu viel gezahlte Sachverständigenvergütung und Zeugenentschädigung nennt, ist Nr. 8 auch auf die nach dem JVEG zu leistenden Zahlungen an **Dolmetscher, Übersetzer** und **Dritte** (§ 23 JVEG) anzuwenden (NK-GK/Hagen Schneider/Michael Giers, 3. Aufl. 2021, Rn. 10). Nr. 8 (Ansprüche u. a. gegen Zeugen auf Erstattung von Beträgen, die ihnen in einem gerichtlichen Verfahren zuviel gezahlt sind) erfasst auch Ansprüche gegen Zeugen gleichgestellte Beteiligte nach § 191 Hs. 1 SGG (LSG Baden- Württemberg JurBüro 2021, 322 = BeckRS 2021, 10573).

31 Eine Zuvielzahlung an Rechtsanwälte kann sich insbesondere bei der Festsetzung von Vergütungen aus der Staatskasse gem. § 55 RVG bei Beiordnung im Wege der PKH, bei der Bestellung zum Pflichtverteidiger aber auch bei Tätigkeit im Rahmen der Beratungshilfe ergeben. Die Erstattung eines zu viel gezahlten Betrages kann sich hier insbesondere aus einer gem. § 56 RVG im Erinnerungs- und Beschwerdeverfahren ergehenden gerichtlichen Entscheidung ergeben. Die Erstattung eines aus der Staatskasse zu viel gezahlten Betrages im Falle der Festsetzung notwendiger Auslagen bei Freispruch des Angeklagten unterfällt Nr. 9.

32 Der öffentlich-rechtliche Erstattungsanspruch auf Rückforderung einer überzahlten Betreuervergütung (BGH NJW-RR 2016, 129) wird im Regelfall durch gerichtlichen Beschluss festgestellt (§ 292 FamFG). Das gilt für Vormünder (§ 168d FamFG), Pfleger und Verfahrenspfleger entsprechend. Aber auch die Beitreibung einer im Verwaltungsweg (vgl. § 292 Abs. 5 FamFG) zuviel ausgezahlten Vergütung unterfällt dem JBeitrG. Eine analoge Anwendung von Nr. 8 hinsichtlich der an Verfahrensbeistände (§ 158c FamFG) und psychosoziale Prozessbegleitern zu leistenden Zahlungen dürfte statthaft sein (NK-GK/Hagen Schneider/Michael Giers, 3. Aufl. 2021, Rn. 10).

33 **l) Nr. 9 – Beschuldigte und Nebenbeteiligte.** Das JBeitrG gilt auch für die Beitreibung von Ansprüchen gegen Beschuldigte und Nebenbeteiligte auf Erstattung von Beträgen, die ihnen im Strafverfahren zu viel gezahlt wurden im Falle des

- § 465 StPO: Kosten der Untersuchungen zur Aufklärung bestimmter belastender oder entlastender Umstände;
- § 467 StPO: Kostenentscheidung nach Freispruch (notwendige Auslagen);
- § 467a StPO: Rücknahme der öffentlichen Klage;
- § 470 StPO: Rücknahme des Strafantrags;
- § 472b StPO: Kostenentscheidung bei Verfall, Einziehung, Vorbehalt der Einziehung, Vernichtung, Unbrauchbarmachung oder Beseitigung eines gesetzwidrigen Zustandes;
- § 473 StPO: Kosten eines zurückgenommenen oder erfolglos eingelegten Rechtsmittels.

Wird beispielsweise der im Kostenfestsetzungsbeschluss des Rechtspflegers gem. § 464b StPO festgestellte Anspruch auf Erstattung notwendiger Auslagen aus der Staatskasse im Erinnerungs- oder Beschwerdeverfahren ermäßigt, erfolgt die Rückforderung nach dem JBeitrG. Wegen § 46 abs. 1 OWiG gilt Nr. 9 für das **Bußgeldverfahren** entsprechend.

34 **m) Nr. 10 – sonstige Ansprüche. Sofern Verschuldenskosten nach § 192 SGG** nicht als Gerichtskosten iSv Nr. 4 angesehen werden, fallen sie jedenfalls unter Nr. 10 (NK-GK/Hagen Schneider/Michael Giers, 3. Aufl. 2021, JBeitrO § 1 Rn. 12). Wenn Übergangsansprüche wegen des Verweises in **§ 59 Abs. 2 S. 1 RVG** nicht als Gerichtskosten iSv Nr. 4 eingeordnet werden, werden sie von Nr. 10 erfasst (NK-GK/Hagen Schneider/Michael Giers, 3. Aufl. 2021, Rn. 12). Erfasst werden alle in Nr. 1 bis 9 nicht geregelten Ansprüche, die von Justizbehörden des Bundes oder des Landes nach Bundes- oder Landesrecht im Verwaltungszwangsverfahren beigetrieben werden können, soweit nicht ein Bundesgesetz vorschreibt, dass sich die Vollstreckung nach dem Verwaltungsvollstreckungsgesetz oder der Abgabenordnung richtet.

III. Beitreibung von Verfahrenkosten – EBAO (IV). Das Verfahren bei der Einforderung und Beitreibung von **Geldstrafen, Geldbußen, Ordnungsgeldern** und **Zwangsgeldern** usw (I 1 Nr. 1, 2, 3) ist in der von den Landesjustizverwaltungen und dem Bundesministerium der Justiz erlassenen EBAO geregelt (siehe 3. Kap. V. Beitreibung von Kosten. 2. EBAO). **§ 1 Abs. 1 EBAO** regelt die Einforderung und Beitreibung von folgenden Geldbeträgen: 35

– Geldstrafen und andere Ansprüche, deren Beitreibung sich nach den Vorschriften über die Vollstreckung von Geldstrafen richtet (Nr. 1),
– gerichtlich erkannte Geldbußen und Nebenfolgen einer Ordnungswidrigkeit, die zu einer Geldzahlung verpflichten (Nr. 2), und
– Ordnungs- und Zwangsgelder mit Ausnahme der im Auftrag des Gläubigers zu vollstreckenden Zwangsgelder (Nr. 3).

Die Verfahrenskosten folgen regelmäßig der Geldsstrafe oder Geldbuße bzw. dem Ordnungs- oder Zwangsgeld, werden also zusammen mit dieser beigetrieben, vgl. §§ 1, 3, 4 EBAO. So werden Verfahrenskosten zusammen mit der Geldstrafe nach den für die Geldstrafenvollstreckung geltenden Bestimmungen beigetrieben, also durch die Staatsanwaltschaft als Vollstreckungsbehörde (vgl. §§ 1 Abs. 4, 2 Nr. 1 EBAO, § 4 Nr. 1 StrVollstrO; zu Zwangsgeldern vgl. LG Münster BeckRS 2022, 3570).

Die Verbindung von Geldbetrag und Kosten wird aber gem. § 15 EBAO gelöst, wenn 35a

– sich die Beitreibung des Geldbetrages erledigt und für die Kostenforderung Beitreibungsmaßnahmen erforderlich werden,
– nachträglich eine Gesamtgeldstrafe gebildet wird
– oder die Vollstreckungsbehörde die getrennte Verfolgung beider Ansprüche aus Zweckmäßigkeitsgründen anordnet.

Vollstreckungsbehörde ist dann beispielsweise bei der Geldstrafenvollstreckung nicht mehr die Staatsanwaltschaft, sondern die in § 2 genannte Vollstreckungsbehörde.

IV. Deutsches Patentamt (V). Das JBeitrG gilt auch für die Beitreibung der Gebühren und Auslagen des Deutschen Patentamts und der sonstigen dem Abs. 1 entsprechenden Ansprüche, die beim Deutschen Patentamt entstehen. Dies gilt auch für Ansprüche gegen Patentanwälte und Erlaubnisscheininhaber. Das Deutsche Patentamt ist Justizbehörde, weil es zum Geschäftsbereich des Bundesjustizministeriums gehört. V gibt dem Patentamt außerhalb der Voraussetzungen des § 1 aber nicht die Befugnis zur Durchsetzung eines Erstattungsanspruchs nur auf Grund eines Leistungsbescheids (BPatG GRUR 1989, 749). Vollstreckungsbehörde für das Deutsche Patentamt ist nach § 2 Abs. 2 das Bundesamt für Justiz. 36

V. Rechtsverordnung für die Beitreibung in Bußgeldsachen (VI). In den Fällen des § 109 II OWiG (**Verwerfung des Einspruchs** gegen den Bußgeldbescheid) sowie des § 27 GKG (**Rücknahme des Einspruchs** gegen den Bußgeldbescheid) erhebt die Verwaltungsbehörde gem. § 107 OWiG die im Bußgeldverfahren angefallene Gebühr sowie die dort entstandenen Auslagen. Die Bußgeldentscheidung der Verwaltungsbehörde ist dann nicht vom Gericht aufgehoben oder abgeändert worden, so dass keine gerichtliche Entscheidung durch die Staatsanwaltschaft zu vollstrecken ist und diese damit auch nicht für den Kostenansatz zuständig ist, § 19 II 1 GKG. Die in § 109 II OWiG und § 27 GKG geregelte Kostentragungspflicht für das gerichtliche Verfahren führt aber dazu, dass vom erstinstanzlichen Gericht gem. § 19 II 3 GKG die Kosten des gerichtlichen Verfahrens durch eine weitere Kostenrechnung zu erheben sind. Der Kostenschuldner bekommt dann zwei Kostenrechnungen, eine von der Verwaltungsbehörde (im Bußgeldbescheid) und eine vom Gericht. Diese Zweigleisigkeit könnte durch die in VI angesprochenen Rechtsverordnungen beseitigt werden. 37

§ 1 Abs. 6 enthält deshalb eine Ermächtigung für die Landesregierungen, durch Rechtsverordnung zu bestimmen, dass die von § 109 II OWiG und § 27 GKG erfassten Gerichtskosten nach Landesrecht und wegen Abs. 2 nicht nach dem JBeitrG beigetrieben werden. Dann könnte nämlich das Bußgeld zusammen mit den Ge- 38 richtskosten durch die Verwaltungsbehörde gem. § 90 abs. 1 OWiG nach dem VwVG des jeweiligen Landes beigetrieben werden. So bestimmt zB in Hamburg die Verordnung über die Beitreibung von Gerichtskosten in besonderen Fällen vom 29.3.1988 (HmbGVBl. S. 37), dass in den Fällen des § 109 II OWiG und des § 27 GKG Gerichtskosten nach den Vorschriften des Hamburgischen Verwaltungsvollstreckungsgesetzes vom 4.12.2012 (HmbGVBl. S. 510) in der jeweils geltenden Fassung beigetrieben werden.

39 **VI. Einheitliches Patentgericht.** Nach Art. II § 20 Gesetz zu dem Übereinkommen vom 27.11.1963 zur Vereinheitlichung gewisser Begriffe des materiellen Rechts der Erfindungspatente, dem Vertrag vom 19.6.1970 über die internationale Zusammenarbeit auf dem Gebiet des Patentwesens und dem Übereinkommen vom 5.10.1973 über die Erteilung europäischer Patente (Gesetz über internationale Patentübereinkommen – IntPatÜbkG) vom 21.6.1976 (BGBl. I 1976, 649), das zuletzt durch das Gesetz zur Anpassung patentrechtlicher Vorschriften auf Grund der europäischen Patentreform vom 20.8.2021 (BGBl. I 3914) geändert worden ist, sind die Vorschriften der Justizbeitreibungsordnung auf die Beitreibung von Ordnungs- und Zwangsgeldern sowie der sonstigen dem § 1 Abs. 1 der Justizbeitreibungsordnung entsprechenden Ansprüche des **Einheitlichen Patentgerichts** entsprechend anwendbar. Vollstreckungsbehörde für diese Ansprüche ist dabei das **Bundesamt für Justiz.** Die Regelung ist allerdings noch nicht in Kraft getreten. Es tritt nach Art. 3 Abs. 3 Gesetz zur Anpassung patentrechtlicher Vorschriften auf Grund der europäischen Patentreform vom 20.8.2021 (BGBl. I 3914) an dem Tag in Kraft, an dem das Übereinkommen vom 19.2.2013 über ein Einheitliches Patentgericht (BGBl. 2021 II 850, 851) nach seinem Art. 89 in Kraft tritt. Das Bundesministerium der Justiz und für Verbraucherschutz gibt den Tag des Inkrafttretens im Bundesgesetzblatt bekannt.

[Vollstreckungsbehörden]

2 **I [1] Die Beitreibung obliegt in den Fällen des § 1 Absatz 1 Nummer 1 bis 3 den nach den Verfahrensgesetzen für die Vollstreckung dieser Ansprüche zuständigen Stellen, soweit nicht die in Absatz 2 bezeichnete Vollstreckungsbehörde zuständig ist, im Übrigen den Gerichtskassen als Vollstreckungsbehörden. [2] Die Landesregierungen werden ermächtigt, an Stelle der Gerichtskassen andere Behörden als Vollstreckungsbehörden zu bestimmen. [3] Die Landesregierungen können die Ermächtigung auf die Landesjustizverwaltung übertragen.**

II Vollstreckungsbehörde für Ansprüche, die beim Bundesverfassungsgericht, Bundesministerium der Justiz und für Verbraucherschutz, Bundesgerichtshof, Bundesverwaltungsgericht, Bundesfinanzhof, Generalbundesanwalt beim Bundesgerichtshof, Bundespatentgericht, Deutschen Patent- und Markenamt, Bundesamt für Justiz oder dem mit der Führung des Unternehmensregisters im Sinn des § 8b des Handelsgesetzbuchs Beliehenen entstehen, ist das Bundesamt für Justiz.

III [1] Von den in Absatz 1 bezeichneten Vollstreckungsbehörden ist diejenige zuständig, die den beizutreibenden Anspruch einzuziehen hat. [2] Dem Vollziehungsbeamten obliegende Vollstreckungshandlungen kann die Vollstreckungsbehörde außerhalb ihres Amtsbezirks durch einen Vollziehungsbeamten vornehmen lassen, der für den Ort der Vollstreckung zuständig ist. [3] Die Unzuständigkeit einer Vollstreckungsbehörde berührt die Wirksamkeit ihrer Vollstreckungsmaßnahmen nicht.

IV Die Vollstreckungsbehörden haben einander Amtshilfe zu leisten.

1 **I. Normzweck.** § 2 regelt, welche Stelle Vollstreckungsbehörde für die nach § 1 beizutreibenden Ansprüche ist.

2 **II. Grundsätze (I).** Vollstreckungsbehörde für alle Ansprüche mit Ausnahme der in § 1 I Nr. 1–3 genannten Ansprüche sind grds. die Gerichtskassen (BGH NJW 2015, 2268). I 2 erlaubt den Landesregierungen, an Stelle der Gerichtskassen andere Behörden als Vollstreckungsbehörden zu bestimmen (zB in NRW: Zentrale Zahlstelle

Justiz in Hamm für Ansprüche nach I Nr. 4, 4a und 7 JBeitrG; RLP: Landesjustizkasse Mainz). Zur Zuständigkeit für die Beitreibung in den Fällen von § 1 Abs. 1 Nr. 1–3 → Rn. 35 f.).

Für den Vollzug des **Vermögensarrestes** in Strafsachen gemäß § 111f StPO ist gem. § 111k I 1 StPO die Staatsanwaltschaft zuständig. Soweit ein Arrest nach den Vorschriften über die Pfändung in bewegliche Sachen zu vollziehen ist, kann dies auch durch die in § 2 JBeitrG bezeichnete Behörde vollzogen werden. Das wäre die Gerichtskasse oder die von der Landesregierung hierfür ggf. bestimmte Behörde. 3

Welche Behörde Vollstreckungsbehörde für die Vollstreckung von Ordnungsgeldern (zB nach §§ 178, § 179 GVG, §§ 380, 390, § 890 ZPO; §§ 33 III, 89 I, 35 I FamFG) ist, ergibt sich aus den jeweiligen Verfahrensgesetzen. Das ist grds. der Vorsitzende bzw. gem. § 31 III RPflG der Rechtspfleger, wenn sich der Richter im Einzelfall die Vollstreckung nicht ganz oder zum Teil selbst vorbehalten hat. In der StPO geregelte Ordnungsgelder werden nach § 36 II 1 StPO, § 31 II 3 RPflG durch den Rechtspfleger bei der Staatsanwaltschaft vollstreckt. 4

III. Bundesamt für Justiz (II). Für die Beitreibung der bei einer Justizbehörde des Bundes entstandenen Ansprüche (I und V) ist nach II das Bundesamt für Justiz zuständig. Das Bundesamt für Justiz handelt bei der Vollstreckung von Gerichtskostenforderungen der in II bezeichneten obersten Gerichte und Justizbehörden im Geschäftsbereich des Bundesjustizministeriums als mit der Vollstreckung beauftragte Behörde und tritt als Stellvertreterin des Kostengläubigers auf; ein Gläubigerwechsel findet im Rahmen des II nicht statt (OVG NRW BeckRS 2021, 17679 = JurBüro 2021, 436). 5

IV. Örtliche Zuständigkeit (III). III regelt die örtliche Zuständigkeit der in I genannten Vollstreckungsbehörden. 6

[Zustellungen]

3 **[1] Zustellungen sind nur erforderlich, soweit dies besonders bestimmt ist. [2] Sie werden sinngemäß nach den Vorschriften der Zivilprozessordnung über Zustellungen von Amts wegen bewirkt. [3] Die dem Gericht vorbehaltenen Anordnungen trifft die Vollstreckungsbehörde.**

Zustellungen durch die Vollstreckungsbehörde sind im Rahmen der Anwendung des JBeitrG nur erforderlich, soweit das besonders bestimmt wird. Im JBeitrG selbst wird keine Zustellungspflicht geregelt. Die Notwendigkeit kann sich deshalb aus den für die Betreibung der einzelnen Ansprüche (§ 1 I) geltenden Vorschriften ergeben (vgl. zB § 87 II FamFG). Die Zustellungen richten sich nach §§ 166 ff. ZPO.

[Vollstreckungsschuldner]

4 **[1] Die Vollstreckung kann gegen jeden durchgeführt werden, der nach den für den beizutreibenden Anspruch geltenden besonderen Vorschriften oder kraft Gesetzes nach den Vorschriften des bürgerlichen Rechts zur Leistung oder zur Duldung der Vollstreckung verpflichtet ist. [2] Aus einer Zwangshypothek, die für einen der im § 1 bezeichneten Ansprüche eingetragen ist, kann auch gegen den Rechtsnachfolger des Schuldners in das belastete Grundstück vollstreckt werden.**

§ 4 bestimmt, von wem der Anspruch aus § 1 I beigetrieben werden kann. Für Gerichtskosten (§ 1 I Nr. 4) ergibt sich der Vollstreckungsschuldner deshalb aus den Vorschriften über den Kostenschuldner im GKHG, FamGKG oder GNotKG.

[Beginn der Vollstreckung]

5 **(1) [1] Die Vollstreckung darf erst beginnen, wenn der beizutreibende Anspruch fällig ist. [2] In den Fällen des § 1 Absatz 1 Nummer 8 und 9 darf die Vollstreckung erst beginnen, wenn der Zahlungspflichtige von den ihm zustehenden Rechtsbehelfen binnen zwei Wochen nach der Zahlungsauffor-**

derung oder nach der Mitteilung einer Entscheidung über seine Einwendungen gegen die Zahlungsaufforderung keinen Gebrauch gemacht hat. [3] Vorschriften, wonach aus vollstreckbaren Entscheidungen oder Verpflichtungserklärungen erst nach deren Zustellung vollstreckt werden darf, bleiben unberührt.

II In der Regel soll der Vollstreckungsschuldner (§ 4) vor Beginn der Vollstreckung zur Leistung innerhalb von zwei Wochen schriftlich aufgefordert und nach vergeblichem Ablauf der Frist besonders gemahnt werden.

1 Ein Verstoß gegen II kann zur Folge haben, dass die Kosten beim Schuldner nicht beigetrieben werden können (LG Stade DGVZ 2006, 76). Ein Verstoß gegen § 5 ist gem. § 6 I Nr. 1 im Verfahren nach § 766 ZPO zu verfolgen (OVG Nordrhein-Westfalen BeckRS 2020, 20109).

[Anzuwendende Vorschriften]

6 **I Für die Vollstreckung gelten nach Maßgabe der Absätze 2 bis 4 folgende Vorschriften sinngemäß:**

1. §§ 735 bis 737, 739 bis 741, 743, 745 bis 748, 753 Absatz 4 und 5, §§ 755, 757a, §§ 758, 758a, 759, 761, 762, 764, 765a, 766, 771 bis 776, 778, 779, 781 bis 784, 786, 788, 789, 792, 793, 802a bis 802i, 802j Absatz 1 und 3, §§ 802k bis 827, 828 Absatz 2 und 3, §§ 829 bis 837a, 840 Absatz 1, Absatz 2 Satz 2, §§ 841 bis 886, 899 bis 910 der Zivilprozessordnung,
2. sonstige Vorschriften des Bundesrechts, die die Zwangsvollstreckung aus Urteilen in bürgerlichen Rechtsstreitigkeiten beschränken, sowie
3. die landesrechtlichen Vorschriften über die Zwangsvollstreckung gegen Gemeindeverbände oder Gemeinden.

II [1] An die Stelle des Gläubigers tritt die Vollstreckungsbehörde. [2] Bei der Zwangsvollstreckung in Forderungen und andere Vermögensrechte wird der Pfändungs- und der Überweisungsbeschluss von der Vollstreckungsbehörde erlassen. [3] Die Aufforderung zur Abgabe der in § 840 Absatz 1 der Zivilprozessordnung genannten Erklärungen ist in den Pfändungsbeschluss aufzunehmen.

III [1] An die Stelle des Gerichtsvollziehers tritt der Vollziehungsbeamte. [2] Der Vollziehungsbeamte wird zur Annahme der Leistung, zur Ausstellung von Empfangsbekenntnissen und zu Vollstreckungshandlungen durch einen schriftlichen Auftrag der Vollstreckungsbehörde ermächtigt. [3] Aufträge, die mit Hilfe automatischer Einrichtungen erstellt werden, werden mit dem Dienstsiegel versehen; einer Unterschrift bedarf es nicht. [4] Der Vollziehungsbeamte hat im Auftrag der Vollstreckungsbehörde auch die in § 840 Absatz 1 der Zivilprozessordnung bezeichneten Erklärungen entgegenzunehmen. [5] Die in § 845 der Zivilprozessordnung bezeichnete Benachrichtigung hat der Vollziehungsbeamte nach den Vorschriften der Zivilprozessordnung über die Zustellung auf Betreiben der Parteien zuzustellen.

IV Gepfändete Forderungen sind nicht an Zahlungs statt zu überweisen.

V Die Vollstreckungsbehörden dürfen das Bundeszentralamt für Steuern ersuchen, bei den Kreditinstituten die in § 93b Absatz 1 der Abgabenordnung bezeichneten Daten, ausgenommen die Identifikationsnummer nach § 139b der Abgabenordnung, abzurufen, wenn

1. die Ladung zu dem Termin zur Abgabe der Vermögensauskunft an den Vollstreckungsschuldner nicht zustellbar ist und
   a) die Anschrift, unter der die Zustellung ausgeführt werden sollte, mit der Anschrift übereinstimmt, die von einer der in § 755 Absatz 1 und 2 der Zivilprozessordnung genannten Stellen innerhalb von drei Monaten vor oder nach dem Zustellungsversuch mitgeteilt wurde, oder

b) die Meldebehörde nach dem Zustellungsversuch die Auskunft erteilt, dass ihr keine derzeitige Anschrift des Vollstreckungsschuldners bekannt ist, oder
c) die Meldebehörde innerhalb von drei Monaten vor Erteilung des Vollstreckungsauftrags die Auskunft erteilt hat, dass ihr keine derzeitige Anschrift des Vollstreckungsschuldners bekannt ist;

2. der Vollstreckungsschuldner seiner Pflicht zur Abgabe der Vermögensauskunft in dem dem Ersuchen zugrundeliegenden Vollstreckungsverfahren nicht nachkommt oder
3. bei einer Vollstreckung in die der Vermögensauskunft aufgeführten Vermögensgegenstände eine vollständige Befriedigung der Forderung nicht zu erwarten ist.

Schrifttum: Büttner, Der § 6 Justizbetreibungsordnung ein Ping-Pong-Spiel der Zuständigkeiten, RPfleger 2016, 81 (Üb.).

I. Anwendungsbereich. I Nr. 1 gilt zB bei der Abnahme der Vermögensauskunft gem. § 802c ZPO und der Erzwingungshaft gem. § 802g ZPO zur Abgabe der Vermögensauskunft (BGH NJW 2015, 2268, LG Stuttgart DGVZ 2015, 129). I Nr. 1 gilt **nicht** auch nur entsprechend bei einer strafrechtlichen Nebenfolge auf Zahlung (LG Berlin DGVZ 2006, 77). I Nr. 3 gilt auch bei § 35 I FamFG (BGH FGPrax 2017, 285). Der Gerichtsvollzieher braucht den Drittschuldner nicht zwecks Entgegennahme von dessen Erklärung aufzusuchen (AG Bayreuth DGVZ 1995, 78). Zur Auslegung von III (BVerwG NJW 1983, 900). Ein formloser Antrag reicht (AG Medebach DGVZ 2016, 81). Eine Kosteneinziehungsstelle der Justiz reicht zB in Berlin (KG MDR 2014, 1196). Zum Begriff des Vollziehungsbeamten AG Büdingen DGVZ 1997, 14. Der Gerichtsvollzieher ist kein Vollziehungsbeamter (OLG Hamm DGVZ 2002, 167). Er ist aber zB bei § 802g II ZPO zuständig (AG Rastatt DGVZ 1997, 190). Die Anordnung muss den Gläubiger nennen (AG Pirna DGVZ 2010, 238). 1

Die Änderung in Nr. 1 durch das Gesetz zur Verbesserung des Schutzes von Gerichtsvollziehern vor Gewalt sowie zur Änderung weiterer zwangsvollstreckungsrechtlicher Vorschriften und zur Änderung des Infektionsschutzgesetzes vom 7.5.2021 (BGBl. I 850) bewirkt, dass auch bei der Durchführung von Vollstreckungshandlungen nach dem JBeitrG Auskunfts- und Unterstützungsersuchen nach § 757a ZPO gestellt werden können. Das Gesetz zur Fortentwicklung des Rechts des Pfändungsschutzkontos und zur Änderung von Vorschriften des Pfändungsschutzes (Pfändungsschutzkonto-Fortentwicklungsgsetz – PKoFoG) vom 22.11.2020 (BGBl. I. 2466) stellt durch Einfügung eines Verweises auf die in den §§ 899 bis 910 ZPO befindlichen Regelungen über die Wirkungen des P-Kontos sicher, dass – wie bisher – auch in Beitreibungsverfahren nach dem JBeitrG die Vorschriften zum Kontopfändungsschutz in der zivilprozessualen Vollstreckung Anwendung finden. 2

Über Einwände gegen die Art und Weise der Zwangsvollstreckung entscheidet nach § 6 iVm §§ 766, 764 ZPO – wie auch über Einwände nach § 765a ZPO – das zuständige Amtsgericht als Vollstreckungsgericht (OVG Nordrhein-Westfalen BeckRS 2020, 20109; OVG Nordrhein-Westfalen BeckRS 2019, 386). Zu den Einwendungen im Sinne von § 766 ZPO zählen auch Rügen von Verfahrensmängeln (auch gegen § 5 II), die in einem Nichtvorliegen von Vollstreckungsvoraussetzungen bestehen. Diese können die Tätigkeit des Gerichtsvollziehers oder die eines anderen Vollstreckungsorgans betreffen (OVG Nordrhein-Westfalen BeckRS 2020, 20109). 3

Die Zuständigkeit des Amtsgerichts als Vollstreckungsgericht nach § 6 I Nr. 1 JBeitrG iVm § 766 I 1, § 764 I ZPO ist auch nicht deshalb ausgeschlossen, weil die Zwangsvollstreckung bereits abgeschlossen ist und eine Vollstreckungserinnerung nach § 766 I 1 ZPO nach Beendigung der Zwangsvollstreckung in der Regel nicht mehr statthaft ist. Aus der Bezugnahme auf nur einzelne Verfahrensbestimmungen der Zivilprozessordnung in § 6 I Nr. 1 lässt sich daher nicht schließen, dass ergänzend vor den Verwaltungsgerichten Einwendungen gegen die Vollstreckung erhoben werden können. Vielmehr werden von der Verweisung in § 6 I Nr. 1 sämtliche einschlägigen vollstreckungsrechtlichen Rechtsbehelfe der Zivilprozessordnung er- 4 fasst. Soweit öffentlich-rechtliche Streitigkeiten an andere als die Verwaltungsgerichte zugewiesen sind, obliegt es diesen, etwaige Strukturdefizite der eigenen Verfahrensordnung gegebenenfalls rechtsfortbildend auszugleichen und so etwa dem Bedürfnis nach einer Fortsetzungsfeststellungsklage Rechnung zu tragen (OVG Nordrhein-Westfalen BeckRS 2020, 20109).

5 **II. Auftragserteilung (I).** Weil § 6 I Nr. 1 nicht auf § 753 Abs. 3 ZPO verweist, muss die Vollstreckungsbehörde (§ 2) bei der Beauftragung eines Gerichtsvollziehers nicht die **Formulare** für den Vollstreckungsauftrag benutzen. § 6 I Nr. 1 erklärt aber § 753 Abs. 4, 5 ZPO für anwendbar **(elektronisches Dokument).** Deshalb muss die Vollstreckungsbehörde (§ 2) den Vollstreckungsauftrag dem Gerichtsvollzieher grds als elektronisches Dokument (§ 130b ZPO) übermitteln (§ 130d ZPO). Der gem. § 753 Abs. 5 ZPO für entsprechend anwendbar erklärte § 130d ZPO bestimmt für Behörden eine Nutzungspflicht des elektronischen Dokuments iSv § 130a ZPO (LG Arnsberg BeckRS 2022, 30222; LG Münster BeckRS 2022, 6011; AG Bonn BeckRS 2022, 18173; AG Neuss BeckRS 2022, 3391; AG Bad Iburg BeckRS 2022, 3640; AG Coesfeld BeckRS 2022, 4170; AG Ahaus BeckRS 2022, 4173). Die nach § 2 zuständige Vollstreckungsbehörde (Justizbehörde) ist Behörde iSv § 6 I Nr. 1, 753 Abs. 5 ZPO, § 130d ZPO, und muss den Vollstreckungsauftrag deshalb zwingend als elektronisches Dokument übermitteln (LG Münster BeckRS 2022, 3570, für die Vollstreckung eines **Zwangsgeldes** nach dem HGB). Das gilt auch für die **Staatsanwaltschaft** bei Beauftragung eines Gerichtsvollziehers im Rahmen der Vollstreckung einer **Geldstrafe** gem. § 459 StPO, § 6 I Nr. 1 JBeitrG, § 753 Abs. 5, § 130d ZPO (LG Osnabrück 7.6.2022 – 2 T 142/22; LG Gera BeckRS 2022, 29423; LG Gera BeckRS 2022, 29486; LG Münster BeckRS 2022, 6011; AG Neuss BeckRS 2022, 3391; AG Erfurt BeckRS 2022, 7625; AG Dorsten BeckRS 2022, 22382; AG Neuss BeckRS 2022, 3391; vgl. auch AG Düsseldorf BeckRS 2022, 23189; aA AG Essen 20.6.2022 – 32 M 795/22: keine qualifizierte elektronische Signatur erforderlich).

6 **III. Form des Auftrags (III).** Die Erstellung des Vollstreckungsauftrags mit Hilfe eines automatisierten Programms hat die Unterschrift nach III 3 nur im Anwendungsbereich von § 6, nicht aber im Rahmen von § 7 (Vermögensauskunft und Erzwingungshaft) entbehrlich gemacht (BGH NJW 2015, 2268). Der Auftrag ist von der Vollstreckungsbehörde (§ 2) dem Vollstreckungsorgan ausschließlich als elektronisches Dokument (§§ 753 Abs. 5, 130d, 130a ZPO) zu übermitteln (→ Rn. 5). Im Anwendungsbereich des § 7 ist der Antrag auf Abnahme der Vermögensauskunft deshalb ebenfalls nur als elektronisches Dokument zu übermitteln, eines (zusätzlichen) schriftlichen Antrages in Papierform mit Unterschrift und Dienstsiegel bedarf es nicht (LG Arnsberg BeckRS 2022, 30222; LG Arnsberg BeckRS 2022, 29297). Eine einfache Signatur kann im Anwendungsbereich des § 6 als ausreichend anerkannt werden, weil § 130a Abs. 3 ZPO eine einfache Signatur bei Einreichung auf einem sicheren Übermittlungsweg genügen lässt (AG Bonn BeckRS 2022, 18173). Jedenfalls im Falle des § 7 JBeitrG (Vermögensauskunft) wird aber aufgrund des titelersetzenden Charakters des Antrags eine qualifizierte elektronische Signatur auch bei der Versendung aus einem Behördenpostfach zu fordern sein (LG Essen BeckRS 2022, 29164; AG Düsseldorf BeckRS 2022, 23189; AG Düsseldorf BeckRS 2022, 33645; aA LG Arnsberg BeckRS 2022, 30222).

[Vermögensauskunft, Vollstreckung in unbewegliches Vermögen]

7 **[1]Die Abnahme der Vermögensauskunft beantragt die Vollstreckungsbehörde bei dem zuständigen Gerichtsvollzieher; die Vollstreckung in unbewegliches Vermögen beantragt sie bei dem zuständigen Amtsgericht. [2]Der Antrag ersetzt den vollstreckbaren Schuldtitel. [3]Eine Zustellung des Antrags an den Schuldner ist nicht erforderlich. [4]Die Vollstreckungsbehörde kann die bei dem zentralen Vollstreckungsgericht nach § 802k Absatz 1 der Zivilprozessordnung verwalteten Vermögensverzeichnisse zu Vollstreckungszwecken abrufen.**

I. Anwendungsbereich. § 7 regelt inhaltliche Erfordernisse für die Abnahme der Vermögensauskunft und die Vollstreckung in das unbewegliche Vermögen (zB durch Eintragung einer Zwangssicherungshypothek, § 6 I Nr. 1, 867 ZPO, vgl. OLG Saarbrücken BeckRS 2020, 24495). Der Antrag auf Abnahme der Vermögensauskunft ist nicht an den Vollziehungsbeamten der Justiz (§ 5a IV VwVG), sondern nach S. 1 an den **zuständigen Gerichtsvollzieher** zu richten (BGH NJW 2015, 2268). Nach S. 2 ersetzt der Vollstreckungsauftrag zur Beitreibung von Gerichtskosten die nach §§ 754, 802a II ZPO grundsätzlich erforderliche Übergabe der vollstreckbaren Ausfertigung des Schuldtitels an die zuständigen Vollstreckungsorgane. Das gilt nicht nur für den Antrag auf Abnahme der Vermögensauskunft, sondern auch für den Antrag auf Erlass eines Haftbefehls zur Erzwingung von deren Abgabe (BGH NJW 2015, 2268; LG Siegen BeckRS 2020, 21565). 1

II. Auftragserteilung. Der Vollstreckungsauftrag muss **schriftlich** gestellt werden, weil er nach S. 2 den schriftlichen Schuldtitel ersetzt. Der Antrag muss aber nicht auf dem amtlichen Vordruck nach der Gerichtsvollzieherformular-Verordnung (GVFV) gestellt werden, weil es sich um eine öffentlich-rechtliche Forderung handelt, § 1 II 2 GVFV (LG Berlin DGVZ 2017, 209; AG Rastatt ZNotP 2017, 159). Da dieser Antrag die alleinige Voraussetzung für die Anordnung von staatlichem Zwang bis hin zu einer Freiheitsentziehung und damit die einzige Urkunde ist, die der Gerichtsvollzieher und das Vollstreckungsgericht von der Gerichtskasse bzw. der zuständigen Vollstreckungsbehörde erhalten, dürfen keine Zweifel an seiner Echtheit bestehen. Es ist deshalb ein unterschriebener und mit dem Dienstsiegel versehener Vollstreckungsauftrag erforderlich (BGH NJW 2015, 2268; Verfassungsgerichtshof für das Land Nordrhein-Westfalen, BeckRS 2019, 20116; OLG Saarbrücken, BeckRS 2020, 24495; LG Berlin, BeckRS 2022, 18124). Dadurch wird gewährleistet, dass aus dem Schriftstück die Person erkennbar wird, die für seinen Inhalt die Verantwortung übernimmt. Dabei genügt die Wiedergabe des Namens des Verfassers in Maschinenschrift, wenn er mit einem Beglaubigungsvermerk versehen ist (BGH NJW 2015, 2268; Verfassungsgerichtshof für das Land Nordrhein-Westfalen BeckRS 2019, 20116). Gem. § 6 I Nr. 1, § 753 Abs. 5 ZPO, 130d ZPO ist aber auch im Anwendungsbereich des § 7 JBeitrG die Beauftragung des Gerichtsvollziehers nur durch elektronisches Dokument zulässig (→ § 6 Rn. 5). Es bedarf auch keines (zusätzlichen) schriftlichen Antrages in Papierform mit Unterschrift und Dienstsiegel (LG Arnsberg BeckRS 2022, 30222; LG Arnsberg BeckRS 2022, 29297). Aufgrund des titelersetzenden Charakters des Antrags ist eine qualifizierte elektronische Signatur bei der Versendung aus einem Behördenpostfach erforderlich (LG Essen BeckRS 2022, 29164; AG Düsseldorf BeckRS 2022, 23189; AG Düsseldorf BeckRS 2022, 33645; aA LG Arnsberg BeckRS 2022, 30222). 2

III. Inhaltliche Anforderungen. 1. Vermögensauskunft. § 7 regelt die inhaltlichen Anforderungen an den auf Abnahme der Vermögensauskunft gerichteten Antrag der Gerichtskasse/Vollstreckungsbehörde nicht. Aus der Zusammenschau von § 7 und §§ 802c ff. ZPO ergibt sich aber, dass der Antrag Angaben zum Grund, zur Höhe und zur Vollstreckbarkeit der Vollstreckungsforderung enthalten muss. Der Antrag muss zwar nach S. 3 nicht förmlich zugestellt werden (OLG Frankfurt a. M. JurBüro 1998, 49; AG Medebach DGVZ 2016, 82). Die dem Schuldner allerdings zuzustellende Zahlungsaufforderung (§ 802f IV ZPO) kann der Gerichtsvollzieher nur erstellen, wenn der Gläubiger ihm Grund und Höhe der zu vollstreckenden Forderung mitteilt. Da bei der Vollstreckung von Gerichtskostenforderungen der Antrag nach Satz 2 den vollstreckbaren Schuldtitel ersetzt, muss der Antrag eine Erklärung zur Vollstreckbarkeit und die für eine ordnungsgemäße Zahlungsaufforderung notwendigen Angaben enthalten. 3

2. Zwangshypothek. Auch die inhaltlichen Anforderungen für einen an das Grundbuchamt gerichteten Antrag auf Eintragung einer Zwangshypothek sind in § 7 nicht geregelt. Sie lassen sich aber in einer Zusammenschau von § 7 JBeitrG, § 867 ZPO, § 1115 BGB und den Vorschriften der Grundbuchordnung (insbesondere § 28, § 38, § 39 GBO) bestimmen (OLG Saarbrücken 22.7.2020 – 5 W 32/20, BeckRS 2020, 24495). Deswegen ist die Einreichung eines unterschriebenen und mit dem 4

Dienstsiegel versehenden Antrags beim Grundbuchamt erforderlich, der damit gleichzeitig die Form des § 29 III GBO erfüllt. **Ferner muss der Antrag enthalten:**

- eine Erklärung zur Vollstreckbarkeit der Forderung, weil der Antrag nach § 7 Satz 2 den vollstreckbaren Schuldtitel ersetzt;
- die Bezeichnung des Geldbetrags der Forderung und der Forderung selbst, weil ohne diese nach § 1115 I BGB erforderlichen Angaben eine Hypothek nicht eingetragen werden kann;
- die Bezeichnung des zu belastenden Grundstücks (§ 28 S. 1 GBO) und die Voreintragung (§ 39 I GBO).

Die mit dem Antrag eingereichte Forderungsaufstellung braucht mit diesem nicht dauerhaft verbunden zu sein. Es genügt, wenn der mit dem Kassenzeichen versehene Antrag auf die mit demselben Kassenzeichen versehene Forderungsaufstellung verweist und umgekehrt (OLG Saarbrücken BeckRS 2020, 24495).

[Einwendungen]

8 **I** [1] **Einwendungen, die den beizutreibenden Anspruch selbst, die Haftung für den Anspruch oder die Verpflichtung zur Duldung der Vollstreckung betreffen, sind vom Schuldner gerichtlich geltend zu machen**

- **bei Ansprüchen nach § 1 Absatz 1 Nummer 4, 6, 7 nach den Vorschriften über Erinnerungen gegen den Kostenansatz,**
- **bei Ansprüchen gegen nichtbeamtete Beisitzer, Vertrauenspersonen, Rechtsanwälte, Zeugen, Sachverständige und mittellose Personen (§ 1 Absatz 1 Nummer 8)**
- **nach den Vorschriften über die Feststellung eines Anspruchs dieser Personen, bei Ansprüchen nach § 1 Absatz 1 Nummer 9**

nach den Vorschriften über Erinnerungen gegen den Festsetzungsbeschluss. [2] **Die Einwendung, dass mit einer Gegenforderung aufgerechnet worden sei, ist in diesen Verfahren nur zulässig, wenn die Gegenforderung anerkannt oder gerichtlich festgestellt ist.** [3] **Das Gericht kann anordnen, dass die Beitreibung bis zum Erlass der Entscheidung gegen oder ohne Sicherheitsleistung eingestellt werde und dass die Vollstreckungsmaßregeln gegen Sicherheitsleistung aufzuheben seien.**

II [1] **Für Einwendungen, die auf Grund der §§ 781 bis 784, 786 der Zivilprozessordnung erhoben werden, gelten die Vorschriften der §§ 767, 769, 770 der Zivilprozessordnung sinngemäß.** [2] **Für die Klage ist das Gericht zuständig, in dessen Bezirk die Vollstreckung stattgefunden hat.**

1 **I. Anwendungsbereich.** „Einwendungen" ist weit gemeint (OLG Düsseldorf JurBüro 2016, 485). Zu § 8 I Hs. 1 zählt

- eine Einwendung gegen den sachlich-rechtlichen Anspruch, wie bei § 767 ZPO (OLG Nürnberg Rpfleger 2001, 362),
- der Einwand des Insolvenzverwalters, gegen den Gerichtskosten angesetzt sind, die Masse reiche zur vollständigen Befriedigung aller Massegläubiger nicht aus (so schon OLG Düsseldorf Rpfleger 1990, 134),
- der Einwand des Fehlens einer Kostenhaftung nach § 29 Nr. 3 GKG (BGH Rpfleger 2002, 95),
- der Einwand der Gewährung einer Ratenzahlung (LG Wiesbaden Rpfleger 2013, 577),
- der Einwand der fehlenden Fälligkeit der beizutreibenden Kostenforderung (OLG Saarbrücken BeckRS 2020, 24495),
- der Einwand eines fehlerhaften Vollstreckungsauftrags (AG Landau DGVZ 2014, 244) oder
- der Missachtung eines Vollstreckungsverbots zB nach § 210 InsO (BFH NZI 2016, 655 = ZIP 2016, 1392).

Erfasst sind nur Einwendungen gegen Ansprüche nach § 1 I Nr. 4, 6, 7, 8 und 9. Ordnungs- und Zwangsgelder werden zwar nach dem JBeitrG beigetrieben (§ 1 I Nr. 3), Einwendungen werden aber nicht nach § 8 behandelt, sondern unterfallen der jeweiligen Verfahrensordnung (vgl. zB § 390 III ZPO). Zu II 1 zählt auch der Einwand nach § 781 ZPO, OLG Jena FamRZ 2006, 646. Auch die gegen den Kostenansatz erhobene **Verjährungseinrede** ist als Erinnerung gegen den Kostenansatz iSd § 8 I S. 1 iVm § 1 I Nr. 4, II zu werten (OVG Sachsen-Anhalt NVwZ-RR 2019, 623).

II. Einzelfälle. Das **Vollstreckungsverbot des § 210 InsO** ist erst berührt, wenn es um die Vollstreckung der Gerichtskosten nach dem JBeitrG geht. Der Kostenansatz gem. § 19 GKG kann trotz der Insolvenz des Kostenschuldners also erfolgen (BFH NZI 2016, 655 = ZIP 2016, 1392). 2

Die Einwendung muss **gerichtlich** geltend gemacht werden, zB nach § 66 I 1 GKG (BFH NZI 2016, 655 = ZIP 2016, 1392, VGH Hessen NVwZ-RR 2015, 88), also nicht nur zB im Grundbuchverfahren (OLG Frankfurt a. M. JurBüro 2009, 554). 3

Nicht hierher gehört zB eine Einwendung gegen die Art und Weise der Zwangsvollstreckung, wie bei § 766 ZPO (OVG Nordrhein-Westfalen 14.1.2019 – 4 E 3/19, BeckRS 2019, 386; OLG Nürnberg Rpfleger 2001, 362; VGH Hessen NVwZ-RR 2015, 88, aM FG Hamburg JurBüro 2012, 35) oder gegen den Vollstreckungszeitpunkt (OLG Düsseldorf DS 2016, 234). Insoweit gilt § 6 (OVG Nordrhein-Westfalen BeckRS 2020, 20109; OVG Nordrhein-Westfalen 14.1.2019 – 4 E 3/19, BeckRS 2019, 386). Die Einwendung der **Aufrechnung** ist im Erinnerungsverfahren nach § 8 I 2, § 66 GKG unzulässig, wenn die Gegenforderung des Kostenschuldners weder anerkannt noch rechtskräftig festgestellt ist (BGH BeckRS 2019, 25390; BGH, BeckRS 2008, 14402; OLG Celle NJW 2013, 486). 4

Die Einwendung, dass dem Vollstreckungsschuldner keine Rechnungen zugegangen seien, richtet sich gegen die Verpflichtung zur Duldung der Zwangsvollstreckung, vgl. § 8 I 1. Die Einwendung ist deshalb nach den Vorschriften über die Erinnerung gegen den Kostenansatz (zB § 66 GKG) geltend zu machen (vgl. BGH BeckRS 2019, 25390). 5

[Einstweilige Einstellung; Zahlungsnachweis; Stundung]

9 **I Werden Einwendungen gegen die Vollstreckung erhoben, so kann die Vollstreckungsbehörde die Vollstreckungsmaßnahmen einstweilen einstellen, aufheben oder von weiteren Vollstreckungsmaßnahmen Abstand nehmen, bis über die Einwendung endgültig entschieden ist.**

II Der Vollziehungsbeamte hat von der Pfändung abzusehen, wenn ihm die Zahlung oder Stundung der Schuld nachgewiesen wird.

I. Einwendungen gegen Vollstreckung (I). § 6 I Nr. 1 verweist für die Einstellung auf die Vorschriften der ZPO, zB § 775 ZPO. Nach I ist die Vollstreckungsbehörde darüber hinaus befugt, bei Erhebung von Einwendungen gegen die Vollstreckung Vollstreckungsmaßnahmen einstweilen einzustellen, aufzuheben oder von weiteren Vollstreckungsmaßnahmen Abstand zu nehmen, bis über die Einwendung endgültig entschieden ist. 1

II. Vollziehungsbeamter (II). Abs. 2 gilt für den Vollziehungsbeamten (§ 6 III). § 6 I Nr. 1 verweist für die Vollstreckung u. a. auf § 775 ZPO. Nach § 775 Nr. 5 ZPO ist die Zwangsvollstreckung einzustellen oder zu beschränken, wenn der Einzahlungs- oder Überweisungsnachweis einer Bank oder Sparkasse vorgelegt wird, aus dem sich ergibt, dass der zur Befriedigung des Gläubigers erforderliche Betrag zur Auszahlung an den Gläubiger oder auf dessen Konto eingezahlt oder überwiesen worden. Diese Bestimmung modifiziert II für den Vollziehungsbeamten: Dieser muss von einer Pfändung absehen, wenn irgendein Nachweis über die Zahlung oder die Stundung vorgelegt wird (BeckOK KostR/Berendt/Rieder, 39. Ed. 1.10.2022, JBeitrG § 9 Rn. 6; aA NK-GK/Hagen Schneider/Michael Giers, 3. Aufl. 2021, Rn. 2). 2

[Anwendung des GKG und des GvKostG]

10 **I Bei der Pfändung von Forderungen oder anderen Vermögensrechten gelten die Vorschriften des Gerichtskostengesetzes sinngemäß.**

II Für die Tätigkeit des Vollziehungsbeamten gelten die Vorschriften des Gerichtsvollzieherkostengesetzes sinngemäß.

1 **I. Forderungspfändung: GKG (I).** I verweist wegen der Kosten des Vollstreckungsverfahrens für die Pfändung von Forderungen oder anderen Vermögensrechten auf das GKG. Wird deshalb ein Pfändungs- und Überweisungsbeschluss durch die Vollstreckungsbehörde erlassen (§ 6 I Nr. 1, 829, 835 ZPO), entsteht nach Nr. 2111 KV GKG eine Gebühr i. H. v. 22 €. Auch Zustellungsauslagen nach Nr. 9002 KV GKG werden deshalb ggf. erhoben. Der Kostenschuldner ergibt sich aus den entsprechenden Vorschriften des GKG.

2 **II. Vollziehungsbeamter: GvKostG (II).** Bei der Vollstreckung durch den Vollziehungsbeamten (§ 6 III) entstehen nach II Kosten nach dem GvKostG.

[Inkrafttreten]

11 *(gegenstandslos)*

2. Einforderungs- und Beitreibungsanordnung

Vom 1.8.2011 (BAnz. Nr. 112a S. 1, 22)

Vorbemerkung zu § 1

An die Stelle der Anordnung über die Einforderung und Beitreibung von Vermögensstrafen und Verfahrenskosten vom 15.2.1956 ist die nachfolgende **Einforderungs- und Beitreibungsanordnung (EBAO),** zuletzt geändert durch eine Vereinbarung zwischen dem Bundesjustizminister und den Landesjustizverwaltungen vom 1.8.2011, BAnz. Nr. 112a, in Kraft gesetzt in den Bundesländern jeweils durch entsprechende Verfügungen der Landesjustizminister, getreten. Sie ist von § 2 I 2, 3 JBeitrG gedeckt (BayObLGZ 1990, 255 = Rpfleger 1991, 13). 1

Abschnitt 1. Allgemeine Bestimmungen

Grundsatz

1 **I Die Einforderung und Beitreibung von**

1. Geldstrafen und anderen Ansprüchen, deren Beitreibung sich nach den Vorschriften über die Vollstreckung von Geldstrafen richtet,
2. gerichtlich erkannten Geldbußen und Nebenfolgen einer Ordnungswidrigkeit, die zu einer Geldzahlung verpflichten oder
3. Ordnungs- und Zwangsgeldern mit Ausnahme der im Auftrag des Gläubigers zu vollstreckenden Zwangsgelder

(Geldbeträge) richtet sich, soweit gesetzlich nicht anders bestimmt ist, nach der Justizbeitreibungsordnung (JBeitrO) und nach dieser Anordnung.

II Gleichzeitig mit einem Geldbetrag (Absatz 1) sind auch die Kosten des Verfahrens einzufordern und beizutreiben, sofern nicht die Verbindung von Geldbetrag und Kosten gelöst wird (§ 15).

III Bei gleichzeitiger Einforderung und Beitreibung von Geldbetrag und Kosten gelten die Vorschriften dieser Anordnung auch für die Kosten.

IV [1]Die Einforderung und Beitreibung von Geldbeträgen ist Aufgabe der Vollstreckungsbehörde (§ 2). [2]Ihr obliegt auch die Einforderung und Beitreibung der Kosten des Verfahrens, soweit und solange die Verbindung von Geldbetrag und Kosten besteht. [3]Die Vollstreckungsbehörde beachtet hierbei die Bestimmungen der §§ 3 bis 14.

V Wird die Verbindung von Geldbetrag und Kosten gelöst, so werden die Kosten nach den Vorschriften der Kostenverfügung der zuständigen Kasse zur Sollstellung überwiesen und von dieser oder der sonst zuständigen Stelle nach den für sie geltenden Vorschriften eingefordert und eingezogen.

VI Für die Einziehung von Geldbußen, die von Disziplinargerichten, Richterdienstgerichten oder Dienstvorgesetzten verhängt worden sind, und für die Kosten des Disziplinarverfahrens gelten besondere Bestimmungen.

Vollstreckungsbehörde

2 **Vollstreckungsbehörde ist, soweit gesetzlich nichts anderes bestimmt ist,**

1. in den Fällen, auf welche die Strafvollstreckungsordnung Anwendung findet, die dort bezeichnete Behörde und
2. im Übrigen diejenige Behörde oder Dienststelle der Behörde, die auf die Verpflichtung zur Zahlung des Geldbetrages erkannt hat, oder, soweit es

sich um eine kollegiale Behörde oder Dienststelle handelt, deren Vorsitzende oder Vorsitzender.

Abschnitt 2. Einforderung und Beitreibung durch die Vollstreckungsbehörde

Anordnung der Einforderung

3 I Sofern nicht Zahlungserleichterungen (§ 8 Absatz 3, § 12) gewährt werden, ordnet die Vollstreckungsbehörde die Einforderung von Geldbetrag und Kosten an, sobald die darüber ergangene Entscheidung vollstreckbar ist.

II Die Zahlungsfrist beträgt vorbehaltlich anderer Anordnung der Vollstreckungsbehörde zwei Wochen.

Kostenrechnung

4 I 1 Ist die Einforderung angeordnet, so stellt die Kostenbeamtin oder der Kostenbeamte der Vollstreckungsbehörde eine Kostenrechnung auf. 2 Darin sind sämtliche einzufordernden Beträge aufzunehmen. 3 Durch die Zeichnung übernimmt die Kostenbeamtin oder der Kostenbeamte die Verantwortung für die Vollständigkeit und Richtigkeit der Kostenrechnung.

II Die Zahlungsfrist (§ 3 Absatz 2) ist in der Kostenrechnung zu vermerken.

III Im Übrigen gilt für die Kostenrechnung § 27 der Kostenverfügung entsprechend.

Einforderung

5 I 1 Die in die Kostenrechnung aufgenommenen Beträge werden von dem Zahlungspflichtigen durch Übersendung einer Zahlungsaufforderung eingefordert. 2 In der Zahlungsaufforderung ist zur Zahlung an die für den Sitz der Vollstreckungsbehörde zuständige Kasse aufzufordern.

II 1 Die Reinschrift der Zahlungsaufforderung ist von der Kostenbeamtin oder dem Kostenbeamten unter Angabe des Datums und der Amts-(Dienst-)bezeichnung unterschriftlich zu vollziehen. 2 Soweit die oberste Justizbehörde dies zugelassen hat, kann sie ausgefertigt, beglaubigt, von der Geschäftsstelle unterschriftlich vollzogen oder mit dem Abdruck des Dienstsiegels versehen werden. 3 Bei maschineller Bearbeitung bedarf es einer Unterschrift nicht; jedoch ist der Vermerk anzubringen „Maschinell erstellt und ohne Unterschrift gültig".

III Die Mitteilung einer besonderen Zahlungsaufforderung unterbleibt bei Strafbefehlen, die bereits die Kostenrechnung und die Aufforderung zur Zahlung enthalten.

IV 1 Der Zahlungsaufforderung (Absatz 1) oder dem Strafbefehl (Absatz 3) ist ein auf das Konto der zuständigen Kasse lautender Überweisungsträger beizufügen. 2 Im Verwendungszweck sind die Vollstreckungsbehörde in abgekürzter Form anzugeben und das Aktenzeichen so vollständig zu bezeichnen, dass die zuständige Kasse in der Lage ist, hiernach die Zahlungsanzeige zu erstatten. 3 Die Kennzeichnung der Sache als Strafsache ist zu vermeiden.

V Die Erhebung durch Postnachnahme ist nicht zulässig.

Nicht ausreichende Zahlung

6 Reicht die auf die Zahlungsaufforderung entrichtete Einzahlung zur Tilgung des ganzen eingeforderten Betrages nicht aus, so richtet sich die Verteilung nach den kassenrechtlichen Vorschriften, soweit § 459b StPO, § 94 OWiG nichts anderes bestimmen.

Mahnung

7 **I Nach vergeblichem Ablauf der Zahlungsfrist sollen Zahlungspflichtige vor Anordnung der Beitreibung in der Regel zunächst besonders gemahnt werden (§ 5 Absatz 2 JBeitrO).**

II Mahnungen unterbleiben, wenn damit zu rechnen ist, dass Zahlungspflichtige sie unbeachtet lassen werden.

Anordnung der Beitreibung

8 **I Geht binnen einer angemessenen Frist nach Abgang der Mahnung oder, sofern von einer Mahnung abgesehen worden ist, binnen einer Woche nach Ablauf der Zahlungsfrist (§ 3 Absatz 2) keine Zahlungsanzeige der zuständigen Kasse ein, so bestimmt die Vollstreckungsbehörde, welche Vollstreckungsmaßnahmen ergriffen werden sollen.**

II In geeigneten Fällen kann sie die zuständige Kasse um Auskunft ersuchen, ob ihr über die Vermögens- und Einkommensverhältnisse der Zahlungspflichtigen und die Einziehungsmöglichkeiten etwas bekannt ist.

III Welche Vollstreckungsmaßnahmen anzuwenden sind oder ob Zahlungspflichtigen Vergünstigungen eingeräumt werden können, richtet sich nach den für das Einziehungsverfahren maßgebenden gesetzlichen und Verwaltungsvorschriften (vergleiche §§ 459 ff. StPO, §§ 91 ff. OWiG, §§ 6 ff. JBeitrO, § 49 StVollstrO).

IV 1 Im Übrigen sind die Vollstreckungsmaßnahmen anzuwenden, die nach Lage des Einzelfalles am schnellsten und sichersten zum Ziele führen. 2 Auf die persönlichen und wirtschaftlichen Verhältnisse der Zahlungspflichtigen und ihrer Familie ist dabei Rücksicht zu nehmen, soweit das Vollstreckungsziel hierdurch nicht beeinträchtigt wird.

V Kommt die Zwangsvollstreckung in Forderungen oder andere Vermögensrechte in Betracht, so hat die Vollstreckungsbehörde den Pfändungs- und Überweisungsbeschluss zu erlassen (§ 6 Absatz 2 JBeitrO).

VI 1 Ein Antrag auf Einleitung des Zwangsversteigerungs- oder Zwangsverwaltungsverfahrens soll nur gestellt, der Beitritt zu einem solchen Verfahren nur erklärt werden, wenn ein Erfolg zu erwarten ist und das Vollstreckungsziel anders nicht erreicht werden kann. 2 Ist Vollstreckungsbehörde (§ 2) die Richterin oder der Richter beim Amtsgericht, so ist, soweit die Strafvollstreckungsordnung Anwendung findet, die Einwilligung der Generalstaatsanwältin oder des Generalstaatsanwalts, im Übrigen die der Präsidentin oder des Präsidenten des Landgerichts (Präsidentin oder Präsidenten des Amtsgerichts) erforderlich.

Vollstreckung in bewegliche Sachen

9 **I 1 Soll in bewegliche Sachen vollstreckt werden, so erteilt die Vollstreckungsbehörde der Vollziehungsbeamtin oder dem Vollziehungsbeamten unmittelbar oder über die Geschäftsstelle des Amtsgerichts einen Vollstreckungsauftrag. 2 In den Auftrag sind die Kosten früherer Einziehungsmaßnahmen als Nebenkosten aufzunehmen.**

II Die Ausführung des Auftrages, die Ablieferung der von der Vollziehungsbeamtin oder dem Vollziehungsbeamten eingezogenen oder beigetriebenen Geldbeträge und die Behandlung der erledigten Vollstreckungsaufträge bei der zuständigen Kasse richten sich nach den Dienstvorschriften für die Vollziehungsbeamtinnen und -beamten und den kassenrechtlichen Vorschriften.

III Die Vollstreckungsbehörde überwacht die Ausführung des Vollstreckungsauftrags durch Anordnung einer Wiedervorlage der Akten.

Vollstreckung in bewegliche Sachen im Bezirk einer anderen Vollstreckungsbehörde

10 I Soll in bewegliche Sachen vollstreckt werden, die sich im Bezirk einer anderen Vollstreckungsbehörde befinden, so gilt § 9, soweit nicht in Absatz 2 etwas anderes bestimmt ist.

II 1 Die Vollziehungsbeamtin oder der Vollziehungsbeamte rechnet über die eingezogenen Beträge mit der zuständigen Kasse ab, welche die Vollstreckungsbehörde durch Rücksendung des Vollstreckungsauftrags oder des Ersuchens verständigt. 2 Gehört die ersuchende Vollstreckungsbehörde einem anderen Lande an als die Vollziehungsbeamtin oder der Vollziehungsbeamte, so werden die eingezogenen Geldbeträge und Kosten des Verfahrens an die für die ersuchende Vollstreckungsbehörde zuständige Kasse abgeführt. 3 Die eingezogenen Kosten der Vollstreckung sind an die für die Vollziehungsbeamtin oder den Vollziehungsbeamten zuständige Kasse abzuführen; soweit sie von der Schuldnerin oder dem Schuldner nicht eingezogen werden können, werden sie der Vollstreckungsbehörde eines anderen Landes nicht in Rechnung gestellt.

Spätere Beitreibung

11 I Ist bei Uneinbringlichkeit eines Geldbetrages, an dessen Stelle eine Freiheitsstrafe nicht treten soll, mit der Möglichkeit zu rechnen, dass spätere Vollstreckungsmaßnahmen erfolgreich sein werden, so ordnet die Vollstreckungsbehörde eine Wiedervorlage der Akten an.

II Uneinbringlich gebliebene Kosten des Verfahrens werden, wenn sie nicht mehr zusammen mit dem Geldbetrag beigetrieben werden können, nach § 1 Absatz 5, § 15 Absatz 1 Nr. 1 der zuständigen Kasse zur Einziehung überwiesen, sofern die Überweisung nicht nach § 16 Absatz 2 unterbleibt.

Zahlungserleichterungen

12 I Werden für die Entrichtung eines Geldbetrages Zahlungserleichterungen bewilligt, so gelten diese Zahlungserleichterungen auch für die Kosten.

II 1 Ist die Höhe der Kosten den Zahlungspflichtigen noch nicht mitgeteilt worden, so ist dies bei der Mitteilung der Zahlungserleichterungen nachzuholen. 2 Die Androhung künftiger Zwangsmaßnahmen für den Fall der Nichtzahlung der Kosten unterbleibt hierbei. 3 Einer Mitteilung der Höhe der Kosten bedarf es nicht, wenn das dauernde Unvermögen der Kostenschuldnerin oder des Kostenschuldners zur Zahlung feststeht.

Zurückzahlung von Geldbeträgen und Kosten

13 I Sind Geldbeträge zu Unrecht vereinnahmt worden oder auf Grund besonderer Ermächtigung zurückzuzahlen, so ordnet die Vollstreckungsbehörde die Zurückzahlung an.

II Dasselbe gilt, wenn zusammen mit dem Geldbetrag Kosten des Verfahrens oder Vollstreckungskosten zurückzuholen sind.

III Bei unrichtiger Berechnung ist eine neue Kostenrechnung aufzustellen.

IV In der Anordnung ist der Grund der Zurückzahlung (z. B. gnadenweiser Erlass durch Verfügung … oder Zurückzahlung wegen irrtümlicher Berechnung) kurz anzugeben.

V 1 Zu der Auszahlungsanordnung an die zuständige Kasse ist der für die Zurückzahlung von Gerichtskosten bestimmte Vordruck zu verwenden; er ist, soweit erforderlich, zu ändern. 2 Bei automatisierten Verfahren wird die

Auszahlungsanordnung maschinell erstellt. [3]Der oder die Empfangsberechtigte ist von der Vollstreckungsbehörde über die bevorstehende Zurückzahlung zu benachrichtigen.

Durchlaufende Gelder

14 **I Beträge, die nach den Vorschriften dieser Anordnung eingezogen werden, aber nicht der Landeskasse, sondern anderen Berechtigten zustehen, werden bei der Aufstellung der Kostenrechnung als durchlaufende Gelder behandelt.**

II [1]Auf Grund der von der zuständigen Kasse übermittelten Zahlungsanzeige oder der maschinell übermittelten Kontobuchungen ordnet die Vollstreckungsbehörde die Auszahlung an die Empfangsberechtigten an. [2]§ 38 der Kostenverfügung gilt entsprechend.

Abschnitt 3. Lösung von Geldbetrag und Kosten

Grundsatz

15 **I Die Verbindung von Geldbetrag und Kosten (§ 1 Absatz 2) wird gelöst, wenn**

1. sich die Beitreibung des Geldbetrages erledigt und für die Kostenforderung Beitreibungsmaßnahmen erforderlich werden,
2. nachträglich eine Gesamtgeldstrafe gebildet wird oder
3. die Vollstreckungsbehörde die getrennte Verfolgung beider Ansprüche aus Zweckmäßigkeitsgründen anordnet.

II Hat das Land aus einer wegen Geldbetrag und Kosten vorgenommenen Zwangsvollstreckung bereits Rechte erworben, so darf eine Anordnung nach Absatz 1 Nr. 3 nur ergehen, wenn die Wahrnehmung dieser Rechte wegen der Kosten allein keine Schwierigkeiten bereitet oder wenn der Landeskasse durch die Aufgabe der wegen der Kosten begründeten Rechte kein Schaden erwächst.

Überweisung der Kosten an die zuständige Kasse

16 **I [1]Bei der Überweisung der Kosten an die Kasse zur Einziehung (§ 4 Absatz 2 der Kostenverfügung) hat die Kostenbeamtin oder der Kostenbeamte, wenn bereits eine Zahlungsaufforderung an die Kostenschuldnerin oder den Kostenschuldner ergangen war, die Aufnahme des nachstehenden Vermerks in die Reinschrift der Kostenrechnung zu veranlassen:**
„Diese Zahlungsaufforderung tritt an die Stelle der Zahlungsaufforderung d .... vom .... Bei Zahlungen ist statt der bisherigen Geschäftsnummer das Kassenzeichen anzugeben.“
[2]Hat sich der Kostenansatz nicht geändert, so genügt die Übersendung einer Rechnung, in der lediglich der Gesamtbetrag der früheren Rechnung, die geleisteten Zahlungen und der noch geschuldete Restbetrag anzugeben sind. [3]Bewilligte Zahlungserleichterungen (§ 8 Absatz 3, § 12) sind der zuständigen Kasse mitzuteilen.

II Die Überweisung der Kosten unterbleibt, wenn die Voraussetzungen vorliegen, unter denen die Kostenbeamtin oder der Kostenbeamte von der Aufstellung einer Kostenrechnung absehen darf (§ 10 der Kostenverfügung).

III Der Kasse mit zu überweisen sind auch die nicht beigetriebenen Kosten eines der Lösung (§ 15) vorausgegangenen Einziehungsverfahrens.

Wahrnehmung der Rechte aus früheren Vollstreckungen

17 I 1 Hatte das Land vor der Trennung von Geldbetrag und Kosten aus einer Zwangsvollstreckung wegen der Kosten bereits Rechte erlangt, so teilt die Vollstreckungsbehörde dies der zuständigen Kasse unter Übersendung der vorhandenen Beitreibungsverhandlungen mit. 2 Dies gilt nicht, wenn die wegen der Kosten begründeten Rechte nach § 15 Absatz 2 aufgegeben werden.

II 1 Ist der Vollziehungsbeamtin oder dem Vollziehungsbeamten ein Vollstreckungsauftrag erteilt (§ 9 Absatz 1 Satz 1, § 10 Absatz 1), so hat die zuständige Kasse der Vollziehungsbeamtin oder dem Vollziehungsbeamten gegenüber jetzt die Stellung der Auftraggeberin; sie hat sie oder ihn hiervon zu verständigen. 2 Der Auftrag bleibt bestehen, bis die zuständige Kasse ihn zurücknimmt.

Abschnitt 4. Geldauflagen

Geldauflagen im Strafverfahren

18 I 1 Geldzahlungen, die Zahlungspflichtigen nach § 56b Absatz 2 Nummer 2, § 57 Absatz 3 Satz 1 StGB, § 153a StPO, § 15 Absatz 1 Satz 1 Nummer 3, §§ 23, 29, 45, 88 Absatz 5 und § 89 Absatz 3 JGG oder anlässlich eines Gnadenerweises auferlegt sind, werden nicht mit Zahlungsaufforderung (§ 5 Absatz 1) eingefordert. 2 Ihre Beitreibung ist unzulässig.

II 1 Wird die Geldauflage gestundet, so prüft die Vollstreckungsbehörde, ob die zuständige Kasse ersucht werden soll, die Einziehung der Kosten auszusetzen. 2 Ein Ersuchen empfiehlt sich, wenn die sofortige Einziehung der Kosten den mit der Stundung der Geldauflage verfolgten Zweck gefährden würde.

Abschnitt 5. Schlussvorschriften

Inkrafttreten, Außerkrafttreten

19 *(nicht abgedruckt)*

VI. Sonstige Verwaltungsverfügungen

1. Kostenverfügung (KostVfg)

Vom 6.3.2014 (BAnz AT 7.4.2014 B1)
Zuletzt geändert durch Bek. vom 23.2.2022 (BAnz AT 14.3.2022 B2)

Inhaltsübersicht

Vorbemerkung zu § 1

1 Die Regelung der Verfahrenskosten gehört nach Art. 74 Nr. 1 GG zur konkurrierenden Gesetzgebung. Sie erfolgt durch die Bundesgesetzgebung. Ihre Durchführung ist nach Art. 83, 92 GG jedoch Sache der Länder, soweit es sich nicht um ihre Anwendung bei den Bundesgerichten handelt. Zu diesem Zweck haben der Bund und die Länder für ihren jeweiligen Bereich verschiedene Ausführungsvorschriften erlassen (OLG Brandenburg NJW 2007, 1470). Sie sind keine Gesetze, sondern Verwaltungsvorschriften (OLG Düsseldorf OLGReport Hamm 2007, 637; OLG Koblenz MDR 2005, 1079; OLG Zweibrücken MDR 1993, 1132 (jeweils für die KostVfg)).

2 Als bloße Verwaltungsvorschriften binden die Ausführungsvorschriften die Verwaltung, dh insbesondere den Kostenbeamten (BVerwG RVGReport 2018, 235), aber nicht die Gerichte (OLG Koblenz MDR 2005, 1079). Grundsätzlich ergeben sich aus ihnen auch keine subjektiv-öffentlichen Rechte des Kostenschuldners. Im Einzelfall ist allerdings zu prüfen, ob die Verwaltungsvorschrift und ihre ständige Befolgung zu einer Selbstbindung der Behörde geführt haben, die ihr Ermessen einschränkt und sie nach dem Gleichheitsgrundsatz (Art. 3 I GG) verpflichtet, die Vorschrift zu befolgen (KG OLG-NL 2002, 168; OLG Koblenz Rpfleger 1988, 384 (→ § 8 Rn. 1, → § 10 Rn. 1, → § 24 Rn. 1)).

3 Besonders praxisrelevant sind die Kostenverfügungen des Bundes und der Länder. Das Bundesministerium der Justiz und für Verbraucherschutz sowie die Landesjustizverwaltungen vereinbaren die bundeseinheitliche Grundfassung. Darüber hinaus gelten sowohl für die Bundesjustizverwaltung als auch in den einzelnen Ländern jeweils Ergänzungsbestimmungen. Nachstehend abgedruckt sind bundeseinheitlichen Bestimmungen in der Veröffentlichung durch den Bund sowie die Zusatzbestimmungen für die Bundesjustizverwaltung.

Teil 1. Bundeseinheitliche Bestimmungen

Abschnitt 1. Allgemeine Bestimmungen

Kostenbeamter

1 Die Aufgaben des Kostenbeamten werden nach den darüber ergangenen allgemeinen Anordnungen von den Beamten des gehobenen oder mittleren Justizdienstes oder vergleichbaren Beschäftigten wahrgenommen.

1 Die Kostenverfügung gilt nicht für die Kostenfestsetzung nach §§ 103 ff. ZPO (BGH NJW 2004, 366), § 11 RVG, den Gesetzen und Verordnungen zur Ausführung von Verträgen mit ausländischen Staaten über die Rechtshilfe sowie die Anerkennung und Vollstreckung gerichtlicher Entscheidungen und anderer Schuldtitel in Zivil- und Handelssachen, die nach § 21 I RPflG Aufgabe des Rechtspflegers ist. Erfasst ist nur die mit der Aufstellung des Kostenansatzes nach dem GKG, FamGKG, GNotKG und GvKostG verbundene Zuständigkeit. Im Gegensatz zum Rechtspfleger (§ 9 RPflG) ist der Kostenbeamte iSv § 1 weisungsgebunden (§ 36). Er hat bei der Aufstellung des Kostenansatzes, der einen Justizverwaltungsakt und damit eine Aufgabe der Justizverwaltung darstellt (BVerfGE 22, 299; BVerfG NJW 1970, 853; OLG Celle NStZ-RR 2014, 264; OLG Düsseldorf JurBüro 2008, 43; OLG Koblenz

NStZ-RR 2010, 359, OLG München RVGReport 2014, 481), die Vorschriften der KostVfg zu beachten (→ Vor § 1 Rn. 2).

Pflichten des Kostenbeamten im Allgemeinen

2 **I Der Kostenbeamte ist für die Erfüllung der ihm übertragenen Aufgaben, insbesondere für den rechtzeitigen, richtigen und vollständigen Ansatz der Kosten verantwortlich.**

II 1 Der Kostenbeamte bescheinigt zugleich mit Aufstellung der Schlusskostenrechnung den vollständigen Ansatz der Kosten auf den Akten (Blattsammlungen) unter Bezeichnung der geprüften Blätter und unter Angabe von Tag und Amtsbezeichnung. 2 Bei Grundakten, Registerakten, Vormundschaftsakten, Betreuungsakten und ähnlichen Akten, die regelmäßig für mehrere gebührenpflichtige Angelegenheiten geführt werden, erfolgt die Bescheinigung für jede einzelne Angelegenheit. 3 Die Bescheinigung ist auch zu erteilen, wenn die Einziehung von Kleinbeträgen vorbehalten bleibt.

Mitwirkung der aktenführenden Stelle

3 **I 1 Die aktenführende Stelle ist dafür verantwortlich, dass die Kosten rechtzeitig angesetzt werden können. 2 Sofern sie für den Kostenansatz nicht selbst zuständig ist, legt sie die Akten dem Kostenbeamten insbesondere vor,**

1. wenn eine den Rechtszug abschließende gerichtliche Entscheidung ergangen ist,
2. wenn die Akten infolge Einspruchs gegen den Vollstreckungsbescheid bei Gericht eingehen,
3. wenn eine Klage erweitert oder Widerklage erhoben wird oder sich der Streitwert anderweitig erhöht,
4. wenn die gezahlten Zeugen- und Sachverständigenvorschüsse zur Deckung der entstandenen Ansprüche nicht ausreichen,
5. wenn die Akten aus einem Rechtsmittelzug zurückkommen,
6. wenn eine schriftliche oder elektronische Mitteilung über einen Zahlungseingang (Zahlungsanzeige) oder ein mit dem Abdruck eines Gerichtskostenstemplers versehenes Schriftstück eingeht, es sei denn, dass die eingehende Zahlung einen nach § 26 eingeforderten Vorschuss betrifft,
7. wenn eine Mitteilung über die Niederschlagung von Kosten oder über die Aufhebung der Niederschlagung eingeht,
8. wenn eine Mitteilung über den Erlass oder Teilerlass von Kosten eingeht,
9. wenn aus sonstigen Gründen Zweifel bestehen, ob Kosten oder Vorschüsse zu berechnen sind.

3 Die Vorlage ist in den Akten unter Angabe des Tages kurz zu vermerken.

II Die aktenführende Stelle hat alle in der Sache entstehenden, von dem Kostenschuldner zu erhebenden Auslagen in den Akten in auffälliger Weise zu vermerken, soweit nicht eine Berechnung zu den Akten gelangt.

III 1 In Zivilprozess-, Strafprozess-, Bußgeld-, Insolvenz-, Zwangsversteigerungs- und Zwangsverwaltungsverfahren, in Familien- und Lebenspartnerschaftssachen, in Vormundschafts-, Betreuungs- und Pflegschaftssachen, in Nachlasssachen sowie in arbeits-, finanz-, sozial- und verwaltungsgerichtlichen Verfahren sind sämtliche Kostenrechnungen, Beanstandungen der Kostenprüfungsbeamten und Zahlungsanzeigen sowie Mitteilungen über die Niederschlagung von Kosten, über die Aufhebung der Niederschlagung oder den (Teil-)Erlass vor dem ersten Aktenblatt einzuheften oder in eine dort einzuheftende Aktentasche lose einzulegen oder, soweit die Akten nicht zu heften sind, unter dem Aktenumschlag lose zu verwahren. 2 Das Gleiche kann auch in anderen Verfahren geschehen, wenn dies zweckmäßig erscheint, insbesondere wenn die Akten umfangreich sind. 3 Ist ein Vollstre-

ckungsheft angelegt, sind die Kostenrechnungen, Beanstandungen, Zahlungsanzeigen und Nachrichten in diesem entsprechend zu verwahren (vgl. § 16 Abs. 2 StVollstrO). [4] Wird es notwendig, die vor dem ersten Aktenblatt eingehefteten oder verwahrten Schriftstücke mit Blattzahlen zu versehen, sind dazu römische Ziffern zu verwenden.

IV Die aktenführende Stelle hat laufend auf dem Aktenumschlag oder einem Kostenvorblatt die Blätter zu bezeichnen,

1. auf denen sich Abdrucke von Gerichtskostenstemplern, Aktenausdrucke nach § 696 Abs. 2 Satz 1 ZPO mit Gerichtskostenrechnungen oder Vermerke hierüber befinden,
2. aus denen sich ergibt, dass Vorschüsse zum Soll (§ 25) gestellt oder ohne vorherige Sollstellung (§ 26) eingezahlt worden sind,
3. auf denen sich Kostenrechnungen, Zahlungsanzeigen, Mitteilungen über die Niederschlagung von Kosten oder über die Aufhebung der Niederschlagung sowie Mitteilungen über den (Teil-)Erlass von Kosten oder die Anordnung ihrer Nichterhebung (§ 21 GKG, § 20 FamGKG, § 21 GNotKG) befinden, die nicht nach Absatz 3 eingeheftet oder verwahrt werden,
4. auf denen Kleinbeträge vermerkt sind, deren Einziehung oder Auszahlung nach den über die Behandlung solcher Beträge erlassenen Bestimmungen einstweilen vorbehalten bleibt.

V [1] Die aktenführende Stelle leitet die Akten und Blattsammlungen vor dem Weglegen dem Kostenbeamten zu. [2] Dieser prüft, ob berechnete Kosten entweder zum Soll gestellt sind oder der Zahlungseingang nachgewiesen ist. [3] Er bescheinigt diese Prüfung auf den Akten (Blattsammlungen) unter Bezeichnung des letzten Aktenblattes und unter Angabe von Tag und Amtsbezeichnung. [4] Die Bescheinigung ist auch zu erteilen, wenn die Einziehung von Kleinbeträgen vorbehalten bleibt.

Abschnitt 2. Kostenansatz

Begriff und Gegenstand

4 I [1] Der Kostenansatz besteht in der Aufstellung der Kostenrechnung (§ 24). [2] Er hat die Berechnung der Gerichtskosten und Justizverwaltungskosten sowie die Feststellung der Kostenschuldner zum Gegenstand. [3] Zu den Kosten gehören alle für die Tätigkeit des Gerichts und der Justizverwaltung zu erhebenden Gebühren, Auslagen und Vorschüsse.

II Ist die berechnete Kostenforderung noch nicht beglichen, veranlasst der Kostenbeamte deren Anforderung gemäß § 25 oder § 26.

III Handelt es sich um Kosten, die durch den Antrag einer für die Vollstreckung von Justizkostenforderungen zuständigen Stelle (Vollstreckungsbehörde) auf Vollstreckung in das unbewegliche Vermögen entstanden sind, wird zwar eine Kostenrechnung aufgestellt; die entstandenen Kosten sind der Vollstreckungsbehörde jedoch lediglich zur etwaigen späteren Einziehung als Nebenkosten mitzuteilen.

IV [1] Können die Gebühren für die Entscheidung über den Antrag auf Anordnung der Zwangsversteigerung oder über den Beitritt zum Verfahren (Nr. 2210 KV GKG) oder die Auslagen des Anordnungs-(Beitritts-)verfahrens nicht vom Antragsteller eingezogen werden, weil ihm Prozesskostenhilfe ohne Zahlungsbestimmung bewilligt ist oder ihm Gebühren- oder Auslagenfreiheit zusteht (z. B. bei der Zwangsversteigerung wegen rückständiger öffentlicher Abgaben), veranlasst der Kostenbeamte die Anforderung der Kosten gemäß § 25. [2] Die Vollstreckungsbehörde meldet die Kosten – unbeschadet sonstiger Einziehungsmöglichkeiten – in dem Zwangsversteigerungsverfahren mit dem Range des Anspruchs des betreibenden Gläubigers auf Befriedigung aus dem Grundstück rechtzeitig an (§ 10 Abs. 2, §§ 12,

37 Nr. 4 ZVG). [3]Dies gilt im Zwangsverwaltungsverfahren entsprechend. [4]Absatz 3 bleibt unberührt.

V Für die Behandlung von kleinen Kostenbeträgen gelten die hierfür erlassenen besonderen Bestimmungen.

VI Sind Kosten zugleich mit einem Geldbetrag im Sinne des § 1 Abs. 1 der Einforderungs- und Beitreibungsanordnung einzuziehen, richtet sich das Verfahren nach der Einforderungs- und Beitreibungsanordnung.

Solange es an einem Kostenansatz nach § 4 I 1 KostVfg fehlt, ist die Erinnerung nach § 66 I 1 GKG unzulässig (AG Bad Segeberg NJW-RR 2014, 510). 1

Zuständigkeit

5 I [1]Der Kostenansatz richtet sich, soweit Kosten nach dem Gerichtskostengesetz erhoben werden, nach § 19 GKG, soweit Kosten nach dem Gesetz über Gerichtskosten in Familiensachen erhoben werden, nach § 18 FamGKG, und in den Angelegenheiten der freiwilligen Gerichtsbarkeit nach § 18 GNotKG. [2]Kosten der Vollstreckung von freiheitsentziehenden Maßregeln der Besserung und Sicherung werden bei der nach § 19 Abs. 2 GKG zuständigen Behörde angesetzt, soweit nicht die Landesregierungen durch Rechtsverordnung andere Zuständigkeiten begründet haben (§ 138 Abs. 2 StVollzG).

II Hat in Strafsachen der Bundesgerichtshof die Sache ganz oder teilweise zur anderweitigen Verhandlung und Entscheidung zurückverwiesen, übersendet die für den Kostenansatz zuständige Behörde eine beglaubigte Abschrift der rechtskräftigen Entscheidung zum Kostenansatz an den Bundesgerichtshof.

III Zu den durch die Vorbereitung der öffentlichen Klage entstandenen Kosten (Nrn. 9015, 9016 KV GKG) gehören auch

1. **die Auslagen, die der Polizei bei der Ausführung von Ersuchen des Gerichts oder der Staatsanwaltschaft, bei der Tätigkeit der Polizeibeamten als Ermittlungspersonen der Staatsanwaltschaft und in den Fällen entstehen, in denen die Polizei nach § 163 StPO aus eigenem Entschluss Straftaten erforscht,**
2. **Auslagen, die den zuständigen Verwaltungsbehörden als Verfolgungsorganen in Straf- und Bußgeldsachen erwachsen sind.**

IV [1]Wenn das Gericht in einem Strafverfahren wegen einer Steuerstraftat auf eine Strafe oder Maßnahme oder in einem Bußgeldverfahren wegen einer Steuerordnungswidrigkeit auf eine Geldbuße oder Nebenfolge erkennt, gehören zu den Kosten des gerichtlichen Verfahrens die Auslagen, die einer Finanzbehörde bei der Untersuchung und bei der Teilnahme am gerichtlichen Verfahren entstanden sind. [2]Diese Auslagen sind nicht nach § 464b StPO festzusetzen, sondern als Gerichtskosten zu berechnen und einzuziehen. [3]Soweit die Auslagen bei einer Bundesfinanzbehörde entstanden sind, werden sie als durchlaufende Gelder behandelt und an sie abgeführt (vgl. § 24 Abs. 7, § 32), wenn sie den Betrag von 25 Euro übersteigen. [4]An die Landesfinanzbehörden werden eingezogene Beträge nicht abgeführt.

V [1]Geht ein Mahnverfahren gegen mehrere Antragsgegner nach Widerspruch oder Einspruch in getrennte Streitverfahren bei verschiedenen Gerichten über, übersendet das Mahngericht den übernehmenden Gerichten jeweils einen vollständigen Verfahrensausdruck samt Kostenrechnung. [2]Letztere muss Angaben darüber enthalten, ob die Kosten bereits angefordert (§§ 25 und 26) oder eingezahlt sind. [3]Bei nicht maschineller Bearbeitung hat der Kostenbeamte des abgebenden Gerichts den Kostenbeamten der übernehmenden Gerichte das Original oder eine beglaubigte Abschrift der Kostenrechnung zu übersenden und sie über das sonst von ihm Veranlasste

zu unterrichten. [4]Zahlungsanzeigen und sonstige Zahlungsnachweise sind im Original oder in beglaubigter Ablichtung beizufügen.

VI [1]Die Kosten für

1. **die Eröffnung einer Verfügung von Todes wegen,**
2. **die Abnahme einer eidesstattlichen Versicherung zwecks Erwirkung eines Erbscheins und**
3. **die Beurkundung der Ausschlagung der Erbschaft oder der Anfechtung der Ausschlagung der Erbschaft**

werden bei dem nach § 343 FamFG zuständigen Nachlassgericht angesetzt (§ 18 Abs. 1 Nr. 1, Abs. 2 GNotKG). [2]Erfolgt die Eröffnung oder die Beurkundung bei einem anderen Gericht, ist das Nachlassgericht zu verständigen. [3]Diese Bestimmungen gelten auch dann, wenn die beiden Gerichte in verschiedenen Ländern der Bundesrepublik liegen. [4]Sie gelten nicht für Kosten einer Beurkundung nach § 31 IntErbRVG (§ 18 Abs. 2 Satz 2 GNotKG). [5]Soweit das Landwirtschaftsgericht an die Stelle des Nachlassgerichts tritt, wird auch die Gebühr für die Abnahme einer eidesstattlichen Versicherung zwecks Erwirkung eines Erbscheins beim Landwirtschaftsgericht angesetzt.

1 Mietkosten der Polizei für einen Computer zwecks einer Telefonüberwachung zählen nicht zu den Auslagen nach III (OLG Celle NStZ 2001, 221).

Kostenansatz bei Verweisung eines Rechtsstreits an ein Gericht eines anderen Landes

6 I Wird ein Rechtsstreit an ein Gericht eines anderen Landes der Bundesrepublik verwiesen, so ist für den Kostenansatz der Kostenbeamte des Gerichts zuständig, das nach der Vereinbarung des Bundes und der Länder über den Ausgleich von Kosten (Bekanntmachungen des Bundesministeriums für Arbeit und Sozialordnung vom 26. Juli 2001 [BAnz. S. 16801] und des Bundesministeriums für Arbeit und Soziales vom 4. März 2010 [BAnz. S. 1108]) die Kosten einzuziehen hat.

II Einzuziehende Beträge, die nach § 59 RVG auf die Staatskasse übergegangen sind, werden im Falle der Verweisung eines Rechtsstreits an ein Gericht eines anderen Landes bei dem Gericht angesetzt, an das der Rechtsstreit verwiesen worden ist (vgl. Vereinbarung über den Ausgleich von Kosten – a. a. O.).

Voraussetzungen des Kostenansatzes und Feststellung der Kostenschuldner im Allgemeinen

7 I [1]Wer Kostenschuldner ist und in welchem Umfang er haftet, stellt der Kostenbeamte fest. [2]Dabei ist zu beachten, dass nach § 29 Nr. 3 GKG, § 24 Nr. 3 FamGKG, § 27 Nr. 3 GNotKG und § 18 Nr. 3 JVKostG auch Dritte, die kraft Gesetzes für die Kostenschuld eines anderen haften (im letztgenannten Fall nach den Vorschriften des bürgerlichen Rechts z. B. Erben, Ehegatten, Vermögensübernehmer), als Kostenschuldner auf Leistung oder Duldung der Zwangsvollstreckung in Anspruch genommen werden können.

II Haften mehrere Kostenschuldner als Gesamtschuldner, bestimmt der Kostenbeamte unter Beachtung der Grundsätze in § 8, wer zunächst in Anspruch genommen werden soll.

III Die Ermittlung und Feststellung von Personen, die nicht der Staatskasse für die Kostenschuld haften, sondern nur dem Kostenschuldner gegenüber zur Erstattung der Kosten verpflichtet sind, ist nicht Sache des Kostenbeamten.

Kostengesamtschuldner

8 **I [1]Soweit in Angelegenheiten, für die das Gerichtskostengesetz, das Gesetz über Gerichtskosten in Familiensachen oder das Gerichts- und Notarkostengesetz gilt, einem gesamtschuldnerisch haftenden Kostenschuldner die Kosten durch gerichtliche Entscheidung auferlegt oder von ihm durch eine vor Gericht abgegebene oder ihm mitgeteilte Erklärung übernommen sind, soll die Haftung des anderen gesamtschuldnerisch haftenden Kostenschuldners (Zweitschuldners) nur geltend gemacht werden, wenn eine Zwangsvollstreckung in das bewegliche Vermögen des erstgenannten Kostenschuldners (Erstschuldners) erfolglos geblieben ist oder aussichtslos erscheint (§ 31 Abs. 2 Satz 1, § 18 GKG, § 26 Abs. 2 Satz 1, § 17 FamGKG, § 33 Abs. 1 Satz 1, § 17 GNotKG). [2]Dass die Zwangsvollstreckung aussichtslos sei, kann regelmäßig angenommen werden, wenn ein Erstschuldner mit bekanntem Wohnsitz oder Sitz oder Aufenthaltsort im Ausland der Zahlungsaufforderung nicht nachkommt und gegen ihn ggf. im Ausland vollstreckt werden müsste. [3]Dies gilt insbesondere dann, wenn die Zwangsvollstreckung im Ausland erfahrungsgemäß lange Zeit in Anspruch nimmt oder mit unverhältnismäßig hohen Kosten verbunden wäre.**

II [1]Soweit einem Kostenschuldner, der aufgrund von § 29 Nr. 1 GKG, § 24 Nr. 1 FamGKG oder § 27 Nr. 1 GNotKG haftet (Entscheidungsschuldner), Prozess- oder Verfahrenskostenhilfe bewilligt worden ist, darf die Haftung eines anderen Kostenschuldners nicht geltend gemacht werden; von diesem bereits erhobene Kosten sind zurückzuzahlen, soweit es sich nicht um eine Zahlung nach § 13 Abs. 1 und 3 des Justizvergütungs- und -entschädigungsgesetzes handelt und die Partei, der Prozess- oder Verfahrenskostenhilfe bewilligt worden ist, der besonderen Vergütung zugestimmt hat. [2]Die Haftung eines anderen Kostenschuldners darf auch nicht geltend gemacht werden, soweit dem Entscheidungsschuldner ein Betrag für die Reise zum Ort einer Verhandlung, Vernehmung oder Untersuchung und für die Rückreise gewährt worden ist (§ 31 Abs. 3 GKG, § 26 Abs. 3 FamGKG, § 33 Abs. 2 GNotKG).

III Absatz 2 ist entsprechend anzuwenden, soweit der Kostenschuldner aufgrund von § 29 Nr. 2 GKG, § 24 Nr. 2 FamGKG oder § 27 Nr. 2 GNotKG haftet (Übernahmeschuldner) und wenn

1. **der Kostenschuldner die Kosten in einem vor Gericht abgeschlossenen oder durch Schriftsatz gegenüber dem Gericht angenommenen Vergleich übernommen hat,**
2. **der Vergleich einschließlich der Verteilung der Kosten von dem Gericht vorgeschlagen worden ist und**
3. **das Gericht in seinem Vergleichsvorschlag ausdrücklich festgestellt hat, dass die Kostenregelung der sonst zu erwartenden Kostenentscheidung entspricht (§ 31 Abs. 4 GKG, § 26 Abs. 4 FamGKG, § 33 Abs. 3 GNotKG).**

IV [1]In allen sonstigen Fällen der gesamtschuldnerischen Haftung für die Kosten bestimmt der Kostenbeamte nach pflichtgemäßem Ermessen, ob der geschuldete Betrag von einem Kostenschuldner ganz oder von mehreren nach Kopfteilen angefordert werden soll. [2]Dabei kann insbesondere berücksichtigt werden,

1. **welcher Kostenschuldner die Kosten im Verhältnis zu den übrigen endgültig zu tragen hat,**
2. **welcher Verwaltungsaufwand durch die Inanspruchnahme nach Kopfteilen entsteht,**
3. **ob bei einer Verteilung nach Kopfteilen Kleinbeträge oder unter der Vollstreckungsgrenze liegende Beträge anzusetzen wären,**
4. **ob die Kostenschuldner in Haushaltsgemeinschaft leben,**
5. **ob anzunehmen ist, dass einer der Gesamtschuldner nicht zur Zahlung oder nur zu Teilzahlungen in der Lage ist.**

1 Während I–III im Wesentlichen gesetzliche Vorschriften wiederholt, enthält vor allem IV eigenständige Bestimmungen für die in Inanspruchnahme gleichrangig haftender Gesamtschuldner. Das in diesen Fällen bestehende Ermessen des Kostenbeamten war durch III idF bis 31.3.2014 erheblich eingeschränkt, woraus sich eine enge Selbstbindung der Verwaltung ergab. Mit der Neuregelung zum 1.4.2014 wurde das Ermessen des Kostenbeamten deutlich ausgeweitet, wodurch sich wiederum die Selbstbindung der Verwaltung gelockert hat. Die zu III aF ergangene Rechtsprechung kann daher nicht ohne Weiteres auf die gegenwärtige Regelung übertragen werden. Zwar gilt nach wie vor, dass der Kostenbeamte bei seiner Ermessensausübung gleichgelagerte Sachverhalte gleich behandeln muss und dies über Art. 3 I GG gerichtlich überprüfbar bleibt. Dabei handelt es sich aber – anders als bei III aF – nicht um eine Selbstbindung, die sich im Einzelnen unmittelbar aus der KostVfg ergibt. Bleiben die in IV aufgestellten Grundsätze allerdings ohne zwingenden Grund vollständig unberücksichtigt, ist der Kostenansatz nach wie vor unter dem Gesichtspunkt einer Selbstbindung der Verwaltung ermessenswidrig (FG Hessen BeckRS 2022, 30021).

Kosten bei Bewilligung von Prozess- oder Verfahrenskostenhilfe

9 **Bei Bewilligung von Prozess- oder Verfahrenskostenhilfe sind die Durchführungsbestimmungen zur Prozess- und Verfahrenskostenhilfe sowie zur Stundung der Kosten des Insolvenzverfahrens (DB-PKH) zu beachten.**

1 Wegen der Stundung der Kosten im Insolvenzverfahren vgl. die Kommentierung zu § 4a InsO in diesem Werk.

Unvermögen des Kostenschuldners in anderen Fällen

10 **I 1 In anderen als den in § 8 Abs. 2, 3 und in der Nr. 3.1 der Durchführungsbestimmungen zur Prozess- und Verfahrenskostenhilfe sowie zur Stundung der Kosten des Insolvenzverfahrens (DB-PKH) bezeichneten Fällen darf der Kostenbeamte vom Ansatz der Kosten nur dann absehen, wenn das dauernde Unvermögen des Kostenschuldners zur Zahlung offenkundig oder ihm aus anderen Vorgängen bekannt ist oder wenn sich der Kostenschuldner dauernd an einem Ort aufhält, an dem eine Beitreibung keinen Erfolg verspricht. 2 Das dauernde Unvermögen des Kostenschuldners ist nicht schon deshalb zu verneinen, weil er möglicherweise später einmal in die Lage kommen könnte, die Schuld ganz oder teilweise zu bezahlen. 3 Wenn dagegen bestimmte Gründe vorliegen, die dies mit einiger Sicherheit erwarten lassen, liegt dauerndes Unvermögen nicht vor.**

II Ohne Rücksicht auf das dauernde Unvermögen des Kostenschuldners sind die Kosten anzusetzen,

1. wenn ein zahlungsfähiger Kostenschuldner für die Kosten mithaftet;
2. wenn anzunehmen ist, dass durch Ausübung des Zurückbehaltungsrechts (§ 23) die Zahlung der Kosten erreicht werden kann, insbesondere dann, wenn ein anderer Empfangsberechtigter an der Aushändigung der zurückbehaltenen Schriftstücke ein Interesse hat;
3. wenn die Kosten zugleich mit einem Geldbetrag im Sinne des § 1 Abs. 1 der Einforderungs- und Beitreibungsanordnung einzuziehen sind (§ 4 Abs. 6);
4. wenn es sich um Gebühren oder Vorschüsse handelt, von deren Entrichtung die Vornahme einer Amtshandlung abhängt (§ 26).

III 1 Angaben im Verfahren über die Prozess- oder Verfahrenskostenhilfe, Feststellungen im Strafverfahren über die Einkommens- und Vermögensverhältnisse des Beschuldigten (Nr. 14 der Richtlinien für das Strafverfahren und das Bußgeldverfahren) oder Mitteilungen der Vollstreckungsbehörde können dem Kostenbeamten einen Anhalt für seine Entschließung bieten. 2 Er wird dadurch aber nicht von der Verpflichtung entbunden, selbständig zu prüfen und zu entscheiden, ob tatsächlich Unvermögen zur Zahlung

anzunehmen ist. [3]Nötigenfalls stellt er geeignete Ermittlungen an. [4]In Strafsachen sind an Stellen außerhalb der Justizverwaltung Anfragen nach den wirtschaftlichen Verhältnissen des Kostenschuldners nur ausnahmsweise und nur dann zu richten, wenn nicht zu befürchten ist, dass dem Kostenschuldner aus diesen Anfragen Schwierigkeiten erwachsen könnten. [5]Bei der Fassung etwaiger Anfragen ist jeder Hinweis darauf zu vermeiden, dass es sich um Kosten aus einer Strafsache handelt.

IV Der Kostenbeamte vermerkt in den Akten, dass er die Kosten nicht angesetzt hat; er gibt dabei die Gründe kurz an und verweist auf die Aktenstelle, aus der sie ersichtlich sind.

V Nach Absatz 1 außer Ansatz gelassene Kosten sind anzusetzen, wenn Anhaltspunkte dafür bekannt werden, dass eine Einziehung Erfolg haben wird.

Selbst über den Gleichbehandlungsgrundsatz (Art. 3 I GG) folgt aus § 10 kein 1
subjektiv-öffentliches Recht des Kostenschuldners (VGH Mannheim RVGReport 2019, 233), denn die Vorschrift dient lediglich der Verfahrensvereinfachung und gilt deshalb nur im Innenverhältnis zwischen dem Land und den Kostenbeamten (BFH RVGReport 2016, 35; BSG RVGReport 2017, 75; BGH NStZ-RR 2021, 230).

Nichterhebung von Auslagen

11 [1]Der Kostenbeamte ist befugt, folgende Auslagen außer Ansatz zu lassen:

1. Auslagen, die durch eine von Amts wegen veranlasste Verlegung eines Termins oder Vertagung einer Verhandlung entstanden sind (§ 21 Abs. 1 Satz 2 GKG, § 20 Abs. 1 Satz 2 FamGKG, § 21 Abs. 1 Satz 2 GNotKG),
2. Auslagen, die durch eine vom Gericht fehlerhaft ausgeführte Zustellung angefallen sind (z. B. doppelte Ausführung einer Zustellung, fehlerhafte Adressierung),
3. Auslagen, die entstanden sind, weil eine angeordnete Abladung von Zeugen, Sachverständigen, Übersetzern usw. nicht oder nicht rechtzeitig ausgeführt worden ist.

[2]Der Kostenbeamte legt die Akten aber dem Gericht mit der Anregung einer Entscheidung vor, wenn dies mit Rücksicht auf rechtliche oder tatsächliche Schwierigkeiten erforderlich erscheint. [3]Die Entscheidung des Kostenbeamten nach Satz 1 ist keine das Gericht bindende Anordnung im Sinne von § 21 Abs. 2 Satz 3 GKG, § 20 Abs. 2 Satz 3 FamGKG und § 21 Abs. 2 Satz 3 GNotKG.

Absehen von Wertermittlungen
– zu Vorbemerkung 1.1 Abs. 1 KV GNotKG, Vorbemerkung 1.3.1 Abs. 2 KV FamGKG –

12 Von Wertermittlungen kann abgesehen werden, wenn nicht Anhaltspunkte dafür bestehen, dass das reine Vermögen des Fürsorgebedürftigen mehr als 25 000 Euro beträgt.

Kostenansatz bei gegenständlich beschränkter Gebührenfreiheit

13 [1]Bei Erbscheinen und ähnlichen Zeugnissen (Nr. 12210 KV GNotKG), die zur Verwendung in einem bestimmten Verfahren gebührenfrei oder zu ermäßigten Gebühren zu erteilen sind (z. B. gemäß § 317 Abs. 5 LAG, § 64 Abs. 2 SGB X, § 31 Abs. 1c VermG i. V. m. § 181 BEG), hat der Kostenbeamte die Urschrift und Ausfertigung der Urkunde mit dem Vermerk „Zum ausschließlichen Gebrauch für das ...-verfahren gebührenfrei – zu ermäßigten Gebühren – erteilt" zu versehen. [2]Die Ausfertigung ist der Behörde oder Dienststelle, bei der das Verfahren anhängig ist, mit dem

Ersuchen zu übersenden, den Beteiligten weder die Ausfertigung auszuhändigen noch eine Abschrift zu erteilen.

Haftkosten

14 [1] **Die Erhebung von Kosten der Vollstreckung von freiheitsentziehenden Maßregeln der Besserung und Sicherung richtet sich nach § 138 Abs. 2, § 50 StVollzG.** [2] **Die Kosten der Untersuchungshaft sowie einer sonstigen Haft außer Zwangshaft, die Kosten einer einstweiligen Unterbringung (§ 126a StPO), einer Unterbringung zur Beobachtung (§ 81 StPO) und einer einstweiligen Unterbringung in einem Heim für Jugendhilfe (§ 71 Abs. 2, § 72 Abs. 4 JGG) werden nur angesetzt, wenn sie auch von einem Gefangenen im Strafvollzug zu erheben wären (Nr. 9011 KV GKG, Nr. 2009 KV FamGKG, Nr. 31011 KV GNotKG, Vorbemerkung 2 KV JVKostG i. V. m. Nr. 9011 KV GKG).**

Zeit des Kostenansatzes im Allgemeinen

15 I [1] **Soweit nichts anderes bestimmt oder zugelassen ist, werden Kosten alsbald nach Fälligkeit angesetzt (z. B. § 6 Abs. 1 und 2, §§ 7 bis 9 GKG, §§ 9 bis 11 FamGKG, §§ 8, 9 GNotKG) und Kostenvorschüsse berechnet, sobald sie zu leisten sind (z. B. §§ 15 bis 18 GKG, §§ 16, 17 FamGKG, §§ 13, 14, 17 GNotKG).** [2] **Dies gilt insbesondere auch vor Versendung der Akten an das Rechtsmittelgericht.**

II [1] **Auslagen sind in der Regel erst bei Beendigung des Rechtszuges anzusetzen, wenn kein Verlust für die Staatskasse zu befürchten ist.** [2] **Das Gleiche gilt für die Abrechnung der zu ihrer Deckung erhobenen Vorschüsse.** [3] **Werden jedoch im Laufe des Verfahrens Gebühren fällig, sind mit ihnen auch die durch Vorschüsse nicht gedeckten Auslagen anzusetzen.**

III **Absatz 2 gilt nicht**

1. **für Auslagen, die in Verfahren vor einer ausländischen Behörde entstehen,**
2. **für Auslagen, die einer an der Sache nicht beteiligten Person zur Last fallen.**

IV [1] **Steht zu dem in Absatz 1 bezeichneten Zeitpunkt der den Gebühren zugrunde zu legende Wert noch nicht endgültig fest, werden die Gebühren unter dem Vorbehalt späterer Berichtigung nach einer vorläufigen Wertannahme angesetzt.** [2] **Auf rechtzeitige Berichtigung ist zu achten (vgl. § 20 GKG, § 19 FamGKG, § 20 GNotKG); in Angelegenheiten, auf die das Gerichts- und Notarkostengesetz Anwendung findet, ist erforderlichenfalls dem Kostenschuldner mitzuteilen, dass ein Wertermittlungsverfahren eingeleitet ist (§ 20 Abs. 2 GNotKG).** [3] **Dasselbe gilt für Angelegenheiten, auf die das Gesetz über Gerichtskosten in Familiensachen Anwendung findet (§ 19 Abs. 2 FamGKG).**

Zeit des Kostenansatzes in besonderen Fällen

16 **I. Gebühr für die Durchführung des Insolvenzverfahrens – zu Nrn. 2320, 2330 KV GKG –**

I **Die Gebühr für die Durchführung des Insolvenzverfahrens ist spätestens nach Abhaltung des Prüfungstermins (§ 176 InsO) anzusetzen.**

II **Bei Einstellung des Insolvenzverfahrens oder nach Bestätigung des Insolvenzplanes hat der Kostenbeamte den Insolvenzverwalter schriftlich aufzufordern, einen Betrag zurückzubehalten, der zur Deckung der näher zu bezeichnenden Gerichtskosten ausreicht.**

II. Kosten in Vormundschafts-, Dauerbetreuungs-, Dauerpflegschafts- und Nachlassachen

– zu § 8 GNotKG, § 10 FamGKG –

[1] Die bei Vormundschaften, Dauerbetreuungen und -pflegschaften sowie bei Nachlasssachen zu Beginn eines jeden Kalenderjahres fällig werdenden Gebühren sind spätestens, wenn kein Verlust für die Staatskasse zu besorgen ist, anlässlich der Prüfung der jährlichen Rechnungslegung oder, wenn eine solche nicht stattfindet, der Prüfung des jährlichen Berichts über die persönlichen Verhältnisse anzusetzen. [2] Zur Sicherstellung des rechtzeitigen Ansatzes dieser Gebühren sind die in Betracht kommenden Akten von dem Kostenbeamten in ein Verzeichnis einzutragen, das mindestens folgende Spalten enthält:

1. Lfd. Nr.
2. Aktenzeichen
3. Bezeichnung der Sache
4. Jahresgebühr berechnet am:

III. Kosten in Scheidungsfolgesachen und in Folgesachen

Gebühren in Scheidungsfolgesachen und in Folgesachen eines Verfahrens über die Aufhebung der Lebenspartnerschaft werden erst angesetzt, wenn eine unbedingte Entscheidung über die Kosten ergangen ist oder das Verfahren oder die Instanz durch Vergleich, Zurücknahme oder anderweitige Erledigung beendet ist (§ 9 Abs. 1, § 11 Abs. 1 FamGKG).

Heranziehung steuerlicher Werte
– zu § 40 Abs. 6, § 46 Abs. 3 Satz 1 Nr. 3, § 48 GNotKG –

17 I [1] Wird auf einen für Zwecke der Steuererhebung festgesetzten Wert (§ 46 Abs. 3 Satz 1 Nr. 3 GNotKG) oder den Einheitswert von Grundbesitz (§ 48 GNotKG) zurückgegriffen, genügt als Nachweis die Vorlage des Steuerbescheides (Feststellungsbescheides, Einheitswertbescheides), sofern sich der Einheitswert des Grundbesitzes nicht schon aus der steuerlichen Unbedenklichkeitsbescheinigung ergibt. [2] Das Finanzamt ist um Auskunft über die Höhe der für Zwecke der Steuererhebung festgesetzten Werte, die Höhe des Einheitswertes oder um Erteilung einer Abschrift des entsprechenden Steuerbescheides nur zu ersuchen, wenn der Kostenschuldner den Steuerbescheid nicht vorlegt, ausnahmsweise auch dann, wenn die Wertermittlung besonders schwierig ist. [3] Für die Aufbewahrung des Einheitswertbescheides gelten die Bestimmungen der Aktenordnung entsprechend.

II [1] Das Finanzamt ist für die Ermittlung des Nachlasswertes und der Zusammensetzung des Nachlasses gemäß § 40 Abs. 6 GNotKG nur in Einzelfällen nachrangig um Auskunft zu ersuchen, z. B. wenn die Beteiligten keine für die Wertermittlung erforderlichen Angaben mitteilen oder Anhaltspunkte dafür bestehen, dass diese Angaben unrichtig sind. [2] War bereits ein Kostenansatz aufgestellt und gibt die Auskunft des Finanzamts Anlass, den Kostenansatz zu ändern, ist dessen Änderung durch den Kostenbeamten zu veranlassen; wird dabei eine Nacherhebung von Kosten erforderlich, ist diese unter Beachtung des § 20 GNotKG vorzunehmen. [3] Ist bereits eine Festsetzung des Geschäftswerts erfolgt, ist die Auskunft des Finanzamts zunächst dem für die Wertfestsetzung zuständigen Richter oder Rechtspfleger vorzulegen, damit dieser prüfen kann, ob eine Änderung des festgesetzten Geschäftswerts innerhalb der Frist des § 79 Abs. 2 Satz 2 GNotKG veranlasst ist.

Kostenansatz bei gleichzeitiger Belastung mehrerer Grundstücke
– zu § 18 Abs. 3 GNotKG –

18 [1] Für die Eintragung oder Löschung eines Gesamtrechts sowie für die Eintragung der Veränderung eines solchen Rechts bei mehreren Grundbuchämtern werden die Kosten im Fall der Nummern 14122, 14131 oder 14141 KV GNotKG bei dem Gericht angesetzt, bei dessen Grundbuchamt der Antrag zuerst eingegangen ist. [2] Entsprechendes gilt für die Eintragung oder Löschung eines Gesamtrechts sowie für die Eintragung der Veränderung eines solchen Rechts bei mehreren Registergerichten im Fall der Nummern 14221, 14231 oder 14241 KV GNotKG (§ 18 Abs. 3 GNotKG). [3]Die Kostenbeamten der beteiligten Grundbuchämter bzw. Registergerichte haben sich vorab wegen des Kostenansatzes und des Zeitpunktes des Eingangs der Anträge zu verständigen; das die Kosten ansetzende Grundbuchamt bzw. Registergericht hat eine Abschrift der Kostenrechnung an alle beteiligten Grundbuchämter bzw. Registergerichte zu übermitteln.

Gerichtsvollzieherkosten
– zu § 13 Abs. 3 GvKostG –

19 Hat der Gerichtsvollzieher bei Aufträgen, die ihm vom Gericht erteilt werden, die Gerichtsvollzieherkosten (Gebühren und Auslagen) zu den Akten mitgeteilt und nicht angezeigt, dass er sie eingezogen hat, sind sie als Auslagen des gerichtlichen Verfahrens anzusetzen (vgl. § 13 Abs. 3 GvKostG, § 24 Abs. 7 Satz 3).

Kostensicherung

20 I Zur Sicherung des Kosteneingangs sehen die Kostengesetze vor

1. die Erhebung von Kostenvorschüssen, von denen die Vornahme einer Amtshandlung nicht abhängt (z. B. §§ 15, 17 Abs. 3 GKG, § 16 Abs. 3 FamGKG, § 14 Abs. 3 GNotKG);
2. die Zurückstellung von Amtshandlungen bis zur Entrichtung bestimmter Gebühren oder Kostenvorschüsse (z. B. § 12 Abs. 1 und 3 bis 6, §§ 12a, 13, 17 Abs. 1 und 2 GKG, § 14 Abs. 1 und 3, § 16 Abs. 1 und 2 FamGKG, §§ 13, 14 Abs. 1 und 2 GNotKG, § 8 Abs. 2 JVKostG);
3. die Ausübung des Zurückbehaltungsrechts (§ 23).

II [1]Die Erhebung eines Kostenvorschusses, von dessen Zahlung die Amtshandlung nicht abhängt (Absatz 1 Nr. 1), ordnet der Kostenbeamte selbständig an. [2]Das Gleiche gilt in den Fällen der §§ 12, 12a, 13 GKG und § 14 FamGKG, jedoch ist der Eingang zunächst dem Richter (Rechtspfleger) vorzulegen, wenn sich daraus ergibt, dass die Erledigung der Sache ohne Vorauszahlung angestrebt wird.

III Soweit eine gesetzliche Vorschrift die Abhängigmachung der Vornahme des Geschäfts von der Vorauszahlung der Kosten gestattet (z. B. §§ 379a, 390 Abs. 4 StPO, § 17 Abs. 1 Satz 2, Abs. 2 GKG, § 16 Abs. 1 Satz 2, Abs. 2 FamGKG, §§ 13, 14 Abs. 1 Satz 2, Abs. 2 GNotKG), hat der Kostenbeamte vor der Einforderung des Vorschusses die Entscheidung des Richters (Rechtspflegers) einzuholen; dies gilt nicht in den Fällen der §§ 12, 12a, 13 GKG und § 14 FamGKG (vgl. Absatz 2 Satz 2).

IV In Justizverwaltungsangelegenheiten bestimmt der nach § 46 zuständige Beamte die Höhe des Vorschusses.

V Ist die Vornahme einer Amtshandlung nicht von der Zahlung eines Auslagenvorschusses abhängig, soll dieser regelmäßig nur eingefordert werden, wenn die Auslagen mehr als 25 Euro betragen oder ein Verlust für die Staatskasse zu befürchten ist.

VI In den Fällen des Absatzes 1 Nr. 1 und 3 sowie des § 17 Abs. 2 GKG, des § 16 Abs. 2 FamGKG und des § 14 Abs. 2 GNotKG sowie in gleichartigen Fällen ist ein Vorschuss nicht zu erheben, wenn eine Gemeinde, ein Gemeindeverband oder eine sonstige Körperschaft des öffentlichen Rechts Kostenschuldner ist.

Sicherstellung der Kosten (Abschnitt 3 GNotKG)

21 [1]Wird Sicherstellung zugelassen, wird der Vorschuss zwar berechnet, aber nicht nach § 4 Abs. 2 angefordert. [2]Die Sicherheit kann vorbehaltlich anderer Anordnungen des Richters (Rechtspflegers) in der in den §§ 232 bis 240 BGB vorgesehenen Weise geleistet werden. [3]Die Verwertung der Sicherheit ist Sache der Vollstreckungsbehörde, nachdem ihr die aus Anlass des Geschäfts erwachsenen Kosten zur Einziehung überwiesen sind.

Jährliche Vorschüsse im Zwangsverwaltungsverfahren
– zu § 15 Abs. 2 GKG –

22 I [1]Der jährlich zu erhebende Gebührenvorschuss soll regelmäßig in Höhe einer Gebühr mit einem Gebührensatz von 0,5 bemessen werden. [2]Daneben ist ein Auslagenvorschuss in Höhe der im laufenden Jahr voraussichtlich erwachsenen Auslagen zu erheben.

II [1]In Zwangsverwaltungsverfahren, in denen Einnahmen erzielt werden, deren Höhe die Gebühren und Auslagen deckt, kann die Jahresgebühr, wenn kein Verlust für die Staatskasse zu besorgen ist, anlässlich der Prüfung der jährlichen Rechnungslegung angesetzt werden. [2]§ 16 Abschnitt II Satz 2 gilt entsprechend. [3]Von der Erhebung eines Vorschusses kann in diesem Fall abgesehen werden.

Zurückbehaltungsrecht
– zu § 11 GNotKG, § 17 Abs. 2 GKG, § 16 Abs. 2 FamGKG, § 9 JVKostG –

23 I [1]In Angelegenheiten, auf die das Gerichts- und Notarkostengesetz anzuwenden ist, und in Justizverwaltungsangelegenheiten sind Urkunden, Ausfertigungen, Ausdrucke und Kopien sowie gerichtliche Unterlagen regelmäßig bis zur Zahlung der in der Angelegenheit erwachsenen Kosten zurückzubehalten. [2]Die Entscheidung über die Ausübung des Zurückbehaltungsrechts trifft der Kostenbeamte nach billigem Ermessen. [3]Dies gilt entsprechend in den Fällen des § 17 Abs. 2 GKG und des § 16 Abs. 2 FamGKG.

II [1]Kosten, von deren Entrichtung die Herausgabe abhängig gemacht wird, sind so bald wie möglich anzusetzen. [2]Können sie noch nicht endgültig berechnet werden, sind sie vorbehaltlich späterer Berichtigung vorläufig anzusetzen.

III [1]Ist ein anderer als der Kostenschuldner zum Empfang des Schriftstücks berechtigt, hat ihn der Kostenbeamte von der Ausübung des Zurückbehaltungsrechts zu verständigen. [2]Erhält der Empfangsberechtigte in derselben Angelegenheit eine sonstige Mitteilung, ist die Nachricht, dass das Schriftstück zurückbehalten wird, nach Möglichkeit damit zu verbinden.

IV Wegen des Vermerks der Ausübung des Zurückbehaltungsrechts und der Aufführung des dritten Empfangsberechtigten in der Kostenrechnung wird auf § 24 Abs. 6 verwiesen.

V Für die sichere Verwahrung von Wertpapieren, Sparkassenbüchern, Grundpfandrechtsbriefen und sonstigen Urkunden von besonderem Wert ist Sorge zu tragen.

VI Die zurückbehaltenen Schriftstücke sind an den Empfangsberechtigten herauszugeben,

1. wenn die Zahlung der Kosten nachgewiesen ist,
2. wenn die Anordnung, dass Schriftstücke zurückzubehalten sind, vom Kostenbeamten oder durch gerichtliche Entscheidung aufgehoben wird.

Kostenrechnung

24 I Die Urschrift der Kostenrechnung für die Sachakte enthält

1. die Angabe der Justizbehörde, die Bezeichnung der Sache und die Geschäftsnummer,

2. die einzelnen Kostenansätze und die Kostenvorschüsse unter Hinweis auf die angewendete Vorschrift, bei Wertgebühren auch den der Berechnung zugrunde gelegten Wert,
3. den Gesamtbetrag der Kosten,
4. Namen, Anschriften sowie ggf. Geschäftszeichen und Geburtsdaten der Kostenschuldner.

II 1 Haften mehrere als Gesamtschuldner oder hat ein Kostenschuldner die Zwangsvollstreckung in ein bestimmtes Vermögen zu dulden, ist dies in der Urschrift der Kostenrechnung zu vermerken. 2 Bei der anteilmäßigen Inanspruchnahme des Kostenschuldners (z. B. § 8 Abs. 4) ist dort ein eindeutiger Vorbehalt über die Möglichkeit einer weiteren Inanspruchnahme aufzunehmen. 3 Unter Beachtung der Grundsätze in § 8 Abs. 4 ist weiter anzugeben, wie die einzelnen Gesamtschuldner zunächst in Anspruch genommen werden. 4 Erst- und Zweitschuldner (§ 8 Abs. 1) sind ausdrücklich als solche zu bezeichnen. 5 Wird der Zweitschuldner vor dem Erstschuldner in Anspruch genommen (§ 8 Abs. 1), sind die Gründe hierfür kurz anzugeben.

III Ist bei mehreren Kostengesamtschuldnern damit zu rechnen, dass der zunächst in Anspruch Genommene die Kosten bezahlen wird, kann die Aufführung der weiteren Gesamtschuldner durch ausdrücklichen Vermerk vorbehalten werden.

IV 1 Sind Kosten durch Verwendung von Gerichtskostenstemplern entrichtet oder durch Aktenausdrucke nach § 696 Abs. 2 Satz 1 ZPO mit Gerichtskostenrechnungen nachgewiesen, ist zu vermerken, wo sich diese Zahlungsnachweise befinden. 2 Sind Kosten bereits gebucht, ist das Zuordnungsmerkmal des Kassenverfahrens anzugeben.

V Ergeben sich aus den Akten Anhaltspunkte dafür, dass noch weitere Kosten geltend gemacht werden können, die vom Kostenschuldner als Auslagen zu erheben sind (z. B. Vergütungen von Pflichtverteidigern, Verfahrensbeiständen oder Sachverständigen), ist ein eindeutiger Vorbehalt über die Möglichkeit einer Inanspruchnahme für die weiteren, nach Art oder voraussichtlicher Höhe zu bezeichnenden Kosten in die Urschrift der Kostenrechnung aufzunehmen.

VI 1 Die Ausübung des Zurückbehaltungsrechts (§ 23) ist mit kurzer Begründung zu vermerken. 2 Ist ein anderer als der Kostenschuldner zum Empfang des Schriftstücks berechtigt (§ 23 Abs. 3), wird er gleichfalls in der Urschrift der Kostenrechnung aufgeführt.

VII 1 Enthält die Urschrift der Kostenrechnung Beträge, die anderen Berechtigten als der Staatskasse zustehen und nach der Einziehung an sie auszuzahlen sind (durchlaufende Gelder), hat der Kostenbeamte sicherzustellen, dass er von einer Zahlung Kenntnis erlangt. 2 Der Empfangsberechtigte ist in der Urschrift der Kostenrechnung aufzuführen. 3 Im Falle des § 19 ist der Gerichtsvollzieher als empfangsberechtigt zu bezeichnen.

VIII Wenn für einen Vorschuss Sicherheit geleistet ist (§ 21), ist dies durch einen zu unterstreichenden Vermerk anzugeben.

IX Der Kostenbeamte hat die Urschrift der Kostenrechnung unter Angabe von Ort, Tag und Amtsbezeichnung zu unterschreiben.

1 Die Urschrift der Kostenrechnung, zu der die in I vorgesehene Begründung gehört, verbleibt in der Sachakte und bedarf der Unterschrift des Kostenbeamten (IX). § 24 gewährt dem Kostenschuldner zwar kein subjektiv-öffentliches Recht auf die dort vorgesehene Form der Begründung (BGH Rpfleger 1975, 432). Der Kostenschuldner kann gegen die Kostenrechnung aber den Rechtsweg beschreiten. Sie muss ihm daher Klarheit über die Rechtsgrundlage der Kostenforderung vermitteln. Dazu genügen grds die Angaben nach I Nr. 2. Allerdings bedarf es ausnahmsweise einer weitergehenden Begründung, wenn sie nicht ausreichen, um die Kostenrechnung nachvollziehen zu können (OLG Frankfurt a. M. BeckRS 2021, 41595). Das gilt vor allem

bei Ermessensentscheidungen des Kostenbeamten, zB nach der KV Vorb. 2 II FamGKG (KG JurBüro 2019, 375).

Der Kostenschuldner erhält eine Kostenanforderung, zu der ein Ausdruck der ihn betreffenden Inhalte der Kostenrechnung gehört → § 25 Rn. 1. 2

Anforderung der Kosten mit Sollstellung

25 **I Mit der Sollstellung wird die Buchung des zu erhebenden Betrags im Sachbuch der Kasse, die dortige Überwachung des Zahlungseingangs und im Fall der Nichtzahlung die selbständige Einziehung durch die Vollstreckungsbehörde bewirkt.**

II [1]Der Kostenbeamte veranlasst die Sollstellung der Kosten nach den näheren Bestimmungen des Bundesministeriums der Justiz und für Verbraucherschutz oder der jeweiligen Landesjustizverwaltung und sorgt dafür, dass jeder Kostenschuldner, der in Anspruch genommen werden soll, einen Ausdruck der ihn betreffenden Inhalte der Kostenrechnung mit einer Zahlungsaufforderung und einer Rechtsbehelfsbelehrung (Kostenanforderung) erhält. [2]In der Zahlungsaufforderung sind der Zahlungsempfänger mit Anschrift und Bankverbindung sowie das Zuordnungsmerkmal der Sollstellung (z. B. Kassenzeichen) anzugeben. [3]Kostenanforderungen, die automationsgestützt erstellt werden, bedürfen weder einer Unterschrift noch eines Abdrucks des Dienstsiegels; auf der Kostenanforderung ist zu vermerken, dass das Schreiben mit einer Datenverarbeitungsanlage erstellt wurde und daher nicht unterzeichnet wird. [4]Manuell erstellte Kostenrechnungen sind stattdessen mit Unterschrift oder mit dem Abdruck des Dienstsiegels zu versehen.

III Sofern der Kostenschuldner im automatisierten Mahnverfahren von einem Bevollmächtigten vertreten wird, kann die Kostenanforderung diesem zugesandt werden.

Im Gegensatz zur Urschrift der Kostenrechnung (§ 24 I → § 24 Rn. 1) bedarf eine Kostenanforderung, die automationsgestützt erstellt wurde, nach III 3 weder einer Unterschrift noch eines Abdrucks des Dienstsiegels (BGH ZfS 2021, 345; OVG Lüneburg JurBüro 2020, 301; OVG Lüneburg JurBüro 2020, 378). Auf ihr ist lediglich zu vermerken, dass das Schreiben mit einer Datenverarbeitungsanlage erstellt wurde und daher nicht unterzeichnet wird. 1

Anforderung der Kosten ohne Sollstellung
– zu §§ 379a, 390 Abs. 4 StPO, §§ 12, 12a, 13, 17 Abs. 1 Satz 2, Abs. 2 GKG, §§ 14, 16 Abs. 1 Satz 2, Abs. 2 FamGKG, §§ 13, 14 Abs. 1 Satz 2, Abs. 2 GNotKG, § 8 Abs. 2 JVKostG –

26 **I [1]Vorweg zu erhebende Gebühren und Kostenvorschüsse, von deren Entrichtung die Vornahme einer Amtshandlung oder die Einleitung oder der Fortgang eines Verfahrens abhängig ist, sind ohne Sollstellung unmittelbar vom Zahlungspflichtigen anzufordern; das Gleiche gilt im Falle der Ausübung des Zurückbehaltungsrechts (§ 23). [2]§ 24 Abs. 1 ist zu beachten. [3]Die Kostenanforderung ist mit einer Rechtsbehelfsbelehrung zu versehen. [4]Wegen der Einzelheiten der Kostenanforderung ohne Sollstellung wird auf die näheren Bestimmungen des Bundesministeriums der Justiz und für Verbraucherschutz oder der jeweiligen Landesjustizverwaltung verwiesen.**

II Steht der Wert des Streitgegenstandes oder der Geschäftswert noch nicht endgültig fest, sind der Berechnung vorläufig die Angaben des Klägers oder Antragstellers zugrunde zu legen, sofern sie nicht offenbar unrichtig sind.

III Hat das Gericht den Betrag des Vorschusses und die Zahlungsfrist selbst bestimmt (z. B. in den Fällen der §§ 379, 402 ZPO), kann eine Kostenrechnung (§ 24 Abs. 1) unterbleiben, wenn das gerichtliche Schriftstück alle für die Bewirkung der Zahlung erforderlichen Angaben enthält.

IV [1]Hat der Zahlungspflichtige auf die Gebühren oder Vorschüsse (Absatz 1) Beträge bezahlt, die zur Deckung nicht völlig ausreichen, ist er auf den Minderbetrag hinzuweisen; hat er noch keine Kostenanforderung erhalten, ist der Minderbetrag ohne Sollstellung entsprechend Absatz 1 anzufordern. [2]Ist der Minderbetrag nur gering, führt der Kostenbeamte zunächst eine Entscheidung des Richters (Rechtspflegers) darüber herbei, ob der Sache gleichwohl Fortgang zu geben sei. [3]Wird der Sache Fortgang gegeben, wird der fehlende Betrag gemäß § 25 mit Sollstellung angefordert, falls er nicht nach den bestehenden Bestimmungen wegen Geringfügigkeit außer Ansatz bleibt; besteht der Richter (Rechtspfleger) dagegen auf der Zahlung des Restbetrages, ist nach Satz 1 zu verfahren.

V Wird in den Fällen der §§ 379a, 390 Abs. 4 StPO der angeforderte Betrag nicht voll gezahlt, sind die Akten alsbald dem Gericht (Vorsitzenden) zur Entscheidung vorzulegen.

VI Sofern der Zahlungspflichtige von einem Bevollmächtigten, insbesondere dem Prozess- oder Verfahrensbevollmächtigten oder Notar, vertreten wird, soll die Kostenanforderung grundsätzlich diesem zur Vermittlung der Zahlung zugesandt werden.

VII [1]Ist die Zahlung des Vorschusses an eine Frist geknüpft (z. B. in den Fällen der §§ 379a, 390 Abs. 4 StPO, § 18 GBO), ist die Kostenanforderung von Amts wegen zuzustellen. [2]In sonstigen Fällen wird sie regelmäßig als Brief abgesandt.

VIII [1]Wird der Kostenanforderung keine Folge geleistet, hat der Kostenbeamte die in der Sache etwa entstandenen oder noch entstehenden Kosten zu berechnen und zum Soll zu stellen (§ 25). [2]Das Gleiche gilt, wenn die Anordnung, durch welche die Vornahme eines Geschäfts von der Vorauszahlung abhängig gemacht war, wieder aufgehoben oder wenn von der gesetzlich vorgesehenen Vorwegleistungspflicht eine Ausnahme bewilligt wird (z. B. nach § 14 GKG, § 15 FamGKG, § 16 GNotKG). [3]Kommt der zur Vorwegleistung Verpflichtete in den Fällen des § 12 Abs. 1, 3 Satz 3 und 4 GKG, des § 12a GKG sowie des § 14 Abs. 1, 3 FamGKG der Zahlungsaufforderung nicht nach, werden die in § 12 Abs. 1, 3 Satz 3 und 4 GKG und § 14 Abs. 1, 3 FamGKG genannten Gebühren nur insoweit angesetzt, als sich der Zahlungspflichtige nicht durch Rücknahme der Klage oder des Antrags von der Verpflichtung zur Zahlung befreien kann.

IX [1]Von der Übersendung einer Schlusskostenrechnung kann abgesehen werden, wenn sich die endgültig festgestellte Kostenschuld mit dem vorausgezahlten Betrag deckt. [2]Ansonsten ist die Schlusskostenrechnung unverzüglich zu übersenden.

1 Die Kostenanforderung iSd I soll nach VI einem vorhandenen Bevollmächtigten des Zahlungspflichtigen übersandt werden, damit er die Zahlung vermittelt (FG Düsseldorf EFG 2022, 1391). Das weicht von § 32 II KostVfG aF ab, nach der die Kostenanforderung einem Bevollmächtigten nur zugesandt werden sollte, wenn er sich zur Vermittlung der Zahlung erboten hatte oder die genaue Anschrift des Zahlungspflichtigen unbekannt war. Die Rechtsprechung des BGH NJW 2015, 2666 und BGH BeckRS 2016, 2556, nach der die Anforderung beim Bevollmächtigten im Übrigen verfahrensfehlerhaft war, ist deshalb überholt (OLG Dresden NJW 2020, 406). Verzögerungen im Verhältnis zu seinem Prozessbevollmächtigten gehen daher zulasten des Zahlungspflichtigen.

2 Auch VIII 3 bindet nur die Verwaltung, nicht jedoch das Gericht → Vor § 1 Rn. 2. Die Regelung wird jedoch allgemein als zutreffende und zugunsten der Kostenschuldner wirkende Auslegung des Gesetzes angesehen (BFH/NV 2022, 1200 mwN).

Abschnitt 3. Weitere Pflichten des Kostenbeamten

Behandlung von Ersuchen und Mitteilungen der Vollstreckungsbehörde

27 **I 1 Ersucht die Vollstreckungsbehörde um Auskunft darüber, ob sich aus den Sachakten Näheres über die Einkommens- und Vermögensverhältnisse eines Kostenschuldners ergibt, insbesondere über das Vorhandensein pfändbarer Ansprüche, hat der Kostenbeamte die notwendigen Feststellungen zu treffen. 2 Befinden sich die Akten beim Rechtsmittelgericht, trifft diese Verpflichtung den Kostenbeamten dieses Gerichts.**

II 1 Ersucht die Vollstreckungsbehörde um eine Änderung oder Ergänzung der Kostenrechnung, weil sie eine andere Heranziehung von Gesamtschuldnern oder eine Erstreckung der Rechnung auf bisher nicht in Anspruch genommene Kostenschuldner für geboten hält, hat der Kostenbeamte aufgrund der Ermittlungen der Vollstreckungsbehörde die Voraussetzungen für die Heranziehung dieser Kostenschuldner festzustellen (vgl. § 7 Abs. 1) und gegebenenfalls eine neue oder ergänzte Kostenrechnung aufzustellen. 2 Die Gründe für die Inanspruchnahme des weiteren Kostenschuldners sind in der Kostenrechnung anzugeben. 3 Soweit hierbei Kosten eines bereits erledigten Rechtsmittelverfahrens zu berücksichtigen sind, sind die dem Kostenbeamten obliegenden Dienstverrichtungen von dem Kostenbeamten des Rechtsmittelgerichts zu erledigen; eine Zweitschuldneranfrage kann vom Kostenbeamten des Gerichts des ersten Rechtszuges beantwortet werden, falls eine Zweitschuldnerhaftung nicht besteht.

III Die Bestimmungen des Absatzes 2 gelten entsprechend, wenn ein Kostenschuldner vorhanden ist, der wegen der Kostenschuld lediglich die Zwangsvollstreckung in ein bestimmtes Vermögen (z. B. der Grundstückseigentümer bei dinglich gesicherten Forderungen, für die er nicht persönlich haftet) zu dulden hat.

IV Wird dem Kostenbeamten eine Mitteilung über die Niederschlagung oder den (Teil-)Erlass der Kostenforderung vorgelegt, hat er zu prüfen, ob weitere Einziehungsmöglichkeiten bestehen und teilt diese der Vollstreckungsbehörde mit.

V 1 Eine Zahlungsanzeige, die sich auf einen zum Soll gestellten Betrag bezieht und nicht bei den Sachakten zu verbleiben hat, ist von dem Kostenbeamten unter Angabe des Grundes der Rückgabe zurückzusenden. 2 Die Rücksendung einer Zahlungsanzeige hat er auf der vorderen Innenseite des Aktenumschlags oder einem Kostenvorblatt zu vermerken. 3 Der Vermerk muss den Einzahler, den Betrag der Einzahlung, die Buchungsnummer und den Grund der Rückgabe enthalten. 4 Abweichend von Satz 2 und 3 kann auch eine Kopie der Zahlungsanzeige zu den Sachakten genommen werden, auf der der Grund der Rückgabe vermerkt ist.

VI 1 Die Rücksendung einer Zweitschuldneranfrage und das mitgeteilte Ergebnis hat der Kostenbeamte auf der Urschrift der Kostenrechnung zu vermerken. 2 Abweichend hiervon kann auch eine Kopie der Zweitschuldneranfrage zu den Sachakten genommen werden, auf der das mitgeteilte Ergebnis vermerkt ist.

Berichtigung des Kostenansatzes

28 **I Der Kostenbeamte hat bei jeder Änderung der Kostenforderung den Kostenansatz zu berichtigen und, wenn hierdurch auch die Kosten eines anderen Rechtszuges berührt werden, den Kostenbeamten dieses Rechtszuges zu benachrichtigen, soweit er nicht selbst für den Kostenansatz des anderen Rechtszuges zuständig ist (z. B. § 5 Abs. 2).**

II 1 Solange eine gerichtliche Entscheidung oder eine Anordnung im Dienstaufsichtsweg nicht ergangen ist, hat er auf Erinnerung oder auch von

Amts wegen unrichtige Kostenansätze richtigzustellen. [2]Will er einer Erinnerung des Kostenschuldners nicht oder nicht in vollem Umfang abhelfen oder richtet sich die Erinnerung gegen Kosten, die auf Grund einer Beanstandung des Prüfungsbeamten angesetzt sind, hat er sie mit den Akten dem Prüfungsbeamten vorzulegen.

1 Bevor eine Erinnerung dem Richter vorgelegt wird, ist nach II und § 38 II 2 zunächst eine Abhilfe im Verwaltungsweg zu prüfen, weil sich dieses Vorgehen im Regelfall als sachgerecht erweist. Dadurch wird das Gericht jedoch nicht daran gehindert, sich bereits vor der Abhilfeentscheidung mit der Erinnerung zu befassen (FG Sachsen-Anhalt BeckRS 2022, 22594).

2 Nach einer vollumfänglichen Abhilfeentscheidung bedarf es keiner (ggf. nochmaligen) Vorlage an den Prüfungsbeamten nach II 2 oder gerichtlichen Entscheidung nach § 66 VI 1 GKG (OVG Lüneburg DÖV 2022, 476).

Nachträgliche Änderung der Kostenforderung

29 **I Ändert sich nachträglich die Kostenforderung, stellt der Kostenbeamte eine neue Kostenrechnung auf, es sei denn, dass die Kostenforderung völlig erlischt.**

II Erhöht sich die Kostenforderung, veranlasst er die Nachforderung des Mehrbetrages gemäß § 25 oder § 26.

III [1]Vermindert sie sich oder erlischt sie ganz, ordnet er durch eine Kassenanordnung die Löschung im Soll oder die Rückzahlung an. [2]In der Kassenanordnung sind sämtliche in derselben Rechtssache zum Soll gestellten oder eingezahlten Beträge, für die der Kostenschuldner haftet, anzugeben; dabei hat der Kostenbeamte, wenn mehrere Beträge zum Soll stehen, diejenigen Beträge zu bezeichnen, für die weitere Kostenschuldner vorhanden sind. [3]Die Anordnung der Löschung oder Rückzahlung ist unter Angabe des Betrages auf der Urschrift der Kostenrechnung in auffälliger Weise zu vermerken.

IV [1]Bei Vertretung durch einen Prozess- oder Verfahrensbevollmächtigten (§ 81 ZPO, § 11 FamFG, § 113 Abs. 1 Satz 2 FamFG) ist die Rückzahlung an diesen anzuordnen, es sei denn, die Partei oder der Beteiligte hat der Rückzahlung gegenüber dem Gericht ausdrücklich widersprochen. [2]Stimmt der Bevollmächtigte in diesem Fall der Rückzahlung an die Partei oder den Beteiligten nicht zu, sind die Akten dem Prüfungsbeamten zur Entscheidung vorzulegen.

V In anderen Fällen ist die Rückzahlung an einen Bevollmächtigten anzuordnen,

1. **wenn er eine Vollmacht seines Auftraggebers zu den Akten einreicht, die ihn allgemein zum Geldempfang oder zum Empfang der im Verfahren etwa zurückzuzahlenden Kosten ermächtigt, und wenn keine Zweifel bezüglich der Gültigkeit der Vollmacht bestehen, oder**
2. **wenn es sich bei dem Bevollmächtigten um einen Rechtsanwalt, Notar oder Rechtsbeistand handelt und dieser rechtzeitig vor Anordnung der Rückzahlung schriftlich erklärt, dass er die Kosten aus eigenen Mitteln bezahlt hat.**

VI Im Falle der Berichtigung wegen irrtümlichen Ansatzes muss aus der Kostenrechnung und aus der Kassenanordnung hervorgehen, inwiefern der ursprüngliche Ansatz unrichtig war.

VII Hat die Dienstaufsichtsbehörde oder der Kostenprüfungsbeamte (§ 35) die Berichtigung angeordnet, ist dies zu vermerken.

VIII Im Falle des Kostenerlasses ist die den Kostenerlass anordnende Verfügung zu bezeichnen.

IX Beruht die Berichtigung oder Änderung auf einer mit Beschwerde anfechtbaren gerichtlichen Entscheidung, ist anzugeben, dass die Entschei-

dung dem zur Vertretung der Staatskasse zuständigen Beamten vorgelegen hat.

X [1] Wird die Rückzahlung von Kosten veranlasst, die durch Verwendung von Gerichtskostenstemplern entrichtet oder sonst ohne Sollstellung eingezahlt sind oder deren Zahlung durch Aktenausdrucke nach § 696 Abs. 2 Satz 1 ZPO mit Gerichtskostenrechnungen nachgewiesen ist, hat ein zweiter Beamter oder Beschäftigter der Geschäftsstelle in der Kassenanordnung zu bescheinigen, dass die Beträge nach den angegebenen Zahlungsnachweisen entrichtet und die Buchungsangaben aus den Zahlungsanzeigen über die ohne Sollstellung eingezahlten Beträge richtig übernommen sind. [2] Die Anordnung der Rückzahlung ist bei oder auf dem betroffenen Zahlungsnachweis in auffälliger Weise zu vermerken; der Vermerk ist zu unterstreichen.

XI Sind infolge der nachträglichen Änderung der Kostenrechnung nur Kleinbeträge nachzufordern, im Soll zu löschen oder zurückzuzahlen, sind die für die Behandlung solcher Beträge getroffenen besonderen Bestimmungen zu beachten.

XII Wird eine neue Kostenrechnung aufgestellt (Absatz 1), ist in ihr die frühere Kostenrechnung zu bezeichnen; die frühere Kostenrechnung ist mit einem zu unterstreichenden Hinweis auf die neue Kostenrechnung zu versehen.

Die ZPO hat gegenüber IV 1 den Vorrang (OLG Brandenburg NJW 2007, 1470). 1

Nachträgliche Änderung der Kostenhaftung

30 **I [1] Tritt zu dem bisher in Anspruch genommenen Kostenschuldner ein neuer hinzu, der vor jenem in Anspruch zu nehmen ist (vgl. § 8), stellt der Kostenbeamte zunächst fest, ob die eingeforderten Kosten bereits entrichtet sind. [2] Nur wenn die Kosten nicht oder nicht ganz bezahlt sind und auch nicht anzunehmen ist, dass der nunmehr in Anspruch zu nehmende Kostenschuldner zahlungsunfähig sein werde, stellt er eine neue Kostenrechnung auf. [3] Er veranlasst sodann die Löschung der den bisherigen Kostenschuldner betreffenden Sollstellung und die Sollstellung (§ 25) gegenüber dem neuen Kostenschuldner.**

II [1] Erlischt nachträglich die Haftung eines Gesamtschuldners ganz oder teilweise, berichtigt der Kostenbeamte die Kostenrechnung. [2] Er veranlasst die Löschung der gegen den bisherigen Kostenschuldner geltend gemachten Forderung und die Rückzahlung bereits bezahlter Beträge, soweit nunmehr keinerlei Haftungsgrund vorliegt. [3] Soweit ein anderer Kostenschuldner in Anspruch zu nehmen ist, veranlasst er die Kostenanforderung nach § 25.

Einrede der Verjährung
– zu § 5 Abs. 2 GKG, § 7 Abs. 2 FamGKG, § 6 Abs. 2 GNotKG, § 5 Abs. 2 JVKostG –

31 **[1] Ist der Anspruch auf Erstattung von Kosten verjährt, hat der Kostenbeamte die Akten dem zur Vertretung der Staatskasse zuständigen Beamten vorzulegen. [2] Soll nach dessen Auffassung die Verjährungseinrede erhoben werden, ist hierzu die Einwilligung des unmittelbar vorgesetzten Präsidenten einzuholen. [3] Von der Erhebung der Verjährungseinrede kann mit Rücksicht auf die Umstände des Falles abgesehen werden. [4] Hat der zur Vertretung der Staatskasse zuständige Beamte dem Kostenbeamten mitgeteilt, dass die Verjährungseinrede nicht erhoben werden soll, ist dies auf der zahlungsbegründenden Unterlage in den Sachakten zu vermerken.**

Durchlaufende Gelder

32 I Sind durchlaufende Gelder in der Kostenrechnung enthalten (§ 24 Abs. 7), hat der Kostenbeamte nach Eingang der Zahlungsanzeige eine Auszahlungsanordnung zu erteilen.

II Sofern durchlaufende Gelder durch Verwendung von Gerichtskostenstemplern entrichtet oder sonst ohne Sollstellung eingezahlt sind, gilt § 29 Abs. 10 Satz 1 entsprechend.

III [1]Die Anordnung der Auszahlung ist bei oder auf dem betroffenen Zahlungsnachweis oder auf der Urschrift der Kostenrechnung in auffälliger Weise zu vermerken. [2]Der Vermerk ist zu unterstreichen.

Abschnitt 4. Veränderung von Ansprüchen

Veränderung von Ansprüchen

33 Für die Niederschlagung, die Stundung und den Erlass von Kosten gelten die darüber ergangenen besonderen Bestimmungen.

Abschnitt 5. Kostenprüfung

Aufsicht über den Kostenansatz

34 I Die Vorstände der Justizbehörden überwachen im Rahmen ihrer Aufsichtspflichten die ordnungsmäßige Erledigung des Kostenansatzes durch den Kostenbeamten.

II Die besondere Prüfung des Kostenansatzes ist Aufgabe der Kostenprüfungsbeamten (§ 35).

III Die dem Rechnungshof zustehenden Befugnisse bleiben unberührt.

Kostenprüfungsbeamte

35 Kostenprüfungsbeamte sind

1. der Bezirksrevisor,
2. die weiter bestellten Prüfungsbeamten.

Berichtigung des Kostenansatzes im Verwaltungsweg
– zu § 19 Abs. 5 GKG, § 18 Abs. 3 FamGKG, § 18 Abs. 6 GNotKG –

36 [1]Solange eine gerichtliche Entscheidung nicht ergangen ist, sind die Vorstände der Justizbehörden und die Kostenprüfungsbeamten befugt, den Kostenansatz zu beanstanden und den Kostenbeamten zur Berichtigung des Kostenansatzes anzuweisen. [2]Der Kostenbeamte hat der Weisung Folge zu leisten; er ist nicht berechtigt, deshalb die Entscheidung des Gerichts herbeizuführen.

Nichterhebung von Kosten
– zu § 21 GKG, § 20 FamGKG, § 21 GNotKG, § 13 JVKostG –

37 [1]Die Präsidenten der Gerichte und die Leiter der Staatsanwaltschaften sind für die ihrer Dienstaufsicht unterstellten Behörden zuständig, im Verwaltungsweg anzuordnen, dass in den Fällen des § 21 Abs. 1 GKG, des § 20 Abs. 1 FamGKG, des § 21 Abs. 1 GNotKG und des § 13 JVKostG Kosten nicht zu erheben sind. [2]Über Beschwerden gegen den ablehnenden Bescheid einer dieser Stellen wird im Aufsichtsweg entschieden.

Erinnerungen und Beschwerden der Staatskasse
– zu § 66 GKG, § 57 FamGKG, § 81 GNotKG, § 22 JVKostG –

38 **I Der Vertreter der Staatskasse soll Erinnerungen gegen den Kostenansatz nur dann einlegen, wenn es wegen der grundsätzlichen Bedeutung der Sache angezeigt erscheint, von einer Berichtigung im Verwaltungsweg (§ 36) abzusehen und eine gerichtliche Entscheidung herbeizuführen.**

II 1 Alle beschwerdefähigen gerichtlichen Entscheidungen einschließlich der Wertfestsetzungen, durch die der Kostenansatz zuungunsten der Staatskasse geändert wird, hat der Kostenbeamte des entscheidenden Gerichts dem zur Vertretung der Staatskasse zuständigen Beamten mitzuteilen. 2 Legt der Kostenbeamte eine Erinnerung des Kostenschuldners dem zur Vertretung der Staatskasse zuständigen Beamten vor (§ 28 Abs. 2), prüft dieser, ob der Kostenansatz im Verwaltungsweg zu ändern ist oder ob Anlass besteht, für die Staatskasse ebenfalls Erinnerung einzulegen. 3 Soweit der Erinnerung nicht abgeholfen wird, veranlasst er, dass die Akten unverzüglich dem Gericht vorgelegt werden.

Zu II 2, 3 siehe bereits → § 28 Rn. 1. 1

Besondere Prüfung des Kostenansatzes

39 **I Bei jeder Justizbehörde findet in der Regel einmal im Haushaltsjahr eine unvermutete Prüfung des Kostenansatzes durch einen Kostenprüfungsbeamten (§ 35) statt.**

II Zeit und Reihenfolge der Prüfungen bestimmt der Dienstvorgesetzte des Prüfungsbeamten, und zwar im Einvernehmen mit dem Dienstvorgesetzten der Staatsanwaltschaft, wenn die Prüfung bei einer Staatsanwaltschaft stattfinden soll.

Aufgaben und Befugnisse des Prüfungsbeamten

40 **I 1 Der Prüfungsbeamte soll sich nicht auf die schriftliche Beanstandung vorgefundener Mängel und Verstöße beschränken, sondern durch mündliche Erörterung wichtiger Fälle mit dem Kostenbeamten, durch Anregungen und Belehrungen das Prüfungsgeschäft möglichst nutzbringend gestalten und auf die Beachtung einheitlicher Grundsätze beim Kostenansatz hinwirken. 2 Nebensächlichen Dingen soll er nur nachgehen, wenn sich der Verdacht von Unregelmäßigkeiten oder fortgesetzten Nachlässigkeiten ergibt.**

II 1 Die Einsicht sämtlicher Akten, Bücher, Register, Verzeichnisse und Rechnungsbelege ist ihm gestattet. 2 Sofern Verfahrensunterlagen mittels elektronischer Datenverarbeitung geführt werden, ist sicherzustellen, dass der Prüfungsbeamte Zugriff auf diese Daten erhält.

III Von den beteiligten Kostenbeamten kann er mündlich näheren Aufschluss über die Behandlung von Geschäften verlangen.

IV Aktenstücke über schwebende Rechtsstreitigkeiten sowie in Testaments-, Grundbuch- und Registersachen hat er in der Regel an Ort und Stelle durchzusehen; sonstige Akten kann er sich an seinen Dienstsitz übersenden lassen.

Umfang der Kostenprüfung

41 **I Der Prüfungsbeamte hat besonders darauf zu achten,**

1. ob die Kosten rechtzeitig, richtig und vollständig angesetzt sind und ob sie, soweit erforderlich, mit oder ohne Sollstellung (§ 25 und § 26) angefordert sind;

2. ob Gerichtskostenstempler bestimmungsgemäß verwendet sind und ob der Verbleib der Abdrucke von Gerichtskostenstemplern, falls sie sich nicht mehr in den Akten befinden, nachgewiesen ist;

3. ob die Auslagen ordnungsgemäß vermerkt sind;

4. ob bei Bewilligung von Prozess- oder Verfahrenskostenhilfe,

a) die an beigeordnete Anwälte gezahlten Beträge im zulässigen Umfang von dem Zahlungspflichtigen angefordert,

b) etwaige Ausgleichsansprüche gegen Streitgenossen geltend gemacht und

c) die Akten dem Rechtspfleger in den Fällen des § 120 Abs. 3, des § 120a Abs. 1 sowie des § 124 Abs. 1 Nr. 2 bis 5 ZPO zur Entscheidung vorgelegt worden sind und ob Anlass besteht, von dem Beschwerderecht gemäß § 127 Abs. 3 ZPO Gebrauch zu machen.

II Soweit nicht in Absatz 1 etwas anderes bestimmt ist, erstreckt sich die Prüfung nicht auf den Ansatz und die Höhe solcher Auslagen, für deren Prüfung andere Dienststellen zuständig sind.

Verfahren bei der Kostenprüfung

42 **I 1 Der Prüfungsbeamte soll aus jeder Gattung von Angelegenheiten, in denen Kosten entstehen können, selbst eine Anzahl Akten auswählen und durchsehen, darunter auch solche, die nach ihren Aktenzeichen unmittelbar aufeinanderfolgen. 2 Bei der Auswahl sind auch die Geschäftsregister und das gemäß § 16 Abschnitt II zu führende Verzeichnis zu berücksichtigen und namentlich solche Akten zur Prüfung vorzumerken, in denen höhere Kostenbeträge in Frage kommen.**

II Bei der Aktenprüfung ist auch darauf zu achten, dass die Sollstellungen und die ohne Sollstellung geleisteten Beträge in der vorgeschriebenen Weise nachgewiesen sind.

III Bei der Nachprüfung der Verwendung von Gerichtskostenstemplern ist auch eine Anzahl älterer, insbesondere weggelegter Akten durchzusehen.

IV Bei der Prüfung der Aktenvermerke über die Auslagen (§ 41 Abs. 1 Nr. 3) ist stichprobenweise festzustellen, ob die Auslagen vorschriftsmäßig in den Sachakten vermerkt und beim Kostenansatz berücksichtigt sind.

Beanstandungen

43 **I 1 Stellt der Prüfungsbeamte Unrichtigkeiten zum Nachteil der Staatskasse oder eines Kostenschuldners fest, ordnet er die Berichtigung des Kostenansatzes an. 2 Die Anordnung unterbleibt, wenn es sich um Kleinbeträge handelt, von deren Einziehung oder Erstattung nach den darüber getroffenen Bestimmungen abgesehen werden darf.**

II An die Stelle der Berichtigung tritt ein Vermerk in der Niederschrift (§ 44), wenn eine gerichtliche Entscheidung ergangen ist oder der Kostenansatz auf einer Anordnung der Dienstaufsichtsbehörde beruht.

III 1 Die Beanstandungen (Absatz 1 Satz 1) sind für jede Sache auf einem besonderen Blatt zu verzeichnen, das zu den Akten zu nehmen ist. 2 In dem Fall des Absatzes 1 Satz 2 sind sie in kürzester Form unter der Kostenrechnung zu vermerken.

IV 1 Der Prüfungsbeamte vermerkt die Beanstandungen nach Absatz 1 außerdem in einer Nachweisung. 2 Der Kostenbeamte ergänzt die Nachweisung durch Angabe des Zuordnungsmerkmals der Kassenanordnung oder der sonst erforderlichen Vermerke über die Erledigung; sodann gibt er sie dem Prüfungsbeamten zurück. 3 Der Prüfungsbeamte stellt bei der nächsten Gelegenheit stichprobenweise fest, ob die entsprechenden Buchungen tatsächlich vorgenommen sind. 4 Die Nachweisungen verwahrt er jahrgangsweise.

V Stellt der Prüfungsbeamte das Fehlen von Akten fest, hat er alsbald dem Behördenvorstand Anzeige zu erstatten.

Niederschrift über die Kostenprüfung

44 I Der Prüfungsbeamte fertigt über die Kostenprüfung eine Niederschrift, die einen Überblick über Gang und Ergebnis des Prüfungsgeschäfts ermöglichen soll.

II 1 Er erörtert darin diejenigen Einzelfälle, die grundsätzliche Bedeutung haben, die anderwärts abweichend beurteilt werden oder die sonst von Erheblichkeit sind (vgl. dazu § 43 Abs. 2). 2 Weiter führt er die Fälle auf, in denen ihm die Einlegung der Erinnerung (§ 38 Abs. 1) angezeigt erscheint oder die zu Maßnahmen im Dienstaufsichtsweg Anlass geben können. 3 Die Niederschriften können in geeigneten Fällen für die einzelnen geprüften Geschäftsstellen getrennt gefertigt werden.

III 1 Je ein Exemplar der Niederschrift leitet der Prüfungsbeamte den Dienstvorgesetzten zu, die die Prüfung angeordnet oder mitangeordnet haben (§ 39 Abs. 2). 2 Er schlägt dabei die Maßnahmen vor, die er nach seinen Feststellungen bei der Prüfung für angezeigt hält.

Jahresberichte

45 I 1 Bis zum 1. Juni eines jeden Jahres erstattet der Prüfungsbeamte seinem Dienstvorgesetzten Bericht über das Gesamtergebnis der Kostenprüfungen im abgelaufenen Haushaltsjahr. 2 Er legt darin insbesondere die Grundsätze dar, von denen er sich bei seinen Anordnungen oder bei der Behandlung einzelner Fälle von allgemeiner Bedeutung hat leiten lassen.

II Soweit nicht bei allen Dienststellen Prüfungen haben vorgenommen werden können, sind die Gründe kurz anzugeben.

III 1 Die Präsidenten der Landgerichte (Präsidenten der Amtsgerichte) legen die Jahresberichte mit ihrer Stellungnahme dem Präsidenten des Oberlandesgerichts[1] vor. 2 Die Präsidenten der Sozialgerichte legen die Jahresberichte mit ihrer Stellungnahme dem Präsidenten des Landessozialgerichts vor.

IV 1 Der Präsident des Oberlandesgerichts, der Präsident des Oberverwaltungsgerichts, der Präsident des Finanzgerichts und der Präsident des Landessozialgerichts treffen nach Prüfung der Jahresberichte die für ihren Bezirk notwendigen Anordnungen und berichten über Einzelfragen von allgemeiner Bedeutung der Landesjustizverwaltung. 2 Der Präsident des Oberlandesgerichts teilt die Berichte dem Generalstaatsanwalt mit, soweit sie für diesen von Interesse sind.

Abschnitt 6. Justizverwaltungskosten

Entscheidungen nach dem Justizverwaltungskostengesetz – zu § 4 Abs. 2 und 3, §§ 8 und 10 JVKostG –

46 Die nach § 4 Abs. 2 und 3, §§ 8 und 10 JVKostG der Behörde übertragenen Entscheidungen obliegen dem Beamten, der die Sachentscheidung zu treffen hat.

[1] **Berlin:** Präsident des Kammergerichts.

Laufender Bezug von Abdrucken aus dem Schuldnerverzeichnis

47 **Bei laufendem Bezug von Abdrucken aus dem Schuldnerverzeichnis ist die Absendung der noch nicht abgerechneten Abdrucke in einer Liste unter Angabe des Absendetages, des Empfängers und der Zahl der mitgeteilten Eintragungen zu vermerken.**

Abschnitt 7. Notarkosten

Einwendungen gegen die Kostenberechnung
– zu §§ 127 bis 130 GNotKG –

48 **I [1] Gibt der Kostenansatz eines Notars, dem die Kosten selbst zufließen, der Dienstaufsichtsbehörde zu Beanstandungen Anlass, fordert sie den Notar auf, den Ansatz zu berichtigen, gegebenenfalls zu viel erhobene Beträge zu erstatten oder zu wenig erhobene Beträge nachzufordern und, falls er die Beanstandungen nicht als berechtigt anerkennt, die Entscheidung des Landgerichts herbeizuführen. [2] Die Aufforderung soll unterbleiben, wenn es sich um Kleinbeträge handelt, von deren Erstattung oder Nachforderung nach den für Gerichtskosten im Verkehr mit Privatpersonen getroffenen Bestimmungen abgesehen werden darf. [3] Die Dienstaufsichtsbehörde kann es darüber hinaus dem Notar im Einzelfall gestatten, von der Nachforderung eines Betrages bis zu 25 Euro abzusehen.**

II Hat der Kostenschuldner die Entscheidung des Landgerichts gegen den Kostenansatz beantragt, kann die Aufsichtsbehörde, wenn sie den Kostenansatz für zu niedrig hält, den Notar anweisen, sich dem Antrag mit dem Ziel der Erhöhung des Kostenansatzes anzuschließen.

III Entscheidungen des Landgerichts und Beschwerdeentscheidungen des Oberlandesgerichts, gegen die die Rechtsbeschwerde zulässig ist, hat der Kostenbeamte des Landgerichts mit den Akten alsbald der Dienstaufsichtsbehörde des Notars zur Prüfung vorzulegen, ob der Notar angewiesen werden soll, Beschwerde oder Rechtsbeschwerde zu erheben.

Teil 2. Zusatzbestimmungen für die Bundesjustizverwaltung

[Einleitungssatz]

In Ergänzung zu den bundeseinheitlichen Bestimmungen der Kostenverfügung gemäß Teil 1 wird Folgendes angeordnet:

[Ausnahmen bei elektronischer Aktenführung; automatisierte Prozesse]

Werden auf Grundlage einer Verordnung Akten elektronisch geführt, kann insbesondere von § 2 Abs. 2, § 3 Abs. 2 bis 5, § 24 Abs. 9, § 29 Abs. 3 Satz 3, Abs. 12, 2. Halbsatz, § 32 Abs. 3 und den nachstehenden Zusatzbestimmungen zu den §§ 24 und 27 abgewichen werden, soweit die Vorschriften wegen der Besonderheiten der elektronischen Aktenführung nicht umsetzbar sind und eine ordnungsgemäße Durchführung der Kostengeschäfte gewährleistet bleibt. Darüber hinaus können Aufgaben des Kostenbeamten auch mittels automatisierter Prozesse durchgeführt werden.

Zu § 8 Abs. 4 Nr. 2

Ein besonderer Verwaltungsaufwand ist für die Inanspruchnahme eines Kostenschuldners mit Wohnsitz, Sitz oder Aufenthaltsort im Ausland insbesondere dann nicht anzunehmen, wenn sich der Wohnsitz, Sitz oder Aufenthaltsort in einem Mitgliedstaat der Europäischen Union befindet.

Zu § 24

1. Der Kostenbeamte vermerkt, was ihm über die Zahlungsfähigkeit, die Einkommens- und Vermögensverhältnisse eines Kostenschuldners sowie über sonstige Umstände (z. B. drohende Verjährung) bekannt ist, die für die Einziehungsmaßnahmen der Vollstreckungsbehörde von Bedeutung sein können. Falls die Vollstreckungsbehörde in derselben Angelegenheit bereits Kosten mit Sollstellung bei demselben Kostenschuldner angefordert hat, vermerkt der Kostenbeamte die früheren Sollstellungen. Die Vermerke sind zu unterstreichen.
2. Ist der Kostenschuldner im Hinblick auf die Höhe der Kostenschuld zur Zahlung innerhalb der regelmäßigen Zahlungsfrist offensichtlich nicht in der Lage, hat der Kostenbeamte durch den Vermerk „Stundungshinweis" die Aufnahme eines entsprechenden Hinweises in die Kostenanforderung sicherzustellen.

Zu § 25

1. Die den Kostenschuldner betreffenden Inhalte der Kostenrechnung im Sinne von § 25 Abs. 2 Satz 1 sind:
   a) die den Kostenschuldner betreffenden Kostenansätze und die Hinweise auf die angewendeten Vorschriften,
   b) bei Wertgebühren der der Berechnung zugrunde gelegte Wert,
   c) die Einzelbeträge und der Gesamtbetrag der Kosten, die von dem Kostenschuldner erhoben werden sollen,
   d) der Vermerk über die Ausübung des Zurückbehaltungsrechts,
   e) der Vermerk über einen Vorbehalt nach § 24 Abs. 2 Satz 2 oder Abs. 5,
   f) der Vermerk nach § 24 Abs. 2 Satz 5 über die Gründe der Inanspruchnahme des Zweitschuldners,
   g) ggf. ein Stundungshinweis nach Nummer 2 der Zusatzbestimmungen zu § 24.
2. Der Vermerk, dass der Kostenschuldner die Zwangsvollstreckung in ein bestimmtes Vermögen zu dulden habe (§ 24 Abs. 2 Satz 1), ist gleichfalls in die Kostenanforderung zu übertragen. Die in der Kostenanforderung enthaltene Zahlungsaufforderung ist in diesen Fällen durch die Aufforderung zu ersetzen, die Zwangsvollstreckung in das betreffende Vermögen zu dulden; ist der Kostenschuldner zugleich zahlungspflichtig, so ist er sowohl zur Zahlung als auch zur Duldung aufzufordern.

Zu § 26 Abs. 1

Für den Inhalt der an den Zahlungspflichtigen zu übersendenden Kostenanforderung ohne Sollstellung gilt Nummer 1 der Zusatzbestimmungen zu § 25 entsprechend.

Zu § 27

1. Gibt die Vollstreckungsbehörde die Kostenrechnung zurück, weil der darin genannte Kostenschuldner nach ihrer Kenntnis zahlungsunfähig ist, hat der Kostenbeamte diese Beurteilung seiner weiteren Prüfung zugrunde zu legen, wenn ihm nicht Tatsachen bekannt sind, die der Auffassung der Vollstreckungsbehörde entgegenstehen, insbesondere Tatsachen, aus denen sich ergibt, dass der Kostenschuldner nur vorübergehend zahlungsunfähig ist. Schließt sich der Kostenbeamte der Auffassung der Vollstreckungsbehörde an, prüft er, ob weitere Kostenschuldner vorhanden sind, und stellt gegebenenfalls eine neue Kostenrechnung auf. Bleibt der Kostenbeamte dagegen bei der Auffassung, dass der ursprüngliche Kostenschuldner zahlungsfähig ist, gibt er die Kostenrechnung der Vollstreckungsbehörde mit einer kurzen Begründung seiner Auffassung zurück.
2. Nach Rückgabe der Kostenrechnungen durch die Vollstreckungsbehörde prüft die Geschäftsstelle, ob die Kostenrechnungen mit dem vorgeschriebenen Buchungsvermerk versehen sind. Kostenrechnungen, auf denen die Sollstellung in anderer Weise als vorgeschrieben (z. B. handschriftlich) bescheinigt ist, sind unverzüglich dem Behördenvorstand vorzulegen, der das Erforderliche zu veranlassen hat. Dies gilt nicht, wenn die Kostenrechnungen automationsgestützt erstellt werden.

2. Behandlung von Kleinbeträgen

1 In nahezu allen Bundesländern wurden in Ausführung von § 4 V KostVfg Bestimmungen für die Behandlung von kleinen Kostenbeträgen erlassen (zB Nordrhein-Westfalen: AV vom 17.7.2000 idF vom 8.6.2004 (JMBl. 159); Sachsen: VwV vom 2.12.1992 idF 19.12.2004 (SächsJMBl. 2005, 2)). Sie sind nicht bundeseinheitlich. Von einem exemplarischen Abdruck wurde abgesehen. Soweit keine eigenständigen Regelungen bestehen, gelten die Verwaltungsvorschriften zur jeweiligen Haushaltsordnung (vgl. zB Nr. 7 VV zu § 59 BHO).

3. Festsetzung der aus der Staatskasse zu gewährenden Vergütung

AV d. JM vom 30.6.2005 idF vom 8.11.2018 (JMBl. NRW S. 294)

Die nachstehenden Bestimmungen über die Festsetzung der aus der Staatskasse zu gewährenden Vergütung sind zwischen den Justizverwaltungen des Bundes und der Länder abgestimmt. Abgedruckt ist die für Nordrhein-Westfalen veröffentlichte Fassung. Abschnitt II enthält Ergänzungsbestimmungen, die jedes Bundesland erlassen kann. Von einem exemplarischen Abdruck wurde abgesehen. 1

I. Für die Festsetzung der Vergütung der beigeordneten oder bestellten Rechtsanwältinnen und Rechtsanwälte, der beigeordneten Patentanwältinnen und Patentanwälte, Rechtsbeistände, Steuerberaterinnen und Steuerberater, Steuerbevollmächtigten, Wirtschaftsprüferinnen und Wirtschaftsprüfer, vereidigten Buchprüferinnen und vereidigten Buchprüfer, Rentenberaterinnen und Rentenberater, für die Festsetzung von Vorschüssen sowie für die Festsetzung der Vergütung bei Beratungshilfe und der beigeordneten psychosozialen Prozessbegleiterinnen und Prozessbegleiter bestimmen die Landesjustizverwaltungen und das Bundesministerium der Justiz und für Verbraucherschutz Folgendes:

A. Vergütung der beigeordneten oder bestellten Rechtsanwälte

1 Allgemeine Bestimmungen

1.1 Festsetzungsantrag

Der Festsetzungsantrag mit der Berechnung der Gebühren und Auslagen (§ 10 RVG) ist bei der Geschäftsstelle zweifach einzureichen. Rechtsanwälte sind nicht verpflichtet, die Festsetzung der ihnen aus der Staatskasse zu zahlenden Vergütung mit den amtlichen Formularen zu beantragen. Formlos oder mit Hilfe der elektronischen Datenverarbeitung erstellte Festsetzungsanträge sollen inhaltlich den amtlichen Formularen entsprechen.

1.2 Festsetzung

1.2.1 Die Festsetzung (§ 55 RVG) ist dem gehobenen Dienst vorbehalten. Die Landesjustizverwaltungen und das Bundesministerium der Justiz und für Verbraucherschutz können abweichende Regelungen treffen.

1.2.2 Kann Verjährung in Betracht kommen (vgl. §§ 195, 199 BGB; § 8 RVG), so hat die Urkundsbeamtin oder der Urkundsbeamte der Geschäftsstelle (UdG) vor der Entscheidung über den Festsetzungsantrag die Akten mit einem entsprechenden Hinweis der Vertretung der Staatskasse vorzulegen (s. Nr. 1.4.4). Sieht diese von der Erhebung der Verjährungseinrede ab, so hat der UdG dies auf der Festsetzung zu vermerken.

1.2.3 Müssen die Sachakten wegen der Einlegung von Rechtsmitteln oder aus sonstigen Gründen versandt werden, so ist die Vergütung möglichst vorher festzusetzen. Sonst sind Akten, die für längere Zeit versandt sind, kurzfristig zurückzufordern.

1.2.4 Wird dem Festsetzungsantrag entsprochen, so ist keine Mitteilung erforderlich. Soweit die Entscheidung von dem Antrag abweicht, ist ihr Inhalt dem Rechtsanwalt schriftlich mitzuteilen.

1.2.5 Die Festsetzung ist zu den Sachakten zu nehmen. Auf dem Beiordnungsbeschluss ist neben dem Namen des beigeordneten Rechtsanwalts das Datum der Festsetzung in auffälliger Weise zu vermerken.

1.3 Auszahlungsanordnung

1.3.1 Die Auszahlungsanordnung wird von dem UdG des Gerichts erteilt, bei dem die Vergütung festgesetzt worden ist. Hat der UdG des Gerichts des

ersten Rechtszugs die Vergütung festgesetzt und die Bundeskasse die Vergütung zu zahlen (§ 45 Abs. 1, 3 RVG), so hat er ein Exemplar der Festsetzung dem Gericht des Bundes zur Erteilung der Auszahlungsanordnung zu übersenden.

1.3.2 Ein Exemplar der Auszahlungsanordnung ist zu den Sachakten zu nehmen.

1.3.3 Werden in derselben Sache weitere Auszahlungsanordnungen notwendig, so sind auch davon Exemplare zu den Sachakten zu nehmen; in der Kostenberechnung sind sämtliche Gebühren und Auslagen aufzuführen; bereits gezahlte Beträge sind abzusetzen. Der Tag der früheren Auszahlungsanordnung ist anzugeben. Dies gilt auch, wenn Vorschüsse gezahlt sind (s. Nr. 1.5.3).

1.3.4 Nr. 2.4.4 ist zu beachten.

1.4 Vertretung der Staatskasse, Prüfung der Festsetzung

1.4.1 Die Vertretung der Staatskasse bei der Festsetzung einschließlich des Erinnerungs- und Beschwerdeverfahrens richtet sich nach den dafür ergangenen besonderen Bestimmungen.

1.4.2 Alle gerichtlichen Entscheidungen, durch die eine Festsetzung zu Ungunsten der Staatskasse geändert wird, hat der UdG vor Anweisung des Mehrbetrages der Vertretung der Staatskasse mitzuteilen.

1.4.3 Erinnerungen oder Beschwerden namens der Staatskasse sind nur zu erheben, wenn es sich um Fragen von grundsätzlicher Bedeutung oder um Beträge handelt, die nicht in offensichtlichem Missverhältnis zu dem durch das Erinnerungs- oder Beschwerdeverfahren entstehenden Zeit- und Arbeitsaufwand stehen.

1.4.4 Soll nach Auffassung der Vertretung der Staatskasse die Verjährungseinrede erhoben werden (s. Nr. 1.2.2), so hat sie dazu die Einwilligung der unmittelbar vorgesetzten Präsidentin oder des unmittelbar vorgesetzten Präsidenten einzuholen.

1.5 Vorschuss

1.5.1 Für die Festsetzung und Auszahlung des Vorschusses (§ 47 RVG) gelten die Bestimmungen für die Festsetzung und Auszahlung des endgültigen Betrages sinngemäß.

1.5.2 Die Auszahlungen sind als Abschlagszahlungen zu leisten und als Haushaltsausgaben zu buchen.

1.5.3 Der UdG überwacht die Fälligkeit der Vergütung und sorgt dafür, dass der Vorschuss alsbald abgerechnet wird (s. Nr. 1.3.3).

1.6 Wiedereinforderung überzahlter Beträge

Überzahlungen an Gebühren, Auslagen oder Vorschüssen sind nach der Justizbeitreibungsordnung einzuziehen.

2 Besondere Bestimmungen für die Vergütung der im Wege der Prozess- oder Verfahrenskostenhilfe beigeordneten Rechtsanwälte

2.1 Zuständigkeit für die Festsetzung im Allgemeinen

Die aus der Staatskasse zu gewährende Vergütung (§§ 45 Abs. 1, 50 Abs. 1 RVG) wird von dem UdG des Gerichts des ersten Rechtszugs festgesetzt (§ 55 Abs. 1 RVG). In Angelegenheiten, in denen sich die Gebühren nach Teil 3 des Vergütungsverzeichnisses zum RVG bestimmen, erfolgt die Festsetzung durch den UdG des Gerichts des Rechtszugs, nach Beendigung des Verfahrens durch rechtskräftige Entscheidung oder in sonstiger Weise jedoch durch den UdG des Gerichts des ersten Rechtszugs (§ 55 Abs. 2 RVG).

2.2 Zuständigkeit zur Festsetzung im Falle der Verweisung oder Abgabe eines Verfahrens

2.2.1 Bei Verweisung oder Abgabe eines Verfahrens an ein Gericht eines anderen Landes gilt die Vereinbarung über den Ausgleich von Kosten in der jeweils gültigen Fassung.

2.2.2 Bei Verweisung oder Abgabe eines Verfahrens an ein Gericht desselben Landes gilt Folgendes: Der UdG des verweisenden oder abgebenden

Gerichts setzt die aus der Staatskasse zu gewährende Vergütung fest, wenn bereits vor der Versendung der Akten an das Gericht, an das das Verfahren verwiesen oder abgegeben worden ist, der Anspruch fällig geworden und der Festsetzungsantrag eingegangen ist. Andernfalls sind Festsetzungsanträge an die Geschäftsstelle des Gerichts weiterzugeben, an das das Verfahren verwiesen oder abgegeben worden ist.

2.3 Vergütung des beigeordneten Anwalts, Kostenfestsetzung, Übergang auf die Staatskasse

2.3.1 Bei der Festsetzung der vom Gegner an die Partei, der Prozess- oder Verfahrenskostenhilfe bewilligt ist, oder an deren Rechtsanwalt zu erstattenden Kosten (§§ 103 bis 107, 126 ZPO, auch in Verbindung mit §§ 76 Abs. 1, 85 FamFG) prüft die Rechtspflegerin oder der Rechtspfleger, ob bereits eine Vergütung aus der Staatskasse gezahlt worden ist und ob der aus der Staatskasse gewährte Betrag ganz oder zum Teil auf die im Kostenfestsetzungsbeschluss festzusetzenden Kosten anzurechnen ist. Er stellt zugleich fest, ob und inwieweit der Erstattungsanspruch gegen die Zahlungspflichtige oder den Zahlungspflichtigen auf die Staatskasse übergegangen ist (§ 59 Abs. 1 Satz 1 RVG). Dabei berücksichtigt er, dass ein übergegangener Anspruch der Staatskasse nicht zusteht, soweit die an den Rechtsanwalt gezahlte Vergütung durch Zahlungen der Partei an die Staatskasse gedeckt ist. Den auf die Staatskasse übergegangenen Betrag vermerkt er im Kostenfestsetzungsbeschluss. Nötigenfalls nimmt er eine erläuternde Berechnung auf. Soweit ein Erstattungsanspruch auf die Staatskasse übergegangen ist, nimmt der Rechtspfleger in den Kostenfestsetzungsbeschluss nur den Betrag auf, der an die Partei oder an deren Rechtsanwalt noch zu erstatten bleibt.

2.3.2 Macht der Rechtsanwalt seinen Vergütungsanspruch gegen die Staatskasse erst geltend, nachdem die von der gegnerischen Partei zu erstattenden Kosten bereits nach §§ 103 bis 107 und 126 ZPO, auch in Verbindung mit §§ 76 Abs. 1, 85 FamFG festgesetzt worden sind, so fordert der Rechtspfleger die vollstreckbare Ausfertigung des Kostenfestsetzungsbeschlusses von der- oder demjenigen zurück, zu deren oder dessen Gunsten er ergangen ist. Nach der Festsetzung der aus der Staatskasse zu gewährenden Vergütung vermerkt der Rechtspfleger auf der vollstreckbaren Ausfertigung des Kostenfestsetzungsbeschlusses, um welchen Betrag sich die festgesetzten Kosten mindern und welcher Restbetrag noch zu erstatten ist; falls erforderlich, fügt er eine erläuternde Berechnung bei. Die gleichen Vermerke setzt er auf den Kostenfestsetzungsbeschluss und bescheinigt dort außerdem, dass die vollstreckbare Ausfertigung mit denselben Vermerken versehen und zurückgesandt worden ist.

2.3.3 Wird die Vergütung festgesetzt, ohne dass die vollstreckbare Ausfertigung des Kostenfestsetzungsbeschlusses vorgelegt worden ist, so hat der UdG den erstattungspflichtigen Gegner zu benachrichtigen.

2.3.4 Bei der Einziehung der auf die Staatskasse übergegangenen Beträge sind § 122 Abs. 1 Nr. 1 Buchstabe b ZPO, auch in Verbindung mit § 76 Abs. 1 FamFG, § 6 Abs. 2 KostVfg und Nr. 3.3.2 Satz 1 sowie Nr. 4.6 der Durchführungsbestimmungen zur Prozess- und Verfahrenskostenhilfe sowie zur Stundung der Kosten des Insolvenzverfahrens (DB-PKH) zu beachten.

2.3.5 Zahlt die erstattungspflichtige gegnerische Partei bei der Vollstreckung aus dem Kostenfestsetzungsbeschluss freiwillig auch die nach Nr. 2.3.1 oder 2.3.2 abgesetzte Vergütung, so hat die Gerichtsvollzieherin oder der Gerichtsvollzieher sie anzunehmen und an die Kasse abzuführen. Zieht der Gerichtsvollzieher nur den Restbetrag der festgesetzten Kosten ein, so hat er dies zu den Gerichtsakten mitzuteilen, damit der auf die Staatskasse übergegangene Betrag eingezogen werden kann (s. Nr. 2.4.1). Waren die einzuziehenden Beträge bereits zum Soll gestellt, so gibt der UdG die Mitteilung an die Kasse weiter.

2.3.6 Beantragt der beigeordnete Rechtsanwalt nach Aufhebung der Bewilligung der Prozess- oder Verfahrenskostenhilfe die Festsetzung der Ver-

gütung gemäß § 11 RVG gegen die eigene Partei, so sind die Nrn. 2.3.1 bis 2.3.5 entsprechend anzuwenden.

2.4 Wiedereinforderung von der Partei, der Prozess- oder Verfahrenskostenhilfe bewilligt worden ist, von der gegnerischen Partei oder von Streitgenossinnen oder Streitgenossen

2.4.1 Der UdG hat in jedem Fall zu prüfen und nötigenfalls zu überwachen, ob die aus der Staatskasse gezahlte Vergütung von der Partei oder von der erstattungspflichtigen gegnerischen Partei eingefordert werden kann (§ 59 RVG). Zu diesem Zweck hat er erforderlichenfalls die Parteien aufzufordern, ihre Kostenberechnung dem Gericht zur Ausgleichung mitzuteilen. Kann er die Mitwirkung der Parteien nicht erreichen, so hat er den Anspruch der Staatskasse nach Aktenlage zu berechnen. Der Anspruch gegen die Partei kann, solange die Bewilligung der Prozess- oder Verfahrenskostenhilfe) nicht aufgehoben ist (vgl. Nr. 3.3.1, Nr. 5.1 DB-PKH (Fn 2)), nur nach den Bestimmungen geltend gemacht werden, die das Gericht getroffen hat (vgl. § 122 Abs. 1 Nr. 1 Buchstabe b ZPO, auch in Verbindung mit § 76 Abs. 1 FamFG). Gegebenenfalls ist eine Änderung dieser Bestimmungen anzuregen (vgl. § 120a Abs. 1 ZPO(Fn 3), auch in Verbindung mit § 76 Abs. 1 FamFG, Nr. 5.1 DB-PKH).

2.4.2 Der mit der Festsetzung der Vergütung befasste UdG hat Streitgenossen der Partei, die von dem dieser Partei beigeordneten Rechtsanwalt als Wahlanwalt vertreten werden, zur Zahlung des auf sie entfallenden Anteils an der aus der Staatskasse gezahlten Vergütung aufzufordern, soweit dies nicht aus besonderen Gründen, zB wegen feststehender Zahlungsunfähigkeit, untunlich erscheint.

2.4.3 Die Zahlungsaufforderung an die ausgleichspflichtigen Streitgenossen kann nicht auf § 59 RVG gestützt werden und darf daher nicht in der Form einer Gerichtskostenrechnung ergehen. Wird nicht freiwillig gezahlt, so sind die Vorgänge dem unmittelbar vorgesetzten Präsidenten vorzulegen, der gegebenenfalls die Klageerhebung veranlasst.

2.4.4 Wenn Streitgenossen der Partei, der Prozess- oder Verfahrenskostenhilfe bewilligt ist, vorhanden sind, ist in der Festsetzung der Vergütung zu vermerken, ob und für welche Streitgenossen der Partei der beigeordnete Rechtsanwalt zugleich Wahlanwalt gewesen ist und ob ein Ausgleichsanspruch der Staatskasse gegen diese Streitgenossen geltend gemacht oder aus welchen Gründen davon abgesehen worden ist.

2.4.5 Die von Streitgenossen der Partei gezahlten Beträge sind bei den vermischten Einnahmen zu buchen. Die für die Buchung notwendigen Kassenanordnungen sind der zuständigen Kasse unverzüglich nach Zahlungseingang zuzuleiten. Eine ggf. zu den Sachakten erteilte Zahlungsanzeige ist beizufügen.

2.5 Festsetzung der weiteren Vergütung (§ 50 RVG)

2.5.1 Vor der Festsetzung der weiteren Vergütung hat sich der UdG davon zu überzeugen, dass

2.5.1.1 das Verfahren durch rechtskräftige Entscheidung oder in sonstiger Weise beendet ist,

2.5.1.2 sämtliche der Partei beigeordneten Rechtsanwälte und, soweit der gegnerischen Partei ebenfalls Prozess- oder Verfahrenskostenhilfe bewilligt und die PKH-Partei der gegnerischen Partei erstattungspflichtig ist, auch die der gegnerischen Partei beigeordneten Rechtsanwälte ihre Vergütung (§§ 45 Abs. 1, 49 RVG) beantragt haben und dass über diese Anträge abschließend entschieden worden ist,

2.5.1.3 die Schlusskostenrechnung unter Berücksichtigung der gemäß § 59 Abs. 1 Satz 1 RVG auf die Staatskasse übergegangenen Ansprüche (vgl. Nr. 2.5.1.2) aufgestellt worden und ein gegen die gegnerische Partei zum Soll gestellter Betrag, für den die Partei als Zweitschuldner haften würde, gezahlt ist, so dass feststeht, welcher Betrag zur Deckung der in § 122 Abs. 1 Nr. 1 ZPO, auch in Verbindung mit § 76 Abs. 1 FamFG bezeichneten Kosten und Ansprüche erforderlich ist,

2.5.1.4 sämtliche der Partei beigeordneten Rechtsanwälte die weitere Vergütung (§ 50 RVG) beantragt haben,

2.5.1.5 die von der Partei zu zahlenden Beträge (§§ 120 ZPO, auch in Verbindung mit § 76 Abs. 1 FamFG, 50 Abs. 1 Satz 1 RVG) beglichen sind oder eine Zwangsvollstreckung in das bewegliche Vermögen der Partei erfolglos geblieben ist oder aussichtslos erscheint,

2.5.1.6 und ggf. in welcher Höhe nach Verrechnung der von der Partei gezahlten Beträge auf den nach Nr. 2.5.1.3 berechneten Betrag ein Überschuss verbleibt,

2.5.1.7 in den Anträgen angegeben ist, welche Zahlungen die beigeordneten Rechtsanwälte von der Partei oder einem Dritten erhalten haben.

2.5.2 Haben noch nicht sämtliche der Partei und ggf. der gegnerischen Partei beigeordneten Rechtsanwälte ihre Vergütung beantragt (vgl. Nrn. 2.5.1.2, 2.5.1.4) oder die erhaltenen Zahlungen angegeben (vgl. Nr. 2.5.1.7), so fordert der UdG sie unter Hinweis auf die Rechtsfolgen (§ 55 Abs. 6 Satz 2 RVG) gegen Empfangsbekenntnis auf, innerhalb einer Frist von einem Monat bei der Geschäftsstelle des Gerichts, dem der UdG angehört, die Anträge einzureichen oder sich zu den Zahlungen zu erklären.

2.5.3 Waren die Zahlungen der Partei an die Staatskasse nach § 120 Abs. 3 ZPO, auch in Verbindung mit § 76 Abs. 1 FamFG durch das Gericht vorläufig eingestellt und reicht der Überschuss (vgl. Nr. 2.5.1.6) zur Deckung der weiteren Vergütung nicht aus, ist die Akte zunächst dem Rechtspfleger zur Entscheidung über die Wiederaufnahme der Zahlungen vorzulegen.

2.5.4 Verzögert sich die Entscheidung über den Antrag, weil zB das Ergebnis der Kosteneinziehung von der gegnerischen Partei, weitere Zahlungen der Partei oder der Eingang weiterer Anträge abzuwarten ist, hat der UdG den Rechtsanwalt über den Grund der Verzögerung zu unterrichten.

2.5.5 Die weitere Vergütung ist bei dem Haushaltstitel für die Vergütung beigeordneter Rechtsanwälte zu buchen.

2.5.6 Ändert sich nach der Festsetzung der weiteren Vergütung die Kostenforderung gegen die Partei (vgl. Nr. 2.5.1.3), sind die Akten dem UdG zur Prüfung vorzulegen, ob die Festsetzung zu berichtigen ist.

2.6 Bei der Anwendung der vorstehenden besonderen Bestimmungen für die Vergütung der im Wege der Verfahrenskostenhilfe beigeordneten Rechtsanwälte tritt an die Stelle der Bezeichnung Partei die Bezeichnung Beteiligter.

2.7 Die vorstehenden besonderen Bestimmungen gelten für die Vergütung der im Wege der Prozesskostenhilfe beigeordneten Patentanwälte, Steuerberater, Steuerbevollmächtigten, Wirtschaftsprüfer, vereidigten Buchprüfer und Rentenberater) sowie die im Wege des § 138 FamFG, auch in Verbindung mit § 270 FamFG beigeordneten oder nach §§ 57, 58 ZPO bestellten Rechtsanwälte sinngemäß.

3 Besondere Bestimmungen für die Vergütung der Zeugenbeistände

Für die Festsetzung der Vergütung ist in Fällen, in denen ein Zeugenbeistand bestellt und das Verfahren nicht gerichtlich anhängig wird, der UdG der beiordnenden Staatsanwaltschaft zuständig.

B. Vergütung bei Beratungshilfe

1. Für die Festsetzung der Vergütung bei Beratungshilfe gilt Teil A Nr. 1 bis 1.2.2, 1.2.4, 1.3 bis 1.3.3 und 1.4 bis 1.4.4 sinngemäß. Der Festsetzungsantrag kann mit Hilfe der elektronischen Datenverarbeitung erstellt werden oder von einem amtlichen Formular abweichen, wenn er inhaltlich diesem entspricht. Die Geschäftsstellen geben die amtlichen Formulare für den Beratungshilfeantrag und für den Festsetzungsantrag unentgeltlich aus. Sofern ein Berechtigungsschein erteilt worden ist, ist die Festsetzung zur Durchschrift des Berechtigungsscheins zu nehmen.

2. Der UdG hat in jedem Fall zu prüfen und nötigenfalls zu überwachen, ob die aus der Landeskasse gezahlte Vergütung von erstattungspflichtigen Gegnern eingefordert werden kann (§ 59 Abs. 1, 3 RVG, § 9 BerHG). Unter gesetzlicher Vergütung im Sinne des § 9 Satz 1 BerHG ist die an nicht im Rahmen der Beratungshilfe tätige Beratungspersonen zu zahlende Vergütung zu verstehen. Der auf die Landeskasse übergegangene schuldrechtliche Anspruch auf Erstattung der Vergütung ist wie der Anspruch gegen ausgleichspflichtige Streitgenossen geltend zu machen (vgl. Teil A Nrn. 2.4.2 bis 2.4.5).

C. Vergütung der beigeordneten psychosozialen Prozessbegleiter

Für die Festsetzung der Vergütung der beigeordneten psychosozialen Prozessbegleiterinnern und Prozessbegleiter gilt Teil A. Nummer 1.2.1, 1.2.3 bis 1.2.5, 1.3.1 bis 1.3.3, 1.4.1 bis 1.4.3 und 1.5.1 bis 1.5.3 entsprechend.

4. Beschleunigung der Festsetzung

AV NRW vom 8.11.2018 (JMBl. NRW 294)

Müssen Akten wegen der Einlegung von Rechtsmitteln oder aus sonstigen Gründen für längere Zeit versandt werden, haben nahezu alle Bundesländer weitgehend einheitliche Bestimmungen zur Beschleunigung der Festsetzung und Anweisung von Vergütungen, Entschädigungen und Auslagen in Rechtssachen sowie des Kostenansatzes erlassen (zB Nordrhein-Westfalen: AV vom 8.11.2018 (JMBl. NRW 294), Sachsen-Anhalt: AV vom 28.10.2016 idF vom 18.3.2019 (JMBl. LSA 67)). Sie ergänzen die Vorschriften zur Festsetzung der aus der Staatskasse zu gewährenden Vergütung, siehe 3). Nachstehend ist die in Nordrhein-Westfalen geltende Fassung abgedruckt. 1

1. Müssen Akten wegen der Einlegung von Rechtsmitteln oder aus sonstigen Gründen für längere Zeit versandt werden, sind folgende Geschäfte unter Berücksichtigung von Satz 2 grundsätzlich noch vor der Versendung der Akten vorzunehmen:

1.1 die Festsetzung der aus der Staatskasse zu gewährenden Vergütung nach den dazu ergangenen besonderen Verwaltungsvorschriften (AV d. JM vom 30. Juni 2005 (5650 – Z. 20) in der jeweils gültigen Fassung),

1.2 die Festsetzung der aus der Landeskasse an Betreuungspersonen zu zahlenden Entschädigungen (Ersatz von Aufwendungen, Vergütungen, Aufwandsentschädigungen),

1.3 die Festsetzung der Entschädigungen von ehrenamtlichen Richterinnen, ehrenamtlichen Richtern, Zeuginnen, Zeugen und Dritten,

1.4 die Festsetzung der Vergütungen von Sachverständigen, Dolmetscherinnen, Dolmetschern, Übersetzerinnen und Übersetzern,

1.5 die Anweisung sonstiger Auslagen in Rechtssachen,

1.6 der Kostenansatz nach §§ 4 ff. KostVfg.

In Fällen, in denen auf eine vollstreckbare Freiheitsstrafe oder Maßregel der Besserung und Sicherung erkannt ist, darf die Weitergabe der Akten an die Staatsanwaltschaft zum Zwecke der Einleitung der Strafvollstreckung jedoch nicht verzögert werden.

2. Bei Eingang von Festsetzungsanträgen nach der Aktenversendung sind die Akten kurzfristig zurückzufordern. Bei der Verweisung oder Abgabe eines Verfahrens an ein Gericht eines anderen Bundeslandes bleiben § 6 KostVfg und Nr. 2.2.1 der in Nr. 1.1 angeführten Verwaltungsvorschrift unberührt.

3. Werden zu Teilansprüchen der beantragten Vergütungen oder Entschädigungen längerfristige Aufklärungen oder gerichtliche Entscheidungen erforderlich, sollen in der Regel die unstreitigen Beträge – soweit es sich hierbei nicht um verhältnismäßig niedrige Beträge handelt – schon vorab festgesetzt und zur Auszahlung angewiesen werden. Das gilt insbesondere auch für Entschädigungen nach Nr. 1.2.

4. Diese AV tritt am 1. Januar 2019 in Kraft. Zeitgleich tritt die AV d. JM vom 20. März 1987 (5601 – I B. 3), die durch die AV d. JM vom 8. Juni 2004 (5601 – Z. 3) geändert worden ist, außer Kraft.

5. Stundung, Niederschlagung und Erlass von Gerichtskosten und anderen Justizverwaltungsabgaben

1 Auf der Grundlage der jeweiligen Haushaltsordnung (vgl. zB § 59 BHO) haben der Bund und alle Länder Regelungen zur Stundung, Niederschlagung und Erlass von Gerichtskosten erlassen (zB Nordrhein-Westfalen: § 123 Justizgesetz Nordrhein-Westfalen, RV zuletzt vom 2.12.2014; Sachsen: § 68 Sächsisches Justizgesetz, VwV Stundung und Erlass vom 2.7.2001 (JMBl. 76, zuletzt enthalten in der VvW vom 9.12.2021, SächsAbl.SDr., S 199)). Durch eine Stundung von Kosten wird die Fälligkeit des Anspruchs hinausgeschoben. Die Niederschlagung von Kosten bedeutet, dass der fällige, aber nicht durchsetzbare Anspruch zeitweise oder dauerhaft nicht weiterverfolgt wird, ohne dass der Kostenschuldner dadurch ein entsprechendes subjektiv-öffentliches Recht auf Unterlassen erwirbt. Bei einem Erlass von Kosten wird dagegen auf einen fälligen Anspruch verzichtet, dh der Anspruch erlischt. Während die Niederschlagung lediglich eine verwaltungsinterne Maßnahme ist, wird über Stundungs- und Erlassanträge durch Verwaltungsakt entschieden. Zuständig ist jeweils die Justizverwaltung (BVerwG BeckRS 2015, 43211). Bundeseinheitliche Regelungen bestehen jedoch nicht. Von einem exemplarischen Abdruck wurde daher abgesehen.

VII. Kostenausgleichsvereinbarung

Bek. vom 11.5.2000 (BAnz 2001, Nr. 145 S. 16 801)
Zuletzt geändert durch Bek. vom 8.1.2021 (BAnz AT 28.1.2021 B1)

Der Bund und die Länder haben eine Vereinbarung über den Ausgleich von Kosten geschlossen (vgl. Schneider JurBüro 2017, 339 (Üb.)). Die nachstehende Fassung wurde durch den Bund bekanntgemacht. 1

I. Kosten in gerichtlichen Verfahren bei Verweisung eines Verfahrens an ein anderes Gericht

1. Wird ein Verfahren an ein anderes Gericht verwiesen, so werden die Kosten (Gebühren und Auslagen), die vor der Verweisung fällig geworden sind, bei dem verweisenden Gericht angesetzt und eingezogen. Kostenvorschüsse werden bei dem verweisenden Gericht eingezogen, wenn sie bereits vor der Verweisung angesetzt waren oder das Gericht eine Amtshandlung von ihrer Zahlung abhängig gemacht hatte.

2. Die nach der Verweisung fällig werdenden Kosten werden stets bei dem Gericht angesetzt und eingezogen, an das das Verfahren verwiesen worden ist. Dies gilt auch für Kostenvorschüsse, die zwar vor der Verweisung fällig geworden sind, im Zeitpunkt der Verweisung bei dem verweisenden Gericht aber noch nicht angesetzt waren.

3. Sind nach der Verweisung eines Verfahrens Kosten zurückzuzahlen, so wird die Rückzahlung bei dem Gericht angeordnet, an das das Verfahren verwiesen worden ist, auch wenn die Kosten bei dem verweisenden Gericht eingezogen worden sind. Die Zurückzahlung der Kosten erfolgt aus den Haushaltsmitteln des Gerichts, an das das Verfahren verwiesen worden ist.

II. Vergütungen der in gerichtlichen Verfahren Beigeordneten oder Bestellten bei Verweisung eines Verfahrens an ein anderes Gericht

1. Wird ein Verfahren an ein anderes Gericht verwiesen, so setzt die für die Festsetzung zuständige Person des übernehmenden Gerichts die Vergütung des von dem verweisenden Gericht Beigeordneten oder Bestellten fest; sie erteilt auch die Auszahlungsanordnung. Die Vergütung des Beigeordneten oder Bestellten wird aus den Haushaltsmitteln des Gerichtes gezahlt, an das das Verfahren verwiesen worden ist.

2. Nr. 1 gilt nicht, wenn bereits vor der Versendung der Akten der Anspruch fällig geworden ist oder ein Vorschuss beansprucht wird und der Festsetzungsantrag bei dem verweisenden Gericht eingegangen ist. Die Geschäftsstelle des verweisenden Gerichts hat Festsetzungsanträge, die nach der Aktenversendung bei ihr eingehen, an die nach Nr. 1 zuständige Geschäftsstelle des übernehmenden Gerichts weiterzugeben.

III. Auslagen bei Inanspruchnahme der Amtshilfe von Behörden

Nimmt ein Gericht oder eine Staatsanwaltschaft die Amtshilfe einer anderen Behörde der Justizverwaltung oder einer Fachgerichtsbarkeit bei der Vernehmung von Zeugen oder Sachverständigen in Anspruch, so zahlt die in Anspruch genommene Behörde die den Zeugen, Sachverständigen oder Dolmetschern zu gewährenden Entschädigungen und Vergütungen nur aus, wenn eine Barzahlung erforderlich ist; die Zahlung ist unverzüglich zu den Sachakten mitzuteilen. Es genügt die Übersendung einer Durchschrift der Auszahlungsanordnung, die auch elektronisch erfolgen kann. Auf der Urschrift der Auszahlungsanordnung ist zu bescheinigen, dass die Anzeige zu den Sachakten erstattet ist.

IV. Abgabe eines Verfahrens, Erstattungsverzicht

1. Die Abschnitte I und II gelten auch bei der Abgabe eines Verfahrens.

2. Die Länder verzichten gegenseitig auf die Erstattung von Beträgen, die nach den Abschnitten I bis III eingezogen oder ausgezahlt werden, auf den Ausgleich von Zahlungen, die aufgrund der Bewilligung von Verfahrens- oder Prozesskostenhilfe geleistet werden, sowie auf die Abführung von Einnahmen aus auf die Staatskasse übergegangenen Ansprüchen.

V. Reiseentschädigung und Vorschüsse

Die Länder verzichten gegenseitig auf die Erstattung von Reiseentschädigungen, die an mittellose Personen oder als Vorschüsse an Zeugen und Sachverständige gezahlt werden.

VI. Gerichtsvollzieherkosten

Wird ein Gerichtsvollzieher aufgrund der Bewilligung von Verfahrens- oder Prozesskostenhilfe eines anderen Gerichts unentgeltlich tätig, so verzichten die Länder gegenseitig auf die Erstattung der Auslagen, die dem Gerichtsvollzieher aus der Landeskasse ersetzt werden. Dies gilt auch, wenn die Gerichtsvollzieherkosten bei dem Gericht, das die Prozesskostenhilfe bewilligt hat, später eingezogen werden.

VII. Geltungsbereich

Die Abschnitte I bis III gelten nicht im Verhältnis zum Bund; die Länder verzichten jedoch auch zugunsten des Bundesgerichtshofs, des Bundesarbeitsgerichts, des Bundesfinanzhofs, des Bundessozialgerichts, des Bundesverwaltungsgerichts, des Deutschen Patent- und Markenamts und des Bundespatentgerichts auf die Erstattung der in den Abschnitten V und VI genannten Beträge.

VIII. Schlussbestimmungen

Die Vereinbarung kann von jedem Beteiligten zum Ende eines Kalenderjahres mit einer Frist von sechs Monaten gekündigt werden. Die Kündigung ist allen anderen Beteiligten gegenüber schriftlich zu erklären. Die Kündigung durch einen Beteiligten lässt die Gültigkeit der Vereinbarung zwischen den anderen Beteiligten unberührt.

Sachregister

Bearbeiter: Malte Lang-Lendorff

Die fett gedruckten Zahlen mit Zusatz bezeichnen die Paragraphen und das jeweils angegebene Gesetz, die mageren Zahlen die Randnummern.